the MIDRASH

מדרש רבה

KLEINMAN EDITION

מדרש

the MIDRASH

רבה

MIDRASH RABBAH

ספר שמות

SHEMOS / EXODUS

יתרו-פקודי

PARASHAS YISRO — PEKUDEI

DEDICATED BY THE KLEIN FAMILY

ArtScroll Series®

Rabbi Nosson Scherman / Rabbi Meir Zlotowitz
General Editors

A PROJECT OF THE

Mesorah Heritage Foundation

מדרש רבה

MIDRASH

ספר שמות
SHEMOS / EXODUS

VOLUME II:

יתרו-פקודי

YISRO–PEKUDEI

DEDICATED BY THE KLEIN FAMILY

KLEINMAN EDITION

THE

MIDRASH RABBAH

WITH AN ANNOTATED, INTERPRETIVE ELUCIDATION
AND ADDITIONAL INSIGHTS

The Hebrew folios have been newly typeset,
on a redesigned page that combines elements
of the widely used Vilna and Warsaw editions

Published by
Mesorah Publications, ltd

We gratefully acknowledge the outstanding
Torah scholars who contributed to this volume:
Rabbi Chaim Malinowitz reviewed and commented on the manuscript,
with **Rabbi Avrohom Kleinkaufman** and **Rabbi Yosaif Asher Weiss.**

Rabbis Yaakov Blinder, Nochum Brown, Shimon Cohen, Yehezkel Danziger, Yoav Elan, Aaron Meir Goldstein, Eliezer Herzka, Dovid Kaiser, Yehuda Keilson, Nesanel Kasnett, Eliyahu Meir Klugman, Henoch Moshe Levin, Yosef Levinson, Yisroel Londinski, Gershon Meisels, Zev Meisels, Baruch Pomper, Henoch Morris, Kalman Redisch, Moshe Yosef Ruvel, Beryl Schiff, Yisrael Schneider, Leiby Schwarz, Shaul Shatzkes, Avrohom Shereshevsky, Menachem Silber, Shlomo Silverman, Nahum Spirn, and **Yitzchok Stavsky**
translated, elucidated, edited, and assisted in the production of this volume.

Rabbi Hillel Danziger and **Rabbi Yosaif Asher Weiss,** Editorial Directors.

Designed by **Rabbi Sheah Brander**

We are also grateful to our proofreaders:
Mrs. Mindy Stern, Mrs. Faigie Weinbaum, and Mrs. Judi Dick;
our typesetters: Moishe Deutsch, Yehoshua Reich, Mordechai Gutman, Mrs. Chumie Lipschitz, Mrs. Sury Englard, Mrs. Esther Feierstein, Mrs. Toby Goldzweig, Mrs. Ahuva Weiss, Mrs. Estie Dicker, and Mrs. Miryam Stavsky

FIRST EDITION
First Impression . . . December 2012

Published and Distributed by
MESORAH PUBLICATIONS, Ltd.
4401 Second Avenue Brooklyn, New York 11232

Distributed in Europe by
LEHMANNS
Unit E, Viking Business Park
Rolling Mill Road
Jarrow, Tyne & Wear NE32 3DP
England

Distributed in Israel by
SIFRIATI / A. GITLER — BOOKS
6 Hayarkon Street
Bnei Brak 51127

Distributed in Australia & New Zealand by
GOLDS WORLD OF JUDAICA
3-13 William Street
Balaclava, Melbourne 3183
Victoria Australia

Distributed in South Africa by
KOLLEL BOOKSHOP
Northfield Centre, 17 Northfield Avenue
Glenhazel 2192, Johannesburg, South Africa

THE ARTSCROLL SERIES® / KLEINMAN EDITION MIDRASH RABBAH
SEFER SHEMOS / EXODUS VOL. II — YISRO–PEKUDEI

4401 Second Avenue / Brooklyn, N.Y. 11232 / (718) 921-9000 / FAX (718) 680-1875 / www.artscroll.com

ISBN 10: 1-4226-1335-6
ISBN 13: 978-1-4226-1335-1

Typography by CompuScribe at **ArtScroll Studios,** Ltd. / Custom bound by **Sefercraft, Inc.,** Brooklyn, N.Y.

Dedication of This Volume

It is our pleasure to dedicate this Midrash volume in honor of their beloved

Klein, Jaffa, and Halpern grandchildren

This volume records how Klal Yisrael proclaimed "Na'aseh V'Nishma," how they stood at Sinai to receive the Torah and how they rushed to take part in the building of the Mishkan.

Our Sages tell us that Klal Yisrael pledged their children as guarantors that our loyalty to the Torah would always remain strong.

We are indeed proud and fortunate, beyond words, of our grandchildren who uphold that thirty-three century-old pledge. They represent the eternity of our people.

We pray that they will eventually have as much nachas from their own children and grandchildren as we have from them.

Mendy and Ita Klein

Dedication of

KLEINMAN EDITION

מדרש רבה

THE MIDRASH

This Edition of Midrash Rabbah is dedicated to the sacred memory of the *Kedoshim* of our families who were killed *al Kiddush Hashem* in the Holocaust, our own forebears whom we never had the privilege to know but whose memory and example continue to guide and inspire us.

קדושי משפחת קליינמאן־וייס, הי״ד

א״ז ר׳ אלכסנדר בן צבי אריה ז״ל

אמ״ז מרת סימא לאה בת אברהם ע״ה

אחיה משה בן אברהם ז״ל, ואחותה שרה רחל בת אברהם ע״ה

אחי אבינו ז״ל מרדכי בן אלכסנדר ז״ל, שמחה חיים בן אלכסנדר ז״ל

מסרו נפשם על קדושת ה׳ כ״ח אייר תש״ד

קדושי משפחת פישמאן, הי״ד

עטרת ראשינו א״ז מוה״ר אלימלך בן ישראל ז״ל

מחבר ספר ״לחם אבירים״ על התורה ונאמן ביתו של הרה״צ אדמו״ר שעיה׳לה מקערעסטור זי״ע

אמ״ז מרת יוטא ברכה בת אברהם ע״ה

מגזע אדמו״ר מרן חיים יוסף גאטליב מסטראפקוב זי״ע

מסרו נפשם באוישוויץ על קדושת ה׳ א׳ שבועות תש״ד

יחד עם בניהם ובנותיהם כולם אנשי שם ואנשי מופת המה

הר׳ ישראל בן אלימלך ז״ל, הר׳ מרדכי בן אלימלך ז״ל, הר׳ דוד בן אלימלך ז״ל,

מרת שרה בת אלימלך רויזינצווייג ע״ה, מרת מרים גיטל בת אלימלך קליין ע״ה

וזוגותיהם ו281 מיוצאי חלציהם

קדושי משפחת אינדיג, הי״ד

א״ז מרדכי שמואל בן יעקב יוסף ז״ל

אחי אבינו ז״ל חיים מאיר בן מרדכי שמואל ז״ל, ברוך יואל בן מרדכי שמואל ז״ל

חי׳ פעסיל בת מנחם דוד ע״ה, צבי אביגדור בן מנחם דוד ז״ל

and all the Six Million

יזכרם אלקינו לטובה עם שאר צדיקי עולם וינקום לעינינו נקמת דם עבדיו השפוך

תנצב״ה

The story of the Exodus from Egypt was not complete until Klal Yisrael built the Mishkan. Not only was it a home for the Shechinah, it also went with our people wherever they were. We do not surrender to tragedy. We remain the people of God wherever we are, and when we are forced to go to new lands — we rebuild. Our parents and grandparents exemplified this tradition of courage and loyalty. We cannot even begin to imagine their suffering, but when the War was over and they came to America penniless, their faith and hope remained strong. The same was true of the other survivors wherever they settled. They all began anew, building families and institutions. Today's thriving world of Torah is their legacy.

Elly and Brochie Kleinman and their children

Deenie and Yitzy Schuss   Yossie and Effie Kleinman   Aliza and Lavey Freedman

and families

PATRONS OF THE CHUMASHIM AND MEGILLOS

Recognizing the need for the holy legacy of the Midrash
to be available to its heirs in their own language,
these generous and visionary patrons have each dedicated
the Chumashim and Megillos.

THE WASSERMAN EDITION OF BEREISHIS / GENESIS

is dedicated by

Stanley and Ellen Wasserman

to their beloved children and grandchildren

Alan and Svetlana Wasserman
Sasha, Jesse, Talya, Jacob, Bella, and Alden

Mark and Anne Wasserman
Joseph, Bailey, Erin, Rebeccah, and Jordyn

Neil and Yael Wasserman
Yeshayahu, Shiri, Yonatan, Ruth, and Aviva

Stuart and Rivka Berger
David, Gabrielle, and Jack

THE MILSTEIN EDITION OF BAMIDBAR / NUMBERS

is lovingly dedicated by

Elisha Shlomo Milstein

in memory of his grandparents

Rabbi Elazar Kahanow ז״ל — הגאון רבי אלעזר בן הגאון ר׳ אורי מאיר הכהן זצוק״ל
Henrietta Milstein ע״ה — מרת הינדא בת אברהם הלוי ע״ה

and his brother

Betzalel Milstein ז״ל — הילד בצלאל בנימין ז״ל ב״ר אליעזר פסח שליט״א

and in honor of his parents **Lazer and Ziporah Milstein שיחי׳**
his grandparents **Monroe and Judy Milstein שיחי׳** **Rebbetzin Rochel Kahanow שיחי׳**

and in tribute to

Rabbi Jeff Seidel

THE MILSTEIN EDITION OF THE FIVE MEGILLOS

is lovingly dedicated by

Asher David Milstein

in memory of his grandparents

Rabbi Elazar Kahanow ז״ל — הגאון רבי אלעזר בן הגאון ר׳ אורי מאיר הכהן זצוק״ל
Henrietta Milstein ע״ה — מרת הינדא בת אברהם הלוי ע״ה

and his brother

Betzalel Milstein ז״ל — הילד בצלאל בנימין ז״ל ב״ר אליעזר פסח שליט״א

and in honor of his parents **Lazer and Ziporah Milstein שיחי׳**
his grandparents **Monroe and Judy Milstein שיחי׳** **Rebbetzin Rochel Kahanow שיחי׳**

and in tribute to

Rabbi Jeff Seidel and Rabbi Yehoshua Bertram

PATRONS OF THE MIDRASH

With generosity, vision, and devotion to the perpetuation of Torah study,
the following patrons have dedicated individual volumes of The Midrash

BEREISHIS

BEREISHIS-NOACH **Edward Mendel and Elissa Czuker and Family** (Los Angeles)
in memory of their beloved father
Jan Czuker ז״ל
ר׳ יוסף ב״ר מנחם מענדל ז״ל
נפ׳ פסח שני תש״ע
and תבל״ח in honor of their beloved mother
Mrs. Susanne Czuker שתחי׳

LECH LECHA-TOLDOS **The Ringel Family**
in memory of their uncle
Jack Ringel ז״ל — יעקב זאב בן רב מרדכי ז״ל
נפ׳ י׳ כסלו תשס״ט

VAYEITZEI-VAYISHLACH **Avrum and D'vorah Weinfeld** (Chicago)
Flora Efriam Mordechai Ariella Faige Ita Shoshana Hinda
in honor of
Acheinu Bnei Yisrael

VAYEISHEV-VAYECHI **Shlomo Yehuda and Tamar Rechnitz**
Yisroel Zev and Avigail Rechnitz
and families
in memory of their beloved grandparents
Morris and Regina Lapidus ז״ל
חיים משה בן ישראל זאב ז״ל — נפ׳ כ״ט אדר ב׳ תשמ״ו
רבקה בת ישראל הכהן ע״ה — נפ׳ ד׳ טבת תשכ״ז

SHEMOS

YISRO-PEKUDEI **Mendy and Ita Klein** (Cleveland)
In honor of their beloved
Klein, Jaffa, and Halpern grandchildren

VAYIKRA

VAYIKRA-METZORA **Joseph and Sheila Bistritzky**
Nesanel and Yehudis Gold Aron and Sarah Bistritzky
Shlomo and Esther R. Bistritzky Motty and Chaya Bistritzky
Shlomie and Devorah Brociner
In memory of their brother and uncle
Rabbi Levi Bistritzky ז״ל — הרב לוי ז״ל ב״ר יהודה לייב עמו״ש
נפ׳ י״ט מנחם אב תשס״ב
and their father and grandfather
Aaron Bergman ז״ל — ר׳ אהרן ב״ר שמואל אלתר ז״ל
נפ׳ כ״ט ניסן תשל״א

DEVARIM **Mendel and Ariela Balk**
Bayla and Itzik Haskel — Binyamin Shlomo
Yoel Daniel Aaron Jenelle Elan Arianna Max
in memory of their beloved father and grandfather
Rabbi Joel David Balk ז״ל — הרב יואל דוד ב״ר ישראל מיכל ז״ל
נפ׳ ז׳ שבט תשמ״ה
And in honor of their beloved parents שיחי׳ לאוי״ט
Mrs. Carole Balk
Rabbi Saul and Mrs. Peggy Weiss

PATRONS OF THE MIDRASH

MEGILLOS

SHIR HASHIRIM [two volumes] — **Robin and Warren Shimoff**

RUTH — ESTHER — In loving memory of

Rabbi Isaac L. and Rebbetzin Ruth Swift זצ״ל

הרב יצחק יהודה בן הרב אברהם דב זצ״ל — נפ׳ י״א סיון תשנ״א

הרבנית רחל בת אברהם ע״ה — נפ׳ ב׳ אלול תשס״ה

Nathan and Pearl Sharfman ז״ל

נתן בן משה אליעזר ז״ל — נפ׳ כ״ד כסלו תשמ״ט

יוטא פערל בת יונה אליהו ע״ה — נפ׳ כ״ה תמוז תשמ״ז

Bern Sharfman ז״ל — ישראל דוב בן נתן ז״ל נפ׳ ט״ז אב תשס״ו

Sam and Martha Katz ז״ל

חיים יהושע בן נתן הכהן ז״ל — נפ׳ כ״ג שבט תשד״מ

מייטע בת יום טוב ליפא ע״ה — נפ׳ ט״ז אייר תשס״ד

Brenda Dreyer ע״ה — אסתר ברכה בת חיים יהושע הכהן ע״ה נפ׳ י׳ אלול תשס״ד

Alvin Heller ז״ל — אברהם צבי בן חיים יהודה ז״ל נפ׳ ט׳ תשרי תשס״א

and in honor of

Irma Heller שתחי׳

EICHAH — **The Rosedale and Wilheim Families**

in memory of

Harry and Debby Levinson ז״ל

הרב צבי הירש בן הרב יוסף פינחס הלוי ז״ל — נפ׳ כ׳ אב תש״ע

דבורה שרה בת מאיר ע״ה — נפ׳ ט״ז אדר א׳ תשס״ח

KOHELES — Reserved

Guardians of the Midrash

A society of visionary people who recognize the primacy of the Jewish people's commitment to the word of Hashem — and pursue it by presenting the inner meaning of the Torah, as expounded by the Midrash, in the language of today ... for the generations of tomorrow.

This volume commemorates the loving memory of our father and zayde

חיים יהודה בן דוד ז״ל — Allen Gross ז״ל

נפ׳ כ״ט אלול תשס״ז

Rabbi Chanina ben Dosa used to say, "He who is pleasing to his fellow is pleasing to Hashem" (Pirkei Avos 3:13).

His kindness, love, humor and concern for others made him loved and admired by all who knew him. He selflessly dedicated his life to helping others by quietly supporting numerous individuals and Torah institutions. He devoted himself to his family, providing all of us with unconditional love and support. His greatest joy was his grandchildren, all of whom provided him with immeasurable nachas. He was a great father, zayde and role model.

We are honored to support the holy work of the Torah Scholars at ArtScroll / Mesorah. May their efforts and the Torah learned in this volume be a zechus for his neshamah. **תנצב״ה**

Ethan and Yael Gross
Shaina, Jacob and Simcha Mendel

Midrash Associates

A fellowship of benefactors dedicated to
the dissemination of The Midrash

❖

Asher Milstein

❖

Dr. David and Jane Novick

❖

Elliot and Judy Schwartz

❖

Nathan B. and Malka Silberman

In Memoriam — לזכר נשמת

Dedicated by The Midrash Associates
to those who forged eternal links

❖

Danziger — ברכה טריינא בת אלחנן ע״ה
Kahanow — הגאון רבי אלעזר בן הגאון ר׳ אורי מאיר הכהן זצוק״ל
Klugman — הרב רפאל בן אברהם
Novick — דוב בער בן אליעזר שרגא ע״ה ורייזעל בת יצחק אייזיק ע״ה
Novick — ראובן אברהם בן דוב בער ע״ה
Henrietta Milstein — מרת הינדא בת אברהם הלוי ע״ה
Milstein — הילד בצלאל בנימין ז״ל ב״ר אליעזר פסח שליט״א
Phillips — בער לב בן יוסף ע״ה ושרה בת שמואל נחום ע״ה
Schwartz — הרב דוד צבי ב״ר חיים שמואל ע״ה
Schwartz — רייזל בת הרב אברהם יצחק ע״ה
Silberman — ר׳ צבי ב״ר זאב הלוי ע״ה
Silberman — דבורה אסתר בת ישראל ע״ה
הרב אהרן ב״ר מאיר יעקב זצ״ל
הרבנית פרומא בת ר׳ חיים צבי ע״ה

The Written Word is Forever

Pillars of the Midrash

We wish to acknowledge in this volume the friendship of the following:

David and Peggy Ash

Miriam S. Karash

הסכמות ומכתבי ברכה

שמואל קמנצקי
Rabbi S. Kamenetsky

2018 Upland Way
Philadelphia, Pa 19131

Home: 215-473-2798
Study: 215-473-1212

בס״ד

ח׳ ניסן ונרננה ונשמחה לפ״ק

לרומע״כ מכירי הנכבדים והמסורים בלו״נ למען הרבצת התורה וכבוד שמים ר׳ מאיר יעקב זלאטאוויץ שליט״א ור׳ נתן שערמאן שליט״א

שמחתי באומרים לי שאתם עומדים להוציא לאור ביאור רחב על מדרש רבה. שמעתי שאם הזוהר נקרא רזין שהם סודות נכבדים אז המדרש נקרא רזין דרזין שהם סודות נסתרים.

כבר נתחזק שחזקה שאין חבר מוציא דבר שאינו מתוקן אתם כבר מוחזקים להוציא פנינים ממצולות מאוצרות נעלמים.

תצליחו ותתברכו בכל טוב ובפרט שאתם מחזיקים הרבה בני תורה ועלי׳ שהם מתפרנסים על ידיכם

מלונ״ח בידידות נאמנה

שמואל קמנצקי

שמואל קמנצקי

Rabbi Aaron M. Schechter אהרן משה שכטר
Mesivta Yeshiva Rabbi Chaim Berlin
1593 Coney Island Avenue
Brooklyn, N.Y. 11230

ב״ה

כ״ח תשרי תשע״א

כבוד הרבנים הנכבדים הרב מאיר זלאטאוויץ שליט״א והרב נתן שערמַן שליט״א, שזכו להעניק תורת חסד בדורנו, ללמד ולעשות ריבוי פנים חדשות של מבקשי דבר ה׳, גם באלו שמבלי פעולתם זו לא ידעו מה ואיך לבקש — נטלו חלקם בזריחת אור התורה אחר לקיחת האור מאתנו, והחושך של פזור יתירה של שארית ישראל בין הגוים, אשר ביניהם נכבש ונעלם עוד יותר הא דישראל ואורייתא חד הוא. —

והנה חוק ניתן באור דזריחתה נמשך הלאה ועולה ומאיר — ואחר ההארה הגדולה והנוראה של שימת תלמוד בבלי ותלמוד ירושלמי לפני אנשי דורנו אשר לשון הגמ׳ קשה בעדם — שימה יפה כפירוש רש״י (שמות כ״א א׳) להבינם טעמי הדבר ופירושו — פנו הרבנים הנ״ל לעשות כן במדרש רבה.

משרה גדולה נטלו על עצמם, רבת האחריות ורבת התועלת אם נזכה לכך.

בהקדמת רמח״ל למדרשי חז״ל מבואר גודל תוכן המדרש. — בפירוש הגר״א על משלי (כ״ד פסוק ל׳) מבואר הא דהלכה נקרא לחם ואגדה נקרא יין (גימטריא של סוד) שבה טמון הסוד. — והדברים נוראים ופושע אהיה אם לא אעתיק לשון אדוני מו״ר (אגרת נ״ד מאגרות פחד יצחק), שלשונו יועל בעדנו — וזה לשונו.

בדברים י״א פסוק כ״ב נאמר, לאהבה את השם אלקיכם ללכת בכל דרכיו ולדבקה בו. ואיתא על זה בספרי דורשי רשומות אומרים רצונך שתכיר את מי שאמר והיה העולם למוד הגדה שמתוך כך אתה מכיר את הקב״ה ומדביק בדרכיו. מדברי חז״ל הללו למדים אנו כי נתיחד מקום מסויים בתורה ללימוד דרכיו של מקום ולדבקה בו. מתוך יחיד זה נלמד כי גלוייה של תורה נתונים הם בשתי מערכות: א) גילוי ציוויו ית׳ וחקירת ענין זה מופיעה במערכת ההלכה ב) גילוי דרכיו והנהגותיו ית׳ וחקירת ענין זה מופיעה במערכת האגדה. ולא עוד אלא שחזינן כי העדיפות במערכת האגדה על גבי מערכת ההלכה היא בזה שהיא קרובה יותר אל הדביקות בו ית׳ — עכ״ל.

עול האחריות אשר בה נהגתם במה שהוצאתם עד עכשיו, הסייעתא דשמיא שזכיתם לה עד עכשיו לבחור בתלמידי חכמים מובהקים ששמו כל כחם ומעיינם בעבודת ה׳ הלזו, והעיון אחר עיון שסדרתם מתוך היראה שלא להוציא דבר שאינו מתוקן — יהא בעזרכם שתזכו כן גם בעבודה עדינה ואצולה זו של שימת המדרש רבה לפני קהל ישראל — יהי״ר שתהיה מעשיכם לנחת רוח לפניו ית׳, והוספת תוקף הקדושה בין בניו החביבים לו.

אהרן משה שכטר

אהרן משה שכטר

דוד פיינשטיין

ר"מ תפארת ירושלים

Rabbi Dovid Feinstein

477 F.D.R. Drive

New York, N.Y. 10002

כבר איתמחי גברי בפירושם ותרגומם לאנגלית על כמה מספרי תורה שבכתב ובשל על פה ואינם צריכים עוד להסכמות על יתר מלאכתם בקודש אלא ברכה שעכשיו שארט-סקרול מסורה מגישים לתרגם ולפרש מדרש רבה יתברכו לברך על המוגמר ויתקבלו מלאכתם כמו שנתקבלו עד כה

נאום דוד פיינשטיין

נאום דוד פיינשטיין

פ׳ והיה ברכה תשע"א

יעקב פרלוב

קהל עדת יעקב נאוואמינסק

ישיבת נאוואמינסק - קול יהודא

ברוקלין, נ.י.

RABBI YAAKOV PERLOW

1569 - 47TH STREET

BROOKLYN N.Y. 11219

בס"ד

יום ב׳ כ"ו תשרי תשע"א

כבוד ידידי האהובים, קרני אורה לדור החדש, המפיצים תורת השם ויראתו לרבבות אלפי העם כש"ת הרה"ג ר׳ מאיר זלאטאוויץ שליט"א, וכש"ת הרה"ג ר׳ נתן שערמאן שליט"א, שפעת שלומים וישע רב.

בנועם קבלתי הידיעה על המפעל החדש שהנכם מתכוננים לקראתו, לתרגם ולבאר את המדרש רבה בהוצאה מחודשת, [ע"ש ידידי היקר מוה"ר אלי׳ קליינמאן שיחי׳] וגם ראיתי את הקונטרס לדוגמא על פרשת לך לך המצורף בהערות מאליפות ומאירות עינים.

כך יאה לכם יקירי, שלוחי ההשגחה בימינו, שהבאתם מקודם את הדגן של תורה לאוכלסי ישראל, בהוצאת המקרא והמשנה והגמרא של ארטסקרול, ועתה נגעתם אל התירוש להשקות את המעיינים ביין האגדה המשמחת לבו של אדם ומקרבו אל בוראו, וכדברי חכמינו ז"ל במדרש פ׳ תולדות על ברכות יצחק אל יעקב, ויתן לך האלקים מטל השמים זו מקרא ומשמני הארץ זו משנה דגן זו תלמוד, תירוש זה אגדה. אשרי חלקכם שנתרבה כבוד התורה וכבוד ישראל סבא על ידיכם, ותזכו לברך על המוגמר ולהשלים את העבודה ברוב פאר והדר שיביאו ברכה לבית ישראל, ויהי נועם ה׳ עליכם, ותתברכו ממעון הברכות בכל מעשה ידיכם לאורך ימים טובים כעתירת ידידכם עוז בלונ"ח הכותב לכבוד התורה ולומדיה

יעקב פרלוב

יעקב פרלוב

דוד קאהן
ביהמ״ד גבול יעבץ
ברוקלין, נוא יארק

בס״ד

לידידי עז הני תרי צנתרי דדהבא
רב מאיר זלוטוביץ שליט״א ורב נתן שרמן שליט״א

כשנודעתי שהנכם מתכוננים להוציא לאור מדרש רבה הרגשתי...

הנביא ישעיהו עומד וצווח ״כי הנה האדון ה׳ צבאו־ת מסיר מירושלים ומיהודה משען ומשענה כל משען לחם וכל משען מים״ (ג־א) ופירשו בחגיגה (יד, א) שמשען לחם אלו בעלי תלמוד שנאמר לכו לחמו בלחמי ושתו ביין מסכתי ומשען מים אלו בעלי אגדה שמושכין לבו של אדם כמים באגדה.

האדם צריך ללחם ולמים. אנשי חברה ארטסקרול־בעלי מסורה עוד נטויה ידיהם להחזיר העטרה של תורה ליושנה, ז״א להשימה על ראשי בני ישראל, השׂביעו וממשיכים להשׂביע לכלל ישראל במשען לחם דהיינו בתרגום וביאור של שני התלמודים — בבלי וירושלמי — ומכינים את עצמם לדלות מהבאר אשר חפרוה שׂרים שאפשר לדלות ממנה אך ורק על ידי תמיכה מנדיבי העם, להגיש משען מים — מדרשי אגדה — על ידי המחוקקים, אלו התלמידי חכמים המופלגים שאנו נהנים מעבודתם שמהפכים מדבר שממה לגן נהדר.

והנני תפילה שבכל אשר יפנו ישכילו להגדיל תורה ולהאדירה אכי״ר

החותם לכבוד מרביצי תורה

דוד קאהן
בין כסה לעשור תשע״א

הלל דייוויד
קהל
ישיבה שערי תורה

RABBI HILLEL DAVID
1118 East 12 Street
Brooklyn NY 11230

כבוד ידידי היקרים
הה״ג ר׳ מאיר זלאטאוויץ שליט״א
והה״ג ר׳ נתן שערמאן שליט״א

אחדשה״ט: כאשר נתבשרתי על רעיונכם החדש אמרתי אני רחש לבכם דבר טוב, לתרגם המדרשים, מדרש רבה, לשפה המדוברת לשון אנגלית ולפתוח להמון עם הצמאים לדעת בוראם ע״י לימוד אגדה, ספר שהי׳ אצלם עד עתה ספר חתום. מעשיכם למלך מ״ה הקב״ה.

ועכשיו שראיתי קונטרס מודפס (פ׳ לך לך — חיי שרה) ונתקיימה אצלכם חזקתכם הישנה שאין חברים מוציאים מחמת ידיהם דבר שאינו מתוקן-מתוקן כהלכה, מתוקן ביופיו ומתוקן בבהירותו וכו׳ גמרתי, לשונכם, שדברתם מכבר, הי׳ עט סופר מהיר.

וכאשר הנחיצות לסדר כזה, המתורגם עפ״י חבורה של ת״ח מופלגים וגם בקיאים בל׳ אנגלית, מובנת, וגם לרבות החשיבות המיוחדת לספר שגם נדפס בו פירוש עץ יוסף ופי׳ מהרז״ו ועוד ועוד בלה״ק כמקורם, אין מן הצורך להרבות דברים בזה.

ולכן אסיים פה בברכה מעומק הלב שיתן ה׳ שתזכו לסיים מפעל זה ולהתחיל ולסיים מפעלים אחרים ולהמשיך בעבודתכם הק׳ להרביץ תורה לאלפים הצמאים לדבר ה׳ עוד שנים ארוכות עם בריאות הגוף ונחת.

החותם באהבה וידידות

הלל דייוויד

הסכמות ומכתבי ברכה

אברהם חיים לוין

RABBI AVROHOM CHAIM LEVIN

5104 N. DRAKE AVENUE • CHICAGO, IL 60625

ROSH HAYESHIVA/TELSHE-CHICAGO • ראש הישיבה\טלז-שיקגו

ב״ה

יום ב׳ לפ׳ נח תשע״א

לכבוד ידידי מזכי הרבים ומרביצי תורה לאלפים מנהלי וראשי המוסד ארטסקרול-מסורה הרב ר׳ מאיר יעקב זלאטאוויץ והרב ר׳ נתן שערמאן שליט״א.

הש״ס בבלי עם תרגום אנגלי שהוצאתם לאור עשה מהפכה ממש בלימוד התורה באמעריקא, ובשנים האחרונות הוספתם להדפיס גם ש״ס ירושלמי עם תרגום אנגלי וזה נתן להרבה לומדים היכולת לפעם הראשונה ללמוד ולהתבונן בש״ס העמוק הזה.

ועכשיו דעתכם להדפיס מדרש רבה עם תרגום אנגלי עם הערות וביאורים עמוקים ונפלאים וזה יפתח פתח לפני מאות ואלפים להבין הלשון הקשה של כמה מדרשים ולהתעמק בהביאורים העמוקים מלוקטים מגדולי הראשונים ואחרונים להבין עמקות כונת חז״ל בדבריהם הקדושים שפעמים רבות הם סתומים ופעמים רבות יש איזה מילים שאינם מובנים היטיב גם לת״ח מובהקים.

ואמינא לפעלא טבא יישר ותזכו להוציא לאור עוד הרבה ספרים חדשים לתועלת הרבים להגדיל תורה ולהאדירה.

ובזכות לימוד התורה נזכה במהרה לביאת גואל צדק וכדברי הנביא האחרון במלאכי ג׳ זכרו תורת משה עבדי אשר צויתי אותו בחרב על כל ישראל חקים ומשפטים, הנה אנכי שולח לכם את אליה׳ הנביא לפני בא יום ה׳ הגדול והנורה

ידידכם

אברהם חיים הלוי לוין

ישיבה גדולה זכרון לימא ד׳לינדן

Yeshiva Gedolah Zichron Leyma of Linden

Harav Eliezer Ginsburg
Harav Gershon Neumann
Roshei Hayeshiva

הרב אליעזר גינזבורג
הרב גרשון נוימאן
ראשי הישיבה

בס״ד

לכבוד ידידים אהובים אלופים ומיודעים
הרב מאיר זלאטאוויץ שליט״א הרב נתן שערמאן שליט״א
הרב יעקב יהושע בראנדר שליט״א

מה מאד צריך לשמוח כמוצא שלל רב
בני יעקב וישראל סלה
כעת שיחידי סגולה, שעליהם שם ה׳ נקרא
ומלא אותם בחכמה ותבונה
לקבל על עצמם עבודה גדולה
להוציא לאור עולם בהסברה והבנה
לעשות חיל **במדרש רבה** שהיתה מכוסה וטמונה
הם הלכו בו כנמושות, לקוטי בתר לקוטי
ואספו מאוצרות של בעלי קבלה ובעלי מסורה,
ובררו וליבנו בשפה ברורה ונעימה בשפת המדינה
כדי שיוכל כל אחד ללקוט בשבלים ממדרשות התנאים.
ברור לנו כמאז כן עתה
שתתקיים ע״י זה ההתפשטות התורה,
וריבוי לומדיה ועוסקיה
להוריד השכינה ממעונה להיות בינינו שרויה
יהי רצון שתתקיים בנו ובהם וערבה לה׳ מנחתם ונסכם
ושיגיע העת שיאמר ליעקב ולישראל הכל פעל אל,
ובא בזכותם במהרה לציון גואל
מי יתן שיהא חלקי עמכם.

יום ב׳ פ׳ לך לך תשע״א

אליעזר גינזבורג

Publisher's Preface

We are proud to present this latest volume in the KLEINMAN EDITION OF MIDRASH RABBAH. This monumental project, with Hashem's help, is providing our people with an unprecedented understanding of the best-known and most widely used classic of Aggadic literature, which assembles several centuries of Tannaic and Amoraic teachings.

Midrash Rabbah is our richest lode of Aggadic comment and exposition on the Torah and the Five Megillos. The Talmud and the Midrash are both parts of the Oral Law, but their emphases are different. The primary emphasis of the Talmud is to expound upon and define the legal parameters of the Torah and the mitzvos. The Midrash delves into the spiritual essence of the revealed Torah, adds detail and information to the Torah's narrative, and provides the ethical tradition that was passed down orally from generation to generation until it was committed to writing. Midrash Rabbah is one of the primary sources of ethical discourse, Chassidic and Mussar teaching, and homiletic literature.

This 17-volume project follows the universally acclaimed approach of the Schottenstein Editions of the Talmud Bavli and Talmud Yerushalmi. It draws upon the classic commentaries to translate and elucidate the Midrash with clarity and accuracy. In addition, it presents "Insights," which elaborate on the lessons of the Midrash, as they were taught and expounded by a host of the great teachers and leaders of early and modern times.

A full Overview explaining the unique nature of the Midrash and how classic commentators understood and interpreted it will be included in the forthcoming Volume 1 of this series. Suffice it to say at this point that, in the words of the contemporary classic *Michtav MeEliyahu,* "In the study of halachah — the learning and in-depth study, the difficulties and the clarifications — all is based on the intellect. In the Aggadah, by contrast, everything depends on the level of one's heart. What is a mystery to one person will be obvious to another. What is difficult to one person will be clear to another, and even utter simplicity." Thus, the complete comprehension of the underlying messages of the Aggadah, not merely the recorded text, has rules of its own.

In this edition, the text of the Midrash and all the commentaries on the page have been newly typeset, for accuracy and ease of reading. The redesigned page combines elements of the widely used Vilna and Warsaw editions, and several special new features, explained below in detail.

This **KLEINMAN EDITION OF MIDRASH RABBAH** is dedicated by our dear friends ELLY AND BROCHIE KLEINMAN, in tribute to the memory of the *Kedoshim* of their families and the Six Million who were killed in the Holocaust. The Kleinmans are renowned throughout the Torah world for their warmth, integrity, judgment, and generosity. In America and Israel, their names are synonymous with concern for the health of Torah institutions and projects. ArtScroll/Mesorah readers are grateful to them for their dedication of important and popular projects, including individual Talmud volumes, THE KLEINMAN EDITION OF KITZUR SHULCHAN ARUCH, the INTERACTIVE MISHKAN DVD and the beautiful, full-color books on THE MISHKAN, in both English and Hebrew editions, three series of the DAILY DOSE OF TORAH — and now, their most ambitious project of all, the KLEINMAN EDITION OF THE MIDRASH. Thanks to their generosity, a team of outstanding scholars and editors is producing a work that will stand for generations as the definitive treatment of this classic. To us, it is gratifying that these personal friends have become an integral part of our work.

This volume is dedicated by MENDY AND ITA KLEIN of Cleveland. The Kleins are long-time personal friends and patrons of our work. They are generous and judicious supporters of a host of worthy causes, both public and private. Although they shun the spotlight, those who know them are astounded by how much good they do — just as they realize that there is probably no one who knows the full extent of it. It is fitting that they dedicate this work in honor of their grandchildren, because Mr. and Mrs. Klein always look to the future of their family and Klal

Yisrael. Their greatest joy — and well-deserved it is — is the pleasure of seeing their beloved grandchildren growing in the image of the generations who planted the seeds for the growth of Torah life in America and beyond. Mendy and Ita have also dedicated volumes in both the HEBREW SCHOTTENSTEIN EDITONS of Talmud Bavli and Yerushalmi. We are grateful for their personal special friendship.

ACKNOWLEDGMENTS

When the ArtScroll Series came into existence in 1976, it was quickly privileged to gain the warm approbation of the Roshei HaYeshivah and Gedolei Torah of the previous generation, such as the great GEONIM MARANAN VERABBANAN HARAV MOSHE FEINSTEIN, HARAV YAAKOV KAMENETSKY, HARAV GEDALIA SCHORR, and HARAV MORDECHAI GIFTER זצ״ל. They were unstintingly generous with their time, wisdom, and guidance from the inception of the Series. They recognized the need to make classic Torah literature available to today's Jews who, knowingly or subconsciously, wanted access to the eternity of Torah. Over the years, their warm expression of support was echoed by the next generation of American Torah leaders and by the eminent and revered Gedolei Torah of Eretz Yisrael, MARAN HAGAON HARAV YOSEF SHOLOM ELIASHIV, MARAN HAGAON HARAV SHLOMO ZALMAN AUERBACH, and the ADMOR OF VIZHNITZ זצ״ל and להבחל״ח MARAN HAGAON HARAV AHARON LEIB SHTEINMAN, MARAN HAGAON HARAV CHAIM KANIEVSKI, MARAN HAGAON HARAV SHMUEL AUERBACH, MARAN HAGAON HARAV MOSHE SHAPIRO, and THE ADMOR OF BELZ שליט״א.

A vast investment of time and resources will be required to make this new KLEINMAN EDITION OF THE MIDRASH a reality. Only through the generous support of many people will it be possible not only to undertake and sustain such a huge and ambitious undertaking, but to keep the price of the volumes within reach of the average family and student.

The Trustees and Governors of the MESORAH HERITAGE FOUNDATION saw the need to support the scholarship and production of this and other outstanding works of Torah literature. Their names are listed on an earlier page.

JAY SCHOTTENSTEIN is chairman of the Board of Governors and has enlisted many others in support of several monumental projects. In addition, he and his wife JEANIE have dedicated the ENGLISH and HEBREW SCHOTTENSTEIN EDITIONS OF TALMUD BAVLI and YERUSHALMI, PEREK SHIRAH, the many liturgy volumes in THE SCHOTTENSTEIN INTERLINEAR SERIES, and the recently published one-volume SCHOTTENSTEIN EDITION INTERLINEAR CHUMASH. Their newest undertaking is the dedication of the multi-volume SEFER HACHINUCH / THE BOOK OF MITZVOS. In their more recent undertakings, they have been joined by their children JOSEPH AND LINDSAY, JONATHAN, and JEFFREY, thus continuing the family legacy in the next generation. These projects illuminate basic, essential classics that are at the very foundation of Jewish life and faith. In short, the Schottensteins are fostering a renaissance of Orthodox life and a revolutionary advance in Torah study — both *Torah Shebik'sav* and *Torah Shebe'al Peh* — and prayer.

JACOB M.M. AND PNINA (RAND) GRAFF have dedicated the popular-size GRAFF-RAND EDITION OF RAMBAN, in addition to their dedications of both the Hebrew and English editions of the GRAFF-RAND EDITION OF SEDER MOED of TALMUD YERUSHALMI in memory of their parents, who were unselfish builders of Torah life wherever they lived. Mr. and Mrs. Graff are justly respected pillars of the Los Angeles community, where they are renowned and admired supporters of Torah causes, following in the footsteps of their parents.

We are proud that STANLEY AND ELLEN WASSERMAN are the dedicators of SEFER BEREISHIS / GENESIS in this Midrash Series, in honor of their children and grandchildren. The Wassermans are people of uncommon warmth, sensitivity, generosity, and devotion to noble causes, public and private. They have dedicated numerous volumes of the Talmud Bavli and Yerushalmi, and they recently dedicated the new WASSERMAN EDITION COMPLETE ARTSCROLL SIDDUR, which will be the standard Siddur for decades to come. Over the years we have become more and more grateful for the privilege of their friendship.

ASHER DAVID MILSTEIN has joined our work as a dear friend and major supporter. He has dedicated the MILSTEIN EDITION OF THE FIVE MEGILLOS in Midrash Rabbah; the MILSTEIN EDITION OF THE LATER PROPHETS, which is now in preparation; and the MILSTEIN EDITION OF SEDER NASHIM in Talmud Yerushalmi. In addition, he is making it possible for his friend and mentor Rabbi Jeff Seidel to bring countless people closer to their heritage by distributing a wide variety of ArtScroll / Mesorah volumes free of charge. Through his vision and generosity Mr. Milstein is a significant force for Torah Judaism.

ELISHA SHLOMO MILSTEIN has joined our work as the dedicator of the MILSTEIN EDITION OF BAMIDBAR / NUMBERS in Midrash Rabbah; and the MILSTEIN EDITION OF SEDER TOHOROS in Talmud Yerushalmi.

We are proud that the CZUKER FAMILY of Los Angeles is the dedicator of BEREISHIS/ GENESIS VOL. I, BEREISHIS-NOACH, of the Midrash Series. They have also dedicated TRACTATE ROSH HASHANAH in TALMUD YERUSHALMI and most recently they have undertaken THE JAN CZUKER FAMILY ELUCIDATION OF THE TORAH'S COMMANDMENTS of SEFER HACHINUCH/ THE BOOK OF MITZVOS.

HAGAON HARAV DAVID FEINSTEIN שליט״א has been a guide, mentor, and friend since the first day of the ArtScroll Series, and we are honored that he regards our work as an important contribution to *harbatzas Torah.* Although complex halachic matters come to the Rosh Yeshivah from across the world, he always makes himself available to us whenever we consult him. He is also a Founding Trustee of the Mesorah Heritage Foundation.

We are humbled and honored that this country's senior Roshei HaYeshivah have been so generous with their time and counsel. HAGAON HARAV ZELIK EPSTEIN זצ״ל was always a valued source of wisdom and counsel, as was HAGAON HARAV AVROHOM PAM זצ״ל. HAGAON HARAV SHIMON SCHWAB זצ״ל was a prime source of encouragement and guidance.

HAGAON HARAV SHMUEL KAMENETSKY שליט״א offers warm friendship and invaluable advice; HAGAON HARAV AHARON SCHECHTER שליט״א is unfailingly gracious and supportive; HAGAON HARAV AVROHOM CHAIM LEVIN שליט״א volunteers his friendship and support; the Novominsker Rebbe, HAGAON HARAV YAAKOV PERLOW שליט״א, is a wise counselor, good friend, and staunch supporter of our efforts for *harbatzas Torah.* We are grateful beyond words to them all.

HAGAON HARAV DAVID COHEN שליט״א has been a dear friend for nearly half a century; he places the treasury of his knowledge at our disposal whenever he is called upon, and has left his erudite mark on ArtScroll's projects from its inception. HAGAON HARAV HILLEL DAVID שליט״א is a valued friend, counselor, and source of comment and advice. HAGAON HARAV FEIVEL COHEN שליט״א is a dear friend who gladly interrupts his personal schedule whenever needed. HAGAON HARAV ELIEZER GINSBURG שליט״א has been a loyal friend at critical junctures.

We are deeply grateful to RABBI HESHIE BILLET, a distinguished rav, loyal and effective friend, and devoted servant of Klal Yisrael; RABBI RAPHAEL B. BUTLER, the dynamic founder of the Afikim Foundation; RABBI YISRAEL H. EIDELMAN, a dedicated servant of Torah; RABBI SHLOMO GERTZULIN, an invaluable asset to our people; RABBI MOSHE M. GLUSTEIN, an accomplished *marbitz Torah* and rosh yeshivah; RABBI BURTON JAFFA, who has spent his life giving hope to children and their parents; RABBI MICHOEL LEVI, an accomplished educator; RABBI PINCHOS LIPSCHUTZ, a leader in Torah journalism; RABBI SHIMSHON SHERER, who inspires his congregation; RABBI DAVID WEINBERGER, who invigorates his community, and whose works we have the honor to publish; and RABBI HOWARD ZACK, who is making an enormous impact for good in Columbus.

We are deeply grateful to JAMES S. TISCH, a Founding Trustee of the Foundation, and a member of the Audit Committee, and THOMAS J. TISCH, a governor, who are a credit to their family tradition of community service; JOEL L. FLEISHMAN, a Founding Trustee of the Foundation, and member of the Audit Committee, who single-handedly brought the Foundation into existence, and whose sage advice is indispensable; BENJAMIN C. FISHOFF, patron of several volumes of the Talmud, and a respected friend and mentor who has enlisted others to support our work; and RABBI ZVI RYZMAN, who epitomizes the Jewish ideal of the man of commerce who is a *talmid chacham.* He is a noted *maggid shiur,* dynamic force for Torah life, and a loyal, devoted friend who has dedicated many volumes. Now, he and Mrs. Ryzman have undertaken the dedication of the new RYZMAN EDITION OF THE MISHNAH, in Hebrew.

Loyal friends who have been instrumental in the success of our work and to whom we owe a debt of gratitude are, in alphabetical order:

STEVE ADELSBERG, a governor, friend and dedicator in every edition of the Talmud; SAM ASTROF, a member of the foundation's Audit Committee; REUVEN DESSLER, a good friend and respected leader who adds luster to a distinguished family lineage; HOWARD TZVI FRIEDMAN, a dear friend and dedicator, who places his enormous reservoir of energy and good will at Klal Yisrael's disposal; ABRAHAM FRUCHTHANDLER, who has placed support for Torah institutions on a new plateau; HASHI HERZKA, the inaugural dedicator of a volume in the ARTSCROLL EDITION OF RAMBAN, and the dedicator of a volume in Talmud Yerushalmi; MALCOLM HOENLEIN, one of Jewry's truly great lay leaders, who generously makes time to offer guidance and counsel; SHIMMIE HORN, patron of the HORN EDITION OF SEDER MOED of Talmud Bavli, a self-effacing person to whom support of Torah is a priority; MOTTY KLEIN, dedicator of several volumes and of the OHEL SARAH WOMEN'S SIDDUR, a leader in his community and a force for Torah; MOSHE MARX, a very dear friend who is a respected supporter of Torah causes; RABBI MEYER H. MAY, who has been an invaluable friend at many junctures; ANDREW NEFF, dedicator of several history and Talmud volumes and a leader in his industry, who has made Mesorah his own cause; DR. ALAN NOVETSKY, the very first dedicator of an ArtScroll volume, who has continued his support and friendship over the years; SHLOMO SEGEV of Bank Leumi, who has been a responsible and effective friend; HESHE SEIF, a personal friend and the patron of the SEIF EDITION TRANSLITERATED PRAYER BOOKS, has added our work to his long list of important causes; NATHAN SILBERMAN, a dear friend, and leader in his profession, who makes his skills and judgment available in too many ways to mention; JUDAH SEPTIMUS, a Founding Trustee, and member of the Audit Committee, a *talmid chacham,* who extends himself beyond belief on behalf of our work, and whose wise intervention has been essential at critical junctures; JOSEPH SHENKER, one of America's preeminent attorneys, a good friend and Torah scholar in his own right, and a member of the Foundation's Board of Trustees and Audit committee; ELLIOT TANNENBAUM, a warm and gracious inaugural patron of several volumes, including the very popular *"Ner Naftali"* Eretz Yisrael Siddur, whose example has motivated many others; JOSEPH WEISS, a *talmid chacham,* dedicator, and astute reader; STEVEN WEISZ, whose infectious zeal and virtual daily contact has brought many others under our banner; and HIRSCH WOLF ז"ל, one of ArtScroll's earliest supporters, a fountain of encouragement and an energetic leader in many causes.

We are grateful, as well, to other friends who have come forward when their help was needed most: YISRAEL BLUMENFRUCHT, YERUCHAM LAX, RABBI YEHUDAH LEVI, RABBI ARTHUR SCHICK, WILLY WEISNER, and MENDY YARMISH.

Enough cannot be said about our dear friend and colleague RABBI SHEAH BRANDER, whose graphics genius sets the standard of excellence in Torah publishing. In addition, he is a *talmid chacham* of note who adds more than one dimension to the quality of every volume he touches. Reb Sheah is involved in every aspect of the project, from scholarship to production. He has earned the respect, trust, and affection of the entire staff, to the point where it is inconceivable to envision the past and future success and quality of the work without him.

We conclude with gratitude to Hashem Yisbarach for His infinite blessings and for the privilege of being the vehicle to disseminate His word. May this work continue so that all who thirst for His word may find what they seek in the refreshing words of the Torah.

Rabbi Nosson Scherman / Rabbi Meir Zlotowitz

Kislev, 5773
December, 2012

About This Volume

This volume was written and edited by RABBIS YAAKOV BLINDER, YOAV ELAN, BEN TZION GLIKSBERG, AARON MEIR GOLDSTEIN, NESANEL KASNETT, DOVID KAISER, HENOCH MOSHE LEVIN, BARUCH POMPER, GERSHON MEISELS, MOSHE YOSEF RUVEL, YISRAEL SCHNEIDER, LEIBY SCHWARZ, SHAUL SHATZKES, SHLOMO SILVERMAN, NAHUM SPIRN, and YITZCHOK STAVSKY.

Special contributors and editors included RABBIS NOCHUM BROWN, HILLEL DANZIGER, YEHUDA KEILSON, ELIYAHU MEIR KLUGMAN, YOSEF LEVINSON, ZEV MEISELS, and HENOCH MORRIS.

RABBIS AVROHOM KLEINKAUFMAN, BERYL SCHIFF, and KALMAN REDISCH identified the major part of the material incorporated into the Insights section of this work, providing sources with a remarkable range of breadth and content. The material they provided was carefully reviewed by RABBI ZEV MEISELS, with characteristic diligence and discrimination, who then selected the vast majority of pieces ultimately included as Insights in this volume.

The volume was reviewed by RABBI CHAIM MALINOWITZ, who was assisted by RABBI AVROHOM KLEINKAUFMAN and RABBI YOSAIF ASHER WEISS.

RABBI HILLEL DANZIGER and RABBI YOSAIF ASHER WEISS served with great distinction as Editorial Directors.

We thank RABBI YEHEZKEL DANZIGER and RABBI MENACHEM SILBER for their invaluable advice and suggestions.

MRS. AHUVA WEISS assisted skillfully in the editing.

RABBI MOISHE DEUTSCH, assisted by RABBI YEHOSHUA REICH, paginated the beautiful new Hebrew Midrash;

RABBIS YAAKOV BLINDER and YISROEL LONDINSKI carefully reviewed and corrected the Hebrew text;

MRS. ESTIE DICKER, MRS. ESTHER FEIERSTEIN, MRS. TOBY GOLDZWEIG, and MRS. MIRYAM STAVSKY typed the manuscripts carefully and skillfully; MRS. RACHEL GROSSMAN of Jerusalem provided editorial expertise;

MRS. CHUMIE LIPSCHITZ, who is a key member of our staff, paginated and entered corrections with extraordinary skill and diligence, often at great personal inconvenience;

MRS. MINDY STERN proofread with great skill and judgment, making many important corrections. MRS. FAIGIE WEINBAUM and MRS. JUDI DICK also contributed immeasurably to the quality of this work.

RABBI YECHEZKEL SOCHACZEWSKI ensured the accuracy of this volume, as he has for so many others, with skill and dedication.

SHMUEL BLITZ, director of our Jerusalem office, is always available, always incisive, always decisive. Distance does not impede his intimate involvement in our work.

GEDALIAH ZLOTOWITZ, Vice President of Sales and Marketing of ArtScroll/Mesorah, and his staff are responsible for the smooth, friendly, and efficient manner with which our works are made available to the public and the trade.

MRS. LEA BRAFMAN, as comptroller virtually since ArtScroll's creation, is indispensable to the efficient functioning of our work. She is ably assisted by MRS. SARALEA HOBERMAN and MRS. LEYA RABINOWITZ.

ELI KROEN designed the sculpted cover and endpapers. For many years, his innovative and prolific graphics skills have been a hallmark of ArtScroll/Mesorah volumes.

RABBI AVROHOM BIDERMAN does more than can be listed in a brief paragraph.

MENDY HERZBERG, with his customary efficiency, shepherded the production all the way through.

TWO EDITIONS OF MIDRASH RABBAH HAVE BEEN THE MOST WIDELY USED in recent generations. One is the Warsaw edition (1867), printed with the comprehensive commentary *Ein Chanoch* (comprising *Eitz Yosef, Anaf Yosef,* and *Yad Yosef*) by *R' Chanoch Zundel* of Bialystok, and the much earlier commentary of *Matnos Kehunah.* The other is the Vilna edition of 1878-1887 (עם כל המפרשים) printed with many commentaries, including the commentaries of *Matnos Kehunah, Maharzu,* and an abridgement of *Yefeh To'ar.* These two editions have minor differences in the Midrash text, but differ markedly in how each *parashah* of Midrash is subdivided into sections. The section numbering system used in the Warsaw edition is the one used by many early commentators (such as *Yefeh To'ar*). The system found in the Vilna edition is the one used in many more recent works on Midrash, and the one which we have followed, as explained below. (A more thorough discussion of the various editions can be found in the Publisher's Preface to the first volume of *Bereishis Rabbah.*)

The Standard Midrash Texts

OUR TEXTS OF SHEMOS RABBAH OFTEN RECORD PARTIAL EXPOSITIONS, referring the reader to other Midrashic sources for the full version. Thus, the text will often present the beginning of an exposition and then continue with ... כְּמוֹ שֶׁכָּתוּב בְּ ... עַד, *As it is written in ... until ...* These phrases are an expanded form of וְכוּ׳, *etc.,* pointing the reader to where the full version, which is truncated here, can be found.

Note on Shemos Rabbah

THE PRESENT HEBREW EDITION OF MIDRASH RABBAH has been completely reset and redesigned. It features the vowelized Midrash text, flanked by the commentaries of *Eitz Yosef* (from the Warsaw edition) on the right, and of *Maharzu* (from the Vilna edition) on the left. Below them are the commentaries of *Matnos Kehunah* and *Eshed HaNechalim* (the latter work has been out of print and difficult to obtain for many years). In the margins, we present *Chidushei HaRadal* and *Chidushei HaRashash* (from the Vilna edition) and *Anaf Yosef* (from the Warsaw edition), as well as *Mesoras HaMidrash,* which references parallels in other Talmudic and Midrashic sources. (The latter work is from the Vilna edition; as stated in the preface to that edition, it incorporates most of what is contained in *Yad Yosef.* To publish both on the page would be redundant, and we have therefore not included *Yad Yosef.*) We have also included in the margin a new section entitled *Eim LaMikrah,* which presents vowelized, and in full, every Scriptural verse cited in part by the Midrash (other than those verses that appear in the passage actually expounded by the Midrash). Also included is a section entitled *Likkutim,* a collection culled from various sources. We have also printed on the page the comments of *Yedei Moshe, Imrei Yosher,* and *Beur Maharif.*

The Hebrew Page

A major commentary on *Shemos Rabbah* is *Toldos Noach* by R' Noach ben Pesach *Dayan* (Cracow 5394). The commentary by that name found in the back of the Vilna edition of *Shemos Rabbah* is a highly condensed version. In our commentary, we have made ample use of the original, full-length edition.

Since our elucidation of the Midrash adopts *Eitz Yosef* as our primary commentator (see next section), our Midrash text follows the text of the Warsaw edition, which included *Eitz Yosef.* Moreover, on the whole, the Warsaw text of the Midrash seems somewhat more accurate than the Vilna text. (The *Tiferes Tzion* commentary on Midrash, published more than a century ago by *Rabbi Yitzchak Zev Yadler,* also uses a Midrash text that appears to be nearly identical to that of the Warsaw edition.)

Occasionally, our elucidation of the Midrash adopts a reading that differs from that of the Warsaw edition. In those cases, we have inserted a degree sign in the all-Hebrew text where the elucidated text diverges. The interested reader can quickly compare the two texts and see what has been changed. Such changes were usually based on one of the following sources: the editions of Constantinople 1512, Venice 1545, and Vilna 1878-1887; and the commentaries of *Os Emes, Matnos Kehunah, Yefeh Anaf, Radal,* and *Rashash.* (On occasion, the Warsaw text has a printing error. In these cases, we correct the text according to the Vilna edition and mark the occurrence with an asterisk in the all-Hebrew text.) We have introduced a new marginal section

(שינוי נוסחאות), which documents the source of the alternative readings we have followed in the Hebrew or elucidated text. (It should be noted that *Rashash* made emendations to the Vilna edition of 1843, and that some subsequent editions have already incorporated those emendations into the text. Similarly, some Midrash editions have already incorporated in their text some emendations of *Matnos Kehunah.*)

On occasion, the commentators maintain that one or more phrases of Midrash appear in the wrong place. In those cases, on the all-Hebrew page we leave the text as is, however we indicate the emendation of the commentators as follows: the text in question is enclosed by two asterisks and we place a double-asterisk at the point where the indicated text should appear.

The Midrash is separated into divisions (called *parashiyos*), which are further subdivided into sections. While the system of *parashah* divisions is essentially universal, the system of section divisions is not (as mentioned above). We have followed the Vilna convention with regard to numbering the sections both in the text and commentaries. Within the commentary of *Eitz Yosef* (which originally appeared in the Warsaw edition and according to that numbering system), we present both the Vilna numbers (in parentheses) and the Warsaw numbers (in brackets). When the notes reference such works as *Yefeh Anaf* (which does not follow the Vilna section-numbers) we provide the *parashah* number and the heading of the paragraph in which the particular comment appears.

The recent edition of Midrash Rabbah includes addenda to the *Eitz Yosef* commentary. On occasion, we make mention of those addenda, referencing them as *"Eitz Yosef* as found in the Vagshal edition."

The Elucidated Commentary

ONE OF THE FIRST AND MOST COMPREHENSIVE COMMENTARIES written on Midrash Rabbah is *Yefeh To'ar* by *R' Shmuel Jaffe Ashkenazi.* The full version of this commentary, last printed several hundred years ago (and recently reissued in facsimile edition by Vagshal Publishing Ltd.), covers approximately two thousand pages. The commentary *Yefeh To'ar* printed in the standard Vilna edition is a much condensed abstract of this work. Our references in the notes to *Yefeh To'ar* are to the original *full* version. (A more extensive discussion of the early, classic commentaries can be found in the Publisher's Preface to the first volume of *Bereishis Rabbah.*)

The comprehensive and widely used *Eitz Yosef* is primarily a digest of the earlier classic commentaries. In the elucidation we use it as our primary commentary, often attributing his comments only to him, even when they are taken from earlier sources, such as *Yefeh To'ar.*

We have tried to keep our discussion of alternative interpretations to a minimum, so as not to overly interrupt the flow of the Midrashic narrative and exposition.

Although the Midrash is actually a *commentary* on the Scriptural text, it often cites only a fragment of the verse on which it comments. This leaves the reader without access to the entire verse or the context in which it appears, unless he uses a separate *Chumash.* To facilitate the reader's study of Midrash we present (in the elucidated text) before each Midrashic commentary the relevant verse or verses in their entirety and with translation. These verses are indented and in non-bold type, so that the reader can easily see that they are an interpolation and not part of the actual Midrash text. The verse or verse fragment that the Midrash *does* cite is set off in "heading" style, in which the Hebrew text is bolded (as are all the actual words of the Midrash) and the English translation is bolded *and* uppercased. Where we have supplied our own heading, the Hebrew and English text is *not* bolded.

The Insights

AN EXCLUSIVE FEATURE OF OUR ELUCIDATION OF THE MIDRASH is the special Insights section, which contains additional material that supplements the commentary or brings to the fore principles and lessons embedded in the Midrash. These insights have been adapted from a wide variety of sources, ranging from the *Rishonim* to the masters of Chassidus and of Mussar, the wealth of commentaries on the Midrash and on *Chumash,* as well as contemporary roshei yeshivah, authors and thinkers. These sources are duly attributed, and a bibliography of the lesser-known works can be found in back of the volume.

יתרו-פקודי

YISRO–PEKUDEI

יתרו

YISRO

Chapter 27

וַיִּשְׁמַע יִתְרוֹ כֹהֵן מִדְיָן חֹתֵן מֹשֶׁה אֵת כָּל אֲשֶׁר עָשָׂה אֱלֹהִים לְמֹשֶׁה וּלְיִשְׂרָאֵל עַמּוֹ כִּי הוֹצִיא ה׳ אֶת יִשְׂרָאֵל מִמִּצְרָיִם.
Jethro, the minister of Midian, the father-in-law of Moses, heard everything that God did to Moses and to Israel, His people — that HASHEM had taken Israel out of Egypt (18:1).

§1 וַיִּשְׁמַע יִתְרוֹ — *JETHRO HEARD.*

The Midrash will relate a verse from *Proverbs* to ours:[1] **הָדָא הוּא דִכְתִיב "רֵעֲךָ וְרֵעַ אָבִיךָ אַל תַּעֲזֹב" — This is** related to that **which is written, *Do not forsake your friend and the friend of your father.*** *Do not come to your brother's house in the day of your misfortune; a close neighbor is better than a distant brother* (*Proverbs* 27:10).[2] **"רֵעֲךָ" זֶה הַקָּדוֹשׁ בָּרוּךְ הוּא — *Your friend* — this is** an allusion to **the Holy One, blessed is He, כְּמָה דְאַתְּ אָמַר "לְמַעַן אַחַי וְרֵעָי" — as is stated, *For the sake of My brethren and My friends*** *I shall speak of peace in your midst* (*Psalms* 122:8).[3] **"וְרֵעַ אָבִיךָ" זֶה אַבְרָהָם — *And the friend of your father* — this is** an allusion to **Abraham,**[4] **שֶׁנֶּאֱמַר "זֶרַע אַבְרָהָם אֹהֲבִי" — as is stated,** *But you, O Israel, My servant Jacob, you whom I have chosen,* ***offspring of Abraham who loved Me*** (*Isaiah* 41:8).[5] **"אַל תַּעֲזֹב" — *Do not forsake.***[6]

NOTES

1. The Sages are in disagreement if Jethro came to the Jews' camp in the Wilderness before or after the giving of the Torah (see *Avodah Zarah* 24b et al.). According to the view that Jethro came afterward, it must be explained why the Torah chose to tell his story where it did, before telling of the giving of the Torah. Our Midrash will teach that the Torah juxtaposed this story with that of Amalek, which appeared just above, in order to highlight the vast difference between the righteous Jethro and the wicked nation of Amalek (*Yefeh To'ar*, referencing *Tosafos* to *Avodah Zarah* 24b s.v. יתרו).

2. Having cited this verse, the Midrash will expound it in its entirety, phrase by phrase, before demonstrating its relationship to our verse (*Maharzu*, *Eitz Yosef*).

3. [According to our Midrash] God spoke these words in reference to the Jewish people (*Maharzu*, referencing *Tanchuma*, *Yisro* §5; *Eitz Yosef*).

4. I.e., Abraham is the *father* whose *friend* the verse discusses.

5. Since this verse states that Abraham loved God, it justifies our Midrash's assertion that God may be described as Abraham's "Friend."

6. Thus, the verse cautions the Jewish people against forsaking God, Who is both *their Friend* and *the Friend of their father*, Abraham (*Eitz Yosef*; see *Matnos Kehunah*).

See Insight Ⓐ.

INSIGHTS

Ⓐ **Faith and Inquiry** Simply understood, our Midrash's exposition of *Do not forsake your friend and the friend of your father* does not pertain to our verse of וַיִּשְׁמַע יִתְרוֹ, *And Jethro heard* (see note 2). Some commentators, however, do draw a connection between the two, as follows:

The verse states that Jethro heard all that God did for Moses and for His people. The Rabbis ask: What precisely did Jethro hear that inspired him to join the Jewish people? They answer: He heard news of the splitting of the Sea of Reeds and of the battle with Amalek (see *Rashi* on our verse, from *Mechilta* and *Zevachim* 116a). In fact, God performed many miracles for Israel. Why was Jethro drawn close by these specific events?

These commentators explain that news of these occurrences played a pivotal role in changing Jethro's mind about a matter of theological import. Jethro had arrived at his recognition of God through intellectual inquiry. He made himself expert in every extant form of idolatry, he delved deeply into the philosophy and metaphysics that underlay their worship, he experimented with every alternative religion. At the conclusion of his researches, having rejected all other paths, he was entirely convinced of the truth of the One God, and undertook with all his heart to devote himself to His service.

There is, however, another approach toward recognition of God, one grounded in the collective tradition of our forefathers, to whom the existence of God was clear, a matter of considerable and incontrovertible personal experience and not a matter arrived at by investigation and complicated proofs.

Jethro valued this latter approach as well. However, it is in the nature of a person to esteem that with which he is familiar; hence, Jethro strongly favored his own approach of intellectual inquiry, so much so that he demanded that Moses permit him to raise Moses' firstborn son in the ways of idolatry (see *Mechilta* to *Exodus* 18:3). This does *not* mean that Jethro wished the boy to become an idolater, for Moses would never have acceded to such a request, and besides, Jethro himself had long since embraced the true God. Rather, Jethro wished the boy to take the same path that had brought Jethro himself to embrace God, the path of research and philosophical inquiry, which would in the end lead to a deep and comprehensive acceptance of the Holy One (*Chidushei HaRim, Parashas Yisro*, pp. 106-107; see also *Maayan Beis HaSho'eivah* on *Exodus* 18:4). Jethro felt that a belief in God arrived at through *such* means would be unassailable, come what may. And for many years, Jethro held fast to his belief in the efficacy and superiority of his approach. His view underwent a transformation, however, when the news arrived of the splitting of the Sea and the battle with Amalek.

The splitting of the Sea of Reeds was among the greatest of miracles performed in Egypt, for it combined punishment of the Egyptians with immediate benefit for Israel, and was clearly a *direct* intervention from Above on behalf of God's people. It was blindingly obvious to all who witnessed this event that it could have been performed only by the Omnipotent One, Master of all Creation. [Indeed, the Rabbis teach that at the splitting of the sea, the simplest handmaiden among the Jews witnessed a far greater revelation than even the great prophet Ezekiel, who was vouchsafed a vision of the Heavenly Court and its angels. Elsewhere, they teach that God's Presence at *Yam Suf* was palpable, so that those present could point toward Him with a finger, as one might point toward his fellow who stands visible before him (see *Mechilta* to *Exodus* 15:2, and *Rashi* there; *Shemos Rabbah* 23:15).] One would imagine that the awe of this miracle, the glory so tangibly revealed, would have burned deep into the hearts of Israel an uncompromising belief in God, one so firmly rooted that it could never be undone. This turned out not to be the case. Only a short time after the splitting of the sea, the Jews sinned at Rephidim. The great miracle of *Yam Suf* was forgotten, as they cried out (*Exodus* 17:7), הֲיֵשׁ ה׳ בְּקִרְבֵּנוּ אִם אָיִן, *Is HASHEM among us or not?* Despite the revelation at the sea, Israel questioned the presence of God (see above, 26 §2; *Rashi* ibid., v. 8). In response, God abandoned them to the attack of Amalek (*Ksav Sofer* to our verse; *Keren LeDavid, Parashas Yisro*, p. 33).

This news completely transformed Jethro's perspective on the theological question outlined above. He reasoned that if those who were themselves witness to the greatest of God's miracles, and saw Him revealed in His awesome strength at the sea, could later fall prey to the worm of doubt, how much more so must one fear the loss of faith by one who had *not* seen God's wonders for himself, who had experienced *no* miracles, but whose faith in God rested entirely on the frail reed of human intellect, changeable and easily swayed. If the faith of Israel, so solidly founded, could falter, then Jethro's faith too was threatened, based as it was on nothing more than his own conclusions. Jethro saw only one way to ensure his continued fealty to God; namely, by attaching himself to Israel and allowing himself to be subsumed in the Jewish tradition of the pure faith and way of life handed down to us by our great forefathers, Abraham, Isaac, and Jacob. Therefore, upon learning of the events of *Yam Suf* and Amalek, and after considering their implications, Jethro uprooted himself from his ancestral home and made his way through the wilderness to join the people of Israel (*Ksav Sofer* ibid.; see also *Keren LeDavid* ibid.).

The lesson learned by Jethro is alluded to in the exposition of our Midrash. *Do not forsake your friend* refers to the Holy One. The

סֵדֶר יִתְרוֹ

פרשה כז

א [יח, א] ״וַיִּשְׁמַע יִתְרוֹ״, אהָדָא הוּא דִכְתִיב (משלי כז, י) ״רֵעֲךָ וְרֵעַ אָבִיךָ אַל תַּעֲזֹב״, ״רֵעֲךָ״ זֶה הַקָּדוֹשׁ בָּרוּךְ הוּא, כְּמָה דְּאַתְּ אָמַר (תהלים קכב, ח) ״לְמַעַן אַחַי וְרֵעָי״, ״וְרֵעַ אָבִיךָ״ זֶה אַבְרָהָם, שֶׁנֶּאֱמַר (ישעיה מא, ח) ״זֶרַע אַבְרָהָם אֹהֲבִי״, ״אַל תַּעֲזֹב״, וְאִם עֲזַבְתָּ תֵּן דַּעְתְּךָ שֶׁלֹּא תִכָּנֵס לְ״בֵית אָחִיךָ ... בְּיוֹם אֵידֶךָ״ (שם), זֶה יִשְׁמָעֵאל וְעֵשָׂו, אָמַר רַבִּי יְהוֹשֻׁעַ בֶּן לֵוִי: כְּשֶׁהִגְלָה נְבוּכַדְנֶצַּר אֶת יִשְׂרָאֵל לְבָבֶל הָיוּ כְּפוּתִים מֵאַחֲרֵיהֶם, כְּמוֹ שֶׁכָּתוּב בְּמִדְרַשׁ אֵיכָה (פרשה ב) בעַד (שם כא, טו) ״כִּי מִפְּנֵי חֲרָבוֹת נָדָדוּ״, אֲבִיכֶם כְּשֶׁהָיָה מוּשְׁלָךְ בַּמִּדְבָּר פָּתַחְתִּי לוֹ בְּאֵר מַיִם וְאַתֶּם עֲשִׂיתֶם כָּךְ, הֱוֵי (משלי כז, י) ״טוֹב שָׁכֵן קָרוֹב מֵאָח רָחוֹק״, דָּבָר אַחֵר, ״טוֹב שָׁכֵן קָרוֹב״ הוּא יִתְרוֹ, שֶׁהָיָה רָחוֹק לְיִשְׂרָאֵל, מִן עֵשָׂו אָחִיו שֶׁל יַעֲקֹב, בְּיִתְרוֹ מַה כְּתִיב (שמואל-א טו, ו) ״וַיֹּאמֶר שָׁאוּל אֶל הַקֵּינִי וְגוֹ׳ ״, בְּעֵשָׂו כְּתִיב (דברים כה, יז) ״זָכוֹר אֵת אֲשֶׁר עָשָׂה לְךָ עֲמָלֵק״, אַתָּה מוֹצֵא דְּבָרִים רַבִּים כְּתוּבִים בְּעֵשָׂו לִגְנַאי וּכְתוּבִים בְּיִתְרוֹ לְשֶׁבַח, בְּעֵשָׂו כְּתִיב (איכה ה, יא) ״נָשִׁים בְּצִיּוֹן עִנּוּ״, וּבְיִתְרוֹ כְּתִיב (לעיל ב, כא) ״וַיִּתֵּן אֶת צִפֹּרָה בִתּוֹ וְגוֹ׳ ״, בְּעֵשָׂו כְּתִיב (תהלים יד, ד) ״אֹכְלֵי עַמִּי אָכְלוּ לֶחֶם״, וּבְיִתְרוֹ כְּתִיב (לעיל ב, כ) ״קִרְאֶן לוֹ וְיֹאכַל לָחֶם״, בְּעֵשָׂו כְּתִיב (דברים כה, יח) ״וְלֹא יָרֵא אֱלֹהִים״,

עץ יוסף

(א) הדא הוא דכתיב רעך כו׳. סדר הכתוב כך הוא, רעך ורע אביך אל תעזוב ובית אחיך אל תבא ביום אידך טוב שכן קרוב מאח רחוק, ועיקר כוונת הדורש הוא סוף הכתוב טוב שכן קרוב, ואגב דורש רישא דקרא: **למען אחי ורעי.** הוא מאמר הקדוש ברוך הוא שאמר למען אחי ורעי: **ורע אביך זה אברהם.** ופירוש הכתוב אל תעזוב הקדוש ברוך הוא שהוא רעך ורע אביך אברהם: **תן דעתך שלא תכנס לבית אחיך כו׳.** כלומר שלא נחשוב אנחנו כי טוב לנו להיות אחרי רבים, להטות שעל ידי זה נוסיף רעים רבים, מה שאין כן ביהדותנו שאנו נבדלים מכל עם ושנואים מהם, לזה אמר כי די לנו להיות רעים אהובים להקדוש ברוך הוא, ולא נחשוב שאם חס ושלום נפנה עורף מהקדוש ברוך הוא להדבק בעכו״ם נתקבל בינם באהבה ותבה כדרך רעים אהובים, שזה מהשגחת ה׳ עלינו לבלתי נתון ישראל המתערבים בעכו״ם לרחמים בעיניהם, אבל לעולם סחי ומאוס ישימנו בעיניהם, וזהו אומרו ואם עזבת תן דעתך כו׳ כלומר תדע ותשכיל שאין לבטוח אפילו באחיך שלא תתקבל אצלו, והא ראיה ממה שעשו להם בני ישמעאל כשהלכו להסתופף בצלם, ומה יעשו עוד שארי עכו״ם (יפה תואר): **הוי טוב שכן קרוב כו׳.** פירוש טוב הקדוש ברוך הוא שנקרא שכן על דרך השוכן אתם, ושכנתי בתוכם, והוא קרוב לקוראיו, מאח שהוא עמלק ורחוק מהאחוה: **נשים בציון ענו.** כלומר בחזקה דרך זנות וזימה, וביתרו כתיב ויתן וגו׳ דרך נתינה ונשואין: **אוכלי עמי כו׳.** וסוף המקרא ה׳ לא קראו, וביתרו כתיב קראן לו וגו׳: **ולא ירא אלהים.** דקאי אעמלק, ופירוש שלא ירא מהאלהים מלהרע לך:

פירוש מהרז״ו

(א) רעך ורע אביך. וסיפיה דקרא ואל תבא בית אחיך ביום אידך טוב שכן קרוב מאח רחוק, ועיקר הדרשה על סוף הפסוק, ואגב דורש רישיה דקרא: **זה הקדוש ברוך הוא.** שקרא אותם אחים ורעים. תנחומא יתרו ריש סימן ה, כמו שכתוב למען אחי ורעי, שרוח הקדש קורא אותם כן. עיין דברים רבה פרשה י״ג בסימן י״א, וכמו שכתוב (שיר השירים ה, טז) זה דודי וזה רעי בנות ירושלים, ילקוט משלי ריש ו׳, ולקמן בסימן ט: **במדרש איכה.** פסוק בלע ה׳ (ב, ד). תנחומא כאן סימן ה, בראשית רבה פרשה כ״ג סימן י״ד, עיין שם: **אביכם שהיה מושלך.** כמו שכתוב (בראשית כא, טו) (וישלך) [ותשלך] את הילד תחת אחד השיחים, וזה היה במדבר באר שבע, וכתיב שם (פסוק יט) ויפקח ה׳ את עיניה ותרא באר מים, וזה היה על פי נס, וזהו מה שכתב המדרש פתחתי לו: **ואתם עשיתם כך.** שהמיתם את עמי בצמא: **הוי טוב שכן קרוב.** בהכרח שהכוונה על יתרו, כמו שאמר מיד בסמוך. ומה שאמר קרוב ורחוק, פירושו קרוב בלב באהבה, ורחוק מהלב בשנאה. וצריך עיון שהרי יתרו הוא ממדין, כמו שכתוב כי אם אל ארצי ואל מולדתי אלך, בסדר בהעלותך (במדבר י, ל), ומדין הוא בנו של אברהם כמו ישמעאל, כמו שכתוב בסוף חיי שרה (בראשית כה, ב) ותלד לו וגו׳ ואת מדין, אך לפי מה שכתב במדבר רבה פרשה כ״ב סימן ד פלוגתא בזה, שיש סוברים שהיה שני מדין, שמדין של יתרו שהיה שם משה, היה בין מצרים להר סיני, ומדין שהרגו ישראל היה סמוך למואב, יתכן מאד שהיה מדין בנו של אברהם, כמו שכתוב (שם פסוק ו) וישלחם [וגו׳] קדמה אל ארץ קדם, אצל ארם ומואב, ואם כן מדין של יתרו אינו בנו של אברהם: **ויאמר שאול אל הקיני.** וסיפיה דקרא סורו רדו מתוך עמלקי וגו׳ ואתה עשית חסד עם כל בני ישראל בעלותם ממצרים, ובעמלק כתוב (דברים כה, יז) אשר עשה לך עמלק בצאתכם ממצרים:

מתנות כהונה

[א] ורע אביך זה אברהם. ופירוש הכתוב אל תעזוב הקב״ה שהוא ריע לאביך אברהם. כן פירש רש״י ז״ל: **במדרש איכה.** סוף פסוק בלע ה׳ ולא חמל: **אביכם כו׳.** כך אמר הקדוש ברוך הוא אביכם ישמעאל כשהיה כו׳: **ולא ירא אלהים** גרסינן.

אשד הנחלים

[א] רעך זה הקדוש ברוך הוא. כי שלמה מדבר על פי משל לקחת ציור מדרך בני אדם באיש לרעהו, שממנו נקח לעבוד ה׳, כמו שכתבתי בהקדמתי הראשונה. וקרא להקדוש ברוך הוא ריע, כי הוא מתחבר לעם קרובו כריע כאח לו, והוא היה לריע לאברהם על ידי שהכיר אמונתו, בכן [לכן] אל תעזוב מלעבדו ולהאמין בו כמו שהאמין אברהם, והשמר שלא תצטרך לבוא לבית אחיך ביום אידך, כי אם תעזוב ה׳ אז תוכרח ללכת להתרפס למולם: **אביכם.** זה ישמעאל. וכאומר פן תאמר שישמעאל ירחמו עליך, זכור מעשיהם כי לא ריחמו עליכם מאומה, אף שריחמתי עליו בהיותו בצרה, וזהו **טוב שכן קרוב** כביכול על ה׳ ברוך הוא, שאי אפשר לקרותו בשם אח, רק בשם קרוב, בשם שכן, שהשכין השגחתו עלינו, יותר טוב לבטוח עליו מעל אח רחוק: **רחוק לישראל.** כי אינו מהם, ועם כל זה התחבר עמהם להיות באהבה, כי נפשו היתה טובה בעצם כנפשותם, ומביא ממדותיו שהיו הפכיים מול מדות יתרו בכמה ענינים, מעריות, ומרעת עין, ומשנאתו לקרבת ה׳ שהוא הקרבנות, ומשנאתו מטובת ישראל:

אמרי יושר

[א] טוב שכן קרוב זה יתרו. הרגישו, דלמאן דאמר יתרו לאחר מתן תורה בא מה זה סמיכות, לזה דרשו כדמות סמיכות, שסמך הרב אברהם בן עזרא (שמות יח, א), לומר שעמלק היה קרוב ונתרחק, ויתרו בא ממרחקים, וטוב שכן קרוב יותר מעמלק, או טוב השכן שנעשה קרוב ובא, מאח רחוק שהוא עמלק ונתקרב לנו, זהו וישמע יתרו ונתרחק מעמלק ומעלתו הרעה על גלות ישראל במצרים, ולזה אמר (במדבר כד, כא) איתן מושבך, (לקמן סימן ג וסימן ו) כלפור שברא לאנדרטי שאין רשות לצייר לירות אלו עליה בכבוד המלך, כך דרשת ה׳ עוזי ומעוזי (סימן ד), וכן דרשת דלתי לאורה אפתח (סימן ה) סוברים שלאחר מתן תורה בא, דכתיב והודעתי חקי האלהים ותורותיו:

חידושי הרד״ל

[א] כמו שכתוב במדרש איכה. פרשה ב סוף פסוק ב (סימן ד). ושם מביא רק על ישמעאל מקרא (ישעיה כא, יג) דמשא ביער בערב, ועיין ספרי האזינו פסקא שכב: **הוי טוב שכן קרוב מאח רחוק.** אפשר לענין המאמר דרש שכן קרוב על הקב״ה שהשרה שכינתו בישראל, ונקרא קרוב (דברים ד, ז) אלהים קרובים אליו. (ועיין דברים רבה פרשה ב, טו): **דבר אחר כו׳ קרוב טוב היה יתרו כו׳.** כן צריך לומר: **אל הקיני וגו׳ ואתה עשית חסד עם כל ישראל כו׳.** כן צריך לומר, וכן הוא תנחומא: **בראמולוס כתיב זכור את אשר עשה לך עמלק.** בילקוט שופטים רמז סה מייתי קרא דעובדיה (א יב) ואל תרא ביום אחיך ביום נכרו ואל תשמח לבני יהודה. ואולי נכון לגרוס קרא (תהלים קט, טז) ולא זכר עשות חסד (שנדרש כל המזמור שם במדרשות בכמה מקומות עליו וילקוט תהלים רמז תתסח): **וביתרו כתיב ויתן את ציפרה בתו לאשה.** הכך ראמולוס שענה בתי ישראל וגרסן

חידושי הרש״ש

[א] אביכם כו׳ פתחתי כו׳ ואתם כו׳ הוי טוב שכן קרוב. נראה דמפרשי שמות, שכן קרוב לכוייס להשם יתברך. **שכן.** כדכתיב שוכן עד (ישעיה נז, טו). **קרוב.** קרוב ה׳ לכל קוראיו (תהלים קמה, יח), (וכן האלהי מקרוב אני כו׳ (ירמיה כג, כג), המובא לקמן בפרשה (סימן ב), ועיין שם) וכדכתיב שם (בראשית כא, יז), וישמע אלהים את קול הנער:

באור מהרי״פ

[א] למען אחי וגו׳. לפי משמעות פשוטו של המדרש הוא מאמר הקב״ה, אף על פי שמקראות הקודמים ומקרא המאוחר משמע דדברי דוד, או דברי כנסת ישראל הם, מכל מקום ברשות המדרש לדרוש מקרא האמצעי על הקב״ה, ואל יקשה בעיניך דבר זה כיוצא בו מצינו סדר תולדות (בראשית רבה סז, ה) גבי יוחן רשע בל למד לדק, שתחלתו דברי יצחק, ואחר כך תשובת ה׳, ושוב תשובת יצחק, ושוב הסכמת יצחק, וכיוצא בזה מצינו בספרי סדר דבהעלותך סימן פ״ח ד״ה ועתה נפשנו יבשה אין כל בלתי אל המן עינינו, את סבור מי שאמר זה אמר זה, לא מי שאמר זה, הלא אמר זה ישראל אומרים בלתי אל המן עינינו, והמקום מפיים את כל באי עולם, ואומר להם בואו וראו על מה אלו מתרעמים עלי, והמן כזרע גד הוא ועינו כעין הבדולח, עיין שם שמביא כמה מקראות שמחולקים לשנים, חצי המקרא מדבר זה, וחצי המקרא מדבר אחר, וכן מקראות הסמוכים זה לזה, ומפני שהוא כלל גדול במדרש העתקתי אפס קצהו מהם:

מסורת המדרש

א. תנחומא כאן סימן ה׳ כל הענין:
ב. פרשה ב׳ פסוק ב׳ וש״נ:

אם למקרא

רֵעֲךָ וְרֵעַ אָבִיךָ אַל תַּעֲזֹב וּבֵית אָחִיךָ אַל תָּבוֹא בְּיוֹם אֵידֶךָ טוֹב שָׁכֵן קָרוֹב מֵאָח רָחוֹק: (משלי כז: י)

לְמַעַן אַחַי וְרֵעָי אֲדַבְּרָה נָּא שָׁלוֹם בָּךְ: (תהלים קכב: ח)

וְאַתָּה יִשְׂרָאֵל עַבְדִּי יַעֲקֹב אֲשֶׁר בְּחַרְתִּיךָ זֶרַע אַבְרָהָם אֹהֲבִי: (ישעיה מא: ח)

כִּי־מִפְּנֵי חֲרָבוֹת נָדָדוּ מִפְּנֵי חֶרֶב נְטוּשָׁה וּמִפְּנֵי קֶשֶׁת דְּרוּכָה וּמִפְּנֵי כֹּבֶד מִלְחָמָה: (שם כא: טו)

וַיֹּאמֶר שָׁאוּל אֶל הַקֵּינִי לְכוּ סֻּרוּ רְדוּ מִתּוֹךְ עֲמָלֵקִי פֶּן אֹסִפְךָ עִמּוֹ וְאַתָּה עָשִׂיתָה חֶסֶד עִם כָּל בְּנֵי יִשְׂרָאֵל בַּעֲלוֹתָם מִמִּצְרָיִם וַיָּסַר קֵינִי מִתּוֹךְ עֲמָלֵק: (שמואל־א טו: ו)

זָכוֹר אֵת אֲשֶׁר־עָשָׂה לְךָ עֲמָלֵק בַּדֶּרֶךְ בְּצֵאתְכֶם מִמִּצְרָיִם: אֲשֶׁר קָרְךָ בַּדֶּרֶךְ וַיְזַנֵּב בְּךָ כָּל־הַנֶּחֱשָׁלִים אַחֲרֶיךָ וְאַתָּה עָיֵף וְיָגֵעַ וְלֹא יָרֵא אֱלֹהִים: (דברים כה: יז-יח)

נָשִׁים בְּצִיּוֹן עִנּוּ בְּתֻלֹת בְּעָרֵי יְהוּדָה: (איכה ה: יא)

וַיֹּאמֶר אֶל בְּנֹתָיו וְאַיּוֹ לָמָּה זֶּה עֲזַבְתֶּן אֶת הָאִישׁ קִרְאֶן לוֹ וְיֹאכַל לָחֶם: וַיּוֹאֶל מֹשֶׁה לָשֶׁבֶת אֶת הָאִישׁ וַיִּתֵּן אֶת צִפֹּרָה בִתּוֹ לְמֹשֶׁה: (שמות ב: כ-כא)

הֲלֹא יָדְעוּ כָּל פֹּעֲלֵי אָוֶן אֹכְלֵי עַמִּי אָכְלוּ לֶחֶם ה׳ לֹא קָרָאוּ: (תהלים יד: ד)

ידי משה

[א] שלא תכנס וכו׳. פירוש, לא תירש את ארצי אלא תהיו מגלים מביתי כדרבי יהושע בן לוי וכו׳:

שינוי נוסחאות

(א) **עשו** (כמה פעמים). בד׳ וילנא של תק״ג יד הצנזורא כבדה מאד בקטע זה, וכמה מילים הושמטו לגמרי בקשר לעשו, וכמה פעמים כתבו ״ראמולוס״ במקום ״עשו״, ועל נוסח זה מוסבים דברי רד״ל:

"וְאִם עָזַבְתָּ תֵּן דַּעְתְּךָ שֶׁלֹּא תִכָּנֵס לְ"בֵית אָחִיךָ . . . בְּיוֹם אֵידֶךָ — **And if you have forsaken** Him, **take heed that you should not enter** ***your brother's house in the day of your misfortune*** — זֶה יִשְׁמָעֵאל וְעֵשָׂו — **this is** an allusion to **Ishmael and Esau.**[7] אָמַר רַבִּי יְהוֹשֻׁעַ בֶּן לֵוִי: כְּשֶׁהִגְלָה נְבוּכַדְנֶצַּר אֶת יִשְׂרָאֵל לְבָבֶל — For **R' Yehoshua ben Levi said: When Nebuchadnezzar exiled** the people of **Israel to Babylonia,** הָיוּ כְּפוּתִים מֵאֲחֲרֵיהֶם — **[the captives] were bound from behind,** etc.,[8] כְּמוֹ שֶׁכָּתוּב בְּמִדְרַשׁ אֵיכָה עַד "כִּי מִפְּנֵי חֲרָבוֹת נָדָדוּ" — **as is written in** ***Midrash Eichah*** **until** the words ***For they will wander because of swords*** (*Isaiah* 21:15).[9] אֲבִיכֶם כְּשֶׁהָיָה מוּשְׁלָךְ בַּמִּדְבָּר פָּתַחְתִּי לוֹ בְּאֵר מַיִם — In response to that incident God told the Ishmaelites,[10] **"Your forefather — when he had been cast off in the wilderness I opened a well of water for him!**[11] וְאַתֶּם עֲשִׂיתֶם כָּךְ — **And** yet **you did this?!"** הֱוֵי "טוֹב שָׁכֵן קָרוֹב מֵאָח רָחוֹק" — **Thus** is stated, ***A close neighbor is better than a distant brother.***[12]

The Midrash will present a second exposition of the end of the verse from *Proverbs*, which will lead to an insight into our passage:

דָּבָר אַחֵר, "טוֹב שָׁכֵן קָרוֹב" — **Alternatively,** ***A close neighbor is better*** *than a distant brother* — הוּא יִתְרוֹ, שֶׁהָיָה רָחוֹק לְיִשְׂרָאֵל, מִן עֵשָׂו אָחִיו שֶׁל יַעֲקֹב — **[the verse] is** an allusion to **Jethro, who was distant from Israel** (i.e., unrelated to the Jewish people), and yet better **than Esau, the brother of Jacob.**[13] בְּיִתְרוֹ מַה כְּתִיב "וַיֹּאמֶר שָׁאוּל אֶל הַקֵּינִי וְגוֹ'" — **Regarding Jethro what is written?** ***Saul said to the Kenite, etc.*** *[Go, withdraw, descend from among the Amalekite, lest I destroy you with them; for you acted kindly to all the Children of Israel when they went up from Egypt]* (*I Samuel* 15:6);[14] בְּעֵשָׂו כְּתִיב "זָכוֹר אֵת אֲשֶׁר עָשָׂה לְךָ עֲמָלֵק" — and **regarding Esau it is written,** ***Remember what Amalek did to you*** *on the way when you were leaving Egypt, that he happened upon you on the way and he struck those of you who were hindmost, all the weaklings at your rear, when you were faint and exhausted, and he did not fear God* (*Deuteronomy* 25:17-18).[15] אַתָּה מוֹצֵא דְּבָרִים רַבִּים כְּתוּבִים בְּעֵשָׂו לִגְנַאי וּכְתוּבִים בְּיִתְרוֹ לְשֶׁבַח — Furthermore, **you find many things** that are **written regarding Esau derogatorily** and **written regarding Jethro complimentarily:** בְּעֵשָׂו כְּתִיב "נָשִׁים בְּצִיּוֹן עִנּוּ" — **Regarding Esau it is written,** ***They ravaged women in Zion*** (*Eichah* 5:11),[16] וּבְיִתְרוֹ כְּתִיב "וַיִּתֵּן אֶת צִפֹּרָה בִתּוֹ וְגוֹ'" — **and regarding Jethro it is written,** ***And he gave his daughter Zipporah to Moses, etc.*** (above, 2:21);[17] בְּעֵשָׂו כְּתִיב "אֹכְלֵי עַמִּי אָכְלוּ לֶחֶם" — **regarding Esau it is written,** ***Who devour My people as they would devour bread*** (*Psalms* 53:5),[18] וּבְיִתְרוֹ כְּתִיב "קִרְאֶן לוֹ וְיֹאכַל לָחֶם" — **and regarding Jethro it is written,** *[Jethro] said to his daughters,* ***" . . . Summon him and let him eat bread"*** (above, 2:20); בְּעֵשָׂו כְּתִיב "וְלֹא יָרֵא אֱלֹהִים" — **regarding Esau it is written,** ***And he did not fear God*** (*Deuteronomy* 25:18),[19]

NOTES

7. The descendants of Ishmael (Abraham's son) and Esau (Isaac's son) are related to the Jewish people and therefore referred to as their *brothers*.

According to our Midrash the cited verse warns the Jewish people against giving in to the temptation to assimilate with the nations of the world in an effort to gain their friendship. Such efforts are doomed to failure, because Divine Providence causes the nations of the world to despise and reject the Jews who attempt to mix with them. Thus, the verse encourages one who would *forsake* God to contemplate the truism that even those nations that are related to the Jewish people will not provide them a safe haven. Presently, the Midrash will provide an example of a time in which Ishmael behaved this way (*Eitz Yosef*). And, apparently, the Midrash extends this idea to the wicked Esau as well.

8. I.e., their hands were bound behind their backs (compare *Tanchuma, Yisro* §5).

9. [This phrase is an expanded form of וְכוּ', *etc.,* pointing the reader to where the full version, which is truncated here, can be found.] The reference is to a particular section of *Eichah Rabbah* 2 §4 (see *Matnos Kehunah* et al.). There the Midrash relates that 80,000 young Kohanim escaped from Nebuchadnezzar's soldiers and ran to the Ishmaelites [in the hope that they would be treated kindly in consideration of their relation (*Eitz Yosef* to *Eichah Rabbah* ibid.; compare *Tanchuma* ibid.; *Rashi* to *Genesis* 21:17)]. The Ishmaelites greeted the Jews with salty foods and canteens that were designed to appear as though they held water. When the treacherous Ishmaelites said they would be given drinks after they ate, the Jews partook of the salty food and were overcome with thirst. When the Jews then attempted to drink, they inhaled the hot air contained in the empty canteens and they died.

10. See *Matnos Kehunah*.

11. As taught in *Genesis* 21:15-19, when Ishmael was dying of thirst in the wilderness, he was cast off by his mother and left to die. At that time God caused the miraculous appearance of a well, thereby saving Ishmael's life (*Maharzu*; see *Pirkei DeRabbi Eliezer* §30).

12. The Midrash sees the word שָׁכֵן, lit., *a dweller*, as a reference to God, based on 25:8 below and *Leviticus* 16:16, where the same root appears in description of God. Thus, [after warning against reliance on nations with familial ties,] the *Proverbs* verse states that because *HASHEM is "close" to all who call upon Him* (*Psalms* 145:18), He is *better than a brother* who is *distant* from acting brotherly (*Eitz Yosef*; also see *Radal, Rashash*).

13. Compare *Tanchuma* ibid.; also see *Radal*.

Thus, the verse states that the *distant* Jethro, who was *close* in terms of the love he felt for the Jewish people, was *better* than Esau, who was a *distant brother* based on his hatred for Jacob's progeny (see *Maharzu*).

[Although Jethro was a Midianite (see *Numbers* 10:[28,]30) and Abraham had a son named Midian (see *Genesis* 25:1), the assertion that the Jewish people and Jethro were unrelated may be consistent with the view in *Bamidbar Rabbah* 22 §4 that there were two nations called Midian. It is likely that, according to that view, Abraham's son was not the founder of the nation that produced Jethro (*Maharzu*).]

14. The Kenite nation was descended from Jethro (see *I Judges* 1:16).

The kindness to *all the Children of Israel* mentioned in this verse was Jethro's advice to Moses that he designate judges to assist him in leading the nation, an act that benefited both Moses and the people (see below, vv. 19-23). According to the Midrash (*Vayikra Rabbah* 34 §8 et al.), this verse refers to the kindness Jethro performed for Moses personally (see above, 2:20) and *one who performs kindness with one of the great ones of Israel is considered by Scripture as having performed kindness with all of Israel* (*Radak* to *I Samuel* 15:6; see other commentaries there for additional discussion).

15. Amalek was a grandson of Esau (see *Genesis* 36:12). His unprovoked attack against the vulnerable Jewish nation stands in contrast to Jethro's kindness with them.

16. The Midrash sees this verse as descriptive of the Edomites, who were descended from Esau and destroyed the Second Temple (compare *Eichah* 4:21 with *Rashi* ad loc.).

17. In contrast to the nation of Esau, who forcibly and illegitimately took women, Jethro gave his daughter to Moses in marriage (*Eitz Yosef*).

18. This Psalm refers to Edom, Esau's progeny who destroyed the Second Temple and ravaged the Jewish people (see *Rashi* to *Psalms* 53:1).

19. [We quoted this verse in its entirety above (at note 15).]

INSIGHTS

Midrash warns that even if you have made God "your friend" through a process of intellectual inquiry, you must still not forsake the tradition of Abraham, *friend of your father,* who transmitted his knowledge of God and way of the Godly life to his descendants. That is the only way to ensure that your faith will remain pure and enduring (based on *Keren LeDavid* ibid.).

סֵדֶר יִתְרוֹ

פרשה כז

א [יח, א] "וַיִּשְׁמַע יִתְרוֹ", אהָדָא הוּא דִכְתִיב (משלי כז, י) "רֵעֲךָ וְרֵעַ אָבִיךָ אַל תַּעֲזֹב", "רֵעֲךָ" זֶה הַקָּדוֹשׁ בָּרוּךְ הוּא, כְּמָה דְאַתְּ אָמַר (תהלים קכב, ח) "לְמַעַן אַחַי וְרֵעָי", "וְרֵעַ אָבִיךָ" זֶה אַבְרָהָם, שֶׁנֶּאֱמַר (ישעיה מא, ח) "זֶרַע אַבְרָהָם אֹהֲבִי", "אַל תַּעֲזֹב", וְאִם עֲזַבְתָּ תֵּן דַּעְתְּךָ שֶׁלֹּא תִכָּנֵס לְ"בֵית אָחִיךָ ... בְּיוֹם אֵידֶךָ" (שם), זֶה יִשְׁמָעֵאל וְעֵשָׂו, אָמַר רַבִּי יְהוֹשֻׁעַ בֶּן לֵוִי: כְּשֶׁהִגְלָה נְבוּכַדְנֶצַּר אֶת יִשְׂרָאֵל לְבָבֶל הָיוּ כְּפוּתִים מֵאַחֲרֵיהֶם, כְּמוֹ שֶׁכָּתוּב בְּמִדְרַשׁ אֵיכָה (פרשה ב) [ב]עַד (שם כא, טו) "כִּי מִפְּנֵי חֲרָבוֹת נָדָדוּ", אֲבִיכֶם כְּשֶׁהָיָה מוּשְׁלָךְ בַּמִּדְבָּר פָּתַחְתִּי לוֹ בְּאֵר מַיִם וְאַתֶּם עֲשִׂיתֶם כָּךְ, הֱוֵי (משלי כז, י) "טוֹב שָׁכֵן קָרוֹב מֵאָח רָחוֹק", דָּבָר אַחֵר, "טוֹב שָׁכֵן קָרוֹב" הוּא יִתְרוֹ, שֶׁהָיָה רָחוֹק לְיִשְׂרָאֵל, מִן עֵשָׂו אָחִיו שֶׁל יַעֲקֹב, בְּיִתְרוֹ מַה כְּתִיב (שמואל-א טו, ו) "וַיֹּאמֶר שָׁאוּל אֶל הַקֵּינִי וְגוֹ' ", בְּעֵשָׂו כְּתִיב (דברים כה, יז) "זָכוֹר אֵת אֲשֶׁר עָשָׂה לְךָ עֲמָלֵק", אַתָּה מוֹצֵא דְּבָרִים רַבִּים כְּתוּבִים בְּעֵשָׂו לִגְנַאי וּכְתוּבִים בְּיִתְרוֹ לְשֶׁבַח, בְּעֵשָׂו כְּתִיב (איכה ה, יא) "נָשִׁים בְּצִיּוֹן עִנּוּ", וּבְיִתְרוֹ כְּתִיב (לעיל ב, כא) "וַיִּתֵּן אֶת צִפֹּרָה בִתּוֹ וְגוֹ' ", בְּעֵשָׂו כְּתִיב (תהלים יד, ד) "אֹכְלֵי עַמִּי אָכְלוּ לֶחֶם", וּבְיִתְרוֹ כְּתִיב (לעיל ב, כ) "קִרְאֶן לוֹ וְיֹאכַל לָחֶם", בְּעֵשָׂו כְּתִיב (דברים כה, יח) "וְלֹא יָרֵא אֱלֹהִים",

עץ יוסף

(א) הדא הוא דכתיב רעך כו'. סדר הכתוב כך הוא, רעך ורע אביך אל תעזוב ובית אחיך אל תבא ביום אידך טוב שכן קרוב מאח רחוק, ועיקר כוונת הדורש הוא סוף הכתוב טוב שכן קרוב, ואגב דורש רישא דקרא: **למען אחי ורעי.** הוא מאמר הקדוש ברוך הוא שאמר למען אחי ורעי: **ורע אביך זה אברהם.** ופירוש הכתוב אל תעזוב הקדוש ברוך הוא שהוא רעך ורע אביך אברהם: **תן דעתך שלא תכנס לבית אחיך כו'.** כלומר שלא נחשוב אנחנו כי טוב לנו להיות אחרי רבים, להטות שעל ידי זה נוסיף רעים רבים, מה שאין כן ביהדותנו שאנו נבדלים מכל עם ושנואים מהם, לזה אמר כי די לנו להיות רעים אהובים להקדוש ברוך הוא, ולא נחשוב שאם חס ושלום נפנה עורף מהקדוש ברוך הוא להדבק בעכו"ם נתקבל בינם באהבה וחבה כדרך רעים אהובים, שזה מהשגחת ה' עלינו לבלתי נתון ישראל המתערבים בעכו"ם לרחמים בעיניהם, אבל לעולם סחי ומאוס ישימנו בעיניהם, וזהו אומרו ואם עזבת תן דעתך כו' כלומר תדע ותשכיל שאין לבטוח אפילו באחיך שלא תתקבל אצלו, והא ראיה ממה שעשו להם בני ישמעאל כשהלכו להסתופף בצלם, ומה יעשו עוד שארי עכו"ם (יפה תואר): **הוי טוב שכן קרוב כו'.** פירוש טוב הקדוש ברוך הוא שנקרא שכן על דרך השוכן אתם, ושכנתי בתוכם, והוא קרוב לקוראיו, מאח שהוא עמלק ורחוק מהאחוה: **נשים בציון ענו.** כלומר בחזקה דרך זנות וזימה, וביתרו כתיב ויתן וגו' דרך נתינה ונשואין: **אוכלי עמי כו'.** וסוף המקרא ה' לא קראו, וביתרו כתיב קראן לו וגו': **ולא ירא אלהים.** דקאי אעמלק, ופירוש שלא ירא מהאלהים מלהרע לך:

פירוש מהרז"ו

(א) רעך ורע אביך. וסיפיה דקרא ואל תבא בית אחיך ביום אידך טוב שכן קרוב מאח רחוק, ועיקר הדרשה על סוף הפסוק, ואגב דורש רישיה דקרא: **זה הקדוש ברוך הוא.** שקרא אותם אחים ורעים. תנחומא יתרו ריש סימן ה, כמו שכתוב למען אחי ורעי, שרוח הקדש קורא אותם כן. עיין דברים רבה פרשה י"ג בסימן י"א, וכמו שכתוב (שיר השירים ה, טז) זה דודי וזה רעי בנות ירושלים, ילקוט משלי ריש ו', ולקמן בסימן ט: **במדרש איכה.** פסוק בלע ה' (ב, ד). תנחומא כאן סימן ה, בראשית רבה פרשה כ"ג סימן י"ד, עיין שם: **אביכם שהיה מושלך.** כמו שכתוב (בראשית כא, טו) (וישלך) [ותשלך] את הילד תחת אחד השיחים, וזה היה במדבר באר שבע, וכתיב שם (פסוק יט) ויפקח ה' את עיניה ותרא באר מים, וזה היה על פי נס, וזהו מה שכתב המדרש פתחתי לו: **ואתם עשיתם כך.** שהמיתם את עמי בצמא: **הוי טוב שכן קרוב.** בהכרח שהכוונה על יתרו, כמו שאמר מיד בסמוך. ומה שאמר קרוב ורחוק, פירושו קרוב בלב באהבה, ורחוק מהלב בשנאה. וצריך עיון שהרי יתרו הוא ממדין, כמו שכתוב כי אם אל ארצי ואל מולדתי אלך, בסדר בהעלותך (במדבר י, ל), ומדין הוא בנו של אברהם כמו ישמעאל, כמו שכתוב בסוף חיי שרה (בראשית כה, ב) ותלד לו וגו' ואת מדין, אך לפי מה שכתב במדבר רבה פרשה כ"ב סימן ד פלוגתא בזה, שיש סוברים שהיה שני מדין, שמדין של יתרו שהיה שם משה, היה בין מצרים להר סיני, ומדין שהרגו ישראל היה סמוך למואב, יתכן מאד שהיה מדין בנו של אברהם, כמו שכתוב (שם פסוק ו) וישלחם [וגו'] קדמה אל ארץ קדם, אצל ארם ומואב, ואם כן מדין של יתרו אינו בנו של אברהם: **ויאמר שאול אל הקיני.** וסיפיה דקרא סורו רדו מתוך עמלקי וגו' ואתה עשית חסד עם כל בני ישראל בעלותם ממצרים, ובעמלק כתוב (דברים כה, יז) אשר עשה לך עמלק בצאתכם ממצרים:

חידושי הרד"ל

[א] כמו שכתוב במדרש איכה. פרשה ב סוף פסוק ב (סימן ד). ושם מביא רק על ישמעאל מקרא (ישעיה כא, יג) דמשא ביער בערב, ועיין ספרי האזינו פסקא שכב: **הוי טוב שכן קרוב מאח רחוק.** אפשר לענין המאמר דרש שכן קרוב על הקב"ה שהשרה שכינתו בישראל, ונקרא קרוב (דברים ד, ז) אלהים קרובים אליו. (ועיין דברים רבה פרשה ב, טו): **דבר אחר כו' קרוב טוב היה יתרו כו'.** כן צריך לומר: **אל הקיני וגו' ואתה עשית חסד עם כל ישראל כו'.** כן צריך לומר, וכן הוא תנחומא: **בראמולוס כתיב זכור את אשר עשה לך עמלק.** בילקוט שופטים רמז סה מייתי קרא דעובדיה (א יב) ואל תרא ביום אחיך ביום נכרו ואל תשמח לבני יהודה. ואולי נכון לגרוס קרא (תהלים קט, טז) ולא זכר עשות חסד (שנדרוש כל המזמור שם במדרשות בכמה מקומות עליו וילקוט תהלים רמז תתסח): **וביתרו כתיב ויתן את ציפרה בתו לאשה.** הכך ראמולוס שענה בתי ישראל וגרשן

חידושי הרש"ש

[א] אביכם כו' פתחתי כו' ואתם כו' הוי טוב שכן קרוב. נראה דמפרשי שמות, שכן קרוב לכנויים להשם יתברך. **שכן.** כדכתיב שוכן עד (ישעיה נז, טו). **קרוב.** קרוב ה' לכל קוראיו (תהלים קמה, יח), (וכן האלהי מקרוב אני כו' (ירמיה כג, כג), המובא לקמן בפרשה (סימן ב), ועיין שם) וכדכתיב שם (בראשית כא, יז), וישמע אלהים את קול הנער:

באור מהרי"פ

[א] למען אחי וגו'. לפי משמעות פשוטו של המדרש הוא מאמר הקב"ה, אף על פי שמקראות הקודמים ומקרא המאוחר משמעם דדברי דוד, או דברי כנסת ישראל הם, מכל מקום ברשות המדרש לדרוש מקרא האמצעי על הקב"ה, ואל יקשה בעיניך דבר זה כיוצא בו מצינו סדר תולדות (בראשית רבה סז, ה) גבי יותן רשע בל למד צדק, שתחלתו דברי יצחק, ואחר כך תשובת ה', ושוב תשובת יצחק, ושוב הסכמת יצחק, וכיוצא בזה מצינו בספרי סדר דבהעלותך סימן פ"ח ד"ה ועתה נפשנו יבשה אין כל בלתי אל המן עינינו, את סבור מי שאמר זה אמר זה, לא מי שאמר זה, הלא אמר זה ישראל אומרים בלתי אל המן עינינו, והמקום מקיים את כל באי עולם, ואומר להם בואו וראו על מה אלו מתרעמים עלי, והמן כזרע גד הוא ועינו כעין הבדולח, עיין שם שמביא כמה מקראות שמחולקים לשנים, חצי המקרא מדבר זה, וחצי המקרא מדבר זה, וכן מקראות הסמוכים זה לזה, ומפני שהוא כלל גדול בכל המדרש העתקתי אפס קצהו מהם:

מסורת המדרש

א. תנחומא כאן סימן ה' כל הענין:
ב. פרשה ב' פסוק ב' וש"נ:

אם למקרא

רֵעֲךָ וְרֵעַ אָבִיךָ אַל תַּעֲזֹב וּבֵית אָחִיךָ אַל תָּבוֹא בְּיוֹם אֵידֶךָ טוֹב שָׁכֵן קָרוֹב מֵאָח רָחוֹק:
(משלי כז: י)

לְמַעַן אַחַי וְרֵעָי אֲדַבְּרָה נָּא שָׁלוֹם בָּךְ:
(תהלים קכב: ח)

וְאַתָּה יִשְׂרָאֵל עַבְדִּי יַעֲקֹב אֲשֶׁר בְּחַרְתִּיךָ זֶרַע אַבְרָהָם אֹהֲבִי:
(ישעיה מא: ח)

כִּי־מִפְּנֵי חֲרָבוֹת נָדָדוּ מִפְּנֵי חֶרֶב נְטוּשָׁה וּמִפְּנֵי קֶשֶׁת דְּרוּכָה וּמִפְּנֵי כֹּבֶד מִלְחָמָה:
(שם כא: טו)

וַיֹּאמֶר שָׁאוּל אֶל הַקֵּינִי לְכוּ סֻּרוּ רְדוּ מִתּוֹךְ עֲמָלֵקִי פֶּן אֹסִפְךָ עִמּוֹ וְאַתָּה עָשִׂיתָה חֶסֶד עִם כָּל בְּנֵי יִשְׂרָאֵל בַּעֲלוֹתָם מִמִּצְרָיִם וַיָּסַר קֵינִי מִתּוֹךְ עֲמָלֵק:
(שמואל־א טו: ו)

זָכוֹר אֵת אֲשֶׁר־עָשָׂה לְךָ עֲמָלֵק בַּדֶּרֶךְ בְּצֵאתְכֶם מִמִּצְרָיִם: אֲשֶׁר קָרְךָ בַּדֶּרֶךְ וַיְזַנֵּב בְּךָ כָּל־הַנֶּחֱשָׁלִים אַחֲרֶיךָ וְאַתָּה עָיֵף וְיָגֵעַ וְלֹא יָרֵא אֱלֹהִים:
(דברים כה: יז-יח)

נָשִׁים בְּצִיּוֹן עִנּוּ בְּתֻלֹת בְּעָרֵי יְהוּדָה:
(איכה ה: יא)

וַיֹּאמֶר אֶל בְּנֹתָיו וְאַיּוֹ לָמָּה זֶּה עֲזַבְתֶּן אֶת הָאִישׁ קִרְאֶן לוֹ וְיֹאכַל לָחֶם: וַיּוֹאֶל מֹשֶׁה לָשֶׁבֶת אֶת הָאִישׁ וַיִּתֵּן אֶת צִפֹּרָה בִתּוֹ לְמֹשֶׁה:
(שמות ב: כ-כא)

הֲלֹא יָדְעוּ כָּל פֹּעֲלֵי אָוֶן אֹכְלֵי עַמִּי אָכְלוּ לֶחֶם ה' לֹא קָרָאוּ:
(תהלים יד: ד)

ידי משה

[א] שלא תכנס וכו'. פירוש, לא תירש את ארצי אלא תהיו מגלים מביתי כדרבי יהושע בן לוי וכו':

שינוי נוסחאות

(א) **עשו** (כמה פעמים). בד' וילנא של תק"ג יד הצנזורא כבדה מאד בקטע זה, וכמה מילים הושמטו לגמרי בקשר לעשו, וכמה פעמים כתבו "ראמולוס" במקום "עשו", ועל נוסח זה מוסבים דברי רד"ל:

מתנות כהונה

[א] ורע אביך זה אברהם. ופירוש הכתוב אל תעזוב הקב"ה שהוא ריע לאביך אברהם. כן פירש רש"י ז"ל: **במדרש איכה.** סוף פסוק בלע ה' ולא חמל: **אביכם כו'.** כך אמר הקדוש ברוך הוא אביכם ישמעאל כשהיה כו': **ולא ירא אלהים** גרסינן.

אשד הנחלים

[א] רעך זה הקדוש ברוך הוא. כי שלמה מדבר על פי משל לקחת ציור מדרך בני אדם באיש לרעהו, שממנו נקח לעבוד ה', כמו שכתבתי בהקדמתי הראשונה. וקרא להקדוש ברוך הוא ריע, כי הוא מתחבר לעם קרובו כריע כאח לו, והוא היה לריע לאברהם על ידי שהכיר אמונתו, בכן [לכן] אל תעזוב מלעבדו ולהאמין בו כמו שהאמין אברהם, והשמר שלא תצטרך לבוא לבית אחיך ביום אידך, כי אם תעזוב ה' אז תוכרח ללכת להתרפס למולם: **אביכם.** זה ישמעאל. וכאומר פן תאמר שישמעאל ירחמו עליך, זכור מעשיהם כי לא ריחמו עליכם מאומה, אף שריחמתי עליו בהיותו בצרה, וזהו **טוב שכן קרוב** כביכול על ה' ברוך הוא, שאי אפשר לקרותו בשם אח, רק בשם קרוב, בשם שכן, שהשכין השגחתו עלינו, יותר טוב לבטוח עליו מעל אח רחוק: **רחוק לישראל.** כי אינו מהם, ועם כל זה התחבר עמהם להיות באהבה, כי נפשו היתה טובה בעצם כנפשותם, ומביא ממדותיו שהיו הפכיים מול מדות יתרו בכמה ענינים, מעריות, ומרעת עין, ומשנאתו לקרבת ה' שהוא הקרבנות, ומשנאתו מטובת ישראל:

אמרי יושר

[א] טוב שכן קרוב זה יתרו. הרגישו, דלמאן דאמר יתרו לאחר מתן תורה בא מה זה סמיכות, לזה דרשו כדמות סמיכות, שסמך הרב אברהם בן עזרא (שמות יח, א), לומר שעמלק היה קרוב ונתרחק, ויתרו בא ממרחקים, וטוב שכן קרוב יותר מעמלק, או טוב השכן שנעשה קרוב ובא, מאח רחוק שהוא עמלק ונתקרב לנו, זהו וישמע יתרו ונתרחק מעמלק ומעלתו הרעה על גלות ישראל במצרים, ולזה אמר (במדבר כד, כא) איתן מושבך, (לקמן סימן ג וסימן ו) כלפור שברח לאנדרטי שאין רשות לצייד לירות חצו עליה בכבוד המלך, כך דרשת ה' עוזי ומעוזי (סימן ד), וכן דרשת דלתי לאורח אפתח (סימן ה) סוברים שלאחר מתן תורה בא, דכתיב והודעתי חקי האלהים ותורותיו:

״וּבְיִתְרוֹ כְּתִיב ״וְצִוְּךָ אֱלֹהִים — **and regarding Jethro it is written,** ***And God shall command you*** (below, 18:23);[20] עֵשָׂו בִּטֵּל אֶת הַקָּרְבָּנוֹת — **Esau eliminated the sacrifices,**[21] וּבְיִתְרוֹ כְּתִיב ״וַיִּקַּח יִתְרוֹ חֹתֵן מֹשֶׁה עֹלָה וּזְבָחִים וְגוֹ׳ ״ — and **regarding Jethro it is written,** ***Jethro, the father-in-law of Moses, took a burnt offering and feast offerings, etc.*** (ibid., v. 12); עֵשָׂו שָׁמַע בִּיצִיאָתָן שֶׁל יִשְׂרָאֵל וְנִלְחַם עִמָּהֶם, שֶׁנֶּאֱמַר ״וַיָּבֹא עֲמָלֵק — **Esau heard of the exodus of the** people of **Israel and battled with them, as is stated,** ***Amalek came*** *and battled Israel in Rephidim* (above, 17:8), יִתְרוֹ שָׁמַע בְּשִׁבְחָן שֶׁל יִשְׂרָאֵל וּבָא וְנִדְבַּק עִמָּהֶם, שֶׁנֶּאֱמַר ״וַיִּשְׁמַע יִתְרוֹ וְגוֹ׳ ״ — and **Jethro heard the glory of** the people of **Israel and came and clung to them, as is stated,** ***Jethro heard, etc.***[22]

§2 The Midrash will relate another verse from *Proverbs* to ours: דָּבָר אַחֵר, ״וַיִּשְׁמַע יִתְרוֹ״ הָדָא הוּא דִכְתִיב ״כָּבוֹד חֲכָמִים יִנְחָלוּ״ — **Another insight:** ***Jethro heard*** **— this is** related to that **which is written,** ***The wise receive honor*** (*Proverbs* 3:35). זֶה יִתְרוֹ, בְּשָׁעָה שֶׁבָּא אֵצֶל מֹשֶׁה מַה כָּבוֹד נָחַל — **This** phrase from *Proverbs* **is** an allusion to **Jethro,** for **when [Jethro] came to Moses, what** great **honor he received!**[23]

Before describing the honor Jethro received, the Midrash interrupts to discuss why it was that Moses went out to greet him:[24] ״וַיֹּאמֶר אֶל מֹשֶׁה אֲנִי חֹתֶנְךָ יִתְרוֹ בָּא אֵלֶיךָ״ — ***He said to Moses, "I, your father-in-law, Jethro, have come to you*** *with your wife and her two sons with her"* (below, 18:6); רַבִּי יְהוֹשֻׁעַ אוֹמֵר: שָׁלַח לוֹ בְּיַד שָׁלִיחַ — **R' Yehoshua said: [Jethro] sent** this message **to [Moses] via an emissary.**[25] רַבִּי אֱלִיעֶזֶר אוֹמֵר: שָׁלַח לוֹ אִגֶּרֶת — And **R' Eliezer said: [Jethro] sent [Moses] a letter** conveying this message.[26] וְאָמַר: עֲשֵׂה בִּגְינִי — **And** what was Jethro's message?[27] **[Jethro] said** to Moses, **"Act for my sake.**[28]

NOTES

20. [These words were part of the advice that Jethro gave Moses.] That Jethro was unwilling to do anything unless God approved of it is evidence that [unlike Esau] he feared God (*Maharzu*).

21. Through Esau's (Edom's) destruction of the Temple, he caused the cessation of the sacrificial offerings (*Eitz Yosef*). Alternatively, the Midrash means that Esau *despised* the sacrifices, as is taught in *Ezekiel* 35:6 with *Bereishis Rabbah* 63 at the end of §13 (see *Maharzu*, *Eitz Yosef*).

22. After verses 1-4 describe what it was that *Jethro heard*, and how he took Moses' wife and children with him, v. 5 states, וַיָּבֹא יִתְרוֹ, *Jethro came*.

23. Jethro is referred to as *wise* based on the Midrash below (§6) where the words יֶחְכַּם פֶּתִי, *the simpleton becomes wise*, are applied to him (*Rashash*, see there for additional explanations).

The verse from *Proverbs* concludes וּכְסִילִים מֵרִים קָלוֹן, *and fools generate disgrace*. Our Midrash appears to understand that those words allude to Amalek, whose attack on the Jewish people resulted in their own *disgrace*. The *Proverbs* verse thus serves to explain our passage's juxtaposition of the stories of Jethro and Amalek, as the extreme difference between the two is underscored by this positioning (*Yefeh To'ar*, followed in large part by *Eitz Yosef*; compare above, note 1).

[*Tanchuma* (*Vayigash* §7) adds that the honor Jethro received was virtually unequaled in history (*Radal*).]

24. We will learn below that the *honor* Jethro received involved a large and prestigious entourage that followed Moses in going out to greet Jethro. The Midrash is bothered by the idea that Moses would have troubled so many people that way. The Midrash will therefore explain that Moses was compelled to go out because Jethro requested it of him [or because he was Divinely commanded. All the others then followed on their own] (*Eitz Yosef*).

25. The verse presents an obvious difficulty, for how could Jethro have told Moses that he had come, if it is only the next verse that states, וַיֵּצֵא מֹשֶׁה לִקְרַאת חֹתְנוֹ, *Moses went out to meet his father-in-law*? R' Yehoshua resolves the difficulty by asserting that Jethro's message was related by a messenger in advance of Jethro's own arrival (*Maharzu*; also see *Matnos Kehunah*).

26. R' Eliezer feels that because the words אֲנִי חֹתֶנְךָ יִתְרוֹ, *I, your father-in-law Jethro*, are in the first person, they could not have been spoken by Jethro's messenger, but must rather have been communicated by Jethro himself in a letter (*Maharzu*, *Eitz Yosef*; compare *Ramban* to verse; see discussion in *Mizrachi* to verse).

[It is noteworthy that some (see *Chasam Sofer*, *Responsa Yoreh Deah* §227; *Rashash*, *Gittin* 71a) wish to bring proof from our Midrash, which understands the verse, ״וַיֹּאמֶר״ אֶל מֹשֶׁה, *He "said" to Moses*, to be referring to a letter written by Jethro to Moses, that writing is halachically regarded as speaking. There are a number of halachic ramifications of whether communicating in writing is tantamount to speaking. Among these: (1) May one fulfill his obligation of counting the *Omer* by writing the relevant day? (see *Teshuvos R' Akiva Eiger* I §29-32); (2) if someone makes an oath in writing, is the oath legally binding? (see *Chasam Sofer* ibid.). For additional discussion see *Kli Chemdah*, *Yisro* §1; *Sdei Chemed* VII, *Pe'as HaSadeh*, מע׳ א׳, לקט; *Pardes Yosef*, *Yisro* §6.]

27. What follows is unrelated to the above disagreement between R' Yehoshua and R' Eliezer (*Beur Maharif*). The Midrash seeks to explain why Jethro said, *"I, your father-in-law, Jethro, have come to you with your wife and her two sons,"* as opposed to, *"I, your father-in-law, Jethro, with your wife and her two sons, have come to you"* (*Matnos Kehunah*; *Mizrachi* to verse; see also *Maharzu*).

28. I.e., come forth to greet me in order to honor me (*Maharzu*, *Eitz Yosef*). See Insight Ⓐ.

INSIGHTS

Ⓐ **Jethro's Quest for Honor** Jethro was a righteous man who searched for the truth and, upon discovering the Creator, renounced idolatry. He did this at great personal cost. Once a respected leader of Midian, his embrace of the truth caused him to now be ostracized by his fellow Midianites who had once revered him. Is it conceivable that a man who had so subdued the quest for honor to the cause of truth would now make a petty request that God's chosen leader of His chosen people should make a show of honor to him? Indeed, the Midrash subsequently asserts that Jethro acted for the sake of heaven. Surely, there was a nobler intent in this request.

The commentators offer various explanations:

Gur Aryeh (on our verse) answers that Jethro did not seek honor, but rather sought to avoid *humiliation* — the pain of which the righteous feel as well. It was the common practice to go out and greet arriving guests. Certainly, it was to be expected that Moses' own father-in-law would be received warmly. Were Jethro then to be denied this courtesy, he would suffer great embarrassment. He therefore asked Moses to spare him such shame by coming to greet him.

Gur Aryeh also cites the approach taken by his brother, *R' Chaim of Frankfurt*, who explains that Jethro sought to put an end to the criticism of those who mocked Moses for marrying the daughter of the non-Jew Jethro (see *Rashi* on *Numbers* 25:6). Jethro thus asked Moses to come forth on his behalf to demonstrate that Moses was not at all embarrassed to be Jethro's son-in-law, despite Jethro's idolatrous past. And if Moses was indeed ashamed of his father-in-law's past, then he should come forth on his wife's behalf, to show that he was not embarrassed about her past and her family, thus removing any shame from her. And if he indeed harbored some shame about her origins, then at least he should come forth on behalf of his children, to show that no stigma attached to their pedigree.

Based on a somewhat different question, *Panim Yafos* (on our verse) suggests that Jethro had no choice but to ask Moses to meet him outside the camp, since it was impossible for Jethro to enter the camp of the Israelites! The Clouds of Glory that enveloped the Jewish nation prevented non-Jews from entering, as they had even expelled those Israelites who had worshiped idols in the Wilderness (see *Rashi* on *Deuteronomy* 25:18 and on *Ezekiel* 16:15). Having no recourse, Jethro asked Moses to come out to him so that he could convert and join the Jewish nation (see also *Chizkuni* on our verse). [See further in *Panim Yafos* for an explanation of the rest of Jethro's request according to this approach.]

In a similar vein, *R' Shimon Schwab* (*Maayan Beis HaSho'eivah* on our verse) cites the interpretation of *R' Michoel Forshlager* (seeming in

וּבְיִתְרוֹ כְּתִיב (לקמן פסוק כג) "וְצִוְּךָ אֱלֹהִים", עֵשָׂו בִּטֵּל אֶת הַקָּרְבָּנוֹת, וּבְיִתְרוֹ כְּתִיב (לקמן פסוק יב) "וַיִּקַּח יִתְרוֹ חֹתֵן מֹשֶׁה עֹלָה וּזְבָחִים וְגוֹ'", עֵשָׂו שָׁמַע בִּיצִיאָתָן שֶׁל יִשְׂרָאֵל וְנִלְחַם עִמָּהֶם, שֶׁנֶּאֱמַר (לעיל יז, ח) "וַיָּבֹא עֲמָלֵק", יִתְרוֹ שָׁמַע בְּשִׁבְחָן שֶׁל יִשְׂרָאֵל וּבָא וְנִדְבַּק עִמָּהֶם, שֶׁנֶּאֱמַר [יח, א] "וַיִּשְׁמַע יִתְרוֹ וְגוֹ'":

ב דָּבָר אַחֵר, [יח, א] "וַיִּשְׁמַע יִתְרוֹ", [ג]הָדָא הוּא דִכְתִיב (משלי ג, לה) "כָּבוֹד חֲכָמִים יִנְחָלוּ", זֶה יִתְרוֹ בְּשָׁעָה שֶׁבָּא אֵצֶל מֹשֶׁה מַה כָּבוֹד נָחַל, [יח, ו] "וַיֹּאמֶר אֶל מֹשֶׁה אֲנִי חֹתֶנְךָ יִתְרוֹ בָּא אֵלֶיךָ", [ד]רַבִּי יְהוֹשֻׁעַ אוֹמֵר: שָׁלַח לוֹ בְּיַד שָׁלִיחַ, רַבִּי אֱלִיעֶזֶר אוֹמֵר: שָׁלַח לוֹ אִגֶּרֶת וְאָמַר: עֲשֵׂה בִּגִינִי, וְאִם אֵין אַתָּה עוֹשֶׂה בְּגִינִי עֲשֵׂה בְּגִין אִשְׁתְּךָ, וְאִם אֵין אַתָּה עוֹשֶׂה בְּגִינָהּ עֲשֵׂה בְּגִין בָּנֶיךָ, רַבִּי אֶלְעָזָר אוֹמֵר: הַקָּדוֹשׁ בָּרוּךְ הוּא אָמַר לוֹ: צֵא, [יח, ו] "וַיֹּאמֶר אֶל מֹשֶׁה", אָמַר לוֹ הַקָּדוֹשׁ בָּרוּךְ הוּא: (שם) "אֲנִי" הוּא שֶׁאָמַרְתִּי וְהָיָה הָעוֹלָם, שֶׁנֶּאֱמַר (תהלים נ, א) "אֵל אֱלֹהִים ה' דִּבֶּר וַיִּקְרָא אָרֶץ", אֲנִי * הוּא שֶׁאֲנִי מְקָרֵב אֲנִי הוּא שֶׁאֲנִי מַרְחִיק*, שֶׁנֶּאֱמַר (ירמיה כג, כג) "הַאֱלֹהֵי מִקָּרֹב אָנִי נְאֻם ה' וְגוֹ'", [ה]אֲנִי הוּא שֶׁקֵּרַבְתִּי לְיִתְרוֹ וְלֹא רִחַקְתִּיו,

עץ יוסף

בטל את הקרבנות. שהחריב את בית המקדש ובטלו הקרבנות. אי נמי ששנא הקרבנות, כדכתיב (יחזקאל לה, ו) אם לא דם שנאת, ואמרו בבראשית רבה פרשה ס"ג (סי' יג) זה דם הקרבנות: **(ב) זה יתרו.** ומפרש סיפא דקרא וכסילים מרים קלון, בעמלק וחיילותיו, שכסתה כלימה פניהם כשנפלו לפני יהושע, ובהכי אתי שפיר שסמכו לעמלק מפני שהוא הפכי לו, שזה הריס קלונו וזה נחל כבוד: **מה כבוד נחל ויאמר אל משה.** כדי לפרש מה כבוד נחל, בעי למימר מה שאמר בסמוך יצא משה יצא אהרן, אלא דקשיא ליה איך הטריח משה את כולם לצאת, על כן אמר שהיה משה מוכרח לצאת מחמת בקשת יתרו כו': **שלח לו ביד שליח.** שאמר השליח למשה אני חותנך: **שלח לו איגרת.** מדכתיב אני שהוא לשון איגרת ששלח לו בכתב אני חותנך יתרו, מה שאין כן אילו היה בעל פה היה לו לומר הנה חותנך יתרו בא אליך: **עשה בגיני.** פירוש שילא לקראתו לכבדו, ואם אינו יוצא בגינו יצא בגין אשתו, שהיא כגופו וחייב בכבודה, ואם לא יחוש אפילו לאשתו יחוש לבניו: **הקדוש ברוך הוא אמר ליה.** ולפי זה אין מלת אני דבקה עם חותנך, אלא הכי קאמר ויאמר ה' אל משה אני הוא שאמרתי והיה העולם כו', והנה חותנך יתרו בא אליך וגו', לכך כבדהו: **אני הוא שאני מקרב אני הוא שאני מרחיק כו'.** העיקר הוא ככתוב במכילתא, וכן הוא שם ויאמר אל משה אני חותנך יתרו בא אליך, רבי יהושע אומר כתב לו איגרת, רבי אלעזר המודעי אומר שלח נא ביד שליח כו' עד בגין בניך, רבי אליעזר אומר ויאמר אל משה אני, הקדוש ברוך הוא אמר אל משה אני הוא שאמרתי והיה העולם, אני הוא המקרב ולא המרחיק, שנאמר (ירמיה כג, כג) האלהי מקרב אני נאם ה' ולא אלהי מרחוק, אני הוא שקרבתי ליתרו ולא רחקתיו, ואף אתה כשיבוא אדם אצלך להתגייר ואינו בא אלא לשם שמים, אף אתה קרבהו ואל תרחיקהו, מיד ויצא משה כו', ומפרש המקרא דאלהי מקרוב לא בלשון תמיה, אבל למאמר פוסק וקיים והה"א לידיעה, ומלת מקרב ומרחק לפי הדרש כאילו כתיב מקרב ומרחק מבנין הדגוש, ובזה יובן כל המאמר בלי דוחק ובנקל מאד (יפה תואר). אני הוא שאמרתי והיה העולם אני הוא שאני מקרב כו', נלמד מגזירה שוה, דהאי אני מיותר הוא לרמוז אל האלהי מקרב אני כו':

פירוש מהרז"ו

וצוך אלהים. לא רצה לעשות דבר רק אם יסכים אלהים, הרי שהיה ירא אלהים: **בטלו את הקרבנות.** כמו שכתוב בבראשית רבה פרשה ס"ג סוף סימן י"ג, דם שנאת (יחזקאל לה, ו), דם קרבנות: **שמע ביציאתם.** ולשון התנחומא, עמלק שמע ביציאתן ונזדווג להם, שנאמר (שמות יז, ז - ח) על ריב בני ישראל וגו', ויבא עמלק: **(ב) מה כבוד נחל.** מה גדול הכבוד שהיה לו מישראל, כמו שאמר בסוף הסימן, וכל הענין בתנחומא כאן סימן ו: **שלח לו ביד שליח.** במכילתא כאן הגירסא, רבי יהושע אומר כתב לו באגרת, רבי אלעזר המודעי שלח לו ביד שליח. וגירסת התנחומא כמו כאן במדרש. וטעם פלוגתתם שכתוב ויאמר אני חותנך יתרו בא אליך, משמע שהיה שם אמירה לנוכח, ואחר כך כתוב ויצא משה לקראת חותנו. על כן דורש ששלח לו דברים ביד שליח, והשליח דיבר עמו לנוכח, וזהו בא אליך. ורבי אלעזר דייק תיבת אני, שהשליח היה לו לומר חותנך יתרו בא אליך, אך אני משמע שהוא בעצמו מדבר אליו לנוכח, על כן דורש ששלח לו איגרת: **עשה בגיני.** דורש מה היתה כוונת יתרו שהודיעו שהוא בא, שרצה שילא משה לקראתו לקבלו ולכבדו, על כן תחלה אמר אני חותנך בא, עשה בגין עצמי, ואחר כך אמר ואשתך ושני בניה, וכמו שכיון במה שאמר אני חותנך וגו' עשה בגיני, כך במה שאמר ואשתך ובמה שאמר ושני בניה: **הקדוש ברוך הוא אמר לו צא.** שתיבת אני מיותר, ודורש על הקב"ה שנקרא אני, כמו שאומרים (סוכה מה, א) אני והו הושיעה נא. וזהו ויאמר אני, שאני אמר לו, על פי מדה ט', חותנך בא אליך לא לקראתו, ומה שכתוב אל אלהים ה' דבר ויקרא ארץ, הביא פסוק זה לראיה שברא הארץ במאמרו. אך במכילתא ותנחומא ליתא פסוק זה: **שאני מרחק.** בתנחומא שם הגירסא, ואינו מרחק. ובמכילתא הגירסא, אני המקרב ולא המרחק. ודורש פסוק האלהי מקרוב אני, ולא אלהי מרחוק, איך שייך על השם יתברך קרוב ורחוק, ובפסוק הסמוך לו כתוב, הלא את השמים ואת הארץ אני מלא נאם ה', והם שני כתובים מכחישים, על כן דורש אם אינו ענין לקרבת מקום, תנהו ענין לקרבת אהבתו ועבודתו, ולפי זה הוא תמיה קיימת, שהאמת כן הוא שהוא מקרב ולא מרחק, ומה שכתוב האלהי מקרוב, אני דורש גזירה שוה מכאן, מתיבת אני ויאמר אל משה אני, שאני מקרבו, אף אתה לא וקרב אותו. ועיין לעיל פרשה י"ט סימן ד:

מתנות כהונה

ובפרשת עמלק כתיב (דברים כה, יח): **[ב] שלח לו אגרת.** שאם לא כן מהו אני חותנך יתרו בא וגו'. ומהו ויצא לקראת וגו': **עשה בגיני כו'.** דייק דהיה לו לכוללם יחד ולכתוב אני חותנך יתרו ואשתך ושני בניה באים אליך וכתיב גבי דידיה ביאה בפני עצמו לדרשה הוא הדין לאשה ובנים כמו שדרשו בן בקר רך וטוב בפרק הפועלים בבבא מציעא (פו, ב): **ויאמר אל משה אמר לו כו'.** ודייק מלת אני על הקב"ה וכדמפרש ואזיל: **האלהי מקרוב** גרסינן:

אשד הנחלים

[ב] ביד שליח. כי אם היה בא מאליו, לא היה צריך להודיע לו זאת: **בגין בניך.** שלכן שלח לומר לו ואשתך ושני בניה, שיעשה על כל פנים למענם: **הקדוש ברוך הוא אמר לו צא.** יבאור הכתוב [ויאמר ה' אל משה], אני אומר לך שיתרו בא אליך לכן צא לקראתו, והליט במלת אני כאומר אף שאני הגדול מכל, שאני בראתי העולם והכל צריכין להכיר גדלי, עם כל זה אני מקרב לרחוקים, כמו שנאמר (בתמיה) האלהי מקרוב אני, מפני שכל קרבתו היה רק לשם שמים, לכן גם אתה תקרב אותו. והוכרחו לדרוש כן, כי בודאי אין מדרך ארץ שנאמר שיתרו שלח לו כן:

חידושי הרד"ל

מביא תטעוגיהן, ויתרו נתן בתו לאשה למשה. (והוא דומה להאמור בלחם שזהו אכלו עמי כו', וזה מלחמו נתן לדל): **וביתרו כתיב וצוך אלהים.** הרי נתיירא מה' ובטל דעתו ועלתו אם לא יסכים ה' כדדרש להלן. ובתנחומא הגירסא שנאמר ואתה תחזה וגו' יראי אלהים, וכיון שיטען לחפש אחר יראי אלהים הרי שהיה אוהב ומכבד יראי ה': **ראמולוס בטל הקרבנות.** שהחריב בית המקדש, וגם דרשו בבראשית רבה סוף פרשה סג (סימן יג) אם לא דם שנאת זה דם הקרבנות, שבזה את הבכורה שעבדו בקרבנות: **[ב] כבוד חכמים ינחלו זה יתרו.** מפורש בתנחומא ויגש סימן ו, שיתרו היה אחד משני בני אדם שנחלו כבוד שלא היה לשום אדם, עיין שם: **שליח רבי אלעזר המודעי אומר שלח לו אגרת כו'.** כן צריך לומר, וכן הוא במכילתא. ואפשר דרש האי ויאמר כדכתיב (אסתר ט, כה) אמר עם הספר, ולהלן גרסינן רבי אליעזר: **רבי אליעזר אומר הקדוש ברוך הוא אמר לו צא.** אפשר דרש מלת האלהים שבסוף פסוק הקודם (חונה הר האלהים), נסמך לויאמר דהכא, לרמוז שה' אמר לו לצאת: **אני הוא שאמרתי והיה העולם כו'.** אפשר זה בא לפרש תחלה פשטיה דקרא דהאלהי, שקרוב אני ולא אלהי מרחוק (כדרך המדרש), דמרחוק היינו מבריאת עולם וכפירוש תרגום יונתן ורש"י שם, עיין שם: **שנאמר אל אלהים ה' דבר ויקרא ארץ.** במכילתא ותנחומא לא הביא מקרא זה כאן. (ובדוחק יש לומר שכתוב שם בענין (תהלים נ, ה) אספו לי חסידי כורתי בריתי עלי זבח זה יתרו שנתגייר והביא זבחים): **אני הוא שאיני מרחיק שנאמר האלהי כו' נאם ה' ולא אלהי מרחוק אני הוא שאני מקרב כו'.** כן צריך לומר:

מסורת המדרש

ג. תנחומא כאן סימן ו' כל הענין:
ד. מכילתא כאן פרשה א' כל הענין. ילקוט כאן רמז רס"ד. תנא דבי אליהו רבה פרק ה':
ה. ילקוט ירמיה רמז ד"ש:

אם למקרא

אִם אֶת הַדָּבָר הַזֶּה תַּעֲשֶׂה וְצִוְּךָ אֱלֹהִים וְיָכָלְתָּ עֲמֹד וְגַם כָּל הָעָם הַזֶּה עַל מְקֹמוֹ יָבֹא בְשָׁלוֹם: (שמות יח: כג)

וַיִּקַּח יִתְרוֹ חֹתֵן מֹשֶׁה עֹלָה וּזְבָחִים לֵאלֹהִים וַיָּבֹא אַהֲרֹן וְכֹל זִקְנֵי יִשְׂרָאֵל לֶאֱכָל־לֶחֶם עִם חֹתֵן מֹשֶׁה לִפְנֵי הָאֱלֹהִים: (שמות יח: יב)

וַיָּבֹא עֲמָלֵק וַיִּלָּחֶם עִם יִשְׂרָאֵל בִּרְפִידִם: (לעיל יז:ח)

כָּבוֹד חֲכָמִים יִנְחָלוּ וּכְסִילִים מֵרִים קָלוֹן: (משלי ג: לה)

מִזְמוֹר לְאָסָף אֵל אֱלֹהִים ה' דִּבֶּר וַיִּקְרָא אָרֶץ מִמִּזְרַח שֶׁמֶשׁ עַד מְבֹאוֹ: (תהלים נ: א)

הַאֱלֹהֵי מִקָּרֹב אָנִי נְאֻם־ה' וְלֹא אֱלֹהֵי מֵרָחֹק: (ירמיה כג: כג)

ידי משה

[ב] הקדוש ברוך הוא אמר לו צא. פירוש שהקב"ה אמר למשה שילא לקראת יתרו, דכתיב **ויאמר אל משה** אני וגו', אני קאי על הקב"ה, על שם **אני [הוא] שאמרתי והיה העולם, חותנך יתרו בא אליך וגו'** פירוש הקב"ה אמר לו למשה בשורה שילא לקראתו. וקל להבין:

באור מהרי"פ

וצוך אלהים ויכלת עמוד. פירוש, מדהזכיר שם אלהים שמע מיניה שהיה ירא אלהים: **[ב] שלח לו וכו'.** וצריך לפרש הכי, ואמר השליח אל משה כה אמר אני חותנך יתרו וגו'. ולמאן דאמר אגרת שלח לו צריך לפרש, ויאמר אל משה באגרתו אני חותנך יתרו בא וגו': **עשה בגיני כו'.** דרשה זו סובר רבי יהושע גם כן: **רבי אליעזר אומר הקדוש ברוך הוא אמר לו וכו'.** ולעיל בסמוך אמר רבי אליעזר אגרת שלח לו, ומן ההכרח לגרוס באחד מהם רבי אליעזר בי' ובאחד רבי אלעזר בלי י', וכן מלאתי אחר כך במדרש עם פירוש תולדות נח האחרון: **הקדוש ברוך הוא אמר לו וכו'.** והכי פירושו, ויאמר הקב"ה אל משה אני, פירוש אני שאמרתי והיה העולם, אני הוא שמקרב את הרחוקים ואינני מרחוק לשום בריה בעולם, גם אתה חותנך יתרו בא אליך וגו', אחוז במדתי: **אני הוא שאני מרחיק.** טעות סופר הוא, וצריך להיות אני הוא שאינני מרחיק.

חידושי הרש"ש

[ב] כבוד חכמים ינחלו זה יתרו. שנקרא חכם, כמו שדרשו לקמן בפרשה (סימן ו) עליו יחכם פתי, וכן בעלת חכמה שנתן למשה במינוי השופטים, ומשה אמר אליו והיית לנו לעינים, עיין שם פירוש רש"י, וכן היה מחכמי יועצי פרעה כדלקמן (סימן ו): **מה כבוד נחל.** רצה לומר מה גדול הכבוד שנחל, (כמו מה רבו מעשיך ה' (תהלים קד, כד), מה אדיר שמך (תהלים ח, ב), ודומיהם) וכדמפרש ואזיל יצא משה יצא אהרן כו', והביא גם כן פסוק ויאמר ה' אל משה כו' בשביל דעת רבי אלעזר בו שהקב"ה אמר לו למשה שילא לקראתו, ולכן לא כבוד גדול מזה: **אני הוא שאמרתי והיה העולם** רצה לומר לישראל כן התכופות, שנאמר כי ויקרא ארץ, וסופיה ממזרח שמש עד מבואו שכולל הכל, וכמו שפירש רש"י בסדר זה בפסוק כי לי כל הארץ, ולכן גם אתה קרבהו כו': **אני הוא שאני מרחיק כו'.** במכילתא הגירסא אני המקרב ולא המרחיק, וכן בתנחומא הגירסא ואיני מרחיק, והה"א לפי דרשתם ז"ל הוא לתמיה קיימת, כה"א ההגגלה נגליתי (שמואל א ב, כז), ודומיו:

וְאִם אֵין אַתָּה עוֹשֶׂה בְּגִינִי עֲשֵׂה בְּגִין אִשְׁתְּךָ – And if you will not act for my sake, act for the sake of your wife.[29] **וְאִם אֵין אַתָּה עוֹשֶׂה בְּגִינָהּ עֲשֵׂה בְּגִין בָּנֶיךָ – And if you will not act for her sake, act for the sake of your sons."** **רַבִּי אֶלְעָזָר אוֹמֵר: הַקָּדוֹשׁ בָּרוּךְ הוּא אָמַר לוֹ: צֵא – R' Elazar said** another view regarding the source of the message to go out that Moses received: **The Holy One, blessed is He, said to Moses, "Go out."** **"וַיֹּאמֶר אֶל מֹשֶׁה" אָמַר לוֹ הַקָּדוֹשׁ בָּרוּךְ הוּא: "אֲנִי" הוּא שֶׁאָמַרְתִּי וְהָיָה הָעוֹלָם** – Thus, our verse is to be understood as follows: ***He said to Moses,*** *"I"* **– the Holy One, blessed is He, said to Moses, "*I* am He Who spoke and the world was,"**[30] **שֶׁנֶּאֱמַר "אֵל אֱלֹהִים ה' דִּבֶּר וַיִּקְרָא אָרֶץ" – as is stated, *Almighty God, HASHEM spoke and called to the earth*** (*Psalms* 50:1);[31] **אֲנִי הוּא הַמְקָרֵב וְלֹא הַמְּרַחִיק – "I am He Who draws near and does not distance,"**[32] **שֶׁנֶּאֱמַר "הַאֱלֹהֵי מִקָּרֹב אָנִי נְאֻם ה' וְגו'" – as is stated, *I am a God "mikarov" – says HASHEM –* etc.** *[and not "meirachok"]* (*Jeremiah* 23:23);[33] **אֲנִי הוּא שֶׁקֵּרַבְתִּי לְיִתְרוֹ וְלֹא רִחַקְתִּיו – "I am He Who drew Jethro near and did not distance him,**[34]

NOTES

29. Since a man's wife is like his own body (*Berachos* 24a et al.) and he is duty-bound to honor her (see *Yevamos* 62b), Moses was likely to do so for his wife's sake even if he would not do so for Jethro's (*Eitz Yosef*).

30. This Midrash is troubled by the seemingly unnecessary first word of the clause אֲנִי חֹתֶנְךָ יִתְרוֹ בָּא אֵלֶיךָ, simply translated as, *I, your father-in-law Jethro, have come to you*. It therefore understands that it was not Jethro but God who spoke the words, אֲנִי חֹתֶנְךָ יִתְרוֹ בָּא אֵלֶיךָ, and that they are to be interpreted as if divided by a comma, so that God first said, *"I [am],"* and then added, *"Your father-in-law Jethro has come to you."* The Midrash is explaining that God prefaced his commandment that Moses honor his father-in-law by going out to him, with some information about Himself that would inspire Moses to do so (*Eitz Yosef*; see *Matnos Kehunah*, *Maharzu*).

31. According to *Midrash Shocher Tov* to this verse, it suggests that God created the universe with profound wisdom. The verse thus indicates that God appreciates His world and, consequently, that He would disapprove of one of His creations being rejected (*Yefeh To'ar*; also see *Rashash*). Alternatively, the Midrash cites this verse simply to prove its statement that God created the universe through His speech (*Maharzu*).

32. God draws near all who seek to be close to Him (see *Yefeh To'ar*).

33. [According to this verse's plain meaning, it contains a rhetorical question: *Am I a God from nearby – says HASHEM – and not a God from afar?* (see commentators to verse). However,] the Midrash interprets this phrase as a statement of fact, and sees the words מִקָּרֹב and מֵרָחֹק as if they read מְקָרֵיב and מְרַחִיק respectively. Accordingly, the verse translates to, *I am a God Who draws near – says HASHEM – and not One Who distances* (*Eitz Yosef*; see *Maharzu* for another approach).

34. Despite the fact that he had previously served as a priest of idolatry, God accepted Jethro because he had previously been misguided then. Moreover, God accepts all who repent sincerely (*Yefeh To'ar*).

INSIGHTS

the name of his teacher, the *Avnei Nezer*). He explains that a person's sins create powerful forces of impurity that surround and from which it is impossible for him to escape. The honor bestowed upon a person by those who serve and fear God, however, repels these impure forces and drives them away. Jethro, who had spent a lifetime in idol worship, had become enveloped by such forces, which prevented him from entering the Israelites' camp. He therefore asked to be greeted and honored by Moses, whose presence would dispel these forces, thereby allowing Jethro to enter the camp.

Maayan Beis HaSho'eivah also cites *Sfas Emes* as deriving from our Midrash the lesson that while one is generally exhorted to flee from honor, that is not the case where the accordance of honor will aid him in the acquisition of truth. For that noble purpose, the pursuit of honor is an honorable pursuit.

וּבְיִתְרוֹ כְּתִיב (לקמן פסוק כג) "וְצִוְּךָ אֱלֹהִים", עֵשָׂו בִּטֵּל אֶת הַקָּרְבָּנוֹת, וּבְיִתְרוֹ כְּתִיב (לקמן פסוק יב) "וַיִּקַּח יִתְרוֹ חֹתֵן מֹשֶׁה עֹלָה וּזְבָחִים וְגוֹ' ", עֵשָׂו שָׁמַע בִּיצִיאָתָן שֶׁל יִשְׂרָאֵל וְנִלְחַם עִמָּהֶם, שֶׁנֶּאֱמַר (לעיל יז, ח) "וַיָּבֹא עֲמָלֵק", יִתְרוֹ שָׁמַע בְּשִׁבְחָן שֶׁל יִשְׂרָאֵל וּבָא וְנִדְבַּק עִמָּהֶם, שֶׁנֶּאֱמַר [יח, א] "וַיִּשְׁמַע יִתְרוֹ וְגוֹ' ":

ב דָּבָר אַחֵר, [יח, א] "וַיִּשְׁמַע יִתְרוֹ", גהָדָא הוּא דִכְתִיב (משלי ג, לה) "כָּבוֹד חֲכָמִים יִנְחָלוּ", זֶה יִתְרוֹ בְּשָׁעָה שֶׁבָּא אֵצֶל מֹשֶׁה מַה כָּבוֹד נָחַל, [יח, ו] "וַיֹּאמֶר אֶל מֹשֶׁה אֲנִי חֹתֶנְךָ יִתְרוֹ בָּא אֵלֶיךָ", דרַבִּי יְהוֹשֻׁעַ אוֹמֵר: שָׁלַח לוֹ בְּיַד שָׁלִיחַ, רַבִּי אֱלִיעֶזֶר אוֹמֵר: שָׁלַח לוֹ אִגֶּרֶת וְאָמַר: עֲשֵׂה בְּגִינִי, וְאִם אֵין אַתָּה עוֹשֶׂה בְּגִינִי עֲשֵׂה בְּגִין אִשְׁתְּךָ, וְאִם אֵין אַתָּה עוֹשֶׂה בְּגִינָהּ עֲשֵׂה בְּגִין בָּנֶיךָ, רַבִּי אֶלְעָזָר אוֹמֵר: הַקָּדוֹשׁ בָּרוּךְ הוּא אָמַר לוֹ: צֵא, [יח, ו] "וַיֹּאמֶר אֶל מֹשֶׁה", אָמַר לוֹ הַקָּדוֹשׁ בָּרוּךְ הוּא: (שם) "אֲנִי" הוּא שֶׁאָמַרְתִּי וְהָיָה הָעוֹלָם, שֶׁנֶּאֱמַר (תהלים נ, א) "אֵל אֱלֹהִים ה' דִּבֶּר וַיִּקְרָא אָרֶץ", אֲנִי * הוּא שֶׁאֲנִי מְקָרֵב אֲנִי הוּא שֶׁאֲנִי מַרְחִיק*, שֶׁנֶּאֱמַר (ירמיה כג, כג) "הַאֱלֹהֵי מִקָּרֹב אָנִי נְאֻם ה' וְגוֹ' ", האֲנִי הוּא שֶׁקֵּרַבְתִּי לְיִתְרוֹ וְלֹא רִחַקְתִּיו,

עץ יוסף

בטל את הקרבנות. שהחריב את בית המקדש ובטלו הקרבנות. אי נמי ששנא הקרבנות, כדכתיב (יחזקאל לה, ו) אם לא דם שנאת, ואמרו בבראשית רבה פרשה ס"ג (סי' יג) זה דם הקרבנות: **(ב) זה יתרו.** ומפרש סיפא דקרא וכסילים מרים קלון, בעמלק וחיילותיו, שכסתה כלימה פניהם כשנפלו לפני יהושע, ובהכי אתי שפיר שסמכו לעמלק מפני שהוא הפכי לו, שזה הרים קלונו וזה נחל כבוד: **מה כבוד נחל ויאמר אל משה.** כדי לפרש מה כבוד נחל, בעי למימר מה שאמר בסמוך יצא משה יצא אהרן, אלא דקשיא ליה איך הטריח משה את כולם לצאת, על כן אמר שהיה משה מוכרח לצאת מחמת בקשת יתרו כו': **שלח לו ביד שליח.** שאמר השליח למשה אני חותנך: **שלח לו איגרת.** מדכתיב אני שהוא לשון איגרת ששלח לו בכתב אני חותנך יתרו, מה שאין כן אילו היה בעל פה היה לו לומר הנה חותנך יתרו בא אליך: **עשה בגיני.** פירוש שיצא לקראתו לכבדו, ואם אינו יוצא בגינו יצא בגין אשתו, שהיא כגופו וחייב בכבודה, ואם לא יחוש אפילו לאשתו יחוש לבניו: **הקדוש ברוך הוא אמר ליה.** ולפי זה אין מלת אני דבקה עם חותנך, אלא הכי קאמר ויאמר ה' אל משה אני הוא שאמרתי והיה העולם כו', והנה חותנך יתרו בא אליך וגו', לכך כבדהו: **אני הוא שאני מקרב אני הוא שאני מרחיק כו'.** העיקר הוא ככתוב במכילתא, וכן הוא שם ויאמר אל משה אני חותנך יתרו בא אליך, רבי יהושע אומר כתב לו איגרת, רבי אלעזר המודעי אומר שלח נא ביד שליח כו' עד בגין בניך, רבי אליעזר אומר ויאמר אל משה אני, הקדוש ברוך הוא אמר אל משה אני הוא שאמרתי והיה העולם, אני הוא המקרב ולא המרחיק, שנאמר (ירמיה כג, כג) האלהי מקרב אני נאם ה' ולא אלהי מרחוק, אני הוא שקרבתי ליתרו ולא רחקתיו, ואף אתה כשיבוא אדם אצלך להתגייר ואינו בא אלא לשם שמים, אף אתה קרבהו ואל תרחיקהו, מיד ויצא משה כו', ומפרש המקרא דאלהי מקרוב לא בלשון תמיה, אבל למאמר פוסק וקיים והה"א לידיעה, ומלת מקרב ומרחק לפי הדרש כאילו כתיב מקרב ומרחק מבנין הדגוש, ובזה יובן כל המאמר בלי דוחק ובנקל מאד (יפה תואר). אני הוא שאמרתי והיה העולם אני הוא שאני מקרב כו', נלמד מגזירה שוה, דהאי אני מיותר הוא לרמוז אל האלהי מקרב אני כו':

פירוש מהרז"ו

וצוך אלהים. לא רצה לעשות דבר רק אם יסכים אלהים, הרי שהיה ירא אלהים: **בטלו את הקרבנות.** כמו שכתוב בבראשית רבה פרשה ס"ג סוף סימן י"ג, דם שנאת (יחזקאל לה, ו), דם קרבנות: **שמע ביציאתם.** ולשון התנחומא, עמלק שמע ביציאתן ונזדווג להם, שנאמר (שמות יז, ז - ח) על ריב בני ישראל וגו', ויבא עמלק: **(ב) מה כבוד נחל.** מה גדול הכבוד שהיה לו מישראל, כמו שאמר בסוף הסימן, וכל הענין בתנחומא כאן סימן ו: **שלח לו ביד שליח.** במכילתא כאן הגירסא, רבי יהושע אומר כתב לו באגרת, רבי אלעזר המודעי שלח לו ביד שליח. וגירסת התנחומא כמו כאן במדרש. וטעם פלוגתתם שכתוב ויאמר אני חותנך יתרו בא אליך, משמע שהיה שם אמירה לנוכח, ואחר כך כתוב ויצא משה לקראת חותנו. על כן דורש ששלח לו דברים ביד שליח, והשליח דיבר עמו לנוכח, וזהו בא אליך. ורבי אלעזר דייק תיבת אני, שהשליח היה לו לומר חותנך יתרו בא אליך, אך אני משמע שהוא בעצמו מדבר אליו לנוכח, על כן דורש ששלח לו איגרת: **עשה בגיני.** דורש מה היתה כוונת יתרו שהודיעו שהוא בא, שרצה שיצא משה לקראתו לקבלו ולכבדו, על כן תחלה אמר אני חותנך בא, עשה בגין עצמי, ואחר כך אמר ואשתך ושני בניה, וכמו שכיון במה שאמר אני חותנך וגו' עשה בגיני, כך במה שאמר ואשתך ובמה שאמר ושני בניה: **הקדוש ברוך הוא אמר לו צא.** שתיבת אני מיותר, ודורש על הקב"ה שנקרא אני, כמו שאומרים (סוכה מה, א) אני והו הושיעה נא. וזהו ויאמר אני, שאני אמר לו, על פי מדה ט', חותנך בא אליך צא לקראתו, ומה שכתוב אל אלהים ה' דבר ויקרא ארץ, הביא פסוק זה לראיה שברא הארץ במאמרו. אך במכילתא ותנחומא ליתא פסוק זה: **שאני מרחק.** בתנחומא שם הגירסא, ואינו מרחק. ובמכילתא הגירסא, אני המקרב ולא המרחק. ודורש פסוק האלהי מקרוב אני, ולא אלהי מרחוק, איך שייך על השם יתברך קרוב ורחוק, ובפסוק הסמוך לו כתוב, הלא את השמים ואת הארץ אני מלא נאם ה', והם שני כתובים מכחישים, על כן דורש אם אינו ענין לקרבת מקום, תנהו ענין לקרבת אהבתו ועבודתו, ולפי זה הוא תמיה קיימת, שהאמת כן הוא שהוא מקרב ולא מרחק, ומה שכתוב האלהי מקרוב, אני דורש גזירה שוה מכאן, מתיבת אני ויאמר אל משה אני, שאני מקרבו, אף אתה לא וקרב אותו. ועיין לעיל פרשה י"ט סימן ד:

מתנות כהונה

ובפרשת עמלק כתיב (דברים כה, יח): **[ב] שלח לו אגרת.** שאם לא כן מהו אני חותנך יתרו בא וגו'. ומהו ויצא לקראת וגו': **עשה בגיני כו'.** דייק דהיה לו לכוללם יחד ולכתוב אני חותנך יתרו ואשתך ושני בניה באים אליך וכתיב גבי דידיה ביאה בפני עצמו לדרשה הוא הדין לאשה ובנים כמו שדרשו בן בקר רך וטוב בפרק הפועלים בבבא מציעא (פו, ב): **ויאמר אל משה אמר לו כו'.** ודייק מלת אני על הקב"ה וכדמפרש ואזיל: **האלהי מקרוב** גרסינן:

אשד הנחלים

[ב] ביד שליח. כי אם היה בא מאליו, לא היה צריך להודיע לו זאת: **בגין בניך.** שלכן שלח לומר לו ואשתך ושני בניה, שיעשה על כל פנים למענם: **הקדוש ברוך הוא אמר לו צא.** יבאור הכתוב [ויאמר ה' אל משה], אני אומר לך שיתרו בא אליך לכן צא לקראתו, והליט במלת אני כאומר אף שאני הגדול מכל, שאני בראתי העולם והכל צריכין להכיר גדלי, עם כל זה אני מקרב לרחוקים, כמו שנאמר (בתמיה) האלהי מקרוב אני, מפני שכל קרבתו היה רק לשם שמים, לכן גם אתה תקרב אותו. והוכרחו לדרוש כן, כי בודאי אין מדרך ארץ שנאמר שיתרו שלח לו כן:

חידושי הרד"ל

מבית תענוגיהן, ויתרו נתן בתו לאשה למשה. (והוא דומה להאמור בלחם שזהו אכלו עמי כו', וזה מלחמו נתן לדל): **וביתרו כתיב וצוך אלהים.** הרי נתיירא מה' ובטל דעתו ועצתו אם לא יסכים ה' כדדרש להלן. ובתנחומא הגירסא שנאמר ואתה תחזה וגו' יראי אלהים, וכיון שיעץ לחפש אחר יראי אלהים הרי שהיה אוהב ומכבד יראי ה': **ראמולוס בטל הקרבנות.** שהחריב בית המקדש, וגם דרשו בבראשית רבה סוף פרשה סג (סימן יג) אם לא דם שנאת זה דם הקרבנות, שבזה את הבכורה שעבדו בקרבנות: **[ב] כבוד חכמים ינחלו זה יתרו.** מפורש בתנחומא ויגש סימן ו, שיתרו היה אחד משני בני אדם שנחלו כבוד שלא היה לשום אדם, עיין שם: **שליח רבי אלעזר המודעי אומר שלח לו אגרת כו'.** כן צריך לומר, וכן הוא במכילתא. ואפשר דרש האי ויאמר כדכתיב (אסתר ט, כה) אמר עם הספר, ולהלן גרסינן רבי אליעזר: **רבי אליעזר אומר הקדוש ברוך הוא אמר לו צא.** אפשר דרש מלת האלהים שבסוף פסוק הקודם (חונה הר האלהים), נסמך לויאמר דהכא, לרמוז שה' אמר לו לצאת: **אני הוא שאמרתי והיה העולם כו'.** אפשר זה בא לפרש תחלה פשטיה דקרא דהאלהי, שקרוב אני ולא אלהי מרחוק (כדרך המדרש), דמרחוק היינו מבריאת עולם וכפירוש תרגום יונתן ורש"י שם, עיין שם: **שנאמר אל אלהים ה' דבר ויקרא ארץ.** במכילתא ותנחומא לא הביא מקרא זה כאן. (ובדוחק יש לומר שכתוב שם בענין (תהלים נ, ה) אספו לי חסידי כורתי בריתי עלי זבח זה יתרו שנתגייר והביא זבחים): **אני הוא שאיני מרחיק שנאמר האלהי כו' נאם ה' ולא אלהי מרחוק אני הוא שאני מקרב כו'.** כן צריך לומר:

חידושי הרש"ש

[ב] כבוד חכמים ינחלו זה יתרו. שנקרא חכם, כמו שדרשו לקמן בפרשה (סימן ו) עליו יחכם פתי, וכן בעצת חכמה שנתן למשה במינוי השופטים, ומשה אמר אליו והיית לנו לעינים, עיין שם פירוש רש"י, וכן היה מחכמי יועצי פרעה כדלקמן (סימן ו): **מה כבוד נחל.** רצה לומר מה גדול הכבוד שנחל, (כמו מה רבו מעשיך ה' (תהלים קד, כד), מה אדיר שמך (תהלים ח, ב), ודומיהם) וכדמפרש ואזיל יצא משה יצא אהרן כו', והביא גם כן פסוק ויאמר ה' אל משה כו' בשביל דעת רבי אלעזר בו שהקב"ה אמר לו למשה שיצא לקראתו, ואין לך כבוד גדול מזה: **אני הוא שאמרתי והיה העולם** רצה לומר כישראל כן האומות, שנאמר כו' ויקרא ארץ, וסופיה ממזרח שמש עד מבואו שכולל הכל, וכמו שפירש רש"י בסדר זה בפסוק כי לי כל הארץ, ולכן גם אתה קרבהו כו': **אני הוא שאני מרחיק כו'.** במכילתא הגירסא אני המקרב ולא המרחיק, ובתנחומא הגירסא ואיני מרחיק, והה"א לפי דרשתם ז"ל הוא לתמיה קיימת, כה"א הנגלה נגליתי (שמואל א ב, כז), ודומיו:

מסורת המדרש

ג. תנחומא כאן סימן ו' כל הענין:
ד. מכילתא כאן פרשה א' כל הענין. ילקוט כאן רמז רס"ד. תנא דבי אליהו רבה פרק ה':
ה. ילקוט ירמיה רמז ד"ש:

אם למקרא

אִם אֶת הַדָּבָר הַזֶּה תַּעֲשֶׂה וְצִוְּךָ אֱלֹהִים וְיָכָלְתָּ עֲמֹד וְגַם כָּל הָעָם הַזֶּה עַל מְקֹמוֹ יָבֹא בְשָׁלוֹם: (שמות יח: כג)

וַיִּקַּח יִתְרוֹ חֹתֵן מֹשֶׁה עֹלָה וּזְבָחִים לֵאלֹהִים וַיָּבֹא אַהֲרֹן וְכֹל זִקְנֵי יִשְׂרָאֵל לֶאֱכָל לֶחֶם עִם חֹתֵן מֹשֶׁה לִפְנֵי הָאֱלֹהִים: (שמות יח: יב)

וַיָּבֹא עֲמָלֵק וַיִּלָּחֶם עִם יִשְׂרָאֵל בִּרְפִידִם: (לעיל יז:ח)

כָּבוֹד חֲכָמִים יִנְחָלוּ וּכְסִילִים מֵרִים קָלוֹן: (משלי ג: לה)

מִזְמוֹר לְאָסָף אֵל אֱלֹהִים ה' דִּבֶּר וַיִּקְרָא אָרֶץ מִמִּזְרַח שֶׁמֶשׁ עַד מְבֹאוֹ: (תהלים נ: א)

הַאֱלֹהֵי מִקָּרֹב אָנִי נְאֻם ה' וְלֹא אֱלֹהֵי מֵרָחֹק: (ירמיה כג: כג)

ידי משה

[ב] הקדוש ברוך הוא אמר לו צא. פירוש שהקב"ה אמר למשה שיצא לקראת יתרו, דכתיב **ויאמר אל משה** אני וגו', אני קאי על הקב"ה, על שם אני **[הוא] שאמרתי והיה העולם, חותנך יתרו בא אליך וגו'** פירוש הקב"ה אמר לו למשה בשורה שיצא לקראתו. וקל להבין:

באור מהרי"פ

וצוך אלהים ויכלת עמוד. פירוש, מדהזכיר שם אלהים שמע מיניה שהיה ירא אלהים: **[ב] שלח לו וכו'.** וצריך לפרש הכי, ואמר השליח אל משה כה אמר אני חותנך יתרו וגו'. ולמאן דאמר אגרת שלח לו צריך לפרש, ויאמר אל משה באגרתו אני חותנך יתרו בא וגו': **עשה בגיני כו'.** דרשה זו סובר רבי יהושע גם כן: **רבי אליעזר אומר הקדוש ברוך הוא אמר לו וכו'.** ולעיל בסמוך אמר רבי אליעזר אגרת שלח לו, ומן ההכרח לגרוס באחד מהם רבי אליעזר בי' ובאחד רבי אלעזר בלי י', וכן מצאתי אחר כך במדרש עם פירוש תולדות נח הארוך: **הקדוש ברוך הוא אמר לו וכו'.** והכי פירושו, ויאמר הקב"ה אל משה אני, פירוש אני שאמרתי והיה העולם, אני הוא שמקרב את הרחוקים ואינני מרחוק לשום בריה בעולם, גם **אתה** חותנך יתרו בא אליך וגו', אחוז במדתי: **אני הוא שאני מרחיק.** טעות סופר הוא, וצריך להיות אני הוא שאינני מרחיק,

אָדָם זֶה שֶׁבָּא אֶצְלִי לֹא בָא אֶלָּא לְשֵׁם שָׁמַיִם וְלֹא בָא אֶלָּא לְהִתְגַּיֵּיר – for **this man who came to Me did not come** for anything **other than for the sake of Heaven, and did not come** for anything **other than to become a proselyte.**[35] אַף אַתָּה קָרְבֵהוּ, אַל תְּרַחֲקֵהוּ – Therefore, **you, too, draw him near, do not distance him."** וּמִיָּד "וַיֵּצֵא מֹשֶׁה לִקְרַאת חֹתְנוֹ" – **And thereupon,** ***Moses went out to meet his father-in-law*** (*Exodus* 18:7).

The Midrash describes how Moses' going out resulted in the honor for Jethro that it discussed earlier:

אָמְרוּ – **[The Sages] said:**[36] יָצָא מֹשֶׁה, יָצָא אַהֲרֹן נָדָב וַאֲבִיהוּא וְשִׁבְעִים מִזִּקְנֵי יִשְׂרָאֵל – When **Moses went out, Aaron, Nadav, and Avihu, and seventy of the Elders of Israel** also **went out.**[37] וְיֵשׁ אוֹמְרִים: אַף אָרוֹן יָצָא עִמָּהֶם – **And some** Sages **said: Also the Ark went out with them;** לְכָךְ נֶאֱמַר "כָּבוֹד חֲכָמִים יִנְחָלוּ" – **therefore it is stated,** ***The wise receive honor.***[38]

§3 The Midrash will discuss how Jethro benefited from his alliance with Moses and the Jewish people:[39]

דָּבָר אַחֵר, "וַיִּשְׁמַע יִתְרוֹ" – **Another insight:** ***Jethro heard*** – רְאֵה כַּמָּה טוֹבוֹת וּבְרָכוֹת בָּאוּ לְיִתְרוֹ מִשָּׁעָה שֶׁנִּתְחַתֵּן עִם מֹשֶׁה – **see how many good things and blessings came to Jethro from the time that he became allied with Moses through marriage.**[40] מַה כְּתִיב "וַיָּבֹא אַהֲרֹן וְכֹל זִקְנֵי יִשְׂרָאֵל וְגוֹ'" – **What is written** regarding Jethro? ***And Aaron and all the elders of Israel came, etc.*** *[to eat bread with the father-in-law of Moses before God]* (below, v. 12).[41] וְכֵן אַתָּה מוֹצֵא בְּשָׁעָה שֶׁבָּא בִלְעָם לְקַלֵּל אֶת יִשְׂרָאֵל – **And, similarly, you find that at the time Balaam came to curse Israel,**

NOTES

35. God, Who knows man's innermost thoughts, assured Moses that Jethro's motives were pure and that he did not come merely to delight in the wondrous benefits that the Jews enjoyed in the Wilderness (*Eitz Yosef*, from *Toldos Noach*).

36. *Maharzu*, referencing *Tanchuma* loc. cit.

37. The leaders of the nation would not allow Moses to go out by himself. When these great men went out, many other Jews followed as well (*Eitz Yosef*, referencing *Rashi* to verse).

[According to *Tanchuma* (*Yisro* §6) and *Yalkut Shimoni* (§268 s.v. וישמע יצרו, citing *Mechilta*) *all of Israel* followed their leaders out to greet Jethro. Our edition of *Mechilta* (*Yisro, Masechta Amalek, Parashah* 1), however (like our Midrash), does not mention this (*Maharzu*).]

38. The Ark is termed כָּבוֹד, *honor*, in *I Samuel* 4:21 (*Eitz Yosef*). Furthermore, the Ark held the *luchos* and the Torah scroll, and the Mishnah (*Avos* 6:3) states, אֵין כָּבוֹד אֶלָּא תוֹרָה, *there is no honor other than Torah* (*Maharzu*).

[According to the version of this episode that appears in *Mechilta* (ibid.), it was not *the Ark* that went out according to some Sages, but rather *the Divine Presence* (*Maharzu* and *Eitz Yosef*, see there for discussion).]

39. The Midrash seeks once again to address the issue of why the Torah juxtaposed the stories of Amalek and Jethro. According to this Midrash the reason for this is that the story of Amalek, who attacked the Jewish people and suffered ruination as a result, provides a sharp contrast to that of Jethro, who benefited greatly from his attachment to the Jewish people (*Yefeh To'ar* above, s.v. וזה יתרו; compare above, notes 1 and 23).

40. While *good things* are attainments of an eternal (i.e., spiritual) nature, *blessings* connotes earthly attainments (*Eitz Yosef*).

41. The display of honor shown to Jethro when he arrived at the Jewish camp constituted a tremendous *blessing*. And since this verse describes the meal Jethro shared with Aaron and the elders as having taken place *before God* — a phrase understood by the Sages to suggest deriving pleasure from the *radiance of the Divine Presence* (see *Berachos* 64a) — it indicates that Jethro enjoyed spiritual *good things* as well (*Eitz Yosef*).

Alternatively, the fact that Jethro and his esteemed companions ate bread *before God* proves that Jethro attained *good things* and *blessings* as *Psalms* 73:28 states, קִרְבַת אֱלֹהִים לִי טוֹב, *God's nearness is my good*, and *Deuteronomy* 20:21 indicates that God's presence always results in *blessing*. Additionally, association with a Torah scholar [such as Aaron and the elders] leads to *blessing* (*Maharzu*; see *Beur Maharif* and *Radal* for additional approaches).

These *good things and blessings* did not actually occur to Jethro *"when" he became allied with Moses through marriage*, but rather many years afterward. The Midrash uses this phrase simply because that alliance was the catalyst for these benefits, and Jethro was deserving of them ever since the alliance took place (*Eitz Yosef*, from *Yefeh To'ar*, first explanation). Alternatively, the "alliance with Moses through marriage" meant here by the Midrash is Jethro's *rejoining* with Moses, his son-in-law, at this juncture, after Moses had sent away his wife (see *Eshed HaNechalim*, from *Yefeh To'ar*, second explanation). [Accordingly, it is understandable why the Midrash makes this observation on the words וַיִּשְׁמַע יִתְרוֹ, *Jethro heard* . . . It was this "hearing" that induced him to rejoin Moses — and join his nation.]

See Insight Ⓐ.

INSIGHTS

Ⓐ **Jethro Heard** According to *R' Dov Aharon Brisman* (Rav in Kolna, Lithuania in the early 1900's), from this point to the end of the chapter, the Midrash can be seen as presenting a series of expositions on the benefits that accrued to Jethro consequent to his "having heard" and having come as a result to join the Jewish people. While not explicit in the Midrash, one can detect in it this recurring theme — a theme of "hearing" that the Midrash wishes to drive home with gathering force.

And what is this theme, distilled to its essentials? That the heights of spiritual attainment are open to every person, no matter how low he might have fallen. Jethro had been an adviser to Pharaoh and a priest of idol worship — of every known *form* of idol worship — yet he was able to transform himself and his entire life at such a late stage. And in so doing, he transformed not only himself, but his children and descendants for all time.

And how did he attain such heights? Through "hearing" — through discerning the messages in the events that transpired. The person who seeks to attach himself to truth and who searches earnestly for it will merit Heavenly assistance in seeing the truth come into clear focus before his very eyes. And conversely, one who has no interest in the truth will fail to see it and to internalize it even when confronted with wondrous miracles; they will not stir him to courageously face the bright light outside the cocoon of complacency he has spun around himself from the webs of his life of lies.

Jethro heard. What did he hear? He heard what the rest of the world had also heard! *Peoples heard – they were agitated; terror gripped the dwellers of Philistia. Then the chieftains of Edom were confounded, trembling gripped the powers of Moab...* (*Exodus* 15:14-15). Their reaction, however, was solely one of fear, one of angst. They heard, they were terrified and they trembled. But they didn't change. As the terrifying sounds of these events faded into distant echoes, so did the true import of these events fade from their hearts. And they remained the same evildoers as before. It was *Jethro* who refused to ignore the import of what he had heard. *Jethro* heard.

The truth was proclaimed not only by the earth-shattering events of the Exodus and the Giving of the Torah long ago. It is broadcast even today. Our Sages speak of "the heavenly voice that emanates and calls out each and every day . . . " (*Avos* 6:2; see also below, 41 §7, et al.). The heavenly voice still calls out, its message unmistakable. The sounds are clearly audible -- but only to those who wish to hear and to see. The prophet exhorts, הַחֵרְשִׁים שְׁמָעוּ וְהַעִוְרִים הַבִּיטוּ לִרְאוֹת, *O deaf ones, listen; and blind ones, gaze to see!* (*Isaiah* 42:18). The prophet cannot demand this of one without functioning ears and eyes. He calls rather to those who *can* hear and *can* see — but who have not been moved to do so. The truth is there in front of us in the sights and sounds of the heavenly messages that emanate every day. We must only incline our ears and direct our gaze, and face resolutely that which they will then perceive. We must *hear*. We must internalize. We must change. And from that, only good can flow (*Be'er Mayim* on *Shemos Rabbah*, pp. 259-260).

אָדָם זֶה שֶׁבָּא אֶצְלִי לֹא בָּא אֶלָּא לְשֵׁם שָׁמַיִם וְלֹא בָּא אֶלָּא לְהִתְגַּיֵּיר, אַף אַתָּה קָרְבֵהוּ, אַל תַּרְחִיקֵהוּ, וּמִיָּד [יח, ז] "וַיֵּצֵא מֹשֶׁה לִקְרַאת חֹתְנוֹ", אָמְרוּ: יָצָא מֹשֶׁה, יָצָא אַהֲרֹן נָדָב וַאֲבִיהוּא וְשִׁבְעִים מִזִּקְנֵי יִשְׂרָאֵל, וְיֵשׁ אוֹמְרִים: אַף אָרוֹן יָצָא עִמָּהֶם, לְכָךְ נֶאֱמַר (משלי ג, לה) "כָּבוֹד חֲכָמִים יִנְחָלוּ":

ג דָּבָר אַחֵר, [יח, א] "וַיִּשְׁמַע יִתְרוֹ", רָאָה כַּמָּה טוֹבוֹת וּבְרָכוֹת בָּאוּ לְיִתְרוֹ מִשָּׁעָה שֶׁנִּתְחַתֵּן עִם מֹשֶׁה, מַה כְּתִיב, [יח, יב] "וַיָּבֹא אַהֲרֹן וְכֹל זִקְנֵי יִשְׂרָאֵל וְגוֹ'", וְכֵן אַתָּה מוֹצֵא בְּשָׁעָה שֶׁבָּא בִלְעָם לְקַלֵּל אֶת יִשְׂרָאֵל, לֹא דַיָּין שֶׁלֹּא קִלְּלָן אֶלָּא בֵּירְכָן, וְלֹא עוֹד אֶלָּא כֵּיוָן שֶׁרָאָה עֲמָלֵק הִתְחִיל לְקַלְּלוֹ, שֶׁנֶּאֱמַר (במדבר כד, כ) "רֵאשִׁית גּוֹיִם עֲמָלֵק וְאַחֲרִיתוֹ עֲדֵי אֹבֵד", אֲבָל לְיִתְרוֹ מַהוּ אוֹמֵר, (שם שם כא) "אֵיתָן מוֹשָׁבֶךָ וְשִׂים בַּסֶּלַע קִנֶּךָ", אָמַר לוֹ: קֵינִי, [ז]עִמָּנוּ הָיִיתָ בָּעֵצָה, מִי הוֹשִׁיבְךָ אֵצֶל אֵיתָנֵי עוֹלָם, מָשָׁל לְצִפּוֹר שֶׁבָּרַח מִן הַצַּיָּיד וְנָפְלָה לְתוֹךְ יָדוֹ שֶׁל אַנְדְּרוֹאַנְטְיָא, כֵּיוָן שֶׁרָאָה אוֹתוֹ הַצַּיָּיד הִתְחִיל מְקַלְּסוֹ, וְאָמַר לוֹ: כַּמָּה נָאָה בְּרִיחָה שֶׁבָּרַחְתָּ, כָּךְ הָיָה בִלְעָם מְשַׁבֵּחַ אֶת יִתְרוֹ וְאָמַר לוֹ "אֵיתָן מוֹשָׁבֶךָ":

ד דָּבָר אַחֵר, [יח, א] "וַיִּשְׁמַע יִתְרוֹ", הָדָא הוּא דִכְתִיב (ירמיה טז, יט) "ה' עֻזִּי וּמָעֻזִּי וּמְנוּסִי בְּיוֹם צָרָה אֵלֶיךָ גּוֹיִם יָבֹאוּ מֵאַפְסֵי אָרֶץ", אָמְרוּ יִשְׂרָאֵל לְהַקָּדוֹשׁ בָּרוּךְ הוּא:

עץ יוסף

אדם זה שבא אצלך לא בא אלא לשם שמים כו'. כלומר אל יעלה על דעתך שיתרו לא בא לשם שמים להתגייר, אלא בשביל ששמע כל הטובות שנעשו לישראל כגון הבאר והמן, ולכן אמר לו הקדוש ברוך הוא אני שאני בוחן לבבות יודע שאין כוונתו אלא לשם שמים, ולא בא אלא להתגייר ולא בשביל הטובות (תולדות נח): **יצא משה יצא אהרן כו'.** כי מסתמא לא יניחו את משה שילך לבדו שלא ילכו עמו כל גדולי ישראל, וכשילכו הגדולים ילכו רבים יותר, כי מי ראה אלו יולאים ולא ילא עמהם, כמו שפירש רש"י בחומש: **אף ארון יצא עמהם לכך נאמר כבוד חכמים ינחלו.** דארון מיקרי כבוד, כאומרו גלה כבוד מישראל אל הלקח ארון אלהים, ובמכילתא אמר במקום ארון אף שכינה ילתה עמהם, וגם זה בכלל מלת כבוד, דשכינה מכונה בשם כבוד כאומרו וכבוד ה' מלא את המשכן, וכבוד ה' נראה בענן: **(ג) דבר אחר וישמע יתרו ראה כמה טובות וברכות.** הטובות הן ההללחות הנלחיות, והברכות הן הללחות המדומות, כגון כבוד ועושר ובנים ואורך ימים, שבשתי המינים זכה יתרו, שבמה שילא משה וכל הגדולים עמו כנגד יתרו, זכה להללחת המדומה, ובמה שאכלו עמו לחם, זכה להללחת רוחניות, כמו שנאמר לפני האלהים, ואמרו ז"ל (ברכות סד, א) כאילו הקביל פני השכינה: **משעה שנתחתן.** אף על פי שהטובות שמפרש כאן היו אחרי יליאת מלרים, קאמר משעה שנתחתן, כי החתון היתה הסיבה ומאז היה מוכן אליה: **אלא בירכן.** כדכתיב הנה ברך לקחתי, וברך ולא אשיבנה: **ולא עוד כו'.** פירוש ולא זו שבירך להם, אלא שקילל לשונאיהם גם כן: **אמר ליה קני עמנו היית בעצה.** מדאסמכינהו להדדי עמלק ויתרו, שמע מינה דהכי אמר להו: **היית בעצה.** גבי הבה נתחכמה לו, כדלעיל פרשה א', והכא סבירא ליה שגם יתרו היה יועץ רע כבלעם, ולכן אמר לקמן שהולרך לתשובה: **מי הושיבך אצל איתני עולם.** פירש רש"י בפרק חלק (סנהדרין קו, א ד"ה ומי) שעתידין בניך לישב בלשכת הגזית, והיינו דכתיב איתן מושביך כו': **משל לצפור כו'.** טעם המשל לומר שבלעם חשב שענין יתרו לא היה אלא כלפור הבורח, שאף על פי שהליד יכול להכותה בחן, לא יכול לה מפני מקומה הוא איקונין של מלך, ואם יכה עליו בחן חייב מיתה, כן יתרו לא נתגייר לשם שמים אלא כשראה נקמת ה' בעמלק חבירו ברח ודבק בישראל, ולכן אף על פי שמלד עלמו ראוי לקללה, אך מפני שנתיישב עם ישראל לא יקולל, שיהיה נגיעה בכבודן של ישראל ובכבוד ה': **אנדרואנטיא.** פירוש ללם המלך באבן או במתכת, אנדרא בלשון יוני איש: **ואמר לו איתן מושביך.** היינו שישב ונתחבר עם ישראל: **(ד) הדא הוא דכתיב ה' עוזי כו'.** סבירא ליה שאחר מתן תורה בא יתרו, ומייתי אסמכתא מהכא, דמשמע שעל שמועת התורה שנקראת עוז בא יתרו:

פירוש מהרז"ו

אף אתה קרבהו ואל תרחיקהו. וגירסת המכילתא מיושב יותר, אף אתה כשבא אדם אצלך ואינו בא אלא לשם שמים, אף אתה קרבהו ואל תרחיקהו, וכן הוא בתנחומא, כי על יתרו לא היה לריך להזהירו כל כך: **אמרו יצא משה.** כמו שאמר בתנחומא אמרו חז"ל: **ושבעים מזקני ישראל.** ובתנחומא הגירסא וכל ישראל, ובילקוט מביא בשם מכילתא ואחריהם כל ישראל, וליתא במכילתא שלפנינו. ולשון רש"י בחומש, מי ראה את אלו יולאים ולא ילא: **אף ארון יצא עמהם.** וכמו שאמרו באבות (פ"ו מ"ג) ואין כבוד אלא תורה, והארון מקום הלוחות והתורה. ולריך עיון גדול ארון מאי בעי הכא, שאף אם נאמר שלאחר מתן תורה בא יתרו, וכמו שאמרו לקמן פרשה זו סוף סימן ד, אין הכרח שבא אחר עשיית המשכן והארון. אך גירסת המכילתא והילקוט, ויש אומרים אף שכינה ילאה עמהם. והכוונה על הענן שנקרא כבוד ה', וזהו כבוד חכמים וגו'. ולפי מה שדרש לעיל פרשה ה סימן כ"ב, נטלתי ספר בראשית, יתכן שעשו לו ארון כמו אנו לכל התורה, ועליו היה הענן: **(ג) ויבא אהרן וגו'.** וסיפא דקרא לאכול לחם עם חותן משה לפני האלהים, ומאחר שהיה שם אלהים הרי כתוב (שמות כ, כ) בכל מקום אשר אזכיר את שמי אבא אליך וברכתיך, ותיכף לתלמידי חכמים ברכה (ברכות מב, א), וכתוב (תהלים עג, כח) ואני קרבת אלהים לי טוב, הרי שהיה לו על ידי כן טובות וברכות: **לא די שלא קללן.** הביא ראיה שברכותיו לא היה מעלמו אלא מה', וכן מה שאמר בלעם על יתרו, מה' היה: **אבל ליתרו.** קיני הוא יתרו, כמו שכתוב שופטים א' ט"ז, ובני קיני חותן משה: **עמנו היית בעצה.** אלל פרעה על ישראל, כמו שדרשו לעיל פרשה א סימן ט, ושם נסמן על יתרו, בלעם, ואיוב. ועיין לקמן בסימן ו: **איתני עולם.** הם האבות כמו שאמרו (ראש השנה יא, א) מפסוק (מיכה ו, ב) והאתנים מוסדי ארץ, ירח האתנים, וזה איתן מושבך: **אנדריאנטוס.** עיין לקמן פרשה כ"א סימן ה דברים רבה פרשה א סימן ט"ז. ופירוש איקונין של מלך, בלורה בולטת בחיתוך אברים: **(ד) ביום צרה.** ולא פירש באיזה יום, והכרח שמפורש בזה הפסוק עלמו באיזה יום מדבר, והיינו על פי גזירה שוה, שכתוב שם עזי וזמרת יה. ומה שכתוב ומנוסי, משמע שגרס לי שאנוס, וסותר למה שכתב עוזי ומעוזי, על כן דורש מנוסי שעשה לי נסים, על פי מדת ממעל, ואז אליך גוים יבואו:

חידושי הרד"ל

ויש אומרים אף ארון יצא עמהם. במכילתא הגירסא אף שכינה. (ואפשר יליף האי לקראת מן ויולא משה את העם לקראת האלהים האמור במתן תורה (שמות יט, יז), לדרוש שהאי לקראת יתרו ילאו לקראת שכינה שהיתה שרויה כבר עמנו), וכן נכון שהארון עדיין לא היה למאן דאמר קודם מתן תורה בא יתרו, ואף למאן דאמר לאחר מתן תורה משמע שמיד ששמע יתרו מתן תורה בא קודם מעשה המשכן (ועיין לקמן פרשה כט, ולהלן בפרשה): **[ג] במה טובות וברכות באו ליתרו.** טובות כמה דאת אמר (במדבר י, לב) והיה הטוב ההוא אשר ייטיב ה' עמנו והטבנו לך, (וגם כאן שדרשו להלן (סימן ה) שירד לו מן, נראה דדרש מן ויחד יתרו על כל הטובה כמו שכתבתי לקמן אם ירצה השם (ד"ה שהוריד)), וברכות שנתברך מן בלעם (ולמה שאמר להלן (סימן ו) מקרא דהוכח לנבון שיתרו הוכיח למשה, יש לומר שרומז המדרש בלשונו כאן שנתקיים בו מקרא (משלי כד, כד) ולמוכיחים ינעם ועליהם תבוא ברכת טוב, וזהו טובות וברכות): **משל לצפור.** עיין להלן בפרשה זו (סימן ו):

חידושי הרש"ש

ויש אומרים אף ארון יצא עמהם לכך נאמר כבוד כו'. רלה לומר דארון נקרא כבוד, כדכתיב גלה כבוד מישראל כי נלקח ארון האלהים (שמואל א ד, כב):

מסורת המדרש

ו. תנחומא סדר ויגש סימן ז':

ז. סוטה דף י"א. סנהדרין דף ק"ד. לעיל פרשה א' וש"נ:

אם למקרא

וַיַּרְא אֶת עֲמָלֵק וַיִּשָּׂא מְשָׁלוֹ וַיֹּאמַר רֵאשִׁית גּוֹיִם עֲמָלֵק וְאַחֲרִיתוֹ עֲדֵי אֹבֵד: וַיַּרְא אֶת־הַקֵּינִי וַיִּשָּׂא מְשָׁלוֹ וַיֹּאמַר אֵיתָן מוֹשָׁבֶךָ וְשִׂים בַּסֶּלַע קִנֶּךָ: (במדבר כד: כ-כא)

ה' עֻזִּי וּמָעֻזִּי וּמְנוּסִי בְּיוֹם צָרָה אֵלֶיךָ גּוֹיִם יָבֹאוּ מֵאַפְסֵי אָרֶץ וְיֹאמְרוּ אַךְ שֶׁקֶר נָחֲלוּ אֲבוֹתֵינוּ הֶבֶל וְאֵין בָּם מוֹעִיל: (ירמיה טז: יט)

באור מהרי"פ

וכן הוא הדרש האלהי מקרוב אני ולא אלהי מרחיק: **קרבהו ואל תרחקהו,** ואני חותנך, ואני של האלהי מקרוב אני הוא לגזרה שוה. אך לריך עיון מה ענין אני הוא שאמרתי והיה העולם, לאני מקרב ולא מרחק. ואולי הכוונה מפני שאמר והיה העולם חפץ למען לדקו לבלתי ידח ממנו נדח ולא ימאס יגיע כפו. אך לריך עיון למה מביא ראיה על שהקב"ה ברא את העולם ממקרא שבתהלים אל אלהים ה' וגו', ולא מהתחלת התורה בראשית ברא אלהים. ואולי להורות שהעולם חביב מאד בעיני הקב"ה שברא בשלשה שמות הללו, בחכמה, ובתבונה, ובדעת, כמבואר ומפורש במדרש שוחר טוב תהלים מזמור נ' על מקרא זה, עיין שם: **[ג] כמה טובות וכו'.** פירוש, הכבוד שנהגו בו, חשבו לטובה אחת, והשבח ששבחו בלעם הוא הטובה השנית: **[ד] ומנוסי.** דורש לשון נס, שעשה לנו נסים הרבה:

מתנות כהונה

אמרו יצא משה וכו'. כך אמרו חז"ל ילא משה כשילא משה ילא גם כן אהרן כו'. כך פירש רש"י ז"ל בפירוש החומש: **[ג] בעצה.** של הבה נתחכמה היו איוב ובלעם ויתרו ולקמן איתא שהשלישי היה עמלק: **אנדרואנטיא.** איקונין של מלך והכי איתא לקמן:

אשד הנחלים

יצא אהרן. כמו שנאמר אחר כך ויבא אהרן וכל זקני ישראל גו': **[ג] כמה טובות כו' מה כתיב ויבא אהרן.** שגם זה טובה ליתרו שכלם כיבדו אותו: **לא דיין כו'.** מביא זה באגב, ועיקר ענינו להביא על מעלת יתרו שזכר בלעם לברכו, ואמר לו שמושבו עתה בחוזק גדול, אחר שנתחבר לישראל מקום אשר אי אפשר להסיע ממנו בשום אופן:

לֹא דַיָּין שֶׁלֹּא קִלְּלָן אֶלָּא בֵּירְכָן – **not only did he not curse them but he** even **blessed them.**[42] וְלֹא עוֹד אֶלָּא כֵּיוָן שֶׁרָאָה עֲמָלֵק הִתְחִיל לְקַלְּלוֹ – **And moreover, once he saw** the nation of **Amalek, [Balaam] began to curse it,** שֶׁנֶּאֱמַר "רֵאשִׁית גּוֹיִם עֲמָלֵק וְאַחֲרִיתוֹ עֲדֵי אֹבֵד" – **as is stated,** *[Balaam] saw Amalek and declaimed his parable and said,* ***"Amalek is the first among nations but its end will be eternal destruction"*** (*Numbers* 24:20); אֲבָל לְיִתְרוֹ מַהוּ אוֹמֵר, "אֵיתָן מוֹשָׁבֶךָ וְשִׂים בַּסֶּלַע קִנֶּךָ" – **but to Jethro what does [Balaam] say?** ***Strong is your dwelling and set in a rock is your nest*** (ibid., v. 21).[43] אָמַר לוֹ: קֵינִי עִמָּנוּ הָיִיתָ בָּעֵצָה – With these words, **[Balaam] said to [Jethro], "Kenite, you were with us** in offering **that counsel!**[44] מִי הוֹשִׁיבְךָ אֵצֶל אֵיתָנֵי עוֹלָם – **Who placed you among the mighty ones of the world?!"**[45] מָשָׁל לְצִפּוֹר שֶׁבָּרַח מִן הַצַּיָּיד וְנָפְלָה לְתוֹךְ יָדוֹ שֶׁל אַנְדְּרוֹאַנְטְיָא – Additionally, Balaam's remarks to the Kenite people alluded to a **parable regarding a bird that fled from the hunter and fell into the hand of a statue of the king.**[46] כֵּיוָן שֶׁרָאָה אוֹתוֹ הַצַּיָּיד הִתְחִיל מְקַלְּסוֹ וְאָמַר לוֹ: כַּמָּה נָאָה בְּרִיחָה שֶׁבָּרַחְתָּ – **When the hunter saw [the bird] he began to praise it and he said to it, "How pleasant is the flight that you have flown!"**[47] כָּךְ הָיָה בִּלְעָם מְשַׁבֵּחַ אֶת יִתְרוֹ וְאָמַר לוֹ "אֵיתָן מוֹשָׁבֶךָ" – **Similarly was Balaam praising Jethro and he said to him, "*Strong is your dwelling*** *and set in a rock is your nest.*"[48]

§4 The Midrash cites and expounds a verse from *Jeremiah*, ultimately relating it to our verse:

"דָּבָר אַחֵר, "וַיִּשְׁמַע יִתְרוֹ – **Another insight:** ***Jethro heard*** – הָדָא הוּא דִכְתִיב "ה' עֻזִּי וּמָעֻזִּי וּמְנוּסִי בְּיוֹם צָרָה אֵלֶיךָ גּוֹיִם יָבֹאוּ מֵאַפְסֵי אָרֶץ" – **this is** related to that **which is written,** ***HASHEM, my Strength, my Stronghold, "umenusi"*** [וּמְנוּסִי] ***on the day of distress! To You nations will come from the ends of the earth*** *and say: It was falsehood that our ancestors inherited, futility that has no purpose* (*Jeremiah* 16:19). אָמְרוּ יִשְׂרָאֵל לְהַקָּדוֹשׁ בָּרוּךְ הוּא – The people of **Israel said to the Holy One, blessed is He,**

NOTES

42. As Balaam himself said (in *Numbers* 23:20) [after his attempts to curse the Jewish people had been foiled by God], הִנֵּה בָרֵךְ לָקָחְתִּי וּבֵרֵךְ וְלֹא אֲשִׁיבֶנָּה, *"Behold! to bless have I received — He has blessed, and I shall not contradict it"* (*Eitz Yosef*). The Midrash maintains that it was because Jethro had joined the Jewish people that, as will presently be taught, his personal experience with Balaam reflected that of the Jews, and he was ultimately blessed (*Yefeh To'ar*). And because Balaam's blessings to the Jews related to both *good things and blessings*, this represents further proof that Jethro attained these pursuant to his alliance with Moses (see *Yefeh To'ar* above, s.v. טובות וברכות; also see *Radal*).

43. [The beginning of this verse reads, וַיַּרְא אֶת הַקֵּינִי וַיִּשָּׂא מְשָׁלוֹ וַיֹּאמַר, *(Balaam) saw the Kenite and he declaimed his parable and said.* As noted above (in note 14),] the Kenite nation was descended from Jethro (*Maharzu*). According to this Midrash, the curse Balaam pronounced upon Amalek should have equally been applied to Jethro's descendants, both because the Kenites lived among the Amalekites (see *I Samuel* 15:6) and because Jethro had partnered with Amalek in causing the Jews to suffer (see the following note). The Midrash is teaching that Jethro's descendants were spared this fate because of his attachment to the Jewish people. To this the Midrash adds that *not only* did Jethro avoid a curse and receive a blessing as did his Jewish companions, but *moreover*, when Balaam cursed Amalek he singled out Jethro for praise (*Yefeh To'ar*; see *Eitz Yosef* for another approach).

44. The Midrash refers to the counsel Pharaoh sought from his advisers regarding how best to deal with the Jews. As taught above [in 1 §9], Balaam and Jethro were two of the advisers present. Unlike that Midrash, our Midrash maintains that Jethro joined Balaam in recommending that Pharaoh persecute the Jews cruelly. As we will learn below (in §6), Jethro later repented for his role in that affair. In a second deviation from the Midrash above, the Midrash below will teach that Amalek was another of Pharaoh's advisers (*Yefeh To'ar*, followed in large part by *Eitz Yosef*; also see *Matnos Kehunah*, *Maharzu*).

45. According to *Rashi* (to *Sanhedrin* 106a), *the mighty ones of the world* are the scholars of the Sanhedrin, who met in the Chamber of Hewn Stone and whose ranks would one day include Jethro's progeny (*Eitz Yosef*). Alternatively, the reference is to the Patriarchs [with whom Jethro had aligned himself] (*Maharzu*, referencing *Rosh Hashanah* 11a). Thus, Balaam marveled at the ascent of his erstwhile comrade.

46. *Matnos Kehunah*, followed by *Eitz Yosef*.

47. Although the hunter could have shot down the bird, he would not do so because to strike the king's statue with an arrow was a capital offense (*Eitz Yosef*). He therefore complimented the bird on its escape from danger. [See similarly below, §6.]

48. According to this Midrash, Balaam believed that Jethro had embraced Judaism only to save himself. For having witnessed God's vengeance against his comrade, Amalek (see above, 17:13), Jethro feared that he too would suffer for his advice that Pharaoh persecute the Jews. Jethro therefore joined the Jewish people, knowing that were he then to be punished it would be an affront to their honor and to God's. Thus, Balaam stated that Jethro's *dwelling was strong* because Balaam believed that, like the bird of the parable, Jethro was spared not because of his personal merit but rather as a consequence of the environment in which he had placed himself. Whereas the Midrash just above saw the words *Strong is your dwelling* as alluding to Jethro's descendants' future participation in the Sanhedrin [or to Jethro's association with the Patriarchs], here the Midrash interprets them as an allusion to Jethro's induction into the Jewish people (*Yefeh To'ar*, followed in large part by *Eitz Yosef*).

אָדָם זֶה שֶׁבָּא אֶצְלִי לֹא בָא אֶלָּא לְשֵׁם שָׁמַיִם וְלֹא בָא אֶלָּא לְהִתְגַּיֵּר, אַף אַתָּה קָרְבֵהוּ, אַל תַּרְחִיקֵהוּ, וּמִיָּד [יח, ז] "וַיֵּצֵא מֹשֶׁה לִקְרַאת חֹתְנוֹ", אָמְרוּ: יָצָא מֹשֶׁה, יָצָא אַהֲרֹן נָדָב וַאֲבִיהוּא וְשִׁבְעִים מִזִּקְנֵי יִשְׂרָאֵל, וְיֵשׁ אוֹמְרִים: אַף אָרוֹן יָצָא עִמָּהֶם, לְכָךְ נֶאֱמַר (משלי ג, לה) "כָּבוֹד חֲכָמִים יִנְחָלוּ":

ג דָּבָר אַחֵר, [יח, א] "וַיִּשְׁמַע יִתְרוֹ", רְאֵה כַּמָּה טוֹבוֹת וּבְרָכוֹת בָּאוּ לְיִתְרוֹ מִשָּׁעָה שֶׁנִּתְחַתֵּן עִם מֹשֶׁה, מַה כְּתִיב, [יח, יב] "וַיָּבֹא אַהֲרֹן וְכֹל זִקְנֵי יִשְׂרָאֵל וְגוֹ'", וְכֵן אַתָּה מוֹצֵא בְּשָׁעָה שֶׁבָּא בִּלְעָם לְקַלֵּל אֶת יִשְׂרָאֵל, לֹא דַיָּין שֶׁלֹּא קִלְּלָן אֶלָּא בֵּירְכָן, וְלֹא עוֹד אֶלָּא כֵּיוָן שֶׁרָאָה עֲמָלֵק הִתְחִיל לְקַלְּלוֹ, שֶׁנֶּאֱמַר (במדבר כד, כ) "רֵאשִׁית גּוֹיִם עֲמָלֵק וְאַחֲרִיתוֹ עֲדֵי אֹבֵד", אֲבָל לְיִתְרוֹ מַהוּ אוֹמֵר, (שם שם כא) "אֵיתָן מוֹשָׁבֶךָ וְשִׂים בַּסֶּלַע קִנֶּךָ", אָמַר לוֹ: קֵינִי, 'עִמָּנוּ הָיִיתָ בָּעֵצָה, מִי הוֹשִׁיבְךָ אֵצֶל אֵיתָנֵי עוֹלָם, מָשָׁל לְצִפּוֹר שֶׁבָּרַח מִן הַצַּיָּיד וְנָפְלָה לְתוֹךְ יָדוֹ שֶׁל אַנְדְּרוּאַנְטְיָא, כֵּיוָן שֶׁרָאָה אוֹתוֹ הַצַּיָּיד הִתְחִיל מְקַלְּסוֹ, וְאָמַר לוֹ: כַּמָּה נָאָה בְּרִיחָה שֶׁבָּרַחְתָּ, כָּךְ הָיָה בִּלְעָם מְשַׁבֵּחַ אֶת יִתְרוֹ וְאָמַר לוֹ "אֵיתָן מוֹשָׁבֶךָ":

ד דָּבָר אַחֵר, [יח, א] "וַיִּשְׁמַע יִתְרוֹ", הָדָא הוּא דִכְתִיב (ירמיה טז, יט) "ה' עֻזִּי וּמָעֻזִּי וּמְנוּסִי בְּיוֹם צָרָה אֵלֶיךָ גּוֹיִם יָבֹאוּ מֵאַפְסֵי אָרֶץ", אָמְרוּ יִשְׂרָאֵל לְהַקָּדוֹשׁ בָּרוּךְ הוּא:

עץ יוסף

אדם זה שבא אצלך לא בא אלא לשם שמים כו'. כלומר אל יעלה על דעתך שיתרו לא בא לשם שמים להתגייר, אלא בשביל ששמע כל הטובות שנעשו לישראל כגון הבאר והמן, ולכן אמר לו הקדוש ברוך הוא אני שאני בוחן לבבות יודע שאין כוונתו אלא לשם שמים, ולא בא אלא להתגייר ולא בשביל הטובות (תולדות נח): **יצא משה יצא אהרן כו'.** כי מסתמא לא יניחו את משה שילא לבדו שלא ילאו עמו כל גדולי ישראל, וכשילאו הגדולים ילאו רבים יותר, כי מי ראה אלו יולאים ולא ילא עמהם, כמו שפירש רש"י בחומש: **אף ארון יצא עמהם לכך נאמר כבוד חכמים ינחלו.** דארון מיקרי כבוד, כאומרו גלה כבוד מישראל אל הלקח ארון אלהים, ובמכילתא אמר במקום ארון אף שכינה ילתה עמהם, וגם זה בכלל מלת כבוד, דשכינה מכונה בשם כבוד כאומרו וכבוד ה' מלא את המשכן, וכבוד ה' נראה בענן: **(ג) דבר אחר וישמע יתרו ראה כמה טובות וברכות.** הטובות הן ההללחות הנלחיות, והברכות הן הללחות המדומות, כגון כבוד ועושר ובנים ואורך ימים, שבשתי המינים זכה יתרו, שבמה שילא משה וכל הגדולים עמו כנגד יתרו, זכה להללחת המדומה, ובמה שאכלו עמו לחם, זכה להללחת רוחניות, כמו שנאמר לפני האלהים, ואמרו ז"ל (ברכות סד, א) כאילו הקביל פני השכינה: **משעה שנתחתן.** אף על פי שהטובות שמפרש כאן היו אחרי יליאת מלרים, קאמר משעה שנתחתן, כי החתון היתה הסיבה ומאז היה מוכן אליה: **אלא בירכן.** כדכתיב הנה ברך לקחתי, וברך ולא אשיבנה: **ולא עוד כו'.** פירוש ולא זו שבירך להם, אלא שקילל לשונאיהם גם כן: **אמר ליה קני עמנו היית בעצה.** מדאסמכינהו להדדי עמלק ויתרו, שמע מינה דהכי אמר להו: **היית בעצה.** גבי הבה נתחכמה לו, כדלעיל פרשה א', והכא סבירא ליה שגם יתרו היה יועץ רע כבלעם, ולכן אמר לקמן שהולרך לתשובה: **מי הושיבך אצל איתני עולם.** פירש רש"י בפרק חלק (סנהדרין קו, א ד"ה ומי) שעתידין בניך לישב בלשכת הגזית, והיינו דכתיב איתן מושביך כו': **משל לצפור כו'.** טעם המשל לומר שבלעם חשב שענין יתרו לא היה אלא כלפור הבורח, שאף על פי שהליד יכול להכותה בחץ, לא יכול לה מפני מקומה הוא איקונין של מלך, ואם יכה עליו בחץ חייב מיתה, כן יתרו לא נתגייר לשם שמים אלא כשראה נקמת ה' בעמלק חבירו ברח ודבק בישראל, ולכן אף על פי שמלד עצמו ראוי לקללה, אך מפני שנתיישב עם ישראל לא יקולל, שיהיה נגיעה בכבודן של ישראל ובכבוד ה': **אנדרואנטיא.** פירוש ללס המלך באבן או במתכת, אנדרא בלשון יוני איש: **ואמר לו איתן מושביך.** היינו שישב ונתחבר עם ישראל: **(ד) הדא הוא דכתיב ה' עוזי כו'.** סבירא ליה שאחר מתן תורה בא יתרו, ומייתי אסמכתא מהכא, דמשמע שעל שמועת התורה שנקראת עוז בא יתרו:

פירוש מהרז"ו

אף אתה קרבהו ואל תרחיקהו. וגירסת המכילתא מיושב יותר, אף אתה כשבא אדם אללך ואינו בא אלא לשם שמים, אף אתה קרבהו ואל תרחיקהו, וכן הוא בתנחומא, כי על יתרו לא היה לריך להזהירו כל כך: **אמרו יצא משה.** כמו שאמר בתנחומא אמרו חז"ל: **ושבעים מזקני ישראל.** ובתנחומא הגירסא וכל ישראל, ובילקוט מביא בשם מכילתא ואחריהם כל ישראל, וליתא במכילתא שלפנינו. ולשון רש"י בחומש, מי ראה את אלו יולאים ולא ילא: **אף ארון יצא עמהם.** וכמו שאמרו באבות (פ"ו מ"ג) ואין כבוד אלא תורה, והארון מקום הלוחות והתורה. ולריך עיון גדול ארון מאי בעי הכא, שאף אם נאמר שלאחר מתן תורה בא יתרו, וכמו שאמרו לקמן פרשה זו סוף סימן ד, אין הכרח שבא אחר עשיית המשכן והארון. אך גירסת המכילתא והילקוט, ויש אומרים אף שכינה ילאה עמהם. והכוונה על הענן שנקרא כבוד ה', וזהו כבוד חכמים וגו'. ולפי מה שדרש לעיל פרשה ה סימן כ"ב, נטלתי ספר בראשית, יתכן שעשו לו ארון כמו אנו לכל התורה, ועליו היה הענן: **(ג) ויבא אהרן וגו'.** וסיפא דקרא לאכול לחם עם חותן משה לפני האלהים, ומאחר שהיה שם אלהים הרי כתוב (שמות כ, כ) בכל מקום אשר אזכיר את שמי אבא אליך וברכתיך, ותיכף לתלמידי חכמים ברכה (ברכות מב, א), וכתוב (תהלים עג, כח) ואני קרבת אלהים לי טוב, הרי שהיה לו על ידי כן טובות וברכות: **לא די שלא קללן.** הביא ראיה שברכותיו לא היה מעלמו אלא מה', וכן מה שאמר בלעם על יתרו, מה' היה: **אבל ליתרו.** קיני הוא יתרו, כמו שכתוב שופטים א' ט"ז, ובני קיני חותן משה: **עמנו היית בעצה.** אלל פרעה על ישראל, כמו שדרשו לעיל פרשה א סימן ט, ושם נסמן על יתרו, בלעם, ואיוב. ועיין לקמן בסימן ו: **איתני עולם.** הם האבות כמו שאמרו (ראש השנה יא, א) מפסוק (מיכה ו, ב) והאתנים מוסדי ארץ, ירח האתנים, וזה איתן מושבך: **אנדריאנטוס.** עיין לקמן פרשה כ"א סימן ה דברים רבה פרשה א סימן ט"ז. ופירוש איקונין של מלך, בלורה בולטת בחיתוך אבנים: **(ד) ביום צרה.** ולא פירש באיזה יום, ובהכרח שמפורש בזה הפסוק עלמו באיזה יום מדבר, והיינו על פי גזירה שוה, שכתוב שם עזי וזמרת יה. ומה שכתוב ומנוסי, משמע שגרס לי אנוס, וסותר למה שכתב עוזי ומעוזי, על כן דורש מנוסי שעשה לי נסים, על פי מדת ממעל, ואז אליך גוים יבואו:

חידושי הרד"ל

ויש אומרים אף ארון יצא עמהם. במכילתא הגירסא אף שכינה. (ואפשר יליף האי לקראת מן ויולא משה את העם לקראת האלהים האמור במתן תורה (שמות יט, יז), לדרוש שהאי לקראת יתרו ילאו לקראת שכינה שהיתה שרויה כבר עמנו), וכן נכון שהארון עדיין לא היה למאן דאמר קודם מתן תורה בא יתרו, ואף למאן דאמר לאחר מתן תורה משמע שמיד ששמע יתרו מתן תורה בא קודם מעשה המשכן (ועיין לקמן פרשה כט, ולהלן בפרשה): **[ג] במה טובות וברכות באו ליתרו.** טובות כמה דאת אמר (במדבר י, לב) והיה הטוב ההוא אשר ייטיב ה' עמנו והטבנו לך, (וגם כאן שדרשו להלן (סימן ה) שירד לו מן, נראה דדרש מן ויחד יתרו על כל הטובה כמו שכתבתי לקמן אם ירלה השם (ד"ה שהוריד)), וברכות שנתברך מן בלעם (ולמה שאמר להלן (סימן ו) מקרא דהוכח לנבון שיתרו הוכיח למשה, יש לומר שרומז המדרש בלשונו כאן שנתקיים בו מקרא (משלי כד, כה) ולמוכיחים ינעם ועליהם תבוא ברכת טוב, וזהו טובות וברכות): **משל לצפור.** עיין להלן בפרשה זו (סימן ו):

חידושי הרש"ש

ויש אומרים אף ארון יצא עמהם לכך נאמר כבוד כו'. רלה לומר דארון נקרא כבוד, כדכתיב גלה כבוד מישראל כי נלקח ארון האלהים (שמואל א ד, כב):

מסורת המדרש

ו. תנחומא סדר ויגש סימן ז':

ז. סוטה דף י"א. סנהדרין דף ק"ד. לעיל פרשה א' וש"נ:

אם למקרא

וַיַּרְא אֶת עֲמָלֵק וַיִּשָּׂא מְשָׁלוֹ וַיֹּאמַר רֵאשִׁית גּוֹיִם עֲמָלֵק וְאַחֲרִיתוֹ עֲדֵי אֹבֵד: וַיַּרְא אֶת־הַקֵּינִי וַיִּשָּׂא מְשָׁלוֹ וַיֹּאמַר אֵיתָן מוֹשָׁבֶךָ וְשִׂים בַּסֶּלַע קִנֶּךָ: (במדבר כד: כ-כא)

ה' עֻזִּי וּמָעֻזִּי וּמְנוּסִי בְּיוֹם צָרָה אֵלֶיךָ גּוֹיִם יָבֹאוּ מֵאַפְסֵי אָרֶץ וְיֹאמְרוּ אַךְ שֶׁקֶר נָחֲלוּ אֲבוֹתֵינוּ הֶבֶל וְאֵין בָּם מוֹעִיל: (ירמיה טז: יט)

באור מהרי"פ

וכן הוא הדרש האלהי מקרוב אני ולא אלהי מרחיק: **קרבהו ואל תרחקהו,** ואני חותנך, ואני של האלהי מקרוב אני הוא לגזרה שוה. אך לריך עיון מה ענין אני הוא שאמרתי והיה העולם, לאני מקרב ולא מרחק. ואולי הכוונה מפני שאמר והיה העולם חפץ למען לדקו לבלתי ידח ממנו נדח ולא ימאס יגיע כפו. אך לריך עיון למה מביא ראיה על שהקב"ה ברא את העולם ממקרא שבתהלים אל אלהים ה' וגו', ולא מהתחלת התורה בראשית ברא אלהים. ואולי להורות שהעולם חביב מאד בעיני הקב"ה שברא בשלשה שמות הללו, בחכמה, ובתבונה, ובדעת, כמבואר ומפורש במדרש שוחר טוב תהלים מזמור נ' על מקרא זה, עיין שם: **[ג] במה טובות ובו'.** פירוש, הכבוד שנהגו בו, חשבו לטובה אחת, והשבח ששבחו בלעם הוא הטובה השנית: **[ד] ומנוסי.** דורש לשון נס, שעשה לנו נסים הרבה:

מתנות כהונה

אמרו יצא משה ובו'. כך אמרו חז"ל ילא משה כשילא משה ילא גם כן אהרן כו'. כך פירש רש"י ז"ל בפירוש החומש: **[ג] בעצה.** של הבה נתחכמה היו איוב ובלעם ויתרו ולקמן איתא שהשלישי היה עמלק: **אנדרואנטיא.** איקונין של מלך והכי איתא לקמן:

אשד הנחלים

יצא אהרן. כמו שנאמר אחר כך ויבא אהרן וכל זקני ישראל גו': **[ג] כמה טובות כו' מה כתיב ויבא אהרן.** שגם זה טובה ליתרו שכלם כיבדו אותו: **לא דיין כו'.** מביא זה באגב, ועיקר ענינו להביא על מעלת יתרו שזכר בלעם לברכו, ואמר לו שמושבו עתה בחוזק גדול, אחר שנתחבר לישראל מקום אשר אי אפשר להסיע ממנו בשום אופן:

כְּשֶׁעָשִׂיתָ לָנוּ נִסִּים בַּיָּם אָמַרְנוּ לְךָ "עָזִּי וְזִמְרָת יָהּ" – **"When You performed miracles** (נִסִּים) **for us in the Sea** of Reeds, **we said before You, '*God is my Strength and my Song*' "** (*Exodus* 15:2);[49] הֲלֹא שָׁמְעָה רָחָב וּבָאת וְדָבְקָה בָּךְ – **did not Rahab hear** then about those miracles **and she came and cleaved to You?**[50] שֶׁנֶּאֱמַר "וַתֹּאמֶר אֶל הָאֲנָשִׁים יָדַעְתִּי כִּי נָתַן ה' לָכֶם אֶת הָאָרֶץ וְגוֹ' כִּי שָׁמַעְנוּ אֵת אֲשֶׁר הוֹבִישׁ ה' אֶת מֵי יַם סוּף" – **For it is stated, *[Rahab] said to the men, "I know that HASHEM has given you the land, etc. for we have heard how HASHEM dried up the waters of the Sea of Reeds*** *for you"* (*Joshua* 2:9-10). הֱוֵי "ה' עֻזִּי וּמָעֻזִּי וּמְנוּסִי בְּיוֹם צָרָה" – **Thus is** stated, ***HASHEM, my Strength, my Stronghold, "umenusi"*** [וּמְנוּסִי] ***on the day of distress!*** *To You nations will come from the ends of the earth.*[51] כְּשֶׁעָשִׂיתָ נִסִּים בִּימֵי שְׁלֹמֹה שֶׁנֶּאֱמַר "וְיִתֶּן עֹז לְמַלְכּוֹ" – And **when You performed miracles in the days of** King **Solomon, as is stated, *May He give power to His king*** (*I Samuel* 2:10),[52] לֹא בָאת מַלְכַּת שְׁבָא וְשִׁבְּחָה אוֹתָךְ שֶׁנֶּאֱמַר "וּמַלְכַּת שְׁבָא שֹׁמַעַת אֶת שֵׁמַע שְׁלֹמֹה" – **did not the Queen of Sheba come and praise You? For it is stated, *The Queen of Sheba heard of Solomon's fame,*** *that it was for the Name of HASHEM, and she came to test him with riddles* (*I Kings* 10:1) – וּמָה אָמְרָה, "יְהִי ה' אֱלֹהֶיךָ בָּרוּךְ אֲשֶׁר חָפֵץ בְּךָ" – **and what did she say? – *May HASHEM, your God, be blessed, Who has chosen you*** (ibid., v. 9).[53] כְּשֶׁהוֹצֵאתָ אוֹתָנוּ מִמִּצְרַיִם וְנָתַתָּ לָנוּ אֶת הַתּוֹרָה שֶׁנִּקְרֵאת עוֹז שֶׁנֶּאֱמַר "ה' עֹז לְעַמּוֹ יִתֵּן" – And **when You took us out of Egypt and You gave us the Torah that is called "strength," as is stated, *HASHEM will give strength to His nation*** (*Psalms* 29:11),[54] הֲלֹא שָׁמַע יִתְרוֹ וּבָא וְנִדְבַּק בָּךְ – **did not Jethro hear** of that event **and he came and cleaved to You?** הֱוֵי "אֵלֶיךָ גּוֹיִם יָבֹאוּ מֵאַפְסֵי אָרֶץ" – **Thus is** stated, ***to You nations will come from the ends of the earth.***[55]

NOTES

49. [This phrase is from the song of praise that the Jewish people sang to God after their miraculous deliverance from the Egyptians at the Sea of Reeds. Note that our translation reflects what appears to be the Midrash's understanding of the verse (see below, note 51), which is consistent with *Targum Onkelos* and the majority of commentators to the verse; see, however *Rashi* ad loc. for another approach.]

50. [When Israel was camped near the Jordan River poised to enter *Eretz Yisrael*, Joshua sent spies to reconnoiter the area of Jericho. The spies visited a woman named Rahab and when circumstances forced them into hiding, she concealed them and then helped them escape. Rahab eventually converted to Judaism.]

51. According to our Midrash, in this verse the Jewish people exclaimed that whenever God showed Himself to be their *Strength* [and "*menusi*" (lit., *my Refuge*), understood here to mean *the One Who performed miracles for me* (*Eitz Yosef*, *Maharzu*; see *Radal* for another explanation)], members of the *nations* of the world *came* closer to God. The first time this happened was after the splitting of the sea, when the Jews sang, "*God is my Strength*" and Rahab was drawn to God (see *Yefeh To'ar*; also see *Maharzu*, *Radal*; see, however, *Matnos Kehunah* for another approach). Presently, the Midrash will give two other instances that paralleled this one.

[Although Rahab converted only when the Jews entered *Eretz Yisrael*, 40 years after she had heard of the splitting of the sea, she may have made the initial decision to convert at that time (*Eitz Yosef*; also see *Maharzu*).]

52. Although this verse [which appears in Hannah's song of thanksgiving] makes no obvious reference to King Solomon, the Midrash assumes that it refers to him because there is no record of another Jewish king being as powerful as he was (*Eitz Yosef*; see *Radal* and *Rashash* for additional approaches).

53. [The queen made this remark after concluding that what she had thought to be exaggerated descriptions of King Soloman's wisdom and grandeur were, in fact, understatements.]

54. According to *Zevachim* 116a, when God gave the Torah at Mount Sinai, the nations of the world became frightened of the noise and ran to ask Balaam what was happening. Balaam responded with this verse. *Rashi* (ad loc.) explains that the reason the Torah is referred to this way is that it is the *strength* of the Jewish people. [See *Maharzu* for additional places where the Torah is referred to in this manner.]

55. Our Midrash clearly accepts the view (mentioned above, in note 1) that Jethro came to the Wilderness after the giving of the Torah. Moreover, this Midrash sees the cited verse from *Jeremiah* as supportive of this position. For the verse implies that at least one non-Jew *came* to God in the aftermath of the giving of the Torah, and there is no record of a non-Jew other than Jethro having approached the Jews in the Wilderness (*Yefeh To'ar*, followed in large part by *Eitz Yosef*; also see *Maharzu*). According to this Midrash, when our verse states, וַיִּשְׁמַע יִתְרוֹ ... אֵת כָּל אֲשֶׁר עָשָׂה אֱלֹהִים לְמֹשֶׁה וּלְיִשְׂרָאֵל עַמּוֹ כִּי הוֹצִיא ה' אֶת יִשְׂרָאֵל מִמִּצְרָיִם, what it means is, *Jethro . . . heard everything that God did to Moses and to Israel, His people, "when" HASHEM had taken Israel out of Egypt*; and what Jethro had heard was the giving of the Torah that occurred shortly after the Exodus (*Yefeh To'ar* above, s.v. הה"ד, followed in large part by *Eitz Yosef* above, s.v. הדא הוא דכתיב).

See Insight Ⓐ.

INSIGHTS

Ⓐ **Courage to Change** Simply understood, the Midrash is saying that when God has done extraordinary things on behalf of the Jewish people, sensitive individuals among the nations have been inspired and have come to recognize the divinity and majesty of the God of Israel. However, this understanding does not seem adequate, because it fails to account for the Midrash's apparent focus on the word עֹז, lit. *strength*, that appears in four of the verses cited here.

On the basis of this observation, *Shem MiShmuel* (*Yisro*, pp. 268-269, 290-291) offers an intriguing and original interpretation of the passage. He submits that the term עֹז describes the trait of spiritual courage, the ability to rise to the moral challenges of life and withstand the inclination to become discouraged over the failures of one's past.

Our Midrash takes up this theme because it wishes to address the following question: Converts to Judaism perform an incredibly difficult act. Where do they find the inner strength — even after recognizing the emptiness of their inherited beliefs and the truth of Israel's Torah — to completely turn over their lives and begin again from scratch in an unfamiliar environment and culture? How were Rahab, a woman of questionable repute and great notoriety, and Jethro, a former adviser to Pharaoh who had engaged in every known form of idol-worship, able not only to admit that they had lived their entire lives in error, but also to audaciously believe that they could still correct their mistakes, purify themselves, and gain acceptance as members of God's chosen people?

The Midrash answers that God endowed the Jewish people with עֹז, inner strength and courage, which enables them to endure any spiritual challenge or hardship they may encounter. In addition, He established that a measure of this attribute would be transmitted from the Jewish people to those non-Jews who seek to join their ranks. This spirit of courage fortifies potential converts with the belief that their cause is not hopeless, that a door has been left open for them to step through to eternity and transform their existence.

The Israelites stood before the Sea of Reeds with the Egyptians advancing swiftly behind them, and — encouraged by Moses' assurance of God's assistance — the Israelites did not panic or despair. They summoned their inner strength and plunged into the sea, descending until the water reached their very nostrils. In the merit of their unreserved faith, God parted the waters and exposed the dry land underneath. In tribute to the courage that made this salvation possible, the Israelites sang, after crossing the sea to safety, the verse quoted by the Midrash: עָזִּי וְזִמְרָת יָהּ, "God is the Source of my inner strength, which uplifted me and encouraged me to leap into the sea"; וַיְהִי לִי לִישׁוּעָה, "it was this display of faith and fortitude that led to my salvation." As a further result of the courage that conveyed the Jews across the sea, a measure of this trait became accessible to Rahab, who drew upon it to overcome her past and endure the difficult process of emerging from a life of sin into one of supreme righteousness, to the point that she merited to marry Joshua, Moses' successor as the nation's leader.

Similarly, regarding Solomon it states, וְיִתֶּן עֹז לְמַלְכּוֹ, *May He give* עֹז *to*

כְּשֶׁעָשִׂיתָ לָנוּ נִסִּים בַּיָּם אָמַרְנוּ לְךָ (שמות טו, ב) "עָזִּי וְזִמְרָת יָהּ", הֲלֹא שָׁמְעָה רָחָב וּבָאת וְדָבְקָה בָּךְ, שֶׁנֶּאֱמַר (יהושע ב, ט-י) "וַתֹּאמֶר אֶל הָאֲנָשִׁים יָדַעְתִּי כִּי נָתַן ה' לָכֶם אֶת הָאָרֶץ וְגוֹ' כִּי שָׁמַעְנוּ אֵת אֲשֶׁר הוֹבִישׁ ה' אֶת מֵי יַם סוּף", הֱוֵי "ה' עֻזִּי וּמָעֻזִּי וּמְנוּסִי בְּיוֹם צָרָה", כְּשֶׁעָשִׂיתָ נִסִּים בִּימֵי שְׁלֹמֹה, שֶׁנֶּאֱמַר (שמואל-א ב, י) "וְיִתֶּן עֹז לְמַלְכּוֹ", לֹא בָאת מַלְכַּת שְׁבָא וְשִׁבְּחָה אוֹתְךָ, שֶׁנֶּאֱמַר (מלכים-א י, א) "וּמַלְכַּת שְׁבָא שֹׁמַעַת אֶת שֵׁמַע שְׁלֹמֹה" וּמָה אָמְרָה, (שם שם ט) "יְהִי ה' אֱלֹהֶיךָ בָּרוּךְ אֲשֶׁר חָפֵץ בְּךָ", כְּשֶׁהוֹצֵאתָ אוֹתָנוּ מִמִּצְרַיִם וְנָתַתָּ לָנוּ אֶת הַתּוֹרָה שֶׁנִּקְרֵאת עוֹז, שֶׁנֶּאֱמַר (תהלים כט, יא) "ה' עֹז לְעַמּוֹ יִתֵּן", הֲלֹא שָׁמַע יִתְרוֹ וּבָא וְנִדְבַּק בָּךְ, הֱוֵי (ירמיה טז, יט) "אֵלֶיךָ גּוֹיִם יָבֹאוּ מֵאַפְסֵי אָרֶץ":

ה דָּבָר אַחֵר, [יח, א] "וַיִּשְׁמַע יִתְרוֹ", הָדָא הוּא דִכְתִיב (איוב לא, לב) "בַּחוּץ לֹא יָלִין גֵּר", (כְּמוֹ שֶׁכָּתוּב לְעֵיל [פרשה יט] בַּפָּרָשָׁה (לעיל יב, מג) "זֹאת חֻקַּת הַפָּסַח", [ח]עַד גֵּר שֶׁנָּשָׂא בַּת יִשְׂרָאֵל וְהוֹלִיד בַּת, וְהָלְכָה הַבַּת וְנִשֵּׂאת לְכֹהֵן כָּשֵׁר וְיָלְדָה בֵּן, הֲרֵי זֶה רָאוּי לִהְיוֹת כֹּהֵן גָּדוֹל עוֹמֵד וּמַקְרִיב עַל גַּבֵּי הַמִּזְבֵּחַ, וְנִמְצָא הַגֵּר מִבִּפְנִים וּבֶן לֵוִי מִבַּחוּץ, הֱוֵי (איוב לא, לב) "בַּחוּץ לֹא יָלִין גֵּר"), (שם) "דְּלָתַי לָאֹרַח אֶפְתָּח", זֶה יִתְרוֹ, [ט]שֶׁהוֹרִיד לוֹ הַקָּדוֹשׁ בָּרוּךְ הוּא אֶת הַמָּן, שֶׁנֶּאֱמַר (תהלים עח, כג) "וַיְצַו שְׁחָקִים מִמָּעַל וְדַלְתֵי שָׁמַיִם פָּתָח":

ו דָּבָר אַחֵר, [יח, א] "וַיִּשְׁמַע יִתְרוֹ", הָדָא הוּא דִכְתִיב (משלי יט, כה) "לֵץ תַּכֶּה וּפֶתִי יַעְרִם", וְכֵן הוּא אוֹמֵר (שם כא, יא) "בַּעֲנָשׁ לֵץ יֶחְכַּם פֶּתִי", [יא]עֲמָלֵק וְיִתְרוֹ הָיוּ בְּעֵצָה עִם פַּרְעֹה, כְּשֶׁרָאָה יִתְרוֹ שֶׁאִבֵּד הַקָּדוֹשׁ בָּרוּךְ הוּא אֶת עֲמָלֵק מִן הָעוֹלָם הַזֶּה וּמִן הָעוֹלָם הַבָּא, תּוֹהֶא וְעָשָׂה תְּשׁוּבָה,

עץ יוסף

כשעשית לנו נסים כו'. דריש מנוסי לשון נס: **הלא רחב שמעה.** ואף על פי שלא נתגיירה אלא לאחר ארבעים שנה, אפשר דעתה מתחלה לכך היתה, ולא יכלה להדבק בישראל עד שעברו את הירדן (יפה תואר): **שנאמר ויתן עוז למלכו.** דכיון דלא מצינו עוז במלך כמו בשלמה דכתיב (תהלים עב, ח) וירד מים עד ים, בדידיה מיירי: **כשהוצאת אותנו ממצרים ונתת כו'.** מפרש הא דכתיב וישמע יתרו וכו' כי הוציא ה' את ישראל ממצרים, פירושו כשהוציא ה' את ישראל ממצרים, על מתן תורה קאמר: **(ה) הדא הוא דכתיב בחוץ לא ילין גר.** ששמע מה שכתוב בתורה מחביבות הגרים שיכולים לזכות מבניהם כהנים על כן נתגייר, ולכן דריש בחוץ לא ילין גר על יתרו: **בפרשת זאת חקת הפסח.** פרשה י"ט: **שהוריד לו הקדוש ברוך הוא את המן.** שהיה לוקט גם הוא מלא העומר ככל ישראל, לפי שהיה גר צדק, אבל הערב רב לא היו לוקטים מהמן ממש, אלא מהשיורים שחם השמש ונמס היו נזונים, כדאיתא בזוהר שעל כן קנאו בישראל והסיתום לעשות העגל. ואפשר שמה דאיתא לקמן פרשה מ"א שהיו נוטלין מן המן ומקריבין לפני העגל, זה גם כן היה מעשה הערב רב מצד הקנאה: (ו) [ה] **הדא הוא דכתיב לץ תכה כו'.** סבירא ליה כרבי יהושע במכילתא וישמע יתרו מה שמועה שמע ובא מלחמת עמלק שמע ובא, שכתובה בצדו דברי רבי יהושע, ולהכי מייתי סמך מהכי קראי דדרשי שעל ידי עונש עמלק נזהר יתרו: **עמלק ויתרו היו בעצה.** עיין מה שכתבתי בסימן ג': **מן העולם הזה ומן העולם הבא.** כדשנו במכילתא כי מחה אמחה, מחה בעולם הזה אמחה בעולם הבא, ונתפרסם הדבר מפי משה עד שנשמע ליתרו, ולכן נתן אל לבו לשוב:

פירוש מהרז"ו

כי שמענו אשר הוביש. הרי שמעת קריעת ים סוף נתנה דעתה להתקרב: **ויתן עוז למלכו.** וזהו עוזי ומעוזי, ואז באה מלכת שבא מאפסי ארץ: **התורה שנקראת עוז.** מכילתא ריש יתרו, מדרש תהלים סוף מזמור כ"ח, לקמן פרשה ל' סימן כ"ג, במדבר רבה פרשה א' סימן ג, פרשה י"א בסימן ז, פרשה י"ג סימן י"ב, פרשה י"ח סימן י"ד: **ולא שמע יתרו.** כמאן דאמר לאחר מתן תורה בא יתרו, בראשית רבה פרשה כ"ב סימן ה, ושם נסמן. ועל שעיקר הדרשה מיתרו מביאו לבסוף. וכן הוא במכילתא שם דעת ר' אלעזר [המודעי]: (ה) **כמו שכתוב לעיל.** פרשה י"ט סימן ד: **מבפנים.** כמו שכתוב סדר וארא (שמות ו, כה) ואלעזר בן אהרן לקח לו מבנות פוטיאל, ודרשו ויקרא רבה פרשה ל"ג סימן ד, שלקח מבנות יתרו: **שהורידו לו המן.** שירד גם למענו חלק במן. אך במדרש תהלים מזמור ע"ח איתא, אמר רבי אייבו בששה שעות בא יתרו, (ואז וחם השמש ונמס), וירד לו מן כנגד ששים רבוא, וזהו דלתי לאורח אפתח, כמו שכתוב (תהלים עח, כג-כד) ודלתי שמים פתח וימטר עליהם מן לאכול: (ו) **עמלק ויתרו.** לעיל סימן ג, ושם נסמן, ועל עמלק צריך עיון: **ומן העולם הבא.** כמו שכתוב (שמות יז, טז) מלחמה לה' בעמלק מדור דור, וכמו שכתוב (במדבר כד, כ) ואחריתו עדי אובד:

חידושי הרד"ל

[ד] **כשעשית לנו נסים בים.** אפשר דרש מנוסי, שעשית שיגום הים, כמה דאת אמר (תהלים קיד, ד) הים ראה וינוס, **שמעה רחב ובאת,** זה שאמר **אליך גוים יבואו וגו'** ויאמרו אך שקר וגו', ובאנס דחק המתנות כהונה: **בימי שלמה שנאמר ויתן עוז למלכו.** אפשר דרש ליה על שלמה, כמו שכתוב (תהלים כא, ב) ה' בעזך ישמח מלך, (דמדריש על שלמה כמה שנאמר שם (פסוק ג) תאות לבו נתת לו, שנתקיים בשלמה שכתוב בו יען אשר שאלת וגו' הנה עשיתי כדבריך (מלכים א ג, יא), וכן דברים אחרים בענין המזמור מדרש על שלמה), וכתיב (תהלים צט, ד) ועוז מלך משפט אהב, וזהו שלמה שביקש מלפני ה' לב שומע לשפוט (מלכים א ג, ט), וכתיב (שם שם כח) כי חכמת אלהים בקרבו לעשות משפט: [ה] **שהוריד לו הקדוש ברוך הוא את המן.** נראה דדרש ויחד יתרו על כל הטובה שדרשוהו במכילתא בטובת המן, היינו לומר שיתרו עצמו הרגיש טובת המן שירד לו גם כן, ובשוחר טוב מזמור עח אמרו שירד לו מן בששה שעות נגד כל ישראל, עיין שם: [ו] **עמלק ויתרו היו בעצה.** לעיל פרשה א (סימן ט) ובסוטה (יא, א) חשבו גם כן איוב:

חידושי הרש"ש

[ד] **בימי שלמה שנאמר ויתן עוז למלכו.** יתכן שיכוון גם לסוף הפסוק וירם קרן משיחו, ועל פי דרשתם ז"ל במגילה (יד, א) על רמה קרני דוד ושלמה, שנמשחו בקרן נמשכה מלכותן: [ה] **גר בארץ ישראל בזמן הבית שנשא בת ישראל והוליד בת כו'.** הוא כדעת רבי אליעזר בן יעקב בקדושין (עז, א) במשנה, וכוותיה פסקינן לכתחילה שם בגמרא (עח, ב): **הגר מפנים ובן לוי מבחוץ.** נקט לשון המשנה סוף פרק קמא דמדות, הכהן מבפנים ובן לוי ישן לו מבחוץ:

מסורת המדרש

ח. לעיל פרשה י"ט וש"נ:
ט. עיין ילקוט תהלים רמז תתי"ט:
י. מדרש שמואל פרשה י"ב. פסיקתא דרב כהנא ריש פיסקא ג'. ובתנחומא כאן סימן ג'. ילקוט סדר בשלח רמז רס"ב. ילקוט משלי רמז תתקנ"ט:
יא. סוטה דף י"א. סנהדרין דף ק"ד. לעיל פרשה א' וש"נ:

אם למקרא

עָזִּי וְזִמְרָת יָהּ וַיְהִי לִי לִישׁוּעָה: (שמות טו: ב)

וַתֹּאמֶר אֶל הָאֲנָשִׁים יָדַעְתִּי כִּי נָתַן ה' לָכֶם אֶת הָאָרֶץ וְכִי נָפְלָה אֵימַתְכֶם עָלֵינוּ וְכִי נָמֹגוּ כָּל יֹשְׁבֵי הָאָרֶץ מִפְּנֵיכֶם: כִּי שָׁמַעְנוּ אֵת אֲשֶׁר הוֹבִישׁ ה' אֶת מֵי יַם סוּף מִפְּנֵיכֶם בְּצֵאתְכֶם מִמִּצְרָיִם וַאֲשֶׁר עֲשִׂיתֶם לִשְׁנֵי מַלְכֵי הָאֱמֹרִי אֲשֶׁר בְּעֵבֶר הַיַּרְדֵּן לְסִיחֹן וּלְעוֹג אֲשֶׁר הֶחֱרַמְתֶּם אוֹתָם: (יהושע ב: ט-י)

ה' יֵחַתּוּ מְרִיבָיו עָלָיו בַּשָּׁמַיִם יַרְעֵם ה' יָדִין אַפְסֵי אָרֶץ וְיִתֶּן עֹז לְמַלְכּוֹ וְיָרֵם קֶרֶן מְשִׁיחוֹ: (שמואל א ב: י)

וּמַלְכַּת שְׁבָא שֹׁמַעַת אֶת שֵׁמַע שְׁלֹמֹה לְשֵׁם ה' וַתָּבֹא לְנַסֹּתוֹ בְּחִידוֹת: (מלכים-א י: א)

יְהִי ה' אֱלֹהֶיךָ בָּרוּךְ אֲשֶׁר חָפֵץ בְּךָ לְתִתְּךָ עַל כִּסֵּא יִשְׂרָאֵל בְּאַהֲבַת ה' אֶת יִשְׂרָאֵל לְעֹלָם וַיְשִׂימְךָ לְמֶלֶךְ לַעֲשׂוֹת מִשְׁפָּט וּצְדָקָה: (שם שם ט)

ה' עֹז לְעַמּוֹ יִתֵּן ה' יְבָרֵךְ אֶת עַמּוֹ בַשָּׁלוֹם: (תהלים כט: יא)

בַּחוּץ לֹא יָלִין גֵּר דְּלָתַי לָאֹרַח אֶפְתָּח: (איוב לא: לב)

וַיֹּאמֶר ה' אֶל מֹשֶׁה וְאַהֲרֹן זֹאת חֻקַּת הַפָּסַח כָּל בֶּן נֵכָר לֹא יֹאכַל בּוֹ: (שמות יב: מג)

וַיְצַו שְׁחָקִים מִמָּעַל וְדַלְתֵי שָׁמַיִם פָּתָח: (תהלים עח:כג)

לֵץ תַּכֶּה וּפֶתִי יַעְרִם וְהוֹכִיחַ לְנָבוֹן יָבִין דָּעַת: (משלי יט: כה)

בַּעֲנָשׁ לֵץ יֶחְכַּם פֶּתִי וּבְהַשְׂכִּיל לְחָכָם יִקַּח דָּעַת: (שם כא: יא)

מתנות כהונה

[ד] **הוא ה' עוזי וגו'.** מזה שאמרנו ה' עזי וזמרת יה באת לנו מנוס ביום צר בבית רחב: הכי גרסינן **לכהן כשר וילדה בן הרי כו':** [ו] **תוהא.** נתחרט כדאמרי (נדרים כא, ב) כדו תהית:

אשד הנחלים

[ד] **ה' עוזי גו' שמעה רחב.** דרש ומנוסי, שכלם נסו אליהם להתגייר את עצמם, מפני ראייתם האותות והמופתים הגדולים: **שנקראת עוז.** וזהו ומעוזי, התורה הנותנת עוז לאדם, על זה באו גוים מאפסי ארץ לקרב אליך. והענין כי בעת נתינת התורה ירדה שפע רב לעולם, שזהו שרמזו מלמד שהתורה ניתנה לשבעים לשון, רק שלא רצו לקבלה, אך הטובים שבעובדי כוכבים המה התקרבו לה' על ידי זה, ודעתם שיתרו בא אחר מתן תורה: [ה] **בחוץ לא ילין.** פירשתי לעיל בפרשיות הקודמת (יט, ד). ודרש עוד על דרך הצורה, שדלתי מוסב על ה' ברוך הוא, שפתח אף לאורח כיתרו שלא היה מן המאמינים, כי אם כאורח שאיננו מן התושבים האמיתים, עם כל זה נפתחו לו להשביעו מזה, וזה זכות גדול מאד, כי המן היה מאכל אלקי, לחם שמלאכי השרת אוכלים אותו, והיה נבלע באיברים (עי' יומא עה, ב), כי היה דוגמת המאכל המתוקן שהיה קודם חטא אדם הראשון, שלא נתארה האדמה עודנה, וזה אי אפשר כי אם לאנשים השלמים מאד. ואף דפשוטו מדבר על איוב, מכל מקום הסב זה על ה', מדכתיב בלשון נסתר ילין, דמשמע שאיוב היה מתבונן על פעולת ה' שכן מדתו, ואחז גם כן במדתו יתברך במדות אנושיות על דרך הדבק במדותיו, הבן זה:

באור מהרי"פ

[ה] **שהוריד לו את המן.** פירוש, אבל שארי גרים היינו ערב רב לא ירד להם המן, אבל אכלו משיורי המן כשחם השמש ונמס, כמבואר בזוהר. יפה תואר. והמדרש הזה סובר דמה שכתוב וישמע יתרו וגו' את כל אשר עשה אלהים למשה ולישראל עמו, הוא טובת המן כמו שפירש רש"י (שמות יח, ט) על ויחד יתרו על כל הטובה אשר עשה ה' בירידת המן, וכן איתא במדרש:

ידי משה

[ה] **דלתי לאורח אפתח זה יתרו שהוריד לו הקדוש ברוך הוא את המן.** ואם תאמר והלא גם הערב רב אכלו את המן. ויש לומר שלא היו אוכלים רק שיורי המן מה שהיה נמס מן החמה כדאיתא בזוהר, ומחמת זה נתקנאו ערב רב בישראל והחטיאום בעגל:

§5 The Midrash cites and expounds a verse from *Job*, ultimately relating it to ours:[56]

דָּבָר אַחֵר, "וַיִּשְׁמַע יִתְרוֹ" – **Another insight:** ***Jethro heard*** – הָדָא הוּא דִכְתִיב "בַּחוּץ לֹא יָלִין גֵּר" – **this is** related to that **which is written,** ***A foreigner shall not sleep outside;*** *I opened my doors to the guest* (*Job* 31:32).[57] (כְּמוֹ שֶׁכָּתוּב לְעֵיל בְּפָרָשָׁה "זֹאת חֻקַּת הַפָּסַח" – This verse is to be understood **as is written** in the Midrash **above, in the passage** of ***This is the decree of the pesach-offering*** (above, 12:43),[58] עַד גֵּר שֶׁנָּשָׂא בַּת יִשְׂרָאֵל וְהוֹלִיד בַּת – **until** the discussion wherein the following is taught: **A male proselyte who married the daughter of an Israelite and begot a daughter,** וְהָלְכָה הַבַּת וְנִשֵּׂאת לְכֹהֵן כָּשֵׁר וְיָלְדָה בֵּן – **and the daughter went and married a legitimate Kohen and gave birth to a son,** הֲרֵי זֶה רָאוּי לִהְיוֹת כֹּהֵן גָּדוֹל עוֹמֵד וּמַקְרִיב עַל גַּבֵּי הַמִּזְבֵּחַ – **this** son **is qualified to be a Kohen Gadol, standing and offering sacrifices on the Altar.**[59] וְנִמְצָא הַגֵּר מִבִּפְנִים וּבֶן לֵוִי מִבַּחוּץ – **And it emerges** from this law **that the proselyte** (הַגֵּר) **is within** the Temple, **and the son of a Levite is outside** the Temple.[60] הֱוֵי "בַּחוּץ לֹא יָלִין גֵּר" – **Thus is** stated, ***A foreigner*** [גֵּר] ***shall not sleep outside.***)[61]

The Midrash proceeds to expound the end of the cited verse from *Job* in the same vein:

"דְּלָתַי לָאֹרַח אֶפְתָּח" – ***I opened my doors to the guest*** – זֶה יִתְרוֹ, שֶׁהוֹרִיד לוֹ הַקָּדוֹשׁ בָּרוּךְ הוּא אֶת הַמָּן – **this is** an allusion to **Jethro, for the Holy One, blessed is He, brought down the manna for him,**[62] שֶׁנֶּאֱמַר "וַיְצַו שְׁחָקִים מִמָּעַל וְדַלְתֵי שָׁמַיִם פָּתָח" – **as is stated,** ***[God] commanded the skies above, and the doors of heaven He opened,*** *and rained upon [the Jews] manna to eat and the grain of heaven He gave them* (*Psalms* 78:23-24).[63]

§6 The Midrash cites and expounds additional verses from *Proverbs*, ultimately relating them to our passage:[64]

דָּבָר אַחֵר, "וַיִּשְׁמַע יִתְרוֹ" – **Another insight:** ***Jethro heard*** – הָדָא הוּא דִכְתִיב "לֵץ תַּכֶּה וּפֶתִי יַעְרִם" – **this is** related to that **which is written,** ***Strike the scoffer and the simpleton grows clever;*** *chastise an understanding person and he will understand knowledge* (*Proverbs* 19:25); וְכֵן הוּא אוֹמֵר "בַּעֲנָשׁ לֵץ יֶחְכַּם פֶּתִי" – **and [Scripture] similarly states,** ***When the scoffer is punished, the simpleton gains wisdom*** (ibid. 21:10). עֲמָלֵק וְיִתְרוֹ הָיוּ בְּעֵצָה עִם פַּרְעֹה – **Amalek and Jethro were** both involved **in counseling Pharaoh;**[65] כְּשֶׁרָאָה יִתְרוֹ שֶׁאִבֵּד הַקָּדוֹשׁ בָּרוּךְ הוּא אֶת עֲמָלֵק מִן הָעוֹלָם הַזֶּה וּמִן הָעוֹלָם הַבָּא – **when Jethro saw that the Holy One, blessed is He, banished Amalek from this world and from the World to Come,** תּוֹהֵא וְעָשָׂה תְּשׁוּבָה – **he regretted** his involvement **and repented.**[66]

NOTES

56. In the preceding section the Midrash taught that Jethro converted after hearing of the giving of the Torah because that awesome event convinced him of the truths of Judaism. According to the present Midrash, what *Jethro heard* when the Torah was given was how Judaism values converts, and it was this information that prompted his conversion. As it will be expounded here, the *Job* verse to be cited alludes to the prominence converts may enjoy (*Yefeh To'ar*, followed in part by *Eitz Yosef*).

57. According to this verse's plain meaning, it contains Job's description of the kindness that he routinely performed. The Midrash interprets it homiletically based on its incongruous placement (*Yefeh To'ar* above, to 19 §4; see there for additional discussion).

58. The reference is to the passage of Midrash found above, in 19 §4 (*Maharzu*; see *Eitz Yosef*).

[Note that while our Midrash text is based on the Warsaw edition, in which these lines appear in parentheses, the parentheses are absent in all other editions.]

59. This is in accordance with the view of R' Eliezer ben Yaakov in *Kiddushin* 77a. The Gemara (ibid. 78b) accepts this as the halachah (*Rashash*).

Jethro in fact had this experience, for as taught in *Exodus* 6:25 with *Vayikra Rabbah* 33 §4, a female descendant of his married Eliezer, the son of Aaron, the Kohen (*Maharzu*).

60. *Maharzu* and *Eitz Yosef* to 19 §4 above. *Rashash* notes that the Midrash is paraphrasing *Middos* 1:9. [Presumably, the second half of this phrase appears here only because the Midrash wishes to paraphrase that Mishnah. For, in truth, the grandson of *the son of a Levite* could be a Kohen no less than the grandson of a *proselyte*.]

Because a proselyte's grandson could offer sacrifices in the Temple, and because one's son is seen as an extension of one's self, the Midrash describes the *proselyte* as being *inside the Temple* (see *Eitz Yosef* above, to 19 §4).

61. I.e., the proselyte is not rejected, but is rather allowed to serve within Judaism's holiest site.

62. Because he was a completely righteous convert, Jethro received a portion of manna just as each of the Jews did. This was in contrast to the group of converts known as the עֵרֶב רַב (lit., *mixed multitude*), who, as taught in the *Zohar* (*Shemos* 191b), survived on the Jews' leftover manna, which would be melted by the sun the day after it fell (*Yefeh To'ar*, followed in large part by *Eitz Yosef*; also see *Maharzu*, first approach).

[According to *Midrash Shocher Tov* §78, Jethro arrived in the Wilderness at midday (after the day's manna had already fallen) and manna fell especially for him (*Maharzu*, *Radal*).]

63. Because the descent of the manna is introduced with the phrase, וְדַלְתֵי שָׁמַיִם פָּתָח, *and the doors of heaven He opened*, the Midrash relates it to the words דְּלָתַי לָאֹרַח אֶפְתָּח, *I opened my doors to the guest*, of the *Job* verse. According to the Midrash, Jethro was the *guest* whose endowment with manna is thus suggested (see *Maharzu*). The end of the *Job* verse thus supports the idea alluded to by its beginning: That converts to Judaism are valued greatly (see *Yefeh To'ar*).

64. This Midrash follows the view of R' Yehoshua in *Mechilta* (to our verse) who asserts that what *Jethro heard* before joining the Jewish people was their war with Amalek, described by the Torah just above. The Midrash will support this position from the two *Proverbs* verses it will cite (*Eitz Yosef*; also see *Maharzu* below, s.v. ואחר כך).

65. See above, note 44.

66. Based on *Matnos Kehunah*.

INSIGHTS

His king. God blessed Solomon with courage, and hence the rest of the world, which was subservient to him, was also granted a measure of that courage. This led the Queen of Sheba to come witness Solomon's greatness and give eloquent praise to God.

Likewise, when we received the Torah, we were granted strength and courage along with it, as implied by the verse's description of Torah as עֹז. Therefore, when Jethro decided to join the Jewish nation, he, too, received an infusion of spiritual courage. This gave him the fortitude to come join our nation despite his former attachment to idolatry.

The idea behind all these incidents is summed up by the verse with which our Midrash passage begins: ה' עֻזִּי וּמָעֻזִּי וּמְנוּסִי בְּיוֹם צָרָה אֵלֶיךָ גּוֹיִם יָבֹאוּ מֵאַפְסֵי אָרֶץ, *HASHEM, my Strength, my Stronghold, my banner on the day of distress! To You nations will come from the ends of the earth.* God is *my Strength* (עֻזִּי) because He has bestowed this trait of spiritual courage upon the Jewish people; He is *my Stronghold* (וּמָעֻזִּי) in that He transmits the same trait to those who wish to join the Jewish nation. He is *my banner* (וּמְנוּסִי) *on the day of distress*, for even when the Jews face adversity, they do not lose hope, but rather lift their spirits and fortify themselves to reach out to God as they did when they stood before the Sea of Reeds. Therefore, *to You nations will come from the ends of the earth*, for they absorb the courage to do so from the Jewish people.

If the likes of Jethro and Rahab were able to reach such heights of spirituality only through the courage they drew from the Jewish nation, then we ourselves, the ones blessed directly with this essential trait, can surely find the strength to surmount our challenges and actualize the great potential that lies within each and every one of us.

בְּשֶׁעָשִׂיתָ לָנוּ נִסִּים בַּיָּם אָמַרְנוּ לְךָ (שמות טו, ב) "עָזִּי וְזִמְרָת יָהּ", הֲלֹא שָׁמְעָה רָחָב וּבָאת וְדָבְקָה בָךְ, שֶׁנֶּאֱמַר (יהושע ב, ט-י) "וַתֹּאמֶר אֶל הָאֲנָשִׁים יָדַעְתִּי כִּי נָתַן ה' לָכֶם אֶת הָאָרֶץ וְגוֹ' כִּי שָׁמַעְנוּ אֵת אֲשֶׁר הוֹבִישׁ ה' אֶת מֵי יַם סוּף", הֱוֵי "ה' עֻזִּי וּמָעֻזִּי וּמְנוּסִי בְּיוֹם צָרָה", כְּשֶׁעָשִׂיתָ נִסִּים בִּימֵי שְׁלֹמֹה, שֶׁנֶּאֱמַר (שמואל-א ב, י) "וְיִתֶּן עֹז לְמַלְכּוֹ", לֹא בָאת מַלְכַּת שְׁבָא וְשִׁבְּחָה אוֹתְךָ, שֶׁנֶּאֱמַר (מלכים-א י, א) "וּמַלְכַּת שְׁבָא שֹׁמַעַת אֶת שֵׁמַע שְׁלֹמֹה" וּמָה אָמְרָה, (שם שם ט) "יְהִי ה' אֱלֹהֶיךָ בָּרוּךְ אֲשֶׁר חָפֵץ בְּךָ", כְּשֶׁהוֹצֵאתָ אוֹתָנוּ מִמִּצְרַיִם וְנָתַתָּ לָנוּ אֶת הַתּוֹרָה שֶׁנִּקְרֵאת עוֹז, שֶׁנֶּאֱמַר (תהלים כט, יא) "ה' עֹז לְעַמּוֹ יִתֵּן", הֲלֹא שָׁמַע יִתְרוֹ וּבָא וְנִדְבַּק בָּךְ, הֱוֵי (ירמיה טז, יט) "אֵלֶיךָ גּוֹיִם יָבֹאוּ מֵאַפְסֵי אָרֶץ":

ה דָּבָר אַחֵר, [יח, א] "וַיִּשְׁמַע יִתְרוֹ", הָדָא הוּא דִכְתִיב (איוב לא, לב) "בַּחוּץ לֹא יָלִין גֵּר", (כְּמוֹ שֶׁכָּתוּב לְעֵיל [פרשה יט] בַּפָּרָשָׁה (לעיל יב, מג) "זֹאת חֻקַּת הַפָּסַח", [ח]עַד גֵּר שֶׁנָּשָׂא בַּת יִשְׂרָאֵל וְהוֹלִיד בַּת, וְהָלְכָה הַבַּת וְנִשֵּׂאת לְכֹהֵן כָּשֵׁר וְיָלְדָה בֵּן, הֲרֵי זֶה רָאוּי לִהְיוֹת כֹּהֵן גָּדוֹל עוֹמֵד וּמַקְרִיב עַל גַּבֵּי הַמִּזְבֵּחַ, וְנִמְצָא הַגֵּר מִבִּפְנִים וּבֶן לֵוִי מִבַּחוּץ, הֱוֵי (איוב לא, לב) "בַּחוּץ לֹא יָלִין גֵּר"), (שם) "דְּלָתַי לָאֹרַח אֶפְתָּח", זֶה יִתְרוֹ, [ט]שֶׁהוֹרִיד לוֹ הַקָּדוֹשׁ בָּרוּךְ הוּא אֶת הַמָּן, שֶׁנֶּאֱמַר (תהלים עח, כג) "וַיְצַו שְׁחָקִים מִמָּעַל וְדַלְתֵי שָׁמַיִם פָּתָח":

ו דָּבָר אַחֵר, [יח, א] "וַיִּשְׁמַע יִתְרוֹ", הָדָא הוּא דִכְתִיב (משלי יט, כה) "[י]לֵץ תַּכֶּה וּפֶתִי יַעְרִם", וְכֵן הוּא אוֹמֵר (שם כא, יא) "בַּעֲנָשׁ לֵץ יֶחְכַּם פֶּתִי", [יא]עֲמָלֵק וְיִתְרוֹ הָיוּ בְּעֵצָה עִם פַּרְעֹה, כְּשֶׁרָאָה יִתְרוֹ שֶׁאִבֵּד הַקָּדוֹשׁ בָּרוּךְ הוּא אֶת עֲמָלֵק מִן הָעוֹלָם הַזֶּה וּמִן הָעוֹלָם הַבָּא, תּוֹהֵא וְעָשָׂה תְּשׁוּבָה,

עץ יוסף

כשעשית לנו נסים כו'. דריש מנוסי לשון נס: **הלא רחב שמעה.** ואף על פי שלא נתגיירה אלא לאחר ארבעים שנה, אפשר דעתה מתחלה לכך היתה, ולא יכלה להדבק בישראל עד שעברו את הירדן (יפה תואר): **שנאמר ויתן עוז למלכו.** דכיון דלא מצינו עוז במלך כמו בשלמה דכתיב (תהלים עב, ח) וירד מים עד ים, בדידיה מיירי: **כשהוצאת אותנו ממצרים ונתת כו'.** מפרש הא דכתיב וישמע יתרו וכו' כי הוציא ה' את ישראל ממצרים, פירושו כשהוציא ה' את ישראל ממצרים, על מתן תורה קאמר: (ה) **הדא הוא דכתיב בחוץ לא ילין גר.** ששמע מה שכתוב בתורה מחביבות הגרים שיכולים לזכות מבניהם כהנים על כן נתגייר, ולכן דריש בחוץ לא ילין גר על יתרו: **בפרשת זאת חקת הפסח.** פרשה י"ט: **שהוריד לו הקדוש ברוך הוא את המן.** שהיה לוקט גם הוא מלא העומר ככל ישראל, לפי שהיה גר צדק, אבל הערב רב לא היו לוקטים מהמן ממש, אלא מהשיורים שחם השמש ונמס היו זנים, כדאיתא בזוהר שעל כן קנאו בישראל והסיתום לעשות העגל. ואפשר שמה דאיתא לקמן פרשה מ"א שהיו נוטלין מן המן ומקריבין לפני העגל, זה גם כן היה מעשה הערב רב מצד הקנאה: (ו) [ה] **הדא הוא דכתיב לץ תכה כו'.** סבירא ליה כרבי יהושע במכילתא וישמע יתרו מה שמועה שמע ובא מלחמת עמלק שמע ובא, שכתובה בלדו דברי רבי יהושע, ולהכי מייתי סמך מהני קראי דדרשי שעל ידי עונש עמלק נזהר יתרו: **עמלק ויתרו היו בעצה.** עיין מה שכתבתי בסימן ג': **מן העולם הזה ומן העולם הבא.** כדשנו במכילתא כי מחה אמחה, מחה בעולם הזה אמחה בעולם הבא, ונתפרסם הדבר מפי משה עד שנשמע ליתרו, ולכן נתן אל לבו לשוב:

פירוש מהרז"ו

כי שמענו אשר הוביש. הרי שמעת קריעת ים סוף נתנה דעתה להתקרב: **ויתן עוז למלכו.** וזהו עוזי ומעוזי, ואז באה מלכת שבא מאפסי ארץ: **התורה שנקראת עוז.** מכילתא ריש יתרו, מדרש תהלים סוף מזמור כ"ח, לקמן פרשה ל' סימן כ"ג, במדבר רבה פרשה א סימן ג, פרשה י"א בסימן ז, פרשה י"ב סימן י"ב, פרשה י"ח סימן י"ד: **ולא שמע יתרו.** כמאן דאמר לאחר מתן תורה בא יתרו, בראשית רבה פרשה כ"ב סימן ה, ושם נסמן. ועל שעיקר הדרשה מיתרו מביאו לבסוף. וכן הוא במכילתא שם דעת ר' אלעזר [המודעי]: (ה) **כמו שכתוב לעיל.** פרשה י"ט סימן ד: **מבפנים.** כמו שכתוב סדר וארא (שמות ו, כה) ואלעזר בן אהרן לקח לו מבנות פוטיאל, ודרשו ויקרא רבה פרשה ל"ג סימן ד, שלקח מבנות יתרו: **שהורידו לו המן.** שירד גם למענו חלק במן. אך במדרש תהלים מזמור ע"ח איתא, אמר רבי אייבו בששה שעות בא יתרו, (ואז וחם השמש ונמס), וירד לו מן כנגד ששים רבוא, וזהו דלתי לאורח אפתח, כמו שכתוב (תהלים עח, כג-כד) ודלתי שמים פתח וימטר עליהם מן לאכול: (ו) **עמלק ויתרו.** לעיל סימן ג, ושם נסמן, ועל עמלק צריך עיון: **ומן העולם הבא.** כמו שכתוב (שמות יז, טז) מלחמה לה' בעמלק מדור דור, וכמו שכתוב (במדבר כד, כ) ואחריתו עדי אובד:

חידושי הרד"ל

[ד] **כשעשית לנו נסים בים.** אפשר דרש מנוסי, שעשית שינוס הים, כמה דאת אמר (תהלים קיד, ג) הים ראה וינוס, **שמעה רחב ובאת,** זה שאמר **אליך גוים יבואו וגו'** ויאמרו אך שקר וגו', ובחנם דחק המתנות כהונה: **בימי שלמה שנאמר ויתן עוז למלכו.** אפשר דרש ליה על שלמה, כמו שכתוב (תהלים כא, ב) ה' בעזך ישמח מלך, (דמדריש על שלמה כמה שנאמר שם (פסוק ג) תאות לבו נתת לו, שנתקיים בשלמה שכתוב בו יען אשר שאלת וגו' הנה עשיתי כדבריך (מלכים א ג, יא), וכן דברים אחרים בענין המזמור מדרש על שלמה), וכתיב (תהלים עט, ד) ועוז מלך משפט אהב, וזהו שלמה שביקש מלפני ה' לב שומע לשפוט (מלכים א ג, ט), וכתיב (שם שם כח) כי חכמת אלהים בקרבו לעשות משפט: [ה] **שהוריד לו הקדוש ברוך הוא את המן.** נראה דדרש ויחד יתרו על כל הטובה שדרשוהו במכילתא בטובת המן, היינו לומר שיתרו עצמו הרגיש טובת המן שירד לו גם כן, ובשוחר טוב מזמור עח אמרו שירד לו מן בששה שעות נגד כל ישראל, עיין שם: [ו] **עמלק ויתרו היו בעצה.** לעיל פרשה א (סימן ט) ובסוטה (יא, א) חשבו גם כן איוב:

חידושי הרש"ש

[ד] **בימי שלמה שנאמר ויתן עוז למלכו.** יתכן שיכוון גם לסוף הפסוק וירם קרן משיחו, ועל פי דרשתם ז"ל במגילה (יד, א) על רמה קרני דוד ושלמה, שנמשחו בקרן נמשכה מלכותן: [ה] **גר בארץ ישראל בזמן הבית שנשא בת ישראל והוליד בת כו'.** הוא כדעת רבי אליעזר בן יעקב בקדושין (עז, א) במשנה, וכוותיה פסקינן לכתחילה שם בגמרא (עח, ב): **הגר מפנים ובן לוי מבחוץ.** נקט לשון המשנה סוף פרק קמא דמדות, הכהן מבפנים ובן לוי ישן לו מבחוץ:

מסורת המדרש

ח. לעיל פרשה י"ט וש"נ:
ט. עיין ילקוט תהלים רמז תתי"ט:
י. מדרש שמואל פרשה י"ב. פסיקתא דרב כהנא ריש פיסקא ג'. ובתנחומא כאן סימן ג'. ילקוט סדר בשלח רמז רס"ב. ילקוט משלי רמז תתקנ"ט:
יא. סוטה דף י"א. סנהדרין דף ק"ד. לעיל פרשה א' וש"נ:

אם למקרא

עָזִּי וְזִמְרָת יָהּ וַיְהִי לִי לִישׁוּעָה:
(שמות טו: ב)

וַתֹּאמֶר אֶל הָאֲנָשִׁים יָדַעְתִּי כִּי נָתַן ה' לָכֶם אֶת הָאָרֶץ וְכִי נָפְלָה אֵימַתְכֶם עָלֵינוּ וְכִי נָמֹגוּ כָּל יֹשְׁבֵי הָאָרֶץ מִפְּנֵיכֶם: כִּי שָׁמַעְנוּ אֵת אֲשֶׁר הוֹבִישׁ ה' אֶת מֵי יַם סוּף מִפְּנֵיכֶם בְּצֵאתְכֶם מִמִּצְרָיִם וַאֲשֶׁר עֲשִׂיתֶם לִשְׁנֵי מַלְכֵי הָאֱמֹרִי אֲשֶׁר בְּעֵבֶר הַיַּרְדֵּן לְסִיחֹן וּלְעוֹג אֲשֶׁר הֶחֱרַמְתֶּם אוֹתָם:
(יהושע ב: ט-י)

ה' יֵחַתּוּ מְרִיבָיו עָלָיו בַּשָּׁמַיִם יַרְעֵם ה' יָדִין אַפְסֵי אָרֶץ וְיִתֶּן עֹז לְמַלְכּוֹ וְיָרֵם קֶרֶן מְשִׁיחוֹ:
(שמואל א ב:י)

וּמַלְכַּת שְׁבָא שֹׁמַעַת אֶת שֵׁמַע שְׁלֹמֹה לְשֵׁם ה' וַתָּבֹא לְנַסֹּתוֹ בְּחִידוֹת:
(מלכים-א י: א)

יְהִי ה' אֱלֹהֶיךָ בָּרוּךְ אֲשֶׁר חָפֵץ בְּךָ לְתִתְּךָ עַל כִּסֵּא יִשְׂרָאֵל בְּאַהֲבַת ה' אֶת יִשְׂרָאֵל לְעֹלָם וַיְשִׂימְךָ לְמֶלֶךְ לַעֲשׂוֹת מִשְׁפָּט וּצְדָקָה:
(שם שם ט)

ה' עֹז לְעַמּוֹ יִתֵּן ה' יְבָרֵךְ אֶת עַמּוֹ בַשָּׁלוֹם:
(תהלים כט: יא)

בַּחוּץ לֹא יָלִין גֵּר דְּלָתַי לָאֹרַח אֶפְתָּח:
(איוב לא: לב)

וַיֹּאמֶר ה' אֶל מֹשֶׁה וְאַהֲרֹן זֹאת חֻקַּת הַפָּסַח כָּל בֶּן נֵכָר לֹא יֹאכַל בּוֹ:
(שמות יב: מג)

וַיְצַו שְׁחָקִים מִמָּעַל וְדַלְתֵי שָׁמַיִם פָּתָח:
(תהלים עח:כג)

לֵץ תַּכֶּה וּפֶתִי יַעְרִם וְהוֹכִיחַ לְנָבוֹן יָבִין דָּעַת:
(משלי יט: כה)

בַּעֲנָשׁ לֵץ יֶחְכַּם פֶּתִי וּבְהַשְׂכִּיל לְחָכָם יִקַּח דָּעַת:
(שם כא: יא)

מתנות כהונה

[ד] **הוא ה' עוזי וגו'.** מזה שאמרנו ה' עזי וזמרת יה באת לנו מנוס ביום צר בבית רחב: הכי גרסינן **לכהן כשר וילדה בן הרי כו':** [ו] **תוהא.** נתחרט כדאמרי (נדרים כא, ב) כדו תהית:

אשד הנחלים

[ד] **ה' עוזי גו' שמעה רחב.** דרש ומנוסי, שכלם נסו אליהם להתגייר את עצמם, מפני ראייתם האותות והמופתים הגדולים: **שנקראת עוז.** וזהו ומעוזי, התורה הנותנת עוז לאדם, על זה באו גוים מאפסי ארץ לקרב אליך. והענין כי בעת נתינת התורה ירדה שפע רב לעולם, שזהו שרמזו מלמד שהתורה ניתנה לשבעים לשון, רק שלא רצו לקבלה, אך הטובים שבעובדי כוכבים המה התקרבו לה' על ידי זה, ודעתם שיתרו בא אחר מתן תורה: [ה] **בחוץ לא ילין.** פירשתי לעיל בפרשיות הקודמת (יט, ד). ודרש עוד על דרך הצורה, שדלתי מוסב על ה' ברוך הוא, שפתח אף לאורח כיתרו שלא היה מן המאמינים, כי אם כאורח שאיננו מן התושבים האמיתים, עם כל זה נפתחו לו להשביעו מזה, וזה זכות גדול מאד, כי המן היה מאכל אלקי, לחם שמלאכי השרת אוכלים אותו, והיה נבלע באיברים (עי' יומא עה, ב), כי היה דוגמת המאכל המתוקן שהיה קודם חטא אדם הראשון, שלא נתארה האדמה עודנה, וזה אי אפשר כי אם לאנשים השלמים מאד. ואף דפשוטו מדבר על איוב, מכל מקום הסב זה על ה', מדכתיב בלשון נסתר ילין, דמשמע שאיוב היה מתבונן על פעולת ה' שכן מדתו, ואחז גם כן במדתו יתברך במדות אנושיות על דרך הדבק במדותיו, הבן זה:

באור מהרי"פ

[ה] **שהוריד לו את המן.** פירוש, אבל שארי גרים היינו ערב רב לא ירד להם המן, אבל אכלו משיורי המן כשחם השמש ונמס, כמבואר בזוהר. יפה תואר. והמדרש הזה סובר דמה שכתוב וישמע יתרו וגו' את כל אשר עשה אלהים למשה ולישראל עמו, הוא טובת המן כמו שפירש רש"י (שמות יח, ט) על ויחד יתרו על כל הטובה אשר עשה ה' בירידת המן, וכן איתא במדרש:

ידי משה

[ה] **דלתי לאורח אפתח זה יתרו שהוריד לו הקדוש ברוך הוא את המן.** ואם תאמר והלא גם הערב רב אכלו את המן. ויש לומר שלא היו אוכלים רק שיורי המן מה שהיה נמס מן החמה כדאיתא בזוהר, ומחמת זה נתקנאו ערב רב בישראל והחטיאום בעגל:

״שֶׁכֵּן כְּתִיב לְמַעְלָה ״כִּי מָחֹה אֶמְחֶה אֶת זֵכֶר עֲמָלֵק – For so is it written above, *Because I shall surely wipe out the memory of Amalek* (above, 17:14),[67] וְאַחַר כָּךְ ״וַיִּשְׁמַע יִתְרוֹ״ – and just after that, *Jethro heard* is written, thus suggesting that after Amalek's defeat, אָמַר: אֵין לִי לֵילֵךְ אֶלָּא אֵצֶל אֱלוֹהוֹ שֶׁל יִשְׂרָאֵל – [Jethro] said, "There is no place for me to go to other than to the God of Israel!"[68]

The Midrash examines the idea that Jethro, who was from Midian, and Amalek had advised Pharaoh to persecute the Jewish people:[69]

וּמִנַּיִן אַתָּה לָמֵד שֶׁעֲמָלֵק וְהַמִּדְיָנִים צָרֵיהֶם שֶׁל יִשְׂרָאֵל – And from where do you learn that Amalek and the Midianites were enemies of the people of Israel? שֶׁנֶּאֱמַר ״וַיֵּלְכוּ זִקְנֵי מוֹאָב וְזִקְנֵי מִדְיָן״ – For it is stated, *The elders of Moab and the elders of Midian went* (*Numbers* 22:7);[70] וְכֵן הוּא אוֹמֵר ״מִדְיָן וַעֲמָלֵק וּבְנֵי קֶדֶם״ – and [Scripture] similarly states, *Midian, Amalek, and the people of the East* (*Judges* 6:3).[71]

The Midrash continues to discuss Amalek's destruction and Jethro's repentance:

וְכֵן בִּלְעָם הָרָשָׁע אוֹמֵר ״וַיַּרְא אֶת עֲמָלֵק״ – And similarly, regarding Balaam, the evildoer, Scripture states, *[Balaam] saw Amalek and declaimed his parable and said, "Amalek is the first among nations but its end will be eternal destruction"* (*Numbers* 24:20), שֶׁלֹּא חָזַר בּוֹ – for [Amalek] did not repent.[72] וּכְשֶׁרָאָה לְיִתְרוֹ שֶׁעָשָׂה תְּשׁוּבָה מָה אָמַר – But when [Balaam] saw about Jethro that he had repented, what did he say? ״וַיַּרְא אֶת הַקֵּינִי״ – As the next verse states, *[Balaam] saw the Kenite*[73] *and declaimed his parable and said, "Strong is your dwelling and set in a rock is your nest"* (ibid., v. 21). מָשָׁל לְצַיָּיד שֶׁהָיָה צָד צִפֳּרִים – With this, Balaam alluded to a parable regarding a hunter who was trapping a pair of birds. צָד אֶת הָרִאשׁוֹנָה, בָּא לָצוּד אֶת הַשְּׁנִיָּה, הָלְכָה וְיָשְׁבָה לָהּ עַל אִיקוֹנִין שֶׁל מֶלֶךְ – [The hunter] trapped the first [bird]. He then attempted to trap the second [bird] but it went and perched itself on an image of the king.[74] עָמַד לוֹ הַצַּיָּיד תּוֹהֵא בָּהּ – The hunter stood perplexed about it.[75] אָמַר לָהּ: אִם אֶזְרֹק עָלַיִךְ אֶבֶן אֲנִי מִתְחַיֵּיב בְּנַפְשִׁי – He said to [the bird], "If I throw a stone at you I will be liable to pay with my life,[76] וְאִם אֶתֵּן אֶת הַקָּנֶה מִתְיָירֵא אֲנִי שֶׁלֹּא יִגַּע בְּאִיקוֹנִין שֶׁל מֶלֶךְ – and if I use the stick, I am afraid, for it should not touch the image of the king.[77] אֵינִי יוֹדֵעַ מָה אוֹמַר לָךְ אֶלָּא: לְמָקוֹם יָפֶה בָּרַחַתְּ וְנִפְלַטְתְּ – I do not know what I shall say to you, other than, 'To a good place have you fled and you have escaped!' " כָּךְ בִּלְעָם רָאָה לְיִתְרוֹ וַעֲמָלֵק בְּעֵצָה – Similarly, Balaam had seen Jethro and Amalek together involved in offering counsel to Pharaoh; עָמַד עַל עֲמָלֵק וּמָחָה שְׁמוֹ – he stood up against Amalek and wiped out his name;[78] בָּא לִרְאוֹת יִתְרוֹ מְצָאוֹ שֶׁעָשָׂה תְּשׁוּבָה – but when he attempted to see Jethro,[79] [Balaam] found [Jethro] having repented. אָמַר לוֹ: לְמָקוֹם יָפֶה בָּרַחְתָּ – Therefore, [Balaam] said to him, "To a good place have you fled!"[80] הֱוֵי ״אֵיתָן מוֹשָׁבֶךָ״, כְּאַבְרָהָם – Thus is stated, in Balaam's remarks to Jethro's descendants, *Strong is your dwelling* – like Abraham.[81]

The Midrash completes its exposition of the first of the cited verses from *Proverbs*:[82]

הֱוֵי ״לֵץ תַּכֶּה״ זֶה עֲמָלֵק – Thus is stated, *Strike the scoffer* – this is an allusion to Amalek;[83] ״וּפֶתִי יַעְרִם״ זֶה יִתְרוֹ – *and the simpleton grows clever* – this is an allusion to Jethro;[84] ״וְהוֹכִיחַ לְנָבוֹן״ זֶה מֹשֶׁה – *chastise an understanding person and he will understand knowledge* – this is an allusion to Moses, שֶׁהוֹכִיחוֹ יִתְרוֹ כְּשֶׁרָאָהוּ יוֹשֵׁב וְדָן אֶת יִשְׂרָאֵל כָּל הַיּוֹם – for Jethro chastised him when he saw him sitting and judging the people of Israel the entire day.[85] אָמַר לוֹ – [Jethro] said to [Moses],

NOTES

67. Our Midrash accords with *Mechilta* (to the cited verse), where the seemingly repetitive מָחֹה אֶמְחֶה (lit., *wipe out will I wipe out*) is interpreted to indicate Amalek's destruction in two worlds. According to our Midrash, [although Jethro did not actually *see* that Amalek's punishment spanned two worlds,] Jethro understood the nature of Amalek's punishment after he received word that Moses had spoken this sentence, and he thereupon undertook to repent (*Eitz Yosef*; see *Maharzu* for additional inferences).

68. Jethro proclaimed that he would not content himself with acceptance of the seven Noahide laws, but would rather become a full-fledged member of God's people. Jethro did this in recognition of God's greatness and in order to repent absolutely (*Yefeh To'ar*).

69. *Rashash*, *Eitz Yosef*. See *Radal* for another approach.

70. [This verse tells that these men *went* to Balaam in order to engage him to curse the Jews.] This verse proves only that the Midianites were enemies of Israel but does not mention Amalek. Presently, the Midrash will cite a verse from *Judges* to prove that both of these nations were enemies of Israel. And while the Midrash could have sufficed with the quote from *Judges*, the Midrash wished to also cite a verse from the Torah (*Eitz Yosef*, from *Toldos Noach*).

71. [This verse identifies persecutors of the Jewish people in the era before Gideon was called upon by God to save them.]

72. *Eitz Yosef*.

73. These were Jethro's descendants, as was mentioned in note 14 above.

74. *Matnos Kehunah*, followed by *Eitz Yosef*.

75. Translation follows *Eitz Yosef*, who explains that the hunter was unsure of how to proceed.

76. For the stone would be bound to strike the king's image (see *Eitz Yosef*; see also *Matnos Kehunah*).

77. The hunter was unwilling to even chase the bird away from the statue with a stick in order to trap it, for fear that he might accidentally touch the statue with the stick (ibid.).

78. Balaam stated (in *Numbers* 24:20), וְאַחֲרִיתוֹ עֲדֵי אֹבֵד, *and [Amalek's] end is eternal destruction* (*Matnos Kehunah*, *Yedei Moshe*, *Eitz Yosef*).

Amalek is represented by the first bird in the parable (see *Yedei Moshe*).

79. Balaam would *see* his would-be victims as the first step toward cursing them (see *Ramban* and *Sforno* to *Numbers* 22:41; also see *Zohar*, *Bamidbar* 202b).

80. The parable was explained above, in note 48.

In the parable, the hunter told the bird that had perched upon the statue that if he were to throw a stone at it he would pay with his life. So too, Balaam knew that were he to curse Jethro together with the Jewish people, who were favored by God, he would be punished severely. And just as the hunter was also wary of distancing the bird from the statue before capturing it because he might inadvertenty touch the statue, so was Balaam afraid that even if he were to curse Jethro alone, it could be a dangerous affront to the Jewish people and to God with whom Jethro had taken refuge (*Eitz Yosef* above, s.v. אם אזרוק).

81. Abraham, who was the premier proselyte (*Succah* 49b), is referred to by Scripture (*Psalms* 89:1 with *Vayikra Rabbah* 9 §1 et al.) as אֵיתָן, *the strong one*. Thus, in telling the Kenite nation [who were descended from Jethro, the convert,] ״אֵיתָן מוֹשָׁבֶךָ״, *"Strong" is your dwelling*, Balaam was likening them to Abraham (*Eitz Yosef*; also see *Matnos Kehunah*, *Maharzu*).

82. The Midrash focuses on the first of the verses; the similar exposition of the second is self-understood.

83. Amalek is called לֵץ, *the scoffer*, because of the way they mocked and blasphemed God, as described in *Tanchuma*, *Ki Seitzei* §10 [and *Eichah Rabbah* 3:ח] (*Eitz Yosef*).

84. Jethro was at first *a simpleton* because he was unaware of the extent of Divine retribution. He later *grew clever* when he repented after learning of *the scoffer's* – Amalek's – being *struck* in both this world and the next (see *Yefeh To'ar*; see *Eitz Yosef* for another approach).

85. [As stated in the verses, Jethro felt that it would benefit both Moses and the people if he would appoint additional judges to assist him in judging the nation. Moses in fact acted on this advice after being instructed by God to do so.]

Thus, the verse from *Proverbs* teaches that not only did Jethro convert, but he even became *clever* to the point of providing Moses (*an understanding person*) with useful advice (*Eitz Yosef*; see *Maharzu*).

שֶׁכֵּן כְּתִיב לְמַעְלָה (לעיל יז, יד) ״**כִּי מָחֹה אֶמְחֶה אֶת זֵכֶר עֲמָלֵק**״, **וְאַחַר כָּךְ** [יח, א] ״**וַיִּשְׁמַע יִתְרוֹ**״, **אָמַר: אֵין לִי לֵילֵךְ אֶלָּא אֵצֶל אֱלוֹהוֹ שֶׁל יִשְׂרָאֵל, וּמִנַּיִן אַתָּה לָמֵד שֶׁעֲמָלֵק וְהַמִּדְיָנִים צָרֵיהֶם שֶׁל יִשְׂרָאֵל, שֶׁנֶּאֱמַר** (במדבר כב, ז) ״**וַיֵּלְכוּ זִקְנֵי מוֹאָב וְזִקְנֵי מִדְיָן**״, **וְכֵן הוּא אוֹמֵר** (שופטים ו, לג) ״**מִדְיָן וַעֲמָלֵק וּבְנֵי קֶדֶם**״, **וְכֵן בִּלְעָם הָרָשָׁע אוֹמֵר** ״**וַיַּרְא אֶת עֲמָלֵק**״, **שֶׁלֹּא חָזַר בּוֹ, וּכְשֶׁרָאָה לְיִתְרוֹ שֶׁעָשָׂה תְּשׁוּבָה מָה אָמַר,** (במדבר כד, כא) ״**וַיַּרְא אֶת הַקֵּינִי**״, **מָשָׁל לְצַיָּד שֶׁהָיָה צָד צִפֳּרִים, צָד אֶת הָרִאשׁוֹנָה, בָּא לָצוּד אֶת הַשְּׁנִיָּה, הָלְכָה וְיָשְׁבָה לָהּ עַל אִיקוֹנִין שֶׁל מֶלֶךְ, עָמַד לוֹ הַצַּיָּד תּוֹהֵא בָּהּ, אָמַר לָהּ: אִם אֶזְרֹק עָלַיִךְ אֶבֶן אֲנִי מִתְחַיֵּב בְּנַפְשִׁי, וְאִם אֶתֵּן אֶת הַקָּנֶה מִתְיָירֵא אֲנִי שֶׁלֹּא יִגַּע בָּאִיקוֹנִין שֶׁל מֶלֶךְ, אֵינִי יוֹדֵעַ מָה אוֹמַר לָךְ אֶלָּא: לְמָקוֹם יָפֶה בָּרַחְתְּ וְנִפְלַטְתְּ, כָּךְ בִּלְעָם רָאָה לְיִתְרוֹ וַעֲמָלֵק בְּעֵצָה, עָמַד עַל עֲמָלֵק וּמָחָה שְׁמוֹ, בָּא לִרְאוֹת יִתְרוֹ, מְצָאוֹ שֶׁעָשָׂה תְּשׁוּבָה, אָמַר לוֹ: לְמָקוֹם יָפֶה בָּרַחְתָּ, הֱוֵי** (שם) ״**אֵיתָן מוֹשָׁבֶךָ**״, **כְּאַבְרָהָם, הֱוֵי** (משלי יט, כה) ״**לֵץ תַּכֶּה**״ **זֶה עֲמָלֵק,** (שם) ״**וּפֶתִי יַעְרִם**״ **זֶה יִתְרוֹ,** (שם) ״**וְהוֹכִיחַ לְנָבוֹן**״ **זֶה מֹשֶׁה, שֶׁהוֹכִיחוֹ יִתְרוֹ כְּשֶׁרָאָהוּ יוֹשֵׁב וְדָן אֶת יִשְׂרָאֵל כָּל הַיּוֹם, אָמַר לוֹ:** [יח, יד-יח] ״**מַדּוּעַ אַתָּה יוֹשֵׁב לְבַדֶּךָ ... נָבֹל תִּבֹּל**״, **אָמַר לוֹ: מִדַּעְתִּי לֹא תַעֲשֶׂה כֵּן, אֶלָּא הַמֶּלֶךְ בְּהַקָּדוֹשׁ בָּרוּךְ הוּא, שֶׁנֶּאֱמַר** [יח, יט] ״**וְעַתָּה שְׁמַע בְּקֹלִי אִיעָצְךָ**״, **מַה כְּתִיב אַחֲרָיו** [יח ,כד] ״**וַיִּשְׁמַע מֹשֶׁה לְקוֹל חֹתְנוֹ וַיַּעַשׂ כֹּל אֲשֶׁר אָמָר**״:

ז דָּבָר אַחֵר, [יח, א] ״**וַיִּשְׁמַע יִתְרוֹ**״, **הָדָא הוּא דִכְתִיב** (קהלת יא, א) ״**שַׁלַּח לַחְמְךָ עַל פְּנֵי הַמָּיִם כִּי בְרֹב הַיָּמִים תִּמְצָאֶנּוּ**״, **וְכִי בְּנֵי אָדָם שׁוֹטִים הֵם שֶׁנּוֹתְנִין לַחְמָם עַל פְּנֵי הַמָּיִם, וְעַל מִי אָמַר, עַל יִתְרוֹ, שֶׁנָּתַן לַחְמוֹ לְמֹשֶׁה,**

עץ יוסף

ומנין אתה למד שעמלק והמדינים צריהם של ישראל. דנימא שיתרו המדיני ועמלק היו בעצה רעה על ישראל בעצת פרעה: **שנאמר וילכו זקני מואב כו'.** בזה אינו מביא ראיה אלא שהיו המדינים שונאיהם של ישראל, אבל על עמלק אינו מביא ראיה כי עמלקים לא הוזכרו כאן, ומפסוק שני מביא ראיה מעמלק גם כן, ואף שהיה די להביא פסוק שני לבד, מדין ועמלק ובני קדם, ששם מוזכרים שניהם, ובפסוק ראשון אינו מוזכר כי אם מדין לחוד, מכל מקום ניחא ליה להביא פסוק מן התורה גם כן (תולדות נח): **שלא חזר בו.** שלא עשה תשובה כיתרו: **איקונין של מלך.** פרצוף של צורת המלך: **תוהה בה.** פירוש שהיה כתוהא ומבולבל איך לעשות בה: **אם אזרוק עליך אבן כו'.** יש לומר שזריקת האבן רמז שיקללנו עם ישראל יחדיו, כזורק אבן ומכה בצפור ובאיקונין, ועל זה אמר שיתחייב מיתה ודאי, וכן בלעם כבר ידע כי ה' דבר טוב על ישראל, ויענישנו אם יקללם אפילו על ידי צירוף יתרו, ונתינת הקנה היינו שיבדיל את יתרו מעל ישראל ויקללנו לבדו, כנותן הקנה מרחוק להפריח הצפור מעל האיקונין ושוב ילודנו, ועל זה אמר שמתירא אולי אפילו הכי יענש שנוגע בכבודן של ישראל וכבוד ה' אחר שבא בצלו ככתוב לעיל בסמוך, וזה כמי שמפחד פן יפגע עם הקנה באיקונין ויתחייב: **עמד על עמלק ומחה שמו.** שאמר ואחריתו עד אובד: **באברהם.** שהיה ראש לכל הגרים, ונקרא איתן, כדאמר בויקרא רבה פרשה י"ט, מאיתן האזרחי זה אברהם: **הוי לץ תבה זה עמלק.** כי שמו זה נאה לו, מפני שהיה מתלוצץ ומגדף כלפי מעלה כמבואר בתנחומא פרשת זכור, ויזנב בך מה היו בית עמלק עושין, חותכין מילותיהם של ישראל וזורקין כלפי מעלה כו': **ופתי יערים זה יתרו.** שהיה בתחלה פתי לפי שלא הכיר בטובו עולם הבא, ונעשה ערום שחזר בתשובה ברמאות ובערמה כדאיתא במדרש שאמר לבני עירו זקן אני ואיני יכול לשמש לעכו"ם יותר: **והוכח לנבון זה משה.** שלא די שנתגייר, אלא שנפקחו עיניו ונתחכם עד שנתן עצה למשה: **מדעתי לא תעשה כן.** והיינו דכתיב הכא והוכח לנבון יבין דעת, שאף שהוכיח למשה קאמר ליה שלא יסמוך על דעתו אלא יבין אם תסכים עמו דעת עליון: **המלך בהקדוש ברוך הוא.** והכי קאמר איעצך שתשאל לאלהים אם יהיה עמך בהסכמה אם לא (תולדות נח): **מה כתיב אחריו כו'.** כלומר דייק כפל המקרא דקאמר וישמע משה וגו' ויעש וגו', ותרתי למה לי, אלא ודאי מלבד העצה קאמר דבר אחר, והיינו דקאמר ליה שימלך בהקדוש ברוך הוא: **(ז) [ו] הדא הוא דכתיב שלח לחמך כו'.** משום דקשיא ליה מה צורך לכתוב כל פרשת יתרו, ומה שילא משה ואהרן לקראתו, ומה שאכלו לחם עמו, ולהכי קאמר דאתא לאשמועינן שכר גמילות חסדים במקום הראוי: **וכי בני אדם שוטים הם כו'.** דבודאי אין לגמול חסד לכל מי שיזדמן, כי אין ראוי לתת למי שאינו הגון: **על יתרו.** והכי קאמר קרא שלח לחמך, כדרך ששלחו יתרו על פני המים, דהיינו למשה שהיה הגון, כי כשיהיה כן ברוב הימים תמצאנו כמוהו, מה שאין כן אם יהיה למי שאינו הגון:

פירוש מהרז"ו

ואחר כך וישמע יתרו. מכילתא וישמע יתרו, דעת רבי יהושע מלחמת עמלק שמע ובא, שהיא כתובה בצדו. פירוש שדורש סמוכים: **וזקני מדין.** וכמו שכתוב (במדבר כה, יח) כי צוררים הם לכם, וכן מעולם: **באברהם.** כמו שכתוב תהלים פ"ט (פסוק א) משכיל לאיתן האזרחי, זה אברהם, ויקרא רבה ריש פרשה ט, במדבר רבה פרשה י"ט סימן ג, ושם נסמן: **ופתי יערים.** שנתחכם עד שהוכיח לנבון שיבין דעת, זה משה, בפרשת ואתה תחזה: **איעצך.** ויהי אלהים עמך, פירוש אם יצוה אותך, וכמו שכתוב וצוך אלהים: **(ז) וכי בני אדם שוטים.** הרי שלא יתכן כפשוטו, אלא לדרוש על פי גזירה שוה ומדה י"ז, על משה, ועל פי מדת ממעל ומנגד:

מתנות כהונה

וכשראה. בלעם ליתרו: **איקונין של מלך.** פרצוף של צורת המלך: **אם אזרוק כו'.** להורידך משם וכן ליתן קנה להורידך כו' בין כך ובין כך מתיירא שיזרוק או יגע באיקונין של מלך: **ומחה שמו.** שאמר (במדבר כד, כ) ואחריתו עדי אובד: **באברהם.** שנקרא איתן:

אשד הנחלים

[ו] **אין לי לילך אלא.** כי בתחלה בחן כל עבודת כוכבים אולי יש בהם ממש, כמאמרם ז"ל (תנחומא סימן ז), ואחר שראה מחיית עמלק, אז הבין כי רק אלהי ישראל הוא האמיתי. וקראו לעמלק בשם לץ, שגדרו שאינו משקיף מאומה על דרכיו, ופתי הוא רק שנפתה בדבר הרגלו מאז, אבל כאשר יתבונן היטב יסור מאולתו: **צריהם.** שהם עיקר הניגוד וההיפוך של האומה, כי הרע האמיתי לעומת הטוב האמיתי. ודרש שלכן בלעם הזכיר שניהם עמלק ויתרו, מפני שהתבונן על היפוך תכונותיהם, שלעמלק לא הועיל מאומה כי נשאר ברשעתו, אבל יתרו חזר בו: **משל לצייד.** ענין המשל שלא יכול מדת הדין לפגוע בו, אחר שנתדבק במשה שהוא איקונין של מלך, ושם אי אפשר ליגע בו: **כאברהם.** שנקרא איתן כמאמרם ז"ל (בבא בתרא טו, א), שהוא מלשון התחזקות מאד מאד: **והוכח לנבון זה משה.** וכאומר ראה נא עד כמה הגיע מדרגתו שמתחלה הערים בנפשו לעשות תשובה, עד שלבסוף זכה להיות מוכיח לנבון, שהשיא עצה למשה וקיבל ממנו שכן הסכים ה' כדבריו: [ז] **שנותנים לחמם.** פשט הכתוב מדבר בהנהגת המסחר, שלא יירא משום עסק, כי יתכן שישלח על פני המים כאלו הוא נאבד, ועם כל זה ברוב הימים יכול להיות שימצאנו, כי אין אדם יודע במה מרויח, אך האמת אין זה עצה נכונה להיות עושה כל דבר מסופק שמא ברוב הימים ימצא ריוח מזה, ולכן הסבו זאת למשל על ענין מדה טובה, שסוף סוף לא תשוב ריקם כי יועיל לו באחרית. ואחז במשה ויתרו, שקרה ליתרו דוגמתו, כי מצא איש אשר מן המים נמשה, והוא האכילו לחם, ואז ברוב הימים מצא הטובה על ידי זה,

חידושי הרד"ל

ומנין אתה למד. (שיתרו לקח מוסר מעמלק), ומפרש שעמלק ומדין חברים (ושכנים יחד), וראוי להם לקחת מוסר מעונש השני, ולכן בלעם הזכירם יחד: **אמר לו מדעתי לא תעשה כן.** דרש סיפיה דקרא יבין דעת, לומר שבהוכחתו הבין משה דעת הקב"ה מסכמת לתוכחתו ואז עשה כדבריו:

חידושי הרש"ש

[ו] **ומנין כו' שעמלק והמדינים צריהם של ישראל כו'.** רצה לומר דלכן יתכן לומר שהיה באותה עצה עם פרעה על ישראל:

באור מהרי"פ

[ו] **שעמלק והמדינים צריהם וכו'.** פירוש, שיתרו ממדין היה:

אם למקרא

וַיֹּאמֶר ה' אֶל מֹשֶׁה כְּתֹב זֹאת זִכָּרוֹן בַּסֵּפֶר וְשִׂים בְּאָזְנֵי יְהוֹשֻׁעַ כִּי מָחֹה אֶמְחֶה אֶת זֵכֶר עֲמָלֵק מִתַּחַת הַשָּׁמָיִם: (שמות יז: יד)

וַיֵּלְכוּ זִקְנֵי מוֹאָב וְזִקְנֵי מִדְיָן וּקְסָמִים בְּיָדָם וַיָּבֹאוּ אֶל־בִּלְעָם וַיְדַבְּרוּ אֵלָיו דִּבְרֵי בָלָק: (במדבר כב: ז)

וְהָיָה אִם־זָרַע יִשְׂרָאֵל וְעָלָה מִדְיָן וַעֲמָלֵק וּבְנֵי־קֶדֶם וְעָלוּ עָלָיו: (שופטים ו: לג)

וַיַּרְא אֶת־הַקֵּינִי וַיִּשָּׂא מְשָׁלוֹ וַיֹּאמַר אֵיתָן מוֹשָׁבֶךָ וְשִׂים בַּסֶּלַע קִנֶּךָ: (במדבר כד:כא)

שַׁלַּח לַחְמְךָ עַל פְּנֵי הַמָּיִם כִּי בְרֹב הַיָּמִים תִּמְצָאֶנּוּ: (קהלת יא: א)

ידי משה

[ו] **עמד על עמלק ומחה שמו.** פירוש, בלעם מחה את שמו במה שאמר ואחריתו עדי אובד כמו במשל של ציד, ולא כמו שהעולם סוברים שעמד קאי על מחיית עמלק מלשון מחה תמחה, כי לא יתיישב פירושם על נכון, דוק ותשכח כדברי. וקל להבין:

"מַדּוּעַ אַתָּה יוֹשֵׁב לְבַדֶּךָ . . . נָבֹל תִּבֹּל" – *Why do you sit alone with all the people standing by you from morning to evening?* . . . ***You will surely become worn out*** – *you as well as this people that is with you* – *for this matter is too hard for you, you will not be able to do it alone* (below, vv. 14,18). אָמַר לוֹ: מִדַּעְתִּי לֹא תַעֲשֶׂה כֵּן, אֶלָּא הַמֶּלֶךְ בְּהַקָּדוֹשׁ בָּרוּךְ הוּא – Furthermore, **[Jethro] said to Moses, "Do not do so**[86] **based on my opinion** alone, **rather, consult with the Holy One, blessed is He,"**[87] שֶׁנֶּאֱמַר "וְעַתָּה שְׁמַע בְּקֹלִי אִיעָצְךָ" – **as is stated, *Now heed my voice, I advise you*** *and may God be with you* (ibid., v. 19).[88] מַה כְּתִיב אַחֲרָיו "וַיִּשְׁמַע מֹשֶׁה לְקוֹל חֹתְנוֹ וַיַּעַשׂ כֹּל אֲשֶׁר אָמָר" – **What is written after [the above]? *Moses heeded the voice of his father-in-law and did everything that he had said*** (ibid., v. 24).[89]

§7 The Midrash expounds a verse from *Ecclesiastes* in a manner that relates to our verse:[90]

"דָּבָר אַחֵר, "וַיִּשְׁמַע יִתְרוֹ" – **Another insight: *Jethro heard*** – הָדָא הוּא דִכְתִיב "שַׁלַּח לַחְמְךָ עַל פְּנֵי הַמָּיִם כִּי בְרֹב הַיָּמִים תִּמְצָאֶנּוּ" – **this is** related to that **which is written, *Send your bread upon the waters, for after many days you will find it*** (*Ecclesiastes* 11:1).[91] וְכִי בְּנֵי אָדָם שׁוֹטִים הֵם שֶׁנּוֹתְנִין לַחְמָם עַל פְּנֵי הַמָּיִם – **Now, are people such fools that they put their bread upon the waters?!** Of course not![92] וְעַל מִי אָמַר, עַל יִתְרוֹ, שֶׁנָּתַן לַחְמוֹ לְמֹשֶׁה – **And concerning whom did** Scripture **state** this, then? **Concerning Jethro, who gave his bread to Moses,**

NOTES

86. I.e., do not implement the recommended system of judges.

87. The *Proverbs* verse concludes, וְהוֹכִיחַ לְנָבוֹן יָבִין דָּעַת, *chastise an understanding person, and he will understand knowledge*. According to our Midrash, this alludes to Jethro's *chastisement* of Moses, as well as his suggestion that Moses seek to *understand* God's *knowledge* by determining if God accepted Jethro's argument (*Eitz Yosef*; see *Radal* for a similar approach).

88. As they are understood here, with these words Jethro told Moses, *I advise you to inquire of God if He will be in agreement with you* (*Eitz Yosef*; also see *Maharzu*).

89. This verse appears repetitious; having stated *Moses heeded the voice of his father-in-law*, what is added with, *and did everything that he had said*? The Midrash sees this as proof that Moses listened to his father-in-law with regard to both his proposed judicial system and his urging that Moses inquire about it of God (*Yefeh To'ar*, followed by *Eitz Yosef*). Alternatively, the Midrash accords with *Mechilta* (to the verse), where it is taught that the verse's final words, אֲשֶׁר אָמָר, *that he said*, refer not to Jethro's instructions but, rather, to what God had told Moses to do (*Yefeh To'ar*; *Eitz Yosef*, Vagshal ed.).

90. The coming Midrash seeks to explain why the Torah saw fit to describe how Moses went out to meet his father-in-law and how Jethro then ate with the Jewish leaders. The Midrash will teach that this episode is instructive of the great reward that awaits those who perform proper acts of kindness (*Eitz Yosef*).

91. [According to its plain meaning, this verse urges the performance of charitable deeds even in situations where the benefactor does not expect to be repaid by his beneficiary. The verse instructs that, ultimately, such deeds will be rewarded (see commentators ad loc.).]

92. The Midrash is proving that the verse cannot be understood literally (*Maharzu*). Alternatively, the Midrash assumes the verse to be metaphorically teaching that one should act generously even with a recipient who is undeserving so that giving him bread is the equivalent of casting it into water. The Midrash wonders how the verse could make such a statement, as one should certainly not disburse his money indiscriminately and irresponsibly (*Yefeh To'ar*, referencing *Kesubos* 50a et al. and *Bava Kamma* 16b et al., followed in part by *Eitz Yosef*).

שֶׁכֵּן כְּתִיב לְמַעְלָה (לעיל יז, יד) "כִּי מָחֹה אֶמְחֶה אֶת זֵכֶר עֲמָלֵק", וְאַחַר כָּךְ [יח, א] "וַיִּשְׁמַע יִתְרוֹ", אָמַר: אֵין לִי לֵילֵךְ אֶלָּא אֵצֶל אֱלוֹהוֹ שֶׁל יִשְׂרָאֵל, וּמִנַּיִן אַתָּה לָמֵד שֶׁעֲמָלֵק וְהַמִּדְיָנִים צָרֵיהֶם שֶׁל יִשְׂרָאֵל, שֶׁנֶּאֱמַר (במדבר כב, ז) "וַיֵּלְכוּ זִקְנֵי מוֹאָב וְזִקְנֵי מִדְיָן", וְכֵן הוּא אוֹמֵר (שופטים ו, לג) "מִדְיָן וַעֲמָלֵק וּבְנֵי קֶדֶם", וְכֵן בִּלְעָם הָרָשָׁע אוֹמֵר "וַיַּרְא אֶת עֲמָלֵק", שֶׁלֹּא חָזַר בּוֹ, וּכְשֶׁרָאָה לְיִתְרוֹ שֶׁעָשָׂה תְּשׁוּבָה מָה אָמַר, (במדבר כד, כא) "וַיַּרְא אֶת הַקֵּינִי", מָשָׁל לְצַיָּיד שֶׁהָיָה צָד צִפֳּרִים, צָד אֶת הָרִאשׁוֹנָה, בָּא לָצוּד אֶת הַשְּׁנִיָּה, הָלְכָה וְיָשְׁבָה לָהּ עַל אִיקוֹנִין שֶׁל מֶלֶךְ, עָמַד לוֹ הַצַּיָּיד תּוֹהֶא בָּהּ, אָמַר לָהּ: אִם אֶזְרֹק עָלַיִךְ אֶבֶן אֲנִי מִתְחַיֵּיב בְּנַפְשִׁי, וְאִם אֶתֵּן אֶת הַקָּנֶה מִתְיָרֵא אֲנִי שֶׁלֹּא יִגַּע בְּאִיקוֹנִין שֶׁל מֶלֶךְ, אֵינִי יוֹדֵעַ מָה אוֹמַר לָךְ אֶלָּא: לְמָקוֹם יָפֶה בָּרַחְתְּ וְנִפְלַטְתְּ, כָּךְ בִּלְעָם רָאָה לְיִתְרוֹ וַעֲמָלֵק בְּעֵצָה, עָמַד עַל עֲמָלֵק וּמָחָה שְׁמוֹ, בָּא לִרְאוֹת יִתְרוֹ, מְצָאוֹ שֶׁעָשָׂה תְּשׁוּבָה, אָמַר לוֹ: לְמָקוֹם יָפֶה בָּרַחְתָּ, הֱוֵי (שם) "אֵיתָן מוֹשָׁבֶךָ", כְּאַבְרָהָם, הֱוֵי (משלי יט, כה) "לֵץ תַּכֶּה" זֶה עֲמָלֵק, (שם) "וּפֶתִי יַעְרִם" זֶה יִתְרוֹ, (שם) "וְהוֹכִיחַ לְנָבוֹן" זֶה מֹשֶׁה, שֶׁהוֹכִיחוֹ יִתְרוֹ כְּשֶׁרָאָהוּ יוֹשֵׁב וְדָן אֶת יִשְׂרָאֵל כָּל הַיּוֹם, אָמַר לוֹ: [יח, יד-יח] "מַדּוּעַ אַתָּה יוֹשֵׁב לְבַדֶּךָ ... נָבֹל תִּבֹּל", אָמַר לוֹ: מִדַּעְתִּי לֹא תַעֲשֶׂה כֵּן, אֶלָּא הַמֶּלֶךְ בְּהַקָּדוֹשׁ בָּרוּךְ הוּא, שֶׁנֶּאֱמַר [יח, יט] "וְעַתָּה שְׁמַע בְּקֹלִי אִיעָצְךָ", מַה כְּתִיב אַחֲרָיו [יח ,כד] "וַיִּשְׁמַע מֹשֶׁה לְקוֹל חֹתְנוֹ וַיַּעַשׂ כֹּל אֲשֶׁר אָמָר":

ז דָּבָר אַחֵר, [יח, א] "וַיִּשְׁמַע יִתְרוֹ", הָדָא הוּא דִכְתִיב (קהלת יא, א) "שַׁלַּח לַחְמְךָ עַל פְּנֵי הַמָּיִם כִּי בְרֹב הַיָּמִים תִּמְצָאֶנּוּ", וְכִי בְּנֵי אָדָם שׁוֹטִים הֵם שֶׁנּוֹתְנִין לַחְמָם עַל פְּנֵי הַמַּיִם, וְעַל מִי אָמַר, עַל יִתְרוֹ, שֶׁנָּתַן לַחְמוֹ לְמֹשֶׁה,

עץ יוסף

ומנין אתה למד שעמלק והמדינים צריהם של ישראל. דכימא שיתרו המדיני ועמלק היו בעלה רעה על ישראל בעלת פרעה: **שנאמר וילכו זקני מואב כו'.** בזה אינו מביא ראיה אלא שהיו המדינים שונאיהם של ישראל, אבל על עמלק אינו מביא ראיה כי עמלקים לא הוזכרו כאן, ומפסוק שני מביא ראיה מעמלק גם כן, ואף שהיה די להביא פסוק שני לבד, מדין ועמלק ובני קדם, ששם מוזכרים שניהם, ובפסוק ראשון אינו מוזכר כי אם מדין לחוד, מכל מקום ניחא ליה להביא פסוק מן התורה גם כן (תולדות נח): **שלא חזר בו.** שלא עשה תשובה כיתרו: **איקונין של מלך.** פרצוף של צורת המלך: **תוהה בה.** פירוש שהיה כתוהא ומבולבל איך לעשות בה: **אם אזרוק עליך אבן כו'.** יש לומר שזריקת האבן רמז שיקללנו עם ישראל יחדיו, כזורק אבן ומכה בצפור ובאיקונין, ועל זה אמר שיתחייב מיתה ודאי, וכן בלעם כבר ידע כי ה' דבר טוב על ישראל, ויענישנו אם יקללם אפילו על ידי צירוף יתרו, ונתינת הקנה היינו שיבדיל את יתרו מעל ישראל ויקללנו לבדו, כנותן הקנה מרחוק להפריח הצפור מעל האיקונין ושוב ילודנו, ועל זה אמר שמתירא אולי אפילו הכי יענש שנוגע בכבודן של ישראל וכבוד ה' אחר שבא בצלו ככתוב לעיל בסמוך, וזה כמי שמפחד פן יפגע עם הקנה באיקונין ויתחייב: **עמד על עמלק ומחה שמו.** שאמר ואחריתו עד אובד: **באברהם.** שהיה ראש לכל הגרים, ונקרא איתן, כדאמר בויקרא רבה פרשה י"ט, מאיתן האזרחי זה אברהם: **הוי לץ תכה זה עמלק.** כי שמו זה נאה לו, מפני שהיה מתלוצץ ומגדף כלפי מעלה כמבואר בתנחומא פרשת זכור, ויזנב בך מה היו בית עמלק עושין, חותכין מילותיהם של ישראל וזורקין כלפי מעלה כו': **ופתי יערים זה יתרו.** שהיה בתחלה פתי לפי שלא הכיר בטועת עולם הבא, ונעשה ערום שחזר בתשובה ברמאות ובערמה כדאיתא במדרש שאמר לבני עירו זקן אני ואיני יכול לשמש לעכו"ם יותר: **והוכח לנבון זה משה.** שלא די שנתגייר, אלא שנפקחו עיניו ונתחכם עד שנתן עצה למשה: **מדעתי לא תעשה כן.** והיינו דכתיב הכא והוכח לנבון יבין דעת, שאף שהוכיח למשה קאמר ליה שלא יסמוך על דעתו אלא יבין אם תסכים עמו דעת עליון: **המלך בהקדוש ברוך הוא.** והכי קאמר איעצך שתשאל לאלהים אם יהיה עמך בהסכמה אם לא (תולדות נח): **מה כתיב אחריו כו'.** כלומר דייק כפל המקרא דקאמר וישמע משה וגו' ויעש וגו', ותרתי למה לי, אלא ודאי מלבד העצה קאמר דבר אחר, והיינו דקאמר ליה שימלך בהקדוש ברוך הוא: (ז) [ו] **הדא הוא דכתיב שלח לחמך כו'.** משום דקשיא ליה מה צורך לכתוב כל פרשת יתרו, ומה שיצא משה ואהרן לקראתו, ומה שאכלו לחם עמו, ולהכי קאמר דאתא לאשמועינן שכר גמילות חסדים במקום הראוי: **וכי בני אדם שוטים הם כו'.** דבודאי אין לגמול חסד לכל מי שיזדמן, כי אין ראוי לתת למי שאינו הגון: **על יתרו.** והכי קאמר קרא שלח לחמך, כדרך ששלחו יתרו על פני המים, דהיינו למשה שהיה הגון, כי כשיהיה כן ברוב הימים תמצאנו כמוהו, מה שאין כן אם יהיה למי שאינו הגון:

פירוש מהרז"ו

ואחר כך וישמע יתרו. מכילתא וישמע יתרו, דעת רבי יהושע מלחמת עמלק שמע ובא, שהיא כתובה בצדו. פירוש שדורש סמוכים: **וזקני מדין.** וכמו שכתוב (במדבר כה, יח) כי צוררים הם לכם, וכן מעולם: **באברהם.** כמו שכתוב תהלים פ"ט (פסוק א) משכיל לאיתן האזרחי, זה אברהם, ויקרא רבה ריש פרשה ט, במדבר רבה פרשה י"ט סימן ג, ושם נסמן: **ופתי יערים.** שנתחכם עד שהוכיח לנבון שיבין דעת, זה משה, בפרשת ואתה תחזה: **איעצך.** ויהי אלהים עמך, פירוש אם יצוה אותך, וכמו שכתוב וצוך אלהים: (ז) **וכי בני אדם שוטים.** הרי שלא יתכן כפשוטו, אלא לדרוש על פי גזירה שוה ומדה י"ז, על משה, ועל פי מדת ממעל ומנגד:

מתנות כהונה

וכשראה. בלעם ליתרו: **איקונין של מלך.** פרצוף של צורת המלך: **אם אזרוק כו'.** להורידך משם וכן ליתן קנה להורידך כו' בין כך ובין כך מתיירא שיזרוק או יגע באיקונין של מלך: **ומחה שמו.** שאמר (במדבר כד, כ) ואחריתו עדי אובד: **באברהם.** שנקרא איתן:

אשד הנחלים

[ו] **אין לי לילך אלא.** כי בתחלה בחן כל עבודת כוכבים אולי יש בהם ממש, כמאמרם ז"ל (תנחומא סימן ז), ואחר שראה מחיית עמלק, אז הבין כי רק אלהי ישראל הוא האמיתי. וקראו לעמלק בשם לץ, שגדרו שאינו משקיף מאומה על דרכיו, ופתי הוא רק שנפתה בדבר הרגלו מאז, אבל כאשר יתבונן היטב יסור מאולתו: **צריהם.** שהם עיקר הניגוד וההיפוך של האומה, כי הרע האמיתי לעומת הטוב האמיתי. ודרש שלכן בלעם הזכיר שניהם עמלק ויתרו, מפני שהתבונן על היפוך תכונותיהם, שלעמלק לא הועיל מאומה כי נשאר ברשעתו, אבל יתרו חזר בו: **משל לצייד.** ענין המשל שלא יכול מדת הדין לפגוע בו, אחר שנתדבק במשה שהוא איקונין של מלך, ושם אי אפשר ליגע בו: **באברהם.** שנקרא איתן כמאמרם ז"ל (בבא בתרא טו, א), שהוא מלשון התחזקות מאד מאד: **והוכח לנבון זה משה.** וכאומר ראה נא עד כמה הגיע מדרגתו שמתחלה הערים בנפשו לעשות תשובה, עד שלבסוף זכה להיות מוכיח לנבון, שהשיא עצה למשה וקיבל ממנו שכן הסכים ה' כדבריו: [ז] **שנותנים לחמם.** פשט הכתוב מדבר בהנהגת המסחר, שלא יירא משום עסק, כי יתכן שישלח על פני המים כאלו הוא נאבד, ועם כל זה ברוב הימים יכול להיות שימצאנו, כי אין אדם יודע במה מרויח, אך האמת אין זה עצה נכונה להיות עושה כל דבר מסופק שמא ברוב הימים ימצא ריוח מזה, ולכן הסבו זאת למשל על ענין מדה טובה, שסוף סוף לא תשוב ריקם כי יועיל לו באחרית. ואחז במשה ויתרו, שקרה ליתרו דוגמתו, כי מצא איש אשר מן המים נמשה, והוא האכילו לחם, ואז ברוב הימים מצא הטובה על ידי זה,

חידושי הרד"ל

ומנין אתה למד. (שיתרו לקח מוסר מעמלק), ומפרש שעמלק ומדין חברים (ושכינים יחד), וראוי להם לקחת מוסר מעונש השני, ולכן בלעם הזכירם יחד: **אמר לו מדעתי לא תעשה כן.** דרש סיפיה דקרא יבין דעת, לומר שבהוכחתו הבין משה דעת הקב"ה מסכמת לתוכחתו ואז עשה כדבריו:

חידושי הרש"ש

[ו] **ומנין כו' שעמלק והמדינים צריהם של ישראל כו'.** רצה לומר דלכן יתכן לומר שהיה באותה עצה עם פרעה על ישראל:

באור מהרי"פ

[ו] **שעמלק והמדינים צריהם וכו'.** פירוש, שיתרו ממדין היה:

אם למקרא

וַיֹּאמֶר ה' אֶל מֹשֶׁה כְּתֹב זֹאת זִכָּרוֹן בַּסֵּפֶר וְשִׂים בְּאָזְנֵי יְהוֹשֻׁעַ כִּי מָחֹה אֶמְחֶה אֶת זֵכֶר עֲמָלֵק מִתַּחַת הַשָּׁמָיִם: (שמות יז: יד)

וַיֵּלְכוּ זִקְנֵי מוֹאָב וְזִקְנֵי מִדְיָן וּקְסָמִים בְּיָדָם וַיָּבֹאוּ אֶל־בִּלְעָם וַיְדַבְּרוּ אֵלָיו דִּבְרֵי בָלָק: (במדבר כב: ז)

וְהָיָה אִם־זָרַע יִשְׂרָאֵל וְעָלָה מִדְיָן וַעֲמָלֵק וּבְנֵי־קֶדֶם וְעָלוּ עָלָיו: (שופטים ו: לג)

וַיַּרְא אֶת־הַקֵּינִי וַיִּשָּׂא מְשָׁלוֹ וַיֹּאמַר אֵיתָן מוֹשָׁבֶךָ וְשִׂים בַּסֶּלַע קִנֶּךָ: (במדבר כד:כא)

שַׁלַּח לַחְמְךָ עַל פְּנֵי הַמָּיִם כִּי בְרֹב הַיָּמִים תִּמְצָאֶנּוּ: (קהלת יא: א)

ידי משה

[ו] **עמד על עמלק ומחה שמו.** פירוש, בלעם מחה את שמו במה שאמר ואחריתו עדי אובד כמו במשל של ציד, ולא כמו שהעולם סוברים שעמד קאי על מחיית עמלק מלשון מחה תמחה, כי לא יתיישב פירושם על נכון, דוק ותשכח כדברי. וקל להבין:

שֶׁנֶּאֱמַר ״קִרְאֶן לוֹ וְיֹאכַל לָחֶם״ – **as is stated,** ***Summon him and let him eat bread*** (above, 2:20).[93] הֱוֵי ״שַׁלַּח לַחְמְךָ עַל פְּנֵי הַמָּיִם״, זֶה מֹשֶׁה – **Thus,** the verse from *Ecclesiastes* may be interpreted as follows: ***Send your bread upon the waters*** – **this is** an allusion to **Moses,** שֶׁנֶּאֱמַר ״כִּי מִן הַמַּיִם מְשִׁיתִהוּ״ – **as is stated,** ***For I drew him from the water*** (ibid., v. 10);[94] לָמָּה, ״כִּי בְרֹב הַיָּמִים תִּמְצָאֶנּוּ״ – **why** do so? ***for after many days you will find it*** – as was the case with Jethro, Moses' benefactor, as is stated, ״וַיָּבֹא אַהֲרֹן וְכֹל זִקְנֵי יִשְׂרָאֵל לֶאֱכָל לֶחֶם – ***And Aaron and all the elders of Israel came to eat bread*** *with the father-in-law of Moses before God* (below, v. 12).[95]

§8 The Midrash discusses several of Jethro's names:[96]

דָּבָר אַחֵר, ״וַיִּשְׁמַע יִתְרוֹ״ – **Another insight:** ***Jethro heard***[97] – שִׁבְעָה שֵׁמוֹת נִקְרְאוּ לוֹ – **seven names were used to identify [Jethro]:** ״יֶתֶר״ כְּשֶׁהוּא נָכְרִי, שֶׁנֶּאֱמַר ״וַיֵּשֶׁב אֶל יֶתֶר חֹתְנוֹ״ – He was called **"Jether"** [יֶתֶר] **when he was a non-Jew, as is stated,** *So Moses went* ***and he returned to Jether, his father-in-law*** (above, 4:18); וּמִשֶּׁנִּתְגַּיֵּיר הוֹסִיף לוֹ אוֹת אַחַת כְּשֵׁם שֶׁעָשָׂה לְאַבְרָהָם, וְנִקְרָא ״יִתְרוֹ״ – **and when he became a convert [God] added a letter for him as He had done for Abraham,**[98] **and he was** then **called "Jethro"** [יִתְרוֹ].[99] דָּבָר אַחֵר, ״יִתְרוֹ״ שֶׁיִּתֵּר פָּרָשָׁה אַחַת בַּתּוֹרָה – Alternatively, he was called **"Jethro"** [יִתְרוֹ] **because he caused the addition** [שֶׁיִּתֵּר] **of one passage of the Torah,** שֶׁנֶּאֱמַר ״וְאַתָּה תֶחֱזֶה מִכָּל הָעָם״ – **as is stated,** ***And you shall see from the entire people,*** *etc.* (below, v. 21).[100] ״חֹבָב״ שֶׁחִיבֵּב אֶת הַתּוֹרָה – And he was called **"Hobab"** [חֹבָב] **because he loved** [שֶׁחִיבֵּב] **the Torah,** כְּמוֹ שֶׁכָּתוּב בְּפָרָשָׁה ״וַיֹּאמֶר מֹשֶׁה לְחֹבָב״ – **as is written in the passage of** ***Moses said to Hobab,*** *son of Reuel, the Midianite, the father-in-law of Moses* (*Numbers* 10:29).[101]

§9 The Midrash cites a verse from *Jeremiah* and expounds it in a number of ways, ultimately relating it to our verse:

דָּבָר אַחֵר, ״וַיִּשְׁמַע יִתְרוֹ״ – **Another insight:** ***Jethro heard*** –

NOTES

93. [Jethro spoke these words to his daughters after they described to him how Moses had rescued them from the shepherds and watered their sheep.]

In other words, the verse advises that bread be *sent* out specifically in the manner of Jethro, who gave his bread to a worthy recipient (*Eitz Yosef*).

94. [This statement was made by Pharaoh's daughter in explanation of why she named the baby that she had found in the water, "מֹשֶׁה/Moses."]

95. The words לִפְנֵי הָאֱלֹהִים, *before God*, indicate that Jethro merited to cleave to the Divine Presence (see *Berachos* 64a). This is consistent with *Kesubos* 111b, where it is taught that one who allows a Torah scholar to benefit from his possessions merits to cleave to the Divine Presence. Thus, the *Ecclesiastes* verse alludes to Jethro's experience as illustrative of the type of kindness that is encouraged and will ultimately be rewarded (*Yefeh To'ar*, followed in part by *Eitz Yosef*).

96. The Midrash serves to deflect the difficulty inherent in the fact that Jethro is identified [in the Book of *Exodus*] by that name at times and by the name "Jether" at others. The Midrash will teach that both were, in fact, correct (*Yefeh To'ar*).

97. Although what follows is not an insight into the events described by this verse as the preceding sections of Midrash were, the Midrash nevertheless introduces it with the words דָּבָר אַחֵר, ״וַיִּשְׁמַע יִתְרוֹ״, *Another insight: Jethro heard*, because it is another thought that relates to this verse (see *Eitz Yosef*).

98. See *Genesis* 17:5.

99. God augmented Jether's name with the letter ו that is contained within His own Name, the Tetragrammaton (י־ה־ו־ה), in the same manner that He had added the letter ה to Abraham's name (*Eitz Yosef*; also see *Maharzu*).

See Insight Ⓐ.

100. [These words form the beginning of Jethro's advice to Moses that he appoint judges.]

See insight Ⓑ.

101. The Midrash is referencing the *Sifri* to the cited verse, where there is a discussion involving Jethro's names (*Maharzu*; also see *Radal*; see *Eitz Yosef* who appears to have had a slightly different version of the text).

Our Midrash does not list all seven names because it wished only to explain the seemingly contradictory references to "Jethro" and "Jether," and after having explained those two names it went on to cite the explanation for the name "Hobab" because of its similarity to the second explanation for "Jethro" (*Yefeh To'ar*). The remaining names are listed in *Mechilta* (to our verse, followed by *Rashi* ad loc.). They are: "Reuell," "Haber," "Putiel," and "Keni" (*Maharzu*, *Eitz Yosef*; also see *Radal*).

[Note that some of what is stated in the above-referenced Midrashim (and in *Tanchuma*, *Yisro* §4 and in *Rashi* to our verse) in explanation of the names listed here, differs from the explanations found in our Midrash.]

INSIGHTS

Ⓐ **The Added Letter** In the case of Abraham, the Torah explains why his name was changed from "אַבְרָם/Abram" to "אַבְרָהָם/Abraham" (see *Genesis* 17:5). Our Midrash, however, merely tells us that "יֶתֶר/Jether" became "יִתְרוֹ/Jethro" upon converting; what is the significance of this change?

Because the additional ו has a numerical value of 6, its addition to Jethro's name may allude to the idea that upon his conversion Jethro was endowed with the 6 attributes that the Messiah will possess (as taught in *Isaiah* 11:2): רוּחַ חָכְמָה וּבִינָה רוּחַ עֵצָה וּגְבוּרָה רוּחַ דַּעַת וְיִרְאַת ה׳, *a spirit of wisdom and understanding, a spirit of counsel and strength, a spirit of knowledge and fear of* HASHEM (*Yedei Moshe*, first approach; see *Yefeh To'ar*, second approach, who references *Bamidbar Rabbah* 14:11).

Alternatively, the new name given may have actually been תְּרוֹ, and the י at the beginning of the name "יִתְרוֹ/Jethro," though no longer part of the name, may have simply remained in place, in the manner in which the י that was removed from "שָׂרַי/Sarai" had to be placed at the beginning of "הוֹשֵׁעַ/Hosea" (see *Sanhedrin* 107a; *Bereishis Rabbah* 47 §1). The name תְּרוֹ has a numerical value of 606, which is equal to the number of commandments that Jethro accepted upon himself when he converted. For there are 613 mitzvos in total, and even non-Jews are bound by the 7 Noahide mitzvos. The name of another Biblical convert, "רוּת/Ruth," has the same numerical value for the same reason (*Shelah, Maseches Shavuos, Perek Torah Ohr*, cited in part by *Yedei Moshe*; see, however, *Torah Temimah, Ruth* Ch. 1, note 30, regarding Ruth's name).

Ⓑ **To Critique and Correct** The *Chidushei HaRim* (cited by *Likkutei Yehudah* on *Parashas Yisro*, pp. 116-117) makes an interesting observation regarding our Midrash. The Midrash writes that the additional "passage in the Torah" that Jethro caused and that was the basis of his name is the passage that begins with his advice to Moses: וְאַתָּה תֶחֱזֶה מִכָּל הָעָם, *And you shall see from the entire people* . . . (below, v. 21). Why does the Midrash characterize *those* words as the beginning of the "Jethro's additional passage"? Why, Jethro's advice begins several verses earlier in v. 17, which states: וַיֹּאמֶר חֹתֵן מֹשֶׁה אֵלָיו לֹא טוֹב הַדָּבָר אֲשֶׁר אַתָּה עֹשֶׂה, *The father-in-law of Moses said to him, "The thing that you do is not good* . . . *"* Why does the Midrash not begin its citation from there?

The *Chidushei HaRim* derives from here a keen and important lesson. The Midrash wishes to teach us the nature of true advice. It does not take much to see the faults or mistakes of others. Anyone can criticize. Anyone can say, "No good!" The ability to point out flaws is not a mark of greatness. What Jethro contributed was not his criticism but his clear and constructive solution. The thrust of his advice was not what was being done wrong but what could be done to remedy the situation.

The Midrash is telling us that the passage Jethro added and for which he is forever remembered begins with the *corrective,* not the critique. True advice is not that which tears down; it is that which builds up.

שֶׁנֶּאֱמַר (לעיל ב, כ) "קִרְאֶן לוֹ וְיֹאכַל לָחֶם", הֱוֵי "שַׁלַּח לַחְמְךָ עַל פְּנֵי הַמָּיִם", זֶה מֹשֶׁה, שֶׁנֶּאֱמַר (שם ב, י) "כִּי מִן הַמַּיִם מְשִׁיתִהוּ", לָמָּה, "כִּי בְרֹב הַיָּמִים תִּמְצָאֶנּוּ", [יח, יב] "וַיָּבֹא אַהֲרֹן וְכֹל זִקְנֵי יִשְׂרָאֵל לֶאֱכָל לֶחֶם":

ח דָּבָר אַחֵר, [יח, א] "וַיִּשְׁמַע יִתְרוֹ", [יב] שִׁבְעָה שֵׁמוֹת נִקְרְאוּ לוֹ: "יֶתֶר" כְּשֶׁהוּא נָכְרִי, שֶׁנֶּאֱמַר (לעיל ד, יח) "וַיָּשָׁב אֶל יֶתֶר חֹתְנוֹ", וּמִשֶּׁנִּתְגַּיֵּיר הוֹסִיף לוֹ אוֹת אַחַת כְּשֵׁם שֶׁעָשָׂה לְאַבְרָהָם, וְנִקְרָא [יח, א] "יִתְרוֹ", דָּבָר אַחֵר, "יִתְרוֹ" שֶׁיִּתֵּר פָּרָשָׁה אַחַת בַּתּוֹרָה, שֶׁנֶּאֱמַר [יח, כא] "וְאַתָּה תֶחֱזֶה מִכָּל הָעָם", "חֹבָב" שֶׁחִיבֵּב אֶת הַתּוֹרָה, כְּמוֹ שֶׁכָּתוּב בַּפָּרָשָׁה (במדבר י, כט) "וַיֹּאמֶר מֹשֶׁה לְחֹבָב":

ט דָּבָר אַחֵר, [יח, א] "וַיִּשְׁמַע יִתְרוֹ", הָדָא הוּא דִכְתִיב (ירמיה ב, ד) "שִׁמְעוּ דְבַר ה' בֵּית יַעֲקֹב", זֶה שֶׁאָמַר הַכָּתוּב (משלי ו, א) [יג] "בְּנִי אִם עָרַבְתָּ לְרֵעֶךָ", אָמַר רַבִּי נְחֶמְיָה: נֶאֶמְרָה עַל הַחֲבֵרִים, כָּל הַיָּמִים שֶׁאָדָם חָבֵר לֹא אִיכְפַּת לוֹ בַּצִּבּוּר וְאֵינוֹ נֶעֱנָשׁ עָלָיו, נִתְמַנָּה אָדָם בָּרֹאשׁ וְנָטַל טַלִּית, לֹא יֹאמַר: לְטוֹבָתִי אֲנִי נִזְקָק, לֹא אִיכְפַּת לִי בַּצִּבּוּר, אֶלָּא כָּל טוֹרַח הַצִּבּוּר עָלָיו, אִם רָאָה אָדָם מַעֲבִיר בִּיָּיא עַל חֲבֵירוֹ אוֹ עוֹבֵר עֲבֵירָה וְלֹא מְמַחֶה בְּיָדוֹ הוּא נֶעֱנָשׁ עָלָיו, וְרוּחַ הַקֹּדֶשׁ צוֹוַחַת: "בְּנִי אִם עָרַבְתָּ לְרֵעֶךָ", אַתָּה עָרֵב עָלָיו, (שם) "תָּקַעְתָּ לַזָּר כַּפֶּיךָ", אָמַר לוֹ הַקָּדוֹשׁ בָּרוּךְ הוּא: אַתָּה הִכְנַסְתָּ עַצְמְךָ לַזִּירָה, וּמִי שֶׁהוּא מַכְנִיס עַצְמוֹ לַזִּירָה אוֹ נִיצּוֹחַ אוֹ נוֹצֵחַ, אָמַר לוֹ הַקָּדוֹשׁ בָּרוּךְ הוּא: אֲנִי וְאַתָּה עוֹמְדִים בַּזִּירָה, אוֹ נִצַּחְתָּ אוֹ נִצַּחְתִּי,

עץ יוסף

וכל זקני ישראל לאבל לחם וגו'. לפני האלהים שנדבק בשכינה: (ח) [ז] **דבר אחר וישמע יתרו כו'.** אף על גב דדרשה זו אינה אלא לענין שם יתרו, מכל מקום קאמר דבר אחר וישמע יתרו, מפני שהדרשא הוא גם כן על מקרא זה: **שבע שמות נקראו לו.** הם יתר, יתרו, חובב, רעואל, חבר, פוטיאל, קיני, כדאיתא במכילתא, ועיין בספרי בהעלותך פיסקא ע"ח: **הוסיף לו אות אחת.** היא וא"ו משמו של הקדוש ברוך הוא, כשם שעשה לאברהם שהוסיף לו גם כן אות ה"א משמו: **כמו שכתוב כו'.** מביא ראיה שנקרא חובב, ואינו מביא ראיה שחבב את התורה: (ט) [ח] **הדא הוא דכתיב שמעו כו'.** משום דקשיא ליה מה צורך לכתוב שמיעת יתרו ובואו, ומתרץ דאתי לאשמועינן שעל ידי שמיעה אדם זוכה לחיים, כמו שקרה ליתרו, ולהכי מייתי דוגמא משמעו דבר ה', דאתא למימר שעל ידי שמיעת האוזן, כל הגוף מקבל חיים כדלקמן, ומכיון דמייתי ליה דריש ליה בכמה אנפי: **נאמרה על החברים.** שירחיק עצמם מהמינוי, שכל ימים שאדם חבר, פירוש שהוא חכם ולא נתמנה לראש לא איכפת ליה כו', אבל המתמנה על הצבור נעשה ערב עליהם, וזה שאמר הכתוב בלשון ספק, בני אם ערבת, כלומר הזהר שאם תתמנה ותהיה ערב כו': **לא איכפת לו בצבור.** פירוש שאינו זקוק לחזור אחריהם לחקור אם יש ביניהם דבר צריך תיקון, וגם אם פעמים שיראה ולא יוכיח אינו נענש עליו מפני שאין בידו למחות: **ונטל טלית.** כלומר בגד של כבוד וגדולה: **בייא.** פירוש בלשון יוני עול ועוות הדין: **הוא נענש עליו.** נלמד מדכתיב ואשם בראשיכם ואשם כתיב: **ורוח הקודש צווחת.** פירוש במה שאמר בני אם ערבת לרעך, רוח הקודש אומר כן, כי ספר משלי ברוח הקודש נאמר: **אתה ערב עליו.** מפרש לרעך על רעך והיינו האדם העושה עבירה: **הכנסת עצמך לזירה.** דריש לזר לשון זירה, מלשון זר זהב סביב, מנהג הוא שנים שנלחמים זה עם זה רושמין עגולה בארץ והבורח מתוכם מתחייב (מעריך), וכדמסיק. ונראה שכן צריך לומר תקעת לזר כפיך, אתה הכנסת עצמך לזירה, ומי שהוא כו' אמר לו הקדוש ברוך הוא אני כו', וזה פשוט: **אני ואתה עומדים בזירה.** פירוש ענין זה היינו הדין שיעמוד בו האדם עם הקדוש ברוך הוא אם לנצח בזכותו, ואם שמדת הדין תנצח אותו, ולפי שמי שמתמנה על הרבים מוכן לסכנת הדין מדמהו לנכנס לזירה, ופעמים ינצח שיהיה מזכה את הרבים:

פירוש מהרז"ו

(ח) שבע שמות. כאן לא הביא אלא שלשה, יתר, יתרו, חובב. והארבע הם רעואל, חבר, פוטיאל, קיני. עיין במכילתא ריש יתרו באריכות. ועיין ספרי בהעלותך פסוק ויאמר משה לחובב בן רעואל המדיני חותן משה. וזהו כוונת המדרש במה שאמר כמו שכתוב בפרשת ויאמר משה, על הספרי: **הוסיף לו אות.** התבוננתי על אלו שהוסיף להם אותיות בתנ"ך, שהם האותיות של השם, יו"ד ליהושע ודויד ופינחס, לדעת הזוהר, ה"א לשרה ואברהם ויוסף [יהוסף], וי"ו ליתרו, וכן החסרים וי"ו מעפרון, ה"א מיהונדב: **(ט) שאדם חבר.** עיין כל זה במדרש תהלים ח': **נטל טלית.** עיין בראשית רבה פרשה ע' סימן ה', זכה אדם לתורה נוטל טלית. עיין בבא בתרא (כ"ז, ב; צ"ח א') וברשב"ם שם כמו כאן. וכמו שאמר בירושלמי פרק ג' דביכורים (ה"ג) טלית שעליו כמרדעת של חמור, עיין שם: **בייא.** פירוש צעקה על שעושה לו רעה. עיין בראשית רבה פרשה י"ב סימן י מה שכתבתי שם: **לזירה.** לא הובא בערוך, ובמוסף ערוך. ולפי הענין פירושו מקום שנכנסים שנים להתאבק ולנצח. והוקשה לו תחלה אמר ערבת לרעך, שהוא האהבה והקירוב, ואחר כך אמר תקעת לזר כפיך, ואין הזר רע, על כן דורש לזר מלשון זירה: **או נצחת.** שהמנהיג את הדור כראוי, כדוד ואיוב, עליו נאמר כמו שאמר איוב (איוב כט, יז) ואשברה מתלעות עול (ומשיניהו) [ומשיניו] אשליך טרף, וכמו שאמר עוד (שם מ, ט - יא) ואם זרוע כאל לך וגו', עדה נא גאון וגובה [ו]ראה כל גאה הכניעהו וגו', ועליו נאמר (שם כב, כח) ותגזור אומר ויקם לך, צדיק מושל ביראת אלהים (שמואל ב כג, ג), וזהו או נצחת. עיין דברים רבה פרשה ה' סימן י"ג, ותבין כאן. ולהיפך כמו שדרש בראשית רבה ריש פרשה פ', כי לכם המשפט (הושע ה, א), ולמה כל זה, על שנוקשת באמרי פיך (משלי ו, ב):

חידושי הרד"ל

[ז] **הוי שלח לחמך.** שצלא לקרוא לו ללחם: **על פני המים זה משה שנאמר כי מן המים כו'.** לכאורה היה יכול לדרוש שמשה ישב על באר המים ולשם שלח לקרוא לו ללחם: [ח] **שבעה שמות כו'.** עיין במכילתא, שם חובב ודורש כולן, ועיין בספרי בהעלותך פסקא עח: **הוסיפו לו אות אחת.** היא ו'. אפשר רומז לששה שמות של שבח שנתוספו כדדרש כולן במכילתא שם. (ועיין בפירוש הגר"א לספרא דצניעותא פרק ד (א"ב): **כמו שכתוב בפרשת ויאמר משה לחובב.** היינו בילמדנו שם, אבל במדרשות שלנו ליתיה שם (ואפשר נתכוונו על דרך הספרי שם, עיין שם): [ט] **שאדם חבר.** חכם, ולא נתמנה לראש, אלא חבר לשאר חכמים: **הכנסת עצמך לזירה.** נראה פירושו התערבות שנים יחד לנצח אחד את חבירו, (ודרש כן ערבת לרעך. ואולי דרך רמז דרש נמי לזר לשון זירה), ומזה ילא לשון זרזיר שהביא במוסף ערוך ערך זרזיר ב', (והוא הביא מאמר ירושלמי תעניות. וליתיה שם אלא בפרק קמא דראש השנה), ואיתא בבראשית רבה פרשה עה ד אין שני זרזירים ישנים על דף אחד, ובאיכה רבה ריש פרשה ה (סימן א) אדם מגדל שני זרזירים כו', והוא ענין אחד עם אתליטין, עיין שם בערכו: **אמר לו הקדוש ברוך הוא כו' או נצחת כו'.** כענין (בבא מציעא נט, ב) נצחוני בני, (וכיוצא בזה דרש בפסיקתא סימן ט לשון למנצח, הובא בילקוט (ישעיה מג) רמז תנח, עיין שם):

באור מהרי"פ

[ח] **כמו שכתוב וכו'.** זו ראיה שנקרא חובב, ואינו מביא ראיה מכאן שחבב את התורה, וכאן לא פירש אלא שני שמות מהשבעה שמות, וזה לשון המכילתא וישמע יתרו, שבע שמות נקראו לו, יתר, יתרו, חובב, רעואל, חבר, פוטיאל, קיני, יתר שהותיר פרשה אחת בתורה, יתרו שיתר במעשים טובים, חובב שהיה חביב למקום, רעואל שהיה כרע למקום, חבר שנעשה כחבר למקום, פוטיאל שנפטר מעבודת כוכבים, קיני שקנא לשמים וקנה לו תורה. עד כאן: [ט] **שנכנס לזירה.** צריך לעיין במעריך (ערך זיר): **או נצחת כו'.** היינו הדין שיש להקב"ה עם האדם, היינו הזירה, והנלחון הוא על דרך המאמר חכמינו ז"ל [ב]פסחים (קיט, א), זמרי למי שנוצחין אותו, (היינו הקב"ה), והוא שמח בזה:

מתנות כהונה

[ח] **כמו שכתוב בפרשה.** עיין במכילתא: [ט] **ונטל טלית.** כלומר בגד של כבוד וגדולה כדאמרינן (ברכות כח, א) מאן דלביש מדא כו': **בייא.** נרה שמעוות עליו הדרך. ועיין בבראשית רבה פרשה י"ב: **לזירה.** מצאתי פירושו לנידה ולניצוח מלחמה:

אשד הנחלים

ואם כן פירוש הכתוב אף בדבר הנדמה כי לא יצמח לך מזה טובה, אם תתן לו ותעניקהו מטובך, עם כל זה תעשה זאת, אבל לא בקנינים הזמניים לעשות בלי מתון: [ח] **יתר כשהיה כו'.** אולי מפני שהיה לו יתרון מעל כל עובדי עבודת כוכבים זולתו, כי היה על כל פנים מחפש האמת, ואחר כך כשנתגייר קרא לו יתרו, שהיה נעלה במעלה יתירה אף בין ישראל, וכלומר יתרון מעלתו אף בהיותו בין עם ישראל, וזה הוי"ו הוא בלשון הנוכח: **שחיבב את התורה.** שמפני ששמע קבלת התורה על כן בא ונתגייר: [ט] **לאדם חבר.** שאינו רק חבר לרעהו, ולא הכניס עצמו להיות ראש עליהם, אז אינו נתפס בעדם, אבל כשנעשה ראש אז הוא מוכרח להיות צופה עליהם, ולכן אם הם נעשים טובים בעבורו, אז הוא נוצח כל המלחמה, כאילו כל המלחמה נקראת על שמו, אבל כשהוא בהיפך הוא כאילו על ידו נפלו במלחמה, אחר שהיה בידו למחות: **אני ואתה עומדים בזירה כו'.** עתה דורש לריעך זה הקדוש ברוך הוא, שערבת לו להיות ראש ומוכיח לעמו, ועל ידי

מסורת המדרש

יב. מכילתא כאן פרשה א'. תנחומא כאן סימן ד'. ספרי בהעלותך פיסקא ע"ח. ילקוט סדר שמות רמז קס"ט:
יג. מדרש תהלים מזמור ח' כל הענין. ילקוט משלי רמז תתקל"ח כל הענין:

אם למקרא

וַיֹּאמֶר אֶל בְּנֹתָיו וְאַיּוֹ לָמָּה זֶּה עֲזַבְתֶּן אֶת הָאִישׁ קִרְאֶן לוֹ וְיֹאכַל לָחֶם: (שמות ב: כ)

וַיִּגְדַּל הַיֶּלֶד וַתְּבִאֵהוּ לְבַת פַּרְעֹה וַיְהִי לָהּ לְבֵן וַתִּקְרָא שְׁמוֹ מֹשֶׁה וַתֹּאמֶר כִּי מִן הַמַּיִם מְשִׁיתִהוּ: (שם שם י)

וַיֵּלֶךְ מֹשֶׁה וַיָּשָׁב אֶל יֶתֶר חֹתְנוֹ וַיֹּאמֶר לוֹ אֵלְכָה נָּא וְאָשׁוּבָה אֶל אַחַי אֲשֶׁר בְּמִצְרַיִם וְאֶרְאֶה הַעוֹדָם חַיִּים וַיֹּאמֶר יִתְרוֹ לְמֹשֶׁה לֵךְ לְשָׁלוֹם: (שמות ד: יח)

וַיֹּאמֶר מֹשֶׁה לְחֹבָב בֶּן רְעוּאֵל הַמִּדְיָנִי חֹתֵן מֹשֶׁה נֹסְעִים אֲנַחְנוּ אֶל הַמָּקוֹם אֲשֶׁר אָמַר ה' אֹתוֹ אֶתֵּן לָכֶם לְכָה אִתָּנוּ וְהֵטַבְנוּ לָךְ כִּי ה' דִּבֶּר טוֹב עַל יִשְׂרָאֵל: (במדבר י: כט)

שִׁמְעוּ דְבַר ה' בֵּית יַעֲקֹב וְכָל מִשְׁפְּחוֹת בֵּית יִשְׂרָאֵל: (ירמיה ב: ד)

בְּנִי אִם עָרַבְתָּ לְרֵעֶךָ תָּקַעְתָּ לַזָּר כַּפֶּיךָ: נוֹקַשְׁתָּ בְאִמְרֵי פִיךָ נִלְכַּדְתָּ בְּאִמְרֵי פִיךָ: (משלי ו: א-ב)

ידי משה

[ח] **הוסיף לו אות.** ואם תאמר מה טעם לאות שנתוסף ליתרו, בכולם מצינו טעם על מה שנתוסף, אמנם כאן אין טעם לוי"ו שנתוסף. ויש לומר שנתוסף לו ששה מעלות שיהיה במשיח, כדכתיב (ישעיה יא, ג) והריחו ביראת ה' וגו' וקחשיב שם ששה מעלות (עי' זוהר יתרו דף עח, א) כן היה ליתרו. ובספר של"ה (פרשת יתרו תורה אור ו) איתא על שם שקיבל תורה ומצות, כי המצות הם תרי"ג, לא מהם שבע מצות שהיו לו כבר שבע מצות בני נח, ורות היתה גם כן נקראת רות על שם זה תר"ו מצות שקיבלה. וקל להבין:

לקוטים

[ט] **עומדין בזירה.** [פירוש] מלשון זר זהב סביב, מנהג הוא שנים שנלחמים זה עם זה רושמין עגולה בארץ והבורח מתוכה מתחייב מיתה (מעריך ערך זיר): **ברד"ל ד"ה כמו כו' ומה שכתוב כאן לשון בראשית רבה משמע שכאן הוא הילמדנו.** כוונתו דלעיל סימן ח איתא כמו שכתוב בפרשת ויאמר משה לחבב, מבלי בראשית רבה, ולא דק

הָדָא הוּא דִכְתִיב "שִׁמְעוּ דְבַר ה׳ בֵּית יַעֲקֹב" — **this is** related to that **which is written, *Hear the word of HASHEM, O House of Jacob*** (*Jeremiah* 2:4). זֶה שֶׁאָמַר הַכָּתוּב "בְּנִי אִם עָרַבְתָּ לְרֵעֶךָ" — **This** verse, in turn, is related to that **which the verse stated, *My child, if you have been a guarantor for your friend,*** *you have given your hand for a stranger, you have been trapped by the words of your mouth, snared by the words of your mouth. Do this, therefore, my child, and be rescued, for you have come into your friend's hand. Go humble yourself [before him] and placate your fellow* (*Proverbs* 6:1-3).[102] אָמַר רַבִּי נְחֶמְיָה: נֶאֱמְרָה עַל הַחֲבֵרִים — **R' Nechemyah said: [This verse] was stated regarding the *chaveirim*.**[103] כָּל הַיָּמִים שֶׁאָדָם חָבֵר לֹא אִיכְפַּת לוֹ בַּצִּבּוּר וְאֵינוֹ נֶעֱנָשׁ עָלָיו — For **all the days that a man is a *chaver*, he has no concern for** matters of **the community and he is not punished for** sins of **[the community];**[104] נִתְמַנָּה אָדָם בְּרֹאשׁ וְנָטַל טַלִּית — but once **a man was appointed to leadership and took the cloak,**[105] לֹא יֹאמַר: לְטוֹבָתִי אֲנִי נִזְקָק, לֹא אִיכְפַּת לִי בַּצִּבּוּר — **he cannot say, "I occupy myself with my own benefit, I have no concern for** matters **of the community."** אֶלָּא כָּל טוֹרַח הַצִּבּוּר עָלָיו — **Rather, the entire burden of the community is upon him;** אִם רָאָה אָדָם מַעֲבִיר בִּיָּא עַל חֲבֵירוֹ — **if he saw a man committing an injustice against his fellow,**[106] אוֹ עוֹבֵר עֲבֵירָה — **or committing a transgression,** וְלֹא מְמַחֶה בְּיָדוֹ — **and he does not protest against [the perpetrator],** הוּא נֶעֱנָשׁ עָלָיו — **[the authority figure] is punished for** the misdeed of **[the perpetrator].**[107] וְרוּחַ הַקֹּדֶשׁ צוֹוַחַת — **And** thus, **the Divine Spirit cries out,**[108] "בְּנִי אִם עָרַבְתָּ לְרֵעֶךָ", אַתָּה עָרֵב עָלָיו — ***My child, if you have been a guarantor for your friend*** — **you are a guarantor for [the perpetrator];**[109] "תָּקַעְתָּ לַזָּר כַּפֶּיךָ", אַתָּה הִכְנַסְתָּ עַצְמְךָ לַזִּירָה — ***you have given your hand "lazar"*** [לַזָּר] — **you have placed yourself within the arena** [לַזִּירָה],[110] וּמִי שֶׁהוּא מַכְנִיס עַצְמוֹ לַזִּירָה אוֹ נִיצּוֹחַ אוֹ נוֹצֵחַ — **and he who places himself in the arena either is defeated** by his opponent **or defeats** his opponent. אָמַר לוֹ הַקָּדוֹשׁ בָּרוּךְ הוּא: אֲנִי וְאַתָּה עוֹמְדִים בַּזִּירָה, אוֹ נִצַּחְתָּ אוֹ נִצַּחְתִּי — Thus, **the Holy One, blessed is He, said to him, "Myself and yourself are standing in the arena, either you will defeat** Me **or I will defeat** you."[111]

NOTES

102. According to its plain interpretation, this passage regards monetary guarantees. The Midrash, however, will read deeper meaning into the passage because it is self-understood that one must placate a creditor to whom he owes money and because the *Book of Proverbs* is comprised entirely of ethical teachings (*Yefeh To'ar*).

The relationship between the *Jeremiah* verse and this one from *Proverbs* becomes evident only below, in the Midrash's second exposition of the *Proverbs* verse. Having cited the *Proverbs* verse, however, the Midrash will first offer an unrelated exposition of it (*Yefeh To'ar*).

103. The word חֲבֵרִים, lit., *friends*, is used here to connote Torah scholars who do not hold positions of authority but are rather equals (*friends*) with their fellow scholars (see *Radal*; compare *Midrash Shocher Tov* §8).

104. I.e., the *chaver* is not obligated to investigate if people need to rectify their behavior and, furthermore, if he becomes aware of such a matter and does not offer rebuke, he will not be punished as he was not in a position from which his rebuke would be effective (*Eitz Yosef*).

105. I.e., a garment that is indicative of a distinguished stature (*Matnos Kehunah*, referencing *Berachos* 28a, followed by *Eitz Yosef*). Alternatively, the Midrash refers to the distinctive cloak worn by Torah scholars (*Maharzu*, referencing *Bereishis Rabbah* 70 §5; *Bava Basra* 57b and 98a; *Yerushalmi Bikkurim* 3:3). The Gemara (*Bava Basra* 57b) teaches that Torah scholars wore cloaks that were longer and more modest than those of others.

106. See *Matnos Kehunah*, *Eitz Yosef*.

Alternatively, the phrase should be rendered, *if he saw a man letting out a cry over [an injustice perpetrated by] his fellow* (*Maharzu*).

107. This concept is derived from *Deuteronomy* 1:13 (see *Sifri* ad loc., followed by *Rashi* ad loc.), where Moses used the words, וַאֲשִׂימֵם בְּרָאשֵׁיכֶם, lit., *and I shall appoint them as your heads*, with regard to the appointment of judges who would lead the Jewish people. These words are interpreted as though וַאֲשָׁמָם בְּרָאשֵׁיכֶם, meaning, *and their* (i.e., the sinners') *guilt is upon your* (i.e., the judges') *heads*, were written (see *Eitz Yosef*).

108. [As taught in the beginning of *Koheles Rabbah*, King Solomon] wrote the *Book of Proverbs* with the Divine Spirit (*Eitz Yosef*).

109. *Eitz Yosef*.

The guarantor of a loan must pay the lender if the borrower neglects his obligation to do so. In a similar manner, authority figures guarantee the people's fulfillment of their mitzvah obligations and they must suffer consequences if their charges are neglectful (ibid.).

110. According to this exposition, the word לַזָּר (lit., *for a stranger*) is understood to suggest לַזִּירָה, *to an arena* — a circular area (compare *Exodus* 25:11 et al.) in which fights take place (*Eitz Yosef*, from *Maarich*; see *Maharzu*; see *Matnos Kehunah* and *Radal* for additional approaches). The exposition is prompted by the incongruity of the verse's referring to the same individual first as a *friend* and then as a *stranger* (*Maharzu*).

111. The Midrash refers to man's judgment before God, at which time he will be determined to be virtuous and thereby "defeat" God, or deficient and thereby be "defeated" by God's Attribute of Justice (compare *Pesachim* 119a and *Yerushalmi Rosh Hashanah* 1:3, where this terminology appears in this context). One who is appointed to a position of authority over other Jews is exposed to the possibility of being "defeated" [if he is lax in his responsibility], or "defeating," if he succeeds in bringing merit to the public (*Eitz Yosef*; see *Beur Maharif*).

שֶׁנֶּאֱמַר (לעיל ב, כ) "קִרְאֶן לוֹ וְיֹאכַל לָחֶם", הֱוֵי "שַׁלַּח לַחְמְךָ עַל פְּנֵי הַמָּיִם", זֶה מֹשֶׁה, שֶׁנֶּאֱמַר (שם ב, י) "כִּי מִן הַמַּיִם מְשִׁיתִהוּ", לָמָּה, "כִּי בְרֹב הַיָּמִים תִּמְצָאֶנּוּ", [יח, יב] "וַיָּבֹא אַהֲרֹן וְכֹל זִקְנֵי יִשְׂרָאֵל לֶאֱכָל לֶחֶם":

ח דָּבָר אַחֵר, [יח, א] "וַיִּשְׁמַע יִתְרוֹ", [יב]שִׁבְעָה שֵׁמוֹת נִקְרְאוּ לוֹ: "יֶתֶר" כְּשֶׁהוּא נָכְרִי, שֶׁנֶּאֱמַר (לעיל ד, יח) "וַיָּשָׁב אֶל יֶתֶר חֹתְנוֹ", וּמִשֶּׁנִּתְגַּיֵּר הוֹסִיף לוֹ אוֹת אַחַת כְּשֵׁם שֶׁעָשָׂה לְאַבְרָהָם, וְנִקְרָא [יח, א] "יִתְרוֹ", דָּבָר אַחֵר, "יִתְרוֹ" שֶׁיִּתֵּר פָּרָשָׁה אַחַת בַּתּוֹרָה, שֶׁנֶּאֱמַר [יח, כא] "וְאַתָּה תֶחֱזֶה מִכָּל הָעָם", "חֹבָב" שֶׁחִיבֵּב אֶת הַתּוֹרָה, כְּמוֹ שֶׁכָּתוּב בַּפָּרָשָׁה (במדבר י, כט) "וַיֹּאמֶר מֹשֶׁה לְחֹבָב":

ט דָּבָר אַחֵר, [יח, א] "וַיִּשְׁמַע יִתְרוֹ", הָדָא הוּא דִכְתִיב (ירמיה ב, ד) "שִׁמְעוּ דְבַר ה' בֵּית יַעֲקֹב", זֶה שֶׁאָמַר הַכָּתוּב (משלי ו, א) [יג]"בְּנִי אִם עָרַבְתָּ לְרֵעֶךָ", אָמַר רַבִּי נְחֶמְיָה: נֶאֶמְרָה עַל הַחֲבֵרִים, כָּל הַיָּמִים שֶׁאָדָם חָבֵר לֹא אִיכְפַּת לוֹ בַּצִּבּוּר וְאֵינוֹ נֶעֱנָשׁ עָלָיו, נִתְמַנָּה אָדָם בָּרֹאשׁ וְנָטַל טַלִּית, לֹא יֹאמַר: לְטוֹבָתִי אֲנִי נִזְקָק, לֹא אִיכְפַּת לִי בַּצִּבּוּר, אֶלָּא כָּל טוֹרַח הַצִּבּוּר עָלָיו, אִם רָאָה אָדָם מַעֲבִיר בִּיָּיא עַל חֲבֵירוֹ אוֹ עוֹבֵר עֲבֵירָה וְלֹא מְמַחֶה בְּיָדוֹ הוּא נֶעֱנָשׁ עָלָיו, וְרוּחַ הַקֹּדֶשׁ צוֹוַחַת: "בְּנִי אִם עָרַבְתָּ לְרֵעֶךָ", אַתָּה עָרֵב עָלָיו, (שם) "תָּקַעְתָּ לַזָּר כַּפֶּיךָ", אָמַר לוֹ הַקָּדוֹשׁ בָּרוּךְ הוּא: אַתָּה הִכְנַסְתָּ עַצְמְךָ לַזִּירָה, וּמִי שֶׁהוּא מַכְנִיס עַצְמוֹ לַזִּירָה אוֹ נִיצוֹחַ אוֹ נוֹצֵחַ, אָמַר לוֹ הַקָּדוֹשׁ בָּרוּךְ הוּא: אֲנִי וְאַתָּה עוֹמְדִים בַּזִּירָה, אוֹ נִצַּחְתָּ אוֹ נִצַּחְתִּי,

עץ יוסף

וכל זקני ישראל לאכל לחם וגו'. לפני האלהים שנדבק בשכינה: (ח) [ז] **דבר אחר וישמע יתרו כו'.** אף על גב דדרשה זו אינה אלא לענין שם יתרו, מכל מקום קאמר דבר אחר וישמע יתרו, מפני שהדרשא הוא גם כן על מקרא זה: **שבע שמות נקראו לו.** הם יתר, יתרו, חובב, רעואל, חבר, פוטיאל, קיני, כדאיתא במכילתא, ועיין בספרי בהעלותך פיסקא ע"ח: **הוסיף לו אות אחת.** היא וא"ו משמו של הקדוש ברוך הוא, כשם שעשה לאברהם שהוסיף לו גם כן אות ה"א משמו: **כמו שכתוב כו'.** מביא ראיה שנקרא חובב, ואינו מביא ראיה שחבב את התורה: (ט) [ח] **הדא הוא דכתיב שמעו כו'.** משום דקשיא ליה מה צורך לכתוב שמיעת יתרו ובואו, ומתרץ דאתי לאשמועינן שעל ידי שמיעה אדם זוכה לחיים, כמו שקרה ליתרו, ולהכי מייתי דוגמא משמעו דבר ה', דאתא למימר שעל ידי שמיעת האוזן, כל הגוף מקבל חיים כדלקמן, ומכיון דמייתי ליה דריש ליה בכמה אנפי: **נאמרה על החברים.** שירחיק עצמו מהמינוי, שכל ימים שאדם חבר, פירוש שהוא חכם ולא נתמנה לראש לא איכפת ליה כו', אבל המתמנה על הצבור נעשה ערב עליהם, וזה שאמר הכתוב בלשון ספק, בני אם ערבת, כלומר הזהר שאם תתמנה ותהיה ערב כו': **לא איכפת לו בצבור.** פירוש שאינו זקוק לחזור אחריהם לחקור אם יש ביניהם דבר צריך תיקון, וגם אם פעמים שיראה ולא יוכיח אינו נענש עליו מפני שאין בידו למחות: **ונטל טלית.** כלומר בגד של כבוד וגדולה: **בייא.** פירוש בלשון יוני טול ועוות הדין: **הוא נענש עליו.** נלמד מדכתיב ואשמם בראשיכם ואשמם כתיב: **ורוח הקודש צווחת.** פירוש במה שאמר בני אם ערבת לרעך, רוח הקודש אומר כן, כי ספר משלי ברוח הקודש נאמר: **אתה ערב עליו.** מפרש לרעך על רעך והיינו האדם העושה עבירה: **הכנסת עצמך לזירה.** דריש לזר לשון זירה, מלשון זר זהב סביב, מנהג הוא שנים שנלחמים זה עם זה רושמין עגולה בארץ והבורח מתוכה מתחייב (מעריך), וכדמסיק. ונראה שכן צריך לומר תקעת לזר כפיך, אתה הכנסת עצמך לזירה, ומי שהוא כו' אמר לו הקדוש ברוך הוא אני כו', וזה פשוט: **אני ואתה עומדים בזירה.** פירוש ענין זה היינו הדין שיעמוד בו האדם עם הקדוש ברוך הוא אם לנצח בזכותו, ואם שמדת הדין תנצח אותו, ולפי שמי שמתמנה על הרבים מוכן לסכנת הדין מדמהו לנכנס לזירה, ופעמים ינצח שיהיה מזכה את הרבים:

פירוש מהרז"ו

(ח) **שבע שמות.** כאן לא הביא אלא שלשה, יתר, יתרו, חובב. והארבע הם רעואל, חבר, פוטיאל, קיני. עיין במכילתא ריש יתרו באריכות. ועיין ספרי בהעלותך פסוק ויאמר משה לחובב בן רעואל המדיני חותן משה. וזהו כוונת המדרש במה שאמר כמו שכתוב בפרשת ויאמר משה, על הספרי: **הוסיף לו אות.** התבוננתי על אלו שהוסיף להם אותיות בתנ"ך, שהם האותיות של השם, יו"ד ליהושע ודויד ופינחס, לדעת הזוהר, ה"א לשרה ואברהם ויוסף [יהוסף], וי"ו ליתרו, וכן החסרים וי"ו מעפרון, ה"א מיהונדב: (ט) **שאדם חבר.** עיין כל זה במדרש תהלים ח': **נטל טלית.** עיין בראשית רבה פרשה ע' סימן ה', זכה אדם לתורה נוטל טלית. עיין בבא בתרא (נ"ז, ב; נ"ח א') וברשב"ם שם כמו כאן. וכמו שאמר בירושלמי פרק ג' דביכורים (ה"ג) טלית שעליו כמרדעת של חמור, עיין שם: **בייא.** פירוש צעקה על שעושה לו רעה. עיין בראשית רבה פרשה י"ב סימן י מה שכתבתי שם: **לזירה.** לא הובא בערוך, ובמוסף ערוך. ולפי הענין פירושו מקום שנכנסים שנים להתאבק ולנצח. והוקשה לו תחלה אמר ערבת לרעך, שהוא האהבה והקירוב, ואחר כך אמר תקעת לזר כפיך, ואין הזר רע, על כן דורש לזר מלשון זירה: **או נצחת.** שהמנהיג את הדור כראוי, כדוד ואיוב, עליו נאמר כמו שאמר איוב (איוב כט, יז) ואשברה מתלעות עול (ומשינהו) [ומשיניו] אשליך טרף, וכמו שאמר עוד (שם מ, ט - יא) ואם זרוע כאל לך וגו', עדה נא גאון וגובה [ו]ראה כל גאה הכניעהו וגו', ועליו נאמר (שם כב, כח) ותגזור אומר ויקם לך, צדיק מושל יראת אלהים (שמואל ב כג, ג), וזהו או נצחת. עיין דברים רבה פרשה ה' סימן י"ג, ותבין כאן. ולהיפך כמו שדרש בראשית רבה ריש פרשה פ', כי לכם המשפט (הושע ה, א), ולמה כל זה, על שנוקשת באמרי פיך (משלי ו, ב):

מתנות כהונה

[ח] **כמו שכתוב בפרשה.** עיין במכילתא: [ט] **ונטל טלית.** כלומר בגד של כבוד וגדולה כדאמרינן (ברכות כח, א) מאן דלביש מדא כו': **בייא.** צרה שמעוות עליו הדרך. ועיין בבראשית רבה פרשה י"ב: **לזירה.** מצאתי פירושו לנידה ולנילות מלחמה:

אשד הנחלים

ואם כן פירוש הכתוב אף בדבר הנדמה כי לא יצמח לך מזה טובה, אם תתן לו ותעניקהו מטובך, עם כל זה תעשה זאת, אבל לא בקנינים הזמניים לעשות בלי מתון: [ח] **יתר כשהיה כו'.** אולי מפני שהיה לו יתרון מעל כל עובדי עבודת כוכבים זולתו, כי היה על כל פנים מחפש האמת, ואחר כך כשנתגייר קרא לו יתרו, שהיה נעלה במעלה יתירה אף בין ישראל, וכלומר יתרון מעלתו אף בהיותו בין עם ישראל, וזה הוי"ו הוא בלשון הנוכח: **שחיבב את התורה.** שמפני ששמע קבלת התורה על כן בא ונתגייר: [ט] **לאדם חבר.** שאינו רק חבר לרעהו, ולא הכניס עצמו להיות ראש עליהם, אז אינו נתפס בעדם, אבל כשנעשה ראש אז הוא מוכרח להיות צופה עליהם, ולכן אם הם נעשים טובים בעבורו, אז הוא נוצח כל המלחמה, כאילו כל המלחמה נקראת על שמו, אבל כשהוא בהיפך הוא כאילו על ידו נפלו במלחמה, אחר שהיה בידו למחות: **אני ואתה עומדים בזירה כו'.** עתה דורש לריעך זה הקדוש ברוך הוא, שערבת לו להיות ראש ומוכיח לעמו, ועל ידי

חידושי הרד"ל

[ז] **הוי שלח לחמך.** שצוה לקרוא לו ללחם: **על פני המים זה משה שנאמר כי מן המים כו'.** לכאורה היה יכול לדרוש שמשה ישב על באר המים ולשם שלח לקרוא לו ללחם: [ח] **שבעה שמות כו'.** עיין במכילתא, שם חושב ודורש כולן, ועיין בספרי בהעלותך פסקא עח: **הוסיפו לו אות אחת.** היא ו'. אפשר רומז לששה שמות של שבח שנתוספו כדדרש כולן במכילתא שם. (ועיין בפירוש הגר"א לספרא דצניעותא פרק ד (א"ב): **כמו שכתוב בפרשת ויאמר משה לחובב.** היינו בילמדנו שם, אבל במדרשות שלנו ליתיה שם (ואפשר נתכוונו על דרך הספרי שם, עיין שם): [ט] **שאדם חבר.** חכם, ולא נתמנה לראש, אלא חבר לשאר חכמים: **הכנסת עצמך לזירה.** נראה פירושו התערבות שנים יחד לנצח אחד את חבירו, (ודרש כן ערבת לרעך. ואולי דרך רמז דרש נמי לזר לשון זירה), ומזה יצא לשון זרזיר שהביא במוסף ערוך ערך זרזיר ב', (והוא הביא מאמר ירושלמי תעניות. וליתיה שם אלא בפרק קמא דראש השנה), ואיתא בבראשית רבה פרשה עה ד אין שני זרזירים ישנים על דף אחד, ובאיכה רבה ריש פרשה ה (סימן א) אדם מגדל שני זרזירים כו', והוא ענין אחד עם אתליטין, עיין שם בערכו: **אמר לו הקדוש ברוך הוא כו' או נצחת כו'.** כענין (בבא מציעא נט, ב) נצחוני בני, (וכיוצא בזה דרש בפסיקתא סימן ט לשון למנצח, הובא בילקוט (ישעיה מג) רמז תנח, עיין שם):

באור מהרי"פ

[ח] **כמו שכתוב וכו'.** זו ראיה שנקרא חובב, ואינו מביא ראיה מכאן שחבב את התורה, וכאן לא פירש אלא שני שמות מהשבעה שמות, וזה לשון המכילתא וישמע יתרו, שבע שמות נקראו לו, יתר, יתרו, חובב, רעואל, חבר, פוטיאל, קיני, יתר שהותיר פרשה אחת בתורה, יתרו שיתר במעשים טובים, חובב שהיה חביב למקום, רעואל שהיה כרע למקום, חבר שנעשה כחבר למקום, פוטיאל שנפטר מעבודת כוכבים, קיני שקנא לשמים וקנה לו תורה. עד כאן: [ט] **שנכנס לזירה.** צריך לעיין במעריך (ערך זיר): **או נצחת כו'.** היינו הדין שיש להקב"ה עם האדם, היינו הזירה, והנצחון הוא על דרך המאמר חכמינו ז"ל [ב]פסחים (קיט, א), זמרי למי שנוצחין אותו, (היינו הקב"ה), והוא שמח בזה:

מסורת המדרש

יב. מכילתא כאן פרשה א'. תנחומא כאן סימן ד'. ספרי בהעלותך פיסקא ע"ח. ילקוט סדר שמות רמז קס"ט:

יג. מדרש תהלים מזמור ח' כל הענין. ילקוט משלי רמז תתקל"ח כל הענין:

אם למקרא

וַיֹּאמֶר אֶל בְּנֹתָיו וְאַיּוֹ לָמָּה זֶּה עֲזַבְתֶּן אֶת הָאִישׁ קִרְאֶן לוֹ וְיֹאכַל לָחֶם:
(שמות ב: כ)

וַיִּגְדַּל הַיֶּלֶד וַתְּבִאֵהוּ לְבַת פַּרְעֹה וַיְהִי לָהּ לְבֵן וַתִּקְרָא שְׁמוֹ מֹשֶׁה וַתֹּאמֶר כִּי מִן הַמַּיִם מְשִׁיתִהוּ:
(שם שם י)

וַיֵּלֶךְ מֹשֶׁה וַיָּשָׁב אֶל יֶתֶר חֹתְנוֹ וַיֹּאמֶר לוֹ אֵלְכָה נָּא וְאָשׁוּבָה אֶל אַחַי אֲשֶׁר בְּמִצְרַיִם וְאֶרְאֶה הַעוֹדָם חַיִּים וַיֹּאמֶר יִתְרוֹ לְמֹשֶׁה לֵךְ לְשָׁלוֹם:
(שמות ד: יח)

וַיֹּאמֶר מֹשֶׁה לְחֹבָב בֶּן רְעוּאֵל הַמִּדְיָנִי חֹתֵן מֹשֶׁה נֹסְעִים אֲנַחְנוּ אֶל הַמָּקוֹם אֲשֶׁר אָמַר ה' אֹתוֹ אֶתֵּן לָכֶם לְכָה אִתָּנוּ וְהֵטַבְנוּ לָךְ כִּי ה' דִּבֶּר טוֹב עַל־יִשְׂרָאֵל:
(במדבר י: כט)

שִׁמְעוּ דְבַר־ה' בֵּית יַעֲקֹב וְכָל מִשְׁפְּחוֹת בֵּית יִשְׂרָאֵל:
(ירמיה ב: ד)

בְּנִי אִם עָרַבְתָּ לְרֵעֶךָ תָּקַעְתָּ לַזָּר כַּפֶּיךָ: נוֹקַשְׁתָּ בְאִמְרֵי פִיךָ נִלְכַּדְתָּ בְּאִמְרֵי פִיךָ:
(משלי ו: א-ב)

ידי משה

[ח] **הוסיף לו אות.** ואם תאמר מה טעם לאות שנתוסף ליתרו, בכולם מצינו טעם על מה שנתוסף, אמנם כאן אין טעם לוי"ו שנתוסף. ויש לומר שנתוסף לו ששה מעלות שיהיה במשיח, כדכתיב (ישעיה יא, ג) והריחו ביראת ה' וגו' וקחשיב שם ששה מעלות (עי' זוהר יתרו דף עח, א) כן היה ליתרו. ובספר של"ה (פרשת יתרו תורה אור ו) איתא על שם שקיבל תורה ומצות, כי המצות הם תרי"ג, לא מהם שבע מצות שהיו לו כבר שבע מצות בני נח, ורות היתה גם כן נקראת רות על שם זה תר"ו מצות שקיבלה. וקל להבין:

לקוטים

[ט] **עומדין בזירה.** [פירוש] מלשון זר זהב סביב, מנהג הוא שנים שנלחמים זה עם זה רושמין עגולה בארץ והבורח מתוכה מתחייב מיתה (מעריך ערך זיר): **ברד"ל ד"ה כמו כו' ומה שכתוב כאן לשון בראשית רבה משמע שכאן הוא הילמדנו.** כוונתו דלעיל סימן ח איתא כמו שכתוב בפרשת ויאמר משה לחבב, מבלי בראשית רבה, ולא דק

"נוֹקַשְׁתָּ בְאִמְרֵי פִיךָ" – ***You have been trapped by the words of your mouth*** – אֵין "אִמְרֵי" אֶלָּא הוֹרָאַת תּוֹרָה – the term **"*imrei*"** [אִמְרֵי] (*words of*) **is nothing other than Torah instruction,**[112] שֶׁנֶּאֱמַר "בְּנִי שְׁמֹר אֲמָרָי" – **as is stated, *My child, heed my words*** [אֲמָרַי] *and store up my commandments with yourself. Heed my commandments and live and [heed] my Torah as the apple of your eyes* (*Proverbs* 7:1-2). וְכֵן "לַאֲמָרַי הַט אָזְנֶךָ" – **And similarly, *Incline your ear to my words*** [לַאֲמָרַי] (ibid. 4:20). "עֲשֵׂה זֹאת אֵיפוֹא בְּנִי וְהִנָּצֵל כִּי בָאתָ בְכַף רֵעֶךָ" – ***Do this, therefore, my child and be rescued, for you have come into your friend's hand*** – אֶלָּא תֵּן רְצוֹנְךָ לֵידַע מַה לַּעֲשׂוֹת – **only, apply your mind to know what to do,**[113] וְהוֹאִיל וְהִכְנַסְתָּ עַצְמְךָ לַעֲרֵבוּת זֶה לֵיעָשׂוֹת רֹאשׁ – **and since you have inserted yourself into this guarantee,** that is, **to become a leader,** "לֵךְ הִתְרַפֵּס" בַּאֲבַק רַגְלֵיהֶם שֶׁל גְּדוֹלִים מִמְּךָ וְהַמְלִיכֵם עָלֶיךָ – ***go humble yourself* in the dust of the feet of those who are greater than you, and enthrone them upon yourself.**[114] הֲדָא הוּא דִכְתִיב "וּרְהַב רֵעֶיךָ" – **Thus it is written, *and "rehav"*** [רְהַב] ***your fellow,*** וְאֵין "רַהַב" אֶלָּא מַלְכוּת, שֶׁנֶּאֱמַר "אַזְכִּיר רַהַב" – **and** the homiletical interpretation of the word ***"rehav"*** [רְהַב] **is nothing other than kingship, as is stated, *I mention Rahab*** [רַהַב] *and Babylon* (*Psalms* 87:4).[115] וְאִם לָאו דָּמְךָ בְּרֹאשְׁךָ כְּדַם צְבִי וְאַיָּל – **And if** you do **not** follow this advice, **your blood is on your own head as the blood of a deer and a hart;**[116] הֲדָא הוּא דִכְתִיב "הִנָּצֵל כִּצְבִי מִיָּד" – **thus it is written, *be rescued like a deer from the [hunter's] hand.***[117] (כְּמוֹ שֶׁכָּתוּב בְּפָרָשַׁת וַיִּגַּשׁ אֵלָיו בִּבְרֵאשִׁית רַבָּה – **As is written in the passage of *Vayigash Eilav* in *Bereishis Rabbah.***)[118]

The Midrash presents a different exposition of the *Proverbs* passage that was expounded above:

וְרַבָּנִין אָמְרִין: "בְּנִי אִם עָרַבְתָּ לְרֵעֶךָ" – **And the Rabbis said: *My child, if you have been a guarantor for your friend*** – אֵלּוּ יִשְׂרָאֵל שֶׁהֵם עֲרֵבִים בֵּינָן לְבֵין הַקָּדוֹשׁ בָּרוּךְ הוּא – **these** words **are an** allusion to the people of **Israel, who are guarantors between themselves and the Holy One, blessed is He.**[119] חֲבִיבִים יִשְׂרָאֵל שֶׁנִּקְרְאוּ רֵעִים שֶׁנֶּאֱמַר "לְמַעַן אַחַי וְרֵעָי" – **Beloved are** the people of **Israel** to God, **for they are described as** God's **"friends," as is stated, *For the sake of My brothers and My friends*** (*Psalms* 122:8).[120] וּמָה הָיְתָה עַרְבוּתָן – **And what was** the nature of **their guarantee?**[121] אֶלָּא בְּשָׁעָה שֶׁהַקָּדוֹשׁ בָּרוּךְ הוּא בָּא לִיתֵּן אֶת הַתּוֹרָה – **Because at the time that the Holy One, blessed is He, sought to give the Torah,** לֹא קִבְּלוּהָ אַחַת מִן הָאוּמּוֹת אֶלָּא יִשְׂרָאֵל – **not one of the nations accepted it other than Israel.** מָשָׁל לְמֶלֶךְ שֶׁהָיָה לוֹ שָׂדֶה וְהָיָה מְבַקֵּשׁ לְמוֹסְרָהּ לַאֲרִיסִים – This can be illustrated with **a parable regarding a king who had a field and he desired to entrust it to sharecroppers.** קָרָא לָרִאשׁוֹן וְאָמַר לוֹ: תְּקַבֵּל אַתָּה הַשָּׂדֶה הַזּוֹ – **[The king] called to the first** prospective sharecropper **and said to him, "Will you accept this field?"** אָמַר לוֹ: אֵין בִּי כֹּחַ, קָשָׁה הֵימֶנִּי – **[The man] responded, "I do not have strength, [the work] is too difficult for me."** וְכֵן לַשֵּׁנִי וְלַשְּׁלִישִׁי וְלָרְבִיעִי וְלֹא קִבְּלוּהָ מִמֶּנּוּ – **And so** did the king say **to the second, the third, and the fourth** prospective sharecropper, **but they did not accept [the field] from him.** וְקָרָא לַחֲמִישִׁי וְאָמַר לוֹ: תְּקַבֵּל אַתָּה הַשָּׂדֶה הַזּוֹ – **[The king] then called to the fifth** prospective sharecropper **and he said to him, "Will you accept this field?"** אָמַר לוֹ: הֵן – **He said to him, "Yes."** עַל מְנָת לְפוֹלְחָהּ – The king then asked the man, "Do you accept the field **in order to work it?"**[122] אָמַר לוֹ: הֵן – And again, **[the man] said to him, "Yes."** מִשֶּׁנִּכְנַס לְתוֹכוֹ הוֹבִירָהּ – But **once he entered the field he left it fallow.**[123] עַל מִי הַמֶּלֶךְ מַקְפִּיד – Now, **with whom will the king be upset?** עַל אוֹתָם שֶׁאָמְרוּ אֵין אָנוּ יְכוֹלִין לְקַבְּלָהּ – **With those who said, "We are unable to accept [the field],"** אוֹ עַל מִי שֶׁקִּבְּלָהּ עָלָיו, וּמִשֶּׁקִּבְּלָהּ עָלָיו נִכְנַס בָּהּ וְהוֹבִירָהּ – **or with the one who accepted it upon himself, but upon accepting it upon himself, entered it and left it fallow?**

NOTES

112. According to this Midrash, the verse warns the Torah scholar that, in addition to the aforementioned responsibility that an ordained scholar bears for the people's mitzvah observance, he must also be wary of *being trapped by his Torah instructions* should they be flawed (*Eitz Yosef*; see also *Matnos Kehunah*, referencing *Midrash Shocher Tov* ibid.).

113. I.e., study the matter and you will determine that the only possible course of action is the one described below (see *Yefeh To'ar*, followed in part by *Eitz Yosef*).

Alternatively, because the word זאת, *this*, is associated with Torah (see *Deuteronomy* 4:44), the Midrash interprets the command of "עֲשֵׂה "זאת, *do "this,"* as an injunction to *apply* the *mind* to attainment of Torah knowledge (see *Maharzu*, referencing *Yalkut Shimoni, Mishlei* [§938 s.v. בני]).

114. Our translation of the phrase לֵךְ הִתְרַפֵּס as *go humble yourself* is based on the Bible commentators to the verse, who add that the words literally mean, *go and be trampled*. In an alternative approach, *Maharzu* interprets these words as a directive to the person mentioned in the verse to travel to a sage from whom he can learn.

The expression בַּאֲבַק רַגְלֵיהֶם, *in the dust of their feet*, is used by the Sages in the context of one who begrimes himself while humbly endeavoring to learn from Torah sages (compare *Avos* 1:4). Thus, the verse suggests to the scholar who finds himself in a position of leadership that he humbly learn from greater sages. From those Torah sages he will learn how to properly render halachic instruction (see *Eshed HaNechalim*). Alternatively, the sages will teach him how to rebuke people effectively (*Imrei Yosher*, second approach; see there for another).

115. *Rahab* is an appellation for the mighty kingdom of Egypt (commentators to the verse). The word is suggestive of *arrogance* (*Metzudas David* to the verse).

Maharzu writes that it is unclear how the Midrash finds in this verse support for its interpretation of רָהַב, but *Psalms* 138:3 does substantiate the Midrash's interpretation.

116. I.e., just as these [typically ownerless] animals may be killed, so is the ordained scholar discussed here liable to pay with his life for the crime of negligently causing the masses to sin (*Yefeh To'ar*, followed in part by *Eitz Yosef*).

117. Through taking the actions discussed above, the scholar can save himself in the manner of a deer that eludes the imminent danger posed by a hunter; failure to take those actions would cause the scholar to be like a deer that is less fortunate (see *Eshed HaNechalim*).

118. The reference is to *Bereishis Rabbah* 93 §1, where the Midrash offers another interpretation of the cited passage from *Proverbs* (*Radal*, *Maharzu*; also see see *Eitz Yosef*, from *Yefeh To'ar*, who emends the Midrash text to more easily accommodate this meaning).

119. I.e., each member of the nation of Israel is a guarantor between the other members and God. Thus, the conclusion of the cited verse, תָּקַעְתָּ לַזָּר כַּפֶּיךָ, *you have given your hand to a stranger*, means that each Jew is responsible for Jews who are like *strangers* to him (*Eitz Yosef*; also see *Rashash*, who references *Sotah* 37b; *Maharzu*). As a *guarantor*, each Jew is held accountable if his coreligionists fail to abide by God's mitzvos (see *Yefeh To'ar*; *Sotah* ibid.).

120. See note 3 above.

As it is explained here, when the *Proverbs* passage states, כִּי בָאתָ בְכַף רֵעֶךָ, *for you have come into your friend's hand*, it is referring to God as a "*friend*" of the Jew. The Midrash is defending this interpretation (*Yefeh To'ar*).

121. The Midrash is asking where a Scriptural source can be found for the idea that the Jewish people accepted to *guarantee* one another's mitzvah performance. Before answering its question, the Midrash will digress to explain by way of a parable why God saw fit to insist on such a guarantee (*Yefeh To'ar*, second approach).

122. See *Matnos Kehunah*, *Eitz Yosef*.

Because the others had refused the field, the fifth prospect might have felt that he need only accept upon himself to guard the field, as that is more than the others were prepared to do. The king therefore made it clear that he was expected to work the field as well (*Yefeh To'ar*).

123. *Matnos Kehunah*, followed by *Eitz Yosef*.

(שם שם ב) "נוֹקַשְׁתָּ בְּאִמְרֵי פִיךָ", אֵין "אִמְרֵי" אֶלָּא הוֹרָאַת תּוֹרָה, שֶׁנֶּאֱמַר (שם ז, א) "בְּנִי שְׁמֹר אֲמָרָי", וְכֵן (שם ד, כ) "לַאֲמָרַי הַט אָזְנֶךָ", (שם ו, ג) "עֲשֵׂה זֹאת אֵיפוֹא בְּנִי וְהִנָּצֵל כִּי בָאתָ בְכַף רֵעֶךָ", אֶלָּא תֵּן רְצוֹנְךָ לֵידַע מַה לַּעֲשׂוֹת, וְהוֹאִיל וְהִכְנַסְתָּ עַצְמְךָ לְעַרְבוּת זֶה לֵיעָשׂוֹת רֹאשׁ, (שם) "לֵךְ הִתְרַפֵּס" בַּאֲבַק רַגְלֵיהֶם שֶׁל גְּדוֹלִים מִמְּךָ וְהַמְלִיכֵם עָלֶיךָ, הָדָא הוּא דִכְתִיב (שם) "וּרְהַב רֵעֶיךָ", וְאֵין "רְהַב" אֶלָּא מַלְכוּת, שֶׁנֶּאֱמַר (תהלים פז, ד) "אַזְכִּיר רַהַב", וְאִם לָאו דָּמְךָ בְּרֹאשְׁךָ כְּדַם צְבִי וְאַיָּל, הָדָא הוּא דִכְתִיב (משלי ו, ה) "הִנָּצֵל כִּצְבִי מִיָּד", (כְּמוֹ שֶׁכָּתוּב בְּפָרָשַׁת וַיִּגַּשׁ אֵלָיו בִּבְרֵאשִׁית רַבָּה [פרשה צג])

[יד] וְרַבָּנִין אָמְרִין: "בְּנִי אִם עָרַבְתָּ לְרֵעֶךָ", אֵלּוּ יִשְׂרָאֵל שֶׁהֵם עֲרֵבִים בֵּינָן לְבֵין הַקָּדוֹשׁ בָּרוּךְ הוּא, חֲבִיבִים יִשְׂרָאֵל שֶׁנִּקְרְאוּ רֵעִים, שֶׁנֶּאֱמַר (תהלים קכב, ח) "לְמַעַן אַחַי וְרֵעָי", וּמֶה הָיְתָה עַרְבוּתָן, [טו] אֶלָּא בְּשָׁעָה שֶׁהַקָּדוֹשׁ בָּרוּךְ הוּא בָּא לִיתֵּן אֶת הַתּוֹרָה לֹא קִבְּלוּהָ אַחַת מִן הָאוּמּוֹת אֶלָּא יִשְׂרָאֵל, מָשָׁל לְמֶלֶךְ שֶׁהָיָה לוֹ שָׂדֶה וְהָיָה מְבַקֵּשׁ לְמוֹסְרָהּ לַאֲרִיסִים, קָרָא לָרִאשׁוֹן וְאָמַר לוֹ: תְּקַבֵּל אַתָּה הַשָּׂדֶה הַזּוֹ, אָמַר לוֹ: אֵין בִּי כֹּחַ, קָשָׁה הֵימֶנִּי, וְכֵן לַשֵּׁנִי וְלַשְּׁלִישִׁי וְלָרְבִיעִי וְלֹא קִבְּלוּהָ מִמֶּנּוּ, וְקָרָא לַחֲמִישִׁי וְאָמַר לוֹ: תְּקַבֵּל אַתָּה הַשָּׂדֶה הַזּוֹ, אָמַר לוֹ: הֵן, עַל מְנָת לְפוּלְחָהּ, אָמַר לוֹ: הֵן, מִשֶּׁנִּכְנַס לְתוֹכוֹ הוֹבִירָהּ, עַל מִי הַמֶּלֶךְ מַקְפִּיד, עַל אוֹתָם שֶׁאָמְרוּ אֵין אָנוּ יְכוֹלִין לְקַבְּלָהּ אוֹ עַל מִי שֶׁקִּבְּלָהּ עָלָיו, וּמִשֶּׁקִּבְּלָהּ עָלָיו נִכְנַס בָּהּ וְהוֹבִירָהּ, לֹא עַל זֶה שֶׁקִּבְּלָהּ, כָּךְ כְּשֶׁנִּגְלָה הַקָּדוֹשׁ בָּרוּךְ הוּא עַל הַר סִינַי לֹא הִנִּיחַ אוּמָּה שֶׁלֹּא הִרְתִּיק עָלֶיהָ וְלֹא קִבְּלוּ עֲלֵיהֶם לְשָׁמְרָהּ, וּכְשֶׁבָּא אֵצֶל יִשְׂרָאֵל אָמְרוּ: (שמות כד, ז) "כֹּל אֲשֶׁר דִּבֶּר ה' נַעֲשֶׂה וְנִשְׁמָע", לְכָךְ בְּדִין הוּא שֶׁתִּשְׁמְעוּ, הֱוֵי (ירמיה ב, ד) "שִׁמְעוּ דְבַר ה' בֵּית יַעֲקֹב", וְאִם לָאו תֵּעָנְשׁוּ בָּעַרְבוּת, הֱוֵי (משלי ו, א) "בְּנִי אִם עָרַבְתָּ לְרֵעֶךָ", דָּבָר אַחֵר, (ירמיה ב, ד) "שִׁמְעוּ דְבַר ה' ", [טז] מָשָׁל לְמֶלֶךְ שֶׁאָמַר *לַעֲבָדָיו: *שִׁמְרוּ לִי ב' כּוֹסוֹת הַלָּלוּ וְהָיָה דִיאַטְרִיטָא, אָמַר לוֹ: הֱוֵי זָהִיר בָּהֶם,

עץ יוסף

אין אמרי אלא הוראת תורה כו'. ולפי זה נוקשת באמרי פיך מילתא אחריתי הוא לומר מלבד התעתדו ליענש בערבות מהלד הנ"ל, הוא מעותד עוד ליענש על הוראותיו שאפשר שינוקש בהוראותיו ויטעה: **אלא תן רצונך.** כלומר אין תקנה לזה רק שישפיל גאותו לפני גדולים ממנו: **ואם לאו דמך בראשך.** שישפך דמך כדם צבי ואיל, כלומר שחייב מיתה שמחטיא הרבים: **כמו שאמרו בפרשת ויגש.** ענין הנ"ל אין שם בפרשת ויגש כלל, אבל נראה שצריך לומר דבר אחר בני אם ערבת לרעך, כמו שאמרו בפרשת ויגש, והיינו מה שנדרש שם מקרא זה בערבות דברים אחרים, ומפרש ליה גם כן בערבות יהודה (יפה תואר): **אלו ישראל שהם ערבים בינן לבין הקדוש ברוך הוא.** פירוש שכל אחד ואחד מישראל ערבים בין שאר ישראל להקדוש ברוך הוא, ופירוש תקעת לזר כפך, שכל אחד ערב על זולתו דהוי כזר לגביה: **וכן לשני ולשלישי ולרביעי.** הזכיר ארבע במשל, מפני שמצינו שה' חזר ליתן התורה לארבע אומות מפורסמות מלבד האחרות שלא נדע, דהיינו שעיר, וישמעאל, עמון, ומואב, כדאיתא בספרי בפסוק וזרח משעיר למו כו' (יפה תואר): **לפולחה.** ולעבדה ולשמרה כהלכתה: **הובירה.** הניח אותה רק ובור: **לא על זה שקבלה.** כלומר עיקר ההקפדה הוא על זה, אבל אין הכי נמי שיקפיד קצת גם על אותם שלא קבלוה: **שלא הרתיק עליה.** פירוש שלא דפק על פתחיהם שיקבלו התורה, כדאמר בפרק קמא דעבודה זרה (ב, ב): **נעשה ונשמע.** ופירוש נעשה על חיובם בערבות על אחרים שיקיימו התורה, על דרך שאמרו (בבא בתרא ט, א) גבי והיה מעשה הצדקה שלום, גדול המעשה יותר מן העושה, שהיינו שמדריך לאחרים שיעשו: [ט] דבר אחר **שמעו דבר ה'.** עיין בסימן הקודם: **משל למלך שאמר לעבדו שמור לי.** כן צריך לומר. ועיין בדברים רבה פרשה ג' סימן י"א בענ: **דיאטריטא.** פירוש כלי זכוכית חשובין (ערוך). והמוסף הערוך כתב כלי עשוי באומנות פתוח במקלעות ובפטורי ציצים:

פירוש מהרז"ו

לידע מה לעשות. וזהו עשה זאת אפוא, התורה שנקראת זאת, ילקוט משלי ו': **התרפס באבק.** רפיסה היא ברגל, כמו שכתוב בדניאל ז' (פסוק ז) ברגליה רפסה. וכמו שכתוב יחזקאל ל"ד י"ח י"ט, והכוונה שילך אל חכמים ללמוד מהם, וכמו שאמר בילקוט שם, עשה לך רב: **אזכיר רהב.** צריך עיון איזה ראיה מכאן, והיה לו להביא מפסוק (תהלים קלח, ג) ביום קראתי ותענני תרהיבני בנפשי עוז, כמו שהביא לעיל סימן ד ויתן עוז למלכו: **בפרשת ויגש.** פירוש דשם כתוב פירוש אחר על פסוק זה, ריש פרשה צ"ג: **אלו ישראל.** עיין מדרש משלי ו', וילקוט שם, ומדרש תהלים מזמור ח': **עריבין בינן לבין הקדוש ברוך הוא.** פירוש עריבין זה על זה להקב"ה. ועיין בריש הפרשה. וכאן פירש על שאמרו נעשה ונשמע, שתקעו עצמן לערבות, על שאחרים לא קבלוה: **שלישי ורביעי.** ובנמשל, ראשון הוא שעיר, שני מואב, שלישי עמון, רביעי בני קטורה. ועיין מכילתא פסוק אנכי: **הוי בני אם ערבת.** במדרש משלי ו' באריכות וכאן חסר: **לעבדיו שמרו.** כל המשל בלשון יחיד, גם כאן צריך לומר לעבדי שמור:

חידושי הרד"ל

כמו שכתוב בפרשת ויגש בבראשית רבה. עיין שם דדרש ליה נמי על יהודה. (ומה שכתוב כאן לשון בבראשית רבה, משמע שכאן הוא הילמדנו): **שנקראו רעים שנאמר למען אחי ורעי וסיפיה תקעת לזר כפיך.** אולי דרש כמו שכתב בילקוט משלי אם ערבת אחר כך ותקעת לזר כפיך, עיין שם: **שלא הרתיק.** פירוש שלא הכה באגרוף ודפק על פתחיהם להניח לו לכנס, ועיין מתנות כהונה לקמן ריש פרשה לג (סימן ג ד"ה מרתיק). ואפשר [ד] צריך לומר שלא הטריח עליהם: **משל למלך כו' שני כוסות.** (עיין דברים רבה פרשה ג, י):

חידושי הרש"ש

[ט] **אלו ישראל שהם ערבים בינן להקדוש ברוך הוא.** כדאיתא בסוטה (לז, ב) שכל אחד קבל ערבות על כל ישראל: **וכן לשני ולשלישי ולרביעי.** הם כנגד ארבע אומות שחושב במכילתא פרשה ה שנגלה עליהם הקדוש ברוך הוא מקודם שיקבלו את התורה, [שעיר], עמון, ומואב, וישמעאל:

לקוטים

דשם פירש גם כן שזה מהילמדני ואולי פרושו כאן הוא כפירוש השני שם. ולשון זה מוזכר הרבה פעמים במדרש שלנו (פרשה א כח, כמ"ש בשיר השירים רבה וויקרא רבה פרשה לב ובפרשה ד, ג ובפרשה י א, כל המדרש כמ"ש בויקרא רבה ובזאת חקת התורה עוד):

אמרי יושר

[ט] **לך התרפס באבק רגליהם של גדולים ממך.** ואז תנצל מהרבנות ומינוי שלך. או יהיה פירושו התרפס ולמוד מהם איך תוכיח ותייסר האנשים:

באור מהרי"פ

שלא הרתיק עליה. זה לשון הערוך [ערך] רתק ב', בפסיקתא דאחרי מות, ובויקרא רבה פרשה כ"א (סימן ה) פרשת לדוד ה', אורי כי בתחבולות תעשה לך מלחמה רבי בנאה אומר צריך אדם לשקע עצמו במשניות שאם ירתיק יפתחו לו, רבי אלעזר בשם רבי יהושע בן לוי עמוד ברזל משנה, עד כאן. זה לשון רבי בנימין מוספיא, אמר בנימין, ענין סגירה, והוא לשון המקרא רותקו בזיקים עד כאן. והמעריך (ערך רתק) כתב שלא הרתיק עליה [פירוש, שלא חזר וסבב עליה], וכן [לקמן] בפרשה ל"ג (סימן ג) הקב"ה מרתיק עלי [מחזר עלי]. ועיין בבראשית רבה פרשה כ"א (סימן ג) מרתק מן גבר [ובערוך ערך מרתק]:

מסורת המדרש

יד. תנחומא סדר ויגש סימן א'. מדרש תהלים מזמור ח'. מדרש משלי פרשה ו'. ילקוט משלי רמז תתקל"ח. ועיין שיר השירים רבה פרשה א' פסוק ד'. ובילקוט שיר השירים רמז תתקפ"ב: **טו.** עבודה זרה דף ב'. מכילתא כאן פרשה ה'. ספרי סדר וזאת הברכה פיסקא שמ"ג. פרקי דרבי אליעזר פרק מ"א. תנחומא סדר וזאת הברכה סימן ד'. ילקוט שם רמז תתקנ"א: **טז.** אגדת בראשית פרק ע"ג:

אם למקרא

בְּנִי שְׁמֹר אֲמָרָי וּמִצְוֹתַי תִּצְפֹּן אִתָּךְ: (שם ז: א)

בְּנִי לִדְבָרַי הַקְשִׁיבָה לַאֲמָרַי הַט אָזְנֶךָ: (שם ד: כ)

עֲשֵׂה זֹאת אֵפוֹא בְּנִי וְהִנָּצֵל כִּי בָאתָ בְכַף רֵעֶךָ לֵךְ הִתְרַפֵּס וּרְהַב רֵעֶיךָ: (שם ו: ג)

אַזְכִּיר רַהַב וּבָבֶל לְיֹדְעָי הִנֵּה פְלֶשֶׁת וְצוֹר עִם כּוּשׁ זֶה יֻלַּד שָׁם: (תהלים פז: ד)

הִנָּצֵל כִּצְבִי מִיָּד וּכְצִפּוֹר מִיַּד יָקוּשׁ: (משלי ו: ה)

לְמַעַן אַחַי וְרֵעָי אֲדַבְּרָה נָּא שָׁלוֹם בָּךְ: (תהלים קכב: ח)

וַיִּקַּח סֵפֶר הַבְּרִית וַיִּקְרָא בְּאָזְנֵי הָעָם וַיֹּאמְרוּ כֹּל אֲשֶׁר דִּבֶּר ה' נַעֲשֶׂה וְנִשְׁמָע: (שמות כד: ז)

שִׁמְעוּ דְבַר־ה' בֵּית יַעֲקֹב וְכָל מִשְׁפְּחוֹת בֵּית יִשְׂרָאֵל: (ירמיה ב: ד)

בְּנִי אִם עָרַבְתָּ לְרֵעֶךָ תָּקַעְתָּ לַזָּר כַּפֶּיךָ: נוֹקַשְׁתָּ בְאִמְרֵי פִיךָ נִלְכַּדְתָּ בְּאִמְרֵי פִיךָ: (משלי ו: א-ב)

ידי משה

[ט] **משל למלך שאמר לעבדיו שמרו לי שני כוסות.** ואם תאמר דבמשל כיון שנשבר הכוס אין לו תקנה, וכאן היה להם תקנה בתשובה. ויש לומר מכל מקום לדיק גמור עדיף כן. איתא ביפה תואר:

ענף יוסף

(ט) **למלך שאמר לעבדיו שמרו לי שני כוסות כו'.** הכוונה שמהיות שעל ידי נתינת התורה נעשו ישראל שלמים כמלאכי עליון, לכן היה אז עוז למו לעשות את אשר צוה ה' על פי עזר הפנימי לבד, רצה לומר על ידי השגת שכלם והתעוררות חכמתם, והיו רק עושים מאהבה הפנימית לבד, כי ערבה להם עשיית רצון שמים יותר מכל תענוגים של העולם הזה, אמנם על ידי עשות העגל חזרה הזוהמא למקומה, והלואה לא יצאה מהם עד סוף כל הדורות, עד שכל הדורות מנוגחים מחת העגל הקדוש עד שבלתי אפשר להם לעשות המצות מפאת שכלם לבד, וכשהם לעצמם מה הם, לכן המה הוצרכו גם לעזר החיצוניות לשמוע האזהרה והתוכחה

מתנות כהונה

הוראת תורה. שאינו יודע להורות כהלכה. וכן בהדיא בשוחר טוב מזמור ח': **כי באת בכף וגו'.** באת ביד ה' שמולא מדת הדין מקום לתפוש אותך: **והמליכם.** שישאל וילמד מגדולי הדור: **לפולחה.** לעובדה כהלכתה: הכי גרסינן משקבלה עליו נכנס בה: **הובירה.** הניח אותה ריק ובור כדאמרינן (בבא מציעא קד, א) אם אוביר ולא אעביד: **הרתיק.** נטנע ודבר ובא אליה: **דיאטריטא.** פירש הערוך

אשד הנחלים

זה תקעת לזירה להיות או אתה נוצח, או כביכול הוא נוצח. והכונה כי אם חס ושלום לא תמחה בידם, אז מוכרח מדת הדין לעשות מעשהו, אך בהיפך יכוף את מדת הדין על דרך נצחוני בני. ודרש שנוקש במה שהעריך נפשו בהוראת התורה, שכלם סומכים על פי הוראתו, ולכן לך התרפס באבק רגלי החכמים למען תדע איך להורות, והחכמים יהיו בעיניך חשובים לשמוע דבריהם באימה, וראה **להנצל כצבי מיד,** כי אם לא כן הרי אתה מופקר כצבי: **אלו ישראל כו'.** שהם העמידו עצמם בערבות, והעריכו נפשם שיכולים לקבל התורה, והרי זה כערבים להתורה שיקיימו אותה. והנה העובדי כוכבים הקדמונים הכירו כחן וטבען שאין ביכולתם לכוף יצרן, ולכן לא היה עונשן כל כך, אבל ישראל הכירו שיש בכחם לכוף טבעם לעשות כפי התורה, ולכן הם היו נענשים: **שנקראו ריעים.** אחר שה' נקרא ריע להם, אם כן הם ריעים לו יתברך: **שמעו.** כאומר אתם בית יעקב אשר בכחכם לעשות טוב ממזג אבותיכם:

לֹא עַל זֶה שֶׁקִּבְּלָה – **Is it not** true that he will be more upset **with the one who accepted it** and did not keep his word?[124] כָּךְ כְּשֶׁנִּגְלָה הַקָּדוֹשׁ בָּרוּךְ הוּא עַל הַר סִינַי – **Similarly, when the Holy One, blessed is He, was revealed on Mount Sinai,** לֹא הִנִּיחַ אוּמָּה שֶׁלֹּא הִרְתִּיק עָלֶיהָ – **He did not leave over a nation upon which He did not knock,**[125] וְלֹא קִבְּלוּ עֲלֵיהֶם לִשְׁמִירָה – **but they did not accept upon themselves to keep [the Torah].**[126] וּכְשֶׁבָּא אֵצֶל יִשְׂרָאֵל אָמְרוּ: "כֹּל אֲשֶׁר דִּבֶּר ה' נַעֲשֶׂה וְנִשְׁמָע" – **And when [God] approached Israel, they replied,** ***Everything that HASHEM has said "na'aseh" and we will listen to*** (below, 24:7).[127] לְכָךְ בְּדִין הוּא שֶׁתִּשְׁמְעוּ, הֱוֵי "שִׁמְעוּ דְבַר ה' בֵּית יַעֲקֹב" – **Therefore, by rights you** (the Jewish people) **should listen** to God's commandments; **thus is stated,** ***Listen to the word of HASHEM, O House of Jacob,*** *etc.* (*Jeremiah* 2:4).[128] וְאִם לָאו תֵּעָנְשׁוּ בָּעֲרֵבוּת, הֱוֵי "בְּנִי אִם עָרַבְתָּ לְרֵעֶךָ" – **And if** you do **not** listen, **you will be punished based on** your **guarantee; thus is** stated, ***My child, if you have been a guarantor for your friend,*** *you have given your hand for a stranger, you have been trapped by the words of your mouth, snared by the words of your mouth* (*Proverbs* 6:1)

The Midrash presents a second exposition of the verse from *Jeremiah* that was cited above:

דָּבָר אַחֵר, "שִׁמְעוּ דְּבַר ה' " – **Another interpretation:** ***Listen to the word of HASHEM*** – מָשָׁל לְמֶלֶךְ שֶׁאָמַר לְעַבְדּוֹ: שְׁמוֹר לִי ב' כּוֹסוֹת הַלָּלוּ – this can be illustrated with **a parable regarding a king who said to his servant, "Guard these two goblets for me."** וְהָיָה דִיאַטְרִיטָא – **And [the goblets] were** ***diatrita.***[129] אָמַר לוֹ: הֱוֵי זָהִיר בָּהֶם – **[The king]** further **said to him, "Be careful with them!"**

NOTES

124. While the king will certainly be upset with the men who refused his request, his primary displeasure will be reserved for the one who committed to work the field and then reneged (*Eitz Yosef*).

125. I.e., there was no nation upon whose "door" God did not "knock." God offered his Torah to every one of the nations of the world (*Eitz Yosef*, referencing *Avodah Zarah* 2b; see *Radal*; see *Matnos Kehunah* for another explanation).

126. The nations of the world are represented in the parable by the four prospective sharecroppers who turned down the king's request. The reason the Midrash said that there were only *four* of these, despite God's having asked *all* of the nations, is that there is a record in *Sifri* (to *Deuteronomy* 33:2) of God having approached *four* well-known nations, in addition to the others, which are not named. The four nations were Seir (Esau), Ishmael, Ammon, and Moab (*Eitz Yosef*; also see *Maharzu* and *Rashash*, who reference *Mechilta* to 20:2 below).

127. Because נַעֲשֶׂה וְנִשְׁמָע, lit., *we will do and we will listen to*, appears redundant, the Midrash understands the word נַעֲשֶׂה to mean *we will cause [others] to do* (compare *Bava Basra* 9a). Understood this way, the Jewish people's acceptance of the Torah included a commitment that they would guide others in keeping the mitzvos. Just as in the parable, the king who had been rejected insisted on receiving a full commitment, so did God insist that each Jew accept upon himself the Torah as well as an obligation to guarantee the observance of all Jews (*Yefeh To'ar*, second approach, followed in part by *Eitz Yosef*).

[The Midrash's comment above, that the king of the parable would be most angered by the sharecropper who reneged on his commitment, does not relate directly to the message for which the Midrash cited the parable; it was mentioned parenthetically because it is an important lesson in the great responsibility Jews have to adhere to the Torah (*Yefeh To'ar*).]

128. This verse begins a prophecy in which the Jewish people are warned that they will be punished collectively. The Midrash is explaining that their self-imposed guarantee allowed for the Jewish people to be treated this way (*Tiferes Tzion*; also see *Yefeh To'ar* at the beginning of this section of Midrash).

129. דִיאַטְרִיטָא is a type of valuable glass utensil (*Aruch*, cited by *Matnos Kehunah* and *Eitz Yosef*; see *Eitz Yosef* for *Mussaf HeAruch*'s description of the utensils' manufacture).

(שם שם ב) "נוֹקַשְׁתָּ בְּאִמְרֵי פִיךָ", אֵין "אִמְרֵי" אֶלָּא הוֹרָאַת תּוֹרָה, שֶׁנֶּאֱמַר (שם ז, א) "בְּנִי שְׁמֹר אֲמָרָי", וְכֵן (שם ד, ב) "לַאֲמָרַי הַט אָזְנֶךָ", (שם ו, ג) "עֲשֵׂה זֹאת אֵיפוֹא בְּנִי וְהִנָּצֵל כִּי בָאתָ בְכַף רֵעֶךָ", אֶלָּא תֵּן רְצוֹנְךָ לֵידַע מַה לַּעֲשׂוֹת, וְהוֹאִיל וְהִכְנַסְתָּ עַצְמְךָ לְעַרְבוּת זֶה לַעֲשׂוֹת רֹאשׁ, (שם) "לֵךְ הִתְרַפֵּס" בַּאֲבַק רַגְלֵיהֶם שֶׁל גְּדוֹלִים מִמְּךָ וְהַמְלִיכֵם עָלֶיךָ, הֲדָא הוּא דִכְתִיב (שם) "וּרְהַב רֵעֶיךָ", וְאֵין "רַהַב" אֶלָּא מַלְכוּת, שֶׁנֶּאֱמַר (תהלים פז, ד) "אַזְכִּיר רַהַב", וְאִם לָאו דָּמְךָ בְּרֹאשְׁךָ כְּדַם צְבִי וְאַיִל, הֲדָא הוּא דִכְתִיב (משלי ו, ה) "הִנָּצֵל כִּצְבִי מִיָּד", (כְּמוֹ שֶׁכָּתוּב בְּפָרָשַׁת וַיִּגַּשׁ אֵלָיו בִּבְרֵאשִׁית רַבָּה [פרשה צג])

[יד] וְרַבָּנִין אָמְרִין: "בְּנִי אִם עָרַבְתָּ לְרֵעֶךָ", אֵלּוּ יִשְׂרָאֵל שֶׁהֵם עֲרֵבִים בֵּינָן לְבֵין הַקָּדוֹשׁ בָּרוּךְ הוּא, חֲבִיבִים יִשְׂרָאֵל שֶׁנִּקְרְאוּ רֵעִים, שֶׁנֶּאֱמַר (תהלים קכב, ח) "לְמַעַן אַחַי וְרֵעָי", וּמֶה הָיְתָה עַרְבוּתָן, [טו] אֶלָּא בְּשָׁעָה שֶׁהַקָּדוֹשׁ בָּרוּךְ הוּא בָּא לִיתֵּן אֶת הַתּוֹרָה לֹא קִבְּלוּהָ אַחַת מִן הָאוּמּוֹת אֶלָּא יִשְׂרָאֵל, מָשָׁל לְמֶלֶךְ שֶׁהָיָה לוֹ שָׂדֶה וְהָיָה מְבַקֵּשׁ לְמוֹסְרָהּ לַאֲרִיסִים, קָרָא לָרִאשׁוֹן וְאָמַר לוֹ: תְּקַבֵּל אַתָּה הַשָּׂדֶה הַזּוֹ, אָמַר לוֹ: אֵין בִּי כֹּחַ, קָשָׁה הֵימֶנִּי, וְכֵן לַשֵּׁנִי וְלַשְּׁלִישִׁי וְלָרְבִיעִי וְלֹא קִבְּלוּהָ מִמֶּנּוּ, וְקָרָא לַחֲמִישִׁי וְאָמַר לוֹ: תְּקַבֵּל אַתָּה הַשָּׂדֶה הַזּוֹ, אָמַר לוֹ: הֵן, עַל מְנָת לְפוּלְחָהּ, אָמַר לוֹ: הֵן, מִשֶּׁנִּכְנַס לְתוֹכוֹ הוֹבִירָהּ, עַל מִי הַמֶּלֶךְ מַקְפִּיד, עַל אוֹתָם שֶׁאָמְרוּ אֵין אָנוּ יְכוֹלִין לְקַבְּלָהּ אוֹ עַל מִי שֶׁקִּבְּלָהּ עָלָיו, וּמִשֶּׁקִּבְּלָהּ עָלָיו נִכְנַס בָּהּ וְהוֹבִירָהּ, לֹא עַל זֶה שֶׁקִּבְּלָהּ, כָּךְ כְּשֶׁנִּגְלָה הַקָּדוֹשׁ בָּרוּךְ הוּא עַל הַר סִינַי לֹא הִנִּיחַ אוּמָּה שֶׁלֹּא הִרְתִּיק עָלֶיהָ וְלֹא קִבְּלוּ עֲלֵיהֶם לְשָׁמְרָהּ, וּכְשֶׁבָּא אֵצֶל יִשְׂרָאֵל אָמְרוּ: (שמות כד, ז) "כֹּל אֲשֶׁר דִּבֶּר ה' נַעֲשֶׂה וְנִשְׁמָע", לְכָךְ בְּדִין הוּא שֶׁתִּשְׁמְעוּ, הֱוֵי (ירמיה ב, ד) "שִׁמְעוּ דְבַר ה' בֵּית יַעֲקֹב", וְאִם לָאו תֵּעָנְשׁוּ בָּעַרְבוּת, הֱוֵי (משלי ו, א) "בְּנִי אִם עָרַבְתָּ לְרֵעֶךָ", דָּבָר אַחֵר, (ירמיה ב, ד) "שִׁמְעוּ דְּבַר ה'", [טז] מָשָׁל לְמֶלֶךְ שֶׁאָמַר *לַעֲבָדָיו: * שִׁמְרוּ לִי ב' כּוֹסוֹת הַלָּלוּ וְהָיָה דִּיאַטְרִיטָא, אָמַר לוֹ: הֱוֵי זָהִיר בָּהֶם,

חידושי הרד"ל

כמו שכתוב בפרשת ויגש בבראשית רבה. עיין שם דדרש ליה נמי על יהודה. (ומה שכתוב כאן לשון בבראשית רבה, משמע שכאן הוא הילמדנו): **שנקראו רעים שנאמר למען אחי ורעי וסיפיה תקעת לזר כפיך.** אולי דרש כמו שכתב בילקוט משלי אם ערבת אחר כך ותקעת לזר כפיך, עיין שם: **שלא הרתיק.** פירוש שלא הכה באגרוף ודפק על פתחיהם להניח לו לכנס, ועיין מתנות כהונה לקמן ריש פרשה לג (סימן ג ד"ה מרתיק). ואפשר [ד] צריך לומר שלא הטריח עליהם: **משל למלך כו' שני כוסות.** (ועיין דברים רבה פרשה ג, י):

חידושי הרש"ש

[ט] אלו ישראל שהם ערבים בינן להקדוש ברוך הוא. כדאיתא בסוטה (לז, ב) שכל אחד קבל ערבות על כל ישראל: **וכן לשני ולשלישי ולרביעי.** הם כנגד ארבע אומות שחושב במכילתא פרשה ה שנגלה עליהם הקדוש ברוך הוא מקודם שיקבלו את התורה, [שעיר], עמון, ומואב, וישמעאל:

לקוטים

דשם פירש גם כן שזה מהילמדני ואולי פרושו כאן הוא כפירוש השני שם. ולשון זה מוזכר הרבה פעמים במדרש שלנו (פרשה א כח, כמ"ש בשיר השירים רבה וביקרא רבה פרשה לב ובפרשה ד, ג ובפרשה י א, כל המדרש כמ"ש בויקרא רבה ובזאת חקת התורה עוד):

אמרי יושר

[ט] לך התרפס באבק רגליהם של גדולים ממך. ואז תלא מהרבנות ומינוי שלך. או יהיה פירושו התרפס ולמוד מהם איך תוכיח ותייסר האנשים.

באור מהרי"פ

שלא הרתיק עליה. זה לשון הערוך [ערך רתק ב'], בפסקתא דאחרי מות, ובויקרא רבה פרשה כ"א (סימן ה) פרשת לדוד ה', אורי כי בתחבולות תעשה לך מלחמה רבי בנאה אומר צריך אדם לשקע עצמו במצוות שאם ירתיק יפתחו לו, רבי אלעזר בשם רבי יהושע בן לוי עמוד ברזל מסנה, עד כאן. זה לשון רבי בנימין מוספית, אמר בנימין, ענין סגירה, והוא לשון המקרא רותקו בזיקים עד כאן. והמעריך (ערך רתק) כתב שלא הרתיק עליה פירוש, שלא חזר וסבב עליה], וכן [לקמן] בפרשה ל"ג (סימן ג) הקב"ה מרתיק עלי [מחזר עלי. ועיין בבראשית רבה פרשה כ"ח (סימן ג) מרתיק מן גבר [ובערוך ערך מרתק]:

עץ יוסף

אין אמרי אלא הוראת תורה כו'. ולפי זה נוקשת באמרי פיך מילתא אחריתי הוא לומר מלבד התעתדו ליענש בערבות מהלד הנ"ל, הוא מעותד עוד ליענש על הוראותיו שאפשר שינוקש בהוראותיו ויטעה: **אלא תן רצונך.** כלומר אין תקנה לזה רק שישפיל גאותו לפני גדולים ממנו: **ואם לאו דמך בראשך.** שישפך דמך כדם צבי ואיל, כלומר שחייב מיתה שמחטיא הרבים: **כמו שאמרו בפרשת ויגש.** ענין הנ"ל אין שם בפרשת ויגש כלל, אבל נראה שצריך לומר דבר אחר בני אם ערבת לרעך, כמו שאמרו בפרשת ויגש, והיינו מה שנדרש שם מקרא זה בערבות דברים אחרים, ומפרש ליה גם כן בערבות יהודה (יפה תואר): **אלו ישראל שהם ערבים בינן לבין הקדוש ברוך הוא.** פירוש שכל אחד ואחד מישראל ערבים בין שאר ישראל להקדוש ברוך הוא, ופירוש תקעת לזר כפך, שכל אחד ערב על זולתו דהוי כזר לגביה: **וכן לשני ולשלישי ולרביעי.** הזכיר ארבע במשל, מפני שמלינו שה' חזר ליתן התורה לארבע אומות מפורסמות מלבד האחרות שלא נדע, דהיינו שעיר, וישמעאל, עמון, ומואב, כדאיתא בספרי בפסוק וזרח משעיר למו כו' (יפה תואר): **לפולחה.** ולעבדה ולשמרה כהלכתה: **הובירה.** הניח אותה רק ובור: **לא על זה שקבלה.** כלומר עיקר ההקפדה הוא על זה, אבל אין הכי נמי שיקפיד קצת גם על אותם שלא קבלוה: **שלא הרתיק עליה.** פירוש שלא דפק על פתחיהם שיקבלו התורה, כדאמר בפרק קמא דעבודה זרה (ב, ב): **נעשה ונשמע.** ופירוש נעשה על חיובם בערבות על אחרים שיקיימו התורה, על דרך שאמרו (בבא בתרא ט, א) גבי והיה מעשה הצדקה שלום, גדול המעשה יותר מן העושה, שהיינו שמדריך לאחרים שיעשו: **[ט] דבר אחר שמעו דבר ה'.** עיין בסימן הקודם: **משל למלך שאמר לעבדו שמור לי.** כן צריך לומר. ועיין בדברים רבה פרשה ג' סימן י"א בענין: **דיאטריטא.** פירוש כלי זכוכית חשובין (ערוך). והמוסף הערוך כתב כלי עשוי באומנות פתוח במקלעות ובפטורי ציצים:

פירוש מהרז"ו

לידע מה לעשות. וזהו עשה זאת אפוא, התורה שנקראת זאת, ילקוט משלי ו': **התרפס באבק.** רפיסה היא ברגל, כמו שכתוב בדניאל ז' (פסוק ז) ברגליה רפסה. וכמו שכתוב יחזקאל ל"ד י"ח י"ט, והכוונה שילך אל חכמים ללמוד מהם, וכמו שאמר בילקוט שם, עשה לך רב: **אזכיר רהב.** צריך עיון איזה ראיה מכאן, והיה לו להביא מפסוק (תהלים קלח, ג) ביום קראתי ותענני תרהיבני בנפשי עוז, כמו שהביא לעיל סימן ד ויתן עוז למלכו: **בפרשת ויגש.** פירוש דשם כתוב פירוש אחר על פסוק זה, ריש פרשה צ"ג: **אלו ישראל.** עיין מדרש משלי ו', וילקוט שם, ומדרש תהלים מזמור ח': **עריבין בינן לבין הקדוש ברוך הוא.** פירוש עריבין זה על זה להקב"ה. ועיין בריש הפרשה. וכאן פירש על שאמרו נעשה ונשמע, שתקעו עצמן לערבות, על שאחרים לא קבלוה: **שלישי ורביעי.** ובנמשל, ראשון הוא שעיר, שני מואב, שלישי עמון, רביעי בני קטורה. ועיין מכילתא פסוק אנכי: **הוי בני אם ערבת.** במדרש משלי ו' באריכות וכאן חסר: **לעבדיו שמרו.** כל המשל בלשון יחיד, גם כאן צריך לומר לעבדו שמור:

מסורת המדרש

יד. תנחומא סדר ויגש סימן א'. מדרש תהלים מזמור ח'. מדרש משלי פרשה ו'. ילקוט משלי רמז תתקל"ח. ועיין שיר השירים רבה פרשה א' פסוק ד'. ובילקוט שיר השירים רמז תתקפ"ב:
טו. עבודה זרה דף ב'. מכילתא כאן פרשה ה'. ספרי סדר וזאת הברכה פיסקא שמ"ג. פרקי דרבי אליעזר פרק מ"א. תנחומא סדר וזאת הברכה סימן ד'. ילקוט שם רמז תתקנ"א:
טז. אגדת בראשית פרק ע"ג:

אם למקרא

בְּנִי שְׁמֹר אֲמָרָי וּמִצְוֹתַי תִּצְפֹּן אִתָּךְ:
(שם ז: א)

בְּנִי לִדְבָרַי הַקְשִׁיבָה לַאֲמָרַי הַט אָזְנֶךָ:
(שם ד: כ)

עֲשֵׂה זֹאת אֵפוֹא בְּנִי וְהִנָּצֵל כִּי בָאתָ בְכַף רֵעֶךָ לֵךְ הִתְרַפֵּס וּרְהַב רֵעֶיךָ:
(שם ו: ג)

אַזְכִּיר רַהַב וּבָבֶל לְיֹדְעָי הִנֵּה פְלֶשֶׁת וְצוֹר עִם כּוּשׁ זֶה יֻלַּד שָׁם:
(תהלים פז: ד)

הִנָּצֵל כִּצְבִי מִיָּד וּכְצִפּוֹר מִיַּד יָקוּשׁ:
(משלי ו: ה)

לְמַעַן אַחַי וְרֵעָי אֲדַבְּרָה נָּא שָׁלוֹם בָּךְ:
(תהלים קכב: ח)

וַיִּקַּח סֵפֶר הַבְּרִית וַיִּקְרָא בְּאָזְנֵי הָעָם וַיֹּאמְרוּ כֹּל אֲשֶׁר דִּבֶּר ה' נַעֲשֶׂה וְנִשְׁמָע:
(שמות כד: ז)

שִׁמְעוּ דְבַר־ה' בֵּית יַעֲקֹב וְכָל מִשְׁפְּחוֹת בֵּית יִשְׂרָאֵל:
(ירמיה ב: ד)

בְּנִי אִם עָרַבְתָּ לְרֵעֶךָ תָּקַעְתָּ לַזָּר כַּפֶּיךָ: נוֹקַשְׁתָּ בְאִמְרֵי פִיךָ נִלְכַּדְתָּ בְּאִמְרֵי פִיךָ:
(משלי ו: א-ב)

ידי משה

[ט] משל למלך שאמר לעבדיו שמרו לי שני כוסות. ואם תאמר דבמשל כיון שנשבר הכוס אין לו תקנה, וכאן היה להם תקנה בתשובה. ויש לומר מכל מקום לדיק גמור עדיף כן. איתא ביפה תואר:

ענף יוסף

(ט) למלך שאמר לעבדיו שמרו לי שני כוסות כו'. הכוונה שמהיות שעל ידי נתינת התורה נעשו ישראל שלמים כמלאכי עליון, לכן היה אז עוז למו לעשות את אשר לוה ה' על פי עזר הפנימי לבד, רלה לומר על ידי השגת שכלם והתעוררות חכמתם, והיו רק עושים מאהבה הפנימית לבד, כי ערבה להם עשיית רלון שמים יותר מכל תענוגים של העולם הזה, אמנם על ידי עשות העגל חזרה הזוהמא למקומה, ואלמלא לא ילאה מהם עד סוף כל הדורות, עד שכל הדורות מנוגחים מאת העגל הקדוש עד שבלתי אפשר להם לעשות המלות מפאת שכלם לבד, וכשהם לעלמם מה הם, לכן המה הולרכו גם לעזר החילוניות לשמוע האזהרה והתוכחה

מתנות כהונה

הוראת תורה. שאינו יודע להורות כהלכה. וכן בהדיא בשוחר טוב מזמור ח': **כי באת בכף וגו'.** באת ביד ה' שמולא מדת הדין מקום לתפוש אותך: **והמליכם.** שישאל וילמד מגדולי הדור: **לפולחה.** לעובדה כהלכתה: הכי גרסינן משקבלה עליו נכנס בה: **הובירה.** הניח אותה ריק ובור כדאמרינן (בבא מציעא קד, א) אם אוביר ולא אעביד: **הרתיק.** נקש ודפק ובא אליה: **דיאטריטא.** פירש הערוך

אשד הנחלים

זה תקעת לזירה להיות או אתה נוצח, או כביכול הוא נוצח. והכונה כי אם חס ושלום לא תמחה בידם, אז מוכרח מדת הדין לעשות מעשהו, אך בהיפך יכוף את מדת הדין על דרך נצחוני בני. ודרש שנוקש במה שהעריך נפשו בהוראת התורה, שכלם סומכים על פי הוראתו, ולכן לך התרפס באבק רגלי החכמים למען תדע איך להורות, והחכמים יהיו בעיניך חשובים לשמוע דבריהם באימה, וראה **להנצל כצבי מיד**, כי אם לא כן הרי אתה מופקר כצבי: **אלו ישראל כו'.** שהם העמידו עצמם בערבות, והעריכו נפשם שיכולים לקבל התורה, והרי זה כערבים להתורה שיקיימו אותה. והנה העובדי כוכבים הקדמונים הכירו כחן וטבען שאין ביכולתם לכוף יצרן, ולכן לא היה עונשן כל כך, אבל ישראל הכירו שיש בכחם לכוף טבעם לעשות כפי התורה, ולכן הם היו נענשים: **שנקראו ריעים.** אחר שה' נקרא ריע להם, אם כן הם ריעים לו יתברך: **שמעו.** כאומר אתם בית יעקב אשר בכחכם לעשות טוב ממזג אבותיכם:

עַד שֶׁהוּא נִכְנַס לַפָּלָטִין הָיָה עֵגֶל אֶחָד שָׁרוּי עַל פֶּתַח הַפָּלָטִין — As [the servant] was entering the palace, there was a calf settled at the palace entrance; נָגַח הָעֶבֶד וְנִשְׁבַּר אֶחָד מֵהֶם — [the calf] rammed the servant and one of [the goblets] shattered.[130] **וְהָיָה הָעֶבֶד עוֹמֵד וּמְרַתֵּית לִפְנֵי הַמֶּלֶךְ — The servant** then **stood trembling before the king.**[131] **אָמַר לוֹ: לָמָּה אַתְּ מְרַתֵּת — [The king] asked [the servant], "Why are you trembling?" אָמַר: שֶׁנְּגָחַנִי עֵגֶל וְשִׁבֵּר אֶחָד מִשְּׁנֵי הַכּוֹסוֹת — [The servant] replied, "Because a calf rammed me and shattered one of the two goblets." אָמַר לוֹ הַמֶּלֶךְ: אִם כֵּן דַּע וְהִזָּהֵר בַּשֵּׁנִי — The king said to him, "If so, be aware and be careful with the second goblet!"**[132] **כָּךְ אָמַר הַקָּדוֹשׁ בָּרוּךְ הוּא: שְׁנֵי כּוֹסוֹת מְזַגְתֶּם בְּסִינַי, "נַעֲשֶׂה וְנִשְׁמָע" — Similarly did the Holy One, blessed is He, say** to the Jewish people, **"You mixed two goblets at Sinai: '*we will do*' and '*we will listen*';**[133] **שִׁבַּרְתֶּם "נַעֲשֶׂה", עֲשִׂיתֶם לְפָנַי עֵגֶל — you have shattered '*we will do*,'** for **you made** a Golden **Calf before Me;**[134] **הִזָּהֲרוּ בְּ"נִשְׁמָע" — be careful with '*we will listen.*' "**[135] **הֱוֵי "שִׁמְעוּ דְּבַר ה' בֵּית יַעֲקֹב" — Thus is** stated, ***Listen to the word of HASHEM, O House of Jacob,*** *etc.*[136]

NOTES

130. See *Maharzu*.

131. See *Matnos Kehunah*, followed by *Eitz Yosef*.

132. The king warned his servant that because only one goblet remained, his obligation to guard it was that much greater (*Tiferes Tzion*).

133. Although in the parable the king gave the servant two empty goblets, the Midrash describes the Jewish people as having actually prepared two goblets of wine when they committed at Sinai to keep the Torah. This is because God treats one who makes a commitment to serve Him as though he has fulfilled that commitment (see *Mechilta* to 12:28 above, followed by *Rashi* ad loc.), so that already at Sinai, the "goblets" were seen as being used for their purpose of serving "wine" to God (*Yefeh To'ar*).

134. This is the significance of the calf of the parable. The reason it was said to have *settled at the palace entrance* is that immediately after the Jewish people received the Torah [while yet camped at Sinai,] they sinned with the Golden Calf (*Maharzu*).

Although the Jews would repent and thereby restore their commitment of *we will do*, the holiness that had been theirs at the time of their exalted commitment — like the goblet of the parable — was lost forever. This Midrash concurs with the view (cited in *Succah* 53a) that one who never sins is preferable to one who sins and repents (*Yefeh To'ar*, cited in part by *Yedei Moshe*).

135. When the Jewish people sinned with the Golden Calf they did not reject God, heaven forbid, but rather created the calf to aid them in serving Him by filling Moses' role of intermediary between the nation and God (see *Ibn Ezra* and *Ramban* to 32:1 below). [See Insights below on 42 §5, "The Ox of the Chariot *Chayos*," and on 43 §7, "The Sin of the Golden Calf."] Because they sinned in deed but with worthy intentions, they are said to have compromised only *we will do* and not *we will listen* (*Yefeh To'ar*, *Imrei Yosher*).

136. See *Maharzu*, who explains how the continuation of this passage alludes to the sin of the Golden Calf.

See Insight Ⓐ.

INSIGHTS

Ⓐ **The Remaining Goblet of Glass** By portraying Israel as being left with only one-half of their נַעֲשֶׂה וְנִשְׁמָע, *we will do and we will listen*, declaration, the Midrash implies that the two halves are independent, each one significant in its own right. In a profound exposition of this passage, *R' Gedaliah Schorr* (*Yisro* p. 84ff) explains that indeed the two statements represent two distinct spiritual attainments, one of which became a casualty of the sin of the Golden Calf.

The first attainment, expressed by the declaration נַעֲשֶׂה, *we will do*, was the unnatural ability to intuit the mitzvos and carry them out even before being commanded to do so. By the time the Israelites had arrived at Mount Sinai, they had so thoroughly purified themselves that they became free of the material contamination introduced by Adam's sin into the human body [פָּסְקָה זוּהֲמָתָן] (see *Shabbos* 146a et al.). In this sublime state of purity, they were so perfectly attuned to the spiritual that they knew instinctively how to carry out God's will. Since the 248 positive commandments correspond to the 248 parts of the human body, each part of their pristine bodies stirred to fulfill its particular mitzvah; and since the 365 prohibitive commandments correspond to the 365 "sinews," each of these sinews instinctively refrained from the act that would violate its particular prohibition.

In this manner, the Jewish people resembled the angels, who stand in perpetual readiness to perform God's commands, even before knowing what they entail. Thus, our Sages teach (*Shabbos* 88a) that when Israel declared their commitment "to do" before their promise "to listen," a Heavenly voice came forth and said, "Who revealed to My children the secret used by the ministering angels?" For regarding the angels it is written, בָּרְכוּ ה' מַלְאָכָיו גִּבֹּרֵי כֹחַ עֹשֵׂי דְבָרוֹ לִשְׁמֹעַ בְּקוֹל דְּבָרוֹ, *Bless Hashem, O His angels, strong warriors, executors of His word to hear the voice of His word* (*Psalms* 103:20). The verse calls them "executors of His word" (עֹשֵׂי דְבָרוֹ) even before saying that they are inclined to listen to His word (לִשְׁמֹעַ בְּקוֹל דְּבָרוֹ), because they are moved by their very essence to serve God and fulfill His will. Similarly, by declaring נַעֲשֶׂה, *we will do*, the Israelites expressed the fact that they, too, had reached this level of instinctive performance of the Divine will. In this vein, the Sages interpret the verse אֲנִי אָמַרְתִּי אֱלֹהִים אַתֶּם וּבְנֵי עֶלְיוֹן כֻּלְּכֶם, *I said, "You are angelic, sons of the Most High"* (*Psalms* 82:6), as referring to the generation that accepted the Torah — before they worshiped the Golden Calf — for they had reached the level of the angels.

As to the significance of the second part of their pronouncement — נִשְׁמָע, *we will listen* — R' Schorr explains that this expressed the Jews' confidence that by "doing" as God has commanded, they would merit to hear, or perceive, the luminous inner meaning of the commandments. Here again, they would emulate the angels, who proceed from being *executors of His will* (עֹשֵׂי דְבָרוֹ) to perceiving the hidden, inner "voice" of God's word (לִשְׁמֹעַ בְּקוֹל דְּבָרוֹ). [The "voice" as an unarticulated sound, being the fundamental element of speech, is a metaphor for the supernal essence of God's word — see *Sfas Emes* (*Yisro* 5632).]

However, the Israelites did not maintain this exalted state for long. With the sin of the Golden Calf, they tumbled from this summit of human attainment and lost the spiritual sensitivity that had attuned to the Divine word. If before the sin they had achieved the immortal status enjoyed by the *angels of the Most High* (*Psalms* 82:6), after the sin they would exist on the lowly, mortal plane of human life as we now know it: אָכֵן כְּאָדָם תְּמוּתוּן וּכְאַחַד הַשָּׂרִים תִּפֹּלוּ, *But like men you shall die, and like one of the princes you shall fall* (ibid.). To use the imagery adopted by our Midrash, the first goblet of glass fell to the floor and shattered into many pieces.

But all was not lost. We still have the second goblet, the one that represents נִשְׁמָע, *we will listen*. We must be ever vigilant to protect this last fragile goblet entrusted to our care by the King of kings.

We must realize, though, that it is no longer the same נִשְׁמָע it once was. In the compromised state of our post-Golden-Calf existence, we cannot expect our performance of the mitzvos to automatically reveal to us the other-worldly radiance that shines from every facet of God's word.

Instead, the נִשְׁמָע we are left with is one that precedes, rather than follows, our mitzvah performance: the commitment to listen and humbly submit to God's command. This aspect of נִשְׁמָע is alluded to in the verse וְשָׁמַעְנוּ וְעָשִׂינוּ, *then we shall hear and we shall do* (*Deuteronomy* 5:24), where the "hearing" came before the "doing" (see *Aderes Eliyahu* ad loc.).

Nevertheless, our access to the luminous, inner content of the mitzvos has not been blocked completely. By bending our ear to God's will, we can rehabilitate ourselves, as stated by the verse cited in the next passage of our Midrash: שִׁמְעוּ וּתְחִי נַפְשְׁכֶם, *Listen and your soul will be rejuvenated* (*Isaiah* 55:3). Even if one's body is sullied by sin (as the Midrash below explains), the act of "listening" with an attentive ear fills it with life. Eventually, this can purify the body until it regains the angelic trait of instinctive conformance to God's will (see *Sifrei* to *Devarim* 32:2, at end).

Thus, we can still rise to the extraordinary level that the nation achieved before the sin of the Golden Calf, though doing so requires a much greater investment of time and effort. The more one submits to God's commands, the more instinctive his mitzvah-compliance becomes and the more deeply he perceives the true nature of the mitzvos. And since this process raises the level of one's submission to God, it becomes a cycle that reinforces itself with ever-increasing intensity — all beginning with the resolve to make one's ear receptive to Divine instruction, as communicated through the Torah and its mitzvos.

עַד שֶׁהוּא נִכְנַס לַפָּלָטִין הָיָה עֵגֶל אֶחָד שָׁרוּי עַל פֶּתַח הַפָּלָטִין, נָגַח הָעֶבֶד וְנִשְׁבַּר אֶחָד מֵהֶם, וְהָיָה הָעֶבֶד עוֹמֵד וּמְרַתֵּית לִפְנֵי הַמֶּלֶךְ, אָמַר לוֹ: לָמָּה ° מְרַתֵּת, אָמַר: שֶׁנְּגָחַנִי עֵגֶל וְשִׁבַּר אֶחָד מִשְּׁנֵי הַכּוֹסוֹת, אָמַר לוֹ הַמֶּלֶךְ: אִם כֵּן דַּע וְהִזָּהֵר בַּשֵּׁנִי, כָּךְ אָמַר הַקָּדוֹשׁ בָּרוּךְ הוּא: שְׁנֵי כוֹסוֹת מְזַגְתֶּם בְּסִינַי, "נַעֲשֶׂה וְנִשְׁמָע", שִׁבַּרְתֶּם "נַעֲשֶׂה", עֲשִׂיתֶם לִפְנֵי עֵגֶל, הִזָּהֲרוּ בְּ"נִשְׁמָע", הֱוֵי (ירמיה ב, ד) "שִׁמְעוּ דְבַר ה' בֵּית יַעֲקֹב", דָּבָר אַחֵר, "שִׁמְעוּ דְּבַר ה' ", הָדָא הוּא דִכְתִיב (ישעיה נה, ג) "שִׁמְעוּ וּתְחִי נַפְשְׁכֶם", הֵיאַךְ חֲבִיבִים יִשְׂרָאֵל שֶׁהוּא מְפַתֶּה אוֹתָם, אָמַר לָהֶם: אִם יִפּוֹל אָדָם מֵרֹאשׁ הַגַּג כָּל גּוּפוֹ לוֹקֶה, וְהָרוֹפֵא נִכְנָס אֶצְלוֹ וְנוֹתֵן לוֹ רְטִיָּה בְּרֹאשׁוֹ וְכֵן בְּיָדָיו וְכֵן בְּרַגְלָיו וּבְכָל אֵבָרָיו, נִמְצָא כּוּלוֹ רְטִיּוֹת, אֲנִי אֵינִי כֵן, אֶלָּא "רמ"ח אֵבָרִים בָּאָדָם הַזֶּה וְהָאוֹזֶן אֶחָד מֵהֶם, וְכָל הַגּוּף מְלוּכְלָךְ בַּעֲבֵירוֹת, וְהָאוֹזֶן שׁוֹמַעַת וְכָל הַגּוּף מְקַבֵּל חַיִּים, "שִׁמְעוּ וּתְחִי נַפְשְׁכֶם", לְכָךְ אָמַר "שִׁמְעוּ דְּבַר ה' בֵּית יַעֲקֹב", וְכֵן אַתָּה מוֹצֵא בְּיִתְרוֹ שֶׁעַל יְדֵי שְׁמִיעָה זָכָה לְחַיִּים, שֶׁשָּׁמַע וְנִתְגַּיֵּיר, שֶׁנֶּאֱמַר [יח, א] "וַיִּשְׁמַע יִתְרוֹ ... אֵת כָּל אֲשֶׁר עָשָׂה אֱלֹהִים לְמֹשֶׁה וּלְיִשְׂרָאֵל עַמּוֹ וְגוֹ' ":

ומרתת. עומד ברתת לפני המלך: **והאוזן שומעת.** דברי תורה ומוסר ועל ידי זה ישמור עלמו מהחטא, ויקיים המלות, ויקנה חיי נפש ואושר גם לגוף, כי שמוע מזבח טוב, כי בה נשמור ונעשה כדבר שנאמר והיה עקב תשמעון ושמרתם ועשיתם, ופירושו כי עקב השמיעה ימשוך לנו מאתו יתברך שנשמור ונעשה, על דרך כי שכר מלוה מלוה:

נגח העבד. שהעגל נגח את העבד. ובנמשל פתח הפלטין, פירוש שמיד אחר קבלת התורה עשו העגל: **הוי שמעו דבר ה'.** ובפסוק השני מה מלאו אבותיכם בי עול כי רחקו מעלי וילכו אחרי ההבל, וכתוב עוד שם (פסוק יא) ועמי המיר כבודו בלא יועיל, היינו העגל, כמו שכתוב וימירו את כבודם בתבנית שור, תהלים ק"ו כ': **שמעו ותחי נפשכם.** על ידי שמיעה לבד תחיה נפשכם. עיין ילקוט ישעיה נ"ה, וילקוט ירמיה ב' בשם פסיקתא, האוזן הזה כקנקל לכלים, והכוונה על פסיקתא פרשה כ"ז, ושם חסר מאמר זה. ועיין דברים רבה ריש פרשה י' גם כן כמו שכתוב בילקוט. וכן הובא בערוך ערך קנקל בשם פסיקתא: **האוזן שומעת וכל הגוף בו'.** שהאוזן והשמיעה כולל כל הגוף, וכמו שאמרו חז"ל (בבא קמא פה, ב) סימא עינו נותן לו דמי עינו, קיטע ידו נותן לו דמי ידו, חרשו נותן לו דמי כולו. ועל כן כתוב אוזן שומעת תוכחת חיים וגו' שמעו ותחי נפשכם. ועל כן הגליתו הראשונים בתורה, על שהיה הכל על ידי שמיעה, וראות פני הרב בדיבוק חברים ודו"ק:

אמרי יושר

עשיתם לפני עגל. שבזה עשיתם הפך נעשה הזהרו בנשמע, כי האמונה בעת עשיית העגל שלימה היתה, לא לקחוהו אלא למנהיג אמלעי כמבואר בדברי רבותינו ז"ל, ובהרב אברהם בן עזרא (שמות לא, יח):

ענף יוסף

מפי אחרים, והלואי יהיו מוזהרים מפי הנביאים אשר יפחדו בכמה עונשים ומוסרים, ויקשיבו ויעשו ויהיה טוב להם לעולם, ואמנם בדור האחרון ישוב ישראל אל מעלתו הראשונה, כי יתן ה' את רוחו עליהם ומלאה הארץ דעה את ה' (תולדות נח): **הזהרו בנשמע.** קשה דבמשל שהכוס נשבר אין לו תקנה, יזהר בנשאר לבד, אבל בנמשל אף שחטאו בעגל אחר שעשו תשובה ונעתר להם, הרי חזר הנעשה למקומו, וצריך לשמור שניהם. ושמא יש לומר דסבירא ליה דקדושת ישראל היתה שלא יחטאו כלל באלה, ומה שאמר שאבדו נעשה, היינו שאבדו הקדושה הזו דסבירא ליה דצדיק גמור עדיף מבעלי תשובה, וישמרו נשמע שלא יחטאו ויצטרכו לשוב שיפסידו קדושה זו, וענין זה נחשב כאילו נאבד הכוס (יפה תואר):

מסורת המדרש

יז. עיין פסיקתא דרב כהנא פיסקא י"ד. דברים רבה פרשה י'. ילקוט ישעיה רמז שמ"א. ילקוט ירמיה רמז רס"ד:

אם למקרא

שִׁמְעוּ דְבַר־ה' בֵּית יַעֲקֹב וְכָל מִשְׁפְּחוֹת בֵּית יִשְׂרָאֵל:
(ירמיה ב: ד)

הַטּוּ אָזְנְכֶם וּלְכוּ אֵלַי שִׁמְעוּ וּתְחִי נַפְשְׁכֶם וְאֶכְרְתָה לָכֶם בְּרִית עוֹלָם חַסְדֵי דָוִד הַנֶּאֱמָנִים:
(ישעיה נה: ג)

ידי משה

משל לרופא וכו' עד האוזן שומעת וכל הגוף מקבל חיים שמעו ותחי נפשכם. פירוש, שעל ידי ששברתם נעשה, על ידי נשמע זה דתשובה יהיה לכם תקנה. וקל להבין:

שינוי נוסחאות

(ט) למה מרתת. בספרים הישנים היה כתוב "למה את מרתת", וכצ"ל, ומדפיסי קראקא שס"ט השמיטו "את" בטעות:

מתנות כהונה

(ערך דייטרוט) כלי זכוכית חשוב מאד: **ומרתית.** עומד ברתת לפני המלך: **והאוזן שומעת.** דברי תורה ומוסר:

אשד הנחלים

משל למלך כו' שברתם נעשה כו' הזהרו בנשמע. הענין הוא מבואר על פי דעת הכוזרי (מאמר א אות צז), שלא היה חטא העגל כי אם בכונת העשייה, כי כונתם היה רק לה' לא לעבודת כוכבים חס ושלום, רק שבדו מלבם מעשה העגל, שדימו שעל ידי זה יתקרבו לעבודת ה', ואם כן חטאם היה שעברו על נעשה, שעשו מה שלא ציוה ה', אבל נשמע קיימו, ועל זה הזהירם ה' על כל פנים שמעו דבר ה', כאומר אם עברתם על מעשי המצות, על כל פנים היה לכם לשמוע לה' ולהאמין בו. והענין כי אז נמצאו אנשים שהשליכו מצות המעשיות, בְּדַמּוֹתָם כי עיקר השלימות הוא האמונה האמיתית זהו השמועה, ולבסוף עזבו גם זאת, וכאומר ה' ברוך הוא ראו נא כי עזבתם גם זאת, והלואי שתשמעו על כל פנים ותאמינו בי באמת: **עגל שרוי.** הוא רומז גם כן על היצר הרובץ על הנפש המשכלת, על דרך (בראשית ד, ז) לפתח חטאת רובץ: **שהוא מפתה אותן.** בדבר שהוא רק לטובתו, כי אם יצדק מה יפעל, והיה מן הדין שלא לפתותו, אם רצה יקבל טוב ואם לא אולתו עליו תשוב, ועם כל זה ה' מפתה אותו ומראה לו דברי שכל איך שטוב לשמוע לה': **אם יפול כו'.** בין תבין הדבר הנעלה הזה, לעורר לנו על התשובה כשהוא מטהר הנפש מכל חסרונותיו הדבוקים בה. ויתבונן בן אדם מן רפואות הגוף, אם נלקה בכל גופו אי אפשר לרפאות כי אם כל אבר אבר בפני עצמו, כי לא יקבל אבר אחד רפואה מאבר זולתו, אכן רפואת הנפש תלוי רק באבר אחד, והיא השמיעה, אם יתחיל לשמוע דבר ה', ויעשה רושם בלבו אז נרפא הנפש כולו, כי תתהפך מכל מחשבותיו ופעולותיו הרעים, והורה לנו בזה עיקר גדול, כי עיקר התחלת התשובה להרגיל האזן שישמע היטב עד שיצייר בלבו, ואז ממילא יפתח לבבו לשוב מדרכו הרעה. או יאמר אף שעיקר התשובה הוא תשובת המשקל, להפוך כל מעשיו לטובה, על דרך מאמרם באותו מקום (יומא פו, ב), ולכל עבירה פרטית מוכרח להפכה, והרי זה כרפואה פרטית לכל כח וכח אשר עשה הפכו, אבל התחלת התשובה הוא רק באבר אחד שממנו יתחיל לעשות תשובה בכלל, ואז יחיה נפשו המשכלת ותשוב לעשות טוב, ואף אם לא ישלים תשובתו עם כל זה נרצה לפני ה' ברוך הוא, ודי בזה לעורר האדם לתשובה, להורות כי הוא דבר קל, רק אם ירצה ויטה אזן היטב לדברי ה', אז ממילא יפתח לבבו: **שעל ידי שמיעה.** רצה לומר שאבה לשמוע היטב ולקבל בלבו:

The Midrash presents a third insight into the verse from *Jeremiah* and relates it to our verse regarding Jethro:

דָּבָר אַחֵר, "שִׁמְעוּ דְבַר ה' " — **Another insight:** ***Listen to the word of HASHEM*** — הָדָא הוּא דִכְתִיב "שִׁמְעוּ וּתְחִי נַפְשְׁכֶם" — **this is** related to that **which is written, *Listen and your soul will live*** (*Isaiah* 55:3). הֵיאַךְ חֲבִיבִים יִשְׂרָאֵל שֶׁהוּא מְפַתֶּה אוֹתָם — See **how** the people of **Israel are beloved, that God entices them** to listen to Him![137] אָמַר לָהֶם: אִם יִפּוֹל אָדָם מֵרֹאשׁ הַגַּג כָּל גּוּפוֹ לוֹקֶה — With the above words, **[God] said to [the people of Israel], "If a man should fall from the top of a roof his entire body suffers injury.** וְהָרוֹפֵא נִכְנָס אֶצְלוֹ וְנוֹתֵן לוֹ רְטִיָּה בְּרֹאשׁוֹ וְכֵן בְּיָדָיו וְכֵן בְּרַגְלָיו וּבְכָל אֵבָרָיו, נִמְצָא כּוּלּוֹ רְטִיּוֹת — **And the doctor enters the place where he is and gives him a bandage on his head, and** does **the same on his hands, the same on his feet, and the same on all his limbs,** until **he is found to be entirely** covered with **bandages.** אֲנִי אֵינִי כֵן — **I,** on the other hand, **am not like that.** אֶלָּא רמ"ח אֵבָרִים בָּאָדָם הַזֶּה וְהָאוֹזֶן אֶחָד מֵהֶם — **Rather, a man**[138] **has two hundred and forty-eight limbs and the ear is** but **one of them,** וְכָל הַגּוּף מְלוּכְלָךְ בַּעֲבֵירוֹת וְהָאוֹזֶן שׁוֹמַעַת וְכָל הַגּוּף מְקַבֵּל חַיִּים — **and** yet, **when the entire body is soiled with sin and the ear listens** to words of Torah and ethical instruction, **the entire body receives life!"**[139] "שִׁמְעוּ וּתְחִי נַפְשְׁכֶם" — Thus is stated, ***Listen and your soul will live.***[140] לְכָךְ אָמַר "שִׁמְעוּ דְבַר ה' בֵּית יַעֲקֹב" — **And therefore [Scripture] stated, *Listen to the word of HASHEM, O House of Jacob.***[141] וְכֵן אַתָּה מוֹצֵא בְּיִתְרוֹ שֶׁעַל יְדֵי שְׁמִיעָה זָכָה לַחַיִּים, שֶׁשָּׁמַע וְנִתְגַּיֵּיר — **And so do you find regarding Jethro, that through listening he merited life, for he heard and became a proselyte,** שֶׁנֶּאֱמַר "וַיִּשְׁמַע יִתְרוֹ . . . אֵת כָּל אֲשֶׁר עָשָׂה אֱלֹהִים לְמֹשֶׁה וּלְיִשְׂרָאֵל עַמּוֹ וְגוֹ' " — **as is stated, *Jethro heard . . . everything that God did to Moses and to Israel His people, etc.***[142]

NOTES

137. Elucidation is based on *Yefeh To'ar*, who explains that because God loves the Jewish people, He communicates to them that they can attain *life* simply by listening. The Midrash will now develop this idea.

138. Lit., *this man*.

139. Based on *Matnos Kehunah*, followed by *Eitz Yosef*.

Scripture implies (see *Deuteronomy* 7:12) that through *listening* to Torah and ethical instruction, a man becomes enabled by God to *observe and perform* His mitzvos. As the Sages teach (*Avos* 4:2), *The reward for a mitzvah is a mitzvah*. Thus, by *listening*, one benefits his soul as well as his body (*Eitz Yosef*). The centrality of the ear to the human body is evidenced by the fact that (as taught in *Bava Kamma* 85b; see *Rashi* and *Tosafos* ad loc.) the ear is the only part of the body whose loss at the hands of an assailant (i.e., loss of hearing) results in an obligation to pay the victim's entire pre-injury worth (*Maharzu*, see there for additional discussion).

140. The implication of these words is that *listening* alone brings about *life* (*Maharzu*).

141. Because God wishes for His nation to attain life, He begins rebuking them with an injunction that they *listen*.

142. The Midrash is offering an explanation for why the Torah saw fit to tell the episode of Jethro having *heard* and *come* to the Jewish camp. According to this Midrash, this episode serves to reinforce the lesson of the verse from *Jeremiah*: that through *hearing* properly, one can attain life (*Eitz Yosef* above, at the beginning of the section of Midrash).

עַד שֶׁהוּא נִכְנָס לַפָּלָטִין הָיָה עֵגֶל אֶחָד שָׁרוּי עַל פֶּתַח הַפָּלָטִין, נָגַח הָעֶבֶד וְנִשְׁבַּר אֶחָד מֵהֶם, וְהָיָה הָעֶבֶד עוֹמֵד וּמְרַתֵּית לִפְנֵי הַמֶּלֶךְ, אָמַר לוֹ: לָמָּה ° מְרַתֵּת, אָמַר: שֶׁנְּגָחַנִי עֵגֶל וְשִׁבֵּר אֶחָד מִשְּׁנֵי הַכּוֹסוֹת, אָמַר לוֹ הַמֶּלֶךְ: אִם כֵּן דַּע וְהִזָּהֵר בַּשֵּׁנִי, כָּךְ אָמַר הַקָּדוֹשׁ בָּרוּךְ הוּא: שְׁנֵי כּוֹסוֹת מְזַגְתֶּם בְּסִינַי, "נַעֲשֶׂה וְנִשְׁמָע", שִׁבַּרְתֶּם "נַעֲשֶׂה", עֲשִׂיתֶם לִפְנֵי עֵגֶל, הִזָּהֲרוּ בְּ"נִשְׁמָע", הֱוֵי (ירמיה ב, ד) **"שִׁמְעוּ דְבַר ה' בֵּית יַעֲקֹב", דָּבָר אַחֵר, "שִׁמְעוּ דְּבַר ה' ", הֲדָא הוּא דִכְתִיב** (ישעיה נה, ג) **"שִׁמְעוּ וּתְחִי נַפְשְׁכֶם", הֵיאַךְ חֲבִיבִים יִשְׂרָאֵל שֶׁהוּא מְפַתֶּה אוֹתָם, אָמַר לָהֶם: אִם יִפּוֹל אָדָם מֵרֹאשׁ הַגַּג כָּל גּוּפוֹ לוֹקֶה, וְהָרוֹפֵא נִכְנָס אֶצְלוֹ וְנוֹתֵן לוֹ רְטִיָּה בְּרֹאשׁוֹ וְכֵן בְּיָדָיו וְכֵן בְּרַגְלָיו וּבְכָל אֵבָרָיו, נִמְצָא כּוּלּוֹ רְטִיּוֹת, אֲנִי אֵינִי כֵן, אֶלָּא "רמ"ח אֵבָרִים בָּאָדָם הַזֶּה וְהָאוֹזֶן אֶחָד מֵהֶם, וְכָל הַגּוּף מְלוּכְלָךְ בַּעֲבֵירוֹת, וְהָאוֹזֶן שׁוֹמַעַת וְכָל הַגּוּף מְקַבֵּל חַיִּים, "שִׁמְעוּ וּתְחִי נַפְשְׁכֶם", לְכָךְ אָמַר "שִׁמְעוּ דְּבַר ה' בֵּית יַעֲקֹב", וְכֵן אַתָּה מוֹצֵא בְּיִתְרוֹ שֶׁעַל יְדֵי שְׁמִיעָה זָכָה לְחַיִּים, שֶׁשָּׁמַע וְנִתְגַּיֵּיר, שֶׁנֶּאֱמַר** [יח, א] **"וַיִּשְׁמַע יִתְרוֹ ... אֵת כָּל אֲשֶׁר עָשָׂה אֱלֹהִים לְמֹשֶׁה וּלְיִשְׂרָאֵל עַמּוֹ וְגוֹ' ":**

עץ יוסף

ומרתת. עומד ברתת לפני המלך: והאוזן שומעת. דברי תורה ומוסר ועל ידי זה ישמור עלמו מהחטא, ויקיים המלות, ויקנה חיי נפש ואושר גם לגוף, כי שמוע מזבח טוב, כי בה נשמור ונעשה כדבר שנאמר והיה עקב תשמעון ושמרתם ועשיתם, ופירושו כי עקב השמיעה ימשוך לנו מאתו יתברך שנשמור ונעשה, על דרך כי שכר מלוה מלוה:

פירוש מהרז״ו

נגח העבד. שהעגל נגח את העבד. ובנמשל פתח הפלטין, פירוש שמיד אחר קבלת התורה עשו העגל: **הוי שמעו דבר ה'.** ובפסוק השני מה מלאו אבותיכם בי עול כי רחקו מעלי וילכו אחרי ההבל, וכתוב עוד שם (פסוק יא) ועמי המיר כבודו בלא יועיל, היינו העגל, כמו שכתוב וימירו את כבודם בתבנית שור, תהלים ק״ו כ׳: **שמעו ותחי נפשכם.** על ידי שמיעה לבד תחיה נפשכם. עיין ילקוט ישעיה נ״ה, וילקוט ירמיה ב׳ בשם פסיקתא, האוזן הזה כקנקל לכלים, והכוונה על פסיקתא פרשה כ״ז, ושם חסר מאמר זה. ועיין דברים רבה ריש פרשה י׳ גם כן כמו שכתוב בילקוט. וכן הובא בערוך ערך קנקל בשם פסיקתא: **האוזן שומעת וכל הגוף כו'.** שהאוזן והשמיעה כולל כל הגוף, וכמו שאמרו חז״ל (בבא קמא פה, ב) סימא עינו נותן לו דמי עינו, קיטע ידו נותן לו דמי ידו, חרשו נותן לו דמי כולו. ועל כן כתוב אוזן שומעת תוכחת חיים וגו' שמעו ותחי נפשכם. ועל כן הצליחו הראשונים בתורה, על שהיה הכל על ידי שמיעה, וראות פני הרב בדיבוק חברים ודו״ק:

אמרי יושר

עשיתם לפני עגל. שבזה עשיתם הפך נעשה הזהרו בנשמע, כי האמונה בעת עשיית העגל שלימה היתה, לא לקחוהו אלא למנהיג אמצעי כמבואר בדברי רבותינו ז״ל, ובהרב אברהם בן עזרא (שמות לא, יח):

ענף יוסף

מפי אחרים, והלואי יהיו מוזהרים מפי הנביאים אשר יפחדו בכמה עונשים ומוסרים, ויקשיבו ויעשו ויהיה טוב להם לעולם, ואמנם בדור האחרון ישוב ישראל אל מעלתו הראשונה, כי יתן ה' את רוחו עליהם ומלאה הארץ דעה את ה' (תולדות נח): **הזהרו בנשמע.** קשה דבמשל שהכוס נשבר אין לו תקנה, יזהר בנשאר לבד, אבל בנמשל אף שחטאו בעגל אחר שעשו תשובה ונעתר להם, הרי חזר הנעשה למקומו, וצריך לשמור שניהם. ושמא יש לומר דסבירא ליה דקדושת ישראל היתה שלא יחטאו כלל בהלה, ומה שאמר שאבדו נעשה, היינו שאבדו הקדושה הזו דסבירא ליה דלדיק גמור עדיף מבעלי תשובה, וישמרו נשמע שלא יחטאו ויצטרכו לשוב שיפסידו קדושה זו, וענין זה נחשב כאילו נאבד הכוס (יפה תואר):

מסורת המדרש

יז. עיין פסיקתא דרב כהנא פיסקא י״ד. דברים רבה פרשה י׳. ילקוט ישעיה רמז שמ״א. ילקוט ירמיה רמז רס״ד:

אם למקרא

שִׁמְעוּ דְבַר־ה' בֵּית יַעֲקֹב וְכָל מִשְׁפְּחוֹת בֵּית יִשְׂרָאֵל: (ירמיה ב: ד)

הַטּוּ אָזְנְכֶם וּלְכוּ אֵלַי שִׁמְעוּ וּתְחִי נַפְשְׁכֶם וְאֶכְרְתָה לָכֶם בְּרִית עוֹלָם חַסְדֵי דָוִד הַנֶּאֱמָנִים: (ישעיה נה: ג)

ידי משה

משל לרופא וכו' עד **האוזן שומעת וכל הגוף מקבל חיים שמעו ותחי נפשכם.** פירוש, שעל ידי ששברתם נעשה, על ידי נשמע זה דתשובה יהיה לכם תקנה. וקל להבין:

שינוי נוסחאות

(ט) למה מרתת. בספרים הישנים היה כתוב "למה את מרתת", וכצ״ל, ומדפיסי קראקא שס״ט השמיטו "את" בטעות:

מתנות כהונה

(ערך דייטרוט) כלי זכוכית חשוב מאד: **ומרתית.** עומד ברתת לפני המלך: **והאוזן שומעת.** דברי תורה ומוסר:

אשד הנחלים

משל למלך כו' שברתם נעשה כו' הזהרו בנשמע. הענין הוא מבואר על פי דעת הכוזרי (מאמר א אות צז), שלא היה חטא העגל כי אם בכונת העשייה, כי כונתם היה רק לה' לא לעבודת כוכבים חס ושלום, רק שבדו מלבם מעשה העגל, שדימו שעל ידי זה יתקרבו לעבודת ה', ואם כן חטאם היה שעברו על נעשה, שעשו מה שלא ציוה ה', אבל נשמע קיימו, ועל זה הזהירם ה' על כל פנים שמעו דבר ה', כאומר אם עברתם על מעשי המצות, על כל פנים היה לכם לשמוע לה' ולהאמין בו. והענין כי אז נמצאו אנשים שהשליכו מצות המעשיות, בְּדַמּוֹתָם כי עיקר השלימות הוא האמונה האמיתית זהו השמועה, ולבסוף עזבו גם זאת, וכאומר ה' ברוך הוא ראו נא כי עזבתם גם זאת, והלואי שתשמעו על כל פנים ותאמינו בי באמת: **עגל שרוי.** הוא רומז גם כן על היצר הרובץ על הנפש המשכלת, על דרך (בראשית ד, ז) לפתח חטאת רובץ: **שהוא מפתה אותן.** בדבר שהוא רק לטובתו, כי אם יצדק מה יפעל, והיה מן הדין שלא לפתותו, אם רצה יקבל טוב ואם לא אולתו עליו תשוב, ועם כל זה ה' מפתה אותו ומראה לו דברי שכל איך שטוב לשמוע לה': **אם יפול כו'.** בין תבין הדבר הנעלה הזה, לעורר לנו על התשובה כשהוא מטהר הנפש מכל חסרונותיו הדבוקים בה. ויתבונן בן אדם מן רפואות הגוף, אם נלקה בכל גופו אי אפשר לרפאות כי אם כל אבר אבר בפני עצמו, כי לא יקבל אבר אחד רפואה מאבר זולתו, אכן רפואת הנפש תלוי רק באבר אחד, והיא השמיעה, אם יתחיל לשמוע דבר ה', ויעשה רושם בלבו אז נרפא הנפש כולו, כי תתהפך מכל מחשבותיו ופעולותיו הרעים, והורה לנו בזה עיקר גדול, כי עיקר התחלת התשובה להרגיל האזן שישמע היטיב עד שיצייר בלבו, ואז ממילא יפתח לבבו לשוב מדרכו הרעה. או יאמר אף שעיקר התשובה הוא תשובת המשקל, להפוך כל מעשיו לטובה, על דרך מאמרם באותו מקום (יומא פו, ב), ולכל עבירה פרטית מוכרח להפכה, והרי זה כרפואה פרטית לכל כח וכח אשר עשה הפכו, אבל התחלת התשובה הוא רק באבר אחד שממנו יתחיל לעשות תשובה בכלל, ואז יחיה נפשו המשכלת ותשוב לעשות טוב, ואף אם לא ישלים תשובתו עם כל זה נרצה לפני ה' ברוך הוא, ודי בזה לעורר האדם לתשובה, להורות כי הוא דבר קל, רק אם ירצה ויטה אזן היטב לדברי ה', אז ממילא יפתח לבבו: **שעל ידי שמיעה.** רצה לומר שאבה לשמוע היטב ולקבל בלבו:

Chapter 28

וּמֹשֶׁה עָלָה אֶל הָאֱלֹהִים וַיִּקְרָא אֵלָיו ה׳ מִן הָהָר לֵאמֹר כֹּה תֹאמַר לְבֵית יַעֲקֹב וְתַגֵּיד לִבְנֵי יִשְׂרָאֵל.

Moses ascended to God, and HASHEM called to him from the mountain, saying, "So shall you say to the House of Jacob and relate to the Children of Israel" (19:3).

§1 וּמֹשֶׁה עָלָה אֶל הָאֱלֹהִים – ***MOSES ASCENDED TO GOD.***

The Midrash cites a related verse and offers three interpretations:[1]

הֲדָא הוּא דִכְתִיב ״עָלִיתָ לַמָּרוֹם שָׁבִיתָ שֶּׁבִי״ – Thus it is written similarly, ***You ascended on high; you have taken captives*** (*Psalms* 68:19).[2] **מַהוּ ״עָלִיתָ״ – What is** the meaning of ***You ascended** on high; you have taken captives?* **נִתְעַלִּיתָ, נִתְגַּשַּׁשְׁתָּ עִם הַמַּלְאָכִים שֶׁל מַעְלָה – You were uplifted** and **triumphed over the angels of on high.**[3] **דָּבָר אַחֵר, ״עָלִיתָ לַמָּרוֹם״** – The second interpretation: **Another explanation** of ***You ascended on high*** **שֶׁלֹּא שָׁלְטָה בְּרִיָּה מִלְמַעְלָן כְּשֵׁם שֶׁשָּׁלַט מֹשֶׁה** – is **that no creature from on high dominated as Moses dominated.**[4] **אָמַר רַבִּי בֶּרֶכְיָה** – And in line with this thought **R' Berechyah said: הַלּוּחוֹת הָיוּ אָרְכָּן שִׁשָּׁה טְפָחִים – The Tablets** of the Covenant **were six handbreadths in length; כִּבְיָכוֹל הָיוּ בְּיַד מִי שֶׁאָמַר וְהָיָה הָעוֹלָם שְׁנֵי טְפָחִים – two handbreadths (as it were) were in the hand of He Who spoke and the world came into being, וּבְיָדוֹ שֶׁל מֹשֶׁה שְׁנֵי טְפָחִים – two handbreadths** were **in Moses' hand, וּשְׁנֵי טְפָחִים הָיוּ מַפְרִישִׁין בֵּין יָד לְיָד – and two handbreadths separated between** one **hand** and the other **hand.**[5] **דָּבָר אַחֵר, ״עָלִיתָ לַמָּרוֹם שָׁבִיתָ שֶּׁבִי״** – The third interpretation: **Another explanation** of ***You ascended on high; you have taken captives*****: בְּנוֹהַג שֶׁבָּעוֹלָם הַנִּכְנָס לִמְדִינָה נוֹטֵל דָּבָר שֶׁאֵין עֵין בְּנֵי הַמְּדִינָה עָלָיו – It is the way of the world that one who enters a** foreign **province** with designs on its possessions **takes something that the inhabitants do not keep their eyes on.**[6] **וּמֹשֶׁה עָלָה לַמָּרוֹם וְנָטַל אֶת הַתּוֹרָה שֶׁהָיוּ הַכֹּל נוֹשְׂאִין עֵינֵיהֶם עָלֶיהָ – But Moses ascended on high and took the Torah, on which all** the angels **kept their eyes. הֱוֵי ״עָלִיתָ לַמָּרוֹם שָׁבִיתָ שֶּׁבִי״ – This is** the import of ***You ascended on high; you have taken captives.***[7]

The Midrash discusses further the nature of Moses' acquisition of the Torah:

יָכוֹל מִפְּנֵי שֶׁשְּׁבָאָהּ אוֹתָהּ נְטָלָהּ חִנָּם – It could be thought that **because [Moses] "captured" [the Torah] he took it for free.**[8]

NOTES

1. Scripture says that Moses "ascended to God," but the Midrash agrees with the teaching of R' Yose (*Succah* 5a) that Moses (and Elijah) "never ascended to the heavens." [See *Succah* ibid. for how the Gemara explains our verse.] The Midrash will cite a verse that is difficult for the same reason; the interpretations it offers will serve to reconcile *both* verses with R' Yose's teaching (*Eitz Yosef*; see also *Maharzu* and *Yedei Moshe*; for a completely different approach see *Tiferes Tzion).*

2. The Midrash understands that the verse speaks of Moses.

3. The preceding verse in *Psalms* speaks of the angels (*God's entourage is twice ten thousand, thousands of angels, etc.*); the verse cited here is thus expounded as likewise referring to angels (*Maharzu*).

In this interpretation עָלִיתָ does not mean *you ascended*, but rather *you triumphed "over,"* or, *you got the "upper" hand.* This occurred when Moses sought to kill the angels *Af* [Anger] and *Cheimah* [Wrath] on his journey back to Egypt [see *Nedarim* 32a] (*Eitz Yosef*). עָלִיתָ לַמָּרוֹם is therefore read: "You triumphed over those who dwell on high." Alternatively, this occurred when Moses debated the angels and argued the case for the Torah being given to man [see *Shabbos* 88b-89a]. This is the "battle" implied by the phrase *you have taken captives* (*Maharzu*; see also *Eshed HaNechalim*). For a different interpretation see *Radal*.

4. I.e., Moses was dominant and preeminent among all creatures in that *he ascended* spiritually and intellectually until he reached God, Who dwells *on high*, and God spoke to him "face-to-face" (*Yedei Moshe, Eitz Yosef*). It is in this sense, too, that *Moses ascended to God* [our verse]: God recognized Moses' spiritual attainments and chose him to receive the Torah (*Eitz Yosef*).

5. I.e., the idea of Moses reaching the transcendent level of God speaking to him "face-to-face" is reinforced by the fact that God gave him the First Tablets directly, with no intermediary (ibid., *Radal*).

Alternatively: The Midrash is citing R' Berechyah because of the *continuation* of his teaching (see *Yerushalmi Taanis* 4 §5 and *Tanchuma, Eikev* §11): When Israel sinned with the Golden Calf, God sought to pull from Moses' hands the two *tefachim* of the Tablets that Moses held, but instead, Moses pulled from *God's* hands, so to speak, the two *tefachim* that *He* held. (*Yerushalmi* concludes that God then praised Moses for his "strong hand" – see *Deuteronomy* 34:12.) The point of the Midrash is thus to demonstrate how Moses, in this instance, was "dominant" over God Himself. See *Matnos Kehunah*; see also *Radal*.

[The commentators give varying interpretations of the symbolism of the three parts of the Tablets (two handbreadths in God's hands, two in Moses' hands, and two in between). We present one here: The six-*tefachim* length of the Tablets represents all spiritual knowledge. The two *tefachim* that were in God's hands represent knowledge that will never be attained by man. The two *tefachim* in the middle represent knowledge Moses attained *partially.* And the two *tefachim* that were in Moses' hands represent knowledge that God gave over to him completely. Moses' face became illuminated from the spiritual knowledge he attained (*Eshed HaNechalim* to 47 §6 below; see also here). For other interpretations see *Imrei Yosher* and *Anaf Yosef*, and the end of the Insight following note 10 below.]

6. I.e., they do not pay attention to it [to safeguard it] (*Matnos Kehunah*, followed by *Eitz Yosef*). Such a commodity may be stolen surreptitiously and without direct confrontation (*Radal*).

7. The ministering angels treasured the Torah in their possession, and vigorously opposed God's plan to give it to Moses. Indeed, Moses feared that they would kill him (see Midrash below). But he bested them in debate and took the Torah "captive" for his people [see *Radal*]; see note 3.

According to the third interpretation, עָלִיתָ (*you ascended*) has the connotation of עָלָה בְּיָדְךָ [literally, *it went up into your hand* – i.e., *you succeeded*]. The verse thus reads as follows: עָלִיתָ לַמָּרוֹם – You succeeded [in taking what was] highest [in value] in the angels' eyes; שָׁבִיתָ שֶּׁבִי – you have taken [the Torah] captive [against the angels' will] (*Eitz Yosef*).

8. I.e., he didn't pay anything for it – and his (and Israel's) acquisition of the Torah was therefore somehow incomplete and subject to challenge (see further).

פרשה כח

א [יט, ג] **"וּמֹשֶׁה עָלָה אֶל הָאֱלֹהִים", הָדָא הוּא דִכְתִיב** (תהלים סח, יט) **"עָלִיתָ לַמָּרוֹם שָׁבִיתָ שֶּׁבִי", מַהוּ "עָלִיתָ", נִתְעַלֵּיתָ, נִתְגַּשַּׁשְׁתָּ עִם הַמַּלְאָכִים שֶׁל מַעְלָה, דָּבָר אַחֵר, "עָלִיתָ לַמָּרוֹם", שֶׁלֹּא שָׁלְטָה בְּרִיָּה מִלְמַעְלָן כְּשֵׁם שֶׁשָּׁלַט מֹשֶׁה, אָמַר רַבִּי בֶּרֶכְיָה: אהַלּוּחוֹת הָיוּ אָרְכָּן שִׁשָּׁה טְפָחִים, כִּבְיָכוֹל הָיוּ בְּיַד מִי שֶׁאָמַר וְהָיָה הָעוֹלָם שְׁנֵי טְפָחִים וּבְיָדוֹ שֶׁל מֹשֶׁה שְׁנֵי טְפָחִים, וּשְׁנֵי טְפָחִים הָיוּ מַפְרִישִׁין בֵּין יָד לְיָד*, דָּבָר אַחֵר, "עָלִיתָ לַמָּרוֹם שָׁבִיתָ שֶּׁבִי", בכְּנוֹהַג שֶׁבָּעוֹלָם הַנִּכְנָס לִמְדִינָה נוֹטֵל דָּבָר שֶׁאֵין עֵין בְּנֵי הַמְּדִינָה עָלָיו, וּמֹשֶׁה עָלָה לַמָּרוֹם וְנָטַל אֶת הַתּוֹרָה שֶׁהָיוּ הַכֹּל נוֹשְׂאִין עֵינֵיהֶם עָלֶיהָ, הֱוֵי "עָלִיתָ לַמָּרוֹם שָׁבִיתָ שֶּׁבִי", יָכוֹל מִפְּנֵי שֶׁשָּׁבָה אוֹתָהּ נְטָלָהּ חִנָּם,**

עץ יוסף

(א) **הדא הוא דכתיב עלית למרום כו'.** סבירא ליה כרבי יוסי דאמר בפרק קמא (דסוטה) [דסוכה] (ה, א) דלא עלה משה ואליהו למרום, ולהכי קשיא ליה מאי ומשה עלה אל האלהים, להכי מייתי קרא דעלית למרום, כי גם שם יקשה ענין העליה למרום, אמנם דרש בשלשה אנפי וכמו כן תתפרש העליה הנזכרת פה: **נתעלית נתגששת עם המלאכים.** מפרש עלית ענין נצחון והתאבקות, כי באותו שרה את האלהים, דוגמת יעקב שנצח את המלאך, והנצוח הזה הוא בלכתו מצרימה, שבקש להרוג לאף ולחימה, כדאיתא בפרק ד' דנדרים (לב, א), ולדרש זה עלית למרום כך פירושו עלית על יושבי מרום: **דבר אחר עלית למרום שלא שלטה בריה כו'.** מפרש שהעליה הוא שנתעלה משה רבינו עליו השלום עד הגיעו אל ה', שדבר ה' עמו פנים אל פנים, ולזה הביא מאמר ר' ברכיה שאמר שהלוחות היו מיד ליד בלי אמצעי, ולפי זה עלית למרום פירושו נתעלית והגעת עד ה' אלהיך שהוא יושב מרום, ולפי זה יתפרש גם כן ומשה עלה אל האלהים, שלפי שנתקרב עד ה' במושכליו זכה שקראו ה' מן ההר לתת תורה על ידו: **דבר אחר עלית למרום כו' בנוהג כו'.** לפי דרש זה העליה הוא מה שהאליח ועלה בידו ליטול מה שהיו הכל נושאים עיניהם עליו, דהיינו התורה שלקחה בעל כרחו, ועלית למרום פירושו זכית ועלה בידך ליטול המרום בעיניהם, והיינו מה ששבית שבי התורה: **שאין עין בני המדינה עליו.** שאין בני המדינה משגיחין עליו:

פירוש מהרז"ו

(א) **עלית למרום.** וסיפא דקרא, שבית שבי לקחת מתנות באדם. וכמו שכתוב (סוכה ה, א) דעת רבי יוסי מעולם לא עלה משה למרום, ועוד מפשטא דקרא בפסוק הקודם, רכב אלהים רבותים וגו' ה' בם סיני בקודש, שהרכב אלהים היה בסיני וה' בם, וכמו שכתוב וירד ה' על הר סיני, היינו עם הרכב שלו, ואיך אמר אחריו עלית למרום. על כן דרש אם אינו ענין לעלית הגוף, תנהו ענין לעלית המעלה נתעלית. וכמו שדרש בבראשית רבה פרשה נ"ח סימן י"ד, כי עלית לרבי אלעזר המודעי. ועיין פסיקתא סוף פרשה כ', לקמן פרשה ל"ג סימן ב: **נתגששת עם המלאכים.** דבר אחר על תיבת עלית, ומה שכתב למרום, פירושו מלאכי מרום של רכב אלהים כנ"ל, כמו שאמרו שבת (פ"ח ב'), פסיקתא שם באריכות, וזהו שבית שבי, שאין שבי אלא על ידי מלחמה שהתווכח משה עמהם ונצחם בטענותיו: **בשם ששלט משה.** דרשה שלישית על עלית למרום, על הקב"ה שנקרא מרום וקדוש. וכאן חסר כמו שכתב במתנות כהונה, וכמו שדרש לקמן פרשה מ"ו סוף סימן ג'. ועיין בסוף הספרי, ועיין לקמן פרשה מ"ג סוף סימן א', טעם הדבר. ומה שאמר שני טפחים וכו', צריך עיון מנין לו: **ארכן ששה טפחים.** במדבר רבה פרשה ד בסימן כ, ושם נסמן: **נושאים עיניהם עליה.** שהמלאכים היו רוצים שתנתן להם, כמו שאמרו שבת שם: **נטלה חנם.** פירוש בלא יגיעה, תלמוד לומר לקחת, בלשון קנין ביגיעה גדולה, ארבעים יום לא אכל לא שתה ולא ישן:

מתנות כהונה

[א] **נתגששת.** התעסקת והשתדלת: **הלוחות היו ארכן** גרסינן: הכי גרסינן **בין יד ליד בו'.** ותשלום מאמר זה בירושלמי סוף פ"ד דתענית וזה לשונו וכיון שעשו ישראל אותו מעשה בקש הקב"ה לחטפן מידו של משה וחטפן הוא ממנו הוא שהכתוב משבחו בסוף ולכל היד החזקה ולכל המורא הגדול יהא שלמא על ידא דגברת על ימינא עכ"ל: **שאין עין בו'.** שאין בני המדינה משגיחין עליו:

נחמד למראה

[א] **יכול מפני ששבה אותו נטלה חנם.** יש להקשות מה זה בחנם והיאך שייך ליתן דמים, ותו למה דוקא סמך לדרוש הזה באותה שעה בקשו מלאכי השרת לפגוע במשה. ונראה לי על פי מה דאיתא במסכת גיטין (דף ל"ח) דילפינן מן פסוק (במדבר כא, א) וישב ממנו שבי, דאפילו עובד כוכבים קונה לישראל בחזקה. והידוע דגבי מקח אית דינא דבר מצרא ולא גבי מתנה, ובזה יפה כח המתנה מכח מכירה, ולהיפך לענין אחריות, מתנה מן הסתם אין לה אחריות, ומכירה יש לה אחריות, וקל וחומר הוא, ומה מתנה שאם לא ארצי קמיה לא יהיב ליה, ואף על פי כן לית ליה אחריות, מכל שכן גבי שביה אם נלקח מן השבאי שאין לו אחריות. ובזה יובן המדרש יכול מפני ששבה אותה נטלה חנם, רצה לומר אף שהתורה נקנית לנו מדין שבי בחזקה, על כל פנים היא בחנם יותר ממתנה, ואם כן אין לה אחריות אחר שבירת הלוחות, תלמוד לומר לקחת מתנות באדם, בלקיחה נתנה לו ויש לה אחריות כדין מכירה, יכול יהא חייב ליתן דמים, רוצה לומר כיון שיש לו דין אחריות, כמי שחייב ליתן דמים, אם כן שייך בו גם כן דינא דבר מיצרא, ויכולים המלאכים לטעון תנה הודך על השמים, תלמוד לומר מתנות, במתנה נתנה לו, ולפי זה אין להמלאכים שום טענה. לכך באותה שעה בקשו לפגוע במשה ודו"ק:

אשד הנחלים

[א] **נתעלית.** רצה לומר שאין הכונה עלית ממש למרום, כי אם התעלות, שנתעלה מדרגתו עד למרום, ודרש מרום על מלאכי מרום, שנצחם במה שקטרגו על נתינת התורה: **דבר אחר כו' בריה מלמעלן.** כאומר עלית יותר ממלאכי מרום, כמו שאמרו במקום אחר (שבת פח, ב), שהמלאכים ביקשו תנה לנו ונעשנה, ונצחם משה שיותן התורה רק למטה: **ארכן ששה כו' מפרישין בין יד ליד.** שמעתי מפי הרב הגאון מהור"ר דובער אשכנזי אב בית דין מסלאנים, שהכונה על דרך הצורה, להיות כל השגות המציאות נכללות בידיעת התורה, והנה השגת המציאות הן המה אשר נתחדשו בששת ימי המעשה, וזה הרמז שארכן ששה, והנה השליש מזה הוא ביד הקדוש ברוך הוא, שאי אפשר להתגלות לשום בני אדם, ואף למשה אב הנביאים, והשני טפחים אחרונים למשל היו בידו של משה, כי נתגלה לו בשלימות מזה, ושני טפחים אמצעים נשארו להורות שזה יהיה בכחו להשיג עוד מענינים, זהו דרך כללות המאמר. ואם תרצה להבין פרטיהם מה המה מרמזים, חקור בחכמת האמת ויודע לך אמיתתן: **שאין עין בני המדינה.** כי הדבר החביב לבני המדינה בודאי לא יניחו אותו לקבלו. והענין איך יצויר שמפני שניתנה לתחתונים יגרע מהעליונים, הוא מחקר דק יבואר במקום אחר, ובספרי הדרשות הארכתי בזה: **נטלה חנם.** בלא זכות.

ענף יוסף

(א) **כביכול היו ביד מי שאמר והיה העולם שני טפחים ובידו של משה שני טפחים ושני טפחים היו מפרישין בין יד ליד.** הענין הוא לפי שמצינו בתורה שלשה חלקים, האחד הוא תורה שבכתב המגולה לכל, והשני הוא תורה שבעל פה אשר איננה מגולה לכל, ואמנם נקנים לאדם על ידי טורח ויגיעה רבה, אמנם אחר היגיעה האדם ודאי זוכה בה, וכדאמרינן בפרק קמא דמגילה (ו, ב) יגעתי ומצאתי תאמין. וחלק השלישי הוא חלק הנסתר שאינו מסור ביד כל אדם להשיגו אף ביגיעה, רק הוא מתת אלהים לאוהביו ולחושבי שמו, ואף הם גם כן אינם זוכים לעמוד על בוריה כראוי, ועל זה נאמר הנסתרות לה' אלהינו והנגלות לנו ולבנינו, וזהו כוונת המאמר שהלוחות נחלק לשלשה חלקים, שליש ביד הקדוש ברוך הוא דהיינו כלפי חלק הנסתר הנקרא תורת ה', שאין בו תפיסת יד האדם אלא בעזר הקב"ה, ושליש ביד משה, כלפי חלק הנגלה הוא תורה שבכתב שיש בה תפיסת יד האדם להיות מסור בידו תמיד, ושליש בין יד ליד, כלפי חלק השגת העיון והפלפול הוא תורה שבעל פה, שצריך יגיעה שיש בה מדריגה ממוצעת שקודם היגיעה נקראת תורת ה', ולאחר היגיעה שכבר זכה בה נקראת תורת האדם, ולכן חלק זה עומד בריוח בין יד ליד להורות שאם לא יעמול בה ולא יזכה בה, הרי היא ביד הקב"ה, ואם יעמול ויזכה בה הרי היא ביד האדם (נזר הקודש):

חידושי הרד"ל

[א] **נתעלית נתגששת.** יש לפרש מלשון עליית דדריש שנתגושש ונצחה ידו על העליונה. אבל יותר נכון דהאי נתגששת הוא דבר בפני עצמו, לפרש שבית שבי, (כמו דרשא שלישית דלהלן). ודרשא קמייתא דנתעלית פירושו כפשוטו לשון עליה לגדולה, עיין לקמן ריש פרשה לג (סימן ב), וכן דרשא שניה דלא שלט בריה למעלן כמשה כדרבי ברכיה כמו שכתב המתנות כהונה (והוא מדברי אות אמת) מירושלמי דתענית (סוף פרק ד, ובמתנות כהונה כתוב פרק ב וטעות סופר הוא) שכביכול חטף משה הלוחות. ועיין לקמן פרשה מו א: **דבר אחר עלית למרום שלא שלטה בו'.** עיקר הדרשה גם כן על ושבית שביו: **נוטל דבר שאין עין בו' שבית שבי.** כלומר, דבר כזה יכול ליטול בגנבה שלא ירגישו בו, אבל דבר שעין הכל בו לא יכול ליטול כי אם בעל כרחם דרך שביה:

חידושי הרש"ש

[א] **מהו עלית בו' נתגששת עם המלאכים בו'.** כי מצינו לשון עליה על נצוח כאות של יונתן, ואם כה יאמרו עלו וגו' כי נתנם ה' בידינו (שמואל א יד, י):

אמרי יושר

[א] **מהו עלית.** כי אין שם גשם אלא נתעלית: **שני טפחים.** ביד הקדוש ברוך הוא הם חוקים, **שני טפחים ביד משה** הם המשפטים, ומצות אחרות אמצעיות, וחלק כל אחד לשני טפחים, כי יש בהם נגלה ונסתר, ובזה דייקו

באור מהרי"פ

[א] **נתגששת עם המלאכים.** פירושו שנלחם: **ששלט משה.** פירוש, שנלח את הקדוש ברוך הוא כביכול, כדפירש רבי ברכיה, וכמו שמבואר במתנות כהונה על פי הירושלמי, וזהו יותר גבורה מהתגשש עם המלאכים: **שהכל היו נותנים עיניהם עליה הוי וגו' שבית שבי.** פירוש, מן הסתם מה שאדם תופס בשביה הוא דבר שבני המדינה נותנים עיניהם עליו: **יבול וכו' נטלה חנם וכו'.** כתב תולדות נח הארוך, מה שמכנה פעם בלשון שבי, ופעם בלשון לקיחה, ופעם בלשון מתנה, נראה דלשון שבי הוא נגד המלאכים, ששבה את התורה בעל כרחם כמבואר למעלה בסמוך, והלשון לקיחה בדרך מקח וממכר הוא מצד הקב"ה וישראל, כדאיתא בפרשה שבבית דין של מטה אזלינן בתר רוב, אף על פי שהוא נגד הדין, וגם על דרך דאיתא (דברים רבה ב, יד) גבי קידוש החודש אני ואתם נלך לבית דין של מטה: **יבול מפני ששבה.** גם כן פירושו על דרך שפירש הר"ן, פירוש, הואיל ונמסרה התורה לבית דין של מטה להכריע יכריעו בעיון מעט, וזה פירושו חנם, פירוש בלא הטרחה,

מסורת המדרש

א. בבא בתרא דף י"ד. מנחות דף צ"ט. ירושלמי שקלים פ' ו' הלכה א'. וירושלמי תענית פ' ד'. לקמן פמ"ו. במד"ר פ"ד. תנחומא תשא סי' כ"ז וסדר עקב סי' י"א. ילקוט תשא רמז ת"ו: **ב.** שבת פ"ח. מדרש תהלים מזמור א'. ילקוט תהלים רמז תרמ"א ורמז תשכ"ז:

אם למקרא

עָלִיתָ לַמָּרוֹם שָׁבִיתָ שֶּׁבִי לָקַחְתָּ מַתָּנוֹת בָּאָדָם וְאַף סוֹרְרִים לִשְׁכֹּן יָהּ אֱלֹהִים: (תהלים סח: יט)

שינוי נוסחאות

(א) **ושני טפחים היו מפרישין בין יד ליד.** הגיה מ"כ שצריך להוסיף "וכו'", שהמאמר כאן חסר סופו, ע"ש תשלום המאמר:

ידי משה

[א] **מהו עלית.** פירוש, שקשה למדרש קושית הגמרא (סוכה ה, א) שמעולם לא ירדה שכינה וכו', לזה אמר שעלית, לשון עליה, שנתעלה לנצח את המלאכים ונתעלה יותר מן המלאכים: **דבר אחר בו'.** שעלה עד מעלת הקב"ה ודיבר עמו ה' פה אל פה בלתי אמצעי, ועוד שנגברה ידו על ידי הקב"ה, על דרך (מועד קטן טז, ב) מי מושל בי צדיק, וזה פירוש עלית, פירוש שנתעלית בשר ודם על גזרת הקב"ה, ולזה מביא דרש דרבי ברכיה שהיה שני טפחים ביד הקב"ה וכו': **שבית שבי יבול מפני ששבה וכו'.** ואם תאמר וכי התורה כאנוסה אצלנו, הלא התורה נשארה כתובה למעלה באש שחורה על גבי לבנה, רק שהעתיקה משה כדי לפרש הענין. פירש יפה תואר, כי האותיות הם חיות ורוחניות כמו מלאכי השרת, וזה שאמר (פסחים פז, ב) אותיות פורחות, וגבי רבי חנינא בן תרדיון איתא (עבודה זרה יח, א) גם כן שהיו אותיות פורחות מן הספר תורה, ועל ידי הכתיבה נתקשרו בגוף, כנשמה בגוף, ומטעם זה נקראת שבויה בגוף. והר"ן כתב שמטעם זה נקראת שבויה, שלפי

תַּלְמוּד לוֹמַר "לָקַחְתָּ מַתָּנוֹת בָּאָדָם" – To teach otherwise **the Torah states** there, ***you took*** [לָקַחְתָּ] ***gifts of man*** (*Psalms* ibid.), בִּלְקִיחָה נִתְּנָה לוֹ – which implies that **[the Torah] was given to [Moses] as an acquisition.**[9] יָכוֹל יְהֵא חַיָּיב לִיתֵּן לוֹ דָּמִים – But if so, **it could be** thought that **[Moses] would** indeed **be liable to pay [God]** for the Torah. תַּלְמוּד לוֹמַר "מַתָּנוֹת" – To teach otherwise, **the verse** there **states *gifts,*** בְּמַתָּנָה נִתְּנָה לוֹ – which indicates that **[the Torah] was given to [Moses] as a gift.**[10]

The Midrash now describes the confrontation between Moses and the angels:

בְּאוֹתָהּ שָׁעָה בִּקְשׁוּ מַלְאֲכֵי הַשָּׁרֵת לִפְגּוֹעַ בְּמשֶׁה – **At that time the ministering angels sought to attack Moses.**[11] עָשָׂה בּוֹ הַקָּדוֹשׁ בָּרוּךְ הוּא קְלַסְטֵירִין שֶׁל פָּנָיו שֶׁל משֶׁה דּוֹמֶה לְאַבְרָהָם – **The Holy One, blessed is He,** thereupon **made Moses' facial features similar to** those of **Abraham.** אָמַר לָהֶם הַקָּדוֹשׁ בָּרוּךְ הוּא – **The Holy One, blessed is He,** then **said to [the angels],** אִי אַתֶּם מִתְבַּיְּישִׁים הֵימֶנּוּ – **"Are you not embarrassed before him?!**

NOTES

9. Unlike the root נטל (*took*), the root לקח can imply a taking by legal means – i.e., an acquisition with all the rights of ownership. The verse therefore teaches that Moses acquired full ownership of the Torah (on Israel's behalf), as though he purchased it with money (*Matnos Kehunah*, followed by *Eitz Yosef*).

10. Although Moses legally acquired the Torah, it was a gift and not a purchase; he did *not* have to pay for it. God gave him the Torah in this manner in order to instruct him that just as he received the Torah without payment, so he must teach it to others without payment [see *Nedarim* 37a] (*Matnos Kehunah, Eitz Yosef*; see further, *Eshed HaNechalim*).

Maharzu has a different interpretation of our Midrash: "It could be thought that Moses took the Torah *for free*" means *without great effort.* "To teach otherwise the Torah states: *you took, etc.*" means that Moses *did* put in great effort – he went forty days and forty nights without eating and without sleeping. "It could be thought that he would be liable to *pay* for the Torah" means that one acquires no more Torah than what one "pays" for with one's efforts – and since the Torah's measure is "longer than the earth and wider than the sea" [*Job* 11:9], i.e., since the Torah is infinite in breadth and depth, one will still not succeed in acquiring very much. "To teach otherwise the Torah states *gifts*, etc." means that when a person puts in efforts to learn Torah, God gives him Torah knowledge as a gift – as God did for Moses (see below, 41 §6; *Rashi* to *Exodus* 31:18 s.v. ככלתו; see also *Beur Maharif*, end).

For other interpretations see *Yedei Moshe*. See also Insight Ⓐ.

11. The angels objected to the Torah being given to human beings, whose intellects were encumbered by their physicality and who therefore could not fathom the Torah's deeper meanings. They attempted to show Moses that despite the forty days he had spent learning Torah with God, their knowledge of Torah surpassed his own (for he still maintained an element of physicality, while they were completely spiritual). And they sought to incinerate him "with the breath of their mouths" and keep the Torah in heaven (*Tiferes Tzion*; see *Shabbos* 88b).

INSIGHTS

Ⓐ **The Ladder of Torah** As highlighted by the Midrash, the verse in *Psalms* employs three distinct, even somewhat contradictory, terms to describe Moses' receipt of the Torah from on high: שָׁבִיתָ שֶּׁבִי, *you have taken captives* (i.e., booty), which denotes something taken forcibly from its owner with no payment being made; לָקַחְתָּ, *you took*, implying a taking by a legal means of commercial acquisition; and מַתָּנוֹת, *gifts*, which are given willingly and freely by their owner. Which then is it? Is Torah to be taken captive, to be acquired in a commercial transaction, or to be received as a gift?

Beis HaLevi (*Yisro*, s.v. עלית למרום) explains that all are true: these three different expressions allude to three different levels of Torah learning. The verse begins with the lowest level, and teaches how one can ascend from one level to the next until he reaches the third and highest level of Torah study.

The well-known Gemara (*Megillah* 6b) states that we should not believe someone who says, "I labored in the study of Torah, but did not succeed" (יָגַעְתִּי וְלֹא מָצָאתִי). Nor should we believe one who says, "I have not labored in the study of Torah, yet I have succeeded" (לֹא יָגַעְתִּי וּמָצָאתִי). We should believe only one who says, "I have labored in the study of Torah, and I have succeeded" (יָגַעְתִּי וּמָצָאתִי).

This Gemara states clearly that any Jew who labors diligently in Torah study is assured that his labors will bear fruit. It matters not whether he possesses fear of Heaven, has refined his character or performed good deeds, or is motivated to study Torah for its own sake. For the Sages stated without qualification that one who says he toiled but did not succeed is not to be believed. Perforce, anyone may lay claim to the Torah, provided that he toils to grasp its meaning. This level of Torah study may rightfully be compared to *booty*, which a captor forcibly seizes from its rightful owner. Similarly, if a person, with his own initiative, toils to understand the Torah, he is guaranteed success and does not require any special Divine assistance. He may be unworthy of the prize, but he has toiled for it and taken it.

But while such an individual will achieve some success at understanding the Torah and being able to engage in Talmudic discourse, there will remain a lack in the clarity and retention of his learning. For that same Gemara concludes that one who wishes to gain complete clarity of the subject matter and to retain his learning (לְאוֹקְמֵי גִּירְסָא) requires Heavenly assistance. And one must possess sufficient merit to be deemed worthy of such assistance. Thus, *in addition to* toiling in Torah, one must also be God fearing, perform good deeds, and study with proper intent. He will then merit the Divine assistance to clearly understand and retain the Torah for which he toils.

This second aspect of Torah study may be likened to a commercial acquisition, which requires the consent of both seller and buyer: the original owner must wish to sell the item and the buyer must be willing to pay the seller's price. So too, one acquires the clarity and retention of Torah study when God, the Torah's original owner, conveys it to the buyer who pays the price in the performance of good deeds and the toil of study with proper intent.

But there is also a third level of Torah learning. The Mishnah in *Avos* (6:1) states that one who has toiled diligently in Torah for its own sake merits a Heavenly revelation of the Torah's secrets. No amount of effort expended in the study of these areas of Torah can open these sealed doors. It is only by toiling in the revealed portions of the Torah that Heaven reveals to him the concealed sections of the Torah as a special gift. These are the "gifts" of which the verse speaks. They are not directly earned or produced by the person's efforts. They are given to him as a gift; they are dependent solely on Divine grace.

Indeed, the verse presents these three levels of Torah in ascending order: שָׁבִיתָ שֶּׁבִי, לָקַחְתָּ, מַתָּנוֹת — the capture of booty, acquisition, gifts. This is the order in which a person ascends the ladder of Torah attainment. Initially, one should study Torah, even not for its own sake. For, as the Sages teach (*Pesachim* 50b, *Sotah* 22b, et al.), the study of Torah for ulterior motives will eventually lead to Torah study for its own sake. By learning, even for personal motives, one gains an understanding of Torah (שֶּׁבִי, *booty*). From there he will ascend to the level of learning Torah for its own sake, thereby meriting the clarity and retentions of his learning (לָקַחְתָּ, *acquisition*). And as he continues to engage in Torah learning for its own sake, he will continue climbing and will eventually merit the revelation of the concealed sections of the Torah (מַתָּנוֹת, *gifts*).

Beis HaLevi also considers these three aspects of Torah study to be the underlying theme of the earlier Midrash that two handbreadths of the Tablets were in the hand of God (as it were), two were in Moses' hand, with a two-handbreadth separation in between. The two handbreadths that were in Moses' hands represent Torah knowledge that man can acquire completely through his own toil, with no need of special Divine assistance or special merit. The two handbreadths that were in the hand of God refer to the hidden portions of Torah that can be received only as a complete gift, through a Divine revelation. The middle two handbreadths represent the clarity and retention of one's learning, which result from the combination of man's toil and Divine assistance. Together, the six handbreadths of the Tablets in their entirety are acquired.

תַּלְמוּד לוֹמַר (שם) "לָקַחְתָּ מַתָּנוֹת בָּאָדָם", בִּלְקִיחָה נִתְּנָה לוֹ, יָכוֹל יְהֵא חַיָּב לִיתֵּן לוֹ דָּמִים, תַּלְמוּד לוֹמַר "מַתָּנוֹת", בְּמַתָּנָה נִתְּנָה לוֹ, בְּאוֹתָהּ שָׁעָה שֶׁבִּקְשׁוּ מַלְאֲכֵי הַשָּׁרֵת לִפְגּוֹעַ בְּמֹשֶׁה, עָשָׂה בּוֹ הַקָּדוֹשׁ בָּרוּךְ הוּא קְלַסְטֵירִין שֶׁל פָּנָיו שֶׁל מֹשֶׁה דּוֹמֶה לְאַבְרָהָם, אָמַר לָהֶם הַקָּדוֹשׁ בָּרוּךְ הוּא: אִי אַתֶּם מִתְבַּיְּשִׁים הֵימֶנּוּ, לֹא זֶהוּ שֶׁיְּרַדְתֶּם אֶצְלוֹ וַאֲכַלְתֶּם בְּתוֹךְ בֵּיתוֹ, אָמַר הַקָּדוֹשׁ בָּרוּךְ הוּא לְמֹשֶׁה: לֹא נִתְּנָה לְךָ תּוֹרָה אֶלָּא בִּזְכוּת אַבְרָהָם, שֶׁנֶּאֱמַר "לָקַחְתָּ מַתָּנוֹת בָּאָדָם", וְאֵין "אָדָם" הָאָמוּר כָּאן אֶלָּא אַבְרָהָם, שֶׁנֶּאֱמַר (יהושע יד, טו) "הָאָדָם הַגָּדוֹל בָּעֲנָקִים", הֱוֵי [יט, ג] "וּמֹשֶׁה עָלָה אֶל הָאֱלֹהִים".

ב וַיִּקְרָא אֵלָיו ה' מִן הָהָר לֵאמֹר", בִּזְכוּת "הָהָר", וְאֵין "הָהָר" אֶלָּא אָבוֹת, שֶׁנֶּאֱמַר (מיכה ו, ב) "שִׁמְעוּ הָרִים אֶת רִיב ה' ", [יט, ג] "וּמֹשֶׁה עָלָה אֶל הָאֱלֹהִים", עָלָה בֶּעָנָן וְיָרַד בֶּעָנָן, וּזְכוּת אָבוֹת עוֹלָה וְיוֹרֶדֶת עִמּוֹ. [שם] ג"כֹּה תֹאמַר לְבֵית יַעֲקֹב", אֵלּוּ הַנָּשִׁים, אָמַר לוֹ: אֱמוֹר לָהֶן רָאשֵׁי דְבָרִים שֶׁהֵן יְכוֹלוֹת לִשְׁמוֹעַ, [שם] "וְתַגֵּיד לִבְנֵי יִשְׂרָאֵל", אֵלּוּ הָאֲנָשִׁים, אָמַר לוֹ: אֱמוֹר לָהֶם דִּקְדּוּקֵי דְבָרִים שֶׁהֵם יְכוֹלִין לִשְׁמוֹעַ,

עץ יוסף

בלקיחה. שיהיה לו זכות בזכות גמור כאילו לקחה בדמים (מתנות כהונה): **במתנה.** ללמד מה הוא קבלה בלא מחיר אף כך ילמדנה בחנם (מתנות כהונה): **קלסטירין.** פירוש דמות: **דומה לאברהם.** ועל פה לא אמר להם איך אינכם מתביישים מפניו ולאברהם אביו האכיל לכם לחם, כי הבושה גדולה יותר מפניו, וכדמסיים אי אתם מתביישים הימנו (תולדות נח): **אי אתם מתביישים הימנו.** בשוחר טוב מזמור ח' איתא שאמר להם הקדוש ברוך הוא והלא אתם כשירדתם אצל אברהם אכלתם בשר בחלב, שנאמר ויקח חמאה וחלב ובן הבקר, ותינוק שלהם כשהוא בא מבית רבו ואמו נותנת לו פת בשר וגבינה, והוא אומר לה היום למדני רבי לא תבשל גדי בחלב אמו, לא מצאו לו מענה, באותה שעה אמר הקדוש ברוך הוא למשה, כתב לך את הדברים האלה עד שאין להם מענה ותשובה, עד כאן: (ב) **בזכות ההר.** דאם לא כן מאי מן ההר, הלא עדיין לא כתיב וירד ה' על הר סיני (מתנות כהונה): **עלה בענן כו'.** סבירא ליה שעלה משה למרום ממש, ולהכי קאמר שזה היה על ידי הענן כי בלאו הכי אי אפשר לו לעלות, ואין ענן זה ההיא דויכסהו הענן שבעת ימים, כי זה לא היה מכסהו רק בעליה וירידה, ואם הוא בשמים ומכל שכן השכינה, אם כן מאי ויקרא אליו מן ההר, לכן אמר וזכות אבות עולה ויורדת עמו, רצה לומר שבזכות אבות ניתנה התורה כדלעיל ולכן ניתן לו מקום לעלות השמימה, וההר הוא זכות אבות כנזכר: [ב] **אלו הנשים.** דאיקרו בית, על דרך (עי' שבת קיח, ב) אין בית אלא אשה, ובני ישראל האנשים כמשמעו, וקאמר אמור להן לנשים ראשי דברים דריש מלת תאמר מגזרת אמיר (בראש אמיר, ישעיה יז, ו) והיינו ראשי דברים שהם כענפים בעלמא, שאפילו מעשה המצות לא יפרש להם לגמרי, שיקולו ברבוי דקדוקיהם, ותגד לבני ישראל אלו האנשים שיאמר להם דקדוקי דברים, ודייק זה ממלת ותגד שהוא לשון קושי כגידין, ורצה לומר שמפרש להם הכל בין כל מעשה המצות בין העונשין והאיומים: **שהם יכולים לשמוע.** רצה לומר שיקבלו ולא יקוצו ברבוי דקדוקיהם ועונשיהם:

פירוש מהרז"ו

יהא חייב ליתן דמים. שלא ישיג מהתורה אלא כפי יגיעתו על (עול) [כל] דבר ודבר, ואיך ילמדנה ביגיעתו אשר היא ארוכה מארץ מדה. על זה כתוב מתנות, שאחר שיגע בה כפי כחו, נותנים לו התורה מתנה, ודורש מדה כ"ח, וכאן לשלשה לשבי, ולקיחה, ולמתנה, ודורש כח היפה שבכולם. ועיין לקמן פרשה ל"ג סימן ב, ושם נסמן: **לפגוע במשה.** בפסיקתא פרשה כ סימן ג באריכות, ושם סוף פרשה כ"ה: **אין אתם מתביישין.** כמו שדרש בראשית רבה פרשה מ"ח סימן י"ד, והוא עומד עליהם (בראשית יח, ח), מיכאל מירתת, גבריאל מירתת, וכל שכן האחרים: **האדם הגדול.** גזירה שוה. ועיין בראשית רבה פרשה י"ד סימן ו, ושם נסמן. ועיין ילקוט יהושע י"ד, וזהו ומשה עלה אל האלהים, שנתעלה ונתגשם ונגלה כנ"ל: (ב) **ההר אלו אבות.** לעיל פרשה ט"ו סימן ד, ושם נסמן. ומה שכתב עלה בענן, כמו שכתוב בסוף משפטים (שמות כד, יח) ויבא משה בתוך הענן, ויעל אל ההר על ידי הענן, וכן מה שכתוב, וירד משה מן ההר אל העם, ירד גם כן בענן שהיה בו. ואין צורך לסרס דברי המדרש, כי כבר כתבנו זה כמה פעמים שדרך המדרש שתחלה מביא מאמר ממקום אחד בזה הלשון, ואחר כך מביא המאמר ממקום אחר בלשון אחר. ועיין פסיקתא רבתי פרשה כ באריכות: **לבית יעקב אלו הנשים.** מכילתא כאן, וכמו שאמרו חז"ל (ב, א) ביתו זו אשתו. ועיין פרקי דרבי אליעזר פרק מ"א, ואצל הנשים כה תאמר, אמירה רכה. ולאנשים ותגד קשים כגידים שבת פ"ז (ע"א):

מסורת המדרש

ג. פדר"א פרק מ"א. מכילתא כאן פרשה ב'. תנחומא סוף סדר מצורע. ילקוט כאן רמז רע"ו:

אם למקרא

וְשֵׁם חֶבְרוֹן לְפָנִים קִרְיַת אַרְבַּע הָאָדָם הַגָּדוֹל בָּעֲנָקִים הוּא וְהָאָרֶץ שָׁקְטָה מִמִּלְחָמָה: (יהושע יד, טו)

שִׁמְעוּ הָרִים אֶת רִיב ה' וְהָאֵתָנִים מֹסְדֵי אָרֶץ כִּי רִיב לַה' עִם עַמּוֹ וְעִם יִשְׂרָאֵל יִתְוַכָּח: (מיכה ו, ב)

אמרי יושר

לקחת מתנות כי נתן לך שני טפחים ואתה לקחת דבר טוסף: **ונטל את התורה שהיו הכל נושאין עיניהם עליה.** זהו כפל שבית שבי, כי כח השם בפסולים, ולמה הולרך כאן ביאור, אלא לומר שבי מיוחד ונעלה שבית: **בלקיחה נתנה לו.** ולריך השתדלות ואומן להכניע כתפיו, לא שלריך לקיחה כי מתנה יקרא: **לא זה שאכלתם בביתו.** ולריכים אתם לגמול לו כחסדו. או לומר כי לפעמים הדבר יעזוב טבעו, ונכס שאתם עם היותכם רוחניים אכלתם, כן גם הוא עם היותו גשמי יתפשט וידקדק חומרו לגלתי אכול, כי במלאתו פשוט אחד מהמורכב יעיד כי כן ימלא חבירו:

שינוי נוסחאות

(ב) מה שעשו מדפיסי וילנא פיסקא חדשה לפני "ויקרא אליו ה' " הוא טעות, שכאן אמצע דרשה, ואף אמצע פסוק, ובשאר הספרים שעשו פיסקאות אינו כן:

חידושי הרד"ל

[ב] **ראשי דברים כמה שהן יכולות לשמוע.** כן לריך לומר, ועיין במכילתא:

חידושי הרש"ש

[ב] **מן ההר לאמר בזכות ההר.** דכיון דכתיב ומשה עלה, דכבר עלה אל ההר, מאי ויקרא אליו מן ההר, ואשר על כן נדחק הרב אברהם בן עזרא לפרש כי ויקרא אליו מוקדם שקרא לו ועלה אליו, ועיין ברמב"ן: **לבית יעקב אלו הנשים.** כמו שרבי יוסי היה קורא לאשתו ביתו (שבת קיח, ב):

באור מהרי"פ

ל' על מקרא וכי ימכור איש את בתו לאמה, שישראל חייבים גמול להקב"ה בקיום מלות נתינת הלדקה, שהיא תשלום הפרעון על שנתן לנו תורת אמת, ולשון המתנה היא אלל משה, כשמאמר הכתוב ויתן אל משה, ואמרו רבותינו ז"ל (נדרים לח, א) שמשה למד ושכח, עד שנתן הקב"ה למשה את התורה במתנה: [ב] **במתנות כהונה** בד"ה [**זכות אבות כו'**] **וכן גבי ירידה כתיב וירד משה מן ההר.** אל העם ויקדש את העם ויכבסו שמלותם: [**במתנות כהונה בד"ה שהם כו'**] **לומדים לאדם תחלה וכו'.** לריך עיון, הלא בכאן הקל הוא לנשים והחמור לאנשים, ואיך שייך לומר כאן לומדים לאדם תחלה וכו':

ידי משה

תלמוד לומר ולקחת שלריך עיון רב כדרך שטורחין בעלי מקח בטורח גדול. אי נמי יש לומר דהכי פירושו, יכול מפני שבפה פירשו, שמא תאמר שהתורה שבכתב היא עיקר, תלמוד לומר לקחת, שלריך עיון בתורה שבעל פה כדרך לקיחה בטורח ובדמים:

מתנות כהונה

בלקיחה. שיהיה לו זכות גמור כאילו לקחה בדמים ועיין ריש פרשת תרומה: **במתנה כו'.** ללמד מה הוא קבלה בלא מחיר אף כאן ילמדנה בחנם כמו שדרשו חז"ל (נדרים לז, א) ולמדתי אתכם חוקים ומשפטים כאשר לוני ה' אלהי מה אני בחנם אף אתם בחנם: **קלסתר.** דמות: **הוי ומשה עלה.** לשון גדולה ומעלה כדלעיל: [ב] **בזכות ההר.** דאם לא כן מהו מן ההר הלא עדיין לא כתיב וירד ה' על הר סיני: **עלה בענן.** דאם לא כן איך עלה אל האלהים וקל להבין: **וזכות אבות כו'.** דייק מדכתיב גבי העלייה ומשה עלה וכו'. ויקרא אליו מן ההר. אלו האבות וכן גבי הירידה כתיב וירד משה מן ההר: **ראשי דברים.** בלא דקדוקים ועמוקים אלא דברים כפשטן: **שהם יכולין כו'.** שהרי הם יכולין לקבלו ודריש ותגיד מלא יו"ד מלשון גידין כמו שפירש רש"י בחומש ולפיכך לנשים תחלה שלעולם לומדים לאדם הקל תחלה ואחר כך החמור:

אשד הנחלים

תלמוד לומר לקחת מתנות באדם. כלומר אף שהיא במתנה, שאין הזכות גורם כל כך לזכות בדבר הנעלה הזה, עם כל זה יכונה הוא בשם לקיחה, ועם כל זה נקראת מתנה, אחר שהזכות קטן מאד שיזכו על ידו בזאת המתנה: **ליתן לו דמים כו'.** הוא על דרך מאמרם (נדרים לז, א) מה אני בחנם אף אתה בחנם, כי כמו שה' ברוך הוא אינו צריך לבריות, כי אם טובת עצמם הוא דורש, כן צריך לאדם השלם שלא יעשה מאומה למענו, רק למען השלמת העם: **דומה לאברהם כו'.** אף שמשה היה גדול מאברהם במעלת הנבואה, עם כל זה היה הראשון, שהוא החל להיות ראש המאמינים והטובים, או מפני שישראל הם בניו ומסיבת זה יבינו שהם ראוים לזה, כי המה גם כן בטבעם דומים לו: **הוי ומשה עלה.** כלומר שזהו הכונה במלת עלה, שהתגבר על קטרוג המלאכים. ואולי שלכן כתיב כאן שם אלהים שהוא מדת הדין, שעלה שם ונצחם: [ב] **בזכות ההר כו' וזכות אבות עולה ויורד.** אולי דעתם שבאמת עלה משה למרום, והכונה על נפשו, ואם כן יקשה מהו מן ההר, הלא היה נפשו בשמים. ולכן דרשו בזכות ההר המה האבות, וכאלו באורו ויקרא אליו ה' אחר עלותו למרום מסבת זכות ההר. אך מה שיש לעיין בזה, וכי צריך זכות לירידה, הלא עיקר הגבורה היא העלייה במדרגה הזאת, אך לא לרדת מזאת המדרגה. אך כבר בארתי במקום אחר שגם זה מעלה גדולה מאד, כי כפי מעלת משה שהיה תמיד בהתבודדות עצומה מאד, הוא דבר קשה מאד לרדת ולטפל בעניני הנהגת האומה, וזהו שאמרו (במדבר רבה יב, יא) מי עלה שמים וירד זה משה שנאמר וירד כו', גם כן פירושו ככה, אך זכות אבות הועיל לו בזה. או פירושו כפשוטו, לפי שבקשו מלאכי השרת לפגוע בו, אך ניצול וירד בשלום על ידי זכות אבות, וזהו כמו שאמר לעיל שעשה פניו דומות לשל אברהם: **אלו הנשים.** שהן נקראות בית, כמו (דברים כה, ט) אשר לא יבנה בית אחיו, להם רק אמירה בעלמא, שהם ראשי הדברים, כי אין בכחם לדעת עמקי הדברים על אמתתן:

לֹא זֶהוּ שֶׁיְּרַדְתֶּם אֶצְלוֹ וַאֲכַלְתֶּם בְּתוֹךְ בֵּיתוֹ – **Is this not the one that you descended** from heaven to be **with, and you ate in his house?!"**[12] אָמַר הַקָּדוֹשׁ בָּרוּךְ הוּא לְמֹשֶׁה – **The Holy One, blessed is He,** then **said to Moses,** לֹא נִתְּנָה לְךָ תּוֹרָה אֶלָּא בִּזְכוּת אַבְרָהָם – **"The Torah is given to you only in Abraham's merit."**[13] שֶׁנֶּאֱמַר "לָקַחְתָּ מַתָּנוֹת בָּאָדָם" – **For it is stated,** ***you took gifts of a "man,"***[14] וְאֵין "אָדָם" הָאָמוּר כָּאן אֶלָּא אַבְרָהָם – **and the** ***man*** **that is mentioned here is none other than Abraham,** שֶׁנֶּאֱמַר "הָאָדָם הַגָּדוֹל בָּעֲנָקִים" – **for** regarding Abraham **it is stated,** ***the greatest "man" among the giants*** (*Joshua* 14:15). הֱוֵי "וּמֹשֶׁה עָלָה אֶל הָאֱלֹהִים" – **This constitutes** yet another interpretation of ***Moses "ascended" to God.***[15]

§2 וַיִּקְרָא אֵלָיו ה' מִן הָהָר לֵאמֹר – ***AND HASHEM CALLED TO HIM FROM THE MOUNTAIN, SAYING.***

How can the verse say that God called to Moses *from the mountain*, when He had not yet descended upon Mount Sinai?[16] The Midrash therefore expounds the verse as follows:

בִּזְכוּת "הָהָר" – God called to Moses **in the merit of "the mountain,"** וְאֵין "הָהָר" אֶלָּא אָבוֹת – **and there is no "mountain" other than the Patriarchs** of Israel, שֶׁנֶּאֱמַר "שִׁמְעוּ הָרִים אֶת רִיב ה' " – **as it is stated,** ***Listen, you mountains, to the grievance of HASHEM,*** *and you enduring rocks* (וְהָאֵתָנִים), *the foundations of the earth* (*Micah* 6:2).[17]

The earlier part of our verse states that Moses *ascended to God*. But the Midrash is puzzled by two questions: First, how did Moses ascend to heaven??[18] Second, if Moses was in heaven – and certainly God was in heaven – why does the latter part of the verse state that God called Moses *from the mountain*?[19]

"וּמֹשֶׁה עָלָה אֶל הָאֱלֹהִים" – The verse states that ***Moses ascended to God.*** עָלָה בֶּעָנָן וְיָרַד בֶּעָנָן – **He ascended in a cloud and descended in a cloud;**[20] וּזְכוּת אָבוֹת עוֹלָה וְיוֹרֶדֶת עִמּוֹ – **and the merit of the Patriarchs ascended and descended with him.**[21]

Our verse continues: *So shall you say to the House of Jacob and relate to the Children of Israel.* Who are these two groups, "the House of Jacob" and "the Children of Israel," and in what manner does Moses "say" to the former and "relate" to the latter? The Midrash explains:

"כֹּה תֹאמַר לְבֵית יַעֲקֹב", אֵלּוּ הַנָּשִׁים – ***So shall you say to the House of Jacob*** **– these are the women.**[22] אָמַר לוֹ: אֱמוֹר לָהֶן רָאשֵׁי דְּבָרִים שֶׁהֵן יְכוֹלוֹת לִשְׁמוֹעַ – **[God] was saying to [Moses], "Tell them** only **the main points** of the Torah,[23] **which they are able to assimilate."**[24] "וְתַגֵּיד לִבְנֵי יִשְׂרָאֵל", אֵלּוּ הָאֲנָשִׁים – ***And relate to the Children of Israel*** **– these are the men.**[25] אָמַר לוֹ: אֱמוֹר לָהֶם דִּקְדּוּקֵי דְבָרִים שֶׁהֵם יְכוֹלִין לִשְׁמוֹעַ – **[God] was saying to [Moses], "Tell them the fine points** of the Torah,[26] **for they are able to assimilate** them."

NOTES

12. As recounted in *Genesis* 18:1-8 – and you owe him a favor in return (*Imrei Yosher*, first explanation). As to why God made Moses look like Abraham, this was to increase the angels' sense of embarrassment and indebtedness (see *Eitz Yosef*, from *Toldos Noach*). Alternatively: When the angels visited Abraham they witnessed the greatness of Abraham's service of God *with his physicality* – how he had refined his body until it became a spiritual implement. God was saying to the angels that in light of what they had seen, they must concede that Abraham's stature was greater than their own (*Tiferes Tzion*). As such, they should be embarrassed to argue with Moses (who now looked like Abraham) about taking the Torah.

13. I.e., the completely spiritual entity that is the Torah (see *Nefesh HaChaim* 4:27) was given to mankind in the merit of the first man to transform his physical nature into a spiritual one (see *Tiferes Tzion*; see also *Eshed HaNechalim*, first interpretation).

14. I.e., *you took gifts* (the Torah) in the merit *of a* certain *man.*

15. In this interpretation the word עָלָה (*ascended*) connotes spiritual greatness, for Moses now wore the mantle of Abraham, *the greatest man among giants* (see *Matnos Kehunah* and note 4 above). Alternatively, the word עָלָה connotes that Moses was victorious against the angels in judgment, for the Name אֱלֹהִים used in our verse connotes God's role as Judge (*Eshed HaNechalim*).

16. This would occur later, *on the third day* (see vv. 16, 18, and 20 below). This understanding of the question posed here by the Midrash follows *Matnos Kehunah*, followed by *Eitz Yosef*; see, however, *Rashash*, and see *Ibn Ezra* and *Ramban* ad loc.

17. The Patriarchs, especially Abraham, are called אֵיתָנִים (*enduring rocks*; see, e.g., *Psalms* 89:1); and the *Michah* verse calls them *mountains* as well (see also *Shemos Rabbah* 15 §4).

18. *Matnos Kehunah, Eitz Yosef.* The Midrash assumes here that Moses actually ascended to the heavens – in contrast to the assumption of §1 above [see note 1] (*Eitz Yosef*).

19. Ibid.

20. The answer to the first question is that it was a cloud that transported Moses to the heavens and back.

21. The answer to the second question is that *HASHEM called to him from the mountain* is not to be taken literally. The verse means, rather, that God called to him after he ascended and received the Torah in the merit of the "mountain" [Abraham] (ibid., *Eshed HaNechalim*).

22. *The "House" of Jacob* refers to the Jewish women, for a man's wife is called his "house" – see *Deuteronomy* 25:9, Mishnah *Yoma* 2a, *Shabbos* 118b (*Maharzu, Eshed HaNechalim, Rashash, Eitz Yosef*).

23. See *Matnos Kehunah.*

24. I.e., Moses was told not to instruct the women thoroughly even in the performance of the commandments [and certainly not in the warnings and punishments for non-compliance], lest the multiplicity of detail repel them (*Eitz Yosef*). The Midrash apparently derives this from the word תאמר (*say*), which connotes a gentle form of speech (see *Rashi* to verse and *Maharzu*; for a different explanation, see *Eitz Yosef*).

25. The term בְּנֵי יִשְׂרָאֵל (*Children,* or *Sons, of Israel*) generally connotes the men (ibid.).

26. I.e., explain everything to the men: all the details of performing the commandments, and the warnings and punishments for non-compliance. The Midrash derives this from the word תַגֵּיד (*relate*), which is similar to גִּידִין, which is the name of a bitter herb. God was therefore telling Moses: Teach them matters that are as harsh to a person as גִּידִין (ibid., from *Shabbos* 87a; see *Rashi* ad loc.).

תַּלְמוּד לוֹמַר (שם) "לָקַחְתָּ מַתָּנוֹת בָּאָדָם", בִּלְקִיחָה נִתְּנָה לוֹ, יָכוֹל יְהֵא חַיָּיב לִיתֵּן לוֹ דָמִים, תַּלְמוּד לוֹמַר "מַתָּנוֹת", בְּמַתָּנָה נִתְּנָה לוֹ, בְּאוֹתָהּ שָׁעָה בִּקְּשׁוּ מַלְאֲכֵי הַשָּׁרֵת לִפְגּוֹעַ בְּמֹשֶׁה, עָשָׂה בּוֹ הַקָּדוֹשׁ בָּרוּךְ הוּא קְלַסְטֵירִין שֶׁל פָּנָיו שֶׁל מֹשֶׁה דּוֹמֶה לְאַבְרָהָם, אָמַר לָהֶם הַקָּדוֹשׁ בָּרוּךְ הוּא: אִי אַתֶּם מִתְבַּיְּישִׁים הֵימֶנּוּ, לֹא זֶהוּ שֶׁיְּרַדְתֶּם אֶצְלוֹ וַאֲכַלְתֶּם בְּתוֹךְ בֵּיתוֹ, אָמַר הַקָּדוֹשׁ בָּרוּךְ הוּא לְמֹשֶׁה: לֹא נִתְּנָה לְךָ תּוֹרָה אֶלָּא בִּזְכוּת אַבְרָהָם, שֶׁנֶּאֱמַר "לָקַחְתָּ מַתָּנוֹת בָּאָדָם", וְאֵין "אָדָם" הָאָמוּר כָּאן אֶלָּא אַבְרָהָם, שֶׁנֶּאֱמַר (יהושע יד, טו) "הָאָדָם הַגָּדוֹל בָּעֲנָקִים", הֱוֵי [יט, ג] "וּמֹשֶׁה עָלָה אֶל הָאֱלֹהִים".

ב וַיִּקְרָא אֵלָיו ה' מִן הָהָר לֵאמֹר", בִּזְכוּת "הָהָר", וְאֵין "הָהָר" אֶלָּא אָבוֹת, שֶׁנֶּאֱמַר (מיכה ו, ב) "שִׁמְעוּ הָרִים אֶת רִיב ה' ", [יט, ג] "וּמֹשֶׁה עָלָה אֶל הָאֱלֹהִים", עָלָה בֶּעָנָן וְיָרַד בֶּעָנָן, וּזְכוּת אָבוֹת עוֹלָה וְיוֹרֶדֶת עִמּוֹ. [שם] ג"כֹּה תֹאמַר לְבֵית יַעֲקֹב", אֵלּוּ הַנָּשִׁים, אָמַר לוֹ: אֱמוֹר לָהֶן רָאשֵׁי דְבָרִים שֶׁהֵן יְכוֹלוֹת לִשְׁמוֹעַ, [שם] "וְתַגֵּיד לִבְנֵי יִשְׂרָאֵל", אֵלּוּ הָאֲנָשִׁים, אָמַר לוֹ: אֱמוֹר לָהֶם דִּקְדּוּקֵי דְבָרִים שֶׁהֵם יְכוֹלִין לִשְׁמוֹעַ,

עץ יוסף

בלקיחה. שיהיה לו זכות בזכות גמור כאילו לקחה בדמים (מתנות כהונה): **במתנה.** ללמד מה הוא קבלה בלא מחיר אף כך ילמדנה בחנם (מתנות כהונה): **קלסטירין.** פירוש דמות: **דומה לאברהם.** ועל פה לא אמר להם איך אינכם מתביישים מפניו ואברהם אביו האכיל לכם לחם, כי הבושה גדולה יותר מפניו, וכדמסיים אי אתם מתביישים הימנו (תולדות נח): **אי אתם מתביישים הימנו.** בשוחר טוב מזמור ח' איתא שאמר להם הקדוש ברוך הוא והלא אתם כשירדתם אצל אברהם אכלתם בשר בחלב, שנאמר ויקח חמאה וחלב ובן הבקר, ותינוק שלהם כשהוא בא מבית רבו ואמו נותנת לו פת בשר וגבינה, והוא אומר לה היום למדני רבי לא תבשל גדי בחלב אמו, לא מצאו לו מענה, באותה שעה אמר הקדוש ברוך הוא למשה, כתב לך את הדברים האלה עד שאין להם מענה ותשובה, עד כאן: (ב) **בזכות ההר.** דאם לא כן מאי מן ההר, הלא עדיין לא כתיב וירד ה' על הר סיני (מתנות כהונה): **עלה בענן כו'.** סבירא ליה שעלה משה למרום ממש, ולהכי קאמר שזה היה על ידי הענן כי בלאו הכי אי אפשר לו לעלות, [ואין ענן זה ההיא דויכסהו הענן שבעת ימים, כי זה לא היה מכסהו רק בעליה וירידה], ואם הוא בשמים ומכל שכן השכינה, אם כן מאי ויקרא אליו מן ההר, לכן אמר וזכות אבות עולה ויורדת עמו, רצה לומר שבזכות אבות ניתנה התורה כדלעיל ולכן ניתן לו מקום לעלות השמימה, וההר הוא זכות אבות כנזכר: [ב] **אלו הנשים.** דאיקרו בית, על דרך (עי' שבת קיח, ב) אין בית אלא אשה, ובני ישראל האנשים כמשמעו, וקאמר אמור להן לנשים ראשי דברים דריש מלת תאמר מגזרת אמיר (בראש אמר, ישעיה יז, ו) והיינו ראשי דברים שהם כענפים בעלמא, שאפילו מעשה המצות לא יפרש להם לגמרי, שיקולו ברבוי דקדוקיהם, ותגד לבני ישראל אלו האנשים שיאמר להם דקדוקי דברים, ודייק זה ממלת ותגד שהוא לשון קושי כגידין, ורצה לומר שתפרש להם הכל בין כל מעשה המצות בין העונשין והאיומים: **שהם יכולים לשמוע.** רצה לומר שיקבלו ולא יקוצו ברבוי דקדוקיהם ועונשיהם:

פירוש מהרז"ו

יהא חייב ליתן דמים. שלא ישיג מהתורה אלא כפי יגיעתו על (על) [כל] דבר ודבר, ואיך ילמדנה ביגיעתו אשר היא ארכה מארץ מדה. על זה כתוב מתנות, שאחר שיגע בה בכל כחו, נותנים לו התורה מתנה, ודורש מדה כ"א, וכאן לשלשה לשבי, ולקיחה, ולמתנה, ודורש כח היפה שבכולם. ועיין לקמן פרשה ל"ג סימן ב, ושם נסמן: **לפגוע במשה.** בפסיקתא פרשה כ סימן ג באריכות, ושם סוף פרשה כ"ה: **אין אתם מתביישין.** כמו שדרש בראשית רבה פרשה מ"ח סימן י"ד, והוא עומד עליהם (בראשית יח, ח), מיכאל מירתת, גבריאל מירתת, וכל שכן האחרים: **האדם הגדול.** גזירה שוה. ועיין בראשית רבה פרשה י"ד סימן ו, ושם נסמן. ועיין ילקוט יהושע י"ד, וזהו ומשה עלה אל האלהים, שנתעלה ונתגשם וגלא כנ"ל: (ב) **ההר אלו אבות.** לעיל פרשה ט"ו סימן ד, ושם נסמן. ומה שכתב עלה בענן, כמו שכתוב בסוף משפטים (שמות כד, יח) ויבא משה בתוך הענן, ויעל אל ההר על ידי הענן, וכן מה שכתוב, וירד משה מן ההר אל העם, ירד גם כן בענן שהיה בו. ואין צורך לסרס דברי המדרש, כי כבר כתבנו זה כמה פעמים שדרך המדרש שתחלה מביא מאמר ממקום אחד בזה הלשון, ואחר כך מביא המאמר ממקום אחר בלשון אחר. ועיין פסיקתא רבתי פרשה כ באריכות: **לבית יעקב אלו הנשים.** מכילתא כאן, וכמו שאמרו חז"ל (ב, א) ביתו זו אשתו. ועיין פרקי דרבי אליעזר פרק מ"א, ואל הנשים כה תאמר, אמירה רכה. ולאנשים ותגד קשים כגידים שבת פ"ז (ע"א):

מתנות כהונה

בלקיחה. שיהיה לו בזכות גמור כאילו לקחה בדמים ועיין ריש פרשת תרומה: **במתנה כו'.** ללמד מה הוא קבלה בלא מחיר אף כאן ילמדנה בחנם כמו שדרשו חז"ל (נדרים לז, א) ולמדתי אתכם חוקים ומשפטים כאשר צוני ה' אלהי מה אני בחנם אף אתם בחנם: **קלסתר.** דמות: **הוי ומשה עלה.** לשון גדולה ומעלה כדלעיל: [ב] **בזכות ההר.** דאם לא כן מהו מן ההר הלא עדיין לא כתיב וירד ה' על הר סיני: **עלה בענן.** דאם לא כן איך עלה אל האלהים וקל להבין: **וזכות אבות כו'.** דייק מדכתיב גבי העלייה ומשה עלה וכו'. ויקרא אליו מן ההר. אלו האבות וכן גבי הירידה כתיב וירד משה מן ההר: **ראשי דברים.** בלא דקדוקים ועמוקים אלא דברים כפשטן: **שהם יכולין בו'.** שהרי הם יכולין לקבלו ודריש ותגיד מלא יו"ד מלשון גידין כמו שפירש רש"י בחומש ולפיכך לנשים תחלה שלעולם לומדים לאדם הקל תחלה ואחר כך החמור:

אשד הנחלים

תלמוד לומר לקחת מתנות באדם. כלומר אף שהיא במתנה, שאין הזכות גורם כל כך לזכות בדבר הנעלה הזה, עם כל זה יכונה הוא בשם לקיחה, ועם כל זה נקראת מתנה, אחר שהזכות קטן מאד שיזכו על ידו בזאת המתנה: **ליתן לו דמים כו'.** הוא על דרך מאמרם (נדרים לז, א) מה אני בחנם אף אתה בחנם, כי כמו שה' ברוך הוא אינו צריך לבריות, כי אם טובת עצמם הוא דורש, כן צריך לאדם השלם שלא יעשה מאומה למענו, רק למען השלמת העם: **דומה לאברהם כו'.** אף שמשה היה גדול מאברהם במעלת הנבואה, עם כל זה היה הראשון, שהוא החל להיות ראש המאמינים והטובים, או מפני שישראל הם בניו ומסיבת זה יבינו שהם ראוים לזה, כי המה גם כן בטבעם דומים לו: **הוי ומשה עלה.** כלומר שזהו הכונה במלת עלה, שהתגבר על קטרוג המלאכים. ואולי שלכן כתיב כאן שם אלהים שהוא מדת הדין, שעלה שם ונצחם: [ב] **בזכות ההר כו' וזכות אבות עולה ויורד.** אולי דעתם שבאמת עלה משה למרום, והכונה על נפשו, ואם כן יקשה מהו מן ההר, הלא היה נפשו בשמים. ולכן דרשו בזכות ההר המה האבות, וכאלו באורו ויקרא אליו ה' אחר עלותו למרום מסבת ההר. אך מה שיש לעיין בזה, וכי צריך זכות לירידה, הלא עיקר הגבורה היא העלייה במדרגה הזאת, אך לא לרדת מזאת המדרגה. אך כבר בארתי במקום אחר שגם זה מעלה גדולה מאד, כי כפי מעלת משה שהיה תמיד בהתבודדות עצומה מאד, הוא דבר קשה מאד לרדת ולטפל בעניני הנהגת האומה, וזהו שאמרו (במדבר רבה יב, יא) מי עלה שמים וירד זה משה שנאמר וירד כו', גם כן פירושו ככה, אך זכות אבות הועיל לו בזה. או פירושו כפשוטו, לפי שבקשו מלאכי השרת לפגוע בו, אך ניצול וירד בשלום על ידי זכות אבות, וזהו כמו שאמר לעיל שעשה פניו דומות לשל אברהם: **אלו הנשים.** שהן נקראות בית, כמו (דברים כה, ט) אשר לא יבנה בית אחיו, להם רק אמירה בעלמא, שהם ראשי הדברים, כי אין בכחם לדעת עמקי הדברים על אמתתן:

חידושי הרד"ל

[ב] **ראשי דברים כמה שהן יכולות לשמוע.** כן צריך לומר, ועיין במכילתא:

חידושי הרש"ש

[ב] **מן ההר לאמר בזכות ההר.** דכיון דכתיב ומשה עלה, דכבר עלה אל ההר, מאי ויקרא אליו מן ההר, ואשר על כן נדחק הרב אברהם בן עזרא לפרש כי ויקרא אליו מוקדם שקרא לו ועלה אליו, ועיין ברמב"ן: **לבית יעקב אלו הנשים.** כמו שרבי יוסי היה קורא לאשתו ביתו (שבת קיח, ב):

באור מהרי"פ

ל' על מקרא וכי ימכור איש את בתו לאמה, שישראל חייבים גמול להקב"ה בקיום מצות נתינת הצדקה, שהיא תשלום הפרעון על שנתן לנו תורת אמת, ולשון המתנה היא מצד משה, כמאמר הכתוב ויתן אל משה, ואמרו רבותינו ז"ל (נדרים לח, א) שמשה למד ושכח, עד שנתן הקב"ה למשה את התורה במתנה: [ב] **במתנות כהונה בד"ה [זכות אבות כו'] וכן גבי ירידה כתיב וירד משה מן ההר.** אל העם ויקדש את העם ויכבסו שמלותם: [**במתנות כהונה בד"ה שהם כו'] לומדים לאדם תחלה וכו'.** צריך עיון, הלא בכאן הקל הוא לנשים והחמור לאנשים, ואיך שייך לומר כאן לומדים לאדם תחלה וכו':

ידי משה

תלמוד לומר ולקחת שצריך עיון רב כדרך שטורחין בעלי מקח בטורח גדול. אי נמי יש לומר דהכי פירושו, יכול מפני ששבה פירוש, שמא תאמר שהתורה שבכתב היא עיקר, תלמוד לומר לקחת, שצריך עיון בתורה שבעל פה כדרך לקיחה בטורח ובדמים:

מסורת המדרש

ג. פדר"א פרק מ"א. מכילתא כאן פרשה ב'. תנחומא סוף סדר מצורע. ילקוט כאן רמז רע"ו:

אם למקרא

וְשֵׁם חֶבְרוֹן לְפָנִים קִרְיַת אַרְבַּע הָאָדָם הַגָּדוֹל בָּעֲנָקִים הוּא וְהָאָרֶץ שָׁקְטָה מִמִּלְחָמָה: (יהושע יד, טו)

שִׁמְעוּ הָרִים אֶת רִיב ה' וְהָאֵתָנִים מֹסְדֵי אָרֶץ כִּי רִיב לַה' עִם עַמּוֹ וְעִם יִשְׂרָאֵל יִתְוַכָּח: (מיכה ו, ב)

אמרי יושר

לקחת מתנות כי נתן לך שני טפחים ואתה לקחת דבר נוסף: **ונטל את התורה שהיו הכל נושאין עיניהם עליה.** זהו כפל שבית שבי, כי כח השם בפעלים, ולמה הוצרך כאן ביאור, אלא לומד שבי מיוחד ונטלה שבית: **בלקיחה נתנה לו.** וצריך השתדלות ואומן להכניע כתפיו, לא שצריך לקיחה כי מתנה יקרא: **לא זה שאכלתם בביתו.** וצריכים אתם לגמול לו כחסדו. או לומר כי לפעמים הדבר יעזוב טבעו, וכשם שאתם עם היותכם רוחניים אכלתם, כן גם הוא עם היותו גשמי יתפשט וידקדק חומרו לבלתי אכול, כי במלאכו פשוט אחד מהמורכב יעיד כי כן ימלא חבירו:

שינוי נוסחאות

(ב) מה שעשו מדפיסי וילנא פיסקא חדשה לפני "ויקרא אליו ה'" הוא טעות, שכאן אמצע דרשה, ואף אמצע פסוק, ובשאר הספרים שעשו פיסקאות אינו כן:

The sequence in our verse implies that Moses taught "the House of Jacob" before "the Children of Israel." Although it is uncontested that the women were given only the main points of the Torah, that hardly explains why they were instructed first. The Midrash thus offers several reasons for their preferential treatment:[27]

דָּבָר אַחֵר – **Another exposition:** לָמָּה לַנָּשִׁים תְּחִלָּה – **Why** did Moses teach **the women first?** שֶׁהֵן מִזְדָּרְזוֹת בְּמִצְוֹת – **Because they demonstrate alacrity in** the performance of **the commandments.**[28] דָּבָר אַחֵר – **Another explanation:** כְּדֵי שֶׁיְּהוּ מַנְהִיגוֹת אֶת בְּנֵיהֶן לַתּוֹרָה – Moses taught the women first **so that they would guide their children along** the path of **Torah.**[29] אָמַר רַבִּי תַּחְלִיפָא דְּקֵיסָרִין – **R' Tachlifa of Caesarea said:** אָמַר הַקָּדוֹשׁ בָּרוּךְ הוּא: כְּשֶׁבָּרָאתִי אֶת הָעוֹלָם לֹא צִוִּיתִי אֶלָּא לְאָדָם הָרִאשׁוֹן – **The Holy One, blessed is He, said, "When I created the world, I commanded only Adam, the first** man;[30] וְאַחַר כָּךְ נִצְטַוֵּית חַוָּה וְעָבְרָה וְקִלְקְלָה אֶת הָעוֹלָם – **and afterward Eve was commanded** by Adam,[31] **and she transgressed and impaired the world.**[32] עַכְשָׁיו אִם אֵינִי קוֹרֵא לַנָּשִׁים תְּחִלָּה הֵן מְבַטְּלוֹת אֶת הַתּוֹרָה – **Now, if I do not call out to the women first, they will cause an abrogation of the Torah."**[33] לְכָךְ נֶאֱמַר "כֹּה תֹאמַר לְבֵית יַעֲקֹב" – **For that [reason] it is stated** first, ***So shall you say to the House of Jacob.***[34]

The Midrash presents another opinion regarding the identity of "the House of Jacob":

וְרַבִּי יוֹחָנָן אָמַר – **R' Yochanan said:** "כֹּה תֹאמַר לְבֵית יַעֲקֹב" אֵלּוּ סַנְהֶדְרִין – ***So shall you say to the House of Jacob*** – **these are** the seventy elders of the Great **Sanhedrin,**[35] שֶׁנֶּאֱמַר "בֵּית יַעֲקֹב לְכוּ וְנֵלְכָה בְּאוֹר ה'" – **for it is stated, *O House of Jacob: Come, let us walk by the light of HASHEM*** (*Isaiah* 2:5).[36]

NOTES

27. *Eitz Yosef.*

28. They therefore merited to be taught first. For various explanations of why women are presumed to demonstrate greater alacrity than men in the fulfillment of mitzvos, see *Eshed HaNechalim* and *Maharzu*.

29. Since women are typically in the home supervising their younger children (*Matnos Kehunah*), they are afforded the opportunity of being the children's first educators. However, because women are not obligated in all of the Torah's commandments, some might be lax in filling that role. By addressing the women first and so honoring them, Moses inspired them to be zealous in directing their children in the ways of the Torah (*Eitz Yosef*; see also *Radal*, first interpretation; see, however, *Eshed HaNechalim*).

[*Maharsha* to *Sotah* 21a offers a novel interpretation of the verse כֹּה תֹאמַר לְבֵית יַעֲקֹב וְתַגֵּיד לִבְנֵי יִשְׂרָאֵל that ties in to our Midrash: The word וְתַגֵּיד may be translated in the third person feminine (*she shall relate*) instead of second person masculine (*you shall relate*). God thus instructs Moses: *So shall you say to the House of Jacob* (i.e., the women), *so that she* (each woman) *shall relate to the children of Israel* – i.e., her own children.]

See further in Insight below.

30. After placing Adam in the Garden of Eden, God commanded him not to eat from the Tree of Knowledge (*Genesis* 2:16-17). Eve was created afterward (ibid., v. 22).

31. *Maharzu.* See also *Yalkut Shimoni, Bereishis* §47, cited by *Eitz Yosef.*

32. Although it was the serpent that enticed Eve to eat the forbidden fruit, what caused her to listen to the serpent was her thinking that the prohibition was imposed chiefly on Adam, since he was commanded first [and directly by God] (*Eitz Yosef*).

33. The women will think that I (God) am not terribly insistent that they observe the commandments, and so they will be lax in doing so – and will ultimately incline their husbands to follow their example (ibid.).

34. See Insight Ⓐ.

35. See *Numbers* 11:16-17 and Mishnah *Sanhedrin* 2a. Because of their greatness these men constituted a separate group ("the House of Jacob"), and to honor them, Moses was to teach them first. Further, he was to "say" to them – i.e., to speak to them in a respectful and pleasing manner. To the rest of the people, however, Moses' language was to be "harsh like *giddin*" (see note 26 above), in line with the Sages' advice (see *Kesubos* 103b) that a teacher should "cast fear upon the students" so that they will be in awe of him (*Eitz Yosef*; see, however, *Matnos Kehunah*).

36. Verse 6 there continues: *For you have abandoned your people, House of Jacob, for they were filled with [sorceries] of the East and divinations.* The prophet is chastising this "House of Jacob" for not reproving their "people" who had adopted the abominable practices of the East, and thereby abandoning them. R' Yochanan understands that the *House of*

INSIGHTS

Ⓐ So Shall You Say to the House of Jacob *R' Moshe Feinstein* (*Darash Moshe* on our verse) observes that the precedence given to women in the transmission of God's word to the people underscores their foundational role in the education of the nation of Torah. True, men are obligated in more mitzvos than are women. And the commandment of Torah *study* falls primarily on men, not women. But God instructs Moses to address the women first because they are the ones to initially guide the nation's children on the Torah path.

Rabbeinu Bachya (on our verse) explains that it is the role of the Jewish mother to imbue her children with a love for Torah, for she spends more time with them in their formative years and her loving nature is best suited for this task. Through patient kindness and consistent encouragement, she sets the child on the right path, developing in him a love for Torah that will last a lifetime (see *Proverbs* 22:6).

As R' Moshe (loc. cit.) amplifies, it is the women who guarantee the continuity of the Torah. The Revelation at Sinai occurred but once (see *Deuteronomy* 5:19 with *Rashi, Ramban*). It is the imperative of each succeeding generation to ensure that the chain of transmission is not broken. The legacy of Sinai becomes a vibrant part of one's life when it is instilled early in the developing mind and psyche, before bad habits and negative traits can harden him against the Torah's life-giving influence (see *Bava Basra* 21a). The Torah life that sprouts from seeds planted early in the child will not seem at all burdensome to the youth and adult.

R' Meir Shapiro, the Lubliner Rav (cited in *Lekach Tov* on our verse), was asked why our verse refers to the women as "בֵּית" יַעֲקֹב, *the "House" of Jacob,* rather than as בְּנוֹת יַעֲקֹב, *the "daughters" of Jacob.*

He noted that there were two known remedies for a sore throat. One was to swallow a concoction of strong medicines. The other, for those who could not tolerate this powerful treatment, was to place the affected individual in a sealed house containing certain fragrant herbs, which exuded a strong aroma. The individual would remain in the house for a set period, during which time the herbal fragrances he inhaled would fill his lungs and body and cure him of his ailment.

And so it is, the Lubliner Rav explained, with the ailment of the *yetzer hara,* with which we are all afflicted. The men ingest the powerful medicines of the words of Torah that they study. "I created the Evil Inclination and I created the Torah as its antidote" (*Kiddushin* 30b). The women, however, are prescribed the alternative remedy. They are the "House" of Jacob — they live in homes permeated with Torah and its values, whose ever-present fragrance saturates their minds and beings.

Lekach Tov extends this further: The "house" is not only the means by which the woman *absorbs* the Torah. It is also the means through which she *conveys* it. It is the pleasing atmosphere of the home she creates, fragrant with ideals of Torah, that enriches her family and fills their spirits.

Rabbeinu Bachya (ibid.) concludes that because of her pivotal role in the Torah development of her children, it is fitting for her to pray at the time she performs her mitzvah of kindling the Sabbath lamps that she should merit children who are illuminated with Torah. For prayer at the time of performing a mitzvah is most effective. And in the merit of the Sabbath lights, she will merit children imbued with Torah, which is called light, as the verse states: כִּי נֵר מִצְוָה וְתוֹרָה אוֹר, *For a commandment is a lamp and the Torah is a light* (*Proverbs* 6:23). And indeed, our Sages teach that one who is accustomed to kindle lamps in honor of the Sabbath will merit sons who are Torah scholars (*Shabbos* 23b).

It is in the House of Jacob that the light of Torah is kindled. It is thus to the House of Jacob that God's words were taught first and foremost.

דָּבָר אַחֵר, לָמָּה לַנָּשִׁים תְּחִלָּה, שֶׁהֵן מִזְדָּרְזוֹת בְּמִצְוֹת, דָּבָר אַחֵר, כְּדֵי שֶׁיְּהוּ מַנְהִיגוֹת אֶת בְּנֵיהֶן לַתּוֹרָה, אָמַר רַבִּי תַּחְלִיפָא דְּקֵיסָרִין: אָמַר הַקָּדוֹשׁ בָּרוּךְ הוּא: כְּשֶׁבָּרָאתִי אֶת הָעוֹלָם לֹא צִוִּיתִי אֶלָּא לְאָדָם הָרִאשׁוֹן וְאַחַר כָּךְ נִצְטַוֵּית חַוָּה וְעָבְרָה וְקִלְקְלָה אֶת הָעוֹלָם, עַכְשָׁיו אִם אֵינִי קוֹרֵא לַנָּשִׁים תְּחִלָּה הֵן מְבַטְּלוֹת אֶת הַתּוֹרָה, לְכָךְ נֶאֱמַר "כֹּה תֹאמַר לְבֵית יַעֲקֹב", וְרַבִּי יוֹחָנָן אָמַר: "כֹּה תֹאמַר לְבֵית יַעֲקֹב" אֵלּוּ סַנְהֶדְרִין, שֶׁנֶּאֱמַר (ישעיה ב, ה) "בֵּית יַעֲקֹב לְכוּ וְנֵלְכָה בְּאוֹר ה'". [כ, א] "וַיְדַבֵּר אֱלֹהִים אֵת כָּל הַדְּבָרִים הָאֵלֶּה לֵאמֹר", °*בְּטַכְסִיס שֶׁל מְלָכִים נָהַג הַקָּדוֹשׁ בָּרוּךְ הוּא עִם יִשְׂרָאֵל, שֶׁנֶּאֱמַר (שיר השירים ד, ח) "אִתִּי מִלְּבָנוֹן כַּלָּה", לָמָּה כָּךְ, בִּזְכוּת שֶׁאָמְרוּ (לקמן כד, ז) "נַעֲשֶׂה וְנִשְׁמָע":

ג [יט, ח] "וַיָּשֶׁב מֹשֶׁה אֶת דִּבְרֵי הָעָם אֶל ה'", אוֹתָהּ שָׁעָה בִּקֵּשׁ הַקָּדוֹשׁ בָּרוּךְ הוּא לִיתֵּן לָהֶם אֶת הַתּוֹרָה וּלְדַבֵּר עִמָּהֶם, וְהָיָה מֹשֶׁה עוֹמֵד, אָמַר הַקָּדוֹשׁ בָּרוּךְ הוּא: מָה אֶעֱשֶׂה מִפְּנֵי מֹשֶׁה, אָמַר רַבִּי לֵוִי: מָשָׁל לְמֶלֶךְ שֶׁבִּקֵּשׁ לַעֲשׂוֹת אוֹפִימְטַטָאטָא חוּץ מִדַּעְתּוֹ שֶׁל אִפַּרְכוֹס,

עץ יוסף

דבר אחר למה לנשים תחלה. גם לדרשות אלו לנשים ראשי דברים כדלעיל, אלא דלא סבירא ליה שמטעם זה מספיק להקדימן: **כדי שיהו מנהיגות כו'.** פירוש על ידי שתדבר להן תחילה ותכבדן טפי, תהיינה זריזות להנהיג ביניהם לתורה [לפי שהם נעשו ערבים לישראל בקבלת התורה, שנאמר מפי עוללים ויונקים יסדת עוז], ולא תתעצלנה לפי שהן אינן מצוות על דברי תורה: **ואחר כך נצטוית חוה.** סבירא ליה כההוא מדרש דדריש מויצו ה' על האדם לאמר לאבריו, והיינו חוה, שהיא מצלעותיו: **ועברה וקלקלה.** ואף על גב שעברה מפני פתוי הנחש, מכל מקום הגורם היה לה לשמוע אל הנחש משום שחשבה שעיקר הקפדת ה' על אדם שהוא לא יאכל מעץ הדעת, והא ראיה שציוהו תחלה, ולכן במתן תורה אילו לא יצטוו הנשים אלא באחרונה, יחשבו כי אין קפידא בהן כל כך ותרפינה ידיהן ויטו לב הבעלים אחריהם: **אלו סנהדרין.** הם שבעים זקנים, דהשתא אתא שפיר דהקדים בית יעקב, ולכן לא כלל כל ישראל יחד, שיש לחלוק כבוד לזקנים ללמדם תחילה, וכתב בסנהדרין לשון אמירה משום שמחויב לדבר להם בלשון כבוד ומתק שפתים, אבל להמון העם ידבר בהטלת מורא קשה כגידים, על דרך זרוק מרה בתלמידים: **שנאמר בית יעקב לכו ונלכה וגו'.** כי נטשת עמך בית יעקב, ומשמע ליה דמיירי בסנהדרין, ומוכיחם כי נטשו עמם והם שארית ישראל שלא הוכיחום ועזבום כי מלאו מקדם וגו': [ג] **וידבר אלהים את כל הדברים האלה לאמר בטכסיס של מלכים נהג הקדוש ברוך הוא עם ישראל שנאמר אתי מלבנון כלה למה כך בזכות שאמרו נעשה ונשמע וישב משה את דברי העם כו'.** הבנת מאמר זה קשה להולמו, ולהבין מאמר זה אמר בהכרח להקדים שני מאמרים קטנים ממקום אחר, ובשיר השירים רבה (ד' ח'). זה לשונו, אתי מלבנון כלה וגו' אתשורוש דעה סרוחה אמר ששה חדשים בשמן המור, [והיינו להשלים ימי המירוק קודם התיחדה לו] ואני לא עשיתי כן, אלא אתי מלבנון כלה, עד שאתם עוסקים בטיט ולבנים קפצתי וגאלתי אתכם, [דרש לבנון מלשון לבנים]. עוד דרשו במכילתא (והובא כאן בילקוט) ויגד משה את דברי העם אל ה', רבי אומר וכי מה אמר המקום למשה לאמר לישראל, או מה אמרו ישראל לאמר למקום, אלא [אחר ששמעו מפי משה שאמר לו השם הנה אנכי בא אליך וגו' בעבור ישמע העם בדברי עמך, ומשמעו שלא ידבר אליהם ה' פנים בפנים, רק על ידי משה ישמעו דברי השם] אמרו רצונינו לשמוע מפי מלכינו, לא דומה שומע מפי הפדגוג לשומע מפי המלך עצמו, אמר לו המקום תן להם מה שבקשו, הדא הוא דכתיב כי ביום השלישי ירד ה' לעיני כל העם, ובזה תבין לשון המדרשות לפנינו, וכן נריך לומר וידבר אלהים את כל הדברים האלה לאמר לא כטכסים, [פירוש מנהג] של מלכים נהג הקדוש ברוך הוא עם ישראל שנאמר אתי מלבנון כלה, למה כך בזכות שאמרו נעשה ונשמע, וזה שלא כטכסים המלכים שלא ידבר דבריו בעצמו אל כל עמו רק על ידי שרי צבאיו ומשרתיו, וכל זה זכו בשביל אמירתם נעשה ונשמע, וזה שרמז המדרש כאן בקיצור לשון מאד שנאמר אתי מלבנון כלה, ורצה לומר כמו ששם פירושו שלא נהג עמם כטכסים של מלכים במה שנגלה עליהם בעודם עוסקים בטיט ולבנים, כן כאן לא נהג בדרך זה לדבר לעמו על ידי מליץ רק על ידי עצמו, וזה כל עיקר כוונת המדרש במה שהביא מקרא זה לכאן (יפה תואר): (ג) **באותה שעה.** שנתרצה הקדוש ברוך הוא שיהיה הוא בפיו ידבר אל העם: **אופי מטטאטא.** לפי הענין הוא נימוס וסדר תורה (מתנות כהונה). ואפשר הן שתי מלות מורכבות, אופי מאייסטאטא, אופי הוא קול ודבור, ומאייסטאטא הוא ממשלת מלכות, והכוונה העברת קול מלכות, והוא מכוון יפה לענין הנמשל דהכא, שרצה מלכו של עולם להשמיע קול הדר מלכותו בעצמו יתברך לבניו (הרד"ל): **חוץ מדעתו של אפרכוס.** פירוש שלא בצירוף היועץ רק הוא לבדו, אפרכוס בלשון יוני שר של עיר:

פירוש מהרז"ו

שהן מזדרזות במצות. על שאין שכלם חזק כל כך, קרובים לקבל באמונה ועושות בלא חקירה: **לא צויתי אלא לאדם הראשון.** כמו שכתוב (בראשית ב, טז) ויצו ה' אלהים על האדם לאמר, ואדם אמר לחוה: **שנאמר בית יעקב.** ובפסוק הקודם, והלכו וגו' ואמרו לכו ונלכה אל בית וגו' כי מציון תצא תורה וגו' בית יעקב וגו', הם היושבים בציון בבית המקדש: **בטכסיס של מלכים עד נעשה ונשמע.** המדרש הזה אין לו ביאור ומקומו בסימן ד'. ומה שכתוב אתי מלבנון כלה, וסיפא דקרא תשורי מראש אמנה, על שהאמינו ואמרו נעשה ונשמע. ועיין בזוהר ריש שמות על פסוק זה אתי מלבנון תבואי תשורי וגו', על נעשה ונשמע. ועיין עוד לעיל פרשה כ"ג סימן ה, ושם נסמן. ועיין מכילתא פסוק אנכי, ומי שיעיין בכל המקומות הנ"ל, יתכן להוציא ביאור המאמר: (ג) **וישב משה.** הכוונה על פסוק ויגד משה שהוא סמוך לפסוק לך אל העם וגו', שדורש בסמוך: **אותה שעה ביקש.** בהכרח הכוונה על פסוק כ"א, ויאמר ה' אל משה רד העד, וכמו שיתבאר בסמוך: **אופימשטאטא.** לא מצאתי פירושו בערוך ובמוסף ערוך. ואופי פירושו מנהג וחוק. ומשטאטא איני יודע מהו:

חידושי הרד"ל

שהן מזדרזות במצוה. בכל דוכתא אמרינן נשים עצלניות הן, (ואם היה אפשר לפרש האי מצות כלשון מצוה סתם האמור בירושלמי ומדרשות שהוא צדקה יהיה אפשר לומר כדאמרינן בכתובות (סז, ב) דשכיחא בביתא ומקרבא הנייתא, אבל אין זה ענין המאמר דכאן). ואפשר זריזות לקבל עליהן עול מצות קאמר, אבל עצלניות הן בקיומן במקום שיש טורח בעשייתן, (ובאמת נשי דור המדבר כשרות היו כמו שאמר במדבר רבה פרשה כא י שגדרו מה שפרצו האנשים, ועיין לעיל ריש פרשה א יב דאמרו בזכות נשים צדקניות שבאותו הדור נגאלו ממצרים): **מנהיגות את בניהן לתורה.** הדרכת הבנים לחנכן בקטנותם בתורה תלוים בנשים, וכמו שכתוב (משלי א ח) ואל תטוש תורת אמך. ואפשר פירוש מנהיגות כמשמעו, שמוליכות בניהן לבית הספר כמו שאמר (ברכות יז, א) נשי במאי זכיין באקרוי בנייהו לבי כנישתא, ואמרו שלהי קדושין (פב, א) לא ילמד רווק סופרים משום אמהתא דינוקי: **בטכסיס של מלכים כו' שנאמר אתי מלבנון כו'.** נראה עיקר המאמר חסר כאן, והיה כתוב לפניהם בפסיקתא או במקום אחר, לכן השמיטוהו הסופרים כאן: [ג] **אופימשטאטא.** עיין מתנות כהונה. ואפשר הן ב' מלות מורכבות אופי מאייסטאטא, אופי הוא קול ודבור, ומאייסטאטא הוא ממשלת מלכות, והכוונה העברת קול מלכות, והוא מכוון יפה לענין הנמשל דהכא, שרצה מלכו של עולם להשמיע קול הדר מלכותו בעצמו יתברך לבניו:

חידושי הרש"ש

וידבר אלהים גו'. מביא פסוק זה כאן מפני סיום המאמר, בזכות שאמרו נעשה ונשמע, וכאן כתיב כל אשר דבר ה' נעשה: [ג] **אותה שעה בקש כו'.** רוצה לומר בעת שהיה משה בהר ביום הששי, או ביום השביעי, לרבי יהודה כדאית ליה ולרבנן כדאית להו, בשבת (פו, ב):

אם למקרא

בֵּית יַעֲקֹב לְכוּ וְנֵלְכָה בְּאוֹר ה': (ישעיה ב, ה)

אִתִּי מִלְּבָנוֹן כַּלָּה אִתִּי מִלְּבָנוֹן תָּבוֹאִי תָּשׁוּרִי מֵרֹאשׁ אֲמָנָה מֵרֹאשׁ שְׂנִיר וְחֶרְמוֹן מִמְּעֹנוֹת אֲרָיוֹת מֵהַרְרֵי נְמֵרִים: (שיר השירים ד, ח)

וַיִּקַּח סֵפֶר הַבְּרִית וַיִּקְרָא בְּאָזְנֵי הָעָם וַיֹּאמְרוּ כֹּל אֲשֶׁר דִּבֶּר ה' נַעֲשֶׂה וְנִשְׁמָע: (שמות כד, ז)

אמרי יושר

[ב] בטכסיס מלכים נהג הקדוש ברוך הוא עם ישראל. אי גרסינן שלא בטכסים ניחא, שדרך בשר ודם מקן היות לנערה זמן שנים עשר חדש משתבעתה לפרנס עלמה, בזה בחה אל המלך, אבל הקב"ה אתי מלבנים כלה, עד שאתם עסוקים בטיט ולבנים קפלתי וגאלתי אתכם. ויש ליישב הגירסא כמו שכתב להלן (סימן ג) משל למלך שביקש לעשות דבר חוץ מדעת אפרכוס, אמר לו קרא לפלוני עד שקראו עשה המלך מה שביקש, כן עשה הקב"ה בדברות:

באור מהרי"פ

וידבר אלהים וגו' בטכסיס של מלכים וכו'. כתב תלדות נח הארוך, מכותלי מדרש זה ניכר שטעות גדול נפל בספרי הדפוס, כי הדרש של בטכסים של מלכים אין לו שייכות בכאן כלל לוידבר אלהים, ואף שמתנות כהונה פירש שדייק מתיבת לאמר וכו', עיין שם, כל מי שיש לו לב להבין רואה שאין ממש בפירושו, וכן דרש של אותה שעה בקש

שינוי נוסחאות

בטכסיס של מלכים. ברוב הספרים כתוב "כטכסיס...", רק במקצת דפוסים מאוחרים כתבו "בטכסיס" (ובד' וארשא איתא "סטכסיס" והוא ט"ס): (ג) **אופימטטאטא.** כן כתוב בכל הספרים חדשים גם ישנים, רק בד' וילנא איתא "אופימשטאטא", והוא מבוסס על דברי רד"ל (ובדפוס ונציא בגליון כתוב ע"י המדפיס עצמו "ספר אחר: אפימנוטא"):

מתנות כהונה

בדי שיהו מנהיגות כו'. שהנשים מצויות בבית ומשגיחין תמיד על בניהם: **וקלקלה.** שהורע בעיניה שלא צוה אותה תחלה: **אלו סנהדרין.** וסיפיה דקרא ותגיד וגו' מדבר בשאר העם והוא מלשון אגודה ודברים רכים: **בטכסיס כו'.** מנהג מלכים נהג בהם בכבוד וחשיבות שנאמר (שיר השירים ד, ח) אתי מלבנון אתי כדומה לי כביכול ודייק מדכתיב לאמר כזה שאומר לחבירו השיבני אם תקבל דברי: **בזכות שאמרו כו'.** מסיפיה דקרא קדייק תשורי מראש אמנה שהאמינו בהקב"ה ואמרו נעשה ונשמע: [ג] **מה אעשה.** מפני משה: **שיהיו סבורים.** שמשה אמר כן וכדלקמן: **אופימטטאטא.** לפי הענין הוא נימוס וסדר תורה: **חוץ מדעת[ו] בו'.** שלא

אשד הנחלים

שהם מזרזות. כי טבען להתפעל יותר מן האנשים: **מנהיגות.** כלומר כדי שיביאו את בניהן אצל ההר לשמוע התורה: **ואחר כך נצטוית חוה.** כי אם תשמע אחר כך מפי האנשים ידמו כי לא צווה מה', ולכן אמר כה תאמר בעצמך לבית יעקב. ורבי יוחנן דרש על הסנהדרין, שהם עיקרי בני ישראל, אשר כל ישראל נשען עליהם: **בטכסיס של מלכים.** עיין במתנות כהונה, כלומר ששלח להודיעם, ואחר כך וישב משה עוד הפעם, כדרך מלכים לשלוח שלוחם בדרך כבוד: **אתי מלבנון.** כמו ששלח שלוחו שתבוא מלבנון אתו עמו. והמתנות כהונה פירש באופן אחר, עיין עליו: [ג] **ביקש הקדוש ברוך הוא.** כי נזדככו אז מאד עד שהיו יכולים לקבל עשרת הדברים פנים אל פנים, ולכן באמת שמעו אנכי ולא יהיה לך מפי הגבורה, כמאמרם ז"ל (מכות כד, א). והנה משה דימה שלא זכו לזה, אך באמת הם בעצמם זכו לזה, ולכן כתיב וירד משה אל העם, ואחר כך וידבר, ולא כתיב שדיבר אל משה, כי אם אל כולם, שאחרי שהכינם היטב והמה התקדשו, זכו בעצמם לזה:

Prior to Moses' actually "saying" to the House of Jacob and "relating" to the Children of Israel, the people proclaimed, *"Everything that HASHEM has spoken we shall do and we shall hear!"* (below, 24:7).[37] That is, they committed themselves to observing God's commandments even before learning what those obligations were. The Midrash now intimates what *God* committed to as a reward for this unconditional declaration of allegiance:

"וַיְדַבֵּר אֱלֹהִים אֵת כָּל הַדְּבָרִים הָאֵלֶּה לֵאמֹר" – The verse that introduces God's utterance of the Ten Commandments states, ***God spoke all these statements, saying*** (below, 20:1). **בְּטַכְסִיס שֶׁל מְלָכִים לֹא נָהַג הַקָּדוֹשׁ בָּרוּךְ הוּא עִם יִשְׂרָאֵל** – **The Holy One, blessed is He, did not comport with Israel in accordance with the practice of** mortal **kings,** **שֶׁנֶּאֱמַר "אִתִּי מִלְּבָנוֹן כַּלָּה"** – **as it is stated, *With Me from Lebanon, O bride*** . . . *you shall come* (*Song of Songs* 4:8).[38] **לָמָּה כָּךְ** – And **why** was Israel treated **in this manner** at the Revelation?[39] **בִּזְכוּת שֶׁאָמְרוּ "נַעֲשֶׂה וְנִשְׁמָע"** – **In the merit that they proclaimed,** *"Everything that HASHEM has spoken* ***we shall do and we shall hear!"***

וַיַּעֲנוּ כָל הָעָם יַחְדָּו וַיֹּאמְרוּ כֹּל אֲשֶׁר דִּבֶּר ה׳ נַעֲשֶׂה וַיָּשֶׁב מֹשֶׁה אֶת דִּבְרֵי הָעָם אֶל ה׳ . . . וַיֹּאמֶר ה׳ אֶל מֹשֶׁה רֵד הָעֵד בָּעָם פֶּן יֶהֶרְסוּ אֶל ה׳ לִרְאוֹת וְנָפַל מִמֶּנּוּ רָב. וְגַם הַכֹּהֲנִים הַנִּגָּשִׁים אֶל ה׳ יִתְקַדָּשׁוּ פֶּן יִפְרֹץ בָּהֶם ה׳. וַיֹּאמֶר מֹשֶׁה אֶל ה׳ לֹא יוּכַל הָעָם לַעֲלֹת אֶל הַר סִינָי כִּי אַתָּה הַעֵדֹתָה בָּנוּ לֵאמֹר הַגְבֵּל אֶת הָהָר וְקִדַּשְׁתּוֹ. וַיֹּאמֶר אֵלָיו ה׳ לֶךְ רֵד וְעָלִיתָ אַתָּה וְאַהֲרֹן עִמָּךְ וְהַכֹּהֲנִים וְהָעָם אַל יֶהֶרְסוּ לַעֲלֹת אֶל ה׳ פֶּן יִפְרָץ בָּם. וַיֵּרֶד מֹשֶׁה אֶל הָעָם וַיֹּאמֶר אֲלֵהֶם. וַיְדַבֵּר אֱלֹהִים אֵת כָּל הַדְּבָרִים הָאֵלֶּה לֵאמֹר.

The entire people responded together and said, "Everything that HASHEM has spoken we shall do!" Moses brought back the words of the people to HASHEM . . . HASHEM said to Moses, "Descend, warn the people, lest they break through to HASHEM to see, and a multitude of them will fall. Even the Kohanim who approach HASHEM should be prepared lest HASHEM burst forth against them." Moses said to HASHEM, "The people cannot ascend Mount Sinai, for You have warned us, saying, 'Bound the mountain and sanctify it.' " HASHEM said to him, "Go, descend. Then you shall ascend, and Aaron with you, but the Kohanim, and the people – they shall not break through to ascend to HASHEM, lest He burst forth against them." Moses descended to the people and said [it] to them. God spoke all these statements, saying (19:8; 19:21-20:1).

§3 וַיָּשֶׁב מֹשֶׁה אֶת דִּבְרֵי הָעָם אֶל ה׳ – ***MOSES BROUGHT BACK THE WORDS OF THE PEOPLE TO HASHEM.***

This verse informs us that Moses reported to God that the people wished to be addressed directly by Him.[40] However, there was a problem, as the Midrash explains:

אוֹתָהּ שָׁעָה בִּקֵּשׁ הַקָּדוֹשׁ בָּרוּךְ הוּא לִיתֵּן לָהֶם אֶת הַתּוֹרָה וּלְדַבֵּר עִמָּהֶם – **At that moment the Holy One, blessed is He, sought to give the Torah to [the people] and to speak with them** "face-to-face" as they desired, **וְהָיָה מֹשֶׁה עוֹמֵד** – **but Moses was standing** there with Him, and this prevented Him from doing so.[41] **אָמַר הַקָּדוֹשׁ בָּרוּךְ הוּא** – **The Holy One, blessed is He, said,** **מָה אֶעֱשֶׂה מִפְּנֵי מֹשֶׁה** – **"What can I do in the face of** the difficulty posed by **Moses?"** **אָמַר רַבִּי לֵוִי** – **R' Levi said:** **מָשָׁל לְמֶלֶךְ שֶׁבִּקֵּשׁ לַעֲשׂוֹת אוּפִימְטַטָאטָא חוּץ מִדַּעְתּוֹ שֶׁל אִפַּרְכוֹס** – It is **analogous to a king who sought to make a royal proclamation**[42] **without the participation**[43] **of** his chief **adviser.**

NOTES

Jacob is the Sanhedrin, which bears ultimate responsibility for keeping the people of Israel on the path of righteousness. The prophet therefore exhorts: *Come, let us walk by the light of HASHEM* (ibid.).

Alternatively, the indication that the phrase *House of Jacob* in the verse cited by the Midrash refers to the Sanhedrin comes from an *earlier* verse in the *Isaiah* passage (v. 3), which states, *Many peoples will go and say, "Come, let us go . . . to the House of the God of Jacob, and He will teach us of His ways . . . " For from Zion will the Torah come forth, and the word of HASHEM from Jerusalem.* This verse refers to the Sanhedrin, who sit in the Temple in Jerusalem [see *Berachos* 63b] (*Maharzu*).

37. This is the verse cited by the Midrash below. Compare verse 19:8 in the present chapter (*Rashash* s.v. וידבר אלהים).

38. For example, God did not act like King Ahasuerus, who did not receive the candidates to replace Vashti as queen until they had been treated for six months with oil of myrrh and six months with perfumes and cosmetics (*Esther* 2:12). Rather, He hurried and redeemed Israel while they were still engaged in the work of mortar and bricks [i.e., He gave them the Torah (thus taking Israel as His bride) even though they were not spiritually prepared, having been engaged solely in physical labor while in Egypt (*Eitz Yosef* to *Shir HaShirim Rabbah* 4:8, sec. 1)]. This is intimated by the verse, *With Me from Lebanon, O bride . . . you shall come.* For the Midrash interprets the word לְבָנוֹן, *Lebanon*, to mean לְבֵנִים, *bricks*, such that God is saying to His bride, Israel: With Me from the work of bricks (bondage) you shall come – to freedom!

The Midrash cites this verse here (and thereby alludes to the above exposition) in order to give an example of how God deviated from the practice of kings when He uttered the Ten Commandments (*Yefeh To'ar*, cited by *Eitz Yosef*, based on *Shir HaShirim Rabbah* loc. cit.). See next note.

39. Mortal kings do not speak directly to their people, but communicate only through their ministers and officers. The Jewish people, however, ardently desired to be addressed not through Moses but by their King Himself – and God did indeed speak to them "face-to-face." [Our Midrash apparently takes this as implied by *God spoke all these statements, saying*. Cf. *Mechilta, BaChodesh* §2 and *Yalkut Shimoni, Yisro* §276; see 29 §4 below, note 37.] The Midrash is asking in what merit God deviated from the normal practice of kings and spoke to Israel directly (*Yefeh To'ar*, cited by *Eitz Yosef*).

[Our text, בְּטַכְסִיס שֶׁל מְלָכִים "לֹא" נָהַג הַקָּדוֹשׁ בָּרוּךְ הוּא עִם יִשְׂרָאֵל, follows emendation of *Yefeh To'ar*. See, however, *Matnos Kehunah, Eshed HaNechalim,* and *Beur Maharif*; see also *Tiferes Tzion.*]

40. *Yefeh To'ar.* See the Midrashim referenced in the preceding note.

41. As the Midrash explains below, if God spoke to the people from the mountain when Moses was still there with Him, the people would not know whether it was truly God speaking to them or Moses.

42. *Radal's* text has the word אוּפִימַשְׁטָאטָא here, which he explains to be a composite of two words: אוּפִי, which means *sound* or *speech*; and מַאיְיסְטָאטָא, which means *majesty.* This word indeed fits well in the context of our discussion (the נִמְשָׁל), for God wanted His children to hear from Him alone the *sound* of His glorious *majesty* (i.e., the Ten Commandments). [See *Matnos Kehunah* and *Eitz Yosef* for other interpretations.]

43. Translation follows *Matnos Kehunah.*

דָּבָר אַחֵר, לָמָּה לַנָּשִׁים תְּחִלָּה, שֶׁהֵן מִזְדָּרְזוֹת בְּמִצְוֹת, דָּבָר אַחֵר, כְּדֵי שֶׁיְּהוּ מַנְהִיגוֹת אֶת בְּנֵיהֶן לַתּוֹרָה, אָמַר רַבִּי תַּחְלִיפָא דְּקֵיסָרִין: אָמַר הַקָּדוֹשׁ בָּרוּךְ הוּא: כְּשֶׁבָּרָאתִי אֶת הָעוֹלָם לֹא צִוִּיתִי אֶלָּא לְאָדָם הָרִאשׁוֹן וְאַחַר כָּךְ נִצְטַוֵּית חַוָּה וְעָבְרָה וְקִלְקְלָה אֶת הָעוֹלָם, עַכְשָׁיו אִם אֵינִי קוֹרֵא לַנָּשִׁים תְּחִלָּה הֵן מְבַטְּלוֹת אֶת הַתּוֹרָה, לְכָךְ נֶאֱמַר "כֹּה תֹאמַר לְבֵית יַעֲקֹב", וְרַבִּי יוֹחָנָן אָמַר: "כֹּה תֹאמַר לְבֵית יַעֲקֹב" אֵלּוּ סַנְהֶדְרִין, שֶׁנֶּאֱמַר (ישעיה ב, ה) "בֵּית יַעֲקֹב לְכוּ וְנֵלְכָה בְּאוֹר ה'". [כ, א] "וַיְדַבֵּר אֱלֹהִים אֵת כָּל הַדְּבָרִים הָאֵלֶּה לֵאמֹר", °*בְּטַכְסִיס שֶׁל מְלָכִים נָהַג הַקָּדוֹשׁ בָּרוּךְ הוּא עִם יִשְׂרָאֵל, שֶׁנֶּאֱמַר (שיר השירים ד, ח) "אִתִּי מִלְּבָנוֹן כַּלָּה", לָמָּה כָּךְ, בִּזְכוּת שֶׁאָמְרוּ (לקמן כד, ז) "נַעֲשֶׂה וְנִשְׁמָע":

ג [יט, ח] "וַיָּשֶׁב מֹשֶׁה אֶת דִּבְרֵי הָעָם אֶל ה'", אוֹתָהּ שָׁעָה בִּקֵּשׁ הַקָּדוֹשׁ בָּרוּךְ הוּא לִיתֵּן לָהֶם אֶת הַתּוֹרָה וּלְדַבֵּר עִמָּהֶם, וְהָיָה מֹשֶׁה עוֹמֵד, אָמַר הַקָּדוֹשׁ בָּרוּךְ הוּא: מָה אֶעֱשֶׂה מִפְּנֵי מֹשֶׁה, אָמַר רַבִּי לֵוִי: מָשָׁל לְמֶלֶךְ שֶׁבִּקֵּשׁ לַעֲשׂוֹת אוֹפִּימְטַטָּאטָא חוּץ מִדַּעְתּוֹ שֶׁל אִפַּרְכוֹס,

עץ יוסף

דבר אחר למה לנשים תחלה. גם לדרשות אלו לנשים ראשי דברים כדלעיל, אלא דלא סבירא ליה שמטעם זה מספיק להקדימן: **כדי שיהו מנהיגות כו'.** פירוש על ידי שתדבר להן תחילה ותכבדן טפי, תהיינה זריזות להנהיג בניהם לתורה [לפי שהם נעשו ערבים לישראל בקבלת התורה, שנאמר מפי עוללים ויונקים יסדת עוז], ולא תתעצלנה לפי שהן אינן מצוות על דברי תורה: **ואחר כך נצטוית חוה.** סבירא ליה כההוא מדרש דדריש מויצו ה' על האדם לאמר לאבריו, והיינו חוה, שהיא מצלעותיו: **ועברה וקלקלה.** ואף על גב שעברה מפני פתוי הנחש, מכל מקום הגורם היה לה לשמוע אל הנחש משום שחשבה שעיקר הקפדת ה' על אדם שהוא לא יאכל מעץ הדעת, והא ראיה שציוהו תחלה, ולכן במתן תורה אילו לא יצטוו הנשים אלא באחרונה, יחשבו כי אין קפידא בהן כל כך ותרפינה ידיהן ויטו לב הבעלים אחריהם: **אלו סנהדרין.** הם שבעים זקנים, דהשתא אתא שפיר דהקדים בית יעקב, ולכן לא כלל כל ישראל יחד, שיש לחלוק כבוד לזקנים ללמדם תחילה, וכתב בסנהדרין לשון אמירה משום שמחויב לדבר להם בלשון כבוד ומתק שפתים, אבל להמון העם ידבר בהטלת מורא קשה כגידים, על דרך זרוק מרה בתלמידים: **שנאמר בית יעקב לכו ונלכה וגו'.** כי נטשת עמך בית יעקב, ומשמע ליה דמיירי בסנהדרין, ומוכיחם כי נטשו עמם והם שארית ישראל שלא הוכיחום ועזבום כי מלאו מקדם וגו': [ג] **וידבר אלהים את כל הדברים האלה לאמר בטכסיס של מלכים נהג הקדוש ברוך הוא עם ישראל שנאמר אתי מלבנון כלה למה כך בזכות שאמרו נעשה ונשמע וישב משה את דברי העם כו'.** הבנת מאמר זה קשה להולמו, ולהבין מאמר זה אמר בהכרח להקדים שני מאמרים קטנים ממקום אחר, ובשיר השירים רבה (ד' ח'). זה לשונו, אתי מלבנון כלה וגו' אתשורש דעה סרוחה אמר ששה חדשים בשמן המור, [והיינו להשלים ימי המירוק קודם התיחדה לו] ואני לא עשיתי כן, אלא אתי מלבנון כלה, עד שאתם עוסקים בטיט ולבנים קפלתי וגאלתי אתכם, [דרש לבנון מלשון לבנים]. עוד דרשו במכילתא (והובא כאן בילקוט) ויגד משה את דברי העם אל ה', רבי אומר וכי מה אמר המקום למשה לאמר לישראל, או מה אמרו ישראל לאמר למקום, אלא [אחר ששמעו מפי משה שאמר לו השם הנה אנכי בא אליך וגו' בעבור ישמע העם בדברי עמך, ומשמעו שלא ידבר אליהם ה' פנים בפנים, רק על ידי משה ישמעו דברי השם] אמרו רצונינו לשמוע מפי מלכינו, לא דומה שומע מפי הפדגוג לשומע מפי המלך עצמו, אמר לו המקום תן להם מה שבקשו, הדא הוא דכתיב כי ביום השלישי ירד ה' לעיני כל העם, ובזה תבין לשון המדרשות לפנינו, וכן צריך לומר וידבר אלהים את כל הדברים האלה לאמר לא כטכסים, [פירוש מנהג] של מלכים נהג הקדוש ברוך הוא עם ישראל שנאמר אתי מלבנון כלה, למה כך בזכות שאמרו נעשה ונשמע, וזה שלא כטכסים המלכים שלא ידבר דבריו בעצמו אל כל עמו רק על ידי שרי צבאיו ומשרתיו, וכל זה זכו בשביל אמירתם נעשה ונשמע, וזה שרמז המדרש כאן בקיצור לשון מאחד שנאמר אתי מלבנון כלה, ורצה לומר כמו ששם פירושו שלא נהג עמם כטכסים של מלכים במה שנגלה עליהם בעודם עוסקים בטיט ולבנים, כן כאן לא נהג בדרך זה לדבר לעמו על ידי מליץ רק על ידי עצמו, וזה כל עיקר כוונת המדרש במה שהביא מקרא זה לכאן (יפה תואר): (ג) **באותה שעה.** שנתרצה הקדוש ברוך הוא שיהיה הוא בפיו ידבר אל העם: **אופי מטטאטא.** לפי הענין הוא נימוס וסדר תורה (מתנות כהונה). ואפשר הן שתי מלות מורכבות, אופי מאייסטאטא, אופי הוא קול ודבור, ומאייסטאטא הוא ממשלת מלכות, והכוונה העברת קול מלכות, והוא מכוון יפה לענין הנמשל דהכא, שרצה מלכו של עולם להשמיע קול הדר מלכותו בעצמו יתברך לבניו (הרד"ל): **חוץ מדעתו של אפרכוס.** פירוש שלא בצירוף היועץ רק הוא לבדו, אפרכוס בלשון יוני שר של עיר:

פירוש מהרז"ו

שהן מזדרזות במצות. על שאין שכלם חזק כל כך, קרובים לקבל באמונה ועושות בלא חקירה: **לא צויתי אלא לאדם הראשון.** כמו שכתוב (בראשית ב, טז) ויצו ה' אלהים על האדם לאמר, והאדם אמר לחוה: **שנאמר בית יעקב.** ובפסוק הקודם, והלכו וגו' ואמרו לכו ונעלה אל בית וגו' כי מציון תצא תורה וגו' בית יעקב וגו', הם היושבים בציון בבית המקדש: **בטכסיס של מלכים עד נעשה ונשמע.** המדרש הזה אין לו ביאור ומקומו בסימן ד'. ומה שכתוב אתי מלבנון כלה, וסיפא דקרא תשורי מראש אמנה, על שהאמינו ואמרו נעשה ונשמע. ועיין בזוהר ריש שמות על פסוק זה אתי מלבנון תבואי תשורי וגו', על נעשה ונשמע. ועיין עוד לעיל פרשה כ"ג סימן ה, ושם נסמן. ועיין מכילתא פסוק אנכי, ומי שיעיין בכל המקומות הנ"ל, יתכן להוציא ביאור המאמר: (ג) **וישב משה.** הכוונה על פסוק ויגד משה שהוא סמוך לפסוק לך אל העם וגו', שדורש בסמוך: **אותה שעה ביקש.** בהכרח הכוונה על פסוק כ"א, ויאמר ה' אל משה רד העד, וכמו שיתבאר בסמוך: **אופימשטאטא.** לא מצאתי פירושו בערוך ובמוסף ערוך. ואופי פירושו מנהג וחוק. ומשטאטא איני יודע מהו:

מתנות כהונה

כדי שיהו מנהיגות כו'. שהנשים מצויות בבית ומשגיחין תמיד על בניהם: **וקלקלה.** שהורע בעיניה שלא צוה אותה תחלה: **אלו סנהדרין.** וסיפיה דקרא ותגיד וגו' מדבר בשאר העם והוא מלשון אגודה ודברים רכים: **בטכסיס כו'.** מנהג מלכים נהג בהם בכבוד וחשיבות שנאמר (שיר השירים ד, ח) אתי מלבנון אתי כדומה לי כביכול ודייק מדכתיב לאמר כזה שאומר לחבירו השיבני אם תקבל דברי: **בזכות שאמרו כו'.** מסיפיה דקרא קדייק תשורי מראש אמנה שהאמינו בהקב"ה ואמרו נעשה ונשמע: [ג] **מה אעשה.** מפני משה: **שיהיו סבורים.** שמשה אמר כן וכדלקמן: **אופימטאטא.** לפי הענין הוא נימוס וסדר תורה: **חוץ מדעת[ו] כו'.** שלא

אשד הנחלים

שהם מזרזות. כי טבען להתפעל יותר מן האנשים: **מנהיגות.** כלומר כדי שיביאו את בניהן אצל ההר לשמוע התורה: **ואחר כך נצטוית חוה.** כי אם תשמע אחר כך מפי האנשים ידמו כי לא צווה מה', ולכן אמר כה תאמר בעצמך לבית יעקב. ורבי יוחנן דרש על הסנהדרין, שהם עיקרי בני ישראל, אשר כל ישראל נשען עליהם: **בטכסיס של מלכים.** עיין במתנות כהונה, כלומר ששלח להודיעם, ואחר כך וישב משה עוד הפעם, כדרך מלכים לשלוח שלוחם בדרך כבוד: **אתי מלבנון.** כמו ששלח שלוחו שתבוא מלבנון אתו עמו. והמתנות כהונה פירש באופן אחר, עיין עליו: [ג] **ביקש הקדוש ברוך הוא.** כי נזדככו אז מאד עד שהיו יכולים לקבל עשרת הדברים פנים אל פנים, ולכן באמת שמעו אנכי ולא יהיה לך מפי הגבורה, כמאמרם ז"ל (מכות כד, א). והנה משה דימה שלא זכו לזה, אך באמת הם בעצמם זכו לזה, ולכן כתיב וירד משה אל העם, ואחר כך וידבר, ולא כתיב שדיבר אל משה, כי אם אל כולם, שאחרי שהכינם היטב והמה התקדשו, זכו בעצמם לזה:

חידושי הרד"ל

שהן מזדרזות במצוה. בכל דוכתא אמרינן נשים עצלניות הן, (ואם היה אפשר לפרש האי מצות כלשון מצוה סתם האמור בירושלמי ומדרשות שהוא צדקה יהיה אפשר לומר כדאמרינן בכתובות (סז, ב) דשכיחא בביתא ומקרבא הנייתה, אבל אין זה ענין המאמר דכאן). ואפשר זריזות לקבל עליהן עול מצות קאמר, אבל עצלניות הן בקיומן במקום שיש טורח בעשייתן, (ובאמת נשי דור המדבר כשרות היו כמו שאמר במדבר רבה פרשה כא י שגדרו מה שפרצו האנשים, ועיין לעיל ריש פרשה א יב דאמרו בזכות נשים צדקניות שבאותו הדור נגאלו ממצרים): **מנהיגות את בניהן לתורה.** הדרכת הבנים לחנכן בקטנותם בתורה תלוים בנשים, וכמו שכתוב (משלי א ח) ואל תטוש תורת אמך. ואפשר פירוש מנהיגות כמשמעו, שמוליכות בניהן לבית הספר כמו שאמר (ברכות יז, א) נשי במאי זכיין באקרוי בנייהו לבי כנישתא, ואמרו שלהי קדושין (פב, א) לא ילמד רווק סופרים משום אמהתא דינוקי: **בטכסיס של מלכים כו' שנאמר אתי מלבנון כו'.** נראה עיקר המאמר חסר כאן, והיה כתוב לפניהם בפסיקתא או במקום אחר, לכן השמיטוהו הסופרים כאן: [ג] **אופימשטאטא.** עיין מתנות כהונה. ואפשר הן ב' מלות מורכבות אופי מאייסטאטא, אופי הוא קול ודבור, ומאייסטאטא הוא ממשלת מלכות, והכוונה העברת קול מלכות, והוא מכוון יפה לענין הנמשל דהכא, שרצה מלכו של עולם להשמיע קול הדר מלכותו בעצמו יתברך לבניו:

חידושי הרש"ש

וידבר אלהים גו'. מביא פסוק זה כאן מפני סיום המאמר, בזכות שאמרו נעשה ונשמע, וכאן כתיב כל אשר דבר ה' נעשה: [ג] **אותה שעה בקש כו'.** רוצה לומר בעת שהיה משה בהר ביום הששי, או ביום השביעי, לרבי יהודה כדאית ליה ולרבנן כדאית להו, בשבת (פו, ב):

אם למקרא

בֵּית יַעֲקֹב לְכוּ וְנֵלְכָה בְּאוֹר ה': (ישעיה ב, ה)

אִתִּי מִלְּבָנוֹן כַּלָּה אִתִּי מִלְּבָנוֹן תָּבוֹאִי תָּשׁוּרִי מֵרֹאשׁ אֲמָנָה מֵרֹאשׁ שְׂנִיר וְחֶרְמוֹן מִמְּעֹנוֹת אֲרָיוֹת מֵהַרְרֵי נְמֵרִים: (שיר השירים ד, ח)

וַיִּקַּח סֵפֶר הַבְּרִית וַיִּקְרָא בְּאָזְנֵי הָעָם וַיֹּאמְרוּ כֹּל אֲשֶׁר דִּבֶּר ה' נַעֲשֶׂה וְנִשְׁמָע: (שמות כד, ז)

אמרי יושר

[ב] **בטכסיס מלכים נהג הקדוש ברוך הוא עם ישראל.** אי גרסינן שלא בטכסים ניחא, שדרך בשר ודם מקץ היות לנערה זמן שנים עשר חדש משתבעתה לפרנס עצמה, בזה באה אל המלך, אבל הקב"ה אתי מלבנים כלה, עד שאתם עסוקים בטיט ולבנים קפלתי וגאלתי אתכם. ויש ליישב הגירסא כמו שכתב להלן (סימן ג) משל למלך שביקש לעשות דבר חוץ מדעת אפרכוס, אמר לו קרא לפלוני עד שקראו עשה המלך מה שביקש, כן עשה הקב"ה בדברות:

באור מהרי"פ

וידבר אלהים וגו' בטכסיס של מלכים וכו'. כתב תלדות נח הארוך, מכותלי מדרש זה ניכר שטעות גדול נפל בספרי הדפוס, כי הדרש של בטכסים של מלכים אין לו שייכות בכאן כלל לוידבר אלהים, ואף שמתנות כהונה פירש שדייק מתיבת לאמר וכו', עיין שם, כל מי שיש לו לב להבין רואה שאין ממש בפירושו, וכן דרש של אותה שעה בקש

שינוי נוסחאות

בטכסיס של מלכים. ברוב הספרים כתוב "כטכסים...", רק במקצת דפוסים מאוחרים כתבו "בטכסיס" (ובד' וארשא איתא "סטכסיס" והוא ט"ס): (ג) **אופימטטאטא.** כן כתוב בכל הספרים חדשים גם ישנים, רק בד' וילנא איתא "אופימשטאטא", והוא מבוסס על דברי רד"ל (ובדפוס ונציא בגליון כתוב ע"י המדפיס עצמו "ספר אחר: אפימנוטא"):

אָמַר לוֹ: עֲשֵׂה דָּבָר פְּלוֹנִי – **[The king]** therefore **said to [the adviser],** as a pretext to remove him from the scene, **"Do such and such a thing** for me." אָמַר לוֹ: כְּבָר נַעֲשֵׂית – **[The adviser] replied to him, "It has already been done."** וְשׁוּב אָמַר לוֹ: לֵךְ קְרָא לִפְלוֹנִי סִינְקְלִיטוּקוֹס וְיָבֹא עִמְּךָ – **Again [the king] addressed [the adviser], "Go, call So-and-so the legal counselor, and let him come** here **with you."** עַד שֶׁהוּא הוֹלֵךְ עָשָׂה הַמֶּלֶךְ מַה שֶּׁבִּיקֵּשׁ – **While [the adviser] was going** to fetch the counselor, **the king did what he sought** to do and made the proclamation. כָּךְ בִּיקֵּשׁ הַקָּדוֹשׁ בָּרוּךְ הוּא לִיתֵּן י׳ דִּבְּרוֹת – **Similarly, the Holy One, blessed is He, sought to give the Ten Commandments** to the Jewish people Himself, הָיָה מֹשֶׁה עוֹמֵד מִצִּדּוֹ – but **Moses was standing** there **alongside Him.** אָמַר הַקָּדוֹשׁ בָּרוּךְ הוּא – **The Holy One, blessed is He, said** to Himself: אֲנִי גוֹלֶה לָהֶם אֶת הָרָקִיעַ וְאוֹמֵר: "אָנֹכִי ה׳ אֱלֹהֶיךָ" – **If I unveil the heavens for [the Children of Israel] and say** to them, **"I am Hashem, your God,"**[44] with Moses still atop the mountain, הֵם אוֹמְרִים: מִי אָמַר, הַקָּדוֹשׁ בָּרוּךְ הוּא אוֹ מֹשֶׁה – **they will say, "Who is speaking, the Holy One, blessed is He, or Moses?"** אֶלָּא יֵרֵד מֹשֶׁה וְאַחַר כָּךְ אֲנִי אוֹמֵר: "אָנֹכִי ה׳ אֱלֹהֶיךָ" – **Rather, Moses shall descend** the mountain **and afterward I will say, "I am Hashem, your God."** לְכָךְ אָמַר הַקָּדוֹשׁ בָּרוּךְ הוּא לְמֹשֶׁה – **Therefore the Holy One, blessed is He, said to Moses** (as a pretext for sending him away), "רֵד הָעֵד בָּעָם פֶּן יֶהֶרְסוּ אֶל ה׳ לִרְאוֹת וְנָפַל מִמֶּנּוּ רָב" – ***"Descend, warn the people, lest they break though to HASHEM to see, and a multitude of them will fall"*** (19:21). אָמַר לוֹ: כְּבָר הִגְבַּלְתִּים, שֶׁנֶּאֱמַר "כִּי אַתָּה הַעֵדֹתָה בָּנוּ לֵאמֹר וְגוֹ׳" – However, **[Moses] said to Him, "I have already set boundaries for them,"**[45] **as it is stated:** . . . ***for You have warned us, saying,*** *"Bound the mountain and sanctify it"* (ibid., v. 23). [Thus, as in the parable, the first attempt to send away the King of kings' most trusted servant failed.] אָמַר לוֹ: "לֶךְ רֵד וְעָלִיתָ אַתָּה וְאַהֲרֹן עִמָּךְ" – **[God]** then **said to [Moses],** ***"Go, descend. Then you shall ascend, and Aaron with you"*** (ibid., v. 24).[46] עַד שֶׁמֹּשֶׁה יוֹרֵד נִגְלָה הַקָּדוֹשׁ בָּרוּךְ הוּא – **While Moses was descending** to bring Aaron, **the Holy One, blessed is He, revealed Himself,** שֶׁנֶּאֱמַר "וַיֵּרֶד מֹשֶׁה אֶל הָעָם" – **as it is stated,** ***Moses descended to the people*** (ibid., v. 25), מִיָּד "וַיְדַבֵּר אֱלֹהִים" – and **thereupon,** before Moses could return, ***God spoke*** (20:1)[47] and delivered the Ten Commandments to the people.[48]

§4 אֵת כָּל הַדְּבָרִים הָאֵלֶּה לֵאמֹר – ***ALL THESE STATEMENTS, SAYING.***

The word לֵאמֹר, *saying*, appears extraneous.[49] The Midrash thus expounds:

שֶׁהוּא עוֹשֶׂה אֶת הַכֹּל בְּבַת אַחַת – **For [God] does everything simultaneously:** מֵמִית וּמְחַיֶּה בְּבַת אַחַת – **He causes death and restores life simultaneously;**[50] מַכֶּה וְרוֹפֵא בְּבַת אַחַת – **He smites and heals simultaneously.**[51] אִשָּׁה עַל הַמַּשְׁבֵּר יוֹרְדֵי הַיָּם וְהוֹלְכֵי מִדְבָּרוֹת וַחֲבוּשֵׁי בְּבֵית הָאֲסוּרִין – And in the cases of **a woman** sitting **on the birthing stool, seafarers, wilderness travelers, and those incarcerated in prison**[52] –

NOTES

44. The first of the Ten Commandments.

45. Moses responded: I warned them two days ago not to attempt to ascend the mountain, and so I do not need to warn them now (*Eitz Yosef*).

46. This gambit succeeded (as the Midrash goes on to say), as in the parable when the king dispatches his chief adviser to fetch the legal counselor.

[For discussion of why God called Moses to *ascend* the mountain (19:20) if He was just going to send him back down again, see *Anaf Yosef*.]

47. Verse 20:1 immediately follows verse 19:25; and Scripture does not state that Moses ascended again before God began speaking (*Eitz Yosef*). [But afterward, Moses *does* ascend the mountain again; see 20:18 (*Yefeh To'ar*).]

48. *Yefeh To'ar* writes that actually, God spoke only the first two Commandments directly to Israel (see similarly *Rashi* to 19:19). Thus, when Moses later tells the people that at the Revelation *"I was standing between HASHEM and you at that time, to relate the word of HASHEM to you"* (*Deuteronomy* 5:5), he was referring to the third Commandment and onward. For after hearing the first two Commandments from the mouth of God, the people trembled and retreated and feared they would die, and begged Moses to relay God's words to them (see below, 20:16).

See Insight Ⓐ.

49. *Yefeh To'ar, Eitz Yosef.* Alternatively, it is the words אֵת כָּל הַדְּבָרִים הָאֵלֶּה, *all these statements*, that are extraneous (*Maharzu*; see also *Matnos Kehunah* and *Eshed HaNechalim*).

According to *Yefeh To'ar* and *Eitz Yosef*, the Midrash will take the verse as implying that God spoke a "statement" (one of the Ten Commandments) and a "saying" (another mitzvah that seemingly conflicts with the Commandment) simultaneously, in one utterance. [The reason He did so – i.e., the reason He conveyed the latter mitzvah specifically at the same moment as He conveyed the Commandment with which it seems to conflict – was to preclude a *later* iteration of the latter mitzvah from appearing to be a retraction of the Commandment.] The Midrash will give examples of this phenomenon toward the end of this section. However, in order to make this strange-sounding idea more understandable, the Midrash first presents examples from the realm of everyday life of God's performing seemingly contradictory actions – for if God can perform contradictory acts simultaneously, then certainly He can utter contradictory statements simultaneously.

Alternatively: According to *Maharzu*, the point of the Midrash is simply that God is able to say and do multiple things – even contradictory things – at the same time. The Midrash will cite a verse from Scripture as proof to this idea; and it understands the phrase אֵת כָּל הַדְּבָרִים הָאֵלֶּה, while alluding as well to this general idea, to refer more specifically to seemingly contradictory *mitzvos*.

50. I.e., God brings death to one person at the same moment that He revives another (*Eitz Yosef*).

51. I.e., He afflicts one person at the same moment that He heals another.

52. A woman giving birth, as well as the other three types mentioned here, are all in danger of dying. The Gemara (*Berachos* 54b, based on *Psalms* Ch. 107) obligates these four to recite the *gomel* blessing in thanksgiving once they are out of danger (*Eitz Yosef*, citing *Toldos Noach*). [The Gemara does not specifically mention a woman who has given birth; it mentions "one who recovers from illness." A woman who has given birth is in that category.]

INSIGHTS

Ⓐ **Sensitive to Sensitivity** *R' Henoch Leibowitz* (*Chidushei HaLev, Shemos*, pp. 111-113) amplifies the teaching of this Midrash. There was a very logical and compelling reason for God to ask Moses to leave the mountain, a true reason that would not have contained the slightest trace of rejection or disrespect of Moses: It was vitally important that the Jewish nation be absolutely certain that it was none other than God Himself Who was addressing them! Why could God not simply have explained this to Moses? Surely, this humblest of men and most devout servant of God would have understood fully and complied wholeheartedly. Why the need to bring about Moses' descent from the mountain in a roundabout way?

We are to derive from here a very powerful and very relevant lesson: Explanations might settle the mind, but they will not quiet the heart. Man by nature is sensitive to hurt and his feelings are not to be dismissed, no matter how noble the cause. The pain of rejection is easily evoked, even in the humblest and noblest of men. The reason for being sent away might be eminently sensible and true, it might contain not the slightest trace of criticism or indictment, it might be conveyed in the softest of words. But it still hurts. Pain does not have to make sense to be pain. And to avoid this hurt to Moses, God, as it were, went to great lengths to achieve His purpose in a different, roundabout way.

Some things must be done. Sometimes, they must be done in ways that will cause others pain. But that pain is a very heavy price to pay. And one must make every effort to find a less expensive alternative.

אָמַר לוֹ: עֲשֵׂה דָּבָר פְּלוֹנִי, אָמַר לוֹ: כְּבָר נַעֲשֵׂית, וְשׁוּב אָמַר לוֹ: לֵךְ קְרָא לִפְלוֹנִי סִינְקְלִיטוּקוֹס וְיָבֹא עִמְּךָ, עַד שֶׁהוּא הוֹלֵךְ עָשָׂה הַמֶּלֶךְ מַה שֶּׁבִּיקֵּשׁ, כָּךְ בִּיקֵּשׁ הַקָּדוֹשׁ בָּרוּךְ הוּא לִיתֵּן י' דִּבְּרוֹת, הָיָה מֹשֶׁה עוֹמֵד מִצִּדּוֹ, אָמַר הַקָּדוֹשׁ בָּרוּךְ הוּא: אֲנִי גּוֹלֶה לָהֶם אֶת הָרָקִיעַ וְאוֹמֵר: [כ, ב] "אָנֹכִי ה' אֱלֹהֶיךָ", הֵם אוֹמְרִים: מִי אָמַר, הַקָּדוֹשׁ בָּרוּךְ הוּא אוֹ מֹשֶׁה, אֶלָּא יֵרֵד מֹשֶׁה וְאַחַר כָּךְ אֲנִי אוֹמֵר: "אָנֹכִי ה' אֱלֹהֶיךָ", כָּךְ אָמַר הַקָּדוֹשׁ בָּרוּךְ הוּא לְמֹשֶׁה: [יט, י] "לֵךְ אֶל הָעָם וְקִדַּשְׁתָּם הַיּוֹם וּמָחָר וְכִבְּסוּ שִׂמְלֹתָם", אָמַר לוֹ: כְּבָר הִקְדַּשְׁתִּים, שֶׁנֶּאֱמַר [יט, כג] "כִּי אַתָּה הַעֵדֹתָה בָּנוּ לֵאמֹר וְגוֹ'", אָמַר לוֹ: [יט, כד] "לֶךְ רֵד וְעָלִיתָ אַתָּה וְאַהֲרֹן עִמָּךְ", עַד שֶׁמֹּשֶׁה יוֹרֵד נִגְלָה הַקָּדוֹשׁ בָּרוּךְ הוּא, שֶׁנֶּאֱמַר [יט, כה] "וַיֵּרֶד מֹשֶׁה אֶל הָעָם", מִיָּד [כ, א] "וַיְדַבֵּר אֱלֹהִים".

ד ד[כ, א] "אֵת כָּל הַדְּבָרִים הָאֵלֶּה לֵאמֹר", שֶׁהוּא עוֹשֶׂה אֶת הַכֹּל בְּבַת אַחַת, מֵמִית וּמְחַיֶּה בְּבַת אַחַת, מַכֶּה וְרוֹפֵא בְּבַת אַחַת, אִשָּׁה עַל הַמַּשְׁבֵּר יוֹרְדֵי הַיָּם וְהוֹלְכֵי מִדְבָּרוֹת וַחֲבוּשֵׁי בְּבֵית הָאֲסוּרִין אֶחָד בַּמִּזְרָח וְאֶחָד בַּמַּעֲרָב וְאֶחָד בַּצָּפוֹן וְאֶחָד בַּדָּרוֹם שׁוֹמֵעַ כּוּלָּן בְּבַת אַחַת, וְכֵן הוּא אוֹמֵר (ישעיה מה, ז) "יוֹצֵר אוֹר וּבוֹרֵא חֹשֶׁךְ", עָפָר כְּמוֹ כֵן נֶהְפַּךְ לְאָדָם חָזַר וְנֶהְפַּךְ לְעָפָר, שֶׁנֶּאֱמַר (עמוס ה, ח) "וְהֹפֵךְ לַבֹּקֶר צַלְמָוֶת",

עץ יוסף

סונקליטוקוס. פירוש יועץ אחד מבית דין (מוסף הערוך): **לך אל העם וקדשתם היום ומחר וכבסו שמלותם.** טעות יש כאן וצריך לגרוס פסוק רד העד בעם פן יהרסו אל ה' לראות ונפל ממנו רב, דעלה קאי כי אתה העדותה וגו': **כבר הקדשתים.** פירוש שכבר מותרים הם מהגבלה מתמול שלשום, ואיני צריך להעיד בהם עכשיו: **אמר ליה לך רד ועלית אתה ואהרן עמך.** קשה שהיה לו לומר מיד לך וקרא לאהרן, ויש לומר שאם היה אומר לו בתחלה קרא את אהרן, היה אומר קרא אותו על ידי מלאך, למה דוקא על ידי, לכך אמר לו תחלה שילך ויזרז את ישראל למצות הגבלה והשיב לו כבר הם מזורזים לכך, אמר לו רד אתה כדי שתעשה על ידך שני דברים, שהם לזרזם בשעת מעשה, ולקרא לאהרן גם כן ולא תצטרך לשלוח אחר (תולדות נח): **עד שמשה יורד נגלה וכו'.** דכתיב וירד משה וידבר אלהים ולא כתיב ויעל משה: **שנאמר וירד משה מן ההר אל העם מיד וידבר אלהים את כל הדברים האלה כו'.** צריך להיות נקודת הפירוד בין מלת אלהים למלת את, כי ממלת את כו' מתחיל לדרוש ענין אחר: **(ד) שהוא עושה את הכל בבת אחת כו'.** גם כאן דורש מלת לאמר שנראה שהוא מיותר, כלומר באמירה ובדבור אחד, וסבירא ליה הכוונה על הדברות דשייכי אהדך, כגון וביום השבת שני כבשים, דשייך אזכור את יום השבת, וכגון ערות אשת אחיך וכי ישבו אחים יחדיו, דשייך אלא תנאף, שכל זה אמרן בבת אחת עם הדיבור השייך להם, כדי שלא להוי אחר כך כחוזר בו, והביא בעל המאמר שלא יקשה זה כי אפילו במעשה עושה הקדוש ברוך הוא דברים סותרים בבת אחת, שממית ומחיה, וכל שכן שידבר שני דברים בדיבור אחד, ואחר זה הוסיף ואמר וכן דבור זכור כו', לפירוש דקרא: **ממית ומחיה בבת אחת.** שממית לזה ומחיה לזה כאחד: **אשה על המשבר.** חשב כאן כל הארבעה שצריכין להודות, כי אשה על המשבר היא נוטה למות (תולדות נח): **וכן הוא אומר יוצר אור ובורא חשך.** וסוף המקרא אני ה' עושה כל אלה, כלומר עושה כולן בבת אחת: **ובורא חשך וכן הוא אומר** (עמוס ה') **עושה כימה וכסיל עפר כמו כן.** כן צריך לומר (יפה תואר). ורצה לומר אהא דקאמר שממית ומחיה מכה ורופא בבת אחת, מייתי נמי ראיה מעושה כימה וכסיל שהם הפכיים, כמו שאמרו בפרק הרואה (ברכות נח, ב) אלמלא חמתה של כסיל לא מתקיים עלמא מפני צינה של כימה, ומשמע ליה שפירושו שפעמים מביאים יחד, ואיידי דמייתי קרא קאמר נמי דעפר כמו כן נהפך

פירוש מהרז"ו

עשה דבר פלוני. אולי יבין שרצונו שילך מכאן, ומאחר שלא הבין שלא אותו שליחות אחרת שילך מכאן, ובהדיא לא רצה לומר לו שילך מכאן, שלא להפיל פניו: **הקדוש ברוך הוא או משה.** כמו שכתב פרקי דרבי אליעזר פרק מ"א, שלא יהא אומרים משה היה מדבר עמנו מתוך הענן: **לך אל העם וקדשתם.** צריך עיון דכאן עומד המדרש בפסוק רד העד בעם פן יהרסו וגו' כי אתה העידות וגו' לך רד ועלית וגו', ולמה הביא פסוק לך אל העם וקדשתם. והענין שהוקשה להמדרש מה שכתוב רד העד בעם, ולא פירש מה יעיד, כי מה שכתוב פן יהרסו וגו' ונפל וגו', הוא העונש, וגם הכהנים וגו' יתקדשו, מאי גם שלא זכר כאן קדוש אלא העם. וגם מה שאמר הגבל את ההר וקדשתו, שלא נזכר בדברי השם יתברך. על כן דורש שמה שאמר לך רד העד בעם, כולל שני אזהרות, הקידוש, וההגבלה. הקידוש מה שכתוב לעיל פסוק י', לך אל העם וקדשתם והיו נכונים, והוא הפרישה מן האשה, כמפורש במכילתא פסוק זה, הובא ברש"י בחומש, וההגבלה כמו שכתוב פסוק י"ב, והגבלת את העם סביב לאמר וגו' כל הנוגע בהר מות יומת, ועל הקידוש אין מיתה רק על ההגבלה, אם כן מה שכתוב כאן רד העד בעם, היינו מה שאמר לך אל העם וקדשתם, על פי מדה ט' ול"ח, אזהרה בלא מיתה, ומה שכתוב פן יהרסו אל ה' ונפל ממנו, הוא עונש מיתה על ההגבלה. הרי שכתוב כאן הקידוש כנ"ל, ועל זה אמר וגם הכהנים יתקדשו וגו', וכן ההגבלה בעונש על הכהנים, וזהו פן יפרוץ בהם, ועל זה השיב משה לא יוכל וגו' הגבל את ההר, על ההגבלה, וקדשתו, על קידוש העם כנ"ל. והמדרש נפח רוח חיים ורוח בינה במה שאמר כבר הקדשתים, שנאמר כי אתה העדות וגו, והיינו מה שכתב וקדשתו, שפירושו שכבר קידש את העם, וכמו שכתוב בפסוק י"ד וירד משה וגו' ויקדש את וגו' היו נכונים אל תגשו וגו': **(ד) את כל הדברים.** היה די שיאמר וידבר אלהים לאמר אנכי וגו', תיבות אלו מיותר. על כן דורש שמה שאמר את כל הדברים האלה, הוא מאמר בפני עצמו, אם אינו ענין לכאן, תנהו ענין על כל מה שמדבר, ועושה הכל ביחד, ודברים הפכים גם כן ביחד, ועיקר הראיה מפסוק שמביא יוצר אור ובורא חושך עושה שלום ובורא רע אני ה' עושה כל אלה, איך אמר על זה כל אלה, על כן הכוונה על כל הבריאה וההשגחה שעושה, ומזה למד במדרש מה שכתב עושה את הכל בבת אחת, עד מה שכתב וכן דבור זכור, הוא ממה שכתוב כאן את כל הדברים. ומה שאמר אחד במזרח וכו', מרומז בפסוק שקודם פסוק יוצר אור, למען ידעו ממזרח שמש ועד

חידושי הרד"ל

אני גולה להם את הרקיע. פירוש גולל, כמו שכתוב ונגלו כספר השמים (ישעיה לד, ד): **[ד] את כל הדברים האלה לאמר כולם בדבור אחד שהוא עושה כו'.** כן צריך לומר, וכן הוא במכילתא, ועל זה מביא כל הני שנעשים הפכים ברצונו כאחת ומסיים בשני דבורים כאחת: **וכן הוא אומר יוצר אור ובורא חשך עושה שלום ובורא את הכל.** כן צריך לומר, והוא מביא ראיה ממטבע ברכת יוצר אור, וכיוצא בזה בבמדבר רבה פרשה יא, ט: **חזר נהפך לעפר.** שנאמר ואל עפר תשוב:

חידושי הרש"ש

לכך אמר הקדוש ברוך הוא למשה כו'. כן נראה דצריך לומר: **לך אל העם וקדשתם כו'.** נראה דטעות סופר הוא, וצריך לומר רד העד בעם וגו' אמר לו כבר הגבלתים: **[ד] שנאמר והופך לבקר צלמות.** יתכן דלפי הדרש דהכא מפרש דצלמות הוא תואר לאדם שנברא בצלם ועומד למות, וכן הוא אומר אך בצלם יתהלך איש (תהלים לט, ז):

באור מהרי"פ

הקב"ה ליתן את התורה להם וכו', אין לו שייכות כלל עם וישב משה את דברי העם וגו'. ועוד שהפך הסדר, שהרי וידבר ה' אלהים את כל הדברים האלה לאמר הוא בשמות כ' י"א, והמקרא ויענו כל העם יחדו ויאמרו כל אשר דבר ה' נעשה וישב משה את דברי העם אל ה' הוא בשמות י"ט ח', קודם לוידבר אלהים וגו' שבעה עשר פסוקים. לכן נראה לי שהגירסא היא מהופכת, והשומע ישמע, והחדל יחדל, כי מתחלה דריש בטכסים של מלכים וכו' על מקרא וישב משה את דברי העם וגו', ולבסוף דרש המאמר של אותה שעה בקש הקב"ה ליתן להם וכו' על מקרא וידבר אלהים את כל הדברים האלה וכו', והכי פירושו, דהוקשה לו מאי וישב משה, וכי לא ידע הקב"ה מה שהשיב העם אף בלי הגדת משה, אלא שנהג עמם בטכסים של מלכים וכו', כי מלכותא דרקיעא כעין מלכותא דארעא כביכול, והביא ראיה

מסורת המדרש

ד. תנחומא כאן סימן י"ב כל הענין:

אם למקרא

יוֹצֵר אוֹר וּבוֹרֵא חֹשֶׁךְ עֹשֶׂה שָׁלוֹם וּבוֹרֵא רָע אֲנִי ה' עֹשֶׂה כָל־אֵלֶּה: (ישעיה מה, ז)

עֹשֵׂה כִימָה וּכְסִיל וְהֹפֵךְ לַבֹּקֶר צַלְמָוֶת וְיוֹם לַיְלָה הֶחְשִׁיךְ הַקּוֹרֵא לְמֵי־הַיָּם וַיִּשְׁפְּכֵם עַל־פְּנֵי הָאָרֶץ ה' שְׁמוֹ: (עמוס ה, ח)

ענף יוסף

(ג) אמר לו לך רד ועלית אתה ואהרן עמך. עיין בענ. אך קשה כי ביום השלישי היה משה למטה, וה' קראו למעלה כאומר ויקרא ה' למשה אל ראש ההר ויעל משה, ואז אמר לו רד העד בעם וגו', ואם כן למה לו לקראו ושוב לשלחו בטענה זו, מוטב שלא יקראוהו ויאמר הדברות בעוד משה למטה, ולאהרן יודיע על ידי מלאך. ויש לומר שהקריאה היתה לגדל את משה כדי שיראו ישראל שהקדוש ברוך הוא אמר דבר למשה (רד העד בעם), ומשה השיב לו (לא יוכל העם לעלות וגו') והקדוש ברוך הוא הודה לו, שמדקאמר לו הקדוש ברוך הוא לך רד ועלית אתה ואהרן וגו', משמע שהודה לדברי משה, ואין צורך בירידתו רק להביא את אהרן עמו, וגם בזה לא היה כוונת הקדוש ברוך הוא אלא כדי שירד משה מן ההר, ובעוד שירד יאמר להם עשרת הדברות כדי שלא יטעו ישראל שמשה אמרם:

שינוי נוסחאות

כך אמר הקדוש ברוך הוא למשה "לך אל העם וקדשתם היום ומחר וכבסו שמלתם". הגיה רש"ש >לכך אמר הקב"ה למשה "רד העד בעם"< [יט, כא], וכן הסכים בעצ"י:

מתנות כהונה

בצירוף היועץ רק הוא לבדו: **עשה דבר פלוני.** כדי להשיאו לדבר אחר אמר כך שילך לו משם: **סינקליטוקוס.** פירש הערוך (ערך סנקליט) אחד מיועצי המלך: **אני גולה.** אם אני גולה: **[ד] שהוא עושה את הכל.** דייק מדכתיב כל הדברים:

אשד הנחלים

[ד־ה] הכל בבת אחת כו'. הענין הזה הוא מחקר דק, מה שהבינו אז בעת ההיא, כי מה' ברוך הוא שהוא אחד פשוט בתכלית הפשיטות, עם כל זה יוצא ממנו כמה פעולות הפכיות, וכולם בבת אחת, מה שהוא באמת מן הנמנעות, כי איך יהיה הרפואה והמכה בבת אחת, לזה שולח הרפואה ולזה המכה. ועוד הורו לנו בזה כי נתגלו כל הפעולות היוצאות בכל המציאות, כי נזדככו מאד, עד שראו בעיניהם כל הפעולות ההווים במציאות כולו, שלזה רופא ולזה מוחץ, ולזה מתיר מבית האסורים, וכן האיש הנזדכך מאד, רואה הכל כאילו הכל לנגד עיניו, וזהו את כל הדברים, כי בדברי ה' ובגזירתו יהיה כל אלה, וכן כל פעולות הנסיים גם כן הפכיים, כהפיכת המטה לנחש והנחש למטה. וכן דרשו עוד נעלה שהבינו על פעולותיו יתברך ומדותיו, (שמזה נמשך אלה הפעולות), שפעם מתראה

אֶחָד בַּמִּזְרָח וְאֶחָד בַּמַּעֲרָב וְאֶחָד בַּצָּפוֹן וְאֶחָד בַּדָּרוֹם – even if **one** of them is praying to Him **in the east and one in the west and one in the north and one in the south** – שׁוֹמֵעַ כּוּלָּן בְּבַת אַחַת – **He hears them all simultaneously.**[53] וְכֵן הוּא אוֹמֵר "יוֹצֵר אוֹר וּבוֹרֵא חֹשֶׁךְ" – **And thus [Scripture] states,** ***[I am the One] Who forms light and creates darkness,*** *Who makes peace and creates evil; I am HASHEM, Who makes all these*[54] (*Isaiah* 45:7). וְכֵן הוּא אוֹמֵר "עֹשֵׂה כִימָה וּכְסִיל" – **And similarly it states,** ***[He is] the One Who made Kimah and Kesil*** (*Amos* 5:8).[55]

Having cited a verse from *Amos*, the Midrash now expounds the continuation of that verse. The Midrash will demonstrate that not only does God perform seemingly contradictory actions and create seemingly contradictory entities simultaneously, but He creates total transformations of individual entities as well:[56]

עָפָר כְּמוֹ כֵן נֶהְפָּךְ לְאָדָם – **In like manner, dust is changed to man,**[57] חָזַר וְנֶהְפַּךְ לְעָפָר, שֶׁנֶּאֱמַר "וְהֹפֵךְ לַבֹּקֶר צַלְמָוֶת" – who is **then changed back to dust, as it is stated,** ***Who turns "tzalmaves"***[58] ***to morning*** (*Amos* 5:8).

NOTES

53. [According to *Eitz Yosef*, this sentence would appear to be just a tangent, for it involves nothing contradictory (so it seems from a careful reading of *Eitz Yosef* below, beginning of s.v. ובורא חשך וכן הוא אומר וכו׳.) One could argue, however, that hearing many things simultaneously is a human impossibility, and may thus be regarded as a "contradiction in terms." Alternatively, one could argue that the fact that God harkens to one person's prayer and not another's is "contradictory."]

54. I.e., Who makes all these things simultaneously (*Eitz Yosef*; see also *Maharzu*, who writes that this verse is the Midrash's proof-text that God indeed says and does multiple, even contradictory, things at the same time; see, however, text and commentary of *Radal*).

55. *Kimah* and *Kesil* are constellations with opposing characteristics. As the Gemara *Berachos* 58b states, "Were it not for the heat of *Kesil*, the world would not survive due to the cold of *Kimah*; and were it not for the cold of *Kimah*, the world would not survive due to the heat of *Kesil*." Our Midrash understands this to mean that God sometimes has these two opposites function in the world at the same time (*Yefeh To'ar*, cited by *Eitz Yosef*). For a different interpretation see *Maharzu*, cited in the next note.

56. *Yefeh To'ar*, cited by *Eitz Yosef*. According to *Yefeh To'ar*, the discussion that follows (about total transformations of individual entities) is not relevant to the preceding discussion; it appears here only as a tangent, expounding the continuation of the *Amos* verse just cited by the Midrash. [Indeed, the preceding line from *Amos* (about *Kimah* and *Kesil*) did not appear in *Yefeh To'ar's* edition of the Midrash; he adds that line in order to provide a connection between the text that follows and what came earlier.]

Maharzu, however, sees no lack of continuity at this point in our Midrash. His text already included mention of *Kimah* and *Kesil;* he takes these heavenly bodies merely as representatives of Creation as a whole (see *Job* 9:9), and he takes the Midrash's point in speaking of Creation to be that the world was destroyed ("transformed") by the Flood (see Midrash below; indeed, *Maharzu* sees a reference to the Generation of the Flood already in the *preceding* verse in *Amos*: *O you who turn justice to wormwood*). In other words, the *beginning* of the *Amos* verse (the part that mentions *Kimah* and *Kesil*) *already* alludes to the kind of total transformation that *Yefeh To'ar* sees only in the *continuation* of the verse. This kind of total transformation, according to *Maharzu*, is also included in the *Isaiah* verse's statement, *I am HASHEM, Who makes all these.*

57. As it is stated (*Genesis* 2:7), *And HASHEM God formed the man of dust from the ground* (*Yefeh To'ar, Maharzu*).

58. צַלְמָוֶת is a composite of two words: (i) צֶלֶם, *image* – a reference to man, who is created *in the image of God* (ibid. 1:27); and (ii) מָוֶת, *death* – man's inevitable fate (*Rashash*; see also *Yefeh To'ar*, cited by *Eitz Yosef*). The word צַלְמָוֶת thus alludes to man.

אָמַר לוֹ: עֲשֵׂה דָּבָר פְּלוֹנִי, אָמַר לוֹ: כְּבָר נַעֲשֵׂית, וְשׁוּב אָמַר לוֹ: לֵךְ קְרָא לִפְלוֹנִי סִינְקְלִיטוּקוֹס וְיָבֹא עִמְּךָ, עַד שֶׁהוּא הוֹלֵךְ עָשָׂה הַמֶּלֶךְ מַה שֶּׁבִּיקֵּשׁ, כָּךְ בִּיקֵּשׁ הַקָּדוֹשׁ בָּרוּךְ הוּא לִיתֵּן י' דִּבְּרוֹת, הָיָה מֹשֶׁה עוֹמֵד מִצִּדּוֹ, אָמַר הַקָּדוֹשׁ בָּרוּךְ הוּא: אֲנִי גּוֹלֶה לָהֶם אֶת הָרָקִיעַ וְאוֹמֵר: [כ, ב] "אָנֹכִי ה' אֱלֹהֶיךָ", הֵם אוֹמְרִים: מִי אָמַר, הַקָּדוֹשׁ בָּרוּךְ הוּא אוֹ מֹשֶׁה, אֶלָּא יֵרֵד מֹשֶׁה וְאַחַר כָּךְ אֲנִי אוֹמֵר: "אָנֹכִי ה' אֱלֹהֶיךָ", כָּךְ אָמַר הַקָּדוֹשׁ בָּרוּךְ הוּא לְמֹשֶׁה: [יט, י] "לֵךְ אֶל הָעָם וְקִדַּשְׁתָּם הַיּוֹם וּמָחָר וְכִבְּסוּ שִׂמְלֹתָם", אָמַר לוֹ: כְּבָר הִקְדַּשְׁתִּים, שֶׁנֶּאֱמַר [יט, כג] "כִּי אַתָּה הַעֵדֹתָה בָּנוּ לֵאמֹר וְגוֹ'", אָמַר לוֹ: [יט, כד] "לֶךְ רֵד וְעָלִיתָ אַתָּה וְאַהֲרֹן עִמָּךְ", עַד שֶׁמֹּשֶׁה יוֹרֵד נִגְלָה הַקָּדוֹשׁ בָּרוּךְ הוּא, שֶׁנֶּאֱמַר [יט, כה] "וַיֵּרֶד מֹשֶׁה אֶל הָעָם", מִיָּד [כ, א] "וַיְדַבֵּר אֱלֹהִים".

ד [כ, א] "אֵת כָּל הַדְּבָרִים הָאֵלֶּה לֵאמֹר", שֶׁהוּא עוֹשֶׂה אֶת הַכֹּל בְּבַת אַחַת, מֵמִית וּמְחַיֶּה בְּבַת אַחַת, מַכֶּה וְרוֹפֵא בְּבַת אַחַת, אִשָּׁה עַל הַמַּשְׁבֵּר יוֹרְדֵי הַיָּם וְהוֹלְכֵי מִדְבָּרוֹת וַחֲבוּשֵׁי בְּבֵית הָאֲסוּרִין אֶחָד בְּמִזְרָח וְאֶחָד בַּמַּעֲרָב וְאֶחָד בַּצָּפוֹן וְאֶחָד בַּדָּרוֹם שׁוֹמֵעַ כּוּלָּן בְּבַת אַחַת, וְכֵן הוּא אוֹמֵר (ישעיה מה, ז) "יוֹצֵר אוֹר וּבוֹרֵא חֹשֶׁךְ", עָפָר כְּמוֹ כֵן נֶהְפַּךְ לְאָדָם חָזַר וְנֶהְפַּךְ לְעָפָר, שֶׁנֶּאֱמַר (עמוס ה, ח) "וְהֹפֵךְ לַבֹּקֶר צַלְמָוֶת",

עץ יוסף

סונקליטוקוס. פירוש יועץ אחד מבית דין (מוסף הערוך): **לך אל העם וקדשתם היום ומחר וכבסו שמלותם.** טעות יש כאן וצריך לגרוס פסוק רד העד בעם פן יהרסו אל ה' לראות ונפל ממנו רב, דעלה קאי כי אתה העדותה וגו': **כבר הקדשתים.** פירוש שכבר מותרים הם מהגבלה מתמול שלשום, ואיני צריך להעיד בהם עכשיו: **אמר ליה לך רד ועלית אתה ואהרן עמך.** קשה שהיה לו לומר מיד לך וקרא לאהרן, ויש לומר שאם היה אומר לו בתחלה קרא את אהרן, היה אומר קרא אותו על ידי מלאך, למה דוקא על ידי, לכך אמר לו תחלה שילך ויזרז את ישראל למצות הגבלה והשיב לו כבר הם מזורזים לכך, אמר לו רד אתה כדי שאעשה על ידך שני דברים, שהם לזרזם בשעת מעשה, ולקרא לאהרן גם כן ולא אצטרך לשלוח אחר (תולדות נח): **עד שמשה יורד נגלה וכו'.** דכתיב וירד משה וידבר אלהים ולא כתיב ויעל משה: **שנאמר וירד משה מן ההר אל העם מיד וידבר אלהים את כל הדברים האלה כו'.** צריך להיות נקודת הפירוד בין מלת אלהים למלת את, כי ממלת את כו' מתחיל לדרוש ענין אחר: **(ד) שהוא עושה את הכל בבת אחת כו'.** גם כאן דורש מלת לאמר שנראה שהוא מיותר, כלומר באמירה ובדבור אחד, וסבירא ליה הכוונה על הדברות דשייכי אהדדי, כגון וביום השבת שני כבשים, דשייך אזכור את יום השבת, וכגון ערות אשת אחיך וכי ישבו אחים יחדיו, דשייך אלא תנאף, שכל זה אמרן בבת אחת עם הדיבור השייך להם, כדי שלא להוי אחר כך כחוזר בו, והביא בעל המאמר שלא יקשה זה כי אפילו במעשה עושה הקדוש ברוך הוא דברים סותרים בבת אחת, שממית ומחיה, וכל שכן שידבר שני דברים בדיבור אחד, ואחר זה הוסיף ואמר וכן דבור זכור כו', לפירוש דקרא: **ממית ומחיה בבת אחת.** שממית לזה ומחיה לזה כאחד: **אשה על המשבר.** חשב כאן כל הארבעה שצריכין להודות, כי אשה על המשבר היא נוטה למות (תולדות נח): **וכן הוא אומר יוצר אור ובורא חשך.** וסוף המקרא אני ה' עושה כל אלה, כלומר עושה כולן בבת אחת: **ובורא חשך וכן הוא אומר** (עמוס ה') **עושה כימה וכסיל עפר כמו כן.** כן צריך לומר (יפה תואר). ורצה לומר אהא דקאמר שממית ומחיה מכה ורופא בבת אחת, מייתי נמי ראיה מעושה כימה וכסיל שהם הפכיים, כמו שאמרו בפרק הרואה (ברכות נח, ב) אלמלא חמתה של כסיל לא מתקיים עלמא מפני צינה של כימה, ומשמע ליה שפירושו שפעמים מביאים יחד, ואיידי דמייתי קרא קאמר נמי דעפר כמו כן נהפך

פירוש מהרז"ו

עשה דבר פלוני. אולי יבין שרצונו שילך מכאן, ומאחר שלא הבין שלא אותו שליחות אחרת שילך מכאן, ובהדיא לא רצה לומר לו שילך מכאן, שלא להפיל פניו: **הקדוש ברוך הוא או משה.** כמו שכתב פרקי דרבי אליעזר פרק מ"א, שלא יהא אומרים משה היה מדבר עמנו מתוך הענן: **לך אל העם וקדשתם.** צריך עיון דכאן עומד המדרש בפסוק רד העד בעם פן יהרסו וגו' כי אתה העידות וגו' לך רד ועלית וגו', ולמה הביא פסוק לך אל העם וקדשתם. והענין שהוקשה להמדרש מה שכתוב רד העד בעם, ולא פירש מה יעיד, כי מה שכתוב פן יהרסו וגו' ונפל וגו', הוא העונש, וגם הכהנים וגו' יתקדשו, מאי גם שלא זכר כאן קדוש אצל העם. וגם מה שאמר הגבל את ההר וקדשתו, שלא נזכר בדברי השם יתברך. על כן דורש שמה שאמר לך רד העד בעם, כולל שני אזהרות, הקידוש, וההגבלה. הקידוש מה שכתוב לעיל פסוק י', לך אל העם וקדשתם והיו נכונים, והוא הפרישה מן האשה, כמפורש במכילתא פסוק זה, הובא ברש"י בחומש, וההגבלה כמו שכתוב פסוק י"ב, והגבלת את העם סביב לאמר וגו' כל הנוגע בהר מות יומת, ועל הקידוש אין מיתה רק על ההגבלה, אם כן מה שכתוב כאן רד העד בעם, היינו מה שאמר לך אל העם וקדשתם, על פי מדה ט' ול"א, אזהרה בלא מיתה, ומה שכתוב פן יהרסו אל ה' ונפל ממנו, הוא עונש מיתה על ההגבלה. הרי שכתוב כאן הקידוש כנ"ל, ועל זה אמר וגם הכהנים יתקדשו וגו', וכן ההגבלה בעונש על הכהנים, וזהו פן יפרוץ בהם, ועל זה השיב משה לא יוכל וגו' הגבל את ההר, על ההגבלה, וקדשתו, על קידוש העם כנ"ל. והמדרש נפח רוח חיים ורוח בינה במה שאמר כבר הקדשתים, שנאמר כי אתה העדות וגו, והיינו מה שכתב וקדשתו, שפירושו שכבר קידש את העם, וכמו שכתוב בפסוק י"ד וירד משה וגו' ויקדש את וגו' היו נכונים אל תגשו וגו': **(ד) את כל הדברים.** היה די שיאמר וידבר אלהים לאמר אנכי וגו', תיבות אלו מיותר. על כן דורש שמה שאמר את כל הדברים האלה, הוא מאמר בפני עצמו, אם אינו ענין לכאן, תנהו ענין על כל מה שמדבר, ועושה הכל ביחד, ודברים הפכים גם כן ביחד, ועיקר הראיה מפסוק שמביא יוצר אור ובורא חושך עושה שלום ובורא רע אני ה' עושה כל אלה, איך אמר על זה כל אלה, על כן הכוונה על כל הבריאה וההשגחה שעושה, ומזה למד במדרש מה שכתב עושה את הכל בבת אחת, עד מה שכתב וכן דבור זכור, הוא ממה שכתוב כאן את כל הדברים. ומה שאמר אחד במזרח וכו', מרומז בפסוק שקודם פסוק יוצר אור, למען ידעו ממזרח שמש ועד

חידושי הרד"ל

אני גולה להם את הרקיע. פירוש גולל, כמו שכתוב ונגלו כספר השמים (ישעיה לד, ד): **[ד] את כל הדברים האלה לאמר כולם בדבור אחד שהוא עושה כו'.** כן צריך לומר, וכן הוא במכילתא, ועל זה מביא כל הני שנעשים הפכים ברצונו כאחת ומסיים בשני דבורים כאחת: **וכן הוא אומר יוצר אור ובורא חשך עושה שלום ובורא את הכל.** כן צריך לומר, והוא מביא ראיה ממטבע ברכת יוצר אור, וכיוצא בזה בבמדבר רבה פרשה יא, ט: **חזר נהפך לעפר.** שנאמר ואל עפר תשוב:

חידושי הרש"ש

לכך אמר הקדוש ברוך הוא למשה כו'. כן נראה דצריך לומר: **לך אל העם וקדשתם כו'.** נראה דטעות סופר הוא, וצריך לומר רד העד בעם וגו' אמר לו כבר הגבלתים: **[ד] שנאמר והופך לבקר צלמות.** יתכן דלפי הדרש דהכא מפרש דצלמות הוא תואר לאדם שנברא בצלם ועומד למות, וכן הוא אומר אך בצלם יתהלך איש (תהלים לט, ז):

באור מהרי"פ

הקב"ה ליתן את התורה להם וכו', אין לו שייכות כלל עם וישב משה את דברי העם וגו'. ועוד שהפך הסדר, שהרי וידבר ה' אלהים את כל הדברים האלה לאמר הוא בשמות כ' י"א, והמקרא ויענו כל העם יחדו ויאמרו כל אשר דבר ה' נעשה וישב משה את דברי העם אל ה' הוא בשמות י"ט ח', קודם לוידבר אלהים וגו' שבעה עשר פסוקים. לכן נראה לי שהגירסא היא מהופכת, והשומע ישמע, והחדל יחדל, כי מתחלה דריש בטכסיס של מלכים וכו' על מקרא וישב משה את דברי העם וגו', ולבסוף דרש המאמר של אותה שעה בקש הקב"ה ליתן להם וכו' על מקרא וידבר אלהים את כל הדברים האלה וכו', והכי פירושו, דהוקשה לו מאי וישב משה, וכי לא ידע הקב"ה מה שהשיב העם אף בלי הגדת משה, אלא שנהג עמהם בטכסיס של מלכים וכו', כי מלכותא דרקיעא כעין מלכותא דארעא כביכול, והביא ראיה

מסורת המדרש

ד. תנחומא כאן סימן י"ב כל הענין:

אם למקרא

יוֹצֵר אוֹר וּבוֹרֵא חֹשֶׁךְ עֹשֶׂה שָׁלוֹם וּבוֹרֵא רָע אֲנִי ה' עֹשֶׂה כָל־אֵלֶּה: (ישעיה מה, ז)

עֹשֵׂה כִימָה וּכְסִיל וְהֹפֵךְ לַבֹּקֶר צַלְמָוֶת וְיוֹם לַיְלָה הֶחְשִׁיךְ הַקּוֹרֵא לְמֵי־הַיָּם וַיִּשְׁפְּכֵם עַל־פְּנֵי הָאָרֶץ ה' שְׁמוֹ: (עמוס ה, ח)

ענף יוסף

(ג) אמר לו לך רד ועלית אתה ואהרן עמך. עיין בען. אך קשה כי ביום השלישי היה משה למטה, וה' קראו למעלה כאומר ויקרא ה' למשה אל ראש ההר ויעל משה, ואז אמר לו רד העד בעם וגו', ואם כן למה לו לקראו ושוב לשלחו בטענה זו, מוטב שלא יקראוהו ויאמר הדברות בעוד משה למטה, ולאהרן יודיע על ידי מלאך. ויש לומר שהקריאה היתה לגדל את משה כדי שיראו ישראל שהקדוש ברוך הוא אמר דבר למשה (רד העד בעם), ומשה השיב לו (לא יוכל העם לעלות וגו') והקדוש ברוך הוא הודה לו, שמדקאמר לו הקדוש ברוך הוא לך רד ועלית אתה ואהרן וגו', משמע שהודה לדברי משה, ואין צורך בירידתו רק להביא את אהרן עמו, וגם בזה לא היה כוונת הקדוש ברוך הוא אלא כדי שירד משה מן ההר, ובעוד שירד יאמר להם עשרת הדברות כדי שלא יטעו ישראל שמשה אמרם:

שינוי נוסחאות

כך אמר הקדוש ברוך הוא למשה "לך אל העם וקדשתם היום ומחר וכבסו שמלתם". הגיה רש"ש <לכך אמר הקב"ה למשה "רד העד בעם"> [יט, כא], וכן הסכים בעצ"י:

מתנות כהונה

בלירוף היועץ רק הוא לבדו: **עשה דבר פלוני.** כדי להשיאו לדבר אחר אמר כך שילך לו משם: **סינקליטוקוס.** פירש הערוך (ערך סנקליט) אחד מיועצי המלך: **אני גולה.** אם אני גולה: **[ד] שהוא עושה את הכל.** דייק מדכתיב כל הדברים:

אשד הנחלים

[ד-ה] הכל בבת אחת כו'. הענין הזה הוא מחקר דק, מה שהבינו אז בעת ההיא, כי מה' ברוך הוא שהוא אחד פשוט בתכלית הפשיטות, עם כל זה יוצא ממנו כמה פעולות הפכיות, וכולם בבת אחת, מה שהוא באמת מן הנמנעות, כי איך יהיה הרפואה והמכה בבת אחת, לזה שולח הרפואה ולזה המכה. ועוד הורו לנו בזה כי נתגלו כל הפעולות היוצאות בכל המציאות, כי נזדככו מאד, עד שראו בעיניהם כל הפעולות ההווים במציאות כולו, שלזה רופא ולזה מוחץ, ולזה מתיר מבית האסורים, וכן האיש הנזדכך מאד, רואה הכל כאילו הכל לנגד עיניו, וזהו את כל הדברים, כי בדברי ה' ובגזירתו יהיה כל אלה, וכן כל פעולות הנסיים גם כן הפכיים, כהפיכת המטה לנחש והנחש למטה. וכן דרשו עוד נעלה שהבינו על פעולותיו יתברך ומדותיו, (שמזה נמשך אלה הפעולות), שפעם מתראה

"מַהוּ "לַבֹּקֶר – What is *to morning?* כִּתְחִלָּתוֹ – Like his beginning.[59] וְכֵן בְּדַם מִצְרַיִם בִּתְחִלָּתוֹ מַהוּ אוֹמֵר – And similarly, regarding the blood of Egypt, what does [Scripture] say about its beginning? "וַיֵּהָפְכוּ כָּל הַמַּיִם אֲשֶׁר בַּיְאֹר לְדָם" – ***And all the water that was in the River changed to blood*** (above, 7:20). חָזַר וְנֶהְפַּךְ הַדָּם לְמַיִם – **Then the blood changed back to water.** בָּשָׂר חַי נֶהְפַּךְ לְמֵת – **Living flesh is changed to dead** flesh when afflicted with *tzaraas;*[60] חָזַר הַמֵּת וְנֶהְפַּךְ לְחַי – **then the dead** flesh **is changed back to living** flesh.[61] הַמַּטֶּה נֶהְפַּךְ לְנָחָשׁ – **The staff** of Moses **changed into a serpent,** חָזַר הַנָּחָשׁ וְנֶהְפַּךְ לְמַטֶּה – **then the serpent changed back into a staff.**[62] הַיָּם נֶהְפַּךְ לְיַבָּשָׁה – **The sea**[63] **changed to dry land,** forming continents;[64] חָזְרָה הַיַּבָּשָׁה וְנֶהֶפְכָה לְיָם – **then the dry land changed into the sea,**[65] וְכֵן הוּא אוֹמֵר "הַקּוֹרֵא לְמֵי הַיָּם וְגוֹ'" – **and so it says, *Who summons the waters of the sea,*** *and pours them upon the face of the earth* (*Amos* 5:8).[66]

The Midrash now gives examples of Commandments and mitzvos that appear to conflict:[67]

וְכֵן דִּבֵּר "זָכוֹר אֶת יוֹם הַשַּׁבָּת לְקַדְּשׁוֹ" – **And, similarly, [God] stated, *Remember the Sabbath day to sanctify it*** (below, 20:8),[68] וְאוֹמֵר "וּבְיוֹם הַשַּׁבָּת שְׁנֵי כְבָשִׂים בְּנֵי שָׁנָה" – **and yet [God] says also,** in prescribing the Sabbath *mussaf* offering, ***And on the Sabbath day: two male lambs in their first year,*** *etc.* (*Numbers* 28:9).[69] דִּבֵּר "עֶרְוַת אֵשֶׁת אָחִיךָ לֹא תְגַלֵּה" – Another example: **[God] stated, *The nakedness of your brother's wife you shall not uncover*** (*Leviticus* 18:16), "כִּי יֵשְׁבוּ אַחִים יַחְדָּו" – and yet He also said, ***When brothers dwell together,*** *etc.* (*Deuteronomy* 25:5).[70] כּוּלָּן אֲמָרָן בְּבַת אַחַת – **[God] spoke all [the Torah's Commandments and mitzvos] simultaneously.**[71] הֲוֵי "וַיְדַבֵּר אֱלֹהִים אֵת כָּל הַדְּבָרִים הָאֵלֶּה לֵאמֹר" – **This is** the teaching of the verse, ***God spoke all these statements, saying.***

§5 The Midrash offers a different interpretation of *God spoke all these Statements:*[72]

בֹּא וּרְאֵה שֶׁאֵין מִדּוֹתָיו שֶׁל הַקָּדוֹשׁ בָּרוּךְ הוּא כְּמִדַּת בָּשָׂר וָדָם – **Come and see that the nature of the Holy One, blessed is He, is not like the nature of a human being.** מֶלֶךְ בָּשָׂר וָדָם אֵינוֹ יָכוֹל לִהְיוֹת עוֹשֶׂה מִלְחָמָה וְלִהְיוֹת סוֹפֵר וּמְלַמֵּד תִּינוֹקוֹת – **A human king cannot be a wager of war** on the one hand, **and a** Torah **scholar**[73] **and teacher of children**[74] on the other. וְהַקָּדוֹשׁ בָּרוּךְ הוּא אֵינוֹ כֵן – **But the Holy One, blessed is He, is not like that:** אֶתְמוֹל בַּיָּם כְּעוֹשֶׂה מִלְחָמָה, שֶׁנֶּאֱמַר "ה' אִישׁ מִלְחָמָה" – **Yesterday, at the Sea** of Reeds, He was **like a wager of war, as it is stated, *HASHEM is Master of war*** (above, 15:3); וְאוֹמֵר "בְּכֹחוֹ רָגַע הַיָּם" – **and** along those lines **it says, *With His potency He stirred up the Sea*** (*Job* 26:12).[75] וְהַיּוֹם בְּמַתַּן תּוֹרָה יָרַד לְלַמֵּד תּוֹרָה לְבָנָיו – **Yet today, at the Giving of the Torah, He descended** from the heavens **to teach Torah to His children.** וְכֵן הוּא אוֹמֵר "הֶן אֵל יַשְׂגִּיב בְּכֹחוֹ מִי כָמֹהוּ מוֹרֶה" – **And so it says, *Behold, in His omnipotence God is exalted; who can instruct as He does?*** (ibid. 36:22).[76] הֲוֵי "וַיְדַבֵּר אֱלֹהִים אֵת כָּל הַדְּבָרִים הָאֵלֶּה" – **This is** the implication of ***God spoke all these Statements*** [הַדְּבָרִים].[77]

NOTES

59. Morning is the beginning of the day, and thus serves as a metaphor for man's beginning — i.e., his original state as dust. *Who turns "tzalmaves" to morning* thus means: Who returns man to his original state (*Yefeh To'ar*, cited by *Eitz Yosef; Beur Maharif*).

In *Radal's* text of the Midrash a more straightforward proof is cited: "In like manner, dust is changed to man, who is then changed back to dust, as it is stated, *For you are dust, and to dust you shall return* (*Genesis* 3:19)." [The *Amos* verse cited by our Midrash (*Who turns "tzalmaves" to morning and darkens the day into night*) is then cited to demonstrate a *different* transformation, viz., how night turns into day, then back into night.] See also *Yefeh To'ar* and *Maharzu*; see, however *Toldos Noach*.

60. For when God punished Miriam with *tzaraas* Aaron pleaded (*Numbers* 12:12), *"Let her not be like a corpse"* (*Yefeh To'ar*, cited by *Eitz Yosef*).

61. When Miriam was healed (ibid.). Moses, too, experienced these transformations when his hand was stricken with *tzaraas* as a sign; see above, 4:6-7 (see *Beur Maharif, Radal,* and end of *Maharzu* s.v. את כל הדברים).

62. Also as a sign; see above, 4:2-4.

63. I.e., the waters that covered the entire globe at the very beginning of Creation (*Maharzu, Rashash, Eitz Yosef*).

64. For on the third day of Creation God said, *"Let the waters beneath the heaven be gathered into one area, and let the dry land appear"* [*Genesis* 1:9] (ibid.).

65. In the days of Enosh God flooded one-third of the world as punishment for mankind's sin of idolatry (see *Bereishis Rabbah* 23 §7; *Tanchuma, Yisro* §16), and in the days of Noah He flooded the entire world because *all flesh had corrupted its way upon the earth* [*Genesis* 6:12] (*Rashash*; see also *Eitz Yosef*). [*Maharzu* mentions also the Reed Sea, which temporarily became dry land when it split. See also *Radal*, who refers *exclusively* to the Reed Sea (in citing *Psalms* 66:6).]

66. This is the conclusion of the verse whose earlier part (*Who turns "tzalmaves" to morning*) the Midrash discussed above. We learned that a "turning to morning" is a return of something to its beginning, to its original state. That theme is carried over to the conclusion of the *Amos* verse: God returns the waters to their original state of completely covering the earth (*Eitz Yosef*).

67. See note 49 above.

68. This Commandment prohibits desecrating the Sabbath by performing any of the thirty-nine prohibited labors (*melachos*), among which are the slaughter and burning of an animal.

69. This mitzvah calls for "desecrating the Sabbath" by performing the sacrificial service, which involves slaughtering and burning an animal (see *Maharzu*). [See *Pesachim* 77a for the exposition that teaches that the sacrificial service supersedes the Sabbath.] According to *Eitz Yosef* cited above, God transmitted these contradictory obligations in one utterance.

70. This is the mitzvah of *yibum*, which *obligates* a man to marry the widow of his brother (if he died childless). According to *Eitz Yosef* cited above in note 49, this mitzvah was stated simultaneously with the Commandment (below, 20:13), *You shall not commit adultery* [the prohibition against uncovering *the nakedness of your brother's wife* being related to that Commandment].

71. So that no later iteration of a mitzvah would be construed as a retraction of the conflicting Commandment (as explained in note 49). [See, however, *Yefeh To'ar*, who takes this line as adding that aside from the verses just mentioned, *all* the Ten Commandments were stated simultaneously by God (as stated in *Bamidbar Rabbah* 11 §7).]

72. *Maharzu.*

73. As the Gemara (*Avodah Zarah* 17b) teaches: אִי סַיְיפָא לֹא סִפְרָא, *If* one's vocation is with the *sword*, it *cannot* be with the *book*; וְאִי סִפְרָא לֹא סַיְיפָא, *and if* it is with the *book*, it *cannot* be with the *sword* (*Radal, Eitz Yosef*). Torah study and warfare are both all-consuming endeavors, leaving no time for other pursuits (*Yefeh To'ar*; see also *Maharsha* ad loc.).

74. A warrior must be hard hearted and ruthless to survive and succeed in battle, whereas a teacher of small children must be the opposite: compassionate, patient, and calm (*Eitz Yosef*).

75. That is, God split the Sea for the Israelites and then brought it crashing down upon the Egyptians who were pursuing them.

76. *In His omnipotence God is exalted* refers to His actions at the Sea; *who can instruct as He does* refers to His teaching of the Torah (*Maharzu*).

77. That is: In this interpretation the verse means that God told Israel "all these דְּבָרִים (things)" that He did for them (viz., the war He waged against Egypt at the Sea), and that He wants to do for them (viz., to teach them the Torah). See *Yefeh To'ar, Eitz Yosef*.

Alternatively: The Midrash is making the same point as that made in *Mechilta* (*BaChodesh* §5), which explains that in saying, *"I am HASHEM, your God, Who has taken you out of the land of Egypt"* (the verse in the First Commandment that follows *God spoke all these Statements*), God was telling Israel that although He appeared to them at the Sea as a warrior, while at Sinai He appeared to them as an elder, full of compassion, He was still the One and Only God (*Maharzu*). These are the "things" (דְּבָרִים) that God told Israel.

מַהוּ "לַבֹּקֶר", כִּתְחִלָּתוֹ, °בִּתְחִלָּתוֹ מַהוּ אוֹמֵר° (שמות ז, כ) "וַיֵּהָפְכוּ כָּל הַמַּיִם אֲשֶׁר בַּיְאֹר לְדָם", חָזַר וְנֶהְפַּךְ הַדָּם לְמַיִם, בָּשָׂר חַי נֶהְפַּךְ לְמֵת, חָזַר הַמֵּת וְנֶהְפַּךְ לְחַי, הַמַּטֶּה נֶהְפַּךְ לְנָחָשׁ, חָזַר הַנָּחָשׁ וְנֶהְפַּךְ לְמַטֶּה, הַיָּם נֶהְפַּךְ לְיַבָּשָׁה, חָזְרָה הַיַּבָּשָׁה וְנֶהֶפְכָה לְיָם, וְכֵן הוּא אוֹמֵר (עמוס שם שם) "הַקּוֹרֵא לְמֵי הַיָּם וְגוֹ'", °וְכֵן °דִּבּוּר [כ, ח] "זָכוֹר אֶת יוֹם הַשַּׁבָּת לְקַדְּשׁוֹ", וְאוֹמֵר (במדבר כח, ט) "וּבְיוֹם הַשַּׁבָּת שְׁנֵי כְבָשִׂים בְּנֵי שָׁנָה", °דִּבּוּר (ויקרא יח, טז) "עֶרְוַת אֵשֶׁת אָחִיךָ לֹא תְגַלֵּה", (דברים כה, ה) "כִּי יֵשְׁבוּ אַחִים יַחְדָּו", °כּוּלָּן * אֲמָרָן בְּבַת אַחַת, הֱוֵי [כ, א] "וַיְדַבֵּר אֱלֹהִים אֵת כָּל הַדְּבָרִים הָאֵלֶּה לֵאמֹר":

ה בֹּא וּרְאֵה שֶׁאֵין מִדּוֹתָיו שֶׁל הַקָּדוֹשׁ בָּרוּךְ הוּא כְּמִדַּת בָּשָׂר וָדָם, מֶלֶךְ בָּשָׂר וָדָם אֵינוֹ יָכוֹל לִהְיוֹת עוֹשֶׂה מִלְחָמָה וְלִהְיוֹת סוֹפֵר וּמְלַמֵּד תִּינוֹקוֹת, וְהַקָּדוֹשׁ בָּרוּךְ הוּא אֵינֶנּוּ כֵּן, אֶתְמוֹל בַּיָּם כְּעוֹשֶׂה מִלְחָמָה, שֶׁנֶּאֱמַר (שמות טו, ג) "ה' אִישׁ מִלְחָמָה" וְאוֹמֵר (איוב כו, יב) "בְּכֹחוֹ רָגַע הַיָּם", וְהַיּוֹם בְּמַתַּן תּוֹרָה יָרַד לְלַמֵּד תּוֹרָה לְבָנָיו, וְכֵן הוּא אוֹמֵר (שם לו, כב) "הֶן אֵל יַשְׂגִּיב בְּכֹחוֹ מִי כָמֹהוּ מוֹרֶה", הֱוֵי [כ, א] "וַיְדַבֵּר אֱלֹהִים אֵת כָּל הַדְּבָרִים הָאֵלֶּה":

חידושי הרד"ל

החשך נהפך לאור, חזר האור ונהפך לחשך, שנאמר והופך לבקר צלמות יום ללילה החשיך מהו לבקר בתחלתו (רצה לומר שחושך נברא תחלה, ונהפך לאור, עיין בראשית רבה פרשה ג א ולקמן פרשה כ, א) **ויהפכו כל המים כו'.** כן צריך לומר. והא דויהפכו הוא הפיכה אחרת ממים ודם, ובתנחומא הגירסא ואומר ויהפכו: **בשר החי נהפך למת כו'.** כן צריך לומר, וכן הוא בתנחומא, והוא במשה, שהיתה ידו מצורעת כשלג, שהוא כבשר המת, כמו שכתוב (במדבר יב, יב) אל נא תהי כמת: **הים נהפך ליבשה.** כמה דאת אמר (תהלים סו, ו) הפך ים ליבשה: **וכן דבור זכור כו' וביום השבת כו'.** בירושלמי פרק ג דנדרים הלכה ב, ועיין שם דחשיב כמה דבורים כיוצא בו: **[ה] להיות עושה מלחמה ולהיות סופר.** כדאמרינן סוף פרק קמא דעבודה זרה (טו, ב) אי ספרא לא סייפא כו': **מי כמוהו מורה.** יורה דעה לעמו וכן תמיד לגמולי מחלב כדאיתא ריש פרק קמא דעבודה זרה (ג, ב):

עץ יוסף

לאדם כו', לסיומי פירוש דקרא דכתיב והופך לבקר צלמות, ומפרש צלמות ענין המות של אדם, וקאמר מהו לבקר כתחלתו, רצה לומר וכאילו אמר והופך צלמות להוייתה הראשונה, והבקר כינוי להתחלה לפי שהבקר תחלת היום (יפה תואר). והרד"ל מגיה חזר נהפך לעפר שנאמר ואל עפר תשוב, החשך נהפך לאור, חזר האור ונהפך לחשך שנאמר והופך לבוקר צלמות ויום לילה החשיך, מהו לבקר בתחלתו, [רצה לומר שחשך נברא תחלה ונהפך לאור עיין בראשית רבה פרשה ג', ולקמן פרשה כ'] עד כאן לשונו: **מהו לבקר בתחלתו וכן בדם מצריים בתחלתו מהו אומר.** כן צריך לומר (אות אמת ויפה תואר ותולדות נח): **בשר חי נהפך למת.** כן צריך לומר. דבמרים כתיב אל נא תהי כמת, חזר ונהפך לחי שנתרפאה (יפה תואר): **הקורא למי הים.** סיפיה דקרא דהופך לבקר צלמות הוא, וזה שאמר קרא והופך לבקר צלמות, רצה לומר שמשיב דברים להתחלתן, ועל זה הוא מסיים הקורא למי הים וישפכם, שמתחלה היה העולם מלא מים, וכשאמר יקוו המים נעשה יבשה, ואחר כך הקורא למי הים וישפכם בדור אנוש כמו שהיו תחלה: **(ה) עושה מלחמה ולהיות סופר.** וכמו שנאמר בפרק קמא דעבודה זרה (יז, ב) אי סייפא לא ספרא ואי ספרא לא סייפא, ועוד שבעל מלחמה צריך להיות אמיץ הלב ולא ירחם, ומלמד תינוקות צריך שיהיה בהיפך להתנהג ברחמים עם התינוקות ושלא לכעוס: **כעושה מלחמה.** ולא עושה מלחמה ממש שאינו צריך לעשות הדבר בידו ממש, אבל יגזור אומר ויקם לו: **הוי וידבר אלהים את כל הדברים האלה.** והכי פירושו שאמר להם את כל הדברים האלה שעשה להם, דהיינו המלחמה ומה שהוא רוצה לאמר וללמד, הכל אנכי ה' אלהיך העושה הכל ואין אלהים עמדי:

פירוש מהרז"ו

מטרדה וגו' יוצר וגו', שגם זה נכלל במה שכתוב את כל אלה, ועד כאן דיבר מדברים טבעים כל אחד במקומו וטבעו וצרכו, ואחר כך מדבר מהדברים עצמם שהופכו, כמו שכתוב (בראשית ב, ז) וייצר ה' אלהים את האדם עפר מן האדמה, ואחר כך (שם ג, יט) ואל עפר תשוב, ועל זה הביא פסוק של עמוס ה' ח', עושה כימה וכסיל והופך לבקר צלמות ויום לילה החשיך הקורא למי הים וישפכם על פני הארץ, וכל אלה דברים הפכים, כי הבריאה היתה כסיל וכימה, כמו שכתוב איוב ט' ט', עיין שם עושה כסיל וכימה, ובדור המבול הפך, כמו שכתוב עמוס שם (ה, ז), ההופכים ללענה משפט, ועל כן עושה כימה וכסיל הקורא למי הים וגו', כמו שאמרו בראשית רבה פרשה כ"ה סימן ב, שמדבר בדור המבול, כן מה שכתוב יום ולילה החשיך, כמו שאמר בראשית רבה ריש פרשה כ"ח בדור המבול והפך לילה. ודייק מה שכתוב והופך לבקר צלמות, שהבקר הוא הפך הערב, ולא של צלמות. על כן דורש בקר שם השאלה על התחלת דבר, כמו הבקר התחלת היום, ופירושו שהמות מהפך הכל לתחלתו, כמו שכתוב (קהלת ג, כ) הכל היה מן העפר והכל שב אל העפר, וכדומה. ואחר כך מפרש בהיפך, והופך לבקר צלמות, מה שהיה צלמות הפכם לתחלתו, היאור שנעשה צלמות שנהפך לדם, ומתה בו הדגה, נהפך לתחלתו למים, בשר חי, יד משה, נהפך לבשר מת, לצרעת, ואחר כך נהפך לבשר חי: **וכן הוא אומר הקורא למי הים.** וישפכם על פני הארץ, בפסוק הנ"ל, שעשה מן היבשה ים כתחלת העולם, שהים הוא צלמות שהרגו, כמו שאמרו לעיל פרשה ט"ו סימן כ"ב בהדיא, ושם נסמן, הפכו לתחלתו, ולזה כוון במה שאמר הים נהפך ליבשה, שבתחלה היה כל העולם מים וים, שנקוו המים לים אחד, ונעשה כל הארץ יבשה, כמו שאמרו בהדיא לעיל פרשה כ"ג סימן ד, עיין שם. ומה שאמר שם הים הזה היה יבשה, פירושו שכל העולם היה תחלה מים וים, ונהפך ליבשה. ובדור אנוש נהפך היבשה למים וים, כמו שאמרו בראשית רבה סוף פרשה כ"ג, וים סוף נהפך ליבשה, ואחר כך מיבשה לים. ועד כאן דרש מה שכתוב עושה כל אלה כנ"ל, ועתה חוזר לענינו, למה שכתוב את כל הדברים, על כן אומר וכן, וזהו מה שאמר וכן דבור זכור וגו', גם כן דבר והפכו, שלוה לשמור השבת ולוה לחללו בקרבנות, וכן לוה שלא לגלות ערות אשת אחיו, ולוה ליבם את אשת אחיו, כמו שכתוב בפסוקים של (דברים כה, ה) כי ישבו אחים יחדו, עד יבמה יבא עליה ויבמה, עיין מכילתא יתרו פסוק זכור. ועיין ירושלמי נדרים פרק ג הלכה ב', ושם מביא עוד פסוקים כאלו שהם הפכים: **(ה) בא וראה.** כמו דבר אחר ידבר אלהים וגו', וכמו שאמר בסוף הסימן הוי וידבר אלהים: **בכחו רגע הים.** שהיה צריך כביכול להראות כח וגבורה למלחמה. ודורש גזירה שוה שזהו מה שכתוב ישגיב בכחו, בים, ומי כמוהו מורה, בתורה, וכמו שאמרו במכילתא אנכי ה' אלהיך לפי שנגלה על הים כגבור עושה מלחמה, נגלה בסיני כזקן מלא רחמים וכו', עיין שם:

מתנות כהונה

דב[ו]ר זכור. אמר זכור כו':

אשד הנחלים

כאיש מלחמה, ופעם **כסופר ומלמד תינוקות.** והענין בכללו הוא תוארי פעולותיו יתברך, והם השיגו כל זה במראה נבואה, וידעו מתי ינהג במדה הזאת, ומתי במדה אחרת, שזה כל פרי הידיעה האלהית בנבואה, על דרך מאמרם (לעיל ג, ו) לפי מעשי אני נקרא, שזהו עיקר ידיעת שמותיו יתברך המורים על התחלפות הפעולות היוצאים מאתו. ולא אוכל להרחיב הדבור בו כי הוא ענין עמוק, רק ריש מלין הערתי בזה למתבונן. וכן דרש על מעשי המצוה, שהמה גם כן לפעמים הפכיים, פעם מתיר ופעם אוסר, והם השיגו הטעמים הכמוסים בסבותיהם העצמיות. ודי בזה:

מסורת המדרש

ה. עיין ראש השנה דף כ"ז. שבועות דף כ'. ירושלמי נדרים פרק ג' הלכה ב'. ובירושלמי שבועות פרק ג' הלכה ה'. מכילתא כאן פרשה ז'. ספרי פרשה תצא פיסקא רל"ג. ילקוט תהלים רמז תשפ"ג:

אם למקרא

וַיַּעֲשׂוּ כֵן מֹשֶׁה וְאַהֲרֹן כַּאֲשֶׁר צִוָּה ה' וַיָּרֶם בַּמַּטֶּה וַיַּךְ אֶת הַמַּיִם אֲשֶׁר בַּיְאֹר לְעֵינֵי פַרְעֹה וּלְעֵינֵי עֲבָדָיו וַיֵּהָפְכוּ כָּל הַמַּיִם אֲשֶׁר בַּיְאֹר לְדָם:
(שמות ז, כ)

וּבְיוֹם הַשַּׁבָּת שְׁנֵי־כְבָשִׂים בְּנֵי־שָׁנָה תְּמִימִם וּשְׁנֵי עֶשְׂרֹנִים סֹלֶת מִנְחָה בְּלוּלָה בַשֶּׁמֶן וְנִסְכּוֹ:
(במדבר כח, ט)

עֶרְוַת אֵשֶׁת אָחִיךָ לֹא תְגַלֵּה עֶרְוַת אָחִיךָ הִוא:
(ויקרא יח, טז)

כִּי־יֵשְׁבוּ אַחִים יַחְדָּו וּמֵת אַחַד מֵהֶם וּבֵן אֵין לוֹ לֹא תִהְיֶה אֵשֶׁת הַמֵּת הַחוּצָה לְאִישׁ זָר יְבָמָהּ יָבֹא עָלֶיהָ וּלְקָחָהּ לוֹ לְאִשָּׁה וְיִבְּמָהּ:
(דברים כה, ה)

ה' אִישׁ מִלְחָמָה ה' שְׁמוֹ:
(שמות טו: ג)

בְּכֹחוֹ רָגַע הַיָּם וּבִתְבוּנָתוֹ מָחַץ רָהַב:
(איוב כו, יב)

הֶן־אֵל יַשְׂגִּיב בְּכֹחוֹ מִי כָמֹהוּ מוֹרֶה הֶחֱרַמְתֶּם אוֹתָם:
(שם לו:כב)

ידי משה

[ד] וכן דבור זכור וכו'. עיין פירוש מתנות כהונה, ויצא מן הפשוטא. והכי פירושו פירוש הדיבור של זכור את יום השבת לקדשו שאסר בעשיית מלאכה, והדר התיר וצוה להקריב שני כבשים בשבת. וקל להבין:

שינויי נוסחאות

(ד) בתחלתו מהו אומר "ויהפכו כל המים אשר ביאור לדם". תיבות "בתחלתו מהו אומר" קשות, וא"א הגיה "ואומר" במקום ג' תבות אלו, ורד"ל מחקן לגמרי, ויפ"ת השאירן אבל הוסיף לפניהן "וכן בדם מצרים מהו אומר...". **וכן דבור "זכור את יום השבת לקדשו".** בספרים ישנים היה כתוב (כאן, וכעין זה להלן) "וכן דבר זכור את ...", וכן הוא במ"כ (ופירש מ"כ "וכן אמר זכור את וכו' ", רוצה לומר ש"דִּבֵּר" = "אָמַר", אלא שדברי מ"כ נשתבשו ברוב הדפוסים), ובד' קראקא שס"ט פתאום התחילו לכתוב "דבור" במקום "דבר" ומשם הועתק לכל הספרים אח"כ:

חידושי הרש"ש

הים נהפך ליבשה כו'. היינו בתחלת הבריאה, כמו דכתיב יקוו המים גו' ותראה היבשה, ונהפכה לים היינו בדור אנוש ובדור המבול, עיין לעיל בבראשית רבה פרשה ה סימן ו, ובסוף פרשה כג, ד:

באור מהרי"פ

אתי מלבנון כלה, שתהיו בדומה לי, ואני אנהג עמכם כמנהג שלכם, וכן אתם תנהגו כמנהגי, וזהו למה כך, בזכות שאמרו כל אשר דבר ה' נעשה, רצה לומר, לפי דהאי מקרא של ויאמרו כל אשר דבר ה' נעשה מחובר לוישב משה את דברי העם אל ה', ואחר כך דריש על וידבר אלהים הדרש של אותה שעה בקש הקב"ה ליתן להם וכו', וכוונתו לתרץ מאי דהוקשה לו על מה דכתיב (שמות יט, כה. ושם כ, א) וירד משה אל העם ויאמר אליהם וידבר אלהים את כל הדברים האלה לאמר, הלא כל עיקר עליתו של משה היתה לקבל את התורה, ובשעת דבורו של הקב"ה ירד למטה, ולתרץ קושיא החמורה הזאת אמר אותה שעה בקש הקב"ה ליתן להם וכו': **[ד] מהו לבוקר בתחלתו.** כלומר, והופך צלמות להויתה הראשונה, פירוש, לאחר מותו נעשה כבתחלתו, כמו הבוקר שהוא תחלת היום. והא דלא פירש שהופך הבוקר להיות צלמות, דאם כן והופך בוקר לצלמות מבעי ליה. ולא פירש שהופך הצלמות להיות בוקר ואור, דאם כן בטובה הכתוב מיירי, והענין של הכתוב מורה להיפך, שבדרך תוכחה, ועוד רע מיירי. אך צריך עיון למה הוא מביא ראיה רחוקה וקצת דחוקה לפי בינתנו הקצרה, ולמה לא מקראות המפורשים, כי עפר אתה ואל עפר תשוב (בראשית ג, יט), הכל היה מן העפר והכל שב אל העפר (קהלת ג, כ), וצריך עיון. ועיין יפה תואר ותולדות נח הארוך: **בתחלתו מהו אומר.** וכתב אות אמת, תיבות בתחלתו מהו צריך למחוק, והכי גרסינן, **מהו לבוקר בתחלתו ואומר ויהפכו כל המים אשר ביאור וגו': בשר חי וכו'.** המצורע נקרא מת, שנאמר אל נא תהי כמת וגו', וידה של משה נהפך וכו', ואחר כך נהפך לחי כבראשונה, וכן מרים: **וכן דבור זכור וכו'.** עיין מתנות כהונה, ולא הבינותי דבריו. ואעתיק לך לשון המכילתא שהיא יותר ברורה, סדר יתרו פרשה ז' ד"ה זכור וגו', זכור ושמור שניהם נאמרו בדבור אחד, מחלליה מות יומת, וביום השבת שני כבשים

§6 The Midrash offers yet another interpretation of *God spoke all these Statements, saying*:

דָּבָר אַחֵר, "וַיְדַבֵּר אֱלֹהִים אֵת כָּל הַדְּבָרִים הָאֵלֶּה לֵאמֹר" – **Another explanation: *God spoke all these Statements, saying.*** **אָמַר רַבִּי יִצְחָק** – **R' Yitzchak said:** **מַה שֶּׁהַנְּבִיאִים עֲתִידִים לְהִתְנַבְּאוֹת בְּכָל דּוֹר וָדוֹר קִבְּלוּ מֵהַר סִינַי** – **What the prophets were destined to prophesy in each and every generation they received from** the Revelation at **Mount Sinai.**[78] **שֶׁכֵּן מֹשֶׁה אוֹמֵר לָהֶם לְיִשְׂרָאֵל: "כִּי אֶת אֲשֶׁר יֶשְׁנוֹ פֹּה עִמָּנוּ עֹמֵד הַיּוֹם . . . וְאֵת אֲשֶׁר אֵינֶנּוּ פֹּה עִמָּנוּ הַיּוֹם"** – **For, indeed, Moses said to Israel,** *"Not with you alone do I seal this covenant . . .* ***but with whoever is here standing with us today . . . and with whoever is not here with us today"*** (*Deuteronomy* 29:13-14). **"עִמָּנוּ עוֹמֵד הַיּוֹם" אֵין כְּתִיב כָּאן** – Now, "and with whoever is not here **standing with us today" is not written here** in the latter part of the verse;[79] **אֶלָּא "עִמָּנוּ הַיּוֹם"** – **rather,** *whoever is not here* ***with us today*** is written.[80] **אֵלּוּ הַנְּשָׁמוֹת הָעֲתִידוֹת לְהִבָּרְאוֹת** – **These are the souls** for **whom** bodies **are destined to be created,**[81] **שֶׁאֵין בָּהֶם מַמָּשׁ** – **but which** now at Sinai **have no substance,** **שֶׁלֹּא נֶאֶמְרָה בָּהֶם עֲמִידָה** – for **which** reason **"standing" is not stated in connection with them.**[82] **שֶׁאַף עַל פִּי שֶׁלֹּא הָיוּ בְּאוֹתָהּ שָׁעָה** – Thus, **even though [all the prophets] were not** yet born **at that moment** (i.e., when the Torah was given), **כָּל אֶחָד וְאֶחָד קִבֵּל אֶת שֶׁלוֹ** – **each and every one received his own** prophetic message at Sinai, to be delivered at some future time. **וְכֵן הוּא אוֹמֵר "מַשָּׂא דְבַר ה' אֶל יִשְׂרָאֵל בְּיַד מַלְאָכִי"** – **And so it says** in the verse, ***The prophecy***[83] ***of the word of HASHEM to Israel, by the hand of Malachi*** (*Malachi* 1:1). **"בִּימֵי מַלְאָכִי" לֹא נֶאֱמַר אֶלָּא "בְּיַד מַלְאָכִי"** – Now, **"in the days of Malachi" is not stated** here; **rather,** ***by the hand of Malachi*** is stated. **שֶׁכְּבָר הָיְתָה הַנְּבוּאָה בְּיָדוֹ מֵהַר סִינַי** – This teaches **that the prophecy was already in [Malachi's] hand**[84] **from** the time of the Revelation at **Mount Sinai,**[85] **וְעַד אוֹתָהּ שָׁעָה לֹא נִתְּנָה לוֹ רְשׁוּת לְהִתְנַבְּאוֹת** – **but until that** future **moment permission was not given to him to prophesy.**[86] **וְכֵן יְשַׁעְיָה אָמַר "מֵעֵת הֱיוֹתָהּ שָׁם אָנִי"** – **And, similarly,** the prophet **Isaiah said,** ***From the time it was issued I was there*** (48:16), **אָמַר יְשַׁעְיָה: מִיּוֹם שֶׁנִּתְּנָה תוֹרָה בְּסִינַי שָׁם הָיִיתִי וְקִבַּלְתִּי אֶת הַנְּבוּאָה הַזֹּאת** – whereby **Isaiah was saying, "From the day that the Torah was given at Sinai I was there, and I received this prophecy.** **אֶלָּא "וְעַתָּה ה' אֱלֹהִים שְׁלָחַנִי וְרוּחוֹ"** – **However,** ***and*** (only) ***now HASHEM, God, has sent me with His spirit"*** (ibid.) – **עַד עַכְשָׁיו לֹא נִיתַּן לוֹ רְשׁוּת לְהִתְנַבְּאוֹת** – for **until now permission was not given to [Isaiah] to prophesy.**

R' Yitzchak, who at the beginning of this section stated that all the prophets received their prophecies at Mount Sinai, extends his teaching further:

וְלֹא כָּל הַנְּבִיאִים בִּלְבַד קִבְּלוּ מִסִּינַי נְבוּאָתָן – **And** it is **not only** that **all the prophets received their prophecies from** the Revelation at **Sinai,** **אֶלָּא אַף הַחֲכָמִים הָעוֹמְדִים בְּכָל דּוֹר וָדוֹר** – **but also** regarding **the sages that arose in each and every generation:** **כָּל אֶחָד וְאֶחָד קִבֵּל אֶת שֶׁלּוֹ מִסִּינַי** – **each and every one received his** original Torah thoughts[87] **from Sinai.**[88]

R' Yitzchak concludes:[89]

וְכֵן הוּא אוֹמֵר "אֶת הַדְּבָרִים הָאֵלֶּה דִּבֶּר ה' אֶל כָּל קְהַלְכֶם . . . קוֹל גָּדוֹל וְלֹא יָסָף" – **And so it says** in the verse, ***These words HASHEM spoke to your entire congregation . . . a great voice, never to be repeated*** [וְלֹא יָסָף] (*Deuteronomy* 5:19).[90]

Having presented R' Yitzchak's teaching and his reliance on *Deuteronomy* 5:19, the Midrash records a three-way dispute regarding the interpretation of the phrase קוֹל גָּדוֹל וְלֹא יָסָף:[91]

רַבִּי יוֹחָנָן אָמַר – **R' Yochanan said:** **קוֹל א' נֶחֱלַק לְז' קוֹלוֹת וְהֵם נֶחְלָקִים לְע' לָשׁוֹן** – The **one** "great" **voice divided into seven voices,**[92] **and they divided into seventy languages.**[93]

NOTES

78. In this interpretation the Midrash focuses on the words כָּל, *all*, and לֵאמֹר, *saying*, considering both of them extraneous and thus open for exegesis. It reads the verse as follows: *God spoke all* the future prophecies along with *these* Ten *Commandments*, with each prophecy *to be said* (לֵאמֹר) in the appropriate time and generation (*Eitz Yosef*).

79. To parallel the phrase *whoever* **is** *here standing with us today* in the earlier part of the verse.

80. The word *standing* is omitted in the latter part of the verse.

81. Translation follows *Eitz Yosef.*

82. The chief difficulty in the *Deuteronomy* passage is how it is possible to make a covenant with people who are absent and not a party to the agreement. The Midrash thus maintains that the souls of all future Jews, including those of the prophets, were indeed present at Mount Sinai. It adduces proof from the wording of verse 14 in the *Deuteronomy* passage: The words *whoever is not here with us today* cannot refer to Israelites living at that time, for the entire nation was assembled there at Sinai! Rather, Moses must have meant the generations of Jews as yet unborn, whose souls were nonetheless present. That is why he did not speak of their "standing" there, since a soul does not perform the physical act of standing (*Maharzu, Eitz Yosef*).

[Even though Moses spoke these verses on the Plains of Moab (at the end of the forty years in the Wilderness) and not at Mount Sinai, if all the souls were present at the Plain of Moab they were certainly present at Sinai as well; for wherever Moses taught the Torah, all the souls attended (*Eitz Yosef* below, s.v. כל אחד ואחד). Alternatively: Even though these verses were indeed stated in the Plains of Moab, they are understood by the Midrash as applying to the time of the Revelation at Sinai (see *Maharzu*; see also *Shabbos* 146a, which quotes the same verse cited in our Midrash, *Deuteronomy* 29:14, as indicating that future converts to Judaism were also "present" at Sinai).]

83. Literally, *burden* (מַשָּׂא is one of the ten terms for prophecy in *Bereishis Rabbah* 44 §6). Revelations of impending tragedy and misfortune, which a prophet must impart to the people, are terrible burdens for him to bear.

84. I.e., in his possession (*Maharzu*).

85. The expression בְּיַד, *by the hand of*, appears specifically in conjunction with Malachi because he is the last of the prophets, and it teaches that *even he* received his prophecy at Mount Sinai – and all the more so the earlier prophets (*Toldos Noach, Eitz Yosef*; see, however, *Maharzu*).

86. It was only at that later time that Malachi himself became consciously aware of the prophecy that his soul had received at Sinai (see *Eitz Yosef*).

87. *Anaf Yosef.*

88. [Compare *Vayikra Rabbah* 22 §1, which states that at Sinai, God told Moses all the *chidushei Torah* (original Torah thoughts) that would be "discovered" in the future.]

89. Ibid. See, however, *Maharzu* and *Radal* cited in note 91 below.

90. R' Yitzchak interprets *your entire congregation* to mean the Israelites of that time as well as of all future generations (*Beur Maharif, Eitz Yosef*). Alternatively: This verse was spoken by Moses at the end of the forty years in the Wilderness, and was thus addressed to an audience that included Israelites who were not yet born when the Torah was given. Yet it states that God spoke at Sinai to the *entire congregation* to whom Moses was now speaking. Perforce it teaches that the souls of generations still unborn were present at Sinai (*Rashash*). And R' Yitzchak understands וְלֹא יָסָף to mean that God would not add to what He had spoken with a *great voice* at Sinai, for from that voice all future prophets already received their prophecies, and all future sages already received their *chidushei Torah*. And later, each in his time [based on the needs of each generation (see *Eshed HaNechalim* above, s.v. עתידין להתנבאות וכו')], they would be granted permission to reveal and disseminate what had been imparted to their souls at Sinai (*Eitz Yosef*; see *Anaf Yosef*).

91. The second opinion, that of R' Shimon ben Lakish, will accord with R' Yitzchak's understanding of the verse (ibid.). Cf. *Maharzu* and *Radal*, who write that the Midrash (not R' Yitzchak himself) cited this verse in order to support R' Yitzchak from Reish Lakish's interpretation of it.

92. Corresponding to the seven mentions of קוֹל ה', *the voice of God*, in *Psalms* Ch. 29, which speaks about what occurred in the world when God was giving the Torah (*Beur Maharif*; see also *Maharzu*).

93. So that each of the seventy primal nations would hear the Torah in its own language (see R' Yochanan's teaching in 5 §9 above). Thus, in R' Yochanan's interpretation, the words וְלֹא יָסָף do not mean *never to be repeated* but rather *did not stop* [as *Onkelos* translates: וְלָא פְסַק]. That is, the "great voice" did not stop at Mount Sinai, but traveled throughout the world in seventy language streams (*Maharzu*). For a different explanation of how R' Yochanan is interpreting the words וְלֹא יָסָף, see *Beur Maharif.*

ו דָּבָר אַחֵר, [כ, א] "וַיְדַבֵּר אֱלֹהִים אֵת כָּל הַדְּבָרִים הָאֵלֶּה לֵאמֹר", אָמַר רַבִּי יִצְחָק: ומַה שֶּׁהַנְּבִיאִים עֲתִידִים לְהִתְנַבְּאוֹת בְּכָל דּוֹר וָדוֹר קִבְּלוּ מֵהַר סִינַי, שֶׁכֵּן מֹשֶׁה אוֹמֵר לָהֶם לְיִשְׂרָאֵל: (דברים כט, יד) "כִּי אֶת אֲשֶׁר יֶשְׁנוֹ פֹּה עִמָּנוּ עֹמֵד הַיּוֹם ... וְאֵת אֲשֶׁר אֵינֶנּוּ פֹּה עִמָּנוּ הַיּוֹם", "עִמָּנוּ עוֹמֵד הַיּוֹם" אֵין כְּתִיב כָּאן אֶלָּא "עִמָּנוּ הַיּוֹם", אֵלּוּ הַנְּשָׁמוֹת הָעֲתִידוֹת לְהִבָּרְאוֹת שֶׁאֵין בָּהֶם מַמָּשׁ, שֶׁלֹּא נֶאֶמְרָה בָּהֶם עֲמִידָה, * שֶׁאַף עַל פִּי שֶׁלֹּא הָיוּ בְּאוֹתָהּ שָׁעָה כָּל אֶחָד וְאֶחָד קִבֵּל אֶת שֶׁלּוֹ, וְכֵן הוּא אוֹמֵר (מלאכי א, א) "מַשָּׂא דְבַר ה' אֶל יִשְׂרָאֵל בְּיַד מַלְאָכִי", "בִּימֵי מַלְאָכִי" לֹא נֶאֱמַר אֶלָּא "בְּיַד מַלְאָכִי", שֶׁכְּבָר הָיְתָה הַנְּבוּאָה בְּיָדוֹ מֵהַר סִינַי, וְעַד אוֹתָהּ שָׁעָה לֹא נִתְּנָה לוֹ רְשׁוּת לְהִתְנַבְּאוֹת, וְכֵן יְשַׁעְיָה אָמַר (ישעיה מח, טז) "מֵעֵת הֱיוֹתָהּ שָׁם אָנִי", אָמַר יְשַׁעְיָה: מִיּוֹם שֶׁנִּתְּנָה תּוֹרָה בְּסִינַי שָׁם הָיִיתִי וְקִבַּלְתִּי אֶת הַנְּבוּאָה הַזֹּאת, אֶלָּא (שם) "וְעַתָּה ה' אֱלֹהִים שְׁלָחַנִי וְרוּחוֹ", עַד עַכְשָׁיו לֹא נִיתַּן לוֹ רְשׁוּת לְהִתְנַבְּאוֹת, וְלֹא כָּל הַנְּבִיאִים בִּלְבָד קִבְּלוּ מִסִּינַי נְבוּאָתָן, אֶלָּא אַף הַחֲכָמִים הָעוֹמְדִים בְּכָל דּוֹר וָדוֹר כָּל אֶחָד וְאֶחָד קִבֵּל אֶת שֶׁלּוֹ מִסִּינַי, וְכֵן הוּא אוֹמֵר (דברים ה, יח) "אֶת הַדְּבָרִים הָאֵלֶּה דִּבֶּר ה' אֶל כָּל קְהַלְכֶם ... קוֹל גָּדוֹל וְלֹא יָסָף", רַבִּי יוֹחָנָן אָמַר: זקוֹל א' נֶחֱלַק לְז' קוֹלוֹת וְהֵם נֶחֱלָקִים לְע' לָשׁוֹן,

עץ יוסף

(ו) [ד] **אמר רבי יצחק מה שהנביאים כו'.** דיוקו גם כן ממלות כל וממלת לאמר, וקאמר שהכי פירושו וידבר אלהים [עם עשרת הדברות] כל הדברים, והנבואות העתידות וראויות עדיין להאמר, והיינו לאמר דקרא רצה לומר לאמר כל אחד בדורו: **עמנו עומד היום אין כתיב כן.** נראה דעיקר טעמא דהך דרשא משום דקשיא ליה איך יהיה כורת ברית עם הנעדרים, להכי קאמר שהנשמות היו שם, ומסייע מילתא מדיוקא דקרא ואת אשר איננו פה עמנו היום, והלא כל ישראל היו במקום אחד במדבר, ובהכרח שהכוונה על הדורות העתידים להבראות שכולם היו שם, ואם היה כתוב אשר איננו עומד היום, היה במשמע שישנו ממש בעולם במקום אחר, ומפני שאין כתיב עומד פה משמע שנמצא בעולם הנשמות בלי עמידה ממש: **העתידות להבראות.** כלומר להברא להן גופות: **כל אחד קבל את שלו.** בסיני, כדלעיל, ואף על פי שאשר ישנו פה וגו' בערבות מואב נאמר, ילפינן דמכל שכן בסיני כי בכל מקום שנאמרה התורה כל הנשמות עומדות שם: **אלא ביד מלאכי.** שמפני שהוא אחרון שבנביאים נזכר זה בו, לומר דאפילו זה קבל נבואתו מהר סיני וכל שכן קמאי: **עד עכשיו לא ניתן רשות.** פירוש שלא נתגלה נבואתם עד עכשיו לא לשאר אדם ולא לנביאים עד שנתנבאו: **וכן הוא אומר את הדברים האלה דבר ה' אל כל קהלכם קול גדול ולא יסף.** הוא סיום דברי רבי יצחק הנזכר בריש סימן זה, ומפרש אל כל קהלכם היינו אף להעתידים להבראות, ומפרש ולא יסף שלא הוסיף ה' לנביאים או לחכמים על הקול ההוא, כי מהקול ההוא קבלו כל הנביאים העתידים להבראות את נבואתם, או החכמים את חכמתם, ולכל אחד ניתן רשות בזמנו להנבא ולחדש חידושיו בתורה, ואיידי דמייתי הכא דברי רבי יצחק, הביא מה שנחלקו רבי יוחנן וריש לקיש ורבנן בפירוש קול גדול ולא יסף, ודעת רבי שמעון בן לקיש הוא כדעת רבי יצחק הנ"ל: **רבי יוחנן אמר קול אחד כו'.** כלומר שקול הגדול הנזכר נחלק על דרך נס ופלא לשבעה קולות ושבעים לשון, וכמו שדרשו לעיל פרשה ה' על ירעם אל בקולו נפלאות, עיין שם:

פירוש מהרז"ו

(ו) **אמר רבי יצחק.** פרקי דרבי אליעזר פרשה מ"א, עיין כל הענין בתנחומא כאן סימן י"א, וכן הוא בויקרא רבה פרשה ו סימן ו. וכן הוא בשבת (דף קמ"ו, א) שפסוק זה כי את אשר ישנו וגו', הוא על מעמד הר סיני, ופסוק זה הוא בסדר אתם נצבים שהיה בסוף ארבעים שנה. אך הענין בזה שכתוב (דברים כט, ט - יב) אתם נצבים וגו' לעברך בברית ה' וגו' היום למען הקים אותך היום לו לעם והוא יהיה לך לאלהים, משמע שהיום מתחיל ועד עתה לא היה כן, שהרי כבר התחיל מעת מתן תורה אנכי ה' אלהיך, על כן בהכרח לדרוש אם אינו ענין לכאן תנהו ענין לסיני, שאז נעשו לעם, ואז עברו בברית ה', כמו שכתוב סוף משפטים (שמות כד, ח) הנה דם הברית אשר כרת ה' עמכם, ובאלתו (דברים שם יא), היינו תוכחות של בחוקותי, כמו שאמרו בהדיא במכילתא בחדש השלישי פרשה ג', שזהו מה שכתוב בסוף משפטים (שמות שם ז) ויקח ספר הברית ויקרא באזני העם, שאמר להם כל סדר בהר ובחוקותי עד אחר התוכחות, שעל זה כתוב בסוף תוכחות של תבא (דברים כח, סט) מלבד הברית אשר כרת אתם בחורב, ואז אמר להם אתם נצבים וגו', ועיין מה שכתבתי ויקרא רבה פרשה ו שם באופן אחר. ועיין עוד בדברים רבה פרשה ז סימן ג, מה שכתבתי שם בראיות לדרך שכתבתי כאן: **אשר ישנו פה וגו'.** והלא כל ישראל היו במקום אחד במדבר, ובהכרח שהכוונה על הדורות העתידין להבראות שכולם היו שם. ואם היה כתוב אשר איננו עומד היום, היה משמעו שישנו ממש בעולם, אלא שאינו עומד פה אלא עומד במקום אחר, אך אחר שכתוב ואת אשר איננו פה עמנו היום, אבל ישנו במקום אחר, אך בלא עמידה, אלא בעולם הנשמות: **בימי מלאכי.** צריך עיון שאם כן לא היו יודעים מי אמר הנבואה. אך בתנחומא הגירסא על מלאכי לא נאמר אלא ביד מלאכי, שכבר היתה הנבואה בידו וכו', פירוש ברשותו, כמו שכתוב (בראשית כד, י) וכל טוב אדוניו בידו, (במדבר כא, כו) ויקח את כל ארצו מידו. וממלאכי אנו לומדים בנין אב על כל הנביאים: **מעת היותה שם אני.** מעת מתן תורה, כמו שכתוב ברישא דקרא, לא מראש בסתר דברתי מעת היותה שם אני, שהפסוק מדבר במתן תורה, כמו שדרשו בהדיא קהלת רבה פסוק מה שהיה הוא שיהיה, וכן הוא במכילתא פסוק בחדש השלישי, ובפסוק אנכי, עיין שם: **ולא יסף.** כתרגומו ולא פסק, ופירושו שכל מה שהתנבאו הנביאים ודרשו החכמים, הכל מכח אותו הקול כדעת ריש לקיש: **נחלק לשבעה קולות.** וזהו ולא יסף, שלא כלה אצל הר סיני, אלא הלך בכל העולם לכל הלשונות. כמו שאמר לעיל פרשה ה בסימן ט. ועיין עוד לעיל פרשה ט"ו סימן כ"ח. והם השבעה קולות הכתובים בתהלים כ"ט:

מתנות כהונה

[ו] **אלא עמנו כו'.** משמע אף מי שאינו כלל למראה עין בין בעמידה בין בענין אחר אף על פי כן הוא עמנו היום. ופירש הכתוב אשר ישנו למראה עין עמנו עומד וגו' ואת אשר איננו פה למראית עין מכל מקום עמנו הוא פה: **לשבעה קולות.** לא אמר מתחלה לשבעים

אשד הנחלים

[ו] **עתידין להתנבאות בכל דור כו' אלו הנשמות כו' קיבל את שלו.** הדבר הזה הוא מבואר למתבונן. כי הנה ה' יתברך הופיע שפע חכמה כלולה בעולם, ונתחלקה לנשמות רבות בכוחות פרטים, ולדור דור, איש איש כפי כוחותיו כפי מה שצריך להדור ההוא, וכלם כלולים בתורה כי בה הכל, ובעת התגלות התורה נתגלה כל ענין פרטי מה שיהיה בכל דור, ומה שהנביאים יגלו באחרית, כי אחר שזכו למעלה הגדולה בנבואת פנים אל פנים, אם כן ממילא היה ידוע להם כל פרטי הנבואה מה שהוא למטה ממנו: **ביד מלאכי.** מורה הדבר שהוא מוכן מכבר להיות בידו וברשותו וכוחו: **עד עכשיו.** כי הכח היה בו מכבר, אלא שלא ירדה נשמתו בעולם כי לא ניתנה לה רשות כי אם בזמן ההוא: **אף החכמים.** כי גם ההשכלות האנושיות מתחלקים לפי טבע נשמה של כל אחד ואחד, וכולם כלולים בתורה: **נחלק לשבעה קולות כו' לשבעים לשון.** לא אמר מתחלה לשבעים קולות, כי יש לו סוד למביני דעת (מתנות כהונה). והרמז על שבעת ימי הבנין כנודע. והענין שהם נחלקים לשבעים לשון בארתי לעיל בפרשת בשלח (עיין לעיל ה, ט) על פי ציור נכון:

חידושי הרד"ל

[ו] **וכן הוא אומר את הדברים גו' ולא יסף.** הראיה מדברי רבי שמעון בן לקיש דאמר שממנו נתנבאו כל הנביאים, ולא יסף עוד לחדש נביא דבר: **רבי יוחנן אומר קול אחד נחלק כו'.** לעיל פרשה ה ח, עיין שם:

חידושי הרש"ש

[ו] **ביד מלאכי בימי מלאכי לא נאמר.** בתנחומא הגירסא, על מלאכי לא נאמר כו': **וכן הוא אומר את הדברים וגו' אל כל קהלכם.** ומשה אמר זאת גם לאותן שנולדו לאחר מתן תורה, שהרי זה היה בסוף ארבעים שנה, ומוכח מזה שאפילו הנשמות כו', כדלעיל: **נחלק לשבעה קולות.** עיין ברכות (ו, ב) לתורה שנתנה בחמשה קולות שנאמר כו'. ויש לומר דרבי יוחנן דכאן סבירא ליה כקושיא דהתם, והכתיב וכל העם רואים את הקולות. אך לפי זה יהיה שמונה, דהכתיב שם גם כן ואת קול השופר. וראיתי בילקוט תהלים רמז תש"ט שחשב גם כן ויענו כל העם קול אחד, וקולות (אף שהוא לשון רבים) על כן לא חשיב להו אלא לחד, ואם כן יהיה מכוון שבעה קולות, וכן במזמור דהבו לה' יש שבעה קולות, עיין שם בגמרא (כט, א). ומה שאמר **והם נחלקים לשבעים לשון,** נדרש מולא יסף, דרצה לומר דאין מה להוסיף, כי כל הלשונות נשמעו אז:

באור מהרי"פ

בדבור אחד נאמרו, ערות אשת אחיך ויבמה יבא עליה שניהם נאמרו בדבור אחד, לא תלבש שעטנז וגדילים תעשה לך שניהם בדבור אחד נאמרו, מה שאי אפשר לאדם לומר כן, שנאמר אחת דבר אלהים שתים זו שמעתי וגו', עד כאן לשון המכילתא: [ו] **אל כל קהלכם.** פירוש, שבכל הדורות: **נחלק לשבעה קולות.** יליף ליה משבעה קולות שנאמרו במזמור הבו לה' בני אלים וגו', שהמזמור מדבר מה שהיה בשעת נתינת התורה: **לשבעים לשון.** זהו נלמד מקול גדול ולא יסף, פירוש, שאין ביכולת שוב להוסיף, כי אחרי שנחלקו השבעה קולות

מסורת המדרש

ו. תנחומא כאן סי' י"א כל הענין:
ז. שבת פ"ח. לעיל פ"ה. מדרש תהלים מזמור נ"ב. ילקוט תהלים רמז תשל"ה. ורמז תתמ"ג:

אם למקרא

כִּי אֶת־אֲשֶׁר יֶשְׁנוֹ פֹּה עִמָּנוּ עֹמֵד הַיּוֹם לִפְנֵי ה' אֱלֹהֵינוּ וְאֵת אֲשֶׁר אֵינֶנּוּ פֹּה עִמָּנוּ הַיּוֹם: (דברים כט, יד)

מַשָּׂא דְבַר ה' אֶל־יִשְׂרָאֵל בְּיַד מַלְאָכִי: (מלאכי א, א)

קִרְבוּ אֵלַי שִׁמְעוּ זֹאת לֹא מֵרֹאשׁ בַּסֵּתֶר דִּבַּרְתִּי מֵעֵת הֱיוֹתָהּ שָׁם אָנִי וְעַתָּה אֲדֹנָי אֱלֹהִים שְׁלָחַנִי וְרוּחוֹ: (ישעיה מח, טז)

אֶת הַדְּבָרִים הָאֵלֶּה דִּבֶּר ה' אֶל כָּל־קְהַלְכֶם בָּהָר מִתּוֹךְ הָאֵשׁ הֶעָנָן וְהָעֲרָפֶל קוֹל גָּדוֹל וְלֹא יָסָף וַיִּכְתְּבֵם עַל שְׁנֵי לֻחֹת אֲבָנִים וַיִּתְּנֵם אֵלָי: (דברים ה, יח)

ענף יוסף

(ו) [ד] **אלא אף החכמים העומדים בכל דור ודור כל אחד ואחד קבל את שלו מסיני.** רצה לומר שכל מה שחדשו החכמים בכל דור ודור בכל בחינות חלקי התורה, הכל קבלו נפשותם מסיני, וכל אחד ואחד מחדש בעולם מה שקבלה נפשו מאז, כי כל נפש ונפש יש לה שייכות עם התורה בכל סעיפי חלקיה, וכל אחת דבקה בה מעין בחינתה בתורה דבקות עצמיי והיא חלק נפשו:

ידי משה

[ו] **ולא יסף.** כל הנהו תלתא במלת ולא יסף קמפלגי, רבי יוחנן דרש ולא יסף כמו לא יוסף, פירוש לפי שנחלק לשבעים לשון, ואי אפשר להוסיף עוד על שבעים לשון, כי אין בעולם יותר משבעים לשון, ורבי שמעון בן לקיש אומר שממנו נתנבאו כל הנביאים, לפי זה יהיה פירושו לא יסף לא יוסף עוד קול אחר לנביאים, אלא מזה הקול יתנבאו, על דרך דאיתא בירושלמי (רש"י מלאכי א, א בשם מכילתא עי' ירושלמי פאה פ"ה ה"ו) שכל הנביאים קבלו נבואתם מהר סיני, ורבנן אמרי שלא היה לו בת קול, פירוש קול הברה, כי

רַבִּי שִׁמְעוֹן בֶּן לָקִישׁ אָמַר: שֶׁמִּמֶּנּוּ נִתְנַבְּאוּ כָּל הַנְּבִיאִים שֶׁעָמְדוּ – **R' Shimon ben Lakish said:** It was **from [the "great voice"] that all the prophets who arose** subsequently **prophesied.**[94] רַבָּנָן אָמְרֵי: שֶׁלֹּא הָיָה לוֹ בַּת קוֹל – **The Rabbis say that,** unlike a human voice, **[the "great voice"]** of Sinai **had no echo.**[95]

The Midrash presents another description of the voice of God at Sinai:

אָמַר רַבִּי שְׁמוּאֵל בַּר נַחְמָנִי אָמַר רַבִּי יוֹנָתָן – **R' Shmuel bar Nachmani said in the name of R' Yonasan:** מַהוּ "קוֹל ה' בַּכֹּחַ" – **What is** the meaning of ***The voice of HASHEM is with power*** (*Psalms* 29:4)?[96] אֶפְשָׁר לוֹמַר כֵּן – **Is it possible to say such a thing?!** וַהֲלֹא מַלְאָךְ אֶחָד אֵין כָּל בְּרִיָּה יְכוֹלָה לַעֲמוֹד בְּקוֹלוֹ – **Why, no creature can withstand the voice of** even **one angel,** שֶׁנֶּאֱמַר "וּגְוִיָּתוֹ כְתַרְשִׁישׁ . . . וְקוֹל דְּבָרָיו כְּקוֹל הָמוֹן" – **as it is stated** in Daniel's vision of an angel, ***His body was like tarshish***[97] ***. . . the sound of his words [loud] as the sound of a multitude*** (10:6);[98] וְהַקָּדוֹשׁ בָּרוּךְ הוּא שֶׁכָּתוּב בּוֹ – **and** thus **the Holy One, blessed is He,** "הֲלוֹא אֶת הַשָּׁמַיִם וְאֶת הָאָרֶץ אֲנִי מָלֵא" – **of Whom it is written, *Do I not fill the heaven and the earth?*** (*Jeremiah* 23:24), צָרִיךְ לְדַבֵּר בְּכֹחַ – **must He speak "with power"?!**[99] אֶלָּא "קוֹל ה' בַּכֹּחַ", בְּכֹחַ כָּל הַקּוֹלוֹת – **Rather, *The voice of HASHEM is with power*** means that it is **with the power** appropriate for **all the** various **voices** with which He addressed the Jewish people at Sinai.[100]

R' Yonasan's statement that God spoke in various degrees of softness and strength contrasts with R' Yochanan's opinion above.[101] The Midrash now finds Scriptural support for R' Yochanan's view:

וְעַל דַּעְתֵּיהּ דְּרַבִּי יוֹחָנָן הָדָא קְרָא מְסַיְּעָא לֵיהּ – **And as for the opinion of R' Yochanan, this** other **verse supports him,** שֶׁנֶּאֱמַר "ה' יִתֶּן אֹמֶר הַמְבַשְּׂרוֹת צָבָא רָב" – **for it is stated, *The Lord made a declaration, the heralds are a mighty host*** (*Psalms* 68:12).[102]

NOTES

94. R' Shimon ben Lakish interprets וְלֹא יָסָף to mean *never to be repeated* and he applies that limitation to all future prophecies. This means to say that the *great voice* at Sinai contained the prophecies for all time, and therefore those prophecies would never be repeated by God (*Eitz Yosef*; cf. *Radal* above, s.v. וכן הוא אומר, and contrast to *Beur Maharif*; and see *Maharzu*, who mentions not only future prophecies but also future teachings of the sages).

95. I.e., the *great voice* was *never to be repeated* as a returning echo, lest it be misconstrued as the voice of a second deity (*Beur Maharif*; see also *Yefeh To'ar*, second interpretation). Alternatively, the *great voice* of God did not have an echo in order to demonstrate that God is unique, for His voice was unlike that of human beings (*Yefeh To'ar*, first interpretation; *Eitz Yosef*).

96. This verse appears in the psalm that speaks of the Revelation (see note 92 above).

97. Some kind of precious stone; see commentators ad loc.

98. And there in verse 8, Daniel describes how the angel's powerful voice affected him: *No strength remained in me; my robustness changed to pallor, and I could retain no strength* (*Maharzu*).

99. I.e., since God fills the world, His voice need not be loud. Indeed, it *could* not be loud: for if the mighty voice of one angel so weakened Daniel, then the voice of God, spoken "with power," would shatter the world.

100. Each utterance of God at Sinai was awesome and frightening. Therefore, as the Midrash explains above (5 §9) and below (29 §1, 34 §1), God calibrated His voice to accord with the power (כֹּחַ) of each individual Jew to bear it. According to this interpretation, the word בַּכֹּחַ (*with power*) does not relate to God's voice, but to the power (ability) of each individual to hear His voice without being overwhelmed (see *Eitz Yosef* here and to the aforementioned Midrashim).

101. R' Yochanan said only that God's voice split into seventy languages — indicating that in all other ways (e.g., in softness and strength) the various sounds produced by His voice were the same (*Eitz Yosef*; see, however, *Toldos Noach*, who writes to the contrary that R' Yonasan's statement was quoted by the Midrash to *support* R' Yochanan).

102. As R' Yochanan himself expounded this verse in the Gemara (*Shabbos* 88b), God gave "a declaration," i.e., a translation of the Torah, to each of the seventy nations [the "mighty host" — see *Rashi* ad loc.] (*Eitz Yosef*).

רַבִּי שִׁמְעוֹן בֶּן לָקִישׁ אָמַר: שֶׁמִּמֶּנּוּ נִתְנַבְּאוּ כָּל הַנְּבִיאִים שֶׁעָמְדוּ, רַבָּנָן אָמְרִי: שֶׁלֹּא הָיָה לוֹ בַּת קוֹל, אָמַר רַבִּי שְׁמוּאֵל בַּר נַחֲמָנִי אָמַר רַבִּי יוֹנָתָן: מַהוּ (תהלים כט, ד) "קוֹל ה' בַּכֹּחַ", אֶפְשָׁר לוֹמַר כֵּן, וַהֲלֹא מַלְאָךְ אֶחָד אֵין כָּל בְּרִיָּה יְכוֹלָה לַעֲמוֹד בְּקוֹלוֹ, שֶׁנֶּאֱמַר (דניאל י, ו) "וּגְוִיָּתוֹ כְתַרְשִׁישׁ ... וְקוֹל דְּבָרָיו כְּקוֹל הָמוֹן", וְהַקָּדוֹשׁ בָּרוּךְ הוּא שֶׁכָּתוּב בּוֹ (ירמיה כג, כד) "הֲלוֹא אֶת הַשָּׁמַיִם וְאֶת הָאָרֶץ אֲנִי מָלֵא" צָרִיךְ לְדַבֵּר בְּכֹחַ, אֶלָּא "קוֹל ה' בַּכֹּחַ", בְּכֹחַ כָּל הַקּוֹלוֹת, וְעַל דַּעְתֵּיהּ דְּרַבִּי יוֹחָנָן הָדָא קְרָא מְסַיְּיעָא לֵיהּ, שֶׁנֶּאֱמַר (תהלים סח, יב) "ה' יִתֶּן אֹמֶר הַמְבַשְּׂרוֹת צָבָא רָב":

עץ יוסף

שממנו נתנבאו כו'. דריש מניעות תוספת הקולות בענין קול נביאות העתידות וכדלעיל בסיום דברי רבי יצחק: **ורבנן אמרי שלא היה לו בת קול.** הם דרשי מניעת תוספת הקולות בענין הבת קול כדרך קולות האנשים, שעם הקול נשמע קול קטן כנגדו, ובפרט במקום ריק ופנוי מבניינים כמדבר ושדה, זה היה מכלל הפלא בקולו שלא היה כקול העולם: **בכח כל הקולות.** פירוש לכל אחד כפי כחו ולפי הקול הראוי אליו, הזקנים לפי כחן והבחורים לפי כחן, וכדלעיל פ"ה: **ועל דעתיה דר' יוחנן כו'.** משום דבכח כל הקולות משמע שהיה הפרש בין הקולות שזה נמוך וזה גדול, כל אחד לפי כחו, ואילו לרבי יוחנן כולהו חד מינא שאין הפרש ביניהם אלא בלשונות שנחלק לשבעים לשון, לכן קאמר ועל דעתיה דרבי יוחנן הדא קרא מסייע ליה שנאמר ה' יתן אומר כו', דמשמע ליה דה' יתן אומר לכל האומות, כמו שנאמר בפרק רבי עקיבא (שבת פח, ב) אמר ר' יוחנן מאי דכתיב ה' יתן אומר המבשרות צבא רב, כל דבור ודבור שיצא מפי הגבורה נחלק לשבעים לשון, ופירש רש"י צבא רב כל האומות:

פירוש מהרז"ו

שלא היה לו בת קול. עיין לקמן סוף פרשה כ"ט, (ושם הוא דעת ריש לקיש וצריך עיון). וכמו שכתוב (בראשית לח, כו) ולא יסף עוד לדעתה, שלא הוסיף. והתרגום פירש כאן ולא יסף, שלא פסק, ועל ולא יסף עוד לדעתה, פירש שלא הוסיף, וצריך עיון: **וקול דבריו בקול המון.** וכתוב שם ולא נשאר בי כח והודי נהפך למשחית: **בכח כל הקולות.** יתכן שצריך לומר בכח של כל הכחות, וכמו שאמר לעיל פרשה ה סימן ט, בכח של כל אחד ואחד, וכן הוא בריש פרשה הסמוכה ובריש פרשה ל"ד: **המבשרות צבא רב.** עיין מדרש תהלים מזמור ל"ב, צבא רב בלשון מרובה, הדבור יוצא ונחלקה לשבעים קולות, לשבעים לשון:

מתנות כהונה

לא היה בת קול. לאותו קול של הר סיני וזהו ולא יסף כדלקמן בסוף הסדר: **אומר המבשרות צבא רב.** באמירה אחת ובקול אחד מבשר ומדבר לצבא ועמים רבים לכל אחד ואחד בלשונו:

אשד הנחלים

שממנו נתנבא. וזהו ולא יסף עוד, כי אין התחדשות בנביאים הבאים, כי אם הכל מאותו התגלות, כי שם נכלל כל ההתגלות מראש ועד סוף: **בת קול.** הוא קול היוצא מן הקול, וכלומר שלא היה נבואתם על ידי אמצעי, כי אם פנים אל פנים ממש, וזהו ולא יסף אותו הקול להודיע לקול אחר וממנו לישראל, כי אם היה קול גדול ששמעו בעצמם אותו הקול: **אפשר לומר כן כו'.** כלומר אם תאמר כפשוטו על דרך ההגשמה, אם כן אי אפשר להיות, שאם כן אפילו קול ממלאך לא היו יכולים לשמוע כי נורא הוא, אלא הכונה על דרך הרמז שיצא קול ה', והוא מדריגת פנים אל פנים אשר בו נכלל כח כל הקולות שתחתיו, וזהו **המבשרות צבא רב**, כי בו נכלל הכל ולא אוכל להרחיב בו יותר, כי מובנים הדברים ליודעי מעט מדרכי המחקר:

ענף יוסף

שנאמר וגויתו כתרשיש וקול דבריו בקול המון כו'. נראה שהזכיר במכוון ראשית המקרא, והסמיכו לסוף המקרא כי ממלות וגויתו כתרשיש, לומד בבראשית רבה פרשה ס"ח שגדלו של מלאך הוא שלישיתו של עולם, עיין שם ובמתנות כהונה, והקדוש ברוך הוא מלואו את השמים ואת הארץ, ואיך יצטרך לדבר בכח. ואולי צריך להיות כן בפנים המדרש, והלא מלאך אחד שהוא (רק) שלישיתו של עולם שנאמר וגויתו כתרשיש, אין כל בריה יכולה לעמוד בקולו, דכתיב וקול דברו כקול המון, והקדוש ברוך הוא כו' (מהמופלג ר' משה חייקילס מווילנא):

חידושי הרד"ל

שלא היה לו בת קול. עיין לקמן סוף פרשה כט (סוף סימן ט): **הדא קרא מסייע ליה שנאמר ה' יתן אומר וגו'.** עיין (שבת פח, ב):

חידושי הרש"ש

רבי שמעון בן לקיש אמר כו' רבנן אמרי כו'. נראה דצריך לומר בחלוף, כי בסוף הסדר (לקמן סוף סימן ט) דרש רבי שמעון בן לקיש שלא היה לו בת קול: **שנאמר וגויתו כתרשיש.** דהיינו שליש עולם, כדלעיל בבראשית רבה פרשה סח יב, ועיין מה שכתבתי שם (ד"ה שהמלאך). ולזה סיים שפיר **והקדוש ברוך הוא כו' הלא את השמים כו':**

באור מהרי"פ

לשבעים קולות שהם שבעים לשונות, ממילא הוא קול גדול אשר לא יסף, ויסף פירוש לשון הוספה. תולדות נח: **שממנו נתנבאו כל הנביאים.** ודריש לא יסף, שלא הוצרך להוסיף נבואה לנביאים, כי כבר קבלו משם: **בת קול.** פירוש, כדי שלא יאמרו שתי רשויות הם חס ושלום:

אם למקרא

קוֹל־ה' בַּכֹּחַ קוֹל ה' בֶּהָדָר:
(תהלים כט, ד)

וּגְוִיָּתוֹ כְתַרְשִׁישׁ וּפָנָיו כְּמַרְאֵה בָרָק וְעֵינָיו כְּלַפִּידֵי אֵשׁ וּזְרֹעֹתָיו וּמַרְגְּלֹתָיו כְּעֵין נְחֹשֶׁת קָלָל וְקוֹל דְּבָרָיו כְּקוֹל הָמוֹן:
(דניאל י, ו)

אִם יִסָּתֵר אִישׁ בַּמִּסְתָּרִים וַאֲנִי לֹא אֶרְאֶנּוּ נְאֻם ה' הֲלוֹא אֶת הַשָּׁמַיִם וְאֶת הָאָרֶץ אֲנִי מָלֵא נְאֻם ה':
(ירמיה כג, כד)

אֲדֹנָי יִתֶּן־אֹמֶר הַמְבַשְּׂרוֹת צָבָא רָב:
(תהלים סח, יב)

ידי משה

כשאדם מוציא קול נדמה לו שאחד צועק כנגדו, והוא כמו שני קולות, וזה היה כדי שלא יאמרו חס ושלום שיש שני רשויות, ולפי זה יהיה פירוש ולא יסף ולא יוֹסִף קול הברה, אלא קול אחד היה: **בכח כל הקולות.** פירוש, בכח שאר קולות של בני אדם ולא בכח של הקב"ה, וכדלקמן שאמרו בכח של כל אחד ואחד:

Chapter 29

אָנֹכִי ה׳ אֱלֹהֶיךָ אֲשֶׁר הוֹצֵאתִיךָ מֵאֶרֶץ מִצְרַיִם מִבֵּית עֲבָדִים.
I am HASHEM, your God, Who has taken you out of the land of Egypt, from the house of slavery (20:2).

§1 אָנֹכִי ה׳ אֱלֹהֶיךָ – *I AM HASHEM, YOUR GOD, WHO HAS TAKEN YOU OUT OF THE LAND OF EGYPT, ETC.*[1]

The Israelites heard these words directly from God Himself, as Scripture confirms:

הֲדָא הוּא דִכְתִיב ״הֲשָׁמַע עַם קוֹל אֱלֹהִים״ – Thus it is written, ***Has a people ever heard the voice of God*** [אֱלֹהִים] *speaking from the midst of the fire, etc.?* (*Deuteronomy* 5:22).[2]

Having quoted this verse from *Deuteronomy*, the Midrash recounts an incident in which heretics unsuccessfully attempt to exploit it:[3]

הַמִּינִין שָׁאֲלוּ אֶת רַבִּי שִׂמְלַאי – A group of **heretics** once **questioned R' Simlai. אֱלוֹהוֹת הַרְבֵּה יֵשׁ בָּעוֹלָם – They said to him, "There are many deities in the world."**[4] **אָמַר לָהֶם: לָמָּה – He replied to them, "Why** would you think so?" **אָמְרוּ לוֹ: שֶׁהֲרֵי כְּתִיב ״הֲשָׁמַע עַם קוֹל אֱלֹהִים״ – They said to him, "For behold, it is written,** ***Has a people ever heard the voice of God*** [אֱלֹהִים] *speaking* [מְדַבֵּר], *etc.?*" (ibid. 4:33).[5] **אָמַר לָהֶם שֶׁמָּא כָּתוּב ״מְדַבְּרִים״ – [R' Simlai] retorted to [the heretics], "Is perhaps** ***medabrim*** [מְדַבְּרִים] **written** here?!"[6] **אֶלָּא ״מְדַבֵּר״** – Nothing **but** ***medaber*** [מְדַבֵּר] is written!"[7] **אָמְרוּ לוֹ תַלְמִידָיו** – After the heretics left,[8] **[R' Simlai's] students said to him, רַבִּי, לְאֵלּוּ דָּחִיתָ בְקָנֶה רָצוּץ – "Master, you pushed off these infidels with a crushed reed.**[9] **לָנוּ מָה אַתָּה מֵשִׁיב** – But **how do you respond to us?"**[10] **חָזַר רַבִּי לֵוִי וּפֵירְשָׁהּ – R' Levi then explained it** to them, **אָמַר לָהֶם: ״הֲשָׁמַע עַם קוֹל אֱלֹהִים״ – saying to them** as follows: The verse states, ***"Has a people ever heard the voice of God*** *speaking?"* **כֵּיצַד** – Now, **how** did God speak to the people? **אִילּוּ הָיָה כָּתוּב ״קוֹל ה׳ בְּכֹחוֹ״ – If it had been written** in Psalm 29, whose subject is the Giving of the Torah at Sinai, **"The voice of Hashem is with** ***His*** **power,"**[11] **לֹא הָיָה הָעוֹלָם יָכוֹל לַעֲמוֹד – the world could not have withstood** such an intensity of Divine revelation. **אֶלָּא ״קוֹל ה׳ בַּכֹּחַ״ – Rather,** ***The voice of HASHEM is "with power"*** is written (*Psalms* 29:4), which indicates that **בְּכֹחַ שֶׁל כָּל אֶחָד וְאֶחָד** – God spoke in consonance **with the power** (ability) **of each and every one** standing there to bear His voice[12] – **הַבַּחוּרִים לְפִי כֹּחָן – the young men according to their power,**

NOTES

1. According to *Eitz Yosef*, the Midrash will be addressing not just these words but the entirety of the first two of the Ten Commandments. But see next note.

2. This verse indicates that the Israelites heard God Himself speaking at Sinai. The Midrash is saying that it is our verse (the First Commandment) and the ones that immediately follow (the Second Commandment) to which the *Deuteronomy* verse is referring (*Eitz Yosef*). (The remaining eight were delivered through the Divinely amplified voice of Moses; see 19:19 with *Rashi*.)

Yefeh To'ar has a completely different approach to these opening lines of our Midrash: The Midrash is troubled that the words *Who has taken you out of the land of Egypt* seem unnecessary. The people have already expressed their faith in God and their recognition of His saving them from Egypt (see above, 14:31 and 15:2)! The Midrash addresses this difficulty by citing the *Deuteronomy* verse: The Israelites heard many voices at Mount Sinai (see end of 28 §6 above). As such, they may have gotten the mistaken impression that there is more than one God. It is for this reason that God added the words, *"Who has taken you out of the land of Egypt,"* to teach Israel that just as He is the One (and only) God Who took them out of Egypt — as they readily acknowledged — so too He is the One and only God Who spoke at Sinai.

Finally, *Radal* sees these opening lines as simply being introductory to the continuation of the Midrash. See end of note 5 below.

3. *Eitz Yosef.*

4. This is but one of several provocative questions the infidels posed to R' Simlai (see *Bereishis Rabbah* 8 §9, *Yerushalmi Berachos* 9:1). The Midrash here mentions just the one that is relevant to our discussion (*Maharzu*).

5. The word אֱלֹהִים is a plural noun (ending as it does in ים) and, taken in its most literal form, means *gods.* If Scripture would have meant "one God," the heretics argued, it would have used the word אֵל or אֱלוֹהַּ (*Maharzu*; see also *Matnos Kehunah* and *Eshed HaNechalim*).

Yefeh To'ar, however, wonders why the heretics did not quote countless other verses that use the Name אֱלֹהִים. (It may be noted that *Bereishis Rabbah* 8 §9 recounts that they asked R' Simlai from two *other* verses. See also *Bereishis Rabbah* 1 §7.) Why are they asking again, specifically from *this* verse? [*Eshed HaNechalim* answers that it would be expected that a verse describing God's speaking at the giving of the Torah would be especially careful to use a Name that clearly indicates Oneness.] But even more problematic: The Midrash below recounts that when R' Simlai's students requested further clarification of this matter, R' Levi gave them an explanation — and his explanation only serves for a verse like this one that uses the phrase ״קוֹל״ אֱלֹהִים! What about all the other verses?

Yefeh To'ar therefore suggests as follows: Despite its being a plural noun, the word אֱלֹהִים normally indicates the One God [see *Rashi* to *Genesis* 35:7 for why the plural form is used]. However, the heretics believed they had a strong challenge from this particular verse: Psalm 29, whose subject is the Giving of the Torah, mentions the word קוֹל, *voice*, seven times (see above, 28 §6 note 92). The heretics argued that given that there were many voices at Sinai, the *Deuteronomy* verse must be using the phrase קוֹל אֱלֹהִים to refer to the many voices of *many* gods.

Radal, cited also by *Eitz Yosef*, has a simpler approach to understanding the heretics' question. In place of the phrase הֲשָׁמַע עַם קוֹל אֱלֹהִים (*Deuteronomy* 4:33), he emends the text of the Midrash, both here and in the opening lines, to read: אֲשֶׁר שָׁמַע קוֹל אֱלֹהִים חַיִּים – *For is there any human* ***that has heard the voice of the Living God*** [אֱלֹהִים חַיִּים] *speaking from the midst of the fire, etc.?* (ibid. 5:22). The use of a plural adjective (״חַיִּים״, *Living*) with the Name אֱלֹהִים is unique in the Pentateuch. This verse thus seems to point to a plurality of gods.

For a different approach, see the Insight following note 12 below.

6. מְדַבְּרִים is the plural form of the word *speaking.*

7. מְדַבֵּר is the singular form of *speaking*, and thus signifies that the voice of only one deity (God) addressed the people. [And furthermore, *Maharzu* adds, the *Deuteronomy* verse uses the singular קוֹל, *voice*, rather than the plural קוֹלוֹת, *voices*.] As for the seven appearances of the word קוֹל, *voice*, in Psalm 29, they allude to separate, successive utterances by God Himself; alternatively, they signify the sounds of the shofar and the thunder and lightning at Mount Sinai [see above, 19:16] (*Yefeh To'ar, Eitz Yosef*).

8. *Matnos Kehunah.*

9. I.e., you brushed them off with a simplistic answer (ibid.).

10. The students were not satisfied with R' Simlai's answer because Psalm 29 implies that the seven קוֹלוֹת, *voices*, came simultaneously, not successively, and it implies that they came from a Divine source (not from the shofar or from thunder and lightning). [The Psalm thus still leaves room for the heretics to say that the voices came from different gods] (*Yefeh To'ar, Eitz Yosef*).

11. I.e., if God had spoken with one all-powerful and penetrating voice to each and every Jew.

12. That is to say, there was only one voice at Sinai. However, it varied for each Jew according to his ability to tolerate it [and according to his spiritual level (*Eshed HaNechalim*)]; and it was therefore *as if* there were many voices — which is why the phrase קוֹל אֱלֹהִים is used in the *Deuteronomy* verse [see note 5] (*Yefeh To'ar, Eitz Yosef*). [*Eitz Yosef* adds that if the verse would have used the expression קוֹל אֵל (see above, beginning of note 5), it would have been interpreted to mean *a (single) strong voice* — the word אֵל also means "strong" — and this would not convey the desired teaching.] Thus, R' Simlai answered the heretics' question to the satisfaction of his students.

פרשה כט

א [כ, ב] "אָנֹכִי ה' אֱלֹהֶיךָ", הָדָא הוּא דִכְתִיב (דברים ד, לג) "°הֲשָׁמַע עָם קוֹל אֱלֹהִים°", [א]הַמִּינִין שֶׁשָּׁאֲלוּ אֶת רַבִּי שִׂמְלָאי, אָמְרוּ לוֹ: אֱלוֹהוֹת הַרְבֵּה יֵשׁ בָּעוֹלָם, אָמַר לָהֶם: לָמָּה, אָמְרוּ לוֹ: שֶׁהֲרֵי כְּתִיב "הֲשָׁמַע עָם קוֹל אֱלֹהִים", אָמַר לָהֶם שֶׁמָּא כָּתוּב "מְדַבְּרִים", אֶלָּא (שם) "מְדַבֵּר", אָמְרוּ לוֹ תַּלְמִידָיו: רַבִּי, לָאֵלּוּ דָּחִיתָ בְּקָנֶה רָצוּץ, לָנוּ מָה אַתָּה מֵשִׁיב, חָזַר רַבִּי לֵוִי וּפֵירְשָׁהּ, אָמַר לָהֶם: "הֲשָׁמַע עָם קוֹל אֱלֹהִים", כֵּיצַד, אִילּוּ הָיָה כָּתוּב "קוֹל ה' בְּכֹחוֹ" לֹא הָיָה הָעוֹלָם יָכוֹל לַעֲמוֹד, אֶלָּא (תהלים כט, ד) "קוֹל ה' בַּכֹּחַ", [ב]בַּכֹּחַ שֶׁל כָּל אֶחָד וְאֶחָד, הַבַּחוּרִים לְפִי כֹּחָן וְהַזְּקֵנִים לְפִי כֹּחָן וְהַקְּטַנִּים לְפִי כֹּחָן, אָמַר הַקָּדוֹשׁ בָּרוּךְ הוּא לְיִשְׂרָאֵל: לֹא בִּשְׁבִיל שֶׁשְּׁמַעְתֶּם קוֹלוֹת הַרְבֵּה תִּהְיוּ סְבוּרִין שֶׁמָּא אֱלוֹהוֹת הַרְבֵּה יֵשׁ בַּשָּׁמַיִם, אֶלָּא תִּהְיוּ יוֹדְעִים שֶׁאֲנִי הוּא ה' אֱלֹהֶיךָ, שֶׁנֶּאֱמַר [כ, ב] "אָנֹכִי ה' אֱלֹהֶיךָ":

ב דָּבָר אַחֵר, [כ, ב] "אָנֹכִי ה' אֱלֹהֶיךָ", הָדָא הוּא דִכְתִיב (דברים ה, ד) "פָּנִים בְּפָנִים דִּבֶּר ה' עִמָּכֶם", [ג]אָמַר רַבִּי אַבְדִּימִי דְּמִן חֵיפָה: כ"ב אֶלֶף °יָרְדוּ עִם הַקָּדוֹשׁ בָּרוּךְ הוּא לְסִינַי, שֶׁנֶּאֱמַר (תהלים סח, יח) "רֶכֶב אֱלֹהִים רִבֹּתַיִם אַלְפֵי שִׁנְאָן", הַנָּאִים וְהַמְּשׁוּבָּחִים, יָכוֹל אַף עַל פִּי שֶׁהָיוּ רַבִּים דְּחוּקִים הָיוּ, תַּלְמוּד לוֹמַר "שִׁנְאָן", שַׁאֲנָן וְהַשְׁקֵט,

עץ יוסף

(א) **הדא הוא דכתיב השמע עם קול אלהים כו'.** דאנכי ולא יהיה לך מפי הגבורה שמעו, ועל זה כיון הכתוב באמרו השמע עם וגו', ואיידי דמייתי ליה מביא מה שהשיב בזה רבי שמלאי למינין: **שהרי כתיב השמע עם קול אלהים.** כתב הרד"ל נראה דצריך לומר שהרי כתיב (דברים ה') כי מי כל בשר אשר שמע קול אלהים חיים מדבר, דלשון אלהים חיים היה משמעו לכאורה לשון רבים, (עיין ר' אברהם בן עזרא שם). ובירושלמי פרק הרואה, ובבראשית רבה פרשה ח', וכל מקום שכתוב מאמר זה לא נזכר כלל הך שאלה דהכא, עד כאן לשונו: **אמר ליה שמא כתיב מדברים כו'.** דכיון דכתיב מדבר ולא מדברים על כרחך ליכא אלא קול אחד, וריבוי הקולות אפשר שהם בזה אחר זה, או שהם מקול שופר ורעמים וברקים אשר היו שם: **לנו מה אתה משיב.** דשבע קולות משמע מהאל עצמו ובבת אחת, ולא בזה אחר זה, ולזה השיב להם דלעולם קול אחד הוא אלא שנשתנה לכל אחד כפי כחו, והוה להו כקולות רבים: **בכח של כל אחד ואחד.** כפי מה שהוא יכול לסבול, ולכן כתיב השמע עם קול אלהים כלומר קולות הרבה, אבל אילו היה כתוב קול אל היה פירושו קול חזק אחד: **בשביל ששמעתם קולות הרבה.** רצה לומר כשיגידו זה אל זה שנשמע לו כפי כחו, ידעו כי קולות הרבה היו, ואולי ימלאו עילה לומר שרשויות הרבה יש, וכל אחד נתן בקולו על המוכן אליו, כי מי שקולו נמוך השמיע קולו לזקנים, ומי שקולו גדול השמיע לבחורים שלא יטרידו זה למעשה זה כי כן סגולתם: (ב) **עשרים ושנים אלף ירדו.** וזהו פנים בפנים, כלומר הרבה פנים של שרפים ואופנים ירדו בשעת מתן תורה מדלא כתיב פנים אל פנים דבר ה' עמכם, כדכתיב גבי משה פה אל פה אדבר בו, שמע מינה דקאי אריבוי פנים מפנים שונים שירדו עמו לכבוד מתן תורה: **עשרים ושנים אלף.** פירוש מדכתיב רבותים שהם עשרים אלף, והדר אמר אלפי, ואין פחות משני אלף: **הנאין והמשובחין.** מדלא אשכחן במקום אחר דקרי להו בהאי לישנא, דרשינן דרמז שנאין ולשון שאנן והשקט והאותיות מסורסות, כמו כשב כבש: **הנאין והמשובחין.** פירוש המלאכים היותר קרובים למעלה הראשונה, כי יש בהם מדרגות הרבה: **יכול אף על פי שהיו רבים.** כתב האלשיך שצריך לומר יכול לפי שהיו רבים, ולשון הילקוט גם כן מורה כן, עיין שם:

פירוש מהרז"ו

(א) **שאלו את רבי שמלאי.** ירושלמי ברכות ריש פרק הרואה, בראשית רבה פרשה ח' סימן ט', דברים רבה פרשה ב סימן י"ג. שם איתא ששאלו אותו שאלות הרבה פסוקי תורה כאלו, וזה אחד מהם. וכאן לא הביא אלא מה שצריך לענינו, כי אלהים הוא לשון רבים, כמו שאמרו בראשית רבה פרשה א סימן ז, שהיה לו לומר אל או אלוה: **אלא מדבר.** וכן קולות אין כתיב כאן אלא קול. עיין סוף פרשה הקודמת: (ב) **עשרים ושנים אלף.** מלאכים וזהו רבותים אלפי, שני רבות ושני אלפים, ורבוא הוא עשרת אלפים. ועיין בראשית רבה פרשה עה סימן י, ובמדבר רבה פרשה ב סימן ג, ומדרשים חלוקים הם, ועיין פסיקתא פרשה כא סימן ז ח' ט' באריכות, כמה דעות בזה, וקלהו תראה בילקוט תהלים ס"ח: **שנאן הנאים והמשובחים.** שאם פירושו מלשון שאנן ושלוה, היה לו לומר שאנן, על כן דרשו נוטריקון נאים משובחים, ופירושו המובחרים שבהם, מיכאל ודגלו, גבריאל ודגלו: **אף על פי שהיו רבים.** צריך לומר לפי שהיו רבים דחוקים היו. ולשון הפסיקתא שם אמר רבי אלעזר כל מקום שאתה מוצא אוכלוסים, אתה מוצא דחוק, ברם הכא שנאן מרווחים, שנאן בהיפוך אותיות שאנן. ועיין כל הענין ילקוט כאן, והוא מהפסיקתא:

חידושי הרד"ל

[א] **שהרי כתיב השמע עם קול אלהים.** נראה דצריך לומר שהרי כתיב מי כל בשר אשר שמע קול אלהים חיים מדבר (דברים ה, כג), דלשון אלהים חיים היה משמעו לכאורה לשון רבים, (עיין רבי אברהם בן עזרא שם) ובירושלמי פרק הרואה, ובראשית רבה פרשה ח ט, וכל מקום שכתוב מאמר זה לא נזכר כלל הך שאלה דהכא: **בכחו של כל אחד ואחד.** לעיל פרשה ה ח, ולקמן פרשה לד, א: **לפי כחן.** עיין מתנות כהונה. ולפי מה שכתבתי דמייתי (לעיל ד"ה שהרי) קרא דקול אלהים חיים. יש לומר דרבי לוי מתרץ דלשון ריבוי המשתמע מאלהים חיים, היינו לפי ערך החיים כל אחד ואחד לפי ערך כח השגתו שלא תצא נפשו בדברו עמו יותר מכפי כח השגתו, לכן נקרא אלהים חיים של כל אחד ואחד לפי כחו, (וזהו שמסיים כמוהו כו' ויחי): [ב] **הדא הוא דכתיב פנים בפנים דבר ה' עמכם.** חסר כאן הדרשה על מקרא זה, והיא כתובה בארוכה בפסיקתא, עיין שם: **עשרים ושנים אלף כו'.** פסיקתא שם, ותנחומא סדר לו סימן יב: **הנאים כו'.** עיין מתנות כהונה, וכן הובא בפירוש בפסיקתא שם ובילקוט: **אף על פי שהיו רבים יכול דחוקים היו תלמוד לומר שנאן כו'.** כן צריך לומר:

מסורת המדרש

א. ירושלמי ברכות פרק ט'. ב"ר פ"ח וש"נ:
ב. לעיל פרשה ה'. תנחומא סדר שמות סימן כ"ה. מכילתא כאן פרשה ט'. פסיקתא רבי פיסקא כ"א. פסיקתא דרב כהנא סוף פיסקא י"ב. ילקוט כאן רמז רפ"ו:
ג. במדבר רבה פרשה ב'. שהש"ר פרשה ו'. תנחומא סדר וישלח סימן ב' וסדר לו סימן י"ב. פסיקתא דרב כהנא פיסקא י"ב. ילקוט תהלים רמז תשנ"ו. ילקוט כאן רמז רפ"ו. כל הענין:

אם למקרא

הֲשָׁמַע עָם קוֹל אֱלֹהִים מְדַבֵּר מִתּוֹךְ־הָאֵשׁ כַּאֲשֶׁר־שָׁמַעְתָּ אַתָּה וַיֶּחִי: (דברים ד: לג)

קוֹל־ה' בַּכֹּחַ קוֹל ה' בֶּהָדָר: (תהלים כט: ד)

פָּנִים בְּפָנִים דִּבֶּר ה' עִמָּכֶם בָּהָר מִתּוֹךְ הָאֵשׁ: (דברים ה: ד)

רֶכֶב אֱלֹהִים רִבֹּתַיִם אַלְפֵי שִׁנְאָן אֲדֹנָי בָם סִינַי בַּקֹּדֶשׁ: (תהלים סח: יח)

אמרי יושר

[א־ב] **לנו מה אתה משיב.** היה לו לומר לשון כשר השמע עם קול אלוה מדבר. השיב רבי לוי **קול ה' בכח,** כל הקולות, הזקן לפי כחו והבחור לפי כחו, ואף על פי שהיה יחיד, ולרמוז כח קולות מחולפים אמר אלהיך, ועם כל זה דע **שאנכי ה' אלהיך** מדבר, וזהו **פנים בפנים** שונים, ועם כל זה ה' אחד דיבר עמכם: [ב] **שאנן והשקט.** כי אין בם גשם:

שינוי נוסחאות

(א) **הדא הוא דכתיב "השמע עם קול אלהים".** רד"ל הגיה שצ"ל פסוק אחר, "אשר שמע קול אלהים חיים" [שם ה, כב], ונראים דבריו: (ב) **כ"ב אלף ירדו.** א"א הגיה "...אלף של מלאכי השרת ירדו":

מתנות כהונה

[א] **קול אלהים.** שהיה לו לכתוב קול אל. ועיין מזה בבראשית רבה פרשה ח': **בקנה רצוץ.** כלומר בדחייה בעלמא. ולאחר נאת המינים משם אמר לו כן. והכי גרסינן בהדיא בספר עבודת הקודש בחלק היחוד פרק י"ב: **בכח של כל אחד ואחד.** ולכן אמר קול אלהים כלומר קולות הרבה ואלו היה כתוב קול אל היה פירושו קול חזק אחד וכן פירש בעל עבודת הקודש: [ב] הכי גרסינן **עשרים ושנים אלף ירדו כו'.** ועיין בילקוט תהלים כי כן הוא: **הנאין והמשובחין.** לשון שנאן קדריש הסי"ן לשמוש:

אשד הנחלים

[א] **אלהות הרבה.** דעתם הפתיה היה שכל כח מיוחד שיש בעולם זה יכונה בשם אל, וקבוץ כל הכחות הפרטיות, יכונה בשם אלהים, ולכן היו עובדים איש איש לכח מיוחד. והוא הסביר להם איך שנאמר מדברי התורה שיש כח אחד פשוט המכונה בשם אלהים, להיות כי ממנו כל הכחות הפרטים, והוא בעל הכחות כלם, כי ממנו הכל: **לנו מה אתה משיב.** אף שכמה פעמים נכתב בכתוב שם אלהים, אבל כאן היה צריך לכתוב שם אל, או שם ה', המורה על אחדות הפשוטה. ולכן הסביר להם שלא שמעו כלם והשיגו הדבר בשוה, כי אם כל אחד כפי כח מדרגתו, ולכן מפני שהיו קולות הרבה, הסביר להם שהכל נובע מהויה הפשוטה, וזה אנכי ה' אלהיך, כי מה' האחד הוא הכל ואין בו שנוי מאומה על ידי זה חס ושלום: [ב] **עשרים ושנים אלף.** כמנין רכ"ב, שהם כביכול מרכבתו יתברך: **הנאים המשובחין.** לשון שנאן קדריש. וענינו המלאכים הגבוהים מאד במעלה. עיין מה שבארתי בתנא דבי אליהו זוטא בפ"ח: **דחוקים היו.** כי הם מתראים בלבוש גשמי, עם כל זה אין הגשם מונעם מלהיות הרבה ביחד, כי אין זה רק לפי התראותם לבני אדם, אבל בעצמם אין המקום דוחקם, כן הוא לפי דברי חכמי אמת:

באור מהרי"פ

[ב] **הנאים והמשובחים.** פירוש, אלו מספרם עשרים ושנים אלף, אבל מלאכים פשוטים היו רבים, אשר לא יספרו: **אף על פי שהיו רבים.** הכי גרסינן לפי שהיו רבים:

ידי משה

[א] **אלו היה כתוב קול ה'.** לשון יחיד, היה משמע בכחו של הקב"ה, מה שאי אפשר לעמוד בה, לכן אמר קול אלהים שהוא לשון רבים, להורות שהיו הרבה קולות לכל אחד לפי כחו. וקל להבין: [ב] **יכול אף על פי שהיו רבים דחוקים היו.** פירוש, אף על פי שיש להקב"ה מלאכים רבים לאין מספר, ולקח רק אותן עשרים ושנים אלף הנאין והמשובחין, ופן תאמר שלא לקח הקב"ה יותר מפני שיהיה להם דוחק לעמוד בהר סיני. אי נמי צריך לומר לפי שפליגי בגמרא (עבודה זרה ג, ב) בפירוש שנאן, חד מאן דאמר סבירא ליה שמרכבה של הקב"ה הוא שמונה עשר אלף, ויליף מכח אל תקרי שנאן אלא שאינן, פירוש שחסר שני אלפים מן רבותים, ואם כן למאן דאמר זה קשה שהיה לתורה לומר בקיצור שמונה עשר אלף, אלא שיש הוה אמינא ללמוד שחיסר הקב"ה שני אלפים מכח שהיה המקום דחוק לעמוד, אבל למאן דאמר שהיה רכב של הקב"ה עשרים ושנים אלף, לא יהיה הוה אמינא ללמוד כך, לזה אמר המדרש יכול אף על פי שהם רבים פירוש למאן דאמר שהם חסרים שני אלפים, על כן יהיה לך הוה אמינא מפני שהם דחוקים, אלא אף על פי שהם רבים פירוש למאן דאמר שהמרכבה הוא עשרים ושנים אלפים, מכל מקום הוה אמינא לומר שהיו דחוקים על שלא לקח מלאכים בלתי המרכבה, ודוק היטב. וכך שמעתי בשם גאון אחד:

וְהַקְּטַנִּים לְפִי כֹּחָן — and the youngsters according to their power.[13] — the elders according to their power, וְהַזְּקֵנִים לְפִי כֹּחָן

Now, because this method of addressing the people came with a serious risk, God deemed it necessary to issue a warning:

אָמַר הַקָּדוֹשׁ בָּרוּךְ הוּא לְיִשְׂרָאֵל — **The Holy One, blessed is He, said to Israel,** לֹא בִּשְׁבִיל שֶׁשְּׁמַעְתֶּם קוֹלוֹת הַרְבֵּה תִּהְיוּ סְבוּרִין שֶׁמָּא אֱלוֹהוֹת הַרְבֵּה יֵשׁ בַּשָּׁמַיִם — **"You should not think, because you heard many voices** at Sinai, that **perhaps there are many deities in Heaven.**[14] אֶלָּא תִּהְיוּ יוֹדְעִים שֶׁאֲנִי הוּא ה׳ אֱלֹהֶיךָ — **Rather, you should know that I** alone **am He** Who is **Hashem your God,"** שֶׁנֶּאֱמַר "אָנֹכִי ה׳ אֱלֹהֶיךָ" — **as it is stated,** ***I am HASHEM, your God.***

§2 The Midrash has explained that the multiple variations of God's voice at Sinai posed a threat to Israel's belief in monotheism, which God addressed with the First Commandment: *I am HASHEM, your* (only) *God.* The Midrash now states that He used this Commandment to address a *different* threat to Israel's commitment:

דָּבָר אַחֵר, "אָנֹכִי ה׳ אֱלֹהֶיךָ" — **Another explanation** of *I am HASHEM, your God.* הֲדָא הוּא דִכְתִיב "פָּנִים בְּפָנִים דִּבֶּר ה׳ עִמָּכֶם" — **Thus it is written,** ***Face-unto-face did HASHEM speak with you*** *on the mountain* (*Deuteronomy* 5:4). אָמַר רַבִּי אַבְדִּימִי דְּמִן חֵיפָה — **R' Avdimi of Haifa said** in explanation: כ״ב אֶלֶף שֶׁל מַלְאֲכֵי הַשָּׁרֵת יָרְדוּ עִם הַקָּדוֹשׁ בָּרוּךְ הוּא לְסִינַי — **Twenty-two thousand angels descended with the Holy One, blessed is He, to** Mount **Sinai,**[15] שֶׁנֶּאֱמַר "רֶכֶב אֱלֹהִים רִבֹּתַיִם אַלְפֵי שִׁנְאָן" — **as it is stated,** ***God's entourage is twice ten thousand, thousands of angels*** [שִׁנְאָן] (*Psalms* 68:18).[16]

The Midrash digresses to expound the *Psalms* verse just quoted, beginning with the word שִׁנְאָן:[17]

הַנָּאִים וְהַמְשׁוּבָּחִים — These angels were **the most fine and praiseworthy.**[18] יָכוֹל אַף עַל פִּי שֶׁהָיוּ רַבִּים דְּחוּקִים הָיוּ — **Also, it could be thought that because they were so numerous,**[19] **they were crowded.** תַּלְמוּד לוֹמַר "שִׁנְאָן" שַׁאֲנָן וְהַשְׁקֵט — To teach otherwise **the verse states, "*shin'an*"** [שִׁנְאָן], using an unusual word for "angels" to intimate that they were **tranquil and quiet.**[20]

NOTES

13. *Pesikta DeRabbi Kahana* (*Parashah* 12 §25) adds that we should not be surprised by this, for a similar phenomenon occurred with the manna, with different segments of the population experiencing it as having a different taste.

For an alternative interpretation, see *Radal*. [*Radal's* interpretation is based on his version of the text; see above, end of note 5. However, it should be noted that the interpretation we have given is also consistent with *Radal's* version of the text. See *Eitz Yosef*.]

See Insight Ⓐ.

14. God was concerned that after the Revelation people would talk among themselves, each one describing the particular voice he or she heard. This might lead them to conclude that the many voices came from a multitude of gods, each one having addressed the group of Jews who were prepared to hear him. They might think, for instance, that the god with the soft, low voice has spoken to the old people, the god with the powerful voice to the young adults, etc. — with each god being careful not to intrude on any other's natural sphere of influence (*Eitz Yosef*). Even though such an idea may seem farfetched, God wished to remove even the smallest possibility of mistake in the people's understanding of God (*Yefeh To'ar*).

15. This is the explanation of the phrase פָּנִים בְּפָנִים (*face "unto" face*) in the *Deuteronomy* verse. For it does not say there that God spoke to Israel פָּנִים אֶל פָּנִים (*face-"to"-face*), similar to its description of God's speaking with Moses: פֶּה אֶל פֶּה אֲדַבֶּר בּוֹ, *mouth "to" mouth do I speak to him* (*Numbers* 12:8). The phrase פָּנִים בְּפָנִים implies "faces among (many) faces" — hinting that a great many faces (viz., of angels) descended with God to Sinai in honor of the Giving of the Torah (*Eitz Yosef*).

16. The word רִבֹּתַיִם means "twice 10,000" (i.e., 20,000), and the word אַלְפֵי (*thousands*) implies no less than 2,000 — for a total of 22,000 (ibid.).

17. This verse is the only place in Scripture where angels are called שִׁנְאָן. The Midrash therefore seeks to uncover the word's hidden connotations (ibid.).

18. I.e., they were of the highest degree of holiness, exceeding angels of lesser ranks (ibid.; see also *Eshed HaNechalim*; *Maharzu* writes, based on *Pesikta Rabbasi* §21, that this entourage consisted of the archangel Michael and his camp and the archangel Gabriel and his camp). There were countless *more* ordinary angels present (*Beur Maharif*). See below, note 86.

For this interpretation the Midrash expounds the word שִׁנְאָן as if it were written שֶׁנָּאִין, *that are fine* (*Matnos Kehunah, Eitz Yosef*; see *Maharzu* for an alternative explanation).

19. Many commentators emend the text to read: "לְפִי" שֶׁהָיוּ רַבִּים, which clearly means **"because they were** so **numerous."** But the existing text may be translated this way as well (see comment in *Eitz Yosef*, Vagshal edition, citing *R' Reuven Margaliyos* [*Toldos Adam*, pp. 35, 93]). For other interpretations of our text see *Yedei Moshe* and *Tiferes Tzion*.

20. For various approaches as to why it might be thought that angels (which are not physical beings) would be "crowded," and why the Midrash concludes that they are *not*, see *Yefeh To'ar* and *Eshed HaNechalim* (see also *Imrei Yosher*).

For this interpretation the Midrash transposes the letters נ and א in שִׁנְאָן to obtain שַׁאֲנָן (*tranquil*), much as the letters ב and שׂ are transposed in כֶּבֶשׂ and כֶּשֶׂב, the words for *sheep* (*Eitz Yosef*).

INSIGHTS

Ⓐ **From the One, Many** The One God gave us one Torah, but He declared it in a way that each person heard it according to his ability to hear it. As *R' Yoel Teitelbaum* (the Satmar Rav) explains (*Divrei Yoel, Yisro* p. 96): Each one heard it according to his level — according to his preparedness to hear the Torah and his own level of sanctity. It seemed like "different" voices, but it was in fact one. The differences were the result of the perceptions of the recipients, not the message of the Giver.

The Satmar Rebbe adds (ibid., p. 95) that as God is Eternal, so are His deeds. Thus, the Revelation of the Torah was not a one-time event. The voices heard at Sinai can still be heard today. Perhaps that is why verse 19 uses the future tense: מֹשֶׁה יְדַבֵּר וְהָאֱלֹהִים יַעֲנֶנּוּ בְקוֹל, *Moses "would" speak and God "would" respond with a voice*. This is not something that happened only then. It is something that would happen throughout the generations.

And just as at the time of the original voice, the one Divine voice was meant to be heard by each individual according to his level, so too is it today. It is the same Torah studied by young and old, student and sage. It speaks to each individual on his level, according to his preparedness and his sanctity. Now as then, we all hear in different ways and on different levels the one voice emanating from the One God.

פרשה כט

א [כ, ב] **"אָנֹכִי ה' אֱלֹהֶיךָ", הָדָא הוּא דִכְתִיב** (דברים ד, לג) **"°הֲשָׁמַע עָם קוֹל אֱלֹהִים°", אהַמִּינִין שָׁאֲלוּ אֶת רַבִּי שִׂמְלָאי, אָמְרוּ לוֹ: אֱלוֹהוֹת הַרְבֵּה יֵשׁ בָּעוֹלָם, אָמַר לָהֶם: לָמָּה, אָמְרוּ לוֹ: שֶׁהֲרֵי כְּתִיב "הֲשָׁמַע עָם קוֹל אֱלֹהִים", אָמַר לָהֶם שֶׁמָּא כָּתוּב "מְדַבְּרִים", אֶלָּא** (שם) **"מְדַבֵּר", אָמְרוּ לוֹ תַּלְמִידָיו: רַבִּי, לָאֵלּוּ דָּחִיתָ בְּקָנֶה רָצוּץ, לָנוּ מָה אַתָּה מֵשִׁיב, חָזַר רַבִּי לֵוִי וּפֵירְשָׁהּ, אָמַר לָהֶם: "הֲשָׁמַע עָם קוֹל אֱלֹהִים", כֵּיצַד, אִילּוּ הָיָה כָּתוּב "קוֹל ה' בְּכֹחוֹ" לֹא הָיָה הָעוֹלָם יָכוֹל לַעֲמוֹד, אֶלָּא** (תהלים כט, ד) **"קוֹל ה' בַּכֹּחַ", בבַּכֹּחַ שֶׁל כָּל אֶחָד וְאֶחָד, הַבַּחוּרִים לְפִי כֹחָן וְהַזְּקֵנִים לְפִי כֹחָן וְהַקְּטַנִּים לְפִי כֹחָן, אָמַר הַקָּדוֹשׁ בָּרוּךְ הוּא לְיִשְׂרָאֵל: לֹא בִשְׁבִיל שֶׁשְּׁמַעְתֶּם קוֹלוֹת הַרְבֵּה תִּהְיוּ סְבוּרִין שֶׁמָּא אֱלוֹהוֹת הַרְבֵּה יֵשׁ בַּשָּׁמַיִם, אֶלָּא תִּהְיוּ יוֹדְעִים שֶׁאֲנִי הוּא ה' אֱלֹהֶיךָ, שֶׁנֶּאֱמַר** [כ, ב] **"אָנֹכִי ה' אֱלֹהֶיךָ":**

ב דָּבָר אַחֵר, [כ, ב] **"אָנֹכִי ה' אֱלֹהֶיךָ", הָדָא הוּא דִכְתִיב** (דברים ה, ד) **"פָּנִים בְּפָנִים דִּבֶּר ה' עִמָּכֶם", גאָמַר רַבִּי אַבְדִּימִי דְּמִן חֵיפָה: כ"ב אֶלֶף °יָרְדוּ עִם הַקָּדוֹשׁ בָּרוּךְ הוּא לְסִינַי, שֶׁנֶּאֱמַר** (תהלים סח, יח) **"רֶכֶב אֱלֹהִים רִבֹּתַיִם אַלְפֵי שִׁנְאָן", הַנָּאִים וְהַמְשׁוּבָּחִים, יָכוֹל אַף עַל פִּי שֶׁהָיוּ רַבִּים דְּחוּקִים הָיוּ, תַּלְמוּד לוֹמַר "שִׁנְאָן", שַׁאֲנָן וְהַשְׁקֵט,**

עץ יוסף

(א) **הדא הוא דכתיב השמע עם קול אלהים כו'.** דאנכי ולא יהיה לך מפי הגבורה שמעו, ועל זה כיון הכתוב באמרו השמע עם וגו', ואיידי דמייתי ליה מביא מה שהשיב בזה רבי שמלאי למינין: **שהרי כתיב השמע עם קול אלהים.** כתב הרד"ל נראה דצריך לומר שהרי כתיב (דברים ה') כי מי כל בשר אשר שמע קול אלהים חיים מדבר, דלשון אלהים חיים היה משמעו לכאורה לשון רבים, (עיין ר' אברהם בן עזרא שם). ובירושלמי פרק הרואה, ובבראשית רבה פרשה ח', וכל מקום שכתוב מאמר זה לא נזכר כלל הך שאלה דהכא, עד כאן לשונו: **אמר ליה שמא כתיב מדברים כו'.** דכיון דכתיב מדבר ולא מדברים על כרחך ליכא אלא קול אחד, וריבוי הקולות אפשר שהם בזה אחר זה, או שהם מקול שופר ורעמים וברקים אשר היו שם: **לנו מה אתה משיב.** דשבע קולות משמע מהאל עצמו ובבת אחת, ולא בזה אחר זה, ולזה השיב להם דלעולם קול אחד הוא אלא שנשתנה לכל אחד כפי כחו, והוה להו כקולות רבים: **בכח של כל אחד ואחד.** כפי מה שהוא יכול לסבול, ולכן כתיב השמע עם קול אלהים כלומר קולות הרבה, אבל אילו היה כתוב קול אל היה פירושו קול חזק אחד: **בשביל ששמעתם קולות הרבה.** רצה לומר כשיגידו זה אל זה שנשמע לו כפי כחו, ידעו כי קולות הרבה היו, ואולי ימצאו עילה לומר שרשויות הרבה יש, וכל אחד נתן בקולו על המוכן אליו, כי מי שקולו נמוך השמיע קולו לזקנים, ומי שקולו גדול השמיע לבחורים שלא יטרידו זה למעשה זה כי כן סגולתם: (ב) **עשרים ושנים אלף ירדו.** וזהו פנים בפנים, כלומר הרבה פנים של שרפים ואופנים ירדו בשעת מתן תורה מדלא כתיב פנים אל פנים דבר ה' עמכם, כדכתיב גבי משה פה אל פה אדבר בו, שמע מינה דקאי אריבוי פנים מפנים שונים שירדו עמו לכבוד מתן תורה: **עשרים ושנים אלף.** פירוש מדכתיב רבותים שהם עשרים אלף, והדר אמר אלפי, ואין פחות משני אלף: **הנאין והמשובחין.** מדלא אשכחן במקום אחר דקרי להו בהאי לישנא, דרשינן דרמז שנאין ולשון שאנן והשקט והאותיות מסורסות, כמו כשב כבש: **הנאין והמשובחין.** פירוש המלאכים היותר קרובים למעלה הראשונה, כי יש בהם מדרגות הרבה: **יכול אף על פי שהיו רבים.** כתב האלשיך שצריך לומר יכול לפי שהיו רבים, ולשון הילקוט גם כן מורה כן, עיין שם:

פירוש מהרז"ו

(א) **שאלו את רבי שמלאי.** ירושלמי ברכות ריש פרק הרואה, בראשית רבה פרשה ח' סימן ט', דברים רבה פרשה ב סימן י"ג. שם איתא ששאלו אותו שאלות הרבה פסוקי תורה כאלו, וזה אחד מהם. וכאן לא הביא אלא מה שצריך לענינו, כי אלהים הוא לשון רבים, כמו שאמרו בראשית רבה פרשה א סימן ז, שהיה לו לומר אל או אלוה: **אלא מדבר.** וכן קולות אין כתיב כאן אלא קול. עיין סוף פרשה הקודמת: (ב) **עשרים ושנים אלף.** מלאכים וזהו רבותים אלפי, שני רבות ושני אלפים, ורבוא הוא עשרת אלפים. ועיין בראשית רבה פרשה עה סימן י, ובמדבר רבה פרשה ב סימן ג, ומדרשים חלוקים הם, ועיין פסיקתא פרשה כא סימן ז ח' ט' באריכות, כמה דעות בזה, וקצתו תראה בילקוט תהלים ס"ח: **שנאן הנאים והמשובחים.** שאם פירושו מלשון שאנן ושלוה, היה לו לומר שאנן, על כן דרשו נוטריקון נאים משובחים, ופירושו המובחרים שבהם, מיכאל ודגלו, גבריאל ודגלו: **אף על פי שהיו רבים.** צריך לומר לפי שהיו רבים דחוקים היו. ולשון הפסיקתא שם אמר רבי אלעזר כל מקום שאתה מוצא אוכלוסים, אתה מוצא דחוק, ברם הכא שאנן מרווחים, שנאן בהיפוך אותיות שאנן. ועיין כל הענין ילקוט כאן, והוא מהפסיקתא:

מתנות כהונה

[א] **קול אלהים.** שהיה לו לכתוב קול אל. ועיין מזה בבראשית רבה פרשה ח': **בקנה רצוץ.** כלומר בדחייה בעלמא. ולאחר לאת המינים משם אמר לו כן. והכי גרסינן בהדיא בספר עבודת הקודש בחלק היחוד פרק י"ב: **בכח של כל אחד ואחד.** ולכן אמר קול אלהים כלומר קולות הרבה ואלו היה כתוב קול אל היה פירושו קול חזק אחד וכן פירש בעל עבודת הקודש: [ב] הכי גרסינן **עשרים ושנים אלף ירדו כו'.** ועיין בילקוט תהלים כי כן הוא: **הנאין והמשובחין.** לשון שנאן קדריש השי"ן לשמוש:

אשד הנחלים

[א] **אלהות הרבה.** דעתם הפתיה היה שכל כח מיוחד שיש בעולם זה יכונה בשם אל, וקבוץ כל הכחות הפרטיות, יכונה בשם אלהים, ולכן היו עובדים איש איש לכח מיוחד. והוא הסביר להם איך שנאמר מדברי התורה שיש כח אחד פשוט המכונה בשם אלהים, להיות כי ממנו כל הכחות הפרטים, והוא בעל הכחות כלם, כי ממנו הכל: **לנו מה אתה משיב.** אף שכמה פעמים נכתב בכתוב שם אלהים, אבל כאן היה צריך לכתוב שם אל, או שם ה', המורה על אחדות הפשוטה. ולכן הסביר להם שלא שמעו כלם והשיגו הדבר בשוה, כי אם כל אחד כפי כח מדרגתו, ולכן מפני שהיו קולות הרבה, הסביר להם שהכל נובע מהויה הפשוטה, וזה אנכי ה' אלהיך, כי מה' האחד הוא הכל ואין בו שנוי מאומה על ידי זה חס ושלום: [ב] **עשרים ושנים אלף.** כמנין רכ"ב, שהם כביכול מרכבתו יתברך: **הנאים המשובחין.** לשון שנאן קדריש. וענינו המלאכים הגבוהים מאד במעלה. עיין מה שבארתי בתנא דבי אליהו זוטא בפ"ח: **דחוקים היו.** כי הם מתראים בלבוש גשמי, עם כל זה אין הגשם מונעם מלהיות הרבה ביחד, כי אין זה רק לפי התראותם לבני אדם, אבל בעצמם אין המקום דוחקם, כן הוא לפי דברי חכמי אמת:

חידושי הרד"ל

[א] **שהרי כתיב השמע עם קול אלהים.** נראה דצריך לומר שהרי כתיב מי כל בשר אשר שמע קול אלהים חיים מדבר (דברים ה, כג), דלשון אלהים חיים היה משמעו לכאורה לשון רבים, (עיין רבי אברהם בן עזרא שם) ובירושלמי פרק הרואה, ובראשית רבה פרשה ח ט, וכל מקום שכתוב מאמר זה לא נזכר כלל הך שאלה דהכא: **בכחו של כל אחד ואחד.** לעיל פרשה ה ח, ולקמן פרשה לד, א: **לפי כחן.** עיין מתנות כהונה. ולפי מה שכתבתי דמייתי (לעיל ד"ה שהרי) קרא דקול אלהים חיים. יש לומר דרבי לוי מתרץ דלשון ריבוי המשתמע מאלהים חיים, היינו לפי ערך החיים כל אחד ואחד לפי ערך כח השגתו שלא תצא נפשו בדברו עמו יותר מכפי כח השגתו, לכן נקרא אלהים חיים של כל אחד ואחד לפי כחו, (וזהו שמסיים כמוהו כו' ויחי): [ב] **הדא הוא דכתיב פנים בפנים דבר ה' עמכם.** חסר כאן הדרשה על מקרא זה, והיא כתובה בארוכה בפסיקתא, עיין שם: **עשרים ושנים אלף כו'.** פסיקתא שם, ותנחומא סדר לו סימן יב: **הנאים כו'.** עיין מתנות כהונה, וכן הובא בפירוש בפסיקתא שם ובילקוט: **אף על פי שהיו רבים יכול דחוקים היו תלמוד לומר שנאן כו'.** כן צריך לומר:

באור מהרי"פ

[ב] **הנאים והמשובחים.** פירוש, אלו מספרם עשרים ושנים אלף, אבל מלאכים פשוטים היו רבים, אשר לא יספרו: **אף על פי שהיו רבים.** הכי גרסינן לפי שהיו רבים:

ידי משה

[א] **אלו היה כתוב קול ה'.** לשון יחיד, היה משמע בכחו של הקב"ה, מה שאי אפשר לעמוד בה, לכן אמר קול אלהים שהוא לשון רבים, להורות שהיו הרבה קולות לכל אחד לפי כחו. וקל להבין: [ב] **יכול אף על פי שהיו רבים דחוקים היו.** פירוש, אף על פי שיש להקב"ה מלאכים רבים לאין מספר, ולקח רק אותן עשרים ושנים אלף הנאין והמשובחין, ופן תאמר שלא לקח הקב"ה יותר מפני שיהיה להם דוחק לעמוד בהר סיני. אי נמי צריך לומר לפי שפליגי בגמרא (עבודה זרה ג, ב) בפירוש שנאן, חד מאן דאמר סבירא ליה שמרכבה של הקב"ה הוא שמונה עשר אלף, ויליף מכח אל תקרי שנאן אלא שאינן, פירוש שחסר שני אלפים מן רבותים, ואם כן למאן דאמר זה קשה שהיה לתורה לומר בקיצור שמונה עשר אלף, אלא שיש הוה אמינא ללמוד שחיסר הקב"ה שני אלפים מכח שהיה המקום דחוק לעמוד, אבל למאן דאמר שהיה רכב של הקב"ה עשרים ושנים אלף, לא יהיה הוה אמינא ללמוד כך, לזה אמר המדרש יכול אף על פי שהם רבים פירוש למאן דאמר שהם חסרים שני אלפים, על כן יהיה לך הוה אמינא מפני שהם דחוקים, אלא אף על פי שהם רבים פירוש למאן דאמר שהמרכבה הוא עשרים ושנים אלפים, מכל מקום הוה אמינא לומר שהיו דחוקים על שלא לקח מלאכים בלתי המרכבה, ודוק היטב. וכך שמעתי בשם גאון אחד:

מסורת המדרש

א. ירושלמי ברכות פרק ט'. ב"ר פ"ח וש"נ:
ב. לעיל פרשה ה'. תנחומא סדר שמות סימן כ"ה. מכילתא כאן פרשה ט'. פסיקתא רבי פיסקא כ"א. פסיקתא דרב כהנא סוף פיסקא י"ב. ילקוט כאן רמז רפ"ו:
ג. במדבר רבה פרשה ב'. שהש"ר פרשה ו'. תנחומא סדר וישלח סימן ב' וסדר לו סימן י"ב. פסיקתא דרב כהנא פיסקא י"ב. ילקוט תהלים רמז תשנ"ו. ילקוט כאן רמז רפ"ו. כל הענין:

אם למקרא

הֲשָׁמַע עָם קוֹל אֱלֹהִים מְדַבֵּר מִתּוֹךְ־הָאֵשׁ כַּאֲשֶׁר־שָׁמַעְתָּ אַתָּה וַיֶּחִי: (דברים ד: לג)

קוֹל־ה' בַּכֹּחַ קוֹל ה' בֶּהָדָר: (תהלים כט: ד)

פָּנִים בְּפָנִים דִּבֶּר ה' עִמָּכֶם בָּהָר מִתּוֹךְ הָאֵשׁ: (דברים ה: ד)

רֶכֶב אֱלֹהִים רִבֹּתַיִם אַלְפֵי שִׁנְאָן אֲדֹנָי בָם סִינַי בַּקֹּדֶשׁ: (תהלים סח: יח)

אמרי יושר

[א־ב] **לנו מה אתה משיב.** היה לו לומר לשון כשר השמע עם קול אלוה מדבר. השיב רבי לוי **קול ה' בכח,** כל הקולות, הזקן לפי כחו והבחור לפי כחו, ואף על פי שהיה יחיד, ולרמוז כח קולות מחולפים אמר אלהיך, ועם כל זה דע **שאנכי ה' אלהיך** מדבר, זהו **פנים בפנים** שונים, ועם כל זה ה' אחד דיבר עמכם: [ב] **שאנן והשקט.** כי אין בם גשם:

שינוי נוסחאות

(א) **הדא הוא דכתיב "השמע עם קול אלהים".** רד"ל הגיה שצ"ל פסוק אחר, "אשר שמע קול אלהים חיים" [שם ה, כב], ונראים דבריו: **(ב) כ"ב אלף ירדו.** א"א הגיה "...אלף של מלאכי השרת ירדו":

The *Psalms* verse we have been discussing states in full: רֶכֶב אֱלֹהִים רִבֹּתַיִם אַלְפֵי שִׁנְאָן אֲדֹנָי בָם סִינַי בַּקֹּדֶשׁ, *God's entourage is twice ten thousand, thousands of angels; the Lord is among them, at Sinai in holiness.* The Midrash now expounds the latter part of the verse: "אֲדֹנָי בָם" — ***The Lord is among them:*** אֵין כְּתִיב בְּיו״ד הֵ״א אֶלָּא בְּאָלֶ״ף דָּלֶ״ת — Now, this Name of God **is not written with a *Yud-Hei*,**[21] **but with an *Aleph-Dalet*.**[22] אֲדוֹנוֹ שֶׁל כָּל הָעוֹלָם בָּהֶם — Accordingly, it comes to teach that **the Lord of the entire universe was among [the angels].**[23] [דָּבָר אַחֵר, "ה׳ בָּם"] — **Another explanation of *the Lord is among them*:** אָמַר רַבִּי לֵוִי — **R' Levi said:** שֶׁהָיָה טַבְלָא שֶׁל שֵׁם הַמְפוֹרָשׁ כָּתוּב עַל לִבָּם — It intimates **that a tablet of the Ineffable Name was written on [the angels'] hearts.**[24] [דָּבָר אַחֵר, "ה׳ בָּם"] — **Another explanation of *the Lord is among them*:** רַבָּנָן אָמְרִין — **The Rabbis say:** שְׁמוֹ שֶׁל אֱלֹהִים הָיָה מְעוֹרָב עִם כָּל אֶחָד וְאֶחָד — It implies that **the Name of God** (אֵל, *El*) **was combined with** the name of **each and every one** of the angels, מִיכָאֵל וְגַבְרִיאֵל — as, for example, **Micha*el* and Gavri*el*.**[25]

The Midrash now returns to provide the new explanation of the warning God addressed by saying, *I am HASHEM, your God*:[26] אָמַר הַקָּדוֹשׁ בָּרוּךְ הוּא לְיִשְׂרָאֵל — **The Holy One, blessed is He, said to Israel,** לֹא בִּשְׁבִיל שֶׁרְאִיתֶם פָּנִים הַרְבֵּה תִּהְיוּ סְבוּרִין שֶׁמָּא אֱלוֹהוֹת הַרְבֵּה בַּשָּׁמַיִם — **"You should not think, because you saw many faces** at Sinai,[27] that **perhaps there are many deities in Heaven.** דְּעוּ שֶׁאֲנִי הוּא ה׳ אֶחָד — **Know,** rather, **that I am He** Who is **Hashem,** the **one** and only Divinity," שֶׁנֶּאֱמַר "אָנֹכִי ה׳ אֱלֹהֶיךָ" — **as it is stated, *I am HASHEM, your God.***

§3 Why did God have to mention *now* that He redeemed the people from Egyptian bondage (an event that occurred just weeks earlier and was certainly still vividly recalled)?[28] The Midrash offers two explanations:

אָמַר רַבִּי טוֹבִיָּה בַּר רַבִּי יִצְחָק — **R' Toviyah bar R' Yitzchak said:** "אָנֹכִי ה׳ אֱלֹהֶיךָ" — God was commanding Israel: ***I am HASHEM, your God,*** שֶׁעַל מְנָת כֵּן "הוֹצֵאתִיךָ מֵאֶרֶץ מִצְרַיִם" — **for** it was **on this condition that *I took you out of the land of Egypt*** — שֶׁתְּקַבֵּל אֱלָהוּתִי עָלֶיךָ — viz., **that you accept My Divinity upon yourself.**[29] דָּבָר אַחֵר, "אָנֹכִי ה׳ אֱלֹהֶיךָ" — **Another explanation** of ***I am HASHEM, your God,*** *Who has taken you out, etc.* מָשָׁל לְבַת מְלָכִים שֶׁנִּשְׁבֵּית בְּיַד הַלִּסְטִים — It is **analogous to a maiden of noble birth who was taken captive by robbers,** וּבָא הַמֶּלֶךְ וְהִצִּילָהּ — **and the king came and rescued her.** לְאַחַר יָמִים בִּיקֵּשׁ לִישָּׂא אוֹתָהּ לְאִשָּׁה — **Some time later [the king] sought to take her for a wife.** אָמְרָה לוֹ: מָה אַתָּה נוֹתֵן לִי — **She said to him, "What are you giving me** for marrying you?" אָמַר לָהּ: אִם אֵין לִיךְ עָלַי אֶלָּא שֶׁפְּדִיתִיךְ מִיַּד הַלִּסְטִים — **He replied to her, "If you have not** received anything **from me other than that I saved you from the robbers,** דַּיַּי — **it is enough** for you to commit to me in marriage."[30]

§4 The Midrash continues its discussion of the First Commandment, now questioning why God said, *"I am HASHEM, 'your' God"* and not simply, "I am Hashem, God."[31]

דָּבָר אַחֵר, "אָנֹכִי ה׳ אֱלֹהֶיךָ" — **Another explanation** of ***I am HASHEM, your God:*** רַבִּי אַחָא בְּרַבִּי חֲנִינָא פָּתַח בּוֹ — **R' Acha son of R' Chanina opened** his discourse **on [this verse]** with an exposition of the following verse:[32] "שִׁמְעָה עַמִּי וַאֲדַבֵּרָה" — ***Pay heed, My people, and I shall speak;*** *Israel, and I shall bear witness against you; God, your God, am I* (*Psalms* 50:7). (כְּמוֹ שֶׁכָּתוּב בַּעֲשֶׂרֶת הַדִּבְּרוֹת, עַד) — (**As it is written in the** Midrash of the **Ten Commandments,**[33] **until** it says:) אָמַר רַבִּי שִׁמְעוֹן בֶּן יוֹחָאי — **R' Shimon ben Yochai said:** אָמַר לָהֶם הַקָּדוֹשׁ בָּרוּךְ הוּא לְיִשְׂרָאֵל — **The Holy One, blessed is He, said to Israel,**

NOTES

21. I.e., the Ineffable Name, י־ה־ו־ה (see *Matnos Kehunah*).

22. I.e., אֲדֹנָי, which connotes Lordship.

23. I.e., although surrounded by 22,000 of the holiest angels, God was nonetheless recognizable and distinctive, the Lord over all. He is thus unlike a mortal king, who may have among his followers people who have some of the same excellent qualities as he (*Beur Maharif* and *Eitz Yosef*, from *Pesikta DeRav Kahana, Parashah* 12 §22). *Yefeh To'ar* explains further that there are those who, while acknowledging that God created the universe, may believe that the angels were given full control over the daily functioning of the universe *after* Creation. Scripture therefore uses the Name אֲדֹנָי because (unlike the Tetragrammaton) it indicates that He is the continuing Lord and Master over the angels, who can do nothing unless God so wills.

Eshed HaNechalim comments that this statement, and the next, are fully comprehensible only to scholars of the Kabbalah.

24. The heart represents the vital force of an animate being. The verse thus teaches that it is the Name of God that gives life to the angels (*Radal*). In that most existential sense God *is among them.* Alternatively: *Mahari HaKohen* to *Midrash Tehillim* §17 writes that the angels wore the Name of God upon themselves, just as an officer of the king wears the king's seal.

25. For a philosophical explanation of the dispute between R' Levi and the Rabbis, see *Yefeh To'ar*.

26. See introduction to this section.

27. I.e., the faces of the 22,000 angels discussed in the Midrash above at note 15 (*Beur Maharif, Eitz Yosef*; see, however, *Maharzu*, second citation from *Pesikta Rabbasi* §21).

28. *Eitz Yosef*; cf. *Maharzu*. Alternatively: Why did God not declare instead that He was the Creator of heaven and earth? (*Imrei Yosher*; see *Ibn Ezra* to our verse, who writes that R' Yehudah HaLevi asked him this very question).

29. I.e., God delivered Israel from Egyptian bondage not for them to be free to do as they wished, but rather for them to accept His authority. For God's charge to Pharaoh was: שַׁלַּח אֶת עַמִּי וְיַעַבְדֻנִי, *Send out My people "that they may serve Me"* (above, 7:16), which implies that the prime purpose of the sending out was that the people serve God (*Eitz Yosef*). Indeed, God had stipulated this condition to Israel when He promised to redeem them, as Scripture states, *I shall take you out from under the burdens of Egypt; I shall rescue you . . . I shall redeem you . . . I shall take you to Me for a people and I shall be a God to you* (*Exodus* 6:6-7). God was saying that now that He had taken them out of Egypt, they were obligated to fulfill the condition and accept Him as their God (*Maharzu*; see also *Eshed HaNechalim*, end of s.v. משל לבת מלכים).

30. Similarly, God tells the Jews: Even if I confer upon you no benefit other than having brought you out from Egypt, that is sufficient reason for you to subjugate yourselves to Me. And if henceforth I give you rewards (for observing My commandments), they are to be considered only as [extra] acts of kindness on My part [for I owe you no further benefits as compensation for accepting My kingship] (*Eitz Yosef*).

Eshed HaNechalim writes that in truth, it was appropriate for Israel to love and serve God simply because He was God, and not because He did things for them. However, because there were those who wanted to receive some tangible benefit in exchange for agreeing to serve Him, He said to Israel not only that *"I am HASHEM, your God"* but also *"Who has taken you out of the land of Egypt, etc."* He thus reminded them that He had indeed bestowed a benefit upon them, viz., the gift of freedom — and that that gift had come with a condition that they must now fulfill. See similarly *Maharzu*.

31. For the phrase ה׳ אֱלֹהִים, *HASHEM, God*, is often used in Scripture to refer to God (*Eitz Yosef*).

32. The verse expounded by R' Acha will be used to shed light on the wording *"your" God* in our verse.

33. There seems to be a Midrash on the Ten Commandments of *Parashas Yisro* or *Parashas Va'eschanan* that expounds upon this *Psalms* verse in greater length. The Midrash is no longer extant (*Maharzu*; *Eitz Yosef*, citing *Toldos Noach*; see also *Radal*). [Note: There is indeed an extant Midrash entitled *Midrash Aseres HaDibros*. However, it does not discuss this *Psalms* verse.] It is possible that our Midrash should be emended to cite a different Midrash; namely, "the beginning of *Rus Rabbah*" [see *Rus Rabbah, Pesichta* §1] (*Eitz Yosef*).

(שם) "אֲדֹנָי בָּם", אֵין כְּתִיב בְּיוּ"ד הֵ"א אֶלָּא בְּאָלֶ"ף דָּלֶ"ת, אֲדוֹנוֹ שֶׁל כָּל הָעוֹלָם בָּהֶם, [דָּבָר אַחֵר, "ה' בָּם", אָמַר רַבִּי לֵוִי: שֶׁהָיָה טַבְלָא שֶׁל שֵׁם הַמְפוֹרָשׁ כָּתוּב עַל לִבָּם,] דָּבָר אַחֵר, "ה' בָּם", רַבָּנָן אָמְרִין: שְׁמוֹ שֶׁל אֱלֹהִים הָיָה מְעוֹרָב עִם כָּל אֶחָד וְאֶחָד, מִיכָאֵל וְגַבְרִיאֵל, אָמַר הַקָּדוֹשׁ בָּרוּךְ הוּא לְיִשְׂרָאֵל: לֹא בִּשְׁבִיל שֶׁרְאִיתֶם פָּנִים הַרְבֵּה תִּהְיוּ סְבוּרִין שֶׁמָּא אֱלוֹהוֹת הַרְבֵּה בַּשָּׁמַיִם, דְּעוּ שֶׁאֲנִי הוּא ה' אֶחָד, שֶׁנֶּאֱמַר [כ, ב] "אָנֹכִי ה' אֱלֹהֶיךָ":

ג אָמַר רַבִּי טוֹבִיָּה בַּר רַבִּי יִצְחָק: [כ, ב] "אָנֹכִי ה' אֱלֹהֶיךָ", שֶׁעַל מְנָת כֵּן "הוֹצֵאתִיךָ מֵאֶרֶץ מִצְרַיִם" שֶׁתְּקַבֵּל אֱלָהוּתִי עָלֶיךָ, דָּבָר אַחֵר, "אָנֹכִי ה' אֱלֹהֶיךָ", מָשָׁל לְבַת מְלָכִים שֶׁנִּשְׁבֵּית בְּיַד הַלִּסְטִים וּבָא הַמֶּלֶךְ וְהִצִּילָהּ, לְאַחַר יָמִים בִּיקֵּשׁ לִישָּׂא אוֹתָהּ לְאִשָּׁה, אָמְרָה לוֹ: מָה אַתָּה נוֹתֵן לִי, אָמַר לָהּ: אִם אֵין לִיךְ עָלַי אֶלָּא שֶׁפְּדִיתִיךְ מִיַּד הַלִּסְטִים דַּיַּי:

ד דָּבָר אַחֵר, [כ, ב] "אָנֹכִי ה' אֱלֹהֶיךָ", רַבִּי אַחָא בְּרַבִּי חֲנִינָא פָּתַח בּוֹ: (תהלים נ, ז) "שִׁמְעָה עַמִּי וַאֲדַבֵּרָה", (כְּמוֹ שֶׁכָּתוּב בַּעֲשֶׂרֶת הַדִּבְּרוֹת, עַד) אָמַר רַבִּי שִׁמְעוֹן בֶּן יוֹחָאי: אָמַר לָהֶם הַקָּדוֹשׁ בָּרוּךְ הוּא לְיִשְׂרָאֵל: אֱלוֹהַּ אֲנִי עַל כָּל בָּאֵי עוֹלָם, אֲבָל לֹא יִחַדְתִּי שְׁמִי אֶלָּא עֲלֵיכֶם, אֵינִי נִקְרָא אֱלֹהֵי °עוֹבְדֵי כוֹכָבִים° אֶלָּא אֱלֹהֵי יִשְׂרָאֵל, אָמַר רַבִּי לֵוִי שְׁנֵי דְּבָרִים שֶׁאֲלוּ יִשְׂרָאֵל מִלִּפְנֵי הַקָּדוֹשׁ בָּרוּךְ הוּא: שֶׁיִּרְאוּ כְבוֹדוֹ וְיִשְׁמְעוּ קוֹלוֹ,

עץ יוסף

אדונו של כל העולם בהם. פירוש שניכר בהם ומסויים ביניהם לא כמלך בשר ודם שיש באוכלוסיו נאים כיוצא בו וגבורים כיוצא בו, כן הוא בפסיקתא: **דבר אחר אדני בם אמר רבי לוי שהיה טבלא של שם המפורש כתוב על לבם דבר אחר אדני בם רבנן אמרין כו'.** כן מצאתי הנוסחא בהמדרש שעם פירוש היפה תואר, וכן הועתק באלשיך, וכן נראה שהיה גירסת המתנות כהונה שפירש טבלא דף, ולא ידעתי מאיזה סבה הושמט מכל המדרשים שלפנינו: **שראיתם פנים הרבה.** והיינו פנים בפנים דבר ה' עמכם, כי כשדבר ה' עמהם ראו והשיגו פנים הרבה: (ג) **שעל מנת כן הוצאתיך.** משום דקשה למה הוצרך לומר להם עכשיו שה' הוציאם ממצרים, כמו שנאמר בריש סימן א', לכן מתרץ רבי טוביה דאתא לומר כי לא הוציאם ה' ממצרים להיותם חפשים לגמרי רק לקבל אלהותו יתברך, כדכתיב שלח את עמי ויעבדוני, משמע שעיקר ההוצאה היתה כדי לעבוד את ה' ולקבל אלהותו ומלכותו: **דבר אחר אנכי ה' אלהיך משל כו'.** מתרץ קושיא הנ"ל שאפילו לא יעשה להם הטבה אחרת זולת הוצאתם ממצרים, כדאי לכשיתעבדו לו על זה, ואם יתן להם שכר מעתה אינו אלא רק חסד: (ד) [ג] **פתח שמעה עמי ואדברה.** כוונתו לתרץ למה אמר ה' אלהיך, ולא נאמר סתם ה' אלהים כדכתיב בכל מקום, לכן מתרץ דמחבתו את ישראל נקרא אלהיהם ולא אלהי עכו"ם, ומביא סמיכות מפסוק שמעה עמי וגו' אלהים אלהיך אנכי: **כמו שנאמר בעשרת הדברות.** אפשר דהובא זה באיזה מדרש דעשרת הדברות דפרשת יתרו, או ואתחנן (תולדות נח). ולי נראה דצריך לומר כמו שנאמר בריש מדרש רות: **שני דברים שאלו ישראל.** היינו ויגד משה את דברי העם אל ה' שרצו לשמוע מפיו, ואמרו רצוננו לראות את מלכנו, כדאיתא בחזית פסוק ישקני: **שיראו כבודו.** כלומר שישיגו אמתת מציאותו והשתלשלות המציאות והנהגתו ממנו כמושג לנביאי האמת: **וישמעו קולו.** בלא אמצעי:

פירוש מהרז"ו

אין כתיב ביו"ד. פירוש ביו"ד ה"א וי"ו: **מעורב עם כל אחד.** וזהו בם בתוך שמותם שם אל: **שראיתם פנים הרבה.** בפסיקתא שם ביתר ביאור, וזה לשונו כשירד הקב"ה לסיני ירדו עמו מיכאל וגלו, גבריאל ודגלו, והיו ישראל מסתכלין בכל אחד ואחד, ואומרים זהו זהו, אמר להם הקב"ה מה אתם מסתכלים באלו, אין לכם הניה מהם, אלא אתם בני ואני אביכם. עוד שם בסימן ו, פנים בפנים דבר ה' עמכם, אר' לוי בדמוית הרבה נראה להם, לזה עומד, לזה יושב וכו', ביס בחור, בסיני זקן וכו', עד אנא הוא דימא, אנא הוא דסיני. ולזה כוון כאן: (ג) **שעל מנת כן.** דורש מה שכתוב אשר הוצאתיך, וכי סימן היו צריכין שלא יטעו, והלא ידעו כבר, על כן דורש שאינו להודעה וסימן, אלא שיקיימו התנאי, וכמו שכתוב מפורש בריש וארא (שמות ו, ו - ז) וגאלתי אתכם וגו' ולקחתי אתכם לי לעם והייתי לכם לאלהים, ומאחר שקיימתי הגאולה קבלו אלהותי: **מה אתה נותן לי.** לא היתה מכרת כבודו וגדלו וכל הטוב שמוכן לה, כמו שאמרו ריש שיר השירים רבה, אלא ביקשה מתנה לשעה, שתרגיש תועלת נשואתה לו, ועל כן השיב לה מה שתרגיש הטובה, כך אמר השם יתברך אל העם הפשוט שאינם מכירים גדלו וטובתו, אך כל המבינים בעם עליהם נאמר (תהלים עג, כח), ואני קרבת אלהים לי טוב, וכדומה: (ד) **שמעה עמי ואדברה.** וסיפא דקרא אלהים אלהיך אנכי: **כמו שכתוב בעשרת הדברות.** שיש מדרש שנתחבר ביחוד על עשרת הדברות, ופסוק שמעה עמי, הוא שם לפתיחה, ומדרש זה אינו בידינו. אך הוא בריש מדרש רות, ובילקוט כאן, ובילקוט תהלים נ', באריכות: **לא יחדתי שמי.** וזה אלהים לכל אלהיך ביחוד: **אמר רבי לוי.** לקמן פרשה מ"א בסימן ג'. ומכילתא יתרו פסוק (הנני) [הנה אנכי] בא אליך בעב וגו', ושם בהיפך, תחלה ביקש על השמיעה, ואחר כך על הראיה, בראיות שזהו מה שנאמר וישב משה ויגד משה, שני פעמים, וכאן סידור כמו שכתוב בפסוק, הן הראנו, ואחר כך ואת קולו שמענו:

מתנות כהונה

ביו"ד. שם של ארבע: **טבלא.** דף: [ג] **שעל מנת כן.** סיפיה דקרא קדייק אשר הוצאתיך וגו': [ד] **כמו שכתוב בעשרת הדברות** ועיין בילקוט:

אשד הנחלים

אדונו של כל העולם. הוא סוד מסוד השמות הקדושים הידועים רק לחכמי אמת. ועיין בספר שערי אורה בראשיתו: **שמו של אלהים מעורב.** הדבר הזה הוא מבואר גם כן על פי יסודות חכמי אמת, שרק על פי האור אלקות השורה בתוכם הם קיימים: [ג] **משל לבת מלכים כו' אלא שפדיתיך כו'.** דהוקשה קושית המחקרים, דהיה לו להכתוב לומר אני ה' הויה פשוטה אחד אמיתי הקדמון, וכדומה מתואריו יתברך ויחודו, שזה עיקר הידיעה על אמיתתו יתברך, אשר מההכרה הזאת תבא האהבה האמתית לה', כמו שכתוב שמע ישראל ה' אלהינו ה' אחד, ואהבת את ה' אלהיך, ולא מצד קבלת הטובה אשר הוציאנו ממצרים, כי אין זה אהבה רק מצד התועלת וקבלת הטובה לבד. ולכן מפרש על דרך המשל שהכונה כאומר אנכי ה' אלהיך הויה פשוטה, וראוי שתעבדני מאהבה, ופן תאמרו ליתן לכם שכר טוב עבור זה, הלא תזכרו אשר אנכי הוצאתיך ממצרים, ודי לכם הטובה שעשיתי לכם, ואם כן מחויבים אתם לעבדני. ודעת ר' טוביה שהרי זה כתנאי, שלא תדמו כי הוצאתי אתכם ממצרים למען תתענגו על טובת הזמן, לא כן כי אם על מנת שתכירו אמיתותי ותעבדוני באמת: [ד] **שיראו כבודו.** כלומר שישיגו במראה הנבואה כבודו יתברך, וישמעו קול הנבואיי. והכונה כמו שבארתי פעמים רבות, שמדרגת הקול היא מדרגת פנים אל פנים, וזהו שביקשו לבוא לידי מדרגה זו. ועיין בחזית (שיר השירים רבה א פסוק ב) שאמרו שיצא מהדיבור למלאך, וממלאך לישראל, אך ישראל אבו לשמוע מהדבור עצמו שזהו בחינת קול:

חידושי הרד"ל

אדונו של כל העולם בהם. מפרש בפסיקתא וילקוט ושוחר טוב מזמור יז, טבלא יש על לבו של כל אחד ואחד ושמו של הקב"ה משותף בהם, (ומלשון המתנות כהונה שפירש טבלא דף נראה שהיה כתוב לפניו כאן גם כן זה). והענין על לבו על חיותו כתוב שמו של הקב"ה שממנו מחיה לכולם, וכמו שכתוב לקמן פרשה לב ז. ועיין מה שכתבתי בסייעתא דשמיא בביאורי לפרקי דרבי אליעזר סוף פרק ו, ופרק מב בזה: [ד] **כמו שכתוב בעשרת הדברות.** רצה לומר בפסיקתא של עשרת הדברות, עיין שם, וקצת בילקוט, גם קצת נמצא בריש מדרש רות (פתיחתא א), עיין שם: **שני דברים שאלו כו'.** כמו שכתוב הראיני את מראיך השמיעיני את קולך ודרשו בשיר השירים רבה (פרשה ב פסוק יד, ד) הראיני את מראיך וכל העם רואים את הקולות, השמיעיני את קולך זה קול שלפני הדברות, עיין שם:

חידושי הרש"ש

[ד] **אלוה אני על כל באי עולם אבל כו' אלא עליכם.** הוא פירוש דאלהים אלהיך אנכי דבסוף הפסוק:

אמרי יושר

ה' בם. פירשו אם בערך הטבלא החרוז הכתוב על לבם, אם בערך עירוב שמו עמהם מיכאל וגבריאל: [ג] **שעל מנת כן הוצאתיך.** הרגישו למה לא אמר אשר עשיתי שמים וארץ, כמו שהקשה רבי יהודה הלוי להרב אברהם בן עזרא (שמות כ, א), ותירצו אם לפי שעל מנת כן היה בהוציאך את העם ממצרים תעבדון את האלהים על ההר הזה אשר הוצאתי אותם מארץ מצרים לשכני בתוכם, ולזה נאמר בחומש הפקודים (במדבר א, א) במדבר סיני באהל מועד ללמד כי בזכות זה יצאו ממצרים (במדבר רבה ג, ו). או **לבת מלכים שנשבית** ופדאה אמר המלך די בפדייה, ואם כן בעדיפות נקט לומר דאפילו בזה די:

מסורת המדרש

ד. עיין מדרש תהלים מזמור י"ז:
ה. עיין פסיקתא דרב כהנא פיסקא י"ב:
ו. מכילתא משפטים פרשה כ':
ז. לקמן פמ"א. שהש"ר פ"א פסוק ב' וש"נ:

אם למקרא

שִׁמְעָה עַמִּי וַאֲדַבֵּרָה יִשְׂרָאֵל וְאָעִידָה בָּךְ אֱלֹהִים אֱלֹהֶיךָ אָנֹכִי: (תהלים נ: ז)

באור מהרי"פ

אדונו של כל העולם בהם. וזה לשון הפסיקתא, אף על פי שאלפי שנאן נאים ומשובחים ה' כביכול, מסוים ביניהם מלך בשר ודם יוצא לקמפון, יש נאים כיוצא בו, מה שאין כן בהקדוש ברוך הוא כביכול: **פנים הרבה.** ופנים בפנים דבר ה' עמכם דורש על הרבה פנים של מלאכים היו שם, מדלא כתיב פנים אל פנים דבר ה' עמכם, כמו פה אל פה אדבר בו: [ד] **שני דברים שאלו וכו'.** כמו שמבואר במדרש חזית על מקרא ישקני מנשיקות פיהו (פרשה א, יד), וכמו שפירש רש"י על המקרא (וישב) [ויגד] משה את דברי העם אל ה', אמרו אינו דומה שומע מפי השליח, לשומע מפי המלך, רצוננו לראות את מלכנו. עיין שם:

שינוי נוסחאות

דבר אחר, "ה' בם", אמר רבי לוי: שהיה טבלא של שם המפורש כתוב על לבם. שורה זו היתה בספרים הישנים, גם בד' קראקא שמ"ז, אבל בד' קראקא שסט הושמטה בטעות, ומשם ואילך נעלמה עקבותיה (אף על פי שהמשיכו להדפיס את פירוש מ"כ על תיבת "טבלא" - ע' רד"ל), אבל בדפוסים המאוחרים (וארשא תר"ל ווילנא תרמ"ז) החזירו עטרה ליושנה וכתבוה בתוך סוגריים מרובעים: (ד) **כמו שכתוב בעשרת הדברות עד.** מילים אלו כתובות בכל הדפוסים בלי סוגריים, רק בדפוסים המאוחרים (ווילנא ווארשא) הכניסו אותן לסוגריים:

אֱלוֹהַּ אֲנִי עַל כָּל בָּאֵי עוֹלָם – **"I am God over all the world's inhabitants;** אֲבָל לֹא יִחַדְתִּי שְׁמִי אֶלָּא עֲלֵיכֶם – **however, I attached My Name only onto you.** אֵינִי נִקְרָא אֱלֹהֵי אוּמּוֹת הָעוֹלָם – That is to say, **I am not called the 'God of the nations of the world,'** אֶלָּא אֱלֹהֵי יִשְׂרָאֵל – **but the 'God of Israel.'** "[34]

The Midrash now discusses two requests that the Israelites made when they received the Torah:[35]

אָמַר רַבִּי לֵוִי – **R' Levi said:** שְׁנֵי דְבָרִים שָׁאֲלוּ יִשְׂרָאֵל מִלִּפְנֵי הַקָּדוֹשׁ בָּרוּךְ הוּא – **Israel asked two things of the Holy One, blessed is He:** שֶׁיִּרְאוּ כְבוֹדוֹ וְיִשְׁמְעוּ קוֹלוֹ – **that they should see His glory,**[36] and that **they should hear His voice** without an intermediary.[37]

NOTES

34. The appellation אֱלֹהֵי יִשְׂרָאֵל, *God of Israel*, appears almost 200 times in Scripture; He is never called "God of the nations." [Regarding the reference to God as מֶלֶךְ הַגּוֹיִם, *King of the nations*, in *Jeremiah* 10:7, see *Yefeh Anaf* to *Rus Rabbah, Pesichta* §1 (cited in our note 28 there).] The Midrash is explaining that God said, *"I am HASHEM, 'your' God"* (rather than *"I am HASHEM, God"*) in order to express His love for Israel. R' Shimon ben Yochai finds support for this explanation from the end of the *Psalms* verse quoted by R'Acha. For in that verse God declares, אֱלֹהִים אֱלֹהֶיךָ אָנֹכִי, *God, your God, am I,* which is interpreted to mean: to the nations of the world I am *God*; but as for Israel, *"your" God am I* (see *Rashash*; *Eitz Yosef* s.v. פתח בו).

Tiferes Tzion explains that the difference rests with the mode of Divine Providence each group enjoys. With regard to the nations, God conducts their affairs and bestows His blessings only through His intermediaries, the celestial ministers and constellations. This is not the case with Israel. By attaching His Name to the Jewish people, God grants them a direct and supernatural level of Providence, conducting their lives with miracles – whether of the "open, revealed" type (where the laws of nature are suspended), or of the "hidden" type (where there is no change in the natural order). This is the true import of the opening of the First Statement, *I am HASHEM, "your" God.* It is a statement of the disparity between His relationship with Israel and His relationship with the nations.

35. The Midrash does so in order to explain the *Psalms* verse more fully – especially the apparent redundancy in the first part of the verse, where God seemingly repeats Himself, saying, *"Pay heed, My people, and I shall speak; Israel, and I shall bear witness against you"* (see *Tiferes Tzion*; see also *Eitz Yosef*, end of section). According to *Yefeh To'ar* (end of section), the Midrash's purpose is ultimately to provide further explanation for why God called Himself, *HASHEM, "your" God.* See note 44.

36. I.e., that they should perceive the truth of God's existence and how He interacts with the world, just like true prophets (*Eitz Yosef*; see also *Eshed HaNechalim*).

37. *Eitz Yosef.*

From where do we know that Israel made these two requests? *Mechilta* (*Yisro, BaChodesh* §2), as explained by *Maharzu* to *Shir HaShirim Rabbah* 1:2 [sec. 3], teaches that it is implied by *Exodus* 19:8-11, as follows: The end of verse 8 states, *Moses brought back the words of the people to HASHEM.* Now, what were their "words"? No mention of them was made previously. But the answer is implied by God's response, in verse 9: *HASHEM said to Moses, "Behold! I come to you in the thickness of the cloud, so that the people will hear as I speak."* Here God grants their request **to hear Him directly.** Verse 9 then concludes, *Moses related the words of the people to HASHEM.* But what new "words" were these? Again, the answer is evident from God's reply: *HASHEM said to Moses, "Go to the people and sanctify them . . . for on the third day HASHEM shall descend in the sight of the entire people"* (vv. 10-11). Here He grants their request **to see His glory.**

For other approaches see *Eitz Yosef* to *Shir HaShirim Rabbah* ibid., and *Beur Maharif* and *Eitz Yosef* here, following *Rashi* to *Exodus* 19:9.

(שם) "אֲדֹנָי בָּם", אֵין כְּתִיב בְּיוּ"ד הֵ"א אֶלָּא בְּאָלֶ"ף דָּלֶ"ת, אֲדוֹנוֹ שֶׁל כָּל הָעוֹלָם בָּהֶם, [ד]דָּבָר אַחֵר, "ה' בָּם", אָמַר רַבִּי לֵוִי: שֶׁהָיָה טַבְלָא שֶׁל שֵׁם הַמְפוֹרָשׁ כָּתוּב עַל לִבָּם,] דָּבָר אַחֵר, "ה' בָּם", רַבָּנָן אָמְרִין: שְׁמוֹ שֶׁל אֱלֹהִים הָיָה מְעוֹרָב עִם כָּל אֶחָד וְאֶחָד, מִיכָאֵל וְגַבְרִיאֵל, אָמַר הַקָּדוֹשׁ בָּרוּךְ הוּא לְיִשְׂרָאֵל: לֹא בִּשְׁבִיל שֶׁרְאִיתֶם פָּנִים הַרְבֵּה תִּהְיוּ סְבוּרִין שֶׁמָּא אֱלוֹהוֹת הַרְבֵּה בַּשָּׁמַיִם, דְּעוּ שֶׁאֲנִי הוּא ה' אֶחָד, שֶׁנֶּאֱמַר [כ, ב] "אָנֹכִי ה' אֱלֹהֶיךָ":

ג אָמַר רַבִּי טוֹבִיָּה בַּר רַבִּי יִצְחָק: [כ, ב] "אָנֹכִי ה' אֱלֹהֶיךָ", שֶׁעַל מְנָת כֵּן "הוֹצֵאתִיךָ מֵאֶרֶץ מִצְרַיִם" שֶׁתְּקַבֵּל אֱלָהוּתִי עָלֶיךָ, דָּבָר אַחֵר, "אָנֹכִי ה' אֱלֹהֶיךָ", מָשָׁל לְבַת מְלָכִים שֶׁנִּשְׁבֵּית בְּיַד הַלִּסְטִים וּבָא הַמֶּלֶךְ וְהִצִּילָהּ, לְאַחַר יָמִים בִּיקֵּשׁ לִישָּׂא אוֹתָהּ לְאִשָּׁה, אָמְרָה לוֹ: מָה אַתָּה נוֹתֵן לִי, אָמַר לָהּ: אִם אֵין לִיךְ עָלַי אֶלָּא שֶׁפְּדִיתִיךְ מִיַּד הַלִּסְטִים דַּיַּי:

ד דָּבָר אַחֵר, [כ, ב] "אָנֹכִי ה' אֱלֹהֶיךָ", רַבִּי אַחָא בְּרַבִּי חֲנִינָא פָּתַח בּוֹ: (תהלים נ, ז) "שִׁמְעָה עַמִּי וַאֲדַבֵּרָה", [ה](כְּמוֹ שֶׁכָּתוּב בַּעֲשֶׂרֶת הַדִּבְּרוֹת, עַד) אָמַר רַבִּי שִׁמְעוֹן בֶּן יוֹחָאי: אָמַר לָהֶם הַקָּדוֹשׁ בָּרוּךְ הוּא לְיִשְׂרָאֵל: [ו]אֱלוֹהַּ אֲנִי עַל כָּל בָּאֵי עוֹלָם, אֲבָל לֹא יִחַדְתִּי שְׁמִי אֶלָּא עֲלֵיכֶם, אֵינִי נִקְרָא אֱלֹהֵי °עוֹבְדֵי כוֹכָבִים° אֶלָּא אֱלֹהֵי יִשְׂרָאֵל, אָמַר רַבִּי לֵוִי [ז]שְׁנֵי דְבָרִים שֶׁאֲלוּ יִשְׂרָאֵל מִלִּפְנֵי הַקָּדוֹשׁ בָּרוּךְ הוּא: שֶׁיִּרְאוּ כְבוֹדוֹ וְיִשְׁמְעוּ קוֹלוֹ,

עץ יוסף

אדונו של כל העולם בהם. פירוש שניכר בהם ומסויים ביניהם לא כמלך בשר ודם שיש באוכלוסיו נאים כיוצא בו וגבורים כיוצא בו, כן הוא בפסיקתא: **דבר אחר אדני בם אמר רבי לוי שהיה טבלא של שם המפורש כתוב על לבם דבר אחר אדני בם רבנן אמרין כו'.** כן מצאתי הנוסחא בהמדרש שעם פירוש היפה תואר, וכן הועתק באלשיך, וכן נראה שהיה גירסת המתנות כהונה שפירש טבלא דף, ולא ידעתי מאיזה סבה הושמט מכל המדרשים שלפנינו: **שראיתם פנים הרבה.** והיינו פנים בפנים דבר ה' עמכם, כי כשדבר ה' עמהם ראו והשיגו פנים הרבה: (ג) **שעל מנת בן הוצאתיך.** משום דקשה למה הוצרך לומר להם עכשיו שה' הוציאם ממצרים, כמו שנאמר בריש סימן א', לכן מתרץ רבי טוביה דאתא לומר כי לא הוציאם ה' ממצרים להיותם חפשים לגמרי רק לקבל אלהותו יתברך, כדכתיב שלח את עמי ויעבדוני, משמע שעיקר ההוצאה היתה כדי לעבוד את ה' ולקבל אלהותו ומלכותו: **דבר אחר אנכי ה' אלהיך משל כו'.** מתרץ קושיא הנ"ל שאפילו לא יעשה להם הטבה אחרת זולת הוצאתם ממצרים, כדאי לכשישתעבדו לו על זה, ואם יתן להם שכר מעטה אינו אלא רק חסד: (ד) [ג] **פתח שמעה עמי ואדברה.** כוונתו לתרץ למה אמר ה' אלהיך, ולא נאמר סתם ה' אלהים כדכתיב בכל מקום, לכן מתרץ דמחבתו את ישראל נקרא אלהיהם ולא אלהי עכו"ם, ומביא סמיכות מפסוק שמעה עמי וגו' אלהים אלהיך אנכי: **כמו שנאמר בעשרת הדברות.** אפשר דהוצא זה באיזה מדרש דעשרת הדברות דפרשת יתרו, או ואתחנן (תולדות נח). ולי נראה דצריך לומר כמו שנאמר בריש מדרש רות: **שני דברים שאלו ישראל.** היינו ויגד משה את דברי העם אל ה' שרצו לשמוע מפיו, ואמרו רצוננו לראות את מלכנו, כדאיתא בחזית פסוק ישקני: **שיראו כבודו.** כלומר שישיגו אמתת מציאותו והשתלשלות המציאות והנהגתו ממנו כמושג לנביאי האמת: **וישמעו קולו.** בלא אמצעי:

פירוש מהרז"ו

אין כתיב ביו"ד. פירוש ביו"ד ה"א וי"ו: **מעורב עם כל אחד.** וזהו גם בתוך שמותם שם אל: **שראיתם פנים הרבה.** בפסיקתא שם ביתר ביאור, וזה לשונו כשירד הקב"ה לסיני ירדו עמו מיכאל ודגלו, גבריאל ודגלו, והיו ישראל מסתכלין בכל אחד ואחד, ואומרים זהו זהו, אמר להם הקב"ה מה אתם מסתכלים באלו, אין לכם הנייה מהם, אלא אתם בני ואני אביכם. עוד שם בסימן ו, פנים בפנים דבר ה' עמכם, אר' לוי בדמוית הרבה נראה להם, לזה עומד, לזה יושב וכו', ביום בחור, בסיני זקן וכו', עד אנא הוא דימא, אנא הוא דסיני. ולזה כוון כאן: (ג) **שעל מנת כן.** דורש מה שכתוב אשר הוצאתיך, וכי סימן היו צריכין שלא יטעו, והלא ידעו כבר, על כן דורש שאינו להודעה וסימן, אלא שיקיימו התנאי, וכמו שכתוב מפורש בריש וארא (שמות ו, ו - ז) וגאלתי אתכם וגו' ולקחתי אתכם לי לעם והייתי לכם לאלהים, ומאחר שקיימתי הגאולה קבלו אלהותי: **מה אתה נותן לי.** לא היתה מכרת כבודו וגדלו וכל הטוב שמוכן לה, כמו שאמרו ריש שיר השירים רבה, אלא ביקשה מתנה לשעה, שתרגיש תועלת נשואתה לו, ועל כן השיב לה מה שתרגיש הטובה, כך אמר השם יתברך אל העם הפשוט שאינם מכירים גדלו וטובתו, אך כל המבינים בעם עליהם נאמר (תהלים עג, כח), ואני קרבת אלהים לי טוב, וכדומה: (ד) **שמעה עמי ואדברה.** וסיפא דקרא אלהים אלהיך אנכי: **כמו שכתוב בעשרת הדברות.** שיש מדרש שנתחבר ביחוד על עשרת הדברות, ופסוק שמעה עמי, הוא שם לפתיחה, ומדרש זה אינו בידינו. אך הוא בריש מדרש רות, ובילקוט כאן, ובילקוט תהלים נ', באריכות: **לא יחדתי שמי.** וזה אלהים לכל אלהיך ביחוד: **אמר רבי לוי.** לקמן פרשה מ"א בסימן ג'. ומכילתא יתרו פסוק (הנני) [הנה אנכי] בא אליך בעב וגו', ושם בהיפך, תחלה ביקש על השמיעה, ואחר כך על הראיה, בראיות שזהו מה שנאמר וישב משה ויגד משה, שני פעמים, וכאן סידור כמו שכתוב בפסוק, הן הראנו, ואחר כך ואת קולו שמענו:

חידושי הרד"ל

אדונו של כל העולם בהם. מפרש בפסיקתא וילקוט ושוחר טוב מזמור יז, טבלא יש על לבו של כל אחד ואחד ושמו של הקב"ה משותף בהם, (ומלשון המתנות כהונה שפירש טבלא דף נראה שהיה כתוב לפניו כאן גם כן זה). והענין על לבו על חיותו כתוב שמו של הקב"ה שממנו מחיה לכולם, וכמו שכתוב לקמן פרשה לב ד. ועיין מה שכתבתי בסייעתא דשמיא בביאורי לפרקי דרבי אליעזר סוף פרק ו, ופרק מב בזה: [ד] **כמו שכתוב בעשרת הדברות.** רצה לומר בפסיקתא של עשרת הדברות, עיין שם, וקצת בילקוט, גם קצת נמצא בריש מדרש רות (פתיחתא א), עיין שם: **שני דברים שאלו כו'.** כמו שכתוב הראיני את מראיך השמיעיני את קולך ודרשו בשיר השירים רבה (פרשה ב פסוק יד, ד) הראיני את מראיך וכל העם רואים את הקולות, השמיעיני את קולך זה קול שלפני הדברות, עיין שם:

חידושי הרש"ש

[ד] **אלוה אני על כל באי עולם אבל כו' אלא עליכם.** הוא פירוש דאלהים אלהיך אנכי דבסוף הפסוק:

אמרי יושר

ה' בם. פירשו אם בערך הטבלא החרוז הכתוב על לבם, אם בערך עירוב שמו עמהם מיכאל וגבריאל: [ג] **שעל מנת כן הוצאתיך.** הרגישו למה לא אמר אשר עשיתי שמים וארץ, כמו שהקשה רבי יהודה הלוי להרב אברהם בן עזרא (שמות כ, א), ותירצו אם לפי שעל מנת כן היה בהוציאך את העם ממצרים תעבדון את האלהים על ההר הזה אשר הוצאתי אותם מארץ מצרים לשכני בתוכם, ולזה נאמר בחומש הפקודים (במדבר א, א) במדבר סיני באהל מועד ללמד כי בזכות זה יצאו ממצרים (במדבר רבה ג, ו). או **לבת מלכים שנשבית** ופדאה אמר המלך די בפדייה, ואם כן בעדיפות נקט לומר דאפילו בזה די:

מסורת המדרש

ד. עיין מדרש תהלים מזמור י"ז:
ה. עיין פסיקתא דרב כהנא פיסקא י"ב:
ו. מכילתא משפטים פרשה כ':
ז. לקמן פמ"א. שהש"ר פ"א פסוק ב' וש"נ:

אם למקרא

שִׁמְעָה עַמִּי וַאֲדַבֵּרָה יִשְׂרָאֵל וְאָעִידָה בָּךְ אֱלֹהִים אֱלֹהֶיךָ אָנֹכִי: (תהלים נ: ז)

באור מהרי"פ

אדונו של כל העולם בהם. וזה לשון הפסיקתא, אף על פי שאלפי שנאן נאים ומשובחים ה' כביכול, מסוים ביניהם מלך בשר ודם יוצא לקמפון, יש נאים כיוצא בו, מה שאין כן בהקדוש ברוך הוא כביכול: **פנים הרבה.** ופנים בפנים דבר ה' עמכם דורש על הרבה פנים של מלאכים היו שם, מדלא כתיב פנים אל פנים דבר ה' עמכם, כמו פה אל פה אדבר בו: [ד] **שני דברים שאלו וכו'.** כמו שמבואר במדרש חזית על מקרא ישקני מנשיקות פיהו (פרשה א, יד), וכמו שפירש רש"י על המקרא (וישב) [ויגד] משה את דברי העם אל ה', אמרו אינו דומה שומע מפי השליח, לשומע מפי המלך, רצוננו לראות את מלכנו. עיין שם:

שינוי נוסחאות

דבר אחר, "ה' בם", אמר רבי לוי: שהיה טבלא של שם המפורש כתוב על לבם. שורה זו היתה בספרים הישנים, גם בד' קראקא שמ"ז, אבל בד' קראקא שסט הושמטה בטעות, ומשם ואילך נעלמה עקבותיה (אף על פי שהמשיכו להדפיס את פירוש מ"כ על תיבת "טבלא" - ע' רד"ל), אבל בדפוסים המאוחרים (וארשא תר"ל ווילנא תרמ"ז) החזירו עטרה ליושנה וכתבוה בתוך סוגריים מרובעים: (ד) **כמו שכתוב בעשרת הדברות עד.** מילים אלו כתובות בכל הדפוסים בלי סוגריים, רק בדפוסים המאוחרים (וילנא ווארשא) הכניסו אותן לסוגריים:

מתנות כהונה

ביו"ד. שם של ארבע: **טבלא.** דף: [ג] **שעל מנת כן.** סיפיה דקרא קדייק אשר הוצאתיך וגו': [ד] **כמו שכתוב בעשרת הדברות** ועיין בילקוט:

אשד הנחלים

אדונו של כל העולם. הוא סוד מסוד השמות הקדושים הידועים רק לחכמי אמת. ועיין בספר שערי אורה בראשיתו: **שמו של אלהים מעורב.** הדבר הזה הוא מבואר גם כן על פי יסודות חכמי אמת, שרק על פי האור אלקות השורה בתוכם הם קיימים: [ג] **משל לבת מלכים כו' אלא שפדיתיך כו'.** דהוקשה קושית המחקרים, דהיה לו להכתוב לומר אני ה' הויה פשוטה אחד אמיתי הקדמון, וכדומה מתואריו יתברך ויחודו, שזה עיקר הידיעה על אמיתתו יתברך, אשר מההכרה הזאת תבא האהבה האמתית לה', כמו שכתוב שמע ישראל ה' אלהינו ה' אחד, ואהבת את ה' אלהיך, ולא מצד קבלת הטובה אשר הוציאנו ממצרים, כי אין זה אהבה רק מצד התועלת וקבלת הטובה לבד. ולכן מפרש על דרך המשל שהכונה כאומר אנכי ה' אלהיך הויה פשוטה, וראוי שתעבדני מאהבה, ופן תאמרו ליתן לכם שכר טוב עבור זה, הלא תזכרו אשר אנכי הוצאתיך ממצרים, ודי לכם הטובה שעשיתי לכם, ואם כן מחויבים אתם לעבדני. ודעת ר' טוביה שהרי זה כתנאי, שלא תדמו כי הוצאתי אתכם ממצרים למען תתענגו על טובת הזמן, לא כן כי אם על מנת שתכירו אמיתותי ותעבדוני באמת: [ד] **שיראו כבודו.** כלומר שישיגו במראה הנבואה כבודו יתברך, וישמעו קול הנבואיי. והכונה כמו שבארתי פעמים רבות, שמדרגת הקול היא מדרגת פנים אל פנים, וזהו שביקשו לבוא לידי מדרגה זו. ועיין בחזית (שיר השירים רבה א פסוק ב) שאמרו שיצא מהדיבור למלאך, וממלאך לישראל, אך ישראל אבו לשמוע מהדבור עצמו שזהו בחינת קול:

וְהָיוּ רוֹאִין אֶת כְּבוֹדוֹ וְשׁוֹמְעִין אֶת קוֹלוֹ – **And, indeed, they did see His glory and hear His voice,** שֶׁנֶּאֱמַר ״וַתֹּאמְרוּ הֵן הֶרְאָנוּ ה׳ אֱלֹהֵינוּ אֶת כְּבֹדוֹ וְאֶת גָּדְלוֹ״ – **as it is stated,** ***You said, "Behold! HASHEM, our God, has shown us His glory and His greatness"*** (*Deuteronomy* 5:21); וּכְתִיב ״וְאֶת קוֹלוֹ שָׁמַעְנוּ מִתּוֹךְ הָאֵשׁ״ – **and it is written** in that selfsame verse: ***"and we have heard His voice from the midst of the fire."***

The Midrash describes how these powerful experiences of seeing and hearing impacted the people:

וְלֹא הָיָה בָהֶם כֹּחַ לַעֲמוֹד – **But [the people] did not have the strength to endure** this intensity of Revelation, שֶׁכֵּיוָן שֶׁבָּאוּ לְסִינַי וְנִגְלָה לָהֶם – **for when they came to Sinai and [God] revealed Himself to them,** פָּרְחָה נִשְׁמָתָם עַל שֶׁדִּבֵּר עִמָּהֶם – **their souls flew out when He spoke with them,**[38] שֶׁנֶּאֱמַר ״נַפְשִׁי יָצְאָה בְדַבְּרוֹ״ – **as it says,** ***My soul departed as He spoke*** (*Song of Songs* 5:6). אֲבָל הַתּוֹרָה בִּקְּשָׁה עֲלֵיהֶם רַחֲמִים מִלִּפְנֵי הַקָּדוֹשׁ בָּרוּךְ הוּא – **However, the Torah** itself **pleaded for mercy for them before the Holy One, blessed is He,** saying, יֵשׁ מֶלֶךְ מַשִּׂיא בִּתּוֹ וְהוֹרֵג אַנְשֵׁי בֵיתוֹ – **"Is there a king who marries off his daughter and kills the members of his household?!**[39] כָּל הָעוֹלָם כּוּלּוֹ שְׂמֵחִים וּבָנֶיךָ מֵתִים – **The entire world is rejoicing, and Your children are dying!"**[40] מִיָּד חָזְרָה נִשְׁמָתָן, שֶׁנֶּאֱמַר ״תּוֹרַת ה׳ תְּמִימָה מְשִׁיבַת נָפֶשׁ״ – **Immediately their souls returned** to their bodies, **for it is stated,** ***The Torah of HASHEM is perfect, restoring the soul*** (*Psalms* 19:8).[41]

The Midrash discusses why, despite the aforementioned almost-fatal consequences, the All-knowing God granted Israel's requests to see and to hear Him:

וְכִי לֹא הָיָה גָלוּי לִפְנֵי הַמָּקוֹם – **But was** אָמַר רַבִּי לֵוִי – **R' Levi said:** **it not revealed before the Omnipresent** שֶׁאִם הוּא מַרְאֶה כְּבוֹדוֹ לְיִשְׂרָאֵל וּמַשְׁמִיעָן קוֹלוֹ – **that if He showed His glory to Israel and let them hear His voice** שֶׁאֵינָן יְכוֹלִין לַעֲמוֹד – **that they could not withstand** it? אֶלָּא צָפָה הַקָּדוֹשׁ בָּרוּךְ הוּא שֶׁהֵן עֲתִידִין לַעֲשׂוֹת עֲבוֹדָה זָרָה – **However, the Holy One, blessed is He, foresaw that [Israel] was destined to make** and worship **an idol.**[42] שֶׁלֹּא יְהוּ אוֹמְרִין – He therefore appeared and spoke to them **so that they would not** be able to **say,** in self-defense: אִלּוּ הֶרְאָנוּ אֶת כְּבוֹדוֹ וְאֶת גָּדְלוֹ וְהִשְׁמִיעָנוּ אֶת קוֹלוֹ לֹא הָיִינוּ עוֹשִׂים עֲבוֹדָה זָרָה – **"If [God] had shown us His glory and His greatness, and had let us hear His voice, we would not have made an idol."**[43] לְכָךְ נֶאֱמַר ״שִׁמְעָה עַמִּי וַאֲדַבֵּרָה״ – **For this reason it is stated,** in the aforementioned *Psalms* 50:7, ***Pay heed, My people, and I shall speak;*** *Israel, and I shall bear witness against you; God, your God, am I.*[44]

§5 The Midrash now intimates that the First Commandment speaks also of the absoluteness of God's kingship:[45]

דָּבָר אַחֵר, ״אָנֹכִי ה׳ אֱלֹהֶיךָ״ – **Another explanation** of ***I am HASHEM, your God,*** *Who has taken you out of the land of Egypt, from the house of slavery*: אָמַר רַבִּי אַבָּהוּ – **R' Abahu said:** מָשָׁל לְמֶלֶךְ בָּשָׂר וָדָם – I can explain this verse with the **example of a human king** מוֹלֵךְ – who **rules** his kingdom וְיֵשׁ לוֹ אָב אוֹ אָח אוֹ בֵן – **and** yet **has a father or a brother or a son.**[46] אָמַר הַקָּדוֹשׁ בָּרוּךְ הוּא אֲנִי אֵינִי כֵן – In our verse **the Holy One, blessed is He, was saying, "I am not like that.** ״אֲנִי רִאשׁוֹן״, שֶׁאֵין לִי אָב – Rather,[47] **I am first, for I have no father;**[48]

NOTES

38. Because the Israelites lacked the spiritual preparation to endure the intensity of the Divine revelation, their souls departed from their bodies when God spoke to them. For if a person perceives of the Divine more than he is prepared for, the experience will kill him. Indeed, this was the fate of Ben Azzai when he entered the sublime Orchard [פַּרְדֵּס, or Paradise; see *Chagigah* 14b] (*Yefeh To'ar, Eitz Yosef*). [The inclination of the soul when it perceives the Divine is to cling to the brilliant light it sees; it chooses the serenity of Heaven over the vicissitudes of our earth and leaves the body, and death ensues (see *Maharsha* to *Chagigah* ibid.).] See, however, *Eshed HaNechalim*.

39. The king in the parable is God, his daughter (the bride) is the Torah [see below, 33 §1], and the household members are the masses of Jews. Now it would appear from this parable that the masses of the Jewish people (God's "household") are the groom. But why then does the Midrash not say, "and kills the groom"? *Yefeh To'ar* explains that the groom is *not* the masses of Jews (i.e., the entirety of the Jewish people) but rather the elite of the nation — Moses, Aaron and his sons, and the seventy Elders of the Sanhedrin [cf. *Yalkut Shimoni, Ki Sisa* §396]. And they did *not* die; it was only the masses who died, for it is they who were not prepared to see God's glory.

40. Scripture states, *The earth became afraid and grew calm* (*Psalms* 76:9), and the Gemara (*Shabbos* 88a) explains that the earth feared that Israel would not accept the Torah, in which case Creation would return to its initial state — תֹהוּ וָבֹהוּ, *astonishing emptiness.* However, when Israel proclaimed affirmatively נַעֲשֶׂה וְנִשְׁמָע, *we will do and we will hear* (below, 24:7), the earth grew calm and rejoiced (*Yefeh To'ar*; see also *Rus Rabbah, Pesichta* §1, cited by *Eitz Yosef*). The Torah thus beseeches God to correct the gross injustice of people dying when they have given life and joy to the world.

41. God gave them the ability to endure and absorb the intense Divine revelation, even though they lacked that ability based on their own spiritual preparation (*Eitz Yosef*).

The commentators explain that according to our Midrash, the statement, *This day we saw that HASHEM will speak to a person "and he can live"* (*Deuteronomy* 5:21), and the question, *For is there any human that has heard the voice of the Living God speaking from the midst of the fire, as we have, "and lived"?* (ibid., v. 23), are to be understood as referring to Israel's being *revivified* (see *Maharzu* and *Eitz Yosef*).

42. I.e., the Golden Calf (*Eitz Yosef*; see parallel Midrash below, 41 §3).

43. People make idols with one of two intentions: either to treat them as actual deities, or to treat them as intermediaries between God and themselves. Without an intense Revelation, the Jews could have fashioned an excuse for either intention, saying: Had God enabled us to **see His glory** — i.e., if He had revealed to us the truth of His existence (see above, note 37) — we would have known that there is no Deity but He, and we would not have made an idol to be a god for us. And if God had let us **hear His voice directly,** we would have realized that intermediaries between Him and us are unnecessary, for we would have experienced firsthand the great principle of *God will speak to a person* [*Deuteronomy* 5:21] (ibid.). [See Insight below on 43 §7, "The Sin of the Golden Calf."]

44. See note 34. The Midrash thus understands *Psalms* 50:7 as follows: *Pay heed, My people, and I shall speak* — you shall hear My voice directly and thus realize that you have no need for an intermediary; *Israel, and I shall bear witness against you* — you shall see My glory and I shall thus bear witness against you that you have no excuse to worship other gods; *God, your God, am I* — for I am not only *God* of the entire world; I am ***your God***, i.e., I deal with you (Israel) directly, without any intermediaries (*Yefeh To'ar, Eitz Yosef*; cf. *Radal*). *Yefeh To'ar* adds: And this is why God called himself *HASHEM, "your" God*: in order to make the point that He is the only God, Who deals directly with Israel without any intermediaries. See *Tiferes Tzion,* cited above in note 34.

45. See below, note 49. According to *Eitz Yosef*, the Midrash will thus be providing another explanation of why God said, *Who has taken you out of the land of Egypt, from the house of slavery* (see above, introduction to §3).

46. The kingship of such a ruler is not whole and absolute. For if the father is alive, the king must honor him and allow him to participate in governing the kingdom. Or if there is a brother, the king must actually share the reins of power. And a son likewise exercises authority, and ultimately "inherits the dynasty" [from *Judges* 18:7] (*Yefeh To'ar, Eitz Yosef*).

47. The Midrash will now cite stylistically from *Isaiah* 44:6, which states in pertinent part: *Thus said HASHEM . . . : "I am first and I am last, and aside from Me there is no God."*

48. I.e., God is the First Cause of the universe; nothing preceded Him (*Eitz Yosef*). He brought into existence all that exists (see *Rambam, Hil. Yesodei HaTorah* Ch. 1; *Ramban* to *Exodus* 20:2; *Sefer HaChinuch* §25).

וְהָיוּ רוֹאִין אֶת כְּבוֹדוֹ וְשׁוֹמְעִין אֶת קוֹלוֹ, שֶׁנֶּאֱמַר (דברים ה, כ) "וַתֹּאמְרוּ הֵן הֶרְאָנוּ ה' אֱלֹהֵינוּ אֶת כְּבֹדוֹ וְאֶת גָּדְלוֹ", וּכְתִיב (שם) "וְאֶת קוֹלוֹ שָׁמַעְנוּ מִתּוֹךְ הָאֵשׁ", וְלֹא הָיָה בָּהֶם כֹּחַ לַעֲמוֹד, שֶׁכֵּיוָן שֶׁבָּאוּ לְסִינַי וְנִגְלָה לָהֶם פָּרְחָה נִשְׁמָתָם עַל שֶׁדִּבֵּר עִמָּהֶם, שֶׁנֶּאֱמַר (שיר השירים ה, ו) "נַפְשִׁי יָצְאָה בְדַבְּרוֹ", אֲבָל הַתּוֹרָה בִּקְּשָׁה עֲלֵיהֶם רַחֲמִים מִלִּפְנֵי הַקָּדוֹשׁ בָּרוּךְ הוּא: יֵשׁ מֶלֶךְ מַשִּׂיא בִתּוֹ וְהוֹרֵג אַנְשֵׁי בֵיתוֹ, כָּל הָעוֹלָם כּוּלּוֹ שְׂמֵחִים וּבָנֶיךָ מֵתִים, מִיָּד חָזְרָה נִשְׁמָתָן, שֶׁנֶּאֱמַר (תהלים יט, ח) "תּוֹרַת ה' תְּמִימָה מְשִׁיבַת נָפֶשׁ", אָמַר רַבִּי לֵוִי: וְכִי לֹא הָיָה גָּלוּי לִפְנֵי הַמָּקוֹם שֶׁאִם הוּא מַרְאֶה כְּבוֹדוֹ לְיִשְׂרָאֵל וּמַשְׁמִיעָן קוֹלוֹ שֶׁאֵינָן יְכוֹלִין לַעֲמוֹד, אֶלָּא צָפָה הַקָּדוֹשׁ בָּרוּךְ הוּא שֶׁהֵן עֲתִידִין לַעֲשׂוֹת עֲבוֹדָה זָרָה, שֶׁלֹּא יְהוּ אוֹמְרִין: אִלּוּ הֶרְאָנוּ אֶת כְּבוֹדוֹ וְאֶת גָּדְלוֹ וְהִשְׁמִיעָנוּ אֶת קוֹלוֹ לֹא הָיִינוּ עוֹשִׂים עֲבוֹדָה זָרָה, לְכָךְ נֶאֱמַר (תהלים נ, ז) "שִׁמְעָה עַמִּי וַאֲדַבֵּרָה":

ה דָּבָר אַחֵר, [כ, ב] "אָנֹכִי ה' אֱלֹהֶיךָ", אָמַר רַבִּי אַבָּהוּ: מָשָׁל לְמֶלֶךְ בָּשָׂר וָדָם מוֹלֵךְ וְיֵשׁ לוֹ אָב אוֹ אָח אוֹ בֵן, אָמַר הַקָּדוֹשׁ בָּרוּךְ הוּא: אֲנִי אֵינִי כֵן, (ישעיה מד, ו) "אֲנִי רִאשׁוֹן", שֶׁאֵין לִי אָב, (שם) "וַאֲנִי אַחֲרוֹן", שֶׁאֵין לִי אָח, (שם) "וּמִבַּלְעָדַי אֵין אֱלֹהִים", שֶׁאֵין לִי בֵן, דָּבָר אַחֵר, "אָנֹכִי ה' אֱלֹהֶיךָ", הָדָא הוּא דִכְתִיב (שם מג, יב) "אָנֹכִי הִגַּדְתִּי וְהוֹשַׁעְתִּי וְהִשְׁמַעְתִּי וְגוֹ'", "אָנֹכִי הִגַּדְתִּי" לְמִצְרַיִם שֶׁבְּרַחְתֶּם כְּדֵי שֶׁיִּשְׁמְעוּ וְיִרְדְּפוּ אַחֲרֵיכֶם וְיִטָּבְעוּ בַּיָּם, שֶׁנֶּאֱמַר (לעיל יד, ה) "וַיֻּגַּד לְמֶלֶךְ מִצְרַיִם כִּי בָרַח הָעָם", "וְהוֹשַׁעְתִּי" אֶתְכֶם, שֶׁנֶּאֱמַר (שם שם לד) "וַיּוֹשַׁע ה' בַּיּוֹם הַהוּא אֶת יִשְׂרָאֵל", "וְהִשְׁמַעְתִּי" לְאוּמּוֹת הָעוֹלָם, שֶׁנֶּאֱמַר (שם טו, יד) "שָׁמְעוּ עַמִּים יִרְגָּזוּן",

עץ יוסף

פרחה נשמתן על שדבר עמהם. פירוש כשדבר עמהם, שלא היה בהם כח לעמוד בהשגה ההיא להיותם בלתי מוכנים אליה, כי ההשגה היתרה לאדם יותר ממה שבחקו תמיתנו על דרך בן עזאי הציץ ומת: **יש מלך משיא בתו.** שהתורה שניתנה לישראל כבת מלך שנשאת לבעל: **כל העולם כולו שמחים.** הם חלקי עולם התחתון אשר פחדו שיפסדו אם לא יקבלו ישראל את התורה, ושקטו כשקבלוה, כדאיתא בריש רות רבה עיין שם: **מיד חזרה נשמתן.** ומה דכתיב בפסוק מי כל בשר אשר שמע קול אלהים חיים מדבר מתוך האש כמונו ויחי, רצה לומר שחזרו לחיותם בבקשת התורה, שהכין ה' עליהם כח והכנה להשגה ההיא עם היותם קצרי ההשגה מצד עצמם: **לא היינו עושים העגל.** שעושי עבודה זרה, אם לחשבם שהם גם כן אלוהות ממש, ואם לחשבם שהם אמצעים בין השם יתברך וביניהם, לכן אילו הראנו את כבודו, רצה לומר אילו השיגנו אמתת מציאותו, ידענו שאין עוד מלבדו, ואילו השמיענו קולו ידענו שאין צורך לאמצעי בינינו אחר שהוא בעצמו ידבר את האדם: **לכך נאמר שמעה עמי ואדברה.** פירוש שמעה עמי קולי מה שאדבר אני בעצמי עמך, ישראל ואעידה בך שתראה כבודי כדי שתדע שמלבד היותי אלהים על כל העולם אלהיך אני ביחוד שמשגיח אני עליך בלי אמצעי: (ה) [ד] **אמר ר' אבהו כו' מלך בשר ודם מולך ויש לו אב כו'.** רצה לומר שמלך בשר ודם אין מלכותו שלימה, לפי שיש לו אב וצריך לנהוג בו כבוד, ומשתתף עמו במלכות, או יש לו אח שיש לו חלק בכבוד מלכות, או יש לו בן שנוהג גם כן שררה עמו, ואחריו יורש עצר: **ואני אחרון שאין לי בן ומבלעדי אין אלהים שאין לי אח.** כן צריך לומר (יפה תואר). ופירושו אין לו אב כי הוא הסבה הראשונה שאין דבר שקדם לו, ואין לו אח כי הוא אחד ואין שני לו, ואין לו בן שלא נמשכו העלולים ממנו בטבע כבן מהאב, כמו שחשבו קצת, כי לפי דעת ההיא אין היכולת בידו לשנות הדברים, ואין מלכותו שלימה, ולכן אמר אנכי ה' אלהיך אשר הוצאתיך וגו' כי זו כחו להוציאם ממצרים לפי שמלכותו שלימה, ולא איתי די ימחא בידיה: [ה] **הדא הוא דכתיב אנכי הגדתי כו'.** שאלהותו ניכר לישראל טפי מלאחרים כי הם אשר לבדם ראו את כבודו, ולהכי מייתי האי קרא דכתיב ביה ואתם עדי ואני אל, שפירושו שמפני שלא היה זר עמכם במתן תורה, לכן אתם העדים לבדכם שאני אל: **אנכי הגדתי למצרים כו'.** דאם לא כן מי הגיד לו, ולא סבירא ליה כמו שנאמר במכילתא דאיקטורין שלא עמהם והם הגידו לו, שאין ההגדה אלא אחר יום השלישי שהוקבע להם לשוב, והיאך הלכו האיקטורין ובאו פרעה בתוך שלשה ימים, שהרי בליל שביעי נטבעו: **והשמעתי לעמים.** קריעת ים סוף:

פירוש מהרז"ו

נפשי יצאה בדברו. כולל השמיעה והראיה. ומרומז בפסוק הנ"ל, על פי מדה ט' וי"ז, היום הזה ראינו כי ידבר אלהים את האדם וחי, ופירוש כי ידבר וגו' ומת ואחר כך חי, דאם לא כן היה לו לומר ולא ימות: **שמעה עמי.** הנני ממלא משאלותיכם בשמיעה וראיה כמפורש בתורה: (ה) **ומבלעדי אין.** שאין לי אח, כן צריך לומר: **אנכי הגדתי והושעתי.** וסיפא דקרא ואין בכם זר ואתם עדי נאם ה' ואני אל. ולא פירש מה הגיד ולמי, ואיך שייכות הענינים זה לזה, על כן דורש על פי מדה ז' וי"ז. והרי פירש מה הגיד, ולמי, וכן כולם: **והשמעתי לעובדי כוכבים.** ועל כן וישמע יתרו, ששמע קריעת ים סוף ובא. כמו שאמרו במכילתא ריש יתרו, ולעיל פרשה כ"ז סימן ד:

חידושי הרד"ל

ולא היה בהם כח לעמוד כו'. כל המאמר לקמן פרשה מא ג, ובשיר השירים רבה פרשה ה פסוק יג, עיין שם: **וכי לא היה גלוי כו'.** שיר השירים רבה פרשה א פסוק ז: **לכך נאמר** (תהלים נ, ז) **שמעה עמי ואדברה.** ישראל ואעידה בך אלהים אלהיך אנכי, ורצה לומר התרה בהן תחלה ונגלה עליהם בכבוד בדבור אנכי, וכתיב להלן (תהלים פא ט - יא) שמע עמי ואעידה בך וגו' לא יהיה בך אל זר וגו' אנכי ה' המעלך מארץ מצרים: [ה] **ואני אחרון שאין לי בן ומבלעדי אין אלהים שאין לי אח.** כן צריך לומר, וכן כתב בידי משה. ובלשון המקרא (קהלת ד, ח) גם בן ואח אין לו, (ולגירסת הספר יקשה קושית המדרש בקהלת שם (פרשה ד פסוק ח, א) אם אח אין לו בן מנין לו):

באור מהרי"פ

שאינן יכולים לעמוד וכו'. וכן מה שאמר למעלה רבי לוי פרחה נשמתן על שדבר עמהם. יש לתמוה על זה הלא רבי לוי בעל המאמר הזה אמר לעיל ריש פרשה ה (סימן א) קול ה' בכח של כל אחד ואחד, הבחורים לפי כחן, והזקנים לפי כחן וכו', ואם כן למה יצאה נפשו בדברו עמהם, וקשיא דרבי לוי אדרבי לוי. ויש לומר דלעיל מיירי בקולות וברקים שעליהם נאמר וכל העם רואים את הקולות היו לפי כחן, ובפניהם יכלו לעמוד, אבל מקול הדבור בעצמו שהיה אומר להם עשרת הדברות לא יכל לעמוד ולשמוע בקול חזק כזה. ואם תאמר מדוע באמת לא נתן קולו בעשרת הדברות לפי כח כל אחד ואחד, על זה בא רבי לוי לתרץ אלא צפה הקב"ה וכו'. תלדות נח הארוך:

אם למקרא

וַתֹּאמְרוּ הֵן הֶרְאָנוּ ה' אֱלֹהֵינוּ אֶת כְּבֹדוֹ וְאֶת גָּדְלוֹ וְאֶת קֹלוֹ שָׁמַעְנוּ מִתּוֹךְ הָאֵשׁ הַיּוֹם הַזֶּה רָאִינוּ כִּי יְדַבֵּר אֱלֹהִים אֶת הָאָדָם וָחָי: (דברים ה: כ)

פָּתַחְתִּי אֲנִי לְדוֹדִי וְדוֹדִי חָמַק עָבָר נַפְשִׁי יָצְאָה בְדַבְּרוֹ בִּקַּשְׁתִּיהוּ וְלֹא מְצָאתִיהוּ קְרָאתִיו וְלֹא עָנָנִי: (שיר השירים ה: ו)

תּוֹרַת ה' תְּמִימָה מְשִׁיבַת נָפֶשׁ עֵדוּת ה' נֶאֱמָנָה מַחְכִּימַת פֶּתִי: (תהלים יט: ח)

כֹּה אָמַר ה' מֶלֶךְ יִשְׂרָאֵל וְגֹאֲלוֹ ה' צְבָאוֹת אֲנִי רִאשׁוֹן וַאֲנִי אַחֲרוֹן וּמִבַּלְעָדַי אֵין אֱלֹהִים: (ישעיה מד: ו)

אָנֹכִי הִגַּדְתִּי וְהוֹשַׁעְתִּי וְהִשְׁמַעְתִּי וְאֵין בָּכֶם זָר וְאַתֶּם עֵדַי נְאֻם ה' וַאֲנִי אֵל: (שם מג: יב)

וַיֻּגַּד לְמֶלֶךְ מִצְרַיִם כִּי בָרַח הָעָם וַיֵּהָפֵךְ לְבַב פַּרְעֹה וַעֲבָדָיו אֶל־הָעָם וַיֹּאמְרוּ מַה־זֹּאת עָשִׂינוּ כִּי־שִׁלַּחְנוּ אֶת־יִשְׂרָאֵל מֵעָבְדֵנוּ: (שמות יד: ה)

וַיּוֹשַׁע ה' בַּיּוֹם הַהוּא אֶת־יִשְׂרָאֵל מִיַּד מִצְרָיִם וַיַּרְא יִשְׂרָאֵל אֶת־מִצְרַיִם מֵת עַל־שְׂפַת הַיָּם: (שם שם לד)

שָׁמְעוּ עַמִּים יִרְגָּזוּן חִיל אָחַז יֹשְׁבֵי פְּלָשֶׁת: (שם טו: יד)

ידי משה

[ה] נראה לי שצריך לומר **אני ראשון שאין לי אב ואני אחרון שאין לי בן ומבלעדי וגאין אלהים שאין לי אח.** והטעות נתהוה, מאחר שבמשל אומר אח קודם לבן, ושם מזכיר הקודם והשוה והאחרון כסידרן, אבל בנמשל נופל לשון ואני אחרון על הבן. וקל להבין:

מתנות כהונה

הכי גרסינן **פרחה נשמתן על שדבר וכו':**

אשד הנחלים

פרחה נשמתם. על דרך מאמרם (חגיגה יד, ב) בן עזאי הציץ ומת, כי המתדבק למדרגה רמה כמעט נפרד נפשו מגופו מרוב ההתבודדות, רק זכות התורה עזרתם לבלי ימותו ואז חזרה נשמתם, כי ניתן בכחם על דרך נס אלקי שיוכלו לקבל זאת ההשגה: **וכי לא היה גלוי.** לפי הלשון משמע שקושיתו אם כן למה הראה להם, אחר שאין זאת בכחם. אך לפי אמרם שהתורה ביקשה עליהם רחמים, אם כן נשארו על כחם, ואם כן אין זה קושיא. ואולי רבי לוי סבר כמאמרם בחזית (שיר השירים רבה א פסוק ב) בשעה ששמעו אנכי ולא יהיה, נתקע תלמוד תורה בלבם, ונתעקר היצר מלבם, וצוחו מה הנאה יש באבידה שלנו, חזרו להיות לומדים ומשכחים, והיצר הרע שב למקומו [ושם בארתי ענינו], ואם כן לא היו יכולים לעמוד במדרגה הזאת, ואם כן למה הראם. אלא שלא ליתן פתחון פה להם שאילו השיגו מדרגת פנים אל פנים, לא היו נפתים אחר עבודת כוכבים, לכך הראה להם תחלה זאת. וזהו שמעה עמי ואדברה, שנסיתיך ישראל אם תשמע לי, אם תבוא לידי מדרגה זו: [ה] **מלך ויש לו אב או אח.** כלומר אף שהוא מלך והוקם על, עם כל זה יש לו אב, אבל אצלו יתברך אין שייך זה, כי אין דבר נמשך חס ושלום מעצמותו ממש, ומכל שכן שאין דבר נעלה הימנו. וזה באור הכתוב לא יהיה לך אלהים אחרים על פני, כלומר שתדמו שיש עוד הנמשכים מפני ומעצמותי חס ושלום, וזהו כמו שפירש הרמב"ן, עיין דבריו: **הגדתי למצרים שברחתם.** כלומר הסבותי הדבר במה שצויתי לעקל דרכיכם, כדי שידמו מצרים שברחתם, ועל ידי זה רדף אחריכם, ואחר כך הושעתי אתכם, והשמעתי אֵימָתִי מזה על כל העובדי כוכבים, כי רגזו וחלו מאד מזה:

שינוי נוסחאות

(ה) אנכי ה' אלהיך (בסוף הפיסקא). מילים אלו הן תחילת הפיסקא הבאה (ולא סוף פיסקא זו) בד' ווארשא, וכן נראה מיפ"ת.

"וַאֲנִי אַחֲרוֹן", שֶׁאֵין לִי בֵּן – **and I am last, for I have no son;**[49] "וּמִבַּלְעָדַי אֵין אֱלֹהִים", שֶׁאֵין לִי אָח – **and aside from Me there is no God, for I have no brother."**[50]

The Midrash presents another explanation for why God said, *I am HASHEM, "your" God:*[51]

"דָּבָר אַחֵר, "אָנֹכִי ה' אֱלֹהֶיךָ – **Another explanation of** ***I am HASHEM, your God:*** "הָדָא הוּא דִכְתִיב "אָנֹכִי הִגַּדְתִּי וְהוֹשַׁעְתִּי וְהִשְׁמַעְתִּי וְגוֹ – **Thus it is written,** ***I have told and saved and informed;*** *there was no stranger in your midst; you are My witnesses . . . and I am God* (*Isaiah* 43:12).[52] "אָנֹכִי הִגַּדְתִּי" לְמִצְרַיִם שֶׁבְּרַחְתֶּם כְּדֵי שֶׁיִּשְׁמְעוּ וְיִרְדְּפוּ אַחֲרֵיכֶם וְיִטְבְּעוּ בַּיָּם – The verse means to say: ***I have told*** **Egypt that you fled so that they would hear and pursue you and** ultimately **drown in the** Reed **Sea,** "שֶׁנֶּאֱמַר "וַיֻּגַּד לְמֶלֶךְ מִצְרַיִם כִּי בָרַח הָעָם – **as it is stated,** ***It was told to the king of Egypt that the people had fled*** (above, 14:5).[53] "וְהוֹשַׁעְתִּי" אֶתְכֶם, שֶׁנֶּאֱמַר "וַיּוֹשַׁע ה' בַּיּוֹם הַהוּא אֶת יִשְׂרָאֵל" – ***And I have saved*** **you** from the Egyptian army at the sea, **as it is stated,** ***On that day HASHEM saved Israel*** *from the hand of Egypt* (ibid., v. 30). "וְהִשְׁמַעְתִּי" לְאוּמּוֹת הָעוֹלָם, שֶׁנֶּאֱמַר "שָׁמְעוּ עַמִּים יִרְגָּזוּן" – ***And I informed*** **the idol worshipers** about the splitting of the Reed Sea, **as it is stated,** ***Peoples heard – they were agitated*** (ibid. 15:14).

NOTES

49. *Eitz Yosef* explains this statement allegorically. God is saying: Do not think that things occur naturally in the world, one event flowing from another as a son comes from a father, and I am unable to prevent or change it (as some philosophers would have it). If that were the case, My kingship would not be whole and absolute. Rather, I determine and control everything. To make this point God includes in the First Commandment the reminder that He is the One *Who has taken you out of the land of Egypt, etc.* That is, God's power to so drastically change Israel's circumstances vividly demonstrates that His kingship is indeed absolute, that "there is no one who can stay His hand" [from *Daniel* 4:32].

For a different interpretation of what ideas God was coming to negate, see *Tiferes Tzion*, who cites *Malbim* to *Genesis* 6:4.

50. I.e., God is One; there is no comparable "other" (*Eitz Yosef*; see *Rambam, Hil. Yesodei HaTorah* 1:7).

See Insight Ⓐ.

51. Why did God call Himself *Israel's* God when He is in fact God of the entire world? (*Yefeh To'ar*).

52. That is: Israel recognized God's Divinity more than all other nations because she alone saw His glory and heard His voice at Mount Sinai. The Revelation at Sinai thus gave Israel a unique status among the nations as *witnesses* [and therefore God called Himself *"your" God*] (*Eitz Yosef*).

53. The Jewish people had requested to go on a three-day journey in the Wilderness to bring offerings to God (above, 3:18, 5:3, 8:23). Who could have told Pharaoh that they were not planning to return? It could only have been God (*Eitz Yosef*; see, however, *Eshed HaNechalim*).

Our Midrash disagrees with the view cited by *Mechilta* (ad loc.) that Pharaoh had sent אִיקְטוּרִין (officers who supervised slaves and state property) with the Jews to monitor their movements, and it was they who informed the king of Israel's flight. See *Eitz Yosef* for *why* our Midrash disagrees (but see *Rashi* ad loc.).

INSIGHTS

Ⓐ **Without Father or Son** The story of the *Ger Tzedek* of Vilna — Avraham ben Avraham — is well known. Count Valentin Potocki was a young Polish nobleman who converted to Judaism and became a Torah scholar, and lived in hiding from the Church, which pursued him as a heretic. Eventually, he was betrayed to the authorities and died a martyr's death at the stake on the second day of Shavuos, 1749.

There is a tradition (see *HaGaon,* p. 1098ff) that the *Vilna Gaon* (who would have been 29 years old at the time) visited the *Ger Tzedek* in prison shortly before the latter's execution and found him downcast. The Gaon asked him why. Was he not supremely fortunate to have the opportunity to give his life publicly *al Kiddush Hashem,* placing himself in the category of such luminous martyrs as the holy Tanna R' Akiva?! The *Ger Tzedek* replied that he was happily willing to do so. This was not the cause of his concern. Rather, he was forlorn because he was leaving this world without any Jewish familial ties: His relatives were not Jewish and he did not merit to father any children.

The tradition relates that the Gaon allayed these concerns by quoting to him the words of our Midrash, which he explained to mean that God declares: "I am first" *to one* who has no father, and "I am last" *to one* who has no son. A righteous convert can count God Himself as his family. Is this not vastly superior to one who has a physical father and a physical son?

R' David Cohen (*Ohel David* Vol. 6, p. 35; also in *Yeshurun,* Vol. 5, p. 431) surmises that this was actually the Vilna Gaon's *reading* in our Midrash: "אֲנִי רִאשׁוֹן" **לְמִי** שֶׁאֵין לוֹ אָב, "וַאֲנִי אַחֲרוֹן", **לְמִי** שֶׁאֵין לוֹ בֵּן".

R' David Cohen (ibid.) adds that this reading in the Midrash might be the source for that which *Rambam* (Responsa, Freiman ed. §42; Blau ed. §293) writes to R' Ovadiah *Ger Tzedek*: "Do not let your lineage be insignificant in your eyes. If we [native Jews] trace our descent to Abraham, Isaac, and Jacob, you can trace your descent to the One Who spoke and the world came into being. And so is it explicit in [the Book of] *Isaiah* (44:5): *This one will say, 'I am HASHEM's,' and this one will call [himself] by the name of Jacob . . ."*

The one who can call God his closest relative is fortunate indeed.

וְהָיוּ רוֹאִין אֶת כְּבוֹדוֹ וְשׁוֹמְעִין אֶת קוֹלוֹ, שֶׁנֶּאֱמַר (דברים ה, כ) "וַתֹּאמְרוּ הֵן הֶרְאָנוּ ה' אֱלֹהֵינוּ אֶת כְּבֹדוֹ וְאֶת גָּדְלוֹ", וּכְתִיב (שם) "וְאֶת קוֹלוֹ שָׁמַעְנוּ מִתּוֹךְ הָאֵשׁ", וְלֹא הָיָה בָּהֶם כֹּחַ לַעֲמוֹד, שֶׁכֵּיוָן שֶׁבָּאוּ לְסִינַי וְנִגְלָה לָהֶם פָּרְחָה נִשְׁמָתָם עַל שֶׁדִּבֵּר עִמָּהֶם, שֶׁנֶּאֱמַר (שיר השירים ה, ו) "נַפְשִׁי יָצְאָה בְדַבְּרוֹ", אֲבָל הַתּוֹרָה בִּקְּשָׁה עֲלֵיהֶם רַחֲמִים מִלִּפְנֵי הַקָּדוֹשׁ בָּרוּךְ הוּא: יֵשׁ מֶלֶךְ מַשִּׂיא בִּתּוֹ וְהוֹרֵג אַנְשֵׁי בֵיתוֹ, כָּל הָעוֹלָם כּוּלּוֹ שְׂמֵחִים וּבָנֶיךָ מֵתִים, מִיָּד חָזְרָה נִשְׁמָתָן, שֶׁנֶּאֱמַר (תהלים יט, ח) "תּוֹרַת ה' תְּמִימָה מְשִׁיבַת נָפֶשׁ", אָמַר רַבִּי לֵוִי: וְכִי לֹא הָיָה גָּלוּי לִפְנֵי הַמָּקוֹם שֶׁאִם הוּא מַרְאֶה כְּבוֹדוֹ לְיִשְׂרָאֵל וּמַשְׁמִיעָן קוֹלוֹ שֶׁאֵינָן יְכוֹלִין לַעֲמוֹד, אֶלָּא צָפָה הַקָּדוֹשׁ בָּרוּךְ הוּא שֶׁהֵן עֲתִידִין לַעֲשׂוֹת עֲבוֹדָה זָרָה, שֶׁלֹּא יְהוּ אוֹמְרִין: אִלּוּ הֶרְאָנוּ אֶת כְּבוֹדוֹ וְאֶת גָּדְלוֹ וְהִשְׁמִיעָנוּ אֶת קוֹלוֹ לֹא הָיִינוּ עוֹשִׂים עֲבוֹדָה זָרָה, לְכָךְ נֶאֱמַר (תהלים נ, ז) "שִׁמְעָה עַמִּי וַאֲדַבֵּרָה":

ה דָּבָר אַחֵר, [כ, ב] "אָנֹכִי ה' אֱלֹהֶיךָ", אָמַר רַבִּי אַבָּהוּ: מָשָׁל לְמֶלֶךְ בָּשָׂר וָדָם מוֹלֵךְ וְיֵשׁ לוֹ אָב אוֹ אָח אוֹ בֵן, אָמַר הַקָּדוֹשׁ בָּרוּךְ הוּא: אֲנִי אֵינִי כֵן, (ישעיה מד, ו) "אֲנִי רִאשׁוֹן", שֶׁאֵין לִי אָב, (שם) "וַאֲנִי אַחֲרוֹן", שֶׁאֵין לִי אָח, (שם) "וּמִבַּלְעָדַי אֵין אֱלֹהִים", שֶׁאֵין לִי בֵּן, דָּבָר אַחֵר, "אָנֹכִי ה' אֱלֹהֶיךָ", הָדָא הוּא דִכְתִיב (שם מג, יב) "אָנֹכִי הִגַּדְתִּי וְהוֹשַׁעְתִּי וְהִשְׁמַעְתִּי וְגוֹ' ", "אָנֹכִי הִגַּדְתִּי" לְמִצְרַיִם שֶׁבְּרַחְתֶּם כְּדֵי שֶׁיִּשְׁמְעוּ וְיִרְדְּפוּ אַחֲרֵיכֶם וְיִטְבְּעוּ בַּיָּם, שֶׁנֶּאֱמַר (לעיל יד, ה) "וַיֻּגַּד לְמֶלֶךְ מִצְרַיִם כִּי בָרַח הָעָם", "וְהוֹשַׁעְתִּי" אֶתְכֶם, שֶׁנֶּאֱמַר (שם שם לד) "וַיּוֹשַׁע ה' בַּיּוֹם הַהוּא אֶת יִשְׂרָאֵל", "וְהִשְׁמַעְתִּי" לְאוּמּוֹת הָעוֹלָם, שֶׁנֶּאֱמַר (שם טו, יד) "שָׁמְעוּ עַמִּים יִרְגָּזוּן",

עץ יוסף

פרחה נשמתן על שדבר עמהם. פירוש כשדבר עמהם, שלא היה בהם כח לעמוד בהשגה ההיא להיותם בלתי מוכנים אליה, כי ההשגה היתרה לאדם יותר ממה שבחקו תמיתנו על דרך בן עזאי הציץ ומת: **יש מלך משיא בתו.** שהתורה שניתנה לישראל כבת מלך שנשאת לבעל: **כל העולם כולו שמחים.** הם חלקי עולם התחתון אשר פחדו שיפסדו אם לא יקבלו ישראל את התורה, ושקטו כשקבלוה, כדאיתא בריש רות רבה עיין שם: **מיד חזרה נשמתן.** ומה דכתיב בפסוק מי כל בשר אשר שמע קול אלהים חיים מדבר מתוך האש כמונו ויחי, רצה לומר שחזרו לחיותם בבקשת התורה, שהכין ה' עליהם כח והכנה להשגה ההיא עם היותם קצרי ההשגה מצד עצמם: **לא היינו עושים העגל.** שטושי עבודה זרה, אם לחשבם שהם גם כן אלוהות ממש, ואם לחשבם שהם אמצעים בין השם יתברך וביניהם, לכן אילו הראנו את כבודו, רצה לומר אילו השיגנו אמתת מציאותו, ידענו שאין עוד מלבדו, ואילו השמיענו קולו ידענו שאין צורך לאמצעי בינינו אחר שהוא בעצמו ידבר את האדם: **לכך נאמר שמעה עמי ואדברה.** פירוש שמעה עמי קולי מה שאדבר אני בעצמי עמך, ישראל ואעידה בך שתראה כבודי כדי שתדע שמלבד היותי אלהים על כל העולם אלהיך אני ביחוד שמשגיח אני עליך בלי אמצעי: (ה) [ד] **אמר ר' אבהו כו' מלך בשר ודם מולך ויש לו אב כו'.** רצה לומר שמלך בשר ודם אין מלכותו שלימה, לפי שיש לו אב וצריך לנהוג בו כבוד, ומשתתף עמו במלכות, או יש לו אח שיש לו חלק בכבוד מלכות, או יש לו בן שנוהג גם כן שררה עמו, ואחריו יורש עצר: **ואני אחרון שאין לי בן ומבלעדי אין אלהים שאין לי אח.** כן צריך לומר (יפה תואר). ופירושו אין לו אב כי הוא הסבה הראשונה שאין דבר שקדם לו, ואין לו אח כי הוא אחד ואין שני לו, ואין לו בן שלא נמשכו העלולים ממנו בטבע כבן מהאב, כמו שחשבו קצת, כי לפי דעת ההיא אין היכולת בידו לשנות הדברים, ואין מלכותו שלימה, ולכן אמר אנכי ה' אלהיך אשר הוצאתיך וגו' כי זו כחו להוציאם ממצרים לפי שמלכותו שלימה, ולא איתי די ימחא בידיה: [ה] **הדא הוא דכתיב אנכי הגדתי כו'.** שאלהותו ניכר לישראל טפי מלאחרים כי הם אשר לבדם ראו את כבודו, ולהכי מייתי האי קרא דכתיב ביה ואתם עדי ואני אל, שפירושו שמפני שלא היה זר עמכם במתן תורה, לכן אתם העדים לבדכם שאני אל: **אנכי הגדתי למצרים כו'.** דאם לא כן מי הגיד לו, ולא סבירא ליה כמו שנאמר במכילתא דאיקטורין שלא עמהם והם הגידו לו, שאין ההגדה אלא אחר יום השלישי שהוקבע להם לשוב, והיאך הלכו האיקטורין ובא פרעה בתוך שלשה ימים, שהרי בליל שביעי נטבעו: **והשמעתי לעמים.** קריעת ים סוף:

פירוש מהרז"ו

נפשי יצאה בדברו. כולל השמיעה והראיה. ומרומז בפסוק הנ"ל, על פי מדה ט' וי"ז, היום הזה ראינו כי ידבר אלהים את האדם וחי, ופירוש כי ידבר וגו' ומת ואחר כך חי, דאם לא כן היה לו לומר ולא ימות: **שמעה עמי.** הנני ממלא משאלותיכם בשמיעה ובראיה כמפורש בתורה: (ה) **ומבלעדי אין.** שאין לי אח, כן צריך לומר: **אנכי הגדתי והושעתי.** וסיפא דקרא ואין בכם זר ואתם עדי נאם ה' ואני אל. ולא פירש מה הגיד ולמי, ואיך שייכות הענינים זה לזה, על כן דורש על פי מדה ז' וי"ז. והרי פירש מה הגיד, ולמי, וכן כולם: **והשמעתי לעובדי כוכבים.** ועל כן וישמע יתרו, ששמע קריעת ים סוף ובא. כמו שאמרו במכילתא ריש יתרו, ולעיל פרשה כ"ז סימן ד:

מתנות כהונה

הכי גרסינן **פרחה נשמתן על שדבר וכו':**

אשד הנחלים

פרחה נשמתם. על דרך מאמרם (חגיגה יד, ב) בן עזאי הציץ ומת, כי המתדבק למדרגה רמה כמעט נפרד נפשו מגופו מרוב ההתבודדות, רק זכות התורה עזרתם לבלי ימותו ואז חזרה נשמתם, כי ניתן בכחם על דרך נס אלקי שיוכלו לקבל זאת ההשגה: **וכי לא היה גלוי.** לפי הלשון משמע שקושיתו אם כן למה הראה להם, אחר שאין זאת בכחם. אך לפי אמרם שהתורה ביקשה עליהם רחמים, אם כן נשארו על כחם, ואם כן אין זה קושיא. ואולי רבי לוי סבר כמאמרם בחזית (שיר השירים רבה א פסוק ב) בשעה ששמעו אנכי ולא יהיה, נתקע תלמוד תורה בלבם, ונתעקר היצר מלבם, וצוחו מה הנאה יש באבידה שלנו, חזרו להיות לומדים ומשכחים, והיצר הרע שב למקומו [ושם בארתי ענינו], ואם כן לא היו יכולים לעמוד במדרגה הזאת, ואם כן למה הראם. אלא שלא ליתן פתחון פה להם שאילו השיגו מדרגת פנים אל פנים, לא היו נפתים אחר עבודת כוכבים, לכך הראה להם תחלה זאת. וזהו שמעה עמי ואדברה, שנסיתיך ישראל אם תשמע לי, אם תבוא לידי מדרגה זו: [ה] **מלך ויש לו אב או אח.** כלומר אף שהוא מלך והוקם על, עם כל זה יש לו אב, אבל אצלו יתברך אין שייך זה, כי אין דבר נמשך חס ושלום מעצמותו ממש, ומכל שכן שאין דבר נעלה הימנו. וזה באור הכתוב לא יהיה לך אלהים אחרים על פני, כלומר שתדמו שיש עוד הנמשכים מפני ומעצמותי חס ושלום, וזהו כמו שפירש הרמב"ן, עיין דבריו: **הגדתי למצרים שברחתם.** כלומר הסבותי הדבר במה שצויתי לעקל דרכיכם, כדי שידמו מצרים שברחתם, ועל ידי זה רדף אחריכם, ואחר כך הושעתי אתכם, והשמעתי אֵימָתִי מזה על כל העובדי כוכבים, כי רגזו וחלו מאד מזה:

חידושי הרד"ל

ולא היה בהם כח לעמוד כו'. כל המאמר לקמן פרשה מא ג, ובשיר השירים רבה פרשה ה פסוק יג, עיין שם: **וכי לא היה גלוי כו'.** שיר השירים רבה פרשה א פסוק ז: **לכך נאמר** (תהלים נ, ז) **שמעה עמי ואדברה.** ישראל ואעידה בך אלהים אלהיך אנכי, ורצה לומר התרה בהן תחלה ונגלה עליהם בכבוד בדבור אנכי, (וכתיב להלן (תהלים פא ט - יא) שמע עמי ואעידה בך וגו' לא יהיה בך אל זר וגו' אנכי ה' המעלך מארץ מצרים: [ה] **ואני אחרון שאין לי בן ומבלעדי אין אלהים שאין לי אח.** כן צריך לומר, וכן כתב בידי משה. ובלשון המקרא (קהלת ד, ח) גם בן ואח אין לו, (ולגירסת הספר יקשה קושית המדרש בקהלת שם (פרשה ד פסוק ח, א) אם אח אין לו בן מנין לו):

באור מהרי"פ

שאינן יכולים לעמוד וכו'. וכן מה שאמר למעלה רבי לוי פרחה נשמתן על שדבר עמהם. יש לתמוה על זה הלא רבי לוי בעל המאמר הזה אמר לעיל ריש פרשה זו (סימן א) קול ה' בכח של כל אחד ואחד, הבחורים לפי כחן, והזקנים לפי כחן וכו', ואם כן למה יצאה נפשו בדברו עמהם, וקשיא דרבי לוי אדרבי לוי. ויש לומר דלעיל מיירי בקולות וברקים שעליהם נאמר וכל העם רואים את הקולות היו לפי כחן, ובפניהם יכלו לעמוד, אבל מקול הדבור בעצמו שהיה אומר להם עשרת הדברות לא יוכל לעמוד ולשמוע בקול חזק כזה. ואם תאמר מדוע באמת לא נתן קולו בעשרת הדברות לפי כח כל אחד ואחד, על זה בא רבי לוי לתרץ אלא לפה הקב"ה וכו'. תלדות נח הארוך:

אם למקרא

וַתֹּאמְרוּ הֵן הֶרְאָנוּ ה' אֱלֹהֵינוּ אֶת כְּבֹדוֹ וְאֶת גָּדְלוֹ וְאֶת קֹלוֹ שָׁמַעְנוּ מִתּוֹךְ הָאֵשׁ הַיּוֹם הַזֶּה רָאִינוּ כִּי יְדַבֵּר אֱלֹהִים אֶת הָאָדָם וָחָי: (דברים ה: כ)

פָּתַחְתִּי אֲנִי לְדוֹדִי וְדוֹדִי חָמַק עָבָר נַפְשִׁי יָצְאָה בְדַבְּרוֹ בִּקַּשְׁתִּיהוּ וְלֹא מְצָאתִיהוּ קְרָאתִיו וְלֹא עָנָנִי: (שיר השירים ה: ו)

תּוֹרַת ה' תְּמִימָה מְשִׁיבַת נָפֶשׁ עֵדוּת ה' נֶאֱמָנָה מַחְכִּימַת פֶּתִי: (תהלים יט: ח)

כֹּה אָמַר ה' מֶלֶךְ יִשְׂרָאֵל וְגֹאֲלוֹ ה' צְבָאוֹת אֲנִי רִאשׁוֹן וַאֲנִי אַחֲרוֹן וּמִבַּלְעָדַי אֵין אֱלֹהִים: (ישעיה מד: ו)

אָנֹכִי הִגַּדְתִּי וְהוֹשַׁעְתִּי וְהִשְׁמַעְתִּי וְאֵין בָּכֶם זָר וְאַתֶּם עֵדַי נְאֻם ה' וַאֲנִי אֵל: (שם מג: יב)

וַיֻּגַּד לְמֶלֶךְ מִצְרַיִם כִּי בָרַח הָעָם וַיֵּהָפֵךְ לְבַב פַּרְעֹה וַעֲבָדָיו אֶל־הָעָם וַיֹּאמְרוּ מַה־זֹּאת עָשִׂינוּ כִּי־שִׁלַּחְנוּ אֶת־יִשְׂרָאֵל מֵעָבְדֵנוּ: (שמות יד: ה)

וַיּוֹשַׁע ה' בַּיּוֹם הַהוּא אֶת־יִשְׂרָאֵל מִיַּד מִצְרָיִם וַיַּרְא יִשְׂרָאֵל אֶת־מִצְרַיִם מֵת עַל־שְׂפַת הַיָּם: (שם שם לד)

שָׁמְעוּ עַמִּים יִרְגָּזוּן חִיל אָחַז יֹשְׁבֵי פְּלָשֶׁת: (שם טו: יד)

ידי משה

[ה] נראה לי שצריך לומר **אני ראשון שאין לי אב ואני אחרון שאין לי בן ומבלעדי ואין אלהים שאין לי אח.** והטעות נתהוה, מאחר שבמשל אומר אח קודם לבן, ושם מזכיר הקודם והשוה והאחרון כסידרן, אבל בנמשל נופל לשון ואני אחרון על הבן. וקל להבין:

שינוי נוסחאות

(ה) **אנכי ה' אלהיך** (בסוף הפיסקא). מילים אלו הן תחילת הפיסקא הבאה (ולא סוף פיסקא זו) בד' ווארשא, וכן נראה מיפ"ת.

"וְאֵין בָּכֶם זָר", שֶׁנֶּאֱמַר "וַיְשַׁלַּח מֹשֶׁה אֶת חֹתְנוֹ" — *There was no stranger in your midst* at the Revelation,[54] **as it is stated, *Moses sent off his father-in-law*** (ibid. 18:27), מִיָּד "בַּחֹדֶשׁ הַשְּׁלִישִׁי" — and **immediately** after that we read: ***In the third month*** . . . *the Children of Israel* . . . *encamped* . . . *opposite the mountain* (ibid. 19:1-2).[55] "וְאַתֶּם עֵדַי נְאֻם ה' וַאֲנִי אֵל" — ***And** so **you are My witnesses — the word of HASHEM — and I am God.***[56]

§6 In this section, and the two that follow, the Midrash offers a different interpretation of *I am HASHEM, your God:*[57]

"אָנֹכִי ה' אֱלֹהֶיךָ" — ***I am HASHEM, your God.*** מָשָׁל לְמֶלֶךְ בָּשָׂר וָדָם שֶׁנִּכְנַס לִמְדִינָה — We can explain this verse with the **example of a human king who enters a province** of his realm for a visit. מְכַבְּדִין אוֹתָהּ וּמַרְבִּיצִין אוֹתָהּ — In anticipation **[the inhabitants] sweep it** clean **and sprinkle it** with water,[58] וּמְעַטְּרִים אוֹתָהּ — **and adorn it** with decorations, וּפוֹרְשִׂין קִיטָאוֹת וְכֵלִים נָאִים — **and spread out tapestries**[59] **and beautiful vessels,** וּמַדְלִיקִין נֵרוֹת — **and kindle lamps.** אָמַר הַקָּדוֹשׁ בָּרוּךְ הוּא: אֲנִי אֵינִי כֵן — But **the Holy One, blessed is He, said, I am not like that.**[60] אֶלָּא נִכְנַסְתִּי בְּעוֹלָמִי, פָּרַשְׂתִּי קִיטָאוֹת שֶׁנֶּאֱמַר "הַנּוֹטֶה כַדֹּק שָׁמַיִם" — **Rather,** when **I entered My world**[61] **I hung tapestries, as it is stated, *Who spreads the heavens like a thin curtain*** (*Isaiah* 40:22); הִדְלַקְתִּי נֵרוֹת שֶׁנֶּאֱמַר "וַיֹּאמֶר אֱלֹהִים יְהִי מְאֹרֹת" — **I kindled lamps, as it is stated, *God said, "Let there be luminaries*** *in the firmament of the heaven"* (*Genesis* 1:14); רִבַּצְתִּי מַיִם שֶׁנֶּאֱמַר "יִקָּווּ הַמַּיִם" — **I sprinkled water, as it is stated, *"Let the waters*** *beneath the heaven* ***be gathered*** *into one area, and let the dry land appear"* (ibid., v. 9);[62] עִטַּרְתִּי כָּל מַה שֶּׁעָשִׂיתִי, שֶׁנֶּאֱמַר "וַיְכֻלּוּ הַשָּׁמַיִם וְהָאָרֶץ וְכָל צְבָאָם" — and **I adorned all that I made, as it is stated, *Thus the heaven and the earth were finished*** [וַיְכֻלּוּ],[63] ***and all their array*** (ibid. 2:1).

§7 The Midrash continues with its interpretation of the First Commandment:[64]

"אָנֹכִי ה' אֱלֹהֶיךָ" — ***I am HASHEM, your God.*** מֶלֶךְ בָּשָׂר וָדָם בּוֹנֶה פַּלְטִין — We can explain this verse further with the example of **a human king** who **builds a palace.** שֶׁמָּא יָכוֹל לְהָזִיז אוֹתוֹ מִמְּקוֹמוֹ — **Is it possible for him to move it from its place?!** Of course not! אֲנִי אֵינִי כָּךְ — But, says God, **"I am not like that,"** שֶׁנֶּאֱמַר "אֲנִי עָשִׂיתִי וַאֲנִי אֶשָּׂא וַאֲנִי אֶסְבֹּל וַאֲמַלֵּט" — **as it is stated, *I made and I will carry, I will bear and I will save*** (*Isaiah* 46:4).[65]

Having cited the *Isaiah* verse to explain the First Commandment, the Midrash now applies it to Adam:[66]

"אֲנִי עָשִׂיתִי" שֶׁנֶּאֱמַר "בִּדְמוּת אֱלֹהִים עָשָׂה אֹתוֹ" — ***I made*** Adam, **as it is stated, *He made him in the likeness of God*** (*Genesis* 5:1).[67] "וַאֲנִי אֶשָּׂא", "וַיִּקַּח ה' אֱלֹהִים אֶת הָאָדָם" — ***And I will carry*** [אֶשָּׂא] him, as it is stated, ***HASHEM God took the man*** *and placed him in the Garden of Eden* (ibid. 2:15).[68] "וַאֲנִי אֶסְבֹּל", "וַיַּעַשׂ ה' אֱלֹהִים לְאָדָם וּלְאִשְׁתּוֹ כָּתְנוֹת עוֹר וַיַּלְבִּשֵׁם" — ***I will bear*** his sin, **as it is stated, *And HASHEM God made for Adam and his wife garments of skin, and He clothed them*** (ibid. 3:21).[69] "וַאֲמַלֵּט", "וַיְשַׁלְּחֵהוּ ה' אֱלֹהִים מִגַּן עֵדֶן לַעֲבֹד אֶת הָאֲדָמָה וגו' וַיְגָרֶשׁ וגו'" — ***And I will save*** him from destruction, as it is stated, ***So HASHEM God banished him from the Garden of Eden to work the soil . . . And he drove*** *out the man . . . east of the Garden of Eden* (ibid., vv. 23-24).[70]

The Midrash now applies the *Isaiah* verse to the generations from Noah to Abraham:[71]

דָּבָר אַחֵר — **Another explanation:** "אֲנִי עָשִׂיתִי", "כִּי נִחַמְתִּי כִּי עֲשִׂיתִם" — ***I made*** the generations of Noah, as it says: . . . ***for I have reconsidered My having made them*** (ibid. 6:7).[72]

NOTES

54. The plain meaning of the word זָר here is *strange god*. The Midrash, however, understands it as meaning *a stranger*, i.e., a non-Jew (*Eshed HaNechalim, Eitz Yosef*; see next note).

55. Our Midrash maintains that Moses' father-in-law (Jethro) came to the Israelite encampment in Sinai, and then returned to Midian, *before* the Revelation (*Matnos Kehunah*; see also *Beur Maharif*). [Cf. *Zevachim* 116a and *Rashi* to 18:13 above.] Hence, *there was no stranger* (non-Jew) in Israel's midst on that momentous occasion — i.e., not even Jethro (who was still considered a "stranger" because he had not yet converted). See *Yalkut Shimoni, Yisro* §271, cited in part by *Radal* and *Eitz Yosef*. The mixed multitude (עֵרֶב רַב), who *were* there, had undergone legitimate conversions and thus were bona fide Jews (*Eitz Yosef*).

See, however, *Toldos Noach*, who understands that Jethro *had* already converted, but that converts, too, were excluded from participating in the Revelation. See also *Tiferes Tzion*.

56. I.e., because no stranger was with Israel at the Revelation, they alone serve as witnesses that Hashem is God (*Eitz Yosef* above, s.v. הדא הוא דכתיב; see also *Eshed HaNechalim*).

57. For God could have simply said, *"I am HASHEM,"* without adding the words *"your God"* (*Yefeh To'ar*). The Midrash will explain that God was saying: I am Hashem, Who is truly worthy of being called the One and Only "God" (*Eitz Yosef*).

58. To settle the dust (see ibid.).

59. These tapestries were embroidered with many colors and hung on the walls (ibid.). *Radal* writes that the Midrash is referring to silken draperies from China.

60. I am not like a human king, for whom his subjects perform all the above acts, at their own expense, in order to honor him. Rather, I Myself do all these acts for the benefit of My subjects, who are My creations; see further (*Eitz Yosef*; see also *Eshed HaNechalim*). Thus, I am truly deserving to be called "God."

61. I.e., when I began creating the universe (*Eshed HaNechalim*).

62. This verse indicates that *before* God gathered the waters into one area, He had covered the land with water (*Yefeh To'ar*).

63. The Midrash interprets וַיְכֻלּוּ (*were finished*) as cognate to כְּלִילָה, which means *crown* or *decoration* (*Matnos Kehunah*; see also *Midrash Tanchuma, Bereishis* §2, cited by *Radal* and *Eitz Yosef*, and *Bereishis Rabbah* 10 §5). That is, God put the "finishing touches" on His creation by "decorating" it with a myriad of appealing elements.

64. *Eitz Yosef*, beginning of §6. See above, note 57.

65. God is saying: *I made* the heaven and the earth *and I will carry* (i.e., move) them and shake the earth from its place; *I will bear* (i.e., suspend) the earth upon nothingness [from *Job* 26:7]; *and I*, with the power to do all this, *will save* you — the Jewish people — from your troubles (*Eitz Yosef*; see also *Beur Maharif*). And therefore, I am the One Who is truly deserving to be called "God."

66. It will then apply it to the generations from Noah to Abraham, and to Israel, respectively (*Eitz Yosef*).

67. For a different text of this line, and varying explanations of that text, see *Yefeh To'ar, Maharzu,* and *Eshed HaNechalim* (see, however, *Beur Maharif*). Our text here, as well as in the lines that follow, is that of *Radal*, followed by *Eitz Yosef*.

68. The word אֶשָּׂא can have the connotation of נְשִׂיאוּת, *elevating* (*Eitz Yosef*; see, however, *Radal*). Thus: God elevated Adam to the position of king over all His creatures, who likewise inhabited Gan Eden (*Eitz Yosef* to *Bereishis Rabbah* 15 §4).

69. God bore the sins of Adam and Eve, even preparing garments for them to cover their nakedness (*Eitz Yosef*). He did so even though the shame they felt was caused by their own actions, viz., their having eaten of the Tree of Knowledge (*Radal*).

70. The east is a refuge for sinners, a place where they can gain atonement (*Eitz Yosef*, from *Bereishis Rabbah* 21 §9; see *Eitz Yosef* there for explanation).

71. The *Isaiah* verse will thus be expounded as making the point that God "carried," "bore," and "saved" people in the generations between Noah and Abraham (inclusive). *Yefeh To'ar* explains that these people were saved even though they had sinned. The prophet Isaiah was alluding to these people in order to convey to Israel that even if they were somewhat sinful and not worthy, they could still be saved from the Babylonians.

72. The verse speaks of Noah's contemporaries, the generation of the Flood, and it mentions that God made them (*Beur Maharif, Eitz Yosef*). [Of course, the generation of the Flood (with the exception of Noah) were *not* saved; to the contrary, God *reconsidered having made them* and brought the Flood (*Radal*).]

(ישעיה מג, יב) "וְאֵין בָּכֶם זָר", שֶׁנֶּאֱמַר (שמות יח, כז) "וַיְשַׁלַּח מֹשֶׁה אֶת חֹתְנוֹ", מִיָּד [יט, א] "בַּחֹדֶשׁ הַשְּׁלִישִׁי", (ישעיה שם שם) "וְאַתֶּם עֵדַי נְאֻם ה' וַאֲנִי אֵל", [כ, ב] "אָנֹכִי ה' אֱלֹהֶיךָ":

ו מָשָׁל לְמֶלֶךְ בָּשָׂר וָדָם שֶׁנִּכְנָס לַמְּדִינָה, מְכַבְּדִין אוֹתָהּ וּמַרְבִּיצִין אוֹתָהּ וּמְעַטְּרִים אוֹתָהּ וּמַפְרִישִׁין קִיטָאוֹת וְכֵלִים נָאִים וּמַדְלִיקִין נֵרוֹת, אָמַר הַקָּדוֹשׁ בָּרוּךְ הוּא: אֲנִי אֵינִי כֵּן, אֶלָּא נִכְנַסְתִּי בְּעוֹלָמִי, פָּרַשְׂתִּי קִיטָאוֹת שֶׁנֶּאֱמַר (ישעיה מ, כב) "הַנּוֹטֶה כַדֹּק שָׁמַיִם", הִדְלַקְתִּי נֵרוֹת שֶׁנֶּאֱמַר (בראשית א, יד) "וַיֹּאמֶר אֱלֹהִים יְהִי מְאֹרֹת", רִבַּצְתִּי מַיִם שֶׁנֶּאֱמַר (שם שם ט) "יִקָּווּ הַמַּיִם", עִטַּרְתִּי כָּל מַה שֶּׁעָשִׂיתִי, שֶׁנֶּאֱמַר (שם ב, א) "וַיְכֻלּוּ הַשָּׁמַיִם וְהָאָרֶץ וְכָל צְבָאָם":

ז [כ, ב] "אָנֹכִי ה' אֱלֹהֶיךָ", מֶלֶךְ בָּשָׂר וָדָם בּוֹנֶה פָּלָטִין שֶׁמָּא יָכוֹל לְהָזִיז אוֹתוֹ מִמְּקוֹמוֹ, אֲנִי אֵינִי כָּךְ, שֶׁנֶּאֱמַר (ישעיה מו, ד) "אֲנִי עָשִׂיתִי וַאֲנִי אֶשָּׂא וַאֲנִי אֶסְבֹּל וַאֲמַלֵּט", "אֲנִי עָשִׂיתִי" שֶׁנֶּאֱמַר (בראשית ג, כא) "°וַיַּעַשׂ ה' אֱלֹהִים לְאָדָם וּלְאִשְׁתּוֹ°", "וַאֲנִי אֶשָּׂא", (שם ב, טו) "וַיִּקַּח ה' אֱלֹהִים אֶת הָאָדָם"°, דָּבָר אַחֵר, "אֲנִי עָשִׂיתִי", (שם ו, ז) "כִּי נִחַמְתִּי כִּי עֲשִׂיתִם",

עץ יוסף

ואין בכם זר. במתן תורה, שלא עבר זר בתוכם, שאפילו יתרו לא זכה להיות עמהם במעלה ההיא, ואף שהיו ערב רב עמהם, לא חשיבי זר שכבר נתגיירו ונחשבו כישראל, אבל יתרו עדיין לא נתגייר: **שנאמר וישלח משה.** בילקוט בשם התנחומא אמר הקדוש ברוך הוא בני היו משועבדים בטיט ולבנים, ויתרו היה יושב בתוך ביתו בבטח והשקט, ובא לראות בשמחת תורה עם בני, לפיכך וישלח משה את חותנו, ואחר כך בחדש, הדא הוא דכתיב לב יודע מרת נפשו ובשמחתו לא יתערב זר: (ו) **משל למלך בשר ודם שנכנס למדינה בו'.** מפרש דאתא למימר אנכי שיאות להיות אלהיך ולא אחר, לפי שאיני כמלך בשר ודם שבני המדינה עושים לו כל עניניס הנ"ל ממכונס, אבל הוא יתברך עשה כל אלה בעצמו לתועלת ברואיו, וגם זה טעם מה שאמר **מלך בשר ודם בונה פלטין וכו'** ומה שאמר **מלך בשר ודם יוצא לאמירה כו',** שלכל הפירושים הכוונה לומר שפירוש אנכי ה' אלהיך, אנכי הוא הראוי ליקרא אלוה באמת ולא זולתי: **ומכבדין אותה.** במכבדת: **ומרביצין אותה.** במים להשכיב האבק: **קיטאות.** מחללות והוא בגדים יקרים, כמו ואלביש אותך מחללות, וכאן יהיה פירוש קיטאות ווילונות יקרים שמכסין בהם הכתלים לנוי, והוא אחד עם מלת טפטין שפירוש הערוך בערך טפיט שהוא מכסה מרוקם בגוונים שונים, וכן הוא מכוון למה שאמר בנמשל קיטאות הנוטה כדוק שמים: (ז) **שנאמר ויכולו השמים.** דרשו מלשון כלילה ועטרה, וכדאיתא בתנחומא פרשה בראשית (סימן ב) כליל בתי כמה דאת אמרת (ויכולו) [ויכל] ע"ש: **שנאמר אני עשיתי.** פירוש עשיתי השמים והארץ, ואני אשא שמניע אותם ומרגיז ארץ ממקומה, ואני אסבול שתולה ארץ על בלימה, ואני שיש בי כח לכל אלה אמלט אתכם מצרתכם, ואיידי דמייתי קרא מפרש ליה נמי באדם ונח וישראל: **אני עשיתי. שנאמר** (בראשית ה') **בדמות אלהים עשה אותו ואני אשא שנאמר** (שם ב') **ויקח ה' אלהים את האדם** [כדאמר בבראשית רבה עילה אותו, ועל כן אמר אני אשא לשון נשיאות] **ואני אסבול שנאמר** (שם ג') **ויעש ה' אלהים לאדם ולאשתו כתנות עור וילבישם** [ורצה לומר שסבל חטאם והלבישם]. **ואמלט שנאמר** (שם ד') **וישלחהו ה' אלהים מגן עדן וגו' ויגרש את האדם** [וכמו שנאמר בבראשית רבה שם שזה היה מקלטו לרוח מזרחית לכפר עליו]. כן צריך לומר: **כי נחמתי כי עשיתים.** משמע שעשה אותם, וקאי אדור המבול:

פירוש מהרז"ו

ואין בכם זר. סובר כמאן דאמר קודם מתן תורה בא יתרו, דלא כמו שכתב לעיל פרשה כ"ז שם, ושם נסמן: **ואתם עדי.** כדלעיל, סיפא דקרא שמעה עמי ישראל ואעידה בך וגו': (ו) **משל למלך בשר ודם.** פירוש דבר אחר אנכי, ולא אמר אנכי אשר בראתי העולם, (ודורש על פי גזירה שוה מפסוק ישעיה מ"ד (פסוק כד) אנכי ה' עושה כל נוטה שמים), ודורש פסוק הנוטה כדוק שמים, ובפסוק הקודם (שם מ, כא) הלא תדעו הלא תשמעו הלא הוגד מראש לכם, שפירושו במתן תורה, כמו שכתב לעיל סוף פרשה כ"ח, מפסוק (שם מח, טז) לא מראש בסתר דברתי מעת היותה שם אני וגו', עיין שם, הרי כשאמר אנכי ה', אמר להם שברא שמים וארץ, על פי מדה י"ז. ומה שאמר הדלקתי, רבצתי, עטרתי, צריך עיון איזה פסוק דורש על דברים אלו, שיהיה שייך למתן תורה. ומה שאמר עטרתי, עיין בראשית רבה פרשה י סימן ה: (ז) **בונה פלטין.** הכוונה על כל העולם שהוא מניע הגלגל כולו תמיד, ונושא אותו, ופסוק אני עשיתי ואני אסבול מדבר במתן תורה, כמו שכתוב בפסוקים הקודמים, לא בסתר דברתי וגו', וכמו שאמרו בסימן הקודם, ובמכילתא פסוק בחודש השלישי, עוד שם מי השמיע זאת מקדם מאז הגידה וגו' עד שמעו אלי בית יעקב וגו' אני עשיתי וגו', ודורש עוד על האדם, על פי גזירה שוה: **ויעש ה' אלהים לאדם ולאשתו.** שהיה לו לומר ויעש ה' אלהים כתנות עור, ולכן כתוב ויעש לאדם ולאשתו לדרשה זו, על פי גזירה שוה, שעשה אותו. ואני אשא שלקח אותו לגן עדן, ונשיאה על ידי לקיחה:

חידושי הרד"ל

זה שנאמר וישלח משה. עיין מתנות כהונה. בילקוט בשם התנחומא אמר הקב"ה בני היו משועבדים בטיט ולבנים ויתרו היה יושב בתוך ביתו בבטח והשקט ובא לראות בשמחת תורה עם בני, לפיכך וישלח משה את חותנו ואחר כך בחודש השלישי, הדא הוא דכתיב לב יודע מרת נפשו ובשמחתו לא יתערב זר. ועיין ריש פרשה יט (סימן א): [ו] **קיטאות.** עיין מתנות כהונה. ועיקר השם הונח על מיני יריעות משי הבאות מארץ חינא שהיתה נקראת בלשון רומי קטאי, וכן בלשון רוסיא: **עטרתי כל מה שעשיתי שנאמר ויכולו.** עיין מתנות כהונה, וזה שכתב בתנחומא פרשת בראשית (מלשון שאלתות דרב אחאי גאון) כליל בתי כמה דאת אמר ויכלו, (וכריש שאלתות דרב אחאי שלנו הגירסא הלול בתי, ולפי המאמר דהכא גירסת התנחומא נכונה): [ז] **אני עשיתי. שנאמר** (בראשית ה, א) **בדמות אלהים עשה. ואני אשא,** (שם ב, טו) **ויקח וגו' האדם ויניחהו בגן עדן,** (וזהו אשא שנשאו והוליכו למקום מנוחה).

באור מהרי"פ

[ה] **וישלח את חותנו.** פירוש, אחר המקרא וישלח משה וגו', כתיב בתריה בחודש השלישי, סדר מתן תורה, להורות שלא היה בשעת מתן תורה: [ז] **אני איני כן שנאמר אני עשיתי.** פירוש, עשיתי שמים וארץ, **ואני אשא** אני מניע אותם ומרגיז ממקומה אם אני רוצה, ופירוש של אשא הוא כמו ישא פרעה את ראשך (בראשית מ, יג), לשון סילוק והסרה **ואני אסבול** תולה הארץ על בלימה, ואני שיש בי הכח הזה, **אמלט** אתכם מכל צרותיכם, וכך הוא פירוש המקרא לפי המשל של מלך בשר ודם בונה פלטין: **אני עשיתי שנאמר ויעש.** הוא כמו דבר אחר, ואגב דורש אני עשיתי על אדם ונח: **ואני אשא ויקח אלהים.** הנה נוכל לפרש המקרא על אדם באופן זה, אני עשיתי שנאמר נעשה אדם, ואני אשא אותו על כנפי נשרים לגן עדן, ואחר כך אני אסבול עונו שחטא נגדי, ואני אמלט מדין העבירה ומכל צרותיו, אבל מה שאמר המדרש ויעש וגו' לאדם ולאשתו כתנות עור אין לו שחר, ועוד מוקשה, שהמקרא של ויעש וגו' כתנות עור הוא מאוחר ממקרא ויקח אלהים את האדם, גם הענין ויעש שבכאן מוקשה: **נחמתי כי עשיתים.** ומדאמר כי נחמתי כי עשיתים, שמע מינה שעשה אותם, ומביא מקרא זה משום דמיירי בדור המבול:

אם למקרא

וַיְשַׁלַּח מֹשֶׁה אֶת חֹתְנוֹ וַיֵּלֶךְ לוֹ אֶל אַרְצוֹ: (שמות יח: כז)

הַיֹּשֵׁב עַל חוּג הָאָרֶץ וְיֹשְׁבֶיהָ כַּחֲגָבִים הַנּוֹטֶה כַדֹּק שָׁמַיִם וַיִּמְתָּחֵם כָּאֹהֶל לָשָׁבֶת: (ישעיה מ: כב)

וַיֹּאמֶר אֱלֹהִים יְהִי מְאֹרֹת בִּרְקִיעַ הַשָּׁמַיִם לְהַבְדִּיל בֵּין הַיּוֹם וּבֵין הַלָּיְלָה וְהָיוּ לְאֹתֹת וּלְמוֹעֲדִים וּלְיָמִים וְשָׁנִים: (בראשית א: יד)

וַיֹּאמֶר אֱלֹהִים יִקָּווּ הַמַּיִם מִתַּחַת הַשָּׁמַיִם אֶל־מָקוֹם אֶחָד וְתֵרָאֶה הַיַּבָּשָׁה וַיְהִי־כֵן: (שם שם: ט)

וַיְכֻלּוּ הַשָּׁמַיִם וְהָאָרֶץ וְכָל־צְבָאָם: (שם ב: א)

וְעַד־זִקְנָה אֲנִי הוּא וְעַד־שֵׂיבָה אֲנִי אֶסְבֹּל אֲנִי עָשִׂיתִי וַאֲנִי אֶשָּׂא וַאֲנִי אֶסְבֹּל וַאֲמַלֵּט: (ישעיה מו: ד)

וַיַּעַשׂ ה' אֱלֹהִים לְאָדָם וּלְאִשְׁתּוֹ כָּתְנוֹת עוֹר וַיַּלְבִּשֵׁם: (בראשית ג: כא)

וַיִּקַּח ה' אֱלֹהִים אֶת הָאָדָם וַיַּנִּחֵהוּ בְגַן עֵדֶן לְעָבְדָהּ וּלְשָׁמְרָהּ: (שם ב: טו)

וַיֹּאמֶר ה' אֶמְחֶה אֶת הָאָדָם אֲשֶׁר בָּרָאתִי מֵעַל פְּנֵי הָאֲדָמָה מֵאָדָם עַד בְּהֵמָה עַד רֶמֶשׂ וְעַד עוֹף הַשָּׁמָיִם כִּי נִחַמְתִּי כִּי עֲשִׂיתִם: (שם ו: ז)

שינוי נוסחאות

(ז) "אני עשיתי" **שנאמר "ויעש ה' אלהים לאדם ולאשתו".** רד"ל הגיה במקום פסוק זה "בדמות אלהים עשה אתו" (בראשית ה, א). **"ויקח ה' אלהים את האדם".** הוסיף רד"ל כאן: >"ואני אסבל", "ויעש ה' אלהים לאדם ולאשתו וילבשם", "ואמלט", וישלחהו ה' א' מגן עדן לעבד את האדמה ... ויגרש וגו'"< וכן הסכים בעצ"י:

מתנות כהונה

[ה] **וישלח משה כו'.** סבר קודם מתן תורה בא והלך לו: [ו] **מכבדין אותה.** במכבדת: **קיטאות.** פירש הערוך (ערך קטה) מחללאות חשובות: **שנאמר ויכלו.** דרשו מלשון כלילה ועטרה: [ז] **ואני אשא ויקח וגו'.** דרש אשא מלשון לקיחה כמה דאת אמר

אשד הנחלים

ואין בכם זר. בשעה שהשמעתי אתכם עשרת הדברים, שסבר שקודם מתן תורה הלך יתרו. ואתם עדי, כלומר במה שהוצאתיך ממצרים, וכדברי הרמב"ם בספרו היד (עיין הלכות יסודי התורה פרק ח), לפי שכולם זכו לנבואה, ושמעו מפי הגבורה אנכי ולא יהיה לך, מה שלא זכה אף הנבחר שבעובדי כוכבים וזהו יתרו, ואם כן תבינו כמה מעלתכם לפני, הבן זה: [ו] **נכנסתי בעולמי.** הוא כנוי על התחלת הבריאה, שאדרבה הוא עשה למעננו, כי הוא אינו צריך לנו ולאורנו, וזהו זכר נא כי אני ה' אלהיך ומלכך, ואנכי אשר עשיתי לך כל הטובות לא אתה אֵלַי, כי איני צריך לך: [ז] **בונה פלטין כו'.** כי אין בכחו להזיז ממקומו אשר הוקם, כי לא עשה המלך אמיתת הפלטין, אבל ה' אחרי אשר עשוהו מאין אם כן יוכל להפכה. אך מה שהביא הפסוק ויעש לאדם כתנות עור, אין לו מובן, כי לא מצא מלת עשיה אחרת בבריאה זולת זה, וגם לפי הראות אין הכתנות עור בריאה חדשה, כי אם מעור הבהמה וחיות, ואם כן אין זה מהנפלאות הגדולות. ואשר נראה לי בזה, על פי מאמרם ז"ל (תקוני זהר נח ועיין תרגום יונתן בראשית ג, כא), שהאדם אחרי חטאו נתלבש בכתנות עור, והוא גופו החומרי, כי בתחלה קודם החטא היה גופו ספירי, כמו שאמרו במדרש בראשית (ויקרא רבה כ, ב, ועיין בבא בתרא נח, א) תפוח עקיבו של אדם הראשון היה מכהה גלגל חמה, ואם כן זהו עשיה חדשה שנשתנה גופם מכמו שהיה בסיבת החטא, והנה אם ירצה השם לעתיד לבא, אז ישובו כבתחלה להיות ספירים, כמו שנאמר (דניאל יב, ג) והמשכילים יזהירו כזוהר הרקיע, והנה ידוע כי החטא הוא מסיבת החומר הגשמי הזה, כי זהו זוהמתו וטבעו, ואם כן זהו כונת הכתוב, אני עשיתי אדם וחוה על המתכונת הזאת, שיהיו מלובשים עוד בגוף המביא לחטוא, ואני אשא, מאז, ובהיותם בגן עדן שם נשאתי אותם למעלה גבוה, אך אני אסבול עד עת קץ, ואז אמלט אותם עוד הפעם, ואז אין החטא

"וַאֲנִי אֶשָּׂא" לְנֹחַ, שֶׁנֶּאֱמַר "וַיִּסְגֹּר ה׳ בַּעֲדוֹ" — ***And I will carry*** **Noah** to safety, **as it is stated, *And* H*ASHEM* *shut it*** (the Ark) ***on his behalf*** (ibid. 7:16).[73] "וַאֲנִי אֶסְבֹּל", שֶׁנֶּאֱמַר "וַיֵּרֶד ה׳ לִרְאֹת אֶת הָעִיר וְאֶת הַמִּגְדָּל" — ***And I will bear*** the sin of the generation of the Dispersion, **as it is stated, *H*ASHEM *descended to look at the city and at the tower***[74] *that the sons of man built* (ibid. 11:5).[75] "וַאֲמַלֵּט" לְאַבְרָהָם, שֶׁנֶּאֱמַר "וַיֹּאמֶר אֵלָיו אֲנִי ה׳ אֲשֶׁר הוֹצֵאתִיךָ מֵאוּר כַּשְׂדִּים" — ***And I will save*** Abraham from Nimrod's fiery furnace,[76] **as it is stated, *He said to him, "I am* H*ASHEM* *Who brought you out of Ur-kasdim"*** (ibid. 15:7).[77]

The Midrash now applies the *Isaiah* verse to the nation of Israel:

דָּבָר אַחֵר — **Another explanation:** "אֲנִי עָשִׂיתִי" לְיִשְׂרָאֵל, שֶׁנֶּאֱמַר "הוּא עָשְׂךָ וַיְכֹנְנֶךָ" — ***I made*** **Israel, as it is stated, *Has He not created you and firmed you?*** (*Deuteronomy* 32:6). "וַאֲנִי אֶשָּׂא", שֶׁנֶּאֱמַר "וָאֶשָּׂא אֶתְכֶם עַל כַּנְפֵי נְשָׁרִים" — ***And I will carry*** Israel out from Egypt, **as it is stated, *And I will carry you on the wings of eagles*** (above, 19:4).[78] "וַאֲנִי אֶסְבֹּל" בָּעֵגֶל, "וַאֲמַלֵּט" שֶׁנֶּאֱמַר "וַיֹּאמֶר ה׳ סָלַחְתִּי כִּדְבָרֶךָ" — ***I will bear*** Israel's sinning **with the Golden Calf,**[79] ***and I will save*** them from the punishment of destruction, **as it is stated, *And* H*ASHEM* *said, "I have forgiven in accordance with your words"*** (*Numbers* 14:20).[80]

§8 The Midrash continues with its interpretation of the First Commandment:[81]

דָּבָר אַחֵר — **Another explanation:** מֶלֶךְ בָּשָׂר וָדָם יוֹצֵא לַאֲמִירָה יוֹצֵא יְחִידִי — When **a human king goes out to a pleasurable setting,**[82] **he goes out alone.**[83] נִלְחָם יוֹצְאִין עִמּוֹ רִבֵּי רְבָבוֹת — But when **he wages war, thousands upon thousands** of soldiers **go out with him.**[84] וְהַקָּדוֹשׁ בָּרוּךְ הוּא אֵינוֹ כֵן — **But the Holy One, blessed is He, is not like that.** אֶלָּא כְּשֶׁיּוֹצֵא לַמִּלְחָמָה יוֹצֵא לְעַצְמוֹ — **Rather, when He goes out to war, he goes out by Himself,** שֶׁנֶּאֱמַר "ה׳ אִישׁ מִלְחָמָה" — **as it is stated, *H*ASHEM *is Master of war*** — *His name is* H*ASHEM* (above, 15:3).[85] וּכְשֶׁהוּא יוֹצֵא לָתֵת תּוֹרָה בְּסִינַי יָצְאוּ עִמּוֹ רִבֵּי רְבָבוֹת — **And when he goes out to give the Torah at Sinai, myriads upon myriads** of angels **went out with Him,** שֶׁנֶּאֱמַר "רֶכֶב אֱלֹהִים רִבֹּתַיִם אַלְפֵי שִׁנְאָן" — **as it is stated, *God's entourage is twice ten thousand, thousands of angels*** (*Psalms* 68:18).[86]

§9 In this section the Midrash returns to a previous interpretation of *I am* H*ASHEM*, *your God* — viz., that Hashem is the One God and there is no comparable other.[87] The Midrash will adduce proof of this truth from elsewhere in Scripture:

דָּבָר אַחֵר, "אָנֹכִי ה׳ אֱלֹהֶיךָ" — **Another explanation of *I am* H*ASHEM*, *your God*:** הָדָא הוּא דִכְתִיב "אַרְיֵה שָׁאָג מִי לֹא יִירָא" — **Thus it is written, *A lion has roared; who will not fear?*** (*Amos* 3:8).[88] וְזֶהוּ דִכְתִיב "מִי לֹא יִרָאֲךָ מֶלֶךְ הַגּוֹיִם כִּי לְךָ יָאָתָה" — **This is what is written** in another verse, ***Who would not fear You, O King of the nations? For [kingship] befits You*** (*Jeremiah* 10:7).[89] אָמְרוּ הַנְּבִיאִים לְיִרְמְיָהוּ: מָה רָאִיתָ לוֹמַר "מֶלֶךְ הַגּוֹיִם" — Reacting to this statement **the other prophets said to Jeremiah, "What did you see to say** in reference to God, **'King of the nations'?** כָּל הַנְּבִיאִים קוֹרִין אוֹתוֹ "מֶלֶךְ יִשְׂרָאֵל", וְאַתָּה קוֹרֵא אוֹתוֹ "מֶלֶךְ הַגּוֹיִם" — **All the prophets call Him 'King of Israel,'**[90] **whereas you call Him 'King of the nations' "!** אָמַר לָהֶן — **[Jeremiah] said to them,**

NOTES

73. And the next verse states: *The waters increased and "carried" the Ark so that it was lifted above the earth* (*Maharzu, Eitz Yosef*; see *Radal* for a different explanation). Noah was saved even though he was not worthy (*Yefeh To'ar, Radal*; see *Sanhedrin* 108a, *Bereishis Rabbah* 28 §9 and 29 §1).

74. The Tower of Babel.

75. I.e., God bore the sin of their building the tower, and He did not annihilate that generation as He did the generation of the Flood, even though their sin was greater [see *Bereishis Rabbah* 38:6] (*Radal; Eitz Yosef*, citing *Yefeh To'ar*; cf. *Maharzu*, who writes that God bore with them and did not stop them from building the tower).

76. For the crime of shattering his father's idols, Abraham was turned over to Nimrod, who cast him into the fire (see *Bereishis Rabbah* 38 §13). But because Abraham had come to recognize the one true God and reject his father's idolatrous faith, God forgave the sins Abraham committed in his earlier years and saved him in miraculous fashion (see ibid. 44 §13). [Our Midrash is following the view (ibid. 64 §4, 95 §3) that Abraham recognized his Creator at the age of 48 — for according to the view (ibid.) that he did so at the age of 3, there would have been nothing to forgive] (*Eitz Yosef*; see, however, next note).

77. The Midrash elsewhere interprets "Ur" (אוּר), a place-name, to mean *fire* (see above, 18 §5, and *Bereishis Rabbah* 44 §13; and see *Targum Yonasan* ad loc.).

Alternatively, the Midrash is taking Ur (אוּר) to mean *valley* (see *Rashi* to *Genesis* 11:28, citing *Menachem*), with *Ur-kasdim* referring to the valley in the land of Shinar — later called Babel, the land of the Chaldeans (*Kasdim*) — where the Tower of Babel was constructed (*Maharzu, Rashash*). The verse is thus referring to the fact that Abraham was spared the punishment of dispersal that was meted out to that generation (see ibid., vv. 8-9). As recorded in *Seder Olam* Ch. 1, Abraham was 48 years old at that time, and that was when he recognized his Creator (see Midrashim cited in preceding note) and refused to participate in their sin. [Indeed, according to *Pirkei DeRabbi Eliezer* Ch. 24, Abraham cursed them for what they were doing] (*Maharzu*).

78. See *Rashi* there.

79. Alternatively: He bore with them and did not stop them from making the Calf. See *Nehemiah* 9:18-20 (*Maharzu*).

80. [*Maharzu* notes that this verse actually appears in the context of the sin of the Ten Spies; see *Maharzu* to 51 §4 below.]

81. *Eitz Yosef*, beginning of §6. See above, note 57. The Midrash here will present a third reason why Hashem alone is worthy of being called "God." (See, however, *Eshed HaNechalim*, who takes the point of the Midrash in this section to be the same as that of §2 above with note 27.)

82. A place of tranquility, quiet, and delight (*Os Emes*, cited by *Eitz Yosef*; but see there and other commentators for multiple other interpretations of the word אֲמִירָה).

83. I.e., with a small entourage (*Maharzu*; *Pesikta Rabbasi* 21 §9 states "with ten people"). It will thus be more restful and pleasant for him than if he were accompanied by a large group of people.

84. For he needs the help of a large army.

85. God fights with His Name and needs no help (*Bamidbar Rabbah* 11 §7).

86. The Midrash takes this verse as indicating many tens of thousands of angels. (*Shemos Rabbah* 2:3 mentions twenty-two myriads.) Cf. notes 16 and 18 above, and see *Rashash*.

The Midrash is explaining that Hashem alone is worthy of being called "God" because (i) He needs no help and goes to war alone, unlike a human king. And (ii) He does not need honor from others; to the contrary, He gives honor to others — as *Tiferes Tzion* writes, by bringing myriads of angels with Him when He gave the Torah, He gave honor both to the angels and to the people of Israel. (Note, however, that *Tiferes Tzion* has a different approach to our passage.)

87. *Eitz Yosef.* See above, §5 with note 48.

88. That is, the idea that God is the One and Only God appears in this verse, too — albeit in the *continuation* of the verse [not cited here] (see *Maharzu*). The explanation of how this is so appears toward the end of this lengthy section. However, since the Midrash will be citing and expounding the latter part of the verse, it first expounds its beginning [the part cited here] (*Eitz Yosef*).

89. The lion (king of beasts) is a metaphor for God (*King of the nations*), and all mankind fears the "roar" of His judgment, as the Midrash proceeds to explain.

90. See *Isaiah* 44:6 and *Zephaniah* 3:15.

"וַאֲנִי אֶשָּׂא" לְנֹחַ, שֶׁנֶּאֱמַר (שם ז, טז) "וַיִּסְגֹּר ה' בַּעֲדוֹ", "וַאֲנִי אֶסְבֹּל", שֶׁנֶּאֱמַר (שם יא, ה) "וַיֵּרֶד ה' לִרְאֹת אֶת הָעִיר וְאֶת הַמִּגְדָּל", "וַאֲמַלֵּט" לְאַבְרָהָם, שֶׁנֶּאֱמַר (שם טו, ז) "וַיֹּאמֶר ה' אֵלָיו אֲנִי ה' אֲשֶׁר הוֹצֵאתִיךָ מֵאוּר כַּשְׂדִּים", דָּבָר אַחֵר, "אֲנִי עָשִׂיתִי" לְיִשְׂרָאֵל, שֶׁנֶּאֱמַר (דברים לב, ו) "הוּא עָשְׂךָ וַיְכֹנְנֶךָ", "וַאֲנִי אֶשָּׂא", שֶׁנֶּאֱמַר (לעיל יט, ד) "וָאֶשָּׂא אֶתְכֶם עַל כַּנְפֵי נְשָׁרִים", "וַאֲנִי אֶסְבֹּל" בָּעֵגֶל, "וַאֲמַלֵּט", שֶׁנֶּאֱמַר (במדבר יד, כ) "וַיֹּאמֶר ה' סָלַחְתִּי כִּדְבָרֶךָ":

ח דָּבָר אַחֵר [ח]מֶלֶךְ בָּשָׂר וָדָם יוֹצֵא לַאֲמִירָה יוֹצֵא יְחִידִי, נִלְחָם יוֹצְאִין עִמּוֹ רִבֵּי רְבָבוֹת, וְהַקָּדוֹשׁ בָּרוּךְ הוּא אֵינוֹ כֵן, אֶלָּא כְּשֶׁיּוֹצֵא לְמִלְחָמָה יוֹצֵא לְעַצְמוֹ שֶׁנֶּאֱמַר (לעיל טו, ג) "ה' אִישׁ מִלְחָמָה", וּכְשֶׁהוּא יוֹצֵא לָתֵת תּוֹרָה בְּסִינַי יָצְאוּ עִמּוֹ [ט]רִבֵּי רְבָבוֹת, שֶׁנֶּאֱמַר (תהלים סח, יח) "רֶכֶב אֱלֹהִים רִבֹּתַיִם אַלְפֵי שִׁנְאָן":

ט דָּבָר אַחֵר, "אָנֹכִי ה' אֱלֹהֶיךָ", הָדָא הוּא דִכְתִיב (עמוס ג, ח) "אַרְיֵה שָׁאָג מִי לֹא יִירָא", זֶהוּ דִכְתִיב (ירמיה י, ז) "מִי לֹא יִרָאֲךָ מֶלֶךְ הַגּוֹיִם כִּי לְךָ יָאָתָה", [י]אָמְרוּ הַנְּבִיאִים לְיִרְמְיָהוּ: מָה רָאִיתָ לוֹמַר "מֶלֶךְ הַגּוֹיִם", כָּל הַנְּבִיאִים קוֹרִין אוֹתוֹ (ישעיה מד, ו; צפניה ג, טו) "מֶלֶךְ יִשְׂרָאֵל", וְאַתָּה קוֹרֵא אוֹתוֹ "מֶלֶךְ הַגּוֹיִם", אָמַר לָהֶן: שָׁמַעְתִּי מִמֶּנּוּ (ירמיה א, ה) "נָבִיא לַגּוֹיִם נְתַתִּיךָ", וַאֲנִי אָמַרְתִּי "מֶלֶךְ הַגּוֹיִם", לוֹמַר: אִם עַל בָּנָיו וְעַל בְּנֵי בֵיתוֹ לֹא חָס, עַל אֲחֵרִים הוּא חָס,

חידושי הרד"ל

ואני אסבול, (שם שם כא) **ויעש ה' אלהים לאדם ולאשתו כתנות עור וילבישם,** (וזהו סבלנות הבושה ממערומיהם שהביאו הם עצמם עליהם בחטאם, עשה להם הקב"ה לבושים לכסותם). **ואמלט,** (שם שם כג - כד) **וישלחהו ה' אלהים מגן עדן לעבוד את האדמה וגו' ויגרש וגו'** (וכמו שכתוב בבראשית רבה שם (כא, ט) שזה היה מקלטו לרוח מזרחית לכפר עליו). **דבר אחר אני עשיתי כי נחמתי כו'.** כן צריך לומר: **כי נחמתי כי עשיתים.** ואני עושה דין בהם: **ואני אשא לנח ויסגר בעדו.** נשאו ה' מתוך ההפכה למקום התיבה ונשא עונו, כמו שנאמר (בראשית רבה כח, ט) אף נח לא היה ראוי אלא שמצא חן: **אני אסבול שנאמר וירד כו'.** ולא עשה בהן דין גמור כבדור המבול, שחטאם היה קשה משלהם, כדאיתא בבראשית רבה שם פרשה לח, ו: **[ח] מלך בשר ודם יוצא לאמירה.** עיין מתנות כהונה. ועיקר הפירוש אהבה בלשון רומי, (ואולי יש להסמיך ענין לפרש האמרת היום (דברים כו, יז) מדרש זה). וגם אותו שהביא הערוך (ערך אמר הרביעי) מהילמדנו בראשית נראה פירושו כן, ולא כהערוך שחברו עם ענין בייתי. ובשוחר טוב מזמור י"ח הגירסא למומס, והוא מקום שחוק וליצנות. ובפסיקתא דעשרת הדברות הגירסא לפיום. ועיין במדבר רבה פרשה יא, ט: **רבי רבבות שנאמר רכב אלהים רבותים כו'.** בפסיקתא הגירסא מילי מילייארדין עד מקום שהטרפיזטום יכול לחשוב, (כן צריך לומר שם, ובילקוט תורה (שמות רמו) הנוסחא מתוקנת קלת), ופירוש מילי הוא אלף אלפים בלשון רומי, ומילייארדין הוא אלף אלפים פעמים ככה, וזה שאמר עד מקום שהטרפיזטום, כלומר השלחני שרגיל לחשוב חשבונות גדולות אין לו מקום לחשוב:

עץ יוסף

ואני אשא לנח שנאמר ויסגור ה' בעדו. וכתיב וירבו המים וישאו את התיבה ותרם מעל הארץ: **וירד ה' לראות כו'.** שסבל חטאם ולא עשה בהם כליה כדור המבול שחטאם היה קשה משלהם, כדאיתא בבראשית רבה פרשה ל"ח (יפה תואר): **ואמלט לאברהם.** מכבשן האש, ולא הביט הקדוש ברוך הוא בעונותיו הראשונים, אחר שהכיר את בוראו מאז, כמאן דאמר שבן ארבעים ושמונה שנה הכיר אברהם את בוראו: **מאור בשדים.** היינו מכבשן האש כדאיתא בבראשית רבה פרשה מ"ב: **(ח) לאמירה.** פירוש מקום שלוה והשקט ושעשוע (אות אמת). או פירושו לשון שבח ואהבה, כמו וה' האמירך היום: **(ט) [ז] הדא הוא דכתיב אריה שאג כו'.** בעי לפרושי אנכי ה' אלהיך, דאתא לומר שהוא לבדו אל ואין שני כדלעיל, אלא דמוסיף לומר שהמופת על זה הוא מה שהשתיק כל העולם במתן תורה, כדאיתא לקמן סימן ט', ולסמך לדבר מייתי האי קרא, וכדמפרש ליה רבי יוחנן בסימן ט', ואיידי דמייתי ליה מפרש הכא רישיה דכתיב אריה שאג מי לא יירא: **שמעתי ממנו נביא כו' ואני אמרתי כו'.** שמה שאמר ה' נביא לגוים נתתיך הוא כינוי לישראל דרך בזיון שהם דומים להם, וירמיהו התחכם להליץ על ישראל, כי אין נכון לומר כן, ולא רצה בפירוש לטעון על דבר ה', וקרא את ה' מלך הגוים כדי שיקפיד כנגדו שתולה מלכותו בעכו"ם, ואז יטעון ירמיה שממך למדתי, ומה שמצא ירמיהו מקום לומר מלך הגוים במקום הזה, הוא מפני שכוונתו בכאן לומר מי לא ייראך שהעכו"ם יראו ממנו, שילמדו קל וחומר אם על בניו ועל ביתו לא חס כל שכן כו', ואגב זה קרא להקדוש ברוך הוא מלך הגוים לשון נופל על לשון, אבל לולי זה לא היה טעם לשנות משאר הנביאים שקראוהו מלך ישראל:

פירוש מהרז"ו

ואני אשא לנח. כמו שכתוב (בראשית ז, יז) וירבו המים וישאו את התיבה ותרם מעל הארץ, אשר בה היה נח וכל החי: **ואני אסבול וירד ה' לראות.** והניח אותם לבנות וסבל: **ומלט לאברהם.** שהיה בדור הפלגה, כמו שאמרו פרקי דרבי אליעזר פרק כ"ד, ועבר אברהם בן תרח וראה אותם בונים העיר, וקללם שנאמר (תהלים נה, י) בלע ה' פלג לשונם, וכמו שכתוב בריש סדר עולם: **מאור בשדים.** וכשדים הוא שנער ובבל, וכמו שכתוב (בראשית יא, ב) וימצאו בקעה בארץ שנער, (פסוק ט) על כן קרא שמה בבל: **ואני אסבול בעגל.** ראה שהם מכעיסים אותו, והניח אותם לעשות, וכמו שכתוב בנחמיה ט' (פסוק יח) אף כי עשו עגל (ו)מסכה וגו', (פסוק כ) ומנך לא מנעת מפיהם ועננך וגו': **ויאמר ה' סלחתי כדברך.** פסוק זה בפרשת שלח לך אצל מרגלים, עיין מה שכתב לקמן פרשה כ"א סימן ה: **(ח) יוצא לאמירה.** פירוש לשלום, וכמו שאיתא הגירסא במדבר רבה פרשה י"א בסימן ז בהדיא, שהולך לשלום. ובפסיקתא פרשה כא סוף סימן ט' איתא, יוצא לפיום בעשרה בני אדם, וכן הכוונה כאן במה שכתב יחידי במעט אנשים: **רכב אלהים.** עיין לעיל פרשה זו סימן ב: **(ט) אריה שאג.** וסיפא דקרא ה' אלהים דבר מי לא ינבא, וכמו שאמר בסוף הסימן: **מה ראית לומר.** מדרש תהלים ריש מזמור ל"ג: **נביא לגוים.** הכשדים שהחריבו בית המקדש והרגו את ישראל, ועליהם אמר על אחרים לא חס, ובימיו החריבוהו:

מסורת המדרש

ח. במדבר רבה פרשה י"א. פסיקתא רבתי פיסקא כ"א. מדרש תהלים מזמור ח':
ט. לעיל סימן ב' וש"נ:
י. מדרש תהלים מזמור ל"ג:

אם למקרא

וְהַבָּאִים זָכָר וּנְקֵבָה מִכָּל־בָּשָׂר בָּאוּ כַּאֲשֶׁר צִוָּה אֹתוֹ אֱלֹהִים וַיִּסְגֹּר ה' בַּעֲדוֹ:
(שם ז: טז)

וַיֵּרֶד ה' לִרְאֹת אֶת־הָעִיר וְאֶת־הַמִּגְדָּל אֲשֶׁר בָּנוּ בְּנֵי הָאָדָם:
(שם יא: ה)

וַיֹּאמֶר אֵלָיו אֲנִי ה' אֲשֶׁר הוֹצֵאתִיךָ מֵאוּר כַּשְׂדִּים לָתֶת לְךָ אֶת הָאָרֶץ הַזֹּאת לְרִשְׁתָּהּ:
(שם טו: ז)

הֲלַה' תִּגְמְלוּ זֹאת עַם נָבָל וְלֹא חָכָם הֲלוֹא הוּא אָבִיךָ קָּנֶךָ הוּא עָשְׂךָ וַיְכֹנְנֶךָ:
(דברים לב: ו)

אַתֶּם רְאִיתֶם אֲשֶׁר עָשִׂיתִי לְמִצְרָיִם וָאֶשָּׂא אֶתְכֶם עַל־כַּנְפֵי נְשָׁרִים וָאָבִא אֶתְכֶם אֵלָי:
(שמות יט: ד)

וַיֹּאמֶר ה' סָלַחְתִּי כִּדְבָרֶךָ:
(במדבר יד: כ)

ה' אִישׁ מִלְחָמָה ה' שְׁמוֹ:
(שמות טו: ג)

רֶכֶב אֱלֹהִים רִבֹּתַיִם אַלְפֵי שִׁנְאָן אֲדֹנָי בָם סִינַי בַּקֹּדֶשׁ:
(תהלים סח: יח)

אַרְיֵה שָׁאָג מִי לֹא יִירָא אֲדֹנָי ה' דִּבֶּר מִי לֹא יִנָּבֵא:
(עמוס ג: ח)

מִי לֹא יִרָאֲךָ מֶלֶךְ הַגּוֹיִם כִּי לְךָ יָאָתָה כִּי בְכָל־חַכְמֵי הַגּוֹיִם וּבְכָל־מַלְכוּתָם מֵאֵין כָּמוֹךָ:
(ירמיה י: ז)

כֹּה אָמַר ה' מֶלֶךְ יִשְׂרָאֵל וְגֹאֲלוֹ ה' צְבָאוֹת אֲנִי רִאשׁוֹן וַאֲנִי אַחֲרוֹן וּמִבַּלְעָדַי אֵין אֱלֹהִים:
(ישעיה מד: ו)

הֵסִיר ה' מִשְׁפָּטַיִךְ פִּנָּה אֹיְבֵךְ מֶלֶךְ יִשְׂרָאֵל ה' בְּקִרְבֵּךְ לֹא־תִירְאִי רָע עוֹד:
(צפניה ג: טו)

בְּטֶרֶם אֶצָּרְךָ בַבֶּטֶן יְדַעְתִּיךָ וּבְטֶרֶם תֵּצֵא מֵרֶחֶם הִקְדַּשְׁתִּיךָ נָבִיא לַגּוֹיִם נְתַתִּיךָ:
(ירמיה א: ה)

מתנות כהונה

(בראשית מ, יג) ישא את ראשך: **[ח] לאמירין.** כלומר לשלום. ועיין בערוך ערך אמר (החמישי) [הרביעי]: **[ט] לומר אם על בניו כו'**

אשד הנחלים

שולט, כי הכל יכירו כבודי, שלא יהיה עוד אלהים אחרים על פני מאומה, כי יבטל היצר שהוא אל זר מלב האדם, הבן זה. ודרש עוד מנידון החטאים שבאדם על דרך זה, כאומר אני עשיתי ומוכרח אני לקיים העולם, אף שהם חוטאים לפני, על דרך הכתוב (בראשית ו, ז) כי נחמתי כי עשיתים, אבל מוכרח אני לקיימם אחר שעשיתים, ועם כל זה אשא לנח, בכדי שישאר קיום העולם, ואני אסבול עוד עונות בני ישראל, אף בעת עשייתם בעגל, ואמלט אותם מחטאם, וזהו אנכי ה' גו', שמעתה הזהירם עוד לבלי יעשו עוד עגל על פניו, כי כבר סלח להם חטאם, ועתה יטהרו מזה. ודרש עוד בהיפך ומפני שעשיתי לישראל, והכונה על בריאת נפשם ממעלה הגבוה, והגבהתי אותם לישא אותם על כנפי השגחה הפרטית, ולכן אנכי אסבול חטאם ואמלט אותם מעונם: **[ח] יוצא לאמירה יוצא יחידי כו'.** שלכן הוצרך להזהיר כאן שלא יהיה אלהים אחרים על פניו, מפני שנתגלה עליהם בכמה רבבות מלאכי השרת, ואם כן פן יטעו אחריהם לחשבם גם כן לאלהות, ולכן אמר אנכי ה' אלהיך, בעל הכחות, ולא יהיה לך גו'. והסיבה מה שנתגלה בכמה רבבות, להיות כי באמת אמיתת עצמותו יתברך אי אפשר לדעת, רק ההתגלות הוא ידיעת פעולותיו, והן הן מלאכיו משרתיו עושי רצונו, וזה היה עיקר ההתגלות, אבל במלחמה אין צורך לה' ברוך הוא ברבבות מלאכי השרת כי, פיו אמר ויהי, הבן זה:

חידושי הרש"ש

אשר הוצאתיך מאור כשדים. משמע שמפרש אור כשדים כמו בקעת שנער, שהיו שם בוני המגדל, כי אור הוא בקעה כמו שפירש"י בסוף פרשת נח (בראשית יא כח) בשם מנחם: **[ח] יוצא לאמירה.** בכאן נוכל לפרש אמירה כמשמעה, שיוצא לאמר ולצוות דבר מה לעמו, ועל דרך שמצינו בדוד ויקם דויד המלך וגו' ויאמר שמעוני אחי ועמי וגו' (דברי הימים א כח, ב), וביהושפט עמד יהושפט ויאמר שמעוני יהודה גו' האמינו בה' גו' והצליחו (שם ב כ, כ): **רבי רבבות שנאמר כו' רבותים גו'.** משמע שמפרש רבותים רבו רבבות, ולעיל בריש הפרשה לא דרשו רק על שני

באור מהרי"פ

[ח] במתנות כהונה ד"ה לאמירה וכו'. זה לשון הערוך [ערך] אמר [ה]רביעי. בבראשית רבה (עז, ג) ויותר יעקב לבדו למלך שהיה לו כלב אגריאן ואריה אימורין [שומע הקול אימורין]. באגדת ילמדנו סדר בראשית [ובפסיקתא דהחודש], לעתיד לבא עושה הקב"ה את הבהמה ואת החיה כולן אימורין ועושה שלום ביניהן ואין מזיקין שנאמר זאב וטלה ירעו כאחד. פירוש אימורין בייתי בלשון יון בלע"ז דומיסטיקו עד כאן לשון הערוך. וזה לשון אות אמת, לאמירה פירוש מקום שלוה והשקט ושעשוע, וחבר למלה זו בפרשת וישלח עד כאן לשונו. אבל המעריך (ערך אמירון) פירש איסטודיא בלע"ז, מקום יש שלומדין בו חכמת יוונית [ובערוך ערך מרום כתב הערוך, ספרי חכמה יונית שמם בלשונם המירום עד כאן לשונו]. ובערך מרום כתב הערוך וזה לשונו (חולין דף ס, ב) אמר ריש לקיש הרבה מקראות יש שראוין להשרף כספרי מרום, פירוש ספרי הכופרים בבוראם, ומפורש בפרק כל כתבי דף קט"ז ע"א. פירוש אחר מין היה ושמו מירום. פירוש אחר ספרים החיצונים של חכמת יוונית שמם בלשונם המירום עד כאן לשון הערוך. וזה לשון רבי בנימין מוספיא, אמר בנימין, ראש הפייטנים היוונים שמו המירום, וספריו עד היום חשובים בין העמים, ויש בהם שיחות וקטטות אלילים, ובהדיא אמרו בירושלמי דסנהדרין בפרק חלק, אבל ספרי המירום הקורא בהן כקורא אגרת, עד כאן לשון רבי בנימין מוספיא:

שָׁמַעְתִּי מִמֶּנּוּ ״נָבִיא לַגּוֹיִם נְתַתִּיךָ״, וַאֲנִי אָמַרְתִּי ״מֶלֶךְ הַגּוֹיִם״ – **"I heard from [God]** these words, ***'I established you as a prophet for the nations'*** (ibid. 1:5), **and so I said, 'King of the nations,'**[91] לוֹמַר

אם עַל בָּנָיו וְעַל בְּנֵי בֵיתוֹ לֹא חָס, עַל אֲחֵרִים הוּא חָס – as if **to say: If [God] does not spare His children and His family** (i.e., Israel) from punishment, **does He spare others?!"**

NOTES

91. God referred to Israel derogatorily as "the nations" because they were behaving like non-Jews [see *Rashi* ad loc.], but Jeremiah resented that characterization and considered it unfair. While not wanting to repudiate it explicitly, Jeremiah nonetheless registered his objection by referring to God in kind, as "King of the nations." He knew that God (speaking through the other prophets) would react, and thus give him the opportunity to tell God that he learned to use that title from Him (*Eitz Yosef*; for a different approach, see next note).

"וַאֲנִי אֶשָּׂא" לְנֹחַ, שֶׁנֶּאֱמַר (שם ז, טז) "וַיִּסְגֹּר ה' בַּעֲדוֹ", "וַאֲנִי אֶסְבֹּל", שֶׁנֶּאֱמַר (שם יא, ה) "וַיֵּרֶד ה' לִרְאֹת אֶת הָעִיר וְאֶת הַמִּגְדָּל", "וַאֲמַלֵּט" לְאַבְרָהָם, שֶׁנֶּאֱמַר (שם טו, ז) "וַיֹּאמֶר ה' אֵלָיו אֲנִי ה' אֲשֶׁר הוֹצֵאתִיךָ מֵאוּר כַּשְׂדִּים", דָּבָר אַחֵר, "אֲנִי עָשִׂיתִי" לְיִשְׂרָאֵל, שֶׁנֶּאֱמַר (דברים לב, ו) "הוּא עָשְׂךָ וַיְכֹנְנֶךָ", "וַאֲנִי אֶשָּׂא", שֶׁנֶּאֱמַר (לעיל יט, ד) "וָאֶשָּׂא אֶתְכֶם עַל כַּנְפֵי נְשָׁרִים", "וַאֲנִי אֶסְבֹּל" בָּעֵגֶל, "וַאֲמַלֵּט", שֶׁנֶּאֱמַר (במדבר יד, כ) "וַיֹּאמֶר ה' סָלַחְתִּי כִּדְבָרֶךָ":

ח דָּבָר אַחֵר [ח]מֶלֶךְ בָּשָׂר וָדָם יוֹצֵא לַאֲמִירָה יוֹצֵא יְחִידִי, נִלְחָם יוֹצְאִין עִמּוֹ רִבֵּי רְבָבוֹת, וְהַקָּדוֹשׁ בָּרוּךְ הוּא אֵינוֹ כֵּן, אֶלָּא כְּשֶׁיּוֹצֵא לְמִלְחָמָה יוֹצֵא לְעַצְמוֹ שֶׁנֶּאֱמַר (לעיל טו, ג) "ה' אִישׁ מִלְחָמָה", וּכְשֶׁהוּא יוֹצֵא לָתֵת תּוֹרָה בְּסִינַי יָצְאוּ עִמּוֹ [ט]רִבֵּי רְבָבוֹת, שֶׁנֶּאֱמַר (תהלים סח, יח) "רֶכֶב אֱלֹהִים רִבֹּתַיִם אַלְפֵי שִׁנְאָן":

ט דָּבָר אַחֵר, "אָנֹכִי ה' אֱלֹהֶיךָ", הָדָא הוּא דִכְתִיב (עמוס ג, ח) "אַרְיֵה שָׁאָג מִי לֹא יִירָא", זֶהוּ דִכְתִיב (ירמיה י, ז) "מִי לֹא יִרָאֲךָ מֶלֶךְ הַגּוֹיִם כִּי לְךָ יָאָתָה", [י]אָמְרוּ הַנְּבִיאִים לְיִרְמְיָהוּ: מָה רָאִיתָ לוֹמַר "מֶלֶךְ הַגּוֹיִם", כָּל הַנְּבִיאִים קוֹרִין אוֹתוֹ (ישעיה מד, ו; צפניה ג, טו) "מֶלֶךְ יִשְׂרָאֵל", וְאַתָּה קוֹרֵא אוֹתוֹ "מֶלֶךְ הַגּוֹיִם", אָמַר לָהֶן: שָׁמַעְתִּי מִמֶּנּוּ (ירמיה א, ה) "נָבִיא לַגּוֹיִם נְתַתִּיךָ", וַאֲנִי אָמַרְתִּי "מֶלֶךְ הַגּוֹיִם", לוֹמַר: אִם עַל בָּנָיו וְעַל בְּנֵי בֵיתוֹ לֹא חָס, עַל אֲחֵרִים הוּא חָס,

עץ יוסף

ואני אשא לנח שנאמר ויסגור ה' בעדו. וכתיב וירבו המים וישאו את התיבה ותרם מעל הארץ: **וירד ה' לראות כו'.** שסבל חטאם ולא עשה בהם כליה כדור המבול שחטאם היה קשה משלהם, כדאיתא בבראשית רבה פרשה ל"ח (יפה תואר): **ואמלט לאברהם.** מכבשן האש, ולא הביט הקדוש ברוך הוא בעונותיו הראשונים, אחר שהכיר את בוראו מאז, כמאן דאמר שבן ארבעים ושמונה שנה הכיר אברהם את בוראו: **מאור בשדים.** היינו מכבשן האש כדאיתא בבראשית רבה פרשה מ"ב: (ח) **לאמירה.** פירוש מקום שלוה והשקט ושעשוע (אות אמת). או פירושו לשון שבח והאבה, כמו וה' האמירך היום: (ט) [ז] **הדא הוא דכתיב אריה שאג כו'.** בעי לפרושי אנכי ה' אלהיך, דאתא לומר שהוא לבדו אל ואין שני כדלעיל, אלא דמוסיף לומר שהמופת על זה הוא מה שהשתיק כל העולם במתן תורה, כדאיתא לקמן סימן ט', ולסמך לדבר מייתי האי קרא, וכדמפרש ליה רבי יוחנן בסימן ט', ואיידי דמייתי ליה מפרש הכא רישיה דכתיב אריה שאג מי לא יירא: **שמעתי ממנו נביא כו' ואני אמרתי כו'.** שמה שאמר ה' נביא לגוים נתתיך הוא כינוי לישראל דרך בזיון שהם דומים להם, וירמיהו התחכם להלין על ישראל, כי אין נכון לומר כן, ולא רצה בפירוש לטעון על דבר ה', וקרא את ה' מלך הגוים כדי שיקפיד כנגדו שתולה מלכותו בעכו"ם, ואז יטעון ירמיה שממך למדתי, ומה שמלא ירמיהו מקום לומר מלך הגוים במקום הזה, הוא מפני שכוונתו בכאן לומר מי לא יירא שהעכו"ם יראו ממנו, שילמדו קל וחומר אם על בניו ועל ביתו לא חס כל שכן כו', ואגב זה קרא להקדוש ברוך הוא מלך הגוים לשון נופל על לשון, אבל לולי זה לא היה טעם לשנות מאשר הנביאים שקראוהו מלך ישראל:

פירוש מהרז"ו

ואני אשא לנח. כמו שכתוב (בראשית ז, יז) וירבו המים וישאו את התיבה ותרם מעל הארץ, אשר בה היה נח וכל החי: **ואני אסבול וירד ה' לראות.** והניח אותם לבנות וסבל: **ומלט לאברהם.** שהיה בדור הפלגה, כמו שאמרו פרקי דרבי אליעזר פרק כ"ד, ועבר אברהם בן תרח וראה אותם בונים העיר, וקללם שנאמר (תהלים נה, י) בלע ה' פלג לשונם, וכמו שכתוב בריש סדר עולם: **מאור בשדים.** וכשדים הוא שנער ובבל, וכמו שכתוב (בראשית יא, ב) וימצאו בקעה בארץ שנער, (פסוק ט) על כן קרא שמה בבל: **ואני אסבול בעגל.** ראה שהם מכעיסים אותו, והניח אותם לעשות, וכמו שכתוב בנחמיה ט' (פסוק יח) אף כי עשו עגל (ו)מסכה וגו', (פסוק כ) ומנך לא מנעת מפיהם ועננך וגו': **ויאמר ה' סלחתי כדברך.** פסוק זה בפרשת שלח לך אצל מרגלים, עיין מה שכתב לקמן פרשה כ"א סימן ה: (ח) **יוצא לאמירה.** פירוש לשלום, וכמו שאיתא הגירסא במדבר רבה פרשה י"א בסימן ז בהדיא, שהולך לשלום. ובפסיקתא פרשה כא סוף סימן ט' איתא, יולא לפיוס בעשרה בני אדם, וכן הכוונה כאן במה שכתב יחידי במעט אנשים: **רכב אלהים.** עיין לעיל פרשה זו סימן ב: (ט) **אריה שאג.** וסיפא דקרא ה' אלהים דבר מי לא ינבא, וכמו שאמר בסוף הסימן: **מה ראית לומר.** מדרש תהלים ריש מזמור ל"ג: **נביא לגוים.** הכשדים שהחריבו בית המקדש והרגו את ישראל, ועליהם אמר על אחרים לא חס, ובימיו החריבוהו:

מתנות כהונה

(בראשית מ, יג) ישא את ראשך: [ח] **לאמירין.** כלומר לשלום. ועיין בערוך ערך אמר (החמישי) [הרביעי]: [ט] **לומר אם על בניו כו'**

אשד הנחלים

שולט, כי הכל יכירו כבודי, שלא יהיה עוד אלהים אחרים על פני מאומה, כי יבטל היצר שהוא אל זר מלב האדם, הבן זה. ודרש עוד מנידון החטאים שבאדם על דרך זה, כאומר אני עשיתי ומוכרח אני לקיים העולם, אף שהם חוטאים לפני, על דרך הכתוב (בראשית ו, ז) כי נחמתי כי עשיתים, אבל מוכרח אני לקיימם אחר שעשיתים, ועם כל זה אשא לנח, בכדי שישאר קיום העולם, ואני אסבול עוד עונות בני ישראל, אף בעת עשייתם בעגל, ואמלט אותם מחטאם, וזהו אנכי ה' גו', שמעתה הזהירם עוד לבלי יעשו עוד עגל על פניו, כי כבר סלח להם חטאם, ועתה יטהרו מזה. ודרש עוד בהיפך ומפני שעשיתי לישראל, והכונה על בריאת נפשם ממעלה הגבוה, והגבהתי אותם לישא אותם על כנפי השגחה הפרטית, ולכן אנכי אסבול חטאם ואמלט אותם מעונם: [ח] **יוצא לאמירה יוצא יחידי כו'.** שלכן הוצרך להזהיר כאן שלא יהיה אלהים אחרים על פניו, מפני שנתגלה עליהם בכמה רבבות מלאכי השרת, ואם כן פן יטעו אחריהם לחשבם גם כן לאלהות, ולכן אמר אנכי ה' אלהיך, בעל הכחות, ולא יהיה לך גו'. והסיבה מה שנתגלה בכמה רבבות, להיות כי באמת אמיתת עצמותו יתברך אי אפשר לדעת, רק ההתגלות הוא ידיעת פעולותיו, והן הן מלאכיו משרתיו עושי רצונו, וזה היה עיקר ההתגלות, אבל במלחמה אין צורך לה' ברוך הוא ברבבות מלאכי השרת כי, פיו אמר ויהי, הבן זה:

חידושי הרש"ש

אשר הוצאתיך מאור בשדים. משמע שמפרש אור כשדים כמו בקעת שנער, שהיו שם בוני המגדל, כי אור הוא בקעה כמו שפירש"י בסוף פרשת נח (בראשית יא כח) בשם מנחם: [ח] **יוצא לאמירה.** בכאן נוכל לפרש אמירה כמשמעה, שיולא לאמר ולצוות דבר מה לעמו, ועל דרך שמצינו בדוד ויקם דויד המלך וגו' ויאמר שמעוני אחי ועמי וגו' (דברי הימים א כח, ב), וביהושפט עמד יהושפט ויאמר שמעוני יהודה גו' האמינו בה' גו' והצליחו (שם ב כ, כ): **רבי רבבות שנאמר כו' רבותים גו'.** משמע שמפרש רבותים רבו רבבות, ולעיל בריש הפרשה לא דרשו רק על שני

באור מהרי"פ

[ח] **במתנות כהונה ד"ה לאמירה וכו'.** זה לשון הערוך [ערך] אמר [ה]רביעי. בבראשית רבה (עז, ג) ויותר יעקב לבדו למלך שהיה לו כלב אגריאן ואריה אימורין [שומע הקול אימורין]. באגדת ילמדנו סדר בראשית [ובפסיקתא דהחודש], לעתיד לבא עושה הקב"ה את הבהמה ואת החיה כולן אימורין ועושה שלום ביניהן ואין מזיקין שנאמר זאב וטלה ירעו כאחד. פירוש אימורין בייתי בלשון יון בלע"ז דומיסטיקו עד כאן לשון הערוך. וזה לשון אות אמת, לאמירה פירוש מקום שלוה והשקט ושעשוע, וחבר למלה זו בפרשת וישלח עד כאן לשונו. אבל המעריך (ערך אמירון) פירש איסטודיא בלע"ז, מקום יש שלומדין בו חכמת יוונית [ובערוך ערך מרום כתב הערוך, ספרי חכמה יונית שמם בלשונם המירום עד כאן לשונו]. ובערך מרום כתב הערוך וזה לשונו (חולין דף ס, ב) אמר ריש לקיש הרבה מקראות יש שראוין להשרף כספרי מרום, פירוש ספרי הכופרים בבוראם, ומפורש בפרק כל כתבי דף קט"ז ע"א. פירוש אחר מין היה ושמו מירום. פירוש אחר ספרים החיצונים של חכמת יוונית שמם בלשונם המירום עד כאן לשון הערוך. וזה לשון רבי בנימין מוספיא, אמר בנימין, ראש הפייטנים היוונים שמו המירום, וספריו עד היום חשובים בין העמים, ויש בהם שיחות וקטטות אלילים, ובהדיא אמרו בירושלמי דסנהדרין בפרק חלק, אבל ספרי המירום הקורא בהן כקורא אגרת, עד כאן לשון רבי בנימין מוספיא:

חידושי הרד"ל

ואני אסבול, (שם שם כא) **ויעש ה' אלהים לאדם ולאשתו כתנות עור וילבישם,** (וזהו סבלנות הבושה ממערומיהם שהביאו הם עצמם עליהם בחטאם, עשה להם הקב"ה לבושים לכסותם). **ואמלט,** (שם שם כג - כד) **וישלחהו ה' אלהים מגן עדן לעבוד את האדמה וגו' ויגרש וגו'** (וכמו שכתוב בבראשית רבה שם (כא, ט) שזה היה מקלטו לרוח מזרחית לכפר עליו). **דבר אחר אני עשיתי כי נחמתי כו'.** כן צריך לומר: **כי נחמתי כי עשיתים.** ואני עושה דין בהם: **ואני אשא לנח ויסגר בעדו.** נשאו ה' מתוך ההפכה למקום התיבה ונשא עונו, כמו שנאמר (בראשית רבה כח, ט) אף נח לא היה ראוי אלא שמצא חן: **אני אסבול שנאמר וירד כו'.** ולא עשה בהן דין גמור כבדור המבול, שחטאם היה קשה משלהם, כדאיתא בבראשית רבה שם פרשה לח, ו: [ח] **מלך בשר ודם יוצא לאמירה.** עיין מתנות כהונה. ועיקר הפירוש אהבה בלשון רומי, (ואולי יש להסמיך ענין לפרש האמרת היום (דברים כו, יז) מדרש זה). וגם אותו שהביא הערוך (ערך אמר הרביעי) מהילמדנו בראשית נראה פירושו כן, ולא כהערוך שחברו עם ענין בייתי. ובשוחר טוב מזמור י"ח הגירסא למומס, והוא מקום שחוק וליצנות. ובפסיקתא דעשרת הדברות הגירסא לפיוס. ועיין במדבר רבה פרשה יא, ט: **רבי רבבות שנאמר רכב אלהים רבותים כו'.** בפסיקתא הגירסא מילי מילייארדין עד מקום שהטרפיזטוס יכול לחשוב, (כן צריך לומר שם, ובילקוט תורה (שמות רמו) הנוסחא מתוקנת קצת), ופירוש מילי הוא אלף אלפים בלשון רומי, ומילייארדין הוא אלף אלפים פעמים ככה, וזה שאמר עד מקום שהטרפיזטוס, כלומר השלחני שרגיל לחשוב חשבונות גדולות אין לו מקום לחשוב:

מסורת המדרש

ח. במדבר רבה פרשה י"א. פסיקתא רבתי פיסקא כ"א. מדרש תהלים מזמור ח':
ט. לעיל סימן ב' וש"נ:
י. מדרש תהלים מזמור ל"ג:

אם למקרא

וְהַבָּאִים זָכָר וּנְקֵבָה מִכָּל־בָּשָׂר בָּאוּ כַּאֲשֶׁר צִוָּה אֹתוֹ אֱלֹהִים וַיִּסְגֹּר ה' בַּעֲדוֹ:
(שם ז: טז)

וַיֵּרֶד ה' לִרְאֹת אֶת־הָעִיר וְאֶת־הַמִּגְדָּל אֲשֶׁר בָּנוּ בְּנֵי הָאָדָם:
(שם יא: ה)

וַיֹּאמֶר אֵלָיו אֲנִי ה' אֲשֶׁר הוֹצֵאתִיךָ מֵאוּר כַּשְׂדִּים לָתֶת לְךָ אֶת הָאָרֶץ הַזֹּאת לְרִשְׁתָּהּ:
(שם טו: ז)

הֲלַה' תִּגְמְלוּ זֹאת עַם נָבָל וְלֹא חָכָם הֲלוֹא הוּא אָבִיךָ קָּנֶךָ הוּא עָשְׂךָ וַיְכֹנְנֶךָ:
(דברים לב: ו)

אַתֶּם רְאִיתֶם אֲשֶׁר עָשִׂיתִי לְמִצְרָיִם וָאֶשָּׂא אֶתְכֶם עַל־כַּנְפֵי נְשָׁרִים וָאָבִא אֶתְכֶם אֵלָי:
(שמות יט: ד)

וַיֹּאמֶר ה' סָלַחְתִּי כִּדְבָרֶךָ:
(במדבר יד: כ)

ה' אִישׁ מִלְחָמָה ה' שְׁמוֹ:
(שמות טו: ג)

רֶכֶב אֱלֹהִים רִבֹּתַיִם אַלְפֵי שִׁנְאָן אֲדֹנָי בָם סִינַי בַּקֹּדֶשׁ:
(תהלים סח: יח)

אַרְיֵה שָׁאָג מִי לֹא יִירָא אֲדֹנָי ה' דִּבֶּר מִי לֹא יִנָּבֵא:
(עמוס ג: ח)

מִי לֹא יִרָאֲךָ מֶלֶךְ הַגּוֹיִם כִּי לְךָ יָאָתָה כִּי בְכָל־חַכְמֵי הַגּוֹיִם וּבְכָל־מַלְכוּתָם מֵאֵין כָּמוֹךָ:
(ירמיה י: ז)

כֹּה אָמַר ה' מֶלֶךְ יִשְׂרָאֵל וְגֹאֲלוֹ ה' צְבָאוֹת אֲנִי רִאשׁוֹן וַאֲנִי אַחֲרוֹן וּמִבַּלְעָדַי אֵין אֱלֹהִים:
(ישעיה מד: ו)

הֵסִיר ה' מִשְׁפָּטַיִךְ פִּנָּה אֹיְבֵךְ מֶלֶךְ יִשְׂרָאֵל ה' בְּקִרְבֵּךְ לֹא־תִירְאִי רָע עוֹד:
(צפניה ג: טו)

בְּטֶרֶם אֶצָּרְךָ בַבֶּטֶן יְדַעְתִּיךָ וּבְטֶרֶם תֵּצֵא מֵרֶחֶם הִקְדַּשְׁתִּיךָ נָבִיא לַגּוֹיִם נְתַתִּיךָ:
(ירמיה א: ה)

שֶׁנֶּאֱמַר ״נוֹרָא אֱלֹהִים מִמִּקְדָּשֶׁיךָ״ – For it is stated (*Psalms* 68:36), ***You are awesome, O God, from Your Sanctuaries.***[92]

Having explained the content of *Jeremiah* 10:7, the Midrash now clarifies a syntactic point therein:[93]

״מִי לֹא יִרָאֲךָ מֶלֶךְ הַגּוֹיִם״, מִי לֹא יִתְיָירֵא מִמְּךָ – The translation of ***Who would not "yira'acha"*** [יִרָאֲךָ], ***O King of the nations?*** is **"Who would not fear You?"**[94]

The Midrash offers another explanation for Jeremiah's referring to God as "King of the nations":[95]

מָשָׁל לְדָנֵיסְטוּס שֶׁמִּלֵּא כִיסוֹ זְהוּבִים וְהָיָה עוֹמֵד וְצוֹוֵחַ – It is analogous to a moneylender[96] **who filled his pocket with gold coins and would stand** outside **and cry out, מִי שֶׁהוּא מְבַקֵּשׁ יָבֹא וְיִשְׁאַל – "Whoever is seeking** funds **may come and borrow!" וְהָיוּ הַכֹּל שׁוֹמְעִים וּבוֹרְחִים – And everyone would hear** him **and flee, לוֹמַר כְּשֶׁיָּבֹא לִיפָּרַע מִמִּי שֶׁלָּוָה מִי יוּכַל לַעֲמוֹד – saying, "When he comes to collect from whoever borrowed,**[97] **who can withstand** his harsh demands?"[98] **כָּךְ כִּבְיָכוֹל יָרַד הַקָּדוֹשׁ בָּרוּךְ הוּא לְסִינַי לִיתֵּן הַדִּבְּרוֹת – Similarly, the Holy One, blessed is He, as it were, descended to** Mount **Sinai to issue the** Ten **Commandments שֶׁלֹּא יִהְיֶה הָעוֹלָם מִתְמוֹטֵט – so that the world would not disintegrate,**[99] **שֶׁנֶּאֱמַר ״אֶרֶץ רָעָשָׁה אַף שָׁמַיִם נָטְפוּ״ – for it is stated, *The earth quaked; even the heavens dripped*** *before the Presence of God; even Sinai, before the Presence of God, the God of Israel* (*Psalms* 68:9); **וְכֵן ״הָרִים נָזְלוּ מִפְּנֵי ה׳ ״ – and so too: *Mountains melted before HASHEM*** – *as did Sinai – before HASHEM, the God of Israel* (*Judges* 5:5); **וְכֵן ״עַמּוּדֵי שָׁמַיִם יְרוֹפָפוּ״ – and so too: *The pillars of the heavens shudder,*** *etc.* (*Job* 26:11).[100] **וְיִשְׂרָאֵל מַרְתִּיתִין, שֶׁנֶּאֱמַר ״וַיֶּחֱרַד כָּל הָעָם״ – And** at that time **Israel trembled, as it is stated, . . . *and the entire people shuddered*** (above, 19:16);[101] **וְהָהָר מְרַתֵּת, שֶׁנֶּאֱמַר ״וַיֶּחֱרַד כָּל הָהָר מְאֹד״ – and the mountain** (Sinai) **trembled, as it is stated, *and the entire mountain shuddered exceedingly*** (ibid., v. 18).[102] **כָּל אֵלּוּ לָמָּה** – Now, **why** were there **all these** tremblings? Not because it was a time of fierce Divine retribution, **אֶלָּא מִפְּנֵי שֶׁדִּבֵּר דִּבְּרוֹת שֶׁל חַיִּים – but because [God] spoke words of life;**[103] **וְהַנָּבִיא צוֹוֵחַ ״אַרְיֵה שָׁאָג מִי לֹא יִירָא״ – and** apropos of this **the prophet cries out, *"A lion has roared; who will not fear?"*** (*Amos* 3:8).[104] **אָמַר רַבִּי יִרְמְיָה – R' Yirmiyah said:**[105] **וּמַה אִם בְּשָׁעָה שֶׁהוּא נוֹתֵן חַיִּים לָעוֹלָם אֶרֶץ רָעָשָׁה – Now, if at the time that [God] gives life to the world** (i.e., at the Revelation) **"the earth**[106] **quaked,"**[107]

NOTES

92. The Gemara (*Zevachim* 115b), expounding the word מִמִּקְדָּשֶׁיךָ, *from Your Sanctuaries*, states as follows: "Do not read מִמִּקְדָּשֶׁיךָ but מִמְּקוּדָּשֶׁיךָ (*from Your sanctified ones*). When the Holy One, blessed is He, executes judgment against His holy ones, He becomes feared and exalted and praised." For people will say to themselves that if God punishes "His holy ones" for their wrongdoings, how much more so will he punish us. In Jeremiah's statement, *"Who would not fear You, O King **of the nations?**"* he intended the similar point: The nations should certainly fear God, for if He renders judgment unsparingly on His family, Israel, then He will certainly do so to the other nations (see *Matnos Kehunah, Maharzu* [first interpretation], *Radal, Eitz Yosef*). Jeremiah thus had cause in this prophecy to refer to God as King of "the nations," and this served as well as his opportunity to voice his disapproval of God's having used the expression *prophet for the nations*. Had this opportunity not arisen, Jeremiah would not have deviated from the standard title, "King of Israel" (*Eitz Yosef*).

Alternatively: Jeremiah did *not* resent being called *prophet "for the nations."* The word *nations* in that context refers not to Israel but to the nations of the world, and God was telling Jeremiah that He established him as a prophet to rebuke the nations for their sins and to get them to fear God. In explaining to the other prophets why he said, *"Who would not fear You, O King **of the nations**"* (viz., in order to make the point that the nations should fear God, for if He renders judgment unsparingly on Israel, then He will certainly do so to them [as above]), Jeremiah tells them that he had heard from God that he was to be a *prophet for the nations* – and that he was fulfilling his mandate (*Beur Maharif*; cf. *Maharzu* s.v. נביא לגוים).

93. *Eitz Yosef.*

94. In Hebrew, the preposition that connects the verb לִירָא, *to fear,* to the object is often מִן, *from* (rather than אֶת). Thus, "he will fear me" would be יִירָא מִמֶּנִּי (rather than יִירָא אוֹתִי) and "he will fear you" would be יִירָא מִמְּךָ (rather than יִירָא אוֹתְךָ). Now, the suffix ךָ (as in the word יִרָאֲךָ) generally represents an abbreviation of אוֹתְךָ rather than מִמְּךָ. The Midrash therefore explains that nevertheless, מִי לֹא יִרָאֲךָ does indeed mean מִי לֹא יִירָא מִמְּךָ, *who will not fear You* (*Yefeh To'ar, Eitz Yosef,* who cite other Scriptural precedent for construing the ךָ suffix as meaning מִמְּךָ). [It should be noted, however, that it is very common in Scripture for the preposition אֶת to be used with the verb לִירָא. Thus, it is unclear why the Midrash would have to explain the meaning of the word יִרָאֲךָ.]

95. The Midrash now seeks to explain that *Who would not fear You?* was said in reference to the Future Day of Judgment, when God will be recognized as *King over all the world* (*Zechariah* 14:9). Hence, Jeremiah's *"King of the nations"* is an appropriate title for Him for that time (ibid.). (The Midrash will relate this explanation as well to *Amos* 3:8.)

96. Who charges interest (*Beur Maharif*, from *Aruch*).

97. And that person lacks the ability to repay the loan (*Eitz Yosef*).

98. The lender will come after the defaulting borrower with a vengeance (ibid.), perhaps even taking the borrower's children for servants (see *Maharzu*).

99. The continued existence of the world depended on Israel's accepting the Torah at Mount Sinai; see *Rus Rabbah, Pesichta* §1, *Bereishis Rabbah* 66 §2, and *Shabbos* 88a (*Maharzu, Radal, Eitz Yosef*).

100. The "quaking" of the earth and the "melting" of the mountains [and the "shuddering" of the heavens' pillars] all resulted from their fear that Israel would not accept the Torah and subsequently the world would be destroyed (*Eitz Yosef*).

[*Maharzu* and *Radal* mention an alternate version of our text that replaces ״שֶׁלֹּא יִהְיֶה״ הָעוֹלָם מִתְמוֹטֵט with ״וְהָיָה״ הָעוֹלָם מִתְמוֹטֵט. (This is also how our Midrash is cited in *Menoras HaMaor* by R' Yisrael Al-Nakawa, Vol. 3, p. 345.) Accordingly, the Midrash is saying that the heavens and the earth, and indeed Mount Sinai itself, "quaked" and "melted" and "shuddered" from fear of God when He descended to earth to give the Torah.]

101. Israel trembled at the prospect of God ultimately coming to exact payment from the transgressors of His Torah – i.e., from those who failed to pay the debt they owed (by observing the commandments) for the benefit they received from the Torah, which maintains and preserves the world (*Eitz Yosef*). This is comparable to the fear of the moneylender's potential clients in the parable above, who ran away from the moneylender who wished to lend them money lest they be unable to pay their debt and find themselves severely punished.

102. Mount Sinai trembled "because HASHEM had descended upon it in the fire, and its smoke ascended like the smoke of the furnace" (above, 19:18). And the purpose of this frightful spectacle was to cause the people to quake "because of the fear of HASHEM and from the glory of His greatness" (*Isaiah* 2:19,21) – that is, to cause them to recognize God's greatness and might, so that they would fear Him (*Eitz Yosef*).

103. I.e., the words of Torah, which established the world on a firm foundation that it not disintegrate (see note 99 above) and which give life to the souls in the World to Come (ibid.).

104. The prophet proclaims that just as people are frightened by the roar of a lion because of the danger and harm it portends, so the Israelites were frightened when they heard the words of Torah at Sinai [although they were words of life (*Matnos Kehunah*)], for they foresaw the punishments that awaited those who would transgress (*Eitz Yosef*).

105. *Maharzu* and *Tiferes Tzion* emend the text to state אָמַר יִרְמְיָה, referring to the prophet Jeremiah (see Midrash further, citing *Jeremiah* 10:7).

106. I.e., Israel, the principal creation on the earth (*Eitz Yosef*). [While this is not how the Midrash above understood this verse (see note 100), it fits well in the Midrash's present context; see further.] Alternatively, the reference is to all of God's creations: man, beast, and angel (see *Maharzu*, end of section, s.v. שותק ומחריש, who writes also that the Midrash here is referring to the time right *before* God spoke).

107. At the prospect of future punishments (see *Eitz Yosef*).

שֶׁנֶּאֱמַר (תהלים סח, לו) "נוֹרָא אֱלֹהִים מִמִּקְדָּשֶׁיךָ", (ירמיה י, ז) "מִי לֹא יִרָאֲךָ מֶלֶךְ הַגּוֹיִם", מִי לֹא יִתְיָרֵא מִמְּךָ, מָשָׁל לְדָנֵיסְטוּס שֶׁמִּלֵּא כִּיסוֹ זְהוּבִים וְהָיָה עוֹמֵד וְצוֹוֵחַ: מִי שֶׁהוּא מְבַקֵּשׁ יָבֹא וְיִשְׁאַל, וְהָיוּ הַכֹּל שׁוֹמְעִים וּבוֹרְחִים, לוֹמַר כְּשֶׁיָּבֹא לִיפָּרַע מִמִּי שֶׁלָּוָה מִי יוּכַל לַעֲמוֹד, כָּךְ כִּבְיָכוֹל יָרַד הַקָּדוֹשׁ בָּרוּךְ הוּא לְסִינַי לִיתֵּן הַדִּבְּרוֹת [יא]שֶׁלֹּא יִהְיֶה הָעוֹלָם מִתְמוֹטֵט, שֶׁנֶּאֱמַר (תהלים שם ט) "אֶרֶץ רָעָשָׁה אַף שָׁמַיִם נָטְפוּ", וְכֵן (שופטים ה, ה) "הָרִים נָזְלוּ מִפְּנֵי ה'", וְכֵן (איוב כו, יא) "עַמּוּדֵי שָׁמַיִם יְרוֹפָפוּ", וְיִשְׂרָאֵל מַרְתִּיתִין, שֶׁנֶּאֱמַר (לעיל יט, טז) "וַיֶּחֱרַד כָּל הָעָם", וְהָהָר מַרְתֵּת, שֶׁנֶּאֱמַר "וַיֶּחֱרַד כָּל הָהָר מְאֹד", כָּל אֵלּוּ לָמָּה, אֶלָּא מִפְּנֵי שֶׁדִּבֵּר דִּבְּרוֹת שֶׁל חַיִּים, וְהַנָּבִיא צוֹוֵחַ (עמוס ג, ח) "אַרְיֵה שָׁאָג מִי לֹא יִירָא", אָמַר רַבִּי יִרְמְיָה: וּמַה אִם בְּשָׁעָה שֶׁהוּא נוֹתֵן חַיִּים לָעוֹלָם אֶרֶץ רָעָשָׁה, כְּשֶׁיָּבֹא לִפְרוֹעַ מִן הָרְשָׁעִים שֶׁעָבְרוּ עַל דִּבְרֵי תוֹרָה עַל אַחַת כַּמָּה וְכַמָּה, שֶׁנֶּאֱמַר (נחום א, ו) "לִפְנֵי זַעְמוֹ מִי יַעֲמוֹד", (מלאכי ג, ב) "וּמִי מְכַלְכֵּל אֶת יוֹם בּוֹאוֹ", כְּשֶׁהוּא רָצוּי אֵין בְּרִיָּה יְכוֹלָה לַעֲמוֹד בְּכֹחוֹ, כְּשֶׁהוּא קָם בַּחֲרוֹן אַפּוֹ מִי יַעֲמוֹד לְפָנָיו, הֱוֵי (ירמיה י, ז) "מִי לֹא יִרָאֲךָ מֶלֶךְ הַגּוֹיִם", דָּבָר אַחֵר, "אַרְיֵה שָׁאָג", הָדָא הוּא דִכְתִיב (הושע יא, י) "אַחֲרֵי ה' יֵלְכוּ כְּאַרְיֵה יִשְׁאָג", אָמַר רַבִּי סִימוֹן: מָשָׁל לְמֶלֶךְ שֶׁנִּכְנַס בְּפַּלְטִין שֶׁלּוֹ, שָׁמְעָה מַטְרוֹנָה שֶׁלּוֹ וְנָתְנָה מָקוֹם וְהָיְתָה מְרַתֶּתֶת, אִם הַמַּטְרוֹנָה מִתְיָירֵאת מַה יַּעֲשׂוּ הַשְּׁפָחוֹת וְהָעֲבָדִים, כָּךְ כְּשֶׁנִּגְלָה הַקָּדוֹשׁ בָּרוּךְ הוּא לִיתֵּן תּוֹרָה לְיִשְׂרָאֵל שָׁמְעוּ קוֹלוֹת וּמֵתוּ, שֶׁנֶּאֱמַר (שיר השירים ה, ו) "נַפְשִׁי יָצְאָה בְדַבְּרוֹ", אִם יִשְׂרָאֵל כָּךְ °עוֹבְדֵי כוֹכָבִים° עַל אַחַת כַּמָּה וְכַמָּה, דָּבָר אַחֵר, (עמוס ג, ח) "אַרְיֵה שָׁאָג", אָמְרֵי רַבָּנָן בְּשֵׁם רַבִּי הוֹשַׁעְיָא:

מי לא ייראך מלך הגוים מי לא יתיירא ממך. אחר שפירש הענין תיקן הלשון שכנוי ייראך פירוש יירא ממך, כמו בני יצאוני יצאו ממני: **משל לדניסטוס.** פירוש אחרינא הוא, דבעי לפרש מי לא ייראך על יום הדין העתיד, ועל כן אמר שפיר מלך הגוים, כי אז יהיה ה' למלך על כל הארץ, ואמר שהיראה הזו ילפינן לה מקל וחומר מיראת יום מתן תורה, עם היות לטובה, ופירוש דניסטום אדם שמלוה מעות לאחרים: **ממי שלוה מי יוכל לעמוד.** שמא יקרה שיאבדו מהממון ולא יוכלו לפרוע, יפרע מהם ברעם וברעש: **שנאמר ארץ רעשה כו'.** ורעש הארץ והזלת ההרים הוא מפחדם שמא ישראל לא יקבלו התורה ויחרב העולם, ועיין בריש רות רבה: **וישראל מרתיתין.** מהעתיד כשיבא להפרע מהעוברים שאינם משלמים חובם, דהיינו קיום המצות תמורת הנאתם בתורה שקיימה העולם: **ויחרד כל ההר מאד וגו'.** מפני אשר ירד עליו ה' באש ויעל עשנו כעשן הכבשן, ותכלית הפחד הזה היה כדי להחרידם מפני פחד ה' ומהדר גאונו בקומו לערוץ הארץ על הכירם גדלו ותקפו: **למה אלא מפני שדבר כו'.** כלומר כלום היה כל זה אלא מפני שדבר דברות על חיים, ועם כל זה מפני פחד העתיד כשיבא ליפרע חרדו: **דברות של חיים.** שעל ידם נתבסס העולם שלא יתמוטט, ויהיו חיים לנפשם לעולם הבא: **אריה שאג כו'.** קמפרש כמו שמשאגת אריה הכל יראים בודאי, דקביע הזיקא, כן כשה' דבר דברותיו, הכל יודעים ומתנבאים מה שעתיד להיות כשיבא להפרע עליהם וייראו ממנו בוודאי: **ארץ רעשה.** כלומר ישראל שהם עיקר העולם רעשו: **שנאמר לפני זעמו מי יעמוד.** לעיל מיניה כתוב שם הרים רעשו ממנו והגבעות התמוגגו וגו', אם כשבא ליתן חיים בסיני הרים רעשו ממנו וגו', דהיינו מה שהיו ישראל מרתתין כאילו ההר חרד ורועש, כשיבא ליפרע מעוברי רצונו לפני זעמו מי יעמוד: [ח] **הדא הוא דכתיב אחרי ה' ילכו כו'.** בעי לפרש אריה שאג מי לא יירא, שאם ישראל מתייראים מי לא יירא, כדקאמר משל למלך כו', ונקיט קל וחומר ממתן תורה שאם אז ייראו ישראל ממנו כאריה שואג, כל שכן העכו"ם לעתיד, ומביא סמיכות לזה מאחרי ה' ילכו וגו': **ונתנה מקום.** עמדה ממקומה ופנתה לו מקום (מתנות כהונה): **ומתו.** ושוב חזרה נשמתן כדלעיל עיין שם: **דבר אחר אריה שאג אמרי רבנן.** בעי לפרש דאריה שאג משל לחרון אף ה' המורגש בעולם, כענין ה' מציון ישאג, שענינו הרעש המתחדש מחרון אפו:

ממקדשיך. היה לו לומר במקדשיך, וכמו שאמרו (זבחים קט"ו, ב) אל תקרי ממקדשיך אלא ממקודשיך, גם יתכן ממקדשיך, מבית המקדש, שהחריבוהו, הוא נורא עליהם: **דניסטוס.** כמו שפירש המתנות כהונה. ועיין לקמן ריש פרשה ל"א, דיוסטוסו. ועיין במדבר רבה פרשה ט סימן ו. ונראה שפירושו מלוה מאוצר המלך וממונה ממנו: **מי יוכל לעמוד.** בעת הפרעון כענין שכתוב (מלכים ב ד, א) והנושה בא לקחת את שני ילדי לו לעבדים, וגם את הנפש יקח. ויתכן שכוון במשל זה למה שאמרו באבות (פ"ג מט"ז) החנות פתוחה והחנוני מקיף (וכו') וכל הרוצה ללות יבא וילוה והגבאים מחזירים תדיר בכל יום וכו', כמו שכתב לקמן כשיבא לפרוע: **שלא היה העולם מתמוטט.** כמו שדרשו בראשית רבה פרשה ס"ו בסימן ב, נמוגים ארץ וגו' (תהלים עה, ד), שהיה ראוי שיתמוטט, אנכי תכנתי (שם), על ידי התורה נתבסס העולם. ויתכן שצריך לומר היה העולם מתמוטט, כמו שכתוב ארץ רעשה וגו', וסיפא דקרא מפני אלהים זה סיני: **עמודי שמים ירופפו.** ויתמהו מגערתו, שנתן קולו בסיני: **אמר רבי ירמיה.** צריך לומר אמר ירמיה, וכמו שאמר בסמוך הוי מי לא ייראך, כמו שאמר בריש הסימן: **בשהוא רצוי.** כמו שאמרו במכילתא פסוק אנכי, שהיה בסיני כזקן מלא רחמים. כדלעיל בסימן ח יוצא לאמירה: **אם המטרונה מתייראת.** עיין לעיל פרשה כה סוף סימן י"א: **נפשי יצאה.** לעיל פרשה זו סוף סימן ד': **דבר אחר אריה שאג.** כמו שכתוב וה' מציון ישאג, כשישאג בעבור ציון על המחריבים:

חידושי הרד"ל

[ט] **נורא אלהים ממקדשיך.** כמו שדרשו ממה שעשית במקודשיך: **ליתן הדברות שלא יהיה העולם מתמוטט.** לגירסת הספרים היה ראוי להוסיף כאן מקרא דאנכי תכנתי עמודיה, דמיניה דרשינן בשבת (פח, א) ובמדרשות (בראשית רבה סו, א שיר השירים פרשה ז פסוק א, א ועוד) שעל ידי אנכי נתבסס העולם שלא ימוט, ולגרוס אחר כך והיתה הארץ רותתת שנאמר ארץ רעשה, אך כמדומה שעיקר הגירסא צריך להיות הדברות של חיים והיה העולם מתמוטט, ומפרש שכל חלקי העולם ארץ ושמים והרים רתתו כו': **מי יעמוד ומי יקום בחרון אפו. וכתיב** (מלאכי ג, ב) **ומי מכלכל את יום בואו.** כן צריך לומר:

חידושי הרש"ש

רבואות, ולעיל פרשה טו כא, דרש ואור החמה יהיה שבעתים ארבעים ותשעה חלקי אור עיין מה שכתבתי שם (ד"ה מאיר): [ט] **שלא יהיה העולם מתמוטט נאמר ארץ כו'.** כן נראה דצריך להיות, ולמחוק הסי"ן:

באור מהרי"פ

[ט] **נביא לגוים נתתיך.** ואולי פירושו מפני שנתן אותו הקב"ה להוכיח גוים וליראם ולהפחידם, לכך אני אומר מי לא ייראך **מלך הגוים, אם על בניו לא חס וכו',** ועל ידי כן ייראו ויקחו מוסר: **דניסטוס.** פירש הערוך (ערך דנסטס) מלוה ברבית: **אחרי ה' וכו'.** כאריה ישאג כי הוא ישאג ויחרדו בנים מים (הושע יא, י) ובזה יש ליישב קצת המדרש שעל מקרא זה:

אמרי יושר

[ט] **לפרוע מהרשעים מי יכול לעמוד.** זהו אם ה' אלהים כשדיבר חרדו וזעו לפניו, כל שכן כשאריה ישאג על האומות מי לא יירא:

מסורת המדרש

יא. בראשית רבה פרשה ס"ו וס"ג:

אם למקרא

נוֹרָא אֱלֹהִים מִמִּקְדָּשֶׁיךָ אֵל יִשְׂרָאֵל הוּא נֹתֵן עֹז וְתַעֲצֻמוֹת לָעָם בָּרוּךְ אֱלֹהִים: (תהלים סח: לו)

אֶרֶץ רָעָשָׁה אַף־שָׁמַיִם נָטְפוּ מִפְּנֵי אֱלֹהִים זֶה סִינַי מִפְּנֵי אֱלֹהִים אֱלֹהֵי יִשְׂרָאֵל: (תהלים שם ט)

הָרִים נָזְלוּ מִפְּנֵי ה' זֶה סִינַי מִפְּנֵי ה' אֱלֹהֵי יִשְׂרָאֵל: (שופטים ה: ה)

עַמּוּדֵי שָׁמַיִם יְרוֹפָפוּ וְיִתְמְהוּ מִגַּעֲרָתוֹ: (איוב כו: יא)

וַיְהִי בַיּוֹם הַשְּׁלִישִׁי בִּהְיֹת הַבֹּקֶר וַיְהִי קֹלֹת וּבְרָקִים וְעָנָן כָּבֵד עַל־הָהָר וְקֹל שֹׁפָר חָזָק מְאֹד וַיֶּחֱרַד כָּל־הָעָם אֲשֶׁר בַּמַּחֲנֶה: (שמות יט: טז)

אַרְיֵה שָׁאָג מִי לֹא יִירָא אֲדֹנָי ה' דִּבֶּר מִי לֹא יִנָּבֵא: (עמוס ג: ח)

לִפְנֵי זַעְמוֹ מִי יַעֲמוֹד וּמִי יָקוּם בַּחֲרוֹן אַפּוֹ חֲמָתוֹ נִתְּכָה כָאֵשׁ וְהַצֻּרִים נִתְּצוּ מִמֶּנּוּ: (נחום א: ו)

וּמִי מְכַלְכֵּל אֶת יוֹם בּוֹאוֹ וּמִי הָעֹמֵד בְּהֵרָאוֹתוֹ כִּי הוּא כְּאֵשׁ מְצָרֵף וּכְבֹרִית מְכַבְּסִים: (מלאכי ג: ב)

אַחֲרֵי ה' יֵלְכוּ כְּאַרְיֵה יִשְׁאָג כִּי־הוּא יִשְׁאַג וְיֶחֶרְדוּ בָנִים מִיָּם: (הושע יא: י)

פָּתַחְתִּי אֲנִי לְדוֹדִי וְדוֹדִי חָמַק עָבָר נַפְשִׁי יָצְאָה בְדַבְּרוֹ בִּקַּשְׁתִּיהוּ וְלֹא מְצָאתִיהוּ קְרָאתִיו וְלֹא עָנָנִי: (שיר השירים ה: ו)

מתנות כהונה

לפיכך אמר מי לא ייראך לומר כו': על אחרים. בתמיה: **ממקדשיך.** כמו שדרשו חז"ל אל תקרי ממקדשיך אלא ממקודשיך מן המקודשים אתה יראוי אם תעשה דין בהם כל שכן באחרים: **דניסטוס.** פירש הערוך (ערך דנסטס) מלוה [ברבית]: **כל אלו למה.** כל אלו החרדות למה הלא לא היו **אלא מפני שדבר כו'** ועל כך נוח הנביא **אריה שאג וגו'** אפילו לדבר של חיים **מי לא יירא: ונתנה מקום.** עמדה ממקומה ופנתה לו מקום:

אשד הנחלים

[ט] **והההר מרתת.** כי בעת שיהיה שנוי בעליונים, אז ממילא יהיה שנוי בתחתונים כרעידת הארץ וכדומה: **דבר אחר כו' שמעו קולות ומתו כו'.** לכאורה הלא הוא כדבריהם לעיל, ומה חידש בזה. והנראה דשם מדבר מיראת העונש הגדול, וכאן מדבר מהיראה הגדולה שיהיה באחרית מהתגלות כבוד ה', וכמו שאמרו חז"ל (נדרים ח, ב) שהקדוש ברוך הוא מוציא חמה מנרתיקה, צדיקים מתרפאים בה ורשעים נדונים בה, שהכונה על השגה הגבוה שיושפע בעולם, ואם כן זהו קל וחומר, אם בלתי עובדי כוכבים לא יכלו לקבלה, אף שיהיו מוכנים לזה ונפשם טהורה, מכל שכן העובדי כוכבים שמעולם לא הכינו לזה מאומה ואין זאת בכחם, הבן זה:

כְּשֶׁיָּבֹא לִפְרוֹעַ מִן הָרְשָׁעִים שֶׁעָבְרוּ עַל דִּבְרֵי תוֹרָה עַל אַחַת כַּמָּה וְכַמָּה – then **when He comes** at the time of the Final Judgment **to exact punishment from the evildoers, who transgressed the words of the Torah, how much more so** will they quake, שֶׁנֶּאֱמַר "לִפְנֵי זַעְמוֹ מִי יַעֲמוֹד" – **as it is stated,** ***Who can stand*** [מִי יַעֲמוֹד] ***before His fury,*** *and who can rise against His burning wrath? His wrath is poured out like fire* [חֲמָתוֹ נִתְּכָה כָאֵשׁ] *and rocks become shattered because of Him?* (*Nahum* 1:6),[108] and it is also stated, "וּמִי מְכַלְכֵּל אֶת יוֹם בּוֹאוֹ" – ***And who can bear the day of his coming,*** *and who can stand* [וּמִי הָעֹמֵד] *when he [God's messenger] appears? For he will be like the smelter's fire* [כִּי הוּא כְּאֵשׁ מְצָרֵף], *etc.* (*Malachi* 3:2).[109] כְּשֶׁהוּא רָצוּי אֵין בְּרִיָּה יְכוֹלָה לַעֲמוֹד בְּכֹחוֹ – That is to say, **when [God] was pleased**[110] **no creature could stand strong** before Him; כְּשֶׁהוּא קָם בַּחֲרוֹן אַפּוֹ מִי יַעֲמוֹד לְפָנָיו – **who,** then, **will stand before Him when He rises in His burning anger** to punish the wicked at the Final Judgment?! הֱוֵי "מִי לֹא יִרָאֲךָ מֶלֶךְ הַגּוֹיִם" – **It is** in reference to the latter case that Jeremiah said, ***Who would not fear You, O King of the nations?*** (*Jeremiah* 10:7).[111]

The Midrash presents another interpretation of the metaphor of the roaring, fearsome lion used in *Amos* 3:8:

דָּבָר אַחֵר, "אַרְיֵה שָׁאָג" – **Another explanation** of ***A lion has roared;*** *who will not fear?* הֲדָא הוּא דִכְתִיב "אַחֲרֵי ה' יֵלְכוּ כְּאַרְיֵה יִשְׁאָג" – **Thus it is written,** ***They will follow after HASHEM; like a lion He will roar;*** *for He will roar and [His] children (Israel) will tremble from the west* (*Hosea* 11:10).[112] אָמַר רַבִּי סִימוֹן – **R' Simone said:** מָשָׁל לְמֶלֶךְ שֶׁנִּכְנַס בְּפַלְטִין שֶׁלּוֹ – It is **analogous to a king who was entering his palace,** שָׁמְעָה מַטְרוֹנָה שֶׁלּוֹ וְנָתְנָה מָקוֹם – **and his matron** (wife) **heard and,** rising from her place, **made room** for him;[113] וְהָיְתָה מְרַתֶּתֶת – **and she was trembling** from fear. אִם הַמַּטְרוֹנָה מִתְיָירֵאת מַה יַּעֲשׂוּ הַשְּׁפָחוֹת וְהָעֲבָדִים – Now, **if the** king's own **matron** herself **was afraid** of him, **what should the maidservants and the men servants do?!**[114] כָּךְ כְּשֶׁנִּגְלָה הַקָּדוֹשׁ בָּרוּךְ הוּא לִיתֵּן תּוֹרָה לְיִשְׂרָאֵל – **Similarly, when the Holy One, blessed is He, revealed Himself to give the Torah to Israel,** שָׁמְעוּ קוֹלוֹת וּמֵתוּ שֶׁנֶּאֱמַר "נַפְשִׁי יָצְאָה בְדַבְּרוֹ" – **they heard** His fearsome **voice and died,**[115] **as it is stated,** ***My soul departed as He spoke*** (*Song of Songs* 5:6). אִם יִשְׂרָאֵל כָּךְ אוּמּוֹת הָעוֹלָם עַל אַחַת כַּמָּה וְכַמָּה – And **if Israel** reacted **thus** when they heard the "Lion" (God) roaring in a benevolent way,[116] then **all the more so** will **the nations of the world** react thus when they hear the "Lion's" roar of rebuke at the Final Judgment.[117]

Another interpretation of the metaphor:

דָּבָר אַחֵר "אַרְיֵה שָׁאָג" – **Another explanation** of ***A lion has roared:***[118] אָמְרֵי רַבָּנָן בְּשֵׁם רַבִּי הוֹשַׁעְיָא – **The Rabbis said in the name of R' Hoshaya:**

NOTES

108. The preceding verse (*Nahum* 1:5) states, *Mountains quake because of Him and the hills melt; the earth smolders from before Him, the world and all who dwell in it.* The Midrash understands that verse to be referring to the time of the Giving of the Torah at Mount Sinai. *Nahum* 1:6 is thus saying as follows: If God's might caused so much trembling even when He came to give us life (see note 103), then certainly when He comes to exact punishment from those who transgressed his will, *Who can stand before His fury?* (see *Eitz Yosef*; cf. *Toldos Noach*).

109. The Midrash cites the *Malachi* verse, which is written in the context of a description of the Day of Judgment in the End of Days, in order to teach us that the *Nahum* verse, *Who can stand before His fury*, is referring to the time of the Final Judgment — a point that is not explicit anywhere in the *Nahum* passage. That this is indeed the context of the *Nahum* verse is made evident from the similitude of that verse to the *Malachi* verse: Both utilize the phrase *who can stand* [מִי יַעֲמוֹד in *Nahum*; וּמִי הָעֹמֵד in *Malachi*], and both utilize the expression *like fire* [כָאֵשׁ in *Nahum*; כְּאֵשׁ in *Malachi*] (*Yefeh To'ar*).

110. As He was when He gave the Torah to Israel. (*Mechilta, BaChodesh* §5, cited by *Maharzu*, states that at Mount Sinai God appeared as an elder full of compassion.)

111. And since Jeremiah was speaking of the Future era, when God will be universally recognized as *King over all the world* (*Zechariah* 14:9), he employed the title *"King of the nations"* (see note 95).

112. The Midrash in this interpretation takes the *Amos* verse to mean: "If the Jewish people are fearful upon hearing God's roar, who among the other nations will not be fearful?" (see further). In support of this interpretation it cites the *Hosea* verse, from which one may learn that *A lion has roared* indeed refers to the Jewish people's trembling in response to God's roar (*Yefeh To'ar*; see also *Eitz Yosef*).

113. *Matnos Kehunah*, followed by *Eitz Yosef.*

114. I.e., if the queen feared the king despite their close relationship, then certainly the king's minions feared him.

115. As taught above in §4. However, as the Midrash there relates, they were subsequently revived (*Eitz Yosef*).

116. I.e., in giving them the Torah.

117. Israel's relationship with God compares with that of a king and his lady (as in the parable); and this attachment to God derives from their capacity for prophecy. Even so, Israel could not bear the exposure to God's glory and greatness at Sinai, and so "they were confounded and fled in haste" (from *Psalms* 48:6). All the more so, then, will the idolaters, who are *not* prepared for prophecy, be devastated by the Word of God when He will rebuke them on the Great Day of Judgment (*Yefeh To'ar*; cf. *Toldos Noach*; see also *Eshed HaNechalim*).

118. In this interpretation, the roaring of the lion represents a voicing of God's anger that physically impacts the world. The Midrash will identify that impact as the quaking of the earth (*Eitz Yosef*).

שֶׁנֶּאֱמַר (תהלים סח, לו) "נוֹרָא אֱלֹהִים מִמִּקְדָּשֶׁיךָ", (ירמיה י, ז) "מִי לֹא יִרָאֲךָ מֶלֶךְ הַגּוֹיִם", מִי לֹא יִתְיָרֵא מִמְּךָ, מָשָׁל לְדָנֵיסְטוּס שֶׁמִּלֵּא כִּיסוֹ זְהוּבִים וְהָיָה עוֹמֵד וְצוֹוֵחַ: מִי שֶׁהוּא מְבַקֵּשׁ יָבֹא וְיִשְׁאַל, וְהָיוּ הַכֹּל שׁוֹמְעִים וּבוֹרְחִים, לוֹמַר כְּשֶׁיָּבֹא לִיפָּרַע מִמִּי שֶׁלָּוָה מִי יוּכַל לַעֲמוֹד, כָּךְ כִּבְיָכוֹל יָרַד הַקָּדוֹשׁ בָּרוּךְ הוּא לְסִינַי לִיתֵּן הַדִּבְּרוֹת יאשֶׁלֹּא יִהְיֶה הָעוֹלָם מִתְמוֹטֵט, שֶׁנֶּאֱמַר (תהלים שם ט) "אֶרֶץ רָעָשָׁה אַף שָׁמַיִם נָטְפוּ", וְכֵן (שופטים ה, ה) "הָרִים נָזְלוּ מִפְּנֵי ה'", וְכֵן (איוב כו, יא) "עַמּוּדֵי שָׁמַיִם יְרוֹפָפוּ", וְיִשְׂרָאֵל מַרְתִּיתִין, שֶׁנֶּאֱמַר (לעיל יט, טז) "וַיֶּחֱרַד כָּל הָעָם", וְהָהָר מַרְתֶּתֶת, שֶׁנֶּאֱמַר "וַיֶּחֱרַד כָּל הָהָר מְאֹד", כָּל אֵלּוּ לָמָּה, אֶלָּא מִפְּנֵי שֶׁדִּבֵּר דִּבְּרוֹת שֶׁל חַיִּים, וְהַנָּבִיא צוֹוֵחַ (עמוס ג, ח) "אַרְיֵה שָׁאָג מִי לֹא יִירָא", אָמַר רַבִּי יִרְמְיָה: וּמָה אִם בְּשָׁעָה שֶׁהוּא נוֹתֵן חַיִּים לָעוֹלָם אֶרֶץ רָעָשָׁה, כְּשֶׁיָּבֹא לִפְרוֹעַ מִן הָרְשָׁעִים שֶׁעָבְרוּ עַל דִּבְרֵי תּוֹרָה עַל אַחַת כַּמָּה וְכַמָּה, שֶׁנֶּאֱמַר (נחום א, ו) "לִפְנֵי זַעְמוֹ מִי יַעֲמוֹד", (מלאכי ג, ב) "וּמִי מְכַלְכֵּל אֶת יוֹם בּוֹאוֹ", כְּשֶׁהוּא רָצוּי אֵין בְּרִיָּה יְכוֹלָה לַעֲמוֹד בְּכֹחוֹ, כְּשֶׁהוּא קָם בַּחֲרוֹן אַפּוֹ מִי יַעֲמוֹד לְפָנָיו, הֱוֵי (ירמיה י, ז) "מִי לֹא יִרָאֲךָ מֶלֶךְ הַגּוֹיִם", דָּבָר אַחֵר, "אַרְיֵה שָׁאָג", הָדָא הוּא דִכְתִיב (הושע יא, י) "אַחֲרֵי ה' יֵלְכוּ כְּאַרְיֵה יִשְׁאָג", אָמַר רַבִּי סִימוֹן: מָשָׁל לְמֶלֶךְ שֶׁנִּכְנַס בְּפַלְטִין שֶׁלּוֹ, שָׁמְעָה מַטְרוֹנָה שֶׁלּוֹ וְנָתְנָה מָקוֹם וְהָיְתָה מְרַתֶּתֶת, אִם הַמַּטְרוֹנָה מִתְיָרֵאת מַה יַּעֲשׂוּ הַשְּׁפָחוֹת וְהָעֲבָדִים, כָּךְ כְּשֶׁנִּגְלָה הַקָּדוֹשׁ בָּרוּךְ הוּא לִיתֵּן תּוֹרָה לְיִשְׂרָאֵל שָׁמְעוּ קוֹלוֹת וּמֵתוּ, שֶׁנֶּאֱמַר (שיר השירים ה, ו) "נַפְשִׁי יָצְאָה בְדַבְּרוֹ", אִם יִשְׂרָאֵל כָּךְ °עוֹבְדֵי כוֹכָבִים° עַל אַחַת כַּמָּה וְכַמָּה, דָּבָר אַחֵר, (עמוס ג, ח) "אַרְיֵה שָׁאָג", אָמְרִי רַבָּנָן בְּשֵׁם רַבִּי הוֹשַׁעְיָא:

עץ יוסף

מי לא ייראך מלך הגוים מי לא יתיירא ממך. אחר שפירש הענין תיקן הלשון שכווי ייראך פירוש יירא ממך, כמו בני יצאוני יצאו ממני: **משל לדניסטוס.** פירוש אחריכא הוא, דבעי לפרש מי לא ייראך על יום הדין העתיד, ועל כן אמר שפיר מלך הגוים, כי אז יהיה ה' למלך על כל הארץ, ואמר שהיראה הזו ילפינן לה מקל וחומר מיראת יום מתן תורה, עם היות לטובה, ופירוש דניסטוס אדם שמלוה מעות לאחרים: **ממי שלוה מי יוכל לעמוד.** שמא יקרה שיאבדו מהממון ולא יוכלו לפרוע, יפרע מהם ברעם וברעש: **שנאמר ארץ רעשה כו'.** ורעש הארץ והזלת ההרים הוא מפחדם שמא ישראל לא יקבלו התורה ויחרב העולם, ועיין בריש רות רבה: **וישראל מרתיתין.** מהעתיד כשיבא להפרע מהעוברים שאינם משלמים חובם, דהיינו קיום המצות תמורת הנאתם בתורה שקיימה העולם: **ויחרד כל ההר מאד וגו'.** מפני אשר ירד עליו ה' באש ויעל עשנו כעשן הכבשן, ותכלית הפחד הזה היה כדי להחרידם מפני פחד ה' ומהדר גאונו בקומו לערוץ הארץ על הכירם גדלו ותקפו: **למה אלא מפני שדבר כו'.** כלומר כלום היה כל זה אלא מפני שדבר דברות על חיים, ועם כל זה מפני פחד העתיד כשיבא ליפרע חרדו: **דברות של חיים.** שעל ידם נתבסס העולם שלא יתמוטט, ויהיו חיים לנפשם לעולם הבא: **אריה שאג כו'.** קמפרש כמו שמשאגת אריה הכל יראים בודאי, דקביע הזיקא, כן כשה' דבר דברותיו, הכל יודעים ומתנבאים מה שעתיד להיות כשיבא להפרע עליהם וייראו ממנו בוודאי: **ארץ רעשה.** כלומר ישראל שהם עיקר העולם רעשו: **שנאמר לפני זעמו מי יעמוד.** לעיל מיניה כתוב שם הרים רעשו ממנו והגבעות התמוגגו וגו', אם כשבא ליתן חיים בסיני הרים רעשו ממנו וגו', דהיינו מה שהיו ישראל מרתתין כאילו ההר חרד ורועש, כשיבא ליפרע מעוברי רצונו לפני זעמו מי יעמוד: [ח] **הדא הוא דכתיב אחרי ה' ילכו כו'.** בעי לפרש אריה שאג מי לא יירא, שאם ישראל מתייראים מי לא יירא, כדקאמר משל למלך כו', ונקיט קל וחומר ממתן תורה שאם אז ייראו ישראל ממנו כאריה שואג, כל שכן העכו"ם לעתיד, ומביא סמיכות לזה מאחרי ה' ילכו וגו': **ונתנה מקום.** עמדה ממקומה ופנתה לו מקום (מתנות כהונה): **ומתו.** ושוב חזרה נשמתן כדלעיל עיין שם: **דבר אחר אריה שאג אמרי רבנן.** בעי לפרש דאריה שאג משל לחרון אף ה' המורגש בעולם, כענין ה' מציון ישאג, שענינו הרעש המתחדש מחרון אפו:

פירוש מהרז"ו

ממקדשיך. היה לו לומר במקדשיך, וכמו שאמרו (זבחים קט"ו, ב) אל תקרי ממקדשיך אלא ממקודשיך, גם יתכן ממקדשיך, מבית המקדש, שהחריבוהו, הוא נורא עליהם: **דניסטוס.** כמו שפירש המתנות כהונה. ועיין לקמן ריש פרשה ל"א, דיוסטוסו. ועיין במדבר רבה פרשה ט סימן ו. ונראה שפירושו מלוה מאוצר המלך וממונה ממנו: **מי יוכל לעמוד.** בעת הפרעון כענין שכתוב (מלכים ב ד, א) והנושה בא לקחת את שני ילדי לו לעבדים, וגם את הנפש יקח. ויתכן שכוון במשל זה למה שאמרו באבות (פ"ג מט"ז) החנות פתוחה והחנוני מקיף (וכו') וכל הרוצה ללות יבא וילוה והגבאים מחזירים תדיר בכל יום וכו', כמו שכתב לקמן כשיבא לפרוע: **שלא היה העולם מתמוטט.** כמו שדרשו בראשית רבה פרשה ס"ו בסימן ב, נמוגים ארץ וגו' (תהלים עה, ד), שהיה ראוי שיתמוטט, אנכי תכנתי (שם), על ידי התורה נתבסס העולם. ויתכן שצריך לומר היה העולם מתמוטט, כמו שכתוב ארץ רעשה וגו', וסיפא דקרא מפני אלהים זה סיני: **עמודי שמים ירופפו.** ויתמהו מגערתו, שנתן קולו בסיני: **אמר רבי ירמיה.** צריך לומר אמר ירמיה, וכמו שאמר בסמוך הוי מי לא ייראך, כמו שאמר בריש הסימן: **בשהוא רצוי.** כמו שאמרו במכילתא פסוק אנכי, שהיה בסיני כזקן מלא רחמים. כדלעיל בסימן ח יוצא לאמירה: **אם המטרונה מתייראת.** עיין לעיל פרשה כה סוף סימן י"א: **נפשי יצאה.** לעיל פרשה ז סוף סימן ד': **דבר אחר אריה שאג.** כמו שכתוב וה' מציון ישאג, כשישאג בעבור ציון על המחריבים:

חידושי הרד"ל

[ט] **נורא אלהים ממקדשיך.** כמו שדרשו ממה שעשית במקודשיך: **ליתן הדברות שלא יהיה העולם מתמוטט.** לגירסת הספרים היה ראוי להוסיף כאן מקרא דאנכי תכנתי עמודיה, דמיניה דרשינן בשבת (פח, א) ובמדרשות (בראשית רבה סו, א שיר השירים פרשה ז פסוק א, א ועוד) שעל ידי אנכי נתבסס העולם שלא ימוט, ולגרוס אחר כך והיתה הארץ רותתת שנאמר ארץ רעשה, אך כמדומה שעיקר הגירסא צריך להיות הדברות של חיים והיה העולם מתמוטט, ומפרש שכל חלקי העולם ארץ ושמים והרים רתתו כו': **מי יעמוד ומי יקום בחרון אפו. וכתיב** (מלאכי ג, ב) **ומי מכלכל את יום בואו.** כן צריך לומר:

חידושי הרש"ש

רבואות, ולעיל פרשה טו כא, דרש ואור החמה יהיה שבעתים ארבעים ותשעה חלקי אור עיין מה שכתבתי שם (ד"ה מאיר): [ט] **שלא יהיה העולם מתמוטט נאמר ארץ כו'.** כן נראה דצריך להיות, ולמחוק הסי"ן:

באור מהרי"פ

[ט] **נביא לגוים נתתיך.** ואולי פירושו מפני שנתן אותו הקב"ה להוכיח גוים ולייראם ולהפחידם, לכך אני אומר מי לא ייראך **מלך הגוים, אם על בניו לא חס וכו',** ועל ידי כן ייראו ויקחו מוסר: **דניסטוס.** פירש הערוך (ערך דנסטס) מלוה ברבית: **אחרי ה' וכו'.** כאריה ישאג כי הוא ישאג ויחרדו בנים מים (הושע יא, י) ובזה יש ליישב קצת המדרש שעל מקרא זה:

אמרי יושר

[ט] **לפרוע מהרשעים מי יכול לעמוד.** זהו אם ה' אלהים כשדיבר חרדו וזעו לפניו, כל שכן כשאריה ישאג על האומות מי לא יירא:

מסורת המדרש

יא. בראשית רבה פרשה ס"ו וס"כ:

אם למקרא

נוֹרָא אֱלֹהִים מִמִּקְדָּשֶׁיךָ אֵל יִשְׂרָאֵל הוּא נֹתֵן עֹז וְתַעֲצֻמוֹת לָעָם בָּרוּךְ אֱלֹהִים: (תהלים סח: לו)

אֶרֶץ רָעָשָׁה אַף־שָׁמַיִם נָטְפוּ מִפְּנֵי אֱלֹהִים זֶה סִינַי מִפְּנֵי אֱלֹהִים אֱלֹהֵי יִשְׂרָאֵל: (תהלים שם ט)

הָרִים נָזְלוּ מִפְּנֵי ה' זֶה סִינַי מִפְּנֵי ה' אֱלֹהֵי יִשְׂרָאֵל: (שופטים ה: ה)

עַמּוּדֵי שָׁמַיִם יְרוֹפָפוּ וְיִתְמְהוּ מִגַּעֲרָתוֹ: (איוב כו:יא)

וַיְהִי בַיּוֹם הַשְּׁלִישִׁי בִּהְיֹת הַבֹּקֶר וַיְהִי קֹלֹת וּבְרָקִים וְעָנָן כָּבֵד עַל־הָהָר וְקֹל שֹׁפָר חָזָק מְאֹד וַיֶּחֱרַד כָּל־הָעָם אֲשֶׁר בַּמַּחֲנֶה: (שמות יט: טז)

אַרְיֵה שָׁאָג מִי לֹא יִירָא אֲדֹנָי ה' דִּבֶּר מִי לֹא יִנָּבֵא: (עמוס ג: ח)

לִפְנֵי זַעְמוֹ מִי יַעֲמוֹד וּמִי יָקוּם בַּחֲרוֹן אַפּוֹ חֲמָתוֹ נִתְּכָה כָאֵשׁ וְהַצֻּרִים נִתְּצוּ מִמֶּנּוּ: (נחום א: ו)

וּמִי מְכַלְכֵּל אֶת יוֹם בּוֹאוֹ וּמִי הָעֹמֵד בְּהֵרָאוֹתוֹ כִּי הוּא כְּאֵשׁ מְצָרֵף וּכְבֹרִית מְכַבְּסִים: (מלאכי ג: ב)

אַחֲרֵי ה' יֵלְכוּ כְּאַרְיֵה יִשְׁאָג כִּי־הוּא יִשְׁאַג וְיֶחֶרְדוּ בָנִים מִיָּם: (הושע יא: י)

פָּתַחְתִּי אֲנִי לְדוֹדִי וְדוֹדִי חָמַק עָבָר נַפְשִׁי יָצְאָה בְדַבְּרוֹ בִּקַּשְׁתִּיהוּ וְלֹא מְצָאתִיהוּ קְרָאתִיו וְלֹא עָנָנִי: (שיר השירים ה: ו)

מתנות כהונה

לפיכך אמר מי לא ייראך לומר כו': על אחרים. בתמיה: **ממקדשיך.** כמו שדרשו חז"ל אל תקרי ממקדשיך אלא ממקודשיך מן המקודשים אתה יראוי אם תעשה דין בהם כל שכן באחרים: **דניסטוס.** פירש הערוך (ערך דנסטס) מלוה [ברבית]: **כל אלו למה.** כל אלו החרדות למה הלא לא היו **אלא מפני שדבר כו'** ועל כך נוח הנביא **אריה שאג וגו'** אפילו לדבר של חיים **מי לא יירא: ונתנה מקום.** עמדה ממקומה ופנתה לו מקום:

אשד הנחלים

[ט] **והדר מרתת.** כי בעת שיהיה שנוי בעליונים, אז ממילא יהיה שנוי בתחתונים כרעידת הארץ וכדומה: **דבר אחר כו' שמעו קולות ומתו כו'.** לכאורה הלא הוא כדבריהם לעיל, ומה חידש בזה. והנראה דשם מדבר מיראת העונש הגדול, וכאן מדבר מהיראה הגדולה שיהיה באחרית מהתגלות כבוד ה', וכמו שאמרו חז"ל (נדרים ח, ב) שהקדוש ברוך הוא מוציא חמה מנרתיקה, צדיקים מתרפאים בה ורשעים נדונים בה, שהכונה על השגה הגבוה שיושפע בעולם, ואם כן זהו קל וחומר, אם בלתי עובדי כוכבים לא יכלו לקבלה, אף שיהיו מוכנים לזה ונפשם טהורה, מכל שכן העובדי כוכבים שמעולם לא הכינו לזה מאומה ואין זאת בכחם, הבן זה:

שָׁאַל בַּלְצָא אֶת רַבִּי עֲקִיבָא, אָמַר לוֹ – Once a man named **Baltza inquired of R' Akiva, saying to him,** **מֵהֵיכָן הָרַעַשׁ נַעֲשֶׂה** – **"From where does the quaking** of the earth **derive?"**[119] **אָמַר לוֹ** – **[R' Akiva] said to him,** **בְּשָׁעָה שֶׁהַקָּדוֹשׁ בָּרוּךְ הוּא מִסְתַּכֵּל בְּבָתֵּי עֲבוֹדָה זָרָה וּבָאוּמּוֹת** – **"When the Holy One, blessed is He, looks upon the temples of idolatry and** its worshipers **among the nations,** **הֵיאַךְ נְתוּנִין בְּשֶׁקֶט וּבְשַׁלְוָה בָּעוֹלָם** – noting **how they are situated in peace and tranquility in** this **world,** **וְרוֹאֶה בֵּיתוֹ חָרֵב וְנָתוּן בְּיָדָם שֶׁל עֲרֵלִים** – **and he sees His Temple destroyed and given into the hand of the uncircumcised ones,** **כִּבְיָכוֹל הוּא מְקַנֵּא וְשׁוֹאֵג** – **He becomes jealous, as it were, and roars;** **וּמִיָּד הַשָּׁמַיִם וְהָאָרֶץ רוֹעֲשִׁים** – **and thereupon the heaven and the earth quake,** **שֶׁנֶּאֱמַר ״וַה׳ מִצִּיּוֹן יִשְׁאָג וּמִירוּשָׁלַיִם יִתֵּן קוֹלוֹ״** – **as it is stated,** ***HASHEM will roar from Zion***[120] ***and will cry out from Jerusalem,*** *and the heavens and earth will tremble"* (*Joel* 4:16).[121] **וְיִשְׂרָאֵל מֶה הָיוּ עוֹשִׂין** – **And what will** the people of **Israel do** to protect themselves?[122] **כִּבְיָכוֹל הוּא מֵגִין עֲלֵיהֶם** – **[God], as it were, will shield them** in a miraculous way,[123] **שֶׁנֶּאֱמַר ״וַה׳ מַחֲסֶה לְעַמּוֹ״** – **as it is stated** next in that selfsame verse, ***But HASHEM will be a shelter for His people.***

Another interpretation:

דָּבָר אַחֵר, ״אַרְיֵה שָׁאָג״ – **Another explanation** of ***A lion has roared:*** **בּוֹא וּרְאֵה בֵּית הַמִּקְדָּשׁ נִקְרָא אַרְיֵה שֶׁנֶּאֱמַר ״הוֹי אֲרִיאֵל אֲרִיאֵל״** – **Come and see: The Holy Temple is called "lion," as it is stated** regarding it, ***O Ariel, Ariel***[124] (*Isaiah* 29:1). **וּמַלְכוּת בֵּית דָּוִד נִקְרָא אַרְיֵה שֶׁנֶּאֱמַר ״גּוּר אַרְיֵה יְהוּדָה״** – **And the royal House of David is called "lion," as it is stated,** ***A lion cub is Judah*** (*Genesis* 49:9).[125] **יִשְׂרָאֵל נִקְרָא אַרְיֵה שֶׁנֶּאֱמַר ״מָה אִמְּךָ לְבִיָּא בֵּין אֲרָיוֹת רָבָצָה״** – **Israel is called "lion," as it is stated,** ***O, how your mother***[126] ***was a lioness, crouching among lions*** (*Ezekiel* 19:2).[127] **וּנְבוּכַדְנֶצַּר נִקְרָא אַרְיֵה שֶׁנֶּאֱמַר ״עָלָה אַרְיֵה מִסֻּבְּכוֹ״** – **And Nebuchadnezzar is called "lion,"**[128] **as it is stated** regarding him, ***The lion has left his den*** . . . *to lay waste*[129] (*Jeremiah* 4:7); **וְהֶחֱרִיב בֵּית הַמִּקְדָּשׁ וְנָטַל מַלְכוּת בֵּית דָּוִד וְהִגְלָה אֶת יִשְׂרָאֵל** – **and,** indeed, **he destroyed the Holy Temple and took away the kingship of the House of David and exiled Israel,** **וְהַקָּדוֹשׁ בָּרוּךְ הוּא אוֹמֵר ״אַיֵּה מְעוֹן אֲרָיוֹת״** – **and the Holy One, blessed is He, says** to Nineveh, ***"Where is the lair of the lions?*** (*Nahum* 2:12), **הֵיכָן הֵם בָּנַי** – i.e., **where are My children?"**[130] **בְּאוֹתָהּ שָׁעָה ״שָׁאֹג יִשְׁאַג עַל נָוֵהוּ״** – **At that moment *[God] roars mightily over His Dwelling***[131] (*Jeremiah* 25:30).

Another interpretation:

דָּבָר אַחֵר, ״אַרְיֵה שָׁאָג״ – **Another explanation** of ***A lion has roared.*** **אָמַר הַקָּדוֹשׁ בָּרוּךְ הוּא לְיִשְׂרָאֵל** – **The Holy One, blessed is He, said to Israel,** **מְקַבְּלִין אַתֶּם עֲשֶׂרֶת הַדִּבְּרוֹת** – **"Will you accept the Ten Commandments?"**[132] **אָמְרוּ לוֹ: הֵן** – **They said to Him, "Yes."** **שֶׁנֶּאֱמַר ״עֲלֵי עָשׂוֹר וַעֲלֵי נָבֶל״** – This is **as it is stated, *Upon a ten-stringed instrument, upon a lyre*** (*Psalms* 92:4), which can be taken to mean: **עָלַי לְקַבֵּל י׳ הַדִּבְּרוֹת** – It is incumbent **upon me to accept the Ten Commandments.**[133]

NOTES

119. *Yefeh To'ar* (see also *Eshed HaNechalim*) avers that the Sages were certainly aware that the proximate cause of earthquakes is a buildup of pressure inside the earth. What is discussed here is the more *distant* cause. For any unusual natural event is brought about by Divine Providence, based on man's behavior (see also *Eshed HaNechalim* and *Maharzu*).

120. The Midrash understands the word מִצִּיּוֹן (here translated as *from Zion*) as meaning *because of Zion* (*Yefeh To'ar*; see also *Toldos Noach* and *Batei Kehunah*).

121. Although this verse speaks of the Future era, we can nonetheless derive from it that just as the trembling of the heavens and earth mentioned there comes from God's jealousy for Zion, so too all earthquakes stem from the same source. The only difference is that the quaking of the Future era will be particularly astonishing (*Yefeh To'ar, Eitz Yosef*).

The Midrash does not mean to say that before the destruction of the Temple there were no earthquakes; earthquakes occurred even while the Temple was standing (see *Amos* 1:1, *Zechariah* 14:5). However, those earthquakes occurred due to the idolatry of those generations; R' Akiva's answer was for his generation (*Yefeh To'ar* above, s.v. בשעה שה׳ מסתכל; see also *Yefeh Mareh* [by the same author] to *Yerushalmi Berachos* 9:2 and *Rashba*, *Perushei HaHaggados* to *Berachos* 59a).

122. The quaking of the Future era will affect the entire world, and so even the areas of Jewish habitation will be endangered (*Yefeh To'ar, Eitz Yosef*). But the Midrash presumes that Israel would not be harmed by an earthquake that God brings for her sake (*Toldos Noach, Tiferes Tzion*). [Regarding the Midrash's use of the past tense, וְיִשְׂרָאֵל מֶה ״הָיוּ״ עוֹשִׂין, see *Tiferes Tzion*; but *Yefeh To'ar* and *Eitz Yosef* simply replace הָיוּ with יִהְיוּ.]

123. *Eitz Yosef.*

124. *Ariel* is a contraction of the words אֲרִי (*lion*) and אֵל (*mighty*). The Temple bears this name on account of the heavenly fire that crouches like a lion atop the Altar, to show Israel that their sacrificial service is their might (*Tiferes Tzion*). Alternatively, it bears this name because the *Heichal* (Sanctuary) was wide in the front and narrow in the back, like the shape of a crouching lion (*Middos* 4:7). Cf. *Eichah Rabbah, Pesichta* §26, where *Ariel* is taken to refer to the entirety of Jerusalem (in keeping with the plain meaning of the verse, which continues: *city where David encamped*); see also *Yefeh To'ar* here.

125. Just as the lion is the permanent *king* of beasts, so *the scepter shall not depart from Judah* (*Genesis* ibid., v. 10), i.e., from the royal House of David, from the tribe of Judah. For another explanation see further, note 127.

126. The Congregation of Israel (כְּנֶסֶת יִשְׂרָאֵל) is called "mother" (*Eitz Yosef*; see *Rashi* to *Sotah* 11b; see also *Shemos Rabbah* 1 §16).

127. The royal house of David, and also Israel as a whole, are likened to lions on account of their might in both the spiritual realms (Torah and *avodah*) and the physical realms (against their enemies) (*Tiferes Tzion*).

[Other versions of the Midrash invert the citations of *Genesis* 49:9 and *Ezekiel* 19:2. See *Maharzu* for explanation.]

128. For he was mighty to do evil (*Eshed HaNechalim*).

129. I.e., to lay waste to those other entities that are called "lion," as the Midrash continues.

130. In this prophecy Nahum speaks about Babylonia's plunder of the great Assyrian city of Nineveh, and he is telling Nineveh not to rely on its strength, for *where is the lair of the lions?* — that is, where are Jerusalem and the Holy Temple, the "lair" of the "lions" (Israel), after *the awesome lion (Nebuchadnezzar) went there* [*Nahum* ibid.] and destroyed them?! Nineveh should thus take warning from the plight of Israel, and not rely on its strength to repel Nebuchadnezzar (*Eitz Yosef*).

[There are a number of difficulties with this interpretation. First, Nineveh was in fact captured by Nebuchadnezzar *before* Jerusalem (*Seder Olam Rabbah* Ch. 24); how then can the capture of Jerusalem serve as a warning to the inhabitants of Nineveh? Additionally, Nahum lived during the time of Manasseh (ibid., Ch. 20), many years before Nebuchadnezzar! In answer to these questions, it may be suggested that the prophecies concerning the destruction of the Temple were known already in Nahum's time. In speaking to Nineveh, Nahum spoke of that destruction as a *fait accompli*.]

For a different explanation of how the Midrash is understanding the *Nahum* passage, according to which Nahum is prophesying here regarding the future destruction of the Temple, and only indirectly regarding Nineveh, see *Maharzu*.

131. I.e., God roars mightily over the loss of the Temple, which is called "His Dwelling," and over the downfall of the Davidic monarchy and Israel's exile as well. And because all of these are called "lion," God refers to Himself as a lion [in identification with them] (*Eitz Yosef*). This, then, is another explanation of the verse we have been discussing (*Amos* 3:8): *A lion (God) has roared* (*Eitz Yosef*, beginning of section).

132. See *Maharzu, Beur Maharif,* and *Radal* for explanations of how the Midrash knows to interpret this verse as referring to the time of the giving of the Torah.

133. The psalm cited here (Psalm 92) begins: *A psalm, a song for the Sabbath day. It is good to thank HASHEM and to sing praise to Your Name, etc.* (vv. 1-2). Verse 4 in the psalm then declares that the singing should be done עֲלֵי עָשׂוֹר וַעֲלֵי נָבֶל, which literally means: *upon a*

[יב] שָׁאַל בַּלְצָא אֶת רַבִּי עֲקִיבָא, אָמַר לוֹ: מֵהֵיכָן הָרַעַשׁ נַעֲשֶׂה, אָמַר לוֹ: בְּשָׁעָה שֶׁהַקָּדוֹשׁ בָּרוּךְ הוּא מִסְתַּכֵּל בְּבָתֵּי עֲבוֹדָה זָרָה °וּבְעוֹבְדֵי כוֹכָבִים° הֵיאַךְ נְתוּנִין בְּשֶׁקֶט וּבְשַׁלְוָה בָּעוֹלָם, וְרוֹאֶה בֵּיתוֹ חָרֵב וְנָתוּן בְּיָדָם שֶׁל °עוֹבְדֵי כוֹכָבִים° כִּבְיָכוֹל הוּא מְקַנֵּא וְשׁוֹאֵג וּמִיָּד הַשָּׁמַיִם וְהָאָרֶץ רוֹעֲשִׁים, שֶׁנֶּאֱמַר (יואל ד, טז) "וַה' מִצִּיּוֹן יִשְׁאָג וּמִירוּשָׁלַיִם יִתֵּן קוֹלוֹ", וְיִשְׂרָאֵל מֶה הָיוּ עוֹשִׂין, כִּבְיָכוֹל הוּא מֵגִין עֲלֵיהֶם, שֶׁנֶּאֱמַר (שם) "וַה' מַחֲסֶה לְעַמּוֹ", דָּבָר אַחֵר, (עמוס ג, ח) "אַרְיֵה שָׁאָג", בּוֹא וּרְאֵה בֵּית הַמִּקְדָּשׁ נִקְרָא אַרְיֵה שֶׁנֶּאֱמַר (ישעיה כט, א) "הוֹי אֲרִיאֵל אֲרִיאֵל", וּמַלְכוּת בֵּית דָּוִד נִקְרָא אַרְיֵה שֶׁנֶּאֱמַר (יחזקאל יט, ב) "מָה אִמְּךָ לְבִיָּא בֵּין אֲרָיוֹת רָבָצָה", יִשְׂרָאֵל נִקְרָא אַרְיֵה שֶׁנֶּאֱמַר (בראשית מט, ט) "גּוּר אַרְיֵה יְהוּדָה"°, וּנְבוּכַדְנֶצַּר נִקְרָא אַרְיֵה שֶׁנֶּאֱמַר (ירמיה ד, ז) °"עָלָה אַרְיֵה מִסֻּבְּכוֹ"°, * וְהֶחֱרִיב בֵּית הַמִּקְדָּשׁ וְנָטַל מַלְכוּת בֵּית דָּוִד וְהִגְלָה אֶת יִשְׂרָאֵל, וְהַקָּדוֹשׁ בָּרוּךְ הוּא אוֹמֵר (נחום ב, יב) "אַיֵּה מְעוֹן אֲרָיוֹת", הֵיכָן הֵם בָּנַי, בְּאוֹתָהּ שָׁעָה (ירמיה כה, ל) "שָׁאֹג יִשְׁאַג עַל נָוֵהוּ", דָּבָר אַחֵר, (עמוס ג, ח) "אַרְיֵה שָׁאָג", אָמַר הַקָּדוֹשׁ בָּרוּךְ הוּא לְיִשְׂרָאֵל: מְקַבְּלִין אַתֶּם עֲשֶׂרֶת הַדִּבְּרוֹת, אָמְרוּ לוֹ: הֵן, שֶׁנֶּאֱמַר (תהלים צב, ד) "עֲלֵי עָשׂוֹר וַעֲלֵי נָבֶל", עָלַי לְקַבֵּל י' הַדִּבְּרוֹת, וּמַהוּ (עמוס שם שם) "ה' אֱלֹהִים דִּבֶּר מִי לֹא יִנָּבֵא", אָמַר רַבִּי אַבָּהוּ בְּשֵׁם רַבִּי יוֹחָנָן: כְּשֶׁנָּתַן הַקָּדוֹשׁ בָּרוּךְ הוּא אֶת הַתּוֹרָה, צִפּוֹר לֹא צָוַח עוֹף לֹא פָּרַח שׁוֹר לֹא גָּעָה אוֹפַנִּים לֹא עָפוּ, שְׂרָפִים לֹא אָמְרוּ קָדוֹשׁ, הַיָּם לֹא נִזְדַּעְזַע הַבְּרִיּוֹת לֹא דִּבְּרוּ,

עץ יוסף

בלצה. שם חכם: **מהיכן הרעש בו'.** דרך החכמים הקדמונים היה כן לחקור על כל דבר מאיזו דבר נמשך, כמו שחקרו על זועות וברקים וגוהה גוהה, במסכת ברכות פרק הרואה (נט, א): **שנאמר וה' מציון ישאג.** וכתיב בתריה ורעשו שמים וארץ וה' מחסה לעמו, ואף על גב דהאי קרא לעתיד מיירי, ילפינן מיניה דכי היכי דרעש דהתם על קנאת ה' לציון, הכי נמי כל רעש, אלא רעש דלעתיד יהיה להפליא מאד: **וישראל מה יהיו עושים.** שהרי הרעש כולל בעולם והם גם כן בתוכו, ותירץ שה' מגין עליהם בנס: [ט] **בא וראה בית המקדש נקרא אריה בו'.** כלומר ולהכי קאמר אריה שאג, לפי ששואג על הנקראים אריה כנה עצמו אריה: **ומלכות בית דוד נקרא אריה שנאמר גור אריה יהודה וישראל נקראים אריה שנאמר מה אמך לביאה.** כן צריך לומר (יפה תואר). ואמך היינו כנסת ישראל: **איה מעון אריות.** האי קרא במשא נינוה כתיב, וקאמר כנגד גדולת נינוה שלא תבטח בחזקה, כי איה ירושלים ובית המקדש שהם מעון אריות, רצה לומר שישראל שנקראו אריות היו מעונם שם, אשר הלך לביא שם היינו נבוכדנצר והכניעה, ואם כן אין בטחון לנינוה מפני חזקה: **עלי לקבל בו'.** ואין להקשות דהא כתיב בתורה בהדיא שקבלו עשרת הדברות, ולמה ליה להביא לראיה מקרא זה, דיש לומר דבפסוק זה קא משמע לן אף שהיו במורא קבלו את התורה בשמחה כבנבל וכינור והוא גילה ברעדה (תולדות כח): **שנאמר עלי עשור בו'.** מדהוי ליה למימר בעשור ובנבל וקאמר עלי עשור ועלי נבל לכן דריש ליה כאילו כתיב עָלַי עשור, פירוש עלי לקבל עשרת הדברות בשמחה ובשירים והיינו ועלי נבל: **צפור לא צווח.** כי כל הבריות השיגו כבוד ה' כפי אפשרותם, וזה ה' אלהים דבר מי [פירוש מי שהוא] וינבא לשון דיבור, כדפירש רש"י בסדר וארא: **לא גאה.** לא נעק: **לא עפו.** צריך לומר

פירוש מהרז"ו

שאל בלצא. עיין (ברכות נט, א) באובי טמיא, מדרש תהלים י"ח פסוק ותגעש ותרעש הארץ, ירושלמי ברכות פרק הרואה (ה"ב): **מהיכן הרעש.** רבי עקיבא רצה לבאר הרעש על פי האמונה, כי על פי דרך טבע מבואר בספרי חכמי הטבעיים סבתו: **מציון ישאג ומירושלים יתן.** וסיפיה דקרא ורעשו שמים וארץ וה' מחסה לעמו, יואל ד' ט"ו, וכמו שכתוב חגי ב' ו', ושם כ' כ"א: **וישראל מה הם עושים.** שמאחר שכתוב בסיפיה דקרא וה' מחסה לעמו, אם כן מה שכתוב ורעשו, הוא לרעה כנ"ל: **הוי אריאל.** וסיפיה דקרא קרית חנה דוד. עיין פתיחה כ"ו דאיכה, ילקוט ירמיה א': **מה אמך לביא.** ורישא דקרא ואתה שא קינה על נשיאי ישראל. ולעיל פרשה א סימן ט"ז איתא פסוק זה לראיה על כל ישראל, שנקראו אריות, והיינו שמה שכתוב מה אמך לביא, הוא על הנשיא כנ"ל, ומה שכתוב בין אריות רבצה, הוא על כל השבטים. אך מה שאמר כאן שישראל נקראו אריות, פירושו שבט יהודה ובכללו בנימין, שאותם היו בזמן חורבן בית המקדש, ועל זה הביא ראיה פסוק גור אריה יהודה: **איה מעון אריות.** וסיפיה דקרא אשר הלך אריה לביא שם גור אריה, ועל פי מדה י', כולל כל האריות שזכר, מעון האריות, על בית המקדש, אשר הלך אריה, זה הקב"ה, לביא, על מלכות בית דוד, שם גור אריה, על יהודה. ונבואה זו בנחום שניבא על נינוה, ופירושו שעתיד בית המקדש ליחרב שהוא מעון אריות, אף כי נינוה: **דבר אחר אריה שאג.** דורש סיפיה דקרא ה' אלהים דבר מי לא ינבא, ופירושו מי לא יקבל הנבואה שהכל קבלו, ולא פירש זה אלא במתן תורה: **עלי עשור.** וכמו שאמרו פסיקתא פרשה כא סימן ג, עלי לקבל עשרת הדברות, עֲלֵי נבל, עָלַי להתנבל בשעת הגזירה. שאם כפשוטו על נבל של עשר נימים, היה לו לומר על נבל עשור, כמו שכתוב תהלים ל"ג (פסוק ב) בנבל עשור, וכן הוא בתהלים קמ"ד (פסוק ט). שתחלה שאל אם יקבלו, והשיבו עלי עשור, וזה על פי מדה כ' וי"ז:

מתנות כהונה

בלצא. שם אדם: **עלי לקבל.** עֲלֵי עשור קרי ביה עָלַי, עי"ן קמוץ והלמ"ד פתוחה: **ה' אלהים דבר.** סיפיה דקרא דאריה שאג הוא:

אשד הנחלים

מהיכן הרעש נעשה. אף שסיבתו פה בעולם היא טבעית מחום הגדול המתהוה בארץ, עם כל זה גם הטבעים נתלים מלמעלה בסיבות אלהית, כי אין הטבע פועל מאומה כי אם מהכח אלהי הנותן בה, ובודאי יש סיבה מיוחדת לזה: **השמים והארץ.** כלומר מסיבת שמים אז הארץ רועשת, אך עם כל זה השגחת ה' חופפת אז על ישראל: **הקדוש ברוך הוא נקרא אריה.** שהוא הגבור שבבריות, וכן בית המקדש על שם כבוד מקומו וגבורתו להשבית כל מקטרג נקרא כן, וכן נבוכדנצר גבור ברע. וזהו אריה שאג, כביכול ששואג על הבית המקדש שנקרא אריה, שנבוכדנצר החריב אותו: **עלי עשור.** דרש עלי עשר הדברות, שראוי לרנן בעבור זה ולהודות לה' שזכינו לזה: **צפור לא צוח כו' שרפים לא אמרו קדוש כו'.** הענין הזה כבר ביאר הרב מפאנו בספרו עשרה מאמרות, שבעת שיוצא שפע ההשגה הרבה לעולם, אז ממילא נבטלים מפעולתן כל מדריגות השגות התחתונות, וכמו למשל באדם אם מעיין עצמו בהשגה גבוה, אז בעת ההיא נבטל מאתו ציורי השגות השפלות ההם, ואחר שבשעת מתן תורה אז היה השפע יורד בחוזק לכולם, אם כן ממילא כלם נשתקו לשמוע השגות יותר נעלות מכמו שהשיגו תחלה, ואחר שהיה שקיטה בעליונים אם כן ממילא היה שקיטה בתחתונים הנמשכים מפעולות העליונים, וזה קול גדול ולא יסף, שלא התעורר קול אחר מאומה, הבן זה בלב אמת וינעם לך:

חידושי הרד"ל

שאל בלצא בו' מהיכן הרעש. ירושלמי פרק הרואה, ושוחר טוב מזמור יח, וסוף מזמור קד, (ושם הגירסא שאל אליהו את רבי נהוראי), ילקוט ואתחנן רמז תתלו: **בית המקדש נקרא אריה בו'.** פסיקתא דבכה תבכה, וילקוט ירמיה רמז רנט: **זה הקדוש ברוך הוא שנקרא אריה אומר איה מעון אריות בו'.** כן צריך לומר. עיין בפסיקתא וילקוט שם: **דבר אחר אריה שאג אמר הקדוש ברוך הוא בו' עשור ועלי נבל עלי לקבל עשרת הדברות.** בדוחק יש לומר נוסחת הספר, דסיפיה דעלי נבל דרשינן בפסיקתא שם, עלינו להתנבל עליה (פירוש להרג כנבלת השדה) בשעת הגזירה, והיינו דאמר הכא מי לא יירא משאגתו מלקיים דברו. אבל האמת נראה שחסר כאן כל הדרשא דפסיקתא שם על מקרא זה, וכאן צריך לומר, דבר אחר אריה שאג מי לא יירא אמר רבי אבהו בשם רבי יוחנן כשנתן הקב"ה כו', וזהו מי לא יירא שכל הבריות שתקו מיראת הקב"ה, והשאר טעות סופר: **צפור לא צייץ.** כן צריך לומר, והוא לשון קול ציפורים מצייצין, וכן הובא בכמה מקומות במדרשות (ויקרא יח א. קהלת פרשה יב פסוק ד, א):

חידושי הרש"ש

שנאמר מציון ישאג וגו'. וסופו, ורעשו שמים וארץ: **עלי עשור ועלי נבל עלי לקבל עשרת הדברות.** ועלי נבל נראה גם כן לפרשו על התורה, שהיא נובלת חכמה של מעלה, כדאיתא בבראשית רבה פרשה יז, ט: **ה' אלהים דבר מי לא ינבא כו' צפור לא צווח כו'.** דריש מי (פירוש מי שהוא) וינבא הוא לשון דבור, כדפירוש רש"י בסדר וארא (שמות ז א ד"ה יהיה) בפסוק ואהרן אחיך יהיה נביאך, ויהיה שיעור הכתוב בשעה שה' דבר כל בריה מי שהוא לא ידבר:

באור מהרי"פ

וה' מציון. (יואל ד, טז) וה' מציון ישאג, ומירושלים יתן קולו, ירעשו שמים וארץ, וה' מחסה לעמו ומעוז לבני ישראל: **ומלכות בית דוד נקרא.** שנאמר גור אריה יהודה, ישראל נקרא אריה שנאמר מה אמך לביא בין האריות רבצה, הכי היא גרסא הנכונה: **אריה שאג וגו'.** היינו בשעת מתן תורה: **אמרו לו הן.** והיינו אריה שאג מי לא יירא. פירוש, כשבא הקב"ה ליתן תורה לישראל, הכל יראו תימה דאדרבה הכתוב אומר בהפך. יש לומר דפירוש ינבא הוא השתוממות וביטול כח. או פירושו הוא מוכרח מן מלת מי יהיה, מי שיהיה מכל הבריות שום אחד מהם לא ינבאו ולא ידברו כלל, זהו לא יסף קול זולתי:

מסורת המדרש

יב. עין ברכות דף נ"ח. ירושלמי ברכות פרק ט'. מדרש תהלים מזמור י"ח וסוף מזמור ק"ד. ילקוט סדר ואתחנן רמז תתל"ו. ילקוט שמואל ב' רמז קנ"ח:

אם למקרא

וַה' מִצִּיּוֹן יִשְׁאָג וּמִירוּשָׁלַם יִתֵּן קוֹלוֹ וְרָעֲשׁוּ שָׁמַיִם וָאָרֶץ וַה' מַחֲסֶה לְעַמּוֹ וּמָעוֹז לִבְנֵי יִשְׂרָאֵל:
(יואל ד: טז)

הוֹי אֲרִיאֵל אֲרִיאֵל קִרְיַת חָנָה דָוִד סְפוּ שָׁנָה עַל־שָׁנָה חַגִּים יִנְקֹפוּ:
(ישעיה כט: א)

וְאָמַרְתָּ מָה אִמְּךָ לְבִיָּא בֵּין אֲרָיוֹת רָבָצָה בְּתוֹךְ כְּפִרִים רִבְּתָה גוּרֶיהָ:
(יחזקאל יט: ב)

גּוּר אַרְיֵה יְהוּדָה מִטֶּרֶף בְּנִי עָלִיתָ כָּרַע רָבַץ כְּאַרְיֵה וּכְלָבִיא מִי יְקִימֶנּוּ:
(בראשית מט: ט)

עָלָה אַרְיֵה מִסֻּבְּכוֹ וּמַשְׁחִית גּוֹיִם נָסַע יָצָא מִמְּקֹמוֹ לָשׂוּם אַרְצֵךְ לְשַׁמָּה עָרַיִךְ תִּצֶּינָה מֵאֵין יוֹשֵׁב:
(ירמיה ד: ז)

אַיֵּה מְעוֹן אֲרָיוֹת וּמִרְעֶה הוּא לַכְּפִרִים אֲשֶׁר הָלַךְ אַרְיֵה לָבִיא שָׁם גּוּר אַרְיֵה וְאֵין מַחֲרִיד:
(נחום ב: יב)

וְאַתָּה תִּנָּבֵא אֲלֵיהֶם אֵת כָּל־הַדְּבָרִים הָאֵלֶּה וְאָמַרְתָּ אֲלֵיהֶם ה' מִמָּרוֹם יִשְׁאָג וּמִמְּעוֹן קָדְשׁוֹ יִתֵּן קוֹלוֹ שָׁאֹג יִשְׁאַג עַל־נָוֵהוּ הֵידָד כְּדֹרְכִים יַעֲנֶה אֶל כָּל יֹשְׁבֵי הָאָרֶץ:
(ירמיה כה: ל)

עֲלֵי־עָשׂוֹר וַעֲלֵי־נָבֶל עֲלֵי הִגָּיוֹן בְּכִנּוֹר:
(תהלים צב: ד)

שינוי נוסחאות

(ט) ביתו חרב ונתון בידם של עובדי כוכבים. לפני ששינו מחמת אימת הצנזורא היה כתוב "... בידם של ערלים". **והחריב בית המקדש ונטל מלכות בית דוד.** א"א הגיה "בא נבוכדנצר והחריב ...":

אמרי יושר

צפור לא צווח שנאמר ה' אלהים דבר מי לא ינבא.

The Midrash now proceeds to the primary purpose of this section: to offer a proof and a Scriptural support for a prior interpretation of *I am HASHEM, your God.*[134] The support is from the second half of *Amos* 3:8, which describes the scene at Mount Sinai and throughout the world when God gave Israel the Torah:

וּמַהוּ "ה' אֱלֹהִים דִּבֶּר מִי לֹא יִנָּבֵא" – And what is [the meaning of] ***The Lord HASHEM/ELOHIM has spoken; "mi lo yinavei"?***[135]

אָמַר רַבִּי אַבָּהוּ בְּשֵׁם רַבִּי יוֹחָנָן – R' Abahu said in the name of R' Yochanan: כְּשֶׁנָּתַן הַקָּדוֹשׁ בָּרוּךְ הוּא אֶת הַתּוֹרָה – When the Holy One, blessed is He, gave the Torah, צִפּוֹר לֹא צָוַוח עוֹף לֹא פָרַח שׁוֹר לֹא גָעָה – no bird cried out,[136] **no fowl flew, no ox lowed, אוֹפַנִּים לֹא עָפוּ – none of the Ofanim flew about, שְׂרָפִים לֹא אָמְרוּ קָדוֹשׁ – none of the Seraphim said, "Holy,** holy, holy, etc.,"[137] **הַיָּם לֹא נִזְדַּעְזַע – the sea did not stir, הַבְּרִיּוֹת לֹא דִּבְּרוּ –** and human **beings did not speak.**[138]

NOTES

ten-stringed instrument, upon a lyre. However, one does not sing "upon" an instrument, but "with" [the accompaniment of] an instrument. Hence, the verse should have stated בְּעָשׂוֹר וָנָבֶל, "*with* a ten-stringed instrument and a lyre." The Midrash therefore expounds עֲלֵי (*upon*) as though it were written עָלַי (*upon me*), thus reading the verse: "It is incumbent upon me (עָלַי) to accept the Ten (עָשׂוֹר) Commandments with *a lyre*, i.e., with joy and song (*Eitz Yosef*; see also *Eshed HaNechalim*). See *Shabbos* 86b, which states that the Jewish people received the Torah on Shabbos; this psalm, which speaks of the Giving of the Torah, thus begins appropriately: *A song for the Sabbath day* (*Yefeh To'ar*). For other interpretations see *Maharzu, Radal,* and *Rashash*.

The reason the Midrash cites this verse and not a verse from the Pentateuch (which expressly relates that Israel agreed to accept the Torah; see below, 24:7) is that it is from this verse that we learn that the Jewish people accepted the Torah *with joy* — even though they were frightened [as the *Amos* verse states: *A lion has roared; who will not fear?*]. The idea of being "joyous while trembling with fear" appears in *Psalms* 2:11 (*Eitz Yosef*, citing *Toldos Noach*). Alternatively, in this verse the Israelites are addressing God directly (unlike in *Exodus* 24:7, where they are speaking to Moses); it is from their words to Him in this verse that we can infer God's question to them (viz., "Will you accept the Ten Commandments?"). See also *Shir HaShirim Rabbah* to *Song of Songs* 1:2 [sec. 2], which tells us that upon hearing each Statement, Israel was asked if they accept that Commandment.

134. See introduction to this section and note 88.

135. The plain meaning of מִי לֹא יִנָּבֵא is *who will not prophesy?* However, the Midrash will interpret it differently (see below, note 138).

136. This is the text of most commentators. *Radal*, however, emends צָוַוח to צִיֵּיץ, *chirp* ("no bird chirped").

137. Ofanim and Seraphim are types of angels. In Isaiah's vision of the Heavenly Court, he recounted that the Seraphim *would call one to another and say, "Holy, holy, holy is HASHEM, Master of Legions; the whole world is filled with His glory"* (*Isaiah* 6:2-3). But they did not speak during the Giving of the Torah.

138. For at that time every creature was [introspectively] apprehending the glory of God according to its ability (*Eitz Yosef*; see further, *Eshed HaNechalim*). This is the meaning of מִי לֹא יִנָּבֵא: *[every creation] whatsoever would not speak.* [The root נבא can also mean *speak*; see *Rashi* to 7:1 above] (*Rashash, Eitz Yosef, Tiferes Tzion*). Before God spoke, the entire universe was in a commotion over God's coming (see above with note 106), but when He spoke, they became quiet (*Maharzu*).

יבשָׁאַל בַּלְצָא אֶת רַבִּי עֲקִיבָא, אָמַר לוֹ: מֵהֵיכָן הָרַעַשׁ נַעֲשֶׂה, אָמַר לוֹ: בְּשָׁעָה שֶׁהַקָּדוֹשׁ בָּרוּךְ הוּא מִסְתַּכֵּל בְּבָתֵּי עֲבוֹדָה זָרָה °וּבְעוֹבְדֵי כוֹכָבִים° הֵיאַךְ נְתוּנִין בְּשֶׁקֶט וּבְשַׁלְוָה בָּעוֹלָם, וְרוֹאֶה בֵּיתוֹ חָרֵב וְנָתוּן בְּיָדָם שֶׁל °עוֹבְדֵי כוֹכָבִים° כִּבְיָכוֹל הוּא מְקַנֵּא וְשׁוֹאֵג וּמִיָּד הַשָּׁמַיִם וְהָאָרֶץ רוֹעֲשִׁים, שֶׁנֶּאֱמַר (יואל ד, טז) "וַה' מִצִּיּוֹן יִשְׁאָג וּמִירוּשָׁלַיִם יִתֵּן קוֹלוֹ", וְיִשְׂרָאֵל מֶה הָיוּ עוֹשִׂין, כִּבְיָכוֹל הוּא מֵגֵין עֲלֵיהֶם, שֶׁנֶּאֱמַר (שם) "וַה' מַחֲסֶה לְעַמּוֹ", דָּבָר אַחֵר, (עמוס ג, ח) "אַרְיֵה שָׁאָג", בּוֹא וּרְאֵה בֵּית הַמִּקְדָּשׁ נִקְרָא אַרְיֵה שֶׁנֶּאֱמַר (ישעיה כט, א) "הוֹי אֲרִיאֵל אֲרִיאֵל", וּמַלְכוּת בֵּית דָּוִד נִקְרָא אַרְיֵה שֶׁנֶּאֱמַר (יחזקאל יט, ב) "מָה אִמְּךָ לְבִיָּא בֵּין אֲרָיוֹת רָבָצָה", יִשְׂרָאֵל נִקְרָא אַרְיֵה שֶׁנֶּאֱמַר (בראשית מט, ט) "גּוּר אַרְיֵה יְהוּדָה"°, וּנְבוּכַדְנֶצַּר נִקְרָא אַרְיֵה שֶׁנֶּאֱמַר (ירמיה ד, ז) °"עָלָה אַרְיֵה מִסֻּבְּכוֹ"°, * וְהֶחֱרִיב בֵּית הַמִּקְדָּשׁ וְנָטַל מַלְכוּת בֵּית דָּוִד וְהִגְלָה אֶת יִשְׂרָאֵל, וְהַקָּדוֹשׁ בָּרוּךְ הוּא אוֹמֵר (נחום ב, יב) "אַיֵּה מְעוֹן אֲרָיוֹת", הֵיכָן הֵם בָּנַי, בְּאוֹתָהּ שָׁעָה (ירמיה כה, ל) "שָׁאֹג יִשְׁאַג עַל נָוֵהוּ", דָּבָר אַחֵר, (עמוס ג, ח) "אַרְיֵה שָׁאָג", אָמַר הַקָּדוֹשׁ בָּרוּךְ הוּא לְיִשְׂרָאֵל: מְקַבְּלִין אַתֶּם עֲשֶׂרֶת הַדִּבְּרוֹת, אָמְרוּ לוֹ: הֵן, שֶׁנֶּאֱמַר (תהלים צב, ד) "עֲלֵי עָשׂוֹר וַעֲלֵי נָבֶל", עָלַי לְקַבֵּל י' הַדִּבְּרוֹת, וּמַהוּ (עמוס שם שם) "ה' אֱלֹהִים דִּבֶּר מִי לֹא יִנָּבֵא", אָמַר רַבִּי אַבָּהוּ בְּשֵׁם רַבִּי יוֹחָנָן: כְּשֶׁנָּתַן הַקָּדוֹשׁ בָּרוּךְ הוּא אֶת הַתּוֹרָה, צִפּוֹר לֹא צָוַח עוֹף לֹא פָּרַח שׁוֹר לֹא גָּעָה אוֹפַנִּים לֹא עָפוּ, שְׂרָפִים לֹא אָמְרוּ קָדוֹשׁ, הַיָּם לֹא נִזְדַּעְזַע הַבְּרִיּוֹת לֹא דִּבְּרוּ,

עץ יוסף

בלצה. שם חכם: **מהיכן הרעש כו'.** דרך החכמים הקדמונים היה כן לחקור על כל דבר מאיזו דבר נמשך, כמו שחקרו על זועות וברקים וגוהה גוהה, במסכת ברכות פרק הרואה (נט, א): **שנאמר וה' מציון ישאג.** וכתיב בתריה ורעשו שמים וארץ וה' מחסה לעמו, ואף על גב דהאי קרא לעתיד מיירי, ילפינן מיניה דכי היכי דרעש דהתם על קנאת ה' לציון, הכי נמי כל רעש, אלא רעש דלעתיד יהיה להפליא מאד: **וישראל מה יהיו עושים.** שהרי הרעש כולל בעולם והם גם כן בתוכו, ותירץ שה' מגין עליהם בכם: [ט] **בא וראה בית המקדש נקרא אריה כו'.** כלומר ולהכי קאמר אריה שאג, לפי ששואג על הנקראים אריה כנגד עצמו אריה: **ומלכות בית דוד נקרא אריה שנאמר גור אריה יהודה וישראל נקראים אריה שנאמר מה אמך לביאה.** כן צריך לומר (יפה תואר). ואמך היינו כנסת ישראל: **איה מעון אריות.** האי קרא במשא נינוה כתיב, וקאמר כנגד גדולת נינוה שלא תבטח בחזקה, כי איה ירושלים ובית המקדש שהם מעון אריות, רצה לומר שישראל שנקראו אריות היו מעונם שם, אשר הלך לביא שם היינו נבוכדנצר והכניעה, ואם כן אין בטחון לנינוה מפני חזקה: **עלי לקבל כו'.** ואין להקשות דהא כתיב בתורה בהדיא שקבלו עשרת הדברות, ולמה ליה להביא לראיה מקרא זה, דיש לומר דבפסוק זה קא משמע לן אף שהיו במורא קבלו את התורה בשמחה כבנבל וכינור והוא גילה ברעדה (תולדות נח): **שנאמר עלי עשור כו'.** מדהוי ליה למימר בעשור ונבל וקאמר עלי עשור ועלי נבל לכן דריש ליה כאילו כתיב עָלַי עשור, פירוש עלי לקבל עשרת הדברות בשמחה ובשירים והיינו ועלי נבל: **צפור לא צווח.** כי כל הבריות השיגו כבוד ה' כפי אפשרותם, וזה ה' אלהים דבר מי [פירוש מי שהוא] ויגבא לשון דיבור, כדפירש רש"י בסדר וארא: **לא גאה.** לא נעק: **לא עפו.** צריך לומר

פירוש מהרז"ו

שאל בלצא. עיין (ברכות נט, א) באובי טמיא, מדרש תהלים י"ח פסוק ותגעש ותרעש הארץ, ירושלמי ברכות פרק הרואה (ה"ב): **מהיכן הרעש.** רבי עקיבא רצה לבאר הרעש על פי האמונה, כי על פי דרך טבע מבואר בספרי חכמי הטבעיים סבתו: **מציון ישאג ומירושלים יתן.** וסיפיה דקרא ורעשו שמים וארץ וה' מחסה לעמו, יואל ד' ט"ו, וכמו שכתוב חגי ב' ו', ושם כ' כ"א: **וישראל מה הם עושים.** שמאחר שכתוב בסיפיה דקרא וה' מחסה לעמו, אם כן מה שכתוב ורעשו, הוא לרעה כנ"ל: **הוי אריאל.** וסיפיה דקרא קרית חנה דוד. עיין פתיחה כ"ו דאיכה, ילקוט ירמיה א': **מה אמך לביא.** ורישא דקרא ואתה שא קינה על נשיאי ישראל. ולעיל פרשה א סימן ט"ז איתא פסוק זה לראיה על כל ישראל, שנקראו אריות, והיינו שמה שכתוב מה אמך לביא, הוא על הנשיא כנ"ל, ומה שכתוב בין אריות רבצה, הוא על כל השבטים. אך מה שאמר כאן שישראל נקראו אריות, פירושו שבט יהודה ובכללו בנימין, שאותם היו בזמן חורבן בית המקדש, ועל זה הביא ראיה פסוק גור אריה יהודה: **איה מעון אריות.** וסיפיה דקרא אשר הלך אריה לביא שם גור אריה, ועל פי מדה י', כולל כל האריות שזכר, מעון האריות, על בית המקדש, אשר הלך אריה, זה הקב"ה, לביא, על מלכות בית דוד, שם גור אריה, על יהודה. ונבואה זו בנחום שניבא על נינוה, ופירושו שעתיד בית המקדש ליחרב שהוא מעון אריות, אף כי נינוה: **דבר אחר אריה שאג.** דורש סיפיה דקרא ה' אלהים דבר מי לא ינבא, ופירושו מי לא יקבל הנבואה שהכל קבלו, ולא פירש זה אלא במתן תורה: **עלי עשור.** וכמו שאמרו פסיקתא פרשה כא סימן ג, עלי לקבל עשרת הדברות, עֲלֵי נבל, עָלַי להתנבל בשעת הגזירה. שאם כפשוטו על נבל של עשר נימים, היה לו לומר על נבל עשור, כמו שכתוב תהלים ל"ג (פסוק ב) בנבל עשור, וכן הוא בתהלים קמ"ד (פסוק ט). שתחלה שאל אם יקבלו, והשיבו עלי עשור, וזה על פי מדה כ' וי"ז:

מתנות כהונה

בלצא. שם אדם: **עלי לקבל.** עֲלֵי עשור קרי ביה עָלַי, עי"ן קמוץ והלמ"ד פתוחה: **ה' אלהים דבר.** סיפיה דקרא דאריה שאג הוא:

אשד הנחלים

מהיכן הרעש נעשה. אף שסיבתו פה בעולם היא טבעית מחום הגדול המתהוה בארץ, עם כל זה גם הטבעים נתלים מלמעלה בסיבות אלהית, כי אין הטבע פועל מאומה כי אם מהכח אלהי הנותן בה, ובודאי יש סיבה מיוחדת לזה: **השמים והארץ.** כלומר מסיבת שמים אז הארץ רועשת, אך עם כל זה השגחת ה' חופפת אז על ישראל: **הקדוש ברוך הוא נקרא אריה.** שהוא הגבור שבבריות, וכן בית המקדש על שם כבוד מקומו וגבורתו להשבית כל מקטרג נקרא כן, וכן נבוכדנצר גבור ברע. וזהו אריה שאג, כביכול ששואג על הבית המקדש שנקרא אריה, שנבוכדנצר החריב אותו: **עלי עשור.** דרש עלי עשר הדברות, שראוי לרנן בעבור זה ולהודות לה' שזכינו לזה: **צפור לא צוח כו' שרפים לא אמרו קדוש כו'.** הענין הזה כבר ביאר הרב מפאנו בספרו עשרה מאמרות, שבעת שיוצא שפע ההשגה הרבה לעולם, אז ממילא נבטלים מפעולתן כל מדריגות השגות התחתונות, וכמו למשל באדם אם מעיין עצמו בהשגה גבוה, אז בעת ההיא נבטל מאתו ציורי השגות השפלות ההם, ואחר שבשעת מתן תורה אז היה השפע יורד בחוזק לכולם, אם כן ממילא כלם נשתקו לשמוע השגות יותר נעלות מכמו שהשיגו תחלה, ואחר שהיה שקיטה בעליונים אם כן ממילא היה שקיטה בתחתונים הנמשכים מפעולות העליונים, וזה קול גדול ולא יסף, שלא התעורר קול אחר מאומה, הבן זה בלב אמת וינעם לך:

חידושי הרד"ל

שאל בלצא כו' מהיכן הרעש. ירושלמי פרק הרואה, ושוחר טוב מזמור יח, וסוף מזמור קד, (ושם הגירסא שאל אליהו את רבי נהוראי), ילקוט ואתחנן רמז תתלו: **בית המקדש נקרא אריה כו'.** פסיקתא דבכה תבכה, וילקוט ירמיה רמז רנט: **זה הקדוש ברוך הוא שנקרא אריה אומר איה מעון אריות כו'.** כן צריך לומר. עיין בפסיקתא וילקוט שם: **דבר אחר אריה שאג אמר הקדוש ברוך הוא כו' עשור ועלי נבל עלי לקבל עשרת הדברות.** בדוחק יש לומר נוסחת הספר, דסיפיה דעלי נבל דרשינן בפסיקתא שם, עליו להתנבל עליה (פירוש להרג כנבלת השדה) בשעת הגזירה, והיינו דאמר הכא מי לא יירא משאגתו מלקיים דברו. אבל האמת נראה שחסר כאן כל הדרשא דפסיקתא שם על מקרא זה, וכאן צריך לומר, דבר אחר אריה שאג מי לא יירא אמר רבי אבהו בשם רבי יוחנן כשנתן הקב"ה כו', וזהו מי לא יירא שכל הבריות שתקו מיראת הקב"ה, והשאר טעות סופר: **צפור לא צייץ.** כן צריך לומר, והוא לשון קול ציפורים מצייצין, וכן הובא בכמה מקומות במדרשות (ויקרא יח א. קהלת פרשה יב פסוק ד, א):

חידושי הרש"ש

שנאמר מציון ישאג וגו'. וסופו, ורעשו שמים וארץ: **עלי עשור ועלי נבל עלי לקבל עשרת הדברות.** ועלי נבל נראה גם כן לפרשו על התורה, שהיא נובלת חכמה של מעלה, כדאיתא בבראשית רבה פרשה יז, ט: **ה' אלהים דבר מי לא ינבא כו' צפור לא צווח כו'.** דריש מי (פירוש מי שהוא) וינבא הוא לשון דבור, כדפירוש רש"י בסדר וארא (שמות ז א ד"ה יהיה) בפסוק ואהרן אחיך יהיה נביאך, ויהיה שיעור הכתוב בשעה שה' דבר כל בריה מי שהוא לא ידבר:

באור מהרי"פ

וה' מציון. (יואל ד, טז) וה' מציון ישאג, ומירושלים יתן קולו, ירעשו שמים וארץ, וה' מחסה לעמו ומעוז לבני ישראל: **ומלכות בית דוד נקרא.** שנאמר גור אריה יהודה, ישראל נקרא אריה שנאמר מה אמך לביא בין האריות רבצה, הכי היא גרסא הנכונה: **אריה שאג וגו'.** היינו בשעת מתן תורה: **אמרו לו הן.** והיינו אריה שאג מי לא יירא. פירוש, כשבא הקב"ה ליתן תורה לישראל, הכל יראו תימה דאדרבה הכתוב אומר בהפך. יש לומר דפירוש ינבא הוא השתוממות וביטול כח. או פירושו הוא מוכרח מן מלת מי יהיה, מי שיהיה מכל הבריות שום אחד מהם לא ינבאו ולא ידברו כלל, זהו **לא יסף** קול זולתי:

מסורת המדרש

יב. עין ברכות דף נ"ט. ירושלמי ברכות פרק ט'. מדרש תהלים מזמור י"ח וסוף מזמור ק"ד. ילקוט סדר ואתחנן רמז תתל"ו. ילקוט שמואל ב' רמז קנ"ח:

אם למקרא

וַה' מִצִּיּוֹן יִשְׁאָג וּמִירוּשָׁלַםִ יִתֵּן קוֹלוֹ וְרָעֲשׁוּ שָׁמַיִם וָאָרֶץ וַה' מַחֲסֶה לְעַמּוֹ וּמָעוֹז לִבְנֵי יִשְׂרָאֵל:
(יואל ד: טז)

הוֹי אֲרִיאֵל אֲרִיאֵל קִרְיַת חָנָה דָוִד סְפוּ שָׁנָה עַל־שָׁנָה חַגִּים יִנְקֹפוּ:
(ישעיה כט: א)

וְאָמַרְתָּ מָה אִמְּךָ לְבִיָּא בֵּין אֲרָיוֹת רָבָצָה בְּתוֹךְ כְּפִרִים רִבְּתָה גוּרֶיהָ:
(יחזקאל יט: ב)

גּוּר אַרְיֵה יְהוּדָה מִטֶּרֶף בְּנִי עָלִיתָ כָּרַע רָבַץ כְּאַרְיֵה וּכְלָבִיא מִי יְקִימֶנּוּ:
(בראשית מט: ט)

עָלָה אַרְיֵה מִסֻּבְּכוֹ וּמַשְׁחִית גּוֹיִם נָסַע יָצָא מִמְּקֹמוֹ לָשׂוּם אַרְצֵךְ לְשַׁמָּה עָרַיִךְ תִּצֶּינָה מֵאֵין יוֹשֵׁב:
(ירמיה ד: ז)

אַיֵּה מְעוֹן אֲרָיוֹת וּמִרְעֶה הוּא לַכְּפִרִים אֲשֶׁר הָלַךְ אַרְיֵה לָבִיא שָׁם גּוּר אַרְיֵה וְאֵין מַחֲרִיד:
(נחום ב: יב)

וְאַתָּה תִּנָּבֵא אֲלֵיהֶם אֵת כָּל־הַדְּבָרִים הָאֵלֶּה וְאָמַרְתָּ אֲלֵיהֶם ה' מִמָּרוֹם יִשְׁאָג וּמִמְּעוֹן קָדְשׁוֹ יִתֵּן קוֹלוֹ שָׁאֹג יִשְׁאַג עַל־נָוֵהוּ הֵידָד כְּדֹרְכִים יַעֲנֶה אֶל כָּל יֹשְׁבֵי הָאָרֶץ:
(ירמיה כה: ל)

עֲלֵי־עָשׂוֹר וַעֲלֵי־נָבֶל עֲלֵי הִגָּיוֹן בְּכִנּוֹר:
(תהלים צב: ד)

שינוי נוסחאות

(ט) **ביתו חרב ונתון בידם של עובדי כוכבים.** לפני ששינו מחמת אימת הצנזורא היה כתוב "... בידם של ערלים". **והחריב בית המקדש ונטל מלכות בית דוד.** א"א הגיה "בא נבוכדנצר והחריב ...":

אמרי יושר

צפור לא צווח שנאמר ה' אלהים דבר מי לא ינבא.

אֶלָּא הָעוֹלָם שׁוֹתֵק וּמַחֲרִישׁ – **Rather, the** entire **world was silent and hushed,** וְיָצָא הַקּוֹל "אָנֹכִי ה' אֱלֹהֶיךָ" – **and the voice** of the Almighty **went forth,** ***"I am HASHEM, your God."*** וְכֵן הוּא אוֹמֵר – **And so it says** in Moses' description of the Revelation in *Deuteronomy*: "אֶת הַדְּבָרִים הָאֵלֶּה דִּבֶּר ה' אֶל כָּל קְהַלְכֶם ... קוֹל גָּדוֹל וְלֹא יָסָף" – ***"These words HASHEM spoke to your entire congregation ... a great voice, and no more"*** (*Deuteronomy* 5:19).[139] אָמַר רַבִּי שִׁמְעוֹן בֶּן לָקִישׁ: מַהוּ "וְלֹא יָסָף" – **R' Shimon ben Lakish said: What is [the meaning of]** ***and no more?*** אֶלָּא כְּשֶׁאָדָם קוֹרֵא לַחֲבֵירוֹ יֵשׁ לְקוֹלוֹ בַּת קוֹל – **But** the explanation is as follows: **When a person calls to his friend his voice has an echo,** וְהַקּוֹל שֶׁהָיָה יוֹצֵא מִפִּי הַקָּדוֹשׁ בָּרוּךְ הוּא לֹא הָיָה לְקוֹלוֹ בַּת קוֹל – **but the voice that went forth from the mouth of the Holy One, blessed is He,** at Sinai **had no echo.**[140] וְאִם תְּמֵהַּ אַתָּה עַל זוֹ – **And if you are amazed over this** total silence, how it could be, הֲרֵי אֵלִיָּהוּ כְּשֶׁבָּא לַכַּרְמֶל – **here is** the similar case of the prophet **Elijah,** – who, **when he came to** Mount **Carmel** to challenge the idolaters,[141] כִּנֵּס כָּל הַכּוֹמְרִים וְאָמַר לָהֶם – **gathered together all the false priests** of the Baal **and said** derisively **to them,** "קִרְאוּ בְקוֹל גָּדוֹל כִּי אֱלֹהִים הוּא" – ***"Cry out in a loud voice, for he is a god!*** *Perhaps he is conversing ... or relieving himself; perhaps he is asleep and he will awaken!"* (*I Kings* 18:27). מֶה עָשָׂה הַקָּדוֹשׁ בָּרוּךְ הוּא – **What did the Holy One, blessed is He, do** to ensure the success of Elijah's challenge? הִדְמִים כָּל הָעוֹלָם – **He brought the entire world to a standstill,** וְהִשְׁתִּיק הָעֶלְיוֹנִים וְהַתַּחְתּוֹנִים – **and He silenced the celestial [creatures] and those below,** וְהָיָה הָעוֹלָם תּוֹהוּ וָבוֹהוּ כְּאִלּוּ לֹא הָיָה בְּרִיָּה בָּעוֹלָם – **and the world was "desolation and emptiness," as though no creature existed in the world,** שֶׁנֶּאֱמַר "אֵין קוֹל וְאֵין עֹנֶה וְאֵין קָשֶׁב" – **as it is stated** there,... ***there was neither sound, nor response, nor listener*** (ibid., v. 29).[142] שֶׁאִם יְדַבֵּר הֵם אוֹמְרִים: הַבַּעַל עָנָנוּ – And all this was necessary, **for if [any creature] had spoken, [the false priests] would have said,** "This is the voice of **the Baal,** and he **has answered us!"**[143] עַל אַחַת כַּמָּה וְכַמָּה – Now, **how much more so** the necessity, כְּשֶׁדִּבֵּר הַקָּדוֹשׁ בָּרוּךְ הוּא עַל סִינַי – **when the Holy One, blessed is He, spoke on** Mount **Sinai,** הִשְׁתִּיק כָּל הָעוֹלָם – that **He silenced the entire world,** כְּדֵי שֶׁיֵּדְעוּ הַבְּרִיּוֹת שֶׁאֵין חוּץ מִמֶּנּוּ – **so that** all **the creatures would know that there is no** God **other than He,**[144] וְאָמַר "אָנֹכִי ה' אֱלֹהֶיךָ" – **when He proclaimed,** ***I am HASHEM, your God.***[145]

NOTES

139. I.e., there was no sound other than God's voice when He uttered the Commandments on Mount Sinai (*Maharzu, Eitz Yosef*).

140. This teaching appears above (28 §6) in the name of the Rabbis. See *Rashash* there, and *Maharzu* there and here.

God made sure there would be no other sounds, of any kind, accompanying God's voice at Sinai (*Maharzu*). This was in order to make sure that no one would err and say that there is another deity (see Midrash further).

[*Yefeh To'ar* writes that R' Shimon ben Lakish is in disagreement with R' Yochanan cited above. However, *Maharzu* indicates that there is no disagreement; Reish Lakish is saying that there were no other sounds at Sinai, not even an echo. This is also evidently the understanding of *Eitz Yosef*.]

141. See *I Kings* 18:19ff.

142. According to its plain meaning, the verse is speaking of the fact that the Baal did not respond at all. However, the words *there was neither sound* seem superfluous, for the verse could have sufficed with saying that there was *no response*. In addition, the challenge was for the Baal to answer the priests with *fire* (see ibid., v. 24), not with a *sound*. The Midrash therefore expounds that the verse is not speaking of the Baal alone, but is saying rather that there was no sound from *any* creation. The world was in silence (*Maharzu*).

143. Thus, since *there was neither sound, nor response*, it is clear that *nor* is there a *listener* — i.e., the Baal is false (*Imrei Yosher*).

If anything had made a sound, the prophets of the Baal would have said that the sound was the voice of the Baal and that he had answered them (*Matnos Kehunah*, followed by *Eitz Yosef*). Although this is far-fetched, and either way the Baal would not have responded with fire, God made sure that they would have no argument whatsoever (see *Yefeh To'ar, Maharzu*, and *Imrei Yosher*).

144. If God took great care in the days of Elijah that no one make the mistake that there are other gods besides Him, even though [the Jewish people had already accepted the belief in God many generations prior, and] only the wicked worshiped the Baal, surely at Mount Sinai, when God was initially presenting Himself to the Jewish people, He would be so careful (*Maharzu*).

145. The silence of the world lent credence to God's declaration of exclusive Divinity. And our *Amos* verse supports this idea when it states, *The Lord HASHEM has spoken; [every creation] whatsoever would not speak* (*Eitz Yosef*, beginning of section). See Insight Ⓐ.

INSIGHTS

Ⓐ **A Sound in the Stillness** The first of the Ten Commandments, אָנֹכִי ה' אֱלֹהֶיךָ, *I am HASHEM your God,* proclaimed the Oneness and Unity of the Creator, and revealed to the world that אֵין עוֹד מִלְבַדּוֹ, *there is none besides Him* (*Deuteronomy* 4:35).

Man finds it difficult to assimilate this idea. One perceives the events of the world — its motion, its wonders, the moon and the tides, the arc of human history — as a system of natural forces, a series of linked events, gears meshing, wheels turning, without oversight or interference, to produce the stuff of life. If asked, men are swift to proclaim their belief in the Creator, but in the search for understanding, Man all too often turns his gaze to the science of cause-and-effect, of physical circumstance, turning a blind eye to the miraculous and sublime. In fact, God is Master of all. He breathes life into the world each moment, and all that transpires is the work of His Hand. But His handiwork is not easily apprehended. The mundanities of daily existence befog Man's vision, and obscure the presence of the Divine in every corner of Creation.

When God revealed Himself at Sinai, He planted the sure knowledge of His all-encompassing Unity deep in the hearts of His chosen people, when He proclaimed before the world: *I am HASHEM your God.* At that crucial moment, had the forces of nature been granted the slightest power, had Israel been distracted by even the smallest manifestation of the separateness of God's Creation, had they heard a single sound amidst the silence, Israel could not have properly received the message of *I am HASHEM.* The seed would not have taken root, it could produce no tree, the tree no fruit. To ensure that His meaning would be understood, God stilled the world. All creatures fell silent, the great wheel of the Heavens stood motionless, stopped in mid-revolution, the world momentarily undone, returned to the null state it occupied at the onset of Creation, of תֹּהוּ וָבֹהוּ, *desolation and emptiness* (see *Genesis* 1:2). Silence reigned, the fog lifted, the reality of the world was held in abeyance. Only then could the Presence of God be clearly seen, and His voice clearly heard, as He declared His Unity before His people, with the ringing proclamation of אָנֹכִי ה' אֱלֹהֶיךָ, *I am HASHEM your God!* In that moment of silence, the veils of Creation were swept away, allowing Man to comprehend the deepest truth of existence: אֵין עוֹד מִלְבַדּוֹ, *there is none besides Him.*

The inattention of Man, one's inability to hear the Word of God, operates also at a less-exalted level. At the end of Jacob's life, he obtained from Joseph a promise to bury him (Jacob) in the land of Canaan. In the course of their exchange, Jacob excused himself for having buried Joseph's mother Rachel on the road to Bethlehem, rather than bringing her body to the city. He explained that although he could easily have transported her to Bethlehem, for the weather was fine and the city was near, he acted in accordance with the command of God, Who had instructed him to bury Rachel at the side of the road (see *Rashi, Genesis* 48:7). One might ask: Why did Jacob deem it necessary to mention the weather and his proximity to the city? He should have sufficed by stating simply that this was God's command. The answer is that Jacob knew that a person commonly adopts the conventional wisdom. As long

אֶלָּא הָעוֹלָם שׁוֹתֵק וּמַחֲרִישׁ וְיָצָא הַקּוֹל [כ, ב] "אָנֹכִי ה' אֱלֹהֶיךָ", וְכֵן הוּא אוֹמֵר (דברים ה, יח) יג"אֶת הַדְּבָרִים הָאֵלֶּה דִּבֶּר ה' אֶל כָּל קְהַלְכֶם ... קוֹל גָּדוֹל וְלֹא יָסָף", אָמַר רַבִּי שִׁמְעוֹן בֶּן לָקִישׁ: מַהוּ "וְלֹא יָסָף", אֶלָּא כְּשֶׁאָדָם קוֹרֵא לַחֲבֵירוֹ יֵשׁ לְקוֹלוֹ בַּת קוֹל, וְהַקּוֹל שֶׁהָיָה יוֹצֵא מִפִּי הַקָּדוֹשׁ בָּרוּךְ הוּא לֹא הָיָה לְקוֹלוֹ בַּת קוֹל, וְאִם תָּמֵהַּ אַתָּה עַל זוֹ, הֲרֵי אֵלִיָּהוּ כְּשֶׁבָּא לַכַּרְמֶל כִּנֵּס כָּל הַכּוֹמְרִים וְאָמַר לָהֶם: (מלכים-א יח, כז) "קִרְאוּ בְקוֹל גָּדוֹל כִּי אֱלֹהִים הוּא", מֶה עָשָׂה הַקָּדוֹשׁ בָּרוּךְ הוּא, הִדְמִים כָּל הָעוֹלָם וְהִשְׁתִּיק הָעֶלְיוֹנִים וְהַתַּחְתּוֹנִים, וְהָיָה הָעוֹלָם תּוֹהוּ וָבוֹהוּ כְּאִלּוּ לֹא הָיָה בְּרִיָּה בָּעוֹלָם, שֶׁנֶּאֱמַר (שם שם כט) "אֵין קוֹל וְאֵין עֹנֶה וְאֵין קָשֶׁב", שֶׁאִם יְדַבֵּר הֵם אוֹמְרִים: הַבַּעַל עָנָנוּ, עַל אַחַת כַּמָּה וְכַמָּה כְּשֶׁדִּבֵּר הַקָּדוֹשׁ בָּרוּךְ הוּא עַל סִינַי הִשְׁתִּיק כָּל הָעוֹלָם כְּדֵי שֶׁיֵּדְעוּ הַבְּרִיּוֹת שֶׁאֵין חוּץ מִמֶּנּוּ, וְאָמַר [כ, ב] "אָנֹכִי ה' אֱלֹהֶיךָ", ידוְלֶעָתִיד לָבֹא כְּתִיב (ישעיה נא, יב) "אָנֹכִי אָנֹכִי הוּא מְנַחֶמְכֶם":

עץ יוסף

לא עפפו (יפה תואר): **קול גדול ולא יסף.** פירוש שלא נוסף קול על קול ה', אלא קולו לבד היה בעולם ומפרש לא יסף שלא היה לו בת קול: **בת קול.** שעם הקול נשמע קול קטן כנגדו, ועיין בפרשה הקודמת שדרשו רבי יוחנן ורבי שמעון בן לקיש ולא יסף בעניינים אחרים: **שאם ידבר כו'.** אם היה מדבר שום בריה היו עובדי הבעל אומרים זו היא קול של הבעל והוא ענה אותנו: **ולעתיד לבא כתיב כו'.** כדי לסיים הפרשה במילתא דנחמתא הביא מעין אנכי דעסיק ביה אנכי אנכי הוא מנחמכם:

פירוש מהרז"ו

שותק ומחריש. לשמוע ולקבל. וקודם שדיבר רעשו על ביאתו, ובשעת הדיבור שתקו: **אמר רבי שמעון בן לקיש.** עיין לעיל סוף פרשה כ"ח, וכן צריך להגיה כאן, שאגב דברי רבנן, הביא גם דברי ריש לקיש: **לא היה לקולו בת קול.** שלא יאמרו שני קולות היו שם, וזהו ולא יסף שלא היה שם שום קול אחר, אלא דממה ושתיקה מכל הברואים, מטעם זה עצמו: **כנס כל הכומרים.** כמו שכתוב מלכים א' י"ח פסוק י"ט נביאי הבעל ארבע מאות וחמשים ונביאי האשרה ארבע מאות, וכן בפסוק כ"ב ונביאי הבעל ארבע מאות וחמשים איש: **ואין קול ואין עונה ואין קשב.** ואם הכוונה רק על הבעל שלא ענה, היה די שיאמר ולא ענה, ועוד שהרי הענייה היה רק נתינת האש, וכמו שאמר אליהו בפסוק כ"ד, אשר יענה באש הוא אלהים, והיה די שיאמר ולא ענה באש, וקול מאי בעי לבעל, אלא על כרחך פירושו שלא היה שום קול ושום עונה ושום קשב, בין כל הברואים, אלא דממה בעולם כולו: **הם אומרים הבעל עננו.** אף שלא יהיה המענה במקום זה רק במקום אחר, יעלילו לאמר שדברי הבעל הוא, ודרכו לענות במקום שרוצה הוא, ולא במקום שקוראים לו, כי מי יגמור בעדו, ועל כן הוצרך להשתיק כל העולם כולו, להוציא מלבם. והדברים קל וחומר ומה אגל דורו של אליהו, שכבר הוזהרו על עבודת הבעל, וקבלו כבר ולא עבדוהו אלא הרשעים, הוצרך להוציא מלבם על ידי שתיקת כל העולם, על אחת כמה וכמה בשעת מתן תורה, שרצה עתה להשריש בלבם האמונה של אחדות, אחר שהיו שקועים בעבודת כוכבים, שהיה צריך להשתיק כל העולם, להוציא מלבם: **אנכי אנכי הוא מנחמכם.** בא לסיים בנחמה, על שקבלו דיבור אנכי, יזכו לנחמה כפולה לעתיד, אמן כן יהי רצון:

מתנות כהונה

ולא יסף. בשעה שיצא אותו קול לא יסף לצאת עמו עוד קול אחר: **בת קול.** קול הברה: **אבל הקב"ה כו'.** וזהו לא יסף שלא היה שם קול נוסף: **כומרים.** עובדי הבעל: **שאם ידבר כו'.** אם היה מדבר שום בריה היו הכומרים אומרים זהו קול של הבעל והוא ענה אותנו: **אנכי אנכי כו'.** בשביל שקבלתם דבור אנכי אנכי אנחם אתכם:

אשד הנחלים

הדמים כל העולם. כי על ידי פעולת הקסם היו לפעמים שומעים קול מדומה כדרכם, אך ה' ברוך הוא הדמים בכוונה שלא יטעו אחריהם: **שאין חוץ ממנו.** כי אם הכל נובעים מאתו יתברך: **ולעתיד לבא אנכי.** כלומר שיזכו למדרגה כמו שהיה בשעת קבלת התורה, שנתגלה להם במלת אנכי, שזהו מדרגה רמה מאד כמו שבארתי בפרשת שמות (ג, ד):

חידושי הרד"ל

לא היה לקולו בת קול כו'. (ועיין לעיל סוף פרשה כח, ו):

באור מהרי"פ

מפניו וקבלו, ובישראל מיירי קרא, וכן ה' אלהים דבר מי לא ינבא. ולא תקשה מכאן מודעא רבה לאורייתא, כבר תירצו בפרק רבי עקיבא (שבת פח, א), ואמר רבי אבהו מילתא באנפי נפשה היא:

אמרי יושר

ולא יסף כו' בת קול. ההברה הנשמעת אחר הדיבור, להורות אחדות המדבר, לזה לא הביא תנא קמא סברא זו מכל הנזכר בפרשה דלעיל (פרשה כח סוף סימן ו): **שאם ידבר אחד הם אומרים הבעל עננו.** זהו אין קול ואין עונה, כדי שנצדק באמרנו שעל כל פנים אין קשב, אין מי שהקשיב להם, כי לו נשמע קול הברה יכזבו ויאמרו הבעל עננו, על אחת כמה וכמה בתחלת כל שלא היה שם מדע אמוני, ועוד בערך כשהקב"ה ואיילותו שהדמים כל הקולות, כל שכן הגורה הפחותה תתבטל מכח החזקה, והאדרת תימה והלא הכיוון הוא עניה באש ומה לי אם ידבר. יש לומר שיכולים לומר שבדבור זה התגלל הבעל לומר כי דרך לו וטרוד, ובזה מובן הקל וחומר שעשה:

מסורת המדרש

יג. עיין ספרי סדר נשא פיסקא כ"ח. ובילקוט נשא רמז תשי"ח:

יד. עיין פסיקתא דרב כהנא פיסקא י"ט. ובפסיקתא רבתי פיסקא כ"א סימן ט"ו. ופיסקא ל"ג סימן ח'. ילקוט ישעיה רמז של"ו:

אם למקרא

אֶת הַדְּבָרִים הָאֵלֶּה דִּבֶּר ה' אֶל־כָּל קְהַלְכֶם בָּהָר מִתּוֹךְ הָאֵשׁ הֶעָנָן וְהָעֲרָפֶל קוֹל גָּדוֹל וְלֹא יָסָף וַיִּכְתְּבֵם עַל שְׁנֵי לֻחֹת אֲבָנִים וַיִּתְּנֵם אֵלָי: (דברים ה: יח)

וַיְהִי בַצָּהֳרַיִם וַיְהַתֵּל בָּהֶם אֵלִיָּהוּ וַיֹּאמֶר קִרְאוּ בְקוֹל גָּדוֹל כִּי אֱלֹהִים הוּא כִּי שִׂיחַ וְכִי שִׂיג לוֹ וְכִי דֶרֶךְ לוֹ אוּלַי יָשֵׁן הוּא וְיִקָץ: (מלכים-א יח: כז)

וַיְהִי כַּעֲבֹר הַצָּהֳרַיִם וַיִּתְנַבְּאוּ עַד לַעֲלוֹת הַמִּנְחָה וְאֵין קוֹל וְאֵין עֹנֶה וְאֵין קָשֶׁב: (שם שם כט)

אָנֹכִי אָנֹכִי הוּא מְנַחֶמְכֶם מִי אַתְּ וַתִּירְאִי מֵאֱנוֹשׁ יָמוּת וּמִבֶּן אָדָם חָצִיר יִנָּתֵן: (ישעיה נא:יב)

וְלֶעָתִיד לָבֹא כְּתִיב ״אָנֹכִי אָנֹכִי הוּא מְנַחֶמְכֶם״ — **And of the Future era it is written:** ***I, only I, am He Who comforts you*** **(*Isaiah* 51:12).**[147]

The Midrash expounds the word אָנֹכִי (*I am*) to provide a comforting conclusion for our chapter:[146]

NOTES

146. *Maharzu, Eitz Yosef.* See, however, the Insight following the next note.

147. The double אָנֹכִי in the *Isaiah* verse implies: Because you accepted the Commandment of אָנֹכִי (viz., *"I" am HASHEM, your God*), ״אָנֹכִי״ אֲנַחֵם אֶתְכֶם, *"I" will comfort you* (*Matnos Kehunah*). Alternatively, in the merit of accepting the Commandment of אָנֹכִי, you will merit a double consolation, as implied by אָנֹכִי אָנֹכִי (*Maharzu*; cf. *Eshed HaNechalim*). See Insight Ⓐ.

INSIGHTS

as the miraculous can be attributed to the mundane, one turns from the former and embraces the latter. Before Joseph could accept the Word of God regarding the burial of Rachel, the "dust" in which it was shrouded, comprising Man's preconceptions and prejudices, had to first be shaken away. Jacob therefore took pains to state that it was neither distance nor weather that prevented Rachel's burial in Bethlehem. Having thus disabused Joseph of the presumption that his actions were due to natural causes, he could reveal to him the truth, that he had acted by Divine command. Without such preparation, Joseph would not have been able to fully absorb the reality of the Word of God.

The Midrash states: וְאִם תָּמֵהַּ אַתָּה עַל זוֹ, *And if you are amazed by this*, הֲרֵי אֵלִיָּהוּ, *here is [the example of] Elijah.* Simply understood, the Midrash suggests amazement at the stilling of the world. But in fact, this does not constitute cause for amazement! Who would doubt that the Almighty can order all things as He wills? Rather, the amazement foretold by the Midrash is directed at the confusion of Man, at his distraction, which prevents him from hearing the voice of the Creator. The Midrash expresses wonder: Are men truly so befuddled that the sound of a beast, the stirring of the sea, a breath of wind, would render them incapable of discerning the awesome sound of God's speech from atop the mountain? To this the Midrash answers, "Yes!" and supports its position from the incident that occurred with Elijah the prophet on Mount Carmel. Had God not imposed quiet upon the world, rendering it for the moment as though it had never existed, the false prophets of Baal would have claimed credit for the miracle, and the people might have believed them. It is in the nature of the world that Man should not be able to clearly perceive God's Oneness and Unity. As long as an aspect of Creation persists, God's Revelation must perforce be unclear, and Man's vision remain clouded. Only in the silence of heaven and earth can the voice of God finally gain the attention of Man, who for that fleeting moment is granted a clarity of sight, so that he might behold the glory of the Holy One (*Sichos Mussar* §26 in the 5762 edition [*Shemos* תשל״א in the earlier edition]; see also *Ori V'Yishi*, p. 77).

Ⓐ **The "I" of the Storm** *R' Shmuel Yaakov Bornstein* (*Zos LeYaakov* on our verse) sees another aspect to our Midrash's statement that God caused the entire world to be still in order to make clear to all that He is the Only God (see preceding Insight, "A Sound in the Stillness") — an aspect that accounts *conceptually* for the Midrash's closing citation of the verse, אָנֹכִי אָנֹכִי הוּא מְנַחֶמְכֶם, *I, only I, am He Who comforts you.*

Zechariah prophesied regarding the ultimate redemption, וְהָיָה ה׳ לְמֶלֶךְ עַל כָּל הָאָרֶץ בַּיּוֹם הַהוּא יִהְיֶה ה׳ אֶחָד וּשְׁמוֹ אֶחָד, *And Hashem will become King of all the earth; on that day Hashem will be One and His Name will be One* (*Zechariah* 14:9). On which the Gemara (*Pesachim* 50a) asks: Only on *that* day? Is He not One today? The Gemara answers that in this world, upon hearing good tidings one recites the blessing, *Who is good and does good* [הַטּוֹב וְהַמֵּטִיב], whereas upon hearing bad tidings one says, *the true Judge* [דַּיַּין הָאֱמֶת]. On that day, however, in the Future World, all of the blessings will be, *Who is good and does good.*

Tzlach (ad loc.), citing *R' Ephraim Rischer*, Maggid of Brody, explains that the Gemara does not mean merely that only good things will transpire in the Future World, occasioning only the blessing of *Who is good and does good.* Rather, it means also that from the vantage point we will be afforded in the Future World, we will see in retrospect that the "bad" we experienced in *this* world was *also* good. In this world, we do not appreciate the benefits of our suffering and tragedies. Therefore, upon experiencing them, we can recite only the blessing of *the true Judge.* But in the Future World, we will be able to revisit the sufferings we endured in this world, and be able to recite regarding them as well the blessing *Who is good and does good.* [See also *Ramchal* in *Daas Tevunos* §54 and *Derech Hashem* 4:4, who elaborates on this theme.]

God's Oneness is not fully appreciated in this world, where it is difficult to reconcile suffering and tragedy with God's Attributes of Mercy and Kindness. In the Future World, however, we will perceive the goodness of *all* that God has done. "On *that* day Hashem will be One."

Zos LeYaakov explains that our nation was afforded a flash of this future clarity at the time of the Giving of the Torah. As the Midrash states earlier, a human king cannot be both a fierce "wager of war" and a compassionate "teacher of children." But the One God is different (see above, 28 §5). In Him these opposites are not a contradiction. In Him all is good. This too was seen in the absolute stillness that prevailed at the Giving of the Torah. In that stillness, the words *I am HASHEM your God* thundered to the world, and the world clearly perceived that nothing in existence transpired outside of God's Providence. ״אָנֹכִי ה׳ אֱלֹהֶיךָ״ — *I HASHEM* (ה׳, signifying the Attribute of Mercy) *am your God* (אֱלֹהִים, signifying the Attribute of Strict Justice). The mercy of ה׳ is the fundamental core of the strict justice of אֱלֹהֶיךָ.

And it is this אָנֹכִי, this "I," the Midrash here concludes, that will be revealed again at that great culmination of history, when we will be privileged to behold the fulfillment of the great prophecy: אָנֹכִי אָנֹכִי הוּא מְנַחֶמְכֶם, *I, only I, am He Who comforts you* (*Isaiah* 51:12). For the root meaning of the word נֶחָמָה is "a change of thought" (see *Rashi* on *Genesis* 6:6). The truest נֶחָמָה, the truest consolation, is that which changes the negative thoughts, that which transforms the perspective of what we have perceived as suffering into an appreciation of God's absolute goodness. It is that transformation that we will perceive when the Only True Comforter will console — as only He can — the mourners of Zion and Jerusalem.

And thus we bless those who mourn their own tragedies in this world: הַמָּקוֹם יְנַחֵם אֶתְכֶם בְּתוֹךְ שְׁאָר אֲבֵלֵי צִיּוֹן וִירוּשָׁלָיִם, *May God console you among the other mourners of Zion and Jerusalem.* May He reveal to you in your personal sorrow a measure of that transformative appreciation of His utter goodness that He will one day reveal to all who mourn Zion and Jerusalem.

אֶלָּא הָעוֹלָם שׁוֹתֵק וּמַחֲרִישׁ וְיָצָא הַקּוֹל [כ, ב] **"אָנֹכִי ה' אֱלֹהֶיךָ", וְכֵן הוּא אוֹמֵר** (דברים ה, יח) [יג] **"אֶת הַדְּבָרִים הָאֵלֶּה דִּבֶּר ה' אֶל כָּל קְהַלְכֶם ... קוֹל גָּדוֹל וְלֹא יָסָף", אָמַר רַבִּי שִׁמְעוֹן בֶּן לָקִישׁ: מַהוּ "וְלֹא יָסָף", אֶלָּא כְּשֶׁאָדָם קוֹרֵא לַחֲבֵירוֹ יֵשׁ לְקוֹלוֹ בַּת קוֹל, וְהַקּוֹל שֶׁהָיָה יוֹצֵא מִפִּי הַקָּדוֹשׁ בָּרוּךְ הוּא לֹא הָיָה לְקוֹלוֹ בַּת קוֹל, וְאִם תָּמֵהַּ אַתָּה עַל זוֹ, הֲרֵי אֵלִיָּהוּ כְּשֶׁבָּא לַכַּרְמֶל כִּנֵּס כָּל הַכּוֹמְרִים וְאָמַר לָהֶם:** (מלכים-א יח, כז) **"קִרְאוּ בְקוֹל גָּדוֹל כִּי אֱלֹהִים הוּא", מֶה עָשָׂה הַקָּדוֹשׁ בָּרוּךְ הוּא, הִדְמִים כָּל הָעוֹלָם וְהִשְׁתִּיק הָעֶלְיוֹנִים וְהַתַּחְתּוֹנִים, וְהָיָה הָעוֹלָם תּוֹהוּ וָבוֹהוּ כְּאִלּוּ לֹא הָיָה בְּרִיָּה בָּעוֹלָם, שֶׁנֶּאֱמַר** (שם שם כט) **"אֵין קוֹל וְאֵין עֹנֶה וְאֵין קָשֶׁב", שֶׁאִם יְדַבֵּר הֵם אוֹמְרִים: הַבַּעַל עֲנָנוּ, עַל אַחַת כַּמָּה וְכַמָּה כְּשֶׁדִּבֵּר הַקָּדוֹשׁ בָּרוּךְ הוּא עַל סִינַי הִשְׁתִּיק כָּל הָעוֹלָם כְּדֵי שֶׁיֵּדְעוּ הַבְּרִיּוֹת שֶׁאֵין חוּץ מִמֶּנּוּ, וְאָמַר** [כ, ב] **"אָנֹכִי ה' אֱלֹהֶיךָ", [יד] "וּלְעָתִיד לָבֹא כְּתִיב** (ישעיה נא, יב) **"אָנֹכִי אָנֹכִי הוּא מְנַחֶמְכֶם":**

עץ יוסף

לא עפפו (יפה תואר): **קול גדול ולא יסף.** פירוש שלא נוסף קול על קול ה', אלא קולו לבד היה בעולם ומפרש לא יסף שלא היה לו בת קול: **בת קול.** שעם הקול נשמע קול קטן כנגדו, ועיין בפרשה הקודמת שדרשו רבי יוחנן ורבי שמעון בן לקיש ולא יסף בעניינים אחרים: **שאם ידבר כו'.** אם היה מדבר שום בריה היו עובדי הבעל אומרים זו היא קול של הבעל והוא ענה אותנו: **ולעתיד לבא כתיב כו'.** כדי לסיים הפרשה במילתא דנחמתא הביא מעין אנכי דעסיק ביה אנכי אנכי הוא מנחמכם:

פירוש מהרז"ו

שותק ומחריש. לשמוע ולקבל. וקודם שדיבר רעשו על ביאתו, ובשעת הדיבור שתקו: **אמר רבי שמעון בן לקיש.** עיין לעיל סוף פרשה כ"ח, וכן צריך להגיה כאן, שאגב דברי רבנן, הביא גם דברי ריש לקיש: **לא היה לקולו בת קול.** שלא יאמרו שני קולות היו שם, וזהו ולא יסף שלא היה שם שום קול אחר, אלא דממה ושתיקה מכל הברואים, מטעם זה עצמו: **כנס כל הכומרים.** כמו שכתוב מלכים א' י"ח פסוק י"ט נביאי הבעל ארבע מאות וחמשים ונביאי האשרה ארבע מאות, וכן בפסוק כ"ב ונביאי הבעל ארבע מאות וחמשים איש: **ואין קול ואין עונה ואין קשב.** ואם הכוונה רק על הבעל שלא ענה, היה די שיאמר ולא ענה, ועוד שהרי העניה היה רק נתינת האש, וכמו שאמר אליהו בפסוק כ"ד, אשר יענה באש הוא אלהים, והיה די שיאמר ולא ענה באש, וקול מאי בעי לבעל, אלא על כרחך פירושו שלא היה שום קול ושום עונה ושום קשב, בין כל הברואים, אלא דממה בעולם כולו: **הם אומרים הבעל עננו.** אף שלא יהיה המענה במקום זה רק במקום אחר, יעלילו לאמר שדברי הבעל הוא, ודרכו לענות במקום שרוצה הוא, ולא במקום שקוראים לו, כי מי יגמור בעדו, ועל כן הוצרך להשתיק כל העולם כולו, להוציא מלבם. והדברים קל וחומר ומה אגל דורו של אליהו, שכבר הוזהרו על עבודת הבעל, וקבלו כבר ולא עבדוהו אלא הרשעים, הוצרך להוציא מלבם על ידי שתיקת כל העולם, על אחת כמה וכמה בשעת מתן תורה, שרצה עתה להשריש בלבם האמונה של אחדות, אחר שהיו שקועים בעבודת כוכבים, שהיה צריך להשתיק כל העולם, להוציא מלבם: **אנכי אנכי הוא מנחמכם.** בא לסיים בנחמה, על שקבלו דיבור אנכי, יזכו לנחמה כפולה לעתיד, אמן כן יהי רצון:

חידושי הרד"ל

לא היה לקולו בת קול כו'. (עיין לעיל סוף פרשה כח, ו):

באור מהרי"פ

מפניו וקבלו, ובישראל מיירי קרא, וכן ה' אלהים דבר מי לא ינבא. ולא תקשה מכאן מודעא רבה לאורייתא, כבר תירצו בפרק רבי עקיבא (שבת פח, א), ואמר רבי אבהו מילתא באנפי נפשה היא:

אמרי יושר

ולא יסף כו' בת קול. ההברה הנשמעת אחר הדיבור, להורות אחדות המדבר, לזה לא הביא תנא קמא סברא זו מכל הנזכר בפרשה דלעיל (פרשה כח סוף סימן ו): **שאם ידבר אחד הם אומרים הבעל עננו.** זהו אין קול ואין עונה, כדי שנצדק באמרנו שעל כל פנים אין קשב, אין מי שהקשיב להם, כי לו נשמע קול הברה יכזבו ויאמרו הבעל עננו, על אחת כמה וכמה בתחלת כל שלא היה שם מדע אמוניי, ועוד בערך כשהקב"ה ואיילותו שהדמים כל הקולות, כל שכן הנורה הפחותה תתבטל מכח החזקה, והאדרת תימה והלא הכיוון הוא ענייה באש ומה לי אם ידבר. יש לומר שיכולים לומר שבדבור זה התגלל הבעל לומר כי דרך לו וטרוד, ובזה מובן הקל וחומר שעשה:

מסורת המדרש

יג. עיין ספרי סדר נשא פיסקא כ"ח. ובילקוט נשא רמז תשי"ח:

יד. עיין פסיקתא דרב כהנא פיסקא י"ט. ובפסיקתא רבתי פיסקא כ"א סימן ט"ו. ופיסקא ל"ג סימן ח'. ילקוט ישעיה רמז של"ו:

אם למקרא

אֶת הַדְּבָרִים הָאֵלֶּה דִּבֶּר ה' אֶל־כָּל קְהַלְכֶם בָּהָר מִתּוֹךְ הָאֵשׁ הֶעָנָן וְהָעֲרָפֶל קוֹל גָּדוֹל וְלֹא יָסָף וַיִּכְתְּבֵם עַל שְׁנֵי לֻחֹת אֲבָנִים וַיִּתְּנֵם אֵלָי:
(דברים ה: יח)

וַיְהִי בַצָּהֳרַיִם וַיְהַתֵּל בָּהֶם אֵלִיָּהוּ וַיֹּאמֶר קִרְאוּ בְקוֹל גָּדוֹל כִּי אֱלֹהִים הוּא כִּי שִׂיחַ וְכִי שִׂיג לוֹ וְכִי דֶרֶךְ לוֹ אוּלַי יָשֵׁן הוּא וְיִקָץ:
(מלכים־א יח: כז)

וַיְהִי כַּעֲבֹר הַצָּהֳרַיִם וַיִּתְנַבְּאוּ עַד לַעֲלוֹת הַמִּנְחָה וְאֵין קוֹל וְאֵין עֹנֶה וְאֵין קָשֶׁב:
(שם שם כט)

אָנֹכִי אָנֹכִי הוּא מְנַחֶמְכֶם מִי אַתְּ וַתִּירְאִי מֵאֱנוֹשׁ יָמוּת וּמִבֶּן אָדָם חָצִיר יִנָּתֵן:
(ישעיה נא:יב)

מתנות כהונה

ולא יסף. בשעה שילא אותו קול לא יסף לנאת עמו עוד קול אחר: **בת קול.** קול הברה: **אבל הקב"ה כו'.** וזהו לא יסף שלא היה שם קול נוסף: **כומרים.** עובדי הבעל: **שאם ידבר כו'.** אם היה מדבר שום בריה היו הכומרים אומרים זהו קול של הבעל והוא ענה אותנו: **אנכי אנכי כו'.** בשביל שקבלתם דבור אנכי אנכי אנחם אתכם:

אשד הנחלים

הדמים כל העולם. כי על ידי פעולת הקסם היו לפעמים שומעים קול מדומה כדרכם, אך ה' ברוך הוא הדמים בכוונה שלא יטעו אחריהם: **שאין חוץ ממנו.** כי אם הכל נובעים מאתו יתברך: **ולעתיד לבא אנכי.** כלומר שיזכו למדרגה כמו שהיה בשעת קבלת התורה, שנתגלה להם במלת אנכי, שזהו מדרגה רמה מאד כמו שבארתי בפרשת שמות (ג, ד):

משפטים

MISHPATIM

Chapter 30

וְאֵלֶּה הַמִּשְׁפָּטִים אֲשֶׁר תָּשִׂים לִפְנֵיהֶם.

And these are the ordinances that you shall place before them (21:1).

§1 **וְאֵלֶּה הַמִּשְׁפָּטִים** — *AND THESE ARE THE ORDINANCES.*

The Midrash opens its discussion of the Torah's monetary laws ("ordinances") by citing a verse from *Psalms*, to which it gives several interpretations, the last of which is relevant to our passage in *Exodus*:

הֲדָא הוּא דִכְתִיב "וְעֹז מֶלֶךְ מִשְׁפָּט אָהֵב" — **This is** to be understood in light of **what is written,** *HASHEM has reigned: Let peoples tremble . . . Let them acknowledge Your great and awesome Name . . .* ***the might of the King,***[1] ***He loves justice.*** *You founded fairness. Justice and righteousness for Jacob You have made* (*Psalms* 99:1-4). אֵימָתַי נִתַּן הָעוֹז לְהַקָּדוֹשׁ בָּרוּךְ הוּא — What is the connection between the two consecutive phrases, *the might of the King* and *He loves justice?* The verse means to say: **When is the** attribute of **might ascribed** by people solely **to the Holy One, blessed is He?** בְּשָׁעָה שֶׁהוּא עוֹשֶׂה אֶת הַדִּין בָּאוּמּוֹת — **At a time when He implements judgment against the** idolatrous **nations.**[2] שֶׁכֵּן אַתָּה מוֹצֵא בִּנְבוּכַדְנֶצַּר הָרָשָׁע — **For so you find with regard to the wicked Nebuchadnezzar,** עַל יְדֵי שֶׁנִּתְגָּאָה וְאָמַר — who, **because he became arrogant and said,** "הֲלָא דָא הִיא בָּבֶל רַבְּתָא וְגוֹ׳" — ***"Behold, this is the great Babylon,*** *which I have built up into a royal seat with my powerful strength for the honor of my splendor!"* (*Daniel* 4:27), אָמַר לוֹ הַקָּדוֹשׁ בָּרוּךְ הוּא: רָשָׁע, לֵיחָה סְרוּחָה — **the Holy One, blessed is He, said to him** in response,[3] **"Wicked one,** who originated as a **putrid secretion!**[4] נִתְגָּאֵיתָ וְאָמַרְתָּ "בִּתְקַף חִסְנִי וְלִיקָר הַדְרִי" — **You became arrogant and you said** that you built Babylon ***'with my powerful strength for the honor of my splendor,'*** וְאֵין אַתָּה יוֹדֵעַ שֶׁהַכֹּל שֶׁלִּי — **and you do not recognize that all is Mine.** הַגְּדוּלָּה שֶׁלִּי — **The greatness** that you possess **is Mine**[5] וְהַחֹסֶן שֶׁלִּי — **and the strength** that you possess **is Mine!** הַכָּבוֹד שֶׁלִּי — **The honor** that you possess **is Mine** וְהֶהָדָר שֶׁלִּי — **and the splendor** that you possess **is Mine!"**[6] וְכֵן דָּוִד אוֹמֵר — **And so did** King **David say,** "לְךָ ה׳ הַגְּדֻלָּה וְהַגְּבוּרָה וְהַתִּפְאֶרֶת" — ***Yours, HASHEM, is the greatness, the strength, the splendor,*** *the triumph and the glory* (*I Chronicles* 29:11).[7] וְאוֹמֵר — **And [Scripture] states** elsewhere as well, "ה׳ אֱלֹהַי גָּדַלְתָּ מְאֹד" — ***HASHEM, my God, You are very great;*** *You have donned glory and majesty* (*Psalms* 104:1). אָמַר הַקָּדוֹשׁ בָּרוּךְ הוּא לִנְבוּכַדְנֶצַּר — Thus, **the Holy One, blessed is He, said to Nebuchadnezzar,** מְעַט מַלְכוּת שֶׁנִּתְּנָה לְךָ מִשֶּׁלִּי הוּא — **"The limited dominion that was given to you is** all a gift **from Me!"** וְכֵן דָּנִיֵּאל אוֹמֵר לוֹ — **And Daniel said similarly to [Nebuchadnezzar],** "דִּי אֱלָהּ שְׁמַיָּא מַלְכוּתָא חִסְנָא וְתָקְפָּא וִיקָרָא יְהַב לָךְ" — *You, O king —* ***to whom . . . the God of Heaven, has given a strong kingdom, power, and honor*** (*Daniel* 2:37). וְאַתָּה אָמַרְתָּ — **"And** yet," God continued in his reprimand of Nebuchadnezzar, **"you** take credit for your success and **say,** "בִּתְקַף חִסְנִי וִיקָר הַדְרִי" — ***'with my powerful strength for the honor of my splendor'!?"***[8] הֲוֵי "וְעֹז מֶלֶךְ מִשְׁפָּט אָהֵב" — **Thus,** we have explained the verse, ***the might of the King, He loves justice.***[9]

The Midrash presents an alternative exposition of the verse, *the might of the King, He loves justice:*[10]

הָעוֹז שֶׁל מֶלֶךְ מַלְכֵי הַמְּלָכִים הַקָּדוֹשׁ בָּרוּךְ הוּא — All **the might belongs to the King of kings, the Holy One, blessed is He,** וְהוּא אוֹהֵב אֶת הַמִּשְׁפָּט — **and** yet **He loves justice.**[11] וּנְתָנוֹ לְיִשְׂרָאֵל שֶׁהֵם אוֹהֲבָיו — **And He gave [this justice] to Israel** — as indicated in the continuation of the verse, *justice and righteousness for Jacob You have made*[12] — **because they are His beloved ones.**[13] וּמַה שֶּׁכָּתוּב "אַתָּה כּוֹנַנְתָּ מֵישָׁרִים" — **And what is** the meaning of **that** phrase **which is written** in that verse, ***You founded fairness?***[14] אַתָּה כּוֹנַנְתָּ יְשָׁרוּת לְאוֹהֲבֶיךָ — It means: **You,** God, **founded** (established) **fairness for Your loved ones** (i.e., Israel). שֶׁעַל יְדֵי הַמִּשְׁפָּטִים שֶׁנָּתַתָּ לָהֶם — **For by virtue of the monetary laws that You gave them,** עוֹשִׂים מְרִיבָה זֶה עִם זֶה — even **when they have a conflict with each other,** וּבָאִין לִידֵי מִשְׁפָּט וְהֵם עוֹשִׂין שָׁלוֹם — **they come to** a court of **justice and** thereby **make peace** between themselves.[15]

NOTES

1. I.e., let them also acknowledge the might of the King (*Rashi* ad loc.).

2. When He exacts punishment from them for their sins, the other nations recognize and praise the might of God. Thus, *the might of the King* (God) is acknowledged by all when He executes judgments (when *He loves justice*).

3. The following verse (*Daniel* 4:28) states, *While the words were still in the king's mouth, a voice fell from heaven, "To you, King Nebuchadnezzar, we say, 'The kingdom has departed from you! We are driving you from mankind, etc.' "* The Midrash elaborates on why God became so angry over Nebuchadnezzar's declaration.

4. I.e., a drop of semen (see *Avos* 3:1).

5. Although Nebuchadnezzar did not explicitly refer to his own "greatness," it was implicit in his bragging about the greatness of the city that he built (*Yefeh To'ar*). Alternatively: *Rashash* emends the reading from גְּדוּלָּה (*greatness*), to גְּבוּרָה (*strength*), corresponding to the Aramaic word תְּקַף (*powerful*), which Nebuchadnezzar did use.

6. Nebuchadnezzar had declared his many successes to be a result of his own efforts, or at least of his own good fortune. God thus told him that greatness, splendor, etc., are His, and that He had merely granted Nebuchadnezzar a measure of this Divine greatness (*Yefeh To'ar, Eitz Yosef*).

7. I.e., any greatness or glory a human may have is only because God has granted these gifts to him. This sentiment is made clear in the ensuing verses in that passage: *For everything is from You, and from Your hand have we given to You* (ibid., v. 14); *HASHEM, our God, all this vast amount that we have prepared to build You a Temple for Your holy Name is from Your own hand, for everything is Yours* (ibid., v. 16).

In citing this verse, the Midrash repudiates all four of Nebuchadnezzar's instances of self-aggrandizement. Whereas Nebuchadnezzar attributed greatness, strength, glory, and splendor to himself, King David attributes them all to God (*Eitz Yosef*).

8. And thereupon He punished him by depriving him of his kingdom and of his human sense (see above, note 3, and *Daniel* ibid.).

9. After Nebuchadnezzar had regained his human sense he praised God, proclaiming, *Now, I, Nebuchadnezzar, praise, extol, and glorify the King of Heaven, whose actions are all in truth, and Whose paths are in justice, and Who is able to humble those who walk proudly!* (*Daniel* 4:34). Thus, the phrase, *let them acknowledge . . . the might of the King, He loves justice*, means that when He carries out *justice* (or judgments) against powerful leaders, all come to *acknowledge* His *might* (*Yefeh To'ar, Eitz Yosef*).

10. For what follows is not a continuation of the preceding interpretation, but a new one (*Yefeh To'ar, Eitz Yosef;* indeed, *Rashash* emends the text to state explicitly דָּבָר אַחֵר, וְעֹז מֶלֶךְ מִשְׁפָּט אָהֵב).

11. Unlike man, who when accorded great power will often abuse his might and act unjustly in forcing his will upon others (ibid., *Maharzu*, citing *Tanchuma* §1).

12. *Yefeh To'ar, Eitz Yosef.*

13. The verse is thus saying that God, Who loves justice, gave Israel monetary laws as well (as enumerated in our passage here in *Exodus*), through which they themselves could live in justice.

14. As the end of the *Psalms* verse (*justice and righteousness for Jacob You have made*) has been linked to the beginning of the verse (*the mighty of the king, He loves justice*), the Midrash now explains the intervening clause (*You founded fairness*) between those two phrases.

15. I.e., the fairness of the judgments that are rendered when following

סֵדֶר וְאֵלֶּה הַמִּשְׁפָּטִים

פרשה ל

א [כא, א] **"וְאֵלֶּה הַמִּשְׁפָּטִים", הָדָא הוּא דִכְתִיב** (תהלים צט, ד) **"וְעֹז מֶלֶךְ מִשְׁפָּט אָהֵב", אֵימָתַי נִתַּן הָעוֹז לְהַקָּדוֹשׁ בָּרוּךְ הוּא, בְּשָׁעָה שֶׁהוּא עוֹשֶׂה אֶת הַדִּין °בְּעוֹבְדֵי כוֹכָבִים°, שֶׁכֵּן אַתָּה מוֹצֵא בִּנְבוּכַדְנֶצַּר הָרָשָׁע, עַל יְדֵי שֶׁנִּתְגָּאָה וְאָמַר** (דניאל ד, כז) **"הֲלָא דָא הִיא בָּבֶל רַבְּתָא וְגוֹ'", אָמַר לוֹ הַקָּדוֹשׁ בָּרוּךְ הוּא: רָשָׁע, לֵיחָה סְרוּחָה, נִתְגָּאִיתָ וְאָמַרְתָּ** (שם) **"בִּתְקָף חִסְנִי וְלִיקָר הַדְרִי", וְאֵין אַתָּה יוֹדֵעַ שֶׁהַכֹּל שֶׁלִּי, הַגְּדוּלָּה שֶׁלִּי וְהַחֹסֶן שֶׁלִּי, הַכָּבוֹד שֶׁלִּי וְהֶהָדָר שֶׁלִּי, וְכֵן דָּוִד אוֹמֵר** (דברי הימים-א כט, יא) **"לְךָ ה' הַגְּדֻלָּה וְהַגְּבוּרָה וְהַתִּפְאֶרֶת", וְאוֹמֵר** (תהלים קד, א) **"ה' אֱלֹהַי גָּדַלְתָּ מְּאֹד", אָמַר הַקָּדוֹשׁ בָּרוּךְ הוּא לִנְבוּכַדְנֶצַּר: מְעַט מַלְכוּת שֶׁנִּתְּנָה לְךָ מִשֶּׁלִּי הוּא, וְכֵן דָּנִיֵּאל אוֹמֵר לוֹ** (דניאל ב, לז) **"דִּי אֱלָהּ שְׁמַיָּא מַלְכוּתָא חִסְנָא וְתָקְפָּא וִיקָרָא יְהַב לָךְ", וְאַתָּה אָמַרְתָּ "בִּתְקָף חִסְנִי וִיקָר הַדְרִי", הֱוֵי** (תהלים צט, ד) **"וְעֹז מֶלֶךְ מִשְׁפָּט אָהֵב", הָעוֹז שֶׁל מֶלֶךְ מַלְכֵי הַמְּלָכִים הַקָּדוֹשׁ בָּרוּךְ הוּא, וְהוּא אוֹהֵב אֶת הַמִּשְׁפָּט וּנְתָנוֹ לְיִשְׂרָאֵל שֶׁהֵם אוֹהֲבָיו, וּמַה שֶּׁכָּתוּב** (שם) **"אַתָּה כּוֹנַנְתָּ מֵישָׁרִים", אַתָּה כּוֹנַנְתָּ יַשְׁרוּת לְאוֹהֲבֶיךָ, שֶׁעַל יְדֵי הַמִּשְׁפָּטִים שֶׁנָּתַתָּ לָהֶם הֵם עוֹשִׂים מְרִיבָה זֶה עִם זֶה וּבָאִין לִידֵי מִשְׁפָּט וְהֵם עוֹשִׂין שָׁלוֹם, אָמְרוּ יִשְׂרָאֵל לִפְנֵי הַקָּדוֹשׁ בָּרוּךְ הוּא: רִבּוֹן הָעוֹלָם, עַד מָתַי אִי אַתָּה עוֹשֶׂה דִּין °בְּעוֹבְדֵי כוֹכָבִים°,**

(א) **הדא הוא דכתיב ועוז מלך כו'.** מייתי תוכחת מוסר, מעוז מלך משפט אהב, שאחר שהקדוש ברוך הוא שהכח בידו אוהב משפט, ואינו עובר על הדין, מכל שכן ישראל שאין להם לעבור על הדין: **אימתי ניתן העוז כו'.** מפרש שמדבר בהקדוש ברוך הוא הוא שיוכר בו עוזו וגבורתו, במה שעושה המשפט ברשעים הגבורים, וכי אז יודו כל העולם שרק לו העוז והגבורה, ולא לבשר ודם, ומלך זה הקדוש ברוך הוא: **שהכל שלי כי אני נותן הכל לאדם.** ולא כמו שחשב נבוכדנצר כי בכח ידו עשה, או שמזלו גרם, ועל כן נתגאה: **ואומר ה' אלהי כו' הקדים פסוק לך ה' הגדולה כו'.** לפי שבו מפורש כל ארבעה דברים שאמר נבוכדנצר, הגדולה נגד בתקף, והגבורה נגד חסני, והתפארת נגד יקר, והנצח וההוד נגד הדרי: **העוז של מלך מלכי המלכים הקדוש ברוך הוא והוא אוהב את המשפט.** הוא כמו דבר אחר, שאף על פי שהעוז של הקדוש ברוך הוא, מכל מקום אוהב את המשפט, ומה שאמר ונתנו לישראל, רומז לסוף המקרא משפט וצדקה ביעקב אתה עשית, רוצה לומר שגם המה יאהבו לעשות משפט צדק, ולפי פירוש זה מחובר סוף הכתוב לראשיתו, על כן שואל, ומה שכתוב אתה כוננת משרים, רוצה לומר למה הפסיק בין הדבקים, והשיב שגם זה הוא מענין המשפט, ופירש אתה כוננת מישרים, אתה כוננת ישרות לאוהביך, שעל ידי המשפטים שנתת להם כשהם (כן צריך לומר כשהם) עושים מריבה זה עם זה, ובאים לידי משפט הם (כן צריך לומר הם) עושים שלום, ובזה יסובב גם כן שהיושר עומד על כנו ובסיסו: **הם עושים שלום.** כי משפטי ה' מביאים אל השלום, כמו שנאמר וגם כל העם הזה על מקומו יבא בשלום: **אמרו ישראל כו' רבון העולם כו'.** מפרש הכא באופן אחר, ועוז מלך עם היות שהעוז והגבורה ביד ה' לכלות המכעיסי השם כרגע, אף על פי כן הוא מאריך להם, לפי שמשפט אהב, והיינו כל זמן שלא נתמלא סאתם אינו רוצה להעביר את הדין, וזהו משפט וצדקה ביעקב אתה עשית, כלומר שעושה המשפט ביעקב שאינו פודאם מהגלות, והצדקה עושה עם העכו"ם שמאריך להם:

(א) **בבל רבתא.** [סיפיה דקרא] די [אנה] בניתא לבית מלכו בתקוף חסני וליקר הדרי. ומה שכתב וההדר שלי, הוא בפסוק ה' אלהי גדלת מאד הוד והדר לבשת. ומאחר שכתוב בסיפא דקרא של ועוז מלך משפט, וצדקה ביעקב אתה עשית, דייק דרישא דקרא אתה כוננת מישרים, כמו שכתוב ידין לאומים במישרים. ומה שכתב וכן דוד אמר, טעות סופר וצריך לומר וכן דוד אומר, וסיום הדרשה חסר, וסמך המדרש על המפורש שם בכתוב, שיעשה בו הדין עד שהודה (פסוק לד) ואמר, כען אנא וגו' משבח ומרומם ומהדר למלך שמיא, וכן שם (פסוק לא) ולאי עלמא שבחת והדרת וגו': **העוז של הקדוש ברוך הוא.** דבר אחר על הפסוק ועוז מלך, וכמו שכתוב בתנחומא כאן, וזה לשונו כנוהג שבעולם מי שהוא בעל זרוע אינו רוצה לעשות דבריו במשפט, אבל הקב"ה וכו' משפט אהב עכ"ל. וכמו שאמר בסמוך סוף סימן זה: **ונתנו לכל מאמינים בו.** כמו שכתוב פסוק זה, משפט וצדקה ביעקב אתה עשית: **ומה שכתוב.** למה הפסיק במישרים בין משפט למשפט, ודורש שהדבר למוד מעניינו, שגם המישרים פירושו על ידי המשפט: **אמרו ישראל להקדוש ברוך הוא.** בא לדרוש פסוק של ישעיה ביום ההוא כרם חמר וגו' עד או יחזיק במעוזי, כמו שכתב בסוף הסימן, וכנ"ל שאינו מעביר הדין, ואגב דורש פסוקים הקודמים:

מתנות כהונה

[א] **בתקוף חסני** גרסינן. וסיפיה דקרא הלא בבל היא: **הם עושים מריבה.** כשהם עושים מריבה:

אשד הנחלים

[א] **אימתי ניתן העוז כו'.** כלומר שכל זמן שהעובדי כוכבים היו יושבים שלוים ושקטים, היו מייחסים העוז לעצמם, כי שכחו איך כי הכל מיד ה', וכשנתן משפט להענישם, אז הרגישו כי (רק) העוז הניתן להם מתחלה, היה רק מיד ה', וכשרצה השפילם: **מעט מלכות.** כי ניתן לו מלוכה נעלה ממלוכה אנושית, כמאמרם שהשליטו על כל בהמות וחיות, ואין זה מזכותו וכחו כי אם מיד ה': **ונתנו לישראל שהם אוהביו.** ענין המשפט נבדל ממדת הצדק, שצדק מתפשט טובו על כל, אף על הרעים והחייבים, ולכן אם הצדק גובר בעולם אז יתכן שימלאו פני תבל רעה, כי אין עונש נעשה מהרה לעושי רע, והוא הריסת העולם אם יושגח רק בצדק מלמעלה, וכן למטה אצל שופטי ארץ, כמו שכתוב (משלי יד, לד) וחסד לאומים חטאת, כי מביא חסרון גדול בחוק המדינות, אם יתנהג המלך במדת החסד לרוב, ולכן ה' אוהב משפט, כדי שלא יתפשט הרע בעולם, ולכן סידר המשפטים גם כן לישראל, כדי שיתנהגו במדיניות על צד היושר: **הם עושים מריבה כו'.** לכאורה אם לא היה נותן לפניהם משפטים שידעו הדין עם מי, הלא היה מריבה יותר בין העם. ולפי דברינו מבואר, כי הנה אם היה ה' מצוה רק על החסד לעשות רק לפנים משורת הדין, והיה הנעשק שותק להעושק, ואז אין מריבה בפועל, רק קצת שנאה בלב, ולא היו באים לידי שלום, אבל על ידי המשפט, בתחלה מריבים ואחר כך יבואו לידי שלום על ידי הפסק האמיתי, וזהו משפט וצדקה אתה עשית, שעל ידי משפט אז יצמח צדקה, כי הצדקה בעקב השלום כמו שכתוב (תהילים פה, יא) צדק ושלום נשקו: **אי אתה עושה דין בעובדי כוכבים.** לכאורה אין זה שייכות לזאת הפרשה. ואולי מפני שדרשו (גיטין פח, ב) לפניהם ולא לפני עובדי כוכבים, וזהו על דרך פשוטו. ועל צד הרמז מרמז על המשפטים והעונשים שנתן לישראל שיענשו מהר, אך לא כן העובדי כוכבים שממתין להם עד שתתמלא סאתם, ואז יכלו במדת הנקמה לכלה ולהשחית:

חידושי הרד"ל

[א] **וכן דוד אומר כו' גדלת מאד הוד והדר לבשת אמר הקדוש ברוך הוא כו'.** כן צריך לומר: **ואתה אמרת בתקוף חסני כו'.** וכשנעשה בו הדין חזר והודה ונתן העוז להקב"ה, שנאמר (דניאל ד, לב) וכל דיירי ארעא כלא חשיבין וכמצבייה עבד וגו': **ונתנו כו'.** וכמו שכתוב בסיפיה דקרא משפט וצדקה ביעקב אתה עשית: **שהם אוהביו.** נראה שכאן צריך לומר, וכן דוד משבח (תהלים קמז, א) הללויה כי טוב גו' כי נעים וגו' מגיד דבריו ליעקב חקיו ומשפטיו לישראל לא עשה כן וגו', (הכתובה למטה בפרשה ז (סימן ה)): **שנתת להם כשהם עושים מריבה כו'.** כן צריך לומר: **לידי משפט והן עושין שלום.** אפשר רצה לומר על ידי פשרה, וכמו שנאמר בסנהדרין (ו, ב) איזהו משפט שלום זה הבילוע, (והיינו נמי דכתיב כאן משפט וצדקה ביעקב, כדדרשינן שם משפט וצדקה על הבילוע, עיין שם). ובתנחומא מפרש שאפילו היו שונאים

חידושי הרש"ש

[א] **הגדולה שלי.** אולי צריך להיות הגבורה, כי זה אומר נגד בתקוף שאמר נבוכדנאצר, והוא לשון גבורה בארמית: **הוי ועוז מלך משפט אהב דבר אחר ועוז מלך כו' העוז של מלך כו'.** כן נראה דצריך לומר:

אמרי יושר

[א] **העוז של מלך מלאכי המלכים הקדוש ברוך הוא והוא נתן המשפט לבנו ישראל אשר אהב.** ומכח זה יובן שהוא אוהב משפט, אף על פי שבידו היכולת והממשלה, גם יובן גזרה אחרת שחולק מכבודו לאוהבו, כי במשפט מתקלס:

שינוי נוסחאות

(א) **שעל ידי המשפטים שנתת להם הם עושים מריבה זה עם זה.** רד"ל הגיה "... כשהם עושים מריבה...": **שנאמר "מי יתנני שמיר שית במלחמה"** – תיבת "שנאמר" לא היה בשום ספר עד ווארשא (תרל"א) ווילנא (תרמ"ח), וצריך למחקה:

מסורת המדרש

א. מדרש תהלים מזמור צ"ט. תנחומא כאן סימן א'. מכילתא כאן פרשה א'. ילקוט כאן רמז ש"ו. ילקוט תהלים רמז תתנ"ב:

אם למקרא

וְעֹז מֶלֶךְ מִשְׁפָּט אָהֵב אַתָּה כּוֹנַנְתָּ מֵישָׁרִים מִשְׁפָּט וּצְדָקָה בְּיַעֲקֹב אַתָּה עָשִׂיתָ:
(תהלים צט: ד)

עָנֵה מַלְכָּא וְאָמַר הֲלָא דָא הִיא בָּבֶל רַבְּתָא דִּי אֲנָה בֱנַיְתַהּ לְבֵית מַלְכוּ בִּתְקַף חִסְנִי וְלִיקָר הַדְרִי:
(דניאל ד: כז)

לְךָ ה' הַגְּדֻלָּה וְהַגְּבוּרָה וְהַתִּפְאֶרֶת וְהַנֵּצַח וְהַהוֹד כִּי כֹל בַּשָּׁמַיִם וּבָאָרֶץ לְךָ ה' הַמַּמְלָכָה וְהַמִּתְנַשֵּׂא לְכֹל לְרֹאשׁ:
(דברי הימים-א כט: יא)

בָּרְכִי נַפְשִׁי אֶת ה' ה' אֱלֹהַי גָּדַלְתָּ מְּאֹד הוֹד וְהָדָר לָבָשְׁתָּ:
(תהלים קד: א)

אַנְתְּ מַלְכָּא מֶלֶךְ מַלְכַיָּא דִּי אֱלָהּ שְׁמַיָּא מַלְכוּתָא חִסְנָא וְתָקְפָּא וִיקָרָא יְהַב לָךְ:
(דניאל ב: לז)

ידי משה

[א] **אימתי וכו'.** לפי שקשה למדרש האיך תלוי העוז שהוא הגבורה במשפט, לכן פירש כשעושה דין באומות העולם אז נותנים לו להקב"ה העוז, ומלך זה הקב"ה: **העוז של מלך מלכי המלכים הקדוש ברוך הוא.** פירוש, שלא כמדת בשר ודם מדת הקב"ה, שמדת בשר ודם שכשהוא גבור מעביר המשפט, מה שאין כן הקב"ה וכו': **אמרו ישראל וכו'.** השתא בעי לפרש ועוז מלך משפט אהב, פירוש אף שהעוז ביד ה' לכלותם כרגע הוא מאריך להם, למה, מפני שמשפט אהב, מאחר שלא נתמלא עדיין סאתם, וזה שמסיים

באור מהרי"פ

[א] **הלא דא וגו'.** (דניאל ד, כז) ענה מלכא ואמר הלא דא היא בבל רבתא די אנא בניתה לבית מלכו בתקוף חסני וליקר הדרי: **ואתה אמרת בתקוף בחסני ויקר הדרי.** פירוש, ראה מה כתיב בתריה (דניאל ד, כח - לא), עוד מלתא בפום מלכא קל מן שמיא נפל לך אמרין נבוכדנאצר מלכא מלכותא עדת מנך. ומן אנשא לך טרדין ועם חיות ברא מדורך עשבא כתורין לך יטעמון ושבעה עדנין יחלפו עליך עד די תנדע די שליט עילאה במלכות אנשא ולמן די יצבא יתננה. בה שעתא מלתא ספת על נבוכדנאצר ומן אנשא טריד ועשבא כתורין יאכל ומטל שמיא גשמה יצטבע עד די שערה כנשרין רבה טפרוהי כצפרין. וכיון שנעשה בו דין ומשפט אז נתגדל עוזו של הקב"ה יתברך שמו, עד שהודה בעצמו כשחזר למלכותו אמר (שם לד), כען אנא נבוכדנאצר משבח ומרומם ומהדר למלך שמיא די כל מעבדוהי קשוט וארחתיה דין די מהלכין בגוה יכיל להשפלה. וזהו ועוז מלך מלכי המלכים, כביכול משפט אהב ועושה דין בעובדי כוכבים: **וזהו העוז מלך מלכי המלכים כו'.** מלתא באנפי נפשה היא, והוא כמו דבר אחר:

The Midrash presents another exposition of the *Psalms* verse: אָמְרוּ יִשְׂרָאֵל לִפְנֵי הַקָּדוֹשׁ בָּרוּךְ הוּא – The people of **Israel said before the Holy One, blessed is He,** רִבּוֹן הָעוֹלָם – **"Master of the universe!** עַד מָתַי אִי אַתָּה עוֹשֶׂה דִּין בָּאוּמּוֹת – **Until when will You** continue **not** to **implement judgments against the nations** that oppress us?"[16]

NOTES

God's ordinances lead to peace between the feuding parties, who accept the Torah's laws wholeheartedly. Thus, the expression *You founded fairness* is in fact connected to the verse's overall concept of justice, in that God, Who established just and fair laws, laid the groundwork for peace and righteousness to endure (*Eitz Yosef*). Alternatively, it is the ordinances themselves that are a groundwork for peace. They are designed to bring together people who may otherwise remain bitter foes. For example, the obligation to assist (even) one's enemy in unloading his donkey (below, 23:5) engenders feelings of friendship and goodwill, leading people to abandon prior disputes and to live harmoniously with one another (*Radal,* citing *Tanchuma* ibid.).

16. And thereby bring about our redemption from subjugation and exile (*Yefeh To'ar*).

סֵדֶר וְאֵלֶּה הַמִּשְׁפָּטִים

פרשה ל

א [כא, א] **"וְאֵלֶּה הַמִּשְׁפָּטִים", הָדָא הוּא דִכְתִיב** (תהלים צט, ד) **"וְעֹז מֶלֶךְ מִשְׁפָּט אָהֵב", אֵימָתַי נִתַּן הָעוֹז לְהַקָּדוֹשׁ בָּרוּךְ הוּא, בְּשָׁעָה שֶׁהוּא עוֹשֶׂה אֶת הַדִּין °בְּעוֹבְדֵי כוֹכָבִים°, שֶׁכֵּן אַתָּה מוֹצֵא בִּנְבוּכַדְנֶצַּר הָרָשָׁע, עַל יְדֵי שֶׁנִּתְגָּאָה וְאָמַר** (דניאל ד, כז) **"הֲלָא דָא הִיא בָּבֶל רַבְּתָא וְגוֹ'", אָמַר לוֹ הַקָּדוֹשׁ בָּרוּךְ הוּא: רָשָׁע, לֵיחָה סְרוּחָה, נִתְגָּאֵיתָ וְאָמַרְתָּ** (שם) **"בִּתְקָף חִסְנִי וְלִיקָר הַדְרִי", וְאֵין אַתָּה יוֹדֵעַ שֶׁהַכֹּל שֶׁלִּי, הַגְּדוּלָּה שֶׁלִּי וְהַחֹסֶן שֶׁלִּי, הַכָּבוֹד שֶׁלִּי וְהֶהָדָר שֶׁלִּי, וְכֵן דָּוִד אוֹמֵר** (דברי הימים-א כט, יא) **"לְךָ ה' הַגְּדֻלָּה וְהַגְּבוּרָה וְהַתִּפְאֶרֶת", וְאוֹמֵר** (תהלים קד, א) **"ה' אֱלֹהַי גָּדַלְתָּ מְאֹד", אָמַר הַקָּדוֹשׁ בָּרוּךְ הוּא לִנְבוּכַדְנֶצַּר: מְעַט מַלְכוּת שֶׁנִּתְּנָה לְךָ מִשֶּׁלִּי הוּא, וְכֵן דָּנִיֵּאל אוֹמֵר לוֹ** (דניאל ב, לז) **"דִּי אֱלָהּ שְׁמַיָּא מַלְכוּתָא חִסְנָא וְתָקְפָּא וִיקָרָא יְהַב לָךְ", וְאַתָּה אָמַרְתָּ "בִּתְקָף חִסְנִי וִיקָר הַדְרִי", הֱוֵי** (תהלים צט, ד) **"וְעֹז מֶלֶךְ מִשְׁפָּט אָהֵב", הָעוֹז שֶׁל מֶלֶךְ מַלְכֵי הַמְּלָכִים הַקָּדוֹשׁ בָּרוּךְ הוּא, וְהוּא אוֹהֵב אֶת הַמִּשְׁפָּט וּנְתָנוֹ לְיִשְׂרָאֵל שֶׁהֵם אוֹהֲבָיו, וּמַה שֶּׁכָּתוּב** (שם) **"אַתָּה כּוֹנַנְתָּ מֵישָׁרִים", (א)אַתָּה כּוֹנַנְתָּ יַשְׁרוּת לְאוֹהֲבֶיךָ, שֶׁעַל יְדֵי הַמִּשְׁפָּטִים שֶׁנָּתַתָּ לָהֶם הֵם עוֹשִׂים מְרִיבָה זֶה עִם זֶה וּבָאִין לִידֵי מִשְׁפָּט וְהֵם עוֹשִׂין שָׁלוֹם, אָמְרוּ יִשְׂרָאֵל לִפְנֵי הַקָּדוֹשׁ בָּרוּךְ הוּא: רִבּוֹן הָעוֹלָם, עַד מָתַי אִי אַתָּה עוֹשֶׂה דִּין °בְּעוֹבְדֵי כוֹכָבִים°,**

עץ יוסף

(א) **הדא הוא דכתיב ועוז מלך כו'.** מייתי תוכחת מוסר, מעוז מלך משפט אהב, שאחר שהקדוש ברוך הוא שהכח בידו אוהב משפט, ואינו עובר על הדין, מכל שכן ישראל שאין להם לעבור על הדין: **אימתי ניתן העוז כו'.** מפרש שמדבר בהקדוש ברוך הוא שיוכר בו עוזו וגבורתו, במה שעושה המשפט ברשעים הגבורים, וכי אז יודו כל העולם שרק לו העוז והגבורה, ולא לבשר ודם, ומלך זה הקדוש ברוך הוא: **שהכל שלי כי אני נותן הכל לאדם.** ולא כמו שחשב נבוכדנצר כי בכח ידו עשה, או שמזלו גרם, ועל כן נתגאה: **ואומר ה' אלהי כו' הקדים פסוק לך ה' הגדולה כו'.** לפי שבו מפורש כל ארבעה דברים שאמר נבוכדנצר, הגדולה נגד בתקף, והגבורה נגד חסני, והתפארת נגד יקר, והנצח וההוד נגד הדרי: **העוז של מלך מלכי המלכים הקדוש ברוך הוא והוא אוהב את המשפט.** הוא כמו דבר אחר, שאף על פי שהעוז של הקדוש ברוך הוא, מכל מקום אוהב את המשפט, ומה שאמר ונתנו לישראל, רומז לסוף המקרא משפט וצדקה ביעקב אתה עשית, רוצה לומר שגם המה יאהבו לעשות משפט צדק, ולפי פירוש זה מחובר סוף הכתוב לראשיתו, על כן שואל, ומה שכתוב אתה כוננת משרים, רוצה לומר למה הפסיק בין הדבקים, והשיב שגם זה הוא מענין המשפט, ופירש אתה כוננת מישרים, אתה כוננת ישרות לאוהביך, שעל ידי המשפטים שנתת להם כשהם (כן צריך לומר כשהם) עושים מריבה זה עם זה, ובאים לידי משפט הם (כן צריך לומר הם) עושים שלום, ובזה יסובב גם כן שהיושר עומד על כנו ובסיסו: **הם עושים שלום.** כי משפטי ה' מביאים אל השלום, כמו שנאמר וגם כל העם הזה על מקומו יבא בשלום: **אמרו ישראל כו' רבון העולם כו'.** מפרש הכא באופן אחר, ועוז מלך עם היות שהעוז והגבורה ביד ה' לכלות המכחישי השם כרגע, אף על פי כן הוא מאריך להם, לפי שמשפט אהב, והיינו כל זמן שלא נתמלא סאתם אינו רוצה להעביר את הדין, וזהו משפט וצדקה ביעקב אתה עשית, כלומר שעושה המשפט ביעקב שאינו פודאם מהגלות, והצדקה עושה עם העכו"ם שמאריך להם:

פירוש מהרז"ו

(א) **בבל רבתא.** [סיפיה דקרא] די [אנה] בניתה לבית מלכו בתקוף חסני וליקר הדרי. ומה שכתב וההדר שלי, הוא בפסוק ה' אלהי גדלת מאד הוד והדר לבשת. ומאחר שכתוב בסיפא דקרא של ועוז מלך משפט, וצדקה ביעקב אתה עשית, דייק דרישא דקרא אתה כוננת מישרים, כמו שכתוב ידין לאומים במישרים. ומה שכתב וכן דוד אמר, טעות סופר וצריך לומר וכן דוד אומר, וסיום הדרשה חסר, וסמך המדרש על המפורש שם בכתוב, שיעשה בו הדין עד שהודה (פסוק לד) ואמר, כען אנא וגו' משבח ומרומם ומהדר למלך שמיא, וכן שם (פסוק לא) ולחי עלמא שבחת והדרת וגו': **העוז של הקדוש ברוך הוא.** דבר אחר על הפסוק ועוז מלך, וכמו שכתוב בתנחומא כאן, וזה לשונו בנוהג שבעולם מי שהוא בעל זרוע אינו רוצה לעשות דבריו במשפט, אבל הקב"ה וכו' משפט אהב עכ"ל. וכמו שאמר בסמוך סוף סימן זה: **ונתנו לכל מאמינים בו.** כמו שכתוב פסוק זה, משפט וצדקה ביעקב אתה עשית: **ומה שכתוב.** למה הפסיק במישרים בין משפט למשפט, ודורש שהדבר למוד מענינו, שגם המישרים פירושו על ידי המשפט: **אמרו ישראל להקדוש ברוך הוא.** בא לדרוש פסוק של ישעיה ביום ההוא כרם חמר וגו' עד או יחזיק במעוזי, כמו שכתב בסוף הסימן, וכל"ל שאינו מעביר הדין, ואגב דורש פסוקים הקודמים:

מתנות כהונה

[א] **בתקוף חסני** גרסינן. וסיפיה דקרא הלא בבל היא: **הם עושים מריבה.** כשהם עושים מריבה:

אשד הנחלים

[א] **אימתי ניתן העוז כו'.** כלומר שכל זמן שהעובדי כוכבים היו יושבים שלוים ושקטים, היו מייחסים העוז לעצמם, כי שכחו איך כי הכל מיד ה', וכשנתן משפט להענישם, אז הרגישו כי (רק) העוז הניתן להם מתחלה, היה רק מיד ה', וכשרצה השפילם: **מעט מלכות.** כי ניתן לו מלוכה נעלה ממלוכה אנושית, כמאמרם שהשליטו על כל בהמות וחיות, ואין זה מזכותו וכחו כי אם מיד ה': **ונתנו לישראל שהם אוהביו.** ענין המשפט נבדל ממדת הצדק, שצדק מתפשט טובו על כל, אף על הרעים והחייבים, ולכן אם הצדק גובר בעולם אז יתכן שימלאו פני תבל רעה, כי אין עונש נעשה מהרה לעושי רע, והוא הריסת העולם אם יושגח רק בצדק מלמעלה, וכן למטה אצל שופטי ארץ, כמו שכתוב (משלי יד, לד) וחסד לאומים חטאת, כי מביא חסרון גדול בחוק המדינות, אם יתנהג המלך במדת החסד לרוב, ולכן ה' אוהב משפט, כדי שלא יתפשט הרע בעולם, ולכן סידר המשפטים גם כן לישראל, כדי שיתנהגו במדיניות על צד היושר: **הם עושים מריבה כו'.** לכאורה אם לא היה נותן לפניהם משפטים שידעו הדין עם מי, הלא היה מריבה יותר בין העם. ולפי דברינו מבואר, כי הנה אם היה ה' מצוה רק על החסד לעשות רק לפנים משורת הדין, והיה הנעשק שותק להעושק, ואז אין מריבה בפועל, רק קצת שנאה בלב, ולא היו באים לידי שלום, אבל על ידי המשפט, בתחלה מריבים ואחר כך יבואו לידי שלום על ידי הפסק האמיתי, וזהו משפט וצדקה אתה עשית, שעל ידי משפט אז יצמח צדקה, כי הצדקה בעקב השלום כמו שכתוב (תהילים פה, יא) צדק ושלום נשקו: **אי אתה עושה דין בעובדי כוכבים.** לכאורה אין זה שייכות לזאת הפרשה. ואולי מפני שדרשו (גיטין פח, ב) לפניהם ולא לפני עובדי כוכבים, וזהו על דרך פשוטו. ועל צד הרמז מרמז על המשפטים והעונשים שנתן לישראל שיענשו מהר, אך לא כן העובדי כוכבים שממתין להם עד שתתמלא סאתם, ואז יכלו במדת הנקמה לכלה ולהשחית:

חידושי הרד"ל

[א] **וכן דוד אומר כו' גדלת מאד הוד והדר לבשת אמר הקדוש ברוך הוא כו'.** כן צריך לומר: **ואתה אמרת בתקוף חסני כו'.** וכשנעשה בו הדין חזר והודה ונתן העוז להקב"ה, שנאמר (דניאל ד, לב) וכל דיירי ארעא כלא חשיבין וכמצביה עבד וגו': **ונתנו כו'.** וכמו שכתוב בסיפיה דקרא משפט וצדקה ביעקב אתה עשית: **שהם אוהביו.** נראה שכאן צריך לומר, וכן דוד משבח (תהלים קמז, א) הללויה כי טוב גו' כי נעים וגו' מגיד דבריו ליעקב חקיו ומשפטיו לישראל לא עשה כן וגו', (הכתובה למטה בפרשה זו (סימן ה)): **שנתת להם כשהם עושים מריבה כו'.** כן צריך לומר: **לידי משפט והן עושין שלום.** אפשר רצה לומר על ידי פשרה, וכמו שנאמר בסנהדרין (ו, ב) איזהו משפט שלום זה הביצוע, (והיינו נמי דכתיב כאן משפט וצדקה ביעקב, כדדרשינן שם משפט וצדקה על הביצוע, עיין שם). ובתנחומא מפרש שאפילו היו שונאים

חידושי הרש"ש

[א] **הגדולה שלי.** אולי צריך להיות הגבורה, כי זה אומר נגד בתקוף שאמר נבוכדנצר, והוא לשון גבורה בארמית: **הוי ועוז מלך משפט אהב דבר אחר ועוז מלך כו' העוז של מלך כו'.** כן נראה דצריך לומר:

אמרי יושר

[א] **העוז של מלך מלאכי המלכים הקדוש ברוך הוא והוא נתן המשפט לבנו ישראל אשר אהב.** ומכח זה יובן שהוא אוהב משפט, אף על פי שבידו היכולת והממשלה, גם יובן גזרה אחרת שחולק מכבודו לאוהבו, כי במשפט מתקלס:

שינוי נוסחאות

(א) **שעל ידי המשפטים שנתת להם הם עושים מריבה זה עם זה.** רד"ל הגיה "... כשהם עושים מריבה...": **שנאמר "מי יתנני שמיר שית במלחמה"** – תיבת "שנאמר" לא היה בשום ספר עד ווארשא (תרל"א) ווילנא (תרמ"ח), וצריך למחקה:

מסורת המדרש

א. מדרש תהלים מזמור צ"ט. תנחומא כאן סימן א'. מכילתא כאן פרשה א'. ילקוט כאן רמז ש"ו. ילקוט תהלים רמז תתנ"ב:

אם למקרא

וְעֹז מֶלֶךְ מִשְׁפָּט אָהֵב אַתָּה כּוֹנַנְתָּ מֵישָׁרִים מִשְׁפָּט וּצְדָקָה בְּיַעֲקֹב אַתָּה עָשִׂיתָ: (תהלים צט: ד)

עָנֵה מַלְכָּא וְאָמַר הֲלָא דָא הִיא בָּבֶל רַבְּתָא דִּי אֲנָה בֱנַיְתַהּ לְבֵית מַלְכוּ בִּתְקַף חִסְנִי וְלִיקָר הַדְרִי: (דניאל ד: כז)

לְךָ ה' הַגְּדֻלָּה וְהַגְּבוּרָה וְהַתִּפְאֶרֶת וְהַנֵּצַח וְהַהוֹד כִּי כֹל בַּשָּׁמַיִם וּבָאָרֶץ לְךָ ה' הַמַּמְלָכָה וְהַמִּתְנַשֵּׂא לְכֹל לְרֹאשׁ: (דברי הימים-א כט: יא)

בָּרְכִי נַפְשִׁי אֶת ה' ה' אֱלֹהַי גָּדַלְתָּ מְּאֹד הוֹד וְהָדָר לָבָשְׁתָּ: (תהלים קד: א)

אַנְתְּ מַלְכָּא מֶלֶךְ מַלְכַיָּא דִּי אֱלָהּ שְׁמַיָּא מַלְכוּתָא חִסְנָא וְתָקְפָּא וִיקָרָא יְהַב לָךְ: (דניאל ב: לז)

ידי משה

[א] **אימתי וכו'.** לפי שקשה למדרש האיך תלוי העוז שהוא הגבורה במשפט, לכן פירש כשעושה דין באומות העולם אז נותנים לו להקב"ה העוז, ומלך זה הקב"ה: **העוז של מלך מלכי המלכים הקדוש ברוך הוא.** פירוש, שלא כמדת בשר ודם מדת הקב"ה, שמדת בשר ודם שכשהוא גבור מעביר המשפט, מה שאין כן הקב"ה וכו': **אמרו ישראל וכו'.** השתא בעי לפרש ועוז מלך משפט אהב, פירוש אף שהעוז ביד ה' לכלותם כרגע הוא מאריך להם, למה, מפני שמשפט אהב, מאחר שלא נתמלא עדיין סאתם, וזה שמסיים

באור מהרי"פ

[א] **הלא דא וגו'.** (דניאל ד, כז) ענה מלכא ואמר הלא דא היא בבל רבתא די אנא בניתה לבית מלכו בתקוף חסני וליקר הדרי: **ואתה אמרת בתקוף חסני ויקר הדרי.** פירוש, ראה מה כתיב בתריה (דניאל ד, כח - ל), עוד מלתא בפום מלכא קל מן שמיא נפל לך אמרין נבוכדנצר מלכא מלכותא עדת מנך. ומן אנשא לך טרדין ועם חיות ברא מדורך עשבא כתורין לך יטעמון ושבעה עדנין יחלפו עליך עד די תנדע די שליט עילאה במלכות אנשא ולמן די יצבא יתננה. בה שעתא מלתא ספת על נבוכדנצר ומן אנשא טריד ועשבא כתורין יאכל ומטל שמיא גשמה יצטבע עד די שערה כנשרין רבה טפרוהי כצפרין. וכיון שנעשה בו דין ומשפט אז נתגדל עוזו של הקב"ה יתברך שמו, עד שהוא בעצמו כשחזר למלכותו אמר (שם לד), כען אנא נבוכדנצר משבח ומרומם ומהדר למלך שמיא די כל מעבדוהי קשוט וארחתיה דין די מהלכין בגוה יכיל להשפלה. וזהו ועוז מלך מלכי המלכים, כביכול משפט אהב ועושה דין בעובדי כוכבים: **וזהו העוז מלך מלכי המלכים כו'.** מלתא באנפי נפשה היא, והוא כמו דבר אחר:

אָמַר לָהֶם – **[God] replied to them,** עַד שֶׁתַּגִּיעַ עוֹנָתָן לִיבָּצֵר – "I withhold judgment **until their time of 'grape harvest' arrives,"**[17] שֶׁנֶּאֱמַר "בַּיּוֹם הַהוּא כֶּרֶם חֶמֶר עַנּוּ לָהּ" – **as it is stated** regarding the day of Messianic redemption, ***On that day [people] will sing about it,***[18] ***"O vineyard of fine wine"*** (*Isaiah* 27:2).[19] כְּלוּם קוֹטֵף אָדָם אֶת כַּרְמוֹ קוֹדֶם שֶׁיִּתְבַּשֵּׁל – Now, **does a person cut** off the grapes of **his vineyard before it has ripened?** אֶלָּא מֵאַחַר שֶׁהוּא מְבוּשָּׁל הוּא קוֹטְפוֹ – Certainly not! **Rather,** only **after it is ripe does he cut it.** וְנוֹתְנוֹ בַּגַּת וְדוֹרְכוֹ – **And** then **he places [its grapes] in a winepress and tramples them,** וּמְזַמֵּר – **and he sings a song** in celebration of the wine that is produced,[20] וְהֵן עוֹנִין אַחֲרָיו – **and [others] respond after him** in responsive song.[21] כָּךְ אָמַר לָהֶם הַקָּדוֹשׁ בָּרוּךְ הוּא לְיִשְׂרָאֵל – **Similarly, the Holy One, blessed is He, said to Israel,** הַמְתִּינוּ לִי עַד שֶׁתַּגִּיעַ עוֹנָתָהּ שֶׁל אֱדוֹם – **"Wait for Me until the time for** punishment for **Edom**[22] **arrives,** וַאֲנִי דוֹרֵךְ אוֹתָהּ – **and then I will trample her,** שֶׁנֶּאֱמַר "עַל אֱדוֹם אַשְׁלִיךְ נַעֲלִי" – **as it is stated, *Upon Edom will I cast my shoe*** (*Psalms* 60:10).[23] אֲנִי פּוֹתֵחַ לָכֶם – On that day **I will sing an opening** stanza **for you,** וְאַתֶּם עוֹנִים אַחֲרַי – **and you will respond after Me."** לְכָךְ נֶאֱמַר "כֶּרֶם חֶמֶר עַנּוּ לָהּ" – **Thus, it is stated** regarding Edom's destruction, *On that day [people] will sing* (lit., *sing responsively*) *about it,* ***"O vineyard of fine wine"*** (*Isaiah* 27:2).[24]

The Midrash expounds the continuation of the *Isaiah* passage: "אֲנִי ה' נֹצְרָהּ לִרְגָעִים אַשְׁקֶנָּה" – The following verse states, ***I am HASHEM, the Guardian of [the vineyard]; I water it frequently*** (ibid., v. 3). אֲנִי הוּא שֶׁמְּשַׁמֵּר אוֹתָהּ – God is saying, **"I am the One Who keeps watch over [Israel's enemies],**[25] לְהַשְׁקוֹתָהּ כּוֹסוֹת הַרְבֵּה – **in order to present them with many 'cups'** of punishment[26] **to drink,"** שֶׁנֶּאֱמַר "לִרְגָעִים אַשְׁקֶנָּה" – **as it is stated, *I water*** (lit., *will water*) ***it frequently.*** אִם בָּא אֲנִי לְהַבִּיט בָּהֶן – God continues, "Now, **if I were intent on gazing** malevolently[27] **upon [Israel's oppressors],** מְכַלֶּה אֲנִי אוֹתָם מִן הָעוֹלָם – **I could extirpate them from the world** at once. אֶלָּא "חֵמָה אֵין לִי" – **But** I do not do so, for ***I have no wrath"*** (ibid., v. 4)[28] כְּשֵׁם שֶׁהֵם מִתְמַלְּאִין חֵמָה עַל בָּנַי – meaning, "I do not have the same wrath **as [those oppressors]** who **become filled with wrath against My children,** Israel.[29] אֶלָּא מָה אֲנִי עוֹשֶׂה לָהֶם – **Rather, what will I do to them?** "אֶפְשְׂעָה בָהּ אֲצִיתֶנָּה יָּחַד" – I will wait for them to fulfill their measure of sin, and only then will I destroy them," as it is stated, ***I will then trample it and set it altogether afire*** (ibid.).[30]

The Midrash presents an alternative exposition of the *Isaiah* verse:

אָמַר רַבִּי לֵוִי: אָמַר הַקָּדוֹשׁ בָּרוּךְ הוּא לְאוּמּוֹת הָעוֹלָם – **R' Levi said: The Holy One, blessed is He, said to the nations of the world,**[31] יִשְׂרָאֵל שֶׁלִּי הֵם – "The Children of **Israel are Mine,"** שֶׁנֶּאֱמַר "כִּי לִי בְנֵי יִשְׂרָאֵל עֲבָדִים" – **as it is stated, *For the Children of Israel are servants to Me*** (*Leviticus* 25:55), וְהַחֵמָה שֶׁלִּי – **"and wrath is Mine** as well,"[32] שֶׁנֶּאֱמַר "נֹקֵם ה' וּבַעַל חֵמָה" – **as it is stated, *HASHEM is vengeful and full of wrath*** (*Nahum* 1:2). וְאַתֶּם מִתְמַלְּאִים מִשֶּׁלִּי עַל שֶׁלִּי – **"And you fill yourselves up with that which is Mine** (wrath) and pour it out **upon that which is Mine"** (Israel)?![33] "מִי יִתְּנֵנִי שָׁמִיר שַׁיִת בַּמִּלְחָמָה" – ***If only I were at war with the weeds and thorns,*** *I would then trample it and set it altogether afire* (*Isaiah* ibid.).[34]

NOTES

17. When they are "ripe" to be "cut down," i.e., when their measure of sin warrants their destruction. This time has not yet arrived.

18. The pronoun "it" is understood by the *Tanach* commentators to refer to Israel. The Midrash, however, interprets "it" as referring to the nations that subjugate Israel who will be vanquished in the Messianic era, as mentioned there in the previous verse.

19. I.e., a song will be sung when those nations are vanquished. [The Midrash will elaborate on this idea shortly.] This verse shows that the vanquishing of Israel's oppressor nations is compared to the harvest of a vineyard.

20. It was customary for one whose vineyard has yielded wine to sing in celebration of his good fortune (see *Isaiah* 16:10).

21. Grapes that are harvested prematurely, before they are fully ripe, yield no wine, and are useful only in producing less valuable vinegar. While vinegar also engenders celebration, others will join in one's song only upon a harvest of actual wine (see below, note 24). Similarly, while Israel would celebrate even a premature redemption, in which God did not destroy their oppressors, God intends for Israel's redemption to be celebrated universally. He therefore chooses to wait, and refrain from redeeming Israel until such time that their oppressors are deserving of destruction. For only then will their redemption be complete, inducing others to join in their celebration (*Yefeh To'ar, Eitz Yosef*).

22. Edom is the principal oppressor of Israel in the current exile, which will end when the Messiah comes.

23. The plain meaning of the verse is that the speaker, David, declares that he has vanquished the nation of Edom, trampling it with his shoes, as it were. The Midrash adduces this verse as an allusion to the concept that God will "trample the grapes of Edom" in the future — a concept that is found explicitly elsewhere in Scripture, in *Isaiah* 63:1-3: *Who is this coming from Edom, with sullied garments . . . ? . . . I alone have trodden a winepress, no man from the nations was with Me; I trod on them in My anger and trampled them in My wrath* (*Yefeh To'ar*).

24. Scripture compares Edom's destruction and Israel's redemption to a vineyard that yields fine wine. Just as only the harvest of ripe grapes will inspire true celebration, where others will join its owner in song (see above, note 21), so will Israel's redemption evoke the participation of all peoples, but only if executed at its anticipated time (*Yefeh To'ar, Eitz Yosef*).

25. The Midrash interprets the term נֹצְרָהּ, *Guardian,* in a negative sense — God keeps watches over the "vineyard" to ensure that it will be "cut down" when the time comes (*Maharzu*).

26. Referring to the four "cups of trepidation" with which God will punish the nations that subjugated the Jews (see *Bereishis Rabbah* 88 §5) (*Yefeh To'ar, Eitz Yosef*).

27. *Matnos Kehunah.*

28. God does not respond to sin with immediate retribution. On the contrary, He is slow to anger and allows for a nation to accrue many sins before punishing them (*Eitz Yosef*).

29. The Midrash is expounding the use of the word לִי in the phrase אֵין לִי חֵמָה (*"I" have no wrath*); the implication is that *I* (God) have no wrath, but others have wrath — those "others" being Israel's enemies (*Toldos Noach*). Even though Israel's oppressors pour out their wrath on Israel, regardless of whether or not Israel has done them wrong, God holds back from doing the same to them. Rather, He withholds punishment until they have fulfilled their measure of sin (ibid.).

30. The Midrash understands the term אֶפְשְׂעָה as a derivative of פְּשִׂיעָה, *a step* (see *I Samuel* 20:3). Scripture is thus alluding to what will occur when Israel's oppressors reach their allotment of sin. At that time, God's judgment will be swift, and He will trample them in a single step and set them afire at once (יָחַד), so to speak (*Yefeh To'ar, Maharzu*). Alternatively, the term אֶפְשְׂעָה means not "step *upon,*" but "step *over.*" Accordingly, the word is referring to God's conduct *before* His foes reach their allotment of sins. He "steps over" them, and seeks no retribution — until they deserve to be "*set altogether afire*" (*Yefeh To'ar;* see also *Tanchuma* here §5 and *Yefeh Anaf* there).

31. To those nations that oppress Israel.

32. According to this interpretation, the words אֵין לִי חֵמָה are to be understood as a rhetorical question: "Is anger not My possession?!" (*Yefeh To'ar, Eitz Yosef*).

33. The nations who subjugate Israel believe that they are doing God's Will, dispensing His wrath according to His wishes. However, they should realize that the people of Israel are God's children and He does not wish them to be persecuted and subjugated (*Yefeh To'ar*).

34. In stating, "*If only" I were at war with the weeds and the thorns* (a metaphor for the enemies of Israel), *I would then trample it and set it altogether afire,* Scripture imparts God's desire to destroy Israel's foes

אָמַר לָהֶם: עַד שֶׁתַּגִּיעַ עוֹנָתָן לִיבָּצֵר, שֶׁנֶּאֱמַר (ישעיה כז, ב) "בַּיּוֹם הַהוּא כֶּרֶם חֶמֶר עַנּוּ לָהּ", כְּלוּם קוֹטֵף אָדָם אֶת כַּרְמוֹ קוֹדֶם שֶׁיִּתְבַּשֵּׁל, אֶלָּא מֵאַחַר שֶׁהוּא מְבוּשָּׁל הוּא קוֹטְפוֹ וְנוֹתְנוֹ בַּגַּת וְדוֹרְכוֹ, וּמְזַמֵּר וְהֵן עוֹנִין אַחֲרָיו, כָּךְ אָמַר לָהֶם הַקָּדוֹשׁ בָּרוּךְ הוּא לְיִשְׂרָאֵל: הַמְתִּינוּ לִי עַד שֶׁתַּגִּיעַ עוֹנָתָהּ שֶׁל אֱדוֹם וַאֲנִי דוֹרֵךְ אוֹתָהּ, שֶׁנֶּאֱמַר (תהלים ס, י) "עַל אֱדוֹם אַשְׁלִיךְ נַעֲלִי", אֲנִי פּוֹתֵחַ לָכֶם וְאַתֶּם עוֹנִים אַחֲרַי, לְכָךְ נֶאֱמַר "כֶּרֶם חֶמֶר עַנּוּ לָהּ", (ישעיה שם ג) "אֲנִי ה' נֹצְרָהּ לִרְגָעִים אַשְׁקֶנָּה", אֲנִי הוּא שֶׁמְּשַׁמֵּר אוֹתָהּ לְהַשְׁקוֹתָהּ כּוֹסוֹת הַרְבֵּה, שֶׁנֶּאֱמַר "לִרְגָעִים אַשְׁקֶנָּה", אִם בָּא אֲנִי לְהַבִּיט בָּהֶן מְכַלֶּה אֲנִי אוֹתָם מִן הָעוֹלָם, אֶלָּא (שם שם ד) "חֵמָה אֵין לִי", כְּשֵׁם שֶׁהֵם מִתְמַלְּאִין חֵמָה עַל בָּנַי, אֶלָּא מָה אֲנִי עוֹשֶׂה לָהֶם (שם) "אֶפְשְׂעָה בָהּ אֲצִיתֶנָּה יָּחַד", אָמַר רַבִּי לֵוִי: אָמַר הַקָּדוֹשׁ בָּרוּךְ הוּא °לְעוֹבְדֵי כוֹכָבִים°: יִשְׂרָאֵל שֶׁלִּי הֵם, שֶׁנֶּאֱמַר (ויקרא כה, נה) "כִּי לִי בְנֵי יִשְׂרָאֵל עֲבָדִים", וְהַחֵמָה שֶׁלִּי שֶׁנֶּאֱמַר (נחום א, ב) "נֹקֵם ה' וּבַעַל חֵמָה", וְאַתֶּם מִתְמַלְּאִים מִשֶּׁלִּי עַל שֶׁלִּי, °שֶׁנֶּאֱמַר (ישעיה שם שם) "מִי יִתְּנֵנִי שָׁמִיר שַׁיִת בַּמִּלְחָמָה", וְרַבָּנָן אָמְרִין: [ב] אָמַר לָהֶם הַקָּדוֹשׁ בָּרוּךְ הוּא: אִם מְשַׁנֶּה אֲנִי מִדַּת הַדִּין שֶׁלִּי בְּבָרָק אֶחָד אֲנִי מְכַלֶּה אוֹתָן, שֶׁנֶּאֱמַר (דברים לב, מא) "אִם שַׁנּוֹתִי בְּרַק חַרְבִּי", וּמָה אֲנִי עוֹשֶׂה, (שם) "וְתֹאחֵז בְּמִשְׁפָּט יָדִי",

עץ יוסף

עד שתגיע עונתן ליבצר. כלומר שעדיין לא נתמלא סאתם: **שנאמר ביום ההוא כרם חמר ענו לה. וכלום קוטף אדם את כרמו קודם שיתבשל כו'.** כלומר שאף שישראל חפצים שתחיש הגאולה איך שתהיה, ה' אינו עושה כן, כי הקוטף כרמו קודם הבישול אף שהוטב בעיני זה ומתפיים בחומץ ויזמר עליו, מכל מקום לא יענו אחורי בשיר האנשים הרואים זאת, שאין אומרים שירה אלא על היין, וכן רוצה ה' שתהיה הגאולה בעת הראוי, שתהיה השמחה שלימה לדעת הכל: **שנאמר על אדום אשליך נעלי אני פותח לכם כו'.** מרומז בסוף המקרא עלי פלשת התרועעי, והתרועעי, היינו תרועת קול שיר שיענו אחריו, שכן הוא דרך המזמרים על היין בכנופיא, זה פותח וזה עונה, וזה מכוון למקרא דכרם חמר ענו לה: **אשליך נעלי.** מנעל שלי אשליך מעל רגלי, ואדרוך אותם כדורך ענבים בגת (מתנות כהונה): **כוסות הרבה.** ארבע כוסות התרעלה שה' משקה אותם, כדלעיל בבראשית רבה פרשה ח': **אם בא אדם להביט בהם.** עיין ביפה תואר שכתב שהנכון להגיה אם באתי להביט, וכן הגיה האות אמת. ופירושו אם ה' יסתכל במעשיהם, מיד היה מכלה אותם אלא שמאריך אפו להם: **אלא חמה אין לי כשם כו'.** כלומר אף על פי שהם עושים שלא כהוגן להתמלאות על בני חמה, ולעשות שלא כדין, לא אעשה גם אני שלא כהוגן להשחיתם בשטף אף שלא להשגיח בדין, אלא אני ממתין עד שתמלא סאתם: **והחמה שלי.** קמפרש חמה אין לי בלשון תמיה, וכי החמה אינה שלי ואיך אתם מתמלאים משלי על שלי, ולכן באש עברתי, אני אומר מי יתנני שמיר ושית להנקם מהם כרגע, אבל מה אעשה שאני מתעכב עד בא עתה, והיינו או יחזיק במעוזי כדבסמוך: **ורבנין אמרין אמר להם הקדוש ברוך הוא לישראל אם משנה אני מדת הדין כו'.** רבנין הוסיפו עוד טעם אחר, שמלבד טענת הבישול הנזכר, השיב עוד מפני מדת הדין מטעם שיש להם זכיות כבוד אב ואם דעשו, ושמירת שבע מצות בני נח וכדומה, ולענין זה מייתי אסמכתא ממקרא זה אם שנותי ברק חרבי וגו' אשיב נקם לצרי ולמשנאי אשלם, והאי קרא בישראל איירי, שמבטיח להם הקדוש ברוך הוא שיתקיימו, ונקם ישיב לצריו היינו העכו"ם, כדאיתא במכילתא, ולא כמאן דאמר שהוא נאמר על ישראל:

פירוש מהרז"ו

כרם חמר ענו לה. כרם שנותן יין, שבא זמנו לבצור ולא קודם לכן, הרי שהם בקשו שיעשה קודם לכן: **אני ה' נוצרה.** מאחר שעשה בכשדים הדין, איך אמר שהוא שמר אותה, על כן דורש שנגרס לרעה: **אם בא אני להביט.** לפרש מה שכתוב פן יפקוד עליה בפעם אחת, ולא פירש מה יהיה אם יפקוד, ודורש על פי מדה ט', אני מכלה אותן, אך חמה אין לי כמו שהיה להם, שאוכל לעשות כך: **אלא מה אני עושה אפשעה בה.** מלשון פסיעה בעקב בעתה כנ"ל, ואז אציתנה יחד: **ורבי לוי.** דורש מה שאמר חמה אין לי, בתמיה וכי חמה אינה שלי, ואתם משתמשים בחמה נגד רצוני. ועל פי גזירה שוה של תיבת לי, כי לי בני ישראל. ומה שאמר ואתם מתמלאים, כמו שכתוב (אסתר ג, ה) וימלא המן חמה: **ורבנן אמרין.** בא לחתום הדרשה שהתחיל על פסוק ועוז מלך. ואגב דורש פסוק ותאחז במשפט ידי, שהוא דומה למה שכתוב או יחזיק במעוזי: **אם שנותי ברק חרבי.** אם הוא מלשון שינון, היה לו לומר אם אשנן חרבי להיות לה ברק, כמו שכתוב יחזקאל כ"א ט"ו למען היה לה ברק מורטה, (והחרב מורה על מדת הדין להרוג, וברק החרב מורה כליון חרוץ), על כן דורש שנותי, מלשון שינוי, כמו שכתוב (תהלים עז, יא) שנות ימין עליון, (מלאכי ג, ו) אני ה' לא שניתי, ולמוד מענינו וסופו שמדבר בענין הדין, ועל פי מדה ט', אם שנותי הדין, שלא יהיה בסדרו, אז ברק חרבי, שיהיה כליון חרוץ ואני מכלה אותם, אלא ותאחז במשפט ידי, במדת הדין בסדרו, שאינו כליון, וכמו שאמר אברהם בסדום (בראשית יח, כה) חלילה לך השופט לא יעשה משפט, בתמיה, כמו שאמר בראשית רבה פרשה מ"ט סימן ט. ועיין תנחומא כאן סימן ה. ועיין דברים רבה פרשה ה סימן ד, דעת רבי נחמן, ועיין לקמן פרשה זו סימן ט"ז:

חידושי הרד"ל

על ידי המצות באים לידי אהבה, כגון על ידי פריקה וטעינה, (אבל בשוחר טוב תהלים שם משמע דהך דהכא ובתנחומא הן שני דרשות): **מאחר שהוא מבושל כו' ומזמר.** שלהי שיר השירים רבה עיין שם, ובשוחר טוב ריש מזמור ח: **אם בא אני להביט כו'.** אפשר סיפיה דקרא פן אפקוד עליה יומם ולילה אצרנה דריש, שיומם ולילה יצרנה פן יפקוד עליה פשעה ובהבטה אחת יכלה הכשדים מן העולם, וכדפירש רש"י שם: **מה אני עושה. מי יתנני שמיר ושית במלחמה אפשעה בה ואציתנה יחד.** (מפרש אפשעה לשון פסיעה כדפירש רש"י שם, והיא הדריכה במנעל על הגת, ועיין תנחומא סימן ה). **על שלי ורבנן אמרי כו'.** כן צריך לומר: **אם משנה אני מדת הדין כו'.** עיין מתנות כהונה, ורצה לומר שמדתי שלא לפקוד בחימה כדלעיל. אך כמדומה שצריך להיות אם משנן אני כו', וכן פירש רש"י שם:

באור מהרי"פ

אני ה' נוצרה. (ישעיה כז, ב - ד) ביום ההוא כרם חמר ענו לה, אני ה' נוצרה לרגעים אשקנה וגו', חֵמָה אין לי מי יתנני שמיר שית במלחמה אפשעה בה אציתנה יחד. הנה מוקשה לישב הדרש על נכון. וזה לשון תולדות נח הארוך, פירוש הענין, אם הייתי אני רוצה הייתי משקה אותם כמה כוסות התרעלה בכל רגע ורגע רק עכשיו, חמה אין לי, אבל לעתיד אפשעה בה אציתנה יחד אשקה אותם כל כוסות התרעלה בפעם אחת, עד כאן:

מסורת המדרש

ב. דברים רבה פרשה ה'. תנחומא כאן סימן ה':

אם למקרא

בַּיּוֹם הַהוּא כֶּרֶם חֶמֶד עַנּוּ לָהּ: אֲנִי ה' נֹצְרָהּ לִרְגָעִים אַשְׁקֶנָּה פֶּן יִפְקֹד עָלֶיהָ לַיְלָה וָיוֹם אֶצֳּרֶנָּה: חֵמָה אֵין לִי מִי יִתְּנֵנִי שָׁמִיר שַׁיִת בַּמִּלְחָמָה אֶפְשְׂעָה בָהּ אֲצִיתֶנָּה יָּחַד: אוֹ יַחֲזֵק בְּמָעוּזִּי יַעֲשֶׂה שָׁלוֹם לִי שָׁלוֹם יַעֲשֶׂה לִּי:
(ישעיה כז:ב-ה)

מוֹאָב סִיר רַחְצִי עַל־אֱדוֹם אַשְׁלִיךְ נַעֲלִי עָלַי פְּלֶשֶׁת הִתְרֹעָעִי:
(תהלים ס:י)

כִּי־לִי בְנֵי יִשְׂרָאֵל עֲבָדִים עֲבָדַי הֵם אֲשֶׁר הוֹצֵאתִי אוֹתָם מֵאֶרֶץ מִצְרָיִם אֲנִי ה' אֱלֹהֵיכֶם:
(ויקרא כה:נה)

אֵל קַנּוֹא וְנֹקֵם ה' נֹקֵם ה' וּבַעַל חֵמָה נֹקֵם ה' לְצָרָיו וְנוֹטֵר הוּא לְאֹיְבָיו:
(נחום א:ב)

אִם־שַׁנּוֹתִי בְּרַק חַרְבִּי וְתֹאחֵז בְּמִשְׁפָּט יָדִי אָשִׁיב נָקָם לְצָרָי וְלִמְשַׂנְאַי אֲשַׁלֵּם:
(דברים לב:מא)

ידי משה

עד שתגיע עונתן ליבצר, כלומר שעדיין לא נתמלא סאתם: **והם עונים וכו'.** פירוש לפי שישראל רוצים שימהר ויחיש ה' את הגאולה והקב"ה אינו עושה כן, למשל כי הקוטף כרמו קודם זמנו אף שיטיב בעיניו כשיהיה חומץ מכל מקום לא יענו אחריו העולם, פירוש שבטלה דעתו אצל כל אדם, על דרך (ברכות לה, א) אין אומרים שירה אלא על היין. וקל להבין:

מתנות כהונה

ומזמר. כשהיו דורכים בגתות היו משוררים שירות ומיני משלים. כדאיתא ביבמות פרק נושאין על האנוסה: **והם.** פועליו ובני ביתו: **אשליך נעלי.** מנעל שלי אשליך מעל רגלי ואדרוך אותם כדורך ענבים בגת: הכי גרסינן **בא אני להביט כו': להביט בהם.** מכלה אני אותם בהבטה שלי: **אם משנה כו'.** לעשות עמהם שלא כשורת הדין ודרש שנותי מלשון שינוי:

אשד הנחלים

אחר שהוא מבושל. כן אחרי שיגמר רעתם עד שאי אפשר עוד שישובו מדרכם ואז קוטפם, כי אין זכותם להענישם מהר כדי שישובו מהר: **לרגעים.** כלומר בכל רגע ורגע אשקה אותם פורענות הרבה: **להביט בהן.** כלומר להביט במעשיהם הרעים, ולהענישם כפי רשעתם: **אפשעה בה ואציתנה.** כלומר לעת עתה אפסעה ולא אביט במעשיהם, כאיש הפוסע פסיעה גדולה מבלי יביט מה שתחת רגליו, ואחר כך כשתתמלא סאתם אז אציתם יחד בלי תקומה עוד, אך לא כן ישרים: [ישראל] **שלי והחימה שלי כו'.** באורו כמו שישרים שלי מצד הטבה וחסד, כן החימה שלי, לכלות ולנקום מאנשי רשע. וכאומר כמו שימצא בי מדת טובי, כמו כן ימצא בי מדת החימה, לעוברי רצוני, כי זה לעומת זה. ובאורו גם כן, כי החימה הוא מדת העונש היותר גדול, באף וחימה לכלה ולהשחית, והנה מצד שישרים הם הנאהבים מכל, על כן הנוגע בם ישפט בעונש היותר קשה, ואתם עושים בהיפך שתתנהגו עם הנאהבים מאד במדת החימה היותר גדול, והחימה באמת שלי שראוי להנקם: **אם משנה כו' בברק אחד.** הענין הזה הוא עמוק מאד, להורות כי העונשים והמכות הטבעיים באים ממדת הדין של מעלה, שלא ידומה למשל כי הברק ההורג הוא רק על דרך הטבע לבד, לא כן כי אם משתנה ממדת הדין של מעלה, שהוא רוחני, להתלבש למטה בברק, כאילו נשתנה ממדת הרוחני להתלבש בדבר גשמי. ויתכן עוד לפי שעובדי כוכבים לא היו מבינים ממדת הדין של מעלה, כי אין רואה אותם, ולזה אחזו במוסר ציורי לומר ראו נא אם אשנה את מדת הדין המעניש מלמעלה, על מכה הטבעית הגשמית, אז אני מכלה אתכם, אף כי בדבר הנעלה מטבע הבאה מלמעלה בלי עזר הטבעי מאומה, כי היא מכה פתאום

The Midrash interjects with a similar interpretation involving God's self-restraint in not destroying Israel's oppressors immediately:

וְרַבָּנָן אָמְרִין: אָמַר לָהֶם הַקָּדוֹשׁ בָּרוּךְ הוּא – And the Rabbis say: The Holy One, blessed is He, said to [Israel], אִם מְשַׁנֶּה אֲנִי מִדַּת הַדִּין שֶׁלִּי – **"If I** were to **alter** [מְשַׁנֶּה] **My Attribute of** Strict **Judgment,**[35] בְּבָרָק אֶחָד אֲנִי מְכַלֶּה אוֹתָן – **I would destroy [Israel's enemies] with a single flash,** שֶׁנֶּאֱמַר "אִם שַׁנּוֹתִי בְּרַק חַרְבִּי" – **as it is stated,** ***If I sharpen*** [שַׁנּוֹתִי][36] ***My flashing sword*** (*Deuteronomy* 32:41).[37] וּמָה אֲנִי עוֹשֶׂה – **But** I do not do so. Rather, **what do I do?** "וְתֹאחֵז בְּמִשְׁפָּט יָדִי" – As the verse continues, ***and My hand will grasp judgment"*** (ibid.).[38]

NOTES

immediately. Yet, His love of justice does not allow Him to do so; rather, it compels Him to delay judgment until "the grapes are ripe," i.e., until the oppressing nations have filled their allotment of sins (*Eitz Yosef*).

35. I.e., if I were to change My manner of judgment and show no mercy toward Israel's foes (*Eitz Yosef* to *Devarim Rabbah* 5 §4; see also *Matnos Kehunah*).

36. The Midrash is interpreting the word שַׁנּוֹתִי (from the root שנן, *to sharpen*) as if it were of the root שנה, *to alter.*

37. The Midrash interprets the verse as follows: *If I were to alter* [אִם שַׁנּוֹתִי] My Attribute of Judgment, then *My sword would work like a flash of lightning* (בְּרַק חַרְבִּי) (*Maharzu*).

38. I.e., God maintains ("grasps") His normal manner of judgment. He acts righteously and considers the merits as well as the sins of Israel's oppressors (*Eitz Yosef*; see *Tanchuma*, here §5).

[ב] אָמַר לָהֶם: עַד שֶׁתַּגִּיעַ עוֹנָתָן לִיבָּצֵר, שֶׁנֶּאֱמַר (ישעיה כז, ב) "בַּיּוֹם הַהוּא כֶּרֶם חֶמֶר עַנּוּ לָהּ", כְּלוּם קוֹטֵף אָדָם אֶת כַּרְמוֹ קוֹדֶם שֶׁיִּתְבַּשֵּׁל, אֶלָּא מֵאַחַר שֶׁהוּא מְבוּשָּׁל הוּא קוֹטְפוֹ וְנוֹתְנוֹ בַּגַּת וְדוֹרְכוֹ, וּמְזַמֵּר וְהֵן עוֹנִין אַחֲרָיו, כָּךְ אָמַר לָהֶם הַקָּדוֹשׁ בָּרוּךְ הוּא לְיִשְׂרָאֵל: הַמְתִּינוּ לִי עַד שֶׁתַּגִּיעַ עוֹנָתָהּ שֶׁל אֱדוֹם וַאֲנִי דוֹרֵךְ אוֹתָהּ, שֶׁנֶּאֱמַר (תהלים ס, י) "עַל אֱדוֹם אַשְׁלִיךְ נַעֲלִי", אֲנִי פּוֹתֵחַ לָכֶם וְאַתֶּם עוֹנִים אַחֲרַי, לְכָךְ נֶאֱמַר "כֶּרֶם חֶמֶר עַנּוּ לָהּ", (ישעיה שם ג) "אֲנִי ה' נֹצְרָהּ לִרְגָעִים אַשְׁקֶנָּה", אֲנִי הוּא שֶׁמְּשַׁמֵּר אוֹתָהּ לְהַשְׁקוֹתָהּ כּוֹסוֹת הַרְבֵּה, שֶׁנֶּאֱמַר "לִרְגָעִים אַשְׁקֶנָּה", אִם בָּא אֲנִי לְהַבִּיט בָּהֶן מְכַלֶּה אֲנִי אוֹתָם מִן הָעוֹלָם, אֶלָּא (שם שם ד) "חֵמָה אֵין לִי", כְּשֵׁם שֶׁהֵם מִתְמַלְּאִין חֵמָה עַל בָּנַי, אֶלָּא מָה אֲנִי עוֹשֶׂה לָהֶם (שם) "אֶפְשְׂעָה בָהּ אֲצִיתֶנָּה יָּחַד", אָמַר רַבִּי לֵוִי: אָמַר הַקָּדוֹשׁ בָּרוּךְ הוּא °לְעוֹבְדֵי כוֹכָבִים°: יִשְׂרָאֵל שֶׁלִּי הֵם, שֶׁנֶּאֱמַר (ויקרא כה, נה) "כִּי לִי בְנֵי יִשְׂרָאֵל עֲבָדִים", וְהַחֵמָה שֶׁלִּי שֶׁנֶּאֱמַר (נחום א, ב) "נֹקֵם ה' וּבַעַל חֵמָה", וְאַתֶּם מִתְמַלְּאִים מִשֶּׁלִּי עַל שֶׁלִּי, °שֶׁנֶּאֱמַר (ישעיה שם שם) "מִי יִתְּנֵנִי שָׁמִיר שַׁיִת בַּמִּלְחָמָה", וְרַבָּנָן אָמְרִין: [ב] אָמַר לָהֶם הַקָּדוֹשׁ בָּרוּךְ הוּא: אִם מְשַׁנֶּה אֲנִי מִדַּת הַדִּין שֶׁלִּי בְּבָרָק אֶחָד אֲנִי מְכַלֶּה אוֹתָן, שֶׁנֶּאֱמַר (דברים לב, מא) "אִם שַׁנּוֹתִי בְּרַק חַרְבִּי", וּמָה אֲנִי עוֹשֶׂה, (שם) "וְתֹאחֵז בְּמִשְׁפָּט יָדִי",

עץ יוסף

עד שתגיע עונתן ליבצר. כלומר שעדיין לא נתמלא סאתם: **שנאמר ביום ההוא כרם חמר ענו לה. וכלום קוטף אדם את כרמו קודם שיתבשל כו'.** כלומר שאף שישראל חפצים שתחיש הגאולה איך שתהיה, ה' אינו עושה כן, כי הקוטף כרמו קודם הבישול אף שהוטב בעיני זה ומתפיים בחומץ ויזמר עליו, מכל מקום לא יענו אחורי בשיר האנשים הרואים זאת, שאין אומרים שירה אלא על היין, וכן רוצה ה' שתהיה הגאולה בעת הראוי, שתהיה השמחה שלימה לדעת הכל: **שנאמר על אדום אשליך נעלי אני פותח לכם כו'.** מרומז בסוף המקרא עלי פלשת התרועעי, והתרועעי, היינו תרועת קול שיר שיענו אחריו, שכן הוא דרך המזמרים על היין בכנופיא, זה פותח וזה עונה, וזה מכוון למקרא דכרם חמר ענו לה: **אשליך נעלי.** מנעל שלי אשליך מעל רגלי, ואדרוך אותם כדורך ענבים בגת (מתנות כהונה): **כוסות הרבה.** ארבע כוסות התרעלה שה' משקה אותם, כדלעיל בבראשית רבה פרשה ח': **אם בא אדם להביט בהם.** עיין ביפה תואר שכתב שהנכון להגיה אם באתי להביט, וכן הגיה האות אמת. ופירושו אם ה' יסתכל במעשיהם, מיד היה מכלה אותם אלא שמאריך אפו להם: **אלא חמה אין לי כשם כו'.** כלומר אף על פי שהם עושים שלא כהוגן להתמלאות על בני חמה, ולעשות שלא כדין, לא אעשה גם אני שלא כהוגן להשחיתם בשטף אף שלא להשגיח בדין, אלא אני ממתין עד שתמלא סאתם: **והחמה שלי.** קמפרש חמה אין לי בלשון תמיה, וכי החמה אינה שלי ואיך אתם מתמלאים משלי על שלי, ולכן באש עברתי, אני אומר מי יתנני שמיר ושית להנקם מהם כרגע, אבל מה אעשה שאני מתעכב עד בא עתה, והיינו או יחזיק במעוזי כדבסמוך: **ורבנין אמרין אמר להם הקדוש ברוך הוא לישראל אם משנה אני מדת הדין כו'.** רבנין הוסיפו עוד טעם אחר, שמלבד טענת הבישול הנזכר, השיב עוד מפני מדת הדין מטעם שיש להם זכיות כבוד אב ואם דעשו, ושמירת שבע מצות בני נח וכדומה, ולענין זה מייתי אסמכתא ממקרא זה אם שנותי ברק חרבי וגו' אשיב נקם לצרי ולמשנאי אשלם, והאי קרא בישראל איירי, שמבטיח להם הקדוש ברוך הוא שיתקיימו, ונקם ישיב לצריו היינו העכו"ם, כדאיתא במכילתא, ולא כמאן דאמר שהוא נאמר על ישראל:

פירוש מהרז"ו

כרם חמר ענו לה. כרם שנותן יין, שבא זמנו לבצור ולא קודם לכן, הרי שהם בקשו שיעשה קודם לכן: **אני ה' נוצרה.** מאחר שעשה בכשדים הדין, איך אמר שהוא שמר אותה, על כן דורש שנצרם לרעה: **אם בא אני להביט.** לפרש מה שכתוב פן יפקוד עליה בפעם אחת, ולא פירש מה יהיה אם יפקוד, ודורש על פי מדה ט', אני מכלה אותן, אך חמה אין לי כמו שהיה להם, שאוכל לעשות כך: **אלא מה אני עושה אפשעה בה.** מלשון פסיעה בעקב בעתה כנ"ל, ואז אציתנה יחד: **ורבי לוי.** דורש מה שאמר חמה אין לי, בתמיה וכי חמה אינה שלי, ואתם משתמשים בחמה נגד רצוני. ועל פי גזירה שוה של תיבת לי, כי לי בני ישראל. ומה שאמר ואתם מתמלאים, כמו שכתוב (אסתר ג, ה) וימלא המן חמה: **ורבנן אמרין.** בא לחתום הדרשה שהתחיל על פסוק ועוז מלך. ואגב דורש פסוק ותאחז במשפט ידי, שהוא דומה למה שכתוב או יחזיק במעוזי: **אם שנותי ברק חרבי.** אם הוא מלשון שינון, היה לו לומר אם אשנן חרבי להיות לה ברק, כמו שכתוב יחזקאל כ"א ט"ו למען היה לה ברק מורטה, (והחרב מורה על מדת הדין להרוג, וברק החרב מורה כליון חרוץ), על כן דורש שנותי, מלשון שינוי, כמו שכתוב (תהלים עז, יא) שנות ימין עליון, (מלאכי ג, ו) אני ה' לא שניתי, ולמוד מענינו וסופו שמדבר בענין הדין, ועל פי מדה ט', אם שנותי הדין, שלא יהיה בסדרו, אז ברק חרבי, שיהיה כליון חרוץ ואני מכלה אותם, אלא ותאחז במשפט ידי, במדת הדין בסדרו, שאינו כליון, וכמו שאמר אברהם בסדום (בראשית יח, כה) חלילה לך השופט לא יעשה משפט, בתמיה, כמו שאמר בראשית רבה פרשה מ"ט סימן ט. ועיין תנחומא כאן סימן ה. ועיין דברים רבה פרשה ה סימן ד, דעת רבי נחמן, ועיין לקמן פרשה זו סימן ט"ז:

חידושי הרד"ל

על ידי המצות באים לידי אהבה, כגון על ידי פריקה וטעינה, (אבל בשוחר טוב תהלים שם משמע דהך דהכא ובתנחומא הן שני דרשות): **מאחר שהוא מבושל כו' ומזמר.** שלהי שיר השירים רבה עיין שם, ובשוחר טוב ריש מזמור ח: **אם בא אני להביט כו'.** אפשר סיפיה דקרא פן אפקוד עליה יומם ולילה אצרנה דריש, שיומם ולילה יצרנה פן יפקוד עליה פשעה ובהבטה אחת יכלה הכשדים מן העולם, וכדפירש רש"י שם: **מה אני עושה. מי יתנני שמיר ושית במלחמה אפשעה בה ואציתנה יחד.** (מפרש אפשעה לשון פסיעה כדפירש רש"י שם, והיא הדריכה במנעל על הגת, ועיין תנחומא סימן ה). **על שלי ורבנן אמרי כו'.** כן צריך לומר: **אם משנה אני מדת הדין כו'.** עיין מתנות כהונה, ורצה לומר שמדתי שלא לפקוד בחימה כדלעיל. אך כמדומה שצריך להיות אם משנן אני כו', וכן פירש רש"י שם:

באור מהרי"פ

אני ה' נוצרה. (ישעיה כז, ב - ד) ביום ההוא כרם חמר ענו לה, אני ה' נוצרה לרגעים אשקנה וגו', חֵמָה אין לי מי יתנני שמיר שית במלחמה אפשעה בה אציתנה יחד. הנה מוקשה ליישב הדרש על נכון. וזה לשון תולדות נח הארוך, פירוש הענין, אם הייתי אני רוצה הייתי משקה אותם כמה כוסות התרעלה בכל רגע ורגע רק עכשיו, חמה אין לי, אבל לעתיד אפשעה בה אציתנה יחד אשקה אותם כל כוסות התרעלה בפעם אחת, עד כאן:

מסורת המדרש

ב. דברים רבה פרשה ה'. תנחומא כאן סימן ה':

אם למקרא

בַּיּוֹם הַהוּא כֶּרֶם חֶמֶד עַנּוּ לָהּ: אֲנִי ה' נֹצְרָהּ לִרְגָעִים אַשְׁקֶנָּה פֶּן יִפְקֹד עָלֶיהָ לַיְלָה וָיוֹם אֶצֳּרֶנָּה: חֵמָה אֵין לִי מִי יִתְּנֵנִי שָׁמִיר שַׁיִת בַּמִּלְחָמָה אֶפְשְׂעָה בָהּ אֲצִיתֶנָּה יָּחַד: אוֹ יַחֲזֵק בְּמָעוּזִּי יַעֲשֶׂה שָׁלוֹם לִי שָׁלוֹם יַעֲשֶׂה לִּי:
(ישעיה כז:ב-ה)

מוֹאָב סִיר רַחְצִי עַל־אֱדוֹם אַשְׁלִיךְ נַעֲלִי עָלַי פְּלֶשֶׁת הִתְרֹעָעִי:
(תהלים ס:י)

כִּי־לִי בְנֵי יִשְׂרָאֵל עֲבָדִים עֲבָדַי הֵם אֲשֶׁר הוֹצֵאתִי אוֹתָם מֵאֶרֶץ מִצְרָיִם אֲנִי ה' אֱלֹהֵיכֶם:
(ויקרא כה:נה)

אֵל קַנּוֹא וְנֹקֵם ה' נֹקֵם ה' וּבַעַל חֵמָה נֹקֵם ה' לְצָרָיו וְנוֹטֵר הוּא לְאֹיְבָיו:
(נחום א:ב)

אִם־שַׁנּוֹתִי בְּרַק חַרְבִּי וְתֹאחֵז בְּמִשְׁפָּט יָדִי אָשִׁיב נָקָם לְצָרָי וְלִמְשַׂנְאַי אֲשַׁלֵּם:
(דברים לב:מא)

ידי משה

עד שתגיע עונתן ליבצר, כלומר שעדיין לא נתמלא סאתם: **והם עונים וכו'.** פירוש לפי שישראל רוצים שימהר ויחיש ה' את הגאולה והקב"ה אינו עושה כן, למשל כי הקוטף כרמו קודם זמנו אף שיטיב בעיניו כשיהיה חומץ מכל מקום לא יענו אחריו העולם, פירוש שבטלה דעתו אצל כל אדם, על דרך (ברכות לה, א) אין אומרים שירה אלא על היין. וקל להבין:

מתנות כהונה

ומזמר. כשהיו דורכים בגתות היו משוררים שירות ומיני משלים. כדאיתא ביבמות פרק נושאין על האנוסה: **והם.** פועליו ובני ביתו: **אשליך נעלי.** מנעל שלי אשליך מעל רגלי ואדרוך אותם כדורך ענבים בגת: הכי גרסינן **בא אני להביט כו': להביט בהם.** מכלה אני אותם בהבטה שלי: **אם משנה כו'.** לעשות עמהם שלא כשורת הדין ודרש שנותי מלשון שינוי:

אשד הנחלים

אחר שהוא מבושל. כן אחרי שיגמר רעתם עד שאי אפשר עוד שישובו מדרכם ואז קוטפם, כי אין זכותם להענישם מהר כדי שישובו מהר: **לרגעים.** כלומר בכל רגע ורגע אשקה אותם פורענות הרבה: **להביט בהן.** כלומר להביט במעשיהם הרעים, ולהענישם כפי רשעתם: **אפשעה בה ואציתנה.** כלומר לעת עתה אפסעה ולא אביט במעשיהם, כאיש הפוסע פסיעה גדולה מבלי יביט מה שתחת רגליו, ואחר כך כשתתמלא סאתם אז אציתם יחד בלי תקומה עוד, אך לא כן ישרים: **[ישראל] שלי והחימה שלי כו'.** באורו כמו שישרים שלי מצד הטבה וחסד, כן החימה שלי, לכלות ולנקום מאנשי רשע. וכאומר כמו שימצא בי מדת טובי, כמו כן ימצא בי מדת החימה, לעוברי רצוני, כי זה לעומת זה. ובאורו גם כן, כי החימה הוא מדת העונש היותר גדול, באף וחימה לכלה ולהשחית, והנה מצד שישרים הם הנאהבים מכל, על כן הנוגע בם ישפט בעונש היותר קשה, ואתם עושים בהיפך שתתנהגו עם הנאהבים מאד במדת החימה היותר גדול, והחימה באמת שלי שראוי להנקם: **אם משנה כו' בברק אחד.** הענין הזה הוא עמוק מאד, להורות כי העונשים והמכות הטבעיים באים ממדת הדין של מעלה, שלא ידומה למשל כי הברק ההורג הוא רק על דרך הטבע לבד, לא כן כי אם משתנה ממדת הדין של מעלה, שהוא רוחני, להתלבש למטה בברק, כאילו נשתנה ממדת הרוחני להתלבש בדבר גשמי. ויתכן עוד לפי שעובדי כוכבים לא היו מבינים ממדת הדין של מעלה, כי אין רואה אותם, ולזה אחזו במוסר ציורי לומר ראו נא אם אשנה את מדת הדין המעניש מלמעלה, על מכה הטבעית הגשמית, אז אני מכלה אתכם, אף כי בדבר הנעלה מטבע הבאה מלמעלה בלי עזר הטבעי מאומה, כי היא מכה פתאום

The Midrash returns to expounding the *Isaiah* passage: וְכֵן הוּא אוֹמֵר ״אוֹ יַחֲזֵק בְּמָעוּזִּי״ – **And similarly [Scripture] states,**[39] ***and***[40] ***[My hand] will grasp My stronghold*** (*Isaiah* 27:5), וְאֵין מָעוּזִּי אֶלָּא דִּין – **and** ***My stronghold*** [מָעוּזִּי] **refers specifically to** My **justice,** שֶׁנֶּאֱמַר ״וְעֹז מֶלֶךְ מִשְׁפָּט אָהֵב״ – **as it is stated,** ***the might*** [עֹז][41] ***of the King, He loves justice*** [מִשְׁפָּט] (*Psalms* 99:4).[42]

The Midrash now relates its discussion to our passage in *Exodus:*

אָמַר לָהֶם הַקָּדוֹשׁ בָּרוּךְ הוּא לְיִשְׂרָאֵל – **The Holy One, blessed is He, said to Israel,** כְּשֵׁם שֶׁאֲנִי יָכוֹל לַעֲבוֹר אֶת הַדִּין עַל הָאוּמּוֹת – **"Just as I am able to breach** the ordinary system of **justice** and administer harsh, immediate punishment **against the nations** that oppress you,[43] וַאֲנִי אֵינִי מַעֲבִיר – **yet I do not breach** this system, אֶלָּא תּוֹפֵס אֲנִי בַּדִּין – **but rather I hold on to** the set rules of **justice,**[44] כָּךְ אַתֶּם לֹא תֵצְאוּ חוּץ לַדִּין – **so should you,** with regard to your own judgments, **not depart beyond** the parameters of the set rules of **justice,**[45] שֶׁנֶּאֱמַר ״וְאֵלֶּה הַמִּשְׁפָּטִים״ – **as it is stated,** ***And these are the ordinances, etc.***[46]

§2 The Midrash expounds the juxtaposition of this passage to the preceding, seemingly unrelated, passage:

מַה כְּתִיב לְמַעְלָה מִן הָעִנְיָן – **What is written** just **prior to the subject** of the ordinances? ״וְלֹא תַעֲלֶה בְמַעֲלֹת עַל מִזְבְּחִי״ – ***You shall not ascend My Altar on steps,*** *so that your nakedness will not be uncovered upon it* (above, 20:23). וּכְתִיב ״וְאֵלֶּה הַמִּשְׁפָּטִים״ – **And** immediately following that **it is written,** ***And these are the ordinances*** *that you shall place before them.* וְכִי מָה עִנְיָן זֶה אֵצֶל זֶה – **Now, what is the relevance of one** subject **to the other?**

The Midrash introduces its answer to the above question by first posing another question:

וְכִי עֶרְוָתָן שֶׁל כֹּהֲנִים הָיְתָה מְגוּלָּה – **Now, would the nakedness of the Kohanim** really **be uncovered** if they climbed steps to ascend the Altar? וַהֲרֵי כְּתִיב ״וַעֲשֵׂה לָהֶם מִכְנְסֵי בָד לְכַסּוֹת בְּשַׂר עֶרְוָה״ – **Why, it is written,** ***You shall make them linen breeches to cover the flesh of nakedness*** (below, 28:42). Thus, their nakedness would in any event not be uncovered by walking up steps! אֶלָּא אָמַר רַבִּי אֲבִינָא: כְּשֵׁם שֶׁהִזְהִיר הַקָּדוֹשׁ בָּרוּךְ הוּא אֶת הַכֹּהֲנִים שֶׁלֹּא יְהוּ פּוֹסְעִין פְּסִיעוֹת גַּסּוֹת עַל גַּבֵּי הַמִּזְבֵּחַ – **Rather, R' Avina said:**[47] The juxtaposition of these two verses teaches that **just as the Holy One, blessed is He, cautions the Kohanim that they should not take broad steps on** their ascent to **the top of the Altar,** אֶלָּא יְהוּ מְהַלְּכִין עָקֵב בְּצַד גּוּדָל – **but should walk** with a shortened gait, putting the **heel** of the forward foot **adjacent to** the **big toe** of the back foot,[48] כָּךְ הִזְהִיר הַקָּדוֹשׁ בָּרוּךְ הוּא אֶת הַדַּיָּינִין שֶׁלֹּא פְּסִיעוֹת גַּסּוֹת בַּדִּין – **so does the Holy One, blessed is He, warn the judges** of Israel **that they should not take "broad steps" in judgment.**[49]

NOTES

39. After having stated that God "wished" that He could destroy the wicked nations as one tramples weeds and thorns and destroys them at once, God says that He does not do so because ״יַחֲזֵק בְּמָעוּזִּי״, which the Midrash now goes on to explain.

40. The word אוֹ usually means "or," but occasionally it has other meanings (see *Rashi* on *Isaiah* ibid.), such as "and" (see *Sefer HaShorashim* of *Radak* and *Ibn Janach* s.v. אוֹ).

41. The words עֹז (translated here as "might") and מָעוֹז (translated here as "stronghold") are of the same root (עזז, *to be strong*).

42. The verse's juxtaposition of the terms עֹז, *might,* and מִשְׁפָּט, *justice,* indicates that God's might (as reflected in the word מָעוּזִּי) is associated with His justice (*Yefeh To'ar, Eitz Yosef*). The phrase אוֹ יַחֲזֵק בְּמָעוּזִּי, *and [My hand] will grasp My stronghold,* thus means: "I will hold fast to the Attribute of Justice." The point of the Midrash is that although God sometimes would "like" to go beyond the Attribute of Justice and annihilate the wicked at once, He nevertheless does not do so, but clings to the limitations that He set for Himself through the Attribute of Justice, which demands fair treatment for all.

43. I.e. I could choose to not wait to punish them until they accrue their full allotment of sins, but rather to respond in anger and exact immediate retribution for their sins (as elaborated in the previous paragraphs).

44. As stated above: *My hand grasps judgment.* See above, note 38.

45. I.e., do not allow yourself to react with anger in judging one's wrongs, but rather act as I do and love justice (see above, where the Midrash expounds God's having given over His love of justice to Israel; see also note 13).

46. In stating *And "these" are the ordinances,* Scripture indicates that *these* exact laws are to be followed exclusively; they may not be circumvented even when one feels he is justified in doing so (*Tiferes Tzion*).

47. The answer to the question just posed – which the Midrash appears to assume is known to us – is found in *Mechilta* on that verse (*BaChodesh, Parashah* 11): The phrase *so that* (lit., *and*) *your nakedness will not be uncovered upon it* comes to teach an additional rule: that one should not walk up the Altar's ramp with broad steps, but rather should place one foot adjacent to the next. [And although the Kohanim's breeches would in any event prevent the uncovering of their nakedness, the spreading of their legs would be inappropriate because it is *suggestive* of an exposure of nakedness (*Rashi* to verse).]

48. As taught in the *Mechilta* cited in the previous note.

49. In juxtaposing God's ordinances to the prohibition against taking wide steps, Scripture indicates that judgments should not be reached swiftly and recklessly, but with care and deliberation (*Rashi* to *Sanhedrin* 7b; cf. *Maharsha*). See Insight Ⓐ.

INSIGHTS

Ⓐ **The Way to the Top** In its simple sense, the Midrashic comparison between ascending the ramp of the Altar and *the ordinances that you are to place before them* teaches the importance of judges being especially deliberate in judgment. A Kohen ascending to the top of the Altar is to walk up a ramp slowly and deliberately; he may not spread his legs to ascend as with stairs — even though his breeches would prevent actual exposure of any nakedness — because he is on his way to the top of the Altar. And though it is important for everyone to walk and act modestly, the holiness of the Altar demands a level of modesty well beyond that which is normally required. In a similar vein, as important as it is for anyone to avoid hasty decisions, it is particularly crucial for a judge to make his decisions — decisions that concern ordinances of the Torah — with extra care and deliberation (*Sichos Mussar* #15, 5733).

But the Midrashic comparison conveys a deeper message as well. When someone walks up a ramp in short, measured steps, the ascent is very gradual. He feels almost as if the ramp has lifted him to the top. When, on the other hand, he climbs a long flight of stairs step after deliberate step, he can feel each and every step bringing him closer to the top. And when he finally reaches the top, he feels as though he has gotten there through his own unremitting efforts.

Thus, when a Kohen seeks to be elevated through serving on the Altar, he is instructed to ascend the ramp slowly, noting all the while how little effort he has expended to reach the top. This will remind him that whatever actions he takes to draw close to God are not nearly as significant in achieving that goal as is the Divine help that God extends to him. Climbing stairs, on the other hand, would emphasize the significance of his own actions. And when someone is focused on his own actions, what *he* has done to draw close to God, he is, in a sense, worshiping himself rather than serving God. This is the spiritual equivalent of "exposing one's nakedness." The Torah thus commands one who ascends to the Altar to do so by means of a ramp rather than by stairs, focusing on God rather than on himself.

And the Midrash thus compares this commandment with the need to do so in our everyday lives. *And these are the ordinances that you are to place before them.* Every person, before deciding on a course of action, must consider deliberately whether the action is in line with God's Will as expressed in the ordinances of the Torah. The focus must

וְכֵן הוּא אוֹמֵר (ישעיה שם ה) "אוֹ יַחֲזֵק בְּמָעוּזִּי", וְאֵין מָעוּזִּי אֶלָּא דִּין, שֶׁנֶּאֱמַר (תהלים צט, ד) "וְעֹז מֶלֶךְ מִשְׁפָּט אָהֵב", אָמַר לָהֶם הַקָּדוֹשׁ בָּרוּךְ הוּא לְיִשְׂרָאֵל: כְּשֵׁם שֶׁאֲנִי יָכוֹל לַעֲבוֹר אֶת הַדִּין עַל °עוֹבְדֵי כוֹכָבִים° וַאֲנִי אֵינִי מַעֲבִיר אֶלָּא תוֹפֵס אֲנִי בַּדִּין, כָּךְ אַתֶּם לֹא תֵצְאוּ חוּץ לַדִּין שֶׁנֶּאֱמַר [כא, א] "וְאֵלֶּה הַמִּשְׁפָּטִים":

ב מַה כְּתִיב לְמַעְלָה מִן הָעִנְיָן, (לעיל כ, כב) "וְלֹא תַעֲלֶה בְמַעֲלֹת עַל מִזְבְּחִי", וּכְתִיב [כא, א] "וְאֵלֶּה הַמִּשְׁפָּטִים", וְכִי מָה עִנְיַן זֶה אֵצֶל זֶה, [ג]וְכִי עֶרְוָתָן שֶׁל כֹּהֲנִים הָיְתָה מְגוּלָּה, וַהֲרֵי כְתִיב (שם כח, מב) "וַעֲשֵׂה לָהֶם מִכְנְסֵי בָד לְכַסּוֹת בְּשַׂר עֶרְוָה", אֶלָּא אָמַר רַבִּי אֲבִינָא: כְּשֵׁם שֶׁהִזְהִיר הַקָּדוֹשׁ בָּרוּךְ הוּא אֶת הַכֹּהֲנִים שֶׁלֹּא יְהוּ פוֹסְעִין פְּסִיעוֹת גַּסּוֹת עַל גַּבֵּי הַמִּזְבֵּחַ [ד]אֶלָּא יְהוּ מְהַלְּכִין עָקֵב בְּצַד גּוּדָל, כָּךְ הִזְהִיר הַקָּדוֹשׁ בָּרוּךְ הוּא אֶת הַדַּיָּינִין שֶׁלֹּא יַפְסִיעוּ פְּסִיעוֹת גַּסּוֹת בַּדִּין:

ג דָּבָר אַחֵר, [כא, א] "וְאֵלֶּה הַמִּשְׁפָּטִים", [ה]אָמַר רַבִּי אַבָּהוּ: בְּכָל מָקוֹם שֶׁכָּתוּב "וְאֵלֶּה" מוֹסִיף עַל הָרִאשׁוֹנִים, וּבְכָל מָקוֹם שֶׁכָּתוּב "אֵלֶּה" פּוֹסֵל אֶת הָרִאשׁוֹנִים, כֵּיצַד, (בראשית ב, ד) "אֵלֶּה תוֹלְדוֹת הַשָּׁמַיִם וְהָאָרֶץ בְּהִבָּרְאָם", וּמַה פָּסַל, [ו]שֶׁהָיָה בּוֹרֵא שָׁמַיִם וָאָרֶץ וְהָיָה מִסְתַּכֵּל בָּהֶם וְלֹא הָיוּ עֲרֵבִים עָלָיו וְהָיָה מַחֲזִירָן לְתוֹהוּ וָבוֹהוּ, כֵּיוָן שֶׁרָאָה שָׁמַיִם וָאָרֶץ אֵלּוּ עָרְבוּ לְפָנָיו, אָמַר: אֵלּוּ תוֹלָדוֹת, לְפִיכָךְ "אֵלֶּה תוֹלְדוֹת הַשָּׁמַיִם וְהָאָרֶץ", אֲבָל הָרִאשׁוֹנִים לֹא הָיוּ תוֹלָדוֹת, כַּיּוֹצֵא בוֹ, (שם ו, ט) "אֵלֶּה תוֹלְדֹת נֹחַ", וּמַה פָּסַל, דּוֹרוֹ שֶׁל אֱנוֹשׁ וְדוֹר הַמַּבּוּל וְקֵינָן וַחֲבֵירָיו, לְפִיכָךְ אָמַר (בראשית י, ב) "בְּנֵי יֶפֶת גֹּמֶר וּמָגוֹג", וְכַיּוֹצֵא בוֹ (שם כה, יב) "וְאֵלֶּה תֹּלְדֹת יִשְׁמָעֵאל בֶּן אַבְרָהָם", מוֹסִיף עַל הָרִאשׁוֹנִים, וּמִי הֵם, מַה שֶּׁכָּתוּב לְמַעְלָה שֶׁנֶּאֱמַר (שם שם ב) "וַתֵּלֶד לוֹ אֶת זִמְרָן וְאֶת יָקְשָׁן", וְאַף כָּאן "וְאֵלֶּה תֹּלְדֹת יִשְׁמָעֵאל בֶּן אַבְרָהָם ... בְּכֹר יִשְׁמָעֵאל נְבָיֹת", רְשָׁעִים הָיוּ כַּיּוֹצֵא בָהֶן, כַּיּוֹצֵא בוֹ (שם שם יט) "וְאֵלֶּה תּוֹלְדֹת יִצְחָק בֶּן אַבְרָהָם", מוֹסִיף עַל הָרִאשׁוֹנִים, עַל מַה שֶּׁכָּתוּב לְמַעְלָה הֵימֶנּוּ בְּנֵי יִשְׁמָעֵאל,

עץ יוסף

וכן הוא אומר או יחזק כו'. פירוש וכן הוא אומר שלא יעבור הקדוש ברוך הוא על דינס, וכמו שפירש לעיל: **ואין מעוזי אלא דין.** דמעוזי רמז לדין דילפינן בגזירה שוה מה התם אשכחן משפט גבי עוז, הכי נמי מעוזי דהכא עוז ומשפט קאמר: (ב) **שלא יהיו פוסעים פסיעות גסות.** והיינו אשר לא תגלה ערותך עליו, שהפסיעה גסה קרוי גלוי ערוה, וכמו שכתב רש"י בחומש הרחבת הפסיעות קרוב לגלוי ערוה הוא, ואתה נוהג במזבח מנהג בזיון: **שלא יפסיעו פסיעות גסות בדין.** כלומר שלא ימהרו לפסוק הדין, אלא יהיו מתונים וידקדקו בכל דקדוק שאפשר: (ג) [ב] **בבל מקום שכתוב ואלה כו'** ועיין מה שכתבתי בבראשית רבה פרשה י"ב: **והיה מסתכל בהם.** האי הסתכלות הוא במחשבה ולא מעשה, כי לא יפול לומר על השם יתברך שברא ואחר כך נסתכל בהם והחריבן (תולדות נח). ועיין מה שכתבתי בבראשית רבה פרשה ג': **כיון שראה שמים וארץ אלו ערבו לפניו כו'.** ולפי זה אין פירוש תולדות בריות אחרות של שמים וארץ, אבל פירושו חידוש ובריאת שמים וארץ עצמם כמו בטרם הרים יולדו: **ומה פסל דורו של אנוש ודור המבול וקינן.** מה שהסמיך דורו של מבול לדורו של אנוש, ולא הסמיכן כסדר תולדותם אנוש קינן מבול, משום שפסל דור אנוש ומבול לא אצטריך, כי פסולתם כתוב בהדיא בתורה, על כן הסמיך אנוש ומבול להורות שכשם שבאלו מבואר פסלותם, כן דורו של קינן וחביריו שהיו ביניהם, ואף על גב שבדורות האמצעיים היו כמה צדיקים, כגון חנוך מתושלח, רוב הדור היו רשעים: **לפיכך אמר בני יפת כו'.** כלומר לפי שאלו היו חשובים פירש הכתוב תולדותיהם ושמות הבנים אשר הולידו, מה שאין כן בדורות הראשונים, שלא פירש הכתוב שמות הבנים שהולידו קינן וחביריו, לפי שלא היו חשובים להתפרש (יפה תואר): **רשעים היו כיוצא בהם.** בראשונים דידעינן בהו שהיו רשעים משמותיהם, דזמר שמזמרין לעכו"ם יקשן שמקישין לפני עכו"ם, כדלעיל בבראשית רבה, וכן תולדות ישמעאל היו רשעים, מה שאין כן ישמעאל עצמו עשה תשובה לסוף ימיו, כדדרשו חכמינו ז"ל (לעיל בראשית רבה ל, ד) בשיבה טובה, בשרו שישמעאל יעשה תשובה בימיו (תולדות נח):

פירוש מהרז"ו

וכן הוא אומר או יחזיק. וכמו שכתוב בתנחומא כאן, וזה לשונו אמר הקב"ה כל מה שאני עושה בדין אני עושה, שאם הייתי מבקש פעם אחת לעבור הדין, לא היה העולם יכול לעמוד וכו', עד או יחזיק במעוזי, שידי אחוזה בדין. וכן הוא בילקוט ישעיה כ"ז: (ב) **מה כתיב למעלה.** עיין ויקרא רבה פרשה כ"ט סימן ה: **וכי ערותן.** תחלה שואל על סמיכות הענינים, ועל זה אומר שכאשר נדע פירוש הכתוב, נדע גם טעם סמיכתן: **פסיעות גסות בדין.** בלא דקדוק דרישה וחקירה: (ג) **אמר רבי אבהו.** תנחומא כאן סימן ג הגירסא אמר רבי אבהו בשם (ר"א בן) רבי יוסי בן זמרא, עיין לעיל פרשה א סימן ב ושם נסמן: **ומה פסל שהיה בורא.** עיין בראשית רבה פרשה ט סימן ב, ושם פרשה י"ב סימן ג, ומה פסל תוהו ובוהו וחושך, והמדרש כאן פירש שברא וכו' והחזירם לתוהו ודו"ק. ועיין בראשית רבה פרשה ג סימן ז: **בני יפת.** סמוך לפסוק ואלה תולדות בני נח, מוסיף שבח על מה שכתוב למעלה אלה תולדות נח, וכמו שאמר בסמוך אצל ואלה שמות בני ישראל, שמוסיף שבח על מה שכתוב בני יעקב, ופירושו שמוסיף לשבחם עוד הפעם, וכן כאן, ועל כן חשבם בפרט בני יפת וגו', על שהם לקיום לדורות עולם: **זמרן יקשן.** עיין מה שכתב בראשית רבה פרשה ס"א סימן ה, ותבין כאן:

מתנות כהונה

[ב] **פסיעות גסות.** כלומר שלא ימהרו לפסוק הדין אלא יהיו מתונים בדין:

אשד הנחלים

ברגע אחד ומכה כוללת את כלם, הבן זה מאד. אך באמת ה' ברוך הוא, אינו עושה כן כי אם במשפט, שהוא ממוזג קצת ברחמים, וכל כונתם לדרוש על מלת ואלה, שפירושו על דרך הרמז כמו שתראו שאני מתנהג במדת המשפט, כמו כן אלה המשפטים תשימו גם כן לפניכם להתנהג בזה, לא במדת הדין לגמרי המכלה ומשחית: [ב] **שלא יהיו פוסעין.** כי אז היתה מתגלה הערוה, אף מתחת המתנים כי היתה פתוחה מלמטה, כך לא יהיו פוסעין בשכלן במהירות בדין, כי אם במתון ובלאט, כדי שלא יתגלה ערות טעותן אם ימהרו. וכל זה דרך רמז מעט לדרוש הסמוכין במקרא, מה שאפשר לדרוש:

[ג] **ואלה מוסיף.** הוא דבר מונח בטבע הלשון, כי הוא וא"ו הקישור למעלה, כי מלת אלה, משמע בלשון אלה יש להם ענין אחר ממה שקדם, אבל עם וא"ו מורה נמי שיש להם התקשרות מה, ובלא וא"ו משמע פירוד והבדל ממש, מדבר של מעלה: **שהיה בורא שמים וארץ כו'.** עיין בסדר בראשית (ג, ז) שם מבואר: **פסל דורו של אנוש.** כאומר אלה הם הנקראים תולדות, ולא הראשונים שהיו רשעים: **מוסיף על הראשונים.** כלומר רעים כמותם ועוד יותר, כי על זה מורה מלת אלה, להבדיל גם כן מהראשונים, מפני שהם על כל פנים רעים עוד יותר:

חידושי הרד"ל

[ב] **שלא יפסיעו פסיעות גסות בדין.** כן צריך לומר:

חידושי הרש"ש

[ב] **אלא יהו מהלכין עקב בצד גודל.** וכן הובא במכילתא סוף יתרו, וזהו שאמרו בסוכה (דף נב, ב) על בנה של מרתא בת בייתוס שהיה נוטל שני יריכות כו' והיה מהלך עקב בצד גודל, משום דכן הוא הדין. ומה שאמרו בריש פרק ב' דיומא (כב, א) רצין ועולין בכבש, צריך לומר דמכל מקום היו בפסיעות קצרות, ולכן מה שכתב רש"י בסוכה שם (ד"ה עקב) הוליכן בנחת כו' ודרך נושאי משאוי לרוץ, אינו מדוקדק: [ג] **ומה פסל כו' וקינן וחביריו.** נראה דחסר כאן, וצריך לומר **ואלה מוסיף על הראשונים כיצד ואלה תולדות בני נח** (בראשית י') **מוסיף על הראשונים** (רצה לומר על דורו של אנוש וכו') **לפיכך כו'.** רצה לומר דהיו גם כן רשעים:

באור מהרי"פ

[ב] **שלא יהו פוסעין וכו'.** זה לשון המכילתא, הרי הוא אומר ועשה להם מכנסי בד, ומה תלמוד לומר אשר לא תגלה ערותך עליו, שלא יפסיעו בו פסיעה גסה, עד כאן, כדפירש רש"י בחומש (שמות כ, כג) הרחבת הפסיעות קרוב לגלוי ערוה: [ג] **בני יפת גומר ומגוג.** הענין מוקשה. וזה לשון תולדות נח הארוך, כלומר אלו בני נח עצמן כתיב אלה תולדות נח, אלה פוסל את הראשונים, אבל בני נח כתוב (בראשית י, א - ב) ואלה תולדות בני נח שם חם ויפת, ויולדו להם בנים אחר המבול, בני יפת גומר ומגוג ומדי ויון ותובל ומשך ותירס, ולכך נאמר מוסיף על הראשונים, שהם דור המבול, וחבריהם, שגם שם לא היו צדיקים בבני נח עצמן. אך צריך עיון, הלא (שם כ) כתוב אלה בני חם למשפחותם ללשונותם בארצותם בגוייהם, (שם לא) אלה בני שם למשפחותם ללשונותם בארצותם לגוייהם, ומאי פוסל בהם. ועיין תולדות נח הארוך ויפה תואר, ומפני שלקוצר דעתי דבריהם דחוקים לא העתקתי אותם:

מסורת המדרש

ג. מכילתא סדר יתרו סוף פרשה י"א כל הענין:
ד. עיין ירושלמי ברכות פרק א' הלכה א'. ילקוט סדר יתרו רמז ש"ו:
ה. בראשית רבה פרשה י"ב ופרשה ל'. לעיל פרשה א'. במדבר רבה פרשה ג'. רות רבה פרשה א'. תנחומא סדר שמות סימן ב'. תנחומא כאן סימן ג'. מכילתא כאן פרשה א'. ילקוט סדר בראשית רמז י"ז וסדר נח רמז מ"ז. ילקוט סדר שמות רמז קס"ה. ילקוט כאן רמז ש"ו:
ו. ב"ר פ"ג וש"כ:

אם למקרא

וְלֹא תַעֲלֶה בְמַעֲלֹת עַל מִזְבְּחִי אֲשֶׁר לֹא תִגָּלֶה עֶרְוָתְךָ עָלָיו: (שמות כ: כב)

וַעֲשֵׂה לָהֶם מִכְנְסֵי בָד לְכַסּוֹת בְּשַׂר עֶרְוָה מִמָּתְנַיִם וְעַד יְרֵכַיִם יִהְיוּ: (שם כח: מב)

אֵלֶּה תוֹלְדוֹת הַשָּׁמַיִם וְהָאָרֶץ בְּהִבָּרְאָם בְּיוֹם עֲשׂוֹת ה' אֱלֹהִים אֶרֶץ וְשָׁמָיִם: (בראשית ב: ד)

אֵלֶּה תּוֹלְדֹת נֹחַ נֹחַ אִישׁ צַדִּיק תָּמִים הָיָה בְּדֹרֹתָיו אֶת־הָאֱלֹהִים הִתְהַלֶּךְ־נֹחַ: (שם ו: ט)

בְּנֵי יֶפֶת גֹּמֶר וּמָגוֹג וּמָדַי וְיָוָן וְתֻבָל וּמֶשֶׁךְ וְתִירָס: (בראשית י: ב)

וְאֵלֶּה תֹּלְדֹת יִשְׁמָעֵאל בֶּן־אַבְרָהָם אֲשֶׁר יָלְדָה הָגָר הַמִּצְרִית שִׁפְחַת שָׂרָה לְאַבְרָהָם: (שם כה: יב)

וַתֵּלֶד לוֹ אֶת זִמְרָן וְאֶת יָקְשָׁן וְאֶת מְדָן וְאֶת מִדְיָן וְאֶת יִשְׁבָּק וְאֶת שׁוּחַ: (שם שם ב)

וְאֵלֶּה תּוֹלְדֹת יִצְחָק בֶּן אַבְרָהָם אַבְרָהָם הוֹלִיד אֶת יִצְחָק: (שם שם יט)

אמרי יושר

[ב] **מה ענין זה לזה.** אלא נקשה קושיא אחרת ויתורץ הכל, וכי ערות כהנים מגולה היתה, אלא אין פירושו לא תגלה ממש, אלא הקפיד אף על היות הערוה בלתי מלומלמת ובלתי מכוסה בבשר היריכים, כי מזה יראה שלות רסן בתאוה, וזה בפסוע פסיעה גסה, ואם הפירוש כן, הרי הסמיכות שלא תפסיע כדין: [ג] **ואלה תולדות יצחק [וכו'] מוסיף.** עשו על ישמעאל, רשע כמותו. ואם תאמר ומניין לי להוציא

§3 The Midrash discusses the conjunction "and" in this phrase:

דָּבָר אַחֵר, "וְאֵלֶּה הַמִּשְׁפָּטִים" — **Another interpretation** regarding ***And these are the ordinances*****:** **אָמַר רַבִּי אַבָּהוּ: בְּכָל מָקוֹם שֶׁכָּתוּב "וְאֵלֶּה" מוֹסִיף עַל הָרִאשׁוֹנִים** — **R' Abahu said: Wherever it is written, "*And" these are* . . . , [Scripture] is adding on to the preceding** items;[50] **וּבְכָל מָקוֹם שֶׁכָּתוּב "אֵלֶּה" פּוֹסֵל אֶת הָרִאשׁוֹנִים** — **and wherever it is written, "*These" are* . . . ,** without "and," **[Scripture] is discounting the preceding** items.[51]

The Midrash illustrates this rule with several examples:

כֵּיצַד — **How is this** applied to specific verses? **"אֵלֶּה תוֹלְדוֹת הַשָּׁמַיִם וְהָאָרֶץ בְּהִבָּרְאָם"** — It is written, ***These are the products of the heaven and the earth when they were created*** (*Genesis* 2:4). **וּמַה פָּסַל** — **And what** preceding items **did [Scripture] discount** by omitting the conjunctive *and*? **שֶׁהָיָה בּוֹרֵא שָׁמַיִם וָאָרֶץ** — This wording comes to teach **that [God] had** previously **created** other **heavens and earths,**[52] **וְהָיָה מִסְתַּכֵּל בָּהֶם וְלֹא הָיוּ עֲרֵבִים עָלָיו** — **but He scrutinized them and** found that **they were not pleasing to Him,**[53] **וְהָיָה מַחֲזִירָן לְתוֹהוּ וָבוֹהוּ** — **so He returned them to** a state of **"astonishing emptiness."**[54] **כֵּיוָן שֶׁרָאָה שָׁמַיִם וָאָרֶץ אֵלּוּ עָרְבוּ לְפָנָיו** — But **when He saw these heavens and** this **earth** that are presently in existence, **they were pleasing before Him,** **אָמַר: אֵלּוּ תוֹלְדוֹת** — and **He said, "*These*** — as opposed to the previous worlds I created — ***are the products of the heaven and the earth*** that are worthy to remain in existence!" **לְפִיכָךְ "אֵלֶּה תוֹלְדוֹת הַשָּׁמַיִם וְהָאָרֶץ"** — **Therefore,** Scripture states, ***These*** (not "*And* these") ***are the products of the heaven and the earth,*** **אֲבָל הָרִאשׁוֹנִים לֹא הָיוּ תוֹלְדוֹת** — indicating, *These* are the worthy products of heaven and earth, **but the preceding** forms of heaven and earth **were not products** worthy of preservation.

כַּיּוֹצֵא בוֹ, "אֵלֶּה תּוֹלְדֹת נֹחַ" — **Similarly,** it is stated, ***These are the offspring of Noah*** (ibid. 6:9). **וּמַה פָּסַל** — **And what** preceding items **did [Scripture] discount** by omitting the conjunctive *and*?[55] **דּוֹרוֹ שֶׁל אֱנוֹשׁ וְדוֹר הַמַּבּוּל** — **The generation of Enosh**[56] **and the generation of the Flood,**[57] **וְקֵינָן וַחֲבֵירָיו** — **and Kenan and those associated with him** (i.e., the generations listed following him).[58] **לְפִיכָךְ אָמַר "בְּנֵי יֶפֶת גֹּמֶר וּמָגוֹג"** — **Therefore [Scripture] stated, *The sons of Japheth: Gomer, Magog,*** *etc.* (ibid. 10:1,2).[59]

וְכַיּוֹצֵא בוֹ "וְאֵלֶּה תֹּלְדֹת יִשְׁמָעֵאל בֶּן אַבְרָהָם" — **And similarly,** in the verse, ***"And" these are the descendants of Ishmael, Abraham's son*** (ibid. 25:12), **מוֹסִיף עַל הָרִאשׁוֹנִים** — the expression "*and* these" indicates that Scripture **is adding on to the preceding** items. **וּמִי הֵם** — **And who are those** preceding ones? **מַה שֶּׁכָּתוּב לְמַעְלָה** — Scripture is referring to **what is written before** this verse, **שֶׁנֶּאֱמַר "וַתֵּלֶד לוֹ אֶת זִמְרָן וְאֶת יָקְשָׁן"** — **as it is stated** regarding Abraham's wife Keturah, ***She bore him Zimran, Jokshan,*** *etc.* (ibid. 25:2). **וְאַף כָּאן "וְאֵלֶּה תֹּלְדֹת יִשְׁמָעֵאל בֶּן אַבְרָהָם . . . בְּכֹר יִשְׁמָעֵאל נְבָיֹת"** — **And here too,** Scripture states, ***"And" these are the descendants of Ishmael, Abraham's son . . . Ishmael's firstborn Nebaioth,*** *Kedar, Adbeel, and Mibsam, etc.* (ibid. 25:12-13), **רְשָׁעִים הָיוּ כַּיּוֹצֵא בָּהֶן** — meaning to indicate that **[these sons of Ishmael] were wicked, just as those** previously mentioned children of Keturah **were** wicked.[60]

כַּיּוֹצֵא בוֹ "וְאֵלֶּה תּוֹלְדֹת יִצְחָק בֶּן אַבְרָהָם", מוֹסִיף עַל הָרִאשׁוֹנִים — **Similarly,** the verse, ***"And" these are the offspring of Isaac son of Abraham*** (ibid. 25:19) **adds on to the preceding ones** — **עַל מַה שֶּׁכָּתוּב לְמַעְלָה הֵימֶנּוּ בְּנֵי יִשְׁמָעֵאל** — i.e., **to what is written above it,** viz., the listing of **the children of Ishmael.**[61]

NOTES

50. I.e., it indicates a comparison between the latter group and the former.

51. By omitting "and" Scripture indicates that the upcoming group is distinct and *not* to be compared with the previous one. See *Bereishis Rabbah* 12 §3, *Rus Rabbah* 8 §1.

52. See also *Bereishis Rabbah* 3 §7.

53. Many explanations have been given for these "primeval worlds" and for the purpose of their creation, since they were destroyed in any event. According to *Malbim* (to *Genesis* 1:5), each world, after it was destroyed, served as a building block for the successive, superior one, and so on until our present world was created.

54. A phrase used in *Genesis* 1:2 to describe the state of the world before the (present) Creation.

55. I.e., whose offspring does Scripture imply are not to be compared to Noah's offspring?

56. When mankind first worshiped idols, and a great punishment was inflicted upon them, as related in *Bereishis Rabbah* 5 §6, 23 §6, etc.

57. About which it is stated, *HASHEM saw that the wickedness of Man was great upon the earth* (*Genesis* 6:5).

58. Kenan was the son of Enosh. He and his descendants are listed in *Genesis* 5:12ff — just before the verse, *These are the offspring of Noah.* The use of the expression "These are" (as opposed to "*And* these are") intimates that Noah's offspring, who were righteous, should not be compared with all those mentioned before them: the people of the generations of Enosh, Kenan, and the Flood, who were wicked.

59. This is a difficult line, and the commentators offer several explanations. *Rashash* emends the text to read:
"וְאֵלֶּה" מוֹסִיף עַל הָרִאשׁוֹנִים כֵּיצַד — The expression ***"And" these are*** **adds on to the preceding** items — **how is** this applied? **"וְאֵלֶּה תּוֹלְדֹת בְּנֵי נֹחַ מוֹסִיף עַל הָרִאשׁוֹנִים** — It is written, ***And these are the offspring of the sons of Noah*** (*Genesis* 10:1), indicating that the offspring of the *sons* of Noah (as opposed to Noah's own offspring) *were* comparable with the generations who preceded them (i.e., the generation of the Flood), for there were wicked people among them too. **לְפִיכָךְ אָמַר "בְּנֵי יֶפֶת גֹּמֶר וּמָגוֹג"** — And **thus [Scripture] said** immediately afterward, ***The sons of Japheth: Gomer, Magog,*** *etc.* (ibid. v. 2), who were not righteous.

In other words, having shown an example of the second part of R' Abahu's rule (that אֵלֶּה indicates a disconnect with what preceded) with the phrase, "These are the offspring of Noah," the Midrash now goes on to show an example of the first part of the rule (that וְאֵלֶּה indicates a connection with what preceded) with an almost identical phrase, "These are the offspring of the sons of Noah." (*Toldos Noach* explains the Midrash in an identical fashion without emending the text. See *Eitz Yosef* and *Maharzu* for different explanations of this line.)

60. While Scripture makes no overt mention of the wickedness of Zimran and Jokshan, their names allude to their idolatrous ways (*Bereishis Rabbah* 65 §5), hence the Midrash's assertion of their wickedness (*Eitz Yosef*).

61. I.e., the above-cited verse: *And these are the descendants of Ishmael, Abraham's son . . . Ishmael's firstborn Nebaioth, Kedar, Adbeel, and Mibsam, etc.*, which lists the wicked descendants of Ishmael. The words "*And* these" indicate that Isaac's offspring should be compared to Ishmael's, as the Midrash goes on to explain.

INSIGHTS

be on God rather than on ourselves. And this, too, is contained in the admonition of our Sages, "Be deliberate in judgment" (*Avos* 1:1). It is not a directive only to judges in a court. It is also a directive to every individual, who must judge his own motives and actions in whatever he does: Be deliberate. Do not take wide, leaping steps that would expose your spiritual "nakedness." That is the way to ascend to the summit of God's Altar in the Temple and in life (see *Sfas Emes*, *Mishpatim* 5632, as amplified by *MeRosh Tzurim*, p. 218).

וְכֵן הוּא אוֹמֵר (ישעיה שם ה) ״אוֹ יַחֲזֵק בְּמָעוּזִּי״, וְאֵין מָעוּזִּי אֶלָּא דִּין, שֶׁנֶּאֱמַר (תהלים צט, ד) ״וְעֹז מֶלֶךְ מִשְׁפָּט אָהֵב״, אָמַר לָהֶם הַקָּדוֹשׁ בָּרוּךְ הוּא לְיִשְׂרָאֵל: כְּשֵׁם שֶׁאֲנִי יָכוֹל לַעֲבוֹר אֶת הַדִּין עַל °עוֹבְדֵי כוֹכָבִים° וַאֲנִי אֵינִי מַעֲבִיר אֶלָּא תּוֹפֵס אֲנִי בַּדִּין, כָּךְ אַתֶּם לֹא תֵצְאוּ חוּץ לַדִּין שֶׁנֶּאֱמַר [כא, א] ״וְאֵלֶּה הַמִּשְׁפָּטִים״:

ב מַה כְּתִיב לְמַעְלָה מִן הָעִנְיָן, (לעיל כ, כב) ״וְלֹא תַעֲלֶה בְמַעֲלֹת עַל מִזְבְּחִי״, וּכְתִיב [כא, א] ״וְאֵלֶּה הַמִּשְׁפָּטִים״, וְכִי מָה עִנְיַן זֶה אֵצֶל זֶה, [ג]וְכִי עֶרְוָתָן שֶׁל כֹּהֲנִים הָיְתָה מְגוּלָּה, וַהֲרֵי כְּתִיב (שם כח, מב) ״וַעֲשֵׂה לָהֶם מִכְנְסֵי בָד לְכַסּוֹת בְּשַׂר עֶרְוָה״, אֶלָּא אָמַר רַבִּי אָבִינָא: כְּשֵׁם שֶׁהִזְהִיר הַקָּדוֹשׁ בָּרוּךְ הוּא אֶת הַכֹּהֲנִים שֶׁלֹּא יְהוּ פּוֹסְעִין פְּסִיעוֹת גַּסּוֹת עַל גַּבֵּי הַמִּזְבֵּחַ [ד]אֶלָּא יְהוּ מְהַלְּכִין עָקֵב בְּצַד גּוּדָל, כָּךְ הִזְהִיר הַקָּדוֹשׁ בָּרוּךְ הוּא אֶת הַדַּיָּינִין שֶׁלֹּא יַפְסִיעוּ פְּסִיעוֹת גַּסּוֹת בַּדִּין:

ג דָּבָר אַחֵר, [כא, א] ״וְאֵלֶּה הַמִּשְׁפָּטִים״, [ה]אָמַר רַבִּי אַבָּהוּ: בְּכָל מָקוֹם שֶׁכָּתוּב ״וְאֵלֶּה״ מוֹסִיף עַל הָרִאשׁוֹנִים, וּבְכָל מָקוֹם שֶׁכָּתוּב ״אֵלֶּה״ פּוֹסֵל אֶת הָרִאשׁוֹנִים, כֵּיצַד, (בראשית ב, ד) ״אֵלֶּה תוֹלְדוֹת הַשָּׁמַיִם וְהָאָרֶץ בְּהִבָּרְאָם״, וּמַה פָּסַל, [ו]שֶׁהָיָה בּוֹרֵא שָׁמַיִם וָאָרֶץ וְהָיָה מִסְתַּכֵּל בָּהֶם וְלֹא הָיוּ עֲרֵבִים עָלָיו וְהָיָה מַחֲזִירָן לְתוֹהוּ וָבוֹהוּ, כֵּיוָן שֶׁרָאָה שָׁמַיִם וָאָרֶץ אֵלּוּ עָרְבוּ לְפָנָיו, אָמַר: אֵלּוּ תוֹלָדוֹת, לְפִיכָךְ ״אֵלֶּה תוֹלְדוֹת הַשָּׁמַיִם וְהָאָרֶץ״, אֲבָל הָרִאשׁוֹנִים לֹא הָיוּ תוֹלָדוֹת, כַּיּוֹצֵא בוֹ, (שם ו, ט) ״אֵלֶּה תּוֹלְדֹת נֹחַ״, וּמַה פָּסַל, דּוֹרוֹ שֶׁל אֱנוֹשׁ וְדוֹר הַמַּבּוּל וְקַיִן וַחֲבֵירָיו, לְפִיכָךְ אָמַר (בראשית י, ב) ״בְּנֵי יֶפֶת גֹּמֶר וּמָגוֹג״, וְכַיּוֹצֵא בוֹ (שם כה, יב) ״וְאֵלֶּה תֹּלְדֹת יִשְׁמָעֵאל בֶּן אַבְרָהָם״, מוֹסִיף עַל הָרִאשׁוֹנִים, וּמִי הֵם, מַה שֶּׁכָּתוּב לְמַעְלָה שֶׁנֶּאֱמַר (שם שם ב) ״וַתֵּלֶד לוֹ אֶת זִמְרָן וְאֶת יָקְשָׁן״, וְאַף כָּאן ״וְאֵלֶּה תֹּלְדֹת יִשְׁמָעֵאל בֶּן אַבְרָהָם ... בְּכֹר יִשְׁמָעֵאל נְבָיֹת״, רְשָׁעִים הָיוּ כַּיּוֹצֵא בָהֶן, כַּיּוֹצֵא בוֹ (שם שם יט) ״וְאֵלֶּה תּוֹלְדֹת יִצְחָק בֶּן אַבְרָהָם״, מוֹסִיף עַל הָרִאשׁוֹנִים, עַל מַה שֶּׁכָּתוּב לְמַעְלָה הֵימֶנּוּ בְּנֵי יִשְׁמָעֵאל,

עץ יוסף

וכן הוא אומר או יחזק כו'. פירוש וכן הוא אומר שלא יעבור הקדוש ברוך הוא על דינם, וכמו שפירש לעיל: **ואין מעוזי אלא דין.** דמעוזי רמז לדין דילפינן בגזירה שוה מה התם אשכחן משפט גבי עוז, הכי נמי מעוזי דהכא עוז ומשפט קאמר: (ב) **שלא יהיו פוסעים פסיעות גסות.** והיינו אשר לא תגלה ערותך עליו, שהפסיעה גסה קרוי גלוי ערוה, וכמו שכתב רש"י בחומש הרחבת הפסיעות קרוב לגלוי ערוה הוא, ואתה נוהג במזבח מנהג בזיון: **שלא יפסיעו פסיעות גסות בדין.** כלומר שלא ימהרו לפסוק הדין, אלא יהיו מתונים וידקדקו בכל דקדוק שאפשר: (ג) [ב] **בכל מקום שכתוב ואלה כו'** ועיין מה שכתבתי בבראשית רבה פרשה י"ב: **והיה מסתכל בהם.** הא' הסתכלות הוא במחשבה ולא מעשה, כי לא יפול לומר על השם יתברך שברא ואחר כך נסתכל בהם והחריבן (תולדות נח). ועיין מה שכתבתי בבראשית רבה פרשה ג': **כיון שראה שמים וארץ אלו ערבו לפניו כו'.** ולפי זה אין פירוש תולדות בריות אחרות של שמים וארץ, אבל פירושו חידוש ובריאת שמים וארץ עצמם כמו בטרם הרים יולדו: **ומה פסל דורו של אנוש ודור המבול וקינן.** מה שהסמיך דורו של מבול לדורו של אנוש, ולא הסמיכן כסדר תולדותם אנוש קינן מבול, משום שפסל דור אנוש ומבול לא אצטריך, כי פסולתם כתוב בהדיא בתורה, על כן הסמיך אנוש ומבול להורות שכשם שבאלו מבואר פסלותם, כן דורו של קינן וחביריו שהיו ביניהם, ואף על גב שבדורות האמצעיים היו כמה צדיקים, כגון חנוך מתושלח, רוב הדור היו רשעים: **לפיכך אמר בני יפת כו'.** כלומר לפי שאלו היו חשובים פירש הכתוב תולדותיהם ושמות הבנים אשר הולידו, מה שאין כן בדורות הראשונים, שלא פירש הכתוב שמות הבנים שהולידו קינן וחביריו, לפי שלא היו חשובים להתפרש (יפה תואר): **רשעים היו כיוצא בהם.** בראשונים דידעינן בהו שהיו רשעים משמותיהם, דזמר שמזמרין לעכו"ם יקשן שמקישין לפני עכו"ם, כדלעיל בבראשית רבה, וכן תולדות ישמעאל היו רשעים, מה שאין כן ישמעאל עצמו עשה תשובה לסוף ימיו, כדדרשו חכמינו ז"ל (לעיל בראשית רבה ל, ד) בשיבה טובה, בשרו שישמעאל יעשה תשובה בימיו (תולדות נח):

פירוש מהרז"ו

וכן הוא אומר או יחזיק. וכמו שכתוב בתנחומא כאן, וזה לשונו אמר הקב"ה כל מה שאני עושה בדין אני עושה, שאם הייתי מבקש פעם אחת לעבור הדין, לא היה העולם יכול לעמוד וכו', עד או יחזיק במעוזי, שידי אוחזה בדין. וכן הוא בילקוט ישעיה כ"ז: (ב) **מה כתיב למעלה.** עיין ויקרא רבה פרשה כ"ט סימן ה: **וכי ערותן.** תחלה שואל על סמיכות הענינים, ועל זה אומר שכאשר נדע פירוש הכתוב, נדע גם טעם סמיכתן: **פסיעות גסות בדין.** בלא דקדוק דרישה וחקירה: (ג) **אמר רבי אבהו.** תנחומא כאן סימן ג הגירסא אמר רבי אבהו בשם (ר"א בן) רבי יוסי בן זמרא, עיין לעיל פרשה א סימן ב ושם נסמן: **ומה פסל שהיה בורא.** עיין בראשית רבה פרשה ט סימן ב, ושם פרשה י"ב סימן ג, ומה פסל תוהו ובוהו וחושך, והמדרש כאן פירש שברא וכו' והחזירם לתוהו ודו"ק. ועיין בראשית רבה פרשה ג סימן ז: **בני יפת.** סמוך לפסוק ואלה תולדות בני נח, מוסיף שבח על מה שכתוב למעלה אלה תולדות נח, וכמו שאמר בסמוך אלל ואלה שמות בני ישראל, שמוסיף שבח על מה שכתוב בני יעקב, ופירושו שמוסיף לשבחם עוד הפעם, וכן כאן, ועל כן חשבם בפרט בני יפת וגו', על שהם לקיום לדורות עולם: **זמרן יקשן.** עיין מה שכתב בראשית רבה פרשה ס"א סימן ה, ותבין כאן:

חידושי הרד"ל

[ב] **שלא יפסיעו פסיעות גסות בדין.** כן צריך לומר:

חידושי הרש"ש

[ב] **אלא יהו מהלכין עקב בצד גודל.** וכן הוא במכילתא סוף יתרו, וזהו שאמרו בסוכה (דף נב, ב) על בנה של מרתא בת בייתוס שהיה נוטל שני ירכות כו' והיה מהלך עקב בצד גודל, משום דכן הוא הדין. ומה שאמרו בריש פרק ב' דיומא (כב, א) רצין ועולין בכבש, צריך לומר דמכל מקום היו בפסיעות קצרות, ולכן מה שכתב רש"י בסוכה שם (ד"ה עקב) הוליכן בנחת כו' ודרך נושאי משאוי לרוץ, אינו מדוקדק: [ג] **ומה פסל כו' וקינן וחביריו.** נראה דחסר כאן, וצריך לומר **ואלה מוסיף על הראשונים ביצד ואלה תולדות בני נח** (בראשית י') **מוסיף על הראשונים** (רצה לומר על דורו של אנוש וכו') **לפיכך כו'.** רצה לומר דהיו גם כן רשעים:

באור מהרי"פ

[ב] **שלא יהו פוסעין וכו'.** זה לשון המכילתא, הרי הוא אומר ועשה להם מכנסי בד, ומה תלמוד לומר אשר לא תגלה ערותך עליו, שלא יפסיעו בו פסיעה גסה, עד כאן, כדפירש רש"י בחומש (שמות כ, כג) הרחבת הפסיעות קרוב לגלוי ערוה: [ג] **בני יפת גומר ומגוג.** הענין מוקשה. וזה לשון תולדות נח הארוך, כלומר אלל בני נח עצמן כתיב אלה תולדות נח, אלה פוסל את הראשונים, אבל בני נח כתוב (בראשית י, א - ב) ואלה תולדות בני נח שם חם ויפת, ויולדו להם בנים אחר המבול, בני יפת גומר ומגוג ומדי ויון ותובל ומשך ותירס, ולכך נאמר מוסיף על הראשונים, שהם דור המבול, וחבריהם, שגם הם לא היו צדיקים כבני נח עצמן. אך צריך עיון, הלא (שם כ) כתוב אלה בני חם למשפחותם ללשונותם בארצותם בגוייהם, (שם לא) אלה בני שם למשפחותם ללשונותם בארצותם לגוייהם, ומאי פוסל בהם. ועיין תולדות נח הארוך ויפה תואר, ומפני שלקוצר דעתי דבריהם דחוקים לא העתקתי אותם:

מסורת המדרש

ג. מכילתא סדר יתרו סוף פרשה י"א כל הענין:
ד. עיין ירושלמי ברכות פרק א' הלכה א'. ילקוט סדר יתרו רמז ש"ו:
ה. בראשית רבה פרשה י"ב ופרשה ל'. לעיל פרשה א'. במדבר רבה פרשה ג'. רות רבה פרשה א'. תנחומא סדר שמות סימן ב'. תנחומא כאן סימן ג'. מכילתא כאן פרשה א'. ילקוט סדר בראשית רמז י"ז וסדר נח רמז מ"ז. ילקוט סדר שמות רמז קס"ה. ילקוט כאן רמז ש"ו:
ו. ב"ר פ"ג וש"נ:

אם למקרא

וְלֹא תַעֲלֶה בְמַעֲלֹת עַל מִזְבְּחִי אֲשֶׁר לֹא תִגָּלֶה עֶרְוָתְךָ עָלָיו: (שמות כ: כב)

וַעֲשֵׂה לָהֶם מִכְנְסֵי בָד לְכַסּוֹת בְּשַׂר עֶרְוָה מִמָּתְנַיִם וְעַד יְרֵכַיִם יִהְיוּ: (שם כח: מב)

אֵלֶּה תוֹלְדוֹת הַשָּׁמַיִם וְהָאָרֶץ בְּהִבָּרְאָם בְּיוֹם עֲשׂוֹת ה׳ אֱלֹהִים אֶרֶץ וְשָׁמָיִם: (בראשית ב: ד)

אֵלֶּה תּוֹלְדֹת נֹחַ נֹחַ אִישׁ צַדִּיק תָּמִים הָיָה בְּדֹרֹתָיו אֶת־הָאֱלֹהִים הִתְהַלֶּךְ־נֹחַ: (שם ו: ט)

בְּנֵי יֶפֶת גֹּמֶר וּמָגוֹג וּמָדַי וְיָוָן וְתֻבָל וּמֶשֶׁךְ וְתִירָס: (בראשית י: ב)

וְאֵלֶּה תֹּלְדֹת יִשְׁמָעֵאל בֶּן־אַבְרָהָם אֲשֶׁר יָלְדָה הָגָר הַמִּצְרִית שִׁפְחַת שָׂרָה לְאַבְרָהָם: (שם כה: יב)

וַתֵּלֶד לוֹ אֶת זִמְרָן וְאֶת יָקְשָׁן וְאֶת מְדָן וְאֶת מִדְיָן וְאֶת יִשְׁבָּק וְאֶת שׁוּחַ: (שם שם ב)

וְאֵלֶּה תּוֹלְדֹת יִצְחָק בֶּן אַבְרָהָם אַבְרָהָם הוֹלִיד אֶת יִצְחָק: (שם שם יט)

אמרי יושר

[ב] **מה ענין זה לזה.** אלא נקשה קושיא אחרת ויתורץ הכל, וכי ערות כהנים מגולה היתה, אלא אין פירושו לא תגלה ממש, אלא הקפיד אף על היות הערוה בלתי מגולמת ובלתי מכוסה בבשר הירכים, כי מזה יראה שלוח רסן בתאוה, וזה בפסוע פסיעה גסה, ואם הפירוש כן, הרי הסמיכות שלא תפסיע כדין: [ג] **ואלה תולדות יצחק [וכו'] מוסיף.** עשו על ישמעאל, רשע כמותו. ואם תאמר ומניין לי להוציא

מתנות כהונה

[ב] **פסיעות גסות.** כלומר שלא ימהרו לפסוק הדין אלא יהיו מתונים בדין:

אשד הנחלים

ברגע אחד ומכה כוללת את כלם, הבן זה מאד. אך באמת ה׳ ברוך הוא, אינו עושה כן כי אם במשפט, שהוא ממוזג קצת ברחמים, וכל כונתם לדרוש על מלת ואלה, שפירושו על דרך הרמז כמו שתראו שאני מתנהג במדת המשפט, כמו כן אלה המשפטים תשימו גם כן לפניכם להתנהג בזה, לא במדת הדין לגמרי המכלה ומשחית: [ב] **שלא יהיו פוסעין.** כי אז היתה מתגלה הערוה, אף מתחת המתנים כי היתה פתוחה מלמטה, כך לא יהיו פוסעין בשכלן במהירות בדין, כי אם במתון ובלאט, כדי שלא יתגלה ערות טעותן אם ימהרו. וכל זה דרך רמז מעט לדרוש הסמוכין במקרא, מה שאפשר לדרוש:

[ג] **ואלה מוסיף.** הוא דבר מונח בטבע הלשון, כי הוא וא"ו הקישור למעלה, כי מלת אלה, משמע בלשון אלה יש להם ענין אחר ממה שקדם, אבל עם וא"ו מורה נמי שיש להם התקשרות מה, ובלא וא"ו משמע פירוד והבדל ממש, מדבר של מעלה: **שהיה בורא שמים וארץ כו'.** עיין בסדר בראשית (ג, ז) שם מבואר: **פסל דורו של אנוש.** כאומר אלה הם הנקראים תולדות, ולא הראשונים שהיו רשעים: **מוסיף על הראשונים.** כלומר רעים כמותם ועוד יותר, כי על זה מורה מלת אלה, להבדיל גם כן מהראשונים, מפני שהם על כל פנים רעים עוד יותר:

וּמִי הָיָה זֶה – **And who was it** among Isaac's offspring who is being compared to Ishmael here?[62] עֵשָׂו וּבָנָיו – It was **Esau and his sons,** שֶׁהָיָה בְּנוֹ שֶׁל יִצְחָק – **for [Esau] was the son of Isaac.**[63] וְאִם כֵּן יֵשׁ לוֹמַר הוֹאִיל וְאֵין כָּתוּב אֶלָּא "וְאֵלֶּה תוֹלְדֹת" – **But if so,**[64] **one could say** that **since it is written** regarding Isaac's offspring **only** ***"And" these are the offspring** of Isaac,*[65] אַף יַעֲקֹב שֶׁהוּא "תוֹלְדֹת יִצְחָק" בִּכְלַל עֵשָׂו – then **even Jacob, who is** also ***the offspring of Isaac,*** **is included along with Esau** in this unfavorable description. אַתָּה מוֹצֵא כָּל תוֹלְדוֹת שֶׁבַּמִּקְרָא חֲסֵרִים חוּץ מִשְּׁנַיִם – But this is the explanation of why this is not so: **You find** that **all** occurrences of the word ***toldos*** (*offspring* or *products*) **in Scripture are** written with **defective** spelling, i.e., missing a *vav,*[66] **except for two** occurrences: "אֵלֶּה תוֹלְדוֹת הַשָּׁמַיִם וְהָאָרֶץ" – (i) ***These are the products*** [תוֹלְדוֹת] ***of the heaven and the earth*** (ibid. 2:4); "וְאֵלֶּה תוֹלְדוֹת פָּרֶץ" – (ii) ***And these are the offspring*** [תוֹלְדוֹת] ***of Perez*** (*Ruth* 4:18). וְטַעַם גָּדוֹל יֵשׁ לָהֶם – **And there is a significant reason for these** two specific instances being written with the full spelling, as follows: לָמָּה אָמַר "אֵלֶּה תוֹלְדוֹת הַשָּׁמַיִם וְהָאָרֶץ" מָלֵא – **Why,** in the verse ***These are the products*** [תוֹלְדוֹת] ***of the heavens and the earth,*** is *toldos* **stated in its complete form?** מִפְּנֵי שֶׁבָּרָא הַקָּדוֹשׁ בָּרוּךְ הוּא אֶת עוֹלָמוֹ – **Because** this verse describes the situation when **the Holy One, blessed is He,** first **created His world,** וְלֹא הָיָה מַלְאַךְ הַמָּוֶת בָּעוֹלָם – **and there was** at that time **no Angel of Death in the world.**[67] וּבִשְׁבִיל כָּךְ הוּא מָלֵא – **And because of this [*toldos*]** is written in its **complete** form. וְכֵיוָן שֶׁחָטָא אָדָם וְחַוָּה – **But once Adam and Eve sinned,** and the Angel of Death came into being, חִסֵּר הַקָּדוֹשׁ בָּרוּךְ הוּא כָּל תוֹלְדוֹת שֶׁבַּמִּקְרָא – **the Holy One, blessed is He, made all** succeeding instances of the word ***toldos*** **in Scripture** written with **defective** spelling.[68] וְכֵיוָן שֶׁעָמַד פֶּרֶץ נַעֲשָׂה תוֹלְדוֹת שֶׁלּוֹ מָלֵא – **But when Perez arose** and fathered children, **his *toldos*** (*offspring*) **were considered complete,** and thus the word *toldos* regarding them is written in the full form. שֶׁהַמָּשִׁיחַ עוֹמֵד הֵימֶנּוּ וּבְיָמָיו הַקָּדוֹשׁ בָּרוּךְ הוּא מַבְלִיעַ הַמָּוֶת – This is **because the Messiah is to come about from him,**[69] **and in [the Messiah's] days the Holy One, blessed is He, will** once again **eliminate death,** שֶׁנֶּאֱמַר "בִּלַּע הַמָּוֶת לָנֶצַח" – **as it is stated, *He will eliminate death forever*** (*Isaiah* 25:8).[70] לְפִיכָךְ "תוֹלְדוֹת הַשָּׁמַיִם וְהָאָרֶץ" וְ"תוֹלְדוֹת פֶּרֶץ" מָלֵא – **Therefore,** the word *toldos* in the verse, *These are **the products*** [תוֹלְדוֹת] ***of the heaven and the earth,*** **and** in the verse, *And these are **the offspring*** [תוֹלְדוֹת] ***of Perez,*** is written with the **complete** spelling.[71]

The Midrash returns to its question of why the phrase, *"And" these are the offspring of Isaac,* implying a comparison with the children of Ishmael, includes only Esau and not Jacob:

וּלְכָךְ "תוֹלְדֹת יִצְחָק" חָסֵר – **And therefore** the word *toldos* when written with regard to **the offspring of Isaac is** written with the **defective** spelling, תוֹלְדֹת, missing a *vav* – לְהוֹצִיא יַעֲקֹב מִכְּלַל הָרְשָׁעִים – in order **to remove Jacob** and his descendants **from inclusion among the wicked** descendants of Esau and Ishmael.[72]

The Midrash returns to R' Abahu's rule about *these are* versus *"and" these are,* and cites more examples:

כַּיּוֹצֵא בוֹ "אֵלֶּה תֹלְדוֹת יַעֲקֹב" – **Similarly,** when it states, ***These are the offspring*** [תֹלְדוֹת] ***of Jacob*** (*Genesis* 37:2), פָּסַל לְאַלּוּפֵי עֵשָׂו – **[Scripture]** used the expression *these are* because by doing so it **discounted the** wicked **chiefs of Esau,** whose mention precedes this verse.[73]

כַּיּוֹצֵא בוֹ "וְאֵלֶּה שְׁמוֹת בְּנֵי יִשְׂרָאֵל" – **Similarly,** when Scripture states, ***"And" these are the names of the Children of Israel*** *who were coming to Egypt* (above, 1:1),[74] מוֹסִיף עַל הָרִאשׁוֹנִים – by doing so **it adds on to the preceding** items.[75] וּמִי הָיוּ – **And who were [these]** preceding items? אֵלּוּ שֶׁכָּתַב לְמַעְלָה – They are **those that are written previously,** בְּנֵי רְאוּבֵן וּבְנֵי שִׁמְעוֹן – viz., **the sons of Reuben and the sons of Simeon.**[76]

NOTES

62. Isaac had two sons, Jacob and Esau. The Midrash asks which of these sons Scripture is equating to the children of Ishmael.

63. Hence, וְאֵלֶּה תּוֹלְדֹת יִצְחָק, *And these are the offspring of Isaac,* refers to him.

64. I.e., if וְאֵלֶּה means to compare Isaac's offspring to Ishmael's.

65. That is, nowhere does it say "אֵלֶּה" תּוֹלְדֹת יִצְחָק, thereby excluding Jacob from the cited inclusion of "וְאֵלֶּה" תּוֹלְדֹת יִצְחָק (*Eitz Yosef*).

66. In Hebrew spelling the vowels *o* and *u* can be represented either with a *vav* (to indicate the vowel) or without a *vav*. When the *vav* is used it is called the "full" (or "complete") spelling; when the *vav* is omitted it is called the "defective" spelling. The word תּוֹלְדוֹת, since it has two occurrences of the vowel *o*, can be spelled four ways — with only the first *vav*, with only the second, with both *vavs,* and with no *vavs* (all four of these possibilities are attested to in the Torah). Every instance of the word in Scripture is written with at least one of the *vavs* missing, with only two exceptions — which the Midrash goes on to enumerate — where it is written with both *vavs*.

67. For before Adam and Eve sinned by eating of the forbidden fruit of the Tree of Knowledge they were supposed to be immortal. There was no death in the world and thus no Angel of Death.

68. The defective form of תּוֹלְדוֹת, *offspring,* indicates that those progeny are missing something, in that they are not permanent, but destined to die (*Eshed HaNechalim*). [See *Bereishis Rabbah* 12 §6, for a slightly different explanation for the dropping of the *vav* after Adam's sin. *Toldos Noach* writes that our Midrash here is actually alluding to that explanation.]

69. The Messiah is destined to emanate from the seed of David, who was descended from Perez (see *Ruth* 4:18-22).

70. When Perez fathered his offspring (the forebears of David and the Messiah), he set into motion the process of Messianic redemption, and therefore this event is recorded with the full spelling of תּוֹלְדוֹת, indicating everlasting life.

71. Indicating eternal life (see above, note 68).

72. The obvious question, raised by the commentators, is: We have already accounted for the defective spelling of תּוֹלְדוֹת everywhere in Scripture (besides the two exceptions just mentioned). Why, then, does the Midrash now assign a new, additional reason for the defective spelling of תּוֹלְדוֹת in the case of Isaac? The answer they give is that just as Perez was a forebear of the Messiah, so was Isaac (for Isaac was Perez's great-grandfather), and hence we should expect the full spelling of תּוֹלְדוֹת in his case just as in the case of Perez. Therefore, the Midrash must account for the missing *vav* in his case (*Yefeh To'ar, Toldos Noach, Maharzu, Eitz Yosef*).

73. I.e., it intimates that a stark distinction should be made between the chiefs of Esau who are listed directly before this verse (i.e., *Genesis* 36:40-43) and Jacob's righteous progeny.

74. With this verse, Scripture begins an accounting of the members of Jacob's family that came to Egypt with him, and ends off the list by stating (ibid. 1:5), *and Joseph was* (already) *in Egypt.*

75. That is, the expression *And these* means to equate everyone mentioned here — including Joseph — to the list of the seventy souls who came with Jacob, which appears previously, in *Genesis* 46:8ff. Although Joseph was a powerful ruler in an immoral land, he and his sons remained true to their faith and were no less righteous than Jacob's other descendants that are mentioned above (*Eitz Yosef,* from *Yefeh To'ar* to above, 1 §2).

76. Who are listed previously in *Genesis* 46:8ff (ibid.).

[It is also possible that the Midrash is referring to a different verse that states *And these are the names of the Children of Israel* — in *Genesis* 46:8 — and it expounds that the expression *And these* is used to indicate a comparison between the people on the list that follows (which includes Joseph and his sons) and the sons of Reuben and the sons of Simeon, etc., who are mentioned (though not by name) in the previous verse (ibid. 46:7): בָּנָיו וּבְנֵי בָנָיו, *His* (Jacob's) *sons and grandsons with him.*]

ומִי הָיָה זֶה, עֵשָׂו וּבָנָיו שֶׁהָיָה בְּנוֹ שֶׁל יִצְחָק, וְאִם כֵּן יֵשׁ לוֹמַר הוֹאִיל וְאֵין כָּתוּב אֶלָּא "וְאֵלֶּה תּוֹלְדֹת" אַף יַעֲקֹב שֶׁהוּא "תּוֹלְדֹת יִצְחָק" בִּכְלַל עֵשָׂו, יאַתָּה מוֹצֵא כָּל תּוֹלְדוֹת שֶׁבַּמִּקְרָא חֲסֵרִים חוּץ מִשְּׁנַיִם, (בראשית ב, ד) **"אֵלֶּה תּוֹלְדוֹת הַשָּׁמַיִם וְהָאָרֶץ",** (רות ד, יח) **"וְאֵלֶּה תּוֹלְדוֹת פָּרֶץ", וְטַעַם גָּדוֹל יֵשׁ לָהֶם, לָמָּה אָמַר "אֵלֶּה תּוֹלְדוֹת הַשָּׁמַיִם וְהָאָרֶץ" מָלֵא, מִפְּנֵי שֶׁבָּרָא הַקָּדוֹשׁ בָּרוּךְ הוּא אֶת עוֹלָמוֹ, וְלֹא הָיָה מַלְאַךְ הַמָּוֶת בָּעוֹלָם, וּבִשְׁבִיל כָּךְ הוּא מָלֵא, וְכֵיוָן שֶׁחָטָא אָדָם וְחַוָּה חִסֵּר הַקָּדוֹשׁ בָּרוּךְ הוּא כָּל תּוֹלְדוֹת שֶׁבַּמִּקְרָא, וְכֵיוָן שֶׁעָמַד פֶּרֶץ נַעֲשָׂה תּוֹלְדוֹת שֶׁלּוֹ מָלֵא, שֶׁהַמָּשִׁיחַ עוֹמֵד הֵימֶנּוּ וּבְיָמָיו הַקָּדוֹשׁ בָּרוּךְ הוּא מַבְלִיעַ הַמָּוֶת, שֶׁנֶּאֱמַר** (ישעיה כה, ח) **"בִּלַּע הַמָּוֶת לָנֶצַח", לְפִיכָךְ "תּוֹלְדוֹת הַשָּׁמַיִם וְהָאָרֶץ" וְ"תוֹלְדוֹת פָּרֶץ" מָלֵא, וּלְכָךְ "תּוֹלְדֹת יִצְחָק" חָסֵר, לְהוֹצִיא יַעֲקֹב מִכְּלַל הָרְשָׁעִים, כַּיּוֹצֵא בוֹ** (בראשית לז, ב) **"אֵלֶּה תֹּלְדוֹת יַעֲקֹב", פָּסַל לְאַלּוּפֵי עֵשָׂו, כַּיּוֹצֵא בוֹ** (שמות א, א) **"וְאֵלֶּה שְׁמוֹת בְּנֵי יִשְׂרָאֵל", מוֹסִיף עַל הָרִאשׁוֹנִים, וּמִי הָיוּ, אֵלּוּ שֶׁכָּתַב לְמַעְלָה, בְּנֵי רְאוּבֵן וּבְנֵי שִׁמְעוֹן, כַּיּוֹצֵא בוֹ** (במדבר ג, א) **"וְאֵלֶּה תּוֹלְדֹת אַהֲרֹן" מוֹסִיף עַל הָרִאשׁוֹנִים, וּמִי הָיוּ, אֵלּוּ שֶׁכָּתַב לְמַעְלָה,** (שם א, מד) **"אֵלֶּה הַפְּקֻדִים אֲשֶׁר פָּקַד מֹשֶׁה וְאַהֲרֹן", מָה הָרִאשׁוֹנִים הָיוּ צַדִּיקִים אַף אֵלּוּ צַדִּיקִים, אַף כָּאן** [כא, א] **"וְאֵלֶּה הַמִּשְׁפָּטִים" מוֹסִיף עַל הָרִאשׁוֹנִים, מַה שֶּׁכָּתוּב לְמַעְלָה** (שמות טו, כה) **"שָׁם שָׂם לוֹ חֹק וּמִשְׁפָּט", דָּבָר אַחֵר** [כא, א] **"וְאֵלֶּה הַמִּשְׁפָּטִים" מַה כְּתִיב לְמַעְלָה מִן הַפָּרָשָׁה,** (שם יח, כו) **"וְשָׁפְטוּ אֶת הָעָם בְּכָל עֵת", וְאָמַר כָּאן** [כא, א] **"וְאֵלֶּה הַמִּשְׁפָּטִים", וְהַדִּבְּרוֹת בָּאֶמְצַע, מָשָׁל לְמַטְרוֹנָה שֶׁהָיְתָה מְהַלֶּכֶת, הַזַּיִן מִכָּאן וְהַזַּיִן מִכָּאן וְהִיא בָּאֶמְצַע, כָּךְ הַתּוֹרָה דִּינִין מִלְּפָנֶיהָ וְדִינִין מֵאַחֲרֶיהָ וְהִיא בָּאֶמְצַע, וְכֵן הוּא אוֹמֵר** (משלי ח, כ) **"בְּאֹרַח צְדָקָה אֲהַלֵּךְ",**

עץ יוסף

זה עשו ובניו. שהיו רשעים כבני ישמעאל כדלעיל: **הואיל ואין כתוב אלא ואלה.** כלומר אילו הוה כתיב עוד משום יעקב ובניו לחודיה בשום מקום אלה, לא הוה קשה לן מה שנכללו כאן במאמר ואלה יעקב ועשיו, דהוה אמינא דמשום עשו ובניו לחודיה נקט ליה, דהא גלי לן במקום אחר על יעקב ובניו, אבל השתא דלא כתיב רק פעם אחת ואלה, על כרחין גם יעקב בכלל: **ובימיו הקדוש ברוך הוא מבליע המות.** שעל ידו נחסרו ששה דברים, כדאיתא בבראשית רבה: **ולכך תולדות יצחק חסר.** פירוש שלא תקשה לפי זה למה אלה תולדות פרץ מלא, ולא אלה תולדות יצחק, שהיה אב הראשון שנאמר בו אלה תולדות וממנו נמשך תולדות משיח, אלא בשביל יעקב להוציאו מכלל הרשעים (תולדות נח): **אלו שכתב למעלה בני ראובן כו'.** רוצה לומר משום דבואלה שמות בני ישראל, חשב יוסף ובניו, לכן הוצרך לאשמועינן דהוו צדיקים ככל השבטים נפש הנזכרים לעיל בפרשת ויגש, משום דסלקא דעתך אמינא כיון דהוא מלך לא עמד הוא ובניו בצדקם: **ואלה תולדות אהרן.** וגו', (פסוק ד) וימת נדב ואביהוא לפני ה' בהקריבם אש זרה, וסלקא דעתך אמינא דחוטאים היו, להכי כתיב ואלה תולדות אהרן, להקיש לראשונים, מה הראשונים והם משה ואהרן צדיקים, אף נדב ואביהוא צדיקים, אף שמתו בהקריבם אש זרה, צדיקים גדולים היו, ולא מתו אלא לקדש בהם את המשכן כמו שאמרו חכמינו ז"ל: **מה שכתוב למעלה שם לו חק ומשפט.** פירוש מה אותם נאמרו במרה, אף אלו נאמרו במרה, ואף על פי שכל המצות נאמרו בסיני, לא קשה שניתנו בסיני (יפה תואר): **חק ומשפט.** ואתי כמאן דאמר דינים במרה איפקוד: [ג] **מה כתיב למעלה ושפטו את העם בכל עת.** והא דלא הביא פסוק המוקדם וישב משה לשפוט את העם, משום דהתם לא היה הדין מתוקן עדיין עד שאמר יתרו ואתה תחזה, על ידי זה היו יכולים לשפוט את העם בכל עת ובכל רגע, מה שאין כן בלא עצת יתרו לא היה יכול לדון אלא מידי שבת בשבתו כתקנת עזרא: **משל למטרונא.** משום שהמשפטים הם מישרים לתיקון הקיבוץ המדיני אשר יחיה בהם, לזה אמר שהם כזיין השומר למטרונה מלפניה ומלאחריה, וכן המשפטים הם לצורך קיום התורה: **הזין.** אנשי חיל עם כלי זיין:

פירוש מהרז"ו

והיה מלאך המות בעולם. בהכרח פירושו שלא ניתן לו רשות למשול בעולם, שהרי המלאכים נבראו בשני או בחמישי, כמו שאמרו בראשית רבה פרשה א סימן ג, ושם [שמות רבה] פרשה ב סימן ד, וחשך על פני תהום (בראשית א, ב), זו מיתה המחשיך פני הבריות, ופסוק תולדות השמים נכתב קודם החטא, ושאר תולדות שבמקרא נכתבו אחר החטא: **תולדת יצחק חסר.** שהרי היה ראוי להיות מלא, כמו תולדות פרץ שהוא מיצחק: **ואלה תולדות אהרן.** במדבר ג' א': **כל הפקודים אשר פקד.** שם א' מ"ד, אלה הפקודים אשר פקד, וכאן בטעות: **שם לו חוק ומשפט.** כדעת רבי יהודה במכילתא ריש משפטים (פרשה א). ואף שהוא רחוק שהוא בסדר בשלח, דורש על פי מדת ממעל, משפטים מוסיף על משפט: **מה כתיב למעלה.** בסדר יתרו קודם הדברות, עיין בריש סימן ב: **זיין מכאן.** והמשפט בדמיון הזיין ביד השופט והשוטר, להכריח בעלי דינין לקיים הדין והתורה. וכשנתן הדברות נתן כל התורה בסיני: **ושפטו את העם.** ואחר כך המשפטים מוסיף על השופטים. עיין ילקוט משלי ח' בשם פסיקתא:

מתנות כהונה

[ג] **ומי היה זה.** שהיה דומה לבני ישמעאל ומוסיף עליהן: **וטעם גדול כו'.** עיין עוד בבראשית רבה פרשה י"ב ובמדרש רות ותמצא נחת: **הזין.** אנשי חיל עם כלי זיין:

אשד הנחלים

ואם כן וכו' ולכן תולדות יצחק חסר. הדבר הזה לכאורה מתמיה, הלא כל תולדת שבמקרא חסר לבד אלו השנים. ועיין בבראשית רבה פי"ב (סימן ו), ובמדרש רות (ח, א). והענין בכלל כי התולדה החסירה, הוא הדבר המורה שאין בו קיום תמידי, כי הוא הולך וחסר כטבע ההפסד השולט על ההויה, אך לא היה כן בתחלה קודם החטא, כי היו מוכנים להיות בקיום תמידי, וכן יתוקן לעתיד לבא כמו כן: **מה שכתוב למעלה.** כי מתחלה שָׂם חוק ומשפט, כי הודיע להם המשפטים הכללים, ואחר כך פירש שהן הן המשפטים האמורים למעלה בכלל: **הזין מכאן כו' כך התורה כו'.** יש להבין מהו המעליותא שהדינין לפניה ולאחריה. אך הענין בארוכה על פי דרך הציור האמיתי, בארתי בספר מאורי אש על התנא דבי אליהו, עיין שם ותבין גם פה. ודע שמרמז עוד על המדות של מעלה, המכונה בצדקה ומשפט כנודע, אשר מדת התורה היא ממוצעת, וגם זה אין להאריך:

חידושי הרד"ל

[ג] **תולדת יצחק חסר להוציא יעקב.** שהוא נרמז באות ו' של שם, ולכן נחסר פה:

חידושי הרש"ש

אף יעקב שהוא תולדת יצחק בכלל אתה מוצא כו'. כן צריך לומר ותיבת עשו למחוק: **ולכך תולדת יצחק חסר להוציא יעקב כו'.** דאלו היה יעקב בכלל היה לו להיות מלא, שהרי משיח עומד ממנו: **מה הראשונים כו' אף אלו כו'.** נראה דראשונים רצה לומר משה ואהרן בעצמם, ואולי צריך לומר להיפך, ורצה לומר דנלמד עליון מתחתון, וכן נראה בהא דואלה שמות בני ישראל דבסמוך, דהכוונה דכל השבטים נפש דהיינו בני בניו היו צדיקים כבני יעקב עצמם, וכן מוכח לעיל בריש סדר שמות (פרשה א סוף סימן א - ב): **מלפניה שנאמר שם שם לו כו'.** ולהדבר אחר היינו ושפטו את העם כו':

ידי משה

[ג] **אתה מוצא כל תולדות וכו'.** תירוצא הוא עד סוף המדרש שמסיים **להוציא יעקב מכלל הרשעים:**

אמרי יושר

יעקב, אני אומר שאף יעקב בכלל. תירץ ואמר, **תולדות שבמקרא** שנים מלאים והשאר חסרים, כי כיון שבא מלאך המות בא חסרון תולדת, וכאן תולדת יצחק חסר, לומר שלא נכנס יעקב בכלל התוספת. ואם תאמר והלא אילטריך החסרון בכל תולדות שבמקרא להורות החסרון בסבת מלאך המות. ויש לומר דאישתני וכתיב תולדת, וביעקב כתיב תלדות, ואם כן אישתני לדרשה חדשה:

באור מהרי"פ

שכתב למעלה בני ראובן. כתב היפה תואר, וצריך עיון, דהשתא נמי מה שמזכיר והולך הן הן הנזכרים למעלה. ובעל תולדות נח האריך מתרץ קצת, דלמעלה בסדר ויגש (בראשית מו, כו) מפורשים שבעים נפש. ועדיין צריך עיון קצת: **למעלה כל הפקודים אשר פקד משה ואהרן.** נראה דטעות סופר הוא, דלא נמצא זה הלשון שם למעלה, וצריך להיות אלה הפקודים אשר פקד משה ואהרן (שם א, מד), אהלך בדרכו של עושה צדקה ומשפט. כאשר אמרו חכמינו ז"ל בבבא בתרא פרק קמא (ט, ב), הרגיל לעשות צדקה הויין לו בנים בעלי חכמה בעלי הגדה בעלי עושר, ונלמד שם ממקראות עיין שם:

מסורת המדרש

ז. ב"ר פי"ב. במד"ר פי"ג. תנחומא סדר בראשית סי' ו'. ילקוט בראשית רמז י"ז. ילקוט רות רמז תר"ט:

אם למקרא

וְאֵלֶּה תּוֹלְדוֹת פָּרֶץ פֶּרֶץ הוֹלִיד אֶת־חֶצְרוֹן: (רות ד: יח)

בִּלַּע הַמָּוֶת לָנֶצַח וּמָחָה אֲדֹנָי ה' דִּמְעָה מֵעַל כָּל פָּנִים וְחֶרְפַּת עַמּוֹ יָסִיר מֵעַל כָּל הָאָרֶץ כִּי ה' דִּבֵּר: (ישעיה כה: ח)

אֵלֶּה תֹּלְדוֹת יַעֲקֹב יוֹסֵף בֶּן שְׁבַע עֶשְׂרֵה שָׁנָה הָיָה רֹעֶה אֶת אֶחָיו בַּצֹּאן וְהוּא נַעַר אֶת בְּנֵי בִלְהָה וְאֶת בְּנֵי זִלְפָּה נְשֵׁי אָבִיו וַיָּבֵא יוֹסֵף אֶת דִּבָּתָם רָעָה אֶל אֲבִיהֶם: (בראשית לז: ב)

וְאֵלֶּה שְׁמוֹת בְּנֵי יִשְׂרָאֵל הַבָּאִים מִצְרַיְמָה יַעֲקֹב וּבָנָיו בְּכֹר יַעֲקֹב רְאוּבֵן: (בראשית מו: ח)

וְאֵלֶּה שְׁמוֹת בְּנֵי יִשְׂרָאֵל הַבָּאִים מִצְרָיְמָה אֵת יַעֲקֹב אִישׁ וּבֵיתוֹ בָּאוּ: (שמות א: א)

כָּל הַפְּקֻדִים אֲשֶׁר פָּקַד מֹשֶׁה וְאַהֲרֹן וּנְשִׂיאֵי יִשְׂרָאֵל אֶת הַלְוִיִּם לְמִשְׁפְּחֹתָם וּלְבֵית אֲבֹתָם: (שם א: מד)

וַיִּצְעַק אֶל־ה' וַיּוֹרֵהוּ ה' עֵץ וַיַּשְׁלֵךְ אֶל־הַמַּיִם וַיִּמְתְּקוּ הַמָּיִם שָׁם שָׂם לוֹ חֹק וּמִשְׁפָּט וְשָׁם נִסָּהוּ: (שמות טו: כה)

וְשָׁפְטוּ אֶת הָעָם בְּכָל עֵת וְהָיָה כָּל הַדָּבָר הַגָּדֹל יָבִיאוּ אֵלֶיךָ וְכָל הַדָּבָר הַקָּטֹן יִשְׁפְּטוּ הֵם וְהָקֵל מֵעָלֶיךָ וְנָשְׂאוּ אִתָּךְ: (שם יח: כו)

בְּאֹרַח צְדָקָה אֲהַלֵּךְ בְּתוֹךְ נְתִיבוֹת מִשְׁפָּט: (משלי ח: כ)

שינוי נוסחאות

(ג) **אלו שכתב למעלה "אלה הפקדים...".** בכל הספרים חוץ מוארשא כתוב >אלו שכתב למעלה "כל הפקדים..."< והוא מקרא אחר (בבמדבר ד), אבל פסוק זה אחרי פסוק "ואלה תולדת אהרן", וא"כ אין כאן שום התחברות למקרא שלפניו ("למעלה"), לכן מהרז"ו תיקן הנוסח וכתב "אלה הפקדים" שהוא לפני "ואלה תולדת אהרן", וכן כתבו בד' וארשא:

"כַּיּוֹצֵא בוֹ "וְאֵלֶּה תּוֹלְדֹת אַהֲרֹן – **Similarly,** when Scripture states, ***"And" these are the offspring of Aaron:*** *the firstborn was Nadab, and Abihu, Elazar, and Ithamar. . . . And Nadab and Abihu died before HASHEM when they offered an alien fire before HASHEM* (*Numbers* 3:1-4), מוֹסִיף עַל הָרִאשׁוֹנִים – by doing so **it adds on to the preceding** items. וּמִי הָיוּ – **And who were [these]** preceding items? אֵלּוּ שֶׁכָּתַב לְמַעְלָה, "אֵלֶּה הַפְּקֻדִים אֲשֶׁר פָּקַד מֹשֶׁה וְאַהֲרֹן" – They are **those that [Scripture] recorded previously,** in the verse, ***These are the countings that Moses, Aaron,*** *and the leaders of Israel* **counted** (ibid. 1:44). מַה הָרִאשׁוֹנִים הָיוּ צַדִּיקִים – And the expression "and these" means to make this connection: **Just as the preceding ones**[77] **were righteous,** אַף אֵלּוּ צַדִּיקִים – **so** were **these** (the offspring of Aaron) **righteous.**[78]

The Midrash now applies R' Abahu's rule to our verse:

אַף כָּאן "וְאֵלֶּה הַמִּשְׁפָּטִים" מוֹסִיף עַל הָרִאשׁוֹנִים – **Here too,** when Scripture states, ***And these*** [וְאֵלֶּה] ***are the ordinances,*** by doing so **it adds on to the preceding** items, מַה שֶּׁכָּתוּב לְמַעְלָה "שָׁם שָׂם לוֹ חֹק וּמִשְׁפָּט" – viz., **to that which is written previously,** ***There*** (at Marah) ***He established for [the nation] a decree and an ordinance*** (above, 15:25).[79]

Having noted the connection of our verse (*And these are the ordinances . . .*) to 15:25 (*There He established for [the nation] a decree and an ordinance*), the Midrash presents another explanation for the relationship between the two verses:

דָּבָר אַחֵר "וְאֵלֶּה הַמִּשְׁפָּטִים" – **Another interpretation of *And these are the ordinances:*** מַה כְּתִיב לְמַעְלָה מִן הַפָּרָשָׁה – **What is written prior to this passage?** "וְשָׁפְטוּ אֶת הָעָם בְּכָל עֵת" – ***They shall judge the people at all times*** (above, 18:22). וְאָמַר כָּאן "וְאֵלֶּה הַמִּשְׁפָּטִים" – **And here,** in our verse, **[Scripture] stated, *And these are the ordinances.*** וְהַדִּבְּרוֹת בָּאֶמְצַע – **And the** Ten **Commandments** (above, 20:2-14) **are** stated **in between** these two verses. מָשָׁל לְמַטְרוֹנָה שֶׁהָיְתָה מְהַלֶּכֶת – This sequence may be understood by means of **a parable.** It may be compared **to an** aristocratic **matron who was walking along.** הַזַּיִן מִכָּאן וְהַזַּיִן מִכָּאן וְהִיא בָּאֶמְצַע – As she walked, there was **an armed escort** walking **on one side** of her **and an armed escort on the other side** of her, **and she** walked **between** the two. כָּךְ הַתּוֹרָה – **So it is** with regard to **the Torah.** דִּינִין מִלְּפָנֶיהָ וְדִינִין מֵאַחֲרֶיהָ – **Judgments precede it**[80] **and judgments follow it,**[81] וְהִיא בָּאֶמְצַע – **and [the Torah]** itself[82] **is presented in between** the two.[83]

NOTES

77. The Israelites (not including the Levites) that Moses and Aaron counted (*Yefeh To'ar*). Alternatively: Moses and Aaron themselves (*Rashash, Eitz Yosef*).

78. Specifically, Nadab and Abihu. Since the verse itself states that *Nadab and Abihu died before HASHEM when they offered an alien fire before HASHEM*, one might have thought that they were not righteous men. The expression "and these" teaches us that in fact they were righteous, and their death was not indicative of their being sinners (*Yefeh To'ar, Eitz Yosef*).

[It is noteworthy that with each mention of the death of Nadab and Abihu, Scripture states the reason for their death; namely, that *they offered an alien fire before HASHEM*. The Midrash (*Bamidbar Rabbah* 2 §24) says that this is done so that one will harbor no doubts as to their righteousness, for everyone will know that it was for this sin that they died.]

79. From this verse we learn that Israel was taught some Torah laws at Marah, even before they reached Sinai (see *Sanhedrin* 56b; *Rashi* to verse). The expression *"And" these are the ordinances* teaches that these ordinances are the same ones that were taught at Marah (*Yefeh To'ar*).

80. That is, the verse, *They shall judge people at all times*, is written just before the Ten Commandments.

81. That is, our passage, beginning *And these are the ordinances*, immediately follows the Ten Commandments.

82. For the Ten Commandments are an encapsulation of the entire Torah (see *Rashi* on *Exodus* 24:12). [See also *Ramban's* treatise *Taryag Mitzvos HaYotz'im MeiAseres HaDibros* (*Kisvei Ramban*, Vol. 2, pp. 521-548 in Chavel edition).]

83. Although the "ordinances" (מִשְׁפָּטִים – laws applied by judges [שׁוֹפְטִים], such as monetary laws and punishments) are themselves part of the Torah, the Midrash speaks of them as preceding or following the Torah. This is because they serve a different purpose than the other parts of the Torah; the "ordinances" (מִשְׁפָּטִים) maintain societal and economic order, while the other laws of the Torah are designed to provide man with spiritual perfection. Just as the matron is surrounded by guards who serve to protect and guard her, so do the ordinances protect and guarantee the societal structure necessary to enable the community to observe the Torah's laws (*Yefeh To'ar*). See Insight Ⓐ.

INSIGHTS

Ⓐ **The Final Judgment** The Midrash compares the Torah to a noblewoman who embarks on a journey, and the instruments of justice — the laws of torts and courts — to the armed guards who accompany her. *R' Yitzchak Hutner* (*Pachad Yitzchak, Shavuos* §44) offers a two-tiered explanation. The noblewoman represents the kingship of Heaven, which is revealed and established through the Torah. The armed guards are the courts, who dispense justice among the people. The courts are essential to the cohesiveness of the nation, and thus to its existence, for a people cannot flourish without the means to settle their differences. The nation in turn is essential to God's kingship, for there can be no king without subjects. Just as the noblewoman depends for security upon her guards, so too does the Torah — through which God's dominion is established — depend for her survival upon the justice of the courts (see *Ramban*, preface to *Parashas Mishpatim*).

Rav Hutner proceeds, however, to perceive another, complementary idea in the Midrash, one that concerns Israel's path through history, and how that path is affected by a person's individual choices.

By way of introduction, let us examine the Biblical prohibition that forbids a judge to accept a bribe. The verse declares (*Deuteronomy* 16:19), *For the bribe will blind the eyes of the wise and make crooked the words of the righteous.* On the surface, this would seem to indicate that the rulings of even the most righteous person cannot be relied upon when a personal consideration for him is involved. No matter how pious the man and noble his intentions, no one can be trusted to act truthfully if it runs counter to his own interests. This interpretation of the prohibition, however, is denounced by *Chazon Ish* (quoted in *Pachad Yitzchak* ibid.), who decries those who would thus impugn the honor of the righteous, and who proves through numerous examples that the halachic ruling of a Torah sage is valid and trusted even if he is emotionally or financially invested in its outcome. Every *talmid chacham, Chazon Ish* asserts, is presumed to be of exalted character, devoted to justice and completely righteous, the love of truth the bedrock of his existence. Such a person remains utterly unmoved by the promise of riches or power. His sole concern is his duty to God and to man, which he discharges always in righteousness and truth, even if it is to his own detriment. The prohibition upon a judge to accept a bribe does not *prove* the rule, but is its exception. A court case, a matter of *mishpat* (justice), is the *only* instance in which a possible ulterior motive serves to disqualify a sage from issuing a halachic ruling. Only here does the Torah decree that the probity of Torah Sages notwithstanding, if one accepts a bribe while judging a dispute between two parties, his ruling is invalid.

Rav Hutner explains why a sage's judicial ruling is treated differently in this regard than his other rulings. Unlike most questions of religious observance, in which the sage simply employs his innate intelligence and discernment to decide between opposing theories, one who sits on the court presumes to pass judgment upon his fellow, an act that should by rights lie outside the purview of man, in accordance with the verse that states (*Deuteronomy* 1:17), כִּי הַמִּשְׁפָּט לֵאלֹהִים הוּא, *for judgment is God's.* Man is not granted the inherent right to judge his fellow, his equal; the right of judgment is reserved for the Almighty alone. By what license then do the courts operate? Perforce, they do not exercise their own prerogative, but act as God's agents to administer justice.

It is now clear why a bribe invalidates the ruling of a court. It is not

וּמִי הָיָה זֶה, עֵשָׂו וּבָנָיו שֶׁהָיָה בְּנוֹ שֶׁל יִצְחָק, וְאִם כֵּן יֵשׁ לוֹמַר הוֹאִיל וְאֵין כָּתוּב אֶלָּא "וְאֵלֶּה תּוֹלְדֹת" אַף יַעֲקֹב שֶׁהוּא "תּוֹלְדֹת יִצְחָק" בִּכְלַל עֵשָׂו, יאַתָּה מוֹצֵא כָּל תּוֹלְדוֹת שֶׁבַּמִּקְרָא חֲסֵרִים חוּץ מִשְּׁנַיִם, (בראשית ב, ד) **"אֵלֶּה תוֹלְדוֹת הַשָּׁמַיִם וְהָאָרֶץ",** (רות ד, יח) **"וְאֵלֶּה תּוֹלְדוֹת פָּרֶץ", וְטַעַם גָּדוֹל יֵשׁ לָהֶם, לָמָּה אָמַר "אֵלֶּה תוֹלְדוֹת הַשָּׁמַיִם וְהָאָרֶץ" מָלֵא, מִפְּנֵי שֶׁבָּרָא הַקָּדוֹשׁ בָּרוּךְ הוּא אֶת עוֹלָמוֹ, וְלֹא הָיָה מַלְאַךְ הַמָּוֶת בָּעוֹלָם, וּבִשְׁבִיל כָּךְ הוּא מָלֵא, וְכֵיוָן שֶׁחָטָא אָדָם וְחַוָּה חִסֵּר הַקָּדוֹשׁ בָּרוּךְ הוּא כָּל תּוֹלְדוֹת שֶׁבַּמִּקְרָא, וְכֵיוָן שֶׁעָמַד פֶּרֶץ נַעֲשָׂה תוֹלְדוֹת שֶׁלּוֹ מָלֵא, שֶׁהַמָּשִׁיחַ עוֹמֵד הֵימֶנּוּ וּבְיָמָיו הַקָּדוֹשׁ בָּרוּךְ הוּא מַבְלִיעַ הַמָּוֶת, שֶׁנֶּאֱמַר** (ישעיה כה, ח) **"בִּלַּע הַמָּוֶת לָנֶצַח", לְפִיכָךְ "תוֹלְדוֹת הַשָּׁמַיִם וְהָאָרֶץ" וְ"תוֹלְדוֹת פָּרֶץ" מָלֵא, וּלְכָךְ "תּוֹלְדֹת יִצְחָק" חָסֵר, לְהוֹצִיא יַעֲקֹב מִכְּלַל הָרְשָׁעִים, כַּיּוֹצֵא בוֹ** (בראשית לז, ב) **"אֵלֶּה תֹּלְדוֹת יַעֲקֹב", פָּסַל לְאַלּוּפֵי עֵשָׂו, כַּיּוֹצֵא בוֹ** (שמות א, א) **"וְאֵלֶּה שְׁמוֹת בְּנֵי יִשְׂרָאֵל", מוֹסִיף עַל הָרִאשׁוֹנִים, וּמִי הָיוּ, אֵלּוּ שֶׁכָּתַב לְמַעְלָה, בְּנֵי רְאוּבֵן וּבְנֵי שִׁמְעוֹן, כַּיּוֹצֵא בוֹ** (במדבר ג, א) **"וְאֵלֶּה תּוֹלְדֹת אַהֲרֹן" מוֹסִיף עַל הָרִאשׁוֹנִים, וּמִי הָיוּ, אֵלּוּ שֶׁכָּתַב לְמַעְלָה,** (שם א, מד) **"אֵלֶּה הַפְּקֻדִים אֲשֶׁר פָּקַד מֹשֶׁה וְאַהֲרֹן", מָה הָרִאשׁוֹנִים הָיוּ צַדִּיקִים אַף אֵלּוּ צַדִּיקִים, אַף כָּאן** [כא, א] **"וְאֵלֶּה הַמִּשְׁפָּטִים" מוֹסִיף עַל הָרִאשׁוֹנִים, מַה שֶּׁכָּתוּב לְמַעְלָה** (שמות טו, כה) **"שָׁם שָׂם לוֹ חֹק וּמִשְׁפָּט", דָּבָר אַחֵר** [כא, א] **"וְאֵלֶּה הַמִּשְׁפָּטִים" מַה כְּתִיב לְמַעְלָה מִן הַפָּרָשָׁה,** (שם יח, כו) **"וְשָׁפְטוּ אֶת הָעָם בְּכָל עֵת", וְאָמַר כָּאן** [כא, א] **"וְאֵלֶּה הַמִּשְׁפָּטִים", וְהַדִּבְּרוֹת בָּאֶמְצַע, מָשָׁל לְמַטְרוֹנָה שֶׁהָיְתָה מְהַלֶּכֶת, הַזַּיִן מִכָּאן וְהַזַּיִן מִכָּאן וְהִיא בָּאֶמְצַע, כָּךְ הַתּוֹרָה דִּינִין מִלְּפָנֶיהָ וְדִינִין מֵאַחֲרֶיהָ וְהִיא בָּאֶמְצַע, וְכֵן הוּא אוֹמֵר** (משלי ח, כ) **"בְּאֹרַח צְדָקָה אֲהַלֵּךְ",**

עץ יוסף

זה עשו ובניו. שהיו רשעים כבני ישמעאל כדלעיל: **הואיל ואין כתוב אלא ואלה.** כלומר אילו הוה כתיב עוד משום יעקב ובניו לחודיה בשום מקום אלה, לא הוה קשה לן מה שנכללו כאן במאמר ואלה יעקב ועשיו, דהוה אמינא דמשום עשו ובניו לחודיה נקט ליה, דהא גלי לן במקום אחר על יעקב ובניו, אבל השתא דלא כתיב רק פעם אחת ואלה, על כרחין גם יעקב בכלל: **ובימיו הקדוש ברוך הוא מבליע המות.** שעל ידו נחסרו ששה דברים, כדאיתא בבראשית רבה: **ולכך תולדות יצחק חסר.** פירוש שלא תקשה לפי זה למה אלה תולדות פרץ מלא, ולא אלה תולדות יצחק, שהיה אב הראשון שנאמר בו אלה תולדות וממנו נמשך תולדות משיח, אלא בשביל יעקב להוציאו מכלל הרשעים (תולדות נח): **אלו שכתב למעלה בני ראובן כו'.** רוצה לומר משום דואלה שמות בני ישראל, חשב יוסף ובניו, לכן הוצרך לאשמועינן דהוו צדיקים ככל השבטים נפש הנזכרים לעיל בפרשת ויגש, משום דסלקא דעתך אמינא כיון דהוא מלך לא עמד הוא ובניו בצדקם: **ואלה תולדות אהרן.** וגו', (פסוק ד) וימת נדב ואביהוא לפני ה' בהקריבם אש זרה, וסלקא דעתך אמינא דחוטאים היו, להכי כתיב ואלה תולדות אהרן, להקיש לראשונים, מה הראשונים והם משה ואהרן צדיקים, אף נדב ואביהוא צדיקים, אף שמתו בהקריבם אש זרה, צדיקים גדולים היו, ולא מתו אלא לקדש בהם את המשכן כמו שאמרו חכמינו ז"ל: **מה שכתוב למעלה שם לו חק ומשפט.** פירוש מה אותם נאמרו במרה, אף אלו נאמרו במרה, ואף על פי שכל המצות נאמרו בסיני, לא קשה שניתנו בסיני (יפה תואר): **חק ומשפט.** ואתי כמאן דאמר דינים במרה איפקוד: **[ג] מה כתיב למעלה ושפטו את העם בכל עת.** והא דלא הביא פסוק המוקדם וישב משה לשפוט את העם, משום דהתם לא היה הדין מתוקן עדיין עד שאמר יתרו ואתה תחזה, על ידי זה היו יכולים לשפוט את העם בכל עת ובכל רגע, מה שאין כן בלא עצת יתרו לא היה יכול לדון אלא מידי שבת בשבתו כתקנת עזרא: **משל למטרונא.** משום שהמשפטים הם מישרים לתיקון הקיבוץ המדיני אשר יחיה בהם, לזה אמר שהם כזיין השומר למטרונה מלפניה ומלאחריה, וכן המשפטים הם לצורך קיום התורה: **הזין.** אנשי חיל עם כלי זיין:

פירוש מהרז"ו

והיה מלאך המות בעולם. בהכרח פירושו שלא ניתן לו רשות למשול בעולם, שהרי המלאכים נבראו בשני או בחמישי, כמו שאמרו בראשית רבה פרשה א סימן ג, ושם [שמות רבה] פרשה ב סימן ד, וחשך על פני תהום (בראשית א, ב), זו מיתה המחשיך פני הבריות, ופסוק תולדות השמים נכתב קודם החטא, ושאר תולדות שבמקרא נכתבו אחר החטא: **תולדת יצחק חסר.** שהרי היה ראוי להיות מלא, כמו תולדות פרץ שהוא מיצחק: **ואלה תולדות אהרן.** במדבר ג' א': **כל הפקודים אשר פקד.** שם א' מ"ד, אלה הפקודים אשר פקד, וכאן בטעות: **שם לו חוק ומשפט.** כדעת רבי יהודה במכילתא ריש משפטים (פרשה א). ואף שהוא רחוק שהוא בסדר בשלח, דורש על פי מדת ממעל, משפטים מוסיף על משפט: **מה כתיב למעלה.** בסדר יתרו קודם הדברות, עיין בריש סימן ב: **זיין מכאן.** והמשפט בדמיון הזיין ביד השופט והשוטר, להכריח בעלי דינין לקיים הדין והתורה. וכשנתן הדברות נתן כל התורה בסיני: **ושפטו את העם.** ואחר כך המשפטים מוסיף על השופטים. עיין ילקוט משלי ח' בשם פסיקתא:

מתנות כהונה

[ג] ומי היה זה. שהיה דומה לבני ישמעאל ומוסיף עליהן: **וטעם גדול כו'.** עיין עוד בבראשית רבה פרשה י"ב ובמדרש רות ותמלא נחת: **הזין.** אנשי חיל עם כלי זיין:

אשד הנחלים

ואם כן וכו' ולכן תולדות יצחק חסר. הדבר הזה לכאורה מתמיה, הלא כל תולדת שבמקרא חסר לבד אלו השנים. ועיין בבראשית רבה פי"ב (סימן ו), ובמדרש רות (ח, א). והענין בכלל כי התולדה החסירה, הוא הדבר המורה שאין בו קיום תמידי, כי הוא הולך וחסר כטבע ההפסד השולט על ההויה, אך לא היה כן בתחלה קודם החטא, כי היו מוכנים להיות בקיום תמידי, וכן יתוקן לעתיד לבא כמו כן: **מה שכתוב למעלה.** כי מתחלה שָׂם חוק ומשפט, כי הודיע להם המשפטים הכללים, ואחר כך פירש שהן הן המשפטים האמורים למעלה בכלל: **הזין מכאן כו' כך התורה כו'.** יש להבין מהו המעליותא שהדינין לפניה ולאחריה. אך הענין בארוכה על פי דרך הציור האמיתי, בארתי בספר מאורי אש על התנא דבי אליהו, עיין שם ותבין גם פה. ודע שמרמז עוד על המדות של מעלה, המכונה בצדקה ומשפט כנודע, אשר מדת התורה היא ממוצעת, וגם זה אין להאריך:

מסורת המדרש

ז. ב"ר פי"ב. במד"ר פי"ג. תנחומא סדר בראשית סי' ו'. ילקוט בראשית רמז י"ז. ילקוט רות רמז תר"ט:

אם למקרא

וְאֵלֶּה תּוֹלְדוֹת פָּרֶץ פֶּרֶץ הוֹלִיד אֶת־חֶצְרוֹן: (רות ד: יח)

בִּלַּע הַמָּוֶת לָנֶצַח וּמָחָה אֲדֹנָי ה' דִּמְעָה מֵעַל כָּל פָּנִים וְחֶרְפַּת עַמּוֹ יָסִיר מֵעַל כָּל הָאָרֶץ כִּי ה' דִּבֵּר: (ישעיה כה: ח)

אֵלֶּה תֹּלְדוֹת יַעֲקֹב יוֹסֵף בֶּן שְׁבַע עֶשְׂרֵה שָׁנָה הָיָה רֹעֶה אֶת אֶחָיו בַּצֹּאן וְהוּא נַעַר אֶת בְּנֵי בִלְהָה וְאֶת בְּנֵי זִלְפָּה נְשֵׁי אָבִיו וַיָּבֵא יוֹסֵף אֶת דִּבָּתָם רָעָה אֶל אֲבִיהֶם: (בראשית לז: ב)

וְאֵלֶּה שְׁמוֹת בְּנֵי יִשְׂרָאֵל הַבָּאִים מִצְרַיְמָה יַעֲקֹב וּבָנָיו בְּכֹר יַעֲקֹב רְאוּבֵן: (בראשית מו: ח)

וְאֵלֶּה שְׁמוֹת בְּנֵי יִשְׂרָאֵל הַבָּאִים מִצְרָיְמָה אֵת יַעֲקֹב אִישׁ וּבֵיתוֹ בָּאוּ: (שמות א: א)

כָּל הַפְּקֻדִים אֲשֶׁר פָּקַד מֹשֶׁה וְאַהֲרֹן וּנְשִׂיאֵי יִשְׂרָאֵל אֶת הַלְוִיִּם לְמִשְׁפְּחֹתָם וּלְבֵית אֲבֹתָם: (שם א: מד)

וַיִּצְעַק אֶל־ה' וַיּוֹרֵהוּ ה' עֵץ וַיַּשְׁלֵךְ אֶל־הַמַּיִם וַיִּמְתְּקוּ הַמָּיִם שָׁם שָׂם לוֹ חֹק וּמִשְׁפָּט וְשָׁם נִסָּהוּ: (שמות טו: כה)

וְשָׁפְטוּ אֶת הָעָם בְּכָל עֵת וְהָיָה כָּל הַדָּבָר הַגָּדֹל יָבִיאוּ אֵלֶיךָ וְכָל הַדָּבָר הַקָּטֹן יִשְׁפְּטוּ הֵם וְהָקֵל מֵעָלֶיךָ וְנָשְׂאוּ אִתָּךְ: (שם יח: כו)

בְּאֹרַח צְדָקָה אֲהַלֵּךְ בְּתוֹךְ נְתִיבוֹת מִשְׁפָּט: (משלי ח: כ)

שינוי נוסחאות

(ג) **אלו שכתב למעלה "אלה הפקדים..."**. בכל הספרים חוץ מוארשא כתוב >אלו שכתב למעלה "כל הפקדים..."< והוא מקרא אחר (בבמדבר ד), אבל פסוק זה אחרי פסוק "ואלה תולדת אהרן", וא"כ אין כאן שום התחברות למקרא שלפניו ("למעלה"), לכן מהרז"ו תיקן הנוסח וכתב "אלה הפקדים" שהוא לפני "ואלה תולדת אהרן", וכן כתבו בד' ווארשא:

חידושי הרד"ל

[ג] **תולדת יצחק חסר להוציא יעקב.** שהוא נרמז באות ו' של שם, ולכן נחסר פה:

חידושי הרש"ש

אף יעקב שהוא תולדת יצחק בכלל אתה מוצא כו'. כן לריך לומר ותיבת עשו למחוק: **ולכך תולדת יצחק חסר להוציא יעקב כו'.** דאלו היה יעקב בכלל היה לו להיות מלא, שהרי משיח עומד ממנו: **מה הראשונים כו' אף אלו כו'.** נראה דראשונים רלה לומר משה ואהרן בעלמם, ואולי לריך לומר להיפך, ורלה לומר דנלמד עליון מתחתון, וכן נראה בהא דואלה שמות בני ישראל דבסמוך, דהכוונה דכל השבטים נפש דהיינו בני בניו היו לדיקים כבני יעקב עלמם, וכן מוכח לעיל בריש סדר שמות (פרשה א סוף סימן א - ב): **מלפניה שנאמר שם שם לו כו'.** ולהדבר אחר היינו ושפטו את העם כו':

ידי משה

[ג] **אתה מוצא כל תולדות וכו'.** תירוצא הוא עד סוף המדרש שמסיים **להוציא יעקב מכלל הרשעים:**

אמרי יושר

יעקב, אני אומר שאף יעקב בכלל. תירץ ואמר, **תולדות שבמקרא** שנים מלאים והשאר חסרים, כי כיון שבא מלאך המות בא חסרון תולדת, וכאן תולדת יצחק חסר, לומר שלא נכנס יעקב בכלל התוספת. ואם תאמר והלא אילטריך החסרון בכל תולדות שבמקרא להורות החסרון בסבת מלאך המות. ויש לומר דאישתני וכתיב תולדת, וביעקב כתיב תלדות, ואם כן אישתני לדרשה חדשה:

באור מהרי"פ

שכתב למעלה בני ראובן. כתב היפה תואר, ולריך עיון, דהשתא נמי מה שמזכיר והולך הן הן הנזכרים למעלה. ובעל תולדות נח הארוך מתרץ קלת, דלמעלה בסדר ויגש (בראשית מו, כו) מפורשים שבעים נפש. ועדיין לריך עיון קלת: **למעלה כל הפקודים אשר פקד משה ואהרן.** נראה דטעות סופר הוא, דלא נמלא זה הלשון שם למעלה, ולריך להיות אלה הפקודים אשר פקד משה ואהרן (שם א, מד), אהלך בדרכו של עושה לדקה ומשפט. כאשר אמרו חכמינו ז"ל בבבא בתרא פרק קמא (ט, ב), הרגיל לעשות לדקה הוין לו בנים בעלי חכמה בעלי אגדה בעלי עושר, ונלמד שם ממקראות עיין שם:

The Midrash presents a similar exposition of a verse from *Proverbs*:

וְכֵן הוּא אוֹמֵר "בְּאֹרַח צְדָקָה אֲהַלֵּךְ" – And similarly [Scripture] states, *I*[84] *walk along in the path of righteousness* (or: *charity*), *amid the pathways of justice* (*Proverbs* 8:20).

NOTES

84. The speaker in this passage is "Wisdom" (i.e., the Torah) personified.

INSIGHTS

because the integrity of the court is suspect, but because an agent, by definition, must have no agenda but that of his master. By accepting a bribe, a judge demonstrates that he no longer acts solely on behalf of the One Who sent him — i.e., God — but acts also on his own behalf. At that moment, his agency is dissolved, and his right to judge his fellows rescinded. Since the court no longer possesses the imprimatur of the Divine, its rulings are disqualified. As for the verse that implies that a bribe is prohibited because it "blinds the eyes of the wise," it does not mean that such blindness is the *reason* a bribe is prohibited, but rather that such blindness is the result of undoing the agency that grants the court its authority. Through acceptance of the bribe, the court relinquishes its Divine sanction. A court without such sanction is invalid, and an invalid court, lacking Divine sanction, must surely produce a blind and crooked result.

The idea propounded above, that one's decisions regarding a dispute between two parties fall into a different category than one's decisions regarding other questions of Jewish law, casts a transformative light upon the fundamental choices faced by every person throughout his or her life. These choices are summarized in these verses (*Deuteronomy* 30:15,19): רְאֵה נָתַתִּי לְפָנֶיךָ הַיּוֹם אֶת הַחַיִּים וְאֶת הַטּוֹב וְאֶת הַמָּוֶת וְאֶת הָרָע ... וּבָחַרְתָּ בַּחַיִּים, *Behold, I have placed before you this day the life and the good, and the death and the evil . . . and you shall choose life*. Simply understood, the choices one takes when faced with an ethical dilemma represent a personal decision, in which one deploys his powers of reasoning to distinguish between good and evil and thus to determine his proper course. However, Rav Hutner identifies another dimension to these decisions. The verse states, regarding the prenatal struggle between Jacob and Esau (*Genesis* 25:23), וּלְאֹם מִלְאֹם יֶאֱמָץ, *and one nation shall overcome the other,* which the Rabbis expound to teach that there can never be parity between the descendants of Jacob and Esau. Rather, when Israel's star is ascendant, Edom's must perforce be in decline; when Edom is ascendant, Israel must decline (see *Rashi* ad loc.). This battle between the nations, which is fated to continue until the coming of the Messiah, represents a dispute between the faction of "the life and the good": those who follow God's path and thereby advance Israel's cause, and the faction of "the death and the evil," who oppose the Holy One and advance the cause of wicked Edom. From the moment the prophecy was pronounced upon Jacob and Esau, an individual's choice of good and evil ceased to be a strictly personal matter, but became instead a decision point in the ongoing struggle between the adherents of Jacob and those of Esau. When a Jew sins, he has not only made a poor choice for himself, he has acted in the capacity of judge to render a decision, in minute degree, in favor of Edom in her dispute with Israel. Conversely, when a Jew chooses the path of life, when he acts righteously, he hands down, in effect, a judicial ruling, a proclamation of *mishpat* in favor of Israel.

Our Midrash alludes to this idea. The noblewoman is the Torah, her guards the instruments of justice. The Midrash's reference is not limited to the implementation of Torah and *mishpat* in the present day, but encompasses a far broader view of these matters; namely, the fulfillment of the Torah's ultimate purpose with the arrival of the final redemption, and the attainment of a decisive conclusion to the *mishpat* of Jacob and Esau, with the triumph of life over death and good over evil. The supremacy of Torah, the eventual vindication of the followers of Jacob, is symbolized by the noblewoman of the Midrash, who toils along the narrow path of this world, sustained on her journey by Israel's adherence to her laws and ordinances. She travels between two points of *mishpat,* the armed guards of the Midrash's parable. The first place of *mishpat* lies behind her, thousands of years in the past. She began her travels there, with God's original conception of the final judgment to come, which would see the vanquishing of evil, the victory of Jacob over Esau, and the establishment of God's dominion over all Creation. The second point of *mishpat* lies somewhere ahead. Its light shines forth to mark the end of her journey, that moment at which God's primordial vision of *mishpat* will finally be realized, when good will at last triumph over evil, and all voices will be raised in acclaim of the Holy One. Our every act, our every choice, effects changes in the noblewoman's journey, in its course, its difficulty, and its duration. With each righteous deed we perform, with every kindness shown a friend, we illuminate her path and she quickens her step, and brings closer the day of salvation, the ultimate triumph of good over evil, the day of the final judgment.

וּמִי הָיָה זֶה, עֵשָׂו וּבָנָיו שֶׁהָיָה בְּנוֹ שֶׁל יִצְחָק, וְאִם כֵּן יֵשׁ לוֹמַר הוֹאִיל וְאֵין כָּתוּב אֶלָּא "וְאֵלֶּה תּוֹלְדֹת" אַף יַעֲקֹב שֶׁהוּא "תּוֹלְדֹת יִצְחָק" בִּכְלַל עֵשָׂו, יאַתָּה מוֹצֵא כָּל תּוֹלְדוֹת שֶׁבַּמִּקְרָא חֲסֵרִים חוּץ מִשְּׁנַיִם, (בראשית ב, ד) "אֵלֶּה תוֹלְדוֹת הַשָּׁמַיִם וְהָאָרֶץ", (רות ד, יח) "וְאֵלֶּה תּוֹלְדוֹת פָּרֶץ", וְטַעַם גָּדוֹל יֵשׁ לָהֶם, לָמָּה אָמַר "אֵלֶּה תוֹלְדוֹת הַשָּׁמַיִם וְהָאָרֶץ" מָלֵא, מִפְּנֵי שֶׁבָּרָא הַקָּדוֹשׁ בָּרוּךְ הוּא אֶת עוֹלָמוֹ, וְלֹא הָיָה מַלְאַךְ הַמָּוֶת בָּעוֹלָם, וּבִשְׁבִיל כָּךְ הוּא מָלֵא, וְכֵיוָן שֶׁחָטָא אָדָם וְחַוָּה חִסֵּר הַקָּדוֹשׁ בָּרוּךְ הוּא כָּל תּוֹלְדוֹת שֶׁבַּמִּקְרָא, וְכֵיוָן שֶׁעָמַד פֶּרֶץ נַעֲשָׂה תּוֹלְדוֹת שֶׁלּוֹ מָלֵא, שֶׁהַמָּשִׁיחַ עוֹמֵד הֵימֶנּוּ וּבְיָמָיו הַקָּדוֹשׁ בָּרוּךְ הוּא מַבְלִיעַ הַמָּוֶת, שֶׁנֶּאֱמַר (ישעיה כה, ח) "בִּלַּע הַמָּוֶת לָנֶצַח", לְפִיכָךְ "תּוֹלְדוֹת הַשָּׁמַיִם וְהָאָרֶץ" וְ"תוֹלְדוֹת פָּרֶץ" מָלֵא, וּלְכָךְ "תּוֹלְדֹת יִצְחָק" חָסֵר, לְהוֹצִיא יַעֲקֹב מִכְּלַל הָרְשָׁעִים, כַּיּוֹצֵא בּוֹ (בראשית לז, ב) "אֵלֶּה תֹּלְדוֹת יַעֲקֹב", פָּסַל לְאַלּוּפֵי עֵשָׂו, כַּיּוֹצֵא בּוֹ (שמות א, א) "וְאֵלֶּה שְׁמוֹת בְּנֵי יִשְׂרָאֵל", מוֹסִיף עַל הָרִאשׁוֹנִים, וּמִי הָיוּ, אֵלּוּ שֶׁכָּתַב לְמַעְלָה, בְּנֵי רְאוּבֵן וּבְנֵי שִׁמְעוֹן, כַּיּוֹצֵא בּוֹ (במדבר ג, א) "וְאֵלֶּה תּוֹלְדֹת אַהֲרֹן" מוֹסִיף עַל הָרִאשׁוֹנִים, וּמִי הָיוּ, אֵלּוּ שֶׁכָּתַב לְמַעְלָה, (שם א, מד) "אֵלֶּה הַפְּקֻדִים אֲשֶׁר פָּקַד מֹשֶׁה וְאַהֲרֹן", מָה הָרִאשׁוֹנִים הָיוּ צַדִּיקִים אַף אֵלּוּ צַדִּיקִים, אַף כָּאן [כא, א] "וְאֵלֶּה הַמִּשְׁפָּטִים" מוֹסִיף עַל הָרִאשׁוֹנִים, מַה שֶּׁכָּתוּב לְמַעְלָה (שמות טו, כה) "שָׁם שָׂם לוֹ חֹק וּמִשְׁפָּט", דָּבָר אַחֵר [כא, א] "וְאֵלֶּה הַמִּשְׁפָּטִים" מַה כְּתִיב לְמַעְלָה מִן הַפָּרָשָׁה, (שם יח, כו) "וְשָׁפְטוּ אֶת הָעָם בְּכָל עֵת", וְאָמַר כָּאן [כא, א] "וְאֵלֶּה הַמִּשְׁפָּטִים", וְהַדִּבְּרוֹת בָּאֶמְצַע, מָשָׁל לְמַטְרוֹנָה שֶׁהָיְתָה מְהַלֶּכֶת, הַזַּיִן מִכָּאן וְהַזַּיִן מִכָּאן וְהִיא בָּאֶמְצַע, כָּךְ הַתּוֹרָה דִּינִין מִלְּפָנֶיהָ וְדִינִין מֵאַחֲרֶיהָ וְהִיא בָּאֶמְצַע, וְכֵן הוּא אוֹמֵר (משלי ח, כ) "בְּאֹרַח צְדָקָה אֲהַלֵּךְ",

עץ יוסף

זה עשו ובניו. שהיו רשעים כבני ישמעאל כדלעיל: **הואיל ואין כתוב אלא ואלה.** כלומר אילו הוה כתיב עוד משום יעקב ובניו לחודיה בשום מקום אלה, לא הוה קשה לן מה שנכללו כאן במאמר ואלה יעקב ועשיו, דהוה אמינא דמשום עשו ובניו לחודיה נקט ליה, דהא גלי לן במקום אחר על יעקב ובניו, אבל השתא דלא כתיב רק פעם אחת ואלה, על כרחין גם יעקב בכלל: **ובימיו הקדוש ברוך הוא מבליע המות.** שעל ידו נחסרו ששה דברים, כדאיתא בבראשית רבה: **ולכך תולדות יצחק חסר.** פירוש שלא תקשה לפי זה למה אלה תולדות פרץ מלא, ולא אלה תולדות יצחק, שהיה אב הראשון שנאמר בו אלה תולדות וממנו נמשך תולדות משיח, אלא בשביל יעקב להוציאו מכלל הרשעים (תולדות נח): **אלו שכתב למעלה בני ראובן כו'.** רוצה לומר משום דבואלה שמות בני ישראל, חשב יוסף ובניו, לכן הוצרך לאשמועינן דהוו צדיקים ככל השבטים נפש הנזכרים לעיל בפרשת ויגש, משום דסלקא דעתך אמינא כיון דהוא מלך לא עמד הוא ובניו בצדקם: **ואלה תולדות אהרן.** וגו', (פסוק ד) וימת נדב ואביהוא לפני ה' בהקריבם אש זרה, וסלקא דעתך אמינא דחוטאים היו, להכי כתיב ואלה תולדות אהרן, להקיש לראשונים, מה הראשונים והם משה ואהרן צדיקים, אף נדב ואביהוא צדיקים, אף שמתו בהקריבם אש זרה, צדיקים גדולים היו, ולא מתו אלא לקדש בהם את המשכן כמו שאמרו חכמינו ז"ל: **מה שכתוב למעלה שם לו חק ומשפט.** פירוש מה אותם נאמרו במרה, אף אלו נאמרו במרה, ואף על פי שכל המצות נאמרו בסיני, לא קשה שניתנו בסיני (יפה תואר): **חק ומשפט.** ואתי כמאן דאמר דינים במרה איפקוד: [ג] **מה כתיב למעלה ושפטו את העם בכל עת.** והא דלא הביא פסוק המוקדם וישב משה לשפוט את העם, משום דהתם לא היה הדין מתוקן עדיין עד שאמר יתרו ואתה תחזה, על ידי זה היו יכולים לשפוט את העם בכל עת ובכל רגע, מה שאין כן בלא עצת יתרו לא היה יכול לדון אלא מידי שבת בשבתו כתקנת עזרא: **משל למטרונא.** משום שהמשפטים הם מישרים לתיקון הקיבוץ המדיני אשר יחיה בהם, לזה אמר שהם כזיין השומר למטרונה מלפניה ומלאחריה, וכן המשפטים הם לצורך קיום התורה: **הזין.** אנשי חיל עם כלי זיין:

פירוש מהרז"ו

והיה מלאך המות בעולם. בהכרח פירושו שלא ניתן לו רשות למשול בעולם, שהרי המלאכים נבראו בשני או בחמישי, כמו שאמרו בראשית רבה פרשה א סימן ג, ושם [שמות רבה] פרשה ב סימן ד, וחשך על פני תהום (בראשית א, ב), זו מיתה המחשיך פני הבריות, ופסוק תולדות השמים נכתב קודם החטא, ושאר תולדות שבמקרא נכתבו אחר החטא: **תולדת יצחק חסר.** שהרי היה ראוי להיות מלא, כמו תולדות פרץ שהוא מיצחק: **ואלה תולדות אהרן.** במדבר ג' א': **כל הפקודים אשר פקד.** שם א' מ"ד, אלה הפקודים אשר פקד, וכאן בטעות: **שם לו חוק ומשפט.** כדעת רבי יהודה במכילתא ריש משפטים (פרשה א). ואף שהוא רחוק שהוא בסדר בשלח, דורש על פי מדת ממעל, משפטים מוסיף על משפט: **מה כתיב למעלה.** בסדר יתרו קודם הדברות, עיין בריש סימן ב: **זיין מכאן.** והמשפט בדמיון הזיין ביד השופט והשוטר, להכריח בעלי דינין לקיים הדין והתורה. וכשנתן הדברות נתן כל התורה בסיני: **ושפטו את העם.** ואחר כך המשפטים מוסיף על השופטים. עיין ילקוט משלי ח' בסם פסיקתא:

מתנות כהונה

[ג] **ומי היה זה.** שהיה דומה לבני ישמעאל ומוסיף עליהן: **וטעם גדול כו'.** עיין עוד בבראשית רבה פרשה י"ב ובמדרש רות ותמלא נחת: **הזין.** אנשי חיל עם כלי זיין:

אשד הנחלים

ואם כן וכו' ולכן תולדות יצחק חסר. הדבר הזה לכאורה מתמיה, הלא כל תולדת שבמקרא חסר לבד אלו השנים. ועיין בבראשית רבה פי"ב (סימן ו), ובמדרש רות (ח, א). והענין בכלל כי התולדה החסירה, הוא הדבר המורה שאין בו קיום תמידי, כי הוא הולך וחסר כטבע ההפסד השולט על ההויה, אך לא היה כן בתחלה קודם החטא, כי היו מוכנים להיות בקיום תמידי, וכן יתוקן לעתיד לבא כמו כן: **מה שכתוב למעלה.** כי מתחלה שָׂם חוק ומשפט, כי הודיע להם המשפטים הכללים, ואחר כך פירש שהן הן המשפטים האמורים למעלה בכלל: **הזין מכאן כו' כך התורה כו'.** יש להבין מהו המעליותא שהדינין לפניה ולאחריה. אך הענין בארוכה על פי דרך הציור האמיתי, בארתי בספר מאורי אש על התנא דבי אליהו, עיין שם ותבין גם פה. ודע שמרמז עוד על המדות של מעלה, המכונה בצדקה ומשפט כנודע, אשר מדת התורה היא ממוצעת, וגם זה אין להאריך:

חידושי הרד"ל

[ג] **תולדת יצחק חסר להוציא יעקב.** שהוא נרמז באות ו' של שם, ולכן נחסר פה:

חידושי הרש"ש

אף יעקב שהוא תולדת יצחק בכלל אתה מוצא כו'. כן צריך לומר ותיבת עשו למחוק: **ולכך תולדת יצחק חסר להוציא יעקב כו'.** דאלו היה יעקב בכלל היה לו להיות מלא, שהרי משיח עומד ממנו: **מה הראשונים כו' אף אלו כו'.** נראה דראשונים רצה לומר משה ואהרן בעצמם, ואולי צריך לומר להיפך, ורצה לומר דנלמד עליון מתחתון, וכן נראה בהא דואלה שמות בני ישראל דבסמוך, דהכוונה דכל השבטים נפש דהיינו בני בניו היו צדיקים כבני יעקב עצמם, וכן מוכח לעיל בריש סדר שמות (פרשה א סוף סימן א - ב): **מלפניה שנאמר שם שם לו כו'.** ולהדבר אחר היינו ושפטו את העם כו':

ידי משה

[ג] **אתה מוצא כל תולדות וכו'.** תירוצא הוא עד סוף המדרש שמסיים **להוציא יעקב מכלל הרשעים:**

אמרי יושר

יעקב, אני אומר שאף יעקב בכלל. תירץ ואמר, **תולדות שבמקרא** שנים מלאים והשאר חסרים, כי כיון שבא מלאך המות בא חסרון תולדת, וכאן תולדת יצחק חסר, לומר שלא נכנס יעקב בכלל התוספת. ואם תאמר והלא אילטריך החסרון בכל תולדות שבמקרא להורות החסרון בסבת מלאך המות. ויש לומר דאישתני וכתיב תולדת, וביעקב כתיב תלדות, ואם כן אישתני לדרשה חדשה:

באור מהרי"פ

שכתב למעלה בני ראובן. כתב היפה תואר, וצריך עיון, דהשתא נמי מה שמזכיר והולך הן הן הנזכרים למעלה. ובעל תולדות נח האריך מתרץ קצת, דלמעלה בסדר ויגש (בראשית מו, כו) מפורשים שבעים נפש. ועדיין צריך עיון קצת: **למעלה כל הפקודים אשר פקד משה ואהרן.** נראה דטעות סופר הוא, דלא נמצא זה הלשון שם למעלה, וצריך להיות אלה הפקודים אשר פקד משה ואהרן (שם א, מד), אהלך בדרכו של עושה צדקה ומשפט. כאשר אמרו חכמינו ז"ל בבבא בתרא פרק קמא (ט, ב), הרגיל לעשות צדקה הויין לו בנים בעלי חכמה בעלי אגדה בעלי עושר, ונלמד שם ממקראות עיין שם:

מסורת המדרש

ז. ב"ר פי"ב. במד"ר פי"ג. תנחומא סדר בראשית סי' ו'. ילקוט בראשית רמז י"ז. ילקוט רות רמז תר"ט:

אם למקרא

וְאֵלֶּה תּוֹלְדוֹת פָּרֶץ פֶּרֶץ הוֹלִיד אֶת־חֶצְרוֹן: (רות ד: יח)

בִּלַּע הַמָּוֶת לָנֶצַח וּמָחָה אֲדֹנָי ה' דִּמְעָה מֵעַל כָּל פָּנִים וְחֶרְפַּת עַמּוֹ יָסִיר מֵעַל כָּל הָאָרֶץ כִּי ה' דִּבֵּר: (ישעיה כה: ח)

אֵלֶּה תֹּלְדוֹת יַעֲקֹב יוֹסֵף בֶּן שְׁבַע עֶשְׂרֵה שָׁנָה הָיָה רֹעֶה אֶת אֶחָיו בַּצֹּאן וְהוּא נַעַר אֶת בְּנֵי בִלְהָה וְאֶת בְּנֵי זִלְפָּה נְשֵׁי אָבִיו וַיָּבֵא יוֹסֵף אֶת דִּבָּתָם רָעָה אֶל אֲבִיהֶם: (בראשית לז: ב)

וְאֵלֶּה שְׁמוֹת בְּנֵי יִשְׂרָאֵל הַבָּאִים מִצְרַיְמָה יַעֲקֹב וּבָנָיו בְּכֹר יַעֲקֹב רְאוּבֵן: (בראשית מו: ח)

וְאֵלֶּה שְׁמוֹת בְּנֵי יִשְׂרָאֵל הַבָּאִים מִצְרָיְמָה אֵת יַעֲקֹב אִישׁ וּבֵיתוֹ בָּאוּ: (שמות א: א)

כָּל הַפְּקֻדִים אֲשֶׁר פָּקַד מֹשֶׁה וְאַהֲרֹן וּנְשִׂיאֵי יִשְׂרָאֵל אֶת הַלְוִיִּם לְמִשְׁפְּחֹתָם וּלְבֵית אֲבֹתָם: (שם א: מד)

וַיִּצְעַק אֶל־ה' וַיּוֹרֵהוּ ה' עֵץ וַיַּשְׁלֵךְ אֶל־הַמַּיִם וַיִּמְתְּקוּ הַמָּיִם שָׁם שָׂם לוֹ חֹק וּמִשְׁפָּט וְשָׁם נִסָּהוּ: (שמות טו: כה)

וְשָׁפְטוּ אֶת הָעָם בְּכָל עֵת וְהָיָה כָּל הַדָּבָר הַגָּדֹל יָבִיאוּ אֵלֶיךָ וְכָל הַדָּבָר הַקָּטֹן יִשְׁפְּטוּ הֵם וְהָקֵל מֵעָלֶיךָ וְנָשְׂאוּ אִתָּךְ: (שם יח: כו)

בְּאֹרַח צְדָקָה אֲהַלֵּךְ בְּתוֹךְ נְתִיבוֹת מִשְׁפָּט: (משלי ח: כ)

שינוי נוסחאות

(ג) **אלו שכתב למעלה "אלה הפקדים...".** בכל הספרים חוץ מוארשא כתוב >אלו שכתב למעלה "כל הפקדים..."< והוא מקרא אחר (בבמדבר ד), אבל פסוק זה אחרי פסוק "ואלה תולדת אהרן", וא"כ אין כאן שום התחברות למקרא שלפניו ("למעלה"), לכן מהרז"ו תיקן הנוסח וכתב "אלה הפקדים" שהוא לפני "ואלה תולדת אהרן", וכן כתבו בד' וארשא:

הַתּוֹרָה אוֹמֶרֶת: בְּאֵי זֶה נָתִיב אֲנִי מְהַלֶּכֶת — **The Torah** here **is saying, "In which pathway do I walk along?** אֲהַלֵּךְ בְּדַרְכָּן שֶׁל עוֹשֵׂי צְדָקָה — **I walk along in the path of those who act charitably."**[85] "בְּתוֹךְ נְתִיבוֹת מִשְׁפָּט" — And the Torah continues, "I walk ***amid the pathways of justice*** [מִשְׁפָּט]." הַתּוֹרָה בָּאֶמְצַע וְדִינִין מִלְּפָנֶיהָ וְדִינִין מֵאַחֲרֶיהָ — What is meant by *amid the pathways of justice?* **The Torah**[86] **is in the middle, with judgments** (*justice*) **preceding it and judgments** (*justice*) **following it.**[87] מִלְּפָנֶיהָ, שֶׁנֶּאֱמַר "שָׁם שָׂם לוֹ חֹק וּמִשְׁפָּט" — "Judgments **preceding it" — as it is stated, *There He established for [the nation] a decree and an ordinance*** [מִשְׁפָּט] (above, 15:25), וְדִינִין מֵאַחֲרֶיהָ, שֶׁנֶּאֱמַר "וְאֵלֶּה הַמִּשְׁפָּטִים" — **"and judgments following it" — as it is stated, *And these are the ordinances.***[88]

§4 The Midrash presents another insight on this phrase:

דָּבָר אַחֵר, "וְאֵלֶּה הַמִּשְׁפָּטִים" — **Another interpretation** of ***And these are the ordinances*** *that you shall place before them:* שְׁלֹשָׁה דְבָרִים נָתַן מֹשֶׁה נַפְשׁוֹ עֲלֵיהֶם וְנִקְרְאוּ עַל שְׁמוֹ — **Moses devoted himself wholeheartedly**[89] **to three things, and** as a result **[these things] were called by his name.** וְאֵלוּ הֵן: יִשְׂרָאֵל וְהַתּוֹרָה וְהַדִּינִים — **And these are [the three things]:** (i) **Israel,** (ii) **the Torah, and** (iii) **the** Torah's **judgments.**[90] יִשְׂרָאֵל כַּמָּה נִצְטָעֵר עֲלֵיהֶם — (i) **Israel** — for see **how much trouble [Moses] went to on their behalf!**[91] וְנִקְרְאוּ עַל שְׁמוֹ, שֶׁנֶּאֱמַר "וַיִּזְכֹּר יְמֵי עוֹלָם מֹשֶׁה עַמּוֹ" — And because of this **they are called by his name, as it is stated,** ***And He remembered the days of old — of Moses, His people*** (*Isaiah* 63:11).[92] הַתּוֹרָה שֶׁנֶּאֱמַר "זִכְרוּ תּוֹרַת מֹשֶׁה עַבְדִּי" — (ii) **The Torah** — Moses devoted himself wholeheartedly to it,[93] and because of this it is called by his name, **as it is stated,** ***Remember "the Torah of Moses" My servant*** (*Malachi* 3:22).[94] הַדִּינִין שֶׁנֶּאֱמַר "וְאֵלֶּה הַמִּשְׁפָּטִים אֲשֶׁר תָּשִׂים לִפְנֵיהֶם" — And (iii) **Judgments** — Moses devoted himself wholeheartedly to them,[95] and because of this they are called by his name — **as it is stated,** ***And these are the ordinances that you shall place before them.***[96]

NOTES

85. That is, when people act charitably they are rewarded by being granted Torah knowledge (see *Bava Basra* 9b). Thus, the Torah is found in the company ("on the path") of those who act with charity (*Eitz Yosef,* from *Toldos Noach*).

86. That is, the description of the giving of the Ten Commandments (see note 82).

87. The Torah thus walks *amid* (in the middle of) *the pathways of justice.* The word מִשְׁפָּט, variously translated in this piece as "judgment," "justice," and "ordinance," appears (in Hebrew) identically in the *Proverbs* verse (נְתִיבוֹת מִשְׁפָּט, *the pathways of justice*), in the verse preceding the Ten Commandments (חֹק וּמִשְׁפָּט, *a decree and an ordinance*) and in the verse following the Ten Commandments (וְאֵלֶּה הַמִּשְׁפָּטִים, *And these are the ordinances*).

88. The point of this Midrash in this paragraph is the same as that in the previous one (see above, note 83)

89. Lit., *he gave his soul.*

90. "Judgments" refers to those rules that are decided by judges: monetary laws and settling of disputes for the most part. Although "judgments" are themselves part of Torah law, they are mentioned separately because we find that Moses devoted himself to them in particular (*Yefeh To'ar*). See also above, note 83.

91. This is a reference to the numerous prayers that he offered on their behalf each time that they sinned (*Toldos Noach, Eitz Yosef*). A parallel Midrash in *Tanchuma* (§5) proves Moses' selfless dedication to Israel from the verse, וְעַתָּה אִם תִּשָּׂא חַטָּאתָם וְאִם אַיִן מְחֵנִי נָא מִסִּפְרְךָ אֲשֶׁר כָּתָבְתָּ, *And now if You would but forgive their sin! — but if not, erase me now from Your book that You have written* (below, 32:32). With this, Moses surrendered himself completely for Israel. He asked that God punish him in Israel's stead (*Ramban* to verse), and was willing to forfeit his very life for their sake (*Ibn Ezra* ibid.).

Alternatively, Moses' devotion to Israel was manifest while the Jews were yet in Egypt. Moses went out among the Jews to share in their pain, and to seek ways of alleviating their suffering (see above, 2:11-12, with *Rashi* and *Ramban*). He even went so far as to put his life in danger by smiting an Egyptian who was beating an Israelite (*Mechilta, Beshalach, Shirah, Parashah* 1).

92. The Midrash interprets the words "Moses" and "His people" to be in apposition; i.e., "Moses" is synonymous with "His people" (*Eitz Yosef*). (The *Tanach* commentators do not interpret the verse in this manner.) [*Mechilta* (ibid.) proves that Israel is called by Moses' name from a different verse, וַיְדַבֵּר ה׳ אֶל מֹשֶׁה לֶךְ רֵד כִּי שִׁחֵת עַמְּךָ, *HASHEM spoke to Moses, "Go, descend, for 'your people' . . . has become corrupt"* (below, 32:7).]

93. The Midrash does not adduce any proof for this assertion, but in *Mechilta* (ibid.) it is proven from the fact that Moses spent forty days on Mount Sinai without food or water in order to receive the Torah from God. See Insight Ⓐ.

94. While the Torah is not Moses' but God's, Moses' selfless devotion for its sake merited that it be called in his name (*Eitz Yosef* to *Bamidbar Rabbah* 12 §9, citing *Mechilta* ibid., *Midrash Tehillim* 1:16, 30:4).

95. Once again (see note 93) the Midrash does not provide a source for this assertion; in *Mechilta* it is proven from the fact that even in his youth Moses could not bear to see two Israelites fighting and "made himself a judge" to rebuke the perpetrator of the violence (above, 2:13), and from the fact that he saved Jethro's daughters from the shepherds who were oppressing them (ibid., v. 17). [In *Bamidbar Rabbah* 12 §9 it is proven from the verse (above, 18:13), וַיֵּשֶׁב מֹשֶׁה לִשְׁפֹּט אֶת הָעָם . . . מִן הַבֹּקֶר עַד הָעָרֶב, *Moses sat to judge the people . . . from the morning until the evening* (*Yefeh To'ar, Eitz Yosef*).]

96. The phrase *that "you shall place" before them* (as opposed to "that you shall teach them") bears the connotation that Moses was not only

INSIGHTS

Ⓐ **A Labor of Love** The present assertion of the Midrash regarding Moses' "selflessness" with regard to Torah seems difficult in light of a Midrash later, which states that during his stay on Mount Sinai, during which he ate no food and took no drink, his love of Torah was so great that he simply forgot to eat and drink, and refused to sleep for fear of losing this vast treasure God was giving him. And instead, he was nourished by the Torah itself or by the radiance of the Divine Presence (below, 47 §7). But if Moses was so enamored of the Torah during this time that he desired neither food nor drink and he was miraculously nourished by the exalted sources mentioned by the Midrash there, wherein lies his sacrifice: his "giving of self"?

R' Yechezkel Sarna explains. Indeed, enduring pain and suffering for the sake of God and His Torah is a form of "giving of self." But there is another form as well, one at whose root lies joy and excitement, which subdues any sense of privation. That is the "giving of self" that comes from relinquishing one's natural attachment to things material, and embracing instead the realm of holiness and Godliness.

It is not easy to make this leap. All fundamental change is difficult, and the abandonment of the familiar is never easy. The very process of moving one's entire focus from the body to the soul, from the material to the spirit is called "the giving of self," and the pain of separation can be intense.

But with the embrace of the spiritual comes love for and fascination with it, which suppresses one's earlier desires. And the spiritual is not only borne by its devotee but it sustains him as well.

Moses at Sinai showed us the way — the only way — to find the inner strength to transcend one's material self. For endless days and nights, Moses immersed himself in the Torah and immersed himself again. He "gave of himself" and thereby gave the Torah, and the means to acquire it, to us: תּוֹרָה צִוָּה לָנוּ מֹשֶׁה מוֹרָשָׁה קְהִלַּת יַעֲקֹב, *The Torah that Moses commanded us is the heritage of the Congregation of Jacob* (*Deuteronomy* 33:4). He demonstrated an abiding love for God's Torah, and an appreciation for the vastness of its uncountable riches. And he taught us that it is only through such love that one can rise above oneself to the invigorating and sustaining joy of Torah life that beckons to us from on high (*Daliyos Yechezkel*, Vol. 1, p. 370ff; see also *HaSabba MiSlabodka*, pp. 255-256).

הַתּוֹרָה אוֹמֶרֶת: בְּאֵי זֶה נָתִיב אֲנִי מְהַלֶּכֶת, אֲהַלֵּךְ בְּדַרְכָּן שֶׁל *עוֹשֵׂי צְדָקָה, (שם) "בְּתוֹךְ נְתִיבוֹת מִשְׁפָּט", הַתּוֹרָה בָּאֶמְצַע וְדִינִין מִלְּפָנֶיהָ וְדִינִין מֵאַחֲרֶיהָ, מִלְּפָנֶיהָ שֶׁנֶּאֱמַר "שָׁם שָׂם לוֹ חֹק וּמִשְׁפָּט", *וְדִינִין מֵאַחֲרֶיהָ, שֶׁנֶּאֱמַר [כא, א] "וְאֵלֶּה הַמִּשְׁפָּטִים":

ד דָּבָר אַחֵר, [כא, א] "וְאֵלֶּה הַמִּשְׁפָּטִים" [ח]שְׁלֹשָׁה דְּבָרִים נָתַן מֹשֶׁה נַפְשׁוֹ עֲלֵיהֶם וְנִקְרְאוּ עַל שְׁמוֹ, וְאֵלּוּ הֵן: יִשְׂרָאֵל וְהַתּוֹרָה וְהַדִּינִים, יִשְׂרָאֵל כַּמָּה נִצְטָעֵר עֲלֵיהֶם, וְנִקְרְאוּ עַל שְׁמוֹ שֶׁנֶּאֱמַר (ישעיה סג, יא) "וַיִּזְכֹּר יְמֵי עוֹלָם מֹשֶׁה עַמּוֹ", הַתּוֹרָה שֶׁנֶּאֱמַר (מלאכי ג, כב) "זִכְרוּ תּוֹרַת מֹשֶׁה עַבְדִּי", הַדִּינִין שֶׁנֶּאֱמַר [כא, א] "וְאֵלֶּה הַמִּשְׁפָּטִים אֲשֶׁר תָּשִׂים לִפְנֵיהֶם", וְכֵן אֶסְתֵּר נָתְנָה נַפְשָׁהּ עַל יִשְׂרָאֵל וְנִקְרְאוּ עַל שְׁמָהּ, שֶׁנֶּאֱמַר (אסתר ד, ח) "וּלְבַקֵּשׁ מִלְּפָנָיו עַל עַמָּהּ":

ה בֹּא וּרְאֵה כַּמָּה מְשׁוּבַּחַת פָּרָשָׁה זוֹ, כַּמָּה פָּרָשִׁיּוֹת בָּהּ וְכַמָּה אַזְהָרוֹת הִזְהִיר הַקָּדוֹשׁ בָּרוּךְ הוּא לְיִשְׂרָאֵל בְּפָרָשָׁה זוֹ, [כא, ב] "כִּי תִקְנֶה עֶבֶד עִבְרִי", [כא, ז] "וְכִי יִמְכֹּר אִישׁ אֶת בִּתּוֹ לְאָמָה", [כא, טו] "וּמַכֵּה אָבִיו", וּמָה עִנְיַן אֵלּוּ לְאֵלּוּ, אָמַר לָהֶם הַקָּדוֹשׁ בָּרוּךְ הוּא לְיִשְׂרָאֵל: אֲנִי קָנִיתִי אֶתְכֶם בְּמִצְרַיִם בְּי' °מַכּוֹת שֶׁהֶרְאֵיתִי, שֶׁנֶּאֱמַר (תהלים קלט, יד) "°נִפְלָאִים מַעֲשֶׂיךָ וְנַפְשִׁי יֹדַעַת מְאֹד", כְּשֵׁם שֶׁאַתֶּם מְצֻוִּים° לֹא תַעֲבוֹד בְּאָחִיךָ יוֹתֵר מִו' שָׁנִים, שֶׁלֹּא בָּרָאתִי אֶת הָעוֹלָם אֶלָּא לְו' יָמִים,

עץ יוסף

התורה אמרה. דכל סימן ח' דמשלי היא מאמר התורה: **אהלך בדרכן של עושה צדקה.** כמאמר חכמינו ז"ל בפ"ק דבבא בתרא (ט, ב) כל הרגיל לעשות צדקה הויין לו בנים בעלי חכמה בעלי אגדה בעלי עושר כו', ונלמד שם מפסוקים: **בתוך נתיבות משפט.** סיפא דקרא דבאורח צדקה אהלך הוא: **שנאמר שם שם לו חק ומשפט.** ולעיל אמר פסוק ושפטו את העם בכל עת, אפשר דמדרש זה סובר שלאחר מתן תורה בא, ולא נאמר פסוק ושפטו קודם מתן תורה, ולכן הוצרך להביא פסוק שם שם לו חק ומשפט (תולדות נח): **(ד) שלשה דברים נתן כו'.** דאשר תלמדם מבעי ליה דלשון תשים משמע שהוא ערכן וסדר ותיקן, ובאמת הוא לא עשה כלום אלא שלימדן לבד: **וישראל והתורה והדינים.** פליג אהא דלקמן במדבר רבה פרשה י"ג, דמני תורה דינים ומשכן: **התורה והדינים.** אף על גב דדינים מכלל התורה חשיב להו בתרתי, משום שעיקר התורה להשלמת הנפש, והמשפטים לתיקון הקבוץ המדיני אשר יחיה בהם: **ישראל כמה נצטער עליהם.** שהתפלל עליהם כמה תפלות בכל עת שחטאו: **ויזכור ימי עולם משה עמו.** דאף על גב דעמו קאי להקדוש ברוך הוא ולא עם משה, מכל מקום כיון דקרי לישראל משה, משמע שהם שלו שעל כן נקראים בשמו: **התורה שנאמר כו'.** נתינת נפשו על התורה הוא מה שעלה בשבילה למרום, ולחם לא אכל ומים לא שתה: **הדינים.** נתינת נפשו על הדינים הוא מה שכתוב וישב לשפוט את העם מבקר ועד ערב: **אשר תשים לפניהם.** משמע כאילו הוא המשים אותם: **נתנה נפשה על ישראל.** שישבה בצום ותענית שלשה ימים ושלשה לילות, ובאה אל המלך בלא קריאתו: **ולבקש מלפניו על עמה.** שהכי אמר מרדכי אם תשתדל בזה תזכה שיקראו על שמך, ולפי שכן עשתה, בוודאי שנקראו על שמה כמאמר מרדכי: **(ה) בא וראה כמה משובחת פרשה זו.** דוי"ו דואלה לרבויי אתה, שמלבד רבוי פרשיותיה, רבוי אזהרותיה, רוצה לומר שמלבד פשטי הדינים שהם הפרשיות, יש בהם רמז אזהרות שהקדוש ברוך הוא מזהיר לישראל, והרבוי הוא שבח הפרשה, וקאמר **ומה ענין אלו לאלו כו' אני קניתי אתכם כו' שלא בראתי את העולם כו'**

פירוש מהרז"ו

של עושי צדקה. שעיקר נתינת התורה ברחמים, כמו שכתוב במכילתא, בסיני נראה כזקן מלא רחמים, ועל כן קראו חז"ל להשם יתברך לענין התורה רחמנא. ועיין דברים רבה פרשה ח סימן ה ויתכן שלזה כוונו כאן: **באורח צדקה.** וסיפא דקרא בתוך נתיבות משפט: **(ד) שלשה דברים.** מכילתא בשלח פסוק אז ישיר משה באריכות, איך נתן נפשו, ואיך נקראו על שמו: **זכרו תורת משה.** ונתן נפשו כמו שכתוב (שמות לד, כח) ארבעים יום [וגו'] לחם לא אכל ומים לא שתה: **שנאמר ואלה המשפטים.** אשר תשים לפניהם, שתלה בו וכמו שכתוב (דברים לג, כא) צדקת ה' עשה ומשפטיו עם ישראל. ובמכילתא הגירסא מפסוק שופטים ושוטרים תתן לך, ונתן נפשו במה שאמר (שמות ב, יג) ויאמר לרשע למה תכה רעך, שעל ידי כן רצה פרעה להרגו, וכן בבנות יתרו במדין, עיין שם. ועיין במדבר רבה פרשה י"ב בסימן ט, ושם חושב משכן ולא ישראל, עיין שם: **(ה) כמה פרשיות וכמה אזהרות.** כמו שכתוב ויקרא רבה פרשה כ"ד סימן ה, שיש בה ששים מצות: **ומה ענין אלו לאלו.** כולל שני שאלות, מה טעם כל אחד, ומה טעם סמיכתן, על כן פירש תחלה טעם כל אחד, ואחר כך דרשת רבי שמואל, על טעם סמיכתן, ללמדנו ממצות העבדות על מצות כבוד אב, ומצות עבדות כולל עבד ואמה, ששוים לענין השש שנה, ועבד כנעני שעובד לעולם, והקל וחומר מעבד כנעני, ואף שהפסיק במה שכתוב כי יכה, וכי יזיד, שנכתבו בסמוך אגב ומכה אביו ואמו, הרי טעם לכל סמיכות פרשיות אלו ודו"ק: **אני קניתי אתכם.** כמו שכתוב ויקרא רבה פרשה ב סימן א, והלא בדמים נטלן על ידי הנסים שעשה: **נפלאים מעשיך.** ובפסוק הקודם כי אתה קנית וגו', על ידי נפלאים מעשיך, שמכות מצרים נקראים נפלאות, כמו שכתוב שמות ג' כ', בכל נפלאותי אשר אעשה, וכדומה הרבה: **כשם שאתם מצווים.** כן צריך לומר, אתם מצווים לא תעבוד באחיך יותר משש שנים, כשם שלא בראתי את העולם יותר משש ימים וכו'. ועיין לקמן פרשה זו סימן ט"ו, והנה כאן אינו מרומז מה שאמר אני קניתי אתכם במצרים, וגם לא מה שאמר רבי שמואל הקל וחומר מחם אבי כנען, ובהכרח שכוונתו על מה שכתוב בסוף בהר סיני בפרשת וכי ימוך אחיך עמך, (ויקרא כה, לט) ונמכר לך לא תעבוד בו עבודת עבד, (פסוק מ) עד שנת היובל יעבוד עמך, (פסוק מב) כי עבדי הם אשר הוצאתי אותם מארץ מצרים, (פסוק מד) ועבדך ואמתך וגו', (פסוק מו) לעולם בהם תעבודו, היינו מזרע חם, והנה כאן אינו מבואר דין היובל אם פגע קודם שש שנה, ושם אינו מבואר ענין השש שנים

חידושי הרד"ל

[ד] **שלשה דברים נתן משה נפשו כו'.** מכילתא בשלח ריש פרשת שירה, ותנחומא ריש פרשת שופטים, ושם מפרש להו מקראי שנתן נפשו עליהם: [ה] **כשם שאתם יוצאים משעבוד מצרים כו'.** כן צריך לומר:

חידושי הרש"ש

[ה] **שנאמר נפלאים מעשיך כו'.** עיין ידי משה: **כשם שאתם מצווים.** ונראה דיש כאן חסרון, וצריך לומר לשבות ביום השביעי. או לשבות בשנה השביעית מעבודת הארץ, כן **לא תעבוד באחיך כו':**

באור מהרי"פ

[ה] **ומה ענין אלו לאלו וכו'.** הענין מוקשה, ויותר דמקרא של מכה אביו ואמו וגו', אמו סמוך לוכי ימכור איש את בתו, ומפסיק ביניהם מכה איש וגו' וכי יזיד איש וגו'. ויפה תואר ותולדות נח האריך האריכו בזה, ומפני שלקוצר דעתי דבריהם דחוקים, על כן לא העתקתי את דבריהם, ומי שדעתו רחבה מדעתי אולי מי ימלא שם פירוש מרווח: **נפלאים מעשיך וגו'.** ואולי נסמך גם אמקרא שלפניו (תהלים

ידי משה

[ה] **שנאמר כי אתה קנית כליותי וגו' נפלאים מעשיך ונפשי יודעת מאד.** כן צריך לומר. ומה שאמר מה ענין אלו לאלו, פירוש משפטים ליציאת מצרים, ומתרץ כי תקנה עבד עברי לפי שקניתי אתכם במצרים שש שנים כנגד ששת ימים עשה ה' וגו' וכן כולם:

אמרי יושר

[ד] **שלשה דברים כו'.** דיניו נקראו על שמו, אף על פי שהנותן נפשו על הדבר אין אומרין הלכה משמו (בבא קמא סא, ב). או נחשב לו המחשבה טובה למעשה, והיינו **ואלה** כבר התורה הנזכרת נקראת על שמך, גם **המשפטים** יקראו על שמך, **תשים לפניכם:** [ה] **אני קניתי אתכם במצרים.** הסמיכו הוי"ו ליציאת מצרים: **כשם שאתם מצווים לא תעבוד באחיך.** הגירסא

מסורת המדרש

ח. במדבר רבה פרשה י"ב. תנומא סדר בשלח סימן יו"ד. וסדר כי תשא סימן ל"ה. וסדר שופטים סימן ה'. מכילתא סדר בשלח מסכתא דשירה פרשה א'. פסיקתא רבתי ריש פיסקא ה'. מדרש תהלים מזמור א'. ילקוט סדר שמות רמז קס"ג. וסדר כי תשא רמז שנ"א. ילקוט יהושע רמז ב'. ילקוט מלאכי רמז תקפ"ה:

אם למקרא

וַיִּזְכֹּר יְמֵי עוֹלָם מֹשֶׁה עַמּוֹ אַיֵּה הַמַּעֲלֵם מִיָּם אֵת רֹעֵי צֹאנוֹ אַיֵּה הַשָּׂם בְּקִרְבּוֹ אֶת רוּחַ קָדְשׁוֹ: (ישעיה סג:יא)

זִכְרוּ תּוֹרַת מֹשֶׁה עַבְדִּי אֲשֶׁר צִוִּיתִי אוֹתוֹ בְחֹרֵב עַל כָּל יִשְׂרָאֵל חֻקִּים וּמִשְׁפָּטִים: (מלאכי ג: כב)

וְאֶת פַּתְשֶׁגֶן כְּתָב הַדָּת אֲשֶׁר נִתַּן בְּשׁוּשָׁן לְהַשְׁמִידָם נָתַן לוֹ לְהַרְאוֹת אֶת אֶסְתֵּר וּלְהַגִּיד לָהּ וּלְצַוּוֹת עָלֶיהָ לָבוֹא אֶל הַמֶּלֶךְ לְהִתְחַנֶּן לוֹ וּלְבַקֵּשׁ מִלְּפָנָיו עַל עַמָּהּ: (אסתר ד: ח)

אוֹדְךָ עַל כִּי נוֹרָאוֹת נִפְלֵיתִי נִפְלָאִים מַעֲשֶׂיךָ וְנַפְשִׁי יֹדַעַת מְאֹד: (תהלים קלט: יד)

שינוי נוסחאות

אהלך בדרכן של עושי צדקה. בכל הדפוסים (חוץ מוילנא) כתוב "... של עושה צדקה" (ל' יחיד), אבל א"כ קשה לשון "בדרכן" שהוא ל' רבים, לכן נראה שהנכון כמו שכתבו בד' וילנא, "... עושי צדקה". **(ה) שהראיתי.** יפ"ת (ובעקבותיו עצ"י) הגיה "שהבאתי". **שנאמר "נפלאים מעשיך ונפשי ידעת מאד".** ידי משה מגיה לפני "נפלאים" תיבות "כי אתה קנית כליותי" מהפסוק הקודם, וכן פירשו כל המפרשים אף שלא הגיהו כך בהדיא: **כשם שאתם מצווים לא תעבוד באחיך יותר מו' שנים, שלא בראתי את העולם אלא לו' ימים.** אין ספק שהלשון הזה צריך תיקון (ע' מ"כ), ורד"ל הגיה: "כשם שאתם יוצאים משעבוד מצרים לא תעבוד ..."; ורש"ש הגיה: "כשם שאתם מצוים לשבות ביום (או בשנה) השביעי(ת) כן לא תעבוד..." (וגם יפ"ת הגיה כעין זה: >כשם שאתם מצווים "ששת ימים תעבד וביום השביעי תשבת"<) ; ומהרז"ו העביר תיבת "כשם" לשורה שלמטה ומגיה: "אתם מצווים לא תעבוד באחיך יותר מו' שנים כשם שלא בראתי...":

מתנות כהונה

[ד] **אשר תשים.** הרי שתלאן במשה: [ה] **כשם שאתם וכו'.** הלשון מגומגם ועיין לקמן (סימן טו. כשם שבראתי וכו'):

אשד הנחלים

[ד] **נתן משה נפשו.** יש להבין מדוע חשב הדינין ביחוד מכל התורה, ובמה נשתנו מהתורה בכללה. ויתכן דבאורו כמו שראינו בפרשת יתרו שבתחלה משה לבדו שפט לישראל, כל אשר להם הריב, רק יתרו עוררו כי (שמות יח, יח) נבול תבול ולא יוכל לבדו לשפוט העם הרב הזה, ואם כן משה נתן נפשו על הדין והמשפט, אף כי כבד זה ממנו. והענין הם הם שני עמודים העיקרים, התורה היא מה שבין אדם למקום שמסר נפשו, והדינין הוא במה שבין אדם לחברו, ולכן חשבם ביחוד, ולכן נקראים על שמו, כי על ידו זכו לזה: [ה] **כמה משובחת.** שלא ידומה כי המה דינים נמוסים, רק מה שנוגע בין אדם לחברו, ואם כן אין זה חשיבות כל כך, לא כן, אחר שראינו שהתורה האריכה בפרטי דיניהם מאד, יותר מכל המצות שאינם כתובות רק בכלל, והפרט מסורה על פה. והענין שחביבה מצד שנכלל בה המדות המשובחים מאד, להוליד בהם

The Midrash presents another example of this concept:

וְכֵן אֶסְתֵּר נָתְנָה נַפְשָׁהּ עַל יִשְׂרָאֵל — **Similarly** we find that **Esther devoted herself wholeheartedly to Israel,**[97] וְנִקְרְאוּ עַל שְׁמָהּ, שֶׁנֶּאֱמַר "וּלְבַקֵּשׁ מִלְּפָנָיו עַל עַמָּהּ" — **and** for this reason **they were called by her name, as it is stated** that Mordechai gave her a copy of Haman's evil decree, requesting her to read it ***and to plead with [Ahasuerus] for "her people"*** (*Esther* 4:8).

כִּי תִקְנֶה עֶבֶד עִבְרִי שֵׁשׁ שָׁנִים יַעֲבֹד וּבַשְּׁבִעִת יֵצֵא לַחָפְשִׁי חִנָּם. אִם בְּגַפּוֹ יָבֹא בְּגַפּוֹ יֵצֵא אִם בַּעַל אִשָּׁה הוּא וְיָצְאָה אִשְׁתּוֹ עִמּוֹ. אִם אֲדֹנָיו יִתֶּן לוֹ אִשָּׁה וְיָלְדָה לוֹ בָנִים אוֹ בָנוֹת הָאִשָּׁה וִילָדֶיהָ תִּהְיֶה לַאדֹנֶיהָ וְהוּא יֵצֵא בְגַפּוֹ. וְאִם אָמֹר יֹאמַר הָעֶבֶד אָהַבְתִּי אֶת אֲדֹנִי אֶת אִשְׁתִּי וְאֶת בָּנָי לֹא אֵצֵא חָפְשִׁי. וְהִגִּישׁוֹ אֲדֹנָיו אֶל הָאֱלֹהִים וְהִגִּישׁוֹ אֶל הַדֶּלֶת אוֹ אֶל הַמְּזוּזָה וְרָצַע אֲדֹנָיו אֶת אָזְנוֹ בַּמַּרְצֵעַ וַעֲבָדוֹ לְעֹלָם. וְכִי יִמְכֹּר אִישׁ אֶת בִּתּוֹ לְאָמָה לֹא תֵצֵא כְּצֵאת הָעֲבָדִים. אִם רָעָה בְּעֵינֵי אֲדֹנֶיהָ אֲשֶׁר לֹא [לוֹ] יְעָדָהּ וְהֶפְדָּהּ לְעַם נָכְרִי לֹא יִמְשֹׁל לְמָכְרָהּ בְּבִגְדוֹ בָהּ. וְאִם לִבְנוֹ יִיעָדֶנָּה כְּמִשְׁפַּט הַבָּנוֹת יַעֲשֶׂה לָּהּ. אִם אַחֶרֶת יִקַּח לוֹ שְׁאֵרָהּ כְּסוּתָהּ וְעֹנָתָהּ לֹא יִגְרָע. וְאִם שְׁלָשׁ אֵלֶּה לֹא יַעֲשֶׂה לָהּ וְיָצְאָה חִנָּם אֵין כָּסֶף. מַכֵּה אִישׁ וָמֵת מוֹת יוּמָת. וַאֲשֶׁר לֹא צָדָה וְהָאֱלֹהִים אִנָּה לְיָדוֹ וְשַׂמְתִּי לְךָ מָקוֹם אֲשֶׁר יָנוּס שָׁמָּה. וְכִי יָזִד אִישׁ עַל רֵעֵהוּ לְהָרְגוֹ בְעָרְמָה מֵעִם מִזְבְּחִי תִּקָּחֶנּוּ לָמוּת. וּמַכֵּה אָבִיו וְאִמּוֹ מוֹת יוּמָת. וְגֹנֵב אִישׁ וּמְכָרוֹ וְנִמְצָא בְיָדוֹ מוֹת יוּמָת. וּמְקַלֵּל אָבִיו וְאִמּוֹ מוֹת יוּמָת.

If you acquire a Jewish bondsman, he shall work for six years; and in the seventh he shall go free, for no charge. If he shall arrive by himself, he shall leave by himself; if he is the husband of a woman, his wife shall leave with him. If his master will give him a woman and she bears him sons or daughters, the wife and her children shall belong to her master, and he shall go out by himself. But if the bondsman shall say, "I love my master, my wife and my children — I shall not go free"; then his master shall bring him to the court and shall bring him to the door or to the doorpost, and his master shall bore through his ear with the awl, and he shall serve him forever. If a man will sell his daughter as a bondswoman, she shall not leave like the leavetaking of the slaves. If she is displeasing in the eyes of her master, who should have designated her for himself, he shall assist in her redemption; he shall not have the power to sell her to a strange man, for he had betrayed her. If he had designated her for his son, he shall deal with her according to the rights of the young women. If he shall take another in addition to her, he shall not diminish her food, her clothing, or her marital relationship. If he does not perform these three for her, she shall leave free of charge, without payment. One who strikes a man, so that he dies, shall surely be put to death. But for one who had not lain in ambush and God had caused it to come to his hand, I shall provide you a place to which he shall flee. If a man shall act intentionally against his fellow to murder him with guile, from My Altar shall you take him to die. One who strikes his father or mother shall surely be put to death. One who kidnaps a man and sells him, and he was found to have been in his power, shall surely be put to death. One who curses his father or mother shall surely be put to death (21:2-17).

§5 The Midrash now begins to discuss some of the specific "ordinances" found in this Torah portion:

בֹּא וּרְאֵה כַּמָּה מְשׁוּבַּחַת פָּרָשָׁה זוֹ — **Come and see how outstanding**[98] **this passage is!**[99] כַּמָּה פָּרָשִׁיּוֹת בָּהּ — For there are **numerous passages** regarding various topics contained **within it,** וְכַמָּה אַזְהָרוֹת הִזְהִיר הַקָּדוֹשׁ בָּרוּךְ הוּא לְיִשְׂרָאֵל בְּפָרָשָׁה זוֹ — **and the Holy One, blessed is He,** also **issued numerous prohibitions**[100] **to Israel in this section.**[101]

The Midrash examines three of the ordinances that appear in this section and shows that beyond the technical significance of these laws they allude to deeper religious concepts:

"כִּי תִקְנֶה עֶבֶד עִבְרִי" — Scripture states, ***If you acquire a Jewish bondsman,*** *he shall work for six years; and in the seventh he shall go free, for no charge . . .* (21:2). "וְכִי יִמְכֹּר אִישׁ אֶת בִּתּוֹ לְאָמָה" — And it states further, ***If a man will sell his daughter as a bondwoman,*** *she shall not go out like the slaves go out* (ibid., v. 7). "וּמַכֵּה אָבִיו" — And it states further, ***And one who strikes his father*** *or mother shall surely be put to death . . . One who curses his father or mother shall surely be put to death* (ibid. 21:15-17). וּמָה עִנְיַן אֵלּוּ לְאֵלּוּ — **Now, what** common **theme connects these** laws **to one another?**[102]

Before explaining the connection between these three laws, the Midrash first elaborates on the deep religious concepts that are derived from each of them, beginning with the law of the Jewish bondsman:

אָמַר לָהֶם הַקָּדוֹשׁ בָּרוּךְ הוּא לְיִשְׂרָאֵל — In decreeing this law, **the Holy One, blessed is He, said to Israel,** אֲנִי קָנִיתִי אֶתְכֶם בְּמִצְרַיִם בְּי׳ מַכּוֹת שֶׁהֵבֵאתִי — **"I 'acquired' you in Egypt through the Ten Plagues that I brought** against the Egyptians,"[103] שֶׁנֶּאֱמַר "כִּי אַתָּה קָנִיתָ כִלְיֹתָי . . . נִפְלָאִים מַעֲשֶׂיךָ וְנַפְשִׁי יֹדַעַת מְאֹד" — **as it is stated, *For You have "acquired" my mind;*** *You enveloped me in my mother's womb . . .* ***wondrous are Your works, and my soul knows it well*** (*Psalms* 139:13-14).[104]

NOTES

the transmitter of the "judgments" but their formulator; in this sense the judgments are called by his name (*Yefeh To'ar, Toldos Noach, Eitz Yosef*).

97. For she fasted on their behalf for three days and nights (*Esther* 4:16), and she risked her life by approaching King Ahasuerus despite not having been invited (ibid.) (*Eitz Yosef*).

98. Lit., *praiseworthy, excellent.*

99. I.e, the section that begins with וְאֵלֶּה הַמִּשְׁפָּטִים, *And these are the ordinances.*

100. Lit., *warnings.* The word אַזְהָרָה is used often by the Sages to designate a negative commandment (i.e., a prohibition). See, however, following note.

101. *Maharzu* and *Toldos Noach,* citing *Vayikra Rabbah* 24 §5, note that there are sixty (or seventy; see Midrash ibid.) mitzvos found in this section. For this reason it is considered outstanding in excellence.

Yefeh To'ar (see also *Toldos Noach*) interprets this line differently: **There are numerous passages** regarding various topics contained **within it, and** through these passages **the Holy One, blessed is He, issued numerous warnings** (אַזְהָרוֹת) concerning matters of faith and fear of God **in this section.** I.e., the technical laws of the passage allude to deeper concepts that pertain to religious issues, as the Midrash goes on to elaborate in the following paragraphs.

102. The laws of the Jewish bondsman and the Jewish bondswoman are obviously of a similar theme, but why does the Torah juxtapose to them the law of striking and cursing one's parents? The answer to this question will become apparent only at the end of the section.

103. See *Vayikra Rabbah* 2 §1 (cited by *Yefeh To'ar* and *Maharzu*), where the Midrash compares God's deliverance through the supernatural plagues to paying an exorbitant sum of money in order to free Israel from enslavement to Pharaoh.

104. The Midrash interprets the phrase *wondrous are Your works* as a reference to the wonders God performed for Israel at the Exodus (for, as *Maharzu* notes, the plagues are referred to as "wonders" above, 3:2, and elsewhere). Thus, when the beginning of the verse states, *For You have acquired my mind; You enveloped me in my mother's womb,* it too is speaking of God and Israel, and refers to His "acquiring" and protecting Israel during the Ten Plagues (*Yefeh To'ar, Toldos Noach, etc.*).

הַתּוֹרָה אוֹמֶרֶת: בְּאֵי זֶה נָתִיב אֲנִי מְהַלֶּכֶת, אֲהַלֵּךְ בְּדַרְכָּן שֶׁל *עוֹשֵׂי צְדָקָה, (שם) "בְּתוֹךְ נְתִיבוֹת מִשְׁפָּט", הַתּוֹרָה בָּאֶמְצַע וְדִינִין מִלְּפָנֶיהָ וְדִינִין מֵאַחֲרֶיהָ, מִלְּפָנֶיהָ שֶׁנֶּאֱמַר "שָׂם שָׂם לוֹ חֹק וּמִשְׁפָּט", *וְדִינִין מֵאַחֲרֶיהָ, שֶׁנֶּאֱמַר [כא, א] "וְאֵלֶּה הַמִּשְׁפָּטִים":

ד דָּבָר אַחֵר, [כא, א] "וְאֵלֶּה הַמִּשְׁפָּטִים" [ח]שְׁלֹשָׁה דְּבָרִים נָתַן מֹשֶׁה נַפְשׁוֹ עֲלֵיהֶם וְנִקְרְאוּ עַל שְׁמוֹ, וְאֵלּוּ הֵן: יִשְׂרָאֵל וְהַתּוֹרָה וְהַדִּינִים, יִשְׂרָאֵל כַּמָּה נִצְטַעֵר עֲלֵיהֶם, וְנִקְרְאוּ עַל שְׁמוֹ שֶׁנֶּאֱמַר (ישעיה סג, יא) "וַיִּזְכֹּר יְמֵי עוֹלָם מֹשֶׁה עַמּוֹ", הַתּוֹרָה שֶׁנֶּאֱמַר (מלאכי ג, כב) "זִכְרוּ תּוֹרַת מֹשֶׁה עַבְדִּי", הַדִּינִין שֶׁנֶּאֱמַר [כא, א] "וְאֵלֶּה הַמִּשְׁפָּטִים אֲשֶׁר תָּשִׂים לִפְנֵיהֶם", וְכֵן אֶסְתֵּר נָתְנָה נַפְשָׁהּ עַל יִשְׂרָאֵל וְנִקְרְאוּ עַל שְׁמָהּ, שֶׁנֶּאֱמַר (אסתר ד, ח) "וּלְבַקֵּשׁ מִלְּפָנָיו עַל עַמָּהּ":

ה בֹּא וּרְאֵה כַּמָּה מְשׁוּבַּחַת פָּרָשָׁה זוֹ, כַּמָּה פָּרָשִׁיּוֹת בָּהּ וְכַמָּה אַזְהָרוֹת הִזְהִיר הַקָּדוֹשׁ בָּרוּךְ הוּא לְיִשְׂרָאֵל בְּפָרָשָׁה זוֹ, [כא, ב] "כִּי תִקְנֶה עֶבֶד עִבְרִי", [כא, ז] "וְכִי יִמְכֹּר אִישׁ אֶת בִּתּוֹ לְאָמָה", [כא, טו] "וּמַכֵּה אָבִיו", וּמָה עִנְיַן אֵלּוּ לְאֵלּוּ, אָמַר לָהֶם הַקָּדוֹשׁ בָּרוּךְ הוּא לְיִשְׂרָאֵל: אֲנִי קָנִיתִי אֶתְכֶם בְּמִצְרַיִם בְּי' °מַכּוֹת שֶׁהֶרְאֵיתִי, שֶׁנֶּאֱמַר (תהלים קלט, יד) "°נִפְלָאִים מַעֲשֶׂיךָ וְנַפְשִׁי יֹדַעַת מְאֹד", כְּשֵׁם שֶׁאַתֶּם מְצֻוִּים° לֹא תַעֲבוֹד בְּאָחִיךָ יוֹתֵר מִו' שָׁנִים, שֶׁלֹּא בָּרָאתִי אֶת הָעוֹלָם אֶלָּא לְו' יָמִים,

עץ יוסף

התורה אמרה. דכל סימן ח' דמשלי היא מאמר התורה: **אהלך בדרכן של עושה צדקה.** כמאמר חכמינו ז"ל בפ"ק דבבא בתרא (ט, ב) כל הרגיל לעשות צדקה הויין לו בנים בעלי חכמה בעלי אגדה בעלי עושר כו', ונלמד שם מפסוקים: **בתוך נתיבות משפט.** סיפא דקרא דבאורח צדקה אהלך הוא: **שנאמר שם שם לו חק ומשפט.** ולעיל אמר פסוק ושפטו את העם בכל עת, אפשר דמדרש זה סובר שלאחר מתן תורה בא, ולא נאמר פסוק ושפטו קודם מתן תורה, ולכן הוצרך להביא פסוק שם שם לו חק ומשפט (תולדות כח): **(ד) שלשה דברים נתן כו'.** דאשר תלמדם מבעי ליה דלשון תשים משמע שהוא ערכן וסדר ותיקן, ובאמת הוא לא עשה כלום אלא שלימדן לבד: **וישראל והתורה והדינים.** פליג אהא דלקמן במדבר רבה פרשה י"ג, דמני תורה דינים ומשכן: **התורה והדינים.** אף על גב דדינים מכלל התורה חשיב להו בתרתי, משום שעיקר התורה להשלמת הנפש, והמשפטים לתיקון הקבוץ המדני אשר יחיה בהם: **ישראל כמה נצטער עליהם.** שהתפלל עליהם כמה תפלות בכל עת שחטאו: **ויזכור ימי עולם משה עמו.** דאף על גב דעמו קאי להקדוש ברוך הוא ולא עם משה, מכל מקום כיון דקרי לישראל משה, משמע שהם שלו שעל כן נקראים בשמו: **התורה שנאמר כו'.** נתינת נפשו על התורה הוא מה שעלה בשבילה למרום, ולחם לא אכל ומים לא שתה: **הדינים.** נתינת נפשו על הדינים הוא מה שכתוב וישב לשפוט את העם מבקר ועד ערב: **אשר תשים לפניהם.** משמע כאילו הוא המשים אותם: **נתנה נפשה על ישראל.** שישבה בצום ותענית שלשה ימים ושלשה לילות, ובאה אל המלך בלא קריאתו: **ולבקש מלפניו על עמה.** שהכי אמר מרדכי אם תשתדל בזה תזכה שיקראו על שמך, ולפי שכן עשתה, בוודאי שנקראו על שמה כמאמר מרדכי: **(ה) בא וראה כמה משובחת פרשה זו.** דוי"ו דואלה לרבויי אתה, שמלבד רבוי פרשיותיה, רבוי אזהרותיה, רוצה לומר שמלבד פשטי הדינים שהם הפרשיות, יש בהם רמז אזהרות שהקדוש ברוך הוא מזהיר לישראל, והרבוי הוא שבח הפרשה, וקאמר **ומה ענין אלו לאלו כו' אני קניתי אתכם כו' שלא בראתי את העולם כו'**

פירוש מהרז"ו

של עושי צדקה. שעיקר נתינת התורה ברחמים, כמו שכתוב במכילתא, בסיני נראה כזקן מלא רחמים, ועל כן קראו חז"ל להשם יתברך לענין התורה רחמנא. ועיין דברים רבה פרשה ח סימן ה ויתכן שלזה כוונו כאן: **באורח צדקה.** וסיפא דקרא בתוך נתיבות משפט: **(ד) שלשה דברים.** מכילתא בשלח פסוק אז ישיר משה באריכות, איך נתן נפשו, ואיך נקראו על שמו: **זכרו תורת משה.** ונתן נפשו כמו שכתוב (שמות לד, כח) ארבעים יום [וגו'] לחם לא אכל ומים לא שתה: **שנאמר ואלה המשפטים.** אשר תשים לפניהם, שתלה בו וכמו שכתוב (דברים לג, כא) צדקת ה' עשה ומשפטיו עם ישראל. ובמכילתא הגירסא מפסוק שופטים ושוטרים תתן לך, ונתן נפשו במה שאמר (שמות ב, יג) ויאמר לרשע למה תכה רעך, שעל ידי כן רצה פרעה להרגו, וכן בבנות יתרו במדין, עיין שם. ועיין במדבר רבה פרשה י"ב בסימן ט, ושם חושב משכן ולא ישראל, עיין שם: **(ה) כמה פרשיות וכמה אזהרות.** כמו שכתוב ויקרא רבה פרשה כ"ד סימן ה, שיש בה ששים מצות: **ומה ענין אלו לאלו.** כולל שני שאלות, מה טעם כל אחד, ומה טעם סמיכתן, על כן פירש תחלה טעם כל אחד, ואחר כך דרשת רבי שמואל, על טעם סמיכתן, ללמדנו ממצות העבדות על מצות כבוד אב, ומצות עבדות כולל עבד ואמה, ששוים לענין השש שנה, ועבד כנעני שעובד לעולם, והקל וחומר מעבד כנעני, ואף שהפסיק במה שכתוב כי יכה, וכי יזיד, שנכתבו בסמוך אגב ומכה אביו ואמו, הרי טעם לכל סמיכות פרשיות אלו ודו"ק: **אני קניתי אתכם.** כמו שכתוב ויקרא רבה פרשה ב סימן א, והלא בדמים נטלן על ידי הנסים שעשה: **נפלאים מעשיך.** ובפסוק הקודם כי אתה קנית וגו', על ידי נפלאים מעשיך, שמכות מצרים נקראים נפלאות, כמו שכתוב שמות ג' כ', בכל נפלאותי אשר אעשה, וכדומה הרבה: **בשם שאתם מצווים.** כן צריך לומר, אתם מצווים לא תעבוד באחיך יותר משש שנים, כשם שלא בראתי את העולם יותר משש ימים וכו'. ועיין לקמן פרשה זו סימן ט"ו, והנה כאן אינו מרומז מה שאמר אני קניתי אתכם במצרים, וגם לא מה שאמר רבי שמואל הקל וחומר מאם אבי כנען, והכרח שכוונתו על מה שכתוב בסוף בהר סיני בפרשת וכי ימוך אחיך עמך, (ויקרא כה, לט) ונמכר לך לא תעבוד בו עבודת עבד, (פסוק מ) עד שנת היובל יעבוד עמך, (פסוק מב) כי עבדי הם אשר הוצאתי אותם מארץ מצרים, (פסוק מד) ועבדך ואמתך וגו', (פסוק מו) לעולם בהם תעבודו, היינו מזרע חם, והנה כאן אינו מבואר דין היובל אם פגע קודם שש שנה, ושם אינו מבואר ענין השש שנים

מתנות כהונה

[ד] **אשר תשים.** הרי שתלאן במשה: [ה] **כשם שאתם וכו'.** הלשון מגומגם ועיין לקמן (סימן טו. כשם שבראתי וכו'):

אשר הנחלים

[ד] **נתן משה נפשו.** יש להבין מדוע חשב הדינין ביחוד מכל התורה, ובמה נשתנו מהתורה בכללה. ויתכן דבאורו כמו שראינו בפרשת יתרו שבתחלה משה לבדו שפט לישראל, כל אשר להם הריב, רק יתרו עוררו כי (שמות יח, יח) נבול תבול ולא יוכל לבדו לשפוט העם הרב הזה, ואם כן משה נתן נפשו על הדין והמשפט, אף כי כבד זה ממנו. והענין הם הם שני עמודים העיקרים, התורה היא מה שבין אדם למקום שמסר נפשו, והדינין הוא במה שבין אדם לחברו, ולכן חשבם ביחוד, ולכן נקראים על שמו, כי על ידו זכו לזה: [ה] **כמה משובחת.** שלא ידומה כי המה דינים נמוסים, רק מה שנוגע בין אדם לחברו, ואם כן אין זה חשיבות כל כך, לא כן, אחר שראינו שהתורה האריכה בפרטי דיניהם מאד, יותר מכל המצות שאינם כתובות רק בכלל, והפרט מסורה על פה. והענין שחביבה מצד שנכלל בה המדות המשובחים מאד, להוליד בהם

חידושי הרד"ל

[ד] **שלשה דברים נתן משה נפשו כו'.** מכילתא בשלח ריש פרשת שירה, ותנחומא ריש פרשת שופטים, ושם מפרש להו מקראי שנתן נפשו עליהם: [ה] **כשם שאתם יוצאים משעבוד מצרים כו'.** כן צריך לומר:

חידושי הרש"ש

[ה] **שנאמר נפלאים מעשיך כו'.** עיין ידי משה: **כשם שאתם מצווים.** ונראה דיש כאן חסרון, וצריך לומר לשבות ביום השביעי. או לשבות בשנה השביעית מעבודת הארץ, כן **לא תעבוד באחיך כו':**

באור מהרי"פ

[ה] **ומה ענין אלו לאלו וכו'.** הענין מוקשה, ויותר דמקרא של מכה אביו ואמו וגו', אמו סמוך לוכי ימכור איש את בתו, ומפסיק ביניהם מכה איש וגו' וכי יזיד איש וגו'. ויפה תואר ותולדות נח הארוך האריכו בזה, ומפני שלקוצר דעתי דבריהם דחוקים, על כן לא העתקתי את דבריהם, ומי שדעתו רחבה מדעתי אולי מי ימצא שם פירוש מרווח: **נפלאים מעשיך וגו'.** ואולי נסמך גם אמקרא שלפניו (תהלים

ידי משה

[ה] **שנאמר כי אתה קנית כליותי וגו' נפלאים מעשיך ונפשי יודעת מאד.** כן צריך לומר. ומה שאמר מה ענין אלו לאלו, פירוש משפטים ליציאת מצרים, ומתרץ כי תקנה עבד עברי לפי שקניתי אתכם במצרים שש שנים כנגד ששת ימים עשה ה' וגו' וכן כולם:

אמרי יושר

[ד] **שלשה דברים כו'.** דיניו נקראו על שמו, אף על פי שהעותן נפשו על הדבר אין אומרין הלכה משמו (בבא קמא סא, ב). או נחשב לו המחשבה טובה למעשה, והיינו **ואלה** כבר התורה הנזכרת נקראת על שמך, גם **המשפטים** יקראו על שמך, **תשים לפניכם:** [ה] **אני קניתי אתכם במצרים.** הסמיכו הוי"ו ליציאת מצרים: **כשם שאתם מצווים לא תעבוד באחיך.** הגירסא

מסורת המדרש

ח. במדבר רבה פרשה י"ב. תנומא סדר בשלח סימן יו"ד. וסדר כי תשא סימן ל"ה. וסדר שופטים סימן ה'. מכילתא סדר בשלח מסכתא דשירה פרשה א'. פסיקתא רבתי ריש פיסקא ה'. מדרש תהלים מזמור א'. ילקוט סדר שמות רמז קס"ז. וסדר כי תשא רמז שנ"א. ילקוט יהושע רמז ב'. ילקוט מלאכי רמז תקצ"ה:

אם למקרא

וַיִּזְכֹּר יְמֵי עוֹלָם מֹשֶׁה עַמּוֹ אַיֵּה הַמַּעֲלֵם מִיָּם אֵת רֹעֵי צֹאנוֹ אַיֵּה הַשָּׂם בְּקִרְבּוֹ אֶת רוּחַ קָדְשׁוֹ:
(ישעיה סג:יא)

זִכְרוּ תּוֹרַת מֹשֶׁה עַבְדִּי אֲשֶׁר צִוִּיתִי אוֹתוֹ בְחֹרֵב עַל־כָּל־יִשְׂרָאֵל חֻקִּים וּמִשְׁפָּטִים:
(מלאכי ג: כב)

וְאֶת־פַּתְשֶׁגֶן כְּתָב־הַדָּת אֲשֶׁר־נִתַּן בְּשׁוּשָׁן לְהַשְׁמִידָם נָתַן לוֹ לְהַרְאוֹת אֶת־אֶסְתֵּר וּלְהַגִּיד לָהּ וּלְצַוּוֹת עָלֶיהָ לָבוֹא אֶל־הַמֶּלֶךְ לְהִתְחַנֶּן־לוֹ וּלְבַקֵּשׁ מִלְּפָנָיו עַל־עַמָּהּ:
(אסתר ד: ח)

אוֹדְךָ עַל כִּי נוֹרָאוֹת נִפְלֵיתִי נִפְלָאִים מַעֲשֶׂיךָ וְנַפְשִׁי יֹדַעַת מְאֹד:
(תהלים קלט: יד)

שינוי נוסחאות

אהלך בדרכן של עושי צדקה. בכל הדפוסים (חוץ מוילנא) כתוב "... של עושה צדקה" (ל' יחיד), אבל א"כ קשה לשון "בדרכן" שהוא ל' רבים, לכן נראה שהנכון כמו שכתבו בד' וילנא, "... עושי צדקה": **(ה) שהראיתי.** יפ"ת (ובעקבותיו עצ"י) הגיה "שהבאתי": **שנאמר "נפלאים מעשיך ונפשי ידעת מאד".** ידי משה מגיה לפני "נפלאים" תיבות "כי אתה קנית כליתי" מהפסוק הקודם, וכן פירשו כל המפרשים אף שלא הגיהו כך בהדיא: **כשם שאתם מצווים לא תעבוד באחיך יותר מו' שנים, שלא בראתי את העולם אלא לו' ימים.** אין ספק שהלשון הזה צריך תיקון (ע' מ"כ), ורד"ל הגיה: "כשם שאתם יוצאים משעבוד מצרים לא תעבוד ..."; ורש"ש הגיה: "כשם שאתם מצווים לשבות ביום (או בשנה) השביעי(ת) כן לא תעבוד..." (וגם יפ"ת הגיה כעין זה: <כשם שאתם מצווים "ששת ימים תעבד וביום השביעי תשבת">); ומהרז"ו העביר תיבת "כשם" לשורה שלמטה ומגיה: "אתם מצווים לא תעבוד באחיך יותר מו' שנים כשם שלא בראתי...":

כְּשֵׁם שֶׁאַתֶּם מְצֻוִּים "שֵׁשֶׁת יָמִים תַּעֲבֹד וּבַיּוֹם הַשְּׁבִיעִי תִּשְׁבֹּת", לֹא תַעֲבוֹד בְּאָחִיךָ יוֹתֵר מִו' שָׁנִים — "And **just as you are commanded, *Six days shall you work and on the seventh day you shall desist*** (below, 34:21),[105] **so shall you not enslave your brother** (i.e., your fellow Jew) **for more than six years.**[106] שֶׁלֹּא בָרָאתִי אֶת הָעוֹלָם אֶלָּא לְו' יָמִים — **For I created the world in just six days** and 'rested' on the seventh;

NOTES

105. And this observance of the Sabbath is intended (among other things) to remind us that we were slaves in Egypt and were redeemed from bondage by God [as stated in *Deuteronomy* 5:14] (*Yefeh To'ar*).

106. Because you are obligated to observe My commandments (since I "acquired" you and am entitled to your service), you must obey Me by releasing Jewish servants after six years, corresponding to your own Sabbath — for both of these observances remind you of God's redemption of Israel from Egyptian bondage, by which act He "acquired" you (*Yefeh To'ar, Eitz Yosef*).

הַתּוֹרָה אוֹמֶרֶת: בְּאֵי זֶה נָתִיב אֲנִי מְהַלֶּכֶת, אֲהַלֵּךְ בְּדַרְכָּן שֶׁל *עוֹשֵׂי צְדָקָה, (שם) "בְּתוֹךְ נְתִיבוֹת מִשְׁפָּט", הַתּוֹרָה בָּאֶמְצַע וְדִינִין מִלְּפָנֶיהָ וְדִינִין מֵאַחֲרֶיהָ, מִלְּפָנֶיהָ שֶׁנֶּאֱמַר "שָׁם שָׂם לוֹ חֹק וּמִשְׁפָּט", *וְדִינִין מֵאַחֲרֶיהָ, שֶׁנֶּאֱמַר [כא, א] "וְאֵלֶּה הַמִּשְׁפָּטִים":

ד דָּבָר אַחֵר, [כא, א] "וְאֵלֶּה הַמִּשְׁפָּטִים" ח שְׁלֹשָׁה דְּבָרִים נָתַן מֹשֶׁה נַפְשׁוֹ עֲלֵיהֶם וְנִקְרְאוּ עַל שְׁמוֹ, וְאֵלּוּ הֵן: יִשְׂרָאֵל וְהַתּוֹרָה וְהַדִּינִים, יִשְׂרָאֵל כַּמָּה נִצְטַעֵר עֲלֵיהֶם, וְנִקְרְאוּ עַל שְׁמוֹ שֶׁנֶּאֱמַר (ישעיה סג, יא) "וַיִּזְכֹּר יְמֵי עוֹלָם מֹשֶׁה עַמּוֹ", הַתּוֹרָה שֶׁנֶּאֱמַר (מלאכי ג, כב) "זִכְרוּ תּוֹרַת מֹשֶׁה עַבְדִּי", הַדִּינִין שֶׁנֶּאֱמַר [כא, א] "וְאֵלֶּה הַמִּשְׁפָּטִים אֲשֶׁר תָּשִׂים לִפְנֵיהֶם", וְכֵן אֶסְתֵּר נָתְנָה נַפְשָׁהּ עַל יִשְׂרָאֵל וְנִקְרְאוּ עַל שְׁמָהּ, שֶׁנֶּאֱמַר (אסתר ד, ח) "וּלְבַקֵּשׁ מִלְּפָנָיו עַל עַמָּהּ":

ה בֹּא וּרְאֵה כַּמָּה מְשׁוּבַּחַת פָּרָשָׁה זוֹ, כַּמָּה פָּרָשִׁיּוֹת בָּהּ וְכַמָּה אַזְהָרוֹת הִזְהִיר הַקָּדוֹשׁ בָּרוּךְ הוּא לְיִשְׂרָאֵל בְּפָרָשָׁה זוֹ, [כא, ב] "כִּי תִקְנֶה עֶבֶד עִבְרִי", [כא, ז] "וְכִי יִמְכֹּר אִישׁ אֶת בִּתּוֹ לְאָמָה", [כא, טו] "וּמַכֵּה אָבִיו", וּמָה עִנְיַן אֵלּוּ לָאֵלּוּ, אָמַר לָהֶם הַקָּדוֹשׁ בָּרוּךְ הוּא לְיִשְׂרָאֵל: אֲנִי קָנִיתִי אֶתְכֶם בְּמִצְרַיִם בְּ°מַכּוֹת שֶׁהֶרְאֵיתִי, שֶׁנֶּאֱמַר (תהלים קלט, יד) "°נִפְלָאִים מַעֲשֶׂיךָ וְנַפְשִׁי יֹדַעַת מְאֹד", כְּשֵׁם שֶׁאַתֶּם מְצֻוִּים° לֹא תַעֲבוֹד בְּאָחִיךָ יוֹתֵר מִו' שָׁנִים, שֶׁלֹּא בָּרָאתִי אֶת הָעוֹלָם אֶלָּא לְו' יָמִים,

עץ יוסף

התורה אמרה. דכל סימן ח' דמשלי היא מאמר התורה: **אהלך בדרכן של עושה צדקה.** כמאמר חכמינו ז"ל בפ"ק דבבא בתרא (ט, ב) כל הרגיל לעשות צדקה הויין לו בנים בעלי חכמה בעלי אגדה בעלי עושר כו', ונלמד שם מפסוקים: **בתוך נתיבות משפט.** סיפא דקרא דבאורח צדקה אהלך הוא: **שנאמר שם שם לו חק ומשפט.** ולעיל אמר פסוק ושפטו את העם בכל עת, אפשר דמדרש זה סובר שלאחר מתן תורה בא, ולא נאמר פסוק ושפטו קודם מתן תורה, ולכן הוצרך להביא פסוק שם שם לו חק ומשפט (תולדות נח): **(ד) שלשה דברים נתן כו'.** דאשר תלמדם מבעי ליה דלשון תשים משמע שהוא ערכן וסדר ותיקן, ובאמת הוא לא עשה כלום אלא שלימדן לבד: **וישראל והתורה והדינים.** פליג אהא דלקמן במדבר רבה פרשה י"ג, דמני תורה דינים ומשכן: **התורה והדינים.** אף על גב דדינים מכלל התורה חשיב להו בתרתי, משום שעיקר התורה להשלמת הנפש, והמשפטים לתיקון הקבוץ המדני אשר יחיה בהם: **ישראל כמה נצטער עליהם.** שהתפלל עליהם כמה תפלות בכל עת שחטאו: **ויזכור ימי עולם משה עמו.** דאף על גב דעמו קאי להקדוש ברוך הוא ולא עם משה, מכל מקום כיון דקרי לישראל משה, משמע שהם שלו שעל כן נקראים בשמו: **התורה שנאמר כו'.** נתינת נפשו על התורה הוא מה שעלה בשבילה למרום, ולחם לא אכל ומים לא שתה: **הדינים.** נתינת נפשו על הדינים הוא מה שכתוב וישב לשפוט את העם מבקר ועד ערב: **אשר תשים לפניהם.** משמע כאילו הוא המשים אותם: **נתנה נפשה על ישראל.** שישבה בצום ותענית שלשה ימים ושלשה לילות, ובאה אל המלך בלא קריאתו: **ולבקש מלפניו על עמה.** שהכי אמר מרדכי אם תשתדל בזה תזכה שיקראו על שמך, ולפי שכן עשתה, בוודאי שנקראו על שמה כמאמר מרדכי: **(ה) בא וראה כמה משובחת פרשה זו.** דוי"ו דואלה לרבויי אתא, שמלבד רבוי פרשיותיה, רבוי אזהרותיה, רוצה לומר שמלבד פשטי הדינים שהם הפרשיות, יש בהם רמז אזהרות שהקדוש ברוך הוא מזהיר לישראל, והרבוי הוא שבח הפרשה, וקאמר **ומה ענין אלו לאלו כו' אני קניתי אתכם כו' שלא בראתי את העולם כו'**

פירוש מהרז"ו

של עושי צדקה. שעיקר נתינת התורה ברחמים, כמו שכתוב במכילתא, בסיני נראה כזקן מלא רחמים, ועל כן קראו חז"ל להשם יתברך לענין התורה רחמנא. ועיין דברים רבה פרשה ח סימן ה ויתכן שלזה כוונו כאן: **באורח צדקה.** וסיפא דקרא בתוך נתיבות משפט: **(ד) שלשה דברים.** מכילתא בשלח פסוק אז ישיר משה בארוכות, איך נתן נפשו, ואיך נקראו על שמו: **זכרו תורת משה.** ונתן נפשו כמו שכתוב (שמות לד, כח) ארבעים יום [וגו'] לחם לא אכל ומים לא שתה: **שנאמר ואלה המשפטים.** אשר תשים לפניהם, שתלה בו וכמו שכתוב (דברים לג, כא) צדקת ה' עשה ומשפטיו עם ישראל. ובמכילתא הגירסא מפסוק שופטים ושוטרים תתן לך, ונתן נפשו במה שאמר (שמות ב, יג) ויאמר לרשע למה תכה רעך, שעל ידי כן רצה פרעה להרגו, וכן בבנות יתרו במדין, עיין שם. ועיין במדבר רבה פרשה י"ב בסימן ט, ושם חושב משכן ולא ישראל, עיין שם: **(ה) כמה פרשיות וכמה אזהרות.** כמו שכתוב ויקרא רבה פרשה כ"ד סימן ה, שיש בה ששים מצות: **ומה ענין אלו לאלו.** כולל שני שאלות, מה טעם כל אחד, ומה טעם סמיכתן, על כן פירש תחלה טעם כל אחד, ואחר כך דרשת רבי שמואל, על טעם סמיכתן, ללמדנו ממצות העבדות על מצות כבוד אב, ומצות עבדות כולל עבד ואמה, ששוים לענין השש שנה, ועבד כנעני שעובד לעולם, והקל וחומר מעבד כנעני, ואף שהפסיק במה שכתוב כי יכה, וכי יזיד, שנכתבו בסמוך אגב ומכה אביו ואמו, הרי טעם לכל סמיכות פרשיות אלו ודו"ק: **אני קניתי אתכם.** כמו שכתוב ויקרא רבה פרשה ב סימן א, והלא בדמים נטלן על ידי הנסים שעשה: **נפלאים מעשיך.** ובפסוק הקודם כי אתה קנית וגו', על ידי נפלאים מעשיך, שמכות מצרים נקראים נפלאות, כמו שכתוב שמות ג' כ', בכל נפלאותי אשר אעשה, וכדומה הרבה: **כשם שאתם מצווים.** כן צריך לומר, אתם מצווים לא תעבוד באחיך יותר משש שנים, כשם שלא בראתי את העולם יותר משש ימים וכו'. ועיין לקמן פרשה זו סימן ט"ו, והנה כאן אינו מרומז מה שאמר אני קניתי אתכם במצרים, וגם לא מה שאמר רבי שמואל הקל וחומר מחם אבי כנען, ובהכרח שכוונתו על מה שכתוב בסוף בהר סיני בפרשת וכי ימוך אחיך עמך, (ויקרא כה, לט) ונמכר לך לא תעבוד בו עבודת עבד, (פסוק מ) עד שנת היובל יעבוד עמך, (פסוק מב) כי עבדי הם אשר הוצאתי אותם מארץ מצרים, (פסוק מד) ועבדך ואמתך וגו', (פסוק מו) לעולם בהם תעבודו, והיינו מזרע חם, והנה כאן אינו מבואר דין היובל אם פגע קודם שש שנה, ושם אינו מבואר ענין השש שנים

מתנות כהונה

[ד] **אשר תשים.** הרי שתלאן במשה: [ה] **כשם שאתם וכו'.** הלשון מגומגם ועיין לקמן (סימן טו. כשם שבראתי וכו'):

אשד הנחלים

[ד] **נתן משה נפשו.** יש להבין מדוע חשב הדינין ביחוד מכל התורה, ובמה נשתנו מהתורה בכללה. ויתכן דבאורו כמו שראינו בפרשת יתרו שבתחלה משה לבדו שפט לישראל, כל אשר להם הריב, רק יתרו עוררו כי (שמות יח, יח) נבול תבול ולא יוכל לבדו לשפוט העם הרב הזה, ואם כן משה נתן נפשו על הדין והמשפט, אף כי כבד זה ממנו. והענין הם הם שני עמודים העיקרים, התורה היא מה שבין אדם למקום שמסר נפשו, והדינין הוא במה שבין אדם לחברו, ולכן חשבם ביחוד, ולכן נקראים על שמו, כי על ידו זכו לזה: **[ה] כמה משובחת.** שלא ידומה כי המה דינים נמוסים, רק מה שנוגע בין אדם לחברו, ואם כן אין זה חשיבות כל כך, לא כן, אחר שראינו שהתורה האריכה בפרטי דיניהם מאד, יותר מכל המצות שאינם כתובות רק בכלל, והפרט מסורה על פה. והענין שחביבה מצד שנכלל בה המדות המשובחים מאד, להוליד בהם

חידושי הרד"ל

[ד] שלשה דברים נתן משה נפשו כו'. מכילתא בשלח ריש פרשת שירה, ותנחומא ריש פרשת שופטים, ושם מפרש להו מקראי שנתן נפשו עליהם: **[ה] כשם שאתם יוצאים משעבוד מצרים כו'.** כן צריך לומר:

חידושי הרש"ש

[ה] שנאמר נפלאים מעשיך כו'. עיין ידי משה: **כשם שאתם מצווים.** ונראה דיש כאן חסרון, וצריך לומר לשבות ביום השביעי. או לשבות בשנה השביעית מעבודת הארץ, כן **לא תעבוד באחיך כו':**

באור מהרי"פ

[ה] ומה ענין אלו לאלו וכו'. הענין מוקשה, ויותר דמקרא של מכה אביו ואמו וגו', אמו סמוך לוכי ימכור איש את בתו, ומפסיק ביניהם מכה איש וגו' וכי יזיד איש וגו'. ויפה תואר ותולדות נח האריכו בזה, ומפני שלקוצר דעתי דבריהם דחוקים, על כן לא העתקתי את דבריהם, ומי שדעתו רחבה מדעתי אולי מי ימצא שם פירוש מרווח: **נפלאים מעשיך וגו'.** ואולי נסמך גם אמקרא שלפניו (תהלים

ידי משה

[ה] שנאמר כי אתה קנית כליותי וגו' נפלאים מעשיך ונפשי יודעת מאד. כן צריך לומר. ומה שאמר מה ענין אלו לאלו, פירוש משפטים ליציאת מצרים, ומתרץ כי תקנה עבד עברי לפי שקניתי אתכם במצרים שש שנים כנגד ששת ימים עשה ה' וגו' וכן כולם:

אמרי יושר

[ד] שלשה דברים כו'. דיניו נקראו על שמו, אף על פי שהנותן נפשו על הדבר אין אומרין הלכה משמו (בבא קמא סא, ב). או נחשב לו המחשבה טובה למעשה, והיינו **ואלה** כבר התורה הנזכרת נקראת על שמך, גם **המשפטים** יקראו על שמך, **תשים לפניכם:** **[ה] אני קניתי אתכם במצרים.** הסמיכו הוי"ו ליציאת מצרים: **כשם שאתם מצווים לא תעבוד באחיך.** הגירסא

מסורת המדרש

ח. במדבר רבה פרשה י"ב. תנומא סדר בשלח סימן יו"ד. וסדר כי תשא סימן ל"ה. וסדר שופטים סימן ה'. מכילתא סדר בשלח מסכתא דשירה פרשה א'. פסיקתא רבתי ריש פיסקא ה'. מדרש תהלים מזמור א'. ילקוט סדר שמות רמז קס"ז. וסדר כי תשא רמז שצ"א. ילקוט יהושע רמז ב'. ילקוט מלאכי רמז תקצ"ה:

אם למקרא

וַיִּזְכֹּר יְמֵי עוֹלָם מֹשֶׁה עַמּוֹ אַיֵּה הַמַּעֲלֵם מִיָּם אֵת רֹעֵי צֹאנוֹ אַיֵּה הַשָּׂם בְּקִרְבּוֹ אֶת רוּחַ קָדְשׁוֹ:
(ישעיה סג:יא)

זִכְרוּ תּוֹרַת מֹשֶׁה עַבְדִּי אֲשֶׁר צִוִּיתִי אוֹתוֹ בְחֹרֵב עַל־כָּל־יִשְׂרָאֵל חֻקִּים וּמִשְׁפָּטִים:
(מלאכי ג: כב)

וְאֶת־פַּתְשֶׁגֶן כְּתָב־הַדָּת אֲשֶׁר־נִתַּן בְּשׁוּשָׁן לְהַשְׁמִידָם נָתַן לוֹ לְהַרְאוֹת אֶת־אֶסְתֵּר וּלְהַגִּיד לָהּ וּלְצַוּוֹת עָלֶיהָ לָבוֹא אֶל־הַמֶּלֶךְ לְהִתְחַנֶּן־לוֹ וּלְבַקֵּשׁ מִלְּפָנָיו עַל־עַמָּהּ:
(אסתר ד: ח)

אוֹדְךָ עַל כִּי נוֹרָאוֹת נִפְלֵיתִי נִפְלָאִים מַעֲשֶׂיךָ וְנַפְשִׁי יֹדַעַת מְאֹד:
(תהלים קלט: יד)

שינוי נוסחאות

אהלך בדרכן של עושי צדקה. בכל הדפוסים (חוץ מוילנא) כתוב "... של עושה צדקה" (ל' יחיד), אבל א"כ קשה לשון "בדרכן" שהוא ל' רבים, לכן נראה שהנכון כמו שכתבו בד' וילנא, "... עושי צדקה": **(ה) שהראיתי.** יפ"ת (ובעקבותיו עצ"י) הגיה "שהבאתי": **שנאמר "נפלאים מעשיך ונפשי ידעת מאד".** ידי משה מגיה לפני "נפלאים" תיבות "כי אתה קנית כליתי" מהפסוק הקודם, וכן פירשו כל המפרשים אף שלא הגיהו כך בהדיא: **כשם שאתם מצווים לא תעבוד באחיך יותר מו' שנים, שלא בראתי את העולם אלא לו' ימים.** אין ספק שהלשון הזה צריך תיקון (ע' מ"כ), ורד"ל הגיה: "כשם שאתם יוצאים משעבוד מצרים לא תעבוד ..."; ורש"ש הגיה: "כשם שאתם מצווים לשבות ביום (או בשנה) השביעי(ת) כן לא תעבוד..." (וגם יפ"ת הגיה כעין זה: >כשם שאתם מצווים "ששת ימים תעבד וביום השביעי תשבת"<); ומהרז"ו העביר תיבת "כשם" לשורה שלמטה ומגיה: "אתם מצווים לא תעבוד באחיך יותר מו' שנים כשם שלא בראתי...":

לְפִיכָךְ נָתַתִּי לְךָ ו׳ שָׁנִים שֶׁתְּהֵא רַשַּׁאי לַעֲבוֹד בְּעֶבֶד עִבְרִי — **I have therefore given you a limit of six years when you are permitted to enslave a Jewish bondsman."**[107]

The Midrash proceeds to the next law mentioned above, that of the Jewish bondswoman:

"וְכִי יִמְכֹּר אִישׁ אֶת בִּתּוֹ לְאָמָה" — In decreeing the law that ***If a man will sell his daughter as a bondswoman****, she shall not go out like the slaves go out* (ibid. 21:7), God said to Israel, בַּת אַחַת הָיְתָה לִי וּמְכַרְתִּיהָ לָכֶם — **"I had** but **one 'daughter,'**[108] **and I 'sold' her to you;**[109] שֶׁאֵין אַתֶּם מוֹצִיאִין אוֹתָהּ אֶלָּא חֲבוּשָׁה בְּאָרוֹן — take care **that you do not take her out unless she is encased in an ark;"**[110] "לֹא תֵצֵא כְּצֵאת הָעֲבָדִים" — thus it is stated, ***she shall not go out like the slaves go out.***[111] נַהֲגוּ בָהּ כָּבוֹד, שֶׁשְּׁבִיתֶם אוֹתָהּ מֵאֶצְלִי — **"Act respectfully toward her, for you have 'captured' her from Me,"**[112] שֶׁנֶּאֱמַר "עָלִיתָ לַמָּרוֹם שָׁבִיתָ שֶּׁבִי" — **as it is stated,** ***You ascended on high, You have taken a captive*** (*Psalms* 68:19).[113] וְכֵן דָּוִד מְשַׁבֵּחַ — **And David praises** God **similarly** in *Psalms,* saying, "הַלְלוּיָהּ כִּי טוֹב זַמְּרָה אֱלֹהֵינוּ כִּי נָעִים" — ***Halleluyah! For it is good to make music to our God, for*** *praise* ***is pleasant*** *and befitting* (ibid. 147:1).[114]

The Midrash proceeds to discuss the third and last law mentioned above, dealing with one who strikes a parent:

רַבִּי שְׁמוּאֵל אוֹמֵר: הִזְהִיר הַקָּדוֹשׁ בָּרוּךְ הוּא קַל בְּחָמוּר — **R' Shmuel says:** In this passage **the Holy One, blessed is He, cautioned** Israel regarding **lenient** matters together **with** more **severe** matters that may be derived from them.[115] שֶׁהַרְבֵּה אַזְהָרוֹת יֵשׁ כָּאן — **For there are many** such **prohibitions here** in this section of Scripture,[116] כְּגוֹן "וּמַכֵּה אָבִיו וְאִמּוֹ" — **such as,** ***One who strikes his father or mother*** *shall surely be put to death . . . One who curses his father or mother shall surely be put to death* (21:15,17).[117] אָמַר הַקָּדוֹשׁ בָּרוּךְ הוּא — **The Holy One, blessed is He, said,** at a certain point in history, חָם אֲבִי כְנַעַן לֹא הִכָּה אֶלָּא רָאָה בִּלְבַד, עַכְשָׁיו הוּא וּבָנָיו עֲבָדִים לְעוֹלָם — **"Ham, the father of Canaan, did not strike** his father, **but rather, only saw** his father's nakedness,[118] and **now,** as a result, **he and his sons are forever** cursed to be **slaves.**[119] הַמְקַלֵּל וְהַמַּכֶּה עַל אַחַת כַּמָּה וְכַמָּה — **How much more so,** then, does such a fate await **one who** goes much further than this and **curses or strikes** his parent!" וּמִי הָיוּ — **And** when did God say this? **Who were [these individuals]** to whom He was referring? אֵלּוּ עֲשֶׂרֶת הַשְּׁבָטִים שֶׁלֹּא רָצוּ לִיתֵּן עֲלֵיהֶם עוּלוֹ שֶׁל הַקָּדוֹשׁ בָּרוּךְ הוּא — **They were the Ten Tribes,**[120] **who would not consent to place upon themselves the yoke of** their "Father," **the Holy One, blessed is He,**[121] וּבָא סַנְחֵרִיב עֲלֵיהֶם וְהִגְלָם — **and** as a result **Sennacherib came up against them,** conquered them, **and exiled them.**

The Midrash elaborates:

מָשָׁל לְמֶלֶךְ שֶׁהָיוּ לוֹ י׳ בָּנִים וּמָרְדוּ בוֹ, וּבִטְּלוּ י׳ דְּיוּטַגְמָאוֹת שֶׁלּוֹ — This may be illustrated by means of **a parable.** It is analogous **to a king who had ten sons, and they rebelled against him and transgressed ten of his royal edicts.**[122] אָמַר לָהֶם: כְּשֵׁם שֶׁבִּטַּלְתֶּם שֶׁלִּי כָּךְ אֲנִי מְשַׁלֵּחַ לִזְבוּב וְיִפָּרַע מִכֶּם — **[The king] said to them, "Just as you neglected [those edicts] of mine, so shall I dispatch a fly and he will exact retribution from you."**[123]

NOTES

107. Thus, the freeing of Jewish bondsmen in the seventh year also serves as a reminder of God's creation of the world.

108. I.e., the Torah. The Midrash refers to the Torah as God's only daughter to illustrate His great love for it (*Yefeh To'ar, Eitz Yosef*).

109. See above, 28 §1, and below, 33 §1, for a discussion of the concept of Israel's "purchase" of the Torah from God.

110. I.e., she (the Torah) should be covered respectfully when you take her out from place to place (*Imrei Yosher*). [It is possible that the custom in many Sephardic communities to permanently affix the Torah scroll inside an ornamental case is based on this Midrash.]

111. The Torah should not go out uncovered in a disrespectful manner, as a (non-Jewish) slavewoman might be taken out. The Midrash thus gives an allegorical interpretation of the passage of the Jewish bondswoman: The "man" who sells his "daughter" is God "selling" the Torah to Israel; the verse calls for this "daughter" to be treated respectfully.

112. Since she comes from Me you must be respectful toward her. See above, 28 §1, for an elaboration of the concept that Moses "captured" the Torah for Israel from heaven.

113. The Sages often adduce this verse to show that Moses ascended on high and "captured" the Torah from the angels (see *Shabbos* 89a; above, 28 §1; below, 33 §2; *Shir HaShirim Rabbah* 8:11 §2, etc.).

114. It is not apparent what this verse has to do with the topic at hand. (Indeed, *Radal* suggests removing it from the text here and moving it above, to §1.) According to some commentators the Midrash is interpreting the word טוֹב (*good*) as an allusion to the Torah, as it is written (*Proverbs* 4:2), כִּי לֶקַח "טוֹב" נָתַתִּי לָכֶם תּוֹרָתִי אַל תַּעֲזֹבוּ, *For I have given you a "good" teaching, do not forsake My Torah* (*Rashash,* second explanation, *Yedei Moshe;* the use of the word "good" to allude to the Torah is found in *Avodah Zarah* 19b, *Yalkut Shimoni* to *Hoshea* 8:3, etc.). Alternatively: Although the Midrash cites this phrase, it is referring to a verse that appears further in that same chapter (*Psalms* 147:19): מַגִּיד דְּבָרָיו לְיַעֲקֹב חֻקָּיו וּמִשְׁפָּטָיו לְיִשְׂרָאֵל, *He relates His Word* (i.e., the Torah) *to Jacob, His statutes and judgments to Israel* (*Yefeh To'ar, Eitz Yosef, Maharzu*). In any event, this citation shows that David praised God for giving the Torah to Israel; the Midrash assumes that the reason for this praise was the fact that God enabled Moses to "capture" the Torah and bring it to this world (*Yefeh To'ar, Eitz Yosef*).

115. That is, many of the ordinances mentioned here have both a plain, revealed meaning, as well as a more "severe" hidden meaning (*Yefeh To'ar, Eitz Yosef*).

116. I.e., many of the ordinances transmitted in this section have a dual meaning (such as the two just discussed, regarding the bondsman and bondswoman).

117. The plain meaning of these ordinances is straightforward: One who strikes or kills his parent shall be put to death. Yet, this verse contains another, hidden — and more severe — meaning, as the Midrash will explain (ibid.).

118. As stated in *Genesis* 9:22, וַיַּרְא חָם אֲבִי כְנַעַן אֵת עֶרְוַת אָבִיו, *Ham, the father of Canaan, saw his father's nakedness.* Ham's disrespect toward his father consisted only in his seeing him naked and neglecting to cover him.

119. As stated, ibid., v. 25, אָרוּר כְּנָעַן עֶבֶד עֲבָדִים יִהְיֶה לְאֶחָיו, *Cursed is Canaan; a slave of slaves shall he be to his brothers.*

120. The Ten Tribes of Israel who split away from the Davidic dynasty — which continued to rule the remaining tribes of Judah and Benjamin — and formed their own, independent kingdom (see *II Kings* Ch. 17).

121. The kings of the Ten Tribes were wicked and rebelled against God, until their kingdom was conquered and the inhabitants were exiled by the Assyrian king Sennacherib (or Shalmaneser; see ibid. 18:9-12, *Sanhedrin* 94a).

122. Corresponding to the Ten Commandments that were transgressed by the Ten Tribes (*Yefeh To'ar, Eitz Yosef,* citing *Yalkut Shimoni* on *Lamentations*).

123. I.e., just as you shook off your fear of me, so shall I remove the natural fear of man from upon the fly, and embolden this lowly creature to rise up against you (*Yefeh To'ar, Eitz Yosef*).

לְפִיכָךְ נָתַתִּי לְךָ ו' שָׁנִים שֶׁתְּהֵא רַשַּׁאי לַעֲבוֹד בְּעֶבֶד עִבְרִי. [כא, ז] "וְכִי יִמְכֹּר אִישׁ אֶת בִּתּוֹ לְאָמָה", בַּת אַחַת הָיְתָה לִי וּמְכַרְתִּיהָ לָכֶם, שֶׁאֵין אַתֶּם מוֹצִיאִין אוֹתָהּ אֶלָּא חֲבוּשָׁה בָּאָרוֹן, [כא, ז] "לֹא תֵצֵא כְּצֵאת הָעֲבָדִים", נַהֲגוּ בָהּ כָּבוֹד, שֶׁשְּׁבִיתֶם אוֹתָהּ מֵאֶצְלִי, שֶׁנֶּאֱמַר (שם סח, יט) "עָלִיתָ לַמָּרוֹם שָׁבִיתָ שֶּׁבִי", וְכֵן דָּוִד מְשַׁבֵּחַ (שם קמז, א) "הַלְלוּיָהּ כִּי טוֹב זַמְּרָה אֱלֹהֵינוּ כִּי נָעִים", רַבִּי שְׁמוּאֵל אוֹמֵר: הִזְהִיר הַקָּדוֹשׁ בָּרוּךְ הוּא קַל בְּחָמוּר, שֶׁהַרְבֵּה אַזְהָרוֹת יֵשׁ כָּאן כְּגוֹן [כא, טו] "וּמַכֵּה אָבִיו וְאִמּוֹ", אָמַר הַקָּדוֹשׁ בָּרוּךְ הוּא: חָם אֲבִי כְנַעַן לֹא הִכָּה אֶלָּא רָאָה בִּלְבַד, עַכְשָׁיו הוּא וּבָנָיו עֲבָדִים לְעוֹלָם, הַמְקַלֵּל וְהַמַּכֶּה עַל אַחַת כַּמָּה וְכַמָּה, וּמִי הָיוּ, אֵלּוּ עֲשֶׂרֶת הַשְּׁבָטִים שֶׁלֹּא רָצוּ לִיתֵּן עֲלֵיהֶם עוּלּוֹ שֶׁל הַקָּדוֹשׁ בָּרוּךְ הוּא, וּבָא סַנְחֵרִיב עֲלֵיהֶם וְהִגְלָם, מָשָׁל לְמֶלֶךְ שֶׁהָיוּ לוֹ י' בָּנִים וּמָרְדוּ בוֹ, וּבִטְּלוּ י' דְּיוּטַגְמָאוֹת שֶׁלּוֹ, אָמַר לָהֶם: כְּשֵׁם שֶׁבִּטַּלְתֶּם שֶׁלִּי כָּךְ אֲנִי מְשַׁלֵּחַ לִזְבוּב וְיִפָּרַע מִכֶּם,

עץ יוסף

בת אחת היתה לי כו', שנמצא שמזהירנו בכי תקנה, באמונת החדוש, ושהוא הוציאנו ממצרים, ובכי ימכור כו' מזהירנו בכבוד התורה, ובמכה אביו ואמו, מזהירנו בכבוד ה' ותורתו, ושאם בטלו המצות כאילו מקללים אב ואם וכו', ומסכים לזה הביא גם כן דברי רבי יהודה (סי' ז), דקאמר דבכי יגנוב איש שור, רמוז ענין העגל, ודברי רבי יוסי (סי' ח) דקאמר דבאזהרות אלמנה ויתום רמז לישראל: **ומה ענין אלו לאלו.** דמכה אביו ומקללו לאו מענין דין אדם וחבירו נינהו, אלא ממה שבין אדם למקום, כי ה' מקפיד בכבודם ואין חיובו משום תביעת אביו, דאפילו לא יתבע, בית דין ממיתין אותו כמחלל שבת ועובד כוכבים ומזלות: **אני קניתי אתכם במצרים בעשר מכות שהבאתי.** כן צריך לומר, וטעם הקנין במכות, מבואר לקמן בויקרא רבה פרשה ב' עיין שם, וקנין זה נרמז כאן באומר כי תקנה כמו שאני קניתיך במצרים בעשר מכות שהבאתי, שנאמר נפלאים מעשיך כו', לעיל מיניה כתיב כי אתה קנית כליותי תסוכני בבטן אמי, והכי קאמר כי אתה קניתנו כמו כשתסוכני בבטן אמי עתה כשהיו נפלאים מעשיך דהיינו במצרים, וכוונת המאמר אחר שה' קנאנו וחייבים אנו במצותיו, אנו חייבים לקיים מצותו שציונו שינוח העבד בשביעי, רמז למנוחתנו בשביעי כדלקמן בפירקין, ופירושו כשם שאתם מצווין על השבת זכר ליציאת מצרים, כדכתיב ביה וזכרת כי עבד היית בארץ מצרים, כן אתם מצווין בחירות העבד זכר ליציאת מצרים, ובהכי אתי שפיר ענין זה לזה, כי במצות העבד ומאמר כי תקנה נרמז עול מלכות שמים שקנאנו במצרים וברא העולם בששת ימים, וכי ימכור איש את בתו רמז כבוד התורה, ומענין זה גם כן מכה אביו ואמו שרומז לעשרת השבטים שמרדו בהקדוש ברוך הוא ובמצותיו, ונחשב להם כמקללים אב ואם, כדלקמן כדקאמר רבי שמואל: **כשם שאתם מצווים.**

ששת ימים תעבוד וביום השביעי תשבות (כן) לא תעבוד באחיך. כן צריך לומר (יפה תואר): **בת אחת.** טעם כנוי התורה בבת, לחביבות, כדלקמן פרשה ל"ג, ועיין בספר כד הקמח אות אמונה, מאמר זה בנוסח אחר: **עלית למרום שבית שבי.** בזה מביא ראיה שממנו היא נשבית, ולכן נקראת אמה, ואמר עליה לא תצא כצאת העבדים וגו': **וכן דוד משבח הללויה כי טוב זמרה אלהינו.** וסיפיה דמזמור מגיד דבריו ליעקב חקיו ומשפטיו לישראל, אלמא דצריך להודות על נתינת התורה, וזה לפי שהיא כשבויה אצלינו (יפה תואר): **הזהיר הקדוש ברוך הוא קל בחמור.** כלומר שהאזהרות כפולות קל עם חמור יחדיו, שהפשט אזהרה על דבר קל, והנסתר לדבר חמור, ומביא לדוגמא כגון מכה אביו ואמו שהפשט דבר קל, בבחינת הנסתר שהוא רמז לעשרת השבטים, שהקלו בכבוד אב שהוא הקדוש ברוך הוא, ומפני שעונש עשרת השבטים לא היתה במיתה, כדכתיב הכא מות יומת אלא גלות, להכי קאמר דהכי נמי רומז שעבוד בסמיכות מכה אביו ומקלל לדין העבדים הנזכר, וכאלו העבדים פירושו עבדים כנעניים ומהא ילפינן בסמיכות: **משל למלך כו'.** ופירוש כשם שבטלתם שלי כו' כי כאשר פרקתם עול מוראי הראוי עליכם גם אני אפרוק עול הפחותים הנכנעים לכם שיתקוממו עליכם, והוא שילוח הזבוב שהוא דרך משל לעם בזוי ושסוי, וכן היה סנחריב, ולכן קראו ה' זבוב, כי מתחלה היה נבזה ושוב נתעלה על ישראל: **דיוטגמאות.** פירוש בלשון יוני פתגם המלך ופתשגן הדת (מוסף הערוך). הנמשל בזה עשרת הדברות שעל כלם עברו ישראל, כדאיתא בילקוט איכה:

פירוש מהרז"ו

ושאר הפרטים, ונלמדים זה מזה, כי הענין אחד, וכשנאמרה פרשה זו בהר סיני אז נאמרה גם פרשה של סדר בהר סיני, ובשניהם הטעם כי עבדי הם, וכאלו כתוב כאן גם הענין של זרע חם, ועל פי מדה י"ז דורש כאן סמוכים וקל וחומר. ודע קורא יקר שבפרשה זו והסמוכה לה אינם דומים לשאר הפרשיות בלשונם ועניינם, ועניניהם עמוקים ותלוים בשערה, והרבה יגעתי בהם לבא לעומק פשוטם, על כן שים עיניך עליהם ויגעם דעת לחכך: **אלא חבושה בארון.** והרמז שבעולם הזה אין אדם זוכה לתורה אלא בנצוח מלחמת היצר, כמו שאמר דוד (תהלים קיט, קסב) שש אנכי על אמרתך כמוצא שלל רב, והיא בדמיון שבויה מהשלל אצלנו: **כי טוב זמרה.** כוונתו על סוף המזמור (פסוק יט) מגיד דבריו ליעקב חקיו ומשפטיו לישראל וגו': **הזהיר הקדוש ברוך הוא קל בחומר.** הכוונה שהרבה אזהרות שיש כאן יש ללמוד מהם בקל וחומר, כאשר מבואר טעם מצות עבד עברי ועבד כנעני, על פי מדה י"ז, אז נלמוד קל וחומר על מצות מכה אביו ואמו, שזהו טעם סמיכתן: **כשם שבטלתם שלי.** ובזיתם אותי ודברי, כך אבזה אתכם ואפרע מכם בברואים שפלים ובזוים, הם הזבוב והדבורה, כמו שכתב בפרקי דרבי אליעזר פרק מ"ט וזה לשונו, בגבורים שולח דברים נמוכים וכו', טיטוס נכנס לבית קדש קדשים וכו', שלח עליו יתוש אחד וכו', ישראל וכו' שלח עליהם נבוכדנצר וכו', עיין שם בפירושי. וכמו שכתב ילקוט דניאל ה', זה נבוכדנצר ננס קטיע. ובתנחומא וישב סימן ג, וכן הוא בבמדבר רבה פרשה י"ח סימן ב, ובתנחומא תרומה סימן ד, על נבוכדנצר שהיה קטן ככד. ובתנא דבי אליהו חלק א' פרק ל"א אמרו נבוכדנצר קצר בקומו היה וכו', עיין שם. וכאן מלמדנו שגם סנחריב היה באופן זה:

מתנות כהונה

בת אחת. זאת התורה: **דיוטוגמאות.** ספר שכתוב בו גזירת המלך:

אשד הנחלים

מדת החמלה, לרחם אף על העבדים והשפחות, וכי מזה יזכרו על עצמם ממוסרו יתברך, איך התנהג ה' עמהם בהיותם עבדים במצרים, וכן הוא הזכירה מזה שבששה ימים היה הבריאה, ואם כן כלנו משועבדים לו יתברך, ואין אחד משועבד לחבירו, כי אל אחד בראנו, ואיך נבגוד איש באחיו, ואם כן החירות מהעבדים זכירה לחידוש הבריאה: **בת אחת.** זאת התורה (מתנות כהונה). וכן הכונה גם כן על השכינה, שבסיבת ישראל והתורה היא למטה בעולם. והענין כי כל המצות אף במה שבין אדם לחבירו יש בהם צד זכירה מענינים אלקיים רוחנים: **וכן דוד משבח כו'.** לא ידעתי מה ראיה מהמקרא הזה. ואולי הורה כי מצות התורה היא נעימה מצד עצמה, ולא ידומה כי המצות המה משא על האדם לעשותו, [והיא קשה על האדם לקיימם], וזהו זמרה אלהינו כי נעים, כלומר נעימה היא עבודת ה' באמת, (והיא קשה על האדם לקיימם), כי ראינו כי מצות התורה רק רחמים וחמלה, שהיא מדה נעימה וערבה לנפש: **קל בחומר.** אף שלפי הראות היא מצוה קלה, ואינו נוגע לכאורה לכבוד המקום, עם כל זה חמורה היא אצלו יתברך, והראיה מחם אבי כנען: **ומי היו אלו עשרת השבטים.** כלומר התורה מדברת על אב ואם ממש, ומרמז אל כבוד ה', שהוא אבי כל אדם, ואם כן ראוי לכבדו ולקבל עולו, ולכן עשרת השבטים שלא קיבלו עולו, נגלו. ואחז דוקא בעשרת השבטים, מפני שהם קיבלו העונש היותר גדול מכל השבטים: **אני משלח לזבוב.** שהיא משל

חידושי הרד"ל

ומכרתיה לכם כו' שבית שבי. עיין ברבינו בחיי שמסיים דרשות פסוק אם רעה בעיני אדוניה במדרש זה גם כן: **וכן דוד משבח כו' כי נעים.** כל זה שייך לעיל, כמו שכתבתי לעיל (סימן א ד"ה שהם): **קל בחומר.** אפשר רצה לומר שמאזהרות אלו על אביו ואמו שלמטה, יש ללמוד קל וחומר על כבוד המקום, וכדמפרש **ומי היו אלו עשרת כו'** (ובאמת נראה שיש חסרונות הרבה בפרשה זו על כן באו הדברים מגומגמים)

חידושי הרש"ש

וכן דוד משבח הללויה כי טוב כו'. אולי כוונת המדרש לסוף המזמור מגיד דבריו ליעקב כו'. או מפני שהתורה נקראת טוב כדכתיב (משלי ד, ב) כי לקח טוב כו': **הזהיר הקדוש ברוך הוא בקל וחומר.** כן צריך לומר, וכן נראה שהיה הגירסא לפני הידי משה:

באור מהרי"פ

קיט, יג), כי אתה קנית כליותי וגו'. ואולי הוא דורש במה שהפליא ה' את מכות מצרים קנה את ישראל, כמאמר חכמינו ז"ל בויקרא רבה (ב, א) אמר רבי יצחק והלא בדמים נטלן משפחות משפחות של כנים משפחות משפחות של ערוב אין אלו דמים (פירוש בתמיה), הוי ביוקר ישראל עומדים לי, הבן יקיר לי אפרים. עד כאן: **שבית שבי.** פירוש, ולכך נקראת אמה, ולפיכך לא תצא כצאת העבדים, ונהוג בה מנהג כבוד: **קל בחמור שהרבה אזהרות יש כאן.** הענין מוקשה, וצריכין אנו להספיק בפירוש של היפה תואר, וזה לשונו, כלומר שהאזהרות כפולות קל עם חמור יחדו, שהפשט הוא אזהרה לדבר קל, והנסתר לדבר חמור, וזה אומרו שהרבה אזהרות יש כאן, פירוש שבפרשה זו יש כמה אזהרות נסתרות ברמז הגלויות, ומביא לדוגמא כגון מכה אביו ואמו, שהפשט הוא בדבר קל בבאור הנסתר, שהוא רמז לעשרת השבטים שהקלו בכבוד אב ואם החמור שהוא הקב"ה יתברך שמו, שמבואר בסמוך. ועיין שם: **ומי היו.** פירוש, מי היו המקללים האב ואם, ואמר **אלו העשרת השבטים** וכדמסיק בסמוך:

אם למקרא

עָלִיתָ לַמָּרוֹם שָׁבִיתָ שֶּׁבִי לָקַחְתָּ מַתָּנוֹת בָּאָדָם וְאַף סוֹרְרִים לִשְׁכֹּן יָהּ אֱלֹהִים:
(תהלים סח: יט)

הַלְלוּיָהּ כִּי טוֹב זַמְּרָה אֱלֹהֵינוּ כִּי נָעִים נָאוָה תְהִלָּה:
(שם קמז: א)

ידי משה

וכן דוד משבח. להמשפטים, והוא התורה, דכתיב (תהלים קמז, א) הללויה כי טוב זמרה וגו', וכתיב בתריה (שם יט) מגיד דבריו ליעקב ומשפטיו לישראל: **הזהיר הקדוש ברוך הוא בקל וחומר.** שכמה אזהרות יש כאן, כגון מכה אביו, זה אין צריך לכתוב כי היא מלתא דאתיא בקל וחומר מחם אבי כנען, אלא מכה אביו ואמו לא בא להורות על אביו ואמו כמשמעו, אלא כמה אזהרות ילפינן מיניה, וקאי על הקב"ה והתורה, וכדמפרש ואזיל: **ומי היו.** פירוש, שאמרת קל וחומר מחם שמי שעובר התורה שיהיו הוא ובניו עבדים לעולם, **אלו עשרה שבטים** שגלו וכו':

אמרי יושר

הכוונה כמו שאמר להלן (סימן טו) כשם שבראתי העולם בששה ימים ונחתי בשביעי, כך אתם יעבוד העבד שש שנים. ולייש הגירסא כך נאמר, כשם שצויתי לא תרדה בו בפרך, דעבודה קשה שנה אחד חשוב כאלו היא עשר שנים, כן בדין שלא תעבוד בו שמונה שנים. או ירצה כפי האמת לא הייתי מתיר דבר זה כלל מכירת עבד עברי, כי יש איסור בנמכר, גם בלוקח, כי איך יעבוד באחיהו העברי, אבל התרתי זה כדי שנשיג תועלת אחד לפי דרכנו, והוא אסור לו העבודה ביותר משש שיהא דוגמא לבריאת עולם, ואי אפשר זה אלא בהתיר המכירה, ואם כן יאמר לצוות אותך לא תעבוד יותר משש באחיך העברי, שהוא המכוון העיקרי, לזה נתתי לך רשות, [בשביל] שתהא רשאי לעבוד בעבד עברי אתה [צריך] לימכר, והוא לקנות אותך, כי כפי האמת עבדי הם. ועיין להלן (סימן טו) אם הוא ואשתו, יצא הוא ואשתו: **לא תצא מהיכלה כצאת העבדים.** משולחת ומגולה, רק נהגו בה כבוד יותר ותהא חבושה ומכוסה בארון, כי כל האוחז ספר תורה ערום נקבר ערום מאותה מצוה (שבת יד, א), **וכן דוד** אומר **כי טוב זמרה אלהינו** מגיד דבריו ליעקב לא עשה כן לכל גוי, זהו לעם נכרי לא ימשול למכרה: **הזהיר הקדוש ברוך הוא קל בחמור.** שכונת מכה אביו, לישא קל וחומר להקב"ה שהוא אב יותר עצמי, וכן נאמר והדרת פני זקן והכוונה שתירא מאלהיך, גם עשה קל וחומר

כָּךְ י׳ הַשְּׁבָטִים מָרְדוּ בְּהַקָּדוֹשׁ בָּרוּךְ הוּא וּבִטְּלוּ אֶת הַתּוֹרָה — So it was with **the Ten Tribes: They rebelled against the Holy One, blessed is He, and transgressed the Torah,** שֶׁנֶּאֱמַר ״כִּחֲשׁוּ בַּה׳ וַיֹּאמְרוּ לוֹא הוּא״ — **as it is stated,** *They have completely betrayed Me, the House of Israel . . .* ***They have denied [the providence of] HASHEM and they have said, "It is not so!*** *No harm will come upon us, and we will never see sword or famine"* (*Jeremiah* 5:12).[124] הֵבִיא עֲלֵיהֶם הַזְּבוּב — And as punishment **[God] brought against them a "fly,"** שֶׁנֶּאֱמַר ״יִשְׁרֹק ה׳ לַזְּבוּב״ — **as it is stated,** *It shall be on that day* ***that HASHEM will whistle to the fly*** *that is at the far end of Egypt's rivers and to the bee that is in the land of Assyria* (*Isaiah* 7:18);[125] זֶה סַנְחֵרִיב — **this** "fly" in the verse **being** a metaphor for **Sennacherib.**[126]

The Midrash explains the connection between the sins of the Ten Tribes and our verse discussing one who strikes his parent: הֲוֵי אִם בִּטְּלוּ יִשְׂרָאֵל אֶת הַמִּצְוֹת כְּאִילוּ מְקַלְּלִין אָב וָאֵם — **Now, if Israel transgressed the commandments** of God, as the Ten Tribes did, **it is as if they cursed** their **father and mother.** וְאֵין אָב אֶלָּא הַקָּדוֹשׁ בָּרוּךְ הוּא — **For "father"** is referring to **none other than the Holy One, blessed is He,** שֶׁנֶּאֱמַר ״וְעַתָּה ה׳ אָבִינוּ אָתָּה״ — **as it is stated,** *So now, HASHEM, You are our Father* (ibid. 64:7). וְאֵם זוֹ הַתּוֹרָה — **And "mother" — this is** referring to **the Torah,** שֶׁנֶּאֱמַר ״וְאַל תִּטֹּשׁ תּוֹרַת אִמֶּךָ״ — **as it is stated,** ***And do not forsake the Torah of your mother*** (*Proverbs* 1:8); וְהִיא מְגַדַּלְתְּךָ בְּסִינַי, שֶׁנֶּאֱמַר ״בְּדֶרֶךְ חָכְמָה הֹרֵיתִיךָ״ — **and** moreover **[the Torah] "brought you up" at Sinai,**[127] **as it is stated,** ***I instructed you*** [הֹרֵיתִיךָ] ***in the way of wisdom*** (ibid. 4:11).[128]

וְכִי יִנָּצוּ אֲנָשִׁים וְנָגְפוּ אִשָּׁה הָרָה וְיָצְאוּ יְלָדֶיהָ וְלֹא יִהְיֶה אָסוֹן עָנוֹשׁ יֵעָנֵשׁ כַּאֲשֶׁר יָשִׁית עָלָיו בַּעַל הָאִשָּׁה וְנָתַן בִּפְלִלִים. וְאִם־אָסוֹן יִהְיֶה וְנָתַתָּה נֶפֶשׁ תַּחַת נָפֶשׁ.

If men shall fight and they collide with a pregnant woman and she miscarries, but there will be no fatality, he shall surely be punished as the husband of the woman shall cause to be assessed against him, and he shall pay it by order of judges. But if there shall be a fatality, then you shall award a life for a life (21:22-23).

§6 The Midrash continues with the theme of God and the Torah being like Israel's parents, as it were:

בֹּא וּרְאֵה כַּמָּה צִוָּה הַקָּדוֹשׁ בָּרוּךְ הוּא בְּפָרָשָׁה זוֹ עַל כָּל דָּבָר וְדָבָר — **Come and see how much the Holy One, blessed is He, commanded in this chapter, pertaining to each and every matter.**[129] שֶׁנֶּאֱמַר ״וְכִי יִנָּצוּ אֲנָשִׁים וְנָגְפוּ אִשָּׁה הָרָה״ — **For it is stated,** for example, ***If men shall fight and they collide with an expectant woman,*** *and she miscarries* (v. 22). אִם מֵתָה ״וְנָתַתָּה נֶפֶשׁ תַּחַת נָפֶשׁ״ — **If [the woman] dies** as a result of the blow Scripture states, *if there shall be a fatality,* ***then you shall award a life for a life*** (ibid., v. 23).[130] וְאִם לֹא מֵתָה עוֹנְשִׁין אוֹתוֹ מָמוֹן — **And if she does not die, [the assailant] is penalized monetarily** for having caused the miscarriage.[131] עַד עַכְשָׁיו לֹא רָאָה הָאוֹר אֶלָּא נָתוּן בִּמְעֵי אִמּוֹ — Now, **[the miscarried fetus] had not yet seen the light** of day, **but was positioned within its mother's womb!**[132] Nevertheless, one *is* liable, שֶׁבְּכָל דָּבָר וְדָבָר הַתּוֹרָה מְזַהֶרֶת לְיִשְׂרָאֵל — **for the Torah cautions Israel** through its laws **regarding each and every matter.**[133]

The Midrash explains why the Torah provides so many judgments and ordinances that cover so many varying situations:

מָשָׁל לְבֶן מְלָכִים שֶׁהִזְהִירוֹ אָבִיו שֶׁלֹּא יִתָּקֵל בְּכָל דָּבָר וְיִלָּקֶה — This may be understood by means of **a parable.** It is analogous **to a king's son whose father cautions him not to trip over any object so that he not be hurt.**[134] וְהוּא חָבִיב עָלָיו כְּבָבַת עֵינוֹ — **And** the reason the father does this is because **[his son] is beloved to him like the apple of his eye.**[135] כָּךְ הַקָּדוֹשׁ בָּרוּךְ הוּא הִזְהִיר לְיִשְׂרָאֵל עַל הַמִּצְוֹת — **Similarly, the Holy One, blessed is He, cautioned Israel** with the utmost caution **regarding the mitzvos.**[136] לָמָּה — And **why** does God exercise such caution with the people of Israel?

NOTES

124. The men of the Ten Tribes said, "It is not so that God is aware of our deeds. We can act as we wish, and no harm will befall us!"

125. Both *the fly that is at the far end of Egypt's rivers* and *the bee that is in the land of Assyria* are metaphors for Sennacherib (see *Eitz Yosef*).

126. Isaiah describes Sennacherib as a "fly" because Assyria was originally an insignificant, weak nation that would never dare attack Israel. But as a punishment for the Ten Tribes shaking off their fear of God, He dispelled the Assyrians' fear of Israel and emboldened them to rise up against Israel and drive them into exile (*Yefeh To'ar, Eitz Yosef*).

127. At Sinai the people were "brought up" by the Torah in the sense that through it they achieved their maturity as a nation (*Yefeh To'ar*). This is another reason why the Torah is called Israel's "mother."

128. The Midrash is interpreting הֹרֵיתִיךָ (translated here as *I instructed you*) to be of the root הרה, meaning "to give birth." The verse is thus saying that it was through wisdom (i.e., the Torah) that Israel was born, corroborating the Midrash's assertion that the Torah "brought up" Israel like a mother (*Yefeh To'ar, Eitz Yosef*). The point of the Midrash is that besides the "lenient" plain meaning of the verse, which speaks about disparaging one's parent by striking or cursing him or her, there is an allusion to a more severe matter — defying the commandments of God (our Heavenly "Father").

Now we can go back and answer the question that was posed at the beginning of this section: Why are these three laws juxtaposed to one another? The answer is that all three laws allude to basic principles pertaining to our relationship with God and our obligations to Him. The law of the Jewish bondsman teaches us to remember the Exodus and God's creation of the world. The law of the Jewish bondswoman teaches us to cherish and respect God's Torah. And the law about one who strikes or curses his parent teaches us the seriousness of transgressing God's commandments (*Yefeh To'ar, Eitz Yosef*). Alternatively: The juxtaposition of striking one's parent to the sections about slavery teaches us that it is befitting for one who disrespects his parents to be cursed with being enslaved, as happened with Ham when he showed disrespect to his father Noah, and with the Ten Tribes when they showed disrespect for their "Father" and "mother" and were taken into captivity (a form of slavery) as a result (ibid.).

129. I.e., God acts toward Israel in the manner of a parent who seeks to shield his child from harm. He issues myriad instructions regarding each of His ordinances, so that Israel shall always remain distanced from sin (ibid.).

130. I.e., he shall be put to death. Or: He shall pay restitution for having taken the life of the woman. [This is a matter of disagreement between Tannaim in *Sanhedrin* 79a.]

131. As it is stated, *He shall surely be punished as the husband of the woman shall cause to be assessed against him, and he shall pay it by order of judges* (v. 22).

132. And the Torah nevertheless obligates the assailant to pay compensation for causing a miscarriage (see *Yefeh To'ar, Maharzu, Eitz Yosef*).

[The expressions used by the Midrash to describe a fetus are apparently based on *Job* 3:17: כְּנֵפֶל טָמוּן לֹא אֶהְיֶה כְּעֹלְלִים לֹא רָאוּ אוֹר, *had I, like a concealed fetus, never been [alive], like the unborn who never saw light.* See below, note 138.]

133. Even in cases in which we would think a perpetrator of an act should be exempt from punishment the Torah prescribes a punishment, in order to inculcate within us an important lesson. In the case of the aborted fetus, a financial obligation is leveled against the attacker so that we should learn the preciousness of human life and thus become ever more vigilant against bloodshed (*Eitz Yosef*).

134. He warns him to use caution even regarding those things that are not dangerous *per se,* in order that they not lead him to stumble and get hurt.

135. And he seeks to ensure that his son does nothing that might in any way lead to harm.

136. That is, He penalizes them for many things that might be pardonable, in order that they not come to violate a more serious sin.

כָּךְ י׳ הַשְּׁבָטִים מָרְדוּ בְּהַקָּדוֹשׁ בָּרוּךְ הוּא וּבִטְּלוּ אֶת הַתּוֹרָה, שֶׁנֶּאֱמַר (ירמיה ה, יב) ״כִּחֲשׁוּ בַּה׳ וַיֹּאמְרוּ לוֹא הוּא״, הֵבִיא עֲלֵיהֶם הַזְּבוּב שֶׁנֶּאֱמַר (ישעיה ז, יח) ״יִשְׁרֹק ה׳ לַזְּבוּב״, זֶה סַנְחֵרִיב, הֱוֵי אִם בִּטְּלוּ יִשְׂרָאֵל אֶת הַמִּצְוֹת כְּאִלּוּ מְקַלְּלִין אָב וָאֵם, וְאֵין אָב אֶלָּא הַקָּדוֹשׁ בָּרוּךְ הוּא, שֶׁנֶּאֱמַר (שם סד, ז) ״וְעַתָּה ה׳ אָבִינוּ אָתָּה״, וְאֵם זוֹ הַתּוֹרָה, שֶׁנֶּאֱמַר (משלי א, ח) ״וְאַל תִּטֹּשׁ תּוֹרַת אִמֶּךָ״, וְהִיא °מְגוּדֶּלֶת בְּסִינַי, שֶׁנֶּאֱמַר (שם ד, יא) ״בְּדֶרֶךְ חָכְמָה הֹרֵיתִיךָ״:

ו בֹּא וּרְאֵה כַּמָּה צִוָּה הַקָּדוֹשׁ בָּרוּךְ הוּא בְּפָרָשָׁה זוֹ עַל כָּל דָּבָר וְדָבָר, שֶׁנֶּאֱמַר [כא, כב] ״וְכִי יִנָּצוּ אֲנָשִׁים וְנָגְפוּ אִשָּׁה הָרָה״, אִם מֵתָה [כא, כג] ״וְנָתַתָּ נֶפֶשׁ תַּחַת נָפֶשׁ״, וְאִם לֹא מֵתָה עוֹנְשִׁין אוֹתוֹ מָמוֹן, עַד עַכְשָׁיו לֹא רָאָה הָאוֹר אֶלָּא נָתוּן בִּמְעֵי אִמּוֹ, שֶׁבְּכָל דָּבָר וְדָבָר הַתּוֹרָה מַזְהֶרֶת לְיִשְׂרָאֵל, מָשָׁל לְבֶן מְלָכִים שֶׁהִזְהִירוֹ אָבִיו שֶׁלֹּא יִתָּקֵל בְּכָל דָּבָר וְיִלְקֶה, וְהוּא חָבִיב עָלָיו כְּבָבַת עֵינוֹ, כָּךְ הַקָּדוֹשׁ בָּרוּךְ הוּא הִזְהִיר לְיִשְׂרָאֵל עַל הַמִּצְוֹת, לָמָּה, שֶׁהֵם חֲבִיבִין עָלָיו יוֹתֵר מִן הַמַּלְאָכִים, שֶׁנֶּאֱמַר (דברים יד, א) ״בָּנִים אַתֶּם לַה׳ אֱלֹהֵיכֶם״, וְכֵן דָּוִד אוֹמֵר (תהלים צט, ח) ״ה׳ אֱלֹהֵינוּ אַתָּה עֲנִיתָם אֵל נֹשֵׂא הָיִיתָ לָהֶם וְנֹקֵם עַל עֲלִילוֹתָם״:

ז רַבִּי יְהוּדָה אוֹמֵר: אָמְרוּ יִשְׂרָאֵל לְהַקָּדוֹשׁ בָּרוּךְ הוּא: הַרְבֵּה דִּינֵי מִצְוֹת יֵשׁ כָּאן, [כא, לז] ״כִּי יִגְנֹב אִישׁ שׁוֹר אוֹ שֶׂה״, לְפִי שֶׁשּׁוֹר גְּנַבְנוּ וְעָשִׂינוּ עֵגֶל, לְפִיכָךְ ה׳ בָּקָר שִׁלַּמְנוּ תַּחְתָּיו,

עץ יוסף

לזבוב זה סנחריב. כדכתיב בסיפיה דקרא ולדבורה אשר בארץ אשור: **והיא מגודלת בסיני.** צריך לומר והיא מגדלתך בסיני (ידי משה). ופירושו שמביא ראיה למה נקראת התורה אמך, לפי שהיא מגדלתך בסיני, כי שם באו לכלל אנשים, וזה שאמר בדרך חכמה הוריתיך מלשון הריון, כאילו על ידי החכמה נולדו, ולכן תקרא החכמה אמם. והתולדות נח מגיה והוא מגדלתך כאם זו שמגדלת בניה, ומביא ראייה מפסוק בדרך חכמה הוריתיך הדרכתיך במעגלי יושר, הרי שהתורה מדרכת ומגדלת את האדם לטובה, כאם זו שמדרכת את בניה לילך בדרך הטוב והישר, עד כאן לשונו: (ו) **בא וראה כמה צוה הקדוש ברוך הוא.** זה לתת טעם למה יקרא ה׳ אב והתורה אם, לפי שאזהרותיהם מדוקדקות לטוב להם שלא יוכשלו כלל, והביא ראיה מאחד מהדינים והוא כי ינצו אנשים שלותה התורה בלא יהיה אסון לשלם ממון, שאף שלכאורה היה לפוטרו מממון אחר שלא ראה הנפל אור, מכל מקום קנסה התורה עליו כדי שיזהרו טפי מכל לתא דשפיכות דמים, וזו היא האבה: **שנאמר בנים אתם.** ולא המלאכים כדאמרן בנבוכדנצר (שיהש״ר ז ט, א) שאמר (דניאל ג, כה) רביעאה דמי לבר אלהין, ובא מלאך וסטרו על פיו, הרי שישראל חביבים יותר ממלאכים: **וכן דוד אומר כו׳.** מפרש אל נושא לשון נשיאות ומעלה, כי לנשאם על המלאכים נתן להם המצות, ונוקם על עלילותם כדי שיזהרו ולא יכשלו, ולא משנאה העמיסם במצות (יפה תואר): (ז) **לפי ששור גנבנו כו׳.** בפירוש היפה תואר ששור גנבנו ועשינו כו׳. פירוש שנסתכלנו במרכבה כשירד ה׳ לסיני ושמטנו פני שור, ובחרנו לנו לעשות מסכה כתבניתו, וכדאיתא לעיל פרשה ג׳ ולקמן פרשה מ״ב עיין שם:

פירוש מהרז״ו

כחשו בה׳ ויאמרו לא הוא. רישא דקרא כי בגוד בגדו בי בית ישראל ובית יהודה נאם ה׳ כחשו בה׳ ויאמרו לא הוא וגו׳, (פסוק טו) הנני מביא עליכם גוי ממרחק גוי אשר לא תדע לשונו ולא תשמע מה ידבר, והנה ירמיה היה בימי חורבן ירושלים ויהודה ובנימין, ובית ישראל הם עשרת השבטים שגלו בשנת שש לחזקיהו. וכאן מלמדנו שישעיה רמז על עשרת השבטים, שבא עליהם מלך אשור, ומרמז גם על נבוכדנצר, שבא על יהודה ובנימין כנ״ל, וכן ירמיה מרמז על שניהם, שהיו בכלל מה שכתוב בתורה (דברים כח, מט) גוי אשר לא תשמע לשונו, שהם גוי ממרחק מקצה הארץ, וכמו שכתוב (ישעיה ז, יח) (מ)[ב]קצה יאורי מצרים, ודוק שעל כן הזכיר המדרש עשרת שבטים בפסוק כחשו בה׳ שאמר ירמיה: **באלו מקללין אב ואם.** כאשר למד הקל וחומר מהם, כך ישראל כאשר חטאו נשתעבדו לסנחריב ולנבוכדנצר, ומצות עבדים רומז על כבוד אב ואם והקב״ה, ומצות אמה רומז על התורה, שנקראת בתו של הקב״ה אם שלנו, ומה שכתב מגודלת בסיני, פירושו שגדלה אותנו בסיני, כאם המגדלת, כמו שכתוב (משלי ד, יא) בדרך חכמה הוריתיך, שהחכמה הרה וילדה אותם כאלו נעשינו בריה חדשה. עיין בראשית רבה ריש פרשה א׳ אמון רבתא: (ו) **כי ינצו אנשים.** ונגפו אשה הרה ויצאו ילדיה ולא יהיה אסון ענוש יענש ואם אסון יהיה ונתתה נפש תחת נפש וגו׳: **לא ראה האור.** כמו שאמר איוב ג׳ ט״ז, כנפל טמון לא אהיה כעוללים לא ראו אור, שלא נקרא עדיין נפש בפני עצמו: **אל נושא היית להם.** שנשא מעלתם למעלה, וכמו שאמר לעיל פרשה כ״ה ריש סימן ח, אשר נשאך ה׳ אלהיך: (ז) **אמר ישראל להקדוש ברוך הוא.** כן צריך לומר. הרבה דיני מצות יש כאן לישראל, כי יגנוב איש שור או שה וגו׳ חמשה בקר ישלם תחת השור וארבע צאן תחת השה. ולמה אמר כן לפי ששור גנבנו, עיין לעיל פרשה ג׳ סימן ב׳, אני יורד בטטרא מולין שלי, ושומטין אחד מהם, הוא פני השור, וכמו שכתב לקמן סוף פרשה מ״ח:

חידושי הרד״ל

באלו מקללין אביו ואמו כו׳: משלח לזבוב. כלומר, על ידי דבר קל אוכל לפרוע מהן. או הכוונה שהוא דרך רחמנות, (ולא קיים בהן כדין תורה שכתוב מיתה במקלל אביו ואמו): **והיא מגדת לך בסיני שנאמר בדרך חכמה הורתיך.** כן צריך לומר. ששם הגיד להם בריתו והורם תורת אם כל פרשת שמע בני כו׳ במשלי שם. (ועיין בשיר השירים רבה פרשה ג (פסוק ג, ד) שדרשו אל בית אמי זה סיני): [ו] **עד עכשיו לא ראו אור.** לשון המקרא (איוב ג, טז) כעוללים לא ראו אור, ומפני ששייס **וכן דוד אמר ונוקם על עלילותם,** שפירושו לשון עוללים כמו שכתב הידי משה, לכן תפס כאן לשון זה המקרא:

חידושי הרש״ש

[ז] **לפי ששור גנבנו כו׳.** נראה שכוונו להא דאיתא לעיל פרשה ג ב, אני יורד בטטראמולי שלי כו׳ ושומטין אחד מהם ומכעיסין אותי בו, ודלא כמתנות כהונה:

אמרי יושר

מאיש נכרי המכה אותו חייב מיתה כל שכן לאביו, לזה הכניס כאן מכה איש: [ו] **שבכל דבר ודבר הזהירה תורה לישראל.** אולי כונת אזהרת הנפלים על ישראל, שהבנים בניו יתברך כמו שאמר המשל: [ז] **לפי ששור גנבנו.** מהמרכבה, **לפיכך חמשה בקר שילמו תחתיו אבותינו.** פירוש שהביאו למשכן חמשה תכשיטין, חח ונזם טבעת עגול וכומז, וכן נזכר ברבה פרשת ויקהל. ויש גורסין שמתו תחתיו אבותינו במדבר, ומפרשים שהשקה אותם משה, ואשר יש עדים והתראה נידונו בסייף, גם מתו במתאוננים ובתבערה ובאותן מקומות. רבנו בחיי כתב, העונש הראשון הורקת פנים על ידי משה, השני הריגה בסייף על ידי בני לוי, השלישית מגפה על ידי הקב״ה שנאמר ויגוף

שינוי נוסחאות

והיא מגודלת בסיני. בתולדות נח הגיה ״והיא מגדלת...״, וכעין זה הגיה ידי משה: ״והיא מגדלתך...״:

אם למקרא

כִּחֲשׁוּ בַּה׳ וַיֹּאמְרוּ לֹא הוּא וְלֹא תָבוֹא עָלֵינוּ רָעָה וְחֶרֶב וְרָעָב לוֹא נִרְאֶה: (ירמיה ה: יב)

וְהָיָה בַּיּוֹם הַהוּא יִשְׁרֹק ה׳ לַזְּבוּב אֲשֶׁר בִּקְצֵה יְאֹרֵי מִצְרָיִם וְלַדְּבוֹרָה אֲשֶׁר בְּאֶרֶץ אַשּׁוּר: (ישעיה ז: יח)

וְעַתָּה ה׳ אָבִינוּ אָתָּה אֲנַחְנוּ הַחֹמֶר וְאַתָּה יֹצְרֵנוּ וּמַעֲשֵׂה יָדְךָ כֻּלָּנוּ: (שם סד: ז)

שְׁמַע בְּנִי מוּסַר אָבִיךָ וְאַל־תִּטֹּשׁ תּוֹרַת אִמֶּךָ: (משלי א: ח)

בְּדֶרֶךְ חָכְמָה הֹרֵתִיךָ הִדְרַכְתִּיךָ בְּמַעְגְּלֵי־יֹשֶׁר: (שם ד: יא)

בָּנִים אַתֶּם לַה׳ אֱלֹהֵיכֶם לֹא תִתְגֹּדְדוּ וְלֹא־תָשִׂימוּ קָרְחָה בֵּין עֵינֵיכֶם לָמֵת: (דברים יד: א)

ה׳ אֱלֹהֵינוּ אַתָּה עֲנִיתָם אֵל נֹשֵׂא הָיִיתָ לָהֶם וְנֹקֵם עַל־עֲלִילוֹתָם: (תהלים צט: ח)

ענף יוסף

(ז) [ה] **לפי ששור גנבנו ועשינו עגל בו׳.** כוונתם בזה לפי שמצינו פעם כתיב (נחמיה ט, יח) עשו להם עגל מסכה, ופעם כתיב (תהלים קו כ) וימירו את כבודם בתבנית שור, אך הענין הוא שישראל כאשר עשו העגל לא נתכוונו לעבוד העגל בעצמו, שהוא מעשה ידיהם, אלא נתכוונו לצורת שור החקוקה במרכבתו יתברך, שהיא אחת מארבע חיות שבמרכבה, והוא פני שור, כדאיתא בתנחומא סדר כי תשא, והעגל היה לדעתם צורה אשר בה יחול שפע חיה זאת אשר במרכבה, שבעמדם לפני העגל יכונו לשור אשר במרכבה:

ידי משה

והיא מגדלתך בסיני. כן צריך לומר. פירוש שמביא ראיה למה נקראת התורה אמך, לפי שהיתה מגדלתך בסיני, ומביא ראיה מפסוק בדרך חכמה הורתיך, מלשון הריון: [ו] **וכן דוד אמר אל וגו׳ ונוקם על עלילותם.** פירוש, אפילו עד קטן, כגון עובר במעי אמו אתה נוקם: [ז] **לפיכך חמשה בקר שלמנו.** נראה לומר טעם למה קורא לדור המדבר שמתו חמשה בקר, לפי שכתוב גבייהו וחמושים עלו אחד מחמשה

מתנות כהונה

[ו] **עונשין אותו ממון.** בעד הוולדות שלא ראו עדיין האור: [ז] **ששור גנבנו.** יוסף שנקרא שור:

אשד הנחלים

על העקיצה והכאיבה מאד מאד. ואולי על דרך הרמז, כמו שהמשילוחז״ל (ברכות סא, א) היצר שהוא דומה לזבוב, ולכן העונש במדה הזאת: **כאלו מקללין אב ואם.** כי הוא מסוג אחד, אחר שאין להם הכרה וציור מאומה מהמיטיב להם, ואם כן המה רחוקים מציור הכרת טובת ה׳ עליהם, וכמו כן ישכחו טובת האב והאם, אחר שאינם מכירים שום טובה: [ו] **שבכל דבר.** אף על דבר קטן, בכדי שישתלמו מאד, ויזהרו אף מדבר קטן שבקטנות. ובא להורות בזה, שרבוי אזהרות הוא הטובה לישראל, על דרך מאמרם (מכות כג, ב) רצה הקדוש ברוך הוא לזכות את ישראל לפיכך הרבה להם תורה ומצות, כי מצד חביבותם בעיני ה׳ מצוום בכל דבר קטן, שלא יכשלו ברע מאומה: **נושא היית.** דריש מלשון נשיאות והתרוממות, שרמם אותם למעלה מכל: [ז] **הרבה דיני מצות.** כלומר הרבה דיני מצות יש כאן שהם זכירות ורמזים למעשינו ופעלותינו, שלא ידומה כי המצות שבין אדם לחברו אין בם לחלוחית ציורי זכירת הנפש שבין אדם למקום, ולא כן: **לפי ששור גנבנו.** המתנות כהונה פירש שגנבנו את יוסף הנקרא שור. ולדעתי כפשוטו מוסב כולו על העגל, וזהו כמאמרם (עיין לעיל ג, ב)

באור מהרי״פ

לזבוב זה סנחריב. כן צריך לומר. (ישעיה ז, יח) והיה ביום ההוא ישרוק ה׳ לזבוב אשר בקצה יאורי מצרים ולדבורה אשר בארץ אשור, זה סנחריב: **והיא מגודלת בסיני.** פירוש, כנסת ישראל מגודלת בדרך התורה הנתונה בסיני: **בדרך חכמה הריתיך.** (משלי ד, יא) בדרך חכמה הוריתיך, הדרכתיך במעגלי יושר. פירוש, שהתורה היא כאם המדרכת ומורה דרך לבנה: [ו] **יותר מן המלאכים שנאמר בנים אתם וגו׳.** אבל למלאכים אין רצונו של הקב״ה לכנות אותם בשם בנים, כדאשכחן בנבוכדנצר שאמר (דניאל ג, כה) ורביעאה דמי לבר אלהין, בא מלאך וסטרו על פיו, כמו שהובא לעיל בסדר בשלח (פרשה כ, י): **ובן אמר דוד.** רישא דקרא וחוק נתן למו, ודריש הכי, בשביל שנתן להם חוק התורה, בזה **נושא היית להם,** נתת להם נשיאות ראש: [ז] **ששור גנבנו.** פירוש, כשירד הקב״ה להר סיני, שמטו מהמרכבה שלו פני שור, ועשו מסכה כתבניתו, כמבואר לעיל פרשה ג׳ (סימן ב), ודלא כפירושו של מתנות כהונה:

שֶׁמֵּתוּ תַּחְתָּיו אֲבוֹתֵינוּ בַּמִּדְבָּר – meaning **that because of it our forefathers perished in the Wilderness.**[141] "וְאַרְבַּע צֹאן תַּחַת הַשֶּׂה" – And as for the second part of the law, *he shall pay five cattle in place of the ox, **"and four sheep in place of the sheep,"*** the underlying allusion of this is: ד׳ מַלְכֻיּוֹת שֶׁמָּלְכוּ בָנוּ, וְשֶׁגְּנַבְנוּ לְיוֹסֵף עָשִׂינוּ ד׳ מֵאוֹת שָׁנָה מְשׁוּעְבָּדִים בְּמִצְרַיִם – **Four kingdoms ruled over us** and subjugated us[142] because we (i.e., our ancestors) "stole" (kidnaped) and sold Joseph;[143] and moreover **because we stole** (kidnaped) and sold **Joseph we were enslaved in Egypt for four hundred years.**[144]

Having shown the historical parallel to the law of paying fourfold for a stolen sheep and fivefold for a stolen ox, the Midrash explains the rationale behind the Torah's distinction between the two animals:

וְלָמָּה בְּשׁוֹר נוֹתֵן ה׳ וּבְשֶׂה אֵינוֹ נוֹתֵן אֶלָּא ד׳ – **And why for** the theft of **an ox does [the thief]** have to **give five** cattle in place of the ox, **while for** the theft of **a sheep he gives only four** sheep in its place? בְּשׁוֹר נוֹתֵן ה׳ שֶׁהוּא מוֹצִיאוֹ בְּפַרְהֶסְיָא – The explanation is that **for** the theft of **an ox [the thief] gives five** cattle in its place **because he takes [the ox] out** of the the victim's property **with** great **publicity,** which is not the case for a sheep.[145] מָשָׁל לִשְׁנַיִם שֶׁעָלוּ לַבִּימָה לִידּוֹן – This law may be illustrated by means of a parable. It is analogous **to two** people **who ascended the** defendant's **platform to be judged** – אֶחָד שֶׁמָּכַר בְּנוֹ שֶׁל מֶלֶךְ, וְאֶחָד שֶׁזָּרַק אֶבֶן בְּאִיקוֹנִין שֶׁל מֶלֶךְ – **one who had** kidnaped and **sold** into slavery **the king's son, and the other who had thrown a stone at a statue of the king.** אוֹתוֹ שֶׁזָּרַק אֶבֶן בְּאִיקוֹנִין שֶׁל מֶלֶךְ לָקָה ה׳ קַטְפּוֹרִס – **The one who threw a stone at the statue of the king received five severe lashes,** וְאוֹתוֹ שֶׁמָּכַר בְּנוֹ שֶׁל מֶלֶךְ מְשַׁלֵּם ד׳ מֵאוֹת לְרַבּוֹ – **while the one who sold the king's son** into slavery merely **paid four hundred** coins **to his master,** the king.[146] לְכָךְ כְּתִיב "חֲמִשָּׁה בָקָר" – **Thus it is written,** *He shall pay **five cattle** in place of the ox, and four sheep in place of the sheep.*[147] אָמַר דָּוִד "וְאַל תָּבוֹא בְמִשְׁפָּט אֶת עַבְדֶּךָ" – And King **David said** in a similar vein, ***And do not enter into strict judgment with Your servant,*** *for no living creature would be vindicated before You* (*Psalms* 143:2).[148]

NOTES

141. It is not immediately clear how the Israelites' demise in the Wilderness corresponds to a payment of "five cattle." The commentators suggest various explanations: The reference is to five punishments received by the Israelites in the wake of the sin of the Golden Calf (*Rabbeinu Bachya* here; see *Toldos Noach*). Alternatively: It refers to five of Israel's leaders who perished in the Wilderness: Moses, Aaron, Miriam, Nadab, and Abihu (*Toldos Noach, citing Bach*). Alternatively: The Midrash is making a play on words, for the Israelites who left Egypt are referred to above (13:18) as חֲמֻשִׁים (variously translated by different Midrashim and commentators; the Midrash above [20 §19] translates "armed"), which shares the same root (חמש) as the word "five" (*Yefeh To'ar*). See Insight Ⓐ.

Although the proximate cause of the decree that all the Israelites should perish in the Wilderness was not the sin of the Golden Calf but the sin of the Spies (see *Numbers* Ch. 14), the Sages (*Sanhedrin* 102a, based on 32:34 below) teach that ever since the sin of the Golden Calf, whenever God punishes Israel, the punishment contains a measure of retribution for the sin of the Golden Calf as well (*Yefeh To'ar, Maharzu*).

142. The Sages very often refer to the "four kingdoms" (Babylonia, Persia, Greece, Edom/Rome), alluded to in *Daniel* Ch. 2, which will rule over Israel throughout history until the advent of the Messiah, who will vanquish Edom and usher in the Kingdom of God.

143. And Joseph is described as a sheep in the verse (*Psalms* 80:2), רֹעֵה יִשְׂרָאֵל הַאֲזִינָה נֹהֵג כַּצֹּאן יוֹסֵף, *Give ear, O Shepherd of Israel, You Who leads Joseph like a flock* (*Maharzu*). Furthermore, the kidnaping of Joseph and the subsequent cover-up involved the slaughter of a sheep (actually a goat, but the Hebrew words שֶׂה and צאן are used to refer to both animals equally), as described in *Genesis* 37:31 (*Toldos Noach*).

144. Israel is compared to a sheep in the verse, *And as for you, My sheep* (*Ezekiel* 34:17). Thus, their subjugation for 400 years was as though four sheep were offered in place of one, i.e., Joseph (*Eitz Yosef*).

145. Whereas a sheep can be hidden beneath one's cloak or in a bag, an ox is too large to be taken discreetly. Thus, one can steal a sheep unobtrusively. His defiance of God's word is not as great, for no one else need realize that he is stealing and contravening God's command. However, when one steals an ox he must lead it out openly. His disregard for God's prohibition against theft is blatant. Hence, Scripture levies a larger fine for the brazen theft of an ox than for the less conspicuous theft of a sheep (*Maharzu, Matnos Kehunah*).

146. Stoning the king's statue was certainly a lesser crime than selling the king's son into slavery. Nevertheless, since the stoning occurred in public, it showed more blatant disrespect to the king and was thus more severely punished than the selling of the king's son, which was done out of the public eye (*Eitz Yosef*).

147. I.e., the parable explains the reason for the Torah's distinction between the theft of an ox and the theft of a sheep.

According to *Beur Maharif* and *Maharzu,* the parable also serves to explain the difference between the two punishments meted out against Israel discussed above — a fivefold punishment for the sin of the Golden Calf and a fourfold one for the sin of selling Joseph into slavery — although the Midrash compares both sins to the law of "fourfold and fivefold payment" of our verse. The Golden Calf was created by usurping the likeness of an ox from God's heavenly host. It was a brazen affront to His honor, similar to the blatant stoning of the minister's image. Furthermore, it was done publicly, in the presence of the entire nation. The kidnaping and sale of Joseph, however, is comparable to the one who sold the king's son. Since the affront to God was less obvious, they were subject to a lesser judgment. Thus, God exacted a fivefold retribution for the sin of the Golden Calf as opposed to a fourfold judgment for the sale of Joseph.

148. The Midrash is expounding David's words as a reference to this ordinance. Upon seeing that the identical sin can be subject to varying degrees of retribution depending on how brazenly one sins (i.e., whether

INSIGHTS

Ⓐ **The Fivefold Penalty** The *Vilna Gaon* proposes a different, ingenious explanation. The Midrash was disturbed by the following question: Scripture states (below, 32:26-28) that after the people of Israel committed the sin of the Golden Calf, Moses commanded the Levites to gird their swords and exact retribution from the people. The Levites then killed 3,000 of the people of Israel. Now, it would follow that the number of people who were slain should have corresponded to the number of people who worshiped the Calf, for the Gemara (*Sanhedrin* 100a) states that God metes out retribution measure for measure. However, the Midrash (see *Vayikra Rabbah* 2 §1, *Koheles Rabbah* to 7:28 with *Maharzu* ad loc., and *Rabbeinu Bachya* to 35:22 below) expounds the verse, *One man in a thousand I have found, but one woman among these* [אֵלֶּה] *I have not found* (*Ecclesiastes* 7:28), as alluding to the fact that the women did not sin with the Golden Calf; that is, they did not participate in the statement that the people of Israel made (below, 32:4), *"This* [אֵלֶּה] *is your god, O Israel!"* It would follow, then, that the beginning of the *Ecclesiastes* verse, *one man in a thousand I have found,* indicates that the Calf was worshiped by one in a thousand of the menfolk. If so, then only a thousandth of the six-hundred-thousand Jewish men worshiped the Calf, which amounts to 600. Why, then, did 3,000 die?

Our Midrash therefore explains that since the sin of the Golden Calf was comparable to stealing and slaughtering an ox, the Jewish people were obliged to pay fivefold. For the sin of 600 individuals, five times as many — i.e., 3,000 — died (*Kol Eliyahu, Ki Sisa*; see also *Yalkut Sofer, Devarim*, p. 8b). [Apparently, the intent is that the extra 2,400 bore some guilt in the sin of the Golden Calf, though they did not actually worship it themselves.]

[It should be noted that according to this explanation, our Midrash would be at odds with the statement of the Gemara (*Yoma* 66b, cited by *Rashi* to 32:20 below s.v. וישק וכו׳) that the 3,000 who were killed were those who actually worshiped the Calf.]

שֶׁמֵּתוּ תַּחְתָּיו אֲבוֹתֵינוּ בַּמִּדְבָּר, [שם] "וְאַרְבַּע צֹאן תַּחַת הַשֶּׂה", ד' מַלְכֻיּוֹת שֶׁמָּלְכוּ בָנוּ, וְשֶׁגָּנַבְנוּ לְיוֹסֵף עָשִׂינוּ ד' מֵאוֹת שָׁנָה מְשׁוּעְבָּדִים בְּמִצְרַיִם, ט וְלָמָּה בְּשׁוֹר נוֹתֵן ה' וּבְשֶׂה אֵינוֹ נוֹתֵן אֶלָּא ד', בְּשׁוֹר נוֹתֵן ה' שֶׁהוּא מוֹצִיאוֹ בְּפַרְהֶסְיָא, מָשָׁל לִשְׁנַיִם שֶׁעָלוּ לַבִּימָה לִידוֹן, אֶחָד שֶׁמָּכַר בְּנוֹ שֶׁל מֶלֶךְ, וְאֶחָד שֶׁזָּרַק אֶבֶן בְּאִיקוֹנִין שֶׁל מֶלֶךְ, אוֹתוֹ שֶׁזָּרַק אֶבֶן בְּאִיקוֹנִין שֶׁל שַׂר מֶלֶךְ לָקָה ה' קַטְפּוֹרֶס, וְאוֹתוֹ שֶׁמָּכַר בְּנוֹ שֶׁל מֶלֶךְ מְשַׁלֵּם ד' מֵאוֹת לְרַבּוֹ, לְכָךְ כְּתִיב [שם] "חֲמִשָּׁה בָקָר", אָמַר דָּוִד (תהלים קמג, ב) "וְאַל תָּבוֹא בְמִשְׁפָּט אֶת עַבְדֶּךָ":

ח [כב, כא] "כָּל אַלְמָנָה וְיָתוֹם לֹא תְעַנּוּן", רַבִּי יוֹסֵי אוֹמֵר: לָמָּה אָהַב אֱלֹהִים יְתוֹמִים וְאַלְמָנוֹת, אֶלָּא שֶׁאֵין עֵינֵיהֶם תְּלוּיוֹת אֶלָּא בּוֹ, שֶׁנֶּאֱמַר (שם סח, ו) "אֲבִי יְתוֹמִים וְדַיַּן אַלְמָנוֹת", לְכָךְ כָּל הַגּוֹזְלָן כְּאִלּוּ גּוֹזֵל לְהַקָּדוֹשׁ בָּרוּךְ הוּא, שֶׁהוּא אֲבִיהֶם שֶׁבַּשָּׁמַיִם, וְהוּא כּוֹעֵס עָלָיו, שֶׁנֶּאֱמַר [כב, כג] "וְחָרָה אַפִּי וְהָרַגְתִּי אֶתְכֶם",

שמתו תחתיו אבותינו במדבר. רמז למשה אהרן ומרים נדב ואביהוא, או הכוונה על דור המדבר כולו שנאמר עליהם וחמשים עלו בני ישראל. ורבינו בחיי פירש שקבלו עליהם חמשה עונשים, הריגה בסייף על ידי בני לוי, מגפה על ידי הקדוש ברוך הוא, הוראת פנים על ידי משה שנתכוין לבודקן כסוטות על ידי המים, חורבן בית המקדש, וזכרון לדורות: **וארבע צאן כו' משל לשנים כו'.** והנכון כגירסת הספרים ישנים ומדוייקים, וכן צריך לומר, **וארבע צאן תחת השה, שגנבנו ליוסף עשינו ארבע מאות שנה משועבדים במצרים, וארבע מלכיות שמלכו בנו, משל לשנים שעלו לבימה כו' לכך כתיב חמשה בקר וגו', דבר אחר למה בשור נותן חמשה כו' שהוא מוציאו בפרהסיא,** וכן גרס הרבינו בחיי. ופירוש זריקת האבן באיקונין, הוא רומז לעשיית העגל, לפי מה שפירשנו שמשטו פני השור שבמרכבה, והוא האיקונין של מלך, ומכירת בנו של מלך הוא יוסף שוודאי יאות לקרותו בן המלך מלכי המלכים הקדוש ברוך הוא, ופירוש משלם ארבע מאות לרבו, רוצה לומר לרבו שמכרו לו לעבד לפדותו ממנו בכסף רב: **שגנבנו ליוסף עשינו ארבע מאות כו'.** שזה גם כן ארבע לאן תחת השה, שישראל נקראו לאן כדכתיב ואתנה לאני, וכתיב שה פזורה ישראל, ולכן אף שיוסף נקרא גם כן שור הקילו עליהם ולא חייבם אלא על שם שה, והא דקאמר ארבע מאות שנה, אף על גב דלא היו במצרים אלא מאתיים ועשר, הוא משום שעבדו המצרים בישראל גם בלילה, כדאיתא בתנחומא סדר וילא סימן ט', ובבראשית רבה פרשה כ"ז סימן ב', לכן נחשב גם הלילות לימים, ולכן אמר עשינו ארבע מאות כו': **באיקונין.** פירוש בצורת המלך: **קטפורס.** פירושו בלשון יוני מכות גדולות ועצומות (מוסף הערוך), לפי שחטאו מפורסם שהכל ראו כשרגם איקונין של מלך, מה שאין כן כשמכר בנו: **אמר דוד ואל תבא במשפט את עבדך כי לא יצדק לפניך כל חי.** שלפי שאמר לעיל ממשפט הארבעה וחמשה, שהמה בדקדוק גדול וביושר, לפי ערך וידיעת הקדוש ברוך הוא, לכן בקש אל תבא במשפט וגו' שלא יביאנו כלל במשפט, כי לא יצדק לפניך כל חי, כי קשים מאד לעמוד בהם ולקבלם באהבה, אבל בתולדות נח כתב, יותר נראה שפסוק זה שייך לקמן סימן ח' למאמר שפטני ה' כצדקי: **(ח) למה אהב כו'** כדכתיב שמוע אשמע צעקתו, משמע בין כדין בין שלא כדין: **שנאמר אבי יתומים ודיין אלמנות.** רוצה לומר שאלו אין להם למי שיתלו עיניהם להיות להם לאב ודיין, אלא הקדוש ברוך הוא:

שמתו תחתיו אבותינו. הנה מיתת אבותינו במדבר היה על חטא מרגלים, אך בעגל כתוב (שמות לב, לד) וביום פקדי ופקדתי, ובעונש של מרגלים נפרע מהם גם על חטא העגל. גם חטא העגל גרם חטא מרגלים. וצריך עיון למה כוללם בחמשה, ויתכן שכוונתו למה שכתוב ריש נצבים (דברים כט, ט) ראשיכם, שבטיכם, זקניכם, ושוטריכם, כל איש ישראל: **וארבע צאן תחת השה.** יתכן דעת המדרש שמה שכתוב וארבע לאן, שייך גם כן למה שכתוב חמשה בקר ישלם תחת השור, וגם ארבע לאן: **ושגנבנו ליוסף.** שנקרא לאן, כמו שכתוב (תהלים פ, ב) נוהג כצאן יוסף, ועל ידי יוסף ירדו למצרים: **ולמה בשור נותן חמשה.** כפי פשט הכתוב: **שהוא מוציאו בפרהסיא.** שהוא גדול שמוליכו לפניו, וצריך לשומרו שלא יברח לכאן ולכאן, ולרדוף אחריו. הרי שהפקיר עצמו ביותר לעבירה, והעונש גדול יותר, אך הצאן נושא על כתיפו, ובמכילתא עוד שני טעמים: **משל לשנים.** שהעגל הוא שמטו דמות שור מהמרכבה, שדומה לאיקונין, ויוסף הוא בנו במשל:

מתנות כהונה

מלכיות. בבל מדי ורומי מחריבי בית המקדש: **בפרהסיא.** כלומר כמות שהוא מוליכו לפניו ואינו יכול לתתו על כתפו בתוך השק והקופה: **שזרק אבן כו'.** משל הוא על שעשו העגל וקל להבין: **קטפורס.** מכות כך פירש הערוך (ערך קטפרס השני): **אמר דוד כו'.** לפי שהמשפטים מכוונים ומיושרים ומדוקדקים לפי הגמול ואין בני אדם יכולין לעמוד בזה:

אשד הנחלים

ששמטו פני שור מהמרכבה, ועשו את העגל, וזהו שמכנה כאן ששור גנבנו, כאלו גנבו מהמרכבה הפני שור ועשו דוגמתו למטה, ואחר כך חשב גניבת יוסף גם כן לבדו, הנרמז גם כן במלת שור, וכאילו מהמצוה הזאת יתבונן אז לתקן את אשר עשו מלפנים, ויזכרו מה הסבו בפעולת גניבתם, עד שהוכרחו לשלם עבור זה ככה: **שזרק אבן.** וזהו המשל לחטא העגל, כי המרו את כבודו בתבנית שור, וכחשו בכבודו יתברך, ומכר בנו זהו שמכרו ליוסף, ואם כן גם מזה ראיה שגנבו לשור הוא על חטא העגל, והשה ליוסף: **ואל תבוא.** עיין במתנות כהונה. וכונתו כי דיני התורה שקולים הכל לפי מעשיו, שלא ידומה כי זה לבד כנימוס בלי רמז מאומה: [ח] **תלויות אלא בו.** ולכן המה מקורבים לה', ועל כן ה' ישמע שועתם, כי קרוב ה' לכל קוראיו לכל אשר יקראוהו (תהלים קמה, יח), כי ההשגחה תדבק רק לדבקים בו יתברך: **כאלו גוזל להקדוש ברוך הוא.** אין להבין הדברים כפשטן על צד האמת, כי אין זה מאומה, כי מה יחסר לו יתברך, עד שמכנים כאלו גזלו. ויש לפרש שכל זה לעיני הפתאים המדמים כי אם יחסר האדם משלימותו, יחסר להקדוש ברוך הוא ולשלימותו, והנה מטבע בני אדם ההמוניים שמדמים שכל זה רק במצות שבין אדם למקום, כי מדמים שכל זה נוגע לכבודו יתברך ולתועלתו, אבל מה שבין אדם לחברו אינו נוגע לו יתברך, ולכן ימצאו אנשים המדקדקים במצות שבין אדם למקום, ואינם משגיחים על בין אדם לחברו, כי סוברים שאין זה חסרון כל כך בשלימות הנפש כשלימות המצות, שהמה ענינים סגולים לנפש, אך ידעו שגם הגוזל ליתום ואלמנה כאלו נוגע זאת לו יתברך, שעל ידי

אמרי יושר

ה' את העם, הרביעית לא אעלה בקרבך, החמישית חורבן בית המקדש שנאמר (יחזקאל ט, א) מקדש קרבו פקודת העיר. ואני שמעתי הם היו שש מאות אלף וחטאו אחד לאלף שנאמר אדם אחד מאלף מצאתי בחטא עגל, ואם כן חטאו שש מאות, ולכן מתו חמש פעמים שש מאות, שהם שלשת אלפים במגפה (שמות לב, כח): **שגנבנו ליוסף.** שנקרא שה, שנאמר (ירמיה נ, יז) שה פזורה ישראל, ונאמר (בראשית לז, ב) אלה תולדות יעקב יוסף, ואם כן יוסף הוא שה גם כן: **אמר דוד אל תבא בא במשפט.** נראה

באור מהרי"פ

משל לשנים שעלו לבימה וכו'. פירוש, שחטאו בעגל שהוא פגם באיקונין של מלך, לקו חמשה, ומה שמכרו את יוסף הוא מכירת בנו של מלך, לקו ארבעה. ואולי בנמשל הזריקה לאיקונין של מלך היא מה שנעשה העגל בפרהסיא, ומכירת בנו הוא בסתר: **קטפרוס.** רבי בנימין מוספיא (מוסף הערוך ערך קטפרס השני) פירש בלשון יוני מכות גדולות ועצומות: **אמר דוד ואל תבא וגו'.** כתב תולדות נח הארוך, אין כאן מקומו, רק לקמן (סימן יא) אצל שפטני ה' כצדקי:

נותן חמשה שהוא מוציאו בפרהסיא. שאף על גב כשגנבו על כרחך בצינעא הוה, מכל מקום כשהוציאו בחוץ הוא בפרהסיא שאי אפשר לו לכסותו. והכוונה בזה למה שאמר רב הונא בבבא קמא שור שהולך ברגליו נותן חמשה, שה שהיה מרכיבו על כתיפו ונתבזה בו נותן ארבעה, וזהו שאמרו שור שהוא מוליאו בפרהסיא, שאינו יכול להרכיבו על כתיפו ולכסותו, אלא הולך ברגליו בפרהסיא, אבל שה שהוא קטן מוליכו על כתיפו מכוסה שלא יראו אותו אם כן נתבזה בו:

חידושי הרד"ל

[ז] חמשה בקר שלמנו תחתיו שמתו תחתיו אבותינו במדבר. פירש רבינו בחיי, שקבלו עליהם חמש עונשין, הריגה בסייף על ידי בני לוי, מגפה על ידי הקב"ה, הוראת פנים על ידי המים כסוטות, חורבן בית המקדש וזכרון לדורות. ולי נראה שחמשה מיתות היה בהן במדבר על פי הקב"ה, והיינו גם כן במגפה, בעגל, ובמעשה קרח, ובשטים, ועוד שנים בתבערה, שכתיב (במדבר יא, א) ותבער בם אש ה' ותאכל וגו'. ובקברות התאוה שכתיב (שם שם לג) ויך ה' בעם מכה רבה מאד, (אבל שהיה על ידי שליח, כגון הנחש (שם כא, ו), ומלחמת הכנעני (שם שם, ג), זה לא חשיב): **וארבע צאן תחת השה.** לפי שגנבו ליוסף עשינו ארבע מאות שנה משועבדים במצרים, ונדמה גנבת יוסף לשה, על שם (ירמיה נ, יז) שה פזורה ישראל: **אמר דוד אל תבא במשפט את עבדך כי לא יצדק לפניך כל חי כל אלמנה כו'.** כן צריך לומר. ורצה לומר שאם היה בא לדון ישראל כפי משפט התורה לא היו יכולים לעמוד, וזה שאמר רבי יהודה בתחלת המאמר הרבה דיני מלות יש כאן, רצה לומר שהיו ראויים ישראל להשפט בדינים, אלא בא עמהם הקב"ה שלא במשפט ותחסך למטה מעוונם, וכמו שנכתב לעיל (סימן ה ד"ה משלח) במשל הזבוב:

חידושי הרש"ש

לפיכך חמשה בקר שלמנו כו' וארבע צאן כו'. יתכן שדורש וארבע לאן שב למעלה ולמטה, עיין יומא (נב, ב) בתד"ה שאת, ובמה שכתבתי לעיל בבראשית רבה פרשה כב, ז (ד"ה ואם). או כמו שדרשו בבכורות (כה, א) לא תעבוד בבכור שורך ולא תגוז בכור צאנך אין לי אלא שור בעבודה כו' מנין ליתן את האמור של זה בזה כו', עיין שם, וכפירוש רש"י:

שינוי נוסחאות

(ז) **אחד שמכר בנו של מלך.** בכל הקטע הזה כתבו בד' וילנא "שר" תחת "מלך", כנראה מחמת הצנזורא:

מסורת המדרש

ט. עיין בבא קמא ע"ט. ובתוספתא בבא קמא פ"ז. מכילתא כאן פרשה י"ב. ילקוט כאן רמז שמ"ב:

אם למקרא

וְאַל־תָּבוֹא בְמִשְׁפָּט אֶת־עַבְדֶּךָ כִּי לֹא־יִצְדַּק לְפָנֶיךָ כָל־חָי: (תהלים קמג: ב)

אֲבִי יְתוֹמִים וְדַיַּן אַלְמָנוֹת אֱלֹהִים בִּמְעוֹן קָדְשׁוֹ: (שם סח: ו)

ידי משה

וכו' (רש"י שמות יג, יח ובמכילתא). אי נמי יש לומר לפי שמתו חמשה צדיקים במדבר, אהרן, משה, נדב, ואביהוא, ומרים: **ושגנבנו ליוסף.** פירוש, כמו דבר אחר:

ענף יוסף

לפיכך חמשה בקר שלמנו תחתיו שמתו תחתיו אבותינו במדבר. יש לומר על פי דאיתא (מובא ברבנו בחיי שמות לה, כ) אדם אחד מאלף מצאתי, אדם אחד מאלף חטא במעשה העגל, ואשה בכל אלה לא מצאתי, כשאמרו ישראל אלה אלהיך ישראל לא מצאתי אשה אחת שחטאה ואומרת גם כן כהם, וישראל היו ששים רבוא, ממילא אי אמרת אדם אחד מאלף חטא אם כן מששים רבוא חטאו שש מאות, וכתיב ויפול מן העם ביום ההוא כשלשת אלפי איש, ממילא חמשה פעמים שש מאות עולה שלשת אלפים. ובזה יבואר לפי ששור גנבנו ועשינו עגל וחטאו שש מאות, לפיכך חמשה בקר שלמנו תחתיו, שמתו תחתיו אבותינו במדבר היינו שמתו שלשת אלפים, ובשלשת אלפים יש חמשה פעמים שש מאות (ספר רשפי אש): **ושגנבנו ליוסף עשינו ארבע מאות שנה משועבדים במצרים.** הכוונה שעבוד מצרים לא היה מהגזירה רצה לומר מגזירת הגלות, אלא דבר מסובב ממכירת יוסף למצרים, כי הגזרה לא היתה אלא בארץ לא להם, רק הסבה בגלותם למצרים היה במכירתם הרעה במה שמכרו את יוסף לשם: **ולמה בשור**

כָּל אַלְמָנָה וְיָתוֹם לֹא תְעַנּוּן. אִם עַנֵּה תְעַנֶּה אֹתוֹ כִּי אִם צָעֹק יִצְעַק אֵלַי שָׁמֹעַ אֶשְׁמַע צַעֲקָתוֹ. וְחָרָה אַפִּי וְהָרַגְתִּי אֶתְכֶם בֶּחָרֶב וְהָיוּ נְשֵׁיכֶם אַלְמָנוֹת וּבְנֵיכֶם יְתֹמִים.

You shall not mistreat any widow or orphan. If you [dare to] mistreat him . . . ! For if he shall cry out to Me, I shall surely hear his outcry. My wrath shall blaze and I shall kill you by the sword, and your wives will be widows and your children orphans (22:21-23).

§8 **כָּל אַלְמָנָה וְיָתוֹם לֹא תְעַנּוּן** – ***YOU SHALL NOT MISTREAT ANY WIDOW OR ORPHAN****. IF YOU [DARE TO] MISTREAT HIM . . . ! FOR IF HE SHALL CRY OUT TO ME, I SHALL SURELY HEAR HIS OUTCRY.*

The Midrash discusses the special status of the widow and orphan:

רַבִּי יוֹסֵי אוֹמֵר: לָמָּה אָהַב אֱלֹהִים יְתוֹמִים וְאַלְמָנוֹת – **R' Yose said: Why does God** demonstrate such abundant **love** for **orphans and widows?**[149] **אֶלָּא שֶׁאֵין עֵינֵיהֶם תְּלוּיוֹת אֶלָּא בּוֹ** – It is **because their eyes** (i.e., their hopes) **are fixated on no one but [God],**[150] **שֶׁנֶּאֱמַר "אֲבִי יְתוֹמִים וְדַיַּן אַלְמָנוֹת"** – **as it is stated, *Father of orphans and Defender of widows*** *is God* (*Psalms* 68:6). **לְכָךְ כָּל הַגּוֹזְלָן כְּאִלּוּ גוֹזֵל לְהַקָּדוֹשׁ בָּרוּךְ הוּא, שֶׁהוּא אֲבִיהֶם שֶׁבַּשָּׁמַיִם** – **Therefore, anyone who steals from them is** considered **as if [he has] stolen from the Holy One, blessed is He,**[151] **for He is their Father in Heaven, וְהוּא כּוֹעֵס עָלָיו** – **and** consequently **He becomes angry at [such a person], שֶׁנֶּאֱמַר "וְחָרָה אַפִּי וְהָרַגְתִּי אֶתְכֶם"** – **as it is stated** concerning one who mistreats a widow or orphan, ***My wrath shall blaze and I shall kill you*** (ibid., v. 23).

NOTES

one steals and slaughters an ox or a sheep), David realized the precision of God's judgment. He thus beseeched God to enter into judgment with no man, for no one could withstand such exacting judgment (*Eitz Yosef, Matnos Kehunah*).

149. Why does God declare here that He will come to their defense more than to any other aggrieved person?

150. Bereft of husband and father, the widow and orphan have no one to whom to turn for protection, and depend solely on God to act on their behalf. Furthermore, since they have no one else to whom to turn and therefore constantly beseech God, He is exceedingly close to them, as it is written (*Psalms* 145:18), קָרוֹב ה׳ לְכָל קֹרְאָיו לְכֹל אֲשֶׁר יִקְרָאֻהוּ בֶאֱמֶת, *HASHEM is close to all who call upon Him, to all who call upon Him sincerely* (*Eshed HaNechalim*).

151. Since God is the Protector and Advocate of widows and orphans, mistreating them is seen as displaying a disregard for God Himself (*Yefeh To'ar*).

שֶׁמֵּתוּ תַּחְתָּיו אֲבוֹתֵינוּ בַּמִּדְבָּר, [שם] **"וְאַרְבַּע צֹאן תַּחַת הַשֶּׂה", ד' מַלְכֻיּוֹת שֶׁמָּלְכוּ בָנוּ, וְשֶׁגָּנַבְנוּ לְיוֹסֵף עָשִׂינוּ ד' מֵאוֹת שָׁנָה מְשׁוּעְבָּדִים בְּמִצְרַיִם, ט וְלָמָּה בְּשׁוֹר נוֹתֵן ה' וּבְשֶׂה אֵינוֹ נוֹתֵן אֶלָּא ד', בְּשׁוֹר נוֹתֵן ה' שֶׁהוּא מוֹצִיאוֹ בְּפַרְהֶסְיָא, מָשָׁל לִשְׁנַיִם שֶׁעָלוּ לַבִּימָה לִידּוֹן, אֶחָד שֶׁמָּכַר בְּנוֹ שֶׁל מֶלֶךְ, וְאֶחָד שֶׁזָּרַק אֶבֶן בְּאִיקוֹנִין שֶׁל מֶלֶךְ, אוֹתוֹ שֶׁזָּרַק אֶבֶן בְּאִיקוֹנִין שֶׁל שַׂר מֶלֶךְ לָקָה ה' קַטָפוֹרָס, וְאוֹתוֹ שֶׁמָּכַר בְּנוֹ שֶׁל מֶלֶךְ מְשַׁלֵּם ד' מֵאוֹת לְרַבּוֹ, לְכָךְ כְּתִיב** [שם] **"חֲמִשָּׁה בָקָר", אָמַר דָּוִד** (תהלים קמג, ב) **"וְאַל תָּבוֹא בְמִשְׁפָּט אֶת עַבְדֶּךָ":**

ח [כב, כא] **"כָּל אַלְמָנָה וְיָתוֹם לֹא תְעַנּוּן", רַבִּי יוֹסֵי אוֹמֵר: לָמָּה אָהַב אֱלֹהִים יְתוֹמִים וְאַלְמָנוֹת, אֶלָּא שֶׁאֵין עֵינֵיהֶם תְּלוּיוֹת אֶלָּא בּוֹ, שֶׁנֶּאֱמַר** (שם סח, ו) **"אֲבִי יְתוֹמִים וְדַיַּן אַלְמָנוֹת", לְכָךְ כָּל הַגּוֹזְלָן כְּאִלּוּ גּוֹזֵל לְהַקָּדוֹשׁ בָּרוּךְ הוּא, שֶׁהוּא אֲבִיהֶם שֶׁבַּשָּׁמַיִם, וְהוּא כּוֹעֵס עָלָיו, שֶׁנֶּאֱמַר** [כב, כג] **"וְחָרָה אַפִּי וְהָרַגְתִּי אֶתְכֶם",**

עץ יוסף

שמתו תחתיו אבותינו במדבר. רמז למשה אהרן ומרים נדב ואביהוא, או הכוונה על דור המדבר כולו שנאמר עליהם וחמשים עלו בני ישראל. ורבינו בחיי פירש שקבלו עליהם חמשה עונשים, הריגה בסייף על ידי בני לוי, מגפה על ידי הקדוש ברוך הוא, הוראת פנים על ידי משה שנתכוין לבודקן כסוטות על ידי המים, חורבן בית המקדש, וזכרון לדורות: **וארבע צאן כו' משל לשנים כו'.** והנכון כגירסת הספרים ישנים ומדוייקים, וכן צריך לומר, **וארבע צאן תחת השה, שגנבנו ליוסף עשינו ארבע מאות שנה משועבדים במצרים, וארבע מלכיות שמלכו בנו, משל לשנים שעלו לבימה כו' לכך כתיב חמשה בקר וגו', דבר אחר למה בשור נותן חמשה כו' שהוא מוציאו בפרהסיא,** וכן גרס הרבינו בחיי. ופירוש זריקת האבן באיקונין, הוא רומז לעשיית העגל, לפי מה שפירשנו שמטו פני השור שבמרכבה, והוא האיקונין של מלך, ומכירת בנו של מלך הוא יוסף שוודאי יאות לקרותו בן המלך מלכי המלכים הקדוש ברוך הוא, ופירוש משלם ארבע מאות לרבו, רוצה לומר לרבו שמכרו לו לעבד לפדותו ממנו בכסף רב: **שגנבנו ליוסף עשינו ארבע מאות כו'.** שזה גם כן ארבע צאן תחת השה, שישראל נקראו צאן כדכתיב ואתנה צאני, וכתיב שה פזורה ישראל, ולכן אף שיוסף נקרא גם כן שור הקילו עליהם ולא חייבם אלא על שם שה, והא דקאמר ארבע מאות שנה, אף על גב דלא היו במצרים אלא מאתיים ועשר, הוא משום שעיבדו המצרים בישראל גם בלילה, כדאיתא בתנחומא סדר ויגש סימן ט', ובבראשית רבה פרשה כ"ז סימן ב', לכן נחשב גם הלילות לימים, ולכן אמר עשינו ארבע מאות כו': **באיקונין.** פירוש בצורת המלך: **קטפורס.** פירושו בלשון יוני מכות גדולות ועצומות (מוסף הערוך), לפי שחטאו מפורסם שהכל ראו כשרגם איקונין של מלך, מה שאין כן כשמכר בנו: **אמר דוד ואל תבא במשפט את עבדך כי לא יצדק לפניך כל חי.** שלפי שבאר לעיל ממשפט הארבעה וחמשה, שהמה בדקדוק גדול וביושר, לפי ערך וידיעת הקדוש ברוך הוא, לכן בקש אל תבא במשפט וגו' שלא יביאנו כלל במשפט, כי לא יצדק לפניך כל חי, כי קשים מאד לעמוד בהם ולקבלם באהבה, אבל בתולדות נח כתב, יותר נראה שפסוק זה שייך לקמן סימן ח' למאמר שפטי ה' כצדקי: **(ח) למה אהב כו'** כדכתיב שמוע אשמע צעקתו, משמע בין כדין בין שלא כדין: **שנאמר אבי יתומים ודיין אלמנות.** רוצה לומר שאלו אין להם למי שיתלו עיניהם להיות להם לאב ודיין, אלא הקדוש ברוך הוא:

פירוש מהרז"ו

שמתו תחתיו אבותינו. הנה מיתת אבותינו במדבר היה על חטא מרגלים, אך בעגל כתוב (שמות לב, לד) וביום פקדי ופקדתי, ובעונש של מרגלים נפרע מהם גם על חטא העגל. גם חטא העגל גרם חטא מרגלים. וצריך עיון למה כוללם בחמשה, ויתכן שכוונתו למה שכתוב ריש נצבים (דברים כט, ט) ראשיכם, שבטיכם, זקניכם, ושוטריכם, כל איש ישראל: **וארבע צאן תחת השה.** יתכן דעת המדרש שמה שכתוב וארבע צאן, שייך גם כן למה שכתוב חמשה בקר ישלם תחת השור, וגם ארבע צאן: **ושגנבנו ליוסף.** שנקרא צאן, כמו שכתוב (תהלים פ, ב) נוהג כצאן יוסף, ועל ידי יוסף ירדו למצרים: **ולמה בשור נותן חמשה.** כפי פשט הכתוב: **שהוא מוציאו בפרהסיא.** שהוא גדול שמוליכו לפניו, וצריך לשומרו שלא יברח לכאן ולכאן, ולרדוף אחריו. הרי שהפקיר עצמו ביותר לעבירה, והעונש גדול יותר, אך הצאן נושא על כתיפו, ובמכילתא עוד שני טעמים: **משל לשנים.** שהעגל הוא שמטו דמות שור מהמרכבה, שדומה לאיקונין, ויוסף הוא בנו במשל:

מתנות כהונה

מלכיות. בבל מדי ורומי מחריבי בית המקדש: **בפרהסיא.** כלומר כמות שהוא מוליכו לפניו ואינו יכול לתתו על כתפו בתוך השק והקופה: **שזרק אבן כו'.** משל הוא על שעשו העגל וקל להבין: **קטפורס.** מכות כך פירש הערוך (ערך קטפרס השני): **אמר דוד כו'.** לפי שהמשפטים מכוונים ומיושרים ומדוקדקים לפי הגמול ואין בני אדם יכולין לעמוד בזה:

אשד הנחלים

ששמטו פני שור מהמרכבה, ועשו את העגל, וזהו שמכנה כאן ששור גנבנו, כאלו גנבו מהמרכבה הפני שור ועשו דוגמתו למטה, ואחר כך חשב גניבת יוסף גם כן לבדו, הנרמז גם כן במלת שור, וכאילו מהמצוה הזאת יתבונן אז לתקן את אשר עשו מלפנים, ויזכרו מה הסבו בפעולת גניבתם, עד שהוכרחו לשלם עבור זה ככה: **שזרק אבן.** וזהו המשל לחטא העגל, כי המרו את כבודו בתבנית שור, וכחשו בכבודו יתברך, ומכר בנו זהו שמכרו ליוסף, ואם כן גם מזה ראיה שגנבו לשור הוא על חטא העגל, והשה ליוסף: **ואל תבוא.** עיין במתנות כהונה. וכונתו כי דיני התורה שקולים הכל לפי מעשיו, שלא ידומה כי זה לבד כנימוס בלי רמז מאומה: [ח] **תלויות אלא בו.** ולכן המה מקורבים לה', ועל כן ה' ישמע שועתם, כי קרוב ה' לכל קוראיו לכל אשר יקראוהו (תהלים קמה, יח), כי ההשגחה תדבק רק לדבקים בו יתברך: **כאלו גוזל להקדוש ברוך הוא.** אין להבין הדברים כפשטן על צד האמת, כי אין זה מאומה, כי מה יחסר לו יתברך, עד שמכנים כאלו גזלו. ויש לפרש שכל זה לעיני הפתאים המדמים כי אם יחסר האדם משלימותו, יחסר להקדוש ברוך הוא ולשלימותו, והנה מטבע בני אדם ההמוניים שמדמים שכל זה רק במצות שבין אדם למקום, כי מדמים שכל זה נוגע לכבודו יתברך ולתועלתו, אבל מה שבין אדם לחברו אינו נוגע לו יתברך, ולכן ימצאו אנשים המדקדקים במצות שבין אדם למקום, ואינם משגיחים על בין אדם לחברו, כי סוברים שאין זה חסרון כל כך בשלימות הנפש כשלימות המצות, שהמה ענינים סגולים לנפש, אך ידעו שגם הגוזל ליתום ואלמנה כאלו נוגע זאת לו יתברך, שעל ידי

אמרי יושר

ה' את העם, הרביעית לא אתלה בקרבן, החמישית חורבן בית המקדש שנאמר (יחזקאל ט, א) מקדש קרבו פקודת העיר. ואני שמעתי הם היו שש מאות אלף וחטאו אחד לאלף שנאמר אדם אחד מאלף מצאתי בחטא עגל, ואם כן חטאו שש מאות, ולכן מתו חמש פעמים שש מאות, שהם שלשת אלפים במגפה (שמות לב, כח): **שגנבנו ליוסף.** שנקרא שה, שנאמר (ירמיה נ, יז) שה פזורה ישראל, ונאמר (בראשית לז, ב) אלה תולדות יעקב יוסף, ואם כן יוסף הוא שה גם כן: **אמר דוד אל תבא בא במשפט.** נראה

באור מהרי"פ

משל לשנים שעלו לבימה וכו'. פירוש, שחטאו בעגל שהוא פגם באיקונין של מלך, לקו חמשה, ומה שמכרו את יוסף הוא מכירת בנו של מלך, לקו ארבעה. ואולי בנמשל הזריקה לאיקונין של מלך היא מה שנעשה העגל בפרהסיא, ומכירת בנו הוא בסתר: **קטפורס.** רבי בנימן מוספיא (מוסף הערוך ערך קטפרס השני) פירש בלשון יוני מכות גדולות ועצומות: **אמר דוד ואל תבא וגו'.** כתב תולדות נח האריך, אין כאן מקומו, רק לקמן (סימן יא) אצל שפטי ה' כצדקי:

חידושי הרד"ל

[ז] **חמשה בקר שלמנו תחתיו שמתו תחתיו אבותינו במדבר.** פירש רבינו בחיי, שקבלו עליהם חמש עונשין, הריגה בסייף על ידי בני לוי, מגפה על ידי הקב"ה, הורקת פנים על ידי המים כסוטות, חורבן בית המקדש וזכרון לדורות. ולי נראה שחמשה מיתות היה בהן במדבר על פי הקב"ה, והיינו גם כן במגפה, בעגל, ובמעשה קרח, ובשטים, ועוד שנים בתבערה, שכתיב (במדבר יא, א) ותבער בם אש ה' ותאכל וגו'. ובקברות התאוה שכתיב (שם שם לג) ויך ה' בעם מכה רבה מאד, (אבל שהיה על ידי שליח, כגון הנחש (שם כא, ו), ומלחמת הכנעני (שם שם, ג), זה לא חשיב): **וארבע צאן תחת השה.** לפי שגנבו ליוסף עשינו ארבע מאות שנה משועבדים במצרים, ונדמה גנבת יוסף לשה, על שם (ירמיה נ, יז) שה פזורה ישראל: **אמר דוד אל תבא במשפט את עבדך כי לא יצדק לפניך כל חי כל אלמנה כו'.** כן צריך לומר. ורצה לומר שאם היה בא לדון ישראל כפי משפט התורה לא היו יכולים לעמוד, וזה שאמר רבי יהודה בתחלת המאמר הרבה דיני מצות יש כאן, רצה לומר שהיו ראויים ישראל להשפט בדינים, אלא בא עמהם הקב"ה שלא במשפט וחסך למטה מעוונם, וכמו שנכתב לעיל (סימן ה ד"ה משלח) במשל הזבוב:

חידושי הרש"ש

לפיכך חמשה בקר שלמנו כו' וארבע צאן כו'. יתכן שדורש וארבע צאן שב למעלה ולמטה, עיין יומא (נב, ב) בתד"ה אתא, ובמה שכתבתי לעיל בבראשית רבה פרשה כב, ז (ד"ה ואם). או כמו שדרשו בבכורות (כה, א) לא תעבוד בבכור שורך ולא תגוז בכור צאנך אין לי אלא שור בעבודה כו' מנין ליתן את האמור של זה בזה כו', עיין שם, וכפירוש רש"י:

שינוי נוסחאות

(ז) אחד שמכר בנו של מלך. בכל הקטע הזה כתבו בד' וילנא "שר" תחת "מלך", כנראה מחמת הצנזורא:

מסורת המדרש

ט. עיין בבא קמא ע"ט. ובתוספתא בבא קמא פ"ז. מכילתא כאן פרשה י"ב. ילקוט כאן רמז שמ"ב:

אם למקרא

וְאַל־תָּבוֹא בְמִשְׁפָּט אֶת־עַבְדֶּךָ כִּי לֹא־יִצְדַּק לְפָנֶיךָ כָל־חָי: (תהלים קמג: ב)

אֲבִי יְתוֹמִים וְדַיַּן אַלְמָנוֹת אֱלֹהִים בִּמְעוֹן קָדְשׁוֹ: (שם סח: ו)

ידי משה

וכו' (רש"י שמות יג, יח ובמכילתא). אי נמי יש לומר לפי שמתו חמשה צדיקים במדבר, אהרן, משה, נדב, ואביהוא, ומרים: **ושגנבנו ליוסף.** פירוש, כמו דבר אחר:

ענף יוסף

לפיכך חמשה בקר שלמנו תחתיו שמתו תחתיו אבותינו במדבר. יש לומר על פי דאיתא (מובא ברבנו בחיי שמות לה, כ) אדם אחד מאלף מצאתי, אדם אחד מאלף חטא במעשה העגל, ואשה בכל אלה לא מצאתי, כשאמרו ישראל אלה אלהיך ישראל לא מצאתי אשה אחת שחטאה ואומרת גם כן כהם, וישראל היו ששים רבוא, ממילא אי אמרת אדם אחד מאלף חטא אם כן מששים רבוא חטאו שש מאות, וכתיב ויפול מן העם ביום ההוא כשלשת אלפי איש, ממילא חמשה פעמים שש מאות עולה שלשת אלפים. ובזה יבואר לפי ששור גנבנו ועשינו עגל וחטאו שש מאות, לפיכך חמשה בקר שלמנו תחתיו, שמתו תחתיו אבותינו במדבר היינו שמתו שלשת אלפים, ובשלשת אלפים יש חמשה פעמים שש מאות (ספר רשפי אש): **ושגנבנו ליוסף עשינו ארבע מאות שנה משועבדים במצרים.** הכונה ששעבוד מצרים לא היה מהגזירה רצה לומר מגזירת הגלות, אלא דבר מסובב ממכירת יוסף למצרים, כי הגזרה לא היתה אלא בארץ לא להם, רק הסבה בגלותם למצרים היה בחירתם הרעה במה שמכרו את יוסף לשם: **ולמה בשור נותן חמשה שהוא מוציאו בפרהסיא.** שאף על גב כשגנבו על כרחך בצינעא הוה, מכל מקום כשהוליאו בחוץ הוא בפרהסיא שאי אפשר לו לכסותו. והכוונה בזה למה שאמר רב הונא בבבא קמא שור שהולך ברגליו נותן חמשה, שה שהיה מרכיבו על כתיפו ונתבזה בו נותן ארבעה, וזהו שאמרו שור שהוא מוליאו בפרהסיא, שאינו יכול להרכיבו על כתיפו ולכסותו, אלא הולך ברגליו בפרהסיא, אבל שה שהוא קטן מוליכו על כתיפו מכוסה שלא יראו אותו אם כן נתבזה בו:

Having shown above[152] that many of the laws in this passage have hidden meanings as well, the Midrash presents an analogy to illustrate the underlying meaning of this ordinance:[153] מָשָׁל לְבַת מְלָכִים שֶׁסָּרְחָה עַל אָבִיהָ וּטְרָדָהּ – This may be understood by means of **a parable.** It is comparable **to a king's daughter who sinned against her father, and he banished her.**[154] וְהָיוּ לָהּ בָּנִים וְהִשְׁלִיכָה אוֹתָם עָלָיו וְהָלְכָה לָהּ – **And** as **she had children** for whom she cared, **she cast them upon [the king],**[155] **and she went on her way.** כְּשֶׁהוּא רוֹאֶה אוֹתָם כְּאִלּוּ רוֹאֶה אֶת בִּתּוֹ לְפָנָיו – **When [the king] would see [her children], it was as though he saw his daughter** standing **before him,**[156] וּמִי שֶׁהוּא נוֹגֵעַ בָּהֶן נִפְרָע מִמֶּנּוּ – **and if anyone would harm [the children], [the king] would exact retribution from him.** כָּךְ יִשְׂרָאֵל הָיוּ בְּצִיּוֹן וְהַקָּדוֹשׁ בָּרוּךְ הוּא שָׁרוּי בֵּינֵיהֶן, שֶׁנֶּאֱמַר "זֹאת מְנוּחָתִי עֲדֵי עַד" – **So** it is with regard to **Israel.**[157] **They were** once **in Zion, where the Holy One, blessed is He, dwelled among them, as it is stated,** *For HASHEM has chosen Zion; He has desired it for His habitation.* ***This is My resting place forever and ever*** (*Psalms* 132:13-14). וְכֵיוָן שֶׁחָטְאוּ טְרָדָהּ – **But when [Israel] sinned** against God, **He banished [Zion],**[158] אַף הִיא הִשְׁלִיכָה בָנֶיהָ עָלָיו – and **she in turn cast her children** (i.e., Israel)[159] **upon [God],** that He should care for them.[160] שֶׁנֶּאֱמַר "יְתוֹמִים הָיִינוּ וְאֵין אָב אִמֹּתֵינוּ כְּאַלְמָנוֹת" – **Thus it is stated,** *Our inheritance has been turned over to strangers; our houses to foreigners.* ***We have become [like] orphans, and there is no father; our mothers are like widows*** (*Lamentations* 5:2-3).[161] וּכְשֶׁהוּא רוֹאֶה לְיִשְׂרָאֵל שֶׁעוֹשִׂים מִצְוֹתָיו מִתְנַחֵם עַל מַה שֶּׁעָשָׂה בְּצִיּוֹן וּמְבַקֵּשׁ לָהּ זְכוּת – **And when [God] looks to Israel** and sees **that they are observing His commandments, He feels remorse for what He did in Zion, and He seeks a** source of **merit for her** and ultimately redeems her,[162] שֶׁנֶּאֱמַר "שַׁבְתִּי אֶל צִיּוֹן וְשָׁכַנְתִּי בְּתוֹךְ יְרוּשָׁלָיִם" – **as it is stated,** *Thus said HASHEM, I have* ***returned to Zion, and I have made My dwelling in the midst of Jerusalem*** (*Zechariah* 8:3). וְכֵן דָּוִד אוֹמֵר "שׁוּבָה ה' אֶת שְׁבִיתֵנוּ" – **And similarly David says** in *Psalms,* ***O HASHEM, return our captivity*** *like springs in the desert* (*Psalms* 126:4).[163]

§9 The Midrash returns to discuss the opening phrase of our passage – specifically the expression *that you shall place before them.* The Sages teach[164] that the words *place before them* (the people of Israel) indicate that these laws were intended only for Israel and not for the other nations. The Midrash therefore cites a verse from *Psalms* to the same effect (*He relates His Words to Jacob, His statutes and His judgments to Israel; He did not do so for any other nation, and they know not such judgments*) and expounds on it:[165]

דָּבָר אַחֵר, "וְאֵלֶּה הַמִּשְׁפָּטִים" – **Another interpretation** of the verse, ***And these are the ordinances*** *that you shall place before them:* הָדָא הוּא דִכְתִיב "מַגִּיד דְּבָרָיו לְיַעֲקֹב" – **This is** to be understood in light of **what is written,** ***He relates His Words to Jacob,*** *His statutes and His judgments to Israel* (*Psalms* 147:19).[166] אֵלּוּ הַדִּבְּרוֹת – *He relates His "Words"* – **These are** referring to **the** Ten **Commandments** (lit., *the Ten Words*). "חֻקָּיו וּמִשְׁפָּטָיו לְיִשְׂרָאֵל", אֵלּוּ הַמִּשְׁפָּטִים – ***His statutes and His judgments to Israel*** – **these are** referring to **the judgments** (or *ordinances*) found in our passage.

The Midrash now addresses the wording of this *Psalms* verse: Why does Scripture speak of *"His" words, "His" statutes, and "His" judgments,* rather than simply "words, statutes, and judgments"?[167]

לְפִי שֶׁאֵין מִדּוֹתָיו שֶׁל הַקָּדוֹשׁ בָּרוּךְ הוּא כְּמִדַּת בָּשָׂר וָדָם – This is **because the nature of the Holy One, blessed is He, is unlike the nature of a flesh-and-blood** king. מִדַּת בָּשָׂר וָדָם מוֹרֶה לַאֲחֵרִים לַעֲשׂוֹת וְהוּא אֵינוֹ עוֹשֶׂה כְּלוּם – **The nature of a flesh and blood** is that **he orders others to act, but he** himself **does nothing** to carry out his own commands. וְהַקָּדוֹשׁ בָּרוּךְ הוּא אֵינוֹ כֵּן – **But the Holy One, blessed is He, is not like that;** אֶלָּא מַה שֶּׁהוּא עוֹשֶׂה הוּא אוֹמֵר לְיִשְׂרָאֵל לַעֲשׂוֹת וְלִשְׁמוֹר – **rather, he tells Israel to do and observe that which He** Himself **does.**[168]

The Midrash relates a relevant incident:

מַעֲשֶׂה בְּרַבָּן גַּמְלִיאֵל וְרַבִּי יְהוֹשֻׁעַ וְרַבִּי אֶלְעָזָר בֶּן עֲזַרְיָה וְרַבִּי עֲקִיבָא שֶׁהָלְכוּ לְרוֹמִי – **There was an incident involving Rabban Gamliel, R' Yehoshua, R' Elazar ben Azariah, and R' Akiva who traveled to Rome.** וְדָרְשׁוּ שָׁם: אֵין דְּרָכָיו שֶׁל הַקָּדוֹשׁ בָּרוּךְ הוּא כְּבָשָׂר וָדָם – **And** while they were **there they expounded** to the local congregation as follows, **"The ways of the Holy One, blessed is He, are unlike** the ways of **a flesh-and-blood** king.

NOTES

152. Above, in §5 and §7.

153. *Yefeh To'ar, Eitz Yosef.*

154. I.e., he declared that he would no longer have anything to do with her.

155. I.e., she gave him responsibility for their welfare in her stead (ibid.). Apparently the father of the children was unable to care for them (*Yefeh To'ar, Eitz Yosef*). Now the children were like orphans, and relied solely on the king (their grandfather) for protection and care.

156. And he still loved his daughter despite her sins that caused him to banish her.

157. I.e., Israel in its state of exile is likened to widows and orphans (*Eitz Yosef*).

158. He removed His watchful eye from Zion (*Eitz Yosef*), and declared that He would no longer dwell within it and protect it. Just as the mother in the parable was banished for her betrayal, so was Zion "banished" for her wrongs.

159. [Zion is likened to the mother of Israel, as it is stated, אִם יוּלַּד גּוֹי פַּעַם אֶחָת כִּי חָלָה גַּם יָלְדָה צִיּוֹן אֶת בָּנֶיהָ, *Has a nation ever been born at one time, as Zion went through her labor and gave birth to her children?* (*Isaiah* 66:8).]

160. The people of Israel were thus – like the children in the parable – comparable to orphans.

161. This corroborates the Midrash's assertion that after the destruction of the Temple and the Exile, Israel is compared to orphans, and their "mother" (Zion) to a widow. At any rate, the point of the Midrash is that the underlying meaning of the commandment not to mistreat orphans and widows – as well as the threat that those who do so will be punished directly by God – is that this is a warning to the nations of the world not to mistreat Israel in her exile (*Yefeh To'ar, Eitz Yosef*).

162. And returns to dwell in her midst.

163. A more literal rendering of the verse would be, *O HASHEM, return [to Zion], along with our exiles.* The verse thus shows that David prayed for the ultimate return of the Divine Presence to Zion, as the Midrash has described.

164. See *Gittin* 88b; *Tanchuma* here, §3 and §6.

165. *Yefeh To'ar.*

166. The Midrash will now discuss the individual meanings of the terms mentioned here, which are separated into two separate phrases: "words," and "statutes and judgments."

167. *Toldos Noach, Eitz Yosef.*

Although Scripture mentions דְּבָרָיו (*His words*), חֻקָּיו (*His statutes*), and מִשְׁפָּטָיו (*His judgments*), the Midrash expounds only what is meant by דְּבָרָיו and מִשְׁפָּטָיו. The Midrash relies on a later exposition (*Vayikra Rabbah* 35 §3), where the verse, אִם בְּחֻקֹּתַי תֵּלֵכוּ, *If you follow My statutes* (*Leviticus* 26:3), is expounded in a manner similar to our Midrash here (*Maharzu*).

168. That is, God Himself follows the commandments of the Torah. This is the reason for the possessive pronouns in the phrases "*His* words," "*His* statutes," and "*His* judgments." [And this accounts as well for the wording found in the blessing recited before performing a mitzvah: . . . אֲשֶׁר קִדְּשָׁנוּ בְּמִצְוֹתָיו, . . . *Who has sanctified us with "His" commandments* (*Eitz Yosef*).]

מָשָׁל לְבַת מְלָכִים שֶׁסָּרְחָה עַל אָבִיהָ °וְהָיוּ לָהּ בָּנִים °וְטָרְפָה אוֹתָם עָלָיו וְהָלְכָה לָהּ, כְּשֶׁהוּא רוֹאֶה אוֹתָם כְּאִלּוּ רוֹאֶה אֶת בִּתּוֹ לְפָנָיו וּמִי שֶׁהוּא נוֹגֵעַ בָּהֶן נִפְרָע מִמֶּנּוּ, כָּךְ יִשְׂרָאֵל הָיוּ בְּצִיּוֹן וְהַקָּדוֹשׁ בָּרוּךְ הוּא שָׁרוּי בֵּינֵיהֶן, שֶׁנֶּאֱמַר (תהלים קלב, יד) "זֹאת מְנוּחָתִי עֲדֵי עַד", וְכֵיוָן שֶׁחָטְאוּ °טָרְפָה אַף הִיא הִשְׁלִיכָה בָּנֶיהָ עָלָיו, שֶׁנֶּאֱמַר (איכה ה, ג) "יְתוֹמִים הָיִינוּ וְאֵין אָב אִמֹּתֵינוּ כְּאַלְמָנוֹת", וּכְשֶׁהוּא רוֹאֶה לְיִשְׂרָאֵל שֶׁעוֹשִׂים מִצְוֹתָיו מִתְנַחֵם עַל מַה שֶּׁעָשָׂה בְּצִיּוֹן וּמְבַקֵּשׁ לָהּ זְכוּת, שֶׁנֶּאֱמַר (זכריה ח, ג) "שַׁבְתִּי אֶל צִיּוֹן וְשָׁכַנְתִּי בְּתוֹךְ יְרוּשָׁלָיִם", וְכֵן דָּוִד אוֹמֵר (תהלים קכו, ד) "שׁוּבָה ה' אֶת שְׁבִיתֵנוּ":

ט דָּבָר אַחֵר [כא, א] "וְאֵלֶּה הַמִּשְׁפָּטִים", הָדָא הוּא דִכְתִיב (שם קמז, יט) "מַגִּיד דְּבָרָיו לְיַעֲקֹב", אֵלּוּ הַדִּבְּרוֹת, (שם) "חֻקָּיו וּמִשְׁפָּטָיו לְיִשְׂרָאֵל", אֵלּוּ הַמִּשְׁפָּטִים, לְפִי שֶׁאֵין מִדּוֹתָיו שֶׁל הַקָּדוֹשׁ בָּרוּךְ הוּא כְּמִדַּת בָּשָׂר וָדָם, מִדַּת בָּשָׂר וָדָם מוֹרֶה לַאֲחֵרִים לַעֲשׂוֹת וְהוּא אֵינוֹ עוֹשֶׂה כְּלוּם, וְהַקָּדוֹשׁ בָּרוּךְ הוּא אֵינוֹ כֵן, אֶלָּא מַה שֶּׁהוּא עוֹשֶׂה הוּא אוֹמֵר לְיִשְׂרָאֵל לַעֲשׂוֹת וְלִשְׁמוֹר, מַעֲשֶׂה בְּרַבָּן גַּמְלִיאֵל וְרַבִּי יְהוֹשֻׁעַ וְרַבִּי אֶלְעָזָר בֶּן עֲזַרְיָה וְרַבִּי עֲקִיבָא שֶׁהָלְכוּ לְרוֹמִי וְדָרְשׁוּ שָׁם: אֵין דְּרָכָיו שֶׁל הַקָּדוֹשׁ בָּרוּךְ הוּא כְּבָשָׂר וָדָם, שֶׁהוּא גּוֹזֵר גְּזֵירָה וְהוּא אוֹמֵר לַאֲחֵרִים לַעֲשׂוֹת וְהוּא אֵינוֹ עוֹשֶׂה כְּלוּם, וְהַקָּדוֹשׁ בָּרוּךְ הוּא אֵינוֹ כֵן, הָיָה שָׁם מִין אֶחָד, אַחַר שֶׁיָּצְאוּ אָמַר לָהֶם: אֵין דִּבְרֵיכֶם אֶלָּא כָּזָב, לֹא אֲמַרְתֶּם 'אֱלֹהִים אוֹמֵר וְעוֹשֶׂה, לָמָּה אֵינוֹ מְשַׁמֵּר אֶת הַשַּׁבָּת, אָמְרוּ לוֹ: רָשָׁע שֶׁבָּעוֹלָם, אֵין אָדָם רַשַּׁאי לְטַלְטֵל בְּתוֹךְ חֲצֵירוֹ בְּשַׁבָּת, אָמַר לוֹ: הֵן, אָמְרוּ לוֹ: הָעֶלְיוֹנִים וְהַתַּחְתּוֹנִים חֲצֵירוֹ שֶׁל הַקָּדוֹשׁ בָּרוּךְ הוּא, שֶׁנֶּאֱמַר (ישעיה ו, ג) "מְלֹא כָל הָאָרֶץ כְּבוֹדוֹ",

עץ יוסף

משל לבת מלכים כו'. מסכים למה שאמר לעיל שיש במשפטים אלו רמז זולת הפשט, קאמר שהנרמז במצות אלמנה ויתום כאן על עלבונם של ישראל, שהם כיתומים ואלמנות, שעם היות שגלו ישראל בחטאם מכל מקום ה' ינקם ממנעריהם: **שסרחה על אביה וטרפה והיה לה בנים והשליכה אותם עליו.** כן צריך לומר (יפה תואר). על כי אין להם גואל זולתו כי אין להם אב שיטפל בהם, והיא שהיא אמם מטורפת ועזובה ואין לאל ידה ליטפל בהם, וכן ישראל שנאמר יתומים היינו וגו', כלומר שאין להם גואל זולתו: **שנאמר זאת מנוחתי.** מרישא דקרא כי בחר ה' בציון דייק: **וכיון שחטאו טרפה.** פירוש שטרפה לציון מהשגחתו, על שהיא גרמה לישראל שיחטאו, שהשפיעה להם רב טוב, על דרך וישמן ישורון ויבעט: **שנאמר יתומים היינו ואין אב.** כלומר ממשמע שנאמר יתומים היינו איני יודע שאין אב, ועוד אמותינו כאלמנות כתיב, ולא אמר אלמנות, אלא פירוש הפסוק יתומים היינו ואין אב לדיוקא, אין אב למטה אבל יש לנו אב למעלה בשמים, וכן אמותינו כאלמנות, ולא אלמנות ממש, מצד שעיניהם תלויות לאביהם שבשמים (תולדות נח): **ושכנתי בתוך ירושלים.** קרי ביה ושכינתי, שתשוב שכינתו לתוכה כבתחלה: **וכן דוד אומר שובה ה' את שביתנו.** מפרש שובה ה' חזרת השכינה עצמה מגלות, ואפשר דשביתנו נמי דריש על השכינה שהיא שבויה עמנו: (ט) [ו] **הדא הוא דכתיב מגיד דבריו כו'.** משום אשר תשים לפניהם, דבעי לפרש אשר תסדר לפניהם, מייתי דרשת מגיד דבריו ליעקב וגו', וכדדריש בסוף סימן זה, ואגב דמייתי קרא מפרש ליה: **אלו הדברות.** מדחילק הכתוב בין דבריו וחקיו ומשפטיו, שמע מינה דמילתא אחריתי הוא, וקאי אעשרת הדברות (תולדות נח): **לפי שאין מדותיו כו'.** כוונתו לתרץ למה שאמר דבריו חקיו ומשפטיו, ולא נאמר דברים וחקים ומשפטים (תולדות נח): **מה שהוא עושה אמר כו'.** לכך נאמר דבריו חקיו ומשפטיו, מפני שהוא עושה אותם, וזהו שאנו אומרים בברכת המצות אשר קדשנו במצותיו, ודו"ק: **למה אינו משמר את השבת.** בענין הטלטול וההוצאה מרשות לרשות, היינו שמעלה ענניס ומוריד גשמים, מזריח חמה ולבנה, מדשן פירות, עונה חיות, שאין בכל אלה מלאכת מעשה אלא הוצאת דבר מרשות לרשות, שהעננים יעלו מהארץ למעלה, והגשמים ירדו מלמעלה למטה, והמאורות יתנועעו מצד זה אל צד זה, ועל ידי זה ידושנו הפירות ממילא, ועונה חיות להוציא העובר ממקומו לאויר העולם, ועל זה השיבו לו שפיר מדין החצר שהיא התשובה הנאותה:

פירוש מהרז"ו

(ח) **משל לבת.** דורש כל אלמנה ויתום, על ציון, שהיתה כאלמנה, ויתום, על ישראל. ודורש שאמר בלשון רבים, לא תענון, ואחר כך בלשון יחיד, אם ענה תענה, ואחר כך בלשון רבים, והרגתי אתכם, נשיכם בניכם, ועל כן דרש על פי מדה י"ז, על מחריבי בית המקדש וצרי ישראל, כמפורש הרבה בנביאים עליהם: **וטרפה אותם עליו וכו'.** אולי צריך לומר וטרפה והלכה לה והיו לה בנים והשליכה אותם עליו. וטרפה, פירושו שאביה טרף אותה, שגרשה מביתו והשליכה בניה עליו, וכמו שאמר בנמשל טרפה אף היא השליכה בניה, שהחריב ציון ונשאר ישראל יתומים, וכשישוב לציון אין ציון אלמנה, ולא בניה יתומים: **שובה ה' שבותינו.** ורישא דקרא בשוב ה' את שיבת ציון, ואז ישיב שבותינו: (ט) **חוקיו ומשפטיו.** המדרש לא פירש על חוקיו, וסמך עצמו על מה שדרש ויקרא רבה פרשה ל"ה סימן ג', אם בחוקותי חוקים שאני משמר: **לטלטל בתוך חצירו.** ולפניו יתברך אין מלאכה, כי הכל באמירתו, ואפילו אתה נותן לו דין טלטול, הלא הכל רשות היחיד לו:

מתנות כהונה

[ט] הכי גרסינן **מה שהוא עושה הוא אומר לישראל לעשות ולשמרו:** הכי גרסינן **אין דרכיו של הקב"ה:**

אשד הנחלים

זה יתגבר הכעס והדין עליהם: **משל לבת מלכים.** מסביר בזה סבת תגבורת הכעס המסבב מהעדר הרחמים על היתומים והעניים הגולים ממקומם, כי נזכרים המה לפני ה', שעל ידיהם זוכר ה' את אבותם הגולים ממקומם ומדוכאים, אשר מתחלה היו מקורבים בו יתברך, והשכינה שרתה עליהם, והנה סיבת הזכירה לפי שהיתומים מדוכאים מאד, ועל כן ישועו לה', ובאמצעות זה יזכור ה' על כל אנשי הגולה: **[ט] מה שהוא עושה אומר לישראל לעשות כו'.** הדבר הזה לפי הראות הוא מוקשה מאד, היתכן שנדמה כפשוטו, כי ה' ברוך הוא שומר מצות התורה כפשוטו. אך דע נא לפי דעתם כי השגחת העולם וסדרה הוא ממש כפי מערכת התורה, המשל התורה הזהירה על שביתת השבת, וכן היתה סדר בריאת העולם ששבת ביום השביעי, ואם כן מערכת פעולות העולם הוא כפי מערכת התורה, ועיין בהקדמה ביסודי תהלוכות המדרש ותבין. ואל יקשה בעיניך איך השיב לו האפיקורוס מפני שהעולם חצירו של הקדוש ברוך הוא, והלא ראינו בתחילת הבריאה ששבת ממלאכת עולמו. בין תבין שיש הבדל בין תחילת הבריאה, שהיא מאין ליש, ואם כן אין שייך לזה מקום, אבל הבריאות שאחר כך מעת הוסד העולם, איננה התחדשות, כי אם שנוי ותנועה והעתקה ממקום למקום, למשל הצומח מתגדל ממקום למקום, וכן החי, וכן כל פעולות הטבעיים שמקורם רק התנועה, כמו שהאריך הרב החסיד בעל חובות הלבבות בשער הבחינה בסופו, ואם כן יצדק התשובה שכל העולם חצירו, ועיקר ציורו בארוכה עיין בהקדמה כוללת ותבין. ובין תבין כי האפיקורוס שכיחש במצות התורה בשהן אלקית כו', דימה כי המה מצות הסכמיות ממניח הדת. (ור"נ) ורבי עקיבא הסביר לו שמתכונת הבריאה תלוי על פי מערכת התורה, כי היא העיקר אשר אי אפשר בלתה, ודרש מגיד דבריו, וענינו שכפיה הוא הנהגתו, כן מגיד ליעקב, ולכן הסב לעיל כל עניני הדינין שבין אדם לחברו גם כן, שכן

חידושי הרד"ל

[ח] **שסרחה על אביה וטרדה והיו לה בנים כו' וכיון שחטאו טרדו אף היא השליכה כו'.** כן צריך לומר: **וכן דוד אומר שובה ה' את שביתנו.** ומעיקרא כתיב (שם פסוק א) בשוב ה' את שיבת ציון, לומר ששיבת ישראל כאלו שבה ציון, וכמו שכתוב במשל כיון שרואה אותם כאלו רואה את בתו: [ט] **מה שהוא עושה אומר כו'.** ולכן נקראו חקיו ומשפטיו, שכביכול הוא עצמו משמרן: **למה אינו משמר את השבת.** עיין בראשית רבה פרשה יא ה, ושם נסמן:

באור מהרי"פ

[ח] **זאת מנוחתי.** נסמך על העיקר על מקרא שלפניו, כי בחר ה' בציון אוה למושב לו: [ט] **מה שהוא עושה וכו'.** ויליף לה מדכתיב מגיד דבריו ליעקב חוקיו ומשפטיו, ולא אמר דברים חוקים ומשפטים, שמע מינה שמה שהוא אומר לאחרים לעשות הוא עושה בעצמו, לכך נאמר חוקיו, כלומר חוקים שלו: **אין אדם רשאי לטלטל וכו'.** הדבר תמוה, מה ענין תשובה זו להשאלה, כי השאלה לא היתה על טלטול לבד, אבל השאלה היתה גם על עשיית מלאכה, כמו למחים וכיוצא בהן, ועל זה לא שייך התירוץ של כל העולם שלו הוא, דמי שרי ליה לאינש למיעבד מלאכה ברשותו. וזה לשון תולדות נח הארוך, ובעיני נראה שאין כאן קושיא כלל, כי על הצמיחה בשבת הקב"ה נותן בערב שבת אותו הכח של הצמיחה בארץ, ואחר כך הארץ מצמחת מעצמה כל השבת, כמו ששנינו (שבת יז, ב) שורין דיו וסממנים מבעוד יום בערב שבת כדי שישורו, ואף שהן שורין והולכין כל היום, וכן גבי שארי מלאכות עד כאן לשון תולדות נח הארוך. ויש להעיר עוד בזה הענין:

מסורת המדרש

י. בראשית רבה פרשה י"א. פסיקתא רבתי פיסקא כ"ג. תנחומא דר תשא סימן ל"ג. ילקוט בראשית רמז ט"ז:

אם למקרא

זֹאת מְנוּחָתִי עֲדֵי עַד פֹּה אֵשֵׁב כִּי אִוִּתִיהָ: (תהלים קלב: יד)

יְתוֹמִים הָיִינוּ וְאֵין אָב אִמֹּתֵינוּ כְּאַלְמָנוֹת: (איכה ה: ג)

כֹּה אָמַר ה' שַׁבְתִּי אֶל צִיּוֹן וְשָׁכַנְתִּי בְּתוֹךְ יְרוּשָׁלָםִ וְנִקְרְאָה יְרוּשָׁלַםִ עִיר הָאֱמֶת וְהַר ה' צְבָאוֹת הַר הַקֹּדֶשׁ: (זכריה ח: ג)

שׁוּבָה ה' אֶת שְׁבִיתֵנוּ כַּאֲפִיקִים בַּנֶּגֶב: (תהלים קכו: ד)

מַגִּיד דְּבָרָיו לְיַעֲקֹב חֻקָּיו וּמִשְׁפָּטָיו לְיִשְׂרָאֵל: לֹא עָשָׂה כֵן לְכָל־גּוֹי וּמִשְׁפָּטִים בַּל־יְדָעוּם הַלְלוּיָהּ: (שם קמז: יט-כ)

וְקָרָא זֶה אֶל זֶה וְאָמַר קָדוֹשׁ קָדוֹשׁ קָדוֹשׁ ה' צְבָאוֹת מְלֹא כָל הָאָרֶץ כְּבוֹדוֹ: (ישעיה ו: ג)

אמרי יושר

שאמור כאן שלא לצורך. יש לומר שכתוב אחד אומר שפטני, וכתוב אחד אומר אל תבא במשפט, אלא אל תבא במשפט חמור אלא במשפט קל, כי הרי כאן שני משפטים שונים ארבעה וחמשה. או הוא הקדמה והתחלה לדרשת כל אלמנה ויתום לא תענון, שמביא מיד (סימן ח): **[ט] מגיד דבריו ליעקב אלו הדברות.** ואם כן ואלה מוסיף על הדברות, כן המשפטים תשים לפניהם, ולא לפני אחר. גם דייקו משפטיו שהוא עושה ומקיים, זהו אלה המשפטים הנכונים שהוא מקיימם, תשים לפניהם:

שינוי נוסחאות

(ח) **משל לבת מלכים שסרחה על אביה.** הגיה רד"ל והוסיף כאן "וטרדה": **והיו לה בנים וטרפה אותם.** יפ"ת הגיה "...והשליכה אותם", וכן הסכים עצ"י: **וכיון שחטאו טרפה.** רד"ל הגיה "...טרדם" (כן נראה לי כוונתו, אלא שנפלה טעות בספרים בדברי רד"ל וכתבו "טרדו"):

אָמְרוּ לוֹ: רָשָׁע שֶׁבָּעוֹלָם, אֵין אָדָם רַשַּׁאי לְטַלְטֵל בְּתוֹךְ חֲצֵירוֹ בְּשַׁבָּת – [The Rabbis] replied to him, "Most **wicked person in the world! Is it not** true that **a person** is **allowed to move things from place to place within his** own **courtyard on the Sabbath?"**[170] **אָמַר לוֹ: הֵן – [The heretic] said to them, "Yes,** one may carry things in his own courtyard." **אָמְרוּ לוֹ: הָעֶלְיוֹנִים וְהַתַּחְתּוֹנִים חֲצֵירוֹ שֶׁל הַקָּדוֹשׁ בָּרוּךְ הוּא, שֶׁנֶּאֱמַר "מְלֹא כָל הָאָרֶץ כְּבוֹדוֹ" – [The Rabbis] said to [the heretic],** "Well then, both **the uppermost** heavens **and the nethermost** depths of the earth are all like the 'private **courtyard' of the Holy One, blessed is He, as it is stated, *The whole world is filled with His glory*** (*Isaiah* 6:3)."[171]

NOTES

169. For he causes rain to fall, the wind to blow, etc. (see *Bereishis Rabbah* 11 §5) (*Toldos Noach*). Moreover, He forms clouds in the sky from water droplets on earth, and causes heavenly bodies to rotate from place to place in the sky (*Eitz Yosef*).

170. It is forbidden to transport any object from place to place on the Sabbath, but this is only so if the object is moved from a "private domain" to a "public domain" or vice versa, or if the object is moved over a space of four cubits in a public domain. Furthermore, it is rabbinically forbidden to transport objects from one person's private property to another person's private property. To move things around within the house or courtyard of a single individual, however, is permitted.

171. Since the whole world is filled with God's glory, it is all considered His "private domain," as it were. Since it is permitted to carry within a single domain, regardless of what God transfers from place to place, He is in compliance with the laws of Sabbath.

מָשָׁל לְבַת מְלָכִים שֶׁסָּרְחָה עַל אָבִיהָ °וְהָיוּ לָהּ בָּנִים °וְטָרְפָה אוֹתָם עָלָיו וְהָלְכָה לָהּ, כְּשֶׁהוּא רוֹאֶה אוֹתָם כְּאִלּוּ רוֹאֶה אֶת בִּתּוֹ לְפָנָיו וּמִי שֶׁהוּא נוֹגֵעַ בָּהֶן נִפְרָע מִמֶּנּוּ, כָּךְ יִשְׂרָאֵל הָיוּ בְּצִיּוֹן וְהַקָּדוֹשׁ בָּרוּךְ הוּא שָׁרוּי בֵּינֵיהֶן, שֶׁנֶּאֱמַר (תהלים קלב, יד) "זֹאת מְנוּחָתִי עֲדֵי עַד", וְכֵיוָן שֶׁחָטְאוּ °טְרָפָהּ אַף הִיא הִשְׁלִיכָה בָנֶיהָ עָלָיו, שֶׁנֶּאֱמַר (איכה ה, ג) "יְתוֹמִים הָיִינוּ וְאֵין אָב אִמֹּתֵינוּ כְּאַלְמָנוֹת", וּכְשֶׁהוּא רוֹאֶה לְיִשְׂרָאֵל שֶׁעוֹשִׂים מִצְוֹתָיו מִתְנַחֵם עַל מַה שֶּׁעָשָׂה בְּצִיּוֹן וּמְבַקֵּשׁ לָהּ זְכוּת, שֶׁנֶּאֱמַר (זכריה ח, ג) "שַׁבְתִּי אֶל צִיּוֹן וְשָׁכַנְתִּי בְּתוֹךְ יְרוּשָׁלָיִם", וְכֵן דָּוִד אוֹמֵר (תהלים קכו, ד) "שׁוּבָה ה׳ אֶת שְׁבִיתֵנוּ":

ט דָּבָר אַחֵר [כא, א] "וְאֵלֶּה הַמִּשְׁפָּטִים", הָדָא הוּא דִכְתִיב (שם קמז, יט) "מַגִּיד דְּבָרָיו לְיַעֲקֹב", אֵלּוּ הַדִּבְּרוֹת, (שם) "חֻקָּיו וּמִשְׁפָּטָיו לְיִשְׂרָאֵל", אֵלּוּ הַמִּשְׁפָּטִים, לְפִי שֶׁאֵין מִדּוֹתָיו שֶׁל הַקָּדוֹשׁ בָּרוּךְ הוּא כְּמִדַּת בָּשָׂר וָדָם, מִדַּת בָּשָׂר וָדָם מוֹרֶה לַאֲחֵרִים לַעֲשׂוֹת וְהוּא אֵינוֹ עוֹשֶׂה כְּלוּם, וְהַקָּדוֹשׁ בָּרוּךְ הוּא אֵינוֹ כֵן, אֶלָּא מַה שֶּׁהוּא עוֹשֶׂה הוּא אוֹמֵר לְיִשְׂרָאֵל לַעֲשׂוֹת וְלִשְׁמוֹר, מַעֲשֶׂה בְּרַבָּן גַּמְלִיאֵל וְרַבִּי יְהוֹשֻׁעַ וְרַבִּי אֶלְעָזָר בֶּן עֲזַרְיָה וְרַבִּי עֲקִיבָא שֶׁהָלְכוּ לְרוֹמִי וְדָרְשׁוּ שָׁם: אֵין דְּרָכָיו שֶׁל הַקָּדוֹשׁ בָּרוּךְ הוּא כְּבָשָׂר וָדָם, שֶׁהוּא גּוֹזֵר גְּזֵרָה וְהוּא אוֹמֵר לַאֲחֵרִים לַעֲשׂוֹת וְהוּא אֵינוֹ עוֹשֶׂה כְּלוּם, וְהַקָּדוֹשׁ בָּרוּךְ הוּא אֵינוֹ כֵן, הָיָה שָׁם מִין אֶחָד, אַחַר שֶׁיָּצְאוּ אָמַר לָהֶם: אֵין דִּבְרֵיכֶם אֶלָּא כָּזָב, לֹא אֲמַרְתֶּם ׳אֱלֹהִים אוֹמֵר וְעוֹשֶׂה, לָמָּה אֵינוֹ מְשַׁמֵּר אֶת הַשַּׁבָּת, אָמְרוּ לוֹ: רָשָׁע שֶׁבָּעוֹלָם, אֵין אָדָם רַשַּׁאי לְטַלְטֵל בְּתוֹךְ חֲצֵירוֹ בְּשַׁבָּת, אָמַר לָהֶם: הֵן, אָמְרוּ לוֹ: הָעֶלְיוֹנִים וְהַתַּחְתּוֹנִים חֲצֵירוֹ שֶׁל הַקָּדוֹשׁ בָּרוּךְ הוּא, שֶׁנֶּאֱמַר (ישעיה ו, ג) "מְלֹא כָל הָאָרֶץ כְּבוֹדוֹ",

עץ יוסף

משל לבת מלכים כו׳. מסכים למה שאמר לעיל שיש במשפטים אלו רמז זולת הפשט, קאמר שהנרמז במצות אלמנה ויתום כאן על עלבונם של ישראל, שהם כיתומים ואלמנות, שעם היות שגלו ישראל בחטאם מכל מקום ה׳ ינקם ממצעריהם: **שסרחה על אביה וטרפה והיה לה בנים והשליכה אותם עליו.** כן צריך לומר (יפה תואר). על כי אין להם גואל זולתו כי אין להם אב שיטפל בהם, והיא שהיא אמם מטורפת ועזובה ואין לאל ידה ליטפל בהם, וכן ישראל שנאמר יתומים היינו וגו׳, כלומר שאין להם גואל זולתו: **שנאמר זאת מנוחתי.** מרישא דקרא כי בחר ה׳ בציון דייק: **וכיון שחטאו טרפה.** פירוש שטרפה לציון מהשגחתו, על שהיא גרמה לישראל שיחטאו, שהשפיעה להם רב טוב, על דרך וישמן ישורון ויבעט: **שנאמר יתומים היינו ואין אב.** כלומר ממשמע שנאמר יתומים היינו איני יודע שאין אב, ועוד אמותינו כאלמנות כתיב, ולא אמר אלמנות, אלא פירוש הפסוק יתומים היינו ואין אב לדיוקא, אין אב למטה אבל יש לנו אב למעלה בשמים, וכן אמותינו כאלמנות, ולא אלמנות ממש, מצד שעיניהם תלויות לאביהם שבשמים (תולדות נח): **ושכנתי בתוך ירושלים.** קרי ביה ושכינתי, שתשוב שכינתו לתוכה כבתחלה: **וכן דוד אומר שובה ה׳ את שביתנו.** מפרש שובה ה׳ חזרת השכינה עצמה מגלות, ואפשר דשביתנו נמי דריש על השכינה שהיא שבויה עמנו: (ט) [ו] **הדא הוא דכתיב מגיד דבריו כו׳.** משום אשר תשים לפניהם, דבעי לפרש אשר תסדר לפניהם, מייתי דרשת מגיד דבריו ליעקב וגו׳, וכדדריש בסוף סימן זה, ואגב דמייתי קרא מפרש ליה: **אלו הדברות.** מדחילק הכתוב בין דבריו וחקיו ומשפטיו, שמע מינה דמילתא אחריתי הוא, וקאי אעשרת הדברות (תולדות נח): **לפי שאין מדותיו כו׳.** כוונתו לתרץ למה שאמר דבריו חקיו ומשפטיו, ולא נאמר דברים וחקים ומשפטים (תולדות נח): **מה שהוא עושה אמר כו׳.** לכך נאמר דבריו חקיו ומשפטיו, מפני שהוא עושה אותם, וזהו שאנו אומרים בברכת המצות אשר קדשנו במצותיו, ודו״ק: **למה אינו משמר את השבת.** בענין הטלטול וההוצאה מרשות לרשות, היינו שמעלה עננים ומוריד גשמים, מזריח חמה ולבנה, מדשן פירות, עונה חיות, שאין בכל אלה מלאכת מעשה אלא הוצאת דבר מרשות לרשות, שהעננים יעלו מהארץ למעלה, והגשמים ירדו מלמעלה למטה, והמאורות יתנועעו מצד זה אל צד זה, ועל ידי זה ידושנו הפירות ממילא, ועונה חיות להוציא העובר ממקומו לאויר העולם, ועל זה השיבו לו שפיר מדין החצר שהיא התשובה הנאותה:

פירוש מהרז״ו

(ח) **משל לבת.** דורש כל אלמנה ויתום, על ציון, שהיתה כאלמנה, ויתום, על ישראל. ודורש שאמר בלשון רבים, לא תענון, ואחר כך בלשון יחיד, אם ענה תענה, ואחר כך בלשון רבים, והרגתי אתכם, נשיכם בניכם, ועל כן דרש על פי מדה י״ז, על מחריבי בית המקדש וצרי ישראל, כמפורש הרבה בנביאים עליהם: **וטרפה אותם עליו וכו׳.** אולי צריך לומר וטרפה והלכה לה והיו לה בנים והשליכה אותם עליו. וטרפה, פירושו שאביה טרף אותה, שגרשה מביתו והשליכה בניה עליו, וכמו שאמר בנמשל טרפה אף היא השליכה בניה, שהחריב ציון ונשאר ישראל יתומים, וכשישוב לציון אין ציון אלמנה, ולא בניה יתומים: **שובה ה׳ שבותינו.** ורישא דקרא בשוב ה׳ את שיבת ציון, ואז ישיב שבותינו: (ט) **חוקיו ומשפטיו.** המדרש לא פירש על חוקיו, וסמך עצמו על מה שדרש ויקרא רבה פרשה ל״ה סימן ג׳, אם בחוקותי חוקים שאני משמר: **לטלטל בתוך חצירו.** ולפניו יתברך אין מלאכה, כי הכל באמירתו, ואפילו אתה נותן לו דין טלטול, הלא הכל רשות היחיד לו:

חידושי הרד״ל

[ח] **שסרחה על אביה וטרדה והיו לה בנים כו׳ וכיון שחטאו טרדו אף היא השליכה כו׳.** כן צריך לומר: **וכן דוד אומר שובה ה׳ את שביתנו.** ומעיקרא כתיב (שם פסוק א) בשוב ה׳ את שיבת ציון, לומר ששיבת ישראל כאלו שבה ציון, וכמו שכתוב במשל כיון שרואה אותם כאלו רואה את בתו: [ט] **מה שהוא עושה אומר כו׳.** ולכן נקראו חקיו ומשפטיו, שכביכול הוא עצמו משמרן: **למה אינו משמר את השבת.** עיין בראשית רבה פרשה יא ה, ושם נסמן:

באור מהרי״פ

[ח] **זאת מנוחתי.** נסמך על העיקר על מקרא שלפניו, כי בחר ה׳ בציון אוה למושב לו: [ט] **מה שהוא עושה וכו׳.** ויליף לה מדכתיב מגיד דבריו ליעקב חוקיו ומשפטיו, ולא אמר דברים חוקים ומשפטים, שמע מינה שמה שהוא אומר לאחרים לעשות הוא עושה בעצמו, לכך נאמר חוקיו, כלומר חוקים שלו: **אין אדם רשאי לטלטל וכו׳.** הדבר תמוה, מה ענין תשובה זו להשאלה, כי השאלה לא היתה על טלטול לבד, אבל השאלה היתה גם על עשיית מלאכה, כמו למחים וכיוצא בהן, ועל זה לא שייך התירוץ של כל העולם שלו הוא, דמי שרי ליה לאינש למיעבד מלאכה ברשותו. וזה לשון תולדות נח הארוך, ובעיני נראה שאין כאן קושיא כלל, כי על הצמיחה בשבת הקב״ה נותן בערב שבת אותו הכח של הצמיחה בארץ, ואחר כך הארץ מצמחת מעצמה כל השבת, כמו ששנינו (שבת יח, ב) שורין דיו וסממנים מבעוד יום בערב שבת כדי שישורו, ואף שהן שורין והולכין כל היום, וכן גבי שארי מלאכות עד כאן לשון תולדות נח הארוך. ויש להעיר עוד בזה הענין:

מסורת המדרש

י. בראשית רבה פרשה י״א. פסיקתא רבתי פיסקא כ״ג. תנחומא דר תשא סימן ל״ג. ילקוט בראשית רמז ט״ז:

אם למקרא

זֹאת מְנוּחָתִי עֲדֵי עַד פֹּה אֵשֵׁב כִּי אִוִּתִיהָ: (תהלים קלב: יד)

יְתוֹמִים הָיִינוּ וְאֵין אָב אִמֹּתֵינוּ כְּאַלְמָנוֹת: (איכה ה: ג)

כֹּה אָמַר ה׳ שַׁבְתִּי אֶל צִיּוֹן וְשָׁכַנְתִּי בְּתוֹךְ יְרוּשָׁלָם וְנִקְרְאָה יְרוּשָׁלַם עִיר הָאֱמֶת וְהַר ה׳ צְבָאוֹת הַר הַקֹּדֶשׁ: (זכריה ח: ג)

שׁוּבָה ה׳ אֶת שְׁבִיתֵנוּ כַּאֲפִיקִים בַּנֶּגֶב: (תהלים קכו: ד)

מַגִּיד דְּבָרָיו לְיַעֲקֹב חֻקָּיו וּמִשְׁפָּטָיו לְיִשְׂרָאֵל: לֹא עָשָׂה כֵן לְכָל־גּוֹי וּמִשְׁפָּטִים בַּל־יְדָעוּם הַלְלוּיָהּ: (שם קמז: יט-כ)

וְקָרָא זֶה אֶל זֶה וְאָמַר קָדוֹשׁ קָדוֹשׁ קָדוֹשׁ ה׳ צְבָאוֹת מְלֹא כָל הָאָרֶץ כְּבוֹדוֹ: (ישעיה ו: ג)

אמרי יושר

שאמור כאן שלא לצורך. יש לומר שכתוב אחד אומר שפטני, וכתוב אחד אומר אל תבא במשפט, אלא אל תבא במשפט חמור אלא במשפט קל, כי הרי כאן שני משפטים שונים ארבעה וחמשה. או הוא הקדמה והתחלה לדרשת כל אלמנה ויתום לא תענון, שמביא מיד (סימן ח): [ט] **מגיד דבריו ליעקב אלו הדברות.** ואם כן ואלה מוסיף על הדברות, כן המשפטים תשים לפניהם, ולא לפני אחר. גם דייקו משפטיו שהוא עושה ומקיים, זהו אלה המשפטים הנכונים שהוא מקיימם, תשים לפניהם:

שינוי נוסחאות

(ח) **משל לבת מלכים שסרחה על אביה.** הגיה רד״ל והוסיף כאן "וטרדה": **והיו לה בנים וטרפה אותם.** יפ״ת הגיה "...והשליכה אותם", וכן הסכים עצ״י: **וכיון שחטאו טרפה.** רד״ל הגיה "...טרדם" (כן נראה לי כוונתו, אלא שנפלה טעות בספרים בדברי רד״ל וכתבו "טרדו"):

מתנות כהונה

[ט] הכי גרסינן **מה שהוא עושה הוא אומר לישראל לעשות ולשמרו:** הכי גרסינן **אין דרכיו של הקב״ה:**

אשד הנחלים

זה יתגבר הכעס והדין עליהם: **משל לבת מלכים.** מסביר בזה סבת תגבורת הכעס המסבב מהעדר הרחמים על היתומים והעניים הגולים ממקומם, כי נזכרים המה לפני ה׳, שעל ידיהם זוכר ה׳ את אבותם הגולים ממקומם ומדוכאים, אשר מתחלה היו מקורבים בו יתברך, והשכינה שרתה עליהם, והנה סיבת הזכירה לפי שהיתומים מדוכאים מאד, ועל כן ישועו לה׳, ובאמצעות זה יזכור ה׳ על כל אנשי הגולה: [ט] **מה שהוא עושה אומר לישראל לעשות כו׳.** הדבר הזה לפי הראות הוא מוקשה מאד, היתכן שנדמה כפשוטו, כי ה׳ ברוך הוא שומר מצות התורה כפשוטו. אך דע נא לפי דעתם כי השגחת העולם וסדרה הוא ממש כפי מערכת התורה, המשל התורה הזהירה על שביתת השבת, וכן היתה סדר בריאת העולם ששבת ביום השביעי, ואם כן מערכת פעולות העולם הוא כפי מערכת התורה, ועיין בהקדמה ביסודי תהלוכות המדרש ותבין. ואל יקשה בעיניך איך השיב לו האפיקורוס מפני שהעולם חצירו של הקדוש ברוך הוא, והלא ראינו בתחילת הבריאה ששבת ממלאכת עולמו. בין תבין שיש הבדל בין תחילת הבריאה, שהיא מאין ליש, ואם כן אין שייך לזה מקום, אבל הבריאות שאחר כך מעת הוסד העולם, איננה התחדשות, כי אם שנוי ותנועה והעתקה ממקום למקום, למשל הצומח מתגדל ממקום למקום, וכן החי, וכן כל פעולות הטבעיים שמקורם רק התנועה, כמו שהאריך הרב החסיד בעל חובות הלבבות בשער הבחינה בסופו, ואם כן יצדק התשובה שכל העולם חצירו, ועיקר ציורו בארוכה עיין בהקדמה כוללת ותבין. ובין תבין כי האפיקורוס שכיחש במצות התורה בשהן אלקית כו׳, דימה כי המה מצות הסכמיות ממניח הדת. (ור״נ) ורבי עקיבא הסביר לו שמתכונת הבריאה תלוי על פי מערכת התורה, כי היא העיקר אשר אי אפשר בלתה, ודרש מגיד דבריו, וענינו שכפיה הוא הנהגתו, כן מגיד ליעקב, ולכן הסב לעיל כל עניני הדינין שבין אדם לחברו גם כן, שכן

וַאֲפִילּוּ אָדָם מְטַלְטֵל מְלֹא קוֹמָתוֹ אֵינוֹ עוֹבֵר עֲבֵירָה – And furthermore, is it not true that **even if a person moves** an object **the length of his height**[172] **he has not transgressed any prohibition?"**[173] אָמְרוּ לוֹ: הֵן – **[The heretic] said to them, "Yes,** it is true." אָמְרוּ לוֹ: כְּתִיב "הֲלוֹא אֶת הַשָּׁמַיִם וְאֶת הָאָרֶץ אֲנִי מָלֵא" – **[The Rabbis] said to him,** "If so, God also transgresses no prohibition, for **it is written,** ***Behold, I fill the heaven and the earth***" (*Jeremiah* 23:24).[174]

The Midrash presents another explanation for the repeated use of the pronoun "His" in the phrases *His word, His statutes,* and *His judgments*:

דָּבָר אַחֵר, "מַגִּיד דְּבָרָיו לְיַעֲקֹב" – **Another interpretation** of the verse, ***He relates His Words to Jacob***: אָמַר רַבִּי אַבָּהוּ בְּשֵׁם רַבִּי יוֹסֵי בַּר חֲנִינָא – **R' Abahu** said **in the name of R' Yose bar R' Chanina:** מָשָׁל לְמֶלֶךְ שֶׁהָיָה לוֹ פַּרְדֵּס וְהָיָה נוֹטֵעַ בּוֹ כָּל מִינֵי אִילָנוֹת – **This** may be explained by means of a **parable.** It is analogous **to a king who had an orchard, in which he planted all types of trees.** וְלֹא הָיָה נִכְנָס לְתוֹכוֹ אֶלָּא הוּא שֶׁהָיָה מְשַׁמְּרוֹ – **And no one but himself** ever **entered it, for he** alone **would watch over it.**[175] מִשֶּׁעָמְדוּ בָנָיו עַל פִּרְקָן אָמַר לָהֶם: בָּנַי, הַפַּרְדֵּס הַזֶּה אֲנִי הָיִיתִי מְשַׁמְּרוֹ וְלֹא הִנַּחְתִּי אָדָם לְהִכָּנֵס בְּתוֹכוֹ – Then, **when his sons came of age, he said to them, "My sons, I used to watch over this orchard, and never allowed anyone** else **to enter it.** אַתֶּם תִּהְיוּ מְשַׁמְּרִין אוֹתוֹ כְּדֶרֶךְ שֶׁהָיִיתִי אֲנִי מְשַׁמְּרוֹ – From now on, **you shall watch over it in the manner that I used to watch over it."** כָּךְ אָמַר הָאֱלֹהִים לְיִשְׂרָאֵל: עַד שֶׁלֹּא בָּרָאתִי אֶת הָעוֹלָם הַזֶּה הִתְקַנְתִּי אֶת הַתּוֹרָה, שֶׁנֶּאֱמַר "וָאֶהְיֶה אֶצְלוֹ אָמוֹן" – **Similarly, God said to Israel,** "Even **before I created this world I** had already **established the Torah," as it is stated,** *HASHEM made me*[176] *as the beginning of His way, before His deeds of yore . . . before the mountains were settled, before the hills, I was formed . . . . When He prepared the heavens I was there; when He etched out the globe upon the face of the depths . . . .* ***I was then His nursling*** [אָמוֹן], *I was then His delight every day, playing before Him at all times* (*Proverbs* 8:22-30). מַהוּ "אָמוֹן" – And **what** is meant by the word אָמוֹן (translated here as "nursling")? אוֹמֵן, שֶׁנֶּאֱמַר "כַּאֲשֶׁר יִשָּׂא הָאֹמֵן אֶת הַיֹּנֵק" – It is related to the word **אוֹמֵן,** which means "a nurse, a caretaker," **as it is stated,** ***as a nurse*** [אוֹמֵן] ***carries a suckling*** (*Numbers* 11:12).[177] לֹא נְתַתִּיהָ לְאֶחָד מִן הָאוּמּוֹת אֶלָּא לְיִשְׂרָאֵל – God continued, **"I did not give [the Torah] to any of the** other **nations, but only to Israel."** שֶׁכֵּיוָן שֶׁעָמְדוּ יִשְׂרָאֵל וְאָמְרוּ "כֹּל אֲשֶׁר דִּבֶּר ה' נַעֲשֶׂה וְנִשְׁמָע" מִיָּד נִתְּנָה לָהֶם – **For when Israel stood** at Mount Sinai **and declared,** ***Everything that HASHEM has said we will do and we will obey!*** (below, 24:7), **[the Torah] was immediately given to them.**[178] הֱוֵי "מַגִּיד דְּבָרָיו לְיַעֲקֹב חֻקָּיו וּמִשְׁפָּטָיו לְיִשְׂרָאֵל, לֹא עָשָׂה כֵן לְכָל גּוֹי" – **Thus** we have explained the verse, ***He relates His Words to Jacob, His statutes and His judgments to Israel. He did not do so for any other nation*** (*Psalms* ibid., vv. 19-20).[179] אֶלָּא לְמִי, לְיַעֲקֹב שֶׁבְּחָרוֹ מִכָּל הָאוּמּוֹת – *He did not do so for any other nation* – **but to whom** *did* He give the Torah? ***To Jacob;*** **for He chose them from** among **all the nations.**

The Midrash elaborates on the idea that God gave the Torah *to Jacob*, and not to *any other nation*:[180]

וְלֹא נָתַן לָהֶם אֶלָּא מִקְצַת – **For [God] gave [the other nations] only a small portion** of the commandments: נָתַן לְאָדָם ו' מִצְוֹת – **He gave six commandments to Adam.**[181] הוֹסִיף לְנֹחַ אַחַת – **He added one** additional commandment **for Noah.**[182] לְאַבְרָהָם ח' – He gave **an eighth** commandment **to Abraham,**[183] לְיַעֲקֹב ט' – and **a ninth to Jacob.**[184] אֲבָל לְיִשְׂרָאֵל נָתַן לָהֶם הַכֹּל – **However, to** the people of **Israel** at Sinai **He gave** ***all*** His commandments.

The Midrash illustrates this point with a parable:

אָמַר רַבִּי סִימוֹן בְּשֵׁם רַבִּי חֲנִינָא: מָשָׁל לְמֶלֶךְ שֶׁהָיָה לְפָנָיו שֻׁלְחָן עָרוּךְ וּמִינֵי תַּבְשִׁילִין – **R' Simone said in the name of R' Chanina:** This can be illustrated by means of a **parable.** It is analogous **to a king who had before him a table** that was fully **set, with** many various **types of foods** upon it. נִכְנַס עַבְדּוֹ נָתַן לוֹ חֲתִיכָה – **A servant of his entered,** and **[the king] gave him a piece** of food from the table. שֵׁנִי נָתַן לוֹ בֵּיצָה – **A second** servant entered, and **[the king] gave him an egg.** שְׁלִישִׁי נָתַן לוֹ יָרָק – **A third** servant entered, and **[the king] gave him a vegetable,** וְכֵן לְכָל אֶחָד וְאֶחָד – **and so on for each one** of his servants.[185] נִכְנַס בְּנוֹ נָתַן לוֹ כָּל הַשּׁוּלְחָן לְפָנָיו – But when **[the king's] son entered** the room, **[the king] gave** access to **the entire table before him,** אָמַר לוֹ: לָאֵלּוּ נָתַתִּי מָנֶה מָנֶה אֲבָל אֶת הַכֹּל נָתַתִּי בִּרְשׁוּתְךָ – and **he said to him, "To these** servants **I gave** only **a single portion each, but** for you – **I have placed all** the food on the table **at your disposal."** כָּךְ הַקָּדוֹשׁ בָּרוּךְ הוּא לֹא נָתַן לָאוּמּוֹת אֶלָּא מִקְצַת מִצְוֹת – **So too, the Holy One, blessed is He, gave the** other **nations only a small portion of the commandments.**

NOTES

172. An average person's height (including his outstretched arms) is four cubits (*Yefeh To'ar, Eitz Yosef,* based on *Eruvin* 48a).

173. Even if one transports an object in a public domain, he does not transgress the Sabbath unless he moves it beyond four cubits (the length of a person's height; see previous note), as explained in note 170.

174. Even if we were to compare the world not to God's private courtyard (as in the previous line of reasoning), but to a public domain, God's "height," as it were, is the entire world; thus for Him the equivalent of four cubits (a person's height) would be the entire world. Therefore, regardless of how far He moves something, it is still within the confines of His height.

175. That is, he trusted no one but himself to tend to his orchard (*Eitz Yosef*).

176. The speaker in this passage is the Torah, personified.

177. The word אָמוֹן is related to אוֹמֵן (*caretaker*), except that the latter term refers to the one who cares for a small child, while the former refers to the child being cared for; hence the translation "nursling." At any rate, the verse portrays the Torah as being God's "nursling," as it were, being in His care and under His guard as He waited for a fitting recipient who would care for it after Him (*Eitz Yosef*).

178. Because they demonstrated their devotion in declaring, נַעֲשֶׂה וְנִשְׁמַע, *Everything that HASHEM has said, we will do and we will obey*, God trusted that they would safeguard His Torah, much like the king in our parable, who allowed entry only to his sons, and only when he was certain that they would properly care for his orchard (*Eitz Yosef*).

179. For by referring to the Torah as *"His" Words, "His" statutes,* and *"His" judgments,* Scripture indicates that until God gave the Torah to Israel it was under His personal care (*Maharzu*).

180. Furthermore, the phrase "He did not do *so* for any other nation" implies that God did *something* for them, but that it was not the same as He did for Israel. The Midrash explains what God did for the nations, and how it differed from what He did for Israel (*Toldos Noach*).

181. These are: (i) the requirement to maintain civil law; (ii) a prohibition against blasphemy; (iii) a prohibition against idolatry; (iv) a prohibition against murder; (v) a prohibition against sexual immorality; (vi) a prohibition against theft. See *Bereishis Rabbah* 16 §6 (and *Sanhedrin* 56b), where it is explained how it is derived that these commandments were given to Adam. [In the *Sanhedrin* version (and according to one opinion in the Midrash ibid.), *seven* prohibitions are derived for Adam, the extra one being the prohibition that our Midrash counts as being given later to Noah; see next note.]

182. Viz., a prohibition against eating a limb torn from a live animal (derived from *Genesis* 9:4: *But flesh, with its soul its blood you shall not eat*) (*Matnos Kehunah, Eitz Yosef, Maharzu*).

183. Viz., the mitzvah of circumcision (see *Genesis* 17:11) (*Eitz Yosef, Matnos Kehunah, Maharzu*).

184. Viz., a prohibition against eating the גִּיד הַנָּשֶׁה, the "displaced sinew" (i.e., the sciatic nerve) of an animal (see *Genesis* 32:33) (ibid.).

185. I.e., he gave each only a single portion of food.

וַאֲפִילוּ אָדָם °עוֹבֵר עֲבֵירָה אֵינוֹ מְטַלְטֵל מְלֹא קוֹמָתוֹ°, אָמַר לוֹ: הֵן, אָמְרוּ לוֹ: כְּתִיב (ירמיה כג, כד) ״הֲלוֹא אֶת הַשָּׁמַיִם וְאֶת הָאָרֶץ אֲנִי מָלֵא״, דָּבָר אַחֵר, (תהלים קמז, יט) ״מַגִּיד דְּבָרָיו לְיַעֲקֹב״, אָמַר רַבִּי אַבָּהוּ בְּשֵׁם רַבִּי יוֹסֵי בַּר רַבִּי חֲנִינָא: [יא] מָשָׁל לְמֶלֶךְ שֶׁהָיָה לוֹ פַּרְדֵּס וְהָיָה נוֹטֵעַ בּוֹ כָּל מִינֵי אִילָנוֹת, וְלֹא הָיָה נִכְנָס לְתוֹכוֹ אֶלָּא הוּא שֶׁהָיָה מְשַׁמְּרוֹ, מִשֶּׁעָמְדוּ בָּנָיו עַל פִּרְקָן אָמַר לָהֶם: בָּנַי, הַפַּרְדֵּס הַזֶּה אֲנִי הָיִיתִי מְשַׁמְּרוֹ וְלֹא הִנַּחְתִּי אָדָם לְהִכָּנֵס בְּתוֹכוֹ, אַתֶּם תִּהְיוּ מְשַׁמְּרִין אוֹתוֹ כְּדֶרֶךְ שֶׁהָיִיתִי אֲנִי מְשַׁמְּרוֹ, כָּךְ אָמַר הָאֱלֹהִים לְיִשְׂרָאֵל: עַד שֶׁלֹּא בָּרָאתִי אֶת הָעוֹלָם הַזֶּה הִתְקַנְתִּי אֶת הַתּוֹרָה, שֶׁנֶּאֱמַר (משלי ח, ל) ״וָאֶהְיֶה אֶצְלוֹ אָמוֹן״, מַהוּ ״אָמוֹן״, אוֹמֵן, שֶׁנֶּאֱמַר (במדבר יא, יב) ״כַּאֲשֶׁר יִשָּׂא הָאֹמֵן אֶת הַיֹּנֵק״, לֹא נְתַתִּיהָ לְאֶחָד מִן הָאוּמּוֹת אֶלָּא לְיִשְׂרָאֵל, שֶׁכֵּיוָן שֶׁעָמְדוּ יִשְׂרָאֵל וְאָמְרוּ (שמות כד, ז) ״כֹּל אֲשֶׁר דִּבֶּר ה׳ נַעֲשֶׂה וְנִשְׁמָע״ מִיָּד נְתָנָהּ לָהֶם, הֱוֵי ״מַגִּיד דְּבָרָיו לְיַעֲקֹב חֻקָּיו וּמִשְׁפָּטָיו לְיִשְׂרָאֵל, לֹא עָשָׂה כֵן לְכָל גּוֹי״ אֶלָּא לְמִי, לְיַעֲקֹב שֶׁבְּחָרוֹ מִכָּל הָאוּמּוֹת, וְלֹא נָתַן לָהֶם אֶלָּא מִקְצָת, נָתַן [יב] לְאָדָם ו׳ מִצְוֹת, הוֹסִיף לְנֹחַ אַחַת, לְאַבְרָהָם ח׳, לְיַעֲקֹב ט׳, אֲבָל לְיִשְׂרָאֵל נָתַן לָהֶם הַכֹּל, אָמַר רַבִּי סִימוֹן בְּשֵׁם רַבִּי חֲנִינָא: מָשָׁל לְמֶלֶךְ שֶׁהָיָה לְפָנָיו שֻׁלְחָן עָרוּךְ וּמִינֵי תַּבְשִׁילִין, נִכְנַס עַבְדּוֹ נָתַן לוֹ חֲתִיכָה, שֵׁנִי נָתַן לוֹ בֵּיצָה, שְׁלִישִׁי נָתַן לוֹ יָרָק, וְכֵן לְכָל אֶחָד וְאֶחָד, נִכְנַס בְּנוֹ נָתַן לוֹ כָּל הַשּׁוּלְחָן לְפָנָיו, אָמַר לוֹ: לְאֵלּוּ נָתַתִּי מָנָה מָנָה אֲבָל אֶת הַכֹּל נָתַתִּי בִּרְשׁוּתְךָ, כָּךְ הַקָּדוֹשׁ בָּרוּךְ הוּא לֹא נָתַן לָאוּמּוֹת אֶלָּא מִקְצָת מִצְוֹת, אֲבָל כְּשֶׁעָמְדוּ יִשְׂרָאֵל אָמַר לָהֶם: הֲרֵי כָּל הַתּוֹרָה כּוּלָּהּ לָכֶם, שֶׁנֶּאֱמַר (תהלים קמז, כ) ״לֹא עָשָׂה כֵן לְכָל גּוֹי״, אָמַר רַבִּי אֶלְעָזָר: מָשָׁל לְמֶלֶךְ שֶׁיָּצָא לְמִלְחָמָה וְהָיוּ הַלִּגְיוֹנוֹת עִמּוֹ, וְהָיָה שׁוֹחֵט בְּהֵמָה וְהָיָה מְחַלֵּק לְכָל אֶחָד וְאֶחָד מָנָה כְּדֵי °שֶׁיַּגִּיעַ בָּהּ, הֵצִיץ בְּנוֹ וְאָמַר לוֹ: מָה אַתָּה נוֹתֵן לִי, אָמַר לוֹ: מִמַּה שֶּׁהִתְקַנְתִּי לְעַצְמִי, לְפִיכָךְ נָתַן הָאֱלֹהִים °לְעוֹבְדֵי כוֹכָבִים °מִצְוֹת גּוֹלְמוֹת שֶׁיִּגְּעוּ בָּהֶן וְלֹא הִפְרִישׁ בָּהֶן בֵּין טוּמְאָה לְטָהֳרָה,

עץ יוסף

ואפילו אדם עובר כו׳. פירוש אפילו מי שילא חוץ לתחום בעבירה רשאי לטלטל בארבע אמותיו, והיינו כמלא קומתו של אדם, אי נמי אפילו המטלטל במקום שיש עבירה כגון רשות הרבים יכול לטלטל מלא קומתו דהיינו ארבע אמות, ואם כן מלבד מה שהעולם כאלרו, אפילו יהיה בהדרגת רשות הרבים, מכל מקום אחר שהוא מלא כל העולם, כמלא שאינו מטלטל חוץ לארבע אמותיו: **משל למלך שהיה לו פרדס כו׳.** ענין המשל שכמו שהמלך לא מסר הפרדס לזולתו לפי שלא ישמרוהו כמותו אלא יקללו בנטיעותיו, עד שבאו בניו לפרקן והזהירם שישמרוהו כמותו, כן לא נתן ה׳ התורה שישתעשעו בה אלא לישראל לפי שלא ישמרוה כמותם ויפרלו גדרה, וגזירה שוה שכיון שעמדו ישראל ואמרו כל אשר דבר ה׳ נעשה ונשמע כו׳, כי הכנתם ואפלם לקיימה גרם ליתנה להם, וכן ה׳ שמר את התורה ולא הפיל דבר אחד, וזה שאמר אומן שהיה מתנהג על ידה כפדגוג: **ואהיה אצלו אמון כו׳.** וסיפא דקרא ואהיה שעשועים יום יום, וילפינן מזה בבראשית רבה פרשה א׳, דאלפים שנה קדמה תורה לעולם: **לא נתתיה לאחד מן העובדי כוכבים.** רולה לומר שלא כפה עליהם ההר כגיגית להכריחם כמו שעשה לישראל: **ליעקב שבחרו.** רולה לומר לישראל שבחרם על שאמרו נעשה ונשמע, שהכנתם ואפלם לקיימה גרם ליתנה להם כמו שכתבתי לעיל: **לאדם ששה מצות.** עיין מה שכתבתי בתנחומא סדר יתרו סימן ג׳: **לנח אחד.** אבר מן החי: **לאברהם שמונה.** מילה: **ליעקב תשעה.** גיד הנשה: **משל למלך שהיה לפניו שלחן כו׳.** סבירא ליה שנתן הקדוש ברוך הוא תורה לישראל מפני חבת ה׳ לישראל: **משל למלך שיצא למלחמה כו׳.** לדעת זה יש הפרש במלות שנלטוו ישראל לשל בן נח, מלבד ההפרש בכמות ההפרש באיכות, ולזה אמר מלות גולמות, פירוש כגולמא כלי בלי תיקון:

פירוש מהרז״ו

ואפילו אדם וכו׳ קומתו. נראה לי דלריך להיות אפילו אדם מטלטל מלא קומתו אינו עובר עבירה, כי אין קומתו של אדם רק שלש אמות, ומותר לטלטל אפילו ברשות הרבים, ואפילו אם נחשוב לו הארץ לרשות אחרת, כמו שכתוב (תהלים קטו, טז) השמים שמים לה׳ והארץ נתן לבני אדם, מותר לטלטל בו בכולו: **שהיה לו פרדס.** לעיל פרשה ט״ו סימן ל׳, עיין שם: **מהו אמון אומן.** בראשית רבה ריש פרשה א, ושם מבואר: **מגיד דבריו.** שהיה אללו: **לאדם שש מצות.** בראשית רבה סוף פרשה ט״ז, ושם נסמן: **הוסיף לנח אחת.** אבר מן החי, לאברהם מילה, ליעקב גיד הנשה. עיין שיר השירים רבה פסוק ישקני, דחשיב גם כן ילחק, שחנך המילה לשמונה ימים, יהודה יבום: **בדי שיגיע.** כמה שיגיע לכל אחד חלקו, לפי הבשר ולפי החיל:

מתנות כהונה

עבר עבירה. שעבר וילא בשבת חוץ לתחום כדאיתא בפרק מי שהוליאוהו: **ששה מצות.** עיין בבראשית רבה פרשה ט״ז ופרשת ואתחנן: **לנח אחת.** אבר מן החי, **ולאברהם** הוסיף המילה, **וליעקב** גיד הנשה: **בדי שיגיע.** מקבל מתנה יגע בו לתקנו עד שיהא ראוי לאכילה וכדלקמן. וטוב להגיה כדי שיגעו בהן: **גולמית.** בפשוטיהן ובגולמיהן בלי פישוט וחילוק ותיקון כדאמרינן גולמי כלי מתכת:

אשד הנחלים

נוהג ה׳ עם עמו: **משל למלך כו׳ התקנתי את התורה כו׳.** הא נמי כמו שבארתי בדבור שלפניו. אך התבונן עוד בזה כי ההשגחה העליונה הנסיית זולת השגחה הטבעית, נמשכת על פי פעולות התורה, אשר על זה היסוד כיונו חז״ל (עבודה זרה ג, ב) ששלש שעות הקדוש ברוך הוא עוסק בתורה, וכמו שכתוב (ויקרא כו, ג - ד) אם בחקותי תלכו ונתתי גשמיכם בעתם. והנה קודם שקבלו ישראל התורה אנו מכנים שהיה רק השגחתו יתברך בחסד, כאילו הוא בעצמו יתברך שמר התורה, כלומר שתתנהג התורה כפיה, אך אחר שישראל קבלוה, אז כאילו אמר להם שעתה תהיה תלוייה ההנהגה כפי מעשיהם, וזהו מגיד דבריו והנהגותיו ליעקב ומשפטיו לישראל, מה שלא עשה כן לשום אחד מהעובדי כוכבים, הבן גם זה. ואולי כיון בזה מלת לפניהם, שנאמר פה כאילו באורו לפניהם תשים, ולא לפני אחרים, כמו שאמרו חז״ל (גיטין פח, ב) לפניהם ולא לפני עובדי כוכבים, וכן שייך כאן מלת שימה, כי על ידי זה ניתן הנהגת העולם בידם כפי מעשיהם: **לישראל נתן את הכל.** וזהו מגיד (רק מקצת) דבריו ליעקב, אבל משפטיו כלם לישראל עמו: **משל כו׳ נתן לו חתיכה כו׳ כל השלחן כו׳ ממה שהתקנתי כו׳.** הענין הזה הוא רחב ידים להבדיל מעלת התורה מיתר המצות השכליות. כי הנה המצות בכלל אשר יסודם ממקבת השכל נוקרה למען חזק הנפש והכח הרוחני אשר בקרב האדם, נתארהו בשם סעודת המלך, כאלו כביכול הוא מאכל המלך, כמו שבארתי לעיל מזה ענינם. רק שהמצות השכליות המה רק חלקיות, אינם משלימים את הנפש בכולה, אבל התורה האלקית משלמת את הנפש כולה כי בה כלול הכל. והמשל השני בא להסביר עוד מענין סגולת התורה בשהיא נעלה מאד, עד שאנו מיחסים כאילו כביכול התקין זאת על עצמו, וכמו שבארתי לעיל בציור הדבר על מאמרם הקדוש ברוך הוא עוסק בתורה, ואין להאריך עוד פה: **מצות גולמיות.** כלומר שאינם מטהרים הנפש כל כך, כי אם מצות מעשיות הנוגעים רק לחיי הגוף ולקיבוץ המדיני, אבל לישראל הודיע להם חוקי איסור והיתר, שהמה טהרת הנפש, כי אזהרות האלו המה ענינים נוגעים להנפש, וכן פירש להם מתן שכרן ועונשן, אשר נעלם מעיני השכל לדעת אמיתתן, כמאמרם באבות (פ״ב מ״א)

חידושי הרד״ל

ואפילו אדם מטלטל מלא קומתו אינו עובר עבירה. כן לריך לומר: **ממה שהתקנתי לעצמי.** כדלקמן פרשה מא ג שבתוך פיו כו׳:

חידושי הרש״ש

[ט] מצות גולמות כו׳. אולי יכוון שנתן להם המלות ברמז מועט, כמו שדרשו לעיל בבראשית רבה סוף פרשה טז (סימן י) השבע מלות מפסוק דוילו כו׳, אבל לישראל פירש להם יפה באר היטב המלות בתורה שבעל פה. ואתי שפיר שהביאו על זה פסוק דישקני כו׳, דסופיה כי טובים דודיך נדרש על דברי סופרים בחזית שם (פרשה א פסוק א, ב), והכוונה על התורה שבעל פה כדמוכח שם:

באור מהרי״פ

שנאמר ואהיה וכו׳. הכי גרסינן, שנאמר ואהיה אללו אמון, אומן אני הייתי, כלי אומנתו של הקב״ה, אמרה התורה, כמפורש ריש בראשית רבה (א, א), וכן לריך לומר כאן, ולא כמו שגורס כאן אמון אומן שנאמר כאשר ישא וגו׳, כי אין לדרש זה שום שייכות בכאן:

אמרי יושר

אפילו אדם עובר עבירה. פירוש השיבו שבשני ערכין אין תשובה עלינו, אחד שבאלר מטלטלין בו, גם אפילו שיונח אדם עובר עבירה, שאם אינו מטלטל בחלירו רק ברשות הרבים שהוא באיסור, הלא **אינו מטלטל מלא קומתו** בהיתר בתמיה, והקב״ה שמים וארץ מלא קומתו, דכתיב **הלא את השמים ואת הארץ אני מלא** וגם כן בהיתר הוא עושה, שהעולם הוא חלירו וקניינו, גם בחינה אחרת של היתר שכל העולם ומלואו מלא קומתו: **משל למלך שהיה לו פרדס.** זה בבחינה שקודם שברא העולם נפלאת היא מהכל. ורבי סימון ביאר בחינה אחרת, שאפילו אחר כך נתן לאדם שש מלות ולנח הוסיף, ולישראל הכל, [משל] **למלך שלפניו שולחן ערוך נכנס עבדו נתן לו חתיכה אחת שני נתן לו ביצה בא בנו נתן לו הכל.** בא רבי

מסורת המדרש

יא. לעיל פרשה ט״ו וש״נ: **יב.** סנהדרין דף נ״ו ונ״ט. בראשית רבה פרשה ט״ז ופרשה כ״ד. במדבר רבה פרשה י״ד. דברים רבה פרשה ב׳. שיר השירים רבה פרשה א׳ פסוק ב׳. קהלת רבה פרשה ג׳. סדר עולם פרק ה׳. תנחומא סדר יתרו סימן ג׳. פסיקתא דרב כהנא פיסקא י״ב. מדרש תהלים מזמור א׳. מדרש משלי פרשה ל״א. ילקוט בראשית רמז כ״ב. ילקוט יתרו רמז ע״ב. ילקוט תהלים רמז תרי״ג. ילקוט משלי רמז תתקס״ד. ילקוט שיר השירים רמז תתקפ״א. ע״ש בכל המקומות.

אם למקרא

אִם יִסָּתֵר אִישׁ בַּמִּסְתָּרִים וַאֲנִי לֹא אֶרְאֶנּוּ נְאֻם ה׳ הֲלוֹא אֶת הַשָּׁמַיִם וְאֶת הָאָרֶץ אֲנִי מָלֵא נְאֻם ה׳: (ירמיה כג: כד)

וָאֶהְיֶה אֶצְלוֹ אָמוֹן וָאֶהְיֶה שַׁעֲשֻׁעִים יוֹם יוֹם מְשַׂחֶקֶת לְפָנָיו בְּכָל־עֵת: (משלי ח: ל)

הֶאָנֹכִי הָרִיתִי אֵת כָּל הָעָם הַזֶּה אִם אָנֹכִי יְלִדְתִּיהוּ כִּי תֹאמַר אֵלַי שָׂאֵהוּ בְחֵיקֶךָ כַּאֲשֶׁר יִשָּׂא הָאֹמֵן אֶת הַיֹּנֵק עַל הָאֲדָמָה אֲשֶׁר נִשְׁבַּעְתָּ לַאֲבֹתָיו: (במדבר יא: יב)

וַיַּעַן כָּל־הָעָם יַחְדָּו וַיֹּאמְרוּ כֹּל אֲשֶׁר־דִּבֶּר ה׳ נַעֲשֶׂה וַיָּשֶׁב מֹשֶׁה אֶת־דִּבְרֵי הָעָם אֶל־ה׳: (שמות כד: ז)

ידי משה

[ט] ואפילו אדם עובר עבירה. פירוש, אפילו עבר והוליא לרשות הרבים אינו נקרא טלטול עד שיוליא יותר ממלוא קומתו, וגבי הקב״ה לא די שאי אפשר ללייר רשות הרבים, אפילו מלוא קומתו לא תלייר בו, כי מלא הארץ כבודו, כדכתיב **את השמים וגו׳.** וקל להבין:

שינוי נוסחאות

(ט) **ואפילו אדם עובר עבירה אינו מטלטל מלא קומתו.** רד״ל הגיה במקום זה ״ואפילו אדם מטלטל מלא קומתו אינו עובר עבירה״. **מחלק לכל אחד ואחד מנה בדי שיגיע.** מ״כ כתב שטוב להגיה ״... כדי שייגע״: **בדי שיגיע בה.** תיבת ״בה״ לא היתה בספרים, והיא הגהת א״א, וכן כתבו בוארשא, ואף מ״כ כתב שטוב להגיה כעין זה:

אֲבָל כְּשֶׁעָמְדוּ יִשְׂרָאֵל אָמַר לָהֶם: הֲרֵי כָּל הַתּוֹרָה כּוּלָּה לָכֶם – **But when** the people of **Israel stood up** and declared, "*We will do and we will obey!*," **God said to them, "All the Torah, in its entirety, is yours!"** שֶׁנֶּאֱמַר "לֹא עָשָׂה כֵן לְכָל גּוֹי" – **Thus it is stated,** *He relates His Words to Jacob, His statutes and His judgments to Israel.* ***He did not do so for any other nation.***

The Midrash continues to explain the difference between the commandments given to the nations and those given to Israel:[186]

אָמַר רַבִּי אֶלְעָזָר: מָשָׁל לְמֶלֶךְ שֶׁיָּצָא לְמִלְחָמָה וְהָיוּ הַלִּגְיוֹנוֹת עִמּוֹ – **R' Elazar said:** This may be illustrated by means of **a parable.** It is analogous **to a king who went to war, with the legions** of his army **accompanying him.** וְהָיָה שׁוֹחֵט בְּהֵמָה וְהָיָה מְחַלֵּק לְכָל אֶחָד וְאֶחָד מָנָה כְּדֵי שֶׁיִּיגַע בָּהּ – **And he would slaughter an animal and apportion it** among the soldiers, giving **a portion** of meat **to each one,** expecting **that [the soldier] would toil over it** through the various processes required to prepare the meat for consumption. הֵצִיץ בְּנוֹ וְאָמַר לוֹ: מָה אַתָּה נוֹתֵן לִי – **His son watched** him giving each soldier an unprepared portion **and said to him, "What are you going to give me?"** אָמַר לוֹ: מִמַּה שֶּׁהִתְקַנְתִּי לְעַצְמִי – **[The king] said to him,** "I am going to give you **from what I prepared for myself."** לְפִיכָךְ נָתַן הָאֱלֹהִים לְאוּמּוֹת הָעוֹלָם מִצְוֹת גּוֹלְמוֹת שֶׁיִּגְעוּ בָּהֶן – **Accordingly, God gave the nations of the world unrefined commandments,** which required **that they labor over them** in order to properly define them,[187] וְלֹא הִפְרִישׁ בָּהֶן בֵּין טוּמְאָה לְטָהֳרָה – **and He did not make any distinctions for them between impure** things **and pure** things.[188]

NOTES

186. See note 180.

187. The nations were presented with their mitzvos on a very basic level, with no details or definitions. Israel, on the other hand, was taught the intricacies of each of their commandments (*Matnos Kehunah*). Alternatively, the nations were not told of the rewards and punishments involved in their observance of their commandments, while the people of Israel were told these things (*Toldos Noach*). Both of these factors are in fact mentioned shortly in the Midrash.

188. The commandments given to the nations are practical in nature, intended to maintain a civilized society; unlike Israel's commandments, there is no spiritual ("pure" versus "impure") aspect to them (*Eshed HaNechalim*).

According to this interpretation (as opposed to the previous one), the distinction between the commandments given to the nations and those given to Israel is one of quality, not just quantity (*Toldos Noach*).

וַאֲפִילוּ אָדָם °עוֹבֵר עֲבֵירָה אֵינוֹ מְטַלְטֵל מְלֹא קוֹמָתוֹ°, אָמַר לוֹ: הֵן, אָמְרוּ לוֹ: כְּתִיב (ירמיה כג, כד) **"הֲלוֹא אֶת הַשָּׁמַיִם וְאֶת הָאָרֶץ אֲנִי מָלֵא", דָּבָר אַחֵר,** (תהלים קמז, יט) **"מַגִּיד דְּבָרָיו לְיַעֲקֹב", אָמַר רַבִּי אַבָּהוּ בְּשֵׁם רַבִּי יוֹסֵי בַּר רַבִּי חֲנִינָא: [יא] מָשָׁל לְמֶלֶךְ שֶׁהָיָה לוֹ פַּרְדֵּס וְהָיָה נוֹטֵעַ בּוֹ כָּל מִינֵי אִילָנוֹת, וְלֹא הָיָה נִכְנָס לְתוֹכוֹ אֶלָּא הוּא שֶׁהָיָה מְשַׁמְּרוֹ, מִשֶּׁעָמְדוּ בָנָיו עַל פִּרְקָן אָמַר לָהֶם: בָּנַי, הַפַּרְדֵּס הַזֶּה אֲנִי הָיִיתִי מְשַׁמְּרוֹ וְלֹא הִנַּחְתִּי אָדָם לְהִכָּנֵס בְּתוֹכוֹ, אַתֶּם תִּהְיוּ מְשַׁמְּרִין אוֹתוֹ כְּדֶרֶךְ שֶׁהָיִיתִי אֲנִי מְשַׁמְּרוֹ, כָּךְ אָמַר הָאֱלֹהִים לְיִשְׂרָאֵל: עַד שֶׁלֹּא בָּרָאתִי אֶת הָעוֹלָם הַזֶּה הִתְקַנְתִּי אֶת הַתּוֹרָה, שֶׁנֶּאֱמַר** (משלי ח, ל) **"וָאֶהְיֶה אֶצְלוֹ אָמוֹן", מַהוּ "אָמוֹן", אוֹמֵן, שֶׁנֶּאֱמַר** (במדבר יא, יב) **"כַּאֲשֶׁר יִשָּׂא הָאֹמֵן אֶת הַיֹּנֵק", לֹא נְתַתִּיהָ לְאֶחָד מִן הָאוּמּוֹת אֶלָּא לְיִשְׂרָאֵל, שֶׁכֵּיוָן שֶׁעָמְדוּ יִשְׂרָאֵל וְאָמְרוּ** (שמות כד, ז) **"כֹּל אֲשֶׁר דִּבֶּר ה' נַעֲשֶׂה וְנִשְׁמָע" מִיָּד נְתָנָהּ לָהֶם, הֱוֵי "מַגִּיד דְּבָרָיו לְיַעֲקֹב חֻקָּיו וּמִשְׁפָּטָיו לְיִשְׂרָאֵל, לֹא עָשָׂה כֵן לְכָל גּוֹי" אֶלָּא לְמִי, לְיַעֲקֹב שֶׁבְּחָרוֹ מִכָּל הָאוּמּוֹת, וְלֹא נָתַן לָהֶם אֶלָּא מִקְצָת, נָתַן [יב] לְאָדָם ו' מִצְוֹת, הוֹסִיף לְנֹחַ אַחַת, לְאַבְרָהָם ח', לְיַעֲקֹב ט', אֲבָל לְיִשְׂרָאֵל נָתַן לָהֶם הַכֹּל, אָמַר רַבִּי סִימוֹן בְּשֵׁם רַבִּי חֲנִינָא: מָשָׁל לְמֶלֶךְ שֶׁהָיָה לְפָנָיו שֻׁלְחָן עָרוּךְ וּמִינֵי תַבְשִׁילִין, נִכְנַס עַבְדּוֹ נָתַן לוֹ חֲתִיכָה, שֵׁנִי נָתַן לוֹ בֵּיצָה, שְׁלִישִׁי נָתַן לוֹ יָרָק, וְכֵן לְכָל אֶחָד וְאֶחָד, נִכְנַס בְּנוֹ נָתַן לוֹ כָּל הַשֻּׁלְחָן לְפָנָיו, אָמַר לוֹ: לָאֵלּוּ נָתַתִּי מָנָה מָנָה אֲבָל אֶת הַכֹּל נָתַתִּי בִּרְשׁוּתְךָ, כָּךְ הַקָּדוֹשׁ בָּרוּךְ הוּא לֹא נָתַן לָאוּמּוֹת אֶלָּא מִקְצָת מִצְוֹת, אֲבָל כְּשֶׁעָמְדוּ יִשְׂרָאֵל אָמַר לָהֶם: הֲרֵי כָּל הַתּוֹרָה כּוּלָּהּ לָכֶם, שֶׁנֶּאֱמַר** (תהלים קמז, כ) **"לֹא עָשָׂה כֵן לְכָל גּוֹי", אָמַר רַבִּי אֶלְעָזָר: מָשָׁל לְמֶלֶךְ שֶׁיָּצָא לְמִלְחָמָה וְהָיוּ הַלִּגְיוֹנוֹת עִמּוֹ, וְהָיָה שׁוֹחֵט בְּהֵמָה וְהָיָה מְחַלֵּק לְכָל אֶחָד וְאֶחָד מָנָה כְּדֵי °שֶׁיַּגִּיעַ בָּהּ, הֵצִיץ בְּנוֹ וְאָמַר לוֹ: מָה אַתָּה נוֹתֵן לִי, אָמַר לוֹ: מִמַּה שֶּׁהִתְקַנְתִּי לְעַצְמִי, לְפִיכָךְ נָתַן הָאֱלֹהִים °לְעוֹבְדֵי כוֹכָבִים °מִצְוֹת גּוֹלְמוֹת שֶׁיַּגִּיעוּ בָּהֶן וְלֹא הִפְרִישׁ בָּהֶן בֵּין טוּמְאָה לְטָהֳרָה,**

עץ יוסף

ואפילו אדם עובר כו'. פירוש אפילו מי שילא חוץ לתחום בעבירה רשאי לטלטל בארבע אמותיו, והיינו כמלא קומתו של אדם, אי נמי אפילו המטלטל במקום שיש עבירה כגון רשות הרבים יכול לטלטל מלא קומתו דהיינו ארבע אמות, ואם כן מלבד מה שהעולם כאלרו, אפילו יהיה בהדרגת רשות הרבים, מכל מקום אחר שהוא מלא כל העולם, כמלא שאינו מטלטל חוץ לארבע אמותיו: **משל למלך שהיה לו פרדס כו'.** ענין המשל שכמו שהמלך לא מסר הפרדס לזולתו לפי שלא ישמרוהו כמותו אלא יקללו בנטיעותיו, עד שבאו בניו לפרקן והזהירם שישמרוהו כמותו, כן לא נתן ה' התורה שישתעשעו בה אלא לישראל לפי שלא ישמרוה כמותם ויפרצו גדרה, וגזירה שוה שכיון שעמדו ישראל ואמרו כל אשר דבר ה' נעשה ונשמע כו', כי הכנתם ואפלס לקיימה גרם ליתנה להם, וכן ה' שמר את התורה ולא הפיל דבר אחד, וזה שאמר אומן שהיה מתנהג על ידה כפדגוג: **ואהיה אצלו אמון כו'.** וסיפא דקרא ואהיה שעשועים יום יום, וילפינן מזה בבראשית רבה פרשה א', דאלפים שנה קדמה תורה לעולם: **לא נתתיה לאחד מן העובדי כוכבים.** רולה לומר שלא כפה עליהם ההר כגיגית להכריחם כמו שעשה לישראל: **ליעקב שבחרו.** רולה לומר לישראל שבחרם על שאמרו נעשה ונשמע, שהכנתם ואפלס לקיימה גרם ליתנה להם כמו שכתבתי לעיל: **לאדם ששה מצות.** עיין מה שכתבתי בתנחומא סדר יתרו סימן ג': **לנח אחד.** אבר מן החי: **לאברהם שמונה.** מילה: **ליעקב תשעה.** גיד הנשה: **משל למלך שהיה לפניו שלחן כו'.** סבירא ליה שנתן הקדוש ברוך הוא תורה לישראל מפני חבת ה' לישראל: **משל למלך שיצא למלחמה כו'.** לדעת זה יש הפרש במצות שנצטוו ישראל לשל בן נח, מלבד ההפרש בכמות ההפרש באיכות, ולזה אמר מצות גולמות, פירוש כגולמא כלי בלי תיקון:

פירוש מהרז"ו

ואפילו אדם וכו' קומתו. נראה לי דצריך להיות אפילו אדם מטלטל מלא קומתו אינו עובר עבירה, כי אין קומתו של אדם רק שלש אמות, ומותר לטלטל אפילו ברשות הרבים, ואפילו אם נחשוב לו הארץ לרשות אחרת, כמו שכתוב (תהלים קטו, טז) השמים שמים לה' והארץ נתן לבני אדם, מותר לטלטל בו בכולו: **שהיה לו פרדס.** לעיל פרשה ט"ו סימן ל', עיין שם: **מהו אמון אומן.** בראשית רבה ריש פרשה א, ושם מבואר: **מגיד דבריו.** שהיה אללו: **לאדם שש מצות.** בראשית רבה סוף פרשה ט"ז, ושם נסמן: **הוסיף לנח אחת.** אבר מן החי, לאברהם מילה, ליעקב גיד הנשה. עיין שיר השירים רבה פסוק ישקני, דחשיב גם כן ילחק, שחנך המילה לשמונה ימים, יהודה יבום: **כדי שיגיע.** כמה שיגיע לכל אחד חלקו, לפי הבשר ולפי החיל:

מתנות כהונה

עבר עבירה. שעבר וילא בשבת חוץ לתחום כדאיתא בפרק מי שהוליאוהו: **ששה מצות.** עיין בבראשית רבה פרשה ט"ז ופרשת ואתחנן: **לנח אחת.** אבר מן החי, **ולאברהם** הוסיף המילה, **וליעקב** גיד הנשה: **כדי שיגיע.** מקבל מתנה יגע בו לתקנו עד שיהא ראוי לאכילה וכדלקמן. וטוב להגיה כדי שיגעו בהן: **גולמית.** בפשוטיהן ובגולמיהן בלי פישוט וחילוק ותיקון כדאמרינן גולמי כלי מתכת:

אשד הנחלים

נוהג ה' עם עמו: **משל למלך כו' התקנתי את התורה כו'.** הא נמי כמו שבארתי בדבור שלפניו. אך התבונן עוד בזה כי ההשגחה העליונה הנסיית זולת השגחה הטבעית, נמשכת על פי פעולות התורה, אשר על זה היסוד כיונו חז"ל (עבודה זרה ג, ב) ששלש שעות הקדוש ברוך הוא עוסק בתורה, וכמו שכתוב (ויקרא כו, ג - ד) אם בחקותי תלכו ונתתי גשמיכם בעתם. והנה קודם שקבלו ישראל התורה אנו מכנים שהיה רק השגחתו יתברך בחסד, כאילו הוא בעצמו יתברך שמר התורה, כלומר שתתנהג התורה כפיה, אך אחר שישראל קבלוה, אז כאילו אמר להם שעתה תהיה תלוייה ההנהגה כפי מעשיהם, וזהו מגיד דבריו והנהגותיו ליעקב ומשפטיו לישראל, מה שלא עשה כן לשום אחד מהעובדי כוכבים, הבן גם זה. ואולי כיון בזה מלת לפניהם, שנאמר פה כאילו באורו לפניהם תשים, ולא לפני אחרים, כמו שאמרו חז"ל (גיטין פח, ב) לפניהם ולא לפני עובדי כוכבים, וכן שייך כאן מלת שימה, כי על ידי זה ניתן הנהגת העולם בידם כפי מעשיהם: **לישראל נתן את הכל.** וזהו מגיד (רק מקצת) דבריו ליעקב, אבל משפטיו כלם לישראל עמו: **משל כו' נתן לו חתיכה כו' כל השלחן כו' ממה שהתקנתי כו'.** הענין הזה הוא רחב ידים להבדיל מעלת התורה מיתר המצות השכליות. כי הנה המצות בכלל אשר יסודם ממקבת השכל נוקרה למען חזק הנפש והכח הרוחני אשר בקרב האדם, נתארהו בשם סעודת המלך, כאלו כביכול הוא מאכל המלך, כמו שבארתי לעיל מזה ענינם. רק שהמצות השכליות המה רק חלקיות, אינם משלימים את הנפש בכולה, אבל התורה האלקית משלמת את הנפש כולה כי בה כלול הכל. והמשל השני בא להסביר עוד מענין סגולת התורה בשהיא נעלה מאד, עד שאנו מיחסים כאילו כביכול התקין זאת על עצמו, וכמו שבארתי לעיל בציור הדבר על מאמרם הקדוש ברוך הוא עוסק בתורה, ואין להאריך עוד פה: **מצות גולמיות.** כלומר שאינם מטהרים הנפש כל כך, כי אם מצות מעשיות הנוגעים רק לחיי הגוף ולקיבוץ המדיניי, אבל לישראל הודיע להם חוקי איסור והיתר, שהמה טהרת הנפש, כי אזהרות האלו המה ענינים נוגעים להנפש, וכן פירש להם מתן שכרן ועונשן, אשר נעלם מעיני השכל לדעת אמיתתן, כמאמרם באבות (פ"ב מ"א)

חידושי הרד"ל

ואפילו אדם מטלטל מלא קומתו אינו עובר עבירה. כן צריך לומר: **ממה שהתקנתי לעצמי.** כדלקמן פרשה מא ג שבתוך פיו כו':

חידושי הרש"ש

[ט] **מצות גולמות כו'.** אולי יכוון שנתן להם המצות ברמז מועט, כמו שדרשו לעיל בבראשית רבה סוף פרשה טז (סימן י) הששה מצות מפסוק דויצו כו', אבל לישראל פירש להם יפה באר היטב המצות בתורה שבעל פה. ואתי שפיר שהביאו על זה פסוק דישקני כו', דסופיה כי טובים דודיך נדרש על דברי סופרים בחזית שם (פרשה א פסוק א, ב), והכוונה על התורה שבעל פה כדמוכח שם:

באור מהרי"פ

שנאמר ואהיה וכו'. הכי גרסינן, שנאמר ואהיה אצלו אמון, אומן אני הייתי, כלי אומנתו של הקב"ה, אמרה התורה, כמפורש ריש בראשית רבה (א, א), וכן צריך לומר כאן, ולא כמו שגורס כאן אמון אומן שנאמר כאשר ישא וגו', כי אין לדרש זה שום שייכות בכאן:

אמרי יושר

אפילו אדם עובר עבירה. פירוש השיבו שבשני ערכין אין תשובה עליו, אחד שאמר מטלטלין בו, גם אפילו שיונח אדם עובר עבירה, שאם אינו מטלטל באוירו רק ברשות הרבים שהוא באיסור, הלא **אינו מטלטל מלא קומתו** בהיתר בתמיה, והקב"ה שמים וארץ מלא קומתו, **דכתיב הלא את השמים ואת הארץ אני מלא** וגם כן בהיתר הוא עושה, שהעולם הוא אוירו וקניינו, גם בחינה אחרת של היתר שכל העולם ומלואו מלא קומתו: **משל למלך שהיה לו פרדס.** זה בבחינה שקודם שברא העולם נפלאת היא מהכל. ורבי סימון ביאר בחינה אחרת, שאפילו אחר כך נתן לאדם שש מצות ולנח הוסיף, ולישראל הכל, [משל] **למלך שלפניו שולחן ערוך נכנס עבדו נתן לו חתיכה אחת שני נתן לו ביצה בא בנו נתן לו הכל.** בא רבי

מסורת המדרש

יא. לעיל פרשה ט"ו וש"נ: **יב.** סנהדרין דף נ"ו ונ"ט. בראשית רבה פרשה ט"ז ופרשה כ"ד. במדבר רבה פרשה י"ד. דברים רבה פרשה ב'. שיר השירים רבה פרשה א' פסוק ב'. קהלת רבה פרשה ג'. סדר עולם פרק ה'. תנחומא סדר יתרו סימן ג'. פסיקתא דרב כהנא פיסקא י"ב. מדרש תהלים מזמור א'. מדרש משלי פרשה ל"א. ילקוט בראשית רמז כ"ב. ילקוט יתרו רמז ע"ב. ילקוט תהלים רמז תרי"ג. ילקוט משלי רמז תתקס"ד. ילקוט שיר השירים רמז תתקפ"א. ע"ש בכל המקומות.

אם למקרא

אִם יִסָּתֵר אִישׁ בַּמִּסְתָּרִים וַאֲנִי לֹא אֶרְאֶנּוּ נְאֻם ה' הֲלוֹא אֶת הַשָּׁמַיִם וְאֶת הָאָרֶץ אֲנִי מָלֵא נְאֻם ה': (ירמיה כג: כד)

וָאֶהְיֶה אֶצְלוֹ אָמוֹן וָאֶהְיֶה שַׁעֲשֻׁעִים יוֹם יוֹם מְשַׂחֶקֶת לְפָנָיו בְּכָל־עֵת: (משלי ח: ל)

הֶאָנֹכִי הָרִיתִי אֵת כָּל הָעָם הַזֶּה אִם אָנֹכִי יְלִדְתִּיהוּ כִּי תֹאמַר אֵלַי שָׂאֵהוּ בְחֵיקֶךָ כַּאֲשֶׁר יִשָּׂא הָאֹמֵן אֶת הַיֹּנֵק עַל הָאֲדָמָה אֲשֶׁר נִשְׁבַּעְתָּ לַאֲבֹתָיו: (במדבר יא: יב)

וַיַּעַן כָּל־הָעָם יַחְדָּו וַיֹּאמְרוּ כֹּל אֲשֶׁר־דִּבֶּר ה' נַעֲשֶׂה וַיָּשֶׁב מֹשֶׁה אֶת־דִּבְרֵי הָעָם אֶל־ה': (שמות כד: ז)

ידי משה

[ט] **ואפילו אדם עובר עבירה.** פירוש, אפילו עבר והוליא לרשות הרבים אינו נקרא טלטול עד שיוליא יותר ממלוא קומתו, וגבי הקב"ה לא די שאי אפשר לליייר רשות הרבים, אפילו מלוא קומתו לא תלייר בו, כי מלא הארץ כבודו, כדכתיב **את השמים וגו'.** וקל להבין:

שינוי נוסחאות

(ט) **ואפילו אדם עובר עבירה אינו מטלטל מלא קומתו.** רד"ל הגיה במקום זה "ואפילו אדם מטלטל מלא קומתו אינו עובר עבירה". **מחלק לכל אחד ואחד מנה כדי שיגיע.** מ"כ כתב שטוב להגיה "... כדי שייגע": **כדי שיגיע בה.** תיבת "בה" לא היתה בספרים, והיא הגהת א"א, וכן כתבו בוארשא, ואף מ"כ כתב שטוב להגיה כעין זה:

בָּאוּ יִשְׂרָאֵל וּפֵירַשׁ לָהֶם הַמִּצְוֹת כָּל אֶחָד וְאֶחָד — However, when **Israel came along, [God] explained the details of each and every commandment to them,** עוֹנְשָׁהּ וּמַתַּן שְׂכָרָהּ — as well as **the punishment for** not heeding **[each commandment], and the reward** for fulfilling **it,** שֶׁנֶּאֱמַר "יִשָּׁקֵנִי מִנְּשִׁיקוֹת פִּיהוּ" — **as it is stated,** ***He kisses me with the kisses of His mouth*** (*Song of Songs* 1:2).[189] לְכָךְ נֶאֱמַר "חֻקָּיו וּמִשְׁפָּטָיו לְיִשְׂרָאֵל" — **Thus it is stated,** *He relates* ***His statutes and His judgments to Israel;*** *He did not do so for any other nation.*[190]

§10 The Midrash again addresses the phrase *that you shall place*. Laws and ordinances are not physical objects; the verb "to place" therefore seems to be inapplicable to them. Why, then, is this term used here?[191] The Midrash explains:

דָּבָר אַחֵר, "וְאֵלֶּה הַמִּשְׁפָּטִים" — **Another interpretation** of the verse, ***And these are the ordinances*** *that you shall place before them*: מַהוּ "וְאֵלֶּה" — **What is** meant by ***And these*** *are the ordinances that you shall place before them*? בֹּא וּרְאֵה כַּמָּה חִיבֵּב הַקָּדוֹשׁ בָּרוּךְ הוּא לְמֹשֶׁה — **Come and see how much the Holy One, blessed is He, cherished Moses.** שֶׁבְּשָׁעָה שֶׁחִיסְּדוּ אוֹתוֹ דָּתָן וַאֲבִירָם בְּמִצְרַיִם, שֶׁאָמְרוּ לוֹ "מִי שָׂמְךָ לְאִישׁ שַׂר וְשֹׁפֵט עָלֵינוּ" — **For when Dathan and Abiram disparaged [Moses] in Egypt,** in **that they said to him,** ***Who placed you as a dignitary, a ruler, and a judge over us?*** (above, 2:14),[192] אָמַר לוֹ הַקָּדוֹשׁ בָּרוּךְ הוּא: בָּזֶה שֶׁחִיסַּדְתֶּם אוֹתוֹ אֲנִי נוֹתֵן לוֹ גְּדוּלָּה — **the Holy One, blessed is He, said to them, "With this** very word **that you disparaged [Moses], I shall grant him distinction!"**[193] שֶׁנֶּאֱמַר "וְאֵלֶּה הַמִּשְׁפָּטִים" — **Thus it is stated,** ***And these are the ordinances*** *that you shall place before them.*

The Midrash presents another exposition of our verse:

דָּבָר אַחֵר, "וְאֵלֶּה הַמִּשְׁפָּטִים" — **Another interpretation** of the verse, ***And these are*** *the ordinances that you shall place before them*: לְפִי שֶׁשָּׁמַע מֹשֶׁה מִיִּתְרוֹ שֶׁאָמַר "וְאַתָּה תֶחֱזֶה מִכָּל הָעָם וְגוֹ'", ד' מִדּוֹת אָמַר לוֹ — **Since Moses heard from Jethro that he said,** ***And you shall discern from among the entire people*** *men of accomplishment, God-fearing people, men of truth, people who despise money, and you shall appoint them leaders* (above, 18:21), whereby **he told [Moses]** that he should appoint men who possessed all **four** of the specified **attributes,** וְלֹא מָצָא אֶלָּא אַחַת, שֶׁנֶּאֱמַר "וַיִּבְחַר מֹשֶׁה אַנְשֵׁי חַיִל" — **but [Moses] could find** men who possessed **only one** of these attributes, **as it is stated,** ***Moses chose men of accomplishment*** *from among all Israel* (ibid., v. 25), וּמִינָּה אוֹתָם שׁוֹפְטִים עַל יִשְׂרָאֵל — **and he appointed [these men]** as **judges over Israel,** אָמַר לוֹ הַקָּדוֹשׁ בָּרוּךְ הוּא: נָתַתִּי לְךָ אֶת הַמִּשְׁפָּט וְלַאֲחֵרִים מִנִּיתָ וְאֵינָן יוֹדְעִין — **the Holy One, blessed is He, said to [Moses]: "I gave the ordinances to** ***you***,[194] **but you have appointed others** to judge, **and they do not** sufficiently **know** the ordinances.[195] לֵךְ אַתָּה וְלַמְּדֵם — Therefore, **you go and teach them!"** שֶׁנֶּאֱמַר "וְאֵלֶּה הַמִּשְׁפָּטִים" — And **thus it is stated,** ***And these are the ordinances*** *that you shall "place" before them.*[196]

§11 The Midrash addresses the juxtaposition of these ordinances to the Ten Commandments:

דָּבָר אַחֵר, "וְאֵלֶּה הַמִּשְׁפָּטִים" — **Another interpretation** of the verse, ***And these are*** *the ordinances that you shall place before them*: "וַיְהִי בַיּוֹם הַשְּׁלִישִׁי בִּהְיֹת הַבֹּקֶר" — Scripture states above (19:16), ***On the third day when it was morning*** *there was thunder and lightning and a heavy cloud on the mountain, and the sound of the shofar was very powerful, etc.*[197] בַּבֹּקֶר נִיתְּנָה הַתּוֹרָה וּבָעֶרֶב נִתְּנוּ הַמִּשְׁפָּטִים — **In the morning** of that third day **the Torah was given** to Israel, **and in the evening** of that same day **the ordinances were given** to them.[198] הָדָא הוּא דִכְתִיב — And **this is** the meaning of **what is written,**

NOTES

189. The "maiden" is speaking of her "beloved" in this verse — these being metaphors for Israel and God, respectively, throughout *Song of Songs*. The "kiss" of the beloved to the maiden refers to God's explicit (from His mouth, as it were) teaching of the Torah's precepts to Israel at Sinai (see *Shir HaShirim Rabbah* ad loc.).

190. In accordance with all the interpretations presented above.

191. *Yefeh To'ar* (second explanation), *Eshed HaNechalim*. Alternatively: The point of the Midrash here is to address the conjunction "and" in the phrase *"And" these are the ordinances,* which — as discussed above in §3 — connotes that these laws are somehow related to something stated previously (*Yefeh To'ar* in first explanation, *Toldos Noach, Eitz Yosef*).

192. Moses sought to break up a fight between two Israelites in Egypt, and the perpetrator of the quarrel rebuffed him with this rebuke. The two quarreling Israelites are identified above (1 §29) as Dathan and Abiram, who later challenged Moses' authority in *Numbers* 16:1.

193. Dathan and Abiram had challenged Moses' suitability to judge, asserting that no one had "placed" him in a position of judge. God responded to them in our verse by telling Moses that he possessed the power not only to judge but to issue ("place") laws that the people must follow (*Yefeh To'ar, Eshed HaNechalim*). Alternatively: Dathan and Abiram had rejected Moses' authority as a "judge" (שׁוֹפֵט) over them; to this God replied by telling Moses that he was to issue ordinances (מִשְׁפָּטִים, lit., *judgments,* from the same root as שׁוֹפֵט) to the people which they must obey (*Yefeh To'ar*). This is the connection to a previous incident, justifying the use of the conjunction "and" (ibid., *Toldos Noach*). See Insight Ⓐ.

194. That is, God placed the onus of judging Israel upon Moses, as it is stated (above, 18:13), וַיֵּשֶׁב מֹשֶׁה לִשְׁפֹּט אֶת הָעָם, *Moses sat to judge the people* (*Maharzu*).

195. Although God gave Moses license to appoint judges (see above, 27 §6), Moses acted on his own in appointing them even before they had completely mastered the laws (*Tiferes Tzion*).

196. Since the judges appointed by Moses did not possess the four qualifications needed to achieve mastery of the laws, Moses was instructed to *"place"* them before them (i.e., to teach them carefully) in a clear, understandable manner (*Eshed HaNechalim*).

197. This verse describes the situation just before the Torah (specifically, the Ten Commandments) was given.

198. It is not immediately clear how the Midrash derives this fact, and several explanations are offered by the commentators. According to *Tiferes Tzion,* the basis for this assertion is the conjunction "and" in the phrase *And these are the ordinances . . . ,* indicating that the ordinances are somehow connected to what precedes them (see also above, §3) — i.e.,

INSIGHTS

Ⓐ **Concern for Justice** *Daas Sofer* (beginning of *Mishpatim,* s.v. במדרש [ש"ר פ"ל ז'] בא וראה) elaborates the theme of our Midrash. The commonality of expression (the verb "to place") is not meant merely to indicate that as a *reward* for demonstrating his concern for justice, Moses merited to place God's ordinances before the Children of Israel. Rather, it was those qualities of character that brought down upon him the opprobrium of Dathan and Abiram that made Moses particularly *suited* to be the vehicle through which God gave His ordinances to His people.

One who is not involved, who sits in splendid isolation in his ivory tower, cannot be the exponent of Jewish justice. Moses, though exalted in status, and sheltered in the safe confines of the Egyptian royal palace, felt an intense sense of responsibility toward his fellow man, which was manifested when he sought to quell the dispute between his quarreling brethren. Yes, they would taunt him for "mixing in." Indeed, no one had "placed him" over his brethren. Nothing other than his rare sense of caring and his unwillingness to abide injustice or the suffering of another person induced him to act. And it was precisely because of this willingness to become involved, because of this overriding concern for justice and the defense of the defenseless — the very thing for which they disparaged him — that God chose Moses to be the one to "place" the authentic laws of justice before the Jewish people.

מדרש רבה

בָּאוּ יִשְׂרָאֵל וּפֵירֵשׁ לָהֶם הַמִּצְוֹת כָּל אֶחָד וְאֶחָד, עוֹנְשָׁהּ וּמַתַּן שְׂכָרָהּ, שֶׁנֶּאֱמַר (שיר השירים א, ב) "יִשָּׁקֵנִי מִנְּשִׁיקוֹת פִּיהוּ", לְכָךְ נֶאֱמַר (תהלים קמז, יט) "חֻקָּיו וּמִשְׁפָּטָיו לְיִשְׂרָאֵל":

י דָּבָר אַחֵר, [כא, א] "וְאֵלֶּה הַמִּשְׁפָּטִים", מַהוּ "וְאֵלֶּה", בֹּא וּרְאֵה כַּמָּה חִיבֵּב הַקָּדוֹשׁ בָּרוּךְ הוּא לְמֹשֶׁה, שֶׁבְּשָׁעָה שֶׁחִיסְּדוּ אוֹתוֹ דָּתָן וַאֲבִירָם בְּמִצְרַיִם, שֶׁאָמְרוּ לוֹ (שמות ב, יד) "מִי שָׂמְךָ לְאִישׁ שַׂר וְשֹׁפֵט עָלֵינוּ", אָמַר לוֹ הַקָּדוֹשׁ בָּרוּךְ הוּא: בָּזֶה שֶׁחִיסַּדְתֶּם אוֹתוֹ אֲנִי נוֹתֵן לוֹ גְּדוּלָּה, שֶׁנֶּאֱמַר [כא, א] "וְאֵלֶּה הַמִּשְׁפָּטִים", דָּבָר אַחֵר, [כא, א] "וְאֵלֶּה הַמִּשְׁפָּטִים", לְפִי שֶׁשָּׁמַע מֹשֶׁה מִיִּתְרוֹ שֶׁאָמַר (שם יח, כא) "וְאַתָּה תֶחֱזֶה מִכָּל הָעָם וְגוֹ'", ד' מִדּוֹת אָמַר לוֹ, וְלֹא מָצָא אֶלָּא אַחַת, שֶׁנֶּאֱמַר (שם שם כה) "וַיִּבְחַר מֹשֶׁה אַנְשֵׁי חַיִל" וּמִינָּה אוֹתָם שׁוֹפְטִים עַל יִשְׂרָאֵל, אָמַר לוֹ הַקָּדוֹשׁ בָּרוּךְ הוּא: נָתַתִּי לְךָ אֶת הַמִּשְׁפָּט וְלַאֲחֵרִים מִנִּיתָ וְאֵינָן יוֹדְעִין, לֵךְ אַתָּה וְלַמְּדֵם, שֶׁנֶּאֱמַר [כא, א] "וְאֵלֶּה הַמִּשְׁפָּטִים":

יא דָּבָר אַחֵר, [כא, א] "וְאֵלֶּה הַמִּשְׁפָּטִים", (לעיל יט, טז) "וַיְהִי בַיּוֹם הַשְּׁלִישִׁי בִּהְיֹת הַבֹּקֶר", בַּבֹּקֶר נִיתְּנָה הַתּוֹרָה וּבָעֶרֶב נִתְּנוּ הַמִּשְׁפָּטִים, הָדָא הוּא דִכְתִיב (איוב ד, כ) "מִבֹּקֶר לָעֶרֶב יֻכַּתּוּ", מָשָׁל לְב' שֶׁיָּרְדוּ לְמִקָּמָא, אֶחָד אוּמָּן וְאֶחָד הֶדְיוֹט, מִי גָּרַם לַהֶדְיוֹט לִלְקוֹת,

עץ יוסף

(י) [ז] **מהו אלה בא וראה כו'.** שקאי אלמעלה, וי"ו מוסיף על ענין ראשון, ובא להוסיף על מה שהיה שר ושופט על ישראל מעצמו, כי עוד יוסיף בזה על ידי המשפטים: **שחיסרו אותו מכבודו.** ואפשר שצריך לומר שחיסדו, פירוש שגידפו, על דרך חסד הוא: **מי שמך כו'.** פירוש מי הכניסך ומי קראך שתכניס עצמך לידרש ללא שאלך, אמנם הקדוש ברוך הוא ראה שהכניס עצמו בזה מצד יושר לבבו כי הבט אל עמל לא יוכל ולכן נתן נפשו על המשפט, לכן זיכהו שינתנו על ידו המשפטים כדי שיקראו על שמו כדלעיל: **דבר אחר ואלה המשפטים לפי ששמע כו'.** שמאחר שהוא מינה אחרים לשפוט את ישראל והקל מעליו, לכך נאמר לו שהוא מחויב ללמד את העם דעת, ובפרט שהוא שינה בעצת יתרו, שאמר ארבע מידות והוא לא מצא אלא אחד, ואפילו הכי מינה אותם, ולכך הוצרך להביא זה המדרש באריכות (תולדות נח): **לך אתה ולמדם שנאמר ואלה המשפטים,** מאשר תשים לפניהם דייק: (יא) [ח] **ויהי ביום השלישי.** צריך לומר כגירסת הספרים ישנים, **שנאמר ואלה המשפטים, דבר אחר ואלה המשפטים הדא הוא דכתיב ויהי ביום השלישי כו' הדא הוא דכתיב מבקר לערב יוכתו משל כו'.** ורוצה לדרוש מלות אשר תשים מלשון סידור והרגל בידיעת משפטי השם, וכמו שאמר בסמוך אימתי עד שלא סדר לפניו את המשפטים, ומבאר בזה הכתוב מבקר לערב יוכתו כו', והכי פירושו מבלי משים מבקר לערב, היינו מפני שאין מסודר להם דרכי המשפטים והעונשים של הקדוש ברוך הוא, יוכתו ולנצח יאבדו כו': **משל לאחד שירד למקמא.** פירוש המתנות כהונה בשם הערוך למלאכה, מלאכת רעהו תרגום יונתן מקמתא דחבריה. אבל המעריך מפרשו שכן נקרא מקום המשפט בלשון ערבי מקמא, וכן מוכח כאן שמדבר בענין המשפט, ומה ענין למלאכה לכאן, ואולי פירשו הערוך ובעל מתנות כהונה הנמשך אחריו כן, מפני מלת אומן הסמוכה למלת מקמא, שפירוש אומן הוא בעל מלאכה על הרוב, אבל באמת פירוש אומן כל היודע ובקי באיזה דבר, יהיה מלאכה או לימוד או חכמה:

פירוש מהרז"ו

חוקיו ומשפטיו. שהם של עצמו כביכול, הוי ואלה המשפטים: (י) **שחיסדתם אותו.** עיין לעיל פרשה א סוף סימן כ"ט. ועיין בראשית רבה פרשה ס"ה סוף סימן כ', שלש נוסחאות: **נתן לו גדולה.** כמו שאמר לעיל פרשה ו סוף סימן ד', שנקראו על שמו, ושם מבואר: **ארבע מדות.** אנשי חיל, יראי אלהים, אנשי אמת, שונאי בצע. כאן חסר ואין לו ביאור, ועיין בדברים רבה פרשה א סימן י, ותבין כאן: **ולאחרים מנית.** ואף דלעיל פרשה כ"ז סימן ו איתא שהסכים השם יתברך עמו, עם כל זה מתחלה לא צוה לו עליהם. ועדיין לא למדו המשפטים, ומה שאמר נתתי לך המשפט, כמו שכתוב (שמות יח, יג) וישב משה לשפוט את העם: (יא) **ויהי ביום השלישי.** דבר אחר ואלה המשפטים: **ובערב נתנו המשפטים.** מפסוק זה מבוקר לערב יוכתו מבלי משים לנצח יאבדו. בוקר זו התורה כנ"ל, ומשים הוא הדין, כמו שדרשו בראשית רבה פרשה ל"א סוף סימן ה, ולקמן סוף סימן י"ג, והיינו לערב. ועל שאינם יודעים התורה והמשפט ונכשלים, על כן יאבדו ויוכתו: **למקמא.** בראשית רבה פרשה ע"ג סימן ה, מקמתא, ובויקרא רבה פרשה ה בסימן ו, מקימא פלונית. ובערוך ערך מקמתא הביא בשם תרגום יונתן על פסוק אם לא שלח ידו במלאכת רעהו, במקמתא דחבריה, אך לפנינו הגירסא בתרגום יונתן, בעסקא דחבריה:

מתנות כהונה

[י] **שחיסדו.** לשון בזיון. ועיין לעיל בבראשית רבה פרשה ס"ה ופרשה ע"ג: [יא] **למקמא.** מלאכה כך משמע בערוך (ערך מקמתא):

אשד הנחלים

שאין אתה יודע מתן שכרן של מצות, כי המצות המה סגולות אלקית נעלמות מעין השכל אמיתתן, ובסיבת הידיעה מהשכר והעונש, הם יחפצו בזה יותר, וזה נקרא נשיקות הפה, כי התורה ניתנה פנים אל פנים ממקור הגבוה, ואז נתגלה להם מתן שכרן של מצות הנעלות מאד מכל אדם להבינם, זולת במדרגת פנים אל פנים, הבן זאת. ועיין בחזית שמה ביארתי יותר ושמה הרחבתי מעט הערות בזה: [י] **בזה שחיסדת כו'.** דהוקשה מלת אשר תשים, כי אין המשפט גוף ששייך בהם שימה, אשר על כן הוכרחו חז"ל לדרוש מזה על מקל ורצועה, כמאמרם בסנהדרין (ז, ב). וכאן דרשו שהכונה על דרך ההיפוך, במה שנמצאו רשעי ישראל שביזו למשה שאיננו ראוי להיות שר ושופט עליהם, ואמרו בלשון מי שמך, ולכן אמר כאן ואלה המשפטים אשר תשים, כאומר לא כן כאשר דימו, כי אם אתה מושם לשר ושופט: **לך אתה ולמדם.** ובאורו ואלה המשפטים אשר אתה תשים לפניהם ותלמדם, כי הם אינם ראוים שיבינו מעצמם, כי אין בהם כל המדות:

חידושי הרד"ל

[י] **ולא מצא אלא אחת.** מן המדות שאמר יתרו, (ואותן שכתוב בפרשת דברים (א, טו) חכמים וידועים וגו', הן מעלות אחרות שלא הזכירם יתרו): **שנאמר ואלה המשפטים הדא הוא דכתיב מבקר לערב יכתו בבקר ניתנה תורה שנאמר ויהי ביום השלישי בהיות הבוקר ולערב נתנו המשפטים משל לשנים כו'.** כן צריך לומר:

חידושי הרש"ש

[יא] **בבקר נתנה התורה ובערב נתנו המשפטים הדא הוא דכתיב מבקר לערב יוכתו.** וסופיה מבלי משים. (עיין ידי משה). ויש לומר לולי המשפטים אשר שם לפניהם לערב היו נכתתים, כי התורה צריכה למשפטים, וכמו שאמרו לעיל שהתורה דינין מלפניה ודינין לאחריה:

אמרי יושר

אלעזר ואמר בחינה אחרת, כי אף אותם מצות שנתן להם בלתי שלמות אלא גולם בלי פרטים ובלי הפרדה, ואמר הכתוב שלשתן מגיד דבריו ליעקב לא קודם שנברא העולם, גם אחר כך לא עשה כן לכל גוי, שלא נתן להם אלא קצת גם בחינה אחרת, משפטים בל ידעום, שאף אותן קצתיות לא ידעום בידיעה מבוררת ופרטיות רק גלומית:

ידי משה

[יא] **הדא הוא דכתיב מבוקר לערב יוכתו מבלי משים לנצח יאבדו.** כן צריך לומר. ומלת משים קדרים, שהוא לשון משפט, כדכתיב אשר תשים לפניהם:

באור מהרי"פ

[י] **ולא מצא אלא אחת.** וצריך עיון. הנה [כתיב] (דברים א, טו) ואקח את ראשי שבטיכם אנשים חכמים וידועים ואתן אותם ראשים עליכם וגו', ופירש רש"י אנשים חכמים וידועים, אבל נבונים לא מצאתי, וזו אחת משבע מדות שאמר יתרו למשה, (פירוש ארבע מדות הם (שמות יח, כא) ואתה תחזה מכל העם אנשי חיל, יראי אלהים, אנשי אמת, שונאי בצע וגו', ושלשה מדות [נאמרו] כאן (דברים א, יג) הבו לכם אנשים, חכמים, ונבונים, וידועים לשבטיכם, ואשימם בראשיכם, ומה שאמר כאן אנשים, פירושו צדיקים, והוא נכלל בכלל יראי אלהים הנאמר שם, נמצא שלא הוסיף כאן בסדר דברים רק שלשה, וזהו כוונת השם יתברך שאמר אחת משבע מדות שאמר יתרו למשה), ולא מצא אלא שלשה, אנשים צדיקים, חכמים, וידועים, עד כאן לשון רש"י. ודבריו לקוחים מספרי סדר דברים סימן ט"ו ד"ה ואקח. היוצא מזה, דעל כל פנים שלשה מצא, אנשים צדיקים א', חכמים ב', וידועים ג', וכאן במדרש אומר דלא מצא אלא אחת. ואולי יש לפרש, דמה שאמר כאן שלא מצא אלא אחת, היינו מארבע מדות המבוארים בספר שמות, והיינו אנשים צדיקים שהם יראי אלהים המבוארים בספר שמות סדר יתרו, ומה שאמר בספרי וברש"י שמצא שלשה, היינו שמצא גם עוד שתי מדות המנויות בספר דברים, היינו חכמים, וידועים, גם מדת אנשים שהם צדיקים ויראי אלהים, המנויות בספר שמות סדר יתרו, בין הכל שלשה, ומוכרחין אנו לסבול תירוץ הדוחק קצת מפני חומר הקושיא. תולדות נח אהרן: **מנית ואינם יודעין וכו'.** פירוש, המדרש בא לבאר למה לא נאמר בשום מצוה שהוא ישים אותה לפניהם וילמדם, כמו שאמר כאן בענין המשפטים, לכך אמר שמאחר שהוא מינה את אחרים לשפוט את ישראל והקל מעליו, לכך נאמר לו שהוא מחויב ללמד אותם דעת, בפרט שהוא שינה בדעת יתרו שאמר לו כמה מדות, והוא לא מצא כן, ואפילו הכי מינה אותם, לכך חייבה אותו התורה במצוה זו דוקא, שישים לפניהם וילמדם, ובזה יומתק לשון המדרש האמור המובא כאן. תולדות נח אהרן: [יא] **הדא הוא דכתיב מבוקר לערב יוכתו.** פירוש, מפני שנתנו הדברות והמצות בבוקר, ולא היו יודעין העונשים והמשפטים עד הערב, לכך לא היו נזהרים כל כך לשמור המצוה, והיו נכשלים, וזהו בבוקר של מתן תורה, עד לערב נתינת המשפטים יוכתו, כן משמע מפירוש של תולדות נח אהרן, עיין שם: **למקמא.** עיין ערוך ערך מקמתא, (וזה לשונו) מלאכת רעהו (שמות כב, ז), תרגום ירושלמי מקמתא דחבריה, אבל ערך מקמא לא הביאו כלל. והמעריך (ערך מקם) פירש [מקום המשפט נקרא] מקמא, בלשון ערבי הוא, ועונשן של מצות, מה שאין כן קודם מעמד הר סיני, אף שנתן הקב"ה גם לבני נח שבע מצות, לא נתפרשו מתן שכרן ועונשן, כמו שאמרו לעיל בסמוך שנתנו להם המצות גלויות, ועל כן יחס הדין היינו המשפט של שכר ועונש להר סיני דוקא. תולדות נח אהרן:

אם למקרא

יִשָּׁקֵנִי מִנְּשִׁיקוֹת פִּיהוּ כִּי־טוֹבִים דֹּדֶיךָ מִיָּיִן: (שיר השירים א: ב)

וַיֹּאמֶר מִי שָׂמְךָ לְאִישׁ שַׂר וְשֹׁפֵט עָלֵינוּ הַלְהָרְגֵנִי אַתָּה אֹמֵר כַּאֲשֶׁר הָרַגְתָּ אֶת הַמִּצְרִי וַיִּירָא מֹשֶׁה וַיֹּאמַר אָכֵן נוֹדַע הַדָּבָר: (שמות ב:יד)

וְאַתָּה תֶחֱזֶה מִכָּל־הָעָם אַנְשֵׁי־חַיִל יִרְאֵי אֱלֹהִים אַנְשֵׁי אֱמֶת שֹׂנְאֵי בָצַע וְשַׂמְתָּ עֲלֵהֶם שָׂרֵי אֲלָפִים שָׂרֵי מֵאוֹת שָׂרֵי חֲמִשִּׁים וְשָׂרֵי עֲשָׂרֹת: (שם יח: כא)

וַיִּבְחַר מֹשֶׁה אַנְשֵׁי חַיִל מִכָּל יִשְׂרָאֵל וַיִּתֵּן אֹתָם רָאשִׁים עַל הָעָם שָׂרֵי אֲלָפִים שָׂרֵי מֵאוֹת שָׂרֵי חֲמִשִּׁים וְשָׂרֵי עֲשָׂרֹת: (שם שם כה)

וַיְהִי בַיּוֹם הַשְּׁלִישִׁי בִּהְיֹת הַבֹּקֶר וַיְהִי קֹלֹת וּבְרָקִים וְעָנָן כָּבֵד עַל־הָהָר וְקֹל שֹׁפָר חָזָק מְאֹד וַיֶּחֱרַד כָּל־הָעָם אֲשֶׁר בַּמַּחֲנֶה: (שמות יט: טז)

מִבֹּקֶר לָעֶרֶב יֻכַּתּוּ מִבְּלִי מֵשִׂים לָנֶצַח יֹאבֵדוּ: (איוב ד: כ)

ענף יוסף

(י) [ז] **מי שמך לאיש שר ושופט כו'.** ואפשר כוונת המדרש שבאותו לשון בעצמו שזלזלוהו דתן ואבירם לאמר מי שמך שר ושופט, באותו לשון בעצמו נתן לו הקדוש ברוך הוא גדולה היינו ואלה המשפטים אשר תשים: **ולא מצא אלא אחת כו'.** ואם תאמר והרי כתיב בפרשה דברים ואקח את ראשי שבטיכם אנשים חכמים וידועים ואתן אותם ראשים עליכם, ופירש רש"י אבל נבונים לא מצא, ומשמע דשלש על כל פנים מצא. וי"ל דאיתא בדברים רבה (א, י) אמר רבי ברכיה בשם רבי חנינא צריכין הדיינין שיהיו בהם שבע מדות, ואלו הן חכמים ונבונים וידועים דכתיב בדברים (א, יג), וארבעה כמו שכתוב להלן (בסדר יתרו) ואתה תחזה מכל העם אנשי חיל יראי אלהים אנשי אמת שונאי בצע,

שינוי נוסחאות

(י) **שבשעה שחיסדו אותו ... בזה שחיסדתם אותו.** בספרים ישנים (עד ד' אמשט' תפ"ה) היה כתוב (גם במדרש וגם בדברי מ"כ וגם בדברי יפ"ת) "שחיסרו אותו ... שחיסרתם אותו":

"מִבֹּקֶר לָעֶרֶב יֻכַּתּוּ" – ***They are ground down from morning to evening;*** *without understanding, they are lost forever* (*Job* 4:20-21).[199]

The Midrash presents an analogy:

מָשָׁל לִב׳ שֶׁיָּרְדוּ לִמְקָמָא – This may be explained by means of **a parable.** It is analogous **to two** individuals **who went to** perform **a task:**[200] אֶחָד אוּמָּן וְאֶחָד הֶדְיוֹט – **one an expert** at the work involved, **and the other a layman.** The layman mishandled his part of the job and was fined for his negligence. מִי גָּרַם לַהֶדְיוֹט לִלְקוֹת – Now, **what caused the layman to suffer** this **punishment?**

NOTES

the Ten Commandments. The Midrash interprets this connection in terms of chronological proximity: the ordinances were given on the same day as the Ten Commandments, later in the day. The Midrash will now explain the significance of this fact. See Insight Ⓐ.

199. The meaning of this verse and its application to our verse in *Exodus* will be explained by the Midrash below.

200. [This is the explanation of most commentators, based on *Aruch's* translation of the word מְקָמָא as מְלָאכָה ("labor, handiwork"). *Eitz Yosef* and *Beur Maharif,* however, cite *Maarich,* who asserts that מְקָמָא means "courthouse" in Arabic and that this is its meaning here as well. They explain the parable as follows: Two defendants appeared in court. One was well versed in legal knowledge and got himself acquitted, while the other was an uninformed layman and was condemned and punished.]

INSIGHTS

Ⓐ **The Morning and the Evening** *R' Gedaliah Schorr* (*Ohr Gedalyahu, Shemos,* pp. 51b-58b) sees a deeper significance in the Midrash's assertion that the Torah was given "in the morning" and the ordinances "in the evening." עֶרֶב (*evening*) is from the root ערב, meaning "mixture." It is a time of lengthening shadows, a mixture of light and darkness. Objects can be vaguely seen, but their details are not easily discerned. בֹּקֶר (*morning*) is from the root בקר, meaning "examination." It is a time of clear, unobstructed vision. In the morning, the contours and colors of an object are once again seen in sharp and vivid detail.

The Torah was given "in the morning." In the moment when God Himself spoke to the assembled nation, loudly and clearly, the momentous words, *I am HASHEM your God,* the Children of Israel were infused with an unmitigated certainty and clarity regarding God's existence. In that instant of blinding clarity, it became rooted in the souls of our nation that God alone was a Jew's master — master of his body and soul and everything he did or might ever possess. At that time no Jew could entertain thoughts of murder, theft, and the many other failings of Man that result from lack of clarity of God's existence. At that time, there was no need for the "ordinances" — the laws concerning theft or damages or the Jew who would acquire for himself a different master, who would become an עֶבֶד עִבְרִי.

But morning invariably yields to evening. And once the vagueness of evening set in, there was a need for the ordinances. The ordinances were given in the evening.

The ordinances, however, did more than simply address the newfound needs of the evening. It gave the Jewish nation the wherewithal to *regain* the clarity of morning during the darkness of the evening.

Parashas Mishpatim begins and then details the myriad "ordinances of evening," but it ends with the narrative of the Giving of the Torah once again: a narrative that describes an event that *preceded* the giving of the ordinances. By doing so, the Torah teaches us that the ordinances, though necessitated by the vagueness of evening, contain embedded within them all the clarity of the Torah that was given in the morning. Through careful study and internalization of the Divine ordinances, a Jew can lift himself above the confusions of the evening to the lucidity of the morning (see also Insight above on 27 §9, "The Remaining Goblet of Glass").

After the Torah was given to us, God commanded Moses, *Go say to them, "Return to your tents"* (*Deuteronomy* 5:27-28). The *Kotzker Rebbe* explained this to mean: I have seen (God says) how the Jews are when they stand before Me in clarity and awe at the foot of Mount Sinai. Now, let Me see how they will be when they "return to their tents," shielded from the blinding glory of My Presence.

In times of darkness, it is the Jew's mission to extract the glimmering sparks that God kindled in his soul so long ago with His resounding declaration, *I am HASHEM your God,* whose life-changing words still echo in the collective ear of our nation. No matter how far he may have roamed from the foot of the mountain, no matter how beclouded God's Presence may seem, no matter how alien the soil on which the Tents of Jacob might now be pitched, those sparks of clarity are waiting in the recesses of a Jew's soul to be gathered and fanned into a vigorous fire in whose glow he will behold once again the clarity that was vouchsafed to him on that most glorious morning in all of history, when God gave us His Torah and declared, *I am HASHEM, your God.*

בָּאוּ יִשְׂרָאֵל וּפֵירַשׁ לָהֶם הַמִּצְוֹת כָּל אֶחָד וְאֶחָד, עוֹנְשָׁהּ וּמַתַּן שְׂכָרָהּ, שֶׁנֶּאֱמַר (שיר השירים א, ב) "יִשָּׁקֵנִי מִנְּשִׁיקוֹת פִּיהוּ", לְכָךְ נֶאֱמַר (תהלים קמז, יט) "חֻקָּיו וּמִשְׁפָּטָיו לְיִשְׂרָאֵל":

י דָּבָר אַחֵר, [כא, א] "וְאֵלֶּה הַמִּשְׁפָּטִים", מַהוּ "וְאֵלֶּה", בֹּא וּרְאֵה כַּמָּה חִיבֵּב הַקָּדוֹשׁ בָּרוּךְ הוּא לְמֹשֶׁה, שֶׁבְּשָׁעָה שֶׁחִיסְּדוּ אוֹתוֹ דָּתָן וַאֲבִירָם בְּמִצְרַיִם, שֶׁאָמְרוּ לוֹ (שמות ב, יד) "מִי שָׂמְךָ לְאִישׁ שַׂר וְשֹׁפֵט עָלֵינוּ", אָמַר לוֹ הַקָּדוֹשׁ בָּרוּךְ הוּא: בָּזֶה שֶׁחִיסַּדְתֶּם אוֹתוֹ אֲנִי נוֹתֵן לוֹ גְּדוּלָּה, שֶׁנֶּאֱמַר [כא, א] "וְאֵלֶּה הַמִּשְׁפָּטִים", דָּבָר אַחֵר, [כא, א] "וְאֵלֶּה הַמִּשְׁפָּטִים", לְפִי שֶׁשָּׁמַע מֹשֶׁה מִיִּתְרוֹ שֶׁאָמַר (שם יח, כא) "וְאַתָּה תֶחֱזֶה מִכָּל הָעָם וְגוֹ'", ד' מִדּוֹת אָמַר לוֹ, וְלֹא מָצָא אֶלָּא אַחַת, שֶׁנֶּאֱמַר (שם שם כה) "וַיִּבְחַר מֹשֶׁה אַנְשֵׁי חַיִל" וּמִינָּה אוֹתָם שׁוֹפְטִים עַל יִשְׂרָאֵל, אָמַר לוֹ הַקָּדוֹשׁ בָּרוּךְ הוּא: נָתַתִּי לְךָ אֶת הַמִּשְׁפָּט וְלַאֲחֵרִים מִנִּיתָ וְאֵינָן יוֹדְעִין, לֵךְ אַתָּה וְלַמְּדֵם, שֶׁנֶּאֱמַר [כא, א] "וְאֵלֶּה הַמִּשְׁפָּטִים":

יא דָּבָר אַחֵר, [כא, א] "וְאֵלֶּה הַמִּשְׁפָּטִים", (לעיל יט, טז) "וַיְהִי בַיּוֹם הַשְּׁלִישִׁי בִּהְיֹת הַבֹּקֶר", בַּבֹּקֶר נִיתְּנָה הַתּוֹרָה וּבָעֶרֶב נִתְּנוּ הַמִּשְׁפָּטִים, הָדָא הוּא דִכְתִיב (איוב ד, כ) "מִבֹּקֶר לָעֶרֶב יֻכַּתּוּ", מָשָׁל לְב' שֶׁיָּרְדוּ לְמִקָּמָא, אֶחָד אוּמָּן וְאֶחָד הֶדְיוֹט, מִי גָּרַם לַהֶדְיוֹט לִלְקוֹת,

עץ יוסף

(י) [ז] **מהו אלה בא וראה כו'.** שקאי אלמעלה, וי"ו מוסיף על ענין ראשון, ובא להוסיף על מה שהיה שר ושופט על ישראל מעצמו, כי עוד יוסיף בזה על ידי המשפטים: **שחיסרו אותו מכבודו.** ואפשר שצריך לומר שחיסדו, פירוש שגידפו, על דרך חסד הוא: **מי שמך כו'.** פירוש מי הכניסך ומי קראך שתכניס עצמך לידרש ללא שאלך, אמנם הקדוש ברוך הוא ראה שהכניס עצמו בזה מצד יושר לבבו כי הבט אל עמל לא יוכל ולכן נתן נפשו על המשפט, לכן זיכהו שינתנו על ידו המשפטים כדי שיקראו על שמו כדלעיל: **דבר אחר ואלה המשפטים לפי ששמע כו'.** שמאחר שהוא מינה אחרים לשפוט את ישראל ולהקל מעליו, לכך נאמר לו שהוא מחויב ללמד את העם דעת, ובפרט שהוא שינה בעצת יתרו, שאמר ארבע מידות והוא לא מצא אלא אחד, ואפילו הכי מינה אותם, ולכך הוצרך להביא זה המדרש באריכות (תולדות נח): **לך אתה ולמדם שנאמר ואלה המשפטים,** מאשר תשים לפניהם דייק: (יא) [ח] **ויהי ביום השלישי.** צריך לומר כגירסת הספרים ישנים, **שנאמר ואלה המשפטים, דבר אחר ואלה המשפטים הדא הוא דכתיב ויהי ביום השלישי כו' הדא הוא דכתיב מבקר לערב יוכתו משל כו'.** ורוצה לדרוש מלות אשר תשים מלשון סידור והרגל בידיעת משפטי השם, וכמו שאמר בסמוך אימתי עד שלא סדר לפניו את המשפטים, ומבאר בזה הכתוב מבקר לערב יוכתו כו', והכי פירושו מבלי משים מבקר לערב, היינו מפני שאין מסודר להם דרכי המשפטים והעונשים של הקדוש ברוך הוא, יוכתו ולנצח יאבדו כו': **משל לאחד שירד למקמא.** פירוש המתנות כהונה בשם הערוך למלאכה, מלאכת רעהו תרגום יונתן מקמתא דחבריה. אבל המעריך מפרשו שכן נקרא מקום המשפט בלשון ערבי מקמא, וכן מוכח כאן שמדבר בענין המשפט, ומה ענין למלאכה לכאן, ואולי פירשו הערוך ובעל מתנות כהונה הנמשך אחריו כן, מפני מלת אומן הסמוכה למלת מקמא, שפירוש אומן הוא בעל מלאכה על הרוב, אבל באמת פירוש אומן כל היודע ובקי באיזה דבר, יהיה מלאכה או לימוד או חכמה:

פירוש מהרז"ו

חוקיו ומשפטיו. שהם של עצמו כביכול, הוי ואלה המשפטים: (י) **שחיסדתם אותו.** עיין לעיל פרשה א סוף סימן כ"ט. ועיין בראשית רבה פרשה ס"ה סוף סימן כ', שלש נוסחאות: **נתן לו גדולה.** כמו שאמר לעיל פרשה זו סוף סימן ד', שנקראו על שמו, ושם מבואר: **ארבע מדות.** אנשי חיל, יראי אלהים, אנשי אמת, שונאי בצע. כאן חסר ואין לו ביאור, ועיין בדברים רבה פרשה א סימן י, ותבין כאן: **ולאחרים מנית.** ואף דלעיל פרשה כ"ז סימן ו איתא שהסכים השם יתברך עמו, עם כל זה מתחלה לא צוה לו עליהם. ועדיין לא למדו המשפטים, ומה שאמר נתתי לך המשפט, כמו שכתוב (שמות יח, יג) וישב משה לשפוט את העם: (יא) **ויהי ביום השלישי.** דבר אחר ואלה המשפטים: **ובערב נתנו המשפטים.** מפסוק זה מבוקר לערב יוכתו מבלי משים לנצח יאבדו. בוקר זו התורה כנ"ל, ומשים הוא הדין, כמו שדרשו בראשית רבה פרשה ל"א סוף סימן ה, ולקמן סוף סימן י"ג, והיינו לערב. ועל שאינם יודעים התורה והמשפט ונכשלים, על כן יאבדו ויוכתו: **למקמא.** בראשית רבה פרשה ע"ג סימן ה, מקמתא, ובויקרא רבה פרשה ה בסימן ו, מקימא פלונית. ובערוך ערך מקמתא הביא בשם תרגום יונתן על פסוק אם לא שלח ידו במלאכת רעהו, במקמתא דחבריה, אך לפנינו הגירסא בתרגום יונתן, בעסקא דחבריה:

מתנות כהונה

[י] **שחיסדו.** לשון בזיון. ועיין לעיל בבראשית רבה פרשה ס"ה ופרשה ע"ג: [יא] **למקמא.** מלאכה כך משמע בערוך (ערך מקמתא):

אשד הנחלים

שאין אתה יודע מתן שכרן של מצות, כי המצות המה סגולות אלקית נעלמות מעין השכל אמיתתן, ובסיבת הידיעה מהשכר והעונש, הם יחפצו בזה יותר, וזה נקרא נשיקות הפה, כי התורה ניתנה פנים אל פנים ממקור הגבוה, ואז נתגלה להם מתן שכרן של מצות הנעלות מאד מכל אדם להבינם, זולת במדרגת פנים אל פנים, הבן זאת. ועיין בחזית שמה ביארתי יותר ושמה הרחבתי מעט הערות בזה: [י] **בזה שחיסדת כו'.** דהוקשה מלת אשר תשים, כי אין המשפט גוף ששייך בהם שימה, אשר על כן הוכרחו חז"ל לדרוש מזה על מקל ורצועה, כמאמרם בסנהדרין (ז, ב). וכאן דרשו שהכונה על דרך היפוך, במה שנמצאו רשעי ישראל שביזו למשה שאיננו ראוי להיות שר ושופט עליהם, ואמרו בלשון מי שמך, ולכן אמר כאן ואלה המשפטים אשר תשים, כאומר לא כן כאשר דימו, כי אם אתה מושם לשר ושופט: **לך אתה ולמדם.** ובאורו ואלה המשפטים אשר אתה תשים לפניהם ותלמדם, כי הם אינם ראוים שיבינו מעצמם, כי אין בהם כל המדות:

חידושי הרד"ל

[י] **ולא מצא אלא אחת.** מן המדות שאמר יתרו, (ואותן שכתוב בפרשת דברים (א, טו) חכמים וידועים וגו', הן מעלות אחרות שלא הזכירם יתרו): **שנאמר ואלה המשפטים הדא הוא דכתיב מבקר לערב יכתו בבקר ניתנה תורה שנאמר ויהי ביום השלישי בהיות הבוקר ולערב נתנו המשפטים משל לשנים כו'.** כן צריך לומר:

חידושי הרש"ש

[יא] **בבקר נתנה התורה ובערב נתנו המשפטים הדא הוא דכתיב מבקר לערב יוכתו.** וסופיה מבלי משים. (עיין ידי משה). ויש לומר לולי המשפטים אשר שם לפניהם לערב היו נכתתים, כי התורה צריכה למשפטים, וכמו שאמרו לעיל שהתורה דינין מלפניה ודינין לאחריה:

אמרי יושר

אלעזר ואמר בחינה אחרת, כי אף אותם מלות שנתן להם בלתי שלמות אלא גולם בלי פרטים ובלי הפרדה, ואמר הכתוב שלשתן מגיד דבריו ליעקב לא קודם שנברא העולם, גם אחר כך לא עשה כן לכל גוי, שלא נתן להם אלא קצת גם בחינה אחרת, משפטים בל ידעום, שאף אותן קצתיות לא ידעום בידיעה מבוררת ופרטיות רק גלומית:

ידי משה

[יא] **הדא הוא דכתיב מבוקר לערב יוכתו מבלי משים לנצח יאבדו.** כן צריך לומר. ומלת משים קדריש, שהוא לשון משפט, כדכתיב אשר תשים לפניהם:

באור מהרי"פ

[י] **ולא מצא אלא אחת.** וצריך עיון. הנה [כתיב] (דברים א, טו) ואקח את ראשי שבטיכם אנשים חכמים וידועים ואתן אותם ראשים עליכם וגו', ופירש רש"י אנשים חכמים וידועים, אבל נבונים לא מצאתי, וזו אחת משבע מדות שאמר יתרו למשה, (פירוש ארבע מדות הם (שמות יח, כא) ואתה תחזה מכל העם אנשי חיל, יראי אלהים, אנשי אמת, שונאי בצע וגו', ושלשה מדות [נאמרו] כאן (דברים א, יג), הבו לכם אנשים, חכמים, ונבונים, וידועים לשבטיכם, ואשימם בראשיכם, ומה שאמר כאן אנשים, פירושו צדיקים, והוא נכלל בכל יראי אלהים הנאמר שם, נמצא שלא הוסיף כאן בסדר דברים רק שלשה, וזהו כוונת השם יתברך שאמר אחת משבע מדות שאמר יתרו למשה), ולא מצא אלא שלשה, אנשים צדיקים, חכמים, וידועים, עד כאן לשון רש"י. ודבריו לקוחים מספרי סדר דברים סימן ט"ו ד"ה ואקח. היוצא מזה, דעל כל פנים שלשה מצא, אנשים צדיקים א', חכמים ב', וידועים ג', וכאן במדרש אומר דלא מצא אלא אחת. ואולי יש לפרש, דמה שאמר כאן שלא מצא אלא אחת, היינו מארבע מדות המבוארים בספר שמות, והיינו אנשים צדיקים שהם יראי אלהים המבוארים בספר שמות סדר יתרו, ומה שאמר בספרי וברש"י שמצא בם עוד שתי מדות המנויות בספר דברים, היינו חכמים, וידועים, גם מדת אנשים שהם צדיקים ויראי אלהים, המנויות בספר שמות סדר יתרו, בין הכל שלשה, ומוכרחין אנו לסבול תירוץ הדוחק קצת מפני חומר הקושיא. תולדות נח הארוך: **מנית ואינם יודעין וכו'.** פירוש, המדרש בא לבאר למה לא נאמר בשום מצוה שהוא ישים אותה לפניהם וילמדם, כמו שאמר כאן בענין המשפטים, לכך אמר שמאחר שהוא מינה את אחרים לשפוט את ישראל ולהקל מעליו, לכך נאמר לו שהוא מחויב ללמד אותם דעת, בפרט שהוא שינה בדעת יתרו שאמר לו כמה מדות, והוא לא מצא כן, ואפילו הכי מינה אותם, לכך חייבה אותו התורה במצוה זו דוקא, שישים לפניהם וילמדם, ובזה יומתק לשון המדרש הארוך המובא כאן. תולדות נח הארוך: [יא] **הדא הוא דכתיב מבוקר לערב יוכתו.** פירוש, מפני שנתנו הדברות והמצות בבוקר, ולא היו יודעין העונשים והמשפטים עד הערב, לכך לא היו נזהרים כל כך לשמור המצוה, והיו נכשלים, וזהו בבוקר של מתן תורה, עד לערב נתינת המשפטים יוכתו, כן משמע מפירוש של תולדות נח הארוך, עיין שם: **למקמא.** עיין ערוך ערך מקמתא, [וזה לשונו] מלאכת רעהו (שמות כב, ז), תרגום ירושלמי מקמתא דחבריה, אבל ערך מקמא לא הביאו כלל. והמעריך (ערך מקם) פירש [מקום המשפט נקרא] מקמא, בלשון ערבי הוא, ועונשן של מצות, מה שאין כן קודם מעמד הר סיני, אף שנתן הקב"ה גם לבני נח שבע מצות, לא נתפרשו מתן שכרן ועונשן, כמו שאמרו לעיל בסמוך שנתנו להם המצות גלויות, ועל כן יחס הדין היינו המשפט של שכר ועונש להר סיני דוקא. תולדות נח הארוך:

אם למקרא

יִשָּׁקֵנִי מִנְּשִׁיקוֹת פִּיהוּ כִּי־טוֹבִים דֹּדֶיךָ מִיָּיִן: (שיר השירים א: ב)

וַיֹּאמֶר מִי שָׂמְךָ לְאִישׁ שַׂר וְשֹׁפֵט עָלֵינוּ הַלְהָרְגֵנִי אַתָּה אֹמֵר כַּאֲשֶׁר הָרַגְתָּ אֶת הַמִּצְרִי וַיִּירָא מֹשֶׁה וַיֹּאמַר אָכֵן נוֹדַע הַדָּבָר: (שמות ב:יד)

וְאַתָּה תֶחֱזֶה מִכָּל־הָעָם אַנְשֵׁי־חַיִל יִרְאֵי אֱלֹהִים אַנְשֵׁי אֱמֶת שֹׂנְאֵי בָצַע וְשַׂמְתָּ עֲלֵהֶם שָׂרֵי אֲלָפִים שָׂרֵי מֵאוֹת שָׂרֵי חֲמִשִּׁים וְשָׂרֵי עֲשָׂרֹת: (שם יח: כא)

וַיִּבְחַר מֹשֶׁה אַנְשֵׁי חַיִל מִכָּל יִשְׂרָאֵל וַיִּתֵּן אֹתָם רָאשִׁים עַל הָעָם שָׂרֵי אֲלָפִים שָׂרֵי מֵאוֹת שָׂרֵי חֲמִשִּׁים וְשָׂרֵי עֲשָׂרֹת: (שם שם כה)

וַיְהִי בַיּוֹם הַשְּׁלִישִׁי בִּהְיֹת הַבֹּקֶר וַיְהִי קֹלֹת וּבְרָקִים וְעָנָן כָּבֵד עַל־הָהָר וְקֹל שֹׁפָר חָזָק מְאֹד וַיֶּחֱרַד כָּל־הָעָם אֲשֶׁר בַּמַּחֲנֶה: (שמות יט: טז)

מִבֹּקֶר לָעֶרֶב יֻכַּתּוּ מִבְּלִי מֵשִׂים לָנֶצַח יֹאבֵדוּ: (איוב ד: כ)

ענף יוסף

(י) [ז] **מי שמך לאיש שר ושופט כו'.** ואפשר כוונת המדרש שבאותו לשון בעצמו שזלזלוהו דתן ואבירם לאמר מי שמך שר ושופט, באותו לשון בעצמו נתן לו הקדוש ברוך הוא גדולה היינו ואלה המשפטים אשר תשים: **ולא מצא אלא אחת כו'.** ואם תאמר והרי כתיב בפרשה דברים ואקח את ראשי שבטיכם אנשים חכמים וידועים ואתן אותם ראשים עליכם, ופירש רש"י אבל נבונים לא מצא, ומשמע דשלש על כל פנים מצא. וי"ל דאיתא בדברים רבה (א, י) אמר רבי ברכיה בשם רבי חנינא צריכין הדיינין שיהיו בהם שבע מדות, ואלו הן חכמים ונבונים וידועים דכתיב בדברים (א, יג), וארבעה כמו שכתוב להלן (בסדר יתרו) ואתה תחזה מכל העם אנשי חיל יראי אלהים אנשי אמת שונאי בצע,

שינוי נוסחאות

(י) **שבשעה שחיסדו אותו ... בזה שחיסדתם אותו.** בספרים ישנים (עד ד' אמשט' תפ"ה) היה כתוב (גם במדרש וגם בדברי מ"כ וגם בדברי יפ"ת) "שחיסרו אותו ... שחיסרתם אותו":

לְפִי שֶׁלֹּא הָיָה לוֹ מִי שֶׁיְּלַמְּדֵנוּ – It was **because he had no one to instruct him** in the relevant skills necessary to do the job. כָּךְ הַקָּדוֹשׁ בָּרוּךְ הוּא עָמַד עַל הַר סִינַי וּמַחֲזִיק בַּדִּין – **Similarly, the Holy One, blessed is He, stood upon Mount Sinai and grasped judgment** in His hand,[201] שֶׁנֶּאֱמַר "וְתֹאחֵז בְּמִשְׁפָּט יָדִי" – **as it is stated,** ***And My hand grasps judgment*** (*Deuteronomy* 32:41).[202]

The Midrash gives an example as to how a lack of knowledge of the details of judgments leads one to suffer unpleasant consequences:

אָמַר דָּוִד "שָׁפְטֵנִי ה' כְּצִדְקִי" – King **David said** in one verse, ***Judge me, HASHEM,*** *reward me* ***according to my righteousness*** *and my integrity* (*Psalms* 7:9).[203] בָּדַק וְלֹא הָיָה לוֹ שֶׁיְּלַמְּדֵנוּ וְלָקָה – **[God]** thereupon **examined** David's deeds, but He found them wanting. **And** since **he did not have anyone to teach him** the full extent of God's judgment, **he suffered punishment.**[204] הִתְחִיל צוֹוֵחַ "וְאַל תָּבוֹא בְמִשְׁפָּט אֶת עַבְדֶּךָ" – At that point **[David]** realized his mistaken overconfidence and he **began to cry out** to God, ***And do not enter into strict judgment with Your servant,*** *for no living creature would be vindicated before You!* (ibid. 143:2). כָּל כָּךְ אֵימָתַי – And **when was all this?**[205] עַד שֶׁלֹּא סִידֵּר לְפָנָיו אֶת הַמִּשְׁפָּטִים – **Before anyone had arranged** (i.e., clarified) **the judgments** of God **before him.**[206] לְקַיֵּים מַה שֶּׁנֶּאֱמַר "מִבֹּקֶר לָעֶרֶב יֻכַּתּוּ" – And this goes **to confirm that** concept **which is stated** in the verse, ***They are ground down from morning to evening;*** *without understanding, they are lost forever.*[207]

The Midrash continues to expound the *Job* verse, addressing its second half, *without understanding, they are lost forever,* which it relates to our verse in *Exodus*:

דָּבָר אַחֵר, "וְאֵלֶּה הַמִּשְׁפָּטִים" – **Another interpretation of** ***And these are*** *the ordinances that you shall place* [תָּשִׂים] *before them:*[208] מַהוּ "מִבְּלִי מֵשִׂים לָנֶצַח יֹאבֵדוּ" – **What is** meant by the phrase, *They are ground down from morning to evening;* ***without understanding*** [מֵשִׂים] ***they are lost forever*** (*Job* 4:20)? אָמַר אִיּוֹב לְהַקָּדוֹשׁ בָּרוּךְ הוּא: "מִי יִתֵּן יָדַעְתִּי וְאֶמְצָאֵהוּ . . . אֶעֶרְכָה לְפָנָיו מִשְׁפָּט" – This can be explained by examining statements that Job himself made. For initially **Job** spoke irreverently and **said regarding the Holy One, blessed is He,** ***"If only I knew how to find Him,*** *I would approach His seat;* ***I would set out my case before Him;*** *I would fill my mouth with arguments!"* (ibid. 23:3-4).[209]

The Midrash presents an analogy:

מָשָׁל לְבִרְיוֹן שֶׁהָיָה שִׁכּוֹר – Job's declarations here and in previous verses can be illustrated by means of **a parable.** It is comparable **to a ruffian who become intoxicated.** בָּעַט בַּפַּלְקִי וְהוֹצִיא אִיסְרִין – **He** went to the jail, **kicked** open **the jailhouse** door, **and freed** its **prisoners.** רָגַם אִיקוֹנִין שֶׁל מֶלֶךְ – **He** went from there and **stoned a statue of the king.** קִלֵּל לַשִּׁלְטוֹן – **He cursed the government.** אָמַר: הוֹדִיעֵנִי בְּאֵי זֶה מָקוֹם הַמֶּלֶךְ שָׁרוּי וַאֲנִי מְלַמְּדוֹ אֶת הַדִּין – **He** then **said** boastfully, **"Tell me in which place the king is located, and I will** go there and **teach him** how to render **judgment** correctly!" נִכְנַס, הֶרְאוּ לוֹ הַמֶּלֶךְ יוֹשֵׁב בַּבִּימָה – He was shown into the king's chamber of judgment; **he entered,** and **they showed him the king sitting on a platform,** dispensing judgment. סָגַר לַמַּטְרוֹנָה, וְטָרַד אִפַּרְכוֹס – He watched as **[the king]** had an aristocratic **matron confined, and had a governor banished.** סִימֵּא לְדוּכּוּס – **[The king]** also **had a duke blinded;** נָתַן קָטָרִיקִי לְקַרְטוֹס – **he passed sentence on a judge;** קָרַב קִיסִין לַמְּגִיסְטֵר – **he brought forth sticks** to be used **for** beating **a senior minister.** כֵּיוָן שֶׁרָאָה הַמֶּלֶךְ עוֹשֶׂה כָּךְ נִתְיָירֵא – **When [the drunkard] saw the king do such** things, **he became fearful**

NOTES

201. I.e., He "pointed out with His finger" (as it were) the judgments to Israel, teaching them to the people immediately after the Ten Commandments (*Yefeh To'ar;* numerous other explanations for this difficult line are offered by other commentators).

202. The Ten Commandments are broad, general statements; the "ordinances" which the Torah begins to list now provide the specifics for these general commandments, as well as the severe punishments involved in transgressing them. After having received the Ten Commandments, the Israelites were on the level of "laymen" who had only rudimentary knowledge of the Torah and its laws. It was for this reason that God saw fit to supply them with the required knowledge (making them like the "expert" in the parable) immediately, so that they should not suffer the consequences of one who tackles a job (in this case, applying and observing the commandments) without the necessary skills (*Yefeh To'ar*).

203. In this verse David confidently invites God to render judgment upon him. But in another verse he said, וְאַל תָּבוֹא בְמִשְׁפָּט אֶת עַבְדֶּךָ – *Do not enter into judgment with Your servant* (*Psalms* 143:2). These two verses seem to be contradictory, a point which the Midrash now goes on to resolve.

204. According to *Toldos Noach* (alluded to in *Eitz Yosef*), this means that God put David to the test in the incident of Bath-sheba (see *II* Samuel Ch. 11) or in the incident of Uzza (see ibid. Ch. 6), both of which tests he failed to pass, due to his lack of understanding of the far-reaching extent of God's judgment.

205. I.e., when was it that David asked to be judged and was found wanting?

206. The Midrash thus reconciles the two seemingly contradictory verses noted above (see note 203). Before David was aware of the extent of God's penetrating judgment he naively asked to be judged. After experiencing the profundity of God's judgment, however, he realized that no man could withstand God's judgment, and therefore asked *not* to be judged.

207. The Midrash interprets this verse as follows: As established above, the Torah was given in the morning of "the third day" (i.e., 6 or 7 Sivan; see *Shabbos* 87bff), and the judgments (or "ordinances") were given the ensuing evening. In the interim (*from morning to evening*) the Israelites were in a precarious position (as explained above, note 202), in danger of being *ground down* and *lost forever.*

208. As above (see §10), the Midrash seeks to understand the unusual choice of the verb "to place" in regard to laws and ordinances, which are not physical objects that can be placed.

209. Job sought to confront God, to challenge what he felt was an unfair manner of judgment in which a righteous man such as himself endured such terrible suffering.

לְפִי שֶׁלֹּא הָיָה לוֹ מִי שֶׁיְּלַמְּדֶנּוּ, כָּךְ הַקָּדוֹשׁ בָּרוּךְ הוּא עֹמֵד עַל הַר סִינַי וּמַחֲזִיק בַּדִּין, שֶׁנֶּאֱמַר (דברים לב, מא) "וְתֹאחֵז בְּמִשְׁפָּט יָדִי", אָמַר דָּוִד (תהלים ז, ט) "שָׁפְטֵנִי ה' כְּצִדְקִי", בָּדַק וְלֹא הָיָה לוֹ שֶׁיְּלַמְּדֶנּוּ וְלָקָה, הִתְחִיל צוֹוֵחַ (שם קמג, ב) "וְאַל תָּבוֹא בְמִשְׁפָּט אֶת עַבְדֶּךָ", כָּל כָּךְ אֵימָתַי, עַד שֶׁלֹּא סִידֵּר לְפָנָיו אֶת הַמִּשְׁפָּטִים, לְקַיֵּים מַה שֶּׁנֶּאֱמַר "מִבֹּקֶר לָעֶרֶב יֻכַּתּוּ", דָּבָר אַחֵר, [כא, א] "וְאֵלֶּה הַמִּשְׁפָּטִים" מַהוּ (איוב ד, כ) "מִבְּלִי מֵשִׂים לָנֶצַח יֹאבֵדוּ", אָמַר אִיּוֹב לְהַקָּדוֹשׁ בָּרוּךְ הוּא: (איוב כג, ג) יג"מִי יִתֵּן יָדַעְתִּי וְאֶמְצָאֵהוּ ... אֶעֶרְכָה לְפָנָיו מִשְׁפָּט", מָשָׁל לְבִרְיוֹן שֶׁהָיָה שִׁכּוֹר, בָּעַט בַּפַּלְקִי וְהוֹצִיא אִיסָרִין, רָגַם אִיקוֹנִין שֶׁל מֶלֶךְ, קִלֵּל לַשִּׁלְטוֹן, אָמַר: הוֹדִיעֵנִי בְּאֵי זֶה הַמָּקוֹם הַמֶּלֶךְ שָׁרוּי וַאֲנִי מְלַמְּדוֹ אֶת הַדִּין, נִכְנַס, הֶרְאוּ לוֹ הַמֶּלֶךְ יוֹשֵׁב בַּבִּימָה, סָגַר לַמַּטְרוֹנָה, וְטָרַד אִפַּרְכוּס, סִימֵּא לַדּוּכּוּס, נָתַן קָטָרִיקִי לַקָּרְטוּס, קֵרַב קִיסִין לַמָּגִיסְטֶר, כֵּיוָן שֶׁרָאָה הַמֶּלֶךְ עוֹשֶׂה כָּךְ נִתְיָירֵא,

עץ יוסף

ומחזיק בדין. פירוש מעכב מדת הדין שלא תשלוט לפי שלא היו ראוים, ודוד לא היה בקי בזה שאמר שפטני ה', בחשבו שאין פחד ממדת הדין שכפי הנראה היה צדיק, כי לא ידע מעומק הדין, (וכשנדבק) [וכשנבדק] ולא נמצא לפי עומק הדין לקה, ומי גרם לו זה, שלא היה מי שילמדנו שאין הדין כפי הנראה, כי המשפט לאלהים, ואף על פי שמשה סדר המשפטים, לא היה מי שמסדרם לדוד כהוגן, ואפשר דקאי על אותו מעשה שנשא את הארון בעגלה, וטעה בתורה כדאיתא לקמן בסוף הפרשה לא היה לו לדוד מי שילמדנו עד שלמדו אחיתופל, ולקה שמת עוזא על ידי זה, וכל זה אירע לו על ידי שלא סידר לפניו את המשפטים של התורה: **התחיל צווח ואל תבא במשפט את עבדך.** כי לא יצדק לפניך כל חי: **דבר אחר ואלה המשפטים מהו מבלי משים כו'.** רוצה לפרש אשר תשים ומבלי משים על חוזק דיני ומשפטי השם והפלגתם, כי משפטיו הם קשים מאד כי אף על הרהור ודבר קל האדם נלכד ביום הדין, על דרך וסביביו נשערה מאד, ולכן הביא מאיוב שאמר מי יתן ידעתי ואמצאהו, כי היה מטיח דברים ולא ידע עונש המהרהר אחר משפטי ה', עד שהבין ממה שדקדק עם חסידיו, ואז נתיירא כי גם הוא במשפט יבא על הרהורו ודבורו, והמשיל הדבר לשכור, שבשכרותו היה מזלזל בכבודו של מלך, ועם כל זה ברא‍ותו קושי דינו חזר בו, ולכן אמר איוב מבלי משים, כלומר מבלי הבין חומר וקושי הדין לנצח יאבדו בחטאם, שפעמים ידמה שאינו חוטא בהרהורו ודבורו, והוא נאבד על ידי זה: **משל לבריון.** פירוש איש אלים ופריץ שהיה שכור, בעט בפלקי פירוש הרס הבית האסורים, בית האסורים בלשון יוני פלקי, אבל בלשון ישמעאל הסדן שכובלין בו רגלי האדם קורין פלקי (ערוך). וכל הענין הוא שאיוב היה מתרעם על רוע הסדור במשפטי השם בעולמו, בענין צדיק ורע לו רשע וטוב לו, כידוע, ושפט מזה שאין ה' משגיח בעולמו כלל, אבל עזב את הארץ ביד המערכה השמיימית, והמה הכוכבים ומזלות, ולזה המשיל המדרש לפלקי, פירוש לבית האסורים מקום המשפט של המחוייבים בדין, ואמר בעט בפלקי כו', הכוונה שהרס בית האסורים כלומר שאמר שהאסורין תחת המזל הוא בעול, כמו שגם הוא אחד מהם שהוכיח במכאוב עם כל נדקותיו ויושרו כעדות הכתוב עליו, והוצאת האסורין, רוצה לומר שרצה להוציאם מתחת ממשלתם בכח טענותיו עם שלשת רעיו, מקריאתו תגר נגד יסוריו הרבים והתלוננותו במר נפשו עליהם, והתחיל בגלגל היומי שהוא ראש ועיקר המניעים של כל המזלות, וזה שאמר יאבד יום אולד בו, כלומר האדם העשוי בצלם אלהים נוח לו שלא נברא אחר שהוא נמסר ביד המזל, והיינו מרגמת האיקונין שנתן דופי בבריאת האדם העשוי בצלם אלהים, ואחר זה הזכיר יתר המזלות, באומר יחשכו כוכבי נשפו, שמרמז בזה הריסת המאסר והוצאת האסורים, וכאמור לעיל: **והוציא איסרין.** אשר היו אסורים שמה בדרך המלך: **איקונים.** פירוש צורת המלך: **למטרונה.** פירוש למלכה: **אפרכוס.** שר העיר: **קטריקי.** ענין עונש: **לקרטום.** הוא מין ממשלה, והמוסף כתב בלשון יוני דיין: **קרב קיסין למניסטר.** הקריב העצים והמקלות להכות למניסטר, כי עץ תרגום יונתן קיסא: **כיון שראה המלך כו'.** פירוש כיון שראה שהמלך עשה כך:

פירוש מהרז"ו

ותאחז במשפט ידי. עיין ויקרא רבה פרשה ד סוף סימן י"א. ואף שמה שכתוב ואלה המשפטים מדבר במשפט שעל האדם לעשות, דעת המדרש שכולל גם משפט שהקב"ה דן את האדם: **אמר דוד שפטני.** וכתוב אחר אומר ואל תבא במשפט, שני כתובים מכחישים מדה ט"ו, והכריע שעד שלא ידע עומק המשפט, ביקש שפטני, וכשלקה אמר ואל תבא במשפט. ועיין ילקוט תהלים קמ"ג באופן אחר: **בעט בפילקי.** עיין מתנות כהונה. ומה שכתב והוציא איסרין צריך עיון: **קטריקי.** בערוך גורס קטדיקי, ופירש בלשון יוני עונש, והביאו במוסף ערוך קטדיקי: **הלילה ההוא.** ועיין בראשית רבה פרשה ג סימן ו שהלילה הוא שר והוא קלל אותו: **והנה מרים מצורעת.** ומרים כמו מטרונה שרית, כמו שכתוב (מיכה ו, ד) ואשלח לפניך את משה אהרן ומרים: **קרב קיסין.** קיסין הם עצים שמונחים על רגלי האסירים, כך הכביד רגלי יעקב, כאלו היו עצים מונחים עליהן:

מתנות כהונה

לבריון. אדם פריץ כמה דאת אמר (גיטין נו, א) ריש בריוני על הרבים: **בפלקי.** בבית האסורים: **איקונין.** צורת המלך: **והוציא איסרין.** לפי הענין פירש האסורים אשר אסורים שמה בדבר המלך דוגמת הכוכבים האסורים וקבועים ברקיע שאמר איוב עליהם שיחשכו להאיר ולעבוד עבודתם אשר הפקיד עליהם בוראם ברוך הוא: **קטרוק.** ענין עונש (ערוך ערך קטדיק): **קרטוס וכו'.** כולם מיני מושלים הם ועיין בערוך (ערך קרטים השני): **סימא.** עיניו: **קיסין.** עץ להכות בו:

אשד הנחלים

[יא] **מבוקר לערב כו' ומחזיק בדין כו' אמר דוד כו'.** הדבר הזה לפי הראות, הוא מחוסר הבנה מאד למתבונן. והנה לפי דעתי מיושב זה על פי דבריהם בתנא דבי אליהו (זוטא) [רבה פרק כב], שהתורה דינים מלפניה ודינים מלאחריה, בכדי שלא ייראו ישראל מקבלת התורה, וביארתי שם (מאורי אש אות יא) הכונה על דרך מאמרם בחזית (פרשה א פסוק ב), שבשעה ששמעו אנכי ולא יהיה לך, נתקע תלמוד תורה בלבם, ונתעקר יצר הרע מקרבם, והיו צווחים מה הנאה יש באבידה שלנו, כי באו להתבודדות גדולה מאד מאד, עד שדימו שינתקו קשרי הנפש מהגוף, ולכן נפלו ממדרגתם, ואמר הקדוש ברוך הוא אין זה עכשיו אלא לעתיד לבא, ולכן הראה ה' דינין מלפני התורה ומלאחריה, להורות להם שלא יתבטל סדר המציאות, כי ימצא היצר הרע בעולם, ויש מזיקין וניזקין בעולם, ואלולי היה ביכולת ישראל לעמוד במעוז המדרגה העליונה, אז היה נבטל הדין מהעולם, אחר כי אין יצר בעולם, וזהו מבקר לערב יכתו, כי נכתתו ונפלו ממדרגתם הנעלה. והנה בשעת קבלת התורה היה הקדוש ברוך הוא שהוא רחמים מחזיק בדין לבטלו, כמו שאמרו בחזית (שם), שיצא הקול מימינו של הקדוש ברוך הוא, והימין הוא רחמים כמו שביארתי שמה ענינו. והנה דוד שדימה שלבו חלל בקרבו מאין יצר מאומה, חשב שיכול להשפט במדת הדין, שגם הדין יסכים עמו להצדיקו, כי נטהר נפשו מכל וכל, כמו שהיה בשעת מתן תורה, ואז נכנע הדין למולו, אך ראה כי אינו כן, ועל כן ביקש שאל יבוא עמו במשפט, כי אי אפשר לטהר הנפש מכל וכל. והנה המשל מעורר אותנו שלכן לא באו ישראל לזאת המדרגה, מפני שלא ידעו מי שילמדם לאחוז בזאת המדרגה העליונה, וזהו שמסיים כל כך אימתי עד שלא סידר, שאז היה יכול להיות הטהרה הגמורה לא עתה, הבן זה מאד: **משל לבריון שהיה שכור כו'.** הענין בכללו לפי המשל, שהעולם הוא איקונין של מלך, שעל ידי העולם וסדורו יתראה כבודו יתברך ויתגלה אחדותו, והכוכבים הנאסרים בגלגל להורות שהמה לבד לא יוכלו לעשות כל אשר יחפצו מבלי רצון ה' ברוך הוא, והוא דימה כי להם ניתנה הממשלה ודימה שהמערכות פועלים בעולם ולכן קללם. והנה הלילה שזהו משל גם כן על מדת הדין המעניש, המכונה לילה וחושך, והוא על שם הדין השולט בעולם ולכן קללו. וכל זה היה מחמת שהיה כמו שיכור ומבולבל בדעתו, כי לא הבין האמת,

חידושי הרש"ש

ולא היה לו שילמדנו. רצה לומר עומק הדין של מעלה, וכמו שאמר לקמן באיוב שלא היה יודע כחו של דין, ואשר היה נעלם גם ממשה רבינו ששאל הודיעני נא את דרכיך, (ויתכן מאד שזהו שאמרו בפסחים (נד, ב) שעומק הדין הוא משבעה דברים המכוסים מבני אדם), ועם כל זה מרומז הכל במשפטי התורה, כמו שאמר למעלה (סימן ז) לפי ששור נגנבו כו': **קרב קיסין למניסטיר.** רצה לומר שהמה עצים אשר סוגרין בהם רגלי האסירין, ובלשון מקרא הוא סד (איוב יג, כז וברש"י), והוא דומה לנמשל במה שנגלע יעקב, דלא כמתנות כהונה:

באור מהרי"פ

אמר דוד שפטני וכו'. פירוש, דוד היה סובר שהוא בקי ואומן בדיני התורה כמו אברהם ויצחק ויעקב, ולכן אמר בחנני ה' ונסני כמו שנסיתי לאברהם וכו', שעל ידי שבאמת לא היה בקי כמותם ולא היו מסודין לפניו משפטי התורה נכשל בבת שבע וזהו **בדק ולא וכו'** כלומר ניסה אותו כמו שבקש, ולא עמד בנסיון. תולדות נח הארוך: **שנאמר מבוקר לערב יוכתו.** (איוב ד, כ) מבלי משים לנצח יאבדו. ואולי דורש מלת משים על המשפטים, שנאמר בם לשון שימה, אשר תשים לפניהם. ועל המעיין ליישב הדרש: **מגיסטור.** [זה לשון] הערוך ערך מגסטרון, האחשדרפנים והפחות (אסתר ח, ט), [תרגום] מגוסטרי ורברבניא. וזה לשון רבי בנימין מוספיא, אמר בנימין, בלשון רומי פקיד לשר ורא"ש: **במתנות כהונה [בד"ה והוציא כו'] שיחשכו להאיר.** כמו שמבואר לקמן, ונחשב לו מה שאמר יחשכו כוכבי נשפו, ויהיו בטלים מעבודתם, כאלו הוציא אסירים מבית האסורים שלהם, ובטל אותם מעבודת המלך:

מסורת המדרש

יג. עיין בפסיקתא רבתי פיסקא מ"ז סימן ג'. ובילקוט איוב רמז תתק"ח:

אם למקרא

אִם־שַׁנּוֹתִי בְּרַק חַרְבִּי וְתֹאחֵז בְּמִשְׁפָּט יָדִי אָשִׁיב נָקָם לְצָרָי וְלִמְשַׂנְאַי אֲשַׁלֵּם: (דברים לב: מא)

ה' יָדִין עַמִּים שָׁפְטֵנִי ה' כְּצִדְקִי וּכְתֻמִּי עָלָי: (תהלים ז: ט)

וְאַל־תָּבוֹא בְמִשְׁפָּט אֶת עַבְדֶּךָ כִּי לֹא יִצְדַּק לְפָנֶיךָ כָל חָי: (שם קמג: ב)

מִי יִתֵּן יָדַעְתִּי וְאֶמְצָאֵהוּ אָבוֹא עַד־תְּכוּנָתוֹ: (איוב כג: ג)

ענף יוסף

ולמה לא נכתבו כאחת, שאם לא נמצא שבע מביא מארבע, ואם לא נמצא מארבע מביא משלשה, ואם לא נמצא משלשה מביא מאחת, שכך כתיב אשת חיל מי ימצא כו', ואם כן מה שאמר כאן שלא מצא אלא אחת, היינו ממדות המבוארים בפרשת יתרו אנשי חיל יראי אלהים וגו', ומה שאמר בדברים שמצא, היינו שמצא עוד שני מדות המנויין בפרשת דברים חכמים וידועים, ומדה אחת מאלו שבפרשת יתרו, ובשניהם יחדיו הם שלשה מדות (תולדות נח):

אמרי יושר

[יא] **אמר דוד שפטני ה'.** שינסהו, ולא היה לו מי שילמדנו ויעוררנו על חוזק המשפט וכאבו וצערו וחוזק סכנת המבחן, עד שכשנסתכן וחטא חזר בו ואמר אל תבא במשפט ניחמתי זהו מבלי משים ומלמד יוכתו ויסתכנו:

שינוי נוסחאות

(יא) **רגם איקונין של מלך, קלל לשלטון.** בד' וילנא כבתו "מושל העיר" במקום "מלך" בכל הקטע, וגם כתבו "לשוטר" תחת "לשלטון", הכל כנראה מחמת צנזורא:

אָמַר: בְּבַקָּשָׁה מִכֶּם, שִׁכּוֹר הָיִיתִי וְלֹא יָדַעְתִּי כֹּחַ הַמֶּלֶךְ – and **said** to those who had witnessed his seditious behavior, **"I beg of you** to disregard my rebelliousness! **I was drunk and was unaware of the** extent of the **power of the king!"**

The Midrash explains the meaning of the parable:

כָּךְ הָיָה אִיּוֹב עוֹמֵד וְצוֹוֵחַ "מִי יִתֵּן יָדַעְתִּי וְאֶמְצָאֵהוּ . . . אֶעֶרְכָה לְפָנָיו מִשְׁפָּט" – **Similarly, Job stood up and cried out,** ***"If only I knew how to find Him,*** *I would approach His seat;* ***I would set out my case before Him;*** *I would fill my mouth with arguments!"*[210] רָגַם הָאִיקוֹנִין שֶׁאָמַר "יֹאבַד יוֹם אִוָּלֶד בּוֹ" – **He "stoned a statue** of the king," so to speak, **in that he said,** ***"O that the day upon which I was to be born might never have been!"*** (ibid. 3:2).[211] בָּעַט בַּפִּילְקִי וְהוֹצִיא אִיסְרִין – **He "kicked** open **the jailhouse** door **and freed** its **prisoners,"** so to speak, "יֶחְשְׁכוּ כּוֹכְבֵי נִשְׁפּוֹ" – in that he said, ***"May its twilight stars be dimmed"*** (ibid. 3:8).[212] קִלֵּל לַשִּׁלְטוֹן – **He "cursed the government,"** so to speak, "הַלַּיְלָה הַהוּא יִקָּחֵהוּ אֹפֶל" – in that he said, ***"May that night be desolate"*** (ibid. 3:6).[213] רָאָה הַמֶּלֶךְ יוֹשֵׁב בַּבִּימָה – But then **he "saw the King** (God) **seated upon a platform,** dispensing judgment," so to speak. סָגַר לַמַּטְרוֹנָה – He saw that **[the King] "had a matron confined,"** "וְהִנֵּה מִרְיָם מְצֹרַעַת כַּשָּׁלֶג" – as it is written, *Aaron turned to Miriam* ***and behold, she was afflicted with tzaraas*** (*Numbers* 12:10);[214] טָרַד לְמשֶׁה, "לָכֵן לֹא תָבִיאוּ אֶת הַקָּהָל הַזֶּה" – **He "banished** a governor," viz., **Moses,** as it is written, ***Therefore you will not bring this congregation*** *to the Land that I have given them* (ibid. 20:12);[215] סִימָּא לַדּוּכּוֹס זֶה יִצְחָק, שֶׁנֶּאֱמַר "וַתִּכְהֶיןָ עֵינָיו מֵרְאֹת" – **He "had a duke blinded" – this is** referring to **Isaac, as it is stated,** *when Isaac had become old,* ***and his eyes dimmed from seeing*** (*Genesis* 27:1);[216] נָתַן קַטָארִיקֵי לְאַבְרָהָם שֶׁנֶּאֱמַר "יָדֹעַ תֵּדַע כִּי גֵר יִהְיֶה זַרְעֲךָ" – **He "passed sentence on a** judge," viz., **Abraham, as it is stated,** ***Know with certainty that your offspring shall be aliens in a land not their own*** (ibid. 15:13);[217] קָרַב קִיסִין עַל יַעֲקֹב "וְהוּא צֹלֵעַ עַל יְרֵכוֹ" – **He "brought forth sticks** to be used **for** beating a senior minister," viz., **Jacob,** as it is written concerning Jacob, ***And he was limping on his hip*** (ibid. 32:32).[218] כְּשֶׁרָאָה אִיּוֹב אָמַר: בְּבַקָּשָׁה מִמְּךָ, שִׁכּוֹר הָיִיתִי – **When Job saw** all this, i.e., when he contemplated these things and realized the severity of God's judgment, **he said** to God, **"I beg of You** to forgive my insolence, for **I was 'drunk'!"**[219] שֶׁנֶּאֱמַר "וְאַף אָמְנָם שָׁגִיתִי אִתִּי תָּלִין מְשׁוּגָתִי" – **For it is stated** that Job later admitted his error and declared, ***Indeed I have erred; my error lodges within me*** (ibid. 19:4).[220] וְכָל כָּךְ לָמָּה – **And why** do people err **so** grievously in impugning God's judgment? שֶׁלֹּא הָיוּ יוֹדְעִין כֹּחוֹ שֶׁל דִּין – **Because they are unaware of the might of** God's **judgment.** הֱוֵי "מִבְּלִי מֵשִׂים לָנֶצַח יֹאבֵדוּ" – **Thus** it is written, ***Without "understanding"*** [מֵשִׂים] ***they are lost forever.***[221]

§12 As mentioned above (see §9), the words *place before them* (the people of Israel) are taken to indicate that these laws were intended only for Israel and not for the other nations. The Midrash above (ibid.) cited and expounded upon a similarly themed verse from *Psalms.* The Midrash here quotes the same verse and recounts a related incident:

דָּבָר אַחֵר, "וְאֵלֶּה הַמִּשְׁפָּטִים" – **Another interpretation** of the verse, ***And these are the ordinances*** *that you shall place before them:* הָדָא הוּא דִכְתִיב "מַגִּיד דְּבָרָיו לְיַעֲקֹב" – **This is** to be understood in light of **what is written, *He relates His Words to Jacob,*** *etc.* (*Psalms* 147:19).

פַּעַם אַחַת אָמַר לוֹ עֲקִילַס לְאַדְרִיָּינוּס הַמֶּלֶךְ: רוֹצֶה אֲנִי לְהִתְגַּיֵּיר וְלֵעָשׂוֹת יִשְׂרָאֵל – **Aquila**[222] **once said to the emperor Hadrian,**[223] **"I wish to convert and to become a Jew."** אָמַר לוֹ: לְאוּמָּה זוֹ אַתָּה מְבַקֵּשׁ – **[Hadrian] said to [Aquila], "You seek out** a connection with **this nation?!** כַּמָּה בִּזִּיתִי אוֹתָהּ – **How much I** have **degraded it!** כַּמָּה הָרַגְתִּי אוֹתָהּ – **How many** members **I have killed of it!** לַיְרוּדָה שֶׁבָּאוּמּוֹת, אַתָּה מְבַקֵּשׁ לְהִתְעָרֵב – **To** this, the **lowliest of** all **nations, you seek to become connected?!** מָה רָאִיתָ בָּהֶם שֶׁאַתָּה רוֹצֶה לְהִתְגַּיֵּיר – **What** positive thing **did you see in them that you seek to convert** to their religion?"

NOTES

210. This corresponds to the man in the parable declaring that he would teach the king how to judge correctly.

211. Job here declared that he wishes he had never been born. Alternatively, [or he meant to declare that the creation of man in general was futile and should never have taken place (*Yefeh To'ar*)]. Since man is created in the image of God, this is compared to showing disrespect to ("stoning") the statue of the king (*Matnos Kehunah, Yefeh To'ar, Eitz Yosef*).

212. Job, in his desperation, thought that God did not rule the world directly, but had abandoned its fate into the hands of natural and celestial (astrological) forces. Man is thus a "prisoner" of his fate, unable to control his own destiny through his actions and good deeds. By wishing that the stars (representing these natural forces that govern man's destiny) become dim, he was thus, in a sense, seeking to "break down the door of the jailhouse" and "free its prisoners" (*Yefeh To'ar, Eitz Yosef*).

213. Job here curses the night when he was conceived. Nighttime, when the stars are visible, represents the sway that the celestial bodies have over man's fate (see previous note). Job was thus, in a sense, cursing the "government" of the world, as he saw it (*Yefeh To'ar*).

214. As a punishment for her slandering of Moses. One who is afflicted with *tzaraas* is "confined" outside of the camp (*Leviticus* 13:36). And regarding Miriam herself it is stated (*Numbers* 12:14), שִׁבְעַת יָמִים תִּסָּגֵר, שִׁבְעַת יָמִים מִחוּץ לַמַּחֲנֶה, *Let her be confined outside the camp for seven days* (*Eitz Yosef*).

215. God "thus banished" Moses from the Land of Israel as a punishment for a misdeed.

216. The Midrash here assumes that Isaac's blindness was a punishment for a wrong he had committed (see *Bereishis Rabbah* 65 §5 and 9, where this issue is discussed) (*Yefeh To'ar, Eitz Yosef*).

217. Here, too, the Midrash assumes that this was a punishment for something Abraham had done (see above, 5 §22) (ibid.).

218. Here, too, the Midrash assumes that the blow Jacob received on his leg was a punishment for some misdeed (ibid.).

219. When Job saw how exacting God is in His judgment — as evidenced by the harsh punishments received by such saintly individuals as Moses, Miriam, and the Patriarchs for very slight, subtle misdeeds — he realized his mistake in questioning his own suffering. He thus became fearful that he would be taken to task for his improper thoughts — believing that God's justice was unfair — which he had entertained while he was "drunk" (i.e., insufficiently aware of reality) (ibid.).

220. The word for *I have erred,* שָׁגִיתִי, can also allude specifically to one whose drunkenness leads him astray, as it is stated, "וְגַם אֵלֶּה בַּיַּיִן שָׁגוּ וּבַשֵּׁכָר תָּעוּ", *For they too have erred because of wine; they have strayed because of liquor* (*Isaiah* 28:7).

221. The literal translation of this phrase is, "without *placing,* they are lost forever." The Midrash has explained that by "placing" Job meant "contemplating the severity of something," specifically, the severity of God's justice in the world. In our verse, too, *And these are the ordinances that you shall place* [תָּשִׂים] *before them,* God was telling Moses that he should not merely teach the laws and ordinances to Israel, but to "place" them before them — i.e., to make clear to them the profundity of these laws and the severe consequences involved in transgressing them (*Yefeh Toar, Eitz Yosef*).

222. Aquila the Proselyte is known for having translated the *Tanach* into Greek.

223. The Roman emperor who put down the Bar-kochba revolt and destroyed the stronghold of Betar, ca. 130 CE. He persecuted the Jews greatly; in Midrashic literature the mention of his name is frequently accompanied by the epithet שְׁחִיק טַמְיָא, *may his bones be ground up.*

In a parallel, more lengthy account in *Tanchuma* (§5), Aquila is identified as Hadrian's nephew.

אָמַר: בְּבַקָּשָׁה מִכֶּם, שִׁכּוֹר הָיִיתִי וְלֹא יָדַעְתִּי כֹּחַ הַמֶּלֶךְ, כָּךְ הָיָה אִיּוֹב עוֹמֵד וְצוֹוֵחַ "מִי יִתֵּן יָדַעְתִּי וְאֶמְצָאֵהוּ ... אֶעֶרְכָה לְפָנָיו מִשְׁפָּט", רָגַם הָאִיקוֹנִין שֶׁאָמַר (שם ג, ג) "יֹאבַד יוֹם אִוָּלֶד בּוֹ", בָּעַט בַּפִּילְקִי וְהוֹצִיא אִיסָּרִין (שם שם ט) "יֶחְשְׁכוּ כּוֹכְבֵי נִשְׁפּוֹ", קִלֵּל לַשִּׁלְטוֹן (שם שם ו) "הַלַּיְלָה הַהוּא יִקָּחֵהוּ אֹפֶל", רָאָה הַמֶּלֶךְ יוֹשֵׁב בַּבִּימָה סָגַר לַמַּטְרוֹנָה (במדבר יב, י) "וְהִנֵּה מִרְיָם מְצֹרַעַת כַּשָּׁלֶג", טָרַד לְמֹשֶׁה (שם כ, יב) "לָכֵן לֹא תָבִיאוּ אֶת הַקָּהָל הַזֶּה", סִימֵּא לַדּוּכּוֹס זֶה יִצְחָק, שֶׁנֶּאֱמַר (בראשית כז, א) "וַתִּכְהֶיןָ עֵינָיו מֵרְאֹת", נָתַן קָטָארִיקִי לְאַבְרָהָם שֶׁנֶּאֱמַר (שם טו, יג) "יָדֹעַ תֵּדַע כִּי גֵר יִהְיֶה זַרְעֲךָ", קֵרַב קִיסִין עַל יַעֲקֹב (שם לב, לב) "וְהוּא צֹלֵעַ עַל יְרֵכוֹ", כְּשֶׁרָאָה אִיּוֹב אָמַר: בְּבַקָּשָׁה מִמְּךָ, שִׁכּוֹר הָיִיתִי, שֶׁנֶּאֱמַר (איוב יט, ד) "וְאַף אָמְנָם שָׁגִיתִי אִתִּי תָּלִין מְשׁוּגָתִי", וְכָל כָּךְ לָמָּה, שֶׁלֹּא הָיוּ יוֹדְעִין כֹּחוֹ שֶׁל דִּין, הֱוֵי (שם ד, כ) "מִבְּלִי מֵשִׂים לָנֶצַח יֹאבֵדוּ":

יב דָּבָר אַחֵר, [כא, א] "וְאֵלֶּה הַמִּשְׁפָּטִים" הֲדָא הוּא דִּכְתִיב (תהלים קמז, יט) "מַגִּיד דְּבָרָיו לְיַעֲקֹב", פַּעַם אַחַת [יד]אָמַר לוֹ עֲקִילָס לְאַדְרִיָּינוּס הַמֶּלֶךְ: רוֹצֶה אֲנִי לְהִתְגַּיֵּיר וְלְהֵעָשׂוֹת יִשְׂרָאֵל, אָמַר לוֹ: לְאוּמָּה זוֹ אַתָּה מְבַקֵּשׁ, כַּמָּה בִּזִּיתִי אוֹתָהּ כַּמָּה הָרַגְתִּי אוֹתָהּ לַיְרוּדָה שֶׁבָּאוּמּוֹת, אַתָּה מְבַקֵּשׁ לְהִתְעָרֵב, מָה רָאִיתָ בָּהֶם שֶׁאַתָּה רוֹצֶה לְהִתְגַּיֵּיר, אָמַר לוֹ: הַקָּטָן שֶׁבָּהֶם יוֹדֵעַ הֵיאַךְ בָּרָא הַקָּדוֹשׁ בָּרוּךְ הוּא אֶת הָעוֹלָם, מַה נִּבְרָא בְּיוֹם רִאשׁוֹן וּמַה נִּבְרָא בְּיוֹם ב', וְכַמָּה יֵשׁ מִשֶּׁנִּבְרָא הָעוֹלָם וְעַל מָה הָעוֹלָם עוֹמֵד, וְתוֹרָתָן אֱמֶת, אָמַר לוֹ: לֵךְ וּלְמַד תּוֹרָתָן וְאַל תִּמּוֹל, אָמַר לוֹ עֲקִילָס: אֲפִילוּ חָכָם שֶׁבְּמַלְכוּתְךָ וְזָקֵן בֶּן מֵאָה שָׁנָה אֵינוֹ יָכוֹל לִלְמוֹד תּוֹרָתָן אִם אֵינוֹ מָל, שֶׁכֵּן כָּתוּב (שם) "מַגִּיד דְּבָרָיו לְיַעֲקֹב חֻקָּיו וּמִשְׁפָּטָיו לְיִשְׂרָאֵל לֹא עָשָׂה כֵן לְכָל גּוֹי" וּלְמִי, לִבְנֵי יִשְׂרָאֵל:

יג דָּבָר אַחֵר, [כא, א] "וְאֵלֶּה הַמִּשְׁפָּטִים", הֲדָא הוּא דִּכְתִיב (משלי כט, ד) [טו]"מֶלֶךְ בְּמִשְׁפָּט יַעֲמִיד אָרֶץ", זֶה הַקָּדוֹשׁ בָּרוּךְ הוּא שֶׁבָּרָא אֶת עוֹלָמוֹ בַּדִּין, שֶׁנֶּאֱמַר (בראשית א, א) "בְּרֵאשִׁית בָּרָא אֱלֹהִים", "בָּרָא ה'" לֹא נֶאֱמַר אֶלָּא "אֱלֹהִים", "וַיֹּאמֶר ה' יְהִי רָקִיעַ" אֵינוֹ אוֹמֵר אֶלָּא (שם שם ו) "אֱלֹהִים",

עץ יוסף

הלילה ההוא יקחהו אופל. כלומר המלאך גבריאל שנקרא שמו לילה, שהוא השלטון, או פירוש הלילה ממש, והיא השולטת על כל הארץ (תולדות נח): **סגר למטרונה והנה מרים כו'.** שהם אותה בפילקי, שנאמר תסגר שבעת ימים מחוץ למחנה: **ותכהין עיניו מראות.** וסבירא ליה שהיה על צד העונש מאתו יתברך על שנסתכל בשכינה, או בעשו כמו שאמרו [חכמינו] ז"ל: **ידוע תדע כו'.** סבירא ליה שהיה על צד העונש לאברהם, על שאמר במה אדע כמו שאמרו חכמינו ז"ל: **והוא צולע כו'.** סבירא ליה שהיה על צד העונש על שנשא שתי אחיות: **שנאמר ואם אמנם שגיתי כו'** ואף שאחר זה אמר עוד דברים קשים, זה היה מחמת שלא היה דעתו מיושבת עליו מגודל היסורים: (יב) [ט] **הדא הוא דכתיב מגיד דבריו ליעקב.** כוונתו לתרץ אשר תשים לפניהם דייקא ולא לפני אחרים: **אמר לו עקילס לאדריינוס המלך.** הוא אדריינוס שהחריב את ביתר חמשים ושנים שנים אחר חורבן הבית: **רוצה אני להתגייר.** להיות גר צדק ולהעשות ישראל גמור: **הקטן שבהם יודע כו'.** ולולי שחפץ ה' בישראל לא גלה להם סוד זה: **לך ולמד תורתן כו'.** כלומר עיין בתחלה יפה בתורתם קודם שתמול, ואם יראה לך בודאי כי אין ספק באמתתה אז תתגייר: **אמר ליה עקילס כו' איני יכול.** שאי אפשר להבין סתרי תורה רק לישראל: (יג) [י] **הדא הוא דכתיב מלך במשפט כו'.** השתא בעי למימר שמה שנאמר אשר תשים, לפי שעל הדין העולם הושם, ולכן הביא מלך במשפט יעמיד ארץ, כי דור המבול להעדר המשפט נאבדו, ונאמר מבלי משים לנצח יאבדו שקרא הדין משים כי הוא המשים שארית בארץ: **זה הקדוש ברוך הוא.** וקראו כאן בשם מלך, משום דבעי למימר שברא העולם בדין, ודרך מלך לעשות משפט, כדכתיב ועוז מלך משפט אהב:

פירוש מהרז"ו

אתי תלין משונתי. שם אמר אערכה לפניו משפט, וכאן אמר שגיתי, שני כתובים מכחישים, והכריע כנ"ל בדוד: **מבלי משים.** הוא המשפט כנ"ל בריש הסימן: (יב) **אמר לו עקילס.** עיין תנחומא סדר זה סימן ה באריכות ותמצא נחת: **לא עשה כן ולמי לבני ישראל.** עיין במדבר רבה פרשה א סימן ה, ושם מבואר באריכות, והם שני פסוקים משני מזמורים וחברם יחד, על פי המדות, ושם דרש על מה שכתוב (תהלים קמח, יד) וירם קרן, וכאן דרש על לבני ישראל וגו': (יג) **מלך במשפט.** זה נאמר על אבותינו, וסיפא דקרא ואיש תרומות יהרסנה, ועיין בראשית רבה ריש פרשה י"ד:

מתנות כהונה

יאבד יום אולד בו. כיון שקלל עצמו והוא נברא בצלם אלהים הרי קילל איקונין כשל מלך. או יש לומר דסמך אסיפיה דקרא דכתיב (איוב ג, ג) ולילה אמר הורה גבר ודרשו חז"ל (נדה טז, ב) מלאך הממונה על ההריון לילה שמו: **לא תביאו** גרסינן: [יב] **לירודה.** לשפלה ובזויה

אשד הנחלים

וזהו מבלי משים, שלא שם על לב להתבונן בזה ודיבר ככל העולה על רוחו: **ראה המלך יושב כו'.** כלומר כל זה ראה איוב והתבונן, אף שהמלך מלך מלכי המלכים יושב בכיפה, כלומר שאף שהוא יושב שמים, עם כל זה הוא לבדו פועל בארץ, רק השגחתו יתברך על העולם ואנשיו, כי הוא סגר למרים כו', ואז הבין כי שגה בזה, כי גם להצדיקים הגדולים ממנו קרה להם יסורים: **כחו של דין.** וזהו מבלי משים, שזהו דין כדכתיב ואלה המשפטים אשר תשים, ויהיה אם כן ביאור הכתוב, אלולי שהיה דין בעולם וכו' מבלי משים, אז לנצח יאבדו, כי הדין הוא המייסר והמצריף לבות בני אדם להיטיב מעשיהם, ולולי הדין אז היה העולם לְכָלָה בכללו מרוב עונות וחטאים: [יב] **כמה בזיתי אותה.** ואם כן אין השגחת ה' עליהם להצילם, ומדוע תחפוץ להיות אתם: **[ואל תמול].** שלא יהיה יהודי לגמרי רק ללמוד תורתם. והשיב לו שאפילו היותר חכם והיותר זקן לא יהיה ביכולתו: [יג] **שבדין נברא העולם.** הענין, כי אילולי חטא אדם הראשון אז היה העולם מתנהג רק בדין, לא בשיתוף הרחמים, אחר שאין חטא בעולם אם כן לא היה מזיק אם יתנהג רק בדין, כי גם מדת הדין היה מסכים שיקויים התבל, אבל אדם בחטאו הרס זאת, כי אחר שתולדותיו עלולים לחטוא, אז מוכרח לצרף גם הרחמים, וכמאמרם (עיין בראשית רבה סוף פרשה יב) תחלה עלה במחשבתו לברוא את העולם במדת הדין, ראה שאין העולם מתקיים שיתף מדת הרחמים. ובאגב מפרש שאדם הראשון היה גם חומרו זך יותר מכל הנבראים, כי נתקבץ חומרו מהיסודות היותר זכות, ועם כל זה הרס כוחותיו, אשר לכן לאמר

חידושי הרש"ש

סגר למטרונה והנה מרים כו'. וכתיב שם תסגר כו':

באור מהרי"פ

סגר למטרונא זו מרים וכו'. עד יעקב והוא צולע על ירכו. הנה על היפוך ושנוי סדר אבות העולם המנוים כאן, בין לפי סדר הזמן, בין לפי ערך גדולתן, נשגבה הפליאה בעיני, ולא ידעתי למה סידר המסדר כזה, וצריך עיון:

ענף יוסף

(יב) [ט] **כמה יש משנברא העולם.** ואף על גב דזה אינו שייך בדברי התורה, ועוד שהרי גם האומות יודעים כמה יש משנברא העולם. וי"ל דהכי קאמר ישראל הם יודעים כמה אלפים שנה העולם עומד משנברא עד תכליתו, וזהו נרמז בתורה כמה פעמים שהעולם עומד שש אלפים שנים כגון בראשית ברא שית, וכן בכמה פסוקים וכדהובא בחלק (תולדות נח):

אמרי יושר

רגם איקונין שאמר יאבד יום אולד בו. וקלל עצמו, שאדם עשוי בצלם אלהים ואינו רשאי לקלל עצמו: **בעט במערכה [וכו'] יחשכו כוכבי נשפו.** כי הם מחשיכים לי ולחבירי שכמותי, יחשכו ויתבטלו: **קלל לשלטון הלילה ההוא יקחהו אופל.** מלאך שלטון על התאוה לילה שמו: **ראה המלך יושב ודן להסגר המטרונה.** כן איוב נערכה לפניו משפט, שהוא אני מלמדו את הדין: **[יב] רוצה אני להתגייר.** בערך מה שממנו, ולהעשות ישראל בערך מה שאליו, ולזה הקשה לו **מה ראית בהם שאתה רוצה להתגייר,** רצה לומר להתגייר ניחא, אבל מה ראית בהם שאתה דבק בהם. אי נמי הכפל הוא כנגד גר תושב שמקבל שבע מצות, וגר צדק המקבל כל התורה: **אפילו זקן.** שתש כחו, ואם כן אינו בעבור התשת כח לבד המילה: **אינו יכול ללמוד תורתן.** שהוא אסור, גם אין לו הבנה ולא יתעלם הידיעה בנפשו, ולזה נתרץ כי הרי אנו רואים ערלים לומדים תורה, אבל אינו בעלם, ובמסכת [בבא] קמא ירושלמי פרק שור שנגח (ה"ג) כששלחה מלכות הרשעה שתי סרדיוטים ללמוד תורה אצל חכמי ישראל כשנפטרו להם לא הגיעו לסולמא של צור ושכחו הכל:

מסורת המדרש

יד. עיין גיטין דף נ"ו. ובעבודה זרה דף י"א. תנחומא כאן סימן ה' ילקוט תהלים רמז תתפ"א:
טו. בראשית רבה פרשה י"ד כל הענין. ילקוט משלי רמז תתקס"א:

אם למקרא

יֹאבַד יוֹם אִוָּלֶד בּוֹ וְהַלַּיְלָה אָמַר הֹרָה גָבֶר: (איוב ג: ג)
יֶחְשְׁכוּ כּוֹכְבֵי נִשְׁפּוֹ יְקַו לְאוֹר וָאַיִן וְאַל יִרְאֶה בְּעַפְעַפֵּי שָׁחַר: (שם שם ט)
הַלַּיְלָה הַהוּא יִקָּחֵהוּ אֹפֶל אַל־יִחַדְּ בִּימֵי שָׁנָה בְּמִסְפַּר יְרָחִים אַל־יָבֹא: (שם שם ו)
וְהֶעָנָן סָר מֵעַל הָאֹהֶל וְהִנֵּה מִרְיָם מְצֹרַעַת כַּשָּׁלֶג וַיִּפֶן אַהֲרֹן אֶל־מִרְיָם וְהִנֵּה מְצֹרָעַת: (במדבר יב: י)
וַיֹּאמֶר ה' אֶל־מֹשֶׁה וְאֶל־אַהֲרֹן יַעַן לֹא־הֶאֱמַנְתֶּם בִּי לְהַקְדִּישֵׁנִי לְעֵינֵי בְּנֵי יִשְׂרָאֵל לָכֵן לֹא תָבִיאוּ אֶת־הַקָּהָל הַזֶּה אֶל־הָאָרֶץ אֲשֶׁר־נָתַתִּי לָהֶם: (שם כ: יב)
וַיְהִי כִּי זָקֵן יִצְחָק וַתִּכְהֶיןָ עֵינָיו מֵרְאֹת וַיִּקְרָא אֶת עֵשָׂו בְּנוֹ הַגָּדֹל וַיֹּאמֶר אֵלָיו בְּנִי וַיֹּאמֶר אֵלָיו הִנֵּנִי: (בראשית כז: א)
וַיֹּאמֶר לְאַבְרָם יָדֹעַ תֵּדַע כִּי גֵר יִהְיֶה זַרְעֲךָ בְּאֶרֶץ לֹא לָהֶם וַעֲבָדוּם וְעִנּוּ אֹתָם אַרְבַּע מֵאוֹת שָׁנָה: (שם טו: יג)
וַיִּזְרַח לוֹ הַשֶּׁמֶשׁ כַּאֲשֶׁר עָבַר אֶת־פְּנוּאֵל וְהוּא צֹלֵעַ עַל־יְרֵכוֹ: (שם לב: לב)
וְאַף אָמְנָם שָׁגִיתִי אִתִּי תָּלִין מְשׁוּגָתִי (איוב יט: ד)
מִבֹּקֶר לָעֶרֶב יֻכַּתּוּ מִבְּלִי מֵשִׂים לָנֶצַח יֹאבֵדוּ: (שם ד: כ)
מַגִּיד דְּבָרָיו לְיַעֲקֹב חֻקָּיו וּמִשְׁפָּטָיו לְיִשְׂרָאֵל: לֹא עָשָׂה כֵן לְכָל־גּוֹי וּמִשְׁפָּטִים בַּל־יְדָעוּם הַלְלוּיָהּ: (תהלים קמז: יט-כ)
מֶלֶךְ בְּמִשְׁפָּט יַעֲמִיד אָרֶץ וְאִישׁ תְּרוּמוֹת יֶהֶרְסֶנָּה: (משלי כט: ד)
בְּרֵאשִׁית בָּרָא אֱלֹהִים אֵת הַשָּׁמַיִם וְאֵת הָאָרֶץ: (בראשית א: א)
וַיֹּאמֶר אֱלֹהִים יְהִי רָקִיעַ בְּתוֹךְ הַמָּיִם וִיהִי מַבְדִּיל בֵּין מַיִם לָמָיִם: (שם שם ו)

אָמַר לוֹ: הַקָּטָן שֶׁבָּהֶם יוֹדֵעַ הֵיאַךְ בָּרָא הַקָּדוֹשׁ בָּרוּךְ הוּא אֶת הָעוֹלָם – **[Aquila] replied to [Hadrian],** “I see that even **the smallest** (i.e., simplest) person **among them knows how the Holy One, blessed is He, created the world.** **מַה נִּבְרָא בְּיוֹם רִאשׁוֹן וּמַה נִּבְרָא בְּיוֹם ב׳** – He knows **what was created on the first day** of Creation, **and what was created on the second day,** and so on,[224] **וְכַמָּה יֵשׁ מִשֶּׁנִּבְרָא הָעוֹלָם** – **and how many** years **there are** that have elapsed **since the world was created** until now,[225] **וְעַל מָה הָעוֹלָם עוֹמֵד** – **and upon what the world stands.**[226] **וְתוֹרָתָן אֱמֶת** – **And** furthermore, **their Torah is the truth!”**[227] **אָמַר לוֹ: לֵךְ וּלְמַד תּוֹרָתָן וְאַל תִּמּוֹל** – **[Hadrian] said to [Aquila],** “If you are so fascinated by their doctrines, why don’t you **go and study their Torah, but not** undergo conversion and **become circumcised?”** **אָמַר לוֹ עֲקִילָס: אֲפִילוּ חָכָם שֶׁבְּמַלְכוּתְךָ וְזָקֵן בֶּן מֵאָה שָׁנָה אֵינוֹ יָכוֹל לִלְמוֹד תּוֹרָתָן אִם אֵינוֹ מָל** – **Aquila said to [Hadrian], “Even the wisest person in your kingdom, and** even if he is a venerable **oldster of a hundred years, he is unable to study their Torah if he is uncircumcised.”**[228] **שֶׁכֵּן כָּתוּב ״מַגִּיד דְּבָרָיו לְיַעֲקֹב חֻקָּיו וּמִשְׁפָּטָיו לְיִשְׂרָאֵל לֹא עָשָׂה כֵן לְכָל גּוֹי״** – **For so is it written,** ***He relates His Words to Jacob, His statutes and His judgments to Israel. He did not do so for any other nation*** (ibid.). **וּלְמִי, לִבְנֵי יִשְׂרָאֵל** – **“And to whom** *did* He relate the Torah? Only **to the children of Israel.”**

§13 The Midrash cites a verse from *Proverbs* and offers several interpretations, the last of which is relevant to our passage in *Exodus*:

דָּבָר אַחֵר, ״וְאֵלֶּה הַמִּשְׁפָּטִים״ – **Another interpretation** of the verse, ***And these are the ordinances,*** *that you shall place before them*: **הָדָא הוּא דִכְתִיב ״מֶלֶךְ בְּמִשְׁפָּט יַעֲמִיד אָרֶץ״** – **This** is to be understood in light of what **is written, *Through justice a king establishes the land,*** *and a man of terumos destroys it* (*Proverbs* 29:4).

Who is the *king* in this verse, and what is meant by *a man of terumos,* whose destructiveness is contrasted to the king’s constructive contribution to the world? The Midrash presents several approaches:

זֶה הַקָּדוֹשׁ בָּרוּךְ הוּא שֶׁבָּרָא אֶת עוֹלָמוֹ בַּדִּין – *Through justice a king establishes a land* – **this is** referring to **the Holy One, blessed is He, Who created His world with** His Attribute of **Justice.** **שֶׁנֶּאֱמַר ״בְּרֵאשִׁית בָּרָא אֱלֹהִים״, ״בָּרָא ה׳ ״ לֹא נֶאֱמַר אֶלָּא ״אֱלֹהִים״** – **For it is stated, *In the beginning God*** [אֱלֹהִים] ***created*** *the heavens and the earth* (*Genesis* 1:1); **it is not stated, “Hashem created,”** but ***God*** *(Elohim) created.*[229] **״וַיֹּאמֶר ה׳ יְהִי רָקִיעַ״ אֵינוֹ אוֹמֵר אֶלָּא ״אֱלֹהִים״** – And it states further again, regarding the creation of light, ***And God*** [אֱלֹהִים] ***said, “Let there be light”*** (ibid. 1:3), where **[Scripture] states specifically, *God*** *(Elohim) said* and not “Hashem said.”

NOTES

224. For this information is provided by the Torah (*Genesis* Ch. 1).

225. This information, too, can be extrapolated from the chronology found in the *Tanach.*

226. In the *Tanchuma* version of the story, this point is elaborated: The world stands upon the study and executions of the Torah’s monetary laws (מִשְׁפָּטִים). Thus, this narrative is all the more relevant to our passage here in *Exodus*.

227. According to *Yefeh To’ar* (and *Eitz Yosef*), Aquila was referring specifically to the monetary laws (מִשְׁפָּטִים) of the Torah (see also previous note), which are uniquely in harmony with man’s innate sense of fairness.

228. For the Jews will not teach Torah to a non-Jew [indeed, it is forbidden to do so – see *Sanhedrin* 59a] until he has proven his commitment to Judaism by circumcising himself (*Yefeh To’ar*). Furthermore, it is impossible for an uncircumcised person to truly understand the wisdom of the Torah (ibid.). See Insight Ⓐ.

229. The two most commonly used Names of God are *Hashem* (often translated as “the Lord”) and *Elohim* (usually translated as “God”), which represent God’s Attribute of Mercy and His Attribute of Strict Justice, respectively. Since the Name *Elohim* is used throughout the Creation story in *Genesis* Ch. 1, this shows that God created the world through His Attribute of Strict Justice (see also *Bereishis Rabbah* 12 §15 and *Rashi* to *Genesis* 1:1).

INSIGHTS

Ⓐ **The Depths of Simple Meaning** The question seems self-evident: Aquila was impressed with the Scriptural knowledge of Jewish *schoolchildren,* considering it something that the oldest and wisest secular scholar could not master without actually becoming a Jew. But the schoolchildren were taught nothing more than the simple meaning of Scripture! Why would a non-Jewish student not be able to attain a similar mastery?

R’ Yechezkel Sarna (*Daliyos Yechezkel* Vol. 5, pp. 144-145) sees here an important message: The simple meaning is not so simple. Even a “simple” explanation of the Divine words of Scripture must take into account all the many hidden and esoteric meanings of the text. And a translation or elucidation that does not reflect those many layers of meaning cannot be termed even the “simple” meaning of the text.

The Jewish schoolchildren of yore, in the times of the great *Tannaim,* were taught Scripture in such a way that the multifaceted meanings were hidden in the simple exposition of the text. Their teachers would not distort or modify the holy words as a means of simplifying the material and facilitating the children’s understanding of Scripture. True, at the time of their fledgling studies, those deeper meanings were beyond the young students’ grasp. But embedded in the Torah that they were taught were the fundamental and profound concepts of the Torah. And as the students would advance and mature, they would uncover the meanings implicit in the “simple explanations” they had learned in their youth.

Only someone steeped in the holy traditions of our people could study Torah in this way. Aquila realized that he would not be able to master this from without. He would have to study it from within.

R’ Yechezkel concludes with a fascinating idea, based on the view that Aquila (who translated the *Tanach* into Greek) and Onkelos (who translated the Torah into Aramaic) were one and the same person. (This is actually a matter of considerable discussion. See *Maharatz Chayes, Iggeres Bikkores,* p. 515; and *Seder HaDoros, Tannaim VaAmoraim,* ע׳ עקילס הגר.) The fundamental translation of the Torah is *Targum Onkelos.* Although it contains many novel interpretations, it is essentially a simple translation of the text, and is regarded as having the status of *Halachah LeMoshe MiSinai* (see *Rashi* to *Kiddushin* 49a s.v. הרי זה מחרף; *Teshuvos Rama* §129). It is indeed most fitting that Aquila — who recognized the deeper lessons contained even in the plain text of Scripture, which even small Jewish children would be taught but which remained a closed book to even the greatest of secular scholars — would be the one who provided us with this fundamental translation of *Chumash,* laden with hidden meaning and yielding its treasures to those sincere students of Torah who plumb its remarkable depths.

אָמַר: בְּבַקָּשָׁה מִכֶּם, שִׁכּוֹר הָיִיתִי וְלֹא יָדַעְתִּי כֹּחַ הַמֶּלֶךְ, כָּךְ הָיָה אִיּוֹב עוֹמֵד וְצוֹוֵחַ "מִי יִתֵּן יָדַעְתִּי וְאֶמְצָאֵהוּ ... אֶעֶרְכָה לְפָנָיו מִשְׁפָּט", רָגַם הָאִיקוֹנִין שֶׁאָמַר (שם ג, ג) "יֹאבַד יוֹם אִוָּלֶד בּוֹ", בָּעַט בַּפִּילְקִי וְהוֹצִיא אִיסָּרִין (שם שם ט) "יֶחְשְׁכוּ כּוֹכְבֵי נִשְׁפּוֹ", קִלֵּל לַשִּׁלְטוֹן (שם שם ו) "הַלַּיְלָה הַהוּא יִקָּחֵהוּ אֹפֶל", רָאָה הַמֶּלֶךְ יוֹשֵׁב בַּבִּימָה סָגַר לַמַּטְרוֹנָה (במדבר יב, י) "וְהִנֵּה מִרְיָם מְצֹרַעַת כַּשָּׁלֶג", טָרַד לְמֹשֶׁה (שם כ, יב) "לָכֵן לֹא תָבִיאוּ אֶת הַקָּהָל הַזֶּה", סִימֵּא לַדּוּכּוֹס זֶה יִצְחָק, שֶׁנֶּאֱמַר (בראשית כז, א) "וַתִּכְהֶיןָ עֵינָיו מֵרְאֹת", נָתַן קַטָּארִיקִי לְאַבְרָהָם שֶׁנֶּאֱמַר (שם טו, יג) "יָדֹעַ תֵּדַע כִּי גֵר יִהְיֶה זַרְעֲךָ", קֵרַב קִיסִין עַל יַעֲקֹב (שם לב, לב) "וְהוּא צֹלֵעַ עַל יְרֵכוֹ", כְּשֶׁרָאָה אִיּוֹב אָמַר: בְּבַקָּשָׁה מִמְּךָ, שִׁכּוֹר הָיִיתִי, שֶׁנֶּאֱמַר (איוב יט, ד) "וְאַף אָמְנָם שָׁגִיתִי אִתִּי תָּלִין מְשׁוּגָתִי", וְכָל כָּךְ לָמָּה, שֶׁלֹּא הָיוּ יוֹדְעִין כֹּחוֹ שֶׁל דִּין, הֱוֵי (שם ד, כ) "מִבְּלִי מֵשִׂים לָנֶצַח יֹאבֵדוּ":

יב דָּבָר אַחֵר, [כא, א] "וְאֵלֶּה הַמִּשְׁפָּטִים" הֲדָא הוּא דִכְתִיב (תהלים קמז, יט) "מַגִּיד דְּבָרָיו לְיַעֲקֹב", פַּעַם אַחַת [יד]אָמַר לוֹ עֲקִילָס לְאַדְרְיָנוּס הַמֶּלֶךְ: רוֹצֶה אֲנִי לְהִתְגַּיֵּיר וְלֵהָעָשׂוֹת יִשְׂרָאֵל, אָמַר לוֹ: לְאוּמָּה זוֹ אַתָּה מְבַקֵּשׁ, כַּמָּה בִּזִּיתִי אוֹתָהּ כַּמָּה הָרַגְתִּי אוֹתָהּ לַיְּרוּדָה שֶׁבָּאוּמּוֹת, אַתָּה מְבַקֵּשׁ לְהִתְעָרֵב, מָה רָאִיתָ בָּהֶם שֶׁאַתָּה רוֹצֶה לְהִתְגַּיֵּיר, אָמַר לוֹ: הַקָּטָן שֶׁבָּהֶם יוֹדֵעַ הֵיאַךְ בָּרָא הַקָּדוֹשׁ בָּרוּךְ הוּא אֶת הָעוֹלָם, מַה נִּבְרָא בְּיוֹם רִאשׁוֹן וּמַה נִּבְרָא בְּיוֹם ב', וְכַמָּה יֵשׁ מִשֶּׁנִּבְרָא הָעוֹלָם וְעַל מָה הָעוֹלָם עוֹמֵד, וְתוֹרָתָן אֱמֶת, אָמַר לוֹ: לֵךְ וּלְמַד תּוֹרָתָן וְאַל תִּמּוֹל, אָמַר לוֹ עֲקִילָס: אֲפִילוּ חָכָם שֶׁבְּמַלְכוּתְךָ וְזָקֵן בֶּן מֵאָה שָׁנָה אֵינוֹ יָכוֹל לִלְמוֹד תּוֹרָתָן אִם אֵינוֹ מָל, שֶׁכֵּן כָּתוּב (שם) "מַגִּיד דְּבָרָיו לְיַעֲקֹב חֻקָּיו וּמִשְׁפָּטָיו לְיִשְׂרָאֵל לֹא עָשָׂה כֵן לְכָל גּוֹי" וּלְמִי, לִבְנֵי יִשְׂרָאֵל:

יג דָּבָר אַחֵר, [כא, א] "וְאֵלֶּה הַמִּשְׁפָּטִים", הֲדָא הוּא דִכְתִיב (משלי כט, ד) [טו]"מֶלֶךְ בְּמִשְׁפָּט יַעֲמִיד אָרֶץ", זֶה הַקָּדוֹשׁ בָּרוּךְ הוּא שֶׁבָּרָא אֶת עוֹלָמוֹ בַּדִּין, שֶׁנֶּאֱמַר (בראשית א, א) "בְּרֵאשִׁית בָּרָא אֱלֹהִים", "בָּרָא ה'" לֹא נֶאֱמַר אֶלָּא "אֱלֹהִים", "וַיֹּאמֶר ה' יְהִי רָקִיעַ" אֵינוֹ אוֹמֵר אֶלָּא (שם שם ו) "אֱלֹהִים",

עץ יוסף

הלילה ההוא יקחהו אופל. כלומר המלאך גבריאל שנקרא שמו לילה, שהוא השלטון, או פירוש הלילה ממש, והיא השולטת על כל הארץ (תולדות נח): **סגר למטרונה והנה מרים כו'.** שהם אותה בפילקי, שנאמר תסגר שבעת ימים מחוץ למחנה: **ותכהין עיניו מראות.** וסבירא ליה שהיה על צד העונש מאתו יתברך על שנסתכל בשכינה, או בעשו כמו שאמרו [חכמינו] ז"ל: **ידוע תדע כו'.** סבירא ליה שהיה על צד העונש לאברהם, על שאמר במה אדע כמו שאמרו חכמינו ז"ל: **והוא צולע כו'.** סבירא ליה שהיה על צד העונש על שנשא שתי אחיות: **שנאמר ואם אמנם שגיתי כו'** ואף שאחר זה אמר עוד דברים קשים, זה היה מחמת שלא היה דעתו מיושבת עליו מגודל היסורים: **(יב) [ט] הדא הוא דכתיב מגיד דבריו ליעקב.** כוונתו לתרץ אשר תשים לפניהם דייקא ולא לפני אחרים: **אמר לו עקילס לאדריינוס המלך.** הוא אדרייאנוס שהחריב את ביתר חמשים ושנים שנים אחר חורבן הבית: **רוצה אני להתגייר.** להיות גר צדק ולהעשות ישראל גמור: **הקטן שבהם יודע כו'.** ולולי שחפץ ה' בישראל לא גלה להם סוד זה: **לך ולמד תורתן כו'.** כלומר עיין בתחלה יפה בתורתם קודם שתמול, ואם יראה לך בודאי כי אין ספק באמתתה אז תתגייר: **אמר ליה עקילס כו' איני יכול.** שאי אפשר להבין סתרי תורה רק לישראל: **(יג) [י] הדא הוא דכתיב מלך במשפט כו'.** השתא בעי למימר שמה שנאמר אשר תשים, לפי שעל הדין העולם הושם, ולכן הביא מלך במשפט יעמיד ארץ, כי דור המבול להעדר המשפט נאבדו, ונאמר מבלי משים לנצח יאבדו שקרא הדין משים כי הוא המשים שארית בארץ: **זה הקדוש ברוך הוא.** וקראו כאן בשם מלך, משום דבעי למימר שברא העולם בדין, ודרך מלך לעשות משפט, כדכתיב ועוז מלך משפט אהב:

פירוש מהרז"ו

אתי תלין משונתי. שם אמר אערכה לפניו משפט, וכאן אמר שגיתי, שני כתובים מכחישים, והכריע כנ"ל בדוד: **מבלי משים.** הוא המשפט כנ"ל בריש הסימן: **(יב) אמר לו עקילס.** עיין תנחומא סדר זה סימן ה באריכות ותמצא נחת: **לא עשה כן ולמי לבני ישראל.** עיין במדבר רבה פרשה א סימן ה, ושם מבואר באריכות, והם שני פסוקים משני מזמורים וחברם יחד, על פי המדות, ושם דרש על מה שכתוב (תהלים קמח, יד) וירם קרן, וכאן דרש על לבני ישראל וגו': **(יג) מלך במשפט.** זה נאמר על אבותינו, וסיפא דקרא ואיש תרומות יהרסנה, ועיין בראשית רבה ריש פרשה י"ד:

מתנות כהונה

יאבד יום אולד בו. כיון שקלל עצמו והוא נברא בצלם אלהים הרי קילל איקונין כשל מלך. או יש לומר דסמך אסיפיה דקרא דכתיב (איוב ג, ג) ולילה אמר הורה גבר ודרשו חז"ל (נדה טז, ב) מלאך הממונה על ההריון לילה שמו: **לא תביאו** גרסינן: **[יב] לירודה.** לשפלה ובזויה

אשד הנחלים

וזהו מבלי משים, שלא שם על לב להתבונן בזה ודיבר ככל העולה על רוחו: **ראה המלך יושב כו'.** כלומר כל זה ראה איוב והתבונן, אף שהמלך מלך מלכי המלכים יושב בכיפה, כלומר שאף שהוא יושב שמים, עם כל זה הוא לבדו פועל בארץ, רק השגחתו יתברך על העולם ואנשיו, כי הוא סגר למרים כו', ואז הבין כי שגה בזה, כי גם להצדיקים הגדולים ממנו קרה להם יסורים: **כחו של דין.** וזהו מבלי משים, שזהו דין כדכתיב ואלה המשפטים אשר תשים, ויהיה אם כן ביאור הכתוב, אלולי שהיה דין בעולם וכו' מבלי משים, אז לנצח יאבדו, כי הדין הוא המייסר והמצריף לבות בני אדם להיטיב מעשיהם, ולולי הדין אז היה העולם לְכָלָה בכללו מרוב עונות וחטאים: **[יב] כמה בזיתי אותה.** ואם כן אין השגחת ה' עליהם להצילם, ומדוע תחפוץ להיות אתם: **[ואל תמול].** שלא יהיה יהודי לגמרי רק ללמוד תורתם. והשיב לו שאפילו היותר חכם והיותר זקן לא יהיה ביכולתו: **[יג] שבדין נברא העולם.** הענין, כי אילולי חטא אדם הראשון אז היה העולם מתנהג רק בדין, לא בשיתוף הרחמים, אחר שאין חטא בעולם אם כן לא היה מזיק אם יתנהג רק בדין, כי גם מדת הדין היה מסכים שיקויים התבל, אבל אדם בחטאו הרס זאת, כי אחר שתולדותיו עלולים לחטוא, אז מוכרח לצרף גם הרחמים, וכמאמרם (עיין בראשית רבה סוף פרשה יב) תחלה עלה במחשבתו לברוא את העולם במדת הדין, ראה שאין העולם מתקיים שיתף מדת הרחמים. ובאגב מפרש שאדם הראשון היה גם חומרו זך יותר מכל הנבראים, כי נתקבץ חומרו מהיסודות היותר זכות, ועם כל זה הרס כוחותיו, אשר לכן לאמר

חידושי הרש"ש

סגר למטרונה והנה מרים כו'. וכתיב שם תסגר כו':

באור מהרי"פ

סגר למטרונא זו מרים וכו'. עד יעקב והוא צולע על ירכו. הנה על היפוך ושנוי סדר אבות העולם המנויים כאן, בין לפי סדר הזמן, בין לפי ערך גדולתן, נשגבה הפליאה בעיני, ולא ידעתי למה סידר המסדר כזה, וצריך עיון:

ענף יוסף

(יב) [ט] כמה יש משנברא העולם. ואף על גב דזה אינו שייך בדברי התורה, ועוד שהרי גם האומות יודעים כמה יש משנברא העולם. וי"ל דהכי קאמר ישראל הם יודעים כמה אלפים שנה העולם עומד משנברא עד תכליתו, וזהו נרמז בתורה כמה פעמים שהעולם עומד שש אלפים שנים כגון בראשית ברא שית, וכן בכמה פסוקים וכדהובא בחלק (תולדות נח):

אמרי יושר

רגם איקונין שאמר יאבד יום אולד בו. וקלל עצמו, שאדם עשוי בצלם אלהים ואינו רשאי לקלל עצמו: **בעט במערכה [וכו'] יחשכו כוכבי נשפו.** כי הם מחשיכים לי ולחבירי שכמותי, יחשכו ויתבטלו: **קלל לשלטון הלילה ההוא יקחהו אופל.** מלאך שלטון על התאוה לילה שמו: **ראה המלך יושב ודן להסגר המטרונה.** כן איוב נערכה לפניו משפט, שהוא אני מלמדו את הדין: **[יב] רוצה אני להתגייר.** בערך מה שממנו, ולהעשות ישראל בערך מה שאליו, ולזה הקשה לו **מה ראית בהם שאתה רוצה להתגייר,** רלה לומר להתגייר ניחא, אבל מה ראית בהם שאתה דבק בהם. אי נמי הכפל הוא כנגד גר תושב שמקבל שבע מצות, וגר צדק המקבל כל התורה: **אפילו זקן.** שתש כחו, ואם כן אינו בעבור התשת כח לבד המילה: **אינו יכול ללמוד תורתן.** שהוא אסור, גם אין לו הבנה ולא יתעלם הידיעה בנפשו, ולזה נתרץ כי הרי אנו רואים ערלים לומדים תורה, אבל אינו בעלם, ובמסכת [בבא] קמא ירושלמי פרק שור שנגח (ה"ג) כששלחה מלכות הרשעה שתי סרדיוטים ללמוד תורה אצל חכמי ישראל כשנפטרו להם לא הגיעו לסולמא של צור ושכחו הכל:

מסורת המדרש

יד. עיין גיטין דף נ"ו. ובעבודה זרה דף י"א. תנחומא כאן סימן ה' ילקוט תהלים רמז תתפ"ח:
טו. בראשית רבה פרשה י"ד כל הענין. ילקוט משלי רמז תתקס"א:

אם למקרא

יֹאבַד יוֹם אִוָּלֶד בּוֹ וְהַלַּיְלָה אָמַר הֹרָה גָבֶר: (איוב ג: ג)

יֶחְשְׁכוּ כּוֹכְבֵי נִשְׁפּוֹ יְקַו לְאוֹר וָאַיִן וְאַל יִרְאֶה בְּעַפְעַפֵּי שָׁחַר: (שם שם ט)

הַלַּיְלָה הַהוּא יִקָּחֵהוּ אֹפֶל אַל־יִחַדְּ בִּימֵי שָׁנָה בְּמִסְפַּר יְרָחִים אַל־יָבֹא: (שם שם ו)

וְהֶעָנָן סָר מֵעַל הָאֹהֶל וְהִנֵּה מִרְיָם מְצֹרַעַת כַּשָּׁלֶג וַיִּפֶן אַהֲרֹן אֶל־מִרְיָם וְהִנֵּה מְצֹרָעַת: (במדבר יב: י)

וַיֹּאמֶר ה' אֶל־מֹשֶׁה וְאֶל־אַהֲרֹן יַעַן לֹא־הֶאֱמַנְתֶּם בִּי לְהַקְדִּישֵׁנִי לְעֵינֵי בְּנֵי יִשְׂרָאֵל לָכֵן לֹא תָבִיאוּ אֶת־הַקָּהָל הַזֶּה אֶל־הָאָרֶץ אֲשֶׁר־נָתַתִּי לָהֶם: (שם כ: יב)

וַיְהִי כִּי זָקֵן יִצְחָק וַתִּכְהֶיןָ עֵינָיו מֵרְאֹת וַיִּקְרָא אֶת עֵשָׂו בְּנוֹ הַגָּדֹל וַיֹּאמֶר אֵלָיו בְּנִי וַיֹּאמֶר אֵלָיו הִנֵּנִי: (בראשית כז: א)

וַיֹּאמֶר לְאַבְרָם יָדֹעַ תֵּדַע כִּי גֵר יִהְיֶה זַרְעֲךָ בְּאֶרֶץ לֹא לָהֶם וַעֲבָדוּם וְעִנּוּ אֹתָם אַרְבַּע מֵאוֹת שָׁנָה: (שם טו: יג)

וַיִּזְרַח לוֹ הַשֶּׁמֶשׁ כַּאֲשֶׁר עָבַר אֶת־פְּנוּאֵל וְהוּא צֹלֵעַ עַל־יְרֵכוֹ: (שם לב: לב)

וְאַף אָמְנָם שָׁגִיתִי אִתִּי תָּלִין מְשׁוּגָתִי: (איוב יט: ד)

מִבֹּקֶר לָעֶרֶב יֻכַּתּוּ מִבְּלִי מֵשִׂים לָנֶצַח יֹאבֵדוּ: (שם ד: כ)

מַגִּיד דְּבָרָיו לְיַעֲקֹב חֻקָּיו וּמִשְׁפָּטָיו לְיִשְׂרָאֵל: לֹא עָשָׂה כֵן לְכָל־גּוֹי וּמִשְׁפָּטִים בַּל־יְדָעוּם הַלְלוּיָהּ: (תהלים קמז: יט-כ)

מֶלֶךְ בְּמִשְׁפָּט יַעֲמִיד אָרֶץ וְאִישׁ תְּרוּמוֹת יֶהֶרְסֶנָּה: (משלי כט: ד)

בְּרֵאשִׁית בָּרָא אֱלֹהִים אֵת הַשָּׁמַיִם וְאֵת הָאָרֶץ: (בראשית א: א)

וַיֹּאמֶר אֱלֹהִים יְהִי רָקִיעַ בְּתוֹךְ הַמָּיִם וִיהִי מַבְדִּיל בֵּין מַיִם לָמָיִם: (שם שם ו)

וְכֵן כּוּלְּהוֹן – **And so** it is with **all of [the verses]** in the narrative of Creation;[230] they all employ the Name *Elohim*. וְכֵן דָּוִד אוֹמֵר "כִּי אֱלֹהִים שֹׁפֵט" – **And** we know that the Name *Elohim* refers to God's Attribute of Justice, for **so does** King **David say, *For God*** *(Elohim)* ***is a Judge*** (*Psalms* 50:6). לְלַמֶּדְךָ שֶׁבַּדִּין נִבְרָא הָעוֹלָם – All of this comes **to teach you that the world was created with the** Attribute of **Justice.**[231]

The Midrash expounds the second half of the *Proverbs* verse in accordance with its current interpretation of that verse:

"וְאִישׁ תְּרוּמוֹת יֶהֶרְסֶנָּה", זֶה אָדָם – ***And a man of terumos destroys it*** (*Proverbs* 29:4) – **this is** referring to **Adam.** מַה דַּרְכָּהּ שֶׁל אִשָּׁה בְּשָׁעָה שֶׁהִיא מְבַקֶּשֶׁת לְהַפְרִישׁ חַלָּתָהּ מְגַבֶּלֶת אֶת הַקֶּמַח וְאַחַר כָּךְ נוֹטֶלֶת חַלָּה – And why is Adam called "man of *terumos*"? **Just as the regular practice of a woman** who is baking bread **is** that **when she wishes to separate *challah***[232] from the dough, **she** first **mixes the flour with water and** only **afterward takes out** a portion of the dough for ***challah,***[233] כָּךְ עָשָׂה הָאֱלֹהִים, גִּבֵּל אֶת הָעוֹלָם וְאַחַר כָּךְ נָטַל אָדָם – **so did God act** in His creation of man. **He** first **mixed the** earth of the **world with water, and** only **afterward "took out"** (i.e., created) **Adam** out of this mixture, שֶׁנֶּאֱמַר "וְאֵד יַעֲלֶה מִן הָאָרֶץ" – **as it is stated, *A mist ascended from the earth*** *and watered the whole surface of the soil* (*Genesis* 2:6),[234] וְאַחַר כָּךְ "וַיִּיצֶר" – **and** only **afterward** it is stated, ***And God formed*** *the man of dust from the ground* (ibid., v. 7).[235] כֵּיוָן שֶׁחָטָא אָמַר לוֹ הָאֱלֹהִים "אֲרוּרָה הָאֲדָמָה בַּעֲבוּרֶךָ" – Now, **when [Adam] sinned, God said to him, *Accursed is the ground because of you*** (ibid. 3:17). לְכָךְ נֶאֱמַר "וְאִישׁ תְּרוּמוֹת יֶהֶרְסֶנָּה" – **Therefore, it is stated, *And a man of terumos*** *destroys it.*[236]

The Midrash presents a second exposition of the *Proverbs* verse:

דָּבָר אַחֵר – **Another interpretation** of this verse: "מֶלֶךְ בְּמִשְׁפָּט יַעֲמִיד אָרֶץ", זֶה יְהוֹשָׁפָט, שֶׁנֶּאֱמַר "וַיֹּאמֶר אֶל הַשֹּׁפְטִים רְאוּ מָה אַתֶּם עוֹשִׂים" – ***Through justice a king establishes a land*** – **this is** referring to kings such as **Jehoshaphat, of whom it is stated, *[Jehoshaphat] said to the judges, "Take care in what you do,*** *for it is not for man's sake that you judge, but for HASHEM'S"* (*II Chronicles* 19:6).[237] "וְאִישׁ תְּרוּמוֹת יֶהֶרְסֶנָּה" זֶה חָכָם, שֶׁהוּא יוֹדֵעַ הֲלָכוֹת וּמִדְרָשׁוֹת וְאַגָּדוֹת – ***But a man of terumos tears it down*** – **this is** referring to **a scholar who is knowledgeable in** the **Torah law and Midrashim and Aggados,**[238] וְיָתוֹם וְאַלְמָנָה הוֹלְכִין אֶצְלוֹ שֶׁיַּעֲשֶׂה דִּין בֵּינֵיהֶן, וְהוּא אוֹמֵר לָהֶן: עָסוּק אֲנִי בְּמִשְׁנָתִי, אֵינִי פָּנוּי – **but** when **an orphan and a widow approach him** and request **that he** apply his Torah knowledge to **adjudicate** a dispute **for them,**[239] he refuses, **and he says to them, "I am busy with my Torah study; I have no time** to deal with your request."[240]

NOTES

230. In Ch. 1 of *Genesis*.

231. And this is what is meant by *Through justice a king establishes the land* – God (the "King") created ("established") the world ("the land") through the Attribute of Justice (*Yefeh To'ar* to *Bereishis Rabbah* 14 §1).

232. The portion of dough that is presented to the Kohen as a priestly gift, as mandated in *Numbers* 15:17-21.

233. For the *challah* portion may not be taken out before the water and flour have been mixed (see *Challah* 2:5).

234. This mixture of water (*mist*) and soil is likened to a dough that is made up of flour and water (*Maharzu*).

235. The Midrash compares the creation of man to the separation of *challah* from dough. Just as a small portion of the total dough is taken and given the distinction of becoming consecrated, so did God take a small portion of the moistened soil to form a being with the great distinction of being a human being (*Yefeh To'ar* to *Bereishis Rabbah* 14 §1).

The *challah* portion is referred to by the term *terumah* in *Numbers* 15:21: *From the first of your kneading shall you separate a terumah.* Thus, Adam, who was compared to the *challah* portion, is aptly called "the man of *terumos*."

236. Adam, the so-called "man of *terumos*," destroyed the purity of the world which "the King" had "established."

237. Jehoshaphat was thus "a king" who "established the land" "through justice." Other kings do this as well, but Scripture stresses this aspect of kingship concerning Jehoshaphat, so the Midrash uses him as an example (see *Yefeh To'ar*). According to this interpretation, the "king" in the *Proverbs* verse refers not to God but to regular, mortal kings.

238. Although one need not be proficient in Midrash and Aggadah in order to render judgment, the plural "אִישׁ "תְּרוּמוֹת leads the Midrash to understand that he is proficient in more than one area of Torah (*Toldos Noach, Eitz Yosef*).

239. I.e., they feel they are being taken advantage of by a more powerful person, and they seek justice for themselves.

240. This person is called "a man of *terumos*" because he "raises himself above" (i.e., removes himself from) his responsibility to apply his Torah knowledge to administer justice. The root of the word תְּרוּמוֹת (*terumos*) is רום, which means "to raise up" (*Yefeh To'ar*). Alternatively, such a person is called "a man of *terumos*" because his extensive Torah learning has bestowed upon him an elevated level of sanctity, just as *terumah* is a consecrated portion separated from ordinary food (*Toldos Noach*). See Insight Ⓐ.

INSIGHTS

Ⓐ **The Building of the World** Some interpret the simple meaning of the word אִישׁ תְּרוּמוֹת to be *a man who is set apart* (see *Metzudas Tzion* ad loc. and *Rashi* to 25:2 below). Accordingly, we could say that our Midrash expounds its use here as referring to a man who is set apart in two senses: His superior scholarship, which gives him the capacity to render halachic rulings, sets him apart from the average scholar. And he sets himself apart from deciding litigation when he refuses to do so. Taken together, the verse would then refer to a pre-eminent Torah scholar who refuses to rule on cases that litigants bring before him. The *Midrash Tanchuma* elaborates on how he justifies his refusal. In the words of that Midrash, he sits in a corner and says, "Why do I need to deal with contentious people? Why do I need to judge them? Why do I need to listen to them? I will be just fine [studying Torah on my own]!" When a Torah scholar behaves in this manner, our Midrash teaches, it is as though he has destroyed the world (*Maharzu*).

The negative assessment of such an eminent Torah scholar, however, seems to be overly harsh. After all, even if he does refuse to decide court cases, still he clearly has a mastery of Torah law and has dedicated a significant amount of time and focus to his studies. Moreover, he may well feel that hearing cases would detract from the time he has for study. And since Torah is one of the three pillars that support the world (*Avos* 1:2), one would think that a person so focused on Torah study would be counted among the righteous who *sustain* the world. Why does the Midrash state that he *destroys* the world?

Clearly, the Midrash is conveying a strong message about the purpose of Torah study. It is not only about amassing and retaining as much Torah knowledge as possible. It is also about internalizing the Torah's emphasis on kindness and selflessness, and thereby overcoming the streak of self-centeredness found in most people. And if a scholar refuses to share his Torah knowledge with litigants who are crying out for his help, this can be taken as an indication that he is exceedingly self-centered — albeit in matters spiritual and holy — and insensitive to the needs of others. A Torah scholar with such attitudes destroys the world, since the world exists in the merit of kindness and selflessness.

In a similar vein, the Talmud teaches that if a wise man refuses to teach an unlearned student, feeling that it is beneath his dignity to do so, then God will reverse their fortunes, making the wise man into a fool and the fool wise (*Temurah* 16a; see also *Vayikra Rabbah* 34 §4).

This is also what the Mishnah in *Avos* (3:2) means when it speaks of the Divine Presence resting upon *two who sit together and words of Torah are "between" them.* It is not enough that both are studying Torah. It is rather that they have words of Torah *between* them: that one *shares* the Torah he has amassed (see *Midrash Shmuel* ad loc.; see also *Taanis* 7a).

The importance of selflessness is fundamental not only to Torah study but to all areas of life as well (see *Koheles Rabbah* 4 §14). This,

וְכֵן כּוּלְּהוֹן, וְכֵן דָּוִד אוֹמֵר (תהלים נ, ו) "כִּי אֱלֹהִים שֹׁפֵט", לְלַמֶּדְךָ שֶׁבַּדִּין נִבְרָא הָעוֹלָם, (משלי שם שם) "וְאִישׁ תְּרוּמוֹת יֶהֶרְסֶנָּה", זֶה אָדָם, [טז] מַה דַּרְכָּהּ שֶׁל אִשָּׁה בְּשָׁעָה שֶׁהִיא מְבַקֶּשֶׁת לְהַפְרִישׁ חַלָּתָהּ מְגַבֶּלֶת אֶת הַקֶּמַח וְאַחַר כָּךְ נוֹטֶלֶת חַלָּה, כָּךְ עָשָׂה הָאֱלֹהִים, גִּבֵּל אֶת הָעוֹלָם וְאַחַר כָּךְ נָטַל אָדָם, שֶׁנֶּאֱמַר (בראשית ב, ו) "וְאֵד יַעֲלֶה מִן הָאָרֶץ" וְאַחַר כָּךְ (שם שם ז) "וַיִּיצֶר", כֵּיוָן שֶׁחָטָא אָמַר לוֹ הָאֱלֹהִים (שם ג, יז) "אֲרוּרָה הָאֲדָמָה בַּעֲבוּרֶךָ", לְכָךְ נֶאֱמַר (משלי כט, ד) "וְאִישׁ תְּרוּמוֹת יֶהֶרְסֶנָּה", דָּבָר אַחֵר, (שם) "מֶלֶךְ בְּמִשְׁפָּט יַעֲמִיד אָרֶץ", זֶה יְהוֹשָׁפָט, שֶׁנֶּאֱמַר (דברי הימים־ב יט, ו) "וַיֹּאמֶר אֶל הַשֹּׁפְטִים רְאוּ מָה אַתֶּם עוֹשִׂים", (משלי שם שם) "וְאִישׁ תְּרוּמוֹת יֶהֶרְסֶנָּה" זֶה חָכָם, שֶׁהוּא יוֹדֵעַ הֲלָכוֹת וּמִדְרָשׁוֹת וְאַגָּדוֹת, וְיָתוֹם וְאַלְמָנָה הוֹלְכִין אֶצְלוֹ שֶׁיַּעֲשֶׂה דִּין בֵּינֵיהֶן, וְהוּא אוֹמֵר לָהֶן: עָסוּק אֲנִי בְּמִשְׁנָתִי, אֵינִי פָּנוּי, וְאָמַר לוֹ הָאֱלֹהִים: מַעֲלֶה אֲנִי עָלֶיךָ כְּאִלּוּ הֶחֱרַבְתָּ אֶת הָעוֹלָם, לְכָךְ נֶאֱמַר "וְאִישׁ תְּרוּמוֹת יֶהֶרְסֶנָּה", דָּבָר אַחֵר, (שם) "מֶלֶךְ בְּמִשְׁפָּט יַעֲמִיד אָרֶץ", אֵלּוּ יִשְׂרָאֵל, שֶׁנֶּאֱמַר (שמות יט, ו) "וְאַתֶּם תִּהְיוּ לִי מַמְלֶכֶת כֹּהֲנִים", (משלי שם שם) "וְאִישׁ תְּרוּמוֹת יֶהֶרְסֶנָּה" אֵלּוּ דּוֹר הַמַּבּוּל, שֶׁלֹּא הָיוּ עוֹשִׂין אֶת הַדִּין, רְאֵה מַה כְּתִיב בָּהֶם (איוב כד, ג-ד) "חֲמוֹר יְתוֹמִים יִנְהָגוּ ... יַטּוּ אֶבְיוֹנִים מִדָּרֶךְ", אָמַר רַבִּי אַחָא: בִּקֵּשׁ הַקָּדוֹשׁ בָּרוּךְ הוּא לִיתֵּן לָהֶם אַרְבָּעָה דְּבָרִים, תּוֹרָה וְיִסּוּרִין וַעֲבוֹדַת קָרְבָּנוֹת וּתְפִלָּה, וְלֹא בִקְּשׁוּ, שֶׁנֶּאֱמַר (שם כא, יד) "וַיֹּאמְרוּ לָאֵל סוּר מִמֶּנּוּ" אֵלּוּ הַיִּסּוּרִין,

עץ יוסף

כי אלהים שופט. אלמא אלהים נזכר על הדין, וזהו דכתיב מלך במשפט יעמיד ארץ כלומר שחדש והקים העולם בדין: **זה אדם מה דרכה של אשה כו'.** בא לומר שאדם הראשון נקרא תרומה, שהיה חלתו ותרומתו של עולם: **זה אדם.** הראשון שנענש בדין: **ואחר כך נוטלת חלה.** ונקראת חלה תרומה שנאמר ראשית עריסותיכם וגו', כן הוא בבראשית רבה פרשה י"ד: **זה יהושפט.** וכוונת הכתוב שהמלך עם שאין מדרכו לשפוט העם אלא ממנה אחרים, על כל זה הוא המעמיד הארץ במשפט בהזהירו עליו כענין יהושפט, אמנם החכם כי הוא הראוי לשפוט כשיסתלק מן הדין יהרסנה: **זה חכם.** איש לשון חשיבות הוא, ודרש תרומות לשון קודש איש קודש על ידי תורתו: **שהוא יודע הלכות.** כי לולי זה טוב לו שלא ליטפל במשפט פן יטעה, וקאמר שהוא יודע הלכות ומדרשות כו', משום דאמר תרומות ולא אמר תרומה, משמע שיודע דברים הרבה: **ויתום ואלמנה.** נקט אלו שעונש עינוי דינם קשה, כאומר אם ענה תענה אותו וגו', ועוד שדבר הכתוב בהווה לפי שאין להם טוענים: **לכך נאמר ואיש תרומות כו'.** המריס עצמו ומסתלק מן המשפט יהרסנה, והא דתנן (אבות פ"ד מ"ז) החושך עצמו מן הדין פורק ממנו איבה כו', היינו כשיש אחרים עושי משפט: **אלו דור המבול.** רוצה לומר דדרשינן במקום אחר תרומות, תרי ממאה, כלומר דבר מועט, וכן עשו דור המבול שלקחו כל אחד ואחד תרי או תלתא ממאה, כדאיתא בבראשית רבה פרשה ל"א, זה בא ונוטל פחות משוה פרוטה, וזה בא ונוטל פחות משוה פרוטה, עד מקום שלא יוכלו להוציאו בדין: **ביקש כו'.** שמאסו גם כן בארבעה דברים אלו: **ארבעה דברים כו'.** שרבוי ההצלחות סבה למרוד בה', רצה הקדוש ברוך הוא לתקן זה בתת להם היסורין המביאים לאדם לכלל דעת את ה' כאומרו ודרך חיים תוכחות מוסר, ולכפר על חטאתם רצה הקדוש ברוך הוא ליתן להם עבודת הקרבנות שבהם יתקרב האדם לבוראו, והתפלה כי אז ישכילו כי הכל מאת ה' ומידו יבוקש, כי זהו סוד התפלה: **אלו היסורין.** כי על ידם ה' קרוב להם, על דרך קרוב ה' לנשברי לב (יפה תואר). ואפשר דנלמד מסור שהוא לשון יסורין:

פירוש מהרז"ו

וכן כולהון. שאל כל מעשה בראשית כתוב ויאמר אלהים: **כי אלהים שופט.** הרי שאלהים הוא דין: **להפריש חלתה.** והחלה נקראת תרומה, וכמו שכתוב במדבר ט"ו (פסוק כ) חלה תרימו תרומה: **ואד יעלה מן הארץ.** והשקה את כל פני האדמה, בדמיון גיבול בקמח, ואחר כך וייצר ה' אלהים עפר מן האדמה, שכבר נגבל. ועל שבמשפט יעמיד ארץ, על כרחך שנעשה איש תרומות שיהיה קודש, וכשחלל קדושתו על כרחך יהרסנה על פי הדין שקללו, על פי מדה ט' ז' וי"ז ודו"ק: **זה יהושפט.** שהזדקק אל המשפט, וצוה אל השופטים לחקור והצליח, וכן כל העוסק כמעשיו אלא שבו מפורש יותר: **זה חכם שיודע.** דורש תרומות, שני מיני תרומות, שהוא בעצמו איש קודש כתרומה, חכם ויודע הכל, וראוי לו להיות שופט. והוא מריס ומפריש עצמו מן המשפט, על כן יהרסנה, ולשון התנחומא כאן סימן ב יותר ברור: **חמור יתומים ינהגו.** וכמו שאמר בראשית רבה סוף פרשה כ"ו שאיוב וחבריו באו ללמד על מעשה דור המבול על רשעתם ועונשם: **ויאמרו לאל סור ממנו.** ומהתשובה אנו יודעים השאלה, על פי מדה ט'. ועיין בראשית רבה ריש פרשה ל"ו, איך דורש כל הענין בדור המבול, ולא פירש ממה יסור מהם, הרי שהוא מרומז בתיבת סור, על פי מדת ממעל, סור מלייסר אותנו. ועבודה היא קרבנות, כמו שאומרים והשב את העבודה לדביר ביתך, נפגע בו, הוא תפלה, כמו שדרשו בראשית רבה פרשה ס"ח סימן ט:

מתנות כהונה

לשון ירידה: [יג] **ועבודות קרבנות** גרסינן: **אלו היסורין.** דרש אל לשון חוזק ומדת הדין כמה דאת אמר (יחזקאל יז, יג) ואת אילי הארץ לקח:

אשד הנחלים

ואלה המשפטים אשר תשים לפניהם, שיתנהגו ככה כאשר אני חפצתי להנהיג בהם העולם, לולי חטאו שסיבב: **עסוק אני במשנתי.** וזהו איש תרומות, שנבדל ונפרש מעניני העולם מפני הפנותו שכמו לסבול התורה, ומדמה כי מה לו לעסקי בין אדם לחברו, אבל לא כן, כי אם מהרס העולם על ידי זה. והביא לדוגמא את יהושפט, אף שהיה צדיק עם כל זה עסק בענין המשפט, כי הוא תיקון גדול מאד: **דבר אחר כו' ישראל כו' אלו דור המבול כו' ביקש.** וכאלו באורו שעל ידי משפט שקיבלו עליהם נעשו גדולי המעלה וקדושים, והעמידו את הארץ במעשיהם, אבל דור המבול לולי מעשיהם הרעים, אז היה מחפץ ה' לזכות אותם בתורה וכל השלימות, כקרבנות ותפלה ויסורין, שהוא ענין מציאה להמתנות האלו, כמו שאמרו בברכות (ה, א) שלש מתנות נתן הקדוש ברוך הוא, וכולן לא נתנן אלא על ידי יסורין, אך עיקר הריסותם היתה מפני שלא עשו הדין, והתאכזרו איש על אחיו, ומזה נצמח להם באחרית כל תועבה. ודרש ידיעת הדרכים על התורה, שהתורה היא דרך ה' והנהגתו כמו שאמרו (עיין בראשית רבה א, ב) בי נסתכל הקדוש ברוך הוא וברא העולם, וכן על הנהגת הקיום אמרו (עבודה זרה ג, ב) שהקדוש ברוך הוא עוסק בתורה, כמו שבארתי כמה פעמים ענינו, אך הקרבנות נקראים עבודה, והנה מתועלת הקרבנות לקרב השפע בעולם והשגחה הנסיית, וזהו שם שדי, שמשדד המערכה הטבעית לנהגה על אופן נעלה, אך הם כיחשו בשם שדי, ודימו שהעולם מתנהג רק על פי דרך הטבע, ולכן אמרו מה שדי כי נעבדנו, כי לא יועיל ולא ישדד הטבע:

חידושי הרד"ל

[יג] **וכן דוד אומר כי אלהים שופט.** נראה שאין זה מקרא דתהלים ע"ה כנרשם, שאינו ענין לבריאת עולם, אלא הוא קרא אחרינא (שם נ, ו) ויגידו שמים צדקו כי אלהים שופט וגו', שהוא במזמור [מזמור לאסף אל כו'] דבר ויקרא ארץ מציון מכלל יופי (שם פסוק א - ב), שמדבר בבריאת עולם: **זה אדם מה דרכה של אשה כו'.** בא לומר שאדם הראשון נקרא תרומה, שהיה חלתו ותרומתו של עולם, ועיין בראשית רבה ריש פרשה יד (סימן א): **סור ממנו אלו היסורין.** קשה בעיני לפרש דלשון סור דרש על יסורין, ואפשר משום דקרא דלקמיה כתיב יבלו בטוב ימיהם, ועל זה אמרו סור ממנו, אין אנו חפצים שעל ידי היסורין שיבאו עלינו נשוב לעבוד ה', אלא רצוננו לבלות אך בטוב ימינו:

חידושי הרש"ש

[יג] **וכן דוד אומר כי אלהים שופט.** הוא לראיה אשר שם אלהים יורה על שם משפטיו, מדלא קאמר ה' שופט:

באור מהרי"פ

[יג] **כי אלהים שופט וגו'.** פירוש, מביא ראיה שאלהים הוא דין, כי הוא שופט ומשפיל, וכיון שמוכח שאלהים הוא דין, ובשם אלהים נברא העולם (בראשית א, א), נמצא מוכח שהעולם נברא בדין: **ואיש תרומות זה חכם וכו'.** ונקרא תרומות, שהוא קודש, על שם קדושת תלמודו, ונקרא תרומות בלשון רבים, על שם הרבה מיני למודיו הלכות ואגדות וכיוצא בהן: **ואיש תרומות זה דור המבול.** אולי על שם שהתרוממו נגד הקב"ה ואמרו (איוב כא, טו. ב"ר לח, ו), מה שדי כי נעבדנו, ודברים הדומים לזה. ואולי הכוונה האוחזים מעשי דור המבול: **סור ממנו אלו יסורין.** פירוש, מפני שהיסורים גורמים לקרבות השם, על דרך (ישעיה נז, טו) אשכון ואת דכא ושפל רוח:

מסורת המדרש

טז. ירושלמי שבת פרק ב' סוף הלכה ו'. תנחומא סדר נח סימן א'. ילקוט בראשית רמז ל"ב:

אם למקרא

וַיַּגִּידוּ שָׁמַיִם צִדְקוֹ כִּי־אֱלֹהִים שֹׁפֵט הוּא סֶלָה: (תהלים נ: ו)

וְאֵד יַעֲלֶה מִן הָאָרֶץ וְהִשְׁקָה אֶת כָּל־פְּנֵי הָאֲדָמָה: וַיִּיצֶר ה' אֱלֹהִים אֶת הָאָדָם עָפָר מִן הָאֲדָמָה וַיִּפַּח בְּאַפָּיו נִשְׁמַת חַיִּים וַיְהִי הָאָדָם לְנֶפֶשׁ חַיָּה: (בראשית ב: ו-ז)

וּלְאָדָם אָמַר כִּי שָׁמַעְתָּ לְקוֹל אִשְׁתֶּךָ וַתֹּאכַל מִן־הָעֵץ אֲשֶׁר צִוִּיתִיךָ לֵאמֹר לֹא תֹאכַל מִמֶּנּוּ אֲרוּרָה הָאֲדָמָה בַּעֲבוּרֶךָ בְּעִצָּבוֹן תֹּאכֲלֶנָּה כֹּל יְמֵי חַיֶּיךָ: (שם ג: יז)

וַיֹּאמֶר אֶל הַשֹּׁפְטִים רְאוּ מָה אַתֶּם עֹשִׂים כִּי לֹא לְאָדָם תִּשְׁפְּטוּ כִּי לַה' וְעִמָּכֶם בִּדְבַר מִשְׁפָּט: (דברי הימים־ב יט: ו)

וְאַתֶּם תִּהְיוּ לִי מַמְלֶכֶת כֹּהֲנִים וְגוֹי קָדוֹשׁ אֵלֶּה הַדְּבָרִים אֲשֶׁר תְּדַבֵּר אֶל־בְּנֵי יִשְׂרָאֵל: (שמות יט: ו)

חֲמוֹר יְתוֹמִים יִנְהָגוּ יַחְבְּלוּ שׁוֹר אַלְמָנָה: יַטּוּ אֶבְיֹנִים מִדָּרֶךְ יַחַד חֻבְּאוּ עֲנִיֵּי אָרֶץ: (איוב כד: ג-ד)

וַיֹּאמְרוּ לָאֵל סוּר מִמֶּנּוּ וְדַעַת דְּרָכֶיךָ לֹא חָפָצְנוּ: מַה־שַּׁדַּי כִּי־נַעַבְדֶנּוּ וּמַה־נּוֹעִיל כִּי נִפְגַּע־בּוֹ: (שם כא: יד-טו)

ידי משה

[יג] **ואיש תרומות יהרסנה זה חכם וכו'.** ודריש תרומות מלשון הפרשה, כמו שפירש רש"י בחומש (שמות כה ב ד"ה תרומה), ופירושו הכי, איש תרומות פירוש שפורש עצמו מדין **ואומר עסוק אני וכו':**

אמרי יושר

[יג] **ביקש הקדוש ברוך הוא ליתן לישראל ארבעה דברים כו' מבקר לערב.** התפלה והקרבנות והתורה שהוא בקר וערב בם **יוכחו** ביסורין, אבל עם כל זה הדבר שאיבדם אינו רק חסרון המשפט, היינו מבלי משים, שכן נאמר בהם חמור יתומים (ו)ינהגו:

אָמַר לוֹ הָאֱלֹהִים: מַעֲלֶה אֲנִי עָלֶיךָ כְּאִלּוּ הֶחֱרַבְתָּ אֶת הָעוֹלָם – **To [such a person] God says** through this verse, **"I consider** it **for you as if you have destroyed the** entire **world!"**[241] לְכָךְ נֶאֱמַר "וְאִישׁ תְּרוּמוֹת יֶהֶרְסֶנָּה" – **Therefore, it is stated,** ***and a man of terumos destroys it.***

The Midrash presents a third exposition of the *Proverbs* verse: דָּבָר אַחֵר, "מֶלֶךְ בְּמִשְׁפָּט יַעֲמִיד אָרֶץ", אֵלּוּ יִשְׂרָאֵל, שֶׁנֶּאֱמַר "וְאַתֶּם תִּהְיוּ לִי מַמְלֶכֶת כֹּהֲנִים" – **Another interpretation:** ***Through justice a king establishes a land*** – **this is** referring to the people of **Israel** as a whole, **as it is stated,** ***And you shall be to Me a "kingdom" of ministers*** *and a holy nation* (above, 19:6).[242] "וְאִישׁ תְּרוּמוֹת יֶהֶרְסֶנָּה" אֵלּוּ דוֹר הַמַּבּוּל, שֶׁלֹּא הָיוּ עוֹשִׂין אֶת הַדִּין – ***But a man of terumos destroys it*** – **this** *man of terumos* **is** referring to the people of **the generation of the** Great **Flood,**[243] **who did not act in accordance with** the principles of **justice.**[244]

The Midrash expands on the wickedness of the generation of the Flood and their disregard of justice:

רְאֵה מַה כְּתִיב בָּהֶם "חֲמוֹר יְתוֹמִים יִנְהָגוּ . . . יַטּוּ אֶבְיוֹנִים מִדָּרֶךְ" – For **see what is written regarding them,** ***They carry off the donkey of orphans;*** *they exact the ox of a widow as collateral.* ***They steer the needy off the road*** (*Job* 24:3-4).[245] אָמַר רַבִּי אַחָא: בִּקֵּשׁ הַקָּדוֹשׁ בָּרוּךְ הוּא לִיתֵּן לָהֶם אַרְבָּעָה דְבָרִים – **R' Acha said: The Holy One, blessed is He, sought to give to [those people]** of the generation of the Flood **four things** as gifts: תּוֹרָה וְיִסּוּרִין וַעֲבוֹדַת קָרְבָּנוֹת וּתְפִלָּה – the **Torah, suffering,**[246] **the sacrificial service, and prayer.**[247] וְלֹא בִקְּשׁוּ – **But they did not want** to accept these gifts. שֶׁנֶּאֱמַר "וַיֹּאמְרוּ לָאֵל סוּר מִמֶּנּוּ" אֵלּוּ הַיִּסּוּרִין – **For it is stated,** ***They said to God, "Go away*** [סוּר] ***from us!"*** (ibid. 21:14)[248] – **this is** referring to **the suffering** that God offered.[249]

NOTES

241. The king or ruler sets up a judicial system, thereby "establishing the land." But when people who are capable of administering that justice shirk their responsibility – especially where this involves vulnerable individuals who have few options to seek justice elsewhere – they undermine and destroy the foundations of a just society.

242. The Midrash interprets this verse to mean that Israel as a whole are called kings. (See also Midrash below, 51 §4.)

243. According to this interpretation, the people of the generation of the Flood are called תְּרוּמוֹת (from the root רום, "to rise up") because they acted with brazen insolence, "rising up" in rebellion against God (*Beur Maharif, Tiferes Tzion;* cf. *Eitz Yosef,* citing *Toldos Noach*).

244. That is, their unjust acts were the antithesis of the beginning of the verse – a land that is established and founded upon justice. The verse thus contrasts the firm basis of Israel's society, which is founded upon the judgments of the Torah, to the corrupt society of the generation of the Flood, who did not follow the ways of justice.

245. Job's description of the wicked in this chapter is often interpreted by the Sages as being a reference to the generation of the Flood (see *Bereishis Rabbah* 23 §2, 27 §3, 30 §2, etc., and especially *Yalkut Shimoni, Job* §909).

246. The sinfulness of the generation of the Flood – which led to their doom – was brought about by the surfeit of blessing and pleasure that they experienced, as described by Job here in Ch. 21 (*Sanhedrin* 108a). A bit of suffering, on the other hand, causes a person to reflect and become closer to God, thereby increasing his merit (see *Proverbs* 6:23: *the reproof of discipline* [or: *suffering*] *is the way to life*). It is thus considered a "gift," in a spiritual sense (*Yefeh To'ar*). See also *Bereishis Rabbah* 9 §8, 65 §9, and 98 §14.

247. In addition to suffering (explained in previous note), the sacrificial service is a vehicle through which one can atone for his sins, and prayer and Torah knowledge help to make one cognizant of the fact that all is from God. These are all, therefore, sources of great merit (*Yefeh To'ar*).

248. This passage, too, is often interpreted by the Sages as a description of the wicked people of the generation of the Flood (see *Bereishis Rabbah* 36 §1, *Vayikra Rabbah* 5 §1, *Sanhedrin* 108a).

249. Since suffering brings one closer to God, as it is stated, *HASHEM is close to the brokenhearted* (*Psalms* 34:19), their demand that God distance Himself (*go away*) from them was in effect a rejection of suffering (*Yefeh To'ar, Eitz Yosef*). Alternatively: The Midrash is expounding the term סוּר as being etymologically related to the word יִסּוּרִין, *suffering.* Thus, in saying סוּר מִמֶּנּוּ they asked that suffering be removed from them (*Toldos Noach, Radal, Eitz Yosef*).

INSIGHTS

comments the *Alter* of Kelm, explains why God created a world in which everybody is interdependent: tailors need bakers, bakers need tailors, and both need machinists and farmers. For God wants us to be selfless as He is selfless. Therefore, He created a world in which a person's very survival depends upon his helping others and upon being helped by others in turn.

This, explains the *Chafetz Chaim,* is what we mean when we praise God after eating most foods with the words, בּוֹרֵא נְפָשׁוֹת רַבּוֹת וְחֶסְרוֹנָן, which some render to mean, *Who creates numerous living things "and their deficiencies"* (*Teshuvos HaRashba* §823; cf. *Tosafos* to *Berachos* 37a s.v. בורא). Why thank God for our deficiencies? Because, explains the *Chafetz Chaim,* the world is built on kindness (*Psalms* 89:3). If everyone were perfectly independent, no one would be in need of another's help. There would be no opportunities for kindness — and a world without kindness cannot survive (see *Bikkurei Shai,* pp. 209-218). To deny kindness is to destroy the world.

וְכֵן כּוּלְּהוֹן, וְכֵן דָּוִד אוֹמֵר (תהלים נ, ו) "כִּי אֱלֹהִים שֹׁפֵט", לְלַמֶּדְךָ שֶׁבַּדִּין נִבְרָא הָעוֹלָם, (משלי שם שם) "וְאִישׁ תְּרוּמוֹת יֶהֶרְסֶנָּה", זֶה אָדָם, טימַה דַּרְכָּהּ שֶׁל אִשָּׁה בְּשָׁעָה שֶׁהִיא מְבַקֶּשֶׁת לְהַפְרִישׁ חַלָּתָהּ מְגַבֶּלֶת אֶת הַקֶּמַח וְאַחַר כָּךְ נוֹטֶלֶת חַלָּה, כָּךְ עָשָׂה הָאֱלֹהִים, גִּבֵּל אֶת הָעוֹלָם וְאַחַר כָּךְ נָטַל אָדָם, שֶׁנֶּאֱמַר (בראשית ב, ו) "וְאֵד יַעֲלֶה מִן הָאָרֶץ" וְאַחַר כָּךְ (שם שם ז) "וַיִּיצֶר", כֵּיוָן שֶׁחָטָא אָמַר לוֹ הָאֱלֹהִים (שם ג, יז) "אֲרוּרָה הָאֲדָמָה בַּעֲבוּרֶךָ", לְכָךְ נֶאֱמַר (משלי כט, ד) "וְאִישׁ תְּרוּמוֹת יֶהֶרְסֶנָּה", דָּבָר אַחֵר, (שם) "מֶלֶךְ בְּמִשְׁפָּט יַעֲמִיד אָרֶץ", זֶה יְהוֹשָׁפָט, שֶׁנֶּאֱמַר (דברי הימים-ב יט, ו) "וַיֹּאמֶר אֶל הַשֹּׁפְטִים רְאוּ מָה אַתֶּם עֹשִׂים", (משלי שם שם) "וְאִישׁ תְּרוּמוֹת יֶהֶרְסֶנָּה" זֶה חָכָם, שֶׁהוּא יוֹדֵעַ הֲלָכוֹת וּמִדְרָשׁוֹת וְאַגָּדוֹת, וְיָתוֹם וְאַלְמָנָה הוֹלְכִין אֶצְלוֹ שֶׁיַּעֲשֶׂה דִּין בֵּינֵיהֶן, וְהוּא אוֹמֵר לָהֶן: עָסוּק אֲנִי בְּמִשְׁנָתִי, אֵינִי פָּנוּי, וְאָמַר לוֹ הָאֱלֹהִים: מַעֲלֶה אֲנִי עָלֶיךָ כְּאִלּוּ הֶחֱרַבְתָּ אֶת הָעוֹלָם, לְכָךְ נֶאֱמַר "וְאִישׁ תְּרוּמוֹת יֶהֶרְסֶנָּה", דָּבָר אַחֵר, (שם) "מֶלֶךְ בְּמִשְׁפָּט יַעֲמִיד אָרֶץ", אֵלּוּ יִשְׂרָאֵל, שֶׁנֶּאֱמַר (שמות יט, ו) "וְאַתֶּם תִּהְיוּ לִי מַמְלֶכֶת כֹּהֲנִים", (משלי שם שם) "וְאִישׁ תְּרוּמוֹת יֶהֶרְסֶנָּה" אֵלּוּ דוֹר הַמַּבּוּל, שֶׁלֹּא הָיוּ עוֹשִׂין אֶת הַדִּין, רְאֵה מַה כְּתִיב בָּהֶם (איוב כד, ג-ד) "חֲמוֹר יְתוֹמִים יִנְהָגוּ ... יַטּוּ אֶבְיוֹנִים מִדָּרֶךְ", אָמַר רַבִּי אַחָא: בִּקֵּשׁ הַקָּדוֹשׁ בָּרוּךְ הוּא לִיתֵּן לָהֶם אַרְבָּעָה דְּבָרִים, תּוֹרָה וְיִסּוּרִין וַעֲבוֹדַת קָרְבָּנוֹת וּתְפִלָּה, וְלֹא בִקְשׁוּ, שֶׁנֶּאֱמַר (שם כא, יד) "וַיֹּאמְרוּ לָאֵל סוּר מִמֶּנּוּ" אֵלּוּ הַיִּסּוּרִין,

עץ יוסף

כי אלהים שופט. אלמא אלהים נזכר על הדין, וזהו דכתיב מלך במשפט יעמיד ארץ כלומר שחדש והקים העולם בדין: **זה אדם מה דרכה של אשה כו'.** בא לומר שאדם הראשון נקרא תרומה, שהיה חלתו ותרומתו של עולם: **זה אדם.** הראשון שנענש בדין: **ואחר כך נוטלת חלה.** ונקראת חלה תרומה שנאמר ראשית עריסותיכם וגו', כן הוא בבראשית רבה פרשה י"ד: **זה יהושפט.** וכוונת הכתוב שהמלך עם שאין מדרכו לשפוט העם אלא ממנה אחרים, על כל זה הוא המעמיד הארץ במשפט בהזהירו עליו כענין יהושפט, אמנם החכם כי הוא הראוי לשפוט כשיסתלק מן הדין יהרסנה: **זה חכם.** איש לשון חשיבות הוא, ודרש תרומות לשון קודש איש קודש על ידי תורתו: **שהוא יודע הלכות.** כי לולי זה טוב לו שלא ליטפל במשפט פן יטעה, וקאמר שהוא יודע הלכות ומדרשות כו', משום דאמר תרומות ולא אמר תרומה, משמע שיודע דברים הרבה: **ויתום ואלמנה.** נקט אלו שעונש עינוי דינם קשה, כאומר אם ענה תענה אותו וגו', ועוד שדבר הכתוב בהווה לפי שאין להם טוענים: **לכך נאמר ואיש תרומות כו'.** המרים עצמו ומסתלק מן המשפט יהרסנה, והא דתנן (אבות פ"ד מ"ז) החושך עצמו מן הדין פורק ממנו איבה כו', היינו כשיש אחרים עושי משפט: **אלו דור המבול.** רוצה לומר דדרשינן במקום אחר תרומות, תרי ממאה, כלומר דבר מועט, וכן עשו דור המבול שלקחו כל אחד ואחד תרי או תלתא ממאה, כדאיתא בבראשית רבה פרשה ל"א, זה בא ונוטל פחות משוה פרוטה, וזה בא ונוטל פחות משוה פרוטה, עד מקום שלא יוכלו להוציאו בדין: **ביקש כו'.** שמאסו גם כן בארבעה דברים אלו: **ארבעה דברים כו'.** שרבוי ההצלחות סבה למרוד בה', רצה הקדוש ברוך הוא לתקן זה בתת להם היסורין המביאים לאדם לכלל דעת את ה' כאומרו ודרך חיים תוכחות מוסר, ולכפר על חטאתם רצה הקדוש ברוך הוא ליתן להם עבודת הקרבנות שבהם יתקרב האדם לבוראו, והתפלה כי אז ישכילו כי הכל מאת ה' ומידו יבוקש, כי זהו סוד התפלה: **אלו היסורין.** כי על ידם ה' קרוב להם, על דרך קרוב ה' לנשברי לב (יפה תואר). ואפשר דנלמד מסור שהוא לשון יסורין:

פירוש מהרז"ו

וכן כולהון. שאגב כל מעשה בראשית כתוב ויאמר אלהים: **כי אלהים שופט.** הרי שאלהים הוא דין: **להפריש חלתה.** והחלה נקראת תרומה, וכמו שכתוב במדבר ט"ו (פסוק כ) חלה תרימו תרומה: **ואד יעלה מן הארץ.** והשקה את כל פני האדמה, בדמיון גיבול בקמח, ואחר כך וייצר ה' אלהים עפר מן האדמה, שכבר נגבל. ועל שבמשפט יעמיד ארץ, על כרחך שנעשה איש תרומות שיהיה קודש, וכשחלל קודשתו על כרחך יהרסנה על פי הדין שקללו, על פי מדה ט' ז' וי"ג ודו"ק: **זה יהושפט.** שהזדקק אל המשפט, וצוה אל השופטים לחקור והגליה, וכן כל העושה כמעשיו אלא שבו מפורש יותר: **זה חכם שיודע.** דורש תרומות, שני מיני תרומות, שהוא בעצמו איש קודש כתרומה, חכם ויודע הכל, וראוי לו להיות שופט. והוא מרים ומפריש עצמו מן המשפט, על כן יהרסנה, ולשון התנחומא כאן סימן ב יותר ברור: **חמור יתומים ינהגו.** וכמו שאמר בראשית רבה סוף פרשה כ"ו שאיוב וחבריו באו ללמד על מעשה דור המבול על רשעתם ועונשם: **ויאמרו לאל סור ממנו.** ומהתשובה אנו יודעים השאלה, על פי מדה ט'. ועיין בראשית רבה ריש פרשה ל"ו, איך דורש כל הענין בדור המבול, ולא פירש ממה יסור מהם, הרי שהוא מרומז בתיבת סור, על פי מדת ממעל, סור מלייסר אותנו. ועבודה היא קרבנות, כמו שאומרים והשב את העבודה לדביר ביתך, נפגע בו, הוא תפלה, כמו שדרשו בראשית רבה פרשה ס"ח סימן ט:

מתנות כהונה

לשון ירידה: **[יג] ועבודות קרבנות** גרסינן: **אלו היסורין.** דרש אל לשון חוזק ומדת הדין כמה דאת אמר (יחזקאל יז, יג) ואת אילי הארץ לקח:

אשר הנחלים

ואלה המשפטים אשר תשים לפניהם, שיתנהגו ככה כאשר אני חפצתי להנהיג בהם העולם, לולי חטאו שסיבב: **עסוק אני במשנתי.** וזהו איש תרומות, שנבדל ונפרש מעניני העולם מפני הפנותו שכמו לסבול התורה, ומדמה כי מה לו לעסקי בין אדם לחברו, אבל לא כן, כי אם מהרס העולם על ידי זה. והביא לדוגמא את יהושפט, אף שהיה צדיק עם כל זה עסק בענין המשפט, כי הוא תיקון גדול מאד: **דבר אחר כו' ישראל כו' אלו דור המבול כו' ביקש.** וכאלו באורו שעל ידי משפט שקיבלו עליהם נעשו גדולי המעלה וקדושים, והעמידו את הארץ במעשיהם, אבל דור המבול לולי מעשיהם הרעים, אז היה מחפץ ה' לזכות אותם בתורה וכל השלימות, כקרבנות ותפלה ויסורין, שהוא ענין מציאה להמתנות האלו, כמו שאמרו בברכות (ה, א) שלש מתנות נתן הקדוש ברוך הוא, וכולן לא נתנן אלא על ידי יסורין, אך עיקר הריסותם היתה מפני שלא עשו הדין, והתאכזרו איש על אחיו, ומזה נצמח להם באחרית כל תועבה. ודרש ידיעת הדרכים על התורה, שהתורה היא דרך ה' והנהגתו כמו שאמרו (עיין בראשית רבה א, ב) בי נסתכל הקדוש ברוך הוא וברא העולם, וכן על הנהגת הקיום אמרו (עבודה זרה ג, ב) שהקדוש ברוך הוא עוסק בתורה, כמו שבארתי כמה פעמים ענינו, אך הקרבנות נקראים עבודה, והנה מתועלת הקרבנות לקרב השפע בעולם והשגחה הנסיית, וזהו שם שדי, שמשדד המערכה הטבעית לנהגה על אופן נעלה, אך הם כיחשו בשם שדי, ודימו שהעולם מתנהג רק על פי דרך הטבע, ולכן אמרו מה שדי כי נעבדנו, כי לא יועיל ולא ישדד הטבע:

חידושי הרד"ל

[יג] וכן דוד אומר כי אלהים שופט. נראה שאין זה מקרא דתהלים ע"ה כנרשם, שאינו ענין לבריאת עולם, אלא הוא קרא אחרינא (שם נ, ו) ויגידו שמים צדקו כי אלהים שופט וגו', שהוא במזמור [מזמור לאסף אל כו'] דבר ויקרא ארץ מציון מכלל יופי (שם פסוק א - ב), שמדבר בבריאת עולם: **זה אדם מה דרכה של אשה כו'.** בא לומר שאדם הראשון נקרא תרומה, שהיה חלתו ותרומתו של עולם, ועיין בראשית רבה ריש פרשה יד (סימן א): **סור ממנו אלו היסורין.** קשה בעיני לפרש דלשון סור דרש על יסורין, ואפשר משום דקרא דלקמיה כתיב יבלו בטוב ימיהם, ועל זה אמרו סור ממנו, אין אנו חפצים שעל ידי היסורין שיבאו עלינו נשוב לעבוד ה', אלא רצוננו לבלות אך בטוב ימינו:

חידושי הרש"ש

[יג] וכן דוד אומר כי אלהים שופט. הוא לראיה אשר שם אלהים יורה על שם משפטיו, מדלא קאמר ה' שופט:

באור מהרי"פ

[יג] כי אלהים שופט וגו'. פירוש, מביא ראיה שאלהים הוא דין, כי הוא שופט ומשפיל, וכיון שמוכח שאלהים הוא דין, ובשם אלהים נברא העולם (בראשית א, א), נמצא מוכח שהעולם נברא בדין: **ואיש תרומות זה חכם וכו'.** ונקרא תרומות, שהוא קודש, על שם קדושת תלמודו, ונקרא תרומות בלשון רבים, על שם הרבה מיני למודיו הלכות ואגדות וכיוצא בהן: **ואיש תרומות זה דור המבול.** אולי על שם שהתרוממו נגד הקב"ה ואמרו (איוב כא, טו. ב"ר לח, ו), מה שדי כי נעבדנו, ודברים הדומים לזה. ואולי הכוונה האוחזים מעשי דור המבול: **סור ממנו אלו יסורין.** פירוש, מפני שהיסורים גורמים לקרבות השם, על דרך (ישעיה נז, טו) אשכון ואת דכא ושפל רוח:

מסורת המדרש

טז. ירושלמי שבת פרק ב' סוף הלכה ו'. תנחומא סדר נח סימן א'. ילקוט בראשית רמז ל"ב:

אם למקרא

וַיַּגִּידוּ שָׁמַיִם צִדְקוֹ כִּי־אֱלֹהִים שֹׁפֵט הוּא סֶלָה: (תהלים נ: ו)

וְאֵד יַעֲלֶה מִן הָאָרֶץ וְהִשְׁקָה אֶת כָּל־פְּנֵי הָאֲדָמָה: וַיִּיצֶר ה' אֱלֹהִים אֶת הָאָדָם עָפָר מִן הָאֲדָמָה וַיִּפַּח בְּאַפָּיו נִשְׁמַת חַיִּים וַיְהִי הָאָדָם לְנֶפֶשׁ חַיָּה: (בראשית ב: ו-ז)

וּלְאָדָם אָמַר כִּי שָׁמַעְתָּ לְקוֹל אִשְׁתֶּךָ וַתֹּאכַל מִן־הָעֵץ אֲשֶׁר צִוִּיתִיךָ לֵאמֹר לֹא תֹאכַל מִמֶּנּוּ אֲרוּרָה הָאֲדָמָה בַּעֲבוּרֶךָ בְּעִצָּבוֹן תֹּאכֲלֶנָּה כֹּל יְמֵי חַיֶּיךָ: (שם ג:יז)

וַיֹּאמֶר אֶל הַשֹּׁפְטִים רְאוּ מָה אַתֶּם עֹשִׂים כִּי לֹא לְאָדָם תִּשְׁפְּטוּ כִּי לַה' וְעִמָּכֶם בִּדְבַר מִשְׁפָּט: (דברי הימים־ב יט: ו)

וְאַתֶּם תִּהְיוּ לִי מַמְלֶכֶת כֹּהֲנִים וְגוֹי קָדוֹשׁ אֵלֶּה הַדְּבָרִים אֲשֶׁר תְּדַבֵּר אֶל־בְּנֵי יִשְׂרָאֵל: (שמות יט: ו)

חֲמוֹר יְתוֹמִים יִנְהָגוּ יַחְבְּלוּ שׁוֹר אַלְמָנָה: יַטּוּ אֶבְיֹנִים מִדָּרֶךְ יַחַד חֻבְּאוּ עֲנִיֵּי אָרֶץ: (איוב כד: ג-ד)

וַיֹּאמְרוּ לָאֵל סוּר מִמֶּנּוּ וְדַעַת דְּרָכֶיךָ לֹא חָפָצְנוּ: מַה־שַּׁדַּי כִּי־נַעַבְדֶנּוּ וּמַה־נּוֹעִיל כִּי נִפְגַּע־בּוֹ: (שם כא: יד-טו)

ידי משה

[יג] ואיש תרומות יהרסנה זה חכם וכו'. ודריש תרומות מלשון הפרשה, כמו שפירש רש"י בחומש (שמות כה ב ד"ה תרומה), ופירושו הכי, איש תרומות פירוש שפורש עצמו מדין **ואומר עסוק אני וכו':**

אמרי יושר

[יג] ביקש הקדוש ברוך הוא ליתן לישראל ארבעה דברים כו' מבקר לערב. התפלה והקרבנות והתורה שהוא בקר וערב גם **יוכחו** ביסורין, אבל עם כל זה הדבר שאיבדם אינו רק חסרון המשפט, היינו מבלי משים, שכן נאמר בהם חמור יתומים (ו)ינהגו:

"וְדַעַת דְּרָכֶיךָ לֹא חָפָצְנוּ" זֶה תּוֹרָה — And that verse concludes, ***We have no desire to know Your ways!*** (ibid.) — **this is** referring to the **Torah.**[250] וּ"מַה שַּׁדַּי כִּי נַעַבְדֶנּוּ" אֵלּוּ הַקָּרְבָּנוֹת — **And** the next verse continues, ***What is the Almighty that we should serve Him?*** (ibid., v. 15) — **this** "serving of the Almighty" **is** referring to **the sacrificial offerings.**[251] "וּמַה נּוֹעִיל כִּי נִפְגַּע בּוֹ" זֶה תְּפִלָּה — ***And what will we gain if we entreat Him?*** (ibid.) — **this is** referring to **prayer.** אָמַר לָהֶם הַקָּדוֹשׁ בָּרוּךְ הוּא: מִי גָרַם לָכֶם שֶׁתֹּאבְדוּ מִן הָעֶרֶב שֶׁל הָעוֹלָם הַזֶּה וּמִן הַבֹּקֶר שֶׁל הָעוֹלָם הַבָּא — And because they rejected these gifts, **the Holy One, blessed is He, said to them, "What caused you to be lost** (i.e., excluded) **from the 'evening'** that is representative **of this world,**[252] **as well as from the 'morning'** that is representative **of the World to Come?**[253] מִפְּנֵי שֶׁלֹּא קִבַּלְתֶּם אֶת הַתּוֹרָה שֶׁיֵּשׁ בָּהּ דִּין — It was **because you did not accept the Torah, which contains within it judgment.**"[254] שֶׁנֶּאֱמַר "מִבֹּקֶר לָעֶרֶב יֻכַּתּוּ" — **Thus it is stated, *They are ground down from morning to evening*** (ibid. 4:20).[255] לָמָּה — And **why** is it that they were thus "lost" from both this world and the next? "מִבְּלִי מֵשִׂים לָנֶצַח יֹאבֵדוּ" — As the verse concludes, ***without understanding*** [מֵשִׂים, lit., *placing*] ***they are lost forever*** (ibid.). וְאֵין "מֵשִׂים" אֶלָּא דִּינִין, שֶׁנֶּאֱמַר "וְאֵלֶּה הַמִּשְׁפָּטִים אֲשֶׁר תָּשִׂים לִפְנֵיהֶם" — **And "placing"** is referring **specifically** to the Torah's **judgments, as it is stated, *And these are the ordinances*** (or: *judgments*) ***that you shall "place"*** [תָּשִׂים] ***before them.***[256]

§14 The Midrash cites and expounds a verse from *Psalms* to demonstrate the significance of the Torah's ordinances:

דָּבָר אַחֵר "וְאֵלֶּה הַמִּשְׁפָּטִים" — **Another interpretation** of the verse, ***And these are the ordinances:*** דָּוִד אָמַר "יִרְאַת ה' טְהוֹרָה עוֹמֶדֶת לָעַד" — **David said, *The fear of HASHEM is pure, enduring forever;*** *the judgments of HASHEM are true, altogether righteous* (*Psalms* 19:10). מַהוּ כָּךְ — **What is** meant by **this?**[257] אַתָּה מוֹצֵא אָדָם שׁוֹנֶה מִדְרָשׁ הֲלָכוֹת וְאַגָּדוֹת, וְאִם אֵין בּוֹ יִרְאַת חֵטְא אֵין בְּיָדוֹ כְּלוּם — The verse reflects the fact that **you** will **find** that **a person** can **study Midrash, laws, and Aggados, and** yet **if he has no fear of sin he has achieved nothing.**[258]

The Midrash presents an analogy:

מָשָׁל לְאָדָם שֶׁאָמַר לַחֲבֵירוֹ: יֵשׁ לִי אֶלֶף מִדּוֹת שֶׁל תְּבוּאָה יֵשׁ לִי אֶלֶף מִדּוֹת שֶׁל שֶׁמֶן וְאֶלֶף שֶׁל יַיִן — This can be illustrated by means of **a parable.** It is comparable **to a person who says to his friend, "I have a thousand measures of grain, I have a thousand measures of oil, and** I have **a thousand** measures **of wine."** אָמַר לוֹ חֲבֵירוֹ: יֵשׁ לְךָ אַפּוֹתִיקָאוֹת לִיתֵּן אוֹתָן בָּהֶם, אִם יֵשׁ לְךָ כֵּן הַכֹּל שֶׁלְּךָ וְאִם לָאו אֵין בְּיָדְךָ כְּלוּם — **His friend responded to him, "Do you have storehouses in which to place them? If you have such** storehouses, then **all** these items **are** indeed **yours. But if not, you** really **have nothing** at all **in your possession."**[259] כָּךְ אָדָם שׁוֹנֶה הַכֹּל — **Similarly,** even if **a person studies all** areas of Torah, אָמְרוּ לוֹ: אִם יֵשׁ לְךָ יִרְאַת חֵטְא הַכֹּל שֶׁלְּךָ — **[people] may say to him, "If you have fear of sin, all** you have studied **is** truly **yours,** but if not, all your learning will not avail you."[260] שֶׁנֶּאֱמַר "וְהָיָה אֱמוּנַת עִתֶּיךָ וְגוֹ' יִרְאַת ה' הִיא אוֹצָרוֹ" — **Thus it is stated, *The faith of your times*** *will be the strength of your salvations, wisdom and knowledge;* ***fear of HASHEM — that is its storage house*** (*Isaiah* 33:6).[261]

NOTES

250. Since the Torah teaches the ways of God (*Yefeh To'ar, Eitz Yosef*).

251. The term עֲבוֹדָה ("service") is often used to refer specifically to sacrificial offerings (see above, 10:26, 12:26; *Joshua* 22:27; *Yoma* 1:3, 7:1; *Rosh Hashanah* 4:5; *Zevachim* 12:1, etc.).

252. Because it is full of spiritual "darkness."

253. I.e., the people of the generation of the Flood lost both their share in this world (for they were all killed) and in the World to Come (for, as stated in *Sanhedrin* 10:3, the generation of the Flood have no share in the World to Come) (*Eitz Yosef*).

254. Of all the gifts they refused, it was their refusal of the Torah (and hence their inability to learn and apply the ways of true justice) that resulted in their downfall and their elimination from this world (*Yefeh To'ar*).

255. I.e., they (the generation of the Flood) were "ground down" (destroyed) from this world ("evening") and from the World to Come ("morning").

256. [The phrase *Without understanding* ("placing," i.e., just laws) *they are lost forever* was expounded similarly above, in §11, though there it was applied not to the generation of the Flood but to Israel.]

257. The difficulty with the verse is: Why does it state specifically regarding the *fear of HASHEM* that it is everlasting — a description that is not mentioned concerning any of the other items listed in the passage (*The Torah of Hashem is perfect . . . ; the testimony of HASHEM is trustworthy; the orders of HASHEM are upright . . . ; the command of HASHEM is clear . . . ; etc.*)? Another difficulty is: What is meant by the assertion that fear of Hashem is everlasting? History has no shortage of examples of people who began as God-fearing individuals and then changed into vile evildoers! (*Yefeh To'ar;* see also *Toldos Noach*).

258. For the fear of Heaven preserves and safeguards one's Torah study — as the Midrash now goes on to elaborate through a parable. The phrase *The fear of HASHEM is pure, enduring forever,* then, does not mean to say that fear of God itself is permanent; rather, it is to be understood as a complement to the previous phrases, *The Torah of HASHEM is perfect, restoring the soul; etc.* The Torah of Hashem may be perfect and may restore the soul of those who study it, but only when it is accompanied by fear of Hashem will it *endure forever.* I.e., it is not the fear of Hashem that is permanent; rather, that fear makes the study of Torah permanent.

259. Because they will not last.

260. Just as one's crops will remain intact only if stored in a proper storehouse, so will one's Torah remain intact only if he constructs a "storehouse" of fear of sin in which to guard it (see *Avos* 3:21, cited by *Yefeh To'ar* and *Maharzu*). For one who has no fear of sin is liable to abuse his mastery of Torah. He will not take care against issuing incorrect rulings, and will allow laziness to forestall proper research of the truth. Moreover, he may purposely pervert the law to accommodate his own sinfulness (see *Eitz Yosef, Yefeh To'ar*). See Insight Ⓐ.

261. I.e., even if a person has acquired Torah *wisdom and knowledge,* he

INSIGHTS

Ⓐ **The Storehouse of Wisdom** *R' Chaim of Volozhin* (*Nefesh HaChaim, Shaar* IV, Chapter 4ff), in a seminal exposition on our Midrash and its analogy, begins by citing *Avos* (3:11) that for one's wisdom to endure, his fear of sin must be greater than his wisdom. Commensurate with man's fear of God will be the Divine wisdom that he will attain and retain.

A wealthy man wishes to bestow his wealth upon his children. But even a generous father with unlimited supplies of produce will give his children only that which they are capable of storing and preserving. The capacity and security of the son's warehouses will determine the amount of produce he will get from his father, as the latter does not intend for the produce he gives to spoil and rot.

One's ability to store the "produce" of Divine wisdom is in direct proportion to his fear of God. *The beginning of wisdom,* Scripture (*Psalms* 1:11) tells us, *is the fear of God.* The fear of God is the absolute prerequisite of the acquisition of Torah wisdom. Without fear of God, no matter how much Torah one studies, he has nothing. God does not wish to confer the treasures of His Torah on one who has not prepared the storehouse to preserve them.

But, R' Chaim adds, there is another point here. While a storehouse is of great importance, it is primarily a means to an end — the preservation of the produce. One who spends his entire life building a storehouse but never fills it with produce fails to achieve his purpose in life. The purpose of the storehouse of "fear of God" is to fill it with the produce of God's Torah, the embodiment of the Divine Will and wisdom. Only one who has filled his fear of Heaven with the vast riches of Torah — infused and preserved by his fear of Heaven — has availed himself of the great wealth that his Father in Heaven wishes to bestow upon him. [See also Insight on *Eichah Rabbah, Pesichta* §2, "For the Torah's Sake."]

(שם) "וְדַעַת דְּרָכֶיךָ לֹא חָפָצְנוּ" זֶה תּוֹרָה, וּ"מַה שַּׁדַּי כִּי נַעַבְדֶנּוּ" (שם שם טו) אֵלּוּ הַקָּרְבָּנוֹת, (שם) "וּמַה נּוֹעִיל כִּי נִפְגַּע בּוֹ" זֶה תְּפִלָּה, אָמַר לָהֶם הַקָּדוֹשׁ בָּרוּךְ הוּא: מִי גָּרַם לָכֶם שֶׁתֹּאבְדוּ מִן הָעֶרֶב שֶׁל הָעוֹלָם הַזֶּה וּמִן הַבֹּקֶר שֶׁל הָעוֹלָם הַבָּא, מִפְּנֵי שֶׁלֹּא קִבַּלְתֶּם אֶת הַתּוֹרָה שֶׁיֵּשׁ בָּהּ דִּין, שֶׁנֶּאֱמַר (שם ד, כ) "מִבֹּקֶר לָעֶרֶב יֻכַּתּוּ", לָמָּה, (שם) "מִבְּלִי מֵשִׂים לָנֶצַח יֹאבֵדוּ", וְאֵין "מֵשִׂים" אֶלָּא דִּינִין, שֶׁנֶּאֱמַר [כא, א] "וְאֵלֶּה הַמִּשְׁפָּטִים אֲשֶׁר תָּשִׂים לִפְנֵיהֶם":

יד דָּבָר אַחֵר [כא, א] "וְאֵלֶּה הַמִּשְׁפָּטִים" דָּוִד אָמַר (תהלים יט, י) "יִרְאַת ה' טְהוֹרָה עוֹמֶדֶת לָעַד", מַהוּ כָּךְ, אַתָּה מוֹצֵא "אָדָם שׁוֹנֶה מִדְרָשׁ הֲלָכוֹת וְאַגָּדוֹת, וְאִם אֵין בּוֹ יִרְאַת חֵטְא אֵין בְּיָדוֹ כְּלוּם, מָשָׁל לְאָדָם שֶׁאָמַר לַחֲבֵירוֹ: יֵשׁ לִי אֶלֶף מִדּוֹת שֶׁל תְּבוּאָה יֵשׁ לִי אֶלֶף מִדּוֹת שֶׁל שֶׁמֶן וְאֶלֶף שֶׁל יַיִן, אָמַר לוֹ חֲבֵירוֹ: יֵשׁ לְךָ אַפּוֹתִיקָאוֹת לִיתֵּן אוֹתָן בָּהֶם, אִם יֵשׁ לְךָ כֵּן הַכֹּל שֶׁלָּךְ וְאִם לָאו אֵין בְּיָדְךָ כְּלוּם, כָּךְ אָדָם שׁוֹנֶה הַכֹּל אָמְרוּ לוֹ: אִם יֵשׁ לְךָ יִרְאַת חֵטְא הַכֹּל שֶׁלָּךְ, שֶׁנֶּאֱמַר (ישעיה לג, ו) "וְהָיָה אֱמוּנַת עִתֶּיךָ וְגוֹ' יִרְאַת ה' הִיא אוֹצָרוֹ", לְכָךְ נֶאֱמַר (תהלים יט, י) "יִרְאַת ה' טְהוֹרָה וְגוֹ' ", וְהַנָּבִיא צוֹוֵחַ (ישעיה א, כז) "צִיּוֹן בְּמִשְׁפָּט תִּפָּדֶה וְשָׁבֶיהָ בִּצְדָקָה":

טו דָּבָר אַחֵר [כא, א] "וְאֵלֶּה הַמִּשְׁפָּטִים" הֲדָא הוּא דִכְתִיב (תהלים עב, א-ב) "לִשְׁלֹמֹה אֱלֹהִים מִשְׁפָּטֶיךָ לְמֶלֶךְ תֵּן וְגוֹ' יָדִין עַמְּךָ בְצֶדֶק", רַבִּי אוֹמֵר: כְּשֵׁם שֶׁהִזְהִיר הַקָּדוֹשׁ בָּרוּךְ הוּא עַל הַדִּבְּרוֹת כָּךְ הִזְהִיר עַל הַדִּין, לָמָּה, שֶׁבּוֹ הָעוֹלָם תָּלוּי, שֶׁנֶּאֱמַר (משלי כט, ד) "מֶלֶךְ בְּמִשְׁפָּט יַעֲמִיד אָרֶץ", וּבוֹ צִיּוֹן נִבְנֵית, שֶׁנֶּאֱמַר (ישעיה א, כז) "צִיּוֹן בְּמִשְׁפָּט תִּפָּדֶה", וּבוֹ צַדִּיקִים מִתְגַּדְּלִין, שֶׁנֶּאֱמַר (תהלים קו, ג) "אַשְׁרֵי שֹׁמְרֵי מִשְׁפָּט",

עץ יוסף

זו תורה. כי בה ילמוד דרכי ה', כאומרו והלכת בדרכיו מה הוא חנון אף אתה חנון כו': **ומן הבקר של העולם הבא.** כדאיתא בחלק (סנהדרין קז, ב) שדור המבול אין לו חלק לעולם הבא: **שיש בה דין.** דלא ידעו דינים שבתורה ועשו דין שלא כהוגן, לכן היו חייבים עונש כליה, שלא נחתם גזר דינן אלא על הגזל: **(יד) [יא] דוד אמר יראת ה' טהורה כו'.** וסיפיה דקרא משפטי ה' אמת צדקו יחדיו, ומייתי שהכל תלוי ביראת שמים שנמצא שהכל תלוי במשפט שהמשפטים סבת היראה, ורוצה לומר כשתהיה לך יראת ה' אז צדקו יחדיו המשפטים שבתורה שתלמוד על מנת לעשות: **משל לאדם כו'.** שילמוד יראת ה' כדי לשמור התורה, שכמו שהפירות לא ישמרו אלא באוצר כן התורה לא תתקיים אלא ביראת חטא, שהרשע ברשעו יגלה פנים בתורה שלא כהלכה: **אפותיקאות.** בלשון יוני אוצרות (מוסף הערוך). ועיין מה שכתבתי לעיל פרשה כ"ד סימן ג': **שנאמר והיה אמונת עתך כו'.** ובמקרא זה רמז לששה סדרי משנה כדאיתא בפרק שני דשבת (לא, א) ומדסיים יראת ה' היא אוצרו, משמע שהיראה היא כל עיקר שהיא כל שמירת התורה כאוצר לתבואה: **והנביא צווח.** כלומר והנביא מפרסם ענין זה במה שאמר ציון במשפט תפדה, כדכתיב כי מציון תצא תורה, ומשום שהמשפט אוצר התורה, לכן הזכירו במקום תורה (יפה תואר). ואפשר שהני תיבות והנביא צווח ציון במשפט תפדה, אין כאן מקומו ושייך לקמן בסימן י"ב, שאמר שם ובו ציון נבנית, שנאמר ציון במשפט תפדה: **(טו) [יב] הדא הוא דכתיב לשלמה כו'.** כך הזהיר על הדין, פירוש בעצמו במעמד כל ישראל, וזה שהביא אלהים משפטיך למלך תן, פירוש אלהים בעצמו נתן המשפטים לכל ישראל לפי שהם למלך, כי מלך במשפט יעמיד ארץ: **ובו ציון נבנית כו' ובו צדיקים מתגדלין כו'.** דדין אית ביה עוד שבח שבו ציון נבנית ובו צדיקים מתגדלים: **שנאמר אשרי שומרי משפט.** רוצה לומר דלעיל מיניה כתיב מי ימלל גבורות ה' ישמיע כל תהלתו, ואחר כך כתיב אשרי שומרי משפט, לומר שאותו ששומר משפט שקול כאילו סיפר כל תהלתו של הקדוש ברוך הוא כביכול, אם כן משמע שיש גדולה בזו לשומרי משפט (תולדות נח):

פירוש מהרז"ו

של העולם הזה. שדומה ללילה, ומן העולם הבא שדומה לבוקר, עיין לעיל פרשה י"ח סי"ב. וכדלעיל פרשה זו סימן י"א, עיין בראשית רבה פרשה כ"ו סוף סימן ו', פרשה ל"א סימן ה: **(יד) אין בו יראת חטא.** כמו שאמרו אבות פרק ג (מי"ז) אם אין יראה אין חכמה, עיין לקמן פרשה מ סימן א: **אפותיקאות.** במוסף ערוך בלשון יוני אוצרות עיין לעיל פרשה כ"ד סימן ג. שבת (דף ל"א): **הכל שלך.** כמו שכתוב יהיו לך לבדך ואין לזרים אתך ואם לאו פן ישבעו זרים כחך משלי ה': **והיה אמונת עתיך.** כמו שכתב במתנות כהונה, שבת (דף ל"א, א) וכלם תלוים ביראת ה' טהורה עומדת ומעמדת הכל לעד. והובא כאן פסוק יראת ה' טהורה והדרשה עליו, אגב פסוק הסמוך לו משפטי ה' אמת צדקו יחדו, שהוא שייך למה שכתוב כאן ואלה המשפטים, והעיקר חסר כאן: **(טו) עמך בצדק.** וסיפא דקרא ועניך במשפט: **על הדברות.** עשרת הדברות, וכמו שכתב במכילתא ריש משפטים וזה לשונו, ואלה המשפטים רבי ישמעאל אומר מה עליונים מסיני, אף תחתונים מסיני, שהוי"ו של ואלה, מוסיף על הדברות של סדר יתרו לענין שהם מסיני. וכאן דורש לענין ששניהם לקיום העולם: **ציון נבנית.** וצריך להיות נפדית:

חידושי הרד"ל

[יד] אפותיקאות. עיין מה שכתבתי לעיל פרשה כד ג בהגהותי (ד"ה אין) בסייעתא דשמיא: **לכך נאמר יראת ה' טהורה וגו'.** משפטי ה' אמת צדקו יחדו, כשתהיה לך יראת ה' אז צדקו יחדו המשפטים שבתורה, שתלמוד על מנת לעשות, וזה שאמר **והנביא צווח ציון במשפט תפדה כו'.** אך יותר נראה שאין זה מקומו, והאי והנביא צוח שייך לדרשה שאחר זה, כמו שאכתוב לקמן (סימן טו ד"ה ובו): **[טו] ובו ציון נבנית והנביא צווח ציון במשפט תפדה כו'.** כן צריך לומר:

באור מהרי"פ

[יד] לכך נאמר יראת ה' וגו'. מפני שהוא האוצר המחזיק את התורה, ולכך נסמך משפטי ה' אמת, מפני שהמשפטים יש להם סגולה במה שהם מחזיקים ומקיימים העולם, כמו אוצר המחזיק מה שבתוכו:

מסורת המדרש

יז. עיין שבת ל"א:

אם למקרא

מִבֹּקֶר לָעֶרֶב יֻכַּתּוּ מִבְּלִי מֵשִׂים לָנֶצַח יֹאבֵדוּ: (שם ד: כ)

יִרְאַת ה' טְהוֹרָה עוֹמֶדֶת לָעַד מִשְׁפְּטֵי־ה' אֱמֶת צָדְקוּ יַחְדָּו: (תהלים יט: י)

וְהָיָה אֱמוּנַת עִתֶּיךָ חֹסֶן יְשׁוּעֹת חָכְמַת וָדָעַת יִרְאַת ה' הִיא אוֹצָרוֹ: (ישעיה לג: ו)

צִיּוֹן בְּמִשְׁפָּט תִּפָּדֶה וְשָׁבֶיהָ בִּצְדָקָה: (שם א: כז)

לִשְׁלֹמֹה אֱלֹהִים מִשְׁפָּטֶיךָ לְמֶלֶךְ תֵּן וְצִדְקָתְךָ לְבֶן־מֶלֶךְ: יָדִין עַמְּךָ בְצֶדֶק וַעֲנִיֶּיךָ בְמִשְׁפָּט: (תהלים עב: א-ב)

מֶלֶךְ בְּמִשְׁפָּט יַעֲמִיד אָרֶץ וְאִישׁ תְּרוּמוֹת יֶהֶרְסֶנָּה: (משלי כט: ד)

אַשְׁרֵי שֹׁמְרֵי מִשְׁפָּט עֹשֵׂה צְדָקָה בְכָל־עֵת: (תהלים קו: ג)

ידי משה

[יד] והנביא צווח. פירוש מה שאמרתי כח היראה שהיא גדולה כל כך, והנביא צווח ומזהיר על המשפט ולא הזכיר יראה, משמע שהמשפט גדול יותר:

מתנות כהונה

זה תפלה. כמה דאת אמר (בראשית כח, יא) ויפגע במקום. ועיין בפירוש רש"י ז"ל: **מן הערב של עולם הזה.** העולם הזה דומה ללילה: **[יד] אפותקאות.** לפי הענין פירושו אוצרות: **אם יש לך כך** גרסינן: **והיה אמונת כו'.** דרשוהו חז"ל על ששה סדרי משנה ואמר שיראת השם יתברך היא האוצר שבו מתקיימים ששה סדרי משנה: **[טו] למלך תן וגו': ידין** גרסינן:

אשד הנחלים

מן הערב של עולם הזה. תענוגי עולם הזה בערך תענוגי עולם הבא נקראות בשם ערב, כי המה תענוגים חשוכיים, ועם כל זה מעט תענוג יש בו, אבל הם גרמו על עצמם להאבד מכל וכל, אף מעולם הזה גם כן, וכל זה הסבה להם מבלי משים, שלא שמו דרכי המשפטים לעיניהם: **[יד] דבר אחר כו' אם אין בידו יראת חטא כו' והנביא צווח ציון במשפט.** בכאן הודיעו לנו ענין נכבד, להורות שהיראת חטא הוא עשיית המשפט מה שבין אדם לחברו, שאם ימנע מלעשות רע לרעהו, ויאהב עשות טוב וחסד ומשפט לחברו, זהו האוצר שמכיל בקרבו לימוד התורה, וזהו כמאמרם ז"ל (עבודה זרה יז, ב) כל העוסק בתורה ואינו עוסק בגמילות חסדים דומה כמי שאין לו אלוה, והכונה אם עושה המשפט בשביל יראת ה', לא בשביל עסק המדיני לבד, [ובמקום אחר בארתי ענינו היטב על פי ציור נכון]. וזהו הכונה ואלה המשפטים אשר תשים לפניהם, לבד ידיעת התורה מוכרחין לקיים המשפט, ולכן כתיב דיני המשפטים אחר נתינת התורה. ועיקר הענין הוא מוסר תוכחי להמון החכמים הבלתי נזהרים בחלק זה, מפני שהמה מבני עליה במעלת התורה, ויחסרו בחלק זה במה שנוגע בין אדם לחברו, לזה אמר שלא כן, כי הם אחוזים ודבוקים זה בזה: **[טו] כך הזהיר על הדין וכו'.** כי גם הם משלימות הנפש,

לְכָךְ נֶאֱמַר "יִרְאַת ה' טְהוֹרָה וְגוֹ'" — Therefore[262] it is stated, ***The fear of HASHEM is pure,*** *enduring forever; the judgments of HASHEM are true, altogether righteous.*[263]

The Midrash closes with another verse that affirms the supremacy of justice in the world:

וְהַנָּבִיא צוֹוֵחַ "צִיּוֹן בְּמִשְׁפָּט תִּפָּדֶה וְשָׁבֶיהָ בִּצְדָקָה" — **And the prophet cries out** as well, ***Zion will be redeemed through justice, and those who return to her through righteousness*** (*Isaiah* 1:27).

§15 The Midrash once again (see above, §3) expounds on the significance of the conjunction *"And"* in the opening verse of our *parashah,* which indicates that this verse, which introduces the Torah's judgments (*ordinances*), is connected to something stated previously:

דָּבָר אַחֵר "וְאֵלֶּה הַמִּשְׁפָּטִים" — **Another interpretation** of the verse, ***And these are the ordinances*** *that you shall place before them:* הָדָא הוּא דִכְתִיב "לִשְׁלֹמֹה אֱלֹהִים מִשְׁפָּטֶיךָ לְמֶלֶךְ תֵּן וְגוֹ' יָדִין עַמְּךָ בְצֶדֶק" — **This** is to be understood in light of what **is written, *For Solomon: O God, give Your judgments to the king,***[264] ***etc. May he judge Your nation with righteousness,*** *and Your poor with justice* (*Psalms* 72:1-2).[265] רַבִּי אוֹמֵר: כְּשֵׁם שֶׁהִזְהִיר הַקָּדוֹשׁ בָּרוּךְ הוּא עַל הַדִּבְּרוֹת כָּךְ הִזְהִיר עַל הַדִּין — **Rebbi says: Just as the Holy One, blessed is He, commanded** Israel **regarding the** Ten **Commandments, so did He command** them **regarding the judgments** (*ordinances*).[266] לָמָּה — And **why** are the ordinances so unique as to be communicated in this manner? שֶׁבּוֹ הָעוֹלָם תָּלוּי — For three reasons: **Because the** existence of the **world is dependent** upon [justice],[267] שֶׁנֶּאֱמַר "מֶלֶךְ בְּמִשְׁפָּט יַעֲמִיד אָרֶץ" — **as it is stated, *Through justice a king establishes a land*** (*Proverbs* 29:4); וּבוֹ צִיּוֹן נִבְנֵית — **and** it is **through [justice]** that **Zion will be rebuilt,** שֶׁנֶּאֱמַר "צִיּוֹן בְּמִשְׁפָּט תִּפָּדֶה" — **as it is stated, *Zion will be redeemed through justice*** (*Isaiah* 1:27); וּבוֹ צַדִּיקִים מִתְגַּדְּלִין — **and through [justice] the righteous are exalted,** שֶׁנֶּאֱמַר "אַשְׁרֵי שֹׁמְרֵי מִשְׁפָּט" — **as it is stated, *Praiseworthy are those who observe justice,*** *who perform righteousness at all times* (*Psalms* 106:3).[268]

NOTES

nevertheless requires the *fear of HASHEM* to act as a "storage house" for that wisdom.

Several commentators write that the Midrash here is alluding to Reish Lakish's exposition on this verse (*Shabbos* 31a), in which he associates the six words אֱמוּנַת עִתֶּיךָ חֹסֶן יְשׁוּעֹת חָכְמַת וָדָעַת of this verse with the six sections ("Orders") of the Mishnah. Thus the Midrash would mean — as Reish Lakish himself concludes (ibid.) — that even if a person has mastered the entire body of Mishnayos (אָדָם שׁוֹנֶה הַכֹּל), nevertheless יִרְאַת ה' הִיא אוֹצָרוֹ, he requires the "storage house" of fear of Hashem (*Matnos Kehunah, Yefeh To'ar, Eitz Yosef*).

262. I.e., because fear of Heaven acts as a storehouse, ensuring the preservation of one's Torah study.

263. *Toldos Noach* explains that the Midrash's intention in this line is to focus on the end of the verse (though it is not even quoted explicitly by the Midrash): מִשְׁפְּטֵי ה' אֱמֶת צָדְקוּ יַחְדָּו, *the judgments of HASHEM are true, altogether righteous.* The Midrash interprets the words צָדְקוּ יַחְדָּו (lit., *together they are righteous*) to mean that not only is the fear of God the key to preservation of Torah knowledge (as the Midrash has just elaborated), but, *together* with this fear, the *judgments of HASHEM* are also essential to preserving a righteous, Torah approach to life (*Eshed HaNechalim*), and indeed the very fabric of society (*Toldos Noach*). This thought — although it is not even mentioned explicitly in the Midrash — is in fact its main point, for otherwise there is no relevance of this entire discussion to our verse, וְאֵלֶּה הַמִּשְׁפָּטִים (*And these are the ordinances* [or: *judgments*]) (*Toldos Noach;* see also *Maharzu*). Moreover, without this thought there would be no relevance to the closing sentence of the Midrash, which cites the verse *Zion will be redeemed through justice* (or: *judgments*).

264. I.e., make Your judgments known to him.

265. The underlying question is: Why did the Psalmist pray that Solomon be granted knowledge of the Torah's *judgments* specifically, as opposed to Torah knowledge generally? (*Toldos Noach*).

266. That is: Just as the Ten Commandments were proclaimed by God to Moses in Israel's presence as they stood at Mount Sinai, so were the judgments announced to Moses in this manner — as opposed to the rest of the Torah, which God taught Moses "privately" after he ascended the mountain (*Yefeh Toar,* based on *Mechilta, Rashi,* and *Mizrachi* on our verse). This is derived from the conjunctive "and" in the phrase *"And" these are the ordinances,* indicating a connection to the preceding section, in which the Ten Commandments appear (ibid.).

267. As the Sages teach in *Avos* 1:18: "The world's existence is based upon three things: upon justice, upon truth, and upon peace."

268. Even though these people do many good deeds and *perform righteousness at all times,* the verse praises and exalts them specifically for "observing justice."

Since, as the Midrash has just shown, "justice" is such a crucial factor in the world, it was specifically regarding this matter that the Psalmist prayed to God that He grant it to Solomon.

(שם) "וְדַעַת דְּרָכֶיךָ לֹא חָפָצְנוּ" זֶה תּוֹרָה, וּ"מַה שַׁדַּי כִּי נַעַבְדֶנּוּ" (שם שם טו) אֵלּוּ הַקָּרְבָּנוֹת, (שם) "וּמַה נּוֹעִיל כִּי נִפְגַּע בּוֹ" זֶה תְּפִלָּה, אָמַר לָהֶם הַקָּדוֹשׁ בָּרוּךְ הוּא: מִי גָרַם לָכֶם שֶׁתֹּאבְדוּ מִן הָעֶרֶב שֶׁל הָעוֹלָם הַזֶּה וּמִן הַבֹּקֶר שֶׁל הָעוֹלָם הַבָּא, מִפְּנֵי שֶׁלֹּא קִבַּלְתֶּם אֶת הַתּוֹרָה שֶׁיֵּשׁ בָּהּ דִּין, שֶׁנֶּאֱמַר (שם ד, כ) "מִבֹּקֶר לָעֶרֶב יֻכַּתּוּ", לָמָּה, (שם) "מִבְּלִי מֵשִׂים לָנֶצַח יֹאבֵדוּ", וְאֵין "מֵשִׂים" אֶלָּא דִּינִין, שֶׁנֶּאֱמַר [כא, א] "וְאֵלֶּה הַמִּשְׁפָּטִים אֲשֶׁר תָּשִׂים לִפְנֵיהֶם":

יד דָּבָר אַחֵר [כא, א] "וְאֵלֶּה הַמִּשְׁפָּטִים" דָּוִד אָמַר (תהלים יט, י) "יִרְאַת ה' טְהוֹרָה עוֹמֶדֶת לָעַד", מַהוּ כָּךְ, אַתָּה מוֹצֵא [יז] אָדָם שׁוֹנֶה מִדְרָשׁ הֲלָכוֹת וְאַגָּדוֹת, וְאִם אֵין בּוֹ יִרְאַת חֵטְא אֵין בְּיָדוֹ כְּלוּם, מָשָׁל לְאָדָם שֶׁאָמַר לַחֲבֵירוֹ: יֵשׁ לִי אֶלֶף מִדּוֹת שֶׁל תְּבוּאָה יֵשׁ לִי אֶלֶף מִדּוֹת שֶׁל שֶׁמֶן וְאֶלֶף שֶׁל יַיִן, אָמַר לוֹ חֲבֵירוֹ: יֵשׁ לְךָ אַפּוֹתִיקָאוֹת לִיתֵּן אוֹתָן בָּהֶם, אִם יֵשׁ לְךָ כֵּן הַכֹּל שֶׁלְּךָ וְאִם לָאו אֵין בְּיָדְךָ כְּלוּם, כָּךְ אָדָם שׁוֹנֶה הַכֹּל אָמְרוּ לוֹ: אִם יֵשׁ לְךָ יִרְאַת חֵטְא הַכֹּל שֶׁלְּךָ, שֶׁנֶּאֱמַר (ישעיה לג, ו) "וְהָיָה אֱמוּנַת עִתֶּיךָ וְגוֹ' יִרְאַת ה' הִיא אוֹצָרוֹ", לְכָךְ נֶאֱמַר (תהלים יט, י) "יִרְאַת ה' טְהוֹרָה וְגוֹ'", וְהַנָּבִיא צוֹוֵחַ (ישעיה א, כז) "צִיּוֹן בְּמִשְׁפָּט תִּפָּדֶה וְשָׁבֶיהָ בִּצְדָקָה":

טו דָּבָר אַחֵר [כא, א] "וְאֵלֶּה הַמִּשְׁפָּטִים" הָדָא הוּא דִכְתִיב (תהלים עב, א-ב) "לִשְׁלֹמֹה אֱלֹהִים מִשְׁפָּטֶיךָ לְמֶלֶךְ תֵּן וְגוֹ' יָדִין עַמְּךָ בְצֶדֶק", רַבִּי אוֹמֵר: כְּשֵׁם שֶׁהִזְהִיר הַקָּדוֹשׁ בָּרוּךְ הוּא עַל הַדִּבְּרוֹת כָּךְ הִזְהִיר עַל הַדִּין, לָמָּה, שֶׁבּוֹ הָעוֹלָם תָּלוּי, שֶׁנֶּאֱמַר (משלי כט, ד) "מֶלֶךְ בְּמִשְׁפָּט יַעֲמִיד אָרֶץ", וּבוֹ צִיּוֹן נִבְנֵית, שֶׁנֶּאֱמַר (ישעיה א, כז) "צִיּוֹן בְּמִשְׁפָּט תִּפָּדֶה", וּבוֹ צַדִּיקִים מִתְגַּדְּלִין, שֶׁנֶּאֱמַר (תהלים קו, ג) "אַשְׁרֵי שֹׁמְרֵי מִשְׁפָּט",

עץ יוסף

זו תורה. כי בה ילמוד דרכי ה', כאומרו והלכת בדרכיו מה הוא חנון אף אתה חנון כו': **ומן הבקר של העולם הבא.** כדאיתא בחלק (סנהדרין קז, ב) שדור המבול אין לו חלק לעולם הבא: **שיש בה דין.** דלא ידעו דינים שבתורה ועשו דין שלא כהוגן, לכן היו חייבים עונש כליה, שלא נחתם גזר דינן אלא על הגזל: (יד) [יא] **דוד אמר יראת ה' טהורה כו'.** וסיפיה דקרא משפטי ה' אמת צדקו יחדיו, ומייתי שהכל תלוי ביראת שמים שנמצא שהכל תלוי במשפט שהמשפטים סבת היראה, ורוצה לומר כשתהיה לך יראת ה' אז צדקו יחדיו המשפטים שבתורה שתלמוד על מנת לעשות: **משל לאדם כו'.** שילמוד יראת ה' כדי לשמור התורה, שכמו שהפירות לא ישמרו אלא באוצר כן התורה לא תתקיים אלא ביראת חטא, שהרשע ברשעו יגלה פנים בתורה שלא כהלכה: **אפותיקאות.** בלשון יוני אוצרות (מוסף הערוך). ועיין מה שכתבתי לעיל פרשה כ"ד סימן ג': **שנאמר והיה אמונת עתך כו'.** ובמקרא זה רמז לששה סדרי משנה כדאיתא בפרק שני דשבת (לא, א) ומדסיים יראת ה' היא אוצרו, משמע שהיראה היא כל עיקר שהיא כל שמירת התורה כאוצר לתבואה: **והנביא צווח.** כלומר והנביא מפרסם ענין זה במה שאמר ציון במשפט תפדה, כדכתיב כי מציון תצא תורה, ומשום שהמשפט אוצר התורה, לכן הזכירו במקום תורה (יפה תואר). ואפשר שהני תיבות והנביא צווח ציון במשפט תפדה, אין כאן מקומו ושייך לקמן בסימן י"ב, שאמר שם ובו ציון נבנית, שנאמר ציון במשפט תפדה: (טו) [יב] **הדא הוא דכתיב לשלמה כו'.** כך הזהיר על הדין, פירוש בעצמו במעמד כל ישראל, וזה שהביא אלהים משפטיך למלך תן, פירוש אלהים בעצמו נתן המשפטים לכל ישראל לפי שהם למלך, כי מלך במשפט יעמיד ארץ: **ובו ציון נבנית כו' ובו צדיקים מתגדלין כו'.** דדין אית ביה עוד שבח שבו ציון נבנית ובו צדיקים מתגדלים: **שנאמר אשרי שומרי משפט.** רוצה לומר דלעיל מיניה כתיב מי ימלל גבורות ה' ישמיע כל תהלתו, ואחר כך כתיב אשרי שומרי משפט, לומר שאותו ששומר משפט שקול כאילו סיפר כל תהלתו של הקדוש ברוך הוא כביכול, אם כן משמע שיש גדולה בזו לשומרי משפט (תולדות כח):

פירוש מהרז"ו

של העולם הזה. שדומה ללילה, ומן העולם הבא שדומה לבוקר, עיין לעיל פרשה י"ח סי"ב. וכדלעיל פרשה זו סימן י"א, עיין ברא‍שית רבה פרשה כ"ו סוף סימן ו', פרשה ל"א סימן ה: (יד) **אין בו יראת חטא.** כמו שאמרו אבות פרק ג (מי"ז) אם אין יראה אין חכמה, עיין לקמן פרשה מ סימן א: **אפותיקאות.** במוסף ערוך בלשון יוני אוצרות עיין לעיל פרשה כ"ד סימן ג. שבת (דף ל"א): **הכל שלך.** כמו שכתוב יהיו לך לבדך ואין לזרים אתך ואם לאו פן ישבעו זרים כחך משלי ה': **והיה אמונת עתיך.** כמו שכתב במתנות כהונה, שבת (דף ל"א, א) וכלם תלוים ביראת ה' טהורה עומדת ומעמדת הכל לעד. והובא כאן פסוק יראת ה' טהורה והדרשה עליו, אגב פסוק הסמוך לו משפטי ה' אמת צדקו יחדו, שהוא שייך למה שכתוב כאן ואלה המשפטים, והעיקר חסר כאן: (טו) **עמך בצדק.** וסיפא דקרא ועניך במשפט: **על הדברות.** עשרת הדברות, וכמו שכתב במכילתא ריש משפטים וזה לשונו, ואלה המשפטים רבי ישמעאל אומר מה עליונים מסיני, אף תחתונים מסיני, שהוי"ו של ואלה, מוסיף על הדברות של סדר יתרו לענין שהם מסיני. וכאן דורש לענין ששניהם לקיום העולם: **ציון נבנית.** וצריך להיות נפדית:

חידושי הרד"ל

[יד] **אפותיקאות.** עיין מה שכתבתי לעיל פרשה כד ג בהגהותי (ד"ה אין) בסייעתא דשמיא: **לכך נאמר יראת ה' טהורה וגו'.** משפטי ה' אמת צדקו יחדו, כשתהיה לך יראת ה' אז צדקו יחדו המשפטים שבתורה, שתלמוד על מנת לעשות, וזה שאמר **והנביא צווח ציון במשפט תפדה כו'.** אך יותר נראה שאין זה מקומו, והאי והנביא צוח שייך לדרשה שאחר זה, כמו שאכתוב לקמן (סימן טו ד"ה ובו): [טו] **ובו ציון נבנית והנביא צווח ציון במשפט תפדה כו'.** כן צריך לומר:

באור מהרי"פ

[יד] **לכך נאמר יראת ה' וגו'.** מפני שהוא האוצר המחזיק את התורה, ולכך נסמך משפטי ה' אמת, מפני שהמשפטים יש להם סגולה במה שהם מחזיקים ומקיימים העולם, כמו אוצר המחזיק מה שבתוכו:

מסורת המדרש

יז. עיין שבת ל"א:

אם למקרא

מִבֹּקֶר לָעֶרֶב יֻכַּתּוּ מִבְּלִי מֵשִׂים לָנֶצַח יֹאבֵדוּ: (שם ד: כ)

יִרְאַת ה' טְהוֹרָה עוֹמֶדֶת לָעַד מִשְׁפְּטֵי־ה' אֱמֶת צָדְקוּ יַחְדָּו: (תהלים יט: י)

וְהָיָה אֱמוּנַת עִתֶּיךָ חֹסֶן יְשׁוּעֹת חָכְמַת וָדָעַת יִרְאַת ה' הִיא אוֹצָרוֹ: (ישעיה לג: ו)

צִיּוֹן בְּמִשְׁפָּט תִּפָּדֶה וְשָׁבֶיהָ בִּצְדָקָה: (שם א: כז)

לִשְׁלֹמֹה אֱלֹהִים מִשְׁפָּטֶיךָ לְמֶלֶךְ תֵּן וְצִדְקָתְךָ לְבֶן־מֶלֶךְ: יָדִין עַמְּךָ בְצֶדֶק וַעֲנִיֶּיךָ בְמִשְׁפָּט: (תהלים עב: א-ב)

מֶלֶךְ בְּמִשְׁפָּט יַעֲמִיד אָרֶץ וְאִישׁ תְּרוּמוֹת יֶהֶרְסֶנָּה: (משלי כט: ד)

אַשְׁרֵי שֹׁמְרֵי מִשְׁפָּט עֹשֵׂה צְדָקָה בְכָל־עֵת: (תהלים קו: ג)

ידי משה

[יד] **והנביא צווח.** פירוש מה שאמרתי כח היראה שהיא גדולה כל כך, והנביא צווח ומזהיר על המשפט ולא הזכיר יראה, משמע שהמשפט גדול יותר:

מתנות כהונה

זה תפלה. כמה דאת אמר (בראשית כח, יא) ויפגע במקום. ועיין בפירוש רש"י ז"ל: **מן הערב של עולם הזה.** העולם הזה דומה ללילה: [יד] **אפותקאות.** לפי הענין פירושו אוצרות: **אם יש לך כך גרסינן: והיה אמונת כו'.** דרשוהו חז"ל על ששה סדרי משנה ואמר שיראת השם יתברך היא האוצר שבו מתקיימים ששה סדרי משנה: [טו] **למלך תן וגו': ידין גרסינן:**

אשד הנחלים

מן הערב של עולם הזה. תענוגי עולם הזה בערך תענוגי עולם הבא נקראות בשם ערב, כי המה תענוגים חשוכיים, ועם כל זה מעט תענוג יש בו, אבל הם גרמו על עצמם להאבד מכל וכל, אף מעולם הזה גם כן, וכל זה הסבה להם מבלי משים, שלא שמו דרכי המשפטים לעיניהם: [יד] **דבר אחר כו' אם אין בידו יראת חטא כו' והנביא צווח ציון במשפט.** בכאן הודיעו לנו ענין נכבד, להורות שהיראת חטא הוא עשיית המשפט מה שבין אדם לחברו, שאם ימנע מלעשות רע לרעהו, ויאהב עשות טוב וחסד ומשפט לחברו, זהו האוצר שמכיל בקרבו לימוד התורה, וזהו כמאמרם ז"ל (עבודה זרה יז, ב) כל העוסק בתורה ואינו עוסק בגמילות חסדים דומה כמי שאין לו אלוה, והכונה אם עושה המשפט בשביל יראת ה', לא בשביל עסק המדיני לבד, [ובמקום אחר בארתי ענינו היטב על פי ציור נכון]. וזהו הכונה ואלה המשפטים אשר תשים לפניהם, לבד ידיעת התורה מוכרחין לקיים המשפט, ולכן כתיב דיני המשפטים אחר נתינת התורה. ועיקר הענין הוא מוסר תוכחי להמון החכמים הבלתי נזהרים בחלק זה, מפני שהמה מבני עליה במעלת התורה, ויחסרו בחלק זה במה שנוגע בין אדם לחברו, לזה אמר שלא כן, כי הם אחוזים ודבוקים זה בזה: [טו] **כך הזהיר על הדין וכו'.** כי גם הם משלימות הנפש,

As the Midrash discussed above (see §5-§8), many of the laws ("ordinances") in our passage have deeper, hidden meanings. The Midrash now continues with this theme.[269] It also seeks to account once again for the conjunction "and" (in *And these are the ordinances*), indicating a connection to the preceding passage (i.e., to the Ten Commandments):[270]

אַתָּה מוֹצֵא מִשְׁפָּטִים הַרְבֵּה יֵשׁ בָּעִנְיָן הַזֶּה – You find many ordinances with hidden, deep meanings **in this subject** of the Hebrew bondsman.

The Midrash gives specific examples:

לְפִי שֶׁאָמַר הַקָּדוֹשׁ בָּרוּךְ הוּא "אָנֹכִי ה' אֱלֹהֶיךָ אֲשֶׁר הוֹצֵאתִיךָ מֵאֶרֶץ מִצְרַיִם מִבֵּית עֲבָדִים" – In light of what the Holy One, blessed is He, said to Israel, ***I am HASHEM, your God, Who has taken you out of the land of Egypt, from the house of slavery*** (above, 20:2),[271] **מַהוּ אוֹמֵר עַל עֶבֶד עִבְרִי, "כִּי תִקְנֶה עֶבֶד עִבְרִי" – what is** the meaning of **what it says regarding a Jewish bondsman, *If you acquire a Jewish bondsman,*** *he shall work for six years; and in the seventh he shall go free, for no charge* (v. 2)?[272] **אָמַר הַקָּדוֹשׁ בָּרוּךְ הוּא: כְּשֵׁם שֶׁבָּרָאתִי אֶת הָעוֹלָם לו' יָמִים וְנַחְתִּי בַּשְּׁבִיעִי, כָּךְ יַעֲשֶׂה עִמְּךָ ו' שָׁנִים וְיֵצֵא בֶּן חוֹרִין – The Holy One, blessed is He,** by limiting the indenture period to six years, **said** in effect, **"Just as I created the world for six days and I rested on the seventh, so** shall you do with regard to your Jewish bondsman. **He should work for you** for **six years and** in the seventh year he shall **go out a free man."**[273]

The Midrash continues to expound the connection between slavery and the Commandments:

מַהוּ שֶׁכָּתַב לְפָנָיו – And what is it that is written in proximity[274] **to [this verse]?** **"אִם בְּגַפּוֹ יָבֹא וְגוֹ'" – *If he shall arrive by himself,*** *he shall leave by himself; if he is the husband of a woman, his wife shall leave with him* (ibid., v. 3). **אִם נִכְנַס יְחִידִי יֵצֵא יְחִידִי, אִם בְּאִשְׁתּוֹ יֵצֵא עִמָּהּ –** This means that **if he entered** the master's service **single** (unmarried), then at the end of his service **he leaves single;**[275] **if** he entered **with a wife, he leaves with her.**[276] **"אִם אֲדֹנָיו יִתֶּן לוֹ אִשָּׁה וְגוֹ'" –** The passage continues, ***If his master will give him a woman*** *and she bears him sons or daughters, the wife and her children shall belong to her master, and he shall go out by himself* (ibid., v. 4).[277] **וְאֵין יִשְׂרָאֵל נִכְנָסִין לַמִּדָּה הַזּוֹ, אֶלָּא אִם כֵּן פָּשְׁעוּ בַּמִּצְוֹת – But** the people of **Israel would not enter into such a** lowly **state**[278] **unless they have transgressed the** Torah's **commandments.**[279]

NOTES

269. *Yefeh To'ar.*

270. *Toldos Noach.*

271. This is the first of the Ten Commandments, commanding us to recognize the existence of God.

272. Having stated, *I am HASHEM, your God, Who has taken you out of the land of Egypt,* why must Scripture say also, מִבֵּית עֲבָדִים, *from the house of slavery?* The Midrash derives from this that there is a connection between this first command to believe in God (see previous note) and the first of the "ordinances" listed in our chapter; namely, the law of the Jewish bondsman. What, the Midrash asks, is this connection? (see *Maharzu, Eitz Yosef, Yefeh To'ar*).

273. The commandment to release one's Hebrew bondsman after six years reminds the master of God's creation of the world in six days. Thus, this facet of the laws of (Hebrew) slaves brings one to fulfillment of the first of the Ten Commandments, i.e., to belief in God.

274. Although לְפָנָיו nearly always means "before it," since the cited verse appears after the verse under discussion, here it must be translated "in its presence," i.e., "in proximity to it" (see *Matnos Kehunah, Maharzu*).

275. I.e., if he began his service as a single man, his master may not give him a non-Jewish maidservant with whom to sire offspring for the master, as described in the following verse [which the Midrash proceeds to cite] (*Rashi* to verse, from *Kiddushin* 20a).

276. The point of this whole line is simply to translate the obscure and otherwise-unknown word בְּגַפּוֹ; it means "by himself," i.e., unmarried (*Toldos Noach*).

277. As mentioned in note 275, this verse means that a master may give his Jewish bondsman a non-Jewish slavewoman with whom to sire slaves for the master.

278. I.e., being sold into servitude and being forced to cohabit with a non-Jewish woman and produce children that will not be theirs (*Matnos Kehunah, Eitz Yosef*).

279. And this is the connection with the Ten Commandments (as indicated by the conjunction *And*): If one does not follow those Commandments, he is liable to find himself suffering such degradation (*Yefeh To'ar*). [Indeed, the Talmud (*Kiddushin* 14b; see also *Rashi* to verse) explains that our passage is dealing with someone who is sold into slavery by the court because he has committed theft and does not have the means to make restitution.]

Alternatively: This line is to be associated with what the Midrash discusses next, i.e., the overly harsh subjugation to which the ruling nations submit the Jewish people. The Midrash is interpreting the laws of the Hebrew bondsman allegorically: When the Jews are "sold into bondage" (*If you acquire a Jewish bondsman*) to the nations – a situation that would not occur "unless they have transgressed the commandments" (this is based on the similarity between the words עִבְרִי, *Hebrew*, and עבר, *to sin*) – those nations are cautioned not to subjugate them too harshly (*he shall work for six years; and in the seventh he shall go free*) (*Toldos Noach*, see also *Radal*). See Insight Ⓐ.

INSIGHTS

Ⓐ **The Shackles of Sin** Though the commentators (as we present their comments in the text and notes) have explained this passage and its various elements, there remain several points that seem problematic, as noted by *Shem MiShmuel.* Among them: If the connection drawn by the Midrash between the Hebrew bondsman and the first of the Ten Commandments relates to the slave's *going free* (just as God took the nation out of Egypt), why does the Midrash (at note 272) cite only the first part of the verse (*If you acquire a Hebrew slave*) when its real focus should have been (as we have explained) on the next part of the verse (*he shall work for six years; and in the seventh he shall go free . . .*)? Furthermore, on what basis does the Midrash connect the term of the Hebrew slave's servitude to the six days of Creation, and what indeed is the conceptual connection between them? Moreover, what does the Midrash mean to teach us when it says that "Israel does not enter into such a state unless they have transgressed the commandments"? Do we not already know that punishment results from sin? Moreover, this passage deals with a Jew who was sold because he was a thief and could not repay what he had stolen (*Rashi* on v. 2, from *Mechilta*). Certainly, then, he is being sold because of his sin! Why does the Midrash have to emphasize this again? *Shem MiShmuel* therefore presents a wide-ranging exposition, from which we will abstract portions specifically related to the questions just raised.

Shem MiShmuel quotes his father (the *Avnei Nezer*), who explains the reason for the Hebrew slave going free after six years of servitude, as follows. "Six" represents the six dimensions of physicality (front, back, right, left, up, and down). "Seven" represents the inner core of spirituality. It is only the six dimensions of a Jew's physicality that can be enslaved. The "seventh" aspect — the inner core of spirituality — should by nature be beyond the realm of enslavement. The six years of slavery serve to cleanse the impurities of the six dimensions of physicality. Once that cleansing is complete, the inner core is free to dominate once more, which produces freedom. *And on the seventh, he shall go free.*

By nature, the people of Israel are "inner directed." Their focus is on the inner core of true reality, not on externalities. That is why they are assumed to be able to keep secrets (see *Chullin* 133b) and why Moses was concerned to find talebearers among them (see *Rashi* on 2:14 above). As mentioned above, our passage deals with a Jew sold because he was a thief. A גַּנָּב, *thief,* (as opposed to a גַּזְלָן, *robber*) is secretive (see *Tanchuma, Bereishis* §4). A Jewish thief thus takes his spiritual "inner nature" and perverts it in the service of the outer,

אַתָּה מוֹצֵא מִשְׁפָּטִים הַרְבֵּה יֵשׁ בָּעִנְיָן הַזֶּה, לְפִי שֶׁאָמַר הַקָּדוֹשׁ בָּרוּךְ הוּא (לעיל כ, ב) **"אָנֹכִי ה' אֱלֹהֶיךָ אֲשֶׁר הוֹצֵאתִיךָ מֵאֶרֶץ מִצְרַיִם מִבֵּית עֲבָדִים", מַהוּ אוֹמֵר עַל עֶבֶד עִבְרִי,** [כא, ב] **"כִּי תִקְנֶה עֶבֶד עִבְרִי", אָמַר הַקָּדוֹשׁ בָּרוּךְ הוּא: כְּשֵׁם שֶׁבָּרָאתִי אֶת הָעוֹלָם לְו' יָמִים וְנַחְתִּי בַּשְּׁבִיעִי, כָּךְ יַעֲשֶׂה עִמְּךָ ו' שָׁנִים וְיֵצֵא בֶּן חוֹרִין, מַהוּ שֶׁכָּתַב לְפָנָיו** [כא, ג] **"אִם בְּגַפּוֹ יָבֹא וְגוֹ'", אִם נִכְנַס יְחִידִי יֵצֵא יְחִידִי, אִם בְּאִשְׁתּוֹ יֵצֵא עִמָּהּ,** [כא, ד] **"אִם אֲדֹנָיו יִתֶּן לוֹ אִשָּׁה וְגוֹ'", וְאֵין יִשְׂרָאֵל נִכְנָסִין לַמִּדָּה הַזּוֹ, אֶלָּא אִם כֵּן פָּשְׁעוּ בַּמִּצְוֹת, לְפִי שֶׁחֲבִיבִין יִשְׂרָאֵל כְּבָבַת הָעַיִן הָעֶלְיוֹנָה, שֶׁנֶּאֱמַר** (זכריה ב, יב) יח**"כִּי הַנֹּגֵעַ בָּכֶם נֹגֵעַ בְּבָבַת עֵינוֹ", אֵלּוּ הַסּוֹפְרִים וְהַחֲכָמִים שֶׁתִּקְּנוּ הַסְּיָיג הַזֶּה, מָשָׁל לְמֶלֶךְ שֶׁאָמַר לִבְנוֹ יַעֲשֶׂה עִם פְּלוֹנִי וְלֹא יְצַעֲרֶנּוּ, הָלַךְ וְעָשָׂה, אַף עַל פִּי שֶׁעָשָׂה עִמּוֹ חִנָּם לֹא הִנִּיחַ שֶׁלֹּא הָיָה מְצַעֲרוֹ, כְּשֶׁנִּתְרַצָּה לִבְנוֹ גָּזַר עַל מְצַעֲרָיו לְהָרְגָן, כָּךְ גָּזַר הַקָּדוֹשׁ בָּרוּךְ הוּא שֶׁיְּהוּ יִשְׂרָאֵל מְשׁוּעְבָּדִים בְּמִצְרַיִם עַד שֶׁיִּרְצֶה וְיַחֲזִירֵם, עָמְדוּ עֲלֵיהֶם וְשִׁעְבְּדוּ אוֹתָם בְּחוֹזֶק, לֹא שֶׁמָּרְדוּ בָּהֶן, אֶלָּא אָמַר לָהֶם אֱלֹהִים: הָיָה °לִנְהוֹג בָּהֶם כַּעֲבָדִים וְיַעֲשׂוּ צָרְכֵיהֶם עַד שֶׁתִּשְׁלַם הַגְּזֵירָה, אֶלָּא** (זכריה א, טו) **"אֲנִי קָצַפְתִּי מְּעָט וְהֵמָּה עָזְרוּ לְרָעָה", כָּךְ אַחַר הַדִּבְּרוֹת הִזְהִיר הַקָּדוֹשׁ בָּרוּךְ הוּא עַל הַמִּשְׁפָּטִים שֶׁלֹּא יַעַבְרוּ עֲלֵיהֶם יִשְׂרָאֵל וְיַעֲשֶׂה לָהֶם כְּשֵׁם שֶׁעָשָׂה לַמִּצְרִים, לְכָךְ אָמַר הַנָּבִיא לָהֶם לְיִשְׂרָאֵל** (שם ז, ט-י) **"מִשְׁפַּט אֱמֶת שְׁפֹטוּ ... וְגוֹ' וְאַלְמָנָה וְיָתוֹם וְגֵר וְעָנִי אַל תַּעֲשֹׁקוּ":**

עץ יוסף

אתה מוצא משפטים הרבה כו'. כלומר שנרמז מלוות ה' במלות העבד, שכנגד מה שאמר אנכי ה' אלהיך אשר הוצאתיך מארץ מצרים וגו', גזר שיזכור אלהותו בענין העבדים, כי בצאתם בשש יכירו כי אלהי עולם ברא עולמו בשש, ונרמז גם כן שכאשר לא ישמרו התורה תקראן אותם כאלה, וזה שנאמר מה שאמר לפניו אם בגפו יבא כו' אם אדוניו כו', שאין זה אלא כשפשעו במלות כי עבירה גוררת עבירה, לכן סופו שיגאלוהו בשפחה: **לפי שחביבים.** בא לתת טעם על מה שהקדוש ברוך הוא בעצמו הזהיר בסיני על המשפטים, וקאמר לפי שעשה משפט במצרים, הזהיר לישראל שאם יעברו על הדברות יעשה גם כן בהם משפט, כמו שראו במצרים: **אלו הסופרים והחכמים שתקנו הסיג הזה.** פירוש שהסופרים והחכמים דקדקו ומצאו לפי הענין שעיקר הכוונה לא היתה כמו שנראה מן הנכתב בספר, אלא נד כוונה אחרת, וקראו תיקון סופרים על שהם דקדקו ופירשו שהוא כינוי: **משל למלך כו'.** טעם המשל לומר שמה שהחמיר ה' בעונש מצרים שימותו ביס אחרי כמה מכות שלקו, הוא לפי שהוסיפו על הגזירה האלהית, כי זה שמררו את חייהם הרבה, והשליכו (ביניהם) [בניהם] ליאור היה בבחירתם הרעה: **לא שמרדו בהם.** פירוש לא התקוממו על ישראל לפי שמרדו בהם ישראל, ולכן היה להם לנהוג בהם כעבדים כו', אחר שלא נמלא בהם עול: **לכך אחר הדברות.** שהוזכר שם אשר הוצאתיך מארץ מצרים, הזהיר לישראל שאם יעברו על המשפטים יענשו כמצריים שהעבירו על המשפט לישראל:

פירוש מהרז"ו

מבית עבדים. וזה מיותר, אלא שמרמז להם שבאופן שהיו המצריים עובדים עמכם שלמתי להם ענשם, מזה תלמדו איך להתנהג עם עבדיכם, וכמו שכתוב בסוף בהר סיני, הרי בדבור ראשון מרומז מצות עבדים, ועל כן התחיל כאן במצות עבדים, וכן באופן זה רמוזים כל דיני משפטים שבסדר זה בעשרת הדברות, ודו"ק: **כשם שבראתי.** לעיל פרשה ז' סימן ה. ומה שאמר שש שנים כנגד ששה ימים, מפורש בתורה בסדר זה אצל מצות שמיטה, ושש שנים תזרע וגו' והשביעית תשמטנה וגו' ששת ימים וגו' וביום השביעי וגו', ומזה למד המדרש גם במצות עבד: **שכתוב לפניו.** באותו ענין וסמוך לו עד אם אדוניו יתן לו אשה, שפירושו שיוכל ליתן לו שפחה כנענית, שאסור לישראל: **למדה זו.** עיין מתנות כהונה שבזה מרמז לישראל שצריכים כולם לשוב אל לבם לשוב בתשובה שלמה: **ולפי שחביבים.** ואיך ימכרו לעבדים, ועברי ישא כנענית: **כבבת עינו.** מכילתא בשלח פסוק וברוב גאונך. ולעיל פרשה י"ג סוף סימן א' עיני כתיב, שהכוונה על עין העליונה כביכול, והסופרים תקנו ושינו משמעותו על האדם, שנוגע בעין של עצמו שלא לפגוע בכבוד של מעלה. ועיין במדבר רבה פרשה כ סוף סימן ו': **משל וכו' יעשה עם פלוני.** חוזר לענינו למה שכתוב לעיל מבית עבדים, ופירוש שהבן חטא לאביו ופסק עונשו שיהיה משועבד לאחר, על תנאי זה שלא יצערו בעבודה קשה: **אני קצפתי מעט וכו'.** לשון הפסוק זכריה א' ט"ו: **אמת ומשפט שפטו.** בהכרח שהכוונה על פסוק זכריה ז' ט', כה אמר וגו' משפט אמת שפוטו וגו' ואלמנה ויתום גר ועני וגו' ורעת איש אחיו אל תחשובו בלבבכם, היינו עבד עברי הנ"ל:

מתנות כהונה

לפניו. כלומר להלן: הכי גרסינן **יתן לו אשה וגו': למדה זו.** שימכרו ממכרת עבד ורבו ימסור לו שפחה: **שתקנו הסייג הזה.** כלומר תיקון סופרים הוא ולקרותו כבבת עינו שלפי האמת לריך להיות עיני ומוסב על הקדוש ברוך הוא אלא שהסופרים תקנו וסייגו לקרותו עינו מפני כבודו של הקדוש ברוך הוא. ועיין מה שכתבתי מזה בבראשית רבה פרשה מ"ט בפסוק ואברהם עודני עומד לפני ה': **לא שמרדו בהם.** לא משום שישראל מרדו בהם אלא זדון לבם השיא אותם:

אשד הנחלים

כי עיקרו נובע מזכירתו את כבוד ה' ומטובו לעולם, על כן יתדמה במדותיו יתברך לעשות חסד ומשפט, ואם כן זהו שלימות הנפש. וכל הצדיקים מתגדלין להיות במעלה עליונה בשלימות, אם הם עושי משפט, וכמו שכתוב (אשרם) [אשרי], שמאושרים הם בעשיות משפט וצדקה. ומפרש להלן איכה גם מעשיית המשפטים יצמח ציור האמונה בה' גם כן, כי על ידי העבדות רק שש שנה, יזכור כי ה' ברא עולמו בששה ימים, ואם כן יצמח אמונת החידוש בלבו: **אם נכנס יחידי.** זהו דרוש אחר, ופירוש על מלת בגפו: **אלא אם כן פשעו במצות.** ואז נפלו ממדרגתם עד שימכרו לעבד ויתחברו לשפחה, מה שאין זה מסוגם: **בבבת עין העליונה.** כאלו כביכול נוגע בבבת עינו, רק שעל פי תיקון סופרים כתיב עינו ולא עיני. והענין מהו בחינת עין למעלה, הוא השגחת השם בפרט על המאמינים בו ובתורתו: **שאמר לבנו כו'.** פירוש שאמר לבנו שטובתו הוא שיעשה עם אחר ויעבוד [כי על ידי זה יצרף לבו], אך שלא יצערנו האחר כל כך רק בחמלה רבה, אך אותו האחר לא כן עשה, כי אף שעבדו בחנם, והרי זה כמתנה בעלמא, עם כל זה ציערו גם כן, וזהו המשל על מצרים במה ששיעבדו לישראל בשעבוד כבד מאד: **לא שמרדו.** לא משום שישראל מרדו בהם, אלא זדון לבם השיאם לענותם בפרך (מתנות כהונה): **היה להם לנהוג כעבדים.** כאומר אמת שהרשיתי שיעבדו בהם עבודת עבד, אך לא בחוזק גדול כאשר עשו: **כך אחר הדברות כו'.** כלומר שמזה יזכרו מחסדי ה', כמו שלא הניח ה' ברוך הוא לישראל שיהיו נעבדים בפרך, ולעולם, כן יתנהגו עם עבדיהם, ואם כן הדינין כאלו הם מעניני שלימות הנפש גם כן:

חידושי הרד"ל

למדה זו אלא אם כן פשעו במצות. אף על פי כן חס הקב"ה עליו, וצוה שלא יעבוד יותר משש שנים, וכדמפרש **משל כו': שלא יעברו עליהם ישראל כו'.** רצה לומר, וישעבדו באחיהם הנמכרים להם לעבדים יותר מהדין:

באור מהרי"פ

[טו] **אלא אם כן פשעו.** אולי דורש עבד עברי, שעבר על מצות התורה. תולדות נח הארוך: **שיעשה עם פלוני.** פירוש, שיהיה עובד את פלוני, ופלוני לא יצערנו:

אמרי יושר

[טו] **מהו שכתוב לפניו אם בגפו יבא נכנס יחידי.** רצה לומר מביא הכרח לאמור שבישראל הוא מדבר, כי הקפיד אם בעל אשה הוא ויצאה אשתו, וכן במצרים הוא אומר לכו נא הגברים, והקב"ה לא רצה כן, אלא וגם טפכו ילך עמכו: **אלו הסופרים והחכמים שתקנו הסייג.** והיינו כנוגע בבבת עיני, המנהיגים שהם עיני העדה, אם כן שהוא דרך כינוי אמר עינו, דעיני כתיב, וזהו פירוש מה שאמר הסופרים והחכמים תקנו הסייג הזה, ותיקון סופרים הוא:

ידי משה

[טו] **לפי שחביבים.** מלתא באנפי נפשה היא, ליתן טעם למה נסמכה פרשת משפטים לדיברות, וקאמר לפי שעשה משפט במצרים לפי שצערו לישראל שחביבים בעיניו, הזהיר לישראל גם כן שאם יעברו על הדיברות יעשה גם כן בהם משפט כמו שראו במצרים, ומה שאמר **אלו הסופרים,** זהו הדרש, אמנם הפשוטא קאי על ישראל. וקל להבין: **לא הניח שלא היה מצערו.** פירוש, לא סגי בלאו הכי, שלא היה מצערו במלאכה:

מסורת המדרש

יח. במד"ר פ"כ. ספרי בהעלותך פיסקא פ"ד. מכילתא בשלח מסכתא דשירה פ"ו. תנחומא בשלח סימן ט"ז. ילקוט שמואל א' רמז נ"ט. ילקוט זכריה רמז תקס"ט:

אם למקרא

אָנֹכִי ה' אֱלֹהֶיךָ אֲשֶׁר הוֹצֵאתִיךָ מֵאֶרֶץ מִצְרַיִם מִבֵּית עֲבָדִים: (שמות כ: ב)

כִּי כֹה אָמַר ה' צְבָאוֹת אַחַר כָּבוֹד שְׁלָחַנִי אֶל הַגּוֹיִם הַשֹּׁלְלִים אֶתְכֶם כִּי הַנֹּגֵעַ בָּכֶם נֹגֵעַ בְּבָבַת עֵינוֹ: (זכריה ב: יב)

וְקֶצֶף גָּדוֹל אֲנִי קֹצֵף עַל הַגּוֹיִם הַשַּׁאֲנַנִּים אֲשֶׁר אֲנִי קָצַפְתִּי מְּעָט וְהֵמָּה עָזְרוּ לְרָעָה: (שם א: טו)

כֹּה אָמַר ה' צְבָאוֹת לֵאמֹר מִשְׁפַּט אֱמֶת שְׁפֹטוּ וְחֶסֶד וְרַחֲמִים עֲשׂוּ אִישׁ אֶת אָחִיו: וְאַלְמָנָה וְיָתוֹם גֵּר וְעָנִי אַל תַּעֲשֹׁקוּ וְרָעַת אִישׁ אָחִיו אַל תַּחְשְׁבוּ בִּלְבַבְכֶם: (שם ז: ט-י)

שינוי נוסחאות

(טו) **היה לנהוג בהם בעבדים.** בספרים ישנים היה כתוב "היה להם לנהוג...", ותיבת "להם" נעלמה פתאום בד' אמשט' ת"א ומשם ואילך נעלמו עקבותיו, ובד' וילנא תיקנו הלשון בלי להוסיף "להם" וכתבו "הנהג בהם" במקום "היה לנהוג בהם", אבל הנכון נראה כנוסח המקורי. וברמב"ן הביא מדרשנו בלשון אחר קצת: "היה לכם לנהוג בעם כעבדים ויעשו צרכיכם וכו'":

The Midrash explores another aspect of the relationship between the Ten Commandments and the judgments (*ordinances*):[280]

לְפִי שֶׁחֲבִיבִין יִשְׂרָאֵל כְּבָבַת הָעַיִן הָעֶלְיוֹנָה – This is **because Israel is** as **beloved** to God **as the apple of the "eye of the Supreme One,"** as it were,[281] **שֶׁנֶּאֱמַר "כִּי הַנֹּגֵעַ בָּכֶם נֹגֵעַ בְּבָבַת עֵינוֹ"** – **as it is stated,** *For thus said HASHEM: ... **for whoever touches*** (i.e., harms) ***you*** (Israel) ***touches the apple of his eye*** (*Zechariah* 2:12), **אֵלּוּ הַסּוֹפְרִים וְהַחֲכָמִים שֶׁתִּקְּנוּ הַסְּיָיג הַזֶּה** – and this verse is to be understood in accordance with **these scribes and wise men** of Israel,[282] **who instituted this safeguard.**[283]

The Midrash explains the consequence of God's great love for Israel:

מָשָׁל לְמֶלֶךְ שֶׁאָמַר לִבְנוֹ יַעֲשֶׂה עִם פְּלוֹנִי וְלֹא יְצַעֲרֶנּוּ – This may be illustrated by means of **a parable.** It is comparable **to a king** whose son had committed an offense which called for punishment, **who said to his son that he must do work for So-and-So** for a certain time period without pay, **but** the understanding was that **[So-and-So] would not cause [the son] any** undue **distress** beyond making him work without payment. **הָלַךְ וְעָשָׂה, אַף עַל פִּי שֶׁעָשָׂה עִמּוֹ חִנָּם לֹא הִנִּיחַ שֶׁלֹּא הָיָה מְצַעֲרוֹ** – **[The son] went and worked** for that person, **and even though he worked for him without pay, [that person] did not refrain from distressing him** even further. **כְּשֶׁנִּתְרַצָּה לִבְנוֹ גָּזַר עַל מְצַעֲרָיו לְהֵרָגֵן** – Afterward, **when [the king] became appeased toward his son, he decreed upon [the son's] oppressors to be put to death.**[284] **כָּךְ גָּזַר הַקָּדוֹשׁ בָּרוּךְ הוּא שֶׁיְּהוּ יִשְׂרָאֵל מְשׁוּעְבָּדִים בְּמִצְרַיִם עַד שֶׁיִּרְצֶה וְיַחֲזִירֵם** – **Similarly, the Holy One, blessed is He, decreed** only **that Israel be** moderately **subjugated in Egypt** temporarily, **until He would become reconciled** toward them **and return them** to their land.[285]

NOTES

280. In order to account for the fact that the judgments (*ordinances*) were given to Moses while all of Israel were still assembled at Mount Sinai to hear the Ten Commandments (see above, note 266) (*Yefeh To'ar*).

Alternatively (corresponding to the alternative approach in the previous note), the Midrash now continues with the previous theme, that God cherishes Israel and does not wish her to be severely mistreated even when the punishment of subjugation to the nations is warranted.

281. This is an anthropomorphism, of course: Israel is as beloved to God as a human's own eyeball is precious to him. The source of this particular anthropomorphism is the verse that the Midrash will now cite.

282. As mentioned in many places throughout Rabbinic literature (*Mechilta, Sifrei,* Midrashim; see, for example, above, 13 §1), the Sages interpreted that the true meaning of the word עֵינוֹ (*his eye*) is as if it were written עֵינִי, meaning "My eye" (referring to God, Who is the speaker in this verse). I.e., whoever harms Israel, it is as if he has harmed "God's eye," as it were. However, in order to avoid the irreverent imagery of causing a physical pain to God, a euphemism was employed, and the word was written עֵינוֹ, which connotes that whoever harms Israel it is as if he has harmed his *own* eye. Nevertheless, the true meaning of the verse is that Israel is as precious to God as "His own eye," as it were.

283. I.e., they called attention to the euphemistic "safeguard" to God's honor that was employed in this verse. See *Matnos Kehunah* on *Bereishis Rabbah* 49 §7 (and footnote in the Kleinman edition ibid., and note 69 on 41 §4 below) for a lengthy discussion of such euphemisms, which are called תִּקּוּן סוֹפְרִים, literally, "emendations of the Scribes."

284. Although the king had decreed servitude for his son, this person far surpassed the degree of punishment that he had ordained. For this he had incurred the death penalty.

285. As it is stated (*Genesis* 15:13-14): וַיֹּאמֶר לְאַבְרָם יָדֹעַ תֵּדַע כִּי גֵר יִהְיֶה זַרְעֲךָ בְּאֶרֶץ לֹא לָהֶם וַעֲבָדוּם וְעִנּוּ אֹתָם אַרְבַּע מֵאוֹת שָׁנָה וְגַם אֶת הַגּוֹי אֲשֶׁר יַעֲבֹדוּ דָּן אָנֹכִי וְאַחֲרֵי

INSIGHTS

physical dimensions. As he has enslaved his inner core to his sin, his master has the right to pair him with a Canaanite maidservant, whose children from the Hebrew slave will have the status of Canaanite slaves. For children are a product of one's inner core; and the Hebrew slave's inner core has become shackled by the chains of his sin.

In truth, though, a sin should not touch upon one's inner core. How is it, then, that the thief came to a state in which his sin indeed attacked his inner essence? It is only because עֲבֵירָה גּוֹרֶרֶת עֲבֵירָה, *one sin brings another in its wake* (*Avos* 4:2). There is a downward spiral of sin. In the early stages of sin, it is indeed only the person's outer husk that is affected. But as one become more deeply mired in sin, the rot reaches the inner core, which then itself becomes impressed into the service of sin. That is how the thief came to misuse his inner core to abet his sinful ways.

But the inner core has become only *subservient* to sin. The core's fundamental reality remains unchanged. Thus, once the six years of servitude are complete and the six dimensions of physicality are cleansed, the inner core is freed from its enslavement and its inner luster is free to shine once more.

We can similarly understand the abbreviated bondage of Egypt, which was meant to purify the Israelites for 400 years, whereas the Israelites went free after only 210 (see *Megillah* 9a with *Rashi*). What happened to the remaining 190 years of necessary cleansing? The answer is that Israel's inner core was never affected. It was only the outer core that was in need of purification. God's placing His Name upon them and their acceptance of the Torah at Sinai lifted the inner core beyond the reach of the shackles of externalities, akin to the Talmudic principle of הֶקְדֵּשׁ מַפְקִיעַ מִידֵי שִׁעְבּוּד, *sanctification releases from encumbrance* (*Yevamos* 46a et al.), making the additional purification of the externalities unnecessary. However, when Israel sins and thus diminishes this sanctification, the still-contaminated externalities again encumber the inner core, and Israel become subject to שִׁעְבּוּד מַלְכֻיּוֹת, *the subjugation of the nations,* an expression of the 190 years of Egyptian bondage that were never completed.

A similar concept underlies the relation between the six days of Creation and the Sabbath. The six days of Creation were a progressive movement from spiritual essence to physical expression, with the attendant ascendancy of the outer, physical dimensions of universe. The Sabbath, however, marks the return to the inner core of reality and its dominance, and with it a release from the shackles of physicality.

We can now resolve the difficulties raised at the beginning of this Insight. The Midrash means that the First Commandment, אָנֹכִי ה' אֱלֹהֶיךָ אֲשֶׁר הוֹצֵאתִיךָ מֵאֶרֶץ מִצְרַיִם מִבֵּית עֲבָדִים, *I am HASHEM, your God, Who has taken you out of the land of Egypt, from the house of slavery,* serves to explain: מַהוּ אוֹמֵר עַל עֶבֶד עִבְרִי, "כִּי תִקְנֶה עֶבֶד עִבְרִי", *what it says regarding a Hebrew slave, "If you acquire a Hebrew bondsman."* The Midrash comes to answer why the Torah speaks in terms of acquiring "a Hebrew slave." Why, at the time of the purchase, the Hebrew is not yet a slave. Should the verse not rather have said, "if you acquire a Hebrew *to be* a slave"? To this the Midrash answers that the many laws of our passage derive from the First Commandment, *I am HASHEM, your God, Who has taken you out of the land of Egypt, from the house of slavery.* The entire *nation* should by rights have still been slaves, were it not that God placed His Name upon them and their sanctification lifted them beyond the reach of slavery's shackles. But this thief, who through sin tarnished his inner core and placed it once more in the shackles of externalities, has fallen from that exalted level into the state of slavery from which his nation was never completely cleansed. Thus, at the time of his purchase, he is indeed already "a Hebrew slave."

The Midrash then draws a parallel between God's having created the world in six days and having rested on the seventh, and the slave's going free in the seventh year after six years of servitude. For just as the world returned to its inner core of spirituality after six days of progressive physicality, so too does the inner essence of the Hebrew slave return to its luster after six years of servitude, as has been explained.

And when the Midrash goes on to say that "Israel does not enter into such a state unless they have transgressed the commandments," it means to explain how the Hebrew slave reached this state of enslaving his inner core to the crassness of his externalities. One does not fall from a pinnacle of spiritual achievement to the abyss of enslavement to sin in one fell swoop. It is only because he "transgressed the commandments" time and time again that he sank lower and lower until he impressed his inner core into the service of sin (*Shem MiShmuel, Mishpatim* 5679).

אַתָּה מוֹצֵא מִשְׁפָּטִים הַרְבֵּה יֵשׁ בָּעִנְיָן הַזֶּה, לְפִי שֶׁאָמַר הַקָּדוֹשׁ בָּרוּךְ הוּא (לעיל כ, ב) "אָנֹכִי ה' אֱלֹהֶיךָ אֲשֶׁר הוֹצֵאתִיךָ מֵאֶרֶץ מִצְרַיִם מִבֵּית עֲבָדִים", מַהוּ אוֹמֵר עַל עֶבֶד עִבְרִי, [כא, ב] "כִּי תִקְנֶה עֶבֶד עִבְרִי", אָמַר הַקָּדוֹשׁ בָּרוּךְ הוּא: כְּשֵׁם שֶׁבָּרָאתִי אֶת הָעוֹלָם לְו' יָמִים וְנַחְתִּי בַּשְּׁבִיעִי, כָּךְ יַעֲשֶׂה עִמְּךָ ו' שָׁנִים וְיֵצֵא בֶּן חוֹרִין, מַהוּ שֶׁכָּתַב לְפָנָיו [כא, ג] "אִם בְּגַפּוֹ יָבֹא וְגוֹ'", אִם נִכְנַס יְחִידִי יֵצֵא יְחִידִי, אִם בְּאִשְׁתּוֹ יֵצֵא עִמָּהּ, [כא, ד] "אִם אֲדֹנָיו יִתֶּן לוֹ אִשָּׁה וְגוֹ'", וְאֵין יִשְׂרָאֵל נִכְנָסִין לַמִּדָּה הַזּוֹ, אֶלָּא אִם כֵּן פָּשְׁעוּ בַּמִּצְוֹת, לְפִי שֶׁחֲבִיבִין יִשְׂרָאֵל כְּבָבַת הָעַיִן הָעֶלְיוֹנָה, שֶׁנֶּאֱמַר (זכריה ב, יב) [יח]"כִּי הַנֹּגֵעַ בָּכֶם נֹגֵעַ בְּבָבַת עֵינוֹ", אֵלּוּ הַסּוֹפְרִים וְהַחֲכָמִים שֶׁתִּקְּנוּ הַסְּיָג הַזֶּה, מָשָׁל לְמֶלֶךְ שֶׁאָמַר לִבְנוֹ יַעֲשֶׂה עִם פְּלוֹנִי וְלֹא יְצַעֲרֶנּוּ, הָלַךְ וְעָשָׂה, אַף עַל פִּי שֶׁעָשָׂה עִמּוֹ חִנָּם לֹא הִנִּיחַ שֶׁלֹּא הָיָה מְצַעֲרוֹ, כְּשֶׁנִּתְרַצָּה לִבְנוֹ גָּזַר עַל מְצַעֲרָיו לְהָרְגָן, כָּךְ גָּזַר הַקָּדוֹשׁ בָּרוּךְ הוּא שֶׁיְּהוּ יִשְׂרָאֵל מְשׁוּעְבָּדִים בְּמִצְרַיִם עַד שֶׁיִּרְצֶה וְיַחֲזִירֵם, עָמְדוּ עֲלֵיהֶם וְשִׁעְבְּדוּ אוֹתָם בְּחוֹזֶק, לֹא שֶׁמָּרְדוּ בָּהֶן, אֶלָּא אָמַר לָהֶם אֱלֹהִים: הָיָה °לִנְהוֹג בָּהֶם כַּעֲבָדִים וְיַעֲשׂוּ צָרְכֵיהֶם עַד שֶׁתִּשְׁלַם הַגְּזֵירָה, אֶלָּא (זכריה א, טו) "אֲנִי קָצַפְתִּי מְּעָט וְהֵמָּה עָזְרוּ לְרָעָה", כָּךְ אַחַר הַדִּבְּרוֹת הִזְהִיר הַקָּדוֹשׁ בָּרוּךְ הוּא עַל הַמִּשְׁפָּטִים שֶׁלֹּא יַעַבְרוּ עֲלֵיהֶם יִשְׂרָאֵל וְיַעֲשֶׂה לָהֶם כְּשֵׁם שֶׁעָשָׂה לַמִּצְרִים, לְכָךְ אָמַר הַנָּבִיא לָהֶם לְיִשְׂרָאֵל (שם ז, ט-י) "מִשְׁפַּט אֱמֶת שְׁפֹטוּ ... וְגוֹ' וְאַלְמָנָה וְיָתוֹם וְגֵר וְעָנִי אַל תַּעֲשֹׁקוּ":

עץ יוסף

אתה מוצא משפטים הרבה כו'. כלומר שנרמז מצוות ה' במצות העבד, שכנגד מה שאמר אנכי ה' אלהיך אשר הוצאתיך מארץ מצרים וגו', גזר שיזכור אלהותו בענין העבדים, כי בצאתם בשש יכירו כי אלהי עולם ברא עולמו בשש, ונרמז גם כן שכאשר לא ישמרו התורה תקראן אותם כאלה, וזה שנאמר מה שאמר לפניו אם בגפו יבא כו' אם אדוניו כו', שאין זה אלא כשפשעו במצות כי עבירה גוררת עבירה, לכן סופו שיגאלוהו בשפחה: **לפי שחביבים.** בא לתת טעם על מה שהקדוש ברוך הוא בעצמו הזהיר בסיני על המשפטים, וקאמר לפי שעשה משפט במצרים, הזהיר לישראל שאם יעברו על הדברות יעשה גם כן בהם משפט, כמו שראו במצרים: **אלו הסופרים והחכמים שתקנו הסיג הזה.** פירוש שהסופרים והחכמים דקדקו ומצאו לפי הענין שעיקר הכוונה לא היתה כמו שנראה מן הנכתב בספר, אלא לצד כוונה אחרת, וקראו תיקון סופרים על שהם דקדקו ופירשו שהוא כינוי: **משל למלך כו'.** טעם המשל לומר שמה שהחמיר ה' בעונש מצרים שימותו בים אחרי כמה מכות שלקו, הוא לפי שהוסיפו על הגזירה האלהית, כי זה שמררו את חייהם הרבה, והשליכו (ביניהם) [בניהם] ליאור היה בבחירתם הרעה: **לא שמרדו בהם.** פירוש לא התקוממו על ישראל לפי שמרדו בהם ישראל, ולכן היה להם לנהוג בהם כעבדים כו', אחר שלא נמצא בהם עול: **לכך אחר הדברות.** שהוזכר שם אשר הוצאתיך מארץ מצרים, הזהיר לישראל שאם יעברו על המשפטים יענשו כמצריים שהעבירו על המשפט לישראל:

פירוש מהרז"ו

מבית עבדים. וזה מיותר, אלא שמרמז להם שבאופן שהיו המצריים עובדים עמכם שלמתי להם עונש, מזה תלמדו איך להתנהג עם עבדיכם, וכמו שכתוב בסוף בהר סיני, הרי בדבור ראשון מרומז מצות עבדים, ועל כן התחיל כאן במצות עבדים, וכן באופן זה רמוזים כל דיני משפטים שבסדר זה בעשרת הדברות, ודו"ק: **כשם שבראתי.** לעיל פרשה זו סימן ה. ומה שאמר שש שנים כנגד ששה ימים, מפורש בתורה בסדר זה אצל מצות שמיטה, ושש שנים תזרע וגו' והשביעית תשמטנה וגו' ששת ימים וגו' וביום השביעי וגו', ומזה למד המדרש גם במצות עבד: **שכתוב לפניו.** באותו ענין וסמוך לו עד אם אדוניו יתן לו אשה, שפירושו שיוכל ליתן לו שפחה כנענית, שאסור לישראל: **למדה זו.** עיין מתנות כהונה שבזה מרמז לישראל שצריכים כולם לשום אל לבם לשוב בתשובה שלמה: **ולפי שחביבים.** ואיך ימכרו לעבדים, ועברי ישא כנענית: **כבבת עינו.** מכילתא בשלח פסוק וברוב גאונך. ולעיל פרשה י"ג סוף סימן א' עיני כתיב, שהכוונה על עין העליונה כביכול, והסופרים תקנו ושינו משמעותו על האדם, שנוגע בעין של עצמו שלא לפגוע בכבוד של מעלה. ועיין במדבר רבה פרשה כ סוף סימן ו': **משל וכו' יעשה עם פלוני.** חוזר לענינו למה שכתוב לעיל מבית עבדים, ופירוש שהבן חטא לאביו ופסק עונשו שיהיה משועבד לאחר, על תנאי זה שלא יצערנו בעבודה קשה: **אני קצפתי מעט וכו'.** לשון הפסוק זכריה א' ט"ו: **אמת ומשפט שפטו.** בהכרח שהכוונה על פסוק זכריה ז' ט', כה אמר וגו' משפט אמת שפוטו וגו' ואלמנה ויתום גר ועני וגו' ורעת איש אחיו אל תחשבו בלבבכם, היינו עבד עברי הנ"ל:

מתנות כהונה

לפניו. כלומר להלן: הכי גרסינן **יתן לו אשה וגו':** **למדה זו.** שימכרו ממכרת עבד ורבו ימסור לו שפחה: **שתקנו הסייג הזה.** כלומר תיקון סופרים הוא ולקרותו כבבת עינו שלפי האמת צריך להיות עיני ומוסב על הקדוש ברוך הוא אלא שהסופרים תקנו וסייגו לקרותו עינו מפני כבודו של הקדוש ברוך הוא. ועיין מה שכתבתי מזה בבראשית רבה פרשה מ"ט בפסוק ואברהם עודני עומד לפני ה': **לא שמרדו בהם.** לא משום שישראל מרדו בהם אלא זדון לבם השיא אותם:

אשד הנחלים

כי עיקרו נובע מזכירתו את כבוד ה' ומטובו לעולם, על כן יתדמה במדותיו יתברך לעשות חסד ומשפט, ואם כן זהו שלימות הנפש. וכל הצדיקים מתגדלין להיות במעלה עליונה בשלימות, אם הם עושי משפט, וכמו שכתוב (אשרם) [אשרי], שמאושרים הם בעשיות משפט וצדקה. ומפרש להלן איכה גם מעשיית המשפטים יצמח ציור האמונה בה' גם כן, כי על ידי העבדות רק שש שנה, יזכור כי ה' ברא עולמו בששה ימים, ואם כן יצמח אמונת החידוש בלבו: **אם נכנס יחידי.** זהו דרוש אחר, ופירוש על מלת בגפו: **אלא אם כן פשעו במצות.** ואז נפלו ממדרגתם עד שימכרו לעבד ויתחברו לשפחה, מה שאין זה מסוגם: **בבבת עין העליונה.** כאלו כביכול נוגע בבבת עינו, רק שעל פי תיקון סופרים כתיב עינו ולא עיני. והענין מהו בחינת עין למעלה, הוא השגחת השם בפרט על המאמינים בו ובתורתו: **שאמר לבנו כו'.** פירוש שאמר לבנו שטובתו הוא שיעשה עם אחר ויעבוד [כי על ידי זה יצרף לבו], אך שלא יצערנו האחר כל כך רק בחמלה רבה, אך אותו האחר לא כן עשה, כי אף שעבדו בחנם, והרי זה כמתנה בעלמא, עם כל זה ציערו גם כן, וזהו המשל על מצרים במה ששיעבדו לישראל בשעבוד כבד מאד: **לא שמרדו.** לא משום שישראל מרדו בהם, אלא זדון לבם השיאם לענותם בפרך (מתנות כהונה): **היה להם לנהוג כעבדים.** כאומר אמת שהרשיתי שיעבדו בהם עבודת עבד, אך לא בחוזק גדול כאשר עשו: **כך אחר הדברות כו'.** כלומר שמזה יזכרו מחסדי ה', כמו שלא הניח ה' ברוך הוא לישראל שיהיו נעבדים בפרך, ולעולם, כן יתנהגו עם עבדיהם, ואם כן הדינין כאלו הם מעניני שלימות הנפש גם כן:

חידושי הרד"ל

למדה זו אלא אם כן פשעו במצות. אף על פי כן חס הקב"ה עליו, וצוה שלא יעבוד יותר משש שנים, וכדמפרש **משל כו': שלא יעברו עליהם ישראל כו'.** רצה לומר, וישעבדו באחיהם הנמכרים להם לעבדים יותר מהדין:

באור מהרי"פ

[טו] **אלא אם כן פשעו.** אולי דורש עבד עברי, שעבר על מצות התורה. תולדות נח הארוך: **שיעשה עם פלוני.** פירוש, שיהיה עובד את פלוני, ופלוני לא יצערנו:

אמרי יושר

[טו] **מהו שכתוב לפניו אם בגפו יבא נכנס יחידי.** רצה לומר מביא הכרח לאמור שבישראל הוא מדבר, כי הקפיד אם בעל אשה הוא ויצאה אשתו, וכן במצרים הוא אומר לכו נא הגברים, והקב"ה לא רצה כן, אלא וגם טפכם ילך עמכם: **אלו הסופרים והחכמים שתקנו הסייג.** והיינו כנוגע בבבת עיני, המנהיגים שהם עיני העדה, אם כן שהוא דרך כינוי אמר עינו, דעיני כתיב, וזהו פירוש מה שאמר הסופרים והחכמים תקנו הסייג הזה, ותיקון סופרים הוא:

ידי משה

[טו] **לפי שחביבים.** מלתא באנפי נפשה היא, ליתן טעם למה נסמכה פרשת משפטים לדיברות, וקאמר לפי שעשה משפט במצרים לפי שצערו לישראל שחביבים בעיניו, הזהיר לישראל גם כן שאם יעברו על הדיברות יעשה גם כן בהם משפט כמו שראו במצרים, ומה שאמר **אלו הסופרים,** זהו הדרש, אמנם הפשוטא קאי על ישראל. וקל להבין: **לא הניח שלא היה מצערו.** פירוש, לא סגי בלאו הכי, שלא היה מצערו במלאכה:

מסורת המדרש

יח. במד"ר פ"כ. ספרי בהעלותך פיסקא פ"ד. מכילתא בשלח מסכתא דשירה פ"ו. תנחומא בשלח סימן ט"ז. ילקוט שמואל א' רמז נ"ט. ילקוט זכריה רמז תקס"ט:

אם למקרא

אָנֹכִי ה' אֱלֹהֶיךָ אֲשֶׁר הוֹצֵאתִיךָ מֵאֶרֶץ מִצְרַיִם מִבֵּית עֲבָדִים: (שמות כ: ב)

כִּי כֹה אָמַר ה' צְבָאוֹת אַחַר כָּבוֹד שְׁלָחַנִי אֶל הַגּוֹיִם הַשֹּׁלְלִים אֶתְכֶם כִּי הַנֹּגֵעַ בָּכֶם נֹגֵעַ בְּבָבַת עֵינוֹ: (זכריה ב: יב)

וְקֶצֶף גָּדוֹל אֲנִי קֹצֵף עַל הַגּוֹיִם הַשַּׁאֲנַנִּים אֲשֶׁר אֲנִי קָצַפְתִּי מְּעָט וְהֵמָּה עָזְרוּ לְרָעָה: (שם א: טו)

כֹּה אָמַר ה' צְבָאוֹת לֵאמֹר מִשְׁפַּט אֱמֶת שְׁפֹטוּ וְחֶסֶד וְרַחֲמִים עֲשׂוּ אִישׁ אֶת אָחִיו: וְאַלְמָנָה וְיָתוֹם גֵּר וְעָנִי אַל תַּעֲשֹׁקוּ וְרָעַת אִישׁ אָחִיו אַל תַּחְשְׁבוּ בִּלְבַבְכֶם: (שם ז: ט-י)

שינוי נוסחאות

(טו) **היה לנהוג בהם כעבדים.** בספרים ישנים היה כתוב "היה להם לנהוג...", ותיבת "להם" נעלמה פתאום בד' אמשט' ת"א ומשם ואילך נעלמו עקבותיו, ובד' וילנא תיקנו הלשון בלי להוסיף "להם" וכתבו "הנהג בהם" במקום "היה לנהוג בהם", אבל הנכון נראה כנוסח המקורי. וברמב"ן הביא מדרשנו בלשון אחר קצת: "היה לכם לנהוג בעם כעבדים ויעשו צרכיכם וכו'":

עָמְדוּ עֲלֵיהֶם וְשִׁעְבְּדוּ אוֹתָם בְּחוֹזֶק – However, **[the Egyptians]** instead **rose up over them and enslaved them harshly.** לֹא שֶׁמָּרְדוּ בָהֶן – And this was **not because [Israel] rebelled against them,**[286] אֶלָּא אָמַר לָהֶם אֱלֹהִים: הָיָה לָהֶם לִנְהוֹג בָּהֶם כַּעֲבָדִים וְיַעֲשׂוּ צָרְכֵיהֶם עַד שֶׁתִּשְׁלַם הַגְּזֵירָה – **but** for no good reason; as **God said of [the Egyptians],**[287] **"They should have treated [the Israelites]** only **as servants and made [the Israelites] take care of their needs**[288] **until the decree** of their servitude **ended.** אֶלָּא "אֲנִי קָצַפְתִּי מְעָט וְהֵמָּה עָזְרוּ לְרָעָה" – **But** what happened instead was: ***I was wrathful a little, but they augmented the evil*** (*Zechariah* 1:15) by going far beyond the parameters of the decree."[289]

The Midrash explains the relevance of the parable and its application to the Egyptians:

כָּךְ אַחַר הַדִּבְּרוֹת הִזְהִיר הַקָּדוֹשׁ בָּרוּךְ הוּא עַל הַמִּשְׁפָּטִים – **Thus, the Holy One, blessed is He, commanded** Israel **regarding the ordinances** right **after** He gave them **the** Ten **Commandments,**[290] שֶׁלֹּא יַעַבְרוּ עֲלֵיהֶם יִשְׂרָאֵל וְיַעֲשֶׂה לָהֶם כְּשֵׁם שֶׁעָשָׂה לַמִּצְרִים – in order **that they not transgress them, and He do to them as He did to the Egyptians.**[291]

The Midrash closes with a relevant citation from *Zechariah*:

לְכָךְ אָמַר הַנָּבִיא לָהֶם לְיִשְׂרָאֵל "מִשְׁפַּט אֱמֶת שְׁפֹטוּ . . . וְגוֹ' וְאַלְמָנָה וְיָתוֹם גֵּר וְעָנִי אַל תַּעֲשֹׁקוּ" – **Thus, the prophet said to [Israel],** ***Judge with truthful justice,*** *and perform kindness and mercy toward one another.* ***Do not oppress the widow and the orphan, the stranger and the poor;*** *and do not think in your hearts of wronging one another* (ibid. 7:9-10).[292]

NOTES

כֵּן יֵצְאוּ בִּרְכֻשׁ גָּדוֹל, *And [God] said to Abram,"Know with certainty that your offspring shall be aliens in a land not their own – and they will serve them, and they will oppress them – four hundred years. But also the nation that they will serve, I shall judge, and afterward they will leave with great wealth."*

286. In which case their oppression might have been warranted (*Yefeh To'ar, Eitz Yosef*).

287. God "said" this, in effect, in *Zechariah* 1:15, cited shortly by the Midrash.

288. That is, the Egyptians should have enslaved them only insofar as having them perform their basic needs and tasks for them; they should not have oppressed them so harshly, subjecting the Jews to backbreaking labor and to infanticide.

289. In this verse God's expresses His anger at the nations who cruelly oppress the Jews. Although God was angry at the Jews and exiled them from their land, these nations greatly added to their affliction by harming and oppressing them, and thereby magnifying the ordained punishment many times over (*Radak* to verse). The Midrash applies this verse to the Egyptians as well. [This explains why the Egyptians were punished for their treatment of the Israelites even though it was a Divine decree that the Israelites should be under subjugation. See *Ramban* on *Genesis* 15:14, who discusses this concept at length, and cites and elaborates on our Midrash.]

290. I.e., this accounts for the fact that the judgments (*ordinances*) were given while the Israelites were still gathered at the foot of Mount Sinai to receive the Ten Commandments (see above, note 266).

291. The Exodus from Egypt is mentioned in the opening verse of the Ten Commandments, and the judgments (*ordinances*) were given shortly after them. The purpose of this juxtaposition was to convey the message that just as God punished the Egyptians for disregarding the principles of justice in treating the Israelites so much more harshly than what was called for, so would such Divine punishment befall anyone who would disregard the judgments and laws found in the passage of the "ordinances" by mistreating their fellow man (*Yefeh To'ar, Eitz Yosef*).

292. This verse also shows the supreme importance of observing justice and not mistreating one's fellow man, and the harsh punishment in store for those who disregard such justice. The *Zechariah* verses speak of ensuring justice for all, especially the downtrodden. And the punishment for not observing justice follows: וַיְמָאֲנוּ לְהַקְשִׁיב וַיִּתְּנוּ כָתֵף סֹרָרֶת וְאָזְנֵיהֶם הִכְבִּידוּ מִשְּׁמוֹעַ . . . וַיְהִי קֶצֶף גָּדוֹל מֵאֵת ה', *But they refused to heed, and they turned a rebellious shoulder, they made their ears hard of hearing . . . and there was a great rage from HASHEM* (*Zechariah* 7:12) (*Yefeh To'ar*).

אַתָּה מוֹצֵא מִשְׁפָּטִים הַרְבֵּה יֵשׁ בָּעִנְיָן הַזֶּה, לְפִי שֶׁאָמַר הַקָּדוֹשׁ בָּרוּךְ הוּא (לעיל כ, ב) "אָנֹכִי ה' אֱלֹהֶיךָ אֲשֶׁר הוֹצֵאתִיךָ מֵאֶרֶץ מִצְרַיִם מִבֵּית עֲבָדִים", מַהוּ אוֹמֵר עַל עֶבֶד עִבְרִי, [כא, ב] "כִּי תִקְנֶה עֶבֶד עִבְרִי", אָמַר הַקָּדוֹשׁ בָּרוּךְ הוּא: כְּשֵׁם שֶׁבָּרָאתִי אֶת הָעוֹלָם לְו' יָמִים וְנַחְתִּי בַּשְּׁבִיעִי, כָּךְ יַעֲשֶׂה עִמְּךָ ו' שָׁנִים וְיֵצֵא בֶּן חוֹרִין, מַהוּ שֶׁכָּתַב לְפָנָיו [כא, ג] "אִם בְּגַפּוֹ יָבֹא וְגוֹ'", אִם נִכְנַס יְחִידִי יֵצֵא יְחִידִי, אִם בְּאִשְׁתּוֹ יֵצֵא עִמָּהּ, [כא, ד] "אִם אֲדֹנָיו יִתֶּן לוֹ אִשָּׁה וְגוֹ'", וְאֵין יִשְׂרָאֵל נִכְנָסִין לַמִּדָּה הַזּוֹ, אֶלָּא אִם כֵּן פָּשְׁעוּ בַּמִּצְוֹת, לְפִי שֶׁחֲבִיבִין יִשְׂרָאֵל כְּבָבַת הָעַיִן הָעֶלְיוֹנָה, שֶׁנֶּאֱמַר (זכריה ב, יב) יח"כִּי הַנֹּגֵעַ בָּכֶם נֹגֵעַ בְּבָבַת עֵינוֹ", אֵלּוּ הַסּוֹפְרִים וְהַחֲכָמִים שֶׁתִּקְּנוּ הַסְּיָיג הַזֶּה, מָשָׁל לְמֶלֶךְ שֶׁאָמַר לִבְנוֹ יַעֲשֶׂה עִם פְּלוֹנִי וְלֹא יְצַעֲרֶנּוּ, הָלַךְ וְעָשָׂה, אַף עַל פִּי שֶׁעָשָׂה עִמּוֹ חִנָּם לֹא הִנִּיחַ שֶׁלֹּא הָיָה מְצַעֲרוֹ, כְּשֶׁנִּתְרַצָּה לִבְנוֹ גָּזַר עַל מְצַעֲרָיו לְהָרְגָן, כָּךְ גָּזַר הַקָּדוֹשׁ בָּרוּךְ הוּא שֶׁיְּהוּ יִשְׂרָאֵל מְשׁוּעְבָּדִים בְּמִצְרַיִם עַד שֶׁיֵּרָצֶה וְיַחֲזִירֵם, עָמְדוּ עֲלֵיהֶם וְשִׁעְבְּדוּ אוֹתָם בְּחוֹזֶק, לֹא שֶׁמָּרְדוּ בָּהֶן, אֶלָּא אָמַר לָהֶם אֱלֹהִים: הָיָה °לִנְהוֹג בָּהֶם כַּעֲבָדִים וְיַעֲשׂוּ צָרְכֵיהֶם עַד שֶׁתִּשְׁלַם הַגְּזֵירָה, אֶלָּא (זכריה א, טו) "אֲנִי קָצַפְתִּי מְּעָט וְהֵמָּה עָזְרוּ לְרָעָה", כָּךְ אַחַר הַדִּבְּרוֹת הִזְהִיר הַקָּדוֹשׁ בָּרוּךְ הוּא עַל הַמִּשְׁפָּטִים שֶׁלֹּא יַעַבְרוּ עֲלֵיהֶם יִשְׂרָאֵל וְיַעֲשֶׂה לָהֶם כְּשֵׁם שֶׁעָשָׂה לַמִּצְרִים, לְכָךְ אָמַר הַנָּבִיא לָהֶם לְיִשְׂרָאֵל (שם ז, ט-י) "מִשְׁפַּט אֱמֶת שְׁפֹטוּ ... וְגוֹ' וְאַלְמָנָה וְיָתוֹם וְגֵר וְעָנִי אַל תַּעֲשֹׁקוּ":

עץ יוסף

אתה מוצא משפטים הרבה כו'. כלומר שנרמז מליאות ה' במלות העבד, שכנגד מה שאמר אנכי ה' אלהיך אשר הולאתיך מארץ מלרים וגו', גזר שיזכור אלהותו בענין העבדים, כי בלאתם בשש יכירו כי אלהי עולם ברא עולמו בשש, ונרמז גם כן שכאשר לא ישמרו התורה תקראן אותם כאלה, וזה שנאמר מה שאמר לפניו אם בגפו יבא כו' אם אדוניו כו', שאין זה אלא כשפשעו במלות כי עבירה גוררת עבירה, לכן סופו שיגאלוהו בשפחה: **לפי שחביבים.** בא לתת טעם על מה שהקדוש ברוך הוא בעלמו הזהיר בסיני על המשפטים, וקאמר לפי שעשה משפט במלרים, הזהיר לישראל שאם יעברו על הדברות יעשה גם כן בהם משפט, כמו שראו במלרים: **אלו הסופרים והחכמים שתקנו הסיג הזה.** פירוש שהסופרים והחכמים דקדקו ומלאו לפי הענין שעיקר הכוונה לא היתה כמו שנראה מן הנכתב בספר, אלא לד כוונה אחרת, וקראו תיקון סופרים על שהם דקדקו ופירשו שהוא כינוי: **משל למלך כו'.** טעם המשל לומר שמה שהחמיר ה' בעונש מלרים שימותו בים אחרי כמה מכות שלקו, הוא לפי שהוסיפו על הגזירה האלהית, כי זה שמררו את חייהם הרבה, והשליכו (ביניהם) [בניהם] ליאור היה בבחירתם הרעה: **לא שמרדו בהם.** פירוש לא התקוממו על ישראל לפי שמרדו בהם ישראל, ולכן היה להם לנהוג בהם כעבדים כו', אחר שלא נמלא בהם עול: **לכך אחר הדברות.** שהוזכר שם אשר הולאתיך מארץ מלרים, הזהיר לישראל שאם יעברו על המשפטים יענשו כמלריים שהעבירו על המשפט לישראל:

פירוש מהרז"ו

מבית עבדים. וזה מיותר, אלא שמרמז להם שבאופן שהיו המלריים עובדים עמכם שלמתי להם עונש, מזה תלמדו איך להתנהג עם עבדיכם, וכמו שכתוב בסוף בהר סיני, הרי בדבור ראשון מרומז מלות עבדים, ועל כן התחיל כאן במלות עבדים, וכן באופן זה רמוזים כל דיני משפטים שבסדר זה בעשרת הדברות, ודו"ק: **כשם שבראתי.** לעיל פרשה זו סימן ה. ומה שאמר שש שנים כנגד ששה ימים, מפורש בתורה בסדר זה אלל מלות שמיטה, ושש שנים תזרע וגו' והשביעית תשמטנה וגו' ששת ימים וגו' וביום השביעי וגו', ומזה למד המדרש גם במלות עבד: **שכתוב לפניו.** באותו ענין וסמוך לו עד אם אדוניו יתן לו אשה, שפירושו שיוכל ליתן לו שפחה כנענית, שאסור לישראל: **למדה זו.** עיין מתנות כהונה שבזה מרמז לישראל שלריכים כולם לשום אל לבם לשוב בתשובה שלמה: **ולפי שחביבים.** ואיך ימכרו לעבדים, ועברי ישא כנענית: **כבבת עינו.** מכילתא בשלח פסוק וברוב גאונך. ולעיל פרשה י"ג סוף סימן א' עיני כתיב, שהכוונה על עין העליונה כביכול, והסופרים תקנו ושינו משמעותו על האדם, שנוגע בעין של עלמו שלא לפגוע בכבוד של מעלה. ועיין במדבר רבה פרשה כ סוף סימן ו': **משל וכו' יעשה עם פלוני.** חוזר לענינו למה שכתוב לעיל מבית עבדים, ופירוש שהבן חטא לאביו ופסק עונשו שיהיה משועבד לאחר, על תנאי זה שלא ילערנו בעבודה קשה: **אני קצפתי מעט וכו'.** לשון הפסוק זכריה א' ט"ו: **אמת ומשפט שפטו.** בהכרח שהכוונה על פסוק זכריה ז' ט', כה אמר וגו' משפט אמת שפוטו וגו' ואלמנה ויתום גר ועני וגו' ורעת איש אחיו אל תחשובו בלבבכם, היינו עבד עברי הנ"ל:

חידושי הרד"ל

למדה זו אלא אם כן פשעו במצות. אף על פי כן הם הקב"ה עליו, ולוה שלא יעבוד יותר משש שנים, וכדמפרש **משל כו': שלא יעברו עליהם ישראל כו'.** רלה לומר, וישעבדו באחיהם הנמכרים להם לעבדים יותר מהדין:

באור מהרי"פ

[טו] אלא אם כן פשעו. אולי דורש עבד עברי, שעבר על מלות התורה. תולדות נח הארוך: **שיעשה עם פלוני.** פירוש, שיהיה עובד את פלוני, ופלוני לא ילערנו:

אמרי יושר

[טו] מהו שכתוב לפניו אם בגפו יבא נכנס יחידי. רלה לומר מביא הכרח לאמור שבישראל הוא מדבר, כי הקפיד אם בעל אשה הוא ויצאה אשתו, וכן במלרים הוא אומר לכו נא הגברים, והקב"ה לא רלה כן, אלא וגם טפנו ילך עמנו: **אלו הסופרים והחכמים שתקנו הסייג.** והיינו כנוגע בבבת עיני, המנהיגים שהם עיני העדה, אם כן שהוא דרך כינוי אמר עינו, דעיני כתיב, וזהו פירוש מה שאמר הסופרים והחכמים תקנו הסייג הזה, ותיקון סופרים הוא:

ידי משה

[טו] לפי שחביבים. מלאתי באנפי נפשה היא, ליתן טעם למה נסמכה פרשת משפטים לדיברות, וקאמר לפי שעשה משפט במלרים לפי שלערו לישראל שחביבים בעיניו, הזהיר לישראל גם כן שאם יעברו על הדיברות יעשה גם כן בהם משפט כמו שראו במלרים, ומה שאמר **אלו הסופרים,** זהו הדרש, אמנם הפשוטא קאי על ישראל. וקל להבין: **לא הניח שלא היה מצערו.** פירוש, לא סגי בלאו הכי, שלא היה מלערו במלאכה:

מסורת המדרש

יח. במד"ר פ"כ. ספרי בהעלותך פיסקא פ"ד. מכילתא בשלח מסכתא דשירה פ"ו. תנחומא בשלח סימן ט"ז. ילקוט שמואל א' רמז ל"ט. ילקוט זכריה רמז תקס"ט:

אם למקרא

אָנֹכִי ה' אֱלֹהֶיךָ אֲשֶׁר הוֹצֵאתִיךָ מֵאֶרֶץ מִצְרַיִם מִבֵּית עֲבָדִים: (שמות כ: ב)

כִּי כֹה אָמַר ה' צְבָאוֹת אַחַר כָּבוֹד שְׁלָחַנִי אֶל הַגּוֹיִם הַשֹּׁלְלִים אֶתְכֶם כִּי הַנֹּגֵעַ בָּכֶם נֹגֵעַ בְּבָבַת עֵינוֹ: (זכריה ב: יב)

וְקֶצֶף גָּדוֹל אֲנִי קֹצֵף עַל הַגּוֹיִם הַשַּׁאֲנַנִּים אֲשֶׁר אֲנִי קָצַפְתִּי מְּעָט וְהֵמָּה עָזְרוּ לְרָעָה: (שם א: טו)

כֹּה אָמַר ה' צְבָאוֹת לֵאמֹר מִשְׁפַּט אֱמֶת שְׁפֹטוּ וְחֶסֶד וְרַחֲמִים עֲשׂוּ אִישׁ אֶת אָחִיו: וְאַלְמָנָה וְיָתוֹם גֵּר וְעָנִי אַל תַּעֲשֹׁקוּ וְרָעַת אִישׁ אָחִיו אַל תַּחְשְׁבוּ בִּלְבַבְכֶם: (שם ז: ט-י)

שינוי נוסחאות

(טו) היה לנהוג בהם כעבדים. בספרים ישנים היה כתוב "היה להם לנהוג...", ותיבת "להם" נעלמה פתאום בד' אמשט' ת"א ומשם ואילך נעלמו עקבותיו, ובד' וילנא תיקנו הלשון בלי להוסיף "להם" וכתבו "הנהג בהם" במקום "היה לנהוג בהם", אבל הנכון נראה כנוסח המקורי. וברמב"ן הביא מדרשנו בלשון אחר קצת: "היה לכם לנהוג בעם כעבדים ויעשו צרכיכם וכו'":

מתנות כהונה

לפניו. כלומר להלן: הכי גרסינן **יתן לו אשה וגו': למדה זו.** שימכרו ממכרת עבד ורבו ימסור לו שפחה: **שתקנו הסייג הזה.** כלומר תיקון סופרים הוא ולקרותו כבבת עינו שלפי האמת לריך להיות עיני ומוסב על הקדוש ברוך הוא אלא שהסופרים תקנו וסייגו לקרותו עינו מפני כבודו של הקדוש ברוך הוא. ועיין מה שכתבתי מזה בבראשית רבה פרשה מ"ט בפסוק ואברהם עודני עומד לפני ה': **לא שמרדו בהם.** לא משום שישראל מרדו בהם אלא זדון לבם השיא אותם:

אשד הנחלים

כי עיקרו נובע מזכירתו את כבוד ה' ומטובו לעולם, על כן יתדמה במדותיו יתברך לעשות חסד ומשפט, ואם כן זהו שלימות הנפש. וכל הצדיקים מתגדלין להיות במעלה עליונה בשלימות, אם הם עושי משפט, וכמו שכתוב (אשרם) [אשרי], שמאושרים הם בעשיות משפט וצדקה. ומפרש להלן איכה גם מעשיית המשפטים יצמח ציור האמונה בה' גם כן, כי על ידי העבדות רק שש שנה, יזכור כי ה' ברא עולמו בששה ימים, ואם כן יצמח אמונת החידוש בלבו: **אם נכנס יחידי.** זהו דרוש אחר, ופירוש על מלת בגפו: **אלא אם כן פשעו במצות.** ואז נפלו ממדרגתם עד שימכרו לעבד ויתחברו לשפחה, מה שאין זה מסוגם: **בבבת עין העליונה.** כאלו כביכול נוגע בבבת עינו, רק שעל פי תיקון סופרים כתיב עינו ולא עיני. והענין מהו בחינת עין למעלה, הוא השגחת השם בפרט על המאמינים בו ובתורתו: **שאמר לבנו כו'.** פירוש שאמר לבנו שטובתו הוא שיעשה עם אחר ויעבוד [כי על ידי זה יצרף לבו], אך שלא יצערנו האחר כל כך רק בחמלה רבה, אך אותו האחר לא כן עשה, כי אף שעבדו בחנם, והרי זה כמתנה בעלמא, עם כל זה ציערו גם כן, וזהו המשל על מצרים במה ששיעבדו לישראל בשעבוד כבד מאד: **לא שמרדו.** לא משום שישראל מרדו בהם, אלא זדון לבם השיאם לענותם בפרך (מתנות כהונה): **היה להם לנהוג כעבדים.** כאומר אמת שהרשיתי שיעבדו בהם עבודת עבד, אך לא בחוזק גדול כאשר עשו: **כך אחר הדברות כו'.** כלומר שמזה יזכרו מחסדי ה', כמו שלא הניח ה' ברוך הוא לישראל שיהיו נעבדים בפרך, ולעולם, כן יתנהגו עם עבדיהם, ואם כן הדינין כאלו הם מעניני שלימות הנפש גם כן:

§16 The Midrash continues to discuss the supreme importance of the judgments (*ordinances*) found in this passage:[293] רַבִּי נָתָן אוֹמֵר: נָאֶה לֵאלֹהִים הַדִּין – **R' Nassan says: The judgments** (i.e., ordinances) **are well suited to God,** שֶׁהוּא שׁוֹמְרוֹ וְאֵינוֹ נוֹשֵׂא פָּנִים – **for He** strictly **keeps [the judgments], and does not give special consideration** to any person, no matter how eminent or beloved he may be,[294] שֶׁנֶּאֱמַר "כִּי אֲנִי ה' עֹשֶׂה חֶסֶד מִשְׁפָּט וּצְדָקָה בָּאָרֶץ" – **as it is stated,** ***For I am HASHEM, Who does kindness, justice, and righteousness in the land*** (*Jeremiah* 9:23).[295]

The Midrash cites an example of God's impartiality in the judgment of even those most beloved to Him:

שֶׁכֵּן מָצִינוּ בְּאַבְרָהָם שֶׁעָמַד בְּעֶשֶׂר נִסְיוֹנוֹת וְלֹא נָשָׂא לוֹ פָּנִים – **For so do we find regarding Abraham, who** was greatly beloved to God because he **withstood ten tests** of his faith, **yet [God] did not show him** any **special consideration;** אֶלָּא בְּדָבָר אֶחָד שֶׁאָמַר "בַּמָּה אֵדַע" – **rather, on the one occasion when [Abraham]** spoke inappropriately and **said,** ***"Whereby shall I know*** *that I am to inherit it?"* (*Genesis* 15:8),[296] אָמַר "יָדֹעַ תֵּדַע כִּי גֵר יִהְיֶה זַרְעֲךָ" – **[God] responded** with a strict judgment, ***"Know with certainty that your offspring shall be aliens*** *in a land not their own"* (ibid., v. 13).[297] אֶלָּא הוּא הָיָה מְבַקֵּשׁ מִן הָאֱלֹהִים שֶׁיִּשְׁמוֹר הַמִּשְׁפָּט – And Abraham never asked God to bend the laws of strict justice, **but** on the contrary, when praying on behalf of the people of Sodom, **he requested of God that He observe the judgment** process, שֶׁנֶּאֱמַר "הֲשֹׁפֵט כָּל הָאָרֶץ לֹא יַעֲשֶׂה מִשְׁפָּט" – **as it is stated,** ***Shall the Judge of all the earth not do justice?*** (ibid. 18:25).[298]

The Midrash presents another example:

רְאֵה שְׁלֹמֹה הַמֶּלֶךְ הֵיאַךְ נִתְפַּשׂ בִּמְצוּדָה – **See how King Solomon became caught in a trap,** שֶׁנֶּאֱמַר "לֹכֵד חֲכָמִים בְּעָרְמָם" – **as it is stated,** ***[God] traps the shrewd with their own craftiness*** (*Job* 5:13).[299] וְכַמָּה רוּחוֹת וְשֵׁדִים כָּבַשׁ שְׁלֹמֹה – **Now,** King **Solomon had vanquished numerous spirits and demons,**[300] וְהוֹרָה הַמִּשְׁפָּט לַכֹּל – **and,** although **he practiced justice toward everyone,**[301] וּלְבַסּוֹף נִלְכַּד בִּזְקֻנָתוֹ וְהִתְחִיל מְפַחֵד מִן הָרוּחוֹת – **ultimately he became "trapped" in his old age,**[302] **and he began to be afraid of the** same **spirits** over which he had previously dominated,[303] שֶׁנֶּאֱמַר "אִישׁ חַרְבּוֹ עַל יְרֵכוֹ מִפַּחַד בַּלֵּילוֹת" – **as it is stated,** *Behold, Solomon's bed, with sixty mighty men surrounding it . . . All of them wielding swords and experts in war,* ***each with his sword ready at his side, out of fear of the night*** (*Song of Songs* 3:8).[304] וְהָיוּ הָרוּחוֹת מִתְּחִלָּה מִתְבַּעֲתוֹת מִפָּנָיו, וּלְבַסּוֹף הִתְחִיל מְפַחֵד מִפְּנֵיהֶם – **Thus the spirits were initially frightened of [Solomon], but in the end he was afraid of *them*.**[305]

The Midrash demonstrates another facet of the central importance of justice:

לְכָךְ אֵין מִצְוָה שֶׁלֹּא הִזְהִיר עָלֶיהָ הַקָּדוֹשׁ בָּרוּךְ הוּא – **Therefore,**[306] **there is no commandment about which the Holy One, blessed is He, did not give warning.**[307] שֶׁנֶּאֱמַר "וְכִי יִמְכֹּר אִישׁ אֶת בִּתּוֹ לְאָמָה" – **Thus it is stated,** ***If a man will sell his daughter as a bondwoman*** (21:7). מִי גָרַם לוֹ כָּךְ – Now, **what caused [the father]** to fall to such depths of desperation that he finds it necessary to do **this?** אֶלָּא עִיבּוּר הַדִּין שֶׁעִיבֵּר עַל אֲחֵרִים – It was nothing **but** his **transgressing the judgments, which he transgressed against others.**[308]

NOTES

293. As evidenced by the fact that they — as opposed to the rest of the Torah — were given in the presence of all of Israel at Mount Sinai [see note 266 and 290] (*Yefeh To'ar, Eitz Yosef*).

294. The judgments are thus especially important to God, and therefore they were presented to the people at Sinai together with the Ten Commandments.

The Midrash (above, §9) established that God Himself keeps all of the Torah's mitzvos. Nevertheless, His observance of justice goes beyond anything man is capable of, for a human being cannot help but be influenced by his feelings toward the person being judged; only God can be absolutely impartial (*Yefeh To'ar, Maharzu*). And this is what the Midrash means when it says that "the judgments are well-suited to God" (*Eshed HaNechalim*).

295. This verse supports the assertion that God cherishes justice (*Toldos Noach, Eitz Yosef*).

296. Abraham thus requested a proof from God concerning His revelation that Abraham's children would inherit the land of Canaan.

297. This was a punishment for Abraham's inappropriate request (see also above, 5 §22, *Nedarim* 32a, etc.). God thus showed Abraham no leniency despite his great righteousness.

298. Even when praying on behalf of the Sodomites, Abraham — who had personally experienced God's dedication to exact justice — did not request that God show unwarranted leniency toward them; rather, he merely implored Him to act *within* the parameters of justice (*Shall the Judge of all the earth not do justice?*) by not allowing the righteous people in the city (if there were any) to be punished along with the wicked (*Tiferes Tzion*).

299. The commentaries explain this verse to mean that the crafty and clever person thinks he is so intelligent that he has figured everything out and can do whatever he has planned. However, God often will use the cleverness of that "wise man" against him. The relevance of this verse to Solomon is that, as related above, 6 §1 (and *Sanhedrin* 21b), he had thought that he was not subject to the Torah's law forbidding a king to have too many wives (*Deuteronomy* 17:17). That was for weak-hearted men, he reasoned, as it is stated, *so that his heart not turn astray* (ibid.); he, however would be able to marry many women and not turn astray! But eventually he fell victim to his own "cleverness" and his heart *was* swayed negatively by his wives (*Yefeh To'ar, Eitz Yosef*).

300. As related in *Gittin* 68a and elsewhere.

301. And was thus particularly beloved to God.

302. As it is stated, וַיְהִי לְעֵת זִקְנַת שְׁלֹמֹה נָשָׁיו הִטּוּ אֶת לְבָבוֹ אַחֲרֵי אֱלֹהִים אֲחֵרִים, *So it was that when Solomon grew old his wives swayed his heart after the gods of others* (*I Kings* 11:4).

303. As punishment for his sin, his power was weakened to the extent that he now became fearful of those very spirits that he had previously vanquished. *Toldos Noach* (cited in *Eitz Yosef*) suggests that the Midrash sees an allusion to Solomon's succumbing to the spirits and demons in the continuation of the *Job* verse presently under discussion (*He traps the shrewd with their own craftiness*), which is יוֹמָם יְפַגְּשׁוּ חֹשֶׁךְ וְכַלַּיְלָה יְמַשְׁשׁוּ בַצָּהֳרָיִם, *By day they encounter darkness, and at midday they grope as in the night* (ibid., v. 14), and means that even during the day King Solomon feared the spirits, which lurk in the dark of night.

304. This "fear of the night" refers to fear of evil spirits, which are most powerful at night (*Bamidbar Rabbah* 11 §3).

305. In spite of King Solomon's tremendous wisdom, and all of his meritorious accomplishments in the arena of justice, he found himself the subject of God's exacting judgment because of a single misstep. Here too, God's impartiality toward even His most devoted servants is evident.

306. I.e., because justice is such a central principle in God's eyes (*Eshed HaNechalim*).

307. I.e., God specified all of the many details involved in all kinds of cases so that we should be able to practice justice to the fullest extent (ibid.).

308. If a judge passes unfair judgment against his fellow man he will be reduced to abject poverty and be forced to sell his own daughter. This is learned from the proximity of this verse to the verse, *And these are the ordinances that you shall place before them* (*Toldos Noach*). Alternatively: If any person acts in an unjust manner toward his fellow man, not following the strict paths of justice, he will be reduced to poverty. This is because of the central importance of justice in God's eyes (*Eshed HaNechalim*).

טז רַבִּי נָתָן אוֹמֵר: נָאֶה לֵאלֹהִים הַדִּין שֶׁהוּא שׁוֹמְרוֹ וְאֵינוֹ נוֹשֵׂא פָּנִים, שֶׁנֶּאֱמַר (ירמיה ט, כג) **"כִּי אֲנִי ה' עֹשֶׂה חֶסֶד מִשְׁפָּט וּצְדָקָה בָּאָרֶץ", שֶׁכֵּן מָצִינוּ בְּאַבְרָהָם שֶׁעָמַד בְּעֶשֶׂר נִסְיוֹנוֹת וְלֹא נָשָׂא לוֹ פָּנִים אֶלָּא בְּדָבָר אֶחָד, * שְׁאָמַר °** (בראשית טו, יג) **"יָדֹעַ תֵּדַע כִּי גֵר יִהְיֶה זַרְעֲךָ", אֶלָּא הוּא מְבַקֵּשׁ** [יט]**מִן הָאֱלֹהִים שֶׁיִּשְׁמוֹר הַמִּשְׁפָּט, שֶׁנֶּאֱמַר** (שם יח, כה) **"הֲשֹׁפֵט כָּל הָאָרֶץ לֹא יַעֲשֶׂה מִשְׁפָּט", רְאֵה שְׁלֹמֹה הַמֶּלֶךְ הֵיאַךְ נִתְפַּשׂ בַּמְּצוּדָה, שֶׁנֶּאֱמַר** (איוב ה, יג) **"לֹכֵד חֲכָמִים בְּעָרְמָם", וְכַמָּה רוּחוֹת וְשֵׁדִים כָּבַשׁ שְׁלֹמֹה וְהוֹרָה הַמִּשְׁפָּט לַכֹּל, וּלְבַסּוֹף נִלְכַּד בְּזִקְנָתוֹ** [כ]**וְהִתְחִיל מְפַחֵד מִן הָרוּחוֹת, שֶׁנֶּאֱמַר** (שיר השירים ג, ח) **"אִישׁ חַרְבּוֹ עַל יְרֵכוֹ מִפַּחַד בַּלֵּילוֹת", וְהָיוּ הָרוּחוֹת מִתְּחִלָּה מִתְבַּעֲתוֹת מִפָּנָיו, וּלְבַסּוֹף הִתְחִיל מְפַחֵד מִפְּנֵיהֶם, לְכָךְ אֵין מִצְוָה שֶׁלֹּא הִזְהִיר עָלֶיהָ הַקָּדוֹשׁ בָּרוּךְ הוּא, שֶׁנֶּאֱמַר** [כא, ז] **"וְכִי יִמְכֹּר אִישׁ אֶת בִּתּוֹ לְאָמָה", מִי גָּרַם לוֹ כָּךְ, אֶלָּא עִיבּוּר הַדִּין שֶׁעִיבֵּר עַל אֲחֵרִים,** [כא, יב] **"מַכֵּה אִישׁ וָמֵת", מִי גָּרַם לוֹ מִיתָה, שֶׁלֹּא נִסְתַּכֵּל בַּתּוֹרָה שֶׁכָּתוּב בָּהּ** (בראשית ט, ו) **"שֹׁפֵךְ דַּם הָאָדָם בָּאָדָם דָּמוֹ יִשָּׁפֵךְ", מָשָׁל לְאָדָם שֶׁקָּפַח אִיקוֹנִין שֶׁל מֶלֶךְ וְעָלָה לַבִּימָה, אָמַר הַמֶּלֶךְ: לֹא קָרָאתָ בַּדְּיוֹטַגְמָא שֶׁלִּי שֶׁכָּל מִי שֶׁנּוֹגֵעַ בָּאִיקוֹנִין שֶׁלִּי הוּא אָבֵד, לָמָּה לֹא חַסְתָּ עַל עַצְמְךָ, כָּךְ אִם הָרַג אָדָם נֶפֶשׁ מִיִּשְׂרָאֵל כְּאִלּוּ הוּא מַעֲבִיר אִיקוֹנִין שֶׁל מֶלֶךְ וְהוּא נִידּוֹן וְאֵין לוֹ חַיִּים, שֶׁאָדָם נִבְרָא בִּדְמוּת מַלְאֲכֵי הַשָּׁרֵת, וְאִם הָרַג בִּשְׁגָגָה נָתַן לוֹ הָאֱלֹהִים מָקוֹם שֶׁיִּבְרַח לְשָׁם, וְאִם הָרַג בְּמֵזִיד אֲפִילוּ כֹּהֵן גָּדוֹל הוּא נֶהֱרָג,**

עץ יוסף

(טז) רבי נתן אומר כו'. יהיב טעמא לאזהרת ה' בסיני על המשפטים, משום שלו נאה הדין, לפי שהוא שמרן מאד שאינו נושא פנים לשום אדם: **שנאמר כי אני ה' כו'.** מביא ראיה בזה שהקדוש ברוך הוא אוהב משפט: **ולא נשא לו פנים אלא בדבר אחד שאמר במה אדע אמר ידוע תדע.** כן צריך לומר. ורוצה לומר ולא הועילו לו כל זכיותיו, לפי שהוא מבקש מהאלהים שישמור המשפט, לכן שמר לו המשפט: **ראה שלמה כו'.** שאין ה' נושא פנים, שהרי שלמה בחכמתו וכל זכיותיו שהורה המשפט לכל, אף לרוחות ושדים, עם כל זה לא נשא לו פנים, וכשנכשל בזקנותו הושפל עד שהיה מפחד מאותם שהיו כפופים לו ומתיראים ממנו: **היאך נתפס במצודה.** במה שאמר אני ארבה ולא אסור ונכשל כדלעיל פרשה ו': **והתחיל מפחד כו'.** נלמד מסיפא דקרא שהוא יומם יפגשו חשך וכלילה ימששו כצהרים, שפירושו שהיה מפחד מן רוחות הלילה, כענין שנאמר מפחד בלילות כו': **מתחלה מתבעתו מפניו.** כדלקמן דברים פרשה י"א: **לכך אין מצוה שלא הזהיר כו'.** פירוש לפי שה' שומר המשפט אין מצוה שלא הזהיר עליה להודיע עונשה תחלה, כי לא ענש אלא אם כן התרה תחלה: **אלא עיבור.** פירוש שהעביר את הדין על עבדו העברי, ולכן ילקה בעבדות: **שלא נסתכל בתורה.** ודריש ואשר לא צדה, למעלה עם פסוק מכה איש ומת, כלומר לפי שלא צדה ונסתכל בתורה שכתוב בה שופך דם האדם באדם דמו ישפך כי בצלם אלהים עשה את האדם, שנגע באיקונין של מלך: **שקפח איקונין.** פירוש שהכרית והפיל האיקונין: **בדיוטגמא.** אגרת כתובים בו נימוסי המלך: **בדמות מלאכי השרת.** כדכתיב כי בצלם אלהים עשה את האדם ואלהים הם המלאכים, ולכן כתיב מכה איש, לרמז על שדמותו כמלאכים שנקראים אישים כמו והאיש גבריאל (תולדות נח): **ואם הרג בשגגה.** בכל מקום השוגג פטור, וכאן מחייבו בעונש קשה לפי שהרעה גדולה שנפגע בכבוד המלך, וזהו שסמך הכתוב כאן דין ההורג נפש בשגגה: **אפילו כהן גדול הוא נהרג.** רוצה לומר שלפי גדולת הכהן גדול היה ראוי לבקש לו הצלה, מכל מקום נהרג, וזהו שסמך מעם מזבחי תקחנו למות:

פירוש מהרז"ו

(טז) שהוא שומרו. שהוא יכול לשומרו שאינו צריך לישא פנים, כמו שכתוב (דברים י, יז) אשר לא ישא פנים ולא יקח שוחד, וכמו שאמרו באבות סוף פרק ד': **אלא בדבר אחד.** שנכשל בדבורו, לא נשא לו פנים אף בדבר קטן, ושילם לו מיד להודיעו לצער גלות בניו במצרים, על פי מדת ממעל, שאמר (בראשית טו, ח) במה אדע, נפרע בו בלשון ידוע תדע, וכמו שכתב פרקי דרבי אליעזר פרק מ"ח, וכאן חסר. ומה שאמר שנסהו בעשרה נסיונות, הנה בעת שאמר במה אדע, ידוע תדע היה נסיון השביעי, אלא הכוונה שאף אחר שנסהו עשרה נסיונות, לא נשא לו פנים מלשלם לו גזירת ידוע תדע: **אלא הוא היה מבקש.** פירוש שאף על פי שהודיעו עומק המשפט במה שאמר ידוע תדע, עם כל זה בקש בסדום שיעשה המשפט, ונלכד שביקש על עצמו שיקיים לו גם גזירת ידוע תדע, שעל זה אמר אליפז לוכד חכמים בערמם, שעל שביקש על סדום נחשב לו לחכמה וערמה, כמו שדרשו בראשית רבה פרשה ל"ט סימן ו, וכן צריך להיות, לא יעשה משפט היאך נתפס במצודה, (פירוש אברהם נתפס), שנאמר לוכד חכמים בערמה: **ראה שלמה.** שראה ונתבונן שגם עליו כתוב לוכד חכמים בערמם. ועיין שיר השירים רבה פסוק הנה מטתו, ובשיר השירים רבה פסוק א', איך משל ברוחות, ומה שאמר נלכד בזקנותו, כמו שכתוב (מלכים א יא, ד) ויהי לעת זקנת שלמה נשיו הטו את לבבו: **שקפח איקונין.** עיין לעיל פרשה ז סימן י"א, רגם איקונין: **ואם הרג בשגגה.** כמו שכתוב ואשר לא צדה והאלהים אנה לידו ושמתי לך מקום אשר ינוס שמה: **אפילו כהן גדול.** כמו שכתוב מעם מזבחי תקחנו למות:

מתנות כהונה

[טז] הכי גרסינן **אלא בדבר אחד שאמר במה אדע אמר ידוע תדע: שקפח איקונין.** ופירוש הפיל והכרית כמה דאת אמר (סוטה מד, א) לקפח את שוקו. אקפח בני (זבחים יג, א). לקפחני בהלכות (נזיר מט, ב): **דיוטגמא.** אגרת כתובים בו נימוסי המלך:

אשד הנחלים

[טז] **נאה לאלהים הדין כו' ואינו נושא פנים.** כלומר עיקר הדין נאה לייחס רק להשם ברוך הוא, אבל האדם אי אפשר לו שלא יהיה נושא פנים באפס מה, ועל ידי זה יטה הדין קצת, כי עיני בשר לו לזכות לפעמים מפני דבר אחר המונע את לבו, ולא כן אצלו יתברך שלא יתפעל מאומה ולא ישתנה: **שאמר ידוע תדע.** כלומר בעבור שאמר במה אדע: **אלא הוא היה מבקש שישמור המשפט.** כלומר ולכן אמר אברהם חלילה לו יתברך שהוא לא יעשה משפט, כי זה אי אפשר כי רק לו נאה לעשות משפט: **ראה שלמה.** וזהו להורות שאף החכם שבחכמים לא היה יכול לעמוד במדתו לעולם, כי אף שלמה שהודיע ולימד המשפט לכל העולם ואף לשדים, ולבסוף נלכד ונתפתה מהם, כמו שמבואר בגיטין (סח, א) במעשה דאשמדי, והתחיל לפחוד מהם, וענין עשיית המשפט בהם שחשב ללכדם ולהכניעם שלא יעשו רק מה שהוא לתועלת, וזהו המשפט הנכון, אך לא עלתה בידו: **לכך אין מצוה שלא הזהיר כו'.** כלומר אחר שעשיית המשפט דבר כבד הוא למאד, ולכן הזהיר ה' על כל פרטיהם בכדי שידע האדם איך להזהר: **עיבור הדין.** על ידי שלא ריחם על אחרים, על כן בא לזה שלא ירחמו עליו, ויהיה עיניו רואות שבתו נמכרת לאמה: **משל לאדם שקיפח אקונין.** כי האדם דוגמא עליונה כמו שנאמר (בראשית ט, ו) בצלם אלהים עשה את האדם: **והוא נידון ואין לו חיים.** שלא יקשה לפי הראות אחר שיקר בעיני ה' מיתת האדם, ובמיתת הרוצח לא יחיה הנהרג, ואם כן מה תועלת בהריגתו. לזה אמר שאיש כזה אחר שרוצח הוא אז חייו אינם חיים, כי לא על איש כזה שייך החמלה והרחמים שישאר בחיים: **כדמות מלאכי השרת.** הדבר הזה בארתי בסדר בראשית (עיין שם פרשה ח סימן י – יא). אך בין תבין מזה שלא תדמה עוד כפשוטו בצלם אלהים ממש חס ושלום:

חידושי הרד"ל

[טז] **ולא נשא לו פנים אפילו בדבר אחד כו'.** כן צריך לומר: **לאדם שכפה איקונין כו'.** כן צריך לומר, ועיין בירושלמי ריש פרק ג דמועד קטן:

חידושי הרש"ש

[טז] **אלא הוא היה מבקש כו' שישמור המשפט כו'.** פירוש דלכן לא נשא לו פנים מפני שהוא עצמו בקש

באור מהרי"פ

[טז] **אלא הוא היה מבקש משפט.** פירוש, לכך לא נשא לו הקב"ה אפילו בדבר אחד, מפני שהוא בקש ורדף אחר המשפט, עד שלא נשא פנים להקב"ה, ואמר **השופט כל הארץ לא יעשה משפט: לוכד וגו'** (איוב ה, יג - יד) לוכד חכמים בערמם, ועצת נפתלים נמהרה, יומם יפגשו חשך וכלילה ימששו בצהרים. מביא ראיה שאין הקב"ה נושא פנים במשפט, שהרי שלמה אף שהיה חכם מכל אדם, ובעל משפט גדול, כדמוכח בעובדא דשתים נשים זונות, **והורה משפט** אפילו לשדים, דיש מאן דאמר דסובר דשתים נשים זונות שדים היו, אחר כך כשהחכים והערים על גזירותיו של הקב"ה ואמר אני ארבה נשים ולא אסור, ולעת זקנתו כאשר הטו נשיו את לבבו הושפל, עד שהיה מפחד מאותם שהיו כפופים לו ומתיראים ממנו, וזהו לוכד חכמים בערמם במה שהערימו והחכימו על גזירותיו, עד שפחדו ממי שהיו מתיראים מהם בתחלה, וזהו יומם יפגשו חושך ובלילה וגו', והכל מחמת פחד ועל דרך שדרשו מפחד בלילות לקמן בסמוך: **עבור הדין.** פירוש, שהעביר הדין על עבדו העברי, ולכן ילקה בעבדותו, ולפי שהקב"ה אוהב משפט מאד, לפיכך אין מצוה שלא הזהיר, מפני שהדין נותן [ד]אין עונשין אלא אם כן מזהירין:

אמרי יושר

[טז] **בדבר אחד.** שאמר במה אדע, קנסו. או שאמר השופט כל הארץ לא יעשה משפט: **וכי ימכור איש את בתו מי גרם לו כך למכור בתו כו' הדין.** שלא שמרה כהוגן אלא העביר דין על חבירו וגרם לו תקלה, זהו תשים המשפטים לפניהם, ואם לאו עונשו שימכור בתו:

מסורת המדרש

יט. לעיל סוף פ"ה. פסיקתא רבתי פיסקא מ"ז. תנא דבי אליהו זוטא פרק ב':

כ. עיין שהש"ר פ"ג פסוק ז' וש"נ:

אם למקרא

כִּי אִם בְּזֹאת יִתְהַלֵּל הַמִּתְהַלֵּל הַשְׂכֵּל וְיָדֹעַ אוֹתִי כִּי אֲנִי ה' עֹשֶׂה חֶסֶד מִשְׁפָּט וּצְדָקָה בָּאָרֶץ כִּי בְאֵלֶּה חָפַצְתִּי נְאֻם־ה':
(ירמיה ט: כג)

וַיֹּאמֶר לְאַבְרָם יָדֹעַ תֵּדַע כִּי־גֵר יִהְיֶה זַרְעֲךָ בְּאֶרֶץ לֹא לָהֶם וַעֲבָדוּם וְעִנּוּ אֹתָם אַרְבַּע מֵאוֹת שָׁנָה:
(בראשית טו: יג)

חָלִלָה לְּךָ מֵעֲשֹׂת כַּדָּבָר הַזֶּה לְהָמִית צַדִּיק עִם־רָשָׁע וְהָיָה כַצַּדִּיק כָּרָשָׁע חָלִלָה לָּךְ הֲשֹׁפֵט כָּל־הָאָרֶץ לֹא יַעֲשֶׂה מִשְׁפָּט:
(שם יח: כה)

לֹכֵד חֲכָמִים בְּעָרְמָם וַעֲצַת נִפְתָּלִים נִמְהָרָה:
(איוב ה: יג)

כֻּלָּם אֲחֻזֵי חֶרֶב מְלֻמְּדֵי מִלְחָמָה אִישׁ חַרְבּוֹ עַל יְרֵכוֹ מִפַּחַד בַּלֵּילוֹת:
(שיר השירים ג: ח)

שֹׁפֵךְ דַּם הָאָדָם בָּאָדָם דָּמוֹ יִשָּׁפֵךְ כִּי בְּצֶלֶם אֱלֹהִים עָשָׂה אֶת הָאָדָם:
(בראשית ט: ו)

ידי משה

[טז] **נאה לאלהים הדין.** כי אפשר לו לשומרו **כי לא ישא פנים,** אבל בשר ודם אי אפשר שלא ישא פנים, ומביא ראייה **מאברהם** מאחר **שעמד בעשרה נסיונות** היה מן הראוי לו לישא פנים על מה שדיבר דבר אחד, במה אדע, והוא **לא נשא לו פנים,** ואמר לו **ידוע תדע וגו',** והדר אמר המדרש אפילו היה הקב"ה רוצה לשאת לו פנים אלא הוא עצמו ביקש שישמור המשפט כמה שאמר **השופט כל הארץ וגו':**

שינוי נוסחאות

(טז) **ולא נשא לו פנים.** תיבת "לו" היתה בספרים הישנים, אבל כבר בד' קראקא השמיטוהו בטעות, ומשם ואילך לא היה כתוב בדפוסים, אבל בוילנא החזירו התיבה אלא שכתבוה בתוך סוגריים, ובוארשא כתבוה בלי סוגריים, וכצ"ל. **שאמר "ידע תדע...".** מ"כ הגיה >שאמר "במה אדע", אמר "ידע תדע..."<:

❑ מַכֵּה אִישׁ וָמֵת – *ONE WHO STRIKES A MAN, SO THAT HE DIES, SHALL SURELY BE PUT TO DEATH. BUT FOR ONE WHO HAD NOT LAIN IN AMBUSH AND GOD HAD CAUSED IT TO COME TO HIS HAND, I SHALL PROVIDE YOU A PLACE TO WHICH HE SHALL FLEE* (vv. 12-13).

The Midrash discusses the crime of murder:

מִי גָרַם לוֹ מִיתָה – Now, **what caused [the murderer]** to deserve **death?**[309] שֶׁלֹּא נִסְתַּכֵּל בַּתּוֹרָה שֶׁכָּתוּב בָּהּ ״שֹׁפֵךְ דַּם הָאָדָם בָּאָדָם דָּמוֹ יִשָּׁפֵךְ״ – The fact **that he did not look into the Torah** and ponder the teachings found in it,[310] **where it is written, *Whoever sheds the blood of man, by man shall his blood be shed;*** *for in the image of God He made man* (*Genesis* 9:6).[311] מָשָׁל לְאָדָם שֶׁקָּפַח אִיקוֹנִין שֶׁל מֶלֶךְ וְעָלָה לַבִּימָה – This can be explained by means of **a parable.** It is analogous **to a person who smashed a statue of the king, and** subsequently **ascended the** defendant's **platform** to be judged by the king. אָמַר הַמֶּלֶךְ: לֹא קָרָאתָ בַּדְּיוֹטַגְמָא שֶׁלִּי שֶׁכָּל מִי שֶׁנּוֹגֵעַ בְּאִיקוֹנִין שֶׁלִּי הוּא אָבֵד, לָמָּה לֹא חַסְתָּ עַל עַצְמְךָ – **The king said** to him, **"Did you not read in my royal edict that whoever touches my statue shall perish? Why did you not have pity on yourself?!** For now you must die!" כָּךְ אִם הָרַג אָדָם נֶפֶשׁ מִיִּשְׂרָאֵל כְּאִלּוּ הוּא מַעֲבִיר אִיקוֹנִין שֶׁל מֶלֶךְ – **So it is** with regard to murder: **If a person takes the life of a** fellow **Jew,** it is **as if he destroyed a statue of the King** (i.e., God). וְהוּא נִידּוֹן וְאֵין לוֹ חַיִּים – **And he is judged** accordingly, **and** the punishment is that he **has no** right to retain his own **life,** i.e., he is put to death. שֶׁאָדָם נִבְרָא בִּדְמוּת מַלְאֲכֵי הַשָּׁרֵת – **For man was created in the image of the ministering angels.**[312]

The Midrash continues expounding on our passage about those who kill:

וְאִם הָרַג בִּשְׁגָגָה נָתַן לוֹ הָאֱלֹהִים מָקוֹם שֶׁיִּבְרַח לְשָׁם – **And,** the passage then informs us (v. 13), **if one has killed** a person **inadvertently, God provided for him a place to which to flee** and escape death.[313] וְאִם הָרַג בְּמֵזִיד אֲפִילוּ כֹּהֵן גָּדוֹל הוּא נֶהֱרָג – **And,** the passage then states, **if he killed intentionally, even if he is a Kohen Gadol he is put to death.**[314]

NOTES

309. Why should the crime of murder be punishable by death? The victim's life has been lost in any event; how will killing another person (the murderer) be of any benefit? If the point of this punishment is deterrence, or vengeance to placate the victim's family, the payment of a large monetary indemnity would seemingly do just as well (*Yefeh To'ar*).

310. *Yefeh To'ar* (cited in *Eitz Yosef*) suggests that this assertion is alluded to in the following verse (v. 13): ״וַאֲשֶׁר לֹא צָדָה״, which can be translated, *And if he had not sought out.* The plain meaning of the verse is that the killer did not seek out the victim, but killed him by accident. But the Midrash interprets it homiletically as being related to what precedes it (*One who strikes a man, so that he dies, shall surely be put to death*), and understands it to mean "[the reason he committed murder is] because he did not seek out [the teachings of the Torah]."

311. One who commits murder obviously has not internalized the Torah's teaching that every man is created in "the image of God," and that taking a life is tantamount to the highest sacrilege. The execution of the murderer is thus not for the purpose of deterrence or vengeance (see note 309); it is a punishment for a grievous crime (*Yefeh To'ar*).

312. The Midrash does not mean to say that in the verse which states *for in the image of God* (Hebrew: *Elohim*) *He made man,* Elohim actually refers to the angels (although this interpretation is mentioned in several Torah commentators; see *Ibn Ezra, Chizkuni,* etc.), for it has just compared the killing of man to the destruction of the image of "the King" – i.e., God Himself. Rather, it chooses this mode of expression in order to avoid any possible inference that God has a physical form or image. (The Midrash's actual understanding of "the image of God" is apparently that man resembles God in that he has intelligence – see *Rambam,* beginning of *Moreh Nevuchim*) (*Yefeh To'ar*). [See the *U'Vacharta BaChaim* commentary to *Nefesh HaChaim* 1:2, and Rabbi Y. E. Weintraub's notes thereon (ed. Wickliffe 5757), for a discussion of these matters and of our Midrash in particular.]

313. The Midrash does not appear to add anything at all to the plain meaning of the verse, which states, *But for one who had not lain in ambush, and God had caused it to come to his hand, I shall provide you a place to which he shall flee. Yefeh To'ar* (cited in *Eitz Yosef*) suggests that the Midrash seeks to support its earlier assertion concerning the unparalleled seriousness of the sin of killing a person. The fact that the Torah uniquely prescribes a punishment (viz., exile) even for one who kills inadvertently – unlike any other sin in the Torah, where accidental transgression involves no punishment – proves how very grave the matter of taking a life is in God's eyes.

314. This is the Midrash's interpretation of the following verse (v. 14): וְכִי יָזִד אִישׁ עַל רֵעֵהוּ לְהָרְגוֹ בְעָרְמָה מֵעִם מִזְבְּחִי תִּקָּחֶנּוּ לָמוּת, *If a man shall act intentionally against his fellow to murder him with guile, "from My Altar shall you take him to die"* (*Toldos Noach, Maharzu, Eitz Yosef*). Although one might have argued that the Kohen Gadol, due to his importance to the nation and the great loss they would suffer by his death, be shown leniency, the Torah prescribes the death penalty for him as well, once again illustrating the severity of murder (since man was created in God's image) and the impossibility of compromise on punishment for this crime (*Yefeh To'ar, Eitz Yosef*).

טז רַבִּי נָתָן אוֹמֵר: נָאֶה לֵאלֹהִים הַדִּין שֶׁהוּא שׁוֹמְרוֹ וְאֵינוֹ נוֹשֵׂא פָּנִים, שֶׁנֶּאֱמַר (ירמיה ט, כג) **"כִּי אֲנִי ה' עֹשֶׂה חֶסֶד מִשְׁפָּט וּצְדָקָה בָּאָרֶץ", שֶׁכֵּן מָצִינוּ בְּאַבְרָהָם שֶׁעָמַד בְּעֶשֶׂר נִסְיוֹנוֹת וְלֹא נָשָׂא לוֹ פָּנִים אֶלָּא בְּדָבָר אֶחָד, * שֶׁאָמַר** ° (בראשית טו, יג) **"יָדֹעַ תֵּדַע כִּי גֵר יִהְיֶה זַרְעֲךָ", אֶלָּא הוּא מְבַקֵּשׁ** [יט] **מִן הָאֱלֹהִים שֶׁיִּשְׁמוֹר הַמִּשְׁפָּט, שֶׁנֶּאֱמַר** (שם יח, כה) **"הֲשֹׁפֵט כָּל הָאָרֶץ לֹא יַעֲשֶׂה מִשְׁפָּט", רְאֵה שְׁלֹמֹה הַמֶּלֶךְ הֵיאַךְ נִתְפַּשׂ בַּמְּצוּדָה, שֶׁנֶּאֱמַר** (איוב ה, יג) **"לֹכֵד חֲכָמִים בְּעָרְמָם", וְכַמָּה רוּחוֹת וְשֵׁדִים כָּבַשׁ שְׁלֹמֹה וְהוֹרָה הַמִּשְׁפָּט לַכֹּל, וּלְבַסּוֹף נִלְכַּד בְּזִקְנָתוֹ** [כ] **וְהִתְחִיל מְפַחֵד מִן הָרוּחוֹת, שֶׁנֶּאֱמַר** (שיר השירים ג, ח) **"אִישׁ חַרְבּוֹ עַל יְרֵכוֹ מִפַּחַד בַּלֵּילוֹת", וְהָיוּ הָרוּחוֹת מִתְּחִלָּה מִתְבַּעֲתוֹת מִפָּנָיו, וּלְבַסּוֹף הִתְחִיל מְפַחֵד מִפְּנֵיהֶם, לְכָךְ אֵין מִצְוָה שֶׁלֹּא הִזְהִיר עָלֶיהָ הַקָּדוֹשׁ בָּרוּךְ הוּא, שֶׁנֶּאֱמַר** [כא, ז] **"וְכִי יִמְכֹּר אִישׁ אֶת בִּתּוֹ לְאָמָה", מִי גָרַם לוֹ כָּךְ, אֶלָּא עִיבּוּר הַדִּין שֶׁעִיבֵּר עַל אֲחֵרִים,** (כא, יב) **"מַכֵּה אִישׁ וָמֵת", מִי גָרַם לוֹ מִיתָה, שֶׁלֹּא נִסְתַּכֵּל בַּתּוֹרָה שֶׁכָּתוּב בָּהּ** (בראשית ט, ו) **"שֹׁפֵךְ דַּם הָאָדָם בָּאָדָם דָּמוֹ יִשָּׁפֵךְ", מָשָׁל לְאָדָם שֶׁקָּפַח אִיקוֹנִין שֶׁל מֶלֶךְ וְעָלָה לַבִּימָה, אָמַר הַמֶּלֶךְ: לֹא קָרָאתָ בַּדְּיוֹטַגְמָא שֶׁלִּי שֶׁכָּל מִי שֶׁנּוֹגֵעַ בְּאִיקוֹנִין שֶׁלִּי הוּא אָבֵד, לָמָּה לֹא חַסְתָּ עַל עַצְמְךָ, כָּךְ אִם הָרַג אָדָם נֶפֶשׁ מִיִּשְׂרָאֵל כְּאִלּוּ הוּא מַעֲבִיר אִיקוֹנִין שֶׁל מֶלֶךְ וְהוּא נִידוֹן וְאֵין לוֹ חַיִּים, שֶׁאָדָם נִבְרָא בִּדְמוּת מַלְאֲכֵי הַשָּׁרֵת, וְאִם הָרַג בִּשְׁגָגָה נָתַן לוֹ הָאֱלֹהִים מָקוֹם שֶׁיִּבְרַח לְשָׁם, וְאִם הָרַג בְּמֵזִיד אֲפִילוּ כֹּהֵן גָּדוֹל הוּא נֶהֱרָג,**

עץ יוסף

(טז) **רבי נתן אומר כו'.** יהיב טעמא לאזהרת ה' בסיני על המשפטים, משום שלו נאה הדין, לפי שהוא שמרן מאד שאינו נושא פנים לשום אדם: **שנאמר כי אני ה' כו'.** מביא ראיה בזה שהקדוש ברוך הוא אוהב משפט: **ולא נשא לו פנים אלא בדבר אחד שאמר במה אדע אמר ידוע תדע.** כן צריך לומר. ורוצה לומר ולא הועילו לו כל זכויותיו, לפי שהוא מבקש מהאלהים שישמור המשפט, לכן שמר לו המשפט: **ראה שלמה כו'.** שאין ה' נושא פנים, שהרי שלמה בחכמתו וכל זכויותיו שהורה המשפט לכל, אף לרוחות ושדים, עם כל זה לא נשא לו פנים, וכשנכשל בזקנותו הושפל עד שהיה מפחד מאותם שהיו כפופים לו ומתיראים ממנו: **היאך נתפס במצודה.** במה שאמר אני ארבה ולא אסור נכשל כדלעיל פרשה ו': **והתחיל מפחד כו'.** נלמד מסיפא דקרא שהוא יומם יפגשו חשך וכלילה ימששו כצהרים, שפירושו שהיה מפחד מן רוחות הלילה, כענין שנאמר מפחד בלילות כו': **מתחלה מתבעתו מפניו.** כדלקמן דברים פרשה י"א: **לכך אין מצוה שלא הזהיר כו'.** פירוש לפי שה' שומר המשפט אין מצוה שלא הזהיר עליה להודיע ענשה תחלה, כי לא ענש אלא אם כן התרה תחלה: **אלא עיבור.** פירוש שהעביר את הדין על עבדו העברי, ולכן ילקה בעבדות: **שלא נסתכל בתורה.** ודריש ואשר לא צדה, למעלה עם פסוק מכה איש ומת, כלומר לפי שלא צדה ונסתכל בתורה שכתוב בה שופך דם האדם באדם דמו ישפך כי בצלם אלהים עשה את האדם, שנגע באיקונין של מלך: **שקפח איקונין.** פירוש שהכרית והפיל האיקונין: **בדיוטגמא.** אגרת כתובים בו נימוסי המלך: **בדמות מלאכי השרת.** כדכתיב כי בצלם אלהים עשה את האדם ואלהים הם המלאכים, ולכן כתיב מכה איש, לרמז על שדמותו כמלאכים שנקראים אישים כמו והאיש גבריאל (תולדות נח): **ואם הרג בשגגה.** בכל מקום השוגג פטור, וכאן מחייבו בעונש קשה לפי שהרעה גדולה שנפגע בכבוד המלך, וזהו שסמך הכתוב כאן דין ההורג נפש בשגגה: **אפילו כהן גדול הוא נהרג.** רוצה לומר שלפי גדולת הכהן גדול היה ראוי לבקש לו הצלה, מכל מקום נהרג, וזהו שסמך מעם מזבחי תקחנו למות:

פירוש מהרז"ו

(טז) **שהוא שומרו.** שהוא יכול לשומרו שאינו צריך לישא פנים, כמו שכתוב (דברים י, יז) אשר לא ישא פנים ולא יקח שוחד, וכמו שאמרו באבות סוף פרק ד': **אלא בדבר אחד.** שנכשל בדבורו, לא נשא לו פנים אף בדבר קטן, ושילם לו מיד להודיעו לצער גלות בניו במצרים, על פי מדת ממעל, שאמר (בראשית טו, ח) במה אדע, נפרע בו בלשון ידוע תדע, וכמו שכתב פרקי דרבי אליעזר פרק מ"ח, וכאן חסר. ומה שאמר שנסהו בעשרה נסיונות, הנה בעת שאמר במה אדע, ידוע תדע היה נסיון השביעי, אלא הכוונה שאף אחר שנסהו עשרה נסיונות, לא נשא לו פנים מלשלם לו גזירת ידוע תדע: **אלא הוא היה מבקש.** פירוש שאף על פי שהודיעו עומק המשפט במה שאמר ידוע תדע, עם כל זה בקש בסדום שיעשה המשפט, ונלכד שביקש על עצמו שיקיים לו גם גזירת ידוע תדע, שעל זה אמר אליפז לוכד חכמים בערמם, שעל שביקש על סדום נחשב לו לחכמה וערמה, כמו שדרשו בראשית רבה פרשה ל"ט סימן ו, וכן צריך להיות, לא יעשה משפט היאך נתפס במצודה, (פירוש אברהם נתפס), שנאמר לוכד חכמים בערמה: **ראה שלמה.** שראה ונתבונן שגם עליו כתוב לוכד חכמים בערמם. ועיין שיר השירים רבה פסוק הנה מטתו, ובשיר השירים רבה פסוק א', איך משל ברוחות, ומה שאמר נלכד בזקנותו, כמו שכתוב (מלכים א יא, ד) ויהי לעת זקנת שלמה נשיו הטו את לבבו: **שקפח איקונין.** עיין לעיל פרשה ז סימן י"א, רגם איקונין: **ואם הרג בשגגה.** כמו שכתוב ואשר לא צדה והאלהים אנה לידו ושמתי לך מקום אשר ינוס שמה: **אפילו כהן גדול.** כמו שכתוב מעם מזבחי תקחנו למות:

מתנות כהונה

[טז] הכי גרסינן **אלא בדבר אחד שאמר במה אדע אמר ידוע תדע: שקפח איקונין.** ופירוש הפיל והכרית כמה דאת אמר (סוטה מד, א) לקפח את שוקו. אקפח בני (זבחים יג, א). לקפחני בהלכות (נזיר מט, ב): **דיוטגמא.** אגרת כתובים בו נימוסי המלך:

אשד הנחלים

[טז] **נאה לאלהים הדין כו' ואינו נושא פנים.** כלומר עיקר הדין נאה לייחס רק לה' ברוך הוא, אבל האדם אי אפשר לו שלא יהיה נושא פנים באפס מה, ועל ידי זה יטה הדין קצת, כי עיני בשר לו לזכות לפעמים מפני דבר אחר המונע את לבו, ולא כן אצלו יתברך שלא יתפעל מאומה ולא ישתנה: **שאמר ידוע תדע.** כלומר בעבור שאמר במה אדע: **אלא הוא היה מבקש שישמור המשפט.** כלומר ולכן אמר אברהם חלילה לו יתברך שהוא לא יעשה משפט, כי זה אי אפשר כי רק לו נאה לעשות משפט: **ראה שלמה.** וזהו להורות שאף החכם שבחכמים לא היה יכול לעמוד במדתו לעולם, כי אף שלמה שהודיע ולימד המשפט לכל העולם ואף לשדים, ולבסוף נלכד ונתפתה מהם, כמו שמבואר בגיטין (סח, א) במעשה דאשמדי, והתחיל לפחוד מהם, וענין עשיית המשפט בהם שחשב ללכדם ולהכניעם שלא יעשו רק מה שהוא לתועלת, וזהו המשפט הנכון, אך לא עלתה בידו: **לכך אין מצוה שלא הזהיר כו'.** כלומר אחר שעשיית המשפט דבר כבד הוא למאד, ולכן הזהיר ה' על כל פרטיהם בכדי שידע האדם איך להזהר: **עיבור הדין.** על ידי שלא ריחם על אחרים, על כן בא לזה שלא ירחמו עליו, ויהיה עיניו רואות שבתו נמכרת לאמה: **משל לאדם שקיפח אקונין.** כי האדם דוגמא עליונה כמו שנאמר (בראשית ט, ו) בצלם אלהים עשה את האדם: **והוא נידון ואין לו חיים.** שלא יקשה לפי הראות אחר שיקר בעיני ה' מיתת האדם, ובמיתת הרוצח לא יחיה הנהרג, ואם כן מה תועלת בהריגתו. לזה אמר שאיש כזה אחר שרוצח הוא אז חייו אינם חיים, כי לא על איש כזה שייך החמלה והרחמים שישאר בחיים: **בדמות מלאכי השרת.** הדבר הזה בארתי בסדר בראשית (עיין שם פרשה ח סימן י – יא). אך בין תבין מזה שלא תדמה עוד כפשוטו בצלם אלהים ממש חס ושלום:

חידושי הרד"ל

[טז] **ולא נשא לו פנים אפילו בדבר אחד בו'.** כן צריך לומר: **לאדם שכפה איקונין בו'.** כן צריך לומר, ועיין בירושלמי ריש פרק ג דמועד קטן:

חידושי הרש"ש

[טז] **אלא הוא היה מבקש בו' שישמור המשפט בו'.** פירוש דלכן לא נשא לו פנים מפני שהוא עצמו בקש

באור מהרי"פ

[טז] **אלא הוא היה מבקש משפט.** פירוש, לכך לא נשא לו הקב"ה אפילו בדבר אחד, מפני שהוא בקש ורדף אחר המשפט, עד שלא נשא פנים להקב"ה, ואמר **השופט כל הארץ לא יעשה משפט: לוכד וגו'** (איוב ה, יג - יד) לוכד חכמים בערמם, ועצת נפתלים נמהרה, יומם יפגשו חשך וכלילה ימששו בצהרים. מביא ראיה שאין הקב"ה נושא פנים במשפט, שהרי שלמה אף שהיה חכם מכל אדם, ובעל משפט גדול, כדמוכח בעובדא דשתים נשים זונות, **והורה משפט** אפילו לשדים, דיש מאן דאמר דסובר דשתים נשים זונות שדים היו, אחר כך כשהחכים והערים על גזירותיו של הקב"ה ואמר אני ארבה נשים ולא אסור, ולעת זקנתו כאשר הטו נשיו את לבבו הושפל, עד שהיה מפחד מאותם שהיו כפופים לו ומתיראים ממנו, וזהו לוכד חכמים בערמם במה שהערימו והחכימו על גזירותיו, עד שפחדו ממי שהיו מתיראים מהם בתחלה, וזהו יומם יפגשו חושך ובלילה וגו', והכל מחמת פחד ועל דרך שדרשו מפחד בלילות לקמן בסמוך: **עבור הדין.** פירוש, שהעביר הדין על עבדו העברי, ולכן ילקה בעבדותו, ולפי שהקב"ה אוהב משפט מאד, לפיכך אין מצוה שלא הזהיר, מפני שהדין נותן [ד]אין עונשין אלא אם כן מזהירין:

אמרי יושר

[טז] **בדבר אחד.** שאמר במה אדע, קנסו. או שאמר השופט כל הארץ לא יעשה משפט: **וכי ימכור איש את בתו מי גרם לו כך למכור בתו בו' הדין.** שלא שמרה כהוגן אלא העביר דין על חבירו וגרם לו תקלה, זהו תשים המשפטים לפניהם, ואם לאו עונשו שימכור בתו:

מסורת המדרש

יט. לעיל סוף פ"ה. פסיקתא רבתי פיסקא מ"ז. תנא דבי אליהו זוטא פרק ב':

כ. עיין שהש"ר פ"ג פסוק ז' וש"נ:

אם למקרא

כִּי אִם בְּזֹאת יִתְהַלֵּל הַמִּתְהַלֵּל הַשְׂכֵּל וְיָדֹעַ אוֹתִי כִּי אֲנִי ה' עֹשֶׂה חֶסֶד מִשְׁפָּט וּצְדָקָה בָּאָרֶץ כִּי בְאֵלֶּה חָפַצְתִּי נְאֻם־ה': (ירמיה ט: כג)

וַיֹּאמֶר לְאַבְרָם יָדֹעַ תֵּדַע כִּי־גֵר יִהְיֶה זַרְעֲךָ בְּאֶרֶץ לֹא לָהֶם וַעֲבָדוּם וְעִנּוּ אֹתָם אַרְבַּע מֵאוֹת שָׁנָה: (בראשית טו: יג)

חָלִלָה לְּךָ מֵעֲשֹׂת כַּדָּבָר הַזֶּה לְהָמִית צַדִּיק עִם־רָשָׁע וְהָיָה כַצַּדִּיק כָּרָשָׁע חָלִלָה לָּךְ הֲשֹׁפֵט כָּל־הָאָרֶץ לֹא יַעֲשֶׂה מִשְׁפָּט: (שם יח: כה)

לֹכֵד חֲכָמִים בְּעָרְמָם וַעֲצַת נִפְתָּלִים נִמְהָרָה: (איוב ה: יג)

כֻּלָּם אֲחֻזֵי חֶרֶב מְלֻמְּדֵי מִלְחָמָה אִישׁ חַרְבּוֹ עַל יְרֵכוֹ מִפַּחַד בַּלֵּילוֹת: (שיר השירים ג: ח)

שֹׁפֵךְ דַּם הָאָדָם בָּאָדָם דָּמוֹ יִשָּׁפֵךְ כִּי בְּצֶלֶם אֱלֹהִים עָשָׂה אֶת הָאָדָם: (בראשית ט: ו)

ידי משה

[טז] **נאה לאלהים הדין.** כי אפשר לו לשומרו **כי לא ישא פנים,** אבל בשר ודם אי אפשר שלא ישא פנים, ומביא ראייה **מאברהם** מאחר **שעמד בעשרה נסיונות** היה מן הראוי לו לישא פנים על מה שדיבר דבר אחד, במה אדע, והוא **לא נשא לו פנים,** ואמר לו **ידוע תדע וגו',** והדר אמר המדרש אפילו היה הקב"ה רוצה לשאת לו פנים אלא הוא עצמו ביקש שישמור המשפט כמה שאמר **השופט כל הארץ וגו':**

שינוי נוסחאות

(טז) **ולא נשא לו פנים.** תיבת "לו" היתה בספרים הישנים, אבל כבר בד' קראקא השמיטוהו בטעות, ומשם ואילך לא היה כתוב בדפוסים, אבל בווילנא החזירו התיבה אלא שכתבוה בתוך סוגריים, ובווארשא כתבוה בלי סוגריים, וכצ"ל. **שאמר "ידע תדע...".** מ"כ הגיה <שאמר "במה אדע", אמר "ידע תדע...">:

The Midrash continues to discuss the concept that regardless of how exalted one is, he can be granted no reprieve for murder:[315] אֵין לְךָ גָּדוֹל מִשָּׁאוּל – Now, **you have no one greater than** King **Saul,** שֶׁנֶּאֱמַר ״בְּנוֹת יִשְׂרָאֵל אֶל שָׁאוּל בְּכֶינָה״ – **as it is stated** in David's elegy for Saul, ***O daughters of Israel, weep over Saul*** (*II Samuel* 1:24).[316] מִי גָּבָה הֵימֶנּוּ הַדָּם שֶׁהָיָה בְּיָדוֹ בְּמִיתָתוֹ – And yet, **who exacted** retribution **from him** for **the blood that was on his hands at his death?**[317] לֹא יִשְׂרָאֵל גָּבוּ אוֹתוֹ אֶלָּא הַגִּבְעוֹנִים – **It was not Israel who exacted [retribution], but the Gibeonites,**[318] שֶׁנֶּאֱמַר ״יֻתַּן לָנוּ שִׁבְעָה אֲנָשִׁים מִבָּנָיו״ – **as it is stated,** *[The Gibeonites] said to the king, "... **Let seven men of [Saul's] sons be given to us and we will hang them for the sake of HASHEM*** (ibid. 21:5-6).[319] הַכֹּהֲנִים מָחֲלוּ לוֹ וְהַגִּבְעוֹנִים לֹא מָחֲלוּ לוֹ – For **the Kohanim forgave [Saul],**[320] **but the Gibeonites did not forgive him.**[321] לְכָךְ רִיחֲקָם הָאֱלֹהִים, שֶׁנֶּאֱמַר ״וְהַגִּבְעֹנִים לֹא מִבְּנֵי יִשְׂרָאֵל הֵמָּה״ – **And for this reason**[322] **God distanced [the Gibeonites], as it is stated, *The Gibeonites were not of the Children of Israel,*** *but from the remnant of the Amorite* (ibid., v. 2).[323]

The Midrash concludes its discussion of the severity of the sin of bloodshed:

וּמִן הַדָּבָר הַזֶּה הָיָה דָוִד מִתְיָירֵא, שֶׁנֶּאֱמַר ״הַצִּילֵנִי מִדָּמִים אֱלֹהִים״ – **And David was fearful of this sin,**[324] **as it is stated, *Rescue me from blood-guilt, O God*** (*Psalms* 51:16).

וְכִי יְרִיבֻן אֲנָשִׁים וְהִכָּה אִישׁ אֶת רֵעֵהוּ בְּאֶבֶן אוֹ בְאֶגְרֹף וְלֹא יָמוּת וְנָפַל לְמִשְׁכָּב. אִם יָקוּם וְהִתְהַלֵּךְ בַּחוּץ עַל מִשְׁעַנְתּוֹ וְנִקָּה הַמַּכֶּה רַק שִׁבְתּוֹ יִתֵּן וְרַפֹּא יְרַפֵּא.

If men quarrel and one strikes his fellow with a stone or a fist, and he does not die but falls into bed. If he gets up and goes about outside under his own power, the one who struck is absolved. Only for his lost time shall he pay, and he shall provide for healing (21:18-19).

§17 The Midrash continues its earlier discussion[325] of the ordinances' concealed meanings:

רַבִּי שִׁמְעוֹן אוֹמֵר: הַרְבֵּה אַזְהָרוֹת כְּתוּבוֹת כָּאן – **R' Shimon says: Many** concealed **warnings are written here.**[326] שֶׁנֶּאֱמַר ״כִּי יְרִיבֻן אֲנָשִׁים וְהִכָּה אִישׁ אֶת רֵעֵהוּ״ – **For** instance, **it is stated, *If men quarrel and one strikes his fellow*** *with a stone or a fist, etc.*[327] אֵין דָּבָר טוֹב וְאֵין שָׁלוֹם יוֹצֵא מִתּוֹךְ מְרִיבָה – This teaches that **no good thing and no peace** ever **emerge from a quarrel.**[328] קַיִן לֹא נָגַע בְּאָחִיו אֶלָּא מִתּוֹךְ מְרִיבָה – For example, we know that **Cain did not** so much as touch **his brother except as the result of a quarrel.**[329]

The Midrash continues to show the evils of engaging in quarrels:[330]

״וְהִכָּה אִישׁ אֶת רֵעֵהוּ בְּאֶבֶן אוֹ בְאֶגְרֹף״ – The verse continues, ***and one strikes his fellow with a stone or a fist***, *and he does not die* (ibid.), וְהִזְהִיר הָאֱלֹהִים כָּאן שֶׁנֶּאֱמַר ״אִם יָקוּם וְהִתְהַלֵּךְ בַּחוּץ״ – **and God warns here** that even when the victim does not die, restitution must be made, **as it is stated, *If he gets up and goes about outside ...*** *the one who struck is absolved. Only for his lost time shall he pay, and he shall provide for healing* (ibid., v. 19).[331]

The Midrash asks why the Torah must supply us with so many detailed judgments (ordinances):[332]

NOTES

315. *Yefeh To'ar, Eitz Yosef.*

316. This verse shows that Saul's death was considered a great loss for Israel, and thus somewhat comparable to the Kohen Gadol in this respect (see above, note 314). Alternatively, the Midrash here follows the interpretation of R' Nechemyah (in *Yalkut Shimoni* to this verse), that *daughters of Israel* here is a metaphor for the great Torah scholars of the Sanhedrin, who were told to weep over the loss of Saul, whose Torah knowledge was immense (*Yefeh To'ar*).

317. The Gibeonites were descendants of the Canaanites; they escaped annihilation by subterfuge, and were allowed to convert and to continue living among the Israelites as menial laborers (*Joshua* Ch. 9). According to *II Samuel* 21:1: *In the days of David there was [once] a famine for three years, year after year. David inquired of HASHEM, and HASHEM said, "It is for Saul and for the House of Blood, for his having killed the Gibeonites."* Apparently Saul had killed several (according to *Talmud Yerushalmi* [*Sanhedrin* 6:7 and *Kiddushin* 4:1] it was seven) Gibeonites, although no such incident is recorded in the *Tanach's* narratives of Saul's rule. [In the Babylonian Talmud (*Bava Kamma* 119a), however, the view is expressed that Saul did not actually kill any Gibeonites.] Additionally, Saul had killed all the Kohanim in the priestly city of Nob (*I Samuel* 22:19). He thus had much unavenged blood on his hands when he died.

318. The Midrash's point is that the sin of bloodshed is so severe (as discussed above) that even when the victims are Gibeonites (who were Canaanite descendants and deceivers and were cursed by Joshua [*Joshua* 9:23]), and even when the perpetrator is king of Israel, and even when the vengeance is meted out not to the perpetrator but to his sons (as the Midrash goes on to relate), the crime of destroying a human being, who is made in the image of God, cannot go unrequited.

319. Since Saul was already dead at the time that the Gibeonites sought retribution, they demanded that seven of his sons be put to death to atone for his misdeed, and David complied. See *Yevamos* 79a, where it is explained why it was that these seven men, who were not complicit in Saul's crime, were given over to die for this sin (see Schottenstein edition of *Yevamos* ad loc., note 20).

320. They forgave him for massacring their kinsmen at Nob. Thus, this sin was not held against him after his death.

321. Since the Kohanim forgave Saul, while the Gibeonites did not, the only murders whose punishments were "pending" at this time were those of the lowly Gibeonites (see note 318); nevertheless, their killings were fully avenged. This demonstrates the supreme gravity of the sin of murder.

322. I.e., because they refused to forgive, and insisted on taking vengeance on Saul's sons.

323. This verse makes a point of reminding us that the Gibeonites were Canaanite descendants and not Israelites. The reason God (through this verse) distances them in this manner is that they were so unforgiving and cruel to Saul and his sons.

324. I.e., he was fearful lest he be held accountable for the people he had killed in warfare (see *Bereishis Rabbah* 44 §4), or for causing the death of Uriah (see *II Samuel* 11:15), or for being indirectly responsible for Saul's rage at the Kohanim of Nob, which led to their deaths (*Yefeh To'ar, Eitz Yosef*).

325. See above, §5 and §15.

326. I.e., aside from the literal meaning of the text, various concepts are concealed within the ordinances (*Eitz Yosef*).

327. The underlying question is: Why make mention of their quarrel at all? Scripture could have said simply, *If one strikes his fellow with a stone or a fist ...* (*Yefeh To'ar, Toldos Noach, Eitz Yosef*).

328. By mentioning the quarrel that led one man to strike another, Scripture teaches us, in the context of laying out this judgment, the importance of distancing oneself from any discord or strife (ibid.).

329. See *Bereishis Rabbah* 22 §7, which describes Abel's murder as having arisen from an argument between Cain and Abel over the division of the world (*Yefeh To'ar*).

330. *Yefeh To'ar, Eitz Yosef.* [Some commentators, however, interpret the following paragraph as a continuation of the discussion of Cain and Abel; see *Radal* and *Maharzu*.]

331. This further proves the evils of strife: Even if there is no murder, so that the attacker is not put to death, there are still monetary payments that must be made (*Yefeh To'ar, Eitz Yosef*).

332. *Toldos Noach*. This is the same question raised and discussed above, in §6. [Most of the other commentators follow a different approach in this paragraph, explaining that the Midrash's question is: Why does the Torah continually use the Name of God *Elohim* in our passage rather than any other Name? See *Eitz Yosef*, et al.]

אֵין לְךָ גָּדוֹל מִשָּׁאוּל שֶׁנֶּאֱמַר (שמואל־ב א, כד) "בְּנוֹת יִשְׂרָאֵל אֶל שָׁאוּל בְּכֶינָה", מִי גָבַה הֵימֶנּוּ הַדָּם שֶׁהָיָה בְּיָדוֹ בְּמִיתָתוֹ, לֹא יִשְׂרָאֵל גָּבוּ אוֹתוֹ אֶלָּא הַגִּבְעוֹנִים, שֶׁנֶּאֱמַר (שם כא, ו) "יֻתַּן לָנוּ שִׁבְעָה אֲנָשִׁים מִבָּנָיו", הַכֹּהֲנִים מָחֲלוּ לוֹ וְהַגִּבְעוֹנִים לֹא מָחֲלוּ לוֹ, [כא] לְכָךְ רִיחֲקָם הָאֱלֹהִים, שֶׁנֶּאֱמַר (שם שם ב) "וְהַגִּבְעֹנִים לֹא מִבְּנֵי יִשְׂרָאֵל הֵמָּה", וּמִן הַדָּבָר הַזֶּה הָיָה דָּוִד מִתְיָרֵא, שֶׁנֶּאֱמַר (תהלים נא, טז) "הַצִּילֵנִי מִדָּמִים אֱלֹהִים":

יז רַבִּי שִׁמְעוֹן אוֹמֵר: הַרְבֵּה אַזְהָרוֹת כְּתוּבוֹת כָּאן, שֶׁנֶּאֱמַר [כא, יח] "כִּי יְרִיבֻן אֲנָשִׁים וְהִכָּה אִישׁ אֶת רֵעֵהוּ", [כב] אֵין דָּבָר טוֹב וְאֵין שָׁלוֹם יוֹצֵא מִתּוֹךְ מְרִיבָה, [כג] קַיִן לֹא נָגַע בְּאָחִיו אֶלָּא מִתּוֹךְ מְרִיבָה, [שם] "וְהִכָּה אִישׁ אֶת רֵעֵהוּ בְּאֶבֶן אוֹ בְאֶגְרֹף", וְהִזְהִיר הָאֱלֹהִים כָּאן שֶׁנֶּאֱמַר (שם) "אִם יָקוּם וְהִתְהַלֵּךְ בַּחוּץ", °לָמָּה כָּתוּב [כא, יג] "אֱלֹהִים" כָּאן עַל כָּל דָּבָר וְדָבָר, אֶלָּא שֶׁהַבְּרִיּוֹת שְׁטוּפִים בְּיֵצֶר הָרָע, שֶׁנֶּאֱמַר (בראשית ח, כא) "כִּי יֵצֶר לֵב הָאָדָם רַע מִנְּעֻרָיו", אִם בִּלְעוֹ הַקָּדוֹשׁ בָּרוּךְ הוּא לַיֵּצֶר הָרָע הֲרֵי הַכֹּל בָּאִין לְתַחַת כְּנָפָיו, וְהַקָּדוֹשׁ בָּרוּךְ הוּא °הֱמִיתָהוּ, אַתָּה מוֹצֵא יֵצֶר הָרָע הוּא מַרְגִּיל אֶת הָאָדָם לַחֲטוֹא וְהוּא הוֹרְגוֹ, שֶׁנֶּאֱמַר (חבקוק א, ז) "מִמֶּנּוּ מִשְׁפָּטוֹ וּשְׂאֵתוֹ יֵצֵא",

עץ יוסף

אין לך גדול משאול כו'. שהוא היה הראשון שהרים קרן ישראל, וכדכתיב בנות ישראל אל שאול בכינה המלבישכם שני עם עדנים, ודרשו חכמינו ז"ל שהיה משיא יתומים ויתומות, וגם גואלי הדם הכהנים מחלו לו עם כל זה הספיקו הגבעונים לעורר נקמתן מפני שנגע באיקונין של מלך מלכי המלכים הקדוש ברוך הוא כביכול: **שנאמר והגבעונים לא מבני ישראל המה.** ועיין במדבר רבה פרשה ח': **ומן הדבר הזה היה דוד מתיירא.** פן ילקה גם הוא בעון נוב לפי שעל ידו נתגלגל הדבר, ושימחול לו על הריגת אוריה: **שנאמר הצילני מדמים.** פירוש מחטא דמים: (יז) [יג] **הרבה אזהרות כו'.** גם זה על דרך דאמר לעיל סימן ה' כמה משובחת כו', ומביא ראיה ממה שנאמר וכי יריבון אנשים וגו', כי מה צורך להזכיר מקרה המריבה, אלא מילתא אגב אורחיה קא משמע לן להתרחק מהמריבה, ולכן הזהיר אם יקום וגו' כי אף שינצל מן המיתה, מכל מקום ילקה בשבת ורפוי: **אלא מתוך מריבה.** כדאיתא בבראשית רבה פרשה כ"ב: **שנאמר אם יקום והתהלך.** תיבת שנאמר מיותר: **למה כתוב אלהים כאן על כל דבר ודבר.** כמו שנאמר והגישו אדוניו אל האלהים, והאלהים אנה לידו, ונקרב בעל הבית אל האלהים, עד אלהים יבא דבר שניהם, אשר ירשיעון אלהים, להורות שעל שיצר לב האדם רע מנעוריו, צריך לפחוד תמיד מן הדין: **והקדוש ברוך הוא המיתהו.** פירוש שהיה מיתת האדם על ידי הקדוש ברוך הוא ולא על ידי יצר הרע ומחבלים, כדאיתא ברבה סדר נשא פ' י"א, וז"ל שם לא דיין לצדיקים שמיתתן בידי כבוד שנאמר כבוד ה' יאספך כו': **אתה מוצא יצר הרע הוא מרגיל את האדם לחטא והוא.** פירוש היצר הרע הורגו לאדם שנאמר ממנו משפטו וגו', וכדאיתא ברבה שם לא דיין לרשעים שמיתתן ביד מחבלים כו', ומיתה כזו נקראת הריגה: **שנאמר ממנו משפטו ושאתו יצא.** משפטו הוא נקמתו ודינו, ושאתו מלשון אל ישיא אתכם חזקיהו, ואמר שיוצא ממנו, אעביר מן הארץ: **והוא הורגו.** שהוא היצר הרע, והוא השטן, והוא מלאך המות: **ממנו משפטו ושאתו יצא.** ורישא דקרא איום ונורא

פירוש מהרז"ו

אין לך גדול משאול. שהוא הראשון שהרים קרן ישראל: **בנות ישראל אל שאול.** וסיפא דקרא המלבישכם שני עם עדנים וגו', שהעלה אותם משפלותם, והעשירם, ועם כל זה לא נשא לו פנים: **שהיה בידו במיתתו.** שגם מיתתו לא כיפר לו חטא זה של גבעונים, ונשאו בידו עד שנהרגו שבעה מבניו אחר מותו: **הכהנים מחלו לו.** פירוש על ענין נוב עיר הכהנים, ולא בקשו ישראל והכהנים להנקם מזרעו. ועיין במדבר רבה פרשה ח בסימן ד, ואגב שזכר ענין שאול לנשיאת פנים והמשפט, הזכיר גם עונש הגבעונים: **הצילני מדמים.** שלא יכשל בדם נקי כמו שאול, כמו שכתוב (שמואל ב כא, א) אל שאול ואל בית הדמים על אשר המית את הגבעונים: **(יז) יוצא מתוך מריבה.** שהרי עיקר הדין על ההכאה, כמפורש והכה איש וגו', ואם כן מה שכתב וכי יריבון אנשים מיותר, ללמדנו שההכאה באה על ידי מריבה: **קין לא נגע באחיו.** דורש מה שכתוב והכה רעהו, בעבר, היה לו לומר ויכה, בעתיד, וכמו שכתוב כי יריבון, על כן דורש שמרמז על קין והבל, שמפורש עליו שהכהו והרגו. וכמו שכתב פרקי דרבי אליעזר פרק כא, ובבראשית רבה פרשה כב סוף סימן ח', באבן הרגו, ומה שאמר מתוך מריבה, שם בבראשית רבה סוף סימן ז, ומה שכתוב או באגרוף, רומז על מה שאמר לעיל פרשה א' סוף סימן כ"ט, וכמו שכתוב (ישעיה נח, ד) ולהכות באגרוף רשע. ומה שאמר שנאמר אם יקום, תיבת שנאמר מיותר כאן, ומקומו קודם תיבת והכה, ודו"ק: **כתוב אלהים כאן על כל דבר.** כמו שכתוב והגישו אדוניו אל האלהים, והאלהים אנה לידו, ונקרב בעל הבית אל האלהים, עד האלהים יבא דבר שניהם, אשר ירשיעון אלהים, להורות שעל שיצר לב האדם רע מנעוריו, צריך לפחוד תמיד מן הדין: **והקדוש ברוך הוא המיתו.** צריך לומר ימיתו, שעתיד להמיתו, כמו שכתוב (זכריה יג, ב) ואת רוח הטומאה אעביר מן הארץ: **והוא הורגו.** שהוא היצר הרע, והוא השטן, והוא מלאך המות: **ממנו משפטו ושאתו יצא.** ורישא דקרא איום ונורא

מתנות כהונה

אל שאול בבינה גרסינן: **לא ישראל גבו** גרסינן: **לא מבני ישראל כו'.** ומאז גזר דוד עליהם שלא יבואו בקהל כדאיתא ביבמות בפרק הערל ובנשא רבה פרשה ח': [יז] **והקב"ה המיתהו** גרסינן. פירוש המית אותו: **והוא הורגו.** האדם הורג ליצר הרע אם ירצה:

אשד הנחלים

איך לך גדול. אחר שכל ישראל בכו עליו ונצטערו בהפקדו, עם כל זה נפקד בעונו על ידי הגבעונים, כי לא ישא ה' נפש: **היה דוד מתירא.** מפני שהיה איש מלחמה מנעוריו ודם הרבה שפך, ואולי הרג אותם על חנם: [יז] **יוצא מתוך מריבה.** כי למה להכתוב להזכיר שמתחלה הריבו, ואם הרגו זה את זה בלא מריבה היה גם כן הדין כן, אלא להורות ענין מוסרי, שהתחלת הרציחה באה מתחילה על ידי מריבה, והמריבה תעורר אחר כך הכעס הגדול עד שירצחנו, ולכן לפני התגלע הריב נטוש (משלי יז, יד), כי בתחלה נקל לאדם שישביח הריב והכעס הקטן מלב: **למה כתיב האלהים כו' אלא שהבריות כו'.** שלכן הזכיר כאן מלת אלהים להורות שנוגע רק לה', אם יחפוץ יסיר

באור מהרי"פ

במיתתו. פירוש, לאחר מותו: **ורחקם הקדוש ברוך הוא.** אגב דמיירי ברוע לבבם מזכיר גם כן עונשם: [יז] **רבי שמעון וכו'.** נראה לעין שטעות גדול נפל בספרים, וכן צריך להיות, **רבי שמעון אומר הרבה אזהרות כתובות כאן, שנאמר וכי יריבון אנשים והכה איש את רעהו באבן או באגרוף ולא ימות ונפל למשכב, אין דבר טוב ואין שלום יוצא מתוך המריבה, קין לא נגע באחיו אלא מתוך המריבה והזהיר האלהים כאן על כל דבר ודבר, ולמה כתוב אלהים על כל דבר ודבר וכו'.** והכי פירושו, הרבה אזהרות יש כאן, כלומר שכל דבור שבפרשה זו מורה על איזה דבר חידוש דין ואזהרה, כדאיתא בפרק החובל ובמכילתא, ולמה כתוב אלהים על כל דבר ודבר, פירוש, שבפרשה זו בכל מקום שמזכיר את השם אינו מזכירו בשם ההויה רק בשם אלהים. תולדות נח הארוך: **על כל דבר ודבר.** לאו דוקא, אלא הכי פירושו, כל מקום שמזכיר את השם בפרשה, אינו מזכיר שם אחר משמותיו של השם יתברך הקדושים רק בשם אלהים, ובהמשך הדרוש מבאר לפי **שהבריות שטופים ביצר הרע** הוצרכה התורה לזרזם ולהזהירם ולאיים עליהם בשם אלהים שהוא דין, כמה דאת אמר כי אלהים שופט וגו', אף על פי שהם מצות שכליות כמו רציחה ודיני נזיקין וכישוף, עם כל זאת דברה התורה האזהרות והאיומים כנגד היצר הרע: **ממנו משפטו ושאתו יצא.** הנה בויקרא רבה סדר מצורע (יח, ב), [איתא וזה לשונו], דבר אחר איום ונורא זה עשו וכו', דבר אחר איום ונורא הוא אלו ישראל וכו', ולשיטה זו פירש מתנות כהונה אם ירצה אדם להרוג את היצר הרע הוא הורגו, אבל לפי שיטה הראשונה דדריש איום ונורא זה עשו, ועשו וסמאל ויצר הרע אחד הוא, ופירוש **והוא הורגו**, שהיצר הרע הורג את האדם אם אינו מתקומם כנגדו, וכן נראה לפרש כמו שאמרו חכמינו ז"ל (בבא בתרא טז, א) הוא היצר הרע הוא המלאך המות. תולדות נח הארוך.

חידושי הרד"ל

[יז] **ואין שלום יוצא מתוך כו'.** ספרי תצא פסקא רפו: **קין כו' והכה איש את רעהו באבן או באגרוף.** הואיל והמאמרים כאן חסרים ומקוצרים, כמדומני שזה היה נדרש על קין שהכה להבל באבן, כמו שנאמר בבראשית רבה פרשה כב, ח. וכן זה שמסיים **אם יקום והתהלך בחוץ**, גם כן הכוונה לדרשו על קין, שהתהלך נע ונד בארץ ויצא לחוץ ועל ידי זה נתכפר ונתלה לו עונו עד המבול, כדלקמן (פרשה לא, יז): **אם בלעו הקדוש ברוך הוא ליצר הרע.** כמה דאת אמר (ישעיה כה, ח) ובלע המות לנצח, ודרש המות על יצר הרע, שהוא גרם מיתה לעולם, ועל ידו באה מיתה שהורג אדם לרעהו: **והקדש ברוך הוא ממיתהו.** כן צריך לומר. פירוש ליצר הרע עתיד להמיתו, כדאיתא בסוכה (נב, א): **והוא הורגו.** פירוש, הקב"ה הורגו ליצר הרע: **שנאמר ממנו משפטו ושאתו יצא.** רישיה דקרא איום ונורא הוא, ודרש ליה על יצר הרע, שאימתו ומוראו על הכל, וממנו מהקב"ה, משפטו יצא:

חידושי הרש"ש

לפניו שישמור המשפט: [יז] **הוא מרגיל את האדם לחטוא כו' שנאמר ממנו משפטו ושאתו.** נראה דמפרש ושאתו מלשון הנחש השיאני. (עיין ידי משה):

ידי משה

[יז] **אלא מתוך מריבה והזהיר אלהים כאן שנאמר כי יריבון אנשים והכה איש את רעהו באבן או באגרוף אם יקום והתהלך בחוץ.** כן צריך לומר. והוחלף אותן ארבע תיבות והזהיר אלהים כאן שנאמר, לשיטה (שלפניו) [שלאחריו, אם יקום והתהלך בחוץ]. ודוק: **והוא הורגו.** פירוש, יצר הרע הורג את האדם שהוא המסית והוא הדיין והורג לאדם, ועל זה מביא הפסוק ממנו משפט ושאתו יצא, פירוש שהוא מסיא אותו לעבירה ואחר כך הורגו:

מסורת המדרש

כא. עיין ב"ר פ"כ ובמד"ר פ"ח. מדרש תהלים מזמור א'. ירושלמי קדושין פ' ד': **כב.** ספרי פרשה תצא פיסקא רפ"ו ופיסקא רנ"ב. ילקוט תצא רמז תתקנ"ז: **כג.** עיין בבראשית רבה פרשה כ"ב. פדר"א פרק כ"א:

אם למקרא

בְּנוֹת יִשְׂרָאֵל אֶל שָׁאוּל בְּכֶינָה הַמַּלְבִּשְׁכֶם שָׁנִי עִם עֲדָנִים הַמַּעֲלֶה עֲדִי זָהָב עַל לְבוּשְׁכֶן: (שמואל־ב א: כד)

יֻתַּן לָנוּ שִׁבְעָה אֲנָשִׁים מִבָּנָיו וְהוֹקַעֲנוּם לַה' בְּגִבְעַת שָׁאוּל בְּחִיר ה' וַיֹּאמֶר הַמֶּלֶךְ אֲנִי אֶתֵּן: (שם כא: ו)

וַיִּקְרָא הַמֶּלֶךְ לַגִּבְעֹנִים וַיֹּאמֶר אֲלֵיהֶם וְהַגִּבְעֹנִים לֹא מִבְּנֵי יִשְׂרָאֵל הֵמָּה כִּי אִם מִיֶּתֶר הָאֱמֹרִי וּבְנֵי יִשְׂרָאֵל נִשְׁבְּעוּ לָהֶם וַיְבַקֵּשׁ שָׁאוּל לְהַכֹּתָם בְּקַנֹּאתוֹ לִבְנֵי יִשְׂרָאֵל וִיהוּדָה: (שם שם ב)

הַצִּילֵנִי מִדָּמִים אֱלֹהִים אֱלֹהֵי תְּשׁוּעָתִי תְּרַנֵּן לְשׁוֹנִי צִדְקָתֶךָ: (תהלים נא: טז)

וַיָּרַח ה' אֶת רֵיחַ הַנִּיחֹחַ וַיֹּאמֶר ה' אֶל לִבּוֹ לֹא אֹסִף לְקַלֵּל עוֹד אֶת הָאֲדָמָה בַּעֲבוּר הָאָדָם כִּי יֵצֶר לֵב הָאָדָם רַע מִנְּעֻרָיו וְלֹא אֹסִף עוֹד לְהַכּוֹת אֶת כָּל חַי כַּאֲשֶׁר עָשִׂיתִי: (בראשית ח: כא)

אָיֹם וְנוֹרָא הוּא מִמֶּנּוּ מִשְׁפָּטוֹ וּשְׂאֵתוֹ יֵצֵא: (חבקוק א: ז)

אמרי יושר

הצילני מדמים. מאותו עון דמי הגבעונים. או שלא אעשה כיוצא בו. או אפרש דמי בני שאול, כי הקב"ה אמר בפירוש כי

שינוי נוסחאות

(יז) **למה כתוב "אלהים" כאן על כל דבר ודבר.** תולדות נח גורס: "למה כתב אלהים כאן על כל דבר ודבר": **והקדוש ברוך הוא המיתהו.** בספרים הישנים היה כתוב "והקב"ה המתיחו" ופי' יפ"ת: נתן לו רשות להסית; ומ"כ הגיה "והקב"ה המיתהו" כלפנינו, ורד"ל ומהרז"ו הגיהו "...ממיתהו" או "ימיתהו", ואחרי ככלות הכל נראה שהנוסח הישן הוא הישר מכולם:

לָמָּה כָּתַב אֱלֹהִים כָּאן עַל כָּל דָּבָר וְדָבָר – **Why did God write** laws **here concerning every single matter?** אֶלָּא שֶׁהַבְּרִיּוֹת שְׁטוּפִים בְּיֵצֶר הָרָע – **However,** the explanation for this is **that human beings are steeped in the evil inclination,**[333] שֶׁנֶּאֱמַר ״כִּי יֵצֶר לֵב הָאָדָם רַע מִנְּעֻרָיו״ – **as it is stated,** ***Every product of the thoughts of man's heart was but evil always*** (*Genesis* 6:5).[334]

The Midrash tangentially discusses the nature of the evil inclination:

אִם בִּלְּעוֹ הַקָּדוֹשׁ בָּרוּךְ הוּא לַיֵּצֶר הָרָע הֲרֵי הַכֹּל בָּאִין לְתַחַת כְּנָפָיו – **If the Holy One, blessed is He, were to swallow up**[335] **the evil inclination, then everyone would come** and gather together **"beneath His wings,"**[336] וְהַקָּדוֹשׁ בָּרוּךְ הוּא הִמְתִּיחוֹ – **but** instead **the Holy One, blessed is He, gave it free reign.**[337] אַתָּה מוֹצֵא יֵצֶר הָרָע הוּא מַרְגִּיל אֶת הָאָדָם לַחֲטוֹא וְהוּא הוֹרְגוֹ – **You** will **find** that **the evil inclination accustoms a person to sin and** then **slays him,**[338] שֶׁנֶּאֱמַר ״מִמֶּנּוּ מִשְׁפָּטוֹ וּשְׂאֵתוֹ יֵצֵא״ – **as it is stated,** *It is awesome and terrifying;* ***its judgment and its burden go forth from it*** (*Habakkuk* 1:7).[339]

NOTES

333. I.e., they are constantly subject to the temptations of the evil inclination and are easily led to sin.

334. Thus, there was a need to provide minute rules and judgments for every case, along with the punishments for not following them, so that people not succumb to the constant enticements of their evil inclinations (*Toldos Noach*).

335. I.e., eliminate, as in (*Isaiah* 25:8) בִּלַּע הַמָּוֶת לָנֶצַח, *He will eliminate* [lit., *swallow up*] *death forever* (referring to the evil inclination, which brings death into the world by causing man to sin) (*Radal*).

336. I.e., they would seek God's closeness and always follow His ways, ceasing to sin.

337. Lit., *He spread it out*. [The word הִמְתִּיחוֹ is a difficult one, and numerous emendations of it have been suggested over the centuries, but we have retained and explained the original reading – which is no more difficult than the alternatives – in accordance with *Yefeh To'ar*.] The Midrash here does not explain *why* God gives reign to evil inclination rather than stopping it; see *Bereishis Rabbah* 1 §7, *Yoma* 69b, *Sanhedrin* 64a.

338. The evil inclination plays two roles in man's life: It seduces him into sin, and, having succeeded in this, it kills him (*Yefeh To'ar, Eitz Yosef*). (In *Bava Basra* 16a, a third role is portrayed for the evil inclination: that of prosecutor [שָׂטָן] in the Heavenly Court. It thus tempts man into sin, then prosecutes him, then executes him.) [Cf. *Matnos Kehunah*, who explains this line differently, and *Toldos Noach*, who elaborates on both interpretations.]

339. The Midrash interprets the pronoun "it" in this verse as a reference to the evil inclination. (An "evil one" who seeks "to encircle the righteous" is mentioned there just previously, in verse 4.) It interprets שְׂאֵתוֹ (translated here as *its burden*) as being related to the word הִשִּׁיא (*Genesis* 3:13), "to entice," and מִשְׁפָּטוֹ (translated here as *its judgment*) as referring to the judgment passed on the sinner (*Yefeh To'ar, Eitz Yosef*).

אֵין לְךָ גָּדוֹל מִשָּׁאוּל שֶׁנֶּאֱמַר (שמואל-ב א, כד) "בְּנוֹת יִשְׂרָאֵל אֶל שָׁאוּל בְּכֶינָה", מִי גָבַהּ הֵימֶנּוּ הַדָּם שֶׁהָיָה בְּיָדוֹ בְּמִיתָתוֹ, לֹא יִשְׂרָאֵל גָּבוּ אוֹתוֹ אֶלָּא הַגִּבְעוֹנִים, שֶׁנֶּאֱמַר (שם כא, ו) "יֻתַּן לָנוּ שִׁבְעָה אֲנָשִׁים מִבָּנָיו", הַכֹּהֲנִים מָחֲלוּ לוֹ וְהַגִּבְעוֹנִים לֹא מָחֲלוּ לוֹ, כא לְכָךְ רִיחֲקָם הָאֱלֹהִים, שֶׁנֶּאֱמַר (שם שם ב) "וְהַגִּבְעֹנִים לֹא מִבְּנֵי יִשְׂרָאֵל הֵמָּה", וּמִן הַדָּבָר הַזֶּה הָיָה דָּוִד מִתְיָרֵא, שֶׁנֶּאֱמַר (תהלים נא, טז) "הַצִּילֵנִי מִדָּמִים אֱלֹהִים":

יז רַבִּי שִׁמְעוֹן אוֹמֵר: הַרְבֵּה אַזְהָרוֹת כְּתוּבוֹת כָּאן, שֶׁנֶּאֱמַר [כא, יח] "כִּי יְרִיבֻן אֲנָשִׁים וְהִכָּה אִישׁ אֶת רֵעֵהוּ", כב אֵין דָּבָר טוֹב וְאֵין שָׁלוֹם יוֹצֵא מִתּוֹךְ מְרִיבָה, כג קַיִן לֹא נָגַע בְּאָחִיו אֶלָּא מִתּוֹךְ מְרִיבָה, [שם] "וְהִכָּה אִישׁ אֶת רֵעֵהוּ בְּאֶבֶן אוֹ בְאֶגְרֹף", וְהִזְהִיר הָאֱלֹהִים כָּאן שֶׁנֶּאֱמַר (שם) "אִם יָקוּם וְהִתְהַלֵּךְ בַּחוּץ", °לָמָּה כָּתוּב [כא, יג] "אֱלֹהִים" כָּאן עַל כָּל דָּבָר וְדָבָר, אֶלָּא שֶׁהַבְּרִיּוֹת שְׁטוּפִים בְּיֵצֶר הָרָע, שֶׁנֶּאֱמַר (בראשית ח, כא) "כִּי יֵצֶר לֵב הָאָדָם רַע מִנְּעֻרָיו", אִם בִּלְּעוֹ הַקָּדוֹשׁ בָּרוּךְ הוּא לְיֵצֶר הָרָע הֲרֵי הַכֹּל בָּאִין לְתַחַת כְּנָפָיו, וְהַקָּדוֹשׁ בָּרוּךְ הוּא °הֱמִיתָהוּ, אַתָּה מוֹצֵא יֵצֶר הָרָע הוּא מַרְגִּיל אֶת הָאָדָם לַחֲטוֹא וְהוּא הוֹרְגוֹ, שֶׁנֶּאֱמַר (חבקוק א, ז) "מִמֶּנּוּ מִשְׁפָּטוֹ וּשְׂאֵתוֹ יֵצֵא",

עץ יוסף

אין לך גדול משאול כו'. שהוא היה הראשון שהרים קרן ישראל, וכדכתיב בנות ישראל אל שאול בכינה המלבישכם שני עם עדנים, ודרשו חכמינו ז"ל שהיה משיא יתומים ויתומות, וגם גואלי הדם הכהנים מחלו לו עם כל זה הספיקו הגבעונים לעורר נקמתן מפני שנגע באיקונין של מלך מלכי המלכים הקדוש ברוך הוא כביכול: **שנאמר והגבעונים לא מבני ישראל המה.** ועיין במדבר רבה פרשה ח': **ומן הדבר הזה היה דוד מתיירא.** פן ילקה גם הוא בעון נוב לפי שעל ידו נתגלגל הדבר, ושימחול לו על הריגת אוריה: **שנאמר הצילני מדמים.** פירוש מחטא דמים: (יז) [יג] **הרבה אזהרות כו'.** גם זה על דרך דאמר לעיל סימן ה' כמה משובחת כו', ומביא ראיה ממה שנאמר וכי יריבון אנשים וגו', כי מה צורך להזכיר מקרה המריבה, אלא מילתא אגב אורחיה קא משמע לן להתרחק מהמריבה, ולכן הזהיר אם יקום וגו' כי אף שינצל מן המיתה, מכל מקום ילקה בשבת ורפוי: **אלא מתוך מריבה.** כדאיתא בבראשית רבה פרשה כ"ב: **שנאמר אם יקום והתהלך.** תיבת שנאמר מיותר: **למה כתוב אלהים כאן על כל דבר ודבר.** כמו שנאמר והגישו אדוניו אל האלהים, והאלהים אנה לידו, ונקרב בעל הבית אל האלהים, עד אלהים יבא דבר שניהם, אשר ירשיעון אלהים, להורות שעל שיצר לב האדם רע מנעוריו, צריך לפחוד תמיד מן הדין: **והקדוש ברוך הוא המיתהו.** פירוש שהיה מיתת האדם על ידי הקדוש ברוך הוא ולא על ידי יצר הרע ומחבלים, כדאיתא ברבה סדר נשא פ' י"א, וז"ל שם לא דיין לצדיקים שמיתתן בידי כבוד שנאמר כבוד ה' יאספך כו': **אתה מוצא יצר הרע הוא מרגיל את האדם לחטא והוא.** פירוש היצר הרע הורגו לאדם שנאמר ממנו משפטו וגו', וכדאיתא ברבה שם לא דיין לרשעים שמיתתן ביד מחבלים כו', ומיתה כזו נקרא הריגה: **שנאמר ממנו משפטו ושאתו יצא.** משפטו הוא נקמתו ודינו, ושאתו מלשון אל ישיא אתכם חזקיהו, ואמר שיוצא ממנו,

פירוש מהרז"ו

אין לך גדול משאול. שהוא הראשון שהרים קרן ישראל: **בנות ישראל אל שאול.** וסיפא דקרא המלבישכם שני עם עדנים וגו', שהעלה אותם משפלותם, והעשירם, ועם כל זה לא נשא לו פנים: **שהיה בידו במיתתו.** שגם מיתתו לא כיפר לו חטא זה של גבעונים, ונשאו בידו עד שנהרגו שבעה מבניו אחר מותו: **הכהנים מחלו לו.** פירוש על ענין נוב עיר הכהנים, ולא בקשו ישראל והכהנים להנקם מזרעו. ועיין במדבר רבה פרשה ח בסימן ד, ואגב שזכר ענין שאול לנשיאת פנים והמשפט, הזכיר גם עונש הגבעונים: **הצילני מדמים.** שלא יכשל בדם נקי כמו שאול, כמו שכתוב (שמואל ב כא, א) אל שאול ואל בית הדמים על אשר המית את הגבעונים: **(יז) יוצא מתוך מריבה.** שהרי עיקר הדין על ההכאה, כמפורש והכה איש וגו', ואם כן מה שכתב וכי יריבון אנשים מיותר, ללמדנו שההכאה באה על ידי מריבה: **קין לא נגע באחיו.** דורש מה שכתוב והכה רעהו, בעבר, היה לו לומר ויכה, בעתיד, וכמו שכתוב כי יריבון, על כן דורש שמרמז על קין והבל, שמפורש עליו שהכהו והרגו. וכמו שכתב פרקי דרבי אליעזר פרק כא, ובבראשית רבה פרשה כב סוף סימן ח', באבן הרגו, ומה שאמר מתוך מריבה, שם בבראשית רבה סוף סימן ז, ומה שכתוב או באגרוף, רומז על מה שאמר לעיל פרשה א' סוף סימן כ"ט, וכמו שכתוב (ישעיה נח, ד) ולהכות באגרוף רשע. ומה שאמר שנאמר אם יקום, תיבת שנאמר מיותר כאן, ומקומו קודם תיבת והכה, ודו"ק: **כתוב אלהים כאן על כל דבר.** כמו שכתוב והגישו אדוניו אל האלהים, והאלהים אנה לידו, ונקרב בעל הבית אל האלהים, עד האלהים יבא דבר שניהם, אשר ירשיעון אלהים, להורות שעל שיצר לב האדם רע מנעוריו, צריך לפחוד תמיד מן הדין: **והקדוש ברוך הוא המיתו.** צריך לומר ימיתו, שעתיד להמיתו, כמו שכתוב (זכריה יג, ב) ואת רוח הטומאה אעביר מן הארץ: **והוא הורגו.** שהוא היצר הרע, והוא השטן, והוא מלאך המות: **ממנו משפטו ושאתו יצא.** ודרשא דקרא איום ונורא

חידושי הרד"ל

[יז] **ואין שלום יוצא מתוך כו'.** ספרי תצא פסקא רפו: **קין כו' והכה איש את רעהו באבן או באגרוף.** הואיל והמאמרים כאן חסרים ומקוצרים, כמדומני שזה היה נדרש על קין שהכה להבל באבן, כמו שנאמר בבראשית רבה פרשה כב, ח. וכן זה שמסיים **אם יקום והתהלך בחוץ,** גם כן הכונה לדרשו על קין, שהתהלך נע ונד בארץ ויצא לחוץ ועל ידי זה נתכפר ונתלה לו עונו עד המבול, כדלקמן (פרשה לא, יז): **אם בלעו הקדוש ברוך הוא ליצר הרע.** כמה דאת אמר (ישעיה כה, ח) ובלע המות לנצח, ודרש המות על יצר הרע, שהוא גרם מיתה לעולם, ועל ידו באה מיתה שהורג אדם לרעהו: **והקדש ברוך הוא ממיתהו.** כן צריך לומר. פירוש יצר הרע עתיד להמיתו, כדאיתא בסוכה (נב, א): **והוא הורגו.** פירוש, הקב"ה הורגו ליצר הרע: **שנאמר ממנו משפטו ושאתו יצא.** רישיה דקרא איום ונורא הוא, ודרש ליה על יצר הרע, שאימתו ומוראו על הכל, וממנו מהקב"ה, משפטו יצא:

חידושי הרש"ש

לפניו שישמור המשפט: [יז] **הוא מרגיל את האדם לחטוא כו' שנאמר ממנו משפטו ושאתו.** נראה דמפרש ושאתו מלשון הנחש השיאני. (עיין ידי משה):

ידי משה

[יז] **אלא מתוך מריבה והזהיר אלהים כאן שנאמר כי יריבון אנשים והכה איש את רעהו באבן או באגרוף אם יקום והתהלך בחוץ.** כן צריך לומר. והוחלף אותן ארבע תיבות והזהיר אלהים כאן שנאמר, לשיטה (שלפניו) [שלאחריו, אם יקום והתהלך בחוץ]. ודוק: **והוא הורגו.** פירוש, יצר הרע הורג את האדם שהוא המסית והוא הדיין והורג לאדם, ועל זה מביא הפסוק ממנו משפט ושאתו יצא, פירוש שהוא מסיא אותו לעבירה ואחר כך הורגו:

מסורת המדרש

כא. עיין ב"ר פ"כ ובבמד"ר פ"ח. מדרש תהלים מזמור א'. ירושלמי קדושין פ' ד':
כב. ספרי פרשה תצא פיסקא רפ"ו ופיסקא רנ"ב. ילקוט תצא רמז תתקל"ז:
כג. עיין בבראשית רבה פרשה כ"ב. פדר"א פרק כ"א:

אם למקרא

בְּנוֹת יִשְׂרָאֵל אֶל שָׁאוּל בְּכֶינָה הַמַּלְבִּשְׁכֶם שָׁנִי עִם עֲדָנִים הַמַּעֲלֶה עֲדִי זָהָב עַל לְבוּשְׁכֶן: (שמואל-ב א: כד)

יֻתַּן לָנוּ שִׁבְעָה אֲנָשִׁים מִבָּנָיו וְהוֹקַעֲנוּם לַה' בְּגִבְעַת שָׁאוּל בְּחִיר ה' וַיֹּאמֶר הַמֶּלֶךְ אֲנִי אֶתֵּן: (שם כא: ו)

וַיִּקְרָא הַמֶּלֶךְ לַגִּבְעֹנִים וַיֹּאמֶר אֲלֵיהֶם וְהַגִּבְעֹנִים לֹא מִבְּנֵי יִשְׂרָאֵל הֵמָּה כִּי אִם מִיֶּתֶר הָאֱמֹרִי וּבְנֵי יִשְׂרָאֵל נִשְׁבְּעוּ לָהֶם וַיְבַקֵּשׁ שָׁאוּל לְהַכֹּתָם בְּקַנֹּאתוֹ לִבְנֵי יִשְׂרָאֵל וִיהוּדָה: (שם שם ב)

הַצִּילֵנִי מִדָּמִים אֱלֹהִים אֱלֹהֵי תְּשׁוּעָתִי תְּרַנֵּן לְשׁוֹנִי צִדְקָתֶךָ: (תהלים נא: טז)

וַיָּרַח ה' אֶת רֵיחַ הַנִּיחֹחַ וַיֹּאמֶר ה' אֶל לִבּוֹ לֹא אֹסִף לְקַלֵּל עוֹד אֶת הָאֲדָמָה בַּעֲבוּר הָאָדָם כִּי יֵצֶר לֵב הָאָדָם רַע מִנְּעֻרָיו וְלֹא אֹסִף עוֹד לְהַכּוֹת אֶת כָּל חַי כַּאֲשֶׁר עָשִׂיתִי: (בראשית ח: כא)

אָיֹם וְנוֹרָא הוּא מִמֶּנּוּ מִשְׁפָּטוֹ וּשְׂאֵתוֹ יֵצֵא: (חבקוק א: ז)

אמרי יושר

הצילני מדמים. מאותו עון דמי הגבעונים. או שלא אעשה כיוצא בו. או אפרש דמי בני שאול, כי הקב"ה אמר בפירוש כי

שינוי נוסחאות

(יז) **למה כתוב "אלהים" כאן על כל דבר ודבר.** תולדות נח גורס: "למה כתב אלהים כאן על כל דבר ודבר": **והקדוש ברוך הוא המיתהו.** בספרים הישנים היה כתוב "והקב"ה המתיחו" ופי' יפ"ת: נתן לו רשות להסית; ומ"כ הגיה "והקב"ה המיתהו" כלפנינו, ורד"ל ומהרז"ו הגיהו "...ממיתהו" או "ימיתהו", ואחרי ככלות הכל נראה שהנוסח הישן הוא הישר מכולם:

מתנות כהונה

אל שאול בבינה גרסינן: **לא ישראל גבו** גרסינן: **לא מבני ישראל כו'.** ומאז גזר דוד עליהם שלא יבואו בקהל כדאיתא ביבמות בפרק הערל ובנשא רבה פרשה ח': [יז] **והקב"ה המיתהו** גרסינן. פירוש המית אותו: **והוא הורגו.** האדם הורג ליצר הרע אם ירצה:

אשד הנחלים

איך לך גדול. אחר שכל ישראל בכו עליו ונצטערו בהפקדו, עם כל זה נפקד בעונו על ידי הגבעונים, כי לא ישא ה' נפש: **היה דוד מתירא.** מפני שהיה איש מלחמה מנעוריו ודם הרבה שפך, ואולי הרג אותם על חנם: [יז] **יוצא מתוך מריבה.** כי למה להכתוב להזכיר שמתחלה הריבו, ואם הרגו זה את זה בלא מריבה היה גם כן הדין כן, אלא להורות ענין מוסרי, שהתחלת הרציחה באה מתחילה על ידי מריבה, והמריבה תעורר אחר כך הכעס הגדול עד שירצחנו, ולכן לפני התגלע הריב נטוש (משלי יז, יד), כי בתחלה נקל לאדם שישביח הריב והכעס הקטן מלב: **למה כתיב האלהים כו' אלא שהבריות כו'.** שלכן הזכיר כאן מלת אלהים להורות שנוגע רק לה', אם יחפוץ יסיר

באור מהרי"פ

במיתתו. פירוש, לאחר מותו: **ורחקם הקדוש ברוך הוא.** אגב דמיירי ברוע לבבם מזכיר גם כן עונשם: [יז] **רבי שמעון וכו'.** נראה לעין שטעות גדול נפל בספרים, וכן צריך להיות, **רבי שמעון אומר הרבה אזהרות כתובות כאן, שנאמר וכי יריבון אנשים והכה איש את רעהו באבן או באגרוף ולא ימות ונפל למשכב, אין דבר טוב ואין שלום יוצא מתוך המריבה, קין לא נגע באחיו אלא מתוך המריבה והזהיר האלהים כאן על כל דבר ודבר, ולמה כתוב אלהים על כל דבר ודבר וכו'.** והכי פירושו, הרבה אזהרות יש כאן, כלומר שכל דבור שבפרשה זו מורה על איזה דבר חידוש דין ואזהרה, כדאיתא בפרק החובל ובמכילתא, ולמה כתוב אלהים על כל דבר ודבר, פירוש, שבפרשה זו בכל מקום שמזכיר את השם אינו מזכירו בשם ההויה רק בשם אלהים. תולדות נח הארוך: **על כל דבר ודבר.** לאו דוקא, אלא הכי פירושו, כל מקום שמזכיר את השם בפרשה אינו מזכיר שם אחר משמותיו של השם יתברך הקדושים רק בשם אלהים, ובהמשך הדרוש מבאר לפי **שהבריות שטופים ביצר הרע** הוצרכה התורה לזרזם ולהזהירם ולאיים עליהם בשם אלהים שהוא דין, כמה דאת אמר כי אלהים שופט וגו', אף על פי שהם מצות שכליות כמו רציחה ודיני נזיקין וכישוף, עם כל זאת דברה התורה האזהרות והאיומים כנגד היצר הרע: **ממנו משפטו ושאתו יצא.** הנה בויקרא רבה סדר מצורע (יח, ב), [איתא וזה לשונו], דבר אחר איום ונורא הוא זה עשו וכו', דבר אחר איום ונורא הוא אלו ישראל וכו', ולשיטה זו פירש מתנות כהונה אם ירצה אדם להרוג את היצר הרע הוא הורגו, אבל לפי שיטה הראשונה דדריש איום ונורא זה עשו, ועשו וסמאל ויצר הרע אחד הוא, ופירוש **והוא הורגו,** שהיצר הרע הורג את האדם אם אינו מתקומם כנגדו, וכן נראה לפרש כמו שאמרו חכמינו ז"ל (בבא בתרא טז, א) הוא היצר הרע הוא המלאך המות. תולדות נח הארוך.

Having discussed the nature of the evil inclination and the sway that it holds over man, the Midrash makes its main point: לְכָךְ הִזְהִיר הַקָּדוֹשׁ בָּרוּךְ הוּא עַל הַמִּשְׁפָּטִים שֶׁבַּתּוֹרָה, שֶׁנֶּאֱמַר ״וְאֵלֶּה הַמִּשְׁפָּטִים״ – **For this reason,**[340] **the Holy One, blessed is He, cautioned** Israel **regarding** all **the** various **judgments that are** contained **in the Torah, as it is stated,** ***And these are the ordinances.*** אָמַר הַקָּדוֹשׁ בָּרוּךְ הוּא: שִׁמְרוּ מִשְׁפָּט בָּעוֹלָם הַזֶּה וַאֲנִי מַצִּיל אֶתְכֶם מִן הַמִּשְׁפָּט שֶׁל גֵּיהִנָּם – **The Holy One, blessed is He,** therefore **said** to Israel, "Follow all these laws and **observe justice in this world, and I will save you from the judgment of Gehinom.**"[341] לְפִיכָךְ הַקָּדוֹשׁ בָּרוּךְ הוּא דָן לָרְשָׁעִים עַל כָּל הַדִּינִין הָאֵלֶּה – And **therefore,**[342] **the Holy One, blessed is He,** personally **executes judgment against the wicked for** not upholding **all of these laws,** שֶׁנֶּאֱמַר ״הִנְנִי אָנִי וְשָׁפַטְתִּי בֵּין שֶׂה בִרְיָה וּבֵין שֶׂה רָזָה״ – **as it is stated,** ***Behold, I am here, and I shall judge between the robust lamb and the famished lamb*** (*Ezekiel* 34:20).[343]

The Midrash gives a concrete example of God's judgments against those who did not act with justice toward the less fortunate: מִצְרַיִם שֶׁיִּעְבְּדָה אֶת יִשְׂרָאֵל וְנִפְרַע הַיְמֶנָּה וְדָנָהּ בְּמִצְרַיִם וְדָנָהּ בַּיָּם – **Egypt subjugated Israel** excessively,[344] **and** as punishment **[God] exacted retribution from [Egypt]**[345] not once, but twice, **executing justice against them in Egypt, and also executing justice against them at the Sea** of Reeds.

The Midrash elaborates on this with a parable:

לְמָה הָיוּ דוֹמִין – **To what were [the Egyptians] comparable?** לְלִסְטִים שֶׁנִּכְנְסוּ לְכַרְמוֹ שֶׁל מֶלֶךְ וְקִצְּצוּ גְּפָנִים – **To bandits who entered into the vineyard of the king and cut down** and uprooted **vines.** בָּא הַמֶּלֶךְ וּמָצָא כַּרְמוֹ מְחוּבָּל – **The king came and found his vineyard vandalized.** וְנִתְמַלֵּא חֵימָה וְיָרַד עַל הַלִּסְטִים – **And he became enraged, and descended upon the bandits** to punish them. לֹא הָיָה צָרִיךְ לֹא לְגֶבֶר וְלֹא לִבְרִיָּה, אֶלָּא הוּא יָרַד וְקִצְּצָן וְעָקְרָן כְּשֵׁם שֶׁעָשׂוּ לְכַרְמוֹ שֶׁל מֶלֶךְ – **He did not find it appropriate**[346] to seek the aid **of any man nor of any** other **creature; rather, he** himself **descended** upon the bandits **and cut them down and uprooted them, just as they had done to the king's vineyard.**[347] כָּךְ מִצְרַיִם דָּנוּ בָּנָיו שֶׁל אֱלֹהִים דִּינִין קָשִׁים – **Similarly, Egypt enacted harsh judgments against the children of God** (i.e., Israel),[348] נִתְמַלֵּא עֲלֵיהֶן הַקָּדוֹשׁ בָּרוּךְ הוּא חֵימָה וְהִכָּם מַכָּה רִאשׁוֹנָה וּשְׁנִיָּה, וְלֹא שָׂבַע מִדָּמָם – and **the Holy One, blessed is He,** therefore **became enraged against them, and struck them** with **the first plague** and then **the second one, and He** still **was not appeased with their blood** that had been shed.[349] שְׁפָטָם י׳ פְּעָמִים, וְאָמַר: לֹא עָשִׂיתִי לָהֶן כְּלוּם – **He executed judgment against them ten times,** through the Ten Plagues, **and** then **He said, "I still have not done anything to them,** compared to their maltreatment of Israel!"[350] בָּא לַיָּם וְהָרַג הֲמוֹנִים שֶׁאֵין לָהֶן חֵקֶר – And so **[God]** Himself **came to the Sea** of Reeds[351] **and slew** great **multitudes** of them, the numbers of **which were incalculable.** וּמִנַּיִן שֶׁאֵין פַּרְעֹה מִתְנַחֵם עַל הֲמוֹנוֹ עַד שֶׁיִּרְאֶה לְגוֹג – **And from where is** it known **that Pharaoh will not be consoled over** the loss of **his multitudes** at the Sea **until he sees** the slain multitudes **of Gog** in the Messianic era?[352] שֶׁנֶּאֱמַר ״אוֹתָם יִרְאֶה פַרְעֹה וְנִחַם עַל כָּל הֲמוֹנוֹ״ – **For it is stated,** ***Pharaoh will see them and be consoled for all his multitude*** (ibid. 32:31).[353]

§18 The Midrash compares the court's application of the Torah's judgments (*ordinances*) to the Heavenly Court of angels, who sit and deliberate before God:[354]

רַבִּי מֵאִיר אוֹמֵר – **R' Meir says:** ״וְאֵלֶּה הַמִּשְׁפָּטִים״ – ***And these are the ordinances*** – נָתַן הַקָּדוֹשׁ בָּרוּךְ הוּא מִשְׁפָּט לְזִקְנֵי יִשְׂרָאֵל – This teaches that **the Holy One, blessed is He, gave the judgments to the elders of Israel,** who sit in judgment before God[355]

NOTES

340. I.e., due to the far-reaching, unrelenting pressures of the evil inclination.

341. The laws and judgments (*ordinances*) were intended to counteract the pernicious influence of the evil inclination, as explained above. Thus, if you follow these judgments you will be spared the punishments of Gehinnom reserved for those who did not curb their evil inclinations.

342. I.e., because of the great importance of the judgments.

343. The robust lamb and the famished lamb are metaphors used by Ezekiel (see passage ibid.) to represent, respectively, the well-to-do aristocrats with their ill-gotten wealth, and the weaker, less fortunate elements of society, who are mistreated and taken advantage of by the unscrupulous rich. God will punish the rich for not following the Torah's judgments in their dealings with their fellow men.

344. See above, end of §15.

345. See above, end of §15.

346. This is often the meaning of אֵינוֹ צָרִיךְ – not "it is not necessary," but "it is not appropriate" (*Yefeh To'ar*).

347. Since they wreaked destruction on the king's private, beloved property, it was the appropriate thing for him himself to administer punishment to them, and not to delegate the task to others (*Yefeh To'ar, Eitz Yosef*).

348. Who are comparable to the king's beloved vineyard in the parable (see *Psalms* 80:9).

349. [This is a figure of speech; actually, the first two plagues were not lethal at all.]

350. This appears to be alluding to a Midrash found in *Tanchuma Yashan, Beshalach* #9 (cited also in *Yalkut Shimoni* ibid.), based on the words (above, 13:17) וַיְהִי בְּשַׁלַּח פַּרְעֹה אֶת הָעָם] וְלֹא נָחָם אֱלֹהִים], [*It happened when Pharaoh sent out the people*] *that God did not lead them,* which the Midrash interprets homiletically as if it were written וְלֹא נִחַם אֱלֹהִים, "and God was not consoled." Thus, even as the Israelites were leaving Egypt (i.e., after the ten plagues had finished), God was still not consoled over all the injustices the Egyptians had done to Israel.

351. Like the king in the parable, God administered the punishment personally (*Yefeh To'ar, Eitz Yosef*), as it is written, *Egypt said, "I shall flee before Israel, for HASHEM is waging war for them against Egypt"* (above, 14:25) and *Israel saw the great hand that HASHEM inflicted upon Egypt* (ibid., v. 31).

352. The Midrash's point is that God's judgment of Pharaoh and the Egyptians for their lack of justice toward the Israelites was very harsh, so harsh that Pharaoh was inconsolable for thousands of years, until the time of Gog, i.e., until the Messianic era (*Eshed HaNechalim*).

353. Ezekiel is told (in a prophetic vision) to inform Pharaoh that he is destined to descend to "the pit" (Gehinnom), where he will have plenty of company: all the multitudes of Assyria who fell in battle, as well as those of Elam, Meshech, and Tubal, etc. When Pharaoh will see all these multitudes joining him, finally, after many centuries of grief, *Pharaoh will see them and be consoled for all his multitude* who perished at the Sea of Reeds. Pharaoh will finally receive some comfort from the fact that so many others shared the same fate as he did. [Gog is *the prince* and *leader of Meshech and Tubal – Ezekiel* 38:2.]

Here, too, the Midrash appears to be alluding to the Midrash found in *Tanchuma Yashan* (see above, note 350), which relates that after Pharaoh found his relief from all those who would be accompanying him in "the pit," God said to him, "So you are consoled? *I* am still not consoled [despite having inflicted the Ten Plagues]!" The point here, then, would be to contrast God's satisfaction at the Sea of Reads with Pharaoh's [temporary] lack of consolation there (an inverse of the Midrash's point there).

354. Many commentators (*Yefeh To'ar, Toldos Noach,* and others) explain that the basis of the Midrash's comparison to the Celestial Court is the conjunction "and" in the phrase *And these are the ordinances,* which indicates a connection with something stated previously (see also above, §3 and §11). And when God descended to Sinai to give the Torah (as recounted in the previous Torah-portion), He was accompanied by a great entourage of angels, as related above, 29 §2 (*Tiferes Tzion*).

355. I.e., when a Torah court sits in judgment, its deliberations and decisions take place in the presence of God, an idea reflected in the verse (*Psalms* 82:1), *God stands in the Divine assembly, in the midst of judges shall He judge* (*Yefeh To'ar, Eitz Yosef*).

לְכָךְ הִזְהִיר הַקָּדוֹשׁ בָּרוּךְ הוּא עַל הַמִּשְׁפָּטִים שֶׁבַּתּוֹרָה, שֶׁנֶּאֱמַר [כא, א] "וְאֵלֶּה הַמִּשְׁפָּטִים", אָמַר הַקָּדוֹשׁ בָּרוּךְ הוּא: שִׁמְרוּ מִשְׁפָּט בָּעוֹלָם הַזֶּה וַאֲנִי מַצִּיל אֶתְכֶם מִן הַמִּשְׁפָּט שֶׁל גֵּיהִנָּם, לְפִיכָךְ הַקָּדוֹשׁ בָּרוּךְ הוּא דָּן לָרְשָׁעִים עַל כָּל הַדִּינִין הָאֵלֶּה, שֶׁנֶּאֱמַר (יחזקאל לד, כ) "הִנְנִי אָנִי וְשָׁפַטְתִּי בֵּין שֶׂה בִרְיָה וּבֵין שֶׂה רָזָה", מִצְרַיִם שֶׁיִּעְבְּדָה אֶת יִשְׂרָאֵל וְנִפְרַע הֵימֶנָּה וְדָנָהּ בְּמִצְרַיִם וְדָנָהּ בַּיָּם, לְמָה הָיוּ דּוֹמִין, לְלִסְטִים שֶׁנִּכְנְסוּ לְכַרְמוֹ שֶׁל מֶלֶךְ °וְרָצְצוּ גְּפָנִים, בָּא הַמֶּלֶךְ וּמָצָא כַּרְמוֹ מְחוּבָּל וְנִתְמַלֵּא חֵימָה וְיָרַד עַל הַלִּסְטִים, לֹא הָיָה צָרִיךְ לֹא לְגֶבֶר וְלֹא לִבְרִיָּה, אֶלָּא הוּא יָרַד וְקִצְּצָן וַעֲקָרָן כְּשֵׁם שֶׁעָשׂוּ לְכַרְמוֹ שֶׁל מֶלֶךְ, כָּךְ מִצְרַיִם דָּנוּ בָּנָיו שֶׁל אֱלֹהִים דִּינִין קָשִׁים, נִתְמַלֵּא עֲלֵיהֶן הַקָּדוֹשׁ בָּרוּךְ הוּא חֵימָה וְהִכָּם מַכָּה רִאשׁוֹנָה וּשְׁנִיָּה, וְלֹא שָׂבַע מִדָּמָם, שְׁפָטָם י' פְּעָמִים, וְאָמַר: לֹא עָשִׂיתִי לָהֶן כְּלוּם, בָּא לַיָּם וְהָרַג הֲמוֹנִים שֶׁאֵין לָהֶן חֵקֶר, [כד] וּמִנַּיִן שֶׁאֵין פַּרְעֹה מִתְנַחֵם עַל הֲמוֹנוֹ עַד שֶׁיִּרְאֶה לְגוֹג, שֶׁנֶּאֱמַר (שם לב, לא) "אוֹתָם יִרְאֶה פַרְעֹה וְנִחַם עַל כָּל הֲמוֹנוֹ":

יח רַבִּי מֵאִיר אוֹמֵר [כא, א] "וְאֵלֶּה הַמִּשְׁפָּטִים" נָתַן הַקָּדוֹשׁ בָּרוּךְ הוּא מִשְׁפָּט לְזִקְנֵי יִשְׂרָאֵל, כְּשֵׁם שֶׁסַּנְהֶדְרִין יוֹשֶׁבֶת בַּמָּרוֹם לִפְנֵי הָאֱלֹהִים, שֶׁנֶּאֱמַר (דניאל ז, ט-י) [כה] "חָזֵה הֲוֵית עַד דִּי כָרְסָוָן רְמִיו וְעַתִּיק יוֹמִין יְתִב וְגוֹ' דִּינָא יְתִב וְסִפְרִין פְּתִיחוּ", יָשַׁב הַקָּדוֹשׁ בָּרוּךְ הוּא שֶׁנִּקְרָא "עַתִּיק יוֹמִין" שֶׁיִּפָּרַע מֵאֵלּוּ שֶׁבָּאוּ עָלָיו בְּגַאֲוָה, שֶׁנֶּאֱמַר (שמואל-א ב, ג) "אַל תַּרְבּוּ תְדַבְּרוּ גְּבֹהָה", מָשָׁל לְמֶלֶךְ שֶׁהַבִּרְיוֹנִים שֶׁלּוֹ גִּינּוּ אוֹתוֹ בַּפּוֹרְפִּירָא שֶׁהוּא לָבוּשׁ, אָמַר לָהֶם הַמֶּלֶךְ: הִנַּחְתֶּם הַכֹּל וַעֲסַקְתֶּם בַּפּוֹרְפִּירָא שֶׁאֲנִי לָבוּשׁ, חַיֵּיכֶם שֶׁאֲנִי מַחֲלִיפָהּ וְנִפְרָע מִכֶּם,

עץ יוסף

כי הוא שטן הוא יצר הרע הוא מלאך המות, יורד ומסית עולה ומשטין נוטל רשות ונוטל נשמה: **ואני מציל אתכם מן המשפט.** שאף על פי שהיו חייבים על קצת דברים בזכות עשות משפט בעולם הזה ירוחמו לינצל מגיהנם, כאומר (יחזקאל יח, כז) (ועשה) [ויעש] משפט ולדקה הוא את נפשו יחיה: **לפיכך דן הקדוש ברוך הוא כו'.** פירוש לפי שהוא בעצמו הזהיר על המשפטים, לכן הוא בעצמו דן לרשעים העוברים על הדינין, כאומר הנני אני דמשמע אני ולא אחר, והביא דמיון מנקמת פרעה שהיתה על ידו ולא על ידי אחר: **שנאמר הנני אני ושפטתי כו'.** דריש קרא על מצרים, וזהו שה בריה, שהיו עובדים לשה, ושה רזה היינו ישראל: **לא היה צריך.** שעל ידי שנגעו בשל מלך אינו ראוי להנקם על ידי אחר, אלא הוא בעצמו ינקם לשכך חמתו: **ומנין שאין פרעה מתנחם כו'.** שהרג מהם בים המונים רבים, ואינו מתנחם במפלת סיסרא וסנחריב, רק בגוג שאין מספר לעמו: (יח) [יד] **נתן הקדוש ברוך הוא משפט כו'.** כלומר שיושבים בדין לפני ה' כמלאכי השרת במרום, על דרך אלהים נצב בעדת אל: **חזה הוית עד די כרסיון רמיו.** סבירא ליה דכרסוון שהם רבים, היינו לסנהדרין שיושבים לפניו: **שיפרע מאלו כו'.** דריש עתיק יומין על שם מה שנתגאו עליו כדאשכחן האי לישנא בגאות דכתיב אל תרבו תדברו גבוה גבוהה יצא עתק מפיכם, והוזקק לזה לפי שאין לקרוא להקדוש ברוך הוא זקן, שאין זקנה לפניו: **שבאו עליו בגאוה.** היא החיה הרביעית, דכתיב בה ופום ממלל רברבן: **משל למלך כו'.** שגינו לו בפורפירא שהוא לבוש, והוא שהיה לבוש בגדי זקן כמי שתשש כחו ואינו איש מלחמה, ואמר להם שהוא יחליפנה ויראה גבורתו בפרוע פרעות בהם, וכן מה שהוא כאן נקרא עתיק יומין, היינו שהחיה הרביעית מחרפין אותו ואומרים שתשש כחו, כי לא יעשה עוד גבורות כאשר בתחלה, כי זה כמה ימים אותותינו לא ראינו, ואמר שזה אינו אלא מפני העונות שמתישים כח של מעלה כביכול, ולכן יחליף סדר הזה ויראה גבורתו, והיינו חלוף בגדיו: **בריונים.** אנשים פוחזים: **בפורפירא.** בלבוש מלכות:

פירוש מהרז"ו

הוא, וכמו שכתב ילקוט חבקוק בשם תנחומא, והוא בתנחומא תזריע סוף סימן ח', עיין שם. משפטו הוא מלאך המות השופט אותו, ושאתו הוא יצר הרע, שמשיאו לחטוא, שהכל ממנו ובתוכו: **מצרים שעבדה את ישראל.** לפרש שה בריה על מצרים שעבדו לשה, והם המושלים על שה רזה ישראל, שנקראו (ירמיה נ, יז) שה פזורה, וכל הפרשה של [יחזקאל] פרשה ל"ד יתקיים על גוג, כמו שכתוב שם פסוק י"ג, והוצאתים ורעיתים על הרי ישראל, ואצל גוג שם ל"ח פסוק ח', כתוב גם כן על הרי ישראל: **ורצצו גפנים.** נראה שצריך להיות וקצצו גפנים, כמו שאמר בנמשל: **אותם יראה פרעה.** יתכן שדורש גזירה שוה, שכאן כתוב על כל המונו, ובגוג כתוב (יחזקאל לט, יא) וקברו שם את גוג ואת כל המונו וגו', ובפרשה ל"ב אצל פרעה בכל העמים שחשב שם שנתנו חתיתם בארץ חיים (פסוק כו), והיינו כמו שדרשו בראשית רבה פרשה ל"ו סימן ו, ושם נסמן, הם האומות המבוארים בפרשה ל"ח, שנקהלו כולם לארץ ישראל ונתנו חתיתם שם, ואצל פרעה חשב בפסוק כ"ו שם, משך ותובל וכל המונה, וגוג הוא נשיא ראש משך ותובל, וביחזקאל ל"ב מדבר בפרעה שבימי נבוכדנצר, שהיה בימי ירמיה ויחזקאל, ויתכן שכוונת המדרש שבעת יציאת מצרים שניבא עליו משה, ניבא עליו מה שיעבור עליו בכל דורותיו ועתותיו: (יח) **סנהדרין יושבת במרום.** הם המלאכים שוכני מרום, ודיינים ושופטים לפניו, עיין ויקרא רבה פרשה כ"ד סוף סימן ב ושם נסמן ומבואר. וכמו שכתוב (דניאל ז, ט) (ו)כרסוון רמיו, משמע כסאות הרבה לשופטים: **שבאו עליו בגאוה.** כשזכרו מה שעשה בראשונים אומרים עליו שעתה לא יעשה, כי כבר זקן הוא ועתיק יומין. וכמו שאמרה חנה (שמואל א ב, ג) אל תרבו תדברו גבוהה גבוהה, היינו בגאות לבם ויצא עתק מפיכם, שאתם אומרים על השם יתברך שהוא עתיק יומין:

מתנות כהונה

[יח] **שהבריונים.** אנשים פוחזים פרולים: **בפורפירא.** בלבוש מלכות:

אשד הנחלים

מאתנו היצר הרע הזה, אך כל זה אם נזכה. או באורו שיזכור כבוד ה' ועל ידי זה יכול להשביח יצרו, כי מאד קשה כח היצר אלולי הקדוש ברוך הוא עוזרו: **מן המשפט של גיהנם.** כי כל המרחם על הבריות ירוחם משמים (שבת קנא, ב): **בין שה בריה.** הוא משל על שְׁמֵנֵי הגוף והחזקים השולטים על החלשים ברוע לבבם, כאשר עשה למצרים: **למה היה דומין כו' לכרמו של מלך.** כלומר אחר שהם נגעו בדבר החביב מאד למלך, וזהו כרמו, לכן הכעיסו למלך בעצמו עד שהכם בידו ממש, בלי שום שליח, כמו שאמרו אני ולא מלאך: **עד שיראה לגוג.** הרי זה כמביא ראיה שכל כך היה מכת מצרים גדולה מאד, עד שבכל עת מתמרמר פרעה שלא ראה שנעשה כן לכל עובדי כוכבים כאשר נעשה לו, זולת מה שיראה באחרית שיעשה לגוג יותר ממה שנעשה לו, אז יתנחם: [יח] **יושבת במרום.** הם בית דין של מעלה. והענין עיין בספרי חכמי אמת שהם המכונין שבעין עיינין, דזה לעומת זה למטה הסנהדרין בעולם: **שבאו עליו בגאוה.** ולכן מכנה פה השי"ת בשם עתיק יומין, כלומר הנצחי הקדמון, וכלם זולתו המה נבראים ונפסדים ונכלים לעולם, ואיך יתגאו, ולכן ישב עתיק יומין לשפוט על גאותם ורשעתם: **משל למלך שהבריונים כו' הנחתם הכל כו'.** הענין הזה הוא ציור דק למתבונן, כי הנה העובדי כוכבים הקדמונים לא הבינו מעולם את עצם הנכבד האחד האמת, אשר הוא הכל וממנו נובע כל, רק שעסקו בלבושו יתברך כלומר בבריותיו, ויחסו להם כח האלקות (ומצאנו בלשון הכתוב שמכנה הכתוב הבריאה בשם לבוש, כמו שכתוב (תהילים קד, א) הוד והדר לבשת), ולכן עבדו עבודת כוכבים.

חידושי הרד"ל

של מלך וקצצו גפנים כו'. כן לריך לומר: **לא היה צריך לא לדבר ולא לבריה כו'.** כן לריך לומר: **ומניין.** שבים היה המונים רבים עם פרעה:

חידושי הרש"ש

[יח] **שיפרע מאלו שבאו עליו בגאוה.** דכתיב בתריה מן קל מליא רברבתא כו' עד די קטילת כו':

אמרי יושר

על טון הגבטונים היה הרעב: [יח] **ועתיק יומין.** פירשוהו מלשון עתק, שגינו אותו כזקן תש כח, גם **גינו פורפירא** שלו, שאמרו מדוע אדום ללבושך, אמר להם הריני מחליפה, כמו שכתוב (דניאל ז, ט) לבושה כתלג חיור, ושם אומר אבדן המלכיות. ויש מפרשים בהפך, שמדוע אדום היא אותה שלובש עתה:

באור מהרי"פ

וזה לשון המקרא (חבקוק א, ז) איום ונורא הוא ממנו משפטו ושאתו יצא: [יח] **כשם שסנהדרין יושבין במרום.** וכוונתו לפרש ואלה מוסיף על הראשונים, היינו הסנהדרין היושבים במרום: **חזה הוית.** (דניאל ז, ט - י) חזה הוית עד די כרסון רמיו ועתיק יומין יתיב לבושיה כתלג חיור ושער ראשיה כעמר נקא כרסיה שביבין די נור גלגלוהי נור דלק. נהר די נור נגד ונפק מן קדמוהי אלף אלפים ישמשוניה ורבו רבון קדמוהי יקומון דינא יתב וספרין פתיחו: **ישב הקדוש ברוך הוא כו'.** מלתא באנפי נפשה היא: **שנקרא עתיק יומין וכו'.** כלומר, שנתכנה שמו של הקב"ה עתיק, על שם שיפרע מאלו הדוברים עליו דברי עתק בגאוה ובוז, ולכן מביא המקרא **אל תרבו תדברו גבוהה** גבוהה יצא עתק מפיכם, ומה הם אומרים פירוש, הכתוב שאומרים עליו, כמו שאמר המן לאחשורוש כבר הזקין ולבושיה כתלג חיור ושער ראשיה כעמר נקא:

מסורת המדרש

כד. תנחומא סדר תזריע סימן ח'. ילקוט יחזקאל רמז שע"ב: **כה.** עיין תנחומא סדר קדושים סימן א'. ובילקוט ישעיה רמז רס"ט. ילקוט דניאל רמז תק"ף ס"ד:

אם למקרא

לָכֵן כֹּה אָמַר אֲדֹנָי יֱהֹוִה אֲלֵיהֶם הִנְנִי־אָנִי וְשָׁפַטְתִּי בֵּין־שֶׂה־בִרְיָה וּבֵין שֶׂה רָזָה: (יחזקאל לד: כ)

אוֹתָם יִרְאֶה פַּרְעֹה וְנִחַם עַל כָּל הֲמוֹנֹה חַלְלֵי חֶרֶב פַּרְעֹה וְכָל חֵילוֹ נְאֻם אֲדֹנָי ה': (שם לב: לא)

חָזֵה הֲוֵית עַד דִּי כָרְסָוָן רְמִיו וְעַתִּיק יוֹמִין יְתִב לְבוּשֵׁהּ כִּתְלַג חִוָּר וּשְׂעַר רֵאשֵׁהּ כַּעֲמַר נְקֵא כָּרְסְיֵהּ שְׁבִיבִין דִּי־נוּר גַּלְגִּלּוֹהִי נוּר דָּלִק: נְהַר דִּי־נוּר נָגֵד וְנָפֵק מִן־קֳדָמוֹהִי אֶלֶף אַלְפִין יְשַׁמְּשׁוּנֵּהּ וְרִבּוֹ רִבְבָן קֳדָמוֹהִי יְקוּמוּן דִּינָא יְתִב וְסִפְרִין פְּתִיחוּ: (דניאל ז: ט-י)

אַל־תַּרְבּוּ תְדַבְּרוּ גְּבֹהָה גְבֹהָה יֵצֵא עָתָק מִפִּיכֶם כִּי אֵל דֵּעוֹת ה' וְלוֹ נִתְכְּנוּ עֲלִלוֹת: (שמואל-א ב: ג)

ידי משה

[יח] **גינו אותו בפורפירא.** פירוש שהיו מגנים אותו [על] מה שהלך בבגד פורפירא, והניחו מעשיהם ועסקו לדבר במלבושי המלך, **ואמר המלך חייבם** שאני מחליף שמלותי ואפרע מכם, כך אמרו הרשעים כשראו להקב"ה שהראה את עצמו להם

שינוי נוסחאות

ורצצו גפנים. רד"ל ומהרז"ו הגיהו "וקצצו גפנים": **לא היה צריך לא לגבר ולא לבריה.** בכל ספרים היה כתוב "לא היה צריך לגבר ולא לבריה", וכתוב בהגהת רד"ל שצריך לומר "... לא לדבר ולא לבריה" ועפ"ז כתבו בד' וילנא (אבל נראה שלא התכוון רד"ל אלא להוסיף תיבת "לא" שהיה חסר בספרים, ולא התכוון לשנות "גבר" ל"דבר" וטעות נפלה בדבריו, וכן נראה שהבינו בד' וארשא, שהוסיפו "לא" ולא שינו לכתוב "דבר".):

כְּשֵׁם שֶׁסַּנְהֶדְרִין יוֹשֶׁבֶת בַּמָּרוֹם לִפְנֵי הָאֱלֹהִים – **just as the** Heavenly **court sits on high before God,** שֶׁנֶּאֱמַר "חָזֵה הֲוֵית עַד דִּי כָרְסָוָן רְמִיו וְעַתִּיק יוֹמִין יְתִב וְגוֹ׳ דִּינָא יְתִב וְסִפְרִין פְּתִיחוּ" – **as it is stated,** ***I watched as seats were set up,***[356] ***and the One of Ancient Days***[357] ***sat*** – *His garment was white as snow and the hair of His head like clean wool . . . A stream of fire was flowing forth from before Him . . . and myriad myriads were standing before Him.* ***The judgment was set, and the books were opened*** (*Daniel* 7:9-10).

Having cited the *Daniel* verse, the Midrash expounds the heavenly judgment that was taking place at that time:

יָשַׁב הַקָּדוֹשׁ בָּרוּךְ הוּא שֶׁנִּקְרָא "עַתִּיק יוֹמִין" שֶׁיִּפָּרַע מֵאֵלּוּ שֶׁבָּאוּ עָלָיו בְּגַאֲוָה – **The Holy One, blessed is He** – **who is called** here ***the One of Ancient*** [עַתִּיק] ***Days*** – **was sitting** with His court **in order to** exact retribution **from those** people **who had confronted Him with arrogance,**[358] שֶׁנֶּאֱמַר "אַל תַּרְבּוּ תְדַבְּרוּ גְּבֹהָה" – **as it is stated,** ***Do not abound in speaking with arrogance upon arrogance,*** *let not haughtiness* [עָתָק] *come from your mouth* (*I Samuel* 2:3).[359]

The Midrash illustrates with a parable:

מָשָׁל לְמֶלֶךְ שֶׁהַבִּרְיוֹנִים שֶׁלּוֹ גִּינּוּ אוֹתוֹ בַּפּוֹרְפִירָא שֶׁהוּא לָבוּשׁ – **This is analogous to a king whom** some **ruffians jeered on account of the royal cloak that he was wearing.**[360] אָמַר לָהֶם הַמֶּלֶךְ: הִנַּחְתֶּם הַכֹּל וַעֲסַקְתֶּם בַּפּוֹרְפִירָא שֶׁאֲנִי לָבוּשׁ, חַיֵּיכֶם שֶׁאֲנִי מַחֲלִיפָהּ וְנִפְרַע מִכֶּם – **The king said to them, "You set aside everything** else **and occupy yourselves with** denigrating **the royal cloak that I wear? By your life, I shall change [my cloak] and exact** retribution **from you!"**[361]

NOTES

356. Since there was more than one chair in the vision, it could not be intended as a seat for God; apparently, then, it was for the members of the court over which God was presiding (*Yefeh To'ar, Eitz Yosef*). [Cf. *Rashi* to verse, however.]

357. I.e., God, as the Midrash soon elaborates.

358. The verses just prior to this described Daniel's vision of a fourth beast, which represents the fourth of the Four Kingdoms to subjugate Israel; namely, Edom/Rome. The beast was very aggressive, and its *mouth spoke haughty words* (v. 8). It was this arrogant beast (Edom) that the Heavenly court had convened to judge (*Yefeh To'ar, Eitz Yosef*).

359. The Midrash here is interpreting the word עַתִּיק (the Aramaic word for "old") as being related to the word עָתָק, *haughtiness*. Thus, instead of the verse referring to God as *the One of Olden* (or *Ancient*) *Days* (a term that is seemingly inappropriate for God), it is interpreted as referring to Him as "the One Who had been confronted by haughtiness and insolence" (*Yefeh To'ar, Rashash, Eitz Yosef*).

360. I.e., they scoffed at him because he always wore his royal robe, rather than his battle dress – in the manner of older kings who no longer go out to war. They ridiculed him as being weak and unassertive (ibid.).

361. They would then recognize his true might (ibid.).

לְכָךְ הִזְהִיר הַקָּדוֹשׁ בָּרוּךְ הוּא עַל הַמִּשְׁפָּטִים שֶׁבַּתּוֹרָה, שֶׁנֶּאֱמַר [כא, א] "וְאֵלֶּה הַמִּשְׁפָּטִים", אָמַר הַקָּדוֹשׁ בָּרוּךְ הוּא: שִׁמְרוּ מִשְׁפָּט בָּעוֹלָם הַזֶּה וַאֲנִי מַצִּיל אֶתְכֶם מִן הַמִּשְׁפָּט שֶׁל גֵּיהִנָּם, לְפִיכָךְ הַקָּדוֹשׁ בָּרוּךְ הוּא דָּן לָרְשָׁעִים עַל כָּל הַדִּינִין הָאֵלֶּה, שֶׁנֶּאֱמַר (יחזקאל לד, ב) "הִנְנִי אָנִי וְשָׁפַטְתִּי בֵּין שֶׂה בְרִיָּה וּבֵין שֶׂה רָזָה", מִצְרַיִם שֶׁיִּעְבְּדָה אֶת יִשְׂרָאֵל וְנִפְרַע הֵימֶנָּה וְדָנָהּ בְּמִצְרַיִם וְדָנָהּ בַּיָּם, לְמָה הָיוּ דּוֹמִין, לְלִסְטִים שֶׁנִּכְנְסוּ לְכַרְמוֹ שֶׁל מֶלֶךְ °וְרָצְצוּ גְּפָנִים, בָּא הַמֶּלֶךְ וּמָצָא כַּרְמוֹ מְחוּבָּל וְנִתְמַלֵּא חֵימָה וְיָרַד עַל הַלִּסְטִים, לֹא הָיָה צָרִיךְ לֹא לְגֶבֶר וְלֹא לִבְרִיָּה, אֶלָּא הוּא יָרַד וְקִצְּצָן וַעֲקָרָן כְּשֵׁם שֶׁעָשׂוּ לְכַרְמוֹ שֶׁל מֶלֶךְ, כָּךְ מִצְרַיִם דָּנוּ בָּנָיו שֶׁל אֱלֹהִים דִּינִין קָשִׁים, נִתְמַלֵּא עֲלֵיהֶן הַקָּדוֹשׁ בָּרוּךְ הוּא חֵימָה וְהִכָּם מַכָּה רִאשׁוֹנָה וּשְׁנִיָּה, וְלֹא שָׂבַע מִדָּמָם, שֶׁשְּׁפָטָם י׳ פְּעָמִים, וְאָמַר: לֹא עָשִׂיתִי לָהֶן כְּלוּם, בָּא לַיָּם וְהָרַג הֲמוֹנִים שֶׁאֵין לָהֶן חֵקֶר, [כד]וּמְנַיִן שֶׁאֵין פַּרְעֹה מִתְנַחֵם עַל הֲמוֹנוֹ עַד שֶׁיִּרְאֶה לְגוֹג, שֶׁנֶּאֱמַר (שם לב, לא) "אוֹתָם יִרְאֶה פַרְעֹה וְנִחַם עַל כָּל הֲמוֹנוֹ":

יח רַבִּי מֵאִיר אוֹמֵר [כא, א] "וְאֵלֶּה הַמִּשְׁפָּטִים" נָתַן הַקָּדוֹשׁ בָּרוּךְ הוּא מִשְׁפָּט לְזִקְנֵי יִשְׂרָאֵל, כְּשֵׁם שֶׁסַּנְהֶדְרִין יוֹשֶׁבֶת בַּמָּרוֹם לִפְנֵי הָאֱלֹהִים, שֶׁנֶּאֱמַר (דניאל ז, ט-י) [כה]"חָזֵה הֲוֵית עַד דִּי כָרְסָוָן רְמִיו וְעַתִּיק יוֹמִין יְתִב וְגוֹ׳ דִּינָא יְתִב וְסִפְרִין פְּתִיחוּ", יָשַׁב הַקָּדוֹשׁ בָּרוּךְ הוּא שֶׁנִּקְרָא "עַתִּיק יוֹמִין" שֶׁיִּפָּרַע מֵאֵלּוּ שֶׁבָּאוּ עָלָיו בְּגַאֲוָה, שֶׁנֶּאֱמַר (שמואל-א ב, ג) "אַל תַּרְבּוּ תְדַבְּרוּ גְּבֹהָה", מָשָׁל לְמֶלֶךְ שֶׁהַבִּרְיוֹנִים שֶׁלּוֹ גִּינּוּ אוֹתוֹ בַּפּוֹרְפִּירָא שֶׁהוּא לָבוּשׁ, אָמַר לָהֶם הַמֶּלֶךְ: הִנַּחְתֶּם הַכֹּל וַעֲסַקְתֶּם בַּפּוֹרְפִּירָא שֶׁאֲנִי לָבוּשׁ, חַיֵּיכֶם שֶׁאֲנִי מַחֲלִיפָהּ וְנִפְרָע מִכֶּם,

עץ יוסף

כי הוא שטן הוא יצר הרע הוא מלאך המות, יורד ומסית עולה ומשטין נוטל רשות ונוטל נשמה: **ואני מציל אתכם מן המשפט.** שאף על פי שהיו חייבים על קצת דברים בזכות עשות משפט בעולם הזה ירוחמו לינצל מגיהנם, כאומר (יחזקאל יח, כז) (ועשה) [ויעש] משפט וצדקה הוא את נפשו יחיה: **לפיכך דן הקדוש ברוך הוא כו׳.** פירוש לפי שהוא בעצמו הזהיר על המשפטים, לכן הוא בעצמו דן לרשעים העוברים על הדינין, כאומר הנני אני דמשמע אני ולא אחר, והביא דמיון מנקמת פרעה שהיתה על ידו ולא על ידי אחר: **שנאמר הנני אני ושפטתי בו׳.** דריש קרא על מצרים, וזהו שה בריה, שהיו עובדים לשה, ושה רזה היינו ישראל: **לא היה צריך.** שעל ידי שנגעו בשל מלך אינו ראוי להנקם על ידי אחר, אלא הוא בעצמו ינקם לשכך חמתו: **ומנין שאין פרעה מתנחם כו׳.** שהרג מהם בים המונים רבים, ואינו מתנחם במפלת סיסרא וסנחריב, רק בגוג שאין מספר לעמו: (יח) [יד] **נתן הקדוש ברוך הוא משפט כו׳.** כלומר שיושבים בדין לפני ה׳ כמלאכי השרת במרום, על דרך אלהים נצב בעדת אל: **חזה הוית עד די ברסיון רמיו.** סבירא ליה דכרסוון שהם רבים, היינו לסנהדרין שיושבים לפניו: **שיפרע מאלו כו׳.** דריש עתיק יומין על שם מה שנתגאו עליו כדאשכחן האי לישנא בגאות דכתיב אל תרבו תדברו גבוה גבוהה יצא עתק מפיכם, והוזקק לזה לפי שאין לקרוא להקדוש ברוך הוא זקן, שאין זקנה לפניו: **שבאו עליו בגאוה.** היא החיה הרביעית, דכתיב בה ופום ממלל רברבן: **משל למלך כו׳.** שגינו לו בפורפירא שהוא לבוש, והוא שהיה לבוש בגדי זקן כמי שתשש כחו ואינו איש מלחמה, ואמר להם שהוא יחליפנה ויראה גבורתו בפרוע פרעות בהם, וכן מה שהוא כאן נקרא עתיק יומין, היינו שהחיה הרביעית מחרפין אותו ואומרים שתשש כחו, כי לא יעשה עוד גבורות כאשר בתחלה, כי זה כמה ימים אותותינו לא ראינו, ואמר שזה אינו אלא מפני העונות שמתישים כח של מעלה כביכול, ולכן יחליף סדר הזה ויראה גבורתו, והיינו חלוף בגדיו: **בריונים.** אנשים פוחזים: **בפורפירא.** בלבוש מלכות:

פירוש מהרז"ו

הוא, וכמו שכתב ילקוט חבקוק בשם תנחומא, והוא בתנחומא תזריע סוף סימן ח׳, עיין שם. משפטו הוא מלאך המות השופט אותו, ושאתו הוא יצר הרע, שמסיאו לחטוא, שהכל ממנו ובתוכו: **מצרים שעבדה את ישראל.** לפרש שה בריה על מצרים שעבדו לשה, והם המושלים על שה רזה ישראל, שנקראו (ירמיה נ, יז) שה פזורה, וכל הפרשה של [יחזקאל] פרשה ל״ד יתקיים על גוג, כמו שכתוב שם פסוק י״ג, והוצאתים ורעיתים על הרי ישראל, ואצל גוג שם ל״ח פסוק ח׳, כתוב גם כן על הרי ישראל: **ורצצו גפנים.** נראה שצריך להיות וקצצו גפנים, כמו שאמר בנמשל: **אותם יראה פרעה.** יתכן שדורש גזירה שוה, שכאן כתוב על כל המונו, ובגוג כתוב (יחזקאל לט, יא) וקברו שם את גוג ואת כל המונו וגו׳, ובפרשה ל״ב אצל פרעה בכל העמים שחשב שם שנתנו חתיתם בארץ חיים (פסוק כו), והיינו כמו שדרשו בראשית רבה פרשה נ״ו סימן ו, ושם נסמן, הם האומות המבוארים בפרשה ל״ח, שנקהלו כולם לארץ ישראל ונתנו חתיתם שם, ואצל פרעה חשב בפסוק כ״ו שם, משך ותובל וכל המונה, וגוג הוא נשיא ראש משך ותובל, וביחזקאל ל״ב מדבר בפרעה שבימי נבוכדנצר, שהיה בימי ירמיה ויחזקאל, ויתכן שכוונת המדרש שבעת יציאת מצרים שניבא עליו משה, ניבא עליו מה שיעבור עליו בכל דורותיו ועתותיו: **(יח) סנהדרין יושבת במרום.** הם המלאכים שוכני מרום, ודיינים ושופטים לפניו, עיין ויקרא רבה פרשה כ״ד סוף סימן ב ושם נסמן ומבואר. וכמו שכתוב (דניאל ז, ט) (ו)כרסוון רמיו, משמע כסאות הרבה לשופטים: **שבאו עליו בגאוה.** כשזכרו מה שעשה בראשונים אומרים עליו שעתה לא יעשה, כי כבר זקן הוא ועתיק יומין. וכמו שאמרה חנה (שמואל א ב, ג) אל תרבו תדברו גבוהה גבוהה, היינו בגאות לבם ויצא עתק מפיכם, שאתם אומרים על השם יתברך שהוא עתיק יומין:

חידושי הרד"ל

של מלך וקצצו גפנים כו׳. כן צריך לומר: **לא היה צריך לא לדבר ולא לבריה כו׳.** כן צריך לומר: **ומניין.** שבים היה המונים רבים עם פרעה:

חידושי הרש"ש

[יח] שיפרע מאלו שבאו עליו בגאוה. דכתיב בתריה מן קל מליא רברבתא כו׳ עד די קטילת כו׳:

אמרי יושר

על עון הגבעונים היה הרעב: **[יח] ועתיק יומין.** פירשוהו מלשון עתק, שגינו אותו כזקן תש כח, גם **גינו פורפירא** שלו, שאמרו מדוע אדום ללבושך, אמר להם הריני מחליפה, כמו שכתוב (דניאל ז, ט) לבושה כתלג חיור, ושם אומר אבדן המלכיות. ויש מפרשים בהפך, שמדוע אדום היא אותה שלובש עתה:

באור מהרי"פ

וזה לשון המקרא (חבקוק א, ז) איום ונורא הוא ממנו משפטו ושאתו יצא: **[יח] כשם שסנהדרין יושבין במרום.** וכוונתו לפרש ואלה מוסיף על הראשונים, היינו הסנהדרין היושבים במרום: **חזה הוית.** (דניאל ז, ט - י) חזה הוית עד די כרסון רמיו ועתיק יומין יתיב לבושיה כתלג חיור ושער ראשיה כעמר נקא כרסיה שביבין די נור גלגלוהי נור דלק. נהר די נור נגד ונפק מן קדמוהי אלף אלפים ישמשוניה ורבו רבון קדמוהי יקומון דינא יתב וספרין פתיחו: **ישב הקדוש ברוך הוא כו׳.** מלתא באנפי נפשה היא: **שנקרא עתיק יומין וכו׳.** כלומר, שנתכנה שמו של הקב"ה עתיק, על שם שיפרע מאלו הדוברים עליו דברי עתק בגאוה ובוז, ולכן מביא המקרא **אל תרבו תדברו גבוהה** גבוהה יצא עתק מפיכך, ומה הם אומרים פירוש, הכתוב שאומרים עליו, כמו שאמר המן לאחשורוש כבר הזקין ולבושיה כתלג חיור ושער ראשיה כעמר נקא:

מסורת המדרש

כד. תנחומא סדר תזריע סימן ח׳. ילקוט יחזקאל רמז שע"ב:

כה. עיין תנחומא סדר קדושים סימן א׳. ובילקוט ישעיה רמז רס"ט. ילקוט דניאל רמז תק"ף ס"ד:

אם למקרא

לָכֵן כֹּה אָמַר אֲדֹנָי יֱהֹוִה אֲלֵיהֶם הִנְנִי־אָנִי וְשָׁפַטְתִּי בֵּין־שֶׂה־בִרְיָה וּבֵין שֶׂה רָזָה: (יחזקאל לד: כ)

אוֹתָם יִרְאֶה פַרְעֹה וְנִחַם עַל כָּל הֲמוֹנוֹ חַלְלֵי חֶרֶב פַּרְעֹה וְכָל חֵילוֹ נְאֻם אֲדֹנָי ה׳: (שם לב: לא)

חָזֵה הֲוֵית עַד דִּי כָרְסָוָן רְמִיו וְעַתִּיק יוֹמִין יְתִב לְבוּשֵׁהּ כִּתְלַג חִוָּר וּשְׂעַר רֵאשֵׁהּ כַּעֲמַר נְקֵא כָּרְסְיֵהּ שְׁבִיבִין דִּי־נוּר גַּלְגִּלּוֹהִי נוּר דָּלִק: נְהַר דִּי־נוּר נָגֵד וְנָפֵק מִן־קֳדָמוֹהִי אֶלֶף אַלְפִין יְשַׁמְּשׁוּנֵּהּ וְרִבּוֹ רִבְבָן קָדָמוֹהִי יְקוּמוּן דִּינָא יְתִב וְסִפְרִין פְּתִיחוּ: (דניאל ז: ט-י)

אַל־תַּרְבּוּ תְדַבְּרוּ גְּבֹהָה גְבֹהָה יֵצֵא עָתָק מִפִּיכֶם כִּי אֵל דֵּעוֹת ה׳ וְלוֹ נִתְכְּנוּ עֲלִלוֹת: (שמואל־א ב: ג)

ידי משה

[יח] גינו אותו בפורפירא. פירוש שהיו מגנים אותו [על] מה שהלך בבגד פורפירא, והניחו מעשיהם ועסקו לדבר במלבושי המלך, **ואמר המלך חייבם** שאני מחליף שמלותי ואפרע מכם, כך אמרו הרשעים כשראו להקב"ה שהראה את עצמו להם

שינוי נוסחאות

ורצצו גפנים. רד"ל ומהרז"ו הגיהו "וקצצו גפנים": **לא היה צריך לא לגבר ולא לבריה.** בכל ספרים היה כתוב "לא היה צריך לגבר ולא לבריה", וכתוב בהגהת רד"ל שצריך לומר "... לא לדבר ולא לבריה" ועפ"ז כתבו בד׳ וילנא (אבל נראה שלא התכוון רד"ל אלא להוסיף תיבת "לא" שהיה חסר בספרים, ולא התכוון לשנות "גבר" ל"דבר" וטעות נפלה בדבריו, וכן נראה שהבינו בד׳ וארשא, שהוסיפו "לא" ולא שינו לכתוב "דבר".):

מתנות כהונה

[יח] שהבריונים. אנשים פוחזים פרוצים: **בפורפירא.** בלבוש מלכות:

אשד הנחלים

מאתנו היצר הרע הזה, אך כל זה אם נזכה. או באורו שיזכור כבוד ה׳ ועל ידי זה יכול להשביח יצרו, כי מאד קשה כח היצר אלולי הקדוש ברוך הוא עוזרו: **מן המשפט של גיהנם.** כי כל המרחם על הבריות ירוחם משמים (שבת קנא, ב): **בין שה בריה.** הוא משל על שְׁמֵנֵי הגוף והחזקים השולטים על החלשים ברוע לבבם, כאשר עשה למצרים: **למה היה דומין כו׳ לכרמו של מלך.** כלומר אחר שהם נגעו בדבר החביב מאד למלך, וזהו כרמו, לכן הכעיסו למלך בעצמו עד שהכם בידו ממש, בלי שום שליח, כמו שאמרו אני ולא מלאך: **עד שיראה לגוג.** הרי זה כמביא ראיה שכל כך היה מכת מצרים גדולה מאד, עד שבכל עת מתמרמר פרעה שלא ראה שנעשה כן לכל עובדי כוכבים כאשר נעשה לו, זולת מה שיראה באחרית שיעשה לגוג יותר ממה שנעשה לו, אז יתנחם: **[יח] יושבת במרום.** הם בית דין של מעלה. והענין עיין בספרי חכמי אמת שהם המכונין שבעין עיינין, דזה לעומת זה למטה הסנהדרין בעולם: **שבאו עליו בגאוה.** ולכן מכנה פה השי"ת בשם עתיק יומין, כלומר הנצחי הקדמון, וכלם זולתו המה נבראים ונפסדים ונכלים לעולם, ואיך יתגאו, ולכן ישב עתיק יומין לשפוט על גאותם ורשעתם: **משל למלך שהבריונים כו׳ הנחתם הכל כו׳.** הענין הזה הוא ציור דק למתבונן, כי הנה העובדי כוכבים הקדמונים לא הבינו מעולם את עצם הנכבד האחד האמת, אשר הוא הכל וממנו נובע כל, רק שעסקו בלבושו יתברך כלומר בבריותיו, ויחסו להם כח האלקות (ומצאנו בלשון הכתוב שמכנה הכתוב הבריאה בשם לבוש, כמו שכתוב (תהילים קד, א) הוד והדר לבשת), ולכן עבדו עבודת כוכבים.

כָּךְ אִלּוּ הָרְשָׁעִים שֶׁנָּגְעוּ בְּעַתִּיק יוֹמִין — So it was with **these wicked people who challenged the One of Ancient Days.**[362] לֹא שֶׁהוּא זָקֵן אֶלָּא שֶׁיָּגַע בְּמַעֲשֵׂיהֶם — But they failed to realize that God appeared aged **not because He was old** and feeble,[363] **but because He had grown weary of their** evil **deeds,**[364] כִּדְכְתִיב ״הוֹגַעְתֶּם ה׳ בְּדִבְרֵיכֶם״ — **as it is written,** ***You have wearied HASHEM with your words*** (*Malachi* 2:17).[365] אָמַר לָהֶם: אֲנִי מַחֲלִיפָהּ — **[God]** therefore **said to them,** "You disparage My garment and aged appearance? **I will change [My garb]**"[366] — שֶׁנֶּאֱמַר ״מַדּוּעַ אָדֹם לִלְבוּשֶׁךָ״ — **as it is stated,** *"Who is this coming from Edom, with sullied garments, from Bozrah? This One Who is majestic in His raiment, girded with His abundant strength?" "It is I, Who speaks with righteousness, abundantly able to save!"* ***"Why is there red on Your raiment, etc."*** (*Isaiah* 63:1-2)[367] — וּפוֹרֵעַ מִכֶּם — **"and exact** retribution **from you!"** שֶׁנֶּאֱמַר ״ה׳ כַּגִּבּוֹר יֵצֵא כְּאִישׁ מִלְחָמוֹת יָעִיר קִנְאָה״ — **Thus it is stated,** ***HASHEM will go forth like a mighty warrior, He will arouse vengeance like a man of war*** (ibid. 42:13).

§19 The Midrash examines why the ordinances, which were given to govern man's dealings with his fellow man, were presented to Israel right after the Ten Commandments:

אָמַר רַבִּי אֶלְעָזָר: כָּל הַתּוֹרָה תְּלוּיָה בַּמִּשְׁפָּט — **R' Elazar said: The entire Torah is dependent upon justice;**[368] לְכָךְ נָתַן הַקָּדוֹשׁ בָּרוּךְ הוּא דִּינִין אַחַר עֲשֶׂרֶת הַדִּבְּרוֹת — and **therefore the Holy One, blessed is He, presented** Israel with the civil **laws** immediately **following** the giving of **the Ten Commandments.**[369] לְפִי שֶׁהַבְּרִיּוֹת מַעֲבִירִין עַל הַדִּין וְהוּא נִפְרָע מֵהֶם — For the time shall come when **the people shall disregard the laws** of justice **and He will exact** retribution **from them,**[370] וּמְלַמֵּד אֶת בָּאֵי עוֹלָם — **and He shall** thereby **teach the world's inhabitants** a lesson;[371] שֶׁלֹּא הָפַךְ אֶת סְדוֹם עַד שֶׁעִבְּרָה אֶת הַדִּין — **for He did not overturn Sodom until they disregarded the laws** of justice, שֶׁנֶּאֱמַר ״גָּאוֹן שִׂבְעַת לֶחֶם וְשַׁלְוַת הַשְׁקֵט וגו׳ ״ — **as it is stated,** *Behold, this was the sin of Sodom, your sister:* ***She and her daughters had pride, surfeit of bread, and peaceful serenity,*** *but she did not strengthen the hand of the poor and the needy* (*Ezekiel* 16:49).[372] וְאַף יְרוּשָׁלַיִם לֹא גָלְתָה עַד שֶׁעִבְּרָה אֶת הַדִּין — **And Jerusalem, too, was not exiled until [the Jews] disregarded the laws** of justice,[373] שֶׁנֶּאֱמַר ״יָתוֹם לֹא יִשְׁפֹּטוּ וְרִיב אַלְמָנָה לֹא יָבוֹא אֲלֵיהֶם״ — **as it is stated,** ***They do not render justice to the orphan; the grievance of the widow does not come to them*** (*Isaiah* 1:23).[374]

The Midrash cites a proof of the importance that God attaches to justice:

וְלָמָּה נָתַן הַקָּדוֹשׁ בָּרוּךְ הוּא כֶּתֶר לִיהוּדָה — **And why did the Holy One, blessed is He, give** the **crown** of royalty **to Judah?**[375] וַהֲלֹא לֹא לְבַדּוֹ הוּא גִּבּוֹר מִכָּל אֶחָיו — **Why, it was not he alone of all his brothers** who was **mighty** (גִּבּוֹר),[376] וַהֲלֹא שִׁמְעוֹן וְלֵוִי גִּבּוֹרִים וְהָאֲחֵרִים — for **were not Simeon and Levi** also **mighty** warriors,[377] **and the other [brothers]**[378] as well? אֶלָּא שֶׁדָּן דִּין אֱמֶת לְתָמָר — **Rather,** Judah's unique might was expressed in the fact **that he ruled** with **truthful judgment for Tamar.**[379] לָכֵן נַעֲשָׂה דַּיָּין לְעוֹלָם — **He was therefore made a judge for eternity.**[380]

NOTES

362. Although the Midrash has already interpreted עַתִּיק יוֹמִין homiletically as being related to the word עָתָק (*haughtiness*), it now goes back to explaining the phrase in its plain sense, *the One of Ancient Days* (*Yefeh To'ar*). The Edomites denigrated God's "elderly appearance" (*His garment was white as snow and the hair of His head like clean wool*), i.e., they saw that God refrains from coming to the aid of Israel and assumed that He had "grown old" and powerless (*Yefeh To'ar, Eitz Yosef*).

363. I.e., and has therefore no capacity to protect Israel.

364. I.e., God's refraining from coming to the defense of His people does not stem from any lack of ability on His part; rather, Israel's sins cause Him to distance Himself, thus apparently "weakening" Him, as it were (see *Rashi* on *Deuteronomy* 32:18, from *Sifrei*) (*Yefeh To'ar*).

365. This verse shows that it is possible to speak of God as being wearied (allegorically, of course) by sin.

366. I.e., I will shed My image of an elderly, feeble man and don the garments of war.

367. In this verse, Isaiah foretells the eventual destruction of Edom. God is portrayed as a mighty warrior whose clothing is stained red by the blood of his enemies.

368. The plain sense of R' Elazar's statement would appear to be that justice is the central pillar of the Torah. See, however, note 371 below.

369. Which comprise general principles that include the entire Torah (see *Rashi* to 24:12 below, and above, note 82). For a different explanation see *Maharzu*, citing *Shir HaShirim Rabbah* to *Song of Songs* 5:14 [sec. 2].

370. While in regard to most sins committed by a community, God delays exacting retribution in order to afford the people an opportunity to repent, for the sin of injustice He exacts immediate retribution (*Yefeh To'ar*).

371. I.e., not to disregard the laws of justice. *Yefeh To'ar* (see also *Eitz Yosef*) explains that Israel's failure to execute justice will lead to prompt punishment. This punishment, in turn, will deliver the message to Israel that she must observe the *entire* Torah. It is in this sense that the Midrash speaks of the entire Torah being dependent on justice. Alternatively, *Eshed HaNechalim* writes that the Midrash is to be understood as related to the statement of the Sages in *Bereishis Rabbah* 38 §6 that God is unable (as it were) to punish humanity, even for such terrible sins as idolatry, as long as peace reigns among them. However, when there is unresolved fighting and strife between people, then God will certainly punish them. Our Midrash thus states that the continued existence of the world is dependent upon justice; and it is for this reason that right after the Ten Commandments were given, Israel was warned to keep the ordinances of the Torah, i.e., the laws governing man's dealings with his fellow man.

372. They withheld charity from the poor, thereby violating the ordinances of social justice (see *Eitz Yosef*; see, however, *Radal* and *Beur Maharif*).

373. While the Jews of that period were guilty also of the more severe sins of idolatry, murder, and immorality, their fate was sealed only because of their disregard of the laws governing interpersonal relationships (*Eitz Yosef*; see also *Beur Maharif*, citing *Toldos Noach*; see similarly *Sanhedrin* 108a in connection with the generation of the Flood).

374. In this chapter, which prophesies the destruction of Jerusalem, Isaiah bemoans how the city that had been previously a stronghold of justice and righteousness has become a city of lawlessness. He proceeds to enumerate specific instances of this tragic shift, and counts among them the collapse of justice on behalf of the orphans and widows.

375. The kings of Israel were to be from the Tribe of Judah, as Scripture states, לֹא יָסוּר שֵׁבֶט מִיהוּדָה, *The scepter shall not depart from Judah* (*Genesis* 49:10). [Note, however, that according to *Bereishis Rabbah* 93 §2, Judah was considered king already among his brothers.]

376. *I Chronicles* 5:2 seems to ascribe Judah's kingship to his might (and not, for example, to his wisdom or Torah knowledge). The Midrash therefore wonders: Judah was not the only brother who was mighty! (*Eitz Yosef*).

377. As evidenced in their single-handed annihilation of Shechem; see *Genesis* Ch. 34 (ibid.).

378. See *Eitz Yosef*, who writes that the Midrash is referring here to the six stronger brothers mentioned in *Bereishis Rabbah* 95 §4.

379. As recorded in *Genesis* Ch. 38, Tamar was the childless widow of two of Judah's sons, Er and Onan. When it became clear to her that Judah was not inclined to allow his third son, Shelah, to perform *yibum* (levirate marriage) with her, Tamar took steps to have a child with Judah himself. (For discussion, see *Ramban* to *Genesis* 38:8 and Insight to *Bereishis Rabbah* 85 §5, "*Yibum* Before and After Sinai.") She conceived Judah's child, and when accused of harlotry, refused to embarrass him by divulging the name of the man responsible for her pregnancy. Judah, who was adjudicating the case, admitted to his deed despite the embarrassment his admission would cause him (*Eshed HaNechalim*), and spared Tamar from an unjust death — a courageous act that was an expression of unique גְּבוּרָה (*might*).

380. Judah was thus rewarded מִדָּה כְּנֶגֶד מִדָּה, *measure for measure* (*Yefeh To'ar* below, s.v. ועשאו הקב״ה נשיא). One of the roles of the king is to execute justice by serving as a judge (see *Jeremiah* 21:12 and *Sanhedrin* 19a).

כָּךְ אֵלּוּ הָרְשָׁעִים שֶׁנָּגְעוּ בְּעַתִּיק יוֹמִין, לֹא שֶׁהוּא זָקֵן אֶלָּא °שֶׁיִּיגְעוּ בְּמַעֲשֵׂיהֶם, כִּדְכְתִיב (מלאכי ב, יז) "הוֹגַעְתֶּם ה' בְּדִבְרֵיכֶם", אָמַר לָהֶם: אֲנִי מַחֲלִיפָהּ, שֶׁנֶּאֱמַר (ישעיה סג, ב) "מַדּוּעַ אָדֹם לִלְבוּשֶׁךָ", וּפוֹרֵעַ מִכֶּם, שֶׁנֶּאֱמַר (שם מב, יג) "ה' כַּגִּבּוֹר יֵצֵא כְּאִישׁ מִלְחָמוֹת יָעִיר קִנְאָה":

יט אָמַר רַבִּי אֶלְעָזָר: כָּל הַתּוֹרָה תְּלוּיָה בְּמִשְׁפָּט, לְכָךְ נָתַן הַקָּדוֹשׁ בָּרוּךְ הוּא דִּינִין אַחַר עֲשֶׂרֶת הַדִּבְּרוֹת, לְפִי שֶׁהַבְּרִיּוֹת מַעֲבִירִין עַל הַדִּין וְהוּא נִפְרָע מֵהֶם וּמְלַמֵּד אֶת בָּאֵי עוֹלָם, שֶׁלֹּא הָפַךְ אֶת סְדוֹם עַד שֶׁעִבְּרָה אֶת הַדִּין, שֶׁנֶּאֱמַר (יחזקאל טז, מט) "גְּאוֹן שִׂבְעַת לֶחֶם וְשַׁלְוַת הַשְׁקֵט וְגוֹ'", וְאַף יְרוּשָׁלַיִם לֹא גָּלְתָה עַד שֶׁעִבְּרָה אֶת הַדִּין, שֶׁנֶּאֱמַר (ישעיה א, כג) "יָתוֹם לֹא יִשְׁפֹּטוּ וְרִיב אַלְמָנָה לֹא יָבוֹא אֲלֵיהֶם", °וְלָמָּה נָתַן הַקָּדוֹשׁ בָּרוּךְ הוּא כֶּתֶר לִיהוּדָה, וַהֲלֹא לֹא לְבַדּוֹ הוּא גִּבּוֹר מִכָּל אֶחָיו, וַהֲלֹא שִׁמְעוֹן וְלֵוִי גִּבּוֹרִים וְהָאֲחֵרִים, אֶלָּא שֶׁדָּן דִּין אֱמֶת לְתָמָר, לָכֵן נַעֲשָׂה דַּיָּן (העולם) [לְעוֹלָם], מָשָׁל לְדַיָּין שֶׁבָּא דִּין שֶׁל יְתוֹמָה לְפָנָיו וְזִיכָּה אוֹתָהּ, כָּךְ יְהוּדָה בָּא דִּין תָּמָר לְפָנָיו שֶׁתִּשָּׂרֵף וְהוּא זִיכָּה אוֹתָהּ מִפְּנֵי שֶׁמָּצָא לָהּ זְכוּת, כֵּיצַד, הָיוּ יִצְחָק וְיַעֲקֹב יוֹשְׁבִים שָׁם וְכָל אֶחָיו וְהָיוּ מְחַפִּין אוֹתוֹ, הִכִּיר יְהוּדָה לַמָּקוֹם וְאָמַר אֲמִיתַּת הַדָּבָר, וְאָמַר: (בראשית לח, כו) "צָדְקָה מִמֶּנִּי", וַעֲשָׂאוֹ הַקָּדוֹשׁ בָּרוּךְ הוּא נָשִׂיא,

עץ יוסף

(יט) [טו] **לכך נתן הקדוש ברוך הוא דינים כו'.** כדפירשתי לעיל: **והוא נפרע מהם.** בעולם הזה: **ומלמד לבאי עולם כו'.** שאז מתיסרים לשמוע כל התורה, נמצא שהתורה תלויה במשפט: **שנאמר גאון שבעת לחם.** וגזל מתנות עניים הוי העברה על הדין דהיינו בין אדם לחברו: **ואף ירושלים.** שהיה בהם חטא עבודה זרה וגילוי עריות ושפיכות דמים, מכל מקום לא נתמלא סאתם אלא על הדין: **כתר ליהודה והלא כו'.** מפיק מדכתיב (דברי הימים א' ה') כי יהודה גבר באחיו ולנגיד ממנו, דמשמע שהיה נגיד ומלך על כל אחיו, ולכן אמר המדרש והלא לא הוא לבדו גבור וכו', דתלה הדבר בגבורה ולא במעלות אחרות כגון חכמה או תורה: **והלא שמעון ולוי גבורים.** כידוע שהם הם שהרגו כל אנשי עיר שכם, והאחרים הם אותם שהוכפלו שמותם בזאת הברכה, כדאיתא לעיל בבראשית רבה סוף פרשה צ"ה: **משל לדיין שבא דין יתומה כו'.** ובנמשל היא תמר בתו של שם, שכבר היה מת באותו הפרק, שהרי שם מת לחמשים ליעקב, כדאיתא בסדר עולם רבה: **שבא דין יתומה לפניו וזיכה אותו ומינוהו המלך ראש הדיינים כך יהודה.** כן צריך לומר (רד"ל): **והיו מחפים אותו.** שאף שהכירו החותמת והפתילים שהיו של יהודה, מכל מקום לא ראו בזה תקנת תמר, כי אפשר שהניחם יהודה באיזה מקום ובאה תמר ומצאתן וטוענת על יהודה, אבל יהודה הכיר למקום, ואמר אמתת הדבר כי תמר לא זינתה וכוונתה לשם שמים, ממה שהכיר בצניעותה בביתו, כמו שאמרו ז"ל (סוטה י, ב) גבי כי כסתה פניה: **ועשאו הקדוש ברוך הוא נשיא.** כי מלך במשפט יעמיד ארץ, שמאחר שאין מעביר אותו אהבת עצמו מלהודות על האמת, ראוי להיות מלך:

פירוש מהרז"ו

אלא שיגעו במעשיהם. כמו שכתוב צור ילדך תשי ותשכח אל מחוללך, על כן נראה לנביאים כזקן מלא שיבה, שאינו עוד איש מלחמה, ואין השינוי בעצמו חלילה, שאין זה רק בדמיון לבוש, וכשרוצה מחליף הלבוש. ועיין לעיל פרשה י"ג סוף סימן א, ודורש מדה ט"ו, עתיק יומין לבושיה כתלג חיוור, וכתוב אדום ללבושיך, והכריע מפסוק הוגעתם וגו': **(יט) אחר עשרת הדברות.** שהדברות שהם כלל התורה, תלויה במשפטים. ועיין לעיל פרשה זו סוף סימן ג, ועל הלוחות היו כתובים כל התורה, עיין שיר [השירים רבה] פסוק ידיו גלילי זהב: **ושלות השקט.** וסיפא דקרא ויד עני ואביון לא החזיקה. ופירוש שעברו הדין עליהם: **ולמה נתן הקדוש ברוך הוא.** מכילתא בשלח פרשה ויבואו בני ישראל בתוך הים, כדעת רבנן דשם, ולא כרבי טרפון. ואף דרבנן הודו לרבי טרפון שם, סובר המדרש שהיה בעבור שירד תחלה לים, וגם בצירוף לדקו בדין תמר, כמי שדן דין יתומה שאין לו בזה נשיאת פנים, ושום פניה ופחד, לא מעצמה ולא ממשפחתה כלל, רק למען לשפוט באמת: **והיו מחפין אותו.** שאם היה מכחיש אותה, היו מצדיקים אותו כי לא היה נחשד בעיניהם. ומה שכתב יצחק ויעקב וכו', כי הם היו בית דינו של שם ועבר, כמו שאמרו בראשית רבה פרשה פ"ה סימן י"ב: **הכיר יהודה למקום.** בראשית רבה פרשה פ"ה סימן י"א:

חידושי הרד"ל

[יח] שנגעו בעתיק יומין. שכתוב בו (דניאל ז, ט) לבושו כתלג חיור ושערה כעמר נקא, והמה גינו אותו, ואומרים זקן הוא מלהושיע עוד לעמו: **[יט] את סדום עד שעברו את הדין שנאמר גאון כו'.** ממקרא זה אינו מוכיח על הדין, ובפרקי דרבי אליעזר פרק כה מביא מקרא (יחזקאל כב, כט) והגר עשקו בלא משפט, ועיין מה שכתבתי שם בביאורי בסייעתא דשמיא: **וזיכה אותה ומינהו המלך ראש הדיינין כך יהודה כו'.** כן צריך לומר:

חידושי הרש"ש

אלו הרשעים שנגעו בעתיק יומין. דבתר אל תרבו תדברו גבוהה כו' כתיב יצא עתק מפיכם:

ידי משה

עתיק יומין, כמו זקן יושב בישיבה, כלומר **שהוא זקן, אלא שיגעו במעשיהם,** פירוש שהיה להם לייגע במעשיהם, ולא לדבר על כבודי, חייכם שאני מחליף שמלותי ואפרע מכם. וקל להבין:

באור מהרי"פ

לא שהוא זקן. פירוש, מה שהראה עצמו לפני דניאל שער ראשיה כעמר נקא, לא שהזקין חלילה, אלא הראה עצמו לפי דעת הרשעים המיגעים אותו בדבריהם כמו שזכרנו, היה ראוי להיות לבושיה וגו' ושער ראשיה וגו'. תולדות נח הארוך: **[יט] ומלמד את באי עולם.** פירוש, שמלמד אותם שלא יעבירו את הדין, ומאיים עליהם בזה **שלא הפך וכו': שנאמר גאון.** (יחזקאל טז, מט) הנה זה היה עון סדום גאון שבעת לחם ושלות השקט היה לה ולבנותיה ויד עני ואביון לא החזיקה. ודריש דהאי לא החזיקה בדין מיירי, אף דפשוטו מיירי שלא החזיקה יד עני בצדקה, מכל מקום על צד הדרש דריש הכי: **שנאמר יתום וגו'.** אמר הכותב, אציגה לפניך מקראות השייכים לזה (ישעיה א, כא - כג), איכה היתה לזונה קריה נאמנה מלאתי משפט צדק ילין בה, ועתה מרצחים, כספך היה לסיגים, סבאך מהול במים, שריך סוררים, וחברי גנבים, כולו אוהב שוחד ורודף שלמונים, יתום לא ישפטו, וריב אלמנה לא יבוא אליהם. ואף על גב דקא חשיב עונות רבות חוץ מעוות הדין, מכל מקום מוכח דלא נחתם גזר דינם אלא על עוות הדין, מדכתיב (שם כו - כז) ואשיבה שופטיך כבראשונה, ויועציך כבתחלה, אחרי כן יקרא לך עיר הצדק קריה נאמנה, ציון במשפט תפדה ושביה בצדקה. ומדתלה הכתוב ומחזיק דפדיונה במשפט תליא, שמע מינה דעיקר הסבה לחורבנה הוא עוות המשפט. תולדות נח הארוך: **כתר ליהודה.** (דברי הימים א, ה - ב) כי יהודה גבר באחיו ולנגיד ממנו ולא להתיחש לבכורה, מינה משמע שהיה מלך ונגיד של אחיו: **יצחק ויעקב יושבין שם וכו'.** הנה לכוין החשבון שיצחק היה עדיין חי בעת מעשה תמר, הוא על זה האופן, יעקב היה בן שמונים וארבע שנה כשנשא את נשיו, והיה עובד בבית לבן עוד שבע שנים אחרות ברחל, הרי אחד ותשעים שנה, ובאותו פעם נולד יוסף שטנו של עשו, כדכתיב (בראשית ל, כה) ויהי כאשר ילדה רחל את יוסף ויאמר יעקב אל לבן שלחני ואלכה אל מקומי ולארצי, ולפי שנולד שטנו של עשו שוב לא היה מתירא ממנו, על כן רצה לחזור לבית אביו, וזה היה בלי ספק בעת כלות הארבע עשרה שנה שעבד בעד נשיו, שהרי אמר שלחני ואלכה אל מקומי ולארצי, וזה היה גם כן טרם שהתחילו השש שנים שעבד את לבן בעד צאנו, כמבואר ומפורש במקרא, ושבע עשרה שנה של יוסף מיום לידתו עד עת מכירתו, מעתה חשוב שמונים וארבע שנה כשנשא את נשיו, ושבע שנים אחרות שבסופם נולד יוסף כמו שבארנו, הרי תשעים ואחד. ויצחק היה ששים שנה בלדת את יעקב, נמצא לפי החשבון היה יצחק בן מאה וששים ושמונה שנה בעת מכירת יוסף, ואם כן נשארו משנותיו של יצחק עוד שתים עשרה שנה, שכל ימי חייו היו מאה ושמונים שנה, ובאותן שתים עשרה שנה וירד יהודה וגו' ויקח את בת שוע, והוליד שלשה בנים, ער ואונן ושלה, לא מהן שלש שנים לשלשה עבוריהן, והיה שלה בן תשע שנה כאשר מת יצחק, ודורות הראשונים היו מולידים לשמונה שנה כמפורש בסנהדרין פרק זה בורר, ואם כן קרוב ויכול להיות שנתקיים כי ראתה כי גדל שלה והיא לא נתנה לו לאשה, בעודנו יצחק חי, גם תכף נתהוה מעשה תמר, וישבו יצחק ויעקב וכל השבטים לשאת ולתת בדין תמר, ולא תקשה בעיניך לפרש כן באפשר רחוק שהיו ער ואונן בני שמונה שנה, דעל כרחך צריך לפרש כן, אחרי דמזמן מכירת יוסף עד ירידת יעקב עם בניו למצרים לא היה רק שתים ועשרים שנה, דבן שבע עשרה שנה היה יוסף כשנמכר, ובן שלשים שנה היה בעמדו לפני פרעה, הרי שלש עשרה שנה, ושבע שנות השובע, ושנתים הרעב, הרי עוד תשע שנים, סך הכל עשרים ושנים שנה ולא יותר, ובזמן הקצר ההוא נולדו ליהודה שלשה בנים, ולאחר שנתגדל בנו הצעיר שלה, בא על תמר כלתו והוליד פרץ וזרח, ופרץ הוליד שני בנים חצרון וחמול, וחצרון וחמול היו משבעים נפש הבאים מצרימה, לא וחשוב לידתם ועיבורם, לא תמצא באופן אחר אלא כשתפרש שהולידו בני שמונה. תולדות נח הארוך, עיין שם: **והיו מחפין אותו.** תימה גדולה, איך נאמר על אבותינו הקדושים שהיו מחפין אותו, והמקרא צווח וחרפה לא נשא על קרובו. ויש לומר שבדין היו מחפין עליו, שאמרו אתה מוצדק בדין,

מתנות כהונה

[יט] **לא יבא אליהם** גרסינן:

אשד הנחלים

והנה הם בראותם על ברואיו והנהגותיו שאינו כפי מחשבתם, התחילו לגנות פעולותיו יתברך, שגינו את לבושו, והנה לכן ה' עושה שהוא מחליף לבושו, כלומר שהוא מהפך הרחמים לדין ומענישם, ואז יפחדו מפניו ויגורו מלומר כן עוד: **לא שהוא זקן.** כלומר אין הכונה חס ושלום שהוא זקן, אחר שאין מספר ותכלית לשניו, ואינו תחת הזמן, כי הוא בלתי תכלית, רק הכונה שלכן יחסו לעצמו בשם עתיק יומין, על דרך הכנוי, כאילו כביכול שיגעו אותו על ידי דבריהם הרעים, כאילו הוא עתיק מלשמוע זאת מפיהם: **[יט] וכל התורה תלויה במשפט כו'.** זהו כמו שאמר להלן שכלם לא נענשו עד שעברו על הדין. וזה כמאמרם (בראשית לח, ו) חבור עצבים אפרים הנח לו (הושע ד, יז), שכל זמן ששלום בעולם אז אין הדין מתוח כל כך להעניש, אם לא שיתגרה מדון ורשע בין אדם לחברו, ואם כן כל התורה תלויה במשפט, ולפיכך אחר נתינת התורה תיכף הזהירם על זהירת המשפט, שיהיה זה לשמירה ולקיום העולם, אשר מבלעדה לא יתכן: **דין אמת לתמר.** כי הודה על נפשו, ואמר צדקה ממני, ולכן זכה להיות דיין, אחר שאין מעביר אותו אהבת עצמו מלהודות על האמת: **של יתומה.** שאין איש עומד בעדה עם כל זה זיכה אותה, וזה אות כי רק האמת אלצתו, לא שום יראה פחד, כי אם אהבת האמת לבד:

מסורת המדרש

כו. עיין סוטה ל"ז. תוספתא ברכות פרק ד'. ב"ר פל"ט. במד"ר פי"ג וש"כ. מכילתא פ' בשלח פ"ה:

אם למקרא

הוֹגַעְתֶּם ה' בְּדִבְרֵיכֶם וַאֲמַרְתֶּם בַּמָּה הוֹגָעְנוּ בֶּאֱמָרְכֶם כָּל־עֹשֵׂה רָע טוֹב בְּעֵינֵי ה' וּבָהֶם הוּא חָפֵץ אוֹ אַיֵּה אֱלֹהֵי הַמִּשְׁפָּט: (מלאכי ב: יז)

מַדּוּעַ אָדֹם לִלְבוּשֶׁךָ וּבְגָדֶיךָ כְּדֹרֵךְ בְּגַת: (ישעיה סג: ב)

ה' כַּגִּבּוֹר יֵצֵא כְּאִישׁ מִלְחָמוֹת יָעִיר קִנְאָה יָרִיעַ אַף־יַצְרִיחַ עַל־אֹיְבָיו יִתְגַּבָּר: (שם מב: יג)

הִנֵּה זֶה הָיָה עֲוֹן סְדֹם אֲחוֹתֵךְ גָּאוֹן שִׂבְעַת לֶחֶם וְשַׁלְוַת הַשְׁקֵט הָיָה לָהּ וְלִבְנוֹתֶיהָ וְיַד עָנִי וְאֶבְיוֹן לֹא הֶחֱזִיקָה: (יחזקאל טז: מט)

שָׂרַיִךְ סוֹרְרִים וְחַבְרֵי גַּנָּבִים כֻּלּוֹ אֹהֵב שֹׁחַד וְרֹדֵף שַׁלְמֹנִים יָתוֹם לֹא יִשְׁפֹּטוּ וְרִיב אַלְמָנָה לֹא־יָבוֹא אֲלֵיהֶם: (ישעיה א: כג)

וַיַּכֵּר יְהוּדָה וַיֹּאמֶר צָדְקָה מִמֶּנִּי כִּי־עַל־כֵּן לֹא־נְתַתִּיהָ לְשֵׁלָה בְנִי וְלֹא־יָסַף עוֹד לְדַעְתָּהּ: (בראשית לח: כו)

ענף יוסף

(יט) [טו] והיו שם יצחק ויעקב. דלפי החשבון היה יצחק בר מאה ששים ושמונה שנה בעת מכירת יוסף, לפי שיעקב היה בר תשעים ואחד כשנולד יוסף, ושבע עשרה שנים של יוסף, הרי מאה ושמונה ליעקב, ויצחק הוליד ליעקב כשהיה בן ששים, הרי בעת מכירת יוסף היה יצחק מאה ששים ושמונה, ומן מכירת יוסף עד מעשה תמר אחד עשרה שנה כדאיתא בסדר עולם הרי דיצחק היה עדיין חי במעשה יהודה ותמר:

שינוי נוסחאות

(יח) אלא שייגעו במעשיהם. בספרים ישנים היה כתוב "אלא שייגע במעשיהם" (וקאי על הקב"ה), והנוסח נשתבש ל"שייגעו" בין ד' קראקא הראשון (שמ"ז) לד' קראקא השני (שס"ט):

מָשָׁל לְדַיָּין שֶׁבָּא דִּין שֶׁל יְתוֹמָה לְפָנָיו וְזִיכָּה אוֹתָהּ – This is **analogous to a judge** before whom **came the judgment of an orphan-girl,**[381] **and he exonerated her.**[382] כָּךְ יְהוּדָה בָּא דִּין תָּמָר לְפָנָיו שֶׁתִּשָּׂרֵף וְהוּא זִיכָּה אוֹתָהּ מִפְּנֵי שֶׁמָּצָא לָהּ זְכוּת – **So** it was with regard to **Judah: The judgment of Tamar came before him,** to determine if **she should be** put to death by **burning, and he exonerated her because he found a merit for her.**[383] כֵּיצַד, הָיוּ יִצְחָק וְיַעֲקֹב יוֹשְׁבִים שָׁם וְכָל אֶחָיו וְהָיוּ מְחַפִּין אוֹתוֹ – **How so?** For **Isaac**[384] **and Jacob were sitting there, and all [Judah's] brothers** as well, **and they** sought to **protect him.**[385] הִכִּיר יְהוּדָה לַמָּקוֹם וְאָמַר אֲמִיתַּת הַדָּבָר, וְאָמַר: "צָדְקָה מִמֶּנִּי" – However, **Judah recognized** his **Creator,**[386] **and spoke the truth, and he said, *She is right; it is from me***[387] (*Genesis* 38:26). וַעֲשָׂאוֹ הַקָּדוֹשׁ בָּרוּךְ הוּא נָשִׂיא – **And the Holy One, blessed is He,** therefore **made [Judah] a prince.**[388]

NOTES

In addition, the Messiah will descend from Judah, and of the Messiah Scripture (*Isaiah* 11:4) states explicitly, *He will judge the destitute with righteousness, and decide with fairness for the humble of the earth* (*Midrash Rabbah HaMevoar*). See, however, note 388 below.

381. An allusion to Tamar, who was orphaned of her father, Shem (*Eitz Yosef*). [See, however, commentators cited in Kleinman edition of *Bereishis Rabbah* 85 §11 note 124, stating that Tamar may not have been an actual daughter of Shem but rather a *descendant* of his.]

382. Such an action evidences a particular devotion to righteous justice, for an orphan-girl has no one to advocate for her, and the judge has no one to fear if he rules against her (see *Maharzu, Eshed HaNechalim*).

383. The merit being that her intentions were for the sake of heaven, to perform *yibum* [see Insight referenced in note 379 above] (*Beur Maharif*, citing *Toldos Noach*). Judah was able to be certain of her pure intentions because he had seen her innate modesty firsthand during the time she had lived in his home after Er and Onan died; see *Bereishis Rabbah* 85 §8 with note 103 (see *Eitz Yosef* s.v. והיו מחפין אותו).

384. See *Beur Maharif* for calculation of how Isaac was still alive at this time.

385. I.e., they were prepared to defend him if he would deny that he was the man responsible for Tamar's pregnancy (*Maharzu*). For even though they recognized Judah's signet, staff, and wrap (which Tamar had presented as having been given to her by the father of the children she was carrying; see *Genesis* 38:25), they were prepared to argue that Tamar had simply found them somewhere (*Eitz Yosef*). Furthermore, even if she were telling the truth about the signet, staff, and wrap, Judah was still not to blame because he did not know that the woman with whom he cohabited was a close relative (*Beur Maharif*; see there for further discussion).

386. For explanation of this phrase see *Bereishis Rabbah* 85 §11 (referenced by *Maharzu*).

387. I.e., it is from me that she has conceived (*Rashi* ad loc.). Alternatively, *Ramban* ad loc. translates the phrase צָדְקָה מִמֶּנִּי as *she is more righteous than I.* That is, she is the righteous party here, and I am the one who has sinned against her – as the verse continues, כִּי עַל כֵּן לֹא נְתַתִּיהָ לְשֵׁלָה בְנִי, *inasmuch as I did not give her to Shelah my son* [to perform *yibum*].

388. I.e., a king. Judah's sense of justice, and his readiness to admit the truth even when it was embarrassing to him, made Judah worthy of monarchy, as it says (*Proverbs* 29:4), מֶלֶךְ בְּמִשְׁפָּט יַעֲמִיד אָרֶץ, *Through justice a king establishes a land* (*Eitz Yosef*; see also *Eshed HaNechalim* above).

The Midrash stated above that Judah merited to become a "judge for eternity" as reward for his truthful justice. But Judah could have been made judge without being made king (similar to the role of the Tribe of Issachar – see *Rashi* to *Genesis* 49:15). The Midrash therefore tells us now that he was rewarded with kingship as well (*Yefeh To'ar*).

See Insight Ⓐ.

INSIGHTS

Ⓐ **When the Wise Are Wrong: The Virtue of Admitting Error** *Bikkurei Shai* (*Avos* 5:7) wonders why Judah was deserving of praise and reward for admitting that he was the father of Tamar's twins and preventing her execution. Is it conceivable that he would remain silent and allow three innocent souls to be burned to death?!

More generally, the Mishnah (*Avos* ibid.) lists the ability to acknowledge the truth and admit one's mistakes (מוֹדֶה עַל הָאֱמֶת) among the characteristic traits of a wise person. The implication — that an ordinary person would not readily own up to a mistake — seems hard to accept.

Evidently, however, admitting error is more challenging than we would like to believe. Indeed, many stories found in the Scriptures and Talmud bear out this uncomfortable fact about human nature: It is sometimes easier to inflict mortal harm on others, and to endure terrible suffering oneself, than to recognize the truth and say, "I was wrong."

One such story centers on the city of Jericho. After the fall of that great Canaanite stronghold, Joshua decreed that it should never be rebuilt (*Joshua* Ch. 6). He went so far as to impose a curse on anyone who would attempt to rebuild the city: his firstborn would die as he laid the foundation and his youngest son would die as he set up its gates.

For five hundred years, no one dared rebuild Jericho, until Hiel, a close friend of the wicked King Ahab, felt that he could safely ignore Joshua's curse. He began to lay the foundation, and his firstborn died, but he attributed the coincidence to chance and continued to build. One by one his children perished, yet he stubbornly persisted, until his youngest son died with the erection of the city's gates (see *I Kings* 16:34). Surely there were people who tried to impress upon Hiel during the course of his work that he was destroying his family, and surely they pointed to the mounting evidence that the ancient curse was coming true. Yet Hiel refused to humble himself and concede that he was wrong.

Another example involves Hannah and Peninnah, co-wives of the prophet Elkanah. Peninnah, who had ten children, regularly taunted Hannah over her childlessness. After Hannah finally gave birth to Samuel, she offered a prayer of thanksgiving to God, in which she said (*I Samuel* 2:5), *while the barren woman bears seven, the one with many children becomes bereft.* From this statement, *Midrash Shmuel* (ad loc., cited by *Rashi* ad loc.) derives that Hannah subsequently bore more children, and every time she gave birth, two of Peninnah's children died. When Hannah conceived her fifth child and only two of Peninnah's children remained, their terrified mother begged Hannah to pray for them. Hannah did so and the children were spared. [Although the Sages teach that in vexing her rival, Peninnah had the noble intention of motivating her to pray for children (*Bava Basra* 16a), even that did not absolve her from the harsh punishment destined for anyone who causes a fellow distress.]

Why did Peninnah wait until the last moment to ask for Hannah's help? Did she not realize why her children were dying? Quoting *R' Ephraim Chaim Zaitchik, Bikkurei Shai* submits that despite her terrible losses, Peninnah found it too difficult to humble herself and confess that she was wrong. She preferred to rationalize that it was only coincidental that two of her children perished each time Hannah had another child. Only when she was gripped with fear that she might lose her last remaining children did she gather the strength to admit her error and beseech Hannah to pray for her.

We can now understand why the Mishnah praises one who admits being wrong and considers such an admission a mark of wisdom. It takes a strong devotion to truth and disregard for one's own honor to acknowledge having erred even in the face of embarrassment. In Judah's case, admitting the truth was even more difficult than usual, since Judah could easily have justified remaining silent while finding another means of sparing Tamar from death. He could have reasoned that disclosing his involvement would unfairly defame him, since few people would believe that he was uncontrollably drawn to Tamar and could not be blamed. [As taught in the Midrash elsewhere (*Bereishis Rabbah* 85 §8), God caused Judah to be overcome by desire in order that the royal family should issue from Judah and Tamar.] He could have rationalized further that revealing the truth would bring lasting shame to his family and, given his reputation as a servant of God, would desecrate God's Name. Moreover, he enjoyed the support of his father, grandfather, and ten brothers, who were present at the trial and believed he was innocent, despite recognizing Judah's personal articles that were produced by Tamar.

Judah, however, rose above human nature. He had the presence of mind and strength of character to see through all the rationalizations. He recognized that remaining silent at this time would be tantamount to lying, since it would result in Tamar's name being unjustly smeared and her children's lineage being forever tainted. Ignoring his inclinations, he forthrightly proclaimed that Tamar was innocent and he was wrong, thereby achieving everlasting greatness for himself and his progeny.

[See also Insight to *Vayikra Rabbah* 13 §1, "To Err Is Human," regarding the praise accorded to Moses for admitting that he erred.]

כָּךְ אֵלּוּ הָרְשָׁעִים שֶׁנָּגְעוּ בְּעַתִּיק יוֹמִין, לֹא שֶׁהוּא זָקֵן אֶלָּא °שֶׁיִּיגְעוּ בְּמַעֲשֵׂיהֶם, כְּדִכְתִיב (מלאכי ב, יז) "הוֹגַעְתֶּם ה' בְּדִבְרֵיכֶם", אָמַר לָהֶם: אֲנִי מַחֲלִיפָהּ, שֶׁנֶּאֱמַר (ישעיה סג, ב) "מַדּוּעַ אָדֹם לִלְבוּשֶׁךָ", וּפוֹרֵעַ מִכֶּם, שֶׁנֶּאֱמַר (שם מב, יג) "ה' כַּגִּבּוֹר יֵצֵא כְּאִישׁ מִלְחָמוֹת יָעִיר קִנְאָה":

יט אָמַר רַבִּי אֶלְעָזָר: כָּל הַתּוֹרָה תְּלוּיָה בַּמִּשְׁפָּט, לְכָךְ נָתַן הַקָּדוֹשׁ בָּרוּךְ הוּא דִּינִין אַחַר עֲשֶׂרֶת הַדִּבְּרוֹת, לְפִי שֶׁהַבְּרִיּוֹת מַעֲבִירִין עַל הַדִּין וְהוּא נִפְרָע מֵהֶם וּמְלַמֵּד אֶת בָּאֵי עוֹלָם, שֶׁלֹּא הָפַךְ אֶת סְדוֹם עַד שֶׁעָבְרָה אֶת הַדִּין, שֶׁנֶּאֱמַר (יחזקאל טז, מט) "גְּאוֹן שִׂבְעַת לֶחֶם וְשַׁלְוַת הַשְׁקֵט וְגוֹ'", וְאַף יְרוּשָׁלַיִם לֹא גָּלְתָה עַד שֶׁעִיבְּרָה אֶת הַדִּין, שֶׁנֶּאֱמַר (ישעיה א, כג) "יָתוֹם לֹא יִשְׁפֹּטוּ וְרִיב אַלְמָנָה לֹא יָבוֹא אֲלֵיהֶם", °וְלָמָּה נָתַן הַקָּדוֹשׁ בָּרוּךְ הוּא כֶּתֶר לִיהוּדָה, וַהֲלֹא לֹא לְבַדּוֹ הוּא גִּבּוֹר מִכָּל אֶחָיו, וַהֲלֹא שִׁמְעוֹן וְלֵוִי גִּבּוֹרִים וְהָאֲחֵרִים, אֶלָּא שֶׁדָּן דִּין אֱמֶת לְתָמָר, לָכֵן נַעֲשָׂה דַּיָּן (העולם) [לְעוֹלָם], מָשָׁל לְדַיָּן שֶׁבָּא דִּין שֶׁל יְתוֹמָה לְפָנָיו וְזִיכָּה אוֹתָהּ, כָּךְ יְהוּדָה בָּא דִּין תָּמָר לְפָנָיו שֶׁתִּשָּׂרֵף וְהוּא זִיכָּה אוֹתָהּ מִפְּנֵי שֶׁמָּצָא לָהּ זְכוּת, כֵּיצַד, הָיוּ יִצְחָק וְיַעֲקֹב יוֹשְׁבִים שָׁם וְכָל אֶחָיו וְהָיוּ מְחַפִּין אוֹתוֹ, הִכִּיר יְהוּדָה לַמָּקוֹם וְאָמַר אֲמִיתַּת הַדָּבָר, וְאָמַר: (בראשית לח, כו) "צָדְקָה מִמֶּנִּי", וַעֲשָׂאוֹ הַקָּדוֹשׁ בָּרוּךְ הוּא נָשִׂיא,

עץ יוסף

(יט) [טו] **לכך נתן הקדוש ברוך הוא דינים כו'.** כדפירשתי לעיל: **והוא נפרע מהם.** בעולם הזה: **ומלמד לבאי עולם כו'.** שאז מתיסרים לשמוע כל התורה, נמצא שהתורה תלויה במשפט: **שנאמר גאון שבעת לחם.** וגזל מתנות עניים הוי העברה על הדין דהיינו בין אדם לחברו: **ואף ירושלים.** שהיה בהם חטא עבודה זרה וגילוי עריות ושפיכות דמים, מכל מקום לא נתמלא סאתם אלא על הדין: **כתר ליהודה והלא כו'.** מפיק מדכתיב (דברי הימים א' ה') כי יהודה גבר באחיו ולנגיד ממנו, דמשמע שהיה נגיד ומלך על כל אחיו, ולכן אמר המדרש והלא לא הוא לבדו גבור וכו', דתלה הדבר בגבורה ולא במעלות אחרות כגון חכמה או תורה: **והלא שמעון ולוי גבורים.** כידוע שהם הם שהרגו כל אנשי עיר שכם, והאחרים הם אותם שהוכפלו שמותם בזאת הברכה, כדאיתא לעיל בבראשית רבה סוף פרשה צ"ה: **משל לדיין שבא דין יתומה כו'.** ובנמשל היא תמר בתו של שם, שכבר היה מת באותו הפרק, שהרי שם מת לחמשים ליעקב, כדאיתא בסדר עולם רבה: **שבא דין יתומה לפניו וזיכה אותו ומינוהו המלך ראש הדיינים כך יהודה.** כן צריך לומר (רד"ל): **והיו מחפים אותו.** שאף שהכירו החותמת והפתילים שהיו של יהודה, מכל מקום לא ראו בזה תקנת תמר, כי אפשר שהניחם יהודה באיזה מקום ובאה תמר ומצאתן וטוענת על יהודה, אבל יהודה הכיר למקום, ואמר אמתת הדבר כי תמר לא זינתה וכוונתה לשם שמים, ממה שהכיר בצניעותה בביתו, כמו שאמרו ז"ל (סוטה י, ב) גבי כי כסתה פניה: **ועשאו הקדוש ברוך הוא נשיא.** כי מלך במשפט יעמיד ארץ, שמאחר שאין מעביר אותו אהבת עצמו מלהודות על האמת, ראוי להיות מלך:

פירוש מהרז"ו

אלא שיגעו במעשיהם. כמו שכתוב צור ילדך תשי ותשכח אל מחוללך, על כן נראה לנביאים כזקן מלא שיבה, שאינו עוד איש מלחמה, ואין השינוי בעצמו חלילה, שאין זה רק בדמיון לבוש, וכשרוצה מחליף הלבוש. ועיין לעיל פרשה י"ג סוף סימן א, ודורש מדה ט"ו, עתיק יומין לבושיה כתלג חיוור, וכתוב אדום ללבושיך, והכריע מפסוק הוגעתם וגו': **(יט) אחר עשרת הדברות.** שהדברות שהם כלל התורה, תלויה במשפטים. ועיין לעיל פרשה ז סוף סימן ג, ועל הלוחות היו כתובים כל התורה, עיין שיר [השירים רבה] פסוק ידיו גלילי זהב: **ושלות השקט.** וסיפא דקרא ויד עני ואביון לא החזיקה. ופירוש שעברו הדין עליהם: **ולמה נתן הקדוש ברוך הוא.** מכילתא בשלח פרשה ויבואו בני ישראל בתוך הים, כדעת רבנן דשם, ולא כרבי טרפון. ואף דרבנן הודו לרבי טרפון שם, סובר המדרש שהיה בעבור שירד תחלה לים, וגם בצירוף לדקו בדין תמר, כמי שדן דין יתומה שאין לו בזה נשיאת פנים, ושום פניה ופחד, לא מעצמה ולא ממשפחתה כלל, רק למען לשפוט באמת: **והיו מחפין אותו.** שאם היה מכחיש אותה, היו מצדיקים אותו כי לא היה נחשד בעיניהם. ומה שכתב יצחק ויעקב וכו', כי הם היו בית דינו של שם ועבר, כמו שאמרו בראשית רבה פרשה פ"ה סימן י"ב: **הכיר יהודה למקום.** בראשית רבה פרשה פ"ה סימן י"א:

חידושי הרד"ל

[יח] שנגעו בעתיק יומין. שכתוב בו (דניאל ז, ט) לבושו כתלג חיור ושערה כעמר נקא, והמה גינו אותו, ואומרים זקן הוא מלהושיע עוד לעמו: **[יט] את סדום עד שעברו את הדין שנאמר גאון כו'.** ממקרא זה אינו מוכיח על הדין, ובפרקי דרבי אליעזר פרק כה מביא מקרא (יחזקאל כב, כט) והגר עשקו בלא משפט, ועיין מה שכתבתי שם בביאורי בסייעתא דשמיא: **וזיכה אותה ומינוהו המלך ראש הדיינין כך יהודה כו'.** כן צריך לומר:

חידושי הרש"ש

אלו הרשעים שנגעו בעתיק יומין. דבתר אל תרבו תדברו גבוהה כו' כתיב יצא עתק מפיכם:

ידי משה

עתיק יומין, כמו זקן יושב בישיבה, כלומר **שהוא זקן, אלא שיגעו במעשיהם,** פירוש שהיה להם לייגע במעשיהם, ולא לדבר על כבודי, חייכם שאני מחליף שמלותי ואפרע מכם. וקל להבין:

באור מהרי"פ

לא שהוא זקן. פירוש, מה שהראה עצמו לפני דניאל שער ראשיה כעמר נקא, לא שהזקין חלילה, אלא הראה עצמו לפי דעת הרשעים המיגעים אותו בדבריהם כמו שזכרנו, היה ראוי להיות לבושיה וגו' ושער ראשיה וגו'. תולדות נח הארוך: **[יט] ומלמד את באי עולם.** פירוש, שמלמד אותם שלא יעבירו את הדין, ומאיים עליהם בזה **שלא הפך וכו': שנאמר גאון.** (יחזקאל טז, מט) הנה זה היה עון סדום גאון שבעת לחם ושלות השקט היה לה ולבנותיה ויד עני ואביון לא החזיקה. ודריש דהאי לא החזיקה בדין מיירי, אף דפשוטו מיירי שלא החזיקה יד עני בצדקה, מכל מקום על צד הדרש דריש הכי: **שנאמר יתום וגו'.** אמר הכותב, אציגה לפניך מקראות השייכים לזה (ישעיה א, כא - כג), איכה היתה לזונה קריה נאמנה מלאתי משפט צדק ילין בה, ועתה מרצחים, כספך היה לסיגים, סבאך מהול במים, שריך סוררים, וחברי גנבים, כולו אוהב שוחד ורודף שלמונים, יתום לא ישפטו, וריב אלמנה לא יבוא אליהם. ואף על גב דקא חשיב עונות רבות חוץ מעוות הדין, מכל מקום מוכח דלא נחתם גזר דינם אלא על עוות הדין, מדכתיב (שם כו - כז) ואשיבה שופטיך כבראשונה, ויועציך כבתחלה, אחרי כן יקרא לך עיר הצדק קריה נאמנה, ציון במשפט תפדה ושביה בצדקה. ומדחזינן דפדיונה במשפט תליא, שמע מינה דעיקר הסבה לחורבנה הוא עוות המשפט. תולדות נח הארוך: **כתר ליהודה.** (דברי הימים א, ה - ב) כי יהודה גבר באחיו ולנגיד ממנו ולא להתיחש לבכורה, מינה משמע שהיה מלך ונגיד של אחיו: **יצחק ויעקב יושבין שם וכו'.** הנה לכוין החשבון שיצחק היה עדיין חי בעת מעשה תמר, הוא על זה האופן, יעקב היה בן שמונים וארבע שנה כשנשא את נשיו, והיה עובד בבית לבן עוד שבע שנים אחרות ברחל, הרי אחד ותשעים שנה, ובאותו פעם נולד יוסף שטנו של עשו, כדכתיב (בראשית ל, כה) ויהי כאשר ילדה רחל את יוסף ויאמר יעקב אל לבן שלחני ואלכה אל מקומי ולארצי, ולפי שנולד שטנו של עשו שוב לא היה מתירא ממנו, על כן רצה לחזור לבית אביו, וזה היה בלי ספק בעת כלות הארבע עשרה שנה שעבד בעד נשיו, שהרי אמר שלחני ואלכה אל מקומי ולארצי, וזה היה גם כן טרם שהתחילו השש שנים שעבד את לבן בעד צאנו, כמבואר ומפורש במקרא, ושבע עשרה שנה של יוסף מיום לידתו עד עת מכירתו, מעתה חשוב שמונים וארבע שנה כשנשא את נשיו, ושבע שנים אחרות שבסופם נולד יוסף כמו שבארנו, הרי תשעים ואחד. ויצחק היה ששים שנה בלדת את יעקב, נמצא לפי החשבון היה יצחק בן מאה וששים ושמונה שנה בעת מכירת יוסף, ואם כן נשארו משנותיו של יצחק עוד שתים עשרה שנה, שכל ימי חייו היו מאה ושמונים שנה, ובאותן שתים עשרה שנה וירד יהודה וגו' ויקח את בת שוע, והוליד שלשה בנים, ער ואונן ושלה, לא מהן שלש שנים לשלשה עבוריהן, והיה שלה בן תשע שנה כאשר מת יצחק, ודורות הראשונים היו מולידים לשמונה שנה כמפורש בסנהדרין פרק זה בורר, ואם כן קרוב ויכול להיות שנתקיים כי ראתה כי גדל שלה והיא לא נתנה לו לאשה, בעודו יצחק חי, גם תכף נתהוה מעשה תמר, וישבו יצחק ויעקב וכל השבטים לשאת ולתת בדין תמר, ולא תקשה בעיניך לפרש כן באפשר רחוק שהיו ער ואונן בני שמונה שנה, דעל כרחך צריך לפרש כן, אחרי דמזמן מכירת יוסף עד ירידת יעקב עם בניו למצרים לא היה רק שתים ועשרים שנה, דבן שבע עשרה שנה היה יוסף כשנמכר, ובן שלשים שנה היה בעמדו לפני פרעה, הרי שלש עשרה שנה, ושבע שנות השובע, ושנתים הרעב, הרי עוד תשע שנים, סך הכל עשרים ושנים שנה ולא יותר, ובזמן הקצר ההוא נולדו ליהודה שלשה בנים, ולאחר שנתגדל בנו הצעיר שלה, בא על תמר כלתו והוליד פרץ וזרח, ופרץ הוליד שני בנים חצרון וחמול, וחצרון וחמול היו משבעים נפש הבאים מצרימה, לא וחשוב לידתם ועיבורם, לא תמצא באופן אחר אלא כשתפרש שהולידו בני שמונה. תולדות נח הארוך, עיין שם: **והיו מחפין אותו.** תימה גדולה, איך נאמר על אבותינו הקדושים שהיו מחפין אותו, והמקרא צווח וחרפה לא נשא על קרובו. ויש לומר שבדין היו מחפין עליו, שאמרו אתה מוזהר בדין,

מסורת המדרש

כו. עיין סוטה ל"ז. תוספתא ברכות פרק ד'. ב"ר פל"ט. במד"ר פי"ג וש"כ. מכילתא פ' בשלח פ"ה:

אם למקרא

הוֹגַעְתֶּם ה' בְּדִבְרֵיכֶם וַאֲמַרְתֶּם בַּמָּה הוֹגָעְנוּ בֶּאֱמָרְכֶם כָּל־עֹשֵׂה רָע טוֹב בְּעֵינֵי ה' וּבָהֶם הוּא חָפֵץ אוֹ אַיֵּה אֱלֹהֵי הַמִּשְׁפָּט: (מלאכי ב: יז)

מַדּוּעַ אָדֹם לִלְבוּשֶׁךָ וּבְגָדֶיךָ כְּדֹרֵךְ בְּגַת: (ישעיה סג: ב)

ה' כַּגִּבּוֹר יֵצֵא כְּאִישׁ מִלְחָמוֹת יָעִיר קִנְאָה יָרִיעַ אַף־יַצְרִיחַ עַל־אֹיְבָיו יִתְגַּבָּר: (שם מב: יג)

הִנֵּה זֶה הָיָה עֲוֹן סְדֹם אֲחוֹתֵךְ גָּאוֹן שִׂבְעַת לֶחֶם וְשַׁלְוַת הַשְׁקֵט הָיָה לָהּ וְלִבְנוֹתֶיהָ וְיַד עָנִי וְאֶבְיוֹן לֹא הֶחֱזִיקָה: (יחזקאל טז: מט)

שָׂרַיִךְ סוֹרְרִים וְחַבְרֵי גַּנָּבִים כֻּלּוֹ אֹהֵב שֹׁחַד וְרֹדֵף שַׁלְמֹנִים יָתוֹם לֹא יִשְׁפֹּטוּ וְרִיב אַלְמָנָה לֹא־יָבוֹא אֲלֵיהֶם: (ישעיה א: כג)

וַיַּכֵּר יְהוּדָה וַיֹּאמֶר צָדְקָה מִמֶּנִּי כִּי־עַל־כֵּן לֹא־נְתַתִּיהָ לְשֵׁלָה בְנִי וְלֹא־יָסַף עוֹד לְדַעְתָּהּ: (בראשית לח: כו)

ענף יוסף

(יט) [טו] **והיו שם יצחק ויעקב.** דלפי החשבון היה יצחק בר מאה ששים ושמונה שנה בעת מכירת יוסף, לפי שיעקב היה בר תשעים ואחד כשנולד יוסף, ושבע עשרה שנים של יוסף, הרי מאה ושמונה ליעקב, ויצחק הוליד ליעקב כשהיה בן ששים, הרי בעת מכירת יוסף היה יצחק מאה ששים ושמונה, ומן מכירת יוסף עד מעשה תמר אחד עשרה שנה כדאיתא בסדר עולם הרי דיצחק היה עדיין חי במעשה יהודה ותמר:

שינוי נוסחאות

(יח) **אלא שייגעו במעשיהם.** בספרים ישנים היה כתוב "אלא שייגע במעשיהם" (וקאי על הקב"ה), והנוסח נשתבש ל"שייגער" בין ד' קראקא הראשון (שמ"ז) לד' קראקא השני (שס"ט):

מתנות כהונה

[יט] **לא יבא אליהם** גרסינן:

אשד הנחלים

והנה הם בראותם על ברואיו והנהגותיו שאינו כפי מחשבתם, התחילו לגנות פעולותיו יתברך, שגינו את לבושו, והנה לכן ה' עושה שהוא מחליף לבושו, כלומר שהוא מהפך הרחמים לדין ומענישם, ואז יפחדו מפניו ויגורו מלומר כן עוד: **לא שהוא זקן.** כלומר אין הכונה חס ושלום שהוא זקן, אחר שאין מספר ותכלית לשניו, ואינו תחת הזמן, כי הוא בלתי תכלית, רק הכונה שלכן יחסו לעצמו בשם עתיק יומין, על דרך הכנוי, כאילו כביכול שיגעו אותו על ידי דבריהם הרעים, כאילו הוא עתיק מלשמוע זאת מפיהם: **[יט] וכל התורה תלויה במשפט כו'.** זהו כמו שאמר להלן שכלם לא נענשו עד שעברו על הדין. וזה כמאמרם (בראשית לח, ו) חבור עצבים אפרים הנח לו (הושע ד, יז), שכל זמן ששלום בעולם אז אין הדין מתוח כל כך להעניש, אם לא שיתגרה מדון ורשע בין אדם לחברו, ואם כן כל התורה תלויה במשפט, ולפיכך אחר נתינת התורה תיכף הזהירם על זהירת המשפט, שיהיה זה לשמירה ולקיום העולם, אשר מבלעדה לא יתכן: **דין אמת לתמר.** כי הודה על נפשו, ואמר צדקה ממני, ולכן זכה להיות דיין, אחר שאין מעביר אותו אהבת עצמו מלהודות על האמת: **של יתומה.** שאין איש עומד בעדה עם כל זה זיכה אותה, וזה אות כי רק האמת אלצתו, לא שום יראה פחד, כי אם אהבת האמת לבד:

וְכֵן הָיָה בֶּן זוֹמָא אוֹמֵר וְדוֹרֵשׁ: נִתְבַּיַּישְׁתָּ בָּעוֹלָם הַזֶּה — **And so Ben Zoma often used to say:**[389] **You** (i.e., Judah) **suffered embarrassment in this world;** אֵין אַתָּה מִתְבַּיֵּישׁ מִן הַקָּדוֹשׁ בָּרוּךְ הוּא לָעוֹלָם הַבָּא שֶׁהוּא אֵשׁ אוֹכְלָה — therefore, **you will not be embarrassed** in the presence **of the Holy One, blessed is He, Who is a consuming fire,**[390] **in the World to Come.**[391] לָמָּה, שֶׁאֵין בּוֹשְׁתּוֹ שֶׁל הָעוֹלָם הַזֶּה כְּלוּם, אֶלָּא בּוֹשֶׁת עֲמִידָתוֹ שֶׁל הָעוֹלָם הַבָּא — And **why** should embarrassment suffered in the World to Come be of greater concern than the embarrassment suffered in this world?[392] **For the embarrassment of this world is nothing;**[393] true embarrassment is **only the embarrassment of standing** in judgment **in the World to Come,**[394] שֶׁנֶּאֱמַר "עַל זֹאת יִתְפַּלֵּל כָּל חָסִיד אֵלֶיךָ וְגוֹ׳ " — **as it is stated,** ***For this let every devout one pray to You*** *at a time [when] misfortune befalls* (*Psalms* 32:6).[395]

§20 The Midrash offers another explanation as to why God presented the ordinances directly after the Ten Commandments:[396]

וְרַבִּי יְהוֹשֻׁעַ אוֹמֵר: אָמַר הַקָּדוֹשׁ בָּרוּךְ הוּא: לְפִי שֶׁהִרְבֵּיתִי עֲלֵיכֶם דִּינִין אֲנִי מַרְבֶּה עֲלֵיכֶם שָׂכָר — **And R' Yehoshua says: The Holy One, blessed is He, said** to Israel, **"Because I gave you abundant laws, I** shall **increase your reward.**[397] וְהִזְהַרְתִּי אֶתְכֶם עַל כָּל הַמִּצְוֹת שֶׁהִיא חַיֵּיכֶם, שֶׁנֶּאֱמַר "שׁוֹמֵר מִצְוָה לֹא יֵדַע דָּבָר רָע" — **And I cautioned you regarding** ***all*** **the commandments, because each is your life** itself,"[398] **as it is stated,** ***He who obeys the commandment*** [מִצְוָה] ***will know no evil*** (*Ecclesiastes* 8:5).[399] וְכֵן כָּל עִנְיָן שֶׁכָּתוּב בְּפָרָשָׁה הַזּוּ לְהוֹרֵג נֶפֶשׁ, לְמַכֵּה שׁוֹר, לְמַבְעִיר בְּעֵירָה — **"And so** it is true with regard to **each subject that is written in this Torah portion**[400] — e.g., **with regard to one who takes the life of another,**[401] **with regard to one who strikes** and damages another's **ox,**[402] and **with regard to one who kindles a fire** that damages another's property.[403] כָּל אַחַת וְאַחַת כָּתַבְתִּי עוֹנְשָׁהּ בְּצִדָּהּ וּשְׂכָרָהּ בְּצִדָּהּ — With regard to **each and every [subject], I have written its punishment at its side**[404] **and its reward at its side."**[405]

The Midrash presents an analogy:

מָשָׁל לְמֶלֶךְ שֶׁהִתְקִין שְׁנֵי דְרָכִים — This is **analogous to a king who prepared two paths** for travel. אַחַת מְלֵיאָה קוֹצִים וְדַרְדָּרִים וְסִירָאוֹת וְאַחַת מְלֵיאָה בּוֹשֶׂם — **One was filled with thorns and thistles and** ***sira'os,***[406] **and the other was filled with fragrant herbs.** וְהָעִוְרִים הוֹלְכִין בְּדֶרֶךְ הָרַע וְהַקּוֹצִים מוֹסִיפִים מַכָּה עַל מַכּוֹתֵיהֶם — **And the blind walk in the bad path, where the thorns add injury to their** existing **injuries.** וְהַפִּקְחִים הוֹלְכִין בְּדֶרֶךְ הַטּוֹבָה וְנִמְצְאוּ הֵם הוֹלְכִין וּכְלֵיהֶם מִתְבַּשְּׂמִים הֵימֶנָּה — **And those who are able to see walk in the good path, where their garments become scented from [the fragrance].** כָּךְ הָאֱלֹהִים הִתְקִין שְׁנֵי דְרָכִים, לַצַּדִּיקִים אֶחָד וְלָרְשָׁעִים אֶחָד — **So did God prepare two paths: one for the righteous and for the wicked.**[407] מִי שֶׁאֵין לוֹ עֵינַיִם הוֹלֵךְ בְּדֶרֶךְ רְשָׁעִים וְנִתְקַל וְאֵין לוֹ עֲמִידָה — **One who has no eyes**[408] **walks in the path of the wicked, and he will stumble and have no endurance** even in this world.[409]

NOTES

389. Translation follows *Eitz Yosef. Toldos Noach* adds that Ben Zoma used to say this to himself (אוֹמֵר), as well as repeating it in his public discourses (דוֹרֵשׁ).

390. As stated in *Deuteronomy* 4:24. *Ramban* ad loc. writes that this verse alludes to God's Attribute of Strict Justice. See next note.

391. That is: In speaking truthfully, and thereby suffering embarrassment in this world, you rescued himself from the harsh judgment and eternal shame that you would have suffered before God in the World to Come had you allowed Tamar to be wrongfully executed.

Alternatively: The Midrash's phrase שֶׁהוּא אֵשׁ אוֹכְלָה is to be rendered, "for it (i.e., the embarrassment suffered in the World to Come) is a consuming fire." While embarrassment that one experiences in this world causes one to become heated and flushed (see *Bava Metzia* 58b regarding one who embarrasses his friend in public), the embarrassment one experiences in the World to Come is much worse — it is like a consuming fire. The Midrash is advising that one should therefore choose the former over the latter (*Toldos Noach*).

392. *Eitz Yosef.*

393. For it is but transient, and it is in front of mortal man (ibid., following *Eshed HaNechalim*).

394. For it is eternal, and it is before God (ibid.).

395. The "time of misfortune" mentioned in the verse refers to the time of death. Now, the preceding verse in the *Psalms* passage reads: *My sin I make known to You, my iniquity I do not hide. I said, "I will confess my transgressions to HASHEM," and You have [always] forgiven my iniquitous sin, Selah.* King David (the author of *Psalms*) is thus delivering the following message: "Just as I admitted my sins and made no attempt to conceal them from God, so should every devout person pray that he be similarly inspired to admit his wrongs before his death, and thereby save himself from being shamed in the World to Come" (*Eitz Yosef*, citing *Toldos Noach*). Ben Zoma used to state this teaching often in order to remind his listeners of this important lesson.

396. *Eitz Yosef.*

397. The reason Israel was given such an abundance of laws was in order to afford them many opportunities to earn reward (see Mishnah *Makkos* 3:16, cited by *Maharzu*). To attest to the significance of the ordinances as a major vehicle by which Israel may become worthy of reward — for there are very many ordinances — God presented them directly after the Ten Commandments (*Eitz Yosef*).

398. The power of Torah and mitzvos to protect life is discussed in *Sotah* 21a.

399. The Midrash infers from the use of the singular form, מִצְוָה (*commandment*), that adherence to even a single commandment protects against harm (*Eitz Yosef*).

400. I.e., in our section of Scripture that contains the ordinances that were given directly after the Ten Commandments.

401. See below, 21:12ff.

402. [The Midrash's inclusion of this example is somewhat puzzling, for the law of a person who strikes an animal is actually discussed in *Leviticus* 24:18,21. See, however, 21:35-36 in our section for the law regarding an *animal* that strikes another animal.]

403. See 22:4-5 below.

404. I.e., the punishment of death for taking a life (21:12), and the financial payments required for causing each kind of financial harm mentioned in the *parashah*.

405. Scripture makes no explicit mention of the reward for fulfilling the ordinances mentioned in this section. However, in light of the principle that God's measure of beneficence is far greater than His measure of retribution (*Sotah* 11a), we may infer the great reward for fulfilling the ordinances from the punishments and payments that are mentioned in the *parashah* (*Eitz Yosef*). Alternatively, the Midrash does not mean "at its side" literally. Rather, it means that the Torah *elsewhere* (e.g., *Deuteronomy* 30:15-16) promises reward for fulfilling its "commandments, decrees, and ordinances" (see *Toldos Noach*). For a third explanation see *Maharzu*, citing 23:20 below.

406. *Matnos Kehunah* writes that סִירָאוֹת are a type of thorns. Alternatively, *Toldos Noach* translates סִירָאוֹת as a rotted and unpleasant substance — the antithesis of the fragrance that existed in the other path (*Eitz Yosef*).

407. The two paths mentioned here represent the evil inclination, which induces man to sin, and the good inclination, which counsels him to act correctly (*Toldos Noach*, cited by *Eitz Yosef*).

408. I.e., one who chooses to disregard God's goodness that is manifest in this world (*Eitz Yosef* s.v. ונתקל וכו׳). Alternatively, one whose desires overcame his intellect and blinded him to the consequences of his actions (see *Rashash*).

409. In addition to his forfeiture of his share in the World to Come, he will be driven from this world as well for choosing to walk in the path of the wicked. His plight is analogous to the blind man who, already suffering blindness, further injures himself by walking on a path strewn with thorns (ibid.).

וְכֵן הָיָה בֶּן זוֹמָא אוֹמֵר וְדוֹרֵשׁ: נִתְבַּיַּשְׁתָּ בָּעוֹלָם הַזֶּה, אֵין אַתָּה מִתְבַּיֵּשׁ מִן הַקָּדוֹשׁ בָּרוּךְ הוּא לָעוֹלָם הַבָּא, שֶׁהוּא אֵשׁ אוֹכְלָה, לָמָּה, שֶׁאֵין בּוֹשְׁתּוֹ שֶׁל הָעוֹלָם הַזֶּה כְּלוּם, אֶלָּא בּוֹשֶׁת עֲמִידָתוֹ שֶׁל הָעוֹלָם הַבָּא, שֶׁנֶּאֱמַר (תהלים לב, ו) "עַל זֹאת יִתְפַּלֵּל כָּל חָסִיד אֵלֶיךָ וְגוֹ'":

ב וְרַבִּי יְהוֹשֻׁעַ אוֹמֵר: אָמַר הַקָּדוֹשׁ בָּרוּךְ הוּא: לְפִי שֶׁהִרְבֵּיתִי עֲלֵיכֶם דִּינִין אֲנִי מַרְבֶּה עֲלֵיכֶם שָׂכָר, וְהִזְהַרְתִּי אֶתְכֶם עַל כָּל הַמִּצְוֹת שֶׁהִיא חַיֵּיכֶם, שֶׁנֶּאֱמַר (קהלת ח, ה) "שׁוֹמֵר מִצְוָה לֹא יֵדַע דָּבָר רָע", וְכֵן כָּל עִנְיָן שֶׁכָּתוּב בַּפָּרָשָׁה הַזּוּ לַהֲרוֹג נֶפֶשׁ, לְמַכֵּה שׁוֹר, לְמַבְעִיר בְּעֵירָה, כָּל אַחַת וְאַחַת כָּתַבְתִּי עוֹנְשָׁהּ בְּצִדָּהּ וּשְׂכָרָהּ בְּצִדָּהּ, מָשָׁל לְמֶלֶךְ שֶׁהִתְקִין שְׁנֵי דְּרָכִים, אַחַת מְלֵיאָה קוֹצִים וְדַרְדָּרִים וְסִירָאוֹת וְאַחַת מְלֵיאָה בּוֹשֶׂם, וְהָעִוְרִים הוֹלְכִין בַּדֶּרֶךְ הָרַע וְהַקּוֹצִים מוֹסִיפִים מַכָּה עַל מַכּוֹתֵיהֶם, וְהַפִּקְחִים הוֹלְכִין בַּדֶּרֶךְ הַטּוֹבָה וְנִמְצְאוּ הֵם הוֹלְכִין וְכֵלֵיהֶם מִתְבַּשְּׂמִים הֵימֶנָּה, כָּךְ הָאֱלֹהִים הִתְקִין שְׁנֵי דְּרָכִים, לַצַּדִּיקִים אֶחָד וְלָרְשָׁעִים אֶחָד, מִי שֶׁאֵין לוֹ עֵינַיִם הוֹלֵךְ בְּדֶרֶךְ רְשָׁעִים וְנִתְקָל וְאֵין לוֹ עֲמִידָה, כְּבִלְעָם הָרָשָׁע שֶׁנִּטְרַף מִן הָעוֹלָם, וּכְדוֹאֵג וַאֲחִיתוֹפֶל שֶׁנִּתְרַחֲקוּ מִן הַחַיִּים, וּכְגֵיחֲזִי שֶׁיָּצָא מִן הָעוֹלָם רֵיקָם, אֲבָל הַצַּדִּיקִים שֶׁמְּהַלְּכִים בְּתוּמָּם הֵם זוֹכִים וּבְנֵיהֶם אַחֲרֵיהֶם, שֶׁנֶּאֱמַר (משלי כ, ז) "מִתְהַלֵּךְ בְּתֻמּוֹ צַדִּיק אַשְׁרֵי בָנָיו אַחֲרָיו":

כא דָּבָר אַחֵר, (כא, א) "וְאֵלֶּה הַמִּשְׁפָּטִים", הַרְבֵּה הוּא דִּינָן שֶׁל רְשָׁעִים מַה שֶּׁמּוּכָן לָהֶם, מַה כְּתִיב בָּהֶם, (תהלים יא, ו) "יַמְטֵר עַל רְשָׁעִים פַּחִים וְגוֹ'", לְפִי שֶׁהֵן עוֹבְרִין עַל הַמִּצְוֹת וְעַל הַדִּין שֶׁבַּתּוֹרָה,

עץ יוסף

וכן היה בן זומא אומר ודורש. כלומר כן היה מרגלא בפומיה, וזהו אומר ודורש, וקאי איהודה שהזכיר כאן איך שהודה ולא בוש, ועורר בן זומא על ענין הבושת העיקרי, שהוא רק לעולם הבא ששם עיקר הבשת, אבל בשת של עולם הזה אינו כלום, כי הוא בשת זמני, וממי, מבני אדם, אבל שמה בושת תמידי חס ושלום, וממי מה' ברוך הוא, ולכן לא יבוש מלהודות האמת בדבר שנוגע לכבוד ה', וזהו שאמר למה, פירוש למה יש לחוש אל בושתו של עולם הבא טפי, ואמר לפי שאין בושתו של עולם הזה כלום: **שנאמר על זאת יתפלל כו'.** רישא דקרא חטאתי אודיעך ועוני לא כסיתי אמרתי אודה עלי פשעי לה' וגו', והכי קאמר אמרתי אודה עלי פשעי לה' ולא איבוש לכסותם, ועל זאת יתפלל כל חסיד אליך שתתן בלבו לעשות כן להודות על החטאים ולא יתבייש, וזהו לעת מצא, וכמו שאמרו חכמינו ז"ל (ברכות ח, א) לעת מצא זו מיתה, כלומר שצריך שיודה על חטאיו קודם מיתתו כדי שלא יבוש לעולם הבא (תולדות נח). **(ב) [טז] ורבי יהושע אומר כו'.** גם הוא נותן טעם למה נתן הקדוש ברוך הוא דינין אחר עשרת הדברות וקאמר לחשיבותם, שלפי שהרבה להם דינין מרבה עליהם שכר בשמירתם: **שנאמר שומר מצוה כו'.** משמע אפילו שומר מצוה אחת, גם כן לא ידע דבר רע (תולדות נח): **ושכרה בצדה.** שמהעונש אתה יודע שכרה, שמדה טובה מרובה: **וסיראות.** הוא גם כן מין קוצים, כמה דאת אמר כקול הסירים (מתנות כהונה). והתולדות נח פירש לשון סרחון, והיפוכו מדרך הטוב שאמר שהוא מלא בושם: **אחד לצדיקים ואחד לרשעים.** כלומר שהתקין לאדם יצר טוב שהוא יועץ לאדם לטוב, וברא יצר הרע שהוא יועץ לאדם לרע (תולדות נח): **ונתקל ואין לו עמידה.** דלא מיבעיא שנכשלים לאבד נפשם, אלא שאין להם עמידה וקיום אפילו בעולם הזה, שהם נענשים ונטרדים ממנה, והוא משל הקוצים שמוסיפים מכה לעורים, כן בחירת הדרך הרע בעולם הזה מוסיף רעה לרשעים על עורונם מראות בטוב ה', ולכן הביא מבלעם ודואג ואחיתופל וגחזי, שכל אלו שלא זו שלא נטרדו מן העולם הבא, אלא שנטרדו אף מן עולם הזה: **אבל הצדיקים כו'.** אין צריך לומר שזוכים לעולם הבא אלא שזוכים גם כן בעולם הזה, ולא זו להם, אלא אף לבניהם אחריהם, שמדה טובה מרובה, ואף שגם מאחיתופל יצאה בת שבע אם שלמה, מכל מקום לא זכה לראות בגדולת בניו, כי מת בחצי ימיו כמאמר חכמינו ז"ל (סנהדרין סט, ב), מה שאין כן הצדיקים שמאריכים ימים, ורואים בבניהם ברכה וגדולה (תולדות נח): **(כא) [יז] הרבה הוא דינן של רשעים כו'.** בא לדרוש וי"ו של ואלה המשפטים, שמוסיף על עשרת הדברות בחומר ענשן, והא קא משמע לן דלא תימא דמשפטים דבין אדם לחבירו ניהו אין עונשן חמור, כמו שעובר על הדברות שבין אדם למקום, להכי אשמעינן שהדינין והמצות שבין אדם לחבירו ענשן חמור יותר, וזה שאמר הרבה הוא דינן של רשעים כו', פירוש כי הרבה מאד

פירוש מהרז"ו

לעת מצא. וסיפא דקרא רק לשטף מים רבים אליו לא יגיעו, היינו ליום הדין הגדול, וכמו שדרש בראשית רבה פרשה ל"ב סימן ב, לעת מצא, מצוי היום, מצוי הדין, מצוי הנפש, מצוי החשבון. ועיין ברכות דף ח (ע"א): **(ב) לפי שהרביתי.** כמאמר רבי חנניא בן עקשיא (מכות כג, ב) רצה הקב"ה לזכות וכו': **עונשה בצדה ומתן שכרה.** העונש מבואר בכל סדר משפטים, ובסוף משפטים בפרשת הנה אנכי שולח מלאך מבואר שכר המצות בדרך כלל, והוא בצד המשפטים: **אחת מלאה קוצים.** לפי מה שכתב כאן לא יתישב איך ילכו בדרך שמלאה קוצים. וכאן קיצר, ותשלומו בקהלת רבה פסוק ראיתי את כל המעשים, וכן הוא בתנחומא ראה סימן ג, וזה לשונו, לזקן שהיה יושב בפרשת דרכים והיו לפניו שני שבילים, אחד תחלתו קוצים וסופו מישור, והיה מזהיר לעוברים ושבים וכו'. וכן באיכה פסוק רבתי בגוים, מעשה דרבי יהושע עם התינוק, וכן כאן שצריך לילך בדרך שתחלתו קוצים ויסורים, ולזה נתנו הדינים עם העונשים לרדות היצר: **בבלעם וכו'.** חשב ארבעה ההדיוטות שאין להם חלק לעולם הבא במשנה ריש חלק (סנהדרין ל, א): **(כא) ימטר על רשעים פחים.** וסיפא דקרא אש וגפרית ורוח זלעפות מנת כוסם כי צדיק ה' וגו':

מתנות כהונה

יתפלל כל חסיד וגו'. וסיפיה דקרא לעת מצוא זו מיתה ועיין בבראשית רבה פרשה ס"ב (סימן א) ופרשה ל"ב (סימן ב) ולקמן פרשה כ"ב (סימן ג): **[ב] וסיראות.** קוצים כמה דאת אמר (קהלת ז, ו) כקול הסירים: הכי גרסינן **בדרך הרע והקוצים:** **[כא]** הכי גרסינן **פחים וגו':**

אשד הנחלים

וכן היה בן זומא כו'. עורר על ענין הבושת העיקרי, שהוא רק לעולם הבא ששם עיקר הבושת, אבל בושת עולם הזה אינו כלום כי הוא בושת זמני, וממי מבני אדם, אבל שמה בושת תמידי חס ושלום, וממי מה' ברוך הוא, ולכן לא יבוש מלהודות האמת בדבר שנוגע לכבוד ה': **[ב] אני מרבה עליכם שכר.** שלא ידומה כי רבוי המצות המה למשא על האדם, לא כן, כי אם מוסיפים רבוי שכר על ידי זה, ואם כן ראוי לעבוד מאהבה, ואחר שהוא כן אם כן כל אשר יתרבה הוא יותר טוב ויותר נאהב: **משל למלך שהתקין כו' כבלעם הרשע כו'.** אחז הרשעים שהיו חכמים ופקחים בידיעות רמות והיה שכלם גדול, אך הולכים בשכלם בארחות עקלקלות, כעורים הבלתי רואים הדרך האמיתי, ולכן הם נכשלים, והקוצים מכאיבים אותם מאד, כלומר שמעשיהם הם מסבבים נפילתם במהרה, אבל הצדיקים מלבד שגורמים טובה להם, עוד גורמים לבניהם אחריהם: **[כא] הרבה [הוא] דינין של רשעים כו' אחר הדברות.** הא נמי כמו שפירשתי

חידושי הרד"ל

[ב] בדרך הרע והקוצים מוסיפין כו'. כן צריך לומר:

חידושי הרש"ש

[יט] שנאמר על זאת יתפלל כל חסיד כו'. וקרא דלפניו חטאתי אודיעך ועוני לא כסיתי כו': **[ב] מי שאין לו עינים.** רצה לומר שתאותם עיורה עיני שכלם:

באור מהרי"פ

שהרי לא ידעתי שהיא כלתך, אבל היא חייבת מיתה, שהיא ידעה בך שאתה חמיה, וכונתה היתה לשם זנות, ועוד שמא הפקירה עצמה גם לאחרים, אבל יהודה המציא לה זכות, באמרו שכל כוונתה היתה לשם שמים, שיהודה יבם אותה, כי כן היה הדרך בימיהם שחמיה יבם אותה, כמו שכתב הרמב"ן בפירושו על התורה (בראשית לח, כו) בד"ה צדקה ממני, [וזה לשונו], כי היא הצדקת ואני החוטא [אליה], שלא נתתיה לשלה בני, [והטעם] כי שלה הוא היבם, ואם (לאו) [לא] יחפוץ לקחת את יבמתו, אביו הוא הגואל אחריו, עד כאן לשון הרמב"ן]. [ו] העתקתי תמצית דברי תולדות נח, אף שיש להעיר בזה: **שנאמר על זאת יתפלל וגו'.** (תהלים לב ה - ו) חטאתי אודיעך ועוני לא כסיתי, אמרתי אודה עלי פשעי לה', ואתה נשאת עון חטאתי סלה. והכי קאמר, אמרתי אודה עלי פשעי וגו' ולא אכסה עיני בעולם הזה כדי שלא אתבייש בעולם הבא, על זאת יתפלל כל חסיד לעת מצוא, ואמרו חכמינו ז"ל (ברכות ח, א) זה יום המיתה, כלומר שיזכה לעשות ולהתודות קודם מותו, כדי שלא יתבייש לאחר מיתתו בעולם הזה: **[ב] במתנות כהונה [בד"ה] סיראות קוצים וכו'.** לא כוון יפה בפירושו, כי קוצים כתובים כאן מפורש בתחלת דברי המשל, אלא סיראות פירושו לשון סרחון, היפך הבושה המוזכר בדרך הצדיקים: **[כא] הרבה הוא דינן של רשעים.** אולי דריש ואלה, וא"ו מוסיף על ענין ראשון, היינו עשרת הדברות, שעונשו חמור יותר מעשרת הדברות כמבואר בסמוך:

אם למקרא

עַל־זֹאת יִתְפַּלֵּל כָּל־חָסִיד אֵלֶיךָ לְעֵת מְצֹא רַק לְשֵׁטֶף מַיִם רַבִּים אֵלָיו לֹא יַגִּיעוּ: (תהלים לב: ו)

שׁוֹמֵר מִצְוָה לֹא יֵדַע דָּבָר רָע וְעֵת וּמִשְׁפָּט יֵדַע לֵב חָכָם: (קהלת ח: ה)

מִתְהַלֵּךְ בְּתֻמּוֹ צַדִּיק אַשְׁרֵי בָנָיו אַחֲרָיו: (משלי כ: ז)

יַמְטֵר עַל־רְשָׁעִים פַּחִים אֵשׁ וְגָפְרִית וְרוּחַ זִלְעָפוֹת מְנָת כּוֹסָם: (תהלים יא: ו)

אמרי יושר

[כא] אלה המשפטים. על משפט גיהנם אם לא ידינו כהוגן, משל על עבודה זרה הוא הניאוף עם הסרים:

כְּבִלְעָם הָרָשָׁע שֶׁנִּטְרַף מִן הָעוֹלָם, וּכְדוֹאֵג וַאֲחִיתוֹפֶל שֶׁנִּתְרַחֲקוּ מִן הַחַיִּים, וּכְגֵיחֲזִי שֶׁיָּצָא מִן הָעוֹלָם רֵיקָם – He will thus be **like the wicked Balaam, who was driven from the world,**[410] **and** like **Doeg and Ahitophel, who were distanced from life,**[411] **and like Gehazi,**[412] **who departed from the world empty.**[413] אֲבָל הַצַּדִּיקִים שֶׁמְּהַלְּכִים בְּתוּמָם הֵם זוֹכִים וּבְנֵיהֶם אַחֲרֵיהֶם – **But the righteous, who walk in their innocence, they and their children after them shall merit** endurance in this world in addition to their deserved place in the World to Come,[414] שֶׁנֶּאֱמַר ״מִתְהַלֵּךְ בְּתֻמּוֹ צַדִּיק אַשְׁרֵי בָנָיו אַחֲרָיו״ – **as it is stated,** ***One who walks in his innocence is a righteous man; fortunate are his sons after him*** (*Proverbs* 20:7).

§21 The Midrash expounds the conjunctive *vav* in the word וְאֵלֶּה, *"And" these*:[415] דָּבָר אַחֵר, ״וְאֵלֶּה הַמִּשְׁפָּטִים״ – **Another interpretation** of the phrase, ***And these are the ordinances***: הַרְבֵּה הוּא דִּינָן שֶׁל רְשָׁעִים מַה שֶּׁמּוּכָן לָהֶם – **Abundant is the judgment of the wicked, [the punishment] that is prepared for them.** מַה כְּתִיב בָּהֶם – **For what is written regarding** the punishment of **[the wicked]?** ״יַמְטֵר עַל רְשָׁעִים פַּחִים וְגוֹ׳ ״ – ***He will rain down coals upon the wicked;*** *fire and brimstone and a burning blast is their allotted portion* (*Psalms* 11:6).[416] לְפִי שֶׁהֵן עוֹבְרִין עַל הַמִּצְוֹת וְעַל הַדִּין שֶׁבַּתּוֹרָה – Why are they so severely punished? **Because they transgress the commandments and the laws of the Torah** governing interpersonal relationships,[417]

NOTES

410. According to R' Chanina (*Sanhedrin* 106b), Balaam died at the age of 33 or 34. According to R' Ashi (ibid.), he was smitten with *tzaraas*.

411. Doeg was an adviser to King Saul. He told Saul that the Kohanim of Nob had given aid to David, and he then carried out Saul's order to massacre them (see *I Samuel* Chs. 21-22; and see Schottenstein edition of *Sanhedrin* 106b note 7 at length). Ahitophel was an adviser to King David, who betrayed David and masterminded Absalom's attempt to unseat David from the throne (see *II Samuel* 15:12, 16:20ff). In stating that these two men were "distanced from life," the Midrash alludes to the fact that Doeg died at 34 and Ahitophel at 33 (see *Sanhedrin* ibid.; for further discussion of Ahitophel's sins, see note 64 there).

412. Gehazi was the disciple and attendant of the prophet Elisha. He disregarded his master's instructions and took money from Naaman (the general of the army of Aram, whom Elisha miraculously healed of *tzaraas*), claiming that Elisha desired payment (see *II Kings* Ch. 5). As punishment, Elisha cursed him that Naaman's leprosy should cleave to him and his children forever. He suffered thus for the rest of his life, and died a leper. See further, *Sanhedrin* 107b.

413. These four individuals are mentioned in the Mishnah, *Sanhedrin* 10:2, as having forfeited any share in the World to Come (*Maharzu, Toldos Noach*). They are synonymous with the blind man in our analogy, for they too suffered "injuries on top of injuries"; they merited no share in the World to Come, and were driven out of this world as well (*Eitz Yosef*).

414. Since God's measure of beneficence exceeds His measure of retribution (*Sotah* 11a), the righteous are rewarded in greater measure than the wicked are punished. Thus, whereas the wicked *lose* this world and the next, the righteous *gain* this world and the next, and not only for themselves but for their descendants as well (*Eitz Yosef*).

Note that the Midrash does not say that the *descendants* of the wicked will lose this world (or the next). See *Toldos Noach*, cited by *Eitz Yosef*.

415. *Beur Maharif, Eitz Yosef.*

416. This verse is describing Gehinnom (*Eitz Yosef*).

417. I.e., the ordinances, listed in our *parashah* (ibid.; see also *Eshed HaNechalim*).

וְכֵן הָיָה בֶּן זוֹמָא אוֹמֵר וְדוֹרֵשׁ: נִתְבַּיַּשְׁתָּ בָּעוֹלָם הַזֶּה, אֵין אַתָּה מִתְבַּיֵּישׁ מִן הַקָּדוֹשׁ בָּרוּךְ הוּא לָעוֹלָם הַבָּא, שֶׁהוּא אֵשׁ אוֹכְלָה, לָמָּה, שֶׁאֵין בּוֹשְׁתּוֹ שֶׁל הָעוֹלָם הַזֶּה כְּלוּם, אֶלָּא בּוֹשֶׁת עֲמִידָתוֹ שֶׁל הָעוֹלָם הַבָּא, שֶׁנֶּאֱמַר (תהלים לב, ו) "עַל זֹאת יִתְפַּלֵּל כָּל חָסִיד אֵלֶיךָ וְגוֹ'":

ב וְרַבִּי יְהוֹשֻׁעַ אוֹמֵר: אָמַר הַקָּדוֹשׁ בָּרוּךְ הוּא: לְפִי שֶׁהִרְבֵּיתִי עֲלֵיכֶם דִּינִין אֲנִי מַרְבֶּה עֲלֵיכֶם שָׂכָר, וְהִזְהַרְתִּי אֶתְכֶם עַל כָּל הַמִּצְוֹת שֶׁהִיא חַיֵּיכֶם, שֶׁנֶּאֱמַר (קהלת ח, ה) "שׁוֹמֵר מִצְוָה לֹא יֵדַע דָּבָר רָע", וְכֵן כָּל עִנְיָן שֶׁכָּתוּב בַּפָּרָשָׁה הַזּוֹ לְהוֹרֵג נֶפֶשׁ, לְמַכֵּה שׁוֹר, לְמַבְעִיר בְּעֵירָה, כָּל אַחַת וְאַחַת כָּתַבְתִּי עוֹנְשָׁהּ בְּצִדָּהּ וּשְׂכָרָהּ בְּצִדָּהּ, מָשָׁל לְמֶלֶךְ שֶׁהִתְקִין שְׁנֵי דְרָכִים, אַחַת מְלֵיאָה קוֹצִים וְדַרְדַּרִים וְסִירָאוֹת וְאַחַת מְלֵיאָה בּוֹשֶׂם, וְהָעִוְרִים הוֹלְכִין בַּדֶּרֶךְ הָרַע וְהַקּוֹצִים מוֹסִיפִים מַכָּה עַל מַכּוֹתֵיהֶם, וְהַפִּקְחִים הוֹלְכִין בַּדֶּרֶךְ הַטּוֹבָה וְנִמְצְאוּ הֵם הוֹלְכִין וּכְלֵיהֶם מִתְבַּשְּׂמִים הֵימֶנָּה, כָּךְ הָאֱלֹהִים הִתְקִין שְׁנֵי דְרָכִים, לַצַּדִּיקִים אֶחָד וְלָרְשָׁעִים אֶחָד, מִי שֶׁאֵין לוֹ עֵינַיִם הוֹלֵךְ בְּדֶרֶךְ רְשָׁעִים וְנִתְקָל וְאֵין לוֹ עֲמִידָה, כְּבִלְעָם הָרָשָׁע שֶׁנִּטְרַף מִן הָעוֹלָם, וּכְדוֹאֵג וַאֲחִיתוֹפֶל שֶׁנִּתְרַחֲקוּ מִן הַחַיִּים, וּכְגֵיחֲזִי שֶׁיָּצָא מִן הָעוֹלָם רֵיקָם, אֲבָל הַצַּדִּיקִים שֶׁמְּהַלְּכִים בְּתוּמָּם הֵם זוֹכִים וּבְנֵיהֶם אַחֲרֵיהֶם, שֶׁנֶּאֱמַר (משלי כ, ז) "מִתְהַלֵּךְ בְּתֻמּוֹ צַדִּיק אַשְׁרֵי בָנָיו אַחֲרָיו":

כא דָּבָר אַחֵר, [כא, א] "וְאֵלֶּה הַמִּשְׁפָּטִים", הַרְבֵּה הוּא דִּינָן שֶׁל רְשָׁעִים מַה שֶּׁמּוּכָן לָהֶם, מַה כְּתִיב בָּהֶם, (תהלים יא, ו) "יַמְטֵר עַל רְשָׁעִים פַּחִים וְגוֹ'", לְפִי שֶׁהֵן עוֹבְרִין עַל הַמִּצְוֹת וְעַל הַדִּין שֶׁבַּתּוֹרָה,

עץ יוסף

וכן היה בן זומא אומר ודורש. כלומר כן היה מרגלא בפומיה, וזהו אומר ודורש, וקאי איהודה שהזכיר כאן איך שהודה ולא בוש, ועורר בן זומא על ענין הבושת העיקרי, שהוא רק לעולם הבא ששם עיקר הבשת, אבל בשת של עולם הזה אינו כלום, כי הוא בשת זמני, וממי, מבני אדם, אבל שמה בושת תמידי חס ושלום, וממי מה' ברוך הוא, ולכן לא יבוש מלהודות האמת בדבר שנוגע לכבוד ה', וזהו שאמר למה, פירוש למה יש לחוש אל בושתו של עולם הבא טפי, ואמר לפי שאין בושתו של עולם הזה כלום: **שנאמר על זאת יתפלל כו'.** רישא דקרא חטאתי אודיעך ועוני לא כסיתי אמרתי אודה עלי פשעי לה' וגו', והכי קאמר אמרתי אודה עלי פשעי לה' ולא איבוש לכסותם, ועל זאת יתפלל כל חסיד אליך שתתן בלבו לעשות כן להודות על החטאים ולא יתבייש, וזהו לעת מצא, וכמו שאמרו חכמינו ז"ל (ברכות ח, א) לעת מצא זו מיתה, כלומר שצריך שיודה על חטאיו קודם מיתתו כדי שלא יבוש לעולם הבא (תולדות נח). **(ב) [טז] ורבי יהושע אומר כו'.** גם הוא נותן טעם למה נתן הקדוש ברוך הוא דינין אחר עשרת הדברות וקאמר לחשיבותם, שלפי שהרבה להם דינין מרבה עליהם שכר בשמירתם: **שנאמר שומר מצוה כו'.** משמע אפילו שומר מצוה אחת, גם כן לא ידע דבר רע (תולדות נח): **ושכרה בצדה.** שמהעונש אתה יודע שכרה, שמדה טובה מרובה: **וסיראות.** הוא גם כן מין קוצים, כמה דאת אמר כקול הסירים (מתנות כהונה). והתולדות נח פירש לשון סרחון, והיפוכו מדרך הטוב שאמר שהוא מלא בושם: **אחד לצדיקים ואחד לרשעים.** כלומר שהתקין לאדם יצר טוב שהוא יועץ לאדם לטוב, וברא יצר הרע שהוא יועץ לאדם לרע (תולדות נח): **ונתקל ואין לו עמידה.** דלא מיבעיא שנכשלים לאבד נפשם, אלא שאין להם עמידה וקיום אפילו בעולם הזה, שהם נענשים ונטרדים ממנה, והוא משל הקוצים שמוסיפים מכה לעורים, כן בחירת הדרך הרע בעולם הזה מוסיף רעה לרשעים על עורונם מראות בטוב ה', ולכן הביא מבלעם ודואג ואחיתופל וגחזי, שכל אלו שלא זו שלא נטרדו מן העולם הבא, אלא שנטרדו אף מן עולם הזה: **אבל הצדיקים כו'.** אין צריך לומר שזוכים לעולם הבא אלא שזוכים גם כן בעולם הזה, ולא זו להם, אלא אף לבניהם אחריהם, שמדה טובה מרובה, ואף שגם מאחיתופל יצאה בת שבע אם שלמה, מכל מקום לא זכה לראות בגדולת בניו, כי מת בחצי ימיו כמאמר חכמינו ז"ל (סנהדרין סט, ב), מה שאין כן הצדיקים שמאריכים ימים, ורואים בבניהם ברכה וגדולה (תולדות נח): **(כא) [יז] הרבה הוא דינן של רשעים כו'.** בא לדרוש וי"ו של ואלה המשפטים, שמוסיף על עשרת הדברות בחומר ענשן, והא קא משמע לן דלא תימא דמשפטים דבין אדם לחבירו ניהו אין עונשן חמור, כמו שעובר על הדברות שבין אדם למקום, להכי אשמעינן שהדינין והמצות שבין אדם לחבירו ענשן חמור יותר, וזה שאמר הרבה הוא דינן של רשעים כו', פירוש כי הרבה מאד

פירוש מהרז"ו

לעת מצא. וסיפא דקרא רק לשטף מים רבים אליו לא יגיעו, היינו ליום הדין הגדול, וכמו שדרש בראשית רבה פרשה נ"ב סימן ב, לעת מצא, מצוי היום, מצוי הדין, מצוי הנפש, מצוי החשבון. ועיין ברכות דף ח (ע"א): **(ב) לפי שהרביתי.** כמאמר רבי חנניא בן עקשיא (מכות כג, ב) רצה הקב"ה לזכות וכו': **עונשה בצדה ומתן שכרה.** העונש מבואר בכל סדר משפטים, ובסוף משפטים בפרשת הנה אנכי שולח מלאך מבואר שכר המצות בדרך כלל, והוא בגד המשפטים: **אחת מלאה קוצים.** לפי מה שכתב כאן לא יתישב איך ילכו בדרך שמלאה קוצים. וכאן קיצר, ותשלומו בקהלת רבה פסוק ראיתי את כל המעשים, וכן הוא בתנחומא ראה סימן ג, וזה לשונו, לזקן שהיה יושב בפרשת דרכים והיו לפניו שני שבילים, אחד תחלתו קוצים וסופו מישור, והיה מזהיר לעוברים ושבים וכו'. וכן באיכה פסוק רבתי בגוים, מעשה דרבי יהושע עם התינוק, וכן כאן שצריך לילך בדרך שתחלתו קוצים ויסורים, ולזה נתנו הדינים עם העונשים לרדות היצר: **בבלעם וכו'.** חשב ארבעה ההדיוטות שאין להם חלק לעולם הבא במשנה ריש חלק (סנהדרין צ, א): **(כא) ימטר על רשעים פחים.** וסיפא דקרא אש וגפרית ורוח זלעפות מנת כוסם כי צדיק ה' וגו':

מתנות כהונה

יתפלל כל חסיד וגו'. וסיפיה דקרא לעת מצוא זו מיתה ועיין בבראשית רבה פרשה ס"ב (סימן א) ופרשה נ"ב (סימן ב) ולקמן פרשה כ"ב (סימן ג): **[ב] וסיראות.** קוצים כמה דאת אמר (קהלת ז, ו) כקול הסירים: הכי גרסינן **בדרך הרע והקוצים:** **[כא]** הכי גרסינן **פחים וגו':**

אשד הנחלים

וכן היה בן זומא כו'. עורר על ענין הבושת העיקרי, שהוא רק לעולם הבא ששם עיקר הבושת, אבל בושת עולם הזה אינו כלום כי הוא בושת זמני, וממי מבני אדם, אבל שמה בושת תמידי חס ושלום, וממי מה' ברוך הוא, ולכן לא יבוש מלהודות האמת בדבר שנוגע לכבוד ה': **[ב] אני מרבה עליכם שכר.** שלא ידומה כי רבוי המצות המה למשא על האדם, לא כן, כי אם מוסיפים רבוי שכר על ידי זה, ואם כן ראוי לעבוד מאהבה, ואחר שהוא כן אם כן כל אשר יתרבה הוא יותר טוב ויותר נאהב: **משל למלך שהתקין כו' כבלעם הרשע כו'.** אחז הרשעים שהיו חכמים ופקחים בידיעות רמות והיה שכלם גדול, אך הולכים בשכלם בארחות עקלקלות, כעורים הבלתי רואים הדרך האמיתי, ולכן הם נכשלים, והקוצים מכאיבים אותם מאד, כלומר שמעשיהם הם מסבבים נפילתם במהרה, אבל הצדיקים מלבד שגורמים טובה להם, עוד גורמים לבניהם אחריהם: **[כא] הרבה [הוא] דינין של רשעים כו' אחר הדברות.** הא נמי כמו שפירשתי

חידושי הרד"ל

[ב] בדרך הרע והקוצים מוסיפין כו'. כן צריך לומר:

חידושי הרש"ש

[יט] שנאמר על זאת יתפלל כל חסיד כו'. וקרא דלפניו חטאתי אודיעך ועוני לא כסיתי כו': **[ב] מי שאין לו עינים.** רצה לומר שאותם עיורה עיני שכלם:

באור מהרי"פ

שהרי לא ידעתי שהיא כלתך, אבל היא היא חייבת מיתה, שהיא ידעה בך שאתה חמיה, וכונתה היתה לשם זנות, ועוד שמא הפקירה עצמה גם לאחרים, אבל יהודה המציא לה זכות, באמרו שכל כוונתה היתה לשם שמים, שיהודה יבם אותה, כי כן היה הדרך בימיהם שחמיה יבם אותה, כמו שכתב הרמב"ן בפירושו על התורה (בראשית לח, כו) בד"ה צדקה ממני, [וזה לשונו], כי היא הצדקת ואני החוטא [אליה], שלא נתתיה לשלה בני, [והטעם] כי שלה הוא היבם, ואם (לאו) [לא יחפוץ לקחת את יבמתו], אביו הוא הגואל אחריו, עד כאן לשון הרמב"ן.[ו] העתקתי תמצית דברי תולדות נח, אף שיש להעיר בזה: **שנאמר על זאת יתפלל וגו'.** (תהלים לב ה - ו) חטאתי אודיעך ועוני לא כסיתי, אמרתי אודה עלי פשעי לה', ואתה נשאת עון חטאתי סלה. והכי קאמר, אמרתי אודה עלי פשעי וגו' ולא אכסה עיני בעולם הזה כדי שלא אתבייש בעולם הבא, על זאת יתפלל כל חסיד לעת מצוא, ואמרו חכמינו ז"ל (ברכות ח, א) זה יום המיתה, כלומר שיזכה לעשות ולהתודות קודם מותו, כדי שלא יתבייש לאחר מיתתו בעולם הזה: **[ב] במתנות כהונה [בד"ה] סיראות קוצים וכו'.** לא כוון יפה בפירושו, כי קוצים כתובים כאן מפורש בתחלת דברי המשל, אלא סיראות פירושו לשון סרחון, היפך הבושה המוזכר בדרך הצדיקים: **[כא] הרבה הוא דינן של רשעים.** אולי דריש ואלה, וא"ו מוסיף על ענין ראשון, היינו עשרת הדברות, שעונשו חמור יותר מעשרת הדברות כמבואר בסמוך:

אם למקרא

עַל־זֹאת יִתְפַּלֵּל כָּל־חָסִיד אֵלֶיךָ לְעֵת מְצֹא רַק לְשֵׁטֶף מַיִם רַבִּים אֵלָיו לֹא יַגִּיעוּ: (תהלים לב: ו)

שׁוֹמֵר מִצְוָה לֹא יֵדַע דָּבָר רָע וְעֵת וּמִשְׁפָּט יֵדַע לֵב חָכָם: (קהלת ח: ה)

מִתְהַלֵּךְ בְּתֻמּוֹ צַדִּיק אַשְׁרֵי בָנָיו אַחֲרָיו: (משלי כ: ז)

יַמְטֵר עַל־רְשָׁעִים פַּחִים אֵשׁ וְגָפְרִית וְרוּחַ זִלְעָפוֹת מְנָת כּוֹסָם: (תהלים יא: ו)

אמרי יושר

[כא] אלה המשפטים. על משפט גיהנם אם לא ידינו כהוגן, משל על עבודה זרה הוא הניאוף עם הסרים:

שֶׁלֹּא נִיתְּנוּ אֶלָּא אַחַר הַדִּבְּרוֹת — **which were given only after the** Ten **Commandments.** לְכָךְ עוֹנְשָׁן חָמוּר מִמִּי שֶׁהוּא מְבַטֵּל אֶת הַדִּבְּרוֹת — **Therefore, their punishment is more severe than** that of **one who neglects the Commandments.**[418] כֵּיצַד — **How** do I know that the judgment of the ordinances is more severe than that of the Commandments? בִּטְּלוּ יִשְׂרָאֵל "לֹא יִהְיֶה לְךָ" וּמָחַל לָהֶם — For in worshiping the Golden Calf **Israel abrogated** the commandment that says, ***You shall not recognize*** *the gods of others in My presence,* **and [God] forgave them.**[419] שֶׁאֵין בַּעֲבוֹדָה זָרָה מַמָּשׁ אֶלָּא קִנְאָה — **Because there is nothing of substance in idol worship; rather,** it only awakens anger and **jealousy** in God,[420] שֶׁנֶּאֱמַר "יַקְנִיאֻהוּ בְּזָרִים בְּתוֹעֵבֹת יַכְעִיסֻהוּ" — **as it is stated, *They would provoke His jealousy with strangers; they would anger Him with abominations.*** *They would slaughter to demons without power* (*Deuteronomy* 32:16-17).[421] וְכֵן כְּתִיב "וַיָּמִירוּ אֶת כְּבוֹדָם בְּתַבְנִית שׁוֹר" — **And so it is written, *They exchanged their Glory for the likeness of a*** *grass-eating* ***ox*** (*Psalms* 106:20).[422] וּכְשֶׁחָטְאוּ יִשְׂרָאֵל בַּשִּׁטִּים בִּזְנוּת נָפְלוּ מֵהֶן כ"ד אֶלֶף — **And** yet, **when Israel sinned by acting immorally in Shittim,**[423] God did not forgive them, and **twenty-four thousand of them perished** in a plague.[424]

The Midrash offers an analogy to explain why the punishment for the sin at Shittim was more severe than for the sin of the Golden Calf:

מָשָׁל לְבַת מְלָכִים שֶׁשִּׂיחֲקָה לְסָרִיס, כָּעַס עָלֶיהָ הַמֶּלֶךְ — This is **analogous to a princess who was dallying with a eunuch,** and **the king became angry with her.**[425] אָמְרוּ לוֹ: וַהֲלֹא לְסָרִיס שִׂיחֲקָה — **[The king's advisers]** questioned his anger and **said to him, "Did she not play with** a mere **eunuch?"** אָמַר: לֹא כָּעַסְתִּי אֶלָּא עַל שֶׁהִרְגִּילָה אֶת עַצְמָהּ לִשְׂחוֹק וְלִזְנוּת — **[The king] said, "I am angered only because she accustoms herself to playing, and** through that **to immorality."**[426] וְכֵן שָׁנוּ רַבּוֹתֵינוּ: שְׂחוֹק וְקַלּוּת רֹאשׁ מַרְגִּילִין אֶת הָאָדָם לְעֶרְוָה — **And thus did our Rabbis teach** (*Avos* 3:13): **Jest and levity accustom a person to immorality.**[427] כֵּיוָן שֶׁזִּינְּתָה אָמְרוּ לְאָבִיהָ, לָקְתָה כ"ד קַטְפּוּרוֹס וְשָׁתַק — The Midrash continues its analogy: **When [the king's daughter]** eventually **engaged in** actual **illicit relations,**[428] **[the king's advisers] said to her father, "[Your daughter] was flogged with twenty-four lashes!"**[429] **And [the king] remained silent.**[430]

NOTES

418. That is, the punishment for transgressing laws between man and his fellow man (בֵּין אָדָם לַחֲבֵרוֹ) is more severe than the punishment for transgressing the Commandments that comprise laws between man and God (בֵּין אָדָם לַמָּקוֹם). The conjunctive *vav* (*and*) in the word וְאֵלֶּה comes to teach that there is *additional* punishment for the interpersonal laws of our *parashah* as compared to the punishment for the laws between man and God (ibid.).

Earlier in the *Psalms* chapter (vv. 2-3) it says: *For, behold, the wicked bend the bow, ready their arrow on the bowstring, to shoot in the dark at the upright of heart. When the foundations are destroyed, what has the righteous man accomplished, etc.* — indicating that the passage is speaking of one who acts with wickedness toward his fellow man. The Midrash thus asserts that the severe judgment mentioned in the verse it cites (v. 6) is reserved specifically for transgression of the laws governing interpersonal relationships (*Eitz Yosef*). Indeed, those laws serve as *the foundations* of the world, for if they are disregarded the world could not exist (*Beur Maharif*).

[Regarding the idea that in certain respects מִצְווֹת בֵּין אָדָם לַחֲבֵרוֹ are more important than מִצְווֹת בֵּין אָדָם לַמָּקוֹם, see *Rosh* to *Pe'ah* 1:1 (with *Rav Elchanan Wasserman, Dugmaos LeVeurei Aggados* 7:7); *Rambam, Hil. Geneivah* 7:12 and *Hil. Rotze'ach* 4:9; *Maggid Mishneh, Hil. Geneivah* 1:10; and *Tosafos, Bava Metzia* 20b s.v. איסורא ממונוא. See also *Bereishis Rabbah* 38 §6 and *Vayikra Rabbah* 26 §2.]

For a completely different approach to what distinguishes the ordinances of our *parashah* from the Ten Commandments, see Insight following note 437 below.

419. When Israel worshiped the Golden Calf, even the masses of Israelites who did *not* actually worship it were deserving of punishment, as we find God telling Moses regarding the *entire* Jewish people, *"Let My anger flare up against them and I shall annihilate them"* [below, 32:10]). This is because each Jew is responsible for the other (עַרְבוּת); or because they did not protest the actions of their brethren [and thus indicated their acquiescence]. Nevertheless, when Moses prayed on their behalf (ibid., v. 11ff), God immediately forgave them (*Eitz Yosef*).

420. For the idol worshiper is violating His commandments (*Eitz Yosef*), and he gains no pleasure or benefit from his sin, for there is no substance to an idol (see *Maharzu* below, s.v. בתבנית שור).

421. This passage supports both the assertion that idolatry arouses jealousy in God [*They would provoke His jealousy with strangers*], and that idolatry is of no substance [*They would slaughter to demons "without power"*] (ibid.).

422. In this verse, King David describes the sin of the Golden Calf. He emphasizes the worthlessness of idolatry by portraying the Golden Calf as a *grass-eating ox.* The Midrash in *Rus Rabbah* 7§ 11 states that there is nothing as repulsive as an ox when it is eating grass [because of the spittle that emerges from its mouth (*Eitz Yosef* ibid.)] (*Maharzu*). [See, though, Insights below on 42 §5, "The Ox of the Chariot *Chayos,*" and on 43 §7, "The Sin of the Golden Calf."]

423. As recorded in *Numbers* Ch. 25, the Israelites sinned at Shittim with the daughters of Moab, who had been sent by the Moabites upon the advice of Balaam to entice them to sin.

424. See *Numbers* 25:9. The Midrash views illicit relations — in particular, sinning with another man's wife (see *Eshed HaNechalim* s.v. כיצד) — as a sin against one's fellow man — and cites the consequences of the immorality at Shittim as supporting its assertion that more severe retribution awaits those who sin against their fellow man than those who sin against God. [Although the immorality at Shittim did not involve "another man's wife," it did accustom the people to licentiousness, which inevitably leads to adultery.] For at Shittim God immediately punished Israel, before Moses could beseech Him for forgiveness, while after the sin of the Golden Calf He waited for Moses to pray [see note 419] (see *Eitz Yosef* above, s.v. ומחל להם). In addition, while 24,000 Israelites were smitten by God at Shittim, only 3,000 were slain in retribution for the worship of the Golden Calf [see below, 32:28] (*Maharzu*).

425. He was angry, but he did not punish her severely (*Maharzu*).

426. Her inappropriate behavior with the eunuch corresponds to Israel's idolatry. Both actions in and of themselves are of no real substance. However, both can lead to immoral behavior. As taught in *Sanhedrin* 63b, "Israel engaged in idolatry only in order to permit for themselves overt immorality" (*Eitz Yosef*, first interpretation).

427. Jest and levity in and of themselves are not explicitly forbidden by the Torah. However, they lead to immorality, which is one of the three cardinal sins (ibid.).

The Midrash in our passage is comparing the sin of the Golden Calf to (mere) jest and levity — a comparison that seems difficult to understand, for idolatry is of course one of the most grievous of all sins! *Eitz Yosef*, in his commentary to 43 §7 below (s.v. שלא יאמרו לעשות עכו"ם), addresses this difficulty by explaining that the sin of the Golden Calf did not involve actual idolatry (see Insight on 43 §6 below, "The Sin of the Golden Calf").

Maharzu (below, s.v. שהוא דבר של ממש), however, explains that the Midrash here does not mean to minimize the gravity of the sin of idolatry. It means to say only that *in some respects* the sin of immorality is more grievous than that of idolatry. Elsewhere (below, 42 §7) it in fact highlights the more grievous aspects of *idolatry.* This is the style of the Sages.

428. The princess' inappropriate behavior with the eunuch led to her eventually consorting with a man who was not a eunuch (see *Eitz Yosef* to 43 §7, s.v. שלא תעשה כך). Similarly, Israel's behavior during the incident of the Golden Calf led to their more serious transgressions at Shittim — as per *Sanhedrin* 63b, cited in the preceding notes (see *Tiferes Tzion*).

429. The twenty-four lashes correspond to the 24,000 Israelites who were smitten at Shittim (*Imrei Yosher*).

430. I.e., he acquiesced to his daughter's being punished. [The Midrash implies that the king himself did not administer the punishment to his daughter. See *Maharzu* for how this applies to the punishment of the Israelites at Shittim — and in fact, to *all* punishments that befall those who sin (see *Devarim Rabbah* 4 §3 and *Bamidbar Rabbah* 20 §19).] Alternatively, the king no longer issued his decree to continue flogging her (*Tiferes Tzion*).

שֶׁלֹּא נִיתְּנוּ אֶלָּא אַחַר הַדִּבְּרוֹת, לְכָךְ עוֹנְשָׁן חָמוּר מִמִּי שֶׁהוּא מְבַטֵּל אֶת הַדִּבְּרוֹת, כֵּיצַד, בִּטְּלוּ יִשְׂרָאֵל (לעיל כ, ג) "לֹא יִהְיֶה לְךָ" וּמָחַל לָהֶם, שֶׁאֵין בַּעֲבוֹדָה זָרָה מַמָּשׁ אֶלָּא קִנְאָה, שֶׁנֶּאֱמַר (דברים לב, טז) "יַקְנִיאֻהוּ בְּזָרִים בְּתוֹעֵבֹת יַכְעִיסֻהוּ", וְכֵן כְּתִיב (תהלים קו, כ) "וַיָּמִירוּ אֶת כְּבוֹדָם בְּתַבְנִית שׁוֹר", וּכְשֶׁחָטְאוּ יִשְׂרָאֵל בַּשִּׁטִּים בִּזְנוּת נָפְלוּ מֵהֶן כ"ד אֶלֶף, מָשָׁל לְבַת מְלָכִים שֶׁשִּׂיחֲקָה לְסָרִיס, כָּעַס עָלֶיהָ הַמֶּלֶךְ, אָמְרוּ לוֹ: וַהֲלֹא לְסָרִיס שִׂיחֲקָה, אָמַר: לֹא כָּעַסְתִּי אֶלָּא עַל שֶׁהִרְגִּילָה אֶת עַצְמָהּ לִשְׂחוֹק וְלִזְנוּת, וְכֵן שָׁנוּ רַבּוֹתֵינוּ: [כז] שְׂחוֹק וְקַלּוּת רֹאשׁ מַרְגִּילִין אֶת הָאָדָם לְעֶרְוָה, כֵּיוָן שֶׁזִּינְתָה אָמְרוּ לְאָבִיהָ, לָקְתָה כ"ד קָטָפוּרוֹס וְשָׁתַק, כָּךְ יִשְׂרָאֵל, מַה נֶּהֱנוּ מֵעֲבוֹדָה זָרָה שֶׁלֹּא רוֹאָה וְלֹא שׁוֹמַעַת וְלֹא מְדַבֶּרֶת, שֶׁנֶּאֱמַר (שם קטו, ח) "כְּמוֹהֶם יִהְיוּ עֹשֵׂיהֶם", אֲבָל הַזְּנוּת שֶׁהוּא דָּבָר שֶׁל מַמָּשׁ לָקוּ עָלָיו, וְנִמְחַל לָהֶם עַל עֲבוֹדָה זָרָה, אֲבָל עַל הַדִּינִין וְעַל הַמִּצְוֹת הָאֵלּוּ הִזְהִירָן הַקָּדוֹשׁ בָּרוּךְ הוּא, שֶׁנֶּאֱמַר (משלי ז, ב) "שְׁמֹר מִצְוֹתַי וֶחְיֵה", וְכֵן (שם שם ג) "כָּתְבֵם עַל לוּחַ לִבֶּךָ":

כב דָּבָר אַחֵר, [כא, א] "וְאֵלֶּה הַמִּשְׁפָּטִים", יֵשׁ °לְעוֹבְדֵי כוֹכָבִים° שׁוֹפְטִים וְיֵשׁ לְיִשְׂרָאֵל שׁוֹפְטִים, וְאֵין אַתָּה יוֹדֵעַ מַה בֵּינֵיהֶם, [כח] מָשָׁל לְחוֹלֶה שֶׁנִּכְנַס הָרוֹפֵא אֶצְלוֹ לְבַקְּרוֹ, אָמַר לִבְנֵי בֵיתוֹ: הַאֲכִילוּהוּ כָּל מַה שֶּׁהוּא מְבַקֵּשׁ, נִכְנַס אֵצֶל אַחֵר, אָמַר לָהֶם: הִזָּהֲרוּ בוֹ שֶׁלֹּא יֹאכַל דָּבָר פְּלוֹנִי, אָמְרוּ לוֹ: לָרִאשׁוֹן אָמַרְתָּ שֶׁיֹּאכַל מַה שֶּׁיִּרְצֶה וְלַשֵּׁנִי אָמַרְתָּ שֶׁלֹּא יֹאכַל דָּבָר פְּלוֹנִי, אָמַר לָהֶם: הָרִאשׁוֹן אֵינוֹ לְחַיִּים, לְפִיכָךְ אָמַרְתִּי שֶׁיֹּאכַל כָּל מַה שֶּׁיִּרְצֶה, אֲבָל זֶה שֶׁהוּא לְחַיִּים אָמַרְתִּי הִזָּהֲרוּ בוֹ, כָּךְ °לְעוֹבְדֵי כוֹכָבִים° שׁוֹפְטִים וְאֵינָן עוֹסְקִים בַּתּוֹרָה וְאֵינָן עוֹשִׂין אוֹתָהּ,

עץ יוסף

הוא דינן של רשעים על המלות והמשפטים מה שמוכן להם, דהיינו ימטר על רשעים פחים וגו' והיינו עונש עולם הבא בגיהנם, ומיירי מהמלות שבין אדם לחבירו דכתיב כי הנה הרשעים ידרכון קשת וגו': **דהלכך עונשן חמור יותר ממי שהוא מבטל את הדברות**. כן לריך לומר (יפה תואר). פירוש מהדברות שבין אדם למקום: **ומחל להם**. רולה לומר המון ישראל שלא טעו אחר העגל, אף על פי שנגזרה גזרה ויחר אפי בהם ואכלם, מפני ערבותם או מפני שלא מיחו, מכל מקום בתפלת משה מיד מחל להם, אבל על הזנות לא מחל, כי מיד היתה המגפה בעם: **אלא קנאה**. שמכעיסין ומקנאין להקדוש ברוך הוא בהמרותם דברו: **שנאמר יקניאוהו בזרים**. וכתיב בתריה יזבחו לשדים לא אלוה, אלמא לית בהו ממש, וכדתרגם אונקלוס דלית בהון לרוך, פירוש הנאה: **בתבנית שור אוכל עשב**. כלומר שאין בו הנאה: **אלא על שהרגילה עצמה לשחוק ולזנות**. ובנמשל הכוונה שעל ידי עבודת כוכבים יורגלו לזנות, כמו שאמרו ז"ל (סנהדרין סג:) לא בקשו ישראל לעבוד עבודה זרה אלא להתיר להם עריות. אי נמי שירגילו עלמן לכפור בה' לגמרי: **שחוק וקלות ראש**. לא די שמביא האדם לידי ערוה, אלא אפילו מרגילין לערוה, כלומר מרגילין אותו בהרגל גמור, ואשמועינן שחוק וקלות ראש אף אם נראה שאינם עבירות כתובות בתורה, מכל מקום הם מרגילין לערוה אשר היא אחד מהשלשה העבירות החמורות שבתורה: **קטפרוס**. מלקות: **כך ישראל מה נהנו כו'**. ולהכי בתשובה ומעט יסורין נמחלים דלא אדיקי בה, אבל זנות דאית ביה הנאה, תשובתו קשה ולהכי לריך לקות טפי כדי שיזהרו ממנו: **ונמחל להם על עבודה זרה**. פירוש שאף שבשיטים היה בעל פעור עם הזנות, לא לקו המון ישראל הטועים על עון פעור שעבדו הרעים, כמו שלא לקו ההמון בעגל, אלא על הזנות בלבד הוא שלקו טובים עם רעים, דאף על גב דכתיב ויצמד ישראל לבעל פעור ויחר אף ה' בישראל, קרא משתעי שהזנות גדל בהם עד שבעבורו נצמדו לבעל פעור, ומכל מקום החרון הכולל לא היה אלא על הזנות: **ועל המצות האלו**. דהיינו בין אדם לחבירו כדפירשתי, הזהירן, שנאמר שמור מצותי וחיה, הרי דתלי חיותן בהו, ומדתלי חיותם בשמירתם משמע דכל דאיכא מי שאינו שומרן, חיות כל ההמון מעוכב בשבילם: **וכן כתבם על לוח לבך**. פירוש וכן מלינו דמזהיר טפי בהנך מלות דכתיב בהו כתבם על לוח לבך, ואילו בסתם מלות כתיב מקמי הכי קשרם על לבך תמיד, וכתיבה עדיפא מקשירה: **(כב) [יח] יש לעובדי כוכבים שופטים**. כי גם הם מלווים על הדין, שהיא אחת ממלות בני נח:

פירוש מהרז"ו

אלא אחר הדברות. עיין מה שכתבתי בזה לעיל פרשה ז' סימן ט"ו: **ומחל להם**. על עון העגל, כמו שכתוב (שמות לב, יד) וינחם ה' על הרעה אשר דיבר לעשות. עיין ברא‍שית רבה פרשה כ"ו סימן ה, על הכל מאריך רוחו חוץ מן הזימה, וכן הוא בויקרא רבה פרשה כ"ג סימן ד: **בתבנית שור**. אוכל עשב, כמו שאמרו במדרש (שיר השירים רבה א פסוק ט, ג) שאין לך מנוול ומשוקץ משור בשעה שאוכל עשב. ואין זה אלא כעס וקנאה שעושים דברים של הבל ותוהו: **נפלו מהם עשרים וארבעה אלף**. ובעגל לא נפלו רק שלשה אלף: **ששחקה לסריס**. עיין לקמן פרשה מ"ג סימן ח מגפפת לדלפקי: **כעס עליהם**. כעס בלא עונש גדול: **לקתה עשרים וארבעה קטפורס ושתק**. משמע שלא על פי אביה לקתה, ואביה לא מיחה, ובנמשל שכתוב בענין שיטים ותעצר המגפה מעל ישראל ויהיו המתים במגפה עשרים וארבעה אלף, ולא כתוב ויגוף ה' את ישראל, וכדומה, כי בחטאם משכו עליהם העונש של הנגף, והשם יתברך לא מיחה בנגף, וכמו שכתוב בתהלים (תהלים קו, כח) ויצמדו לבעל פעור ותפרץ בם מגפה, כי הרעה באה ממילא על עושי הרעה, כמו שדרשו דברים רבה פרשה ד' סימן ג: **כמוהם יהיו עושיהם**. וכתוב שם פה להם וגו', עינים להם וגו', כל הענין: **שהוא דבר של ממש**. הנאה מושגת לחושי הגוף, כמו שכתוב בענין שיטים, אשר לא הטהרנו ממנו עד היום. והנה כאן הראה המדרש לד חמור של זנות, ולד הקל של עבודת כוכבים, ולקמן פרשה מ"ב סוף סימן ז', הראה לד חמור בעבודת כוכבים, על שהוא בענין יחוד ה', וראשון של דברות. ועיין לעיל פרשה ט"ז בסימן א, וכן דרך חז"ל בכל המלות להראות בכל אחד לד חמור, ותביב מהכל: **(כב) משל לחולה**. בתנחומא כאן סימן ג. עיין ויקרא רבה פרשה י"ג סוף סימן ג:

חידושי הרד"ל

[כא] עונשן חמור ממי שהוא כו'. כן לריך לומר: **עושיהם ונמחל להם על עבודה זרה אבל על הזנות כו' לקו עליו ועל הדינין והמצות האלו הזהיר כו'**. כן לריך לומר:

באור מהרי"פ

מה שמוכן להם. אולי פירושו שמוכן להם משטת ימי בראשית, על דרך (ישעיה ל, לג) כי ערוך מאתמול תפתה גם היא למלך הוכן העמיק הרחיב מדורתה אש ועצים הרבה נשמת ה' כנחל גפרית בוערה בה. וזהו מה שמוכן להם, וכמבואר בסמוך: **ימטר וגו'.** (תהלים יא, ו) ימטר על רשעים פחים אש וגפרית ורוח זלעפות מנת כוסם. ומלת מנת לשון הכנה הוא, כמו (דניאל א, ה) וימן להם המלך דבר יום ביומו מפת בג המלך ומיין משתיו ולגדלם שלש שנים ומקצתם יעמדו לפני המלך. והמקרא של ימטר על רשעים מיירי בדינים שבין אדם לחבירו, שהם קיומו של עולם, כמו שכתוב (תהלים יא, ב - ג) כי הנה הרשעים ידרכון קשת כוננו חצם על יתר לירות במו אופל לישרי לב, כי השתות יהרסון צדיק מה פעל. והשתות פירושו יסודות העולם, והם דברים שבין אדם לחבירו, שאם יתקלקלו יחריבו את העולם:

אמרי יושר

כשזיבתה לקתה כו' עשרים וארבע מיד אביה. כן על הזנות נפלו עשרים וארבע אלף, אבל עיוות המשפט ענשו לגיהנם ולא שתק אלא הזהיר כמה אזהרות: **[כב] ואלה המשפטים יש לאומות שופטים ויש לישראל.** של קפידא וחשובות תשים לפני ישראל, על דרך מה שדרשו (רש"י ויקרא יא, ב ד"ה זאת בשם התנחומא) על זאת החיה אשר תאכלו, בפרשת שמיני: **בר ניפלי** [א"ה: במדרש לפנינו ליתא. ואולי שייך ללעיל טו, כח]. בכורות פרק ז' (מד, ב) מאי רוח קצרה רוח בן נפילים באה עליו, פירוש רש"י רוח שד:

מסורת המדרש

כז. אבות פרק ד': **כח.** תנחומא כאן סימן ג'. ועיין בויקרא רבה פרשה י"ג. ילקוט סדר שמיני רמז תקל"ה:

אם למקרא

לֹא־יִהְיֶה לְךָ אֱלֹהִים אֲחֵרִים עַל־פָּנָי: (שמות כ: ג)

יַקְנִאֻהוּ בְּזָרִים בְּתוֹעֵבֹת יַכְעִיסֻהוּ: (דברים לב: טז)

וַיָּמִירוּ אֶת־כְּבוֹדָם בְּתַבְנִית שׁוֹר אֹכֵל עֵשֶׂב: (תהלים קו: כ)

כְּמוֹהֶם יִהְיוּ עֹשֵׂיהֶם כֹּל אֲשֶׁר־בֹּטֵחַ בָּהֶם: (שם קטו: ח)

שְׁמֹר מִצְוֹתַי וֶחְיֵה וְתוֹרָתִי כְּאִישׁוֹן עֵינֶיךָ: קָשְׁרֵם עַל־אֶצְבְּעֹתֶיךָ כָּתְבֵם עַל־לוּחַ לִבֶּךָ: (משלי ז: ב-ג)

שינוי נוסחאות

(כא) לכך עונשן חמור ממי שהוא מבטל את הדברות. תיבת "ממי" היה בד"ר, אבל אחר כך הושמטה בכל הדפוסים בטעות, ורד"ל הגיה שצריך לגרסו, וכן עשו בד' וארשא: **(כב) כך לעובדי כוכבים שופטים.** בספרים הישנים כתוב "כך ישראל לאומות שופטים", ותיבת "ישראל" מיותרת בודאי, ומחקה מ"כ, אבל בד' פראג ת"נ (עם יפ"ת) כתוב "כך יש ...", ונראה ברור שכן הוא הנוסח הנכון אלא שטעה סופר אחד וחשב ש"יש" הוא קיצור ל"ישראל": **כך לעובדי כוכבים שופטים.** בד' וילנא כתבו "נפרשים" תחת "שופטים", אולי מחמת צנזורא:

מתנות כהונה

לפי ששיחקה לסריס. כלומר עם הסרים: הכי גרסינן **אמרו לו והלא**: הכי גרסינן **כיון שזינתה אמרו לו לאביה כו'**: **קטפורס.** מכות, כדלעיל (סימן ז): [כב] הכי גרסינן **כך לאומות שופטים כו'**:

אשד הנחלים

לעיל, לפי שכל הדברות תלוי בדינין, ואם כן המה עקריים גדולים לקיום הדת בכללה, ולכן העובר עליהם נידון בהרבה פורעניות: **ביצד.** בא להורות איך שגדול עון בין אדם לחברו כחטא אשת איש, יותר מעבודת כוכבים, והראיה שבענין עבודת כוכבים נמחל להם העון, לפי שבאמת אין לעבודת כוכבים ממשות שיהיה שייך עליהם כעס, רק כאלו כביכול מתקנא איך יעבדו לעבודת כוכבים ולא יכירו האמת, ואם כן חטאם במה שלא הכירו האמת, אבל חטא הניאוף הוא חטא ממש. והנה לפי דברי בעלי המדרש שענין עבודת כוכבים מביאה לידי זנות והרגל אליה, ואם כן הניאוף היא עיקר העברה, ועבודת כוכבים סניף לה, ולכן לקתה יותר על הניאוף מעבודת כוכבים, ודי בזה:

כָּךְ יִשְׂרָאֵל – So it is with regard to **Israel.** **מַה נֶּהֱנוּ מֵעֲבוֹדָה זָרָה שֶׁלֹּא רוֹאָה וְלֹא שׁוֹמַעַת וְלֹא מְדַבֶּרֶת, שֶׁנֶּאֱמַר "כְּמוֹהֶם יִהְיוּ עֹשֵׂיהֶם" – What benefit did they derive from the service of an idol** (the Golden Calf) **that does not see and does not hear and does not speak, as it is stated,** *They have eyes, but cannot see; they have ears, but cannot hear . . .* ***Those who make them should become like them*** (*Psalms* 115:5-8)?[431] **אֲבָל הַזְּנוּת שֶׁהוּא דָּבָר שֶׁל מַמָּשׁ לָקוּ עָלָיו – But for immorality, which is something of substance,**[432] **[Israel] was smitten;**[433] **וְנִמְחַל לָהֶם עַל עֲבוֹדָה זָרָה – and [Israel] was forgiven for their idolatry.**[434] **אֲבָל עַל הַדִּינִין וְעַל הַמִּצְוֹת הָאֵלּוּ הִזְהִירָן הַקָּדוֹשׁ בָּרוּךְ הוּא – But regarding their** disregard of **these laws and commandments,**[435] **the Holy One, blessed is He, warned them,** **שֶׁנֶּאֱמַר "שְׁמֹר מִצְוֹתַי וֶחְיֵה" – as it is stated,** ***Guard My commandments and live*** (*Proverbs* 7:2),[436] **וְכֵן "כָּתְבֵם עַל לוּחַ לִבֶּךָ" – and similarly** it is stated, *Bind them on your fingers;* ***inscribe them on the tablet of your heart*** (ibid., v. 3).[437]

§22 The Midrash presents another explanation of why the ordinances were given directly after the Ten Commandments:[438]

דָּבָר אַחֵר, "וְאֵלֶּה הַמִּשְׁפָּטִים" – Another interpretation: ***And these are the ordinances*** *that you shall place before them.*[439] **יֵשׁ לָאוּמּוֹת שׁוֹפְטִים וְיֵשׁ לְיִשְׂרָאֵל שׁוֹפְטִים – The nations** of the world **have judges,**[440] **and Israel has judges;** **וְאֵין אַתָּה יוֹדֵעַ מַה בֵּינֵיהֶם – but you do not know what is** the difference **between them.**

NOTES

431. Since man derives no pleasure from idolatry, he does not become overly attached to it. Thus, a minimal amount of punishment suffices to induce him to abandon his idolatrous ways (*Eitz Yosef*). Alternatively, the fact that the Israelites derived no pleasure from the act of serving the Golden Calf makes it evident that they *must* have done so only in order to permit for themselves overt immorality [as stated in *Sanhedrin* 63b]. (*Tiferes Tzion*).

432. That is, the sinner gains pleasure from his act (ibid., *Maharzu, Tiferes Tzion*).

433. Because immorality is pleasurable man clings to it, and will abandon it only on pain of harsh retribution and suffering (*Eitz Yosef*; *Tiferes Tzion* adds that there *must* be retribution for this sin, for since the desire for immorality is so strong, if human beings are not chastised for this sin the world will become totally steeped in it).

434. *Eitz Yosef* explains that the Midrash here is referring to the idolatry the Israelites committed at Shittim, for in addition to the immorality that Israel perpetrated there, they also worshiped idols, specifically the idol of Baal-peor (see *Numbers* 25:2). Yet, just as only the guilty parties themselves suffered retribution for the sin of the Golden Calf (see above, note 419), so too only the guilty parties themselves suffered retribution for the sin of worshiping Baal-peor. However, with regard to the *immorality* that was committed at Shittim, even those who took no active part were affected by the plague (see above, note 424). [And although it would seem from Scripture that the plague was also brought on account of their idolatry, as it is written, *Israel became attached to Baal-peor, and the wrath of HASHEM flared up against Israel* (ibid., v. 3), the Midrash understands that since they worshiped the idol of Baal-peor only as a means to achieve their illicit desires [see *Rashi* to v. 2 there], the primary cause of their retribution was not their idolatry but their immorality] (*Eitz Yosef*).

435. I.e., the laws and commandments governing interpersonal relationships, which they violated through their immoral acts at Shittim (ibid.).

436. The Midrash understands this verse as referring specifically to the mitzvos governing interpersonal relationships, for the preceding verse, which states, *Treasure My commandments with yourself*, already spoke of the mitzvos in general. And it understands the verse's implication (that whoever does **not** *guard My commandments* will **not** *live*) to apply not only to the sinners themselves but to the masses of bystanders as well — in contrast to idolatry [and other laws between man and God] where only the sinners themselves are punished (see *Yefeh To'ar*; see also *Eitz Yosef*).

437. The Midrash interprets the clause *Bind them on your fingers* as referring to the mitzvos in general, and the clause *inscribe them on the tablet of your heart* as referring specifically to the mitzvos between man and his fellow man. Now, something that is "inscribed [on one's heart]" is more permanent than something that is merely "bound [on one's finger]." The Midrash thus takes this verse as issuing its stronger admonition in connection with mitzvos between man and man (ibid.).

For a different approach to our Midrash, see Insight Ⓐ.

438. *Yefeh To'ar.*

439. I.e., before the Jewish people and not before the nations of the world [see *Gittin* 88b] (see *Beur Maharif*, end of section).

440. For they too are commanded, as one of the Seven Noahide laws, to establish a system of justice (*Eitz Yosef*).

INSIGHTS

Ⓐ **The Divine Nature of the Ordinances** *Tiferes Tzion* offers a completely different understanding of the underlying motif of our Midrash. [In the notes above, we cited *Tiferes Tzion* a number of times. However, we did so only in those places where his approach overlaps with the one presented above. We now present his understanding of the overall structure and theme of the Midrash as a whole.]

The Midrash seeks to explain why the Torah's listing of the ordinances begins with the introductory sentence, *And these are the ordinances* [מִשְׁפָּטִים] *that you shall place before them,* when most listings in the Torah are not preceded by an introduction. The Midrash answers that Scripture is alluding to the *judgments* [מִשְׁפָּטִים] and punishments that will be rendered against those who violate the ordinances of our *parashah.*

However: What distinguishes the ordinances of our *parashah* from the Ten Commandments is *not* that the ordinances are mitzvos בֵּין אָדָם לַחֲבֵרוֹ while many of the Ten Commandments are mitzvos בֵּין אָדָם לַמָּקוֹם (see note 418). Rather, it is that the Ten Commandments were all given at Sinai in the presence of the entire nation, while the ordinances were transmitted to the people *after* they had received the Tablets at Sinai. Because of this distinction, the Divine origin of the former was beyond doubt, but that of the latter was potentially open to question. The Midrash teaches that violation of the ordinances will be punished more severely than violation of the Ten Commandments because a person who violates one of those Ten Commandments is not casting doubt on the Divine origin of the commandment; all who see him transgress the commandment will understand that his evil inclination simply got the better of him. By contrast, a person who violates one of the ordinances may be doing so because he does not believe that the ordinances are of Divine origin — a much greater sin; and even if he personally does believe that they come from God, his transgression strengthens the false belief of *others* who might think otherwise.

The Midrash then goes on ask: כֵּיצַד — How do I know that the judgment of the other commandments is more severe than that of the Ten Commandments? The Midrash answers with a discussion of the idolatry of the Golden Calf (see note 427) and the immorality that took place at Shittim, *both* of which were violations of the Ten Commandments. While the two were not of equal severity (as the Midrash discusses at length at notes 419-434), they shared a common feature: The Jewish people *as a whole* were forgiven for them — even at Shittim, only a small percentage of the people (24,000) were killed — even though by rights *all* of Israel should have been held liable based on the principle of עֲרֵבוּת, *responsibility.* By contrast, the Midrash concludes, it is evident from *Proverbs* 7:2 that with respect to the other mitzvos, *all* who do not intervene to prevent sin are liable. For the verse states, *Guard* [שְׁמֹר] *My commandments and live,* meaning that those who do not do so shall die; and the word שְׁמֹר means to guard not only oneself but others as well.

The Midrash concludes by citing *Proverbs* 7:3, which states, *Bind them on your fingers; inscribe them on the tablet of your heart.* This verse is referring to the Oral Law — mitzvos that are not written down and must therefore be "inscribed" on one's heart. The Oral Law, too, is subject to the non-believer's doubt in regard to their Divine origin. They, too, must therefore be safeguarded especially well.

שֶׁלֹּא נִיתְּנוּ אֶלָּא אַחַר הַדִּבְּרוֹת, לְכָךְ עוֹנְשָׁן חָמוּר מִמִּי שֶׁהוּא מְבַטֵּל אֶת הַדִּבְּרוֹת, כֵּיצַד, בִּטְּלוּ יִשְׂרָאֵל (לעיל כ, ג) "לֹא יִהְיֶה לְךָ" וּמָחַל לָהֶם, שֶׁאֵין בַּעֲבוֹדָה זָרָה מַמָּשׁ אֶלָּא קִנְאָה, שֶׁנֶּאֱמַר (דברים לב, טז) "יַקְנִיאֻהוּ בְּזָרִים בְּתוֹעֵבֹת יַכְעִיסֻהוּ", וְכֵן כְּתִיב (תהלים קו, כ) "וַיָּמִירוּ אֶת כְּבוֹדָם בְּתַבְנִית שׁוֹר", וּכְשֶׁחָטְאוּ יִשְׂרָאֵל בַּשִּׁטִּים בִּזְנוּת נָפְלוּ מֵהֶן כ"ד אֶלֶף, מָשָׁל לְבַת מְלָכִים שֶׁשִּׂיחֲקָה לְסָרִיס, כָּעַס עָלֶיהָ הַמֶּלֶךְ, אָמְרוּ לוֹ: וַהֲלֹא לְסָרִיס שִׂיחֲקָה, אָמַר: לֹא כָּעַסְתִּי אֶלָּא עַל שֶׁהִרְגִּילָה אֶת עַצְמָהּ לִשְׂחוֹק וְלִזְנוּת, וְכֵן שָׁנוּ רַבּוֹתֵינוּ: [כז]שְׂחוֹק וְקַלּוּת רֹאשׁ מַרְגִּילִין אֶת הָאָדָם לְעֶרְוָה, כֵּיוָן שֶׁזִּינְתָה אָמְרוּ לְאָבִיהָ, לָקְתָה כ"ד קַטָפּוּרוֹס וְשָׁתַק, כָּךְ יִשְׂרָאֵל, מַה נֶּהֱנוּ מֵעֲבוֹדָה זָרָה שֶׁלֹּא רוֹאָה וְלֹא שׁוֹמַעַת וְלֹא מְדַבֶּרֶת, שֶׁנֶּאֱמַר (שם קטו, ח) "כְּמוֹהֶם יִהְיוּ עֹשֵׂיהֶם", אֲבָל הַזְּנוּת שֶׁהוּא דָּבָר שֶׁל מַמָּשׁ לָקוּ עָלָיו, וְנִמְחַל לָהֶם עַל עֲבוֹדָה זָרָה, אֲבָל עַל הַדִּינִין וְעַל הַמִּצְוֹת הָאֵלּוּ הִזְהִירָן הַקָּדוֹשׁ בָּרוּךְ הוּא, שֶׁנֶּאֱמַר (משלי ז, ב) "שְׁמֹר מִצְוֹתַי וֶחְיֵה", וְכֵן (שם שם ג) "כָּתְבֵם עַל לוּחַ לִבֶּךָ":

כב דָּבָר אַחֵר, [כא, א] "וְאֵלֶּה הַמִּשְׁפָּטִים", יֵשׁ °לְעוֹבְדֵי כוֹכָבִים° שׁוֹפְטִים וְיֵשׁ לְיִשְׂרָאֵל שׁוֹפְטִים, וְאֵין אַתָּה יוֹדֵעַ מַה בֵּינֵיהֶם, [כח]מָשָׁל לְחוֹלֶה שֶׁנִּכְנַס הָרוֹפֵא אֶצְלוֹ לְבַקְּרוֹ, אָמַר לִבְנֵי בֵיתוֹ: הַאֲכִילוּהוּ כָּל מַה שֶּׁהוּא מְבַקֵּשׁ, נִכְנַס אֵצֶל אַחֵר, אָמַר לָהֶם: הִזָּהֲרוּ בּוֹ שֶׁלֹּא יֹאכַל דָּבָר פְּלוֹנִי, אָמְרוּ לוֹ: לָרִאשׁוֹן אָמַרְתָּ שֶׁיֹּאכַל מַה שֶּׁיִּרְצֶה וְלַשֵּׁנִי אָמַרְתָּ שֶׁלֹּא יֹאכַל דָּבָר פְּלוֹנִי, אָמַר לָהֶם: הָרִאשׁוֹן אֵינוֹ לְחַיִּים, לְפִיכָךְ אָמַרְתִּי שֶׁיֹּאכַל כָּל מַה שֶּׁיִּרְצֶה, אֲבָל זֶה שֶׁהוּא לְחַיִּים אָמַרְתִּי הִזָּהֲרוּ בּוֹ, כָּךְ °לְעוֹבְדֵי כוֹכָבִים° שׁוֹפְטִים וְאֵינָן עוֹסְקִים בַּתּוֹרָה וְאֵינָן עוֹשִׂין אוֹתָהּ,

עץ יוסף

הוא דינן של רשעים על המצות והמשפטים מה שמוכן להם, דהיינו ימטר על רשעים פחים וגו' והיינו עונש עולם הבא בגיהנם, ומיירי מהמצות שבין אדם לחבירו דכתיב כי הנה הרשעים ידרכון קשת וגו': **דהלכך עונשן חמור יותר ממי שהוא מבטל את הדברות.** כן צריך לומר (יפה תואר). פירוש מהדברות שבין אדם למקום: **ומחל להם.** רוצה לומר המון ישראל שלא טעו אחר העגל, אף על פי שנגזרה גזרה ויחר אפי בהם ואכלם, מפני ערבותם או מפני שלא מיחו, מכל מקום בתפלת משה מיד מחל להם, אבל על הזנות לא מחל, כי מיד היתה המגפה בעם: **אלא קנאה.** שמכעיסין ומקנאין להקדוש ברוך הוא בהמרותם דברו: **שנאמר יקניאוהו בזרים.** וכתיב בתריה יזבחו לשדים לא אלוה, אלמא לית בהו ממש, וכדתרגם אונקלוס דלית בהון צרוך, פירוש הנאה: **בתבנית שור אוכל עשב.** כלומר שאין בו הנאה: **אלא על שהרגילה עצמה לשחוק ולזנות.** ובנמשל הכוונה שעל ידי עבודת כוכבים יורגלו לזנות, כמו שאמרו ז"ל (סנהדרין סג:) לא בקשו ישראל לעבוד עבודה זרה אלא להתיר להם עריות. אי נמי שירגילו עצמן לכפור בה' לגמרי: **שחוק וקלות ראש.** לא די שמביא האדם לידי ערוה, אלא אפילו מרגילין לערוה, כלומר מרגילין אותו בהרגל גמור, ואשמועינן שחוק וקלות ראש אף אם נראה שאינם עבירות כתובות בתורה, מכל מקום הם מרגילין לערוה אשר היא אחד מהשלשה העבירות החמורות שבתורה: **קטפרוס.** מלקות: **כך ישראל מה נהנו כו'.** ולהכי בתשובה ומעט יסורין נמחלים דלא אדיקי בה, אבל זנות דאית ביה הנאה, תשובתו קשה ולהכי צריך לקות טפי כדי שיזהרו ממנו: **ונמחל להם על עבודה זרה.** פירוש שאף שבשיטים היה בעל פעור עם הזנות, לא לקו המון ישראל הטועים על עון פעור שעבדו הרעים, כמו שלא לקו ההמון בעגל, אלא על הזנות בלבד הוא שלקו טועים עם רעים, דאף על גב דכתיב ויצמד ישראל לבעל פעור ויחר אף ה' בישראל, קרא משתעי שהזנות גדל בהם עד שבעבורו נצמדו לבעל פעור, ומכל מקום החרון הכולל לא היה אלא על הזנות: **ועל המצות האלו.** דהיינו בין אדם לחבירו כדפירשתי, הזהירן, שנאמר שמור מצותי וחיה, הרי דתלי חיותן בהו, ומדתלי חיותם בשמירתם משמע דכל דאיכא מי שאינו שומרן, חיות כל ההמון מעוכב בשבילם: **וכן כתבם על לוח לבך.** פירוש וכן מצינו דמזהיר טפי בהנך מצות דכתיב בהו כתבם על לוח לבך, ואילו בסתם מצות כתיב מקמי הכי קשרם על לבך תמיד, וכתיבה עדיפא מקשירה: **(כב) [יח] יש לעובדי כוכבים שופטים.** כי גם הם מצווים על הדין, שהיא אחת ממצות בני נח:

פירוש מהרז"ו

אלא אחר הדברות. עיין מה שכתבתי בזה לעיל פרשה ז' סימן ט"ו: **ומחל להם.** על עון העגל, כמו שכתוב (שמות לב, יד) וינחם ה' על הרעה אשר דיבר לעשות. עיין בראשית רבה פרשה כ"ו סימן ה, על הכל מאריך רוחו חוץ מן הזימה, וכן הוא בויקרא רבה פרשה כ"ג סימן ד: **בתבנית שור.** אוכל עשב, כמו שאמרו במדרש (שיר השירים רבה א פסוק ט, ג) שאין לך מנוול ומשוקץ משור בשעה שאוכל עשב. ואין זה אלא כעס וקנאה שעושים דברים של הבל ותוהו: **נפלו מהם עשרים וארבעה אלף.** ובעגל לא נפלו רק שלשה אלף: **ששחקה לסריס.** עיין לקמן פרשה מ"ג סימן ח מגפפת לדלפקי: **כעס עליהם.** כעס בלא עונש גדול: **לקתה עשרים וארבעה קטפורס ושתק.** משמע שלא על פי אביה לקתה, ואביה לא מיחה, ובנמשל שכתוב בענין שיטים ותעצר המגפה מעל ישראל ויהיו המתים במגפה עשרים וארבעה אלף, ולא כתוב ויגוף ה' את ישראל, וכדומה, כי בחטאם משכו עליהם העונש של הנגף, והשם יתברך לא מיחה בנגף, וכמו שכתוב בתהלים (תהלים קו, כח) ויצמדו לבעל פעור ותפרץ בם מגפה, כי הרעה באה ממילא על עושי הרעה, כמו שדרשו דברים רבה פרשה ד' סימן ג: **כמוהם יהיו עושיהם.** וכתוב שם פה להם וגו', עינים להם וגו', כל הענין: **שהוא דבר של ממש.** הנאה מושגת לחושי הגוף, כמו שכתוב בענין שיטים, אשר לא הטהרנו ממנו עד היום. והנה כאן הראה המדרש צד חמור של זנות, וצד הקל של עבודת כוכבים, ולקמן פרשה מ"ב סוף סימן ז', הראה צד חמור בעבודת כוכבים, על שהוא בענין יחוד ה', וראשון של דברות. ועיין לעיל פרשה ט"ז בסימן א, וכן דרך חז"ל בכל המצות להראות בכל אחד צד חמור, וחביב מהכל: **(כב) משל לחולה.** בתנחומא כאן סימן ג. עיין ויקרא רבה פרשה י"ג סוף סימן ב:

מתנות כהונה

לפי ששיחקה לסריס. כלומר עם הסרים: הכי גרסינן **אמרו לו והלא:** הכי גרסינן **כיון שזינתה אמרו לו לאביה כו':** **קטפורס.** מכות, כדלעיל (סימן ז): **[כב]** הכי גרסינן **כך לאומות שופטים כו':**

אשד הנחלים

לעיל, לפי שכל הדברות תלוי בדינין, ואם כן המה עקריים גדולים לקיום הדת בכללה, ולכן העובר עליהם נידון בהרבה פורעניות: **ביצד.** בא להורות איך שגדול עון בין אדם לחברו כחטא אשת איש, יותר מעבודת כוכבים, והראיה שבענין עבודת כוכבים נמחל להם העון, לפי שבאמת אין לעבודת כוכבים ממשות שיהיה שייך עליהם כעס, רק כאלו כביכול מתקנא איך יעבדו לעבודת כוכבים ולא יכירו האמת, ואם כן חטאם במה שלא הכירו האמת, אבל חטא הניאוף הוא חטא ממש. והנה לפי דברי בעלי המדרש שענין עבודת כוכבים מביאה לידי זנות והרגל אליה, ואם כן הניאוף היא עיקר העברה, ועבודת כוכבים סניף לה, ולכן לקתה יותר על הניאוף מעבודת כוכבים, ודי בזה:

חידושי הרד"ל

[כא] עונשן חמור ממי שהוא כו'. כן צריך לומר: **עושיהם ונמחל להם על עבודה זרה אבל על הזנות כו' לקו עליו ועל הדינין והמצות האלו הזהיר כו'.** כן צריך לומר:

באור מהרי"פ

מה שמוכן להם. אולי פירושו שמוכן להם מששת ימי בראשית, על דרך (ישעיה ל, לג) כי ערוך מאתמול תפתה גם היא למלך הוכן העמיק הרחיב מדורתה אש ועצים הרבה נשמת ה' כנחל גפרית בוערה בה. וזהו מה שמוכן להם, וכמבואר בסמוך: **ימטר וגו'.** (תהלים יא, ו) ימטר על רשעים פחים אש וגפרית ורוח זלעפות מנת כוסם. ומלת מנת לשון הכנה הוא, כמו (דניאל א, ה) וימן להם המלך דבר יום ביומו מפת בג המלך ומיין משתיו ולגדלם שלש שנים ומקצתם יעמדו לפני המלך. והמקרא של ימטר על רשעים מיירי בדינים שבין אדם לחבירו, שהם קיומו של עולם, כמו שכתוב (תהלים יא, ב - ג) כי הנה הרשעים ידרכון קשת כוננו חצם על יתר לירות במו אופל לישרי לב, כי השתות יהרסון צדיק מה פעל. והשתות פירושו יסודות העולם, והם דברים שבין אדם לחבירו, שאם יתקלקלו יחריבו את העולם:

אמרי יושר

כשזינתה לקתה כו' עשרים וארבע מיד אביה. כן על הזנות נפלו עשרים וארבע אלף, אבל עיוות המשפט ענשו לגיהנם ולא שתק אלא הזהיר כמה אזהרות: **[כב] ואלה המשפטים יש לאומות שופטים ויש לישראל.** של קפידא ותשובות חשים לפני ישראל, על דרך מה שדרשו (רש"י ויקרא יא, ב ד"ה זאת בשם התנחומא) על זאת החיה אשר תאכלו, בפרשת שמיני: **בר ניפלי** [א"ה: במדרש לפנינו ליתא. ואולי שייך ללעיל טו, כח]. בכורות פרק ז' (מד, ב) מאי רוח קצרה רוח בן נפילים באה עליו, פירוש רש"י רוח שד:

מסורת המדרש

כז. אבות פרק ד':
כח. תנחומא כאן סימן ג'. ועיין בויקרא רבה פרשה י"ג. ילקוט סדר שמיני רמז תקל"ה:

אם למקרא

לֹא־יִהְיֶה לְךָ אֱלֹהִים אֲחֵרִים עַל־פָּנָי:
(שמות כ: ג)

יַקְנִאֻהוּ בְּזָרִים בְּתוֹעֵבֹת יַכְעִיסֻהוּ:
(דברים לב: טז)

וַיָּמִירוּ אֶת־כְּבוֹדָם בְּתַבְנִית שׁוֹר אֹכֵל עֵשֶׂב:
(תהלים קו: כ)

כְּמוֹהֶם יִהְיוּ עֹשֵׂיהֶם כֹּל אֲשֶׁר־בֹּטֵחַ בָּהֶם:
(שם קטו: ח)

שְׁמֹר מִצְוֹתַי וֶחְיֵה וְתוֹרָתִי כְּאִישׁוֹן עֵינֶיךָ: קָשְׁרֵם עַל־אֶצְבְּעֹתֶיךָ כָּתְבֵם עַל־לוּחַ לִבֶּךָ:
(משלי ז: ב-ג)

שינוי נוסחאות

(כא) לכך עונשן חמור ממי שהוא מבטל את הדברות. תיבת "ממי" היה בד"ר, אבל אחר כך הושמטה בכל הדפוסים בטעות, ורד"ל הגיה שצריך לגרסו, וכן עשו בד' וארשא: **(כב) כך לעובדי כוכבים שופטים.** בספרים הישנים כתוב "כך ישראל לאומות שופטים", ותיבת "ישראל" מיותרת בודאי, ומחקה מ"כ, אבל בד' פראג ת"נ (עם יפ"ת) כתוב "כך יש ...", ונראה ברור שכן הוא הנוסח הנכון אלא שטעה סופר אחד וחשב ש"יש" הוא קיצור ל"ישראל": **כך לעובדי כוכבים שופטים.** בד' וילנא כתבו "נפרשים" תחת "שופטים", אולי מחמת צנזורא:

מָשָׁל לְחוֹלֶה שֶׁנִּכְנַס הָרוֹפֵא אֶצְלוֹ לְבַקְּרוֹ – The difference may be explained by way of **analogy.** It is comparable **to a sick person whom a doctor came to examine.** אָמַר לִבְנֵי בֵיתוֹ: הַאֲכִילוּהוּ כָּל מַה שֶּׁהוּא מְבַקֵּשׁ – **[The doctor] said to [the sick person's] household,** "You may **feed him all that he desires."** נִכְנַס אֵצֶל אַחֵר, אָמַר לָהֶם: הִזָּהֲרוּ בּוֹ שֶׁלֹּא יֹאכַל דָּבָר פְּלוֹנִי – **[The doctor]** then **came to another** sick person, and **said to [the members of his household], "Be careful with him that he does not eat a certain** food." אָמְרוּ לוֹ: לָרִאשׁוֹן אָמַרְתָּ שֶׁיֹּאכַל מַה שֶּׁיִּרְצֶה וְלַשֵּׁנִי אָמַרְתָּ שֶׁלֹּא יֹאכַל דָּבָר פְּלוֹנִי – **[The onlookers] said to [the doctor],** "Why is it that **to the** family of the **first** person **you said that he may eat whatever he wants, and to the** family of the **second** person **you said that he should not eat a certain** food?" אָמַר לָהֶם: הָרִאשׁוֹן אֵינוֹ לְחַיִּים, לְפִיכָךְ אָמַרְתִּי שֶׁיֹּאכַל כָּל מַה שֶּׁיִּרְצֶה – **[The doctor] said to them, "The first** person **is not** going **to survive; therefore, I said that he may eat anything he wants.** אֲבָל זֶה שֶׁהוּא לְחַיִּים אָמַרְתִּי הִזָּהֲרוּ בּוֹ – **But** with regard to **this** second person, **who is going to survive, I said, 'Be careful with him.'** " כָּךְ יֵשׁ לְאוּמּוֹת שׁוֹפְטִים וְאֵינָן עוֹסְקִים בַּתּוֹרָה וְאֵינָן עוֹשִׂין אוֹתָהּ – **Similarly, the nations** of the world **have judges, but they do not engage in** the study of **Torah and do not perform [its commandments],**

שֶׁלֹּא נִיתְּנוּ אֶלָּא אַחַר הַדִּבְּרוֹת, לְכָךְ עוֹנְשָׁן חָמוּר מִמִּי שֶׁהוּא מְבַטֵּל אֶת הַדִּבְּרוֹת, כֵּיצַד, בִּטְּלוּ יִשְׂרָאֵל (לעיל ב, ג) "לֹא יִהְיֶה לְךָ" וּמָחַל לָהֶם, שֶׁאֵין בַּעֲבוֹדָה זָרָה מַמָּשׁ אֶלָּא קִנְאָה, שֶׁנֶּאֱמַר (דברים לב, טז) "יַקְנִיאֻהוּ בְּזָרִים בְּתוֹעֵבֹת יַכְעִיסֻהוּ", וְכֵן כְּתִיב (תהלים קו, כ) "וַיָּמִירוּ אֶת כְּבוֹדָם בְּתַבְנִית שׁוֹר", וּכְשֶׁחָטְאוּ יִשְׂרָאֵל בַּשִּׁטִּים בִּזְנוּת נָפְלוּ מֵהֶן כ"ד אֶלֶף, מָשָׁל לְבַת מְלָכִים שֶׁשִּׂיחֲקָה לְסָרִיס, כָּעַס עָלֶיהָ הַמֶּלֶךְ, אָמְרוּ לוֹ: וַהֲלֹא לְסָרִיס שִׂיחֲקָה, אָמַר: לֹא כָּעַסְתִּי אֶלָּא עַל שֶׁהִרְגִּילָה אֶת עַצְמָהּ לִשְׂחוֹק וְלִזְנוּת, וְכֵן שָׁנוּ רַבּוֹתֵינוּ: [כז]שְׂחוֹק וְקַלּוּת רֹאשׁ מַרְגִּילִין אֶת הָאָדָם לְעֶרְוָה, כֵּיוָן שֶׁזִּינְתָה אָמְרוּ לְאָבִיהָ, לָקְתָה כ"ד קַטָּפוּרוֹס וְשָׁתַק, כָּךְ יִשְׂרָאֵל, מַה נֶּהֱנוּ מֵעֲבוֹדָה זָרָה שֶׁלֹּא רוֹאָה וְלֹא שׁוֹמַעַת וְלֹא מְדַבֶּרֶת, שֶׁנֶּאֱמַר (שם קטו, ח) "כְּמוֹהֶם יִהְיוּ עֹשֵׂיהֶם", אֲבָל הַזְּנוּת שֶׁהוּא דָּבָר שֶׁל מַמָּשׁ לָקוּ עָלָיו, וְנִמְחַל לָהֶם עַל עֲבוֹדָה זָרָה, אֲבָל עַל הַדִּינִין וְעַל הַמִּצְוֹת הָאֵלּוּ הִזְהִירָן הַקָּדוֹשׁ בָּרוּךְ הוּא, שֶׁנֶּאֱמַר (משלי ז, ב) "שְׁמֹר מִצְוֹתַי וֶחְיֵה", וְכֵן (שם שם ג) "כָּתְבֵם עַל לוּחַ לִבֶּךָ":

כב דָּבָר אַחֵר, [כא, א] "וְאֵלֶּה הַמִּשְׁפָּטִים", יֵשׁ °לְעוֹבְדֵי כוֹכָבִים° שׁוֹפְטִים וְיֵשׁ לְיִשְׂרָאֵל שׁוֹפְטִים, וְאֵין אַתָּה יוֹדֵעַ מַה בֵּינֵיהֶם, [כח]מָשָׁל לְחוֹלֶה שֶׁנִּכְנַס הָרוֹפֵא אֶצְלוֹ לְבַקְּרוֹ, אָמַר לִבְנֵי בֵיתוֹ: הַאֲכִילוּהוּ כָּל מַה שֶּׁהוּא מְבַקֵּשׁ, נִכְנַס אֵצֶל אַחֵר, אָמַר לָהֶם: הִזָּהֲרוּ בוֹ שֶׁלֹּא יֹאכַל דָּבָר פְּלוֹנִי, אָמְרוּ לוֹ: לָרִאשׁוֹן אָמַרְתָּ שֶׁיֹּאכַל מַה שֶּׁיִּרְצֶה וְלַשֵּׁנִי אָמַרְתָּ שֶׁלֹּא יֹאכַל דָּבָר פְּלוֹנִי, אָמַר לָהֶם: הָרִאשׁוֹן אֵינוֹ לְחַיִּים, לְפִיכָךְ אָמַרְתִּי שֶׁיֹּאכַל כָּל מַה שֶּׁיִּרְצֶה, אֲבָל זֶה שֶׁהוּא לְחַיִּים אָמַרְתִּי הִזָּהֲרוּ בוֹ, כָּךְ °לְעוֹבְדֵי כוֹכָבִים° שׁוֹפְטִים וְאֵינָן עוֹסְקִים בַּתּוֹרָה וְאֵינָן עוֹשִׂין אוֹתָהּ,

עץ יוסף

הוא דינן של רשעים על המצות והמשפטים מה שמוכן להם, דהיינו ימטר על רשעים פחים וגו' והיינו עונש עולם הבא בגיהנם, ומיירי מהמצות שבין אדם לחבירו דכתיב כי הנה הרשעים ידרכון קשת וגו': **דהלכך עונשן חמור יותר ממי שהוא מבטל את הדברות.** כן צריך לומר (יפה תואר). פירוש מהדברות שבין אדם למקום: **ומחל להם.** רוצה לומר המון ישראל שלא טעו אחר העגל, אף על פי שנגזרה גזרה ויחר אפי בהם ואכלם, מפני ערבותם או מפני שלא מיחו, מכל מקום בתפלת משה מיד מחל להם, אבל על הזנות לא מחל, כי מיד היתה המגפה בעם: **אלא קנאה.** שמכעיסין ומקנאין להקדוש ברוך הוא בהמרותם דברו: **שנאמר יקניאוהו בזרים.** וכתיב בתריה יזבחו לשדים לא אלוה, אלמא לית בהו ממש, וכדתרגם אונקלוס דלית בהון צרוך, פירוש הנאה: **בתבנית שור אוכל עשב.** כלומר שאין בו הנאה: **אלא על שהרגילה עצמה לשחוק ולזנות.** ובנמשל הכוונה שעל ידי עבודת כוכבים יורגלו לזנות, כמו שאמרו ז"ל (סנהדרין סג:) לא בקשו ישראל לעבוד עבודה זרה אלא להתיר להם עריות. אי נמי שירגילו עצמן לכפור בה' לגמרי: **שחוק וקלות ראש.** לא די שמביא האדם לידי ערוה, אלא אפילו מרגילין לערוה, כלומר מרגילין אותו בהרגל גמור, ואשמועינן שחוק וקלות ראש אף אם נראה שאינם עבירות כתובות בתורה, מכל מקום הם מרגילין לערוה אשר היא אחד מהשלשה העבירות החמורות שבתורה: **קטפרוס.** מלקות: **כך ישראל מה נהנו כו'.** ולהכי בתשובה ומעט יסורין נמחלים דלא אדיקי בה, אבל זנות דאית ביה הנאה, תשובתו קשה ולהכי צריך לקות טפי כדי שיזהרו ממנו: **ונמחל להם על עבודה זרה.** פירוש שאף שבשיטים היה בעל פעור עם הזנות, לא לקו המון ישראל הטועים על עון פעור שעבדו הרעים, כמו שלא לקו ההמון בעגל, אלא על הזנות בלבד הוא שלקו טובים עם רעים, דאף על גב דכתיב ויצמד ישראל לבעל פעור ויחר אף ה' בישראל, קרא משתעי שהזנות גרם בהם עד שבעבורו נצמדו לבעל פעור, ומכל מקום החרון הכולל לא היה אלא על הזנות: **ועל המצות האלו.** דהיינו בין אדם לחבירו כדפירשתי, הזהירן, שנאמר שמור מצותי וחיה, הרי דתלי חיותן בהו, ומדתלי חיותם בשמירתם משמע דכל דאיכא מי שאינו שומרן, חיות כל ההמון מעוכב בשבילם: **וכן כתבם על לוח לבך.** פירוש וכן מצינו דמזהיר טפי בהנך מצות דכתיב בהו כתבם על לוח לבך, ואילו בשאר מצות כתיב מקמי הכי קשרם על לבך תמיד, וכתיבה עדיפא מקשירה: (כב) [יח] **יש לעובדי כוכבים שופטים.** כי גם הם מצווים על הדין, שהיא אחת ממצות בני נח:

פירוש מהרז"ו

אלא אחר הדברות. עיין מה שכתבתי בזה לעיל פרשה ז"ו סימן ט"ו: **ומחל להם.** על עון העגל, כמו שכתוב (שמות לב, יד) וינחם ה' על הרעה אשר דיבר לעשות. עיין בראשית רבה פרשה כ"ו סימן ה, על הכל מאריך רוחו חוץ מן הזימה, וכן הוא בויקרא רבה פרשה כ"ג סימן ד: **בתבנית שור.** אוכל עשב, כמו שאמרו במדרש (שיר השירים רבה א פסוק ט, ג) שאין לך מנוול ומשוקץ משור בשעה שאוכל עשב. ואין זה אלא כעס וקנאה שעושים דברים של הבל ותוהו: **נפלו מהם עשרים וארבעה אלף.** ובעגל לא נפלו רק שלשה אלף: **ששחקה לסריס.** עיין לקמן פרשה מ"ג סימן ח מגפפת לדלפקי: **כעס עליהם.** כעס בלא עונש גדול: **לקתה עשרים וארבעה קטפורס ושתק.** משמע שלא על פי אביה לקתה, ואביה לא מיחה, ובנמשל שכתוב בענין שיטים ותעצר המגפה מעל ישראל ויהיו המתים במגפה עשרים וארבעה אלף, ולא כתוב ויגוף ה' את ישראל, וכדומה, כי בחטאם משכו עליהם העונש של הנגף, והשם יתברך לא מיחה בנגף, וכמו שכתוב בתהלים (תהלים קו, כח) ויצמדו לבעל פעור ותפרץ בם מגפה, כי הרעה באה ממילא על עושי הרעה, כמו שדרשו דברים רבה פרשה ד' סימן ג: **כמוהם יהיו עושיהם.** וכתוב שם פה להם וגו', עינים להם וגו', כל הענין: **שהוא דבר של ממש.** הנאה מושגת לחושי הגוף, כמו שכתוב בענין שיטים, אשר לא הטהרנו ממנו עד היום. והנה כאן הראה המדרש לך חמור של זנות, ולך הקל של עבודת כוכבים, ולקמן פרשה מ"ב סוף סימן ז', הראה לך חמור בעבודת כוכבים, על שהוא בענין יחוד ה', וראשון של דברות. ועיין לעיל פרשה ט"ז בסימן א, וכן דרך חז"ל בכל המצות להראות בכל אחד לך חמור, וחביב מהכל: (כב) **משל לחולה.** בתנחומא כאן סימן ג. עיין ויקרא רבה פרשה י"ג סוף סימן ב:

חידושי הרד"ל

[כא] **עונשן חמור ממי שהוא כו'.** כן צריך לומר: **עושיהם ונמחל להם על עבודה זרה אבל על הזנות כו' לקו עליו ועל הדינין והמצות האלו הזהיר כו'.** כן צריך לומר:

באור מהרי"פ

מה שמוכן להם. אולי פירושו שמוכן להם מששת ימי בראשית, על דרך (ישעיה ל, לג) כי ערוך מאתמול תפתה גם היא למלך הוכן העמיק הרחיב מדורתה אש ועצים הרבה נשמת ה' כנחל גפרית בוערה בה. וזהו מה שמוכן להם, וכמבואר בסמוך: **ימטר וגו'.** (תהלים יא, ו) ימטר על רשעים פחים אש וגפרית ורוח זלעפות מנת כוסם. ומלת מנת לשון הכנה הוא, כמו (דניאל א, ה) וימן להם המלך דבר יום ביומו מפת בג המלך ומיין משתיו ולגדלם שלש שנים ומקצתם יעמדו לפני המלך. והמקרא של ימטר על רשעים מיירי בדינים שבין אדם לחבירו, שהם קיומו של עולם, כמו שכתוב (תהלים יא, ב - ג) כי הנה הרשעים ידרכון קשת כוננו חצם על יתר לירות במו אופל לישרי לב, כי השתות יהרסון צדיק מה פעל. והשתות פירושו יסודות העולם, והם דברים שבין אדם לחבירו, שאם יתקלקלו יחריבו את העולם:

אמרי יושר

בשזיבתה לקתה כו' עשרים וארבע מיד אביה. כן על הזנות נפלו עשרים וארבע אלף, אבל עיוות המשפט ענשו לגיהנם ולא שתק אלא הזהיר כמה אזהרות: [כב] **ואלה המשפטים יש לאומות שופטים ויש לישראל.** של קפידא וחשובות תשים לפני ישראל, על דרך מה שדרשו (רש"י ויקרא יא, ב ד"ה זאת בשם התנחומא) על זאת החיה אשר תאכלו, בפרשת שמיני: **בר ניפלי** [א"ה: במדרש לפנינו ליתא. ואולי שייך ללעיל טו, כח]. בכורות פרק ז' (מד, ב) מאי רוח קצרה רוח בן נפילים באה עליו, פירוש רש"י רוח שד:

מסורת המדרש

כז. אבות פרק ד': **כח.** תנחומא כאן סימן ג'. ועיין בויקרא רבה פרשה י"ג. ילקוט סדר שמיני רמז תקל"ה:

אם למקרא

לֹא־יִהְיֶה לְךָ אֱלֹהִים אֲחֵרִים עַל־פָּנָי׃ (שמות כ: ג)

יַקְנִאֻהוּ בְּזָרִים בְּתוֹעֵבֹת יַכְעִיסֻהוּ׃ (דברים לב: טז)

וַיָּמִירוּ אֶת־כְּבוֹדָם בְּתַבְנִית שׁוֹר אֹכֵל עֵשֶׂב׃ (תהלים קו: כ)

כְּמוֹהֶם יִהְיוּ עֹשֵׂיהֶם כֹּל אֲשֶׁר־בֹּטֵחַ בָּהֶם׃ (שם קטו: ח)

שְׁמֹר מִצְוֹתַי וֶחְיֵה וְתוֹרָתִי כְּאִישׁוֹן עֵינֶיךָ׃ קָשְׁרֵם עַל־אֶצְבְּעֹתֶיךָ כָּתְבֵם עַל־לוּחַ לִבֶּךָ׃ (משלי ז: ב-ג)

שינוי נוסחאות

(כא) **לכך עונשן חמור ממי שהוא מבטל את הדברות.** תיבת "ממי" היה בד"ר, אבל אחר כך הושמטה בכל הדפוסים בטעות, ורד"ל הגיה שצריך לגרסו, וכן עשו בד' ווארשא: (כב) **כך לעובדי כוכבים שופטים.** בספרים הישנים כתוב "כך ישראל לאומות שופטים", ותיבת "ישראל" מיותרת בודאי, ומחקה מ"כ, אבל בד' פראג ת"נ (עם יפ"ת) כתוב "כך יש ...", ונראה ברור שכן הוא הנוסח הנכון אלא שטעה סופר אחד וחשב ש"יש" הוא קיצור ל"ישראל": **כך לעובדי כוכבים שופטים.** בד' ווילנא כתבו "נפרשים" תחת "שופטים", אולי מחמת צנזורא:

מתנות כהונה

לפי ששיחקה לסריס. כלומר עם הסרים: הכי גרסינן **אמרו לו והלא:** הכי גרסינן **כיון שזינתה אמרו לו לאביה כו':** **קטפורס.** מכות, כדלעיל (סימן ז): [כב] הכי גרסינן **כך לאומות שופטים כו':**

אשד הנחלים

לעיל, לפי שכל הדברות תלוי בדינין, ואם כן המה עקריים גדולים לקיום הדת בכללה, ולכן העובר עליהם נידון בהרבה פורעניות: **כיצד.** בא להורות איך שגדול עון בין אדם לחברו כחטא אשת איש, יותר מעבודת כוכבים, והראיה שבענין עבודת כוכבים נמחל להם העון, לפי שבאמת אין לעבודת כוכבים ממשות שיהיה שייך עליהם כעס, רק כאלו כביכול מתקנא איך יעבדו לעבודת כוכבים ולא יכירו האמת, ואם כן חטאם במה שלא הכירו האמת, אבל חטא הניאוף הוא חטא ממש. והנה לפי דברי בעלי המדרש שענין עבודת כוכבים מביאה לידי זנות והרגל אליה, ואם כן הניאוף היא עיקר העברה, ועבודת כוכבים סניף לה, ולכן לקתה יותר על הניאוף מעבודת כוכבים, ודי בזה:

שֶׁנֶּאֱמַר "וְגַם אֲנִי נָתַתִּי לָהֶם חֻקִּים לֹא טוֹבִים וְגוֹ'" – as it is stated regarding their laws, ***So I too gave them*** (Israel) ***decrees that were not good*** *and laws "by which they could not live"* (*Ezekiel* 20:25).[441] **אֲבָל הַמִּצְוֹת כְּתִיב בָּהֶן "אֲשֶׁר יַעֲשֶׂה אֹתָם הָאָדָם וָחַי בָּהֶם"** – **But** regarding **the commandments** of the Torah **it is written, *You shall observe My decrees and My laws, which man shall carry out and "by which he shall live"*** (*Leviticus* 18:5).[442]

§23 The Midrash presents another explanation of why the ordinances were given directly after the Ten Commandments:[443]

דָּבָר אַחֵר, "וְאֵלֶּה הַמִּשְׁפָּטִים" – **Another interpretation: *And these are the ordinances.*** **הָדָא הוּא דִכְתִיב "וְעֹז מֶלֶךְ מִשְׁפָּט אָהֵב"** – **This is** to be understood in light of **what is written, *Mighty is the King, Who loves justice*** (*Psalms* 99:4).[444] **אָמַר לָהֶם מֹשֶׁה לְיִשְׂרָאֵל: הֲרֵי נָתַן לָכֶם הַקָּדוֹשׁ בָּרוּךְ הוּא אֶת תּוֹרָתוֹ** – **Moses said to Israel, "The Holy One, blessed is He, gave you His Torah.** **אִם אֵין אַתֶּם עוֹשִׂין אֶת הַדִּינִין נוֹטֵל תּוֹרָתוֹ מִכֶּם** – **If you do not implement its** civil **laws** (the "ordinances"), **He will take His Torah from you.**[445] **לָמָּה, שֶׁלֹּא נָתַן לָכֶם הַקָּדוֹשׁ בָּרוּךְ הוּא אֶת הַתּוֹרָה אֶלָּא עַל מְנָת שֶׁתַּעֲשׂוּ אֶת הַדִּינִין** – **Why? Because the Holy One, blessed is He, gave you the Torah only on condition that you implement the** civil **laws** that are contained therein,"[446] **שֶׁנֶּאֱמַר "וְעֹז מֶלֶךְ מִשְׁפָּט אָהֵב"** – **as it is stated, *V'oz melech mishpat aheiv.***[447]

NOTES

441. In this verse, God tells Israel that if they sin, He will cause them to be subjugated by foreign powers and subject to their laws (*Yefeh To'ar*, followed by *Yedei Moshe* and *Eitz Yosef*; see also *Radak* and *Metzudas David* ad loc.). These foreign powers will not permit Israel to implement their own laws [even among themselves], but will rather insist that Israel follow *their* laws (*Beur Maharif*). See also next note.

442. *Maharzu* explains that the Midrash is noting the seemingly contradictory implications of these two verses: the former speaks of God's laws as laws by which man *cannot* live, while the latter speaks of God's laws as laws by which man *can* live. The resolution to the contradiction is that the *Jeremiah* verse is speaking of the laws of the nations of the world, while the *Leviticus* verse is speaking of the laws of Israel.

Onkelos to the *Leviticus* verse explains *by which he shall live* to refer to life in the World to Come (see *Eitz Yosef*). The Midrash is thus saying that Israel will attain the World to Come through executing its ordinances and its system of justice, but not the nations of the world (whose laws are laws *by which they could **not** live*). [As codified by *Rambam, Hil. Teshuvah* 3:5 and *Hil. Melachim* 8:11, the pious of the nations do indeed attain a share in the World to Come. However, they acquire their share in ways other than by adhering to their system of justice.] *Yefeh To'ar* explains that while the nations of the world are obligated to establish a system of justice, the purpose of that system is only to enable society to exist. Their laws, therefore, do not possess, nor do they need to possess, the intricate details of Torah law (see *Midrash Tanchuma, Shoftim* §1); and therefore, unlike the laws of the Torah, their judgments afford them no share in the World to Come. Like the sick man in the Midrash's analogy, who does not need to be careful with what he eats, the nations do not need to be careful with regard to the intricate details of the Torah's ordinances. The laws of Israel, on the other hand, which are rooted in the intricacies of the Torah, serve to ensure that we merit a share in the World to Come. Thus, just as the doctor in the analogy cautions the man who is destined to be healed to refrain from harmful foods, God cautioned Israel at Sinai to heed the ordinances, for it is by them that "he shall live."

The reason, then, that the ordinances were given directly after the Ten Commandments (see introduction to section) is to highlight that they are different from those of the other nations, for they are rooted in the intricacies of the Torah (*Yefeh To'ar*, beginning of section).

443. *Yefeh To'ar.* See, however, *Beur Maharif* and *Maharzu*, who write that the Midrash is expounding the conjunctive *vav* in the word וְאֵלֶּה.

444. This will be explained below (see note 447).

445. The Midrash appears difficult, for nowhere do we find that the Torah was taken away from Israel as a consequence of her not observing its laws (*Yefeh To'ar*; see there for other difficulties). *Yefeh To'ar* therefore explains (see also *Eitz Yosef*) that Moses is not addressing Israel as a whole but rather those Torah scholars who wish to devote themselves exclusively to Torah study and refuse to give of their time to implement justice. God will allow those scholars no success in their studies, for the Torah was given in order that its judgments be implemented, as the Midrash goes on to explain. See also *Radal* to §24 below (s.v. לא טוב לך), who likewise understands Moses' comment here to be addressed to judges who do not implement justice. See, however, *Beur Maharif*, who appears to take the phrase "He will take His Torah from you" as a figure of speech, interpreting Moses' warning to be: If you do not observe the ordinances, which serve as the foundation for the Torah, the entire edifice of Torah will crumble.

In any event, the point of the Midrash is that the reason that the ordinances were given directly after the Ten Commandments is to teach that the entire Torah – the foundation of which is the Ten Commandments [see further, note 369 above] – is dependent on the ordinances (*Beur Maharif*; see also *Yefeh To'ar*, beginning of section).

446. *Eshed HaNechalim* writes that while the goal of Torah and mitzvos is for man to attain spiritual perfection, the first step (the "condition") is that he develop his character, emulating God's goodness and kindness in his dealings with his fellow man and implementing the laws of the Torah that govern interpersonal transactions. See there at length.

447. The Midrash takes עֹז to be a reference to the Torah (see above, 27 §4), and interprets the verse as follows: *The Torah of the King [was given to Israel on the condition that they] love justice* (*Eitz Yosef*). Alternatively, the Midrash is interpreting the verse as follows: *The Torah [is dependent on the implementation of justice, for] God loves justice* (see *Maharzu*, s.v. ועז מלך).

See Insight Ⓐ.

INSIGHTS

Ⓐ **Keeping the Angels at Bay** Why is our right to retain the Torah contingent specifically upon our adherence to the Torah's legal code? Commentators seek to answer this question by connecting our Midrash to the well-known complaint of the angels that the Torah should remain in the heavens and not be given to man (*Shabbos* 88b).

R' Yisrael Moshe Dushinsky (*Toras Maharim, Mishpatim*, pp. 143-144), quoting his father *R' Yosef Tzvi*, explains that the angels actually had a legal claim on the Torah, based on דִּינָא דְבַר מִצְרָא, *the law of the adjoining property owner*, which provides that when land is put up for sale, the owner of the adjacent property has priority over anyone else if he wishes to buy it (see *Bava Metzia* 108a-b). Thus, the angels argued that as heavenly and spiritual beings they should have first rights to the Torah — which had been stored on high for generations — over materialistic man, whose home is on earth (see *Chida* to *Avos, Chasdei Avos* 3:14; and *Even Yisrael, Even Bochein*, by *R' Yisrael Salanter*, p. 88, who discuss the argument advanced by the angels).

However, the Jewish people are able to negate the angels' claim by adhering to the Torah's monetary laws and using the Jewish judicial system to resolve their disputes. That is because a judge who renders a true judgment is regarded as a partner with God in the Creation of the world (*Shabbos* 10a). And the law is that a partner in a property being offered for sale has priority even over the closest neighbor (*Shulchan Aruch, Choshen Mishpat* 175:5). Therefore, we, as partners with God, take precedence over the angels and have first rights to the Torah. But should we fail to observe the Torah's monetary laws, and should our judges fail to uphold the Torah's legal system, we lose our status as God's partners and hence, our right to the Torah.

[In a similar vein, *R' Meir Shapiro* (*Imrei Daas* to above, 15:25) explains why God gave the nation the monetary laws immediately after the nation crossed the Sea of Reeds, before giving them the rest of the Torah: His intention was to make the nation partners with Him in Creation, thereby preempting the angels' claim on the Torah as "adjoining property owners." At the same time, God also gave Israel the Sabbath and the mitzvah of honoring parents, for one who observes the Sabbath is likewise regarded as God's partner (see *Shabbos* 119a), and honoring one's parents underscores the fact that a father and mother are considered partners with God in the birth of their children (see *Kiddushin* 30b).]

R' Dushinsky goes further, delving more deeply into this idea. Why

שֶׁנֶּאֱמַר (יחזקאל כ, כה) **"וְגַם אֲנִי נָתַתִּי לָהֶם חֻקִּים לֹא טוֹבִים וְגוֹ'", אֲבָל הַמִּצְוֹת כְּתִיב בָּהֶן** (ויקרא יח, ה) **"אֲשֶׁר יַעֲשֶׂה אֹתָם הָאָדָם וָחַי בָּהֶם":**

כג דָּבָר אַחֵר, [כא, א] **"וְאֵלֶּה הַמִּשְׁפָּטִים", הָדָא הוּא דִכְתִיב** (תהלים צט, ד) **"וְעֹז מֶלֶךְ מִשְׁפָּט אָהֵב", **[כט]**אָמַר לָהֶם מֹשֶׁה לְיִשְׂרָאֵל: הֲרֵי נָתַן לָכֶם הַקָּדוֹשׁ בָּרוּךְ הוּא אֶת תּוֹרָתוֹ, אִם אֵין אַתֶּם עוֹשִׂין אֶת הַדִּינִין נוֹטֵל תּוֹרָתוֹ מִכֶּם, לָמָּה, שֶׁלֹּא נָתַן לָכֶם הַקָּדוֹשׁ בָּרוּךְ הוּא אֶת הַתּוֹרָה אֶלָּא עַל מְנָת שֶׁתַּעֲשׂוּ אֶת הַדִּינִין, שֶׁנֶּאֱמַר "וְעֹז מֶלֶךְ מִשְׁפָּט אָהֵב", וְאִם עֲשִׂיתֶם אֶת הַדִּינִין עָתִיד הַקָּדוֹשׁ בָּרוּךְ הוּא לְהַחֲזִיר לָכֶם בָּתֵּי דִינִין שֶׁלָּכֶם, שֶׁנֶּאֱמַר** (ישעיה א, כו) **"וְאָשִׁיבָה שֹׁפְטַיִךְ כְּבָרִאשֹׁנָה", מַה כְּתִיב אַחֲרָיו** (שם שם כז) **"צִיּוֹן בְּמִשְׁפָּט תִּפָּדֶה":**

כד דָּבָר אַחֵר, [כא, א] **"וְאֵלֶּה הַמִּשְׁפָּטִים", הָדָא הוּא דִכְתִיב** (ישעיה נו, א) **"כֹּה אָמַר ה' שִׁמְרוּ מִשְׁפָּט וַעֲשׂוּ צְדָקָה וְגוֹ'", **[ל]**זֶהוּ שֶׁאָמַר הַכָּתוּב** (משלי כד, כג) **"גַּם אֵלֶּה לַחֲכָמִים הַכֵּר פָּנִים בְּמִשְׁפָּט בַּל טוֹב", אָמַר הַקָּדוֹשׁ בָּרוּךְ הוּא: מִי גָרַם לַדַּיָּינִין שֶׁיִּהְיוּ יוֹדְעִין לָדוּן, עַל יְדֵי שֶׁקִּבַּלְתֶּם אֶת הַתּוֹרָה שֶׁכָּתוּב בָּהּ** (ויקרא כו, מו) **"אֵלֶּה הַחֻקִּים וְהַמִּשְׁפָּטִים וְהַתּוֹרֹת", אֶלָּא הֱיוּ יוֹדְעִים** (משלי כד, כג) **"הַכֵּר פָּנִים בְּמִשְׁפָּט בַּל טוֹב", מַהוּ "בַּל טוֹב", אֶלָּא בְּשָׁעָה שֶׁהַדַּיָּן יוֹשֵׁב וְדָן בֶּאֱמֶת, כִּבְיָכוֹל מַנִּיחַ הַקָּדוֹשׁ בָּרוּךְ הוּא שְׁמֵי הַשָּׁמַיִם וּמַשְׁרֶה שְׁכִינָתוֹ בְּצִדּוֹ, שֶׁנֶּאֱמַר** (שופטים ב, יח) **"וְכִי הֵקִים ה' לָהֶם שֹׁפְטִים וְהָיָה ה' עִם הַשֹּׁפֵט", וְכֵיוָן שֶׁרוֹאֶה אוֹתוֹ שֶׁהוּא נוֹשֵׂא פָּנִים, כִּבְיָכוֹל מְסַלֵּק שְׁכִינָתוֹ וְעוֹלֶה לַשָּׁמַיִם, וְהַמַּלְאָכִים אוֹמְרִים לוֹ: רִבּוֹן הָעוֹלָם, מַה יֵּשׁ לְךָ, וְהוּא אוֹמֵר לָהֶם: רָאִיתִי אֶת הַדַּיָּן שֶׁהוּא נוֹשֵׂא פָנִים וְעָמַדְתִּי לִי מִשָּׁם, שֶׁנֶּאֱמַר** (תהלים יב, ו) **"מִשֹּׁד עֲנִיִּים מֵאַנְקַת אֶבְיוֹנִים עַתָּה אָקוּם יֹאמַר ה'", וּמַה הַקָּדוֹשׁ בָּרוּךְ הוּא עוֹשֶׂה, שׁוֹלֵף חַרְבּוֹ כְּנֶגְדּוֹ לְהוֹדִיעַ שֶׁיֵּשׁ דַּיָּן לְמַעְלָה,**

עץ יוסף

חקים לא טובים. וגו' ומשפטים בל יחיו בהם, ואף על גב דהאי קרא בישראל כתיב, יש לומר דהכי קאמר שבחטא ישראל יתן להם כמשפטים ההם: **אשר יעשה אותם האדם וחי בהם.** וכדתרגום אונקלוס, ויהי בהון לחיי עלמא: **(כג) [יט] אם אין אתם עושים את הדינין כו'.** הכוונה תלמיד חכם שחפץ לעסוק כל היום בתורה ולחשוך עצמו מן הדין, שהקדוש ברוך הוא יטול תורתו ממנו, רוצה לומר שלא יצליח החכם בלימודו, אלא מבטנו יורישנו אל כשיתעצל בדין, שלא ניתנה התורה אלא כדי שיעשו הדינין: **שנאמר ועוז מלך.** כלומר מלך מלכי המלכים הקדוש ברוך הוא נתן לישראל התורה, שנקראת עוז על מנת שיאהבו את המשפט: **מה כתיב אחריו ציון במשפט תפדה.** רוצה לומר כשציון תפדה, בזכות המשפט תפדה: **(כד) [כ] הדא הוא דכתיב שמרו משפט.** דרמיז בסמיכות כי תקנה עבד עברי, שעל ידי שמירת המשפטים יזכו לישועה, וכדמסיים בפירקין, הוי ואלה המשפטים מה כתיב אחריו כי תקנה עבד עברי: **שיהיו יודעים לדון.** כי מי ידע מסברא דשואל חייב באונסין, ושמירה בבעלים פטור, לולי שהקדוש ברוך הוא הודיענו אמתת זה על פי התורה: **מהו בל טוב.** דמאי קא משמע לן, ומשני שפירש בל טוב שהקדוש ברוך הוא שנקרא טוב בל עמו: **שנאמר וכי הקים כו'.** דייק מדלא אמר והיה עמו, אלא עם השופט בא להורות דרש זה גם כן: **והמלאכים אומרים כו'.** נלמד מדאמר בפסוק עתה אקום יאמר ה', מה לו לאמירה זו, היה לו לקום בלא אמירה, אלא שהמלאכים שואלין לו והוא משיב להם כדמסיק: **שנאמר משוד עניים.** דרש שקאי אעוות הדין שנעשה להם, כי אין שייך לומר שוד עניים בענין מניעת צדקה מהם, אלא בעבור שהוא מטה להם את הדין, הוא משדד ומחריב אותם: **שולף חרבו בנגדו.** וזהו שאמרו חכמינו ז"ל בפ"ק דסנהדרין (ז, א) לעולם יראה הדיין את עצמו כאילו חרב מונח לו בין ירכיו וכו', שהרמז הוא על החרב הזה:

פירוש מהרז"ו

חוקים לא טובים. ומשפטים לא יחיו בהם. וכתיב אשר יעשה וכו' וחי בהם, והם שני כתובים מכחישים, והכריע כאן בעבודת כוכבים וכו': **(כג) ועוז מלך משפט אהב.** בא לדרוש הוי"ו של ואלה, שהוא מוסיף על הדברות והתורה, וכמו שאמר לעיל פרשה ז ריש סימן ט"ו, ועוז הוא התורה כמו שכתוב לעיל פרשה כ"ז סימן ד, תנחומא ריש משפטים ותלה העוז במשפט שאוהב: **בתי דינים שלכם.** שופטים הראשונים משה יהושע ועתניאל ושמואל וכדומה, על פי מדת ממעל ומנגד, ועיין לעיל סוף סימן י"ד וריש ט"ו: **(כד) שמרו משפט ועשו צדקה.** [וסיפיה דקרא] כי קרובה ישועתי לבא וצדקתי להגלות, ודורשו להלן. והוא בתנחומא כאן סימן ד, ועתה דורש תיבת ואלה, שהיא מיותרת, על התורה, על פי גזירה שוה, ועיין לקמן פרשה ל"א ריש סימן ד, ופרשה מ"ח ריש סימן ג: **גם אלה לחכמים.** דורש חכמים על פי מדת דבר הלמוד מענינו ומסופו, שמדבר בשופטים ודיינים. ותיבת אלה על התורה כנ"ל: **ומשרה שכינתו בצדו.** בעת ששופט, וזהו והיה ה' עם השופט: **עתה אקום יאמר ה'.** משמע שמתחלה היה שוכן כאן ועתה מסתלק, ומהו יאמר ה' למי אומר, ודורש על פי מדה ט', שהמלאכים בית דינו שואלים אותו, והוא משיב להם. ועיין לעיל פרשה י"ז סימן ד באופן אחר: **להודיעו שיש דיין.** בראשית רבה פרשה ה סימן ה:

חידושי הרד"ל

[כב] לא טובים ומשפטים לא יחיו בהם אבל המצות כו'. כן צריך לומר:

באור מהרי"פ

[כב] וגם אני נתתי להם חוקים לא טובים וגו'. תימה, דהאי קרא בישראל מיירי (יחזקאל כ, כד - כה), יען משפטי לא עשו חקותי מאסו ואת שבתותי חללו ואחר גלולי אבותם היו עיניהם, וגם אני נתתי להם חוקים לא טובים ומשפטים לא יחיו בהם. הרי מפורש דבישראל קמיירי המקראות, ולחומרת התימה נראה לי הכותב ליישב הדרש על דרך פירושו של רד"ק, וזה לשונו, וגם אני וגו', כיון שהם מאסו בחוקותי, מסרתי אותם ביד אויביהם, שישימו עליהם חוקים לא טובים וגו', והמדרש דורש שהעובדי כוכבים יבטלו מהם דיני ישראל, וישימו עליהם חוקים ודינים שלהם, והמה חוקים לא טובים ומשפטים לא יחיו בהם, ולפי זה הכתוב מיירי מדיני העובדי כוכבים ומשפטיהם, ואתי שפיר דרש המדרש: **אבל המצות כתיב בהן וכו'.** ודריש אלה המשפטים אשר תשים לפניהם, ולא לפני עובדי כוכבים: **[כג] נוטל תורתי וכו'.** ועוז מלך הוא התורה, שנקראת עוז כידוע, ה' עוז לעמו יתן, ואולי כונתו לפרש ואלה המשפטים וי"ו מוסיף על ענין, היינו עשרת הדברות, שהם יסוד כל התורה, ונסמך להם ואלה המשפטים, להורות שכל עשרת הדברות סמוכים ותמוכים על המשפטים, ואם היסוד נופל חס ושלום היינו המשפטים, תפול חס ושלום כל התורה: **ציון במשפט תפדה.** כלומר, בזכות המשפט ואשיבה שופטיך:

מסורת המדרש

כט. עיין תנחומא כאן סימן א'. מדרש תהלים מזמור צ"ט. ילקוט תהלים רמז תתנ"ב:
ל. תנחומא כאן סימן ד' כל הענין:

אם למקרא

וְגַם־אֲנִי נָתַתִּי לָהֶם חֻקִּים לֹא טוֹבִים וּמִשְׁפָּטִים לֹא יִחְיוּ בָּהֶם: (יחזקאל כ: כה)

וּשְׁמַרְתֶּם אֶת חֻקֹּתַי וְאֶת מִשְׁפָּטַי אֲשֶׁר יַעֲשֶׂה אֹתָם הָאָדָם וָחַי בָּהֶם אֲנִי ה': (ויקרא יח: ה)

וְעֹז מֶלֶךְ מִשְׁפָּט אָהֵב אַתָּה כּוֹנַנְתָּ מֵישָׁרִים מִשְׁפָּט וּצְדָקָה בְּיַעֲקֹב אַתָּה עָשִׂיתָ: (תהלים צט: ד)

וְאָשִׁיבָה שֹׁפְטַיִךְ כְּבָרִאשֹׁנָה וְיֹעֲצַיִךְ כְּבַתְּחִלָּה אַחֲרֵי־כֵן יִקָּרֵא לָךְ עִיר הַצֶּדֶק קִרְיָה נֶאֱמָנָה: צִיּוֹן בְּמִשְׁפָּט תִּפָּדֶה וְשָׁבֶיהָ בִּצְדָקָה: (שם שם כו-כז)

כֹּה אָמַר ה' שִׁמְרוּ מִשְׁפָּט וַעֲשׂוּ צְדָקָה כִּי־קְרוֹבָה יְשׁוּעָתִי לָבוֹא וְצִדְקָתִי לְהִגָּלוֹת: (ישעיה נו: א)

גַּם־אֵלֶּה לַחֲכָמִים הַכֵּר־פָּנִים בְּמִשְׁפָּט בַּל־טוֹב: (משלי כד: כג)

אֵלֶּה הַחֻקִּים וְהַמִּשְׁפָּטִים וְהַתּוֹרֹת אֲשֶׁר נָתַן ה' בֵּינוֹ וּבֵין בְּנֵי יִשְׂרָאֵל בְּהַר סִינַי בְּיַד־מֹשֶׁה: ויקרא כו: מו

וְכִי־הֵקִים ה' לָהֶם שֹׁפְטִים וְהָיָה ה' עִם הַשֹּׁפֵט וְהוֹשִׁיעָם מִיַּד אֹיְבֵיהֶם כֹּל יְמֵי הַשּׁוֹפֵט כִּי יִנָּחֵם ה' מִנַּאֲקָתָם מִפְּנֵי לֹחֲצֵיהֶם וְדֹחֲקֵיהֶם: (שופטים ב: יח)

מִשֹּׁד עֲנִיִּים מֵאַנְקַת אֶבְיוֹנִים עַתָּה אָקוּם יֹאמַר ה' אָשִׁית בְּיֵשַׁע יָפִיחַ לוֹ: (תהלים יב: ו)

ידי משה

[כב] שנאמר וגם אני נתתי להם חוקים לא טובים. ואם תאמר, והלא פסוק זה נאמר גבי ישראל. ויש לומר מדקאמר נתתי להם חוקים ומשפטים בל יחיו בהם, מכלל דאיכא משפטים שאינם של חיים, ומאי נינהו אלו משפטי עובדי כוכבים, וקאמר שבחטא ישראל יתן להם המשפטים ההם. וקל להבין: **[כג] שלא נתן לכם את התורה אלא על מנת וכו'.** פירש בספר תורת חיים, במי שרוצה לעסוק בתורה כל היום ולמנוע עצמו

מתנות כהונה

[כג] ועוז מלך. התורה נקראת עוז שנאמר (תהלים כח, ח) ה' עוז לעמו יתן:

אשד הנחלים

[כג] את הדינין נוטל תורתו מכם למה כו'. זהו כמו שמובא לעיל כמה פעמים, אף שהעיקר להשלמת הנפש היא התורה ומצותיה, אבל ההכנה אליה היא הדינין הנובעין בין אדם לחברו, אם לא ישמור הדינין אז ממילא יעקור המצות ממנו, כי המשיכה אחר שלימות הנפש תלוי בידיעת מדותיו יתברך, הטובות המלאים חסד ורחמים, ומזה ימשוך תחלה להיות טוב לבן אדם כמוהו, כמו שנאמר בהפכו (מלאכי ב, י) הלא אל אחד בראנו אב אחד לכלנו מדוע נבגוד איש באחיו, אשר לכן אמרו (עבודה זרה יז, ב) כל העוסק בתורה ואינו עוסק בגמילות חסדים דומה כמי שאין לו אלוה, כי הציור הראשון הנובע בתחלה מהכרת ה', ימשך תחלה לא פחות להיות גומל חסד לרעהו, ואחר כך לגמול עם נפשו המשכלת להכיר כבוד ה' על פי פעלו ולהגות בתורתו, ואם הציור הראשון בטל מלבו אם כן כל שכן הציור השני הבא אחריו, ואם כן הוא ללא אלהי אמת כי אם ציור דמיוני, הבן זה מאד. וכל כונתו להוציא מדעת המדמים שעיקר השלימות הוא במה שבין אדם לחברו, והמצות הזולתיות המה גם כן למען זה, לא כאלה דעתי כי אם להיפך, דוק בזה היטב: **בתי דינין שלכם.** שזה יהיה לעתיד לבא במהרה בימינו, שאז יתנהג העולם על פי שופטים נאמנים, ואין שכר יותר גדול מזה שהתבל מתנהג על פי סדר החכמה והתורה העליונה: **[כד] מהו בל טוב כו' מניח כו' לא טוב לך.** כי הוקשה להם שאמר הכתוב בלשון שלילת הטוב, ולא רע מוחלטי. ולכן מפרש שאין הכונה על האדם שאם הוא מכיר פנים, אז הוא איש רע ממש, רק הכונה שלא יקבל עוד טוב מלמעלה, כי נפרד ונסתלק השכינה והאור אלקי ממנו, ואז אין טוב משפיע עליו, וכאילו כביכול שולף החרב לעומתו, שזה מדת הדין להפילו בעתו. וענין השראת השכינה בקיום הדין, לפי שה' ברוך הוא חפץ בקיום העולם, ועל זה שופע תמיד השגחתו הפרטית, ובקיום הדין הוא קיום העולם, ולכן הוא סיבה להשראת השכינה, ובהפכו הוא סילוק השכינה:

וְאִם עֲשִׂיתֶם אֶת הַדִּינִין עָתִיד הַקָּדוֹשׁ בָּרוּךְ הוּא לְהַחֲזִיר לָכֶם בָּתֵּי דִינִין שֶׁלָּכֶם – **"And if you** do **implement the laws** of the Torah, **the Holy One, blessed is He, shall ultimately return your courts of law to you,"** שֶׁנֶּאֱמַר "וְאָשִׁיבָה שֹׁפְטַיִךְ כְּבָרִאשֹׁנָה" – **for it is stated,** ***Then I will restore your judges as at first*** (*Isaiah* 1:26). מַה כְּתִיב אַחֲרָיו "צִיּוֹן בְּמִשְׁפָּט תִּפָּדֶה" – And **what is written** immediately **after [this verse]? *Zion will be redeemed through justice*** (ibid., v. 27).[448]

§24 The Midrash expounds the juxtaposition of our verse, which introduces the ordinances, with the verse that follows:

דָּבָר אַחֵר, "וְאֵלֶּה הַמִּשְׁפָּטִים" – **Another interpretation: *And these are the ordinances*** *that you shall place before them.* The next verse states, *If you aquire a Jewish bondsman, he shall work for six years; and in the seventh he shall go free.*[449] הָדָא הוּא דִכְתִיב "כֹּה אָמַר ה' שִׁמְרוּ מִשְׁפָּט וַעֲשׂוּ צְדָקָה וְגוֹ'" – **Thus it is written, *Thus said HASHEM: Observe justice and perform righteousness,*** *for My salvation is soon to come* (*Isaiah* 56:1).[450] זֶהוּ שֶׁאָמַר הַכָּתוּב "גַּם אֵלֶּה לַחֲכָמִים הַכֵּר פָּנִים בְּמִשְׁפָּט בַּל טוֹב" – **This** theme **is** apparent as well in **what Scripture states, *These things, too, are for the wise [to consider]: Showing favoritism in judgment is not good*** (*Proverbs* 24:23).[451] אָמַר הַקָּדוֹשׁ בָּרוּךְ הוּא: מִי גָרַם לַדַּיָּנִין שֶׁיִּהְיוּ יוֹדְעִין לָדוּן – **The Holy One, blessed is He, said** to Israel, **"Who caused your judges to know how to judge?** עַל יְדֵי שֶׁקִּבַּלְתֶּם אֶת הַתּוֹרָה שֶׁכָּתוּב בָּהּ "אֵלֶּה הַחֻקִּים וְהַמִּשְׁפָּטִים וְהַתּוֹרֹת" – **It is by virtue of your receiving the Torah, in which is written, *These are the decrees, the ordinances, and the teachings*** *that HASHEM gave, between Himself and the Children of Israel* (*Leviticus* 26:46).[452] אֶלָּא הֱיוּ יוֹדְעִים "הַכֵּר פָּנִים בְּמִשְׁפָּט בַּל טוֹב" – **But you should know: *Showing favoritism in judgment is not good."*** מַהוּ "בַּל טוֹב" – **What is** meant by the statement, *Showing favoritism in judgment is* ***not good?***[453] אֶלָּא בְּשָׁעָה שֶׁהַדַּיָּין יוֹשֵׁב וְדָן בֶּאֱמֶת, כִּבְיָכוֹל מַנִּיחַ הַקָּדוֹשׁ בָּרוּךְ הוּא שְׁמֵי הַשָּׁמַיִם וּמַשְׁרֶה שְׁכִינָתוֹ בְּצִדּוֹ – **But** the explanation is as follows: **When a judge sits and judges with truth, the Holy One, blessed is He, leaves the heavenly spheres, as it were, and rests His Divine Presence at [the judge's] side,** שֶׁנֶּאֱמַר "וְכִי הֵקִים ה' לָהֶם שֹׁפְטִים וְהָיָה ה' עִם הַשֹּׁפֵט" – **as it is stated, *When HASHEM would set up judges for them, HASHEM would be with the judge*** (*Judges* 2:18).[454]

NOTES

448. The juxtaposition of these two verses thus alludes that the *restoration* of Israel's *judges* and courts of law (which will occur when *Zion will be redeemed*) will come about in the merit of *justice* (*Yefeh To'ar, Beur Maharif*). The Midrash is saying that if Israel implements justice, her courts will be restored in the Messianic future (*Eshed HaNechalim*; see, however, *Maharzu*).

449. It seems strange that Scripture chose to begin its discussion of the ordinances with the laws of the Hebrew slave. It would seem more appropriate to begin with the laws of murder or theft, which would appear to be of greater import (*Yefeh To'ar*).

450. This verse draws a connection between observing justice and meriting salvation, teaching that the former leads to the latter. As the Midrash will say at the end of the section, the juxtaposition of the first two verses of our *parashah* teaches the same lesson; see note 525 (*Eitz Yosef*).

451. The *wise* mentioned in this verse are judges (see *Maharzu*). Just as observing justice leads to God's salvation, distortion of justice (by showing favoritism) leads to the opposite; see further.

452. While certain civil laws are in fact common sense, others would not have been known without the Torah (*Eitz Yosef*; see there for two examples of the latter).

453. I.e., what is Scripture teaching here that we do not already know? (*Yefeh To'ar*, first interpretation; *Eitz Yosef*). Alternatively, the Midrash is troubled by the implication that partiality in judgment is merely "not good." Why, it is an active perversion of justice! (*Yefeh To'ar*, second interpretation; see also *Eshed HaNechalim*).

454. Since *judges* were already mentioned in the first part of the verse, why does the verse continue that *HASHEM will be with "the judge"*? It need only say, *HASHEM would be with "him"*! The Midrash thus derives that God *will* only *be with "the judge"* — i.e., with one who acts as a true *judge*, judging honestly and fairly, without showing favoritism to one party (*Eitz Yosef*). See Insight Ⓐ.

INSIGHTS

does rendering a correct decision in court, of all possible acts of virtue, make one a partner with God in the act of Creation? He offers the following explanation: The angels' claim to the Torah is a limited one; it does not extend to the mitzvos that govern interpersonal relationships (בֵּין אָדָם לַחֲבֵירוֹ), for as exalted beings they are immune from jealousy and hatred. Their sole focus is on serving God, and to this end they claim for themselves those mitzvos that govern one's relationship with God (בֵּין אָדָם לַמָּקוֹם). In truth, however, God does not need anyone's service, as the prophet *Micah* taught (6:7), *Will HASHEM be appeased by thousands of rams, or with tens of thousands of streams of oil?* Rather, He desires only that we do what is good and just in the eyes of God and man, as the next verse in *Micah* states, *He has told you, O man, what is good! What does HASHEM require of you but to do justice, to love kindness, and to walk humbly with your God?*

Therefore, when Israel accepts upon themselves to conduct their interpersonal affairs by the guidelines set forth in the Torah, they are rightly considered God's partners, for they are fulfilling His Will in creating the world. Accordingly, they are deemed worthy of receiving the *entire* Torah, including the laws governing our relationship with God — and all arguments from the angels are silenced. If, on the other hand, man fails to obey the laws that relate to his fellow man, showing interest only in those mitzvos that (he feels) bring him closer to God, he demonstrates that he is not interested in doing God's bidding, but is concerned only about himself. In that case, the angels, who dwell in the heavens and are "adjoining property owners," surely take precedence over him. Hence, in the final analysis, our right to retain the Torah is dependent upon our adherence to the Torah's interpersonal laws.

Binyan Ariel (by *R' Shaul* of Amsterdam, in *Chadrei Torah, Mishpatim*) takes a slightly different approach. He explains that many "intellectuals" have little regard for the legal aspects of the Torah, for laws concerned with such mundane matters as property rights and civil disputes. In their mind, the Torah's value lies in its deep reservoir of abstract wisdom.

When the angels remonstrated that man is undeserving of God's holy Torah, they were laying claim to the lofty and concealed aspects of the Torah. "Certainly," they said, "mortal man is incapable of fully appreciating the hidden light of the Torah!" Moses deflected their argument by pointing out that the practically oriented commandments, such as the laws of commerce and settling disputes, apply only to man and not to the angels (see *Shabbos* 89a).

It is therefore imperative for Jews to observe the laws governing monetary matters and for Torah scholars to study their intricacies and adjudicate disputes; otherwise, we forfeit our claim to the Torah. If we focus solely on abstract philosophical matters and other-worldly theological secrets, but do not study and observe the Torah's practical laws, the angels will justifiably argue that they have a stronger claim to the concealed portions of the Torah, which are largely beyond man's limited comprehension.

This is the meaning of our Midrash. Moses exhorted the nation to uphold the Torah's civil laws because "God gave the Torah to you [and not the angels] on condition that you observe the Torah's monetary laws, for which the angels have no use." If we ignore this warning and neglect these practical laws, God will take back "His Torah" (תּוֹרָתוֹ), laden as it is with insights into the heavenly and Divine, and fulfill the angels' long-time wish.

[See *Binyan Ariel* for his elucidation of the rest of the Midrash.]

Ⓐ **In the Presence of God** Our Midrash teaches that when judges adjudicating a case are inspired by a quest for truth, God causes His Presence to dwell alongside them, i.e., He grants them Divine

שֶׁנֶּאֱמַר (יחזקאל כ, כה) "וְגַם אֲנִי נָתַתִּי לָהֶם חֻקִּים לֹא טוֹבִים וְגוֹ'", אֲבָל הַמִּצְוֹת כְּתִיב בָּהֶן (ויקרא יח, ה) "אֲשֶׁר יַעֲשֶׂה אֹתָם הָאָדָם וָחַי בָּהֶם":

כג דָּבָר אַחֵר, [כא, א] "וְאֵלֶּה הַמִּשְׁפָּטִים", הָדָא הוּא דִכְתִיב (תהלים צט, ד) "וְעֹז מֶלֶךְ מִשְׁפָּט אָהֵב", [כט]אָמַר לָהֶם מֹשֶׁה לְיִשְׂרָאֵל: הֲרֵי נָתַן לָכֶם הַקָּדוֹשׁ בָּרוּךְ הוּא אֶת תּוֹרָתוֹ, אִם אֵין אַתֶּם עוֹשִׂין אֶת הַדִּינִין נוֹטֵל תּוֹרָתוֹ מִכֶּם, לָמָּה, שֶׁלֹּא נָתַן לָכֶם הַקָּדוֹשׁ בָּרוּךְ הוּא אֶת הַתּוֹרָה אֶלָּא עַל מְנָת שֶׁתַּעֲשׂוּ אֶת הַדִּינִין, שֶׁנֶּאֱמַר "וְעֹז מֶלֶךְ מִשְׁפָּט אָהֵב", וְאִם עֲשִׂיתֶם אֶת הַדִּינִין עָתִיד הַקָּדוֹשׁ בָּרוּךְ הוּא לְהַחֲזִיר לָכֶם בָּתֵּי דִינִין שֶׁלָּכֶם, שֶׁנֶּאֱמַר (ישעיה א, כו) "וְאָשִׁיבָה שֹׁפְטַיִךְ כְּבָרִאשֹׁנָה", מַה כְּתִיב אַחֲרָיו (שם שם כז) "צִיּוֹן בְּמִשְׁפָּט תִּפָּדֶה":

כד דָּבָר אַחֵר, [כא, א] "וְאֵלֶּה הַמִּשְׁפָּטִים", הָדָא הוּא דִכְתִיב (ישעיה נו, א) "כֹּה אָמַר ה' שִׁמְרוּ מִשְׁפָּט וַעֲשׂוּ צְדָקָה וְגוֹ'", [ל]זֶהוּ שֶׁאָמַר הַכָּתוּב (משלי כד, כג) "גַּם אֵלֶּה לַחֲכָמִים הַכֵּר פָּנִים בְּמִשְׁפָּט בַּל טוֹב", אָמַר הַקָּדוֹשׁ בָּרוּךְ הוּא: מִי גָרַם לַדַּיָּנִין שֶׁיִּהְיוּ יוֹדְעִין לָדוּן, עַל יְדֵי שֶׁקִּבַּלְתֶּם אֶת הַתּוֹרָה שֶׁכָּתוּב בָּהּ (ויקרא כו, מו) "אֵלֶּה הַחֻקִּים וְהַמִּשְׁפָּטִים וְהַתּוֹרֹת", אֶלָּא הֱיוּ יוֹדְעִים (משלי כד, כג) "הַכֵּר פָּנִים בְּמִשְׁפָּט בַּל טוֹב", מַהוּ "בַּל טוֹב", אֶלָּא בְּשָׁעָה שֶׁהַדַּיָּן יוֹשֵׁב וְדָן בֶּאֱמֶת, כִּבְיָכוֹל מַנִּיחַ הַקָּדוֹשׁ בָּרוּךְ הוּא שְׁמֵי הַשָּׁמַיִם וּמַשְׁרֶה שְׁכִינָתוֹ בְּצִדּוֹ, שֶׁנֶּאֱמַר (שופטים ב, יח) "וְכִי הֵקִים ה' לָהֶם שֹׁפְטִים וְהָיָה ה' עִם הַשֹּׁפֵט", וְכֵיוָן שֶׁרוֹאֶה אוֹתוֹ שֶׁהוּא נוֹשֵׂא פָנִים, כִּבְיָכוֹל מְסַלֵּק שְׁכִינָתוֹ וְעוֹלֶה לַשָּׁמַיִם, וְהַמַּלְאָכִים אוֹמְרִים לוֹ: רִבּוֹן הָעוֹלָם, מַה יֵּשׁ לְךָ, וְהוּא אוֹמֵר לָהֶם: רָאִיתִי אֶת הַדַּיָּן שֶׁהוּא נוֹשֵׂא פָנִים וְעָמַדְתִּי לִי מִשָּׁם, שֶׁנֶּאֱמַר (תהלים יב, ו) "מִשֹּׁד עֲנִיִּים מֵאַנְקַת אֶבְיוֹנִים עַתָּה אָקוּם יֹאמַר ה'", וּמָה הַקָּדוֹשׁ בָּרוּךְ הוּא עוֹשֶׂה, שׁוֹלֵף חַרְבּוֹ כְּנֶגְדּוֹ לְהוֹדִיעַ שֶׁיֵּשׁ דַּיָּן לְמַעְלָה,

עץ יוסף

חקים לא טובים. וגו' ומשפטים בל יחיו בהם, ואף על גב דהאי קרא בישראל כתיב, יש לומר דהכי קאמר שבחטא ישראל יתן להם כמשפטים ההם: **אשר יעשה אותם האדם וחי בהם.** וכדתרגום אונקלוס, ויחי בהון לחיי עלמא: **(כג) [יט] אם אין אתם עושים את הדינין כו'.** הכוונה תלמיד חכם שחפץ לעסוק כל היום בתורה ולחשוך עצמו מן הדין, שהקדוש ברוך הוא יטול תורתו ממנו, רוצה לומר שלא יצליח החכם בלימודו, אלא מבטנו יורישנו אל כשיתעצל בדין, שלא ניתנה התורה אלא כדי שיעשו הדינין: **שנאמר ועוז מלך.** כלומר מלך מלכי המלכים הקדוש ברוך הוא נתן לישראל התורה, שנקראת עוז על מנת שיאהבו את המשפט: **מה כתיב אחריו ציון במשפט תפדה.** רוצה לומר כשציון תפדה, בזכות המשפט תפדה: **(כד) [כ] הדא הוא דכתיב שמרו משפט.** דרמיז בסמיכות כי תקנה עבד עברי, שעל ידי שמירת המשפטים יזכו לישועה, וכדמסיים בפירקין, הוי ואלה המשפטים מה כתיב אחריו כי תקנה עבד עברי: **שיהיו יודעים לדון.** כי מי ידע מסברא דשואל חייב באונסין, ושמירה בבעלים פטור, לולי שהקדוש ברוך הוא הודיענו אמתת זה על פי התורה: **מהו בל טוב.** דמאי קא משמע לן, ומשני שפירש בל טוב שהקדוש ברוך הוא שנקרא טוב בל עמו: **שנאמר וכי הקים כו'.** דייק מדלא אמר והיה עמו, אלא עם השופט בא להורות דרש זה גם כן: **והמלאכים אומרים כו'.** נלמד מדאמר בפסוק עתה אקום יאמר ה', מה לו לאמירה זו, היה לו לקום בלא אמירה, אלא שהמלאכים שואלין לו והוא משיב להם כדמסיק: **שנאמר משוד עניים.** דרש שקאי אעוות הדין שנעשה להם, כי אין שייך לומר שוד עניים בענין מניעת צדקה מהם, אלא בעבור שהוא מטה להם את הדין, הוא משדד ומחריב אותם: **שולף חרבו כנגדו.** וזהו שאמרו חכמינו ז"ל בפ"ק דסנהדרין (ז, א) לעולם יראה הדיין את עצמו כאילו חרב מונח לו בין ירכיו וכו', שהרמז הוא על החרב הזה:

פירוש מהרז"ו

חוקים לא טובים. ומשפטים לא יחיו בהם. וכתיב אשר יעשה וכו' וחי בהם, והם שני כתובים מכחישים, והכריע כאן בעבודת כוכבים וכו': **(כג) ועוז מלך משפט אהב.** בא לדרוש הוי"ו של ואלה, שהוא מוסיף על הדברות והתורה, וכמו שאמר לעיל פרשה ז ריש סימן ט"ו, ועוז הוא התורה כמו שכתוב לעיל פרשה כ"ז סימן ד, תנחומא ריש משפטים ותלה העוז במשפט שאוהב: **בתי דינים שלכם.** שופטים הראשונים משה יהושע ועתניאל ושמואל וכדומה, על פי מדת ממעל ומנגד, ועיין לעיל סוף סימן י"ד וריש ט"ו: **(כד) שמרו משפט ועשו צדקה.** [וסיפיה דקרא] כי קרובה ישועתי לבא וצדקתי להגלות, ודורשו להלן. והוא בתנחומא כאן סימן ד, ועתה דורש תיבת ואלה, שהיא מיותרת, על התורה, על פי גזירה שוה, ועיין לקמן פרשה ל"א ריש סימן ד, ופרשה מ"ח ריש סימן ג: **גם אלה לחכמים.** דורש חכמים על פי מדת דבר הלמוד מענינו ומסופו, שמדבר בשופטים ודיינים. ותיבת אלה על התורה כנ"ל: **ומשרה שכינתו בצדו.** בעת ששופט, וזהו והיה ה' עם השופט: **עתה אקום יאמר ה'.** משמע שמתחלה היה שוכן כאן ועתה מסתלק, ומהו יאמר ה' למי אומר, ודורש על פי מדה ט', שהמלאכים בית דינו שואלים אותו, והוא משיב להם. ועיין לעיל פרשה י"ז סימן ד באופן אחר: **להודיעו שיש דיין.** בראשית רבה פרשה ה סימן ה:

חידושי הרד"ל

[כב] לא טובים ומשפטים לא יחיו בהם אבל המצות כו'. כן צריך לומר:

באור מהרי"פ

[כב] וגם אני נתתי להם חוקים לא טובים וגו'. תימה, דהאי קרא בישראל מיירי (יחזקאל כ, כד - כה), יען משפטי לא עשו חקותי מאסו ואת שבתותי חללו ואחר גלולי אבותם היו עיניהם, וגם אני נתתי להם חוקים לא טובים ומשפטים לא יחיו בהם. הרי מפורש דבישראל קמיירי המקראות, ולחומרת התימה נראה לי הכותב לייטב הדרש על דרך פירושו של רד"ק, וזה לשונו, וגם אני וגו', כיון שהם מאסו בחוקותי, מסרתי אותם ביד אויביהם, שישימו עליהם חוקים לא טובים וגו', והמדרש דורש שהעובדי כוכבים יבטלו מהם דיני ישראל, וישימו עליהם חוקים ודינים שלהם, והמה חוקים לא טובים ומשפטים לא יחיו בהם, ולפי זה הכתוב מיירי מדיני העובדי כוכבים ומשפטיהם, ואתי שפיר דרש המדרש: **אבל המצות כתיב בהן וכו'.** ודריש אלה המשפטים אשר תשים לפניהם, ולא לפני עובדי כוכבים: **[כג] נוטל תורתי וכו'.** ועוז מלך הוא התורה, שנקראת עוז כידוע, ה' עוז לעמו יתן, ואולי כונתו לפרש ואלה המשפטים וי"ו מוסיף על ענין, היינו עשרת הדברות, שהם יסוד כל התורה, ונסמך להם ואלה המשפטים, להורות שכל עשרת הדברות סמוכים ותמוכים על המשפטים, ואם היסוד נופל חם ושלום היינו המשפטים, תפול חם ושלום כל התורה: **ציון במשפט תפדה.** כלומר, בזכות המשפט ואשיבה שופטיך:

מסורת המדרש

כט. עיין תנחומא כאן סימן א'. מדרש תהלים מזמור צ"ט. ילקוט תהלים רמז תתנ"ב:

ל. תנחומא כאן סימן ד' כל הענין:

אם למקרא

וְגַם־אֲנִי נָתַתִּי לָהֶם חֻקִּים לֹא טוֹבִים וּמִשְׁפָּטִים לֹא יִחְיוּ בָּהֶם:
(יחזקאל כ: כה)

וּשְׁמַרְתֶּם אֶת חֻקֹּתַי וְאֶת מִשְׁפָּטַי אֲשֶׁר יַעֲשֶׂה אֹתָם הָאָדָם וָחַי בָּהֶם אֲנִי ה':
(ויקרא יח: ה)

וְעֹז מֶלֶךְ מִשְׁפָּט אָהֵב אַתָּה כּוֹנַנְתָּ מֵישָׁרִים מִשְׁפָּט וּצְדָקָה בְּיַעֲקֹב אַתָּה עָשִׂיתָ:
(תהלים צט: ד)

וְאָשִׁיבָה שֹׁפְטַיִךְ כְּבָרִאשֹׁנָה וְיֹעֲצַיִךְ כְּבַתְּחִלָּה אַחֲרֵי־כֵן יִקָּרֵא לָךְ עִיר הַצֶּדֶק קִרְיָה נֶאֱמָנָה: צִיּוֹן בְּמִשְׁפָּט תִּפָּדֶה וְשָׁבֶיהָ בִּצְדָקָה:
(שם שם כו-כז)

כֹּה אָמַר ה' שִׁמְרוּ מִשְׁפָּט וַעֲשׂוּ צְדָקָה כִּי־קְרוֹבָה יְשׁוּעָתִי לָבוֹא וְצִדְקָתִי לְהִגָּלוֹת:
(ישעיה נו: א)

גַּם־אֵלֶּה לַחֲכָמִים הַכֵּר־פָּנִים בְּמִשְׁפָּט בַּל־טוֹב:
(משלי כד: כג)

אֵלֶּה הַחֻקִּים וְהַמִּשְׁפָּטִים וְהַתּוֹרֹת אֲשֶׁר נָתַן ה' בֵּינוֹ וּבֵין בְּנֵי יִשְׂרָאֵל בְּהַר סִינַי בְּיַד־מֹשֶׁה:
ויקרא כו: מו

וְכִי־הֵקִים ה' לָהֶם שֹׁפְטִים וְהָיָה ה' עִם הַשֹּׁפֵט וְהוֹשִׁיעָם מִיַּד אֹיְבֵיהֶם כֹּל יְמֵי הַשּׁוֹפֵט כִּי יִנָּחֵם ה' מִנַּאֲקָתָם מִפְּנֵי לֹחֲצֵיהֶם וְדֹחֲקֵיהֶם:
(שופטים ב: יח)

מִשֹּׁד עֲנִיִּים מֵאַנְקַת אֶבְיוֹנִים עַתָּה אָקוּם יֹאמַר ה' אָשִׁית בְּיֵשַׁע יָפִיחַ לוֹ:
(תהלים יב: ו)

ידי משה

[כב] שנאמר וגם אני נתתי להם חוקים לא טובים. ואם תאמר, והלא פסוק זה נאמר גבי ישראל. ויש לומר מדקאמר נתתי להם חוקים ומשפטים בל יחיו בהם, מכלל דאיכא משפטים שאינם של חיים, ומאי ניהו אלו משפטי עובדי כוכבים, וקאמר שבחטא ישראל יתן להם המשפטים ההם. וקל להבין: **[כג] שלא נתן לכם את התורה אלא על מנת וכו'.** פירש בספר תורת חיים, במי שרוצה לעסוק בתורה כל היום ולמנוע עצמו

מתנות כהונה

[כג] ועוז מלך. התורה נקראת עוז שנאמר (תהלים כח, ח) ה' עוז לעמו יתן:

אשד הנחלים

[כג] את הדינין נוטל תורתו מכם למה כו'. זהו כמו שמובא לעיל כמה פעמים, אף שהעיקר להשלמת הנפש היא התורה ומצותיה, אבל ההכנה אליה היא הדינין הנובעין בין אדם לחברו, אם לא ישמור הדינין אז ממילא יעקור המצות ממנו, כי המשיכה אחר שלימות הנפש תלוי בידיעת מדותיו יתברך, הטובות המלאים חסד ורחמים, ומזה ימשוך תחלה להיות טוב לבן אדם כמוהו, כמו שנאמר בהפכו (מלאכי ב, י) הלא אל אחד בראנו אב אחד לכלנו מדוע נבגוד איש באחיו, אשר לכן אמרו (עבודה זרה יז, ב) כל העוסק בתורה ואינו עוסק בגמילות חסדים דומה כמי שאין לו אלוה, כי הציור הראשון הנובע בתחלה מהכרת ה', ימשך תחלה לא פחות להיות גומל חסד לרעהו, ואחר כך לגמול עם נפשו המשכלת להכיר כבוד ה' על פי פעלו ולהגות בתורתו, ואם הציור הראשון בטל מלבו אם כן כל שכן הציור השני הבא אחריו, ואם כן הוא ללא אלהי אמת כי אם ציור דמיוני, הבן זה מאד. וכל כונתו להוציא מדעת המדמים שעיקר השלימות הוא במה שבין אדם לחברו, והמצות הזולתיות המה גם כן למען זה, לא כאלה דעתי כי אם להיפך, דוק בזה היטב: **בתי דינין שלכם.** שזה יהיה לעתיד לבא במהרה בימינו, שאז יתנהג העולם על פי שופטים נאמנים, ואין שכר יותר גדול מזה שהתבל מתנהג על פי סדר החכמה והתורה העליונה: **[כד] מהו בל טוב כו' מניח כו' לא טוב לך.** כי הוקשה להם שאמר הכתוב בלשון שלילת הטוב, ולא רע מוחלטי. ולכן מפרש שאין הכונה על האדם שאם הוא מכיר פנים, אז הוא איש רע ממש, רק הכונה שלא יקבל עוד טוב מלמעלה, כי נפרד ונסתלק השכינה והאור אלקי ממנו, ואז אין טוב משפיע עליו, וכאילו כביכול שולף החרב לעומתו, שזה מדת הדין להפילו בעתו. וענין השראת השכינה בקיום הדין, לפי שה' ברוך הוא חפץ בקיום העולם, ועל זה שופע תמיד השגחתו הפרטית, ובקיום הדין הוא קיום העולם, ולכן הוא סיבה להשראת השכינה, ובהפכו הוא סילוק השכינה:

וְכֵיוָן שֶׁרוֹאֶה אוֹתוֹ שֶׁהוּא נוֹשֵׂא פָּנִים, כִּבְיָכוֹל מְסַלֵּק שְׁכִינָתוֹ וְעוֹלֶה לַשָּׁמַיִם – **And when [God] sees [the judge] showing favoritism** to one party, **He removes His Divine Presence, as it were, and ascends to Heaven.** **וְהַמַּלְאָכִים אוֹמְרִים לוֹ: רִבּוֹן הָעוֹלָם, מַה יֵּשׁ לְךָ** – **And the angels say to Him, "Master of the world! What** is it that caused **You** to remove Your Divine Presence from the judge's side?" **וְהוּא אוֹמֵר לָהֶם: רָאִיתִי אֶת הַדַּיָּין שֶׁהוּא נוֹשֵׂא פָּנִים וְעָמַדְתִּי לִי מִשָּׁם** – **And [God] responds to [the angels], "I saw the judge showing favoritism** in judgment, **and I** therefore **removed Myself from there,"** **שֶׁנֶּאֱמַר "מִשֹּׁד עֲנִיִּים מֵאַנְקַת אֶבְיוֹנִים עַתָּה אָקוּם יֹאמַר ה'"** – **as it is stated,** ***Because of the plundering of the poor, because of the cry of the needy – "Now I will arise!" HASHEM will say*** (*Psalms* 12:6).[455] **וּמָה הַקָּדוֹשׁ בָּרוּךְ הוּא עוֹשֶׂה** – **And what does the Holy One, blessed is He, do** when a judge displays favoritism? **שׁוֹלֵף חַרְבּוֹ כְּנֶגְדּוֹ לְהוֹדִיעַ שֶׁיֵּשׁ דַּיָּין לְמַעְלָה** – **He draws His sword against him,** in order **to inform** him **that there is a Judge above,**

NOTES

455. The phrase *Now I will arise* indicates that until this point God had been present and was only now removing Himself (*Maharzu*). It also alludes to the questioning of the angels mentioned above: For why does God need to announce His intent to arise? Let Him just do so without an announcement! The phrase is thus properly understood as having being made in response to a query – viz., that of the angels of God's heavenly court (ibid., *Eitz Yosef*). And the earlier part of the verse tells us *why* He was now doing so: because of *the plundering of the poor.* This harsh phrase would not be appropriate if the sin being described were the mere withholding of charity. However, the perversion of justice that occurs through a judge's partiality toward the wealthy is appropriately described as an act of *plundering* (*Eitz Yosef*).

INSIGHTS

perception to help them uncover the truth. Since God's Presence is with the judges during their deliberations, it can be said that someone who goes before *Beis Din* is actually going before God.

This provides insight into the wording of verse 6, which instructs that a Jewish bondsman who spurns freedom after six years be brought אֶל הָאֱלֹהִים, meaning that he is to be brought before a court. The verse's choice of the word אֱלֹהִים (which can also refer to God) to refer to "the court" is to make the aforementioned point: that one who goes to court is actually going before God and is in essence being judged by Him (*Ramban* ad loc.; see also *Deuteronomy* 1:17, *Psalms* 82:1, and *II Chronicles* 19:6).

A judge acquires the status of אֱלֹהִים when he becomes the recipient of *Semichah,* the original form of Rabbinic ordination dating back to Moses, who received it from God. Moses was subsequently instructed by God to confer it on Joshua (*Numbers* 27:18ff) and on seventy elders (ibid. 11:17). After Moses' death, this form of ordination continued to be passed down from master to deserving disciple. The law is that *Semichah* can be conferred only in *Eretz Yisrael.* And receipt of *Semichah* is a Biblical prerequisite for serving as a judge (see *Sanhedrin* 14b; *Rambam, Hil. Sanhedrin* 4:1,4). [Toward the end of the fourth century, relentless persecution by the Roman authorities made it impossible to maintain academies of higher learning in the Land. At that time, the ancient institution of *Semichah* came to an end. Though ordination given today is also colloquially known as *Semichah,* it does not give the recipient the prerogatives conveyed by the original and now discontinued *Semichah.*]

Now, when describing the institution of *Semichah, Rambam* (ibid.) writes that when Moses conferred *Semichah* on the elders, the Divine Presence rested upon them (see *Numbers* 11:24-25). Why is it that *Rambam* would mention this aspect of the elders' *Semichah* in his code of laws?

The teaching of our Midrash — that God's Presence dwells alongside judges — provides the answer to this question, as well as to the question of why *Semichah* can be conferred only in *Eretz Yisrael.* For the resting of the Divine Presence on the judge is the very essence of *Semichah.* And while expertise in the law is fundamental to a judge's qualifications (*Rambam* ibid. §15), it is the resting of the Divine Presence upon him conferred by *Semichah* that transforms an expert into a "judge." And since the Divine Presence rests only upon individuals who are in *Eretz Yisrael* (see *Moed Katan* 25a), it is only in *Eretz Yisrael* that *Semichah* — the resting of the Divine Presence upon the judge — can be conferred (*Ze'ev Yitraf, Shavuos,* pp. 85-86; see also *Toras Chaim* to *Sanhedrin* 14a).

שֶׁנֶּאֱמַר (יחזקאל כ, כה) "וְגַם אֲנִי נָתַתִּי לָהֶם חֻקִּים לֹא טוֹבִים וְגוֹ' ", אֲבָל הַמִּצְוֹת כְּתִיב בָּהֶן (ויקרא יח, ה) "אֲשֶׁר יַעֲשֶׂה אֹתָם הָאָדָם וָחַי בָּהֶם":

כג דָּבָר אַחֵר, [כא, א] "וְאֵלֶּה הַמִּשְׁפָּטִים", הָדָא הוּא דִכְתִיב (תהלים צט, ד) "וְעֹז מֶלֶךְ מִשְׁפָּט אָהֵב", [כט]אָמַר לָהֶם מֹשֶׁה לְיִשְׂרָאֵל: הֲרֵי נָתַן לָכֶם הַקָּדוֹשׁ בָּרוּךְ הוּא אֶת תּוֹרָתוֹ, אִם אֵין אַתֶּם עוֹשִׂין אֶת הַדִּינִין נוֹטֵל תּוֹרָתוֹ מִכֶּם, לָמָּה, שֶׁלֹּא נָתַן לָכֶם הַקָּדוֹשׁ בָּרוּךְ הוּא אֶת הַתּוֹרָה אֶלָּא עַל מְנָת שֶׁתַּעֲשׂוּ אֶת הַדִּינִין, שֶׁנֶּאֱמַר "וְעֹז מֶלֶךְ מִשְׁפָּט אָהֵב", וְאִם עֲשִׂיתֶם אֶת הַדִּינִין עָתִיד הַקָּדוֹשׁ בָּרוּךְ הוּא לְהַחֲזִיר לָכֶם בָּתֵּי דִינִין שֶׁלָּכֶם, שֶׁנֶּאֱמַר (ישעיה א, כו) "וְאָשִׁיבָה שֹׁפְטַיִךְ כְּבָרִאשֹׁנָה", מַה כְּתִיב אַחֲרָיו (שם שם כז) "צִיּוֹן בְּמִשְׁפָּט תִּפָּדֶה":

כד דָּבָר אַחֵר, [כא, א] "וְאֵלֶּה הַמִּשְׁפָּטִים", הָדָא הוּא דִכְתִיב (ישעיה נו, א) "כֹּה אָמַר ה' שִׁמְרוּ מִשְׁפָּט וַעֲשׂוּ צְדָקָה וְגוֹ' ", [ל]זֶהוּ שֶׁאָמַר הַכָּתוּב (משלי כד, כג) "גַּם אֵלֶּה לַחֲכָמִים הַכֵּר פָּנִים בְּמִשְׁפָּט בַּל טוֹב", אָמַר הַקָּדוֹשׁ בָּרוּךְ הוּא: מִי גָרַם לַדַּיָּנִין שֶׁיִּהְיוּ יוֹדְעִין לָדוּן, עַל יְדֵי שֶׁקִּבַּלְתֶּם אֶת הַתּוֹרָה שֶׁכָּתוּב בָּהּ (ויקרא כו, מו) "אֵלֶּה הַחֻקִּים וְהַמִּשְׁפָּטִים וְהַתּוֹרֹת", אֶלָּא הֱיוּ יוֹדְעִים (משלי כד, כג) "הַכֵּר פָּנִים בְּמִשְׁפָּט בַּל טוֹב", מַהוּ "בַּל טוֹב", אֶלָּא בְּשָׁעָה שֶׁהַדַּיָּן יוֹשֵׁב וְדָן בֶּאֱמֶת, כִּבְיָכוֹל מַנִּיחַ הַקָּדוֹשׁ בָּרוּךְ הוּא שְׁמֵי הַשָּׁמַיִם וּמַשְׁרֶה שְׁכִינָתוֹ בְּצִדּוֹ, שֶׁנֶּאֱמַר (שופטים ב, יח) "וְכִי הֵקִים ה' לָהֶם שֹׁפְטִים וְהָיָה ה' עִם הַשֹּׁפֵט", וְכֵיוָן שֶׁרוֹאֶה אוֹתוֹ שֶׁהוּא נוֹשֵׂא פָּנִים, כִּבְיָכוֹל מְסַלֵּק שְׁכִינָתוֹ וְעוֹלֶה לַשָּׁמַיִם, וְהַמַּלְאָכִים אוֹמְרִים לוֹ: רִבּוֹן הָעוֹלָם, מַה יֵּשׁ לְךָ, וְהוּא אוֹמֵר לָהֶם: רָאִיתִי אֶת הַדַּיָּן שֶׁהוּא נוֹשֵׂא פָּנִים וְעָמַדְתִּי לִי מִשָּׁם, שֶׁנֶּאֱמַר (תהלים יב, ו) "מִשֹּׁד עֲנִיִּים מֵאֶנְקַת אֶבְיוֹנִים עַתָּה אָקוּם יֹאמַר ה' ", וּמָה הַקָּדוֹשׁ בָּרוּךְ הוּא עוֹשֶׂה, שׁוֹלֵף חַרְבּוֹ כְּנֶגְדּוֹ לְהוֹדִיעַ שֶׁיֵּשׁ דַּיָּן לְמַעְלָה,

עץ יוסף

חקים לא טובים. וגו' ומשפטים בל יחיו בהם, ואף על גב דהאי קרא בישראל כתיב, יש לומר דהכי קאמר שבחטאת ישראל יתן להם כמשפטים ההם: **אשר יעשה אותם האדם וחי בהם.** וכדתרגום אונקלוס, ויהי בהון לחיי עלמא: (כג) [יט] **אם אין אתם עושים את הדינין כו'.** הכוונה תלמיד חכם שחפץ לעסוק כל היום בתורה ולחשוך עצמו מן הדין, שהקדוש ברוך הוא יטול תורתו ממנו, רוצה לומר שלא יצליח החכם בלימודו, אלא מבטנו יורישנו אל כשיתעצל בדין, שלא ניתנה התורה אלא כדי שיעשו הדינין: **שנאמר ועוז מלך.** כלומר מלך מלכי המלכים הקדוש ברוך הוא נתן לישראל התורה, שנקראת עוז על מנת שיאהבו את המשפט: **מה כתיב אחריו ציון במשפט תפדה.** רוצה לומר כשציון תפדה, בזכות המשפט תפדה: (כד) [כ] **הדא הוא דכתיב שמרו משפט.** דרמיז בסמיכות כי תקנה עבד עברי, שעל ידי שמירת המשפטים יזכו לישועה, וכדמסיים בפירקין, הוי ואלה המשפטים מה כתיב אחריו כי תקנה עבד עברי: **שיהיו יודעים לדון.** כי מי ידע מסברא דשואל חייב באונסין, ושמירה בבעלים פטור, לולי שהקדוש ברוך הוא הודיענו אמתת זה על פי התורה: **מהו בל טוב.** דמאי קא משמע לן, ומשני שפירש בל טוב שהקדוש ברוך הוא שנקרא טוב בל עמו: **שנאמר וכי הקים כו'.** דייק מדלא אמר והיה עמו, אלא עם השופט בא להורות דרש זה גם כן: **והמלאכים אומרים כו'.** נלמד מדאמר בפסוק עתה אקום יאמר ה', מה לו לאמירה זו, היה לו לקום בלא אמירה, אלא שהמלאכים שואלין לו והוא משיב להם כדמסיק: **שנאמר משוד עניים.** דרש שקאי אטוות הדין שנעשה להם, כי אין שייך לומר שוד עניים בענין מניעת צדקה מהם, אלא בעבור שהוא מטה להם את הדין, הוא משדד ומחריב אותם: **שולף חרבו כנגדו.** וזהו שאמרו חכמינו ז"ל בפ"ק דסנהדרין (ז, א) לעולם יראה הדיין את עצמו כאילו חרב מונח לו בין ירכיו וכו', שהרמז הוא על החרב הזה:

פירוש מהרז"ו

חוקים לא טובים. ומשפטים לא יחיו בהם. וכתיב אשר יעשה וכו' וחי בהם, והם שני כתובים מכחישים, והכריע כאן בעבודת כוכבים וכו': (כג) **ועוז מלך משפט אהב.** בא לדרוש הוי"ו של ואלה, שהוא מוסיף על הדברות והתורה, וכמו שאמר לעיל פרשה זו ריש סימן ט"ו, ועוז הוא התורה כמו שכתוב לעיל פרשה כ"ז סימן ד, תנחומא ריש משפטים ותלה העוז במשפט שאוהב: **בתי דינים שלכם.** שופטים הראשונים משה יהושע ועתניאל ושמואל וכדומה, על פי מדת ממעל ומנגד, ועיין לעיל סוף סימן י"ד וריש ט"ו: (כד) **שמרו משפט ועשו צדקה.** [וסיפיה דקרא] כי קרובה ישועתי לבא וצדקתי להגלות, ודורשו להלן. והוא בתנחומא כאן סימן ד, ועתה דורש תיבת ואלה, שהיא מיותרת, על התורה, על פי גזירה שוה, ועיין לקמן פרשה ל"א ריש סימן ד, ופרשה מ"א ריש סימן ב: **גם אלה לחכמים.** דורש חכמים על פי מדת דבר הלמוד מענינו ומסופו, שמדבר בשופטים ודיינים. ותיבת אלה על התורה כנ"ל: **ומשרה שכינתו בצדו.** בעת ששופט, וזהו והיה ה' עם השופט: **עתה אקום יאמר ה'.** משמע שמתחלה היה שוכן כאן ועתה מסתלק, ומהו יאמר ה' למי אומר, ודורש על פי מדה ט', שהמלאכים בית דינו שואלים אותו, והוא משיב להם. ועיין לעיל פרשה י"ז סימן ד באופן אחר: **להודיעו שיש דיין.** בראשית רבה פרשה ה סימן ה:

חידושי הרד"ל

[כב] לא טובים ומשפטים לא יחיו בהם אבל המצות כו'. כן צריך לומר:

באור מהרי"פ

[כב] וגם אני נתתי להם חוקים לא טובים וגו'. תימה, דהאי קרא בישראל איירי (יחזקאל כ, כד - כה), יען משפטי לא עשו חקותי מאסו ואת שבתותי חללו ואחר גלולי אבותם היו עיניהם, וגם אני נתתי להם חוקים לא טובים ומשפטים לא יחיו בהם. הרי מפורש דבישראל קמיירי המקראות, ולחומרת התימה נראה לי הכותב ליישב הדרש על דרך פירושו של רד"ק, וזה לשונו, וגם אני וגו', כיון שהם מאסו בחוקותי, מסרתי אותם ביד אויביהם, שישימו עליהם חוקים לא טובים וגו', והמדרש דורש שהעובדי כוכבים יבטלו מהם דיני ישראל, וישימו עליהם חוקים ודינים שלהם, והמה חוקים לא טובים ומשפטים לא יחיו בהם, ולפי זה הכתוב איירי מדיני העובדי כוכבים ומשפטיהם, ואתי שפיר דרש המדרש: **אבל המצות כתיב בהן וכו'.** ודריש אלה המשפטים אשר תשים לפניהם, ולא לפני עובדי כוכבים: **[כג] נוטל תורתי וכו'.** ועוז מלך הוא התורה, שנקראת עוז כידוע, ה' עוז לעמו יתן, ואולי כונתו לפרש ואלה המשפטים וי"ו מוסיף על ענין, היינו עשרת הדברות, שהם יסוד כל התורה, ונסמך להם ואלה המשפטים, להורות שכל עשרת הדברות סמוכים ותמוכים על המשפטים, ואם היסוד נופל חס ושלום היינו המשפטים, תפול חס ושלום כל התורה: **ציון במשפט תפדה.** כלומר, בזכות המשפט ואשיבה שופטיך:

מסורת המדרש

כט. עיין תנחומא כאן סימן א'. מדרש תהלים מזמור צ"ט. ילקוט תהלים רמז תתנ"ב:

ל. תנחומא כאן סימן ד' כל הענין:

אם למקרא

וְגַם־אֲנִי נָתַתִּי לָהֶם חֻקִּים לֹא טוֹבִים וּמִשְׁפָּטִים לֹא יִחְיוּ בָּהֶם: (יחזקאל כ: כה)

וּשְׁמַרְתֶּם אֶת חֻקֹּתַי וְאֶת מִשְׁפָּטַי אֲשֶׁר יַעֲשֶׂה אֹתָם הָאָדָם וָחַי בָּהֶם אֲנִי ה': (ויקרא יח: ה)

וְעֹז מֶלֶךְ מִשְׁפָּט אָהֵב אַתָּה כּוֹנַנְתָּ מֵישָׁרִים מִשְׁפָּט וּצְדָקָה בְּיַעֲקֹב אַתָּה עָשִׂיתָ: (תהלים צט: ד)

וְאָשִׁיבָה שֹׁפְטַיִךְ כְּבָרִאשֹׁנָה וְיֹעֲצַיִךְ כְּבַתְּחִלָּה אַחֲרֵי־כֵן יִקָּרֵא לָךְ עִיר הַצֶּדֶק קִרְיָה נֶאֱמָנָה: צִיּוֹן בְּמִשְׁפָּט תִּפָּדֶה וְשָׁבֶיהָ בִּצְדָקָה: (שם שם כו-כז)

כֹּה אָמַר ה' שִׁמְרוּ מִשְׁפָּט וַעֲשׂוּ צְדָקָה כִּי־קְרוֹבָה יְשׁוּעָתִי לָבוֹא וְצִדְקָתִי לְהִגָּלוֹת: (ישעיה נו: א)

גַּם־אֵלֶּה לַחֲכָמִים הַכֵּר־פָּנִים בְּמִשְׁפָּט בַּל־טוֹב: (משלי כד: כג)

אֵלֶּה הַחֻקִּים וְהַמִּשְׁפָּטִים וְהַתּוֹרֹת אֲשֶׁר נָתַן ה' בֵּינוֹ וּבֵין בְּנֵי יִשְׂרָאֵל בְּהַר סִינַי בְּיַד־מֹשֶׁה: ויקרא כו: מו

וְכִי־הֵקִים ה' לָהֶם שֹׁפְטִים וְהָיָה ה' עִם הַשֹּׁפֵט וְהוֹשִׁיעָם מִיַּד אֹיְבֵיהֶם כֹּל יְמֵי הַשּׁוֹפֵט כִּי יִנָּחֵם ה' מִנַּאֲקָתָם מִפְּנֵי לֹחֲצֵיהֶם וְדֹחֲקֵיהֶם: (שופטים ב: יח)

מִשֹּׁד עֲנִיִּים מֵאֶנְקַת אֶבְיוֹנִים עַתָּה אָקוּם יֹאמַר ה' אָשִׁית בְּיֵשַׁע יָפִיחַ לוֹ: (תהלים יב: ו)

ידי משה

[כב] שנאמר וגם אני נתתי להם חוקים לא טובים. ואם תאמר, והלא פסוק זה נאמר גבי ישראל. ויש לומר מדקאמר נתתי להם חוקים ומשפטים בל יחיו בהם, מכלל דאיכא משפטים שאינם של חיים, ומאי ניהו אלו משפטי עובדי כוכבים, וקאמר שבחטאת ישראל יתן להם המשפטים ההם. וקל להבין: **[כג] שלא נתן לכם את התורה אלא על מנת וכו'.** פירש בספר תורת חיים, במי שרוצה לעסוק בתורה כל היום ולמנוע עצמו

מתנות כהונה

[כג] ועוז מלך. התורה נקראת עוז שנאמר (תהלים כח, ח) ה' עוז לעמו יתן:

אשד הנחלים

[כג] את הדינין נוטל תורתו מכם למה כו'. זהו כמו שמובא לעיל כמה פעמים, אף שהעיקר להשלמת הנפש היא התורה ומצותיה, אבל ההכנה אליה היא הדינין הנובעין בין אדם לחברו, אם לא ישמור הדינין אז ממילא יעקור המצות ממנו, כי המשיכה אחר שלימות הנפש תלוי בידיעת מדותיו יתברך, הטובות המלאים חסד ורחמים, ומזה ימשוך תחלה להיות טוב לבן אדם כמוהו, כמו שנאמר בהפכו (מלאכי ב, י) הלא אל אחד בראנו אב אחד לכלנו מדוע נבגוד איש באחיו, אשר לכן אמרו (עבודה זרה יז, ב) כל העוסק בתורה ואינו עוסק בגמילות חסדים דומה כמי שאין לו אלוה, כי הציור הראשון הנובע בתחלה מהכרת ה', ימשך תחלה לא פחות להיות גומל חסד לרעהו, ואחר כך לגמול עם נפשו המשכלת להכיר כבוד ה' על פי פעלו ולהגות בתורתו, ואם הציור הראשון בטל מלבו אם כן כל שכן הציור השני הבא אחריו, ואם כן הוא ללא אלהי אמת כי אם ציור דמיוני, הבן זה מאד. וכל כונתו להוציא מדעת המדמים שעיקר השלימות הוא במה שבין אדם לחברו, והמצות הזולתיות המה גם כן למען זה, לא כאלה דעתי כי אם להיפך, דוק בזה היטב: **בתי דינין שלכם.** שזה יהיה לעתיד לבא במהרה בימינו, שאז יתנהג העולם על פי שופטים נאמנים, ואין שכר יותר גדול מזה שהתבל מתנהג על פי סדר החכמה והתורה העליונה: **[כד] מהו בל טוב כו' מניח כו' לא טוב לך.** כי הוקשה להם שאמר הכתוב בלשון שלילת הטוב, ולא רע מוחלטי. ולכן מפרש שאין הכונה על האדם שאם הוא מכיר פנים, אז הוא איש רע ממש, רק הכונה שלא יקבל עוד טוב מלמעלה, כי נפרד ונסתלק השכינה והאור אלקי ממנו, ואז אין טוב משפיע עליו, וכאילו כביכול שולף החרב לעומתו, שזה מדת הדין להפילו בעתו. וענין השראת השכינה בקיום הדין, לפי שה' ברוך הוא חפץ בקיום העולם, ועל זה שופע תמיד השגחתו הפרטית, ובקיום הדין הוא קיום העולם, ולכן הוא סיבה להשראת השכינה, ובהפכו הוא סילוק השכינה:

שֶׁנֶּאֱמַר "גּורוּ לָכֶם מִפְּנֵי חֶרֶב כִּי חֵמָה עֲוֹנוֹת חָרֶב, לְמַעַן תֵּדְעוּן שַׁדּוּן" – as it is stated, ***You should fear the sword, for wrath against sin [brings] the sword, that you may know that there is punishment!*** (*Job* 19:29).[456] "שַׁדִּין" כְּתִיב, שֶׁיֵּשׁ דִּין בָּעוֹלָם – The last word in this verse is read *shadun* [שַׁדּוּן], but it is **written** ***shedin*** [שַׁדִּין],[457] to teach **that there is justice** (שֶׁיֵּשׁ דִּין) **in this world.**[458] לְפִיכָךְ אָמַר שְׁלֹמֹה: "גַּם אֵלֶּה לַחֲכָמִים הַכֵּר פָּנִים בְּמִשְׁפָּט בַּל טוֹב" – **Therefore,** King **Solomon said,** ***These things, too, are for the wise [to consider]: Showing favoritism in judgment is not good.*** אָמַר לוֹ הַקָּדוֹשׁ בָּרוּךְ הוּא: לֹא טוֹב לְךָ שֶׁאֲנִי מַנִּיחֲךָ, שֶׁנֶּאֱמַר "טוֹב ה' לְמָעוֹז בְּיוֹם צָרָה וְיֹדֵעַ חֹסֵי בוֹ" – For **the Holy One, blessed is He,** in effect **says to [the judge], "It is not good for you that I leave you, for it is stated, *HASHEM is good, a stronghold on the day of distress, and mindful of those who take refuge in Him*"** (*Nahum* 1:7).[459] לְכָךְ כְּתִיב "כֹּה אָמַר ה' שִׁמְרוּ מִשְׁפָּט וַעֲשׂוּ צְדָקָה" – **Therefore, it is written, *Observe justice and perform righteousness*** (*Isaiah* 56:1); וַאֲנִי מְקָרֵב עַצְמִי עִמָּכֶם שֶׁנֶּאֱמַר "כִּי קְרוֹבָה יְשׁוּעָתִי לָבוֹא" – **and,** God continues, "If you do so **I will draw Myself close to you," as it is stated** in the same verse's closing words, ***for My salvation is soon to come.***[460]

The Midrash now interprets the *Isaiah* verse to mean that righteousness and justice forestall adversity,[461] and begins a lengthy discussion of a person who exemplified the truth of this teaching:

דָּבָר אַחֵר, "כִּי קְרוֹבָה יְשׁוּעָתִי לָבוֹא" – **Another interpretation:** *Observe justice and perform righteousness,* ***for My salvation is soon to come.*** וְכֵן אַתָּה מוֹצֵא בִּנְבוּכַדְנֶצַּר כְּשֶׁרָאָה אֶת הַחֲלוֹם – **And thus you find with regard to Nebuchadnezzar, when he saw [his] dream.**[462] נִכְנַס דָּנִיֵּאל אֶצְלוֹ וְרָאָה שֶׁהוּא עָתִיד לְטָרְדוֹ – **Daniel came before him, and understood** from the dream **that [God] was going to drive [Nebuchadnezzar]** from among mankind, שֶׁנֶּאֱמַר "וּמִן אֲנָשָׁא לָךְ טָרְדִין" – **as it is stated, *We are driving you from mankind,*** *and your dwelling will be with the beasts of the field, etc.* (*Daniel* 4:29).[463] עָשָׂה עַצְמוֹ כְּאִלּוּ מִרְתֵּת וּמְפַחֵד – **[Daniel] pretended to tremble and to be frightened** by the dream,[464] שֶׁנֶּאֱמַר "אֱדַיִן דָּנִיֵּאל דִּי שְׁמֵהּ בֵּלְטְשַׁאצַּר אֶשְׁתּוֹמַם כְּשָׁעָה חֲדָה" – **as it is stated, *Then Daniel, whose name is Belteshazzar, was silent for a while,*** and his thoughts confounded him (ibid., v. 16). אָמַר לוֹ: לָמָּה אַתְּ מְפַחֵד – **[Nebuchadnezzar] said to [Daniel], "Why are you frightened?"**[465] אָמַר לוֹ: רוֹאֶה אֲנִי אֶת הַחֲלוֹם וְאֵינִי יָכוֹל לְאָמְרוֹ – **[Daniel] said to [Nebuchadnezzar], "I see the** interpretation of the **dream, but I cannot say it."**[466] אָמַר לוֹ: "מָרִי חֶלְמָא לְשָׂנְאָךְ וּפִשְׁרֵהּ לְעָרָךְ" – **[Daniel]** then **said to [Nebuchadnezzar],** ***"My lord, may this dream be upon your foes, and its interpretation upon your enemies!"*** (ibid.).

The Midrash digresses to expound Daniel's response:

מִי שֶׁדּוֹרֵשׁ הַמִּקְרָא הַזֶּה עוֹשֶׂה לְדָנִיֵּאל מֵטִיחַ דְּבָרִים כְּלַפֵּי מַעְלָה – Now, **one who expounds this verse** in the literal sense **makes Daniel** appear as **one who hurls words upward** toward heaven, i.e., speaks disrespectfully to God. שֶׁאָמַר לִנְבוּכַדְנֶצַּר "מָרִי חֶלְמָא לְשָׂנְאָךְ", אֵין שׂוֹנְאוֹ בָּעוֹלָם יוֹתֵר מִן הַקָּדוֹשׁ בָּרוּךְ הוּא – **For he said to Nebuchadnezzar, *"My lord, may this dream be upon your foes"*** – and **there is no greater foe [of Nebuchadnezzar] in the world than the Holy One, blessed is He,** שֶׁהֶחֱרִיב אֶת בֵּיתוֹ וְהִגְלָה אֶת בָּנָיו – **for [Nebuchadnezzar] destroyed [God's] House, and exiled His children.** וְעוֹד גַּם יִשְׂרָאֵל הָיוּ שׂוֹנְאָיו וְהָיָה מְקַלֵּל אוֹתָן – **In addition, Israel** themselves **were also [Nebuchadnezzar's] foes, and** therefore, if one takes the verse in its literal sense **Daniel was cursing them** as well. אֶלָּא נָתַן דָּנִיֵּאל לִבּוֹ כְּנֶגֶד הַקָּדוֹשׁ בָּרוּךְ הוּא וְאָמַר: מָרִי שֶׁבַּשָּׁמַיִם הָבֵא אֶת הַחֲלוֹם לְשׂוֹנַאֲךָ זֶה – **Rather,** one must explain that **Daniel set his heart opposite the Holy One, blessed is He,**[467] **and said, "My Lord in heaven, bring** the downfall predicted in **the dream upon this foe of Yours"** (i.e., Nebuchadnezzar).[468]

The Midrash returns to quote part of Nebuchadnezzar's dream[469] and to expound Daniel's interpretation:

אָמַר נְבוּכַדְנֶצַּר לְדָנִיֵּאל: רָאִיתִי בַּחֲלוֹמִי "וַאֲלוּ אִילָן בְּגוֹא אַרְעָא . . . וּמָזוֹן לְכֹלָּא בֵהּ" – **Nebuchadnezzar said to Daniel, "I saw in my dream, *and behold, a tree in the midst of the earth,*** *the height of it was great. The tree grew and became strong, its height reached to the heavens; it was visible to the end of the entire earth; its foliage*

NOTES

456. Cf. *Sanhedrin* 7a-b, where the Sages teach that a judge must always fear being punished by a sword if he does not judge properly (*Eitz Yosef*).

457. The word is written one way in Scripture but read another (קְרִי וּכְתִיב).

458. In the context of this verse the word שַׁדִּין has no apparent meaning. The Midrash therefore interprets it as a contraction of the words שֶׁיֵּשׁ דִּין, *there is justice* (*Maharzu*).

459. The meaning, then, of the statement in *Proverbs* that *showing favoritism is "not good"* is that God, Who is *good* (as stated in the *Nahum* verse), will not be with him (*Maharzu* s.v. בל טוב; *Radal*; *Eitz Yosef* above, s.v. מהו בל טוב).

Alternatively: God will remove His Providence from the judge who shows favoritism (see Midrash above following note 454), and the judge will thus no longer benefit from God's goodness (he will *not* have *good*). In its place he will face God's Attribute of Strict Justice – His "sword" (*Eshed HaNechalim*). [*Eshed HaNechalim* explains the connection between implementing justice and Divine Providence: God wants the world to be sustained, and indeed it is for this reason that He exercises His Providence in the world. The judge who implements justice helps to sustain God's world, and he therefore merits God's individual Providence – while a judge who shows favoritism has God's Providence removed from him.]

460. God's Providence (His being "close") is referred to as *My salvation* because it is through the former that one obtains the latter (*Yefeh To'ar*). The *Isaiah* verse supports the theme of the current segment of the Midrash that there is a connection between the implementation of justice and Divine Providence.

461. *Yefeh To'ar*, cited by *Eitz Yosef*.

462. As recounted in *Daniel* Ch. 4, Nebuchadnezzar saw a frightening dream which he called upon Daniel to interpret. The Midrash embarks on a lengthy discussion of the dream and Daniel's interpretation, ultimately showing how Nebuchadnezzar exemplified the truth of the *Isaiah* verse's teaching (see Midrash below at note 482 and note 484).

463. In this verse (v. 29) a voice from heaven speaks to Nebuchadnezzar and informs him of his imminent downfall. [See also v. 22 (referenced by *Maharzu*), an almost identical verse where Daniel first told Nebuchadnezzar what would be happening to him (see, however, note 478 below). The Midrash below will discuss what happened between v. 22 and v. 29.]

464. But in actuality Daniel was unperturbed (*Eitz Yosef*), for he had no love for Nebuchadnezzar [who, after all, had destroyed the Temple and exiled the Jewish people] (*Eshed HaNechalim*).

465. As Scripture records (ibid., v. 16), *The king exclaimed and said, "Belteshazzar! Let the dream and its interpretation not bewilder you!"* (*Maharzu*). [Belteshazzar was Daniel's Babylonian name; see *Daniel* 1:7.]

466. I.e., I cannot bring myself to give you bad news. [While this statement does not appear explicitly in the Scriptural account of their conversation, the Midrash derives it from the verse cited next (ibid.).]

467. That is, while he appeared to address his remarks to Nebuchadnezzar, in his heart he directed them to God.

468. Although this is not the plain meaning of Daniel's statement, the Midrash bases its assertion that Daniel is speaking to God on the fact that throughout their dialogue Daniel addresses Nebuchadnezzar as מַלְכָּא, *king*, and here he uses a different term, מָרִי, *My Lord*. In addition, elsewhere (5:23) Daniel uses the term "מָרֵא שְׁמַיָּא" to refer to God; through the exegetical method of *gezeirah shavah* we may learn that the term מָרִי in the current verse also refers to God (ibid.).

469. The Midrash will quote the part of the dream whose interpretation will be seen below to be relevant to its exposition of *Isaiah* 56:1 (see *Maharzu* s.v. סוגרו הים).

וכן אתה מוצא בנבוכדנצר כו'. קשה מה ענין דנבוכדנצר שהצדקה עכבה פורענתו, לדרוש דלעיל מקורב השכינה עם העושה משפט וצדקה. ונראה ברור שיש כאן חסרון דברים והגיה כן, כי קרובה ישועתי לבא, דבר אחר כי קרובה וגו', מלמד שהצדקה מעכב הפורעניות, וכן את מוצא כו' (יפה תואר): **עשה עצמו כאילו מרתת.** שבאמת לא היה מפחד: **סוגר הים הכל מתים.** כלומר הכל תלוי במלך, ומזון לכולא ביה פירוש במלך, כגון אם המלך גוזר גזירה לסגור מעברות הים, לבלתי הביא מזון וסחורות משם, הרי הכל מתים, ואם הוא אומר פתחו המעברות של הים, הרי הכל חיים בסחורות ומזונות הרי שהכל תלוי במלך: **אמר ליה מה אעשה.** אגב שרצה להזכיר מעשה הצדקה שעשה נבוכדנצר, מזכיר כל המעשה שהיה: **היאך אתה מוליכני.** לשון המלכה ועצה: **אני מסרתי את הצדקה לאברהם.** שיזכה בה כדכתב שאם למען הביא ה' על אברהם את אשר דבר עליו, לא לנבוכדנצר שאין רצונו של הקדוש ברוך הוא שתועילו הצדקה: **אלא אמר לנבוכדנצר.** כלומר ובאמת מה היתה כוונת דניאל, אלא שאמר ישראל הם ערומים ועניים כו', ואף על פי כן לא יפה עשה בעיני הקדוש ברוך הוא, כי היה לו להתפלל להקדוש ברוך הוא שיפרנסם, ולא יצטרכו להתפרנס מן נבוכדנצר:

שדון כתיב. לפי הקרי שדון מלשון שדוד נשדונו, מיכה ב' ד', אך שדין אין לו משמעות, על כן דורשו נוטריקון: **בל טוב.** שלא יהיה השם יתברך שנקרא טוב, עם המכיר פנים: **ישועתי לבא.** אצלכם השומרי משפט, על פי מדה ט': **וראה שהוא עתיד לטורדו.** פירוש שהבין בפתרון החלום, שהכוונה שהשם יתברך רוצה לטרדו, כמו שכתוב (ו)לך טרדין: **אמר לו למה אתה מפחד.** ממה שאמר נבוכדנצר [בסיפיה דקרא] חלמא ופשריה אל יבהלך: **ואיני יכול לאמרו.** ממה שאמר חלמא לשנאך וגו', לא לך: **מארי שבשמים.** דורש השינוי, שבכל הפרשה אמר לנבוכדנצר מלכא, וכאן אמר מארי, ודורש גזירה שוה ממה שכתוב בדניאל ה' כ"ג, מארי שמיא, וכן כאן מארי שבשמים: **סוגר הים.** שלא ילכו הספינות ממדינה למדינה בתבואות וסחורות הממלאים את המדינה מזון ופרנסה. והמדרש פירש פרט זה מהמשל שהוא העיקר, שלקח לו דניאל רמז על מה שאמר וחטאך בצדקה פרוק וכו', שאם מזון לכולא ביה, אז תחותוהי תדור וכו': **מה אתה ממליכני.** כן צריך להיות. פירוש איזה עצה אתה נותן לי, ודורש כן ממה שאמר להן מלכא מלכי ישפר עלך, איך יתן עצה למלך אשר לא נשאל, כמו שכתוב (דברי הימים ב כה, טז) הליועץ למלך נתנוך, אלא בהכרח שנשאל, וזה על פי מדה ט': **אני מסרתי.** שיוהו לבניו אחריו לעשות צדקה ומשפט. ועיין בבא בתרא דף ד' (ע"א), הובא ילקוט דניאל שם, שלכך אתכוהו מגדולתו, והושלך לגוב אריות: **והיה מפרנס לישראל שנים עשר חודש.** שאחר עצת דניאל וחטאך בצדקה פרוק, כתיב כולא מטא על נבוכדנצר לקצת ירחין תרין עשר, שמה שכתוב שם כולא מטא, פירושו שגם עצת דניאל באה עליו, שעל ידי כן היה לו שלוה שנים עשר חודש, דאם לא כן היה החלום מתקיים מיד, כמו שכתוב ולך טרדין, ולא אמר יטרדו:

שֶׁנֶּאֱמַר (איוב יט, כט) "גּוּרוּ לָכֶם מִפְּנֵי חֶרֶב כִּי חֵמָה עֲוֹנוֹת חָרֶב, לְמַעַן תֵּדְעוּן שַׁדּוּן", "שֶׁדִּין" כְּתִיב, שֶׁיֵּשׁ דִּין בָּעוֹלָם, לְפִיכָךְ אָמַר שְׁלֹמֹה: (משלי כד, כג) "גַּם אֵלֶּה לַחֲכָמִים הַכֵּר פָּנִים בְּמִשְׁפָּט בַּל טוֹב", אָמַר לוֹ הַקָּדוֹשׁ בָּרוּךְ הוּא: לֹא טוֹב לְךָ שֶׁאֲנִי מַנִּיחֶךָ, שֶׁנֶּאֱמַר (נחום א, ז) "טוֹב ה' לְמָעוֹז בְּיוֹם צָרָה וְיֹדֵעַ חֹסֵי בוֹ", לְכָךְ כְּתִיב (ישעיה נו, א) "כֹּה אָמַר ה' שִׁמְרוּ מִשְׁפָּט וַעֲשׂוּ צְדָקָה" וַאֲנִי מִקֶּרֶב עַצְמִי עִמָּכֶם, שֶׁנֶּאֱמַר (שם) "כִּי קְרוֹבָה יְשׁוּעָתִי לָבוֹא", וְכֵן אַתָּה מוֹצֵא בִּנְבוּכַדְנֶצַּר כְּשֶׁרָאָה אֶת הַחֲלוֹם, נִכְנַס דָּנִיֵּאל אֶצְלוֹ וְרָאָה שֶׁהוּא עָתִיד לְטָרְדוֹ, שֶׁנֶּאֱמַר (דניאל ד, כט) "וּמִן אֲנָשָׁא לָךְ טָרְדִין", עָשָׂה עַצְמוֹ כְּאִלּוּ מְרַתֵּת וּמְפַחֵד, שֶׁנֶּאֱמַר (שם שם טז) "אֱדַיִן דָּנִיֵּאל דִּי שְׁמֵהּ בֵּלְטְשַׁאצַּר אֶשְׁתּוֹמַם כְּשָׁעָה חֲדָה", אָמַר לוֹ: לָמָּה אַתְּ מְפַחֵד, אָמַר לוֹ: רוֹאֶה אֲנִי אֶת הַחֲלוֹם וְאֵינִי יָכוֹל לְאָמְרוֹ, אָמַר לוֹ: (שם) "מָרִי חֶלְמָא לְשָׂנְאָךְ וּפִשְׁרֵהּ לְעָרָךְ", מִי שֶׁדּוֹרֵשׁ הַמִּקְרָא הַזֶּה עוֹשֶׂה לְדָנִיֵּאל מֵטִיחַ דְּבָרִים כְּלַפֵּי מַעְלָה, שֶׁאָמַר לִנְבוּכַדְנֶצַּר "מָרִי חֶלְמָא לְשָׂנְאָךְ", אֵין שׂוֹנְאוֹ בָּעוֹלָם יוֹתֵר מִן הַקָּדוֹשׁ בָּרוּךְ הוּא, שֶׁהֶחֱרִיב אֶת בֵּיתוֹ וְהִגְלָה אֶת בָּנָיו, וְעוֹד גַּם יִשְׂרָאֵל הָיוּ שׂוֹנְאָיו וְהָיָה מְקַלֵּל אוֹתָן, אֶלָּא נָתַן דָּנִיֵּאל לִבּוֹ כְּנֶגֶד הַקָּדוֹשׁ בָּרוּךְ הוּא וְאָמַר: מָרִי שֶׁבַּשָּׁמַיִם הָבֵא אֶת הַחֲלוֹם לְשׂוֹנַאֲךָ זֶה, אָמַר נְבוּכַדְנֶצַּר לְדָנִיֵּאל: רָאִיתִי בַּחֲלוֹמִי (שם שם ז-ט) "וַאֲלוּ אִילָן בְּגוֹא אַרְעָא ... וּמָזוֹן לְכֹלָּא בֵהּ", זֶה מֶלֶךְ בָּשָׂר וָדָם, גּוֹזֵר גְּזֵירָה, °סוֹגְרוּ הַיָּם הַכֹּל מֵתִים, פִּתְחוּ הַיָּם הַכֹּל *חַיִּים, לְכָךְ "וּמָזוֹן לְכֹלָּא בֵהּ", כֵּיוָן שֶׁאָמַר לוֹ הַחֲלוֹם אָמַר לוֹ: מָה אֶעֱשֶׂה, הֵיאַךְ אַתְּ מוֹלִיכֵנִי, אָמַר לוֹ (שם שם כד) [לא] "לָהֵן מַלְכָּא מִלְכִּי יִשְׁפַּר עֲלָךְ וַחֲטָאָךְ בְּצִדְקָה פְרֻק", אָמַר לוֹ הַקָּדוֹשׁ בָּרוּךְ הוּא: אֲנִי מָסַרְתִּי אֶת הַצְּדָקָה לְאַבְרָהָם, שֶׁנֶּאֱמַר (בראשית יח, יט) "כִּי יְדַעְתִּיו לְמַעַן אֲשֶׁר יְצַוֶּה וְגוֹ'", וְאַתָּה אוֹמֵר לָרָשָׁע "וַחֲטָאָךְ בְּצִדְקָה פְרֻק", אֶלָּא אָמַר לִנְבוּכַדְנֶצַּר: עֲשֵׂה צְדָקָה וּפְתַח אוֹצָרְךָ, שֶׁרָאָה לְיִשְׂרָאֵל שֶׁיָּצְאוּ עֲרוּמִים מִירוּשָׁלַיִם וְלֹא הָיָה בְּיָדָם שָׁוֶה פְרוּטָה, לְכָךְ אָמַר לוֹ שֶׁיַּעֲשֶׂה צְדָקָה, וּפָתַח אוֹצְרוֹתָיו וְהָיָה מְפַרְנֵס לְיִשְׂרָאֵל י"ב חֹדֶשׁ,

מתנות כהונה

[כד] הכי גרסינן **תדעון שדין כתיב: שאני מניחך.** מניח אותך ומסלק שכינתי ממך כמו שאמר למעלה: **ביון שאמר לו.** דניאל פתרון **החלום אמר לו** נבוכדנצר **היאך את מוליכני** פירוש מייעצני כמה דאת אמר (דניאל ד, כד) מלכי ישפר עליך:

אשד הנחלים

כאילו מרתת. דניאל עשה עצמו כן, כי בודאי לא היה אוהבו באמת רק מדרך כבוד: **סוגר הים והכל מתים.** ולכן הוכרח לראות האילן שזהו משל על המלך שגם מזון בו: **את מוליכני.** פירש המתנות כהונה מלשון המלכה ועצה: **מסרתי את הצדקה לאברהם.** כלומר גליתי לו סגולת הצדקה, כי המצות המה סגולות כל אחד מכוונת לסגולה מיוחדת, ואתה למה גלית לו. ומפרש שכל כוונת דניאל למען ייטיב לישראל, כי ראה את ענים ואת ערומיהם:

ידי משה

מן הדין מיירי, וקא משמע לן שלא ניתנה התורה אלא כדי שיעשה הדין. וקל להבין: **[כד] אין שונאו וכו'.** פירוש, אין בעולם מי ששונאו לנבוכדנצר יותר מן הקב"ה וישראל שהיו שונאים לנבוכדנצר לפי שהחריב בית המקדש, והאיך אמר שהחלום הרע הזה הוא על שונאו של נבוכדנצר, אלא לבו היה כנגד הקב"ה הגם שדיבר עם נבוכדנצר לפיכך, מה שאמר וחלמא לשנאך פירושו על שונא של הקב"ה:

שינוי נוסחאות

(כד) **סוגרו הים ... פתחו הים.** בספרים ישנים היה כתוב "סגרו ... פתחו" (וקאי אעבדי המלך), אבל כבר בד' קראקא שינו לכתוב "סוגרו ... פתחו", וכן העתיקו כל המדפיסים, רק בד' בוילנא תר"ג הגיה רד"ל שצ"ל "סגרו" (כמו שהיה כבר בדפוסים הישנים); אבל בד' ווילנא תרמ"ד כתבו "סוגר ... פותח", ואף שינו לכתוב כן בדברי רד"ל:

חידושי הרד"ל

[כד] לא טוב לך שאני מניחך. וזהו שכתוב בל טוב, שאסלק שכינתי הקרויה טוב, למעוז ביום צרה, וגם מי גרם לכם שתהיו יודעין לדון (ותתמנו בראש), על ידי התורה, וכשלא תעשו המשפטים תסתלק התורה מכם, (וכמו שאמר לעיל (סימן כג) שלא נתן הקב"ה התורה אלא על מנת שיעשו את הדינין): **וכן אתה מוצא בנבוכדנצר.** שהועילה לו זכות וצדקה, ואסיפיה דקרא דשמרו משפטו ועשו צדקה קאי: **סוגר הים הכל מתים.** כן צריך לומר, שמן הים היו מביאים בספינות לחם ומזון למכור במדינה: **מוליכני.** עיין מתנות כהונה. ובתנחומא הגירסא מייעצני: **והיה מפרנס לישראל שנים עשר חודש.** עיין בירושלמי פרק ג דסוטה הלכה ד:

באור מהרי"פ

[כד] סיגרו הים וכו'. כלומר הכל תלוי במלך ומזון לכולא תלי ביה, כגון אם המלך גוזר גזירה לסגור מעברות הים לבלתי הביא מזון וסחורות משם, הרי הכל מתים, ואם גוזר להיפך הכל חיים: **אלא אמר לנבוכדנצר.** כלומר, ובאמת מה היתה כוונת דניאל שנתן עצה זו לנבוכדנצר, לזה אומר שכוונתו היתה לטובת ישראל, **שראה** דניאל **לישראל שיצאו ערומים וכו',** ואף על פי כן לא יפה עשה בעיני הקב"ה, כי היה לו להתפלל לפני הקב"ה שיפרנס את ישראל, ולא יצטרכו להתפרנס מן הרשע הזה:

אמרי יושר

[כד] שראה ישראל שהיו ערומים. אומר אני שזה על דרך מה שאמרו על יעשה פרעה ויפקד פקידים (בראשית מא, לד). שאינה עצה לבד, רק שראה אותו בחלום תחותוהי תטלל חיות ברא ועוף שמיא (דניאל ד, ט), אמר שמע מינה יזונו ממנו כל העניים, נתן לו עצה זו כדי שיהנו ישראל ממנו:

מסורת המדרש

לא. בבא בתרא דף ד'. ילקוט דניאל רמז תל"ף ס"ג:

אם למקרא

גּוּרוּ לָכֶם מִפְּנֵי חֶרֶב כִּי חֵמָה עֲוֹנוֹת חֶרֶב לְמַעַן תֵּדְעוּן שַׁדּוּן: (איוב יט: כט)

גַּם־אֵלֶּה לַחֲכָמִים הַכֵּר־פָּנִים בְּמִשְׁפָּט בַּל־טוֹב: (משלי כד: כג)

טוֹב ה' לְמָעוֹז בְּיוֹם צָרָה וְיֹדֵעַ חֹסֵי בוֹ: (נחום א: ז)

כֹּה אָמַר ה' שִׁמְרוּ מִשְׁפָּט וַעֲשׂוּ צְדָקָה כִּי־קְרוֹבָה יְשׁוּעָתִי לָבוֹא וְצִדְקָתִי לְהִגָּלוֹת: (ישעיה נו: א)

וּמִן־אֲנָשָׁא לָךְ טָרְדִין וְעִם חֵיוַת בָּרָא מְדֹרָךְ עִשְׂבָּא כְתוֹרִין לָךְ יְטַעֲמוּן וְשִׁבְעָה עִדָּנִין יַחְלְפוּן עֲלָיךְ עַד דִּי תִנְדַּע דִּי שַׁלִּיט עִלָּאָה בְּמַלְכוּת אֲנָשָׁא וּלְמַן דִּי יִצְבֵּא יִתְּנִנַּהּ: (דניאל ד: כט)

אֱדַיִן דָּנִיֵּאל דִּי־שְׁמֵהּ בֵּלְטְשַׁאצַּר אֶשְׁתּוֹמַם כְּשָׁעָה חֲדָה וְרַעְיֹנֹהִי יְבַהֲלֻנֵּהּ עָנֵה מַלְכָּא וְאָמַר בֵּלְטְשַׁאצַּר חֶלְמָא וּפִשְׁרֵא אַל־יְבַהֲלָךְ עָנֵה בֵלְטְשַׁאצַּר וְאָמַר מָרִי חֶלְמָא לְשָׂנְאָךְ וּפִשְׁרֵהּ לְעָרָךְ: (שם שם טז)

וְחֶזְוֵי רֵאשִׁי עַל־מִשְׁכְּבִי חָזֵה הֲוֵית וַאֲלוּ אִילָן בְּגוֹא אַרְעָא וְרוּמֵהּ שַׂגִּיא: רְבָה אִילָנָא וּתְקִף וְרוּמֵהּ יִמְטֵא לִשְׁמַיָּא וַחֲזוֹתֵהּ לְסוֹף כָּל־אַרְעָא: עָפְיֵהּ שַׁפִּיר וְאִנְבֵּהּ שַׂגִּיא וּמָזוֹן לְכֹלָּא־בֵהּ תְּחֹתוֹהִי תַּטְלֵל חֵיוַת בָּרָא וּבְעַנְפוֹהִי יְדֻרָן צִפְּרֵי שְׁמַיָּא וּמִנֵּהּ יִתְּזִין כָּל־בִּשְׂרָא: (שם שם ז-ט)

לָהֵן מַלְכָּא מִלְכִּי יִשְׁפַּר עֲלָיךְ וַחֲטָאָךְ בְּצִדְקָה פְרֻק וַעֲוָיָתָךְ בְּמִחַן עֲנָיִן הֵן תֶּהֱוֵה אַרְכָה לִשְׁלֵוְתָךְ: (שם שם כד)

כִּי יְדַעְתִּיו לְמַעַן אֲשֶׁר יְצַוֶּה אֶת בָּנָיו וְאֶת בֵּיתוֹ אַחֲרָיו וְשָׁמְרוּ דֶּרֶךְ ה' לַעֲשׂוֹת צְדָקָה וּמִשְׁפָּט לְמַעַן הָבִיא ה' עַל אַבְרָהָם אֵת אֲשֶׁר־דִּבֶּר עָלָיו: (בראשית יח: יט)

was beautiful and its fruit plentiful, and there was food **for all in it;** *under it beasts of the field took shade, etc.* (ibid., vv. 7-9). זֶה מֶלֶךְ בָּשָׂר וָדָם גּוֹזֵר גְּזֵירָה, סָגְרוּ הַיָּם הַכֹּל מֵתִים, פָּתְחוּ הַיָּם הַכֹּל חַיִּים — Daniel interpreted: **"This** alludes to **a king of flesh and blood** who, were he to **issue a decree** to close off passage from the sea, **[his subjects] would blockade the sea** and **all** would **perish** from starvation;[470] if he would then rescind the decree **they would open the sea** and **all** would **live.**[471] לְכָךְ "וּמָזוֹן לְכֹלָּא בֵהּ" — **Therefore,** you were shown this tree regarding which you noted, ***'and there was food for all in it.'* "**[472] כֵּיוָן שֶׁאָמַר לוֹ הַחֲלוֹם אָמַר לוֹ: מָה אֶעֱשֶׂה הֵיאַךְ אַתְּ מוֹלִיכֵנִי — **When [Daniel] told [Nebuchadnezzar]** the interpretation of **the dream,**[473] **[Nebuchadnezzar] said to [Daniel], "What shall I do? How do you advise me** to stave off the dream's curse?"[474] אָמַר לוֹ "לָהֵן מַלְכָּא מִלְכִּי יִשְׁפַּר עֲלָךְ וַחֲטָאָךְ בְּצִדְקָה פְרֻק" — **[Daniel] said to him, *"Nevertheless, O king, let my advice be acceptable to you: Redeem your sin through righteousness and your iniquities through kindness to the poor;*** *perhaps there will be an extension to your tranquility"* (ibid., v. 24).

The Midrash pauses to examine whether Daniel was correct in offering this piece of advice:

אָמַר לוֹ הַקָּדוֹשׁ בָּרוּךְ הוּא: אֲנִי מָסַרְתִּי אֶת הַצְּדָקָה לְאַבְרָהָם — **The Holy One, blessed is He, said to [Daniel], "I gave** the attribute of **charity to Abraham,"** שֶׁנֶּאֱמַר "כִּי יְדַעְתִּיו לְמַעַן אֲשֶׁר יְצַוֶּה וגו'" — **as it is stated, *For I have loved him, because he commands*** *his children and his household after him that they keep the way of* HASHEM, *doing charity and justice* (*Genesis* 18:19), וְאַתָּה אוֹמֵר לָרָשָׁע "וַחֲטָאָךְ בְּצִדְקָה פְרֻק" — "and yet **you say to** this **wicked person** (Nebuchadnezzar), ***'Redeem your sin through righteousness and your iniquities through kindness to the poor'*** "?!"[475] And what indeed was Daniel's reason for counseling Nebuchadnezzar to act charitably?[476] אֶלָּא אָמַר לִנְבוּכַדְנֶצַּר: עֲשֵׂה צְדָקָה וּפְתַח אוֹצָרְךָ — **But** the explanation is that **[Daniel] said to Nebuchadnezzar, "Perform charity and open your storage houses** to the Jews." שֶׁרָאָה לְיִשְׂרָאֵל שֶׁיָּצְאוּ עֲרוּמִּים מִירוּשָׁלַיִם וְלֹא הָיָה בְּיָדָם שָׁוֶה פְּרוּטָה — **For [Daniel] saw that the Jews emerged from Jerusalem stripped** of all their possessions, **and they did not have** even **the value of a** single ***perutah*** **in their hands.** לְכָךְ אָמַר לוֹ שֶׁיַּעֲשֶׂה צְדָקָה — **Therefore, he said to Nebuchadnezzar that he should perform charity** with them.[477]

The Midrash returns to discuss Nebuchadnezzar's reaction to Daniel's counsel:

וּפָתַח אוֹצְרוֹתָיו וְהָיָה מְפַרְנֵס לְיִשְׂרָאֵל י״ב חֹדֶשׁ — **And [Nebuchadnezzar]** indeed **opened his storehouses and sustained Israel for twelve months.**[478]

NOTES

470. Since no food or merchandise (for commerce) would arrive in the kingdom, no one would have what to eat (*Beur Maharif, Maharzu, Eitz Yosef*).

471. For now food and merchandise would reach the inhabitants of his kingdom (ibid.).

472. As Daniel explained to Nebuchadnezzar (in v. 19), the tree in his dream represented himself (Nebuchadnezzar), and it was in his power as king to assure that *there was food for all* (*Eshed HaNechalim*). Daniel tells him: If you provide food for all, then [as stated in v. 9, cited in the text above,] the *beasts of the field* will merely *take shade* beneath the tree — i.e., no harm will befall you; you will maintain your position of authority over everyone in your kingdom, including all the animals. If, however, you do not provide food for all, then [as v. 22 states,] *They will drive you from mankind, and your dwelling will be among the beasts of the field* (see *Maharzu*).

473. See preceding note. The complete text of Daniel's interpretation of the dream appears in vv. 22-23.

474. While Scripture makes no explicit mention of Nebuchadnezzar's having asked Daniel for advice, the Midrash derives that he did so from the fact that Daniel said, "Let my advice be acceptable to you" — for who would dare to offer a king unsolicited advice? (*Maharzu*; see also *Matnos Kehunah*).

475. Indeed, the Gemara (*Bava Basra* 4a) states that Daniel was punished for giving this advice to Nebuchadnezzar (see *Maharzu*). The reason it was wrong for Daniel to do so is that God gave Abraham the mitzvah of charity *in order that HASHEM might then bring upon Abraham that which He had spoken of him* (*Genesis* ibid.), i.e., in order that Abraham — *not* Nebuchadnezzar — may thereby earn merit (*Eitz Yosef*; see also *Eshed HaNechalim*).

476. *Eitz Yosef.*

477. Although Daniel meant to benefit Israel, God nevertheless disapproved of his giving advice to Nebuchadnezzar. For rather than affording the wicked king an opportunity to garner merit, Daniel should have beseeched the Almighty to provide for the needs of Israel Himself (see ibid., *Beur Maharif*).

478. In verse 24 (cited above), Daniel advised Nebuchadnezzar that if he performs acts of kindness, *perhaps there will be an extension to [his] tranquility*. Verse 25 then states, *All this befell King Nebuchadnezzar.* The Midrash understands this to mean that Nebuchadnezzar indeed took Daniel's advice — for twelve months, as indicated by verse 26, cited next by the Midrash. [If he had not done so, he would have been "driven from mankind" *immediately*, as indicated by Daniel's use of the present tense in his statement interpreting Nebuchadnezzar's dream (v. 22), וְלָךְ "טָרְדִין" מִן אֲנָשָׁא, lit., *they "are driving" you from mankind*] (*Maharzu*).

שֶׁנֶּאֱמַר (איוב יט, כט) ״גּוּרוּ לָכֶם מִפְּנֵי חֶרֶב כִּי חֵמָה עֲוֹנוֹת חָרֶב, לְמַעַן תֵּדְעוּן שַׁדּוּן״, ״שֶׁדִּין״ כְּתִיב, שֶׁיֵּשׁ דִּין בָּעוֹלָם, לְפִיכָךְ אָמַר שְׁלֹמֹה: (משלי כד, כג) ״גַּם אֵלֶּה לַחֲכָמִים הַכֵּר פָּנִים בְּמִשְׁפָּט בַּל טוֹב״, אָמַר לוֹ הַקָּדוֹשׁ בָּרוּךְ הוּא: לֹא טוֹב לְךָ שֶׁאֲנִי מַנִּיחֲךָ, שֶׁנֶּאֱמַר (נחום א, ז) ״טוֹב ה׳ לְמָעוֹז בְּיוֹם צָרָה וְיֹדֵעַ חֹסֵי בוֹ״, לְכָךְ כְּתִיב (ישעיה נו, א) ״כֹּה אָמַר ה׳ שִׁמְרוּ מִשְׁפָּט וַעֲשׂוּ צְדָקָה״ וַאֲנִי מְקָרֵב עַצְמִי עִמָּכֶם, שֶׁנֶּאֱמַר (שם) ״כִּי קְרוֹבָה יְשׁוּעָתִי לָבוֹא״, וְכֵן אַתָּה מוֹצֵא בִּנְבוּכַדְנֶצַּר כְּשֶׁרָאָה אֶת הַחֲלוֹם, נִכְנַס דָּנִיֵּאל אֶצְלוֹ וְרָאָה שֶׁהוּא עָתִיד לְטָרְדוֹ, שֶׁנֶּאֱמַר (דניאל ד, כט) ״וּמִן אֲנָשָׁא לָךְ טָרְדִין״, עָשָׂה עַצְמוֹ כְּאִלּוּ מְרַתֵּת וּמְפַחֵד, שֶׁנֶּאֱמַר (שם שם טז) ״אֱדַיִן דָּנִיֵּאל דִּי שְׁמֵהּ בֵּלְטְשַׁאצַּר אֶשְׁתּוֹמַם כְּשָׁעָה חֲדָה״, אָמַר לוֹ: לָמָּה אַתְּ מְפַחֵד, אָמַר לוֹ: רוֹאֶה אֲנִי אֶת הַחֲלוֹם וְאֵינִי יָכוֹל לְאָמְרוֹ, אָמַר לוֹ: (שם) ״מָרִי חֶלְמָא לְשָׂנְאָךְ וּפִשְׁרֵהּ לְעָרָךְ״, מִי שֶׁדּוֹרֵשׁ הַמִּקְרָא הַזֶּה עוֹשֶׂה לְדָנִיֵּאל מֵטִיחַ דְּבָרִים כְּלַפֵּי מַעְלָה, שֶׁאָמַר לִנְבוּכַדְנֶצַּר ״מָרִי חֶלְמָא לְשָׂנְאָךְ״, אֵין שׂוֹנְאוֹ בָּעוֹלָם יוֹתֵר מִן הַקָּדוֹשׁ בָּרוּךְ הוּא, שֶׁהֶחֱרִיב אֶת בֵּיתוֹ וְהִגְלָה אֶת בָּנָיו, וְעוֹד גַּם יִשְׂרָאֵל הָיוּ שׂוֹנְאָיו וְהָיָה מְקַלֵּל אוֹתָן, אֶלָּא נָתַן דָּנִיֵּאל לִבּוֹ כְּנֶגֶד הַקָּדוֹשׁ בָּרוּךְ הוּא וְאָמַר: מָרִי שֶׁבַּשָּׁמַיִם הָבֵא אֶת הַחֲלוֹם לְשׂוֹנַאֲךָ זֶה, אָמַר נְבוּכַדְנֶצַּר לְדָנִיֵּאל: רָאִיתִי בַּחֲלוֹמִי (שם שם ז-ט) ״וַאֲלוּ אִילָן בְּגוֹא אַרְעָא ... וּמָזוֹן לְכֹלָּא בֵהּ״, זֶה מֶלֶךְ בָּשָׂר וָדָם, גּוֹזֵר גְּזֵירָה, °סוֹגְרוּ הַיָּם הַכֹּל מֵתִים, פִּתְחוּ הַיָּם הַכֹּל *חַיִּים, לְכָךְ ״וּמָזוֹן לְכֹלָּא בֵהּ״, כֵּיוָן שֶׁאָמַר לוֹ הַחֲלוֹם אָמַר לוֹ: מָה אֶעֱשֶׂה, הֵיאַךְ אַתְּ מוֹלִיכֵנִי, אָמַר לוֹ (שם שם כד) [לא]״לָהֵן מַלְכָּא מִלְכִּי יִשְׁפַּר עֲלָךְ וַחֲטָאָךְ בְּצִדְקָה פְרֻק״, אָמַר לוֹ הַקָּדוֹשׁ בָּרוּךְ הוּא: אֲנִי מָסַרְתִּי אֶת הַצְּדָקָה לְאַבְרָהָם, שֶׁנֶּאֱמַר (בראשית יח, יט) ״כִּי יְדַעְתִּיו לְמַעַן אֲשֶׁר יְצַוֶּה וְגוֹ׳ ״, וְאַתָּה אוֹמֵר לָרָשָׁע ״וַחֲטָאָךְ בְּצִדְקָה פְרֻק״, אֶלָּא אָמַר לִנְבוּכַדְנֶצַּר: עֲשֵׂה צְדָקָה וּפְתַח אוֹצָרְךָ, שֶׁרָאָה לְיִשְׂרָאֵל שֶׁיָּצְאוּ עֲרוּמִים מִירוּשָׁלַיִם וְלֹא הָיָה בְּיָדָם שָׁוֶה פְּרוּטָה, לְכָךְ אָמַר לוֹ שֶׁיַּעֲשֶׂה צְדָקָה, וּפָתַח אוֹצְרוֹתָיו וְהָיָה מְפַרְנֵס לְיִשְׂרָאֵל י״ב חֹדֶשׁ,

חידושי הרד״ל

[כד] **לא טוב לך שאני מניחך.** וזהו שכתוב בל טוב, שאסלק שכינתי הקרויה טוב, למעוז ביום צרה, וגם מי גרם לכם שתהיו יודעין לדון (ותתמנו בראש), על ידי התורה, וכשלא תעשו המשפטים תסתלק התורה מכם, (וכמו שאמר לעיל (סימן כג) שלא נתן הקב״ה התורה אלא על מנת שיעשו את הדינין): **וכן אתה מוצא בנבוכדנצר.** שהועילה לו זכות צדקה, ואסיפיה דקרא דשמרו משפטו ועשו צדקה קאי: **סוגר הים הכל מתים.** כן צריך לומר, שמן הים היו מביאים בספינות לחם ומזון למכור במדינה: **מוליכני.** עיין מתנות כהונה. ובתנחומא הגירסא מייעצני: **והיה מפרנס לישראל שנים עשר חודש.** עיין בירושלמי פרק ג דסוטה הלכה ד:

באור מהרי״פ

[כד] **סיגרו הים וכו׳.** כלומר הכל תלוי במלך ומזון לכולא תלי ביה, כגון אם המלך גוזר גזירה לסגור מעברות הים לבלתי הביא מזון וסחורות משם, הרי הכל מתים, ואם גוזר להיפך הכל חיים: **אלא אמר לנבוכדנצר.** כלומר, ובאמת מה היתה כוונת דניאל שנתן עצה זו לנבוכדנצר, לזה אומר שכוונתו היתה לטובת ישראל, **שראה** דניאל **לישראל שיצאו ערומים וכו׳,** ואף על פי כן לא יפה עשה בעיני הקב״ה, כי היה לו להתפלל לפני הקב״ה שיפרנס את ישראל, ולא יצטרכו להתפרנס מן הרשע הזה:

אמרי יושר

[כד] **שראה ישראל שהיו ערומים.** אומר אני שזה על דרך מה שאמרו על יעשה פרעה ויפקד פקידים (בראשית מא, לד). שאינה עצה לבד, רק שראה אותו בחלום תחותוהי תטלל חיות ברא ועוף שמיא (דניאל ד, ט), אמר שמע מינה יזונו ממנו כל העניים, נתן לו עצה זו כדי שיהנו ישראל ממנו:

עץ יוסף

וכן אתה מוצא בנבוכדנצר כו׳. קשה מה ענין דנבוכדנצר שהצדקה עכבה פורענתו, לדרוש דלעיל מקורב השכינה עם העושה משפט וצדקה. ונראה ברור שיש כאן חסרון דברים והגיה כן, כי קרובה ישועתי לבא, דבר אחר כי קרובה וגו׳, מלמד שהצדקה מעכב הפורעניות, וכן את מוצא כו׳ (יפה תואר): **עשה עצמו כאילו מרתת.** שבאמת לא היה מפחד: **סוגר הים הכל מתים.** כלומר הכל תלוי במלך, ומזון לכולא ביה פירוש במלך, כגון אם המלך גוזר גזירה לסגור מעברות הים, לבלתי הביא מזון וסחורות משם, הרי הכל מתים, ואם הוא אומר פתחו המעברות של הים, הרי הכל חיים בסחורות ומזונות הרי שהכל תלוי במלך: **אמר ליה מה אעשה.** אגב שרצה להזכיר מעשה הצדקה שעשה נבוכדנצר, מזכיר כל המעשה שהיה: **היאך אתה מוליכני.** לשון המלכה ועצה: **אני מסרתי את הצדקה לאברהם.** שיזכה בה כדכתב שם למען הביא ה׳ על אברהם את אשר דבר עליו, לא לנבוכדנצר שאין רצונו של הקדוש ברוך הוא שתועילו הצדקה: **אלא אמר לנבוכדנצר.** כלומר ובאמת מה היתה כוונת דניאל, אלא שאמר ישראל הם ערומים ועניים כו׳, ואף על פי כן לא יפה עשה בעיני הקדוש ברוך הוא, כי היה לו להתפלל להקדוש ברוך הוא שיפרנסם, ולא יצטרכו להתפרנס מן נבוכדנצר:

פירוש מהרז״ו

שדון כתיב. לפי הקרי שדון מלשון שדוד נשדונו, מיכה ב׳ ד׳, אך שדין אין לו משמעות, על כן דורשו נוטריקון: **בל טוב.** שלא יהיה השם יתברך שנקרא טוב, עם המכיר פנים: **ישועתי לבא.** אצלכם השומרי משפט, על פי מדה ט׳: **וראה שהוא עתיד לטורדו.** פירוש שהבין בפתרון החלום, שהכוונה שהשם יתברך רוצה לטרדו, כמו שכתוב (ו)לך טרדין: **אמר לו למה אתה מפחד.** ממה שאמר נבוכדנצר [בסיפיה דקרא] חלמא ופשריה אל יבהלך: **ואיני יכול לאמרו.** ממה שאמר חלמא לשנאך וגו׳, לא לך: **מארי שבשמים.** דורש השינוי, שבכל הפרשה אמר לנבוכדנצר מלכא, וכאן אמר מארי, ודורש גזירה שוה ממה שכתוב בדניאל ה׳ כ״ג, מארי שמיא, וכן כאן מארי שבשמים: **סוגר הים.** שלא ילכו הספינות ממדינה למדינה בתבואות וסחורות הממלאים את המדינה מזון ופרנסה. והמדרש פירש פרט זה מהמשל שהוא העיקר, שלקח לו דניאל רמז על מה שאמר וחטאך בצדקה פרוק וכו׳, שאם מזון לכולא ביה, אז תחותוהי תדור וכו׳: **מה אתה ממליכני.** כן צריך להיות. פירוש איזה עצה אתה נותן לי, ודורש כן ממה שאמר להן מלכא מלכי ישפר עלך, איך יתן עצה למלך אשר לא נשאל, כמו שכתוב (דברי הימים כה, טז) הליועץ למלך נתנוך, אלא בהכרח שנשאל, וזה על פי מדה ט׳: **אני מסרתי.** שיצוה לבניו אחריו לעשות צדקה ומשפט. ועיין בבא בתרא דף ד׳ (ע״א), הובא ילקוט דניאל שם, שלכך אתכוהו מגדולתו, והושלך לגוב אריות: **והיה מפרנס לישראל שנים עשר חודש.** שאחר עצת דניאל וחטאך בצדקה פרוק, כתיב כולא מטא על נבוכדנצר לקצת ירחין תרין עשר, שמה שכתוב שם כולא מטא, פירושו שגם עצת דניאל באה עליו, שעל ידי כן היה לו שלוה שנים עשר חודש, דאם לא כן היה החלום מתקיים מיד, כמו שכתוב ולך טרדין, ולא אמר יטרדו:

מסורת המדרש

לא. בבא בתרא דף ד׳. ילקוט דניאל רמז תתק״ס ס״ג:

אם למקרא

גּוּרוּ לָכֶם מִפְּנֵי חֶרֶב כִּי חֵמָה עֲוֹנוֹת חֶרֶב לְמַעַן תֵּדְעוּן שַׁדּוּן: (איוב יט: כט)

גַּם־אֵלֶּה לַחֲכָמִים הַכֵּר־פָּנִים בְּמִשְׁפָּט בַּל־טוֹב: (משלי כד: כג)

טוֹב ה׳ לְמָעוֹז בְּיוֹם צָרָה וְיֹדֵעַ חֹסֵי בוֹ: (נחום א: ז)

כֹּה אָמַר ה׳ שִׁמְרוּ מִשְׁפָּט וַעֲשׂוּ צְדָקָה כִּי־קְרוֹבָה יְשׁוּעָתִי לָבוֹא וְצִדְקָתִי לְהִגָּלוֹת: (ישעיה נו: א)

וּמִן־אֲנָשָׁא לָךְ טָרְדִין וְעִם חֵיוַת בָּרָא מְדֹרָךְ עִשְׂבָּא כְתוֹרִין לָךְ יְטַעֲמוּן וְשִׁבְעָה עִדָּנִין יַחְלְפוּן עֲלָיךְ עַד דִּי תִנְדַּע דִּי שַׁלִּיט עִלָּאָה בְּמַלְכוּת אֲנָשָׁא וּלְמַן דִּי יִצְבֵּא יִתְּנִנַּהּ: (דניאל ד: כט)

אֱדַיִן דָּנִיֵּאל דִּי־שְׁמֵהּ בֵּלְטְשַׁאצַּר אֶשְׁתּוֹמַם כְּשָׁעָה חֲדָה וְרַעְיֹנֹהִי יְבַהֲלֻנֵּהּ עָנֵה מַלְכָּא וְאָמַר בֵּלְטְשַׁאצַּר חֶלְמָא וּפִשְׁרֵא אַל־יְבַהֲלָךְ עָנֵה בֵלְטְשַׁאצַּר וְאָמַר מָרִי חֶלְמָא לְשָׂנְאָךְ וּפִשְׁרֵהּ לְעָרָךְ: (שם שם טז)

וְחֶזְוֵי רֵאשִׁי עַל־מִשְׁכְּבִי חָזֵה הֲוֵית וַאֲלוּ אִילָן בְּגוֹא אַרְעָא וְרוּמֵהּ שַׂגִּיא: רְבָה אִילָנָא וּתְקִף וְרוּמֵהּ יִמְטֵא לִשְׁמַיָּא וַחֲזוֹתֵהּ לְסוֹף כָּל־אַרְעָא: עָפְיֵהּ שַׁפִּיר וְאִנְבֵּהּ שַׂגִּיא וּמָזוֹן לְכֹלָּא־בֵהּ תְּחֹתוֹהִי תַּטְלֵל חֵיוַת בָּרָא וּבְעַנְפוֹהִי יְדֻרוּן צִפֲּרֵי שְׁמַיָּא וּמִנֵּהּ יִתְּזִין כָּל־בִּשְׂרָא: (שם שם ז-ט)

לָהֵן מַלְכָּא מִלְכִּי יִשְׁפַּר עֲלָיךְ וַחֲטָאָךְ בְּצִדְקָה פְרֻק וַעֲוָיָתָךְ בְּמִחַן עֲנָיִן הֵן תֶּהֱוֵה אַרְכָה לִשְׁלֵוְתָךְ: (שם שם כד)

כִּי יְדַעְתִּיו לְמַעַן אֲשֶׁר יְצַוֶּה אֶת בָּנָיו וְאֶת בֵּיתוֹ אַחֲרָיו וְשָׁמְרוּ דֶּרֶךְ ה׳ לַעֲשׂוֹת צְדָקָה וּמִשְׁפָּט לְמַעַן הָבִיא ה׳ עַל אַבְרָהָם אֵת אֲשֶׁר־דִּבֶּר עָלָיו: (בראשית יח: יט)

מתנות כהונה

[כד] הכי גרסינן **תדעון שדין כתיב: שאני מניחך.** מניח אותך ומסלק שכינתי ממך כמו שאמר למעלה: **ביון שאמר לו.** דניאל פתרון **החלום אמר לו** נבוכדנצר **היאך את מוליכני** פירוש מייעצני כמה דאת אמר (דניאל ד, כד) מלכי ישפר עליך:

אשר הנחלים

באילו מרתת. דניאל עשה עצמו כן, כי בודאי לא היה אוהבו באמת רק מדרך כבוד: **סוגר הים והכל מתים.** ולכן הוכרח לראות האילן שזהו משל על המלך שגם מזון בו: **את מוליכני.** פירש המתנות כהונה מלשון המלכה ועצה: **מסרתי את הצדקה לאברהם.** כלומר גליתי לו סגולת הצדקה, כי המצות המה סגולות כל אחד מכוונת לסגולה מיוחדת, ואתה למה גלית לו. ומפרש שכל כוונת דניאל למען ייטיב לישראל, כי ראה את ענים ואת ערומיהם:

ידי משה

מן הדין מיירי, וקא משמע לן שלא ניתנה התורה אלא כדי שיעשה הדין. וקל להבין: [כד] **אין שונאו וכו׳.** פירוש, אין בעולם מי ששונאו לנבוכדנצר יותר מן הקב״ה וישראל שהיו שונאים לנבוכדנצר לפי שהחריב בית המקדש, והאיך אמר שהחלום הרע הזה הוא על שונאו של נבוכדנצר, אלא לבו היה כנגד הקב״ה הגם שדיבר עם נבוכדנצר לפיכך, מה שאמר וחלמא לשנאך פירושו על שונא של הקב״ה:

שינוי נוסחאות

(כד) **סוגרו הים ... פתחו הים.** בספרים ישנים היה כתוב ״סגרו ... פתחו״ (וקאי אעבדי המלך), אבל כבר בד׳ קראקא שינו לכתוב ״סוגרו ... פתחו״, וכן העתיקו כל המדפיסים, רק בד׳ בוילנא תר״ג הגיה רד״ל שצ״ל ״סגרו״ (כמו שהיה כבר בדפוסים הישנים); אבל בד׳ וילנא תרמ״ד כתבו ״סוגר ... פותח״, ואף שינו לכתוב כן בדברי רד״ל:

"לִקְצָת יַרְחִין תְּרֵי עֲשַׂר וְגוֹ׳" — Then, Scripture tells us, ***At the end of twelve months,*** *he was walking atop the royal palace of Babylon. The king responded and said, "Is this not the great Babylon, which I have built up into a royal house with my powerful strength for glorification of my splendor!"* (*Daniel* ibid., v. 26). שָׁמַע נְבוּכַדְנֶצַּר בַּת קוֹל שֶׁהָיוּ מִתְרַגְּשִׁין — **Nebuchadnezzar heard the sound** of a throng of people **making a tumult,**[479] אָמַר: הַקּוֹל הַזֶּה מֵהֵיכָן הוּא — and **he said, "This sound — from where is it** emanating?" אָמְרוּ לוֹ: אוֹתָן הָעֲנִיִּים שֶׁאָמַרְתָּ לָתֵת לָהֶם חֵלֶק וְהָיִינוּ מְחַלְּקִין לָהֶם י״ב חוֹדֶשׁ כְּמוֹ שֶׁאָמַרְתָּ — **[His officers] said to him,** "These are the voices of **those poor people whom you commanded to be given an allotment, and we distributed** their allotments **to them** for **twelve months, as you said.** They are now standing at your gates and crying for food."[480] אָמַר: אִלּוּלֵי נְכָסִים שֶׁהָיָה לִי מֵהֵיכָן הָיִיתִי בּוֹנֶה כָּל הַמְּדִינָה הַזֹּאת לִכְבוֹדִי — Whereupon **[Nebechadnezzar] said, "If not for the possessions that I have** always **had, from where would I have had** the wherewithal **to build this entire province for my honor?"** שֶׁנֶּאֱמַר "עָנֵה מַלְכָּא וְאָמַר הֲלָא דָא הִיא בָּבֶל רַבְּתָא וְגוֹ׳" — **As it is stated, *The king responded***[481] ***and said, "Is this not the great Babylon,*** *which I have built up into a royal house with my powerful strength for glorification of my splendor!"* (ibid., v. 27). וַאֲנִי מְבַזְבֵּז כָּל נְכָסַי — Nebuchadnezzar said, **"Shall I expend all** my **possessions** to sustain the Jews?! אִם יֵלְכוּ נְכָסַי אֵין לִי כָּבוֹד — Why, **if all my property will go** toward sustaining Israel, **I will be left with no** source of **honor!"** נָעַל אֶת הָאוֹצָרוֹת — And **he locked the storehouses.** כֵּיוָן שֶׁאָמַר כָּךְ עָנָה אוֹתוֹ בַּת קוֹל מִן הַשָּׁמַיִם שֶׁנֶּאֱמַר "עוֹד מִלְּתָא בְּפֻם מַלְכָּא קָל מִן שְׁמַיָּא נְפַל וְגוֹ׳" — **When Nebuchadnezzar spoke this way, a heavenly voice answered him from the heavens, as it is stated, *While the words were still in the king's mouth, a voice fell from heaven,*** *"To you, King Nebuchadnezzar, we say: The kingdom has departed from you!"* (ibid., v. 28). מִי גָּרַם לוֹ לֵישֵׁב בְּשַׁלְוָה י״ב חֹדֶשׁ, הַצְּדָקָה — Now, **what caused Nebuchadnezzar to dwell in tranquility for twelve months? The charity** that he gave to Israel.[482] וּמָה אִם הָרָשָׁע כָּךְ, יִשְׂרָאֵל עַל אַחַת כַּמָּה וְכַמָּה — **And,** we may add, **if the wicked** Nebuchadnezzar who gave charity only to save himself was **thus** rewarded, **how much more so** will **Israel** be rewarded for giving charity, for she does so without ulterior motives.[483] הֱוֵי "שִׁמְרוּ מִשְׁפָּט וַעֲשׂוּ צְדָקָה וְגוֹ׳" — **This,** then,[484] is the meaning of the verse, ***Observe justice and perform righteousness,*** *for My salvation is soon to come* (*Isaiah* 56:1).

The Midrash offers an analogy to explain a comment made by Balaam that the salvation would *not* be coming soon — in contradiction to the verse in *Isaiah*:[485]

מָשָׁל לְאָדָם שֶׁנִּכְנַס לִמְדִינָה וְשָׁמַע שֶׁפְּלוֹטֶמְיָא נַעֲשֵׂית — This is **analogous to a person who entered a province and heard that a gladiatorial exhibition was** scheduled **to be held.**[486] הָלַךְ וְשָׁאַל לַלּוּדָר, אָמַר: מָתַי פְּלוֹטֶמְיָא נַעֲשֵׂית — **He went and inquired of a gladiator**[487] **when the gladiatorial exhibition would be held.** אָמַר לוֹ: רְחוֹקָה הִיא — **[The gladiator] said to him, "It is far** off." הָלַךְ וְשָׁאַל לְאוֹתוֹ שֶׁעוֹשֶׂה פְּלוֹטֶמְיָא, וְאָמַר: קְרוֹבָה הִיא — **He** then **went and inquired of the one who was arranging the gladiatorial exhibition, and he said, "It is** going to take place **soon."** אָמַר זֶה: לֹא שָׁאַלְתִּי לַלּוּדָר וְאָמַר לִי רְחוֹקָה הִיא — **[The visitor] said** to him, **"Did I not inquire** this **of a gladiator, and he told me it is far off?"** אָמַר לוֹ: זוֹ הִיא דַּעְתְּךָ שֶׁהָיִיתָ שׁוֹאֵל לַלּוּדָר — **[The organizer] said to him, "Is this,** then, **your opinion** of the sensible course of action — **that you would inquire of a gladiator?** וְכִי רוֹצֶה הוּא שֶׁאֶעֱשֶׂה פְּלוֹטֶמְיָא — **Does he want me to organize a gladiatorial exhibition?** אֵינוֹ יוֹדֵעַ שֶׁהוּא יוֹרֵד וְנֶהֱרָג — **Does he not know that he will descend** into the arena **and be killed?"**[488] כָּךְ שָׁאֲלוּ יִשְׂרָאֵל לְבִלְעָם: אֵימָתַי תִּהְיֶה יְשׁוּעָה — **Thus did Israel inquire of Balaam, "When will** our **salvation be?"**[489] אָמַר לָהֶם "אֶרְאֶנּוּ וְלֹא עַתָּה אֲשׁוּרֶנּוּ וְלֹא קָרוֹב" — **He said to them, *"I shall see it, but not now"***[490] (*Numbers* 24:17) אָמַר לוֹ הַקָּדוֹשׁ בָּרוּךְ הוּא: זוֹ הִיא דַּעְתְּכֶם — **The Holy One, blessed is He, said to [Israel], "Is this** that you inquired of Balaam indicative of **your intellect?** אֵין אַתֶּם יוֹדְעִין שֶׁסּוֹף בִּלְעָם יוֹרֵד לַגֵּיהִנָּם וְאֵינוֹ רוֹצֶה שֶׁתָּבֹא יְשׁוּעָתִי — **Do you not know that Balaam's end is to descend into Gehinnom,**[491] and he therefore **does not want My salvation to come?**[492]

NOTES

479. Cf. *Midrash Tanchuma, Mishpatim* §4 (cited by *Maharzu*), which states, שָׁמַע קוֹל הֲמוֹן צַעֲקַת הָעֲנִיִּים לִפְנֵי אוֹצְרוֹתָיו, *he heard the sound of the tumult of the cry of the poor [people] in front of his storage houses.* See next note.

480. *Matnos Kehunah, Maharzu.* In *Midrash Tanchuma* loc. cit. it states that Nebuchadnezzar had forgotten all about the dream and its interpretation (presumably because his instructions were being carried out and all seemed fine). He therefore did not know why a group of people might have gathered together to cry (see *Maharzu*). [The term בַּת קוֹל usually means "a heavenly voice" (see, for example, just a bit further in our Midrash). *Maharzu* suggests a way to maintain the term's usual meaning here as well.]

481. To whom was the king "responding," and what was the question? Scripture does not say. The Midrash therefore explains that he was responding to his officers who questioned if they should continue to provide for the poor (ibid.).

482. See above, note 478.

483. *Eitz Yosef*; see *Eshed HaNechalim.*

484. I.e., that righteousness and justice forestall adversity (see introduction at note 461).

485. *Maharzu.*

486. Elucidation follows *Maarich* (s.v. פלימטיא), cited by *Beur Maharif* and *Eitz Yosef.* See next note.

487. Translation follows *Aruch HaShalem*; see also *Maarich. Eitz Yosef* comments that the gladiator was often a criminal who had been sentenced to die for his crimes; for the entertainment of the masses, he would be forced to fight to his death in gladiatorial exhibitions.

[Other commentators explain differently. *Maharzu* (in explanation of *Mussaf HeAruch* s.v. פילוטומיא; see also *Matnos Kehunah*) translates פְּלוֹטֶמְיָא as a day of judgment on which the king rewards those who find favor in his eyes and exacts retribution from those who do not. And לודר is translated as an evil person who curses others (see *Matnos Kehunah* and *Mussaf HeAruch*, cited by *Maharzu*; see also the concluding lines of *Eitz Yosef's* comment).]

488. *Eitz Yosef* explains that the gladiator gave the correct scheduled date, which was indeed a long way off. The organizer, however, had the authority to set an earlier date if he so desires. The gladiator knew this, but since he wished to delay the exhibition (and his own death), he mentioned only the later date. The Midrash will draw a parallel from the story of the gladiator to Israel's redemption, which also has a "scheduled date" by which it must occur, but can occur earlier if Israel merits it through her good deeds (see *Isaiah* 60:22 and *Sanhedrin* 98a).

[According to the explanation of the other commentators mentioned in the preceding note, the Midrash apparently means that the evil man, knowing that he would be punished on judgment day, wanted that day to be later rather than earlier.]

489. Israel never actually came in contact with Balaam. However, the Midrash sees in the wording of Balaam's comments (see further) that he was addressing this question (ibid., citing *Toldos Noach*; see *Maharzu*).

490. Balaam thus indicated that Israel's redemption was still far off.

491. This will happen at the time of Israel's final redemption (see *Maharzu* below, s.v. קרובה ישועתי). [Although the wicked Balaam's soul certainly went to Gehinnom already upon his death, the Midrash is saying that at the time of Israel's redemption, he — along with all the other wicked people of history — will face a second judgment in which his body will be reunited with his soul, and both will be consigned to Gehinnom together (*Eitz Yosef*, citing *Yefeh To'ar*).]

492. He hopes that the Redemption will be delayed as long as possible. He will therefore not mention the possibility that it may come any sooner than its predetermined date [see note 488] (see *Eitz Yosef*, end of s.v. אמר לו רחוקה היא)

(דניאל ד, כו) "וְלִקְצָת יַרְחִין תְּרֵי עֲשַׂר וְגוֹ' ", שָׁמַע נְבוּכַדְנֶצַּר בַּת קוֹל שֶׁהָיוּ מִתְרַגְּשִׁין, אָמַר: הַקּוֹל הַזֶּה מֵהֵיכָן הוּא, אָמְרוּ לוֹ: אוֹתָן הָעֲנִיִּים שֶׁאָמַרְתָּ לָתֵת לָהֶם חֵלֶק וְהָיִינוּ מְחַלְּקִין לָהֶם י"ב חוֹדֶשׁ כְּמוֹ שֶׁאָמַרְתָּ, אָמַר: אִלּוּלֵי נְכָסִים שֶׁהָיָה לִי מֵהֵיכָן הָיִיתִי בּוֹנֶה כָּל הַמְּדִינָה הַזֹּאת לִכְבוֹדִי, שֶׁנֶּאֱמַר (שם שם כז) "עָנֵה מַלְכָּא וְאָמַר הֲלָא דָא הִיא בָּבֶל רַבְּתָא וְגוֹ' ", וַאֲנִי מְבַזְבֵּז כָּל נְכָסַי, אִם יֵלְכוּ נְכָסַי אֵין לִי כָּבוֹד, נָעַל אֶת הָאוֹצָרוֹת, כֵּיוָן שֶׁאָמַר כָּךְ עָנָה אוֹתוֹ בַּת קוֹל מִן הַשָּׁמַיִם, שֶׁנֶּאֱמַר (שם שם כח) "עוֹד מִלְּתָא בְּפֻם מַלְכָּא קָל מִן שְׁמַיָּא נְפַל וְגוֹ' ", מִי גָרַם לוֹ לֵישֵׁב בְּשַׁלְוָה י"ב חֹדֶשׁ, הַצְּדָקָה, וּמָה אִם הָרָשָׁע כָּךְ, יִשְׂרָאֵל עַל אַחַת כַּמָּה וְכַמָּה, הֱוֵי (ישעיה נו, א) "שִׁמְרוּ מִשְׁפָּט וַעֲשׂוּ צְדָקָה וְגוֹ' ", מָשָׁל לְאָדָם שֶׁנִּכְנַס לִמְדִינָה וְשָׁמַע שֶׁפְּלוֹטִמְיָא נַעֲשֵׂית, הָלַךְ וְשָׁאַל לַלּוּדָר, אָמַר: מָתַי פְּלוֹטִמְיָא נַעֲשֵׂית, אָמַר לוֹ: רְחוֹקָה הִיא, הָלַךְ וְשָׁאַל לְאוֹתוֹ שֶׁעוֹשֶׂה פְּלוֹטִמְיָא, וְאָמַר: קְרוֹבָה הִיא, אָמַר זֶה: לֹא שָׁאַלְתִּי לַלּוּדָר וְאָמַר לִי רְחוֹקָה הִיא, אָמַר לוֹ: זוֹ הִיא דַּעְתְּךָ שֶׁהָיִיתָ שׁוֹאֵל לַלּוּדָר, וְכִי רוֹצֶה הוּא שֶׁאֶעֱשֶׂה פְּלוֹטִמְיָא, אֵינוֹ יוֹדֵעַ שֶׁהוּא יוֹרֵד וְנֶהֱרָג, כָּךְ [לב] שָׁאֲלוּ יִשְׂרָאֵל לְבִלְעָם: אֵימָתַי תִּהְיֶה יְשׁוּעָה, אָמַר לָהֶם (במדבר כד, יז) "אֶרְאֶנּוּ וְלֹא עַתָּה אֲשׁוּרֶנּוּ וְלֹא קָרוֹב", אָמַר לוֹ הַקָּדוֹשׁ בָּרוּךְ הוּא: זוֹ הִיא דַּעְתְּכֶם, אֵין אַתֶּם יוֹדְעִין שֶׁסּוֹף בִּלְעָם יוֹרֵד לַגֵּיהִנָּם וְאֵינוֹ רוֹצֶה שֶׁתָּבֹא יְשׁוּעָתִי, אֶלָּא הֱיוּ דוֹמִים לַאֲבִיכֶם, שֶׁאָמַר (בראשית מט, יח) "לִישׁוּעָתְךָ קִוִּיתִי ה' ", צַפֵּה לִישׁוּעָה שֶׁהִיא קְרוֹבָה לְךָ, לְכָךְ נֶאֱמַר (ישעיה שם שם) "כִּי קְרוֹבָה יְשׁוּעָתִי לָבוֹא", דָּבָר אַחֵר, "כִּי קְרוֹבָה יְשׁוּעָתִי לָבוֹא", "כִּי קְרוֹבָה יְשׁוּעַתְכֶם" אֵינוֹ אוֹמֵר אֶלָּא "יְשׁוּעָתִי", יְהִי שְׁמוֹ מְבוֹרָךְ, אִלּוּלֵא שֶׁהַדָּבָר כָּתוּב אִי אֶפְשָׁר לְאָמְרוֹ,

עץ יוסף

מתגרשין. לשון רגש המולה והמון, שעניי ישראל היו צועקים ללחם על פתח היכל המלך: **ישראל על אחת כמה וכמה.** שהם עושים צדקה בשלימות: **משל לאדם כו'.** בא לישב מלת קרובה דלא הוה ליה למימר אלא כי ישועתי תבא: **שפלוטמיא כו'.** כתב המתנות כהונה לפי הענין הוא יום וועד שבו ישב המלך לשפוט את כל הארץ. לודר הוא איש רע ובליעל וכך שמו, בלשון אשכנזי, עד כאן לשונו. והמעריך היטיב לפרש והוא שהיה מנהג למלכים ושרים לעתים ידועים לעשות שחוק בקבוץ בהמות וחיות למקום אחד להלחם זה עם זה, ולפעמים מכניסים לשם גם כן איזה מחויבי מיתות מבני האדם והוא נהרג שם, ובהתאמצם והתאבקם להתגבר זה על זה, מתענגים הרואים בשחוק זה, (וכבר מלינו דוגמתו במקרא יקומו נא הנערים וישחקו לפנינו), גם מכניסים לשם האיש שטבעו לחרף ולבזות כל הפוגע בו ולקללו, אשר איש כזה נקרא בלשון יוני לאידאראם, והוא אחד עם מלת לודיר בעניננו, עיין שם: **אמר להם רחוקה היא.** כוונת בעל המאמר שהפלוטמיא היה לה עת ידוע על פי רוב והיא רחוקה, אבל ביד העושה למהר לעשותו כשירצה, והלודר שלא יחפוץ בה לפי שאז יהרג לא יזכיר רק העת הידוע, וכן הישועה לה שני זמנים, האחד קצוב לקץ הימין, והשני בזכות הדור, וזו אפשרית בכל שעה ואין לה קצבה, והנה בלעם ידע הכל, אמנם לשנאתו לא הזכיר רק ההרחוקה שש ה' בפיו, אבל הקרובה אף על פי שידעה לא הזכירה: **זו היא דעתך.** וכי זו היא חכמתך ובינתך: **כך שאלו ישראל.** לאו דוקא שאלו, שהרי לא היו ישראל אצלו כלל, אלא מתוך דבריו משמע תשובת שאלה זו כאילו שאלו אותו (תולדות נח): **שסוף בלעם יורד לגיהנם.** באמת גם עתה הוא בגיהנם, אלא שעתה הוא בנפש לבד, אבל אז יתעורר דינו מחדש, עם כל אותם שיהיו לחרפות ולדראון עולם בגוף ונפש (יפה תואר): **היו דומין לאביכם.** שאמר לישועתך קויתי ה', שהתקוה אין לה זמן אלא אפשרית לעולם: **לכך נאמר כי קרובה ישועתי לבא.** דלא הוי ליה למימר אלא כי ישועתי תבא, אלא לרמז על הנ"ל:

פירוש מהרז"ו

שמע נבוכדנצר בת קול שהיה מתרגש. ולשון התנחומא כאן שכח נבוכדנצר את החלום, והתחיל לטייל על פתח פלטין שלו, שמע המון צעקת עניים לפני אוצרותיו וכו', וזהו מה שאמר כאן בת קול. ויתכן שכוונת המדרש בת קול ממש, כמו שכתוב קל מן שמיא, שזה היתה גם כן פעולת הבת קול, שנפלה עליו מן השמים להשמיע לאזניו רגשת העניים, שעל ידי כן אמרה לו: **אמר הקול הזה מהיכן וכו'.** דורש מה שכתוב ענה מלכא הלא דא היא בבל רבתא, למי ענה. ולמה אמר הלא דא היא בבל רבתא, מי הכחישו, על כן דורש שענה לשריו ששאלו שאם יעשו כן עוד, איך יהיה דא בבל רבתא: **משל לאדם.** שכאן כתוב כי קרובה ישועתי לבא, וכאן כתיב אשורנו ולא קרוב, שני כתובים מכחישים, והכריע שהדבר למד מענינו, שישעיה האוהב צריך לומר כך, ובלעם השונא צריך לומר כך: **שפלוטמיא.** פירש המוסף ערוך שבלשון יוני פירושו מתנה הנתנת מן המלך לכל איש מהעם לנדיבות וכבוד. והוא כמו יום של הולדת פרעה, שביום שמחתו מונה ראש כל עבדיו, ולאוהביו (ו)נותן מתנות, ולחוטאים מעט מוחל להם, אך לחייבים המוחלטים נגמר אז דינם. ולודר פירש במוסף ערוך איש מחרף ומגדף: **כך שאלו ישראל לבלעם.** דרשו כן ממה שכתוב אראנו ולא עתה אשורנו ולא קרוב, ולא פירש על איזה דבר, ולמוד מענינו וסופו, שמדבר בתשועה העתידה. וממה שכתוב ולא עתה, דורש על פי מדה ט', ששאלו אותו מתי יהיה, והשיב ולא עתה, שאתם רוצים שיהיה עתה: **כי קרובה ישועתי.** ועל בלעם והדומים לו כתוב כי קרוב יום אידם, היינו בעת כי קרובה ישועתי. וכן מצאתי בהדיא בפסיקתא פסקא מ"א סימן ג ביתר ביאור:

חידושי הרד"ל

פלוטמיא נעשית. פירש מוסף ערוך (ערך פילוטומיא), יום שמחלקין מתנות כבוד מהמלך להעם: **שסוף בלעם יורד לגיהנם.** אף ליום הדין הגדול לעתיד לבוא יורד ונדון שם, וזה שאמר **שאינו רוצה שתבוא ישועתי,** ויהיה אז יום הדין הגדול, וכן הוא באגדת בראשית ריש פרק קמא, ועיין בפסיקתא דתקעו שופר בליון: **אלא ישועתי כו'.** תנחומא סוף פרשת אחרי מות, ועיין בירושלמי סוכה פרק ד הלכה ג:

באור מהרי"פ

פלוטמיא. זה לשון המעריך (ערך פלימטיא) [פלימטיא או פלוטימיא, בשמות רבה פרשה ל'], לשון יוני הוא [ופירושו מלחמת בהמות וחיות שעושים לשחוק. והנוסחא השנית נראה לי עיקר] וענינו שפיכות דמים בשחוק שעושים [ה]גבורים לפני המלך, על דרך יקומו נא הנערים וישחקו לפנינו עד כאן לשון המעריך. ורבי בנימין מוספיא (ערוך ערך פילוטומיא) פירש, וזה לשונו, פלוטמיא בלשון יוני מתנה הנתונה מאת המלך לכל איש ואיש מהעם בנדיבות וכבוד עד כאן לשונו. ולא אוכל לכוין היטב פירושו לענין שבכאן:

מסורת המדרש

לב. פסיקתא רבתי פיסקא מ"א. ילקוט תהלים רמז תת"ט:

אם למקרא

לִקְצָת יַרְחִין תְּרֵי־עֲשַׂר עַל־הֵיכַל מַלְכוּתָא דִּי בָבֶל מְהַלֵּךְ הֲוָה: עָנֵה מַלְכָּא וְאָמַר הֲלָא דָא־הִיא בָּבֶל רַבְּתָא דִּי־אֲנָה בֱנַיְתַהּ לְבֵית מַלְכוּ בִּתְקַף חִסְנִי וְלִיקָר הַדְרִי: עוֹד מִלְּתָא בְּפֻם מַלְכָּא קָל מִן־שְׁמַיָּא נְפַל לָךְ אָמְרִין נְבוּכַדְנֶצַּר מַלְכָּא מַלְכוּתָא עֲדָת מִנָּךְ:

(דניאל ד: כו-כח)

אֶרְאֶנּוּ וְלֹא עַתָּה אֲשׁוּרֶנּוּ וְלֹא קָרוֹב דָּרַךְ כּוֹכָב מִיַּעֲקֹב וְקָם שֵׁבֶט מִיִּשְׂרָאֵל וּמָחַץ פַּאֲתֵי מוֹאָב וְקַרְקַר כָּל־בְּנֵי־שֵׁת:

(במדבר כד: יז)

לִישׁוּעָתְךָ קִוִּיתִי ה':

(בראשית מט: יח)

מתנות כהונה

הכי גרסינן **תרי עשר וגו' שמע נבוכדנצר בת קול: מתגרשין.** נראה לי דצריך לומר מתרגשין ופירושו לשון רגש המולה והמון שעניי ישראל היו צועקים ללחם על פתח היכל המלך. וכן מצאתי בתנחומא ששמע קול העניים צועקים לקבל מבית המלך חוק פרנסתם: **פלוטמיא.** לא מצאתי פירושו ולפי הענין הוא יום וועד שבו ישב המלך לשפוט את כל הארץ: **לודר.** הוא איש רע בליעל וכך שמו בלשון אשכנז: **זו היא דעתך.** וכי זו חכמתך ובינתך:

אשד הנחלים

מהיכן הייתי בונה. כי נפל בלבו תיכף הגיאות ממרבית ההון, ופחד לנפשו פן יבוזו חילו, ואז ישלל כבודו. ומפרש המדרש בזה הפסוק מלת ענה מלכא, שלא פירש הכתוב על מה ענה, ולכן מפרשים לפי הענין שזאת הוא הדבר, ומוכרחים מדבריו היוצאים מפיו דא היא בבל רבתא, הבן זה: **על אחת כמה וכמה.** שהם מכוונים בצדקה לא לתקות שכר ולא להנצל מעונש, כי אם למען אהבת הצדקה עצמה ולמען הדבק במדותיו יתברך, ולמען הרחמים והחמלה הנטוע בלבם בטבע: **משל לאדם כו'.** מפרש בזה הכתוב כי קרובה ישועתי לבוא כאלו בא דברי ה' לנחם אותם, לבל ידמו כי הישועה עודנה רחוקה בזמן, כי כן ניבא בלעם אראנו ולא עתה, (כי בכל נביאי ישראל לא מצאנו שהגבילו זמן על זה לא זמן קרוב ולא זמן רחוק, רק הרשע בלעם אף שהוכרח לנבאות עם כל זה לטובת עצמו, כי ידע כי אז יהיה מפלתו הרחיק הדבר מלבו ומרצונו), ולזה הבטיחם ה' על ידי הנביאים לומר אל תסמכו על דבריו, כי באמת קרובה ישועתי לבוא, בצירוף שמירת המשפט והצדקה, הבן זה:

אֶלָּא הֱיוּ דּוֹמִים לַאֲבִיכֶם, שֶׁאָמַר ״לִישׁוּעָתְךָ קִוִּיתִי ה׳״ – **Rather, be similar to your father** Jacob **who said,** ***'For Your salvation do I long,***[493] ***O HASHEM!'*** (*Genesis* 49:18); צַפֵּה לִישׁוּעָה שֶׁהִיא קְרוֹבָה לָךְ – like Jacob, you should **yearn for salvation, for it is near to you."** לְכָךְ נֶאֱמַר ״כִּי קְרוֹבָה יְשׁוּעָתִי לָבוֹא״ – **Thus, it states,** ***For My salvation is soon*** [קְרוֹבָה] ***to come*** (*Isaiah* 56:1).[494]

The Midrash presents another exposition of the *Isaiah* verse:

דָּבָר אַחֵר, ״כִּי קְרוֹבָה יְשׁוּעָתִי לָבוֹא״ – **Another interpretation:** ***For My salvation is soon to come.*** ״כִּי קְרוֹבָה יְשׁוּעַתְכֶם״ אֵינוֹ אוֹמֵר אֶלָּא ״יְשׁוּעָתִי״, יְהִי שְׁמוֹ מְבוֹרָךְ – **[The verse] does not state,** ***For "your" salvation is soon*** *to come*, **but** rather, ***"My" salvation*** – referring to God, **may His Name be blessed.** אִלּוּלֵא שֶׁהַדָּבָר כָּתוּב אִי אֶפְשָׁר לְאָמְרוֹ – **If this would not be written** in Scripture, **it would be impossible to have said it** on our own.

NOTES

493. Jacob's use of the term קִוִּיתִי, *do I "long,"* indicates that he believed the Redemption could potentially come at any moment (see *Eitz Yosef*).

494. Instead of simply saying, *My salvation will come*, Scripture states, *My salvation is "soon" to come*. This serves as an allusion to the fact that God's salvation can arrive *sooner* than its predetermined time (ibid.). The Midrash thus expounds the *Isaiah* verse as a comforting counterpoint to Balaam's discouraging remark (see *Eshed HaNechalim* s.v. משל לאדם כו׳).

(דניאל ד, כו) "וּלְקְצָת יַרְחִין תְּרֵי עֲשַׂר וְגוֹ' ", שָׁמַע נְבוּכַדְנֶצַּר בַּת קוֹל שֶׁהָיוּ מִתְרַגְּשִׁין, אָמַר: הַקּוֹל הַזֶּה מֵהֵיכָן הוּא, אָמְרוּ לוֹ: אוֹתָן הָעֲנִיִּים שֶׁאָמַרְתָּ לָתֵת לָהֶם חֵלֶק וְהָיִינוּ מְחַלְּקִין לָהֶם י"ב חוֹדֶשׁ כְּמוֹ שֶׁאָמַרְתָּ, אָמַר: אִלּוּלֵי נְכָסִים שֶׁהָיָה לִי מֵהֵיכָן הָיִיתִי בּוֹנֶה כָּל הַמְּדִינָה הַזֹּאת לִכְבוֹדִי, שֶׁנֶּאֱמַר (שם שם כז) "עָנֵה מַלְכָּא וְאָמַר הֲלָא דָא הִיא בָּבֶל רַבְּתָא וְגוֹ' ", וַאֲנִי מְבַזְבֵּז כָּל נְכָסַי, אִם יֵלְכוּ נְכָסַי אֵין לִי כָּבוֹד, נָעַל אֶת הָאוֹצָרוֹת, כֵּיוָן שֶׁאָמַר כָּךְ עָנָה אוֹתוֹ בַּת קוֹל מִן הַשָּׁמַיִם, שֶׁנֶּאֱמַר (שם שם כח) "עוֹד מִלְּתָא בְּפֻם מַלְכָּא קָל מִן שְׁמַיָּא נְפַל וְגוֹ' ", מִי גָּרַם לוֹ לֵישֵׁב בְּשַׁלְוָה י"ב חוֹדֶשׁ, הַצְּדָקָה, וּמָה אִם הָרָשָׁע כָּךְ, יִשְׂרָאֵל עַל אַחַת כַּמָּה וְכַמָּה, הֱוֵי (ישעיה נו, א) "שִׁמְרוּ מִשְׁפָּט וַעֲשׂוּ צְדָקָה וְגוֹ' ", מָשָׁל לְאָדָם שֶׁנִּכְנַס לִמְדִינָה וְשָׁמַע שֶׁפְּלוֹטְמִיָּא נַעֲשֵׂית, הָלַךְ וְשָׁאַל לַלּוּדָר, אָמַר: מָתַי פְּלוֹטְמִיָּא נַעֲשֵׂית, אָמַר לוֹ: רְחוֹקָה הִיא, הָלַךְ וְשָׁאַל לְאוֹתוֹ שֶׁעוֹשֶׂה פְּלוֹטְמִיָּא, וְאָמַר: קְרוֹבָה הִיא, אָמַר זֶה: לֹא שָׁאַלְתִּי לַלּוּדָר וְאָמַר לִי רְחוֹקָה הִיא, אָמַר לוֹ: זוֹ הִיא דַּעְתְּךָ שֶׁהָיִיתָ שׁוֹאֵל לַלּוּדָר, וְכִי רוֹצֶה הוּא שֶׁאֶעֱשֶׂה פְּלוֹטְמִיָּא, אֵינוֹ יוֹדֵעַ שֶׁהוּא יוֹרֵד וְנֶהֱרָג, כָּךְ [לב]שָׁאֲלוּ יִשְׂרָאֵל לְבִלְעָם: אֵימָתַי תִּהְיֶה יְשׁוּעָה, אָמַר לָהֶם (במדבר כד, יז) "אֶרְאֶנּוּ וְלֹא עַתָּה אֲשׁוּרֶנּוּ וְלֹא קָרוֹב", אָמַר לוֹ הַקָּדוֹשׁ בָּרוּךְ הוּא: זוֹ הִיא דַּעְתְּכֶם, אֵין אַתֶּם יוֹדְעִין שֶׁסּוֹף בִּלְעָם יוֹרֵד לַגֵּיהִנָּם וְאֵינוֹ רוֹצֶה שֶׁתָּבֹא יְשׁוּעָתִי, אֶלָּא הֱיוּ דוֹמִים לַאֲבִיכֶם, שֶׁאָמַר (בראשית מט, יח) "לִישׁוּעָתְךָ קִוִּיתִי ה' ", צַפֵּה לִישׁוּעָה שֶׁהִיא קְרוֹבָה לְךָ, לְכָךְ נֶאֱמַר (ישעיה שם שם) "כִּי קְרוֹבָה יְשׁוּעָתִי לָבוֹא", דָּבָר אַחֵר, "כִּי קְרוֹבָה יְשׁוּעָתִי לָבוֹא", "כִּי קְרוֹבָה יְשׁוּעַתְכֶם" אֵינוֹ אוֹמֵר אֶלָּא "יְשׁוּעָתִי", יְהִי שְׁמוֹ מְבוֹרָךְ, אִלּוּלֵא שֶׁהַדָּבָר כָּתוּב אִי אֶפְשָׁר לְאָמְרוֹ,

חידושי הרד"ל

פלוטמיא נעשית. פירש מוסף ערוך (ערך פילוטומיא), יום שמחלקין מתנות כבוד מהמלך להעם: **שסוף בלעם יורד לגיהנם.** אף ליום הדין הגדול לעתיד לבוא יורד ונדון שם, וזה שאמר **שאינו רוצה שתבוא ישועתי,** ויהיה אז יום הדין הגדול, וכן הוא באגדת בראשית ריש פרק קמא, ועיין בפסיקתא דתקעו שופר בליון: **אלא ישועתי כו'.** תנחומא סוף פרשת אחרי מות, ועיין בירושלמי סוכה פרק ד הלכה ג:

באור מהרי"פ

פלוטמיא. זה לשון המעריך (ערך פלימטיא) [פלימטיא או פלוטימיא, בשמות רבה פרשה ל', לשון יוני הוא [ופירושו מלחמת בהמות וחיות שעושים לשחוק. והנוסחא השנית נראה לי עיקר] ועניינו שפיכות דמים בשחוק שעושים [ה] גבורים לפני המלך, על דרך יקומו נא הנערים וישחקו לפנינו עד כאן לשון המעריך. ורבי בנימין מוספיא (ערוך ערך פילוטומיא) פירש, וזה לשונו, פלוטמיא בלשון יוני מתנה הנתונה מאת המלך לכל איש ואיש מהעם בנדיבות וכבוד עד כאן לשונו. ולא אוכל לכוין היטב פירושו לענין שבכאן:

עץ יוסף

מתגרשין. לשון רגש המולה והמון, שעניי ישראל היו צועקים ללחם על פתח היכל המלך: **ישראל על אחת כמה וכמה.** שהם עושים צדקה בשלימות: **משל לאדם כו'.** בא ליישב מלת קרובה דלא הוה ליה למימר אלא כי ישועתי תבא: **שפלוטמיא כו'.** כתב המתנות כהונה לפי הענין הוא יום וועד שבו ישב המלך לשפוט את כל הארץ. לודר הוא איש רע ובליעל וכך שמו, בלשון אשכנזי, עד כאן לשונו. והמעריך היטיב לפרש והוא שהיה מנהג למלכים ושרים לעתים ידועים לעשות שחוק בקבוץ בהמות וחיות למקום אחד להלחם זה עם זה, ולפעמים מכניסים לשם גם כן איזה מחויבי מיתות מבני האדם והוא נהרג שם, ובהתאמצם והתאבקם להתגבר זה על זה, מתענגים הרואים בשחוק זה, (וכבר מצינו דוגמתו במקרא יקומו נא הנערים וישחקו לפנינו), גם מכניסים לשם האיש שטבעו לחרף ולבזות כל הפוגע בו ולקללו, אשר איש כזה נקרא בלשון יוני לאידארים, והוא אחד עם מלת לודיר בעניננו, עיין שם: **אמר להם רחוקה היא.** כוונת בעל המאמר שהפלוטמיא היה לה עת ידוע על פי רוב והיא רחוקה, אבל ביד העושה למהר לעשותו כשירצה, והלודר שלא יחפוץ בה לפי שאז יהרג לא יזכיר רק העת הידוע, וכן הישועה לה שני זמנים, האחד קצוב לקץ הימין, והשני בזכות הדור, וזו אפשרית בכל שעה ואין לה קצבה, והנה בלעם ידע הכל, אמנם לשנאתו לא הזכיר רק ההרחוקה ששם ה' בפיו, אבל הקרובה אף על פי שידעה לא הזכירה: **זו היא דעתך.** וכי זו היא חכמתך ובינתך: **כך שאלו ישראל.** לאו דוקא שאלו, שהרי לא היו ישראל אצלו כלל, אלא מתוך דבריו משמע תשובת שאלה זו כאילו שאלו אותו (תולדות נח): **שסוף בלעם יורד לגיהנם.** באמת גם עתה הוא בגיהנם, אלא שעתה הוא בנפש לבד, אבל אז יתעורר דינו מחדש, עם כל אותם שיהיו לחרפות ולדראון עולם בגוף ונפש (יפה תואר): **היו דומין לאביכם.** שאמר לישועתך קויתי ה', שהתקוה אין לה זמן אלא אפשרית לעולם: **לכך נאמר כי קרובה ישועתי לבא.** דלא הוי ליה למימר אלא כי ישועתי תבא, אלא לרמז על הנ"ל:

פירוש מהרז"ו

שמע נבוכדנצר בת קול שהיה מתרגש. ולשון התנחומא כאן שכא נבוכדנצר את החלום, והתחיל לטייל על פתח פלטין שלו, שמע המון צעקת עניים לפני אוצרותיו וכו', וזהו מה שאמר כאן בת קול. ויתכן שכוונת המדרש בת קול ממש, כמו שכתוב קל מן שמיא, שזה היתה גם כן פעולת הבת קול, שנפלה עליו מן השמים להשמיע לאזניו רגשת העניים, שעל ידי כן אמרה לו: **אמר הקול הזה מהיכן וכו'.** דורש מה שכתוב ענה מלכא הלא דא היא בבל רבתא, למי ענה. ולמה אמר הלא דא היא בבל רבתא, מי הכחישו, על כן דורש שענה לשריו ששאלו שאם יעשו כן עוד, איך יהיה דא בבל רבתא: **משל לאדם.** שכאן כתוב כי קרובה ישועתי לבא, וכאן כתיב אשורנו ולא קרוב, שני כתובים מכחישים, והכריע שהדבר למד מענינו, שישעיה האוהב צריך לומר כך, ובלעם השונא צריך לומר כך: **שפלוטמיא.** פירש המוסף ערוך שבלשון יוני פירושו מתנה הנתנת מן המלך לכל איש מהעם לנדיבות וכבוד. והוא כמו יום של הולדת פרעה, שביום שמחתו מונה ראש כל עבדיו, ולאוהביו (ו)נותן מתנות, ולחוטאים מעט מוחל להם, אך לחייבים המוחלטים נגמר אז דינם. ולודר פירש במוסף ערוך איש מחרף ומגדף: **כך שאלו ישראל לבלעם.** דרשו כן ממה שכתוב אראנו ולא עתה אשורנו ולא קרוב, ולא פירש על איזה דבר, ולמוד מענינו וסופו, שמדבר בתשועה העתידה. וממה שכתוב ולא עתה, דורש על פי מדה ט', ששאלו אותו מתי יהיה, והשיב ולא עתה, שאתם רוצים שיהיה עתה: **כי קרובה ישועתי.** ועל בלעם והדומים לו כתוב כי קרוב יום אידם, היינו בעת כי קרובה ישועתי. וכן מצאתי בהדיא בפסיקתא פסקא מ"א סימן ג ביתר ביאור:

מסורת המדרש

לב. פסיקתא רבתי פיסקא מ"א. ילקוט תהלים רמז תת"ע:

אם למקרא

לִקְצָת יַרְחִין תְּרֵי־עֲשַׂר עַל־הֵיכַל מַלְכוּתָא דִּי בָבֶל מְהַלֵּךְ הֲוָה: עָנֵה מַלְכָּא וְאָמַר הֲלָא דָא־הִיא בָּבֶל רַבְּתָא דִּי־אֲנָה בֱנַיְתַהּ לְבֵית מַלְכוּ בִּתְקַף חִסְנִי וְלִיקָר הַדְרִי: עוֹד מִלְּתָא בְּפֻם מַלְכָּא קָל מִן־שְׁמַיָּא נְפַל לָךְ אָמְרִין נְבוּכַדְנֶצַּר מַלְכָּא מַלְכוּתָא עֲדָת מִנָּךְ:
(דניאל ד: כו-כח)

אֶרְאֶנּוּ וְלֹא עַתָּה אֲשׁוּרֶנּוּ וְלֹא קָרוֹב דָּרַךְ כּוֹכָב מִיַּעֲקֹב וְקָם שֵׁבֶט מִיִּשְׂרָאֵל וּמָחַץ פַּאֲתֵי מוֹאָב וְקַרְקַר כָּל־בְּנֵי־שֵׁת:
(במדבר כד: יז)

לִישׁוּעָתְךָ קִוִּיתִי ה':
(בראשית מט: יח)

מתנות כהונה

הכי גרסינן **תרי עשר וגו' שמע נבוכדנצר בת קול: מתגרשין.** נראה לי דצריך לומר מתרגשין ופירושו לשון רגש המולה והמון שעניי ישראל היו צועקים ללחם על פתח היכל המלך. וכן מצאתי בתנחומא ששמע קול העניים צועקים לקבל מבית המלך חוק פרנסתם: **פלוטמיא.** לא מצאתי פירושו ולפי הענין הוא יום ועד שבו ישב המלך לשפוט את כל הארץ: **לודר.** הוא איש רע בליעל וכך שמו בלשון אשכנז: **זו היא דעתך.** וכי זו חכמתך ובינתך:

אשד הנחלים

מהיכן הייתי בונה. כי נפל בלבו תיכף הגיאות ממרבית ההון, ופחד לנפשו פן יבוזו חילו, ואז ישלל כבודו. ומפרש המדרש בזה הפסוק מלת ענה מלכא, שלא פירש הכתוב על מה ענה, ולכן מפרשים לפי הענין שזאת הוא הדבר, ומוכרחים מדבריו היוצאים מפיו דא היא בבל רבתא, הבן זה: **על אחת כמה וכמה.** שהם מכוונים בצדקה לא לתקות שכר ולא להנצל מעונש, כי אם למען אהבת הצדקה עצמה ולמען הדבק במדותיו יתברך, ולמען הרחמים והחמלה הנטוע בלבם בטבע: **משל לאדם כו'.** מפרש בזה הכתוב כי קרובה ישועתי לבוא כאלו בא דברי ה' לנחם אותם, לבל ידמו כי הישועה עודנה רחוקה בזמן, כי כן ניבא בלעם אראנו ולא עתה, (כי בכל נביאי ישראל לא מצאנו שהגבילו זמן על זה לא זמן קרוב ולא זמן רחוק, רק הרשע בלעם אף שהוכרח לנבאות עם כל זה לטובת עצמו, כי ידע כי אז יהיה מפלתו הרחיק הדבר מלבו ומרצונו), ולזה הבטיחם ה' על ידי הנביאים לומר אל תסמכו על דבריו, כי באמת קרובה ישועתי לבוא, בצירוף שמירת המשפט והצדקה, הבן זה:

אָמַר לוֹ הַקָּדוֹשׁ בָּרוּךְ הוּא לְיִשְׂרָאֵל: אִם אֵין לָכֶם זְכוּת, בִּשְׁבִילִי אֲנִי עוֹשֶׂה כִּבְיָכוֹל – **The Holy One, blessed is He, said to [Israel], "If you do not have merit, I will act for My own sake, as it were,** to redeem you.[495] כָּל יָמִים שֶׁאַתֶּם שָׁם בְּצָרָה אֲנִי עִמָּכֶם, שֶׁנֶּאֱמַר "עִמּוֹ אָנֹכִי בְצָרָה" – For **all the days that you suffer [in exile], I am** there **with you," as it is stated, *I am with him in distress*** (*Psalms* 91:15),[496] וַאֲנִי גוֹאֵל לְעַצְמִי, שֶׁנֶּאֱמַר "וַיַּרְא כִּי אֵין אִישׁ וַיִּשְׁתּוֹמֵם וגו' " – **"and I will redeem Myself,"[497] as it is stated, *But He saw that there was no [worthy] man and was astounded*** *that there was no one to entreat,*[498] *so His arm wrought salvation to him and it was His benevolence that was his support*[499] (*Isaiah* 59:16). וְכֵן הוּא אוֹמֵר "גִּילִי מְאֹד בַּת צִיּוֹן הָרִיעִי בַּת יְרוּשָׁלַיִם הִנֵּה מַלְכֵּךְ יָבוֹא לָךְ צַדִּיק וְנוֹשָׁע" – **And similarly it says, *Rejoice greatly, O daughter of Zion! Shout for joy, O daughter of Jerusalem! For behold, your king*[500] *will come to you, righteous and saved*** *is he*[501] (*Zachariah* 9:9) – "וּמוֹשִׁיעַ" אֵין כְּתִיב כָּאן אֶלָּא "וְנוֹשָׁע" – note that **it is not written here, "and a savior** (ומושיע) **is he,"** but rather, ***and saved*** [וְנוֹשָׁע] is written – implying that God shall be *saved* from exile.[502] הֱוֵי אֲפִילוּ אֵין בְּיֶדְכֶם מַעֲשִׂים עוֹשֶׂה הַקָּדוֹשׁ בָּרוּךְ הוּא בִּשְׁבִילוֹ – Thus we see that **even if you** (Israel) **do not have** sufficient meritorious **deeds** to deserve redemption, **the Holy One, blessed is He, will carry out** the redemption **for His** own **sake,** שֶׁנֶּאֱמַר "כִּי קְרוֹבָה יְשׁוּעָתִי לָבוֹא" – **as it is stated,** *Observe justice and perform righteousness,* ***for "My" salvation is soon to come*** (*Isaiah* 56:1).[503]

The Midrash presents another exposition of the *Isaiah* verse:[504]

דָּבָר אַחֵר, "שִׁמְרוּ מִשְׁפָּט וַעֲשׂוּ צְדָקָה" – **Another interpretation:** *Observe justice and perform righteousness,* ***for My salvation is soon to come*** (*Isaiah* 56:1).[505] הֲדָא הוּא דִכְתִיב "עָשִׂיתִי מִשְׁפָּט וָצֶדֶק בַּל תַּנִּיחֵנִי לְעֹשְׁקָי" – **Thus it is written, *I practiced justice and righteousness, abandon me not to those who oppress me***[506] (*Psalms* 119:121); אָמְרוּ לוֹ יִשְׂרָאֵל: רִבּוֹן הָעוֹלָם – **Israel said to [God], "Master of the universe!** הִסְתַּכֵּל שֶׁאָנוּ מְבַקְּשִׁים לַעֲשׂוֹת צְדָקָה וּמִשְׁפָּט וְאָנוּ מִתְיָרְאִין מִן הָאוּמּוֹת – Consider the fact **that we seek to perform charity and justice, but we are afraid of the nations** to whom we are subjugated.[507] אֶלָּא אַל תִּמְסְרֵנוּ בִּידֵיהֶם – **But do not give us into their hands!"** הֱוֵי "עָשִׂיתִי מִשְׁפָּט וָצֶדֶק" – **This is** the import of the verse, ***I practiced justice and righteousness,*** *abandon me not to those who oppress me.*[508]

The Midrash turns now to expound the closing words of *Isaiah* 56:1, *Observe justice and perform righteousness, for My salvation is soon to come "and My righteousness to be revealed"*:[509]

מָשָׁל לְסוֹחֵר שֶׁבִּקֵּשׁ לָלֶכֶת בַּדֶּרֶךְ, שָׁמַע שֶׁלִּסְטִים בַּדֶּרֶךְ – This may be explained by way of **analogy.** It is analogous **to a merchant** who **sought to travel on** a certain **road,** but **heard that** there were **bandits on the road.** מֶה עָשָׂה, לָקַח פְּרַקְמַטְיָא שֶׁלּוֹ וַעֲשָׂאָהּ אֲבָנִים טוֹבוֹת וּמַרְגָּלִיּוֹת – **What did he do? He took his merchandise and made of it precious stones and jewels.**[510] יָצָא לַדֶּרֶךְ וּתְפָשׂוּהוּ לִסְטִים – **He** then **went out to the road and** the **bandits captured him.** אָמְרוּ לוֹ: מַה בְּיָדְךָ – **They said to him, "What is in your hands?"** אָמַר לָהֶם: כְּלֵי זְכוּכִית – **He said to them, "Glass utensils."** אָמְרוּ לוֹ: בְּכַמָּה זוֹ – **They said to him, "For how much** are you selling **this** merchandise?" אָמַר לָהֶם: שְׁתַּיִם בְּסֶלַע וְשָׁלֹשׁ בְּסֶלַע – **He said to them, "Two for a *selah,***[511] **or three for a *selah."*** אָמְרוּ זֶה לָזֶה: בִּשְׁבִיל אֵלּוּ אָנוּ הוֹרְגִים אוֹתוֹ, הִנִּיחוּהוּ – Whereupon **[the bandits] said one to another, "For these** items of insignificant worth **we should kill him?"** And **they left him** and did not harm him. נִכְנַס לַמְּדִינָה, הִתְחִיל פּוֹתֵחַ הַגְּלוֹסְקָאוֹת וְיָשַׁב לִמְכּוֹר – **He entered into the city** and **began opening up the chests** that contained the precious stones and jewels, **and sat down to sell** them. נִכְנְסוּ אוֹתָן הַלִּסְטִים וְרָאוּ אוֹתוֹ יוֹשֵׁב וּמוֹכֵר – **Those** same **bandits entered** the city **and saw him sitting and selling** his wares. אָמְרוּ לוֹ: בְּכַמָּה זוֹ – **They said to him, "For how much are** you selling **this** merchandise?" אָמַר לָהֶם: זוֹ בְּעֶשְׂרִים זְהוּבִים וְזוֹ בִּשְׁלֹשִׁים – **He said to them, "This** jewel **for twenty gold coins, and this** jewel **for thirty** gold coins." אָמְרוּ לוֹ: אֵין אַתָּה הוּא שֶׁאָמַרְתָּ לָנוּ בַּדֶּרֶךְ שְׁתַּיִם בְּסֶלַע שָׁלֹשׁ בְּסֶלַע – **They said to him, "Are you not the one who told us on the road** that we could buy your merchandise **two for a *selah*** or **three for a *selah?"*** אָמַר לָהֶם: הֵן – **He said to them, "Yes,** I am he.

NOTES

495. I.e., even though you do not deserve it. The Midrash seems puzzling, for the *Isaiah* verse, read in its entirety, states: *Observe justice and perform righteousness, for My salvation is soon to come* – which implies that Israel **will** deserve their *salvation*, having earned it through the merit of their acts of *justice* and *righteousness*! *Eitz Yosef* explains that the Midrash means that Israel may not have *sufficient* merit to be redeemed, but God will redeem them nonetheless, for His *own* sake.

496. As the *Zohar* says in many places, שְׁכִינְתָּא בְּגָלוּתָא, the Divine Presence is in exile with Israel. See next note.

497. That is, I will redeem My *Shechinah* [in Kabbalistic thought, the *Shechinah* is referred to as a feminine aspect of God, as it were]. By redeeming Israel, He will simultaneously redeem His own *Shechinah*, which is suffering with Israel in exile. God thus assures Israel that they will definitely be redeemed, even if they are unworthy. For since His *Shechinah*, too, requires rescue from exile, as it were, He is sure to hasten the Redemption (*Eshed HaNechalim*, followed by *Eitz Yosef*).

498. I.e., no one is praying for Redemption (*Rashi, Metzudas David*); and the Jewish people have not repented sufficiently to be worthy of being redeemed on their own merit (see *Radak* at length).

499. While according to its plain meaning, the verse speaks of God providing salvation and support to Israel, the Midrash expounds the clause *so His arm wrought salvation to "him" and it was His benevolence that was "his" support* as saying that God would provide salvation and support for *Himself* (*Maharzu, Eitz Yosef*).

500. I.e., the Messiah (*Eitz Yosef*).

501. The Midrash departs from the plain meaning of this verse, in which Scripture is speaking solely of the Messiah, and expounds the phrase *righteous and saved is "he"* as referring to God (*Eitz Yosef*).

502. That is: In a manner of speaking, God will be the object of rescue rather than the rescuer. See *Eshed HaNechalim* above, s.v. ואני גואל לעצמי.

503. See note 495.

504. At the beginning of this section the Midrash construed *Isaiah* 56:1 as saying that Israel's redemption is predicated on their execution of justice (see note 450). It will now take the verse in the opposite direction, as saying that Israel's capacity for executing justice is dependent on the coming redemption (see next note).

505. That is: When God's *salvation* is near, Israel will be free to *observe justice and perform righteousness* without hindrance; see further (see *Yefeh To'ar, Eitz Yosef*).

506. I.e., in the absence of Your salvation, I am "abandoned" to those who oppress me, and I unable to practice justice and righteousness (ibid.).

507. And who prevent us from fulfilling the mitzvos (*Eitz Yosef*, following *Yefeh To'ar's* first interpretation; see *Berachos* 17a).

Alternatively, the Midrash is referring specifically to the mitzvos involving *justice and righteousness*, i.e., the mitzvos בֵּין אָדָם לַחֲבֵרוֹ (between man and his fellow man). The nations seek to prevent Israel from performing *those* mitzvos, whose importance and value they recognize. But they do not see the value of the mitzvos בֵּין אָדָם לַמָּקוֹם (between man and God), and therefore they do not interfere with Israel's performance of those mitzvos (see *Eshed HaNechalim*).

508. See note 506.

509. *Yefeh To'ar, Eitz Yosef*. See, however, *Beur Maharif* below (s.v. קרובה ישועתי לבא), who interprets the Midrash as connecting the end of the *Isaiah* verse to the preceding segment; cf. *Eshed HaNechalim*.

510. As the Midrash will explain, he feared the bandits would realize the true value of his wares, so he traded them for precious stones (presumably diamonds) which he could pass off as glass.

511. I.e., a coin of minimal worth (see *Maharzu*).

מדרש רבה

אָמַר לוֹ הַקָּדוֹשׁ בָּרוּךְ הוּא לְיִשְׂרָאֵל: אִם אֵין לָכֶם זְכוּת, בִּשְׁבִילִי אֲנִי עוֹשֶׂה כִּבְיָכוֹל, [לג]כָּל יָמִים שֶׁאַתֶּם שָׁם בְּצָרָה אֲנִי עִמָּכֶם, שֶׁנֶּאֱמַר (תהלים צא, טו) "עִמּוֹ אָנֹכִי בְצָרָה", וַאֲנִי גוֹאֵל לְעַצְמִי שֶׁנֶּאֱמַר (ישעיה נט, טז) "וַיַּרְא כִּי אֵין אִישׁ וַיִּשְׁתּוֹמֵם וְגוֹ'", וְכֵן הוּא אוֹמֵר (זכריה ט, ט) "גִּילִי מְאֹד בַּת צִיּוֹן הָרִיעִי בַּת יְרוּשָׁלַיִם הִנֵּה מַלְכֵּךְ יָבוֹא לָךְ צַדִּיק וְנוֹשָׁע", [לד]"וּמוֹשִׁיעַ" אֵין כְּתִיב כָּאן אֶלָּא "וְנוֹשָׁע", הֱוֵי אֲפִילוּ אֵין בְּיֶדְכֶם מַעֲשִׂים עוֹשֶׂה הַקָּדוֹשׁ בָּרוּךְ הוּא בִּשְׁבִילוֹ, שֶׁנֶּאֱמַר (ישעיה נו, א) "כִּי קְרוֹבָה יְשׁוּעָתִי לָבוֹא", דָּבָר אַחֵר, (שם) "שִׁמְרוּ מִשְׁפָּט וַעֲשׂוּ צְדָקָה", הָדָא הוּא דִכְתִיב (תהלים קיט, קכא) "עָשִׂיתִי מִשְׁפָּט וָצֶדֶק בַּל תַּנִּיחֵנִי לְעֹשְׁקָי", אָמְרוּ לוֹ יִשְׂרָאֵל: רִבּוֹן הָעוֹלָם, הִסְתַּכֵּל שֶׁאָנוּ מְבַקְּשִׁים לַעֲשׂוֹת צְדָקָה וּמִשְׁפָּט וְאָנוּ מִתְיָרְאִין מִן °עוֹבְדֵי כוֹכָבִים°, אֶלָּא אַל תִּמְסְרֵנוּ בִידֵיהֶם, הֱוֵי "עָשִׂיתִי מִשְׁפָּט וָצֶדֶק", מָשָׁל לְסוֹחֵר °מְבַקֵּשׁ לָלֶכֶת בַּדֶּרֶךְ, שָׁמַע שֶׁלִּסְטִים בַּדֶּרֶךְ, מֶה עָשָׂה, לָקַח פְּרַקְמַטְיָא שֶׁלּוֹ וַעֲשָׂאָהּ אֲבָנִים טוֹבוֹת וּמַרְגָּלִיּוֹת, יָצָא לַדֶּרֶךְ וּתְפָשׂוּהוּ לִסְטִים, אָמְרוּ לוֹ: מַה בְּיָדֶךָ, אָמַר לָהֶם: כְּלֵי זְכוּכִית, אָמְרוּ לוֹ: בְּכַמָּה זוֹ, אָמַר לָהֶם: שְׁתַּיִם בְּסֶלַע וְשָׁלֹשׁ בְּסֶלַע, אָמְרוּ זֶה לָזֶה: בִּשְׁבִיל אֵלּוּ אָנוּ הוֹרְגִים אוֹתוֹ, הִנִּיחוּהוּ, נִכְנַס לַמְּדִינָה, הִתְחִיל פּוֹתֵחַ הַגְּלוּסְקָאוֹת וְיָשַׁב לִמְכּוֹר, נִכְנְסוּ אוֹתָן הַלִּסְטִים וְרָאוּ אוֹתוֹ יוֹשֵׁב וּמוֹכֵר, אָמַר לוֹ: בְּכַמָּה זוֹ, אָמַר לָהֶם: זוֹ בְּעֶשְׂרִים זְהוּבִים וְזוֹ בִּשְׁלֹשִׁים, אָמְרוּ לוֹ: אֵין אַתָּה הוּא שֶׁאָמַרְתָּ לָנוּ בַּדֶּרֶךְ שְׁתַּיִם בְּסֶלַע שָׁלֹשׁ בְּסֶלַע, אָמַר לָהֶם: הֵן, אֶלָּא אוֹתָהּ שָׁעָה הָיִיתִי בִּמְקוֹם הַמָּוֶת, עַכְשָׁיו אִם אֵין אַתֶּם נוֹתְנִין לִי דָּמֶיהָ אֵין אַתֶּם נוֹטְלִין אוֹתָהּ, כָּךְ יִשְׂרָאֵל בָּעוֹלָם הַזֶּה מִי שֶׁהוּא עוֹשֶׂה מִצְוֹת אֵינוֹ יוֹדֵעַ מַתַּן שְׂכָרָן, אֲבָל לָעוֹלָם הַבָּא כְּשֶׁיִּרְאוּ מַתַּן שְׂכָרָן שֶׁל מִצְוֹת הֵם תְּמֵהִים, שֶׁאֵין הָעוֹלָם כּוּלּוֹ יָכוֹל לְקַבֵּל אֶת הַשָּׂכָר, שֶׁנֶּאֱמַר (ישעיה סד, ג) "וּמֵעוֹלָם לֹא שָׁמְעוּ וְלֹא הֶאֱזִינוּ עַיִן לֹא רָאָתָה", וְכִי מֵעוֹלָם לֹא שָׁמְעוּ, אֶלָּא אֵין הָעוֹלָם יָכוֹל לִשְׁמוֹעַ מַהוּ מַתַּן שְׂכָרָן שֶׁל מִצְוֹת,

עץ יוסף

[כא] **אם אין לכם זכות.** ומה שאמר השמרו משפט ועשו לדקה, היינו שיזכו קלת אף על פי שלא יספיק זכותם יעשה למענו: **ואני גואל לעצמי.** כאומר מה תפחדו הלא גם לי הדבר לישועה, כלומר לשכינתי, ואם כן בוודאי אמהר הישועה, וזהו גם כן ונושע שהוא מלשון נפעל, שהוא גם כן נושע על ידי זה: **שנאמר וירא כי אין איש.** סיפיה דקרא ותושע לו זרועו, ומשמע שהושיע לעלמו: **הנה מלכך יבא לך.** היינו בן דוד: **צדיק ונושע.** היינו הקדוש ברוך הוא, ומה שמסיים שם עני ורוכב על חמור, קאי על בן דוד: [כב] **הדא הוא דכתיב עשיתי משפט וצדק כו'.** שהתקרבות הישועה הוא סבה לעשיית המשפט ולדקה, כי כאשר יתקרב ישועתי לכם, אז תוכלו לשמור המשפט ולדקה, מה שאין כן בהעדר הישועה, שלא תוכל לעשות מסבת העושקים, (כמשמעות הכתוב בל תניחני לעושקי), ומקרא דשמרו משפט הוא כולו בשורת הישועה (יפה תואר): **רבון העולם הסתבל.** כן לריך לומר (יפה תואר): **ואנו מתייראין כו'.** שמעכבין על המלות: **משל לסוחר כו'.** אין העולם יכול לשמוע שכרן של מלות, כוונתו לדרוש עתה סוף המקרא במה שאמר ולדקתי להגלות, ומפרש ליה שאז תגלה ותראה מעלת המלות שאינה ידוע עכשיו, ואז יוודע יוקר ערכה: **הגלוסקאות.** פירוש תיבות וארגזים: **וכי מעולם לא שמעו.** הלא זה אי אפשר, כי הלא נאמר כי לא יעשה כו' כי אם גלה סודו אל עבדיו הנביאים. ויש כאן חסרון מלות, ולריך לגרוס וכי מעולם לא שמעו והלא כבר נאמר כי לא יעשה וגו' כי אם גלה וגו' אלא אין העולם כו', ורולה לומר באמת ראו הנביאים המתן שכר, ככתוב כי אם גלה סודו וגו'. ופירוש ומעולם לא שמעו, מלשון עולם ומלאו, שכל כך ירבו טובות ותענוגי מתן שכר המלות עד שילאה

פירוש מהרז"ו

ואני גואל לעצמי. כמו שאמר מכילתא בא פסוק ומושב בני ישראל, שדורש פסוק (שמואל ב ז, כג) מפני עמך אשר פדית לך ממלרים גוים ואלהיו, עלמך פדית, העתקתי לשונו לעיל פרשה כ"ד סימן א, וכן בירושלמי דסוכה, עיין שם: **וירא כי אין איש.** סיפיה דקרא ותושע זרועי ולדקתי היא סמכתני, אם אין איש שב בתשובה אז אעשה למען שמי: **שתים בסלע.** סלע מדינה שמינית שבסלע לורי: **אין העולם יכול.** אין יושבי תבל יכולים להשיג בחושיהם הגשמיים, השכר הרוחני של עולם העליון והעולם הבא:

חידושי הרד"ל

שאנו מבקשים לעשות צדקה כו'. כן לריך לומר: **פותח הגלוסקמאות.** כן לריך לומר:

באור מהרי"פ

וירא. (ישעיה נט, טז) וירא כי אין איש וישתומם כי אין מפגיע ותושע לו זרועו ולדקתו היא סמכתהו: **גלוסקאות.** [זה לשון] הערוך ערך גלסקס, וישם בארון (בראשית נ, כו), תרגום ירושלמי ושויין יתיה בגלוסקמא: **קרובה ישועתי לבא וצדקתי להגלות.** פירוש, שיגלה הקב"ה מתן שכרן לעתיד, והנמשל אלו היה הקב"ה מגלה מתן שכרן של מלות בעולם הבא לא היו העובדי כוכבים מניחין אותנו לעשות מלוה בעולם הזה:

אמרי יושר

עשיתי משפט וצדק בל תניחני. שיבטלוני מהם. או אל תניחני לדעת עושקי שמזלזלים בהם, ואומרים שסכר המשפטים מועט, אלא שכר מרובה כפי חשיבותם האמיתי אני רולה:

ידי משה

אפילו אין בידכם מעשים עושה הקדוש ברוך הוא בשבילו. ויש להתבונן וליתן טעם על זה מדוע כן, ואם תאמר כדמסיים הואיל והשכינה עמהם בגלות, והלא בכל שתי מלכיות היה השכינה עמהם בגלות. ונראה לי בן המחבר, ואגב זה יתיישב גם כן מה דאיתא בזוהר (עי' שמות דף רמ, ב. ויקרא דף רו, ב) על פסוק ביום ההוא אקים סוכת דוד וגו', בכל הגאולות היו ישראל לריכים לעזור את עלמם במלות ומעשים טובים כדי שיגאלו, מה שאין כן בגאולה אחרונה יפדה אותם הקב"ה אף בלא מלות ומעשים טובים, ומביא משל למטרוניתא. ולמה כך, ונראה לי על דרך דאיתא לעיל (פרשה טו, ל) בעולם הזה היו ישראל להקב"ה כארוסה, שנאמר וארשתיך לי, מה שאין כן לעתיד יהיו כנשואה שנאמר כי בועליך עושיך, והנה ידוע שאין הבעל חייב בפרקונה עד שתכנס לחופה,

מסורת המדרש

לג. עיין מגילה דף כ"ט. ירושלמי תענית פרק א' סוף הלכה א'. ירושלמי סוכה פרק ד' הלכה ג'. לעיל פרשה ט"ו סימן ט"ז. במדבר רבה פרשה ז'. מכילתא בא פרשה י"ד. ספרי בהעלותך פיסקא פ"ד. ופיסקא קס"א. ילקוט סדר בא רמז ר"י וסדר בהעלותך רמז תשל"א. ילקוט זכריה רמז תקע"ז:

לד. עיין מדרש תהלים סוף מזמור נ"א. ילקוט תהלים רמז תתמ"ג:

אם למקרא

יִקְרָאֵנִי וְאֶעֱנֵהוּ עִמּוֹ אָנֹכִי בְצָרָה אֲחַלְּצֵהוּ וַאֲכַבְּדֵהוּ: (תהלים צא: טו)

וַיַּרְא כִּי־אֵין אִישׁ וַיִּשְׁתּוֹמֵם כִּי אֵין מַפְגִּיעַ וַתּוֹשַׁע לוֹ זְרֹעוֹ וְצִדְקָתוֹ הִיא סְמָכָתְהוּ: (ישעיה נט: טז)

גִּילִי מְאֹד בַּת־צִיּוֹן הָרִיעִי בַּת יְרוּשָׁלִַם הִנֵּה מַלְכֵּךְ יָבוֹא לָךְ צַדִּיק וְנוֹשָׁע הוּא עָנִי וְרֹכֵב עַל־חֲמוֹר וְעַל־עַיִר בֶּן־אֲתֹנוֹת: (זכריה ט: ט)

עָשִׂיתִי מִשְׁפָּט וָצֶדֶק בַּל־תַּנִּיחֵנִי לְעֹשְׁקָי: (תהלים קיט: קכא)

וּמֵעוֹלָם לֹא שָׁמְעוּ לֹא הֶאֱזִינוּ עַיִן לֹא רָאָתָה אֱלֹהִים זוּלָתְךָ יַעֲשֶׂה לִמְחַכֵּה לוֹ: (ישעיה סד: ג)

שינוי נוסחאות

מבקש ללכת בדרך. בספרים הישנים היה כתוב "שבקש ללון בדרך", והגיה א"א שצ"ל "ללכת" במקום "ללון", וכן כתב מ"כ, אלא שכתב בדבריו שצ"ל "מבקש ללכת בדרך", ונראה שלא התכוון אלא להגיה "ללכת" תחת "ללון" וכדברי א"א ולא התכוון לשנות "שבקש" ל"מבקש" (שאין שום טעם להגהה זו) אלא היא פליטת הקולמוס בעלמא, אבל למעשה כך כתבו כל המדפיסים מאז: **התחיל פותח הגלוסקאות.** א"א ורד"ל הגיהו "... הגלוסקמות":

מתנות כהונה

וישתומם וגו' גרסינן. וסיפיה דקרא ותושע לו זרועו ולדקתו היא סמכתהו: הכי גרסינן **אלא ונושע הוי אפילו:** הכי גרסינן **רבון העולמים הסתכל שאנו: מבקש ללכת בדרך** גרסינן: **הגלוסקאות.** גרסינן. פירוש תיבות וארגזים. ועיין בערוך ערך גלסקס:

אשד הנחלים

ואני גואל לעצמי. כאומר מה תפחדו הלא גם לי הדבר לישועה, כלומר לשכינתי, ואם כן בודאי אמהר הישועה, וזהו גם כן ונושע, שהוא מלשון נפעל, שהוא גם כן נושע על ידי זה. והענין הוא בכנוי להנהגה והשגחה העליונה החפיצה להנהיג העולם בטוב וחסד, ויען כי ה' מקור הטוב והרחמים הפליגו בלשונם לומר שכביכול נושע בישועתם כי חפץ בטוב: **ואנו מתיראין כו' משל לסוחר כו' אבל לעולם הבא כשיראו כו'.** הענין לפי פשוטו הוא מוקשה. ואשר הנראה לי בזה, כי רוב העובדי כוכבים הקדמונים מפני שהיו שלוים ושקטים, היו עוסקים רק בהצלחה המדינית אשר מקורה עשות הצדק ומשפט, ולכן היו שוחקים על האומה הישראלית בשהם רחוקים מן הנימוס המדיני הבנוי רק על זה, רק שהם עוסקים במצות מעשיים במה שבין אדם למקום, שמדמים שזה לא יחשב להצלחה הנפשית, ובאמת גם ישראל היו חפצים לעשות צדק ומשפט בין איש לאחיו, רק שהיו מתיראים לחמול עליהם, כי העובדי כוכבים בזמן ההוא היו מתאכזרים על ישראל מאד, ולכן לא היו מניחין לישראל לעסוק בזה ומה יעשו ישראל, אך באמת ישראל כוללים הכח הנעשה מהצדקה ומשפט, בכח כל המצות שהמה באמת אבנים טובות ומרגליות, רק שהמה לא היו מבינים כי לא ידעו את דבר ה', ולא היו מבינים ערך המצות ההם חושבים זה לכלי זכוכית, ועל כן לא היו משגיחים בזה מאומה, אבל באמת בעולם הבא, שם הבינו ערך המצות ההם ואז השתוממו, ולכן מסיים כשיראו מתן שכרן של מצות הם תמהים, וזהו גם כן שאומר שבפרקמטיא קונה אבנים טובות ומרגליות, שהפרקמטיא הונח על עשיית הצדק ומשפט הנראים לעין, שהוא מדה טובה, אבל האבנים המה יקרי הערך יותר וגם בתוכו נכלל פרקמטיא, כי בכח מעשי המצות נעשו רכים וטובי לב ורחמנים, רק שאינו ניכר להם, הבן זה מאד: **שאין העולם כלו יכול לקבל את השכר.** זהו כמאמרם במדרש קהלת (א, פסוק ח - יב, פסוק י), שאפילו הנביאים אינם יכולים לראות ולהשיג אור העולם הבא, שנאמר עין לא ראתה, כי הנפש בעודה בחומרה אף לאנשים הזכים והקדושים כנביאים ואנשי הרוח, גם הם אינם יכולים לקבל ולהשיג האור הנעשה מהמצות אלהית, כמאמרם (אבות פ"ב מ"א) שאין אתה יודע מתן שכרן של מצות, הבן זה: **וכי מעולם לא שמעו.** כי בודאי שמעו שיש שכר עולם הבא, אלא הכונה לא הרגישו המתן שכר, כי השכר של עולם הבא איננו מסוג העולם החומרי, ולא ימצא בעולם החומרי אף להנפשות הזכות, בעת שהם כלואים עודם בגוף הנגוף, ולא תוכל להרגיש עצם השכר של הנפש בעת תפרד מהגוף, ולא תוכל להבין מהו מתן שכר של מצות המעשיות, כי המה

אֶלָּא אוֹתָהּ שָׁעָה הָיִיתִי בִּמְקוֹם הַמָּוֶת, עַכְשָׁיו אִם אֵין אַתֶּם נוֹתְנִין לִי דָּמֶיהָ אֵין אַתֶּם נוֹטְלִין אוֹתָהּ – **However,** at **that time I was in a place of death;**[512] **now, if you do not pay me the** actual **value of [the merchandise] you cannot take it!"** כָּךְ יִשְׂרָאֵל בָּעוֹלָם הַזֶּה מִי שֶׁהוּא עוֹשֶׂה מִצְוֹת אֵינוֹ יוֹדֵעַ מַתַּן שְׂכָרָן – **So it is** with regard to **Israel: In this world one who performs** the **commandments** of the Torah **is unaware of their reward;**[513] אֲבָל לָעוֹלָם הַבָּא כְּשֶׁיִּרְאוּ מַתַּן שְׂכָרָן שֶׁל מִצְוֹת הֵם תְּמֵהִים – **however, in the World to Come, when they see the reward for** heeding the **commandments, they will wonder** at its enormity. שֶׁאֵין הָעוֹלָם כּוּלּוֹ יָכוֹל לְקַבֵּל אֶת הַשָּׂכָר – **For the entire** physical **world cannot contain the reward** of one who performs the mitzvos,[514] שֶׁנֶּאֱמַר "וּמֵעוֹלָם לֹא שָׁמְעוּ לֹא הֶאֱזִינוּ עַיִן לֹא רָאָתָה" – **as it is stated,** ***[People] had never heard, never observed, no eye*** *except Yours, O God,* ***has ever seen*** *[that which] He will do for one who awaits Him* (*Isaiah* 64:3).[515]

The Midrash digresses to examine its last statement:

וְכִי מֵעוֹלָם לֹא שָׁמְעוּ – **But did [people]** indeed **never hear** of the reward for performing mitzvos?[516] אֶלָּא אֵין הָעוֹלָם יָכוֹל לִשְׁמוֹעַ מַהוּ מַתַּן שְׂכָרָן שֶׁל מִצְוֹת – **Rather,** Scripture means that **the world is** ***unable*** **to hear what is the reward for** heeding **the commandments.**[517]

NOTES

512. You would have killed me and taken my wares if I had revealed their true value and insisted on fair payment.

513. The Midrash is drawing a parallel between God, Who concealed the true worth of mitzvos, to remove the incentive for people to perform mitzvos not out of devotion to God but only to reap the rewards (thus "taking" them without "paying" their proper price), and the merchant, who concealed the true value of his jewels from the bandits who sought to take them unlawfully (*Yefeh To'ar*). Alternatively: The Midrash is drawing a parallel between the bandits, who would have robbed the merchant of his wares if they had known how valuable they were, and the nations of the world, who would not have permitted us to perform the commandments [between man and God (*Eshed HaNechalim* s.v. ואנו מתיראין; see above, note 507)] if they had known how valuable they are and how great would Israel's reward be for their fulfillment (see *Beur Maharif*).

514. *Yefeh To'ar.*

515. I.e., no one has seen or heard of the reward that awaits those who trust in God and fulfill the mitzvos. See *Shabbos* 63a, *Sanhedrin* 99a, et al.

516. Why, did God not say (*Amos* 3:7): *For the Lord HASHEM/Elohim will not do anything unless He has revealed His secret to His servants the prophets*? The prophets, then, were certainly informed of the reward for man's devotion! (*Eitz Yosef*; see *Koheles Rabbah* to *Ecclesiastes* 1:8 §6; cf. *Eshed HaNechalim*).

517. I.e., the prophets were indeed informed of man's reward. However, because of man's physicality, no human being has the capacity to understand the nature of that infinite, spiritual reward; it is beyond his capacity to *truly* see and hear (see *Maharzu, Eshed HaNechalim, Eitz Yosef*). [Accordingly, the phrase "וּמֵעוֹלָם לֹא שָׁמְעוּ וְכוּ׳" in *Isaiah* 64:3 is not to be understood as *[People] "had never" heard, etc.,* but rather as *"[The people] "of the entire world" were not [capable of] hearing, etc.* (see *Eitz Yosef*).]

אָמַר לוֹ הַקָּדוֹשׁ בָּרוּךְ הוּא לְיִשְׂרָאֵל: אִם אֵין לָכֶם זְכוּת, בִּשְׁבִילִי אֲנִי עוֹשֶׂה כִּבְיָכוֹל, לגכָּל יָמִים שֶׁאַתֶּם שָׁם בְּצָרָה אֲנִי עִמָּכֶם, שֶׁנֶּאֱמַר (תהלים צא, טו) "עִמּוֹ אָנֹכִי בְצָרָה", וַאֲנִי גּוֹאֵל לְעַצְמִי שֶׁנֶּאֱמַר (ישעיה נט, טז) "וַיַּרְא כִּי אֵין אִישׁ וַיִּשְׁתּוֹמֵם וגו'", וְכֵן הוּא אוֹמֵר (זכריה ט, ט) "גִּילִי מְאֹד בַּת צִיּוֹן הָרִיעִי בַּת יְרוּשָׁלַיִם הִנֵּה מַלְכֵּךְ יָבוֹא לָךְ צַדִּיק וְנוֹשָׁע", לד"וּמוֹשִׁיעַ" אֵין כְּתִיב כָּאן אֶלָּא "וְנוֹשָׁע", הֱוֵי אֲפִילּוּ אֵין בְּיֶדְכֶם מַעֲשִׂים עוֹשֶׂה הַקָּדוֹשׁ בָּרוּךְ הוּא בִּשְׁבִילוֹ, שֶׁנֶּאֱמַר (ישעיה נו, א) "כִּי קְרוֹבָה יְשׁוּעָתִי לָבוֹא", דָּבָר אַחֵר, (שם) "שִׁמְרוּ מִשְׁפָּט וַעֲשׂוּ צְדָקָה", הֲדָא הוּא דִכְתִיב (תהלים קיט, קכא) "עָשִׂיתִי מִשְׁפָּט וָצֶדֶק בַּל תַּנִּיחֵנִי לְעֹשְׁקָי", אָמְרוּ לוֹ יִשְׂרָאֵל: רִבּוֹן הָעוֹלָם, הִסְתַּכֵּל שֶׁאָנוּ מְבַקְּשִׁים לַעֲשׂוֹת צְדָקָה וּמִשְׁפָּט וְאָנוּ מִתְיָרְאִין מִן °עוֹבְדֵי כוֹכָבִים°, אֶלָּא אַל תִּמְסְרֵנוּ בִידֵיהֶם, הֱוֵי "עָשִׂיתִי מִשְׁפָּט וָצֶדֶק", מָשָׁל לְסוֹחֵר °מְבַקֵּשׁ לָלֶכֶת בַּדֶּרֶךְ, שָׁמַע שֶׁלִּסְטִים בַּדֶּרֶךְ, מֶה עָשָׂה, לָקַח פְּרַקְמַטְיָא שֶׁלּוֹ וַעֲשָׂאָהּ אֲבָנִים טוֹבוֹת וּמַרְגָּלִיּוֹת, יָצָא לַדֶּרֶךְ וּתְפָשׂוּהוּ לִסְטִים, אָמְרוּ לוֹ: מַה בְּיָדְךָ, אָמַר לָהֶם: כְּלֵי זְכוּכִית, אָמְרוּ לוֹ: בְּכַמָּה זוֹ, אָמַר לָהֶם: שְׁתַּיִם בְּסֶלַע וְשָׁלֹשׁ בְּסֶלַע, אָמְרוּ זֶה לָזֶה: בִּשְׁבִיל אֵלּוּ אָנוּ הוֹרְגִים אוֹתוֹ, הִנִּיחוּהוּ, נִכְנַס לַמְּדִינָה, הִתְחִיל פּוֹתֵחַ הַגְּלוּסְקָאוֹת וְיָשַׁב לִמְכּוֹר, נִכְנְסוּ אוֹתָן הַלִּסְטִים וְרָאוּ אוֹתוֹ יוֹשֵׁב וּמוֹכֵר, אָמְרוּ לוֹ: בְּכַמָּה זוֹ, אָמַר לָהֶם: זוֹ בְּעֶשְׂרִים זְהוּבִים וְזוֹ בִּשְׁלֹשִׁים, אָמְרוּ לוֹ: אֵין אַתָּה הוּא שֶׁאָמַרְתָּ לָנוּ בַּדֶּרֶךְ שְׁתַּיִם בְּסֶלַע שָׁלֹשׁ בְּסֶלַע, אָמַר לָהֶם: הֵן, אֶלָּא אוֹתָהּ שָׁעָה הָיִיתִי בִּמְקוֹם הַמָּוֶת, עַכְשָׁיו אִם אֵין אַתֶּם נוֹתְנִין לִי דָּמֶיהָ אֵין אַתֶּם נוֹטְלִין אוֹתָהּ, כָּךְ יִשְׂרָאֵל בָּעוֹלָם הַזֶּה מִי שֶׁהוּא עוֹשֶׂה מִצְוֹת אֵינוֹ יוֹדֵעַ מַתַּן שְׂכָרָן, אֲבָל לָעוֹלָם הַבָּא כְּשֶׁיִּרְאוּ מַתַּן שְׂכָרָן שֶׁל מִצְוֹת הֵם תְּמֵהִים, שֶׁאֵין הָעוֹלָם כּוּלּוֹ יָכוֹל לְקַבֵּל אֶת הַשָּׂכָר, שֶׁנֶּאֱמַר (ישעיה סד, ג) "וּמֵעוֹלָם לֹא שָׁמְעוּ וְלֹא הֶאֱזִינוּ עַיִן לֹא רָאָתָה", וְכִי מֵעוֹלָם לֹא שָׁמְעוּ, אֶלָּא אֵין הָעוֹלָם יָכוֹל לִשְׁמוֹעַ מַהוּ מַתַּן שְׂכָרָן שֶׁל מִצְוֹת,

עץ יוסף

[כא] **אם אין לכם זכות.** ומה שאמר השמרו משפט ועשו לדקה, היינו שיזכו קלת אף על פי שלא יספיק זכותם יעשה למענו: **ואני גואל לעצמי.** כאומר מה תפחדו הלא גם לי הדבר לישועה, כלומר לשכינתי, ואם כן בוודאי אמהר הישועה, וזהו גם כן ונושע שהוא מלשון נפעל, שהוא גם כן נושע על ידי זה: **שנאמר וירא כי אין איש.** סיפיה דקרא ותושע לו זרועו, ומשמע שהושיע לעלמו: **הנה מלכך יבא לך.** היינו בן דוד: **צדיק ונושע.** היינו הקדוש ברוך הוא, ומה שמסיים שם עני ורוכב על חמור, קאי על בן דוד: [כב] **הדא הוא דכתיב עשיתי משפט וצדק כו'.** שהתקרבות הישועה הוא סבה לעשיית המשפט ולדקה, כי כאשר יתקרב ישועתי לכם, אז תוכלו לשמור המשפט ולדקה, מה שאין כן בהעדר הישועה, שלא תוכל לעשות מסבת העושקים, (כמשמעות הכתוב בל תניחני לעושקי), ומקרא דשמרו משפט הוא כולו בשורת הישועה (יפה תואר): **רבון העולם הסתכל.** כן לריך לומר (יפה תואר): **ואנו מתייראין כו'.** שמעכבין על המלות: **משל לסוחר כו'.** אין העולם יכול לשמוע שכרן של מלות, כוונתו לדרוש עתה סוף המקרא במה שאמר ולדקתי להגלות, ומפרש ליה שאז תגלה ותראה מעלת המלות שאינה ידוע עכשיו, ואז יוודע יוקר ערכה: **הגלוסקאות.** פירוש תיבות וארגזים: **וכי מעולם לא שמעו.** הלא זה אי אפשר, כי הלא נאמר כי לא יעשה כו' כי אם גלה סודו אל עבדיו הנביאים. ויש כאן חסרון מלות, ולריך לגרוס וכי מעולם לא שמעו והלא כבר נאמר כי לא יעשה וגו' כי אם גלה וגו' אלא אין העולם כו', ורולה לומר באמת ראו הנביאים המתן שכר, ככתוב כי אם גלה סודו וגו'. ופירוש ומעולם לא שמעו, מלשון עולם ומלאו, שכל כך ירבו טובות ותענוגי מתן שכר המלות עד שילאה

פירוש מהרז"ו

ואני גואל לעצמי. כמו שאמר מכילתא בא פסוק ומושב בני ישראל, שדורש פסוק (שמואל ב ז, כג) מפני עמך אשר פדית לך ממלרים גוים ואלהיו, עלמך פדית, והעתקתי לשונו לעיל פרשה כ"ד סימן א, וכן בירושלמי דסוכה, עיין שם: **וירא כי אין איש.** סיפיה דקרא ותושע זרועי ולדקתי היא סמכתני, אם אין איש שב בתשובה אז אעשה למען שמי: **שתים בסלע.** סלע מדינה שמינית שבסלע לורי: **אין העולם יכול.** אין יושבי תבל יכולים להשיג בחושיהם הגשמיים, השכר הרוחני של עולם העליון והעולם הבא:

חידושי הרד"ל

שאנו מבקשים לעשות צדקה כו'. כן לריך לומר: **פותח הגלוסקמאות.** כן לריך לומר:

באור מהרי"פ

וירא. (ישעיה נט, טז) וירא כי אין איש וישתומם כי אין מפגיע ותושע לו זרועו ולדקתו היא סמכתהו: **גלוסקאות.** [זה לשון] הערוך ערך גלסקס, ויש באהרן (בראשית נ, כו), תרגום ירושלמי ושוין יתיה בגלוסקמא: **קרובה ישועתי לבא וצדקתי להגלות.** פירוש, שיגלה הקב"ה מתן שכרן לעתיד, והנמשל אלו היה הקב"ה מגלה מתן שכרן של מלות בעולם הבא לא היו העובדי כוכבים מניחין אותנו לעשות מלוה בעולם הזה:

אמרי יושר

עשיתי משפט וצדק בל תניחני. שיבטלוני מהם. או אל תניחני לדעת עושקי שמזלזלים בהם, ואומרים ששכר המשפטים מועט, אלא שכר מרובה כפי חשיבותם האמיתי אני רולה:

ידי משה

אפילו אין בידכם מעשים עושה הקדוש ברוך הוא בשבילו. ויש להתבונן וליתן טעם על זה מדוע כן, ואם תאמר כדמסיים הואיל והשכינה עמהם בגלות, והלא בכל שתי מלכיות היה השכינה עמהם בגלות. ונראה לי בן המחבר, ואגב זה יתיישב גם כן מה דאיתא בזוהר (עי' שמות דף רמ, ב. ויקרא דף רו, ב) על פסוק ביום ההוא אקים סוכת דוד וגו', בכל הגאולות היו ישראל לריכים לעזור את עלמם במלות ומעשים טובים כדי שיגאלו, מה שאין כן בגאולה אחרונה יפדה אותם הקב"ה אף בלא מלות ומעשים טובים, ומביא משל למטרוניתא. ולמה כך, ונראה לי על דרך דאיתא לעיל (פרשה טו, ל) בעולם הזה היו ישראל להקב"ה כארוסה, שנאמר וארשתיך לי, מה שאין כן לעתיד יהיו כנשואה שנאמר כי בועליך עושיך, והנה ידוע שאין הבעל חייב בפרקונה עד שתכנס לחופה,

מסורת המדרש

לג. עיין מגילה דף כ"ט. ירושלמי תענית פרק א' סוף הלכה א'. ירושלמי סוכה פרק ד' הלכה ג'. לעיל פרשה ט"ו סימן ט"ז. במדבר רבה פרשה ז'. מכילתא בא פרשה י"ד. ספרי בהעלותך פיסקא פ"ד. ופיסקא קס"א. ילקוט סדר בא רמז ר"י וסדר בהעלותך רמז תשל"א. ילקוט זכריה רמז תקע"ז:

לד. עיין מדרש תהלים סוף מזמור נ"א. ילקוט תהלים רמז תתמ"ג:

אם למקרא

יִקְרָאֵנִי וְאֶעֱנֵהוּ עִמּוֹ אָנֹכִי בְצָרָה אֲחַלְּצֵהוּ וַאֲכַבְּדֵהוּ: (תהלים צא: טו)

וַיַּרְא כִּי־אֵין אִישׁ וַיִּשְׁתּוֹמֵם כִּי אֵין מַפְגִּיעַ וַתּוֹשַׁע לוֹ זְרֹעוֹ וְצִדְקָתוֹ הִיא סְמָכָתְהוּ: (ישעיה נט: טז)

גִּילִי מְאֹד בַּת־צִיּוֹן הָרִיעִי בַּת יְרוּשָׁלַ͏ִם הִנֵּה מַלְכֵּךְ יָבוֹא לָךְ צַדִּיק וְנוֹשָׁע הוּא עָנִי וְרֹכֵב עַל־חֲמוֹר וְעַל־עַיִר בֶּן־אֲתֹנוֹת: (זכריה ט: ט)

עָשִׂיתִי מִשְׁפָּט וָצֶדֶק בַּל־תַּנִּיחֵנִי לְעֹשְׁקָי: (תהלים קיט: קכא)

וּמֵעוֹלָם לֹא שָׁמְעוּ לֹא הֶאֱזִינוּ עַיִן לֹא רָאָתָה אֱלֹהִים זוּלָתְךָ יַעֲשֶׂה לִמְחַכֵּה לוֹ: (ישעיה סד: ג)

שינוי נוסחאות

מבקש ללכת בדרך. בספרים הישנים היה כתוב "שבקש ללון בדרך", והגיה א"א שצ"ל "ללכת" במקום "ללון", וכן כתב מ"כ, אלא שכתב בדבריו שצ"ל "מבקש ללכת בדרך", ונראה שלא התכוון אלא להגיה "ללכת" תחת "ללון" וכדברי א"א ולא התכוון לשנות "שבקש" ל"מבקש" (שאין שום טעם להגהה זו) אלא היא פליטת הקולמוס בעלמא, אבל למעשה כך כתבו כל המדפיסים מאז: **התחיל פותח הגלוסקאות.** א"א ורד"ל הגיהו "... הגלוסקמות":

מתנות כהונה

וישתומם וגו' גרסינן. וסיפיה דקרא ותושע לו זרועו ולדקתו היא סמכתהו: הכי גרסינן **אלא ונושע הוי אפילו:** הכי גרסינן **רבון העולמים הסתכל שאנו: מבקש ללכת בדרך** גרסינן: **הגלוסקאות.** גרסינן. פירוש תיבות וארגזים. ועיין בערוך ערך גלסקס:

אשד הנחלים

ואני גואל לעצמי. כאומר מה תפחדו הלא גם לי הדבר לישועה, כלומר לשכינתי, ואם כן בודאי אמהר הישועה, וזהו גם כן ונושע, שהוא מלשון נפעל, שהוא גם כן נושע על ידי זה. והענין הוא בכנוי להנהגה והשגחה העליונה החפיצה להנהיג העולם בטוב וחסד, ויען כי ה' מקור הטוב והרחמים הפליגו בלשונם לומר שכביכול נושע בישועתם כי חפץ בטוב: **ואנו מתיראין כו' משל לסוחר כו' אבל לעולם הבא כשיראו כו'.** הענין לפי פשוטו הוא מוקשה. ואשר הנראה לי בזה, כי רוב העובדי כוכבים הקדמונים מפני שהיו שלוים ושקטים, היו עוסקים רק בהצלחה המדינית אשר מקורה עשות הצדק ומשפט, ולכן היו שוחקים על האומה הישראלית בשהם רחוקים מן הנימוס המדיני הבנוי רק על זה, רק שהם עוסקים במצות מעשיים במה שבין אדם למקום, שמדמים שזה לא יחשב להצלחה הנפשית, ובאמת גם ישראל היו חפצים לעשות צדק ומשפט בין איש לאחיו, רק שהיו מתיראים לחמול עליהם, כי העובדי כוכבים בזמן ההוא היו מתאכזרים על ישראל מאד, ולכן לא היו מניחין לישראל לעסוק בזה ומה יעשו ישראל, אך באמת ישראל כוללים הכח הנעשה מהצדקה ומשפט, בכח כל המצות שהמה באמת אבנים טובות ומרגליות, רק שהמה לא היו מבינים כי לא ידעו את דבר ה', ולא היו מבינים ערך המצות ההם חושבים זה לכלי זכוכית, ועל כן לא היו משגיחים בזה מאומה, אבל באמת בעולם הבא, שם הבינו ערך המצות ההם ואז השתוממו, ולכן מסיים כשיראו מתן שכרן של מצות הם תמהים, וזהו גם כן שאומר שבפרקמטיא קונה אבנים טובות ומרגליות, שהפרקמטיא הונח על עשיית הצדק ומשפט הנראים לעין, שהוא מדה טובה, אבל האבנים המה יקרי הערך יותר וגם בתוכו נכלל פרקמטיא, כי בכח מעשי המצות נעשו רכים וטובי לב ורחמנים, רק שאינו ניכר להם, הבן זה מאד: **שאין העולם כלו יכול לקבל את השכר.** זהו כמאמרם במדרש קהלת (א, פסוק ח - יב, פסוק י), שאפילו הנביאים אינם יכולים לראות ולהשיג אור העולם הבא, שנאמר עין לא ראתה, כי הנפש בעודה בחומרה אף לאנשים הזכים והקדושים כנביאים ואנשי הרוח, גם הם אינם יכולים לקבל ולהשיג האור הנעשה מהמצות אלהית, כמאמרם (אבות פ"ב מ"א) שאין אתה יודע מתן שכרן של מצות, הבן זה: **וכי מעולם לא שמעו.** כי בודאי שמעו שיש שכר עולם הבא, אלא הכונה לא הרגישו המתן שכר, כי השכר של עולם הבא איננו מסוג העולם החומרי, ולא ימצא בעולם החומרי אף להנפשות הזכות, בעת שהם כלואים עודם בגוף הנגוף, ולא תוכל להרגיש עצם השכר של הנפש בעת תפרד מהגוף, ולא תוכל להבין מהו מתן שכר של מצות המעשיות, כי המה

The Midrash returns to its exposition:
לְכָךְ נֶאֱמַר ״כִּי קְרוֹבָה יְשׁוּעָתִי לָבֹא״ – **Therefore, it is stated, *For My salvation is soon to come*** *and My righteousness to be revealed.*[518]

The Midrash presents a final exposition of the *Isaiah* verse[519] and explains why the Torah presents the law of the Hebrew slave directly after the verse that introduces the ordinances:[520]
אָמַר הַקָּדוֹשׁ בָּרוּךְ הוּא: אֲנִי מֵבִיא אֶת הַיְשׁוּעָה – **The Holy One, blessed is He, said,** "It is I Who **brings the salvation,"** שֶׁנֶּאֱמַר ״לַה׳ הַיְשׁוּעָה״ – **as it is stated, *Salvation is HASHEM'S*** (*Psalms* 3:9);[521] וּמִי שֶׁהוּא עוֹשֶׂה מִשְׁפָּט כּוֹתֵב אֲנִי עָלָיו שֶׁהוּא מְקָרֵב אֶת הַיְשׁוּעָה – "but nevertheless, if **someone performs justice, I will write of him that he brings the salvation near."**[522] וְכֵן אַתָּה מוֹצֵא בִּיהוֹשָׁפָט – **And thus do you find in connection with Jehoshaphat.** שֶׁעָשָׂה שׁוֹפְטִים, שֶׁנֶּאֱמַר ״וַיַּעֲמֵד שׁוֹפְטִים״ – **For he established** a system of **judges** in Israel, **as it is stated, *He stationed judges*** *in the land . . . for each city* (*II Chronicles* 19:5), וּכְשֶׁבָּאוּ בְּנֵי עַמּוֹן וּמוֹאָב הֵן הָיוּ עוֹמְדִין וְהַקָּדוֹשׁ בָּרוּךְ הוּא עוֹשֶׂה מִלְחַמְתָּן – **and when the children of Ammon and Moab came** to wage war against Israel in Jehosaphat's time, **[the Israelites] stood by and the Holy One, blessed is He, waged their war** for them, שֶׁנֶּאֱמַר ״כִּי לֹא לָכֶם הַמִּלְחָמָה כִּי לֵאלֹהִים״ – **as it is stated,** *Thus said HASHEM concerning you: Do not fear and do not be intimidated before this great multitude,* ***for the battle is not yours, but God's!*** (ibid. 20:15) – כְּשֵׁם שֶׁאָמַר מֹשֶׁה רַבֵּינוּ עָלָיו הַשָּׁלוֹם ״ה׳ יִלָּחֵם לָכֶם״ – **just as Moses our teacher, may peace be upon him, said** at the time of the Exodus, ***"HASHEM will do battle on your behalf!"*** (above, 14:14). לָמָּה – **Why** did God wage Israel's battle in the time of Jehosaphat? מִפְּנֵי שֶׁעָשׂוּ אֶת הַדִּין גָּרְמוּ הַיְשׁוּעָה שֶׁתָּבֹא – **Since [Israel] implemented justice** in their courts, **they caused [their] salvation to come.**[523] לְכָךְ נֶאֱמַר ״שִׁמְרוּ מִשְׁפָּט וַעֲשׂוּ צְדָקָה״ – **Therefore**[524] **it is stated, *Observe justice and perform righteousness,*** *for My salvation is soon to come.* הֱוֵי ״וְאֵלֶּה הַמִּשְׁפָּטִים״, מַה כְּתִיב אַחֲרָיו ״כִּי תִקְנֶה עֶבֶד עִבְרִי״ – And **this is** further alluded to in our Torah portion, which states, ***And these are the ordinances.*** **For what is written after [this verse]? *If you acquire a Jewish bondsman,*** *he shall work for six years; and in the seventh he shall go free, for no charge.*[525]

NOTES

518. The phrase *My righteousness to be revealed* is to be understood as teaching that it is when the Redemption comes that the true value of mitzvos and their ultimate reward will become apparent (*Yefeh To'ar* and *Eitz Yosef* on the Midrash above at note 509; see also *Beur Maharif*).

519. *Yefeh To'ar, Eitz Yosef.*

520. See opening introduction to this section (§24) and note 449.

521. I.e., salvation can be effected only by God. Alternatively, the Midrash is saying that human merit alone cannot bring salvation; God's mercy is required as well (ibid.).

522. Although God will ultimately bring the Redemption even if we are unworthy, one who acts with justice increases Israel's merit and thus hastens its coming [see above, note 488] (*Maharzu*). That God indeed credits one who performs justice with hastening the Redemption is indicated by our *Isaiah* verse, *Observe justice . . . for My salvation is soon to come*, which may be understood: One who "observes justice" causes My salvation to be "soon to come" (see *Yefeh To'ar* and *Eitz Yosef* s.v. אמר הקב״ה).

523. This is the import of *II Chronicles* 20:17: *Stand still and see the salvation of HASHEM "for you"* (*Radal*). *Eshed HaNechalim* explains that a properly functioning system of justice creates a peaceful and compassionate society. Jehosaphat and his people, who established such a system, thus merited salvation, for God had mercy on them just as they had mercy on others.

524. I.e., to make the point that our salvation is predicated on and hastened by our executing justice.

525. The Torah presents the law of the Hebrew slave directly after the verse that introduces the ordinances in order to teach that Israel will merit her ultimate redemption through fulfilling the ordinances and thus "observing justice" (see above, note 449). The law of the Hebrew slave alludes to Israel's redemption because it speaks of the slave going free after six years (*Yefeh To'ar*, second interpretation; *Eitz Yosef*). Indeed, Scripture stipulates that he shall go free *for no charge*. This alludes to what will happen at the predestined time of the Redemption, when Israel will be redeemed even if she is unworthy [see above, note 488] (see *Radal*).

Eshed HaNechalim writes that the law of showing compassion to the Hebrew slave (by freeing him after he works for six years) is written right after *And these are the ordinances* in order to teach that the main point of the Torah's ordinances is that we are to behave compassionately toward our fellow man. When Israel will internalize this lesson and act accordingly, she will merit to be treated likewise by God – and she will be redeemed.

לְכָךְ נֶאֱמַר "כִּי קְרוֹבָה יְשׁוּעָתִי לָבֹא", אָמַר הַקָּדוֹשׁ בָּרוּךְ הוּא: אֲנִי מֵבִיא אֶת הַיְשׁוּעָה, שֶׁנֶּאֱמַר "לַה' הַיְשׁוּעָה", וּמִי שֶׁהוּא עוֹשֶׂה מִשְׁפָּט כּוֹתֵב אֲנִי עָלָיו שֶׁהוּא מְקָרֵב אֶת הַיְשׁוּעָה, וְכֵן אַתָּה מוֹצֵא בִּיהוֹשָׁפָט שֶׁעָשָׂה שׁוֹפְטִים, שֶׁנֶּאֱמַר (דברי הימים-ב יט, ה) **"וַיַּעֲמֵד שׁוֹפְטִים", וּכְשֶׁבָּאוּ בְּנֵי עַמּוֹן וּמוֹאָב הֵן הָיוּ עוֹמְדִין וְהַקָּדוֹשׁ בָּרוּךְ הוּא עוֹשֶׂה מִלְחַמְתָּן, שֶׁנֶּאֱמַר** (שם כ, טו) **"כִּי לֹא לָכֶם הַמִּלְחָמָה כִּי לֵאלֹהִים", כְּשֵׁם שֶׁאָמַר מֹשֶׁה רַבֵּינוּ עָלָיו הַשָּׁלוֹם** (שמות יד, יד) **"ה' יִלָּחֵם לָכֶם", לָמָּה, מִפְּנֵי שֶׁעָשׂוּ אֶת הַדִּין גָּרְמוּ הַיְשׁוּעָה שֶׁתָּבֹא, לְכָךְ נֶאֱמַר** (ישעיה נו, א) **"שִׁמְרוּ מִשְׁפָּט וַעֲשׂוּ צְדָקָה", הֱוֵי** [כא, א] **"וְאֵלֶּה הַמִּשְׁפָּטִים", מַה כְּתִיב אַחֲרָיו** [כא, ב] **"כִּי תִקְנֶה עֶבֶד עִבְרִי":**

חידושי הרד"ל

יהושפט שופטים וגו' לא לאדם תשפטו כי לה' וגו' וכשבאו בני עמון כו' לכם המלחמה כי לאלהים. כן לריך לומר: **גרמה הישועה שתבא.** כמו שכתוב שם (דברי הימים ב כ יז), עמדו וראו את ישועת ה' עמכם: **מה כתיב אחריו כי תקנה עבד עברי.** וגו' ילא לחפשי חנם, רמז הגאולה שילאו חפשים:

עץ יוסף

חוש השמע של כל העולם לשמעס, וחוש הראות לראותם, ועיין במדרש קהלת פסוק לא תשבע עין וגו': **לכך נאמר כי קרובה ישועתי לבא.** כוונתו על סיפיה דקרא ולדקתי להגלות, וכמו שכתבתי לעיל בדיבור המתחיל משל לסוחר עיין שם: **אמר הקדוש ברוך הוא אני מביא כו'.** הוא דבר אחר, ומפרש אף על פי שלי הישועה, התקרבותה תקרא על שמכם כשתשמרו משפט ולדקה: **שנאמר לה' הישועה.** שהיא שלו ומושיע אין בלתו, או שאין הזכות מספיק אלא בשתוף רחמי ה' להושיע: **מה כתיב אחריו כי תקנה.** רמז שכשם שהעבד נושע, כי שש שנים יעבוד ובשביעית ילא, כן יהיו הם נושעים (יפה תואר):

פירוש מהרז"ו

לכך נאמר כי קרובה. וסיפיה דקרא ולדקתי להגלות. וכנגד המשפט אמר כי קרובה ישועתי, וכנגד הלדקה אמר, ולדקתי להגלות, וכמו שכתוב בסמוך: **לה' הישועה.** על כל פנים אביא את הישועה בין בקרוב בין ברחוק, אך העושה משפט גורם לקרב הישועה:

ויעמד יהושפט שופטים. תיבת יהושפט אינו בכתוב, אלא שהענין מדבר ביהושפט, ולשון ויעמד כמו שכתב לעיל פרשה ג' ריש סימן ח, על כן בעת לרה עמדו ולא נפלו, וכמו שכתוב שם בדברי הימים ב' כ' י"ז לא לכם להלחם בזאת התילבו עמדו וראו את ישועת ה' עמכם, כשם שאמר משה (שמות יד, יג) התילבו וראו את ישועת ה', על פי מדות מנגד וממעל: **הוי ואלה המשפטים.** אחר שסדר כל עניני המשפטים, כתוב פרשת הנה אנכי שולח מלאך, מלאה ברכות וישועות, וכן במה שכתוב בעבד עברי ובשביעית ילא לחפשי חנם, רומז ליום שכולו שבת ומנוחה:

אם למקרא

וַיַּעֲמֵד שֹׁפְטִים בָּאָרֶץ בְּכָל עָרֵי יְהוּדָה הַבְּצֻרוֹת לְעִיר וָעִיר:
(דברי הימים-ב יט: ה)

וַיֹּאמֶר הַקְשִׁיבוּ כָל־יְהוּדָה וְיֹשְׁבֵי יְרוּשָׁלַם וְהַמֶּלֶךְ יְהוֹשָׁפָט כֹּה־אָמַר ה' לָכֶם אַתֶּם אַל תִּירְאוּ וְאַל תֵּחַתּוּ מִפְּנֵי הֶהָמוֹן הָרָב הַזֶּה כִּי לֹא לָכֶם הַמִּלְחָמָה כִּי לֵאלֹהִים:
(שם כ: טו)

ה' יִלָּחֵם לָכֶם וְאַתֶּם תַּחֲרִשׁוּן:
(שמות יד: יד)

ידי משה

מה שאין כן אלוסה אין חייב בפורקנה, לכן עד גאולה אחרונה היתה חייבת בפורקנה לפרוק עלמה הואיל והיה כאלוסה, מה שאין כן לעתיד יהיה כנשואה, ואז הקב"ה חייב בפורקנה אף שלא יפרקו עלמם בלי מלות ומעשים טובים. ודוק:

אשד הנחלים

סגולות לנפש מה שלא תרגיש פה בעולם: **אני מביא כו' כותב אני כו'.** כאומר שמרו משפט למען הכין שיבוא הישועה בזכותם, אף שזהו רק ישועתי וחסדי, עם כל זה באמצעית עשיית המשפט נחשב כאלו אתם עשיתם, ולכן נכתב ביו"ד הכנוי ישועתי, להורות על ההיפוך, שאף על פי כן נקרא על שמכם: **שעשו את הדין.** ואז שלום וחמלה בעולם, ועל ידי זה גרמו הישועה כי ריחם ה' גם עליהם, ולכן כתיב תיכף למשפטים מענין דיני העבד, להורות שעיקר המשפטים המה הרחמים על בני אדם, וכל המרחם ירוחם:

Chapter 31

אִם כֶּסֶף תַּלְוֶה אֶת עַמִּי אֶת הֶעָנִי עִמָּךְ לֹא תִהְיֶה לוֹ כְּנֹשֶׁה לֹא תְשִׂימוּן עָלָיו נֶשֶׁךְ. אִם חָבֹל תַּחְבֹּל שַׂלְמַת רֵעֶךָ עַד בֹּא הַשֶּׁמֶשׁ תְּשִׁיבֶנּוּ לוֹ. כִּי הִוא כְסוּתֹה לְבַדָּהּ הִוא שִׂמְלָתוֹ לְעֹרוֹ בַּמֶּה יִשְׁכָּב וְהָיָה כִּי יִצְעַק אֵלַי וְשָׁמַעְתִּי כִּי חַנּוּן אָנִי.

When you lend money to My people, to the poor person who is with you, do not act toward him as a creditor; do not lay interest upon him. If you take your fellow's garment as security, until sunset shall you return it to him. For it alone is his clothing, it is his garment for his skin — in what should he lie down? — so it will be that if he cries out to Me, I shall listen, for I am compassionate (22:24-26).

§1 **אִם כֶּסֶף תַּלְוֶה אֶת עַמִּי** — *WHEN YOU LEND MONEY TO MY PEOPLE, TO THE POOR PERSON WHO IS WITH YOU, DO NOT ACT TOWARD HIM AS A CREDITOR, ETC.*

The Midrash introduces an exposition of a verse in *Psalms*, tying it to our passage at the end of the section:

הֲדָא הוּא דִכְתִיב ״טוֹב אִישׁ חוֹנֵן וּמַלְוֶה יְכַלְכֵּל דְּבָרָיו בְּמִשְׁפָּט״ — Thus it is written, *Good is the man who is gracious and lends; who conducts his affairs with justice* (*Psalms* 112:5). **אֵין בְּרִיָּה שֶׁאֵינָהּ חַיֶּיבֶת לֵאלֹהִים — There is no creature that is not in debt to God** for having committed some sin, **אֶלָּא שֶׁהוּא חַנּוּן וְרַחוּם וּמוֹחֵל עַל כָּל הָרִאשׁוֹנִים — yet [God] is gracious and merciful, and pardons all of the former [sins], שֶׁנֶּאֱמַר ״אַל תִּזְכָּר לָנוּ עֲוֹנֹת רִאשֹׁנִים״ — as it is stated, *You shall not recall against us former sins*** (ibid. 79:8).[1] **מָשָׁל לְאֶחָד שֶׁלָּוָה מִן דָּנִיסְטוּס[2] וּשְׁכָחוֹ — This is analogous to one who borrowed** money **from a moneylender, who** then **pardoned** (lit., *forgot*) **[the debt].**[3] **לְאַחַר זְמַן בָּא וְעָמַד לְפָנָיו — After** some **time, [the debtor] came and stood before [the creditor], אָמַר לוֹ יוֹדֵעַ אֲנִי שֶׁאֲנִי חַיָּיב לָךְ — and said to him, "I am aware that I owe you** money." **אָמַר לוֹ: לָמָּה הִזְכַּרְתָּ חוֹב הָרִאשׁוֹן, כְּבָר בָּטֵל הוּא מִלִּבִּי — But [the creditor] said to him, "Why have you mentioned the original debt? It is already nullified** and removed **from my heart!" כָּךְ אֲדוֹן הָעוֹלָם — Similarly** does **the Master of the universe** act: **הַבְּרִיּוֹת חוֹטְאִין לְפָנָיו, וְהוּא מִסְתַּכֵּל שֶׁאֵין עוֹשִׂין תְּשׁוּבָה — [His] creatures sin before Him, and He sees that they do not repent** their sins, **וְהוּא מַנִּיחַ לָהֶם רִאשׁוֹן רִאשׁוֹן — and He pardons [their]** sins **one by one;**[4] **וּכְשֶׁהֵם שָׁבִים — and when they** eventually **repent, בָּאִין לְהַזְכִּיר הַחוֹב שֶׁעָשׂוּ בָּרִאשׁוֹנָה — they come to mention** before Him **the debt** for the sin **that they committed originally, וְהוּא אוֹמֵר לָהֶם: אַל תִּזְכְּרוּ רִאשׁוֹנוֹת — and He says to them, "Do not mention former [sins]."**[5]

The Midrash discusses how when one indeed repents, God pardons *all* his sins:[6]

מִנַּיִן אַתָּה אוֹמֵר שֶׁאִם שָׁב אָדָם וְעָשָׂה תְּשׁוּבָה — And how do you know that if a person returns to God **and repents, אֲפִילוּ יֵשׁ בְּיָדוֹ עֲוֹנוֹת הַרְבֵּה הוּא עוֹשֶׂה אוֹתָן זְכִיּוֹת — even if he has committed many** willful **transgressions, he can transform them into merits?**[7] **דִּכְתִיב ״וּבְשׁוּב רָשָׁע מֵרִשְׁעָתוֹ וְעָשָׂה מִשְׁפָּט וּצְדָקָה עֲלֵיהֶם הוּא יִחְיֶה״ — For it is written, *And if a wicked person turns back from his wickedness and acts with justice and righteousness, he shall live for [his acts]*** (*Ezekiel* 33:19); that is, he shall live on account of *all* his acts, even his wicked ones.[8]

NOTES

1. According to the Midrash, this verse is understood (not as a supplication but) as a statement, that the way of God is to disregard former sins (*Eitz Yosef*).

Accordingly, the *Psalms* verse cited above is understood as follows: *Good is the man who is gracious when he lends* to a poor person; *who conducts his affairs by judging* from God's conduct with him and learning from there how he should act toward his debtors (*Yefeh To'ar*, cited in part by *Eitz Yosef*).

2. A דָּנִיסְטוּס is one who lends money on interest (*Aruch* s.v. דנסטס, cited by *Beur Maharif* to 29 §9 above).

3. I.e., since he had already forgiven the debt, he wished for it to be forgotten from his mind altogether (*Eitz Yosef*, from *Yefeh To'ar*).

4. The Midrash is saying that since God sees that the person is not repenting, He forgives the person's initial transgressions in the hope that the sinner will ultimately mend his ways and seek repentance; would God not do so, the sinner would die immediately, having forfeited his right to live (*Yedei Moshe*, in his conclusion; *Eitz Yosef*, second explanation, from *Yefeh To'ar*).

This concept is based on a statement of the Gemara (*Yoma* 86b) that God pardons up to three sins, punishing the sinner only after he has sinned a fourth time. According to one understanding of the Gemara (followed by *Rambam, Hil. Teshuvah* 3:5), this means that even without repentance, God will not count a person's first three sins when determining whether one is mostly meritorious or mostly sinful. [However, should he nonetheless be found mostly sinful, he will be punished for those sins as well, as the Gemara in *Rosh Hashanah* (17a) states, *He removes the first [sin] in the beginning . . . but the sin itself is not erased* (*Rambam* ibid. with *Kesef Mishneh*; see further there).] It would seem, then, that when our Midrash states that God pardons their sins "one by one," it means up to three sins. However, *Rambam* (ibid.) follows the version of that Gemara cited by *Rif*, according to which it is only the community when being judged as a whole that is pardoned for up to three sins; an individual has only up to two sins. According to that version, the words "one by one" in our Midrash would be understood literally, meaning that the first two are not counted (*Anaf Yosef*, based on *Yefeh To'ar*). [See *Yedei Moshe*, *Radal*, and *Eitz Yosef* for an alternative reading and explanation of our Midrash, which would conform to the view of those who disagree with *Rambam*'s entire understanding of the Gemara, such as *Raavad* in his comments to *Rambam* ad loc. For an alternative explanation of our reading in the Midrash, and of the Gemara in *Rosh Hashanah* cited above, see first Insight to note 11 below.]

5. For they have already been pardoned.

[*Yefeh To'ar* finds difficulty with this statement of the Midrash, for although the Gemara (ibid.; see *Radal* and *Maharzu*) cites an opinion that once one has confessed his sins on Yom Kippur he should not confess them again on another Yom Kippur, provided that he has not repeated them since, this refers *only* to sins that one has confessed. However, if one's sins were pardoned without repentance, logic would dictate that it is preferable that he confess those sins at least once.]

6. The Midrash introduced the above discussion for the purpose of explaining Scripture's exhortation to the lender to follow the laws discussed in our Scriptural passage, which include the obligation to return a collateral daily if the borrower requires it (as the Midrash will conclude at the end of this section). Therefore, it is not sufficient to demonstrate that God pardons the first few sins; rather, we must show that at times God pardons *all* of a person's sins, so that the lender should learn from God's example (as was discussed above, note 1) and return the collateral, although this will leave him with no security on the loan (*Yefeh To'ar*; see also *Eitz Yosef*).

7. Why does the Midrash repeat itself by stating *returns and repents*? *Yefeh To'ar* (first explanation) explains that the Midrash is alluding to that which the Gemara (ibid.) states, that a person's sins are converted into merits only when his repentance is motivated by love of God; if his repentance is prompted by fear of Divine punishment, his willful sins merely assume the less severe status of inadvertent sins. Therefore, our Midrash uses a double terminology, thus indicating that we are discussing an individual who is constantly repenting the same sins, which is generally only true of one who repents out of his love for God. [See the end of note 9 below.]

8. *Rashi* to *Yoma* ibid., cited by *Rashash* and *Eitz Yosef*. Since the word עֲלֵיהֶם, *for [his acts]*, is otherwise superfluous, the Midrash interprets it to be including all his acts that were mentioned earlier in the verse, that is, both *his wickedness* and his subsequent *justice and righteousness*, for after he repents his sins will be converted into sources of merit (*Eitz Yosef*; see also *Maharzu*).

פרשה לא

א [כב, כד] **"אם כֶּסֶף תַּלְוֶה אֶת עַמִּי", הָדָא הוּא דִכְתִיב** (תהלים קיב, ב) **"טוֹב אִישׁ חוֹנֵן וּמַלְוֶה יְכַלְכֵּל דְּבָרָיו בְּמִשְׁפָּט", אֵין בְּרִיָּה שֶׁאֵינָהּ חַיֶּיבֶת לֵאלֹהִים, אֶלָּא שֶׁהוּא חַנּוּן וְרַחוּם וּמוֹחֵל עַל כָּל הָרִאשׁוֹנִים, שֶׁנֶּאֱמַר** (שם עט, ח) **"אַל תִּזְכָּר לָנוּ עֲוֹנֹת רִאשֹׁנִים", מָשָׁל לְאֶחָד שֶׁלָּוָה מִן °דְיוֹסְטוּסוֹ וּשְׁכָחוֹ, לְאַחַר זְמַן בָּא וְעָמַד לְפָנָיו, אָמַר לוֹ: יוֹדֵעַ אֲנִי שֶׁאֲנִי חַיָּיב לְךָ, אָמַר לוֹ: לָמָּה הִזְכַּרְתָּ חוֹב הָרִאשׁוֹן, כְּבָר בָּטֵל הוּא מִלִּבִּי, כָּךְ אֲדוֹן הָעוֹלָם הַבְּרִיּוֹת חוֹטְאִין לְפָנָיו, וְהוּא מִסְתַּכֵּל שֶׁאֵין עוֹשִׂין תְּשׁוּבָה וְהוּא מַנִּיחַ לָהֶם רִאשׁוֹן רִאשׁוֹן, וּכְשֶׁהֵם שָׁבִים בָּאִין לְהַזְכִּיר הַחוֹב שֶׁעָשׂוּ בָּרִאשׁוֹנָה, וְהוּא אוֹמֵר לָהֶם: אַל תִּזְכְּרוּ רִאשׁוֹנוֹת, מִנַּיִן אַתָּה אוֹמֵר שֶׁאִם שָׁב אָדָם וְעָשָׂה תְּשׁוּבָה, אֲפִילּוּ יֵשׁ בְּיָדוֹ עֲוֹנוֹת הַרְבֵּה הוּא עוֹשֶׂה אוֹתָן זְכֻיּוֹת, דִּכְתִיב** (יחזקאל לג, יט) **"וּבְשׁוּב רָשָׁע מֵרִשְׁעָתוֹ וְעָשָׂה מִשְׁפָּט וּצְדָקָה עֲלֵיהֶם הוּא יִחְיֶה",** (שם יח, כב) **"כָּל פְּשָׁעָיו אֲשֶׁר עָשָׂה לֹא יִזָּכְרוּ לוֹ", לְכָךְ הוּא מַזְהִיר עַל הֶעָנִי** [כב, כב] **"לֹא תִהְיֶה לוֹ כְּנֹשֶׁה", לֹא תַעֲמִידֵנוּ עָרוֹם,** [כב, כו] **"וְהָיָה כִּי יִצְעַק אֵלַי", וְכֵן דָּוִד אוֹמֵר** (תהלים לד, יח) **"צָעֲקוּ וַה' שָׁמֵעַ":**

עץ יוסף

(א) הדא הוא דכתיב טוב איש חונן ומלוה כו'. בעי למידרש עמך, שרוצה לומר עשה כמו שאני עושה עמך, שאני מוחל לך על חובותיך, כדמפרש אין בריה שאינה חייבת כו', ומייתי סמך לזה מפסוק טוב איש חונן ומלוה וגו', דהכי קאמר שיכלכל דבריו במשפט היטב וילמוד מהקדוש ברוך הוא כמו שהוא חונן ומוחל לו, כן טוב שיהיה גם הוא חונן ומלוה (יפה תואר): **שנאמר אל תזכר לנו עונות ראשונים.** כלומר שכך הוא המדה שלא יזכור עונות ראשונים: **דיוסטותו.** פירוש מלוה, שמלוה מעות לכל מי שירצה: **ושכחו.** כלומר שרצה שישכח ממנו לפי שמחלו מדעתו (יפה תואר): **והוא מסתכל שאין עושים תשובה.** נראה שצריך לומר, והוא מסתכל שהן עושין תשובה. ופירושו שה' מסתכל בעתיד שעתידים לשוב, מוחל להם ראשון ראשון, כדי שלא לטרדם עכשיו מן העולם. ולפי גירסא דילן רוצה לומר שאילו היו שבים אין צורך להעביר להם דודאי בתשובה נמחלין, אלא לפי שה' רואה שאין עושין תשובה וראויים למות מיד, מניח להם ראשון ראשון כדי שלא יטרדו מיד אולי ישובו (יפה תואר): **מניח להם ראשון ראשון.** נראה דדוקא עד שלשה, ועיין בענף: **אל תזכרו ראשונות.** כי אותם כבר נמחלו, והיינו שלשה ראשונות, ואין צריך לשוב אלא על האחרונות (יפה תואר): **מנין אתה אומר כו'.** משום דמדמה ליה למלוה לעני, שהמלוה שישמוט ידו לגמרי וישיב לו אפילו עבוטו, להכי קאמר מנלן דבתשובה מיהת הכל נמחל, דאפילו כזכיות נחשבו לו: **דכתיב ובשוב רשע מרשעתו כו' כל פשעיו אשר עשה כו'.** הנה מרהיטת לשון המדרש משמעו שהכל הוא מקרא אחד, אולם באמת שני מקראות המה, ומכל אחד מוכח שהעונות נעשו זכיות, ומפסוק אחד דייק ממלת עליהם שהוא יתר שדי לכתוב ועשה משפט וצדקה הוא יחיה מאי עליהם, אלא שפירושו על כל מה שנזכר לפני זה, והיינו רשעתו ומשפט וצדקה על כולם יחיה, שיהפכו העונות לזכיות, וכן פירש רש"י ביומא פ"ו ע"ב עיין שם. ופסוק השני הוא (יחזקאל י"ח כ"ב) כל פשעיו אשר עשה לא יזכרו לו בצדקתו אשר עשה יחיה, שפירוש בצדקתו, היינו העונות שעליהם הוא מצדיק עצמו בתשובה, בהם יחיה והוא שיהפכו לזכיות: **לכך הוא מזהיר על העני.** כשהלוה הוא עני, וסיומא דלעיל הוא דאין בריה שאינה חייבת כו', לכן גם אתה אל תעמידו ערום, וזהו כי היא שמלתו לעורו במה ישכב:

פירוש מהרז"ו

(א) אם כסף תלוה את עמי. היה לו לומר לרעך או לעני, כמו שכתוב בסיפיה דקרא את העני עמך, ומי הוא המלוה כסף לכל עמו של הקדוש ברוך הוא. על כן דורש על פי מדה ט', אם כסף תלוה את העני, כמו שאני מתנהג עם כל עמי, כך תתנהג עם העני: **טוב איש חונן ומלוה.** דורש על השם יתברך על פי גזירה שוה, כמו שכתוב (תהלים קמה, ט) טוב ה' לכל, איש, (שמות טו, ג) ה' איש מלחמה, חונן, כמו שכתוב (תהלים שם ח) חנון ורחום ה', שבזה הוא חונן שמוחל חוב ראשון. וה' מלוה לכל, כמו שאמרו באבות (פ"ג מט"ז) החנוני מקיף וכו' וכל הרוצה ללות יבא וילוה: **דיוסטוס.** לעיל פרשה כ"ט סימן ט הגירסא דניסטוס. ועיין במדבר רבה פרשה ט' בסימן ו, ופירושו בלשון יוני מלוה בריבית: **אל תזכרו ראשונות.** בישעיה מ"ג י"ח, שאם כפשוטו על הנסים לא היה לו לומר בלשון שלילה אל תזכרו, שאינו אלא הבטחה, על כן דורש שכוונתו על עונות ראשונות, וסובר כמאן דאמר (יומא פו, ב) שאסור להזכיר עונות שכבר נמחלו, שהתוודה עליהם. וכן מצאתי בפסיקתא פרשה מ"ד סוף סימן ז שובה ישראל, וזה לשונו אם יעשה תשובה שלמה אף העוברות וכו' אינם מתחשבות לו ואינם נזכרות לו מנין, וישעיה מפרש לא תזכרנה ראשונות ולא תעלנה על לב. וכאן מפסוק אל תזכרו ראשונות כנ"ל ודוק. וזה על פי מדה כ' וי"ז: **עליהם הוא יחיה.** תיבת עליהם מיותר לדרוש שעל העונות הוא יחיה: **לא תעמידנו ערום.** כמו שכתוב בסוף הענין, אם חבול תחבול שלמת רעך עד בא השמש תשיבנו לו כי הוא כסותו לבדו היא שמלתו לעורו וגו':

מתנות כהונה

[א] דיוסטוסו. מלוה שמלוה מעות לכל מי שירצה: **שאינן באין.** לפני הקב"ה ריקם:

נחמד למראה

[א] אם כסף תלוה וגו' לכך הוא מזהיר על העני לא תהיה לו כנושה לא תעמידנו ערום והיה כי יצעק אלי וכן דוד אומר צעקו וה' שמע. יש להקשות מאי קאמר וכן דוד אומר דיהודה ועוד לקרא. אבל יובן לעניות דעתי דהרגיש בעל המדרש בכתוב דקאמר ושמעתי כי חנון אני, דאי כי חנון אני קאי אמה שכתוב והיה כי יצעק אלי, מה חנינה היא זו, שאדרבה זה אינו אלא לרעה, דוהיה כי יצעק אלי ושמעתי ליפרע ממך, ואם כן מאי כי חנון אני דקאמר, הוי ליה למימר כי אלהים אני, דמלת אלהים הוא דין בכל מקום, מחמת זה מוכרחים אנו לומר דהאי כי חנון אני קאי לרישא דקרא דאם כסף תלוה, רצוני לומר אם תלוה לו ותעשה עמו צדקה ולא יפרע לך, חנון אני לשלם לך מה שלוית אותו. וזהו דוחק לומר דכי חנון אני קאי על רישא דקרא, לזה אמר וכן דוד אומר, כלומר שבדוד גם כן מצינו בכי האי גוונא דתחלה אמר פני ה' בעושי רע וגו', ואחר כך אמר צעקו וה' שמע. ואיך יתכן דצעקו קאי לדסמיך ליה דהיינו פני ה' בעושי רע, דאטו בשביל הרשעים

אשד הנחלים

[א] אם כסף כו' טוב איש כו' אין בריה כו'. הכונה יורה בזה על מלת עמי שנכתב פה בכונה, להורות שכן ינהגו וימשכו אחרי מדות ה', שכן הוא נוהג עם עמו, ולכן גם אתם לא תהיו לו כנושה, וזהו טוב איש חונן שחונן ומרחם ומוחל לו החוב העבר, ומלוה לו עוד, כי הוא מפלס דברו והנהגתו כפי המשפט הנכון שכן ציוה ה', וכן ה' נוהג עם ברואיו. וחשב שני חסדים, אף אם אינו שב, עם כל זה פעם ראשונה ושניה מוחל לו, כי כן הוא מטבע היצר הגובר עלינו טרם נתחכם ונתבונן איך להשמר מפניו, אך מכאן ולהלאה אחר שראה שנפל בידו אז היה לו להתחכם ולעשות הכנה לעמוד לנגדו. והחסד השני שבעשותו תשובה, אז הזדונות נעשו לו זכיות. והבאור בזה כי אינו דומה צדיק גמור שלא טעם טעם חטא, כבעל התשובה הפורש מחטאו שטעם אז, ואם כן גבורתו יותר גדולה, ואם כן פרישתו וזכותו יותר גדולה מפרישת הצדיק, ואם כן נעשה לו מעלה מעונותיו כאילו בכל טוב שימצא בו יצורף בו גם כח חטאיו שהיה לו, ועם כל זה התגבר עליו, כן נוכל לומר בכדי שלא יקשה איך יתכן שהחוב יתהפך בעצמו לזכות. ומה שהביא ראיה מהכתוב ובשוב, אולי דייק ממלת עליהם, כאילו עשיית הצדקה והמשפט מוסף על מה שעשה כבר רע ומצטרף הכל לטובה: **לא תעמידנו ערום.** לא ידעתי מה הסבירו בזה:

חידושי הרד"ל

[א] אלא שהוא חנון ורחום כו'. כדכתיב לקמיה, חנון ורחום ולדיק: **שלוה מן דניסטוס.** כן צריך לומר: **והוא מסתכל שהן עושין תשובה.** כן צריך לומר, וכן כתב בידי משה. ונראה שביום הכפורים קאמר וכרבנן ביומא (פו, ב): **לכך הוא מזהיר על העני.** כי חנון ורחום ה': **כנושה וגו' כי היא שמלתו לעורו במה ישכב לא תעמידנו ערום כו'.** כן צריך לומר: **יצעק אלי ושמעתי כי חנון אני וכן דוד כו'.** כן צריך לומר:

חידושי הרש"ש

[א] שלוה מן דניסטוס. כן צריך לומר, כמו דאיתא לעיל פרשה כט, ט: **עליהם הוא יחיה.** על כל מה שעשה, ואף על העבירות (רש"י ביומא פו, ב):

באור מהרי"פ

[א] לכך הוא מזהיר וכו'. סיומא דמדרש דלעיל הוא, אין בריה שאינה חייבת לאלהים אלא כשהוא חנון ורחום, לכך גם אתה תרחם על העניים **ולא תהיה לו כנושה וכו':**

אמרי יושר

[א] יכלכל דבריו במשפט. ראוי לאדם שידקדק בדבריו ולא יזכור עונות ראשונים, כי היא סבה ומזכיר עון להתפס, כאמרם בגמרא (יומא פו, ב) עונות שהתודה עליהם יום כפורים זה אל יתפלל עליהם ויום כיפורים אחר, וכשם שאין הקב"ה אלא מעביר, כן אתה אל תדקדק **ולא תהיה כנושה ולא תעמידנו ערום,** אלא החזר לו כסותו ותן לו במה ישכב:

ידי משה

[א] הדא הוא דכתיב טוב איש וגו'. פירוש, דייק יתורא דעמי, רצה לומר עשה כמו שאני עושה עמך, שאני מוחל על חובתך, וכדמסיק שאין בריה שאין חייב להקדוש ברוך הוא: **והוא מסתכל שאין עושים תשובה.** קשה, מאי הסתכלות שייך בזה, לא היה לו לומר אלא וכשאין עושה תשובה.

אם למקרא

טוֹב אִישׁ חוֹנֵן וּמַלְוֶה יְכַלְכֵּל דְּבָרָיו בְּמִשְׁפָּט: (תהלים קיב:ב)

אַל תִּזְכָּר לָנוּ עֲוֹנֹת רִאשֹׁנִים מַהֵר יְקַדְּמוּנוּ רַחֲמֶיךָ כִּי דַלּוֹנוּ מְאֹד: (שם עט:ח)

וּבְשׁוּב רָשָׁע מֵרִשְׁעָתוֹ וְעָשָׂה מִשְׁפָּט וּצְדָקָה עֲלֵיהֶם הוּא יִחְיֶה: (יחזקאל לג:יט)

כָּל־פְּשָׁעָיו אֲשֶׁר עָשָׂה לֹא יִזָּכְרוּ לוֹ בְּצִדְקָתוֹ אֲשֶׁר־עָשָׂה יִחְיֶה: (שם יח:כב)

צָעֲקוּ וַה' שָׁמֵעַ וּמִכָּל־צָרוֹתָם הִצִּילָם: (שם לד:יח)

ענף יוסף

(א) מניח להם ראשון ראשון. נראה דדוקא עד שלשה, כמו שאמר בפרק יום הכפורים (יומא דף פ"ו) גבי על שלשה פשעי ישראל. ואיכא למידק וכי מי שהרג את הנפש, או חלל שבת, לא יומת עד שעשה ארבע פעמים. וי"ל דהכא בעבירה שאינו נידון עליה בעולם הזה או בעולם הבא עד דאיכא רובא עונות, דלא חשיב שלש ראשונות עד דאיכא רובא עונות זולתן (יפה תואר). והנה מה שאמר דדוקא עד שלש וכו', הוא לפי גירסת רש"י שם, אבל הרי"ף והרמב"ם גרסו עבר אדם עבירה פעם ראשונה ושניה מוחלין לו שלישית אין מוחלין לו, והא תניא שלש מוחלין לו ארבע אין מוחלין לו, הא ביחיד הא בציבור ע"כ. ולפי דבריהם מדוקדק מה שאמר כאן מניח להם ראשון ראשון, דהיינו שני העבירות הראשונות לבד, וגם בסוף דבריו יש לדקדק, ואין כאן מקומו: **דכתיב ובשוב רשע מרשעתו כו' כל פשעיו אשר עשה בו'.** שני פסוקים הם, אך קשה תרתי למה לי, ועוד דמייתינהו שלא כסדרן, ויש לומר דחד לעונות וחד לפשעים שהם המרדים, ומשום דהא הוי רבותא טפי נקטיה בסיפא, אי נמי משום דהא עדיפא דקרי ליה צדקתו ממש (יפה תואר):

שינוי נוסחאות

(א) דיוסטוסו. כתבו רד"ל ורש"ש שצ"ל "דניסטוס":

"כָּל פְּשָׁעָיו אֲשֶׁר עָשָׂה לֹא יִזָּכְרוּ לוֹ" – And elsewhere, Scripture states, *As for the wicked man, if he repents from all his sins that he committed, and he observes all My decrees and practices justice and righteousness, he shall surely live, he shall not die.* ***All his transgressions that he committed will not be remembered against him;*** *he shall live because of the righteousness that he did* (ibid. 18:21-22).[9]

The Midrash concludes by tying the above teaching to our passage, in which Scripture exhorts the lender to learn how to treat the borrower from God's conduct with His "debtors":

לְכָךְ הוּא מַזְהִיר עַל הֶעָנִי "לֹא תִהְיֶה לוֹ כְּנֹשֶׁה" – **[Our verse], therefore, warns concerning** one's dealings with **a poor person,** ***Do not act toward him as a creditor;*** *do not lay interest upon him.*[10] **לֹא תַעֲמִידֵנּוּ עָרוֹם** – Furthermore, **do not leave him standing bare.**[11]

NOTES

9. The verse appears to be repetitious, for first it states that if the wicked man repents and practices justice and righteousness he shall live, and then once again states that he shall live because of the righteousness that he did. Furthermore, why does it mention both justice and righteousness the first time, and only righteousness the second time? The Midrash therefore understands that the second clause, *he shall live because of his righteousness*, refers to his sins, for they have now been transformed into acts of righteousness (*Yefeh To'ar*; see also *Eitz Yosef*).

One who repents out of love for God is deeply remorseful of his previous ways, for they had drawn him away from God; and he now seeks to return. Such a penitent is surely not satisfied with merely repenting for his sins. He seeks to close the gap between himself and God by performing extra acts of virtue, as it states in the verse cited earlier, *And practices justice and righteousness*. Indeed, the more he sinned in the past, the greater the distance between himself and God, and hence the more he will do to reduce that distance. It emerges that his sins are sources of merit, insofar as they spur him to perform acts of righteousness (based on *Maharsha* to *Yoma* ibid.; for other explanations, see *Toldos Noach*; *Eshed HaNechalim*; *Tosefes Yom HaKippurim* to *Yoma* ibid.; *Eitz Yosef* and *Anaf Yosef* to ibid., found in *Ein Yaakov*).

10. The Midrash is expounding the earlier part of the verse, *the poor person who is with you*, to mean that the lender should act toward the poor person as God does "*with you.*" Accordingly, one should treat the borrower with kindness, by following the laws discussed below in the Scriptural passage (*Eitz Yosef,* at the beginning of this section, from *Yefeh To'ar* there). The Midrash begins by citing the prohibition of lending with interest (*Yefeh To'ar*).

11. The Midrash now alludes to the obligation to return the collateral to a poor debtor (discussed at length in §7 below) mentioned in the next verse (v. 25), *If you take your fellow's garment as a security, until sunset shall you return it to him* (ibid., *Maharzu*). The Midrash's expression, "Do not stand him bare," alludes to that which it states in the following verse (v. 26), *For it alone is his clothing, it is his garment for his skin – in what should he lie down?* (*Maharzu*, *Eitz Yosef*).

For further elaboration of the lesson that our Midrash derives from the *Psalms* verse, see Insight Ⓐ.

INSIGHTS

Ⓐ **The Gracious Creditor** *Shem MiShmuel* (on our verse), following our reading in the Midrash (see above with note 4), asks how the Midrash can say that God pardons one by one the sins of those who do *not* repent. Does the Gemara (*Bava Kamma* 50a) not teach us that כָּל הָאוֹמֵר הַקָּדוֹשׁ בָּרוּךְ הוּא וַתְּרָן יְוַתְּרוּ חַיָּיו, *Anyone who says that the Holy One, blessed is He, is disregarding [of sin] — his life shall be disregarded*? Clearly, this means that no sin is forgiven by God in the absence of repentance! (see *Mesillas Yesharim*, Chapter 4). Moreover, why does the Midrash use the expression וְהוּא "מִסְתַּכֵּל" שֶׁאֵין עוֹשִׂין תְּשׁוּבָה, which means literally: *and He peers* and sees that they do not repent? What is the significance here of God "peering," of His looking closely and searchingly?

Shem MiShmuel writes that the answer lies in a closer analysis of the expression used by the Midrash: וְהוּא "מַנִּיחַ" לָהֶם רִאשׁוֹן רִאשׁוֹן, *and He "sets them aside" one by one*. The Midrash does not mean that God actually pardons and eliminates those sins. Rather, it means that He sets them aside, not allowing those sins to have a destructive impact on the sinner, as *Shem MiShmuel* goes on to explain.

As is known, each sin that a person commits creates a destructive angel, which seeks to destroy his soul and blind his eyes to the truth, portraying bad as good and good as bad. Moreover, one's own evil inclination is strengthened and emboldened by the commission of sin. Thus we are taught that עֲבֵירָה גּוֹרֶרֶת עֲבֵירָה, *one sin leads to another* (*Avos* 4:2). The commission of a sin paves the way for further sin, creating a downward spiral of decline, into whose vortex the sinner is dragged and from whose pull he finds it harder and harder to extricate himself. Indeed, given these inexorable forces of descent, it is difficult to understand how it is humanly possible for a sinner to repent and return.

Our Midrash is telling us that God mercifully intervenes and arrests this process. He "peers" at the as-yet unrepentant sinner, looking deeply into the inner recesses of his soul, and sees that were He not to "set aside the sins one by one," there would be no hope of return. So He "sets them aside" — He puts the destructive angels of spirit and of mind to the side, shielding the sinner from their pernicious influence, releasing him from their cumulative, crushing burden, so that, unencumbered, he can embark on the journey to repentance.

This can also be the meaning of the teaching in *Rosh Hashanah* 17a (see note 4), that one of God's Attributes of Mercy is (as we say in the *Selichos*) "מַעֲבִיר רִאשׁוֹן רִאשׁוֹן" ... וְעָוֹן עַצְמוֹ אֵינוֹ נִמְחָק. *"He removes [our sins] one by one" ... but the sin itself is not eradicated.* The sin is not *pardoned*; it is not eradicated. It is *removed.* The stifling weight of sin is removed from the sinner so that he can rise from under it and begin his ascent back to God.

And then, as our Midrash teaches further, after the sinner repents fully and sincerely, it is indeed as if the sins were never done at all, and there is no need for him to mention them any longer.

Accordingly, explains *Shem MiShmuel*, the Midrash's concluding teaching is now beautifully clear. Treat your debtor the way God treats you. *Do not act toward him as a creditor.* Do not crush him under the burden of his debt to you. Do not "stand him bare," giving him no way of getting out of the quicksand of his financial straits. Allow him the relief to regain his financial footing and return on the path to stability.

After all, that is how *your* Creditor treats *you.* He lifts the burden of debt from your sagging shoulders, and allows you to rise once again heavenward.

Truth in Lending The Midrash links our verse commanding how we are to lend money to our less fortunate brethren with the verse in *Psalms,* which states: *Good is the man who is gracious and lends; who conducts his affairs with justice.* Various commentators further expound the link established by our Midrash.

Some understand the *Psalms* verse as referring to the words the gracious lender is to use in explaining his generosity to the borrower: *let him conduct his words "with justice."* Let him explain to the needy borrower that their relationship is not that of "the haves" to "the have-nots," that of a benefactor and a supplicant. The illusion that the wealthy have provided for themselves is just that: an illusion. In the words of King David, וְכִי מִי אֲנִי וּמִי עַמִּי כִּי נַעְצֹר כֹּחַ לְהִתְנַדֵּב כָּזֹאת, כִּי מִמְּךָ הַכֹּל וּמִיָּדְךָ נָתַנּוּ לָךְ, *For who am I, and who is my people, that we should muster the strength to donate in this manner? For everything is from You, and from Your hand have we given to You* (see *I Chronicles* 29:14; see Midrash below, §9). If God has blessed us with more than we need, then it is because He wishes us to use the excess for the poor. The lender is to give the borrower to understand that the money he lends is not really his own; it has been entrusted to him by God for precisely this purpose. He lends him the money not in generosity but *with justice.*

Indeed our verse itself can be expounded similarly: *When you lend money to My people, to the poor person "with you."* What you lend to the poor person is not *yours,* it is simply *with you* — entrusted *with you* to use for this purpose (*Daas Sofer* and *Shaarei Simchah* on our verse).

According to another interpretation, both verses suggest a strategy for assisting someone who lacks the means to support himself but refuses to be supported by charity. According to the Talmud, we are obliged to offer the fellow a loan, even if we know full well that he will be unable to repay (*Kesubos* 87b). But how can the Talmud offer this advice when we are taught (see *Psalms* 37:21) that someone who fails to repay a loan is considered wicked?

Our verses provide a clear solution to the dilemma. When

פרשה לא

א [כב, כד] **"אִם כֶּסֶף תַּלְוֶה אֶת עַמִּי", הָדָא הוּא דִכְתִיב** (תהלים קיב, ב) **"טוֹב אִישׁ חוֹנֵן וּמַלְוֶה יְכַלְכֵּל דְּבָרָיו בְּמִשְׁפָּט", אֵין בְּרִיָּה שֶׁאֵינָהּ חַיֶּיבֶת לֵאלֹהִים, אֶלָּא שֶׁהוּא חַנּוּן וְרַחוּם וּמוֹחֵל עַל כָּל הָרִאשׁוֹנִים, שֶׁנֶּאֱמַר** (שם עט, ח) **"אַל תִּזְכָּר לָנוּ עֲוֹנֹת רִאשׁוֹנִים", מָשָׁל לְאֶחָד שֶׁלָּוָה מִן °דְּיוֹסְטוּסוֹ וְשָׁכַחוֹ, לְאַחַר זְמַן בָּא וְעָמַד לְפָנָיו, אָמַר לוֹ: יוֹדֵעַ אֲנִי שֶׁאֲנִי חַיָּיב לְךָ, אָמַר לוֹ: לָמָּה הִזְכַּרְתָּ חוֹב הָרִאשׁוֹן, כְּבָר בָּטֵל הוּא מִלִּבִּי, כָּךְ אֲדוֹן הָעוֹלָם הַבְּרִיּוֹת חוֹטְאִין לְפָנָיו, וְהוּא מִסְתַּכֵּל שֶׁאֵין עוֹשִׂין תְּשׁוּבָה וְהוּא מַנִּיחַ לָהֶם רִאשׁוֹן רִאשׁוֹן, וּכְשֶׁהֵם שָׁבִים בָּאִין לְהַזְכִּיר הַחוֹב שֶׁעָשׂוּ בָּרִאשׁוֹנָה, וְהוּא אוֹמֵר לָהֶם: אַל תִּזְכְּרוּ רִאשׁוֹנוֹת, מִנַּיִן אַתָּה אוֹמֵר שֶׁאִם שָׁב אָדָם וְעָשָׂה תְּשׁוּבָה, אֲפִילּוּ יֵשׁ בְּיָדוֹ עֲוֹנוֹת הַרְבֵּה הוּא עוֹשֶׂה אוֹתָן זְכֻיּוֹת, דִּכְתִיב** (יחזקאל לג, יט) **"וּבְשׁוּב רָשָׁע מֵרִשְׁעָתוֹ וְעָשָׂה מִשְׁפָּט וּצְדָקָה עֲלֵיהֶם הוּא יִחְיֶה",** (שם יח, כב) **"כָּל פְּשָׁעָיו אֲשֶׁר עָשָׂה לֹא יִזָּכְרוּ לוֹ", לְכָךְ הוּא מַזְהִיר עַל הֶעָנִי** [כב, כב] **"לֹא תִהְיֶה לוֹ כְּנֹשֶׁה", לֹא תַעֲמִידֶנּוּ עָרוֹם,** [כב, כו] **"וְהָיָה כִּי יִצְעַק אֵלַי", וְכֵן דָּוִד אוֹמֵר** (תהלים לד, יח) **"צָעֲקוּ וַה' שָׁמֵעַ":**

עץ יוסף

(א) הדא הוא דכתיב טוב איש חונן ומלוה כו'. בעי למידרש עמך, שרולה לומר עשה כמו שאני עושה עמך, שאני מוחל לך על חובותיך, כדמפרש אין בריה שאינה חייבת כו', ומייתי סמך לזה מפסוק טוב איש חונן ומלוה וגו', דהכי קאמר שיכלכל דבריו במשפט היטב וילמוד מהקדוש ברוך הוא כמו שהוא חונן ומוחל לו, כן טוב שיהיה גם הוא חונן ומלוה (יפה תואר): **שנאמר אל תזכר לנו עונות ראשונים.** כלומר שכך הוא המדה שלא יזכור עונות ראשונים: **דיוסטותו.** פירוש מלוה, שמלוה מעות לכל מי שירצה: **ושכחו.** כלומר שרצה שישכח ממנו לפי שמחלו מדעתו (יפה תואר): **והוא מסתכל שאין עושים תשובה.** נראה שצריך לומר, והוא מסתכל שהן עושין תשובה. ופירושו שה' מסתכל בעתיד שעתידים לשוב, מוחל להם ראשון ראשון, כדי שלא לטרדם עכשיו מן העולם. ולפי גירסא דילן רוצה לומר שאילו היו שבים אין צורך להעביר להם דודאי בתשובה נמחלין, אלא לפי שה' רואה שאין עושין תשובה וראויים למות מיד, מניח להם ראשון ראשון כדי שלא יטרדו מיד אולי ישובו (יפה תואר): **מניח להם ראשון ראשון.** נראה דדוקא עד שלשה, ועיין בענף: **אל תזכרו ראשונות.** כי אותם כבר נמחלו, והיינו שלשה ראשונות, ואין צריך לשוב אלא על האחרונות (יפה תואר): **מנין אתה אומר כו'.** משום דמדמה ליה למלוה לעני, שהמלוה שישמוט ידו לגמרי וישיב לו אפילו עבוטו, להכי קאמר מנלן דבתשובה מיהת הכל נמחל, דאפילו כזכיות נחשבו לו: **דכתיב ובשוב רשע מרשעתו כו' כל פשעיו אשר עשה כו'.** הנה מרהיטת לשון המדרש משמעו שהכל הוא מקרא אחד, אולם באמת שני מקראות המה, ומכל אחד מוכח שהעונות נעשו זכיות, ומפסוק אחד דייק ממלת עליהם שהוא יתר שדי לכתוב ועשה משפט וצדקה הוא יחיה מאי עליהם, אלא שפירושו על כל מה שנזכר לפני זה, והיינו רשעתו ומשפט וצדקה על כולם יחיה, שיהפכו העונות לזכיות, וכן פירש רש"י ביומא פ"ו ע"ב עיין שם. ופסוק השני הוא (יחזקאל י"ח כ"ב) כל פשעיו אשר עשה לא יזכרו לו בצדקתו אשר עשה יחיה, שפירוש בצדקתו, היינו העונות שעליהם הוא מצדיק עצמו בתשובה, בהם יחיה והוא שיהפכו לזכיות: **לכך הוא מזהיר על העני.** כשהלוה הוא עני, וסיומא דלעיל הוא דאין בריה שאינה חייבת כו', לכן גם אתה אל תעמידו ערום, וזהו כי היא שמלתו לעורו במה ישכב:

פירוש מהרז"ו

(א) אם כסף תלוה את עמי. היה לו לומר לרעך או לעני, כמו שכתוב בסיפיה דקרא את העני עמך, ומי הוא המלוה כסף לכל עמו של הקדוש ברוך הוא. על כן דורש על פי מדה ט', אם כסף תלוה את העני, כמו שאני מתנהג עם כל עמי, כך תתנהג עם העני: **טוב איש חונן ומלוה.** דורש על השם יתברך על פי גזירה שוה, כמו שכתוב (תהלים קמה, ט) טוב ה' לכל, איש, (שמות טו, ג) ה' איש מלחמה, חונן, כמו שכתוב (תהלים שם ח) חנון ורחום ה', שבזה הוא חונן שמוחל חוב ראשון. וה' מלוה לכל, כמו שאמרו באבות (פ"ג מט"ז) החנוני מקיף וכו' וכל הרוצה ללות יבא וילוה: **דיוסטוס.** לעיל פרשה כ"ט סימן ט הגירסא דניסטוס. ועיין במדבר רבה פרשה ט' בסימן ו, ופירושו בלשון יוני מלוה בריבית: **אל תזכרו ראשונות.** בישעיה מ"ג י"ח, שאם כפשוטו על הנסים לא היה לו לומר בלשון שלילה אל תזכרו, שאינו אלא הבטחה, על כן דורש שכוונתו על עונות ראשונות, וסובר כמאן דאמר (יומא פו, ב) שאסור להזכיר עונות שכבר נמחלו, שהתוודה עליהם. וכן מצאתי בפסיקתא פרשה מ"ד סוף סימן ז שובה ישראל, וזה לשונו אם יעשה תשובה שלמה אף העוברות וכו' אינם מתחשבות לו ואינם נזכרות לו מנין, וישעיה מפרש לא תזכרנה ראשונות ולא תעלנה על לב. וכאן מפסוק אל תזכרו ראשונות כנ"ל ודוק. וזה על פי מדה כ' וי"ז: **עליהם הוא יחיה.** תיבת עליהם מיותר לדרוש שעל העונות הוא יחיה: **לא תעמידנו ערום.** כמו שכתוב בסוף הענין, אם חבול תחבול שלמת רעך עד בא השמש תשיבנו לו כי הוא כסותו לבדו היא שמלתו לעורו וגו':

מתנות כהונה

[א] **דיוסטוסו.** מלוה שמלוה מעות לכל מי שירצה: **שאינן באין.** לפני הקב"ה ריקם:

נחמד למראה

[א] **אם כסף תלוה וגו' לכך הוא מזהיר על העני לא תהיה לו כנושה לא תעמידנו ערום והיה כי יצעק אלי וכן דוד אומר צעקו וה' שמע.** יש להקשות מאי קאמר וכן דוד אומר דיהודה ועוד לקרא. אבל יובן לעניות דעתי דהרגיש בעל המדרש בכתוב דקאמר ושמעתי כי חנון אני, דאי כי חנון אני קאי אמה שכתוב והיה כי יצעק אלי, מה חנינה היא זו, שאדרבה זה אינו אלא לרעה, דוהיה כי יצעק אלי ושמעתי ליפרע ממך, ואם כן מאי כי חנון אני דקאמר, הוי ליה למימר כי אלהים אני, דמלת אלהים הוא דין בכל מקום, מחמת זה מוכרחים אנו לומר דהאי כי חנון אני קאי לרישא דקרא דאם כסף תלוה, רצוני לומר אם תלוה לו ותעשה עמו צדקה ולא יפרע לך, חנון אני לשלם לך מה שלוית אותו. וזהו דוחק לומר דכי חנון אני קאי על רישא דקרא, לזה אמר וכן דוד אומר, כלומר שבדוד גם כן מצינו בכי האי גוונא דתחלה אמר פני ה' בעושי רע וגו', ואחר כך אמר צעקו וה' שמע. ואיך יתכן דצעקו קאי לדסמיך ליה דהיינו פני ה' בעושי רע, דאטו בשביל הרשעים

אשד הנחלים

[א] **אם כסף כו' טוב איש כו' אין בריה כו'.** הכונה יורה בזה על מלת עמי שנכתב פה בכונה, להורות שכן ינהגו וימשכו אחרי מדות ה', שכן הוא נוהג עם עמו, ולכן גם אתם לא תהיו לו כנושה, וזהו טוב איש חונן שחונן ומרחם ומוחל לו החוב העבר, ומלוה לו עוד, כי הוא מפלס דברו והנהגתו כפי המשפט הנכון שכן ציוה ה', וכן ה' נוהג עם ברואיו. וחשב שני חסדים, אף אם אינו שב, עם כל זה פעם ראשונה ושניה מוחל לו, כי כן הוא מטבע היצר הגובר עלינו טרם נתחכם ונתבונן איך להשמר מפניו, אך מכאן ולהלאה אחר שראה שנפל בידו אז היה לו להתחכם ולעשות הכנה לעמוד לנגדו. והחסד השני שבעשותו תשובה, אז הזדונות נעשו לו זכיות. והבאור בזה כי אינו דומה צדיק גמור שלא טעם טעם חטא, כבעל התשובה הפורש מחטאו שטעם אז, ואם כן גבורתו יותר גדולה, ואם כן פרישתו וזכותו יותר גדולה מפרישת הצדיק, ואם כן נעשה לו מעלה מעונותיו כאילו בכל טוב שימצא בו יצורף בו גם כח חטאיו שהיה לו, ועם כל זה התגבר עליו, כן נוכל לומר בכדי שלא יקשה איך יתכן שהחוב יתהפך בעצמו לזכות. ומה שהביא ראיה מהכתוב ובשוב, אולי דייק ממלת עליהם, כאילו עשיית הצדקה והמשפט מוסף על מה שעשה כבר רע ומצטרף הכל לטובה: **לא תעמידנו ערום.** לא ידעתי מה הסבירו בזה:

חידושי הרד"ל

[א] **אלא שהוא חנון ורחום כו'.** כדכתיב לקמיה, חנון ורחום ולדיק: **שלוה מן דניסטוס.** כן לריך לומר: **והוא מסתכל שהן עושין תשובה.** כן לריך לומר, וכן כתב בידי משה. ונראה שביום הכפורים קאמר וכרבנן ביומא (פו, ב): **לכך הוא מזהיר על העני.** כי חנון ורחום ה': **בנושה וגו' כי היא שמלתו לעורו במה ישכב לא תעמידנו ערום כו'.** כן לריך לומר: **יצעק אלי ושמעתי כי חנון אני וכן דוד כו'.** כן לריך לומר:

חידושי הרש"ש

[א] **שלוה מן דניסטוס.** כן לריך לומר, כמו דאיתא לעיל פרשה כט, ט: **עליהם הוא יחיה.** על כל מה שעשה, ואף על העבירות (רש"י ביומא פו, ב):

באור מהרי"פ

[א] **לכך הוא מזהיר וכו'.** סיומא דמדרש דלעיל הוא, אין בריה שאינה חייבת לאלהים אלא כשהוא חנון ורחום, לכך גם אתה תרחם על העניים **ולא תהיה לו כנושה וכו':**

אמרי יושר

[א] **יכלכל דבריו במשפט.** ראוי לאדם שידקדק בדבריו ולא יזכור עונות ראשונים, כי היא סבה ומזכיר עון להתפס, כאמרם בגמרא (יומא פו, ב) עונות שהתודה עליהם יום כפורים זה אל יתפלל עליהם ויום כיפורים אחר, וכשם שאין הקב"ה אלא מעביר, כן אתה אל תדקדק **ולא תהיה בנושה ולא תעמידנו ערום,** אלא החזר לו כסותו ותן לו במה ישכב:

ידי משה

[א] **הדא הוא דכתיב טוב איש וגו'.** פירוש, דייק יתורא דעמי, רלה לומר עשה כמו שאני עושה עמך, שאני מוחל על חובתך, וכדמסיק שאין בריה שאין חייב להקדוש ברוך הוא: **והוא מסתכל שאין עושים תשובה.** קשה, מאי הסתכלות שייך בזה, לא היה לו לומר אלא וכשאין עושה תשובה.

אם למקרא

טוֹב אִישׁ חוֹנֵן וּמַלְוֶה יְכַלְכֵּל דְּבָרָיו בְּמִשְׁפָּט: (תהלים קיב:ב)

אַל תִּזְכָּר לָנוּ עֲוֹנֹת רִאשֹׁנִים מַהֵר יְקַדְּמוּנוּ רַחֲמֶיךָ כִּי דַלּוֹנוּ מְאֹד: (שם עט:ח)

וּבְשׁוּב רָשָׁע מֵרִשְׁעָתוֹ וְעָשָׂה מִשְׁפָּט וּצְדָקָה עֲלֵיהֶם הוּא יִחְיֶה: (יחזקאל לג:יט)

כָּל־פְּשָׁעָיו אֲשֶׁר עָשָׂה לֹא יִזָּכְרוּ לוֹ בְּצִדְקָתוֹ אֲשֶׁר־עָשָׂה יִחְיֶה: (שם יח:כב)

צָעֲקוּ וַה' שָׁמֵעַ וּמִכָּל־צָרוֹתָם הִצִּילָם: (שם לד:יח)

ענף יוסף

(א) מניח להם ראשון ראשון. נראה דדוקא עד שלשה, כמו שאמר בפרק יום הכפורים (יומא דף פ"ו) גבי על שלשה פשעי ישראל. ואיכא למידק וכי מי שהרג את הנפש, או חלל שבת, לא יומת עד שעשה ארבע פעמים. וי"ל דהכא בעבירה שאינו נידון עליה בעולם הזה או בעולם הבא עד דאיכא רובא עונות, דלא חשיב שלש ראשונות עד דאיכא רובא עונות זולתן (יפה תואר). והנה מה שאמר דדוקא עד שלש וכו', הוא לפי גירסת רש"י שם, אבל הרי"ף והרמב"ם גרסו עבר אדם עבירה פעם ראשונה ושניה מוחלין לו שלישית אין מוחלין לו, והא תניא שלש מוחלין לו ארבע אין מוחלין לו, הא ביחיד הא בציבור ע"כ. ולפי דבריהם מדוקדק מה שאמר כאן מניח להם ראשון ראשון, דהיינו שני העבירות הראשונות לבד, וגם בסוף דבריו יש לדקדק, ואין כאן מקומו: **דכתיב ובשוב רשע מרשעתו כו' כל פשעיו אשר עשה כו'.** שני פסוקים הם, אך קשה תרתי למה לי, ועוד דמייתינהו שלא כסדרן, ויש לומר דחד לעונות וחד לפשעים שהם המרדים, ומשום דהא הוי רבותא טפי נקטיה בסיפא, אי נמי משום דהא עדיפא דקרי ליה צדקתו ממש (יפה תואר):

שינוי נוסחאות

(א) **דיוסטוסו.** כתבו רד"ל ורש"ש שצ"ל "דניסטוס":

"וְהָיָה כִּי יִצְעַק אֵלַי" — And it concludes, ***So it will be that if he cries out to Me,*** *I shall listen, for I am compassionate* (ibid., v. 26). וְכֵן דָּוִד אוֹמֵר "צָעֲקוּ וַה' שָׁמֵעַ" — **And similarly, King David states, *They cried out and HASHEM heeds,*** *and from all their troubles He rescues them* (Psalms 34:18).[12]

NOTES

12. The Midrash cited this verse to prove that the root צעק, *crying out*, indicates a cry for salvation, as the *Psalms* verse concludes, *He rescues them*. Accordingly, in our passage, too, when it states that God listens to the cry of the poor man, it is not referring to a poor man who has been oppressed and begs God to punish his oppressor, but rather is promising that if one does return the collateral, the poor man will pray on his behalf, and he will merit salvation (*Yefeh To'ar*).

INSIGHTS

approaching the poor person, tell him that the money is a loan, so he will not be embarrassed to accept it — but consider it to be a gift, so that he has done nothing wrong if he does not repay. The verse in *Psalms* would thus mean: Good is the man who is *gracious* when lending (graciously viewing the loan as a gift), yet supports his words *with justice* (assuring the borrower that the money is a loan). Our verse, too, can be seen as hinting to this device, when it continues and says: *do not treat him as a creditor* — i.e., view the money as a gift and do not demand payment as a creditor would (*Ksav Sofer* on our verse).

פרשה לא

א [כב, כד] "אִם כֶּסֶף תַּלְוֶה אֶת עַמִּי", הָדָא הוּא דִכְתִיב (תהלים קיב, ב) "טוֹב אִישׁ חוֹנֵן וּמַלְוֶה יְכַלְכֵּל דְּבָרָיו בְּמִשְׁפָּט", אֵין בְּרִיָּה שֶׁאֵינָהּ חַיֶּיבֶת לֵאלֹהִים, אֶלָּא שֶׁהוּא חַנּוּן וְרַחוּם וּמוֹחֵל עַל כָּל הָרִאשׁוֹנִים, שֶׁנֶּאֱמַר (שם עט, ח) "אַל תִּזְכָּר לָנוּ עֲוֹנֹת רִאשֹׁנִים", מָשָׁל לְאֶחָד שֶׁלָּוָה מִן °דְּיוֹסְטוּסוֹ וּשְׁכָחוֹ, לְאַחַר זְמַן בָּא וְעָמַד לְפָנָיו, אָמַר לוֹ: יוֹדֵעַ אֲנִי שֶׁאֲנִי חַיָּיב לְךָ, אָמַר לוֹ: לָמָּה הִזְכַּרְתָּ חוֹב הָרִאשׁוֹן, כְּבָר בָּטֵל הוּא מִלִּבִּי, כָּךְ אֲדוֹן הָעוֹלָם הַבְּרִיּוֹת חוֹטְאִין לְפָנָיו, וְהוּא מִסְתַּכֵּל שֶׁאֵין עוֹשִׂין תְּשׁוּבָה וְהוּא מַנִּיחַ לָהֶם רִאשׁוֹן רִאשׁוֹן, וּכְשֶׁהֵם שָׁבִים בָּאִין לְהַזְכִּיר הַחוֹב שֶׁעָשׂוּ בָּרִאשׁוֹנָה, וְהוּא אוֹמֵר לָהֶם: אַל תִּזְכְּרוּ רִאשׁוֹנוֹת, מִנַּיִן אַתָּה אוֹמֵר שֶׁאִם שָׁב אָדָם וְעָשָׂה תְּשׁוּבָה, אֲפִילוּ יֵשׁ בְּיָדוֹ עֲוֹנוֹת הַרְבֵּה הוּא עוֹשֶׂה אוֹתָן זְכֻיּוֹת, דִּכְתִיב (יחזקאל לג, יט) "וּבְשׁוּב רָשָׁע מֵרִשְׁעָתוֹ וְעָשָׂה מִשְׁפָּט וּצְדָקָה עֲלֵיהֶם הוּא יִחְיֶה", (שם יח, כב) "כָּל פְּשָׁעָיו אֲשֶׁר עָשָׂה לֹא יִזָּכְרוּ לוֹ", לְכָךְ הוּא מַזְהִיר עַל הֶעָנִי [כב, כב] "לֹא תִהְיֶה לוֹ כְּנֹשֶׁה", לֹא תַעֲמִידֶנּוּ עָרוֹם, [כב, כו] "וְהָיָה כִּי יִצְעַק אֵלַי", וְכֵן דָּוִד אוֹמֵר (תהלים לד, יח) "צָעֲקוּ וַה' שָׁמֵעַ":

עץ יוסף

(א) **הדא הוא דכתיב טוב איש חונן ומלוה כו'.** בעי למידרש עמך, שרוצה לומר עשה כמו שאני עושה עמך, שאני מוחל לך על חובותיך, כדמפרש אין בריה שאינה חייבת כו', ומייתי סמך לזה מפסוק טוב איש חונן ומלוה וגו', דהכי קאמר שיכלכל דבריו במשפט היטב וילמוד מהקדוש ברוך הוא כמו שהוא חונן ומוחל לו, כן טוב שיהיה גם הוא חונן ומלוה (יפה תואר): **שנאמר אל תזכר לנו עונות ראשונים.** כלומר שכך הוא המדה שלא יזכור עונות ראשונים: **דיוסטותו.** פירוש מלוה, שמלוה מעות לכל מי שירצה: **ושכחו.** כלומר שרצה שישכח ממנו לפי שמחלו מדעתו (יפה תואר): **והוא מסתכל שאין עושים תשובה.** נראה שצריך לומר, והוא מסתכל שהן עושין תשובה. ופירושו שה' מסתכל בעתיד שעתידים לשוב, מוחל להם ראשון ראשון, כדי שלא לטרדם עכשיו מן העולם. ולפי גירסא דילן רוצה לומר שאילו היו שבים אין צורך להעביר להם דודאי בתשובה נמחלין, אלא לפי שה' רואה שאין עושין תשובה וראויים למות מיד, מניח להם ראשון ראשון כדי שלא יטרדו מיד אולי ישובו (יפה תואר): **מניח להם ראשון ראשון.** נראה דדוקא עד שלשה, ועיין בענף: **אל תזכרו ראשונות.** כי אותם כבר נמחלו, והיינו שלשה ראשונות, ואין צריך לשוב אלא על האחרונות (יפה תואר): **מנין אתה אומר כו'.** משום דמדמה ליה למלוה לעני, שהמלוה שישמוט ידו לגמרי וישיב לו אפילו עבוטו, להכי קאמר מנלן דבתשובה מיהת הכל נמחל, דאפילו כזכיות נחשבו לו: **דכתיב ובשוב רשע מרשעתו כו' כל פשעיו אשר עשה כו'.** הנה מרהיטת לשון המדרש משמעו שהכל הוא מקרא אחד, אולם באמת שני מקראות המה, ומכל אחד מוכח שהעונות נעשו זכיות, ומפסוק אחד דייק ממלת עליהם שהוא יתר שדי לכתוב ועשה משפט וצדקה הוא יחיה מאי עליהם, אלא שפירושו על כל מה שנזכר לפני זה, והיינו רשעתו ומשפט וצדקה על כולם יחיה, שיהפכו העונות לזכיות, וכן פירש רש"י ביומא פ"ו ע"ב עיין שם. ופסוק השני הוא (יחזקאל י"ח כ"ב) כל פשעיו אשר עשה לא יזכרו לו בצדקתו אשר עשה יחיה, שפירוש בצדקתו, היינו העונות שעליהם הוא מצדיק עצמו בתשובה, בהם יחיה והוא שיהפכו לזכיות: **לכך הוא מזהיר על העני.** כשהלוה הוא עני, וסיומא דלעיל הוא דאין בריה שאינה חייבת כו', לכן גם אתה אל תעמידו ערום, וזהו כי היא שמלתו לעורו במה ישכב:

פירוש מהרז"ו

(א) **אם כסף תלוה את עמי.** היה לו לומר לרעך או לעני, כמו שכתוב בסיפיה דקרא את העני עמך, ומי הוא המלוה כסף לכל עמו של הקדוש ברוך הוא. על כן דורש על פי מדה ט', אם כסף תלוה את העני, כמו שאני מתנהג עם כל עמי, כך תתנהג עם העני: **טוב איש חונן ומלוה.** דורש על השם יתברך על פי גזירה שוה, כמו שכתוב (תהלים קמה, ט) טוב ה' לכל, איש, (שמות טו, ג) ה' איש מלחמה, חונן, כמו שכתוב (תהלים שם ח) חנון ורחום ה', שבזה הוא חונן שמוחל חוב ראשון. וה' מלוה לכל, כמו שאמרו באבות (פ"ג מט"ז) החנוני מקיף וכו' וכל הרוצה ללות יבא וילוה: **דיוסטוס.** לעיל פרשה כ"ט סימן ט הגירסא דניסטוס. ועיין במדבר רבה פרשה ט' בסימן ו, ופירושו בלשון יוני מלוה בריבית: **אל תזכרו ראשונות.** בישעיה מ"ג י"ח, שאם כפשוטו על הנסים לא היה לו לומר בלשון שלילה אל תזכרו, שאינו אלא הבטחה, על כן דורש שכוונתו על עונות ראשונות, וסובר כמאן דאמר (יומא פו, ב) שאסור להזכיר עונות שכבר נמחלו, שהתוודה עליהם. וכן מצאתי בפסיקתא פרשה מ"ד סוף סימן ז שובה ישראל, וזה לשונו אם יעשה תשובה שלמה אף העוברות וכו' אינם מתחשבות לו ואינם נזכרות לו מנין, וישעיה מפרש לא תזכרנה ראשונות ולא תעלנה על לב. וכאן מפסוק אל תזכרו ראשונות כנ"ל ודוק. וזה על פי מדה כ' וי"ז: **עליהם הוא יחיה.** תיבת עליהם מיותר לדרוש שעל העונות הוא יחיה: **לא תעמידנו ערום.** כמו שכתוב בסוף הענין, אם חבול תחבול שלמת רעך עד בא השמש תשיבנו לו כי הוא כסותו לבדו היא שמלתו לעורו וגו':

מתנות כהונה

[א] **דיוסטוסו.** מלוה שמלוה מעות לכל מי שירצה: **שאינן באין.** לפני הקב"ה ריקם:

נחמד למראה

[א] **אם כסף תלוה וגו' לכך הוא מזהיר על העני לא תהיה לו כנושה לא תעמידנו ערום והיה כי יצעק אלי וכן דוד אומר צעקו וה' שמע.** יש להקשות מאי קאמר וכן דוד אומר דיהודה ועוד לקרא. אבל יובן לעניות דעתי דהרגיש בעל המדרש בכתוב דקאמר ושמעתי כי חנון אני, דאי כי חנון אני קאי אמה שכתוב והיה כי יצעק אלי, מה חנינה היא זו, שאדרבה זה אינו אלא לרעה, דוהיה כי יצעק אלי ושמעתי ליפרע ממך, ואם כן מאי כי חנון אני דקאמר, הוי ליה למימר כי אלהים אני, דמלת אלהים הוא דין בכל מקום, מחמת זה מוכרחים אנו לומר דהאי כי חנון אני קאי לרישא דקרא דאם כסף תלוה, רצוני לומר אם תלוה לו ותעשה עמו צדקה ולא יפרע לך, חנון אני לשלם לך מה שלוית אותו. וזהו דוחק לומר דכי חנון אני קאי על רישא דקרא, לזה אמר וכן דוד אומר, כלומר שבדוד גם כן מצינו בכי האי גוונא דתחלה אמר פני ה' בעושי רע וגו', ואחר כך אמר צעקו וה' שמע. ואיך יתכן דצעקו קאי לסמיך ליה דהיינו פני ה' בעושי רע, דאטו בשביל הרשעים

אשד הנחלים

[א] **אם כסף כו' טוב איש כו' אין בריה כו'.** הכונה יורה בזה על מלת עמי שנכתב פה בכונה, להורות שכן ינהגו וימשכו אחרי מדות ה', שכן הוא נוהג עם עמו, ולכן גם אתם לא תהיו לו כנושה, וזהו טוב איש חונן שחונן ומרחם ומוחל לו החוב העבר, ומלוה לו עוד, כי הוא מפלס דברו והנהגתו כפי המשפט הנכון שכן ציוה ה', וכן ה' נוהג עם ברואיו. וחשב שני חסדים, אף אם אינו שב, עם כל זה פעם ראשונה ושניה מוחל לו, כי כן הוא מטבע היצר הגובר עלינו טרם נתחכם ונתבונן איך להשמר מפניו, אך מכאן ולהלאה אחר שראה שנפל בידו אז היה לו להתחכם ולעשות הכנה לעמוד לנגדו. והחסד השני שבעשותו תשובה, אז הזדונות נעשו לו זכיות. והבאור בזה כי אינו דומה צדיק גמור שלא טעם טעם חטא, כבעל התשובה הפורש מחטאו שטעם אז, ואם כן גבורתו יותר גדולה, ואם כן פרישתו וזכותו יותר גדולה מפרישת הצדיק, ואם כן נעשה לו מעלה מעונותיו כאילו בכל טוב שימצא בו יצורף בו גם כח חטאיו שהיה לו, ועם כל זה התגבר עליו, כן נוכל לומר בכדי שלא יקשה איך יתכן שהחוב יתהפך בעצמו לזכות. ומה שהביא ראיה מהכתוב ובשוב, אולי דייק ממלת עליהם, כאילו עשיית הצדקה והמשפט מוסף על מה שעשה כבר רע ומצטרף הכל לטובה: **לא תעמידנו ערום.** לא ידעתי מה הסבירו בזה:

חידושי הרד"ל

[א] **אלא שהוא חנון ורחום כו'.** כדכתיב לקמיה, חנון ורחום ולדיק: **שלוה מן דניסטוס.** כן צריך לומר: **והוא מסתכל שהן עושין תשובה.** כן צריך לומר, וכן כתב בידי משה. ונראה שביום הכפורים קאמר וכרבנן ביומא (פו, ב): **לכך הוא מזהיר על העני.** כי חנון ורחום ה': **כנושה וגו' כי היא שמלתו לעורו במה ישכב לא תעמידנו ערום כו'.** כן צריך לומר: **יצעק אלי ושמעתי כי חנון אני וכן דוד כו'.** כן צריך לומר:

חידושי הרש"ש

[א] **שלוה מן דניסטוס.** כן צריך לומר, כמו דאיתא לעיל פרשה כט, ט: **עליהם הוא יחיה.** על כל מה שעשה, ואף על העבירות (רש"י ביומא פו, ב):

באור מהרי"פ

[א] **לכך הוא מזהיר וכו'.** סיומא דמדרש דלעיל הוא, אין בריה שאינה חייבת לאלהים אלא כשהוא חנון ורחום, לכך גם אתה תרחם על העניים **ולא תהיה לו כנושה וכו':**

אמרי יושר

[א] **יכלכל דבריו במשפט.** ראוי לאדם שידקדק בדבריו ולא יזכור עונות ראשונים, כי היא סבה ומזכיר עון להתפש, כאמרם בגמרא (יומא פו, ב) עונות שהתודה עליהם יום כפורים זה אל יתפלל עליהם ויום כיפורים אחר, וכשם שאין הקב"ה אלא מעביר, כן אתה אל תדקדק **ולא תהיה כנושה ולא תעמידנו ערום,** אלא החזר לו כסותו ותן לו במה ישכב:

ידי משה

[א] **הדא הוא דכתיב טוב איש וגו'.** פירוש, דייק יתורא דעמי, רצה לומר עשה כמו שאני עושה עמך, שאני מוחל על חובתך, וכדמסיק שאין בריה שאין חייב להקדוש ברוך הוא: **והוא מסתכל שאין עושים תשובה.** קשה, מאי הסתכלות שייך בזה, לא היה לו לומר אלא וכשאין עושה תשובה.

אם למקרא

טוֹב אִישׁ חוֹנֵן וּמַלְוֶה יְכַלְכֵּל דְּבָרָיו בְּמִשְׁפָּט: (תהלים קיב:ב)

אַל תִּזְכָּר לָנוּ עֲוֹנֹת רִאשֹׁנִים מַהֵר יְקַדְּמוּנוּ רַחֲמֶיךָ כִּי דַלּוֹנוּ מְאֹד: (שם עט:ח)

וּבְשׁוּב רָשָׁע מֵרִשְׁעָתוֹ וְעָשָׂה מִשְׁפָּט וּצְדָקָה עֲלֵיהֶם הוּא יִחְיֶה: (יחזקאל לג:יט)

כָּל־פְּשָׁעָיו אֲשֶׁר עָשָׂה לֹא יִזָּכְרוּ לוֹ בְּצִדְקָתוֹ אֲשֶׁר־עָשָׂה יִחְיֶה: (שם יח:כב)

צָעֲקוּ וַה' שָׁמֵעַ וּמִכָּל־צָרוֹתָם הִצִּילָם: (שם לד:יח)

ענף יוסף

(א) **מניח להם ראשון ראשון.** נראה דדוקא עד שלשה, כמו שאמר בפרק יום הכפורים (יומא דף פ"ו) גבי על שלשה פשעי ישראל. ואיכא למידק וכי מי שהרג את הנפש, או חלל שבת, לא יומת עד שעשה ארבע פעמים. וי"ל דהכא בעבירה שאינו נידון עליה בעולם הזה או בעולם הבא עד דאיכא רובא עונות, דלא חשיב שלש ראשונות עד דאיכא רובא עונות זולתן (יפה תואר). והנה מה שאמר דדוקא עד שלש וכו', הוא לפי גירסת רש"י שם, אבל הרי"ף והרמב"ם גרסו עבר אדם עבירה פעם ראשונה ושניה מוחלין לו שלישית אין מוחלין לו, והא תניא שלש מוחלין לו ארבע אין מוחלין לו, הא ביחיד הא בציבור ע"כ. ולפי דבריהם מדוקדק מה שאמר כאן מניח להם ראשון ראשון, דהיינו שני העבירות הראשונות לבד, וגם בסוף דבריו יש לדקדק, ואין כאן מקומו: **דכתיב ובשוב רשע מרשעתו כו' כל פשעיו אשר עשה בו'.** שני פסוקים הם, אך קשה תרתי למה לי, ועוד דמייתינהו שלא כסדרן, ויש לומר דחד לעונות וחד לפשעים שהם המרדים, ומשום דהא הוי רבותא טפי נקטיה בסיפא, אי נמי משום דהא עדיפא דקרי ליה לדקתו ממש (יפה תואר):

שינוי נוסחאות

(א) **דיוסטוסו.** כתבו רד"ל ורש"ש שצ"ל "דניסטוס":

§2 The Midrash introduces a discussion to show the importance of charitable acts:[13]

רַבִּי אַבָּהוּ אוֹמֵר: כְּתִיב "שָׁלֹשׁ רְגָלִים תָּחֹג לִי בַּשָּׁנָה" – **R' Abahu says: It is written, *Three pilgrimage festivals shall you celebrate for Me during the year*** (below, 23:14). הַקָּדוֹשׁ בָּרוּךְ הוּא קָבַע שָׁלֹשׁ רְגָלִים וְהַתּוֹרָה בִּזְכוּת הָאָבוֹת – **The Holy One, blessed is He,** permanently **established the Three Festivals, and the Torah, in the merit of the forefathers,**[14] שֶׁאֵינָן בָּאִין לִפְנֵי הַקָּדוֹשׁ בָּרוּךְ הוּא רֵיקָנִין – the primary benefit of the Festivals being **that [the people of Israel] do not come before the Holy One, blessed is He, empty handed,** but rather with sacrifices and gifts for the poor.[15]

Having mentioned that the Torah was permanently established among Israel in the merit of the Patriarchs, the Midrash cites a Scriptural source for this statement:[16]

וְאַף בַּדּוֹרוֹת הַלָּלוּ אַף עַל פִּי שֶׁהֵן מְצֵרִים אֵין הַתּוֹרָה זָזָה מֵהֶן – **And even in these generations, although [the Jews] are in distress, the Torah does not budge from them,** שֶׁנֶּאֱמַר "לֹא יָמוּשׁוּ מִפִּיךָ וּמִפִּי זַרְעֲךָ וּמִפִּי זֶרַע זַרְעֲךָ וְגוֹ' " – **as it is stated,** *And as for Me, this is My covenant with them, said HASHEM, My spirit which is upon you and My words that I have placed in your mouth* ***will not be withdrawn from your mouth nor from the mouth of your offspring nor from the mouth of your offspring's offspring, etc.*** (*Isaiah* 59:21).[17]

The Midrash cites a parable to demonstrate just how potent is the merit of acting charitably:[18]

מָשָׁל לְאֶחָד שֶׁהָיָה לוֹ עֵסֶק לִפְנֵי הַמֶּלֶךְ – This is **analogous to one who had a** legal **affair before the king,** i.e., he was charged with committing a crime, וְהָיָה לוֹ סָנֵיגוֹרִין מְפַיְּיסִין עָלָיו – **and he had defenders appeasing** (i.e., interceding) **on his behalf.** כָּךְ אָדָם עוֹשֶׂה מִצְוֹת וְהוּא בֶּן תּוֹרָה וְגוֹמֵל חֲסָדִים – **Similarly,** if **one performs mitzvos,** and he **is a Torah scholar, and bestows kindness,** וְהַשָּׂטָן עוֹמֵד וּמְקַטְרֵג – **and the Satan** then **stands** before the Heavenly Court **and accuses** him, וְסָנֵיגוֹרִין עוֹמְדִין כְּנֶגְדּוֹ וּמְלַמְּדִין זְכוּת – his Heavenly **defenders stand opposite [the Satan] and argue in his favor,**[19] שֶׁנֶּאֱמַר "מַתָּן אָדָם יַרְחִיב לוֹ" – **as it is stated, *A man's gift broadens [access] for him*** *and leads him before the great* (*Proverbs* 18:16). מַה שֶּׁהוּא עוֹשֶׂה עִם הָעֲנִיִּים מְסַיְּיעִין אוֹתוֹ – This means that the charitable deeds **that he does with the poor assist him;**[20] לְכָךְ נֶאֱמַר "אַשְׁרֵי מַשְׂכִּיל אֶל דָּל" – and **therefore it is stated, *Praiseworthy is he who contemplates the needy,***[21] *on the day of evil HASHEM will deliver him* (*Psalms* 41:2).[22]

§3 Another exposition of the words *the poor person who is with you:*[23]

דָּבָר אַחֵר, "אִם כֶּסֶף תַּלְוֶה אֶת עַמִּי" – **Another explanation** of the verse, ***When you lend money to My people,*** *to the poor person who is with you, etc.* הֲדָא הוּא דִכְתִיב "יֵשׁ רָעָה חוֹלָה רָאִיתִי תַּחַת הַשָּׁמֶשׁ עֹשֶׁר שָׁמוּר לִבְעָלָיו לְרָעָתוֹ וְאָבַד הָעֹשֶׁר הַהוּא בְּעִנְיַן רָע" – **Regarding this** concept **it is written, *There is a sickening evil which I have seen under the sun: riches hoarded by their owner to his misfortune, and he loses those riches in some bad venture.*** *If he begets a son, he has nothing in his hand* (*Ecclesiastes* 5:12-13). אַשְׁרֵי אָדָם שֶׁהוּא עוֹמֵד בְּנִסְיוֹנוֹ – From this we learn the following lesson:[24] **Praiseworthy is he who withstands his test,**

NOTES

13. As will be explained in note 15 below.

[Strictly speaking, our Scriptural passage does not discuss the obligation to give charity, but rather the various obligations related to lending money. However, both the Midrash and the commentators indicate numerous times in this section that our passage discusses charity. See *Yefeh To'ar* at the beginning of §4 below (cited in note 54), who explains that lending money to a poor person, as well as returning the security to a poor debtor if he needs it, are considered forms of charity.]

14. I.e., that which they were established among the people of Israel *permanently* is in the merit of the Patriarchs (*Eitz Yosef*).

15. Elucidation follows *Yefeh To'ar*, second explanation.

All who come to Jerusalem for any of the three pilgrimage festivals are enjoined to offer sacrifices in the Temple and give charity to the poor, as *Sifrei* (*Deuteronomy* 16:16) expounds that which is written (ibid.), *Three times a year all your males should appear before HASHEM, your God, in the place that He will choose, etc., and he shall not appear before HASHEM empty handed.* Thus, one purpose of the three festivals is to grant the people of Israel the opportunity to bring offerings and give charity; hence we learn the importance of giving charity (*Yefeh To'ar*; see also *Beur Maharif* and *Eitz Yosef*). [See *Radal,* who states that although nowadays there is no pilgrimage to Jerusalem, the custom of giving charity to the poor in honor of the festivals has always been maintained. Thus, this is a permanently established mitzvah, as was mentioned in the previous note. See Insight Ⓐ.]

16. *Eitz Yosef.*

17. By using the expression *My covenant*, Scripture indicates that the permanence of the Torah among Israel is in the merit of the covenant of the Patriarchs (ibid.).

18. Having shown the importance of giving charity from the fact that one of the reasons God established the festivals was that Israel should have the opportunity to give charity, we can indeed understand why it has the potency that the Midrash will now discuss (*Yefeh To'ar*; see also *Eitz Yosef* s.v. ר׳ אבהו וכו׳).

19. I.e., although he has the merits of Torah study and mitzvah observance, it is his acts of kindness and charity that will cause him to have advocates in the Heavenly Court (ibid.).

20. That is: *A man's gift* of charity to the needy *broadens [access] for him,* for it *leads him before the great* — the great Heavenly advocates who declare his merits before the Heavenly Court (*Eitz Yosef*).

21. To learn what assistance to offer (*Rashi* to the verse).

22. I.e., God will deliver him from the Satan and from all misfortune (*Maharzu*).

23. In §1 above, the Midrash understood these words to mean that the lender should learn from God's conduct with him (as was explained above, note 10). The Midrash will now offer a different explanation, as will be explained in note 51 below.

24. As will be explained in note 32 below.

INSIGHTS

Ⓐ **Charity on the Festivals** *Radal* suggests that by giving charity in honor of the festivals, we fulfill in some way the commandment of, *And he shall not appear before HASHEM empty handed,* even when we are in exile and are unable to make the pilgrimage to the Temple. Based on this concept, *Nachalei Mayim* offers an explanation of a piece found in the *Haggadah.* In the paragraph beginning הָא לַחְמָא עַנְיָא, we recite the words כָּל דִּכְפִין יֵיתֵי וְיֵיכוֹל, *Let anyone who is hungry come in and eat.* Why do we recite this at the Seder? *Nachalei Mayim* explains that this is our way of saying that although now there is no Temple and we are unable to fulfill the above commandment in the proper manner, nonetheless, we do fulfill it somewhat by inviting the poor to ear at our table. It is for this reason that *Rambam* (end of *Hil. Chametz U'Matzah*), in his *Nusach HaHaggadah,* indicates that the above paragraph was not recited when the Temple stood. For since at that time they made the pilgrimage to the Temple, they fulfilled the commandment of *And he shall not appear before HASHEM empty handed* in its entirety (by bringing both offerings to the Temple *and* gifts for the poor), and thus it was unnecessary to make the above statement. It is for this reason that we conclude the above paragraph with the prayer: *This year we are here; next year we will be in the Land of Israel. This year we are slaves; next year we will be free men.* We pray to God to redeem us from exile, so that next year we will be able to fulfill the commandment of *And he shall not appear before HASHEM empty handed* in its true form, when appearing before God in the Temple.

ב רַבִּי אַבָּהוּ אוֹמֵר: כְּתִיב (לקמן כג, יד) "שָׁלֹשׁ רְגָלִים תָּחֹג לִי בַּשָּׁנָה", הַקָּדוֹשׁ בָּרוּךְ הוּא קָבַע שָׁלֹשׁ רְגָלִים °וְהַתּוֹרָה בִּזְכוּת הָאָבוֹת, שֶׁאֵינָן בָּאִין לִפְנֵי הַקָּדוֹשׁ בָּרוּךְ הוּא רֵיקָנִין, וְאַף בַּדּוֹרוֹת הַלָּלוּ אַף עַל פִּי שֶׁהֵן מְצֵרִים אֵין הַתּוֹרָה זָזָה מֵהֶן, שֶׁנֶּאֱמַר (ישעיה נט, כא) "לֹא יָמוּשׁוּ מִפִּיךָ וּמִפִּי זַרְעֲךָ וּמִפִּי זֶרַע זַרְעֲךָ וְגוֹ' ", מָשָׁל לְאֶחָד שֶׁהָיָה לוֹ עֵסֶק לִפְנֵי הַמֶּלֶךְ וְהָיָה לוֹ סָנֵיגוֹרִין מְפַיְּסִין עָלָיו, כָּךְ אָדָם עוֹשֶׂה מִצְוֹת וְהוּא בֶּן תּוֹרָה וְגוֹמֵל חֲסָדִים וְהַשָּׂטָן עוֹמֵד וּמְקַטְרֵג וְסָנֵיגוֹרִין עוֹמְדִין כְּנֶגְדּוֹ וּמְלַמְּדִין זְכוּת, שֶׁנֶּאֱמַר (משלי יח, טז) "מַתָּן אָדָם יַרְחִיב לוֹ", מַה שֶּׁהוּא עוֹשֶׂה עִם הָעֲנִיִּים מְסַיְּעִין אוֹתוֹ, לְכָךְ נֶאֱמַר (תהלים מא, ב) "אַשְׁרֵי מַשְׂכִּיל אֶל דָּל":

ג דָּבָר אַחֵר, [כב, כד] "אִם כֶּסֶף תַּלְוֶה אֶת עַמִּי", [א]הָדָא הוּא דִכְתִיב (קהלת ה, יב-יג) "יֵשׁ רָעָה חוֹלָה רָאִיתִי תַּחַת הַשָּׁמֶשׁ עֹשֶׁר שָׁמוּר לִבְעָלָיו לְרָעָתוֹ וְאָבַד הָעֹשֶׁר הַהוּא בְּעִנְיַן רָע", אַשְׁרֵי אָדָם שֶׁהוּא עוֹמֵד בְּנִסְיוֹנוֹ, שֶׁאֵין בְּרִיָּה שֶׁאֵין הַקָּדוֹשׁ בָּרוּךְ הוּא מְנַסֶּה אוֹתָהּ, הֶעָשִׁיר מְנַסֵּהוּ אִם תְּהֵא יָדוֹ פְּתוּחָה לָעֲנִיִּים, וּמְנַסֶּה הֶעָנִי אִם יָכוֹל לְקַבֵּל יִסּוּרִין וְאֵינוֹ כּוֹעֵס, שֶׁנֶּאֱמַר (ישעיה נח, ז) "וַעֲנִיִּים מְרוּדִים תָּבִיא בָיִת",

עץ יוסף

(ב) ר' אבהו כו' משל לאחד כו'. הנה לדברי ר' אבהו אין שום דקות וחבור למה שלפניו ואחריו, ובוודאי אין כאן מקומו כלל, רק להלן במקרא דשלש רגלים. ואפשר לדחוק שהביא מאמר ר' אבהו לכאן לומר שמעלת הצדקה גדולה שמפני זה הוקבעו הרגלים, ואמר שמה שעושה עם העניים מסייע ללמד עליו סנגוריא יותר מהכל, אף על פי שיש בידו כמה זכיות אחרות כמה שאמר עושה מצות והוא בן תורה: **כתיב שלשה רגלים כו'.** ומאי טעמא קרא רגלים ולא חגים, על זה אמר דשלשה רגלים קבע הקדוש ברוך הוא, (רוצה לומר שיהיו קבועים לדורות) בזכות האבות, וקראם רגלים, על שם שלשה האבות, שהן שלשה רגלי המרכבה כנודע, ואגב אורחיה קאמר ר' אבהו שהתורה גם כן בזכות האבות, ורוצה לומר דמה שלא ישכח מפיהם ומפי זרעם בכל הגליות, הוא בזכות האבות, ולמד זה מואני זאת בריתי אותם וגו' לא ימושו מפיך וגו', ובריתי היינו ברית האבות, ונתן טעם לזה שאמר שהרגלים הם בזכות האבות, הוא לפי שאין באין לפני הקדוש ברוך הוא ריקנין, רוצה לומר שעל ידי שהיו האבות מקריבין קרבנות לה' ועושים צדקה, נתן לבניהם שלשה רגלים, שהם גם כן יראו פני ה' בהבאת קרבנות ובנתינת צדקה, כדאמרינן בספרי גבי ולא יראו את פני ה' ריקם: **מה שהוא עושה עם העניים.** דהיינו מתן אדם עם זה מסייעין אותו הסניגורין, והיינו לפני גדולים ינחנו שמלמדין עליו שרי מעלה זכות: (ג) **[ב] הדא הוא דכתיב יש רעה חולה.** בעי למדרש עמך אתה מטיב או מריע, כי כשיזכה יאכל ממונו בעולם הזה כו', ואם לאו יאבד הכל: **אשרי אדם שהוא עומד בנסיונו.** דרעה חולה משמע רעה כפולה, דהיינו הפסד השכר שהיה לו אילו נשתמש בעשרו כראוי לו, והיינו לפי שניתן לו לנסיון ולכן אילו זכה שעמד בנסיון זוכה לעולם הבא, וזוכה בעשרו שיהנה ממנו בעולם הזה, ואגב זה קאמר שהעני גם כן הוא בנסיון: **ועניים מרודים.** מפרש מרודים ככנעים טפי לשון מרדות, שאינן בועטים:

פירוש מהרז"ו

(ב) שלש רגלים תחוג לי. על ידי קרבנות, כמפורש בתורה של הציבור ושל יחידים, ושלשה רגלים בזכות שלשת אבות, ומה שאמר שלש רגלים והתורה, נראה דצריך לומר בתורה, ומה שאמר שאינם באים לפני הקב"ה רקנים, עיין מתנות כהונה. ויתכן שכוונת המדרש שכמו האבות לא באו ריקנים, כי אם במעשיהם הטובים, בצדקות וקרבנות, כך אתם: **בדורות הללו.** שחרב בית המקדש ואינם באים, הרי התורה במקום הקרבנות: **כך אדם עושה מצות.** מצות בלשון חז"ל ביחוד על הצדקה, וכלשון הכתוב נחמיה י' ל"ג, והעמדנו עלינו מצות לתת שלישית השקל בשנה. שהצדקה שעושה עם העני, וגמילות חסדים גם לעשירים, עומדים לו במקום קרבנות, כמו שכתוב (משלי כא, ג) עשה צדקה ומשפט נבחר לה' מזבח: **מתן אדם ירחיב לו.** כולל קרבנות וצדקה, כמו שאמרו ויקרא רבה פרשה ה' סימן ג בהדיא. וכמו בקרבנות ולא יראו פני ריקם, כך בצדקה, כמו שכתוב (תהלים יז, טו) אני בצדק אחזה פניך. וכמו שכתוב ישעיה נ"ח (ח) והלך לפניך צדקך כבוד ה' יאספך: **מה שהוא עושה עם העניים.** היינו ביחוד ברגלים בעת השמחה, חייב לשמח גם העניים, וכמו שכתוב בסדר ראה אצל רגלים (דברים טז, יד) ושמחת בחגך אתה ובנך ובתך ועבדך ואמתך והלוי והגר והיתום והאלמנה וכמו שאמרו חז"ל (תנחומא ראה סי' יז) אם אתה משמח שלי אני משמח שלך. וזהו מה שכתוב כאן שלש רגלים תחוג לי, שתשמח את שלי, וזהו את העני עמך. ועל כן צירף המדרש מצות צדקה למצות רגלים וקרבנות, ודוק מאד: **אשרי משכיל אל דל.** [סיפיה דקרא] ביום רעה ימלטהו ה', מהשטן ומכל צרה ופגע: (ג) **יש רעה חולה.** עיין כל זה תנחומא משפטים סימן ח, בשינוי לשבח. ומה שכתוב ועניים מרודים עיין מתנות כהונה:

מתנות כהונה

[ב] שלשה רגלים והתורה אינם באים ריקם. שלשה רגלים דכתיב (שמות כג, טו) ולא יראו פני ריקם והתורה כדמפרש ואזיל. הכי גרסינן **את העני עמך משל כו'.** ודייק מדכתיב עמך שהצדקה מסייע לו לעצמו ועומדת לו בצדו להיות סניגורו כדמפרש ואזיל: **[ג] ועניים מרודים.** דרשו לשון ירידה ושפלות שמקבל העניות בשפלות רוח ואינו בועט בגובה רוח וכעס. ובתנחומא לא גרס ליה:

נחמד למראה

מתפלל דוד שצעקו וה' שמע שישמע ה' לצעקתם, ואדרבה קאמר להכרית מארץ זכרם אלא ודאי מוכרחים אנו לומר דלא קאי למאי דסליק מיניה אלא למאי דקדים ליה, דהיינו עיני ה' אל צדיקים. אם כן הרי בהדיא דומה לזה, ואינו כל כך תימה, ודו"ק מלאתי כתוב:

אשד הנחלים

[ב] לפני הקדוש ברוך הוא ריקנין כו'. פירש המתנות כהונה שהשלש רגלים והתורה אינם באים ריקם. ופירושו שהם מועילים לישראל, כי מלמדים זכות על ישראל בזכות התורה, ובזכות שלש רגלים שישראל הולכים מבתיהם למקום רחוק בכדי שיתקרבו לה', וכן הם עמלים בתורה, על כן זכותם עומדת לדורי דורות לזכות לתורה. אך לפי זה מהו שמסיים שנאמר מתן אדם גו', מה שייך זה להפסוק אם כסף. ואולי מפני שאחר כך כתיב מלאתך ודמעך לא תאחר, שזהו אזהרה על איחור המעשרות הנתונות לכהנים והלוים העניים המצפים רק על זה: **[ג] העשיר מנסהו כו' העני אם יכול לקבל.** הענין כי כל אחד נבחן כפי כחו וטבעו, איש אשר טבעו לפזר הון, והוא בטבע מרחם על כל, לזה אין לנסותו בעושר כי בודאי יפזר, רק ינוסה בעוני אם יכול לקבל, אך יש מי שהוא כילי בטבע, ינוסה בעושר אם יכול להפוך טבעו, וכל אחד אם יעמוד בנסיון אז טוב לו, בעולם הזה לעשיר כו' כי יהנה בחייו, ולעני לעתיד לבא בעולם הבא הרבה מאד:

חידושי הרד"ל

[ב] קבע שלשה רגלים בתורה. כן צריך לומר: **אין התורה זזה מהן.** ומקיימין מצות הרגלים אף על פי שבטלו הקרבנות, (וממה שמסיים **עושה מצות והוא בן תורה וגומל חסד כו' וסניגורין עומדין כו'**, משמע קצת שרצה לומר שאף בזמן הזה, דוגמת לא יראו פני ריקם יתנו לעניים ברגלים כמנהג אבותינו, ויהיו לו שלשה סניגורין מצוה ותורה וגמילות חסדים נגד שלשה רגלים שהן שלשה אבות כדלעיל):

חידושי הרש"ש

[ב] שאינן באין לפני הקדוש ברוך הוא ריקנין. נראה דרצה לומר בכדי שלא יבואו לפניו (בעת המשפט כבמשל) ריקנין בלתי מצות וסניגורין, וזהו גם כן פירוש הכתוב דולא יראו פני ריקם לפי הדרשה:

באור מהרי"פ

[ב] קבע שלשה רגלים וכו'. הלשון והענין מוקשה אצלי, וזה לשון הטור אורח חיים סימן תי"ז ושמעתי מאחי ה"ר יהודה טעם לדבר. (פירוש, למה נותן ראשי חדשים לנשים לענין בטול מלאכה) לפי שהמועדים נתקנו כנגד אבות, פסח כנגד אברהם דכתיב ביה לושי ועשי עוגות ופסח היה, שבועות כנגד יצחק שתקיעת שופר של מתן תורה היה בשופר מאילו של יצחק, סוכות כנגד יעקב דכתיב ולמקנהו עשה סוכות, ושנים עשר חדשי השנה ראש חדש שלהם שגם הם נקראו מועדים כנגד שנים עשר שבטים, וכשחטאו בעגל נטל מהם ונתנו לנשים לזכר שלא היו באותו החטא, עד כאן לשון הטור. וזהו קבע רגלים בזכות האבות, ומה שאמר **התורה בזכות האבות.** כתב היפה תואר, אולי יליף ליה מדכתיב (ישעיה נט, כא) ואני זאת בריתי אותם אמר ה', היינו ברית הקדוש, והוא ברית אבות, ובזכות בריתם, **לא ימושו מפיך ומפי זרעך וגו'**, הרי גם התורה בזכות האבות לא ימושו מפינו וכו': **שאינן באין לפני הקדוש ברוך הוא ריקם.** זה לשון הספרי סוף סדר ראה, ולא יראה את פני ה' ריקם, מן הצדקה. ופירש המפרש, שמחויב שלמי חגיגה וליתן מהם לעניים, כמו שכתב הרמב"ם בפרק ב מהלכות חגיגה (הלכה יד), כשיזבח אדם שלמי חגיגה ושלמי שמחה, לא יהיה אוכל הוא ובניו ואשתו בלבד וידמה שעשה מצוה גמורה, אלא חייב לשמח העניים [ו]האומללים, שנאמר והלוי והגר והיתום והאלמנה, עד כאן. ואחר כל ההצעות האלה, אולי יוכל המעיין הישר לכוין הבאור של המאמר המוקשה הלזה:

מסורת המדרש

א. תנחומא כאן סימן ח' כל הענין ועיין שם:

אם למקרא

שָׁלֹשׁ רְגָלִים תָּחֹג לִי בַּשָּׁנָה:
(שמות כג:יד)

וַאֲנִי זֹאת בְּרִיתִי אוֹתָם אָמַר ה' רוּחִי אֲשֶׁר עָלֶיךָ וּדְבָרַי אֲשֶׁר שַׂמְתִּי בְּפִיךָ לֹא יָמוּשׁוּ מִפִּיךָ וּמִפִּי זַרְעֲךָ וּמִפִּי זֶרַע זַרְעֲךָ אָמַר ה' מֵעַתָּה וְעַד־עוֹלָם:
(ישעיה נט:כא)

מַתָּן אָדָם יַרְחִיב לוֹ וְלִפְנֵי גְדֹלִים יַנְחֶנּוּ:
(משלי יח:טז)

אַשְׁרֵי מַשְׂכִּיל אֶל־דָּל בְּיוֹם רָעָה יְמַלְּטֵהוּ ה':
(תהלים מא:ב)

יֵשׁ רָעָה חוֹלָה רָאִיתִי תַּחַת הַשָּׁמֶשׁ עֹשֶׁר שָׁמוּר לִבְעָלָיו לְרָעָתוֹ: וְאָבַד הָעֹשֶׁר הַהוּא בְּעִנְיַן רָע וְהוֹלִיד בֵּן וְאֵין בְּיָדוֹ מְאוּמָה:
(קהלת ה:יב-יג)

הֲלוֹא פָרֹס לָרָעֵב לַחְמֶךָ וַעֲנִיִּים מְרוּדִים תָּבִיא בָיִת כִּי־תִרְאֶה עָרֹם וְכִסִּיתוֹ וּמִבְּשָׂרְךָ לֹא תִתְעַלָּם:
(ישעיה נח:ז)

ידי משה

ונראה לי דהכי קאמר והכי גרסינן, שמסתכל הקב"ה וצופה עתידות שעתידין לעשות תשובה, על כן הוא מוותר להם ומעביר ראשון כדי שלא לטורדם עכשיו מן העולם, וכך צריך להיות הגירסא, והוא מסתכל שעושים תשובה, [אבל] ולפי גירסא זו קשה מה צריך לוותר ולהעביר הואיל ויעשו תשובה. אלא הגירסא היא שאין עושים תשובה, והכי קאמר שהקב"ה רואה שאין עושים תשובה וראויה למות מיד מניח להם וכו' כדי שלא יטרדו מיד ואולי ישובו:

שינוי נוסחאות

(ב) **קבע שלש רגלים והתורה.** רד"ל הגיה "... שלש רגלים בתורה":

אמרי יושר

[ב] הקדוש ברוך הוא קבע שלש רגלים ותורה. כי תורה אדוקה ברגלים, כדאשכחן במצות הקהל תקרא התורה הזאת נגד כל ישראל באזניהם ואין באים ריקנים רק איש כמתנת ידו לצדקה, וזה בזכות שלש אבות, פסח כנגד אברהם לושי ועשי עוגות, שבועות נגד יצחק שופר של מתן תורה מאיל, סוכות נגד יעקב ויעקב נסע סכותה ולמקנהו עשה סוכות (טור או"ח סימן תיז), ואף בדורות הללו אין תורה זזה מהם, וכן שלש רגלים כאמרם במדרש חזית (פרשה א פסוק טו, ב) מה יונה אינה מנחת שובכה, אף ישראל אף על פי שחרב הבית מקיימים מועדיהם, ואם כן יש להם שלש רגלים ותורה וצדקה וזה יהיה סניגורם, זהו את העני עמך וצדק הוא מועד לסניגור: **[ג] שנאמר ועניים מרודים וגו'.** קאי אדלעיל. אי נמי אסבילת יסורין, והיינו מרודים מלשון אריד בשיחי (תהלים נה ג. רש"י איכה א, ז ד"ה ומרודיה), שסובל העני לצערו:

שֶׁאֵין בְּרִיָּה שֶׁאֵין הַקָּדוֹשׁ בָּרוּךְ הוּא מְנַסֶּה אוֹתָהּ – **for there is no creature that the Holy One, blessed is He, does not test.** הֶעָשִׁיר מְנַסֵּהוּ אִם תְּהֵא יָדוֹ פְּתוּחָה לָעֲנִיִּים – **He tests the wealthy individual** to know **whether his hand will be open to the poor,** וּמְנַסֶּה הֶעָנִי אִם יָכוֹל לְקַבֵּל יִסּוּרִין וְאֵינוֹ כּוֹעֵס – **and He tests the poor individual** to know **if he can accept** his **afflictions and not become angry** at God, שֶׁנֶּאֱמַר "וַעֲנִיִּים מְרוּדִים תָּבִיא בָיִת" – **as it is stated,** ***And bring the subdued poor [to your] home*** (*Isaiah* 58:7).[25]

NOTES

25. The verse refers to the poor as subdued, thus indicating that they are being tested to see if they will accept their fate submissively (*Matnos Kehunah*, followed by *Maharzu*; *Eitz Yosef*; see also *Imrei Yosher*, second explanation).

ב רַבִּי אַבָּהוּ אוֹמֵר: כְּתִיב (לקמן כג, יד) "שָׁלֹשׁ רְגָלִים תָּחֹג לִי בַּשָּׁנָה", הַקָּדוֹשׁ בָּרוּךְ הוּא קָבַע שָׁלֹשׁ רְגָלִים °וְהַתּוֹרָה בִּזְכוּת הָאָבוֹת, שֶׁאֵינָן בָּאִין לִפְנֵי הַקָּדוֹשׁ בָּרוּךְ הוּא רֵיקָנִין, וְאַף בַּדּוֹרוֹת הַלָּלוּ אַף עַל פִּי שֶׁהֵן מְצֵרִים אֵין הַתּוֹרָה זָזָה מֵהֶן, שֶׁנֶּאֱמַר (ישעיה נט, כא) "לֹא יָמוּשׁוּ מִפִּיךָ וּמִפִּי זַרְעֲךָ וּמִפִּי זֶרַע זַרְעֲךָ וְגוֹ'", מָשָׁל לְאֶחָד שֶׁהָיָה לוֹ עֵסֶק לִפְנֵי הַמֶּלֶךְ וְהָיָה לוֹ סָנֵיגוֹרִין מְפַיְּיסִין עָלָיו, כָּךְ אָדָם עוֹשֶׂה מִצְוֹת וְהוּא בֶּן תּוֹרָה וְגוֹמֵל חֲסָדִים וְהַשָּׂטָן עוֹמֵד וּמְקַטְרֵג וְסָנֵיגוֹרִין עוֹמְדִין כְּנֶגְדּוֹ וּמְלַמְּדִין זְכוּת, שֶׁנֶּאֱמַר (משלי יח, טז) "מַתָּן אָדָם יַרְחִיב לוֹ", מַה שֶּׁהוּא עוֹשֶׂה עִם הָעֲנִיִּים מְסַיְּיעִין אוֹתוֹ, לְכָךְ נֶאֱמַר (תהלים מא, ב) "אַשְׁרֵי מַשְׂכִּיל אֶל דָּל":

ג דָּבָר אַחֵר, [כב, כד] "אִם כֶּסֶף תַּלְוֶה אֶת עַמִּי", [א]הָדָא הוּא דִכְתִיב (קהלת ה, יב-יג) "יֵשׁ רָעָה חוֹלָה רָאִיתִי תַּחַת הַשָּׁמֶשׁ עֹשֶׁר שָׁמוּר לִבְעָלָיו לְרָעָתוֹ וְאָבַד הָעֹשֶׁר הַהוּא בְּעִנְיַן רָע", אַשְׁרֵי אָדָם שֶׁהוּא עוֹמֵד בְּנִסְיוֹנוֹ, שֶׁאֵין בְּרִיָּה שֶׁאֵין הַקָּדוֹשׁ בָּרוּךְ הוּא מְנַסֶּה אוֹתָהּ, הֶעָשִׁיר מְנַסֵּהוּ אִם תְּהֵא יָדוֹ פְּתוּחָה לָעֲנִיִּים, וּמְנַסֶּה הֶעָנִי אִם יָכוֹל לְקַבֵּל יִסּוּרִין וְאֵינוֹ כּוֹעֵס, שֶׁנֶּאֱמַר (ישעיה נח, ז) "וַעֲנִיִּים מְרוּדִים תָּבִיא בָיִת",

עץ יוסף

(ב) **ר' אבהו כו' משל לאחד כו'.** הנה לדברי ר' אבהו אין שום דבקות וחבור למה שלפניו ואחריו, ובוודאי אין כאן מקומו כלל, רק להלן במקרא דשלש רגלים. ואפשר לדחוק שהביא מאמר ר' אבהו לכאן לומר שמעלת הצדקה גדולה שמפני זה הוקבעו הרגלים, ואמר שמה שעושה עם העניים מסייע ללמד עליו סנגוריא יותר מהכל, אף על פי שיש בידו כמה זכיות אחרות כמה שאמר עושה מצות והוא בן תורה: **כתיב שלשה רגלים כו'.** ומאי טעמא קרא רגלים ולא חגים, על זה אמר דשלשה רגלים קבע הקדוש ברוך הוא, (רוצה לומר שיהיו קבועים לדורות) בזכות האבות, וקראם רגלים, על שם שלשה האבות, שהן שלשה רגלי המרכבה כנודע, ואגב אורחיה קאמר ר' אבהו שהתורה גם כן בזכות האבות, ורוצה לומר דמה שלא ישכח מפיהם ומפי זרעם בכל הגליות, הוא בזכות האבות, ולמד זה מואני זאת בריתי אותם וגו' לא ימושו מפיך וגו', ובריתי היינו ברית האבות, ונתן טעם לזה שאמר שהרגלים הם בזכות האבות, הוא לפי שאינן באין לפני הקדוש ברוך הוא ריקנין, רוצה לומר שעל ידי שהיו האבות מקריבין קרבנות לה' ועושים צדקה, נתן לבניהם שלשה רגלים, שהם גם כן יראו פני ה' בהבאת קרבנות ובנתינת צדקה, כדאמרינן בספרי גבי ולא יראו את פני ה' ריקם: **מה שהוא עושה עם העניים.** דהיינו מתן אדם עם זה מסייעין אותו הסניגורין, והיינו לפני גדולים ינחנו שמלמדין עליו שרי מעלה זכות: (ג) [ב] **הדא הוא דכתיב יש רעה חולה.** בעי למדרש עמך אתה מטיב או מריע, כי כשיזכה יאכל ממונו בעולם הזה כו', ואם לאו יאבד הכל: **אשרי אדם שהוא עומד בנסיונו.** דרעה חולה משמע רעה כפולה, דהיינו הפסד השכר שהיה לו אילו נשתמש בעשרו כראוי לו, והיינו לפי שניתן לו לנסיון ולכן אילו זכה שעמד בנסיון זוכה לעולם הבא, וזוכה בעשרו שיהנה ממנו בעולם הזה, ואגב זה קאמר שהעני גם כן הוא בנסיון: **ועניים מרודים.** מפרש מרודים נכנעים טפי לשון מרדות, שאינן בועטים:

פירוש מהרז"ו

(ב) **שלש רגלים תחוג לי.** על ידי קרבנות, כמפורש בתורה של הציבור ושל יחידים, ושלשה רגלים בזכות שלשת אבות, ומה שאמר שלש רגלים והתורה, נראה דצריך לומר בתורה, ומה שאמר שאינם באים לפני הקב"ה רקנים, עיין מתנות כהונה. ויתכן שכוונת המדרש שכמו האבות לא באו ריקנים, כי אם במעשיהם הטובים, בצדקות וקרבנות, כך אתם: **בדורות הללו.** שחרב בית המקדש ואינם בארצם, הרי התורה במקום הקרבנות: **כך אדם עושה מצות.** מצות בלשון חז"ל ביחוד על הצדקה, וכלשון הכתוב נחמיה י' ל"ג, והעמדנו עלינו מצות לתת שלישית השקל בשנה. שהצדקה שעושה עם העני, וגמילות חסדים גם לעשירים, עומדים לו במקום קרבנות, כמו שכתוב (משלי כא, ג) עשה צדקה ומשפט נבחר לה' מזבח: **מתן אדם ירחיב לו.** כולל קרבנות וצדקה, כמו שאמרו ויקרא רבה פרשה ה' סימן ב בהדיא. וכמו בקרבנות ולא יראו פני ריקם, כך בצדקה, כמו שכתוב (תהלים יז, טו) אני בצדק אחזה פניך. וכמו שכתוב ישעיה נ"ח (ח) והלך לפניך צדקך כבוד ה' יאספך: **מה שהוא עושה עם העניים.** היינו ביחוד ברגלים בעת השמחה, חייב לשמח גם העניים, וכמו שכתוב בסדר ראה אצל רגלים (דברים טז, יד) ושמחת בחגך אתה ובנך ובתך ועבדך ואמתך והלוי והגר והיתום והאלמנה וכמו שאמרו חז"ל (תנחומא ראה סי' יז) אם אתה משמח שלי אני משמח שלך. וזהו מה שכתוב כאן שלש רגלים תחוג לי, שתשמח את שלי, וזהו את העני עמך. ועל כן צירף המדרש מצות צדקה למצות רגלים וקרבנות, ודוק מאד: **אשרי משכיל אל דל.** [סיפיה דקרא] ביום רעה ימלטהו ה', מהשטן ומכל צרה ופגע: (ג) **יש רעה חולה.** עיין כל זה תנחומא משפטים סימן ח, בשינוי לשבח. ומה שכתוב ועניים מרודים עיין מתנות כהונה:

מתנות כהונה

[ב] **שלשה רגלים והתורה אינם באים ריקם.** שלשה רגלים דכתיב (שמות כג, טו) ולא יראו פני ריקם והתורה כדמפרש ואזיל. הכי גרסינן **את העני עמך משל כו'.** ודייק מדכתיב עמך שהצדקה מסייע לו לעצמו ועומדת לו בצדו להיות סניגורו כדמפרש ואזיל: [ג] **ועניים מרודים.** דרשו לשון ירידה ושפלות שמקבל העניות בשפלות רוח ואינו בועט בגובה רוח וכעס. ובתנחומא לא גרס ליה:

נחמד למראה

מתפלל דוד שצעקו וה' שמע שישמע ה' לצעקתם, ואדרבה קאמר להכרית מארץ זכרם אלא ודאי מוכרחים אנו לומר דלא קאי למאי דסליק מיניה אלא למאי דקדים ליה, דהיינו עיני ה' אל צדיקים. אם כן הרי בהדיא דומה לזה, ואינו כל כך תימה, ודו"ק מלאתי כתוב:

אשד הנחלים

[ב] **לפני הקדוש ברוך הוא ריקנין כו'.** פירש המתנות כהונה שהשלש רגלים והתורה אינם באים ריקם. ופירושו שהם מועילים לישראל, כי מלמדים זכות על ישראל בזכות התורה, ובזכות שלש רגלים שישראל הולכים מבתיהם למקום רחוק בכדי שיתקרבו לה', וכן הם עמלים בתורה, על כן זכותם עומדת לדורי דורות לזכות לתורה. אך לפי זה מהו שמסיים שנאמר מתן אדם גו', מה שייך זה להפסוק אם כסף. ואולי מפני שאחר כך כתיב מלאתך ודמעך לא תאחר, שזהו אזהרה על איחור המעשרות הנתונות לכהנים והלוים העניים המצפים רק על זה: [ג] **העשיר מנסהו כו' העני אם יכול לקבל.** הענין כי כל אחד נבחן כפי כחו וטבעו, איש אשר טבעו לפזר הון, והוא בטבע מרחם על כל, לזה אין לנסותו בעושר כי בודאי יפזר, רק ינוסה בעוני אם יכול לקבל, אך יש מי שהוא כילי בטבע, ינוסה בעושר אם יכול להפוך טבעו, וכל אחד אם יעמוד בנסיון אז טוב לו, בעולם הזה לעשיר כו' כי יהנה בחייו, ולעני לעתיד לבא בעולם הבא הרבה מאד:

חידושי הרד"ל

[ב] **קבע שלשה רגלים בתורה.** כן צריך לומר: **אין התורה זזה מהן.** ומקיימין מצות הרגלים אף על פי שבטלו הקרבנות, (וממה שמסיים **עושה מצות והוא בן תורה וגומל חסד כו' וסניגורין עומדין כו',** משמע קצת שרצה לומר שאף בזמן הזה, דוגמת לא יראו פני ריקם יתנו לעניים ברגלים כמנהג אבותינו, ויהיו לו שלשה סניגורין מצוה ותורה וגמילות חסדים נגד שלשה רגלים שהן שלשה אבות כדלעיל):

חידושי הרש"ש

[ב] **שאינן באין לפני הקדוש ברוך הוא ריקנין.** נראה דרצה לומר בכדי שלא יבואו לפניו (בעת המשפט כבמשל) ריקנין בלתי מצות וסניגורין, וזהו גם כן פירוש הכתוב דולא יראו פני ריקם לפי הדרשה:

באור מהרי"פ

[ב] **קבע שלשה רגלים וכו'.** הלשון והענין מוקשה אצלי, וזה לשון הטור אורח חיים סימן תי"ז ושמעתי מאחי ה"ר יהודה טעם לדבר. (פירוש, למה נותן ראשי חדשים לנשים לענין בטול מלאכה) לפי שהמועדים נתקנו כנגד אבות, פסח כנגד אברהם דכתיב ביה לושי ועשי עוגות ופסח היה, שבועות כנגד יצחק שתקיעת שופר של מתן תורה היה בשופר מאילו של יצחק, סוכות כנגד יעקב דכתיב ולמקנהו עשה סוכות, ושנים עשר חדשי השנה ראש חדש שלהם שגם הם נקראו מועדים כנגד שנים עשר שבטים, וכשחטאו בעגל נטל מהם ונתנו לנשים לזכר שלא היו באותו החטא, עד כאן לשון הטור. וזהו קבע רגלים בזכות האבות, ומה שאמר **התורה בזכות האבות.** כתב היפה תואר, אולי יליף ליה מדכתיב (ישעיה נט, כא) ואני זאת בריתי אותם אמר ה', היינו ברית הקדוש, והוא ברית אבות, ובזכות בריתם, **לא ימושו מפיך ומפי זרעך וגו',** הרי גם התורה בזכות האבות לא ימושו מפינו וכו': **שאינן באין לפני הקדוש ברוך הוא ריקם.** זה לשון הספרי סוף סדר ראה, ולא יראה את פני ה' ריקם, מן הצדקה. ופירש המפרש, שמחויב שלמי חגיגה וליתן מהם לעניים, כמו שכתב הרמב"ם בפרק ב מהלכות חגיגה (הלכה יד), כשיזבח אדם שלמי חגיגה ושלמי שמחה, לא יהיה אוכל הוא ובניו ואשתו בלבד וידמה שעשה מצוה גמורה, אלא חייב לשמח העניים [ו]האומללים, שנאמר והלוי והגר והיתום והאלמנה, עד כאן. ואחר כל ההצעות האלה, אולי יוכל המעיין הישר לכוין הבאור של המאמר המוקשה הלזה:

מסורת המדרש

א. תנחומא כאן סימן ח' כל הענין ועיין שם:

אם למקרא

שָׁלֹשׁ רְגָלִים תָּחֹג לִי בַּשָּׁנָה:
(שמות כג:יד)

וַאֲנִי זֹאת בְּרִיתִי אוֹתָם אָמַר ה' רוּחִי אֲשֶׁר עָלֶיךָ וּדְבָרַי אֲשֶׁר שַׂמְתִּי בְּפִיךָ לֹא יָמוּשׁוּ מִפִּיךָ וּמִפִּי זַרְעֲךָ וּמִפִּי זֶרַע זַרְעֲךָ אָמַר ה' מֵעַתָּה וְעַד־עוֹלָם:
(ישעיה נט:כא)

מַתָּן אָדָם יַרְחִיב לוֹ וְלִפְנֵי גְדֹלִים יַנְחֶנּוּ:
(משלי יח:טז)

אַשְׁרֵי מַשְׂכִּיל אֶל־דָּל בְּיוֹם רָעָה יְמַלְּטֵהוּ ה':
(תהלים מא:ב)

יֵשׁ רָעָה חוֹלָה רָאִיתִי תַּחַת הַשָּׁמֶשׁ עֹשֶׁר שָׁמוּר לִבְעָלָיו לְרָעָתוֹ: וְאָבַד הָעֹשֶׁר הַהוּא בְּעִנְיַן רָע וְהוֹלִיד בֵּן וְאֵין בְּיָדוֹ מְאוּמָה:
(קהלת ה:יב-יג)

הֲלוֹא פָרֹס לָרָעֵב לַחְמֶךָ וַעֲנִיִּים מְרוּדִים תָּבִיא בָיִת כִּי־תִרְאֶה עָרֹם וְכִסִּיתוֹ וּמִבְּשָׂרְךָ לֹא תִתְעַלָּם:
(ישעיה נח:ז)

ידי משה

ונראה לי דהכי קאמר והכי גרסינן, שמסתכל הקב"ה וצופה עתידות שעתידין לעשות תשובה, על כן הוא מוותר להם ומעביר ראשון כדי שלא לטורדם עכשיו מן העולם, וכך צריך להיות הגירסא, והוא מסתכל שעושים תשובה, [אבל] ולפי גירסא זו קשה מה צריך לוותר ולהעביר הואיל ויעשו תשובה. אלא הגירסא היא שאין עושים תשובה, והכי קאמר שהקב"ה רואה שאין עושים תשובה וראויה למות מיד מניח להם וכו' כדי שלא יטרדו מיד ואולי ישובו:

שינוי נוסחאות

(ב) **קבע שלש רגלים והתורה.** רד"ל הגיה "... שלש רגלים בתורה":

אמרי יושר

[ב] **הקדוש ברוך הוא קבע שלש רגלים ותורה.** כי תורה אדוקה ברגלים, כדאשכחן במצות הקהל תקרא התורה הזאת נגד כל ישראל באזניהם ואין באים ריקנים רק איש כמתנת ידו לצדקה, וזה בזכות שלש אבות, פסח כנגד אברהם לושי ועשי עוגות, שבועות נגד יצחק שופר של מתן תורה מאיל, סוכות נגד יעקב ויעקב נסע סכותה ולמקנהו עשה סוכות (טור או"ח סימן תיז), ואף בדורות הללו אין תורה זזה מהם, וכן שלש רגלים כאמרם במדרש חזית (פרשה א פסוק טו, ב) מה יונה אינה מנחת שובכה, אף ישראל אף על פי שחרב הבית מקיימים מועדיהם, ואם כן יש להם שלש רגלים ותורה וצדקה וזה יהיה סניגורם, זהו את העני עמך ובצדק הוא מועד לסניגור: [ג] **שנאמר ועניים מרודים וגו'.** קאי אדלעיל. אי נמי אסבילת יסורין, והיינו מרודים מלשון אריד בשיחי (תהלים נה ג. רש"י איכה א, ז ד"ה ומרודיה), שסובל העני לצערו:

וְאִם עָמַד הֶעָשִׁיר בְּנִסְיוֹנוֹ וְעוֹשֶׂה צְדָקוֹת – **Now, if the rich man withstands his test and performs acts of charity,** הֲרֵי הוּא אוֹכֵל מִמּוֹנוֹ בָּעוֹלָם הַזֶּה וְהַקֶּרֶן קַיֶּמֶת לוֹ לָעוֹלָם הַבָּא – **then he enjoys his money in this world, but the principal remains intact for him in the World to Come;** וְהַקָּדוֹשׁ בָּרוּךְ הוּא מַצִּילוֹ מִדִּינָהּ שֶׁל גֵּיהִנָּם – **and,** moreover, **the Holy One, blessed is He, saves him from the punishment of Gehinnom,** שֶׁנֶּאֱמַר ״אַשְׁרֵי מַשְׂכִּיל אֶל דָּל בְּיוֹם רָעָה יְמַלְּטֵהוּ ה׳״ – **as it is stated, *Praiseworthy is he who contemplates the needy, on the day of evil HASHEM will deliver him*** (*Psalms* 41:2).[26] וְאִם עָמַד הֶעָנִי בְּנִסְיוֹנוֹ וְאֵינוֹ מְבַעֵט – **And** correspondingly, **if the poor person withstands his test and does not rebel** against God, הֲרֵי הוּא נוֹטֵל כִּפְלַיִם לֶעָתִיד לָבֹא – **he will receive** a **double** portion **in the Future to Come,**[27] שֶׁנֶּאֱמַר ״כִּי אַתָּה עַם עָנִי תוֹשִׁיעַ״ – **as it is stated, *For it is You Who saves a poor people*** (ibid. 18:28).[28] מִמִּי אַתָּה לָמֵד – **From whom do you learn** this?[29] מֵאִיּוֹב, שֶׁנִּתְיַיסֵּר בָּעוֹלָם הַזֶּה וְשִׁלֵּם לוֹ הַקָּדוֹשׁ בָּרוּךְ הוּא כִּפְלַיִם – **From Job, who was afflicted in this world, and the Holy One, blessed is He, repaid him doubly,** שֶׁנֶּאֱמַר ״וַיֹּסֶף ה׳ אֶת כָּל אֲשֶׁר לְאִיּוֹב לְמִשְׁנֶה״ – **as it is stated, *And HASHEM added on to all that Job had had until there was double*** (*Job* 42:10).[30] אֲבָל הֶעָשִׁיר שֶׁעֵינוֹ רָעָה הוֹלֵךְ הוּא וּמָמוֹנוֹ מִן הָעוֹלָם הַזֶּה – **But the wealthy person who has an evil eye, both he and his wealth leave this world,** שֶׁנֶּאֱמַר ״וְאָבַד הָעוֹשֶׁר הַהוּא בְּעִנְיַן רָע״ – **as it is stated** in the *Ecclesiastes* verse cited above, ***And he loses those riches due to an evil "inyan"*** [עִנְיָן]. *If he begets a son, he has nothing in his hand* (*Ecclesiastes* 5:13).[31] שֶׁעֵינוֹ רָעָה כְּנֶגֶד גַּבָּאֵי צְדָקָה – The word "*inyan*" alludes to the fact **that he has an evil eye** [עַיִן] **toward the charity collectors.**[32]

The Midrash proves its above statement that riches and poverty are intended as a test:[33]

לָמָּה – **Why** do we state that it is so? שֶׁגַּלְגַּל הוּא בָּעוֹלָם – **Because [wealth]** or lack of it **is like a wheel** that turns **in the world;**[34] לֹא מִי שֶׁהוּא עָשִׁיר הַיּוֹם עָשִׁיר לְמָחָר – **neither will he who is rich today** necessarily **be rich tomorrow,** וּמִי שֶׁהוּא עָנִי הַיּוֹם עָנִי לְמָחָר – **nor will he who is poor today** necessarily **be poor tomorrow;** אֶלָּא לָזֶה מוֹרִיד וְלָזֶה מַעֲלֶה, שֶׁנֶּאֱמַר ״כִּי אֱלֹהִים שֹׁפֵט זֶה יַשְׁפִּיל וְזֶה יָרִים״ – **rather, [God] lowers [one] and raises [another], as it is stated, *For God is the Judge – He lowers this one and raises that one*** (*Psalms* 75:8).[35]

NOTES

26. As the Gemara (*Nedarim* 40a) proves, the *day of evil* is the day the wicked are ordered to Gehinnom (*Eitz Yosef*). For unlike most mitzvos, which are rewarded in the World to Come but cannot save one from the punishment that he deserves for his sins, the merit of charity has the power to save one from Gehinnom, since he saved the poor person from his dire straits (*Tiferes Tzion*). Regarding the statement of the Midrash that the principal remains intact for the World to Come, see *Midrash Tanchuma* (*Mishpatim* §8, cited by *Maharzu*), where this is derived from that which it states (*Isaiah* 58:8), *Your righteous deed will precede you and the glory of HASHEM will gather you in*.

27. I.e., in the World to Come he will receive double the reward he deserves. Alternatively, he will receive double the reward of a righteous wealthy person who gave of his money to the poor, for he did not enjoy this world as the rich person did (*Eitz Yosef*).

28. This verse does not prove that he receives double reward, but was cited merely to prove that poverty is a test. For the previous verses (vv. 26-27) state: *With the devout You act devoutly, with the wholehearted man You act wholeheartedly. With the pure You act purely, and with the crooked man You act perversely*. What is the connection between v. 28, *for it is You Who saves a poor people*, and the verses preceding it? The Midrash therefore understands that it was written to corroborate the point made in the preceding verses, that God treats people the same way they act toward Him. For by mentioning the poor at that point, Scripture indicates that God treats the poor in the same vein in which they act toward Him, i.e., that if they withstand their test they are blessed, and if they do not they will suffer (*Toldos Noach*).

29. That the poor who pass their test will be doubly blessed (see the next note).

30. Since Job was blessed with double in this world for not rebelling against God despite his afflictions, it follows that a poor person who did not challenge God, yet remained poor, will receive double reward in the World to Come (*Toldos Noach*; see also *Maharzu* and *Eitz Yosef*).

See Insight Ⓐ.

31. The initial phrase, *and he loses those riches, etc.*, is seen as alluding to the death of the wealthy person, and the latter part of the verse, *if he begets a son, he has nothing in his hand*, means, as the Midrash elsewhere (*Koheles Rabbah* 5:13) explains, that he is not given the opportunity to bequeath his wealth to his children, i.e., he loses his money during his lifetime (*Eitz Yosef*).

32. Elucidation follows *Matnos Kehunah* and *Eitz Yosef*.

The Midrash's assertion that proper usage of one's wealth is rewarded in both worlds is inferred from the opening phrase of v. 12, *there is a sickening evil*, which suggests a double misfortune. This means that as a result of the rich man's mishandling of his money, in addition to losing his entire fortune, he loses the eternal reward that he would have enjoyed had he utilized it properly. Since the Midrash derived from here that riches are a test, it also discussed the test of poverty (*Eitz Yosef* s.v. אשרי וכו׳).

33. *Yefeh To'ar*.

34. See the beginning of §14 below where the Midrash elaborates on this analogy.

35. Wealth or lack of it is not dependent on *mazal*, but rather is providentially arranged. For were a person's *mazal* the cause of his wealth,

INSIGHTS

Ⓐ **To Withstand One's Test** Our Midrash notes the great fortune and reward in store for the one who is able to withstand the test of poverty. But how does one cultivate the mindset that will enable him to internalize this attitude? After all, our Midrash speaks as well of the great reward in store for the wealthy man who uses his wealth properly. Wouldn't the poor man gladly exchange his own challenges for those of his wealthy fellow?

The answer lies in the words of our Midrash: אַשְׁרֵי אָדָם שֶׁהוּא עוֹמֵד בְּנִסְיוֹנ״וֹ״, *Praiseworthy is he who withstands "his" test.* A person's test is not determined by the luck of the draw. It is personalized for him by His Creator, Who alone knows exactly the tools he needs to achieve *his* success in life and perfect *his* soul.

This is the same lesson conveyed by the Mishnah in *Avos* (4:1), which states: אֵיזֶהוּ עָשִׁיר הַשָּׂמֵחַ ״בְּחֶלְקוֹ״, *Who is wealthy? The one who is happy with his portion.* The Mishnah does not say that he is content "with little." It says that he is content "with *his portion*." A person's lot in life is *his portion*, tailor made for him by God. And it suits *him* as no other portion can.

The *Chafetz Chaim* (ad loc.) illustrates this with a parable:

A carpenter owned an inexpensive handsaw, with which he plied his trade. A diamond cutter approached him and said, "My friend, I own a diamond saw used for cutting diamonds. It is far more intricate than your ordinary handsaw and worth far more. I am offering to trade you your lowly carpenter's saw for my diamond saw. I assure you that you will be getting the better of the deal!"

The carpenter stared at him incredulously. "What kind of foolishness is that?! I am a carpenter. For my trade, I need a carpenter's saw, and your expensive diamond saw is of no use to me! If I were to trade my saw for yours, I would have no livelihood whatsoever!"

It is the same in life. God, Who knows the innermost workings of all His creatures, creates every human being with a personal mission on this earth, and He gives each one the best possible tools — emotional, intellectual, and material — for completing his particular mission. If a person were to trade his tools for those of someone else's profession, he would have nothing but heartache, as he would then not have the tools *he* needs for *his* livelihood and *his* life.

Indeed, the truly wealthy man is the one who finds happiness in *his portion* — the one reserved especially for him by his Father in Heaven.

וְאִם עָמַד הֶעָשִׁיר בְּנִסְיוֹנוֹ וְעוֹשֶׂה צְדָקוֹת הֲרֵי הוּא אוֹכֵל מָמוֹנוֹ בָּעוֹלָם הַזֶּה וְהַקֶּרֶן קַיֶּמֶת לוֹ לָעוֹלָם הַבָּא, וְהַקָּדוֹשׁ בָּרוּךְ הוּא מַצִּילוֹ מִדִּינָהּ שֶׁל גֵּיהִנָּם, שֶׁנֶּאֱמַר (תהלים מא, ב) ״אַשְׁרֵי מַשְׂכִּיל אֶל דָּל בְּיוֹם רָעָה יְמַלְּטֵהוּ ה׳״, וְאִם עָמַד הֶעָנִי בְּנִסְיוֹנוֹ וְאֵינוֹ מְבַעֵט הֲרֵי הוּא נוֹטֵל כִּפְלַיִם לֶעָתִיד לָבֹא, שֶׁנֶּאֱמַר (שם יח, כח) ״כִּי אַתָּה עַם עָנִי תוֹשִׁיעַ״, מִמִּי אַתָּה לָמֵד, מֵאִיּוֹב, שֶׁנִּתְיַיסֵּר בָּעוֹלָם הַזֶּה וְשִׁלֵּם לוֹ הַקָּדוֹשׁ בָּרוּךְ הוּא כִּפְלַיִם, שֶׁנֶּאֱמַר (איוב מב, י) ״וַיֹּסֶף ה׳ אֶת כָּל אֲשֶׁר לְאִיּוֹב לְמִשְׁנֶה״, אֲבָל הֶעָשִׁיר שֶׁעֵינוֹ רָעָה הוֹלֵךְ הוּא וּמָמוֹנוֹ מִן הָעוֹלָם הַזֶּה, שֶׁנֶּאֱמַר (קהלת ה, יג) ״וְאָבַד הָעוֹשֶׁר הַהוּא בְּעִנְיַן רָע״, שֶׁעֵינוֹ רָעָה כְּנֶגֶד גַּבָּאֵי צְדָקָה, לָמָּה, [ג]שֶׁגַּלְגַּל הוּא בָּעוֹלָם, לֹא מִי שֶׁהוּא עָשִׁיר הַיּוֹם עָשִׁיר לְמָחָר וּמִי שֶׁהוּא עָנִי הַיּוֹם עָנִי לְמָחָר, אֶלָּא לָזֶה מוֹרִיד וְלָזֶה מַעֲלֶה, שֶׁנֶּאֱמַר (תהלים עה, ח) ״כִּי אֱלֹהִים שֹׁפֵט זֶה יַשְׁפִּיל וְזֶה יָרִים״, בֹּא וּרְאֵה יֵשׁ עוֹשֶׁר שֶׁהוּא עוֹשֶׂה רַע לִבְעָלָיו וְיֵשׁ עוֹשֶׁר שֶׁעוֹשֶׂה טוֹב לִבְעָלָיו, [ג]עוֹשֶׂה רַע לִבְעָלָיו זֶה עָשְׁרוֹ שֶׁל קֹרַח, שֶׁהוּא הָיָה עָשִׁיר מִכָּל יִשְׂרָאֵל, וּכְתִיב (במדבר טז, לג) ״וַיֵּרְדוּ הֵם וְכָל אֲשֶׁר לָהֶם חַיִּים שְׁאֹלָה״, דָּבָר אַחֵר, זֶה עָשְׁרוֹ שֶׁל הָמָן הָרָשָׁע, שֶׁנֶּאֱמַר (אסתר ה, יא) ״וַיְסַפֵּר לָהֶם הָמָן אֶת כְּבוֹד עָשְׁרוֹ״, וּכְתִיב (שם ט, כה) ״וְתָלוּ אֹתוֹ וְאֶת בָּנָיו עַל הָעֵץ״, וְשֶׁהוּא טוֹב לִבְעָלָיו זֶה עָשְׁרוֹ שֶׁל יְהוֹשָׁפָט, שֶׁנֶּאֱמַר (דברי הימים-ב יח, א) [ד]״וַיְהִי לִיהוֹשָׁפָט עֹשֶׁר וְכָבוֹד לָרֹב״, וּמֶה הָיָה לוֹ, (שם שם לא) ״וַיִּזְעַק יְהוֹשָׁפָט וַה׳ עֲזָרוֹ״, וְיֵשׁ גְּבוּרָה שֶׁהִיא טוֹבָה לִבְעָלֶיהָ וְיֵשׁ שֶׁהִיא רָעָה לִבְעָלֶיהָ, טוֹבָה לִבְעָלֶיהָ זֶה דָּוִד, שֶׁכָּתוּב (שמואל-א יח, ז) ״הִכָּה שָׁאוּל בַּאֲלָפָיו וְדָוִד בְּרִבְבֹתָיו״, וּמִשָּׁם אֲהֵבוּהוּ כָּל יִשְׂרָאֵל, שֶׁנֶּאֱמַר (שם שם טז) ״וְכָל יִשְׂרָאֵל וִיהוּדָה אוֹהֵב אֶת דָּוִד״,

עץ יוסף

והקרן קיימת לאכול משכרו בעולם הבא והקדוש ברוך הוא מצילו כו׳. כי לא יצטרך לבא בגהינם על חטאתו: **ביום רעה.** היינו גיהנם כדאיתא בגמרא (נדרים מ, א): **כפלים בזכיותיו.** אי נמי כפלים כעשיר הצדיק, לפי שהעשיר המתנהג כשורה בעשרו אוכל פירות בעולם הזה והקרן קיימת לעולם הבא, ואם כן האי עני שעמד בנסיונו והיה מקבל עליו באהבה ולא היה לו עולם הזה, לפיכך שכרו כפול הוא לעולם הבא: **ממי את למד מאיוב.** ומה שעני שכרו כפול לעולם הבא הוא מסברא שהעני היה סובל יסורין בעולם הזה, אם כן הרי כל שכרו לעולם הבא כפול: **הולך הוא וממונו.** שאינו זוכה להורישו לבניו, וזה אמרו והוליד בן ואין בידו מאומה, כדאיתא בקהלת רבה, ובחייו נוטל ממנו כדבסמוך: **שנאמר ואבד העושר כו׳.** תרתי משמע מיניה, ואבד העושר ההוא קאי על מיתת הבעלים, וסיפא דקרא והוליד בן ואין בידו מאומה, קאי על אבידת ממונו: **שעינו רעה.** קרי ביה בעין רע (מתנות כהונה): **בנגד גבאי צדקה.** רוצה לומר אף שהוא בעצמו נותן צדקה לעניים או לקרוביו העניים, אלא שעינו רעה ליתן צדקה ליד גבאי צדקה, יאבד עושר ההוא, לפי שמעשיו מוכיחים שאין נתינתו לשם שמים אלא לשם ותפארת, שהמקבל יפרסמו לאיש חסד, אבל עיקר מצות נתינת הצדקה אינו אלא ליתן לתוך הארנקי של גבאי צדקה, והם יחלקו לעניים כדי שלא יהיה ידיעה לנותן מי המקבל, ולהמקבל מי הנותן, דמתן בסתר יכפה אף דוקא, ומפיק ממלת בענין רע, דמשמע שנותן צדקה אלא שנתינתו הוא בענין הרע כנזכר (תולדות נח): **למה שגלגל הוא בעולם.** שהעניות ועשירות אינו תלוי במזל, אלא כפי השגחתו ורצונו יתברך דהוא גלגל חוזר בעולם, ולא מי שהוא עשיר היום עשיר למחר, ואם היה תלוי במערכת היה מן הראוי להתקיים עושר בעשרו כל ימי חייו, וכן עני בעניו, ואחרי שראינו שיכלו מזונותיו של עשיר בחצי ימיו, וירום אביון מאשפות אין זה אלא בהשגחת האלהים, ואלהים שופט משפיל לזה ומרים לזה (תולדות נח): **בא וראה יש עושר בו׳.** שאף שכמו זר נחשב הוא מהשכל שלא יהיה תלוי במזל אחרי שנמצא במאמר חכמינו ז״ל (מועד קטן כח, א) בני חיי ומזוני לאו בזכותא תליא אלא במזלא, בא וראה שהאמת הוא שהם בהשגחת השם יתברך, ובא ולמד מעשרו של קרח והמן שנאבדו מן העולם הם וכל אשר להם בהשגחת השם יתברך אלא שהשם יתברך משנה המזל כפי צדקתו ורשעתו של אדם: **ויש עושר שהוא עושה טוב לבעליו.** והא דכתיב עושר שמור לבעליו לרעתו, היינו כשאינו עושה צדקה בממונו: **שהיה עשיר מכל ישראל.** כמו שאמרו בפרק חלק (קי, א) שלש מטמוניות הטמין יוסף, האחד נתגלה לקרח, ובבמדבר רבה פרשה י״ד איתא שהיה קתליקוס לביתו של פרעה, והיה בידו מפתחות האוצרות שלו: **וכתיב וירדו הם וכל אשר להם חיים שאולה.** שבשביל עשרו שנתגאה בו, גרמה לו איבוד נפשו שמתוך עשרו התחיל לחרחר ריב ולחלוק על משה, על כן נאבד הוא ועשרו מן העולם בענין רע: **זה עשרו של המן.** שבשביל עשרו היה רוצה לקנות את כל ישראל להריגה, ונאבד הוא ועשרו ותלו אותו ואת בניו על העץ, ונתן המלך לאסתר המלכה את בית המן: **ויזעק יהושפט וה׳ עזרו.** ודרשו חכמינו ז״ל במדרש שלא היה חסר אלא התזת ראש, משמע דמן הראוי היה ליהרג אלא שנצול באיזה זכות, ואינו אלא זכות הצדקה שמצלת ממיתה כדכתיב וצדקה תציל ממות: **ויש גבורה כו׳ ויש חכמה כו׳.** איידי דמיירי ממעלת העושר והיפוכו, מייתי נמי כל השלש מעלות דקא חשיב התנא בפירקי אבות:

פירוש מהרז״ו

והקרן קיימת לו. ולשון התנחומא שנאמר והלך לפניך צדקך וגו׳: **ביום רעה ימלטהו ה׳.** זה גיהנם, כמו שדרשו ויקרא רבה ריש פרשה ל״ד: **מאיוב.** שסובר כמאן דאמר שנתן הקב״ה לאיוב שכרו בעולם הזה ופטרו, אך לאחרים שכרו בכפלים בעולם הגמול, וכמו שאמרו חז״ל (חגיגה טו, א) שעל הצדיקים נאמר (ישעיה סא, ז) לכן בארצם משנה יירשו: **שעינו רעה.** עיין לקמן פרשה זו סימן י״ד, ובויקרא רבה פרשה ל״ד סימן ה׳: **וירדו הם וכל אשר להם.** כמו שדרשו במדבר רבה פרשה י״ח סימן י״ט: **ומשם אהבוהו.** פירוש מטעם זה אהבוהו, כמו שכתוב וכל ישראל ויהודה אוהב את דוד כי הוא יוצא ובא לפניהם. היינו על ידי גבורתו הנ״ל:

מתנות כהונה

שעינו רעה. קרי ביה בעין רע: **קרח.** נתגאה בעשרו ולפיכך רצה לחלוק על משה רבינו עליו השלום:

אשד הנחלים

כי אתה עם עני תושיע. כלומר ישועה אלהית נפשית, כלומר ישועה למעלה מן הטבע, ולכן הוא כפלים מדרך הנהוג הטבעי, וזה מרומז במלת אתה, שהוא ישועה אלהית לא טבעית: **למה שגלגל הוא.** מלת ענין קמפרש שפירושו במקרה רעה שהמערכת יתהפך עליו, שזהו בלשון הקודש ענין, ועיין דברי המפרשים: **שהוא עושה רע לבעליו.** שעל ידי עשרו יתגאה לבו וימרוד מול ה׳ ברוך הוא ואז יפול: **זה [עשרו של] המן.** זהו מאמר מוסרי להראות להמון איכה יתבוננו ויקחו מוסר מן האנשים האלה, מה שעשרם הפילם. והכלל שחשב כל מיני שלימות הגוף כעושר וגבורה, ושלימות הנפש כחכמה, הכל יתכן בו טובה אם ישתמשו בהם לטובה, ולהיפך הם רעה רבה:

חידושי הרד״ל

[ג] **הולך ואבד הוא וממונו כו׳.** כן צריך לומר, ועיין בתנחומא סימן ח: **בענין רע שעושה רע נגד גבאי כו׳.** כן צריך לומר: **יש עושר עושה רע לבעלים כו׳.** מלשון עושה דנקט כאן, כמדומני שרצה לומר שאלת עושר הוא עושה רע, (ובעושה טוב להלן, אפשר רומז עושה יושר): **זה יהושפט כו׳ וכבוד.** ואמרו עליו שלהי מכות (כד, א) יראי ה׳ יכבד שהיה מכבד תלמידי חכמים, עיין שם, והיה מהנה אותם מעשרו:

חידושי הרש״ש

[ג] **הרי הוא אוכל ממנו בעולם הזה.** הוא כמו שאמר שלמה (קהלת ג, יח) גם כל האדם אשר נתן לו האלהים עושר כו׳ והשליטו לאכול ממנו כו׳ זה מתת אלהים, הוא היפך מה שאמר (קהלת ו, ב) ולא ישליטנו האלהים לאכול ממנו כו׳ זה הבל כו׳, וכמו שאמר לקמן (סימן יא) שלא ילוו בריבית כדי שלא יאכלו של אחרים את נכסיהם, ועיין מה שכתבתי שם (ד״ה כדי):

באור מהרי״פ

[ג] **למה שגלגל חוזר בעולם.** זה לשון תולדות נח, רצונו בזה להוכיח, שהעניות והעשירות אינו תלוי במזל לפי הולדת המערכה, אלא כפי השגחתו ורצונו יתברך, דהא גלגל חוזר בעולם, ולא מי שהוא עשיר היום עשיר למחר, ואם היה תלוי במערכה, היה מן הראוי להתקיים עשיר בעשרו כל ימיו, וכן עני בעניו כל ימיו, ואחרי שראינו שיכלו מזונותיו של עשיר בחצי ימיו, וירום אביון מאשפות עפר בחצי ימיו, אין זה [אלא] בהשגחת אלהים, ואלהים שופט משפיל לזה ומרים לזה. וגלגל הוא שחוזר בעולם דקאמר ליטנא בעלמא נקט, וכוונתו שהשגחת אלהים חוזר בעולם לפי מעשיו של אדם: **ויזעק יהושפט וגו׳.** הראיה שמביא שהעשירות טובה היתה ליהושפט מויזעק יהושפט קשה להולמה, ואולי דמפיק מדכתיב (דברי הימים ב יח, לא) ויהי כראות שרי הרכב את יהושפט והמה אמרו מלך ישראל הוא, ויסובו עליו להלחם, ויזעק יהושפט וה׳ עזרו, ויסיתם אלהים ממנו. ואמרו חכמינו ז״ל במדרש שלא היה חסר אלא התזת ראש, משמע דמן הראוי היה ליהרג אלא שניצול באיזה זכות, ואינה אלא זכות הצדקה המצלת ממיתה, כמו דאת אמר וצדקה תציל ממות:

מסורת המדרש

ב. שבת דף קנ״א. ילקוט סדר ראה רמז תתצ״ח:
ג. פסחים דף קי״ט. סנהדרין דף ק״י. בראשית רבה פרשה כ׳. קהלת רבה פרשה ה׳. ילקוט סדר וירא רמז פ״ד. ילקוט קהלת רמז תתקע״ב:
ד. עיין ירושלמי ברכות פרק ט׳. מדרש תהלים מזמור ד׳:

אם למקרא

אַשְׁרֵי מַשְׂכִּיל אֶל־דָּל בְּיוֹם רָעָה יְמַלְּטֵהוּ ה׳: (תהלים מא:ב)
כִּי־אַתָּה עַם־עָנִי תוֹשִׁיעַ וְעֵינַיִם רָמוֹת תַּשְׁפִּיל: (שם יח:כח)
וַה׳ שָׁב אֶת שְׁבוּת אִיּוֹב בְּהִתְפַּלְלוֹ בְּעַד רֵעֵהוּ וַיֹּסֶף ה׳ אֶת כָּל אֲשֶׁר לְאִיּוֹב לְמִשְׁנֶה: (איוב מב:י)
וְאָבַד הָעֹשֶׁר הַהוּא בְּעִנְיַן רָע וְהוֹלִיד בֵּן וְאֵין בְּיָדוֹ מְאוּמָה: (קהלת ה:יג)
כִּי־אֱלֹהִים שֹׁפֵט זֶה יַשְׁפִּיל וְזֶה יָרִים: (תהלים עה:ח)
וַיֵּרְדוּ הֵם וְכָל אֲשֶׁר לָהֶם חַיִּים שְׁאֹלָה וַתְּכַס עֲלֵיהֶם הָאָרֶץ וַיֹּאבְדוּ מִתּוֹךְ הַקָּהָל: (במדבר טז:לג)
וַיְסַפֵּר לָהֶם הָמָן אֶת כְּבוֹד עָשְׁרוֹ וְרֹב בָּנָיו וְאֵת כָּל אֲשֶׁר גִּדְּלוֹ הַמֶּלֶךְ וְאֵת אֲשֶׁר נִשְּׂאוֹ עַל הַשָּׂרִים וְעַבְדֵי הַמֶּלֶךְ: (אסתר ה:יא)
וּבְבֹאָהּ לִפְנֵי הַמֶּלֶךְ אָמַר עִם הַסֵּפֶר יָשׁוּב מַחֲשַׁבְתּוֹ הָרָעָה אֲשֶׁר חָשַׁב עַל הַיְּהוּדִים עַל רֹאשׁוֹ וְתָלוּ אֹתוֹ וְאֶת בָּנָיו עַל הָעֵץ: (שם ט:כה)
וַיְהִי לִיהוֹשָׁפָט עֹשֶׁר וְכָבוֹד לָרֹב וַיִּתְחַתֵּן לְאַחְאָב: (דברי הימים־ב יח:א)
וַיְהִי כִּרְאוֹת שָׂרֵי הָרֶכֶב אֶת יְהוֹשָׁפָט וְהֵמָּה אָמְרוּ מֶלֶךְ יִשְׂרָאֵל הוּא וַיָּסֹבּוּ עָלָיו לְהִלָּחֵם וַיִּזְעַק יְהוֹשָׁפָט וַה׳ עֲזָרוֹ וַיְסִיתֵם אֱלֹהִים מִמֶּנּוּ: (שם שם לא)
וַתַּעֲנֶינָה הַנָּשִׁים הַמְשַׂחֲקוֹת וַתֹּאמַרְןָ הִכָּה שָׁאוּל בַּאֲלָפָו וְדָוִד בְּרִבְבֹתָיו: (שמואל־א יח:ז)
וְכָל יִשְׂרָאֵל וִיהוּדָה אֹהֵב אֶת דָּוִד כִּי הוּא יוֹצֵא וָבָא לִפְנֵיהֶם: (שם שם טז)

ידי משה

[ג] **עושה רע לבעליו זה עשרו של קרח.** נראה לי דהכי פירושו, על ידי העושר נתגלגל לו רעה זו, לפי שלשבט לוי אינו מגיע חלק בביזה ושלל כדאיתא בספרי (שופטים פרק כ) לא יהיה לו חלק ונחלה חלק בביזה ושלל, ולולי זאת שלקח קרח שלל זה היה ראוי לכהונה כמו שכתבתי בפרשת קרח (במדבר יח, יז ד״ה אשר), כי הכהן צריך להיות מסטרא דחסד על דכתיב (תהלים לב, י) והבוטח בה׳ חסד יסובבנו, על כן לא היה לכהן ולוי חלק ונחלה, וזה שאמר עושה רע, שעל ידי העושר לא זכה לכהונה ונתקנא על ידי זה באהרן, ומתוך כך **וירדו הם וגו׳:**

The Midrash resumes its discussion of the *Ecclesiastes* piece: בֹּא וּרְאֵה – **Come and see:** יֵשׁ עוֹשֶׁר שֶׁהוּא עוֹשֶׂה רַע לִבְעָלָיו – **There is wealth that does evil for its possessor,** וְיֵשׁ עוֹשֶׁר שֶׁעוֹשֶׂה טוֹב לִבְעָלָיו – **and there is wealth that does good for its possessor.**[36] עוֹשֶׂה רַע לִבְעָלָיו זֶה עָשְׁרוֹ שֶׁל קֹרַח – Wealth that **does evil for its possessor – this is the wealth of Korah,** שֶׁהוּא הָיָה עָשִׁיר מִכָּל יִשְׂרָאֵל – **for he was wealthier than all of Israel,**[37] וּכְתִיב ״וַיֵּרְדוּ הֵם וְכָל אֲשֶׁר לָהֶם חַיִּים שְׁאֹלָה״ – and regarding him and his group **it is written, *They and all that was theirs descended alive to the pit*** (*Numbers* 16:33).[38] דָּבָר אַחֵר, זֶה עָשְׁרוֹ שֶׁל הָמָן הָרָשָׁע – **Alternatively, this is the wealth of the wicked Haman,** שֶׁנֶּאֱמַר ״וַיְסַפֵּר לָהֶם הָמָן אֶת כְּבוֹד עָשְׁרוֹ״ – **as it is stated, *Haman recounted to them the glory of his wealth*** (*Esther* 5:11), וּכְתִיב ״וְתָלוּ אֹתוֹ וְאֶת בָּנָיו עַל הָעֵץ״ – **and** regarding him **it is written, *And they hanged him and his sons on the gallows*** (ibid. 9:25).[39] וְשֶׁהוּא טוֹב לִבְעָלָיו זֶה עָשְׁרוֹ שֶׁל יְהוֹשָׁפָט – Wealth **that is good for its possessor – this is the wealth of Jehoshaphat,** King of Judah, שֶׁנֶּאֱמַר ״וַיְהִי לִיהוֹשָׁפָט עֹשֶׁר וְכָבוֹד לָרֹב״ – **as it is stated, *Jehoshaphat had much wealth and honor*** (*II Chronicles* 18:1). וּמֶה הָיָה לוֹ – **And what occurred with him?** ״וַיִּזְעַק יְהוֹשָׁפָט וַה׳ עֲזָרוֹ״ – ***Jehoshaphat cried out, and HASHEM came to his aid*** (ibid., v. 31).[40]

Having mentioned that wealth can be an asset or a liability to its possessor, the Midrash states that the same is true of physical strength and of wisdom:[41]

וְיֵשׁ גְּבוּרָה שֶׁהִיא טוֹבָה לִבְעָלֶיהָ וְיֵשׁ שֶׁהִיא רָעָה לִבְעָלֶיהָ – **There is a strength that is good for its possessor, and there is** strength **that is evil for its possessor.** טוֹבָה לִבְעָלֶיהָ זֶה דָּוִד – Strength that is **good for its possessor – this is** the strength of King **David,** שֶׁכָּתוּב ״הִכָּה שָׁאוּל בַּאֲלָפָיו וְדָוִד בְּרִבְבֹתָיו״ – **[of whom] it is written, *Saul has slain his thousands, and David his tens of thousands*** (*I Samuel* 18:7).[42] וּמִשָּׁם אֲהֵבוּהוּ כָּל יִשְׂרָאֵל, שֶׁנֶּאֱמַר ״וְכָל יִשְׂרָאֵל וִיהוּדָה אוֹהֵב אֶת דָּוִד״ – **And from [that incident] all of** the people of **Israel loved him, as it is stated, *All of Israel and Judah loved David*** (ibid., v. 16).

NOTES

he would remain wealthy for his entire life, and similarly, a poor person would remain poor his entire life. Since many of the wealthy lose their fortunes, and many a poor person becomes wealthy, we can be certain that it is Divine Providence at work (*Eitz Yosef*, from *Toldos Noach*; see also *Yefeh To'ar*). Similarly, this proves that wealth is not dependent upon one's resourcefulness. Rather, it is providentially arranged, for the purpose of testing both the rich and the poor (*Yefeh To'ar*).

36. Earlier the Midrash stated that one who uses his wealth improperly will leave this world, as will his wealth. That a person's wealth is sometimes lost from him can be seen from day-to-day occurrences. But where do we see that wealth causes the death of its possessor? The Midrash explains (ibid., second explanation).

37. Korah's wealth is not mentioned explicitly in Scripture, but is described in *Pesachim* 119a, *Sanhedrin* 110a, *Bamidbar Rabbah* 18 §15, and *Esther Rabbah* 7 §5 (see *Eitz Yosef*). See 33 §5 below with note 54 for a Scriptural allusion to Korah's wealth.

38. Korah's wealth furnished him the arrogance with which to dispute Moses, and this was the cause of his ultimate destruction (*Matnos Kehunah, Eitz Yosef*).

39. Had Haman not been so wealthy, Ahasuerus would not have promoted him (as related in *Esther Rabbah* ibid.), and he would not have experienced such a great downfall (*Eitz Yosef* to *Bereishis Rabbah* 50 §11). Furthermore, since he possessed such great wealth, he wished to acquire all the Jews from Ahasuerus and have them killed, thus bringing about his ultimate demise through Mordechai and Esther (*Eitz Yosef* ibid. and to our Midrash).

40. As Scripture recounts (*II Chronicles* 18:28-32), when Jehoshaphat and Ahab the king of Israel waged war against the Arameans, the king of Aram told his warriors to find the king of Israel and kill him. During the war, they spotted Jehoshaphat and, thinking he was Ahab, mistakenly proclaimed, *"This is the king of Israel!"* and wished to kill him. Thereupon, it states, *Jehoshaphat cried out, and HASHEM came to his aid; God induced them away from him.* The *Yerushalmi* (*Berachos* 9:1) infers from this verse that the enemy's sword was already upon his throat when God induced them to depart from him (see *Yefeh Mar'eh* ad loc.). This indicates that Jehoshaphat essentially deserved to die but was spared in the merit of some good deed, which the Midrash presumes to be that of charity, for it states (*Proverbs* 10:2), *Charity rescues from death* (*Beur Maharif, Eitz Yosef*). Thus it was Jehoshaphat's proper use of his wealth that saved his life.

41. Since these three qualities are mentioned together in the Mishnah in *Avos* 4:1 (*Eitz Yosef*).

42. The rejoicing women of Israel greeted David with this refrain when he returned from slaying the Philistine, Goliath.

וְאִם עָמַד הֶעָשִׁיר בְּנִסְיוֹנוֹ וְעוֹשֶׂה צְדָקוֹת הֲרֵי הוּא אוֹכֵל מָמוֹנוֹ בָּעוֹלָם הַזֶּה וְהַקֶּרֶן קַיֶּימֶת לוֹ לָעוֹלָם הַבָּא, וְהַקָּדוֹשׁ בָּרוּךְ הוּא מַצִּילוֹ מִדִּינָהּ שֶׁל גֵּיהִנָּם, שֶׁנֶּאֱמַר (תהלים מא, ב) "אַשְׁרֵי מַשְׂכִּיל אֶל דָּל בְּיוֹם רָעָה יְמַלְּטֵהוּ ה'", וְאִם עָמַד הֶעָנִי בְּנִסְיוֹנוֹ וְאֵינוֹ מְבַעֵט הֲרֵי הוּא נוֹטֵל כִּפְלַיִם לֶעָתִיד לָבֹא, שֶׁנֶּאֱמַר (שם יח, כח) "כִּי אַתָּה עַם עָנִי תוֹשִׁיעַ", מִמִּי אַתָּה לָמֵד, מֵאִיּוֹב, שֶׁנִּתְיַיסֵּר בָּעוֹלָם הַזֶּה וְשִׁלֵּם לוֹ הַקָּדוֹשׁ בָּרוּךְ הוּא כִּפְלַיִם, שֶׁנֶּאֱמַר (איוב מב, י) "וַיּוֹסֶף ה' אֶת כָּל אֲשֶׁר לְאִיּוֹב לְמִשְׁנֶה", אֲבָל הֶעָשִׁיר שֶׁעֵינוֹ רָעָה הוֹלֵךְ הוּא וּמָמוֹנוֹ מִן הָעוֹלָם הַזֶּה, שֶׁנֶּאֱמַר (קהלת ה, יג) "וְאָבַד הָעוֹשֶׁר הַהוּא בְּעִנְיַן רָע", שֶׁעֵינוֹ רָעָה כְּנֶגֶד גַּבָּאֵי צְדָקָה, לָמָּה, [ב]שֶׁגַּלְגַּל הוּא בָּעוֹלָם, לֹא מִי שֶׁהוּא עָשִׁיר הַיּוֹם עָשִׁיר לְמָחָר וּמִי שֶׁהוּא עָנִי הַיּוֹם עָנִי לְמָחָר, אֶלָּא לָזֶה מוֹרִיד וְלָזֶה מַעֲלֶה, שֶׁנֶּאֱמַר (תהלים עה, ח) "כִּי אֱלֹהִים שֹׁפֵט זֶה יַשְׁפִּיל וְזֶה יָרִים", בֹּא וּרְאֵה יֵשׁ עוֹשֶׁר שֶׁהוּא עוֹשֶׂה רַע לִבְעָלָיו וְיֵשׁ עוֹשֶׁר שֶׁעוֹשֶׂה טוֹב לִבְעָלָיו, [ג]עוֹשֶׂה רַע לִבְעָלָיו זֶה עָשְׁרוֹ שֶׁל קֹרַח, שֶׁהוּא הָיָה עָשִׁיר מִכָּל יִשְׂרָאֵל, וּכְתִיב (במדבר טז, לג) "וַיֵּרְדוּ הֵם וְכָל אֲשֶׁר לָהֶם חַיִּים שְׁאֹלָה", דָּבָר אַחֵר, זֶה עָשְׁרוֹ שֶׁל הָמָן הָרָשָׁע, שֶׁנֶּאֱמַר (אסתר ה, יא) "וַיְסַפֵּר לָהֶם הָמָן אֶת כְּבוֹד עָשְׁרוֹ", וּכְתִיב (שם ט, כה) "וְתָלוּ אֹתוֹ וְאֶת בָּנָיו עַל הָעֵץ", וְשֶׁהוּא טוֹב לִבְעָלָיו זֶה עָשְׁרוֹ שֶׁל יְהוֹשָׁפָט, שֶׁנֶּאֱמַר (דברי הימים-ב יח, א) [ד]"וַיְהִי לִיהוֹשָׁפָט עֹשֶׁר וְכָבוֹד לָרֹב", וּמֶה הָיָה לוֹ, (שם שם לא) "וַיִּזְעַק יְהוֹשָׁפָט וַה' עֲזָרוֹ", וְיֵשׁ גְּבוּרָה שֶׁהִיא טוֹבָה לִבְעָלֶיהָ וְיֵשׁ שֶׁהִיא רָעָה לִבְעָלֶיהָ, טוֹבָה לִבְעָלֶיהָ זֶה דָּוִד, שֶׁכָּתוּב (שמואל-א יח, ז) "הִכָּה שָׁאוּל בַּאֲלָפָו וְדָוִד בְּרִבְבֹתָיו", וּמִשָּׁם אֲהֵבוּהוּ כָּל יִשְׂרָאֵל, שֶׁנֶּאֱמַר (שם שם טז) "וְכָל יִשְׂרָאֵל וִיהוּדָה אוֹהֵב אֶת דָּוִד",

עץ יוסף

והקרן קיימת לאכול משכרו בעולם הבא והקדוש ברוך הוא מצילו כו'. כי לא יצטרך לבא בגהינם על חטאתו: **ביום רעה.** היינו גיהנם כדאיתא בגמרא (נדרים מ, א): **כפלים בזכיותיו.** אי נמי כפלים כעשיר הצדיק, לפי שהעשיר המתנהג כשורה בעשרו אוכל פירות בעולם הזה והקרן קיימת לעולם הבא, ואם כן הא' עני שעמד בנסיונו והיה מקבל עליו באהבה ולא היה לו עולם הזה, לפיכך שכרו כפול הוא לעולם הבא: **ממי את למד מאיוב.** ומה שעני שכרו כפול לעולם הבא הוא מסברא שהעני היה סובל יסורין בעולם הזה, אם כן הרי כל שכרו לעולם הבא כפול: **הולך הוא וממונו.** שאינו זוכה להורישו לבניו, וזה אמרו והוליד בן ואין בידו מאומה, כדאיתא בקהלת רבה, ובחייו נוטל ממנו כדבסמוך: **שנאמר ואבד העושר כו'.** תרתי משמע מיניה, ואבד העושר ההוא קאי על מיתת הבעלים, וסיפא דקרא והוליד בן ואין בידו מאומה, קאי על אבידת ממונו: **שעינו רעה.** קרי ביה בעין רע (מתנות כהונה): **כנגד גבאי צדקה.** רוצה לומר אף שהוא בעצמו נותן צדקה לעניים או לקרוביו העניים, אלא שעינו רעה ליתן צדקה ליד גבאי צדקה, יאבד עושר ההוא, לפי שמעשיו מוכיחים שאין נתינתו לשם שמים אלא לשם ותפארת, שהמקבל יפרסמו לאיש חסד, אבל עיקר מצות נתינת הצדקה אינו אלא ליתן לתוך הארנקי של גבאי צדקה, והם יחלקו לעניים כדי שלא יהיה ידיעה לנותן מי המקבל, ולהמקבל מי הנותן, דמתן בסתר יכפה אף דוקא, ומפיק ממלת בענין רע, דמשמע שנותן צדקה אלא שנתינתו הוא בענין הרע כנזכר (תולדות נח): **למה שגלגל הוא בעולם.** שהעניות ועשירות אינו תלוי במזל, אלא כפי השגחתו ורצונו יתברך דהוא גלגל חוזר בעולם, ולא מי שהוא עשיר היום עשיר למחר, ואם היה תלוי במערכת היה מן הראוי להתקיים עושר בעשרו כל ימי חייו, וכן עני בעניו, ואחרי שראינו שיכלו מזונותיו של עשיר בחצי ימיו, וירוש אביון מאשפות אין זה אלא בהשגחת האלהים, והאלהים שופט משפיל לזה ומרים לזה (תולדות נח): **בא וראה יש עושר כו'.** שאף שכמו זר נחשב הוא מהשכל שלא יהיה תלוי במזל אחרי שנמצא במאמר חכמינו ז"ל (מועד קטן כח, א) בני חיי ומזוני לאו בזכותא תליא אלא במזלא, בא וראה שהאמת הוא שהם בהשגחת השם יתברך, ונא ולמד מעשרו של קרח והמן שנאבדו מן העולם הם וכל אשר להם בהשגחת השם יתברך אלא שהשם יתברך משנה המזל כפי צדקתו ורשעתו של אדם: **ויש עושר שהוא עושה טוב לבעליו.** והא דכתיב עושר שמור לבעליו לרעתו, היינו כשאינו עושה צדקה בממונו: **שהיה עשיר מכל ישראל.** כמו שאמרו בפרק חלק (קי, א) שלש מטמוניות הטמין יוסף, האחד נתגלה לקרח, ובבמדבר רבה פרשה י"ד איתא שהיה קתליקוס לביתו של פרעה, והיה בידו מפתחות האוצרות שלו: **וכתיב וירדו הם וכל אשר להם חיים שאולה.** שבשביל עשרו שנתגאה בו, גרמה לו איבוד נפשו שמתוך עשרו התחיל לחרחר ריב ולחלוק על משה, על כן נאבד הוא ועשרו מן העולם בענין רע: **זה עשרו של המן.** שבשביל עשרו היה רוצה לקנות את כל ישראל להריגה, ונאבד הוא ועשרו ותלו אותו ואת בניו על העץ, ונתן המלך לאסתר המלכה את בית המן: **ויזעק יהושפט וה' עזרו.** ודרשו חכמינו ז"ל במדרש שלא היה חסר אלא התזת ראש, משמע דמן הראוי היה ליהרג אלא שנצול באיזה זכות, ואינו אלא זכות הצדקה שמצלת ממיתה כדכתיב וצדקה תציל ממות: **ויש גבורה כו' ויש חכמה כו'.** איידי דמיירי ממעלת העושר והיפוכו, מייתי נמי כל השלש מעלות דקא חשיב התנא בפירקי אבות:

פירוש מהרז"ו

והקרן קיימת לו. ולשון התנחומא שנאמר והלך לפניך צדקך וגו': **ביום רעה ימלטהו ה'.** זה גיהנם, כמו שדרשו ויקרא רבה ריש פרשה ל"ד: **מאיוב.** שסובר כמאן דאמר שנתן הקב"ה לאיוב שכרו בעולם הזה ופטרו, אך לאחרים שכרו בכפלים בעולם הגמול, וכמו שאמרו חז"ל (חגיגה טו, א) שעל הצדיקים נאמר (ישעיה סא, ז) לכן בארצם משנה יירשו: **שעינו רעה.** עיין לקמן פרשה זו סימן י"ד, ובויקרא רבה פרשה ל"ד סימן ה': **וירדו הם וכל אשר להם.** כמו שדרשו במדבר רבה פרשה י"ח סימן י"ט: **ומשם אהבוהו.** פירוש מטעם זה אהבוהו, כמו שכתוב וכל ישראל ויהודה אוהב את דוד כי הוא יוצא ובא לפניהם. היינו על ידי גבורתו הנ"ל:

מתנות כהונה

שעינו רעה. קרי ביה בעין רע: **קרח.** נתגאה בעשרו ולפיכך רצה לחלוק על משה רבינו עליו השלום:

אשד הנחלים

כי אתה עם עני תושיע. כלומר ישועה אלהית נפשית, כלומר ישועה למעלה מן הטבע, ולכן הוא כפלים מדרך הנהוג הטבעי, וזה מרומז במלת אתה, שהוא ישועה אלהית לא טבעית: **למה שגלגל הוא.** מלת ענין קמפרש שפירושו במקרה רעה שהמערכת יתהפך עליו, שזהו בלשון הקודש ענין, ועיין דברי המפרשים: **שהוא עושה רע לבעליו.** שעל ידי עשרו יתגאה לבו וימרוד מול ה' ברוך הוא ואז יפול: **זה [עשרו של] המן.** זהו מאמר מוסרי להראות להמון איכה יתבוננו ויקחו מוסר מן האנשים האלה, מה שעשרם הפילם. והכלל שחשב כל מיני שלימות הגוף כעושר וגבורה, ושלימות הנפש כחכמה, הכל יתכן בו טובה אם ישתמשו בהם לטובה, ולהיפך הם רעה רבה:

מסורת המדרש

ב. שבת דף קנ"א. ילקוט סדר ראה רמז תתצ"ח:
ג. פסחים דף קי"ט. סנהדרין דף ק"י. בראשית רבה פרשה כ'. קהלת רבה פרשה ה'. ילקוט סדר וירא רמז פ"ד. ילקוט קהלת רמז תתקע"ב:
ד. עיין ירושלמי ברכות פרק ט'. מדרש תהלים מזמור ד':

אם למקרא

אַשְׁרֵי מַשְׂכִּיל אֶל־דָּל בְּיוֹם רָעָה יְמַלְּטֵהוּ ה': (תהלים מא:ב)

כִּי־אַתָּה עַם־עָנִי תוֹשִׁיעַ וְעֵינַיִם רָמוֹת תַּשְׁפִּיל: (שם יח:כח)

וַה' שָׁב אֶת שְׁבוּת אִיּוֹב בְּהִתְפַּלְלוֹ בְּעַד רֵעֵהוּ וַיֹּסֶף ה' אֶת כָּל אֲשֶׁר לְאִיּוֹב לְמִשְׁנֶה: (איוב מב:י)

וְאָבַד הָעֹשֶׁר הַהוּא בְּעִנְיַן רָע וְהוֹלִיד בֵּן וְאֵין בְּיָדוֹ מְאוּמָה: (קהלת ה:יג)

כִּי־אֱלֹהִים שֹׁפֵט זֶה יַשְׁפִּיל וְזֶה יָרִים: (תהלים עה:ח)

וַיֵּרְדוּ הֵם וְכָל אֲשֶׁר לָהֶם חַיִּים שְׁאֹלָה וַתְּכַס עֲלֵיהֶם הָאָרֶץ וַיֹּאבְדוּ מִתּוֹךְ הַקָּהָל: (במדבר טז:לג)

וַיְסַפֵּר לָהֶם הָמָן אֶת כְּבוֹד עָשְׁרוֹ וְרֹב בָּנָיו וְאֵת כָּל אֲשֶׁר גִּדְּלוֹ הַמֶּלֶךְ וְאֵת אֲשֶׁר נִשְּׂאוֹ עַל הַשָּׂרִים וְעַבְדֵי הַמֶּלֶךְ: (אסתר ה:יא)

וּבְבֹאָהּ לִפְנֵי הַמֶּלֶךְ אָמַר עִם הַסֵּפֶר יָשׁוּב מַחֲשַׁבְתּוֹ הָרָעָה אֲשֶׁר חָשַׁב עַל הַיְּהוּדִים עַל רֹאשׁוֹ וְתָלוּ אֹתוֹ וְאֶת בָּנָיו עַל הָעֵץ: (שם ט:כה)

וַיְהִי לִיהוֹשָׁפָט עֹשֶׁר וְכָבוֹד לָרֹב וַיִּתְחַתֵּן לְאַחְאָב: (דברי הימים-ב יח:א)

וַיְהִי כִּרְאוֹת שָׂרֵי הָרֶכֶב אֶת יְהוֹשָׁפָט וְהֵמָּה אָמְרוּ מֶלֶךְ יִשְׂרָאֵל הוּא וַיָּסֹבּוּ עָלָיו לְהִלָּחֵם וַיִּזְעַק יְהוֹשָׁפָט וַה' עֲזָרוֹ וַיְסִיתֵם אֱלֹהִים מִמֶּנּוּ: (שם שם לא)

וַתַּעֲנֶינָה הַנָּשִׁים הַמְשַׂחֲקוֹת וַתֹּאמַרְןָ הִכָּה שָׁאוּל בַּאֲלָפָו וְדָוִד בְּרִבְבֹתָיו: (שמואל-א יח:ז)

וְכָל יִשְׂרָאֵל וִיהוּדָה אֹהֵב אֶת דָּוִד כִּי הוּא יוֹצֵא וָבָא לִפְנֵיהֶם: (שם שם טז)

ידי משה

[ג] עושה רע לבעליו זה עשרו של קרח. נראה לי דהכי פירושו, על ידי העושר נתגלגל לו רעה זו, לפי שלשבט לוי אינו מגיע חלק בביזה ושלל כדאיתא בספרי (שופטים פרק כ) לא יהיה לו חלק ונחלה חלק בביזה ושלל, ולולי זאת שלקח קרח שלל זה היה ראוי לכהונה כמו שכתבתי בפרשת קרח (במדבר יח, יז ד"ה אשר), כי הכהן צריך להיות מסטרא דחסד על דכתיב (תהלים לב, י) והבוטח בה' חסד יסובבנו, על כן לא היה לכהן ולוי חלק ונחלה, וזה שאמר עושה רע, שעל ידי העושר לא זכה לכהונה ונתקנא על ידי זה באהרן, ומתוך כך וירדו הם וגו':

חידושי הרד"ל

[ג] הולך ואבד הוא וממונו כו'. כן צריך לומר, ועיין בתנחומא סימן ח: **בענין רע שעושה רע נגד גבאי כו'.** כן צריך לומר: **יש עושר עושה רע לבעלים כו'.** מלשון עושה דנקט כאן, כמדומני שרצה לומר שמלת עושר הוא עושה רע, (ובעושה טוב להלן, אפשר רומז עושה יושר): **זה יהושפט כו' וכבוד.** ואמרו עליו שלהי מכות (כד, א) יראי ה' יכבד שהיה מכבד תלמידי חכמים, עיין שם, והיה מהנה אותם מעשרו:

חידושי הרש"ש

[ג] הרי הוא אוכל ממנו בעולם הזה. הוא כמו שאמר שלמה (קהלת ג, יח) גם כל האדם אשר נתן לו האלהים עושר כו' והשליטו לאכול ממנו כו' זה מתת אלהים, הוא היפך מה שאמר (קהלת ו, ב) ולא ישליטנו האלהים לאכול ממנו כו' זה הבל כו', וכמו שאמר לקמן (סימן יא) שלא ילוו בריבית כדי שלא יאכלו של אחרים את נכסיהם, ועיין מה שכתבתי שם (ד"ה כדי):

באור מהרי"פ

[ג] למה שגלגל חוזר בעולם. זה לשון תולדות נח, רצונו בזה להוכיח, שהעניות והעשירות אינו תלוי במזל לפי הולדת המערכה, אלא כפי השגחתו ורצונו יתברך, דהא גלגל חוזר בעולם, ולא מי שהוא עשיר היום עשיר למחר, ואם היה תלוי במערכה, היה מן הראוי להתקיים עשיר בעשרו כל ימיו, וכן עני בעניו כל ימיו, ואחרי שראינו שיכלו מזונותיו של עשיר בחצי ימיו, וירום אביון מאשפות עפר בחצי ימיו, אין זה [אלא] בהשגחת אלהים, והאלהים שופט משפיל לזה ומרים לזה. וגלגל הוא שחוזר בעולם דקאמר לישנא בעלמא נקט, וכוונתו שהשגחת אלהים חוזר בעולם לפי מעשיו של אדם: **ויזעק יהושפט וגו'.** הראיה שמביא שהעשירות טובה היתה ליהושפט מויזעק יהושפט קשה להולמה, ואולי דמפיק מדכתיב (דברי הימים ב יח, לא) ויהי כראות שרי הרכב את יהושפט והמה אמרו מלך ישראל הוא, ויסובו עליו להלחם, ויזעק יהושפט וה' עזרו, ויסיתם אלהים ממנו. ואמרו חכמינו ז"ל במדרש שלא היה חסר אלא התזת ראש, משמע דמן הראוי היה ליהרג אלא שניצול באיזה זכות, ואינה אלא זכות הצדקה המצלת ממיתה, כמו דאת אמר וצדקה תציל ממות:

רָעָה לִבְעָלֶיהָ זוֹ גְּבוּרָתוֹ שֶׁל גָּלְיָת שֶׁהָיָה עוֹמֵד וּמְחָרֵף – Strength that is **evil for its possessor – this is the strength of Goliath who,** trusting his strength,[43] **would stand and disgrace** the battalions of Israel.[44] וּמָה הָיָה לוֹ – **And what occurred with him?** שֶׁמֵּת כְּכֶלֶב שֶׁנֶּאֱמַר "וַיִּרְאוּ הַפְּלִשְׁתִּים כִּי מֵת גִּבּוֹרָם וַיָּנֻסוּ" – **He died like a dog** and his men fled,[45] **as it is stated,** ***The Philistines saw that their hero was dead, and they ran away*** (ibid. 17:51). וְיֵשׁ חָכְמָה טוֹבָה לִבְעָלֶיהָ וְיֵשׁ רָעָה לִבְעָלֶיהָ – **There is wisdom that is good for its possessor, and there is** wisdom **that is evil for its possessor.** טוֹבָה לִבְעָלֶיהָ זֶה יְהוֹשֻׁעַ, שֶׁנֶּאֱמַר "וִיהוֹשֻׁעַ בִּן נוּן מָלֵא רוּחַ חָכְמָה" – Wisdom that is **good for its possessor – this is** the wisdom of **Joshua, as it is stated,** ***Joshua son of Nun was filled with the spirit of wisdom,*** *because Moses had laid his hands upon him, so the Children of Israel obeyed him, etc.* (*Deuteronomy* 34:9).[46] לְמָה הוּא דּוֹמֶה – **To what can [Joshua] be compared?** לְגִיפִיוֹן שֶׁמַּשְׁקֶה כָּל הַמְּדִינָה, וְהַכֹּל מְשַׁבְּחִין אוֹתוֹ – **To a pool of water**[47] **that supplies water for the entire province, and which all** the inhabitants **would praise,** אָמַר לָהֶם אֶחָד: שַׁבְּחוּ לַמַּעְיָן שֶׁמַּסְפִּיק לָזֶה – whereupon **one** person **said to them, "Praise the spring that provides this** pool with water." כָּךְ הָיוּ מְשַׁבְּחִים לִיהוֹשֻׁעַ שֶׁהָיָה מַשְׁקֶה כָּל יִשְׂרָאֵל מֵחָכְמָתוֹ – **Similarly, [the people of Israel] would praise Joshua, for he would impart of his wisdom to all of Israel,** אָמַר לָהֶם: שַׁבְּחוּ לְמֹשֶׁה שֶׁכָּךְ הֶעֱמִיד – whereupon **[Joshua] said to them, "Praise Moses who established such** a disciple," שֶׁנֶּאֱמַר "כִּי סָמַךְ מֹשֶׁה אֶת יָדָיו עָלָיו" – **as it is stated** in the above verse, ***Because Moses had laid his hands upon him.***[48] רָעָה לִבְעָלֶיהָ זֶה בִּלְעָם, שֶׁנֶּאֱמַר "נְאֻם שֹׁמֵעַ אִמְרֵי אֵל" – Wisdom that is **evil for its possessor – this is** the wisdom of **Balaam, as it is stated,** ***The words of the one who hears the sayings of God*** (*Numbers* 24:4).[49] וּמָה הָיָה לוֹ – **And what occurred with him?** "וְאֵת בִּלְעָם בֶּן בְּעוֹר הָרְגוּ בֶּחָרֶב" – ***And Balaam son of Beor they slew with the sword*** (ibid. 31:8).[50]

The Midrash returns to the *Ecclesiastes* verse cited at the beginning of this section:

לְכָךְ נֶאֱמַר "עֹשֶׁר שָׁמוּר לִבְעָלָיו לְרָעָתוֹ" – **Therefore it is stated,** ***Riches hoarded by their owner to his misfortune*** (*Ecclesiastes* 5:12).[51]

§4 [לֹא תְשִׂימוּן עָלָיו נֶשֶׁךְ – *DO NOT LAY INTEREST UPON HIM.*]

Another exposition of the words *the poor person who is with you*, this time in conjunction with the next words of the verse, *do not lay interest upon him*:[52]

דָּבָר אַחֵר, "אִם כֶּסֶף תַּלְוֶה אֶת עַמִּי" – **Another explanation** of our verse, ***When you lend money to My people,*** *to the poor person who is with you, do not act toward him as a creditor; do not lay interest upon him*: הֲדָא הוּא דִכְתִיב "כַּסְפּוֹ לֹא נָתַן בְּנֶשֶׁךְ" – **Regarding this** concept **it is written,** ***Who lends not his money on interest,*** *etc.* (*Psalms* 15:5).

NOTES

43. Ibid.

44. Goliath would challenge Israel twice daily for forty days to send forth one man to fight him, and thus avoid a full-scale war. He would then boast, *"I have disgraced the battalions of Israel"* (*I Samuel* 17:8-10,16).

45. *Maharzu*. The Midrash uses the expression "died like a dog," for it echoes Goliath's words of derision as he approached the young and unexperienced David, who was carrying a simple staff and slingshot. Goliath said (ibid., v. 43), *"Am I a dog that you come after me with sticks?"* Indeed, he *was* slain with a stone (ibid., vv. 48-50), as one kills a dog (*Radal, Maharzu*).

46. Joshua's wisdom was an important asset to him, for the people of Israel accepted his authority due to his wisdom (*Eitz Yosef*).

47. Translation follows *Matnos Kehunah*; *Radal* and *Maharzu*, citing *Mussaf HeAruch*; *Eitz Yosef*.

48. The object of this analogy is to teach an additional asset that Joshua's wisdom brought him, that is, humility. For although at the time he was the world's greatest teacher, when people would praise him he would attribute all the credit to his teacher Moses (*Eitz Yosef*).

49. Since God spoke to him, he must have attained great wisdom (*Yefeh To'ar*; see also *Maharzu*).

50. Through his great wisdom, Balaam was aware that God does not tolerate immorality, and he therefore counseled Balak – who sought the destruction of Israel – to ensnare the Jews in the sin of immorality (see *Sanhedrin* 106a), resulting in the deaths of 24,000 Israelites (see *Numbers* 25:1-9). When he went to Midian to claim his reward, his coming coincided with Israel's war against the Midianites, and he was slain by them (see *Rashi* to ibid. 31:8, s.v. חמשת וכו׳). Thus his wisdom was the cause of his destruction (*Beur Maharif, Eitz Yosef*).

For further elaboration of the lesson taught by our Midrash, see Insight Ⓐ.

51. This entire discussion was introduced to explain the word עִמָּךְ, *with you*, in our verse in *Exodus*. The Midrash understands it as indicating that by using your money for charitable purposes (see above, note 13), you are actually performing kindness *with you*, i.e., with yourself, for your wealth will thereby be for your benefit, as was explained throughout this section (*Eitz Yosef*, at the beginning of this section).

52. As will be explained in note 62.

INSIGHTS

Ⓐ **The Weal of Wealth** *R' Moshe Feinstein* (*Darash Moshe* §25) expands on the theme of our Midrash: how wealth, power, and intellect — those great gifts with which God might endow a man — are blessings when employed in His service, but sources of curse and great disappointment when misused in selfish pursuits.

Animals are born complete. A newborn animal soon walks and runs and is capable of all that an animal must do in its life. Only human beings are born incomplete, requiring many years of growing and training before a boy becomes a man, and a girl a woman.

This initial incompleteness of man is by the Creator's design. It is man's task to complete himself, using the various tools that God has given him. Chief among these are the tools of wealth, strength, and intellect.

But what does a person often do? He sees these tools not as a means of spiritual completion, but of personal indulgence. And this misuse of his gifts redounds to his detriment. Instead of a means to completeness, they serve to deepen his incompleteness.

A man who seeks to amass material things seldom enjoys what he has. "One who has one hundred seeks to convert that into two hundred" (*Koheles Rabbah* 1 §34). His burgeoning store of things serves only to whet his appetite for more, widening the gap between what he has and what he desires. And in the end, he goes through life with ever-growing disappointment. "A man does not leave the world with even half his desires attained" (ibid.).

And what of the person who uses his power or intellect to promote his passions or to dominate and exploit? How often do we see people rise to the heights of prominence and acclaim, only to suffer a sudden reversal of fortune and fall precipitously into disrepute and despair.

And what is the cause of this vast disappointment? The great gifts that he has misused, which have become for him *riches hoarded by their owner to his misfortune*.

The prophet Jeremiah declares: כֹּה אָמַר ה׳ אַל יִתְהַלֵּל חָכָם בְּחָכְמָתוֹ וְאַל יִתְהַלֵּל הַגִּבּוֹר בִּגְבוּרָתוֹ אַל יִתְהַלֵּל עָשִׁיר בְּעָשְׁרוֹ. כִּי אִם בְּזֹאת יִתְהַלֵּל הַמִּתְהַלֵּל הַשְׂכֵּל וְיָדֹעַ אוֹתִי כִּי אֲנִי ה׳ עֹשֶׂה חֶסֶד מִשְׁפָּט וּצְדָקָה בָּאָרֶץ כִּי בְאֵלֶּה חָפַצְתִּי נְאֻם ה׳, *Thus said* HASHEM*: Let not the wise man glorify himself with his wisdom, and let not the strong man glorify himself with his strength, let not the rich man glorify himself with his wealth. For only with this may one glorify himself — contemplating and knowing Me, for I am* HASHEM *Who does kindness, justice, and charity in the land, for in these is My desire — the word of* HASHEM (*Jeremiah* 9:22-23). "Wisdom, strength, and wealth . . . kindness, justice, and charity." The purpose of wisdom is to perceive ways to bestow kindness. The purpose of strength is to promote justice. The purpose of wealth is charity. *For in these is My desire* . . . to use all these gifts for kindness, justice, and charity *because* these are God's desire — and the purpose for which He has bestowed these gifts upon you.

רָעָה לִבְעָלֶיהָ זוֹ גְּבוּרָתוֹ שֶׁל גָּלְיָת שֶׁהָיָה עוֹמֵד וּמְחָרֵף, וּמֶה הָיָה לוֹ, שֵׁמֵת כְּכֶלֶב, שֶׁנֶּאֱמַר (שם יז, נא) "וַיִּרְאוּ הַפְּלִשְׁתִּים כִּי מֵת גִּבּוֹרָם וַיָּנֻסוּ", וְיֵשׁ חָכְמָה טוֹבָה לִבְעָלֶיהָ וְיֵשׁ רָעָה לִבְעָלֶיהָ, טוֹבָה לִבְעָלֶיהָ זֶה יְהוֹשֻׁעַ, שֶׁנֶּאֱמַר (דברים לד, ט) "וִיהוֹשֻׁעַ בִּן נוּן מָלֵא רוּחַ חָכְמָה", לְמָה הוּא דוֹמֶה, לְגִיפְיוֹן שֶׁמַּשְׁקֶה כָּל הַמְּדִינָה, וְהַכֹּל מְשַׁבְּחִין אוֹתוֹ, אָמַר לָהֶם אֶחָד: שַׁבְּחוּ לַמַּעְיָן שֶׁמַּסְפִּיק לָזֶה, כָּךְ הָיוּ מְשַׁבְּחִים לִיהוֹשֻׁעַ שֶׁהָיָה מַשְׁקֶה כָּל יִשְׂרָאֵל מֵחָכְמָתוֹ, אָמַר לָהֶם: שַׁבְּחוּ לְמשֶׁה שֶׁכָּךְ הֶעֱמִיד, שֶׁנֶּאֱמַר (שם) "כִּי סָמַךְ משֶׁה אֶת יָדָיו עָלָיו", רָעָה לִבְעָלֶיהָ זֶה בִּלְעָם, שֶׁנֶּאֱמַר (במדבר כד, ד) "נְאֻם שׁוֹמֵעַ אִמְרֵי אֵל", וּמֶה הָיָה לוֹ, (שם לא, ח) "וְאֵת בִּלְעָם בֶּן בְּעוֹר הָרְגוּ בֶּחָרֶב", לְכָךְ נֶאֱמַר (קהלת ה, יב) "עוֹשֶׁר שָׁמוּר לִבְעָלָיו לְרָעָתוֹ":

ד דָּבָר אַחֵר, [כב, כד] "אִם כֶּסֶף תַּלְוֶה אֶת עַמִּי", הֲדָא הוּא דִכְתִיב (תהלים טו, ה) "כַּסְפּוֹ לֹא נָתַן בְּנֶשֶׁךְ", בֹּא וּרְאֵה כָּל מִי שֶׁיֵּשׁ בּוֹ עוֹשֶׁר וְנוֹתֵן צְדָקָה לָעֲנִיִּים וְאֵינוֹ מַלְוֶה בְּרִבִּית מַעֲלִין עָלָיו כְּאִלּוּ קִיֵּם הַמִּצְוֹת כֻּלָּן, שֶׁנֶּאֱמַר "כַּסְפּוֹ לֹא נָתַן בְּנֶשֶׁךְ וְשֹׁחַד עַל נָקִי לֹא לָקָח עֹשֵׂה אֵלֶּה לֹא יִמּוֹט לְעוֹלָם", [ה]וּמִי הָיָה זֶה, עוֹבַדְיָה, שֶׁהָיָה עָשִׁיר, אַפּוֹטְרוֹפּוֹס שֶׁל אַחְאָב, שֶׁנֶּאֱמַר (מלכים־א יח, ג) "וַיִּקְרָא אַחְאָב אֶל עֹבַדְיָהוּ אֲשֶׁר עַל הַבָּיִת", וְהָיָה עָשִׁיר יוֹתֵר מִדַּאי וְהוֹצִיא כָּל מָמוֹנוֹ לִצְדָקָה, שֶׁהָיָה זָן אֶת הַנְּבִיאִים, כֵּיוָן שֶׁבָּא כָּל אוֹתוֹ °הָרָעָה הָיָה לֹוֶה בְּנֶשֶׁךְ מִן יְהוֹרָם בֶּן אַחְאָב מַה שֶּׁהָיָה מַסְפִּיק לַנְּבִיאִים, זֶה קִיֵּם "כַּסְפּוֹ לֹא נָתַן בְּנֶשֶׁךְ",

עץ יוסף

שהיה עומד ומחרף. על ידי שבטח בגבורתו: **ויהושע בן נון מלא וגו'.** וישמעו אליו כל ישראל, הרי שקבלו אדנותו מפני חכמתו: **למה הדבר דומה לגפיון כו'.** שמכלל טובת חכמתו, ענותנותו שלא היה מחזיק טובה לעצמו, שאף שהיה משקה העולם מחכמתו, כשהיו משבחין אותו היה אומר שאין להחזיק לו טובה, כי הוא לא היה ראוי, אלא השפע של משה הוא שעמד לו: **לגפיון.** פירש המתנות כהונה לפי הענין פירושו בריכה של מים הנמשך מן המעיין, ובתנחומא ובערוך גרסינן לנפיון עד כאן לשונו. וצריך לומר לנמפיון, ופירש במוסף הערוך שכן נקרא בלשון יוני בור או בריכה של מים: **זה בלעם.** שעל ידי חכמתו ידע כי ה' שונא זימה, ונתחכם להכשיל את ישראל בבנות מואב, והלך למדין לבקש שכר עשרים וארבע אלף שנפלו מישראל על ידי עצת חכמתו ונהרג שם: (ד) [ג] **הדא הוא דכתיב כספו לא נתן בנשך כו'.** דריש ליה בענין לא תשימון עליו נשך, ומייתי הא דכספו לא נתן בנשך שהוא כאילו מקיים כל המצות: **באילו קיים כל המצות כו'.** כלומר ששקולות אלו כנגד כל המצות שסכנן גדול: **שנאמר כספו לא נתן בנשך.** ומעשה הצדקה נרמז במה שנאמר שם ופועל צדק: **עושה אלה.** פירוש אחד מאלה, והכא נקט צדקה ורבית, שהלואת העני מענין צדקה הוא: **היה לוה בנשך.** ואף על גב דלוה נמי עובר, פקוח נפש היה ודחה איסור זה: **מן יהורם בן אחאב.** שאילו היה העושה איש אחר היה לו לאלישע לילך ליקבול לפני המלך, ולא לטרוח השם יתברך שיעשה נס, אלא על כרחך שהיה הנושה יהורם, ואל מי יקביל עליו, וזה שאמר לה אלישע מה אעשה לך, רוצה לומר שהוא רשע ואינו שומע לי, ואין תיקון אלא בדרך נס: **זה קיים כספו לא נתן בנשך.** שהרי נתינת כל ממונו לצדקה עדיף ממלוהו שלא ברבית:

פירוש מהרז"ו

שמת בכלב. כמו שאמר (שמואל א יז, מג) הכלב אנכי כי אתה בא אלי במקלות, וכן מת על ידי מקל ואבן. וקיצור לשון יש כאן, והכוונה שמת הוא ונסו הבוטחים בו, שנאמר ויראו הפלשתים וכו': **לגפיון.** ובתנחומא הגירסא לגמסיון, וגירסת הערוך לנמפין. ופירש במוסף ערוך בור ובריכה: **שומע אמרי אל.** ראיה על גודל חכמתו והשגתו בעניניו שהתפאר בו: (ד) **אם כסף תלוה.** וסיפא דקרא את העני עמך לא תהיה לו כנושה לא תשימון עליו נשך, וכל הענין בתנחומא כאן סימן ט': **כספו לא נתן בנשך.** ובריש הענין הולך תמים ופועל צדק, היינו שעושה צדקות, וחותם כספו לא נתן בנשך, ועל זה אמר עושה אלה לא ימוט, שבהכרח הכוונה במה שכתב אלה, על כל האחד עשר דברים שחשב, וכמו שאמרו בגמרא (מכות כד, א) בא דוד והעמידו על אחד עשר, שזהו כנגד כל המצות, וזהו מה שאמר המדרש כאלו קיים כל המצות, וזהו עושה אלה, היינו כל התורה, כמו שאמר לעיל פרשה ל' סימן כ"ד, אלה החוקים והמשפטים והתורות: **שהיה עשיר וכו'.** כמו שכתוב שהחביא מאה נביאים וכלכלם לחם ומים (מלכים א יח, ד): **כל אותה הרעה.** הרעב הגדול שמבואר במלכים א י"ח (פסוק ב), והרעב חזק בשומרון: **לוה בנשך מיהורם בן אחאב.** דורש כן דכאן במלכים א י"ח, ועובדיהו היה ירא את ה' מאד ובמלכים ב ד' (פסוק א) כתוב ואשה אחת מנשי בני הנביאים וגו' ואתה ידעת כי עבדך היה ירא את ה' והנושה בא לקחת את שני ילדי לו לעבדים, ועל פי מדה ז' וי"ז, שזהו עובדיה, ועל פי זה דורש שני כתובים מכחישים, דכאן כתוב שהיה עשיר כנ"ל, וכאן כתוב אין לשפחתך כל בבית, והכריעו מפסוק מלכים א י"ח ב' הנ"ל, ואכלכלם לחם ומים שכלה כל ממונו בעת הרעב על המאה נביאים, וכן הוא בפסוק י"ב וי"ג, וזה כלל ופרט, שמה שכתב שהיה ירא ה', הוא כלל שזהו עיקר יראתו שהחביא הנביאים וכלכלם, וכן במלכים ב ד' א', ועבדך היה ירא את ה' והנושה בא לקחת, שעל ידי שהיה ירא את ה', בא לכלל והנושה בא לקחת. והיה מותר לו ללות ברבית לסכנת נפשות של הנביאים, ודרשו שהנושה הוא יהורם בן אחאב, ודורש סמוכים, שסמוך לו מעשה השונמית, שאמר אלישע היש לך לדבר אל המלך או אל שר הצבא, וכאן היה לאלישע לעשות כן, אלא שהיה יהורם בעצמו, ועוד שכתוב והנושה בא לקחת וגו', הרי שהיה מי שבידו לעשות, ומזה דרשו שהוא יהורם בעצמו. ומדקרי ליה נושה, מוכיח שלוה ברבית, כמו שכתוב כאן לא תהיה לו כנושה, לא תשימון עליו נשך:

חידושי הרד"ל

שמת בכלב. בתנחומא הגירסא באבן הקלע. ולגירסא דהכא יש לומר, כמו שאמר גלית (שמואל א יז, מג) הכלב אנכי כי אתה בא אלי במקלות כו', וכן היה לו הרי מת ככלב: **לגיפון.** פירש מוסף ערוך (ערך נמפיון), ברכת מים: **למעיין שמספיק לו כך בן צריך לומר.** וכן הובא בתנחומא ובערוך (ערך נמפיון): [ד] **שבא כל אותו הרעב היה לוה.** כן צריך לומר: **מה שהיה מספיק לנביאים.** לומר שלכן הותר לו ללוות ברבית כדי להציל נפשות, וכמו שכתוב בירושלמי פרק ב דמועד קטן הלכה ג' לוין ברבית לחבורת מצוה. (ורבינו בחיי כתב גם כן כדי להציל נפשות, וגם כתב שהיה מחשבתו שלא יתננו לו):

באור מהרי"פ

ומה היה לו וכו'. רצה לומר, שעל ידי חכמתו נפל בחרב, שהלך לבקש שכר עשרים וארבע אלף שנפל מישראל בעצתו וחכמתו ונהרג שם: [ד] **ונותן צדקה.** נסמך על (תהלים טו, ב) הולך תמים ופועל צדק ודובר אמת בלבבו. **ואינו מלוה ברבית,** נסמך על (שם שם ה) כספו לא נתן בנשך ושוחד על נקי לא לקח עושה אלה לא ימוט לעולם. ופרט הני תרי, צדקה, ואינו מלוה ברבית, משום דשייכי להדדי ענינא דאם כסף, שהזהירה התורה כאן על צדקה ורבית, והוא הדין לכל הני אחד עשר דאמר דוד במזמור זה, מפיק רבי עקיבא (מכות דף כד, א) דאפילו עושה אחת מכל אלה לא ימוט לעולם:

מסורת המדרש

ה. תנחומא כאן סימן ט' כל הענין:

אם למקרא

וַיָּרָץ דָּוִד וַיַּעֲמֹד אֶל הַפְּלִשְׁתִּי וַיִּקַּח אֶת חַרְבּוֹ וַיִּשְׁלְפָהּ מִתַּעְרָהּ וַיְמֹתְתֵהוּ וַיִּכְרָת בָּהּ אֶת רֹאשׁוֹ וַיִּרְאוּ הַפְּלִשְׁתִּים כִּי מֵת גִּבּוֹרָם וַיָּנֻסוּ: (שם יז:נא)

וִיהוֹשֻׁעַ בִּן נוּן מָלֵא רוּחַ חָכְמָה כִּי סָמַךְ מֹשֶׁה אֶת יָדָיו עָלָיו וַיִּשְׁמְעוּ אֵלָיו בְּנֵי יִשְׂרָאֵל וַיַּעֲשׂוּ כַּאֲשֶׁר צִוָּה ה' אֶת־מֹשֶׁה: (דברים לד:ט)

נְאֻם שֹׁמֵעַ אִמְרֵי אֵל אֲשֶׁר מַחֲזֵה שַׁדַּי יֶחֱזֶה נֹפֵל וּגְלוּי עֵינָיִם: (במדבר כד:ד)

וְאֶת־מַלְכֵי מִדְיָן הָרְגוּ עַל־חַלְלֵיהֶם אֶת אֱוִי וְאֶת־רֶקֶם וְאֶת צוּר וְאֶת חוּר וְאֶת רֶבַע חֲמֵשֶׁת מַלְכֵי מִדְיָן וְאֵת בִּלְעָם בֶּן בְּעוֹר הָרְגוּ בֶּחָרֶב: (שם לא:ח)

כַּסְפּוֹ לֹא נָתַן בְּנֶשֶׁךְ וְשֹׁחַד עַל נָקִי לֹא לָקָח עֹשֵׂה אֵלֶּה לֹא יִמּוֹט לְעוֹלָם: (תהלים טו:ה)

וַיִּקְרָא אַחְאָב אֶל עֹבַדְיָהוּ אֲשֶׁר עַל הַבָּיִת וְעֹבַדְיָהוּ הָיָה יָרֵא אֶת ה' מְאֹד: (מלכים־א יח:ג)

שינוי נוסחאות

(ד) **כיון שבא כל אותו הרעה.** רד"ל הגיה "... כל אותו הרעב", וכן באמת היה כתוב בכל הספרים הישנים (אלא שבד' קראקא השני קיצרו "הרע'" ואח"כ באמש"ד ת"א שיבשו וכתבו במילואו "הרעה" וכולם העתיקו משם):

מתנות כהונה

לגיפיון. לפי הענין פירושו בריכה של מים הנמשך מן המעיין. ובתנחומא ובערוך גרס לנפיון: **שמספיק לה.** לבריכה. **בסף נמאס.** פסוק הוא בירמיה סימן ו':

אשד הנחלים

לגיפון שמשקה. פירש המתנות כהונה בריכה של מים הנמשך מן המעין. והענין כי משה הוא המעין שנובע מעצמו, ויהושע כבריכה הנמשך מן המעין, וזהו כמו שאמרו (בבא בתרא עה, א) פני משה כפני חמה [שאור החמה הוא אור עצמי] ופני יהושע פני לבנה [שהיא מקבלת אורה מהחמה ואין אור בעצמותה]. והנה העם בראותם את יהושע איך לימד דעת אותם, הם שבחו לו, כי לא היה בכחם לקבל ממשה לבדו, כמו שאמרו באבות (פ"א מ"א) משה קיבל תורה מסיני ומסרה ליהושע, וכמו שאמרו בעירובין (נד, ב) שבתחלה למד לאהרן ולאלעזר כו' ואחר כך היה התורה לישראל מפיהם, אך באמת לא התבוננו כי הכל היה מן משה, כי זה הכח שהיה ליהושע היה גם כן ממשה, על דרך אצילת הרוח, כמו שכתוב (במדבר יא, כה) ויאצל מן הרוח, ובאור הכתוב ויהושע היה מלא רוח לקבל חכמה, כי סמך משה ידיו שיהיה ביכלתו לקבל: **לכך נאמר עושר.** כאומר ראה הפלא, הדבר שה' ברוך הוא עושה טובה לאדם, והוא משתמש בו לרעת עצמו: [ד] **כאלו קיים מצוות כולם.** אין הכונה אף שלא קיים המצות שבידו לעשותם דאם כן הוא רשע, רק הכונה על אותם מצות שלא באו לידו, כי בודאי אחר שאינו לוקח רבית ושוחד מפני שמאמין בהשגחת ה', וחומל על עניים, הוא דבוק במדתו יתברך, ובודאי אילו היה ביכלתו לקיים המצות, בודאי היה מקיים, ולכן נחשב כאלו קיים, ולכן חשבו זה הפסוק לעיקר:

בֹּא וּרְאֵה כָּל מִי שֶׁיֵּשׁ בּוֹ עוֹשֶׁר וְנוֹתֵן צְדָקָה לַעֲנִיִּים וְאֵינוֹ מַלְוֶה בְּרִבִּית — **Come and see: Whoever possesses wealth and gives charity to the poor**[53] **or** provides loans but **does not lend on interest** מַעֲלִין עָלָיו כְּאִלּוּ קִיֵּים הַמִּצְוֹת כֻּלָּן — **is considered as though he fulfilled all of the commandments,** שֶׁנֶּאֱמַר ״כַּסְפּוֹ לֹא נָתַן בְּנֶשֶׁךְ וְשֹׁחַד עַל נָקִי לֹא לָקָח עֹשֵׂה אֵלֶּה לֹא יִמּוֹט לְעוֹלָם״ — **as it is stated,** ***Who lends not his money on interest; and takes not a bribe against the innocent. The doer of these shall not falter forever*** (ibid.).[54] וּמִי הָיָה זֶה — **And who was [such an individual]?** עוֹבַדְיָה, שֶׁהָיָה עָשִׁיר, אַפּוֹטְרוֹפּוֹס שֶׁל אַחְאָב — **Obadiah, who was wealthy,** for he was **the administrator of** the estate of King **Ahab,** שֶׁנֶּאֱמַר ״וַיִּקְרָא אַחְאָב אֶל עֹבַדְיָהוּ אֲשֶׁר עַל הַבָּיִת״ — **as it is stated,** ***Ahab summoned Obadiah, who was in charge of the household*** (*I Kings* 18:3). וְהָיָה עָשִׁיר יוֹתֵר מִדַּאי — **[Obadiah] was fabulously wealthy,** וְהוֹצִיא כָּל מָמוֹנוֹ לִצְדָקָה, שֶׁהָיָה זָן אֶת הַנְּבִיאִים — **and spent all his money on charity, for he sustained the prophets.**[55] כֵּיוָן שֶׁבָּא כָּל אוֹתוֹ הָרָעָב — **When that whole famine arrived,**[56] הָיָה לֹוֶה בְּנֶשֶׁךְ מִן יְהוֹרָם בֶּן אַחְאָב מַה שֶׁהָיָה מְסַפֵּיק לַנְּבִיאִים — **he would borrow on interest from Jehoram the son of Ahab, that which he would** use to **provide for the prophets.**[57] זֶה קִיֵּים ״כַּסְפּוֹ לֹא נָתַן בְּנֶשֶׁךְ״ — Thus **[Obadiah] fulfilled the verse,** ***Who lends not his money on interest.***[58]

NOTES

53. See Insight Ⓐ.

54. *Psalms* Ch. 15 begins by enumerating many of the ways in which one can come close to God: *A Psalm by David. HASHEM, who may sojourn in Your Tent? . . . One who walks in perfect innocence, and does righteousness, etc.*, and concludes, *who lends not his money on interest . . . The doer of these shall not falter forever.* Our Midrash follows the opinion in the Gemara (*Makkos* 24a) that *the doer of these* refers even to one who is meticulous in one of these. Accordingly, one who gives charity to the poor (*does righteousness*) or does not charge interest when lending money (*lends not his money on interest*) *shall not falter forever*, i.e., he has earned his eternal reward. Accordingly, in this regard the observance of these commandments is equal to observance of all the commandments. Although the passage enumerates eleven qualities, our Midrash mentions only these two because they are both discussed in our Scriptural passage: the prohibition of usury explicitly, and charity, for lending money to a poor person, as well as returning the collateral when obligated, are considered acts of charity [see above, note 13] (*Yefeh To'ar*; see also *Beur Maharif* and *Eitz Yosef*).

55. As it states (*I Kings* 18:4), *And it was when Jezebel had decimated the prophets of HASHEM, Obadiah took a hundred prophets and hid them, fifty men to a cave, and sustained them with food and water.*

56. As it states (ibid., v. 2): *And the famine was severe in Samaria* (*Maharzu*).

57. In an incident recorded in *II Kings* (4:1-7), a widow cried out to Elisha the prophet that her deceased husband's creditor has come to take her two sons as slaves, in lieu of payment. Elisha performed a miracle and caused a small jar of oil to increase until she had enough to pay her debt and live on the remainder. The widow is identified as the wife of Obadiah (see *Midrash Tanchuma, Ki Sisa* §5; see also *Targum*, *Rashi*, and *Radak* to v. 1). Now, the creditor must have been Jehoram son of Ahab, who was king at that time, for if not, Elisha would have taken the widow's plight straight to the king himself instead of performing otherwise unnecessary miracles. The reason Obadiah was permitted to borrow on interest, although one who borrows on interest has also violated a transgression (Mishnah *Bava Metzia* 75b; see also §6 below at note 103), is that the prophets' lives were at stake (*Radal, Maharzu, Eitz Yosef*). That the debt included interest is derived from the word נֹשֶׁה, *creditor*, used in v. 1, which is used in our verse in *Exodus* in the context of the prohibition to lend on interest (*Maharzu*).

58. For he gave all of his money to charity, which is even more meritorious than lending without interest (*Eitz Yosef*).

INSIGHTS

Ⓐ **The Wealth Within** The wording of our Midrash — which extols the virtues of *whoever possesses wealth and gives charity to the poor* — seems somewhat odd for two reasons. First, why mention that someone who gives charity possesses wealth? Is it not obvious that someone without wealth has nothing to give? Second, why does the Midrash here use an unusual idiom, כָּל מִי שֶׁיֵּשׁ ״בּוֹ״ עוֹשֶׁר, which literally means: *whoever has wealth "within him"*? *Chazon LaMoed* suggests that our Midrash refers specifically to a particular kind of giver.

Imagine a miserly fellow who is being visited by his future son-in-law on a cold winter night. There is a knock at the door and the father-in-law opens it to find a shivering beggar who is clearly down and out. "Please," asks the beggar, within earshot of the son-in-law. "Please lend me a few dollars so that I will be able to buy food and firewood for my family!" Though the man is exceedingly stingy by nature, he immediately pulls the money from his pocket, in order to impress his future son-in-law.

Can it honestly be said that such a person has wealth "within him"? True, he has fulfilled the mitzvah of lending money to the poor and saved the beggar and his family from cold and hunger. But woe to the beggar who comes to the door when no one is watching! The man might have accumulated much wealth, but he is still impoverished of spirit.

When our Midrash extols a giver *who possesses wealth "within him,"* it refers to a kind person who *enjoys* giving charity as much as he enjoys making profits. Such a giver is wealthy in spirit as well as in monetary assets. Such a person indeed has wealth "within him." It is he who is considered to have fulfilled the entire Torah through his charitable acts (*R' Mordechai Dov Eidelberg* in *Chazon LaMoed, Chizayon* 25, pp. 132-133).

רָעָה לִבְעָלֶיהָ זוֹ גְּבוּרָתוֹ שֶׁל גָּלְיָת שֶׁהָיָה עוֹמֵד וּמְחָרֵף, וּמֶה הָיָה לוֹ, שֵׁמֵת כְּכֶלֶב, שֶׁנֶּאֱמַר (שם יז, נא) "וַיִּרְאוּ הַפְּלִשְׁתִּים כִּי מֵת גִּבּוֹרָם וַיָּנֻסוּ", וְיֵשׁ חָכְמָה טוֹבָה לִבְעָלֶיהָ וְיֵשׁ רָעָה לִבְעָלֶיהָ, טוֹבָה לִבְעָלֶיהָ זֶה יְהוֹשֻׁעַ, שֶׁנֶּאֱמַר (דברים לד, ט) "וִיהוֹשֻׁעַ בִּן נוּן מָלֵא רוּחַ חָכְמָה", לְמָה הוּא דוֹמֶה, לְגִיפְיוֹן שֶׁמַּשְׁקֶה כָּל הַמְּדִינָה, וְהַכֹּל מְשַׁבְּחִין אוֹתוֹ, אָמַר לָהֶם אֶחָד: שַׁבְּחוּ לַמַּעְיָן שֶׁמַּסְפִּיק לָזֶה, כָּךְ הָיוּ מְשַׁבְּחִים לִיהוֹשֻׁעַ שֶׁהָיָה מַשְׁקֶה כָּל יִשְׂרָאֵל מֵחָכְמָתוֹ, אָמַר לָהֶם: שַׁבְּחוּ לְמֹשֶׁה שֶׁכָּךְ הֶעֱמִיד, שֶׁנֶּאֱמַר (שם) "כִּי סָמַךְ מֹשֶׁה אֶת יָדָיו עָלָיו", רָעָה לִבְעָלֶיהָ זֶה בִּלְעָם, שֶׁנֶּאֱמַר (במדבר כד, ד) "נְאֻם שׁוֹמֵעַ אִמְרֵי אֵל", וּמֶה הָיָה לוֹ, (שם לא, ח) "וְאֵת בִּלְעָם בֶּן בְּעוֹר הָרְגוּ בֶּחָרֶב", לְכָךְ נֶאֱמַר (קהלת ה, יב) "עֹשֶׁר שָׁמוּר לִבְעָלָיו לְרָעָתוֹ":

ד דָּבָר אַחֵר, [כב, כד] "אִם כֶּסֶף תַּלְוֶה אֶת עַמִּי", הָדָא הוּא דִכְתִיב (תהלים טו, ה) "כַּסְפּוֹ לֹא נָתַן בְּנֶשֶׁךְ", בֹּא וּרְאֵה כָּל מִי שֶׁיֵּשׁ בּוֹ עוֹשֶׁר וְנוֹתֵן צְדָקָה לָעֲנִיִּים וְאֵינוֹ מַלְוֶה בְּרִבִּית מַעֲלִין עָלָיו כְּאִלּוּ קִיֵּים הַמִּצְוֹת כֻּלָּן, שֶׁנֶּאֱמַר "כַּסְפּוֹ לֹא נָתַן בְּנֶשֶׁךְ וְשֹׁחַד עַל נָקִי לֹא לָקָח עֹשֵׂה אֵלֶּה לֹא יִמּוֹט לְעוֹלָם", "וּמִי הָיָה זֶה, עוֹבַדְיָה, שֶׁהָיָה עָשִׁיר, אַפּוֹטְרוֹפּוֹס שֶׁל אַחְאָב, שֶׁנֶּאֱמַר (מלכים־א יח, ג) "וַיִּקְרָא אַחְאָב אֶל עֹבַדְיָהוּ אֲשֶׁר עַל הַבָּיִת", וְהָיָה עָשִׁיר יוֹתֵר מִדַּאי וְהוֹצִיא כָּל מָמוֹנוֹ לִצְדָקָה, שֶׁהָיָה זָן אֶת הַנְּבִיאִים, כֵּיוָן שֶׁבָּא כָּל אוֹתוֹ °הָרָעָה הָיָה לֹוֶה בְּנֶשֶׁךְ מִן יְהוֹרָם בֶּן אַחְאָב מַה שֶּׁהָיָה מַסְפִּיק לַנְּבִיאִים, זֶה קִיֵּים "כַּסְפּוֹ לֹא נָתַן בְּנֶשֶׁךְ",

עץ יוסף

שהיה עומד ומחרף. על ידי שבטח בגבורתו: **ויהושע בן נון מלא וגו'.** וישמעו אליו כל ישראל, הרי שקבלו אדנותו מפני חכמתו: **למה הדבר דומה לגפיון כו'.** שמכלל טובת חכמתו, שענותנותו שלא היה מחזיק טובה לעצמו, שאף שהיה משקה העולם מחכמתו, כשהיו משבחין אותו היה אומר שאין להחזיק לו טובה, כי הוא לא היה ראוי, אלא השפע של משה הוא שעמד לו: **לגפיון.** פירש המתנות כהונה לפי הענין פירושו בריכה של מים הנמשך מן המעיין, ובתנחומא ובערוך גרסינן לנפיון עד כאן לשונו. ולריך לומר לנמפיון, ופירש במוסף הערוך שכן נקרא בלשון יוני בור או בריכה של מים: **זה בלעם.** שעל ידי חכמתו ידע כי ה' שונא זימה, ונתחכם להכשיל את ישראל בבנות מואב, והלך למדין לבקש שכר עשרים וארבע אלף שנפלו מישראל על ידי עצת חכמתו ונהרג שם: (ד) [ג] **הדא הוא דכתיב כספו לא נתן בנשך כו'.** דריש ליה בענין לא תשימון עליו נשך, ומייתי הא דכספו לא נתן בנשך שהוא כאילו מקיים כל המצות: **באילו קיים כל המצות כו'.** כלומר ששקולות אלו כנגד כל המצות ששכרן גדול: **שנאמר כספו לא נתן בנשך.** ומעשה הצדקה נרמז במה שנאמר שם ופועל צדק: **עושה אלה.** פירוש אחד מאלה, והכא נקט צדקה ורבית, שהלוואת העני מענין צדקה הוא: **היה לוה בנשך.** ואף על גב דלוה נמי עובר, פקוח נפש היה ודחה איסור זה: **מן יהורם בן אחאב.** שאילו היה העושה איש אחר היה לו לאלישע לילך ליקבול לפני המלך, ולא לטרוח השם יתברך שיעשה נס, אלא על כרחך שהיה הנושה יהורם, ואל מי יקביל עליו, וזה שאמר לה אלישע מה אעשה לך, רוצה לומר שהוא רשע ואינו שומע לי, ואין תיקון אלא בדרך נס: **זה קיים כספו לא נתן בנשך.** שהרי נתינת כל ממונו לצדקה עדיף ממלוהו שלא ברבית:

פירוש מהרז"ו

שמת ככלב. כמו שאמר (שמואל א יז, מג) הכלב אנכי כי אתה בא אלי במקלות, וכן מת על ידי מקל ואבן. וקיצור לשון יש כאן, והכוונה שמת הוא ונסו הבוטחים בו, שנאמר ויראו הפלשתים וכו': **לגפיון.** ובתנחומא הגירסא לגמסיון, וגירסת הערוך לנמפין. ופירש במוסף ערוך בור ובריכה: **שומע אמרי אל.** ראיה על גודל חכמתו והשגתו בעניניו שהתפאר בו: (ד) **אם כסף תלוה.** וסיפא דקרא את העני עמך לא תהיה לו כנושה לא תשימון עליו נשך, וכל הענין בתנחומא כאן סימן ט: **כספו לא נתן בנשך.** ובריש הענין הולך תמים ופועל צדק, היינו שעושה צדקות, וחותם כספו לא נתן בנשך, ועל זה אמר עושה אלה לא ימוט, שבהכרח הכוונה במה שכתב אלה, על כל האחד עשר דברים שחשב, וכמו שאמרו בגמרא (מכות כד, א) בא דוד והעמידו על אחד עשר, שזהו כנגד כל המצות, וזהו מה שאמר המדרש כאלו קיים כל המצות, וזהו עושה אלה, היינו כל התורה, כמו שאמר לעיל פרשה ל' סימן כ"ד, אלה החוקים והמשפטים והתורות: **שהיה עשיר וכו'.** כמו שכתוב שהחביא מאה נביאים וכלכלם לחם ומים (מלכים א יח, ד): **כל אותה הרעה.** הרעב הגדול שמבואר במלכים א י"ח (פסוק ב), והרעב חזק בשומרון: **לוה בנשך מיהורם בן אחאב.** דורש כן דכאן במלכים א י"ח, ועובדיהו היה ירא את ה' מאד ובמלכים ב ד' (פסוק א) כתוב ואשה אחת מנשי בני הנביאים וגו' ואתה ידעת כי עבדך היה ירא את ה' והנושה בא לקחת את שני ילדי לו לעבדים, ועל פי מדה ז' וי"ז, שזהו עובדיה, ועל פי זה דורש שני כתובים מכחישים, דכאן כתוב שהיה עשיר כנ"ל, וכאן כתוב אין לשפחתך כל בבית, והכריעו מפסוק מלכים א י"ח ב' הנ"ל, ואכלכלם לחם ומים שכלה כל ממונו בעת הרעב על המאה נביאים, וכן הוא בפסוק י"ב וי"ג, וזה כלל ופרט, שמה שכתב שהיה ירא ה', הוא כלל שזהו עיקר יראתו שהחביא הנביאים וכלכלם, וכן במלכים ב ד' א', ועבדך היה ירא את ה' והנושה בא לקחת, שעל ידי שהיה ירא את ה', בא לכלל והנושה בא לקחת. והיה מותר לו ללות ברבית לסכנת נפשות של הנביאים, ודרשו שהנושה הוא יהורם בן אחאב, ודורש סמוכים, שסמוך לו מעשה השונמית, שאמר אלישע היש לך לדבר אל המלך או אל שר הצבא, וכאן היה לאלישע לעשות כן, אלא שהיה יהורם בעצמו, ועוד שכתוב והנושה בא לקחת וגו', הרי שהיה מי שבידו לעשות, ומזה דרשו שהוא יהורם בעצמו. ומדקרי ליה נושה, מוכיח שלוה ברבית, כמו שכתוב כאן לא תהיה לו כנושה, לא תשימון עליו נשך:

חידושי הרד"ל

שמת ככלב. בתנחומא הגירסא באבן הקלע. ולגירסא דהכא יש לומר, כמו שאמר גלית (שמואל א יז, מג) הכלב אנכי כי אתה בא אלי במקלות כו', וכן היה לו הרי מת ככלב: **לגיפון.** פירש מוסף ערוך (ערך נמפיון), ברכת מים: **למעיין שמספיק לו כך כן צריך לומר.** וכן הובא בתנחומא ובערוך (ערך נמפיון): [ד] **שבא כל אותו הרעב היה לוה.** כן לריך לומר: **מה שהיה מספיק לנביאים.** לומר שלכן הותר לו ללוות ברבית כדי להציל נפשות, וכמו שכתוב בירושלמי פרק ב דמועד קטן הלכה ג' לוין בריבית לחבורת מצוה. (ורבינו בחיי כתב גם כן כדי להציל נפשות, וגם כתב שהיה מחשבתו שלא יתכנו לו):

באור מהרי"פ

ומה היה לו וכו'. רצה לומר, שעל ידי חכמתו נפל בחרב, שהלך לבקש שכר עשרים וארבע אלף שנפל מישראל בעצתו וחכמתו ונהרג שם: [ד] **ונותן צדקה.** נסמך על (תהלים טו, ב) הולך תמים ופועל צדק ודובר אמת בלבבו. **ואינו מלוה ברבית,** נסמך על (שם שם ה) כספו לא נתן בנשך ושוחד על נקי לא לקח עושה אלה לא ימוט לעולם. ופרט הני תרי, צדקה, ואינו מלוה ברבית, משום דשייכי להואי ענינא דאס כסף, שהזהירה התורה כאן על צדקה ורבית, והוא הדין לכל הני אחד עשר דאמר דוד במזמור זה, מפיק רבי עקיבא (מכות דף כד, א) דאפילו עושה אחת מכל אלה לא ימוט לעולם:

מסורת המדרש

ה. תנחומא כאן סימן ט' כל הענין:

אם למקרא

וַיָּרָץ דָּוִד וַיַּעֲמֹד אֶל הַפְּלִשְׁתִּי וַיִּקַּח אֶת חַרְבּוֹ וַיִּשְׁלְפָהּ מִתַּעְרָהּ וַיְמֹתְתֵהוּ וַיִּכְרָת בָּהּ אֶת רֹאשׁוֹ וַיִּרְאוּ הַפְּלִשְׁתִּים כִּי מֵת גִּבּוֹרָם וַיָּנֻסוּ: (שם יז:נא)

וִיהוֹשֻׁעַ בִּן נוּן מָלֵא רוּחַ חָכְמָה כִּי סָמַךְ מֹשֶׁה אֶת יָדָיו עָלָיו וַיִּשְׁמְעוּ אֵלָיו בְּנֵי יִשְׂרָאֵל וַיַּעֲשׂוּ כַּאֲשֶׁר צִוָּה ה' אֶת־מֹשֶׁה: (דברים לד:ט)

נְאֻם שֹׁמֵעַ אִמְרֵי אֵל אֲשֶׁר מַחֲזֵה שַׁדַּי יֶחֱזֶה נֹפֵל וּגְלוּי עֵינָיִם: (במדבר כד:ד)

וְאֶת־מַלְכֵי מִדְיָן הָרְגוּ עַל־חַלְלֵיהֶם אֶת אֱוִי וְאֶת־רֶקֶם וְאֶת צוּר וְאֶת חוּר וְאֶת רֶבַע חֲמֵשֶׁת מַלְכֵי מִדְיָן וְאֵת בִּלְעָם בֶּן בְּעוֹר הָרְגוּ בֶּחָרֶב: (שם לא:ח)

כַּסְפּוֹ לֹא נָתַן בְּנֶשֶׁךְ וְשֹׁחַד עַל נָקִי לֹא לָקָח עֹשֵׂה אֵלֶּה לֹא יִמּוֹט לְעוֹלָם: (תהלים טו:ה)

וַיִּקְרָא אַחְאָב אֶל עֹבַדְיָהוּ אֲשֶׁר עַל הַבָּיִת וְעֹבַדְיָהוּ הָיָה יָרֵא אֶת ה' מְאֹד: (מלכים־א יח:ג)

שינוי נוסחאות

(ד) **כיון שבא כל אותו הרעה.** רד"ל הגיה "... כל אותו הרעב", וכן באמת היה כתוב בכל הספרים הישנים (אלא שבד' קראקא השני קיצרו "הרע" ואח"כ באמש"ד ת"א שיבשו וכתבו במילואו "הרעה" וכולם העתיקו משם):

מתנות כהונה

לגיפיון. לפי הענין פירושו בריכה של מים הנמשך מן המעיין. ובתנחומא ובערוך גרס לנפיון: **שמספיק לה.** לבריכה. **כסף נמאס.** פסוק הוא בירמיה סימן ו':

אשד הנחלים

לגיפון שמשקה. פירש המתנות כהונה בריכה של מים הנמשך מן המעין. והענין כי משה הוא המעין שנובע מעצמו, ויהושע כבריכה הנמשך מן המעין, וזהו כמו שאמרו (בבא בתרא עה, א) פני משה כפני חמה [שאור החמה הוא אור עצמי] ופני יהושע פני לבנה [שהיא מקבלת אורה מהחמה ואין אור בעצמותה]. והנה העם בראותם את יהושע איך לימד דעת אותם, הם שבחו לו, כי לא היה בכחם לקבל ממשה לבדו, כמו שאמרו באבות (פ"א מ"א) משה קיבל תורה מסיני ומסרה ליהושע, וכמו שאמרו בעירובין (נד, ב) שבתחלה למד לאהרן ולאלעזר כו' ואחר כך היה התורה לישראל מפיהם, אך באמת לא התבוננו כי הכל היה מן משה, כי זה הכח שהיה ליהושע היה גם כן ממשה, על דרך אצילת הרוח, כמו שכתוב (במדבר יא, כה) ויאצל מן הרוח, ובאור הכתוב ויהושע היה מלא רוח לקבל חכמה, כי סמך משה ידיו שיהיה ביכלתו לקבל: **לכך נאמר עושר.** כאומר ראה הפלא, הדבר שה' ברוך הוא עושה טובה לאדם, והוא משתמש בו לרעת עצמו: [ד] **כאלו קיים מצוות כולם.** אין הכונה אף שלא קיים המצות שבידו לעשותם דאם כן הוא רשע, רק הכונה על אותם מצות שלא באו לידו, כי בודאי אחר שאינו לוקח רבית ושוחד מפני שמאמין בהשגחת ה', וחומל על עניים, הוא דבוק במדתו יתברך, ובודאי אילו היה ביכלתו לקיים המצות, בודאי היה מקיים, ולכן נחשב כאלו קיים, ולכן חשבו זה הפסוק לעיקר:

אֲבָל יְהוֹרָם שֶׁהִלְוָה בְּרִבִּית אָמַר הָאֱלֹהִים – But of **Jehoram who lent on interest, God declared, עַד עַכְשָׁיו זֶה קַיָּים – "Does this** man **still live?**[59] **יָבֹא יֵהוּא וְיַהֲרוֹג אוֹתוֹ – Let Jehu come and slay him," שֶׁנֶּאֱמַר "וְיֵהוּא מִלֵּא יָדוֹ בַקֶּשֶׁת וַיַּךְ אֶת יְהוֹרָם בֵּין זְרֹעָיו וַיֵּצֵא הַחֵצִי מִלִּבּוֹ" – as it is stated, *Jehu drew his bow fully and hit Jehoram between his shoulder blades and the arrow protruded from his heart*** (*II Kings* 9:24). **וְלָמָּה "בֵּין זְרֹעָיו וַיֵּצֵא . . . מִלִּבּוֹ" – Now, why** did Jehu *hit Jehoram* **between his shoulder blades, and** *the arrow* **protruded from his heart?**[60] **לְפִי שֶׁהִקְשָׁה אֶת לִבּוֹ וּפָשַׁט יָדָיו לְקַבֵּל הָרִבִּית – Because [Jehoram] hardened *his heart* and stretched out *his hands* to accept interest. לְקַיֵּים מַה שֶּׁנֶּאֱמַר "בַּנֶּשֶׁךְ נָתַן וְתַרְבִּית לָקַח וָחָי לֹא יִחְיֶה"** – This was in order **to fulfill that which is stated, *He gives [loans] with usury and takes interest – should he live? He shall not live!*** (*Ezekiel* 18:13).[61] **לְכָךְ מַזְהִיר לָהֶם "אִם כֶּסֶף תַּלְוֶה אֶת עַמִּי וְגוֹ'" – [Our verse], therefore, warns [the people of Israel], *When you lend money to My people,*** *to the poor person who is with you, do not act toward him as a creditor; do not lay interest upon him.*[62]

Another instance of the violation of the prohibition of usury and its punishment:

וְאַף בִּירוּשָׁלַיִם הָיוּ עוֹשִׂין כֵּן – In Jerusalem, too, they would act this way, שֶׁנֶּאֱמַר "כַּסְפֵּךְ הָיָה לְסִיגִים" – as it is stated, *Your money* [כַּסְפֵּךְ] ***has become "sigim"*** [סִיגִים] (*Isaiah* 1:22).[63] **וּמַה נַּעֲשָׂה לָהֶם – And what occurred with them? "כֶּסֶף נִמְאָס קָרְאוּ לָהֶם"** – Jeremiah prophesied: ***People call them "Rejected Silver*** [כֶּסֶף]," *for* HASHEM *has rejected them* (*Jeremiah* 6:30). **וְכֵן "כַּסְפָּם בַּחוּצוֹת יַשְׁלִיכוּ" – Similarly,** it states, ***They will throw their silver*** [כַּסְפָּם] ***in the streets*** *and their gold will become repulsive, for their silver and their gold will be unable to rescue them on the day of HASHEM's fury . . . for it was a stumbling block of their iniquity* (*Ezekiel* 7:19). **לָמָּה – Why** were they thus punished? **עַל שֶׁעָבְרוּ עַל מַה שֶּׁכָּתוּב בַּתּוֹרָה "אֶת כַּסְפְּךָ לֹא תִתֵּן לוֹ בְּנֶשֶׁךְ" – For they transgressed that which is written in the Torah, *Do not give him your money*** [כַּסְפְּךָ] ***for interest*** (*Leviticus* 25:37).[64]

§5 The Midrash elaborates further on the concept derived from our verse in the two previous sections, that one who observes the laws stated in our Scriptural passage benefits himself, while one who does not will suffer on account of his wealth:[65]

דָּבָר אַחֵר, "אִם כֶּסֶף תַּלְוֶה אֶת עַמִּי" – Another explanation of our verse, ***When you lend money to My people,*** *to the poor person who is with you, etc.*: **כֵּיוָן שֶׁבָּנָה שְׁלֹמֹה אֶת הַבַּיִת – When Solomon built the Temple, אָמַר לְהַקָּדוֹשׁ בָּרוּךְ הוּא בִּתְפִלָּתוֹ – he said to the Holy One, blessed is He, in his** dedication **prayer: רִבּוֹן הָעוֹלָם – "Master of the universe! אִם יֵשׁ אָדָם שֶׁיִּתְפַּלֵּל לְפָנֶיךָ שֶׁתִּתֵּן לוֹ מָמוֹן – If there is a person who prays before You that You grant him money, וְאַתָּה יוֹדֵעַ שֶׁרַע לוֹ – and You know that [money] is bad for him, אַל תִּתֵּן לוֹ – do not grant** it **to him; וְאִם רָאִיתָ אָדָם נָאֶה בְּעָשְׁרוֹ – but if You see a person** whose conduct **with his wealth [will be] becoming, תֵּן לוֹ – grant** it **to him," שֶׁנֶּאֱמַר "וְנָתַתָּה לָאִישׁ כְּכָל דְּרָכָיו אֲשֶׁר תֵּדַע אֶת לְבָבוֹ" – as it is stated** in Scripture's account of Solomon's prayer, ***"And grant every man according to his ways as You know his heart"*** (*II Chronicles* 6:30).

The Midrash explains in what way money can be bad for a person:[66]

לְפִי שֶׁבָּעוֹלָם הַזֶּה הָיוּ הָרְשָׁעִים עֲשִׁירִים וּנְתוּנִים בְּשַׁלְוָה וְהַשְׁקֵט – For on this world the majority of **the wicked**[67] **are wealthy and are placed in** a state of **peace and tranquility, וְהַצַּדִּיקִים עֲנִיִּים – whereas** the majority of **the righteous are poor. אֲבָל לֶעָתִיד לָבֹא כְּשֶׁיִּפְתַּח הַקָּדוֹשׁ בָּרוּךְ הוּא לַצַּדִּיקִים אוֹצְרוֹת גַּן עֵדֶן – But in the Future to Come, when the Holy One, blessed is He, will open for the righteous the treasuries of the Garden of Eden, הָרְשָׁעִים שֶׁאָכְלוּ נֶשֶׁךְ וְתַרְבִּית עֲתִידִין לִהְיוֹת נוֹשְׁכִין בְּשִׁינֵּיהֶם אֶת בְּשָׂרָם – the wicked who consumed interest and increase will bite their** own **flesh with their teeth** and eat it out of agony, **שֶׁנֶּאֱמַר "הַכְּסִיל חֹבֵק אֶת יָדָיו וְאֹכֵל אֶת בְּשָׂרוֹ" – as it is stated, *The fool folds his hands and eats his own flesh*** (*Ecclesiastes* 4:5);[68] **וְהֵם אוֹמְרִים: וּלְוַאי הָיִינוּ פּוֹעֲלִים וְהָיִינוּ טוֹעֲנִין בִּכְתֵפֵינוּ וּלְוַאי שֶׁהָיִינוּ עֲבָדִים וִיהְיֶה לָנוּ כָּךְ – and they will declare, "If only we would have been laborers and been carrying** burdens **on our shoulders,** or **if only we had been slaves, and we would** now be able to **have this,"** i.e., the treasures of the Garden of Eden,[69] **שֶׁנֶּאֱמַר "טוֹב מְלֹא כַף נָחַת מִמְּלֹא חָפְנַיִם עָמָל וּרְעוּת רוּחַ" – as it is stated, *Good is one handful of pleasantness, from two fistfuls of labor and vexation of the spirit*** (ibid., v. 6).[70]

NOTES

59. See below, note 61.

60. The fact that Scripture mentions these otherwise insignificant facts indicates that they are meant to convey something (*Yefeh To'ar*).

61. See §6 below (at note 91), where the Midrash expounds this verse to mean that God says, "And until now he is living?" It is based on this expression that our Midrash stated above that God said of Jehoram, "Does this man still live?" (*Radal*, *Maharzu*, *Eitz Yosef*).

62. As was explained in the previous section (note 51), the words *with you* indicate that by observing this commandment you are benefiting yourself. Here, too, the Midrash understands the verse to mean that by refraining from lending on interest you are benefiting yourself, as was demonstrated thus far in this section (*Yefeh To'ar,* at the beginning of this section).

63. The word סִיגִים is understood by the Midrash to mean increase (from the Aramaic סגא), which is the literal meaning of the word תַּרְבִּית, one of the expressions used in the Torah (*Leviticus* 25:36 et al.) for interest [as one thereby increases his assets] (*Imrei Yosher*; *Beur Maharif*; *Rashash* and *Eitz Yosef,* from *Yefeh To'ar*; *Maharzu*).

64. The Midrash is explaining the end of the *Ezekiel* verse to mean: Why were they thus punished, by having their silver and gold rendered useless? *For it was a stumbling block of their iniquity*, i.e., it caused them to transgress the prohibition of interest (see *Eitz Yosef*). The Midrash cited the prohibition of usury from the *Leviticus* verse rather than from our verse in *Exodus*, because, as the Gemara (*Bava Metzia* 75b) states, our verse contains a prohibition to all those involved in the transaction of a loan with interest, including the witnesses, etc. (see §6 below, after note 100), while the *Leviticus* verse refers strictly to the lender, whom the Midrash is now discussing (*Yefeh To'ar*).

65. See *Eitz Yosef.*

66. See *Beur Maharif* s.v. נושכין וכו'.

67. *Eitz Yosef.*

68. *The fool* is the rich man who feels complacent with the wealth he amassed by lending on interest, and who, upon realizing his folly in the World to Come, will bite his own flesh out of agony. This is alluded to in the verse's use of the term כְּסִיל, which means *fool*, but which can also mean trust, for the usurer places his trust in his ill-gotten money (*Eitz Yosef*). In the World to Come, he will bite (נשך) his own flesh, measure for measure for taking interest, which is called נֶשֶׁךְ (*Yefeh To'ar*; see also *Imrei Yosher*).

[The Midrash does not explain the words *folds his hands* according to this explanation of the verse. According to *Eshed HaNechalim*, it means that in this world he folds his hands lazily for he does not need to toil (since he can sit by idly while his money accrues interest). *Rashash* suggests that in the World to Come his hands will be folded, i.e., he will no longer (have the opportunity to) stretch out his hands to accept interest.]

69. *Matnos Kehunah*, *Eitz Yosef.*

70. As simply understood, the verse means that a small amount gained pleasantly is better than a larger amount gained through aggravation. According to the Midrash's understanding, however, this verse alludes to that which the wicked will declare in the World to Come, that whatever amount of pleasantness they had would have been good had it been gained properly, even had it required two fistfuls (that is, a lot) of labor, i.e., had they been laborers, or of vexation of the spirit, i.e., had they been slaves, whose spirit is generally vexed and broken (*Eitz Yosef*).

אֲבָל יְהוֹרָם שֶׁהִלְוָה בְּרִבִּית אָמַר הָאֱלֹהִים: עַד עַכְשָׁיו זֶה קַיָּם, יָבֹא יֵהוּא וְיַהֲרֹג אוֹתוֹ, שֶׁנֶּאֱמַר (שם ב ט) "וְיֵהוּא מִלֵּא יָדוֹ בַקֶּשֶׁת וַיַּךְ אֶת יְהוֹרָם בֵּין זְרֹעָיו וַיֵּצֵא הַחֵצִי מִלִּבּוֹ", וְלָמָּה "בֵּין זְרֹעָיו וַיֵּצֵא .... מִלִּבּוֹ", לְפִי שֶׁהִקְשָׁה אֶת לִבּוֹ וּפָשַׁט יָדָיו לְקַבֵּל הָרִבִּית, לְקַיֵּם מַה שֶּׁנֶּאֱמַר (יחזקאל יח, יג) "בַּנֶּשֶׁךְ נָתַן וְתַרְבִּית לָקַח וָחַי לֹא יִחְיֶה", לְכָךְ מַזְהִיר לָהֶם [כב, כד] "אִם כֶּסֶף תַּלְוֶה אֶת עַמִּי וְגוֹ'", וְאַף בִּירוּשָׁלַיִם הָיוּ עוֹשִׂין כֵּן, שֶׁנֶּאֱמַר (ישעיה א, כב) "כַּסְפֵּךְ הָיָה לְסִיגִים", וּמַה נַּעֲשָׂה לָהֶם, (ירמיה ו, ל) "כֶּסֶף נִמְאָס קָרְאוּ לָהֶם", וְכֵן (יחזקאל ז, יט) "כַּסְפָּם בַּחוּצוֹת יַשְׁלִיכוּ", לָמָּה, עַל שֶׁעָבְרוּ עַל מַה שֶּׁכָּתוּב בַּתּוֹרָה (ויקרא כה, לז) "אֶת כַּסְפְּךָ לֹא תִתֵּן לוֹ בְּנֶשֶׁךְ":

ה דָּבָר אַחֵר, [כב, כד] "אִם כֶּסֶף תַּלְוֶה אֶת עַמִּי", כֵּיוָן שֶׁבָּנָה שְׁלֹמֹה אֶת הַבַּיִת אָמַר לְהַקָּדוֹשׁ בָּרוּךְ הוּא בִּתְפִלָּתוֹ: רִבּוֹן הָעוֹלָם, אִם יֵשׁ אָדָם שֶׁיִּתְפַּלֵּל לְפָנֶיךָ שֶׁתִּתֵּן לוֹ מָמוֹן וְאַתָּה יוֹדֵעַ שֶׁרַע לוֹ אַל תִּתֵּן לוֹ, וְאִם רָאִיתָ אָדָם נָאֶה נָאֶה בְּעָשְׁרוֹ תֵּן לוֹ, שֶׁנֶּאֱמַר (דברי הימים-ב ו, לו) "וְנָתַתָּה לָאִישׁ כְּכָל דְּרָכָיו אֲשֶׁר תֵּדַע אֶת לְבָבוֹ", לְפִי שֶׁבָּעוֹלָם הַזֶּה הָיוּ הָרְשָׁעִים עֲשִׁירִים וּנְתוּנִים בְּשַׁלְוָה וְהַשֶּׁקֶט וְהַצַּדִּיקִים עֲנִיִּים, אֲבָל לֶעָתִיד לָבֹא כְּשֶׁיִּפְתַּח הַקָּדוֹשׁ בָּרוּךְ הוּא לַצַּדִּיקִים אוֹצְרוֹת גַּן עֵדֶן הָרְשָׁעִים שֶׁאָכְלוּ נֶשֶׁךְ וְתַרְבִּית עֲתִידִין לִהְיוֹת נוֹשְׁכִין בְּשִׁנֵּיהֶם אֶת בְּשָׂרָם, שֶׁנֶּאֱמַר (קהלת ד, ה) "הַכְּסִיל חֹבֵק אֶת יָדָיו וְאֹכֵל אֶת בְּשָׂרוֹ", וְהֵם אוֹמְרִים: וּלְוַאי הָיִינוּ פּוֹעֲלִים וְהָיִינוּ טוֹעֲנִין בְּכִתְפֵינוּ, וּלְוַאי שֶׁהָיִינוּ עֲבָדִים וִיהִיֶה לָנוּ כָּךְ, שֶׁנֶּאֱמַר (שם שם ו) "טוֹב מְלֹא כַף נָחַת מִמְּלֹא חָפְנַיִם עָמָל וּרְעוּת רוּחַ", לְכָךְ נֶאֱמַר [כב, כד] "אִם כֶּסֶף תַּלְוֶה אֶת עַמִּי", אָמְרוּ יִשְׂרָאֵל לִפְנֵי הַקָּדוֹשׁ בָּרוּךְ הוּא: וּמִי הֵם עַמְּךָ, אָמַר לָהֶם: הָעֲנִיִּים, שֶׁנֶּאֱמַר (ישעיה מט, יג) "כִּי נִחַם ה' עַמּוֹ וַעֲנִיָּו יְרַחֵם", וּמִדַּת בָּשָׂר וָדָם אִם הָיוּ לוֹ עֲנִיִּים קְרוֹבִים וְהוּא עָשִׁיר אֵינוֹ מוֹדֶה בָּהֶם, שֶׁנֶּאֱמַר (משלי יט, ז) "כָּל אֲחֵי רָשׁ שְׂנֵאֻהוּ",

עץ יוסף

עד עכשיו הוא קיים. כדמסיים בנשך נתן ותרבית לקח וחי לא יחיה, ודרש עם זה בפרשה זו משל לאחד שהיה אלוגין שלו נקרא לפני הדיין, אמר הדיין עד עכשיו הוא קיים: **שנאמר כספך היה לסיגים.** דרש לסיגים לשון רבוי בלשון תרגום, והיינו תרבית, כמו פרו ורבו תרגום וסגו (יפה תואר): **כסף נמאס קראו להם.** פסוק הוא בירמיה סימן ו"ו: **בכספם בחוצות ישליכו.** כי כספם מכשול עונם היה, שעל ידו עברו על מה שכתוב בתורה את כספך לא תתן לו בנשך: (ה) [ד] **כיון שבנה שלמה כו'.** מייתי הא דילפינן מינה שפעמים הממון לאדם רעתו: **היו הרשעים עשירים.** ברשעים מיירי: **שנאמר הכסיל חובק כו' טוב מלא כף נחת כו'.** דשני פסוקים אלו סמוכים ודבוקים, הכסיל הוא העשיר הבוטח בעשרו שקבלו מנשך ותרבית, (ומלשון השמים זהב כסלם), עתיד להיות נושך בשיניו את בשרו, (ויאמר) טוב היה המלא כף נחת שהיה לי בעשרי, כשכשתו היה מהעמל והיגיעה לא מנשך ותרבית, ודרש ורעות רוח על העבדים שעל הרוב לבם נכנע ורוחם נשברה: **ויהיה לנו כך.** היינו האוצרות גן עדן, כמו שלכל הצדיקים, ולא ידעתי על מה מגיה הרד"ל ולא יהיה לנו כך: **לכך נאמר אם כסף תלוה את עמי וגו'.** ואת העני עמך: [ה] **אמרו ישראל לפני הקדוש ברוך הוא ומי הם עמך.** שהקדוש ברוך הוא אמר אם כסף תלוה את עמי, ושאלו אותו ישראל מי הם עמך, ומשיב להם את העני: **שנאמר כי נחם ה' עמו ועניו ירחם.** דכל הפסוק מיירי בעניים, ומצד שהם עמו אמר לשון נחמה ומצד שהם עניים אמר בהם לשון רחמים: **מדת בשר ודם כו'.** רוצה לומר שאין מדותיו של הקדוש ברוך הוא כמדת בשר ודם:

פירוש מהרז"ו

עד עכשיו זה קיים. שעל הלוה בריבית כתוב וחי לא יחיה, שפירושו וחי עדיין הוא חי, אלא לא יחיה, כמו שאמר בסמוך, ובסימן ו, ובסימן י"ג: **שהקשה את לבו.** לקבל ריבית מהצדיק שלוה לצדקה, וזה על פי מדת מנגד, והרי שכל דברי המאמר המופלא הזה מפורש בכתוב, על פי המדות: **תלוה את עמי.** וגו' לא תשימון עליו נשך: **היה לסיגים ומה נעשה.** משמע שדעת המדרש שהיה לסיגים, הוא חטא ריבית, ויתכן שבלשון ארמי סגי הוא הרבה, ופירושו שכספך נתרבה על ידי ריבית, כנגד זה כסף נמאס וגו': (ה) **כיון שבנה.** בתנחומא כאן סימן ט, וכוונתו לדרוש מה שכתוב את עמי, כדלעיל בריש הפרשה על השם יתברך, שנותן כסף לעמו על תנאי זה שיעשה טוב לעני: **נושכין בשיניהם.** מליצה זו על המתחרט על דבר שעשה, ואינו יכול להחזירו, נושך ואוכל את בשרו, ולשון התנחומא נושכין בשיניהם את בשרם ותוהין, ושני הפסוקים סמוכים, הכסיל חובק את ידיו וגו', טוב מלא כף נחת, והמלוה בריבית, מלא חפנים עמל, ועל כן אוכל את בשרו: **אמרו ישראל.** דבר אחר שהקב"ה אומר לישראל תלוה את עמי, וישיבו אנו עמך, ואתה אומר לנו את עמי, מי הם, על פי מדה ט', והשיב את העני עמך. ועיין בראשית רבה ריש פרשה ע"א, ולקמן פרשה זו סימן י"ג באריכות:

חידושי הרד"ל

עד עכשיו זה קיים. כדדרש להלן בפרשה זו (סימן ו) מקרא דוחי לא יחיה: **בירושלים היו עושין כו'.** נותנין כספם בנשך, וכמו שכתוב (יחזקאל כב, יב) נשך ותרבית לקחת: **שנאמר בספך היה לסגים.** כסיגים אלו שמפחיתין הכסף בתערובתם, כן על ידי הרבית האמור מפחיתין מעלת כסף הנקי, וקראו לכלו נמאס כדמפורש: **ישליכו כי מכשל עונם היה למה על שעברו כו'.** כן צריך לומר: [ה] **שהיינו עבדים ולא יהיה לנו כך.** כן צריך לומר:

חידושי הרש"ש

[ד] **שנאמר כספך היה לסיגים.** אולי דרש לסיגים לשון ריבוי בלשון תרגום והיינו תרבית. (ראיתי בשם יפה תואר), ועל דרך זה דרשו גם כן (שבת קלט, א) אי בטלי יהירי כו' שנאמר (ישעיה א, כה) ואצרוף כבור סיגיך, ופירש רש"י הם גסי הדור שמגדלים עצמן, לשון ישגא מאד (איוב ח, ז): [ה] **הכסיל חובק את ידיו.** יתכן שיכוון על דרך אחות (לפי הדרשה) שאז לא יפשוט את ידיו לקבל הרבית כדלעיל ביהורם:

אמרי יושר

[ד] **בכספך היו לסיגים.** תרגום (בראשית א, כב באונקלוס) פרו ורבו פושו וסגו, ואם כן סיגים הוא רבית: [ה] **אתה תדע לבבו.** יש נאה בעשרו ויש היפך, אתה תדע: **עתידים להיות נושכים בשיניהם.** היינו לא תשיך לאחיך, וכן אמר טוב מלא כף נחת ממלא חפנים עמל, שהוא עמל ונשיכה לעתיד:

מסורת המדרש

ו. ירושלמי ברכות פרק ט'. דברים רבה פרשה ב'. מדרש תהלים מזמור ד'. ילקוט סדר ואתחנן רמז תתכ"ה:

אם למקרא

וְיֵהוּא מִלֵּא יָדוֹ בַקֶּשֶׁת וַיַּךְ אֶת יְהוֹרָם בֵּין זְרֹעָיו וַיֵּצֵא הַחֵצִי מִלִּבּוֹ וַיִּכְרַע בְּרִכְבּוֹ: (מלכים-א ב:ט)

בַּנֶּשֶׁךְ נָתַן וְתַרְבִּית לָקַח וָחָי לֹא יִחְיֶה אֵת כָּל הַתּוֹעֵבוֹת הָאֵלֶּה עָשָׂה מוֹת יוּמָת דָּמָיו בּוֹ יִהְיֶה: (יחזקאל יח:יג)

כַּסְפֵּךְ הָיָה לְסִיגִים סָבְאֵךְ מָהוּל בַּמָּיִם: (ישעיה א:כב)

כֶּסֶף נִמְאָס קָרְאוּ לָהֶם כִּי מָאַס ה' בָּהֶם: (ירמיה ו:ל)

כַּסְפָּם בַּחוּצוֹת יַשְׁלִיכוּ וּזְהָבָם לְנִדָּה יִהְיֶה כַּסְפָּם וּזְהָבָם לֹא יוּכַל לְהַצִּילָם בְּיוֹם עֶבְרַת ה' נַפְשָׁם לֹא יְשַׂבֵּעוּ וּמֵעֵיהֶם לֹא יְמַלֵּאוּ כִּי מִכְשׁוֹל עֲוֹנָם הָיָה: (יחזקאל ז:יט)

אֶת־כַּסְפְּךָ לֹא־תִתֵּן לוֹ בְּנֶשֶׁךְ וּבְמַרְבִּית לֹא־תִתֵּן אָכְלֶךָ: (ויקרא כא:לז)

וְאַתָּה תִּשְׁמַע מִן הַשָּׁמַיִם מְכוֹן שִׁבְתֶּךָ וְסָלַחְתָּ וְנָתַתָּה לָאִישׁ כְּכָל דְּרָכָיו אֲשֶׁר תֵּדַע אֶת לְבָבוֹ כִּי אַתָּה לְבַדְּךָ יָדַעְתָּ אֶת לְבַב בְּנֵי הָאָדָם: (דברי הימים-ב ו:לו)

הַכְּסִיל חֹבֵק אֶת יָדָיו וְאֹכֵל אֶת בְּשָׂרוֹ: טוֹב מְלֹא כַף נָחַת מִמְּלֹא חָפְנַיִם עָמָל וּרְעוּת רוּחַ: (קהלת ד:ה-ו)

רָנּוּ שָׁמַיִם וְגִילִי אָרֶץ וּפִצְחוּ הָרִים רִנָּה כִּי נִחַם ה' עַמּוֹ וַעֲנִיָּו יְרַחֵם: (ישעיה מט:יג)

כָּל אֲחֵי רָשׁ שְׂנֵאֻהוּ אַף כִּי מְרֵעֵהוּ רָחֲקוּ מִמֶּנּוּ מְרַדֵּף אֲמָרִים לוֹ הֵמָּה: (משלי יט:ז)

מתנות כהונה

[ה] **והיינו טוענין בכתפינו** גרסינן: **ויהיה לנו כך.** כמו לצדיקים:

אשד הנחלים

לפי שהקשה לבו ופשט ידיו. ענין המליצה הזאת בארתי על הפסוק (דברים טו, ז) לא תאמץ את לבבך ולא תקפוץ ידך, וכן אמרו (כתובות סח, א) כל המעלים עיניו מן העני, ובארתי לפי שכל המצות צריך להיות בהגברת היצר, כי טבעו אינו כוסף לזה, רק שהוא צריך להפוך טבעו, אבל החמלה והרחמים על העניים והאביונים טבע נפשו מכריחו לזה, כי יכאב לבו בראותו דלותו ושפלותו, רק הוא צריך להעלים עיניו ולהקשות טרפו ולאמץ לבבו, וכאילו היד פושטת עצמה לתת, אך הוא קופץ ידו להפוך טבעו, ולכן אמרו שנחשב כאלו עובד עבודת כוכבים, אחר שמהפך בכונתו טבעו הנוטה לטוב, וזהו הכונה גם כן כאן, לפי שהקשה לבו ופשט ידיו המאנות בטבע לקבל הריבית, מפני הרחמים והחמלה: **כסף נמאס קראו להם.** דרש על צד מליצת השיר כאלו הכתוב לועג על כספם וזהבם, שהראו להם כי כסף נמאס הוא שאינו נבחר בעיני ה' מאומה: [ה] **חובק את ידיו.** דרש על דרך דרש, שפה בעולם הזה חושך את ידו ויושב שליו ושקט בעצלות, כי אינו צריך לעמול מאומה, אבל סוף שאוכל את בשרו, בשעה שרואה שלות הצדיקים וטובם, ומרוב צער ינשכו את בשר עצמם מרוב כעס וצער, ואז יאמרו בעצמם הלא היה יותר טוב מלוא כף נחת ממלוא חפנים עמל, ומה יתרון לנו כי ישבנו בשלוה הרבה, ועתה נשבע עמל רב:

באור מהרי"פ

היה לסיגים. אולי הוא דורש מלת סיגים לשון רבוי, כמו סגיא בתרגום (בראשית א, כב באונקלוס. ובערוך ערך סג השביעי), והוא לשון תרבית: [ה] הכי גרסינן **אדם נאה בעשרו.** נאה בנו"ן ולא בגימ"ל גאה, וכן הוא בספרים ישנים (ונליאה שכו ועוד) נאה בנו"ן, וטעות סופר בספרים (מדרש עם פירוש תולדות נח דפוס קראקא שלג) שכתוב בהן גאה בגימ"ל, והדרש של המדרש מכריח שטעות סופר הוא בגימ"ל. תולדות נח האריך: **נושכין בשיניהם וכו'.** וזה באור למה שאמר למעלה, אם אתה יודע שרע לי אל תתן לי, כי יתחרט באחרונה ויהיו נושכין בשיניהם את בשרם:

The Midrash concludes:

לָכֵן נֶאֱמַר ״אִם כֶּסֶף תַּלְוֶה אֶת עַמִּי״ – Therefore it is stated, ***When you lend money to My people,*** *to the poor person who is with you, etc.*[71]

The Midrash now explains the meaning of the word עַמִּי, *My people,* in the context of our verse:

אָמְרוּ יִשְׂרָאֵל לִפְנֵי הַקָּדוֹשׁ בָּרוּךְ הוּא: וּמִי הֵם עַמְּךָ – The people of Israel said before the Holy One, blessed is He, "And who are Your people?"[72] **אָמַר לָהֶם: הָעֲנִיִּים, שֶׁנֶּאֱמַר ״כִּי נִחַם ה׳ עַמּוֹ וַעֲנִיָּיו יְרַחֵם״ – [God] replied to them,** "They are **the poor,"**[73] **as it is stated,** ***For HASHEM will have comforted His people and been merciful to His poor*** (*Isaiah* 49:13).[74]

The Midrash shows how God's disposition vis-a-vis the poor is in stark contrast to that of a human being:

מִדַּת בָּשָׂר וָדָם – It is **the nature of** a human made of **flesh and blood** **אִם הָיוּ לוֹ עֲנִיִּים קְרוֹבִים וְהוּא עָשִׁיר אֵינוֹ מוֹדֶה בָּהֶם –** that **if he has relatives who are poor, and he is wealthy, he does not acknowledge them,**[75] **שֶׁנֶּאֱמַר ״כָּל אֲחֵי רָשׁ שְׂנֵאוּהוּ״ – as it is stated,** ***All a pauper's brothers hate him*** (*Proverbs* 19:7).

NOTES

71. See our introductory paragraph to this section.

72. I.e., to whom do You refer when You say *when you lend money to My people*? (*Maharzu, Eitz Yosef*).

73. As the verse concludes, *to the poor person, etc.* (ibid.). The poor people are thus called because they are despondent and humble, and as such are more cognizant of God's greatness (*Eshed HaNechalim*).

74. Since the verse begins by stating that God will comfort His people, which presumably includes all of Israel, and concludes that He has been merciful to (only) His poor, the Midrash understands that both expressions refer to the poor (*Yefeh To'ar*; see there). [See note 76 below.]

75. For his poor relatives are a source of embarrassment to him (see §13 below, after note 179).

אֲבָל יְהוֹרָם שֶׁהִלְוָה בְּרִבִּית אָמַר הָאֱלֹהִים: עַד עַכְשָׁיו זֶה קַיָּם, יָבֹא יֵהוּא וְיַהֲרוֹג אוֹתוֹ, שֶׁנֶּאֱמַר (שם ב ט) "וְיֵהוּא מִלֵּא יָדוֹ בַקֶּשֶׁת וַיַּךְ אֶת יְהוֹרָם בֵּין זְרֹעָיו וַיֵּצֵא הַחֵצִי מִלִּבּוֹ", וְלָמָּה "בֵּין זְרֹעָיו וַיֵּצֵא .... מִלִּבּוֹ", לְפִי שֶׁהִקְשָׁה אֶת לִבּוֹ וּפָשַׁט יָדָיו לְקַבֵּל הָרִבִּית, לְקַיֵּים מַה שֶּׁנֶּאֱמַר (יחזקאל יח, יג) "בַּנֶּשֶׁךְ נָתַן וְתַרְבִּית לָקַח וָחָי לֹא יִחְיֶה", לְכָךְ מַזְהִיר לָהֶם [כב, כד] "אִם כֶּסֶף תַּלְוֶה אֶת עַמִּי וְגוֹ' ", וְאַף בִּירוּשָׁלַיִם הָיוּ עוֹשִׂין כֵּן, שֶׁנֶּאֱמַר (ישעיה א, כב) "כַּסְפֵּךְ הָיָה לְסִיגִים", וּמַה נַּעֲשָׂה לָהֶם, (ירמיה ו, ל) "כֶּסֶף נִמְאָס קָרְאוּ לָהֶם", וְכֵן (יחזקאל ז, יט) "כַּסְפָּם בַּחוּצוֹת יַשְׁלִיכוּ", לָמָּה, עַל שֶׁעָבְרוּ עַל מַה שֶּׁכָּתוּב בַּתּוֹרָה (ויקרא כא, לז) "אֶת כַּסְפְּךָ לֹא תִתֵּן לוֹ בְּנֶשֶׁךְ":

ה דָּבָר אַחֵר, [כב, כד] "אִם כֶּסֶף תַּלְוֶה אֶת עַמִּי", כֵּיוָן שֶׁבָּנָה שְׁלֹמֹה אֶת הַבַּיִת אָמַר לְהַקָּדוֹשׁ בָּרוּךְ הוּא בִּתְפִלָּתוֹ: רִבּוֹן הָעוֹלָם, אִם יֵשׁ אָדָם שֶׁיִּתְפַּלֵּל לְפָנֶיךָ שֶׁתִּתֵּן לוֹ מָמוֹן וְאַתָּה יוֹדֵעַ שֶׁרַע לוֹ אַל תִּתֵּן לוֹ, וְאִם רָאִיתָ אָדָם נָאֶה בְּעָשְׁרוֹ תֵּן לוֹ, שֶׁנֶּאֱמַר (דברי הימים-ב ו, לו) "וְנָתַתָּה לָאִישׁ כְּכָל דְּרָכָיו אֲשֶׁר תֵּדַע אֶת לְבָבוֹ", לְפִי שֶׁבָּעוֹלָם הַזֶּה הָיוּ הָרְשָׁעִים עֲשִׁירִים וּנְתוּנִים בְּשַׁלְוָה וְהַשְׁקֵט וְהַצַּדִּיקִים עֲנִיִּים, אֲבָל לֶעָתִיד לָבֹא כְּשֶׁיִּפְתַּח הַקָּדוֹשׁ בָּרוּךְ הוּא לַצַּדִּיקִים אוֹצְרוֹת גַּן עֵדֶן הָרְשָׁעִים שֶׁאָכְלוּ נֶשֶׁךְ וְתַרְבִּית עֲתִידִין לִהְיוֹת נוֹשְׁכִין בְּשִׁינֵּיהֶם אֶת בְּשָׂרָם, שֶׁנֶּאֱמַר (קהלת ד, ה) "הַכְּסִיל חֹבֵק אֶת יָדָיו וְאֹכֵל אֶת בְּשָׂרוֹ", וְהֵם אוֹמְרִים: וּלְוַאי הָיִינוּ פּוֹעֲלִים וְהָיִינוּ טוֹעֲנִין בִּכְתֵפֵינוּ, וּלְוַאי שֶׁהָיִינוּ עֲבָדִים וִיהְיֶה לָנוּ כָּךְ, שֶׁנֶּאֱמַר (שם שם ו) "טוֹב מְלֹא כַף נָחַת מִמְּלֹא חָפְנַיִם עָמָל וּרְעוּת רוּחַ", לְכָךְ נֶאֱמַר [כב, כד] "אִם כֶּסֶף תַּלְוֶה אֶת עַמִּי", אָמְרוּ יִשְׂרָאֵל לִפְנֵי הַקָּדוֹשׁ בָּרוּךְ הוּא: וּמִי הֵם עַמְּךָ, אָמַר לָהֶם: הָעֲנִיִּים, שֶׁנֶּאֱמַר (ישעיה מט, יג) "כִּי נִחַם ה' עַמּוֹ וַעֲנִיָּו יְרַחֵם", יְמִדַּת בָּשָׂר וָדָם אִם הָיוּ לוֹ עֲנִיִּים קְרוֹבִים וְהוּא עָשִׁיר אֵינוֹ מוֹדֶה בָּהֶם, שֶׁנֶּאֱמַר (משלי יט, ז) "כָּל אֲחֵי רָשׁ שְׂנֵאֻהוּ",

עץ יוסף

עד עכשיו הוא קיים. כדמסיים בנשך נתן ותרבית לקח וחי לא יחיה, ודרש עם זה בפרשה זו משל לאחד שהיה אלוגין שלו נקרא לפני הדיין, אמר הדיין עד עכשיו הוא קיים: **שנאמר כספך היה לסיגים.** דרש לסיגים לשון רבוי בלשון תרגום, והיינו תרבית, כמו פרו ורבו תרגום וסגו (יפה תואר): **כסף נמאס קראו להם.** פסוק הוא בירמיה סימן ו"ו: **כספם בחוצות ישליכו.** כי כספם מכשול עונם היה, שעל ידו עברו על מה שכתוב בתורה את כספך לא תתן לו בנשך: (ה) [ד] **כיון שבנה שלמה כו'.** מייתי הא דילפינן מינה שפעמים הממון לאדם רעתו: **היו הרשעים עשירים.** ברובם מיירי: **שנאמר הכסיל חובק כו' טוב מלא כף נחת כו'.** דשני פסוקים אלו סמוכים ודבוקים, הכסיל הוא העשיר הבוטח בעשרו שקבלו מנשך ותרבית, (ומלשון השמים זהב כסלם), עתיד להיות נושך בשיניו את בשרו, (ויאמר) טוב היה המלא כף נחת שהיה לי בעשרי, כשסבתו היה מהעמל והגיעה לא מנשך ותרבית, ודרש ורעות רוח על העבדים שעל הרוב לבם נכנע ורוחם נשברה: **ויהיה לנו כך.** היינו האוצרות גן עדן, כמו שלכל הצדיקים, ולא ידעתי על מה מגיה הרד"ל ולא יהיה לנו כך: **לכך נאמר אם כסף תלוה את עמי וגו'.** ואת העני עמך: [ה] **אמרו ישראל לפני הקדוש ברוך הוא ומי הם עמך.** שהקדוש ברוך הוא אמר אם כסף תלוה את עמי, ושאלו אותו ישראל מי הם עמך, ומשיב להם את העני: **שנאמר כי נחם ה' עמו ועניו ירחם.** דכל הפסוק מיירי בעניים, ומלך שהם עמו אמר לשון נחמה ומלך שהם עניים אמר בהם לשון רחמים: **מדת בשר ודם כו'.** רוצה לומר שאין מדותיו של הקדוש ברוך הוא כמדת בשר ודם:

פירוש מהרז"ו

עד עכשיו זה קיים. שעל הלוה בריבית כתוב וחי לא יחיה, שפירושו וחי עדיין הוא חי, אלא לא יחיה, כמו שאמר בסמוך, ובסימן ו, ובסימן י"ג: **שהקשה את לבו.** לקבל ריבית מהלדיק שלוה ללדקה, וזה על פי מדת מנגד, והרי שכל דברי המאמר המופלא הזה מפורש בכתוב, על פי המדות: **תלוה את עמי.** וגו' לא תשימון עליו נשך: **היה לסיגים ומה נעשה.** משמע שדעת המדרש שהיה לסיגים, הוא חטא ריבית, ויתכן שבלשון ארמי סגי הוא הרבה, ופירושו שכספך נתרבה על ידי ריבית, כנגד זה כסף נמאס וגו': (ה) **כיון שבנה.** בתנחומא כאן סימן ט, וכוונתו לדרוש מה שכתוב את עמי, כדלעיל בריש הפרשה על השם יתברך, שנותן כסף לעמו על תנאי זה שיעשה טוב לעני: **נושכין בשיניהם.** מליצה זו על המתחרט על דבר שעשה, ואינו יכול להחזירו, נושך ואוכל את בשרו, ולשון התנחומא נושכין בשיניהם את בשרם ותוהין, ושני הפסוקים סמוכים, הכסיל חובק את ידיו וגו', טוב מלא כף נחת, והמלוה בריבית, מלא חפנים עמל, ועל כן אוכל את בשרו: **אמרו ישראל.** דבר אחר שהקב"ה אומר לישראל תלוה את עמי, וישיבו אנו עמך, ואתה אומר לנו את עמי, מי הם, על פי מדה ט', והשיב את העני עמך. ועיין בראשית רבה ריש פרשה ע"א, ולקמן פרשה ז סימן י"ג באריכות:

חידושי הרד"ל

עד עכשיו זה קיים. כדדרש להלן בפרשה זו (סימן ו) מקרא דוחי לא יחיה: **בירושלים היו עושין כו'.** נותנין כספם בנשך, וכמו שכתוב (יחזקאל כב, יב) נשך ותרבית לקחת: **שנאמר כספך היה לסגים.** כסיגים אלו שמפחיתין הכסף בתערובתם, כן על ידי הרבית האסור מפחיתין מעלת כסף הנקי, וקראו לכלו נמאס כדמפורש: **ישליכו כי מכשל עונם היה למה על שעברו כו'.** כן לריך לומר: [ה] **שהיינו עבדים ולא יהיה לנו כך.** כן לריך לומר:

חידושי הרש"ש

[ד] **שנאמר כספך היה לסיגים.** אולי דרש לסיגים לשון ריבוי בלשון תרגום והיינו תרבית. (ראיתי בשם יפה תואר), ועל דרך זה דרשו גם כן (שבת קלט, א) אי בטלי יהירי כו' שנאמר (ישעיה א, כה) ואלרוף כבור סיגיך, ופירש רש"י הם גסי הדור שמגדלים עלמן, לשון ישגה מאד (איוב ח, ז): [ה] **הכסיל חובק את ידיו.** יתכן שיכוון על דרך נחות (לפי הדרשה) שאז לא יפשוט את ידיו לקבל הרבית כדלעיל ביהורם:

אמרי יושר

[ד] **כספך היו לסיגים.** תרגום (בראשית א, כב באונקלוס) פרו ורבו פושו וסגו, ואם כן סיגים הוא רבית: [ה] **אתה תדע לבבו.** יש נאה בעשרו ויש היפך, אתה תדע: **עתידים להיות נושכים בשיניהם.** היינו לא תשיך לאחיך, וכן אמר טוב מלא כף נחת ממלא חפנים עמל, שהוא עמל ונשיכה לעתיד:

מסורת המדרש

ו. ירושלמי ברכות פרק ט'. דברים רבה פרשה ב'. מדרש תהלים מזמור ד'. ילקוט סדר ואתחנן רמז תתכ"ה:

אם למקרא

וְיֵהוּא מִלֵּא יָדוֹ בַקֶּשֶׁת וַיַּךְ אֶת יְהוֹרָם בֵּין זְרֹעָיו וַיֵּצֵא הַחֵצִי מִלִּבּוֹ וַיִּכְרַע בְּרִכְבּוֹ: (מלכים-א ב:ט)

בַּנֶּשֶׁךְ נָתַן וְתַרְבִּית לָקַח וָחָי לֹא יִחְיֶה אֵת כָּל הַתּוֹעֵבוֹת הָאֵלֶּה עָשָׂה מוֹת יוּמָת דָּמָיו בּוֹ יִהְיֶה: (יחזקאל יח:יג)

כַּסְפֵּךְ הָיָה לְסִיגִים סָבְאֵךְ מָהוּל בַּמָּיִם: (ישעיה א:כב)

כֶּסֶף נִמְאָס קָרְאוּ לָהֶם כִּי מָאַס ה' בָּהֶם: (ירמיה ו:ל)

כַּסְפָּם בַּחוּצוֹת יַשְׁלִיכוּ וּזְהָבָם לְנִדָּה יִהְיֶה כַּסְפָּם וּזְהָבָם לֹא יוּכַל לְהַצִּילָם בְּיוֹם עֶבְרַת ה' נַפְשָׁם לֹא יְשַׂבֵּעוּ וּמֵעֵיהֶם לֹא יְמַלֵּאוּ כִּי מִכְשׁוֹל עֲוֹנָם הָיָה: (יחזקאל ז:יט)

אֶת־כַּסְפְּךָ לֹא־תִתֵּן לוֹ בְּנֶשֶׁךְ וּבְמַרְבִּית לֹא־תִתֵּן אָכְלֶךָ: (ויקרא כא:לז)

וְאַתָּה תִּשְׁמַע מִן הַשָּׁמַיִם מְכוֹן שִׁבְתֶּךָ וְסָלַחְתָּ וְנָתַתָּה לָאִישׁ כְּכָל דְּרָכָיו אֲשֶׁר תֵּדַע אֶת לְבָבוֹ כִּי אַתָּה לְבַדְּךָ יָדַעְתָּ אֶת לְבַב בְּנֵי הָאָדָם: (דברי הימים-ב ו:לו)

הַכְּסִיל חֹבֵק אֶת יָדָיו וְאֹכֵל אֶת בְּשָׂרוֹ: טוֹב מְלֹא כַף נָחַת מִמְּלֹא חָפְנַיִם עָמָל וּרְעוּת רוּחַ: (קהלת ד:ה-ו)

רָנּוּ שָׁמַיִם וְגִילִי אָרֶץ וּפִצְחוּ הָרִים רִנָּה כִּי נִחַם ה' עַמּוֹ וַעֲנִיָּו יְרַחֵם: (ישעיה מט:יג)

כָּל אֲחֵי רָשׁ שְׂנֵאֻהוּ אַף כִּי מְרֵעֵהוּ רָחֲקוּ מִמֶּנּוּ מְרַדֵּף אֲמָרִים לוֹ הֵמָּה: (משלי יט:ז)

מתנות כהונה

[ה] **והיינו טוענין בכתפינו** גרסינן: **ויהיה לנו כך.** כמו ללדיקים:

אשד הנחלים

לפי שהקשה לבו ופשט ידיו. ענין המליצה הזאת בארתי על הפסוק (דברים טו, ז) לא תאמץ את לבבך ולא תקפוץ ידך, וכן אמרו (כתובות סח, א) כל המעלים עיניו מן העני, ובארתי לפי שכל המצות צריך להיות בהגברת היצר, כי טבעו אינו כוסף לזה, רק שהוא צריך להפוך טבעו, אבל החמלה והרחמים על העניים והאביונים טבע נפשו מכריחו לזה, כי יכאב לבו בראותו דלותו ושפלותו, רק הוא צריך להעלים עיניו ולהקשות טרפו ולאמץ לבבו, וכאילו היד פושטת עצמה לתת, אך הוא קופץ ידו להפוך טבעו, ולכן אמרו שנחשב כאלו עובד עבודת כוכבים, אחר שמהפך בכונתו טבעו הנוטה לטוב, וזהו הכונה גם כן כאן, לפי שהקשה לבו ופשט ידיו המאנות בטבע לקבל הריבית, מפני הרחמים והחמלה: **כסף נמאס קראו להם.** דרש על צד מליצת השיר כאלו הכתוב לועג על כספם וזהבם, שהראו להם כי כסף נמאס הוא שאינו נבחר בעיני ה' מאומה: [ה] **חובק את ידיו.** דרש על דרך דרש, שפה בעולם הזה חושך את ידו ויושב שליו ושקט בעצלות, כי אינו צריך לעמול מאומה, אבל סוף שאוכל את בשרו, בשעה שרואה שלות הצדיקים וטובם, ומרוב צער ינשכו את בשר עצמם מרוב כעס וצער, ואז יאמרו בעצמם הלא היה יותר טוב מלוא כף נחת ממלוא חפנים עמל, ומה יתרון לנו כי ישבנו בשלוה הרבה, ועתה נשבע עמל רב:

באור מהרי"פ

היה לסיגים. אולי הוא דורש מלת סיגים לשון רבוי, כמו סגיא בתרגום (בראשית א, כב באונקלוס. ובערוך ערך סג השביעי), והוא לשון תרבית: [ה] הכי גרסינן **אדם נאה בעשרו.** נאה בנו"ן ולא בגימ"ל גאה, וכן הוא בספרים ישנים (וגליא שכו ועוד) נאה בנו"ן, וטעות סופר בספרים (מדרש עם פירוש תולדות נח דפוס קראקא שע"ג) שכתוב בהן גאה בגימ"ל, והדרש של המדרש מכריח שטעות סופר הוא בגימ"ל. תולדות נח הארוך: **נושכין בשיניהם וכו'.** וזה באור למה שאמר למעלה, אם אתה יודע שרע לי אל תתן לי, כי יתחרט באחרונה ויהיו נושכין בשיניהם את בשרם:

וְהַקָּדוֹשׁ בָּרוּךְ הוּא אֵינוֹ כֵן, שֶׁנֶּאֱמַר ״וְהָעֹשֶׁר וְהַכָּבוֹד מִלְּפָנֶיךָ״ – **But the Holy One, blessed is He, is not like that, for it is stated, *Wealth and honor come from You*** *and You rule everything* (*I Chronicles* 29:12); וְאֵינוֹ מְחוֹפֵף אֶלָּא עַל הָעֲנִיִּים – **yet He hovers only over the poor,** שֶׁנֶּאֱמַר ״כִּי ה׳ יִסַּד צִיּוֹן וּבָהּ יֶחֱסוּ עֲנִיֵּי עַמּוֹ״ – **as it is stated, *That HASHEM has established Zion and in it the poor of His people take shelter*** (*Isaiah* 14:32).[76] לְכָךְ נֶאֱמַר ״אִם כֶּסֶף תַּלְוֶה אֶת עַמִּי״ – **Therefore, it is stated** in our verse, ***When you lend money to My people,*** *to the poor*.

But if God so loves the poor, why does He not sustain them? The Midrash informs us that King David asked this question of God:[77]

אָמַר דָּוִד: רִבּוֹן הָעוֹלָם, יֵשֵׁב עוֹלָמְךָ, שֶׁנֶּאֱמַר ״יֵשֵׁב עוֹלָם לִפְנֵי אֱלֹהִים״ – **David proclaimed** before God, **"Master of the Universe! Let** all **the** inhabitants of **Your world be equal** financially," **as it is stated, *"Yeisheiv"*** [יֵשֵׁב] ***the world before God*** (*Psalms* 61:8).[78] אָמַר לוֹ הַקָּדוֹשׁ בָּרוּךְ הוּא: אִם אֶעֱשֶׂה אֶת עוֹלָמִי שָׁוֶה, ״חֶסֶד וֶאֱמֶת מַן יִנְצְרֻהוּ״ – **The Holy One, blessed is He, replied to him, "If I will make My world equal, *Who will be preserve kindness and truth?"*** (ibid.).[79]

§6 לֹא תִהְיֶה לוֹ כְּנֹשֶׁה – ***DO NOT ACT TOWARD HIM AS A CREDITOR.***

The Midrash expounds the words לֹא תִהְיֶה לוֹ כְּנֹשֶׁה:

אִם הִלְוִיתָ אוֹתוֹ לֹא תִדְחָקֵנוּ – This means: **If you have lent him** money, **do not pressure him** to repay it.[80]

Alternatively:[81]

שֶׁאִם יֵשׁ לוֹ שָׂדֶה אוֹ כֶּרֶם – **If [someone] is in possession of a field or a vineyard,** לֹא תֹאמַר לוֹ: טוֹל לְךָ מָנֶה וַעֲשֵׂה מֵהֶם פְּרַקְמַטְיָא – **do not say to him, "Take for yourself a *maneh***[82] from me to borrow **and conduct business with [it],** וּכְתוֹב לִי אַפּוֹתִיקִי[83] עַל שָׂדְךָ אוֹ עַל כַּרְמְךָ – **and write for me a document of security on your field or on your vineyard."** לְמָחָר הוּא מַפְסִיד הַפְּרַקְמַטְיָא וְאַתָּה נוֹטֵל אֶת שָׂדֵהוּ אוֹ אֶת כַּרְמוֹ – For **the next day, [the borrower may] lose his investment, and you will seize his field or his vineyard** as payment for the debt.[84] לְכָךְ כְּתִיב ״לֹא תִהְיֶה לוֹ כְּנֹשֶׁה״ – **Therefore it is written, *Do not act toward him as a "nosheh"*** [נֹשֶׁה].[85]

Alternatively:[86]

שֶׁכָּל מִי שֶׁלּוֹקֵחַ רִבִּית מִכָּאן אַתָּה לָמֵד – **From here you derive** אֵין יְרֵא אֱלֹהִים – **that whoever takes interest** on a loan **does not fear God.**[87] וְכֵן יְחֶזְקֵאל אוֹמֵר ״בַּנֶּשֶׁךְ נָתַן וְתַרְבִּית לָקַח וָחָי לֹא יִחְיֶה״ – **And so Ezekiel said, *He gives [loans] with usury and takes interest – should he live? He shall not live!*** *He has committed all these abominations* (*Ezekiel* 18:13).[88]

The Midrash explains what is meant by the twofold expression, *Should he live? He shall not live!*:[89]

מָשָׁל לְאֶחָד שֶׁהָיָה אִילוֹגִין שֶׁלּוֹ נִקְרָא לִפְנֵי הַדַּיָּין – **This may be compared to one who had his sentence**[90] of death **read before the judge.** אָמַר הַדַּיָּין: עַד עַכְשָׁיו הוּא קַיָּים – Whereupon **the judge said,** "And **until now he is living?!** He is already deserving of death for other crimes he committed!"[91] כָּךְ אָמַר הַקָּדוֹשׁ בָּרוּךְ הוּא, ״וָחָי, לֹא יִחְיֶה״, נֶשֶׁךְ וְתַרְבִּית לָקַח – **Similarly, the Holy One, blessed is He, declared, "*Should he live? He shall not live!* For he takes usury and interest."**[92] דָּבָר אַחֵר – **Another explanation** of the twofold expression:

NOTES

76. Thus we see that God "hovers" over the poor and shelters them (*Maharzu*). Both this verse and the verse cited earlier (*Isaiah* 49:13) speak of the future Redemption. As the Midrash further (§13 after note 182) explains, the prophet is saying that when God is reconciled with Jerusalem, the poor will be the first to benefit from His compassion.

77. *Yefeh To'ar*, *Eitz Yosef*. This very question was posed to R' Akiva by the wicked Roman Turanus Rufus, in *Bava Basra* 10a (*Yefeh To'ar*).

78. The complete verse reads as follows: יֵשֵׁב עוֹלָם לִפְנֵי אֱלֹהִים חֶסֶד וֶאֱמֶת מַן יִנְצְרֻהוּ. Simply understood, the verse is translated, *May he sit forever before God; appoint kindness and truth, that they may preserve him.* The Midrash reads the word יֵשֵׁב, *may he sit*, as יִשְׁוֶה, *may it be equal*, and renders עוֹלָם to mean "world"; that is, David requested of God that He make all men evenly balanced financially, with each person having a proportionate amount of wealth (*Beur Maharif*, *Rashash*, *Eitz Yosef*; see also *Yedei Moshe*).

79. The word מַן, *appoint*, is instead understood as a form of the Aramaic word מאן, *who*, so that מַן יִנְצְרֻהוּ means *who will preserve it?*. God told David that wealth was distributed disproportionately to afford the rich the opportunity to perform kindness and truth with the poor (*Maharzu*, *Eitz Yosef*; see also *Yedei Moshe*). [Compare R' Akiva's response to Turanus Rufus in *Bava Basra* loc. cit.]

This explanation is alluded to in the continuation of our verse, *to the poor person who is with you*. The poor are *with you*, the wealthy, for they are poor in order that you should attain perfection through assisting them; if they would not exist, you would have no way of gaining merit (*Eitz Yosef*).

80. According to this explanation, the words לֹא תִהְיֶה לוֹ כְּנֹשֶׁה are understood according to their plain meaning, that the creditor is forbidden to pressure the debtor (*Yefeh To'ar*).

The Torah forbids a creditor to demand payment from a debtor in the event that he knows that the debtor does not have money to repay him now (*Rambam, Hil. Malveh VeLoveh* 1:2). The Gemara (*Bava Metzia* 75b) rules that he may not even appear before the debtor, since this will cause him aggravation. It is to such a case that our Midrash refers (Responsa *Be'er Moshe* Vol. 8 §27, based on *Midrash HaGadol* and *Rashi* to our verse).

81. *Yefeh To'ar*, *Toldos Noach*.

82. The equivalent of 25 *sela*. [*Sela* is an Aramaic term for the "shekel" mentioned on numerous occasions in Scripture.]

83. אַפּוֹתִיקִי is a Greek word referring to property specifically designated by the debtor for collection in case he is unable to pay his obligation (*Eitz Yosef*). For a discussion of this term, see Schottenstein ed. of *Gittin*, 40b note 17.

84. Pretending to help his friend, this individual offers to lend him money to invest, but requires him to put up his field or vineyard as collateral. The result is that his friend, unable to pay the debt, loses his property. Compare *Eichah Rabbah* at the beginning of *Pesichta* §22.

85. The Midrash is expounding the word נֹשֶׁה as though it read נֹשֵׂא, *taking*. Accordingly, the verse is warning not to set one's ambition on taking away another's property (in the event that he is unable to repay the loan); rather, one must lend money only with the noblest of intentions (*Eitz Yosef*). See *Maharzu* for an alternative explanation.

86. See the next note.

87. In the present exposition, the word נֹשֶׁה is understood to mean *one who forgets*, as in the phrase נָשִׁיתִי טוֹבָה, *I have forgotten goodness* (*Lamentations* 3:17). Accordingly, the verse is warning not to act like one who has forgotten God by laying interest upon the borrower (*Eitz Yosef*).

88. From the *Ezekiel* verse we see that the taking of interest is tantamount to committing *all these abominations*, i.e., all of the sins written in the Torah. Therefore our verse indicates that he is not God fearing, i.e., he has no fear of God whatsoever (*Yefeh To'ar*; see also *Eitz Yosef*).

89. *Yefeh To'ar*.

90. Translation follows *Eitz Yosef*.

91. Ibid.

92. Previously, Scripture (vv. 10-12 ibid.) speaks of a father who begets a violent son, and the latter engages in all types of abhorrent behavior: he *sheds blood, etc., partakes of idolatrous sacrifices upon the mountains, etc.* The list concludes with the verse cited above: *Gives [loans] with usury and takes interest – should he live? He shall not live!* The Midrash is explaining this concluding verse to mean that the taking of interest alone suffices to condemn him to death, and the other sins he committed are not needed for his condemnation, as in the parable of the governor (*Eitz Yosef*).

וְהַקָּדוֹשׁ בָּרוּךְ הוּא אֵינוֹ כֵן, שֶׁנֶּאֱמַר (דברי הימים־א כט, יב) **״וְהָעֹשֶׁר וְהַכָּבוֹד מִלְּפָנֶיךָ״, וְאֵינוֹ *מְחוּפֵּף אֶלָּא עַל הָעֲנִיִּים, שֶׁנֶּאֱמַר** (ישעיה יד, לב) **״כִּי ה׳ יִסַּד צִיּוֹן וּבָהּ יֶחֱסוּ עֲנִיֵּי עַמּוֹ״, לְכָךְ נֶאֱמַר** [כב, כד] **״אִם כֶּסֶף תַּלְוֶה אֶת עַמִּי״, אָמַר דָּוִד: רִבּוֹן הָעוֹלָם, יֵשֵׁב עוֹלָמְךָ, שֶׁנֶּאֱמַר** (תהלים סא, ח) **״יֵשֵׁב עוֹלָם לִפְנֵי אֱלֹהִים״, אָמַר לוֹ הַקָּדוֹשׁ בָּרוּךְ הוּא: אִם אֶעֱשֶׂה אֶת עוֹלָמִי שָׁוֶה,** (שם) **״חֶסֶד וֶאֱמֶת מַן יִנְצְרֻהוּ״:**

ו [כב, כד] **״לֹא תִהְיֶה לוֹ כְּנֹשֶׁה״, אִם הִלְוִיתָ אוֹתוֹ לֹא תִדְחָקֶנּוּ, שֶׁאִם יֵשׁ לוֹ שָׂדֶה אוֹ כֶרֶם לֹא תֹאמַר לוֹ: טוֹל לְךָ מָנֶה וַעֲשֵׂה מֵהֶם פְּרַקְמַטְיָא, וּכְתוֹב לִי אַפּוֹתִיקֵי עַל שָׂדְךָ אוֹ עַל כַּרְמְךָ, לְמָחָר הוּא מַפְסִיד הַפְּרַקְמַטְיָא וְאַתָּה נוֹטֵל אֶת שָׂדֵהוּ אוֹ אֶת כַּרְמוֹ, לְכָךְ כְּתִיב ״לֹא תִהְיֶה לוֹ כְּנֹשֶׁה״, מִכָּאן אַתָּה לָמֵד שֶׁכָּל מִי שֶׁלּוֹקֵחַ רִבִּית אֵין יְרֵא אֱלֹהִים, וְכֵן יְחֶזְקֵאל אוֹמֵר** (יחזקאל יח, יג) **״בַּנֶּשֶׁךְ נָתַן וְתַרְבִּית לָקָח וָחָי לֹא יִחְיֶה״, מָשָׁל לְאֶחָד שֶׁהָיָה אִילוֹגִין שֶׁלּוֹ נִקְרָא לִפְנֵי הַדַּיָּין, אָמַר הַדַּיָּין: עַד עַכְשָׁיו הוּא קַיָּים, כָּךְ אָמַר הַקָּדוֹשׁ בָּרוּךְ הוּא, ״וָחָי, לֹא יִחְיֶה, נֶשֶׁךְ וְתַרְבִּית לָקָח״, דָּבָר אַחֵר, אָמַר הַקָּדוֹשׁ בָּרוּךְ הוּא: מִי שֶׁחָיָה בְּרִבִּית בָּעוֹלָם הַזֶּה לֹא יִחְיֶה בָּעוֹלָם הַבָּא, וְהוֹלִיד בֵּן וְלֹא לָקַח רִבִּית,**

עץ יוסף

אמר דוד כו׳. מפני שיקשה מכיון דהקדוש ברוך הוא קרוב לעניים, למה אינו מפרנסן, להכי קאמר שכבר שאל דוד על זה, והשיבוהו אם כן חסד ואמת מן ינצרוהו, וזהו את העני עמך, רוצה לומר שהוא התיקון שלך, שאם לא היו עניים לא היו להעשירים במה לזכות: **אמר דוד רבון העולם ישב עולמך שנאמר ישב עולם.** רוצה לומר שמתוך עניות הוא מחריב העולם, וגוזל וחומס כי הרש עושה כף רמיה (תולדות נח). אבל מדסיים המדרש אמר ליה הקדוש ברוך הוא אם אעשה עולמי שוה כו׳, מזה נראה ודאי לדרוש כמו ישב כמו ישו בוי״ו, כי בומ״ף מתחלף, ורוצה לומר שבקש שיהיו כולם שוים, והשיב לו הקדוש ברוך הוא אם אעשה עולמי שוה חסד ואמת מן ינצרהו, דריש מן כמו מאן בלשון ארמי: (ו) **אם הלוית אותו כו׳ שאם יש לו שדה כו׳.** דריש מלת נושה כאילו כתוב נושא בשי״ן שמאלי, ובאל״ף, מלשון לקיחה, לא תהיה מכוון להיות נושא מה שיש לו, אלא תכוון לשם שמים: **אפותיקי על שדהו.** כלומר שהראה לו שדה ואמר לו לא יהא לך פרעון אלא מזה, ובלשון יוני הוא משכון ושיעבוד קרקע: **מכאן אתה למד כו׳.** השתא דריש כנושה לשון נשיתי טובה, ופירושו לא תהיה כשוכח את אלהיך לגמרי, שאילו תשים עליו נשך תהיה כשוכח אלהיך, שכל מי שלוקח רבית כאילו אינו ירא אלהים ועבר כל עבירות, ומייתי מיחזקאל את כל התועבות האלה עשה, שפירושו בנשך נתן ותרבית לקח כאילו עשה כל התועבות, וכדמפרש: **משל לאחד שהיה אלוגין שלו.** פירוש פסק דין: **נקרא לפני הדיין כו׳.** רוצה לומר שעל איזה עבירה ידוע נתחייב מיתה, וכשקראו אלוגין שלו, תמה הדיין ואמר עד עכשיו הוא קיים, כלומר שאינו צריך לעבירה זו, דבלאו הכי כבר היה מחוייב מיתה ולא היה לו זכות לחיות, וכן בנמשל מונה והולך שם כמה רשעיות אל ההרים אכל וגו׳, עני ואביון הונה גזלות גזל וגו׳, (אמר הקדוש ברוך הוא) בנשך נתן ותרבית לקח, וחי, רוצה לומר מה לנו לחייבו בחטאים הנ״ל, הלא אם זה לבדו עשה (הוא הריבית), אינו ראוי לחיות עד, עתה ומה לנו לחשוב עבירות אחרות לחייבו בעבורם: **כך אמר הקדוש ברוך הוא וחי לא יחיה נשך ותרבית לקח.** לשון המדרש הוא כנותן טעם למה לא יחיה, כי נשך ותרבית לקח: **מי שחיה ברבית.** כלומר שעיקר פרנסתו מזה: **והוליד בן ואינו לוקח רבית.** שאביו הניח לו מעות רבית, אלא שהבן אינו לוקח רבית בעצמו, אבל הרבית שהניח לו אביו אינו מחזיר:

פירוש מהרז״ו

כי ה׳ יסד ציון. כמו שכתוב (ישעיה כד, יא) ויסדתיך בספירים, ואז יכירו הכל גדולתו ועשרו, ועם כל זה בה יחסו עניים שהם עמו, והחסיון הוא החיפוף: **ישב עולמך.** שאם פירושו דקאי על הפסוק הקודם, ימים על ימי מלך תוסיף ישב עולם, היה לו לומר ישב לעולם, או יחיה לעולם, על כן דורש אל תקרי יֵשֵׁב, אלא יַשֵּׁב, ועולם אין פירושו על הזמן, אלא על המקום על העולם, כמו שכתב לעיל סוף פרשה ל׳, וכאן פירש שהעולם יתיישב וישתוה, והשיב חסד ואמת מן ינצרוהו, מי ינצור חסד ואמת, מי יתן צדקה, מי ילוה לעני, ובלשון חז״ל מנו, מי הוא. ולשון התנחומא תיישר עולמך בשוה העניים והעשירים וכו׳, אם יהיו כולם עניים או עשירים וכו׳: (ו) **לא תאמר לו.** וכמו שכתוב בילקוט בשם תורת כהנים סדר קדושים על פסוק ולפני עור, וכן כאן תחלה תלוה לו כעושה חסד, ואחר כך תתהפך לו לנושה ודוחק אותו. ועיין תנחומא כאן סימן ט: **מכאן אתה למד.** ממה שכתוב לא תשימון עליו נשך, מענין זה דרשו, ועיקר הלימוד אינו כאן, וכאשר הזכרתי כלל זה בפירושי על הפרקי דרבי אליעזר בריש פרק א׳ עיין שם באריכות, שפירש כן בהרבה מקומות מכאן אמרו מענין זה, ולא למדו מכאן, וכאן עיקר הלימוד, ממה שכתוב ויקרא כ״ה (פסוק לו) אל תקח מאתו נשך ותרבית ויראת מאלהיך. וכן מצאתי בהדיא בתנחומא: **וחי לא יחיה.** הרי שאינו ירא, כמו שכתוב בקהלת (ח, יג) ולא יאריך ימים כצל אשר איננו ירא מפני אלהים, ובמשלי י״ט כ״ג יראת ה׳ לחיים: **אלוגין.** פירש במוסף ערוך ספר זכרון אשר בו ישובח ויגונה דבר, גם ספר עדות בלשון רומי: **וחי לא יחיה.** עיין לעיל פרשה ז סימן ד. ודורש מדה ט׳ והכריע על פי מדה ט׳, עדיין הוא חי: **שחיה בריבית.** דורש וחי מלשון מחיה ומזון, וזהו ההכרעה. ועיין פרקי דרבי אליעזר סוף פרק ל״ג מעשה נפלאה על זה: **והוליד בן ולא לקח ריבית.** כוונתו על פסוק ביחזקאל י״ח הנ״ל (פסוק יד), והנה הוליד בן וירא את כל חטאות אביו אשר עשה ויראה ולא יעשה כהן, וגו׳ עד (פסוק יז) נשך ותרבית לא לקח, וזהו שאמר כאן והוליד בן ולא לקח ריבית:

מתנות כהונה

ישב עולמך. יתיישבו בשוה עשירים והעניים והכי גרסינן בתנחומא: [ו] **אילוגין.** בערוך (ערך אולוגין. ועיין בערך אולוגין והוא מן המוסף) משמע שטר חוב ודין:

אשד הנחלים

אמרו ישראל. הוא כדמות מליצה שהנביא מודיע לישראל שרק עניים המה עמו, וזאת הוא כבודו להתכבד בהם, ולכן כתיב כאן את עמי, כי העניים המה עם ה׳ מפני ענים, והם מדוכאים ונכנעים, ועל ידי כן זוכרים כבוד ה׳ ומעשיו הנוראים: **תיישב עולמך.** כלומר יהיו הכל שוים, שלא יהיו עניים בעולם. באור הכתוב לפי דבריו, שזהו כמו שאומר דוד, ומשיב אחר כך לעצמו שזהו הרוח הקודש אשר השיבו על פיו, שבתחלה אמר הלואי שיכלו כל יסורי עוני, (וכיון גם עצמו בתוכם שהעוני והיסורים מנעוהו מלחזות כבוד ה׳), ואז ישב עולם לפני ה׳, אך השיב לנפשו אך חסד ואמת מן [כמו מי] ינצרוהו, והרי זה כתשובת רבי עקיבא לטורנוסרופס (בבא בתרא י, א) שלכן אינו נותן לעניים בכדי שיזכו צדיקים על ידיהם לעולם הבא, ושם ביארתי:

[ו] **אם הלוית כו׳ שאם יש לו שדה.** כלומר שנכלל בדבר בין אם הלוית לו שלא תדחקנו, או שתחפוץ ללותו בכדי שתרע לו אחר כך ליטול ממון שלו, ונכלל הכל במלת כנושה ובכ״ף הדמיון, לפי שעושה עצמו כאיש טוב, אך באמת הוא כנושה החפץ לעשקו ולהרע לו: **אין ירא אלהים.** כלומר אף שעושה מצות ה׳ ומקיים תורתו, כל זה רק להנאת עצמו לקבל שכר שמים, אבל אין בו יראת ה׳ לעשות מפני יראת ה׳ הרוממה, ואינו מכיר טובת ה׳ וחסדו איך שהכל מידו יתברך, ומדמה כי ממונו הוא שלו, ואם כן אינו ירא באמת: **עד עכשיו.** שלכן כתיב בלשון כפול וחי חיה לא יחיה בשום אופן. והכונה במשל בעת בא לדין לפניו יתברך בעת המשפט: **לא יחיה בעולם הבא.** וכאומר וחי בעולם הזה, אבל לא יחיה בעולם הבא:

חידושי הרד״ל

[ו] **אין ירא אלהים שנאמר** (ויקרא כה, לו) **אל תקח וגו׳ ויראת מאלהיך וכן יחזקאל כו׳.** כן צריך לומר, וכן הובא בתנחומא: **והוליד בן ולא לקח ריבית.** ולשון המקרא הוא ביחזקאל שם, והנה הוליד בן וגו׳ נשך ותרבית לא לקח, ובחנם דחק הידי משה:

חידושי הרש״ש

ישב עולמך כו׳. נראה דדריש ישב כמו ישו בחלוף מוצא השפתים: [ו] **שכל מי שלוקח רבית אין ירא אלהים.** דכתיב (ויקרא כה, לו) אל תקח מאתו נשך ותרבית ויראת מאלהיך, וכדלקמן (סימן יג). או יכוון כיון שלוקח רבית מעמו על כן אינו ירא מלפניו:

באור מהרי״פ

ישב עולמך. ודורש אות ב׳ של ישב, כמו וא״ו, כאלו כתיב ישוו עולמך, כלומר אם הקב״ה אוהב עניים למה אינו מפרנסן: [ו] **מכאן אתה למד.** מילתא באנפי נפשה הוא, וקאי על המקרא (ויקרא כה, לו) אל תקח מאתו נשך ותרבית ויראת מאלהיך וחי אחיך עמך: **וכן יחזקאל אמר וכו׳.** אולי קאי אסיפא, דהאי קרא וחי אחיך עמך, ודריש מי שמחיה אחיו מחיה גם את עצמו, אבל מי שאינו מחיה אחיו גם הוא לא יחיה: **עד עכשיו הוא קיים.** בלשון תמיה, כדי לסתום פי המליצים: **והוליד בן וכו׳.** אמר הכותב הנה ראיתי בפירוש ידי משה מה שמפרש על זה, ואשתומם, כי לפי דעתי טעה בדברים אשר הבל פיהם של תינוקות בית רבן מבטלין אותו, אך יראתי פן אני הוא השוגה, ותולה השגיאה בהמחבר הנזכר, על כן אציעה לפניך המעיין הישר דבריו ודברי, ואתה תבחר ולא אני, וזה לשון ידי משה (אות ג׳) והוליד בן ואין בידו מאומה כן צריך לומר, כדלעיל מתחיל לדרוש הפסוק של רעה חולה ראיתי, וכאן דורש סיפא דקרא והוליד בן ואין בידו מאומה, פירוש שלא לקח הבן רבית, אמרו פירוש המלאכים אמרו להקב״ה וכו׳, עד כאן לשונו. ועתה אציע לפניך הפסוקים של יחזקאל המתייחסים

אם למקרא

וְהָעֹשֶׁר וְהַכָּבוֹד מִלְּפָנֶיךָ וְאַתָּה מוֹשֵׁל בַּכֹּל וּבְיָדְךָ כֹּחַ וּגְבוּרָה וּבְיָדְךָ לְגַדֵּל וּלְחַזֵּק לַכֹּל:
(דברי הימים־א כט:יב)

וּמַה יַּעֲנֶה מַלְאֲכֵי גוֹי כִּי ה׳ יִסַּד צִיּוֹן וּבָהּ יֶחֱסוּ עֲנִיֵּי עַמּוֹ:
(ישעיה יד:לב)

יֵשֵׁב עוֹלָם לִפְנֵי אֱלֹהִים חֶסֶד וֶאֱמֶת מַן יִנְצְרֻהוּ:
(תהלים סא:ח)

בַּנֶּשֶׁךְ נָתַן וְתַרְבִּית לָקַח וָחָי לֹא יִחְיֶה אֵת כָּל הַתּוֹעֵבוֹת הָאֵלֶּה עָשָׂה מוֹת יוּמָת דָּמָיו בּוֹ יִהְיֶה:
(יחזקאל יח:יג)

ידי משה

[ה] **ישב עולמך.** פירוש, שיהיו בשוה כולם עשירים, אמר הקב״ה מי ינצור חסד ואמת, פירוש, למי יעשו צדקה, אבל פירוש מתנות כהונה לא הבנתי. וקל להבין: [ו] **שהיו אלוגין שלו נקרא.** פירוש, כי בתרגום יונתן מפרש זה הפסוק על מתים שהחיה יחזקאל בבקעת דורא, וכר מן חד דלא קם מפני שהלוה ברבית, לזה אמר שהיו קורין אילוגין שיחיו המתים, ועל זה **אמר הקדוש ברוך הוא וחי לא יחיה נשך ותרבית לקח,** כן נראה לי: **והוליד בן ואין בידו מאומה.** כן נראה לומר, כי דלעיל (סימן ג) מתחיל לדרוש הפסוק של [רעה] חולי (רעה) ראיתי, וכאן דורש סיפא דקרא והוליד בן ואין בידו מאומה, פירוש שלא לקח הבן רבית:

אמרי יושר

[ו] **וחי לא יחיה.** אף על פי שחי בעולם הזה בריות. או וחי הוא בתמיה:

אָמַר הַקָּדוֹשׁ בָּרוּךְ הוּא: מִי שֶׁחָיָה בְּרִבִּית בָּעוֹלָם הַזֶּה לֹא יִחְיֶה בָּעוֹלָם הַבָּא **– The Holy One, blessed is He, said, "He who *lived* through interest in this world, will not *live* in the World to Come."**[93]

The following verses in the *Ezekiel* passage (ibid. vv. 14-20) discuss the case in which the wicked individual discussed earlier begets a son who does not follow his father's wicked path, and conclude by stating that he will not suffer for his father's sins. The Midrash elaborates:

וְהוֹלִיד בֵּן וְלֹא לָקַח רִבִּית **– Now, [this wicked individual] begets a son, who does not take interest.**[94]

NOTES

93. That is, one whose primary livelihood was through taking interest (ibid.).

94. As it states (ibid., v. 17): *He does not take usury or interest.*

וְהַקָּדוֹשׁ בָּרוּךְ הוּא אֵינוֹ כֵן, שֶׁנֶּאֱמַר (דברי הימים־א כט, יב) "וְהָעֹשֶׁר וְהַכָּבוֹד מִלְּפָנֶיךָ", וְאֵינוֹ *מְחוֹפֵף אֶלָּא עַל הָעֲנִיִּים, שֶׁנֶּאֱמַר (ישעיה יד, לב) "כִּי ה' יִסַּד צִיּוֹן וּבָהּ יֶחֱסוּ עֲנִיֵּי עַמּוֹ", לְכָךְ נֶאֱמַר [כב, כד] "אִם כֶּסֶף תַּלְוֶה אֶת עַמִּי", אָמַר דָּוִד: רִבּוֹן הָעוֹלָם, יֵשֵׁב עוֹלָמְךָ, שֶׁנֶּאֱמַר (תהלים סא, ח) "יֵשֵׁב עוֹלָם לִפְנֵי אֱלֹהִים", אָמַר לוֹ הַקָּדוֹשׁ בָּרוּךְ הוּא: אִם אֶעֱשֶׂה אֶת עוֹלָמִי שָׁוֶה, (שם) "חֶסֶד וֶאֱמֶת מַן יִנְצְרֻהוּ":

ו [כב, כד] "לֹא תִהְיֶה לוֹ כְּנֹשֶׁה", אִם הִלְוִיתָ אוֹתוֹ לֹא תִדְחָקֶנּוּ, שֶׁאִם יֵשׁ לוֹ שָׂדֶה אוֹ כֶרֶם לֹא תֹאמַר לוֹ: טוֹל לְךָ מָנֶה וַעֲשֵׂה מֵהֶם פְּרַקְמַטְיָא, וּכְתוֹב לִי אַפּוֹתִיקִי עַל שָׂדְךָ אוֹ עַל כַּרְמְךָ, לְמָחָר הוּא מַפְסִיד הַפְּרַקְמַטְיָא וְאַתָּה נוֹטֵל אֶת שָׂדֵהוּ אוֹ אֶת כַּרְמוֹ, לְכָךְ כְּתִיב "לֹא תִהְיֶה לוֹ כְּנֹשֶׁה", מִכָּאן אַתָּה לָמֵד שֶׁכָּל מִי שֶׁלּוֹקֵחַ רִבִּית אֵין יָרֵא אֱלֹהִים, וְכֵן יְחֶזְקֵאל אוֹמֵר (יחזקאל יח, יג) "בַּנֶּשֶׁךְ נָתַן וְתַרְבִּית לָקָח וָחָי לֹא יִחְיֶה", מָשָׁל לְאֶחָד שֶׁהָיָה אִילוֹגִין שֶׁלּוֹ נִקְרָא לִפְנֵי הַדַּיָּן, אָמַר הַדַּיָּן: עַד עַכְשָׁיו הוּא קַיָּים, כָּךְ אָמַר הַקָּדוֹשׁ בָּרוּךְ הוּא, "וָחָי, לֹא יִחְיֶה, נֶשֶׁךְ וְתַרְבִּית לָקָח", דָּבָר אַחֵר, אָמַר הַקָּדוֹשׁ בָּרוּךְ הוּא: מִי שֶׁחָיָה בְּרִבִּית בָּעוֹלָם הַזֶּה לֹא יִחְיֶה בָּעוֹלָם הַבָּא, וְהוֹלִיד בֵּן וְלֹא לָקַח רִבִּית,

עץ יוסף

אמר דוד כו'. מפני שיקשה מכיון דהקדוש ברוך הוא קרוב לעניים, למה אינו מפרנסן, להכי קאמר שכבר שאל דוד על זה, והשיבוהו אם כן חסד ואמת מן ינצרוהו, וזהו את העני עמך, רוצה לומר שהוא התיקון שלך, שאם לא היו עניים לא היו להעשירים במה לזכות: **אמר דוד רבון העולם ישב עולמך שנאמר ישב עולם.** רוצה לומר שמתוך עניות הוא מחריב העולם, וגוזל וחומס כי הרש עושה כף רמיה (תולדות נח). אבל מדסיים המדרש אמר ליה הקדוש ברוך הוא אם אעשה עולמי שוה כו', מזה נראה ודאי לדרוש כמו ישב כמו ישו בוי"ו, כי בומ"ף מתחלף, ורוצה לומר שבקש שיהיו כולם שוים, והשיב לו הקדוש ברוך הוא אם אעשה עולמי שוה חסד ואמת מן ינצרהו, דריש מן כמו מאן בלשון ארמי: **(ו) אם הלוית אותו כו' שאם יש לו שדה כו'.** דריש מלת נושה כאילו כתוב נושא בשי"ן שמאלי, ובאל"ף, מלשון לקיחה, לא תהיה מכוון להיות נושא מה שיש לו, אלא תכוון לשם שמים: **אפותיקי על שדהו.** כלומר שהראה לו שדה ואמר לו לא יהא לך פרעון אלא מזה, ובלשון יוני הוא משכון ושיעבוד קרקע: **מכאן אתה למד כו'.** השתא דריש כנושה לשון נשיתי טובה, ופירושו לא תהיה כשוכח את אלהיך לגמרי, שאילו תשים עליו נשך תהיה כשוכח אלהיך, שכל מי שלוקח רבית כאילו אינו ירא אלהים ועבר כל עבירות, ומייתי מיחזקאל את כל התועבות האלה עשה, שפירושו בנשך נתן ותרבית לקח כאילו עשה כל התועבות, וכדמפרש: **משל לאחד שהיה אלוגין שלו.** פירוש פסק דין: **נקרא לפני הדיין כו'.** רוצה לומר שעל איזה עבירה ידוע נתחייב מיתה, וכשקראו אלוגין שלו, תמה הדיין ואמר עד עכשיו הוא קיים, כלומר שאינו צריך לעבירה זו, דבלאו הכי כבר היה מחוייב מיתה ולא היה לו זכות לחיות, וכן בנמשל מונה והולך שם כמה רשעיות אל ההרים אכל וגו', עני ואביון הונה גזלות גזל וגו', (אמר הקדוש ברוך הוא) בנשך נתן ותרבית לקח, וחי, רוצה לומר מה לנו לחייבו בחטאים הנ"ל, הלא אם זה לבדו עשה (הוא הריבית), אינו ראוי לחיות עד, עתה ומה לנו לחשוב עבירות אחרות לחייבו בעבורם: **כך אמר הקדוש ברוך הוא וחי לא יחיה נשך ותרבית לקח.** לשון המדרש הוא כנותן טעם למה לא יחיה, כי נשך ותרבית לקח: **מי שחיה ברבית.** כלומר שעיקר פרנסתו מזה: **והוליד בן ואינו לוקח רבית.** שאביו הניח לו מעות רבית, אלא שהבן אינו לוקח רבית בעצמו, אבל הרבית שהניח לו אביו אינו מחזיר:

פירוש מהרז"ו

כי ה' יסד ציון. כמו שכתוב (ישעיה נד, יא) ויסדתיך בספירים, ואז יכירו הכל גדולתו ועשרו, ועם כל זה בה יחסו עניים שהם עמו, והחסיון הוא החיפוף: **ישב עולמך.** שאם פירושו דקאי על הפסוק הקודם, ימים על ימי מלך תוסיף ישב עולם, היה לו לומר ישב לעולם, או יחיה לעולם, על כן דורש אל תקרי יֵשֵׁב, אלא יַשֵּׁב, ועולם אין פירושו על הזמן, אלא על המקום על העולם, כמו שכתב לעיל סוף פרשה ל', וכאן פירש שהעולם יתיישב וישתוה, והשיב חסד ואמת מן ינצרוהו, מי יצור חסד ואמת, מי יתן צדקה, מי ילוה לעני, ובלשון חז"ל מנו, מי הוא. ולשון התנחומא תיישר עולמך בשוה העניים והעשירים וכו', אם יהיו כולם עניים או עשירים וכו': **(ו) לא תאמר לו.** וכמו שכתוב בילקוט בשם תורת כהנים סדר קדושים על פסוק ולפני עור, וכן כאן תחלה תלוה לו כעושה חסד, ואחר כך תתהפך לו לנושה ודוחק אותו. ועיין תנחומא כאן סימן ט: **מכאן אתה למד.** ממה שכתוב לא תשימון עליו נשך, מענין זה דרשו, ועיקר הלימוד אינו כאן, וכאשר הזכרתי כלל זה בפירושי על הפרקי דרבי אליעזר בריש פרק א' עיין שם באריכות, שפירש כן בהרבה מקומות מכאן אמרו מענין זה, ולא למדו מכאן, וכאן עיקר הלימוד, ממה שכתוב ויקרא כ"ה (פסוק לו) אל תקח מאתו נשך ותרבית ויראת מאלהיך. וכן מצאתי בהדיא בתנחומא: **וחי לא יחיה.** הרי שאינו ירא, כמו שכתוב בקהלת (ח, יג) ולא יאריך ימים כצל אשר איננו ירא מפני אלהים, ובמשלי י"ט כ"ג יראת ה' לחיים: **אלוגין.** פירש במוסף ערוך ספר זכרון אשר בו ישובח ויגונה דבר, גם ספר עדות בלשון רומי: **וחי לא יחיה.** עיין לעיל פרשה זו סימן ד. ודורש מדה ט' והכריע על פי מדה ט', עדיין הוא חי: **שחיה בריבית.** דורש וחי מלשון מחיה ומזון, וזהו ההכרעה. ועיין פרקי דרבי אליעזר סוף פרק ל"ג מעשה נפלאה על זה: **והוליד בן ולא לקח ריבית.** כוונתו על פסוק ביחזקאל י"ח הנ"ל (פסוק יד), והנה הוליד בן וירא את כל חטאות אביו אשר עשה ויראה ולא יעשה כהן, וגו' עד (פסוק יז) נשך ותרבית לא לקח, וזהו שאמר כאן והוליד בן ולא לקח ריבית:

מתנות כהונה

ישב עולמך. יתיישבו בשוה עשירים והעניים והכי גרסינן בתנחומא: **[ו] אילוגין.** בערוך (ערך אולוגין. ועיין בערך אלוגין והוא מן המוסף) משמע שטר חוב ודין:

אשד הנחלים

אמרו ישראל. הוא כדמות מליצה שהנביא מודיע לישראל שרק עניים המה עמו, וזאת הוא כבודו להתכבד בהם, ולכן כתיב כאן את עמי, כי העניים המה עם ה' מפני ענים, והם מדוכאים ונכנעים, ועל ידי כן זוכרים כבוד ה' ומעשיו הנוראים: **תיישב עולמך.** כלומר יהיו הכל שוים, שלא יהיו עניים בעולם. באור הכתוב לפי דבריו, שזהו כמו שאומר דוד, ומשיב אחר כך לעצמו שזהו הרוח הקודש אשר השיבו על פיו, שבתחלה אמר הלואי שיכלו כל יסורי עוני, (וכיון גם עצמו בתוכם שהעוני והיסורים מנעוהו מלחזות כבוד ה'), ואז ישב עולם לפני ה', אך השיב לנפשו אך חסד ואמת מן [כמו מי] ינצרוהו, והרי זה כתשובת רבי עקיבא לטורנוסרופס (בבא בתרא י, א) שלכן אינו נותן לעניים בכדי שיזכו צדיקים על ידיהם לעולם הבא, ושם ביארתי:

[ו] אם הלוית כו' שאם יש לו שדה. כלומר שנכלל בדבר בין אם הלוית לו שלא תדחקנו, או שתחפוץ ללותו בכדי שתרע לו אחר כך ליטול ממון שלו, ונכלל הכל במלת כנושה ובכ"ף הדמיון, לפי שעושה עצמו כאיש טוב, אך באמת הוא כנושה החפץ לעשקו ולהרע לו: **אין ירא אלהים.** כלומר אף שעושה מצות ה' ומקיים תורתו, כל זה רק להנאת עצמו לקבל שכר שמים, אבל אין בו יראת ה' לעשות מפני יראת ה' הרוממה, ואינו מכיר טובת ה' וחסדו איך שהכל מידו יתברך, ומדמה כי ממונו הוא שלו, ואם כן אינו ירא באמת: **עד עכשיו.** שלכן כתיב בלשון כפול וחי חיה לא יחיה בשום אופן. והכונה במשל בעת בא לדין לפניו יתברך בעת המשפט: **לא יחיה בעולם הבא.** וכאומר וחי בעולם הזה, אבל לא יחיה בעולם הבא:

חידושי הרד"ל

[ו] אין ירא אלהים שנאמר (ויקרא כה, לו) **אל תקח וגו' ויראת מאלהיך וכן יחזקאל כו'.** כן צריך לומר, וכן הובא בתנחומא: **והוליד בן ולא לקח ריבית.** ולשון המקרא הוא ביחזקאל שם, והנה הוליד בן וגו' נשך ותרבית לא לקח, ובאנס דחק הידי משה:

חידושי הרש"ש

ישב עולמך כו'. נראה דדריש ישב כמו ישו בחלוף מוצא השפתים: **[ו] שכל מי שלוקח רבית אין ירא אלהים.** דכתיב (ויקרא כה, לו) אל תקח מאתו נשך ותרבית ויראת מאלהיך, וכדלקמן (סימן יג). או יכוון כיון שלוקח רבית מעמו על כן אינו ירא מלפניו:

באור מהרי"פ

ישב עולמך. ודורש אות ב' של ישב, כמו וא"ו, כאלו כתיב ישוו עולמך, כלומר אם הקב"ה אוהב עניים למה אינו מפרנסן: **[ו] מכאן אתה למד.** מילתא באנפי נפשה הוא, וקאי על המקרא (ויקרא כה, לו) אל תקח מאתו נשך ותרבית ויראת מאלהיך וחי אחיך עמך: **וכן יחזקאל אמר וכו'.** אולי קאי אסיפא, דהאי קרא וחי אחיך עמך, ודריש מי שמחיה אחיו מחיה גם את עצמו, אבל מי שאינו מחיה אחיו גם הוא לא יחיה: **עד עבשיו הוא קיים.** בלשון תמיה, כדי לסתום פי המליצים: **והוליד בן וכו'.** אמר הכותב הנה ראיתי בפירוש ידי משה מה שמפרש על זה, ואשתומם, כי לפי דעתי טעה בדברים אשר הבל פיהם של תינוקות בית רבן מבטלין אותו, אך יראתי פן אני הוא השוגה, ותולה השגיאה בהמחבר הנזכר, על כן אציעה לפניך המעיין הישר דבריו ודברי, ואתה תבחר ולא אני, וזה לשון ידי משה (אות ג') והוליד בן ואין בידו מאומה כן צריך לומר, כדלעיל מתחיל לדרוש הפסוק של רעה חולה ראיתי, וכאן דורש סיפא דקרא והוליד בן ואין בידו מאומה, פירוש שלא לקח הבן רבית, אמרו פירוש המלאכים אמרו להקב"ה וכו', עד כאן לשונו. ועתה אציע לפניך הפסוקים של יחזקאל המתייחסים

אם למקרא

וְהָעֹשֶׁר וְהַכָּבוֹד מִלְּפָנֶיךָ וְאַתָּה מוֹשֵׁל בַּכֹּל וּבְיָדְךָ כֹּחַ וּגְבוּרָה וּבְיָדְךָ לְגַדֵּל וּלְחַזֵּק לַכֹּל: (דברי הימים־א כט:יב)

וּמַה יַּעֲנֶה מַלְאֲכֵי גוֹי כִּי ה' יִסַּד צִיּוֹן וּבָהּ יֶחֱסוּ עֲנִיֵּי עַמּוֹ: (ישעיה יד:לב)

יֵשֵׁב עוֹלָם לִפְנֵי אֱלֹהִים חֶסֶד וֶאֱמֶת מַן יִנְצְרֻהוּ: (תהלים סא:ח)

בַּנֶּשֶׁךְ נָתַן וְתַרְבִּית לָקַח וָחָי לֹא יִחְיֶה אֵת כָּל הַתּוֹעֵבוֹת הָאֵלֶּה עָשָׂה מוֹת יוּמָת דָּמָיו בּוֹ יִהְיֶה: (יחזקאל יח:יג)

ידי משה

[ה] ישב עולמך. פירוש, שיהיו בשוה כולם עשירים, אמר הקב"ה מי ינצור חסד ואמת, פירוש, למי יעשו צדקה, אבל פירוש מתנות כהונה לא הבנתי. וקל להבין: **[ו] שהיו אלוגין שלו נקרא.** פירוש, כי בתרגום יונתן מפרש זה הפסוק על מתים שהחיה יחזקאל בבקעת דורא, וכר מן חד דלא קם מפני שהלוה ברבית, לזה אמר שהיו קורין אילוגין שיחיו המתים, ועל זה **אמר הקדוש ברוך הוא וחי לא יחיה נשך ותרבית לקח,** כן נראה לי: **והוליד בן ואין בידו מאומה.** כן נראה לומר, כי דלעיל (סימן ג) מתחיל לדרוש הפסוק של [רעה] חולי (רעה) ראיתי, וכאן דורש סיפא דקרא והוליד בן ואין בידו מאומה, פירוש שלא לקח הבן רבית:

אמרי יושר

[ו] וחי לא יחיה. אף על פי שחי בעולם הזה בריות. או וחי הוא בתמיה:

אָמְרוּ לוֹ: אָבִיו הָיָה לוֹקֵחַ רִבִּית – [The angels] say to [God],[95] "But **his father took interest!** Why does the son not suffer?"[96] אוֹמֵר לָהֶם: מָה אִיכְפַּת לִי – **[God] says to them, "What concern** is this **to Me?** וַאֲנִי כָּתַבְתִּי "בֵּן לֹא יִשָּׂא בַּעֲוֹן הָאָב", "הַנֶּפֶשׁ הַחֹטֵאת הִיא תָמוּת" – **Why, I have written,** ***A son shall not bear the iniquity of [his] father*** (ibid., v. 20); ***The soul that sins, it shall die!*** (ibid.)." אָמַר לָהֶם הַקָּדוֹשׁ בָּרוּךְ הוּא: אַתֶּם אוֹמְרִים שֶׁיָּמוּת הַבֵּן – **The Holy One, blessed is He, said to them, "You say that the son should die,** אֲפִילוּ אָבִיו אִם רָצָה לַעֲשׂוֹת תְּשׁוּבָה וְלִיטּוֹל לוֹ חַיִּים אֲנִי מְקַבְּלוֹ – but the truth is that **even should his father wish to repent and receive life, I would accept him,"** שֶׁנֶּאֱמַר "וְהָרָשָׁע כִּי יָשׁוּב וגו'" – **as it is stated** in the following verse, ***As for the wicked man, if he repents*** *from all his sins that he committed, and he observes all My decrees and practices justice and righteousness, he shall surely live, he shall not die* (ibid., v. 21); אִם בְּכָל לִבּוֹ הוּא שָׁב אֲנִי מְקַבְּלוֹ – this means: **"If he repents with all his heart, I will accept him."**[97]

The Midrash returns to its earlier statement that one who takes interest does not fear God:[98]

לְפִיכָךְ נֶאֱמַר "לֹא תִהְיֶה לוֹ כְּנֹשֶׁה" – **Therefore, it is stated** in our verse, ***Do not act toward him as a "nosheh."***[99]

□ לֹא תְשִׂימוּן עָלָיו נֶשֶׁךְ – *DO NOT LAY INTEREST UPON HIM.*

לֹא הָיָה צָרִיךְ לוֹמַר אֶלָּא "לֹא תָשִׂים" – **The verse should only have stated "*lo sasim*"** [לֹא תָשִׂים], in the singular.[100] מַהוּ "לֹא תְשִׂימוּן" – **What is** the reason for the use of the plural expression ***"lo sesimun"*** [לֹא תְשִׂימוּן]? אֵלּוּ הָעֵדִים וְהֶעָרֵב וְהַדַּיָּינִין וְהַסּוֹפֵר – **These are** meant to include **the witnesses, the guarantor, the judges,**[101] **and the scribe** who facilitates the drafting of the contract, prohibiting all of them from taking part in this transaction; שֶׁאִילוּלֵי הֵם לֹא יִטּוֹל כְּלוּם – **for were it not for them, [the lender] would not receive any** interest. לְפִיכָךְ לוֹקִים כּוּלָּם – **Consequently,** i.e., because they are all included in the prohibition of "laying interest," **they are all punished.**[102] וּמִנַּיִן שֶׁהַלֹּוֶה לוֹקֶה – **And from where** is it known **that the borrower is** also **punished?**[103] שֶׁנֶּאֱמַר "לֹא תַשִּׁיךְ לְאָחִיךָ" – **For it is stated,** ***You shall not cause your brother to take interest*** (*Deuteronomy* 23:20).

Why does Scripture refer to interest as נֶשֶׁךְ, which literally means *a bite*? The Midrash explains:[104]

לְמָה הָרִבִּית דּוֹמָה – **To what is interest comparable?** לְמִי שֶׁנְּשָׁכוֹ נָחָשׁ וְלֹא הִרְגִּישׁ מִי נְשָׁכוֹ – **To one who was bitten by a snake, but does not realize who** or what **bit him,** i.e., he does not realize that he is in danger, וְלֹא יָדַע עַד שֶׁנִּתְבַּטְבְּטָה עָלָיו – **and does not know until [the venom] spurts [through his body].** כָּךְ הָרִבִּית אֵין אָדָם מַרְגִּישׁ בּוֹ עַד שֶׁתִּתְבַּטְבֵּט עָלָיו – **So** it is with regard to **interest: A person** who borrows on interest **does not realize** the loss **it** causes him **until it spurts [through] him,** i.e., until the interest accumulates and causes him a great loss of money.[105]

§7 אִם חָבֹל תַּחְבֹּל – ***IF YOU TAKE*** *YOUR FELLOW'S GARMENT AS* ***SECURITY,*** *UNTIL SUNSET SHALL YOU RETURN IT TO HIM.*

This verse discusses the obligation to return the collateral of a poor debtor (see below). The Midrash explains the twofold expression חָבֹל תַּחְבֹּל:[106]

אָמַר לוֹ הָאֱלֹהִים – It is as though **God says to [the creditor],** אִם חַיָּיב הוּא לְךָ אַף אַתָּה חַיָּיב לִי – **"If he owes you,** remember that **you also owe Me!,"**[107] שֶׁנֶּאֱמַר "כִּי יֶחֶטְאוּ לָךְ כִּי אֵין אָדָם אֲשֶׁר לֹא יֶחֱטָא" – **as it is stated, *"When they sin against You – for there is no man who never sins"*** (*II Chronicles* 6:36).[108]

Alternatively:

שְׁנֵי דְבָרִים יֵשׁ כָּאן – **There are two matters** being discussed **here,** "חָבֹל תַּחְבֹּל" לִימֶּדְךָ הַכָּתוּב שֶׁהוּא נוֹטֵל יָתֵד שֶׁל מַחֲרֵישָׁה – for by using a twofold expression, ***"chavol tachbol"*** [חָבֹל תַּחְבֹּל], **Scripture teaches you that [the lender] may** also **take a plowshare** as security on a loan, הַשְׁכֵּם הוּא הֱשִׁיבוֹ – but **when he awakes early** in the morning **he must return it** to the borrower.[109]

NOTES

95. *Yedei Moshe.*

96. Why, indeed, should the son suffer for his father's sins? *Eitz Yosef* explains that this refers to a case where the father died and left over the money of interest for his son. The question, then, is that the son should be punished for not returning the interest. However, God answers that he is acting properly, as one is not obligated to return money of interest that he inherited (see *Bava Kamma* 94b).

97. As it states, *If he repents ... and he observes all My decrees, etc.* (*Radal*).

98. *Eitz Yosef.*

99. See note 87 above.

100. For the beginning of the verse, *When you lend, etc.*, is written in the singular (*Yedei Moshe*).

101. I.e., the judges who affirm the validity of the contract, and the judges who obligate the borrower to pay the interest (*Eitz Yosef*). [The Mishnah in *Bava Metzia* 75b, when listing those who transgress the prohibitions associated with usury, omits the judges, as do *Midrash Tanchuma, Mishpatim* §9; *Rambam, Hil. Malveh VeLoveh* 4:2; and *Shulchan Aruch, Yoreh Deah* 160:1. See, however, *Marbeh Torah* to *Shulchan Aruch* ad loc., who cites our Midrash.]

102. I.e., they are all punished by Heaven. The word לוֹקִין, which is normally used to refer to those who are punished with lashes, cannot be understood that way here, since violation of the prohibition of usury is not punishable by lashes [see *Bava Metzia* 62a, *Rambam* ibid. 4:3, and *Sefer HaChinuch* §68] (*Yefeh To'ar*; see also *Eitz Yosef*). [This ruling is not unanimously accepted; see *Mishneh LaMelech, Hil. Malveh VeLoveh* 4:6.]

103. Here too, it means that he is punished by Heaven (*Yefeh To'ar*). [Concerning the question as to whether the borrower is indeed exempted from the punishment of lashes, see *Rambam* ibid. with *Lechem Mishneh;* Responsa *Rashba* ascribed to *Ramban* §223, as explained by *Chidushei R' Akiva Eiger* to *Bava Metzia,* end of 62a; *Shitah Mekubetzes* to *Bava Metzia,* 62a; and *Ketzos HaChoshen* 38:1.]

104. *Yefeh To'ar*; see also *Rashi* to our verse, s.v. נשך. If Scripture merely meant to liken the act of taking another's money to a bite, then all the more so should theft and the like be described as biting (*Yefeh To'ar*).

105. *Rashi* loc. cit.

106. *Maharzu, Eitz Yosef.*

107. *Midrash Tanchuma, Mishpatim* §16, explains this concept further: God says, "How much do you owe Me! You sin before Me, yet I wait for you to repent. Your soul ascends to Me each and every night, gives an accounting of itself and is found to be in debt to Me; nevertheless, I return to you each morning that very soul that you owe to Me. You, too, although the debtor owes you, if you take the collateral, return it ... for if you do not return his collateral, I will not return your soul to you!" Accordingly, our Midrash, too, is alluding to this concept, and is understanding the twofold expression חָבֹל תַּחְבֹּל to mean that God is saying, "If you take a collateral (and do not observe the laws of returning it) I will keep your soul as a collateral for your sins!" (*Radal, Eitz Yosef*; see also *Imrei Yosher*).

108. Compare to the beginning of §1 above.

109. The twofold expression teaches us that there are two types of collaterals, a nighttime garment and a daytime garment, with two different regulations, as will be explained below (*Rashash*; see below, note 112).

A lender may take a collateral from a borrower, even against his will, if the borrower cannot repay the debt when the time of payment arrives. Such a collateral must be returned when the borrower needs it, if he is poor and has nothing else to wear or with which to earn a livelihood [as the Midrash will specify] (Mishnah *Bava Metzia* 113a; Gemara ibid. 114b; *Shulchan Aruch, Choshen Mishpat* 97:16).

אָמְרוּ לוֹ: אָבִיו הָיָה לוֹקֵחַ רִבִּית, אוֹמֵר לָהֶם: מָה אִיכְפַּת לִי, וַאֲנִי כָּתַבְתִּי (שם שם כ) **"בֵּן לֹא יִשָּׂא בַּעֲוֹן הָאָב",** (שם) **"הַנֶּפֶשׁ הַחֹטֵאת הִיא תָמוּת", אָמַר לָהֶם הַקָּדוֹשׁ בָּרוּךְ הוּא: אַתֶּם אוֹמְרִים שֶׁיָּמוּת הַבֵּן, אֲפִילוּ אָבִיו אִם רָצָה לַעֲשׂוֹת תְּשׁוּבָה וְלִיטּוֹל לוֹ חַיִּים אֲנִי מְקַבְּלוֹ, שֶׁנֶּאֱמַר** (שם שם כא) **"וְהָרָשָׁע כִּי יָשׁוּב וְגוֹ' ", אִם בְּכָל לְבָבוֹ הוּא שָׁב אֲנִי מְקַבְּלוֹ, לְפִיכָךְ נֶאֱמַר** [כב, כד] **"לֹא תְהְיֶה לוֹ כְּנֹשֶׁה".** [שם] **"לֹא תְשִׂימוּן עָלָיו נֶשֶׁךְ", לֹא הָיָה צָרִיךְ לוֹמַר אֶלָּא "לֹא תָשִׂים", מַהוּ "לֹא תְשִׂימוּן", ⁽ט⁾אֵלּוּ הָעֵדִים וְהֶעָרֵב וְהַדַּיָּינִין וְהַסּוֹפֵר, שֶׁאִילוּלֵי הֵם לֹא יִטּוֹל כְּלוּם, לְפִיכָךְ לוֹקִים כּוּלָּם, וּמִנַּיִן שֶׁהַלֹּוֶה לוֹקֶה שֶׁנֶּאֱמַר** (דברים כג, כ) **"לֹא תַשִּׁיךְ לְאָחִיךָ", לְמָה הָרִבִּית דּוֹמָה, לְמִי שֶׁנְּשָׁכוֹ נָחָשׁ וְלֹא הִרְגִּישׁ מִי נְשָׁכוֹ, וְלֹא יָדַע עַד שֶׁנִּתְבַּטְבְּטָה עָלָיו, כָּךְ הָרִבִּית אֵין אָדָם מַרְגִּישׁ בּוֹ עַד שֶׁמִּתְבַּעֵט עָלָיו:**

ז [ח][כב, כה] **"אִם חָבֹל תַּחְבֹּל", אָמַר לוֹ הָאֱלֹהִים: אִם חַיָּיב הוּא לְךָ אַף אַתָּה חַיָּיב לִי, שֶׁנֶּאֱמַר** (דברי הימים־ב ו, לא) **"כִּי יֶחֶטְאוּ לָךְ כִּי אֵין אָדָם אֲשֶׁר לֹא יֶחֱטָא", שְׁנֵי דְבָרִים יֵשׁ כָּאן, "חָבֹל תַּחְבֹּל" לִימֶּדְךָ הַכָּתוּב [ט]שֶׁהוּא נוֹטֵל יָתֵד שֶׁל מַחֲרֵישָׁה, הַשְׁכִּים הוּא הֱשִׁיבוֹ, כָּתוּב אֶחָד אוֹמֵר** [כב, כה] **"עַד בֹּא הַשֶּׁמֶשׁ תְּשִׁיבֶנּוּ לוֹ", וְכָתוּב אֶחָד אוֹמֵר** (דברים כד, יג) **"כְּבוֹא הַשֶּׁמֶשׁ", אֱמוֹר מֵעַתָּה שֶׁאַתָּה צָרִיךְ לְהַחֲזִיר לוֹ בַּמֶּה שֶׁיִּישַׁן, שֶׁאָמַר הַכָּתוּב "עַד בֹּא הַשֶּׁמֶשׁ", וּבַבֹּקֶר אַתָּה צָרִיךְ לְהַחֲזִיר לוֹ יָתֵד שֶׁל מַחֲרֵישָׁה,**

עץ יוסף

אמרו לו אביו היה לוקח רבית והניח לו. והוא אינו מחזיר, אם כן גם הוא רשע דקמתהני מעבירה, והשיב להם הקדוש ברוך הוא דאפילו הכי אינו נענש שהרי אינו חייב להחזיר, כדאיתא בפרק הגוזל (בבא קמא קיב, א): **לפיכך נאמר לא תהיה לו כנושה.** לעיל קאי אמאי דקאמר מכאן אתה למד כו' כדפירשתי לעיל: **הדיינין שמקיימים את השטר.** וכן הדנין שיפרע לו הרבית על ידי השטר: **לפיכך כולם לוקין.** פירוש דלוקין ונענשים בידי שמים: **שנאמר לא תשיך.** ולא קאמר תשוך אלא תשיך שגורם לאחיו שישוך: **ולא ידע עד שנתבעטה עליו.** בתנחומא איתא עד שנתבטבטה עליו, ופירוש בוער כאש מלשון בוטיטי דנורא (מעריך): **(ז) אם חייב הוא כו'** יתורא דחבול תחבול דריש, דהכי קאמר אם הוא חבל בך גם אתה חבלת וחייב לי, כדמפורש בתנחומא סימן ט"ז נפשך עולה בכל לילה ואני מחזירה לך ואם אין אתה מחזיר משכון, אף אני איני מחזיר לך נפשך, וזה שנאמר אם חבול תחבול, פירוש תגרום שתתמשכן נפשך על עונותיך: **שני דברים יש כאן חבול תחבול למדך הכתוב שאם הוא נוטל יתד של מחרישה, כשהוא משכים הוא משיבו, כתוב אחד אומר** (שמות כב) **עד בא השמש תשיבנו לו, וכתוב אחד אומר** (דברים כד, יג) **תשיב לו את העבוט כבוא השמש, אמור מעתה שאתה צריך להחזיר לו בערב במה שישן, ובבקר אתה צריך להחזיר לו יתד של מחרישה.** כן צריך לומר (אות אמת ויפה תואר). רוצה לומר אף על גב דכתיב כי היא

פירוש מהרז"ו

אמרו לו אביו. כוונתו על מה שכתוב שם בפסוק (יט) ואמרתם מדוע לא נשא הבן בעון האב, וזהו אמרו לו, שישראל אמרו להנביא, ועל זה השיב והבן משפט וצדקה עשה וגו', וסידור הכתוב על פי מדה ל"א, בן לא ישא וגו' הנפש החוטאת היא תמות, והבן משפט וצדקה עשה. ומה שכתוב ואני כתבתי, כוונתו על מה שכתוב בתורה ובניס לא יומתו על אבות: **ואפילו אביו.** כוונתו למה שכתוב שם י"ח פסוק כ"א, והרשע כי ישוב וכו' חי יחיה, שתיבת והרשע מיותר, שהיה לו לומר וכי ישוב, היינו הנזכר בפסוק הקודם ורשעת הרשע, כלומר אתם שואלים על הבן שימות, אני אומר לכם אפילו הרשע עצמו, הוא אביו הנ"ל שאמרתי שימות, אם ישוב יחיה, ואיך ימות הבן בעונו ודו"ק: **ומנין שהלוה וכו'.** מכילתא כאן, בבא מציעא (עה, ב), ובילקוט בשם ספרי על פסוק זה, לא תשיך לאחיך דברים כ"ג כ', ועל המלוה מפסוק את כספך לא תתן לו בנשך: **מתבטבט עד מתבעט עליו.** שבועט בו ודוחפו, ובתנחומא גם בנמשל ומתבטבט עליו, ולא מצאתי בערוך פירושו: **(ז) אף אתה חייב לי.** ואם תחבול לעני תחבול עצמך, על פי מדה י', שני חבלות: **כתוב אחד אומר עד בא השמש.** היינו כאן שיהיה אצל הלוה כל היום עד בא השמש, וכתוב אחד אומר בכי תלא [השב וגו'] (ב)[כ]בוא השמש (תשיבנו),

מסורת המדרש

ז. עיין בבא מציעא דף ע"ה. ובמכילתא כאן פרשה י"ט. ילקוט כאן רמז ש"ג. ילקוט סדר בהר רמז תרס"ה: ח. תנחומא כאן סימן ט' ויו"ד כל הענין: ט. בבא מציעא דף קי"ג וקי"ד. ירושלמי בבא מציעא פרק ט' הלכה י"ב. מכילתא כאן פרשה י"ט. ספרי סדר תצא פיסקא רע"ז. ילקוט כאן רמז שנ"א:

אם למקרא

הַנֶּפֶשׁ הַחֹטֵאת הִיא תָמוּת בֵּן לֹא יִשָּׂא בַּעֲוֹן הָאָב וְאָב לֹא יִשָּׂא בַּעֲוֹן הַבֵּן צִדְקַת הַצַּדִּיק עָלָיו תִּהְיֶה וְרִשְׁעַת הָרָשָׁע עָלָיו תִּהְיֶה: וְהָרָשָׁע כִּי יָשׁוּב מִכָּל חַטֹּאתָיו אֲשֶׁר עָשָׂה וְשָׁמַר אֶת כָּל חֻקּוֹתַי וְעָשָׂה מִשְׁפָּט וּצְדָקָה חָיֹה יִחְיֶה לֹא יָמוּת:
(יחזקאל יח:כ-כא)

לֹא־תַשִּׁיךְ לְאָחִיךָ נֶשֶׁךְ כֶּסֶף נֶשֶׁךְ אֹכֶל נֶשֶׁךְ כָּל דָּבָר אֲשֶׁר יִשָּׁךְ:
(דברים כג:כ)

כִּי יֶחֶטְאוּ לָךְ כִּי אֵין אָדָם אֲשֶׁר לֹא יֶחֱטָא וְאָנַפְתָּ בָם וּנְתַתָּם לִפְנֵי אוֹיֵב וְשָׁבוּם שׁוֹבֵיהֶם אֶל אֶרֶץ רְחוֹקָה אוֹ קְרוֹבָה:
(דברי הימים־ב ו:לו)

הָשֵׁב תָּשִׁיב לוֹ אֶת הָעֲבוֹט כְּבוֹא הַשֶּׁמֶשׁ וְשָׁכַב בְּשַׂלְמָתוֹ וּבֵרְכֶךָּ וּלְךָ תִּהְיֶה צְדָקָה לִפְנֵי ה' אֱלֹהֶיךָ:
(דברים כד:יג)

ידי משה

אמרו. פירוש המלאכים אמרו להקב"ה שלא יקבל אותו הבן בשביל חטא אביו והקב"ה **אומר מה איכפת וכו': לפיכך הוא אומר וכו'.** היא תחלת המאמר, פירוש שמקשה המדרש למה

שינוי נוסחאות

(ו) **עד שנתבטבטה ... עד שמתבעט.** בספרים הישנים היה כתוב "עד שנתבעטה ... עד שמתבעט", והגיה מ"כ בראשונה שצ"ל "עד שנתבטבטה" כלפנינו, אבל לכאורה פשוט שלפי דבריו יש לשנות גם בשנייה "שמתבטבט", וכן כתבו באמת בד' וילנא, אבל בשאר הספרים הוא כלפנינו. הראשונה "שנתבטבטה" (ע"פ הגהת מ"כ) והשניה "שמתבעט" (ע"פ הנוסח הישן):

חידושי הרד"ל

אם בכל לבבו הוא שב. כמו שכתוב שם, ישוב מכל חטאתיו וכו' ושמר כו' ועשה משפט וצדקה חיה יחיה לא ימות: **עליו נשך לא תשימון לא היה צריך לומר אלא לא תשים כו'.** כן צריך לומר: **[ז] אף אתה חייב לי.** מפורש בתנחומא סימן ט"ז, נפשך עולה בכל לילה ואני מחזירה לך, ואם אין אתה מחזיר משכון, אף אני איני מחזיר לך נפשך, זה שאמר כאן תחבול, תגרום שתתמשכן נפשך על עונותיך: **לא יחטא כתוב אחד אומר עד בא כו' וכתוב אחד אומר** (דברים כד, י) **תשיב לו את העבוט כבא השמש שני דברים**

חידושי הרש"ש

[ז] שני דברים יש כאן חבול תחבול לימדך כו'. נראה משום דהני קראי משתעי רק בכסות לילה וכדמסיק, לכן דריש שמכפל לשון חבול תחבול דיש כאן שני דברים, רצה לומר שני מיני משכונות, (וכן דריש לקמן (סימן י) אני ממשכן שתי משכונות שנאמר אם חבול תחבול), דאתי לרבויי כסות יום וכדומה, כמו יתד של מחרישה: **וכתוב אחד אומר כבוא השמש.** כן צריך לומר (והוא בדברים כד, יג): **ובבקר אתה צריך להחזיר לו יתד של מחרישה.** עיין מתנות כהונה בשם הירושלמי (והוא שם סוף ה' י"ב) זמנין כו' לא תבוא עליו השמש לא תדנח עליו שמשא כבוא השמש עם

אמרי יושר

אני כתבתי בתורתי בן לא ישא בעון האב. אולי יפרש לא תשימון אב ובן נשך, אלא יחזור הבן ויהא צדיק ותעלה לו: **[ז] אם חייב הוא לך גם אתה חייב לי.** זהו אם תחבול לחבירך, גם אתה תחבול לי, כי כמה לך עונות וחטאות: **לימדך הכתוב.** באומרו עד בא השמש תשיבנו לו. ונראה הגירסא שהוא נוטל יתד ומחרישה ומחזירה לו ביום, ואם תרצה הוסף לומר הוא הסיכים, תרגום של יתד סיכתא (דברים כג, יד באונקלוס):

מתנות כהונה

שנאמר לא תשיך גרסינן. ופירוש לשון מפעיל מדלא כתיב תשוך. ועיין כל זה בפרק איזהו נשך ובמכילתא: הכי גרסינן בתנחומא **ולא ידע עד שנתבטבטה עליו.** והוא כמו מבצבץ: **[ז] אתה חייב לי** גרסינן: **שני דברים יש באן.** לפי מה שמצאתי בהקדמת אות אמת בשם הריא"ג ז"ל שמצא גם בספר תנחומא מכתיבת יד נראה דהכי גרסינן לימדך הכתוב שהוא נוטל יתד של מחרישה וכן מצאתי שוב בביאור מהר"ר הירלקו ז"ל: **השכים הוא השיבו כתוב אחד אומר כו' עד להחזיר לו במה שישן כו' עד להחזיר לו יתד של מחרישה וכן אתה אומר כו'.** ואף על פי שהריא"ג ז"ל הגיה יותר באורך נראה לי שהקיצור מספיק: **יתד של מחרישה.** חשיב ליה כמו כסות יום וחובלו בלילה ומחזירו ביום וכן הוא בירושלמי בפרק המקבל בבבא מציעא קרדום ומחרישה חובלן בלילה ומחזירן ביום וכן הוא במשנה בפרק המקבל: **שאמר הכתוב עד בא השמש.** פירוש תעכב המשכון אצלך עד השמש באה ושוקעת בערב והכי איתא בירושלמי בפרק המקבל עד בא השמש עד מטמע שמשא וכבא השמש פירוש כשבאה השמש וזורחת דהיינו בבקר תשיבנו לו כסות וכלים שמשתמשים בהם ביום. והכי איתא בירושלמי לא תבא עליו

אשד הנחלים

אביו היה לוקח. יש להבין מאין משמע שאמרו כן. ואולי מדהודיע זאת יחזקאל בנבואתו, מוכח שהיה זאת לשאלה בעיני העם בראותם בני רשעים יצליחו מאד, והיתה זאת לתשובה על דבריהם, כי לא ישא הבן בעון האב, כי אף אביו אם היה שב בחייו הייתי מקבלו, אף כי בנו שהוא אחר ואינו אותו האיש שחטא: **לפיכך נאמר.** כלומר אחר שענשו גדול שנעקר מעולם הבא חס ושלום, לכן הזהירו הכתוב מאד: **אלו העדים.** שהם גורמין לזה: **לא תשיך.** לשון מפעיל (מתנות כהונה): **למי שנשכו נחש.** כי בטבע הארס טרם יתפשט בגוף אינו מרגיש האדם שום כאב, כי הארס דק מאד, לכן במקומו אינו מורגש עד שיתפשט בכל הגוף ושורפו, כן הריבית בתחלה הוא נותן מעט, וישכח כי בכל יום ויום מתרבה עליו החוב, ולכן קראו הכתוב בשם נשיכה: **[ז] אתה חייב לי.** דריש על דרך הרמז אתה חובל אותו [מפני חובך ושכחת כי] תחבל גם אתה לי, כי אתה חייב לי. וזה באמת תוכחת מוסרי למתבונן, איך כי הכל מיד ה' ניתן לנו, ואנחנו חייבים לה' כי נחטא לו, ועם כל זה הוא נותן לנו בחסדו, ואיך לא ניתן לאחינו, ואיך נחבול לו מפני חובו: **השכים.** עיין במתנות כהונה בשם ירושלמי:

באור מהרי"פ

לזה הענין (יחזקאל יח יג - יד, יז, יט, כא) בנשך נתן ותרבית לקח וחי לא יחיה את כל התועבות האלה עשה מות יומת דמיו בו יהיה. והנה הוליד בן וירא את כל חטאת אביו אשר עשה וירא ולא יעשה כהן. מעני השיב ידו נשך ותרבית לא לקח ומשפטי עשה בחוקותי הלך הוא לא ימות בעון אביו חיה יחיה. ואמרתם מדוע לא נשא הבן בעון האב והבן משפט וצדקה עשה את כל חוקותי שמע ויעשה אותם חיה יחיה. הנפש החוטאת היא תמות בן לא ישא בעון האב והאב לא ישא בעון הבן צדקת הצדיק עליו תהיה והרשע כי ישוב מכל חטאתיו אשר עשה ושמור את כל חוקותי ועשה משפט וצדקה חיה יחיה לא ימות. ואחרי הלעת כל המקראות האלה יבינו הכל, כי לא יתכן פירושו של ידי משה וגירסתו אך למותר: **אלא לא תשים.** פירוש, בלשון יחיד כתחלת המקרא לא תהיה וגו', גם כן בלשון יחיד: **[ז] השכים הוא השיבו.** בהקדמת בעל אות אמת בשם מהרי"ב גורס במקום שלשה תיבות אלו, שני תיבות הללו, בבוקר תשיבהו. וגירסא נכונה היא:

The Midrash elaborates:

כָּתוּב אֶחָד אוֹמֵר "עַד בֹּא הַשֶּׁמֶשׁ תְּשִׁיבֶנּוּ לוֹ" – For **one verse,** that is, our verse, **states,** ***Until the sun arrives*** [בֹּא הַשֶּׁמֶשׁ] ***shall you return it to him,***[110] **וְכָתוּב אֶחָד אוֹמֵר "כְּבוֹא הַשֶּׁמֶשׁ"** – **and [another] verse states,** *Return the security to him* ***when the sun arrives*** [כְּבוֹא הַשֶּׁמֶשׁ] (*Deuteronomy* 24:13). **אֱמוֹר מֵעַתָּה שֶׁאַתָּה צָרִיךְ לְהַחֲזִיר לוֹ בַּמֶּה שֶׁיִּישַׁן שֶׁאָמַר הַכָּתוּב "עַד בֹּא הַשֶּׁמֶשׁ"** – **From [here] you [learn] that** in the evening **you must return to him** a garment **in which to sleep, for Scripture states,** ***Until the sun arrives*** *shall you return it to him,*[111] **וּבַבֹּקֶר אַתָּה צָרִיךְ לְהַחֲזִיר לוֹ יָתֵד שֶׁל מַחֲרֵישָׁה** – **while** the *Deuteronomy* verse teaches that **in the morning you must return to him the plowshare,** which he uses during the day.[112]

NOTES

110. The Midrash understands this verse to mean that the lender may *hold it* until the arrival of the sun, upon which he must return it to him (*Matnos Kehunah*).

111. Accordingly, when our verse states that the lender must return it when the sun arrives, it means that he must return it at sundown (ibid.; see the next note).

112. Our Midrash follows the opinion of the *Yerushalmi* (*Bava Metzia* 9:1), which states that while in our verse the expression *the sun arrives* refers to sundown (see note 110), in the *Deuteronomy* verse it refers to daybreak (rather than understanding Scripture to have used two seemingly opposite expressions, *until the sun arrives shall you return it* and *return the security to him when the sun arrives*, to mean the same thing, that the item must be returned at sundown). Thus our verse, which obligates the lender to return the garment at sundown, refers to a nighttime garment, while the *Deuteronomy* verse, which obligates him to return it at daybreak, refers to a plowshare or a daytime garment (*Matnos Kehunah*). However, our Midrash adds that although our verse discusses a nighttime garment, it also alludes to a daytime item and its laws, by using the twofold expression חָבֹל תַּחְבֹּל (*Rashash*). [It should be noted that the *Deuteronomy* verse also speaks of both types of garments, for after stating, *Return the security to him when the sun arrives*, the verse continues, *and he will sleep with his garment*.]

The Gemara in *Bava Metzia* (114b), however, cites and emends a Baraisa to reconcile the two verses differently, explaining our verse as referring to a daytime garment, which must be *returned until sundown*, upon which the creditor may take it back, and the *Deuteronomy* verse as referring to a nighttime garment, which must be returned *at sundown*. Accordingly, the expression *the sun arrives* in both verses refers to sundown.

אָמְרוּ לוֹ: אָבִיו הָיָה לוֹקֵחַ רִבִּית, אוֹמֵר לָהֶם: מָה אִיכְפַּת לִי, וַאֲנִי כָּתַבְתִּי (שם שם כ) "בֵּן לֹא יִשָּׂא בַּעֲוֹן הָאָב", (שם) "הַנֶּפֶשׁ הַחֹטֵאת הִיא תָמוּת", אָמַר לָהֶם הַקָּדוֹשׁ בָּרוּךְ הוּא: אַתֶּם אוֹמְרִים שֶׁיָּמוּת הַבֵּן, אֲפִילוּ אָבִיו אִם רָצָה לַעֲשׂוֹת תְּשׁוּבָה וְלִיטּוֹל לוֹ חַיִּים אֲנִי מְקַבְּלוֹ, שֶׁנֶּאֱמַר (שם שם כא) "וְהָרָשָׁע כִּי יָשׁוּב וְגוֹ'", אִם בְּכָל לְבָבוֹ הוּא שָׁב אֲנִי מְקַבְּלוֹ, לְפִיכָךְ נֶאֱמַר [כב, כד] "לֹא תִהְיֶה לוֹ כְּנֹשֶׁה". [שם] "לֹא תְשִׂימוּן עָלָיו נֶשֶׁךְ", לֹא הָיָה צָרִיךְ לוֹמַר אֶלָּא "לֹא תָשִׂים", מַהוּ "לֹא תְשִׂימוּן", [י]אֵלּוּ הָעֵדִים וְהֶעָרֵב וְהַדַּיָּינִין וְהַסּוֹפֵר, שֶׁאִילוּלֵי הֵם לֹא יִטּוֹל כְּלוּם, לְפִיכָךְ לוֹקִים כּוּלָּם, וּמִנַּיִן שֶׁהַלֹּוֶה לוֹקֶה שֶׁנֶּאֱמַר (דברים כג, כ) "לֹא תַשִּׁיךְ לְאָחִיךָ", לְמָה הָרִבִּית דּוֹמָה, לְמִי שֶׁנְּשָׁכוֹ נָחָשׁ וְלֹא הִרְגִּישׁ מִי נְשָׁכוֹ, וְלֹא יָדַע עַד שֶׁנִּתְבַּטְבְּטָה עָלָיו, כָּךְ הָרִבִּית אֵין אָדָם מַרְגִּישׁ בּוֹ עַד שֶׁמִּתְבַּעֵט עָלָיו:

ז [ח][כב, כה] "אִם חָבֹל תַּחְבֹּל", אָמַר לוֹ הָאֱלֹהִים: אִם חַיָּב הוּא לָךְ אַף אַתָּה חַיָּב לִי, שֶׁנֶּאֱמַר (דברי הימים־ב ו, לא) "כִּי יֶחֶטְאוּ לָךְ כִּי אֵין אָדָם אֲשֶׁר לֹא יֶחֱטָא", שְׁנֵי דְבָרִים יֵשׁ כָּאן, "חָבֹל תַּחְבֹּל" לִימֶּדְךָ הַכָּתוּב [ט]שֶׁהוּא נוֹטֵל יָתֵד שֶׁל מַחֲרֵישָׁה, הִשְׁכִּים הוּא הֱשִׁיבוֹ, כָּתוּב אֶחָד אוֹמֵר [כב, כה] "עַד בֹּא הַשֶּׁמֶשׁ תְּשִׁיבֶנּוּ לוֹ", וְכָתוּב אֶחָד אוֹמֵר (דברים כד, יג) "כְּבוֹא הַשֶּׁמֶשׁ", אֱמוֹר מֵעַתָּה שֶׁאַתָּה צָרִיךְ לְהַחֲזִיר לוֹ בַּמֶּה שֶׁיִּישַׁן, שֶׁאָמַר הַכָּתוּב "עַד בֹּא הַשֶּׁמֶשׁ", וּבַבֹּקֶר אַתָּה צָרִיךְ לְהַחֲזִיר לוֹ יָתֵד שֶׁל מַחֲרֵישָׁה,

עץ יוסף

אמרו לו אביו היה לוקח רבית והניח לו. והוא אינו מחזיר, אם כן גם הוא רשע דקמתהני מעבירה, והשיב להם הקדוש ברוך הוא דאפילו הכי אינו נענש שהרי אינו חייב להחזיר, כדאיתא בפרק הגוזל (בבא קמא קיב, א): **לפיכך נאמר לא תהיה לו כנושה.** לעיל קאי אמאי דקאמר מכאן אתה למד כו' כדפירשתי לעיל: **הדיינין שמקיימים את השטר.** וכן הדיין שיפרע לו הרבית על ידי השטר: **לפיכך כולם לוקין.** פירוש דלוקין ונענשים בידי שמים: **שנאמר לא תשיך.** ולא קאמר תשוך אלא תשיך שגורם לאחיו שישוך: **ולא ידע עד שנתבטבטה עליו.** בתנחומא איתא עד שנתבטטה עליו, ופירוש בוער כאש מלשון בוטיטי דנורא (מעריך): **(ז) אם חייב הוא כו'** יתורא דחבול תחבול דריש, דהכי קאמר אם הוא חבל בך גם אתה חבלת וחייב לי, כדמפורש בתנחומא סימן ט"ז נפשך עולה בכל לילה ואני מחזירה לך ואם אין אתה מחזיר משכון, אף אני איני מחזיר לך נפשך, וזה שנאמר אם חבול תחבול, פירוש תגרום שתתמשכן נפשך על עונותיך: **שני דברים יש כאן חבול תחבול למדך הכתוב שאם הוא נוטל יתד של מחרישה, כשהוא משכים הוא משיבו, כתוב אחד אומר** (שמות כב) **עד בא השמש תשיבנו לו, וכתוב אחד אומר** (דברים כד, יג) **תשיב לו את העבוט כבוא השמש, אמור מעתה שאתה צריך להחזיר לו בערב במה שישן, ובבקר אתה צריך להחזיר לו יתד של מחרישה.** כן צריך לומר (אות אמת ויפה תואר). רוצה לומר אף על גב דכתיב כי היא

פירוש מהרז"ו

אמרו לו אביו. כוונתו על מה שכתוב שם בפסוק (יט) ואמרתם מדוע לא נשא הבן בעון האב, וזהו אמרו לו, שישראל אמרו להנביא, ועל זה השיב והבן משפט וצדקה עשה וגו', וסידור הכתוב על פי מדה ל"א, בן לא ישא וגו' הנפש החוטאת היא תמות, והבן משפט וצדקה עשה. ומה שכתוב ואני כתבתי, כוונתו על מה שכתוב בתורה ובנים לא יומתו על אבות: **ואפילו אביו.** כוונתו למה שכתוב שם י"ח פסוק כ"א, והרשע כי ישוב וכו' חי יחיה, שתיבת והרשע מיותר, שהיה לו לומר וכי ישוב, היינו הנזכר בפסוק הקודם ורשעת הרשע, כלומר אתם שואלים על הבן שימות, אני אומר לכם אפילו הרשע עצמו, הוא אביו הנ"ל שאמרתי שימות, אם ישוב יחיה, ואיך ימות הבן בעונו ודו"ק: **ומנין שהלוה וכו'.** מכילתא כאן, בבא מציעא (עה, ב), ובילקוט בשם ספרי על פסוק זה, לא תשיך לאחיך דברים כ"ג כ', ועל המלוה מפסוק את כספך לא תתן לו בנשך: **מתבטבט עד מתבעט עליו.** שבועט בו ודוחפו, ובתנחומא גם בנמשל ומתבטבט עליו, ולא מצאתי בערוך פירושו: **(ז) אף אתה חייב לי.** ואם תחבול לעני תחבול עצמך, על פי מדה י', שני חבלות: **כתוב אחד אומר עד בא השמש.** היינו כאן שיהיה אצל הלוה כל היום עד בא השמש, וכתוב אחד אומר בכי תצא [השב וגו'] (ב)[כ]בוא השמש (תשיבנו),

חידושי הרד"ל

אם בכל לבבו הוא שב. כמו שכתוב שם, ישוב מכל חטאתיו וכו' ושמר כו' ועשה משפט וצדקה חיה יחיה לא ימות: **עליו נשך לא תשימון לא היה צריך לומר אלא לא תשים כו'.** כן צריך לומר: **[ז] אף אתה חייב לי.** מפורש בתנחומא סימן ט"ז, נפשך עולה בכל לילה ואני מחזירה לך, ואם אין אתה מחזיר משכון, אף אני איני מחזיר לך נפשך, זה שאמר כאן תחבול, תגרום שתתמשכן נפשך על עונותיך: **לא יחטא כתוב אחד אומר עד בא כו' וכתוב אחד אומר** (דברים כד, י) **תשיב לו את העבוט כבא השמש שני דברים**

חידושי הרש"ש

[ז] שני דברים יש כאן חבול תחבול לימדך כו'. נראה משום דהני קראי משתעי רק בכסות לילה וכדמסיק, לכן דריש שמכפל לשון חבול תחבול דיש כאן שני דברים, רצה לומר שני מיני משכונות, (וכן דריש לקמן (סימן י) אני ממשכן שתי משכנות שנאמר אם חבול תחבול), דאתי לרבויי כסות יום וכדומה, כמו יתד של מחרישה: **וכתוב אחד אומר כבוא השמש.** כן צריך לומר (והוא בדברים כד, יג): **ובבקר אתה צריך להחזיר לו יתד של מחרישה.** עיין מתנות כהונה בשם הירושלמי (והוא שם סוף ה' י"ב) זמנין כו' לא תבוא עליו השמש לא תדנח עליו שמשא כבוא השמש עם

אמרי יושר

אני כתבתי בתורתי בן לא ישא בעון האב. אולי יפרש לא תשימון אב ובן נשך, אלא יחזור הבן ויהא צדיק ותעלה לו: **[ז] אם חייב הוא לך גם אתה חייב לי.** זהו אם תחבול לחבירך, גם אתה תחבול לי, כי כמה לך עונות וחטאות: **לימדך הכתוב.** באומרו עד בא השמש תשיבנו לו. ונראה הגירסא שהוא נוטל יתד ומחרישה ומחזירה לו ביום, ואם תרצה הוסף לומר הוא הסיכים, תרגום של יתד סיכתא (דברים כג, יד באונקלוס):

מסורת המדרש

ז. עיין בבא מציעא דף ע"ה. ובמכילתא כאן פרשה י"ט. ילקוט כאן רמז ש"כ. ילקוט סדר בהר רמז תרס"ה: ח. תנחומא כאן סימן ט' ויו"ד כל הענין: ט. בבא מציעא דף קי"ג וקי"ד. ירושלמי בבא מציעא פרק ט' הלכה י"ב. מכילתא כאן פרשה י"ט. ספרי סדר תצא פיסקא רע"ז. ילקוט כאן רמז שנ"א:

אם למקרא

הַנֶּפֶשׁ הַחֹטֵאת הִיא תָמוּת בֵּן לֹא יִשָּׂא בַּעֲוֹן הָאָב וְאָב לֹא יִשָּׂא בַּעֲוֹן הַבֵּן צִדְקַת הַצַּדִּיק עָלָיו תִּהְיֶה וְרִשְׁעַת הָרָשָׁע עָלָיו תִּהְיֶה: וְהָרָשָׁע כִּי יָשׁוּב מִכָּל חַטֹּאתָיו אֲשֶׁר עָשָׂה וְשָׁמַר אֶת כָּל חֻקּוֹתַי וְעָשָׂה מִשְׁפָּט וּצְדָקָה חָיֹה יִחְיֶה לֹא יָמוּת:
(יחזקאל יח:כ-כא)

לֹא־תַשִּׁיךְ לְאָחִיךָ נֶשֶׁךְ כֶּסֶף נֶשֶׁךְ אֹכֶל נֶשֶׁךְ כָּל דָּבָר אֲשֶׁר יִשָּׁךְ:
(דברים כג:כ)

כִּי יֶחֶטְאוּ לָךְ כִּי אֵין אָדָם אֲשֶׁר לֹא יֶחֱטָא וְאָנַפְתָּ בָם וּנְתַתָּם לִפְנֵי אוֹיֵב וְשָׁבוּם שׁוֹבֵיהֶם אֶל אֶרֶץ רְחוֹקָה אוֹ קְרוֹבָה:
(דברי הימים־ב ו:לו)

הָשֵׁב תָּשִׁיב לוֹ אֶת הָעֲבוֹט כְּבוֹא הַשֶּׁמֶשׁ וְשָׁכַב בְּשַׂלְמָתוֹ וּבֵרְכֶךָּ וּלְךָ תִּהְיֶה צְדָקָה לִפְנֵי ה' אֱלֹהֶיךָ:
(דברים כד:יג)

ידי משה

אמרו. פירוש המלאכים אמרו להקב"ה שלא יקבל אותו הבן בשביל חטא אביו והקב"ה **אומר מה איכפת וכו': לפיכך הוא אומר וכו'.** היא תחלת המאמר, פירוש שמקשה המדרש למה

שינוי נוסחאות

(ו) **עד שנתבטבטה ... עד שמתבעט.** בספרים הישנים היה כתוב "עד שנתבעטה ... עד שמתבעט", והגיה מ"כ בראשונה שצ"ל "עד שנתבטבטה" כלפנינו, אבל לכאורה פשוט שלפי דבריו יש לשנות גם בשנייה "שמתבטבט", וכן כתבו באמת בד' וילנא, אבל בשאר הספרים הוא כלפנינו. הראשונה "שנתבטבטה" (ע"פ הגהת מ"כ) והשניה "שמתבעט" (ע"פ הנוסח הישן):

מתנות כהונה

שנאמר לא תשיך גרסינן. ופירוש לשון מפעיל מדלא כתיב תשוך. ועיין כל זה בפרק איזהו נשך ובמכילתא: הכי גרסינן בתנחומא **ולא ידע עד שנתבטבטה עליו.** והוא כמו מבלבן: **[ז] אתה חייב לי** גרסינן: **שני דברים יש כאן.** לפי מה שמצאתי בהקדמת אות אמת בשם הריא"ג ז"ל שמצא גם בספר תנחומא מכתיבת יד נראה דהכי גרסינן לימדך הכתוב שהוא נוטל יתד של מחרישה וכן מצאתי שוב בביאור מהר"ר הירלקו ז"ל: **השכים הוא השיבו כתוב אחד אומר כו' עד להחזיר לו במה שישן כו' עד להחזיר לו יתד של מחרישה וכן אתה אומר כו'.** ואף על פי שהריא"ג ז"ל הגיה יותר באורך נראה לי שהקיצור מספיק: **יתד של מחרישה.** חשיב ליה כמו כסות יום וחובלו בלילה ומחזירו ביום וכן הוא בירושלמי בפרק המקבל בבבא מציעא קרדום ומחרישה חובלן בלילה ומחזירן ביום וכן הוא במשנה בפרק המקבל: **שאמר הכתוב עד בא השמש.** פירוש תעכב המשכון אצלך עד השמש באה ושוקעת בערב והכי איתא בירושלמי בפרק המקבל עד בא השמש עד מטמע שמשא וכבא השמש פירוש כשבאה השמש וזורחת דהיינו בבקר תשיבנו לו כסות וכלים שמשתמשים בהם ביום. והכי איתא בירושלמי לא תבא עליו

אשד הנחלים

אביו היה לוקח. יש להבין מאין משמע שאמרו כן. ואולי מדהודיע זאת יחזקאל בנבואתו, מוכח שהיה זאת לשאלה בעיני העם בראותם בני רשעים יצליחו מאד, והיתה זאת לתשובה על דבריהם, כי לא ישא הבן בעון האב, כי אף אביו אם היה שב בחייו הייתי מקבלו, אף כי בנו שהוא אחר ואינו אותו האיש שחטא: **לפיכך נאמר.** כלומר אחר שענשו גדול שנעקר מעולם הבא חס ושלום, לכן הזהירו הכתוב מאד: **אלו העדים.** שהם גורמין לזה: **לא תשיך.** לשון מפעיל (מתנות כהונה): **למי שנשכו נחש.** כי בטבע הארס טרם יתפשט בגוף אינו מרגיש האדם שום כאב, כי הארס דק מאד, לכן במקומו אינו מורגש עד שיתפשט בכל הגוף ושורפו, כן הריבית בתחלה הוא נותן מעט, וישכח כי בכל יום ויום מתרבה עליו החוב, ולכן קראו הכתוב בשם נשיכה: **[ז] אתה חייב לי.** דריש על דרך הרמז אתה חובל אותו [מפני חובך ושכחת כי] תחבל גם אתה לי, כי אתה חייב לי. וזה באמת תוכחת מוסרי למתבונן, איך כי הכל מיד ה' ניתן לנו, ואנחנו חייבים לה' כי נחטא לו, ועם כל זה הוא נותן לנו בחסדו, ואיך לא ניתן לאחינו, ואיך נחבול לו מפני חובו: **השכים.** עיין במתנות כהונה בשם ירושלמי:

באור מהרי"פ

לזה הענין (יחזקאל יח יג - יד, יז, יט, כא) בנשך נתן ותרבית לקח וחי לא יחיה את כל התועבות האלה עשה מות יומת דמיו בו יהיה. והנה הוליד בן וירא את כל חטאת אביו אשר עשה וירא ולא יעשה כהן. מעני השיב ידו נשך ותרבית לא לקח ומשפטי עשה בחוקותי הלך הוא לא ימות בעון אביו חיה יחיה. ואמרתם מדוע לא נשא הבן בעון האב והבן משפט וצדקה עשה את כל חוקותי שמע ויעשה אותם חיה יחיה. הנפש החוטאת היא תמות בן לא ישא בעון האב והאב לא ישא בעון הבן צדקת הצדיק עליו תהיה והרשע כי ישוב מכל חטאתיו אשר עשה וישמור את כל חוקותי ועשה משפט וצדקה חיה יחיה לא ימות. ואחרי הצעת כל המקראות האלה יבינו הכל, כי לא יתכן פירושו של ידי משה וגירסתו אך למותר: **אלא לא תשים.** פירוש, בלשון יחיד כתחלת המקרא לא תהיה וגו', גם כן בלשון יחיד: **[ז] השכים הוא השיבו.** בהקדמת בעל אות אמת בשם מהרי"ב גורס במקום שלשה תיבות אלו, שני תיבות הללו, בבוקר תשיבהו. וגירסא נכונה היא:

כִּי הוּא כְסוּתֹה לְבַדָּהּ הוּא שִׂמְלָתוֹ לְעֹרוֹ בַּמֶּה יִשְׁכָּב וְהָיָה כִּי יִצְעַק □] אֵלַי וְשָׁמַעְתִּי כִּי חַנּוּן אָנִי – *FOR IT ALONE IS HIS CLOTHING, IT IS HIS GARMENT FOR HIS SKIN – IN WHAT SHOULD HE LIE DOWN? – SO IT WILL BE THAT IF HE CRIES OUT TO ME, I SHALL LISTEN, FOR I AM COMPASSIONATE.*]

The Midrash draws a comparison between this verse, which discusses the debtor whose collateral has not been returned and who cries out on account of having nothing to wear, and a similar verse elsewhere:

וְכֵן אַתָּה אוֹמֵר בְּפוֹעֵל "בְּיוֹמוֹ תִתֵּן שְׂכָרוֹ", לָמָּה, "כִּי עָנִי הוּא" – **Similarly, it states of a** hired **worker:** ***On that day shall you pay his hire;*** *the sun shall not set upon him* (*Deuteronomy* 24:15).[113] **Why?** The verse continues, ***for he is poor****, and he lifts his soul to it; let him not call out against you to HASHEM, for it shall be a sin in you* (ibid.). וְאוֹמֵר "כִּי הִיא כְסוּתוֹ לְבַדָּהּ" – **And** with reference to the debtor **it states, *For it alone is his clothing,*** *it is his garment for his skin – in what should he lie down?* שֶׁאֵין לוֹ בַּמֶּה יִשְׁכַּב – This means: If you do not return the collateral **he will have nothing in which to lie down,** וְהוּא יוֹשֵׁב כָּל הַלַּיְלָה וִיהֵא צִנָּה פּוֹגַעַת בּוֹ וְהוּא צוֹעֵק אֵלַי וַאֲנִי עוֹנֶה אוֹתוֹ – **and he will sit all night** with nothing to wear **and the cold will harm him, whereupon he will cry out to Me and I will answer him,** שֶׁנֶּאֱמַר "וְשָׁמַעְתִּי כִּי חַנּוּן אָנִי" – **as it is stated** subsequently in the verse, *So it will be that if he cries out to Me,* ***I shall listen, for I am compassionate.***[114] שְׁנֵי דְבָרִים יֵשׁ כָּאן דּוֹמִין זֶה לָזֶה – **There are two matters here that are similar to each other;** namely, that of a hired person and that of a debtor.[115]

The Midrash explains the analogy:

בְּשָׂכִיר כְּתוּב "בְּיוֹמוֹ תִתֵּן שְׂכָרוֹ" – **With regard to a hired person it is written, *On that day shall you pay his hire*** (*Deuteronomy* 24:15). כְּגוֹן שֶׁהָיָה מְהַלֵּךְ וְהַחֲמוֹר אַחֲרָיו – [This is] like one who **was walking with his donkey** following **behind him.** מָכְרוּ לוֹ אֲלוּמָּה אַחַת וּנְתָנָהּ בִּכְתֵפוֹ – On the way, [someone] **sold him a bundle** of straw **which he placed on his shoulder.** וְהַחֲמוֹר בָּא בַּדֶּרֶךְ אַחַר הָאֲלוּמָּה וּמְקַוֶּה לְאָכְלָהּ – **The donkey was walking on the road behind the bundle** on the man's shoulder, **longing to eat it.** מֶה עָשָׂה לוֹ אֲדוֹנוֹ – Upon reaching their destination,[116] **what did its master do?** קָשַׁר לוֹ הָאֲלוּמָּה לְמַעְלָה הֵימֶנּוּ – Instead of allowing it to partake of the straw, **he tied the bundle above** [its reach].[117] אָמְרוּ לוֹ: רָשָׁע – Whereupon [people] **said to him, "Villain!** כָּל הַדֶּרֶךְ רָץ בִּשְׁבִילָהּ וְלֹא נָתַתָּ בְּפָנָיו – [The donkey] **ran the whole way for the sake of** eating [the bundle], **yet you refuse to place** [the bundle] **before it!"** כָּךְ שָׂכִיר עָמֵל וּמִצְטַעֵר כָּל הַיּוֹם שֶׁהוּא מְקַוֶּה לִשְׂכָרוֹ – **Similarly, a hired person toils and pains himself the whole day, hoping for his payment** at the end of the day, וּמוֹצִיאוֹ רֵיקָם – **and** yet [the employer] **dismisses him empty handed.**[118] וְכֵן כָּתוּב "וְאֵלָיו הוּא נֹשֵׂא אֶת נַפְשׁוֹ" – **And so it is written** in the above verse, ***And he lifts his soul to it*** (ibid.).[119] "וְשָׁמַעְתִּי כִּי חַנּוּן אָנִי" – And our verse, too, with regard to the obligation to return the collateral, concludes with the words, ***I shall listen, for I am compassionate.***[120]

אֱלֹהִים לֹא תְקַלֵּל וְנָשִׂיא בְעַמְּךָ לֹא תָאֹר. מְלֵאָתְךָ וְדִמְעֲךָ לֹא תְאַחֵר בְּכוֹר בָּנֶיךָ תִּתֶּן לִי.

You shall not curse a judge, and you shall not curse a leader among your people. Do not delay your fullness-offering or your priestly heave-offering; the firstborn of your sons shall you present to Me (22:27-28).

§8 The Midrash discusses the juxtaposition of the Scriptural passage dealing with the lender and the borrower to the following passage:

מַה כְּתִיב אַחֲרָיו – **What is written after** [this passage]? "אֱלֹהִים לֹא תְקַלֵּל" – ***You shall not curse a judge*** (v. 27). וּמָה עִנְיָן זֶה לָזֶה – **And what is** the connection of [one] **subject to** [the other]?[121] אָמְרוּ רַבּוֹתֵינוּ – **Our Sages stated:** מַעֲשֶׂה בְּאֶחָד שֶׁהָיָה לוֹ דִּין – **An incident** occurred **with an individual who had a lawsuit.** וּבָא אֵצֶל הַדַּיָּין וְזִיכָּה אוֹתוֹ – **He came before the judge and** [the judge] **vindicated him,** וּבָא וְיָצָא אוֹתוֹ שֶׁנִּזְדַּכָּה וְאָמַר: פְּלוֹנִי הַשּׁוֹפֵט אֵין כְּמוֹתוֹ בָּעוֹלָם – **whereupon he who was vindicated came, left** the judge's presence, **and said, "So-and-so the judge, there is none like him in the world!"** אַחַר יָמִים הָיָה לוֹ דִּין – **After** some **days, he had** [another] **lawsuit.** וּבָא אֶצְלוֹ וְחִיְּיבוֹ – **He came before** [that same judge] **and** [the judge] **found him liable,**

NOTES

113. An employer is obligated to pay his employee before the end of the day on which the work was completed. If the work was completed during the day, he must pay him before sundown, and if it was completed at night he must pay him before daybreak (*Bava Metzia* 110b-111a; *Shulchan Aruch, Choshen Mishpat* 339:3-5).

114. Unlike in §1 above (see note 12), the Midrash here is of the opinion that the cry mentioned in this verse is the cry of the oppressed debtor who cries out to God against his creditor (*Yefeh To'ar*).

115. I.e., Scripture issues a similar warning with regard to both cases, that should one not fulfill his obligation and the oppressed one will cry out, God will heed his cry. This is to teach us that the two cases are analogous, as will be explained below [see note 120] (*Eitz Yosef*).

116. *Matnos Kehunah* and *Eitz Yosef*, based on *Midrash Tanchuma, Mishpatim* §10.

117. So that he can see it, but cannot partake of it (*Eitz Yosef*).

118. For unlike the donkey, which is in pain only when it sees the straw and cannot partake of it, the worker, who has human intelligence and emotions, will experience anguish just from having to wait for his wages (ibid.).

The Midrash cited this parable to show that the obligation to pay a worker on that day does not apply in all cases. It applies only when the worker demands his wages, which normally occurs when he has nothing else with which to sustain himself, similarly to the donkey in the parable who yearns to eat the straw, having nothing else to eat. Furthermore, if the employer does not have money with which to pay the worker on that day, or if the worker did not expect the employer to have access to money on that day, the employer does not violate this commandment (*Bava Metzia* 111a, 112a), as in the parable, in which the straw is visible to the donkey and accessible to the employer (*Yefeh To'ar*, *Eitz Yosef*).

119. I.e., he awaits his payment and hinges his hopes upon it, similar to the donkey in the parable who hopes throughout the journey to partake of the straw (*Radal*, *Maharzu*).

120. The similarity of the expressions used by Scripture with regard to the obligation of returning the collateral and that of paying a worker on time teaches us that their laws are similar. Just as the employer is obligated to pay the worker on that day only when the worker demands his wages, which normally occurs when he has nothing else with which to sustain himself (as was explained in note 118 above), the obligation to return the collateral, too, applies only if the borrower requests it, and only if he has no other garment to wear. Otherwise, the lender is not obligated to return it to him before the loan is repaid (*Yefeh To'ar*, *Eitz Yosef*).

[While the rule that one is obligated to return the collateral only if the borrower has none other is clear from the verses cited above, *Yefeh To'ar*'s assertion that it is contingent on the borrower requesting it is not found in any Talmudic or halachic source. The *Chafetz Chaim* in his work *Ahavas Chesed* (#1, Ch. 8:1) rules explicitly that only the obligation to pay a worker on time is contingent on his request, as the Gemara (*Bava Metzia* 112a) infers from Scripture; the obligation to return a collateral, however, applies even if the borrower does not request it.]

121. The Midrash is questioning the insertion of this verse and the following ones (vv. 27-30), which are unrelated to monetary laws, in the midst of the discussion of monetary laws (*Eitz Yosef*). The Midrash will explain the verses in question in this section and the one following it, concluding by explaining the connection between v. 30 and the next verse (23:1), where the discussion of monetary laws is resumed.

וְכֵן אַתָּה אוֹמֵר בְּפוֹעֵל (דברים כד, טו) **"בְּיוֹמוֹ תִתֵּן שְׂכָרוֹ", לָמָּה,** (שם) **"כִּי עָנִי הוּא", וְאוֹמֵר** [כב, כו] **"כִּי הִיא כְסוּתוֹ לְבַדָּהּ", שֶׁאֵין לוֹ בַּמֶּה יִשְׁכָּב וְהוּא יוֹשֵׁב כָּל הַלַּיְלָה וִיהֵא צִנָּה פּוֹגַעַת בּוֹ, וְהוּא צוֹעֵק אֵלַי וַאֲנִי עוֹנֶה אוֹתוֹ, שֶׁנֶּאֱמַר** [שם] **"וְשָׁמַעְתִּי כִּי חַנּוּן אָנִי", שְׁנֵי דְבָרִים יֵשׁ כָּאן דּוֹמִין זֶה לָזֶה, בְּשָׂכִיר כָּתוּב** (שם שם כד, טו) **"בְּיוֹמוֹ תִתֵּן שְׂכָרוֹ", כְּגוֹן שֶׁהָיָה מְהַלֵּךְ וְהַחֲמוֹר אַחֲרָיו, מָכְרוּ לוֹ אֲלוּמָּה אַחַת וּנְתָנָהּ בִּכְתֵפוֹ, וְהַחֲמוֹר בָּא בַּדֶּרֶךְ אַחַר הָאֲלוּמָּה וּמְקַוֶּה לְאָכְלָהּ, מֶה עָשָׂה לוֹ אֲדוֹנוֹ, קָשַׁר לוֹ הָאֲלוּמָּה לְמַעְלָה הֵימֶנּוּ, אָמְרוּ לוֹ: רָשָׁע, כָּל הַדֶּרֶךְ רָץ בִּשְׁבִילָהּ וְלֹא נָתַתָּ בְּפָנָיו, כָּךְ שָׂכִיר עָמֵל וּמִצְטָעֵר כָּל הַיּוֹם שֶׁהוּא מְקַוֶּה לִשְׂכָרוֹ וּמוֹצִיאוֹ רֵיקָם, וְכֵן כָּתוּב** (שם) **"וְאֵלָיו הוּא נֹשֵׂא אֶת נַפְשׁוֹ":**

ח [כב, כו] **"וְשָׁמַעְתִּי כִּי חַנּוּן אָנִי" מַה כְּתִיב אַחֲרָיו,** [כב, כז] **"אֱלֹהִים לֹא תְקַלֵּל", וּמָה עִנְיָן זֶה לָזֶה, אָמְרוּ רַבּוֹתֵינוּ: מַעֲשֶׂה בְּאֶחָד שֶׁהָיָה לוֹ דִּין וּבָא אֵצֶל הַדַּיָּן וְזִיכָּה אוֹתוֹ, וּבָא וְיָצָא אוֹתוֹ שֶׁנִּזְדַּכָּה וְאָמַר: פְּלוֹנִי הַשּׁוֹפֵט אֵין כְּמוֹתוֹ בָּעוֹלָם, אַחַר יָמִים הָיָה לוֹ דִּין וּבָא אֶצְלוֹ וְחִיְּבוֹ, יָצָא מִלְּפָנָיו וְאָמַר: אֵין דַּיָּן שׁוֹטֶה הֵימֶנּוּ, אָמְרוּ לוֹ: אֶתְמוֹל הָיָה מְשׁוּבָּח וְהַיּוֹם שׁוֹטֶה, לְכָךְ הִזְהִיר לְךָ הַכָּתוּב "אֱלֹהִים לֹא תְקַלֵּל", וְאִם קִלַּלְתָּ, תְּבוּאָתְךָ אַתָּה מְקַלֵּל,**

עץ יוסף

כסותו לבדה וגו' במה ישכב וגו', לא תימא שבכסות לילה לבד משתעי קרא כהמובן הפשוט, והא דכתיב עד בא השמש תשיבנו לו, פירושו בעוד שהשמש בא, אלא שני דברים יש כאן, להכי כתיב חבול תחבול שאחד רמז למה שיחזור בלילה כדמפרש בקרא במה ישכב, והשני למה שיחזיר ביום שזה דכתיב עד בא השמש, למדך הכתוב בזה שאם נוטל יתד המחרישה שכשהוא משכים צריך להשיבו, שכך פירושו כל היום עד בא השמש תשיבנו שיהיה ביד הלוה שישתמש בהם, ובלילה תחזור ותקחם ממנו שיהיו מושכנים אצלך, ועיין בגמרא בפרק המקבל בבבא מציעא: **וכן אתה אומר בפועל ביומו תתן שכרו כו'** רוצה לומר כתיב בפועל (דברים כד, טו) ביומו תתן שכרו, למה כי עני הוא וגו', ולא יקרא עליך אל ה' והיה בך חטא, וכתיב כאן כי היא כסותה לבדה וגו' במה ישכב הרי צינה פוגעת בו והיה כי יצעק אלי ושמעתי כי חנון אני, שני דברים יש כאן דומין זה לזה, כלומר דבפרשת שכיר כתיב ולא יקרא עליך אל ה' מחמת עניותו, ובפרשה דידן כתיב גם כן ושמעתי כי חנון אני כשיצעק מחמת דחקותו מפני הצינה, והכוונה דילפינן מהתם להכא כדאכתוב לקמן בסמוך: **כגון שהיה מהלך כו'.** טעם המשל לומר כי לא בכל פועל הכתוב מדבר, אלא במי שתובע שכרו, כי על הרוב אין לו אלא שכר זה, שזה דומה לחמור שעיניו נשואות לאלומה, וכן בבעל הבית כשאין לו מעות לפרוע אינו עובר, וכן כשהשכיר מכיר בבעל הבית שאין דרכו להיות בידו מעות אלא ביום השוק, אינו עובר עד שיעבור יום השוק, ולזה אמר כחמור שעיניו נשואות לאלומה הנראית לו, אז עובר, מה שאין כן הכי, ומינה ילפינן נמי לעבוט דדמי ליה, דלא מחייב להחזירו אלא כשהלוה תובעו, ודוקא כשצריך שאין לו כסות אחרת, אבל אם יש לו אחר שאינו צריך לזה הממושכן אין צריך להחזיר לו: **אלומה.** מלשון מאלמים אלומים: **מה עשה לו אדוניו בא והעמידו בביתו וקשר לו.** כן הוא בתנחומא, וקשר לו האלומה למעלה הימנו, שעיניו רואות וכלות, כן שכיר זה שהוא בר דעה בזכירה לבד תשות עליו נפשו כל שאין שכרו ניתן לו: **ומוציאו ריקם ואליו הוא נושא את נפשו וכאן כתיב ושמעתי כי חנון אני.** כן צריך לומר. וכן הוא בתנחומא: **(ח) מה כתיב אחריו אלהים לא תקלל ומה ענין זה לזה.** דעד השתא עסיק בדיני ממונות, וכן בתר הכי לא תשא שמע שוא, למה הפסיק באלהים לא תקלל, ומשני משום דקללת הדיינים מפני דיני ממונות הוא, כי כשלא יאות הדין לבעל דין יקלל את הדיין, כמעשה שמביא, והזהירה התורה שלא יקלל את הדיין, אלא יתן אל לבו כי הוא שופט על פי התורה: **לכך הזהיר הכתוב אלהים לא תקלל.** בין דיני ממונות: **תבואתך את מקלל.** כי כשיבזה את הדיין לא יתרצו אנשים כשרים לישב ולדון, ויבא הדבר לידי אנשים שאינם ראוים ויקלקלו הדין, ובעון קלקול הדין ועווי הדין ועוות הדין

פירוש מהרז"ו

כשיקשע השמש אז תשיבנו, שיהיה אצלו כל הלילה, והם שני כתובים מכחישים, והכריעו חז"ל, שמה שכתוב כבא השמש, על כסות לילה שישן בו, ומה שכתב שאמר הכתוב עד בא השמש ובבוקר טעות סופר, וכך צריך להיות, ושאמר הכתוב עד בא השמש בבוקר אתה צריך להחזיר לו יתד של מחרישה, וכדלעיל. והוא הדין לכסות יום, וכן הוא לשון המכילתא כאן, עד בא השמש תשיבנו, זה כסות יום שאתה מחזיר לו כל היום, אין לי וכו' כסות לילה שאתה מחזיר לו כל הלילה מנין, תלמוד לומר השב תשיב לו את העבוט כבא השמש, וכן בגמרא בבא מציעא דף קי"ד (ע"ב), ובספרי תצא, ובתנחומא, וברש"י בחומש כאן, ובכי תצא. ועיין ירושלמי בבא מציעא סוף פרק המקבל, ומה שאמר שם בירושלמי, וכבא השמש, כי מעלי שמשא, פירושו שקיעת השמש, כמו שכתוב דניאל ו' פסוק ט"ו ועד מעלי שמשא. ושאר דברי הירושלמי אינם מובנים כלל, ועיין שם: **וכן אתה מוצא בפועל.** דומה לדרשת המשכון, והובא אגב מאמר הנ"ל, ואף שאינו שייך כאן: **ביומו תתן שכרו.** וסיפיה דקרא ולא תבא עליו השמש בסדר תצא, שמשלם לו ביום ולא בלילה, ובריש קדושים כתוב ולא תלין פעולת שכיר אתך עד בוקר, שמשלם לו בלילה ולא ביום, שני כתובים מכחישים, והכריעו, שפסוק ביומו תתן שכרו ולא תבא עליו השמש, מדבר בשכיר לילה שעבד כל הלילה שגובה כל היום. ומה שכתוב ולא תלין וגו', מדבר בשכיר יום שעבד כל היום שגובה כל הלילה, וכמו שאמרו בבא מציעא דף ק"י במשנה ובריית', ובספרי תצא, ורש"י קדושים: **ואומר כי היא כסותו.** חוזר לעניינו של משכון: **שני דברים יש כאן.** היינו בסדר תצא פסוק וכבא השמש, ופסוק ביומו תתן שכרו ולא תבא עליו השמש כי עני הוא ואליו הוא נושא את נפשו, היינו מה שמקווה כל היום לאכול ממנו, ושם כתוב ולא יקרא עליך אל ה' והיה בך חטא, וכאן כתיב והיה כי יצעק אלי ושמעתי, והעניינים דומים: **(ח) מה כתיב אחריו.** אחר אם חבול תחבול כתוב אלהים לא תקלל וגו' מלאתך ודמעך לא תאחר, ודורש סמוכים:

חידושי הרד"ל

יש כאן מחזיר את המחרישה ביום ואת הכר בלילה (כלשון המשנה סוף פרק המקבל) **אמור מעתה שאתה צריך כו' בא השמש ונוטל יתד השכים בבוקר אתה צריך להחזיר לו יתד של מחרישה ואומר כי היא כסותה כו' כי חנון אני וכן אתה אומר בפועל ביומו תתן שכרו למה כי עני הוא שני דברים יש כאן דומין זה לזה כו'.** כן צריך לומר. ורצה לומר שבפרשת תצא כתוב פועל אחר השבת העבוט (שם פסוק יד), ושם בפועל נאמר (פסוק טו) גם כן ולא יקרא עליך אל ה' כמו כאן בהשבת העבוט: **כגון שהיה מהלך כו'.** לפרושי לשון אליו נושא את נפשו, שנושא ותולה עיניו ולבו על בעל הבית לשכרו, כמו החמור שעיניו נלפות למעלה על האלומה שעל כתפו: **כל היום שהוא מקוה לשכרו.** לשון המקרא (איוב ז, ב) כשכיר יקוה פעלו: **[ח] לא תקלל מה ענין זה לזה כו' מעשה באחד כו'.** שעל ידי דינין הנופלים בעניני כסף תלוה וכיוצא בו באין לידי קללת הדיינין, לכך נסמך אזהרתו לו, כן כתב רבינו בחיי, ועיין רמב"ן:

חידושי הרש"ש

מעלי שמשא, (וכן לקמן במדרש (סוף סימן י) משמע דדורש עד בוא השמש דהכא היינו זריחה, שהרי מביא עליו כתוב דוזרחה לכם יראי שמי שמש כו'), ומזה תמהתי על התוספות ריש ברכות (ב, ב) בד"ה דילמא. שהקשו על פירש"י דשם דהא נקט בקרא ובא השמש אלמא דהיינו שקיעת החמה, ואם תרצה לדחות ולומר דהגמרא שלנו פליגא בהא אירושלמי בפירוש כבוא השמש ומפרש ליה בכסות לינה, (בבבא מציעא קיד, ב), וכן קרא דולא תבוא עליו השמש משמע שם (קי, ב) דמוקי ליה בשכר לילה שגובה כל היום, אבל מה יעשו בסוגיא דסוטה (לג, ב) דרבי יהודה דריש שם פסוק דאחרי דרך מבוא השמש מקום שהחמה זורחת, עיין שם, וצריך עיון:

אם למקרא

בְּיוֹמוֹ תִתֵּן שְׂכָרוֹ וְלֹא תָבוֹא עָלָיו הַשֶּׁמֶשׁ כִּי עָנִי הוּא וְאֵלָיו הוּא נֹשֵׂא אֶת נַפְשׁוֹ וְלֹא יִקְרָא עָלֶיךָ אֶל ה' וְהָיָה בְךָ חֵטְא:
(דברים כד:טו)

ידי משה

כתיב לא תהיה לו כנושה בלשון יחיד, ואחר כך אומר לא תשימון לשון רבים, ומשני שזה קאי על המלוה, וזה קאי על עדים ודיינין וסופר, לכך נאמר בלשון רבים:

אמרי יושר

אמרו לו רשע כל הדרך ההוא רץ בשבילך. כיוונו כי ביומו תתן שכרו כולל בין לאדם בין לבהמה, כי רחמיו על כל מעשיו: **[ח] כתיב אחריו אלהים לא תקלל.** שעל ענין ההלואה יפלו דברים בינו ובין חבירו, ומזה בא לקלל את הדיין:

מתנות כהונה

השמש זמנין תפתר ליה לא תדנח עליו שמשא וזמנין את פתר ליה לא תטמע עליו שמשא: הכי גרסינן בתנחומא **כי עני הוא. ואומר כי הוא: מכרו לו אלומה** גרסינן: **קשר הוא האלומה.** כשבא לביתו הוא קושר את החמור והאלומה למעלה הימנו והכי איתא בתנחומא: הכי גרסינן **כל הדרך רץ בשבילה ולא נתתה בפניו כך שכיר עמל ומצטער:**

אשד הנחלים

והחמור אחריו. מבאר בזה מליצת הכתוב, ואליו הוא נושא את נפשו, כי הרי זה ממש כחמור המצפה בחושיו על אלומה, שעל כן עמל והולך במרוצה, אולי ישיג האלומה ההולכת לפניו, כן זה עמל ויגע על ידי הקווי שאחר כך יטול שכרו, וזאת תנחומתו, כי תנחומי האחרית יקל על האדם המעשה אשר יעשה, ואתה מוציאו ריקם, אין לך מפח נפש יותר מזה אף לבעלי חיים, ומכל שכן להאדם: **[ח] ומה ענין כו' מעשה כו'.** לכאורה לא ידענו האם במעשה הזאת מתורץ סמיכות הכתובים. והנראה מפני שהכתוב הראשון אמר ושמעתי כי חנון אני, שבאורו ושמעתי להענישך ולהכאיבך, כי חנון אני על הזולת, ואם כן מזה תבין מדת הדין המחייבך הוא לא מפני שחפצו להרע, כי אם שהוא מזכה לאחר, כי מדוע אתה משבח אותו מפני שהוא מזכה, גם עתה הוא מזכה לאחר, הבן זאת, כי בא לבאר שיתבונן כי העונש הוא גם כן מצד החמלה, כי מאי נפקא מיניה החמלה עליו או על הזולת: **תבואתך.** שעל ידי זה חס ושלום יאחר תבואתך, כי לא יתן לך פריו מהר:

יָצָא מִלְּפָנָיו וְאָמַר: אֵין דַּיָּין שׁוֹטֶה הֵימֶנּוּ – whereupon **he left [the judge's] presence and said, "There is no judge more foolish than him!"** **אָמְרוּ לוֹ: אֶתְמוֹל הָיָה מְשׁוּבָּח וְהַיּוֹם שׁוֹטֶה** – Whereupon **[people] said to him, "Yesterday he was praiseworthy and today he is a fool?!"**[122] **לְכָךְ הִזְהִיר לְךָ הַכָּתוּב "אֱלֹהִים לֹא תְקַלֵּל"** – **Therefore, Scripture warns you,** ***You shall not curse a judge.***[123]

The Midrash explains how this connects to the next verse:

וְאִם קִלַּלְתָּ, תְּבוּאָתְךָ אַתָּה מְקַלֵּל – **And if you** indeed **curse** a judge, **you are cursing your** own **produce,**

NOTES

122. I.e., your opinion of him is based solely on whether he decided in your favor or against you, and not on facts.

123. The object of this parable is to show that one who curses a judge generally does so because the judge ruled against him in a monetary case. Therefore, this prohibition was inserted among the monetary laws (*Imrei Yosher*; *Radal*, from *Rabbeinu Bachya* to our verse; *Eitz Yosef*).

[It should be noted that strictly speaking, this prohibition is violated only if one actually cursed the judge using the Divine Name (*Rambam, Hil. Sanhedrin* 26:3-4), and not if he called him a fool, as in the above parable. However, the Midrash is not discussing the actual prohibition, but rather the wrongfulness of vilifying a judge (see also §16 below). This is also evident from the proof from *Ruth* cited by the Midrash below.]

וְכֵן אַתָּה אוֹמֵר בְּפוֹעֵל (דברים כד, טו) "בְּיוֹמוֹ תִתֵּן שְׂכָרוֹ", לָמָּה, (שם) "כִּי עָנִי הוּא", וְאוֹמֵר [כב, כו] "כִּי הִיא כְסוּתוֹ לְבַדָּהּ", שֶׁאֵין לוֹ בַּמֶּה יִשְׁכָּב וְהוּא יוֹשֵׁב כָּל הַלַּיְלָה וִיהֵא צִנָּה פּוֹגַעַת בּוֹ, וְהוּא צוֹעֵק אֵלַי וַאֲנִי עוֹנֶה אוֹתוֹ, שֶׁנֶּאֱמַר [שם] "וְשָׁמַעְתִּי כִּי חַנּוּן אָנִי", שְׁנֵי דְבָרִים יֵשׁ כָּאן דּוֹמִין זֶה לָזֶה, בְּשָׂכִיר כָּתוּב (שם שם כד, טו) "בְּיוֹמוֹ תִתֵּן שְׂכָרוֹ", כְּגוֹן שֶׁהָיָה מְהַלֵּךְ וְהַחֲמוֹר אַחֲרָיו, מָכְרוּ לוֹ אֲלוּמָּה אַחַת וּנְתָנָהּ בִּכְתֵפוֹ, וְהַחֲמוֹר בָּא בַּדֶּרֶךְ אַחַר הָאֲלוּמָּה וּמְקַוֶּה לְאָכְלָהּ, מֶה עָשָׂה לוֹ אֲדוֹנוֹ, קָשַׁר לוֹ הָאֲלוּמָּה לְמַעְלָה הֵימֶנּוּ, אָמְרוּ לוֹ: רָשָׁע, כָּל הַדֶּרֶךְ רָץ בִּשְׁבִילָהּ וְלֹא נָתַתָּ בְּפָנָיו, כָּךְ שָׂכִיר עָמֵל וּמִצְטַעֵר כָּל הַיּוֹם שֶׁהוּא מְקַוֶּה לִשְׂכָרוֹ וּמוֹצִיאוֹ רֵיקָם, וְכֵן כָּתוּב (שם) "וְאֵלָיו הוּא נֹשֵׂא אֶת נַפְשׁוֹ":

ח [כב, כו] "וְשָׁמַעְתִּי כִּי חַנּוּן אָנִי" מַה כְּתִיב אַחֲרָיו, [כב, כז] "אֱלֹהִים לֹא תְקַלֵּל", וּמָה עִנְיָן זֶה לָזֶה, אָמְרוּ רַבּוֹתֵינוּ: מַעֲשֶׂה בְּאֶחָד שֶׁהָיָה לוֹ דִין וּבָא אֵצֶל הַדַּיָּין וְזִיכָּה אוֹתוֹ, וּבָא וְיָצָא אוֹתוֹ שֶׁנִּזְדַּכָּה וְאָמַר: פְּלוֹנִי הַשּׁוֹפֵט אֵין כְּמוֹתוֹ בָּעוֹלָם, אַחַר יָמִים הָיָה לוֹ דִין וּבָא אֶצְלוֹ וְחִיְּיבוֹ, יָצָא מִלְּפָנָיו וְאָמַר: אֵין דַּיָּין שׁוֹטֶה הֵימֶנּוּ, אָמְרוּ לוֹ: אֶתְמוֹל הָיָה מְשׁוּבָּח וְהַיּוֹם שׁוֹטֶה, לְכָךְ הִזְהִיר לְךָ הַכָּתוּב "אֱלֹהִים לֹא תְקַלֵּל", וְאִם קִלַּלְתָּ, תְּבוּאָתְךָ אַתָּה מְקַלֵּל,

עץ יוסף

כסותו לבדה וגו' במה ישכב וגו', לא תימא שבכסות לילה לבד משתעי קרא כהמובן הפשוט, והא דכתיב עד בא השמש תשיבנו לו, פירושו בעוד שהשמש בא, אלא שני דברים יש כאן, להכי כתיב חבול תחבול שאחד רמז למה שיחזור בלילה כדמפרש בקרא במה ישכב, והשני למה שיחזיר ביום שזה דכתיב עד בא השמש, למדך הכתוב בזה שאם נוטל יתד המחרישה שבשהוא משכים צריך להשיבו, שכך פירושו כל היום עד בא השמש תשיבנו שיהיה ביד הלוה שישתמש בהם, ובלילה תחזור ותקחם ממנו שיהיו מושכנים אצלך, ועיין בגמרא בפרק המקבל בבבא מציעא: **וכן אתה אומר בפועל ביומו תתן שכרו כו'** רוצה לומר כתיב בפועל (דברים כד, טו) ביומו תתן שכרו, למה כי עני הוא וגו', ולא יקרא עליך אל ה' והיה בך חטא, וכתיב כאן כי היא כסותה לבדה וגו' במה ישכב הרי צינה פוגעת בו והיה כי יצעק אלי ושמעתי כי חנון אני, שני דברים יש כאן דומין זה לזה, כלומר דבפרשת שכיר כתיב ולא יקרא עליך אל ה' מחמת עניותו, ובפרשה דידן כתיב גם כן ושמעתי כי חנון אני כשיצעק מחמת דחקותו מפני הצינה, והכוונה דילפינן מהתם להכא כדאכתוב לקמן בסמוך: **כגון שהיה מהלך כו'.** טעם המשל לומר כי לא בכל פועל הכתוב מדבר, אלא במי שתובע שכרו, כי על הרוב אין לו אלא שכר זה, שזה דומה לחמור שעיניו נשואות לאלומה, וכן בבעל הבית כשאין לו מעות לפרוע אינו עובר, וכן כשהשכיר מכיר בבעל הבית שאין דרכו להיות בידו מעות אלא ביום השוק, אינו עובר עד שיעבור יום השוק, ולזה אמר כחמור שעיניו נשואות לאלומה הנראית לו, אז עובר, מה שאין כן הכי, ומינה ילפינן נמי לעבוט דדמי ליה, דלא מחייב להחזירו אלא כשהלוה תובעו, ודוקא כשצריך שאין לו כסות אחרת, אבל אם יש לו אחר שאינו צריך לזה הממושכן אין צריך להחזיר לו: **אלומה.** מלשון מאלמים אלומים: **מה עשה לו אדוניו בא והעמידו בביתו וקשר לו.** כן הוא בתנחומא, וקשר לו האלומה למעלה הימנו, שעיניו רואות וכלות, כן שכיר זה שהוא בר דעה בזכירה לבד תשות עליו נפשו כל שאין שכרו ניתן לו: **ומוציאו ריקם ואליו הוא נושא את נפשו וכאן כתיב ושמעתי כי חנון אני.** כן צריך לומר. וכן הוא בתנחומא: **(ח) מה כתיב אחריו אלהים לא תקלל ומה ענין זה לזה.** דעד השתא עסיק בדיני ממונות, וכן בתר הכי לא תשא שמע שוא, למה הפסיק באלהים לא תקלל, ומשני משום דקללת הדיינים מפני דיני ממונות הוא, כי כשלא יאות הדין לבעל דין יקלל את הדיין, כמעשה שמביא, והזהירה התורה שלא יקלל את הדיין, אלא יתן אל לבו כי הוא שופט על פי התורה: **לכך הזהיר הכתוב אלהים לא תקלל.** בין דיני ממונות: **תבואתך את מקלל.** כי כשיבזה את הדיין לא יתרצו אנשים כשרים לישב ולדון, ויבא הדבר לידי אנשים שאינם ראוים ויקלקלו הדין, ובטון קלקול הדין ועגוי הדין ועוות הדין

פירוש מהרז"ו

כשישקע השמש אז תשיבנו, שיהיה אצלו כל הלילה, והם שני כתובים מכחישים, והכריעו חז"ל, שמה שכתוב כבא השמש, על כסות לילה שישן בו, ומה שכתב שאמר הכתוב עד בא השמש ובבוקר טעות סופר, וכך צריך להיות, שאמר הכתוב עד בא השמש בבוקר אתה צריך להחזיר לו יתד של מחרישה, וכדלעיל. והוא הדין לכסות יום, וכן הוא לשון המכילתא כאן, עד בא השמש תשיבנו, זה כסות יום שאתה מחזיר לו כל היום, אין לי וכו' כסות לילה שאתה מחזיר לו כל הלילה מנין, תלמוד לומר השב תשיב לו את העבוט כבא השמש, וכן בגמרא בבא מציעא דף קי"ד (ע"ב), ובספרי תצא, ובתנחומא, וברש"י בחומש כאן, ובכי תצא. ועיין ירושלמי בבא מציעא סוף פרק המקבל, ומה שאמר שם בירושלמי, וכבא השמש, כי מעלי שמשא, פירושו שקיעת השמש, כמו שכתוב דניאל ו' פסוק ט"ו ועד מעלי שמשא. ושאר דברי הירושלמי אינם מובנים כלל, ועיין שם: **וכן אתה מוצא בפועל.** דומה לדרשת המשכון, והובא אגב מאמר הנ"ל, ואף שאינו שייך כאן: **ביומו תתן שכרו.** וסיפיה דקרא ולא תבא עליו השמש בסדר תצא, שמשלם לו ביום ולא בלילה, ובריש קדושים כתוב ולא תלין פעולת שכיר אתך עד בוקר, שמשלם לו בלילה ולא ביום, שני כתובים מכחישים, והכריעו, שפסוק ביומו תתן שכרו ולא תבא עליו השמש, מדבר בשכיר לילה שעבד כל הלילה שגובה כל היום. ומה שכתוב ולא תלין וגו', מדבר בשכיר יום שעבד כל היום שגובה כל הלילה, וכמו שאמרו בבא מציעא דף ק"י במשנה ובריי־תא, ובספרי תצא, ורש"י קדושים: **ואומר כי היא כסותו.** חוזר לענינו של משכון: **שני דברים יש כאן.** היינו בסדר תצא פסוק וכבא השמש, ופסוק ביומו תתן שכרו ולא תבא עליו השמש כי עני הוא ואליו הוא נושא את נפשו, היינו מה שמקווה כל היום לאכול ממנו, ושם כתוב ולא יקרא עליך אל ה' והיה בך חטא, וכאן כתיב והיה כי יצעק אלי ושמעתי, והענינים דומים: **(ח) מה כתיב אחריו.** אחר אם חבול תחבול כתוב אלהים לא תקלל וגו' מלאתך ודמעך לא תאחר, ודורש סמוכים:

מתנות כהונה

השמש זמנין תפתר ליה לא תדנח עליו שמשא וזמנין את פתר ליה לא תטמע עליו שמשא: הכי גרסינן בתנחומא **כי עני הוא. ואומר כי הוא: מכרו לו אלומה** גרסינן]: **קשר הוא האלומה.** כשבא לביתו הוא קושר את החמור והאלומה למעלה הימנו והכי איתא בתנחומא: הכי גרסינן **כל הדרך רץ בשבילה ולא נתתה בפניו כך שכיר עמל ומצטער:**

אשד הנחלים

והחמור אחריו. מבאר בזה מליצת הכתוב, ואליו הוא נושא את נפשו, כי הרי זה ממש כחמור המצפה בחושיו על אלומה, שעל כן עמל והולך במרוצה, אולי ישיג האלומה ההולכת לפניו, כן זה עמל ויגע על ידי הקווי שאחר כך יטול שכרו, וזאת תנחומתו, כי תנחומי האחרית יקל על האדם המעשה אשר יעשה, ואתה מוציאו ריקם, אין לך מפח נפש יותר מזה אף לבעלי חיים, ומכל שכן להאדם: **[ח] ומה ענין כו' מעשה כו'.** לכאורה לא ידענו האם במעשה הזאת מתורץ סמיכות הכתובים. והנראה מפני שהכתוב הראשון אמר ושמעתי כי חנון אני, שבאורו ושמעתי להענישך ולהכאיבך, כי חנון אני על הזולת, ואם כן מזה תבין מדת הדין המחייבך הוא לא מפני שחפצו להרע, כי אם שהוא מזכה לאחר, כי מדוע אתה משבח אותו מפני שהוא מזכה, גם עתה הוא מזכה לאחר, הבן זאת, כי בא לבאר שיתבונן כי העונש הוא גם כן מצד החמלה, כי מאי נפקא מיניה החמלה עליו או על הזולת: **תבואתך.** שעל ידי זה חס ושלום יאחר תבואתך, כי לא יתן לך פריו מהר:

חידושי הרד"ל

יש כאן מחזיר את המחרישה ביום ואת הכר בלילה (כלשון המשנה סוף פרק המקבל) **אמור מעתה שאתה צריך כו' בא השמש ונוטל יתד השכים בבוקר אתה צריך להחזיר לו יתד של מחרישה ואומר כי היא כסותה כו' כי חנון אני וכן אתה אומר בפועל ביומו תתן שכרו למה כי עני הוא שני דברים יש כאן דומין זה לזה כו'.** כן צריך לומר. ורצה לומר שבפרשת תצא כתוב פועל אחר השבת העבוט (שם פסוק יד), ושם בפועל נאמר (פסוק טו) גם כן ולא יקרא עליך אל ה' כמו כאן בהשבת העבוט: **כגון שהיה מהלך כו'.** לפרושי לשון אליו נושא את נפשו, שנושא ותולה עיניו ולבו על בעל הבית לשכרו, כמו החמור שעיניו מצפות למעלה על האלומה שעל כתפו: **כל היום שהוא מקוה לשכרו.** לשון המקרא (איוב ז, ב) כשכיר יקוה פעלו: **[ח] לא תקלל מה ענין זה לזה כו' מעשה באחד כו'.** שעל ידי דיינין הגופלים בעניני כסף תלוה וכיוצא בו באין לידי קללת הדיינין, לכך נסמך אזהרתו לו, כן כתב רבינו בחיי, ועיין רמב"ן:

חידושי הרש"ש

מעלי שמשא, (וכן לקמן במדרש (סוף סימן י) משמע דדורש עד בוא השמש דהכא היינו זריחה, שהרי מביא עליו כתוב דוזרחה לכם יראי שמי שמש כו'), ומזה תמהתי על התוספות ריש ברכות (ב, ב) בד"ה דילמא. שהקשו על פירש"י דשם דהא נקט בקרא ובא השמש אלמא דהיינו שקיעת החמה, ואם תרצה לדחות ולומר דהגמרא שלנו פליגא בהא אירושלמי בפירוש כבוא השמש ומפרש ליה בכסות לינה, (בבבא מציעא קיד, ב), וכן קרא דולא תבוא עליו השמש משמע שם (קי, ב) דמוקי ליה בשכר לילה שגובה כל היום, אבל מה יענו בסוגיא דסוטה (לג, ב) דרבי יהודה דריש שם פסוק דאחרי דרך מבוא השמש מקום שהחמה זורחת, עיין שם, וצריך עיון:

אם למקרא

בְּיוֹמוֹ תִתֵּן שְׂכָרוֹ וְלֹא תָבוֹא עָלָיו הַשֶּׁמֶשׁ כִּי עָנִי הוּא וְאֵלָיו הוּא נֹשֵׂא אֶת נַפְשׁוֹ וְלֹא יִקְרָא עָלֶיךָ אֶל ה' וְהָיָה בְךָ חֵטְא: (דברים כד:טו)

ידי משה

כתיב לא תהיה לו כנושה בלשון יחיד, ואחר כך אומר לא תשימון לשון רבים, ומשני שזה קאי על המלוה, וזה קאי על עדים ודיינין וסופר, לכך נאמר בלשון רבים:

אמרי יושר

אמרו לו רשע כל הדרך ההוא רץ בשבילך. כיוונו כי ביומו תתן שכרו כולל בין לאדם בין לבהמה, כי רחמיו על כל מעשיו: **[ח] כתיב אחריו אלהים לא תקלל.** שעל ענין ההלואה יפלו דברים בינו ובין חבירו, ומזה בא לקלל את הדיין:

שֶׁנֶּאֱמַר ״מְלֵאָתְךָ וְדִמְעֲךָ לֹא תְאַחֵר״ – as it is stated in the next verse, ***Do not delay "melei'ascha"*** [מְלֵאָתְךָ] ***or your priestly heave-offering.***[124] **לְכָךְ נִכְתְּבוּ זֶה אַחַר זֶה – Therefore [these two verses] are written one following the other.** **וְכֵן אַתָּה מוֹצֵא כְּשֶׁהַדַּיָּינִין מִתְקַלְּלִין הַתְּבוּאָה מִתְמַעֶטֶת – And so you find that when judges are cursed** or otherwise vilified, **the produce becomes diminished,** **שֶׁנֶּאֱמַר ״וַיְהִי בִּימֵי שְׁפֹט הַשֹּׁפְטִים וַיְהִי רָעָב בָּאָרֶץ״ – as it is stated, *And it happened in the days of the judging of the Judges, that there was a famine in the land*** (*Ruth* 1:1).[125]

Another explanation of v. 28, tying the beginning of the verse to the end:

לְכָךְ נֶאֱמַר ״מְלֵאָתְךָ וְדִמְעֲךָ לֹא תְאַחֵר״ – For this reason **it is stated, *Do not delay your fullness-offering or "dim'acha"*** [וְדִמְעֲךָ], **לֹא תַפְרִישׁ מַעַשְׂרוֹת שֶׁלֹּא כְּתִקְנָן** – to teach the following: **Do not separate the tithes improperly,** **לֹא תַפְרִישׁ מַעֲשֵׂר וְאַחַר כָּךְ תְּרוּמָה** – meaning, **do not separate *maaser* and then *terumah,*** **וְלֹא מַעֲשֵׂר שֵׁנִי וְאַחַר כָּךְ מַעֲשֵׂר רִאשׁוֹן – or *maaser sheni* and then *maaser rishon.***[126] **לְכָךְ נֶאֱמַר ״לֹא תְאַחֵר״** – **Therefore** it is **stated, *Do not delay.***[127] **וְאִם הִפְרַשְׁתָּ כְּתִקְנָן בָּנִים זְכָרִים אֲנִי נוֹתֵן לְךָ** – Accordingly, God promises, **"If you have separated** the tithes **properly, I will grant you male offspring,"** **שֶׁנֶּאֱמַר ״בְּכוֹר בָּנֶיךָ תִּתֶּן לִי״ – as it is stated** subsequently in the verse, ***The firstborn of your sons shall you present to Me.***[128] **שֶׁבְּכוֹרֵי יִשְׂרָאֵל בַּמִּדְבָּר הָיוּ כֹּהֲנִים, שֶׁנֶּאֱמַר ״וַיִּשְׁלַח אֶת נַעֲרֵי בְּנֵי יִשְׂרָאֵל״ – For the firstborn of Israel in the Wilderness [served as] priests, as it is stated, *He sent the youths of the Children of Israel*** *and they brought up burnt-offerings, etc.* (*Exodus* 24:5).[129] **וּכְשֶׁחָטְאוּ בָּעֵגֶל הוֹצִיאָן הַקָּדוֹשׁ בָּרוּךְ הוּא וְהֶעֱמִיד לְוִיִּם תַּחְתָּם – However, when they** subsequently **sinned with the** Golden **Calf, the Holy One, blessed is He, dismissed them and appointed the Levites in their stead,** **שֶׁכֵּן הוּא אוֹמֵר ״וַאֲנִי הִנֵּה לָקַחְתִּי אֶת הַלְוִיִּם . . . תַּחַת כָּל בְּכוֹר״ – for it states, *"Behold! I have taken the Levites*** *from among the Children of Israel,* ***in place of every firstborn,*** *the first issue of every womb among the Children of Israel"* (*Numbers* 3:12). **לְכָךְ נֶאֱמַר ״בְּכוֹר בָּנֶיךָ תִּתֶּן לִי״** – **Therefore it is stated, *The firstborn of your sons shall you present to Me.***[130]

NOTES

124. In this exposition, the Midrash understands the word מְלֵאָתְךָ, translated above as *your fullness-offering*, as referring to the actual produce of the field when it is *full* in its spikes and ready to be harvested. Scripture is thus warning not to curse the judge so that the produce not be cursed and its arrival not be delayed (*Toldos Noach* s.v. לא וכו׳; see also *Eitz Yosef*).

As to why cursing a judge results in ruination of the produce, *Eitz Yosef* explains that when a judge is humiliated and degraded, no upstanding individual will wish to serve as a judge. This will result in corrupt individuals serving as judges and, consequently, the perversion of justice. Now, the Gemara (*Shabbos* 33a) teaches that the sin of rendering faulty judgment results in famine and in people eating without being satiated. Thus, by cursing the judges, a person is in effect ruining the produce.

125. That is, the Sages (*Bava Basra* 15b, *Ruth Rabbah* 1 §1) expound the expression שְׁפֹט הַשֹּׁפְטִים to mean that in that generation, the judges themselves were judged by the population, i.e., instead of obeying the judges, the people would tell them to correct their own wrongdoing (*Maharzu*, *Eitz Yosef*).

126. The proper order for separating *bikkurim*, *terumah*, and tithes (of which there are three types; see below) is as follows: First, *bikkurim* (first fruits) are designated, to be brought up to Jerusalem and presented to the Kohen. Then *terumah* (anywhere between a fortieth and a sixtieth of the crop, depending on the generosity of the owner) is separated to be given to the Kohen. Then *maaser rishon* (first tithe) is separated from the rest of the crop to be given to the Levite. After that, during the first, second, fourth, and fifth years of the seven-year agricultural cycle, *maaser sheni* (second tithe) is separated from the crop to be taken to Jerusalem and eaten there; during the third and sixth years, *maasar ani* (the tithe of the poor) is separated to be given to the poor. [For the Scriptural basis for this order, see Mishnah *Terumos* 3:7 and *Rashi* to *Temurah* 4a s.v. מפני וכו׳.]

Now, the verse prohibits one from delaying מְלֵאָתְךָ or דִּמְעֲךָ. As the Gemara (*Temurah* 4a) explains, מְלֵאָתְךָ, *your fullness-offering*, refers to *bikkurim*, and דִּמְעֲךָ refers to *terumah* (see *Rashi* ad loc. s.v. אלו ביכורים and s.v. זו תרומה and *Tosafos* ad loc. s.v. מלאתך וכו׳ for the explanation of these terms). The Gemara therefore states that one who separates *terumah* before *bikkurim* has violated this prohibition. As *Rashi* ad loc. (s.v. זו תרומה) explains, *delaying* the *bikkurim* means postponing their designation until after the *terumah* is designated. The Gemara further states that one who separates *maaser sheni* before *maaser rishon* has also violated this prohibition. As *Rashi* ad loc. (s.v. מפני וכו׳) and *Tosafos* ad loc. (s.v. שהקדים וכו׳) explain, this is because both *terumah* and *maaser rishon* are included in דִּמְעֲךָ. Thus, *delaying* דִּמְעֲךָ means both separating *terumah* after *maaser* and separating *maaser rishon* after *maaser sheni*.

127. For if the verse merely meant to warn of the ruination of the produce as a result of cursing the judges, the word וְדִמְעֲךָ would remain unaccounted for. Therefore, the verse must also be stating a prohibition not to delay the fullness-offering or the priestly heave-offering (*Toldos Noach*).

128. I.e., I will see to it that your firstborn child will be a male [see below] and I will grant you more sons as well (*Eitz Yosef*). By stating *the firstborn of your sons*, Scripture indicates that there will be more sons to come (*Tiferes Tzion*).

129. The "youths" are understood by the Midrash to mean the firstborn (see *Zevachim* 115b, *Bamidbar Rabbah* 4 §8). Since they performed the sacrificial service at Sinai, we see that they had the status of priests. And since at one time they had the status of priests, we see that they are inherently invested with greater sanctity (*Eitz Yosef*). The Midrash cites this teaching to explain why it is considered a blessing for one's firstborn to be a male (ibid., s.v. בנים וכו׳).

130. I.e., that is why this commandment immediately follows the prohibition against delaying the tithes, as was explained above (*Eitz Yosef*). Furthermore, because the firstborn have inherent sanctity, the word לִי, *to Me*, is applicable even nowadays (*Yefeh To'ar*; see also *Eitz Yosef*).

שֶׁנֶּאֱמַר [כב, כח] "מְלֵאָתְךָ וְדִמְעֲךָ לֹא תְאַחֵר", לְכָךְ נִכְתְּבוּ זֶה אַחַר זֶה, וְכֵן אַתָּה מוֹצֵא כְּשֶׁהַדַּיָּינִין מִתְקַלְקְלִין הַתְּבוּאָה מִתְמַעֶטֶת, שֶׁנֶּאֱמַר (רות א, א) "וַיְהִי בִּימֵי שְׁפֹט הַשֹּׁפְטִים וַיְהִי רָעָב בָּאָרֶץ", לְכָךְ נֶאֱמַר "מְלֵאָתְךָ וְדִמְעֲךָ לֹא תְאַחֵר", 'לֹא תַפְרִישׁ מַעַשְׂרוֹת שֶׁלֹּא כְּתִקְנָן, לֹא תַפְרִישׁ מַעֲשֵׂר וְאַחַר כָּךְ תְּרוּמָה וְלֹא מַעֲשֵׂר שֵׁנִי וְאַחַר כָּךְ מַעֲשֵׂר רִאשׁוֹן, לְכָךְ נֶאֱמַר "לֹא תְאַחֵר", וְאִם הִפְרַשְׁתָּ כְּתִקְנָן בָּנִים זְכָרִים אֲנִי נוֹתֵן לְךָ, שֶׁנֶּאֱמַר [כב, כח] "בְּכוֹר בָּנֶיךָ תִּתֶּן לִי", שֶׁבְּכוֹרֵי יִשְׂרָאֵל בַּמִּדְבָּר הָיוּ כֹּהֲנִים, שֶׁנֶּאֱמַר (לקמן כד, ה) "וַיִּשְׁלַח אֶת נַעֲרֵי בְּנֵי יִשְׂרָאֵל" וּכְשֶׁחָטְאוּ בָּעֵגֶל הוֹצִיאָן הַקָּדוֹשׁ בָּרוּךְ הוּא וְהֶעֱמִיד לְוִיִּם תַּחְתָּם, שֶׁכֵּן הוּא אוֹמֵר (במדבר ג, יב) "וַאֲנִי הִנֵּה לָקַחְתִּי אֶת הַלְוִיִּם ... תַּחַת כָּל בְּכוֹר", לְכָךְ נֶאֱמַר [כב, כח] "בְּכוֹר בָּנֶיךָ תִּתֶּן לִי":

עץ יוסף

רעב של בצורת בא, ובני אדם אוכלין ואין שביעין, כדאיתא במסכת שבת פרק במה מדליקין (לג, א): **שנאמר מלאתך ודמעך לא תאחר.** דריש לא תאחר שלא יתאחר מלבא לעולם, והיינו שני רעב שמתעכב התבואה מלבא בזמנו: **לכך נכתבו זה אחר זה.** שגם על פסוק מלאתך ודמעך לא תאחר גם כן קשה למה נכתב בין דיני ממונות, ולפי דרש זה ניחא: **ויהי בימי שפוט השופטים.** שפירושו דור ששופט את שופטיו, כדאיתא בפרק קמא דבבא בתרא (טו, ב), ובריש רות רבה: **לא תפריש מעשרות שלא כתיקונן.** דריש עוד לא תפריש מעשרות שלא כתיקונם, היינו שלא כסדרן, וזהו מלאתך ודמעך (התרומה) לא תאחר, שלא יתאחר המוקדם: **בנים זכרים אני נותן לך.** פירוש שיהיה הבכור שלך זכר, וגם ביתר בניו אשרי מי שבניו זכרים, ומפרש מה הוא המעלה בבכור זכר ואמר מפני שמתחלה הם היו העיקר, ובוודאי שגם עכשיו יש בהם קדושה יתירה מפשוט: **לכך נאמר בכור בניך תתן לי.** אחר מלאתך ודמעך לא תאחר כתיב בכור בניך תתן לי, וקאמר לי משום דקדושים הם מצד עצמם:

פירוש מהרז"ו

ויהי בימי שפוט השופטים. עיין בראשית רבה פרשה מ"ב סימן ג ושם נסמן, וכמו שאמרו בריש רות דור ששפטו את שופטיהם, ועיין תנחומא כאן סימן ט: **לא תפריש.** מכילתא כאן. כי תחלה צריך להפריש תרומה גדולה, ואחר כך מעשר ראשון: **בכור בניך.** סיפיה דקרא של מלאתך הנ"ל, ועל פי מדת מנגד: **כהנים היו.** במדבר רבה פרשה ג' סימן י' פרשה ד' סימן ח: **וישלח את נערי.** ויעלו עולות ויזבחו זבחי שלמים, והנערים הם הבכורים:

מסורת המדרש

י. מכילתא כאן פרשה י"ט:

אם למקרא

וַיְהִי בִּימֵי שְׁפֹט הַשֹּׁפְטִים וַיְהִי רָעָב בָּאָרֶץ וַיֵּלֶךְ אִישׁ מִבֵּית לֶחֶם יְהוּדָה לָגוּר בִּשְׂדֵי מוֹאָב הוּא וְאִשְׁתּוֹ וּשְׁנֵי בָנָיו:
(רות א:א)

וַיִּשְׁלַח אֶת נַעֲרֵי בְּנֵי יִשְׂרָאֵל וַיַּעֲלוּ עֹלֹת וַיִּזְבְּחוּ זְבָחִים שְׁלָמִים לַה' פָּרִים:
(שמות כד:ה)

וַאֲנִי הִנֵּה לָקַחְתִּי אֶת הַלְוִיִּם מִתּוֹךְ בְּנֵי יִשְׂרָאֵל תַּחַת כָּל־בְּכוֹר פֶּטֶר רֶחֶם מִבְּנֵי יִשְׂרָאֵל וְהָיוּ לִי הַלְוִיִּם:
(במדבר ג:יב)

מתנות כהונה

[ח] **ויהי בימי שפוט השופטים.** ודרשו חז"ל שהדור היו שופטים את שופטיהם והכי איתא בתנחומא:
הכי גרסינן **בכור בנך תתן לי שבכורי:**

נחמד למראה

[ח] **שבכורי ישראל במדבר היו כהנים שנאמר וישלח את נערי בני ישראל וכשחטאו בעגל הוציאן הקדוש ברוך הוא והעמיד לוים תחתם שכן הוא אומר כו'.** במסכת חגיגה דף ו' ע"ב בעי רב חסדא האי קרא היכי כתיב, וישלח את נערי בני ישראל ויעלו עולות כבשים ויזבחו זבחים שלמים לה' פרים, או דלמא אידי ואידי פרים, למאי נפקא מינה מר זוטרא אמר לפסוקי טעמים עד כאן. ופירש רש"י ז"ל לפסוקי טעמים בנגינות, אם תאמר שני מינים צריך אתה לפסוק הטעם של ויעלו עולות באתנחתא, כמו שאנו קורין, או בזקף קטן טעם שמפסיק הדבור ממה שאחריו, ואם מין אחד היה צריך אתה לקרותו באחד משאר הטעמים שאינם מפסיקים, כגון פשטא או רביע עכ"ל. ופשוט הוא במה שפירש רש"י באחד משאר הטעמים שאינם מפסיקים כגון פשטא או רביע, עם היות שכפי האמת טעמים מפסיקים הם, היינו לפי שבא להורות שאינם מפסיקים בענין זה הפסק מאמר שלם כמו האתנחתא וזקף קטן, אבל הם מפסיקים הפסק חלק מאמר. ואולם יש להפליא במה שפירש רש"י ז"ל שבבחינת מין אחד היה ראוי להנקד טעם ויעלו עולות בטעם פשטא או רביע, ולכאורה יורה סידור דבריו כאלו הוא מסופק בדבר באיזה מהם ראוי להנקד, ואנכי היודע ועד כי רש"י ז"ל היה יודע בדיני פסקי הטעמים, והיה בקי בהן ובהלכותיהן, כאשר נראה ממה שהזכיר מהם בפירוש המקרא בכמה מקומות, ולכן נפלאתי אם כן למה לא אמר בלשון ברור איזה מהם יכשר פשטא או רביע, ואם היה מסופק בדבר, למה נקט דוקא שנים אלה, ולמה לא תלה הספק בשאר הטעמים זולתם דכוותייהו. תו קשיא לי במה שאמר אם תאמר שני מינים צריך אתה לפסוק הטעם של ויעלו עולות באתנחתא, כמו שאנו קורין או בזקף קטן. הנה אם אנו קורין באתנחתא בזאת הבחינה כאשר הוא נקוד בכל הספרים בלי שנוי, לאיזה צורך הוצרך להזכיר גם הזקף קטן. אשר לא נמצא בכל אחד מן הספרים. ואחרי הסתכלות העיון מצאתי כי כל דבריו לדקו יחדו והם נכונים בעומק הדעת, כי הוא ז"ל רוצה לצאת ידי חובת פסקי טעמי פסוק זה אליבא דכולי עלמא, משום דאיכא מאן דאמר שעבודת הבכורות היתה נוהגת עד יום הקמת המשכן, ואיכא מאן דאמר שמסיני פסקה עבודת הבכורות ונלטוו הכהנים, כדאיתא בזבחים (דף קט"ו ע"ב) עיין שם. וכדעה האחרונה כך סובר המדרש כאן באמרו וכשחטאו בעגל הוציאן הקב"ה וכו', וזה היה בסיני. וברור הוא כי פסוק וישלח את נערי בני ישראל וגו', ענין זה היה אחר סיני וקודם הקמת המשכן, וכפי זה דברי רש"י ז"ל עולים יפה מכל הצדדים. וזה שאם נאמר כי שני מינים היו, ולמאן דאמר שעבודת הבכורות היתה נוהגת עד יום הקמת המשכן, פשוט הוא כי דבר נכון הוא להיות טעם אתנחתא בויעלו עולות, כאשר הוא נקוד בכל הספרים שלנו וַיִּשְׁלַח אֶת נַעֲרֵי בְּנֵי יִשְׂרָאֵל וַיַּעֲלוּ עֹלֹת וַיִּזְבְּחוּ זְבָחִים שְׁלָמִים לַיהוָה פָּרִים, וזה לשתי סבות, אם כדי להפסיק הדבור ממה שאחריו, להורות כי שני מינים היו, אם כדי שהמאמר וישלח את נערי בני ישראל יהיה רהוט עם מאמר ויעלו עולות, להורות שהבכורות היו מקריבים ולא הכהנים, ואף על גב שהזקף קטן מפסיק גדול הוא, שיש בכחו להפסיק הפסק מאמר, מכל מקום בנדון דידן הוא נמשך לאחריו, כמשפט כל טעם מפסיק שהוא פחות מן הטעם המפסיק שאחריו כפי סדר הקריאה. ואל תשאלני לאמר הלא באמת הוא גדול יותר מן הטעם המפסיק שאחריו, כיון שיש אחריו טפחא במלת וַיַּעֲלוּ, והזקף קטן הוא יותר גדול ממנו, כי תשוב ותתבונן שמלת ויעלו אינה כמלה מופסקת לגמרי, שהרי כפי התכת המלות בחבור והפסק מלה מחוברת היא אלא שנקוד בטפחא, לפי שאמרו וישלח את נערי בני ישראל מאמר שלם, ושוב לא יתכן להנקד ויעלו בטעם משרת לפני האתנחתא, לפי שאין נכון להתחיל ולגמור בנשימה אחת מבלי העמדת המבטא, כמו שהתבאר בספר שערי זמרה שער הששי פתח ב', וכפי זה יהיו פסקי טעמי המקרא הזה נכונים כפי מה שהם מנוקדים בפסוק, איברא אם שני מינים היו, ולמאן דאמר שמסיני פסקה עבודת הבכורות ונלטוו הכהנים כפי דעת המדרש, הנה כפי זה צריך להיות האתנחתא במאמר וישלח את נערי בני ישראל להפרידו ממאמר ויעלו עולות, להורות כי מאמר ויעלו עולות על הכהנים קאי לא אנערי בני ישראל, וכפי זה יהיה זקף קטן במלת עולות, ויהיה המכוון בו וישלח את נערי בני ישראל להביא העולות לא להקריב אותן על המזבח, ויהיו פסקי טעמי פסוק זה בנגינות אלה וַיִּשְׁלַח אֶת נַעֲרֵי בְּנֵי יִשְׂרָאֵל וַיַּעֲלוּ עוֹלֹת וַיִּזְבְּחוּ זְבָחִים שְׁלָמִים לַיהוָה פָּרִים. וזהו מה שפירש רש"י ז"ל או בזקף קטן כי זהו אליבא דמאן דאמר שמסיני פסקה עבודת הבכורות, ונלטוו הכהנים כאמור. ואולם אם מין אחד היה, ולמאן דאמר שעבודת הבכורות היתה נוהגת עד יום הקמת המשכן, הנה בזאת הבחינה לא יהיה שום אתנחתא בפסוק זה, וזה לשתי סבות, כי לא יתכן להיות אתנחתא במלת ישראל כדי שלא להפרידו מן ויעלו עולות, דהא קיימינן השתא כי ויעלו עולות אנערי בני ישראל קאי שהם הקריבו, וכפי זה יהיו פסוקי טעמי הפסוק בנגינות אלה, וַיִּשְׁלַח אֶת נַעֲרֵי בְּנֵי יִשְׂרָאֵל וַיַּעֲלוּ עוֹלֹת וַיִּזְבְּחוּ זְבָחִים שְׁלָמִים לַיהוָה פָּרִים, ונקוד אז נערי בטעם לגרמיה, כי כך הוא מנהג פסקי הטעמים כאשר תהיה לפני מונח רביע מלה מופסקת כפחות מן הרביע, ולפניה תהיה מלה מוספקת יותר ממנה, אבל היא מופסקת פחות מן הרביע, אזי תמיד יהיה המפסיק שלפני רביע לגרמיה, והמפסיק שלפני הגרמיס הוא גרש או באי כחו, ואולם אם מין אחד ולמאן דאמר שמסיני פסקה עבודת הבכורות ונלטוו הכהנים כדעת המדרש, הנה כפי זה יהיה אתנחתא

אשד הנחלים

בימי שפוט. שדרשו חז"ל (רות רבה א, א בבא בתרא טו, ב) דור ששפטו את שופטיהם: **לא תפריש.** זהו פשט הכתוב: **בנים זכרים.** שלכן נסמך זאת לזה. ומפרש מה היה המעלה בבכורים, מפני שבתחלה הם היו העיקר:

כֵּן תַּעֲשֶׂה לְשֹׁרְךָ לְצֹאנֶךָ שִׁבְעַת יָמִים יִהְיֶה עִם אִמּוֹ בַּיּוֹם הַשְּׁמִינִי תִּתְּנוֹ לִי. וְאַנְשֵׁי קֹדֶשׁ תִּהְיוּן לִי וּבָשָׂר בַּשָּׂדֶה טְרֵפָה לֹא תֹאכֵלוּ לַכֶּלֶב תַּשְׁלִכוּן אֹתוֹ.

So shall you do to your ox, to your flock; for a seven-day period shall it be with its mother, on the eighth day you shall present it to Me. People of holiness shall you be to Me; you shall not eat flesh of an animal that was torn in the field; to the dog shall you throw it (22:29-30).

§9 כֵּן תַּעֲשֶׂה לְשֹׁרְךָ – *SO SHALL YOU DO TO YOUR OX, TO YOUR FLOCK; FOR A SEVEN-DAY PERIOD SHALL IT BE WITH ITS MOTHER, ON THE EIGHTH DAY YOU SHALL PRESENT IT TO ME. PEOPLE OF HOLINESS SHALL YOU BE TO ME; YOU SHALL NOT EAT FLESH OF AN ANIMAL THAT WAS TORN IN THE FIELD; TO THE DOG SHALL YOU THROW IT.*

Simply understood, the verse appears to be stating a specific law with regard to firstborn animals, that they be offered as a sacrifice on the eighth day following birth specifically. The Midrash explains:

"וּמִיּוֹם הַשְּׁמִינִי וְהָלְאָה" – With regard to *olah*-offerings, Scripture states elsewhere, *When an ox or a sheep or goat is born, it shall remain under its mother for seven days;* **and from the eighth day on,** *it is acceptable for a fire-offering to HASHEM* (*Leviticus* 22:27). וְכֵן כְּתִיב כָּאן "וּבַיּוֹם הַשְּׁמִינִי תִּתְּנוֹ לִי" – **And similarly, here** in our verse **it is written,** ***On the eighth day you shall present it to Me.***[131]

The Midrash explains the significance of the expression *to Me*:

וְאִם נָתַתָּ אֵין אַתָּה נוֹתֵן מִשֶּׁלְּךָ אֶלָּא מִשֶּׁלִּי – **If you give, you will not be giving of your own but rather of Mine;**[132] וְכֵן הוּא אוֹמֵר "כִּי מִמְּךָ הַכֹּל וּמִיָּדְךָ נָתַנּוּ לָךְ" – **and similarly it states,** ***For everything is from You, and from Your hand have we given to You*** (*I Chronicles* 29:14).[133]

The Midrash explains the connection between vv. 28-29 and v. 30 of our passage:

וְאִם עֲשִׂיתָ כֵּן "אַנְשֵׁי קֹדֶשׁ תִּהְיוּן לִי" – **And if you do so,** i.e., if you will observe the laws of *terumah* and *maaser*, and those of the first-born, properly, ***People of holiness shall you be to Me.***[134] וְכֵן כְּתִיב "קֹדֶשׁ יִשְׂרָאֵל לַה׳ רֵאשִׁית תְּבוּאָתוֹ" – **And similarly it is written,** ***Israel is holy to HASHEM, the first of His crop*** (*Jeremiah* 2:3); כְּשֵׁם שֶׁהָעֲרֵימָה הַזֹּאת עוֹמֶדֶת וְהַכֹּהֵן יוֹרֵד לְתוֹכָהּ וְנוֹטֵל מִתּוֹכָהּ הַתְּרוּמָה – for **just as the stack** of produce **stands** ready, **and the Kohen goes down to it and takes** for himself **the *terumah* from it,** כָּךְ עָשָׂה הַקָּדוֹשׁ בָּרוּךְ הוּא אֶת הָעוֹלָם עֲרֵימָה – **so did the Holy One, blessed is He, make the world a "stack,"** i.e., a gathering of many diverse peoples, וְנָטַל אֲבוֹתֵינוּ שֶׁהֵם תְּרוּמָתוֹ – **and He took our forefathers who were His *terumah*,** שֶׁנֶּאֱמַר "קֹדֶשׁ יִשְׂרָאֵל לַה׳ רֵאשִׁית תְּבוּאָתוֹ" – **as it is stated, *Israel is holy to HASHEM, the first of His crop.*** וּלְכָךְ אָמַר הַקָּדוֹשׁ בָּרוּךְ הוּא לְיִשְׂרָאֵל – **Therefore the Holy One, blessed is He, said to** the people of **Israel,** בִּשְׁבִיל שֶׁאַתֶּם תְּרוּמָה אֵין לָכֶם רְשׁוּת לֶאֱכוֹל טְרֵפָה – **"Since you are** beloved and attached to Me as ***terumah,***[135] **you have no right to eat** flesh of an animal that was **torn,** שֶׁנֶּאֱמַר "וּבָשָׂר בַּשָּׂדֶה טְרֵפָה לֹא תֹאכֵלוּ לַכֶּלֶב תַּשְׁלִכוּן אֹתוֹ" – **as it is stated** further in our verse, ***You shall not eat flesh of an animal that was torn in the field; to the dog shall you throw it.***[136]

The Midrash expounds the end of the verse:

לָמָּה לַכֶּלֶב – **Why** does Scripture say to throw it **to the dog?** אָמַר הַקָּדוֹשׁ בָּרוּךְ הוּא: חַיָּיבִים אַתֶּם לַכְּלָבִים – For **the Holy One, blessed is He, said, "You,** people of Israel, **are beholden to the dogs;** שֶׁבְּשָׁעָה שֶׁהָרַגְתִּי בְּכוֹרֵי מִצְרַיִם וְהָיוּ הַמִּצְרִיִּים יוֹשְׁבִין כָּל הַלַּיְלָה וְקוֹבְרִין מֵתֵיהֶם – **for when I slew the firstborn of Egypt, the Egyptians were sitting the whole night and burying their dead,** וְהַכְּלָבִים נוֹבְחִין לָהֶם, וּלְיִשְׂרָאֵל אֵינָן נוֹבְחִין – **and the dogs barked at them, but at** the people of **Israel they did not bark,"** שֶׁנֶּאֱמַר "וּלְכֹל בְּנֵי יִשְׂרָאֵל לֹא יֶחֱרַץ כֶּלֶב לְשֹׁנוֹ" – **as it is stated, *But against all the Children of Israel, no dog shall whet its tongue*** (above, 11:7).[137] לְפִיכָךְ אַתֶּם חַיָּיבִים לַכְּלָבִים, שֶׁנֶּאֱמַר "לַכֶּלֶב תַּשְׁלִכוּן אֹתוֹ" – **"Therefore, you are beholden to the dogs;** and therefore, throw the flesh of the torn animal to them," **as it is stated** in our verse, ***to the dog shall you throw it.***[138]

NOTES

131. Our verse teaches that on the eighth day itself a firstborn may be offered, while the *Leviticus* verse teaches that an *olah*-offering may be brought *after* the eighth day following birth. *Toras Kohanim* to the *Leviticus* verse (as well as *Mechilta* to our verse) derive one from the other through the process of *gezeirah shavah*; thus, we learn that *all* offerings may be brought on the eighth day *and* afterward (see also *Rashi* to our verse, s.v. ביום וכו׳). Our Midrash means to allude to this exposition (*Yefeh To'ar*, cited by *Eitz Yosef*; *Maharzu*).

132. This is derived from the words *on the eighth day you shall present it to Me* [לִי]. The Midrash understands the word לִי to mean *that which is Mine* (*Rashash, Maharzu, Eitz Yosef*).

133. I.e., just as the *Chronicles* verse states that giving to God that which He gave to a person is called giving, so does our verse use the terminology of giving although it is already God's (*Imrei Yosher*). Alternatively, this verse teaches that the charity one gives is not included in his allotted income, which is fixed each year and cannot be increased (see *Beitzah* 16a); rather, God allots him extra money to enable him to give more charity. Thus, by giving charity he is merely returning to God that which is His. This is the meaning of our verse as well (*Tiferes Tzion*).

134. I.e., you will elevate yourselves above all the others in the same way that you have properly separated the portion that is to be holier than the rest (*Eitz Yosef*).

135. Ibid.

136. The verse's reference to *flesh of an animal that was torn in the field* has multiple meanings. According to the *Targum*, cited by *Rashi* to the verse (s.v. ובשר וכו׳), it refers to flesh that was torn from the animal while still alive. According to one opinion in the Gemara (*Chullin* 102b; see *Rashi* and *Tosafos* ad loc. s.v. ובשר וכו׳), it refers to the above case, as well as to the case of an animal that was fatally wounded (see also ibid. 42a), while according to one opinion it refers only to an animal that was fatally wounded. [See *Rambam, Hil. Maachalos Asuros* 4:6-10.] The Gemara elsewhere (ibid. 68a; see *Rashi* ad loc. s.v. ובשר וכו׳) infers several other prohibitions from this verse as well.

137. As the Gemara (*Bava Kamma* 60b) states, dogs howling signify that the Angel of Death is in the city (see *Rabbeinu Bachya* to *Exodus* 11:7 regarding the relationship between dogs and the Angel of Death). However, although the Israelites were walking among dead Egyptians, the dogs would not bark at them. Similarly, if an Egyptian died in the house of an Israelite, the dogs would refrain from barking there (*Eitz Yosef*).

138. See Insight Ⓐ.

INSIGHTS

Ⓐ **"To the Dog Shall You Throw It"** On the basis of our verse alone, the words *You shall not eat flesh of an animal that was torn in the field; to the dog shall you throw it* could be understood to mean simply that the meat is unfit for human consumption and, as a result, there is nothing left to do with it other than give it to the dog. Our Midrash implies, however, that the verse means more than this: We are being *bidden* to give it to the dog, in order to demonstrate our gratitude for what the dogs did in Egypt, and so is it stated similarly in *Mechilta* here.

Minchas Chinuch (*Mitzvah* 73) goes so far as to say, based on an inference from *Tosafos* (*Yoma* 36b s.v. לאו וכו׳), that there is an *obligation* to give it to the dog, and that one who disposes of it differently has violated a positive commandment of the Torah. He wonders, therefore, why this positive commandment is not found among the lists of the Torah's commandments compiled by various Rishonim.

This question is discussed in *Chikrei Lev* (*Yoreh Deah* I §19), who adduces further support for the premise that there is an actual positive

(ט) כן תעשה לשורך וגו' ביום השמיני תתנו לי ואם נתת אין אתה כו'. כן צריך לומר. ורוצה לפרש מלת לי, שפירושו שלי, וזה שאמר המדרש אלא משלי, וכן הוא אומר כי ממך הכל וגו', וזה ברור, והמקרא דפרשת אמור (ומיום השמיני והלאה) נזרק פה בטעות. והיפה תואר גרס כן תעשה לשורך כתיב (ויקרא כב) ומיום השמיני והלאה, וכן כתיב וביום השמיני תתנם לי, וכתב שהכוונה דהני תרי קראי ילפינן מזה לזה, דביום השמיני היה אפשר לומר דוקא ביום השמיני, אבל משמיני ואילך בכור פסול לקרבן, ומיום השמיני והלאה הוה אפשר לומר מיום השמיני והלאה, אבל ביום השמיני במוקדשים לא, אבל בגזירה שוה ילפינן מזה לזה ומזה לזה, מה בשאר המוקדשים מכשיר משמיני ואלך אף בבכור כן, ומה בבכור מכשיר ביום שמיני אף במוקדשים כן, וכדתניא בתורת כהנים עד כאן לשונו: **ואם עשית כן.** היינו הפרשת המעשרות כתיקונן ונתינת הבכורות, ואנשי קדש תהיון לי, פירוש נבדלים במעלה נעלה מעל כל, דכי היכי דהם מפרישין החלק מהכלל קדש לה', כן יהיו קדש: **וכן כתוב קדש ישראל לה' וגו'.** כלומר יעוד טוב הוא שיהיו קדושים לה' וחביבים מעל כל, כמו שאמר הכתוב קדש ישראל לה', וזה שאמר כשם שהתרומה וכו' שהם לגבי עובדי כוכבים במדרגת התרומה אצל החולין, שהיא קדושה וחביבה: **בשביל שאתם תרומה.** פירוש שאתה חביבים ודבקים לי: **והכלבים נובחים להם.** כמו שאמרו חכמינו ז"ל (בבא קמא ס, ב) כלבים צועקים מלאך המות בעיר, ולישראל אף שהיו בקרב מתי המצרים, וכן מצרי שמת בבית ישראל לא היו נובחין, וכדכתיב ולכל בני ישראל לא יחרץ כלב לשונו: **מה הכלבים אחד נובח וכולם מתקבצים ונובחים כו'.** המדרש רוצה ליתן סמיכות ענין למקרא שלאחריו, והיינו פסוק לא תשא שמע שוא, ואמר אבל אתם לא תהיו כן, כלומר להתעבר על ריב לא לכם, אף אם אחד צועק ועושה מריבה בעדות שקר על מי, לא תקבלו ותאמינו בו להמשך אחריו, ובענין זה יפה מדמהו לנביחת הכלבים, כמו שהם נובחים על חנם ונמשכים אחר המתחיל לנבוח בחנם, כן הוא קבלת העד שקר שבדה מלבו דבר שוא על אחר, כי אתם אנשי קודש ולא יאות לכם מדה פחותה ובזויה כזאת (יפה תואר):

ט [כב, כט] **"כֵּן תַּעֲשֶׂה לְשׁוֹרְךָ",** (ויקרא כב, כז) **"וּמִיּוֹם הַשְּׁמִינִי וָהָלְאָה", וְכֵן כְּתִיב כָּאן** [כב, כט] **"וּבַיּוֹם הַשְּׁמִינִי תִּתְּנוֹ לִי", וְאִם נָתַתָּ אֵין אַתָּה נוֹתֵן מִשֶּׁלְּךָ אֶלָּא מִשֶּׁלִּי, וְכֵן הוּא אוֹמֵר** (דברי הימים-א כט, יד) **"כִּי מִמְּךָ הַכֹּל וּמִיָּדְךָ נָתַנּוּ לָךְ", וְאִם עָשִׂיתָ כֵּן** [כב, ל] **"אַנְשֵׁי קֹדֶשׁ תִּהְיוּן לִי", וְכֵן כְּתִיב** (ירמיה ב, ג) **"קֹדֶשׁ יִשְׂרָאֵל לַה' רֵאשִׁית תְּבוּאָתֹה", כְּשֵׁם שֶׁהָעֲרֵימָה הַזֹּאת עוֹמֶדֶת וְהַכֹּהֵן יוֹרֵד לְתוֹכָהּ וְנוֹטֵל מִתּוֹכָהּ הַתְּרוּמָה, כָּךְ עָשָׂה הַקָּדוֹשׁ בָּרוּךְ הוּא אֶת הָעוֹלָם עֲרֵימָה וְנָטַל אֲבוֹתֵינוּ שֶׁהֵם תְּרוּמָתוֹ, שֶׁנֶּאֱמַר "קֹדֶשׁ יִשְׂרָאֵל לַה' רֵאשִׁית תְּבוּאָתֹה", וּלְכָךְ אָמַר הַקָּדוֹשׁ בָּרוּךְ הוּא לְיִשְׂרָאֵל: בִּשְׁבִיל שֶׁאַתֶּם תְּרוּמָה אֵין לָכֶם רְשׁוּת לֶאֱכוֹל טְרֵפָה, שֶׁנֶּאֱמַר** [כב, ל] **"וּבָשָׂר בַּשָּׂדֶה טְרֵפָה לֹא תֹאכֵלוּ לַכֶּלֶב תַּשְׁלִכוּן אֹתוֹ", לָמָּה לַכֶּלֶב, אָמַר הַקָּדוֹשׁ בָּרוּךְ הוּא: חַיָּבִים אַתֶּם לַכְּלָבִים, שֶׁבְּשָׁעָה שֶׁהָרַגְתִּי בְּכוֹרֵי מִצְרַיִם וְהָיוּ הַמִּצְרִיִּים יוֹשְׁבִין כָּל הַלַּיְלָה וְקוֹבְרִין מֵתֵיהֶם, וְהַכְּלָבִים נוֹבְחִין לָהֶם, וּלְיִשְׂרָאֵל אֵינָן נוֹבְחִין, שֶׁנֶּאֱמַר** (לעיל יא, ז) **"וּלְכֹל בְּנֵי יִשְׂרָאֵל לֹא יֶחֱרַץ כֶּלֶב לְשֹׁנוֹ", לְפִיכָךְ אַתֶּם חַיָּבִים לַכְּלָבִים, שֶׁנֶּאֱמַר "לַכֶּלֶב תַּשְׁלִכוּן אֹתוֹ", מָה הַכְּלָבִים אֶחָד נוֹבֵחַ וְכוּלָּם מִתְקַבְּצִים וְנוֹבְחִים עַל חִנָּם, אֲבָל אַתֶּם לֹא תִהְיוּ כֵּן, מִפְּנֵי שֶׁאַתֶּם אַנְשֵׁי קֹדֶשׁ, שֶׁנֶּאֱמַר** [כב, ל] **"וְאַנְשֵׁי קֹדֶשׁ תִּהְיוּן לִי":**

(ט) כן תעשה לשורך. כאשר אתה נותן בכור אדם, וסיפיה דקרא ביום השמיני תתנו לי, שלא תאמר ביום השמיני דווקא, אלא ביום השמיני וגם ממנו והלאה, וכמו שכתוב ויקרא כ"ב כ"ז ומיום השמיני והלאה, ואם משם לא היינו יודעים על יום השמיני עצמו, תלמוד לומר כאן ביום השמיני, כן הוא בהדיא במכילתא, וברש"י בחומש כאן, (והידי משה כוון למה שכתב דברים רבה ריש פרשה ו'): **אלא משלי.** וזה תתנו לי: **יושבין כל הלילה.** וגם ביום המחרת, כמפורש כתוב בריש מסעי, ממחרת הפסח וגו' ומצרים מקברים. ומה שכתב והכלבים נובחים להם, כמו שכתוב (שמות יב, כט) ויהי בחצי הלילה וה' הכה כל בכור וגו' ותהי צעקה גדולה במצרים. וסובר המדרש שגם הכלבים צעקו אז, כי בכל לילה במשמורה השניה כלבים צועקים, ובלילה זו ביותר באמצעיתא דאמצעיתא, כמו שאמרו ריש ברכות (ג, א) ודייק ולכל בני ישראל לא יחרץ, אבל למצרים יחרץ: **אבל אתם וכו'.** וזהו שסמך לכלב תשליכון אותו לא תשא שמע שוא, כמו הכלבים, וכמו שכתוב מחזיק באזני כלב עובר מתעבר על ריב לא לו משלי כ"ו ט"ז, שהמתעבר על ריב לא לו, דומה לענין מחזיק באזני כלב, שהוא צועק ואחרים צועקים עמו על חנם:

מתנות כהונה

[ט] הכי גרסינן **העולם ערימה ונטל: אבל אתם לא תהיו כן.** כלומר שלא תהיה ביניכם שנאת חנם:

נחמד למראה

במלת ישראל, לפי שויעלו עולות אכהנים קאי לא אנערי בני ישראל, ויהיו פסקי טעמי המקרא בזה האופן, וַיִּשְׁלַח אֶת נַעֲרֵי בְּנֵי יִשְׂרָאֵל וַיַּעֲלוּ עוֹלֹת וַיִּזְבְּחוּ זְבָחִים שְׁלָמִים לַיהוָה פָּרִים. וכפי זה ויעלו עולות בטעם רביע, כמשפט מפסיק ביותר גדול מן הפקיד שאחריו, אשר הוא פחות מן השר שאחרי הפקיד. ובזה מבוארים דברי רש"י בתכלית הביאור, הא דנקט במין אחד פשטא או רביע ובשני מינים נקט אתנחתא או זקף קטן. ברוך השם אשר הנחני בדרך אמת. זהו מה שפירש"י ז"ל בזבחים (דף קט"ו ע"ב) וזה לשונו, לישנא אחרינא הכי אמר רב אסי ופסקיה, וצריך להפסיק כאן נגינת טעם המקרא באתנחתא, ולא יקרא בטעם פשטא כמו שאנו קורין אותו, דכשהוא נקרא בטעם פשטא משמע שקריאת נערי בני ישראל דבק על ויעלו עולות, משמע שהם העלום, אבל כשאתה קורהו באתנחתא עומד התיבה לבדה ואינו דבק על ויעלו, ויש לומר שלא שלחם אלא להביא הקרבנות ולעמוד עליהם, ויעלו עולות, אותם שכשרים להעלותם, דהיינו נדב ואביהוא, שמשבאו לסיני הופרשו הכהנים כדיליף לקמן עכ"ל. אבל ראוי שתדע שיש שם טעות סופר, כי מה שנדפס שם ולא בפשטא צריך להיות ולא בזקף קטן:

אשד הנחלים

[ט] **אלא משלי.** הוא מאמר מוסרי הנובע מלב חז"ל בעת שדברו בזה והתבוננו על זה, כי באמת הכל שלו: **ואנשי קודש.** נבדלים במעלה נעלה מעל כל, והמה היו העיקרים והנעלים שכל המציאות בעדם: **לפיכך אתם חייבים לכלבים.** אף שהמה עושין כן לא מרצונם, כי לא ידעו ולא יבינו מאומה, ועם כל זה הסבירו בזה כי גם בבעלי חיים אף הרעים, יש בהם טבע עצמי שהם נכנעים לפני האדם הנעלה, כמו שאמרו חז"ל (ברכות לג, א) ראו שאין הערוד ממית, וכמו שאמרו (שבת קנא, ב) אין חיה מזיקתה עד שנדמה לה כבהמה, כי באמת הוסד בטבע המציאות שהבהמות יגורו ויפחדו מהאדם, ואם כן שנמצא בהם מדה טובה בטבעם [אף שלא מרצונם], אם כן מהראוי להעניק להם הדבר שאינו ראוי לאדם, הבן זאת: **אחד נובח כו' לא תהיו כן.** לא ידעתי איך יתווך אף הרמז הזה בכתוב. ואולי מפני שדרך הדבר המונח בהפקר שיתקבצו עליו המונים המונים לחטוף, ומזה יבוא לידי מבוכות רבות, כדרך הכלבים שרואים דבר נבלה וטרפה בשוק, והרי זה כאומר על דרך מליצה והרמז העטוף גם כן בזה, שאנשי קדש תהיון לי מיוחדים במעלה, ולכן בשר בשדה טרפה לא תאכלו, וממנו תקחו דוגמא לכל דבר אשר יתהווה על ידי זה מצה ומריבה, כי זהו דבר הנאות רק לכלבים אבל לא לכם אנשי המעלה:

חידושי הרד"ל

[ט] **כן תעשה לשורך וגו' וביום השמיני תתנו לי וכן כתיב ומיום השמיני והלאה ירצה לקרבן אשה לה' ואם נתת כו'** כן צריך לומר. ונראה שבא לומר [ב] שכר קיום מלאתך ודמעך בזמנו יזכה לברכת פרי בטנו ופרי בהמתו: **ואם נתת כו' אלא** [מ] **שלי.** כמו שכתוב (במדבר ג, יג) כי לי כל בכור וגו', (והאי **וכן הוא אומר כי ממך,** הוא עוד ראיה שהכל שלו): **וכן הוא אומר** (דברי הימים א כט, יד) **כי ממך הכל כו'.** כך צריך לומר: **אבל אתם לא תהיו כן מפני שאתם אנשי קודש.** אפשר רוצה לסמוך לא תשא שמע שוא הכתוב אחריו (שמות כג א), שמפני שאתם אנשי קדש לא תקבלו לשון הרע (וכמו שדרשו בפסחים (קיח, א) מסמיכות זה לזה על מקבל לשון הרע שראוי להשליכו לכלב) מהמספרו להתחבר עמו יחד, כמשל הכלב הנובח וכלבים אחרים אחריו, (וזה שנאמר אחר כך אל תשת ידך עם רשע להיות עד חמס):

חידושי הרש"ש

[ט] **וכן כתיב וביום השמיני תתנו לי ואם נתת כו' אלא משלי.** דריש לי משלי, וכן לקמן פרשה לג ו, וכמו שדרשו ביומא (ג, א) לך משלך, וכן בתמורה (לא, ב) ועשו לי משלי:

אמרי יושר

[ט] **ומידך נתנו לך.** זהו תתנו, אף על פי שהכל שלו: **אבל אתם לא תהיו כן.** אני אומר שבשר טריפה לא תאכלוה אבל תתנוה לכלב, מזה תלמדו שתצטרכו להיות בחילוף הכלבים כי הם נובחים על חנם, אבל אתם לא תקראו תגר. אי נמי לא בשביל עדות איש אחד תטו הכל לומר אמת הוא הדבר להעיד כמותו, לזה סמיך לא תשא שמע שוא:

אם למקרא

שׁוֹר אוֹ כֶשֶׂב אוֹ עֵז כִּי יִוָּלֵד וְהָיָה שִׁבְעַת יָמִים תַּחַת אִמּוֹ וּמִיּוֹם הַשְּׁמִינִי וָהָלְאָה יֵרָצֶה לְקָרְבַּן אִשֶּׁה לַה':
(ויקרא כב:כז)

וְכִי מִי אֲנִי וּמִי עַמִּי כִּי נַעְצֹר כֹּחַ לְהִתְנַדֵּב כָּזֹאת כִּי מִמְּךָ הַכֹּל וּמִיָּדְךָ נָתַנּוּ לָךְ:
(דברי הימים-א כט:יד)

קֹדֶשׁ יִשְׂרָאֵל לַה' רֵאשִׁית תְּבוּאָתֹה כָּל אֹכְלָיו יֶאְשָׁמוּ רָעָה תָּבֹא אֲלֵיהֶם נְאֻם ה':
(ירמיה ב:ג)

וּלְכֹל בְּנֵי יִשְׂרָאֵל לֹא יֶחֱרַץ כֶּלֶב לְשֹׁנוֹ לְמֵאִישׁ וְעַד בְּהֵמָה לְמַעַן תֵּדְעוּן אֲשֶׁר יַפְלֶה ה' בֵּין מִצְרַיִם וּבֵין יִשְׂרָאֵל:
(שמות יא:ז)

ידי משה

[ט] **ומיום השמיני והלאה ירצה לקרבן.** כי כמו שהאדם נרצה להמול לשמונה ימים דכתיב (ויקרא יב, ג) וביום השמיני ימול וכו'. כן צריך לומר. והוא סוף המאמר, ואחר כך מתחיל המדרש בתיבת תתנו לי, פירוש מה שאמר הכתוב בכור בניך תתנו לי וגו' והוא תחלת המאמר, ולולי פירוש זה אין שחר כלל למדרש זה ואין לו שום פירוש:

אֲבָל אַתֶּם לֹא תִהְיוּ כֵן, מִפְּנֵי שֶׁאַתֶּם אַנְשֵׁי קֹדֶשׁ, שֶׁנֶּאֱמַר ״וְאַנְשֵׁי קֹדֶשׁ תִּהְיוּן לִי״ – **but you must not be this way, for you are a people of holiness, as it is stated,** ***People of holiness shall you be to Me.***[140]

The Midrash now shows how this verse connects with the next verse (23:1), *Do not accept a false report*:[139] **מָה הַכְּלָבִים אֶחָד נוֹבֵחַ וְכוּלָּם מִתְקַבְּצִים וְנוֹבְחִים עַל חִנָּם** – **[It is the nature of] dogs** that **when one barks, all** the rest **of them gather and bark for no reason;**

NOTES

139. *Imrei Yosher*, second explanation; *Radal*; *Maharzu*; *Eitz Yosef*, from *Yefeh To'ar*.

140. Since you are a people of holiness, you must comport yourselves respectfully and not follow the shouts of one who gives a false report (such as a slanderer or a false witness — see *Pesachim* 118a and *Rashi* to the verse, s.v. לא וכו׳), like a pack of dogs that follow the first dog that barked (*Imrei Yosher*, second explanation; *Radal*; *Maharzu*; *Eitz Yosef*, from *Yefeh To'ar*). For since Scripture said to throw to the dog the meat that is forbidden to us, we learn that we are to behave differently from dogs in this matter (*Imrei Yosher*).

INSIGHTS

commandment to give *tereifah* to the dog from *Rashi* to *Pesachim* (22a s.v. אותו וכו׳), who writes that a certain inference made there by the Gemara is *not* from the actual words *to the dog shall you throw it*, for those words are needed to teach that *tereifah* should be given to the dog. [See, however, *Sfas Emes* ad loc., who maintains that no proof can be brought from these words of *Rashi*.] However, *Tur* (*Yorah Deah* 116, cited by *Rama* ad loc.) clearly states that one who has a *tereifah* may sell or give it to a non-Jew (rather than give it to a dog). *Chikrei Lev* adds that this is indeed the prevailing custom. He concludes, therefore, that the positive commandment to give a *tereifah* to the dog means only that it is to be given to a dog *over other animals*. However, should one wish to give it to a person who is permitted to eat it, the dog would not have preference. He then adds that this commandment to give the dog preference over other animals applies not only to *tereifah*, but to any prohibited food.

Darchei Teshuvah (29:2), after citing *Chikrei Lev* and *Minchas Chinuch*, quotes R' Avraham ibn Ezra in his work *Yesod Mora* (*Shaar* 2), who states that this verse does not contain a commandment to give *tereifah* to the dog, but rather means that *tereifah* is forbidden to you, and as such is fit only for *"the" dog*, i.e., the watchdog who guards the sheep. Certainly, however, the *tereifah* may be used for any purpose one wishes (compare *Ibn Ezra* to our verse). Since Ibn Ezra's words are in direct conflict with *Mechilta*, it must be assumed that either he understood *Mechilta* not as an obligation but rather as an option, or that he based his words on a Midrashic statement elsewhere. Accordingly, the ruling of *Tur* and *Rama* and the prevalent custom conform with the opinion of Ibn Ezra.

Darchei Teshuvah also references *Bigdei Sheish* (*Yoreh Deah* 29:3), who offers a different solution for the problem posed by *Chikrei Lev*: The obligation to give a *tereifah* to the dog as its reward applies only in a case where the owner will not have a monetary loss as a result, such as where he owns the dog and needs to feed it meat in any event, or where he intends to give it to a non-Jew for free. But where he would suffer a loss by feeding it to the dog, such as in places where dogs are fed things other than meat, he may indeed sell it rather than give it to his dog. [This synopsis is based on *Ezras Yaakov* to *Orach Chaim* 324:11.]

ט [כב, כט] "כֵּן תַּעֲשֶׂה לְשׁוֹרְךָ", (ויקרא כב, כז) "וּמִיּוֹם הַשְּׁמִינִי וְהָלְאָה", וְכֵן כְּתִיב כָּאן [כב, כט] "וּבַיּוֹם הַשְּׁמִינִי תִּתְּנוֹ לִי", וְאִם נָתַתָּ אֵין אַתָּה נוֹתֵן מִשֶּׁלְּךָ אֶלָּא מִשֶּׁלִּי, וְכֵן הוּא אוֹמֵר (דברי הימים־א כט, יד) "כִּי מִמְּךָ הַכֹּל וּמִיָּדְךָ נָתַנּוּ לָךְ", וְאִם עָשִׂיתָ כֵּן [כב, ל] "אַנְשֵׁי קֹדֶשׁ תִּהְיוּן לִי", וְכֵן כְּתִיב (ירמיה ב, ג) "קֹדֶשׁ יִשְׂרָאֵל לַה' רֵאשִׁית תְּבוּאָתוֹ", כְּשֵׁם שֶׁהָעֲרֵימָה הַזֹּאת עוֹמֶדֶת וְהַכֹּהֵן יוֹרֵד לְתוֹכָהּ וְנוֹטֵל מִתּוֹכָהּ הַתְּרוּמָה, כָּךְ עָשָׂה הַקָּדוֹשׁ בָּרוּךְ הוּא אֶת הָעוֹלָם עֲרֵימָה וְנָטַל אֲבוֹתֵינוּ שֶׁהֵם תְּרוּמָתוֹ, שֶׁנֶּאֱמַר "קֹדֶשׁ יִשְׂרָאֵל לַה' רֵאשִׁית תְּבוּאָתוֹ", וּלְכָךְ אָמַר הַקָּדוֹשׁ בָּרוּךְ הוּא לְיִשְׂרָאֵל: בִּשְׁבִיל שֶׁאַתֶּם תְּרוּמָה אֵין לָכֶם רְשׁוּת לֶאֱכוֹל טְרֵפָה, שֶׁנֶּאֱמַר [כב, ל] "וּבָשָׂר בַּשָּׂדֶה טְרֵפָה לֹא תֹאכֵלוּ לַכֶּלֶב תַּשְׁלִכוּן אֹתוֹ", לָמָּה לַכֶּלֶב, אָמַר הַקָּדוֹשׁ בָּרוּךְ הוּא: חַיָּיבִים אַתֶּם לַכְּלָבִים, שֶׁבְּשָׁעָה שֶׁהָרַגְתִּי בְּכוֹרֵי מִצְרַיִם וְהָיוּ הַמִּצְרִיִּים יוֹשְׁבִין כָּל הַלַּיְלָה וְקוֹבְרִין מֵתֵיהֶם, וְהַכְּלָבִים נוֹבְחִין לָהֶם, וּלְיִשְׂרָאֵל אֵינָן נוֹבְחִין, שֶׁנֶּאֱמַר (לעיל יא, ז) "וּלְכֹל בְּנֵי יִשְׂרָאֵל לֹא יֶחֱרַץ כֶּלֶב לְשֹׁנוֹ", לְפִיכָךְ אַתֶּם חַיָּיבִים לַכְּלָבִים, שֶׁנֶּאֱמַר "לַכֶּלֶב תַּשְׁלִכוּן אֹתוֹ", מָה הַכְּלָבִים אֶחָד נוֹבֵחַ וְכוּלָּם מִתְקַבְּצִים וְנוֹבְחִים עַל חִנָּם, אֲבָל אַתֶּם לֹא תִּהְיוּ כֵּן, מִפְּנֵי שֶׁאַתֶּם אַנְשֵׁי קֹדֶשׁ, שֶׁנֶּאֱמַר [כב, ל] "וְאַנְשֵׁי קֹדֶשׁ תִּהְיוּן לִי":

עץ יוסף

(ט) כן תעשה לשורך וגו' ביום השמיני תתנו לי ואם נתת אין אתה כו'. כן צריך לומר. ורוצה לפרש מלת לי, שפירושו שלי, וזה שאמר המדרש אלא משלי, וכן הוא אומר כי ממך הכל וגו', וזה ברור, והמקרא דפרשת אמור (ומיום השמיני והלאה) נזרק פה בטעות. והיפה תואר גרס כן תעשה לשורך כתיב (ויקרא כב) ומיום השמיני והלאה, וכן כתיב וביום השמיני תתנם לי, וכתב שהכוונה דהני תרי קראי ילפינן מזה לזה, דביום השמיני היה אפשר לומר דוקא ביום השמיני, אבל משמיני ואילך בכור פסול לקרבן, ומיום השמיני והלאה הוה אפשר לומר מיום השמיני והלאה, אבל ביום השמיני במוקדשים לא, אבל בגזירה שוה ילפינן מזה לזה ומזה לזה, מה בשאר המוקדשים מכשיר משמיני ואילך אף בבכור כן, ומה בכור מכשיר ביום שמיני אף במוקדשים כן, וכדתניא בתורת כהנים עד כאן לשונו: **ואם עשית כן.** היינו הפרשת המעשרות כתיקונן ונתינת הבכורות, ואנשי קדש תהיון לי, פירוש נבדלים בממלה נעלה מעל כל, דכי היכי דהם מפרישין החלק מהכלל קדש לה', כן יהיו קדש: **וכן כתוב קדש ישראל לה' וגו'.** כלומר יעוד טוב הוא שיהיו קדושים לה' וחביבים מעל כל, כמו שאמר הכתוב קדש ישראל לה', וזה שאמר כשם שהתרומה וכו' שהם לגבי עובדי כוכבים במדרגת התרומה אצל החולין, שהיא קדושה וחביבה: **בשביל שאתם תרומה.** פירוש שאתה חביבים ודבקים לי: **והכלבים נובחים להם.** כמו שאמרו חכמינו ז"ל (בבא קמא ס, ב) כלבים צועקים מלאך המות בעיר, ולישראל אף שהיו בקרב מתי המצרים, וכן מצרי שמת בבית ישראל לא היו נובחין, וכדכתיב ולכל בני ישראל לא יחרץ כלב לשונו: **מה הכלבים אחד נובח וכולם מתקבצים ונובחים כו'.** המדרש רוצה ליתן סמיכות ענין למקרא שלאחריו, והיינו פסוק לא תשא שמע שוא, ואמר אבל אתם לא תהיו כן, כלומר להתעבר על ריב לא לכם, אף אם אחד צועק ועושה מריבה בעדות שקר על מי, לא תקבלו ותאמינו בו להמשך אחריו, ובענין זה יפה מדמהו לנביחת הכלבים, כמו שהם נובחים על חנם ונמשכים אחר המתחיל לנבוח בחנם, כן הוא קבלת העד שקר שבדה מלבו דבר שוא על אחר, כי אתם אנשי קודש ולא יאות לכם מדה פחותה ובזויה כזאת (יפה תואר):

פירוש מהרז"ו

(ט) כן תעשה לשורך. כאשר אתה נותן בכור אדם, וסיפיה דקרא ביום השמיני תתנו לי, שלא תאמר ביום השמיני דווקא, אלא ביום השמיני וגם ממנו והלאה, וכמו שכתוב ויקרא כ"ב כ"ז ומיום השמיני והלאה, ואם משם לא היינו יודעים על יום השמיני עצמו, תלמוד לומר כאן ביום השמיני, כן הוא בהדיא במכילתא, וברש"י בחומש כאן, (והידי משה כוון למה שכתב דברים רבה ריש פרשה ו'): **אלא משלי.** וזה תתנו לי: **יושבין כל הלילה.** וגם ביום המחרת, כמפורש כתוב בריש מסעי, ממחרת הפסח וגו' ומצרים מקברים. ומה שכתב והכלבים נובחים להם, כמו שכתוב (שמות יב, כט) ויהי בחצי הלילה וה' הכה כל בכור וגו' ותהי צעקה גדולה במצרים. וסובר המדרש שגם הכלבים צעקו אז, כי בכל לילה במשמורה השניה כלבים צועקים, ובלילה זו ביותר באמצעיתא דאמצעיתא, כמו שאמרו ריש ברכות (ג, א) ודייק ולכל בני ישראל לא יחרץ, אבל למצרים יחרץ: **אבל אתם וכו'.** וזהו שסמך לכלב תשליכון אותו לא תשא שמע שוא, כמו הכלבים, וכמו שכתוב מחזיק באזני כלב עובר מתעבר על ריב לא לו משלי כ"ו ט"ז, שהמתעבר על ריב לא לו, דומה לענין מחזיק באזני כלב, שהוא צועק ואחרים צועקים עמו על חנם:

מתנות כהונה

[ט] הכי גרסינן **העולם ערימה ונטל: אבל אתם לא תהיו כן.** כלומר שלא תהיה ביניכם שנאת חנם:

נחמד למראה

במלת ישראל, לפי שויעלו עולות אכהנים קאי לא אנערי בני ישראל, ויהיו פסקי טעמי המקרא בזה האופן, וַיִּשְׁלַח אֶת נַעֲרֵי בְּנֵי יִשְׂרָאֵל וַיַּעֲלוּ עוֹלֹת וַיִּזְבְּחוּ זְבָחִים שְׁלָמִים לַיהֹוָה פָּרִים. וכפי זה ויעלו עולות בטעם רביע, כמשפט מפסיק ביותר גדול מן הפקיד שאחריו, אשר הוא פחות מן השר שאחרי הפקיד. ובזה מבוארים דברי רש"י בתכלית הביאור, הא דנקט במין אחד פשטא או רביע ובשני מינים נקט אתנחתא או זקף קטן. ברוך השם אשר הנחני בדרך אמת. זהו מה שפירש"י ז"ל בזבחים (דף קט"ו ע"ב) וזה לשונו, לישנא אחרינא הכי אמר רב אסי ופסקיה, וצריך להפסיק כאן נגינת טעם המקרא באתנחתא, ולא יקרא בטעם פשטא כמו שאנו קורין אותו, דכשהוא נקרא בטעם פשטא משמע שקריאת נערי בני ישראל דבק על ויעלו עולות, משמע שהם העלום, אבל כשאתה קורהו באתנחתא עומד התיבה לבדה ואינו דבק על ויעלו, ויש לומר שלא שלחם אלא להביא הקרבנות ולעמוד עליהם, ויעלו עולות, אותם שכשרים להעלותם, דהיינו נדב ואביהוא, שמשבאו לסיני הופרשו הכהנים כדיליף לקמן עכ"ל. אבל ראוי שתדע שיש שם טעות סופר, כי מה שנדפס שם ולא בפשטא צריך להיות ולא בזקף קטן:

אשד הנחלים

[ט] אלא משלי. הוא מאמר מוסרי הנובע מלב חז"ל בעת שדברו בזה והתבוננו על זה, כי באמת הכל שלו: **ואנשי קודש.** נבדלים במעלה נעלה מעל כל, והמה היו העיקרים והנעלים שכל המציאות בעדם: **לפיכך אתם חייבים לכלבים.** אף שהמה עושין כן לא מרצונם, כי לא ידעו ולא יבינו מאומה, ועם כל זה הסבירו בזה כי גם בבעלי חיים אף הרעים, יש בהם טבע עצמי שהם נכנעים לפני האדם הנעלה, כמו שאמרו חז"ל (ברכות לג, א) ראו שאין הערוד ממית, וכמו שאמרו (שבת קנא, ב) אין חיה מזיקתה עד שנדמה לה כבהמה, כי באמת הוסד בטבע המציאות שהבהמות יגורו ויפחדו מהאדם, ואם כן שנמצא בהם מדה טובה בטבעם [אף שלא מרצונם], אם כן מהראוי להעניק להם הדבר שאינו ראוי לאדם, הבן זאת: **אחד נובח כו' לא תהיו כן.** לא ידעתי איך יתווך אף הרמז הזה בכתוב. ואולי מפני שדרך הדבר המונח בהפקר שיתקבצו עליו המונים המונים לחטוף, ומזה יבוא לידי מבוכות רבות, כדרך הכלבים שרואים דבר נבלה וטרפה בשוק, והרי זה כאומר על דרך מליצה והרמז העטוף גם כן בזה, שאנשי קדש תהיון לי מיוחדים במעלה, ולכן בשר בשדה טרפה לא תאכלו, וממנו תקחו דוגמא לכל דבר אשר יתהווה על ידי זה מצה ומריבה, כי זהו דבר הנאות רק לכלבים אבל לא לכם אנשי המעלה:

חידושי הרד"ל

[ט] כן תעשה לשורך וגו' וביום השמיני תתנו לי וכן כתיב ומיום השמיני והלאה ירצה לקרבן אשה לה' ואם נתת בו' כן צריך לומר. ונראה שבא לומר [ב] שכר קיום מלאכתך ודמעך בזמנו יזכה לברכת פרי בטנו ופרי בהמתו: **ואם נתת בו' אלא [מ]שלי.** כמו שכתוב (במדבר ג, יג) כי לי כל בכור וגו', (והאי **וכן הוא אומר כי ממך**, הוא עוד ראיה שהכל שלו): **וכן הוא אומר** (דברי הימים א כט, יד) **כי ממך הכל בו'.** כך צריך לומר: **אבל אתם לא תהיו כן מפני שאתם אנשי קודש.** אפשר רוצה לסמוך לא תשא שמע שוא הכתוב אחריו (שמות כג א), שמפני שאתם אנשי קדש לא תקבלו לשון הרע (וכמו שדרשו בפסחים (קיח, א) מסמיכות זה לזה על מקבל לשון הרע שראוי להשליכו לכלב) מהמספרו להתחבר עמו יחד, כמשל הכלב הנובח וכלבים אחרים אחריו, (וזה שנאמר אחר כך אל תשת ידך עם רשע להיות עד חמס):

חידושי הרש"ש

[ט] וכן כתיב וביום השמיני תתנו לי ואם נתת כו' אלא משלי. דריש לי משלי, וכן לקמן פרשה לג ו, וכמו שדרשו ביומא (ג, א) לך משלך, וכן בתמורה (לא, ב) ועשו לי משלי:

אמרי יושר

[ט] ומידך נתנו לך. זהו תתנו, אף על פי שהכל שלו: **אבל אתם לא תהיו כן.** אני אומר שבשר טריפה לא תאכלוה אבל תתנוה לכלב, מזה תלמדו שתצטרכו להיות בחילוף הכלבים כי הם נובחים על חנם, אבל אתם לא תקראו תגר. אי נמי לא בשביל עדות איש אחד תטו הכל לומר אמת הוא הדבר להעיד כמותו, לזה סמיך לא תשא שמע שוא:

אם למקרא

שׁוֹר אוֹ כֶשֶׂב אוֹ עֵז כִּי יִוָּלֵד וְהָיָה שִׁבְעַת יָמִים תַּחַת אִמּוֹ וּמִיּוֹם הַשְּׁמִינִי וָהָלְאָה יֵרָצֶה לְקָרְבַּן אִשֶּׁה לַה':
(ויקרא כב:כז)

וְכִי מִי אֲנִי וּמִי עַמִּי כִּי נַעְצֹר כֹּחַ לְהִתְנַדֵּב כָּזֹאת כִּי מִמְּךָ הַכֹּל וּמִיָּדְךָ נָתַנּוּ לָךְ:
(דברי הימים־א כט:יד)

קֹדֶשׁ יִשְׂרָאֵל לַה' רֵאשִׁית תְּבוּאָתֹה כָּל אֹכְלָיו יֶאְשָׁמוּ רָעָה תָּבֹא אֲלֵיהֶם נְאֻם ה':
(ירמיה ב:ג)

וּלְכֹל בְּנֵי יִשְׂרָאֵל לֹא יֶחֱרַץ כֶּלֶב לְשֹׁנוֹ לְמֵאִישׁ וְעַד בְּהֵמָה לְמַעַן תֵּדְעוּן אֲשֶׁר יַפְלֶה ה' בֵּין מִצְרַיִם וּבֵין יִשְׂרָאֵל:
(שמות יא:ז)

ידי משה

[ט] ומיום השמיני והלאה ירצה לקרבן. כי כמו שהאדם נרצה להמול לשמונה ימים דכתיב (ויקרא יב, ג) וביום השמיני ימול וכו'. כן צריך לומר. והוא סוף המאמר, ואחר כך מתחיל המדרש בתיבת תתנו לי, פירוש מה שאמר הכתוב בכור בניך תתנו לי וגו' והוא תחלת המאמר, ולולי פירוש זה אין שחר כלל למדרש זה ואין לו שום פירוש:

[אִם כֶּסֶף תַּלְוֶה אֶת עַמִּי אֶת הֶעָנִי עִמָּךְ לֹא תִהְיֶה לוֹ כְּנֹשֶׁה לֹא תְשִׂימוּן עָלָיו נֶשֶׁךְ. אִם חָבֹל תַּחְבֹּל שַׂלְמַת רֵעֶךָ עַד בֹּא הַשֶּׁמֶשׁ תְּשִׁיבֶנּוּ לוֹ

WHEN YOU LEND MONEY TO MY PEOPLE, TO THE POOR PERSON WHO IS WITH YOU, DO NOT ACT TOWARD HIM AS A CREDITOR; DO NOT LAY INTEREST UPON HIM. IF YOU TAKE YOUR FELLOW'S GARMENT AS SECURITY, UNTIL SUNSET SHALL YOU RETURN IT TO HIM.]

§10 The Midrash returns to vv. 22:24-25, expounding them homiletically as an allusion to the sins and exile of the Nation of Israel. To this end, the Midrash introduces a discussion concerning this topic:

דָּבָר אַחֵר, "אִם כֶּסֶף תַּלְוֶה אֶת עַמִּי" — Another interpretation: *When you lend money to My people, etc.* **הֲדָא הוּא דִכְתִיב "כֶּסֶף נִמְאָס קָרְאוּ לָהֶם"** — This is understood in accordance with **that which is written, *People call them "Rejected Silver"*** (*Jeremiah* 6:30). **בְּשָׁעָה שֶׁגָּלוּ יִשְׂרָאֵל מִירוּשָׁלַיִם הוֹצִיאוּ אוֹתָם הַשּׂוֹנְאִין בְּקוֹלָרִין — When the people of Israel were exiled from Jerusalem, [their] enemies took them out in chains,** **וְהָיוּ אוּמוֹת הָעוֹלָם אוֹמְרִים: אֵין הַקָּדוֹשׁ בָּרוּךְ הוּא חָפֵץ בְּאוּמָּה הַזּוֹ — and the other nations of the world remarked, "The Holy One, blessed is He, does not desire this nation,"** **שֶׁנֶּאֱמַר "כֶּסֶף נִמְאָס קָרְאוּ לָהֶם"** — as it is stated, ***People call them "Rejected Silver," for HASHEM has rejected them.*** **מַה הַכֶּסֶף הַזֶּה נִצְרָף וְנַעֲשֶׂה כְּלִי וְשׁוּב נִצְרָף וְנַעֲשֶׂה כְּלִי** — For **just as silver is smelted and made into a utensil, then once more smelted and made into a utensil,** **וְכֵן פְּעָמִים הַרְבֵּה** — **and so** it is done **many times,** **וּבָאַחֲרוֹנָה הָאָדָם פּוֹרְכוֹ בְּיָדוֹ וְאֵינוֹ נַעֲשֶׂה עוֹד לִמְלָאכָה — but ultimately a person can break it apart with his hands and it can no longer be put to use;**[141] **כֵּן יִשְׂרָאֵל הָיוּ אוֹמְרִים שֶׁאֵין לָהֶם תְּקוּמָה, שֶׁמְּאָסָן הַקָּדוֹשׁ בָּרוּךְ הוּא — so, too, with regard to the** people of **Israel, [the nations] would say that they will not rise up again, for the Holy One, blessed is He, rejected them,** **שֶׁנֶּאֱמַר "כֶּסֶף נִמְאָס קָרְאוּ לָהֶם"** — **as it is stated, *People call them "Rejected Silver,"*** *for HASHEM has rejected them.*[142] **כֵּיוָן שֶׁשָּׁמַע יִרְמְיָה זֶה בָּא לוֹ אֵצֶל הַקָּדוֹשׁ בָּרוּךְ הוּא — When Jeremiah heard this,**[143] **he came before the Holy One, blessed is He,** **אָמַר לוֹ רִבּוֹן הָעוֹלָם, אֱמֶת שֶׁמָּאַסְתָּ אֶת בָּנֶיךָ — and said to Him, "Master of the Universe! Is it true that You have despised Your children?"** **הֲדָא הוּא דִכְתִיב "הֲמָאֹס מָאַסְתָּ אֶת יְהוּדָה אִם בְּצִיּוֹן גָּעֲלָה נַפְשֶׁךָ, מַדּוּעַ הִכִּיתָנוּ וְאֵין לָנוּ מַרְפֵּא" — Thus it is written, *Do You totally despise Judah; do You loathe Zion? Why did You strike us so that we have no cure?*** (ibid. 14:19).

The Midrash explains this verse by way of a parable:

מָשָׁל לְמֶלֶךְ שֶׁהָיָה מַכֶּה לְאִשְׁתּוֹ — This may be compared to a king who was beating his wife, **אָמַר לוֹ שׁוֹשְׁבִינָהּ: עַד מָתַי אַתָּה מַכֶּה אוֹתָהּ** — whereupon **her wedding attendant said to him, "Until when will you [continue] beating your wife?** **אִם לְגָרְשָׁהּ אַתָּה רוֹצֶה הַכֵּה אוֹתָהּ עַד שֶׁתָּמוּת — If you wish to divorce her, then beat her until she dies,**[144] **וְאִם אֵין אַתָּה רוֹצֶה לְגָרֵשׁ אוֹתָהּ לָמָּה אַתָּה מַכֶּה אוֹתָהּ — and if you do not wish to divorce her, then why do you beat her** altogether?" **אָמַר לוֹ: אֲפִילוּ כָּל פַּלְטִין שֶׁלִּי חָרֵב לְאִשְׁתִּי אֵינִי מְגָרֵשׁ אוֹתָהּ — [The king] replied to him, "Even if my entire palace is destroyed, my wife I will not divorce."**

The Midrash explains the meaning of the parable:

כָּךְ אָמַר יִרְמְיָה לְהַקָּדוֹשׁ בָּרוּךְ הוּא — Similarly did Jeremiah say to the Holy One, blessed is He, **אִם לְגָרְשֵׁנוּ אַתָּה רוֹצֶה הַכֵּה אוֹתָנוּ עַד שֶׁנָּמוּת, שֶׁנֶּאֱמַר "כִּי אִם מָאֹס מְאַסְתָּנוּ קָצַפְתָּ עָלֵינוּ עַד מְאֹד" — "If You wish to drive us out, then beat us until we die," as it is stated, *For if You have utterly rejected us, then rage exceedingly against us*** (*Lamentations* 5:22);[145] **וְאִם לָאו "מַדּוּעַ הִכִּיתָנוּ וְאֵין לָנוּ מַרְפֵּא" — "and if** You do **not** intend to drive us out, ***Why did You strike us so that we have no cure?*"**[146] **אָמַר לוֹ הַקָּדוֹשׁ בָּרוּךְ הוּא: אֲפִילוּ אֲנִי מַחֲרִיב עוֹלָמִי אֵינִי מְגָרֵשׁ יִשְׂרָאֵל, שֶׁנֶּאֱמַר "כֹּה אָמַר ה׳ אִם יִמַּדּוּ שָׁמַיִם מִלְמַעְלָה וגו׳" — The Holy One, blessed is He, replied to him, "Even were I to destroy My world, I would not drive out Israel," as it is stated, *Thus said HASHEM: If the heavens above could be measured*** *or the foundations of the earth plumbed below, so too would I reject the entire seed of Israel because of everything they did — the word of HASHEM* (*Jeremiah* 31:36).[147]

NOTES

141. That is: After the blacksmith refines the silver by removing its dross, he fashions a utensil from it. The utensil may be used for an extended period of time until it becomes pitted and tarnished from constant use, at which point it must be melted down and refined once more, and made into a utensil again, further diminishing the amount of silver. After repeating this many times, it reaches a point where it easily breaks apart as though nothing were left but dross, as it states in the previous verse (v. 29), *The smelter smelts in vain, for the dross is not removed* (*Maharzu*).

142. The nations claimed that since the people of Israel had suffered and been saved so many times but nonetheless continued to sin, they were now totally rejected by God (ibid.).

143. I.e., when he was told in his prophetic vision that Israel would be thus derided by their enemies.

144. I.e., if you are beating her because you have rejected her completely but you cannot divorce her since a woman who has once been wed to a king cannot marry a commoner (see Mishnah *Sanhedrin* 18a), do not beat her continuously, but merely kill her at once (see *Yefeh To'ar*; see also *Eitz Yosef*).

145. Simply translated, the verse means, *For even if You had utterly rejected us, You have already raged sufficiently against us.* The Midrash is expounding the verse to mean: If You have indeed rejected us, rage against us completely and destroy us (*Matnos Kehunah*; see also *Maharzu*).

146. The beginning of this verse, cited by the Midrash above, is thus understood as follows: *Do You totally despise Judah; do You loathe Zion?* — certainly not (since You have not destroyed us completely)! That being the case, *Why did You strike us so that we have no cure*, i.e., as if we have been completely rejected? (*Eitz Yosef*; see also *Maharzu*).

Jeremiah thus concluded his argument as follows: If, indeed, You have not completely rejected us, why must we be in exile for an extended period? It would have seemed more appropriate to administer a punishment such as famine or pestilence, which would not be continuous (*Yefeh To'ar* s.v. משל וכו׳).

147. That is: Just as the heavens cannot be measured and the earth's foundation cannot be plumbed, so I, God, will not forsake Israel.

י דָּבָר אַחֵר, [כב, כד] "אִם כֶּסֶף תַּלְוֶה אֶת עַמִּי", הָדָא הוּא דִכְתִיב (ירמיה ו, ל) "כֶּסֶף נִמְאָס קָרְאוּ לָהֶם", בְּשָׁעָה שֶׁגָּלוּ יִשְׂרָאֵל מִירוּשָׁלַיִם הוֹצִיאוּ אוֹתָם הַשּׁוֹנְאִין בְּקוֹלָרִין, וְהָיוּ °עוֹבְדֵי כוֹכָבִים אוֹמְרִים: אֵין הַקָּדוֹשׁ בָּרוּךְ הוּא חָפֵץ בָּאֻמָּה הַזּוֹ, שֶׁנֶּאֱמַר "כֶּסֶף נִמְאָס קָרְאוּ לָהֶם", מַה הַכֶּסֶף הַזֶּה נִצְרָף וְנַעֲשֶׂה כְלִי וְשׁוּב נִצְרָף וְנַעֲשֶׂה כְּלִי וְכֵן פְּעָמִים הַרְבֵּה, וּבָאַחֲרוֹנָה הָאָדָם פּוֹרְכוֹ בְּיָדוֹ וְאֵינוֹ נַעֲשֶׂה עוֹד לִמְלָאכָה, כֵּן יִשְׂרָאֵל הָיוּ אוֹמְרִים שֶׁאֵין לָהֶם תְּקוּמָה, שֶׁמְּאָסָן הַקָּדוֹשׁ בָּרוּךְ הוּא, שֶׁנֶּאֱמַר "כֶּסֶף נִמְאָס קָרְאוּ לָהֶם", כֵּיוָן שֶׁשָּׁמַע יִרְמְיָה זֶה בָּא לוֹ אֵצֶל הַקָּדוֹשׁ בָּרוּךְ הוּא, °אָמַר לוֹ: רִבּוֹן הָעוֹלָם, אֱמֶת שֶׁמָּאַסְתָּ אֶת בָּנֶיךָ, הָדָא הוּא דִכְתִיב (שם יד, יט) "הֲמָאֹס מָאַסְתָּ אֶת יְהוּדָה וְאִם בְּצִיּוֹן גָּעֲלָה נַפְשֶׁךָ, מַדּוּעַ הִכִּיתָנוּ וְאֵין לָנוּ מַרְפֵּא", מָשָׁל לְאֶחָד שֶׁהָיָה מַכֶּה לְאִשְׁתּוֹ, אָמַר לוֹ שׁוֹשְׁבִינָהּ: עַד מָתַי אַתָּה מַכֶּה אוֹתָהּ, אִם לְגָרְשָׁהּ אַתָּה רוֹצֶה הַכֵּה אוֹתָהּ עַד שֶׁתָּמוּת, וְאִם אֵין אַתָּה רוֹצֶה אוֹתָהּ לָמָּה אַתָּה מַכֶּה אוֹתָהּ, אָמַר לוֹ: אֲפִילּוּ כָּל פַּלְטִין שֶׁלִּי חָרֵב לְאִשְׁתִּי אֵינִי מְגָרֵשׁ אוֹתָהּ, כָּךְ אָמַר יִרְמְיָה לְהַקָּדוֹשׁ בָּרוּךְ הוּא: אִם לְגָרְשֵׁנוּ אַתָּה רוֹצֶה הַכֵּה אוֹתָנוּ עַד שֶׁנָּמוּת, שֶׁנֶּאֱמַר (איכה ה, כב) "כִּי אִם מָאֹס מְאַסְתָּנוּ קָצַפְתָּ עָלֵינוּ עַד מְאֹד", וְאִם לָאו (ירמיה יד, יט) "מַדּוּעַ הִכִּיתָנוּ וְאֵין לָנוּ מַרְפֵּא", אָמַר לוֹ הַקָּדוֹשׁ בָּרוּךְ הוּא: אֲפִילּוּ אֲנִי מַחֲרִיב עוֹלָמִי אֵינִי מְגָרֵשׁ יִשְׂרָאֵל, שֶׁנֶּאֱמַר (שם לא, לו) "כֹּה אָמַר ה' אִם יִמַּדּוּ שָׁמַיִם מִלְמַעְלָה °",

עץ יוסף

(י) [ט] הדא הוא דכתיב כסף נמאס כו'. בא לתת טעם למה שאמר לא תהיה לו כנושה, ולא קאמר לא תגוש, וגם ליתורא דחבל תחבול, וקאמר שרמז שאם כסף תלוה וגו', אז לא תהיה לו כנושה, כלומר לא תהיה בגלות ממושכן כנושה, ואם תעברו על מצות אלו, יהיה בית המקדש ממושכן ותתמשכן בשתים, והיינו אם חבל תחבול כדדריש בסמוך. ונקט הדא הוא דכתיב כסף נמאס קראו להם וגו', שנגד מה שחטאו במצות הכסף נתקיים בגלותם שנקראו כסף נמאס, מדה כנגד מדה, וכדלעיל סימן ג', ואיידי דמייתי ליה מפרש: **בקולרין.** בשלשלאות: **מה הכסף הזה נצרף כו'.** הכוונה אל הסיגים הנשארים אחר הצריפה, שאחר שמוציאים ראשונה הכסף עוד מצרפים הסיגים ומוציאים ממנו קצת כסף שמצליח למלאכה, וכן הסיג הנשאר כשיצורף עוד עד שבאחרונה נשארו סיגים שנפרך ונשבר ביד ולא יצליח למאומה, וזהו נמאס לשון המסה שהוא נפרך ונמס בידים: **שנאמר כסף נמאס קראו להם וגו'.** כי מאס ה' בהם: **אם לגרשה אתה רוצה.** אלא שאינך יכול כי כלי שנשתמש בו המלך לא ישתמש בו הדיוט, הכה אותם עד שתמות: **ואם אין אתה רוצה לגרשה כי אם חפצת בה עוד.** אם כן למה אתה מכה אותה: **שנאמר כי אם מאס מאסתנו כו'.** וכמו שדרשו בסוף איכה אם מאיסה היא לית סבר, ואם קציפה היא אית סבר, דכל מאן דכעיס סופיה לאתרציא, וזה שאמר המדרש אמר ירמיה להקדוש ברוך הוא אם לגרשם כו' שנאמר כי אם מאום, כלומר אם רחקת אותנו בטענת מאום מאסתנו, ואין תקוה חס ושלום הכה אותנו עד שנמות, ואם היא מחמת קצף, וכל קצף סופו להתרצות, ואם כן ראוי להיות בשיעור ומדה, ודרש עד מאד, לשון מדה ושיעור, כמו שדרשו חכמינו ז"ל (ברכות נד, א) בכל מאדך בכל מדה ומדה שהוא מודד לך הוי מודה לו מאד מאד: **ואם לאו מדוע הכיתנו ואין לנו מרפא.** זהו סיום למה שאמר לעיל הדא הוא דכתיב המאום מאסת את יהודה, בתמיה שזה לא יתכן, ואם כן מדוע הכיתנו ואין לנו מרפא כמואס אותנו לגמרי:

פירוש מהרז"ו

(י) כסף נמאס. תנחומא כאן סימן י"א כל הענין. וכמו שאמר לעיל סוף סימן ד: **קראו להם.** היינו שונאיהם בגלות בבל: **נצרף ונעשה כלי.** שקודם שעושים הכלי, מצרפים הכסף ומחסרים הסיגים מהם, עד כשמתקלקל ומעלה חלודה, מצרפים אותו עוד הפעם ומחסרים ממנו, וכן כמה פעמים, עד שבאחרונה הוא כלה כסיגים, וכמו שכתוב בפסוק הקודם לשוא צרוף צורף ורעים לא נתקו כסף נמאס וגו', וכמו שכתוב על ישראל, (תהלים קו, מג) פעמים רבות יצילם והמה ימרו בעצתם עד וימוכו בעונם: **כיון ששמע ירמיה.** עיין פסיקתא פסקא ל"א סימן ג, ילקוט ישעיה מ"ט, ילקוט ירמיה י"ד: **המאוס מאסת וגו'.** איך מתמה מדוע הכיתנו, שעל שמאס על כן מכה, על כן דורש שהמאיסה גורם כליה ומיתה, ומאחר שאינך ממיתם, אם כן לא מאסתם: **אם לגרשה.** שאינך רוצה עוד להכירה על שחטאה לך, הרי בידך לעשות שלא תהיה עוד בעולם, ותפטר ממנה, ומאחר שאתה שומר אותה שלא תמות במכותיך, הרי רצונך שתחיה, אף על פי שחטאה לך, אם כן עשה רצון עצמך שלא תכה אותה כלל, ותהיה עמה. וזהו כי אם מאום מאסתנו, אם כן היית קוצף עלינו עד מאד, ולפני קצפך מי יעמוד, שהוא מיתה וכליה רחמנא ליצלן, ובפרט אם הוא מאד, ומאחר שאינו כן, לא מאסתנו, על כן גם הכה לא תכה. ומה שאמר ואם אין אתה רוצה לגרש אותה, בתנחומא הגירסא ואם דעתך לחזור עליה למה תדקדק בהכאתה. ובפסוק כי אם מאום מאסתנו, בקינות, הוא שאלה בלא סיום הכוונה מה יהיה אם אינו ממאס, והוא מבואר בירמיה י"ד המאום מאסת, אם כן מדוע הכיתנו, ובפסוק זה המאום מאסת זה אינו מבואר, שאם מאס מה היה לו לעשות, ומבואר בפסוק כי אם מאום מאסתנו, אם כן היית קוצף עד מאוד ממית ומכלה, ושני הפסוקים מלמדים זה על זה, והתשובה על כל הנ"ל הוא בפסוק אם ימדו שמים ממעל ויחקרו מוסדי ארץ למטה גם אני אמאס בכל זרע ישראל על כל אשר עשו נאם ה', הרי חמשה פסוקים של מאיסה וגעילה, שהוא ענין אחד, דוק והתבונן. ומהו ענין המשכון, מפורש בפסוק איזה ספר כריתות. ועיין לקמן פרשה ל"ה סימן ד, פרשה כ"א סימן ג, במדבר רבה פרשה י"ב סימן י"ד, תנחומא סוף ויקהל, וריש פקודי. והנה בפסוק אם ימדו, מבואר שאם יחריב ימאס ויגרש, והמדרש אומר שאפילו יחריב לא ימאס, זה מבואר לקמן סוף פרשה מ"ד, אלו בשמים וארץ נשבעת וכו' הרי בשמך הגדול נשבעת, עיין שם ותבין כאן:

מסורת המדרש

יא. פסיקתא רבתי פיסקא ל"א סימן ג'. ילקוט ישעיה רמז של"ב. ילקוט ירמיה רמז רל"ב:

אם למקרא

כֶּסֶף נִמְאָס קָרְאוּ לָהֶם כִּי־מָאַס ה' בָּהֶם: (ירמיה ו:ל)

הֲמָאֹס מָאַסְתָּ אֶת יְהוּדָה אִם בְּצִיּוֹן גָּעֲלָה נַפְשֶׁךָ מַדּוּעַ הִכִּיתָנוּ וְאֵין לָנוּ מַרְפֵּא קַוֵּה לְשָׁלוֹם וְאֵין טוֹב וּלְעֵת מַרְפֵּא וְהִנֵּה בְעָתָה: (שם יד:יט)

כִּי אִם מָאֹס מְאַסְתָּנוּ קָצַפְתָּ עָלֵינוּ עַד מְאֹד: (איכה ה:כב)

כֹּה אָמַר ה' אִם יִמַּדּוּ שָׁמַיִם מִלְמַעְלָה וְיֵחָקְרוּ מוֹסְדֵי אֶרֶץ לְמָטָּה גַּם אֲנִי אֶמְאַס בְּכָל זֶרַע יִשְׂרָאֵל עַל כָּל־אֲשֶׁר עָשׂוּ נְאֻם ה': (ירמיה לא:לו)

ידי משה

[י] **מה כסף נצרף.** פירוש שהצורף עושה כלי ונצרף באש, ואחר כך לימים רבים שמשמשים בכלי עד שנעשה בו נקב והצורף מתקן ומצרף אותו, וכן כמה פעמים עד שנמאס ואי אפשר עוד לצרפו ומפרכו בידים ושוברו כי אינו ראוי עוד לכלום, **כך ישראל וכו': לגרשה וכו'.** פירוש, לגרשה מן העולם:

שינוי נוסחאות

(י) כה אמר ה' אם ימדו שמים מלמעלה. מ"כ הגיה שצ"ל "וגו'", שהראיה מסוף הפסוק:

מתנות כהונה

[י] נצרף. מהתכו וצורפו בכור: **פרכו.** שוברו: הכי גרסינן **ואם אין אתה רוצה לגרש אותה: קצפת.** לפי זה פירושו תקצף עד מאד ותהרוג אותנו והוא עבר במקום עתיד: **ימדו שמים ממעל וגו'** גרסינן. סיפיה דקרא גם אני אמאס בכל זרע ישראל:

אשד הנחלים

[י] דבר אחר כו' פורכו בידו ואינו כו'. כן דימו אחר שה' צרפם בגליות הרבה גולה אחר גולה עד שהותכו בכור היסורין באין תקומה, כי המה ככסף נמאס שלא יצלח עוד: **אם לגרשה.** אם באמת חפצת לגרשה תוכל להכותה באמת עד שתמות אחר שלא תחפוץ בה, אבל אם אין כונתך זאת כי אם חפצת בה עוד, אם כן למה תכה אותה מכה רבה. וזה באור הכתוב המאוס מאסת את יהודה באמת, אם כן קצפת עלינו עד מאד לכלותינו, ואם בציון באמת געלה נפשך הרי לא יתכן זה, ואם כן מדוע הכיתנו ואין לנו מרפא:

Why, then, was Israel punished with an extended exile? The Midrash explains:

אֶלָּא אָמַר הַקָּדוֹשׁ בָּרוּךְ הוּא: אַף עַל פִּי כֵן, תְּנַאי הִתְנֵיתִי עִמָּהֶם – Rather, the Holy One, blessed is He, said, "They were thus punished, for although I will never totally forsake them, **I have nonetheless stipulated with them** אִם יֶחֶטְאוּ יְהֵא בֵּית הַמִּקְדָּשׁ מִתְמַשְׁכֵּן עֲלֵיהֶם, שֶׁנֶּאֱמַר "וְנָתַתִּי מִשְׁכָּנִי בְּתוֹכְכֶם" – that **should they sin, the Holy Temple will be taken as collateral** (מִתְמַשְׁכֵּן) **for their [sins],"** **as it is stated, *I will place "mishkani"*** [מִשְׁכָּנִי] ***among you*** (*Leviticus* 26:11); אַל תְּהֵי קוֹרֵא "מִשְׁכָּנִי" אֶלָּא "מַשְׁכּוֹנִי" – **do not read** it as **"*mishkani*,"** *My Sanctuary*, **but rather** as **"*mashkoni*,"** *My collateral*.[148] וְכֵן בִּלְעָם אוֹמֵר "מַה טֹּבוּ אֹהָלֶיךָ יַעֲקֹב מִשְׁכְּנֹתֶיךָ יִשְׂרָאֵל" – **And so did Balaam say, *"How goodly are your tents, O Jacob, 'mishkenosecha'*** [מִשְׁכְּנֹתֶיךָ] ***O Israel"*** (*Numbers* 24:5). שְׁנֵי מַשְׁכּוֹנוֹת – The plural expression "*mishkenosecha*" indicates **two collaterals** [מַשְׁכּוֹנוֹת].[149] וְנִקְרְאוּ "אֹהָלֶיךָ" כְּשֶׁהֵם בְּנוּיִים "וּמִשְׁכְּנֹתֶיךָ" כְּשֶׁהֵם חֲרֵבִים – **They are called *your tents* when they are standing, and "*mishkenosecha*" when they are destroyed.**[150]

But why did Israel and the Temple fall into the hands of the other nations? The Midrash explains:[151]

לֹא מִפְּנֵי שֶׁאֲנִי חַיָּיב לָאוּמּוֹת אֲנִי מְמַשְׁכֵּן לָהֶם מִשְׁכָּנִי – God continues: **"It is not because I am indebted to the** other **nations that I give them My Sanctuary as collateral;** אֶלָּא עֲוֹנוֹתֵיכֶם גָּרְמוּ לָכֶם שֶׁאֲמַשְׁכֵּן לָהֶם מִקְדָּשִׁי – **rather, your sins have caused to you that I should give them My Temple as collateral.**[152] אִלּוּלֵא כֵן לָמָּה אֲנִי חַיָּיב – **If it were not so, why would I be obliged** to do this?";[153] שֶׁנֶּאֱמַר "כֹּה אָמַר ה׳ אֵיזֶה סֵפֶר כְּרִיתוּת אִמְּכֶם אֲשֶׁר שִׁלַּחְתִּיהָ" – **as it is stated, *Thus said HASHEM: What is your mother's bill of divorce by which I sent her away?***[154]

NOTES

148. According to the Midrash, this verse, which appears in the passage beginning, *If you will follow My decrees and observe My commandments, etc.* (*Leviticus* 26:3), means as follows: I shall place the Temple among you, so that if you indeed observe the Torah it will be a Sanctuary, i.e., a resting place for the Divine Presence. However, should you stray from the proper path, it will become a collateral (*Eitz Yosef*). This is also enumerated among the blessings, for the people of Israel will thus be spared from destruction — see below (*Tiferes Tzion*).

The meaning of this analogy of a collateral is that just as the giving of a collateral impels the debtor — who wants his item back — to repay his loan, so will the void occasioned by the Temple's destruction, which signals the removal of the Divine Presence from their midst, motivate the people of Israel to seek out God in earnest so that they might merit its rebuilding (ibid.; see also *Yefeh To'ar*, final explanation, and *Eshed HaNechalim*).

[It should be noted that the Midrash below (35 §4; see note 63 there) clearly states that the taking of the Temple as collateral served to avert the destruction of Israel. See *Yefeh To'ar* to our Midrash, second explanation, who explains our Midrash similarly. According to the explanation of our Midrash cited in the preceding paragraph, however, the Midrash below would appear to mean that the destruction of the Temple, by serving as a collateral to guarantee that Israel would seek out God and return to Him, made the destruction of Israel unnecessary.]

See Insight Ⓐ.

149. The Midrash here does not explicitly identify the two collaterals. According to *Bamidbar Rabbah* (12 §14), followed by *Yefeh To'ar* and *Eitz Yosef* to our Midrash, the first collateral was the Tabernacle of Shiloh that was destroyed at the time when the Holy Ark was captured by the Philistines (see *I Samuel* 4:11), as it states (*Psalms* 78:60), *He abandoned the Tabernacle of Shiloh, the tent where He dwelled* [שִׁכֵּן] *among men*. The Midrash there explains that verse as well as alluding to a מַשְׁכּוֹן. The second consisted of the two Temples, which, as *Eitz Yosef* explains, count as one, for both were called "Holy Temple." However, according to *Midrash Tanchuma, Pekudei* §2, followed by *Rashi* (to *Exodus* 38:21 s.v. המשכן משכן), *Toldos Noach,* and *Tiferes Tzion* to our Midrash, and *Maharzu* to 51 §3 below, the two collaterals refer to the two Temples. The Tabernacle, however, is not considered to have been taken as a collateral (*Toldos Noach* to ibid., *Tiferes Tzion* to our Midrash). For further sources as to what occurred with the Tabernacle of Shiloh, see Schottenstein ed. of *Zevachim,* 112b note 43. [See also *Sotah* 9a.]

150. I.e., even while they yet stood the verse at times refers to them as מִשְׁכְּנֹתֶיךָ, which can be read as מַשְׁכְּנֹתֶיךָ, *your collaterals* (see *Bamidbar Rabbah* ibid.), alluding to the time when they would be destroyed (*Eitz Yosef*).

This, then, is the explanation for the extended exile, for it was decreed that should the Jews sin the Temple would be taken as a collateral [as was explained above, note 148] (*Yefeh To'ar* s.v. משל וכו׳).

151. See ibid., s.v. יהא וכו׳.

152. Since they destroyed it, it is as though it were given to *them* as collateral, although (as explained above in note 148, first explanation) the debt is actually to God Himself, and as such, the destruction of the Temple actually serves as the giving of a collateral to *God* (ibid.).

153. Since we find that God rewards the wicked on this world for the good deeds they do (see *Sanhedrin* 96a and *Midrash Tanchuma, Kedoshim* §1), one might have thought that God was in debt, so to speak, to the nations for some meritorious deeds they performed, and therefore allowed them to destroy the Temple. The Midrash informs us that it is not so, as will be proven from the verse cited below (*Eitz Yosef*).

154. God says that even though He exiles the *mother*, i.e., the congregation of Israel, His relationship with her is intact because he never gave a figurative *bill of divorce*.

INSIGHTS

Ⓐ **Claiming Our Collateral** *R' Chaim Soloveitchik* (cited in *Chidushei Maran HaGriz HaChadashos*) employs the teaching of our Midrash — that the Temple serves as collateral for the "debt" incurred by Israel's sins — to elucidate a verse in *Isaiah* (1:27): צִיּוֹן בְּמִשְׁפָּט תִּפָּדֶה וְשָׁבֶיהָ בִּצְדָקָה, *Zion will be redeemed through justice, and those who return to her through charity* (or *kindness*). Why does the verse distinguish between Zion and the returnees of Israel, saying that one will be redeemed through justice and the other through charity?

To answer this question, *R' Chaim* focuses on the metaphor used by the Midrash and considers a conventional loan, involving a lender, borrower, and guarantor. The latter two parties, being on the same side, both assume an obligation to the lender. Should the lender decide to forgive the loan, both are freed of their obligation — but with a difference. The borrower is the one who benefited from the loan, and thus to him, the lender's forgiveness is an act of kindness, of charity. The guarantor, on the other hand, gained nothing from the loan. To him, the relief he experiences as a result of the lender's forgiveness is not a kindness but a technicality: If the debt has been canceled, there is nothing to guarantee, and no place for a guarantor.

The same would be true if instead of making the borrower have a guarantor, the lender took a deposit as collateral. In the event that he forgives the loan, the write-off of the debt could be described as a kindness, but not so the subsequent return of the collateral; that is merely an automatic consequence of the debt's cancellation.

Our Midrash portrays Israel's sinfulness as a debt owed to God, and the destroyed Temple as collateral held for that debt — to be returned, in the form of the Third Temple, when the people repent. Consequently, in the event that God extends mercy to the nation and forgives its sins — thereby eliminating its debt to Him — He will have done it a great kindness. But when, as a matter of course, He returns the collateral being held for that debt — by rebuilding the Temple — He will have done no more than what justice demands.

Isaiah, then, spoke with precision. *Zion*, that is, the Temple, *will be redeemed through justice, and those who return to her*, that is, the Jews, *[will be redeemed] through charity*. The Jewish people, short of a full repentance, have no claim on God's forgiveness and cannot expect to be returned from exile. But should God be charitable and bring us back nonetheless, it is to be expected that He take the next step, by returning the collateral and "redeeming" the Holy Temple.

אֶלָּא אָמַר הַקָּדוֹשׁ בָּרוּךְ הוּא: אַף עַל פִּי כֵן, תְּנַאי הִתְנֵיתִי עִמָּהֶם אִם יֶחֶטְאוּ יב**יְהֵא בֵּית הַמִּקְדָּשׁ מִתְמַשְׁכֵּן עֲלֵיהֶם, שֶׁנֶּאֱמַר** (ויקרא כו, יא) **"וְנָתַתִּי מִשְׁכָּנִי בְּתוֹכְכֶם", אַל תְּהִי קוֹרֵא "מִשְׁכָּנִי" אֶלָּא "מַשְׁכּוֹנִי", וְכֵן בִּלְעָם אוֹמֵר** (במדבר כד, ה) **"מַה טֹּבוּ אֹהָלֶיךָ יַעֲקֹב מִשְׁכְּנֹתֶיךָ יִשְׂרָאֵל", שְׁנֵי מַשְׁכּוֹנוֹת, וְנִקְרְאוּ "אֹהָלֶיךָ" כְּשֶׁהֵם בְּנוּיִים "וּמִשְׁכְּנֹתֶיךָ" כְּשֶׁהֵם חֲרֵבִים, לֹא מִפְּנֵי שֶׁאֲנִי חַיָּיב לָאוּמּוֹת אֲנִי מְמַשְׁכֵּן לָהֶם מִשְׁכָּנִי, אֶלָּא עֲוֹנוֹתֵיכֶם גָּרְמוּ לָכֶם שֶׁאֲמַשְׁכֵּן לָהֶם מִקְדָּשִׁי, אִלּוּלֵא כֵן לָמָּה אֲנִי חַיָּיב, שֶׁנֶּאֱמַר** (ישעיה נ, א) **"כֹּה אָמַר ה' אֵיזֶה סֵפֶר כְּרִיתוּת אִמְּכֶם אֲשֶׁר שִׁלַּחְתִּיהָ אוֹ מִי מִנּוֹשַׁי אֲשֶׁר מָכַרְתִּי אֶתְכֶם לוֹ הֵן בַּעֲוֹנֹתֵיכֶם נִמְכַּרְתֶּם וּבְפִשְׁעֵיכֶם שֻׁלְּחָה אִמְּכֶם", וְכֵן הִתְנֵיתִי עִם מֹשֶׁה עֲלֵיהֶם, שֶׁנֶּאֱמַר** [כב, כד] **"אִם כֶּסֶף תַּלְוֶה אֶת עַמִּי אֶת הֶעָנִי עִמָּךְ לֹא תִהְיֶה לוֹ כְּנֹשֶׁה", וְאִם תַּעַבְרוּ עַל הַמִּצְוֹת הָאֵלּוּ אֲנִי מְמַשְׁכֵּן שְׁתֵּי מַשְׁכּוֹנוֹת, שֶׁנֶּאֱמַר** [כב, כה] **"אִם חָבֹל תַּחְבֹּל שַׂלְמַת רֵעֶךָ", אָמַר לוֹ מֹשֶׁה: וּלְעוֹלָם הֵם מְמוּשְׁכָּנִים, אָמַר לוֹ: לָאו, אֶלָּא** [שם] **"עַד בֹּא הַשֶּׁמֶשׁ", עַד שֶׁיָּבֹא מָשִׁיחַ, שֶׁנֶּאֱמַר** (מלאכי ג, כ) **"וְזָרְחָה לָכֶם יִרְאֵי שְׁמִי שֶׁמֶשׁ צְדָקָה וּמַרְפֵּא":**

יא דָּבָר אַחֵר, [כב, כד] **"אִם כֶּסֶף תַּלְוֶה אֶת עַמִּי", הָדָא הוּא דִכְתִיב** (משלי כח, ח) יג**"מַרְבֶּה הוֹנוֹ בְּנֶשֶׁךְ וְתַרְבִּית לְחוֹנֵן דַּלִּים יְקַבְּצֶנּוּ", יֵשׁ אָדָם שֶׁהוּא עָשִׁיר וּמַלְוֶה בְּרִבִּית וּמְכַנֵּס מָמוֹן הַרְבֵּה וְהוּא מֵת בְּלֹא בָנִים, וְכָל הַמָּמוֹן שֶׁלּוֹ נִכְנָס לְטִמְיוֹן,**

עץ יוסף

אף על פי כן. כלומר אף שאין אני מגרש אותם לעולם, אף על פי כן תנאי התניתי שאוכיח אותם כשיהיו רעים שיהא בית המקדש מתמשכן עליהם, וכמו שעל ידי המשכון האדם מתאמץ (שישלחם) [שישלם] חובו כי הוא חפץ במשכונו, כן על ידי חורבן הבית ינהו כל בני ישראל אחרי ה', מפני ההשגחה הגדולה שהיה באמצעותו: **שנאמר ונתתי משכני בתוככם כו'.** כלומר שאתן בתוככם הבית המקדש שהוא נכון ומזומן להתמשכן אם תחטאו, אבל אם בחקתי תלכו וגו', אזי יהיה תועלת המשכן להשרות שכינתי: **שני משכנות.** דאם לא כן אהליך ומשכנותיך למה לי, כדלקמן בבמדבר רבה פרשה י"ב, והשני משכנות הוא אחד משכן שילה, שני מקדש ראשון ושני, שהם שניהם לאחד נחשבו, דתרווייהו שם מקדש: **אהליך כשהם בנוים.** כאומר אהל שכן באדם, מפני שהם כאהל לשבת: **כשהם חריבים.** לאו דוקא אלא כלומר על שם הזמן שהם חרבים לעולם אפילו בבנינם קרי להו הכי: **לא מפני שאני חייב כו'.** כלומר שלא יחשוב שבצדקות העובדי כוכבים זוכים בישראל, על דרך ארבע פסיעות דנבוכדנצר ודמעות עשו, כי ה' פורע להם שכרם ולא נשאר להם חוב עליו, וכמו שאמרו ז"ל (תנחומא קדושים א) גבי ושער רישה כעמר נקי: **הן בעונותיכם נמכרתם כו'.** הרי שהקדוש ברוך הוא אינו חייב לשום אדם, רק שהעונות ישראל גורמים שימכרם: **אני ממשכן שתי משכנות שנאמר אם חבל תחבול שלמת רעיך.** קרי לבית המקדש שלמה, מפני המשכן שנקרא אהל על שנעשה מיריעות, וגם המקדש נקרא יריעות שלמה, ופירוש רעך, על דרך רעך ורע אביך: **ולעולם הם ממושכנים.** לעולם לאו דוקא, אלא פירוש אם יעמדו כן עד שיזכו ישראל לפדיון ואם לא ייטיבו מעלליהם יהיה ממושכן, וקאמר ליה הקדוש ברוך הוא עד שיבא בן דוד, פירוש שאפילו לא יזכו יש קץ שיבא בן דוד, כאומרם זכו אחישנה לא זכו בעתה, והיינו וזרחה לכם יראי שמי שמש זה משיח שנקרא שמש (שנאמר כסאו כשמש נגדי, וכתיב לפני שמש ינון שמו). צדקה, כי בצדקה וחסד יגאלו אפילו לא יזכו כולם, וכן מדמזכיר בסוף הענין הנה אנכי שולח לכם את אליה הנביא לפני בא יום ה' וגו', משמע שקאי אמשיח: **(יא) [י] הדא הוא דכתיב מרבה הונו כו'.** שב לתת טעם למאמר עמך, ובעי לפרש אם תהיה מלוה לעמי מכספך, תתבונן מאד באופן ההלואה, והיינו שתזהר מהרבית, כי בזה האופן יכול להיות שכל כספך שהרבית על ידי הרבית והיה עד עתה עמך, יהיה את העני וכמפרש: **יש אדם שהוא עשיר.** מפני שרוב המלוים ברבית נכסיהם מתמוטטים, כמו שאמרו בגמרא (בבא מציעא עא, א), לכן אמר כי פעמים ימצא מי שמלוה ברבית ירבה עשרו, אבל על כל זה לא יצלח: **והוא מת בלא בנים.** כלומר דפעמים הוא מת בלא בנים, והכתוב מדבר מאחד מהעונשים, וזולתם מפורשים הם ביחזקאל י"ח: **לטמיון.** פירוש לאוצר המלך, כי כן הנימוס שמי שמת בלא יורש המלך נוטל הירושה:

פירוש מהרז"ו

לא מפני שאני חייב. הכי גרסינן בתנחומא, אמר הקב"ה לא מפני וכו', וכן צריך להיות כאן: **או מי מנושי.** וכי בעבור שהם נושי שאני חייב להם, הוצרכתי חלילה למכור אתכם להם, כי אם בעבור שלא אמאס בכם בעונותיכם, על כן נמכרתם: **וכן התניתי עם משה.** בתורה אם כסף תלוה, שמשה אומר להשם יתברך אם כסף תלוה לישראל את עמי, את העני עמך, תראה בעניים, ויהיו עמך, ולא תהיה להם לנושך, אם חבול תחבול שלמת רעך, שתחבול את משכנותיך עבור רעך, לא יהיה לעולם אלא עד בא השמש. ועיין לקמן פרשה כ"א סימן ג: **וזרחה לכם יראי שמי.** ובפסוקים הקודמים והיו לי אמר ה' צבאות ליום אשר אני עושה סגולה וחמלתי עליהם וגו' וזרחה לכם יראי שמי וגו' זכרו תורת משה עבדי, שרמזתי כן בתורה, כנ"ל: **(יא) יש אדם.** לקמן סוף פרשה זו שני לשונות אלו בשינוי, שהוא העתקה משני מקומות:

מתנות כהונה

שלמת רעך. הבית המקדש נקרא יריעות שלמה: **[יא] לטמיון.** לאוצר המלך, כי כן הנימוס, שמי שמת בלא יורש, המלך נוטל הירושה:

אשד הנחלים

אלא משכוני. כבר בארתי במקום אחר בענין אל תקרי, שאין הכונה שביארו כך, רק שנכלל מתוך ענין המאמר או המלה כך. והנה באמת סבת הגליות והצירוף לישראל, הוא המשכון שעל ידו שרתה שכינה בישראל, ולכן הזדקקות ההשגחה שופע עליהם תמיד להצילם מעון, ובמבלי להניחם בעונם. והנה כמו על ידי המשכון האדם מתאמץ שישלם חובו, כי הוא חפץ במשכונו, כן על ידי חורבן הבית ינהו כל בני ישראל אחרי ה', מפני ההשגחה הגדולה שהיה באמצעיתו, ואם כן מצד שהיה משכן על ידי לקחו למשכון, הבן זה: **אוהל כשהם בנוים.** כי אהל הוא מדור שדר בה תמיד, אבל משכן הוא רק מורה על השכינה לבד לא תמידית, לכן מורה רק על עת החורבן: **למה אני חייב.** כלומר הלא אין אני חייב לגמול להם טובה בזאת, אם לא למען אענישכם: **אני ממשכן שתי משכונות.** הוא דרך הרמז העטוף בה, כאומר ראה שלא תעשה כן כי חבול תחבל גם אתה על ידי זה, וכשם שאני מזהירך שעד בוא השמש תשיבנו לו כן אנכי אעשה, ורק לפי דרשתם יהיה הפירוש מילת בא השמש מלשון ביאה, ובאמת פשוטו על שקיעת השמש, רק שהוא דרש וסמך ורמז הנכלל ענין הקורות שיקרה לנו בעבור זה, ולכן מזהירם שיעשו טוב: **[יא] יש אדם.** באורו להורות שלא יפלא שאנו מוצאים לפעמים גם כן שעשרם יעמוד אתם, ולכן מפרש שיש לפעמים כן, אם מת בלא בנים, סוף שינתן למלך והוא יעשה בה צרכי עניים. אבל לכאורה הוא מן הפלא, הלא בפירוש אמרו (קידושין כא, א) שאין לך אדם שאין לו גואלים. ואולי הכונה שגואלי המת יריבו זה עם זה בעד ירושתם, ועל ידי זה ירדו כל הנכסים לטמיון, והיא הערת מוסר להשמר מכל אלה:

חידושי הרד"ל

[י] שמש צדקה. זה משיח שנקרא שמש, שנאמר (תהלים פט, לז) כסאו כשמש נגדי, וכתיב (תהלים עב, יז) לפני שמש ינון שמו, ומביא כאן מקרא דשמש צדקה, שכתוב בו זריחה. ובלשון המדרש שהביא רבינו בחיי מביא מקרא דלפני שמש ינון שמו גם כן:

חידושי הרש"ש

[י] אלולי כן למה אני חייב. נראה דטעות סופר הוא, וצריך לומר למי אני חייב:

מסורת המדרש

יב. לקמן פל"ה ופכ"א. במדבר רבה פי"ב. תנחומא סדר ויקהל סימן ט'. תנחומא סדר פקודי סימן ב'. ילקוט פקודי רמז תי"ד:
יג. בב"מ דף ע'. ועיין הגירסא בילקוט משלי רמז תתקס"א:

אם למקרא

וְנָתַתִּי מִשְׁכָּנִי בְּתוֹכְכֶם וְלֹא תִגְעַל נַפְשִׁי אֶתְכֶם:
(ויקרא כו:יא)

מַה־טֹּבוּ אֹהָלֶיךָ יַעֲקֹב מִשְׁכְּנֹתֶיךָ יִשְׂרָאֵל:
(במדבר כד:ה)

כֹּה אָמַר ה' אֵי זֶה סֵפֶר כְּרִיתוּת אִמְּכֶם אֲשֶׁר שִׁלַּחְתִּיהָ אוֹ מִי מִנּוֹשַׁי אֲשֶׁר מָכַרְתִּי אֶתְכֶם לוֹ הֵן בַּעֲוֹנֹתֵיכֶם נִמְכַּרְתֶּם וּבְפִשְׁעֵיכֶם שֻׁלְּחָה אִמְּכֶם:
(ישעיה נ:א)

וְזָרְחָה לָכֶם יִרְאֵי שְׁמִי שֶׁמֶשׁ צְדָקָה וּמַרְפֵּא בִּכְנָפֶיהָ וִיצָאתֶם וּפִשְׁתֶּם כְּעֶגְלֵי מַרְבֵּק:
(מלאכי ג:כ)

מַרְבֶּה הוֹנוֹ בְּנֶשֶׁךְ וְתַרְבִּית לְחוֹנֵן דַּלִּים יִקְבְּצֶנּוּ:
(משלי כח:ח)

אוֹ מִי מִנּוֹשַׁי אֲשֶׁר מָכַרְתִּי אֶתְכֶם לוֹ הֵן בַּעֲוֹנֹתֵיכֶם נִמְכַּרְתֶּם וּבְפִשְׁעֵיכֶם שֻׁלְּחָה אִמְּכֶם״ — ***Or to which of My creditors have I sold you? Behold, it is for your iniquities that you have been sold, and for your rebellious sins that your mother has been sent away*** (*Isaiah* 50:1).[155]

The Midrash now returns to our *Exodus* passage, expounding it as alluding to the above discussion:

וְכֵן הִתְנֵיתִי עִם מֹשֶׁה עֲלֵיהֶם, שֶׁנֶּאֱמַר ״אִם כֶּסֶף תַּלְוֶה אֶת עַמִּי אֶת הֶעָנִי עִמָּךְ לֹא תִהְיֶה לוֹ כְּנֹשֶׁה״ — God continues, **"And so I stipulated with Moses concerning [the people of Israel]," as it is stated** in our verse, ***When you lend money to My people, to the poor person who is with you, do not act toward him as a creditor.***[156] וְאִם תַּעַבְרוּ עַל הַמִּצְוֹת הָאֵלּוּ אֲנִי מְמַשְׁכֵּן שְׁתֵּי מַשְׁכּוֹנוֹת — **"But if you will transgress these commandments, I will give** the nations **two collaterals,"** שֶׁנֶּאֱמַר ״אִם חָבֹל תַּחְבֹּל שַׂלְמַת רֵעֶךָ״ — **as it is stated** in the next verse, ***If you take your fellow's garment as security.***[157] אָמַר לוֹ מֹשֶׁה: וּלְעוֹלָם הֵם מְמוּשְׁכָּנִים — When God made this stipulation, **Moses asked Him, "Shall they be pledged forever?"** אָמַר לוֹ: לָאו, אֶלָּא ״עַד בֹּא הַשֶּׁמֶשׁ״, עַד שֶׁיָּבֹא מָשִׁיחַ — [God] **replied to him, "No, rather** they will be pledged only ***until the sun arrives,*** that is, **until the Messiah arrives,"**[158] שֶׁנֶּאֱמַר ״וְזָרְחָה לָכֶם יִרְאֵי שְׁמִי שֶׁמֶשׁ צְדָקָה וּמַרְפֵּא״ — **as it is stated, *But a sun of righteousness will shine for you who fear My Name, with healing*** *in its rays* (*Malachi* 3:20).[159]

§11 The Midrash returns to the plain meaning of our Scriptural passage, presenting another exposition of the word עִמָּךְ, *with you*:

דָּבָר אַחֵר, ״אִם כֶּסֶף תַּלְוֶה אֶת עַמִּי״ — **Another interpretation** of our verse, ***When you lend money to My people,*** *to the poor person who is with you, etc.* הָדָא הוּא דִכְתִיב ״מַרְבֶּה הוֹנוֹ בְּנֶשֶׁךְ וְתַרְבִּית לְחוֹנֵן דַּלִּים יִקְבְּצֶנּוּ״ — **This is** understood in accordance with **that which is written, *One who multiplies his wealth through interest and increase gathers it for the patron of the poor*** (*Proverbs* 28:8).

NOTES

155. I.e., I have no creditors to whom I was obligated to hand you over; rather, you were sold to the other nations solely on account of your sins (*Maharzu*, *Eitz Yosef*).

156. The Midrash is expounding the verse as follows: *If you will* observe My laws discussed here, such as that of *lending money to the poor*, *you will not be* placed in exile *as* an item that is pledged as a collateral to *a creditor*. This is derived from Scripture's use of the lengthy phrase *do not act toward him as a creditor*, rather than the more concise *do not press him*. The (seemingly unrelated) earlier discussion of the *Jeremiah* verses regarding the question of God's apparent rejection of Israel was cited here because, as the Midrash stated earlier (at the end of §4 above), the derogatory name coined by Israel's enemies, *"Rejected silver,"* was a punishment for their sinning by lending money on interest (*Eitz Yosef*, at the beginning of this section).

157. *Your fellow's garment* is seen as a figurative allusion to the Tabernacle, for its covering was made of curtains fashioned from the same materials used for making garments (see *Exodus* 26:1-14), as well as to the Temple, which Scripture (*Song of Songs* 1:5) refers to as *the curtains of Solomon* (*Eitz Yosef*; see also *Matnos Kehunah*). This is derived from the twofold expression חָבֹל תַּחְבֹּל, which is understood as representing two collaterals (*Eitz Yosef*, at the beginning of this section; see note 149 above).

See Insight Ⓐ.

158. As the verse concludes, *Until the sun arrives shall you return it to him*. [Compare to §7 above, note 110, where the Midrash is explained as interpreting this verse to mean that the item is *kept as a pledge* until the "arrival of the sun" and then *returned*, as opposed to vice versa. According to our Midrash, the "arrival of the sun" alludes to the arrival of the Messiah, who is called *a sun*, as will be explained in the next note.]

159. Why did Moses think that they would remain in exile forever? On the contrary, the analogy to a collateral would indicate that ultimately they will be redeemed (see Insight to note 148)! *Yefeh To'ar* (see also *Eitz Yosef*) explains that Moses was asking whether they must remain in exile until they improve their ways and merit redemption or there is another possibility of redemption. God responded that even if they do not merit it they will be redeemed when the Messiah arrives, meaning there is a predesignated time by which he must have arrived. This is in accordance with that which the Gemara (*Sanhedrin* 98a) states: If [the Jews] are deserving, *I will hasten it* (*Isaiah* 60:22), i.e., the redemption will arrive before its predesignated date. If they are not deserving, the redemption will come *in its time* (ibid.). To prove that the coming of the Messiah is not contingent on Israel deserving it, the Midrash here cites the verse from *Malachi*, which shows that the Messiah (who is called *a sun*, as in *Psalms* 72:17 and 89:37 — *Radal* and *Eitz Yosef*) can arrive through *righteousness*, i.e., through God's righteousness and kindness, even if the people of Israel are not strictly entitled to redemption.

INSIGHTS

Ⓐ The Unreturned Pledge *Toldos Adam* (cited in *MiDarchei Avraham*, *Pekudei*) wonders how the Temple could be taken as collateral. Scripture states (*Deuteronomy* 24:6), *One shall not take an upper or lower millstone as a pledge, for he would be taking a life as a pledge.* The verse clearly prohibits a creditor from taking as collateral anything the debtor needs for food preparation, because to deprive a person of such an essential possession is tantamount to taking his life. Certainly there is nothing we need for our spiritual sustenance more than the Holy Temple! How, then, could God take the Temple as collateral for our sins?

Moreover, even if the Temple cannot be compared to a cooking utensil, it should at least be accorded as much consideration as one's garment or bedding, which, if taken as collateral, must be made available to the borrower during its period of use (see *Deuteronomy* 24:12-13).

[*R' Yosef Chaim Sonnenfeld* is said to have asked the same question (*MiDarchei Avraham* ibid.), anchoring it in the teaching of *Yerushalmi* (*Rosh Hashanah* 1:3) that God observes the Torah's commandments. Surely, then, He would not "transgress" the prohibition against withholding a pledge!]

Toldos Adam provides a sobering answer, based on a verse in our passage. After admonishing a creditor to return a pledged garment during its hours of use, the Torah (v. 26) warns that *if [you do not comply and] he cries out to Me, I shall listen, for I am compassionate.* We may infer from this verse that a pledge must be returned only when its importance to the debtor is such that withholding it would cause him to cry out in distress. Otherwise, the creditor may hold it until the debt is repaid.

The same guidelines apply to the pledge that God seized for our sins. Had our ancestors truly considered the Temple their spiritual lifeline, and treasured it the way an impoverished homemaker would treasure her only cooking vessel, God could not have taken it in the first place. Now that He did take it, the Temple's ongoing status depends on our own attitude toward it. If we miss its presence in our midst as much as a pauper would miss his only garment, or his only pillow, God will be required to return it to us. Apparently, however, we do not feel the spiritual void left by the Temple's destruction, and we fail to consider its restoration as vital as obtaining our most basic needs. God is therefore not bound to return it to us until we repay our debt by repenting our sins.

[*Toldos Adam* adds that while this is true of the nation at large, it is nevertheless possible that individual Jews will appreciate the value of the Temple and cry out sincerely for its return. In those cases, God will "rebuild" the Temple especially for them — that is, He will grace them with the aura of the Divine Presence in this world.]

With this idea in mind, *MiDarchei Avraham* suggests a rationale for the custom of sleeping on Tishah B'Av with a stone under one's head instead of a pillow (see *Orach Chaim* 555:2). By substituting a "building block" for our pillows, we express the sentiment that rebuilding the Temple is vital to our lives and certainly no less important than sleeping with a pillow, for which the Torah requires that a pledge be returned.

אֶלָּא אָמַר הַקָּדוֹשׁ בָּרוּךְ הוּא: אַף עַל פִּי כֵן, תְּנַאי הִתְנֵיתִי עִמָּהֶם אִם יֶחֶטְאוּ [יב] יְהֵא בֵּית הַמִּקְדָּשׁ מִתְמַשְׁכֵּן עֲלֵיהֶם, שֶׁנֶּאֱמַר (ויקרא כו, יא) "וְנָתַתִּי מִשְׁכָּנִי בְּתוֹכְכֶם", אַל תְּהִי קוֹרֵא "מִשְׁכָּנִי" אֶלָּא "מַשְׁכּוֹנִי", וְכֵן בִּלְעָם אוֹמֵר (במדבר כד, ה) "מַה טֹּבוּ אֹהָלֶיךָ יַעֲקֹב מִשְׁכְּנֹתֶיךָ יִשְׂרָאֵל", שְׁנֵי מַשְׁכּוֹנוֹת, וְנִקְרְאוּ "אֹהָלֶיךָ" כְּשֶׁהֵם בְּנוּיִים "וּמִשְׁכְּנֹתֶיךָ" כְּשֶׁהֵם חֲרֵבִים, לֹא מִפְּנֵי שֶׁאֲנִי חַיָּב לָאוּמּוֹת אֲנִי מְמַשְׁכֵּן לָהֶם מִשְׁכָּנִי, אֶלָּא עֲוֹנוֹתֵיכֶם גָּרְמוּ לָכֶם שֶׁאֲמַשְׁכֵּן לָהֶם מִקְדָּשִׁי, אִלּוּלֵא כֵן לָמָּה אֲנִי חַיָּב, שֶׁנֶּאֱמַר (ישעיה נ, א) "כֹּה אָמַר ה' אֵיזֶה סֵפֶר כְּרִיתוּת אִמְּכֶם אֲשֶׁר שִׁלַּחְתִּיהָ אוֹ מִי מִנּוֹשַׁי אֲשֶׁר מָכַרְתִּי אֶתְכֶם לוֹ הֵן בַּעֲוֹנֹתֵיכֶם נִמְכַּרְתֶּם וּבְפִשְׁעֵיכֶם שֻׁלְּחָה אִמְּכֶם", וְכֵן הִתְנֵיתִי עִם מֹשֶׁה עֲלֵיהֶם, שֶׁנֶּאֱמַר [כב, כד] "אִם כֶּסֶף תַּלְוֶה אֶת עַמִּי אֶת הֶעָנִי עִמָּךְ לֹא תִהְיֶה לוֹ כְּנֹשֶׁה", וְאִם תַּעַבְרוּ עַל הַמִּצְוֹת הָאֵלּוּ אֲנִי מְמַשְׁכֵּן שְׁתֵּי מַשְׁכּוֹנוֹת, שֶׁנֶּאֱמַר [כב, כה] "אִם חָבֹל תַּחְבֹּל שַׂלְמַת רֵעֶךָ", אָמַר לוֹ מֹשֶׁה: וּלְעוֹלָם הֵם מְמוּשְׁכָּנִים, אָמַר לוֹ: לָאו, אֶלָּא [שם] "עַד בֹּא הַשֶּׁמֶשׁ", עַד שֶׁיָּבֹא מָשִׁיחַ, שֶׁנֶּאֱמַר (מלאכי ג, כ) "וְזָרְחָה לָכֶם יִרְאֵי שְׁמִי שֶׁמֶשׁ צְדָקָה וּמַרְפֵּא":

יא דָּבָר אַחֵר, [כב, כד] "אִם כֶּסֶף תַּלְוֶה אֶת עַמִּי", הָדָא הוּא דִכְתִיב (משלי כח, ח) [יג] "מַרְבֶּה הוֹנוֹ בְּנֶשֶׁךְ וְתַרְבִּית לְחוֹנֵן דַּלִּים יְקַבְּצֶנּוּ", יֵשׁ אָדָם שֶׁהוּא עָשִׁיר וּמַלְוֶה בְּרִבִּית וּמְכַנֵּס מָמוֹן הַרְבֵּה וְהוּא מֵת בְּלֹא בָנִים, וְכָל הַמָּמוֹן שֶׁלּוֹ נִכְנָס לְטִמְיוֹן,

עץ יוסף

אף על פי כן. כלומר אף שאין אני מגרש אותם לעולם, אף על פי כן תנאי התניתי שאוכיח אותם כשיהיו רעים שיהא בית המקדש מתמשכן עליהם, וכמו שעל ידי המשכון האדם מתאמץ (שישלחם) [שישלם] חובו כי הוא חפץ במשכונו, כן על ידי חורבן הבית ינהו כל בני ישראל אחרי ה', מפני ההשגחה הגדולה שהיה באמצעותו: **שנאמר ונתתי משכני בתוככם כו'.** כלומר שאתן בתוככם הבית המקדש שהוא נכון ומזומן להתמשכן אם תחטאו, אבל אם בחקתי תלכו וגו', אזי יהיה תועלת המשכן להשרות שכינתי: **שני משכנות.** דאם לא כן אהליך ומשכנותיך למה לי, כדלקמן בבמדבר רבה פרשה י"ב, והשני משכנות הוא אחד משכן שילה, שני מקדש ראשון ושני, שהם שניהם לאחד נחשבו, דתרווייהו שם מקדש: **אהליך כשהם בנוים.** כאומר אהל שכן באדם, מפני שהם כאהל לשבת: **בשהם חריבים.** לאו דוקא אלא כלומר על שם הזמן שהם חרבים לעולם אפילו בבנינם קרי להו הכי: **לא מפני שאני חייב בו'.** כלומר שלא יחשוב שצדקות העובדי כוכבים זוכים בישראל, על דרך ארבע פסיעות דנבוכדנצר ודמעות עשו, כי ה' פורע להם שכרם ולא נשאר להם חוב עליו, וכמו שאמרו ז"ל (תנחומא קדושים א) גדי ושער רישה כעמר נקי: **הן בעונותיכם נמכרתם בו'.** הרי שהקדוש ברוך הוא אינו חייב לשום אדם, רק שהעונות ישראל גורמים שימכרם: **אני ממשכן שתי משכנות שנאמר אם חבל תחבול שלמת רעיך.** קרי לבית המקדש שלמה, מפני המשכן שנקרא אהל על שנעשה מיריעות, וגם המקדש נקרא יריעות שלמה, ופירוש רעך, על דרך רעך ורע אביך: **ולעולם הם ממושכנים.** לעולם לאו דוקא, אלא פירוש אם יעמדו כן עד שיזכו ישראל לפדיון ואם לא ייטיבו מעלליהם יהיה ממושכן, וקאמר ליה הקדוש ברוך הוא עד שיבא בן דוד, פירוש שאפילו לא יזכו יש קץ שיבא בן דוד, כאומרם זכו אחישנה לא זכו בעתה, והיינו וזרחה לכם יראי שמי שמש זה משיח שנקרא שמש (שנאמר כסאו כשמש נגדי, וכתיב לפני שמש ינון שמו). צדקה, כי בצדקה וחסד יגאלו אפילו לא יזכו כולם, וכן מדמזכיר בסוף הענין הנה אנכי שולח לכם את אליה הנביא לפני בא יום ה' וגו', משמע שקאי אמשיח: **(יא) [י] הדא הוא דכתיב מרבה הונו כו'.** שב לתת טעם למאמר עמך, ובעי לפרש אם תהיה מלוה לעמי מכספך, תתבונן מאד באופן ההלואה, והיינו שתזהר מהרבית, כי בזה האופן יכול להיות שכל כספך שהרבית על ידי הרבית והיה עד עתה עמך, יהיה את העני וכמפרש: **יש אדם שהוא עשיר.** מפני שרוב המלוים ברבית נכסיהם מתמוטטים, כמו שאמרו בגמרא (בבא מציעא עא, א), לכן אמר כי פעמים ימלא מי שמלוה ברבית ירבה עשרו, אבל על כל זה לא יצלח: **והוא מת בלא בנים.** כלומר דפעמים הוא מת בלא בנים, והכתוב מדבר מאחד מהעונשים, וזולתם מפורשים הם ביחזקאל י"ח: **לטמיון.** פירוש לאוצר המלך, כי כן הנימוס שמי שמת בלא יורש המלך נוטל הירושה:

פירוש מהרז״ו

לא מפני שאני חייב. הכי גרסינן בתנחומא, אמר הקב"ה לא מפני וכו', וכן צריך להיות כאן: **או מי מנושי.** וכי בעבור שהם נושי שאני חייב להם, הוצרכתי חלילה למכור אתכם להם, כי אם בעבור שלא אמאס בכם בעונותיכם, על כן נמכרתם: **וכן התניתי עם משה.** בתורה אם כסף תלוה, שמשה אומר להשם יתברך אם כסף תלוה לישראל את עמי, את העני עמך, תראה בעניים, ויהיו עמך, ולא תהיה להם לנושך, אם חבול תחבול שלמת רעך, שתחבול את משכנותיך עבור רעך, לא יהיה לעולם אלא עד בא השמש. ועיין לקמן פרשה כ"א סימן ג: **וזרחה לכם יראי שמי.** ובפסוקים הקודמים והיו לי אמר ה' צבאות ליום אשר אני עושה סגולה וחמלתי עליהם וגו' וזרחה לכם יראי שמי וגו' זכרו תורת משה עבדי, שרמזתי כן בתורה, ככ"ל: **(יא) יש אדם.** לקמן סוף פרשה זו שני לשונות אלו בשינוי, שהוא העתקה משני מקומות:

חידושי הרד״ל

[י] שמש צדקה. זה משיח שנקרא שמש, שנאמר (תהלים פט, לז) כסאו כשמש נגדי, וכתיב (תהלים עב, יז) לפני שמש ינון שמו, ומביא כאן מקרא דשמש צדקה, שכתוב בו זריחה. ובלשון המדרש שהביא רבינו בחיי מביא מקרא דלפני שמש ינון שמו גם כן:

חידושי הרש״ש

[י] אלולי כן למה אני חייב. נראה דטעות סופר הוא, וצריך לומר למי אני חייב:

מסורת המדרש

יב. לקמן פל"ה ופנ"א. במדבר רבה פי"ב. תנחומא סדר ויקהל סימן ט'. תנחומא סדר פקודי סימן ב'. ילקוט פקודי רמז תי"ד:
יג. בב"מ דף ע'. ועיין הגירסא בילקוט משלי רמז תתקס"א:

אם למקרא

וְנָתַתִּי מִשְׁכָּנִי בְּתוֹכְכֶם וְלֹא תִגְעַל נַפְשִׁי אֶתְכֶם: (ויקרא כו:יא)

מַה־טֹּבוּ אֹהָלֶיךָ יַעֲקֹב מִשְׁכְּנֹתֶיךָ יִשְׂרָאֵל: (במדבר כד:ה)

כֹּה אָמַר ה' אֵי זֶה סֵפֶר כְּרִיתוּת אִמְּכֶם אֲשֶׁר שִׁלַּחְתִּיהָ אוֹ מִי מִנּוֹשַׁי אֲשֶׁר מָכַרְתִּי אֶתְכֶם לוֹ הֵן בַּעֲוֹנֹתֵיכֶם נִמְכַּרְתֶּם וּבְפִשְׁעֵיכֶם שֻׁלְּחָה אִמְּכֶם: (ישעיה נ:א)

וְזָרְחָה לָכֶם יִרְאֵי שְׁמִי שֶׁמֶשׁ צְדָקָה וּמַרְפֵּא בִּכְנָפֶיהָ וִיצָאתֶם וּפִשְׁתֶּם כְּעֶגְלֵי מַרְבֵּק: (מלאכי ג:כ)

מַרְבֶּה הוֹנוֹ בְּנֶשֶׁךְ וְתַרְבִּית לְחוֹנֵן דַּלִּים יִקְבְּצֶנּוּ: (משלי כח:ח)

מתנות כהונה

שלמת רעך. הבית המקדש נקרא יריעות שלמה: **[יא] לטמיון.** לאוצר המלך, כי כן הנימוס, שמי שמת בלא יורש, המלך נוטל הירושה:

אשד הנחלים

אלא משכוני. כבר בארתי במקום אחר בענין אל תקרי, שאין הכונה שביאורו כך, רק שנכלל מתוך ענין המאמר או המלה כך. והנה באמת סבת הגליות והצירוף לישראל, הוא המשכון שעל ידו שרתה שכינה בישראל, ולכן הזדקקות ההשגחה שופע עליהם תמיד להצילם מעון, ובמבלי להניחם בעונם. והנה כמו על ידי המשכון האדם מתאמץ שישלם חובו, כי הוא חפץ במשכונו, כן על ידי חורבן הבית ינהו כל בני ישראל אחרי ה', מפני ההשגחה הגדולה שהיה באמצעיתו, ואם כן מצד שהיה משכן על ידי לקחו למשכון, הבן זה: **אוהל כשהם בנוים.** כי אהל הוא מדור שדר בה תמיד, אבל משכן הוא רק מורה על השכינה לבד לא תמידית, לכן מורה רק על עת החורבן: **למה אני חייב.** כלומר הלא אין אני חייב לגמול להם טובה בזאת, אם לא למען אענישכם: **אני ממשכן שתי משכונות.** הוא דרך הרמז העטוף בה, כאומר ראה שלא תעשה כן כי חבול תחבל גם אתה על ידי זה, וכשם שאני מזהירך שעד בוא השמש תשיבנו לו כן אנכי אעשה, ורק לפי דרשתם יהיה הפירוש מילת בא השמש מלשון ביאה, ובאמת פשוטו על שקיעת השמש, רק שהוא דרש וסמך ורמז הנכלל ענין הקורות שיקרה לנו בעבור זה, ולכן מזהירם שיעשו טוב: **[יא] יש אדם.** באורו להורות שלא יפלא שאנו מוצאים לפעמים גם כן שעשרם יעמוד אתם, ולכן מפרש שיש לפעמים כן, אם מת בלא בנים, סוף שינתן למלך והוא יעשה בה צרכי עניים. אבל לכאורה הוא מן הפלא, הלא בפירוש אמרו (קידושין כא, א) שאין לך אדם שאין לו גואלים. ואולי הכונה שגואלי המת יריבו זה עם זה בעד ירושתם, ועל ידי זה ירדו כל הנכסים לטמיון, והיא הערת מוסר להשמר מכל אלה:

יֵשׁ אָדָם שֶׁהוּא עָשִׁיר וּמַלְוֶה בְּרִבִּית וּמְכַנֵּס מָמוֹן הַרְבֵּה – This means: At times **there is a person who is wealthy that lends on interest and accumulates a lot of money,** וְהוּא מֵת בְּלֹא בָנִים – **but he dies without children,**[160] וְכָל הַמָּמוֹן שֶׁלּוֹ נִכְנָס לְטַמְיוֹן – **whereupon all his money is brought to the royal treasury.**[161]

NOTES

160. This means: Generally, one who lends money on interest will lose his money during his lifetime, as taught in *Bava Metzia* (71a). On occasion, however, there is one who does accumulate wealth by lending on interest. However, he will invariably suffer the fate described here (*Yefeh To'ar*; see also *Eitz Yosef*).

161. For common law dictates that one who dies without an heir has his fortune seized and deposited in the king's coffers (*Matnos Kehunah*, *Eitz Yosef*).

אֶלָּא אָמַר הַקָּדוֹשׁ בָּרוּךְ הוּא: אַף עַל פִּי כֵן, תְּנַאי הִתְנֵיתִי עִמָּהֶם אִם יֶחֶטְאוּ יבּיְהֵא בֵּית הַמִּקְדָּשׁ מִתְמַשְׁכֵּן עֲלֵיהֶם, שֶׁנֶּאֱמַר (ויקרא כו, יא) "וְנָתַתִּי מִשְׁכָּנִי בְּתוֹכְכֶם", אַל תְּהֵי קוֹרֵא "מִשְׁכָּנִי" אֶלָּא "מַשְׁכּוֹנִי", וְכֵן בִּלְעָם אוֹמֵר (במדבר כד, ה) "מַה טֹּבוּ אֹהָלֶיךָ יַעֲקֹב מִשְׁכְּנֹתֶיךָ יִשְׂרָאֵל", שְׁנֵי מַשְׁכּוֹנוֹת, וְנִקְרְאוּ "אֹהָלֶיךָ" כְּשֶׁהֵם בְּנוּיִים "וּמִשְׁכְּנֹתֶיךָ" כְּשֶׁהֵם חֲרֵבִים, לֹא מִפְּנֵי שֶׁאֲנִי חַיָּב לָאוּמּוֹת אֲנִי מְמַשְׁכֵּן לָהֶם מִשְׁכָּנִי, אֶלָּא עֲוֹנוֹתֵיכֶם גָּרְמוּ לָכֶם שֶׁאֲמַשְׁכֵּן לָהֶם מִקְדָּשִׁי, אִלּוּלֵא כֵן לָמָּה אֲנִי חַיָּב, שֶׁנֶּאֱמַר (ישעיה נ, א) "כֹּה אָמַר ה' אֵיזֶה סֵפֶר כְּרִיתוּת אִמְּכֶם אֲשֶׁר שִׁלַּחְתִּיהָ אוֹ מִי מִנּוֹשַׁי אֲשֶׁר מָכַרְתִּי אֶתְכֶם לוֹ הֵן בַּעֲוֹנֹתֵיכֶם נִמְכַּרְתֶּם וּבְפִשְׁעֵיכֶם שֻׁלְּחָה אִמְּכֶם", וְכֵן הִתְנֵיתִי עִם מֹשֶׁה עֲלֵיהֶם, שֶׁנֶּאֱמַר [כב, כד] "אִם כֶּסֶף תַּלְוֶה אֶת עַמִּי אֶת הֶעָנִי עִמָּךְ לֹא תִהְיֶה לוֹ כְּנֹשֶׁה", וְאִם תַּעַבְרוּ עַל הַמִּצְוֹת הָאֵלּוּ אֲנִי מְמַשְׁכֵּן שְׁתֵּי מַשְׁכּוֹנוֹת, שֶׁנֶּאֱמַר [כב, כה] "אִם חָבֹל תַּחְבֹּל שַׂלְמַת רֵעֶךָ", אָמַר לוֹ מֹשֶׁה: וּלְעוֹלָם הֵם מְמוּשְׁכָּנִים, אָמַר לוֹ: לָאו, אֶלָּא [שם] "עַד בֹּא הַשֶּׁמֶשׁ", עַד שֶׁיָּבֹא מָשִׁיחַ, שֶׁנֶּאֱמַר (מלאכי ג, כ) "וְזָרְחָה לָכֶם יִרְאֵי שְׁמִי שֶׁמֶשׁ צְדָקָה וּמַרְפֵּא":

יא דָּבָר אַחֵר, [כב, כד] "אִם כֶּסֶף תַּלְוֶה אֶת עַמִּי", הֲדָא הוּא דִכְתִיב (משלי כח, ח) יג"מַרְבֶּה הוֹנוֹ בְּנֶשֶׁךְ וְתַרְבִּית לְחוֹנֵן דַּלִּים יְקַבְּצֶנּוּ", יֵשׁ אָדָם שֶׁהוּא עָשִׁיר וּמַלְוֶה בְּרִבִּית וּמְכַנֵּס מָמוֹן הַרְבֵּה וְהוּא מֵת בְּלֹא בָנִים, וְכָל הַמָּמוֹן שֶׁלּוֹ נִכְנָס לְטִמְיוֹן,

עץ יוסף

אף על פי כן. כלומר אף שאין אני מגרש אותם לעולם, אף על פי כן תנאי התניתי שאוכיח אותם כשיהיו רעים שיהא בית המקדש מתמשכן עליהם, וכמו שעל ידי המשכון האדם מתאמן (שישלחם) [שישלם] חובו כי הוא חפץ במשכונו, כן על ידי חורבן הבית ינהו כל בני ישראל אחרי ה', מפני ההשגחה הגדולה שהיה באמצעותו: **שנאמר ונתתי משכני בתוככם כו'.** כלומר שאתן בתוככם הבית המקדש שהוא נכון ומזומן להתמשכן אם תחטאו, אבל אם בחקתי תלכו וגו', אזי יהיה תועלת המשכן להשרות שכינתי: **שני משכנות.** דאם לא כן אהליך ומשכנותיך למה לי, כדלקמן בבמדבר רבה פרשה י"ב, והשני משכנות הוא אחד משכן שילה, שני מקדש ראשון ושני, שהם שניהם לאחד נחשבו, דתרוייהו שם מקדש: **אהליך כשהם בנוים.** כאומר אהל שכן באדם, מפני שהם כאהל לשבת: **בשהם חריבים.** לאו דוקא אלא כלומר על שם הזמן שהם חרבים לעולם אפילו בבנינם קרי להו הכי: **לא מפני שאני חייב בו'.** כלומר שלא יחשוב שבצדקות העובדי כוכבים זוכים בישראל, על דרך ארבע פסיעות דנבוכדנצר ודמעות עשו, כי ה' פורע להם שכרם ולא נשאר להם חוב עליו, וכמו שאמרו ז"ל (תנחומא קדושים א) גבי ושער רישה כעמר נקי: **הן בעונותיכם נמכרתם כו'.** הרי שהקדוש ברוך הוא אינו חייב לשום אדם, רק שהעונות ישראל גורמים שימכרם: **אני ממשכן שתי משכנות שנאמר אם חבל תחבול שלמת רעיך.** קרי לבית המקדש שלמה, מפני המשכן שנקרא אהל על שנעשה מיריעות, וגם המקדש נקרא יריעות שלמה, ופירוש רעך, על דרך רעך ורע אביך: **ולעולם הם ממושכנים.** לעולם לאו דוקא, אלא פירוש אם יעמדו כן עד שיזכו ישראל לפדיון ואם לא ייטיבו מעלליהם יהיה ממושכן, וקאמר ליה הקדוש ברוך הוא עד שיבא בן דוד, פירוש שאפילו לא יזכו יש קץ שיבא בן דוד, כאומרם זכו אחישנה לא זכו בעתה, והיינו וזרחה לכם יראי שמי שמש זה משיח שנקרא שמש (שנאמר כסאו כשמש נגדי, וכתיב לפני שמש ינון שמו). צדקה, כי בצדקה וחסד יגאלו אפילו לא יזכו כולם, וכן מדמזכיר בסוף הענין הנה אנכי שולח לכם את אליה הנביא לפני בא יום ה' וגו', משמע שקאי אמשיח: **(יא) [י] הדא הוא דכתיב מרבה הונו כו'.** בא לתת טעם למאמר עמך, ובעי לפרש אם תהיה מלוה לעמי מכספך, תתבונן מאד באופן ההלואה, והיינו שתזהר מהרבית, כי בזה האופן יכול להיות שכל כספך שהרבית על ידי הרבית והיה עד עתה עמך, יהיה את העני וכמפרש: **יש אדם שהוא עשיר.** מפני שרוב המלוים ברבית נכסיהם מתמוטטים, כמו שאמרו בגמרא (בבא מציעא עא, א), לכן אמר כי פעמים ימצא מי שמלוה ברבית ירבה עשרו, אבל על כל זה לא יצלח: **והוא מת בלא בנים.** כלומר דפעמים הוא מת בלא בנים, והכתוב מדבר מאחד מהעונשים, וזולתם מפורשים הם ביחזקאל י"ח: **לטמיון.** פירוש לאוצר המלך, כי כן הנימוס שמי שמת בלא יורש המלך נוטל הירושה:

פירוש מהרז"ו

לא מפני שאני חייב. הכי גרסינן בתנחומא, אמר הקב"ה לא מפני וכו', וכן צריך להיות כאן: **או מי מנושי.** וכי בעבור שהם נושי שאני חייב להם, הוצרכתי חלילה למכור אתכם להם, כי אם בעבור שלא אמאס בכם בעונותיכם, על כן נמכרתם: **וכן התניתי עם משה.** בתורה אם כסף תלוה, שמשה אומר להשם יתברך אם כסף תלוה לישראל את עמי, את העני עמך, תראה בעניים, ויהיו עמך, ולא תהיה להם לנושך, אם חבול תחבול שלמת רעך, שתחבול את משכנותיך עבור רעך, לא יהיה לעולם אלא עד בא השמש. ועיין לקמן פרשה כ"א סימן ג: **וזרחה לכם יראי שמי.** ובפסוקים הקודמים והיו לי אמר ה' צבאות ליום אשר אני עושה סגולה וחמלתי עליהם וגו' וזרחה לכם יראי שמי וגו' זכרו תורת משה עבדי, שרמזתי כן בתורה, כנ"ל: **(יא) יש אדם.** לקמן סוף פרשה זו שני לשונות אלו בשינוי, שהוא העתקה משני מקומות:

חידושי הרד"ל

[י] שמש צדקה. זה משיח שנקרא שמש, שנאמר (תהלים פט, ל) כסאו כשמש נגדי, וכתיב (תהלים עב, יז) לפני שמש ינון שמו, (ומביא כאן מקרא דשמש צדקה, שכתוב בו זריחה). ובלשון המדרש שהביא רבינו בחיי מביא מקרא דלפני שמש ינון שמו גם כן:

חידושי הרש"ש

[י] אלולי כן למה אני חייב. נראה דטעות סופר הוא, וצריך לומר למי אני חייב:

מסורת המדרש

יב. לקמן פל"ה ופל"ח. במדבר רבה פי"ב. תנחומא סדר ויקהל סימן ט'. תנחומא סדר פקודי סימן ב'. ילקוט פקודי רמז תי"ד: **יג.** בב"מ דף ע'. ועיין הגירסא בילקוט משלי רמז תתקס"א:

אם למקרא

וְנָתַתִּי מִשְׁכָּנִי בְּתוֹכְכֶם וְלֹא תִגְעַל נַפְשִׁי אֶתְכֶם: (ויקרא כו:יא)

מַה־טֹּבוּ אֹהָלֶיךָ יַעֲקֹב מִשְׁכְּנֹתֶיךָ יִשְׂרָאֵל: (במדבר כד:ה)

כֹּה אָמַר ה' אֵי זֶה סֵפֶר כְּרִיתוּת אִמְּכֶם אֲשֶׁר שִׁלַּחְתִּיהָ אוֹ מִי מִנּוֹשַׁי אֲשֶׁר מָכַרְתִּי אֶתְכֶם לוֹ הֵן בַּעֲוֹנֹתֵיכֶם נִמְכַּרְתֶּם וּבְפִשְׁעֵיכֶם שֻׁלְּחָה אִמְּכֶם: (ישעיה נ:א)

וְזָרְחָה לָכֶם יִרְאֵי שְׁמִי שֶׁמֶשׁ צְדָקָה וּמַרְפֵּא בִּכְנָפֶיהָ וִיצָאתֶם וּפִשְׁתֶּם כְּעֶגְלֵי מַרְבֵּק: (מלאכי ג:כ)

מַרְבֶּה הוֹנוֹ בְּנֶשֶׁךְ וְתַרְבִּית לְחוֹנֵן דַּלִּים יִקְבְּצֶנּוּ: (משלי כח:ח)

מתנות כהונה

שלמת רעך. הבית המקדש נקרא יריעות שלמה: **[יא] לטמיון.** לאוצר המלך, כי כן הנימוס, שמי שמת בלא יורש, המלך נוטל הירושה:

אשד הנחלים

אלא משכוני. כבר בארתי במקום אחר בענין אל תקרי, שאין הכונה שביאורו כך, רק שנכלל מתוך ענין המאמר או המלה כך. והנה באמת סבת הגליות והצירוף לישראל, הוא המשכון שעל ידו שרתה שכינה בישראל, ולכן הזדקקות ההשגחה שופע עליהם תמיד להצילם מעון, ובמבלי להניחם בעונם. והנה כמו על ידי המשכון האדם מתאמץ שישלם חובו, כי הוא חפץ במשכונו, כן על ידי חורבן הבית ינהו כל בני ישראל אחרי ה', מפני ההשגחה הגדולה שהיה באמצעיתו, ואם כן מצד שהיה משכן על ידי לקחו למשכון, הבן זה: **אוהל כשהם בנוים.** כי אהל הוא מדור שדר בה תמיד, אבל משכן הוא רק מורה על השכינה לבד לא תמידית, לכן מורה רק על עת החורבן: **למה אני חייב.** כלומר הלא אין אני חייב לגמול להם טובה בזאת, אם לא למען אענישכם: **אני ממשכן שתי משכונות.** הוא דרך הרמז העטוף בה, כאומר ראה שלא תעשה כן כי חבול תחבל גם אתה על ידי זה, וכשם שאני מזהירך שעד בוא השמש תשיבנו לו כן אנכי אעשה, ורק לפי דרשתם יהיה הפירוש מילת בא השמש מלשון ביאה, ובאמת פשוטו על שקיעת השמש, רק שהוא דרש וסמך ורמז הנכלל ענין הקורות שיקרה לנו בעבור זה, ולכן מזהירם שיעשו טוב: **[יא] יש אדם.** באורו להורות שלא יפלא שאנו מוצאים לפעמים גם כן שעשרם יעמוד אתם, ולכן מפרש שיש לפעמים כן, אם מת בלא בנים, סוף שינתן למלך והוא יעשה בה צרכי עניים. אבל לכאורה הוא מן הפלא, הלא בפירוש אמרו (קידושין כא, א) שאין לך אדם שאין לו גואלים. ואולי הכונה שגואלי המת יריבו זה עם זה בעד ירושתם, ועל ידי זה ירדו כל הנכסים לטמיון, והיא הערת מוסר להשמר מכל אלה:

מָה הַמֶּלֶךְ עוֹשֶׂה בְּאוֹתוֹ מָמוֹן — **What does the king do with that money?** בּוֹנֶה בִּימַסְאוֹת וּמֶרְחֲצָאוֹת וְאִיצְטַבָּאוֹת וּבָתֵּי כִסְאוֹת כְּדֵי שֶׁיְּהֵא לְצָרְכֵי הָעֲנִיִּים — **He builds altars, bathhouses, benches, and latrines to be** used **for the needs of the poor;** הֱוֵי "לְחוֹנֵן דַּלִּים יְקַבְּצֶנּוּ" — **hence,** it states in the verse cited above, ***Gathers it for the patron of the poor.***[162]

Another exposition of the *Proverbs* verse:

דָּבָר אַחֵר, "מַרְבֶּה הוֹנוֹ בְּנֶשֶׁךְ" זֶה עֵשָׂו הָרָשָׁע — **Another interpretation: *One who multiplies his wealth through interest* — this** is an allusion to **the wicked Esau,**[163] שֶׁהוּא מַלְוֶה בְּנֶשֶׁךְ וְתַרְבִּית — **who lends on interest and increase.** וּלְמִי הוּא מְכַנִּיס כָּל הַמָּמוֹן — **For whom does he gather all [that] money?** לְיִשְׂרָאֵל, שֶׁנֶּאֱמַר "לְחוֹנֵן דַּלִּים" — **For** the Nation of **Israel** in Messianic times, **as it is stated,** *Gathers it **for the patron of the poor;***[164] וְנֶאֱמַר "וְשָׁלְלוּ אֶת שֹׁלְלֵיהֶם וּבָזְזוּ אֶת בֹּזְזֵיהֶם" — **and it is** furthermore **stated** with regard to Israel in Messianic times, ***They will plunder those who had plundered them and despoil those who had despoiled them*** (*Ezekiel* 39:10).

Having shown, in the first exposition of the *Proverbs* verse, that one who lends on interest will lose his wealth, the Midrash concludes by showing how this lesson is learned from our verse:

לְפִיכָךְ הִזְהִיר הַקָּדוֹשׁ בָּרוּךְ הוּא אֶת יִשְׂרָאֵל שֶׁלֹּא יַלְווּ בְּרִבִּית, כְּדֵי שֶׁלֹּא יֹאכְלוּ אֲחֵרִים אֶת נִכְסֵיהֶם — **Therefore the Holy One, blessed is He, warned** the people of **Israel not to lend on interest, in order** to ensure **that others not eat** (i.e., enjoy) **their possessions.** הֲרֵי "אִם כֶּסֶף תַּלְוֶה אֶת עַמִּי אֶת הֶעָנִי" — **This is** the import of, ***When you lend money to My people, to the poor person*** *who is with you, do not act toward him as a creditor; do not lay interest upon him.*[165]

§12 The Midrash expounds the words of our verse, *do not act toward him as a creditor*:[166]

דָּבָר אַחֵר, "לֹא תִהְיֶה לוֹ כְּנֹשֶׁה" — **Another interpretation** of our verse: Scripture states, ***Do not act toward him as a creditor.*** הָדָא הוּא דִכְתִיב "מַלְוֵה ה' חוֹנֵן דָּל וּגְמֻלוֹ יְשַׁלֶּם לוֹ" — **Thus it is written, *One who is gracious to the poor has lent to HASHEM, and He will pay him his reward*** (*Proverbs* 19:17). עַד הֵיכָן — **To what extent** is he considered to have lent to God? "עֶבֶד לֹוֶה לְאִישׁ מַלְוֶה" — To the extent that, ***The debtor is a servant to the creditor*** (ibid. 22:7).[167]

The Midrash returns to the earlier words of our verse, *to the poor person who is with you*:[168]

דָּבָר אַחֵר, "אֶת הֶעָנִי עִמָּךְ" — **Another explanation:** Scripture states, ***To the poor person who is with you.*** אֵין בָּעוֹלָם קָשֶׁה מִן הָעֲנִיּוּת — This means: **There is nothing in the world harsher than poverty,** שֶׁהוּא קָשֶׁה מִכָּל יִסּוּרִין שֶׁבָּעוֹלָם — **for it is more difficult than all** other **worldly afflictions.** אָמְרוּ רַבּוֹתֵינוּ: כָּל הַיִּסּוּרִין לְצַד אֶחָד וְהָעֲנִיּוּת לְצַד אַחֵר — For **our Sages have said: All afflictions are on one side** of the figurative scale, **and poverty is on the other,** i.e., it equals all of them combined.[169]

The Midrash proves this statement from the episode of Job:

רְצוֹנְךָ לֵידַע, בֹּא וּרְאֵה — **If you wish to know** this for certain, **come and see:** כְּשֶׁהָיָה הַשָּׂטָן מְקַטְרֵג אִיּוֹב לְהַקָּדוֹשׁ בָּרוּךְ הוּא וְאוֹמֵר לוֹ: נָתַתָּ לוֹ מָמוֹן וּבָנִים וְאַתָּה חָס עֲלֵיהֶם — **When the Satan accused Job before the Holy One, blessed is He, and said to Him, "You have given him wealth and children and You take pity on them,"**[170] שֶׁנֶּאֱמַר "הֲלֹא אַתָּה שַׂכְתָּ בַעֲדוֹ וּבְעַד בֵּיתוֹ וּבְעַד כָּל אֲשֶׁר לוֹ" — **as it is stated, *"Have You not set a protective wall about him, about his household, and about everything he owns*** *from all around?"* (*Job* 1:10), וְאוֹמֵר "הַחִנָּם יָרֵא אִיּוֹב אֱלֹהִים . . . וְאוּלָם שְׁלַח נָא יָדְךָ" — **and it states,** *The Satan answered* HASHEM, *and said,* ***"Is it for nothing that Job fears God?... But send forth Your hand*** *and touch everything that is his, [and see] if he does not blaspheme You to Your face!"* (ibid., vv. 9-11); אָמַר לוֹ הַקָּדוֹשׁ בָּרוּךְ הוּא: מָה אַתָּה רוֹצֶה, עֲנִיּוּת אוֹ יִסּוּרִין — whereupon **the Holy One, blessed is He, said to [Job], "What do you prefer, poverty or** other **afflictions?"** אָמַר לוֹ אִיּוֹב: רִבּוֹן הָעוֹלָם, מְקַבֵּל אֲנִי עָלַי כָּל יִסּוּרִין שֶׁבָּעוֹלָם וְלֹא עֲנִיּוּת — **Job replied to [God], "Master of the Universe, I accept upon myself all worldly afflictions, but not poverty;** כְּשֶׁאֵצֵא לַשּׁוּק וְאֵין בְּיָדִי פְּרוּטָה לִקְנוֹת מָה אוֹכַל — **for when I go out to the market and do not have a *perutah***[171] with which **to buy** food, **what shall I eat?"**[172]

The Midrash proves from Scripture that Job was given a choice in the matter:

כֵּיוָן שֶׁנִּתְיַיסֵּר מַה כְּתִיב — Indeed, **when he was afflicted, what is written** of him? הִתְחִיל צוֹוֵחַ כְּנֶגֶד מִדַּת הַדִּין, שֶׁנֶּאֱמַר "מִי יִתֵּן יָדַעְתִּי וְאֶמְצָאֵהוּ" — **He began complaining against [God's] Attribute of Strict Justice, as it is stated, *If only I knew how to find Him,*** *I would approach His seat . . . I would set out my case before Him; I would fill my mouth with arguments!* (ibid. 23:3-4).[173] אָמַר לוֹ אֱלִיהוּא: מָה אַתָּה צוֹוֵחַ — Hearing this, **Elihu,** one of Job's friends, **said to him, "Why do you complain?** לֹא אָמַרְתָּ שֶׁאֵינְךָ מְבַקֵּשׁ הָעֲנִיּוּת אֶלָּא הַיִּסּוּרִין — **Did you not declare that you do not want poverty,** and that you would **rather** endure other **afflictions?**

NOTES

162. I.e., all that time when he was accumulating money, he was in actuality gathering money for the king, who is the patron of the poor and will use the money for their benefit. This punishment is measure for measure: Since he stole from the poor by taking interest from them, a person who will use the wealth to deal kindly with the poor inherits it (*Eitz Yosef*).

163. The descendants of Esau, i.e., the Roman Empire (see *Pesachim* 118a, cited by *Radal*).

164. This refers to the Messiah, of whom it states (*Isaiah* 11:4), *He will judge the destitute with righteousness* (*Radal*).

[A non-Jew is permitted to take interest (Mishnah *Bava Metzia* 70a; for a discussion of the laws of interest between two non-Jews, see *Tosafos* to ibid. 70b-71a, s.v. תשיך וכו', and *Darchei Teshuvah* 159:2). The Midrash merely means that the wealth accumulated by the wicked Esau, much of it through usury, is in reality being stored for Israel.]

165. The Midrash is interpreting the words *to the poor person who is with you* as a warning that if you do not observe the prohibition of usury, the money *that is with you* will be given *to the poor person* (*Eitz Yosef*, at the beginning of this section).

166. I.e., why does Scripture use this phrase rather than the more concise *do not press him*? (*Eitz Yosef*).

167. I.e., if he is gracious to the poor, it is as though God Himself is indebted to him (*Matnos Kehunah*, followed by *Radal*; *Eitz Yosef*). This means that God will grant his requests in the same way a borrower is beholden to a lender (*Eitz Yosef*). Accordingly, our verse is understood to mean that only *toward him*, i.e., the poor borrower, may one not act as a creditor, but toward God he will be like a creditor (ibid.).

The reason God is indebted to one who is gracious to the poor is that since He is the sustainer of all living things, one who takes it upon himself to sustain another who needs it has, so to speak, lent to God (*Vayikra Rabbah* 34 §2).

168. As will be explained in note 176 below.

169. And accordingly, it is worse than all other afflictions, i.e., than any single affliction (*Yefeh To'ar*).

170. I.e., You protect them, as it states in the verse cited immediately below (*Maharzu*).

171. A coin of little value.

172. Indeed we find that although Job was deprived of his livestock (see *Job* 1:13-17), his land and money were not taken from him. For since he said that he did not wish to reach the point that he would not have money with which to feed himself, it was only poverty of that intensity that he did not accept upon himself (*Anaf Yosef*, from *Toldos Noach*; see also *Eitz Yosef*).

173. I.e., I would argue my case and demonstrate that I am in the right.

מָה הַמֶּלֶךְ עוֹשֶׂה בְּאוֹתוֹ מָמוֹן, בּוֹנֶה בִּימַסָאוֹת וּמֶרְחֲצָאוֹת וְאִיצְטַבָּאוֹת וּבָתֵּי כִסְאוֹת כְּדֵי שֶׁיְּהֵא לְצָרְכֵי הָעֲנִיִּים, הֱוֵי "לְחוֹנֵן דַּלִּים יְקַבְּצֶנּוּ", דָּבָר אַחֵר, "מַרְבֶּה הוֹנוֹ בְּנֶשֶׁךְ" זֶה עֵשָׂו הָרָשָׁע, שֶׁהוּא מַלְוֶה בְּנֶשֶׁךְ וְתַרְבִּית, וּלְמִי הוּא מַכְנִיס כָּל הַמָּמוֹן, לְיִשְׂרָאֵל, שֶׁנֶּאֱמַר "לְחוֹנֵן דַּלִּים", וְנֶאֱמַר (יחזקאל לד, י) "וְשָׁלְלוּ אֶת שֹׁלְלֵיהֶם וּבָזְזוּ אֶת בֹּזְזֵיהֶם", לְפִיכָךְ הִזְהִיר הַקָּדוֹשׁ בָּרוּךְ הוּא אֶת יִשְׂרָאֵל שֶׁלֹּא יַלְווּ בְּרִבִּית, כְּדֵי שֶׁלֹּא יֹאכְלוּ אֲחֵרִים אֶת נִכְסֵיהֶם, הֲרֵי [כב, כד] "אִם כֶּסֶף תַּלְוֶה אֶת עַמִּי אֶת הֶעָנִי":

יב דָּבָר אַחֵר, [כב, כד] "לֹא תִהְיֶה לוֹ כְּנֹשֶׁה", הֲדָא הוּא דִכְתִיב (משלי יט, יז) "מַלְוֵה ה' חוֹנֵן דָּל וּגְמֻלוֹ יְשַׁלֶּם לוֹ", "עַד הֵיכָן" (שם כב, ז) "עֶבֶד לֹוֶה לְאִישׁ מַלְוֶה", דָּבָר אַחֵר, [כב, כד] "אֶת הֶעָנִי עִמָּךְ", אֵין בָּעוֹלָם קָשֶׁה מִן הָעֲנִיּוּת, שֶׁהוּא קָשָׁה מִכָּל יִסּוּרִין שֶׁבָּעוֹלָם, אָמְרוּ רַבּוֹתֵינוּ: כָּל הַיִּסּוּרִין לְצַד אֶחָד וְהָעֲנִיּוּת לְצַד אַחֵר, רְצוֹנְךָ לֵידַע, בֹּא וּרְאֵה כְּשֶׁהָיָה הַשָּׂטָן מְקַטְרֵג אִיּוֹב לִפְנֵי הַקָּדוֹשׁ בָּרוּךְ הוּא וְאוֹמֵר לוֹ: נָתַתָּ לוֹ מָמוֹן וּבָנִים וְאַתָּה חָס עֲלֵיהֶם, שֶׁנֶּאֱמַר (איוב א, י) "הֲלֹא אַתָּה שַׂכְתָּ בַעֲדוֹ וּבְעַד בֵּיתוֹ וּבְעַד כָּל אֲשֶׁר לוֹ", וְאוֹמֵר (שם שם ט-יא) "הַחִנָּם יָרֵא אִיּוֹב אֱלֹהִים ... וְאוּלָם שְׁלַח נָא יָדְךָ", אָמַר לוֹ הַקָּדוֹשׁ בָּרוּךְ הוּא: מָה אַתָּה רוֹצֶה, עֲנִיּוּת אוֹ יִסּוּרִין, אָמַר לוֹ אִיּוֹב: רִבּוֹן הָעוֹלָם, מְקַבֵּל אֲנִי עָלַי כָּל יִיסּוּרִין שֶׁבָּעוֹלָם וְלֹא עֲנִיּוּת, כְּשֶׁאֵצֵא לַשּׁוּק וְאֵין בְּיָדִי פְּרוּטָה לִקְנוֹת מָה אוֹכַל, כֵּיוָן שֶׁנִּתְיַיסֵּר מַה כְּתִיב, הִתְחִיל צוֹוֵחַ כְּנֶגֶד מִדַּת הַדִּין, שֶׁנֶּאֱמַר (שם כג, ג) "מִי יִתֵּן יָדַעְתִּי וְאֶמְצָאֵהוּ", אָמַר לוֹ אֱלִיהוּא: מָה אַתָּה צוֹוֵחַ, לֹא אָמַרְתָּ שֶׁאֵינְךָ מְבַקֵּשׁ הָעֲנִיּוּת אֶלָּא הַיִּסּוּרִין, לֹא אַתָּה שֶׁבָּחַרְתָּ הַיִּסּוּרִין, שֶׁנֶּאֱמַר (שם לו, כא) "הִשָּׁמֶר לְךָ אַל תֵּפֶן אֶל אָוֶן כִּי עַל זֶה בָּחַרְתָּ מֵעֹנִי", לְכָךְ קָשֶׁה עֲנִיּוּת מִכָּל הַיִּסּוּרִין, לְכָךְ נֶאֱמַר "אֶת הֶעָנִי עִמָּךְ", אָמַר הַקָּדוֹשׁ בָּרוּךְ הוּא: לֹא דַיּוֹ עֲנִיּוּתוֹ, אֶלָּא שֶׁאַתָּה נוֹטֵל הֵימֶנּוּ רִבִּית, הֱוֵי [כב, כד] "אֶת הֶעָנִי עִמָּךְ":

יג דָּבָר אַחֵר, "אֶת הֶעָנִי עִמָּךְ", לֹא עִמְּךָ הוּא הֶעָנִי אֶלָּא עִמִּי הוּא, וְכֵן אָמַר דָּוִד (תהלים יח, כח) "כִּי אַתָּה עַם עָנִי תוֹשִׁיעַ", אֵין מִדּוֹתָיו שֶׁל הַקָּדוֹשׁ בָּרוּךְ הוּא כְּמִדַּת בָּשָׂר וָדָם, מִדַּת בָּשָׂר וָדָם [טו]מִי שֶׁהוּא עָשִׁיר וְיֵשׁ לוֹ קָרוֹב עָנִי אֵינוֹ מוֹדֶה בּוֹ, רוֹאֶה קְרוֹבוֹ נִטְמָן מִפָּנָיו,

עץ יוסף

בימסאות. בלשון יוני מזבח (מוסף הערוך) והשמדתי את במותיכם, תרגום יונתן במוסיכין: **ואיצטבאות.** מקום ישיבת בני אדם: **כדי שיהיה לצרכי העניים.** מדה כנגד מדה, שמפני שהוא גזל העניים במה שנטל מהם רבית, לכן יירש ממונו מי שייטיב עמו לעניים:

(יב) הדא הוא דכתיב מלוה ה' חונן דל. משום דקשיא ליה אמאי לא קאמר לא תגוש, כדלעיל סימן ט' בעי השתא לתרוצי דלדיוקא אתא לומר לו לא תהיה כנושה, אבל אתה כנושה לה' כי מלוה ה' חונן דל: **עד היכן.** כלומר ראה גודל שכרו עד היכן, עד עבד לוה לאיש מלוה, כי כביכול ה' לוה ממנו והוא נשמע לקול צעקתו כמו שעבד לוה לאיש מלוה שנכנע אליו: **[יא] דבר אחר את העני עמך אין בעולם כו'.** עתה שב לתת טעם למאמר עמך, וקאמר דהכי קאמר אשר אתה ידעת עם לבבך צרת העני, דהכל יודעין דקשה עניות מכל יסורין: **לצד אחד.** כלומר ששקול כמותם כאילו שקולים זה כנגד זה בכף מאזנים: **אמר לו הקדוש ברוך הוא מה אתה מבקש.** נלמד מתשובת מענה אליהוא לאיוב השמר אל תפן אל און כי על זה בחרת מעוני, וכיון דאמר ליה אתה בחרת, מכלל שנתן לו הקדוש ברוך הוא הבחירה בידו: **מקבל אני עלי כל יסורין שבעולם.** מפני שהעניות שקול כנגד כל הייסורין, על כן בחר ביסורין מבעניות: **ולא עניות.** דלא אבד איוב אלא המקנה, ולא הקרקעות והממון: **לכך נאמר את העני עמך.** כמו שפירשתי בריש הסימן: **אמר הקדוש ברוך הוא כו'.** זהו דרש אחר לא די שהוא עני, אלא שהוא מוסיף עניות עמך במה שאתה נוטל ממנו רבית: **(יג) [יב] לא עמך הוא העני כו'.** רישא דקרא קדריש את עמי את העני עמך, שאין העני עמך אלא עמי, כלומר שהאדם מתרחק מהעני והקדוש ברוך הוא מקרבו וקרא אותו עמי כדמפרש, ודריש מלת עמך עם מלת לא שאחריו, עמך לא: **כי אתה עם עני.** דריש ליה עם עני בחיר"ק:

פירוש מהרז"ו

(יב) **ה' חונן דל.** עיין ויקרא רבה פרשה לד סימן ב, ועיין בבא בתרא (דף י, א) עד היכן, פירוש עד היכן הגיע גודל שכרן של גומלי חסדים, שנקראים עושים לה', וכתוב במשלי כ"ב ז' ועבד לוה לאיש מלוה, פירושו שהוא משעבד עצמו לשלם לו: **אין בעולם.** לקמן פרשה זו סימן י"ד: **ואתה חס עליהם.** זהו מה שכתוב אתה שכת בעדו ובעד כל אשר לו, גונן על כל אשר לו כסוכה, ואולי צריך לומר ואתה שך עליהם: **מי יתן ידעתי.** [ופסוק שאחריו] אערכה לפניו משפט ופי אמלא תוכחות: **אל תפן אל און.** לעוות משפט על היסורים שלך, כי אתה בעצמך בחרת, והיכן בחר היינו כשמסרו ביד השטן, אז שאלו שיברור: (יג) **לא עמך הוא העני.** פירוש שבדרך טבע האדם אין העני עמך, אך אני מלוה שתלמוד ממני שיהיה העני עמך:

חידושי הרד"ל

[יא] בונה דימוסאות ומרחצאות. כן צריך לומר: **ולמי הוא מבניס כו'.** כמו שאמר בבראשית רבה פרשה פג ד על אלוף עירם, וכמו שנאמר בפסחים (קיח, ב), וחונן דלים הוא, כמה דאת אמר (ישעיה יא, ד) ושפט בצדק דלים: **[יב] עד היכן עבד לוה כו'.** עיין מתנות כהונה, וכדבריו מבואר בויקרא רבה פרשה לב, ב וכן פרק קמא דבבא בתרא (י, א):

חידושי הרש"ש

[יא] כדי שלא יאכלו אחרים כו' הרי אם כסף כו' את העני. נראה דצריך לומר גם מלת עמך, דעיקר דרשה עלה קאי שרצה לומר דכספך יהיה עמך ולא ישלטו בו זרים, ועיין מתנות כהונה בריש הפרשה (סימן ב ד"ה את העני), ובמה שכתבתי לעיל (סימן ג ד"ה הרי):

באור מהרי"פ

[יג] לא עמך הוא וכו'. נסמך על תחלת המקרא, אם כסף תלוה את עמי, ולא על תיבות את העני עמך:

ענף יוסף

(יב) **[יא] מקבל אני עלי כל יסורין שבעולם ולא עניות כו'.** קשה דמתוך הכתוב משמע שאיוב נתנסה בעניות גם כן, דכתיב הנה כל אשר לו בידך, וכן הוזקקו שלשת ריעיו ליתן לו איש קשיטה אחת, ואיש נזם אחד, ויש לומר שלא העני כל כך עד שהוצרך לבריות, וזהו שאמר במדרש כשאלא לשוק ואין בידי פרוטה לקנות מה אוכל, משמע שאין קפידא אלא שלא יבא למידה זו שיהא חסר לחם (תולדות נח):

ידי משה

[יב] עד היכן עבד לוה לאיש מלוה. פירוש, שדרך המדרש כך הוא, כשמביא איזו מדרש ממקום אחר ואינו רוצה להביא אותו כולו באריכות מרשים אותו רק תחלתו וסופו עד מקום המדרש מגיע, וכן תמצא כמה פעמים, וכן איתא לקמן פרשת תרומה (פרשה לג, ג. פתחי לי וכו') עיין שם:

מסורת המדרש

יד. בב"א דף י'. ויק"ר פל"ד. ילקוט בהר רמז תרס"ה. ילקוט משלי רמז תתקנ"ט: **טו.** ירושלמי ברכות פרק ט'. דברים רבה פרשה ב'. מדרש תהלים מזמור ד'. תנחומא כאן סימן ט' ילקוט סדר ואתחנן רמז תתכ"ה:

אם למקרא

וְלֹא יִשְׂאוּ עֵצִים מִן הַשָּׂדֶה וְלֹא יַחְטְבוּ מִן הַיְּעָרִים כִּי בַנֶּשֶׁק יְבַעֲרוּ אֵשׁ וְשָׁלְלוּ אֶת שֹׁלְלֵיהֶם וּבָזְזוּ אֶת בֹּזְזֵיהֶם נְאֻם אֲדֹנָי ה': (יחזקאל לד:י)

מַלְוֵה ה' חוֹנֵן דָּל וּגְמֻלוֹ יְשַׁלֶּם לוֹ: (משלי יט:יז)

עָשִׁיר בְּרָשִׁים יִמְשׁוֹל וְעֶבֶד לֹוֶה לְאִישׁ מַלְוֶה: (שם כב:ז)

וַיַּעַן הַשָּׂטָן אֶת ה' וַיֹּאמַר הַחִנָּם יָרֵא אִיּוֹב אֱלֹהִים: הֲלֹא אַתָּה שַׂכְתָּ בַעֲדוֹ וּבְעַד בֵּיתוֹ וּבְעַד כָּל־אֲשֶׁר לוֹ מִסָּבִיב מַעֲשֵׂה יָדָיו בֵּרַכְתָּ וּמִקְנֵהוּ פָּרַץ בָּאָרֶץ: וְאוּלָם שְׁלַח נָא יָדְךָ וְגַע בְּכָל אֲשֶׁר לוֹ אִם לֹא עַל־פָּנֶיךָ יְבָרְכֶךָּ: (איוב א:ט-יא)

מִי יִתֵּן יָדַעְתִּי וְאֶמְצָאֵהוּ אָבוֹא עַד תְּכוּנָתוֹ: (שם כג:ג)

הִשָּׁמֶר אַל־תֵּפֶן אֶל אָוֶן כִּי עַל־זֶה בָּחַרְתָּ מֵעֹנִי: (שם לו:כא)

כִּי־אַתָּה עַם עָנִי תוֹשִׁיעַ וְעֵינַיִם רָמוֹת תַּשְׁפִּיל: (תהלים יח:כח)

אמרי יושר

[יב] עד היכן עבד לוה לאיש מלוה. כי ישתעבדו נכסיו, כן כביכול ישתעבדו הטבעים ויתהפכו המערכות לרגל הצדיק המלוה, זהו אם כסף תלוה את עמי דע כי לא תהיה לו כנושה כי אם לי: **קשה ענייות מהיסורין.** אף על פי שאנו אומרים (ויקרא רבה יז, ד) שהנגעים הולכים דרך רחמים, תחלה בלבושו, אחר כך בממונו, אחר כך בגופו, התם שאני שאינו בכל ממונו כי אם בקצת נכסים, והרבה נשאר לו, אבל דקדוקי עניות מכל וכל קשה מיסורין בגופו: **[יג] לא עמך הוא העני אלא ממי.** ועמך הוא בתמיה:

מתנות כהונה

בימסאות. ענין מרחצאות איצטבאות מקום ישיבת בני אדם. ועיין בערוך ערך אסטווה: **[יב] הדא הוא דכתיב מלוה** גרסינן: **עבד לוה.** כביכול כאילו הקב"ה הלוה שהרי החונן הדל הוא המלוה ה': **רבון העולם** גרסינן: **הוי את העני עמך.** כלומר לפיכך מזהיר על העני:

נחמד למראה

[יג] דבר אחר את העני עמך לא עמך הוא העני אלא עמי הוא. יש להקשות דקרא קאמר איפכא את העני עמך, משמע שהעני הוא עמך. אלא לעניות דעתי יובן דבעל המדרש דקדק בכתוב דהאי את יתירה הוא, דהיה לו לכתוב העני עמך מאי את, לזה אמר דאת רוצה לומר עם מי שהוא עם העני, הוא עמך בין לטוב בין לרע, ומי הוא עם העני הקב"ה, כמו שנאמר ואת דכא ושפל רוח, לזה אמר לא עמך הוא העני אלא עמי, ודו"ק מלאתי כתוב:

אשד הנחלים

[יב] עד היכן כו'. כלומר ראה נא שהכונה בכתוב שהוא כמלוה לה', ועל ידי זה כביכול ה' עבד לו לעשות כל רצונו, כעבד העושה רצון אדונו. והנראה דממלת עמי בכנוי דייק, כאומר אם אתה עמי ואת העני עמך, שעל ידי זה אנכי נתחייבתי לשלם לך גמול, לכן אתה לא תהיה כנושה, דהרי אנכי לויתי ממך ואני מחוייב לשלם לך, ולמה תדחקהו, וכאומר תבטח בי ואני אעזרך מאד: **קשה מכל יסורים.** וזהו זכור נא את העני שהוא עמך, אדם כמוך והוא מיוסר כל כך, ואיככה תהיה לו כנושה, ולא תזכור עניו ומרודו: **שבחרת.** כי דמית שתוכל לעמוד בו, ואיככה עתה תבעט בהם: **לא דיו.** כאומר זכור נא העני שהוא עמך, ואתה מושפע כל טוב והוא מחוסר כל: **[יג] אלא עמי.** כאומר שתדמה שהעני עמך, שרק בעזרתך יחיה ולכן תלחץ אותו על נשיו, כי ישכח טובתך עמו, אבל באמת עמי הוא, ואני אעזרנו נעלה מעל הטבע:

לֹא אַתָּה שֶׁבָּחַרְתָּ הַיִּסּוּרִין – **Did you yourself not choose** other **afflictions?,"** שֶׁנֶּאֱמַר "הִשָּׁמֶר לְךָ אַל תֵּפֶן אֶל אָוֶן כִּי עַל זֶה בָּחַרְתָּ מֵעֹנִי" – **as it is stated** in Elihu's reply to Job, ***Be careful, do not turn to wrongdoing;***[174] ***for this is what you have chosen over poverty*** (ibid. 36:2).[175] לְכָךְ קָשָׁה עֲנִיּוּת מִכָּל הַיִּסּוּרִין – **Hence** we see that **poverty is harsher than all** other **afflictions.** לְכָךְ נֶאֱמַר "אֶת הֶעָנִי עִמָּךְ" – **Therefore it is stated** in our verse, ***to the poor person who is with you.***[176]

Another interpretation of the words *to the poor person who is with you*:

אָמַר הַקָּדוֹשׁ בָּרוּךְ הוּא – It is as though **the Holy One, blessed is He, said** to the lender, לֹא דַיּוֹ עֲנִיּוּתוֹ, אֶלָּא שֶׁאַתָּה נוֹטֵל הֵימֶנּוּ רִבִּית – **"Is his poverty not sufficient** hardship **for him, but you must** also **take interest from him?"** הֲוֵי "אֶת הֶעָנִי עִמָּךְ" – **This is** the import of ***to the poor person who is with you.***[177]

§13 דָּבָר אַחֵר, "אֶת הֶעָנִי עִמָּךְ" – **Another interpretation of *to the poor person who is with you:*** לֹא עִמָּךְ הוּא הֶעָנִי אֶלָּא עִמִּי הוּא – God says, **"The poor person is not with you, but rather he is with Me."**[178] וְכֵן אָמַר דָּוִד "כִּי אַתָּה עַם עָנִי תוֹשִׁיעַ" – **And so did David say, *For You "am ani"*** [עַם עָנִי] ***do save*** (*Psalms* 18:28).[179] אֵין מִדּוֹתָיו שֶׁל הַקָּדוֹשׁ בָּרוּךְ הוּא כְּמִדַּת בָּשָׂר וָדָם – **The traits of the Holy One, blessed is He, are not like the trait of** a human made of **flesh and blood.** מִדַּת בָּשָׂר וָדָם מִי שֶׁהוּא עָשִׁיר וְיֵשׁ לוֹ קָרוֹב עָנִי אֵינוֹ מוֹדֶה בּוֹ – **It is a trait of** a human made of **flesh and blood that one who is wealthy and has a poor relative does not acknowledge him.** רוֹאֶה קְרוֹבוֹ נִטְמָן מִפָּנָיו – When **he sees his** poor **relative, he hides from him,**

NOTES

174. I.e., do not claim that you were wrongly judged (*Maharzu*).

175. *Yefeh To'ar* asks the following question: What was the logic behind Elihu's argument? Perhaps Job only chose other afflictions in preference to poverty, but in reality he did not feel that he deserved either! He answers that since, as the Midrash states earlier, Job answered God using the words "I accept upon myself all worldly afflictions," he implied that he willingly accepted upon himself afflictions, although he did not deserve them, in order to increase his heavenly reward (see *Berachos* 5a-b). The Midrash alludes to this by quoting Elihu as saying, "Did you not declare that you do not want poverty, and that you would rather endure other afflictions? Did you yourself not choose other afflictions?," thus implying that in addition to preferring afflictions to poverty, Job chose voluntarily to accept afflictions.

176. Meaning: You know *within you* the extent of the sufferings borne by the poor man, for it is a well-known fact that poverty is more difficult to bear than any other affliction (*Eitz Yosef* s.v. ד"א וכו').

See Insight Ⓐ.

177. Meaning: Must he become even more *poor with you*, i.e., because you have taken interest from him? (*Eitz Yosef*).

178. As the Midrash will explain. The Midrash sees this in the verse's reference to the poor as *My people* (see also §5 above with notes 72 and 73), as well as in the words אֶת הֶעָנִי עִמָּךְ לֹא תִהְיֶה לוֹ כְּנֹשֶׁה. According to the Midrash, the word לֹא is seen as part of both the first clause and the following one. Thus the verse means, *When you lend money to* ***My people,*** *the poor person who is* ***not with you*** (but rather with Me), ***do not*** *act toward him as a creditor* (ibid.).

179. The Midrash interprets עַם עָנִי, *the poor people*, as though it is read עִם עָנִי, *with the poor person*. Thus the verse is understood as saying, *For You are with the poor person* (*Eitz Yosef*).

INSIGHTS

Ⓐ **A Man Among Men** The Midrash informs us that poverty is the worst of all afflictions. *R' Moshe Shlomo Kasher,* in his work of essays, *Hegyonos,* maintains that the tribulations of the poor are felt most deeply not in the physical lack they suffer, in their raggedness and hunger, but rather in the realm of emotions, in their sense that they stand at arm's length from their fellows, unloved and alone, an alien presence in a sea of humanity.

Man is made whole through connection with others. The caring and love that emanate from a person's heart are expressions of essential Man, shorn of individuality and self-regard. These emanations flow from a high and exalted place. The warmth of one person for another draws upon the Divine spirit that enlivens and unites the souls of men. Through this heavenly connection, the hearts of both giver and recipient are opened to each other, and they are privileged to perceive the essential humanity they share, sourced in the Divine spirit that nurtures them both. Man thirsts for self-knowledge, to know the heavenly spirit that resides within his mortal flesh. This joy is withheld from one who stands apart. It is experienced only by those joined with their fellows in a bond of love, whose shared kindness opens their hearts, thereby revealing the source of their common feeling, the numinous light of God's Presence, the spirit of love and mercy that imbues Man with a soul.

One who lacks connection with others surrenders not only the comradeship of his fellows, but also the opportunity to know himself, to apprehend the sacred essence that makes him man. And from whom is such brotherly feeling so often withheld? From the poor. The Midrash below (after note 179) teaches that one who is wealthy and has a poor relative does not acknowledge him. The pauper is rejected, reviled, cut off from all brotherly feeling. Denied the love that opens the heart, the door is closed before his inner self, and he remains blind to the light of the Heavenly spirit that unifies and sustains the souls of men, his place in the family of Man never affirmed. Truly do the Rabbis speak when they compare the poor to the dead (*Nedarim* 64b), for the poor, like the dead, are sundered from the spark of Divinity that enlivens the flesh.

In describing the suffering of the poor, Job says: *When I go out to the market and do not have a perutah to buy [food], what shall I eat?* The pain of the pauper is felt most acutely when he "goes out to the market," as all men do, and he alone, of the multitudes that swarm among the stalls, is without means to purchase the necessities of life. Imagine his alienation at that moment, alone in the crowds, convinced that all existence conspires against him, that the world he knows is closed to him, that he is unwanted everywhere and belongs nowhere at all. Surely this affliction — this denial of one's fundamental humanity, his unacknowledged banishment from the community of men — surely this must rank as the very nadir of the human experience, the worst of all possible afflictions.

And imagine too the joy of this oppressed person when someone finally acknowledges his existence and reaches out to him in kindness and love, drawing him back into the fold, returning him to the world of men. The Rabbis teach (*Bava Basra* 9b): כָּל הַנּוֹתֵן פְּרוּטָה לְעָנִי מִתְבָּרֵךְ בְּשֵׁשׁ בְּרָכוֹת, *Whoever gives a perutah to a pauper is blessed with six blessings;* וְהַמְפַיְּיסוֹ בִּדְבָרִים מִתְבָּרֵךְ בְּי"א בְּרָכוֹת, *but one who comforts him with words is blessed with eleven blessings.* The coin, although desperately needed and deeply appreciated, provides the pauper only with his material needs. But the words of comfort? They are the dew of life! — raising this person up from the small death of poverty and returning him to the living, awakening in his heart the Divine spark that slumbers there, and joining his soul to the souls of his fellows, so that he may know and see and feel that he is one of them, that he too is a man — a man among men (*Hegyonos* to *Leviticus* 25:35, pp. 110-112).

מָה הַמֶּלֶךְ עוֹשֶׂה בְּאוֹתוֹ מָמוֹן, בּוֹנֶה בִּימָסָאוֹת וּמֶרְחֲצָאוֹת וְאִיצְטַבָּאוֹת וּבָתֵּי כִסְאוֹת כְּדֵי שֶׁיְּהֵא לְצָרְכֵי הָעֲנִיִּים, הֱוֵי "לְחוֹנֵן דַּלִּים יִקְבְּצֶנּוּ", דָּבָר אַחֵר, "מַרְבֶּה הוֹנוֹ בְּנֶשֶׁךְ" זֶה עֵשָׂו הָרָשָׁע, שֶׁהוּא מַלְוֶה בְּנֶשֶׁךְ וְתַרְבִּית, וּלְמִי הוּא מַכְנִיס כָּל הַמָּמוֹן, לְיִשְׂרָאֵל, שֶׁנֶּאֱמַר "לְחוֹנֵן דַּלִּים", וְנֶאֱמַר (יחזקאל לד, י) "וְשָׁלְלוּ אֶת שֹׁלְלֵיהֶם וּבָזְזוּ אֶת בֹּזְזֵיהֶם", לְפִיכָךְ הִזְהִיר הַקָּדוֹשׁ בָּרוּךְ הוּא אֶת יִשְׂרָאֵל שֶׁלֹּא יִלְווּ בְּרִבִּית, כְּדֵי שֶׁלֹּא יֹאכְלוּ אֲחֵרִים אֶת נִכְסֵיהֶם, הֲרֵי [כב, כד] "אִם כֶּסֶף תַּלְוֶה אֶת עַמִּי אֶת הֶעָנִי":

יב דָּבָר אַחֵר, [כב, כד] "לֹא תִהְיֶה לוֹ כְּנֹשֶׁה", הֲדָא הוּא דִכְתִיב (משלי יט, יז) "מַלְוֵה ה' חוֹנֵן דָּל וּגְמֻלוֹ יְשַׁלֶּם לוֹ", "עַד הֵיכָן, (שם כב, ז) "עֶבֶד לֹוֶה לְאִישׁ מַלְוֶה", דָּבָר אַחֵר, [כב, כד] "אֶת הֶעָנִי עִמָּךְ", אֵין בָּעוֹלָם קָשֶׁה מִן הָעֲנִיּוּת, שֶׁהוּא קָשֶׁה מִכָּל יִסּוּרִין שֶׁבָּעוֹלָם, אָמְרוּ רַבּוֹתֵינוּ: כָּל הַיִּסּוּרִין לְצַד אֶחָד וְהָעֲנִיּוּת לְצַד אַחֵר, רְצוֹנְךָ לֵידַע, בֹּא וּרְאֵה כְּשֶׁהָיָה הַשָּׂטָן מְקַטְרֵג אִיּוֹב לְהַקָּדוֹשׁ בָּרוּךְ הוּא וְאוֹמֵר לוֹ: נָתַתָּ לוֹ מָמוֹן וּבָנִים וְאַתָּה חָס עֲלֵיהֶם, שֶׁנֶּאֱמַר (איוב א, י) "הֲלֹא אַתָּה שַׂכְתָּ בַעֲדוֹ וּבְעַד בֵּיתוֹ וּבְעַד כָּל אֲשֶׁר לוֹ", וְאוֹמֵר (שם שם ט-יא) "הַחִנָּם יָרֵא אִיּוֹב אֱלֹהִים ... וְאוּלָם שְׁלַח נָא יָדְךָ", אָמַר לוֹ הַקָּדוֹשׁ בָּרוּךְ הוּא: מָה אַתָּה רוֹצֶה, עֲנִיּוּת אוֹ יִסּוּרִין, אָמַר לוֹ אִיּוֹב: רִבּוֹן הָעוֹלָם, מְקַבֵּל אֲנִי עָלַי כָּל יִסּוּרִין שֶׁבָּעוֹלָם וְלֹא עֲנִיּוּת, כְּשֶׁאֵצֵא לַשּׁוּק וְאֵין בְּיָדִי פְּרוּטָה לִקְנוֹת מָה אוֹכַל, כֵּיוָן שֶׁנִּתְיַיסֵּר מַה כְּתִיב, הִתְחִיל צוֹוֵחַ כְּנֶגֶד מִדַּת הַדִּין, שֶׁנֶּאֱמַר (שם כג, ג) "מִי יִתֵּן יָדַעְתִּי וְאֶמְצָאֵהוּ", אָמַר לוֹ אֱלִיהוּא: מָה אַתָּה צוֹוֵחַ, לֹא אָמַרְתָּ שֶׁאֵינְךָ מְבַקֵּשׁ הָעֲנִיּוּת אֶלָּא הַיִּסּוּרִין, לֹא אַתָּה שֶׁבָּחַרְתָּ הַיִּסּוּרִין, שֶׁנֶּאֱמַר (שם לו, כא) "הִשָּׁמֶר לְךָ אַל תֵּפֶן אֶל אָוֶן כִּי עַל זֶה בָּחַרְתָּ מֵעֹנִי", לְכָךְ קָשָׁה עֲנִיּוּת מִכָּל הַיִּסּוּרִין, לְכָךְ נֶאֱמַר "אֶת הֶעָנִי עִמָּךְ", אָמַר הַקָּדוֹשׁ בָּרוּךְ הוּא: לֹא דַיּוֹ עֲנִיּוּתוֹ, אֶלָּא שֶׁאַתָּה נוֹטֵל הֵימֶנּוּ רִבִּית, הֱוֵי [כב, כד] "אֶת הֶעָנִי עִמָּךְ":

יג דָּבָר אַחֵר, "אֶת הֶעָנִי עִמָּךְ", לֹא עִמְּךָ הוּא הֶעָנִי אֶלָּא עִמִּי הוּא, וְכֵן אָמַר דָּוִד (תהלים יח, כח) "כִּי אַתָּה עַם עָנִי תוֹשִׁיעַ", אֵין מִדּוֹתָיו שֶׁל הַקָּדוֹשׁ בָּרוּךְ הוּא כְּמִדַּת בָּשָׂר וָדָם, מִדַּת בָּשָׂר וָדָם טו מִי שֶׁהוּא עָשִׁיר וְיֵשׁ לוֹ קָרוֹב עָנִי אֵינוֹ מוֹדֶה בוֹ, רוֹאֶה קְרוֹבוֹ נִטְמָן מִפָּנָיו,

עץ יוסף

בימסאות. בלשון יוני מזבח (מוסף הערוך) והשמדתי את במותיכם, תרגום יונתן במוסיכין: **ואיצטבאות.** מקום ישיבת בני אדם: **כדי שיהיה לצרכי העניים.** מדה כנגד מדה, שמפני שהוא גזל העניים במה שנטל מהם רבית, לכן יירש ממונו מי שייטיב עמו לעניים: **(יב) הדא הוא דכתיב מלוה ה' חונן דל.** משום דקשיא ליה אמאי לא קאמר לא תגוש, כדלעיל סימן ט' בעי השתא לתרוצי דלדיוקא אתא לומר לו לא תהיה כנושה, אבל אתה כנושה לה' כי מלוה ה' חונן דל: **עד היכן.** כלומר ראה גודל שכרו עד היכן, עד עבד לוה לאיש מלוה, כי כביכול ה' לוה ממנו והוא נשמע לקול צעקתו כמו שעבד לוה לאיש מלוה שנכנע אליו: **[יא] דבר אחר את העני עמך אין בעולם כו'.** עתה שב לתת טעם למאמר עמך, וקאמר דהכי קאמר אשר אתה ידעת עם לבבך צרת העני, דהכל יודעין דקשה עניות מכל יסורין: **לצד אחד.** כלומר ששקול כמותם כאילו שקולים זה כנגד זה בכף מאזנים: **אמר לו הקדוש ברוך הוא מה אתה מבקש.** נלמד מתשובת מענה אליהוא לאיוב השמר אל תפן אל און כי על זה בחרת מעוני, וכיון דאמר ליה אתה בחרת, מכלל שנתן לו הקדוש ברוך הוא הבחירה בידו: **מקבל אני עלי כל יסורין שבעולם.** מפני שהעניות שקול כנגד כל הייסורין, על כן בחר ביסורין מבעניות: **ולא עניות.** דלא אבד איוב אלא המקנה, ולא הקרקעות והממון: **לכך נאמר את העני עמך.** כמו שפירשתי בריש הסימן: **אמר הקדוש ברוך הוא כו'.** זהו דרש אחר לא די שהוא עני, אלא שהוא מוסיף עניות עמך במה שאתה נוטל ממנו רבית: **(יג) [יב] לא עמך הוא העני כו'.** רישא דקרא קדריש את עמי את העני עמך, שאין העני עמך אלא עמי, כלומר שהאדם מתרחק מהעני והקדוש ברוך הוא מקרבו וקרא אותו עמי כדמפרש, ודריש מלת עמך עם מלת לא שאחריו, עמך לא: **כי אתה עם עני.** דריש ליה עם עני בחיר"ק:

פירוש מהרז"ו

(יב) ה' חונן דל. עיין ויקרא רבה פרשה לד סימן ב, ועיין בבא בתרא (דף י, א) עד היכן, פירוש עד היכן הגיע גודל שכרן של גומלי חסדים, שנקראים עושים לה', וכתוב במשלי כ"ב ז' ועבד לוה לאיש מלוה, פירושו שהוא משעבד עצמו לשלם לו: **אין בעולם.** לקמן פרשה זו סימן י"ד: **ואתה חס עליהם.** זהו מה שכתוב אתה שכת בעדו ובעד כל אשר לו, גונן על כל אשר לו כסוכה, ואולי צריך לומר ואתה סך עליהם: **מי יתן ידעתי.** [ופסוק שאחריו] אערכה לפניו משפט ופי אמלא תוכחות: **אל תפן אל און.** לעוות משפט על היסורים שלך, כי אתה בעצמך בחרת, והיכן בחר היינו כשמסרו ביד השטן, אז שאלו שיברור: **(יג) לא עמך הוא העני.** פירוש שבדרך טבע האדם אין העני עמך, אך אני מלוה שתלמוד ממני שיהיה העני עמך:

חידושי הרד"ל

[יא] בונה דימוסאות ומרחצאות. כן צריך לומר: **ולמי הוא מכניס כו'.** כמו שאמר בבראשית רבה פרשה פג ד על אלוף עירם, וכמו שנאמר בפסחים (קיח, ב), וחונן דלים הוא, כמה דאת אמר (ישעיה יא, ד) ושפט בצדק דלים: **[יב] עד היכן עבד לוה כו'.** עיין מתנות כהונה, וכדבריו מבואר בויקרא רבה פרשה לב, ב וכן פרק קמא דבבא בתרא (י, א):

חידושי הרש"ש

[יא] כדי שלא יאכלו אחרים כו' הרי אם כסף כו' את העני. נראה דצריך לומר גם מלת עמך, דעיקר דרשה עלה קאי שרצה לומר דכספך יהיה עמך ולא ישלטו בו זרים, ועיין מתנות כהונה בריש הפרשה (סימן ב ד"ה את העני), ובמה שכתבתי לעיל (סימן ג ד"ה הרי):

באור מהרי"פ

[יג] לא עמך הוא וכו'. נסמך על תחלת המקרא, אם כסף תלוה את עמי, ולא על תיבות את העני עמך:

ענף יוסף

(יב) [יא] מקבל אני עלי כל יסורין שבעולם ולא עניות כו'. קשה דמתוך הכתוב משמע שאיוב נתנסה בעניות גם כן, דכתיב הנה כל אשר לו בידך, וכן הוזקקו שלשת ריעיו ליתן לו איש קשיטה אחת, ואיש נזם אחד, ויש לומר שלא העני כל כך עד שהוצרך לבריות, וזהו שאמר במדרש כשאלא לשוק ואין בידי פרוטה לקנות מה אוכל, משמע שאין קפידא אלא שלא יבא למידה זו שיהא חסר לחם (תולדות נח):

ידי משה

[יב] עד היכן עבד לוה לאיש מלוה. פירוש, שדרך המדרש כך הוא, כשמביא איזו מדרש ממקום אחר ואינו רוצה להביא אותו כולו באריכות מרשים אותו רק תחלתו וסופו עד מקום המדרש מגיע, וכן תמצא כמה פעמים, וכן איתא לקמן פרשת תרומה (פרשה לג, ג. פתחי לי וכו') עיין שם:

מסורת המדרש

יד. בב"א דף י'. ויק"ר פל"ד. ילקוט בהר רמז תרס"ה. ילקוט משלי רמז תתקנ"ט:

טו. ירושלמי ברכות פרק ט'. דברים רבה פרשה ב'. מדרש תהלים מזמור ד'. תנחומא כאן סימן ט' ילקוט סדר ואתחנן רמז תתכ"ה:

אם למקרא

וְלֹא יִשְׂאוּ עֵצִים מִן הַשָּׂדֶה וְלֹא יַחְטְבוּ מִן הַיְּעָרִים כִּי בַנֶּשֶׁק יְבַעֲרוּ אֵשׁ וְשָׁלְלוּ אֶת שֹׁלְלֵיהֶם וּבָזְזוּ אֶת בֹּזְזֵיהֶם נְאֻם אֲדֹנָי ה': (יחזקאל לד:י)

מַלְוֵה ה' חוֹנֵן דָּל וּגְמֻלוֹ יְשַׁלֶּם לוֹ: (משלי יט:יז)

עָשִׁיר בְּרָשִׁים יִמְשׁוֹל וְעֶבֶד לֹוֶה לְאִישׁ מַלְוֶה: (שם כב:ז)

וַיַּעַן הַשָּׂטָן אֶת ה' וַיֹּאמַר הַחִנָּם יָרֵא אִיּוֹב אֱלֹהִים: הֲלֹא אַתָּה שַׂכְתָּ בַעֲדוֹ וּבְעַד בֵּיתוֹ וּבְעַד כָּל־אֲשֶׁר לוֹ מִסָּבִיב מַעֲשֵׂה יָדָיו בֵּרַכְתָּ וּמִקְנֵהוּ פָּרַץ בָּאָרֶץ: וְאוּלָם שְׁלַח נָא יָדְךָ וְגַע בְּכָל אֲשֶׁר לוֹ אִם לֹא עַל־פָּנֶיךָ יְבָרְכֶךָּ: (איוב א:ט-יא)

מִי יִתֵּן יָדַעְתִּי וְאֶמְצָאֵהוּ אָבוֹא עַד תְּכוּנָתוֹ: (שם כג:ג)

הִשָּׁמֶר אַל־תֵּפֶן אֶל אָוֶן כִּי עַל־זֶה בָּחַרְתָּ מֵעֹנִי: (שם לו:כא)

כִּי־אַתָּה עַם עָנִי תוֹשִׁיעַ וְעֵינַיִם רָמוֹת תַּשְׁפִּיל: (תהלים יח:כח)

אמרי יושר

[יב] עד היכן עבד לוה לאיש מלוה. כי ישתעבדו נכסיו, כן כביכול ישתעבדו הטבעים ויתהפכו המערכות לרגל הצדיק המלוה, זהו אם כסף תלוה את עמי דע כי לא תהיה לו כנושה כי אם לי: **קשה ענייות מהיסורין.** אף על פי שאנו אומרים (ויקרא רבה יז, ד) שהנגעים הולכים דרך רחמים, תחלה בלבושו, אחר כך בממונו, אחר כך בגופו, התם שאני שאינו בכל ממונו כי אם בקצת נכסים, והרבה נשאר לו, אבל דקדוקי עניות מכל וכל קשה מיסורין בגופו: **[יג] לא עמך הוא העני אלא ממי.** ועמך הוא בתמיה:

מתנות כהונה

בימסאות. ענין מרחצאות איצטבאות מקום ישיבת בני אדם. ועיין בערוך ערך אסטווה: **[יב] הדא הוא דכתיב מלוה** גרסינן: **עבד לוה.** כביכול כאילו הקב"ה הלוה שהרי החונן הדל הוא המלוה ה': **רבון העולם** גרסינן: **הוי את העני עמך.** כלומר לפיכך מזהיר על העני:

נחמד למראה

[יג] דבר אחר את העני עמך לא עמך הוא העני אלא עמי הוא. יש להקשות דקרא קאמר איפכא את העני עמך, משמע שהעני הוא עמך. אלא לעניות דעתי יובן דבעל המדרש דקדק בכתוב דהאי את יתירה הוא, דהיה לו לכתוב העני עמך מאי את, לזה אמר דאת רוצה לומר עם מי שהוא עם העני, הוא עמך בין לטוב בין לרע, ומי הוא עם העני הקב"ה, כמו שנאמר ואת דכא ושפל רוח, לזה אמר לא עמך הוא העני אלא עמי, ודו"ק מלאתי כתוב:

אשד הנחלים

[יב] עד היכן כו'. כלומר ראה נא שהכונה בכתוב שהוא כמלוה לה', ועל ידי זה כביכול ה' עבד לו לעשות כל רצונו, כעבד העושה רצון אדונו. והנראה דמלת עמי בכנוי דייק, כאומר אם אתה עמי ואת העני עמך, שעל ידי זה אנכי נתחייבתי לשלם לך גמול, לכן אתה לא תהיה כנושה, דהרי אנכי לויתי ממך ואני מחוייב לשלם לך, ולמה תדחקהו, וכאומר תבטח בי ואני אעזרך מאד: **קשה מכל יסורים.** וזהו זכור נא את העני שהוא עמך, אדם כמוך והוא מיוסר כל כך, ואיככה תהיה לו כנושה, ולא תזכור עניו ומרודו: **שבחרת.** כי דמית שתוכל לעמוד בו, ואיככה עתה תבעט בהם: **לא דיו.** כאומר זכור נא העני שהוא עמך, ואתה מושפע כל טוב והוא מחוסר כל: **[יג] אלא עמי.** כאומר שתדמה שהעני עמך, שרק בעזרתך יחיה ולכן תלחץ אותו על נשיו, כי ישכח טובתך עמו, אבל באמת עמי הוא, ואני אעזרנו נעלה מעל הטבע:

שֶׁהוּא מִתְבַּיֵּישׁ לְהָשִׂיחַ עִמּוֹ לְפִי שֶׁהוּא עָנִי – **for he is ashamed to speak with him because he is poor.** וְכֵן שְׁלֹמֹה אוֹמֵר "כָּל אֲחֵי רָשׁ שְׂנֵאֻהוּ" – **And so did Solomon say,** ***All a pauper's brothers hate him*** (*Proverbs* 19:7); וְאוֹמֵר "גַּם לְרֵעֵהוּ יִשָּׂנֵא רָשׁ" – **and it states,** ***A poor person will be hated even by his companion*** (ibid. 14:20). וְכֵן אִיּוֹב אוֹמֵר "חָדְלוּ קְרוֹבָי וְגוֹ'" – **And so did Job say,** ***My close ones stay away;*** *my friends have forgotten me* (*Job* 19:14).[180] וְאִם הָיָה עָשִׁיר הַכֹּל נִדְבָּקִים בּוֹ וְאוֹהֲבִים אוֹתוֹ, שֶׁנֶּאֱמַר "וְאֹהֲבֵי עָשִׁיר רַבִּים" – **But if one is rich, all cling to him and love him, as it is stated,** ***But the lovers of the rich [will be] many*** (*Proverbs* 14:20). אֲבָל הַקָּדוֹשׁ בָּרוּךְ הוּא אֵינוֹ כֵן – **But the Holy One, blessed is He, is not so.** מִי הֵם עַמּוֹ, הָעֲנִיִּים – On the contrary, **who are His people? The poor!** רוֹאֶה לֶעָנִי וְנִדְבָּק בּוֹ – **For He sees a poor person and cleaves to him.** רְצוֹנְךָ לֵידַע, רְאֵה מַה כְּתִיב – **If you wish to know** this for certain, **see what is written,** "כֹּה אָמַר ה' הַשָּׁמַיִם כִּסְאִי" – ***Thus said HASHEM: The Heaven is My throne*** (*Isaiah* 66:1); מַה כְּתִיב אַחֲרָיו – **and what is written afterward?** "וְאֶל זֶה אַבִּיט אֶל עָנִי וְגוֹ'" – ***But it is to this that I look: to the poor*** *and broken-spirited* **person** (ibid., v. 2).[181] וְכֵן מֹשֶׁה אוֹמֵר לְיִשְׂרָאֵל "לֹא מֵרֻבְּכֶם וְגוֹ' חָשַׁק ה'" – **And so did Moses say to** the people of **Israel,** ***Not because you are more numerous*** *than all the peoples* ***did HASHEM desire*** *you and choose you* (*Deuteronomy* 7:7); וּכְתִיב "כִּי אַתֶּם הַמְעַט מִכָּל הָעַמִּים" – **and it is written** in the continuation of the verse, ***for you are the fewest of all the peoples*** (ibid.).[182] וּכְשֶׁיִּתְרַצֶּה לְצִיּוֹן עַל מִי הוּא מְרַחֵם תְּחִלָּה – **And when [God] will be reconciled to Zion** in Messianic times, **on whom will He have mercy first?** עַל הָעֲנִיִּים, שֶׁנֶּאֱמַר "כִּי ה' יִסַּד צִיּוֹן וּבָהּ יֶחֱסוּ עֲנִיֵּי עַמּוֹ" – **On the poor, as it is stated,** ***That HASHEM has established Zion and in it the poor of His people take shelter*** (*Isaiah* 14:32); וְכֵן "כִּי נִחַם ה' עַמּוֹ וַעֲנִיָּו יְרַחֵם" – **and it also** states, ***For HASHEM will have comforted His people and been merciful to His poor*** (ibid. 49:13).[183] הֱוֵי "אֶת הֶעָנִי עִמָּךְ" – **Hence,** Scripture states, *When you lend money to My people,* ***to the poor person who is with you*** – אֵין הֶעָנִי עִמְּךָ אֶלָּא עִמִּי – God says: **"The poor person is not with you but with Me";**[184] לְכָךְ נֶאֱמַר "כִּי אַתָּה עַם עָנִי תוֹשִׁיעַ" – **and therefore it is stated,** ***For it is You Who saves a poor people*** (*Psalms* 18:28).[185]

□ לֹא תְשִׂימוּן עָלָיו נֶשֶׁךְ – ***DO NOT LAY INTEREST UPON HIM.***

Why does Scripture refer to interest as נֶשֶׁךְ, which literally means *a bite*? The Midrash explains:[186]

לֹא תִנְשׁוֹךְ אֶת הֶעָנִי, כְּשֵׁם שֶׁנָּשַׁךְ הַנָּחָשׁ אֶת הָאָדָם וַעֲקָרוֹ לוֹ וּלְתוֹלְדוֹתָיו – The verse means: **Do not bite the poor person as the serpent bit Adam and uprooted him and his descendants.**[187] וְכֵן אַתָּה לֹא תִרְאֶה אֶת הֶעָנִי שֶׁיֵּשׁ לוֹ בָּתִּים אוֹ שָׂדוֹת אוֹ כְּרָמִים אוֹ עֶבֶד אוֹ אָמָה – **You, too, shall not see that the poor person has houses, fields, vineyards, a slave or a maidservant,** וְאַתָּה עוֹקֵף עָלָיו וְנוֹטְלוֹ הֵימֶנּוּ – **and twist him** to your advantage by lending him on interest **and taking it from him.** לְכָךְ כְּתִיב "לֹא תִהְיֶה לוֹ כְּנֹשֶׁה" – **And therefore it is stated** earlier in the verse, ***Do not act toward him as a "nosheh"*** [נֹשֶׁה].[188]

Alternatively:[189]

לֹא תִהְיֶה כְּנָחָשׁ לֹא תִנְשְׁכֶנּוּ – **Do not bite [the poor person]** – שֶׁהוּא עָרוּם לְרָעָה – this means, **do not act like the serpent, who** is commonly associated with "biting" and **is cunning to do evil.**[190] "אַל תִּקַּח מֵאִתּוֹ נֶשֶׁךְ וְתַרְבִּית וְיָרֵאתָ מֵאֱלֹהֶיךָ" – This alludes to a prohibition against a different form of trickery, which is derived from the following verse:[191] ***Do not take from him interest and increase; and you shall fear your God*** (*Leviticus* 25:36). לֹא תֹאמַר לוֹ: שְׁאַל לָךְ, אֲנִי מַלְוֶה אוֹתְךָ – This means: **Do not say to him, "You borrow and I will lend you,"** וּלְמָחָר רִבִּית עוֹלָה וְאַתָּה נוֹטֵל אֶת שֶׁלּוֹ – **and the following day the interest will accumulate and you will take away his** property,[192] וּמַעֲלֶה אֲנִי עָלֶיךָ שֶׁחִבַּלְתָּ בּוֹ – **and I will consider it as though you have injured him,** שֶׁנֶּאֱמַר "אִם חָבֹל תַּחְבֹּל שַׂלְמַת רֵעֶךָ" – **as it is stated** in the next verse, ***If "chavol tachbol"*** [חָבֹל תַּחְבֹּל] ***your fellow's garment*** (22:25).[193]

NOTES

180. Although, as the Midrash stated in the previous section (see note 172), Job did not lose all of his wealth, since he lost a portion of his wealth his erstwhile friends left him (*Eitz Yosef*; see also *Maharzu*).

181. Meaning: Although I reign supremely on My Heavenly throne and all is Mine, My attention is devoted to the poor and broken-hearted [compare to §5 above after note 75] (*Yefeh To'ar*).

182. As the Gemara (*Chullin* 89a) explains, this is understood to mean that God desired the people of Israel because they humble (ממעיטים) themselves before Him (*Matnos Kehunah, Beur Maharif, Eshed HaNechalim, Eitz Yosef*). [And as such they are similar to the poor. Compare *Eshed HaNechalim*, cited in note 73 to §5 above, who explains that God's closeness to the poor is because of their humility and their resultant closeness to Him.]

183. See note 74 to §5 above.

184. As was explained in note 178 above.

185. Earlier, the Midrash understood this verse as alluding to the fact that God is עִם עָנִי, *with the poor person* (see note 179). The Midrash now cites this verse once more, this time proving from the plain meaning of the verse that God saves the poor first, as the Midrash just evinced from the *Isaiah* verses (*Yefeh To'ar*; see also *Eitz Yosef*).

186. See the end of §6 above with note 104; see the Midrash there for a different answer to this question.

187. The damage that the serpent caused Adam by inducing him to eat of the forbidden fruit is likened to a bite, as is the act of consuming another's property. Scripture uses this terminology specifically with regard to usury, and not with regard to other forms of dishonesty, to allude to the analogy of the original serpent (since throughout Scripture biting is associated with a serpent – *Maharzu*). Thus we are warned not to lend on interest and thereby uproot the poor debtor and his descendants from their property (as the Midrash will proceed to illustrate) in the manner that the serpent harmed Adam and his descendants (*Yefeh To'ar*; see also *Eitz Yosef*).

188. As the Midrash expounded earlier (§6; see note 85 there), this contains a prohibition to engage in such behavior (*Eitz Yosef*). [It should be noted that the Midrash earlier understood this as a prohibition to lend even without interest with the intention of taking the borrower's property as payment. Our Midrash, on the other hand, connects the words לֹא תִהְיֶה לוֹ כְּנֹשֶׁה with the following words, לֹא תְשִׂימוּן עָלָיו נֶשֶׁךְ, and understands it as referring to one who lends on interest with such intentions.]

189. Ibid.

190. *Imrei Yosher, Eitz Yosef.* The serpent is cunning, as it states (*Genesis* 3:1), *Now the serpent was cunning* (*Maharzu*).

191. *Yefeh To'ar.*

192. Initially, he assures the borrower that he will lend him money without interest. Then, after the borrower has already spent the money and is unable to repay the debt, the creditor compels him to pay interest for an extension of the loan. The Midrash infers from the words *do not take from him interest and increase* that even if the interest was not stipulated at the time of the loan, it is forbidden to charge interest for an extension of the loan (*Eitz Yosef*).

[By Biblical law, interest is forbidden only if it was prearranged at the time of the loan. Interest that was arranged later, or given without an arrangement, is prohibited by Rabbinic decree (*Bava Metzia* 61b). Our Midrash, according to the above explanation, indicates that in the event that the interest was arranged for an extension of a loan at the time when the loan was extended, it is prohibited by Biblical law. This is, in actuality, the subject of a dispute among the *Rishonim;* see *Rambam, Hil. Malveh VeLoveh* 6:3 with *Raavad's* comments; and *Shulchan Aruch, Yoreh Deah* 166:2 with *Beur HaGra* §7.]

193. The Midrash is now reading the words חָבֹל תַּחְבֹּל, lit., *if you take as security*, without the next words, *your friend's garment*, and translates it as *if you wound*. According to this interpretation, these words are a continuation of the end of the previous verse, *do not lay interest upon him*, warning that if you indeed take interest, it is reckoned as though you have wounded your fellow (see *Matnos Kehunah* and *Eitz Yosef*).

שֶׁהוּא מִתְבַּיֵּישׁ לְהָשִׂיחַ עִמּוֹ לְפִי שֶׁהוּא עָנִי, וְכֵן שְׁלֹמֹה אוֹמֵר (משלי יט, ז) ״כָּל אֲחֵי רָשׁ שְׂנֵאֻהוּ״, וְאוֹמֵר (שם יד, כ) ״גַּם לְרֵעֵהוּ יִשָּׂנֵא רָשׁ״, וְכֵן אִיּוֹב אוֹמֵר (איוב יט, יד) ״חָדְלוּ קְרוֹבָי וְגוֹ׳ ״, וְאִם הָיָה עָשִׁיר הַכֹּל נִדְבָּקִים בּוֹ וְאוֹהֲבִים אוֹתוֹ, שֶׁנֶּאֱמַר (משלי שם שם) ״וְאֹהֲבֵי עָשִׁיר רַבִּים״, אֲבָל הַקָּדוֹשׁ בָּרוּךְ הוּא אֵינוֹ כֵּן, מִי הֵם עַמּוֹ, הָעֲנִיִּים, רוֹאֶה לֶעָנִי וְנִדְבַּק בּוֹ, רְצוֹנְךָ לֵידַע, רְאֵה מַה כְּתִיב (ישעיה סו, א) ״כֹּה אָמַר ה׳ הַשָּׁמַיִם כִּסְאִי״, מַה כְּתִיב אַחֲרָיו, (שם שם ב) ״וְאֶל זֶה אַבִּיט אֶל עָנִי וְגוֹ׳ ״, וְכֵן מֹשֶׁה אוֹמֵר לְיִשְׂרָאֵל (דברים ז, ז) ״לֹא מֵרֻבְּכֶם וְגוֹ׳ חָשַׁק ה׳ ״, וּכְתִיב (שם) ״כִּי אַתֶּם הַמְעַט מִכָּל הָעַמִּים״, וּכְשֶׁיִּתְרַצֶּה לְצִיּוֹן עַל מִי הוּא מְרַחֵם תְּחִלָּה, עַל הָעֲנִיִּים, שֶׁנֶּאֱמַר (ישעיה יד, לב) ״כִּי ה׳ יִסַּד צִיּוֹן וּבָהּ יֶחֱסוּ עֲנִיֵּי עַמּוֹ״, וְכֵן (שם מט, יג) ״כִּי נִחַם ה׳ עַמּוֹ וַעֲנִיָּיו יְרַחֵם״, הֱוֵי ״אֶת הֶעָנִי עִמָּךְ״, אֵין הֶעָנִי עִמְּךָ אֶלָּא עִמִּי, לְכָךְ נֶאֱמַר (תהלים יח, כח) ״כִּי אַתָּה עַם עָנִי תוֹשִׁיעַ״. [כב, כד] ״לֹא תְשִׂימוּן עָלָיו נֶשֶׁךְ״, לֹא תִנְשׁוֹךְ אֶת הֶעָנִי, כְּשֵׁם שֶׁנָּשַׁךְ הַנָּחָשׁ אֶת הָאָדָם וַעֲקָרוֹ לוֹ וּלְתוֹלְדוֹתָיו, וְכֵן אַתָּה לֹא תִרְאֶה אֶת הֶעָנִי שֶׁיֵּשׁ לוֹ בָּתִּים אוֹ שָׂדוֹת אוֹ כְּרָמִים אוֹ עֶבֶד אוֹ אָמָה וְאַתָּה עוֹקֵף עָלָיו וְנוֹטְלוֹ הֵימֶנּוּ, לְכָךְ כְּתִיב [כב, כד] ״לֹא תִהְיֶה לוֹ כְּנֹשֶׁה״, לֹא תְנַשְּׁכֶנּוּ, לֹא תִהְיֶה כְּנָחָשׁ שֶׁהוּא עָרוּם לְרָעָה, [שם] ״אַל תִּקַּח מֵאִתּוֹ נֶשֶׁךְ וְתַרְבִּית וְיָרֵאתָ מֵאֱלֹהֶיךָ״, לֹא תֹאמַר לוֹ: שְׁאַל לְךָ, אֲנִי מַלְוֶה אוֹתְךָ, וּלְמָחָר רִבִּית עוֹלָה וְאַתָּה נוֹטֵל אֶת שֶׁלּוֹ, וּמַעֲלֶה אֲנִי עָלֶיךָ שֶׁחָבַלְתָּ בּוֹ, שֶׁנֶּאֱמַר [כב, כה] ״אִם חָבֹל תַּחְבֹּל שַׂלְמַת רֵעֶךָ״, מִיכָּן אַתָּה לָמֵד שֶׁכָּל מִי שֶׁנּוֹטֵל רִבִּית מִיִּשְׂרָאֵל אֵינוֹ יָרֵא מִן הַמָּקוֹם, מָשָׁל לְמִי שֶׁרָצַח וֶהֱבִיאוּהוּ לִפְנֵי הַשִּׁלְטוֹן, כֵּיוָן שֶׁקָּרָא אֶת נוֹטָרִין שֶׁלּוֹ אָמַר: עַד עַכְשָׁיו חָי, כָּךְ כָּל מִי שֶׁנּוֹטֵל רִבִּית מַעֲלֶה עָלָיו הַכָּתוּב כְּאִלּוּ עָשָׂה אֶת כָּל הָרָעוֹת וְהָעֲבֵירוֹת שֶׁבָּעוֹלָם, שֶׁנֶּאֱמַר (יחזקאל יח, יג) ״בַּנֶּשֶׁךְ נָתַן וְתַרְבִּית לָקַח״,

עץ יוסף

וכן שלמה אמר כו׳ וכן איוב אמר. ששלמה ואיוב באו למדת ענוות כידוע, וראו בחוש מדתו של בשר ודם, לכך הביא ראיה מהם ביותר מאילו אדם אחר אמרן: **וכן איוב אומר כו׳.** אף על גב דלא הוה עני לגמרי, כמו שכתבנו לעיל סימן י״א, מכל מקום על ידי שנאבד עשרו הראשון נחשב כעני בעיניהם ונתרחקו ממנו: **חדלו קרובי.** פירושו שהכחישו קורבתם, וכאילו חדלו מלהיות קרוביו: **מי הם עמו העניים.** פירוש שמודה בקרבתם ועשה אותם עם קרובו: **רואה לעני ונדבק בו.** הפך האנשים שרואים העני ונטמנים מפניו וכו׳: **לא מרובכם מכל העמים כו׳ כי אתם המעט.** שאתם ממעטים עצמכם, וזהו מדת ענוה להחשב בעיני עצמו כעני ונכה רוח: **וכן כי נחם ה׳ עמו.** שפירוש עמו היינו עניו כדלעיל סימן ה׳: **לכך נאמר כי אתה עם עני תושיע.** דלעיל הזכירו למדרש כמו עם עני בחירי״ק, והשתא מייתי ליה לפשטיה שפירושו שעני נושע תחלה: [יג] **לא תנשוך את העני.** שפירוש נשך ענין נשיכה, לפי שהרבית נושך ואוכל, ואמר שרמז לנשיכתה מנחש, שלא יעשה כשם שנשך הנחש את האדם ועקרו לו ולתולדותיו, והיינו שלא תראה העני שיש לו בתים וכו׳, נמצא עוקרו לו ולתולדותיו שמאבד הממון שבידו, ונעקר מנחלת שדהו ומפסיד, הוא ותולדותיו נחלתם הראויה להם: **כשם שנשך הנחש.** מה שהזיק לאדם בחלקת שפתיו קרי נשיכה וכן ענין הנותן ברבית, שבא בעקיפין ומסיתו שיקח ברבית ליטול נחלתו: **עוקף.** לשון ערמנות (ערוך), ובמדרשים אחרים גרס עוכף עליו: **לכך כתיב לא תהיה לו כנושה.** דרמיז שלא יתחכם עליו ליטול נחלתו כדלעיל סימן ו׳: **לא תנשכנו לא תהיה כנחש כו׳.** דריש טעם אחר למה שנאמר לשון נשך, לרמוז לנחש, לומר שלא יהיה ערום כנחש, דהיינו שלא יאמר לו שאל לך אני מלוה אותך וכו׳: **לא תאמר לו שאל כו׳.** פירוש מטריס להלוותו תחלה בחנם בלא רבית, ולמחר שהוא רואה שהממון יוצא מתחת ידו הוא מבקש אותם, והוא מעלה עליו רבית בעל כרחו, ודריש לה מלא תקח מאתו נשך, משמע דאפילו לא התנה עמו ברבית בשעת הלוואה לא יבא ליקח ממנו אחר כך: **שנאמר אם חבל תחבול.** רמיז נמי לענין חבלה שנחשב כאילו שופך דמים: **מכאן אתה למד.** מלא תהיה לו כנושה יליף זה, כדלעיל סימן ו׳, ושם פירשתי עיין שם: **נוטרין.** פירוש גזר דינו, ובלשון לע״ז דעקרעט:

פירוש מהרז״ו

חדלו קרובי. ובפסוק הקודם אחי מעלי הרחיק וגו׳ ואמהותי וגו׳ לעבדי קראתי וגו׳, הרי שלא היה עני בביתו, שהרי היה לו אמהות ועבדים ובית, אלא כוונת המדרש שכאשר האדם שפל ויורד מגדולתו, כמו שהיה ענין איוב, וכן העני: **בשם שנשך הנחש את האדם.** הנשיכה נמצאת בתנ״ך אצל הנחש, כמו שכתוב (במדבר כא, ו) וישלח ה׳ בעם את הנחשים השרפים וינשכו את העם, וכתיב (קהלת י, יא) אם ישוך הנחש בלא לחש, וכתיב (שם פסוק ח) (ו)פורץ גדר ישכנו נחש, אם כן במקום שכתוב נשיכה לבד, על פי מדה י״ז, על נשיכת נחש, והנשיכה משל על העקירה, על שעוקר אותו כמו הנחש בענין הרבית: **בנחש שהוא ערום.** כמו שכתוב והנחש היה ערום, הדרשה כנ״ל. ומה שכתב ואתה עוקץ עליו, צריך לומר ואתה עוקף עליו, וכן הוא בהדיא בפרק איזהו נשך (א״ה: לשון זה הוא בירושלמי גיטין פ״ה ה״א). ידי משה. ופירש הערוך מלשון ערמה ועקמנית: **אל תקח מאתו נשך.** ויקרא כ״ה, ועיין לעיל סימן ו:

מתנות כהונה

[יג] **כי אתם המעט.** ודרשו חז״ל הממעטים עצמם: **אלא עמי.** דייק מדכתיב את העני קרי ביה עמי ועמדי העני: הכי גרסינן **הוי את עמי את העני: לא תנשכנו כו׳.** כנושה דרש נוטריקון כנושך או כנחש: **שחבלת.** לשון חבלה ופלע ונשך ותחבול דרש לשון נשיכת נחש וחבלת פלע וחבורה: **נוטריא.** בערוך (ערך נטרין) פירש ספריו. ועיין לעיל:

אשד הנחלים

רואה לעני ונדבק. כי על הרוב העניים הם דכאי רוח נכנעים וזוכרים כבוד ה׳: **רצונך לידע.** לידע כמה גדולה מעלת העני, עד שכל המציאות אף השמים שהמה השכלים הנבדלים נקיי חומר בערך העני לא יביט עליהם, כלומר שמודבק השגחתו ודביקותו לעני ונכנע מפניו יתברך יותר מהדביקות אליהם, וזהו מרומז במלת עמי המדובקים בו ובהשגחתו: **כי אתם המעט.** דרש מפני שהם ממעטים עצמם ונכנעים לפניו יתברך: **תחלה.** שהם יזכו תחלה לדבק בה׳, כי מעלתם יותר גדולה מכולם: **כשם שנשך כו׳ ואתה עוקף כו׳ מרמה כו׳.** הוקשה לו מדוע יכנה הרבית בשם נשך, ומפרש בה (שלש) [שתי] סבות, האחד להורות על הרעה הנמשכת ממנה, כהרעה הנמשכת מהנחש לאדם הקדמוני, שהיתה רעה כוללת לכל הדורות, כן הוא השחתת כל המדינה ומסחרה. והשני כי היא עוקפת וסובבת ליטול באחרית כל רכושו, וכן כל הדבר הזה הוא רק על ידי ערמה לרמות לרעהו מעט מעט, עד שיקח מאתו כל אשר לו, כנחש הנושך בלי ראות: **שאל לך.** כאומר מה עשיתי הלא אתה תבקשני שאלוה לך, ולכן אני עושה רצונך ולא לקחתי ממך בחזקה, לכן נאמר ויראת מאלהיך, המזהירך אף על זה:

חידושי הרד״ל

[יג] **כל המצות כו׳ בנשך עושה אלה לא ימוט דבר אחר כו׳.** כן צריך לומר:

באור מהרי״פ

כי אתם המעט. ודרשו חכמינו ז״ל בחולין (פט, א) שאתם ממעטים עצמכם הוי את העני עמך, אולי כן צריך לומר הוי אם כסף תלוה את עמי: **במתנות כהונה בד״ה נוטריא הערוך פירש.** לא מצאתי ערך נוטריא בערוך, אבל [מצאתי ב]ערך נטרין, סוטה פרק ואלו נאמרין היאך למדו אומות העולם תורה, אמר להם בינה יתירה נתן להם הקב״ה ושיגרו נוטרין שלהן וקילפו את הסיד וכתבוה, פירוש בלשון יון ובלשון לע״ז קורין לסופרים נוטרין, עד כאן לשון הערוך:

אמרי יושר

לא תהיה כנחש שהוא ערום לרעה. זהו לא תשימון עליו בערמה ובנשך, כנחש אשר ישך:

לקוטים

[יג] **מהרי״פ בד״ה במתנות כהונה כו׳ נוטריא כו׳.** במדרש דפוס ונציאה הגירסא נוטירא ועל פי זה פירש המתנות כהונה דבריו. ולפנינו הגירסא נוטרין כמו הערוך וכן הוא במדרש עם פירוש מתנות כהונה קראקא שסט:

אם למקרא

כָּל אֲחֵי־רָשׁ שְׂנֵאֻהוּ אַף כִּי מְרֵעֵהוּ רָחֲקוּ מִמֶּנּוּ מְרַדֵּף אֲמָרִים לוֹ הֵמָּה:
(משלי יט:ז)

גַּם לְרֵעֵהוּ יִשָּׂנֵא רָשׁ וְאֹהֲבֵי עָשִׁיר רַבִּים:
(שם יד:כ)

חָדְלוּ קְרוֹבָי וּמְיֻדָּעַי שְׁכֵחוּנִי:
(איוב יט:יד)

כֹּה אָמַר ה׳ הַשָּׁמַיִם כִּסְאִי וְהָאָרֶץ הֲדֹם רַגְלָי אֵי זֶה בַיִת אֲשֶׁר תִּבְנוּ־לִי וְאֵי זֶה מָקוֹם מְנוּחָתִי: וְאֶת כָּל אֵלֶּה יָדִי עָשָׂתָה וַיִּהְיוּ כָל אֵלֶּה נְאֻם ה׳ וְאֶל זֶה אַבִּיט אֶל עָנִי וּנְכֵה רוּחַ וְחָרֵד עַל דְּבָרִי:
(ישעיה סו:א-ב)

לֹא מֵרֻבְּכֶם מִכָּל הָעַמִּים חָשַׁק ה׳ בָּכֶם וַיִּבְחַר בָּכֶם כִּי אַתֶּם הַמְעַט מִכָּל הָעַמִּים:
(דברים ז:ז)

וּמַה־יַּעֲנֶה מַלְאֲכֵי גוֹי כִּי ה׳ יִסַּד צִיּוֹן וּבָהּ יֶחֱסוּ עֲנִיֵּי עַמּוֹ:
(ישעיה יד:לב)

רָנּוּ שָׁמַיִם וְגִילִי אָרֶץ וּפִצְחוּ הָרִים רִנָּה כִּי נִחַם ה׳ עַמּוֹ וַעֲנִיָּו יְרַחֵם:
(שם מט:יג)

כִּי־אַתָּה עַם עָנִי תוֹשִׁיעַ וְעֵינַיִם רָמוֹת תַּשְׁפִּיל:
(תהלים יח:כח)

בַּנֶּשֶׁךְ נָתַן וְתַרְבִּית לָקַח וָחָי לֹא יִחְיֶה אֵת כָּל הַתּוֹעֵבוֹת הָאֵלֶּה עָשָׂה מוֹת יוּמָת דָּמָיו בּוֹ יִהְיֶה:
(יחזקאל יח:יג)

ידי משה

[יג] **ואתה עוקץ עליו** (גירסת דפוס פקנקפורט שנת תנ״ה). ואתה עוקף עליו. כן צריך לומר, וכן הוא בהדיא (בפרק איזהו נשך) [הגוזל ומאכיל] (ב״ק קיג, א), ופירוש לשון עקיפין הוא לשון עלילה, שמעליל עליו ליקח את שדהו: **לא תאמר שאל לך וכו׳.** פירוש, ויראת מאלהיך קדריש, שלפעמים תמצא עבירה אפילו שלא לקחת רבית, שתלוה לו מעות כדי שיפסיד המעות ותקח את נחלתו, וכן הוא בהדיא לקמן, ועל זה נאמר ויראת מאלהיך, כי זה הוא דבר המסור ללב כמו שמצינו גבי ניזית ומשקולות כדאיתא בגמרא (בבא מציעא נח, א):

The Midrash expounds the words לֹא תִהְיֶה לוֹ כְּנֹשֶׁה:[194] מִיכָּן אַתָּה לָמֵד שֶׁכָּל מִי שֶׁנּוֹטֵל רִבִּית מִיִּשְׂרָאֵל אֵינוֹ יְרֵא מִן הַמָּקוֹם – **From here you learn that whoever takes interest from an Israelite has no fear of the Omnipresent.**[195] מָשָׁל לְמִי שֶׁרָצַח וֶהֱבִיאוּהוּ לִפְנֵי הַשִּׁלְטוֹן – **This may be compared to one who committed murder and was brought before the governor** for judgment. כֵּיוָן שֶׁקָּרָא אֶת נוֹטָרִין שֶׁלּוֹ אָמַר: עַד עַכְשָׁיו חַי – **When [the governor] read his sentence**[196] of death, **he said,** "And **until now he is living?!** He is already deserving of death for other crimes he committed!"[197] כָּךְ כָּל מִי שֶׁנּוֹטֵל רִבִּית מַעֲלֶה עָלָיו הַכָּתוּב כְּאִלּוּ עָשָׂה אֶת כָּל הָרָעוֹת וְהָעֲבֵירוֹת שֶׁבָּעוֹלָם – **Similarly, anyone who takes interest is regarded by Scripture as though he has committed all the evil deeds and transgressions in the world,**[198] שֶׁנֶּאֱמַר "בַּנֶּשֶׁךְ נָתַן וְתַרְבִּית לָקָח" – **as it is stated,** ***He gives [loans] with interest and takes increase*** . . . *He has committed all these abominations* (*Ezekiel* 18:13),[199]

NOTES

194. *Eitz Yosef.*

195. As was explained in note 87 to §6 above.

196. Translation follows *Eitz Yosef.*

197. Ibid. to §6 above, s.v. נקרא וכו׳.

198. And as such, he clearly has no fear of God whatsoever (*Yefeh To'ar* to §6 above, s.v. מכאן וכו׳; see also *Eitz Yosef* ad loc. s.v. מכאן וכו׳).

See Insight Ⓐ.

199. Indicating that he is regarded as if he has committed all the sins written in the Torah (ibid., *Maharzu*).

INSIGHTS

Ⓐ **An Objection of Interest** Our Midrash severely castigates one who takes interest from a fellow Jew, considering him equivalent to one who has perpetrated every imaginable misdeed and transgression! (See also the Midrash in §6 above.) It is important to understand what could possibly be so wrong with taking interest on a loan and why the Torah prohibited it. Why should taking interest be worse than making a profit from any other business transaction?

R' Samson Raphael Hirsch (commentary to *Exodus* 22:24) explains that the original calling of the Jewish people was to be a society comprised of members of God's nation who interact with one another guided by God's Torah. That ideally functioning society is to be the place where God's Kingship is revealed to all.

One of the bases of this ideal society is the fundamental awareness that everything we own belongs to God and He entrusts it to us for use in His service. One of the reasons God entrusts a surplus of money to us is for the purpose of making it available for the use of the less fortunate members of our society. Lending money is a means by which we attach ourselves to our needy brethren to further their welfare. Indeed the root meaning of the Hebrew verb "to lend" (לוה) is "to join another for his betterment" (see, for example, *Genesis* 29:34 and *Numbers* 18:2).

When God took us out of Egypt and conferred upon us the right to own property as human beings and as individuals free from slavery, He bound us together as a community — not by the force of personal need, but by the obligation to perform one's duties as a member of that society.

And so He commands us to lend money without interest, thereby demonstrating our appreciation that what He has endowed us with is not really our own but His. Lending money, then, is not so much an act of *generosity* but one of societal *duty,* performed in recognition of the roles God wishes us to play in the society of His people. Imposing interest on a borrower is not a breach of *justice.* (If it were, we would be forbidden to take interest from a non-Jew as well.) But it is a breach of our *duty* to the society of our brethren, and thus undermines the fabric of Jewish society. And it is this breach of duty and ignoring of God's mastery over what He has given us that makes interest on a loan to a brother so reprehensible.

Surely, the Torah recognizes the individual's ownership of property. An individual who owns something is entitled to rent it to someone else. But in that case, the rented item remains the property of the original owner, and it is somewhat diminished when used by the renter. A rental fee is in order. The law with regard to *money,* however, is that מִלְוֶה לְהוֹצָאָה נִתְּנָה, *a loan is given to be spent* — i.e., it becomes entirely the property of the borrower, except that he is obligated to repay it at some point (see *Kiddushin* 47a). For the lender to charge interest would be to charge the borrower for using something that is technically now his own.

That the Torah views the granting of interest-free loans as the highest duty of social brotherhood is evident from a careful reading of the verse itself. The verse states "אִם כֶּסֶף תַּלְוֶה אֶת "עַמִּי, *If you lend money to "My people."* The loan given to the poor person is given to him not simply as a needy individual but as a representative of *God's people.* By lending to *him,* you fulfill your obligation to *the people.*

In light of this understanding, it is not the indigent who should seek out the affluent, but rather the rich man who is to look for the poor to enable them to benefit from his wealth. The rich need the poor more than the poor need the rich. All the poverty-stricken individual can get from his wealthy neighbor is help with his material needs. For the wealthy man, however, the pauper is a means that can enable him to carry out his spiritual and moral obligation of paying tribute to God, and of discharging his duty to the society beloved by God.

In a somewhat different vein, *R' Chaim Shmulevitz* (*Sichos Mussar* pp. 194-195) explains that lending money to our brother in need is a fundamental act of *kindness.* And the Jewish ideal of righteousness is that kindness must be extended without self-interest or benefit. Taking money for performing kindness or, for that matter, benefiting from any mitzvah one does, is anathema to the Jewish ideal that mitzvos be performed as acts of Divine service, and not as means of profit or self-aggrandizement. What is so destructive about lending on interest is not what it does to the borrower, but what it does to the *lender.* For it is the selfless acts of kindness and service that earn a person life in this world and the next.

שֶׁהוּא מִתְבַּיֵּשׁ לְהָשִׂיחַ עִמּוֹ לְפִי שֶׁהוּא עָנִי, וְכֵן שְׁלֹמֹה אוֹמֵר (משלי יט, ז) "כָּל אֲחֵי רָשׁ שְׂנֵאֻהוּ", וְאוֹמֵר (שם יד, כ) "גַּם לְרֵעֵהוּ יִשָּׂנֵא רָשׁ", וְכֵן אִיּוֹב אוֹמֵר (איוב יט, יד) "חָדְלוּ קְרוֹבָי וְגוֹ'", וְאִם הָיָה עָשִׁיר הַכֹּל נִדְבָּקִים בּוֹ וְאוֹהֲבִים אוֹתוֹ, שֶׁנֶּאֱמַר (משלי שם שם) "וְאֹהֲבֵי עָשִׁיר רַבִּים", אֲבָל הַקָּדוֹשׁ בָּרוּךְ הוּא אֵינוֹ כֵן, מִי הֵם עִמּוֹ, הָעֲנִיִּים, רוֹאֶה לֶעָנִי וְנִדְבָּק בּוֹ, רְצוֹנְךָ לֵידַע, רְאֵה מַה כְּתִיב (ישעיה סו, א) "כֹּה אָמַר ה' הַשָּׁמַיִם כִּסְאִי", מַה כְּתִיב אַחֲרָיו, (שם שם ב) "וְאֶל זֶה אַבִּיט אֶל עָנִי וְגוֹ'", וְכֵן מֹשֶׁה אוֹמֵר לְיִשְׂרָאֵל (דברים ז, ז) "לֹא מֵרֻבְּכֶם וְגוֹ' חָשַׁק ה'", וּכְתִיב (שם) "כִּי אַתֶּם הַמְעַט מִכָּל הָעַמִּים", וּכְשֶׁיִּתְרַצֶּה לְצִיּוֹן עַל מִי הוּא מְרַחֵם תְּחִלָּה, עַל הָעֲנִיִּים, שֶׁנֶּאֱמַר (ישעיה יד, לב) "כִּי ה' יִסַּד צִיּוֹן וּבָהּ יֶחֱסוּ עֲנִיֵּי עַמּוֹ", וְכֵן (שם מט, יג) "כִּי נִחַם ה' עַמּוֹ וַעֲנִיָּו יְרַחֵם", הֱוֵי "אֶת הֶעָנִי עִמָּךְ", אֵין הֶעָנִי עִמְּךָ אֶלָּא עִמִּי, לְכָךְ נֶאֱמַר (תהלים יח, כח) "כִּי אַתָּה עַם עָנִי תוֹשִׁיעַ". [כב, כד] "לֹא תְשִׂימוּן עָלָיו נֶשֶׁךְ", לֹא תִנְשׁוֹךְ אֶת הֶעָנִי, כְּשֵׁם שֶׁנָּשַׁךְ הַנָּחָשׁ אֶת הָאָדָם וַעֲקָרוֹ לוֹ וּלְתוֹלְדוֹתָיו, וְכֵן אַתָּה לֹא תִרְאֶה אֶת הֶעָנִי שֶׁיֵּשׁ לוֹ בָּתִּים אוֹ שָׂדוֹת אוֹ כְּרָמִים אוֹ עֶבֶד אוֹ אָמָה וְאַתָּה עוֹקֵף עָלָיו וְנוֹטְלוֹ הֵימֶנּוּ, לְכָךְ כְּתִיב [כב, כד] "לֹא תִהְיֶה לוֹ כְּנֹשֶׁה", לֹא תְנַשְּׁכֶנּוּ, לֹא תִהְיֶה כְּנָחָשׁ שֶׁהוּא עָרוּם לְרָעָה, [שם] "אַל תִּקַּח מֵאִתּוֹ נֶשֶׁךְ וְתַרְבִּית וְיָרֵאתָ מֵאֱלֹהֶיךָ", לֹא תֹאמַר לוֹ: שְׁאַל לְךָ, אֲנִי מַלְוֶה אוֹתְךָ, וּלְמָחָר רִבִּית עוֹלָה וְאַתָּה נוֹטֵל אֶת שֶׁלּוֹ, וּמַעֲלֶה אֲנִי עָלֶיךָ שֶׁחִבַּלְתָּ בּוֹ, שֶׁנֶּאֱמַר [כב, כה] "אִם חָבֹל תַּחְבֹּל שַׂלְמַת רֵעֶךָ", מִיכָּן אַתָּה לָמֵד שֶׁכָּל מִי שֶׁנּוֹטֵל רִבִּית מִיִּשְׂרָאֵל אֵינוֹ יָרֵא מִן הַמָּקוֹם, מָשָׁל לְמִי שֶׁרָצַח וֶהֱבִיאוּהוּ לִפְנֵי הַשִּׁלְטוֹן, כֵּיוָן שֶׁקָּרָא אֶת נוֹטָרִין שֶׁלּוֹ אָמַר: עַד עַכְשָׁיו חַי, כָּךְ כָּל מִי שֶׁנּוֹטֵל רִבִּית מַעֲלֶה עָלָיו הַכָּתוּב כְּאִלּוּ עָשָׂה אֶת כָּל הָרָעוֹת וְהָעֲבֵירוֹת שֶׁבָּעוֹלָם, שֶׁנֶּאֱמַר (יחזקאל יח, יג) "בַּנֶּשֶׁךְ נָתַן וְתַרְבִּית לָקַח",

וכן שלמה אמר כו' וכן איוב אמר. ששלמה ואיוב באו למדת ענוות כידוע, וראו בחוש מדתו של בשר ודם, לכך הביא ראיה מהם ביותר מאילו אדם אחר אמרן: **וכן איוב אומר כו'.** אף על גב דלא הוה עני לגמרי, כמו שכתבנו לעיל סימן י"א, מכל מקום על ידי שנאבד עשרו הראשון נחשב כעני בעיניהם ונתרחקו ממנו: **חדלו קרובי.** פירושו שהכחישו קורבתם, וכאילו חדלו מלהיות קרוביו: **מי הם עמו העניים.** פירוש שמודה בקרבתם ועשה אותם עם קרובו: **רואה לעני ונדבק בו.** הפך האנשים שרואים העני ונטמנים מפניו וכו': **לא מרובכם מכל העמים כו' כי אתם המעט.** שאתם ממעטים עצמכם, וזהו מדת ענוה להחשב בעיני עצמו כעני ונכה רוח: **וכן כי נחם ה' עמו.** שפירוש עמו היינו ענייו כדלעיל סימן ה': **לכך נאמר כי אתה עם עני תושיע.** דלעיל הזכירו למדרש כמו עם עני בחיריק, והשתא מייתי ליה לפשטיה שפירושו שעני נושע תחלה: [יג] **לא תנשוך את העני.** שפירוש נשך ענין נשיכה, לפי שהרבית נושך ואוכל, ואמר שרמז לנשיכתה מנחש, שלא יעשה כשם שנשך הנחש את האדם ועקרו לו ולתולדותיו, והיינו שלא תראה העני שיש לו בתים וכו', נמצא עוקרו לו ולתולדותיו שמאבד הממון שבידו, ונעקר מנחלת שדהו ומפסיד, הוא ותולדותיו נחלתם הראויה להם: **בשם שנשך הנחש.** מה שהזיק לאדם בחלקת שפתיו קרי נשיכה וכן ענין הנותן ברבית, שבא בעקיפין ומסיתו שיקח ברבית ליטול נחלתו: **עוקף.** לשון ערמנות (ערוך), ובמדרשים אחרים גרס טוכף עליו: **לכך כתיב לא תהיה לו בנושה.** דרמיז שלא יתחכם עליו ליטול נחלתו כדלעיל סימן ו': **לא תנשכנו לא תהיה כנחש כו'.** דריש טעם אחר למה שנאמר לשון נשך, לרמוז לנחש, לומר שלא יהיה ערום כנחש, דהיינו שלא יאמר לו שאל לך אני מלוה אותך וכו': **לא תאמר לו שאל כו'.** פירוש מעריס להלוותו תחלה בחנם בלא רבית, ולמחר שהוא רואה שהממון יוצא מתחת ידו הוא מבקש אותם, והוא מעלה עליו רבית בעל כרחו, ודריש לה מלא תקח מאתו נשך, משמע דאפילו לא התנה עמו ברבית בשעת הלוואה לא יבא ליקח ממנו אחר כך: **שנאמר אם חבל תחבול.** רמיז נמי לענין חבלה שנחשב כאילו שופך דמים: **מבאן אתה למד.** מלא תהיה לו כנושה יליף זה, כדלעיל סימן ו', ושם פירשתי עיין שם: **נוטרין.** פירוש גזר דינו, ובלשון לע"ז דקרעטע:

חדלו קרובי. ובפסוק הקודם אחי מעלי הרחיק וגו' ואמהותי וגו' לעבדי קראתי וגו', הרי שלא היה עני בביתו, שהרי היה לו אמהות ועבדים וכו', אלא כוונת המדרש שכאשר האדם שפל ויורד מגדולתו, כמו שהיה ענין איוב, וכן העני: **בשם שנשך הנחש את האדם.** הנשיכה נמצאת בתנ"ך אצל הנחש, כמו שכתוב (במדבר כא, ו) וישלח ה' בעם את הנחשים השרפים וינשכו את העם, וכתיב (קהלת י, יא) אם ישוך הנחש בלא לחש, וכתיב (שם פסוק ח) (ו)פורץ גדר ישכנו נחש, אם כן במקום שכתוב נשיכה לבד, על פי מדה י"ז, על נשיכת נחש, והנשיכה משל על העקירה, על שעוקר אותו כמו הנחש בענין הרבית: **בנחש שהוא ערום.** כמו שכתוב והנחש היה ערום, הדרשה כנ"ל. ומה שכתב ואתה עוקץ עליו, צריך לומר ואתה עוקף עליו, וכן הוא בהדיא בפרק איזהו נשך (א"ה: לשון זה הוא בירושלמי גיטין פ"ה ה"א). ידי משה. ופירש הערוך מלשון ערמה ועקמנית: **אל תקח מאתו נשך.** ויקרא כ"ה, ועיין לעיל סימן ו:

מתנות כהונה

[יג] **כי אתם המעט.** ודרשו חז"ל הממעטים עצמם: **אלא עמי.** דייק מדכתיב את העני קרי ביה עמי ועמדי העני: הכי גרסינן **הוי את עמי את העני: לא תנשכנו כו'.** כנושה דרש נוטריקון כנושך או כנחש: **שחבלת.** לשון חבלה ופלע ונשך ותחבול דרש לשון נשיכת נחש וחבלת פלע וחבורה: **נוטריא.** בערוך (ערך נטרין) פירש ספריו. ועיין לעיל:

אשד הנחלים

רואה לעני ונדבק. כי על הרוב העניים הם דכאי רוח נכנעים וזוכרים כבוד ה': **רצונך לידע.** לידע כמה גדולה מעלת העני, עד שכל המציאות אף השמים שהמה השכלים הנבדלים נקיי חומר בערך העני לא יביט עליהם, כלומר שמודבק השגחתו ודביקותו לעני ונכנע מפניו יתברך יותר מהדביקות אליהם, וזהו מרומז במלת עמי המדובקים בו ובהשגחתו: **כי אתם המעט.** דרש מפני שהם ממעטים עצמם ונכנעים לפניו יתברך: **תחלה.** שהם יזכו תחלה לדבק בה', כי מעלתם יותר גדולה מכולם: **כשם שנשך כו' ואתה עוקף כו' מרמה כו'.** הוקשה לו מדוע יכנה הרבית בשם נשך, ומפרש בה (שלש) [שתי] סבות, האחד להורות על הרעה הנמשכת ממנה, כהרעה הנמשכת מהנחש לאדם הקדמוני, שהיתה רעה כוללת לכל הדורות, כן הוא השחתת כל המדינה ומסחרה. והשני כי היא עוקפת וסובבת ליטול באחרית כל רכושו, וכן כל הדבר הזה הוא רק על ידי ערמה לרמות לרעהו מעט מעט, עד שיקח מאתו כל אשר לו, כנחש הנושך בלי ראות: **שאל לך.** כאומר מה עשיתי הלא אתה תבקשני שאלוה לך, ולכן אני עושה רצונך ולא לקחתי ממך בחזקה, לכן נאמר ויראת מאלהיך, המזהירך אף על זה:

חידושי הרד"ל

[יג] **כל המצות כו' בנשך עושה אלה לא ימות דבר אחר כו'.** כן צריך לומר:

באור מהרי"פ

כי אתם המעט. ודרשו חכמינו ז"ל בחולין (פט, א) שאתם ממעיטים עצמכם הוי את העני עמך, אולי כן צריך לומר הוי אם כסף תלוה את עמי: **במתנות כהונה בד"ה נוטריא הערוך פירש.** לא מצאתי ערך נוטריא בערוך, אבל [מצאתי ב]ערך נטרין, סוטה פרק ואלו נאמרין היאך למדו אומות העולם תורה, אמר להם בינה יתירה נתן להם הקב"ה ושיגרו נוטרין שלהן וקילפו את הסיד וכתבוה, פירוש בלשון יון ובלשון לע"ז קורין לסופרים נוטרין, עד כאן לשון הערוך:

אמרי יושר

לא תהיה כנחש שהוא ערום לרעה. זהו לא תשימון עליו בערמה ובנשך, כנחש אשר ישך:

לקוטים

[יג] **מהרי"פ בד"ה במתנות כהונה כו' נוטריא כו'.** במדרש דפוס ונציאה הגירסא נוטירא ועל פי זה פירש המתנות כהונה דבריו. ולפנינו הגירסא נוטרין כמו הערוך וכן הוא במדרש עם פירוש מתנות כהונה קראקא שסט:

אם למקרא

כָּל אֲחֵי־רָשׁ שְׂנֵאֻהוּ אַף כִּי מְרֵעֵהוּ רָחֲקוּ מִמֶּנּוּ מְרַדֵּף אֲמָרִים לוֹ הֵמָּה: (משלי יט:ז)

גַּם לְרֵעֵהוּ יִשָּׂנֵא רָשׁ וְאֹהֲבֵי עָשִׁיר רַבִּים: (שם יד:כ)

חָדְלוּ קְרוֹבָי וּמְיֻדָּעַי שְׁכֵחוּנִי: (איוב יט:יד)

כֹּה אָמַר ה' הַשָּׁמַיִם כִּסְאִי וְהָאָרֶץ הֲדֹם רַגְלָי אֵי זֶה בַיִת אֲשֶׁר תִּבְנוּ־לִי וְאֵי זֶה מָקוֹם מְנוּחָתִי: וְאֶת כָּל אֵלֶּה יָדִי עָשָׂתָה וַיִּהְיוּ כָל אֵלֶּה נְאֻם ה' וְאֶל זֶה אַבִּיט אֶל עָנִי וּנְכֵה רוּחַ וְחָרֵד עַל דְּבָרִי: (ישעיה סו:א-ב)

לֹא מֵרֻבְּכֶם מִכָּל הָעַמִּים חָשַׁק ה' בָּכֶם וַיִּבְחַר בָּכֶם כִּי אַתֶּם הַמְעַט מִכָּל הָעַמִּים: (דברים ז:ז)

וּמַה־יַּעֲנֶה מַלְאֲכֵי גוֹי כִּי ה' יִסַּד צִיּוֹן וּבָהּ יֶחֱסוּ עֲנִיֵּי עַמּוֹ: (ישעיה יד:לב)

רָנּוּ שָׁמַיִם וְגִילִי אָרֶץ וּפִצְחוּ הָרִים רִנָּה כִּי נִחַם ה' עַמּוֹ וַעֲנִיָּו יְרַחֵם: (שם מט:יג)

כִּי־אַתָּה עַם עָנִי תוֹשִׁיעַ וְעֵינַיִם רָמוֹת תַּשְׁפִּיל: (תהלים יח:כח)

בַּנֶּשֶׁךְ נָתַן וְתַרְבִּית לָקַח וָחָי לֹא יִחְיֶה אֵת כָּל הַתּוֹעֵבוֹת הָאֵלֶּה עָשָׂה מוֹת יוּמָת דָּמָיו בּוֹ יִהְיֶה: (יחזקאל יח:יג)

ידי משה

[יג] **ואתה עוקץ עליו** (גירסת דפוס פקנקפורט שנת תכ"ה). ואתה עוקף עליו. כן צריך לומר, וכן הוא בהדיא (בפרק איזהו נשך [הגוזל ומאכיל] (ב"ק קיג, א), ופירוש לשון עקיפין הוא לשון עלילה, שמעליל עליו ליקח את שדהו: **לא תאמר שאל לך וכו'.** פירוש, ויראת מאלהיך קדריש, שלפעמים תמצא עבירה אפילו שלא לקחת רבית, שתלוה לו מעות כדי שיפסיד המעות ותקח את נחלתו, וכן הוא בהדיא לקמן, ועל זה נאמר ויראת מאלהיך, כי זה הוא דבר המסור ללב כמו שמצינו גבי לילית ומשקולות כדאיתא בגמרא (בבא מציעא נח, א):

וְהַקָּדוֹשׁ בָּרוּךְ הוּא אוֹמֵר: עַד עַכְשָׁיו הוּא חָי, ״וָחָי, לֹא יִחְיֶה, אֵת כָּל הַתּוֹעֵבוֹת הָאֵלֶּה עָשָׂה מוֹת יוּמָת דָּמָיו בּוֹ יִהְיֶה״ – **and the Holy One, blessed is He, declares,** "And **until now he is living?!"** as it states, ***Should he live? He shall not live! He has committed all these abominations; he shall surely die and his blood will be upon himself*** (ibid.).[200]

The Midrash concludes on a positive note:[201]

אֲבָל מִי שֶׁהוּא מַלְוֶה בְּלֹא רִבִּית מַעֲלֶה עָלָיו הַקָּדוֹשׁ בָּרוּךְ הוּא כְּאִלּוּ עָשָׂה כָּל הַמִּצְוֹת – **But one who lends without interest is considered by the Holy One, blessed is He, as if he fulfilled all of the commandments,** שֶׁנֶּאֱמַר ״כַּסְפּוֹ לֹא נָתַן בְּנֶשֶׁךְ וְגוֹ׳״ – **as it is stated, *Who lends not his money on interest;*** *and takes not a bribe against the innocent. The doer of these shall not falter forever* (*Psalms* 15:5).[202]

§14 The Midrash returns to the beginning of v. 24, expounding the words *who is with you*:

דָּבָר אַחֵר, ״אֶת הֶעָנִי עִמָּךְ״ – **Another interpretation of *to the poor person who is with you*:** הָדָא הוּא דִכְתִיב ״כִּי אֱלֹהִים שֹׁפֵט זֶה יַשְׁפִּיל וְזֶה יָרִים״ – **This is** understood in accordance with **that which is written, *For God is the judge — He lowers this one and raises that one*** (*Psalms* 75:8).[203] לְמָה דּוֹמֶה הָעוֹלָם הַזֶּה – This means the following: **To what is this world comparable?** לְגַלְגַּל שֶׁבַּגִּנָּה – **To the wheel** of a well **in a garden.**[204] כְּלֵי חֶרֶס שֶׁבּוֹ הַתַּחְתּוֹנִים עוֹלִים מְלֵאִים וְהָעֶלְיוֹנִים יוֹרְדִין רֵיקָנִין – **The earthenware vessels attached to it that are below rise up filled** with water, **and the ones that are above descend empty** of water.[205] כָּךְ לֹא כָּל מִי שֶׁהוּא עָשִׁיר הַיּוֹם הוּא עָשִׁיר לְמָחָר – Similarly, **not everyone who is rich today will** necessarily **be rich tomorrow;** וְלֹא מִי שֶׁהוּא עָנִי הַיּוֹם עָנִי לְמָחָר – **and one who is poor today will not** necessarily **be poor tomorrow.** לָמָּה – **Why is this so?** שֶׁגַּלְגַּל הוּא הָעוֹלָם, ״כִּי בִּגְלַל הַדָּבָר הַזֶּה״ – **Because the world is** like **a wheel,** as it states, ***For "biglal"*** [בִּגְלַל] ***this matter*** (*Deuteronomy* 15:10).[206] אָמַר רַבִּי אַחָא: שֶׁגַּלְגַּל הוּא הָעוֹלָם, שֶׁנֶּאֱמַר ״מְזָרֶה רְשָׁעִים מֶלֶךְ חָכָם וַיָּשֶׁב עֲלֵיהֶם אוֹפָן״ – **R' Acha said:** This means **that the world is** like **a wheel, as it is stated, *A wise king scatters the wicked and turns the "ofan"*** [אוֹפָן] ***upon them*** (*Proverbs* 20:26);[207] וְאֵין אוֹפָן אֶלָּא גַּלְגַּל, שֶׁנֶּאֱמַר ״וַיָּסַר אֵת אֹפַן מַרְכְּבֹתָיו״ – **and** the word ***"ofan"*** **means nothing other than a wheel, as it is stated, *He removed the "ofan"*** [אֹפַן] ***of their chariots*** (above, 14:25).[208]

Yet another interpretation of the words *who is with you*:[209]

אַשְׁרָיו כָּל מִי שֶׁיָּדוֹ פְּשׁוּטָה לַעֲנִיִּים – **Praiseworthy is anyone whose hand is outstretched to the poor,** רְאֵה מַה כְּתִיב ״עָשִׁיר וָרָשׁ נִפְגָּשׁוּ עֹשֵׂה כֻלָּם ה׳ ״ – for **see what is written, *The rich man and the pauper meet; HASHEM is the Maker of them all*** (*Proverbs* 22:2). וְכֵן ״רָשׁ וְאִישׁ תְּכָכִים נִפְגָּשׁוּ מֵאִיר עֵינֵי שְׁנֵיהֶם ה׳ ״ – **And** it **also** states, ***The poor man and the middle-class man meet, HASHEM will enlighten the eyes of both*** (ibid. 29:13).

The Midrash first explains the latter verse:[210]

הֶעָנִי קָנָה חַיֵּי הָעוֹלָם הַזֶּה וְהֶעָשִׁיר קָנָה חַיֵּי הָעוֹלָם הַבָּא – Through the charity of the rich man, **the poor man has acquired life in this world, while the rich man has acquired life in the World to Come.**[211]

The Midrash now explains the first verse:

וְעָנִי שֶׁפָּשַׁט יָדוֹ וְאֵין בַּעַל הַבַּיִת רוֹצֶה לִיתֵּן לוֹ, ״עֹשֵׂה כֻלָּם ה׳ ״ – **But if the poor man stretches out his hand and the householder does not wish to give him** anything, Scripture states, ***HASHEM is the Maker of them all;*** מִי שֶׁעָשָׂה אֶת זֶה עָשִׁיר הוּא עָתִיד לַעֲשׂוֹתוֹ עָנִי – meaning, **He Who made this one wealthy will ultimately make him poor,** וּמִי שֶׁעָשָׂה אֶת זֶה עָנִי הוּא עָתִיד לַעֲשׂוֹתוֹ עָשִׁיר – **and He Who made this one poor will ultimately make him wealthy.**[212]

Another interpretation of *who is with you*:[213]

אֵין לְךָ מִדָּה קָשָׁה מִן הָעֲנִיּוּת – **There is no worse condition than poverty;** שֶׁכָּל מִי שֶׁהוּא מְדוּקְדָּק בַּעֲנִיּוּת כְּאִלּוּ דְּבוּקִין בּוֹ כָּל יִסּוּרִים שֶׁבָּעוֹלָם – **for whoever is crushed with poverty, it is as if all worldly afflictions cling to him,** וּכְאִלּוּ בָּאוּ עָלָיו כָּל הַקְּלָלוֹת שֶׁבְּמִשְׁנֵה תוֹרָה – **and as if all the curses in *Deuteronomy* have come upon him.**[214]

NOTES

200. This part of the verse is cited as the explanation of the above parable regarding the governor, as was explained in note 92 to §6 above.

201. *Yefeh To'ar*, first explanation.

202. As was explained in note 54 to §4 above.

203. That is: God makes the rich man poor and the poor man rich. This indicates that one person's rise is connected to another's fall, as the Midrash now explains (*Toldos Noach*).

204. To which the bucket drawing up the water is attached with a cord; the water is then used to water the garden (*Eitz Yosef*; see also *Matnos Kehunah*).

205. When the buckets are at their height, i.e., when they reach the top of the wheel, they are emptied of their contents and begin their descent, while the buckets that are then at their low, i.e., at the bottom of the well, ascend from below filled with water (*Eitz Yosef*).

206. The verse is discussing the obligation of charity to the poor, and uses the word בִּגְלַל, lit., *in return for*, which the Midrash homiletically interprets as בְּגַלְגַּל, *in a wheel*. This alludes to the fact that wealth and poverty are like a wheel that turns, with people's fortunes constantly changing (ibid.).

Why, indeed, must wealth be distributed in this manner? Certainly, God can make everyone rich at the same time! *Toldos Noach* (cited in part by *Anaf Yosef*) explains that both wealth and poverty are essential as ways of testing people, as was explained at the beginning of §3 above, and in order that the rich have the opportunity to perform kindness with the poor, as was explained at the end of §5 above. However, it can be argued that it is unjust that one particular individual is chosen to be rich, while another is chosen to be poor. Therefore, God turns the wheel in such a manner that every individual — or, if not him, at least his children (*Shabbos* 151b) — experiences both wealth and poverty at some time. [For an additional explanation, see *Kli Yakar* to *Numbers* 32:2.]

207. In this verse, the *wise king* alludes to God, Who turns the wheel on the wicked to their detriment (*Eitz Yosef*).

208. The Midrash interprets the word עִמָּךְ, *who is with you*, in our verse, to mean that you should act kindly to the poor man, so that when the wheel turns, people will act kindly *with you* (ibid., at the beginning of this section).

209. As will be explained at the end of note 212.

210. *Beur Maharif* and *Eitz Yosef*, based on *Vayikra Rabbah* 34 §4.

211. Hence, the meaning of *HASHEM will enlighten the eyes of both* is that when the wealthy man gives charity to the poor man, both of them will gain (*Eitz Yosef*).

The Scriptural expression אִישׁ תְּכָכִים, translated as *a middle-class man*, is explained in *Vayikra Rabbah* ibid. to mean a man who engages in labor, i.e., one whose financial status is average (see *Yalkut Shimoni* I §665). The expression אִישׁ תְּכָכִים is derived from תּוֹךְ, *middle* or *average* (*Eitz Yosef*, Vagshal ed., to *Vayikra Rabbah* ibid.). Scripture uses an example of a middle-class person because he can more easily fulfill his obligation to the pauper, since he is not expected to give as much as a wealthy person (*Toldos Noach*, second explanation).

212. God, Who is the Maker of both the rich man and the poor man, will reverse their roles, since the rich man did not wish to share his money with the poor man (*Eitz Yosef*).

The Midrash in this explanation understands the expression in our verse, *the poor person who is with you*, to mean that you are essentially performing kindness *with yourself*, since you will thereby merit life in the World to Come (ibid., s.v. אשריו וכו׳).

213. As will be explained at the end of note 215.

214. See *Deuteronomy* 28:15-68. The Book of *Leviticus* also contains curses (26:14-43). However, the Midrash mentions the curses in *Deuteronomy* in particular since they are more numerous those in *Leviticus* (*Eitz Yosef*).

וְהַקָּדוֹשׁ בָּרוּךְ הוּא אוֹמֵר: עַד עַכְשָׁיו הוּא חָי, (שם) "וָחַי, לֹא יִחְיֶה, אֵת כָּל הַתּוֹעֵבוֹת הָאֵלֶּה עָשָׂה מוֹת יוּמָת דָּמָיו בּוֹ יִהְיֶה", אֲבָל מִי שֶׁהוּא מַלְוֶה בְּלֹא רִבִּית מַעֲלֶה עָלָיו הַקָּדוֹשׁ בָּרוּךְ הוּא כְּאִלּוּ עָשָׂה כָּל הַמִּצְוֹת, שֶׁנֶּאֱמַר (תהלים טו, ה) "כַּסְפּוֹ לֹא נָתַן בְּנֶשֶׁךְ וְגוֹ'":

יד דָּבָר אַחֵר, "אֶת הֶעָנִי עִמָּךְ", הָדָא הוּא דִכְתִיב (שם עה, ח) "כִּי אֱלֹהִים שֹׁפֵט זֶה יַשְׁפִּיל וְזֶה יָרִים", [טז]לָמָּה דּוֹמֶה הָעוֹלָם הַזֶּה, לְגַלְגַּל שֶׁבַּגִּנָּה, כְּלֵי חֶרֶס שֶׁבּוֹ הַתַּחְתּוֹנִים עוֹלִים מְלֵאִים וְהָעֶלְיוֹנִים יוֹרְדִין רֵיקָנִין, כָּךְ לֹא כָּל מִי שֶׁהוּא עָשִׁיר הַיּוֹם הוּא עָשִׁיר לְמָחָר, וְלֹא מִי שֶׁהוּא עָנִי הַיּוֹם עָנִי לְמָחָר, [יז]לָמָּה, שֶׁגַּלְגַּל הוּא בָּעוֹלָם, (דברים טו, י) "כִּי בִגְלַל הַדָּבָר הַזֶּה", אָמַר רַבִּי אַחָא: שֶׁגַּלְגַּל הוּא הָעוֹלָם, שֶׁנֶּאֱמַר (משלי כ, כו) "מְזָרֶה רְשָׁעִים מֶלֶךְ חָכָם וַיָּשֶׁב עֲלֵיהֶם אוֹפָן", וְאֵין אוֹפָן אֶלָּא גַּלְגַּל, שֶׁנֶּאֱמַר (שמות יד, כה) "וַיָּסַר אֵת אֹפַן מַרְכְּבֹתָיו", אַשְׁרָיו כָּל מִי שֶׁיָּדוֹ פְּשׁוּטָה לַעֲנִיִּים, רְאֵה מַה כְּתִיב (משלי כב, ב) "עָשִׁיר וָרָשׁ נִפְגָּשׁוּ עֹשֵׂה כֻלָּם ה'", וְכֵן (שם כט, יג) "רָשׁ וְאִישׁ תְּכָכִים נִפְגָּשׁוּ מֵאִיר עֵינֵי שְׁנֵיהֶם ה'", הֶעָנִי קָנָה חַיֵּי הָעוֹלָם הַזֶּה וְהֶעָשִׁיר קָנָה חַיֵּי הָעוֹלָם הַבָּא, וְעָנִי שֶׁפָּשַׁט יָדוֹ וְאֵין בַּעַל הַבַּיִת רוֹצֶה לִיתֵּן לוֹ, "עֹשֵׂה כֻלָּם ה'", מִי שֶׁעָשָׂה אֶת זֶה עָשִׁיר הוּא עָתִיד לַעֲשׂוֹתוֹ עָנִי וּמִי שֶׁעָשָׂה אֶת זֶה עָנִי הוּא עָתִיד לַעֲשׂוֹתוֹ עָשִׁיר, אֵין לְךָ מִדָּה קָשָׁה מִן הָעֲנִיּוּת, שֶׁכָּל מִי שֶׁהוּא מְדוּקְדָּק בָּעֲנִיּוּת כְּאִלּוּ דְּבוּקִין בּוֹ כָּל יִסּוּרִים שֶׁבָּעוֹלָם, וּכְאִלּוּ בָּאוּ עָלָיו כָּל הַקְּלָלוֹת שֶׁבְּמִשְׁנֵה תוֹרָה, וְאָמְרוּ רַבּוֹתֵינוּ: אִלּוּ נִתְקַבְּצוּ כָּל יִסּוּרִין לְצַד אֶחָד וְהָעֲנִיּוּת לְצַד אֶחָד, הָעֲנִיּוּת מַכְרַעַת לְכוּלָּן. [כב, כד] "לֹא תִהְיֶה לוֹ כְּנֹשֶׁה", בֹּא וּרְאֵה כָּל מִי שֶׁהוּא מַלְוֶה בְּרִבִּית עוֹבֵר עַל כָּל הָעֲבֵירוֹת שֶׁבַּתּוֹרָה וְאֵינוֹ מוֹצֵא מִי שֶׁיְּלַמֵּד עָלָיו זְכוּת, כֵּיצַד, אָדָם שֶׁחָטָא אַחַת מִכָּל הָעֲבֵירוֹת וְעוֹמֵד לִפְנֵי הַקָּדוֹשׁ בָּרוּךְ הוּא בַּדִּין,

עץ יוסף

אבל מי שמלוה בלא רבית כו'. כדי לסיים בדבר טוב נקט הך מילתא: **כאילו עושה כל המצות כו'.** עיין לעיל סימן ג': **(יד) הדא הוא דכתיב כי אלהים שופט כו'.** דריש עמך שישגיח העשיר להטיב לעני כדי שגם כן ייטיבו עמו, כי העניות גלגל הוא שחוזר בעולם, ורמז לדמיון הגלגל מייתי כי אלהים שופט זה ישפיל וזה ירים, דמשמע שזה לעומת זה כשזה ישפיל זה ירים, והיינו ככלים שבגלגל שכשאלו מתרוקנים אלו מתמלאים: **גלגל שבגינה.** גלגל על הבור שבגינה שממלאים ממנו להשקות הגינה: **בלי חרס שבו.** פירוש הכלי חרס שתלוין בגלגל על החבל למלאות בהם מים מן הבור, שהעליונים ירדו ויתרוקנו כשיגיע במרום המעלה, והתחתונים יעלו מלאים אחרי היותם בתכלית השפלות: **כי בגלל הדבר הזה.** דרשו לשון גלגל: **מזרה רשעים מלך חכם.** פירוש שהקדוש ברוך הוא שהוא המלך החכם מזרה הרשעים ומסבב הגלגל עליהם לרעה: **אשריו כל מי שידו פשוטה כו'.** מפרש את העני עמך, שעמך אתה מטיב בהטיבך לעני שקונה על ידו חיי עולם הבא, ועל זה אמר אשריו כל מי שידו פשוטה לעניים: **העני קנה חיי העולם הזה.** זהו פירוש למאי דסליק מיניה, דהיינו רש ואיש תככים כו', דאיש תככים היינו מי שעושה צדקה מאיר עיני שניהם ה', זה קנה חיי שעה כו' כדלקמן בויקרא רבה פרשה ל"ד, ומה שנאמר ועני שפשט ידו כו', זהו פירוש לעשיר ורש נפגשו כו': **זה קנה חיי עולם הזה.** בשביל שנתן לו הצדקה נתן לו חיי שעה: **ומי שעשה את זה עני כו'.** ורוצה לומר שישתנה העושר מזה לזה, כי העשיר יאבד עשרו ומחורבנו יתמלא העני, אחר שלא רצה לחננו בעשרו: **ואין לך מדה קשה מן העניות.** מפרש עמך באופן שלישי, היינו שהעני לעולם שותף עמך ביסורין, משום דאין אדם שאין לו יסורים, כדלעיל בבראשית רבה פרשה צ"ב, נמצא שהעני לעולם שותף לך ביסורים: **שבמשנה תורה.** שהן מרובות משל תורת כהנים, ודייק זה לפי שמסיים והתמכרתם שם לעבדים ולשפחות ואין קונה, ורמז באותה הקללה שידלו ישראל עד למאד, עד שימכרו את גופם לעבדים ולשפחות, ומדמוכיח אותם בזה באחרונה, על כרחך לפי שהיא שקולה כנגד כולם (תולדות נח): **העניות מכרעת לכולן.** להיות שקול ככולם: **[טו] בא וראה כל מי כו'.** שאין מלמד עליו זכות, והיינו כנושה שהכל שונאים אותו, כאומר לא נשיתי ולא נשו בי כלה מקללני, והכי קאמר לא תהיה בעבורו שנאוי למעלה כנושה כשלא תשים נשך, הא אילו תשים נשך תהיה שנאוי על הכל: **בא וראה.** משום שהוא קלא רחוק שבשביל עון רבית לא יהא לו מלמד זכות, לכך אמר בא וראה שכך הוא האמת (תולדות נח):

פירוש מהרז"ו

עד עכשיו הוא חי. לעיל סימן ד: **בנשך נתן וגו'.** וסיפיה דקרא את כל התועבות האלה עשה, זהו כל הרעות וכל התועבות: **לא נתן בנשך.** וסיפיה דקרא עושה אלה לא ימוט לעולם, וכמו שאמר לעיל פרשה ל' סימן כ"ד: **(יד) לגלגל שבגינה.** עיין לעיל פרשה ז בסימן ג, כי בגלל הדבר ולא אמר בעבור, או למען, לדרוש על פי מדת ממעל, מלשון גלגל. ועיין לעיל פרשה כב סוף סימן א': **עשיר ורש נפגשו.** מכילתא יתרו בסוף פסוק ושפטו את העם. ויקרא רבה פרשה לד סימן ד, ושם הגירסא מתוקנת יותר, וכאן בדוחק. וכאן ובמכילתא דורש על עני ועשיר בממון, ומה שכתוב עושה כולם, משמע שעושה מהעני עשיר, ומהעשיר עני, וכתיב מאיר עיני שניהם, פירוש שמטיב לעני ולעשיר, והם שני כתובים מכחישים, והכריע כאן כשמרחם על העני, כאן כשאינו מרחם, כמפורש כמה פעמים בתנ"ך: **אין לך מדה קשה.** לעיל פרשה ז סימן י"ב: **על כל עבירות.** בסוף סימן הקודם:

חידושי הרד"ל

[יד] **לגלגל שבגנה כו'.** ויקרא רבה פרשה לד, ג:

באור מהרי"פ

[יד] **העני קונה חיי עולם הזה וכו'.** קאי על מקרא רש ואיש תככים וגו' ועני שפשט ידו וכו', קאי על מקרא עשיר ורש נפגשו, כן מבואר לקמן באר היטב מפורש [בויקרא רבה] סדר בהר פרשה ל"ד (סימן ד):

אמרי יושר

[יד] **גלגל הוא שחוזר בעולם.** זהו העני עמך, על דרך (משלי כב, ב) עושה כולם ה', מי שעשה לזה עני יעשהו עשיר:

מסורת המדרש

טז. ויק"ר רבה פל"ד. ילקוט בהר רמז תרס"ה:

יז. שבת דף קנ"א. תנחומא כאן סימן ח'. ילקוט סדר ראה רמז תתצ"ח:

אם למקרא

כַּסְפּוֹ לֹא־נָתַן בְּנֶשֶׁךְ וְשֹׁחַד עַל־נָקִי לֹא־לָקָח עֹשֵׂה אֵלֶּה לֹא יִמּוֹט לְעוֹלָם: (תהלים טו:ה)

כִּי־אֱלֹהִים שֹׁפֵט זֶה יַשְׁפִּיל וְזֶה יָרִים: (תהלים עה:ח)

נָתוֹן תִּתֵּן לוֹ וְלֹא יֵרַע לְבָבְךָ בְּתִתְּךָ לוֹ כִּי בִּגְלַל הַדָּבָר הַזֶּה יְבָרֶכְךָ ה' אֱלֹהֶיךָ בְּכָל מַעֲשֶׂךָ וּבְכֹל מִשְׁלַח יָדֶךָ: (דברים טו:י)

מְזָרֶה רְשָׁעִים מֶלֶךְ חָכָם וַיָּשֶׁב עֲלֵיהֶם אוֹפָן: (משלי כ:כו)

וַיָּסַר אֵת אֹפַן מַרְכְּבֹתָיו וַיְנַהֲגֵהוּ בִּכְבֵדֻת וַיֹּאמֶר מִצְרַיִם אָנוּסָה מִפְּנֵי יִשְׂרָאֵל כִּי ה' נִלְחָם לָהֶם בְּמִצְרָיִם: (שמות יד:כה)

עָשִׁיר וָרָשׁ נִפְגָּשׁוּ עֹשֵׂה כֻלָּם ה': (משלי כב:ב)

רָשׁ וְאִישׁ תְּכָכִים נִפְגָּשׁוּ מֵאִיר עֵינֵי שְׁנֵיהֶם ה': (שם כט:יג)

ענף יוסף

(יד) שגלגל הוא שחוזר בעולם. והקדוש ברוך הוא עושה פשר דבר מהפך תמיד את הגלגל, שלא יהא מי שהוא עשיר היום עשיר למחר, ולא מי שהוא עני היום עני למחר, שבזה נמצא שכולם שוים הם בנסיון, ואף שיש מבני אדם שיש להם עושר וכבוד כל ימי חייהם וכן בהיפך, מכל מקום אם הוא לא בא בא בנו, ואם לא בנו בא בן בנו לסיבה זו הנ"ל (תולדות נח):

מתנות כהונה

עד עכשיו חי. בתמיה והרגו מיד: **[יד] גלגל שבגנה.** גלגל על הבור שבגנה שממלאים ממנו להשקות הגנה: **רש ואיש תככים נפגשו כו'.** עיין כל זה בויקרא רבה פרשה ל"ד: **וכאלו באו עליו כל** גרסינן:

אשד הנחלים

עד עכשיו הוא חי. הכונה כי נתקצרו חייו, אף שמדרך הטבע היה צריך לחיות כי כחו חזק, וזהו המליצה ששואל עליו שחי הוא, בתמיה, הבן זה. ולכן כתיב בכתוב בלשון תמיה, וחי, לא יחיה: **כל הרעות.** כי כן כתיב את כ"ל התועבות, ולהיפך כאלו מקיים כל המצות, שנאמר עושה אלה, דמשמע הכל כלול בה. והענין כי לקיחת הנשך נמשך ממקור לב רע הבלתי מאמין בה', והעדר הבטחון בו, וזהו הריסת כל האמונה באמת, ובהפכו הוא קיום כל האמונה: **[יד] לגלגל.** וזהו את העני עמך, כי גם אתה תוכל להיות עמו במדרגה: **שגלגל הוא בעולם.** יש להסביר הענין היטב על דרך הציור והכונה הפנימה הרמוז בה, אך נוגע הוא לענין הדרשות: **מזרה גו' ואין אופן כו'.** הענין אף כי הרשעים יד המזל שולטת עליהם, כי הם נענשים בהסתר פנים, אך לפעמים מזלם טוב לפי טבע תולדתם ומקומם וזמנם, אך ה' מהפך עליהם המזל מטובה לרעה: **נפגשו.** כאלו נפגש העושר אצל העוני, זה העני יתעשר וזה לאות כי ה' עושה זאת, כי אם היה רק לפי טבע, היה הכל על מתכונת אחת תמיד: **והעשיר קנה כו'.** ובאור הכתוב כאומר אל תתמה על זה, כי העוני והעושר הכל לטובה, וזה כמאמרם [בבא בתרא י, א] שהקדוש ברוך הוא חפץ לזכות לעשיר בחיי עולם הבא על ידי הצדקה: **ואין בעל הבית רוצה כו' עושה כולם.** הוא פירוש אחר בכתוב. ובאורו עשיר ורש נפגשו יחד, כי זה העני יתעשר והעשיר יעני, עושה כולם ה':

וְאָמְרוּ רַבּוֹתֵינוּ: אִלּוּ נִתְקַבְּצוּ כָּל יִסּוּרִין לְצַד אֶחָד וְהָעֲנִיּוּת לְצַד אֶחָד, הָעֲנִיּוּת מַכְרַעַת לְכוּלָּן — **Our Sages have said: If all afflictions would be assembled on one side** of the figurative scale, **and poverty** would be placed **on [the other], poverty would equal them all.**[215]

The Midrash continues expounding the verse:

"לֹא תִהְיֶה לוֹ כְּנֹשֶׁה" — Scripture states, ***Do not act toward him as a creditor;*** *do not lay interest upon him.* **בֹּא וּרְאֵה כָּל מִי שֶׁהוּא מַלְוֶה בְּרִבִּית עוֹבֵר עַל כָּל הָעֲבֵירוֹת שֶׁבַּתּוֹרָה וְאֵינוֹ מוֹצֵא מִי שֶׁיְּלַמֵּד עָלָיו זְכוּת** — **Come and see** that **anyone who lends with interest has transgressed every prohibition in the Torah, and will find no [heavenly advocate] that will argue in his favor.**[216] **כֵּיצַד** — **How so?** **אָדָם שֶׁחָטָא אַחַת מִכָּל הָעֲבֵירוֹת וְעוֹמֵד לִפְנֵי הַקָּדוֹשׁ בָּרוּךְ הוּא בַּדִּין** — **If a person has sinned** by committing **one of any of the** other **transgressions and** then **stands before the Holy One, blessed is He, in judgment,**

NOTES

215. [Translation of מַכְרַעַת as *would equal* follows *Eitz Yosef*. Indeed, the preceding words of the Midrash indicate that poverty is equal to, but not worse than, all other afflictions *combined*; see also note 169 to §12 above.]

Thus the words *who is with you* are interpreted to mean that any time you are afflicted, the pauper is your partner in affliction; for there is no individual who has not suffered some form of affliction in his life (see *Bereishis Rabbah* 92 §1), and the pauper is in a constant state of affliction (*Eitz Yosef*).

216. The Midrash understands the words לֹא תִהְיֶה לוֹ כְּנֹשֶׁה to mean, *Do not become on account of him like a creditor*, indicating that one who lends on interest will be despised in Heaven as people despise a creditor, as it states (*Jeremiah* 15:10), לֹא נָשִׁיתִי וְלֹא נָשׁוּ בִי כֻּלֹּה מְקַלְלַוְנִי, *I am not a creditor nor is anyone my creditor, yet everyone curses me*. Since he is despised in Heaven, no Heavenly defender will wish to intercede on his behalf (*Eitz Yosef*).

וְהַקָּדוֹשׁ בָּרוּךְ הוּא אוֹמֵר: עַד עַכְשָׁיו הוּא חַי, (שם) "וָחַי, לֹא יִחְיֶה, אֵת כָּל הַתּוֹעֵבוֹת הָאֵלֶּה עָשָׂה מוֹת יוּמָת דָּמָיו בּוֹ יִהְיֶה", אֲבָל מִי שֶׁהוּא מַלְוֶה בְּלֹא רִבִּית מַעֲלֶה עָלָיו הַקָּדוֹשׁ בָּרוּךְ הוּא כְּאִלּוּ עָשָׂה כָּל הַמִּצְוֹת, שֶׁנֶּאֱמַר (תהלים טו, ה) "כַּסְפּוֹ לֹא נָתַן בְּנֶשֶׁךְ וְגוֹ'":

יד דָּבָר אַחֵר, "אֶת הֶעָנִי עִמָּךְ", הָדָא הוּא דִכְתִיב (שם עה, ח) "כִּי אֱלֹהִים שֹׁפֵט זֶה יַשְׁפִּיל וְזֶה יָרִים", טז לְמָה דּוֹמֶה הָעוֹלָם הַזֶּה, לְגַלְגַּל שֶׁבַּגִּנָּה, כְּלֵי חֶרֶס שֶׁבּוֹ הַתַּחְתּוֹנִים עוֹלִים מְלֵאִים וְהָעֶלְיוֹנִים יוֹרְדִין רֵיקָנִין, כָּךְ לֹא כָּל מִי שֶׁהוּא עָשִׁיר הַיּוֹם הוּא עָשִׁיר לְמָחָר, וְלֹא מִי שֶׁהוּא עָנִי הַיּוֹם עָנִי לְמָחָר, יז לָמָּה, שֶׁגַּלְגַּל הוּא בָּעוֹלָם, (דברים טו, י) "כִּי בִּגְלַל הַדָּבָר הַזֶּה", אָמַר רַבִּי אַחָא: שֶׁגַּלְגַּל הוּא הָעוֹלָם, שֶׁנֶּאֱמַר (משלי כ, כו) "מְזָרֶה רְשָׁעִים מֶלֶךְ חָכָם וַיָּשֶׁב עֲלֵיהֶם אוֹפָן", וְאֵין אוֹפָן אֶלָּא גַּלְגַּל, שֶׁנֶּאֱמַר (שמות יד, כה) "וַיָּסַר אֵת אֹפַן מַרְכְּבֹתָיו", אַשְׁרָיו כָּל מִי שֶׁיָּדוֹ פְּשׁוּטָה לַעֲנִיִּים, רְאֵה מַה כְּתִיב (משלי כב, ב) "עָשִׁיר וָרָשׁ נִפְגָּשׁוּ עֹשֵׂה כֻלָּם ה'", וְכֵן (שם כט, יג) "רָשׁ וְאִישׁ תְּכָכִים נִפְגָּשׁוּ מֵאִיר עֵינֵי שְׁנֵיהֶם ה'", הֶעָנִי קָנָה חַיֵּי הָעוֹלָם הַזֶּה וְהֶעָשִׁיר קָנָה חַיֵּי הָעוֹלָם הַבָּא, וְעָנִי שֶׁפָּשַׁט יָדוֹ וְאֵין בַּעַל הַבַּיִת רוֹצֶה לִיתֵּן לוֹ, "עֹשֵׂה כֻלָּם ה'", מִי שֶׁעָשָׂה אֶת זֶה עָשִׁיר הוּא עָתִיד לַעֲשׂוֹתוֹ עָנִי וּמִי שֶׁעָשָׂה אֶת זֶה עָנִי הוּא עָתִיד לַעֲשׂוֹתוֹ עָשִׁיר, אֵין לְךָ מִדָּה קָשָׁה מִן הָעֲנִיּוּת, שֶׁכָּל מִי שֶׁהוּא מְדוּקְדָּק בַּעֲנִיּוּת כְּאִלּוּ דְּבוּקִין בּוֹ כָּל יִסּוּרִים שֶׁבָּעוֹלָם, וּכְאִלּוּ בָּאוּ עָלָיו כָּל הַקְּלָלוֹת שֶׁבְּמִשְׁנֵה תוֹרָה, וְאָמְרוּ רַבּוֹתֵינוּ: אִלּוּ נִתְקַבְּצוּ כָּל יִסּוּרִין לְצַד אֶחָד וְהָעֲנִיּוּת לְצַד אֶחָד, הָעֲנִיּוּת מַכְרַעַת לְכוּלָּן. [כב, כד] "לֹא תִהְיֶה לוֹ כְּנֹשֶׁה", בֹּא וּרְאֵה כָּל מִי שֶׁהוּא מַלְוֶה בְּרִבִּית עוֹבֵר עַל כָּל הָעֲבֵירוֹת שֶׁבַּתּוֹרָה וְאֵינוֹ מוֹצֵא מִי שֶׁיְּלַמֵּד עָלָיו זְכוּת, כֵּיצַד, אָדָם שֶׁחָטָא אַחַת מִכָּל הָעֲבֵירוֹת וְעוֹמֵד לִפְנֵי הַקָּדוֹשׁ בָּרוּךְ הוּא בַּדִּין,

עץ יוסף

אבל מי שמלוה בלא רבית כו'. כדי לסיים בדבר טוב נקט הך מילתא: **כאילו עושה כל המצות כו'.** עיין לעיל סימן ג': (יד) **הדא הוא דכתיב כי אלהים שופט כו'.** דריש עמך שישגיח העשיר להטיב לעני כדי שגם כן ייטיבו עמו, כי העניות גלגל הוא שחוזר בעולם, ורמז לדמיון הגלגל מייתי כי אלהים שופט זה ישפיל וזה ירים, דמשמע שזה לעומת זה כשזה ישפיל זה ירים, והיינו ככלים שבגלגל שכשאלו מתרוקנים אלו מתמלאים: **גלגל שבגינה.** גלגל על הבור שבגינה שממלאים ממנו להשקות הגינה: **כלי חרס שבו.** פירוש הכלי חרס שתלוין בגלגל על החבל למלאות בהם מים מן הבור, שהעליונים ירדו ויתרוקנו כשיגיע במרום המעלה, והתחתונים יעלו מלאים אחרי היותם בתכלית השפלות: **כי בגלל הדבר הזה.** דרשו לשון גלגל: **מזרה רשעים מלך חכם.** פירוש שהקדוש ברוך הוא שהוא המלך החכם מזרה הרשעים ומסבב הגלגל עליהם לרעה: **אשריו כל מי שידו פשוטה כו'.** מפרש את העני עמך, שעמך אתה מטיב בהטיבך לעני שקונה על ידו חיי עולם הבא, ועל זה אמר אשריו כל מי שידו פשוטה לעניים: **העני קנה חיי העולם הזה.** זהו פירוש למאי דסליק מיניה, דהיינו רש ואיש תככים כו', דאיש תככים היינו מי שעושה צדקה מאיר עיני שניהם ה', זה קנה חיי שעה כו' כדלקמן בויקרא רבה פרשה ל"ד, ומה שנאמר ועני שפשט ידו כו', זהו פירוש לעשיר ורש נפגשו כו': **זה קנה חיי עולם הזה.** בשביל שנתן לו הצדקה נתן לו חיי שעה: **ומי שעשה את זה עני כו'.** ורוצה לומר שישתנה העושר מזה לזה, כי העשיר יאבד עשרו ומחורבנו יתמלא העני, אחר שלא רצה לחננו בעשרו: **ואין לך מדה קשה מן העניות.** מפרש עמך באופן שלישי, היינו שהעני לעולם שותף עמך ביסורין, משום דאין אדם שאין לו יסורים, כדלעיל בבראשית רבה פרשה ל"ב, נמצא שהעני לעולם שותף לך ביסורים: **שבמשנה תורה.** שהן מרובות משל תורת כהנים, ודייק זה לפי שמסיים והתמכרתם שם לעבדים ולשפחות ואין קונה, ורמז באותה הקללה שידלו ישראל עד למאד, עד שימכרו את גופם לעבדים ולשפחות, ומדמוכיח אותם בזה באחרונה, על כרחך לפי שהיא שקולה כנגד כולם (תולדות נח): **העניות מכרעת לכולן.** להיות שקול ככולם: [טו] **בא וראה כל מי כו'.** שאין מלמד עליו זכות, והיינו כנושה שהכל שונאים אותו, כאומר לא נשיתי ולא נשו בי כלה מקללני, והכי קאמר לא תהיה בעבורו שנאוי למעלה כנושה כשלא תשים נשך, הא אילו תשים נשך תהיה שנאוי על הכל: **בא וראה.** משום שהוא קלא רחוק שבשביל עון רבית לא יהא לו מלמד זכות, לכך אמר בא וראה שכך הוא האמת (תולדות נח):

פירוש מהרז"ו

עד עכשיו הוא חי. לעיל סימן ד: **בנשך נתן וגו'.** וסיפיה דקרא את כל התועבות האלה עשה, זהו כל הרעות וכל התועבות: **לא נתן בנשך.** וסיפיה דקרא עושה אלה לא ימוט לעולם, וכמו שאמר לעיל פרשה ל' סימן כ"ד: (יד) **לגלגל שבגינה.** עיין לעיל פרשה ו בסימן ג, כי בגלל הדבר ולא אמר בעבור, או למען, לדרוש על פי מדת ממעל, מלשון גלגל. ועיין לעיל פרשה כב סוף סימן א': **עשיר ורש נפגשו.** מכילתא יתרו בסוף פסוק ושפטו את העם. ויקרא רבה פרשה לד סימן ד, ושם הגירסא מתוקנת יותר, וכאן בדוחק. וכאן ובמכילתא דורש על עני ועשיר בממון, ומה שכתוב עושה כולם, משמע שעושה מהעני עשיר, ומהעשיר עני, וכתיב מאיר עיני שניהם, פירוש שמטיב לעני ולעשיר, והם שני כתובים מכחישים, והכריע כאן כשמרחם על העני, כאן כשאינו מרחם, כמפורש כמה פעמים בתנ"ך: **אין לך מדה קשה.** לעיל פרשה ו סימן י"ב: **על כל עבירות.** בסוף סימן הקודם:

חידושי הרד"ל

[יד] **לגלגל שבגנה כו'.** ויקרא רבה פרשה לד, ג:

באור מהרי"פ

[יד] **העני קונה חיי עולם הזה וכו'.** קאי על מקרא רש ואיש תככים וגו' ועני שפשט ידו וכו', קאי על מקרא עשיר ורש נפגשו, כן מבואר לקמן באר היטב מפורש [בויקרא רבה סדר בהר פרשה ל"ד (סימן ד):

אמרי יושר

[יד] **גלגל הוא שחוזר בעולם.** זהו העני עמך, על דרך (משלי כב, ב) עושה כולם ה', מי שעשה לזה עני יעשהו עשיר:

מסורת המדרש

טז. ויק"ר רבה פל"ד. ילקוט בהר רמז תרס"ה:

יז. שבת דף קנ"א. תנחומא כאן סימן ח'. ילקוט סדר ראה רמז תתל"ח:

אם למקרא

כַּסְפּוֹ לֹא־נָתַן בְּנֶשֶׁךְ וְשֹׁחַד עַל־נָקִי לֹא־לָקָח עֹשֵׂה אֵלֶּה לֹא יִמּוֹט לְעוֹלָם: (תהלים טו:ה)

כִּי־אֱלֹהִים שֹׁפֵט זֶה יַשְׁפִּיל וְזֶה יָרִים: (תהלים עה:ח)

נָתוֹן תִּתֵּן לוֹ וְלֹא יֵרַע לְבָבְךָ בְּתִתְּךָ לוֹ כִּי בִּגְלַל הַדָּבָר הַזֶּה יְבָרֶכְךָ ה' אֱלֹהֶיךָ בְּכָל מַעֲשֶׂךָ וּבְכֹל מִשְׁלַח יָדֶךָ: (דברים טו:י)

מְזָרֶה רְשָׁעִים מֶלֶךְ חָכָם וַיָּשֶׁב עֲלֵיהֶם אוֹפָן: (משלי כ:כו)

וַיָּסַר אֵת אֹפַן מַרְכְּבֹתָיו וַיְנַהֲגֵהוּ בִּכְבֵדֻת וַיֹּאמֶר מִצְרַיִם אָנוּסָה מִפְּנֵי יִשְׂרָאֵל כִּי ה' נִלְחָם לָהֶם בְּמִצְרָיִם: (שמות יד:כה)

עָשִׁיר וָרָשׁ נִפְגָּשׁוּ עֹשֵׂה כֻלָּם ה': (משלי כב:ב)

רָשׁ וְאִישׁ תְּכָכִים נִפְגָּשׁוּ מֵאִיר עֵינֵי שְׁנֵיהֶם ה': (שם כט:יג)

ענף יוסף

(יד) **שגלגל הוא שחוזר בעולם.** והקדוש ברוך הוא עושה פשר דבר מהפך תמיד את הגלגל, שלא יהא מי שהוא עשיר היום עשיר למחר, ולא מי שהוא עני היום עני למחר, שבזה נמצא שכולם שוים הם בנסיון, ואף שיש מבני אדם שיש להם עושר וכבוד כל ימי חייהם וכן בהיפך, מכל מקום אם הוא לא בא בנו, ואם לא בנו בא בן בנו לסיבה זו הנ"ל (תולדות נח):

מתנות כהונה

עד עכשיו חי. בתמיה והרגו מיד: [יד] **גלגל שבגנה.** גלגל על הבור שבגנה שממלאים ממנו להשקות הגנה: **רש ואיש תככים נפגשו כו'.** עיין כל זה בויקרא רבה פרשה ל"ד: **וכאלו באו עליו כל** גרסינן:

אשד הנחלים

עד עכשיו הוא חי. הכונה כי נתקצרו חייו, אף שמדרך הטבע היה צריך לחיות כי כחו חזק, וזהו המליצה ששואל עליו שחי הוא, בתמיה, הבן זה. ולכן כתיב בכתוב בלשון תמיה, וחי, לא יחיה: **כל הרעות.** כי כן כתיב את כ"ל התועבות, ולהיפך כאלו מקיים כל המצות, שנאמר עושה אלה, דמשמע הכל כלול בה. והענין כי לקיחת הנשך נמשך ממקור לב רע הבלתי מאמין בה', והעדר הבטחון בו, וזהו הריסת כל האמונה באמת, ובהפכו הוא קיום כל האמונה: [יד] **לגלגל.** וזהו את העני עמך, כי גם אתה תוכל להיות עמו במדרגה: **שגלגל הוא בעולם.** יש להסביר הענין היטב על דרך הציור והכונה הפנימה הרמוז בה, אך נוגע הוא לענין הדרשות: **מזרה גו' ואין אופן כו'.** הענין אף כי הרשעים יד המזל שולטת עליהם, כי הם נענשים בהסתר פנים, אך לפעמים מזלם טוב לפי טבע תולדתם ומקומם וזמנם, אך ה' מהפך עליהם המזל מטובה לרעה: **נפגשו.** כאלו נפגש העושר אצל העוני, זה העני יתעשר וזה לאות כי ה' עושה זאת, כי אם היה רק לפי טבע, היה הכל על מתכונת אחת תמיד: **והעשיר קנה כו'.** ובאור הכתוב כאומר אל תתמה על זה, כי העוני והעושר הכל לטובה, וזה כמאמרם [בבא בתרא י, א] שהקדוש ברוך הוא חפץ לזכות לעשיר בחיי עולם הבא על ידי הצדקה: **ואין בעל הבית רוצה כו' עושה כולם.** הוא פירוש אחר בכתוב. ובאורו עשיר ורש נפגשו יחד, כי זה העני יתעשר והעשיר יעני, עושה כולם ה':

הַמַּלְאָכִים עוֹמְדִין, אֵלּוּ מְלַמְּדִים זְכוּת וְאֵלּוּ מְלַמְּדִים חוֹבָה – the angels arise and deliberate; **[some] argue in his favor and [others] argue his guilt, שֶׁנֶּאֱמַר ״רָאִיתִי אֶת ה׳ יוֹשֵׁב עַל כִּסְאוֹ וְכָל צְבָא הַשָּׁמַיִם עֹמְדִים עַל יְמִינוֹ וּשְׂמֹאלוֹ״ – as it is stated, *I have seen HASHEM sitting upon His throne, with all the host of Heaven standing on His right and His left*** (*II Chronicles* 18:18).[217] **אֲבָל מִי שֶׁמַּלְוֶה לְיִשְׂרָאֵל בְּרִבִּית אֵין אֶחָד מֵהֶם מְלַמֵּד לוֹ זְכוּת – But if one lends** money **to an Israelite on interest, not one of [the angels] will argue in his favor, שֶׁנֶּאֱמַר ״בַּנֶּשֶׁךְ נָתַן וְתַרְבִּית לָקַח וָחָי לֹא יִחְיֶה״ – as it is stated, *He gives [loans] with interest and takes increase – should he live? He shall not live!*** *He has committed all these abominations; he shall surely die and his blood will be upon himself* (*Ezekiel* 18:13).[218]

The Midrash concludes on a positive note:[219]

וְכָל אָדָם מִיִּשְׂרָאֵל שֶׁמַּלְוֶה לַחֲבֵירוֹ וְאֵינוֹ נוֹטֵל רִבִּית – And, conversely, **any individual of Israel who lends** money **to his friend and does not take interest כְּאִלּוּ קִיֵּים כָּל הַמִּצְוֹת – is regarded as if he has fulfilled all of the commandments; שֶׁכֵּן דָּוִד אוֹמֵר ״ה׳ מִי יָגוּר בְּאָהֳלֶךָ וְגוֹ׳ ״ – for David said, *HASHEM, who may sojourn in Your Tent?, etc.*** (*Psalms* 15:1), **וּכְתִיב ״כַּסְפּוֹ לֹא נָתַן בְּנֶשֶׁךְ וְגוֹ׳ ״ – and it is written** further, ***[One] who lends not his money on interest*** . . . *The doer of these shall not falter forever* (ibid., v. 5).[220]

§15 דָּבָר אַחֵר, ״לֹא תִהְיֶה לוֹ כְּנֹשֶׁה״ – Another explanation of *do not act toward him as a creditor*: הָדָא הוּא דִכְתִיב ״טוֹב אִישׁ חוֹנֵן וּמַלְוֶה יְכַלְכֵּל דְּבָרָיו בְּמִשְׁפָּט״ – This is understood in accordance with **that which is written, *Good is the man who is gracious and lends; who conducts his affairs with "mishpat"*** [מִשְׁפָּט] (*Psalms* 112:5). **בֹּא וּרְאֵה כָּל בְּרִיּוֹתָיו שֶׁל הַקָּדוֹשׁ בָּרוּךְ הוּא לֹוִין זֶה מִזֶּה – Come and see** how **all the creations of the Holy One, blessed is He, borrow from one another.**[221] **הַיּוֹם לֹוֶה מִן הַלַּיְלָה וְהַלַּיְלָה מִן הַיּוֹם – The day borrows from the night and the night from the day,**[222] **וְאֵינָן דָּנִין זֶה עִם זֶה כַּבְּרִיּוֹת – but they do not contend with each other as mortals** do, **שֶׁנֶּאֱמַר ״יוֹם לְיוֹם יַבִּיעַ אֹמֶר״ – as it is stated, *Day following day utters speech,*** *and night following night declares knowledge* (*Psalms* 19:3).[223] **הַלְּבָנָה לֹוָה מִן הַכּוֹכָבִים וְהַכּוֹכָבִים מִן הַלְּבָנָה – The moon borrows from the stars and the stars from the moon.**[224] **וּכְשֶׁהַקָּדוֹשׁ בָּרוּךְ הוּא רוֹצֶה אֵינָם יוֹצְאִים, שֶׁנֶּאֱמַר ״הָאוֹמֵר לַחֶרֶס וְלֹא יִזְרָח וּבְעַד כּוֹכָבִים יַחְתֹּם״ – And, when the Holy One, blessed is He,** so **wills** it, **[the stars] do not emerge** altogether, **as it is stated, *Who gives the command to the sun, and it does not shine; and seals up the stars*** (*Job* 9:7).[225] **הָאוֹר לֹוֶה מִן הַשֶּׁמֶשׁ וְהַשֶּׁמֶשׁ מִן הָאוֹר – The light borrows from the sun and the sun from the light, שֶׁנֶּאֱמַר ״שֶׁמֶשׁ יָרֵחַ עָמַד זְבֻלָה״ – as it is stated, *The sun and the moon stand in their abodes,*** *traveling by the light of Your arrows* (*Habakkuk* 3:11).[226]

NOTES

217. *Midrash Tanchuma* (*Mishpatim* §15) explains that *on His right* means the ones arguing in favor of the defendant, while *on His left* means those arguing the defendant's guilt (*Matnos Kehunah, Maharzu, Eitz Yosef*).

218. The verse is understood to mean that God asks the angels, "Should he live?" and the angels answer unanimously, *He shall not live!* (*Radal*, based on *Midrash Tanchuma, Mishpatim* §15; see also *Maharzu*). Alternatively, God declares, *Should he live? He shall not live!*, to silence the angels from arguing in his defense (*Tiferes Tzion*). As was explained in the previous section (note 199), the words *he has committed all these abominations* mean that he is regarded as if he has committed all the sins in the Torah.

219. See the end of the previous section with note 201.

220. See the end of the previous section; see also note 54 to §4 above.

221. When a component of nature or an attribute "intrudes" upon another by entering its boundary and utilizing its time or "space," it is referred to as "borrowing" (*Eitz Yosef*).

The word מִשְׁפָּט (lit., *justice*) in the *Psalms* verse cited above is thus rendered as the "way," or the nature, of the world. The verse is thus stating that *he conducts his* monetary *affairs by* observing *the way* of all of God's creations, who "lend" to one another without "interest" [as will be explained in note 231], and follows their example by *being gracious and lending* without interest. Accordingly, the word נֹשֶׁה in our *Exodus* verse means "one who forgets" (see note 87 to §6 above), so that the verse means *do not act toward him as one who forgets*, i.e., do not forget that which can be learned from nature in this matter (*Eitz Yosef*).

222. At the beginning of spring and the beginning of autumn, the day and night are of equal twelve-hour lengths. When the days begin to become longer than the nights toward the summertime, the day is considered to be "borrowing" from the night. Conversely, when the nights become longer than the days toward the wintertime, the night is considered to be "borrowing" from the day, i.e., the day is then repaying the debt to the night (ibid.).

223. The days that "borrowed" from the nights "speak" to the days that are to "repay" the nights, "asking" them to do so, and vice versa (*Eitz Yosef,* from *Toldos Noach*). The Midrash's proof that they do not contend with each other lies in the next verse (v. 4), *There is no speech and there are no words; their sound is not heard.* That is, throughout the yearly cycle of day and night, which is alluded to in v. 3, each is constantly borrowing from or repaying the other in harmony, unlike mortals, who contend with one another (*Midrash Shocher Tov* to *Psalms* ibid.; *Maharzu*; see also *Matnos Kehunah*).

224. In the middle of the month when the moon is full, the stars are obscured and it is difficult to see them; hence the moon "borrows" from the stars. When the moon is thin, however, the stars shine more brightly, as though they are borrowing from the moon (*Maharzu, Eitz Yosef*).

225. I.e., at times even when the stars are meant to shine they are obscured, and as such are considered to be "loaning" their light for a time (*Yefeh To'ar*).

226. The light mentioned here refers to a light apart from the sun. The sun causes a light called the "light from below" to shine, and the sun, in turn, receives its radiance from rays of light that come from above, as the *Habakkuk* verse states. Accordingly, the sun is seen as borrowing from a separate light, meaning the light from above, while the light from below is seen as borrowing from the sun (see *Maharzu, Eitz Yosef*).

הַמַּלְאָכִים עוֹמְדִין, אֵלּוּ מְלַמְּדִים זְכוּת וְאֵלּוּ מְלַמְּדִים חוֹבָה, שֶׁנֶּאֱמַר (דברי הימים־ב יח, יח) "רָאִיתִי אֶת ה' יוֹשֵׁב עַל כִּסְאוֹ וְכָל צְבָא הַשָּׁמַיִם עֹמְדִים עַל יְמִינוֹ וּשְׂמֹאלוֹ", אֲבָל מִי שֶׁמַּלְוֶה לְיִשְׂרָאֵל בְּרִבִּית אֵין אֶחָד מֵהֶם מְלַמֵּד לוֹ זְכוּת, שֶׁנֶּאֱמַר (יחזקאל יח, יג) "בַּנֶּשֶׁךְ נָתַן וְתַרְבִּית לָקַח וָחַי לֹא יִחְיֶה", וְכָל אָדָם מִיִּשְׂרָאֵל שֶׁמַּלְוֶה לַחֲבֵירוֹ וְאֵינוֹ נוֹטֵל רִבִּית כְּאִלּוּ קִיֵּים כָּל הַמִּצְוֹת, שֶׁכֵּן דָּוִד אוֹמֵר (תהלים טו, א) "ה' מִי יָגוּר בְּאָהֳלֶךָ וְגוֹ'" וּכְתִיב (שם שם ה) "כַּסְפּוֹ לֹא נָתַן בְּנֶשֶׁךְ וְגוֹ'":

טו דָּבָר אַחֵר, [כב, כד] "לֹא תִהְיֶה לוֹ כְּנֹשֶׁה", הָדָא הוּא דִכְתִיב (שם קיב, ה) "טוֹב אִישׁ חוֹנֵן וּמַלְוֶה יְכַלְכֵּל דְּבָרָיו בְּמִשְׁפָּט", בֹּא וּרְאֵה כָּל בְּרִיּוֹתָיו שֶׁל הַקָּדוֹשׁ בָּרוּךְ הוּא לֹוִין זֶה מִזֶּה, יחהַיּוֹם לֹוֶה מִן הַלַּיְלָה וְהַלַּיְלָה מִן הַיּוֹם, וְאֵינָן דָּנִין זֶה עִם זֶה כַּבְּרִיּוֹת, שֶׁנֶּאֱמַר (שם יט, ג) "יוֹם לְיוֹם יַבִּיעַ אֹמֶר", הַלְּבָנָה לֹוָה מִן הַכּוֹכָבִים וְהַכּוֹכָבִים מִן הַלְּבָנָה, וּכְשֶׁהַקָּדוֹשׁ בָּרוּךְ הוּא רוֹצֶה אֵינָם יוֹצְאִים, שֶׁנֶּאֱמַר (איוב ט, ז) "הָאוֹמֵר לַחֶרֶס וְלֹא יִזְרָח וּבְעַד כּוֹכָבִים יַחְתֹּם", הָאוֹר לֹוֶה מִן הַשֶּׁמֶשׁ וְהַשֶּׁמֶשׁ מִן הָאוֹר, שֶׁנֶּאֱמַר (חבקוק ג, יא) "שֶׁמֶשׁ יָרֵחַ עָמַד זְבֻלָה",

עץ יוסף

מימינו ומשמאלו. ואיתא בגמרא ובמדרש, וכי יש ימין ושמאל לפני הקדוש ברוך הוא כו', אלא מיימינים שמלמדין זכות ואלו משמאילים שמלמדין חובה, וכדאיתא בתנחומא סדר זו: **וחי לא יחיה.** מכפילות הלשון קמפיק, כדאיתא לעיל משל לאחד שהיה אילוגין שלו נקרא לפני המלך כו': **שכן דוד אומר ה' מי יגור באהלך.** דייק מדכתיב עושה אלה לא ימוט לעולם, וכדדרש רבי עקיבא אפילו אחת מאלה: (טו) **[טז] הדא הוא דכתיב טוב איש חונן ומלוה.** שרמז שלא ישכח מה שנראה לעינים שבריותיו של הקדוש ברוך הוא לווין זה מזה בלא רבית, ונושה לשון נשיתי טובה, ומייתי סמך טוב איש חונן ומלוה יכלכל דבריו במשפט, שפירושו שיכלכל ענינו כפי המשפט והסדר הנוהג בעולם, והיינו כמו שהבריות מלוין זה לזה בלא רבית כן הוא יהיה חונן ומלוה: **בא וראה.** רוצה לומר שיש לו ללמוד מטבע העולם, שלהיות כולו כאיש אחד מקושר קצתו בקצתו, לכן יקבל זה מזה תועלת כפי מה שחסר בו, וצריך לקבל מזולתו, וכל שכן האנשים שדומים יותר זה לזה, שראוי שיחשבו שכולם כאיש אחד, וראוי שיקבל תועלת זה מזה כפי מה שצריך לו, וקורא תועלת הבריות זה מזה והכנס זה בגבול זה לקבל תועלת ממנו כאילו לוים זה מזה בדרך משל: **היום לוה מן הלילה כו'.** שגבול היום השוה והלילה השוה הוא שנים עשר שעות, ומתקופת ניסן עד תקופת תמוז, שהיום גדל והולך, נמצא כאילו הוא לוה מן הלילה שנכנס בתחומו, ומתקופת תשרי עד תקופת טבת, שהלילה גדל והולך, נמצא כאילו לוה מן היום, וכאילו פורע לו היום מה שלוה ממנו, וכדמפרש בשוחר טוב, ובילקוט מזמור י"ט: **היום לוה מן הלילה כו'.** היינו הימים שמתקופת ניסן עד תקופת תמוז כמו שכתבתי לעיל, ואם כן סתים לן בעל המאמר כרבי יהושע דאמר בניסן נברא העולם: **שנאמר יום ליום יביע אומר.** רוצה לומר שהימים של תקופת ניסן יתנו אומר שיפרעו אותה, ולילה ללילה יחוה דעת שיפרעו, כדרך שימי תקופת תמוז פורעין לימי תקופת ניסן שלפניהם (תולדות נח): **הלבנה לוה מן הכוכבים.** שבאמצע החדש הלבנה מאירה, ואז הכוכבים כמעט אינם נראים, ובקצת החדש הכוכבים נראים והירח נסתר ודומה כאילו לוים זה מזה: **וכשהקדוש ברוך הוא רוצה אינן יוצאין כו'.** כלומר כי יודעים ומרגישים שכל אורם מיד ה', וכשהוא רוצה לוקח אורם מכל וכל, וכן בני אדם לא יריבו זה עם זה, שכשהקדוש ברוך הוא רוצה לוקח עשרם מכל וכל: **האור לוה מן השמש כו'.** האור של מטה שהוא בריה בפני עצמה והשמש מעורר האור שיאיר והשמש מקבל מחצי אור של מעלה, כמו שנאמר שמש ירח עמד זבולה, וסיפיה דקרא לאור חציך יהלכו:

פירוש מהרז"ו

מימינו ומשמאלו. ויקרא רבה פרשה כ"ד סימן ב, ושיר השירים רבה פסוק לסוסתי, וכי יש ימין ושמאל למעלה, אלא אלו מיימינים לזכות, ואלו משמאילים לחובה. וכן הוא בתנחומא כאן סימן ט"ו באריכות: **וחי לא יחיה.** וכמו שאמר בתנחומא כאן, ללמדך שהוא נושא ונותן עמהם בדין, אבל המלוה בריבית אינו נושא ונותן עמהם בדין, שנאמר בנשך נתן ובתרבית לקח וחי לא יחיה, פוסק דינו מיד מלאכי השרת אומרים את כל התועבות האלה עשה מות ימות עכ"ל: (טו) **הדא הוא דכתיב טוב איש חונן.** כל הענין בתנחומא כאן סימן י"ב, ועיין שם בסימן ט"ו גם כן, מדרש תהלים י"ט באריכות, וילקוט שם, ויקרא רבה פרשה כ"ו סימן ב: **היום לוה.** שבקיץ היום גדול ולוה היום מן הלילה, ובחורף הלילה גדול ולוה מן היום. ובניסן ותשרי שניהם שוים, ושלמו זה לזה: **זה עם זה בבריות.** כבני אדם שצריכים תמיד לדין: **יום ליום יביע אומר.** וסיפיה דקרא אין אומר ואין דברים בלי נשמע קולם, שאין ביניהם מחלוקת: **הלבנה לוה מן הכוכבים.** כי כשהלבנה במלואה אז מכהה אור של כוכבים ולוה מהם, וכשהלבנה בחסרונה אז אור הכוכבים יותר גדול, נמצא שהכוכבים לוים מן הלבנה: **וכשהקדוש ברוך הוא רוצה.** נשארו כולם בלא אור, ונמצאו כולם חייבים זה לזה, אף על פי כן אין אומר ואין דברים ביניהם: **האור לוה מן השמש.** האור של מטה שהיא בריאה בפני עצמה, והשמש מעורר לאור שיאיר. והשמש מקבל מחצי אור של מעלה, כמו שכתוב שמש ירח עמד זבולה, וסיפיה דקרא לאור חציך יהלכו, כמו שאמרו שמות רבה פרשה ט"ו סימן ט בהדיא, ובמדרש תהלים מזמור י"ט הנ"ל, וילקוט שם:

מתנות כהונה

על ימינו ושמאלו. ודרשו חז"ל וכי יש ימין ושמאל לפני הקב"ה אלא אלו מימינים לזכות ואלו משמאילים לחובה: **[טו]** בתנחומא גרס **ואינן דנין זה עם זה: יביע אומר.** וסיפיה דקרא אין אומר ואין דברים:

אשד הנחלים

ואינו מוצא כו' אלו מלמדים זכות וכו'. הענין כי המלאכים העליונים שופטים על האדם כפי מדתו, ואין אדם בעולם שלא ימצא לו מדה טובה שעל ידי זה ילמדו עליו זכות, אבל הלוקח רבית השחית טבעו ונתעקר הרחמים מלבו, ולכן אין עליו זכות, כי נשחת נפשו הנטוע בה בטבע למדת הרחמים: **כאלו קיים.** בארתי לעיל (סימן ד) ועיין שם: **[טו] היום לוה מן הלילה.** הוא דרך צחות, כי לא כל הלילות שוות, יש לילה ארוכה ואחר כך מתקצרת, ועל ידי זה היום נעשה ארוך, וכן בעת שהלבנה זורחת אז אין אור הכוכבים ניכר, וכאלו הלבנה לוה אורה מהכוכבים, ועם כל זה אין מריבה ביניהם, כי כן הוסד טבעם מאת מלכו של עולם, וכן היה מן הראוי להיות בבני אדם כי הכל מיד ה', ומה שיחסר לזה ימלא זה: **וכשהקדוש ברוך הוא רוצה.** פירש הידי משה כאומר ואם כן לפעמים לא תוכל לשלם הלואתם, ועם כל זה אינם מדיינים זה עם זה. ואין צריך לזה כי הכונה כפשוטה, שלכן אינם מריבים, כי יודעים ומרגישים שכל אורם אינם שלהם, רק מיד ה' כי כשהוא רוצה לוקח אורם מכל וכל: **האור לוה מן השמש כו'.** לפי באורו לעיל בפירוש לוה אין ביאור לזה, כי הלא האור והשמש המה תלוים זה בזה, ואין אחד בלא חבירו, ומהו הראיה מהכתוב שמש וירח עמד. וכן יש להתבונן מהו הכונה שהחכמה לוה מהבינה, והחסד מהצדקה, והתורה מהמצות. ואשר נראה לי בזה, כי הכונה בכללה להורות שכל עניני הבריאה המה מקושרים זה עם זה, שכמעט אי אפשר להיות אחת בלי רעותה, היום אי אפשר בלי לילה, וכן הירח בלי כוכבים, והשמש בלי אור, וכן החכמה בלי בינה, והחסד בלי צדקה, ותורה בלי מצות, כי כן חייב טבע הבריאה, וחשב כמה ענינים הפכיים כיום ולילה, ודומים ככוכבים וירח, וסבה ומסובב כאור ושמש, וזהו רק בבריות העולם, ואחר כך חשב מענין הופעת החכמה העליונה, והמדות העליונות, שהמה חסד צדקה, והתורה העליונה עם המצות, ואם כן מזה יתבונן האדם איך כל הבריאה מקושרת יחד, ואם כן איך אינו מקושר האדם עם האדם מה שיחסר לזה ימלא חברו:

חידושי הרד"ל

אין אחד מהם מלמד כו' וחי לא יחיה. דרש שהקב"ה שואל למלאכי השרת וחי, וכי ראוי הוא לחיות, וכולן משיבין לא יחיה, ועיין תנחומא סימן טו: **[טו] ואינן דנין זה על זה כו'.** עיין ויקרא רבה פרשה כו, ד:

חידושי הרש"ש

[טו] שנאמר שמש ירח כו'. אולי צריך לומר קודם שנאמר וכשהקב"ה רוצה אינם יוצאים, וכדלעיל:

מסורת המדרש

יח. עיין ירושלמי ברכות פרק א'. ויקרא רבה פרשה כ"ו. מדרש תהלים מזמור י"ט. ילקוט תהלים רמז תרע"ב:

אם למקרא

וַיֹּאמֶר לָכֵן שִׁמְעוּ דְבַר ה' רָאִיתִי אֶת ה' יוֹשֵׁב עַל כִּסְאוֹ וְכָל צְבָא הַשָּׁמַיִם עֹמְדִים עַל יְמִינוֹ וּשְׂמֹאלוֹ: (דברי הימים־ב יח:יח)

בַּנֶּשֶׁךְ נָתַן וְתַרְבִּית לָקַח וָחָי לֹא יִחְיֶה אֵת כָּל הַתּוֹעֵבוֹת הָאֵלֶּה עָשָׂה מוֹת יוּמָת דָּמָיו בּוֹ יִהְיֶה: (יחזקאל יח:יג)

מִזְמוֹר לְדָוִד ה' מִי יָגוּר בְּאָהֳלֶךָ מִי יִשְׁכֹּן בְּהַר קָדְשֶׁךָ: (תהלים טו:א)

כַּסְפּוֹ לֹא־נָתַן בְּנֶשֶׁךְ וְשֹׁחַד עַל־נָקִי לֹא־לָקָח עֹשֵׂה אֵלֶּה לֹא יִמּוֹט לְעוֹלָם: (תהלים טו:ה)

טוֹב אִישׁ חוֹנֵן וּמַלְוֶה יְכַלְכֵּל דְּבָרָיו בְּמִשְׁפָּט: (תהלים קיב:ה)

יוֹם לְיוֹם יַבִּיעַ אֹמֶר וְלַיְלָה לְּלַיְלָה יְחַוֶּה־דָּעַת: (שם יט:ג)

הָאֹמֵר לַחֶרֶס וְלֹא יִזְרָח וּבְעַד כּוֹכָבִים יַחְתֹּם: (איוב ט:ז)

שֶׁמֶשׁ יָרֵחַ עָמַד זְבֻלָה לְאוֹר חִצֶּיךָ יְהַלֵּכוּ לְנֹגַהּ בְּרַק חֲנִיתֶךָ: (חבקוק ג:יא)

ידי משה

[טו] וכשהקדוש ברוך רוצה לא יוצאים. הכוכבים או הירח, נמצא שלא יהיה לו במה לשלם ואפילו הכי לא מדיינים אלו עם אלו, וכן השמש וכו' גם כן עמד זבולה, אם כן דלא יהיה להם במה לשלם ואפילו הכי אין עושים מריבה. ודוק:

הַחָכְמָה לֹוָה מִן הַבִּינָה וְהַבִּינָה מִן הַחָכְמָה – **Wisdom borrows from comprehension and comprehension from wisdom,** שֶׁנֶּאֱמַר "אֱמֹר לַחָכְמָה אֲחֹתִי אָתְּ" – **as it is stated,** ***Say to wisdom, "You are my sister,"*** *and call understanding a friend* (*Proverbs* 7:4).[227] הַשָּׁמַיִם לֹוִין מִן הָאָרֶץ וְהָאָרֶץ מֵהַשָּׁמַיִם – **The heavens borrow from the earth and the earth from the heavens,** שֶׁנֶּאֱמַר "יִפְתַּח ה' לְךָ אֶת אוֹצָרוֹ הַטּוֹב אֶת הַשָּׁמַיִם" – **as it is stated,** ***HASHEM shall open for you His storehouse of goodness, the heavens,*** *to provide rain for your Land in its time* (*Deuteronomy* 28:12).[228] הַחֶסֶד לֹוֶה מִן הַצְּדָקָה וְהַצְּדָקָה מִן הַחֶסֶד – **Kindness borrows from charity and charity from kindness,** שֶׁנֶּאֱמַר "רֹדֵף צְדָקָה וָחָסֶד" – **as it is stated,** ***One who pursues charity and kindness*** (*Proverbs* 21:21).[229] הַתּוֹרָה לֹוָה מִן הַמִּצְוֹת וְהַמִּצְוֹת מִן הַתּוֹרָה – **The Torah borrows from the commandments and the commandments from the Torah,** שֶׁנֶּאֱמַר "שְׁמֹר מִצְוֹתַי וֶחְיֵה" – **as it is stated,** ***Heed my commandments and live,*** *and [heed] my Torah as the apple of your eyes* (ibid. 7:2).[230]

The Midrash concludes the lesson derived from the above examples:

בְּרִיּוֹתָיו שֶׁל הַקָּדוֹשׁ בָּרוּךְ הוּא לֹוִין זֶה מִזֶּה וְעוֹשִׂים שָׁלוֹם זֶה עִם זֶה בְּלֹא דְּבָרִים – Thus we see that **the creations of the Holy One, blessed is He, borrow from one another, and make peace with one another without "words,"** i.e., without taking interest;[231] וּבָשָׂר וָדָם לֹוֶה מֵחֲבֵירוֹ וּמְבַקֵּשׁ לְבוֹלְעוֹ בְּרִבִּית וּבְגָזֵל – **but** a mortal of **flesh and blood borrows from his friend and** the lender **seeks to "swallow" [the borrower] through interest and robbery!**[232]

Another example from which those who lend on interest fail to take a lesson:

וְאֵלּוּ שֶׁנּוֹטְלִין רִבִּית אוֹמְרִים לְהַקָּדוֹשׁ בָּרוּךְ הוּא: לָמָּה אֵין אַתָּה נוֹטֵל מֵעוֹלָמְךָ שְׂכַר שֶׁהַבְּרִיּוֹת בְּתוֹכוֹ – **[Furthermore], those who take interest "say" to the Holy One, blessed is He, "Why do You not take payment from the world in which the creatures reside,**[233]

NOTES

227. "Wisdom" refers to the learning a student receives from his teacher, and "comprehension" refers to the keen intellect the student must develop on his own in order to properly understand the learning he acquired. Since wisdom needs comprehension (in order to apply it properly), while comprehension is impossible unless one has wisdom to comprehend, they are perceived as "borrowing" from each other. The *Proverbs* verse teaches that one must first have wisdom in order to have comprehension (*Eitz Yosef*; see also *Maharzu*).

228. Through the process of evaporation, the clouds of the heavens draw up great masses of water from the seas, which rest on the earth, after which the water falls to the ground in the form of rain. Thus, the heavens receive from the earth and vice versa (*Maharzu*).

229. At certain times, the performance of an act of kindness takes precedence over the giving of charity, such as when one encounters an unattended corpse, the burial of which overrides all else (see *Berachos* 19b, and *Tur Yoreh Deah*, end of 360). On the other hand, there are times when charity takes precedence, such as when one is approached by a poor man while on the way to lead a bride to her wedding canopy or to visit a sick person, whereupon he must first deal with sustaining the poor man (see *Bava Kamma* 56b and *Imrei Binah, Orach Chaim* 13:3). The Midrash shows this from the words *one who pursues charity and kindness*, which allude to the idea that one virtue must sometimes be "chased away," i.e., pushed aside, in preference to the other (*Eitz Yosef*). [For an alternative explanation, see Insight to the next note.]

230. There are times when the performance of a commandment overrides the obligation of Torah study (see *Megillah* 3a-b, and *Moed Katan* 9a-b with *Tosafos* s.v. כאן וכו'). On the other hand, there are occasions when the study of Torah takes precedence over the performance of commandments (see *Moed Katan* ibid.). The first part of the verse cited by the Midrash underscores the former, and the second part the latter (*Eitz Yosef*; see also *Maharzu*).

See Insight Ⓐ for another explanation.

231. The expression "words" is meant to allude to the verse cited in note 223 above [see there] (*Psalms* 19:4), *There is no speech and there are no words; their sound is not heard*. This alludes to the fact that God's creations "lend" without words, i.e., stipulations of interest (*Yedei Moshe*, *Eitz Yosef*).

232. As *Midrash Shocher Tov* to *Psalms* ibid. concludes, this is alluded to in the next verse (ibid. v. 5), *Their exactness goes forth throughout the earth, and their words reach the end of the inhabited world*, which is understood to mean that with regard to mortals, unlike the heavenly bodies, their exactness and inflexibility toward one another are manifested throughout the earth in that their loans are invariably accompanied by written transactions and lawsuits (*Maharzu*).

233. I.e., why do You not deduct the value of these gifts from their merits, as You do when You perform a miracle for a person? [see *Shabbos* 32a] (*Tiferes Tzion*).

INSIGHTS

Ⓐ **The Highest Complements** Our notes reflect *Eitz Yosef's* approach that the Midrashic metaphor of "borrowing" (between kindness and charity or Torah study and commandments) addresses the issue of prioritization: if it is impossible to do both, which one takes precedence? There is, however, another approach: that the metaphor depicts these pairs of traits as drawing from and moderating each other. For there is indeed a symbiotic relationship between the elements in each pair. Let us begin with צְדָקָה (charity) and חֶסֶד (kindness).

צְדָקָה (charity) is from the root צדק, which means *justice*. צֶדֶק, *justice*, is objective; a judge must rule without regard to whom the outcome favors. A judge who shows any favoritism — whether to the rich or the poor — is perverting justice. In relation to one's possessions, צֶדֶק deals with his rights. By the standard of צֶדֶק, a rich man's money is his own. No one else has any claim or right to it. The addition of the letter ה to form צְדָקָה serves to expand the scope of צֶדֶק to include not only the rich man's rights but his obligations. The standard of צְדָקָה obliges the rich man to assist the poor, but it still deals with the rich man's relation to his own possessions; it is not a claim that the poor person has on those possessions. It reaches out from the donor to the recipient.

The root of חֶסֶד is חס, which connotes the "pity" and "shelter." It is a trait embedded in the character of man, which makes him unable to bear the suffering and neediness of his fellow man, and impels him to provide comfort and succor to the one in need. It reaches out from the recipient to the donor.

However, צְדָקָה without חֶסֶד can remain selfish and restricted. On the other hand, חֶסֶד that is not restrained by צְדָקָה can be misplaced and destructive. Our Midrash teaches that in order for each trait to achieve its optimal expression, each must draw upon the other. חֶסֶד must expand the reach of צְדָקָה, and צְדָקָה must place limits on חֶסֶד. Each must "borrow" from the other. Only then is the ideal balance reached.

A prime purpose of Torah study and fulfillment of the commandments is the refinement of a person and his character to do what is right in the eyes of God and man. There are some who would maintain that this result can be achieved through focus on Torah study alone and contemplation of its truths. Others will insist that preoccupation with performance of the commandments will yield the desired result. Let the Torah scholars be the guides as to how to perform the commandments, and it is unnecessary for each individual to exert himself in the study of Torah and plumbing its depths. Our Midrash teaches that both are mistaken. A person cannot reach his full spiritual potential unless he engages both his intellect through Torah study and his actions through mitzvah performance. The scholar who has not trained himself in the constant, repetitive acts of mitzvos can easily fall prey to temptation in an unguarded moment. And mitzvos performance that is not infused with the light of Torah study can easily become mechanical and rote and devoid of the spirit of the Torah, leaving a person prone to great distortions of Torah life. Torah study and mitzvah performance are necessary complements of each other. Each must borrow from and draw upon the other if one is to achieve the Torah ideal (*HaTirosh*, pp. 78-79).

הַחָכְמָה לוָֹה מִן הַבִּינָה וְהַבִּינָה מִן הַחָכְמָה, שֶׁנֶּאֱמַר (משלי ז, ד) "אֱמֹר לַחָכְמָה אֲחֹתִי אָתְּ", הַשָּׁמַיִם לוִֹין מִן הָאָרֶץ וְהָאָרֶץ מֵהַשָּׁמַיִם, שֶׁנֶּאֱמַר (דברים כח, יב) "יִפְתַּח ה' לְךָ אֶת אוֹצָרוֹ הַטּוֹב אֶת הַשָּׁמַיִם", הַחֶסֶד לוֶֹה מִן הַצְּדָקָה וְהַצְּדָקָה מִן הַחֶסֶד, שֶׁנֶּאֱמַר (משלי כא, כא) "רֹדֵף צְדָקָה וָחָסֶד," הַתּוֹרָה לוָֹה מִן הַמִּצְוֹת וְהַמִּצְוֹת מִן הַתּוֹרָה, שֶׁנֶּאֱמַר (שם ז, ב) "שְׁמֹר מִצְוֹתַי וֶחְיֵה", בְּרִיּוֹתָיו שֶׁל הַקָּדוֹשׁ בָּרוּךְ הוּא לוִֹין זֶה מִזֶּה וְעוֹשִׂים שָׁלוֹם זֶה עִם זֶה בְּלֹא דְבָרִים, וּבָשָׂר וָדָם לוֶֹה מֵחֲבֵירוֹ וּמְבַקֵּשׁ לְבוֹלְעוֹ בְּרִבִּית וּבְגָזֵל, וְאֵלּוּ שֶׁנּוֹטְלִין רִבִּית אוֹמְרִים לְהַקָּדוֹשׁ בָּרוּךְ הוּא: לָמָּה אֵין אַתָּה נוֹטֵל מֵעוֹלָמְךָ שָׂכָר שֶׁהַבְּרִיּוֹת בְּתוֹכוֹ, שְׂכַר הָאָרֶץ שֶׁאַתָּה מַשְׁקֶה, שְׂכַר הַצְּמָחִים שֶׁאַתָּה מַעֲלֶה, שְׂכַר הַמְּאוֹרוֹת שֶׁאַתָּה מֵאִיר, שְׂכַר הַנְּשָׁמָה שֶׁנָּפַחְתָּ, שְׂכַר הַגּוּף שֶׁאַתָּה שׁוֹמֵר, אָמַר לָהֶם הַקָּדוֹשׁ בָּרוּךְ הוּא: רְאוּ כַּמָּה הִלְוֵיתִי וְאֵינִי נוֹטֵל רִבִּית, וּמָה הִלְוְתָה הָאָרֶץ וְאֵינָהּ נוֹטֶלֶת רִבִּית, אֶלָּא אֲנִי נוֹטֵל הַקֶּרֶן שֶׁהִלְוֵיתִי וְהִיא נוֹטֶלֶת אֶת שֶׁלָּהּ, שֶׁנֶּאֱמַר (קהלת יב, ז) "וְיָשֹׁב הֶעָפָר עַל הָאָרֶץ כְּשֶׁהָיָה וְהָרוּחַ תָּשׁוּב אֶל הָאֱלֹהִים אֲשֶׁר נְתָנָהּ", אוֹי לְמִי שֶׁנּוֹטֵל רִבִּית, מַה נֶּאֱמַר בּוֹ, (יחזקאל יח, יג) "בַּנֶּשֶׁךְ נָתַן וְתַרְבִּית לָקַח וָחָי לֹא יִחְיֶה", [יט]מָשָׁל לְמֶלֶךְ שֶׁפָּתַח לְאֶחָד אוֹצָרוֹ, הִתְחִיל מוֹנֶה בּוֹ עֲנִיִּים, הוֹרֵג בּוֹ אַלְמָנוֹת, מְבַזֶּה בּוֹ אֶבְיוֹנִים, מַפְשִׁיט בּוֹ בְּנֵי אָדָם וְעוֹשֶׂה אוֹתָם עֲרוּמִּים, וְעָשָׂה בּוֹ חָמָס וְגָזֵל, וּמְמַלֵּא אוֹתוֹ שֶׁקֶר, וּמַפְסִיד אוֹצָרוֹ שֶׁל מֶלֶךְ, כָּךְ הַקָּדוֹשׁ בָּרוּךְ הוּא פּוֹתֵחַ אוֹצָרוֹת וְנוֹתֵן לַבְּרִיּוֹת מִכַּסְפּוֹ וּזְהָבוֹ שֶׁהֵם שֶׁלּוֹ, שֶׁנֶּאֱמַר (חגי ב, ח) "לִי הַכֶּסֶף וְלִי הַזָּהָב", הִתְחִיל עָנִי שֶׁהוּא לוֶֹה מִן הֶעָשִׁיר נוֹטֵל הֵימֶנּוּ רִבִּית, הוֹרֵג בּוֹ אַלְמָנוֹת, אִם לָוְותָה מִמֶּנּוּ אַלְמָנָה הֲרֵי הוּא דּוֹחֲקָהּ לִיטּוֹל הֵימֶנָּהּ רִבִּית, מְבַזֶּה בּוֹ אֶבְיוֹנִים, אִם בִּקְשׁוּ מִמֶּנּוּ צְדָקָה הֲרֵי הוּא מְדַקְדֵּק עִמָּהֶם, וְהָאֱלֹהִים אוֹמֵר (משלי יז, ה) "לֹעֵג לָרָשׁ חֵרֵף עֹשֵׂהוּ", מַפְשִׁיט בּוֹ עֲרוּמִּים, אִם חַיָּיב לוֹ מָנֶה אוֹ יוֹתֵר נוֹטֵל טַלִּיתוֹ הֵימֶנּוּ וְיוֹשֵׁב עָרוֹם וּמִתְבַּיֵּישׁ, וְעוֹשֶׂה בּוֹ חָמָס וְגָזֵל, שֶׁהֵם מוֹסְרִים בְּיָדוֹ מַשְׁכּוֹנָם וְהוּא בּוֹלְעָם,

עץ יוסף

החכמה לוה מן הבינה כו'. החכמה הוא מה שמקבל מרבו, צריך לבינה להבין דבר מתוך דבר, ולדמות מלתא למלתא, ואין בינה בלא חכמה, שנאמר אמור לחכמה אחותי את ומודע לבינה תקרא: **השמים לוים מן הארץ כו'.** הגשמים המתהווים מהאדים העולים מן הארץ, וזהו מה שהשמים לוים מן הארץ, ובמה שעלייתן הוא על ידי תנועה השמיימית, זהו מה שהארץ לוה מהשמים, וזהו יפתח וגו' את השמים לתת מטר ארצך בעתו, הרי שהמטר בא מכח שניהם: **החסד לוה מן הצדקה כו'.** שפעמים תדחה הצדקה מפני גמילות חסדים, כגון מת מצוה שקבורתו תדחה מעשה הצדקה, ופעמים הצדקה תדחה הגמילות חסדים, שאם היה הולך להכניס כלה וכיוצא, ופגע בעני שמבקש פרנסה שמחויב לטפל בפרנסתו, והביא ראיה מפסוק רודף צדקה וחסד, שמשמעו שפעמים נרדפים ונדחים המה זה מפני זה: **התורה לוה מן המצות כו'.** שקצת מצות נדחות מפני תלמוד תורה שהוא כנגד כולן, ויש קצת מצות שהן דוחין התלמוד תורה, כגון מת מצוה ומקרא מגילה ודומיהן, ומביא ראיה ממקרא דשמור מצותי וחיה ותורתי כאישון עיניך, שבא להורות בזה שפעמים ישמור המצות יותר מהתורה ופעמים איפכא: **ועושים שלום זה לזה בלא דברים.** מפרש אין אומר ואין דברים בתנס מלוים ומשלמין, בלא דברים היינו בלא רבית, ואתם לוה אחד מחברו ומבקש לבולעו ברבית ובגזל: **אומרים להקדוש ברוך הוא כו'.** ענין מליצי, כלומר שיש להם ללמוד ממעשי ה' שמטיב לבריות ולא יושג אלנו תועלת מהם, ואמנם בהתחלפם מזה הוא כאילו אמרו להקדוש ברוך הוא שיקח שכר מהטבתו (יפה תואר): **ומה הלותה הארץ.** חלק הגוף המורס מכלל הארץ חשיב הלואה לגבי הנפש, שעל ידה משתמשת במעשה וזוכה במצות מעשיות: **אלא אני נוטל הקרן.** פירוש הנשמה, וכדמייתי פסוק והרוח תשוב וגו': **משל למלך כו'.** וכן זה שנתן לו הקדוש ברוך הוא עושר להטיבו, והוא מלוה ברבית, כמלא מזייף מטבע של הקדוש ברוך הוא: **מדקדק עמהם.** שגוער בהם ואומר אינכם צריכים כל כך, או למה אינכם יגעין ואוכלים:

פירוש מהרז"ו

החכמה לוה מן הבינה. החכמה הוא מה שמקבל מרבו, צריך לבינה להבין דבר מתוך דבר, ולדמות מילתא למילתא, ואין בינה בלא חכמה: **אמור לחכמה אחותי את.** וסיפיה דקרא ומודע לבינה תקרא: **השמים לוים מן הארץ.** הם ענני שמים ששואבים מן הים, והארץ מקבלת מן השמים: **החסד לוה וכו' שנאמר רודף וגו'.** איני יודע מהו: **התורה לוה מן המצות.** מי שתורתו אומנתו פטור מקיום הרבה מצות, ולפעמים חביבה מצוה בשעתה יותר מן התורה, ומבטלין תלמוד תורה למקרא מגילה (מגלה ג, א), וכדומה מצות שדוחים התורה: **שמור מצותי וחיה.** [וסיפיה דקרא] ותורתי כאישון עיניך, שצריך לשמור שתיהן: **ובשר ודם לוה מחבירו.** כמו שכתוב בכל הארץ יצא קום, בני אדם שבארץ צריכים כתיבה ושטרות ודיינים ביניהם, כן הוא בויקרא רבה פרשה כ"ו הנ"ל: **אומרים להקדוש ברוך הוא.** פירוש לפי דעתם שאין לעשות גמילות חסדים בממונם, היה ראוי שגם השם יתברך יעשה כן, לבקש שכר על הטובות שעושה האדם, ומי יעמוד: **אל הארץ כשהיה.** בלא תוספת ורווחים, וכן תשיב הרוח אל האלהים כאשר נתנה: **מונה בו את העניים.** מצער ומחרף ומטעה בעסק ובדברים, כמו שכתוב שתי פעמים ולא תונו, אחד בעסק ממון, שני באונאת דברים: **והוא בולעם.** פעמים מכחש במשכון, או נותן עיניו שישאר אצלו, בעבור רבית ובחשבון שקר:

חידושי הרד"ל

שמור מצותי וחיה ותורתי כאישון עיניך בריותיו כו'. כן צריך לומר. ומזה נלמד ששניהם צריכין זה לזה: **אוי למי שנוטל כו' לקח חיה לא יחיה.** שהארץ נוטלת ממנו רבית, גם רוחו ונשמתו תרד למטה לארץ ולא תחיה בתחיית המתים, וכמו שכתבו התוספות בבא מציעא (סט, ב) ד"ה תשיך בשם תוספות ישנים: **שהם מוסרים בידם משכונם כו'.** כן צריך לומר:

חידושי הרש"ש

שנאמר אמור לחכמה אחותי את ומודע לבינה תקרא. כן צריך לומר:

אמרי יושר

[טו] אמור לחכמה אחותי את ומודע לבינה. אלמא בינה וחכמה קרובים:

מסורת המדרש

יט. תנחומא כאן סימן י"ב כל הענין:

אם למקרא

אֱמֹר לַחָכְמָה אֲחֹתִי אָתְּ וּמֹדָע לַבִּינָה תִקְרָא: (משלי ז:ד)

יִפְתַּח ה' לְךָ אֶת אוֹצָרוֹ הַטּוֹב אֶת־הַשָּׁמַיִם לָתֵת מְטַר אַרְצְךָ בְּעִתּוֹ וּלְבָרֵךְ אֵת כָּל מַעֲשֵׂה יָדֶךָ וְהִלְוִיתָ גּוֹיִם רַבִּים וְאַתָּה לֹא תִלְוֶה: (דברים כח:יב)

רֹדֵף צְדָקָה וָחָסֶד יִמְצָא חַיִּים צְדָקָה וְכָבוֹד: (משלי כא:כא)

וַיֹּרֵנִי וַיֹּאמֶר לִי יִתְמָךְ דְּבָרַי לִבֶּךָ שְׁמֹר מִצְוֹתַי וֶחְיֵה: (שם ד:ד)

וְיָשֹׁב הֶעָפָר עַל הָאָרֶץ כְּשֶׁהָיָה וְהָרוּחַ תָּשׁוּב אֶל הָאֱלֹהִים אֲשֶׁר נְתָנָהּ: (קהלת יב:ז)

בַּנֶּשֶׁךְ נָתַן וְתַרְבִּית לָקַח וָחָי לֹא יִחְיֶה אֵת כָּל הַתּוֹעֵבוֹת הָאֵלֶּה עָשָׂה מוֹת יוּמָת דָּמָיו בּוֹ יִהְיֶה: (יחזקאל יח:יג)

לִי הַכֶּסֶף וְלִי הַזָּהָב נְאֻם ה' צְבָאוֹת: (חגי ב:ח)

לֹעֵג לָרָשׁ חֵרֵף עֹשֵׂהוּ שָׂמֵחַ לְאֵיד לֹא יִנָּקֶה: (משלי יז:ה)

ידי משה

שלום זה עם זה בלא דברים. נראה סיפא דקרא קדריש, שנאמר אין אומר ואין דברים, פירוש בתנס מלוין בלא דברים דהיינו בלא רבית, ואתם לוה אחד מחבירו ומבקש לבולעו ברבית:

מתנות כהונה

הכי גרסינן בתנחומא **מעולמך שכר שהבריות: אני נוטל הקרן** גרסינן.

אשד הנחלים

למה אין אתה נוטל מעולמך. הוא ציור מוסרי, אחר שאם האדם חפץ שיגזול מחברו עבור טובתו, למה לא יתבונן דאם כן כמה מגיע לה' ברוך הוא עבור טובתינו עמנו תמיד, וחשב כל הענינים הכלליים שהמה מוסדות הבריאה וחיותה, שהמה הגשמים הארץ והצמחים והמאורות, שהם עיקר המקיים חיות הברואים בעניני הגופנים, והשני החיות בעצמו במה שהנשמה מקיימת הגוף: **נוטלת את שלה כו' וישוב גו'.** בין תבין כי הגוף שהיה נהנה במה שנתן ה' נקרא הקרן, כי היא לקחה כל מזונה מן העפר וסופה לשוב אליו, אבל הנשמה העליונה אף שנהנית בעודה בגופה ממזון העפרי, כי על ידי זה נתקיים ההרכבה בעודה בחיים חיותה, עם כל זה היא שבה למקומה בשלום [בלי הסתבכות עפרי, כי אין שכינותה עם גופה זולת בהיותה בחוברת עם גופה לא בהתפרדה, כי אז הוא בחברת העליונים]. וכאומר ראו טובותי בחינם עמכם, ואתם חפצים לגמול איש את אחיו, אשר המה כחברים וכגוף אחד רק בשכר: **שפתח לאחד אוצרו.** והנמשל, על ידי שפתח ה' אוצרו הטוב והעניקו בכל טוב, היה מהראוי להכנע לפני ה' ולשמוח ולהעניק לעניי ה', והוא בהיפך שבע וירם לבו והוא מרע להם:

שְׂכַר הָאָרֶץ שֶׁאַתָּה מַשְׁקֶה – i.e., **payment for the earth that You water;** שְׂכַר הַצְּמָחִים שֶׁאַתָּה מַעֲלֶה – **payment for the vegetation that You make grow;** שְׂכַר הַמְּאוֹרוֹת שֶׁאַתָּה מֵאִיר – **payment for the luminaries that You make shine;** שְׂכַר הַנְּשָׁמָה שֶׁנָּפַחְתָּ – **payment for the soul that You have breathed** into mortals; שְׂכַר הַגּוּף שֶׁאַתָּה שׁוֹמֵר – and **payment for the body that You guard?"**[234] אָמַר לָהֶם הַקָּדוֹשׁ בָּרוּךְ הוּא: רְאוּ כַּמָּה הִלְוֵיתִי וְאֵינִי נוֹטֵל רִבִּית – Furthermore, **the Holy One, blessed is He, says to them, "See how much I have lent, and** yet **I do not take interest,**[235] וּמָה הִלְוְתָה הָאָרֶץ וְאֵינָהּ נוֹטֶלֶת רִבִּית – **and [how much] the earth has lent without taking interest!**[236] אֶלָּא אֲנִי נוֹטֵל הַקֶּרֶן שֶׁהִלְוֵיתִי וְהִיא נוֹטֶלֶת אֶת שֶׁלָּהּ – **But I take** only **the principal that I have lent, and she,** i.e., the earth, **takes hers,"** שֶׁנֶּאֱמַר "וְיָשֹׁב הֶעָפָר עַל הָאָרֶץ כְּשֶׁהָיָה וְהָרוּחַ תָּשׁוּב אֶל הָאֱלֹהִים אֲשֶׁר נְתָנָהּ" – **as it is stated,** ***Thus the dust returns to the ground, as it was, and the spirit returns to God Who gave it*** (*Ecclesiastes* 12:7).[237]

Another exposition of לֹא תִהְיֶה לוֹ כְּנֹשֶׁה:[238]

אוֹי לְמִי שֶׁנּוֹטֵל רִבִּית – **Woe to one who takes interest;** מַה נֶּאֱמַר בּוֹ – for **what is stated concerning him?** "בַּנֶּשֶׁךְ נָתַן וְתַרְבִּית לָקַח וָחַי לֹא יִחְיֶה" – ***He gives [loans] with interest and takes increase – should he live? He shall not live!*** *He has committed all these abominations* (*Ezekiel* 18:13). מָשָׁל לְמֶלֶךְ שֶׁפָּתַח לְאֶחָד אוֹצָרוֹ, הִתְחִיל מוֹנֶה בּוֹ עֲנִיִּים – **This may be compared to a king who opened his treasury for someone,** and **[that individual] began to aggrieve the poor with it,** הוֹרֵג בּוֹ אַלְמָנוֹת, מְבַזֶּה בּוֹ אֶבְיוֹנִים – **kill widows, and embarrass the destitute with it,** מַפְשִׁיט בּוֹ בְּנֵי אָדָם וְעוֹשֶׂה אוֹתָם עֲרוּמִּים – **strip people and leave them bare with it,** וְעָשָׂה בּוֹ חָמָס וְגָזֵל, וּמְמַלֵּא אוֹתוֹ שֶׁקֶר – **commit robbery and thievery with it, fill it** through **falsehood,** וּמַפְסִיד אוֹצָרוֹ שֶׁל מֶלֶךְ – **and deplete the treasury of the king.** כָּךְ הַקָּדוֹשׁ בָּרוּךְ הוּא פּוֹתֵחַ אוֹצָרוֹת וְנוֹתֵן לַבְּרִיּוֹת מִכַּסְפּוֹ וּזְהָבוֹ שֶׁהֵם שֶׁלּוֹ, שֶׁנֶּאֱמַר "לִי הַכֶּסֶף וְלִי הַזָּהָב" – **Similarly, the Holy One, blessed is He, opens treasuries and gives people of His silver and gold; for they are His, as it is stated,** ***Mine is the silver and Mine is the gold*** (*Haggai* 2:8).[239] הִתְחִיל עָנִי שֶׁהוּא לֹוֶה מִן הֶעָשִׁיר נוֹטֵל הֵימֶנּוּ רִבִּית – Thereupon **the poor man begins to borrow from the rich man,** and **[the latter] collects interest from him;** הוֹרֵג בּוֹ אַלְמָנוֹת – **he kills widows with [his wealth],** אִם לָוְותָה מִמֶּנּוּ אַלְמָנָה הֲרֵי הוּא דוֹחֲקָהּ לִיטּוֹל הֵימֶנָּהּ רִבִּית – for **if a widow borrowed from him, he exacts interest from her forcefully;**[240] מְבַזֶּה בּוֹ אֶבְיוֹנִים, אִם בִּקְשׁוּ מִמֶּנּוּ צְדָקָה הֲרֵי הוּא מְדַקְדֵּק עִמָּהֶם – **he embarrasses the destitute with it,** for **if they ask him for charity he is exacting with them –** [241] וְהָאֱלֹהִים אוֹמֵר "לֹעֵג לָרָשׁ חֵרֵף עֹשֵׂהוּ" – **but God says,** ***One who mocks a pauper insults his Maker*** (*Proverbs* 17:5); מַפְשִׁיט בּוֹ עֲרוּמִּים – **he strips [people] bare with [his wealth],** אִם חַיָּיב לוֹ מָנֶה אוֹ יוֹתֵר נוֹטֵל טַלִּיתוֹ הֵימֶנּוּ וְיוֹשֵׁב עָרוֹם וּמִתְבַּיֵּישׁ – for **if one owes him a *maneh***[242] **or more** and cannot repay him, **he takes his cloak from him and [the debtor]** is left **sitting bare and is ashamed;**[243] וְעוֹשֶׂה בּוֹ חָמָס וְגָזֵל – **he commits robbery and thievery with it,** שֶׁהֵם מוֹסְרִים בְּיָדוֹ מַשְׁכּוֹנָם וְהוּא בּוֹלְעָם – **for [his debtors] entrust securities to him** on their loans, **and he "swallows" them;**[244]

NOTES

234. The Midrash is saying that those who take interest should have taken a lesson from God's actions vis-a-vis His world; for God, the Creator of the world, asks His creatures for nothing in return for His beneficence toward them. But by ignoring this fact [for by taking interest, they are demonstrating that they do not believe in performing kindness with their money (*Maharzu*)], it is as if those who lend on interest are questioning God as to why He takes nothing in return for His kindness (*Eitz Yosef,* from *Yefeh To'ar*).

235. I.e., I loan a person his spirit for the duration of his lifetime (see below, with note 237).

236. The body, originally formed from the earth, is "on loan" to the soul of the person, which utilizes it for ordinary physical actions and the performance of mitzvos requiring physical action (*Eitz Yosef*).

237. When a person dies, the earth takes back only the body *as it was*, i.e., without interest. Likewise, *the spirit returns to God Who gave it*, i.e., as He gave it, without interest (*Maharzu*; see also *Eitz Yosef*).

238. As will be explained in note 248 below.

239. Meaning: God is the One Who makes people rich, and it is not a result of a person's *mazal* or resourcefulness (*Yefeh To'ar*). [Compare §3 above with note 35.]

240. And since she is destitute, she is forced to sell her possessions to pay the interest, and the creditor is thus considered to have killed her (*Tiferes Tzion*).

241. He rebukes the poor who come to him for charity and tells them that they really do not need the amount they request, or he impugns them for not working hard enough to support themselves (*Eitz Yosef*).

242. The equivalent of 100 *dinars* (see below, note 291).

243. I.e., he does not fulfill the obligation to return the collateral to the poor man who needs it (see §7 above).

244. Meaning: Either he denies that he ever took the security, or he ensures that it stays with him by charging interest or inflating the amount of the loan (*Maharzu*).

הַחָכְמָה לָוָה מִן הַבִּינָה וְהַבִּינָה מִן הַחָכְמָה, שֶׁנֶּאֱמַר (משלי ז, ד) "אֱמֹר לַחָכְמָה אֲחֹתִי אָתְּ", הַשָּׁמַיִם לֹוִין מִן הָאָרֶץ וְהָאָרֶץ מֵהַשָּׁמַיִם, שֶׁנֶּאֱמַר (דברים כח, יב) "יִפְתַּח ה' לְךָ אֶת אוֹצָרוֹ הַטּוֹב אֶת הַשָּׁמַיִם", הַחֶסֶד לֹוֶה מִן הַצְּדָקָה וְהַצְּדָקָה מִן הַחֶסֶד, שֶׁנֶּאֱמַר (משלי כא, כא) "רֹדֵף צְדָקָה וָחָסֶד," הַתּוֹרָה לֹוָה מִן הַמִּצְוֹת וְהַמִּצְוֹת מִן הַתּוֹרָה, שֶׁנֶּאֱמַר (שם ז, ב) "שְׁמֹר מִצְוֹתַי וֶחְיֵה", בְּרִיּוֹתָיו שֶׁל הַקָּדוֹשׁ בָּרוּךְ הוּא לֹוִין זֶה מִזֶּה וְעוֹשִׂים שָׁלוֹם זֶה עִם זֶה בְּלֹא דְּבָרִים, וּבָשָׂר וָדָם לֹוֶה מֵחֲבֵירוֹ וּמְבַקֵּשׁ לְבוֹלְעוֹ בְּרִבִּית וּבְגָזֵל, וְאֵלּוּ שֶׁנּוֹטְלִין רִבִּית אוֹמְרִים לְהַקָּדוֹשׁ בָּרוּךְ הוּא: לָמָּה אֵין אַתָּה נוֹטֵל מֵעוֹלָמְךָ שָׂכָר שֶׁהַבְּרִיּוֹת בְּתוֹכוֹ, שְׂכַר הָאָרֶץ שֶׁאַתָּה מַשְׁקֶה, שְׂכַר הַצְּמָחִים שֶׁאַתָּה מַעֲלֶה, שְׂכַר הַמְּאוֹרוֹת שֶׁאַתָּה מֵאִיר, שְׂכַר הַנְּשָׁמָה שֶׁנָּפַחְתָּ, שְׂכַר הַגּוּף שֶׁאַתָּה שׁוֹמֵר, אָמַר לָהֶם הַקָּדוֹשׁ בָּרוּךְ הוּא: רְאוּ כַּמָּה הִלְוֵיתִי וְאֵינִי נוֹטֵל רִבִּית, וּמָה הִלְוְתָה הָאָרֶץ וְאֵינָהּ נוֹטֶלֶת רִבִּית, אֶלָּא אֲנִי נוֹטֵל הַקֶּרֶן שֶׁהִלְוֵיתִי וְהִיא נוֹטֶלֶת אֶת שֶׁלָּהּ, שֶׁנֶּאֱמַר (קהלת יב, ז) "וְיָשֹׁב הֶעָפָר עַל הָאָרֶץ כְּשֶׁהָיָה וְהָרוּחַ תָּשׁוּב אֶל הָאֱלֹהִים אֲשֶׁר נְתָנָהּ", אוֹי לְמִי שֶׁנּוֹטֵל רִבִּית, מַה נֶּאֱמַר בּוֹ, (יחזקאל יח, יג) "בַּנֶּשֶׁךְ נָתַן וְתַרְבִּית לָקַח וָחָי לֹא יִחְיֶה", [יט] מָשָׁל לְמֶלֶךְ שֶׁפָּתַח לְאֶחָד אוֹצָרוֹ, הִתְחִיל מוֹנֶה בּוֹ עֲנִיִּים, הוֹרֵג בּוֹ אַלְמָנוֹת, מְבַזֶּה בּוֹ אֶבְיוֹנִים, מַפְשִׁיט בּוֹ בְּנֵי אָדָם וְעוֹשֶׂה אוֹתָם עֲרוּמִים, וְעָשָׂה בּוֹ חָמָס וְגָזֵל, וּמְמַלֵּא אוֹתוֹ שֶׁקֶר, וּמַפְסִיד אוֹצָרוֹ שֶׁל מֶלֶךְ, כָּךְ הַקָּדוֹשׁ בָּרוּךְ הוּא פּוֹתֵחַ אוֹצָרוֹת וְנוֹתֵן לַבְּרִיּוֹת מִכַּסְפּוֹ וּזְהָבוֹ שֶׁהֵם שֶׁלּוֹ, שֶׁנֶּאֱמַר (חגי ב, ח) "לִי הַכֶּסֶף וְלִי הַזָּהָב", הִתְחִיל עָנִי שֶׁהוּא לֹוֶה מִן הֶעָשִׁיר נוֹטֵל הֵימֶנּוּ רִבִּית, הוֹרֵג בּוֹ אַלְמָנוֹת, אִם לָוְתָה מִמֶּנּוּ אַלְמָנָה הֲרֵי הוּא דּוֹחֲקָהּ לִיטּוֹל הֵימֶנָּה רִבִּית, מְבַזֶּה בּוֹ אֶבְיוֹנִים, אִם בִּקְשׁוּ מִמֶּנּוּ צְדָקָה הֲרֵי הוּא מְדַקְדֵּק עִמָּהֶם, וְהָאֱלֹהִים אוֹמֵר (משלי יז, ה) "לֹעֵג לָרָשׁ חֵרֵף עֹשֵׂהוּ", מַפְשִׁיט בּוֹ עֲרוּמִים, אִם חַיָּיב לוֹ מָנֶה אוֹ יוֹתֵר נוֹטֵל טַלִּיתוֹ הֵימֶנּוּ וְיוֹשֵׁב עָרוֹם וּמִתְבַּיֵּישׁ, וְעוֹשֶׂה בּוֹ חָמָס וְגָזֵל, שֶׁהֵם מוֹסְרִים בְּיָדוֹ מַשְׁכּוֹנָם וְהוּא בּוֹלְעָם,

עץ יוסף

החכמה לוה מן הבינה כו'. החכמה הוא מה שמקבל מרבו, לריך לבינה להבין דבר מתוך דבר, ולדמות מלתא למלתא, ואין בינה בלא חכמה, שנאמר אמור לחכמה אחותי את ומודע לבינה תקרא: **השמים לוים מן הארץ כו'.** הגשמים המתהווים מהאדים העולים מן הארץ, וזהו מה שהשמים לוים מן הארץ, וכמה שעלייתן הוא על ידי תנועה השמיימית, זהו מה שהארץ לוה מהשמים, וזהו יפתח וגו' את השמים לתת מטר ארלך בעתו, הרי שהמטר בא מכח שניהם: **החסד לוה מן הצדקה כו'.** שפעמים תדחה הלדקה מפני גמילות חסדים, כגון מת מלוה שקבורתו תדחה מעשה הלדקה, ופעמים הלדקה תדחה הגמילות חסדים, שאם היה הולך להכניס כלה וכיולא, ופגע בעני שמבקש פרנסה שמחויב לטפל בפרנסתו, והביא ראיה מפסוק רודף לדקה וחסד, שמשמעו שפעמים נרדפים ונדחים המה זה מפני זה: **התורה לוה מן המצות כו'.** שקלת מלות נדחות מפני תלמוד תורה שהוא כנגד כולן, ויש קלת מלות שהן דוחין התלמוד תורה, כגון מת מלוה ומקרא מגילה ודומיהן, ומביא ראיה ממקרא דשמור מלותי וחיה ותורתי כאישון עיניך, שבא להורות בזה שפעמים ישמור המלות יותר מהתורה ופעמים איפכא: **ועושים שלום זה לזה בלא דברים.** מפרש אין אומר ואין דברים בחנם מלוים ומשלמין, בלא דברים היינו בלא רבית, ואתם לוה אחד מחברו ומבקש לבולעו ברבית ובגזל: **אומרים להקדוש ברוך הוא כו'.** ענין מליליי, כלומר שיש להם ללמוד ממעשי ה' שמטיב לבריות ולא יושג אללו תועלת מהם, ואמנם בהתחלפם מזה הוא כאילו אמרו להקדוש ברוך הוא שיקח שכר מהטבתו (יפה תואר): **ומה הלותה הארץ.** חלק הגוף המורם מכלל הארץ חשיב הלואה לגבי הנפש, שעל ידה משתמשת במעשה וזוכה במלות מעשיות: **אלא אני נוטל הקרן.** פירוש הנשמה, וכדמייתי פסוק והרוח תשוב וגו': **משל למלך כו'.** וכן זה שנתן לו הקדוש ברוך הוא עושר להטיבו, והוא מלוה ברבית, נמלא מזייף מטבע של הקדוש ברוך הוא: **מדקדק עמהם.** שגוער בהם ואומר איננס לריכים כל כך, או למה איננס יגעין ואוכלים:

חידושי הרד"ל

שמור מצותי וחיה ותורתי כאישון עיניך בריותיו כו'. כן לריך לומר. ומזה נלמד ששניהם לריכין זה לזה: **אוי למי שנוטל כו' לקח חיה לא יחיה.** שהארץ נוטלת ממנו רבית, גם רוחו ונשמתו תרד למטה לארץ ולא תחיה בתחיית המתים, וכמו שכתבו התוספות בבא מליעא (סט, ב) ד"ה תשיך בשם תוספות ישנים: **שהם מוסרים בידם משכונם כו'.** כן לריך לומר:

חידושי הרש"ש

שנאמר אמור לחכמה אחותי את ומודע לבינה תקרא. כן לריך לומר:

אמרי יושר

[טו] אמור לחכמה אחותי את ומודע לבינה. אלמא בינה וחכמה קרובים:

פירוש מהרז"ו

החכמה לוה מן הבינה. החכמה הוא מה שמקבל מרבו, לריך לבינה להבין דבר מתוך דבר, ולדמות מילתא למילתא, ואין בינה בלא חכמה: **אמור לחכמה אחותי את.** וסיפיה דקרא ומודע לבינה תקרא: **השמים לוים מן הארץ.** הם ענני שמים שואבים מן הים, והארץ מקבלת מן השמים: **החסד לוה וכו' שנאמר רודף וגו'.** איני יודע מהו: **התורה לוה מן המצות.** מי שתורתו אומנתו פטור מקיום הרבה מלות, ולפעמים חביבה מלוה בשעתה יותר מן התורה, ומבטלין תלמוד תורה למקרא מגילה (מגלה ג, א), וכדומה מלות שדוחים התורה: **שמור מצותי וחיה.** [וסיפיה דקרא] ותורתי כאישון עיניך, שלריך לשמור שתיהן: **ובשר ודם לוה מחבירו.** כמו שכתוב בכל הארץ ילא קוס, בני אדם שבארץ לריכים כתיבה ושטרות ודינים ביניהם, כן הוא בויקרא רבה פרשה כ"ו הנ"ל: **אומרים להקדוש ברוך הוא.** פירוש לפי דעתם שאין לעשות גמילות חסדים בממונם, היה ראוי שגם השם יתברך יעשה כן, לבקש שכר על הטובות שעושה האדם, ומי יעמוד: **אל הארץ כשהיה.** בלא תוספת ורווחים, וכן תשיב הרוח אל האלהים כאשר נתנה: **מונה בו את העניים.** מלער ומחרף ומטעה בעסק ובדברים, כמו שכתוב שתי פעמים ולא תונו, אחד בעסק ממון, שני באונאת דברים: **והוא בולעם.** פעמים מכחש במשכון, או נותן עיניו שישאר אללו, בעבור רבית ובחשבון שקר:

מסורת המדרש

יט. תנחומא כאן סימן י"ב כל הענין:

אם למקרא

אֱמֹר לַחָכְמָה אֲחֹתִי אָתְּ וּמֹדָע לַבִּינָה תִקְרָא:
(משלי ז:ד)

יִפְתַּח ה' לְךָ אֶת אוֹצָרוֹ הַטּוֹב אֶת־הַשָּׁמַיִם לָתֵת מְטַר אַרְצְךָ בְּעִתּוֹ וּלְבָרֵךְ אֵת כָּל מַעֲשֵׂה יָדֶךָ וְהִלְוִיתָ גּוֹיִם רַבִּים וְאַתָּה לֹא תִלְוֶה:
(דברים כח:יב)

רֹדֵף צְדָקָה וָחָסֶד יִמְצָא חַיִּים צְדָקָה וְכָבוֹד:
(משלי כא:כא)

וַיֹּרֵנִי וַיֹּאמֶר לִי יִתְמָךְ דְּבָרַי לִבֶּךָ שְׁמֹר מִצְוֹתַי וֶחְיֵה:
(שם ז:ב)

וְיָשֹׁב הֶעָפָר עַל הָאָרֶץ כְּשֶׁהָיָה וְהָרוּחַ תָּשׁוּב אֶל הָאֱלֹהִים אֲשֶׁר נְתָנָהּ:
(קהלת יב:ז)

בַּנֶּשֶׁךְ נָתַן וְתַרְבִּית לָקַח וָחָי לֹא יִחְיֶה אֵת כָּל הַתּוֹעֵבוֹת הָאֵלֶּה עָשָׂה מוֹת יוּמָת דָּמָיו בּוֹ יִהְיֶה:
(יחזקאל יח:יג)

לִי הַכֶּסֶף וְלִי הַזָּהָב נְאֻם ה' צְבָאוֹת:
(חגי ב:ח)

לֹעֵג לָרָשׁ חֵרֵף עֹשֵׂהוּ שָׂמֵחַ לְאֵיד לֹא יִנָּקֶה:
(משלי יז:ה)

ידי משה

שלום זה עם זה בלא דברים. נראה סיפא דקרא קדריס, שנאמר אין אומר ואין דברים, פירוש בחנם מלוין בלא דברים דהיינו בלא רבית, ואתם לוה אחד מחבירו ומבקש לבולעו ברבית:

מתנות כהונה

הכי גרסינן בתנחומא **מעולמך שכר שהבריות: אני נוטל הקרן** גרסינן.

אשר הנחלים

למה אין אתה נוטל מעולמך. הוא ציור מוסרי, אחר שאם האדם חפץ שיגזול מחברו עבור טובתו, למה לא יתבונן דאם כן כמה מגיע לה' ברוך הוא עבור טובתינו עמנו תמיד, וחשב כל הענינים הכלליים שהמה מוסדות הבריאה וחיותה, שהמה הגשמים הארץ והצמחים והמאורות, שהם עיקר המקיים חיות הברואים בעניני הגופנים, והשני החיות בעצמו במה שהנשמה מקיימת הגוף: **נוטלת את שלה כו' וישוב גו'.** בין תבין כי הגוף שהיה נהנה במה שנתן ה' נקרא הקרן, כי היא לקחה כל מזונה מן העפר וסופה לשוב אליו, אבל הנשמה העליונה אף שנהנית בעודה בגופה ממזון העפרי, כי על ידי זה נתקיים ההרכבה בעודה בחיים חיותה, עם כל זה היא שבה למקומה בשלום [בלי הסתבכות עפרי, כי אין שכינותה עם גופה זולת בהיותה בחוברת עם גופה לא בהתפרדה, כי אז הוא בחברת העליונים]. וכאומר ראו טובותי בחינם עמכם, ואתם חפצים לגמול איש את אחיו, אשר המה כחברים וכגוף אחד רק בשכר: **שפתח לאחד אוצרו.** והנמשל, על ידי שפתח ה' אוצרו הטוב והעניקו בכל טוב, היה מהראוי להכנע לפני ה' ולשמוח ולהעניק לענייי ה', והוא בהיפך שבע וירם לבו והוא מרע להם:

וְהַקָּדוֹשׁ בָּרוּךְ הוּא אוֹמֵר: "הוֹי שׁוֹדֵד וְאַתָּה לֹא שָׁדוּד" – **but the Holy One, blessed is He, says,** ***Woe to you, pillager, but you have not been pillaged!*** *... When you finish pillaging, you will be pillaged* (*Isaiah* 33:1).[245] **הַקָּדוֹשׁ בָּרוּךְ הוּא נָתַן לוֹ מָמוֹן שֶׁל אֱמֶת וְעוֹשֶׂה אוֹתוֹ שֶׁקֶר** – **The Holy One, blessed is He, gave him money of truth, but he made it false,** **שֶׁנֶּאֱמַר "חֲרַשְׁתֶּם רֶשַׁע עַוְלָתָה קְצַרְתֶּם"** – **as it is stated,** ***But you have plowed wickedness, and you have reaped iniquity*** (*Hosea* 10:13).[246] **לְכָךְ אַתֶּם עוֹבְרִים מִן הָעוֹלָם, שֶׁנֶּאֱמַר "כַּעֲבוֹר סוּפָה וְאֵין רָשָׁע"** – **"And therefore,"** says God to such individuals, **"you will pass from the world," as it is stated,** ***When the storm passes a wicked one is no more*** (*Proverbs* 10:25).[247] **לְכָךְ הַקָּדוֹשׁ בָּרוּךְ הוּא מַזְהִיר בַּתּוֹרָה: "אִם כֶּסֶף תַּלְוֶה אֶת עַמִּי"** – **Therefore the Holy One, blessed is He, exhorts Israel in the Torah,** ***When you lend money to My people, etc.***[248] **וְאִם אֵינוֹ מְשַׁלֵּם לְךָ דַּיֶּיךָ שֶׁאֲנִי קוֹרֵא אוֹתוֹ רָשָׁע** – **"And in the event that [the borrower] does not repay you,"** says God, **"it should suffice for you that I call him wicked,"** **שֶׁנֶּאֱמַר "לֹוֶה רָשָׁע וְלֹא יְשַׁלֵּם"** – **as it is stated,** ***The wicked one borrows but repays not*** (*Psalms* 37:21);[249] **"וְצַדִּיק חוֹנֵן וְנוֹתֵן", זֶה הַקָּדוֹשׁ בָּרוּךְ הוּא** – and the latter part of the verse, ***while the righteous one is generous*** [חוֹנֵן] ***and gives*** (ibid.), is an allusion to **the Holy One, blessed is He,** **שֶׁמַּזְהִיר אֶת יִשְׂרָאֵל וְאוֹמֵר לָהֶם: "אִם חָבֹל תַּחְבֹּל שַׂלְמַת רֵעֶךָ" הַחֲזִירֵהוּ לוֹ שֶׁלֹּא יִצְעַק לְפָנַי** – **Who warns** the people of **Israel and says to them,** ***If you take your fellow's garment as security*** (22:25), **return it to him, so that he not cry out to Me,** **שֶׁנֶּאֱמַר "וְהָיָה כִּי יִצְעַק אֵלַי וגו'"** – **as it is stated,** ***So it will be that if he cries out to Me,*** *I shall listen, for I am compassionate* [חַנּוּן] (ibid., v. 26).[250]

The Midrash concludes its discussion by citing two Scriptural sources to underscore the importance of fulfilling the laws laid down in our passage:[251]

וְכֵן דָּוִד אוֹמֵר "אַשְׁרֵי מַשְׂכִּיל אֶל דָּל" – **And so did David say,** ***Praiseworthy is he who contemplates the needy*** (*Psalms* 41:2);[252] **וְכֵן שְׁלֹמֹה אוֹמֵר "אַל תִּגְזָל דָּל כִּי דַל הוּא", לָמָּה, "כִּי ה' יָרִיב רִיבָם וְקָבַע אֶת קֹבְעֵיהֶם נָפֶשׁ"** – **and Solomon likewise says,** ***Do not rob the destitute because he is destitute,*** *and do not oppress the poor man in the gate [of judgment]* (*Proverbs* 22:22). **Why?** Scripture continues, ***For HASHEM will take up their grievance; He will steal the soul of those who would steal from them*** (ibid., v. 23).[253]

§16 אֱלֹהִים לֹא תְקַלֵּל – *YOU SHALL NOT CURSE A JUDGE, AND YOU SHALL NOT CURSE A LEADER AMONG YOUR PEOPLE.*

The Midrash now proceeds to show how this verse, which follows the passage of lending and returning the collateral, connects to the verses preceding it:[254]

רַבִּי מֵאִיר אָמַר: עַל הַכֹּל הִזְהִיר הַקָּדוֹשׁ בָּרוּךְ הוּא, עַל דַּיָּינֵי יִשְׂרָאֵל שֶׁהֵם מְלַמְּדִים אוֹתָן מִשְׁפָּט וְעַל הַנָּשִׂיא – **R' Meir said: The Holy One, blessed is He, exhorted** the people of Israel **above all concerning** the prohibition to curse **the judges of Israel who teach them justice,**[255] **and concerning** the prohibition to curse **the leader,**[256] **שֶׁנֶּאֱמַר "אֱלֹהִים לֹא תְקַלֵּל"** – **as it is stated,** ***You shall not curse a judge,*** *and you shall not curse a leader among your people.*[257] **וְכֵן אַתָּה מוֹצֵא שֶׁלֹּא לָקָה קֹרַח וַעֲדָתוֹ אֶלָּא עַל שֶׁפָּשַׁט יָדוֹ בְּמֹשֶׁה וְאַהֲרֹן** – **And so you find that Korah was punished [together with] his congregation only because he stretched out his hand against Moses and Aaron.**[258] **וְכֵן אַנְשֵׁי יְרוּשָׁלַיִם לָקוּ עַל שֶׁבִּזּוּ הַנְּבִיאִים** – **And likewise the people of Jerusalem were punished because they scorned the prophets,** **שֶׁנֶּאֱמַר "וַיִּהְיוּ מַלְעִבִים בְּמַלְאֲכֵי אֱלֹהִים"** – **as it is stated,** ***But they only insulted the messengers of God*** *and scorned His words and taunted His prophets, until the wrath of HASHEM rose up against His people beyond remedy* (*II Chronicles* 36:16), **וּכְתִיב "חִזְּקוּ פְנֵיהֶם מִסֶּלַע מֵאֲנוּ לָשׁוּב"** – **and it is written,** *They have refused to accept discipline.* ***They made their countenances harder than rock; they refused to repent*** (*Jeremiah* 5:3).[259]

NOTES

245. The money you attained dishonestly will not stay with you. The Midrash is now interpreting the words of the *Ezekiel* verse cited earlier, *Should he live? He shall not live!*, to mean that his livelihood that he earned by taking interest will not remain with him (*Yefeh To'ar*; see also *Eitz Yosef*).

246. It had been foreordained that this person would acquire wealth truthfully, but he caused that his wealth should be gained through falsehood, just as plowing and reaping, which are legitimate and truthful ways of earning a livelihood, can allude to wickedness and iniquity (ibid.).

247. This was cited to show that the *Ezekiel* verse is true according to its plain meaning as well, that he who takes interest will die (*Yefeh To'ar*, s.v. והב"ה וכו').

248. As was explained above (note 221), our Midrash expounds the word כְּנֹשֶׁה to mean *as one who forgets*. Here, too, the verse is understood as an exhortation to the lender not to forget the good that God bestowed upon him by granting him wealth, and to take care not to transgress the prohibition of interest (*Yefeh To'ar*).

249. Meaning: Lest the lender fear that perhaps the borrower has the ability to repay the loan and is merely pretending to be poor, God assures him that since the borrower knows that He will consider him wicked if he does not repay the loan, he will indeed take care to repay it if he is able (ibid.; see also *Eitz Yosef*).

250. The word חוֹנֵן in the *Psalms* verse is understood as a reference to God's generosity in obliging the lender to return the collateral to the borrower, just as in the *Exodus* verse the word חַנּוּן is used in this context (*Yefeh To'ar*).

251. *Eitz Yosef*.

252. This verse shows the importance of fulfilling the commandment to lend money to a poor person (ibid.).

253. This verse shows the importance of returning the collateral to the borrower and not "stealing" it from him (ibid.).

254. As will be explained in the next note.

255. The Midrash here uses this description for the judges because this discussion was introduced to resolve the question raised earlier (see note 121 to §8 above) as to why this verse and the ones following it (vv. 27-30) were inserted in the midst of the discussion of monetary laws. The Midrash now explains that because the judges teach justice, such as the laws discussed in the preceding and following passages, they should be shown respect. Alternatively, it is the fact that they teach justice and rule on monetary laws that at times leads the losing party to curse them, as the Midrash explained above (§8 with note 123). Regarding the following verses, the Midrash in this section does not address their juxtaposition to this verse, relying on the explanations given in §8 and §9 above – see there (*Yefeh To'ar*).

256. I.e., the king (*Eitz Yosef*).

[The king is called a נָשִׂיא (Mishnah, *Horayos* 10a) because he is raised (נִשָּׂא) over the people (*Ramban* to our verse). According to *Rambam* (*Hil. Sanhedrin* 26:1) and *Ramban* loc. cit., the term נָשִׂיא in our context refers to the head of the Great Sanhedrin as well.]

257. Although our verse is understood to contain a prohibition against cursing anyone who is considered to be *among your people* (*Mechilta* to our verse), the cursing of a judge or the leader is mentioned explicitly because it is particularly severe (*Maharzu*; see also *Eitz Yosef*, from *Yefeh To'ar*).

258. One's failure to respect the leaders indeed leads to his ultimate destruction, since he does not obey those greater than himself (*Eitz Yosef*).

[The examples cited by the Midrash here do not discuss cases in which people actually cursed the leaders, but rather contested or denigrated them. See the end of note 123 to §8 above.]

259. Since the verse first states, *They have refused to accept discipline*, and immediately thereafter states, *They made their countenances harder than rock*, it indicates that they hardened their countenances, i.e., were brazen faced, toward those who attempted to discipline them (*Eitz Yosef*).

The Midrash cited the above sources that show that those who show disrespect to the judges and leaders are punished, as another explanation

וְהַקָּדוֹשׁ בָּרוּךְ הוּא אוֹמֵר: (ישעיה לג, א) "הוֹי שׁוֹדֵד וְאַתָּה לֹא שָׁדוּד", הַקָּדוֹשׁ בָּרוּךְ הוּא נָתַן לוֹ מָמוֹן שֶׁל אֱמֶת וְעוֹשֶׂה אוֹתוֹ שֶׁקֶר, שֶׁנֶּאֱמַר (הושע י, יג) "חֲרַשְׁתֶּם רֶשַׁע עַוְלָתָה קְצַרְתֶּם", לְכָךְ אַתֶּם עוֹבְרִים מִן הָעוֹלָם, שֶׁנֶּאֱמַר (משלי י, כה) "כַּעֲבוֹר סוּפָה וְאֵין רָשָׁע", לְכָךְ הַקָּדוֹשׁ בָּרוּךְ הוּא מַזְהִיר בַּתּוֹרָה: [כב, כד] "אִם כֶּסֶף תַּלְוֶה אֶת עַמִּי", וְאִם אֵינוֹ מְשַׁלֵּם לָךְ דַּיֶּיךָ שֶׁאֲנִי קוֹרֵא אוֹתוֹ רָשָׁע, שֶׁנֶּאֱמַר (תהלים לז, כא) "לֹוֶה רָשָׁע וְלֹא יְשַׁלֵּם וְצַדִּיק חוֹנֵן וְנוֹתֵן", זֶה הַקָּדוֹשׁ בָּרוּךְ הוּא שֶׁמַּזְהִיר אֶת יִשְׂרָאֵל וְאוֹמֵר לָהֶם: [כב, כה] "אִם חָבֹל תַּחְבֹּל שַׂלְמַת רֵעֶךָ" הַחֲזִירֵהוּ לוֹ שֶׁלֹּא יִצְעַק לְפָנַי, שֶׁנֶּאֱמַר [כב, כו] "וְהָיָה כִּי יִצְעַק אֵלַי וגו'", וְכֵן דָּוִד אוֹמֵר (שם מא, ב) "אַשְׁרֵי מַשְׂכִּיל אֶל דָּל", וְכֵן שְׁלֹמֹה אוֹמֵר (משלי כב, כב) "אַל תִּגְזָל דָּל כִּי דַל הוּא", לָמָּה, (שם שם כג) "כִּי ה' יָרִיב רִיבָם וְקָבַע אֶת קֹבְעֵיהֶם נָפֶשׁ":

טז [ב][כב, כז] "אֱלֹהִים לֹא תְקַלֵּל", רַבִּי מֵאִיר אָמַר: עַל הַכֹּל הִזְהִיר הַקָּדוֹשׁ בָּרוּךְ הוּא, עַל דַּיָּינֵי יִשְׂרָאֵל שֶׁהֵם מְלַמְּדִים אוֹתָן מִשְׁפָּט וְעַל הַנָּשִׂיא, שֶׁנֶּאֱמַר "אֱלֹהִים לֹא תְקַלֵּל", וְכֵן אַתָּה מוֹצֵא שֶׁלֹּא לָקָה קֹרַח וַעֲדָתוֹ אֶלָּא עַל שֶׁפָּשַׁט יָדוֹ בְּמֹשֶׁה וְאַהֲרֹן, וְכֵן אַנְשֵׁי יְרוּשָׁלַיִם לָקוּ עַל שֶׁבִּזּוּ הַנְּבִיאִים, שֶׁנֶּאֱמַר (דברי הימים-ב לו, טז) "וַיִּהְיוּ מַלְעִבִים בְּמַלְאֲכֵי אֱלֹהִים", וּכְתִיב (ירמיה ה, ג) "חִזְּקוּ פְנֵיהֶם מִסֶּלַע מֵאֲנוּ לָשׁוּב", לְכָךְ הִזְהִיר הַקָּדוֹשׁ בָּרוּךְ הוּא עַל כְּבוֹדָן שֶׁל זְקֵנִים וְשֶׁל צַדִּיקִים, וְכֵן הוּא אוֹמֵר (משלי א, ו) "לְהָבִין מָשָׁל וּמְלִיצָה דִּבְרֵי חֲכָמִים וְחִידֹתָם", לָמָּה הִזְהִיר עֲלֵיהֶם, לְפִי שֶׁהֵם מַזְהִירִים אֶת יִשְׂרָאֵל מִן עֲבוֹדָה זָרָה, עַל כֵּן נֶאֱמַר [כג, יג] "וּבְכֹל אֲשֶׁר אָמַרְתִּי אֲלֵיכֶם תִּשָּׁמֵרוּ וְשֵׁם אֱלֹהִים אֲחֵרִים לֹא תַזְכִּירוּ". מַה כְּתִיב אַחֲרָיו [כג, יז] "שָׁלֹשׁ פְּעָמִים בַּשָּׁנָה", קָבַע אֱלֹהִים שְׁלֹשָׁה רְגָלִים,

עץ יוסף

הקדוש ברוך הוא אומר הוי שודד ואתה לא שדוד. סיפא דקרא כהתימך שודד תושד, על דרך בחצי ימיו יעזבנו: **ועושה אותו שקר.** פירוש שנגזר עליו שיתעשר בהיתר, והוא בסכלותו גורם שיבואהו העושר בגזל וחמס: **מזהיר בתורה אם כסף תלוה את עמי.** וגו', לא תהיה לו כנושה: **דייך שאני קורא כו'.** ומסתמא לא משוי נפשיה רשיעא שלא לפרוע אם יהיה לו: **צדיק חונן ונותן זה הקדוש ברוך הוא כו'.** ומלת חונן הוא פועל יוצא לאחר, כלומר שהקדוש ברוך הוא בגזירתו הוא מסבב החנינה לבעל המשכון שיחזור העבוט לבעל חובו, וזהו שמסיים והיה כי יצעק וגו' ושמעתי כי חנון אני, ורוצה לומר ולכן נקרא הקדוש ברוך הוא חונן ונותן: **וכן דוד אומר אשרי משכיל אל דל כו'.** הוא סיום הענין מדרוש שני הענינים היינו הלואת הכסף לעני, והחזרת המשכון לבעליו, אשרי משכיל אל דל נגד אם כסף תלוה, ואל תגזול דל נגד אם חבל תחבול: **(טז) [יז] רבי מאיר אומר על הכל כו'.** פירוש אף על פי שהזהיר הקדוש ברוך הוא גם בקללות אחרים כגון לא תקלל חרש, וכן על קללת כל אדם, מכל מקום אזהרת קללת הדיינים והנשיאים עולה על כולם, שהחמיר בה כדלעיל סימן ח' (יפה תואר): **ועל הנשיא.** הוא המלך: **שפשט ידו במשה כו'.** כי המדה הזאת סופו עד אבדון תאכל, אחר שאינו שומע לגדולים ממנו: **שנאמר ויהיו מלעיבים כו'.** מסיפא דקרא דייק, דכתיב ויהיו מתעתעים בנביאיו עד עלות חמת ה': **וכתיב חזקו פניהם מסלע.** בתר מאנו קחת מוסר כתיב, נראה שרוצה לומר שהעיזו כנגד מוכיחיהם לבזותם: **לכך הזהיר הקדוש ברוך הוא על כבודם כו'.** היינו בקימה והדור, כאומרו מפני שיבה תקום והדרת פני זקן: **של זקנים.** פירוש חכמים, שאין זקן אלא שקנה חכמה: **ושל צדיקים.** אף על פי שאינם תלמידי חכמים, כדכתיב ואת יראי ה' יכבד: **וכן הוא אומר להבין משל ומליצה.** וכתיב לפני זה לקחת מוסר השכל צדק ומשפט ומשרים, משמע שמדברי החכמים וחידותם יקח מוסר השכל בצדק ומשפט ומישרים: **למה הזהיר עליהם כו'.** כמו דבר אחר רוצה לומר ששני הטעמים צדקו יחדיו: **לפי שהם מזהירים את ישראל כו'.** ולפי שנותנים כבוד לשמו יתברך ליחד כבודו שלא לתת כבוד לזולתו, לכן הזהיר הקדוש ברוך הוא על כבודם: **על כן נאמר כו' ושם אלהים אחרים לא תזכירו.** דאיידי דהזכיר אזהרת הדיינים אמר שכשיהיו נזהרים בכל הנזכר, יהיו מופרשים מעבודת כוכבים כי הדיינים מזהירים אותם מזה: **מה כתיב אחריו שלש פעמים בשנה.** דריש סמוכים דשלשה רגלים לשם אלקים אחרים וגו', שכל המבזה המועדות כאילו עובד עכו"ם: **קבע בו'.** דריש טעם קביעות הרגלים:

פירוש מהרז"ו

הוי שודד. וסיפיה דקרא כהתימך שודד תושד כנלותך לבגוד יבגדו בך: **קורא אותו רשע.** אם לא תעשה לו אתה רע אם לא ישלם לך, אני אשלם לך, ומרומז בסיפיה דקרא וצדיק חונן ונותן, חונן כמו שכתוב ושמעתי כי חנון אני, ועל שאינו משלם, על זה אמר ונותן: **(טז) על הכל.** פירוש יותר מקללת הכל, שהרי מוזהרים שלא לקלל כל אדם, מפסוק (ויקרא יט, יד) לא תקלל חרש, ובמכילתא כאן דורש מפסוק בעמך לא תאור, כל שבעמך, אך על דיינים ביחוד, תנחומא כאן סימן י"ב: **ועל הנשיא.** כמו שכתוב בסיפא דקרא, ונשיא בעמך לא תאור: **ויהיו מלעיבים.** וסיפא דקרא עד עלות חמת ה' בעמו עד לאין מרפא: **חזקו פניהם מסלע.** כמו שכתוב יחזקאל ג' ח', הנה נתתי את פניך חזקים לעומת פניהם, שהם חזקו פניהם נגד הנביאים: **ושם אלהים אחרים.** על שהם מזהירים על עבודת כוכבים, על כן קרא אותם אלהים לא תקלל, שמי שמקלל אותם כמקלל אלהים: **מה כתיב אחריו.** אחר פסוק ושם אלהים אחרים, שכל המבזה המועדות כעובד עבודת כוכבים:

מתנות כהונה

הכי גרסינן **קובעיהם נפש. אלהים לא תקלל רבי מאיר:**

אשד הנחלים

לא שדוד. כי באמת הכל שלי ומידי נתנו לך, מדוע תקח עבורם רבית ותשדוד אותם: **ממון של אמת.** רצה לומר שיעשה בו אמת ויתנהג בדרך האמת, לא בשקר ותרמית, ולכן מביא מהכתוב חרשתם רשע, שבאמת היה ראוי לזרוע זרע אמת, והם עשו בהיפך: **דייך שאני קורא אותו רשע.** זהו באור על מליצת הכתוב, אמת שלוה רשע, אבל עם כל זה הצדיק חונן ונותן, כי יזכור רעת הזולת, ועל ידי זה יתעורר לעשות ההיפך רק טוב וחסד, לבל יהיו בכלל הרשעים שהם רעים: **[טז] על הכל.** כלומר שהכונה בכתוב על הדיינים ועל הנשיאים, ששניהם נקראו אלהים, מפני המשפט שהם עושים: **שפשט ידו במשה כו'.** כי המדה הזאת סופו עד אבדון תאכל, אחר שאינו שומע לגדולים ממנו: **מן וכו'.** כלומר שלכן הסמיך הכתוב ושם גו', לזה, כי חס ושלום אם לא יאמין לדבריהם, סופו שיאמין בעבודת כוכבים. והענין כי מעקרי האמונה בה' נמשך מדור דור שראו מעשי ה', ואחר שאינו מוצא אמון בנפשו לנביאי ה', איך יאמין בה': **מה כתיב אחריו שלש פעמים.** כלומר גם מזה יצמח האמונה בה' על ידי זכירת המצות, שעל ידי זה יזכור גאולת מצרים והנסים, ועל ידי זה יאמין בה', ולא ייחס לטבע או לצבא השמים, אחר שעיניו ראו הנסים הגדולים למעלה מהטבע, וכן זכירת התורה שעל ידה זוכה לכל טוב העולם הזה והעולם הבא:

חידושי הרד"ל

[טז] ועל הנשיא. עיין רמב"ן (שמות כב, כז):

באור מהרי"פ

[טז] ויהיו מלעיבים במלאכי אלהים. (דברי הימים ב לו, טז) ובוזים דבריו ומתעתעים נביאיו עד עלות חמת ה' בעמו עד לאין מרפא: **חזקו פניהם.** אולי נסמך הדרש על מקרא דבתריה (ירמיה ה, ג - ד), ה' עיניך הלוא לאמונה הכית אותם ולא חלו כליתם מאנו קחת מוסר חזקו פניהם מסלע מאנו לשוב. ואני אמרתי אך אוילים הם נואלו כי לא ידעו דרך ה' משפט אלהיהם. מעיקרא כתיב מאנו קחת מוסר וגו', שהיו בוזים את נביאיהם וחכמיהם ועל כן אמר במקרא דבתריה נואלו, כי לא ידעו דרך ה' משפט אלהיהם, והטעם מפני שהיו בוזים ומתרחקים מהנביאים והחכמים: **להבין וגו'.** נסמך על המקראות הקודמים, לקחת מוסר השכל צדק ומשפט ומישרים לתת לפתאים ערמה לנער דעת ומזמה. וכל אלה יכול להשיג, באם שיבין דברי משל ומליצה דברי חכמים וחידותם, אבל הבוזה דברי חכמים נשאר פתי ונער ובער: **למה מזהיר עליהם.** הוא כמו דבר אחר: **ובכל אשר אמרתי אליכם תשמרו ושם אלהים אחרים לא תזכירו** לא ישמע על פיך. אך צריך עיון למה פרט דוקא שמזהירים על עבודת כוכבים, הלא בין [הפסוק] אלהים לא תקלל, ובין [הפסוק] ובכל אשר אמרתי יש מרחק רב, [הפסוק] אלהים וגו' הוא (שמות כב, כז) [והפסוק] ובכל וגו' הוא (שם כג, יג), וביניהם יש הרבה מצות שונות זו מזו, ולמה פרט דוקא האזהרה על עבודת כוכבים. וצריך עיון: **שלש רגלים וכו'.** כלומר שבשלש רגלים האלה מורים על השגחת ה' עלינו ולהפרישנו מן העובדי כוכבים, כמבואר לכל מבין עם תלמיד:

מסורת המדרש

ב. תנחומא כאן סימן ב':

אם למקרא

הוֹי שׁוֹדֵד וְאַתָּה לֹא שָׁדוּד וּבוֹגֵד וְלֹא בָגְדוּ בוֹ כַּהֲתִמְךָ שׁוֹדֵד תּוּשַּׁד כַּנְּלֹתְךָ לִבְגֹּד יִבְגְּדוּ־בָךְ: (ישעיה לג:א)

חֲרַשְׁתֶּם רֶשַׁע עַוְלָתָה קְצַרְתֶּם אֲכַלְתֶּם פְּרִי כָחַשׁ כִּי בָטַחְתָּ בְדַרְכְּךָ בְּרֹב גִּבּוֹרֶיךָ: (הושע י:יג)

כַּעֲבוֹר סוּפָה וְאֵין רָשָׁע וְצַדִּיק יְסוֹד עוֹלָם: (משלי י:כה)

לֹוֶה רָשָׁע וְלֹא יְשַׁלֵּם וְצַדִּיק חוֹנֵן וְנוֹתֵן: (תהלים לז:כא)

אַשְׁרֵי מַשְׂכִּיל אֶל דָּל בְּיוֹם רָעָה יְמַלְּטֵהוּ ה': (שם מא:ב)

אַל־תִּגְזָל דָּל כִּי דַל הוּא וְאַל תְּדַכֵּא עָנִי בַשָּׁעַר: כִּי ה' יָרִיב רִיבָם וְקָבַע אֶת קֹבְעֵיהֶם נָפֶשׁ: (משלי כב:כב-כג)

וַיִּהְיוּ מַלְעִבִים בְּמַלְאֲכֵי הָאֱלֹהִים וּבוֹזִים דְּבָרָיו וּמִתַּעְתְּעִים בִּנְבִאָיו עַד עֲלוֹת חֲמַת ה' בְּעַמּוֹ עַד לְאֵין מַרְפֵּא: (דברי הימים־ב לו:טז)

ה' עֵינֶיךָ הֲלוֹא לֶאֱמוּנָה הִכִּיתָה אֹתָם וְלֹא חָלוּ כִּלִּיתָם מֵאֲנוּ קַחַת מוּסָר חִזְּקוּ פְנֵיהֶם מִסֶּלַע מֵאֲנוּ לָשׁוּב: (ירמיה ה:ג)

לְהָבִין מָשָׁל וּמְלִיצָה דִּבְרֵי חֲכָמִים וְחִידֹתָם: (משלי א:ו)

לְכָךְ הִזְהִיר הַקָּדוֹשׁ בָּרוּךְ הוּא עַל כְּבוֹדָן שֶׁל זְקֵנִים וְשֶׁל צַדִּיקִים – **Therefore the Holy One, blessed is He, warned Israel concerning the honor of the sages and the righteous.**[260] וְכֵן הוּא אוֹמֵר ״לְהָבִין מָשָׁל וּמְלִיצָה דִּבְרֵי חֲכָמִים וְחִידֹתָם״ – **And so it states,** ***To understand parable and epigram, the words of the wise and their enigmas*** (*Proverbs* 1:6).[261]

Alternatively:[262]

לָמָּה הִזְהִיר עֲלֵיהֶם – **Why did [the Torah] warn** us **concerning [the judges]?** לְפִי שֶׁהֵם מַזְהִירִים אֶת יִשְׂרָאֵל מִן עֲבוֹדָה זָרָה – **Because they warn Israel against idol-worship;**[263] עַל כֵּן נֶאֱמַר ״וּבְכֹל אֲשֶׁר אָמַרְתִּי אֲלֵיכֶם תִּשָּׁמֵרוּ וְשֵׁם אֱלֹהִים אֲחֵרִים לֹא תַזְכִּירוּ״ – and **for this reason it is stated** further, ***Be careful regarding everything I have said to you. The name of the gods of others you shall not mention*** (above, 23:13).[264]

The Midrash now proceeds to connect the foregoing verse with the verses that follow it:[265]

מַה כְּתִיב אַחֲרָיו – Now, **what is written afterward?** ״שָׁלֹשׁ פְּעָמִים בַּשָּׁנָה״ – ***Three times during the year*** *shall all your menfolk appear before the Lord, HASHEM* (ibid., v. 17).[266]

Having made reference to the three festivals, the Midrash expounds on their significance:

קָבַע אֱלֹהִים שְׁלֹשָׁה רְגָלִים – **God established three festivals:**

NOTES

for why this verse was inserted at this juncture. For since the previous passages discuss various punishments meted out on this world for sins, both by the Heavenly Court and the Rabbinic court, Scripture continues by stating this prohibition, for which one is also liable to punishments on this world (*Yefeh To'ar*).

260. Meaning: Because they, too, teach the ways of justice and righteousness, they are of the caliber of judges and must be treated with respect (*Yefeh To'ar*).

The obligation to honor sages is derived (*Kiddushin* 32b) from that which it states (*Leviticus* 19:32), *You shall honor the presence of a sage*. The obligation to honor righteous people even if they are not scholars is derived from that which it states (*Psalms* 15:4), *He honors those who fear HASHEM* (*Eitz Yosef*).

261. Since earlier (v. 3) it states, *To accept wise discipline, righteousness, justice, and fairness*, this indicates that all those can be gained from adhering to the parables and sage words of the wise (*Beur Maharif, Eitz Yosef*).

262. Ibid.

263. Since they give honor to God's Name by warning against idolatry, He in turn gave them honor by commanding us to honor them (*Eitz Yosef*).

264. Meaning: Why did Scripture insert the prohibition of idolatry among the monetary laws (see above, note 255)? The Midrash explains that having exhorted us not to curse the judges, the Torah tells us here — several verses later — that if we keep this command, we will be spared from committing the terrible sin of idolatry, since the judges, who caution us against it, are held in high esteem (*Yefeh To'ar*; see also *Eitz Yosef*).

265. The verses following the verse regarding the prohibition of idolatry that the Midrash just cited (vv. 14-18) discuss the festivals. Why are these verses inserted among the monetary laws? (*Yefeh To'ar*).

266. Scripture placed the laws of the festivals following the prohibition of idolatry to indicate that disgracing the festivals is tantamount to idol worship [see *Pesachim* 118a] (*Maharzu, Eitz Yosef*).

והקדוש ברוך הוא אומר: (ישעיה לג, א) "הוי שודד ואתה לא שדוד", הקדוש ברוך הוא נתן לו ממון של אמת ועושה אותו שקר, שנאמר (הושע י, יג) "חרשתם רשע עולתה קצרתם", לכך אתם עוברים מן העולם, שנאמר (משלי י, כה) "כעבור סופה ואין רשע", לכך הקדוש ברוך הוא מזהיר בתורה: [כב, כד] "אם כסף תלוה את עמי", ואם אינו משלם לך דייך שאני קורא אותו רשע, שנאמר (תהלים לז, כא) "לוה רשע ולא ישלם וצדיק חונן ונותן", זה הקדוש ברוך הוא שמזהיר את ישראל ואומר להם: [כב, כה] "אם חבל תחבל שלמת רעך" החזירהו לו שלא יצעק לפני, שנאמר [כב, כו] "והיה כי יצעק אלי וגו'", וכן דוד אומר (שם מא, ב) "אשרי משכיל אל דל", וכן שלמה אומר (משלי כב, כב) "אל תגזל דל כי דל הוא", למה, (שם שם כג) "כי ה' יריב ריבם וקבע את קבעיהם נפש":

טז [ב][כב, כז] "אלהים לא תקלל", רבי מאיר אמר: על הכל הזהיר הקדוש ברוך הוא, על דייני ישראל שהם מלמדים אותן משפט ועל הנשיא, שנאמר "אלהים לא תקלל", וכן אתה מוצא שלא לקה קרח ועדתו אלא על שפשט ידו במשה ואהרן, וכן אנשי ירושלים לקו על שבזו הנביאים, שנאמר (דברי הימים-ב לו, טז) "ויהיו מלעבים במלאכי אלהים", וכתיב (ירמיה ה, ג) "חזקו פניהם מסלע מאנו לשוב", לכך הזהיר הקדוש ברוך הוא על כבודן של זקנים ושל צדיקים, וכן הוא אומר (משלי א, ו) "להבין משל ומליצה דברי חכמים וחידתם", למה הזהיר עליהם, לפי שהם מזהירים את ישראל מן עבודה זרה, על כן נאמר [כג, יג] "ובכל אשר אמרתי אליכם תשמרו ושם אלהים אחרים לא תזכירו". מה כתיב אחריו [כג, יז] "שלש פעמים בשנה", קבע אלהים שלשה רגלים,

עץ יוסף

הקדוש ברוך הוא אומר הוי שודד ואתה לא שדוד. סיפא דקרא כהתימך שודד תושד, על דרך בחלי ימיו יעזבנו: **ועושה אותו שקר.** פירוש שנגזר עליו שיתעשר בהיתר, והוא בסכלותו גורם שיבואהו העושר בגזל וחמס: **מזהיר בתורה אם כסף תלוה את עמי.** וגו', לא תהיה לו כנושה: **דייך שאני קורא כו'** ומסתמא לא משוי נפשיה רשיעא שלא לפרוע אם יהיה לו: **צדיק חונן ונותן זה הקדוש ברוך הוא כו'.** ומלת חונן הוא פועל יוצא לאחר, כלומר שהקדוש ברוך הוא בגזירתו הוא מסבב החנינה לבעל המשכון שיחזור העבוט לבעל חובו, וזהו שמסיים והיה כי יצעק וגו' ושמעתי כי חנון אני, ורוצה לומר ולכן נקרא הקדוש ברוך הוא חונן ונותן: **וכן דוד אומר אשרי משכיל אל דל כו'.** הוא סיום הענין מדרוש שני הענינים היינו הלואת הכסף לעני, והחזרת המשכון לבעליו, אשרי משכיל אל דל נגד אם כסף תלוה, ואל תגזול דל נגד אם חבל תחבול: (טז) [יז] **רבי מאיר אומר על הכל כו'.** פירוש אף על פי שהזהיר הקדוש ברוך הוא גם בקללות אחרים כגון לא תקלל חרש, וכן על קללת כל אדם, מכל מקום אזהרת קללת הדיינים והנשיאים עולה על כולם, שהחמיר בה כדלעיל סימן ח' (יפה תואר): **ועל הנשיא.** הוא המלך: **שפשט ידו במשה כו'.** כי המדה הזאת סופו עד אבדון תאכל, אחר שאינו שומע לגדולים ממנו: **שנאמר ויהיו מלעיבים כו'.** מסיפא דקרא דייק, דכתיב ויהיו מתעתעים בנביאיו עד עלות חמת ה': **וכתיב חזקו פניהם מסלע.** בתר מאנו קחת מוסר כתיב, נראה שרוצה לומר שהעיזו כנגד מוכיחיהם לבזותם: **לכך הזהיר הקדוש ברוך הוא על כבודם כו'.** היינו בקימה והדור, כאומרו מפני שיבה תקום והדרת פני זקן: **של זקנים.** פירוש חכמים, שאין זקן אלא שקנה חכמה: **ושל צדיקים.** אף על פי שאינם תלמידי חכמים, כדכתיב ואת יראי ה' יכבד:

פירוש מהרז"ו

הוי שודד. וסיפיה דקרא כהתימך שודד תושד כנלותך לבגוד יבגדו בך: **קורא אותו רשע.** אם לא תעשה לו אתה רע אם לא ישלם לך, אני אשלם לך, ומרומז בסיפיה דקרא וצדיק חונן ונותן, חונן כמו שכתוב ושמעתי כי חנון אני, ועל שאינו משלם, על זה אמר ונותן: (טז) **על הכל.** פירוש יותר מקללת הכל, שהרי מוזהרים שלא לקלל כל אדם, מפסוק (ויקרא יט, יד) לא תקלל חרש, ובמכילתא כאן דורש מפסוק בעמך לא תאור, כל שבעמך, אך על דיינים ביחוד, תנחומא כאן סימן י"ב: **ועל הנשיא.** כמו שכתוב בסיפא דקרא, ונשיא בעמך לא תאור: **ויהיו מלעיבים.** וסיפא דקרא עד עלות חמת ה' בעמו עד לאין מרפא: **חזקו פניהם מסלע.** כמו שכתוב יחזקאל ג' ח', הנה נתתי את פניך חזקים לעומת פניהם, שהם חזקו פניהם נגד הנביאים: **ושם אלהים אחרים.** על שהם מזהירים על עבודת כוכבים, על כן קרא אותם אלהים לא תקלל, שמי שמקלל אותם כמקלל אלהים: **מה כתיב אחריו.** אחר פסוק ושם אלהים אחרים, שכל המבזה המועדות כעובד עבודת כוכבים:

וכן הוא אומר להבין משל ומליצה. וכתיב לפני זה לקחת מוסר השכל צדק ומשפט ומשרים, משמע שמדברי החכמים וחידותם יקח מוסר השכל בצדק ומשפט ומישרים: **למה הזהיר עליהם כו'.** כמו דבר אחר רוצה לומר ששני הטעמים צדקו יחדיו: **לפי שהם מזהירים את ישראל כו'.** ולפי שנותנים כבוד לשמו יתברך ליחד כבודו שלא לתת כבוד לזולתו, לכן הזהיר הקדוש ברוך הוא על כבודם: **על כן נאמר כו' ושם אלהים אחרים לא תזכירו.** דאיידי דהזכיר אזהרת הדיינים אמר שכשיהיו נזהרים בכל הנזכר, יהיו מופרשים מעבודת כוכבים כי הדיינים מזהירים אותם מזה: **מה כתיב אחריו שלש פעמים בשנה.** דריש סמוכים דשלשה רגלים לשם אלקים אחרים וגו', שכל המבזה המועדות כאילו עובד עכו"ם: **קבע כו'.** דריש טעם קביעות הרגלים:

מסורת המדרש

ב. תנחומא כאן סימן כ':

אם למקרא

הוי שודד ואתה לא שדוד ובוגד ולא בגדו בו כהתמך שודד תושד כנלתך לבגד יבגדו־בך: (ישעיה לג:א)

חרשתם רשע עולתה קצרתם אכלתם פרי כחש כי בטחת בדרכך ברב גבוריך: (הושע י:יג)

כעבור סופה ואין רשע וצדיק יסוד עולם: (משלי י:כה)

לוה רשע ולא ישלם וצדיק חונן ונותן: (תהלים לז:כא)

אשרי משכיל אל דל ביום רעה ימלטהו ה': (שם מא:ב)

אל־תגזל דל כי דל הוא ואל תדכא עני בשער: כי ה' יריב ריבם וקבע את קבעיהם נפש: (משלי כב:כב-כג)

ויהיו מלעבים במלאכי האלהים ובוזים דבריו ומתעתעים בנבאיו עד עלות חמת ה' בעמו עד לאין מרפא: (דברי הימים־ב לו:טז)

ה' עיניך הלוא לאמונה הכיתה אתם ולא חלו כליתם מאנו קחת מוסר חזקו פניהם מסלע מאנו לשוב: (ירמיה ה:ג)

להבין משל ומליצה דברי חכמים וחידתם: (משלי א:ו)

חידושי הרד"ל

[טז] **ועל הנשיא.** עיין רמב"ן (שמות כב, כז):

באור מהרי"פ

[טז] **ויהיו מלעיבים במלאכי אלהים.** (דברי הימים ב לו, טז) ובוזים דבריו ומתעתעים נביאיו עד עלות חמת ה' בעמו עד לאין מרפא: **חזקו פניהם.** אולי נסמך הדרש על מקרא דבתריה (ירמיה ה, ג - ד), ה' עיניך הלוא לאמונה הכית אותם ולא חלו כליתם מאנו קחת מוסר חזקו פניהם מסלע מאנו לשוב. ואני אמרתי אך אוילים הם נואלו כי לא ידעו דרך ה' משפט אלהיהם. מעיקרא כתיב מאנו קחת מוסר וגו', שהיו בוזים את נביאיהם וחכמיהם ועל כן אמר במקרא דבתריה נואלו, כי לא ידעו דרך ה' משפט אלהיהם, והטעם מפני שהיו בוזים ומתרחקים מהנביאים והחכמים: **להבין וגו'.** נסמך על המקראות הקודמים, לקחת מוסר השכל צדק ומשפט ומישרים לתת לפתאים ערמה לנער דעת ומזמה. וכל אלה יכול להשיג, באם שיבין דברי משל ומליצה דברי חכמים וחידותם, אבל הבוזה דברי חכמים נשאר פתי ונער ובער: **למה מזהיר עליהם.** הוא כמו דבר אחר: **ובכל אשר אמרתי אליכם תשמרו ושם אלהים אחרים לא תזכירו** לא ישמע על פיך. אך צריך עיון למה פרט דוקא שמזהירים על עבודת כוכבים, הלא בין [הפסוק] אלהים לא תקלל, ובין [הפסוק] ובכל אשר אמרתי יש מרחק רב, [הפסוק] אלהים וגו' הוא (שמות כב, כז) [והפסוק] ובכל וגו' הוא (שם כג, יג), וביניהם יש הרבה מצות שונות זו מזו, ולמה פרט דוקא האזהרה על עבודת כוכבים. וצריך עיון: **שלש רגלים וכו'.** כלומר ששלש רגלים האלה מורים על השגחת ה' עלינו ולהפרישנו מן העובדי כוכבים, כמבואר לכל מבין עם תלמיד:

מתנות כהונה

הכי גרסינן **קובעיהם נפש. אלהים לא תקלל רבי מאיר:**

אשד הנחלים

לא שדוד. כי באמת הכל שלי ומידי נתנו לך, מדוע תקח עבורם רבית ותשדוד אותם: **ממון של אמת.** רצה לומר שיעשה בו אמת ויתנהג בדרך האמת, לא בשקר ותרמית, ולכן מביא מהכתוב חרשתם רשע, שבאמת היה ראוי לזרוע זרע אמת, והם עשו בהיפך: **דייך שאני קורא אותו רשע.** זהו באור על מליצת הכתוב, אמת שלוה רשע, אבל עם כל זה הצדיק חונן ונותן, כי יזכור רעת הזולת, ועל ידי זה יתעורר לעשות ההיפך רק טוב וחסד, לבל יהיו בכלל הרשעים שהם רעים: **[טז] על הכל.** כלומר שהכונה בכתוב על הדיינים ועל הנשיאים, ששניהם נקראו אלהים, מפני המשפט שהם עושים: **שפשט ידו במשה כו'.** כי המדה הזאת סופו עד אבדון תאכל, אחר שאינו שומע לגדולים ממנו: **מן וכו'.** כלומר שלכן הסמיך הכתוב ושם גו', לזה, כי חס ושלום אם לא יאמין לדבריהם, סופו שיאמין בעבודת כוכבים. והענין כי מעקרי האמונה בה' נמשך מדור דור שראו מעשי ה', ואחר שאינו מוצא אמון בנפשו לנביאי ה', איך יאמין בה': **מה כתיב אחריו שלש פעמים.** כלומר גם מזה יצמח האמונה בה' על ידי זכירת המצות, שעל ידי זה יזכור גאולת מצרים והנסים, ועל ידי זה יאמין בה', ולא ייחס לטבע או לצבא השמים, אחר שעיניו ראו הנסים הגדולים למעלה מהטבע, וכן זכירת התורה שעל ידה זוכה לכל טוב העולם הזה והעולם הבא:

חַג הַמַּצּוֹת שֶׁבּוֹ עָשָׂה נִסִּים לָהֶם בְּמִצְרַיִם – **the Festival of Matzos** (Pesach), **at which** time **[God] performed miracles for [the people of Israel] in Egypt;** חַג הַקָּצִיר שֶׁבּוֹ נִיתְּנָה תּוֹרָה לְיִשְׂרָאֵל – **the Festival of the Harvest** (Shavuos), **at which** time **the Torah was given to** the people of **Israel,** שֶׁאוֹכְלִים מִפֵּירוֹתֶיהָ בָּעוֹלָם הַזֶּה, שֶׁנֶּאֱמַר "טוֹב פִּרְיִי מֵחָרוּץ וּמִפָּז" – **who enjoy its fruit in this world** while the principal remains for the World to Come,[267] **as it is stated,** ***My fruits are better than fine gold, even choice gold*** (*Proverbs* 8:19); חַג הָאָסִיף שֶׁבּוֹ הָאֱלֹהִים מְמַלֵּא בָּתֵּיהֶם בְּרָכָה – and **the Festival of the Ingathering** (Succos), **at which** time **God fills their houses with blessing,** שֶׁנֶּאֱמַר "כַּבֵּד אֶת ה' מֵהוֹנֶךָ" – **as it is stated,** ***Honor HASHEM with your wealth*** (ibid. 3:9).[268] לְכָךְ הוּא אוֹמֵר "רֵאשִׁית בִּכּוּרֵי אַדְמָתְךָ" – **And therefore it states** further, ***The choicest first fruit of your land*** *shall you bring to the House of HASHEM, your God* (above, 23:19).[269]

§17 The Midrash returns to the passage discussing the laws of lending money:

דָּבָר אַחֵר, "אִם כֶּסֶף תַּלְוֶה אֶת עַמִּי" – **Another interpretation of,** ***When you lend money to My people,*** *to the poor person who is with you, do not act toward him as a creditor; do not lay interest upon him* (22:24): הָדָא הוּא דִכְתִיב "נִבְהָל לַהוֹן אִישׁ רַע עָיִן" – **This** is understood in accordance with **that which is written,** ***One overeager for wealth has an evil eye;*** *he does not know that want may befall him* (*Proverbs* 28:22).[270]

Before applying this verse to our subject, the Midrash will present several unrelated interpretations:[271]

זֶה קַיִן שֶׁהִבְהִיל עַצְמוֹ לִיטּוֹל הָעוֹלָם – **This is** an allusion to **Cain, who hurried himself to possess the** whole **world.** כֵּיצַד – **How so?** כְּשֶׁהָיָה עִם אָחִיו, שֶׁנֶּאֱמַר "וַיְהִי בִּהְיוֹתָם בַּשָּׂדֶה", אָמְרוּ זֶה לָזֶה: בֹּא וְנַחֲלוֹק הָעוֹלָם – **When he was with his brother** Abel – **as it is stated,** *Cain spoke with his brother Abel.* ***And it happened when they were in the field*** (*Genesis* 4:8)[272] – **they said to each other, "Come and let us divide the world** among ourselves." אָמַר קַיִן: טוֹל אַתָּה אֶת הַמִּטַּלְטְלִין וַאֲנִי הַקַּרְקָעוֹת, וְחָלְקוּ בֵּינֵיהֶם – **Cain said** to Abel, **"You take the movable property and I the land,"** and thus **they split** the world **among themselves;** נָטַל הֶבֶל אֶת הַמִּטַּלְטְלִין וְקַיִן אֶת הַקַּרְקָעוֹת – **Abel took the movable property and Cain the land.** וְחָשַׁב לְהוֹצִיאוֹ מִן הָעוֹלָם – **Now [Cain] intended to drive [Abel] from the world.**[273] הָיָה הֶבֶל מְהַלֵּךְ בָּעוֹלָם וְקַיִן רוֹדְפוֹ, וְאָמַר לוֹ: צֵא מִתּוֹךְ שֶׁלִּי – When **Abel would walk in the world, Cain would pursue him and say to him, "Leave my** domain";[274] וְהָיָה הוֹלֵךְ לֶהָרִים, וְאוֹמֵר: צֵא מִתּוֹךְ שֶׁלִּי – **so [Abel] would go to the mountains, but** still **[Cain] would say** to him, **"Leave my** domain"; עַד שֶׁעָמַד עָלָיו וַהֲרָגוֹ – **until [Cain] rose up against [Abel] and killed him.**[275] הֱוֵי "נִבְהָל לַהוֹן אִישׁ רַע עָיִן" – **Hence,** the *Proverbs* verse cited above states, ***One overeager for wealth has an evil eye*** – זֶה קַיִן, שֶׁהָיְתָה עֵינוֹ רָעָה בְּאָחִיו – **this is** an allusion to **Cain, who exhibited an evil eye against his brother.** "וְלֹא יֵדַע כִּי חֶסֶר יְבֹאֶנּוּ" – The verse continues, ***He does not know that want may befall him.*** וּמָה חֶסְרוֹן הִגִּיעַ לוֹ – **And what want befell [Cain]?** שֶׁאָמַר לוֹ הַקָּדוֹשׁ בָּרוּךְ הוּא: "נָע וָנָד תִּהְיֶה בָאָרֶץ" – **That the Holy One, blessed is He, said to him,** ***"You shall become a vagrant and a wanderer on earth"*** (*Genesis* 4:12). וּמַהוּ כֵן – **And what is this?**[276] שֶׁבְּכָל מָקוֹם שֶׁהוֹלֵךְ הַקָּדוֹשׁ בָּרוּךְ הוּא הָיָה מֵבִיא לוֹ רָעָה לְרַגְלָיו – **That wherever he would go, the Holy One, blessed is He, would bring evil at his arrival;**[277] וְהָיוּ מַכִּין אוֹתוֹ וְרוֹדְפִין אַחֲרָיו עַד שֶׁמּוֹצִיאִין אוֹתוֹ – **and [others] would beat him and pursue him until they would drive him out** of that region.[278]

The Midrash cites a verse from *Ecclesiastes* and applies it to Cain and his unfortunate fate:

וּשְׁלֹמֹה קוֹרֵא עָלָיו "אִם יוֹלִיד אִישׁ מֵאָה", זֶה קַיִן שֶׁהוֹלִיד מֵאָה בָּנִים – **And concerning him did Solomon recite** the following:[279] ***If a man begets a hundred children*** (*Ecclesiastes* 6:3) – **this is** an allusion to **Cain who begot a hundred children.**[280] "וְשָׁנִים רַבּוֹת יִחְיֶה", שֶׁחָיָה כְּמוֹ שֶׁחָיָה אָדָם – ***And lives many years*** – **for he lived** for as long **as Adam lived.** "וְרַב שֶׁיִּהְיוּ יְמֵי שָׁנָיו", שֶׁהוֹסִיף יָמִים עַל יְמֵי אָבִיו תשכ"ו שָׁנִים – ***Great being the days of his life*** – **for he had seven hundred and twenty-six years** of life **more than his father** did.[281] "וְנַפְשׁוֹ לֹא תִשְׂבַּע מִן הַטּוֹבָה", שֶׁלֹּא תִשְׂבַּע נַפְשׁוֹ בְּמָמוֹנוֹ – ***And his soul is not content with good*** – **that his soul is not gratified with all his money,** שֶׁנֶּאֱמַר "נָע וָנָד תִּהְיֶה בָאָרֶץ" – **as it is stated,** ***"You shall become a vagrant and a wanderer on earth."***[282]

NOTES

267. *Midrash Tanchuma, Mishpatim* §12; *Yefeh To'ar*; see Mishnah, *Pe'ah* 1:1. The giving of the Torah during the time of the harvest alludes to the fact that the reward of Torah study is similar to fruits of the harvest, which are reaped while the principal remains (*Yefeh To'ar*).

268. It is especially befitting that there be a festival in the season during which one typically gathers in the produce of his fields, so that one express his gratitude to God for all He has granted him by honoring Him with his wealth (*Eitz Yosef*).

269. For the commandment of bringing up the first fruit (*bikkurim*), too, underscores the obligation to show gratitude to God for what He has granted us (ibid.).

270. See the end of this section with note 312.

271. *Maharzu,* at the end of this section; *Eitz Yosef.*

272. The incident that the Midrash will now relate is alluded to by this verse – see below, note 275.

273. I.e., by dividing the world in this manner, Cain intended to drive Abel from the world, as the Midrash will explain (*Maharzu*).

274. That is, since Cain possessed the land, he told Abel to remove himself from his (Cain's) property.

275. As the *Genesis* verse cited above states, *And it happened when they were in the field, that Cain rose up against his brother Abel and killed him.*

The above incident is derived from the words *when they were in the field*, indicating that it was an argument over "the field," i.e., Abel's right to walk on the land, that led to his murder (*Midrash Tanchuma, Mishpatim* §13).

276. I.e., why does the *Proverbs* verse refer to this curse as a "want"? (*Eitz Yosef*).

277. According to *Midrash Tanchuma* ibid., God would bring an evil spirit at Cain's arrival (see *Radal*).

278. This refers to the wild beasts and snakes that would incessantly pursue him. It cannot be referring to other people, since there were no other people in the world at this time besides Cain's own parents (*Maharzu*; see also *Midrash Tanchuma, Bereishis* §9).

Since Cain was pursued wherever he went so that he did not have a space anywhere on earth that he could live in peacefully, his punishment is indeed considered a "want," for he had virtually no ownership over any space in the world (*Eitz Yosef*).

279. The full verse that the Midrash will now expound in segments reads as follows: *If a man begets a hundred children and lives many years – great being the days of his life – and his soul is not content with good – and he is even deprived of burial, I say: The stillborn is better off than he* (*Ecclesiastes* 6:3).

280. The figure "a hundred" is not meant to be a precise amount; it merely means that he eventually fathered many children, in contrast to Abel who died childless (*Eitz Yosef*; see also *Maharzu*).

281. For, as the Midrash proceeds to relate, he was drowned in the Flood, which occurred in the year 1656 from the time of Creation (see *Bereishis Rabbah* 38 §1). Since we know that Adam lived for 930 years (*Genesis* 5:5) [and that Cain was born on the first day of Adam's existence – *Bereishis Rabbah* 22 §2 (*Imrei Yosher*)], it follows that Cain lived for 726 years longer than his father did (*Beur Maharif, Radal, Eitz Yosef*).

282. Since he was doomed to be a wanderer, he was never able to enjoy his wealth (*Maharzu*).

חַג הַמַּצּוֹת שֶׁבּוֹ עָשָׂה נִסִּים לָהֶם בְּמִצְרַיִם, חַג הַקָּצִיר שֶׁבּוֹ נִיתְּנָה תּוֹרָה לְיִשְׂרָאֵל שֶׁאוֹכְלִים מִפֵּירוֹתֶיהָ בָּעוֹלָם הַזֶּה, שֶׁנֶּאֱמַר (שם ח, יט) "טוֹב פִּרְיִי מֵחָרוּץ וּמִפָּז", חַג הָאָסִיף שֶׁבּוֹ הָאֱלֹהִים מְמַלֵּא בָּתֵּיהֶם בְּרָכָה, שֶׁנֶּאֱמַר (שם ג, ט) "כַּבֵּד אֶת ה' מֵהוֹנֶךָ", לְכָךְ הוּא אוֹמֵר [כג, יט] "רֵאשִׁית בִּכּוּרֵי אַדְמָתְךָ":

יז דָּבָר אַחֵר, [כב, כד] "אִם כֶּסֶף תַּלְוֶה אֶת עַמִּי", הָדָא הוּא דִכְתִיב (שם כח, כב) [כא]"נִבְהָל לַהוֹן אִישׁ רַע עָיִן", זֶה קַיִן שֶׁהִבְהִיל עַצְמוֹ לִיטּוֹל הָעוֹלָם, כֵּיצַד, כְּשֶׁהָיָה עִם אָחִיו, שֶׁנֶּאֱמַר (בראשית ד, ח) "וַיְהִי בִּהְיוֹתָם בַּשָּׂדֶה", [כב]אָמְרוּ זֶה לָזֶה: בֹּא וְנַחֲלוֹק הָעוֹלָם, אָמַר קַיִן: טוֹל אַתָּה אֶת הַמִּטַּלְטְלִין וַאֲנִי הַקַּרְקָעוֹת, וְחָלְקוּ בֵּינֵיהֶם, נָטַל הֶבֶל אֶת הַמִּטַּלְטְלִין וְקַיִן אֶת הַקַּרְקָעוֹת, וְחָשַׁב לְהוֹצִיאוֹ מִן הָעוֹלָם, הָיָה הֶבֶל מְהַלֵּךְ בָּעוֹלָם וְקַיִן רוֹדְפוֹ, וְאָמַר לוֹ: צֵא מִתּוֹךְ שֶׁלִּי, וְהָיָה הוֹלֵךְ לֶהָרִים, וְאוֹמֵר: צֵא מִתּוֹךְ שֶׁלִּי, עַד שֶׁעָמַד עָלָיו וַהֲרָגוֹ, הֱוֵי (משלי כח, כב) "נִבְהָל לַהוֹן אִישׁ רַע עָיִן", זֶה קַיִן, שֶׁהָיְתָה עֵינוֹ רָעָה בְּאָחִיו, (שם) "וְלֹא יֵדַע כִּי חֶסֶר יְבֹאֶנּוּ", וּמָה חֶסְרוֹן הִגִּיעַ לוֹ, שֶׁאָמַר לוֹ הַקָּדוֹשׁ בָּרוּךְ הוּא: (בראשית ד, יב) "נָע וָנָד תִּהְיֶה בָאָרֶץ", וּמַהוּ כֵּן, שֶׁכָּל מָקוֹם שֶׁהוֹלֵךְ הַקָּדוֹשׁ בָּרוּךְ הוּא הָיָה מֵבִיא לוֹ רָעָה לְרַגְלָיו, [כג]וְהָיוּ מַכִּין אוֹתוֹ וְרוֹדְפִין אַחֲרָיו עַד שֶׁמּוֹצִיאִין אוֹתוֹ, וּשְׁלֹמֹה קוֹרֵא עָלָיו (קהלת ו, ג) [כד]"אִם יוֹלִיד אִישׁ מֵאָה", זֶה קַיִן שֶׁהוֹלִיד מֵאָה בָנִים, (שם) "וְשָׁנִים רַבּוֹת יִחְיֶה", שֶׁחָיָה כְּמוֹ שֶׁחָיָה אָדָם, (שם) "וְרַב שֶׁיִּהְיוּ יְמֵי שָׁנָיו", שֶׁהוֹסִיף יָמִים עַל יְמֵי אָבִיו תשכ"ו שָׁנִים, (שם) "וְנַפְשׁוֹ לֹא תִשְׂבַּע מִן הַטּוֹבָה", שֶׁלֹּא תִשְׂבַּע נַפְשׁוֹ בְּמָמוֹנוֹ, שֶׁנֶּאֱמַר (בראשית ד, יב) "נָע וָנָד תִּהְיֶה בָאָרֶץ", (קהלת שם שם) "וְגַם קְבוּרָה לֹא הָיְתָה לוֹ" [כה]שֶׁהָיָה תָּלוּי בְּרִפְיוֹן וּבָא הַמַּבּוּל וּשְׁטָפוֹ, (שם) "אָמַרְתִּי טוֹב מִמֶּנּוּ הַנָּפֶל", זֶה הֶבֶל אָחִיו שֶׁעָמַד עָלָיו וְהִפִּילוֹ הָרוּג בַּשָּׂדֶה, [כו]דָּבָר אַחֵר, (משלי כח, כב) "נִבְהָל לַהוֹן" זֶה עֶפְרוֹן, בְּשָׁעָה שֶׁמֵּתָה שָׂרָה וְהָיָה אַבְרָהָם מְבַקֵּשׁ מָקוֹם לִקְבוּרָה אָמַר לָהֶם: (בראשית כג, ח) "שְׁמָעוּנִי וּפִגְעוּ לִי בְּעֶפְרוֹן בֶּן צֹחַר",

עץ יוסף

שאוכלים מפירותיה. כלומר שלכן ניתנה תורה בזמן הקציר, לרמוז שאוכלים מפירותיה בעולם הזה: **שנאמר כבד את ה' מהונך.** לכן נצטווינו לעשות חג בזמן זה, כי ראוי לכבד את ה' ולהודות לו על מה שחננו, ולכך הסמיך ראשית בכורי אדמתך וגו' שראוי להורות לה' על כל ההצלחות שנותן לנו: **(יז) [יח] הדא הוא דכתיב נבהל להון כו'.** שב לתת טעם למאמר את העני עמך, ובעי למדרשיה מנבהל להון כו', כדדריש לקמן דהיינו מה שאמר מרבה הונו בנשך ותרבית כו', ואיידי דנקט ליה דריש ליה ברישא באנפי אחריני: **ומהו כן.** פירוש וכי בשביל שהיה נע ונד בארץ נעשה חסר, שאמר כי חסר יבואנו: **ורודפין אחריו עד שמוציאין אותו.** נמצא שחסר עולמו שהיה לו, ולא היה מושל אפילו בארבע אמותיו: **זה קין שהוליד מאה בנים.** רוצה לומר שהוליד בנים הרבה, והבל מת בלא בנים: **שבע מאות עשרים ושש שנה.** שהוא נשטף במבול כדלקמן, והמבול היה בשנת אלף שש מאות חמשים וששה ליצירה, ואדם חי תשע מאות ושלשים שנה, נמצא שקין הוסיפו לו שבע מאות עשרים ושש שנה: **שנאמר נע ונד.** ואף על פי שהסיר ה' ממנו הגזירה ממנו, מכל מקום השאיר אליה דהיינו נד, כדלקמן בויקרא רבה פרשה י': **שהיה תלוי ברפיון.** כדאיתא בבראשית רבה פרשה כ"ב: **זה הבל.** שלא חיה חיי נער כמוהו, וגם כן זכה לקבורה, כדלעיל בבראשית רבה פרשה כ"ב: **זה עפרן.** שכן עפרן בגימטריא רע עין, ועיין בבראשית רבה פרשה כ"ח:

פירוש מהרז"ו

שבו עשה נסים. כמו שכתוב כאן כי בו יצאת ממצרים: **שבו נתנה תורה.** שקוצרים פירותיה בעולם הזה, והקרן קיימת לעולם הבא, תנחומא, וכמו שכתוב (הושע י, יב) זרעו לכם לצדקה וקצרו לפי חסד, וזהו חג הקציר: **טוב פריי.** הפירות שאוכלים בעולם הזה, ממלא בתיהם ברכה, כמו שכתוב כאן באספך את מעשיך מן השדה, שהוא טעם על מה שכתוב ולא יראו פני ריקם, בלא עולת ראיה, שהרי מילא בתיך ברכה, על כן כבד את ה' מהונך: **לכך אמר ראשית בכורי.** שאם לא הביא בכורים עד החג, מביא מן החג ועד החנוכה, אלא שאינו קורא: **(יז) נבהל להון וגו'.** וסיפא דקרא ולא ידע כי חסר יבואנו: **שהבהיל עצמו.** עיין בראשית רבה פרשה ב סימן ג ובוהו זה קין, ובסימן ד ובוהו זה מדי, כמו שכתוב (אסתר ו, יד) ויבהילו וגו': **ויהי בהיותם בשדה.** פירוש בריבם בשדה, כמו שכתוב (תהלים נה, יב) הוות בקרבה ולא ימיש מרחובה תוך ומרמה, ובלשון חז"ל הוו בה, הוויות דאביי ורבא, ולשון התנחומא על עסקי שדה נהרג הבל. וגם עסק הוא מלשון ריב: **אמר קין.** שהוא הבכור והגדול, ואני הקרקעות, כמו שכתוב (בראשית ד, ג) ויבא קין מפרי האדמה מנחה לה', הרי שהיה האדמה שלו, והבל הביא מבכורות צאנו ומחלביהן, הרי שהיו המטלטלין שלו: **וחשב להוציא.** פירוש בעלה זו היה בדעתו להוציא את הבל, בעלילה זו צא מתוך שלי, כמו שאמרו חז"ל בבבא בתרא (לז, ב) מוכר בעין רעה מוכר, ולא שייר לו דרך. עיין בראשית רבה פרשה כ"ב סימן ז, ילקוט משלי כ"ח: **והיה הולך בהרים.** ממה שכתוב ויהי בהיותם בשדה, משמע שתחלה לא היו בשדה, שהוא מקום מישור, אלא יו בהרים וגיאיות: **נע ונד תהיה בארץ.** אפילו בחלק שלך לא תהנה ממנו: **מהו כן.** שאמר קין והייתי נע ונד בארץ והיה כל מוצאי יהרגני, מזה דורש שבכלל המכה היה שכל הבריות היו רודפים אחריו, ומוצאים אותו הם החיות והנחשים, כי בני אדם לא היו עדיין בעולם: **אם יוליד איש מאה.** קהלת ו' ב', קהלת רבה פסוק זה, ומאה לאו דווקא, אלא פירושו הרבה. ומה שאמר איש הוא קין, כמו שכתוב על קין, (בראשית ד, א) קניתי איש את ה': **ושנים רבות יחיה.** וסיפא דקרא ורב שיהיו ימי שניו, והוא כופל לשון ומיותר, על כן דרש שנים רבות יחיה, עד שהשוה חייו לשנות אדם תשע מאות ושלשים שנה, ורב שיהיה שניו תשכ"ו על השנים שחי יותר מאדם: **שלא תשבע נפשו.** שלא יהיה לו נחת רוח מממונו, גולה ונודד ונגרש: **שבא מבול.** עיין בראשית רבה פרשה כ"ב סימן י"ב, ופרשה ל"ב סימן ה, וקהלת רבה שם: **זה עפרון.** בראשית רבה פרשה כ"ח סימן ז', וכל זה בתנחומא סדר ראה סימן י': **שמעוני ופגעו וכו'**

מתנות כהונה

[יז] וחשב להוציאו. קין את הבל: **ברפיון.** באויר. אויר בלע"ז ריפא כך פירש בערוך (ערך רפן) ועיין בבראשית רבה פרשה כ"ב. ובמדרש קהלת בפסוק אם יוליד איש מאה:

אשד הנחלים

[יז] בוא ונחלוק. פירשתי בסדר בראשית (כב, ז) ועיין בהקדמה. וחשב לקין ועפרון וראמולוס, להורות מה הגיע אליהם מהמדה הרעה הזאת:

חידושי הרד"ל

[יז] נבהל להון כו' זה קין כו'. תנחומא ריש פרשת בהר: **היה מביא רוח רעה לרגליו.** כן הוצא בתנחומא כאן, וכן צריך לומר: **עד שמוציאין אותו.** וזה שנאמר גרשת אותי היום מעל פני האדמה: **תשכ"ו שנים.** היינו ממיתת אדם תתק"ל לבריאת עולם עד המבול שהיה אלף ותרנ"ו הרי תשכ"ו:

באור מהרי"פ

[יז] שבע מאות עשרים ושש שנים. פירוש, לפי שקין תלוי ברפיון עד המבול, ומבריאת העולם עד המבול אלף ושבע מאות חמישים ושש שנה, צא מהן תשע מאות ושלשים לחיי אדם, נשאר שבע מאות עשרים ושש שנים במכוון. מתנות כהונה. [ו]כן פירש בערוך ערך רפן:

אמרי יושר

[יז] שהוסיף ימים על ימי אביו. שנולד קין ביום הבראות אדם, ונשאר עד המבול:

מסורת המדרש

כא. תנחומא כאן סימן י"ג. וסדר בהר סימן א'. ילקוט משלי רמז תתקס"א:
כב. בראשית רבה פרשה כ"ב. תנחומא סדר בראשית סימן ט'. ילוקט בראשית רמז ל"ח. ועיין בבא בתרא דף ז':
כג. עיין בראשית רה פרשה כ"ב ול"ב:
כד. קה"ר פ"ו פסוק ו' וש"נ:
כה. ב"ר פכ"ב ול"ב:
כו. ב"ר פרשה כ"ח:

אם למקרא

טוֹב פִּרְיִי מֵחָרוּץ וּמִפָּז וּתְבוּאָתִי מִכֶּסֶף נִבְחָר: (משלי ח:יט)

כַּבֵּד אֶת־ה' מֵהוֹנֶךָ וּמֵרֵאשִׁית כָּל־תְּבוּאָתֶךָ: (שם ג:ט)

נִבְהָל לַהוֹן אִישׁ רַע עָיִן וְלֹא יֵדַע כִּי חֶסֶר יְבֹאֶנּוּ: (שם כח:כב)

וַיֹּאמֶר קַיִן אֶל הֶבֶל אָחִיו וַיְהִי בִּהְיוֹתָם בַּשָּׂדֶה וַיָּקָם קַיִן אֶל הֶבֶל אָחִיו וַיַּהַרְגֵהוּ: (בראשית ד:ח)

כִּי תַעֲבֹד אֶת הָאֲדָמָה לֹא תֹסֵף תֵּת כֹּחָהּ לָךְ נָע וָנָד תִּהְיֶה בָאָרֶץ: (בראשית ד:יב)

אִם יוֹלִיד אִישׁ מֵאָה וְשָׁנִים רַבּוֹת יִחְיֶה וְרַב שֶׁיִּהְיוּ יְמֵי שָׁנָיו וְנַפְשׁוֹ לֹא תִשְׂבַּע מִן הַטּוֹבָה וְגַם קְבוּרָה לֹא הָיְתָה לּוֹ אָמַרְתִּי טוֹב מִמֶּנּוּ הַנָּפֶל: (קהלת ו:ג)

וַיְדַבֵּר אִתָּם לֵאמֹר אִם יֵשׁ אֶת נַפְשְׁכֶם לִקְבֹּר אֶת מֵתִי מִלְּפָנַי שְׁמָעוּנִי וּפִגְעוּ לִי בְּעֶפְרוֹן בֶּן צֹחַר: (בראשית כג:ח)

ידי משה

[יז] שהיה תלוי ברפיון. פירוש, על פי ההכרח היה ברפיון דהיינו במבול, כי הארץ לא רצתה לקלוט אותו לפי שנתקללה הארץ על ידו, כדכתיב (בראשית ג, יז) ארורה האדמה בעבורך אשר פלתה וגו', לפיכך לא היה לו קבורה אלא נטבע במבול. אי נמי יש לומר שהיה מדה כנגד מדה, לפי שהוא לא נתן קבורה להבל כדאיתא (בראשית רבה כב, יב) שנתכנסו חיות ועופות וקברו את הבל לכך לא היה לו גם כן קבורה:

דָּבָר אַחֵר, "נִבְהָל לַהוֹן" זֶה עֶפְרוֹן – **Another interpretation:** ***One overeager for wealth*** **– this is** an allusion **to Ephron;** בְּשָׁעָה שֶׁמֵּתָה שָׂרָה וְהָיָה אַבְרָהָם מְבַקֵּשׁ מָקוֹם לְקָבְרָהּ – for **when Sarah died, and Abraham was seeking a place** in which **to bury her,** אָמַר לָהֶם: "שְׁמָעוּנִי וּפִגְעוּ לִי בְּעֶפְרוֹן בֶּן צֹחַר" – **he said to [the people of Heth],** ***"Heed me, and intercede for me with Ephron son of Zohar.*** *Let him grant me the Cave of Machpelah, etc."* (*Genesis* 23:8-9).

"וְגַם קְבוּרָה לֹא הָיְתָה לוֹ" שֶׁהָיָה תָּלוּי בְּרִפְיוֹן וּבָא הַמַּבּוּל וּשְׁטָפוֹ – ***And he is even deprived of burial*** **– for he was** left **hanging in the air**[283] **and the Flood came and swept him away.**[284] "אָמַרְתִּי טוֹב מִמֶּנּוּ הַנָּפֶל" – ***I say: He who was struck down is better off than he***[285] – זֶה הֶבֶל אָחִיו שֶׁעָמַד עָלָיו וְהִפִּילוֹ הָרוּג בַּשָּׂדֶה – **this is** an allusion to **Abel his brother, against whom [Cain] rose up and struck him down slain in the field.**[286]

Another exposition of the *Proverbs* verse:

NOTES

283. *Matnos Kehunah,* from *Aruch* (s.v. רפן). [*Matnos Kehunah* (to *Bereishis Rabbah* 22 §12) and *Imrei Yosher* (ad loc.) take this literally. However, *Maharzu* and *Eitz Yosef* (to ibid. 32 §5) suggest that *Aruch* means that Cain's *verdict* was held in suspension until the Flood, when he was condemned to die.]

284. See *Rashi* to *Genesis* 4:23-24, who cites a Midrashic dispute as to the nature of a certain argument between Lamech and his wives. According to the explanation of *Midrash Tanchuma* (*Bereishis* §11), Cain was killed accidentally by his descendant Lamech many years before the Flood, while according to the explanation of *Bereishis Rabbah* (23 §4), no such incident is recorded. Accordingly, the opinion of our Midrash that Cain was still alive at the time of the Flood conforms with *Midrash Rabbah* there.

285. The word הַנָּפֶל, lit., *the stillborn,* is instead understood to mean *the one who was struck down,* as the Midrash will immediately explain.

286. Abel fared better than his brother Cain in that he did not live a life of pain and anguish. Moreover, Abel had the privilege of being buried, as the Midrash states in *Bereishis Rabbah* 22 §8 (*Eitz Yosef*).

חַג הַמַּצּוֹת שֶׁבּוֹ עָשָׂה נִסִּים לָהֶם בְּמִצְרַיִם, חַג הַקָּצִיר שֶׁבּוֹ נִיתְּנָה תּוֹרָה לְיִשְׂרָאֵל שֶׁאוֹכְלִים מִפֵּירוֹתֶיהָ בָּעוֹלָם הַזֶּה, שֶׁנֶּאֱמַר (שם ח, יט) "טוֹב פִּרְיִי מֵחָרוּץ וּמִפָּז", חַג הָאָסִיף שֶׁבּוֹ הָאֱלֹהִים מְמַלֵּא בָּתֵּיהֶם בְּרָכָה, שֶׁנֶּאֱמַר (שם ג, ט) "כַּבֵּד אֶת ה' מֵהוֹנֶךָ", לְכָךְ הוּא אוֹמֵר [כג, יט] "רֵאשִׁית בִּכּוּרֵי אַדְמָתְךָ":

יז דָּבָר אַחֵר, [כב, כד] "אִם כֶּסֶף תַּלְוֶה אֶת עַמִּי", הָדָא הוּא דִכְתִיב (שם כח, כב) [כא]"נִבְהָל לַהוֹן אִישׁ רַע עָיִן", זֶה קַיִן שֶׁהִבְהִיל עַצְמוֹ לִיטּוֹל הָעוֹלָם, כֵּיצַד, כְּשֶׁהָיָה עִם אָחִיו, שֶׁנֶּאֱמַר (בראשית ד, ח) "וַיְהִי בִּהְיוֹתָם בַּשָּׂדֶה", [כב]אָמְרוּ זֶה לָזֶה: בֹּא וְנַחֲלוֹק הָעוֹלָם, אָמַר קַיִן: טוֹל אַתָּה אֶת הַמִּטַּלְטְלִין וַאֲנִי הַקַּרְקָעוֹת, וְחָלְקוּ בֵּינֵיהֶם, נָטַל הֶבֶל אֶת הַמִּטַּלְטְלִין וְקַיִן אֶת הַקַּרְקָעוֹת, וְחָשַׁב לְהוֹצִיאוֹ מִן הָעוֹלָם, הָיָה הֶבֶל מְהַלֵּךְ בָּעוֹלָם וְקַיִן רוֹדְפוֹ, וְאָמַר לוֹ: צֵא מִתּוֹךְ שֶׁלִּי, וְהָיָה הוֹלֵךְ לֶהָרִים, וְאוֹמֵר: צֵא מִתּוֹךְ שֶׁלִּי, עַד שֶׁעָמַד עָלָיו וַהֲרָגוֹ, הֱוֵי (משלי כח, כב) "נִבְהָל לַהוֹן אִישׁ רַע עָיִן", זֶה קַיִן, שֶׁהָיְתָה עֵינוֹ רָעָה בְּאָחִיו, (שם) "וְלֹא יֵדַע כִּי חֶסֶר יְבֹאֶנּוּ", וּמָה חֶסְרוֹן הִגִּיעַ לוֹ, שֶׁאָמַר לוֹ הַקָּדוֹשׁ בָּרוּךְ הוּא: (בראשית ד, יב) "נָע וָנָד תִּהְיֶה בָאָרֶץ", וּמַהוּ כֵן, שֶׁכָּל מָקוֹם שֶׁהוֹלֵךְ הַקָּדוֹשׁ בָּרוּךְ הוּא הָיָה מֵבִיא לוֹ רָעָה לְרַגְלָיו, [כג]וְהָיוּ מַכִּין אוֹתוֹ וְרוֹדְפִין אַחֲרָיו עַד שֶׁמּוֹצִיאִין אוֹתוֹ, וּשְׁלֹמֹה קוֹרֵא עָלָיו (קהלת ו, ג) [כד]"אִם יוֹלִיד אִישׁ מֵאָה", זֶה קַיִן שֶׁהוֹלִיד מֵאָה בָנִים, (שם) "וְשָׁנִים רַבּוֹת יִחְיֶה", שֶׁחָיָה כְּמוֹ שֶׁחָיָה אָדָם, (שם) "וְרַב שֶׁיִּהְיוּ יְמֵי שָׁנָיו", שֶׁהוֹסִיף יָמִים עַל יְמֵי אָבִיו תשכ"ו שָׁנִים, (שם) "וְנַפְשׁוֹ לֹא תִשְׂבַּע מִן הַטּוֹבָה", שֶׁלֹּא תִשְׂבַּע נַפְשׁוֹ בְּמָמוֹנוֹ, שֶׁנֶּאֱמַר (בראשית ד, יב) "נָע וָנָד תִּהְיֶה בָאָרֶץ", (קהלת שם שם) "וְגַם קְבוּרָה לֹא הָיְתָה לּוֹ" [כה]שֶׁהָיָה תָּלוּי בְּרִפְיוֹן וּבָא הַמַּבּוּל וּשְׁטָפוֹ, (שם) "אָמַרְתִּי טוֹב מִמֶּנּוּ הַנָּפֶל", זֶה הֶבֶל אָחִיו שֶׁעָמַד עָלָיו וְהִפִּילוֹ הָרוּג בַּשָּׂדֶה, [כו]דָּבָר אַחֵר, (משלי כח, כב) "נִבְהָל לַהוֹן" זֶה עֶפְרוֹן, בְּשָׁעָה שֶׁמֵּתָה שָׂרָה וְהָיָה אַבְרָהָם מְבַקֵּשׁ מָקוֹם לְקָבְרָהּ אָמַר לָהֶם: (בראשית כג, ח) "שְׁמָעוּנִי וּפִגְעוּ לִי בְּעֶפְרוֹן בֶּן צֹחַר",

עץ יוסף

שאוכלים מפירותיה. כלומר שלכן ניתנה תורה בזמן הקציר, לרמוז שאוכלים מפירותיה בעולם הזה: **שנאמר כבד את ה' מהונך.** לכן נצטווינו לעשות חג בזמן זה, כי ראוי לכבד את ה' ולהודות לו על מה שחננו, ולכך הסמיך ראשית בכורי אדמתך וגו' שראוי להורות לה' על כל ההצלחות שנותן לנו: (יז) [יח] **הדא הוא דכתיב נבהל להון כו'.** שב לתת טעם למאמר את העני עמך, ובעי למדרשיה מנבהל להון כו', כדדריש לקמן דהיינו מה שאמר מרבה הונו בנשך ותרבית כו', ואיידי דנקט ליה דריש ליה ברישא באנפי אחריני: **ומהו כן.** פירוש וכי בשביל שהיה נע ונד בארץ נעשה חסר, שאמר כי חסר יבואנו: **ורודפין אחריו עד שמוציאין אותו.** נמצא שחסר עולמו שהיה לו, ולא היה מושל אפילו בארבע אמותיו: **זה קין שהוליד מאה בנים.** רוצה לומר שהוליד בנים הרבה, והבל מת בלא בנים: **שבע מאות עשרים ושש שנה.** שהוא נשטף במבול כדלקמן, והמבול היה בשנת אלף שש מאות חמשים ושש ליצירה, ואדם חי תשע מאות ושלשים שנה, נמצא שקין הוסיפו לו שבע מאות עשרים ושש שנה: **שנאמר נע ונד.** ואף על פי שהסיר ה' ממנו הגזירה ממנו, מכל מקום השאיר אליה דהיינו נד, כדלקמן בויקרא רבה פרשה י': **שהיה תלוי ברפיון.** כדאיתא בבראשית רבה פרשה כ"ב: **זה הבל.** שלא היה חיי צער כמוהו, וגם כן זכה לקבורה, כדלעיל בבראשית רבה פרשה כ"ב: **זה עפרון.** שכן עפרן בגימטריא רע עין, ועיין בבראשית רבה פרשה כ"ח:

פירוש מהרז"ו

שבו עשה נסים. כמו שכתוב כאן כי בו יצאת ממצרים: **שבו נתנה תורה.** שקוצרים פירותיה בעולם הזה, והקרן קיימת לעולם הבא, תנחומא, וכמו שכתוב (הושע י, יב) זרעו לכם לצדקה וקצרו לפי חסד, וזהו חג הקציר: **טוב פריי.** הפירות שאוכלים בעולם הזה, ממלא בתיהם ברכה, כמו שכתוב כאן באספך את מעשיך מן השדה, שהוא טעם על מה שכתוב ולא יראו פני ריקם, בלא עולת ראיה, שהרי מילא בתיך ברכה, על כן כבד את ה' מהונך: **לכך אמר ראשית בכורי.** שאם לא הביא בכורים עד החג, מביא מן החג ועד החנוכה, אלא שאינו קורא: (יז) **נבהל להון וגו'.** וסיפא דקרא ולא ידע כי חסר יבואנו: **שהבהיל עצמו.** עיין בראשית רבה פרשה ב סימן ג ובוהו זה קין, ובסימן ד ובוהו זה מדי, כמו שכתוב (אסתר ו, יד) ויבהילו וגו': **ויהי בהיותם בשדה.** פירוש בריבם בשדה, כמו שכתוב (תהלים נה, יב) הוות בקרבה ולא ימיש מרחובה תוך ומרמה, ובלשון חז"ל הוו בה, הוויות דאביי ורבא, ולשון התנחומא על עסקי שדה נהרג הבל. וגם עסק הוא מלשון ריב: **אמר קין.** שהוא הבכור והגדול, ואני הקרקעות, כמו שכתוב (בראשית ד, ג) ויבא קין מפרי האדמה מנחה לה', הרי שהיה האדמה שלו, והבל הביא מבכורות צאנו ומחלביהן, הרי שהיו המטלטלין שלו: **וחשב להוציא.** פירוש בעצה זו היה בדעתו להוציא את הבל, בעלילה זו צא מתוך שלי, כמו שאמרו חז"ל בבבא בתרא (לז, ב) מוכר בעין רעה מוכר, ולא שייר לו דרך. עיין בראשית רבה פרשה כ"ב סימן ז, ילקוט משלי כ"ח: **והיה הולך בהרים.** ממה שכתוב ויהי בהיותם בשדה, משמע שתחלה לא היו בשדה, שהוא מקום מישור, אלא יו בהרים וגיאיות: **נע ונד תהיה בארץ.** אפילו בחלק שלך לא תהנה ממנו: **מהו כן.** שאמר קין והייתי נע ונד בארץ והיה כל מוצאי יהרגני, מזה דורש שבכלל המכה היה שכל הבריות היו רודפים אחריו, ומוצאים אותו הם החיות והנחשים, כי בני אדם לא היו עדיין בעולם: **אם יוליד איש מאה.** קהלת ו' ג', קהלת רבה פסוק זה, ומאה לאו דווקא, אלא פירושו הרבה. ומה שאמר איש הוא קין, כמו שכתוב על קין, (בראשית ד, א) קניתי איש את ה': **ושנים רבות יחיה.** וסיפא דקרא ורב שיהיו ימי שניו, והוא כופל לשון ומיותר, על כן דרש שנים רבות יחיה, עד שהשוה חייו לשנות אדם תשע מאות ושלשים שנה, ורב שיהיה שניו תשכ"ו על השנים שחי יותר מאדם: **שלא תשבע נפשו.** שלא יהיה לו נחת רוח ממונו, גולה ונודד ונגרש: **שבא מבול.** עיין בראשית רבה פרשה כ"ב סימן י"ב, ופרשה ל"ב סימן ה, וקהלת רבה שם: **זה עפרון.** בראשית רבה פרשה כ"ח סימן ז', וכל זה בתנחומא סדר ראה סימן י': **שמעוני ופגעו וכו'**

חידושי הרד"ל

[יז] **נבהל להון כו' זה קין כו'.** תנחומא ריש פרשת בהר: **היה מביא רוח רעה לרגליו.** כן הוא בתנחומא כאן, וכן צריך לומר: **עד שמוציאין אותו.** וזה שנאמר גרשת אותי היום מעל פני האדמה: **תשכ"ו שנים.** היינו ממיתת אדם תתק"ל לבריאת עולם עד המבול שהיה אלף ותרנ"ו הרי תשכ"ו:

באור מהרי"פ

[יז] **שבע מאות עשרים ושש שנים.** פירוש, לפי שקין תלוי ברפיון עד המבול, ומבריאת העולם עד המבול אלף ושבע מאות חמישים ושש שנה, צא מהן תשע מאות ושלשים לחיי אדם, נשאר שבע מאות עשרים ושש שנים במכוון. מתנות כהונה. [ו]כן פירש בערוך ערך רפן:

אמרי יושר

[יז] **שהוסיף ימים על ימי אביו.** שנולד קין ביום הבראות אדם, ונשאר עד המבול:

מסורת המדרש

כא. תנחומא כאן סימן י"ג. וסדר בהר סימן א'. ילקוט משלי רמז תתקס"א:
כב. בראשית רבה פרשה כ"ב. תנחומא סדר בראשית סימן ט'. ילקוט בראשית רמז ל"ח. ועיין בבא בתרא דף ז':
כג. עיין בראשית רה פרשה כ"ב ול"ב:
כד. קה"ר פ"ו פסוק ו' וש"נ:
כה. ב"ר פכ"ב ול"ב:
כו. ב"ר פרשה כ"ח:

אם למקרא

טוֹב פִּרְיִי מֵחָרוּץ וּמִפָּז וּתְבוּאָתִי מִכֶּסֶף נִבְחָר:
(משלי ח:יט)

כַּבֵּד אֶת־ה' מֵהוֹנֶךָ וּמֵרֵאשִׁית כָּל־תְּבוּאָתֶךָ:
(שם ג:ט)

נִבְהָל לַהוֹן אִישׁ רַע עָיִן וְלֹא יֵדַע כִּי חֶסֶר יְבֹאֶנּוּ:
(שם כח:כב)

וַיֹּאמֶר קַיִן אֶל הֶבֶל אָחִיו וַיְהִי בִּהְיוֹתָם בַּשָּׂדֶה וַיָּקָם קַיִן אֶל הֶבֶל אָחִיו וַיַּהַרְגֵהוּ:
(בראשית ד:ח)

כִּי תַעֲבֹד אֶת הָאֲדָמָה לֹא תֹסֵף תֵּת כֹּחָהּ לָךְ נָע וָנָד תִּהְיֶה בָאָרֶץ:
(בראשית ד:יב)

אִם יוֹלִיד אִישׁ מֵאָה וְשָׁנִים רַבּוֹת יִחְיֶה וְרַב שֶׁיִּהְיוּ יְמֵי שָׁנָיו וְנַפְשׁוֹ לֹא תִשְׂבַּע מִן הַטּוֹבָה וְגַם קְבוּרָה לֹא הָיְתָה לּוֹ אָמַרְתִּי טוֹב מִמֶּנּוּ הַנָּפֶל:
(קהלת ו:ג)

וַיְדַבֵּר אִתָּם לֵאמֹר אִם יֵשׁ אֶת נַפְשְׁכֶם לִקְבֹּר אֶת מֵתִי מִלְּפָנַי שְׁמָעוּנִי וּפִגְעוּ לִי בְּעֶפְרוֹן בֶּן צֹחַר:
(בראשית כג:ח)

ידי משה

[יז] **שהיה תלוי ברפיון.** פירוש, על פי ההכרח היה ברפיון דהיינו במבול, כי הארץ לא רצתה לקלוט אותו לפי שנתקללה הארץ על ידו, כדכתיב (בראשית ג, יז) ארורה האדמה בעבורך אשר פצתה וגו', לפיכך לא היה לו קבורה אלא נטבע במבול. אי נמי יש לומר שהיה מדה כנגד מדה, לפי שהוא לא נתן קבורה להבל כדאיתא (בראשית רבה כב, יב) שנתכנסו חיות ועופות וקברו את הבל לכך לא היה לו גם כן קבורה:

מתנות כהונה

[יז] **וחשב להוציאו.** קין את הבל: **ברפיון.** באויר. אויר בלע"ז ריפא כך פירש בערוך (ערך רפן) ועיין בבראשית רבה פרשה כ"ב. ובמדרש קהלת בפסוק אם יוליד איש מאה.

אשד הנחלים

[יז] **בוא ונחלוק.** פירשתי בסדר בראשית (כב, ז) ועיין בהקדמה. וחשב לקין ועפרון וראמולוס, להורות מה הגיע אליהם מהמדה הרעה הזאת:

מִיָּד הָלְכוּ וּמִנּוּהוּ אוֹתוֹ הַיּוֹם אִסְטְרַטִיגוּס עֲלֵיהֶם — **Immediately, [the people of Heth] went and appointed [Ephron] as chief officer over themselves on that very day,**[287] אָמְרוּ לוֹ: מְכוֹר אֶת הַמְּעָרָה לְאַבְרָהָם — and **said to him, "Sell the cave to Abraham."** אָמַר לָהֶם: אֵינִי מוֹכְרָהּ לוֹ — But **Ephron replied to them, "I will not sell it to him."** אָמְרוּ לוֹ: אִם אֵין אַתָּה עוֹשֶׂה אָנוּ מַעֲבִירִין אוֹתְךָ מִן אִסְטְרַטִיגוּס שֶׁלְּךָ — So **they said to him, "If you do not do** so **we will dismiss you from your** position of **chief officer,"** whereupon he acquiesced.[288] מִיָּד עָמַד אַבְרָהָם וְשָׁקַל לוֹ — **Immediately, Abraham arose and weighed out** the money **to him.**[289]

The Midrash shows how Ephron was *overeager for wealth* and had *an evil eye*:

אָמַר רַבִּי חָמָא: כָּל "שֶׁקֶל" הָאָמוּר בַּתּוֹרָה סְלָעִים — **R' Chama said: All shekels mentioned in the Torah are** referring to ***selas,***[290] וּבַנְּבִיאִים לִיטְרִין — all shekels mentioned **in the Prophets are** referring to **litrae,**[291] וּבַכְּתוּבִים קַנְטֵירִין — **and** all shekels mentioned **in the Writings are** referring to **centenaria.**[292] אָמַר רַבִּי יְהוּדָה בֶּן פָּזִי — **R' Yehudah ben Pazi said:** This rule applies everywhere in the Torah חוּץ מִשִּׁקְלֵי עֶפְרוֹן שֶׁהָיוּ קַנְטֵירִין — **except for the** four hundred **shekels of Ephron, which were centenaria.**[293] מֶה הָיָה — **What** exchange actually **took place** between Abraham and Ephron? אָמַר עֶפְרוֹן לְאַבְרָהָם: אִם אַתָּה נוֹתֵן לִי ד׳ מֵאוֹת שֶׁקֶל כֶּסֶף מִן סְחוֹרַת בֵּיתְךָ אַתָּה נוֹתְנָהּ לִי — **Ephron said to Abraham, "If you will give me four hundred silver shekels,** you can **give [them] to me from the merchandise of your house,** so give me the shekels in the highest form of currency."[294]

The Midrash shows how the end of the *Proverbs* verse was fulfilled with regard to Ephron:

וְעַל יְדֵי שֶׁהִכְנִיס עַיִן רָעָה בְּמָמוֹנוֹ שֶׁל אַבְרָהָם חִסְּרוֹ הַכָּתוּב וָי״ו — **And since [Ephron] placed an evil eye on the money of Abraham, Scripture deleted the** letter ***vav*** **from his** name.[295] הֲוֵי "וְלֹא יֵדַע כִּי חֶסֶר יְבֹאֶנּוּ" — **This is** what is meant by, ***He does not know that want may befall him;*** הָאִישׁ שֶׁעֵינוֹ רָעָה חִסְּרוֹ הַכָּתוּב וָי״ו — **for Scripture deleted the** letter ***vav*** **from** the name of **the man who exhibited an evil eye.** וְלֹא עוֹד אֶלָּא שֶׁלֹּא נִקְרֵאת הַמְּעָרָה לִשְׁמוֹ אֶלָּא לִשְׁמָן שֶׁל בְּנֵי חֵת — **Not only that, but** the sale of **the Cave is not called by his name, but rather by the name of the people of Heth,** שֶׁנֶּאֱמַר "אֲשֶׁר קָנָה אַבְרָהָם מֵאֵת בְּנֵי חֵת" — **as it is stated,** ***The field that Abraham had bought from the children of Heth*** (*Genesis* 25:10) — "מֵעֶפְרוֹן" אֵינוֹ אוֹמֵר אֶלָּא "מֵאֵת בְּנֵי חֵת" — **it does not state "from Ephron," but rather,** ***from the children of Heth.***[296]

NOTES

287. Since Abraham was an important person, it would not be fitting for him to negotiate with a common citizen; therefore, Ephron was appointed an official over them that very day (*Bereishis Rabbah* 58 §7, cited by *Maharzu*; see *Eitz Yosef*, from *Bereishis Rabbah* ibid., for the Scriptural source for this).

288. This does not appear to be indicated anywhere in Scripture. *Toldos Noach* (see also *Eitz Yosef*) explains that this is what is meant by the following verses (vv. 10-13), which relate that Ephron offered to give Abraham the field and the cave free of charge, whereupon Abraham bowed down before the members of the council and asked Ephron in their presence to give him the field for its price. This is understood to mean that Ephron agreed to give the field for free, but not for payment, knowing that Abraham would refuse and thus the transaction would not materialize. Thereupon Abraham beseeched the members of the council to coerce Ephron to *sell* him the field.

289. As is states further (v. 16), *Abraham heeded Ephron, and Abraham weighed out to Ephron the price which he had mentioned in the hearing of the children of Heth, four hundred silver shekels in negotiable currency.*

290. A *sela* being made up of four *dinars.* [The "shekel" of Talmudic times was made up of two *dinars.*]

291. A litra (Greek equivalent of Latin *libra* and Hebrew *maneh*) is made up of 100 *dinars* (*Rashi* to *Bechoros* 50a), or 25 ordinary Torah shekels; see *Targum Yonason* to *Jeremiah* 32:9.

292. A centenarium is an extremely large weight, equivalent to 100 litrae (*Rashi* to *Bava Metzia* 87a s.v. קנטרי; see, however, *Rashi* to *Bechoros* 50a s.v. קינטרין) or 2,500 ordinary shekels.

293. Abraham thus paid Ephron a total of one million (400 x 2500) ordinary shekels for the cave and the field surrounding it. This is derived from the fact that Abraham gave Ephron 400 silver shekalim *in negotiable currency*, which, as explained in *Bereishis Rabbah* (58 §7), means "money that is considered a 'shekel' in any place." Since there are some places that use the word "shekel" to refer to centenaria, this means that Abraham gave Ephron centenaria (*Bechoros* 50a).

294. *Eitz Yosef.* Ephron alluded to this in his words to Abraham (*Genesis* 23:15), *"Land worth four hundred silver shekels; between me and you — what is it?"* He meant to say: Since you are so wealthy, you can afford to pay for the land in the highest currency, for you can easily fetch such currency from the most insignificant merchandise of your house. This was a manifestation of Ephron's "evil eye" toward Abraham's money [as the Midrash will conclude below] (*Yefeh To'ar* to *Bereishis Rabbah* ibid.; see also *Pesikta DeRav Kahana* §11 and *Matnos Kehunah* to our Midrash).

Since it states, *Abraham heeded Ephron, and Abraham weighed out to Ephron the price which he had mentioned in the hearing of the children of Heth, four hundred silver shekels in negotiable currency*, the implication is that Ephron insisted on that amount and on that type of currency (*Maharzu*, *Eitz Yosef*).

295. For throughout the narrative Scripture writes his name as עֶפְרוֹן, but in v. 16 it states וַיִּשְׁקֹל אַבְרָהָם לְעֶפְרֹן, *And Abraham weighed out to Ephron*, without the *vav* (*Matnos Kehunah*, *Maharzu*). [The spelling of Ephron without the *vav* has a numerical value of 400 (which alludes to the 400 coins that he took — see *Yefeh To'ar* s.v. האיש וכו׳, and) which is also the numerical value of עַיִן רַע, "evil eye" (*Eitz Yosef*).

296. For it was common knowledge that the people of Heth compelled Ephron to sell the Cave, and that his subsequent acquiescence was to retain his position and out of greed for money. As such, the sale was attributed to the people of Heth, as though they were the ones who sold it (ibid.).

See Insight Ⓐ.

INSIGHTS

Ⓐ **Overeager for Wealth** How are we to reconcile the rapaciousness of Ephron described by our Midrash with his spirit of generosity depicted in the verse (*Genesis* 23:11), in which he proclaimed, *"No, my lord; heed me! I have 'given' you the field, and as for the cave that is in it, I have given it to you; In the view of the children of my people have I given it to you; bury your dead"*? Does the verse not make clear that, initially at least, he had intended on giving Abraham the land as a gift? [See, however, note 288, for *Toldos Noach*'s understanding of that verse.]

Bircas Shalom (*Al HaTorah*, *Genesis* 23:16) brings out the valuable lesson embedded in this dichotomy. Indeed, Ephron had originally insisted on giving the land as a gift, in a spirit of generosity. But as soon as Abraham insisted on paying for the land, Ephron's good intentions receded from his mind, as he was overwhelmed by the prospect of realizing an immense profit. As our Midrash interprets the verse in *Proverbs*, נִבְהָל לַהוֹן אִישׁ רַע עָיִן, *One overeager for wealth has an evil eye*, this refers to Ephron. To one who is overeager for wealth — or for any other material desire — even the best of intentions can be overwhelmed by greed or physical passion.

And yielding to the allure of the moment can have consequences for all eternity. The ו lost from Ephron's name will forever be absent from the Torah's narrative of the Cave of Machpelah, a shameful reminder of Ephron's "evil eye." Had Ephron remained steadfast in his initial impulse for good, he would forever be remembered as one who had performed a great kindness with our father Abraham. Instead, Ephron serves as a paradigm for the wicked, "who promise much, but do not perform even a little" (*Bava Metzia* 87a). Indeed, as the *Proverbs* verse concludes, וְלֹא יֵדַע כִּי חֶסֶר יְבֹאֶנּוּ, *he does not know that want may befall him.*

In a letter of encouragement to someone to stay the course of physical deprivation and spiritual growth, the *Chazon Ish* writes (*Kovetz

מִיָּד הָלְכוּ וּמִנּוּהוּ אוֹתוֹ הַיּוֹם אִסְטְרָטִיגוּס עֲלֵיהֶם, אָמְרוּ לוֹ: מְכוֹר אֶת הַמְּעָרָה לְאַבְרָהָם, אָמַר לָהֶם: אֵינִי מוּכְרָהּ לוֹ, אָמְרוּ לוֹ: אִם אֵין אַתָּה עוֹשֶׂה אָנוּ מַעֲבִירִין אוֹתְךָ מִן אִסְטְרָטִיגוּס שֶׁלְּךָ, מִיָּד עָמַד אַבְרָהָם וְשָׁקַל לוֹ, [כז]אָמַר רַבִּי חָמָא: כָּל "שֶׁקֶל" הָאָמוּר בַּתּוֹרָה סְלָעִים, וּבַנְּבִיאִים לִיטְרִין, וּבַכְּתוּבִים קֶנְטֵירִין, אָמַר רַבִּי יְהוּדָה בֶּן פַּזִּי: חוּץ מִשִּׁקְלֵי עֶפְרוֹן שֶׁהָיוּ קֶנְטֵירִין, מֶה הָיָה, אָמַר עֶפְרוֹן לְאַבְרָהָם: אִם אַתָּה נוֹתֵן לִי ד' מֵאוֹת שֶׁקֶל כֶּסֶף מִן סְחוֹרַת בֵּיתְךָ אַתָּה נוֹתְנָהּ לִי, וְעַל יְדֵי שֶׁהִכְנִיס עַיִן רָעָה בְּמָמוֹנוֹ שֶׁל אַבְרָהָם חִסְּרוֹ הַכָּתוּב וָי"ו, הֱוֵי (משלי כח, כב) "וְלֹא יֵדַע כִּי חֶסֶר יְבֹאֶנּוּ", הָאִישׁ שֶׁעֵינוֹ רָעָה חִסְּרוֹ הַכָּתוּב וָי"ו, וְלֹא עוֹד אֶלָּא שֶׁלֹּא נִקְרֵאת הַמְּעָרָה לִשְׁמוֹ אֶלָּא לִשְׁמָן שֶׁל בְּנֵי חֵת, שֶׁנֶּאֱמַר (בראשית כה, י) "אֲשֶׁר קָנָה אַבְרָהָם מֵאֵת בְּנֵי חֵת", "מֵעֶפְרוֹן" אֵינוֹ אוֹמֵר אֶלָּא "מֵאֵת בְּנֵי חֵת", דָּבָר אַחֵר, (משלי כח, כב) "נִבְהָל לַהוֹן" זֶה עֵשָׂו, בְּשָׁעָה שֶׁמֵּת יִצְחָק בָּאוּ יַעֲקֹב וְעֵשָׂו וְחָלְקוּ אֶת הַכֹּל, [כח]אָמַר יַעֲקֹב: רָשָׁע זֶה עָתִיד הוּא לִיכָּנֵס הוּא וּבָנָיו לִמְעָרַת הַמַּכְפֵּלָה וִיהֵא לוֹ חֵלֶק וְדִירָה עִם הַצַּדִּיקִים הַקְּבוּרִים בְּתוֹכָהּ, מִיָּד עָמַד וְנָטַל אֶת כָּל הַמָּמוֹן שֶׁהָיָה בְּיָדוֹ וְעָשָׂה אוֹתוֹ כְּרִי, וְאָמַר לְעֵשָׂו: אָחִי, חֵלֶק שֶׁיֵּשׁ לְךָ בִּמְעָרָה זוֹ תִּרְצֶה אוֹ הַכֶּסֶף וְהַזָּהָב הַזֶּה, בְּאוֹתָהּ שָׁעָה אָמַר עֵשָׂו: הֲרֵי זֶה בֵּית קְבוּרָה מָצוּי בְּכָל מָקוֹם וּבִשְׁבִיל קֶבֶר אֶחָד שֶׁיֵּשׁ לִי בַּמְּעָרָה אֲנִי מְאַבֵּד כָּל הַמָּמוֹן הַזֶּה, מִיָּד עָמַד וְנָטַל כָּל אוֹתוֹ הַמָּמוֹן וְנָתַן לוֹ חֶלְקוֹ, הוּא שֶׁיַּעֲקֹב אוֹמֵר לְיוֹסֵף (בראשית נ, ה) "בְּקִבְרִי אֲשֶׁר כָּרִיתִי לִי", "קָנִיתִי" אֵין כְּתִיב כָּאן אֶלָּא "כָּרִיתִי", אָמַר לָהֶן: כְּרִי שֶׁל דִּינָרִין נָתַתִּי לְעֵשָׂו, הֱוֵי (משלי שם שם) "וְלֹא יֵדַע כִּי חֶסֶר יְבֹאֶנּוּ", וּמַהוּ חֶסֶר, שֶׁלֹּא נִכְנַס בִּמְעָרַת הַמַּכְפֵּלָה, דָּבָר אַחֵר, (שם) "נִבְהָל לַהוֹן" [כט]זֶה הַשּׁוֹאֵל שֶׁהָיְתָה עֵינוֹ צָרָה לִשְׂכּוֹר שְׁתֵּי פָּרוֹת כְּאַחַת,

עץ יוסף

מיד הלכו ומינוהו. כדדייק בבראשית רבה מדכתיב ישב שאותו היום מנוהו מושל פרשה כ"ב: **איסטרטיגוס.** מין שררה: **אמר להם איני מוכרה לו.** ולכך הוא אומר ליתן לו במתנה לפי שהיה יודע בו באברהם שלא יהא מקבלה ממנו במתנה, ומתוך כך יתבטל הענין: **כל שקל האמור בתורה כו'.** בבראשית רבה פרשה נ"ח עיין שם: **אם אתה כו'.** מדכתיב וישמע אברהם לעפרון וישקול וגו', משמע שהבין שהוא מבקש ממנו מחיר המערה כסף מסחורת ביתו, כלומר עובר לסוחר: **חסרו הכתוב.** וי"ו, עפרן כתיב בגימטריא ארבע מאות, ובגימטריא רע עין: **שלא נקרא המערה לשמו.** כי ידעו הכל שבעל כרחך מכרה ולחמדת הממון, ולכן לא תלוי המכירה אלא בבני חת, כאילו הם שמכרוהו לו, לפי שהם הכריחוהו למכירת השדה לאברהם כנזכר: **חלק ודירה עם הצדיקים.** פירוש שכוונתו של יעקב היה כדי שלא ינוח שבט הרשע על גורל הצדיקים: **ועשה אותו כרי.** כדי להשביע עינו בראייתו, כי העין רואה והלב חומד: **קניתי אין כתיב כאן.** עיין מה שאמר בבראשית רבה פרשה ק': **ומהו חסר שלא נכנס כו'.** דאיתא בבראשית רבה פרשה נ"ח המכפלה שכל הקבור בה שכרו כפול ומכופל, וזהו חסרון הידיעה: **לשבור שני פרות.** לא אמר כפשוטו ששואל פרה ולא שכרה, מפני שאחז בדבר שמגדיל הצער במה שעיניו רואות בחוש שעל פרה זה אינו משלם ועל השאולה משלם:

פירוש מהרז"ו

מיד הלכו. משמע שלאחר שאמר ופגעו לי, מינו אותו, שתחלה כתוב (בראשית כג, ג) וידבר אל בני חת, ואחר כך שמעוני ופגעו לי בעפרון, הרי שעפרון לא היה שם, ואחר כך (פסוק י) כתיב ועפרון יושב בתוך בני חת, אחר שדיבר עמהם אברהם אודותיו. וכמו שאמרו שם בבראשית רבה שלא יהא בר נש רב, זבין מבר נש זעיר. ועל כן כתוב אחריו לכל באי שער עירו, שנעשה העיר שלו, שהיה השר, ושער הוא מקום הקיבוץ והמשפט: **אינו מוכרה לו.** היינו מה שכתוב לא אדוני, שהשיב שלא ימכור לו, דאם לא כן תיבת לא מיותר, ואם כן איך כתוב אחריו השדה נתתי לך, מדה ט"ו שני כתובים מכחישים, בהכרח לדרוש ולהכריע על פי מדה ט', שאחר שאמר לא אדוני, אמרו לו שאם כן יורידוהו, וכל"ל שלא העלוהו רק בעבור זה, והוכרח להודות עד שאמר שיתן בחנם, וזהו מה שכתוב (פסוק יא) לעיני בני עמי נתתיה לך, לא מרצוני, ועל כן השתחוה אברהם לעם הארץ לבני חת, ולא לעפרון: **כל שקל.** בכורות (דף נ, א) ושם הגירסא כל כסף האמור בתורה סתם, עיין בראשית רבה שם: **מה היא.** כוונתו על מה שאמר (פסוק טו) ארץ ארבע מאות שקל כסף ביני ובינך מה היא, ואחר כך (פסוק טז) כתוב וישמע אברהם וגו' את הכסף אשר דבר באזני בני חת ארבע מאות שקל כסף עובר לסוחר, הרי מפורש שכך דיבר עפרון תחלה כשאמר לו מה היא: **חסרו הכתוב וי"ו.** בפסוק וישקול אברהם לעפרון, ושמונה פעמים כתוב בפרשה עפרון, שבעה מלאים, וזה חסר לרמוז שחסרו השם יתברך הרבה בגופו וממונו: **אשר קנה אברהם מאת בני חת.** היינו מה שכתוב בראשית מ"ט ל"ב, מקנה השדה והמערה אשר בו מאת בני חת. ומה שכתוב אשר קנה אברהם, הוא מפסוק ל' שם, אשר קנה אברהם את השדה מאת עפרון החתי. וכן הוא ביפה תואר, והרבה לפלפל בזה עיין שם. וכאשר שבתי עוד הפעם לעיין ולחפש בזה, האיר השם יתברך עיני בפסוק בראשית כ"ה י', השדה אשר קנה אברהם מאת בני חת, הרי מפורש יותר מכל הפסוקים הנ"ל: **עתיד ליכנס וכו'.** וזה אסור לעשות, וכמו שאמרו בסנהדרין (דף מ"ז, א) מפסוק שאלל אלישע (מלכים ב יג, כא) ויהי הם קוברים איש [וגו'] ויגע האיש בעצמות אלישע ויחי ויקם על רגליו. ובמדרש קהלת פסוק ראיתי רשעים קבורים, מדרש תהלים סוף מזמור כ"ו, מפסוק אל תאסוף עם חטאים נפשי. ומה שאמר ויהיה לו חלק, כמו שכתוב מלכים ב כ"ג י"ח. ועיין בראשית רבה פרשה נ"ח סימן ח: **קבר אחד שיש לי.** וכבר נקברו שם אדם וחוה, אברהם ושרה, יצחק ורבקה, ולאה, ולא נשאר אלא מקום לקבר אחד, שעל כן נקראת קרית ארבע, כמו שאמרו בראשית רבה פרשה נ"ח סימן ד. ומה שכתב תחלה הוא ובניו נכנסים, פירוש שיהיה להם דריסת רגל שם: **כרי של דינרין.** על פי מדת ממעל, בלשון משנה: **זה השואל.** גם זה בתנחומא ראה סימן י: **לשבור שתי פרות.** בא לבאר מה שכתוב וכי ישאל איש מעם רעהו ונשבר או מת וגו' אם בעליו עמו לא ישלם, ואם שכיר הוא השואל הזה, פירושו אם שכיר הוא בא בשכרו, ועל כן תפס המדרש שתי פרות:

מתנות כהונה

איסטרטיגוס. שר חשוב ועיין בערוך (ערך איסטרטוגוס) ועיין לעיל ריש פרשה חיי שרה: הכי גרסינן **מן סחורת ביתך אתה נותנם לי: חסרו הכתוב וי"ו.** שכל עפרון שבפרשה מלא, וי"ו, חוץ מזה וישקול אברהם לעפרן: **מן סחורת ביתך.** כלומר מן הסחורה הפחות שבביתך אתה נותנה ואינו ניכר ונחשב למאומה: **כרי של דינרין** גרסינן:

אשד הנחלים

שלא נכנס. כלומר כי לא ידע ולא הבין הטובה הנפשית מאומה, רק דימה שהטובה רק טובה גופנית, ולכן מכרה במחיר: **זה השואל.** הוא מוסר נסיוני להראות איך יתכן שעל ידי הכילות סופו לחסור מהונו, ואחז בשתי פרות יחד, ולא אמר כפשוטו ששואל פרה ולא שכרה, מפני שאחז בדבר שמגדיל הצער במה שעיניו רואות בחוש, שעל פרה זה אינו משלם ועל השאולה משלם:

חידושי הרד"ל

אם אין כו' מעבירין אותך מן אסטרטיגוס כו'. אפשר דרש ישב כתיב, שאותו היום נתיישב על ידי המכירה, שאלמלא לא מכר לא היה מתיישב. (וגם יש לומר לא אדוני, דרש לא אדון תהיה אם לא תשמעני): **ומהו חסר שלא נכנס במערת המכפלה.** אפשר ירמוז למה שכתוב בפרקי דרבי אליעזר פרק לט שראשו נפלה למערה וזהו חסר יבואנו לשם (ובסוף פרק קמא דסוטה אמרו עיניו נשרו, ועיין מה שכתבתי שם בבאור לפרקי דרבי אליעזר, עיין שם במ"ד): **זה השואל שהיתה עינו צרה בו'.** תנחומא פרשה ראה:

באור מהרי"פ

כי חסר יבואנו שלא נקבר וכו'. צריך עיון מאי ולא ידע וכו' הא אדעתא דהכא מכר שלא יקבר שם. על צד הדוחק יש לומר, שהכונה כי טח מראות עיניו חסרון הקבורה חוץ למערת המכפלה:

אמרי יושר

אנו מעבירין אותך. כי כדי שיודה להם מינוהו לשר עליהם. ובמדרש אחר אמרו (בראשית רבה נח, ז) כדי שלא יצטרך אברהם לאיש נבזה לשאול ממנו משאל:

ידי משה

מה היא אמר עפרון וכו'. פירוש, שהוקשה להם היאך אמר חוץ מעפרון הם קנטרים הלא אמרת שכל שקלים בתורה הם סלעים, וכאן כתיב עובר לסוחר, ולמה יהיה קנטרין, ותירץ מה ששקל לו לא היה כסף אלא סחורה, ולפי זה יהיה פירוש עובר שתתן לי סחורה וסחורה שוקלים במשקל קנטרין, אבל שאר שקלים הכתוב בתורה הוא כסף והוא סלעים, ולפי זה יהיה דברי המדרש מה היא פירוש מה היה זה המשקל שאמרת שהיה קנטרין, ושינה משאר שקלים שבתורה שהם סלעים ומשני סחורה היה, כן נראה לי ודוק:

מסורת המדרש

כז. בכורות דף נ'. ירושלמי קידושין פרק א' ריש הלכה ג'. בראשית רבה פרשה נ"ח. רות רבה פרשה ז'. פסיקתא דרב כהנא פיסקא י"א כל הענין. פסיקתא רבתי פיסקא א' סימן ד'. תנחומא סדר וירא סימן ד'. וסדר בהר סימן א' וסדר ראה סימן י'. ילקוט סדר חיי שרה רמז ק"ג. ילקוט משלי רמז תתקס"ב:
כח. בראשית רבה פרשה ק'. פסיקתא רבתי פיסקא א'. פדר"א פרק ל"ח:
כט. פסיקתא דרב כהנא פיסקא י"א כל הענין:

אם למקרא

נִבְהָל לַהוֹן אִישׁ רַע עָיִן וְלֹא יֵדַע כִּי חֶסֶר יְבֹאֶנּוּ: (משלי כח:כב)

הַשָּׂדֶה אֲשֶׁר קָנָה אַבְרָהָם מֵאֵת בְּנֵי חֵת שָׁמָּה קֻבַּר אַבְרָהָם וְשָׂרָה אִשְׁתּוֹ: (בראשית כה:י)

אָבִי הִשְׁבִּיעַנִי לֵאמֹר הִנֵּה אָנֹכִי מֵת בְּקִבְרִי אֲשֶׁר כָּרִיתִי לִי בְּאֶרֶץ כְּנַעַן שָׁמָּה תִּקְבְּרֵנִי וְעַתָּה אֶעֱלֶה נָּא וְאֶקְבְּרָה אֶת אָבִי וְאָשׁוּבָה: (בראשית נ:ה)

ענף יוסף

(יז) [יח] שנאמר אשר קנה אברהם מאת בני חת. ואף על גב דבפרשת ויחי כתיב אשר קנה אברהם כו' מאת עפרן החתי, י"ל דפסוק דויחי הוא העתק השטר שהיה לו ליעקב בירושה מן אברהם ויצחק, דבשטר הוכרחו לכתוב שקנה אותו מעפרן, אבל הכא בפרשת חיי שרה מעידה התורה על ענין קיום וחוזק המכירה, כתבה התורה מאת בני חת לכוונה הנזכרת (תולדות נח): **שלא יהיה לו חלק ודירה עם הצדיקים.** שאינו נוח לצדיק להיות רשע קבור בצדו, כמו שמצינו באלישע (מלכים ב יג, כא) ויהי הם קוברים איש והנה ראו את הגדוד וישליכו את האיש בקבר אלישע וגו' ויחי ויקם על רגליו, ואמרו בגמרא (חולין ז, ב) על רגליו עמד ואל ביתו לא הלך, שלא היתה עמידתו אלא לסיבה שיתרחק מן הצדיק (תולדות נח):

A third exposition of the *Proverbs* verse:

דָּבָר אַחֵר, "נִבְהָל לַהוֹן" זֶה עֵשָׂו – Another interpretation: *One overeager for wealth* – this is an allusion to **Esau;** בְּשָׁעָה שֶׁמֵּת יִצְחָק בָּאוּ יַעֲקֹב וְעֵשָׂו וְחָלְקוּ אֶת הַכֹּל – for **when Isaac died, Jacob and Esau came and divided all** of Isaac's possessions. אָמַר יַעֲקֹב: רָשָׁע זֶה עָתִיד הוּא לִיכָּנֵס הוּא וּבָנָיו לִמְעָרַת הַמַּכְפֵּלָה – **Jacob said** to himself: **This wicked one** (Esau) **and his children will in the future enter the Cave of Machpelah,** וִיהֵא לוֹ חֵלֶק וְדִירָה עִם הַצַּדִּיקִים הַקְּבוּרִים בְּתוֹכָהּ – **and he will** thus **have a portion and a dwelling with the righteous ones who are buried there.**[297] מִיָּד עָמַד וְנָטַל אֶת כָּל הַמָּמוֹן שֶׁהָיָה בְּיָדוֹ וְעָשָׂה אוֹתוֹ כְּרִי, וְאָמַר לְעֵשָׂו – **He immediately arose, took all the money that he had, formed it into a heap**[298] **and said to Esau,** אָחִי, חֵלֶק שֶׁיֵּשׁ לְךָ בִּמְעָרָה זוֹ תִּרְצֶה אוֹ הַכֶּסֶף וְהַזָּהָב הַזֶּה – **"My brother, do you prefer** to keep **your portion in this Cave, or this silver and gold?"** בְּאוֹתָהּ שָׁעָה אָמַר עֵשָׂו – **Esau then said** to himself, הֲרֵי זֶה בֵּית קְבוּרָה מָצוּי בְּכָל מָקוֹם – **"This is** merely **a burial place that can be found anywhere;** וּבִשְׁבִיל קֶבֶר אֶחָד שֶׁיֵּשׁ לִי בַּמְּעָרָה אֲנִי מְאַבֵּד כָּל הַמָּמוֹן הַזֶּה – **should I then forfeit all this money for the sake of a single burial place that I have in the Cave?"** מִיָּד עָמַד וְנָטַל כָּל אוֹתוֹ הַמָּמוֹן וְנָתַן לוֹ חֶלְקוֹ – **He immediately arose, took all that money** proffered by Jacob **and gave [Jacob] his portion** in the Cave.

The Midrash shows how this episode is alluded to in Scripture:

הוּא שֶׁיַּעֲקֹב אוֹמֵר לְיוֹסֵף "בְּקִבְרִי אֲשֶׁר כָּרִיתִי לִי" – **And this is** the meaning of **what Jacob said to Joseph, *"In my grave, which 'karisi'*** [כָּרִיתִי] ***for myself*** *in the land of Canaan – there you are to bury me"* (*Genesis* 50:5). "קָנִיתִי" אֵין כְּתִיב כָּאן אֶלָּא "כָּרִיתִי" – **It is not written here *"kanisi"*** [קָנִיתִי], meaning, "I have bought," **but rather *"karisi"*** [כָּרִיתִי], *I have heaped.*[299] אָמַר לָהֶן: כְּרִי שֶׁל דִּינָרִין נָתַתִּי לְעֵשָׂו – **Jacob said to [his children], "I gave Esau a heap** (כְּרִי) **of dinarii** in exchange for his portion."[300]

The Midrash applies the end of the *Proverbs* verse to Esau:

הֱוֵי "וְלֹא יֵדַע כִּי חֶסֶר יְבֹאֶנּוּ" – **Hence** does the verse conclude, ***He does not know that want may befall him.*** וּמַהוּ חֶסֶר – **And what was the want** that befell him? שֶׁלֹּא נִכְנַס בִּמְעָרַת הַמַּכְפֵּלָה – **That he did not enter the Cave of Machpelah.**[301]

A fourth exposition of the *Proverbs* verse:

דָּבָר אַחֵר, "נִבְהָל לַהוֹן" – Another interpretation: *One overeager for wealth* – זֶה הַשּׁוֹאֵל שֶׁהָיְתָה עֵינוֹ צָרָה לִשְׂכּוֹר שְׁתֵּי פָּרוֹת כְּאַחַת – **this is** an allusion to **a borrower, who** needed two cows but **was too stingy to rent two cows at once,**

NOTES

297. Since Esau was an equal partner with Jacob in the Cave of Machpelah, having both inherited it from their father Isaac, he would have a right to be buried there. As such, both he and his children would have entry to the cave; he in death, and his children during their lifetime. Since we do not bury a wicked person next to a righteous one (*Sanhedrin* 47a), Jacob did not want Esau to be buried with his righteous ancestors (*Maharzu*; see also *Anaf Yosef*).

298. So that Esau would become enthralled upon seeing such a large amount of money (*Eitz Yosef*).

299. Interpreting כָּרִיתִי as being related to the word כְּרִי, meaning "a heap."

Literally, כָּרִיתִי means *I have hewn* (*Rashi* to the verse s.v. אשר וכו'). However, this understanding is difficult, for what need would Jacob have had to dig his own grave in his lifetime? But since Jacob purchased the grave from Esau, כָּרִיתִי could be translated as, *I have bought*, similar to the word תִּכְרוּ in the phrase וְגַם מַיִם תִּכְרוּ מֵאִתָּם, *also water shall you "buy" from them* (*Deuteronomy* 2:6) and in fact, the Gemara does interpret it in that sense (*Rosh Hashanah* 26a, cited by *Rashi* loc. cit.). However, the Midrash maintains that since Scripture uses the word כָּרִיתִי instead of קָנִיתִי, it means, *I have heaped* (*Yefeh To'ar* to *Bereishis Rabbah* 100 §5).

300. [It would seem from our Midrash that the money Jacob gave Esau was the part of the inheritance that was his. See, however, *Rashi* (to the verse s.v. אשר וכו' and to ibid. 46:6 s.v. אשר וכו'), who states that the money Jacob offered to Esau was the money he amassed while working for Laban.

301. The Midrash is interpreting the verse in this exposition as follows: *One who is overeager for wealth*, i.e., Esau, who was so eager for wealth that he gave away his right to be buried in the Cave of Machpelah, *has a faulty* [רַע] *eye*, i.e., his eye was incapable of comprehending the advantage of being buried in the Cave over any other burial place (as the Midrash stated above); however, *he does not know that want may befall him*, i.e., he was unaware of the loss he was causing himself by forfeiting the opportunity to enter the Cave (*Yefeh To'ar*; see also *Beur Maharif*).

What, indeed, was the extent of Esau's loss by forfeiting burial in the Cave of Machpelah? *Eitz Yosef* cites *Bereishis Rabbah* 58 §8, where it states that anyone who is buried inside it is guaranteed that his reward in the World to Come is doubled many times over (see also *Maharzu*). It was this loss that Esau was unaware of when he agreed to sell Jacob his right to be buried there.

INSIGHTS

Igros I §44): וַהֲלֹא אַחֲרִית שִׂמְחַת הַתַּאֲוָה תּוּגָה וּמְגִנַּת לֵב, וְאִם עָלְתָה בְּיַד אָדָם לַעֲמֹד בְּנִסָּיוֹן הֲלֹא הוּא מָלֵא חֶדְוַת עֹז. "The aftermath of the thrill of desire is worry and disappointment. But if one succeeds in withstanding temptation, he is filled with the joy of strength."

מִיָּד הָלְכוּ וּמִנּוּהוּ אוֹתוֹ הַיּוֹם אִסְטְרָטִיגוּס עֲלֵיהֶם, אָמְרוּ לוֹ: מְכוֹר אֶת הַמְּעָרָה לְאַבְרָהָם, אָמַר לָהֶם: אֵינִי מוֹכְרָהּ לוֹ, אָמְרוּ לוֹ: אִם אֵין אַתָּה עוֹשֶׂה אָנוּ מַעֲבִירִין אוֹתְךָ מִן אִסְטְרָטִיגוּס שֶׁלְּךָ, מִיָּד עָמַד אַבְרָהָם וְשָׁקַל לוֹ, [כז]אָמַר רַבִּי חָמָא: כָּל "שֶׁקֶל" הָאָמוּר בַּתּוֹרָה סְלָעִים, וּבַנְּבִיאִים לִיטְרִין, וּבַכְּתוּבִים קֶנְטֵירִין, אָמַר רַבִּי יְהוּדָה בֶּן פַּזִּי: חוּץ מִשִּׁקְלֵי עֶפְרוֹן שֶׁהָיוּ קֶנְטֵירִין, מֶה הָיָה, אָמַר עֶפְרוֹן לְאַבְרָהָם: אִם אַתָּה נוֹתֵן לִי ד' מֵאוֹת שֶׁקֶל כֶּסֶף מִן סְחוֹרַת בֵּיתְךָ אַתָּה נוֹתְנָהּ לִי, וְעַל יְדֵי שֶׁהִכְנִיס עַיִן רָעָה בְּמָמוֹנוֹ שֶׁל אַבְרָהָם חִסְּרוֹ הַכָּתוּב וָי"ו, הֱוֵי (משלי כח, כב) "וְלֹא יֵדַע כִּי חֶסֶר יְבֹאֶנּוּ", הָאִישׁ שֶׁעֵינוֹ רָעָה חִסְּרוֹ הַכָּתוּב וָי"ו, וְלֹא עוֹד אֶלָּא שֶׁלֹּא נִקְרֵאת הַמְּעָרָה לִשְׁמוֹ אֶלָּא לִשְׁמָן שֶׁל בְּנֵי חֵת, שֶׁנֶּאֱמַר (בראשית כה, י) "אֲשֶׁר קָנָה אַבְרָהָם מֵאֵת בְּנֵי חֵת", "מֵעֶפְרוֹן" אֵינוֹ אוֹמֵר אֶלָּא "מֵאֵת בְּנֵי חֵת", דָּבָר אַחֵר, (משלי כח, כב) "נִבְהָל לַהוֹן" זֶה עֵשָׂו, בְּשָׁעָה שֶׁמֵּת יִצְחָק בָּאוּ יַעֲקֹב וְעֵשָׂו וְחָלְקוּ אֶת הַכֹּל, [כח]אָמַר יַעֲקֹב: רָשָׁע זֶה עָתִיד הוּא לִיכָּנֵס הוּא וּבָנָיו לִמְעָרַת הַמַּכְפֵּלָה וִיהֵא לוֹ חֵלֶק וְדִירָה עִם הַצַּדִּיקִים הַקְּבוּרִים בְּתוֹכָהּ, מִיָּד עָמַד וְנָטַל אֶת כָּל הַמָּמוֹן שֶׁהָיָה בְּיָדוֹ וְעָשָׂה אוֹתוֹ כְּרִי, וְאָמַר לְעֵשָׂו: אָחִי, חֵלֶק שֶׁיֵּשׁ לְךָ בִּמְעָרָה זוֹ תִּרְצֶה אוֹ הַכֶּסֶף וְהַזָּהָב הַזֶּה, בְּאוֹתָהּ שָׁעָה אָמַר עֵשָׂו: הֲרֵי זֶה בֵּית קְבוּרָה מָצוּי בְּכָל מָקוֹם וּבִשְׁבִיל קֶבֶר אֶחָד שֶׁיֵּשׁ לִי בַּמְּעָרָה אֲנִי מְאַבֵּד כָּל הַמָּמוֹן הַזֶּה, מִיָּד עָמַד וְנָטַל כָּל אוֹתוֹ הַמָּמוֹן וְנָתַן לוֹ חֶלְקוֹ, הוּא שֶׁיַּעֲקֹב אוֹמֵר לְיוֹסֵף (בראשית נ, ה) "בְּקִבְרִי אֲשֶׁר כָּרִיתִי לִי", "קָנִיתִי" אֵין כְּתִיב כָּאן אֶלָּא "כָּרִיתִי", אָמַר לָהֶן: כְּרִי שֶׁל דִּינָרִין נָתַתִּי לְעֵשָׂו, הֱוֵי (משלי שם שם) "וְלֹא יֵדַע כִּי חֶסֶר יְבֹאֶנּוּ", וּמַהוּ חֶסֶר, שֶׁלֹּא נִכְנַס בִּמְעָרַת הַמַּכְפֵּלָה, דָּבָר אַחֵר, (שם) "נִבְהָל לַהוֹן" [כט]זֶה הַשּׁוֹאֵל שֶׁהָיְתָה עֵינוֹ צָרָה לִשְׂכּוֹר שְׁתֵּי פָרוֹת כְּאַחַת,

עץ יוסף

מיד הלכו ומינוהו. כדדייק בבראשית רבה מדכתיב ישב שאותו היום מנוהו מושל פרשה כ"ב: **איסטרטיגוס.** מין שררה: **אמר להם איני מוכרה לו.** ולכך הוא אומר ליתן לו במתנה לפי שהיה יודע בו באברהם שלא יהא מקבלה ממנו במתנה, ומתוך כך יתבטל הענין: **כל שקל האמור בתורה כו'.** בבראשית רבה פרשה נ"ח עיין שם: **אם אתה כו'.** מדכתיב וישמע אברהם לעפרון וישקול וגו', משמע שהבין שהוא מבקש ממנו מחיר המערה כסף מסחורת ביתו, כלומר עובר לסוחר: **חסרו הכתוב.** וי"ו, עפרן כתיב בגימטריא ארבע מאות, ובגימטריא רע עין: **שלא נקרא המערה לשמו.** כי ידעו הכל שבעל כרחך מכרה ולחמדת הממון, ולכן לא תלוי המכירה אלא בבני חת, כאילו הם שמכרוהו לו, לפי שהם הכריחוהו למכירת השדה לאברהם כנזכר: **חלק ודירה עם הצדיקים.** פירוש שכוונתו של יעקב היה כדי שלא ינוח שבט הרשע על גורל הצדיקים: **ועשה אותו כרי.** כדי להשביע עינו בראייתו, כי העין רואה והלב חומד: **קניתי אין כתיב כאן.** עיין מה שאמר בבראשית רבה פרשה ק': **ומהו חסר שלא נכנס כו'.** דאיתא בבראשית רבה פרשה נ"ח המכפלה שכל הקבור בה שכרו כפול ומכופל, וזהו חסרון הידיעה: **לשכור שני פרות.** לא אמר כפשוטו ששואל פרה ולא שכרה, מפני שאחז בדבר שמגדיל הצער במה שעיניו רואות בחוש שעל פרה זה אינו משלם ועל השאולה משלם:

פירוש מהרז"ו

מיד הלכו. משמע שלאחר שאמר ופגעו לי, מינו אותו, שתחלה כתוב (בראשית כג, ג) וידבר אל בני חת, ואחר כך שמעוני ופגעו לי בעפרון, הרי שעפרון לא היה שם, ואחר כך (פסוק י) כתיב ועפרון יושב בתוך בני חת, אחר שדיבר עמהם אברהם אודותיו. וכמו שאמרו שם בבראשית רבה שלא יהא בר נש רב, זבין מבר נש זעיר. ועל כן כתוב אחריו לכל באי שער עירו, שנעשה העיר שלו, שהיה השר, ושער הוא מקום הקיבוץ והמשפט: **אינו מוכרה לו.** היינו מה שכתוב לא אדוני, שהשיב שלא ימכור לו, דאם לא כן תיבת לא מיותר, ואם כן איך כתוב אחריו השדה נתתי לך, מדה ט"ו שני כתובים מכחישים, בהכרח לדרוש ולהכריע על פי מדה ט', שאחר שאמר לא אדוני, אמרו לו שאם כן יורידוהו, וכנ"ל שלא העלוהו רק בעבור זה, והוכרח להודות עד שאמר שיתן בחנם, וזהו מה שכתוב (פסוק יא) לעיני בני עמי נתתיה לך, לא מרצוני, ועל כן השתחוה אברהם לעם הארץ לבני חת, ולא לעפרון: **כל שקל.** בכורות (דף ג, א) ושם הגירסא כל כסף האמור בתורה סתם, עיין בראשית רבה שם: **מה היא.** כוונתו על מה שאמר (פסוק טו) ארץ ארבע מאות שקל כסף ביני ובינך מה היא, ואחר כך (פסוק טז) כתוב וישמע אברהם וגו' את הכסף אשר דבר באזני בני חת ארבע מאות שקל כסף עובר לסוחר, הרי מפורש שכך דיבר עפרון תחלה כשאמר לו מה היא: **חסרו הכתוב וי"ו.** בפסוק וישקול אברהם לעפרון, ושמונה פעמים כתוב בפרשה עפרון, שבעה מלאים, וזה חסר לרמוז שחסרו השם יתברך הרבה בגופו וממונו: **אשר קנה אברהם מאת בני חת.** היינו מה שכתוב בראשית מ"ט ל"ב, מקנה השדה והמערה אשר בו מאת בני חת. ומה שכתוב אשר קנה אברהם, הוא מפסוק ל' שם, אשר קנה אברהם את השדה מאת עפרון החתי. וכן הוא ביפה תואר, והרבה לפלפל בזה עיין שם. וכאשר שבתי עוד הפעם לעיין ולחפש בזה, האיר השם יתברך עיני בפסוק בראשית כ"ה י', השדה אשר קנה אברהם מאת בני חת, הרי מפורש יותר מכל הפסוקים הנ"ל: **עתיד ליכנס וכו'.** וזה אסור לעשות, וכמו שאמרו בסנהדרין (דף מ"ז, א) מפסוק שאל אלישע (מלכים ב יג, כא) ויהי הם קוברים איש [וגו'] ויגע האיש בעצמות אלישע ויחי ויקם על רגליו. ובמדרש קהלת פסוק ראיתי רשעים קבורים, מדרש תהלים סוף מזמור כ"ו, מפסוק אל תאסוף עם חטאים נפשי. ומה שאמר ויהיה לו חלק, כמו שכתוב מלכים ב כ"ג י"ח. ועיין בראשית רבה פרשה נ"ח סימן ח: **קבר אחד שיש לי.** וכבר נקברו שם אדם וחוה, אברהם ושרה, יצחק ורבקה, ולאה, ולא נשאר אלא מקום לקבר אחד, שעל כן נקראת קרית ארבע, כמו שאמרו בבראשית רבה פרשה נ"ח סימן ד. ומה שכתב תחלה הוא ובניו נכנסים, פירוש שיהיה להם דריסת רגל שם: **כרי של דינרין.** על פי מדת ממעל, בלשון משנה: **זה השואל.** גם זה בתנחומא ראה סימן י: **לשכור שתי פרות.** בא לבאר מה שכתוב וכי ישאל איש מעם רעהו ונשבר או מת וגו' אם בעליו עמו לא ישלם, ואם שכיר הוא בא בשכרו, פירושו אם שכיר הוא השואל הזה, ועל כן תפס המדרש שתי פרות:

מתנות כהונה

איסטרטיגוס. שר חשוב ועיין בערוך (ערך איסטרטוגוס) ועיין לעיל ריש פרשה חיי שרה: הכי גרסינן **מן סחורת ביתך אתה נותנם לי: חסרו הכתוב וי"ו.** שכל עפרון שבפרשה מלא, וי"ו, חוץ מזה וישקול אברהם לעפרן: **מן סחורת ביתך.** כלומר מן הסחורה הפחות שבביתך אתה נותנה ואינו ניכר ונחשב למאומה: **ברי של דינרין** גרסינן:

אשד הנחלים

שלא נכנס. כלומר כי לא ידע ולא הבין הטובה הנפשית מאומה, רק דימה שהטובה רק טובה גופנית, ולכן מכרה במחיר: **זה השואל.** הוא מוסר נסיוני להראות איך יתכן שעל ידי הכילות סופו לחסור מהונו, ואחז בשתי פרות יחד, ולא אמר כפשוטו ששואל פרה ולא שכרה, מפני שאחז בדבר שמגדיל הצער במה שעיניו רואות בחוש, שעל פרה זה אינו משלם ועל השאולה משלם:

חידושי הרד"ל

אם אין כו' מעבירין אותך מן אסטרטיגוס כו'. אפשר דרש ישב כתיב, שאותו היום נתיישב על ידי המכירה, שאלמלא לא מכר לא היה מתיישב. (גם יש לומר לא אדוני, דרש לא אדון תהיה אם לא תשמעני): **ומהו חסר שלא נכנס במערת המכפלה.** אפשר ירמוז למה שכתוב בפרקי דרבי אליעזר פרק לט שראשו נפלה למערה וזהו חסר יבואנו לשם (ובסוף פרק קמא דסוטה אמרו עיניו נשרו, ועיין מה שכתבתי שם בבאור לפרקי דרבי אליעזר, עיין שם במ"ד): **זה השואל שהיתה עינו צרה כו'.** תנחומא פרשה ראה:

באור מהרי"פ

כי חסר יבואנו שלא נקבר וכו'. צריך עיון מאי ולא ידע וכו' הא אדעתא דהכא מכר שלא יקבר שם. על צד הדוחק יש לומר, שהכונה כי טח מראות עיניו חסרון הקבורה חוץ למערת המכפלה:

אמרי יושר

אנו מעבירין אותך. כי כדי שיודה להם מינוהו לשר עליהם. ובמדרש אחר אמרו (בראשית רבה נח, ז) כדי שלא יצטרך אברהם לאיש נבזה לשאול ממנו משאל:

ידי משה

מה היא אמר עפרון וכו'. פירוש, שהוקשה להם היאך אמר חוץ מעפרון הם קנטרים הלא אמרת שכל שקלים בתורה הם סלעים, וכאן כתיב עובר לסוחר, ולמה יהיה קנטרין, ותירץ מה ששקל לו לא היה כסף אלא סחורה, ולפי זה יהיה פירוש עובר שתתן לי סחורה וסחורה שוקלים במשקל קנטרין, אבל שאר שקלים הכתוב בתורה הוא כסף והוא סלעים, ולפי זה יהיה דברי המדרש מה היא פירוש מה היה זה המשקל שאמרת שהיה קנטרין, ושינה משאר שקלים שבתורה שהם סלעים ומשני סחורה היה, כן נראה לי ודוק:

מסורת המדרש

כז. בכורות דף ג'. ירושלמי קידושין פרק א' ריש הלכה ג'. בראשית רבה פרשה נ"ח. רות רבה פרשה ז'. פסיקתא דרב כהנא פיסקא י"א כל הענין. פסיקתא רבתי פיסקא א' סימן ד'. תנחומא סדר וירא סימן ד'. וסדר בהר סימן א' וסדר ראה סימן י'. ילקוט סדר חיי שרה רמז ק"ג. ילקוט משלי רמז תתקס"ב:
כח. בראישת רבה פרשה ק'. פסיקתא רבתי פיסקא א'. פדר"א פרק ל"ח:
כט. פסיקתא דרב כהנא פיסקא י"א כל הענין:

אם למקרא

נִבְהָל לַהוֹן אִישׁ רַע עָיִן וְלֹא יֵדַע כִּי חֶסֶר יְבֹאֶנּוּ:
(משלי כח:כב)

הַשָּׂדֶה אֲשֶׁר קָנָה אַבְרָהָם מֵאֵת בְּנֵי חֵת שָׁמָּה קֻבַּר אַבְרָהָם וְשָׂרָה אִשְׁתּוֹ:
(בראשית כה:י)

אָבִי הִשְׁבִּיעַנִי לֵאמֹר הִנֵּה אָנֹכִי מֵת בְּקִבְרִי אֲשֶׁר כָּרִיתִי לִי בְּאֶרֶץ כְּנַעַן שָׁמָּה תִּקְבְּרֵנִי וְעַתָּה אֶעֱלֶה נָּא וְאֶקְבְּרָה אֶת אָבִי וְאָשׁוּבָה:
(בראשית נ:ה)

ענף יוסף

(יז) [יח] **שנאמר אשר קנה אברהם מאת בני חת.** ואף על גב דבפרשת ויחי כתיב אשר קנה אברהם כו' מאת עפרן החתי, י"ל דפסוק דויחי הוא העתק השטר שהיה לו ליעקב בירושה מן אברהם ויצחק, דבשטר הוכרחו לכתוב שקנה אותו מעפרן, אבל הכא בפרשת חיי שרה מעידה התורה על ענין קיום וחוזק המכירה, כתבה התורה מאת בני חת לכוונה הנזכרת (תולדות נח): **שלא יהיה לו חלק ודירה עם הצדיקים.** שאינו נוח לצדיק להיות רשע קבור בצדו, כמו שמצינו באלישע (מלכים ב יג, כא) ויהי הם קוברים איש והנה ראו את הגדוד וישליכו את האיש בקבר אלישע וגו' ויחי ויקם על רגליו, ואמרו בגמרא (חולין ז, ב) על רגליו עמד ואל ביתו לא הלך, שלא היתה עמידתו אלא לסיבה שיתרחק מן הצדיק (תולדות נח):

וְהוּא שׁוֹאֵל אַחַת וְשׂוֹכֵר אַחַת — **so he borrows one and rents [another];** וְעַל יְדֵי שֶׁלֹּא שָׂכַר אֶלָּא אַחַת אִם מֵתָה אוֹ נִשְׁבְּרָה הוּא מְשַׁלֵּם — **and since he rented only one, if [the borrowed one] dies or is is broken, he [is liable to] pay.**[302] אִם שָׂכַר וּמֵתָה אָמְרָה תּוֹרָה ״אִם שָׂכִיר הוּא בָּא בִּשְׂכָרוֹ״ — But **had he rented** it **and it had died,** regarding that case **the Torah states,** ***If he was a renter, it came in return for his rental*** (above, 22:14).[303] הֱוֵי ״נִבְהָל לַהוֹן אִישׁ רַע עָיִן״, שֶׁהָיְתָה עֵינוֹ רָעָה לִשְׂכּוֹר — **Hence,** the verse states, ***One overeager for wealth has an evil eye*** — **for he was** overanxious to retain his wealth and thus **too stingy to rent** the other cow; מִתּוֹךְ כָּךְ ״וְלֹא יֵדַע כִּי חֶסֶר יְבֹאֶנּוּ״ — **because of [his stinginess],** the verse continues, ***he does not know that want may befall him*** — הוּא שֶׁכָּתוּב ״בְּעָלָיו אֵין עִמּוֹ שַׁלֵּם יְשַׁלֵּם״ — **this [refers to] that which is written** of the borrower, ***Provided its owner is not with him — he shall surely make restitution*** (ibid., v. 13).[304]

A fifth exposition of the *Proverbs* verse:

דָּבָר אַחֵר, ״נִבְהָל לַהוֹן״ — **Another interpretation of** ***one overeager for wealth:*** אָמַר רַבִּי לֵוִי: זֶה שֶׁאֵינוֹ מוֹצִיא מַעַשְׂרוֹתָיו כָּרָאוּי — **R' Levi said: This is** an allusion to **one who does not separate his tithes properly.**[305]

The Midrash cites an incident that illustrates how the end of the verse, *he does not know that want may befall him*, is fulfilled with regard to one who *has an evil eye* and is not meticulous with his tithes:

מַעֲשֶׂה בְּאָדָם אֶחָד שֶׁהָיָה מוֹצִיא מַעַשְׂרוֹתָיו כָּרָאוּי — **An incident** occurred **with a certain person who would separate his tithes properly.** וְהָיָה לוֹ שָׂדֶה אַחַת וְהָיְתָה עוֹשָׂה אֶלֶף מִדּוֹת — **He had one field, and it would yield a thousand measures** of produce. וּמוֹצִיא מִמֶּנָּה מֵאָה מִדּוֹת לְמַעֲשֵׂר, וּמִן הַמּוֹתָר הָיָה מִתְפַּרְנֵס הוּא וּבְנֵי בֵיתוֹ — **He would separate from [the field] a hundred measures to** give as **tithes, and from the remainder he [with] his family would be sustained.** בִּשְׁעַת פְּטִירָתוֹ קָרָא לִבְנוֹ וְאָמַר לוֹ — **At the time of his passing, he called his son and said to him,** בְּנִי, תֵּן דַּעְתְּךָ עַל שָׂדֶה זוֹ — **"My son, watch over this field;** כָּךְ וְכָךְ מִדּוֹת הִיא עוֹשָׂה, כָּךְ וְכָךְ מִדּוֹת לְמַעֲשֵׂר — **it yields such and such** an amount of **measures** and, accordingly, **such and such** an amount of **measures** should be set aside **to** be given as **tithes;** וּמִמֶּנָּה הָיִיתִי מִתְפַּרְנֵס כָּל יָמַי — **and it was from [this field] that I have been sustained all my days."** כְּשֶׁנִּפְטַר מִן הָעוֹלָם, שָׁנָה רִאשׁוֹנָה זָרַע אוֹתָהּ הַבֵּן, עָשְׂתָה אֶלֶף מִדּוֹת וְהוֹצִיא מִמֶּנָּה מֵאָה לְמַעֲשֵׂר — **When [the father] passed from the world, the first year the son sowed [the field]** and **it produced a thousand measures, from which he separated a hundred for tithes.** שָׁנָה שְׁנִיָּה נִכְנַס בּוֹ עַיִן רָעָה — During **the second year,** however, **he was overtaken by an evil eye,** פִּיחֵת עֲשָׂרָה — and as a result, **he reduced** his tithe **by ten** measures, וּפִיחֲתָה הִיא מֵאָה — **and** correspondingly, the next year **[the field] reduced** its yield **by a hundred** measures. וְכֵן בִּשְׁלִישִׁית וְכֵן בִּרְבִיעִית וְכֵן בַּחֲמִישִׁית — This cycle continued **as well in the third, the fourth, and the fifth** years,[306] עַד שֶׁעָמְדָה עַל מַעַשְׂרוֹתֶיהָ — **until [the field's annual production] stood at** the amount that was originally separated for **its tithes,** i.e., one hundred measures. כֵּיוָן שֶׁרָאוּ קְרוֹבָיו כָּךְ — **When his relatives saw this,** עָמְדוּ וְלָבְשׁוּ לְבָנִים וְנִתְעַטְּפוּ לְבָנִים וְנִכְנְסוּ אֶצְלוֹ — **they arose, dressed and wrapped themselves in** festive **white attire, and entered his presence.** אָמַר לָהֶן: לֹא בָאתֶם אֶלָּא לִשְׂמוֹחַ עָלַי — Seeing them festively attired, **he said to them** bitterly, "It seems that **you came here only to gloat over [my misfortune]."** אָמְרוּ לוֹ: חַס וְשָׁלוֹם, לֹא בָאנוּ אֶלָּא לִשְׂמוֹחַ עִמָּךְ — **They replied to him, "Heaven forbid! We have come only to rejoice** ***with*** **you;** לְשֶׁעָבַר הָיִיתָ בַּעַל הַבַּיִת וְהַקָּדוֹשׁ בָּרוּךְ הוּא כֹּהֵן — for **formerly you were the householder and the Holy One, blessed is He, was the Kohen,** וְעַכְשָׁיו נַעֲשֵׂיתָ כֹּהֵן וְהַקָּדוֹשׁ בָּרוּךְ הוּא בַּעַל הַבַּיִת — **but now you have become the Kohen and the Holy One, blessed is He, the householder."**[307] הֱוֵי ״וְלֹא יֵדַע כִּי חֶסֶר יְבֹאֶנּוּ״ — **Hence** does the *Proverbs* verse conclude, ***He does not know that want may befall him.***

A sixth exposition of the *Proverbs* verse, applying it to our *Exodus* verse:

דָּבָר אַחֵר, ״נִבְהָל לַהוֹן״ — **Another interpretation of** ***one overeager for wealth:*** אָמַר רַבִּי יִצְחָק — **R' Yitzchak said:** זֶה שֶׁהָיָה מַלְוֶה בְּרִבִּית — **This is** a reference to **one who would lend on interest,** שֶׁהָיְתָה עֵינוֹ צָרָה לְהַלְווֹת לְיִשְׂרָאֵל בְּלֹא רִבִּית — **being too stingy to lend to an Israelite without** charging **interest.**[308] ״וְלֹא יֵדַע כִּי חֶסֶר יְבֹאֶנּוּ״ — The verse concludes, ***He does not know that want may befall him,*** כְּמוֹ שֶׁכָּתוּב ״מַרְבֶּה הוֹנוֹ בְּנֶשֶׁךְ וְתַרְבִּית לְחוֹנֵן דַּלִּים יִקְבְּצֶנּוּ״ — **as it is written,** ***One who multiplies his wealth through interest and increase gathers it for the patron of the poor*** (*Proverbs* 28:8). וְאֵיזֶה ״חוֹנֵן דַּלִּים״ — **And who is** ***the patron of the poor?*** זֶה עֵשָׂו — **This is** a reference to **Esau,** i.e., the Roman Empire.[309]

The Midrash questions this statement:

וְכִי עֵשָׂו חוֹנֵן דַּלִּים הוּא, וַהֲלֹא עוֹשֵׁק דַּלִּים הוּא — **But is Esau a patron of the poor?** On the contrary, **he is** actually **a robber of the poor!**[310]

The Midrash concedes this point and explains *the patron of the poor* differently:

אֶלָּא כְּגוֹן הֶגְמוֹנִים וְדוּכְּסִים וְאִפַּרְכִין שֶׁהֵן יוֹצְאִין לָעֲיָירוֹת וְגוֹזְלִין וּבוֹזְזִין — **Rather,** the wealth gathered by lending on interest will fall into the hands of **the likes of generals, commanders, and governors who go out to the cities and steal and pillage,**

NOTES

302. As it states (*Exodus* 22:13), *If a man shall borrow from his fellow and it shall become broken or shall die — provided its owner is not with him — he shall surely make restitution*. A borrower is liable even for damages that could not have been prevented (*Rashi* ad loc. s.v. וכי וכו׳).

303. I.e., since he pays for his use of the item, he is not liable for the above damages (ibid., s.v. בא בשכרו). A renter is not liable for unavoidable damages; see ibid. regarding what he *is* liable for.

304. I.e., his stinginess prevents him from looking ahead and contemplating the potential consequences of his actions (*Eitz Yosef*).

The Midrash cited a case involving two cows, one of which was rented and the other borrowed, in order to emphasize the pain that this individual will suffer upon realizing that had he rented both he would be totally exempted from payment, just as now he is not liable should the rented one be broken or die (ibid.).

305. But keeps them for himself because he is overeager for wealth and has an evil eye.

306. I.e., each year, thinking that the field had merely deteriorated due to natural causes, he would give ten measures less of tithes, and each subsequent year the field would produce a hundred measures less than the previous year (*Midrash Tanchuma, Re'eh* §10, with *Eitz Yosef* ad loc.).

307. For you see that God has given you a tenth of what the field had produced in the past! (*Matnos Kehunah, Eitz Yosef*). This was his relatives' delicate way of showing him the folly inherent in his actions (see *Eshed HaNechalim*).

[Although actually it is the Levite who receives the *maaser rishon* (see note 126 to §8 above), the Midrash mentions the "Kohen," alluding to the time when the Levites were penalized for not ascending to the Land of Israel in the days of Ezra, and the Kohen was given *maaser rishon* as well [see *Yevamos* 86b with *Tosafos* ad loc. s.v. מר וכו׳ and *Rambam Hil. maaser* 1:4 with *Kesef Mishneh* ad loc.] (*Maharzu*; see also *Rashash*, first explanation).]

308. Hence the next words of the verse, *has an evil eye*.

309. I.e., his money will eventually be taken by the government and used for public services that will benefit the poor, as the Midrash explained in §11 above, in the first explanation (*Toldos Noach*). As to how this is seen from our *Exodus* verse, see note 165 there.

310. Our Midrash rejects the above explanation that it refers to public services, for these do not benefit the poor exclusively (*Toldos Noach*).

וְהוּא שׁוֹאֵל אַחַת וְשׁוֹכֵר אַחַת, וְעַל יְדֵי שֶׁלֹּא שָׂכַר אֶלָּא אַחַת אִם מֵתָה אוֹ נִשְׁבְּרָה הוּא מְשַׁלֵּם, אִם שָׂכַר וּמֵתָה אָמְרָה תּוֹרָה (לעיל כב יד) "אִם שָׂכִיר הוּא בָּא בִּשְׂכָרוֹ", הֱוֵי (משלי כח, כב) "נִבְהָל לַהוֹן אִישׁ רַע עָיִן", שֶׁהָיְתָה עֵינוֹ רָעָה לִשְׂכּוֹר, מִתּוֹךְ כָּךְ (שם) "וְלֹא יֵדַע כִּי חֶסֶר יְבֹאֶנּוּ", הוּא שֶׁכָּתוּב (לעיל כב, יג) "בְּעָלָיו אֵין עִמּוֹ שַׁלֵּם יְשַׁלֵּם", דָּבָר אַחֵר, (משלי כח, כב) "נִבְהָל לַהוֹן", [ל]אָמַר רַבִּי לֵוִי: זֶה שֶׁאֵינוֹ מוֹצִיא מַעְשְׂרוֹתָיו כָּרָאוּי, מַעֲשֶׂה בְּאָדָם אֶחָד שֶׁהָיָה מוֹצִיא מַעְשְׂרוֹתָיו כָּרָאוּי, וְהָיָה לוֹ שָׂדֶה אַחַת וְהָיְתָה עוֹשָׂה אֶלֶף מִדּוֹת וּמוֹצִיא מִמֶּנָּה מֵאָה מִדּוֹת לְמַעֲשֵׂר, וּמִן הַמּוֹתָר הָיָה מִתְפַּרְנֵס הוּא וּבְנֵי בֵיתוֹ, בִּשְׁעַת פְּטִירָתוֹ קָרָא לִבְנוֹ וְאָמַר לוֹ: בְּנִי, תֵּן דַּעְתְּךָ עַל שָׂדֶה זוֹ, כָּךְ וְכָךְ מִדּוֹת הִיא עוֹשָׂה, כָּךְ וְכָךְ מִדּוֹת לְמַעֲשֵׂר וּמִמֶּנָּה הָיִיתִי מִתְפַּרְנֵס כָּל יָמַי, כְּשֶׁנִּפְטַר מִן הָעוֹלָם, שָׁנָה רִאשׁוֹנָה זָרַע אוֹתָהּ הַבֵּן, עָשְׂתָה אֶלֶף מִדּוֹת וְהוֹצִיא מִמֶּנָּה מֵאָה לְמַעֲשֵׂר, שָׁנָה שְׁנִיָּה נִכְנַס בּוֹ עַיִן רָעָה, פִּיחֵת עֲשָׂרָה וּפִיחֲתָה הִיא מֵאָה, וְכֵן בִּשְׁלִישִׁית וְכֵן בִּרְבִיעִית וְכֵן בַּחֲמִישִׁית, עַד שֶׁעָמְדָה עַל מַעְשְׂרוֹתֶיהָ, כֵּיוָן שֶׁרָאוּ קְרוֹבָיו כָּךְ, עָמְדוּ וְלָבְשׁוּ לְבָנִים וְנִתְעַטְּפוּ לְבָנִים וְנִכְנְסוּ אֶצְלוֹ, אָמַר לָהֶן: לֹא בָאתֶם אֶלָּא לִשְׂמוֹחַ עָלַי, אָמְרוּ לוֹ: חַס וְשָׁלוֹם, לֹא בָאנוּ אֶלָּא לִשְׂמוֹחַ עִמְּךָ, לְשֶׁעָבַר הָיִיתָ בַּעַל הַבַּיִת וְהַקָּדוֹשׁ בָּרוּךְ הוּא כֹּהֵן, וְעַכְשָׁיו נַעֲשֵׂיתָ כֹּהֵן וְהַקָּדוֹשׁ בָּרוּךְ הוּא בַּעַל הַבַּיִת, הֱוֵי (שם) "וְלֹא יֵדַע כִּי חֶסֶר יְבֹאֶנּוּ", דָּבָר אַחֵר, (שם) "נִבְהָל לַהוֹן", אָמַר רַבִּי יִצְחָק: זֶה שֶׁהָיָה מַלְוֶה בְּרִבִּית שֶׁהָיְתָה עֵינוֹ צָרָה לְהַלְווֹת לְיִשְׂרָאֵל בְּלֹא רִבִּית, (שם) "וְלֹא יֵדַע כִּי חֶסֶר יְבֹאֶנּוּ", כְּמוֹ שֶׁכָּתוּב (משלי שם ח) "מַרְבֶּה הוֹנוֹ בְּנֶשֶׁךְ וְתַרְבִּית לְחוֹנֵן דַּלִּים יְקַבְּצֶנּוּ", וְאֵיזֶה "חוֹנֵן דַּלִּים", זֶה עֵשָׂו, [לא]וְכִי עֵשָׂו חוֹנֵן דַּלִּים הוּא, וַהֲלֹא עוֹשֵׁק דַּלִּים הוּא, אֶלָּא כְּגוֹן הֶגְמוֹנִים וְדוּכָּסִים וְאִפַּרְכִין שֶׁהֵן יוֹצְאִין לָעֲיָירוֹת וְגוֹזְלִין וּבוֹזְזִין, וּכְשֶׁהֵם חוֹזְרִין אוֹמְרִים: הָבִיאוּ לָנוּ עֲנִיִּים וּנְפַרְנְסֵם, [לב]וְהַמָּשָׁל הֶדְיוֹט אוֹמֵר: מְנָאֶפֶת בְּתַפּוּחִים וְחוֹלֶקֶת לַחוֹלִין, דָּבָר אַחֵר, מַהוּ "לְחוֹנֵן דַּלִּים יְקַבְּצֶנּוּ", שֶׁכָּל מַה °שֶׁהָרְשָׁעָה מְכַנֶּסֶת בָּעוֹלָם הַזֶּה הַקָּדוֹשׁ בָּרוּךְ הוּא נוֹתְנוֹ לְיִשְׂרָאֵל לֶעָתִיד לָבֹא, שֶׁנֶּאֱמַר (ישעיה כג, יח) "וְהָיָה סַחְרָהּ וְאֶתְנַנָּהּ קֹדֶשׁ לַה'". דָּבָר אַחֵר, [כב, כד] "אִם כֶּסֶף תַּלְוֶה אֶת עַמִּי", אָמַר הַקָּדוֹשׁ בָּרוּךְ הוּא: אִם כֶּסֶף תַּלְוֶה וְלֹא תִקַּח מִמֶּנּוּ רִבִּית אַתְּ עַמִּי, מָה אֲנִי אֵינִי מוֹט לְעוֹלָם אַף אַתָּה אֵין אַתָּה מוֹט לְעוֹלָם, שֶׁנֶּאֱמַר (תהלים טו, ה) "כַּסְפּוֹ לֹא נָתַן בְּנֶשֶׁךְ", וּכְתִיב (שם) "עֹשֵׂה אֵלֶּה לֹא יִמּוֹט לְעוֹלָם":

עץ יוסף

הוי נבהל להון וגו'. שאינו מחשב מה שיהיה באחרית מכילותו וקמצנותו: **שאינו מוציא מעשרותיו כראוי.** אז חסר יבואנו בשדהו: **והיתה עושה אלף מדות.** רולה לומר שהיה זורע מאה מדות והיתה עושה אלף מדות, והיה סבור הבן שמהמאה מדות שזרע אין לריך ליתן מעשר, כיון שכבר הם מעושרים קודם הזריעה, ואם כן אין לריך ליתן מעשר רק מן תשעה מאות, והיינו תשעים מדות, ופחתה השדה מאה: **שעמדה על המעשרות מאה.** כשיעור מעשרותיה הראשונים: **לשמוח עלי.** על רועי מזלי: **ועכשיו נעשית כהן.** שהקדוש ברוך הוא נתן לך מעשר ממה שהיתה רגילה לעשות: **זה עשו.** עיין בפרק איזהו נשך: **אפרכין.** הוא מין שררה: [יט] **את עמי.** דריש כאילו כתיב את עמי פירוש אתה עמדי: **אין מוט לעולם.** שעל ידי שמעמיד העני שלא ימוט על ידי שמלוהו, גם הוא לא ימוט: **וכתיב עושה אלה.** פירוש אפילו אחת מאלה:

פירוש מהרז"ו

לשמוח עלי. על אידי ולרתי. ובתנחומא רבה הגירסא לשמוח על אותו איש שכדוהו: **לשמוח עמך.** בשמחתך, שנתעלית למעלת הכהן, וכהן לאו דוקא אלא לוי שנוטל מעשר, ולאחר שקנסו הלוים גם הכהן היה נוטל מעשר: **זה שהיה מלוה בריבית.** לעיל פרשה זו סימן י"א, עיין מה שכתבתי שם. ואגב דרשה זו הביא כל המאמר: **את עמי.** הרי עמהם מדבר, ואיך אמר את עמי, על כן דורש אל תקרי את עמי, אלא את עמי ועושה כמוני, כדלעיל פרשה זו בסימן ט"ו, על כן תהיה כמוני:

חידושי הרד"ל

המשל כו' מנאפת בתפוחים. קהלת רבה פרשה ד (פסוק ו, א), ויקרא ריש פרשה ג (סימן א):

חידושי הרש"ש

[יז] ועכשיו נעשית כהן. לכאורה מעשר ראשון ניתן ללוי. ויש לומר דאתיא כרבי אלעזר בן עזריה ביבמות (פו, א) דאמר אף לכהן, וגם לרבי עקיבא שם דאמר ללוי דוקא, מכל מקום כהן עלמו אין לריך לתת המעשר ללוי, כמו שכתב הרמב"ם בפרשה א מהלכות מעשר הלכה ד, והוא מהספרי פרשת קרח סימן קכ"א, ודברי הכסף משנה שם תמוהים, עיין שם:

באור מהרי"פ

והוא שואל אחת וכו'. והא דלא נקט בשואל פרה אחת, דאם כן מאי ולא ידע כי חסר יבואנו, הא יודע שהשואל חייב באונסין, אבל בשתי פרות אחת שאולה ואחת שכורה סובר כשתמות השאולה יטעון שהשכורה מתה, **ולא ידע כי חסר וגו'**, כשיברר המשאיל שהשאולה מתה. תולדות נח:

מסורת המדרש

ל. תנחומא רבה סימן י' כל הענין. ילקוט ראה רמז תתל"ב. ילקוט משלי רמז תתקס"ב:
לא. ילקוט משלי רמז תתקס"א:
לב. ויקרא רבה פרשה ג'. קהלת רבה פרשה ד' וש"נ:

אם למקרא

וְכִי יִשְׁאַל אִישׁ מֵעִם רֵעֵהוּ וְנִשְׁבַּר אוֹ מֵת בְּעָלָיו אֵין עִמּוֹ שַׁלֵּם יְשַׁלֵּם: אִם בְּעָלָיו עִמּוֹ לֹא יְשַׁלֵּם אִם שָׂכִיר הוּא בָּא בִּשְׂכָרוֹ:
(שמות כב יג-יד)

מַרְבֶּה הוֹנוֹ בְּנֶשֶׁךְ וְתַרְבִּית לְחוֹנֵן דַּלִּים יְקַבְּצֶנּוּ:
(משלי כח:ח)

וְהָיָה סַחְרָהּ וְאֶתְנַנָּהּ קֹדֶשׁ לַה' לֹא יֵאָצֵר וְלֹא יֵחָסֵן כִּי לַיֹּשְׁבִים לִפְנֵי ה' יִהְיֶה סַחְרָהּ לֶאֱכֹל לְשָׂבְעָה וְלִמְכַסֶּה עָתִיק:
(ישעיה כג:יח)

כַּסְפּוֹ לֹא נָתַן בְּנֶשֶׁךְ וְשֹׁחַד עַל נָקִי לֹא לָקָח עֹשֵׂה אֵלֶּה לֹא יִמּוֹט לְעוֹלָם:
(תהלים טו:ה)

שינוי נוסחאות

(יז) שכל מה שהרשעה מכנסת. בספרים ישנים היה כתוב "... שהמלכות מכנסת" וכצ"ל, ובד' וילנא כתבו "שמלכות בבל מכנסת", ובד' וארשא כתבו "שהרשעה", והכל מחמת צנזורא:

מתנות כהונה

ושוכר אחת גרס: **אם מתה.** פרה השאולה מפני שהשואל חייב באונסין: **אם שברה.** אם היה שוכר אותה פרה ששאל אם היתה מתה היה פטור שנאמר (שמות כב, יד) אם שכיר וכו': הכי גרסינן **שהיה מוציא מעשרותיו כראוי והיה: לשמוח עלי.** על רוע מזלי: **ועכשיו נעשית כהן כו'.** שהקב"ה נתן לך מעשר ממה שהיתה רגילה לעשות: **וכי עשו חונן דלים.** עיין כל זה בפרק איזהו נשך: **ולא תקח ממנו רבית את עמי.** אתה תהיה עמדי ואת עמי קרי ביה את עמי:

אשד הנחלים

הוא שכתוב בעליו. אולי נרמז בזה במלת ולא ידע, שפירושו אם הבעלים לא ידעו מזה כי לא היו עמו, אז חסר יבואנו. וקרא לזה נבהל, שאינו מחשב מה שיהיה באחרית מכילותו וקמצנותו: **מעשרותיו כראוי.** הענין להורות כי ההשגחה כפי מעשי האדם, אם הוא נבהל להון ואינו נותן מעשרותיו, אז חסר יבואנו בשדהו, אך לא יתבונן בזה, כי ידמה שעל דרך הטבע מה שיש בכח האדמה לגדל בוודאי יגדלו, אך באמת לא כן היא: **ועכשיו נעשית כהן.** הוא מוסר על דרך מליצה וצחות ותוכחה מסותרה, כאלו מגביהין אותו בשנעשה כהן והוא לפי הראות מעלה, אך באמת נחסר שדהו עשרת מונים, ולא נשאר לו כי אם המעשר: **כגון הגמונים.** כלומר שהיו חוננים דלים מצד גאותם ומצד כי ההון לא נחשב בעיניהם, ששודדים עד למדי עד שלא יחמולו לחנן בהם עניים: **איני מוט.** קרי ביה אַת עִמִּי (מתנות כהונה):

וּכְשֶׁהֵם חוֹזְרִין אוֹמְרִים: הָבִיאוּ לָנוּ עֲנִיִּים וּנְפַרְנְסֵם – **and when they return, they say, "Bring us the poor so that we might sustain them!";** וְהַמָּשָׁל הֶדְיוֹט אוֹמֵר: מְנָאֶפֶת בַּתַּפּוּחִים וְחוֹלֶקֶת לַחוֹלִין – **as the common adage goes: "She acts promiscuously** in return **for apples, and** then **distributes** them **to the sick."**

An alternative explanation of the entire verse:

דָּבָר אַחֵר, מַהוּ "לְחוֹנֵן דַּלִּים יִקְבְּצֶנּוּ" – **Another interpretation: What is** the meaning of, *One who multiplies his wealth through interest and increase* ***gathers it for the patron of the poor?*** שֶׁכָּל מַה שֶּׁהַמַּלְכוּת מְכַנֶּסֶת בָּעוֹלָם הַזֶּה – It means **that everything that the** Roman **Empire acquires in this world,** הַקָּדוֹשׁ בָּרוּךְ הוּא נוֹתְנוֹ לְיִשְׂרָאֵל לֶעָתִיד לָבֹא – **the Holy One, blessed is He, will give to Israel in the Future to Come,**[311] שֶׁנֶּאֱמַר "וְהָיָה סַחְרָהּ וְאֶתְנַנָּהּ קֹדֶשׁ לַה'" – **as it is stated,** ***And her merchandise and harlot's wages will [one day] become holy to HASHEM*** (*Isaiah* 23:18).

The Midrash once more expounds our *Exodus* verse:

דָּבָר אַחֵר, "אִם כֶּסֶף תַּלְוֶה אֶת עַמִּי" – **Another interpretation of,** ***When you lend money to My people,*** *to the poor person who is with you.* אָמַר הַקָּדוֹשׁ בָּרוּךְ הוּא: אִם כֶּסֶף תַּלְוֶה וְלֹא תִקַּח מִמֶּנּוּ רִבִּית אַתְּ עִמִּי – It is as though **the Holy One, blessed is He, said, "If you lend money without taking interest from [the borrower], you are 'with Me';**[312] מָה אֲנִי אֵינִי מוֹט לְעוֹלָם – for **just as I will never falter,** אַף אַתָּה אֵין אַתָּה מוֹט לְעוֹלָם – **so will you never falter,"** שֶׁנֶּאֱמַר "כַּסְפּוֹ לֹא נָתַן בְּנֶשֶׁךְ" – **as it is stated,** ***Who lends not his money on interest*** (*Psalms* 15:5), וּכְתִיב "עֹשֵׂה אֵלֶּה לֹא יִמּוֹט לְעוֹלָם" – **and** further in that verse **it is written,** ***the doer of these shall not falter forever*** (ibid.).[313]

NOTES

311. As was explained in §11 above, second explanation (see there with notes 163 and 164).

312. I.e., since God is the One speaking to Israel, why does He say *when you lend money to "My people,"* describing Israel in the third person? [See, however, above, §5 at note 72 and §13 with note 178.] The Midrash, therefore, reads the words אֶת עַמִּי, *My people*, as though it were vowelized אַתְּ עִמִּי, *you are with Me*. Accordingly, God says: If you lend without interest, you are like Me, for I give and lend free of charge, as the Midrash discussed earlier (§15 after note 232), and as a result you will be with Me, as the Midrash continues to explain (*Maharzu*; see also *Matnos Kehunah* and *Eitz Yosef*).

313. I.e., one who does even one of the many good deeds mentioned there will never falter (*Eitz Yosef*; see note 54 to §4 above).

וְהוּא שׁוֹאֵל אַחַת וְשׁוֹכֵר אַחַת, וְעַל יְדֵי שֶׁלֹּא שָׁבַר אֶלָּא אַחַת אִם מֵתָה אוֹ נִשְׁבְּרָה הוּא מְשַׁלֵּם, אִם שָׁבַר וּמֵתָה אָמְרָה תוֹרָה (לעיל כב יד) "אִם שָׂכִיר הוּא בָּא בִּשְׂכָרוֹ", הֱוֵי (משלי כח, כב) "נִבְהָל לַהוֹן אִישׁ רַע עָיִן", שֶׁהָיְתָה עֵינוֹ רָעָה לִשְׁכּוֹר, מִתּוֹךְ כָּךְ (שם) "וְלֹא יֵדַע כִּי חֶסֶר יְבֹאֶנּוּ", הוּא שֶׁכָּתוּב (לעיל כב, יג) "בְּעָלָיו אֵין עִמּוֹ שַׁלֵּם יְשַׁלֵּם", דָּבָר אַחֵר, (משלי כח, כב) "נִבְהָל לַהוֹן", [ל]אָמַר רַבִּי לֵוִי: זֶה שֶׁאֵינוֹ מוֹצִיא מַעַשְׂרוֹתָיו כָּרָאוּי, מַעֲשֶׂה בְּאָדָם אֶחָד שֶׁהָיָה מוֹצִיא מַעַשְׂרוֹתָיו כָּרָאוּי, וְהָיָה לוֹ שָׂדֶה אַחַת וְהָיְתָה עוֹשָׂה אֶלֶף מִדּוֹת וּמוֹצִיא מִמֶּנָּה מֵאָה מִדּוֹת לְמַעֲשֵׂר, וּמִן הַמּוֹתָר הָיָה מִתְפַּרְנֵס הוּא וּבְנֵי בֵיתוֹ, בִּשְׁעַת פְּטִירָתוֹ קָרָא לִבְנוֹ וְאָמַר לוֹ: בְּנִי, תֵּן דַּעְתְּךָ עַל שָׂדֶה זוֹ, כָּךְ וְכָךְ מִדּוֹת הִיא עוֹשָׂה, כָּךְ וְכָךְ מִדּוֹת לְמַעֲשֵׂר וּמִמֶּנָּה הָיִיתִי מִתְפַּרְנֵס כָּל יָמַי, כְּשֶׁנִּפְטַר מִן הָעוֹלָם, שָׁנָה רִאשׁוֹנָה זָרַע אוֹתָהּ הַבֵּן, עָשְׂתָה אֶלֶף מִדּוֹת וְהוֹצִיא מִמֶּנָּה מֵאָה לְמַעֲשֵׂר, שָׁנָה שְׁנִיָּה נִכְנַס בּוֹ עַיִן רָעָה, פִּיחֵת עֲשָׂרָה וּפִיחֲתָה הִיא מֵאָה, וְכֵן בִּשְׁלִישִׁית וְכֵן בִּרְבִיעִית וְכֵן בַּחֲמִישִׁית, עַד שֶׁעָמְדָה עַל מַעַשְׂרוֹתֶיהָ, כֵּיוָן שֶׁרָאוּ קְרוֹבָיו כָּךְ, עָמְדוּ וְלָבְשׁוּ לְבָנִים וְנִתְעַטְּפוּ לְבָנִים וְנִכְנְסוּ אֶצְלוֹ, אָמַר לָהֶן: לֹא בָאתֶם אֶלָּא לִשְׂמוֹחַ עָלַי, אָמְרוּ לוֹ: חַס וְשָׁלוֹם, לֹא בָאנוּ אֶלָּא לִשְׂמוֹחַ עִמְּךָ, לְשֶׁעָבַר הָיִיתָ בַּעַל הַבַּיִת וְהַקָּדוֹשׁ בָּרוּךְ הוּא כֹּהֵן, וְעַכְשָׁיו נַעֲשֵׂיתָ כֹּהֵן וְהַקָּדוֹשׁ בָּרוּךְ הוּא בַּעַל הַבַּיִת, הֱוֵי (שם) "וְלֹא יֵדַע כִּי חֶסֶר יְבֹאֶנּוּ", דָּבָר אַחֵר, (שם) "נִבְהָל לַהוֹן", אָמַר רַבִּי יִצְחָק: זֶה שֶׁהָיָה מַלְוֶה בְּרִבִּית שֶׁהָיְתָה עֵינוֹ צָרָה לְהַלְווֹת לְיִשְׂרָאֵל בְּלֹא רִבִּית, (שם) "וְלֹא יֵדַע כִּי חֶסֶר יְבֹאֶנּוּ", כְּמוֹ שֶׁכָּתוּב (משלי שם ח) "מַרְבֶּה הוֹנוֹ בְּנֶשֶׁךְ וְתַרְבִּית לְחוֹנֵן דַּלִּים יִקְבְּצֶנּוּ", וְאֵיזֶה "חוֹנֵן דַּלִּים", זֶה עֵשָׂו, [לא]וְכִי עֵשָׂו חוֹנֵן דַּלִּים הוּא, וַהֲלֹא עוֹשֵׁק דַּלִּים הוּא, אֶלָּא כְּגוֹן הֶגְמוֹנִים וְדוּכָּסִים וְאִפַּרְכִין שֶׁהֵן יוֹצְאִין לָעֲיָירוֹת וְגוֹזְלִין וּבוֹזְזִין, וּכְשֶׁהֵם חוֹזְרִין אוֹמְרִים: הָבִיאוּ לָנוּ עֲנִיִּים וּנְפַרְנְסֵם, [לב]וְהַמָּשָׁל הֶדְיוֹט אוֹמֵר: מְנָאֶפֶת בְּתַפּוּחִים וְחוֹלֶקֶת לַחוֹלִין, דָּבָר אַחֵר, מַהוּ "לְחוֹנֵן דַּלִּים יִקְבְּצֶנּוּ", שֶׁכָּל מַה °שֶׁהָרְשָׁעָה מְכַנֶּסֶת בָּעוֹלָם הַזֶּה הַקָּדוֹשׁ בָּרוּךְ הוּא נוֹתְנוֹ לְיִשְׂרָאֵל לֶעָתִיד לָבֹא, שֶׁנֶּאֱמַר (ישעיה כג, יח) "וְהָיָה סַחְרָהּ וְאֶתְנַנָּהּ קֹדֶשׁ לַה'". דָּבָר אַחֵר, [כב, כד] "אִם כֶּסֶף תַּלְוֶה אֶת עַמִּי", אָמַר הַקָּדוֹשׁ בָּרוּךְ הוּא: אִם כֶּסֶף תַּלְוֶה וְלֹא תִקַּח מִמֶּנּוּ רִבִּית אַתְּ עִמִּי, מָה אֲנִי אֵינִי מוֹט לְעוֹלָם אַף אַתָּה אֵין אַתָּה מוֹט לְעוֹלָם, שֶׁנֶּאֱמַר (תהלים טו, ה) "כַּסְפּוֹ לֹא נָתַן בְּנֶשֶׁךְ", וּכְתִיב (שם) "עֹשֵׂה אֵלֶּה לֹא יִמּוֹט לְעוֹלָם":

עץ יוסף

הוי נבהל להון וגו'. שאינו מחשב מה שיהיה באחרית מכילותו וקמצנותו: **שאינו מוציא מעשרותיו כראוי.** אז חסר יבואנו בשדהו: **והיתה עושה אלף מדות.** רוצה לומר שהיה זורע מאה מדות והיתה עושה אלף מדות, והיה סבור הבן שמהמאה מדות שזרע אין צריך ליתן מעשר, כיון שכבר הם מעושרים קודם הזריעה, ואם כן אין צריך ליתן מעשר רק מן תשעה מאות, והיינו תשעים מדות, ופחתה השדה מאה: **שעמדה על המעשרות מאה.** כשיעור מעשרותיה הראשונים: **לשמוח עלי.** על רועי מזלי: **ועכשיו נעשית כהן.** שהקדוש ברוך הוא נתן לך מעשר ממה שהיתה רגילה לעשות: **זה עשו.** עיין בפרק איזהו נשך: **אפרכין.** הוא מין שררה: **[יט] את עמי.** דריש כאילו כתיב את עמי פירוש אתה עמדי: **אין מוט לעולם.** שעל ידי שמעמיד העני שלא ימוט על ידי שמלוהו, גם הוא לא ימוט: **וכתיב עושה אלה.** פירוש אפילו אחת מאלה:

פירוש מהרז"ו

לשמוח עלי. על אידי ולרתי. ובתנחומא ראה הגירסא לשמוח על אותו איש שנדוהו: **לשמוח עמך.** בשמחתך, שנתעלית למעלת הכהן, וכהן לאו דוקא אלא לוי שנטל מעשר, ולאחר שקנסו הלוים גם הכהן היה נוטל מעשר: **זה שהיה מלוה בריבית.** לעיל פרשה זו סימן י"א, עיין מה שכתבתי שם. ואגב דרשה זו הביא כל המאמר: **את עמי.** הרי עמהם מדבר, ואיך אמר את עמי, על כן דורש אל תקרי את עמי, אלא את עמי ועושה כמוני, כדלעיל פרשה זו בסימן ט"ו, על כן תהיה כמוני:

חידושי הרד"ל

המשל כו' מנאפת בתפוחים. קהלת רבה פרשה ד (פסוק ו, א), ויקרא ריש פרשה ג (סימן א):

חידושי הרש"ש

[יז] ועכשיו נעשית כהן. לכאורה מעשר ראשון ניתן ללוי. ויש לומר דאתיא כרבי אלעזר בן עזריה ביבמות (פו, א) דאמר אף לכהן, וגם לרבי עקיבא שם דאמר ללוי דוקא, מכל מקום כהן עצמו אין צריך לתת המעשר ללוי, כמו שכתב הרמב"ם בפרשה א מהלכות מעשר הלכה ד, והוא מהספרי פרשת קרח סימן קכ"א, ודברי הכסף משנה שם תמוהים, עיין שם:

באור מהרי"פ

והוא שואל אחת וכו'. והא דלא נקט בשואל פרה אחת, דאם כן מאי ולא ידע כי חסר יבואנו, הא יודע שהשואל חייב באונסין, אבל בשתי פרות אחת שאולה ואחת שכורה סובר כשתמות השאולה יטעון שהשכורה מתה, **ולא ידע כי חסר וגו'**, כשיברר המשאיל שהשאולה מתה. תולדות נח:

מסורת המדרש

ל. תנחומא ראה סימן י' כל הענין. ילקוט ראה רמז תתל"ב. ילקוט משלי רמז תתקס"ב:
לא. ילקוט משלי רמז תתקס"א:
לב. ויקרא רבה פרשה ג'. קהלת רבה פרשה ד' וש"נ:

אם למקרא

וְכִי יִשְׁאַל אִישׁ מֵעִם רֵעֵהוּ וְנִשְׁבַּר אוֹ מֵת בְּעָלָיו אֵין עִמּוֹ שַׁלֵּם יְשַׁלֵּם: אִם בְּעָלָיו עִמּוֹ לֹא יְשַׁלֵּם אִם שָׂכִיר הוּא בָּא בִּשְׂכָרוֹ:
(שמות כב יג-יד)

מַרְבֶּה הוֹנוֹ בְּנֶשֶׁךְ וְתַרְבִּית לְחוֹנֵן דַּלִּים יִקְבְּצֶנּוּ:
(משלי כח:ח)

וְהָיָה סַחְרָהּ וְאֶתְנַנָּהּ קֹדֶשׁ לַה' לֹא יֵאָצֵר וְלֹא יֵחָסֵן כִּי לַיֹּשְׁבִים לִפְנֵי ה' יִהְיֶה סַחְרָהּ לֶאֱכֹל לְשָׂבְעָה וְלִמְכַסֶּה עָתִיק:
(ישעיה כג:יח)

כַּסְפּוֹ לֹא נָתַן בְּנֶשֶׁךְ וְשֹׁחַד עַל נָקִי לֹא לָקָח עֹשֵׂה אֵלֶּה לֹא יִמּוֹט לְעוֹלָם:
(תהלים טו:ה)

שינוי נוסחאות

(יז) שכל מה שהרשעה מכנסת. בספרים ישנים היה כתוב "... שהמלכות מכנסת" וכצ"ל, ובד' וילנא כתבו "שמלכות בבל מכנסת", ובד' וארשא כתבו "שהרשעה", והכל מחמת צנזורא:

מתנות כהונה

ושוכר אחת גרס: אם מתה. פרה השאולה מפני שהשואל חייב באונסין: **אם שברה.** אם היה שוכר אותה פרה ששאל אם היתה מתה היה פטור שנאמר (שמות כב, יד) אם שכיר וכו': הכי גרסינן **שהיה מוציא מעשרותיו כראוי והיה: לשמוח עלי.** על רוע מזלי: **ועכשיו נעשית כהן כו'.** שהקב"ה נתן לך מעשר ממה שהיתה רגילה לעשות: **וכי עשו חונן דלים.** עיין כל זה בפרק איזהו נשך: **ולא תקח ממנו רבית את עמי.** אתה תהיה עמדי ואת עמי קרי ביה את עמי:

אשד הנחלים

הוא שכתוב בעליו. אולי נרמז בזה במלת ולא ידע, שפירושו אם הבעלים לא ידעו מזה כי לא היו עמו, אז חסר יבואנו. וקרא לזה נבהל, שאינו מחשב מה שיהיה באחרית מכילותו וקמצנותו: **מעשרותיו כראוי.** הענין להורות כי ההשגחה כפי מעשי האדם, אם הוא נבהל להון ואינו נותן מעשרותיו, אז חסר יבואנו בשדהו, אך לא יתבונן בזה, כי ידמה שעל דרך הטבע מה שיש בכח האדמה לגדל בוודאי יגדלו, אך באמת לא כן היא: **ועכשיו נעשית כהן.** הוא מוסר על דרך מליצה וצחות ותוכחה מסותרה, כאלו מגביהין אותו בשנעשה כהן והוא לפי הראות מעלה, אך באמת נחסר שדהו עשרת מונים, ולא נשאר לו כי אם המעשר: **כגון הגמונים.** כלומר שהיו חוננים דלים מצד גאותם ומצד כי ההון לא נחשב בעיניהם, ששודדים עד למדי עד שלא יחמולו לחנן בהם עניים: **איני מוט.** קרי ביה אַתְּ עִמִּי (מתנות כהונה):

Chapter 32

הִנֵּה אָנֹכִי שֹׁלֵחַ מַלְאָךְ לְפָנֶיךָ לִשְׁמָרְךָ בַּדָּרֶךְ וְלַהֲבִיאֲךָ אֶל הַמָּקוֹם אֲשֶׁר הֲכִנֹתִי.

Behold! I send an angel before you to protect you on the way, and to bring you to the place that I have made ready (23:20).

§1 הִנֵּה אָנֹכִי שֹׁלֵחַ מַלְאָךְ – *BEHOLD! I SEND AN ANGEL BEFORE YOU TO PROTECT YOU ON THE WAY, AND TO BRING YOU TO THE PLACE THAT I HAVE MADE READY.*

The Midrash introduces a discussion that will ultimately conclude with an explanation as to why Israel was to be guided by an angel:

הָדָא הוּא דִכְתִיב "אֲנִי אָמַרְתִּי אֱלֹהִים אַתֶּם" – **Thus it is written, *I said, "You are angelic"*** (*Psalms* 82:6). אִלּוּ הִמְתִּינוּ יִשְׂרָאֵל לְמשֶׁה וְלֹא הָיוּ עוֹשִׂים אוֹתוֹ מַעֲשֶׂה – This means that **if** the people **of Israel had waited for Moses** to return from Mount Sinai **and not performed that deed** of worshiping the Golden Calf,[1] לֹא הָיְתָה מַלְכוּת וְלֹא מַלְאַךְ הַמָּוֶת שׁוֹלֵט בָּהֶן – **neither a** foreign **kingdom nor the Angel of Death would have prevailed over them.**[2]

The Midrash infers from Scripture that Israel was granted freedom from foreign kingdoms and death at Mount Sinai, but forfeited it when they worshiped the Golden Calf:

וְכֵן הוּא אוֹמֵר "וְהַמִּכְתָּב מִכְתַּב אֱלֹהִים הוּא חָרוּת עַל הַלּוּחוֹת" – **And thus does it state, *And the script was the script of God, "charus"*** [חָרוּת] ***on the Tablets*** (below, 32:16).[3] מַהוּ "חָרוּת" – **What is** meant by the word **"*charus*"?**[4] רַבִּי יְהוּדָה וְרַבִּי נְחֶמְיָה – **R' Yehudah and R' Nechemyah** give different interpretations. רַבִּי יְהוּדָה אוֹמֵר: חֵירוּת מִן הַמַּלְכֻיוֹת – **R' Yehudah says:** It means **freedom** (חֵירוּת) **from the** subjugation of foreign **kingdoms.**[5] וְרַבִּי נְחֶמְיָה אוֹמֵר: חֵירוּת מִמַּלְאַךְ הַמָּוֶת – **R' Nechemyah says:** It means **freedom from the Angel of Death.**[6]

NOTES

1. *Matnos Kehunah, Eitz Yosef.*

2. The verse cited by the Midrash and the verse following it state as follows: אֲנִי אָמַרְתִּי אֱלֹהִים אַתֶּם וּבְנֵי עֶלְיוֹן כֻּלְּכֶם. אָכֵן כְּאָדָם תְּמוּתוּן וּכְאַחַד הַשָּׂרִים תִּפֹּלוּ, *I said, "You are angelic, sons of the Most High are you all." But like men you shall die, and like one of the princes you shall fall* (*Psalms* 82:6-7). The entire Psalm speaks about judges, admonishing them to judge truthfully. However, since these two verses discuss potential immortality, which is not found as a reward for judging truthfully, the Midrash understands them to be the words of God addressing the people of Israel, who would have achieved immortality at Mount Sinai had they not worshiped the Golden Calf. [See the end of this section.] The point in placing these verses in this Psalm is to explain how the very judges, who attain such exalted levels of spirituality that they are called *elohim* (v. 1), can make *the foundations of the earth collapse* because of their sin of judging untruthfully (v. 5). The Psalmist therefore notes that such a precipitous downfall indeed occurred in the Golden Calf incident, when Israel went from angelic status (i.e., immortality) to being mortal on account of their sin (*Yefeh To'ar*; see also *Maharzu*).

3. This verse discusses the First Tablets, which the people of Israel would have received had they not worshiped the Golden Calf.

4. The word חָרוּת means *engraved.* However, since Scripture uses the word חָרוּת instead of the more common term חָקוּק, and furthermore states עַל הַלּוּחוֹת, *on the Tablets,* rather than בַּלּוּחוֹת, *into the Tablets*, the Midrash infers an additional homiletic interpretation, interpreting חָרוּת as though it were vowelized חֵרוּת (freedom), and interpreting עַל הַלּוּחוֹת as *on account of the Tablets* (*Imrei Yosher*; see also *Eitz Yosef*).

5. The Midrash does not mean that if they would sin they would not suffer, for in that case they would be punished in Gehinnom, which is worse than subjugation to foreign kingdoms (see *Bereishis Rabbah* 44 §21). Rather, it means that the sinners themselves would be punished with other afflictions, but the nation would not suffer subjugation to foreign kingdoms (*Yefeh To'ar*; see also *Eitz Yosef*).

6. The Midrash elsewhere (41 §7 below, et al.) cites the Rabbis who explain the freedom alluded to in the verse as freedom from physical suffering. According to them, too, if the people of Israel would sin they would be punished with afflictions (see previous note); but unlike the natural ailments that affect both the righteous and the wicked, those afflictions would be visited uniquely upon the sinners in a manifestation of Divine Providence (*Yefeh To'ar*). See Insight below on 51 §8, "Engraved Souls."

[Our Midrash would seem to indicate that R' Yehudah's and R' Nechemyah's applications of חרות are not meant to exclude one another, and accordingly the Jewish people would have attained freedom from both death *and* foreign subjugation. However, this is actually the subject of dispute among the commentators. See *Yefeh To'ar,* and see Kleinman ed. of *Vayikra Rabbah* 18 §3 note 127.]

See Insight Ⓐ.

INSIGHTS

Ⓐ **Freedom From the Angel of Death** Since the Midrash derives from this verse, which refers to the First Tablets, that the people gained freedom from the Angel of Death, we may draw some connection between the nation's immortality and the Tablets. Indeed, *Ohr Gedalyahu* (*R' Gedaliah Schorr, Moadim, Shavuos,* p. 78aff, based on *Shelah*) points out that whenever the Sages alter the pronunciation of a Biblical phrase for purposes of exposition, it is not their intent to supersede the verse's plain meaning. Rather the Sages' exposition, based on an alternative reading of the verse, must be related to and complement the verse's simple intent. *Ohr Gedalyahu* thus seeks to identify this connection.

The relationship of the soul to the physical body has been compared by our Sages to the relationship of the Holy Scriptures and the parchment on which they are inscribed. Just as the wording conveys sanctity to the Torah scroll, so too the soul breathes life and sanctity into the human body. The Tablets and the engraved commandments, in turn, may be compared to the body and the soul. Regarding the First Tablets the verse cited by the Midrash states in full, וְהַלֻּחֹת מַעֲשֵׂה אֱלֹהִים הֵמָּה וְהַמִּכְתָּב מִכְתַּב אֱלֹהִים הוּא חָרוּת עַל הַלֻּחֹת, *The Tablets were God's handiwork, and the script was the script of God, engraved on the Tablets* (below, 32:16). Since both the script and the stone of the First Tablets were the handiwork of God, the brilliant light of the engraved text, the "soul" of the Tablets, was able to suffuse the stone, the physical "body" of the Tablets, from one side to the other, with nothing interposing between them. In this manner, the physical tablets became elevated, becoming one with the holy script.

The Jewish people at that time also reached a similar state. In essence, the Tablets the nation received mirrored the nation's spiritual standing. Just as the physical tablets became fused with the spiritual writing etched on them, so too, the physical bodies of the Jewish people became purified, uniting with their souls.

Thus, we find that the nation at Sinai reached the level of the angels, who are completely spiritual beings, as the verse with which the Midrash opens states, אֲנִי אָמַרְתִּי אֱלֹהִים אַתֶּם, *I said, "You are angelic"* (see *Shabbos* 88a; Midrash below). They achieved this lofty state when they declared, נַעֲשֶׂה וְנִשְׁמָע, *we will do and we will obey.* As the Gemara states (see *Shabbos* 88a), when Israel preceded *we will do* to *we will hear,* a Heavenly voice emanated and said to them, "Who revealed to My children this secret that the ministering angels use?" For it is written regarding the ministering angels (*Psalms* 103:20): בָּרְכוּ ה' מַלְאָכָיו גִּבֹּרֵי כֹחַ עֹשֵׂי דְבָרוֹ לִשְׁמֹעַ בְּקוֹל דְּבָרוֹ, *Bless Hashem, O His angels; the strong warriors who do His bidding, to hear the voice of His word.* First it is written: *who do* (עֹשֵׂי), and then it is written: *to hear* (לִשְׁמֹעַ).

Ohr Gedalyahu explains that by declaring "We will do," referring to bodily activity, they transformed their physical bodies into instruments of God's Will. In this they resembled the angels who — by definition — are completely devoted to carrying out the Divine Will. Because

פרשה לב

א [כג, כ] "הִנֵּה אָנֹכִי שֹׁלֵחַ מַלְאָךְ" הָדָא הוּא דִכְתִיב (שם פב, ו) "אֲנִי אָמַרְתִּי אֱלֹהִים אַתֶּם", אִלּוּ הִמְתִּינוּ יִשְׂרָאֵל לְמֹשֶׁה וְלֹא הָיוּ עוֹשִׂים אוֹתוֹ מַעֲשֶׂה לֹא הָיְתָה °עֲבוֹדַת כּוֹכָבִים° וְלֹא מַלְאַךְ הַמָּוֶת שׁוֹלֵט בָּהֶן, וְכֵן הוּא אוֹמֵר (לקמן לב, טז) "וְהַמִּכְתָּב מִכְתַּב אֱלֹהִים הוּא חָרוּת עַל הַלּוּחוֹת", [א]מַהוּ "חָרוּת", רַבִּי יְהוּדָה וְרַבִּי נְחֶמְיָה, רַבִּי יְהוּדָה אוֹמֵר: חֵירוּת מִן °הַגָּלֻיּוֹת, וְרַבִּי נְחֶמְיָה אוֹמֵר: חֵירוּת מִמַּלְאַךְ הַמָּוֶת, בְּשָׁעָה שֶׁאָמְרוּ יִשְׂרָאֵל (לעיל כד, ז) "כֹּל אֲשֶׁר דִּבֶּר ה' נַעֲשֶׂה וְנִשְׁמָע" אָמַר הַקָּדוֹשׁ בָּרוּךְ הוּא: אָדָם הָרִאשׁוֹן צִוִּיתִי אוֹתוֹ מִצְוָה אַחַת כְּדֵי שֶׁיְּקַיְּמֶנָּה, וְהִשְׁוֵיתִיו לְמַלְאֲכֵי הַשָּׁרֵת, שֶׁנֶּאֱמַר (בראשית ג, כב) "הֵן הָאָדָם הָיָה כְּאַחַד מִמֶּנּוּ", אֵלּוּ שֶׁהֵן עוֹשִׂין וּמְקַיְּמִין תַּרְיַ"ג מִצְוֹת חוּץ מִן הַכְּלָלִים וּמִן הַפְּרָטִים וּמִן הַדִּקְדּוּקִים, אֵינוֹ דִין שֶׁהֵן חַיִּין וְקַיָּמִין לְעוֹלָם, וְכֵן הוּא אוֹמֵר (במדבר כא, יט) "וּמִמַּתָּנָה נַחֲלִיאֵל", שֶׁנָּחֲלוּ מֵהַקָּדוֹשׁ בָּרוּךְ הוּא שֶׁיְּהוּ חַיִּים וְקַיָּמִים לְעוֹלָם, כֵּיוָן שֶׁאָמְרוּ (לקמן לב, ד) "אֵלֶּה אֱלֹהֶיךָ יִשְׂרָאֵל" בָּא מָוֶת עֲלֵיהֶן, אָמַר הַקָּדוֹשׁ בָּרוּךְ הוּא: בְּשִׁיטָתוֹ שֶׁל אָדָם הָרִאשׁוֹן הֲלַכְתֶּם, שֶׁלֹּא עָמַד בְּנִסְיוֹנוֹ [ב]ג' שָׁעוֹת, וּבְתֵשַׁע שָׁעוֹת נִקְנְסָה עָלָיו מִיתָה, (תהלים פב ו) "אֲנִי אָמַרְתִּי אֱלֹהִים אַתֶּם" וַהֲלַכְתֶּם אַחַר מִדּוֹתָיו שֶׁל אָדָם הָרִאשׁוֹן, (שם שם ז) "אָכֵן כְּאָדָם תְּמוּתוּן",

עץ יוסף

(א) **הדא הוא דכתיב אני אמרתי אלהים אתם.** וכדפירש רבי פנחס לקמן סוף סימן זה: **אותו מעשה.** של עגל: **מהו חרות כו'.** דרש על הלוחות בשביל מה שכתוב בלוחות יהיו בן חורין: **מן השעבוד.** אפילו כשיחטאו רק יענשו בשאר יסורין: **מצוה אחת.** ואף דאמרינן לעיל פרשה ל' ובבראשית רבה שצוה לאדם שש מצות, יש לומר לפי שכולם נרמזים בפסוק אחד קראם מצוה אחת: **כדי שיקיימנה.** מפני שמצות אדם הראשון לא היה בה אלא שב ואל תעשה, לכן אמר כדי שיקיימנה, כי בשב ואל תעשה נמי ילדק קיום המצוה: **ישראל שהם עושים ומקיימים.** כי בתרי"ג מצות יש קיום ומעשה ממש, דהיינו ברמ"ח מצות עשה אינו דין כו': **באחד ממנו.** פירוש כאחד ממלאכי השרת, ועיין בבראשית רבה פרשה כ"א: **שנחלו מהקדוש ברוך הוא כו'.** כך כתיב התם וממדבר מתנה וממתנה נחליאל, ומפרש שבמדבר זכו למתנת התורה, וממתנה היינו התורה זכו לנחלת אל להיות חיים וקיימים: **בא מות עליהם.** דריש ומנחליאל במות בא מות: **שלש שעות.** עיין לעיל בבראשית רבה פרשה י"ח גבי ולא יתבוששו:

פירוש מהרז"ו

(א) **הדא הוא דכתיב אני אמרתי.** וסיפיה דקרא ובני עליון כולכם אכן כאדם תמותון וכאחד השרים תפולו. ועיין עבודה זרה (דף ה, א) הובא ילקוט תהלים פ"ב, לקמן פרשה זו סימן ז, ויקרא רבה פרשה י"א סימן א, ושם פרשה י"ח סימן ב, במדבר רבה פרשה ז סימן ד, פרשה ט סימן כ"ד, דברים רבה סוף פרשה ז': **אלו המתינו ישראל.** כי לפי פשט הכתוב שמדבר בשופטים רשעים, כמו שכתוב [לפניו] (פסוק ב) עד מתי תשפטו עול וגו', איך אומר אלהים אתם וגו', ובהכרח על פי מדה כ', שמדבר על כלל ישראל אחר מתן תורה: **מהו חרות.** עיין לקמן פרשה מ"א ריש סימן ז, ושם נסמן ומבואר: **כללים ופרטים ודקדוקים.** שמלמדים על כל מצות הוספות דינים הרבה, על פי מדות ודקדוקים, פירוש תורה שבעל פה שתלוי על דקדוקי תורה שבכתב, ועיין תורת כהנים ריש בהר סיני, ובסוף התוכחה ודו"ק: **וממתנה נחליאל.** התורה נקראת מתנה, כמו שדרש לעיל פרשה ו ריש סימן ו', נחליאל נחלו מדות אל, וכמו שכתוב (דברים ד, ד) ואתם הדבקים בה' חיים כולכם, וזהו ובני עליון כולכם, ועל שלא נמצאו שמות אלו, מתנה, ונחליאל, ובמות, בסדר מסעות, על כן דורש על פי מדת ממעל ונוטריקון: **בא מות עליהם.** רומז על מה שכתב ומנחליאל במות, נוטריקון בא מות, עיין כל זה במדבר רבה סוף פרשה י"ט: **שלש שעות.** כמו שאמרו ויקרא רבה ריש פרשה כ"ט, בתשע נצטווה, בעשר עבר, באחד עשר נידון. ולפי זה צריך עיון כאן מה שכתב שלש שעות, ובתשע שעות וכו'. ועיין לקמן פרשה מ"א סימן ז, ובבראשית רבה סוף פרשה י"ח, שצריך לומר שלא עמד בנסיונו שש שעות, ממה שכתוב (בראשית ב, כה) ולא יתבוששו, שלא היה מתון עד בא שש שעות, וכן ישראל כי בושש (שמות לב, א), בא שש, עיין שם, ותחלה אמר אני אמרתי אלהים אתם וגו', ואחר כך אמר אכן כאדם תמותון וגו', ולא פירש למה שמרומז במה שכתב אכן כאדם, על שעשיתם כאדם. וכמו שכתוב (הושע ו, ז) והמה כאדם עברו ברית, בראשית רבה פרשה י"ט סימן ט ושם נסמן, תמותון כאדם:

מתנות כהונה

[א] **אותו מעשה.** מעשה עגל: **שנחלו מהקדוש ברוך הוא כו'.** דרש נחליאל. נחלו כח אלהות להיות חיי עדי עד כאלהים: **שלש שעות ובתשע שעות.** לא מצאתי במדרש תהלים. וגם בתנחומא ובילקוט לא גרס ליה ואמרינן בכל מקום בעשירי סרח ובאחד עשר נידון ובשנים עשר נטרד. ושלש שעות יש ליישבו שרצה לומר שלא עמד שלש שעות בלוי שבשעה תשיעית נצטווה ולא היה עד כלות היום רק שלש שעות:

אשד הנחלים

[א] **ולא מלאך המות שולט כו' רבי יהודה ורבי נחמיה כו'.** יש להבין סיבת מחלקותם וטעמם, אם נאמר דדעת רבי נחמיה שלא יהיה המיתה שולט, ואם כן בודאי אז יבטל היצר המתאוה, כי ישוב האדם להיות ספירי באין חומר גשמי המחטיאו, ולכן יחיה לעולם ולא יתפרדו, ואם כן ממילא אז לא יהיה גליות ומלחמה בעולם. והנראה דדעת רבי יהודה כדעת שמואל (ברכות לד, ב) שאמר שאין בין עולם הזה לעולם הבא אלא שעבוד גליות בלבד, ודעת רבי נחמיה חירות אף ממלאך המות, ומכל שכן משעבוד גליות. והענין מבואר כפי ההבדל שבין דעת המחקרים לדעת חכמי אמת, שדעת המחקרים שהטבע המיוסדת עתה היא היא אשר תהיה בעתיד, רק שיהיו אנשי העולם מאושרים במדותם ומדעם, כי יושפע שפע השגה בעולם עד שכלם ידעו את ה', ועל ידי זה יהיה שלום בארץ, כי יתאחדו יחד באמונתם, ועל ידי זה יהיה שלום אמת, אבל מלאך המות שבא מטבע ההפסד השולט בעולם לא יבטל, ודעת רבי נחמיה לא כן, כי אם יבטל הסדר הטבעי הנהוג עתה, כי מתחלה קודם החטא היה גופו והעולם על מתכונת אחרת, לא כמו שהוא עתה, כמו שבארתי בסדר בראשית (ח, ה ועוד) בארוכה, ולזה נוטה דעת המדרשים כולם. ודע דהכונה על דרך מאמרם בחזית (שיר השירים רבה א פסוק ב) שבעת קבלת התורה היו ישראל לומדים ולא משכחים, ונתעקר היצר הרע מלבם, אך הם לא יכלו לעמוד במדרגה הרמה הזאת וצווחו מה הנאה יש באבידה שלנו, כי לא יכלו לכלכל זאת ההשגה הנוראה, וכל זה סיבב להם מצד שלא המתינו למשה, ולא האמינו בו באמת ונפלו ממדרגתם, וכבר הארכתי בבאורי על החזית ידרשם המעיין שם: **תרי"ג מצות.** כלומר ואם היה קבלתם באופן נעלה, אז בודאי היו באים למדרגה רמה, כמדרגת אדם הראשון קודם החטא, בצירוף קיום מצות התרי"ג, והבן: **שיהיו חיים.** שנחלו כח אלהות להיות חיים וקימים כאלהים (מתנות כהונה):

ידי משה

[א] **מהו חרות רבי יהודה ורבי נחמיה.** פירוש, מדהוה ליה למימר חקוק על הלוחות. אי נמי הוי ליה למימר חקוק בלוחות, ולא על, אלא על רצה לומר בשביל מה שהיה חקוק על הלוחות ניתן להם חירות זה, עד כאן לשון יפה תואר. אבל קשה, והלא כתיב בקרא כתבם על לוח לבך, אלא נראה דנפקא הואיל וקיימא לן (שבת קד, א) מ"ם וסמ"ך בנס היו עומדים, לפי שהיו חקוקים מעבר לעבר, ואם כן לא יפול בו לשון על, דעל לא שייך רק היכא שיש שטח תחת הכתב, מה שאין כן כאן שלא היה כלום תחת הכתב, לזה אמר חירות פירוש על הוא בשביל, כמו שכתבתי לעיל. ודוק:

חידושי הרד"ל

[א] **מהו חרות רבי יהודה ורבי נחמיה כו'.** ויקרא רבה פרשה יח ג, ובמדבר רבה פרשה טז כד, ושיר השירים רבה פרשה ד פסוק ח (ושם איתא עוד דעה שלישית, ורבנן אמרי מן היסורין): **וכן הוא אומר וממתנה נחליאל ומנחליאל במות שנחלו מהקדוש ברוך הוא כו'.** עיין מתנות כהונה, וזה שנאמר אני אמרתי אלהים אתם: **בא מות** דרש במות בא מות, ועיין תנא דבי אליהו זוטא פרק ד: **בנסיונו שש שעות ובשש שעות נקנסה כו'.** כן צריך לומר על פי הבראשית רבה סוף פרשה יח, (והאי שש שעות שנקנס היא משעה שהכניסו לגן עדן, ולא שהיתה שעה ששית ביום):

חידושי הרש"ש

[א] **שנאמר הן האדם היה כאחד ממנו.** רצה לומר היה קודם שחטא, וכדאיתא לעיל שם במדרש (בראשית רבה כא, ה): **תרי"ג מצות חוץ מן הכללים ומן הפרטים כו'.** עיין בשרשי הרמב"ם לספר המצות ותבין: **וכן הוא אומר וממתנה נחליאל כו'.** דפירושו ממתנת התורה, כדדרשו במדרש סוף פרשת חוקת (יח, כו), ובעירובין (נד, א) וכדכתיב (תהלים סח, יט) לקחת מתנות באדם, וכדלקמן ריש פרשה לג (סימן א): **כיון שאמרו אלה כו' בא מות כו'.** מתפרש על פי שדרשו בשוחר טוב מזמור ה, ומנחליאל במות משנחלו על זה בא עליהם מלאך המות:

באור מהרי"פ

[א] **כדי שיקיימנה.** זה לשון תולדות נח, דקדק בזה, להוציא מלב המדרש שדורש נורא עלילה על בני אדם, גלוי וידוע לפני הקב"ה שימות אדם וצוה לו המצוה הזאת כדי שילכד במצודה זו, אבל מדרשנו סובר שכוונת השם יתברך היתה כדי שיקיימנה. עד כאן לשונו. הנה המדרש שהביא הוא נפלא ולא מצאתי עדיין אותו:

מסורת המדרש

א. שיר השירים רבה פרשה ד' וש"נ:

ב. עיין סנהדרין דף ל"ח. ב"ר סוף פי"ח. ויק"ר ריש פכ"ט. מדרש תהלים מזמור צ"ב. תנחומא שמיני סימן ח'. פדר"א פרק י"א. פסיקתא רבתי פיסקא מ"ו. ילקוט בראשית רמז ט"ו. ע"ש בכל המקומות:

אם למקרא

אֲנִי אָמַרְתִּי אֱלֹהִים אַתֶּם וּבְנֵי עֶלְיוֹן כֻּלְּכֶם: אָכֵן כְּאָדָם תְּמוּתוּן וּכְאַחַד הַשָּׂרִים תִּפֹּלוּ:
(תהלים פב:ו-ז)

וְהַלֻּחֹת מַעֲשֵׂה אֱלֹהִים הֵמָּה וְהַמִּכְתָּב מִכְתַּב אֱלֹהִים הוּא חָרוּת עַל הַלֻּחֹת:
(שמות לב:טז)

וַיִּקַּח סֵפֶר הַבְּרִית וַיִּקְרָא בְּאָזְנֵי הָעָם וַיֹּאמְרוּ כֹּל אֲשֶׁר דִּבֶּר ה' נַעֲשֶׂה וְנִשְׁמָע:
(שם כד:ז)

וַיֹּאמֶר ה' אֱלֹהִים הֵן הָאָדָם הָיָה כְּאַחַד מִמֶּנּוּ לָדַעַת טוֹב וָרָע וְעַתָּה פֶּן יִשְׁלַח יָדוֹ וְלָקַח גַּם מֵעֵץ הַחַיִּים וְאָכַל וָחַי לְעֹלָם:
(בראשית ג:כב)

וּמִמַּתָּנָה נַחֲלִיאֵל וּמִנַּחֲלִיאֵל בָּמוֹת:
(במדבר כא:יט)

וַיִּקַּח מִיָּדָם וַיָּצַר אֹתוֹ בַּחֶרֶט וַיַּעֲשֵׂהוּ עֵגֶל מַסֵּכָה וַיֹּאמְרוּ אֵלֶּה אֱלֹהֶיךָ יִשְׂרָאֵל אֲשֶׁר הֶעֱלוּךָ מֵאֶרֶץ מִצְרָיִם:
(לקמן לב:ד)

שינוי נוסחאות

(א) **לא היתה עבודת כוכבים ולא מלאך המות שולט בהן.** בספרים ישנים היה כתוב "לא היתה מלכות ולא..." ונשתנה הנוסח בזמן האחרון מחמת צנזורא: **חירות מן הגליות.** גם כאן נשתנה הנוסח מאימת הצנזורא, והנוסח המקורי היה "חירות מן המלכיות":

אמרי יושר

[א] **מהו חרות על.** דהיה לו לומר חקוק, ועוד חרות בלוחות מיבעיא ליה, אלא לשון חירות בשביל הלוחות:

R' Nechemyah explains why Israel was granted immortality: בְּשָׁעָה שֶׁאָמְרוּ יִשְׂרָאֵל "כֹּל אֲשֶׁר דִּבֶּר ה' נַעֲשֶׂה וְנִשְׁמָע" – For **when the** people of **Israel said,** ***"Everything that HASHEM has said, we will do and we will obey"*** (below, 24:7), אָמַר הַקָּדוֹשׁ בָּרוּךְ הוּא – **the Holy One, blessed is He, said,** אָדָם הָרִאשׁוֹן צִוִּיתִי אוֹתוֹ מִצְוָה אַחַת כְּדֵי שֶׁיְּקַיְּמֶנָּה, וְהִשְׁוִיתִיו לְמַלְאֲכֵי הַשָּׁרֵת – **"I commanded Adam, the first** man, only **one commandment so that he should fulfill it,**[7] **and** immediately **I made him equal to the ministering angels,"** שֶׁנֶּאֱמַר "הֵן הָאָדָם הָיָה כְּאַחַד מִמֶּנּוּ" – **as it is stated,** ***"Behold Man was like one among us"*** (*Genesis* 3:22).[8] אֵלּוּ שֶׁהֵן עוֹשִׂין וּמְקַיְּימִין תַּרְיַ"ג מִצְוֹת – "If so, **these** people of Israel, **who perform and fulfill six hundred and thirteen commandments,** חוּץ מִן הַכְּלָלִים וּמִן הַפְּרָטִים וּמִן הַדִּקְדּוּקִים – **besides the generalizations and specifications**[9] **and fine details,** אֵינוֹ דִּין שֶׁהֵן חַיִּין וְקַיָּימִין לְעוֹלָם – **is it not logically compelling that they should** certainly **live and endure forever?"**

R' Nechemyah supports his opinion from Scripture: וְכֵן הוּא אוֹמֵר "וּמִמַּתָּנָה נַחֲלִיאֵל" – **And so it states,** ***And from the gift, "nachaliel"*** [נַחֲלִיאֵל] (*Numbers* 21:19), שֶׁנָּחֲלוּ מֵהַקָּדוֹשׁ בָּרוּךְ הוּא שֶׁיְּהוּ חַיִּים וְקַיָּימִים לְעוֹלָם – meaning **that they inherited** (שֶׁנָּחֲלוּ) **from the Holy One, blessed is He,** the right **to live and endure forever.**[10] כֵּיוָן שֶׁאָמְרוּ "אֵלֶּה אֱלֹהֶיךָ יִשְׂרָאֵל" – However, **once they said** with regard to the Golden Calf, ***"This is your god, O Israel"*** (below, 32:4), בָּא מָוֶת עֲלֵיהֶן – **death came upon them** once more.[11]

Having inferred that Israel attained immortality at Sinai but had it revoked after the Golden Calf incident, the Midrash expounds the *Psalms* verse cited at the beginning of this section accordingly:

אָמַר הַקָּדוֹשׁ בָּרוּךְ הוּא – **The Holy One, blessed is He, said** to Israel, בְּשִׁיטָתוֹ שֶׁל אָדָם הָרִאשׁוֹן הֲלַכְתֶּם – **"You have followed the manner of Adam, the first** man,[12] שֶׁלֹּא עָמַד בְּנִסְיוֹנוֹ ג' שָׁעוֹת, וּבְתֵשַׁע שָׁעוֹת נִקְנְסָה עָלָיו מִיתָה – **who did not withstand his test** for even **three hours, and in the ninth hour was punished with** eventual **death.**[13] "אֲנִי אָמַרְתִּי אֱלֹהִים אַתֶּם" – ***I said, 'You are angelic,'*** (i.e., immortal), וַהֲלַכְתֶּם אַחַר מִדּוֹתָיו שֶׁל אָדָם הָרִאשׁוֹן – **but you followed the conduct of Adam, the first** man. "אָכֵן כְּאָדָם תְּמוּתוּן" – Consequently, ***Surely like Adam you shall die."***[14]

NOTES

7. This refers to the commandment not to eat from the Tree of Knowledge. The Midrash adds the words *so that he should fulfill it* to show that even the observance of a prohibition is considered fulfillment of a commandment (*Eitz Yosef*).

8. I.e., like one of the ministering angels. This follows one opinion in *Bereishis Rabbah* (21 §5) regarding the meaning of this verse (*Yefeh To'ar*).

9. Many of the details of the commandments are derived from various Scriptural inferences, which the Sages interpreted in accordance with the guidelines taught to Moses at Mount Sinai. Several of these inferences revolve around various combinations of generalizations and specifications. See *Eruvin* 27b et al.

10. Scripture there states (vv.18-19): וּמִמִּדְבָּר מַתָּנָה. וּמִמַּתָּנָה נַחֲלִיאֵל וּמִנַּחֲלִיאֵל בָּמוֹת. Simply understood, this passage describes the miraculous well: *A gift from the Wilderness — the gift went to the valley, and from the valley to the heights.* The Midrash interprets it homiletically as an allusion to the gift of Torah that Israel received in the Wilderness (*Maharzu*, *Eitz Yosef*). Thus, the words וּמִמַּתָּנָה נַחֲלִיאֵל are understood as follows: *And from the gift, an inheritance of angelic [power]* [נַחֲלִיאֵל], i.e., of immortality (*Matnos Kehunah*, *Radal*; see also *Maharzu* and *Eitz Yosef*).

11. The Midrash is expounding the next part of the verse, וּמִנַּחֲלִיאֵל בָּמוֹת, to mean: *After inheriting angelic [power], death came* [בָּא מָוֶת] (*Radal*; *Maharzu*, based on *Bamidbar Rabbah* 19 §33; *Eitz Yosef*).

12. With regard to the command not to eat from the Tree of Knowledge.

13. The Gemara (*Sanhedrin* 38b), and the Midrash in several places (*Vayikra Rabbah* 29 §1, et al.), give an account of Adam's experiences during each hour of the sixth day of creation. According to that account, Adam was commanded not to eat from the Tree of Knowledge during the ninth hour of the day and transgressed the command during the tenth hour. In the eleventh hour he stood in judgment before God, and in the twelfth hour he was banished from the Garden of Eden. Accordingly, *Yefeh To'ar* finds difficulty with our Midrash's statement that Adam did not withstand his test for three hours and was punished in the ninth hour, for in reality he sinned after only one hour and stood judgment in the eleventh hour of the day. *Matnos Kehunah*, addressing only the first difficulty, explains that the Midrash means that Adam did not withstand his test for the remainder of that day, which totaled three hours, following the ninth hour when he was commanded and his test began.

Avos HaRosh to *Avos DeRabbi Nassan* (1:8) explains that our Midrash follows the opinion of *Pirkei DeRabbi Eliezer* (Ch. 11) that Adam was commanded not to eat from the Tree of Knowledge in the *eighth* hour of the day. Accordingly, since he sinned in the tenth hour, two hours after being commanded, our Midrash states that he did not withstand his test for three hours. Regarding the statement of our Midrash that Adam was punished in the ninth hour, the nine hours are enumerated from the time Adam's body was formed, which, according to *Pirkei DeRabbi Eliezer* ibid., took place in the third hour; thus the eleventh hour, in which he stood judgment, was his ninth hour of existence. [See, however, *Maharzu* and *Radal*.]

14. Generally, God does not punish a person until he has accumulated several sins (see 31 §1 above with note 4). However, this is only because after Adam's sin, the force of evil in the world generates a certain confusion that at times leads one to sin, believing that he is in fact performing a good deed. However, before Adam's sin, and similarly, regarding the people of Israel before they committed the sin of the Golden Calf, when they were on same level as that of Adam before his sin, this confusion did not exist, and therefore they were held accountable even for one sin (*Tiferes Tzion*).

INSIGHTS

the Jewish people had reached an exalted spiritual state in which their bodies, not only their souls, were suffused with Godliness, they were deemed worthy of the First Tablets, which were fashioned by the hand of God.

By reaching this lofty spiritual level in which their bodies merged with their souls, the Jewish people achieved immortality. Only the physical body is affected by death, not the soul, which is immortal. Thus, when the body fuses with the soul, drawing its life from the soul, the body, too, becomes impervious to death. [Compare note 95 to §7 below.]

This, then, is the connection between the simple meaning of the verse that God's script was engraved on the Tablets (חָרוּת עַל הַלֻּחֹת) and our Midrash's interpretation that they became free from the Angel of Death (חֵירוּת מִמַּלְאַךְ הַמָּוֶת): When the spiritual essence of the writing (the soul) permeates the entirety of the Tablets (the body) from one side to the other, with nothing interposing, freedom from death is achieved.

פרשה לב

א [כג, כ] ״הִנֵּה אָנֹכִי שֹׁלֵחַ מַלְאָךְ״ הָדָא הוּא דִכְתִיב (שם פב, ו) ״אֲנִי אָמַרְתִּי אֱלֹהִים אַתֶּם״, אִלּוּ הִמְתִּינוּ יִשְׂרָאֵל לְמֹשֶׁה וְלֹא הָיוּ עוֹשִׂים אוֹתוֹ מַעֲשֶׂה לֹא הָיְתָה °עֲבוֹדַת כּוֹכָבִים° וְלֹא מַלְאַךְ הַמָּוֶת שׁוֹלֵט בָּהֶן, וְכֵן הוּא אוֹמֵר (לקמן לב, טז) ״וְהַמִּכְתָּב מִכְתַּב אֱלֹהִים הוּא חָרוּת עַל הַלּוּחוֹת״, [א]מַהוּ ״חָרוּת״, רַבִּי יְהוּדָה וְרַבִּי נְחֶמְיָה, רַבִּי יְהוּדָה אוֹמֵר: חֵירוּת מִן °הַגָּלֻיּוֹת, וְרַבִּי נְחֶמְיָה אוֹמֵר: חֵירוּת מִמַּלְאַךְ הַמָּוֶת, בְּשָׁעָה שֶׁאָמְרוּ יִשְׂרָאֵל (לעיל כד, ז) ״כֹּל אֲשֶׁר דִּבֶּר ה׳ נַעֲשֶׂה וְנִשְׁמָע״ אָמַר הַקָּדוֹשׁ בָּרוּךְ הוּא: אָדָם הָרִאשׁוֹן צִוִּיתִי אוֹתוֹ מִצְוָה אַחַת כְּדֵי שֶׁיְּקַיְּימֶנָּה, וְהִשְׁוֵיתִיו לְמַלְאֲכֵי הַשָּׁרֵת, שֶׁנֶּאֱמַר (בראשית ג, כב) ״הֵן הָאָדָם הָיָה כְּאַחַד מִמֶּנּוּ״, אֵלּוּ שֶׁהֵן עוֹשִׂין וּמְקַיְּימִין תַּרְיַ״ג מִצְוֹת חוּץ מִן הַכְּלָלִים וּמִן הַפְּרָטִים וּמִן הַדִּקְדּוּקִים, אֵינוֹ דִין שֶׁהֵן חַיִּין וְקַיָּמִין לְעוֹלָם, וְכֵן הוּא אוֹמֵר (במדבר כא, יט) ״וּמִמַּתָּנָה נַחֲלִיאֵל״, שֶׁנָּחֲלוּ מֵהַקָּדוֹשׁ בָּרוּךְ הוּא שֶׁיִּהוּ חַיִּים וְקַיָּימִים לְעוֹלָם, כֵּיוָן שֶׁאָמְרוּ (לקמן לב, ד) ״אֵלֶּה אֱלֹהֶיךָ יִשְׂרָאֵל״ בָּא מָוֶת עֲלֵיהֶן, אָמַר הַקָּדוֹשׁ בָּרוּךְ הוּא: בְּשִׁיטָתוֹ שֶׁל אָדָם הָרִאשׁוֹן הֲלַכְתֶּם, שֶׁלֹּא עָמַד בְּנִסְיוֹנוֹ [ב]ג׳ שָׁעוֹת, וּבְתֵשַׁע שָׁעוֹת נִקְנְסָה עָלָיו מִיתָה, (תהלים פב ו) ״אֲנִי אָמַרְתִּי אֱלֹהִים אַתֶּם״ וַהֲלַכְתֶּם אַחַר מִדּוֹתָיו שֶׁל אָדָם הָרִאשׁוֹן, (שם שם ז) ״אָכֵן כְּאָדָם תְּמוּתוּן״,

עץ יוסף

(א) **הדא הוא דכתיב אני אמרתי אלהים אתם.** וכדפירש רבי פנחס לקמן סוף סימן זה: **אותו מעשה.** של עגל: **מהו חרות כו׳.** דרש על הלוחות בשביל מה שכתוב בלוחות יהיו בן חורין: **מן השעבוד.** אפילו כשיחטאו רק יענשו בשאר יסורין: **מצוה אחת.** ואף דאמרינן לעיל פרשה ל׳ ובבראשית רבה שצוה לאדם שש מצות, יש לומר לפי שכולם נרמזים בפסוק אחד קראם מצוה אחת: **כדי שיקיימנה.** מפני שמצות אדם הראשון לא היה בה אלא שב ואל תעשה, לכן אמר כדי שיקיימנה, כי בשב ואל תעשה נמי ילדק קיום המצוה: **ישראל שהם עושים ומקיימים.** כי בתרי״ג מצות יש קיום ומעשה ממש, דהיינו ברמ״ח מצות עשה אינו דין כו׳: **באחד ממנו.** פירוש כאחד ממלאכי השרת, ועיין בבראשית רבה פרשה כ״א: **שנחלו מהקדוש ברוך הוא כו׳.** כך כתיב התם וממדבר מתנה וממתנה נחליאל, ומפרש שבמדבר זכו למתנת התורה, וממתנה היינו התורה זכו לנחלת אל להיות חיים וקיימים: **בא מות עליהם.** דריש ומנחליאל במות בא מות: **שלש שעות.** עיין לעיל בבראשית רבה פרשה י״ח גבי ולא יתבוששו:

פירוש מהרז״ו

(א) **הדא הוא דכתיב אני אמרתי.** וסיפיה דקרא ובני עליון כולכם אכן כאדם תמותון וכאחד השרים תפולו. ועיין עבודה זרה (דף ה, א) הובא ילקוט תהלים פ״ב, לקמן פרשה זו סימן ז, ויקרא רבה פרשה י״א סימן א, ושם פרשה י״ח סימן ב, במדבר רבה פרשה ז סימן ד, פרשה ט סימן כ״ד, דברים רבה סוף פרשה ז׳: **אלו המתינו ישראל.** כי לפי פשט הכתוב שמדבר בשופטים רשעים, כמו שכתוב [לפניו] (פסוק ב) עד מתי תשפטו עול וגו׳, איך אומר אלהים אתם וגו׳, ובהכרח על פי מדה כ׳, שמדבר על כלל ישראל אחר מתן תורה: **מהו חרות.** עיין לקמן פרשה מ״א ריש סימן ז, ושם נסמן ומבואר: **כללים ופרטים ודקדוקים.** שמלמדים על כל מצות הוספות דינים הרבה, על פי מדות ודקדוקים, פירוש תורה שבעל פה שתלוי על דקדוקי תורה שבכתב, ועיין תורת כהנים ריש בהר סיני, ובסוף התוכחה ודו״ק: **וממתנה נחליאל.** התורה נקראת מתנה, כמו שדרש לעיל פרשה ו ריש סימן ו׳, נחליאל נחלו מדות אל, וכמו שכתוב (דברים ד, ד) ואתם הדבקים בה׳ חיים כולכם, וזהו ובני עליון כולכם, ועל שלא נמלאו שמות אלו, מתנה, ונחליאל, ובמות, בסדר מסעות, על כן דורש על פי מדת ממעל ונוטריקון: **בא מות עליהם.** רומז על מה שכתב ומנחליאל במות, נוטריקון בא מות, עיין כל זה במדבר רבה סוף פרשה י״ט: **שלש שעות.** כמו שאמרו ויקרא רבה ריש פרשה כ״ט, בתשע נלטווה, בעשר עבר, באחד עשר נידון. ולפי זה לריך עיון כאן מה שכתב שלש שעות, ובתשע שעות וכו׳. ועיין לקמן פרשה מ״א סימן ז, ובבראשית רבה סוף פרשה י״ח, שלריך לומר שלא עמד בנסיונו שש שעות, ממה שכתוב (בראשית ב, כה) ולא יתבוששו, שלא היה מתון עד בא שש שעות, וכן ישראל כי בושש (שמות לב, א), בא שש, עיין שם, ותחלה אמר אני אמרתי אלהים אתם וגו׳, ואחר כך אמר אכן כאדם תמותון וגו׳, ולא פירש למה שמרומז במה שכתב אכן כאדם, על שעשיתם כאדם. וכמו שכתוב (הושע ו, ז) והמה כאדם עברו ברית, בראשית רבה פרשה י״ט סימן ט ושם נסמן, תמותון כאדם:

מתנות כהונה

[א] **אותו מעשה.** מעשה עגל: **שנחלו מהקדוש ברוך הוא כו׳.** דרש נחליאל. נחלו כח אלהות להיות חיי עדי עד כאלהים: **שלש שעות ובתשע שעות.** לא מלאתי במדרש תהלים. וגם בתנחומא ובילקוט לא גרס ליה ואמרינן בכל מקום בעשירי סרח ובאחד עשר נידון ובשנים עשר נטרד. ושלש שעות יש לישבו שרצה לומר שלא עמד שלש שעות בלווי שבשעה תשיעית נלטווה ולא היה עד כלות היום רק שלש שעות:

אשד הנחלים

[א] **ולא מלאך המות שולט כו׳ רבי יהודה ורבי נחמיה כו׳.** יש להבין סיבת מחלוקתם וטעמם, אם נאמר דדעת רבי נחמיה שלא יהיה המיתה שולט, ואם כן בודאי אז יבטל היצר המתאוה, כי ישוב האדם להיות ספירי באין חומר גשמי המחטיאו, ולכן יחיה לעולם ולא יתפרדו, ואם כן ממילא אז לא יהיה גליות ומלחמה בעולם. והנראה דדעת רבי יהודה כדעת שמואל (ברכות לד, ב) שאמר שאין בין עולם הזה לעולם הבא אלא שעבוד גליות בלבד, ודעת רבי נחמיה חירות אף ממלאך המות, ומכל שכן משעבוד גליות. והענין מבואר כפי ההבדל שבין דעת המחקרים לדעת חכמי אמת, שדעת המחקרים שהטבע המיוסדת עתה היא היא אשר תהיה בעתיד, רק שיהיו אנשי העולם מאושרים במדותם ומדעם, כי יושפע שפע השגה בעולם עד שכלם ידעו את ה׳, ועל ידי זה יהיה שלום בארץ, כי יתאחדו יחד באמונתם, ועל ידי זה יהיה שלום אמת, אבל מלאך המות שבא מטבע ההפסד השולט בעולם לא יבטל, ודעת רבי נחמיה לא כן, כי אם יבטל הסדר הטבעי הנהוג עתה, כי מתחלה קודם החטא היה גופו והעולם על מתכונת אחרת, לא כמו שהוא עתה, כמו שבארתי בסדר בראשית (ח, ה ועוד) בארוכה, ולזה נוטה דעת המדרשים כולם. ודע דהכונה על דרך מאמרם בחזית (שיר השירים רבה א פסוק ב) שבעת קבלת התורה היו ישראל לומדים ולא משכחים, ונתעקר היצר הרע מלבם, אך הם לא יכלו לעמוד במדרגה הרמה הזאת וצווחו מה הנאה יש באבידה שלנו, כי לא יכלו כלכל זאת ההשגה הנוראה, וכל זה סיבב להם מצד שלא המתינו למשה, ולא האמינו בו באמת ונפלו ממדרגתם, וכבר הארכתי בבאורי על החזית ידרשם המעיין שם: **תרי״ג מצות.** כלומר ואם היה קבלתם באופן נעלה, אז בודאי היו באים למדרגה רמה, כמדרגת אדם הראשון קודם החטא, בצירוף קיום מצות התרי״ג, והבן: **שיהיו חיים.** שנחלו כח אלהות להיות חיים וקימים כאלהים (מתנות כהונה):

ידי משה

[א] **מהו חרות רבי יהודה ורבי נחמיה.** פירוש, מדהוה ליה למימר חקוק על הלוחות. אי נמי הוי ליה למימר חקוק בלוחות, ולא על, אלא על רלה לומר בשביל מה שהיה חקוק על הלוחות ניתן להם חירות זה, עד כאן לשון יפה תואר. אבל קשה, והלא כתיב בקרא כתבם על לוח לבך, אלא נראה דנפקא הואיל וקיימא לן (שבת קד, א) מ״ם וסמ״ך בנס היו עומדים, לפי שהיו חקוקים מעבר לעבר, ואם כן לא יפול בו לשון על, דעל לא שייך רק היכא שיש שטח תחת הכתב, מה שאין כן כאן שלא היה כלום תחת הכתב, לזה אמר חירות פירוש על הוא בשביל, כמו שכתבתי לעיל. ודוק:

חידושי הרד״ל

[א] **מהו חרות רבי יהודה ורבי נחמיה כו׳.** ויקרא רבה פרשה יח ג, ובמדבר רבה פרשה טז כד, ושיר השירים רבה פרשה ד פסוק ח (ושם איתא עוד דעה שלישית, ורבנן אמרי מן היסורין): **וכן הוא אומר וממתנה נחליאל ומנחליאל במות שנחלו מהקדוש ברוך הוא כו׳.** עיין מתנות כהונה, וזה שנאמר אני אמרתי אלהים אתם: **בא מות** דרש במות בא מות, ועיין תנא דבי אליהו זוטא פרק ד: **בנסיונו שש שעות ובשש שעות נקנסה כו׳.** כן לריך לומר על פי הבראשית רבה סוף פרשה יח, (והאי שש שעות שנקנס היא משעה שהכניסו לגן עדן, ולא שהיתה שעה ששית ביום):

חידושי הרש״ש

[א] **שנאמר הן האדם היה באחד ממנו.** רלה לומר היה קודם שחטא, וכדאיתא לעיל שם במדרש (בראשית רבה כא, ה): **תרי״ג מצות חוץ מן הכללים ומן הפרטים כו׳.** עיין בשרשי הרמב״ם לספר המצות ותבין: **וכן הוא אומר וממתנה נחליאל כו׳.** דפירושו ממתנת התורה, כדדרשו במדרש סוף פרשת חוקת (יט, כו), ובעירובין (נד, א) וכדכתיב (תהלים סח, יט) לקחת מתנות באדם, וכדלקמן ריש פרשה לג (סימן א): **כיון שאמרו אלה כו׳ בא מות כו׳.** מתפרש על פי שדרשו בשוחר טוב מזמור ה, ומנחליאל במות משנחלו על זה בא עליהם מלאך המות:

באור מהרי״פ

[א] **כדי שיקיימנה.** זה לשון תולדות נח, דקדק בזה, להוציא מלב המדרש שדורש נורא עלילה על בני אדם, גלוי וידוע לפני הקב״ה שימות אדם וצוה לו המצוה הזאת כדי שילכד במצודה זו, אבל מדרשנו סובר שכוונת השם יתברך היתה כדי שיקיימנה. עד כאן לשונו. הנה המדרש שהביא הוא נפלא ולא מצאתי עדיין אותו:

מסורת המדרש

א. שיר השירים רבה פרשה ד׳ וש״נ:

ב. עיין סנהדרין דף ל״ח. ב״ר סוף פי״ח. ויק״ר ריש פכ״ט. מדרש תהלים מזמור צ״ב. תנחומא שמיני סימן ח׳. פדר״א פרק י״א. פסיקתא רבתי פיסקא מ״ו. ילקוט בראשית רמז ט״ו. ע״ש בכל המקומות:

אם למקרא

אֲנִי אָמַרְתִּי אֱלֹהִים אַתֶּם וּבְנֵי עֶלְיוֹן כֻּלְּכֶם: אָכֵן כְּאָדָם תְּמוּתוּן וּכְאַחַד הַשָּׂרִים תִּפֹּלוּ: (תהלים פב:ו-ז)

וְהַלֻּחֹת מַעֲשֵׂה אֱלֹהִים הֵמָּה וְהַמִּכְתָּב מִכְתַּב אֱלֹהִים הוּא חָרוּת עַל הַלֻּחֹת: (שמות לב:טז)

וַיִּקַּח סֵפֶר הַבְּרִית וַיִּקְרָא בְּאָזְנֵי הָעָם וַיֹּאמְרוּ כֹּל אֲשֶׁר דִּבֶּר ה׳ נַעֲשֶׂה וְנִשְׁמָע: (שם כד:ז)

וַיֹּאמֶר ה׳ אֱלֹהִים הֵן הָאָדָם הָיָה כְּאַחַד מִמֶּנּוּ לָדַעַת טוֹב וָרָע וְעַתָּה פֶּן יִשְׁלַח יָדוֹ וְלָקַח גַּם מֵעֵץ הַחַיִּים וְאָכַל וָחַי לְעֹלָם: (בראשית ג:כב)

וּמִמַּתָּנָה נַחֲלִיאֵל וּמִנַּחֲלִיאֵל בָּמוֹת: (במדבר כא:יט)

וַיִּקַּח מִיָּדָם וַיָּצַר אֹתוֹ בַּחֶרֶט וַיַּעֲשֵׂהוּ עֵגֶל מַסֵּכָה וַיֹּאמְרוּ אֵלֶּה אֱלֹהֶיךָ יִשְׂרָאֵל אֲשֶׁר הֶעֱלוּךָ מֵאֶרֶץ מִצְרָיִם: (לקמן לב:ד)

שינוי נוסחאות

(א) **לא היתה עבודת כוכבים ולא מלאך המות שולט בהן.** בספרים ישנים היה כתוב ״לא היתה מלכות ולא... ״ ונשתנה הנוסח בזמן האחרון מחמת צנזורא: **חירות מן הגליות.** גם כאן נשתנה הנוסח מאימת הצנזורא, והנוסח המקורי היה ״חירות מן המלכיות״:

אמרי יושר

[א] **מהו חרות על.** דהיה לו לומר חקוק, ועוד חרות בלוחות מיבעיא ליה, אלא לשון חירות בשביל הלוחות:

מהו "וּכְאַחַד הַשָּׂרִים תִּפֹּלוּ" — And **what is** meant by the end of the verse, ***and like one of the princes you shall fall?*** אָמַר רַבִּי יְהוּדָה — **R' Yehudah said:** אוֹ כְּאָדָם אוֹ כְּחַוָּה — **Either like Adam or like Eve.**[15]

The Midrash cites an alternative explanation of the end of the above verse, tying it to our *Exodus* verse:

דָּבָר אַחֵר, "וּכְאַחַד הַשָּׂרִים תִּפֹּלוּ" — **Another explanation of *and like one of the princes you shall fall:*** אָמַר רַבִּי פִּנְחָס הַכֹּהֵן בַּר רַבִּי חָמָא — **R' Pinchas the Kohen son of R' Chama said:** אָמַר לָהֶם הַקָּדוֹשׁ בָּרוּךְ הוּא: הִפַּלְתֶּם עַצְמְכֶם — **The Holy One, blessed is He, said to them, "You caused your own downfall.** לְשֶׁעָבַר הֱיִיתֶם מִשְׁתַּמְּשִׁים עַל יְדֵי רוּחַ הַקֹּדֶשׁ — **In the past, you were served through the Divine Spirit,** עַכְשָׁיו אֵין אַתֶּם מִשְׁתַּמְּשִׁים אֶלָּא עַל יְדֵי מַלְאָךְ — but **now** that you have sinned by worshiping the Golden Calf **you will only be served through an angel."**[16] הֱוֵי "הִנֵּה אָנֹכִי שֹׁלֵחַ מַלְאָךְ לְפָנֶיךָ" — **That is** what is meant by, ***Behold! I send an angel before you.***[17]

§2 Continuing to interpret our verse as referring to the angel that would guide Israel after the Golden Calf incident, the Midrash now adduces support for this interpretation from a source in *Jeremiah.*[18] In the customary manner of the Midrash, it expounds the entire Scriptural source at length:[19]

דָּבָר אַחֵר, "הִנֵּה אָנֹכִי שֹׁלֵחַ מַלְאָךְ לְפָנֶיךָ" — **Another explanation of *Behold! I send an angel before you*** — הָדָא הוּא דִכְתִיב "וְאָנֹכִי אָמַרְתִּי אֵיךְ אֲשִׁיתֵךְ בַּבָּנִים" — **thus it is written, *I had said, "How 'ashiseich babanim'*** [אֲשִׁיתֵךְ בַּבָּנִים]?" (*Jeremiah* 3:19).[20]

The Midrash explains the opening clause:

מַהוּ "אֲשִׁיתֵךְ" — **What is** the meaning of ***"ashiseich"***? אָמַר הַקָּדוֹשׁ בָּרוּךְ הוּא — **The Holy One, blessed is He, said,** מִשָּׁעָה שֶׁעֲמַדְתֶּם בְּסִינַי וְקִבַּלְתֶּם אֶת הַתּוֹרָה וְכָתַבְתִּי שֶׁאֲנִי אוֹהֵב אֶתְכֶם — **"From the moment that you stood at Mount Sinai and received the Torah**[21] **and I wrote in it that I love you** — שֶׁנֶּאֱמַר "כִּי מֵאַהֲבַת ה' אֶתְכֶם" — **as it is stated, *Rather, because of HASHEM's love for you, etc.*** (*Deuteronomy* 7:8)[22] — וְאַחַר שֶׁאֲהַבְתִּי אֶתְכֶם הֵיאַךְ אֲנִי יָכוֹל לִשְׂנוֹא אֶתְכֶם — **after I have loved you, how can I now hate you?"**[23] "אֵיךְ אֲשִׁיתֵךְ בַּבָּנִים" — Thus does Scripture state, ***"How 'ashiseich' when [you were already beloved to Me as] children?";***[24]

NOTES

15. The Midrash understands this part of the verse to be alluding to Israel's forfeiture of freedom from foreign kingdoms, which R' Nechemyah agrees to, as was explained above (note 6). The term *princes* is applicable to both Adam and Eve, since they were both blessed by Hashem, *"Rule over . . . every living thing"* (*Genesis* 1:28). The Midrash is therefore unsure as to which of them the verse is alluding to. If it alludes to Adam, then it means that just as Adam was cursed with difficulty in finding sustenance (*"Through suffering shall you eat, etc."* — ibid. 3:17), the people of Israel will be forced to struggle to sustain themselves as a result of their subjugation. If, however, the verse alludes to Eve, it means that just as Eve was punished with subjugation to her husband (*"And he shall rule over you"* — ibid., v. 16), Israel will suffer foreign domination (*Yefeh To'ar*, cited in part by *Eitz Yosef*).

[Our Midrash explains the words אֶבֶן כְּאָדָם תְּמוּתוּן in accordance with R' Nechemyah's opinion. See *Avodah Zarah* 5a for an explanation according to the opinion cited there that conforms to that of R' Yehudah. See also Schottenstein ed. ad loc., note 44.]

16. Since Scripture uses the letters כ and ב interchangeably, the Midrash interprets וּכְאַחַד as וּבְאַחַד. Thus, וּכְאַחַד הַשָּׂרִים תִּפֹּלוּ reads as, *and through one of the princes you shall fall.* That is, *You shall fall* from your previous status in that you shall now be served only *through one of the [celestial] princes* (see *Pirkei DeRabbi Eliezer* cited below, note 96), rather than through the Divine Spirit of God Himself (*Eitz Yosef*; see also *Maharzu*). According to this interpretation, the first part of the verse, אֲנִי אָמַרְתִּי אֱלֹהִים אַתֶּם, is interpreted to mean: I had said that you shall be served by the Divine Spirit of God Himself (*Maharzu*).

17. That is, according to R' Pinchas, the use of an angel as a celestial intermediary between God and Israel occurred only after the Golden Calf incident, when Israel suffered a sharp decline in status and no longer merited direct contact with God Himself. Hence, although the words of our verse were stated prior to the sin of the Golden Calf, they were merely notifying Israel of the angel that God would send later when they would sin (*Yefeh To'ar,* at the beginning of this section, based on *Rashi* to our verse, s.v. הנה וכו').

18. As will be explained in note 47.

19. *Eitz Yosef.*

20. The two verses that will be expounded by the Midrash state: וְאָנֹכִי אָמַרְתִּי אֵיךְ אֲשִׁיתֵךְ בַּבָּנִים וְאֶתֶּן לָךְ אֶרֶץ חֶמְדָּה נַחֲלַת צְבִי צִבְאוֹת גּוֹיִם וָאֹמַר אָבִי תִּקְרְאִי לִי וּמֵאַחֲרַי לֹא תָשׁוּבִי. אָכֵן בָּגְדָה אִשָּׁה מֵרֵעָהּ כֵּן בְּגַדְתֶּם בִּי בֵּית יִשְׂרָאֵל נְאֻם ה'. Simply understood, the verses are translated as follows: *I had said, "How can I place you among the other children?" So I gave you a cherished land, the heritage coveted by the multitudes of nations, And I said, "Call Me 'my Father,' and do not turn away from behind Me." But, like a woman who was unfaithful to her mate, you have been unfaithful to Me, O House of Israel — the word of HASHEM* (*Jeremiah* 3:19-20). In the elucidation, we will translate these verses in accordance with the various expositions of the Midrash.

21. The Midrash is expounding the opening words of the verse, וְאָנֹכִי אָמַרְתִּי, to mean, *And [from when] I said* אָנֹכִי, i.e., the Ten Commandments given at Mount Sinai that begin with אָנֹכִי ה' אֱלֹהֶיךָ, *I am HASHEM, your God* — above, 20:2 (*Maharzu, Eitz Yosef*; see also *Imrei Yosher*).

22. Certainly, God's love for Israel preceded Mount Sinai, for this verse itself continues that it was because of God's love for the people of Israel that He redeemed them from Egypt. Nonetheless, since this became publicized only when it was written in the Torah, it is attributed to Mount Sinai. Although these words are written in *Deuteronomy*, and as such were not written in the Torah at Mount Sinai, but rather shortly before Israel entered the Land, the Midrash merely means that these words were written in the Torah whose writing commenced at Mount Sinai (*Yefeh To'ar*; see also *Eitz Yosef*).

23. I.e., I do not simply change My mind like a human being. If I now hate you, it is not *I* Who decided to hate you; rather, *you* must have caused this through your sins (*Maharzu*, based on *Midrash Tanchuma, Mishpatim* §17; *Eitz Yosef*). This is alluded to in the next verse, *But, like a woman who was unfaithful, etc.*, indicating that the change was caused by Israel's treachery (*Maharzu*).

For an entirely different twist regarding this exposition and this entire passage of Midrash, see Insight Ⓐ.

24. *Maharzu, Eitz Yosef.*

INSIGHTS

Ⓐ **His Children Forever** We have explained the Midrash, based on the opinion of the majority of the commentators, to be understanding the *Jeremiah* passage as explaining why God's affection for the people of Israel was transformed into "hatred." Others, however, perceive a positive message in this Midrash. *Tiferes Tzion* (here) understands the Midrash to be saying that God's love for Israel is so intense that it is inextinguishable. Although our worship of the Golden Calf aroused God's anger, provoking Him to declare, כִּי לֹא אֶעֱלֶה בְּקִרְבְּךָ כִּי עַם קְשֵׁה עֹרֶף אַתָּה פֶּן אֲכֶלְךָ בַּדָּרֶךְ, *because I shall not ascend among you, for you are a stiff-necked people, lest I annihilate you on the way* (below, 33:3), nevertheless, He did not *abandon* us. Rather, even then He proclaimed (in our verse), הִנֵּה אָנֹכִי שֹׁלֵחַ מַלְאָךְ לְפָנֶיךָ לִשְׁמָרְךָ בַּדָּרֶךְ וְלַהֲבִיאֲךָ אֶל הַמָּקוֹם אֲשֶׁר הֲכִנֹתִי, *Behold! I send an angel before you to protect you on the way, and to bring you to the place that I have made ready.* Even when we are in His disfavor, He seeks to protect us and to bring us to the places that He has readied for us.

This, too, is the message of the verse in *Jeremiah* cited by the Midrash, which speaks of God's love for us even when we disregard His dictates. He still declares (as our Midrash puts it), "After I have loved you, how can I now hate you"?

In a similar vein, *R' Chaim Yaakov Goldvicht* (*Asufos Maarachos, Bereishis* I, pp. 325-326) explains our Midrash in light of the principle that יִשְׂרָאֵל אַף עַל פִּי שֶׁחָטָא, יִשְׂרָאֵל הוּא, *A Jew — even though he has sinned — remains a Jew.* Even an apostate Jew is a Jew (see *Sanhedrin* 44a).

מַהוּ (שם) "וּכְאַחַד הַשָּׂרִים תִּפֹּלוּ", אָמַר רַבִּי יְהוּדָה: אוֹ כְּאָדָם אוֹ כְּחַוָּה, דָּבָר אַחֵר, "וּכְאַחַד הַשָּׂרִים תִּפֹּלוּ", אָמַר רַבִּי פִּנְחָס הַכֹּהֵן בַּר רַבִּי חָמָא: אָמַר לָהֶם הַקָּדוֹשׁ בָּרוּךְ הוּא: הִפַּלְתֶּם עַצְמְכֶם, לְשֶׁעָבַר הֱיִיתֶם מִשְׁתַּמְּשִׁים עַל יְדֵי רוּחַ הַקֹּדֶשׁ, עַכְשָׁיו אֵין אַתֶּם מִשְׁתַּמְּשִׁים אֶלָּא עַל יְדֵי מַלְאָךְ, הֱוֵי [כג, כ] "הִנֵּה אָנֹכִי שֹׁלֵחַ מַלְאָךְ לְפָנֶיךָ":

ב דָּבָר אַחֵר, [כג, כ] "הִנֵּה אָנֹכִי שֹׁלֵחַ מַלְאָךְ לְפָנֶיךָ", הָדָא הוּא דִכְתִיב (ירמיה ג, יט) ג"וְאָנֹכִי אָמַרְתִּי אֵיךְ אֲשִׁיתֵךְ בַּבָּנִים", מַהוּ "אֲשִׁיתֵךְ", אָמַר הַקָּדוֹשׁ בָּרוּךְ הוּא: מִשָּׁעָה שֶׁעֲמַדְתֶּם בְּסִינַי וְקִבַּלְתֶּם אֶת הַתּוֹרָה וְכָתַבְתִּי שֶׁאֲנִי אוֹהֵב אֶתְכֶם, שֶׁנֶּאֱמַר (דברים ז, ח) "כִּי מֵאַהֲבַת ה' אֶתְכֶם", וְאַחַר שֶׁאָהַבְתִּי אֶתְכֶם הֵיאַךְ אֲנִי יָכוֹל לִשְׂנוֹא אֶתְכֶם, "אֵיךְ אֲשִׁיתֵךְ בַּבָּנִים", וְאֵין "אֲשִׁיתֵךְ" אֶלָּא שִׂנְאָה, שֶׁנֶּאֱמַר (בראשית ג, טו) "וְאֵיבָה אָשִׁית", דָּבָר אַחֵר, (ירמיה ג, יט) "אֵיךְ אֲשִׁיתֵךְ בַּבָּנִים", רַבִּי יְהוֹשֻׁעַ אוֹמֵר: חִיַּבְתֶּם עַצְמְכֶם, כִּדְכְתִיב (לעיל בא, ל) "בְּכֹל אֲשֶׁר יוּשַׁת עָלָיו",

עץ יוסף

או כאדם או כחוה. מספקא לן בפירושא דהאי קרא, אי הכוונה להדמות את ישראל לאדם שנגזר עליו לצער פרנסה, וכן על ידי השעבוד ישראל מצטערים בענין פרנסתם, או הכוונה להדמות אותה לחוה, שנגזר עליה שעבוד ממש, כאומר והוא ימשול בך, והיא דמי לשעבוד של ישראל ממש: **או כאדם או כחוה.** שהם הראשונים שנפלו בעולם: **הפלתם עצמכם.** מגדולתכם: **אלא על ידי מלאך.** שהוא אחד מהשרים העליונים, ופירוש וכאחד השרים, כמו ובאחד השרים, שכמה פעמים מתחלף הכ"ף בבי"ת, ורוצה לומר שלא יקבלו נבואה אלא על ידי אמצעי והוא המלאך: **(ב) הדא הוא דכתיב ואני אמרתי כו'.** שהמלאך הזה הוא הנגזר עליהם כשחטאו ונסתלקה שכינה מעליהם, ולהכי מייתי סמך מפסוק זה, דמשמע מיניה לפי דרשתו שבזמן שהיו חביבין, לא היה שום אמצעי בין ה' לישראל ולא ניתן מלאך בהנהגתם אלא כשחטאו, ואיידי דמייתי הכא הני קראי דריש בהו כל דמשכח כדרך המדרש: **משעה שעמדתם בסיני.** דריש ואנכי אמרתי משעה שאמרתי אנכי ה' אלהיך: **שנאמר כי מאהבת ה' אתכם.** כלומר כשעמדו בסיני והתחילה תורה לכתוב ונכתב פסוק זה בתורה: **היאך אני יכול לשנוא אתכם.** כי לא אדם אני להנחם אלא שמעשיכם גרמו: **ואין אשיתך אלא שנאה.** ופירוש בבנים, אחר היותכם חביבים לפני כבנים: **שנאמר ואיבה אשית.** ונקט אשיתך בלשון הנאמר אצל איבה: **רבי יהושע אומר חייבתם עצמכם.** בתנחומא מפורש יותר, איך אשיתך בבנים, אני הייתי מלמד סניגוריא עליכם ואתם גרמתם לקטרג אתכם, ואין אשיתך אלא חיוב כמה דאת אמר אם כופר יושת עליו ע"כ. ואני אמרתי איך אחייבך ואלמד עליכם קטרוג

פירוש מהרז"ו

או כאדם או כחוה. שהיו דומים למלאכים, כמו שכתוב (בראשית ג, כב) הן האדם היה כאחד ממנו, כמו שדרשו בבראשית רבה פרשה כא ריש סימן ה, ומה שאמר או כאדם או (כחיה) [כחוה] יתכן על שאצל אדם כתוב (שם ד, ז) ואתה תמשול בו, ובחוה כתיב (שם ג, טז) והוא ימשל בך, זכו יהיה נפילתם כאדם, לא זכו כחוה: **אמר להם הקדוש ברוך הוא.** דורש אני אמרתי אלהים אתם, שתשמשו ברוח הקדש של אלהים, ומה שכתוב כאחד השרים תפולו, איך מיחד הנפילה לשרים עליונים, על כן דורש הפלתם עצמכם בזה שגזרתי עליכם שתהיו תחת אחד השרים העליונים. וסובר המדרש שפרשת הנה אנכי שולח מלאך, היינו מה שכתוב שמות ל"ג ב', ושלחתי לפניך מלאך. וכתיב שם (פסוק ד) וישמע העם את הדבר הרע הזה ויתאבלו וגו', וזה היה אחר חטא העגל, וכאן דורש על פי מדה ל"ב וכמו שכתוב בסוף סימן ב בסמוך: **(ב) הדא הוא דכתיב ואנכי אמרתי.** וסיפא דקרא ואתן לך ארץ חמדה נחלת צבי ואומר אבי תקראי לי ומאחרי לא תשובי. תנחומא כאן הענין באריכות יותר. ופירוש ואנכי אמרתי, כשאמרתי אנכי ה' אלקיך בסיני הייתי לכם אב, כמו שכתוב ואומר אבי תקראי לי, ואתם כבנים, ואיך אשיתך בבנים איך אשנא אתכם אחר שאהבתי אתכם כבנים, אך אני ה' לא שניתי, שאין השינוי לשנאה ממני, כי אם השנאתם עצמכם, וכן הוא בהדיא בתנחומא כאן, וזה על פי מדה ט' מחובר למה שכתב אחריו, אכן בגדה אשה מריעה כן בגדתם בי בית ישראל: **חייבתם עצמכם.** כדרך דרשה הנ"ל, איך אחייב אתכם אחר שעשיתי אתכם כבנים: **אם כופר יושת עליו.** שחייבו אותו לשלם כופר, וכאן פירושו אלא חייבתם עצמיכם, כי אכן בגדה כנ"ל, וכן אלא ביירתם עצמכם, אני אמרתי איך אבייר אתכם אלא וכו':

מתנות כהונה

אלא על ידי מלאך. וזהו כאחד השרים כלומר אחד מהשרים העליונים:

נחמד למראה

[ב] דבר אחר הנה אנכי שולח מלאך לפניך הדא הוא דכתיב ואנכי אמרתי איך אשיתך בבנים מהו אשיתך אמר הקדוש ברוך הוא משעה שעמדתם בסיני וקבלתם את התורה כתבתי שאני אוהב אתכם שנאמר כי מאהבת ה' אתכם ואחר שאהבתי אתכם היאך אני יכול לשנוא אתכם. הקושיא מבוארת דאיך יתחייב שבשביל שאותה שעה אהב אותנו שאינו יכול לשנוא אותנו, והרי אפשר דאותו זמן היינו טובים ואהב אותנו, וכיון שהרעונו מעשינו יכול להיות חס ושלום שונא אותנו.

ונראה לעניות דעתי במה שאמרו רבותינו ז"ל במדרש חזית על פסוק עד שהמלך במסבו וגו', דאפילו בשעה שהיו אומרים נעשה ונשמע היה בלבם לעשות העגל, כמו שאמר דוד המלך עליו השלום ויפתוהו בפיהם וגו', והקב"ה אמר בשבילם מי יתן והיה לבבם זה להם וגו', נמצא דאפילו בזמן שישראל רעים הקב"ה אוהבן וקרא להם בנים, ומאחר שכתבתי שאני אוהב אתכם אפילו כשאתם רעים, אם כן היאך אני יכול לשנוא לכם, אפילו כשאתם רעים. וקל להבין מאליו כתוב:

אשד הנחלים

וכאחד גו' או כאדם או כחוה. יש להבין למאי נפקא מינה אם מיתתם ונפילתם כנפילת אדם, או כנפילת חוה, הלא היא היא. ויש לצייר על פי דעת חכמי אמת בספריהם, שהנשמות משני סוגים דוכרא ונוקבא, בחינת פועלים ומתפעלים, וזהו נשמת אדם וחוה, וזהו אמיתת ההבדל שביניהם, כי נבדלים איש מרעהו בהבדל נפשותם בחינת זכר לבד ונקבה לבד, וגם בבניהם אחריהם יש מבחינת זכר ויש מבחינת נקבה, וגם נפילתם ממדרגתם גם כן אינם שוים, כי כן חטאם לא היו שוים, כי החטא כפי ערך מעלת הנפש, ולכן אמר או כאדם אם הוא מבחינת זכר, או כחוה אם הוא מבחינתה, הבן זה: **על ידי רוח הקודש כו' אלא על ידי מלאך.** לדעתי אין הכונה פה רוח הקודש סתם, כי זה למטה ממדרגת מלאך, כמדרגת הכתובים שהמה ברוח הקודש למטה ממעלת הנביאים. אלא הכונה רוח הקודש ממש, כמו שהיה מדרגת משה רבינו עליו השלום, שנאמר עליו השם בקרבו רוח קדשו (ישעיה סג, יא), וזה היה מדרגת פנים אל פנים ממש, לא על ידי מלאך, וכמו שאמרו בחזית (שיר השירים רבה א פסוק ב) במעלת ישראל שמהדיבור למלאך וממלאך לישראל, אבל במשה מהדיבור בעצמו, ואלולי לא חטאו ישראל היו מגיעים למדרגת פנים אל פנים, כמו שהבאתי לעיל דברי המדרש חזית, וזהו כאחד השרים כלומר אחד מהשרים הראשונים (מתנות כהונה), שתפולו ממדרגה הרמה הזאת: **הוי אנכי.** כלומר שכתוב אחר המעשה הזאת שמעתה לא תזכו לפנים אל פנים, כי אם אנכי שולח מלאך לפניך: **[ב] איך אשיתך כו' אלא שנאה שנאמר ואיבה אשית.** לכאורה הלא באמת הוא רק ממלת שימה, שאמר שישים איבה ביניהם, ואיך דייק על שנאה. והנראה לפי שבאמת מצאנו שני שרשים, אחד לשון שימה משורש שׂוּם, ואחד לשון שיתה מגזרת שות או שית, והנה באמת בתנ"ך מצאנו הרוב מלת שיתה על דבר הרעה, (משלי ז, י) שית זונה, (ישעיה כב, ז) שׁוֹת שָׁתוּ הַשָּׁעְרָה, (בראשית ג, טו) ואיבה אשית, ואם כן מלת אשיתך הנאמר כאן הוא גם כן על הרעה והאיבה, וזהו שמביא הכתוב ואיבה אשית, שהשיתה הוא רק לרעה ואיבה, ויהיה אם כן באור הכתוב, אף שחטאתם לפני, עם כל זה הנה אנכי שולח מלאך לפניך לשמרך כי אנכי אוהבך: **חייבתם עצמכם כו'**

חידושי הרד"ל

[ב] חייבתם עצמכם. מפורש בתנחומא כאן ובסוף פרשת קדושים, תחלה הייתי מלמד עליכם סנגוריא וגרמתם לעצמכם לקטרג ולחייבכם:

באור מהרי"פ

[ב] חייבתם עצמכם וכו'. בתנחומא (משפטים סימן יז) מפורש יותר, וזה לשונו, רבי יהושע [בן לוי] אומר איך אשיתך בבנים אני הייתי מלמד סנגוריא עליכם ואתם גרמתם לעצמכם לקטרג אתכם ואין לשון אשיתך אלא חיוב, כמה דאת אמר אם כופר יושת עליו. ורבי ברכיה אמר אין לשון אשיתך אלא הפקר, כמה דאת אמר ואשיתהו בתה לא יזמר וגו' ועלה שמיר ושית, חביבים הייתם לפני כאדם שיש לו כרם יפה מעדרו ומסקלו, ועכשיו עשיתם לעצמכם הפקר, עד כאן. והמעיין ייש זה על לשון המדרש:

אמרי יושר

עכשיו אין אתם משתמשים אלא על ידי מלאך. זהו וכאחד השרים תפלו, תגרעו מכבודכם כשתתנהגו על ידי השרים והמלאכים ולא על ידי. וראיתי אומר כי הטעם שלא הקפיד משה רבנו עליו השלום עתה, כי היו מוכנים ליכנס בארץ ישראל עתה מיד, אבל אחר העגל לא, לזה הקפיד שם: **[ב] הדא הוא דכתיב ואנכי אמרתי.** מעת שדברתי אנכי ה' אלהיך במתן תורה אמרתי אהבתיך, ועתה איך אשיתך:

מסורת המדרש

ג. תנחומא כאן סימן י"ז כל הענין. ועי' תנחומא קדושים סימן י"ב. ובילקוט ירמיה רמז ר"ע:

אם למקרא

וְאָנֹכִי אָמַרְתִּי אֵיךְ אֲשִׁיתֵךְ בַּבָּנִים וְאֶתֶּן לָךְ אֶרֶץ חֶמְדָּה נַחֲלַת צְבִי צִבְאוֹת גּוֹיִם וָאֹמַר אָבִי תִּקְרְאִי לִי וּמֵאַחֲרַי לֹא תָשׁוּבִי: אָכֵן בָּגְדָה אִשָּׁה מֵרֵעָהּ כֵּן בְּגַדְתֶּם בִּי בֵּית יִשְׂרָאֵל נְאֻם ה':
(ירמיה ג:יט-כ)

כִּי מֵאַהֲבַת ה' אֶתְכֶם וּמִשָּׁמְרוֹ אֶת הַשְּׁבֻעָה אֲשֶׁר נִשְׁבַּע לַאֲבֹתֵיכֶם הוֹצִיא ה' אֶתְכֶם בְּיָד חֲזָקָה וַיִּפְדְּךָ מִבֵּית עֲבָדִים מִיַּד פַּרְעֹה מֶלֶךְ מִצְרָיִם:
(דברים ז:ח)

וְאֵיבָה אָשִׁית בֵּינְךָ וּבֵין הָאִשָּׁה וּבֵין זַרְעֲךָ וּבֵין זַרְעָהּ הוּא יְשׁוּפְךָ רֹאשׁ וְאַתָּה תְּשׁוּפֶנּוּ עָקֵב:
(בראשית ג:טו)

אִם כֹּפֶר יוּשַׁת עָלָיו וְנָתַן פִּדְיֹן נַפְשׁוֹ כְּכֹל אֲשֶׁר יוּשַׁת עָלָיו:
(שמות כא:ל)

וְאֵין "אֲשִׁיתֵךְ" אֶלָּא שִׂנְאָה, שֶׁנֶּאֱמַר "וְאֵיבָה אָשִׁית" – and the term **"*ashiseich*" connotes nothing other than hatred, as it is stated, "*I will put* [אָשִׁית] *enmity*** *between you and the woman*" (*Genesis* 3:15).[25]

The Midrash offers two additional interpretations of the word אֲשִׁיתֵךְ:

דָּבָר אַחֵר, "אֵיךְ אֲשִׁיתֵךְ בַּבָּנִים" – **Another explanation of, "*How 'ashiseich' when [you were already beloved to Me as] children?*"** רַבִּי יְהוֹשֻׁעַ אוֹמֵר: חַיַּבְתֶּם עַצְמְכֶם – **R' Yehoshua says:** The verse means, **You caused guilt to be pronounced upon you,** כְּדִכְתִיב "כְּכֹל אֲשֶׁר יוּשַׁת עָלָיו" – **as it is written,** *When an atonement-payment shall be assessed against him, he shall pay as a redemption for his life* ***whatever shall be assessed*** [יוּשַׁת] ***against him*** (above, 21:30).[26]

NOTES

25. This requires explanation. Since the root שת means "put," why should אֲשִׁיתֵךְ not be interpreted similarly? Why interpret it as "hate" simply because it is mentioned in the context of hatred in a single verse? Even in that verse, אָשִׁית means *I will put*! *Eshed HaNechalim* therefore explains that Scripture uses two roots for "put," שם and שת, with the latter used primarily in undesirable contexts. The Midrash thus cites וְאֵיבָה אָשִׁית to support its contention that the root שת is used in undesirable contexts.

26. Accordingly, אֵיךְ אֲשִׁיתֵךְ means, *How could I pronounce you guilty?* (*Maharzu*, *Eitz Yosef*). God would originally speak only in defense of Israel. But when they sinned, they caused themselves to be prosecuted (*Eitz Yosef*, from *Midrash Tanchuma* ibid.).

INSIGHTS

Now, this principle did not always apply. For the Gemara (*Kiddushin* 18a) refers to Esau as an apostate Jew, and he retains no Jewish identity, as the Gemara derives from the verse (*Genesis* 21:12), כִּי בְיִצְחָק יִקָּרֵא לְךָ זָרַע, *for "in" Isaac will offspring be considered yours* — "in" Isaac, but not all Isaac, shall be considered the seed of Abraham [i.e., a Jew] (see *Nedarim* 31a; *Sanhedrin* 59b; see also *Bereishis Rabbah* 53 §12 and *Rambam, Hil. Melachim* 10:7; see Kleinman ed. of *Bereishis Rabbah* ad loc., note 181 and Insight, "Parallel Worlds").

Why is Esau excluded, and not more recent apostates who have cast off the yoke of Heaven? The explanation is that the rule "once a Jew always a Jew" came into being only when God gave us the Torah and renewed His covenant with us at Sinai. That is when we became eternally bound to God. And from that point on, even if we sin, even if we sin grievously, we are still His.

As *Jeremiah* declares in God's Name: "וְאָנֹכִי אָמַרְתִּי אֵיךְ אֲשִׁיתֵךְ בַּבָּנִים" — from the moment I declared אָנֹכִי at Sinai, you are My children inalterably (see note 21). It has become impossible for Me to ever hate you again. And so, even if you will have forfeited your claim to My direct providential care, nevertheless, הִנֵּה "אָנֹכִי" שֹׁלֵחַ מַלְאָךְ לְפָנֶיךָ לִשְׁמָרְךָ בַּדֶּרֶךְ, *Behold! I send an angel before you to protect you on the way.* The אָנֹכִי of Sinai is forever, and I will always see that you are protected. For you are My children forever.

מַהוּ (שם) "וּכְאַחַד הַשָּׂרִים תִּפֹּלוּ", אָמַר רַבִּי יְהוּדָה: אוֹ כְּאָדָם אוֹ כְּחַוָּה, דָּבָר אַחֵר, "וּכְאַחַד הַשָּׂרִים תִּפֹּלוּ", אָמַר רַבִּי פִּנְחָס הַכֹּהֵן בַּר רַבִּי חָמָא: אָמַר לָהֶם הַקָּדוֹשׁ בָּרוּךְ הוּא: הִפַּלְתֶּם עַצְמְכֶם, לְשֶׁעָבַר הֱיִיתֶם מִשְׁתַּמְּשִׁים עַל יְדֵי רוּחַ הַקֹּדֶשׁ, עַכְשָׁיו אֵין אַתֶּם מִשְׁתַּמְּשִׁים אֶלָּא עַל יְדֵי מַלְאָךְ, הֱוֵי [כג, כ] "הִנֵּה אָנֹכִי שֹׁלֵחַ מַלְאָךְ לְפָנֶיךָ":

ב דָּבָר אַחֵר, [כג, כ] "הִנֵּה אָנֹכִי שֹׁלֵחַ מַלְאָךְ לְפָנֶיךָ", הָדָא הוּא דִכְתִיב (ירמיה ג, יט) ג"וְאָנֹכִי אָמַרְתִּי אֵיךְ אֲשִׁיתֵךְ בַּבָּנִים", מַהוּ "אֲשִׁיתֵךְ", אָמַר הַקָּדוֹשׁ בָּרוּךְ הוּא: מִשָּׁעָה שֶׁעֲמַדְתֶּם בְּסִינַי וְקִבַּלְתֶּם אֶת הַתּוֹרָה וְכָתַבְתִּי שֶׁאֲנִי אוֹהֵב אֶתְכֶם, שֶׁנֶּאֱמַר (דברים ז, ח) "כִּי מֵאַהֲבַת ה' אֶתְכֶם", וְאַחַר שֶׁאֲהַבְתִּי אֶתְכֶם הֵיאַךְ אֲנִי יָכוֹל לִשְׂנוֹא אֶתְכֶם, "אֵיךְ אֲשִׁיתֵךְ בַּבָּנִים", וְאֵין "אֲשִׁיתֵךְ" אֶלָּא שִׂנְאָה, שֶׁנֶּאֱמַר (בראשית ג, טו) "וְאֵיבָה אָשִׁית", דָּבָר אַחֵר, (ירמיה ג, יט) "אֵיךְ אֲשִׁיתֵךְ בַּבָּנִים", רַבִּי יְהוֹשֻׁעַ אוֹמֵר: חִיַּבְתֶּם עַצְמְכֶם, כִּדְכְתִיב (לעיל כא, ל) "כְּכֹל אֲשֶׁר יוּשַׁת עָלָיו",

עץ יוסף

או כאדם או כחוה. מספקא לן בפירושא דהאי קרא, אי הכוונה להדמות את ישראל לאדם שנגזר עליו לער פרנסה, וכן על ידי השעבוד ישראל מלטערים בענין פרנסתם, או הכוונה להדמות אותה לחוה, שנגזר עליה שעבוד ממש, כלומר והוא ימשול בך, והיא דמי לשעבוד של ישראל ממש: **או כאדם או כחוה.** שהם הראשונים שנלטו בעולם: **הפלתם עצמכם.** מגדולתכם: **אלא על ידי מלאך.** שהוא אחד מהשרים העליונים, ופירוש וכאחד השרים, כמו ובאחד השרים, שכמה פעמים מתחלף הכ"ף בבי"ת, ורולה לומר שלא יקבלו נבואה אלא על ידי אמלעי והוא המלאך: **(ב) הדא הוא דכתיב ואני אמרתי כו'.** שהמלאך הזה הוא הנגזר עליהם כשחטאו ונסתלקה שכינה מעליהם, ולהכי מייתי סמך מפסוק זה, דמשמע מיניה לפי דרשתו שבזמן שהיו חביבין, לא היה שום אמלעי בין ה' לישראל ולא ניתן מלאך בהנהגתם אלא כשחטאו, ואיידי דמייתי הכא הני קראי דריש בהו כל דמסכת כדרך המדרש: **משעה שעמדתם בסיני.** דריש ואנכי אמרתי משעה שאמרתי אנכי ה' אלהיך: **שנאמר כי מאהבת ה' אתכם.** כלומר כשעמדו בסיני והתחילה תורה לכתוב ונכתב פסוק זה בתורה: **היאך אני יכול לשנוא אתכם.** כי לא אדם אני להנחם אלא שמעשיכם גרמו: **ואין אשיתך אלא שנאה.** ופירוש בבנים, אחר היותכם חביבים לפני כבנים: **שנאמר ואיבה אשית.** ונקט אשיתך בלשון הנאמר אלל איבה: **רבי יהושע אומר חייבתם עצמכם.** בתנחומא מפורש יותר, איך אשיתך בבנים, אני הייתי מלמד סניגוריא עליכם ואתם גרמתם לקטרג אתכם, ואין אשיתך אלא חיוב כמה דאת אמר אם כופר יושת עליו ע"כ. ואני אמרתי איך אחייבך ואלמד עליכם קטרוג

פירוש מהרז"ו

או כאדם או כחוה. שהיו דומים למלאכים, כמו שכתוב (בראשית ג, כב) הן האדם היה כאחד ממנו, כמו שדרשו בבראשית רבה פרשה כא ריש סימן ה, ומה שאמר או כאדם או (כחיה) [כחוה] יתכן על שאלל אדם כתוב (שם ד, ז) ואתה תמשול בו, ובחוה כתיב (שם ג, טז) והוא ימשל בך, זכו יהיה נפילתם כאדם, לא זכו כחוה: **אמר להם הקדוש ברוך הוא.** דורש אני אמרתי אלהים אתם, שתשמשו ברוח הקדש של אלהים, ומה שכתוב כאחד השרים תפולו, איך מיחד הנפילה לשרים עליונים, על כן דורש הפלתם עצמכם בזה שגזרתי עליכם שתהיו תחת אחד השרים העליונים. וסובר המדרש שפרשת הנה אנכי שולח מלאך, היינו מה שכתוב שמות ל"ג ב', ושלחתי לפניך מלאך. וכתיב שם (פסוק ד) וישמע העם את הדבר הרע הזה ויתאבלו וגו', וזה היה אחר חטא העגל, ולכן דורש על פי מדה ל"ב וכמו שכתוב בסוף סימן ג בסמוך: **(ב) הדא הוא דכתיב ואנכי אמרתי.** וסיפא דקרא ואתן לך ארץ חמדה נחלת צבי ואומר אבי תקראי לי ומאחרי לא תשובי. תנחומא כאן הענין באריכות יותר. ופירוש ואנכי אמרתי, כשאמרתי אנכי ה' אלקיך בסיני הייתי לכם כאב, כמו שכתוב ואומר אבי תקראי לי, ואתם כבנים, ואיך אשיתך בבנים איך אשנא אתכם אחר שאהבתי אתכם כבנים, אך אני ה' לא שניתי, שאין השינוי לשנאה ממני, כי אם השנאתם עצמכם, וכן הוא בהדיא בתנחומא כאן, וזה על פי מדה ט' מחובר למה שכתב אחריו, אכן בגדה אשה מריעה כן בגדתם בי בית ישראל: **חייבתם עצמכם.** כדרך דרשה הנ"ל, איך אחייב אתכם אחר שעשיתי אתכם כבנים: **אם כופר יושת עליו.** שחייבו אותו לשלם כופר, וכאן פירושו אלא חייבתם עצמיכם, כי אכן בגדה כנ"ל, וכן אלל בייראתם עצמכם, אני אמרתי איך אבייר אתכם אלא וכו':

חידושי הרד"ל

[ב] חייבתם עצמכם. מפורש בתנחומא כאן ובסוף פרשת קדושים, תחלה הייתי מלמד עליכם סנגוריא וגרמתם לעצמכם לקטרג ולחייבכם:

באור מהרי"פ

[ב] חייבתם עצמכם וכו'. בתנחומא (משפטים סימן יז) מפורש יותר, וזה לשונו, רבי יהושע [בן לוי] אומר איך אשיתך בבנים אני הייתי מלמד סנגוריא עליכם ואתם גרמתם לעצמכם לקטרג אתכם ואין לשון אשיתך אלא חיוב, כמה דאת אמר אם כופר יושת עליו. ורבי ברכיה אמר אין לשון אשיתך אלא הפקר, כמה דאת אמר ואשיתהו בתה לא יזמר וגו' ועלה שמיר ושית, חביבים הייתם לפני כאדם שיש לו כרם יפה מעדרו ומסקלו, ועכשיו עשיתם לעצמכם הפקר, עד כאן. והמעיין יישב זה על לשון המדרש:

אמרי יושר

עכשיו אין אתם משתמשים אלא על ידי מלאך. זהו וכאחד השרים תפלו, שגרעו מכבודכם כשתתנהגו על ידי השרים והמלאכים ולא על ידי. וראיתי אומר כי הטעם שלא הקפיד משה רבנו עליו השלום עתה, כי היו מוכנים ליכנס בארץ ישראל עתה מיד, אבל אחר העגל לא, לזה הקפיד שם: **[ב] הדא הוא דכתיב ואנכי אמרתי.** מעת שדברתי אנכי ה' אלהיך במתן תורה אמרתי אהבתיך, ועתה איך אשיתך:

מסורת המדרש

ג. תנחומא כאן סימן י"ז כל הענין. ועי' תנחומא קדושים סימן י"ב. ובילקוט ירמיה רמז ר"ע:

אם למקרא

וְאָנֹכִי אָמַרְתִּי אֵיךְ אֲשִׁיתֵךְ בַּבָּנִים וְאֶתֶּן לָךְ אֶרֶץ חֶמְדָּה נַחֲלַת צְבִי צִבְאוֹת גּוֹיִם וָאֹמַר אָבִי תִּקְרְאִי לִי וּמֵאַחֲרַי לֹא תָשׁוּבִי: אָכֵן בָּגְדָה אִשָּׁה מֵרֵעָהּ כֵּן בְּגַדְתֶּם בִּי בֵּית יִשְׂרָאֵל נְאֻם ה': (ירמיה ג:יט-כ)

כִּי מֵאַהֲבַת ה' אֶתְכֶם וּמִשָּׁמְרוֹ אֶת הַשְּׁבֻעָה אֲשֶׁר נִשְׁבַּע לַאֲבֹתֵיכֶם הוֹצִיא ה' אֶתְכֶם בְּיָד חֲזָקָה וַיִּפְדְּךָ מִבֵּית עֲבָדִים מִיַּד פַּרְעֹה מֶלֶךְ מִצְרָיִם: (דברים ז:ח)

וְאֵיבָה אָשִׁית בֵּינְךָ וּבֵין הָאִשָּׁה וּבֵין זַרְעֲךָ וּבֵין זַרְעָהּ הוּא יְשׁוּפְךָ רֹאשׁ וְאַתָּה תְּשׁוּפֶנּוּ עָקֵב: (בראשית ג:טו)

אִם כֹּפֶר יוּשַׁת עָלָיו וְנָתַן פִּדְיֹן נַפְשׁוֹ כְּכֹל אֲשֶׁר יוּשַׁת עָלָיו: (שמות כא:ל)

מתנות כהונה

אלא על ידי מלאך. וזהו כאחד השרים כלומר אחד מהשרים העליונים:

נחמד למראה

[ב] דבר אחר הנה אנכי שולח מלאך לפניך הדא הוא דכתיב ואנכי אמרתי איך אשיתך בבנים מהו אשיתך אמר הקדוש ברוך הוא משעה שעמדתם בסיני וקבלתם את התורה כתבתי שאני אוהב אתכם שנאמר כי מאהבת ה' אתכם ואחר שאהבתי אתכם היאך אני יכול לשנוא אתכם. הקושיא מבוארת דאיך יתחייב שבשביל שאותה שעה אהב אותנו שאינו יכול לשנוא אותנו, והרי אפשר דאותו זמן היינו טובים ואהב אותנו, וכיון שהרעונו מעשינו יכול להיות חס ושלום שונא אותנו. ונראה לעניות דעתי במה שאמרו רבותינו ז"ל במדרש חזית על פסוק עד שהמלך במסבו וגו', דאפילו בשעה שהיו אומרים נעשה ונשמע היה בלבם לעשות העגל, כמו שאמר דוד המלך עליו השלום ויפתוהו בפיהם וגו', והקב"ה אמר בשבילם מי יתן והיה לבבם זה להם וגו', נמצא דאפילו בזמן שישראל רעים הקב"ה אוהבן וקרא להם בנים, ומאחר שכתבתי שאני אוהב אתכם אפילו כשאתם רעים, אם כן היאך אני יכול לשנוא לכם, אפילו כשאתם רעים. וקל להבין מלאתי כתוב:

אשד הנחלים

וכאחד גו' או כאדם או כחוה. יש להבין למאי נפקא מינה אם מיתתם ונפילתם כנפילת אדם, או כנפילת חוה, הלא היא היא. ויש לצייר על פי דעת חכמי אמת בספריהם, שהנשמות משני סוגים דוכרא ונוקבא, בחינת פועלים ומתפעלים, וזהו נשמת אדם וחוה, וזהו אמיתת ההבדל שביניהם, כי נבדלים איש מרעהו בהבדל נפשותם בחינת זכר לבד ונקבה לבד, וגם בבניהם אחריהם יש מבחינת זכר ויש מבחינת נקבה, וגם נפילתם ממדרגתם גם כן אינם שוים, כי כן חטאם לא היו שוים, כי החטא כפי ערך מעלת הנפש, ולכן אמר או כאדם אם הוא מבחינת זכר, או כחוה אם הוא מבחינתה, הבן זה: **על ידי רוח הקודש כו' אלא על ידי מלאך.** לדעתי אין הכונה פה רוח הקודש סתם, כי זה למטה ממדרגת מלאך, כמדרגת הכתובים שהמה ברוח הקודש למטה ממעלת הנביאים. אלא הכונה רוח הקודש ממש, כמו שהיה מדרגת משה רבינו עליו השלום, שנאמר עליו השם בקרבו רוח קדשו (ישעיה סג, יא), וזה היה מדרגת פנים אל פנים ממש, לא על ידי מלאך, וכמו שאמרו בחזית (שיר השירים רבה א פסוק ב) במעלת ישראל שמהדיבור למלאך וממלאך לישראל, אבל במשה מהדיבור בעצמו, ואלולי לא חטאו ישראל היו מגיעים למדרגת פנים אל פנים, כמו שהבאתי לעיל דברי המדרש חזית, וזהו כאחד השרים כלומר אחד מהשרים הראשונים (מתנות כהונה), שתפולו ממדרגה הרמה הזאת: **הוי אנכי.** כלומר שכתוב אחר המעשה הזאת שמעתה לא תזכו לפנים אל פנים, כי אם אנכי שולח מלאך לפניך: **[ב] איך אשיתך כו' אלא שנאה שנאמר ואיבה אשית.** לכאורה הלא באמת הוא רק ממלת שימה, שאמר שישים איבה ביניהם, ואיך דייק על שנאה. והנראה לפי שבאמת מצאנו שני שרשים, אחד לשון שימה משורש שוֹם, ואחד לשון שיתה מגזרת שות או שית, והנה באמת בתנ"ך מצאנו הרוב מלת שיתה על דבר הרעה, (משלי ז, י) שית זונה, (ישעיה כב, ז) שׁוֹת שָׁתוּ הַשָּׁעְרָה, (בראשית ג, טו) ואיבה אשית, ואם כן מלת אשיתך הנאמר כאן הוא גם כן על הרעה והאיבה, וזהו שמביא הכתוב ואיבה אשית, שהשיתה הוא רק לרעה ואיבה, ויהיה אם כן באור הכתוב, אף שחטאתם לפני, עם כל זה הנה אנכי שולח מלאך לפניך לשמרך כי אנכי אוהבך: **חייבתם עצמכם כו'**

וְרַבִּי בֶּרֶכְיָה אָמַר: בֵּיַּרְתֶּם עַצְמְכֶם – **R' Berechyah says:** It means, **You laid waste to yourselves,** כְּדִכְתִיב "שָׁמִיר וָשַׁיִת" – **as it is written,** *I will make it a wasteland; it will not be pruned, and it will not be hoed;* ***thorns and weeds*** [וָשַׁיִת] *will grow* (*Isaiah* 5:6).[27]

The Midrash continues to expound the *Jeremiah* verse:

"וְאֶתֵּן לָךְ אֶרֶץ חֶמְדָּה" – The verse continues, ***So I gave you a cherished land.*** לָמָּה נִקְרֵאת "חֶמְדָּה" – **Why is [the land] called** ***cherished*** [חֶמְדָּה]?[28] שֶׁבֵּית הַמִּקְדָּשׁ נָתוּן בְּתוֹכָהּ – **Because the Holy Temple is situated in it.** הָדָא הוּא דִכְתִיב "הָהָר חָמַד אֱלֹהִים לְשִׁבְתּוֹ" – **Thus it is stated,** ***The mountain that God desired*** [חָמַד] ***for His abode*** (*Psalms* 68:17).[29] דָּבָר אַחֵר, "אֶרֶץ חֶמְדָּה" – **Another explanation of** what is meant by ***a cherished land:*** שֶׁחֲמָדוּהָ לָהּ כָּל הַמְּלָכִים – **[The land] that all the kings cherished.** שֶׁבֵּין הָעַי וּבֵין יְרִיחוֹ אֵינוֹ אֶלָּא ג׳ מִילִין, לָזוֹ מֶלֶךְ וְלָזוֹ מֶלֶךְ – **For between Ai and Jericho there is** a distance of **only three** ***mils,***[30] yet [Ai] **had a king** of its own **and [Jericho] had a king** of its own.[31] דָּבָר אַחֵר, "אֶרֶץ חֶמְדָּה" – **Another explanation of** what is meant by ***a cherished land:*** רַבָּנָן אָמְרֵי: אֶרֶץ שֶׁנִּתְחַמְּדוּ לָהּ אֲבוֹת הָעוֹלָם – **The** other **Sages say:** It is **a land that the Patriarchs of the world cherished.** אַבְרָהָם שֶׁנֶּאֱמַר "לֶךְ לְךָ מֵאַרְצְךָ" – This was the case regarding **Abraham, as it is stated,** *HASHEM said to Abram,* ***"Go for yourself from your land*** *. . . to the land that I will show you"* (*Genesis* 12:1);[32] יִצְחָק "גּוּר בָּאָרֶץ הַזֹּאת" – regarding **Isaac,** as it is stated, ***"Sojourn in this land"*** (ibid. 26:3);[33] יַעֲקֹב "וּנְשָׂאתַנִי מִמִּצְרַיִם" – and regarding **Jacob,** as it is stated, *"For I will lie down with my fathers* ***and you shall transport me out of Egypt*** *and bury me in their tomb"* (ibid. 47:30).[34] וְלָמָּה הֵם מִתְחַמְּדִים לָהּ – **And why,** indeed, **did they cherish it?**[35] אָמַר רַבִּי שִׁמְעוֹן בֶּן לָקִישׁ – **R' Shimon ben Lakish said:** מִפְּנֵי שֶׁהֵם חַיִּים תְּחִלָּה לִימוֹת הַמָּשִׁיחַ – **Because they** who are buried there **will be revivified first in the Messianic era.**[36]

The Midrash continues to expound the verse:

וּמַהוּ "נַחֲלַת צְבִי" – **What is meant by** ***the inheritance of a deer*** [נַחֲלַת צְבִי]?[37] לָמָּה הוּא מוֹשְׁלָהּ לִצְבִי – **Why does [Scripture] compare [the Land of Israel] to a deer?** מָה הַצְּבִי מִשֶּׁאָדָם מַפְשִׁיטוֹ אֵין עוֹרוֹ מַחֲזִיק אֶת בְּשָׂרוֹ – **Just as** it is true of **the deer** that **once a person skins it, its hide cannot contain its** own **flesh,**[38] כָּךְ בְּשָׁעָה שֶׁזָּכוּ יִשְׂרָאֵל אֵין אֶרֶץ יִשְׂרָאֵל מַחֲזֶקֶת פֵּירוֹתֶיהָ – **so, too, when** the people of **Israel merited** it, **the Land of Israel could not contain** the abundance of **its produce.**[39] דָּבָר אַחֵר – **Another explanation:** מָה צְבִי זֶה קַל לֶאֱכוֹל כָּךְ אֶרֶץ יִשְׂרָאֵל פֵּירוֹתֶיהָ קַלִּין לֶאֱכוֹל – **Just as this deer is easy to eat, so, too, the fruits of the Land of Israel are easy to eat.**[40] וְרַבָּנִין אָמְרֵי – **The** other **Sages say:** מָה צְבִי זֶה רַגְלָיו קַלִּין יוֹתֵר מִכָּל בְּהֵמָה וּמִן הַחַיָּה – **Just as the feet of this deer are swifter than** those of **any** other **animal and** [any] other **beast,** כָּךְ אֶרֶץ יִשְׂרָאֵל מְמַהֶרֶת לְבַשֵּׁל פֵּירוֹתֶיהָ יוֹתֵר מִכָּל הָאֲרָצוֹת – **so, too, does the Land of Israel ripen its fruits more quickly than all** other **lands.** וְכָל כָּךְ לָמָּה – **And why** did God bless the Land of Israel with **so much** material benefit? אָמַר לָהֶם הַקָּדוֹשׁ בָּרוּךְ הוּא לְיִשְׂרָאֵל – **The Holy One, blessed is He, said to** the people of **Israel,** כְּדֵי שֶׁיְּהֵא שְׁמִי מְיוּחָד עֲלֵיכֶם – "I granted you such bounty **in order that My Name be uniquely** associated **with you."**[41]

The Midrash expounds the end of the *Jeremiah* verse and the verse following it:

"וָאֹמַר אָבִי תִּקְרְאִי לִי וּמֵאַחֲרַי לֹא תָשׁוּבִי" – Scripture continues: ***And I said, "Call Me 'my Father,' and do not turn away from behind Me."*** אַתֶּם לֹא עֲשִׂיתֶם כֵּן – However, says God, **"You did not do so.** אֶלָּא "אָכֵן בָּגְדָה אִשָּׁה מֵרֵעָהּ וְגוֹ׳" – **Rather,** ***But, like a woman who was unfaithful to her paramour,*** *you have been unfaithful to Me, O House of Israel."* רַבָּנָן אָמְרֵי – **The Sages say:** "מֵאִישָׁהּ" אֵין כְּתִיב כָּאן אֶלָּא "מֵרֵעָהּ" – **"To her husband," is not written here, but rather,** ***to her paramour.***

NOTES

27. Accordingly, אֵיךְ אֲשִׁיתֵךְ means, *How could I lay waste to you?* (*Maharzu*).

28. Since there are many lands that are blessed with desirable attributes, why is Israel in particular identified as *a cherished land*? (*Eitz Yosef*).

29. I.e., the Temple Mount (second opinion in *Beireishis Rabbah* 99 §1, cited by *Maharzu*).

30. A *mil* is the equivalent of 2,000 cubits.

31. Scripture (*Joshua* 12:9-24) lists thirty-one Canaanite kings killed by Joshua in his conquest of the Land of Israel, including those of Ai and Jericho. The reason such small territories had their own kings is that the Land of Israel was so cherished that all foreign kings desired to own at least a small parcel of its land (*Eitz Yosef*, from *Midrash Tanchuma* ibid.).

32. It is not readily apparent how this verse implies that Abraham cherished the land. *Yefeh To'ar* suggests that the word לְךָ, *for yourself*, implies that the land Abraham would be traveling to was a land that *he* desired. *Maharzu* suggests that the inference is from the verse's ending, *to the land that I will show you*. As the Midrash elsewhere (*Bereishis Rabbah* 39 §9) teaches, God intentionally did not specify which land He meant so as to heighten Abraham's interest and make it more desirable in his eyes. [See *Matnos Kehunah*, *Rashash,* and *Eitz Yosef* for additional explanations.]

33. Here too, it is not readily apparent how this verse implies that he cherished the land. *Midrash Tanchuma* (ibid.) and *Yalkut Shimoni* (II §271, cited by *Radal* and *Eitz Yosef*) infer from this verse that "God made it beloved in the eyes of Isaac." *Yefeh To'ar* explains *Midrash Tanchuma* to mean that since God began by saying, *"Dwell in the land that I shall indicate to you"* (*Genesis* 26:2), and then said, *"Sojourn in this land"* (ibid., v. 3), we see that God wished to heighten his desire for the Land, as the Midrash states with regard to Abraham (see previous note). [See *Matnos Kehunah* and *Rashash* for additional explanations.]

34. We see that Jacob wished to be buried in the Land of Israel.

35. I.e., why did they cherish even the opportunity to be buried there, as we find with regard to Jacob? (*Eitz Yosef*).

36. See *Bereishis Rabbah* (96 §5); see Kleinman ed. ad loc. with note 78 and Insight B, "Eretz Yisrael."

37. Since Scripture uses the word צְבִי for "coveted," rather than the term חֶמְדָּה used earlier in the verse, the Midrash expounds the expression נַחֲלַת צְבִי as an allusion to an inheritance of a deer. However, the Midrash is not rejecting the plain meaning of the verse, *the heritage coveted*, for the allusion to a deer does not account for the next words of the verse, *by the multitudes of nations* (*Yefeh To'ar*).

38. The hide shrinks after it is flayed from the flesh (*Eitz Yosef*).

39. Due to the huge surplus of crops there was insufficient space to store it (ibid.).

40. Although, as the Gemara (*Kesubos* 112a) states, deer meat is not fatty and soft, when it is cooked it is easy to eat (*Radal*). Alternatively, the Midrash means that it is easily obtained, for it roams free and can be hunted. Similarly, in the Land of Israel a minimal amount of exertion in the fields produced bountiful crops; hence, food was easy to obtain (*Eitz Yosef*).

41. By making the Land of Israel so uniquely blessed, I make it clear to all that it is in this land (and upon the people of Israel who dwell in it) that My Presence rests (ibid.).

וְרַבִּי בֶּרֶכְיָה אָמַר: בֵּיַּרְתֶּם עַצְמְכֶם, כִּדְכְתִיב (ישעיה ה, ו) "שָׁמִיר וָשָׁיִת", (ירמיה שם שם) "וְאֶתֶּן לָךְ אֶרֶץ חֶמְדָּה", לָמָּה נִקְרֵאת "חֶמְדָּה", שֶׁבֵּית הַמִּקְדָּשׁ נָתוּן בְּתוֹכָהּ, הָדָא הוּא דִכְתִיב (תהלים סח, יז) "הָהָר חָמַד אֱלֹהִים לְשִׁבְתּוֹ", דָּבָר אַחֵר, "אֶרֶץ חֶמְדָּה", דשֶׁחָמְדוּ לָהּ כָּל הַמְּלָכִים, שֶׁבֵּין הָעַי וּבֵין יְרִיחוֹ אֵינוֹ אֶלָּא ג' מִילִין, לָזוֹ מֶלֶךְ וְלָזוֹ מֶלֶךְ, דָּבָר אַחֵר, "אֶרֶץ חֶמְדָּה", רַבָּנָן אָמְרֵי: אֶרֶץ שֶׁנִּתְחַמְּדוּ לָהּ אֲבוֹת הָעוֹלָם, אַבְרָהָם שֶׁנֶּאֱמַר (בראשית יב, א) "לֶךְ לְךָ מֵאַרְצְךָ", יִצְחָק (שם כו, ג) "גּוּר בָּאָרֶץ הַזֹּאת", יַעֲקֹב (שם מז, ל) "וּנְשָׂאתַנִי מִמִּצְרַיִם", הוְלָמָּה הֵם מִתְחַמְּדִים לָהּ, אָמַר רַבִּי שִׁמְעוֹן בֶּן לָקִישׁ: מִפְּנֵי שֶׁהֵם חַיִּים תְּחִלָּה לִימוֹת הַמָּשִׁיחַ, וּמַהוּ (ירמיה שם שם) "נַחֲלַת צְבִי", לָמָּה הוּא מוּשְׁלָה לִצְבִי, ומַה הַצְּבִי מִשֶּׁאָדָם מַפְשִׁיטוֹ אֵין עוֹרוֹ מַחֲזִיק אֶת בְּשָׂרוֹ, כָּךְ בְּשָׁעָה שֶׁזָּכוּ יִשְׂרָאֵל אֵין אֶרֶץ יִשְׂרָאֵל מַחֲזֶקֶת פֵּירוֹתֶיהָ, דָּבָר אַחֵר, מַה צְבִי זֶה קַל לֶאֱכוֹל כָּךְ אֶרֶץ יִשְׂרָאֵל פֵּירוֹתֶיהָ קַלִּין לֶאֱכוֹל, וְרַבָּנִין אָמְרֵי: מַה צְבִי זֶה רַגְלָיו קַלִּין יוֹתֵר מִכָּל בְּהֵמָה וּמִן הַחַיָּה, כָּךְ אֶרֶץ יִשְׂרָאֵל מְמַהֶרֶת לְבַשֵּׁל פֵּירוֹתֶיהָ יוֹתֵר מִכָּל הָאֲרָצוֹת, וְכָל כָּךְ לָמָּה, אָמַר לָהֶם הַקָּדוֹשׁ בָּרוּךְ הוּא לְיִשְׂרָאֵל: כְּדֵי שֶׁיְּהֵא שְׁמִי מְיוּחָד עֲלֵיכֶם, (שם) "וָאֹמַר אָבִי תִּקְרְאִי לִי וּמֵאַחֲרַי לֹא תָשׁוּבִי", אַתֶּם לֹא עֲשִׂיתֶם כֵּן, אֶלָּא (שם שם כ) "אָכֵן בָּגְדָה אִשָּׁה מֵרֵעָהּ וְגוֹ'", רַבָּנָן אָמְרֵי: "מֵאִישָׁהּ" אֵין כְּתִיב כָּאן אֶלָּא "מֵרֵעָהּ",

עץ יוסף

אחר שהייתם חביבים לפני כבנים, אלא שאתם גרמתם לעצמכם: **ורבי ברכיה אמר ביירתם.** (לשון ריקות, כמה דאת אמר (בבא מציעא קד, א) אוביר ולא אעביד), בתנחומא איתא אין אשיתך אלא לשון הפקר, כמה דאת אמר (ישעיה ה, ו) ואשיתהו בתה לא יזמר ולא יעדר ועלה שמיר ושית וכו': **למה נקראת חמדה.** הלא יש כמה ארצות אחרות שהם יקרות ונחמדות, ולמה נקרא ארץ ישראל חמדה סתם: **ההר חמד אלהים לשבתו.** וכן איתא בילמדנו, ההר הטוב זה בית המקדש שנאמר ההר חמד אלהים לשבתו: **שחמדו לה כל המלכים.** כי זו מעולה לעיני הכל, שאפילו בעלי ארצות בריאות וטובות יתאוו לה: **אלא שלשה מלין.** דהכי קים להו, והם היו מלכים גדולים בחוצה לארץ והיה לכל אחד בארץ ישראל חלק מה, למה שהיו הכל מתאוים לארץ ישראל כדאיתא בתנחומא, וכן לעיל בבראשית רבה פרשה פ"ה: **שנאמר לך לך מארצך.** דאיתא בבראשית רבה פרשה ל' שבשעה שהיה אברהם מהלך בארם נהרים ובארם נוהה, ראה אותם אוכלים ושותים ופוחזים אמר הלואי לא יהיה לי חלק בארץ הזאת, וכיון שהגיע לסולמה של צור, ראה אותם עסוקים בניכוש בשעת הניכוש בעידור בשעת העידור, אמר הלואי יהיה לי חלק בארץ הזאת, אמר לו הקדוש ברוך הוא לזרעך אתן את הארץ הזאת: **יצחק גור בארץ הזאת.** בילקוט מסיים הרי הקדוש ברוך הוא מחבבה לפני יצחק: **יעקב ונשאתני ממצרים.** ובתנחומא יליף מן בקברי אשר כריתי: **ולמה הם מתחמדים לה.** אפילו להקבר שם: **מפני שהם חיים תחלה לימות המשיח.** כדילפינן בבראשית רבה פרשה ל"ו: **אין עורו מחזיק בשרו.** שהעור כווץ וגומד לאחר הפשטה: **אין ארץ ישראל מחזקת את פירותיה.** שהיתה מרבה פירות בישובה עד אפס מקום להכניסם: **קל לאכול שצדין אותו מהפקר.** כך ארץ ישראל פירותיה קלין לאכול, שנותנת פירותיה בשופע בטורח מועט: **ממהרת לבשל.** כי הארץ חמה על כן ממהרת הבישול, וכן קלת המירוץ בא מרוב חום הטבעי כנודע: **וכל כך כו' כדי שיהא שמי כו'.** כלומר למה הרביתי טובת האדמה כל כך בטובה גשמיית, כדי שעל ידי זה ידעו ויבחינו כי יחדתי שמי על הארץ הזאת: **אבי תקראי לי.** שתבינו באמת שרק אנכי אביכם, ואני משגיח עליכם כאב על הבן:

פירוש מהרז"ו

ההר חמד. כמו שכתוב בראשית רבה ריש פרשה ל"ט לדעת רבי עקיבא. ועיין במדבר רבה פרשה א סימן ח, ומה שכתבתי שם: **שחמדו לה כו'.** עיין בראשית רבה פרשה פ"ה סימן י"ד, ותנחומא סדר ראה סימן ח: **לך לך מארצך.** וסיפא דקרא אל הארץ אשר אראך. וכמו שאמר בראשית רבה פרשה ל"ט סימן ט כדי לחבבה בעיניו. ובתנחומא כאן הגירסא אברהם אמר (בראשית כג, ד) תנו לי אחוזת קבר עמכם, ואף הקב"ה מחבבה לפני יצחק, גור בארץ הזאת. ובתנחומא ראה, הגירסא אברהם נתאווה לה, (שם טו, ח) במה אדע כי אירשנה, יצחק וכו' יעקב (שם כח, כא) ושבתי בשלום אל בית אבי: **אמר רבי שמעון בן לקיש.** בראשית רבה פרשה ל"ו סימן ו, ובריש פרשה ע"ד בקיצור, ושם נסמן: **אין ארץ ישראל מחזקת פירותיה.** כמו שכתוב (ויקרא כו, י) וישן מפני חדש תוציאו: **רגליו קלין.** עיין כתובות (דף קיב, א): **שמי מיוחד עליכם.** מאחר שקבלתם מלכות ויחוד שמי, תהיו גם אתם מיוחדים וניכרים בכל דבר, בארץ ובפירות:

חידושי הרד"ל

אברהם שנאמר לך לך כו'. ובילקוט ירמיה הגירסא שנאמר תנו לי אחוזת קבר: **יצחק גור בארץ הזאת.** בילקוט שם הרי הקדוש ברוך הוא מחבבה לפני יצחק: **יעקב ונשאתני ממצרים.** עיין שם בבראשית רבה, ובתנחומא ראה סימן ח' מביא קרא דושבתי בשלום אל בית אבי: **קל לאכול.** בשלהי כתובות (קיב, א) אמרינן שאין בשרו רך, וצריך לומר דכאן כשנתבשל קאמר שהוא קל:

חידושי הרש"ש

[ב] **שחמדו לה כל המלכים כו'.** עיין לעיל בבראשית רבה סוף פרשה פה יד, ותבין: **אברהם שנאמר לך לך.** רצה לומר וכתיב שם בענין שבנה מזבח על בשורת הארץ, מכלל שהיתה חביבה עליו, וכן ביצחק כיון שבשרו שם הקב"ה ונתתי לזרעך את כל הארצות האל, מכלל שהיתה נחמדת לו: **מה צבי זה רגליו קלין יותר מכל בהמה ומן החיה כו'.** וכן הוא אומר קל ברגליו כאחד הצבים (שמואל ב ב, יח) אך מצינו שגם אילה קלה ברגליה, משוה רגלי כאילות (שם כב, לד), ותרגום יונתן משוי רגלי קלילין כאילתא, וכן יסדו לנו מתקני התפלה ורגלינו קלות כאילות, ולעיל בבראשית רבה סוף פרשה ל"ט (סימן יא) אמרו נפתלי אילה שלוחה זו בקעת גנוסר שהיא ממהרת את פירותיה כאיל, ובשיר השירים רבה אמר (פרשה ב פסוק יז, א. פרשה ח פסוק יד, א) לצבי או לעופר האילים: **ומאחרי לא תשובי כו'.** רצה לומר שתהיו מהלכים אחרי ואני בעצמי מהלך לפניכם כו' כדאיתא לקמן (סימן ה) בדרשת רבי יצחק, **אתם לא עשיתם כן כו'**, לכן הנה אנכי שולח מלאך לפניך:

מסורת המדרש

ד. בראשית רבה פנ"ג. וסוף פרשה פ"ה. שהש"ר פ"ח פסוק י"א. תנחומא ראה סימן ח'. ספרי עקב פיסקא ל"ז. ילקוט וישב רמז קמ"ה. ילקוט יהושע רמז י"א. ילקוט ירמיה רמז רע"א. כל הענין: ה. עיין כתובות דף קי"א. ירושלמי כלאים פרק ט'. וירושלמי כתובות פרק י"ב הלכה ג'. ב"ר פע"ד ופ' ל"ו. תנחומא ויחי סימן ג'. פסיקתא רבתי פיסקא א' סימן ד'. ילקוט ויצא רמז ק"ל. ילקוט תהלים רמז תתפ"א. ועי' ילקוט ישעיה רמז סט"ו:
ו. עיין כתובות דף קי"ב:

אם למקרא

וַאֲשִׁיתֵהוּ בָתָה לֹא יִזָּמֵר וְלֹא יֵעָדֵר וְעָלָה שָׁמִיר וָשָׁיִת וְעַל הֶעָבִים אֲצַוֶּה מֵהַמְטִיר עָלָיו מָטָר: (ישעיה ה:ו)

לָמָּה תְּרַצְּדוּן הָרִים גַּבְנֻנִּים הָהָר חָמַד אֱלֹהִים לְשִׁבְתּוֹ אַף ה' יִשְׁכֹּן לָנֶצַח: (תהלים סח:יז)

וַיֹּאמֶר ה' אֶל אַבְרָם לֶךְ לְךָ מֵאַרְצְךָ וּמִמּוֹלַדְתְּךָ וּמִבֵּית אָבִיךָ אֶל הָאָרֶץ אֲשֶׁר אַרְאֶךָּ: (בראשית יב:א)

גּוּר בָּאָרֶץ הַזֹּאת וְאֶהְיֶה עִמְּךָ וַאֲבָרְכֶךָּ כִּי לְךָ וּלְזַרְעֲךָ אֶתֵּן אֶת כָּל הָאֲרָצֹת הָאֵל וַהֲקִמֹתִי אֶת הַשְּׁבֻעָה אֲשֶׁר נִשְׁבַּעְתִּי לְאַבְרָהָם אָבִיךָ: (בראשית כו:ג)

וְשָׁכַבְתִּי עִם אֲבֹתַי וּנְשָׂאתַנִי מִמִּצְרַיִם וּקְבַרְתַּנִי בִּקְבֻרָתָם וַיֹּאמַר אָנֹכִי אֶעֱשֶׂה כִדְבָרֶךָ: (שם מז:ל)

מתנות כהונה

[ב] **ביירתם.** לשון ריקות ושממון כמה דאת אמר (בבא מציעא קד, א) אם אוביר ולא אעביד: **לך לך.** אסיפיה דפרשה קסמיך דכתיב ויצאו ללכת ארצה כנען ויבאו ארצה כנען: **גור בארץ הזאת.** רצה לומר הרי שהקב"ה חיבבה בעיני יצחק ונתחבבה בעיניו שהרי כל ימיו לא יצא לו חוצה לה. ועיין בתנחומא: **אין ארץ ישראל מחזקת פירותיה.** בתנחומא מייתי לה מקרא דכתיב בישעיה [סימן] ל' (פסוק כד) בליל חמיץ יאכלו אשר זורה ברחת ובמזרה, בראשונה היו זורין ברחת ואחר כך במזרה מפני שהיה הדגן יותר מן התבן ואף על פי כן היה בתוך התבן פירות מניין שכן כתיב בליל חמיץ בלולים היו מן הפירות ע"כ:

אשד הנחלים

ביירתם. הוא נמי רק לראיה שמלת שיתה נאמר לרוב על הרעה, כמו שמצאנו שהכתוב מכנה הקוצים בשם שית, וכן החיוב בשם שית: **שבית המקדש.** כלומר לא מצד שהיא ארץ טובה בענינים גופניים, שהיא זבת חלב ודבש, כי אם מצד שבית המקדש שמה, והוא מקום שיש בה קדושה אלהית, וזה נקרא חמדה, ולכן מביא ראיה שהר סיני מכונה בשם חמדה, וזהו בודאי מפני הקדושה האלהית, כן זה: **שחמדו כו' לזו מלך.** שאף מחוז קטן היה נחשב להקרא מלך על המדינה זאת: **שהם חיים תחלה.** מפני שהיא ארץ החיים: **אין עורו מחזיק כו' מחזקת פירותיה.** הסבה הטבעית בזה להיות בשרו מתכווץ מחמת קצרת העור, וכל קוטן גופו הוא רק מחמת העור הסוגרו, ולכשיופשט העור אז ממילא הוא שב למקומו הטבעי, כן הושם בטבע האדמה הזאת, אשר עיני ה' ברוך הוא תמיד [בה], להיות טוענת פירות הרבה, רק העון גורם שהוא סוגר השפע הטבעי מלבוא עליה, הבן זה: **קלין לאכול.** כי המה רכים וטובים ומתוקים. אך לכאורה הוא נגד החוש, כי ידוע כי הצבי בשרו קשה מבשר השור והבהמה. ואולי הוא בערך שאר החיות שהוא מסוגם: **ממהרת לבשל.** מסבת כי הארץ חמה על כן ממהרת הבישול, וכן קלת המירוץ באה מרוב חום הטבעי כנודע: **וכל כך כו' כדי שיהא שמי.** כלומר למה הרביתי טובת האדמה כל כך בטובה גשמיית, כדי שעל ידי זה ידעו ויבחינו כי יחדתי שמי על הארץ הזאת. וזהו כמאמרם בחזית (שיר השירים רבה א פסוק ג) משכני אחריך נרוצה, לארעא דאתקריאת משכינותא, כי על ידי הטובות הזמניות יבוא האדם למשוך אחרי ה', ועל ידי זה יבוא אחר כך באחרית לידי אהבה האמיתית, אהבה הזכה מצד משכן ה' והשראת שכינתו, וכן באמת גם השפע גשמית באה מהשפעה הרוחנית גם כן, כי בכל מקום שהקדושה האלהית שורה, שמה גם הברכה גשמית שורה: **אבי תקראו.** שתבינו באמת שרק אנכי אביכם כי אני הממציא כל, ואני משגיח עליכם כאב על הבן, ולכן לא תסורו מאחרי:

מַה אִשָּׁה זוֹ אֵינָהּ יְכוֹלָה לִמְרוֹד בְּבַעְלָהּ – In speaking here of Israel's relationship with him, God uses the metaphor of a woman and her paramour rather than that of a husband and wife.[42] **Just as a woman cannot rebel against her husband**[43] אֶלָּא בְּרֵעָהּ הִיא יְכוֹלָה לִכְפּוֹר בּוֹ – **but can only deny** her relationship with **her paramour** – לָמָּה שֶׁאֵין בֵּינֵיהֶן גְּמִיסְקִין – **why? because there is no marriage contract between them** as there is for a husband and wife – כָּךְ אָמַר הַקָּדוֹשׁ בָּרוּךְ הוּא לְיִשְׂרָאֵל – **so did the Holy One, blessed is He, say to** the people of **Israel,** לֹא עֲשִׂיתוּנִי כְּבַעַל אֶלָּא כְּרֵעַ – **"You did not treat Me as a husband but as a paramour:** כְּשֵׁם שֶׁהָאִשָּׁה בּוֹגֶדֶת בְּרֵעָהּ כָּךְ בְּגַדְתֶּם בִּי בֵּית יִשְׂרָאֵל – **Just as a woman can be unfaithful to her paramour, so have you been unfaithful to Me, O House of Israel."**[44]

An alternative interpretation of this analogy:

אָמַר רַבִּי יְהוּדָה בַּר רַבִּי סִימוֹן – **R' Yehudah the son of R' Simone said:** הַלְוַאי כְּאִשָּׁה בְּרֵעָהּ – **If only** you had behaved toward Me **as a woman** does **toward her paramour,** שֶׁכָּל זְמַן שֶׁהוּא נוֹתֵן לָהּ שָׂכָר הִיא נִשְׁמַעַת לוֹ – i.e., **that as long as he gives her remuneration she submits to him,** פָּסַק הַיְמֶנָּה שָׂכָר אוֹמֶרֶת לוֹ: כְּלוּם הָיִיתִי מְשׁוּעְבֶּדֶת לְךָ אֶלָּא בִּשְׁבִיל הַשָּׂכָר – but **once he stops** giving **her remuneration she says to him, "Was I beholden to you other than because of the remuneration?"** כָּךְ אָמַר הַקָּדוֹשׁ בָּרוּךְ הוּא לְיִשְׂרָאֵל – **Accordingly, the Holy One, blessed is He, said to** the people of **Israel,** כְּלוּם חִסַּרְתִּי אֶתְכֶם עַד שֶׁכְּפַרְתֶּם בִּי – **"Have I deducted from** the array of heavenly gifts that **you** had been receiving **that you renounced Me?"**[45] הֱוֵי "אָכֵן בָּגְדָה אִשָּׁה מֵרֵעָהּ וְגוֹ'" – **That is** what is meant by the words, ***But like a woman who was unfaithful to her friend,*** *you have been unfaithful to Me?*[46] In turn, God expressed disfavor with Israel and appointed an angel to guide them instead of guiding them directly.[47]

Another proof that the appointment of an angel to guide Israel was a result of their sin:

דָּבָר אַחֵר, "הִנֵּה אָנֹכִי שֹׁלֵחַ מַלְאָךְ" – **Another explanation of** ***Behold! I send an angel*** *before you:* אָמַר הַקָּדוֹשׁ בָּרוּךְ הוּא לְיִשְׂרָאֵל – **The Holy One, blessed is He, said to** the people of **Israel,** אִילּוּ זְכִיתֶם אֲנִי בְּעַצְמִי נַעֲשִׂיתִי לָכֶם שָׁלִיחַ, כְּדֶרֶךְ שֶׁעָשִׂיתִי לָכֶם בַּמִּדְבָּר – **"Had you merited** it, **I Myself would have become your 'agent'**[48] **as I did for you in the Wilderness,"**[49] שֶׁנֶּאֱמַר "וַה' הֹלֵךְ לִפְנֵיהֶם יוֹמָם וְגוֹ'" – **as it is stated,** ***HASHEM went before them by day, etc.*** (above, 13:21). וְעַכְשָׁיו שֶׁלֹּא זְכִיתֶם – **"However, now that you have not merited** it, הֲרֵינִי מוֹסֵר אֶתְכֶם לְשָׁלִיחַ – **I am handing you over to an agent,"** שֶׁנֶּאֱמַר "הִנֵּה אָנֹכִי שֹׁלֵחַ מַלְאָךְ" – **as it is stated,** ***Behold! I send an angel*** *before you.*[50]

§3 Having inferred from Scripture that the appointment of an angel foretold in our verse was intended to take place after the sin of the Golden Calf, the Midrash now discusses what actually took place then:

וְאֵימָתַי נִמְסְרוּ לְשָׁלִיחַ – **When were they handed over** from God's direct guidance **to** that of **a** celestial **agent?** בְּשָׁעָה שֶׁעָבְדוּ עֲבוֹדָה זָרָה – **When they worshiped idolatry.** מִנַּיִן – **From where** do we know this? שֶׁכֵּן אָמַר הַקָּדוֹשׁ בָּרוּךְ הוּא לְמֹשֶׁה: "לֵךְ נְחֵה אֶת הָעָם" – **For so did the Holy One, blessed is He, say to Moses** after that incident, *"Now,* ***go and lead the people*** *to where I have told you. Behold! My angel shall go before you"* (below, 32:34).[51] אָמַר מֹשֶׁה: "אִם אֵין פָּנֶיךָ הֹלְכִים אַל תַּעֲלֵנוּ מִזֶּה" – In response, **Moses said** to God, ***"If Your Presence does not go along, do not bring us forward from here"*** (ibid. 33:15).[52] וְעוֹד אָמַר מֹשֶׁה – **In addition, Moses said,** רִבּוֹן הָעוֹלָם – **"Master of the Universe!** מַה בֵּינֵינוּ לְבֵין הָאוּמּוֹת – **What will be** the difference **between us and the** other **nations?** לָנוּ נְבִיאִים וְלָהֶם נְבִיאִים – **We have prophets and they have prophets;**[53] לָנוּ שַׂר וְלָהֶם שַׂר – **we** will **have a** celestial **prince** guiding us **and they have a** celestial **prince."**[54]

NOTES

42. This is unusual, for throughout Scripture the metaphor used for Israel's relationship to God is that of a wife and husband (*Yefeh To'ar*).

43. That is, a woman cannot be so brazen as to deny the fact that she is married to her husband, for their *kesubah* (wedding contract) stands as constant testimony to their relationship (*Eitz Yosef*).

44. God's complaint to Israel is that although evidence of their "marriage" to Him is constantly present through the abundant good He bestows upon them, they acted as though no such evidence existed (ibid.).

45. As *Midrash Tanchuma* (ibid.) explains, the manna still descended daily from the heavens and the miraculous well still appeared when they forsook God by worshiping the Golden Calf.

46. R' Yehudah interprets the verse as a rhetorical question: Were you unfaithful to Me like a woman who is unfaithful to her paramour, i.e., because I stopped supporting you? No! You forsook Me even though I was still providing for you (*Imrei Yosher, Eitz Yosef*).

A woman who submits to her paramour does so only because of the remuneration she receives, for she does not truly have any love for him, and therefore submits to him only for her own benefit. The people of Israel, by contrast, were not even faithful to God for their own worldly benefit, for they renounced Him at a time that He was fully providing for all their needs (*Eshed HaNechalim*).

47. *Yefeh To'ar.*

The Midrash in this section does not discuss the connection between the *Jeremiah* verses and the appointment of an angel. *Yefeh To'ar* at the beginning of this section (see also *Eitz Yosef* there) explains, based on the *Midrash Tanchuma* (ibid.), that the object of the Midrash in citing the *Jeremiah* piece is to show from the second verse that the people of Israel were considered to have been unfaithful to God. Accordingly, God said that just as when the other nations were unfaithful to Him, He appointed celestial princes to serve them and did not directly conduct their affairs [referring to the Generation of the Dispersion (*Beur HaAmarim* to *Midrash Tanchuma* ad loc.); see note 96 to §7 below], so too, when the people of Israel were unfaithful to Him (*like a woman who was unfaithful to her mate, etc.*), He appointed an angel to serve them. (Compare §7 below at note 103.) [See further in *Yefeh To'ar* for an explanation of how the appointment of an angel as a result of Israel's sins can be inferred from the words אֵיךְ אֲשִׁיתֵךְ בַּבָּנִים as well.]

48. I.e., I would have continued to act toward you in the manner of a messenger who is sent before a dignitary to shine the light before him and show him the way (*Eitz Yosef*).

49. The words "as I did for you in the Wilderness" seem perplexing, since Israel would remain in the Wilderness for forty years after the decree of the appointment of an angel. *Eitz Yosef* explains that the Midrash is referring to what occurred in fact, as God did not actually carry out the decree to guide Israel through an angel until after Moses' death (as the Midrash will elaborate in the following section).

50. Because Scripture uses the words הִנֵּה אָנֹכִי instead of the briefer הִנְנִי, the Midrash understands the verse to mean, *Behold! I* myself would have guided you, but because you were not worthy of it, I *send an angel before you* (*Yefeh To'ar*, first explanation; see also *Eitz Yosef* s.v. אמר הקדוש וכו׳).

51. By using the expression *My angel*, Scripture indicates that God was referring to the angel of whom He had informed them earlier (*Yefeh To'ar*).

52. [These words were actually stated by Moses later, after God granted his request to guide them Himself during Moses' lifetime (vv. 12-14). See §8 below with note 109 for *Yefeh To'ar*'s explanation of the discussion between God and Moses according to the Midrash here.]

53. Although the prophecy level of the nations' prophets did not approach that of the prophets of Israel (see *Bereishis Rabbah* 74 §7), the nations were not aware of that. Hence, even these lesser prophets gave them a sense of equality with Israel (*Eitz Yosef*). [See, however, *Rashi* cited in note 55 below.]

54. [See *Pirkei DeRabbi Eliezer* cited in note 96 to §7 below.]

Moses was thus requesting both that prophecy be abolished from the nations, and that Israel be led directly by God (see below).

The Midrash infers Moses' additional arguments from the continuation of his response in the next verse (v. 16): *"How, then, will it*

מַה אִשָּׁה זוֹ אֵינָהּ יְכוֹלָה לִמְרוֹד בְּבַעֲלָהּ אֶלָּא בְּרָעָה הִיא יְכוֹלָה לִכְפּוֹר בּוֹ, לָמָּה שֶׁאֵין בֵּינֵיהֶן גָּמִיסְקִין, כָּךְ אָמַר הַקָּדוֹשׁ בָּרוּךְ הוּא לְיִשְׂרָאֵל: לֹא עֲשִׂיתוּנִי כְּבַעַל אֶלָּא כְּרֵעַ, כְּשֵׁם שֶׁהָאִשָּׁה בּוֹגֶדֶת בְּרֵעָהּ כָּךְ בְּגַדְתֶּם בִּי בֵּית יִשְׂרָאֵל, אָמַר רַבִּי יְהוּדָה בַּר רַבִּי סִימוֹן: הַלְוַאי כְּאִשָּׁה בְּרֵעָהּ, שֶׁכָּל זְמַן שֶׁהוּא נוֹתֵן לָהּ שָׂכָר הִיא נִשְׁמַעַת לוֹ, פָּסַק הֵימֶנָּה שָׂכָר אוֹמֶרֶת לוֹ: כְּלוּם הָיִיתִי מְשׁוּעְבֶּדֶת לְךָ אֶלָּא בִּשְׁבִיל הַשָּׂכָר, כָּךְ אָמַר הַקָּדוֹשׁ בָּרוּךְ הוּא לְיִשְׂרָאֵל: כְּלוּם חִסַּרְתִּי אֶתְכֶם עַד שֶׁכְּפַרְתֶּם בִּי, הֱוֵי "אָכֵן בָּגְדָה אִשָּׁה מֵרֵעָהּ וְגוֹ'", דָּבָר אַחֵר, [כג, כ] "הִנֵּה אָנֹכִי שֹׁלֵחַ מַלְאָךְ", אָמַר הַקָּדוֹשׁ בָּרוּךְ הוּא לְיִשְׂרָאֵל: אִילּוּ זְכִיתֶם אֲנִי בְּעַצְמִי נַעֲשֵׂיתִי לָכֶם שָׁלִיחַ, כְּדֶרֶךְ שֶׁעָשִׂיתִי לָכֶם בַּמִּדְבָּר, שֶׁנֶּאֱמַר (שמות יג, כא) "וַה' הֹלֵךְ לִפְנֵיהֶם יוֹמָם וְגוֹ'", וְעַכְשָׁיו שֶׁלֹּא זְכִיתֶם הֲרֵינִי מוֹסֵר אֶתְכֶם לְשָׁלִיחַ, שֶׁנֶּאֱמַר [כג, כ] "הִנֵּה אָנֹכִי שֹׁלֵחַ מַלְאָךְ":

ג וְאֵימָתַי נִמְסְרוּ לְשָׁלִיחַ, בְּשָׁעָה שֶׁעָבְדוּ עֲבוֹדָה זָרָה, מִנַּיִן, שֶׁכֵּן אָמַר הַקָּדוֹשׁ בָּרוּךְ הוּא לְמֹשֶׁה: (לקמן לב, לד) "לֵךְ נְחֵה אֶת הָעָם", אָמַר מֹשֶׁה: (שם לג, טו) "אִם אֵין פָּנֶיךָ הֹלְכִים אַל תַּעֲלֵנוּ מִזֶּה", וְעוֹד אָמַר מֹשֶׁה: רִבּוֹן הָעוֹלָם, מַה בֵּינֵינוּ לְבֵין °עוֹבְדֵי כוֹכָבִים°, לָנוּ נְבִיאִים וְלָהֶם נְבִיאִים, לָנוּ שַׂר וְלָהֶם שַׂר, אָמַר רַבִּי לֵוִי: שְׁתֵּי מִדּוֹת טוֹבוֹת בִּטֵּל הַקָּדוֹשׁ בָּרוּךְ הוּא °מֵעוֹבְדֵי כוֹכָבִים°, שֶׁלֹּא יַעַמְדוּ עֲלֵיהֶם נְבִיאִים, וְשֶׁלֹּא יִמָּסְרוּ יִשְׂרָאֵל לְשַׂר כָּל יְמֵי מֹשֶׁה, כֵּיוָן שֶׁמֵּת מֹשֶׁה חָזַר אוֹתוֹ הַשַּׂר לִמְקוֹמוֹ, שֶׁכֵּן יְהוֹשֻׁעַ רוֹאֵהוּ, שֶׁנֶּאֱמַר (יהושע ה, יג-יד) "וַיְהִי בִּהְיוֹת יְהוֹשֻׁעַ בִּירִיחוֹ וְגוֹ' וַיֹּאמֶר לֹא כִּי אֲנִי שַׂר צְבָא ה' עַתָּה בָאתִי", לְכָךְ נֶאֱמַר [כג, כ] "הִנֵּה אָנֹכִי שֹׁלֵחַ מַלְאָךְ לְפָנֶיךָ":

עץ יוסף

בבעלה אלא ברעה כו' לא עשיתוני כבעל כו'. עניינו במשל שאי אפשר לאשה שתעיז פניה בבעלה לאמר שאינו בעלה, אחר ששטר כתובה לעיניה, כך הטובות הנשפעות מהקדוש ברוך הוא על ישראל, המה כעידי כתובה על השגחת ה' עליהם, ואם כן איך יתכן לכפור בו, הלא עינינו רואות טובותיו עמנו: **גמיסקין.** פירוש כתובה: **אמר רבי יהודה ברבי סימון הלואי כו'.** ומקרא זה הוא מאמר תנאיי ומסופק, כמו שאומר לו היה אז הדבר כך, אבל באמת לא היה כן: [ג] **אמר הקדוש ברוך הוא אילו זכיתם כו'.** קדריש דהכי קאמר הני אנכי בעצמי הייתי שליח אילו זכיתם, ועכשיו שולח מלאך: **כדרך שעשיתי לכם במדבר.** על דרך האמת קאמר שמשה לא נתרצה במלאך שלוח, וה' בעצמו נהגם במדבר, רק בימי יהושע בא המלאך, רק אלולי החטא לא היה בא בימי יהושע גם כן: **שנאמר וה' הולך לפניהם.** כשליח ההולך לפני השר להראות לפניו הדרך ולהאיר לו: **שנאמר הנה אנכי שולח מלאך.** אחר שחטאו ישראל בעגל: (ג) **לך נחה את העם.** וגו' הנה מלאכי ילך לפניך: **עוד אמר משה כו' מה בינינו כו'.** מדאמר ונפלינו אני ועמך, ולא הספיק באומר ונפלינו מכל העם, משמע שתהיה ההפלאה בענין המיוחד לו שהיא הנבואה, ובענין המיוחד לכל העם שהיא ההשגחה עליהם מהקדוש ברוך הוא בעצמו ולא מהשר: **ולהם נביאים.** ואף על פי שהיה הפרש גדול בין נביאים שלנו לשלהם, כדלעיל בבראשית רבה פרשה ע"ד, מכל מקום לא היה ניכר הפרש זה לעובדי כוכבים והיו חושבים שהם שוים לנו: **לנו שר.** שר של מעלה, ולהם שר המזלות: **בטל הקדוש ברוך הוא.** שהרי על שתיהן בקש משה כדלעיל, וניתן לו, כמו שנאמר גם את הדבר הזה אשר דברת אעשה: **שנאמר ויהי בהיות יהושע ביריחו.** כדלעיל בבראשית רבה פרשה צ"ז עתה באתי, עם משה רבך באתי ולא קבל אותי כו', עיין שם:

פירוש מהרז"ו

אינה יכולה למרוד. שיש ביניהם קשר כתובה וקידושין, אף לגרשה אין בידה. אך מריעה יכולה למרוד בו, שאין ביניהם קשר, וישראל חשבו כמו מריע, ושכחו הקשר והברית: **הלואי כאשה מרעה.** שבשעה שאינו מטיב לה, אין זה בגידה, אך אם מורדת בשעה שמטיב, זהו בגידה גדולה: **דבר אחר הנה אנכי שולח.** מיותר וטעות סופר, וכן צריך להיות בגדה אשה מרעה, אמר הקב"ה לישראל הנה אנכי שולח מלאך אלו זכיתם וכו'. וכן הוא בתנחומא כאן. וכמו שאמר בסוף סימן הקודם שפרשה זו נאמרה אחר מעשה העגל: (ג) **ואימתי נמסרו לשליח.** כמבואר בסימנים הקודמים, שפרשה זו נאמרה אחר מעשה העגל: **לך נחה את העם.** וסיפיה דקרא הנה מלאכי ילך לפניך. עוד שם לך עלה מזה וגו' ושלחתי לפניך מלאך וגו' כי עם קשה עורף אתה פן אכלך בדרך וישמע העם את הדבר הרע הזה ויתאבלו וגו' (ראיה שכל זה היה אחר החטא). עוד שם ראה אתה אומר אלי העל את העם, עד ויאמר אליו אם אין פניך הולכים אל תעלנו מזה, והנה פסוק אם אין פניך, רחוק מאד מפסוק לך נחה וגו' לך עלה וגו', אלא כוונתו לפסוק שאמר משה ראה אתה אומר אלי העל וגו', היינו הפסוקים לך נחה, לך עלה, הנ"ל שפסוק י"ג, ועתה אם נא מצאתי חן, מקומו לקמן אצל פסוק י"ט וחנותי ורחמתי, שזהו הודעת הדרכים, כמו שאמר לעיל פרשה ב בסימן א. ופסוק י"ד אם אין פניך הולכים, אחר פסוק ט"ו פני ילכו, שתחלה ביקש ואחר כך הבטיחו שיעשה כן, כמו שאמר בהדיא לקמן פרשה זו סימן ח. ואם כן פסוק אם אין פניך הולכים סמוך לפסוק העל את העם הזה, על פי מדת ממעל ול"א. דוק והתבונן בזה: **לנו נביאים לנו וכו'.** זהו מה שכתוב ונפלינו אני ועמך, אני לענין הנביא, ועמך לענין השר: **חזר אותו שר.** פירוש שכבר בא בימי משה, אלא שדחאו ולא קיבל אותו, כמו שאמרו בראשית רבה פרשה צ"ז סימן ג באריכות:

חידושי הרד"ל

אלו זכיתם אני בעצמי נעשיתי לכם שליח כו'. זה מכוון למה שכתב הרמב"ן (שמות כג, כ) שמלאך דהכא הוא מלאך הגואל, שנקראת כן השכינה, וכדלקמן סוף הפרשה (סימן ט). ועיין בזוהר כאן (קכה, א) ובפרשת וירא (קיג, א): [ג] **מה בינינו כו'.** זה שאמר ובמה יוודע כו' ונפלינו כו' וכמו שכתוב פרק קמא דברכות (ז.): **חזר אותו השר כו'.** לשון זה משמע שהוא זה השר בעצמו ושלא כמו שכתב הרמב"ן שבימי יהושע היה גבריאל (ובבראשית רבה פרשה נז משמע שהוא המלאך שנראה עם השכינה תמיד שנראה לעיל פרשה ב שהוא מיכאל עיין שם בשני המקומות):

חידושי הרש"ש

[ג] **שכן אמר הקדוש ברוך הוא למשה לך נחה את העם.** צריך לומר וגו', והכוונה למה שכתוב שם (בהמשך הפסוק) הנה מלאכי ילך לפניך:

אמרי יושר

כלום חסרתי אתכם. זהו בגדה אשה מרעה, לפי שלא השלים תנאו עמה, שמא כן סיבת בגידתכם בית ישראל, הלא לא פסק מכם שכר: [ג] **שכן יהושע רואה אותו.** זהו הנני שולח מלאך לפניך, להלאה:

אם למקרא

וַה' הֹלֵךְ לִפְנֵיהֶם יוֹמָם בְּעַמּוּד עָנָן לַנְחֹתָם הַדֶּרֶךְ וְלַיְלָה בְּעַמּוּד אֵשׁ לְהָאִיר לָהֶם לָלֶכֶת יוֹמָם וָלָיְלָה: (שמות יג:כא)

וְעַתָּה לֵךְ נְחֵה אֶת הָעָם אֶל אֲשֶׁר דִּבַּרְתִּי לָךְ הִנֵּה מַלְאָכִי יֵלֵךְ לְפָנֶיךָ וּבְיוֹם פָּקְדִי וּפָקַדְתִּי עֲלֵהֶם חַטָּאתָם: (שם לב:לד)

וַיֹּאמֶר אֵלָיו אִם אֵין פָּנֶיךָ הֹלְכִים אַל תַּעֲלֵנוּ מִזֶּה: (שם לג:טו)

וַיְהִי בִּהְיוֹת יְהוֹשֻׁעַ בִּירִיחוֹ וַיִּשָּׂא עֵינָיו וַיַּרְא וְהִנֵּה אִישׁ עֹמֵד לְנֶגְדּוֹ וְחַרְבּוֹ שְׁלוּפָה בְּיָדוֹ וַיֵּלֶךְ יְהוֹשֻׁעַ אֵלָיו וַיֹּאמֶר לוֹ הֲלָנוּ אַתָּה אִם לְצָרֵינוּ: וַיֹּאמֶר לֹא כִּי אֲנִי שַׂר צְבָא ה' עַתָּה בָאתִי וַיִּפֹּל יְהוֹשֻׁעַ אֶל פָּנָיו אַרְצָה וַיִּשְׁתָּחוּ וַיֹּאמֶר לוֹ מָה אֲדֹנִי מְדַבֵּר אֶל עַבְדּוֹ: (יהושע ה:יג-יד)

באור מהרי"פ

כלום חסרתי אתכם [כו'] אכן בגדה אשה מרעה וגו'. כלומר, רעה אינו בוגד בה ומספיק לה כל צרכה אכן היא מתחלת לבגוד בו, כן בגדת בי וגו': **דבר אחר הנה אנכי וכו'.** אמר הכותב ממדרש תנחומא (משפטים סימן יז) משמע שאין כאן דבר אחר, וזה לשונו אמר הקב"ה כלום חסרתי אתכם דבר שבגדתם בי, עובדי כוכבים בגדו בי ונתתי להם שרים שיהיו משמרין אותם, אף אתם כן, אני נותן לכם מלאך שיהא משמר אתכם, שנאמר הנה אנכי שולח מלאך וגו', כשזכיתם וקבלתם את התורה והייתם עושים רצוני הייתי מהלך לפניכם, כמה דאת אמר וה' הולך לפניהם יומם, ועכשיו שעשיתם עבודת כוכבים כעובדי כוכבים איני משלח לפניכם אלא מלאך, עד כאן. והמבין יבין:

מתנות כהונה

שאין ביניהם גמיסקין. פירוש שטר כתובה. ועיין בערוך ערך גמס:
[ג] **עתה באתי.** ודרשו חז"ל (תנחומא שמות סימן יח) אבל בימי משה לא קבלו אותי:

אשד הנחלים

בבעלה אלא כ[ב]רעה כו' לא עשיתוני כבעל. ענינו במשל שאי אפשר לאשה שתעיז פניה בבעלה ממש, לאמר שאיננה בעלה, אחר ששטר כתובה לעיניה, ולכן לא ימצא בלבה העזה, כי אם אל ריעה אשר התחברה בו רק מעט, לא על דרך נשואין, כן הטובות הנשפעות מה' ברוך הוא על ישראל, המה כעידי כתובה על השגחת ה' עליהם, ואם כן איך יתכן לכפור בו, הלא עינינו רואות טובותיו עמנו. ודעת רבי יהודה בר רבי סימון שהכונה לפי שהיא עושה רק בשביל שכר, ולכן בעת שפסק מלתת לה שכרה, תבגוד בו, כי אין האהבה עצמית, ועל זה מוכיח ישראל לא די שלא עבדתם אותי מאהבה עצמית, אף בעד שכר הנאת עולם הזה לא עבדתוני, והריני אצלכם כאשר תבגוד אשה מֵרֵעָהּ, אבל אנכי לא חסרתי אתכם ומדוע תכפרו בי: **אלו זכיתם אני בעצמי.** דהוקשה להם הלא שליחות המלאך היה אחר חטאם, ואחר מיתת משה, כי משה ביקש על זה ואמר אם אין פניך הולכים, ונעתר על זה. והנה רש"י פירש שכאן בשרם שעתידים לחטוא, ולפי דברי המדרש כאן מרומז שני הפנים יחד, כאומר הנה אני מוכן לעשות לך שליח, וגם יש בידי לשלוח מלאכי ומפניו תוכרח להשמר מאד כי שמי בקרבו, וכאלו עוררם שייראו שלא יחטאו וימסרו להמלאך. וענין ההבדל ביניהם עיין בספרי ח"א: [ג] **לנו שר.** שר של מעלה, ולהם שר, שר המזלות:

The Midrash notes God's affirmative response to Moses' requests:

אָמַר רַבִּי לֵוִי – **R' Levi said:** שְׁתֵּי מִדּוֹת טוֹבוֹת בִּטֵּל הַקָּדוֹשׁ בָּרוּךְ הוּא מֵאוּמּוֹת הָעוֹלָם – There were **two beneficial attributes** that **the Holy One, blessed is He, abolished from the** other **nations of the world** in light of Moses' request: שֶׁלֹּא יַעַמְדוּ עֲלֵיהֶם נְבִיאִים, וְשֶׁלֹּא יִמָּסְרוּ יִשְׂרָאֵל לְשַׂר כָּל יְמֵי מֹשֶׁה – It was now decided (i) **that prophets would not arise** any longer **for them,**[55] **and** (ii) **that** the people of **Israel would not be handed over to** the control of a celestial **prince for all of Moses' days.**[56] כֵּיוָן שֶׁמֵּת מֹשֶׁה חָזַר אוֹתוֹ הַשַּׂר לִמְקוֹמוֹ – But **when Moses died, that** celestial **prince,** whose assignment to lead Israel had been suspended by God upon Moses' request, **returned to his place,** to lead Israel;[57] שֶׁכֵּן יְהוֹשֻׁעַ רוֹאֵהוּ, שֶׁנֶּאֱמַר "וַיְהִי בִּהְיוֹת יְהוֹשֻׁעַ בִּירִיחוֹ וְגוֹ' וַיֹּאמֶר לֹא כִּי אֲנִי שַׂר צְבָא ה' עַתָּה בָאתִי" – **for Joshua saw him, as it is stated,** ***It happened when Joshua was in Jericho*** *that he raised his eyes and saw and behold! — a man was standing opposite him with his sword drawn in his hand. Joshua went toward him and said to him, "Are you with us or with our enemies?"* ***He said, "No, for I am the commander of HASHEM's legion; now I have come"*** (Joshua 5:13-14). לְכָךְ נֶאֱמַר "הִנֵּה אָנֹכִי שֹׁלֵחַ מַלְאָךְ לְפָנֶיךָ" – **Therefore it is stated,** ***Behold! I send an angel before you.***[58]

NOTES

be known that I have found favor in Your eyes — I and Your people — unless You go with us, and I and Your people will be made distinct from every people on the face of the earth!" The seemingly superfluous words *I and Your people* imply that Moses sought distinction both in the aspect that was unique to him — i.e., prophecy — and the one that was unique to Israel — i.e., being led directly by God (*Eitz Yosef*).

55. See *Maharsha* to *Bava Basra* 15b, who infers from the Gemara there that this request was granted only after Moses' death; hence the existence of prophets such as Balaam and his father (see Gemara ibid.) even after this time. [See, however, *Rashi* to *Exodus* 33:17 (s.v. גם וכו'), who states that even after Moses' request was granted, there still existed prophecy among the other nations through an intermediary, as we see with regard to Balaam; see *Maharsha* ibid. regarding *Rashi*'s opinion.]

56. As Scripture continues (below, 33:17): *HASHEM said to Moses*: *"Even this thing of which you spoke I shall do,"* indicating that all that Moses requested was granted (*Eitz Yosef*). Moses had requested only that Israel not be guided through a messenger during his lifetime (*Yefeh To'ar* s.v. כיון וכו').

Why would it have been a "good measure" for the nations if Israel were to be led by a celestial prince? *Yefeh To'ar* suggests that as long as only Israel was led directly by God, while the others were controlled by an intermediary, Israel had first access to the influx of Divine benefits and thus received the best of the Heavenly blessings. Thus, if Israel were forced to go through an intermediary as well, it would be beneficial for the nations, as then they too would have an opportunity to receive the best of the blessings.

57. As described in *Bereishis Rabbah* (97 §3), the angel had already descended to carry out his mission in the days of Moses. However, when Moses' request was granted and God postponed the decree, the angel was unable to fulfill his mission. Our Midrash therefore states that he *returned* (*Maharzu*).

58. Having explained that God postponed the angel's mission until after Moses' death, the Midrash interprets the word לְפָנֶיךָ as *ahead of you*, i.e., later in time (*Imrei Yosher*).

מַה אִשָּׁה זוֹ אֵינָהּ יְכוֹלָה לִמְרוֹד בְּבַעְלָהּ אֶלָּא בְּרֵעָהּ הִיא יְכוֹלָה לִכְפּוֹר בּוֹ, לָמָּה שֶׁאֵין בֵּינֵיהֶן גְּמִיסְקִין, כָּךְ אָמַר הַקָּדוֹשׁ בָּרוּךְ הוּא לְיִשְׂרָאֵל: לֹא עֲשִׂיתוּנִי כְּבַעַל אֶלָּא כְּרֵעַ, כְּשֵׁם שֶׁהָאִשָּׁה בּוֹגֶדֶת בְּרֵעָהּ כָּךְ בְּגַדְתֶּם בִּי בֵּית יִשְׂרָאֵל, אָמַר רַבִּי יְהוּדָה בַּר רַבִּי סִימוֹן: הַלְוַאי כְּאִשָּׁה בְּרֵעָהּ, שֶׁכָּל זְמַן שֶׁהוּא נוֹתֵן לָהּ שָׂכָר הִיא נִשְׁמַעַת לוֹ, פָּסַק הֵימֶנָּה שָׂכָר אוֹמֶרֶת לוֹ: כְּלוּם הָיִיתִי מְשׁוּעְבֶּדֶת לְךָ אֶלָּא בִּשְׁבִיל הַשָּׂכָר, כָּךְ אָמַר הַקָּדוֹשׁ בָּרוּךְ הוּא לְיִשְׂרָאֵל: כְּלוּם חִסַּרְתִּי אֶתְכֶם עַד שֶׁכְּפַרְתֶּם בִּי, הֱוֵי "אָכֵן בָּגְדָה אִשָּׁה מֵרֵעָהּ וְגוֹ'", דָּבָר אַחֵר, [כג, כ] "הִנֵּה אָנֹכִי שֹׁלֵחַ מַלְאָךְ", אָמַר הַקָּדוֹשׁ בָּרוּךְ הוּא לְיִשְׂרָאֵל: אִילּוּ זְכִיתֶם אֲנִי בְּעַצְמִי נַעֲשֵׂיתִי לָכֶם שָׁלִיחַ, כְּדֶרֶךְ שֶׁעָשִׂיתִי לָכֶם בַּמִּדְבָּר, שֶׁנֶּאֱמַר (שמות יג, כא) "וַה' הֹלֵךְ לִפְנֵיהֶם יוֹמָם וְגוֹ'", וְעַכְשָׁיו שֶׁלֹּא זְכִיתֶם הֲרֵינִי מוֹסֵר אֶתְכֶם לְשָׁלִיחַ, שֶׁנֶּאֱמַר [כג, כ] "הִנֵּה אָנֹכִי שֹׁלֵחַ מַלְאָךְ":

ג וְאֵימָתַי נִמְסְרוּ לְשָׁלִיחַ, בְּשָׁעָה שֶׁעָבְדוּ עֲבוֹדָה זָרָה, מִנַּיִן, שֶׁכֵּן אָמַר הַקָּדוֹשׁ בָּרוּךְ הוּא לְמֹשֶׁה: (לקמן לב, לד) "לֵךְ נְחֵה אֶת הָעָם", אָמַר מֹשֶׁה: (שם לג, טו) "אִם אֵין פָּנֶיךָ הֹלְכִים אַל תַּעֲלֵנוּ מִזֶּה", וְעוֹד אָמַר מֹשֶׁה: רִבּוֹן הָעוֹלָם, מַה בֵּינֵינוּ לְבֵין °עוֹבְדֵי כוֹכָבִים°, לָנוּ נְבִיאִים וְלָהֶם נְבִיאִים, לָנוּ שַׂר וְלָהֶם שַׂר, אָמַר רַבִּי לֵוִי: שְׁתֵּי מִדּוֹת טוֹבוֹת בִּטֵּל הַקָּדוֹשׁ בָּרוּךְ הוּא °מֵעוֹבְדֵי כוֹכָבִים°, שֶׁלֹּא יַעַמְדוּ עֲלֵיהֶם נְבִיאִים, וְשֶׁלֹּא יִמָּסְרוּ יִשְׂרָאֵל לְשַׂר כָּל יְמֵי מֹשֶׁה, כֵּיוָן שֶׁמֵּת מֹשֶׁה חָזַר אוֹתוֹ הַשַּׂר לִמְקוֹמוֹ, שֶׁכֵּן יְהוֹשֻׁעַ רוֹאֵהוּ, שֶׁנֶּאֱמַר (יהושע ה, יג-יד) "וַיְהִי בִּהְיוֹת יְהוֹשֻׁעַ בִּירִיחוֹ וְגוֹ' וַיֹּאמֶר לֹא כִּי אֲנִי שַׂר צְבָא ה' עַתָּה בָאתִי", לְכָךְ נֶאֱמַר [כג, כ] "הִנֵּה אָנֹכִי שֹׁלֵחַ מַלְאָךְ לְפָנֶיךָ":

עץ יוסף

בבעלה אלא ברעה כו' לא עשיתוני כבעל כו'. ענינו במשל שאי אפשר לאשה שתעיז פניה בבעלה לאמר שאינו בעלה, אחר ששטר כתובה לעיניה, כך הטובות הנשפעות מהקדוש ברוך הוא על ישראל, המה כעידי כתובה על השגחת ה' עליהם, ואם כן איך יתכן לכפור בו, הלא עינינו רואות טובותיו עמנו: **גמיסקין.** פירוש כתובה: **אמר רבי יהודה ברבי סימון הלואי כו'.** ומקרא זה הוא מאמר תנאיי ומסופק, כמו שאומר לו היה אז הדבר כך, אבל באמת לא היה כן: [ג] **אמר הקדוש ברוך הוא אילו זכיתם כו'.** קדריש דהכי קאמר הני אנכי בעצמי הייתי שליח אילו זכיתם, ועכשיו שולח מלאך: **כדרך שעשיתי לכם במדבר.** על דרך האמת קאמר שמשה לא נתרצה במלאך שלוח, וה' בעצמו נהגם במדבר, רק בימי יהושע בא המלאך, רק אלולי החטא לא היה בא בימי יהושע גם כן: **שנאמר וה' הולך לפניהם.** כשליח ההולך לפני השר להראות לפניו הדרך ולהאיר לו: **שנאמר הנה אנכי שולח מלאך.** אחר שחטאו ישראל בעגל: (ג) **לך נחה את העם.** וגו' הנה מלאכי ילך לפניך: **עוד אמר משה כו' מה בינינו כו'.** מדאמר ונפלינו אני ועמך, ולא הספיק באומר ונפלינו מכל העם, משמע שתהיה ההפלאה בענין המיוחד לו שהיא הנבואה, ובענין המיוחד לכל העם שהיא ההשגחה עליהם מהקדוש ברוך הוא בעצמו ולא מהשר: **ולהם נביאים.** ואף על פי שהיה הפרש גדול בין נביאים שלנו לשלהם, כדלעיל בבראשית רבה פרשה ע"ד, מכל מקום לא היה ניכר הפרש זה לעובדי כוכבים והיו חושבים שהם שוים לנו: **לנו שר.** שר של מעלה, ולהם שר המזלות: **בטל הקדוש ברוך הוא.** שהרי על שתיהן בקש משה כדלעיל, וניתן לו, כמו שנאמר גם את הדבר הזה אשר דברת אעשה: **שנאמר ויהי בהיות יהושע ביריחו.** כדלעיל בבראשית רבה פרשה נ"ז עתה באתי, עם משה רבך באתי ולא קבל אותי כו', עיין שם:

פירוש מהרז"ו

אינה יכולה למרוד. שיש ביניהם קשר כתובה וקידושין, אף לגרשה אין בידה. אך מריעה יכולה למרוד בו, שאין ביניהם קשר, וישראל חשבו כמו מריע, ושכחו הקשר והברית: **הלואי באשה מרעה.** שבשעה שאינו מטיב לה, אין זה בגידה, אך אם מורדת בשעה שמטיב, זהו בגידה גדולה: **דבר אחר הנה אנכי שולח.** מיותר וטעות סופר, וכן צריך להיות בגדה אשה מרעה, אמר הקב"ה לישראל הנה אנכי שולח מלאך אלו זכיתם וכו'. וכן הוא בתנחומא כאן. וכמו שאמר בסוף סימן הקודם שפרשה זו נאמרה אחר מעשה העגל: (ג) **ואימתי נמסרו לשליח.** כמבואר בסימנים הקודמים, שפרשה זו נאמרה אחר מעשה העגל: **לך נחה את העם.** וסיפיה דקרא הנה מלאכי ילך לפניך. עוד שם לך עלה מזה וגו' ושלחתי לפניך מלאך וגו' כי עם קשה עורף אתה פן אכלך בדרך וישמע העם את הדבר הרע הזה ויתאבלו וגו' (ראיה שכל זה היה אחר החטא). עוד שם ראה אתה אומר אלי העל את העם, עד ויאמר אליו אם אין פניך הולכים אל תעלנו מזה, והנה פסוק אם אין פניך, רחוק מאד מפסוק לך נחה וגו' לך עלה וגו', אלא כוונתו לפסוק שאמר משה ראה אתה אומר אלי העל וגו', היינו הפסוקים לך נחה, לך עלה, הנ"ל שפסוק י"ג, ועתה אם נא מצאתי חן, מקומו לקמן אצל פסוק י"ט וחנותי ורחמתי, שזהו הודעת הדרכים, כמו שאמר לעיל פרשה ג בסימן א. ופסוק י"ד אם אין פניך הולכים, אחר פסוק ט"ו פני ילכו, שתחלה ביקש ואחר כך הבטיחו שיעשה כן, כמו שאמר בהדיא לקמן פרשה ז' סימן ח. ואם כן פסוק אם אין פניך הולכים סמוך לפסוק העל את העם הזה, על פי מדת ממעל ול"א. דוק והתבונן בזה: **לנו נביאים לנו וכו'.** זהו מה שכתוב ונפלינו אני ועמך, אני לענין הנביא, ועמך לענין השר: **חזר אותו שר.** פירוש שכבר בא בימי משה, אלא שדחאו ולא קיבל אותו, כמו שאמרו בראשית רבה פרשה נ"ז סימן ג באריכות:

אם למקרא

וַה' הֹלֵךְ לִפְנֵיהֶם יוֹמָם בְּעַמּוּד עָנָן לַנְחֹתָם הַדֶּרֶךְ וְלַיְלָה בְּעַמּוּד אֵשׁ לְהָאִיר לָהֶם לָלֶכֶת יוֹמָם וָלָיְלָה: (שמות יג:כא)

וְעַתָּה לֵךְ נְחֵה אֶת הָעָם אֶל אֲשֶׁר דִּבַּרְתִּי לָךְ הִנֵּה מַלְאָכִי יֵלֵךְ לְפָנֶיךָ וּבְיוֹם פָּקְדִי וּפָקַדְתִּי עֲלֵיהֶם חַטָּאתָם: (שם לב:לד)

וַיֹּאמֶר אֵלָיו אִם אֵין פָּנֶיךָ הֹלְכִים אַל תַּעֲלֵנוּ מִזֶּה: (שם לג:טו)

וַיְהִי בִּהְיוֹת יְהוֹשֻׁעַ בִּירִיחוֹ וַיִּשָּׂא עֵינָיו וַיַּרְא וְהִנֵּה אִישׁ עֹמֵד לְנֶגְדּוֹ וְחַרְבּוֹ שְׁלוּפָה בְּיָדוֹ וַיֵּלֶךְ יְהוֹשֻׁעַ אֵלָיו וַיֹּאמֶר לוֹ הֲלָנוּ אַתָּה אִם לְצָרֵינוּ: וַיֹּאמֶר לֹא כִּי אֲנִי שַׂר צְבָא ה' עַתָּה בָאתִי וַיִּפֹּל יְהוֹשֻׁעַ אֶל פָּנָיו אַרְצָה וַיִּשְׁתָּחוּ וַיֹּאמֶר לוֹ מָה אֲדֹנִי מְדַבֵּר אֶל עַבְדּוֹ: (יהושע ה:יג-יד)

באור מהרי"פ

כלום חסרתי אתכם [כו'] אכן בגדה אשה מרעה וגו'. כלומר, רעה אינו בוגד בה ומספיק לה כל צרכה אכן היא מתחלת לבגוד בו, כן בגדת בי וגו': **דבר אחר הנה אנכי וכו'.** אמר הכותב ממדרש תנחומא (משפטים סימן יז) משמע שאין כאן דבר אחר, וזה לשונו אמר הקב"ה כלום חסרתי אתכם דבר שבגדתם בי, עובדי כוכבים בגדו בי ונתתי להם שרים שיהיו משמרין אותם, אף אתם כן, אני נותן לכם מלאך שיהא משמר אתכם, שנאמר הנה אנכי שולח מלאך וגו', כשזכיתם וקבלתם את התורה והייתם עושים רצוני הייתי מהלך לפניכם, כמה דאת אמר וה' הולך לפניהם יומם, ועכשיו שעשיתם עבודת כוכבים כעובדי כוכבים איני משלח לפניכם אלא מלאך, עד כאן. והמבין יבין:

חידושי הרד"ל

אלו זכיתם אני בעצמי נעשיתי לכם שליח כו'. זה מכוון למה שכתב הרמב"ן (שמות כג, כ) שמלאך דהכא הוא מלאך הגואל, שנקראת כן השכינה, וכדלקמן סוף הפרשה (סימן ט). ועיין בזוהר כאן (קכה,א) ובפרשת וירא (קיג, א): [ג] **מה בינינו כו'.** זה שאמר ובמה יוודע כו' ונפלינו כו' וכמו שכתוב פרק קמא דברכות (ז.): **חזר אותו השר כו'.** לשון זה משמע שהוא זה השר בעצמו ושלא כמו שכתב הרמב"ן שבימי יהושע היה גבריאל (ובבראשית רבה פרשה נז משמע שהוא המלאך שנראה עם השכינה תמיד שנראה לעיל פרשה ב שהוא מיכאל עיין שם בשני המקומות):

חידושי הרש"ש

[ג] **שכן אמר הקדוש ברוך הוא למשה לך נחה את העם.** צריך לומר וגו', והכוונה למה שכתוב שם (בהמשך הפסוק) הנה מלאכי ילך לפניך:

אמרי יושר

כלום חסרתי אתכם. זהו בגדה **אשה מרעה,** לפי שלא השלים תנאו עמה, שמא כן סיבת בגידתכם בית ישראל, הלא לא פסק מכם שכר: [ג] **שכן יהושע רואה אותו.** זהו הנני שולח מלאך לפניך, להלאה:

מתנות כהונה

שאין ביניהם גמיסקין. פירוש שטר כתובה. ועיין בערוך ערך גמס:
[ג] **עתה באתי.** ודרשו חז"ל (תנחומא שמות סימן יח) אבל בימי משה לא קבלו אותי:

אשד הנחלים

בבעלה אלא כ[ב]רעה כו' לא עשיתוני כבעל. ענינו במשל שאי אפשר לאשה שתעיז פניה בבעלה ממש, לאמר שאיננה בעלה, אחר ששטר כתובה לעיניה, ולכן לא ימצא בלבה העזה, כי אם אל ריעה אשר התחברה בו רק מעט, לא על דרך נשואין, כן הטובות הנשפעות מה' ברוך הוא על ישראל, המה כעידי כתובה על השגחת ה' עליהם, ואם כן איך יתכן לכפור בו, הלא עינינו רואות טובותיו עמנו. ודעת רבי יהודה בר רבי סימון שהכונה לפי שהיא עושה רק בשביל שכר, ולכן בעת שפסק מלתת לה שכרה, תבגוד בו, כי אין האהבה עצמית, ועל זה מוכיח ישראל לא די שלא עבדתם אותי מאהבה עצמית, אף בעד שכר הנאת עולם הזה לא עבדתוני, והריני אצלכם כאשר תבגוד אשה מֵרֵעָהּ, אבל אנכי לא חסרתי אתכם ומדוע תכפרו בי: **אלו זכיתם אני בעצמי.** דהוקשה להם הלא שליחות המלאך היה אחר חטאם, ואחר מיתת משה, כי משה ביקש על זה ואמר אם אין פניך הולכים, ונעתר על זה. והנה רש"י פירש שכאן בשרם שעתידים לחטוא, ולפי דברי המדרש כאן מרומז שני הפנים יחד, כאומר הנה אני מוכן לעשות לך שליח, וגם יש בידי לשלוח מלאכי ומפניו תוכרח להשמר מאד כי שמי בקרבו, וכאלו עורם שייראו שלא יחטאו וימסרו להמלאך. וענין ההבדל ביניהם עיין בספרי ח"א: [ג] **לנו שר.** שר של מעלה, ולהם שר, שר המזלות:

הִשָּׁמֶר מִפָּנָיו וּשְׁמַע בְּקֹלוֹ אַל תַּמֵּר בּוֹ כִּי לֹא יִשָּׂא לְפִשְׁעֲכֶם כִּי שְׁמִי בְּקִרְבּוֹ.

Beware of him — hearken to his voice, do not rebel against him, for he will not forgive your sins — for My Name is within him (23:21).

§4 הִשָּׁמֶר מִפָּנָיו — *BEWARE OF HIM — HEARKEN TO HIS VOICE.*

The verse seems to imply that Israel must obey and fear the angel, as though he were a power unto himself.[59] The Midrash explains:

אָמַר הַקָּדוֹשׁ בָּרוּךְ הוּא לְיִשְׂרָאֵל — The Holy One, blessed is He, said to Israel, הִזָּהֲרוּ בְּשָׁלִיחַ שֶׁאֵינוֹ חוֹזֵר בִּשְׁלִיחוּתִי — **"Beware of the agent, for he does not** have the authority to **renege on My mission.**[60] מִדַּת הַדִּין הוּא — **He is** enforcing **a measure of strict judgment."**[61]

□ **אַל תַּמֵּר בּוֹ** — *DO NOT REBEL AGAINST HIM, FOR HE WILL NOT FORGIVE YOUR SINS — FOR MY NAME IS WITHIN HIM.*

The Midrash explains why a special warning was needed not to rebel:

לְשֶׁעָבַר הוּא אוֹמֵר "מַמְרִים הֱיִיתֶם עִם ה' " — God warned: **"In the past** you would rebel," as **[Scripture] states,** ***You have been rebels against HASHEM*** (*Deuteronomy* 9:7), וְהָיִיתִי מְקַבֵּל מִכֶּם — **"but I would accept** repentance **from you.**[62] אֲבָל עַכְשָׁיו "אַל תַּמֵּר בּוֹ, כִּי לֹא יִשָּׂא לְפִשְׁעֲכֶם" — **However, now** that you will be led by the angel, ***Do not rebel against him, for he will not forgive your sins,*** since he does not have the authority to do so."[63]

The Midrash offers another interpretation, based on an alternative translation of the word תַּמֵּר:

דָּבָר אַחֵר, "אַל תַּמֵּר בּוֹ" — **Another interpretation of *"Al tameir bo"*** [אַל תַּמֵּר בּוֹ]: אַל תְּמִירוּנִי בּוֹ וְאַל תַּעֲשׂוּנִי תְּמוּרָתוֹ — God warned: **"Do not substitute him for Me,**[64] **and do not make Me his substitute.**[65] וְשֶׁמָּא תֹאמְרוּ: הוֹאִיל וְהוּא הַשַּׂר שֶׁלָּנוּ — **And lest you will say, 'Since he is our** celestial **prince,** לוֹ אֲנַחְנוּ עוֹבְדִים וְהוּא נוֹשֵׂא אֶת פְּשָׁעֵינוּ — **we will worship *him* and *he* will forgive our sins,'** לָאו, אֶלָּא "כִּי לֹא יִשָּׂא לְפִשְׁעֲכֶם" — I am therefore warning you that this is **not** the case; **rather,** do not worship him, ***for he will not forgive your sins.***[66] לֹא כְּמוֹתִי — He is **not like Me;** שֶׁכָּתוּב בִּי "נֹשֵׂא עָוֹן וְעֹבֵר עַל פֶּשַׁע" — **for concerning Me it is written, *Who pardons iniquity and overlooks transgression*** (*Micah* 7:18), אֲבָל הוּא "לֹא יִשָּׂא לְפִשְׁעֲכֶם" — **but he *will not forgive your sins.*** וְלֹא עוֹד אֶלָּא שֶׁאַתֶּם גּוֹרְמִים לוֹ שֶׁיִּשָּׁמֵט שְׁמִי מִקִּרְבּוֹ — **Not only that, but** by substituting him for Me **you will cause him to have My Name removed from within him,"**[67] שֶׁנֶּאֱמַר "כִּי שְׁמִי בְּקִרְבּוֹ" — **as it is stated** in the continuation of the verse, ***for My Name is within him.***[68]

The Midrash offers another interpretation of *for My Name is within him*:

דָּבָר אַחֵר, "כִּי שְׁמִי בְּקִרְבּוֹ" — **Another interpretation of *for My Name is within him*:** לְפִי שֶׁאֵין מַלְאֲכֵי הַשָּׁרֵת נִיזּוֹנִין אֶלָּא מִזִּיו שְׁכִינָה — **For the ministering angels are not sustained from** anything **other than the radiance of** God's **Divine Presence,**[69] שֶׁנֶּאֱמַר "וְאַתָּה מְחַיֶּה אֶת כֻּלָּם" — **as it is stated,** *You made the heavens, the most exalted heaven and all their legions, the earth and everything upon it, the seas and everything in them* ***and You give them all life;*** *the heavenly legions bow to You* (*Nehemiah* 9:6). מַהוּ כָּךְ — **What is** intended by **this** expression of giving life?[70] אָמַר רַבִּי חַגַּאי בְּשֵׁם רַבִּי יִצְחָק — **R' Chaggai said in the name of R' Yitzchak:** וְאַתָּה מְחַיֶּה לְכוּלְּהוֹן — This clause should be understood as ***and You are the means of sustenance for all of them.***[71]

NOTES

59. For otherwise, why would the verse warn to obey the angel since he will not forgive Israel's sins? It is to God that one must pray for forgiveness, not to the angel! (*Yefeh To'ar*).

60. And therefore he cannot forgive you, but must follow his mission unwaveringly [which includes punishing those who rebel] (ibid., based on *Midrash Tanchuma, Mishpatim* §18).

61. This merely explains the preceding words. As an agent who must carry out God's mission and cannot moderate or abort it, his actions follow the letter of the law (*Maharzu*). Alternatively, the Midrash is citing another reason why this angel must be feared — because this particular mission is primarily one of judgment, to annihilate the seven Canaanite nations occupying Israel. Hence, if you transgress, he will act with strict judgment toward you as well. By contrast, were God Himself to lead you, all His actions would emanate from the source of compassion, and strict judgment would not prevail (*Eitz Yosef*).

62. Ibid.

63. Thus, in light of their record of rebellion, God had to warn them specifically, *Do not rebel against him*, *for* until now I have forgiven you, but *he will not forgive your sins* (ibid.).

64. The Midrash now interprets the word תַּמֵּר to mean *exchange* rather than *rebel* because of the apparent extraneousness of this clause. Alternatively, the Midrash interprets it this way since, had Scripture meant "rebel," the proper grammatical form would have been תַּמְרֶה rather than תַּמֵּר (*Yefeh To'ar*).

65. I.e., since I am commanding you to obey the angel, do not think that the angel is Divine, and do not think that I am *his* messenger (ibid., *Eitz Yosef*). The Midrash understands the verse as warning both not to exchange the angel for God and not to exchange God for the angel, since it does not specify which one not to exchange for whom (*Yefeh To'ar*; see also *Maharzu*).

66. I.e., do not think that although the angel is merely a messenger of God, nonetheless there is some benefit in worshiping him, for he will then forgive you for occasionally transgressing his word or intercede with God to forgive you (similar to the error of most idolaters, who worship the celestial princes in the hope of obtaining certain benefits). Rather, he has no such power. According to this explanation of the verse, the words *for he will not forgive your sins* are not an explanation of *do not exchange with him*, but are a warning against a second possible error (*Yefeh To'ar*).

67. The angel's honor is defined by the mission he is sent to fulfill as an agent of God upon whom God's Name is proclaimed. However, if you begin to worship him, you have undermined his mission and removed My Name from him, i.e., he can no longer be identified as My agent. Thus, you disgrace My Name and the honor of the angel as well (*Eitz Yosef*).

68. [The Midrash concludes by citing the end of the verse as a proof for that which emerges from the previous statement, that the honor of the angel is his identity as a messenger of God upon whom God's Name is proclaimed (see the previous note).]

According to this explanation, this final clause of the verse is meant as an explanation of the beginning of the verse, *Beware of him and hearken to his voice*. The reason for this warning is that God's Name is within the angel (*Eitz Yosef*; see also *Rashi* to the verse, s.v. כי וכו').

69. According to this explanation, the words *for My Name is within him* are an explanation of the clause, *do not exchange with him*. That is, do not substitute him for Me, because his entire spiritual essence comes from *My Name* (i.e., My Divinity) being *within him*, but he has no means of existence of his own (*Eitz Yosef*).

70. Since angels never die, in what way does God give them life? (ibid.).

71. According to the Midrash, the clause *You are the means of sustenance for all of them* is not referring to all that was mentioned earlier, but rather refers to *the heavenly legions, etc.* mentioned afterward, meaning that whereas earthly creatures are sustained by material food, the heavenly legions are sustained by the Divine spirituality that is instilled in them from God (*Yedei Moshe*, *Maharzu*). Alternatively, *You are the means of sustenance for all of them* refers to all that is mentioned previously in the verse, and merely means that God sustains all living creatures, including the heavenly legions. Since sustenance in the physical sense is not applicable to angels, the Midrash understands the verse to mean that angels are sustained from the radiance of God's Divine Presence (*Yefeh To'ar*; see also *Pesikta Rabbasi* §16:2).

ד [כג, כא] "הִשָּׁמֶר מִפָּנָיו", אָמַר הַקָּדוֹשׁ בָּרוּךְ הוּא לְיִשְׂרָאֵל: הִזָּהֲרוּ בַּשָּׁלִיחַ, שֶׁאֵינוֹ חוֹזֵר בִּשְׁלִיחוּתִי, מִדַּת הַדִּין הוּא. [שם] "אַל תַּמֵּר בּוֹ", לְשֶׁעָבַר הוּא אוֹמֵר (דברים ט, ז) "מַמְרִים הֱיִיתֶם עִם ה'" וְהָיִיתִי מְקַבֵּל מִכֶּם, אֲבָל עַכְשָׁיו [כג, כא] "אַל תַּמֵּר בּוֹ, כִּי לֹא יִשָּׂא לְפִשְׁעֲכֶם", דָּבָר אַחֵר, "אַל תַּמֵּר בּוֹ", אַל תְּמִירוּנִי בוֹ וְאַל תַּעֲשׂוּנִי תְּמוּרָתוֹ, וְשֶׁמָּא תֹּאמְרוּ: הוֹאִיל וְהוּא הַשַּׂר שֶׁלָּנוּ לוֹ אֲנַחְנוּ עוֹבְדִים וְהוּא נוֹשֵׂא אֶת פְּשָׁעֵינוּ, לָאו, אֶלָּא "כִּי לֹא יִשָּׂא לְפִשְׁעֲכֶם", לֹא כְּמוֹתִי שֶׁכָּתוּב בִּי (מיכה ז, יח) "נֹשֵׂא עָוֹן וְעֹבֵר עַל פֶּשַׁע", אֲבָל הוּא "לֹא יִשָּׂא לְפִשְׁעֲכֶם", וְלֹא עוֹד אֶלָּא שֶׁאַתֶּם גּוֹרְמִים לוֹ שֶׁיִּשָּׁמֵט שְׁמִי מִקִּרְבּוֹ, שֶׁנֶּאֱמַר [כג, כא] "כִּי שְׁמִי בְּקִרְבּוֹ", דָּבָר אַחֵר, "כִּי שְׁמִי בְּקִרְבּוֹ", לְפִי שֶׁאֵין מַלְאֲכֵי הַשָּׁרֵת נִיזּוֹנִין אֶלָּא מִזִּיו שְׁכִינָה, שֶׁנֶּאֱמַר (נחמיה ט, ו) "וְאַתָּה מְחַיֶּה אֶת כֻּלָּם", מַהוּ כָּךְ, אָמַר רַבִּי חַגַּאי בְּשֵׁם רַבִּי יִצְחָק: וְאַתָּה מְחַיֶּה לְכוּלְּהוֹן, וְלֹא עוֹד אֶלָּא שֶׁהוּא מִתְחַיֵּיב עַל יָדָם. [כג, כב] "כִּי אִם שָׁמוֹעַ תִּשְׁמַע בְּקוֹלוֹ וְעָשִׂיתָ כֹּל אֲשֶׁר אֲדַבֵּר", "יְדַבֵּר" אֵין כְּתִיב כָּאן אֶלָּא "אֲדַבֵּר", אִם מְקַבְּלִין אַתֶּם הֵימֶנּוּ כְּאִלּוּ לִי אַתֶּם מְקַבְּלִים, אִם עוֹשִׂים אַתֶּם כֵּן [שם] "וְאָיַבְתִּי אֶת אֹיְבֶיךָ", הֱוֵי [כג, כ] "הִנֵּה אָנֹכִי שֹׁלֵחַ מַלְאָךְ":

עץ יוסף

(ד) **שאינו חוזר בשליחותו.** כן צריך לומר, וכן הוא ברמב"ן. ורוצה לומר הזהרו בו לפי שהוא שליח ואין בידו לשנות משליחותו: **מדת הדין הוא.** שנשלח לגרש את השבע אומות מפניהם, ורוצה לומר כי אם הייתי נוהג בעצמי אז לא היה הדין שולט מאומה, כי אם רחמים פשוטים ממקור החסד והרחמים: **אל תמר בו לשעבר כו'.** שמפני שהיה דרכם למרות פי ה', אמר עכשיו צריכין שיזהרו יותר בזה מפני שעכשיו לא ישא לפשעיהם: **והייתי מקבל מכם.** כשעשיתם תשובה: **אל תמירוני בו.** מפרש לשון תמורה, אל תמירוני בו לחשוב שהוא אלוה, ובל תעשוני תמורתו שלא יחשבו כי המלאך הזה הוא האלהים, וה' הוא מלאכו חס ושלום: **ושמא תאמרו כו'.** כלומר שאחר שניתן לנו לשר, יראה שהנהגת העולם בידו, על כן לו אנחנו עובדים, והוא נושא את פשעינו חלף עבודתינו: **אלא כי לא ישא לפשעכם.** שאין בידו סליחת עון: **שישמט שמי מקרבו.** כי הא שלוחי ונקרא שמי עליו וזהו ישעו וחפצו, וכשאתם עובדים אותו מסלקים שמי מעליו, ומחללים את שמי ואת כבוד המלאך שהוא מתכבד בשמי: **שנאמר כי שמי בקרבו.** והוא דבק עם ראש המקרא השמר מפניו ושמע בקולו כי שמי בקרבו: **לפי שאין מלאכי השרת ניזונין כו'.** ולפי זה כי שמי בקרבו, הוא נתינת טעם למה שאמר אל תמר בו שלא יטעו להמיר כבוד ה' כדלעיל, ואמר כי המלאך אין לו מציאות וקיום אלא בכח ה', ולכן אין לטעות בו: **מהו כך.** פירוש מה טעם להזכיר החיות במקום שאין המיתה שולטת שם, וכן מפורש בפסיקתא, לכן דורש ואתה מחיה, כמו ואתה מְחְיָה כלומר חיות וקיום: **ולא עוד אלא שהוא מתחייב על ידם.** שכשם שנפרעים מן העובדים, כך נפרעים מן הנעבדים, והוא נתינת טעם למה שאמר אל תמר בו, אל תמירוני בו לטעות אחריו, בל יהיה מתחייב עבורכם: **באילו לי אתם מקבלים.** לפי שהשמיעה בקולו אינה אלא רצון קונו, כי שליח ה' הוא ועל קיום מצותיו יזהיר: **הוי הנה אנכי שולח מלאך.** פירושו הנה שליחות המלאך וקבלת דבריו לשמוע בקולו הוא כאילו אנכי בעצמי הוא בענין שליחות זאת, וכאילו לי אתם מקבלים ושומעים:

פירוש מהרז"ו

(ד) **הזהרו בשליח.** שהאדון יכול לוותר, ולא השליח, שצריך לשמור כפי שמסר לו רבו, וזהו מדת הדין הוא: **לשעבר הוא אומר ממרים.** הנה פסוק ממרים הייתם במשנה תורה בסוף ארבעים שנה, ופסוק אל תמר, היה אחר מעשה העגל בשנה הראשונה, אך הכוונה על שכתוב ממרים הייתם עם ה' מיום דעתי אתכם, היינו כשבא להם במצרים כתוב ולא שמעו אל משה, שעל זה אמר ביחזקאל כ' (פסוק ח) וימרו בי ולא אבו לשמוע אלי, כמו שאמר לעיל סוף פרשה ו. ובתהלים (ק"ה) [קו, ז] וימרו על ים בים סוף, ובענין המן כתוב ביחזקאל שם, וימרו בי בית ישראל במדבר, וכתוב שם ואעש למען שמי לבלתי החל ונשא לפשעם, אבל המלאך לא ישא לפשעכם, וזהו אל תמר בו, כמו שהייתם ממרים בי, כי לא ישא לפשעכם, כמו שהייתי אני נושא, על פי מדה ט' וממעל וי"ז: **אל תמרוני בו.** לעבוד אותו במקומי ותחתי, ואל תעשוני תמורתו, להשוות האדון לעבדו, וזהו סתם אל תמר, לא בי בו ולא בו בי. (ובזה יתכן ליישב דברי הגמרא סנהדרין (ל"ח ב') ודו"ק): **שישמט שמי מקרבו.** כי כפי מה שכתוב כי לא ישא לפשעכם כי שמי בקרבו, אם כן היה ראוי שישא לפשעים בשם ה' אשר בקרבו, ואיזה טעם הוא, על כן הוא דורש על פי מדה ט', שזה טעם על רישיה דקרא אל תמר בו, שאם תמרו אז אין שמי בקרבו, כאלו הוא מרד בי: **נזונים אלא מזיו.** לקמן פרשה מ"ז סוף סימן ה, וריש סימן ז, במדבר רבה פרשה כא סימן ט"ז: **מהו כך.** שמה שכתוב ואתה מחיה את כולם, משמע שמתו והוא מחיה אותם, כמו שכתוב אני אמית ואחיה, על כן דורש מחיה מלשון מְחְיָה ומזון, וכמו שכתוב דברי הימים ב' [יד, פסוק] י"ב, ויפלו (ה)[מ]כושים לאין להם מחיה, פירושו מזונות, והנה התחתונים נזונים ממזונות גשמיים, אלא דמה שכתוב ואתה מחיה, שייך לסיפא דקרא וצבא השמים לך משתחוים. ובמדבר רבה פרשה כא סימן ט"ז שם מביא ראיה מפסוק (משלי טז, טו) באור פני מלך חיים, שמחייהם מאור פניו יתברך שמו, על ידי שמו אשר בקרבו. ובפסיקתא ריש פסקא ט"ז שני אמוראים, מר דורש מפסוק זה ומר מפסוק זה: **ולא עוד אלא שהוא מתחייב.** לא די בהפסק המזון אלא גם ישא עונש, כי כשם שנפרעים מן העובדים עבודת כוכבים, כך נפרעים מן הנעבדים: **כל אשר אדבר.** רישא דקרא שמוע תשמע לקולו, הרי שהוא מדבר, ואחר כך אמר אשר אדבר, שני כתובים מכחישים, על כן דורש ומכריע **כאלו לי אתם מקבלים** ואני אשלם לכם ואיבתי וגו' וצרתי וגו' לא הוא:

חידושי הרד"ל

[ד] **שאינו חוזר בשליחותו כן צריך לומר.** וכן הובא ברמב"ן (שמות כג, כ), ועיין תנחומא: **אל תמר בו מדת הדין הוא לשעבר כו'.** כן צריך לומר: **הואיל והוא השר שלנו.** כמו שכתוב (דניאל י, כא) מיכאל שרכם: **שאין מלאכי השרת נזונין אלא כו'.** עיין לקמן פרשה מז, ה: **ואתה מחיה לבלהון.** במדבר רבה פרשה כא טז, ועיין פסיקתא דאת קרבני לחמי: **הוא מתחייב על ידי.** כמו שכתוב בחגיגה (טו, א) אפקוהו למיטטרון מחיוהו שתין פולסי כו':

חידושי הרש"ש

[ד] **שהוא מתחייב על ידי.** כמו שאמרו בבראשית רבה פרשה נו ה, כשם שנפרעים מן העובד כך נפרעים מן הנעבד, וכן בחלק (צג, א) ודניאל אמר כו' דלא לקיים בי פסילי אלהיהם תשרפון באש: [ה] **ממלכות הארץ שירו לאלהים.** נראה לי דדרש שירי מלשון תשורה, וכן דרשו בשיר השירים רבה (פרשה ד פסוק ח, ב) תשורי מראש אמונה לשון שירה ולשון תשורה, עיין שם:

באור מהרי"פ

[ד] **שישמט שמי מקרבו.** ואם חס ושלום תמירוני בו אז אני משמט את שמי ממנו, ואז לא יהיה לכם מנהיג כלל, כי כל השליטה שיש לו לפי שאני משים שמי בקרבו. תולדות נח הארוך: **ואתה מחיה לבולהון.** פירוש המ' של מחיה נקודה בחיר"ק מְחְיָה והיוד בקמץ, מה שאין כן כשהוא נקוד בשוא ובפתח תחת החית [מְחַיֶּה], משמע שהוא מחיה את כולם בדבר מה זולתו, אבל כשהוא נקוד בחירק ובקמן [מְחְיָה], משמעותו שהוא בכבודו ובעצמו מזון ממש, על שהם ניזונין מזיו השכינה, כך מצאתי [בספר] [ה]ציוני עד כאן לשון תולדות נח הארוך:

אם למקרא

זְכֹר אַל תִּשְׁכַּח אֵת אֲשֶׁר הִקְצַפְתָּ אֶת ה' אֱלֹהֶיךָ בַּמִּדְבָּר לְמִן הַיּוֹם אֲשֶׁר יָצָאתָ מֵאֶרֶץ מִצְרַיִם עַד בֹּאֲכֶם עַד הַמָּקוֹם הַזֶּה מַמְרִים הֱיִיתֶם עִם ה':
(דברים ט:ז)

מִי אֵל כָּמוֹךָ נֹשֵׂא עָוֹן וְעֹבֵר עַל פֶּשַׁע לִשְׁאֵרִית נַחֲלָתוֹ לֹא הֶחֱזִיק לָעַד אַפּוֹ כִּי חָפֵץ חֶסֶד הוּא:
(מיכה ז:יח)

אַתָּה הוּא ה' לְבַדֶּךָ אַתָּה עָשִׂיתָ אֶת הַשָּׁמַיִם שְׁמֵי הַשָּׁמַיִם וְכָל צְבָאָם הָאָרֶץ וְכָל אֲשֶׁר עָלֶיהָ הַיַּמִּים וְכָל אֲשֶׁר בָּהֶם וְאַתָּה מְחַיֶּה אֶת כֻּלָּם וּצְבָא הַשָּׁמַיִם לְךָ מִשְׁתַּחֲוִים:
(נחמיה ט:ו)

ידי משה

[ד] **שנאמר ואתה מחיה את כולם.** וצבא השמים לך משתחוים שהם המלאכים. ואמר **מהו כך,** פירוש מה שאמר מחיה שהוא פועל יוצא פירוש במה הוא מחיה את המלאכים, ואמר **רב חגי ואתה הוא מחיה לכולם,** שהקב"ה בעצמו מחיה שלהם והוא שם דבר ולא פועל יוצא, פירוש שהקב"ה הוא מזון ומחיה שלהם כדלעיל שניזונו מזיו השכינה: **ולא עוד.** פירוש, לא די שלא יכול המלאך לישא את פשעכם, אלא אפילו הוא המלאך עצמו מתחייב על ידם כשיעבדו אותו, כי הקב"ה נפרע תחלה מן הנעבד ואחר כך מן העובד, ולא כפירוש מתנות כהונה:

אמרי יושר

[ד] **ולא עוד אלא שאני שומט שמי.** זהו כי שמי בקרבו, כי אדרבה לזה ישא, אלא רצה לומר אני שומט שמי ולא ישא:

מתנות כהונה

[ד] **אלא שהוא מתחייב על ידכם.** שאם הם לא ישמעו לו יגרמו לו שיפסק אותו המחיה ממנו:

אשד הנחלים

[ד] **מדת הדין הוא.** כי אם הייתי נוהג בעצמי, אז לא היה הדין שולט מאומה, כי אם רחמים פשוטים ממקור החסד והרחמים: **אל תמירוני בו ואל תעשוני תמורתו.** כלומר שאל תדמו כי אני הוא והוא אני, ואם כן העבודה לו והוא יכול להעביר פשעיכם, לזה אמר כי לא ישא לפשעכם. ויש להבין הדבר על דרך הציור מהו הכונה בזה. ונראה שבא להסביר לנו לדעת איך שמקור אין סוף הוא הרחמים הגמורים הפשוטים בתכלית הפשיטות, ואל ידמו חס ושלום כי בו ממוזג שני כחות, דין ורחמים, כמו רחמנא ליצלן חס ושלום האמונה בשתי רשויות, כי שני כחות המה ממש שתי רשויות, כמו שידוע מתורת הודו, שזה היה דעתם הפתיות, אבל ידע באמת שעיקר הדין נובע רק ממדות של מטה, וזה אמרו שאל תמירוני בו שתדמו כי אנכי והוא אחד הוא, כי אם הבדל יש, כי הוא אינו יכול להעביר הפשעים לא כמו אני: **שישמט שמי מקרבו.** כי כל הנאצלים הווים רק מרצונו יתברך, ואלו יסולק שפעו יתברך אז יתבטלו, והעובד להם יבטל שפע המדה ההיא, וזהו השמר מפניו שלא תמר בו אחר כי שמי בקרבו, כי כל שפעו רק ממני, ובהשמט שמי ממנו אז יתבטל שפעו: **ניזונים אלא מזיו השכינה.** הא נמי כדלעיל, כי כל העלולים נמשכים מעילתם, ויש עילה כללית הנמשכת מאין סוף יתברך, המחיה לכל המדריגות התחתונות הפרטית: **מחיה לכולהון כו'.** כאלו אומר עתה הוא להכלל שממנו ימשך להפרטים, ובמה שהתחתונים מקבלים השפע על נכון, על ידי זה המה מחיים את הכולל, ואם לאו הוא מתחייב על ידם שנפסק שפעו חס ושלום. והכונה בכללה כביכול על צער השכינה במה שאין לה יכולת להוריד שפעה לתחתונים, וזה נקרא אצלה מיעוט השפע: **אתם הימנו כאלו לי אתם מקבלים.** הכונה שתשמעו להנביא המצווה מהשם הזה, וזה יהיה כאלו אתם מקבלים ממני, כי הכל נמשכים ממני ומרצוני, רק שהוא על ידי מדרגות, אבל אין הכונה חס ושלום לעבדו כי זה אסר לעיל:

The Midrash returns to the verse's earlier warning not to worship the angel:[72]

וְלֹא עוֹד אֶלָּא שֶׁהוּא מִתְחַיֵּיב עַל יָדָם – **Not only** will worshiping the angel not bring any benefit,[73] **but additionally [the angel] will be found guilty on [Israel's] account.**[74]

> כִּי אִם שָׁמוֹעַ תִּשְׁמַע בְּקֹלוֹ וְעָשִׂיתָ כֹּל אֲשֶׁר אֲדַבֵּר וְאָיַבְתִּי אֶת אֹיְבֶיךָ וְצַרְתִּי אֶת צֹרְרֶיךָ.
>
> *For if you hearken to his voice and carry out all that I shall speak, then I shall be the enemy of your enemies and persecute your persecutors* (23:22).

□ **כִּי אִם שָׁמוֹעַ תִּשְׁמַע בְּקוֹלוֹ וְעָשִׂיתָ כֹּל אֲשֶׁר אֲדַבֵּר** – ***FOR IF YOU HEARKEN TO HIS VOICE AND CARRY OUT ALL THAT I SHALL SPEAK,*** *THEN I SHALL BE THE ENEMY OF YOUR ENEMIES AND PERSECUTE YOUR PERSECUTORS.*

The Midrash explains a seeming contradiction in the verse's grammatical structure:

"יְדַבֵּר" אֵין כְּתִיב כָּאן אֶלָּא "אֲדַבֵּר" – *All that **"he" shall speak*** **is not written here, but rather,** *All that **"I" shall speak.***[75] **אִם מְקַבְּלִין אַתֶּם הֵימֶנּוּ כְּאִלּוּ לִי אַתֶּם מְקַבְּלִים** – God was thus saying, **"If you accept his** command**, it is as though you are accepting My** command.[76] **אִם עוֹשִׂים אַתֶּם כֵּן "וְאָיַבְתִּי אֶת אֹיְבֶיךָ"** – And **if you do so,"** God said, ***"Then I shall be the enemy of your enemies."***[77] **הֱוֵי "הִנֵּה אָנֹכִי שֹׁלֵחַ מַלְאָךְ"** – And **this is** what is implied by, ***Behold! I send an angel*** *before you* (above, v. 20).[78]

NOTES

72. *Yedei Moshe, Eitz Yosef.*

73. As the verse stated earlier, *for he will not forgive your sins* (*Yedei Moshe*).

74. In keeping with the principle (*Bereishis Rabbah* 96 §5) that just as punishment is exacted from the worshipers of an idol, so is punishment exacted from the idol itself (*Rashash, Maharzu, Eitz Yosef*; see also *Yedei Moshe*).

For further elaboration of our Midrash, see Insight Ⓐ.

75. I.e., why does the verse begin by stating, *If you hearken to **his** voice*, and continue with the words, *and carry out all that **I** speak*? (*Maharzu*).

76. Since he is merely relaying My Word (*Eitz Yosef*).

77. According to the Midrash's explanation of the beginning of the verse, God was saying, *If you hearken to his voice, you will have carried out all that I speak*. Accordingly, the following words, *then I shall be the enemy of your enemies*, would seem to be an incomplete thought. The Midrash therefore links this clause with the beginning of the verse by explaining that an additional result of obeying the angel is that God will be the enemy of Israel's enemies (*Yefeh To'ar*).

78. The Midrash is expounding the verse based on the apparently redundant word אָנֹכִי (as in §2 above; see there with note 50), to mean, *Behold, I am [present in the] sending [of] the angel*, i.e., by obeying the angel you are obeying Me (*Eitz Yosef*).

INSIGHTS

Ⓐ **"For My Name Is Within Him"** *R' Tzadok HaKohen* provides us with further insight into the meaning of our Midrash.

God created forces within both the physical and spiritual realms (see *Derech Hashem*, 1:5:1-2). In the spiritual realm, He created forces with the power to carry out what God directs them to do; these forces are known as angels. Unlike human beings, an angel generally lacks the free will to do anything besides the function for which it was created. This idea is conveyed by our verse when it states *My Name is within it*. "My Name" denotes "My power" (a theme that R' Tzadok develops in this piece, but which is beyond the scope of this work). This means that the only power in an angel is the power of God, i.e., the angel is capable of performing only what God empowered it to do, and nothing else. Unlike man, who is free to obey or disobey God's commands (and thus, in a sense, has "independent" power), an angel is not a creature of choice.

Thus, the Midrash states in §9 below (at note 120): בְּכָל מָקוֹם שֶׁהַמַּלְאָךְ נִרְאֶה הַשְּׁכִינָה נִרְאֵית, *Wherever an angel appears, the Divine Presence appears*. That is, the presence of an angel indicates the presence of something that does nothing other than implement the Divine Will. The angel has no independence. [In the Midrash there, we have explained this statement somewhat differently, in accordance with *Yefeh To'ar* there.]

Thus, our Midrash also states that angels are not sustained by anything other than "the radiance of the Divine Presence." "Sustenance" is that which gives a being strength and life and the ability to perform the function for which it was created. The angel is "sustained" by the Divine Presence in that its entire being has no other function or ability than to carry out the Divine directive.

This also serves to explain our Midrash's interpretation of אַל תַּמֵּר בּוֹ as *Do not substitute him* (the angel) *for Me* (which can be understood as "do not worship him instead of Me"). But the verse concludes: כִּי שְׁמִי בְּקִרְבּוֹ, *For My Name is within him.* How is that conclusion a reason not to worship the angel? The answer is that one would be induced to worship the angel only because he hoped to obtain some special benefit from the angel. That, explains the verse, is impossible. *My Name is within him.* He can do only what I empower him to do; he has no independence that he should be able to confer any special benefit upon you.

This also explains our Midrash's interpretation of כִּי לֹא יִשָּׂא לְפִשְׁעֲכֶם, as meaning that the angel has no power to forgive your sins (see note 66), in accordance with the verse's next words כִּי שְׁמִי בְּקִרְבּוֹ, *For My Name is within him*: It is because the angel has no independence that he cannot forgive your sins. The power of repentance is unnatural; by rights, a sin cannot be erased. What is done cannot be undone. This is not a "force of creation" that can be delegated to an angel. It is only by God's special grace that sins can be forgiven. Thus, the forgiveness of sins remains His alone (*Sichas Malachei HaShareis*, pp. 73-75).

ד [כג, כא] "**הִשָּׁמֶר מִפָּנָיו", אָמַר הַקָּדוֹשׁ בָּרוּךְ הוּא לְיִשְׂרָאֵל: הִזָּהֲרוּ בַּשָּׁלִיחַ, שֶׁאֵינוֹ חוֹזֵר בִּשְׁלִיחוּתִי, מִדַּת הַדִּין הוּא.** [שם] **"אַל תַּמֵּר בּוֹ", לְשֶׁעָבַר הוּא אוֹמֵר** (דברים ט, ז) **"מַמְרִים הֱיִיתֶם עִם ה'" "וְהָיִיתִי מְקַבֵּל מִכֶּם, אֲבָל עַכְשָׁיו** [כג, כא] **"אַל תַּמֵּר בּוֹ, כִּי לֹא יִשָּׂא לְפִשְׁעֲכֶם", דָּבָר אַחֵר, "אַל תַּמֵּר בּוֹ", אַל תְּמִירוּנִי בוֹ וְאַל תַּעֲשׂוּנִי תְּמוּרָתוֹ, וְשֶׁמָּא תֹּאמְרוּ: הוֹאִיל וְהוּא הַשַּׂר שֶׁלָּנוּ לוֹ אֲנַחְנוּ עוֹבְדִים וְהוּא נוֹשֵׂא אֶת פְּשָׁעֵינוּ, לָאו, אֶלָּא "כִּי לֹא יִשָּׂא לְפִשְׁעֲכֶם", לֹא כְּמוֹתִי שֶׁכָּתוּב בִּי** (מיכה ז, יח) **"נֹשֵׂא עָוֹן וְעֹבֵר עַל פֶּשַׁע", אֲבָל הוּא "לֹא יִשָּׂא לְפִשְׁעֲכֶם", וְלֹא עוֹד אֶלָּא שֶׁאַתֶּם גּוֹרְמִים לוֹ שֶׁיִּשָּׁמֵט שְׁמִי מִקִּרְבּוֹ, שֶׁנֶּאֱמַר** [כג, כא] **"כִּי שְׁמִי בְּקִרְבּוֹ", דָּבָר אַחֵר, "כִּי שְׁמִי בְּקִרְבּוֹ", לְפִי שֶׁאֵין מַלְאֲכֵי הַשָּׁרֵת נִיזּוֹנִין אֶלָּא מִזִּיו שְׁכִינָה, שֶׁנֶּאֱמַר** (נחמיה ט, ו) **"וְאַתָּה מְחַיֶּה אֶת כֻּלָּם", מַהוּ כָּךְ, אָמַר רַבִּי חַגַּאי בְּשֵׁם רַבִּי יִצְחָק: וְאַתָּה מְחַיֶּה לְכוּלְּהוֹן, וְלֹא עוֹד אֶלָּא שֶׁהוּא מִתְחַיֵּיב עַל יָדָם.** [כג, כב] **"כִּי אִם שָׁמוֹעַ תִּשְׁמַע בְּקֹלוֹ וְעָשִׂיתָ כֹּל אֲשֶׁר אֲדַבֵּר", "יְדַבֵּר" אֵין כְּתִיב כָּאן אֶלָּא "אֲדַבֵּר", אִם מְקַבְּלִין אַתֶּם הֱימֶנּוּ כְּאִלּוּ לִי אַתֶּם מְקַבְּלִים, אִם עוֹשִׂים אַתֶּם כֵּן** [שם] **"וְאָיַבְתִּי אֶת אֹיְבֶיךָ", הֱוֵי** [כג, כ] **"הִנֵּה אָנֹכִי שֹׁלֵחַ מַלְאָךְ":**

עץ יוסף

(ד) שאינו חוזר בשליחותו. כן צריך לומר, וכן הוא ברמב"ן. ורוצה לומר הזהרו בו לפי שהוא שליח ואין בידו לשנות משליחותו: **מדת הדין הוא.** שנשלח לגרש את השבע אומות מפניהם, ורוצה לומר כי אם הייתי נוהג בעצמי אז לא היה הדין שולט מאומה, כי אם רחמים פשוטים ממקור החסד והרחמים: **אל תמר בו לשעבר כו'.** שמפני שהיה דרכם למרות פי ה', אמר עכשיו צריכין שיזהרו יותר בזה מפני שעכשיו לא ישא לפשעיהם: **והייתי מקבל מכם.** כשעשיתם תשובה: **אל תמירוני בו.** מפרש לשון תמורה, אל תמירוני בו לחשוב שהוא אלוה, ובל תעשוני תמורתו שלא יחשבו כי המלאך הזה הוא האלהים, וה' הוא מלאכו חס ושלום: **ושמא תאמרו כו'.** כלומר שאחר שניתן לנו לשר, יראה שהנהגת העולם בידו, על כן לו אנחנו עובדים, והוא נושא את פשעינו חלף עבודתינו: **אלא כי לא ישא לפשעכם.** שאין בידו סליחת עון: **שישמט שמי מקרבו.** כי הא שלוחי ונקרא שמי עליו וזהו ישעו ותפלו, וכשאתם עובדים אותו מסלקים שמי מעליו, ומחללים את שמי ואת כבוד המלאך שהוא מתכבד בשמי: **שנאמר כי שמי בקרבו.** והוא דבק עם ראש המקרא השמר מפניו ושמע בקולו כי שמי בקרבו: **לפי שאין מלאכי השרת ניזונין כו'.** ולפי זה כי שמי בקרבו, הוא נתינת טעם למה שאמר אל תמר בו שלא יטעו להמיר כבוד ה' כדלעיל, ואמר כי המלאך אין לו מציאות וקיום אלא בכח ה', ולכן אין לטעות בו: **מהו כך.** פירוש מה טעם להזכיר החיות במקום שאין המיתה שולטת שם, וכן מפורש בפסיקתא, לכן דורש ואתה מחיה, כמו ואתה מְחַיֶּה כלומר חיות וקיום: **ולא עוד אלא שהוא מתחייב על ידם.** שכשם שנפרעים מן העובדים, כך נפרעים מן הנעבדים, והוא נתינת טעם למה שאמר אל תמר בו, אל תמירוני בו לטעות אחריו, בל יהיה מתחייב עבורכם: **באילו לי אתם מקבלים.** לפי שהשמיעה בקולו איננה אלא רצון קונו, כי שליח ה' הוא ועל קיום מלותיו יזהיר: **הוי הנה אנכי שולח מלאך.** פירושו הנה שליחות המלאך וקבלת דבריו לשמוע בקולו הוא כאילו אנכי בעצמי הוא בענין שליחות זאת, וכאילו לי אתם מקבלים ושומעים:

פירוש מהרז"ו

(ד) הזהרו בשליח. שהאדון יכול לוותר, ולא השליח, שצריך לשמור כפי שמסר לו רבו, וזהו מדת הדין הוא: **לשעבר הוא אומר ממרים.** הנה פסוק ממרים הייתם במשנה תורה בסוף ארבעים שנה, ופסוק אל תמר, היה אחר מעשה העגל בשנה הראשונה, אך הכוונה על שכתוב ממרים הייתם עם ה' מיום דעתי אתכם, היינו כשבא להם במצרים כתוב ולא שמעו אל משה, שעל זה אמר ביחזקאל כ' (פסוק ח) וימרו בי ולא אבו לשמוע אלי, כמו שאמר לעיל סוף פרשה ו. ובתהלים (ק"ה) [קו, ז] וימרו על ים בים סוף, ובענין המן כתוב ביחזקאל שם, וימרו בי בית ישראל במדבר, וכתוב שם ואעש למען שמי לבלתי החל ונשא לפשעם, אבל המלאך לא ישא לפשעכם, וזהו אל תמר בו, כמו שהייתם ממרים בי, כי לא ישא לפשעכם, כמו שהייתי אני נושא, על פי מדה ט' וממעל וי"ו: **אל תמרוני בו.** לעבוד אותו במקומי ותחתי, ואל תעשוני תמורתו, להשוות האדון לעבדו, וזהו סתם אל תמר, לא בי בו ולא בו בי. (ובזה יתכן ליישב דברי הגמרא סנהדרין (ל"ח ב') ודו"ק): **שישמט שמי מקרבו.** כי כפי מה שכתוב כי לא ישא לפשעכם כי שמי בקרבו, אם כן היה ראוי שישא לפשעים בשם ה' אשר בקרבו, ואיזה טעם הוא, על כן הוא דורש על פי מדה ט', שזה טעם על רישיה דקרא אל תמר בו, שאם תמרו אז אין שמי בקרבו, כאלו הוא מרד בי: **נזונים אלא מזיו.** לקמן פרשה מ"ז סוף סימן ה, וריש סימן ז, במדבר רבה פרשה כא סימן ט"ז: **מהו כך.** שמה שכתוב ואתה מחיה את כולם, משמע שמתו והוא מחיה אותם, כמו שכתוב אני אמית ואחיה, על כן דורש מחיה מלשון מִחְיָה ומזון, וכמו שכתוב דברי הימים ב' [יד, פסוק] י"ב, ויפלו (ה)[מ]כושים לאין להם מחיה, פירושו מזונות, והנה התחתונים נזונים ממזונות גשמיים, אלא דמה שכתוב ואתה מחיה, שייך לסיפא דקרא וצבא השמים לך משתחוים. ובמדבר רבה פרשה כא סימן ט"ז שם מביא ראיה מפסוק (משלי טז, טו) באור פני מלך חיים, שמחייתם מאור פניו יתברך שמו, על ידי שמו אשר בקרבו. ובפסיקתא ריש פסקא ט"ז שני אמוראים, מר דורש מפסוק זה ומר מפסוק זה: **ולא עוד אלא שהוא מתחייב.** לא די בהפסק המזון אלא גם ישא עונש, כי כשם שנפרעים מן העובדים עבודת כוכבים, כך נפרעים מן הנעבדים: **כל אשר אדבר.** רישא דקרא שמוע תשמע לקולו, הרי שהוא מדבר, ואחר כך אמר אשר אדבר, שני כתובים מכחישים, על כן דורש ומכריע **באלו לי אתם מקבלים** ואני אשלם לכם ואיבתי וגו' וצרתי וגו' לא הוא:

חידושי הרד"ל

[ד] שאינו חוזר בשליחותו כן צריך לומר. וכן הובא ברמב"ן (שמות כג, כ), ועיין תנחומא: **אל תמר בו מדת הדין הוא לשעבר כו'.** כן צריך לומר: **הואיל והוא השר שלנו.** כמו שכתוב (דניאל י, כא) מיכאל שרכם: **שאין מלאכי השרת נזונין אלא כו'.** עיין לקמן פרשה מז, ה: **ואתה מחיה לכלהון.** במדבר רבה פרשה כא טז, ועיין פסיקתא דאת קרבני לחמי: **הוא מתחייב על ידי.** כמו שכתוב בחגיגה (טו, א) אפקוהו למיטטרון מחיוהו שתין פולסי כו':

חידושי הרש"ש

[ד] שהוא מתחייב על ידי. כמו שאמרו בבראשית רבה פרשה נו ה, כשם שנפרעים מן העובד כך נפרעים מן הנעבד, וכן בחלק (נג, א) ודניאל אמר כו' דלא לקיים בי פסילי אלהיהם תשרפון באש: **[ה] ממלכות הארץ שירו לאלהים.** נראה לי דדרש שירי מלשון תשורה, וכן דרשו בשיר השירים רבה (פרשה ד פסוק ח, ב) תשורי מראש אמנה לשון שירה ולשון תשורה, עיין שם:

באור מהרי"פ

[ד] שישמט שמי מקרבו. ואם חס ושלום תמירוני בו אז אני משמט את שמי ממנו, ואז לא יהיה לכם מנהיג כלל, כי כל השליטה שיש לו לפי שאני משים שמי בקרבו. תולדות נח הארוך: **ואתה מחיה לבולהון.** פירוש המ' של מחיה נקודה בחיר"ק מְחְיֶה והיוד בקמץ, מה שאין כן כשהוא נקוד בשוא ובפתח תחת החית [מְחַיֶּה], משמע שהוא מחיה את כולם בדבר מה זולתו, אבל כשהוא נקוד בחירק ובקמץ [מִחְיָה], משמעותו שהוא בכבודו ובעצמו מזון ממש, על שהם ניזונין מזיו השכינה, כך מצאתי [בספר] [ה]ציוני עד כאן לשון תולדות נח הארוך:

אם למקרא

זְכֹר אַל תִּשְׁכַּח אֵת אֲשֶׁר הִקְצַפְתָּ אֶת ה' אֱלֹהֶיךָ בַּמִּדְבָּר לְמִן הַיּוֹם אֲשֶׁר יָצָאתָ מֵאֶרֶץ מִצְרַיִם עַד בֹּאֲכֶם עַד הַמָּקוֹם הַזֶּה מַמְרִים הֱיִיתֶם עִם ה':
(דברים ט:ז)

מִי אֵל כָּמוֹךָ נֹשֵׂא עָוֹן וְעֹבֵר עַל פֶּשַׁע לִשְׁאֵרִית נַחֲלָתוֹ לֹא הֶחֱזִיק לָעַד אַפּוֹ כִּי חָפֵץ חֶסֶד הוּא:
(מיכה ז:יח)

אַתָּה הוּא ה' לְבַדֶּךָ אַתָּה עָשִׂיתָ אֶת הַשָּׁמַיִם שְׁמֵי הַשָּׁמַיִם וְכָל צְבָאָם הָאָרֶץ וְכָל אֲשֶׁר עָלֶיהָ הַיַּמִּים וְכָל אֲשֶׁר בָּהֶם וְאַתָּה מְחַיֶּה אֶת כֻּלָּם וּצְבָא הַשָּׁמַיִם לְךָ מִשְׁתַּחֲוִים:
(נחמיה ט:ו)

ידי משה

[ד] שנאמר ואתה מחיה את כולם. וצבא השמים לך משתחוים שהם המלאכים. ואמר **מהו כך,** פירוש מה שאמר מחיה שהוא פועל יוצא פירוש במה הוא מחיה את המלאכים, **ואמר רב חגי ואתה הוא מחיה לכולם,** שהקב"ה בעצמו מחיה שלהם והוא שם דבר ולא פועל יוצא, פירוש שהקב"ה הוא מזון ומחיה שלהם כדלעיל שניזונו מזיו השכינה: **ולא עוד.** פירוש, לא די שלא יכול המלאך לישא את פשעכם, אלא אפילו הוא המלאך עצמו מתחייב על ידם כשיעבדו אותו, כי הקב"ה נפרע תחלה מן הנעבד ואחר כך מן העובד, ולא כפירוש מתנות כהונה:

אמרי יושר

[ד] ולא עוד אלא שאני שומט שמי. זהו כי שמי בקרבו, כי אדרבה לזה ישא. אלא רצה לומר אני שומט שמי ולא ישא:

מתנות כהונה

[ד] אלא שהוא מתחייב על ידכם. שאם הם לא ישמעו לו יגרמו לו שיפסק אותו המחיה ממנו:

אשד הנחלים

[ד] מדת הדין הוא. כי אם הייתי נוהג בעצמי, אז לא היה הדין שולט מאומה, כי אם רחמים פשוטים ממקור החסד והרחמים: **אל תמירוני בו ואל תעשוני תמורתו.** כלומר שאל תדמו כי אני הוא והוא אני, ואם כן העבודה לו והוא יכול להעביר פשעיכם, לזה אמר כי לא ישא לפשעכם. ויש להבין הדבר על דרך הציור מהו הכונה בזה. ונראה שבא להסביר לנו לדעת איך שמקור אין סוף הוא הרחמים הגמורים הפשוטים בתכלית הפשיטות, ואל ידמו חס ושלום כי בו ממוזג שני כחות, דין ורחמים, כמו רחמנא ליצלן חס ושלום האמונה בשתי רשויות, כי שני כחות המה ממש שתי רשויות, כמו שידוע מתורת הודו, שזה היה דעתם הפתיות, אבל ידע באמת שעיקר הדין נובע רק ממדות של מטה, וזה אמרו שאל תמירוני בו שתדמו כי אנכי והוא אחד הוא, כי אם הבדל יש, כי הוא אינו יכול להעביר הפשעים לא כמו אני: **שישמט שמי מקרבו.** כי כל הנאצלים הווים רק מרצונו יתברך, ואלו יסולק שפעו יתברך אז יתבטלו, והעובד להם יבטל שפע המדה ההיא, וזהו השמר מפניו שלא תמר בו אחר כי שמי בקרבו, כי כל שפעו רק ממני, ובהשמט שמי ממנו אז יתבטל שפעו: **ניזונים אלא מזיו השכינה.** הא נמי כדלעיל, כי כל העלולים נמשכים מעילתם, ויש עילה כללית הנמשכת מאין סוף יתברך, המחיה לכל המדריגות התחתונות הפרטית: **מחיה לכולהון כו'.** כאלו אומר עתה הוא להכלל שממנו ימשך להפרטים, ובמה שהתחתונים מקבלים השפע על נכון, על ידי זה המה מחיים את הכולל, ואם לאו הוא מתחייב על ידם שנפסק שפעו חס ושלום. והכונה בכללה כביכול על צער השכינה במה שאין לה יכולת להוריד שפעה לתחתונים, וזה נקרא אצלה מיעוט השפע: **אתם הימנו כאלו לי אתם מקבלים.** הכונה שתשמעו להנביא המצווה מהשם הזה, וזה יהיה כאלו אתם מקבלים ממני, כי הכל נמשכים ממני ומרצוני, רק שהוא על ידי מדרגות, אבל אין הכונה חס ושלום לעבדו כי זה אסר לעיל:

§5 In §2 above, the Midrash interpreted the appointment of an angel based on its exposition of *Jeremiah* 3:19-20. The Midrash now expounds the *Jeremiah* piece somewhat differently, but arriving at the same conclusion, that the appointment of an angel was a result of Israel's sin:[79]

רַבִּי יִצְחָק פָּתַח – R' Yitzchak opened his discourse on our verse with the following exposition: ... "וְאָנֹכִי אָמַרְתִּי אֵיךְ אֲשִׁיתֵךְ בַּבָּנִים "אָכֵן בָּגְדָה אִשָּׁה מֵרֵעָהּ וגו׳ – Scripture states: *I had said, "How did I establish you as children?"*[80] ... *And I said, "Call Me 'my Father,' and do not turn away from behind Me." **But, like a woman who was unfaithful to her friend,** you have been unfaithful to Me* (*Jeremiah* 3:19-20). "וְאָנֹכִי אָמַרְתִּי אֵיךְ אֲשִׁיתֵךְ בַּבָּנִים" – The words, ***I had said, "How did I establish you as children?"*** mean as follows: כָּל הַנִּסִּים וְהַגְּבוּרוֹת שֶׁעָשִׂיתִי לָכֶם – God declares, **"All the miracles and the mighty deeds that I performed for you** לֹא שֶׁתִּתְּנוּ שְׂכָרִי – were not done **in order that you should pay Me a recompense,** אֶלָּא שֶׁתִּהְיוּ מְכַבְּדִים אוֹתִי כְּבָנִים וְקוֹרְאִים אוֹתִי אֲבִיכֶם – **but** merely **so that you should honor Me like children** honor a father **and call Me your Father,"** "וָאֹמַר אָבִי תִּקְרְאִי לִי" – as the verse continues, ***And I said, "Call Me 'my Father.'"*** וּמָה נִסִּים עָשִׂיתִי לִבְרִיָּה בָּעוֹלָם יוֹתֵר מִכֶּם – God continues, **"What miracles did I perform for [any]** other **creature in the world more than** those I performed **for you?** שֶׁעָשִׂיתִי לָכֶם שֶׁהֱיִיתֶם מְהַלְּכִים אַחֲרַי וַאֲנִי מְהַלֵּךְ לִפְנֵיכֶם וּמֵאִיר לָכֶם – **For I arranged for you that you would go behind Me and I would go before you and illuminate** the way **for you,"** שֶׁנֶּאֱמַר "וַה׳ הֹלֵךְ לִפְנֵיהֶם יוֹמָם" – **as it is stated, *HASHEM went before them by day*** *in a pillar of cloud to lead them on the way, and by night in a pillar of fire to give them light* (above, 13:21). "וָאֹמַר אָבִי תִּקְרְאִי לִי" – Thus the *Jeremiah* verse states, ***And I said, "Call Me 'my Father,'"*** *etc.*[81]

The Midrash expounds the second *Jeremiah* verse:

וְאַתֶּם מָה עֲשִׂיתֶם – God continues, **"But you,** Israel, **what did you do?** "אָכֵן בָּגְדָה אִשָּׁה מֵרֵעָהּ" – ***But, like a woman who was unfaithful to her friend,*** *you have been unfaithful to Me."* "מֵאִישָׁהּ" אֵין כְּתִיב כָּאן אֶלָּא "מֵרֵעָהּ" – **"Her husband" is not written here, but rather, *her friend,*** i.e., her paramour. לָמָּה – **Why?**[82] אֶלָּא אָדָם שֶׁהוּא נוֹטֵל אִשָּׁה וְעוֹשֶׂה עִמָּהּ יָמִים הַרְבֵּה – **Rather, a man who takes a woman** in marriage **and spends many days with her,** אֲפִילוּ הֶעֱנִי אִשְׁתּוֹ אֵינָהּ כּוֹפֶרֶת בּוֹ – **even were he to become poor, his wife would not renounce him.** אֶלָּא אוֹמֶרֶת: בְּשָׁעָה שֶׁהָיָה עָשִׁיר הֶאֱכִילַנִי וְהִלְבִּישַׁנִי וְעַכְשָׁיו שֶׁהֶעֱנִי אֵינִי כּוֹפֶרֶת בּוֹ – **Rather, she says, "When he was rich, he fed me and clothed me, so now that he has become poor I will not renounce him."** וּבְשָׁעָה שֶׁהִיא זוֹנָה – **However, when she is** not his wife but **a harlot** that he has solicited, אִם נָתַן לָהּ הֲרֵי הִיא מוֹדָה לוֹ – **if he gave her** compensation, **she acknowledges him,** וְאִם לֹא נָתַן לָהּ אֵינָהּ מַכֶּרֶת אוֹתוֹ – **but if he did not give** her compensation any longer, **she does not show him recognition.** לְכָךְ נֶאֱמַר "אָכֵן בָּגְדָה אִשָּׁה מֵרֵעָהּ" – **Therefore it is stated, *But like a woman who was unfaithful to her friend,*** *you have been unfaithful to Me?*[83]

Alternatively:

דָּבָר אַחֵר – **Another explanation:** הַזּוֹנָה בְּשָׁעָה שֶׁיֵּשׁ לָהּ אוֹהֵב וְהוּא מְכַבְּדָהּ בְּחֵפֶץ – God said, **"The harlot, when she has a paramour and he honors her with an item** as a gift, הִיא מַרְאַתּוּ לַחֲבֵרוֹתֶיהָ וְאוֹמֶרֶת: רְאוּ כַּמָּה כִּבְּדַנִי אוֹהֲבִי – **she shows it to her friends and says** to them, **'See how my paramour has honored me!'** וְאַתֶּם בֵּית יִשְׂרָאֵל לֹא עֲשִׂיתֶם כֵּן – **But you,** members of the **House of Israel, have not done so.** אֶלָּא עָשִׂיתִי לָכֶם נִסִּים וּגְבוּרוֹת – **Rather, I performed for your sake miracles and mighty deeds,** שֶׁהָיוּ עַנְנֵי כָבוֹד מַקִּיפִין אֶתְכֶם וְהַמָּן יוֹרֵד וְהַבְּאֵר עוֹלָה וְהַשְּׂלָיו מְצוּי – **for the Clouds of Glory surrounded you, the manna descended** from the heavens, **the** miraculous **well ascended, and the quail was** readily **available,** וְלֹא קִלַּסְתֶּם אוֹתִי – **yet you did not praise Me,** וְלֹא הֱיִיתֶם כְּזוֹנָה לְקַלֵּס אֶתְנָן – **and you were not** even **like a harlot, who cherishes her fee,"**[84] שֶׁנֶּאֱמַר "וְלֹא אָמְרוּ אַיֵּה ה׳ הַמַּעֲלֶה אֹתָנוּ מֵאֶרֶץ מִצְרָיִם" – **as it is stated, *But they did not say, "Where is HASHEM, Who brought us up from the land of Egypt?"*** (*Jeremiah* 2:6).[85]

NOTES

79. *Yefeh To'ar.*

80. Lit., *place you as children* (*Maharzu, Eitz Yosef*).

81. The Midrash is expounding the words וָאֹמַר אָבִי תִּקְרְאִי לִי וּמֵאַחֲרַי לֹא תָשׁוּבִי as follows: *And I said, "Call Me 'my Father,'* for My love to you as a father loves his son is apparent in that *you will not turn away from behind Me*, i.e., you follow Me and I guide you directly" (*Yefeh To'ar*; see also *Maharzu, Radal,* and *Eitz Yosef*).

82. See above, note 42.

83. As was explained with regard to §2 above (see note 46), the Midrash is understanding the verse to mean: Were you unfaithful to Me like a woman who is unfaithful to her paramour, i.e., because I stopped supporting you? No! You forsook Me and worshiped the Golden Calf even though I was still providing for you (*Eitz Yosef*).

See Insight Ⓐ.

84. See *Ezekiel* 16:31, where Scripture uses this phrase.

85. Rather, you forsook Me and worshiped the Golden Calf. According to this explanation, too, the words *like a woman who was unfaithful to her friend, etc.* are understood as a rhetorical question: "Did you betray Me as a woman would her paramour, i.e., because I did not honor you? I was continuously showering you with miracles! Thus you treated Me worse than a woman would her paramour, for she would at least cherish the gifts with which he honors her."

INSIGHTS

Ⓐ **Faith and Faithfulness** *R' Yerucham Levovitz* (*Daas Chochmah U'Mussar,* Vol. 1, pp. 161-163) explains that the message of our Midrash goes far beyond its exposition of this specific verse. The Midrash means to define the bedrock of man's ongoing relationship with his Creator. That relationship does not require constant proofs or theological arguments, but is founded on a clear perception revealed to our nation in Egypt and at Sinai of Who God is and what He is to us.

We were shown beyond the shadow of a doubt that He is our Father, that He is our Husband. In the ideal parental relationship, the child has not a shadow of doubt about his father's love for him and concern for his well-being. In the ideal marriage, the wife has no questions about her husband's absolute devotion to her. Come what may, the son knows, the wife knows, that their love is unbreakable.

Such a husband and wife may be separated by oceans for years on different continents. Sinister people may seek to convince the wife, directly or through innuendo, that her husband has not been loyal to her. But because of everything she has known about him during their time together, she will know that her husband is indeed still faithful. And no claims of evidence to the contrary can shake her faith in him. What she has seen of him has taught her to trust him when he is not seen. She knows the truth, and the truth cannot be false.

This is the meaning of our Midrash. God declares to His people: Think of all that I have done for you! Think of all the good that I have showered upon you! A wife who has learned to trust her husband does not renounce him when he no longer provides her with what she was accustomed to. She does not simply "believe." She *knows.*

That is the crux of our relationship with God, and the sum and substance of the entire Torah and Torah way of life. That trust and conviction are present, they are unshakable, they need no further proof, and they are not troubled by any seeming questions or contradictions. We are His children and He is our Father. He is our loyal Husband. That is enough.

ה רַבִּי יִצְחָק פָּתַח: (ירמיה ג, יט-כ) "וְאָנֹכִי אָמַרְתִּי אֵיךְ אֲשִׁיתֵךְ בַּבָּנִים... אָכֵן בָּגְדָה אִשָּׁה מֵרֵעָהּ וְגוֹ'", "וְאָנֹכִי אָמַרְתִּי אֵיךְ אֲשִׁיתֵךְ בַּבָּנִים", כָּל הַנִּסִּים וְהַגְּבוּרוֹת שֶׁעָשִׂיתִי לָכֶם לֹא שֶׁתִּתְּנוּ שְׂכָרִי אֶלָּא שֶׁתִּהְיוּ מְכַבְּדִים אוֹתִי כְּבָנִים וְקוֹרְאִים אוֹתִי אֲבִיכֶם, (שם) "וָאֹמַר אָבִי תִּקְרְאִי לִי", וּמַה נִּסִּים עָשִׂיתִי לִבְרִיָּה בָּעוֹלָם יוֹתֵר מִכֶּם, שֶׁעָשִׂיתִי לָכֶם שֶׁהֱיִיתֶם מְהַלְּכִים אַחֲרַי וַאֲנִי מְהַלֵּךְ לִפְנֵיכֶם וּמֵאִיר לָכֶם, שֶׁנֶּאֱמַר (לעיל יג, כא) "וַה' הֹלֵךְ לִפְנֵיהֶם יוֹמָם", "וָאֹמַר אָבִי תִּקְרְאִי לִי", וְאַתֶּם מָה עֲשִׂיתֶם, "אָכֵן בָּגְדָה אִשָּׁה מֵרֵעָהּ", "מֵאִישָׁהּ" אֵין כְּתִיב כָּאן אֶלָּא "מֵרֵעָהּ", לָמָּה, אֶלָּא אָדָם שֶׁהוּא נוֹטֵל אִשָּׁה וְעוֹשֶׂה עִמָּהּ יָמִים הַרְבֵּה, אֲפִילוּ הֶעָנִי אִשְׁתּוֹ אֵינָהּ כּוֹפֶרֶת בּוֹ, אֶלָּא אוֹמֶרֶת: בְּשָׁעָה שֶׁהָיָה עָשִׁיר הֶאֱכִילַנִי וְהִלְבִּישַׁנִי וְעַכְשָׁיו שֶׁהֶעָנִי אֵינִי כּוֹפֶרֶת בּוֹ, וּבְשָׁעָה שֶׁהִיא זוֹנָה אִם נָתַן לָהּ הֲרֵי הִיא מוֹדָה לוֹ, וְאִם לֹא נָתַן לָהּ אֵינָהּ מַכֶּרֶת אוֹתוֹ, לְכָךְ נֶאֱמַר "אָכֵן בָּגְדָה אִשָּׁה מֵרֵעָהּ", דָּבָר אַחֵר, הַזּוֹנָה בְּשָׁעָה שֶׁיֵּשׁ לָהּ אוֹהֵב וְהוּא מְכַבְּדָהּ בְּחֵפֶץ הִיא מַרְאַתּוּ לַחֲבֵרוֹתֶיהָ וְאוֹמֶרֶת: רְאוּ כַּמָּה כִּבְּדַנִי אוֹהֲבִי, וְאַתֶּם בֵּית יִשְׂרָאֵל לֹא עֲשִׂיתֶם כֵּן, אֶלָּא עָשִׂיתִי לָכֶם נִסִּים וּגְבוּרוֹת שֶׁהָיוּ עַנְנֵי כָבוֹד מַקִּיפִין אֶתְכֶם וְהַמָּן יוֹרֵד וְהַבְּאֵר עוֹלָה וְהַשְּׂלָיו מָצוּי, וְלֹא קִלַּסְתֶּם אוֹתִי, וְלֹא הֱיִיתֶם כְּזוֹנָה לְקַלֵּס אֶתְנָן, שֶׁנֶּאֱמַר (ירמיה ב, ו) "וְלֹא אָמְרוּ אַיֵּה ה' הַמַּעֲלֶה אֹתָנוּ מֵאֶרֶץ מִצְרָיִם", אַף אֲנִי (לקמן לג, ג) "כִּי לֹא אֶעֱלֶה בְּקִרְבְּךָ", אֶלָּא מָה אֶעֱשֶׂה, [כג, כ] "הִנֵּה אָנֹכִי שֹׁלֵחַ מַלְאָךְ":

ו דָּבָר אַחֵר, [כג, כ] "הִנֵּה אָנֹכִי שֹׁלֵחַ מַלְאָךְ", הֲדָא הוּא דִכְתִיב (תהלים לד, ח) "חֹנֶה מַלְאַךְ ה' סָבִיב לִירֵאָיו וַיְחַלְּצֵם", עוֹשֶׂה אָדָם מִצְוָה אַחַת הַקָּדוֹשׁ בָּרוּךְ הוּא נוֹתֵן לוֹ מַלְאָךְ אֶחָד לְשָׁמְרוֹ, שֶׁנֶּאֱמַר "חֹנֶה מַלְאַךְ ה'" וְגוֹ', עוֹשֶׂה שְׁתֵּי מִצְוֹת הַקָּדוֹשׁ בָּרוּךְ הוּא נוֹתֵן לוֹ שְׁנֵי מַלְאָכִים לְשָׁמְרוֹ, שֶׁנֶּאֱמַר (שם צא, יב) "כִּי מַלְאָכָיו יְצַוֶּה לָּךְ לִשְׁמָרְךָ בְּכָל דְּרָכֶיךָ", עוֹשֶׂה הַרְבֵּה מִצְוֹת נוֹתֵן לוֹ הַקָּדוֹשׁ בָּרוּךְ הוּא חֲצִי מַחֲנֵהוּ, שֶׁנֶּאֱמַר (שם שם ז) "יִפֹּל מִצִּדְּךָ אֶלֶף וּרְבָבָה מִימִינֶךָ", וְהוּא חֲצִי מַחֲנֵהוּ, שֶׁנֶּאֱמַר (שם סח, יח) "רֶכֶב אֱלֹהִים רִבֹּתַיִם אַלְפֵי שִׁנְאָן":

עץ יוסף

(ה) **רבי יצחק פתח בו'.** מפרש איך אשיתך בבנים, שתכלית הנסים שיקראוהו אב ויכבדוהו: **ואנכי אמרתי איך אשיתך בבנים.** וגו' ואתן לך ארץ חמדה וגו' ואמר אבי תקראי לי ומאחרי לא תשובי, (פסוק כ) אכן בגדה אשה מרעה כן בגדתם בי בית ישראל: **כל הנסים והגאולות בו'.** ופירוש הכתוב הוא התאוננות איך היה הדבר הרע הזה, ששמם ה' כבנים במה שעשה להם נסים שיכבדוהו ויקראוהו אבי, והמה שנו דרכם וכו': **ואומר אבי תקראי לי.** וגו' ומאחרי לא תשובי. היינו מה שהיו ישראל הולכים אחרי ה' והוא הולך לפניהם, בזה אמרתי שלא תשובי ממני מלקבל עבודתכם לי, ואתם מה עשיתם כו': **לכך נאמר אכן בגדה אשה מרעה.** פירוש אכן (הלואי) היתה בגידתם כבגידת אשה מרעה, שאינה בוגדת בו רק בזמן שפוסק שכרה ממנה, אבל ישראל בעטו בהקדוש ברוך הוא אף שמעולם לא פסק מלהטיב להם: (ו) **הדא הוא דכתיב חונה מלאך בו'.** סובר דלא נאמרה פרשה זו אחר עשיית העגל, אלא מיירי מבני אדם כשרים שמלאך ה' חונה סביב לשמרם, ומשום דהכא כתיב מלאך, והתם כתיב מלאכיו, ומיעוט רבים שנים, והתם כתיב אלף ורבבה, על כרחך צריך לומר כאן לעושה מצוה אחת, וכאן לעושה שתים, וכאן לעושה רבות: **לשמרו.** מהפגעים: **שני מלאכים.** ואין הכי נמי שהעושה שלש מצות יתן לו שלש מלאכים: **עשה הרבה מצות.** יתוסף כח וסגולת המצות עד שיזכה בעליהן לחצי מחנה אלהים: **חצי מחנהו.** היות הצדיק בזכיותיו כביכול עוזר ביד ה' להשפיע בעולמו, על כן יתן לו חצי מחנהו אשר על ידם מנהיג את עולמו, כאילו הוא מניע אותה עם הקדוש ברוך הוא בשותפות: **שנאמר יפול.** מפרש יפול ינוח, וכן הוא בתנחומא ובבמדבר רבה סדר נשא פרשה י"ב עיין שם: **רבותים אלפי.** מפרש רבותים שני רבבות ואלפי שני אלפים, דמיעוט רבים שנים:

פירוש מהרז"ו

(ה) **ואנכי אמרתי איך אשיתך.** עיין לעיל פרשה ז סימן ב, והוא דבר אחר על פסוק הנה אנכי שולח מלאך. וסגנון הפסוק, ואנכי אמרתי איך אשיתך בבנים ואתן לך ארץ חמדה וגו' ואומר אבי תקראי לי ומאחרי לא תשובי, (פסוק כ) אכן בגדה אשה מרעה כן בגדתם בי. וכאן דורש אשיתך מלשון למען שתי אותותי אלה בקרבו, בריש סדר בא (שמות י, א), וכמו שכתוב [כאן] ושתי את גבולך, וזה איך אשיתך בבנים, שתחזיקו אתכם לבנים ואותי לאביכם, וזהו ואומר אבי תקראי לי: **שתהיו מהלכים אחרי.** זהו פירוש מה שכתב ומאחרי לא תשובי, שהייתי מהלך לפניכם ואתם מאחרי, על פי מדה י"ז, שעל כן לא תחזור מאחרי, כי אם תהיה דבק בי כבן לאב. ושאר דבריהם מבואר לעיל סימן ב הנ"ל: **דבר אחר הזונה.** דורש מה שכתוב אכן בגדה אשה מרעה היינו הזונה, ועל פי מדה י"ז, היינו מה שכתוב ביחזקאל ט"ז (פסוק לא) ולא היית כזונה לקלס אתנן, והנמשל מה שכתוב בירמיה ב' ולא אמרו איה ה' וגו', וזהו הבגידה אכן בגדה אשה וגו', על כן אנכי שולח מלאך: (ו) **חונה מלאך ה'.** דורש מדה ט"ו, חונה מלאך משמע אחד, וכתיב כי מלאכיו מיעוט רבים שנים, וכתיב יפול מצדך אלף, פירוש שיחנו מצדך אלף וישכונו, כמו שאמרו במדבר רבה פרשה י"ב סוף סימן ג', תנחומא כאן, מדרש תהלים מזמור צ"א, וכמו שכתוב (דברי הימים א יב, כ) וממנשה נפלו (עליו) [על דוד], וכמו שכתוב אצל ישמעאל (בראשית כה, יח) על פני כל אחיו נפל, דהיינו מה שכתוב אצלו על פני כל אחיו ישכון, והכריע שלפי מנין המצות מנין המלאכים. והוא בתנחומא כאן סימן ט'. ובסימנים הקודמים והמאוחרים דורש שביאת המלאך לעונש, היינו לפי גודל מעלתם, תחלה שכתוב וה' הולך לפניהם, אך באמת ביאת המלאך למעלה ולטובה ולברכה: **חצי מחנהו.** פירוש חצי רכב אחד, כי רכבו רבותים, שני רבות, אלפי, שני אלפים, אך למרכבות כבודו, וכמו שכתוב (איוב כה, ג) היש מספר לגדודיו:

חידושי הרד"ל

[ה] **תקראי לי ומאחרי לא תשובי.** שאהיה מהלך לפניכם, ולא תצטרכו לשלוח, **אכן בגדה בו',** שבגדתם בי, לכן הנה אנכי שולח מלאך כדמפורש: **כזונה לקלס אתנן.** (יחזקאל טז, לא):

באור מהרי"פ

[ה] **אכן בגדה אשה מרעה.** פירוש, תיכף כשלא היו להם מים התלוננו:

מסורת המדרש

ז. תנחומא כאן סימן י"ז. ילקוט ירמיה רמז רע"א:

ח. במדבר רבה פרשה י"ב. תנחומא כאן סימן י"ט. וסדר ויצא סימן ג'. וסדר ויקהל סימן א'. מדרש תהלים מזמור צ"א:

אם למקרא

וְאָנֹכִי אָמַרְתִּי אֵיךְ אֲשִׁיתֵךְ בַּבָּנִים וְאֶתֶּן לָךְ אֶרֶץ חֶמְדָּה נַחֲלַת צְבִי צִבְאוֹת גּוֹיִם וָאֹמַר אָבִי תִּקְרְאִי לִי וּמֵאַחֲרַי לֹא תָשׁוּבִי: אָכֵן בָּגְדָה אִשָּׁה מֵרֵעָהּ כֵּן בְּגַדְתֶּם בִּי בֵּית יִשְׂרָאֵל נְאֻם ה': (ירמיה ג:יט-כ)

וַה' הֹלֵךְ לִפְנֵיהֶם יוֹמָם בְּעַמּוּד עָנָן לַנְחֹתָם הַדֶּרֶךְ וְלַיְלָה בְּעַמּוּד אֵשׁ לְהָאִיר לָהֶם לָלֶכֶת יוֹמָם וָלָיְלָה: (שמות יג:כא)

וְלֹא אָמְרוּ אַיֵּה ה' הַמַּעֲלֶה אֹתָנוּ מֵאֶרֶץ מִצְרָיִם הַמּוֹלִיךְ אֹתָנוּ בַּמִּדְבָּר בְּאֶרֶץ עֲרָבָה וְשׁוּחָה בְּאֶרֶץ צִיָּה וְצַלְמָוֶת בְּאֶרֶץ לֹא עָבַר בָּהּ אִישׁ וְלֹא יָשַׁב אָדָם שָׁם: (ירמיה ב:ו)

אֶל אֶרֶץ זָבַת חָלָב וּדְבָשׁ כִּי לֹא אֶעֱלֶה בְּקִרְבְּךָ כִּי עַם קְשֵׁה עֹרֶף אַתָּה פֶּן אֲכֶלְךָ בַּדָּרֶךְ: (שמות לג:ג)

חֹנֶה מַלְאַךְ ה' סָבִיב לִירֵאָיו וַיְחַלְּצֵם: (תהלים לד:ח)

כִּי מַלְאָכָיו יְצַוֶּה לָּךְ לִשְׁמָרְךָ בְּכָל דְּרָכֶיךָ: (שם צא:יב)

יִפֹּל מִצִּדְּךָ אֶלֶף וּרְבָבָה מִימִינֶךָ אֵלֶיךָ לֹא יִגָּשׁ: (שם שם ז)

רֶכֶב אֱלֹהִים רִבֹּתַיִם אַלְפֵי שִׁנְאָן אֲדֹנָי בָם סִינַי בַּקֹּדֶשׁ: (שם סח:יח)

מתנות כהונה

[ו] **יפול מצדך בו'.** יפול פירושו ינוח. וכן הוא בתנחומא ובמדבר רבה פרשה נשא: הכי גרסינן **ורבבה מימינך והוא חצי כו':**

אשד הנחלים

[ה] **לא שתתנו שכרי.** כי אם יצדק מה יפעל בו, כי איננו מקבל שום שנוי ממעשיהם, כי אם הכל למענם בכדי שיכירו כבודי, ועל ידי זה אהיה להם כאב להשפיע כל טוב עליהם כאב המיטיב לבנו. וכלל הדבר על הכתוב הנה אנכי שולח מלאך, שזה בשרם שיהיה אחר החטא כמו שאמר לעיל, ואילו לא חטאו היו כבנים ממש, מושכים השפע ממקור אלהי ישראל: **אף אני כי לא אעלה.** וזה יהיה אחרי חטאם אחרי שיבגדו בי, ואף שיהיה השגחתי הפרטית עליהם, אבל רק על ידי אמצעים:

[ו] **מלאך אחד לשמרו.** ענין הדבר בקצרה, להיות האדם מוכלל מכל הכחות הנטועות בעולם העליון כח לבד לבד, והתורה היא גם כן שלימות כולל, במצותיה הרבים שהמה משלימים לכל כחות הנפש ומדותיה, כי כל מצוה פרטית מכוונת להשלמת כח אחד מכוחות הנפש, וכפי השלמת הכח שבנפש המכוונת למדה העליונית דוגמתה, אז אותו הכח העליון שומרו ומגינו עליו, על דרך (שבת קנא, ב) כל המרחם ירוחם, כדומה: **חצי מחנהו.** כי בין כלם המה רכ"ב כמנין רכ"ב, רכ"ב אלף [א"ה:

God concludes: אַף אֲנִי ״כִּי לֹא אֶעֱלֶה בְּקִרְבְּךָ״ – "Therefore," said God, **"I, too,** declare, ***Because I shall not ascend among you*** (below, 33:3).[86] אֶלָּא מָה אֶעֱשֶׂה, ״הִנֵּה אָנֹכִי שֹׁלֵחַ מַלְאָךְ״ – **Rather, what will I do? *Behold! I send an angel*** *before you."*[87]

§6 Thus far in this chapter, all the interpretations given by the Midrash viewed the appointment of an angel as being a result of the departure of the Divine Presence. The Midrash will now present an interpretation that views the appointment of an angel in a positive light:[88]

דָּבָר אַחֵר ״הִנֵּה אָנֹכִי שֹׁלֵחַ מַלְאָךְ״ – **Another explanation of *Behold! I send an angel*** *before you:* הֲדָא הוּא דִכְתִיב ״חֹנֶה מַלְאַךְ ה׳ סָבִיב לִירֵאָיו וַיְחַלְּצֵם״ – **Thus it is written, *The angel of HASHEM encamps around His reverent ones and he releases them*** (*Psalms* 34:8). עוֹשֶׂה אָדָם מִצְוָה אַחַת הַקָּדוֹשׁ בָּרוּךְ הוּא נוֹתֵן לוֹ מַלְאָךְ אֶחָד לְשָׁמְרוֹ – **If a person performs one commandment, the Holy One, blessed is He, presents him with one angel to protect him,** שֶׁנֶּאֱמַר ״חֹנֶה מַלְאַךְ ה׳ וגו׳ ״ – **as it is stated, *The angel of HASHEM encamps*** *around His reverent ones and he releases them.*[89] עוֹשֶׂה שְׁתֵּי מִצְוֹת הַקָּדוֹשׁ בָּרוּךְ הוּא נוֹתֵן לוֹ שְׁנֵי מַלְאָכִים לְשָׁמְרוֹ – **If he performs two commandments, the Holy One, blessed is He, presents him with two angels to protect him,** שֶׁנֶּאֱמַר ״כִּי מַלְאָכָיו יְצַוֶּה לָּךְ לִשְׁמָרְךָ בְּכָל דְּרָכֶיךָ״ – **as it is stated, *He will charge His angels for you, to protect you in all your ways*** (ibid. 91:11).[90] עוֹשֶׂה הַרְבֵּה מִצְוֹת נוֹתֵן לוֹ הַקָּדוֹשׁ בָּרוּךְ הוּא חֲצִי מַחֲנֵהוּ – **If he performs many commandments, the Holy One, blessed is He, presents him with half of His retinue** of angels to protect him,[91] שֶׁנֶּאֱמַר ״יִפֹּל מִצִּדְּךָ אֶלֶף וּרְבָבָה מִימִינֶךָ״ – **as it is stated, *A thousand shall encamp***[92] ***at your side and a myriad at your right hand*** (ibid. 91:7),[93] וְהוּא חֲצִי מַחֲנֵהוּ – **and that [represents] half of [God's] retinue** of angels, שֶׁנֶּאֱמַר ״רֶכֶב אֱלֹהִים רִבֹּתַיִם אַלְפֵי שִׁנְאָן״ – **as it is stated, *God's entourage is twice ten thousand, thousands of angels*** (ibid. 68:18).[94]

NOTES

86. This was stated after the sin of the Golden Calf, when God declared that He would now send an angel instead of guiding Israel directly. The previous verse states, *I shall send an angel ahead of you, etc.* (below, 33:2).

87. The Midrash here differs from §2 above in that according to the earlier piece, God's initial intention that Israel be guided directly by the Divine Presence and the subsequent appointment of an angel are inferred from the opening words of *Jeremiah* 3:20, *But like a woman who was unfaithful to her friend, etc.* (see there with note 47). According to our Midrash, however, they are inferred from the juxtaposition of the phrase מֵאַחֲרַי לֹא תָשׁוּבִי in v. 19 to the opening words of v. 20, which imply that initially, God led Israel directly and they followed Him (see note 81), but they forfeited that through their infidelity (*Yefeh To'ar,* at the beginning of this section).

Given Israel's outright betrayal of God in the Golden Calf incident, why does the Midrash interpret *you have betrayed Me* as referring to a mere lack of appreciation for God's loving miracles for them? *Yefeh To'ar* explains that Israel believed in God throughout. However, they failed to grasp the extent of His love in that He attended to their needs without an intermediary. Consequently, when Moses did not return as expected, they mistakenly believed that it was necessary for the Golden Calf to replace him as the intermediary through which to receive God's blessings (compare *Ramban* to *Exodus* 32:1). [See Insights below on 42 §5, "The Ox of the Chariot *Chayos,*" and on 43 §7, "The Sin of the Golden Calf."] Thus, their failure to acknowledge God's love for them was indeed the cause of their betrayal. Hence, following the Divine principle of "measure for measure," God punished them specifically by removing His direct guidance and introducing a celestial intermediary.

88. *Yefeh To'ar*; see the end of the next note.

89. Thus our verse, too, mentions one angel, for even the lowliest individual in Israel has performed at least one commandment, and thus the entire nation is worthy of at least one angel (ibid.).

This opinion of the Midrash, unlike those cited in the preceding sections, differentiates between the angel discussed in this passage of Scripture and the one God spoke of later (below, 32:34, 33:2) that would be in lieu of the Divine Presence. The former was a privilege, while the latter was a punishment. This opinion is followed by *Ramban* in v. 21 of our Scriptural passage (*Yefeh To'ar*; see also *Eitz Yosef*; see, however, *Maharzu*). [For further discussion of the difference between the two angels, see *Malbim* to our verse.]

90. That is, the minimum of the plural "angels," which is two (*Eitz Yosef*).

91. One who performs three commandments is presented with three angels, as the Midrash stated with regard to one and two. However, one who performs many commandments will merit many more angels than the number corresponding to the total of commandments he has performed, for the accumulation of many commandments adds power to each commandment. This individual thereby supports the entire creation in his merit, thus meriting him half of God's retinue in recognition of the fact that he has now become an equal partner, so to speak, with God in guiding the world (ibid.).

92. Translation follows *Matnos Kehunah*, *Maharzu*, and *Eitz Yosef*, based on the first explanation in *Midrash Tanchuma, Mishpatim* §19.

93. See Insight Ⓐ.

94. *Twice ten thousand, thousands of angels* is understood as 22,000 angels. Thus, one thousand plus one myriad of angels equals precisely half this amount.

INSIGHTS

Ⓐ **The Angels and Demons That Surround** *HaTirosh* to the Midrash here points out a contradiction between our Midrash's understanding of the verse, יִפֹּל מִצִּדְּךָ אֶלֶף וּרְבָבָה מִימִינֶךָ (according to which the verse refers to protective angels), and that of the Gemara in *Berachos* (6a, according to the reading of *Ein Yaakov* and *Yalkut Shimoni, Tehillim* §842, cited in *Mesoras HaShas* there; see also *Maharsha* there), according to which the verse refers to the thousands of harmful *demons* that surround a person and from which God protects him.

HaTirosh resolves the contradiction by offering a novel understanding of the terms מַזִּיקִין, *demons,* and מַלְאָכִים, *angels,* used by the Gemara and Midrash respectively in regard to this verse. He explains that the term מַזִּיקִין used by the Gemara there does not necessarily refer to destructive spiritual beings. Rather, it is a broad term denoting any event or thing that could thwart man from carrying out his plans, or that might entice a man to sin. It is impossible for man to predict what particular thing or event might hinder him. Even if he were to take every precaution imaginable, these forces could still thwart his plans. The term מַזִּיקִין might also be used to refer to the Godly attributes of anger or judgment, which prosecute a man and argue for his punishment. These "destructive" forces are counterbalanced by מַלְאָכִים, protective "angels." This term, as well, is not limited to spiritual beings. It might also refer to virtue and righteousness, and any other circumstance or influence that encourages a person to perform good deeds and shields him from harmful influences and circumstances. The term מַלְאָכִים may also be used to describe God's Attributes of Mercy and Kindness, which come to a person's defense and argue for his exoneration.

Accordingly, there is no contradiction between the Midrash and the Gemara. To the contrary, the two interpretations are complementary. For every harmful force seeking to hinder man or entice him to sin, another protective force is required to countervail it. As understood by the Gemara, the verse states that God protects man from the negative influences and destructive forces that seek to hinder or harm him. Our Midrash explains *how* He does so — by surrounding one who performs many mitzvos with a myriad and a thousand protective angels. Each one advocates on his behalf, shielding him from the harmful influence of one of the destructive "demons," and encourages him along the straight and true path that shadows the path of sin.

Indeed, *Rambam* (*Hil. Tefillin U'Mezuzah V'Sefer Torah* 6:13) writes: "The Sages say that if one has *tefillin* on his head and arm, and *tzitzis* on his garment, and a *mezuzah* on his doorway, it is assumed that he will not sin. For he has many reminders, and it is they who are the angels that save him from sinning, as it is stated, *The angel of HASHEM encamps around His reverent ones and he releases them."*

ה רַבִּי יִצְחָק פָּתַח: (ירמיה ג, יט-כ) "וְאָנֹכִי אָמַרְתִּי אֵיךְ אֲשִׁיתֵךְ בַּבָּנִים... אָכֵן בָּגְדָה אִשָּׁה מֵרֵעָהּ וְגוֹ' ", "וְאָנֹכִי אָמַרְתִּי אֵיךְ אֲשִׁיתֵךְ בַּבָּנִים", כָּל הַנִּסִּים וְהַגְּבוּרוֹת שֶׁעָשִׂיתִי לָכֶם לֹא שֶׁתִּתְּנוּ שְׂכָרִי אֶלָּא שֶׁתִּהְיוּ מְכַבְּדִים אוֹתִי כְּבָנִים וְקוֹרְאִים אוֹתִי אֲבִיכֶם, (שם) "וָאֹמַר אָבִי תִּקְרְאִי לִי", וּמַה נִּסִּים עָשִׂיתִי לִבְרִיָּה בָּעוֹלָם יוֹתֵר מִכֶּם, שֶׁעָשִׂיתִי לָכֶם שֶׁהֱיִיתֶם מְהַלְּכִים אַחֲרַי וַאֲנִי מְהַלֵּךְ לִפְנֵיכֶם וּמֵאִיר לָכֶם, שֶׁנֶּאֱמַר (לעיל יג, כא) "וַה' הֹלֵךְ לִפְנֵיהֶם יוֹמָם", "וָאֹמַר אָבִי תִּקְרְאִי לִי", וְאַתֶּם מָה עֲשִׂיתֶם, "אָכֵן בָּגְדָה אִשָּׁה מֵרֵעָהּ", "מֵאִישָׁהּ" אֵין כְּתִיב כָּאן אֶלָּא "מֵרֵעָהּ", לָמָּה, אֶלָּא אָדָם שֶׁהוּא נוֹטֵל אִשָּׁה וְעוֹשֶׂה עִמָּהּ יָמִים הַרְבֵּה, אֲפִילוּ הֶעָנִי אִשְׁתּוֹ אֵינָהּ כּוֹפֶרֶת בּוֹ, אֶלָּא אוֹמֶרֶת: בְּשָׁעָה שֶׁהָיָה עָשִׁיר הֶאֱכִילַנִי וְהִלְבִּישַׁנִי וְעַכְשָׁיו שֶׁהֶעֱנִי אֵינִי כּוֹפֶרֶת בּוֹ, וּבְשָׁעָה שֶׁהִיא זוֹנָה אִם נָתַן לָהּ הֲרֵי הִיא מוֹדָה לוֹ, וְאִם לֹא נָתַן לָהּ אֵינָהּ מַכֶּרֶת אוֹתוֹ, לְכָךְ נֶאֱמַר "אָכֵן בָּגְדָה אִשָּׁה מֵרֵעָהּ", [ז]דָּבָר אַחֵר, הַזּוֹנָה בְּשָׁעָה שֶׁיֵּשׁ לָהּ אוֹהֵב וְהוּא מְכַבְּדָהּ בְּחֵפֶץ הִיא מַרְאַתּוּ לַחַבְרוֹתֶיהָ וְאוֹמֶרֶת: רְאוּ כַּמָּה כִּבְּדַנִי אוֹהֲבִי, וְאַתֶּם בֵּית יִשְׂרָאֵל לֹא עֲשִׂיתֶם כֵּן, אֶלָּא עָשִׂיתִי לָכֶם נִסִּים וּגְבוּרוֹת שֶׁהָיוּ עַנְנֵי כָּבוֹד מַקִּיפִין אֶתְכֶם וְהַמָּן יוֹרֵד וְהַבְּאֵר עוֹלָה וְהַשְּׂלָיו מָצוּי, וְלֹא קִלַּסְתֶּם אוֹתִי, וְלֹא הֱיִיתֶם כַּזּוֹנָה לְקַלֵּס אֶתְנָן, שֶׁנֶּאֱמַר (ירמיה ב, ו) "וְלֹא אָמְרוּ אַיֵּה ה' הַמַּעֲלֶה אֹתָנוּ מֵאֶרֶץ מִצְרָיִם", אַף אֲנִי (לקמן לג, ג) "כִּי לֹא אֶעֱלֶה בְּקִרְבְּךָ", אֶלָּא מָה אֶעֱשֶׂה, [כג, כ] "הִנֵּה אָנֹכִי שֹׁלֵחַ מַלְאָךְ":

ו דָּבָר אַחֵר, [כג, כ] "הִנֵּה אָנֹכִי שֹׁלֵחַ מַלְאָךְ", הָדָא הוּא דִכְתִיב (תהלים לד, ח) "חֹנֶה מַלְאַךְ ה' סָבִיב לִירֵאָיו וַיְחַלְּצֵם", [ח]עוֹשֶׂה אָדָם מִצְוָה אַחַת הַקָּדוֹשׁ בָּרוּךְ הוּא נוֹתֵן לוֹ מַלְאָךְ אֶחָד לְשָׁמְרוֹ, שֶׁנֶּאֱמַר "חֹנֶה מַלְאַךְ ה' וְגוֹ' ", עוֹשֶׂה שְׁתֵּי מִצְוֹת הַקָּדוֹשׁ בָּרוּךְ הוּא נוֹתֵן לוֹ שְׁנֵי מַלְאָכִים לְשָׁמְרוֹ, שֶׁנֶּאֱמַר (שם צא, יב) "כִּי מַלְאָכָיו יְצַוֶּה לָּךְ לִשְׁמָרְךָ בְּכָל דְּרָכֶיךָ", עוֹשֶׂה הַרְבֵּה מִצְוֹת נוֹתֵן לוֹ הַקָּדוֹשׁ בָּרוּךְ הוּא חֲצִי מַחֲנֵהוּ, שֶׁנֶּאֱמַר (שם שם ז) "יִפֹּל מִצִּדְּךָ אֶלֶף וּרְבָבָה מִימִינֶךָ", וְהוּא חֲצִי מַחֲנֵהוּ, שֶׁנֶּאֱמַר (שם סח, יח) "רֶכֶב אֱלֹהִים רִבֹּתַיִם אַלְפֵי שִׁנְאָן":

מתנות כהונה

[ו] **יפול מצדך כו'.** יפול פירושו ינוח. וכן הוא בתנחומא ובמדבר רבה פרשה נשא: הכי גרסינן **ורבבה מימינך והוא חצי כו':**

אשד הנחלים

[ה] **לא שתתנו שכרי.** כי אם יצדק מה יפעל בו, כי איננו מקבל שום שנוי ממעשיהם, כי אם הכל למענם בכדי שיכירו כבודי, ועל ידי זה אהיה להם כאב להשפיע כל טוב עליהם כאב המיטיב לבנו. וכלל הדבר על הכתוב הנה אנכי שולח מלאך, שזה בשרם שיהיה אחר החטא כמו שאמר לעיל, ואילו לא חטאו היו כבנים ממש, מושכים השפע ממקור אלהי ישראל: **אף אני כי לא אעלה.** וזה יהיה אחרי חטאם אחרי שיבגדו בי, ואף שיהיה השגחתי הפרטית עליהם, אבל רק על ידי אמצעים:

[ו] **מלאך אחד לשמרו.** ענין הדבר בקצרה, להיות האדם מוכלל מכל הכחות הנטועות בעולם העליון כח לבד לבד, והתורה היא גם כן שלימות כולל, במצותיה הרבים שהמה משלימים לכל כחות הנפש ומדותיה, כי כל מצוה פרטית מכוונת להשלמת כח אחד מכוחות הנפש, וכפי השלמת הכח שבנפש המכוונת למדה העליונית דוגמתה, אז אותו הכח העליון שומרו ומגינו עליו, על דרך (שבת קנא, ב) כל המרחם ירוחם, כדומה: **חצי מחנהו.** כי בין כלם המה רכ"ב כמנין רכ"ב, רכ"ב אלף [א"ה:

עץ יוסף

(ה) **רבי יצחק פתח כו'.** מפרש איך אשיתך בבנים, שתכלית הנסים שיקראוהו אב ויכבדוהו: **ואנכי אמרתי איך אשיתך בבנים.** וגו' ואתן לך ארץ חמדה וגו' ואמר אבי תקראי לי ומאחרי לא תשובי, (פסוק כ) אכן בגדה אשה מרעה כן בגדתם בי בית ישראל: **כל הנסים והגאולות כו'.** ופירוש הכתוב הוא התאוננות איך היה הדבר הרע הזה, שאמם ה' כבנים במה שעשה להם נסים שיכבדוהו ויקראוהו אבי, והמה שׁשנו דרכם וכו': **ואומר אבי תקראי לי.** וגו' ומאחרי לא תשובי. היינו מה שהיו ישראל הולכים אחרי ה' והוא הולך לפניהם, בזה אמרתי שלא תשובי ממני מלקבל עבודתכם לי, ואתם מה עשיתם כו': **לכך נאמר אכן בגדה אשה מרעה.** פירוש אכן (הלואי) היתה בגידתם כבגידת אשה מרעה, שאינה בוגדת בו רק בזמן שפוסק שכרה ממנה, אבל ישראל בעטו בהקדוש ברוך הוא אף שמעולם לא פסק מלהטיב להם: (ו) **הדא הוא דכתיב חונה מלאך כו'.** סובר דלא נאמרה פרשה זו אחר עשיית העגל, אלא איירי מבני אדם כשרים שמלאך ה' חונה סביב לשמרם, ומשום דהכא כתיב מלאך, והתם כתיב מלאכיו, ומיעוט רבים שנים, והתם כתיב אלף ורבבה, על כרחך צריך לומר כאן לעושה מצוה אחת, וכאן לעושה שתים, וכאן לעושה רבות: **לשמרו.** מהפגעים: **שני מלאכים.** ואין הכי נמי שהעושה שלש מצות יתנן לו שלש מלאכים: **עשה הרבה מצות.** יתוסף כח וסגולת המצות עד שיזכה בעליהן לחצי מחנה אלהים: **חצי מחנהו.** היות הצדיק בזכיותיו כביכול עוזר ביד ה' להשפיע בעולמו, על כן יתן לו חצי מחנהו אשר על ידם מנהיג את עולמו, כאילו הוא מגיע אותה עם הקדוש ברוך הוא בשותפות: **שנאמר יפול.** מפרש יפול ינוח, וכן הוא בתנחומא ובבמדבר רבה סדר נשא פרשה י"ב עיין שם: **רבותים אלפי.** מפרש רבותים שני רבבות ואלפי שני אלפים, דמיעוט רבים שנים:

פירוש מהרז"ו

(ה) **ואנכי אמרתי איך אשיתך.** עיין לעיל פרשה זו סימן ב, והוא דבר אחר על פסוק הנה אנכי שולח מלאך. וסגנון הפסוק, ואנכי אמרתי איך אשיתך בבנים ואתן לך ארץ חמדה וגו' ואומר אבי תקראי לי ומאחרי לא תשובי, (פסוק כ) אכן בגדה אשה מרעה כן בגדתם בי. וכאן דורש אשיתך מלשון למען שתי אותותי אלה בקרבו, ברייש סדר בא (שמות י, א), וכמו שכתוב [כאן] ושתי את גבולך, וזה איך אשיתך בבנים, שתחזיקו אתכם לבנים ואותי לאביכם, וזהו ואומר אבי תקראי לי: **שתהיו מהלכים אחרי.** זהו פירוש מה שכתב ומאחרי לא תשובי, שהייתי מהלך לפניכם ואתם מאחרי, על פי מדה י"ז, שעל כן לא תחזור מאחרי, כי אם תהיה דבק בי כבן לאב. ושאר דבריהם מבואר לעיל סימן ב הנ"ל: **דבר אחר הזונה.** דורש מה שכתוב אכן בגדה אשה מרעה היינו הזונה, ועל פי מדה י"ז, היינו מה שכתוב ביחזקאל ט"ז (פסוק לא) ולא היית כזונה לקלס אתנן, והנמשל מה שכתוב בירמיה ב' ולא אמרו איה ה' וגו', וזהו הבגידה אכן בגדה אשה וגו', על כן אנכי שולח מלאך: (ו) **חונה מלאך ה'.** דורש מדה ט"ו, חונה מלאך משמע אחד, וכתיב כי מלאכיו מיעוט רבים שנים, וכתיב יפול מצדך אלף, פירוש שיחנו מצדך אלף וישכונו, כמו שאמרו במדבר רבה פרשה י"ב סוף סימן ג', תנחומא כאן, מדרש תהלים מזמור נ"א, וכמו שכתוב (דברי הימים א יב, כ) וממנשה נפלו (עליו) [על דוד], וכמו שכתוב אל ישמעאל (בראשית כה, יח) על פני כל אחיו נפל, דהיינו מה שכתוב אצלו על פני כל אחיו ישכון, והכריע שלפי מנין המצות מנין המלאכים. והוא בתנחומא כאן סימן ט'. ובסימנים הקודמים והמאוחרים דורש שביאת המלאך לעונש, היינו לפי גודל מעלתם, תחלה שכתוב וה' הולך לפניהם, אך באמת ביאת המלאך למעלה ולטובה ולברכה: **חצי מחנהו.** פירוש חצי רכב אחד, כי רכבו רבותים, שני רבות, אלפי, שני אלפים, אך למרכבות כבודו, וכמו שכתוב (איוב כה, ג) היש מספר לגדודיו:

חידושי הרד"ל

[ה] **תקראי לי ומאחרי לא תשובי.** שאהיה מהלך לפניכם, ולא תצטרכו לשוב, **אבן בגדה כו',** שבגדתם בי, לכן הנה אנכי שולח מלאך כדמפורש: **כזונה לקלס אתנן.** (יחזקאל טז, לא):

באור מהרי"פ

[ה] **אכן בגדה אשה מרעה.** פירוש, תיכף כשלא היו להם מים התלוננו:

מסורת המדרש

ז. תנחומא כאן סימן י"ז. ילקוט ירמיה רמז רע"א:
ח. במדבר רבה פרשה י"ב. תנחומא כאן סימן י"ט. וסדר וילך סימן ג'. וסדר ויקהל סימן א'. מדרש תהלים מזמור נ"א:

אם למקרא

וְאָנֹכִי אָמַרְתִּי אֵיךְ אֲשִׁיתֵךְ בַּבָּנִים וְאֶתֶּן לָךְ אֶרֶץ חֶמְדָּה נַחֲלַת צְבִי צִבְאוֹת גּוֹיִם וָאֹמַר אָבִי תִּקְרְאִי לִי וּמֵאַחֲרַי לֹא תָשׁוּבִי: אָכֵן בָּגְדָה אִשָּׁה מֵרֵעָהּ כֵּן בְּגַדְתֶּם בִּי בֵּית יִשְׂרָאֵל נְאֻם ה': (ירמיה ג:יט-כ)

וַה' הֹלֵךְ לִפְנֵיהֶם יוֹמָם בְּעַמּוּד עָנָן לַנְחֹתָם הַדֶּרֶךְ וְלַיְלָה בְּעַמּוּד אֵשׁ לְהָאִיר לָהֶם לָלֶכֶת יוֹמָם וָלָיְלָה: (שמות יג:כא)

וְלֹא אָמְרוּ אַיֵּה ה' הַמַּעֲלֶה אֹתָנוּ מֵאֶרֶץ מִצְרָיִם הַמּוֹלִיךְ אֹתָנוּ בַּמִּדְבָּר בְּאֶרֶץ עֲרָבָה וְשׁוּחָה בְּאֶרֶץ צִיָּה וְצַלְמָוֶת בְּאֶרֶץ לֹא עָבַר בָּהּ אִישׁ וְלֹא יָשַׁב אָדָם שָׁם: (ירמיה ב:ו)

אֶל אֶרֶץ זָבַת חָלָב וּדְבָשׁ כִּי לֹא אֶעֱלֶה בְּקִרְבְּךָ כִּי עַם קְשֵׁה עֹרֶף אַתָּה פֶּן אֲכֶלְךָ בַּדָּרֶךְ: (שמות לג:ג)

חֹנֶה מַלְאַךְ ה' סָבִיב לִירֵאָיו וַיְחַלְּצֵם: (תהלים לד:ח)

כִּי מַלְאָכָיו יְצַוֶּה לָּךְ לִשְׁמָרְךָ בְּכָל דְּרָכֶיךָ: (שם צא:יב)

יִפֹּל מִצִּדְּךָ אֶלֶף וּרְבָבָה מִימִינֶךָ אֵלֶיךָ לֹא יִגָּשׁ: (שם שם ז)

רֶכֶב אֱלֹהִים רִבֹּתַיִם אַלְפֵי שִׁנְאָן אֲדֹנָי בָם סִינַי בַּקֹּדֶשׁ: (שם סח:יח)

§7 Returning to the opinion that the appointment of an angel was a result of the sin of the Golden Calf, the Midrash elaborates further on the teaching that was derived in §1 above from *Psalms* 82:6-7, that both immortality and the privilege of being led directly by God were lost as a result of that sin:

דָּבָר אַחֵר, "הִנֵּה אָנֹכִי שֹׁלֵחַ מַלְאָךְ" – Another explanation of *Behold! I send an angel before you:* **הֲדָא הוּא דִכְתִיב "אֲנִי אָמַרְתִּי אֱלֹהִים אַתֶּם וּבְנֵי עֶלְיוֹן כֻּלְּכֶם" – Thus it is written,** ***I said, "You are angelic, sons of the Most High are you all"*** (*Psalms* 82:6). **כְּשֶׁעָמְדוּ יִשְׂרָאֵל בְּסִינַי וְקִבְּלוּ אֶת הַתּוֹרָה – When** the people of **Israel stood at** Mount **Sinai and received the Torah, אָמַר הַקָּדוֹשׁ בָּרוּךְ הוּא לְמַלְאַךְ הַמָּוֶת – the Holy One, blessed is He, said to the Angel of Death, עַל כָּל הָאוּמּוֹת יֵשׁ לְךָ רְשׁוּת בָּהֶם – "Over all the nations you have a right, וְעַל אוּמָּה זוֹ אֵין לְךָ רְשׁוּת בָּהּ, שֶׁהֵם חֶלְקִי – but over this nation you do not have a right** any longer, **for they are My portion; כְּשֵׁם שֶׁאֲנִי חַי וְקַיָּם כָּךְ בָּנַי קַיָּימִין –** therefore **just as I am living and enduring, so are My children enduring,"**[95] **שֶׁנֶּאֱמַר "בְּהַנְחֵל עֶלְיוֹן גּוֹיִם" – as it is stated,** ***When the Supreme One bequeathed the nations,*** *when He separated the children of man, etc.* (*Deuteronomy* 32:8), **וּכְתִיב "כִּי חֵלֶק ה' עַמּוֹ יַעֲקֹב חֶבֶל נַחֲלָתוֹ" – and it is written** in the following verse, ***For HASHEM's portion is His people; Jacob is the measure of His inheritance*** (ibid., v. 9).[96] **וְלֹא רְצִיתֶם, אֶלָּא חִבַּלְתֶּם מַעֲשֵׂיכֶם וַאֲמַרְתֶּם לָעֵגֶל "אֵלֶּה אֱלֹהֶיךָ יִשְׂרָאֵל" –** God continues, **"However, you did not want** to be My portion; **rather, you corrupted your deeds and said of the** Golden **Calf,** ***This is your god, O Israel*** (below, 32:4). **וּלְכָךְ "אָכֵן כְּאָדָם תְּמוּתוּן" – Therefore,** as the Psalmist continues, ***But like men you shall die,*** *and like one of the princes you shall fall* (*Psalms* 82:7). **מָה אוּמּוֹת הָעוֹלָם מִשְׁתַּמְּשִׁים בְּשָׂרִים אַף אַתֶּם כֵּן – Just as the nations of the world are served by** celestial **princes** as intermediaries between Me and themselves, **so too will you,"**[97] **שֶׁנֶּאֱמַר "הִנֵּה אָנֹכִי שֹׁלֵחַ מַלְאָךְ" – as it is stated,** ***Behold! I send an angel*** *before you.*

Another source that the people of Israel were under God's direct control until they sinned:

וְכֵן אַתָּה מוֹצֵא שֶׁהֶרְאָה הַקָּדוֹשׁ בָּרוּךְ הוּא לְיַעֲקֹב שָׂרֵי כָּל מַלְכוּת וּמַלְכוּת – Likewise, you find that the Holy One, blessed is He, showed Jacob the celestial **princes of each and every kingdom, שֶׁנֶּאֱמַר "וַיַּחֲלֹם וְהִנֵּה סֻלָּם מֻצָּב אַרְצָה" – as it is stated,** ***And he dreamt, and behold! A ladder was set earthward*** *and its top reached heavenward; and behold! angels of God were ascending and descending upon it* (*Genesis* 28:12), **הֶרְאָה לוֹ כַּמָּה מְלָכִים וְכַמָּה אִיפַּרְכִין וְכַמָּה שִׁילְטוֹנִין עוֹמְדִים מִכָּל מַלְכוּת וּמַלְכוּת –** meaning that **[God] showed [Jacob] how many kings, how many officers, and how many governors would arise from each and every kingdom. וּכְשֵׁם שֶׁהֶרְאָה לוֹ אוֹתָן עוֹמְדִים כָּךְ הֶרְאָה לוֹ אוֹתָן נוֹפְלִין – And just as [God] showed him [their rulers] rising, so too did He show him [their rulers] falling, שֶׁנֶּאֱמַר "וְהִנֵּה מַלְאֲכֵי אֱלֹהִים עֹלִים וְיֹרְדִים בּוֹ" – as it is stated,** ***And behold! angels of God were ascending and descending upon it.***[98] **אָמַר לוֹ הַקָּדוֹשׁ בָּרוּךְ הוּא: עֲלֵה אַף אַתָּה – The Holy One, blessed is He, said to him, "You ascend as well."**[99] **אָמַר לוֹ יַעֲקֹב: מִתְיָירֵא אֲנִי שֶׁמָּא אֵרֵד כְּשֵׁם שֶׁיָּרְדוּ אֵלּוּ – Jacob said to Him, "I fear that I may descend just as these** celestial princes **descended."**[100] **אָמַר לוֹ הַקָּדוֹשׁ בָּרוּךְ הוּא: אַל תִּתְיָרֵא – The Holy One, blessed is He, said to him, "Do not fear. כְּשֵׁם שֶׁאֵינִי יוֹרֵד מִגְּדוּלָּתִי כָּךְ לֹא אַתָּה וְלֹא בָנֶיךָ יוֹרְדִים מִגְּדוּלַּתְכֶם – Just as I do not descend from My greatness, so shall neither you nor your descendants descend from [your] greatness,"**[101] **שֶׁנֶּאֱמַר "וְהִנֵּה ה' נִצָּב עָלָיו" – as it is stated,** ***And behold! HASHEM was standing over him*** (ibid., v. 13). **אֵימָתַי, בְּשָׁעָה שֶׁהֵם עוֹשִׂים רְצוֹנִי –** "However," God said, **"When** does this hold true? **When they fulfill My Will.**[102] **וּבְשָׁעָה שֶׁאֲמַרְתֶּם "אֵלֶּה אֱלֹהֶיךָ יִשְׂרָאֵל" – But when you stated** regarding the Golden Calf, ***'This is your god, O Israel'*** (below, 32:4), **וַעֲזַבְתֶּם אוֹתִי וַהֲלַכְתֶּם בְּדַרְכֵי אוּמּוֹת – and you abandoned Me and went in the ways of the** other **nations,** you will be treated like them;

NOTES

95. The Midrash mentions both standing at Mount Sinai and receiving the Torah, for each of these were sufficient for the people of Israel to thereby attain immortality. When "standing at Mount Sinai," they detached themselves from all worldly thoughts and devoted themselves entirely to receiving wisdom and spirituality from God, thus elevating themselves to a state of pure spirituality that merits eternal life. Moreover, by "receiving the Torah" and fulfilling its commandments, they infused spirituality into their physical nature as well, thus attaining immortality (*Yefeh To'ar*; see also *Eitz Yosef*).

96. The interpretation of these verses is elaborated upon in *Pirkei DeRabbi Eliezer* (Ch. 24). When God divided mankind into seventy nations in the Generation of Dispersion, He drew a lot by which each of the seventy angels surrounding His Throne of Glory was assigned to become the celestial "prince" of one of the newly created nationalities, whereas He Himself would control Israel. Thus *when the Supreme One bequeathed the nations* to their respective celestial princes, it was decided that at the time of the receiving of the Torah it would be established that *HASHEM's portion is His people; Jacob is the measure of His inheritance* (*Yefeh To'ar*; see also *Maharzu*).

97. This is derived from the end of the verse, וּכְאַחַד הַשָּׂרִים תִּפֹּלוּ – see above, note 16. The Midrash thus links the loss of immortality derived from the beginning of the verse to the loss of being guided directly by God derived from the end of the verse, for since it was just established that the people of Israel attained immortality through being the portion of God Who is living and enduring, it follows that when they sinned and were handed over to a celestial angel they lost that connection and the right to immortality that came with it (*Eitz Yosef,* at the beginning of this section).

98. As the Midrash just noted, each of the nations is guided by a celestial prince. Thus, the ascents and descents of these princes indicated the rulers that would rise to power from these nations, as well as their ultimate downfalls, while the number of rungs they ascended corresponded to the number of rulers they would produce (*Eitz Yosef,* from *Toldos Noach*). [According to *Vayikra Rabbah* 29 §2, the number of rungs corresponded to years of rule (see there).]

99. As *Ramban* explains in his comments to *Genesis* 12:6, all the experiences of the Patriarchs served as portents of what would later occur to the Nation of Israel, for when a symbolic act takes place to demonstrate a decree of God, the decree will be fulfilled unconditionally (see ArtScroll ed. of *Ramban* ad loc., note 32). Therefore, God told Jacob to ascend himself, thereby showing him that while the fate of the other nations was determined by their respective celestial princes, Israel had no prince; rather, it was Jacob who would ensure their ascent to greatness by his action of ascending the ladder (*Yefeh To'ar*; see also *Eitz Yosef*).

100. An inferior situation is more difficult to tolerate after one has already experienced a better situation. Similarly, Jacob preferred to forgo an elevation that would be followed by a fall, since the fall would be more difficult to face after experiencing the elevation (*Eitz Yosef*).

101. Even if they will sin, I will punish them with other travails, but they will never fall from their exalted status, or be subjugated to the rule of other nations (*Eitz Yosef* to *Vayikra Rabbah* ibid.).

102. *Vayikra Rabbah* (ibid.) states that Jacob did not trust God's assurance and still feared that he would descend. Due to his lack of faith, God declared that Israel would now suffer subjugation to other nations. *Eitz Yosef* (ad loc., from *Yefeh To'ar* ad loc., first explanation) explains that Jacob believed that God's assurance was contingent upon Israel's righteous behavior and not absolute. Had he believed that God's assurance was unconditional since it did not come with any attached conditions, Israel would indeed have remained under God's protection even when they sinned and would have been spared subjugation to the Four Kingdoms. Now, however, the assurance that Israel would not fall from their status indeed became contingent on their fulfillment of God's will. [See also *Yefeh To'ar* here, who states that our Midrash is in agreement with *Vayikra Rabbah*.]

ז דָּבָר אַחֵר, [כג, כ] "הִנֵּה אָנֹכִי שֹׁלֵחַ מַלְאָךְ", הָדָא הוּא דִכְתִיב (שם פב, ו) "אֲנִי אָמַרְתִּי אֱלֹהִים אַתֶּם וּבְנֵי עֶלְיוֹן כֻּלְּכֶם", כְּשֶׁעָמְדוּ יִשְׂרָאֵל בְּסִינַי וְקִבְּלוּ אֶת הַתּוֹרָה אָמַר הַקָּדוֹשׁ בָּרוּךְ הוּא לְמַלְאַךְ הַמָּוֶת: עַל כָּל °עוֹבְדֵי כוֹכָבִים° יֵשׁ לְךָ רְשׁוּת בָּהֶם, וְעַל אוּמָּה זוֹ אֵין לְךָ רְשׁוּת בָּהּ, שֶׁהֵם חֶלְקִי, כְּשֵׁם שֶׁאֲנִי חַי וְקַיָּים כָּךְ בָּנַי קַיָּימִין, שֶׁנֶּאֱמַר (דברים לב, ח) "בְּהַנְחֵל עֶלְיוֹן גּוֹיִם", וּכְתִיב (שם שם ט) "כִּי חֵלֶק ה' עַמּוֹ יַעֲקֹב חֶבֶל נַחֲלָתוֹ", וְלֹא רְצִיתֶם, אֶלָּא חִבַּלְתֶּם מַעֲשֵׂיכֶם וַאֲמַרְתֶּם לָעֵגֶל (לקמן לב, ד) "אֵלֶּה אֱלֹהֶיךָ יִשְׂרָאֵל", וּלְכָךְ (תהלים פב, ז) "אָכֵן כְּאָדָם תְּמוּתוּן", מָה °עוֹבְדֵי כוֹכָבִים° מִשְׁתַּמְּשִׁים בְּשָׂרִים אַף אַתֶּם כֵּן, שֶׁנֶּאֱמַר [כג, כ] "הִנֵּה אָנֹכִי שֹׁלֵחַ מַלְאָךְ", וְכֵן אַתָּה מוֹצֵא [ט]שֶׁהֶרְאָה הַקָּדוֹשׁ בָּרוּךְ הוּא לְיַעֲקֹב שָׂרֵי כָּל מַלְכוּת וּמַלְכוּת, שֶׁנֶּאֱמַר (בראשית כח, יב) "וַיַּחֲלֹם וְהִנֵּה סֻלָּם מֻצָּב אַרְצָה", הֶרְאָה לוֹ כַּמָּה מְלָכִים וְכַמָּה אִיפַּרְכִין וְכַמָּה שִׁילְטוֹנִין עוֹמְדִים מִכָּל מַלְכוּת וּמַלְכוּת, וּכְשֵׁם שֶׁהֶרְאָה לוֹ אוֹתָן עוֹמְדִים כָּךְ הֶרְאָה לוֹ אוֹתָן נוֹפְלִין, שֶׁנֶּאֱמַר (שם) "וְהִנֵּה מַלְאֲכֵי אֱלֹהִים עֹלִים וְיֹרְדִים בּוֹ", אָמַר לוֹ הַקָּדוֹשׁ בָּרוּךְ הוּא: עֲלֵה אַף אַתָּה, אָמַר לוֹ יַעֲקֹב: מִתְיָירֵא אֲנִי שֶׁמָּא אֵרֵד כְּשֵׁם שֶׁיָּרְדוּ אֵלּוּ, אָמַר לוֹ הַקָּדוֹשׁ בָּרוּךְ הוּא: אַל תִּתְיָרֵא, כְּשֵׁם שֶׁאֵינִי יוֹרֵד מִגְּדוּלָּתִי כָּךְ לֹא אַתָּה וְלֹא בָנֶיךָ יוֹרְדִים מִגְּדוּלָּתָם, שֶׁנֶּאֱמַר (שם שם יג) "וְהִנֵּה ה' נִצָּב עָלָיו", אֵימָתַי, בְּשָׁעָה שֶׁהֵם עוֹשִׂים רְצוֹנִי, וּבְשָׁעָה שֶׁאֲמַרְתֶּם (לקמן לב, ד) "אֵלֶּה אֱלֹהֶיךָ יִשְׂרָאֵל" וַעֲזַבְתֶּם אוֹתִי וַהֲלַכְתֶּם בְּדַרְכֵי °עוֹבְדֵי כוֹכָבִים°, מָה °עוֹבְדֵי כוֹכָבִים° בְּשָׂרִים אַף אַתֶּם בְּשָׂרִים, שֶׁנֶּאֱמַר [כג, כ] "הִנֵּה אָנֹכִי שֹׁלֵחַ מַלְאָךְ":

ח אָמַר לוֹ מֹשֶׁה: מַלְאָךְ אַתָּה מְשַׁלֵּחַ עִמִּי, כָּךְ הָיוּ הַתְּנָאִים, לֹא אָמַרְתָּ (לעיל ג, ח) "וָאֵרֵד לְהַצִּילוֹ מִיַּד מִצְרַיִם וּלְהַעֲלֹתוֹ מִן הָאָרֶץ הַהִיא", וְעַתָּה אַתָּה אוֹמֵר [כג, כ] "הִנֵּה אָנֹכִי שֹׁלֵחַ מַלְאָךְ לְפָנֶיךָ", (לקמן לג, טו) "אִם אֵין פָּנֶיךָ הֹלְכִים אַל תַּעֲלֵנוּ מִזֶּה", אָמַר לוֹ: (שם שם ג) "כִּי לֹא אֶעֱלֶה בְּקִרְבְּךָ", אָמַר מֹשֶׁה: הֲרֵי אָמַרְתָּ "מַלְאָךְ" וַאֲנִי אוֹמֵר "אִם אֵין פָּנֶיךָ הֹלְכִים", נִרְאֶה דִּבְרֵי מִי עוֹמְדִים,

עץ יוסף

(ז) הדא הוא דכתיב אני אמרתי אלהים אתם כו'. דריש שהמלאך הנזכר הוא בשורה על העתיד בשעת החטא, והוסיף לומר כי גם העדר המות שהיה להם מתחלה תלוי בענין זה, כי להיותם חלק ה' הן קיימים כמותו, ולזה אמר שהם חלקי כו': **כשעמדו ישראל על הר סיני.** שפסקה זוהמתם והוכנו אל הנבואות וביותר שקבלו גם כן עליהם התורה והמצות: **אמר הקדוש ברוך הוא כו'.** ממאמר אני אמרתי קדריש: **אף אתם כן.** סיפא דקרא קדריש וכאחד השרים תפולו: **וכן אתה מוצא שהראה כו'.** שהראה הקדוש ברוך הוא העליית השרים של מעלה ושל מטה וירידתם, וזהו רמז הסולם, שאומה זו עם שרה עלתה כך וכך עווקים, והאומה זו עם שרה כך וכך עווקים, והרמז שיעמיד כך וכך איפרכין ודוכסין ושלטונים, וכן מרמז כמה שנים יהיה שלטונותם, כדאיתא בתנחומא סדר וילא, אבל יעקב ה' נצב עליו, שרמז שיהיה לו מצב ותקומה לעד ולעולמי עולמים (תולדות כח). ומזה ראיה שלהיות ישראל חלק ה' לא מתמצע שום מלאך ביניהם: **שנאמר והנה מלאכי אלהים עולים.** כי לכל אחד יש מלאך שר, כמו שמצינו שר פרס: **עולה אף אתה.** להורות שאין לנו מלאך, אלא יעקב בעצמו יהיה העולה ויהיה סימן לבניו: **שמא ארד.** לכך נוח לי שלא לעלות משאעלה וארד, כי לא ירגיש כל כך השפל בשפלותו כשלא היתה לו מעלה כלל, כמו שהיתה לו מעלה וירד הימנה: **אמר ליה הקדוש ברוך הוא אל תתירא.** עיין בתנחומא סדר וילא, ובויקרא רבה פרשה כ"ט: **אימתי בשעה שהם עושים רצונו.** כוונתו לתרץ למה אנחנו עכשיו בירידה ושפלות, ומבאר שגרם החטא: **(ח) כך היו התנאים לא אמרת כו'.** שאותה ההבטחה של יציאת מצרים לא היה בה שום תנאי, שהרי הקדוש ברוך הוא היה יודע שעתידים לחטא, ואף על פי כן היה מציל: **אם אין פניך הולכים כו' אמר ליה כי לא אעלה בקרבך כו'.** סדר הכתובים נהפכו כאן, ועיין ביפה תואר ובתולדות נח מה שתירצו: **נראה דברי מי עומדים.** כי זו כחו של צדיק לבטל גזירת ה', וזו היא רצונו יתברך:

פירוש מהרז"ו

(ז) הדא הוא דכתיב אני אמרתי. לעיל ריש פרשה זו, וגם נסמן, וכאן העתקה ממקום אחר, על כן נכפלו הדברים: **בהנחל עליון.** עיין פרקי דרבי אליעזר פרק כ"ד באריכות: **שרי כל אומות.** בראשית רבה ריש פרשה סימן ט, תנחומא וילא סימן ב, ויקרא רבה פרשה כ"ט סימן ב: **עולים ויורדים.** אם איכו ענין לירידת ועליית הגוף על הסולם במלאכים, תנהו ענין לירידת ועליית המעלה והנפילה: **(ח) ולהעלותו מן הארץ.** וסיפא דקרא אל ארץ טובה ורחבה, הרי הבטיח שכביכול בעצמו יכניסם לארץ: **אם אין פניך הולכים.** עיין לעיל פרשה זו סימן ג איך דורש. ועיין לקמן פרשה מ"ה סוף סימן א': **נראה דברי מי עומדים.** שתיבת ראה מיותר, ודרש ראה דברי מי עומדים. ועיין במדבר רבה פרשה ט"ז סימן כ"ה, וגם נסמן, ותבין כאן:

חידושי הרד"ל

[ז] תמותון וכאחד השרים תפולו מה כו' משתמשים כו'. כן צריך לומר, וכדלעיל בפרשה זו (סימן ג):

חידושי הרש"ש

[ז] מה מואב ומדין משתמשים בשרים אף אתם כן. זה דריש מסיפיה דקרא, וכאחד השרים תפולו, וכדלעיל (סימן א):

ידי משה

[ז] שנאמר בהנחל עליון גוים. וסיפא דקרא בהפרידו בני אדם, פירוש, שהפריד את ישראל מן האומות, פירוש שלקח אותם הקב"ה לחלקו. וקל להבין:

מסורת המדרש

ט. ויקרא רבה פרשה כ"ט. פסיקתא דרב כהנא פיסקא כ"ג. תנחומא סדר וילא סימן ג'. ילקוט סדר וילא רמז קכ"א. ילקוט ירמיה רמז שי"ב:

אם למקרא

אֲנִי אָמַרְתִּי אֱלֹהִים אַתֶּם וּבְנֵי עֶלְיוֹן כֻּלְּכֶם: (תהלים פב:ו)

בְּהַנְחֵל עֶלְיוֹן גּוֹיִם בְּהַפְרִידוֹ בְּנֵי אָדָם יַצֵּב גְּבֻלֹת עַמִּים לְמִסְפַּר בְּנֵי יִשְׂרָאֵל: כִּי חֵלֶק ה' עַמּוֹ יַעֲקֹב חֶבֶל נַחֲלָתוֹ: (דברים לב:ח-ט)

וַיִּקַּח מִיָּדָם וַיָּצַר אֹתוֹ בַּחֶרֶט וַיַּעֲשֵׂהוּ עֵגֶל מַסֵּכָה וַיֹּאמְרוּ אֵלֶּה אֱלֹהֶיךָ יִשְׂרָאֵל אֲשֶׁר הֶעֱלוּךָ מֵאֶרֶץ מִצְרָיִם: (שמות לב:ד)

אָכֵן כְּאָדָם תְּמוּתוּן וּכְאַחַד הַשָּׂרִים תִּפֹּלוּ: (תהלים פב:ז)

וַיַּחֲלֹם וְהִנֵּה סֻלָּם מֻצָּב אַרְצָה וְרֹאשׁוֹ מַגִּיעַ הַשָּׁמָיְמָה וְהִנֵּה מַלְאֲכֵי אֱלֹהִים עֹלִים וְיֹרְדִים בּוֹ: וְהִנֵּה ה' נִצָּב עָלָיו וַיֹּאמַר אֲנִי ה' אֱלֹהֵי אַבְרָהָם אָבִיךָ וֵאלֹהֵי יִצְחָק הָאָרֶץ אֲשֶׁר אַתָּה שֹׁכֵב עָלֶיהָ לְךָ אֶתְּנֶנָּה וּלְזַרְעֶךָ: (בראשית כח:יב-יג)

וָאֵרֵד לְהַצִּילוֹ מִיַּד מִצְרַיִם וּלְהַעֲלֹתוֹ מִן הָאָרֶץ הַהִוא אֶל אֶרֶץ טוֹבָה וּרְחָבָה אֶל אֶרֶץ זָבַת חָלָב וּדְבָשׁ אֶל מְקוֹם הַכְּנַעֲנִי וְהַחִתִּי וְהָאֱמֹרִי וְהַפְּרִזִּי וְהַחִוִּי וְהַיְבוּסִי: (שמות ג:ח)

וַיֹּאמֶר אֵלָיו אִם אֵין פָּנֶיךָ הֹלְכִים אַל תַּעֲלֵנוּ מִזֶּה: (שם לג:טו)

אֶל אֶרֶץ זָבַת חָלָב וּדְבָשׁ כִּי לֹא אֶעֱלֶה בְּקִרְבְּךָ כִּי עַם קְשֵׁה עֹרֶף אַתָּה פֶּן אֲכֶלְךָ בַּדָּרֶךְ: (שם לג:ג)

מתנות כהונה

[ז] הראה לו כמה מלכים כו'. עיין עוד בויקרא רבה ריש פרשה כ"ט: **[ח] כך היו התנאים.** בתמיה וכי בתחילה כששלחתני כך הבטחת אותי:

אשד הנחלים

צ"ע הרי"ש המיותר] והחצי אחד עשר אלף. וכדי שלא יקשה להמעיין הלא התורה העליונה היא כלולה שהכל בה, ואם כן היא כלולה מכל, והיא לעומת כל העליונים, ואם כן כל המרכבה תלויה בה. יראה המעיין מה שבארתי בתנא דבי אליהו זוטא פי"ב בתחלתו, מה שבארתי שמה בביאורי מאורי האש, ויבין ענינו היטב: **[ז] אין לך רשות.** כי הוקשה להם איך אמר בכאן הנה אנכי שולח מלאך, שזה היה אחר מיתת משה, כי משה פעל שפניו יהיה הולכים עמם. לזה אמר שעל כל פנים זאת נתבטל, שבתחלה אלולי החטא לא היו מתים, כי אם חיים וקיימים לעד, כי לא היה הסדר הטבעי מאומה מה שנוהג היום, אבל עתה אף כי היא הנהגת פני, כי שמי בקרבו, אבל עם כל זה הוא מעט על ידי מלאך גם כן: **עובדי כוכבים משתמשים בשרים.** המה שרי המזלות, כן אתם בשרים של מעלה: **הקדוש ברוך הוא ליעקב שרי כו'.** שכל שר מיוחד בענינו, וכפי השר שלו כן הצלחתו מיוחד בזמנו, וכפי השתנות המלכים שהיו בכל עובדי כוכבים ובכל זמן, וכן הראה לו נפילה של כל אחד, ולכן כתיב העלייה קודם הירידה: **מתירא אני כו'.** כי דימה אולי יהיה חס ושלום תחת השרים שהמה מוכרחים לירד, כי כן שרי המזלות הולכים רצוא ושוב תמיד, כפי השתנות מהלכתם. ואמר לו ה' ברוך הוא שאתה לא תהיה תחתם, כי אם תחת השגחתו העליונה שהיא תמידית נצחית תמיד, ולא יהיה הענין נמשך כפי טבע הזמן כי אם כפי עשיית הטוב, שעל ידי מעשיהם הטובים ידבקו בי ויהיו תחת השגחתי: **מה העובדי כוכבים בשרים.** אף כי השרים לא היו דומים באיכותם ובסוגם, אבל על כל פנים סוג אחד הם: **[ח] הרי אמרת כו'.** דעתם שהכתוב הנה אנכי שולח מלאך היה אחר חטאם, אך משה לא הניח זאת, וכאלו הכתוב סיפר כאן בקצרה מה שאמר ה', אך לא סיפר כאן מה שביטל משה הגזירה הזאת, ובכי תשא פירש הענין: **דברי מי עומדים.** זה נכלל במלת ראה על דרך מליצה, כאומר בשמחה ראה דברי מי נתקיימו:

שינוי נוסחאות

(ז) הראה לו כמה מלכים וכמה איפרכין. בד' וילנא כתבו "אומות" תחת "מלכים", כנראה מחמת צנזורא:

מָה הָאוּמּוֹת בְּשָׂרִים אַף אַתֶּם בְּשָׂרִים – **just as the** other **nations** are led **by** celestial **princes, so, too,** shall **you** be led **by** celestial **princes,"**[103] שֶׁנֶּאֱמַר "הִנֵּה אָנֹכִי שֹׁלֵחַ מַלְאָךְ" – **as it is stated,** ***Behold! I send an angel*** *before you."*

§8 The Midrash discusses Moses' protest and God's response when the decree of the appointment of an angel went into effect:[104]

אָמַר לוֹ מֹשֶׁה – Upon being told that Israel would now be guided by an angel,[105] **Moses said to [God],** מַלְאָךְ אַתָּה מְשַׁלֵּחַ עִמִּי – **"You are** now **sending an angel with me?** כָּךְ הָיוּ הַתְּנָאִים – **Were these the terms** You mentioned when You took us out of Egypt? לֹא אָמַרְתָּ "וָאֵרֵד לְהַצִּילוֹ מִיַּד מִצְרַיִם וּלְהַעֲלֹתוֹ מִן הָאָרֶץ הַהִוא" – **Did You not say** then, ***'I shall descend to rescue it***[106] ***from the hand of Egypt and to bring it up from that land*** *to a good and spacious land'* (ibid. 3:8)?[107] וְעַתָּה אַתָּה אוֹמֵר "הִנֵּה אָנֹכִי שֹׁלֵחַ מַלְאָךְ לְפָנֶיךָ" – **Yet now You say, *'Behold! I send an angel before you.'*** "אִם אֵין פָּנֶיךָ הֹלְכִים אַל תַּעֲלֵנוּ מִזֶּה" – ***If Your Presence does not go along, do not bring us forward from here"*** (ibid. 33:15).[108] אָמַר לוֹ: "כִּי לֹא אֶעֱלֶה בְּקִרְבְּךָ" – **[God] responded, *"Because I shall not ascend among you"*** (ibid., v. 3).[109] אָמַר מֹשֶׁה: הֲרֵי אָמַרְתָּ "מַלְאָךְ" וַאֲנִי אוֹמֵר "אִם אֵין פָּנֶיךָ הֹלְכִים" – **Moses said** to God, **"Behold, You said** that You will send ***an angel,*** **and I say, *'If Your Presence does not go along,*** *do not bring us forward from here.'* נִרְאֶה דִּבְרֵי מִי עוֹמְדִים – **Let us see whose words will be fulfilled."**[110]

NOTES

103. Since the reason Israel's rise was to be permanent was that God had taken Israel as His portion, now that they were handed over to an angel they were subject to ascents and descents like all nations (see *Yefeh To'ar* at the beginning of this section). This condition attached to God's promise was cited by the Midrash to explain why, if God promised that Israel would never descend, they are now at a low (*Eitz Yosef*).

104. See also §3 above.

105. As it states (below, 32:34), *"Now, go and lead the people to where I have told you. Behold! My angel shall go before you."* See §3 above with note 51.

106. I.e., My people (see the preceding verse).

107. Implying that He would guide them directly until their entry into the Holy Land (*Maharzu*). [Compare *Yefeh To'ar* cited above, note 56, who states that Moses only requested the removal of the angel during his lifetime, which corresponds to the period until Israel's entry into the Holy Land. As the Midrash there states, the angel indeed returned only after they had entered the Holy Land, when they were in Jericho.]

108. See the next note.

109. At first glance, the Midrash's interpretation of these verses is difficult to comprehend. Why would God respond by reiterating the very statement Moses had protested about? Moreover, how could this statement in v. 3 be God's *response,* if Moses' initial protest does not actually appear until many verses later, in v. 15 (see *Eitz Yosef*)?

Yefeh To'ar therefore explains the Midrash to mean as follows: After relating that God said, *"My angel shall go before you"* (below, 32:34), Scripture relates, several verses later, that God said, *"I shall send an angel ahead of you . . . because I shall not ascend among you, for you are a stiff-necked people, lest I annihilate you on the way"* (ibid. 33:2-3). What is intended by the apparent repetition? The Midrash therefore concluded that after God stated, *"My angel shall go before you,"* Moses had requested that the decree be annulled. The Midrash expresses this by replicating the words that Moses spoke later, *"If Your Presence does not go along, do not bring us forward from here,"* but the Midrash merely means to say that Moses protested against the decree. God responded, "In spite of your protest, *I shall send an angel ahead of you* for Israel's good, *because I shall not ascend among you, for you are a stiff-necked people,* and if I Myself will go before you there is a risk *lest I annihilate you on the way."*

110. As the Midrash will conclude, the highly righteous are given the power to demand that God overturn His decrees against Israel, and it is His desire that they take advantage of this power. Thus, in this statement, Moses was not, Heaven forbid, issuing a challenge to God. Rather, his intent was: Since You issued a decree, and I have asked that You overturn it, I expect that You will indeed overturn it, since You Yourself granted Me this power (*Yefeh To'ar*; see also *Eitz Yosef*).

ז דָּבָר אַחֵר, [כג, כ] "הִנֵּה אָנֹכִי שֹׁלֵחַ מַלְאָךְ", הֲדָא הוּא דִכְתִיב (שם פב, ו) "אֲנִי אָמַרְתִּי אֱלֹהִים אַתֶּם וּבְנֵי עֶלְיוֹן כֻּלְּכֶם", כְּשֶׁעָמְדוּ יִשְׂרָאֵל בְּסִינַי וְקִבְּלוּ אֶת הַתּוֹרָה אָמַר הַקָּדוֹשׁ בָּרוּךְ הוּא לְמַלְאַךְ הַמָּוֶת: עַל כָּל °עוֹבְדֵי כוֹכָבִים° יֵשׁ לְךָ רְשׁוּת בָּהֶם, וְעַל אוּמָּה זוֹ אֵין לְךָ רְשׁוּת בָּהּ, שֶׁהֵם חֶלְקִי, כְּשֵׁם שֶׁאֲנִי חַי וְקַיָּים כָּךְ בָּנַי קַיָּימִין, שֶׁנֶּאֱמַר (דברים לב, ח) "בְּהַנְחֵל עֶלְיוֹן גּוֹיִם", וּכְתִיב (שם שם ט) "כִּי חֵלֶק ה' עַמּוֹ יַעֲקֹב חֶבֶל נַחֲלָתוֹ", וְלֹא רְצִיתֶם, אֶלָּא חִבַּלְתֶּם מַעֲשֵׂיכֶם וַאֲמַרְתֶּם לָעֵגֶל (לקמן לב, ד) "אֵלֶּה אֱלֹהֶיךָ יִשְׂרָאֵל", וּלְכָךְ (תהלים פב, ז) "אָכֵן כְּאָדָם תְּמוּתוּן", מָה °עוֹבְדֵי כוֹכָבִים° מִשְׁתַּמְּשִׁים בְּשָׂרִים אַף אַתֶּם כֵּן, שֶׁנֶּאֱמַר [כג, כ] "הִנֵּה אָנֹכִי שֹׁלֵחַ מַלְאָךְ", וְכֵן אַתָּה מוֹצֵא ט שֶׁהֶרְאָה הַקָּדוֹשׁ בָּרוּךְ הוּא לְיַעֲקֹב שָׂרֵי כָּל מַלְכוּת וּמַלְכוּת, שֶׁנֶּאֱמַר (בראשית כח, יב) "וַיַּחֲלֹם וְהִנֵּה סֻלָּם מֻצָּב אַרְצָה", הֶרְאָה לוֹ כַּמָּה מְלָכִים וְכַמָּה אִיפַּרְכִין וְכַמָּה שִׁלְטוֹנִין עוֹמְדִים מִכָּל מַלְכוּת וּמַלְכוּת, וּכְשֵׁם שֶׁהֶרְאָה לוֹ אוֹתָן עוֹמְדִים כָּךְ הֶרְאָה לוֹ אוֹתָן נוֹפְלִין, שֶׁנֶּאֱמַר (שם) "וְהִנֵּה מַלְאֲכֵי אֱלֹהִים עֹלִים וְיֹרְדִים בּוֹ", אָמַר לוֹ הַקָּדוֹשׁ בָּרוּךְ הוּא: עֲלֵה אַף אַתָּה, אָמַר לוֹ יַעֲקֹב: מִתְיָירֵא אֲנִי שֶׁמָּא אֵרֵד כְּשֵׁם שֶׁיָּרְדוּ אֵלּוּ, אָמַר לוֹ הַקָּדוֹשׁ בָּרוּךְ הוּא: אַל תִּתְיָרֵא, כְּשֵׁם שֶׁאֵינִי יוֹרֵד מִגְּדוּלָּתִי כָּךְ לֹא אַתָּה וְלֹא בָנֶיךָ יוֹרְדִים מִגְּדוּלָּתָם, שֶׁנֶּאֱמַר (שם שם יג) "וְהִנֵּה ה' נִצָּב עָלָיו", אֵימָתַי, בְּשָׁעָה שֶׁהֵם עוֹשִׂים רְצוֹנִי, וּבְשָׁעָה שֶׁאֲמַרְתֶּם (לקמן לב, ד) "אֵלֶּה אֱלֹהֶיךָ יִשְׂרָאֵל" עֲזַבְתֶּם אוֹתִי וַהֲלַכְתֶּם בְּדַרְכֵי °עוֹבְדֵי כוֹכָבִים°, מָה °עוֹבְדֵי כוֹכָבִים° בְּשָׂרִים אַף אַתֶּם בְּשָׂרִים, שֶׁנֶּאֱמַר [כג, כ] "הִנֵּה אָנֹכִי שֹׁלֵחַ מַלְאָךְ":

ח אָמַר לוֹ מֹשֶׁה: מַלְאָךְ אַתָּה מְשַׁלֵּחַ עִמִּי, כָּךְ הָיוּ הַתְּנָאִים, לֹא אָמַרְתָּ (לעיל ג, ח) "וָאֵרֵד לְהַצִּילוֹ מִיַּד מִצְרַיִם וּלְהַעֲלֹתוֹ מִן הָאָרֶץ הַהִוא", וְעַתָּה אַתָּה אוֹמֵר [כג, כ] "הִנֵּה אָנֹכִי שֹׁלֵחַ מַלְאָךְ לְפָנֶיךָ", (לקמן לג, טו) "אִם אֵין פָּנֶיךָ הֹלְכִים אַל תַּעֲלֵנוּ מִזֶּה", אָמַר לוֹ: (שם שם ג) "כִּי לֹא אֶעֱלֶה בְּקִרְבְּךָ", אָמַר מֹשֶׁה: הֲרֵי אָמַרְתָּ "מַלְאָךְ" וַאֲנִי אוֹמֵר "אִם אֵין פָּנֶיךָ הֹלְכִים", נִרְאֶה דִּבְרֵי מִי עוֹמְדִים,

עץ יוסף

(ז) הדא הוא דכתיב אני אמרתי אלהים אתם כו'. דריש שהמלאך הנזכר הוא בשורה על העתיד בשעת החטא, והוסיף לומר כי גם העדר המות שהיה להם מתחלה תלוי בענין זה, כי להיותם חלק ה' הן קיימים כמותו, ולזה אמר שהם חלקי כו': **כשעמדו ישראל על הר סיני.** שפסקה זוהמתם והוכנו אל הנצחיות וביותר שקבלו גם כן עליהם התורה והמצות: **אמר הקדוש ברוך הוא כו'.** ממאמר אני אמרתי קדריש: **אף אתם כן.** סיפא דקרא קדריש וכאחד השרים תפולו: **וכן אתה מוצא שהראה כו'.** שהראה הקדוש ברוך הוא העליית השרים של מעלה ושל מטה וירידתם, וזהו רמז הסולם, שאומה זו עם שרה עלתה כך וכך עווקים, והאומה זו עם שרה כך וכך עווקים, והרמז שיעמיד כך וכך איפרכין ודוכסין ושלטונים, וכן מרמז כמה שנים יהיה שלטנותם, כדאיתא בתנחומא סדר ויצא, אבל יעקב ה' נצב עליו, שרמז שיהיה לו מצב ותקומה לעד ולעולמי עולמים (תולדות נח). ומזה ראיה שלהיות ישראל חלק ה' לא מתמצע שום מלאך ביניהם: **שנאמר והנה מלאכי אלהים עולים.** כי לכל אחד יש מלאך שר, כמו שמצינו שר פרס: **עולה אף אתה.** להורות שאין לנו מלאך, אלא יעקב בעצמו יהיה העולה ויהיה סימן לבניו: **שמא ארד.** לכך נוח לי שלא לעלות משאעלה וארד, כי לא ירגיש כל כך השפל בשפלותו כשלא היתה לו מעלה כלל, כמו שהיתה לו מעלה וירד הימנה: **אמר ליה הקדוש ברוך הוא אל תתירא.** עיין בתנחומא סדר ויצא, ובויקרא רבה פרשה כ"ט: **אימתי בשעה שהם עושים רצונו.** כוונתו לתרץ למה אנחנו עכשיו בירידה ושפלות, ומבאר שגרם החטא: **(ח) כך היו התנאים לא אמרת כו'.** שאותה ההבטחה של יציאת מצרים לא היה בה שום תנאי, שהרי הקדוש ברוך הוא היה יודע שעתידים לחטא, ואף על פי כן היה מצילם: **אם אין פניך הולכים כו' אמר ליה כי לא אעלה בקרבך כו'.** סדר הכתובים נהפכו כאן, ועיין ביפה תואר ובתולדות נח מה שתירצו: **נראה דברי מי עומדים.** כי זו כחו של צדיק לבטל גזירת ה', וזו היא רצונו יתברך:

פירוש מהרז"ו

(ז) הדא הוא דכתיב אני אמרתי. לעיל ריש פרשה זו, ושם נסמן, וכאן העתקה ממקום אחר, על כן נכפלו הדברים: **בהנחל עליון.** עיין פרקי דרבי אליעזר פרק כ"ד באריכות: **שרי כל אומות.** בראשית רבה ריש פרשה סימן ט, תנחומא ויצא סימן ב, ויקרא רבה פרשה כ"ט סימן ב: **עולים ויורדים.** אם אינו ענין לירידת ועליית הגוף על הסולם במלאכים, תנהו ענין לירידת ועליית המעלה והנפילה: **(ח) ולהעלותו מן הארץ.** וסיפא דקרא אל ארץ טובה ורחבה, הרי הבטיח שכביכול בעצמו יכניסם לארץ: **אם אין פניך הולכים.** עיין לעיל פרשה זו סימן ג איך דורש. ועיין לקמן פרשה מ"ה סוף סימן א': **נראה דברי מי עומדים.** שתיבת ראה מיותר, ודרש ראה דברי מי עומדים. ועיין במדבר רבה פרשה ט"ז סימן כ"ה, ושם נסמן, ותבין כאן:

חידושי הרד"ל

[ז] **תמותון וכאחד השרים תפולו מה כו' משתמשים כו'.** כן צריך לומר, וכדלעיל בפרשה זו (סימן ג):

חידושי הרש"ש

[ז] **מה מואב ומדין משתמשים בשרים אף אתם כן.** זה דריש מסיפיה דקרא, וכאחד השרים תפולו, וכדלעיל (סימן א):

ידי משה

[ז] **שנאמר בהנחל עליון גוים.** וסיפא דקרא בהפרידו בני אדם, פירוש, שהפריד את ישראל מן האומות, פירוש שלקח אותם הקב"ה לחלקו. וקל להבין:

מסורת המדרש

ט. ויקרא רבה פרשה כ"ט. פסיקתא דרב כהנא פיסקא כ"ג. תנחומא סדר ויצא סימן ג'. ילקוט סדר ויצא רמז קכ"א. ילקוט ירמיה רמז ש"ב:

אם למקרא

אֲנִי אָמַרְתִּי אֱלֹהִים אַתֶּם וּבְנֵי עֶלְיוֹן כֻּלְּכֶם:
(תהלים פב:ו)

בְּהַנְחֵל עֶלְיוֹן גּוֹיִם בְּהַפְרִידוֹ בְּנֵי אָדָם יַצֵּב גְּבֻלֹת עַמִּים לְמִסְפַּר בְּנֵי יִשְׂרָאֵל: כִּי חֵלֶק ה' עַמּוֹ יַעֲקֹב חֶבֶל נַחֲלָתוֹ:
(דברים לב:ח-ט)

וַיִּקַּח מִיָּדָם וַיָּצַר אֹתוֹ בַּחֶרֶט וַיַּעֲשֵׂהוּ עֵגֶל מַסֵּכָה וַיֹּאמְרוּ אֵלֶּה אֱלֹהֶיךָ יִשְׂרָאֵל אֲשֶׁר הֶעֱלוּךָ מֵאֶרֶץ מִצְרָיִם:
(שמות לב:ד)

אָכֵן כְּאָדָם תְּמוּתוּן וּכְאַחַד הַשָּׂרִים תִּפֹּלוּ:
(תהלים פב:ז)

וַיַּחֲלֹם וְהִנֵּה סֻלָּם מֻצָּב אַרְצָה וְרֹאשׁוֹ מַגִּיעַ הַשָּׁמָיְמָה וְהִנֵּה מַלְאֲכֵי אֱלֹהִים עֹלִים וְיֹרְדִים בּוֹ: וְהִנֵּה ה' נִצָּב עָלָיו וַיֹּאמַר אֲנִי ה' אֱלֹהֵי אַבְרָהָם אָבִיךָ וֵאלֹהֵי יִצְחָק הָאָרֶץ אֲשֶׁר אַתָּה שֹׁכֵב עָלֶיהָ לְךָ אֶתְּנֶנָּה וּלְזַרְעֶךָ:
(בראשית כח:יב-יג)

וָאֵרֵד לְהַצִּילוֹ מִיַּד מִצְרַיִם וּלְהַעֲלֹתוֹ מִן הָאָרֶץ הַהִוא אֶל אֶרֶץ טוֹבָה וּרְחָבָה אֶל אֶרֶץ זָבַת חָלָב וּדְבָשׁ אֶל מְקוֹם הַכְּנַעֲנִי וְהַחִתִּי וְהָאֱמֹרִי וְהַפְּרִזִּי וְהַחִוִּי וְהַיְבוּסִי:
(שמות ג:ח)

וַיֹּאמֶר אֵלָיו אִם אֵין פָּנֶיךָ הֹלְכִים אַל תַּעֲלֵנוּ מִזֶּה:
(שם לג:טו)

אֶל אֶרֶץ זָבַת חָלָב וּדְבָשׁ כִּי לֹא אֶעֱלֶה בְּקִרְבְּךָ כִּי עַם קְשֵׁה עֹרֶף אַתָּה פֶּן אֲכֶלְךָ בַּדָּרֶךְ:
(שם לג:ג)

מתנות כהונה

[ז] **הראה לו כמה מלכים כו'.** עיין עוד בויקרא רבה ריש פרשה כ"ט: [ח] **כך היו התנאים.** בתמיה וכי בתחילה כששלחתני כך הבטחת אותי:

אשר הנחלים

צ"ע הרי"ש המיותר] והחצי אחד עשר אלף. וכדי שלא יקשה להמעיין הלא התורה העליונה היא כלולה שהכל בה, ואם כן היא כלולה מכל, והיא לעומת כל העליונים, ואם כן כל המרכבה תלויה בה. יראה המעיין מה שבארתי בתנא דבי אליהו זוטא פי"ב בתחלתו, מה שבארתי שמה בביאורי מאורי האש, ויבין ענינו היטב: **[ז] אין לך רשות.** כי הוקשה להם איך אמר בכאן הנה אנכי שולח מלאך, שזה היה אחר מיתת משה, כי משה פעל שפניו יהיה הולכים עמם. לזה אמר שעל כל פנים זאת נתבטל, שבתחלה אלולי החטא לא היו מתים, כי אם חיים וקיימים לעד, כי לא היה הסדר הטבעי מאומה מה שנוהג היום, אבל עתה אף כי היא הנהגת פני, כי שמי בקרבו, אבל עם כל זה הוא מעט על ידי מלאך גם כן: **עובדי כוכבים משתמשים בשרים.** המה שרי המזלות, כן אתם בשרים של מעלה: **הקדוש ברוך הוא ליעקב שרי כו'.** שכל שר מיוחד בענינו, וכפי השר שלו כן הצלחתו מיוחד בזמנו, וכפי השתנות המלכים שהיו בכל עובדי כוכבים ובכל זמן, וכן הראה לו נפילה של כל אחד, ולכן כתיב העלייה קודם הירידה: **מתירא אני כו'.** כי דימה אולי יהיה חס ושלום תחת השרים שהמה מוכרחים לירד, כי כן שרי המזלות הולכים רצוא ושוב תמיד, כפי השתנות מהלכתם. ואמר לו ה' ברוך הוא שאתה לא תהיה תחתם, כי אם תחת השגחתו העליונה שהיא תמידית נצחית תמיד, ולא יהיה הענין נמשך כפי טבע הזמן כי אם כפי עשיית הטוב, שעל ידי מעשיהם הטובים ידבקו בי ויהיו תחת השגחתי: **מה העובדי כוכבים בשרים.** אף כי השרים לא היו דומים באיכותם ובסוגם, אבל על כל פנים סוג אחד הם: **[ח] הרי אמרת כו'.** דעתם שהכתוב הנה אנכי שולח מלאך היה אחר חטאם, אך משה לא הניח זאת, וכאלו הכתוב סיפר כאן בקצרה מה שאמר ה', אך לא סיפר כאן מה שביטל משה הגזירה הזאת, ובכי תשא פירש הענין: **דברי מי עומדים.** זה נכלל במלת ראה על דרך מליצה, כאומר בשמחה ראה דברי מי נתקיימו:

שינוי נוסחאות

(ז) הראה לו כמה מלכים וכמה איפרכין. בד' וילנא כתבו "אומות" תחת "מלכים", כנראה מחמת צנזורה:

הָדָא הוּא דִכְתִיב ״וַיֹּאמֶר מֹשֶׁה אֶל ה׳ רְאֵה אַתָּה אֹמֵר אֵלַי״ — **Thus it is written, *Moses said to HASHEM, "See, You say to me,*** *'Take this people onward,' but You did not inform me whom You will send with me"* (ibid., v. 12).[111] אָמַר לוֹ הַקָּדוֹשׁ בָּרוּךְ הוּא: חַיֶּיךָ, ״פָּנַי יֵלֵכוּ וַהֲנִחֹתִי לָךְ״ — **The Holy One, blessed is He, then said to him, "By your life, *My Presence will go and provide you rest*"** (ibid., v. 14).[112] וְרוּחַ הַקֹּדֶשׁ צוֹוַחַת ״בַּאֲשֶׁר דְּבַר מֶלֶךְ שִׁלְטוֹן וְגוֹ׳ שׁוֹמֵר מִצְוָה לֹא יֵדַע דָּבָר רָע״ — **And the Holy Spirit**[113] **calls out, *Since a king's word is law,*** *who would dare say to Him, "What are You doing?"* ***He who obeys the commandment will know no evil*** (*Ecclesiastes* 8:4-5).[114]

§9 The Midrash now presents an explanation that views the appointment of an angel as a privilege granted to Israel (see §6 above). According to this explanation, the angel would be accompanied by the Divine Presence:[115]

״הִנֵּה אָנֹכִי שֹׁלֵחַ מַלְאָךְ״ — Scripture states, ***Behold! I send an angel*** *before you.* אָמַר לוֹ הַקָּדוֹשׁ בָּרוּךְ הוּא לְמֹשֶׁה — **The Holy One, blessed is He, said to Moses,** מִי שֶׁשִּׁמֵּר אֶת הָאָבוֹת הוּא יִשְׁמוֹר אֶת הַבָּנִים — **"The one who protected the Patriarchs shall protect [their] descendants."**[116] וְכֵן אַתָּה מוֹצֵא בְּאַבְרָהָם כְּשֶׁבֵּירַךְ אֶת יִצְחָק בְּנוֹ — **[For] so you find** that **when Abraham blessed his son Isaac,** אָמַר לוֹ: ״ה׳ אֱלֹהֵי הַשָּׁמַיִם וְגוֹ׳ הוּא יִשְׁלַח מַלְאָכוֹ לְפָנֶיךָ״ — **he said to him, *"HASHEM, God of heaven . . . He will send His angel before you"*** (*Genesis* 24:7).[117] וְיַעֲקֹב אָבִינוּ מָה אָמַר לְבָנָיו, ״הַמַּלְאָךְ הַגֹּאֵל אֹתִי וְגוֹ׳״ — **And** similarly, **what did our forefather Jacob say to his sons? *"May the angel who redeems me*** *from all evil bless the lads"* (ibid. 48:16). אָמַר לָהֶם: הוּא גְאָלַנִי מִיַּד עֵשָׂו, הוּא הִצִּילַנִי מִיַּד לָבָן, הוּא זָנַנִי וּפִרְנְסַנִי בִּשְׁנֵי רְעָבוֹן — What does Scripture mean by *the angel who redeems me from all evil?* It means that **[Jacob] said to them, "[This angel] redeemed me from the hand of Esau, rescued me from Laban,** and **nourished me and sustained me during the years of famine."**[118] אָמַר הַקָּדוֹשׁ בָּרוּךְ הוּא לְמֹשֶׁה — Thus **the Holy One, blessed is He, said to Moses,** אַף עַכְשָׁיו מִי שֶׁשִּׁמֵּר אֶת הָאָבוֹת יִשְׁמוֹר אֶת הַבָּנִים — **"Now, too, [the angel] who protected the Patriarchs shall protect [their] descendants,"** שֶׁנֶּאֱמַר ״הִנֵּה אָנֹכִי וְגוֹ׳״ — **as it states** in our verse, ***Behold! I send an angel before you.***[119]

The Midrash presents a proof that God consistently accompanies this particular angel:[120]

בְּכָל מָקוֹם שֶׁהַמַּלְאָךְ נִרְאֶה הַשְּׁכִינָה נִרְאֵית — **Wherever [this] angel appears, the Divine Presence appears** as well, שֶׁנֶּאֱמַר ״וַיֵּרָא מַלְאַךְ ה׳ אֵלָיו בְּלַבַּת אֵשׁ״ — **as it is stated, *An angel of HASHEM appeared to him in a blaze of fire*** *from amid the bush* (above, 3:2), וּמִיָּד ״וַיִּקְרָא אֵלָיו אֱלֹהִים״ — **and immediately** thereafter it states, ***And God called out to him*** *from amid the bush* (ibid., v. 4).[121] וְלֹא עוֹד — **Not only that,** אֶלָּא בְּשָׁעָה שֶׁצּוֹעֲקִים יִשְׂרָאֵל לְפָנָיו תָּבֹא לָהֶם תְּשׁוּעָה — **but when** the people of **Israel cry out** in prayer **before [God], salvation arrives for them** through the angel.[122] כָּךְ בַּסְּנֶה, שֶׁנֶּאֱמַר ״הִנֵּה צַעֲקַת בְּנֵי יִשְׂרָאֵל בָּאָה אֵלַי״ — **Such** was the case **in** the incident with **the bush, as it is stated,** ***"And now, behold! the outcry of the Children of Israel has come to Me"*** (ibid., v. 9).[123]

NOTES

111. Since the word *see* appears to be superfluous, the Midrash understands it to mean that Moses meant, *Let us see* what will indeed take place (*Maharzu*; see also *Matnos Kehunah* and *Eitz Yosef*). See *Rashi* to the verse (s.v. ואתה וכו׳), who explains the words *"but You did not inform me whom You will send with me"* to mean that Moses did not accept the notification that an angel would accompany them; hence, it was as though he had not been informed who would be sent.

Why did Moses persist in his request that the decree be annulled despite God's explanation that it was for Israel's benefit? *Yefeh To'ar* explains that the following verse (v. 13) states that Moses said, *"And now, if I have indeed found favor in Your eyes, make Your way known to me, so that I know You, so that I may find favor in Your eyes."* Moses was requesting that instead of sending an angel, God address the concern that the people of Israel may anger Him and be annihilated by teaching them His way, i.e., the way of finding favor in His eyes, so that even should they sin they will know how to appease Him. [See the end of the next note.]

112. I.e., God granted Moses' request and agreed that He Himself would continue to guide Israel (*Eitz Yosef*).

[Indeed, God did teach Moses the way to appease Him should Israel sin when being guided directly by Him. For God subsequently taught Moses the Thirteen Attributes of Mercy, and that by reciting them Israel has the power to invoke God's mercy (below, 34:6-7). See *Rashi* to ibid. v. 9 (s.v. ילך וכו׳).]

113. [I.e., the Book of *Ecclesiastes*, which was written with the assistance of the Divine Spirit — see *Megillah* 7a (see *Beur Maharif*).]

114. The Midrash is explaining the flow of these two verses as follows: Who would dare to question a decision of the King of kings? It is the righteous man *who obeys the commandment,* and who is therefore empowered by God to cause the repeal of a harsh decree, so that *he shall know no evil.* This was the case with Moses, who caused the decree to be nullified, as God agreed that His Presence would go with them (*Maharzu*, based on *Bamidbar Rabbah* 14 §6; *Eitz Yosef*; see also *Radal*, based on *Shabbos* 63a).

115. *Yefeh To'ar*; see also *Eitz Yosef*; see §6 above with note 89. [See, however, *Maharzu*.]

116. That is, I am sending the angel that has always provided Israel with protection and salvation (*Yefeh To'ar*, *Eitz Yosef*).

The angel who was sent to protect the Patriarchs, and subsequently Israel, was not appointed in lieu of the Divine Presence, for certainly the Patriarchs were guided directly by God. Rather, God performed the act of protecting them, as well as other acts that He performed on their behalf, through an angel who acted on His instruction, similar to a viceroy who acts on behalf of the king (*Yefeh To'ar*; see there at length).

117. These words, said by Abraham to his servant in the context of finding a wife for Isaac, are described by the Midrash as Abraham "blessing" Isaac (*Maharzu*). As the Midrash elsewhere (*Bereishis Rabbah* 59 §10) infers, *"His" angel* implies that Abraham expected a specific angel (i.e., the angel assigned to protect the Patriarchs) to help the servant find a wife for Isaac (*Rashash*).

118. In the preceding verse (v. 15), Jacob began by saying, *"God Who shepherds me from my inception until this day."* Then, in v. 16, he said, *"May the angel who redeems me, etc."* Simply understood, this means that Jacob was addressing God Who shepherded him, beseeching Him to instruct the angel who redeemed him to bless the lads. The Midrash, however, states that Jacob referred to the *angel* as the one who shepherded him. *Eitz Yosef* therefore explains that according to the Midrash, the verse reads as follows: *"God, may the one who shepherds me from my inception until this day, [that is,] the angel who redeems me from all evil, bless the lads."*

119. By using the word אָנֹכִי, *I* (see above, notes 50 and 78), Scripture implies that the angel being sent is the one that is accompanied by God Himself (*Yefeh To'ar*; see also *Rashash* and *Maharzu*).

120. *Yefeh To'ar.*

121. Our Midrash follows the opinion in 2 §5 above that the angel that appeared to Moses in the bush was Michael, who is consistently accompanied by the Divine Presence (ibid.).

[The identity of the angel discussed by our Midrash appears to be the subject of a dispute. *Yefeh To'ar* and *Eitz Yosef*, following the Midrash in 2 §5 above, identify the angel that appeared in the bush (and, based on the implication of our Midrash, the angel that was to guide Israel as well) as Michael; however, the Gemara (*Sanhedrin* 38b), followed by *Rashi* and *Ramban* to our verse, as well as *Nezer HaKodesh* and *Eitz Yosef* to *Bereishis Rabbah* (97 §3), states that the angel of our Scriptural passage is Metatron, for our verse states, *My Name is within him,* alluding to Metatron, whose name is associated with the Name of God (see *Rashi* to our verse). See, however, *Yefeh To'ar* to 2 §5 (s.v. כל מקום), who suggests, to resolve the contradiction between the Gemara and the Midrash, that Michael and Metatron are one and the same.]

122. For this angel is assigned by God to bring their prayers before Him (*Eitz Yosef*).

123. The Midrash interprets the verse as follows: *"And now,* i.e., through the angel, who has now brought Israel's prayers before Me, *behold! the outcry of the Children of Israel has come to Me* (ibid.).

הָדָא הוּא דִכְתִיב (שם שם יב) "וַיֹּאמֶר מֹשֶׁה אֶל ה' רְאֵה אַתָּה אֹמֵר אֵלַי", אָמַר לוֹ הַקָּדוֹשׁ בָּרוּךְ הוּא: חַיֶּיךָ, (שם שם יד) "פָּנַי יֵלֵכוּ וַהֲנִחֹתִי לָךְ", וְרוּחַ הַקּוֹדֶשׁ צוֹוַחַת (קהלת ח, ד-ה) "בַּאֲשֶׁר דְּבַר מֶלֶךְ שִׁלְטוֹן וְגוֹ' שׁוֹמֵר מִצְוָה לֹא יֵדַע דָּבָר רָע":

ט [כג, כ] "הִנֵּה אָנֹכִי שֹׁלֵחַ מַלְאָךְ", אָמַר לוֹ הַקָּדוֹשׁ בָּרוּךְ הוּא לְמֹשֶׁה: מִי שֶׁשִּׁימֵּר אֶת הָאָבוֹת הוּא יִשְׁמוֹר אֶת הַבָּנִים, וְכֵן אַתָּה מוֹצֵא בְּאַבְרָהָם כְּשֶׁבֵּירַךְ אֶת יִצְחָק בְּנוֹ, אָמַר לוֹ: (בראשית כד, ז) "ה' אֱלֹהֵי הַשָּׁמַיִם וְגוֹ' הוּא יִשְׁלַח מַלְאָכוֹ לְפָנֶיךָ", וְיַעֲקֹב אָבִינוּ מָה אָמַר לְבָנָיו, (שם מח, טז) "הַמַּלְאָךְ הַגֹּאֵל אֹתִי וְגוֹ' ", אָמַר לָהֶם: הוּא גְאָלַנִי מִיַּד עֵשָׂו, הוּא הִצִּילַנִי מִיַּד לָבָן, הוּא זָנַנִי וּפִרְנְסַנִי בִּשְׁנֵי רְעָבוֹן, אָמַר הַקָּדוֹשׁ בָּרוּךְ הוּא לְמֹשֶׁה: אַף עַכְשָׁיו מִי שֶׁשִּׁמֵּר אֶת הָאָבוֹת יִשְׁמוֹר אֶת הַבָּנִים, שֶׁנֶּאֱמַר [כג, כ] "הִנֵּה אָנֹכִי וְגוֹ' ", 'בְּכָל מָקוֹם שֶׁהַמַּלְאָךְ נִרְאֶה הַשְּׁכִינָה נִרְאֵית, שֶׁנֶּאֱמַר (לעיל ג, ב) "וַיֵּרָא מַלְאַךְ ה' אֵלָיו בְּלַבַּת אֵשׁ", וּמִיָּד (שם שם ד) "וַיִּקְרָא אֵלָיו אֱלֹהִים", וְלֹא עוֹד אֶלָּא בְּשָׁעָה שֶׁצּוֹעֲקִים יִשְׂרָאֵל לְפָנָיו תָּבֹא לָהֶם תְּשׁוּעָה, כָּךְ בַּסְּנֶה, שֶׁנֶּאֱמַר (שם שם ט) "הִנֵּה צַעֲקַת בְּנֵי יִשְׂרָאֵל בָּאָה אֵלַי", וְכֵן בְּגִדְעוֹן (שופטים ו, יא-יד) "וַיָּבֹא מַלְאָךְ וְגוֹ' וַיֵּרָא אֵלָיו מַלְאַךְ ה' וְגוֹ' וַיִּפֶן אֵלָיו ה' וַיֹּאמֶר לֵךְ בְּכֹחֲךָ זֶה וְהוֹשַׁעְתָּ אֶת יִשְׂרָאֵל", וְכֵן לֶעָתִיד לָבֹא בְּשָׁעָה שֶׁיִּגָּלֶה הַגְּאוּלָּה °בָּא עַל יִשְׂרָאֵל, שֶׁנֶּאֱמַר (מלאכי ג, א) "הִנְנִי שֹׁלֵחַ מַלְאָכִי וּפִנָּה דֶרֶךְ לְפָנָי":

עץ יוסף

הדא הוא דכתיב ויאמר משה אל ה' ראה אתה אומר אלי. מלת ראה קדייק, שרמז למאמר דברי מי עומד ויפל מלת ראה על ענין המעשה שיעשה: **חייך פניך ילכו.** שפירוש אני בעצמי אלך: **ורוח הקודש צווחת כו'.** כלומר מכרזת ומפרסמת ענין זה שיש ביד הצדיק לבטל גזירת ה', מדכתיב באשר דבר מלך שלטון מי יאמר לו מה תעשה, וסמיך ליה שומר מצוה לא ידע דבר רע, כלומר הוא יאמר לו מה תעשה ויבטל גזרתו: (ט) [ח] **אמר ליה הקדוש ברוך הוא למשה כו'.** סבירא ליה כי זה לשעתו נאמר, כי זה הוא הרגיל תמיד להמצא בתשועת ישראל, ויראה שהוא מיכאל השר הגדול העומד על עמנו, ולכן לא בקש משה על זה אם אין פניך הולכים וגו': **כשברך את יצחק בנו.** הזכיר לשון ברכה על הזווג, כי השרוי בלא אשה שרוי בלא ברכה: **הוא זנני ופרנסני.** דדרש האלהים הרועה אותי מעודי עד היום הזה המלאך הגואל, רוצה לומר המלאך הגואל הוא הרועה אותי, שהוא זנני ופרנסני: **בכל מקום שהמלאך נראה.** דרש כשאני שולח מלאך גם אנכי נראה שם, והוא דבר אחר ודרש חדש: **בשעה שישראל צועקים לפניו.** המלאך הזה הוא הממונה על התפלות, ועל ידי כך באה התשועה: **שנאמר ועתה הנה צעקת בני ישראל באה אלי.** מלת ועתה קדייק, שעתה על ידי המביא לפני צעקת בני ישראל, הנה שמעתי: **וכן בגדעון כו'.** לפי שגדעון היה ממליץ בעד ישראל והתפלל עליהם, באומרו ויש ה' אתנו ולמה מצאתנו כל זאת ואיה נפלאותיו וגו': **וכן לעתיד לבא כו' שנאמר הנני שולח כו'.** שנאמר בסיפא דקרא ומלאך הברית אשר אתם חפצים הנה בא, והוא אליהו הנביא שיבא במהרה בימינו:

פירוש מהרז"ו

באשר דבר מלך שלטון. [סיפיה דקרא] ומי יאמר לו מה תעשה שומר מצוה לא ידע דבר רע. וכוונתו למה שכתב במדבר רבה פרשה י"ב סימן ו בעת שהקב"ה רוצה להביא גזירה להראות שלטנותו בעולם, תדע מי הוא שיכול למחות בידו, ומי הוא שיאמר לו מה תעשה, השומר מצוה של הקב"ה הוא לא עמד בדבר רע, לפיכך לא ידע דבר רע, מדת מנגד, עיין שם עוד, וכן כאן שהקב"ה גזר שילך מלאך, ומשה על שלא ידע ולא עשה דבר רע ביטל גזירה זו, שכתוב עליה (שמות לג, ד) וישמע העם את הדבר הרע הזה: **(ט) מי ששימר.** כדלעיל סימן ו, אף שהוא עונש עם כל זה יש בו ברכה וסימן טוב: **כשבירך את יצחק.** היינו מה שאמר אל (עבדי) [עבדו], ישלח מלאכו לפניך ולקחת אשה לבני: **הוא גאלני.** על שצרה זו היה לו מיד בצאתו מבית אביו, חושב אותה תחלה קודם לבן, הגם שעיקר הצלתו ממנו היה אחר צרתו מלבן, וגם בפעם הראשונה היה לו הצלה ממנו, כמו שאמרו בבראשית רבה פרשה ע"ד סימן ה: **הוא זנני ופרנסני.** כמו שכתוב (בראשית מח, טו) הרועה אותי מעודי וגו', ומה שאמר בשני רעבון, היינו ברעב שהיה בימי יצחק, כמו שכתוב בראשית ריש כ"ו, וברעב של מצרים: **ישמור את הבנים.** וזהו לשמרך בדרך: **שנאמר הנה אנכי.** שעם המלאך אהיה גם אנכי בעצמי כביכול. ועיין לעיל פרשה ב סימן ה בראשית רבה פרשה נ"ז סימן ג: **ולא עוד.** שבשעה שצועקים להקב"ה ונראה המלאך, הוא סימן לתשועה: **בשעה שיגלה.** המלאך: **דרך לפני.** שיבא לפני בואי שאז יהיה הישועה האמתית:

מסורת המדרש

י. עיין בבראשית רבה פרשה נ"ז:

אם למקרא

ויאמר משה אל ה' ראה אתה אמר אלי העל את העם הזה ואתה לא הודעתני את אשר תשלח עמי ואתה אמרת ידעתיך בשם וגם מצאת חן בעיני: (שמות לג:יב)

ויאמר פני ילכו והנחתי לך: (שם שם יד)

באשר דבר מלך שלטון ומי יאמר לו מה תעשה: שומר מצוה לא ידע דבר רע ועת ומשפט ידע לב חכם: (קהלת ח:ד-ה)

ה' אלהי השמים אשר לקחני מבית אבי ומארץ מולדתי ואשר דבר לי ואשר נשבע לי לאמר לזרעך אתן את הארץ הזאת הוא ישלח מלאכו לפניך ולקחת אשה לבני משם: (בראשית כד:ז)

המלאך הגאל אתי מכל רע יברך את הנערים ויקרא בהם שמי ושם אבתי אברהם ויצחק וידגו לרב בקרב הארץ: (שם מח:טז)

וירא מלאך ה' אליו בלבת אש מתוך הסנה וירא והנה הסנה בער באש והסנה איננו אכל: (לעיל ג:ב)

וירא ה' כי סר לראות ויקרא אליו אלהים מתוך הסנה ויאמר משה משה ויאמר הנני: (שם שם ד)

ועתה הנה צעקת בני ישראל באה אלי וגם ראיתי את הלחץ אשר מצרים לחצים אתם: (שם שם ט)

ויבא מלאך ה' וישב תחת האלה אשר בעפרה אשר ליואש אבי העזרי וגדעון בנו חבט חטים בגת להניס מפני מדין: וירא אליו מלאך ה' ויאמר אליו ה' עמך גבור החיל: ויאמר אליו גדעון בי אדני ויש ה' עמנו ולמה מצאתנו כל זאת ואיה כל נפלאתיו אשר ספרו לנו אבותינו לאמר הלא ממצרים העלנו ה' ועתה נטשנו ה' ויתננו בכף מדין: ויפן אליו ה' ויאמר לך בכחך זה והושעת את ישראל מכף מדין הלא שלחתיך: (שופטים ו:יא-יד)

הנני שלח מלאכי ופנה דרך לפני ופתאם יבוא אל היכלו האדון אשר אתם מבקשים ומלאך הברית אשר אתם חפצים הנה בא אמר ה' צבאות: (מלאכי ג:א)

חידושי הרד"ל

[ח] **שלטון ומי יאמר לו מה תעשה שומר מצוה כו'.** כן צריך לומר, וכמו שכתוב בשבת (סג, ב), והמקרא זה דשומר מצוה מבטל גזרתו של הקב"ה: [ט] **הוא זנני ופרנסני.** זה שנאמר האלהים הרועה אותו. ומכאן משמע כדברי הרמב"ן (שמות כג, כ) דמלאך זה קורא כאן אלהים: **בשעה שצועקים ישראל לפניו כו' כך בסנה כו' שנאמר כו' באה אלי.** גם זה מיושב לפי דברי הרמב"ן הנ"ל שמפרש המדרש מה שכתוב ויאמר ה' הוא על ידי המלאך הזה, (וכיוצא בזה פירש רשב"ם ריש פרשת וירא, ועיין בפרקי דרבי אליעזר פרק כט ובמה שכתבתי בביאורי שם בסייעתא דשמיא):

חידושי הרש"ש

[ט] **וכן אתה מוצא באברהם כו' הוא ישלח מלאכו לפניך.** הוא כמו דאיתא לעיל בבראשית רבה פרשה נט סימן י רבי דוסא אומר הרי זה מלאך מסויים, וכדפירשתי שם (ד"ה הרי): **שנאמר הנה אנכי בכל קום כו' השכינה נראית.** רצה לומר אף שאשלח מלאך, גם אנכי אהיה עמו אליכם, וכמו שמפרש והולך. ונראה דצריך לומר מהו שנאמר הנה אנכי כו', והוא ענין בפני עצמו, [ו]לא שייך לדרשה דלעיל, ומוסב למטה: **ויאמר לך בכחך זה והושעת כו'.** נראה דחסר כאן תחילת המקרא ויפן אליו ה' ויאמר כו', והוא ראיה גם למה שאמר בכל מקום שהמלאך נראה שם השכינה נראית: **וכן לעתיד לבוא בשעה שיגלה.** רצה לומר המלאך, ודלא כמתנות כהונה:

אמרי יושר

[ח] **נראה של מי עומד.** זהו אתה אומר אלי, נראה אם עומד, וזהו הנה אנכי אומר לשלוח מלאך, ואתה משה חולק: [ט] **מי ששמר את האבות.** זהו אנכי שולח מלאך קודם לך, לאברהם ולאבות, וסוברים כאן שזה המלאך היה מהיושבים ראשונה:

מתנות כהונה

ראה אתה אומר כו'. משמעותיה דרך ויכוח ראה והביטה אתה אומר כך ואני אומר כך נראה דברי מי יקום:
[ט] **שיגלה.** שהקדוש ברוך הוא יגלה עלינו במהרה:

אשד הנחלים

דבר מלך. משה שהיה בישרון מלך: [ט] **מי ששימר את האבות כו' השכינה נראית כו'.** דעתם שהדבר הזה לא ביטל משה, ולא ביקש עליה, כי אין זה המלאך הנתבשר להם אחר החטא, כי אם ההנהגה שהיו האבות הקדושים מונהגים בה, שהיא הנהגה גבוה שהשכינה מדובקת בהנהגה הזאת, ועל זה לא ביקש משה, רק אחר החטא אמר שלא יהיו פניו הולכים, על זה ביקש משה וביטל הגזירה. והראיה שהיא מדרגה גבוה שכלם היו נושעים על ידי זה, וכן הגאולה שיהיה במהרה בימינו יהיה על ידי זה, כמו שנאמר הנני שולח מלאכי, ופרטי הדברים המה מהדברים הנעלמים הידועים רק לחכמי אמת בספריהם ואין להאריך: סדר תרומה

באור מהרי"פ

[ח] **ורוח הקדש צווח.** פירוש, אתי לאפוקי ממאן דאמר (מגילה ז, א) דקהלת אינו מטמא את הידים מפני שלא נאמרה ברוח הקדש כמבואר סוף פרק קמא דמסכת ידים (פרק ג משנה ה), ולכן קאמר ורוח הקדש צווח ושלא כמאן דאמר הנזכר: [ט] **הוא זנני הוא פרנסני.** אולי הוא דורש האלהים הרועה אותי מעודי עד היום הזה המלאך הגואל, כלומר המלאך הגואל הוא הרועה אותי שהוא זנני פרנסני. ומה שקשה מבראשית רבה פרשה כ"ד דאמר פרנסה גדולה מגאולה, דגאולה על ידי מלאך, ופרנסה על ידי הקב"ה, דכתיב פותח את ידך וגו'. אולי המדרש דורש מדכתיב פותח בלשון נסתר, ידך לשון נוכח, שמע מינה שהכתוב מדבר עם המלאך, פותח רצה לומר הקב"ה פותח את ידך ומשביע לכל חי רצון, כלומר שנותן בך כח אלהות ובאמצעותך ישפיע וישביע לכל חי רצון, וכן כתבו המפרשים, שהמלאך הממונה על הפרנסה את"ך שמו ושהוא סוף תיבות של פותח את ידך. תולדות נח הארוך: **בכל מקום שהמלאך נראה וכו'.** כוונתו בזה לפרש למה לא אמר בקיצור הנה אנכי שולח מלאך לפניך, אלא בא להורות שבשליחות המלאך הזה הנה אנכי בעצמי ובכבודי, כי בכל מקום שהמלאך נראה השכינה נראית: **צועקים לפניך וכו'.** פירוש, המלאך הזה הוא המלאך הממונה על התפלות לעשות בהם כתר לרבו, ועל ידי כך בא התשועה, ומפני שהמלאך הזה גדול מכל המלאכים, דרשו חכמינו ז"ל (לעיל סימן ד) אל תמר בו אל תמירני בו, ולכאורה הוא תימה, היכי סלקא דעתך להמיר בו, אלא אחר שגלה הקב"ה לישראל סוד התפלה שתשועה בא על ידו, היה מקום לטעות בו, לכך הוזקק להזהיר אל תמירני בו. תולדות נח הארוך:

שינוי נוסחאות

(ט) **בשעה שיגלה הגאולה בא על ישראל.** בכל הספרים חדשים גם ישנים היה כתוב "... באה על ישראל" (וקאי על הגאולה), עד ששינוהו בווילנא תק"ג לכתוב "בא" כלפנינו, ומשם הועתק לווארשא ולווילנא תרמ"ז:

וְכֵן בְּגִדְעוֹן ״וַיָּבֹא מַלְאַךְ וְגוֹ׳ וַיֵּרָא אֵלָיו מַלְאַךְ ה׳ וְגוֹ׳ – **Likewise, with regard to Gideon,** Scripture states, ***An angel** of* Hashem ***came... The angel of*** **Hashem *appeared to him*** (*Judges* 6:11-12), ״וַיִּפֶן אֵלָיו ה׳ וַיֹּאמֶר לֵךְ בְּכֹחֲךָ זֶה וְהוֹשַׁעְתָּ אֶת יִשְׂרָאֵל״ – and immediately thereafter states, ***Then*** **Hashem *turned to him and said, "Go with this strength of yours and you shall save Israel"*** (ibid., v. 14).[124] וְכֵן לֶעָתִיד לָבֹא בְּשָׁעָה שֶׁיִּגָּלֶה הַגְּאוּלָה בָּאָה עַל יִשְׂרָאֵל – **Likewise, in the future, when [this angel]**[125] **will be revealed, the Redemption will arrive for Israel,** שֶׁנֶּאֱמַר ״הִנְנִי שֹׁלֵחַ מַלְאָכִי וּפִנָּה דֶרֶךְ לְפָנָי״ – **as it is stated, *Behold, I am sending My angel, and he will clear a path before Me*** (*Malachi* 3:1).[126]

NOTES

124. We see, then, that God appeared to Gideon immediately after the angel. This, then, is a proof to the Midrash's earlier statement that wherever the angel appears, the Divine Presence appears (*Rashash*). Alternatively, Scripture there (v. 13) quotes Gideon's prayer on behalf of Israel in the presence of the angel. Immediately after his prayer God said to him, *"Go with this strength, etc."* The Midrash understands that it was that angel that brought Gideon's prayer before God (see *Eitz Yosef*).

125. *Rashash, Maharzu.*

126. The angel *will clear a path before* God Himself, Whose arrival will initiate the Ultimate Redemption (*Maharzu*). That this verse speaks of the ultimate Redemption is inferred from the end of the verse, *And the messenger of the covenant for whom you yearn, behold, he comes* – which is a reference to the Prophet Elijah, who will herald the coming of the Messiah (see *Eitz Yosef*).

הָדָא הוּא דִכְתִיב (שם שם יב) "וַיֹּאמֶר מֹשֶׁה אֶל ה' רְאֵה אַתָּה אֹמֵר אֵלַי", אָמַר לוֹ הַקָּדוֹשׁ בָּרוּךְ הוּא: חַיֶּיךָ, (שם שם יד) "פָּנַי יֵלֵכוּ וַהֲנִחֹתִי לָךְ", וְרוּחַ הַקּוֹדֶשׁ צוֹוַחַת (קהלת ח, ד-ה) "בַּאֲשֶׁר דְּבַר מֶלֶךְ שִׁלְטוֹן וְגוֹ' שׁוֹמֵר מִצְוָה לֹא יֵדַע דָּבָר רָע":

ט [כג, כ] "הִנֵּה אָנֹכִי שֹׁלֵחַ מַלְאָךְ", אָמַר לוֹ הַקָּדוֹשׁ בָּרוּךְ הוּא לְמֹשֶׁה: מִי שֶׁשִּׁימֵּר אֶת הָאָבוֹת הוּא יִשְׁמוֹר אֶת הַבָּנִים, וְכֵן אַתָּה מוֹצֵא בְּאַבְרָהָם כְּשֶׁבֵּירַךְ אֶת יִצְחָק בְּנוֹ, אָמַר לוֹ: (בראשית כד, ז) "ה' אֱלֹהֵי הַשָּׁמַיִם וְגוֹ' הוּא יִשְׁלַח מַלְאָכוֹ לְפָנֶיךָ", וְיַעֲקֹב אָבִינוּ מָה אָמַר לְבָנָיו, (שם מח, טז) "הַמַּלְאָךְ הַגֹּאֵל אֹתִי וְגוֹ' ", אָמַר לָהֶם: הוּא גְאָלַנִי מִיַּד עֵשָׂו, הוּא הִצִּילַנִי מִיַּד לָבָן, הוּא זָנַנִי וּפִרְנְסַנִי בִּשְׁנֵי רְעָבוֹן, אָמַר הַקָּדוֹשׁ בָּרוּךְ הוּא לְמֹשֶׁה: אַף עַכְשָׁיו מִי שֶׁשִּׁמֵּר אֶת הָאָבוֹת יִשְׁמוֹר אֶת הַבָּנִים, שֶׁנֶּאֱמַר [כג, כ] "הִנֵּה אָנֹכִי וְגוֹ' ", יבְּכָל מָקוֹם שֶׁהַמַּלְאָךְ נִרְאֶה הַשְּׁכִינָה נִרְאֵית, שֶׁנֶּאֱמַר (לעיל ג, ב) "וַיֵּרָא מַלְאַךְ ה' אֵלָיו בְּלַבַּת אֵשׁ", וּמִיַּד (שם שם ד) "וַיִּקְרָא אֵלָיו אֱלֹהִים", וְלֹא עוֹד אֶלָּא בְּשָׁעָה שֶׁצּוֹעֲקִים יִשְׂרָאֵל לְפָנָיו תָּבֹא לָהֶם תְּשׁוּעָה, כָּךְ בַּסְּנֶה, שֶׁנֶּאֱמַר (שם שם ט) "הִנֵּה צַעֲקַת בְּנֵי יִשְׂרָאֵל בָּאָה אֵלַי", וְכֵן בְּגִדְעוֹן (שופטים ו, יא-יד) "וַיָּבֹא מַלְאָךְ וְגוֹ' וַיֵּרָא אֵלָיו מַלְאַךְ ה' וְגוֹ' וַיִּפֶן אֵלָיו ה' וַיֹּאמֶר לֵךְ בְּכֹחֲךָ זֶה וְהוֹשַׁעְתָּ אֶת יִשְׂרָאֵל", וְכֵן לֶעָתִיד לָבֹא בְּשָׁעָה שֶׁיְּגַלֶּה הַגְּאוּלָּה °בָּא עַל יִשְׂרָאֵל, שֶׁנֶּאֱמַר (מלאכי ג, א) "הִנְנִי שֹׁלֵחַ מַלְאָכִי וּפִנָּה דֶרֶךְ לְפָנָי":

עץ יוסף

הדא הוא דכתיב ויאמר משה אל ה' ראה אתה אומר אלי. מלת ראה קדייק, שרמז למאמר דברי מי עומד ויפל מלת ראה על ענין המעשה שיעשה: **חייך פניך ילכו.** שפירוש אני בעצמי אלך: **ורוח הקודש צווחת כו'.** כלומר מכרזת ומפרסמת ענין זה שיש ביד הצדיק לבטל גזירת ה', מדכתיב באשר דבר מלך שלטון מי יאמר לו מה תעשה, וסמיך ליה שומר מצוה לא ידע דבר רע, כלומר הוא יאמר לו מה תעשה ויבטל גזרתו: (ט) [ח] **אמר ליה הקדוש ברוך הוא למשה כו'.** סבירא ליה כי זה לשעתו נאמר, כי זה הוא הרגיל תמיד להמצא בתשועת ישראל, ויראה שהוא מיכאל השר הגדול העומד על עמנו, ולכן לא בקש משה על זה אם אין פניך הולכים וגו': **כשברך את יצחק בנו.** הזכיר לשון ברכה על הזווג, כי השרוי בלא אשה שרוי בלא ברכה: **הוא זנני ופרנסני.** דדרש האלהים הרועה אותי מעודי עד היום הזה המלאך הגואל, רוצה לומר המלאך הגואל הוא הרועה אותי, שהוא זנני ופרנסני: **בכל מקום שהמלאך נראה.** דרש כשאני שולח מלאך גם אנכי נראה שם, והוא דבר אחר ודרש חדש: **בשעה שישראל צועקים לפניו.** המלאך הזה הוא הממונה על התפלות, ועל ידי כך באה התשועה: **שנאמר ועתה הנה צעקת בני ישראל באה אלי.** מלת ועתה קדייק, שעתה על ידי המביא לפני צעקת בני ישראל, הנה שמעתי: **וכן בגדעון כו'.** לפי שגדעון היה ממליץ בעד ישראל והתפלל עליהם, באומרו ויש ה' אתנו ולמה מצאתנו כל זאת ואיה נפלאותיו וגו': **וכן לעתיד לבא כו' שנאמר הנני שולח כו'.** שנאמר בסיפא דקרא ומלאך הברית אשר אתם חפצים הנה בא, והוא אליהו הנביא שיבא במהרה בימינו:

פירוש מהרז"ו

באשר דבר מלך שלטון. [סיפיה דקרא] ומי יאמר לו מה תעשה שומר מצוה לא ידע דבר רע. וכוונתו למה שכתב במדבר רבה פרשה י"ב סימן ו בעת שהקב"ה רוצה להביא גזירה להראות שלטונו בעולם, תדע מי הוא שיכול למחות בידו, ומי הוא שיאמר לו מה תעשה, השומר מצוה של הקב"ה הוא לא עמד בדבר רע, לפיכך לא ידע דבר רע, מדת מנגד, עיין שם עוד, וכן כאן שהקב"ה גזר שילך מלאך, ומשה על שלא ידע ולא עשה דבר רע ביטל גזירה זו, שכתוב עליה (שמות לג, ד) וישמע העם את הדבר הרע הזה: (ט) **מי ששימר.** כדלעיל סימן ו, אף שהוא עונש עם כל זה יש בו ברכה וסימן טוב: **כשבירך את יצחק.** היינו מה שאמר אל (עבדי) [עבדו], ישלח מלאכו לפניך ולקחת אשה לבני: **הוא גאלני.** על צרה זו היה לו מיד בצאתו מבית אביו, חושב אותה תחלה קודם לבן, הגם שעיקר הצלתו ממנו היה אחר צאתו מלבן, וגם בפעם הראשונה היה לו הצלה ממנו, כמו שאמרו בבראשית רבה פרשה ע"ד סימן ה: **הוא זנני ופרנסני.** כמו שכתוב (בראשית מח, טו) הרועה אותי מעודי וגו', ומה שאמר בשני רעבון, היינו ברעב שהיה בימי יצחק, כמו שכתוב בראשית ריש כ"ו, וברעב של מצרים: **ישמור את הבנים.** וזהו לשמרך בדרך: **שנאמר הנה אנכי.** שעם המלאך אהיה גם אנכי בעצמי כביכול. ועיין לעיל פרשה ב סימן ה בראשית רבה פרשה ל"ז סימן ג: **ולא עוד.** שבשעה שצועקים להקב"ה ונראה המלאך, הוא סימן לתשועה: **בשעה שיגלה.** המלאך: **דרך לפני.** שיבא לפני בואי שאז יהיה הישועה האמתית:

מתנות כהונה

ראה אתה אומר כו'. משמעותיה דרך ויכוח ראה והביטה אתה אומר כך ואני אומר כך נראה דברי מי יקום:
[ט] **שיגלה.** שהקדוש ברוך הוא יגלה עלינו במהרה:

אשד הנחלים

דבר מלך. משה שהיה בישרון מלך: [ט] **מי ששימר את האבות כו' השכינה נראית כו'.** דעתם שהדבר הזה לא ביטל משה, ולא ביקש עליה, כי אין זה המלאך הנתבשר להם אחר החטא, כי אם ההנהגה שהיו האבות הקדושים מונהגים בה, שהיא הנהגה גבוה שהשכינה מדובקת בהנהגה הזאת, ועל זה לא ביקש משה, רק אחר החטא אמר שלא יהיו פניו הולכים, על זה ביקש משה וביטל הגזירה. והראיה שהיא מדרגה גבוה שכלם היו נושעים על ידי זה, וכן הגאולה שיהיה במהרה בימינו יהיה על ידי זה, כמו שנאמר הנני שולח מלאכי, ופרטי הדברים המה מהדברים הנעלמים הידועים רק לחכמי אמת בספריהם ואין להאריך: סדר תרומה

באור מהרי"פ

[ח] **ורוח הקדש צווח.** פירוש, אתי לאפוקי ממאן דאמר (מגילה ז, א) דקהלת אינו מטמא את הידים מפני שלא נאמרה ברוח הקדש כמבואר סוף פרק קמא דמסכת ידים (פרק ג משנה ה), ולכן קאמר ורוח הקדש צווח ושלא כמאן דאמר הנזכר: [ט] **הוא זנני הוא פרנסני.** אולי הוא דורש האלהים הרועה אותי מעודי עד היום הזה המלאך הגואל, כלומר המלאך הגואל הוא הרועה אותי שהוא זנני פרנסני. ומה שקשה מבראשית רבה פרשה כ"ד דאמר פרנסה גדולה מגאולה, דגאולה על ידי מלאך, ופרנסה על ידי הקב"ה, דכתיב פותח את ידך וגו'. אולי המדרש דורש מדכתיב פותח בלשון נסתר, ידך לשון נוכח, שמע מינה שהכתוב מדבר עם המלאך, פותח רצה לומר הקב"ה פותח את ידך ומשביע לכל חי רצון, כלומר שנותן בך כח אלהות ובאמצעותך ישפיע וישביע לכל חי רצון, וכן כתבו המפרשים, שהמלאך הממונה על הפרנסה את"ך שמו ושהוא סוף תיבות של פותח את ידך. תולדות נח הארוך: **בכל מקום שהמלאך נראה וכו'.** כוונתו בזה לפרש למה לא אמר בקיצור הנה אנכי שולח מלאך לפניך, אלא בא להורות שבשליחות המלאך הזה הנה אנכי בעצמי ובכבודי, כי בכל מקום שהמלאך נראה השכינה נראית: **צועקים לפניך וכו'.** פירוש, המלאך הזה הוא המלאך הממונה על התפלות לעשות בהם כתר לרבו, ועל ידי כך בא התשועה, ומפני שהמלאך הזה גדול מכל המלאכים, דרשו חכמינו ז"ל (לעיל סימן ד) אל תמר בו אל תמירני בו, ולכאורה הוא תימה, היכי סלקא דעתך להמיר בו, אלא אחר שגלה הקב"ה לישראל סוד התפלה שתשועה בא על ידו, היה מקום לטעות בו, לכך הוזקק להזהיר אל תמירני בו. תולדות נח הארוך:

שינוי נוסחאות

(ט) **בשעה שיגלה הגאולה בא על ישראל.** בכל הספרים חדשים גם ישנים היה כתוב "... באה על ישראל" (וקאי על הגאולה), עד ששינוהו בווילנא תק"ג לכתוב "בא" כלפנינו, ומשם הועתק לווארשא ולווילנא תרמ"ז:

חידושי הרד"ל

[ח] **שלטון ומי יאמר לו מה תעשה שומר מצוה כו'.** כן צריך לומר, וכמו שכתוב בשבת (סג, ב), והמקרא זה דשומר מצוה מבטל גזרתו של הקב"ה: [ט] **הוא זנני ופרנסני.** זה שנאמר האלהים הרועה אותו. ומכאן משמע כדברי הרמב"ן (שמות כג, כ) דמלאך זה קורא כאן אלהים: **בשעה שצועקים ישראל לפניו כו' כך בסנה כו' שנאמר כו' באה אלי.** גם זה מיושב לפי דברי הרמב"ן הנ"ל שמפרש המדרש מה שכתוב ויאמר ה' הוא על ידי המלאך הזה, (וכיוצא בזה פירש רשב"ם ריש פרשת וירא, ועיין בפרקי דרבי אליעזר פרק כט ומה שכתבתי בביאורי שם בסייעתא דשמיא):

חידושי הרש"ש

[ט] **וכן אתה מוצא באברהם כו' הוא ישלח מלאכו לפניך.** הוא כמו דאיתא לעיל בבראשית רבה פרשה נט סימן י רבי דוסא אומר הרי זה מלאך מסוים, וכדפירשתי שם (ד"ה הרי): **שנאמר הנה אנכי בכל קום כו' השכינה נראית.** רצה לומר אף שאשלח מלאך, גם אנכי אהיה עמו אצליכם, וכמו שמפרש והולך. ונראה דצריך לומר מהו שנאמר הנה אנכי כו', והוא ענין בפני עצמו, [ו]לא שייך לדרשה דלעיל, ומוסב למטה: **ויאמר לך בכחך זה והושעת כו'.** נראה דחסר כאן תחילת המקרא ויפן אליו ה' ויאמר כו', והוא ראיה גם למה שאמר בכל מקום שהמלאך נראה שם השכינה נראית: **וכן לעתיד לבוא בשעה שיגלה.** רצה לומר המלאך, ודלא כמתנות כהונה:

אמרי יושר

[ח] **נראה של מי עומד.** זהו אתה אומר אלי, נראה אם עומד, וזהו הנה אנכי אומר לשלוח מלאך, ואתה משה חולק: [ט] **מי ששמר את האבות.** זהו אנכי שולח מלאך קודם לך, לאברהם ולאבות, וסוברים כאן שזה המלאך היה מהיושבים ראשונה:

מסורת המדרש

י. עיין בבראשית רבה פרשה ל"ז:

אם למקרא

וַיֹּאמֶר מֹשֶׁה אֶל ה' רְאֵה אַתָּה אֹמֵר אֵלַי הַעַל אֶת הָעָם הַזֶּה וְאַתָּה לֹא הוֹדַעְתַּנִי אֵת אֲשֶׁר תִּשְׁלַח עִמִּי וְאַתָּה אָמַרְתָּ יְדַעְתִּיךָ בְשֵׁם וְגַם מָצָאתָ חֵן בְּעֵינָי: (שמות לג:יב)

וַיֹּאמַר פָּנַי יֵלֵכוּ וַהֲנִחֹתִי לָךְ: (שם שם יד)

בַּאֲשֶׁר דְּבַר מֶלֶךְ שִׁלְטוֹן וּמִי יֹאמַר לוֹ מַה תַּעֲשֶׂה: שׁוֹמֵר מִצְוָה לֹא יֵדַע דָּבָר רָע וְעֵת וּמִשְׁפָּט יֵדַע לֵב חָכָם: (קהלת ח:ד-ה)

ה' אֱלֹהֵי הַשָּׁמַיִם אֲשֶׁר לְקָחַנִי מִבֵּית אָבִי וּמֵאֶרֶץ מוֹלַדְתִּי וַאֲשֶׁר דִּבֶּר לִי וַאֲשֶׁר נִשְׁבַּע לִי לֵאמֹר לְזַרְעֲךָ אֶתֵּן אֶת הָאָרֶץ הַזֹּאת הוּא יִשְׁלַח מַלְאָכוֹ לְפָנֶיךָ וְלָקַחְתָּ אִשָּׁה לִבְנִי מִשָּׁם: (בראשית כד:ז)

הַמַּלְאָךְ הַגֹּאֵל אֹתִי מִכָּל רָע יְבָרֵךְ אֶת הַנְּעָרִים וְיִקָּרֵא בָהֶם שְׁמִי וְשֵׁם אֲבֹתַי אַבְרָהָם וְיִצְחָק וְיִדְגּוּ לָרֹב בְּקֶרֶב הָאָרֶץ: (שם מח:טז)

וַיֵּרָא מַלְאַךְ ה' אֵלָיו בְּלַבַּת אֵשׁ מִתּוֹךְ הַסְּנֶה וַיַּרְא וְהִנֵּה הַסְּנֶה בֹּעֵר בָּאֵשׁ וְהַסְּנֶה אֵינֶנּוּ אֻכָּל: (לעיל ג:ב)

וַיַּרְא ה' כִּי סָר לִרְאוֹת וַיִּקְרָא אֵלָיו אֱלֹהִים מִתּוֹךְ הַסְּנֶה וַיֹּאמֶר מֹשֶׁה מֹשֶׁה וַיֹּאמֶר הִנֵּנִי: (שם שם ד)

וְעַתָּה הִנֵּה צַעֲקַת בְּנֵי יִשְׂרָאֵל בָּאָה אֵלָי וְגַם רָאִיתִי אֶת הַלַּחַץ אֲשֶׁר מִצְרַיִם לֹחֲצִים אֹתָם: (שם שם ט)

וַיָּבֹא מַלְאַךְ ה' וַיֵּשֶׁב תַּחַת הָאֵלָה אֲשֶׁר בְּעָפְרָה אֲשֶׁר לְיוֹאָשׁ אֲבִי הָעֶזְרִי וְגִדְעוֹן בְּנוֹ חֹבֵט חִטִּים בַּגַּת לְהָנִיס מִפְּנֵי מִדְיָן: וַיֵּרָא אֵלָיו מַלְאַךְ ה' וַיֹּאמֶר אֵלָיו ה' עִמְּךָ גִּבּוֹר הֶחָיִל: וַיֹּאמֶר אֵלָיו גִּדְעוֹן בִּי אֲדֹנִי וְיֵשׁ ה' עִמָּנוּ וְלָמָּה מְצָאַתְנוּ כָּל זֹאת וְאַיֵּה כָל נִפְלְאֹתָיו אֲשֶׁר סִפְּרוּ לָנוּ אֲבוֹתֵינוּ לֵאמֹר הֲלֹא מִמִּצְרַיִם הֶעֱלָנוּ ה' וְעַתָּה נְטָשָׁנוּ ה' וַיִּתְּנֵנוּ בְּכַף מִדְיָן: וַיִּפֶן אֵלָיו ה' וַיֹּאמֶר לֵךְ בְּכֹחֲךָ זֶה וְהוֹשַׁעְתָּ אֶת יִשְׂרָאֵל מִכַּף מִדְיָן הֲלֹא שְׁלַחְתִּיךָ: (שופטים ו:יא-יד)

הִנְנִי שֹׁלֵחַ מַלְאָכִי וּפִנָּה דֶרֶךְ לְפָנָי וּפִתְאֹם יָבוֹא אֶל הֵיכָלוֹ הָאָדוֹן אֲשֶׁר אַתֶּם מְבַקְשִׁים וּמַלְאַךְ הַבְּרִית אֲשֶׁר אַתֶּם חֲפֵצִים הִנֵּה בָא אָמַר ה' צְבָאוֹת: (מלאכי ג:א)

תרומה

TERUMAH

Chapter 33

וַיְדַבֵּר ה׳ אֶל מֹשֶׁה לֵּאמֹר. דַּבֵּר אֶל בְּנֵי יִשְׂרָאֵל וְיִקְחוּ לִי תְּרוּמָה מֵאֵת כָּל אִישׁ אֲשֶׁר יִדְּבֶנּוּ לִבּוֹ תִּקְחוּ אֶת תְּרוּמָתִי.
HASHEM spoke to Moses, saying: Speak to the Children of Israel and let them take for Me a portion, from every man whose heart motivates him you shall take My portion (25:1-2).

§1 **וְיִקְחוּ לִי תְּרוּמָה** — ***AND LET THEM TAKE*** [וְיִקְחוּ] ***FOR ME A PORTION.***

The Midrash expounds on the verse's expression וְיִקְחוּ לִי, *and let them take for Me [a portion]*:

הֲדָא הוּא דִכְתִיב ״כִּי לֶקַח טוֹב נָתַתִּי לָכֶם תּוֹרָתִי אַל תַּעֲזֹבוּ״ — **This is** to be understood in light of **what is written, *For I have given you a good teaching*** [לֶקַח], ***do not forsake My Torah*** (*Proverbs* 4:2). **אַל תַּעֲזוֹבוּ אֶת הַמִּקָּח שֶׁנָּתַתִּי לָכֶם** — This verse means: **"Do not forsake the acquisition** [מִקָּח] **that I have given you;** namely, the Torah."[1] **יֵשׁ לְךָ אָדָם שֶׁלּוֹקֵחַ מִקָּח יֵשׁ בּוֹ זָהָב אֵין בּוֹ כֶּסֶף** — And why is the Torah referred to as a "good acquisition"?[2] Because sometimes **there is a person who purchases an acquisition that contains gold but does not contain silver, יֵשׁ בּוֹ כֶּסֶף אֵין בּוֹ זָהָב** — or sometimes **it contains silver but does not contain gold. אֲבָל הַמִּקָּח שֶׁנָּתַתִּי לָכֶם יֵשׁ בּוֹ כֶּסֶף שֶׁנֶּאֱמַר ״אִמְרוֹת ה׳ אֲמָרוֹת טְהֹרוֹת כֶּסֶף צָרוּף״** — **However,** God says, **the acquisition that I have given you,** the Torah, **contains silver,** as it were, **as it is stated, *The words of HASHEM are pure words, like purified silver*** (*Psalms* 12:7), **יֵשׁ בּוֹ זָהָב שֶׁנֶּאֱמַר ״הַנֶּחֱמָדִים מִזָּהָב וּמִפַּז רָב״** — and **it** also **contains gold,** as it were, **as it is stated** concerning the words of the Torah, ***They are more desirable than gold, than even much fine gold*** (ibid. 19:11).[3]

The Midrash continues explaining why the Torah is such a good acquisition:

יֵשׁ אָדָם לוֹקֵחַ שָׂדוֹת אֲבָל לֹא כְּרָמִים — Sometimes **there is a person who acquires fields but not orchards,**[4] **כְּרָמִים וְלֹא שָׂדוֹת** — or sometimes he acquires **orchards but not fields. אֲבָל הַמִּקָּח הַזֶּה יֵשׁ בּוֹ שָׂדוֹת וְיֵשׁ בּוֹ כְּרָמִים** — **However,** God says, **this acquisition that I have given you,** the Torah, **contains both fields and orchards,** as it were,[5] **שֶׁנֶּאֱמַר ״שְׁלָחַיִךְ פַּרְדֵּס רִמּוֹנִים״** — **as it is stated, *Your watered fields are an orchard of pomegranates*** *with precious fruits, henna with nard* (*Song of Songs* 4:13).[6]

The Midrash continues in its comparison of the Torah to a good acquisition:

יֵשׁ לְךָ אָדָם לוֹקֵחַ מִקָּח וּבְנֵי אָדָם אֵינָן יוֹדְעִין מַהוּ — Sometimes **there is a person who purchases an acquisition and** other **people do not know what** the value of **it is, אֲבָל מִשְּׂכַר הַסַּרְסוּר נִתְוַדַּע מַה לָּקַח** — **but from the payment** made **to the broker it becomes known what** the value of **it is.**[7] **כָּךְ הַתּוֹרָה אֵין אָדָם יוֹדֵעַ מַה הִיא אֶלָּא מִשְּׂכַר שֶׁלָּקַח מֹשֶׁה** — **So too** regarding **the Torah, no one would know what** the true value of **it is but for the "payment"** made **to Moses,**[8] **שֶׁנֶּאֱמַר ״וּמֹשֶׁה לֹא יָדַע כִּי קָרַן עוֹר פָּנָיו בְּדַבְּרוֹ אִתּוֹ״** — **as it is stated,** *When Moses descended from Mount Sinai — with the two Tablets of the Testimony in the hands of Moses as he descended from the mountain* — ***Moses did not know that the skin of his face had become radiant when He had spoken to him*** (*Exodus* 34:29).[9]

NOTES

1. The Midrash interprets לֶקַח (translated here as "teaching") here to mean "acquisition, a purchase," and the verse cautions us not to forsake the "good acquisition" that God has given us: the Torah. See Insight Ⓐ.

2. I.e., why is it better than a regular acquisition?

3. The plain explanations of Torah that are readily available are compared to silver, while the deeper, hidden secrets of Torah are compared to gold (*Eitz Yosef,* from *Toldos Noach;* see also *Yefeh To'ar*).

4. Though כֶּרֶם is usually translated as "vineyard," when the Sages speak of שָׂדוֹת וּכְרָמִים they do not necessarily mean vineyards, but fruit orchards in general (see also *Judges* 15:5; see *Radak's Sefer HaShorashim,* s.v. כרם).

5. Grain fields provide a person with his core sustenance; orchards and vineyards produce less essential luxuries. So too, Torah is our lifeline of spiritual nourishment, while also gladdening our hearts as the ultimate spiritual pleasure (*Maharzu;* see also *Yefeh To'ar*).

6. שְׁלָחַיִן usually refers to a field that requires irrigation, but *Rashash* (citing *Bava Basra* 68a) notes that it can sometimes refer to any kind of field in which annual crops are sown (as opposed to an orchard). The verse compares Israel to both fields and pomegranate orchards. Although it is Israel that is compared here to these items, the Midrash understands this praise to be referring to their fulfillment of the Torah's precepts, and thus indirectly to the Torah itself (*Beur Maharif*).

7. For an insignificant deal a broker will charge a small fee, but for brokering a substantial transaction he will receive a large payment.

8. I.e., his radiant face, as the Midrash goes on to elaborate. See *Devarim Rabbah* 3 §12.

9. Moses' "large payment" indicates that the Torah is an extremely valuable acquisition. See Insight Ⓑ.

INSIGHTS

Ⓐ **The Tabernacle and the Torah** This *parashah* discusses the construction of the Tabernacle. What is the connection to a verse that pays tribute to the Torah?

Commentators explain that the Torah was an integral part of the Tabernacle's nature and purpose. In the first place, a central aim of building this Sanctuary — as *Ramban* sets forth in his introduction to this *parashah* — was to perpetuate the Sinaitic experience, to create a portable "Mount Sinai" in which the same Divine revelation that accompanied the giving of the Torah could remain accessible to the people of Israel. Thus, the sanctified aura of the Tabernacle was actually a manifestation of the Torah's special sanctity.

Inside the Tabernacle, the holiest accessory was the Ark, repository of the Tablets and symbol of the Torah. Not at random did God begin His instructions for building the Tabernacle with the Ark, even though in practice it was not built until the outer structure of the building was completed. As *Rashbam* (to v. 10) explains, God spoke first about the Ark because it was the primary feature of the Tabernacle, and was therefore first and foremost in His thoughts.

Moreover, the Tabernacle was a source of inspiration for understanding the Torah. This can be seen from the special language God used when giving directions for constructing the Ark. While for the other furnishings He told Moses in the second person singular, *"You shall make, etc.,"* in this case He included all of Israel by saying, *"They shall make an Ark."* The Midrash below (34 §2, elaborated by *Ramban* to v. 10) infers from this linguistic subtlety that when it came to making the Ark, it was necessary for the whole nation to participate, because every Jew must have a connection to the Torah. Those who had gold to donate would do so; others would do some small aspect of the work; still others would "have the Ark in mind."

In what way would they have the Ark in mind? When donating materials for the Tabernacle, they would direct their thoughts toward its centerpiece, the Ark — specifically, toward the Torah that was placed in the Ark.

This idea, implies our Midrash, is allusively expressed by the opening verse of the *parashah,* which calls for the nation to donate goods for a national Sanctuary. By using a word ("take") associated with the Torah's great value, the verse intimates that those making contributions were to be mindful while doing so of the Torah's centrality in Jewish life — and, by extension, its central place in the Tabernacle (see *Lev Eliyahu, Terumah,* p. 232, and *Ohr Gedalyahu, Terumah* §2).

Ⓑ **The Informed Buyer** Our Midrash makes a point of comparing Israel's acquisition of the Torah to the act of purchasing an item

סֵדֶר תְּרוּמָה

פרשה לג

א [כה, ב] **״וְיִקְחוּ לִי תְּרוּמָה״, ^א^הָדָא הוּא דִכְתִיב** (משלי ד, ב) **״כִּי לֶקַח טוֹב נָתַתִּי לָכֶם תּוֹרָתִי אַל תַּעֲזֹבוּ״, אַל תַּעֲזוֹבוּ אֶת הַמִּקָּח שֶׁנָּתַתִּי לָכֶם, יֵשׁ לְךָ אָדָם שֶׁלּוֹקֵחַ מִקָּח יֵשׁ בּוֹ זָהָב אֵין בּוֹ כֶסֶף, יֵשׁ בּוֹ כֶסֶף אֵין בּוֹ זָהָב, אֲבָל הַמִּקָּח שֶׁנָּתַתִּי לָכֶם יֵשׁ בּוֹ כֶסֶף שֶׁנֶּאֱמַר** (תהלים יב, ז) **״אִמְרוֹת ה׳ אֲמָרוֹת טְהֹרוֹת כֶּסֶף צָרוּף״, יֵשׁ בּוֹ זָהָב שֶׁנֶּאֱמַר** (שם יט, יא) **״הַנֶּחֱמָדִים מִזָּהָב וּמִפָּז רָב״, יֵשׁ אָדָם לוֹקֵחַ שָׂדוֹת אֲבָל לֹא כְרָמִים, כְּרָמִים וְלֹא שָׂדוֹת, אֲבָל הַמִּקָּח הַזֶּה יֵשׁ בּוֹ שָׂדוֹת וְיֵשׁ בּוֹ כְּרָמִים שֶׁנֶּאֱמַר** (שיר השירים ד, יג) **״שְׁלָחַיִךְ פַּרְדֵּס רִמּוֹנִים״, יֵשׁ לְךָ אָדָם לוֹקֵחַ מִקָּח וּבְנֵי אָדָם אֵינָן יוֹדְעִין מַהוּ, אֲבָל ^ב^מִשְּׁבַר הַסַּרְסוּר נִתְוַדַּע מַה לָּקַח, כָּךְ הַתּוֹרָה אֵין אָדָם יוֹדֵעַ מַה הִיא אֶלָּא מִשְּׂבַר שֶׁלָּקַח מֹשֶׁה, שֶׁנֶּאֱמַר** (שמות לד, כט) **״וּמֹשֶׁה לֹא יָדַע כִּי קָרַן עוֹר פָּנָיו בְּדַבְּרוֹ אִתּוֹ״, וְיֵשׁ לְךָ מִקָּח שֶׁמִּי שֶׁמְּכָרוֹ נִמְכָּר עִמּוֹ, אָמַר הַקָּדוֹשׁ בָּרוּךְ הוּא לְיִשְׂרָאֵל: מָכַרְתִּי לָכֶם תּוֹרָתִי, כִּבְיָכוֹל נִמְכַּרְתִּי עִמָּהּ, שֶׁנֶּאֱמַר** [כה, ב] **״וְיִקְחוּ לִי תְּרוּמָה״, מָשָׁל לְמֶלֶךְ שֶׁהָיְתָה לוֹ בַּת יְחִידָה, בָּא אֶחָד מִן הַמְּלָכִים וּנְטָלָהּ, בִּיקֵּשׁ לֵילֵךְ לוֹ לְאַרְצוֹ וְלִיטּוֹל לְאִשְׁתּוֹ,**

עץ יוסף

(א) **הדא הוא דכתיב כי לקח טוב.** בעי לפרש ויקחו לי תרומה, שהקדוש ברוך הוא לקוח אצל ישראל כביכול כדבסמוך, ומביא סמך מלקח טוב דדרשינן ביה שה׳ לקוח על ידי התורה: **אל תעזובו את המקח.** היות לקח כינוי לתורה, ועל כן אל תעזובו דבק גם כן עם הלקח הנזכר, והודיענו שטעם כינוי לתורה בלקח משום שהוא לשון מקח, שלהמצא בה כל הטובות שיבוקשו בכל סחורה קרויה מקח: **יש לך אדם כו׳.** מדכתיב טוב סתם בעי לפרש היות כל הטובות בה: **אבל המקח כו׳ יש בו זהב כו׳.** יש לומר דמכנה פשוטי התורה לכסף, ופנימיות וסודות התורה לזהב, שבכל עניני התורה נמצא זהב וכסף, שהוא רמז לפשט וסוד בסוג אחד ובהויה אחת, וכן הוא בענין שדות וכרמים (תולדות נח): **שנאמר שלחיך פרדס רמונים.** מפרש שלחיך לשון בית השלחין, דהיינו ארץ יבשה, שאפילו היבשה מלאה כל טוב כפרדס רמונים: **אינן יודעים מהו.** ערכו וחשיבותו, וכן התורה אין אדם יודע חשיבותה ושכרה: **משבר שלקח משה.** והיינו כי לקח טוב, כלומר מהטוב שלקח הסרסור תכירו הטוב שנתתי לכם: **נמכר עמו.** בתמיה: **כביכול נמכרתי עמה.** שנאמר ויקחו לי תרומה, ופירוש לי כמו אותי (כמו הרגו לאבנר). ועיין בויקרא רבה סוף פרשה ל׳: **נמכרתי עמה.** ועל כרחך אמר כי לקח טוב שיש בה לקיחת הטוב, דהיינו הקדוש ברוך הוא דכתיב טוב ה׳ לכל שהוא כאילו נלקח עמה, וזה דרך מליצה על היותו משכן עיקר שכינתו למטה על ידי התורה, ומניח את העליונים שהם משכן כבודו, וזה שאמר משל למלך שהיתה לו בת יחידה, כי להיותו דבוק בתחתונים באמצעות התורה הוי ליה כנמכר, שיוצא מרשותו לרשות הקונה אותו: **משל למלך.** מדמה התורה לבת יחידית, שהיא חמדה גנוזה שמשתעשע בה:

פירוש מהרז״ו

(א) **ויקחו לי תרומה.** עד ועשו לי מקדש ושכנתי בתוכם, וכן בשאר הסימנים. ותיבת לי מיותר, והיה לו לומר וירימו, כמו שכתוב בסוף קרח [(במדבר יח, כח) כן תרימו], על כן דורש על פי מדת ממעל, מלשון מקח ולקח, וכמו שדרשו ויקרא רבה ריש פרשה ל: **כי לקח טוב נתתי לכם תורתי.** וכמפורש לקמן סימן ב: **יש בו זהב וכו׳.** על פי מדה כ״א שהוקש לשתי מדות, טובת הזהב לאוצר ובדרך, אך אינו טוב להוצאה, והכסף טוב להוצאה. וכן התורה חלק ממנה לאוצר ולמוד, וחלק ממנה הצריך למעשה: **שדות אבל לא כרמים.** השדות לתבואה ללחם עיקר המזון, והכרמים ליין, ושמן לתענוג. וכן בתורה חלק ממנה אשר יעשה אותם האדם וחי בהם, וחלק ממנה טיול בפרדס ולשמח הנפש, כמו שכתוב (שיר השירים א, ד) נזכירה דודיך מיין: **שלחיך פרדס רמונים.** שלחיך מלשון ויתנה שילוחים לבתו, מלכים א׳ ט׳ י״ז, מתנות של נשואים והתורה נמשלה לנשואים, כדלקמן פרשה זו בסימן ז, ויש בה כל דברים טובים, פרדס רמונים [פרי מגדים] כפרים עם נרדים וגו׳, גם מלשון שדה בית השלחין, וכן הוא לקמן ריש פרשה ל״ו, וקראו בכל מיני שלחין, שנאמר שלחיך, וכמו שאמר לעיל פרשה כ סימן ב, ובשיר השירים רבה פסוק שלחיך כל הפירושים. וכמו שכתוב (משלי ח, יט) טוב פריי מחרוץ ומפז ותבואתי מכסף נבחר, פריי מכרם, ותבואתי משדות: **משבר הסרסור.** שמסחורה מעוטה לוקח שכר מועט, וכשהשכר גדול אנו יודעים שהסחורה גדולה. גם לפעמים לוקח בשכרו מעט מהסחורה, ומזה אנו יכולים לידע מהו הסחורה, ועל ידי שכר של קרון אור של משה, אנו יודעים שהתורה כולה אור. וכמו שדרשו במדבר רבה פרשה י״א סימן ג, אפילו פני הסרסור, ושם נסמן, וזה כי לקח טוב, כמו שכתוב (בראשית א, ד) וירא אלהים את האור כי טוב, ועיין דברים רבה פרשה י״א סימן ג, ומשה נקרא טוב: **שמי שמכרו נמכר עמו.** פירוש בוודאי שאין מקח כזה בעולם, אך ממעלת התורה שהקב״ה נקח עמה, על שנמשלה בדמיון נשואים, שמרומז גם כן בתיבת ויקחו, כמו שכתוב (דברים כב, יג) כי יקח איש וגו׳. וזהו כי לקח טוב, שהקב״ה נקרא טוב ה׳ לכל, שאחר נתינת התורה בסדר יתרו, ואחר נתינת משפטיו לישראל בסדר משפטים, כדלעיל פרשה ל סוף סימן ג, ודורש סמוכים, וכמו שדרשו ויקרא רבה פרשה ל סימן י״ד וזה לשונו, ויקחו תרומה אינו אומר, אלא ויקחו לי תרומה, אותי אתם לוקחים:

מתנות כהונה

[א] **ואין בו כסף** גרסינן: **משבר הסרסור כו׳.** שכירתו מודיע הסחורה מה היתה:
ויש לך מקח וכו׳. לשון תימה: **שנאמר ויקחו לי.** כאלו כתב ויקחו אותי:

אשד הנחלים

[א] **ויקחו לי גו׳ יש לך אדם כו׳.** דהוקשה להם אחר שמכנה הכתוב בשם מקח, היה לו לומר מכרתי לכם, כי איך יתכן שיהיה מקח ומתנה ביחד, וגם מהו התואר לקח, כי באמת היה לו לומר מקח, אבל הלמ״ד פה אין לו הבנה, כי הוראתו בשימושו או אל או על. לכן באו לבאר שהכונה שהוא מתנה ולקיחה יחד, כי המקח הוא ענין פרטי, מה שקנה כפי שוויו של המקח, אבל במתנה אחר שהוא מתנת חנם, יתכן שיוכלל בו הכל, והמתנה היא מצורפת אל האדם המקבלו, כי כפי איכות קיבולו להמתנה ההיא כן ערך המתנה, וזהו הלמ״ד כמו לקחת, שיהיה הוא הלוקח אותו ואז יקבל המתנה ההיא בשלימות. וענין הדבר בכללו, כי כל הענינים שבעולם המה רק ענינים פרטים, יש מעלה בפרט זו מה שאין באחרת, כי כל ענין פרטי מיוחד בסגולתו מה שאין בחבירו, אבל התורה האלהית היא שלימות הכל, והכל כלול בה. וחשב בכנוי כל מיני הדימוים בכסף וזהב ושדות וכרמים, שכל אחד מיוחד למשל בסגולתו, הכסף ניתן להוצאה יותר מפני רבוי, והזהב מפני יקרתו, והשדות למאכל פשוט, אך מזון, והכרמים לתענוג, כן התורה על דרך הנמשל, מצותיה המעשים שהמה נקלים לכל לקבלו, והמה מזונות להנפש בערך הכסף והשדות, וסתרי התורה המה יקרים מאד ונחמדים כזהב ומתענגים לנפש כיין הכרמים. ועל דרך הדרש יתכן לתוך בהם כמה ענינים, אך אין להאריך: **משבר שלקח משה.** ידוע כי שכר מצוה בהאי עלמא ליכא, כי השכר הוא ענין רוחני רק אור הנפש, וכל זה אי אפשר רק בעולם הבא שהוא רב טוב הצפון, במה שאי אפשר לאדם לזכות בהיותו בחומרו, אבל משה רבינו עליו השלום מצד שנתמרק גופו כמלאכי השרת, ולכן זכה בחייו לזה, כי קרן עור פניו, כי נעשה גם גופו ספירי באין מונע לנפשו המשכלת מאומה, ולכן משכרו נוכל לדעת ולהרגיש מה יהיה שכרנו בעולם הבא, עת שלא יהיה לנו שום מונע מהחומר: **כביכול נמכרתי.** שעל ידי זה הנה אהיה מוכרח להשגיח עליכם בעצמי וכבודי:

חידושי הרד״ל

[א] **שנאמר שלחיך פרדס רמונים.** שלחיך היא שדה בית השלחין, ופרדס הוא שדה האילן, (וכולל בו כאן דרך דרש אף כרמים, אף על פי שאין הכרם בכלל לשון פרדס, ועיין לעיל ריש פרשת בשלח (פרשה כ, ב) ולקמן ריש פרשה לו (סימן א)): **משבר שלקח משה.** שהוא כענין שכר סרסרות, כמו שכתוב בדברים רבה פרשה ג יב, עיין שם: **נמכרתי עמה שנאמר ויקחו לי תרומה.** עיין מתנות כהונה, וכן הובא בויקרא רבה סוף פרשה ל (סימן יג) אותי אתם לוקחים, והוא שהתורה מקשרת שלשה קשרין, (ואפשר רמיזא כאן שנסמך פרשה תרומה לפרשת ואתנה לך את לוחות האבן שבסוף פרשת משפטים (שמות כד, יב), שעל ידי קבלת התורה זכו לתרומת המשכן):

חידושי הרש״ש

[א] **יש בו שדות כו׳ שנאמר שלחיך כו׳.** עיין בבא בתרא (סח, א) ובתוספות שם ד״ה מי סברת דבית השלחין, פעמים נכלל גם שדות בית הבעל: **כביכול נמכרתי עמה כו׳.** מתפרש על פי מאמרם ז״ל באבות פרק ג (משנה ב), עשרה שעוסקים בתורה שכינה שרויה ביניהם כו׳ עד ומניין אפילו אחד כו׳:

באור מהרי״פ

[א] **שלחיך פרדס רמונים.** כלומר שלחיך פירוש שדה בית השלחין, ופרדס רמונים הוא כרם. אך צריך עיון דהאי קרא בישראל מיירי כדמוכח מפסוק שלפניו גן נעול אחותי כלה. וכתב תולדות נח הארוך, ואפשר דמפיק מדהמשיל הכתוב ומכנה את ישראל לשדה ולפרדס, ומה שייכות לישראל לשדה ולפרדס אם לא מצד התורה, לפי שישראל קבלו את התורה אשר היא דוגמת בית השלחין ופרדס בעניניה בפשטיה ורמיזותיה וסודותיה:

מסורת המדרש

א. עיין תנחומא כאן סימן ב׳. ילקוט כאן רמז שס״ג. ילקוט משלי רמז תתקל״ה:
ב. עיין דברים רבה פרשה ג׳:

אם למקרא

כִּי לֶקַח טוֹב נָתַתִּי לָכֶם תּוֹרָתִי אַל תַּעֲזֹבוּ: (משלי ד:ב)

אִמֲרוֹת ה׳ אֲמָרוֹת טְהֹרוֹת כֶּסֶף צָרוּף בַּעֲלִיל לָאָרֶץ מְזֻקָּק שִׁבְעָתָיִם: (תהלים יב:ז)

הַנֶּחֱמָדִים מִזָּהָב וּמִפָּז רָב וּמְתוּקִים מִדְּבַשׁ וְנֹפֶת צוּפִים: (שם יט:יא)

שְׁלָחַיִךְ פַּרְדֵּס רִמּוֹנִים עִם פְּרִי מְגָדִים כְּפָרִים עִם נְרָדִים: (שיר השירים ד:יג)

וַיְהִי בְּרֶדֶת מֹשֶׁה מֵהַר סִינַי וּשְׁנֵי לֻחֹת הָעֵדֻת בְּיַד מֹשֶׁה בְּרִדְתּוֹ מִן הָהָר וּמֹשֶׁה לֹא יָדַע כִּי קָרַן עוֹר פָּנָיו בְּדַבְּרוֹ אִתּוֹ: (שמות לד:כט)

ידי משה

[א] **כביכול נמכרתי עמה.** פירוש שהקב״ה נתחייב ונשתעבד להצליח ידי העוסקים בה, כאדם המתחייב באחריות המכר. אי נמי יש לומר, על דרך (מועד קטן טז, ב) מי מושל בי צדיק, שהקב״ה גוזר גזירה וצדיק מבטלה:

אמרי יושר

[א] **הדא הוא דכתיב כי לקח טוב נתתי לכם.** כי עיקר השכנת השכינה בארץ היא בזכות התורה, זהו ויקחו לי, בתורה שלקחוני, ולקחו מה שיקרא מקח טוב, לזה תרומה מאת כל איש. וביארו שיש בה תועלת כולל, ותועלת פרטי, זהו כסף וזהב, גם תועלת הכרחי, גם מה שהוא לעונג על צד היותר טוב, זהו יש בה שדות וכרמים:

The Midrash explains another aspect in which the acquisition of the Torah is termed *a good acquisition*:

וְיֵשׁ לְךָ מִקָּח שֶׁמּוֹכְרוֹ נִמְכָּר עִמּוֹ – **Now, is there any acquisition in which the seller** himself **is sold along with [the acquired item]?** אָמַר הַקָּדוֹשׁ בָּרוּךְ הוּא לְיִשְׂרָאֵל: מָכַרְתִּי לָכֶם תּוֹרָתִי, כִּבְיָכוֹל נִמְכַּרְתִּי עִמָּהּ – Yet in this case **the Holy One, blessed is He, said to Israel,** in effect, **"I sold you My Torah,** and **as it were, I** Myself **was sold along with it,"**[10] שֶׁנֶּאֱמַר "וְיִקְחוּ לִי תְּרוּמָה" – **as it is stated,** ***and let them take for Me a portion,*** which can also be translated, "and let them take Me,[11] a portion."[12]

The Midrash elucidates by means of a parable the concept of God being sold, as it were, along with the Torah:

מָשָׁל לְמֶלֶךְ שֶׁהָיְתָה לוֹ בַּת יְחִידָה – **This can be illustrated** by a **parable.** It can be compared **to a king who had an only daughter.** בָּא אֶחָד מִן הַמְּלָכִים וּנְטָלָהּ – **One of the** other **kings came and took her** as a wife. בִּיקֵּשׁ לֵילֵךְ לוֹ לְאַרְצוֹ וְלִיטוֹל לְאִשְׁתּוֹ – Subsequently, **he sought to return to his land and to take his wife** with him.

NOTES

10. The Midrash will elaborate on this enigmatic assertion below.

11. The Midrash interprets לִי ("Me") as the direct object of the verb "take" (though normally the direct object is indicated by אֶת rather than לְ; see also *II Samuel* 3:30 and below, 27:3) (*Yefeh To'ar, Matnos Kehunah, Eitz Yosef*).

The acquisition of the Torah is called "a good acquisition" because with it Israel acquired (as it were) God, the ultimate Good, the Source of all good (see *Jeremiah* 33:11; *Psalms* 100:5, 106:1, 145:9; and numerous other verses).

Rashash explains this "acquisition" of God through Torah in light of *Avos* 3:6, where it is taught that whenever a group of people (or even an individual) studies Torah, the Divine Presence joins them. *Yefeh To'ar* explains that the Midrash is referring to the Tabernacle discussed in our passage, which served as God's Abode, as it were (see below, v. 8), and whose purpose was to house the Ark containing the Tablets and the Torah.

12. *Toldos Noach* suggests that the Midrash here interprets תְּרוּמָה as an anagram of מתּוֹרָה, "through the Torah."

INSIGHTS

of undetermined value. What are we to learn from this comparison?

In addressing this question, *R' Gedaliah Schorr* (*Ohr Gedalyahu, Terumah, Likkutim* §1) cites a halachic precedent that arose from a commercial dispute. It once happened that a man came into possession of a sheet of tin roofing material. Not needing the material for his roof, he sold the tin sheet to a neighbor. This neighbor examined the sheet and discovered that under the tin coating there was a layer of pure silver. Whereupon the question arose: Does the first man have a right to claim the silver? After all, the present owner intended only to acquire a plain sheet of tin, and that was all he paid for, so perhaps even after he took the item home, the thus far undetected silver layer remained in the first buyer's possession. When presented with this question, the 12th-century authority *R' Eliezer of Metz* (as quoted by *Hagahos Asheri, Bava Metzia* 2:9) ruled that the present owner may keep his unexpected find. The first man, he explained, never owned the silver, for one cannot acquire legal possession of an item without being aware of its existence. [This ruling is codified in *Shulchan Aruch, Choshen Mishpat* 232:18.]

Applying this principle to Israel's acquisition of the Torah — whether on a national or individual level — *R' Gedaliah Schorr* concludes that if a Jew is not cognizant of the depth and breadth of the Torah, of the many branches of knowledge and layers of wisdom inherent therein, his own "acquisition" of the Torah is deficient. An accessible solution is to become acquainted with the Torah in an indirect way — by taking note of what the "broker" was paid for his service. That is, if we consider how the act of conveying the Torah to Israel endowed Moses with an otherworldly radiance that bespoke the Divine Presence, we can easily deduce that the Torah is much more than an anthology of stories and laws; it is the cherished object of the Creator and the lifeline of every Jew, the blueprint of the universe and the road map to eternal life. If we learn from Moses' example that by attaching oneself to the Torah — in study and in practice — one can rise to a higher level of human existence, then we are equipped to make the Torah our personal possession.

This message is implicit in the following Mishnaic teaching: *Beloved are the people of Israel, for a cherished utensil was given to them; it is indicative of a greater love that it was made known to them that they were given a cherished utensil, as it is said, "For I have given you a good teaching; do not forsake My Torah"* (*Avos* 3:18). God showed us an extra measure of love by letting us know how cherished the Torah is, for in doing so He facilitated our acquisition of the Torah.

סֵדֶר תְּרוּמָה

פרשה לג

א [כה, ב] "**וְיִקְחוּ לִי תְּרוּמָה**", [א]הָדָא הוּא דִּכְתִיב (משלי ד, ב) "כִּי לֶקַח טוֹב נָתַתִּי לָכֶם תּוֹרָתִי אַל תַּעֲזֹבוּ", אַל תַּעֲזוֹבוּ אֶת הַמִּקָּח שֶׁנָּתַתִּי לָכֶם, יֵשׁ לְךָ אָדָם שֶׁלּוֹקֵחַ מִקָּח יֵשׁ בּוֹ זָהָב אֵין בּוֹ כֶּסֶף, יֵשׁ בּוֹ כֶּסֶף אֵין בּוֹ זָהָב, אֲבָל הַמִּקָּח שֶׁנָּתַתִּי לָכֶם יֵשׁ בּוֹ כֶּסֶף שֶׁנֶּאֱמַר (תהלים יב, ז) "אִמְרוֹת ה' אֲמָרוֹת טְהֹרוֹת כֶּסֶף צָרוּף", יֵשׁ בּוֹ זָהָב שֶׁנֶּאֱמַר (שם יט, יא) "הַנֶּחֱמָדִים מִזָּהָב וּמִפָּז רָב", יֵשׁ אָדָם לוֹקֵחַ שָׂדוֹת אֲבָל לֹא כְרָמִים, כְּרָמִים וְלֹא שָׂדוֹת, אֲבָל הַמִּקָּח הַזֶּה יֵשׁ בּוֹ שָׂדוֹת וְיֵשׁ בּוֹ כְּרָמִים שֶׁנֶּאֱמַר (שיר השירים ד, יג) "שְׁלָחַיִךְ פַּרְדֵּס רִמּוֹנִים", יֵשׁ לְךָ אָדָם לוֹקֵחַ מִקָּח וּבְנֵי אָדָם אֵינָן יוֹדְעִין מַהוּ, אֲבָל [ב]מִשְׂכַּר הַסַּרְסוּר נִתְוַדַּע מַה לָּקַח, כָּךְ הַתּוֹרָה אֵין אָדָם יוֹדֵעַ מַה הִיא אֶלָּא מִשָּׂכָר שֶׁלָּקַח מֹשֶׁה, שֶׁנֶּאֱמַר (שמות לד, כט) "וּמֹשֶׁה לֹא יָדַע כִּי קָרַן אוֹר פָּנָיו בְּדַבְּרוֹ אִתּוֹ", וְיֵשׁ לְךָ מִקָּח שֶׁמִּי שֶׁמְּכָרוֹ נִמְכָּר עִמּוֹ, אָמַר הַקָּדוֹשׁ בָּרוּךְ הוּא לְיִשְׂרָאֵל: מָכַרְתִּי לָכֶם תּוֹרָתִי, כִּבְיָכוֹל נִמְכַּרְתִּי עִמָּהּ, שֶׁנֶּאֱמַר [כה, ב] "וְיִקְחוּ לִי תְּרוּמָה", מָשָׁל לְמֶלֶךְ שֶׁהָיְתָה לוֹ בַּת יְחִידָה, בָּא אֶחָד מִן הַמְּלָכִים וּנְטָלָהּ, בִּיקֵּשׁ לֵילֵךְ לוֹ לְאַרְצוֹ וְלִיטּוֹל לְאִשְׁתּוֹ,

עץ יוסף

(א) **הדא הוא דכתיב כי לקח טוב.** בעי לפרש ויקחו לי תרומה, שהקדוש ברוך הוא לקוח אצל ישראל כביכול כדבסמוך, ומביא סמך מלקח טוב דדרשינן ביה שה' לקוח על ידי התורה: **אל תעזבו את המקח.** היות לקח כינוי לתורה, ועל כן אל תעזובו דבק גם כן עם הלקח הנזכר, והודיענו שטעם כינוי לתורה בלקח משום שהוא לשון מקח, שלהמצא בה כל הטובות שיבוקשו בכל סחורה קרויה מקח: **יש לך אדם בו'.** מדכתיב טוב סתם בעי לפרש היות כל הטובות בה: **אבל המקח בו' יש בו זהב בו'.** יש לומר דמכנה פשוטי התורה לכסף, ופנימיות וסודות התורה לזהב, שבכל עניני התורה נמצא זהב וכסף, שהוא רמז לפשט וסוד בסוג אחד ובהויה אחת, וכן הוא בענין שדות וכרמים (תולדות נח): **שנאמר שלחיך פרדס רמונים.** מפרש שלחיך לשון בית השלחין, דהיינו ארץ יבשה, שאפילו היבשה מלאה כל טוב כפרדס רמונים: **אינן יודעים מהו.** ערכו וחשיבותו, וכן התורה אין אדם יודע חשיבותה ושכרה: **משכר שלקח משה.** והיינו כי לקח טוב, כלומר מהטוב שלקח הסרסור תכירו הטוב שנתתי לכם: **נמכר עמו.** בתמיה: **כביכול נמכרתי עמה.** שנאמר ויקחו לי תרומה, ופירוש לי כמו אותי (כמו הרגו לאבנר). ועיין בויקרא רבה סוף פרשה ל': **נמכרתי עמה.** ועל כרחך אמר כי לקח טוב שיש בה לקיחת הטוב, דהיינו הקדוש ברוך הוא דכתיב טוב ה' לכל שהוא כאילו נלקח עמה, וזה דרך מליצה על היותו משכן עיקר שכינתו למטה על ידי התורה, ומניח את העליונים שהם משכן כבודו, וזה שאמר משל למלך שהיתה לו בת יחידה, כי להיותו דבוק בתחתונים באמצעות התורה הוי ליה כנמכר, שיוצא מרשותו לרשות הקונה אותו: **משל למלך.** מדמה התורה לבת יחידית, שהיא חמדה גנוזה שמשתעשע בה:

פירוש מהרז"ו

(א) **ויקחו לי תרומה.** עד ועשו לי מקדש ושכנתי בתוכם, וכן בשאר הסימנים. ותיבת לי מיותר, והיה לו לומר וירימו, כמו שכתוב בסוף קרח [(במדבר יח, כח) כן תרימו], על כן דורש על פי מדת ממעל, מלשון מקח ולקח, וכמו שדרשו ויקרא רבה ריש פרשה ל: **כי לקח טוב נתתי לכם תורתי.** וכמפורש לקמן סימן ב: **יש בו זהב וכו'.** על פי מדה כ"א שהוקש לשתי מדות, טובת הזהב לאוצר ובדרך, אך אינו טוב להוצאה, והכסף טוב להוצאה. וכן התורה חלק ממנה לאוצר ולמוד, וחלק ממנה הצריך למעשה: **שדות אבל לא כרמים.** השדות לתבואה ללחם עיקר המזון, והכרמים ליין, ושמן לתענוג. וכן בתורה חלק ממנה אשר יעשה אותם האדם וחי בהם, וחלק ממנה טיול בפרדס ולשמח הנפש, כמו שכתוב (שיר השירים א, ד) נזכירה דודיך מיין: **שלחיך פרדס רמונים.** שלחיך מלשון ויתנה שילוחים לבתו, מלכים א' ט' י"ז, מתנות של נשואים והתורה נמשלה לנשואים, כדלקמן פרשה זו בסימן ז, ויש בה כל דברים טובים, פרדס רמונים [פרי מגדים כפרים עם נרדים וגו', גם מלשון שדה בית השלחין, וכן הוא לקמן ריש פרשה ל"ו, וקראו בכל מיני שלחין, שנאמר שלחיך, וכמו שאמר לעיל פרשה כ סימן ב, ובשיר השירים רבה פסוק שלחיך כל הפירושים. וכמו שכתוב (משלי ח, יט) טוב פריי מחרוץ ומפז ותבואתי מכסף נבחר, פריי מכרם, ותבואתי משדות: **משכר הסרסור.** שמסחורה מטוטה לוקח שכר מועט, וכשהשכר גדול אנו יודעים שהסחורה גדולה. גם לפעמים לוקח בשכרו מעט מהסחורה, ומזה אנו יכולים לידע מהו הסחורה, ועל ידי שכר של קרון אור של משה, אנו יודעים שהתורה כולה אור. וכמו שדרשו במדבר רבה פרשה י"א סימן ג, אפילו פני הסרסור, ושם נסמן, וזה כי לקח טוב, כמו שכתוב (בראשית א, ד) וירא אלהים את האור כי טוב, ועיין דברים רבה פרשה י"א סימן ג, ומשה נקרא טוב: **שמי שמכרו נמכר עמו.** פירוש בוודאי שאין מקח כזה בעולם, אך ממעלת התורה שהקב"ה נקח עמה, על שנמשלה בדמיון נשואים, שמרומז גם כן בתיבת ויקחו, כמו שכתוב (דברים כב, יג) כי יקח איש וגו'. וזהו כי לקח טוב, שהקב"ה נקרא טוב ה' לכל, שאחר נתינת התורה בסדר יתרו, ואחר נתינת משפטיו לישראל בסדר משפטים, כדלעיל פרשה ל סוף סימן ג, ודורש סמוכים, וכמו שדרשו ויקרא רבה פרשה ל סימן י"ד וזה לשונו, ויקחו תרומה אינו אומר, אלא ויקחו לי תרומה, אותי אתם לוקחים:

מתנות כהונה

[א] **ואין בו כסף** גרסינן: **משכר הסרסור כו'.** שכירתו מודיע הסחורה מה היתה:
ויש לך מקח וכו'. לשון תימה: **שנאמר ויקחו לי.** כאלו כתב ויקחו אותי:

אשד הנחלים

[א] **ויקחו לי גו' יש לך אדם כו'.** דהוקשה להם אחר שמכנה הכתוב בשם מקח, היה לו לומר מכרתי לכם, כי איך יתכן שיהיה מקח ומתנה ביחד, וגם מהו התואר לקח, כי באמת היה לו לומר מקח, אבל הלמ"ד פה אין לו הבנה, כי הוראתו בשימושו או אל או על. לכן באו לבאר שהכונה שהוא מתנה ולקיחה יחד, כי המקח הוא ענין פרטי, מה שקנה כפי שוויו של המקח, אבל במתנה אחר שהוא מתנת חנם, יתכן שיוכלל בו הכל, והמתנה היא מצורפת אל האדם המקבלו, כי כפי איכות קיבולו להמתנה ההיא כן ערך המתנה, וזהו הלמ"ד כמו לקחת, שיהיה הוא הלוקח אותו ואז יקבל המתנה ההיא בשלימות. וענין הדבר בכללו, כי כל הענינים שבעולם המה רק ענינים פרטים, יש מעלה בפרט זו מה שאין באחרת, כי כל ענין פרטי מיוחד בסגולתו מה שאין בחבירו, אבל התורה האלהית היא שלימות הכל, והכל כלול בה. וחשב בכנוי כל מיני הדימוים בכסף וזהב ושדות וכרמים, שכל אחד מיוחד למשל בסגולתו, הכסף ניתן להוצאה יותר מפני רבוי, והזהב מפני יקרתו, והשדות למאכל פשוט, אך מזון, והכרמים לתענוג, כן התורה על דרך הנמשל, מצותיה המעשים שהמה נקלים לכל לקבלו, והמה מזונות להנפש בערך הכסף והשדות, וסתרי התורה המה יקרים מאד ונחמדים כזהב ומתענגים לנפש כיין הכרמים. ועל דרך הדרש יתכן לתוך בהם כמה ענינים, אך אין להאריך: **משכר שלקח משה.** ידוע כי שכר מצוה בהאי עלמא ליכא, כי השכר הוא ענין רוחני רק אור הנפש, וכל זה אי אפשר רק בעולם הבא שהוא רב טוב הצפון, במה שאי אפשר לאדם לזכות בהיותו בחומרו, אבל משה רבינו עליו השלום מצד שנתמרק גופו כמלאכי השרת, ולכן זכה בחייו לזה, כי קרן עור פניו, כי נעשה גם גופו ספירי באין מונע לנפשו המשכלת מאומה, ולכן משכרו נוכל לדעת ולהרגיש מה יהיה שכרנו בעולם הבא, עת שלא יהיה לנו שום מונע מהחומר: **כביכול נמכרתי.** שעל ידי זה הנה אהיה מוכרח להשגיח עליכם בעצמי וכבודי:

חידושי הרד"ל

[א] **שנאמר שלחיך פרדס רמונים.** שלחיך היא שדה בית השלחין, ופרדס הוא שדה האילן, (וכולל בו כאן דרך דרש אף כרמים, אף על פי שאין הכרם בכלל לשון פרדס, ועיין לעיל ריש פרשת בשלח (פרשה כ, ב) ולקמן ריש פרשה לו (סימן א)): **משכר שלקח משה.** שהוא כענין שכר סרסרות, כמו שכתוב בדברים רבה פרשה ג יב, עיין שם: **נמכרתי עמה שנאמר ויקחו לי תרומה.** עיין מתנות כהונה, וכן הובא בויקרא רבה סוף פרשה ל (סימן יג) אותי אתם לוקחים, והוא שהתורה מקשרת שלשה קשרין, (ואפשר רמיזא כאן שנסמך פרשה תרומה לפרשת ואתנה לך את לוחות האבן שבסוף פרשת משפטים (שמות כד, יב), שעל ידי קבלת התורה זכו לתרומת המשכן):

חידושי הרש"ש

[א] **יש בו שדות כו' שנאמר שלחיך כו'.** עיין בבא בתרא (סח, א) ובתוספות שם ד"ה מי סברת דבבית השלחין, פעמים נכלל גם שדות בית הבעל: **כביכול נמכרתי עמה כו'.** מתפרש על פי מאמרם ז"ל באבות פרק ג (משנה ב), עשרה שעוסקים בתורה שכינה שרויה ביניהם כו' עד ומניין אפילו אחד כו':

באור מהרי"פ

[א] **שלחיך פרדס רמונים.** כלומר שלחיך פירוש שדה בית השלחין, ופרדס רמונים הוא כרם. אך צריך עיון דהאי קרא בישראל איירי כדמוכח מפסוק שלפניו גן נעול אחותי כלה. וכתב תולדות נח הארוך, ואפשר דמפיק מדהמשיל הכתוב ומכנה את ישראל לשדה ולפרדס, ומה שייכות לישראל לשדה ולפרדס אם לא מצד התורה, לפי שישראל קבלו את התורה אשר היא דוגמת בית השלחין ופרדס בעניניה בפשטיה ורמיזותיה וסודותיה:

מסורת המדרש

א. עיין תנחומא כאן סימן ב'. ילקוט כאן רמז שס"ג. ילקוט משלי רמז תתקל"ה:
ב. עיין דברים רבה פרשה ג':

אם למקרא

כִּי לֶקַח טוֹב נָתַתִּי לָכֶם תּוֹרָתִי אַל תַּעֲזֹבוּ: (משלי ד:ב)

אִמֲרוֹת ה' אֲמָרוֹת טְהֹרוֹת כֶּסֶף צָרוּף בַּעֲלִיל לָאָרֶץ מְזֻקָּק שִׁבְעָתָיִם: (תהלים יב:ז)

הַנֶּחֱמָדִים מִזָּהָב וּמִפָּז רָב וּמְתוּקִים מִדְּבַשׁ וְנֹפֶת צוּפִים: (שם יט:יא)

שְׁלָחַיִךְ פַּרְדֵּס רִמּוֹנִים עִם פְּרִי מְגָדִים כְּפָרִים עִם נְרָדִים: (שיר השירים ד:יג)

וַיְהִי בְּרֶדֶת מֹשֶׁה מֵהַר סִינַי וּשְׁנֵי לֻחֹת הָעֵדֻת בְּיַד מֹשֶׁה בְּרִדְתּוֹ מִן הָהָר וּמֹשֶׁה לֹא יָדַע כִּי קָרַן עוֹר פָּנָיו בְּדַבְּרוֹ אִתּוֹ: (שמות לד:כט)

ידי משה

[א] **כביכול נמכרתי עמה.** פירוש שהקב"ה נתחייב ונשתעבד להאליח ידי העוסקים בה, כאדם המתחייב באחריות המכר. אי נמי יש לומר, על דרך (מועד קטן טז, ב) מי מושל בי צדיק, שהקב"ה גוזר גזירה וצדיק מבטלה:

אמרי יושר

[א] **הדא הוא דכתיב כי לקח טוב נתתי לכם.** כי עיקר השכנת השכינה בארץ היא בזכות התורה, זהו ויקחו לי, בתורה שלקחוני, ולקחו מה שיקרא מקח טוב, לזה תרומה מאת כל איש. וביארו שיש בה תועלת כולל, ותועלת פרטי, זהו כסף וזהב, גם תועלת הכרחי, גם מה שהוא לטונג על צד היותר טוב, זהו יש בה שדות וכרמים:

אָמַר לוֹ: בִּתִּי שֶׁנָּתַתִּי לְךָ יְחִידִית הִיא, לִפְרוֹשׁ מִמֶּנָּה אֵינִי יָכוֹל — **[The father-in-law king] said to him, "My daughter whom I have given you is an only [daughter], thus I am unable to part from her.** לוֹמַר לְךָ אַל תִּטְּלָהּ אֵינִי יָכוֹל לְפִי שֶׁהִיא אִשְׁתְּךָ — **But I am** equally **unable to tell you, 'Do not take her** to your land,' **for she is your wife.** אֶלָּא זוֹ טוֹבָה עֲשֵׂה לִי, שֶׁכָּל מָקוֹם שֶׁאַתָּה הוֹלֵךְ קִיטוֹן אֶחָד עֲשֵׂה לִי שֶׁאָדוּר אֶצְלְכֶם — **Rather, do this favor for me: Any place that you go, prepare a room for me so that I may dwell near you,** שֶׁאֵינִי יָכוֹל לְהַנִּיחַ אֶת בִּתִּי — **for I am unable to leave my daughter."**

The parable is explained:

כָּךְ אָמַר הַקָּדוֹשׁ בָּרוּךְ הוּא לְיִשְׂרָאֵל — **So too, did the Holy One, blessed is He, say to Israel,** נָתַתִּי לָכֶם אֶת הַתּוֹרָה — **"I have given you the Torah.** לִפְרוֹשׁ הֵימֶנָּה אֵינִי יָכוֹל, לוֹמַר לָכֶם אַל תִּטְּלוּהָ אֵינִי יָכוֹל — **I am unable to part from it,** but **I am** also **unable to tell you, 'Do not take it.'** אֶלָּא בְּכָל מָקוֹם שֶׁאַתֶּם הוֹלְכִים בַּיִת אֶחָד עֲשׂוּ לִי שֶׁאָדוּר בְּתוֹכוֹ — **Rather,** do this favor for Me: **Any place that you go, prepare a house for Me that I may dwell therein."** שֶׁנֶּאֱמַר "וְעָשׂוּ לִי מִקְדָּשׁ וְגוֹ'" — **As it is stated** later in our chapter, ***They shall make a Sanctuary for Me*** — *so that I may dwell among them* (below, v. 8).[13]

§2 The Midrash discusses further the concept that God dwells among the people of Israel:[14]

דָּבָר אַחֵר "וְיִקְחוּ לִי תְּרוּמָה" — **Another interpretation** of the verse, ***and let them take for Me*** (or: *take Me*) ***a portion:*** הֲדָא הוּא דִכְתִיב "עָלִיתָ לַמָּרוֹם שָׁבִיתָ שֶּׁבִי" — **This is** to be understood in light of **what is written** elsewhere in Scripture regarding the giving of the Torah on Sinai, ***You***[15] ***ascended on high, you have taken a captive,*** *you took gifts of man; even rebels, to dwell with YAH, God* (*Psalms* 68:19). כָּל עִלּוּיֶיךָ לֹא הָיוּ אֶלָּא מִן הַמָּרוֹם — *You ascended on high* means: **Your entire** spiritual **greatness** [עִלּוּיֶיךָ][16] **is derived only from** God Who resides **on high.**[17] "עָלִיתָ לַמָּרוֹם", "וּמֹשֶׁה עָלָה אֶל הָאֱלֹהִים", "וּמֹשֶׁה נִגַּשׁ אֶל הָעֲרָפֶל" — ***You ascended on high*** — this refers to the verses in the Torah, ***Moses ascended to God*** (above, 19:3) ***and Moses approached the thick cloud*** *where God was* (ibid. 20:18).[18]

The Midrash continues to expound the verse in *Psalms*:

"שָׁבִיתָ שֶּׁבִי" — The verse continues, ***you have taken a captive***[19] (*Psalms* 68:19). מֶלֶךְ בְּשָׁעָה שֶׁחֲיָילוֹתָיו נִשְׁבִּים הוּא מֵיצַר — **Now, a king of flesh and blood, at a time when his troops are taken captive, he feels distressed.** תֹּאמַר אַף כָּאן כָּךְ — **You might say the same** was true **here,** that God was distressed, as it were, when Moses "captured" the Torah; תַּלְמוּד לוֹמַר "לָקַחְתָּ" — to teach us otherwise **Scripture states, *you have taken*** (or: *acquired*), indicating that the Torah was taken away by mutual agreement, unlike a captured prisoner.[20] וּבְשָׁעָה שֶׁאָדָם מוֹכֵר הוּא מֵיצַר — **Now, at a time when a man sells** a personal possession of his, **he** also **feels** somewhat **distressed** at losing his object. You might say that here, too, God was somewhat distressed, as it were.[21] תַּלְמוּד לוֹמַר "מַתָּנוֹת בָּאָדָם" — To teach us otherwise **Scripture states,** *you took **"gifts" of man,*** אָמַר לָהֶם: כָּךְ אֲנִי מַעֲלֶה עֲלֵיכֶם, כְּאִלּוּ מַתָּנָה נְתַתִּיהָ לָכֶם — indicating that **[God] said to [Israel], "I consider it as if I have given [the Torah] to you as a gift."**[22]

"וְאַף סוֹרְרִים" — The verse continues, ***even rebels,*** *to dwell with YAH, God.* אָמַר הַקָּדוֹשׁ בָּרוּךְ הוּא לְמֹשֶׁה: מָה אוּמּוֹת הָעוֹלָם אוֹמְרִים — This means that **the Holy One, blessed is He, said to Moses, "What do the non-Jews say** in the wake of the sin of the Golden Calf? שֶׁאֵינִי חוֹזֵר עִמָּהֶם עַל שֶׁעָבְדוּ עֲבוֹדָה זָרָה, שֶׁנֶּאֱמַר "סָרוּ מַהֵר" — They say **that I will not** ever **return** to dwell **among [Israel] because they have worshiped idolatry," as it is stated** regarding the incident of the Golden Calf, ***they have strayed quickly*** *from the way that I have commanded them; they have made themselves a molten image* (*Deuteronomy* 9:12). אֲפִילוּ סוֹרְרִים הֵן אֵינִי מַנִּיחַ אוֹתָם וְעִמָּהֶם אֲנִי דָר — "But this is not true; for **even if** at times **they are rebels, I do not** ever **abandon them, and I** continue to **dwell among them."**[23] שֶׁנֶּאֱמַר "אַף סוֹרְרִים לִשְׁכֹּן יָהּ אֱלֹהִים" — **Thus it is stated, *even rebels, to dwell with YAH, God.***

§3 The Midrash discusses further the concept that God dwells among the people of Israel:[24]

דָּבָר אַחֵר, "וְיִקְחוּ לִי תְּרוּמָה" — **Another interpretation** of the verse, ***and let them take for Me*** (or: *take Me*) ***a portion:*** הֲדָא הוּא דִכְתִיב "אֲנִי יְשֵׁנָה וְלִבִּי עֵר" — **This is** to be understood in light of **what is written, *I am asleep, but my heart is awake;*** *the sound of my Beloved knocking!* (*Song of Songs* 5:2).[25]

The Midrash expounds the verse in *Song of Songs,* ultimately relating it to our verse:

אָמְרָה כְּנֶסֶת יִשְׂרָאֵל — **The Congregation of Israel was saying** here,

NOTES

13. The verse refers to the Tabernacle, and subsequently to the Temple in Jerusalem. However, even after the Temple was destroyed, the Divine Presence still resides at the Western Wall, which was never torn down (see above, 2 §2). Additionally, wherever the Jewish people were exiled, the Divine Presence, as it were, went into exile along with them [see *Eichah Rabbah, Pesichta* §34] (*Eitz Yosef*).

14. As expressed in the words וְיִקְחוּ לִי, which is interpreted, as in the previous section, "Let them take Me" along with their receiving of the Torah; or as expressed in the words *They shall make a Sanctuary for Me so that I may dwell among them* (below, v. 8) (*Yefeh To'ar*).

15. The Psalmist here addresses Moses.

16. The Midrash interprets the verse's reference to Moses' "ascent" as alluding to his achievement of spiritual greatness (*Matnos Kehunah, Yefeh To'ar, Eitz Yosef*). [The phrase is also interpreted in this sense above, 28 §1.]

17. Other prophets received their prophecy through intermediaries (angels), but all of Moses' immense prophetic power came to him directly from "on high," from God (*Yefeh To'ar;* see *Rambam, Hil. Yesodei Torah* 7:11). Alternatively: Moses' lofty stature as the greatest prophet of Israel stems not from his performance of great miracles, though he did many; rather, it comes from His ascent to Mount Sinai, where the entire people witnessed him speaking to God (*Toldos Noach;* see *Rambam* ibid. 8:1).

18. According to *Matnos Kehunah* (and *Eitz Yosef*) this sentence is an alternative interpretation, disagreeing with the previous one, and explains the "ascent" of the *Psalms* verse as a reference to Moses' *physical* ascent "on high" to receive the Torah (see Midrash below). According to *Yefeh To'ar,* it is a continuation of the previous sentence, and elaborates on it; he therefore explains the cited verses about Moses "ascending to God" and "approaching" Him as references to His spiritual devotion to God.

19. The reference is to the Torah, which was "captured" from the angels by Moses, as related in *Shabbos* 88b-89a, *Shir HaShirim Rabbah* 8:11 §2, etc.

20. Nevertheless, the verse compares Moses' receiving the Torah to the taking of a captive, for although God consented to it, the angels protested. From their perspective, then, Moses' taking the Torah was a forceful capture (*Eitz Yosef;* see above, 28 §1).

21. Since we have established that the giving of the Torah is compared to an acquisition (purchase).

22. Unlike when selling one of his possessions, when a person gives an object as a gift to a loved one, he does it with a full heart, without even a modicum of distress (*Eitz Yosef*).

23. And this is borne out by the fact that God here (in *Exodus* Ch. 25) commands Moses and Israel to build the Tabernacle for His "dwelling place." [The Sages are of the opinion that the command to build the Tabernacle occurred only after the sin of the Golden Calf, as seen clearly from this Midrash as well as from many other sources (*Maharzu*). Cf. *Ramban* in his *Chumash* commentary.]

24. See above, note 14.

25. The speaker in this verse is the "maiden" of *Song of Songs,* a metaphor for Israel; her "Beloved" is God.

אָמַר לוֹ: בִּתִּי שֶׁנָּתַתִּי לְךָ יְחִידִית הִיא, לִפְרוֹשׁ מִמֶּנָּה אֵינִי יָכוֹל, לוֹמַר לְךָ אַל תִּטְּלָהּ אֵינִי יָכוֹל לְפִי שֶׁהִיא אִשְׁתְּךָ, אֶלָּא זוֹ טוֹבָה עֲשֵׂה לִי, שֶׁכָּל מָקוֹם שֶׁאַתָּה הוֹלֵךְ קִיטוֹן אֶחָד עֲשֵׂה לִי שֶׁאָדוּר אֶצְלְכֶם, שֶׁאֵינִי יָכוֹל לְהַנִּיחַ אֶת בִּתִּי, כָּךְ אָמַר הַקָּדוֹשׁ בָּרוּךְ הוּא לְיִשְׂרָאֵל: נָתַתִּי לָכֶם אֶת הַתּוֹרָה, לִפְרוֹשׁ הֵימֶנָּה אֵינִי יָכוֹל, לוֹמַר לָכֶם אַל תִּטְלוּהָ אֵינִי יָכוֹל, אֶלָּא בְּכָל מָקוֹם שֶׁאַתֶּם הוֹלְכִים בַּיִת אֶחָד עֲשׂוּ לִי שֶׁאָדוּר בְּתוֹכוֹ, שֶׁנֶּאֱמַר [כה, ח] "וְעָשׂוּ לִי מִקְדָּשׁ וְגוֹ'":

ב דָּבָר אַחֵר, [כה, ב] "וְיִקְחוּ לִי תְּרוּמָה", הָדָא הוּא דִכְתִיב (תהלים סח, יט) ג"עָלִיתָ לַמָּרוֹם שָׁבִיתָ שֶּׁבִי", כָּל עִלּוּיֶיךָ לֹא °הָיָה אֶלָּא מִן הַמָּרוֹם, "עָלִיתָ לַמָּרוֹם", (לעיל יט, ג) "וּמֹשֶׁה עָלָה אֶל הָאֱלֹהִים", (שם כ, יח) "וּמֹשֶׁה נִגַּשׁ אֶל הָעֲרָפֶל", "שָׁבִיתָ שֶּׁבִי", מֶלֶךְ בְּשָׁעָה שֶׁחֲיָילוֹתָיו נִשְׁבִּים הוּא מֵיצַר, תֹּאמַר אַף כָּאן כָּךְ, תַּלְמוּד לוֹמַר (תהלים שם שם) "לָקַחְתָּ", וּבְשָׁעָה שֶׁאָדָם מוֹכֵר הוּא מֵיצַר, תַּלְמוּד לוֹמַר (שם) "מַתָּנוֹת בָּאָדָם", אָמַר לָהֶם: כָּךְ אֲנִי מַעֲלֶה עֲלֵיכֶם, כְּאִלּוּ מַתָּנָה נְתַתִּיהָ לָכֶם, (שם) "וְאַף סוֹרְרִים", אָמַר הַקָּדוֹשׁ בָּרוּךְ הוּא לְמֹשֶׁה: מָה °עוֹבְדֵי כוֹכָבִים° אוֹמְרִים, שֶׁאֵינִי חוֹזֵר עִמָּהֶם עַל שֶׁעָבְדוּ עֲבוֹדָה זָרָה, שֶׁנֶּאֱמַר (לעיל לב, ח) "סָרוּ מַהֵר", אֲפִילוּ סוֹרְרִים הֵן אֵינִי מַנִּיחַ אוֹתָם וְעִמָּהֶם אֲנִי דָּר, שֶׁנֶּאֱמַר (תהלים שם שם) "אַף סוֹרְרִים לִשְׁכֹּן יָהּ אֱלֹהִים":

ג דָּבָר אַחֵר, [כה, ב] "וְיִקְחוּ לִי תְּרוּמָה", הָדָא הוּא דִכְתִיב (שיר השירים ה, ב) "אֲנִי יְשֵׁנָה וְלִבִּי עֵר", אָמְרָה כְּנֶסֶת יִשְׂרָאֵל:

עץ יוסף

קיטון. בלשון יוני חדר (מוסף הערוך): **בכל מקום שאתם הולכים בית אחד עשו לי.** ואף עכשיו שנחרב בית המקדש, מכל מקום לא זזה שכינה מכותל מערבי ששם נגנז הארון והלוחות, וגם בכל מקום שגלו ישראל שכינה גלתה עמהם לסיבה זו (תולדות נח): **(ב) הדא הוא דכתיב עלית למרום כו'.** דריש ויקחו לי תרומה, וכדלעיל באגדה הקודמת, ודרש על זה קרא דלקחת מתנות ואף סוררים, כלומר שעל ידי התורה שהיא כמתנה להם, אף שהיו חוטאים שכינה עמהם: **עלוייך.** עלית דריש לשון עילוי ושבח, ועיין לעיל ריש פרשה כ"ח: **ומשה עלה.** עכשיו דרשו מלשון עלייה ממש: **תלמוד לומר לקחת.** דרך לקיחה וקנין, דבאמת היא שבויה ולקיחה, דמצד המלאכים היא שבויה שגברו מנוקים את האראלים וחטפו התורה מידם, ולקוחים הם מצד הקדוש ברוך הוא, שהקדוש ברוך הוא מכר לישראל את התורה, כמו שדרשו ז"ל (לעיל ל, ה) בפסוק (שמות כא, ז) וכי ימכור את בתו לאמה: **שאדם מוכר הוא מיצר.** שכל המוכר בעין רעה הוא מוכר: **תלמוד לומר מתנות באדם.** וכל הנותן בעין יפה הוא נותן: **כאילו מתנה נתתיה לכם.** שבאמת אינה מתנה, כי לא ניתנה תורה במתנה אלא למשה בלבד, כדאיתא לקמן בפסוק ויתן אל משה וגו', אבל לישראל אינה אלא כמכירה בזכות אבותם, כדאיתא לעיל פרשה כ"ח, ובזכות יעקב כדאיתא לקמן פרשת כי תשא, אלא כדי שלא יאמרו שהקדוש ברוך הוא נצטער במכירתו, כינה בלשון מתנה (תולדות נח): **(ג) הדא הוא דכתיב אני ישנה כו'.** כוונתו למה דמסיק בסוף אני ישנה ממעשה העגל, כלומר שהקדוש ברוך הוא סילק שכינתו ממני בחטא העגל, ואחר זה הרתיק עלי בלווי בנין המשכן, וזה שאמר פתחי לי כו', אלא עשו לי מקדש כו':

פירוש מהרז"ו

(ב) **הדא הוא דכתיב עלית למרום.** לעיל ריש פרשה כ"ח, עיין מה שכתבתי שם ותבין כאן: **נשבים הוא מיצר.** ולער השבי גדול מאד, מלער המוכר: **תלמוד לומר לקחת.** ולוקח שלקח מקח טוב שמח, רק המוכר עלב, שכאן מדבר במוכר חפץ מתוך ביתו, כמפורש לקמן סימן ו: **תלמוד לומר מתנות באדם.** והנותן בעין יפה נותן, הרי שמחה מכל לד, עיין בבא בתרא (דף ס"ה א'), וכמו שמבואר ברכות (דף ה, א). וכל דרשה זו על פי מדה כ"א שהוקש לשתי מדות, ואתה נותן לו כח היפה שבשתיהם, וכאן לשלשה מדות, שמחה של שובה, כמו שכתוב (תהלים קיט, קסב) שש אנכי כמולא שלל, ושמחה של לוקח, ושמחה של נותן, אך מקבל המתנה הוא בוש. והנמשל בכל זה שלימוד התורה על ידי מלחמת היצר, וחכמה שלומד באף, עומדת לו, ונמשל הלקיחה על שצריך ליגע וליתן כחותיו על התורה שמתשת כחו, במיעוט שינה ושיחה ותענוג, אך מה יוכל להשיג בכחותיו מהתורה, אשר ארוכה מארץ מדה ורחבה מני ים, לזה נמשלה למתנה, שאחר שייגע כל צרכו בתורה, אז נתנה לו במתנה, וכדלעיל פרשה ו ריש סימן ב, ולקמן פרשה מ"א סימן ו: **אף סוררים.** עד לשכון יה אלהים. המדרש סובר שפרשת הנה אנכי שולח מלאך, וסדר תרומה תלוה תשא היה אחר מעשה העגל, כמו שאמרו בפרשה הקודמת כמה פעמים, וכמו שכתוב בסדר עולם פרק ו', שביום הכפורים ירד משה מן ההר, ובישרם שנתרלה להם המקום וכו', ויצום, מה צוה אותם לעשות המשכן, וכמו שאמרו בתנחומא תשא סימן ל"א, שאחר יום הכפורים צוה למשה ועשו לי מקדש, וכן בתנחומא כאן סימן ח, אף על פי שפרשת המשכן [בתורה] קודם למעשה עגל, אמר רבי יהודה ברבי שלום אין מוקדם ומאוחר בתורה וכו' (על פי מדה ל"ב). וכן בסמוך (ס"ב) [סימן ג], ועיין מדרש תהלים מזמור ג' פסוק רבים אומרים לנפשי: (ג) **אני ישנה.** שמות רבה פרשה ב סימן ה, וכאן ובשמות רבה שם, חסר. ועיין שיר השירים רבה פסוק זה פסיקתא פרשה ט"ו בשלימות:

מתנות כהונה

קיטון. חדר: **כך אמר הקב"ה** גרסינן: [ב] **עלוייך כו'.** עלית דרש לשון עילוי ושבח. ועיין מזה לעיל ריש פרשה כ"ח: **ומשה עלה.** עכשיו דרשו מלשון עלייה ממש: **לקחת.** דרך לקיחה וקניין: **הוא מיצר כו'.** שכל המוכר בעין רעה הוא מוכר וכל הנותן בעין יפה הוא נותן:

אשד הנחלים

משל כו' לפרוש ממנה כו' שהיא אשתך. והנמשל כי הישרים מצד נפשם המה כבעלים לתורה, ועל ידם מוכרחת התורה להיות בארץ, כמשל שהמלך לוקח אשתו למדינתו רחוק מבית המלך, והמלך מוכרח להיות עם בתו ולהשגיח על חתנו, מפני בתו שהיא אצלו, כי התורה היא כבת מלכו של עולם, שהיא המדרגה הגבוה המקבלת מאדוניה יתברך, ואי אפשר להם לפרוש זה מזה, ולכן הנהגת העולם הזה והשגחתו [על ידי התורה] מוכרחת להיות על ידי ה' ברוך הוא בפרט, הבן זה: **עשו לי.** שעל ידי זה יהיה מדובק ההשגחה האלקית ושופע עליכם, וזהו ויקחו לי, כאלו כתיב ויקחו אותי, כי כפשוטו אי אפשר לומר, שלי פירושו למעני, כי אין דבר למען ה' כי אם למען האדם: **[ב] כל עלויך כו' מן המרום.** כלומר לא עלייה פשוטה טבעית או שכלית, כי אם עלייה אלהית נעלה מדרך טבע האנושית, מה שאין זאת בכח אנושי, ולכן נקראת שביה מצד שמצד הטבע לא היה יכול לקחת אותה כי אם כשבויה בחזקה, כי המלאכים קטרגו מאד בנתינת התורה (שבת פח, ב), ואמרו (תהלים ח, ה) מה אנוש, ולכן קרא בשם לקיחה ומתנה ביחד, כי אלולי לא היה רצון ה' לתת לו על דרך מתנה, לא היה כח במעשיו לקחת אותו על ידי מעשיו הטובים, [שזהו פועל הלקיחה על ידי השכר] רק שניתן במתנה. וענין העצבון והשמחה, הכונה בנמשל לפי שיש דבר פעולה מהאדם העושה בחזקה, מה שיסד ה' ברוך הוא בטבע המציאות אף שהוא נגד רצונו יתברך, המשל המשתמש בשמות הקדושים ופועל ענין מה שיסד ה' על ידו, אך הוא נגד רצונו יתברך, זהו הכנוי שהוא בעצבון, אבל נתינת התורה היה בשמחה, כי כן היה רצונו יתברך שמשה יפעול זאת על ידי מעשיו והכנותיו, הבן זה מאד: **ומשה ניגש.** כאלו ניגש בכח גדול ובחזקה מאד נעלה מכל טבע אנושית, וזהו מן המרום: **איני מניח.** כי השי"ת אינו מסיר השגחתו ושפעו מהם עד שבהכרח מוכרחין להיטיב דרכיהם, כי יענישם למעלה מהטבע עד שישובו, או מעורר לבם לתשובה:

חידושי הרד"ל

[ב] אומרים שאיני חוזר עמהם על שעבדו כו'. משמע שתרומת המשכן היתה אחר מעשה העגל, וכדאיתא בתנחומא פרשה זו סימן ח, וכן הובא במדרשות בכמה מקומות:

באור מהרי"פ

[ב] אמר הקדוש ברוך הוא למשה וכו'. פירוש, אחרי שהתורה אינה שבויה בידכם, אלא לקיחה ומתנה, אם כן אף כשישראל סוררים אין בידי לחזור וליטול התורה מהם, דבשלמא אם היתה בידם בבחינת שבויה, היה הדין נותן כשחטאו לחזור וליטול, מה שאין כן כשהיא לקוחה ונתונה להם ולפרוש עצמי מן התורה איני יכול כמבואר למעלה, לכך אני מוכרח לדור עמהם אף כשחטאו, ולכך אף עכשיו שנחרב בית המקדש בעונותינו הרבים לא זזה שכינה מכותל מערבי, ששם נגנזו הארון והלוחות, ולסבה זו אמרו חכמינו ז"ל (מגילה כט, א) כל מקום שגלו ישראל גלתה שכינה עמהם, ולכך גם אחר חטא אמר הקב"ה ויקחו לי תרומה וגו', ועשו לי מקדש כי איני יכול לפרוש מהם. תולדות נח הארוך:

אמרי יושר

[ב] תלמוד לומר מתנות. כי קיימא לן נותן בעין יפה נותן: **אפילו סוררים איני מניח אותם ושכנתי בתוכם.** שסוברים ז"ל שאף לציווי המשכן קדם העגל, ובא המשכן לכפר עון העגל, וכן דרשם (סימן ג) **אני ישנה בעגל ולבי ער הקדוש ברוך הוא מרתיק עלי במשכן:**

מסורת המדרש

ג. עיין שבת דף פ"ח ועיין לעיל ריש פרשה כ"ח. ובילקוט תהלים רמז תשנ"ז:

אם למקרא

עָלִיתָ לַמָּרוֹם שָׁבִיתָ שֶּׁבִי לָקַחְתָּ מַתָּנוֹת בָּאָדָם וְאַף סוֹרְרִים לִשְׁכֹּן יָהּ אֱלֹהִים:
(תהלים סח:יט)

וּמֹשֶׁה עָלָה אֶל הָאֱלֹהִים וַיִּקְרָא אֵלָיו ה' מִן הָהָר לֵאמֹר כֹּה תֹאמַר לְבֵית יַעֲקֹב וְתַגֵּיד לִבְנֵי יִשְׂרָאֵל:
(לעיל יט:ג)

וַיַּעֲמֹד הָעָם מֵרָחֹק וּמֹשֶׁה נִגַּשׁ אֶל הָעֲרָפֶל אֲשֶׁר שָׁם הָאֱלֹהִים:
(שם כ:יח)

אֲנִי יְשֵׁנָה וְלִבִּי עֵר קוֹל דּוֹדִי דוֹפֵק פִּתְחִי לִי אֲחֹתִי רַעְיָתִי יוֹנָתִי תַמָּתִי שֶׁרֹּאשִׁי נִמְלָא טָל קְוֻצּוֹתַי רְסִיסֵי לָיְלָה:
(שיר השירים ה:ב)

ידי משה

[ב] עלית למרום כל עלוייך לא היה אלא מן המרום. פירוש, לפי שקשה למדרש קושית הגמרא (סוכה ה, א) שמעולם לא ירדה שכינה למטה ולא עלה משה למרום וכו', אלא הכי פירושו כל עלוייך וכו':

שינוי נוסחאות

(ב) **כל עלוייך לא היה אלא מן המרום.** בספרים ישנים כתוב "... לא היו אלא..." בל' רבים, וכצ"ל:

אֲנִי יְשֵׁנָתִי לִי מִן הַקֵּץ – **"I have 'fallen asleep'**[26] **regarding** my expectation of the advent of **the End** of Days, the Messianic redemption, אֶלָּא הַקָּדוֹשׁ בָּרוּךְ הוּא עֵר – **but the Holy One, blessed is He, is awake** and aware, and will bring the Messiah when the proper time comes." שֶׁנֶּאֱמַר "צוּר לְבָבִי וְחֶלְקִי אֱלֹהִים לְעוֹלָם" – "My heart" is a reference to God, for we find that God is referred to as the "heart" of Israel, **as it is stated,** ***God is the Rock, my Heart***[27] ***and my Portion forever*** (*Psalms* 73:26).[28]

"אֲנִי יְשֵׁנָה" מִן הַמִּצְוֹת – Alternatively: The Congregation of Israel was saying, **"I am 'asleep'**[29] **regarding** my fulfillment of **the commandments,** and thus deserving of punishment, אֲבָל זְכוּת אֲבוֹתַי עוֹמֶדֶת לִי, "וְלִבִּי עֵר" – **but the merit of my forefathers stands by me** and protects me," and this is what is meant by, ***but my heart is awake.***[30]

"אֲנִי יְשֵׁנָה" מִמַּעֲשֵׂה הָעֵגֶל – Alternatively, the Congregation of Israel was saying, **"I was 'asleep'**[31] regarding ever being forgiven **for the incident of the** Golden **Calf,** "וְלִבִּי עֵר" וְהַקָּדוֹשׁ בָּרוּךְ הוּא מַרְתִּיק עָלַי – ***but my heart was awake*** – meaning **the Holy One, blessed is He,**[32] **'knocked'** on my door,[33] as it were, **for me** to open it and let Him in."[34] הֱוֵי "וְיִקְחוּ לִי תְּרוּמָה" – Thus it is written here, ***and let them take for Me*** (or: *take Me*) ***a portion.***[35]

The Midrash continues expounding the *Song of Songs* passage in this vein:

"פִּתְחִי לִי אֲחֹתִי רַעְיָתִי" – The verse continues to describe God's "knocking at Israel's door." He called out,***"Open to Me, My sister, My love,*** *My dove, My perfect one"* (*Song of Songs* ibid.). עַד מָתַי אֶהְיֶה מִתְהַלֵּךְ בְּלֹא בַּיִת, "שֶׁרֹּאשִׁי נִמְלָא טָל" – God was saying, **"Until when shall I travel about without a home,** ***for My head is filled with dew*** (ibid.) from standing outside so long! אֶלָּא עֲשׂוּ לִי מִקְדָּשׁ שֶׁלֹּא אֶהְיֶה בַּחוּץ – Rather, **'make a Sanctuary for Me'** (below, v. 8) **so that I do not remain outside!"**[36]

§4 The Midrash discusses the concept of God dwelling on earth, as it were:

דָּבָר אַחֵר, "וְיִקְחוּ לִי תְּרוּמָה" – **Another interpretation** of the verse, ***and let them take for Me a portion:***

רַבִּי בֶּרֶכְיָה פָּתַח: "לְךָ ה' הַגְּדֻלָּה וְהַגְּבוּרָה וְגוֹ' כִּי כֹל בַּשָּׁמַיִם וּבָאָרֶץ" – **R' Berechyah opened** his discourse of this verse by citing another Scriptural verse: ***Yours, HASHEM, is the greatness, the strength,*** *the splendor, the triumph, and the glory,* ***even everything in heaven and earth*** (or: *for everything is in heaven and on earth*) (*I Chronicles* 29:11). אַתָּה מוֹצֵא כָּל מַה שֶּׁבָּרָא הַקָּדוֹשׁ בָּרוּךְ הוּא לְמַעְלָן בָּרָא לְמַטָּן – What is meant by, *for everything is in heaven and on earth?* **You find** that for **whatever the Holy One, blessed is He, created above,** *in heaven,* **he created** a parallel **below,** *on earth.*

The Midrash enumerates numerous examples of this principle:

לְמַעְלָן זְבוּל וַעֲרָפֶל – **Above** there are **an "abode" and a "thick cloud"** for God's "dwelling"; שֶׁנֶּאֱמַר "וּרְאֵה מִזְּבֻל קָדְשְׁךָ" – an abode, as it is stated, *Look down from Heaven* ***and see, from Your Abode of holiness*** (*Isaiah* 63:15), עֲרָפֶל "וּמֹשֶׁה נִגַּשׁ אֶל הָעֲרָפֶל" – and **a thick cloud,** as it is written regarding Mount Sinai, ***and Moses approached the thick cloud*** *where God was* (above, 20:18),[37] וּכְתִיב "הַבְעַד עֲרָפֶל יִשְׁפּוֹט" – **and it is** also **written,** ***Can He judge through thick cloud?*** (*Job* 22:13). לְמַטָּן "אָז אָמַר שְׁלֹמֹה, ה' אָמַר לִשְׁכֹּן בָּעֲרָפֶל" – And similarly **below** there are an abode and a thick cloud for God's dwelling, as it is written regarding the Temple, ***Then Solomon said, "HASHEM said that He would dwell in the thick cloud"*** (*I Kings* 8:12), וּכְתִיב "בָּנֹה בָנִיתִי בֵּית זְבֻל לָךְ" – **and as it is written** further in that passage, ***I have surely built a house, an abode for You*** (ibid., v. 13). לְמַעְלָן "שְׂרָפִים עֹמְדִים מִמַּעַל לוֹ" – Regarding heaven **above** it is written, ***Seraphim were "standing" above, at His service*** (*Isaiah* 6:2), לְמַטָּן "עֲצֵי שִׁטִּים עֹמְדִים" – and regarding the Tabernacle **below** on earth it is written, *You shall make the planks of the Tabernacle* ***of acacia wood, "standing"***[38] (below, 26:15). לְמַעְלָן כְּרוּבִים, שֶׁנֶּאֱמַר "יֹשֵׁב הַכְּרֻבִים" – In heaven **above there are Cherubim, as it states,** ***HASHEM . . . Who dwells atop the Cherubim*** (*Isaiah* 37:16), לְמַטָּן "וְהָיוּ הַכְּרֻבִים" – and **below** on earth, atop the Holy Ark, there are Cherubim, as is stated regarding the construction of the Ark, ***The Cherubim shall be*** *with wings spread upward, etc.* (below, v. 20). לְמַעְלָן "וְהָאוֹפַנִּים יִנָּשְׂאוּ לְעֻמָּתָם" – In heaven **above** there are Ofanim,[39] as it is written, ***the Ofanim were raised up facing them*** (*Ezekiel* 1:20), לְמַטָּן "וּמַעֲשֵׂה הָאוֹפַנִּים כְּמַעֲשֵׂה אוֹפַן הַמֶּרְכָּבָה" – and **below** on earth, in the Temple, there are wheels (*ofanim*), as is stated regarding the building of the First Temple, ***The workmanship of the wheels was like the workmanship of the wheel of the chariot***[40] (*I Kings* 7:33), וְכֵן "וְהִנֵּה אוֹפַן אֶחָד בָּאָרֶץ" – **and** it is stated **as well,** ***and behold, one Ofan was on the land*** (*Ezekiel* 1:15).[41] לְמַעְלָן "ה' בְּהֵיכַל קָדְשׁוֹ" – In heaven **above** there is a Sanctuary, as it is written, ***HASHEM is in the "sanctuary" of His holiness*** (*Psalms* 11:4), לְמַטָּן "הֵיכַל ה' " – and **below** on earth there is a Sanctuary, as the Temple is called many times ***the Sanctuary of HASHEM*** (*I Samuel* 1:9, et al.). לְמַעְלָן "מַלְכֵי צְבָאוֹת יִדֹּדוּן יִדֹּדוּן" – In heaven **above** God has "legions" serving Him, as is stated, ***Kings of legions***[42] ***flee, they flee*** (*Psalms* 68:13),

NOTES

26. I.e., I have almost despaired and given up hope for redemption (*Yefeh To'ar, Eitz Yosef*).

27. This phrase is usually translated, "the Rock of my heart," a single description of God, but the Midrash interprets it as two descriptions — "the Rock" and "my Heart" (*HaTirosh*).

28. God is referred to as a heart, for He is the Source of all life, as is the heart to the body (*Eitz Yosef*).

29. I.e., neglectful.

30. The forefathers are considered the "heart" of Israel, for they are the foundation of our existence as a people (*Matnos Kehunah;* see also *Radal*).

31. I.e., in despair (as above, at note 26).

32. This interpretation also interprets *my heart* as referring to God, as above, at note 28.

33. He — unlike Israel — was "awake" and anxious regarding rapprochement with Israel.

34. As the verse concludes, *the sound of my Beloved knocking.*

35. As the Midrash has stated (above, §1), this is accomplished through the building of the Tabernacle, the earthly dwelling for the Divine Presence. The command to build the Tabernacle was thus a sign that God had forgiven the people for the sin of the Golden Calf (see below, 51 §8; also above, note 23) (*Eitz Yosef,* Vagshal ed.).

36. This is an allegory that expresses God's desire, so to speak, to dwell among the people of Israel (*Eitz Yosef*).

37. And this "thick cloud" had descended from heaven together with God (*Yefeh To'ar, Eitz Yosef*).

38. The Sages (*Yoma* 72a) teach that the quality of "standing" attributed to these planks of the Tabernacle indicates that they are eternally intact (though their present location may be unknown to us). I.e., just as the angels are eternal, so are the Divine powers embodied by the Tabernacle and its offerings eternal (*Yefeh To'ar, HaTirosh*).

39. An *Ofan* (lit., "Wheel") is a type of angel or celestial being, described in Ezekiel's vision of the Heavenly Chariot.

40. The "chariot" mentioned here refers to the Heavenly Chariot described by Ezekiel, which Solomon, in his great wisdom, was aware of (*Rashi, Radak* ad loc.).

41. This is another proof that there is such a thing as an Ofan on earth (cf. commentators on *Ezekiel* ad loc., who do not interpret the verse in this sense).

42. A reference to the angels Gabriel and Michael (*Yefeh To'ar,* based on *Midrash Shocher Tov*).

ד**אֲנִי יָשַׁנְתִּי לִי מִן הַקֵּץ אֶלָּא הַקָּדוֹשׁ בָּרוּךְ הוּא עֵר, שֶׁנֶּאֱמַר** (תהלים עג, כו) **״צוּר לְבָבִי וְחֶלְקִי אֱלֹהִים לְעוֹלָם״, ״אֲנִי יְשֵׁנָה״ מִן הַמִּצְוֹת אֲבָל זְכוּת אֲבוֹתַי עוֹמֶדֶת לִי, ״וְלִבִּי עֵר״, ״אֲנִי יְשֵׁנָה״ מִמַּעֲשֵׂה הָעֵגֶל, ״וְלִבִּי עֵר״ וְהַקָּדוֹשׁ בָּרוּךְ הוּא מַרְתִּיק עָלַי, הֱוֵי ״וְיִקְחוּ לִי תְּרוּמָה״,** (שיר השירים שם שם) **״פִּתְחִי לִי אֲחֹתִי רַעְיָתִי״, עַד מָתַי אֶהְיֶה מִתְהַלֵּךְ בְּלֹא בַיִת,** (שם) **״שֶׁרֹּאשִׁי נִמְלָא טָל״, אֶלָּא עֲשׂוּ לִי מִקְדָּשׁ שֶׁלֹּא אֶהְיֶה בַּחוּץ:**

ד דָּבָר אַחֵר, [כה, ב] **״וְיִקְחוּ לִי תְּרוּמָה״,**

רַבִּי בֶּרֶכְיָה פָּתַח: (דברי הימים־א כט, יא) **״לְךָ ה׳ הַגְּדֻלָּה וְהַגְּבוּרָה וְגוֹ׳ כִּי כֹל בַּשָּׁמַיִם וּבָאָרֶץ״, אַתָּה מוֹצֵא כָּל מַה שֶּׁבָּרָא הַקָּדוֹשׁ בָּרוּךְ הוּא לְמַעְלָן בָּרָא לְמַטָּן, לְמַעְלָן זְבוּל וַעֲרָפֶל, שֶׁנֶּאֱמַר** (ישעיה סג, טו) **״וּרְאֵה מִזְּבֻל קָדְשְׁךָ״, עֲרָפֶל** (לעיל כ, יח) **״וּמֹשֶׁה נִגַּשׁ אֶל הָעֲרָפֶל״, וּכְתִיב** (איוב כב, יג) **״הַבְעַד עֲרָפֶל יִשְׁפּוֹט״, לְמַטָּן** (מלכים־א ח, יב) **״אָז אָמַר שְׁלֹמֹה, ה׳ אָמַר לִשְׁכֹּן בָּעֲרָפֶל״, וּכְתִיב** (שם שם יג) **״בָּנֹה בָנִיתִי בֵּית זְבֻל לָךְ״,** ה**לְמַעְלָן** (ישעיה ו, ב) **״שְׂרָפִים עֹמְדִים מִמַּעַל לוֹ״, לְמַטָּן** (לקמן כו, טו) **״עֲצֵי שִׁטִּים עֹמְדִים״, לְמַעְלָן כְּרוּבִים, שֶׁנֶּאֱמַר** (ישעיה לז, טז; ועוד) **״יֹשֵׁב הַכְּרֻבִים״, לְמַטָּן** (לקמן פסוק ב) **״וְהָיוּ הַכְּרֻבִים״, לְמַעְלָן** (יחזקאל א, כ) **״וְהָאוֹפַנִּים יִנָּשְׂאוּ לְעֻמָּתָם״, לְמַטָּן** (מלכים־א ז, לג) **״וּמַעֲשֵׂה הָאוֹפַנִּים כְּמַעֲשֵׂה אוֹפַן הַמֶּרְכָּבָה״, וְכֵן** (יחזקאל א, טו) **״וְהִנֵּה אוֹפַן אֶחָד בָּאָרֶץ״, לְמַעְלָן** (תהלים יא, ד) **״ה׳ בְּהֵיכַל קָדְשׁוֹ״, לְמַטָּן** (שמואל־א א, ט; ועוד) **״הֵיכַל ה׳ ״, לְמַעְלָן** (תהלים סח, יג) **״מַלְכֵי צְבָאוֹת יִדֹּדוּן יִדֹּדוּן״,**

עץ יוסף

אני ישנה מן הקץ כו׳. פירוש שאף שארכו הימים וכמעט נתיאשתי מהגאולה, הקדוש ברוך הוא ער, ויושב ומצפה מתי יגיע הקץ, וכמו שאמרו בפרק חלק (סנהדרין לז, ב) שהקדוש ברוך הוא מחכה לגאלם שנאמר (ישעיה ל, יח) ולכן יחכה ה׳ לחננכם: **שנאמר צור לבבי.** מביא ראיה שהקדוש ברוך הוא נקרא לבן של ישראל, לפי שממנו תוצאות חיים: **אבל זכות אבותי עומדת לי ולבי ער.** שעדיין יש לי חיות על ידי זכות אבותי שמגינה במקום המצות: **והקדוש ברוך הוא מרתיק עלי.** פירוש דופק שאפתח לו ואקחנו הביתה, דהיינו המשכן, וקרא להקדוש ברוך הוא לב: **הוי ויקחו לי תרומה.** דהיינו אותי אתם לוקחים כדפירשתי לעיל: **עד מתי אהיה מתהלך בלא בית.** כי כן היה הולך לפניהם יומם ולילה, ואמר שהוא נכסף לבא בבית, והכל דרך משל אל תשוקת ה׳ לשכון בתוך בני ישראל להיטיבם, שעל ידי היות ה׳ שוכן בתוכם לא יחטאו בנקל כבתחלה, וכיוצא במדרש אגביר, ויקחו לי תרומה, מי שנאמר בו לה׳ הארץ ומלואה, הוא צריך לבשר ודם, אלא שחומד לישראל להשרות שכינתו בהם, כאב שחומד לבניו: **(ד) רבי ברכיה פתח כו׳.** דריש ויקחו לי, כלומר שיקחו דוגמא מאשר לי בשמים, ולפי שהכל מהקדוש ברוך הוא, לא קאמר ויתנו לי, רק ויקחו לי, כלומר שיקחו מאשר לי ויעשו תרומה, ולהכי מסיים ואומר לי הכסף ולי הזהב: **כל מה שברא הקדוש ברוך הוא למעלן כו׳.** ופירוש כי כל בשמים וארץ, כי כל הגדולה והגבורה הנזכר ישנן בשמים ובארץ, כי גם בארץ נמצאו גבורותיו ומעשיו כמו בשמים, וזה להראות פלאי היוצר, שגם מבריאותיו השפלות תגלה ותראה עוצם כבודו: **ומשה נגש אל הערפל.** שעל ידי שבאה השכינה מלמעלה על ההר, בא גם הערפל מלמעלה: **למטן עצי שטים עומדים.** שהם עומדים וקיימים לעולם ולעולמי עולמים כמו שנאמר פרק בא לו (יומא עב, א): **וכן והנה אופן אחד בארץ.** וכמו כן בעליונים מצינו כמעשה אופן המרכבה: **למעלן מלכי צבאות.** דהיינו מיכאל וגבריאל, שהם (גדולו) [גדולי] צבא המלאכים, כדאיתא במדבר רבה, ובשוחר טוב:

פירוש מהרז״ו

ישנתי לי מן הקץ. נכסה ונעלם ממני ונתיאשתי: **ממעשה עגל.** בסיבת מעשה עגל נתיאשתי מסליחה ולהתקרב להקב״ה: **מרתיק עלי.** כמו שכתוב בסיפא קול דודי דופק פתחי לי אחותי וגו׳: **שראשי נמלא טל.** משל לעומד בחוץ בלילה ומבקש שיפתחו לו פתח הבית, ואומר שאינו יכול לסבול לחות הטל: **(ד) כי כל בשמים ובארץ.** שהיה לו לומר על כל מה שבשמים ובארץ לך ה׳ הממלכה, על כן דורש שהוא מאמר בפני עצמו, שכל מה שברא בשמים ברא בארץ: **זבול וערפל.** על שאמר שלמה לשכון בערפל בנה בניתי בית זבול בפסוק אחד מלכים א ח׳ (יב - יג), על כן דורש שניהם אלו יחד: **וראה מזבול קדשך.** וריש דקרא הבט משמים: **ומשה נגש אל הערפל.** וכתוב אחריו אתם ראיתם כי מן השמים דברתי עמכם: **עצי שטים עומדים.** שמות כ״ו ט״ו, עיין לקמן סוף פרשה ל״ה: **יושב הכרובים.** בישעיה ל״ז, ה׳ צבאות אלהי ישראל יושב הכרובים, ובתהלים פ׳ (פסוק ב), וצ״ט (פסוק א), ועיקר הראיה מיחזקאל י׳, דשם כתוב כמה פעמים כרובים על המלאכים, וכן בתהלים י״ח (פסוק יא) וירכב על כרוב, אם כן יושב הכרובים גם כן של מעלה: **והיו הכרובים.** שמות כ״ה כ׳: **ומעשה אופנים.** מלכים א ז׳ ל״ג: **ה׳ בהיכל קדשו.** וסיפא דקרא ה׳ בשמים כסאו, הרי מה שכתב היכל, הוא של מעלה. ועיין לעיל פרשה ב ריש סימן ב, דדורש על של מטן, ומדרשים חלוקים הם: **למטן היכל ה׳.** שמואל א א׳ ט׳:

חידושי הרד״ל

[ג] זכות אבותי עומדת לי ולבי ער. אפשר סמך לדרשת לבי על אבות, כמה דאת אמר (מלאכי ג, כד). והשיב לב אבות על בנים: **מרתיק עלי.** עיין מתנות כהונה, וכמו שכתוב קול דודי דופק כו׳: **[ד] למעלן שרפים כו׳ למטן עצי שטים כו׳.** עיין זוהר (קמז, ב): **למטן ומעשה האופנים וגו׳.** (מלכים א׳ ו׳):

חידושי הרש״ש

[ד] למעלן ויהי רקיע כו׳. וסיפיה, ויהי מבדיל כו׳:

באור מהרי״פ

[ג] אבל זכות אבות וכו׳. אין לו רמז במקרא: **מרתק עלי.** בערוך ערך מרתק, בבראשית רבה פרשה כ״א (סימן ג) כמרתק מן גבר. תרגום ירושלמי באבן או באגרוף מרתוקי. [ירושלמי] בסוף משקין נחית מן תמרא ויהב ליה מרתוקא גו לביה עד כאן לשון הערוך. והקב״ה מרתיק עלי נסמך על קול דודי דופק פירוש, שהוא כמו באבן או באגרוף על הפתח ואומר **פתחי לי אחותי וגו׳,** ופירוש של מלת לי הוא בשבילי, שלא **אהיה מתהלך בלא בית,** וכן מאמר הוי ויקחו לי תרומה פירוש, בשבילי ועשו לי מקדש. ומן הראוי שהמאמר של הוי ויקחו לי תרומה יהיה בסוף, אחר ועשו לי מקדש שלא אהיה בחוץ:

מסורת המדרש

ד. לעיל פרשה ב׳. שיר השירים רבה פרשה ה׳ פסוק ב׳. פסיקתא רבתי פיסקא ט״ו. ילקוט שיר השירים רמז תתקפ״ח:

ה. לקמן סוף פרשה ל״ה:

אם למקרא

כָּלָה שְׁאֵרִי וּלְבָבִי צוּר לְבָבִי וְחֶלְקִי אֱלֹהִים לְעוֹלָם:
(תהלים עג:כו)

לְךָ ה׳ הַגְּדֻלָּה וְהַגְּבוּרָה וְהַתִּפְאֶרֶת וְהַנֵּצַח וְהַהוֹד כִּי כֹל בַּשָּׁמַיִם וּבָאָרֶץ לְךָ ה׳ הַמַּמְלָכָה וְהַמִּתְנַשֵּׂא לְכֹל לְרֹאשׁ:
(דברי הימים א כט:יא)

הַבֵּט מִשָּׁמַיִם וּרְאֵה מִזְּבֻל קָדְשְׁךָ וְתִפְאַרְתֶּךָ אַיֵּה קִנְאָתְךָ וּגְבוּרֹתֶךָ הֲמוֹן מֵעֶיךָ וְרַחֲמֶיךָ אֵלַי הִתְאַפָּקוּ:
(ישעיה סג:טו)

וַיַּעֲמֹד הָעָם מֵרָחֹק וּמֹשֶׁה נִגַּשׁ אֶל הָעֲרָפֶל אֲשֶׁר שָׁם הָאֱלֹהִים:
(שמות כ:יח)

וְאָמַרְתָּ מַה יָּדַע אֵל הַבְעַד עֲרָפֶל יִשְׁפּוֹט:
(איוב כב:יג)

אָז אָמַר שְׁלֹמֹה ה׳ אָמַר לִשְׁכֹּן בָּעֲרָפֶל: בָּנֹה בָנִיתִי בֵּית זְבֻל לָךְ מָכוֹן לְשִׁבְתְּךָ עוֹלָמִים:
(מלכים א ח:יב-יג)

שְׂרָפִים עֹמְדִים מִמַּעַל לוֹ שֵׁשׁ כְּנָפַיִם שֵׁשׁ כְּנָפַיִם לְאֶחָד בִּשְׁתַּיִם יְכַסֶּה פָנָיו וּבִשְׁתַּיִם יְכַסֶּה רַגְלָיו וּבִשְׁתַּיִם יְעוֹפֵף:
(ישעיה ו:ב)

וְעָשִׂיתָ אֶת הַקְּרָשִׁים לַמִּשְׁכָּן עֲצֵי שִׁטִּים עֹמְדִים:
(לקמן כו:טו)

וַיִּשְׁלַח הָעָם שִׁלֹה וַיִּשְׂאוּ מִשָּׁם אֵת אֲרוֹן בְּרִית ה׳ צְבָאוֹת יֹשֵׁב הַכְּרֻבִים וְשָׁם שְׁנֵי בְנֵי עֵלִי עִם אֲרוֹן בְּרִית הָאֱלֹהִים חָפְנִי וּפִינְחָס:
(ישעיה לז:טז)

וְהָיוּ הַכְּרֻבִים פֹּרְשֵׂי כְנָפַיִם לְמַעְלָה סֹכְכִים בְּכַנְפֵיהֶם עַל הַכַּפֹּרֶת וּפְנֵיהֶם אִישׁ אֶל אָחִיו אֶל הַכַּפֹּרֶת יִהְיוּ פְּנֵי הַכְּרֻבִים:
(לקמן פסוק כ)

עַל אֲשֶׁר יִהְיֶה שָּׁם הָרוּחַ לָלֶכֶת יֵלֵכוּ שָׁמָּה הָרוּחַ לָלֶכֶת וְהָאוֹפַנִּים יִנָּשְׂאוּ לְעֻמָּתָם כִּי רוּחַ הַחַיָּה בָּאוֹפַנִּים:
(יחזקאל א:כ)

וּמַעֲשֵׂה הָאוֹפַנִּים כְּמַעֲשֵׂה אוֹפַן הַמֶּרְכָּבָה יְדוֹתָם וְגַבֵּיהֶם וְחִשֻּׁקֵיהֶם וְחִשֻּׁרֵיהֶם הַכֹּל מוּצָק:
(מלכים א ז:לג)

וָאֵרֶא הַחַיּוֹת וְהִנֵּה אוֹפַן אֶחָד בָּאָרֶץ אֵצֶל הַחַיּוֹת לְאַרְבַּעַת פָּנָיו:
(יחזקאל א:טו) ה׳ בְּהֵיכַל קָדְשׁוֹ ה׳ בַּשָּׁמַיִם כִּסְאוֹ עֵינָיו יֶחֱזוּ עַפְעַפָּיו יִבְחֲנוּ בְּנֵי אָדָם: (תהלים יא:ד) וַתָּקָם חַנָּה אַחֲרֵי אָכְלָה בְשִׁלֹה וְאַחֲרֵי שָׁתֹה וְעֵלִי הַכֹּהֵן יֹשֵׁב עַל הַכִּסֵּא עַל מְזוּזַת הֵיכַל ה׳:
(שמואל א א:ט) מַלְכֵי צְבָאוֹת יִדֹּדוּן יִדֹּדוּן וּנְוַת בַּיִת תְּחַלֵּק שָׁלָל: (תהלים סח:יג)

מתנות כהונה

[ג] אלא הקב״ה ער וכו׳. אבל הקב״ה שנקרא לבן של ישראל הוא ער לגאלני. ועיין במדרש חזית ומביא ראייה שהקב״ה נקרא לבן של ישראל שנאמר (תהלים עג, כו) צור לבבי וגו׳: **זכות אבותי.** שנקראו לבן ושרשן של ישראל: **אני ישנה ממעשה העגל.** נרדמתי ונדהמתי ונתייאשתי שמא חס ושלום לא יתרצה עוד: **מרתיק.** לשון הכאה ודפיקה:

אשד הנחלים

[ג] ישנתי לי. כי כמעט נתיאשתי חס ושלום מרוב הצרות והיסורים, אך לבי וחוזקי ער לגאלני, וקרא להשי״ת לב, כמו שהלב הוא המחלק חיות לכל הגוף, כן השי״ת כביכול הוא לב העולם, כי הוא המשפיע החיים והקיום. ודרש עוד במלת ישנתי על הסיבה, שישנים היו מן המצות המסבבות הגאולה, אבל לבי [זה הקדוש ברוך הוא] ער לגאלני על ידי זכות האבות, אף שאני בעצמי איני כדאי. ודרש עוד על מעשה המשכן, שבאמצעותו השפע והשכינה בעולם, אף שישנתי ונתרחקתי ממנו בעשיית העגל, היה ער לעוררני על ידי המשכן: **עד מתי.** ועל ידי זה קשה להשפיע עליכם שפע רב טוב, וזהו הכנוי שראשי נמלא טל, כי השפע הרבה חפיצה להריק למטה אם תמצא מקבלים נכונים: **[ד] למעלן ברא למטה.** וזה באורו כי כל בשמים ימצא למטה בארץ. וענינו בכלל, שעל ידי מעשי בני אדם יוכלו להוריד השפעה הרוחנית והשכינה גם למטה בארץ, כמו שהיא למעלה ששם אין חומר מונע. וחשב מעשי בית המקדש ופרטי מעשיו, שהוא מכוון למעשי מרכבה העליונה בכל פרטיה, וכן חשב כמו שהשכינה שמה, כמו שנאמר וה׳ בהיכל קדשו, כן פה על ידי המקדש השכינה שורה למטה, וכמו שלמעלה הפעולות על ידי המלאכים מנהיגי השפע, כן למטה על ידי שרי צבאות קדושים, וגם מכוונים המה להגלגלים וכוכביהם שלכן נמשלו לכוכבים ברבוים, והכהנים שמעלתם גדולה ממעלת ישראל להאיש לבוש הבדים. ואהל זהו המשכן לכלל השמים הנקרא אהל, והמנורה לאור אלהי השופע למעלה, כמו שאמרו (עיין שבת כב, ב) עדות היא לכל באי עולם שהשכינה שורה במערב. והענין בפרטות הוא מסתרי סודות מעשה מרכבה מה שימצא למטה פה בעולם על ידי מעשי ישרים ומעשי המשכן, ודי בזה:

לְמַטָּן "יָצְאוּ כָּל צִבְאוֹת ה' " — and on earth **below** there are "legions" serving Him, as is stated, ***all the legions of HASHEM***[43] ***left*** *the land of Egypt* (above, 12:41). לְמַעְלָן "יְהִי רָקִיעַ בְּתוֹךְ הַמָּיִם" — In the heavens **above** there is a firmament that serves as a separator between two sections, as it is written, *God said,* ***"Let there be a firmament in the midst of the waters,*** *and let it separate between water and water"* (*Genesis* 1:6), לְמַטָּן "וְהִבְדִּילָה הַפָּרֹכֶת לָכֶם" — and on earth **below,** in the Tabernacle, there is also a separator, as it states, ***and the Partition shall separate for you*** *between the Holy and the Holy of Holies* (below, 26:33). לְמַעְלָן "כִּסֵּא" ה' — In heaven **above there is a *"Throne* of Hashem,"** as is stated, *I saw the Lord sitting upon a high and lofty throne* (*Isaiah* 6:1, et al.), לְמַטָּן "כִּסֵּא כָבוֹד מָרוֹם מֵרִאשׁוֹן מְקוֹם מִקְדָּשֵׁנוּ" — and on earth **below** there is a "Throne of God," which is the Temple, as is stated, ***Like the Throne of Glory, primevally exalted, is the place of our Sanctuary*** (*Jeremiah* 17:12). לְמַעְלָן "הֲיֵשׁ מִסְפָּר לִגְדוּדָיו" — In heaven **above** God has "troops" in His service, as is stated, ***Is there a number for His troops?*** (*Job* 25:3),[44] לְמַטָּן "וּשְׁנֵי אֲנָשִׁים שָׂרֵי גְדוּדִים" — and **below** on earth, there are also troops, as is stated, ***Two men, heads of troops,*** *were with Saul's son* (*II Samuel* 4:2).[45] לְמַעְלָן "וּסְפֹר הַכּוֹכָבִים" — In the heavens **above** there are innumerable stars, as is stated, *Gaze, now, toward the Heavens,* ***and count the stars*** *if you are able to count them* (*Genesis* 15:5), לְמַטָּן "וְהִנְּכֶם הַיּוֹם כְּכוֹכְבֵי הַשָּׁמַיִם לָרֹב" — and **below** on earth there are innumerable "stars," as is stated, *HASHEM, your God, has multiplied you,* ***and behold, you are today like the stars of heaven in abundance*** (*Deuteronomy* 1:10).[46] לְמַעְלָן "וְהִנֵּה הָאִישׁ לְבֻשׁ הַבַּדִּים" — **Above** in heaven, angels are depicted as garbed in linen, as is stated, ***Just then the man clothed in linen*** *. . . brought back an answer, etc.* (*Ezekiel* 9:11),[47] לְמַטָּן "כְּתֹנֶת בַּד קֹדֶשׁ יִלְבָּשׁ" — and **below** on earth, the Kohen Gadol is garbed in linen on Yom Kippur, as is stated, ***He shall don a sacred linen Tunic*** (*Leviticus* 16:4). לְמַעְלָן "חֹנֶה מַלְאַךְ ה' " — In heaven **above** there are *malachim* ("angels" or "messengers"), as is stated, ***The angel of HASHEM encamps*** *around His reverent ones and he rescues them* (*Psalms* 34:8), לְמַטָּן "כִּי מַלְאַךְ ה' צְבָאוֹת הוּא" — **and below** on earth there are *malachim* — namely, the Kohanim — as is stated, *For the lips of the Kohen should safeguard knowledge . . .* ***for he is an agent*** (*malach*) ***of HASHEM, Master of Legions*** (*Malachi* 2:7). לְמַעְלָן "בְּמֶלְקָחַיִם לָקַח מֵעַל הַמִּזְבֵּחַ" — There is an Altar **above** in heaven, as is stated, *One of the Seraphim flew to me and in his hand was a coal;* ***he had taken it with tongs from atop the altar*** (*Isaiah* 6:6), לְמַטָּן "מִזְבַּח אֲדָמָה תַּעֲשֶׂה לִּי" — **and below** on earth there is also an altar, as is stated, ***An Altar of earth shall you make for Me*** (above, 20:21). לְמַעְלָן "וַיִּמְתָּחֵם כָּאֹהֶל לָשָׁבֶת" — **Above,** the heavens are described as a "tent," as is stated, *Who spreads the heavens . . .* ***and stretches them like a tent to dwell in*** (*Isaiah* 40:22), לְמַטָּן "מַה טֹּבוּ אֹהָלֶיךָ יַעֲקֹב" — and there are also tents **below** on earth, as is stated, ***How goodly are your tents, O Jacob,*** *your dwelling places, O Israel* (*Numbers* 25:4).[48]

NOTES

43. The people of Israel, God's servants on earth, are called His "legions."

44. These "troops" refer to stars (*Yefeh To'ar*) or angels (*Metzudas David*).

45. Unlike the other items on this list, the "earthly" example of troops does not relate to the service of God on earth (through the Temple, through Israel, through the Kohanim, etc.). On the contrary, the verse cited here concerns two base men who murdered their master (Ish-bosheth son of Saul) in his sleep, and were subsequently executed by David for their treachery. The commentators are puzzled by this line and offer several explanations (see *Imrei Yosher, HaTirosh*). Perhaps the intent is to show that the people of Israel are called God's "troops," since these two officers in the service of Saul (king of Israel) are referred to as "heads of *troops.*"

46. In this verse Israel, God's servants, are compared to stars.

47. This refers to the angel Gabriel (*Radak, Ezekiel* 9:2).

48. These "tents" and "dwelling places" refer to the two Temples (Midrash above, 42 §10). See Insight Ⓐ.

INSIGHTS

Ⓐ **The Sanctuary Within** *Nefesh HaChaim* (1:4, gloss s.v. כי המשכן) expounds on the significance of the many parallels between earth, the Tabernacle, the Temple, and the heavens.

Every part of the Tabernacle and the Temple — every room, every storehouse, and every sacred vessel — corresponds to a different aspect of the heavens. Thus it is written (*I Chronicles* 28:19), *Everything is in writing, by the hand of HASHEM, which He gave me understanding to know — all the works of the plan.* That is, all of the designs and dimensions of the Temple and its utensils were Divinely ordained to represent an aspect of the heavenly world. For this reason, it is prohibited to deviate from these designs: To do so would detract from the capacity of the Tabernacle or Temple to mirror the upper worlds.

Similarly, *Midrash Tanchuma* (*Pekudei*) teaches that the construction of the Tabernacle and the Temple is comparable to the creation of this world, with each component of the Sanctuary corresponding to another aspect of earth. Thus, it is written regarding Bezalel (below, 31:3), *And I have filled him with the spirit of God, with wisdom, understanding, and knowledge.* Bezalel was endowed with these three attributes with which God created the world (see *Proverbs* 3:19-20). In this vein, the Talmud (*Berachos* 55a) teaches that Bezalel knew how to combine the Hebrew letters through which the heavens and earth were created.

R' Shimshon Pincus (*Tiferes Shimshon, Exodus,* pp. 322ff) elucidates the words of *Nefesh HaChaim,* clarifying the Midrash's lesson. God created the world to be a "home" in which His presence could reside (see *Tanchuma, Nasso* §24). With this purpose in mind, He created two domains, the upper world and the lower world. Every object that is found in either domain was created to contribute to this goal.

It is not easy for the human mind to see the parallel between these two worlds. Nonetheless, our Sages demonstrated that many similarities do in fact exist between these two domains. Rav Pincus draws an analogy to a car and a tractor: Although they appear to be two very different machines, they are essentially the same. They contain the same main components: Both have an engine, brakes, a steering wheel, and a gas pedal. They both serve similar purposes, transporting something or someone from point A to B. They also have their differences, of course, based on the specific purpose each one serves. For example, a car has smaller tires with which to drive on a street or highway, whereas a tractor is equipped with very large wheels to drive on farmland and help pull heavy farm equipment. But since they both serve the same basic purpose — to transport and to move — they are essentially the same.

Likewise, the upper and lower worlds share the common purpose of hosting the Divine Presence. Therefore, everything contained in each of these worlds, in some way, contributes to that purpose. Similarly, both the Tabernacle and the Temple were constructed to be a dwelling place for His Presence and must also possess all the components necessary for the Divine Presence to dwell there. Although the external appearance of each domain is different, each one's essence is the same.

Rav Pincus points out that although God, as it were, "dwells in the heavens," He seeks primarily to dwell in the lowly world of man. After man sinned, however, God would rest His presence only in the Sanctuary that was constructed by Israel specifically for this purpose. And when the Jews also sinned and proved themselves unworthy, the Temple had to be destroyed, and He was forced, so to speak, to return to the heavens. But His desire remains to rebuild the Temple and to once again rest His presence among men.

There is one more object of creation that shares the characteristics of the earth, the heavens, and the Temple, and that is the Jewish nation. The Divine Presence desires to dwell within Man, who is a microcosm of the world. Indeed, the *Zohar* illustrates that each component of the Sanctuary is contained within man.

More importantly, the individual man represents the ideal place in which the Divine Presence wishes to reside. By observing all of the

לְמַטָּן (לעיל יב, מא) **"יָצְאוּ כָּל צִבְאוֹת ה'"**, **לְמַעְלָן** (בראשית א, ו) **"יְהִי רָקִיעַ בְּתוֹךְ הַמָּיִם"**, **לְמַטָּן** (לקמן כו, לג) **"וְהִבְדִּילָה הַפָּרֹכֶת לָכֶם"**, **לְמַעְלָן** (ישעיה ו, א; ועוד) **"כִּסֵּא ה'**, **לְמַטָּן** (ירמיה יז, יב) **"כִּסֵּא כָבוֹד מָרוֹם מֵרִאשׁוֹן מְקוֹם מִקְדָּשֵׁנוּ"**, **לְמַעְלָן** (איוב כה, ג) **"הֲיֵשׁ מִסְפָּר לִגְדוּדָיו"**, **לְמַטָּן** (שמואל-ב ד, ב) **"וּשְׁנֵי אֲנָשִׁים שָׂרֵי גְדוּדִים"**, **לְמַעְלָן** (בראשית טו, ה) **"וּסְפֹר הַכּוֹכָבִים"**, **לְמַטָּן** (דברים א, י) **"וְהִנְּכֶם הַיּוֹם כְּכוֹכְבֵי הַשָּׁמַיִם לָרֹב"**, **לְמַעְלָן** (יחזקאל ט, יא) **"וְהִנֵּה הָאִישׁ לְבֻשׁ הַבַּדִּים"**, **לְמַטָּן** (ויקרא טז, ד) **"כְּתֹנֶת בַּד קֹדֶשׁ יִלְבָּשׁ"**, **לְמַעְלָן** (תהלים לד, ח) **"חֹנֶה מַלְאַךְ ה'"**, **וּלְמַטָּן** (מלאכי ב, ז) **"כִּי מַלְאַךְ ה' צְבָאוֹת הוּא"**, **לְמַעְלָן** (ישעיה ו, ו) **"בְּמֶלְקָחַיִם לָקַח מֵעַל הַמִּזְבֵּחַ"**, **וּלְמַטָּן** (לעיל כ, כ) **"מִזְבַּח אֲדָמָה תַּעֲשֶׂה לִּי"**, **לְמַעְלָן** (ישעיה מ, כב) **"וַיִּמְתָּחֵם כָּאֹהֶל לָשָׁבֶת"**, **לְמַטָּן** (במדבר כד, ה) **"מַה טֹּבוּ אֹהָלֶיךָ יַעֲקֹב"**, **לְמַעְלָן** (תהלים קד, ב) **"נוֹטֶה שָׁמַיִם כַּיְרִיעָה"**, **וּלְמַטָּן** (לקמן כו, א) **"עֶשֶׂר יְרִיעֹת"**, **לְמַעְלָן** (דניאל ב, כב) **"וּנְהוֹרָא עִמֵּהּ שְׁרֵא"**, **לְמַטָּן** (לקמן כז, כ) **"שֶׁמֶן זַיִת זָךְ כָּתִית לַמָּאוֹר"**, **וְלֹא עוֹד אֶלָּא שֶׁחֲבִיבִין כָּל מַה שֶּׁלְּמַטָּן מִשֶּׁל לְמַעְלָן, תֵּדַע לָךְ, שֶׁהִנִּיחַ מַה שֶּׁלְּמַעְלָן וְיָרַד בְּשֶׁל מַטָּן, שֶׁנֶּאֱמַר** (לקמן פסוק ח) **"וְעָשׂוּ לִי מִקְדָּשׁ וְשָׁכַנְתִּי בְּתוֹכָם"**, **הֱוֵי** (דברי הימים-א כט, יא) **"כִּי כֹל בַּשָּׁמַיִם וּבָאָרֶץ"**, **וְאוֹמֵר** (חגי ב, ח) **"לִי הַכֶּסֶף וְלִי הַזָּהָב נְאֻם ה' צְבָאוֹת"**:

ה דָּבָר אַחֵר, [כה, ב] **"וְיִקְחוּ לִי תְּרוּמָה"**, **הָדָא הוּא דִכְתִיב** (משלי כב, א) **"נִבְחָר שֵׁם מֵעֹשֶׁר רָב"**, **נִבְחָר שְׁמוֹ שֶׁל מֹשֶׁה, שֶׁנֶּאֱמַר** (תהלים קו, כג) **"לוּלֵי מֹשֶׁה בְּחִירוֹ"**, **וְכֵן הוּא אוֹמֵר** (שמות לג, יז) **"וָאֵדָעֲךָ בְּשֵׁם"**, **מֵעָשְׁרוֹ שֶׁל קֹרַח, שֶׁנֶּאֱמַר** (במדבר טז, יז) **"חֲמִשִּׁים וּמָאתַיִם מַחְתֹּת"**,

עץ יוסף

למעלן חונה מלאך ה'. דמשמע שיש מלאך מיוחד למעלה שליח לצדיקים להצילם מהחטא דהיינו ויחלצם, כדאיתא בפרק התכלת (מנחות מד, א), וכן למטה, כי הכהן מציל האנשים מעון, כמו שנאמר (מלאכי ב, ז) כי שפתי כהן ישמרו דעת ותורה יבקשו מפיהו כי מלאך ה' צבאות הוא: **ובמלקחים לקח מעל המזבח.** ומדהוצרך המלאך שהוא אש, ליקח הגחלת במלקחים, על כרחך שמעל מזבח של מעלה לקח, שגם האש יותר קשה מהאש של מלאך. וענין מזבח של מעלה אמרו בפרק שני דחגיגה (יב, ב) ששם מקריב מיכאל נשמותיהן של צדיקים, ואיתא במדרש הנעלם אמר ר' חייא הקרבה זו אינה כשאר קרבנות, אלא כאדם המקריב דורון לפני המלך: (ה) **הדא הוא דכתיב נבחר שם מעושר רב וגו'.** מכסף וזהב חן טוב שיותר הם מרויחים בנתינת כספם וזהבם לתרומה, ממה שהיה שוה כספם וזהבם, ולהכי אפקיה בלשון קיחה דהוי ליה כאילו לוקחים ולא נותנים, ולהכי מייתי סמך מנבחר שם מעושר רב דטוב השם הטוב הלקוח בקיום ה' מהעושר, ואיידי דמייתי ליה דריש ליה במשה ופנחס ומרדכי: **חמשים ומאתים מחתות.** ודרשו חכמינו ז"ל שכולם היו משל קרח (מתנות כהונה):

פירוש מהרז"ו

יהי רקיע. ויהי מבדיל בין מים למים: **למען כסא ה'.** דברי הימים [א'] כ"ט כ"ג, וישב שלמה על כסא ה' למלך, וכמו שדרשו לעיל פרשה ח בסימן א, הושיב לשלמה על כסאו, שנאמר וישב שלמה על כסא ה'. וכן בירמיה ג' י"ז יקראו לירושלים כסא ה', פירוש על שם כסא ה' שבשמים. ויתכן שהכוונה על פסוק (שמות יז, טז) כי יד על כס יה. ולפסוק (דברי הימים ב יח, יח) ראיתי את ה' יושב על כסאו, וכדומה: **כתונת בד קודש ילבש.** ויקרא ט"ז: **כי מלאך ה' צבאות הוא.** מלאכי ב' ז', ורישא דקרא כי שפתי כהן ישמרו דעת וגו' כי מלאך וגו': **במלקחים לקח מעל המזבח.** ורישא דקרא ויעף אלי אחד מן השרפים, הרי שהוא ממזבח של מעלן: **מזבח אדמה.** שמות כ': **וימתחם באהל.** ורישא דקרא הנוטה כדוק שמים: **שמן זית למאור.** להאיר לפניו כביכול במשכן, כמו למעלה. ומאחר שכל מה שבשמים יש בארץ, על כן כמו ששוכן בשמים כן שוכן בארץ: **לי הכסף ולי הזהב.** היינו של בית המקדש, כמפורש שם בפסוק הקודם, ומלאתי את הבית הזה כבוד אמר ה' לי הכסף לי הזהב, וכן כאן במשכן, ויקחו לי תרומה וגו' זהב וכסף, של כל נדיב לב שהם חביבים לפניו יתברך שמו, כי רחמנא לבא בעי: (ה) **הדא הוא דכתיב נבחר שם.** וסיפא דקרא מכסף וזהב וחן טוב, וכן אומרים ישראל שחביב ויקר עליהם מה שהקב"ה קורא התרומה של כסף וזהב שהם שלו, וכמו שכתוב כאן ויקחו לי וגו' עד זהב וכסף ונחושת, שמלאו חן בעיניו, וכמו שדרשו בסוף סימן הקודם, וזהו שייכות כל הדרשה לכאן, ובסוף הסימן עוד באופן אחר: **חמשים ומאתים מחתות.** דזה מיותר שמאחר שהיו מאתים וחמישים איש מחזיקים מחתות, הרי אנו יודעים החשבון, אלא שכוונת התורה שהיו כולם של איש אחד, וזה חידוש שיהיה מזומן אצל איש אחד מאתים וחמישים מחתות:

מתנות כהונה

[ד] **הוי כי כל וגו'.** פירושו כל אשר בשמים הוא בארץ גם כן: **ואומר לי הכסף וגו'.** וזהו ויקחו לי משלי שהרי כתיב כי כל אשר בשמים ובארץ לך ה' כמה דאת אמר (חגי ב, ח) לי הכסף: [ה] **חמשים ומאתים מחתות.** ודרשו חז"ל שכולם היו משל קרח:

אשד הנחלים

שחביבין כל מה שלמטן. לפי שכאן הפעולה בבחירה ורצון ובהגברה, אבל למעלה הוא בטבע ככה, כי למעלה אין חומר מונע: **הוי כי כל.** וסופו אתה גו' אשר בחרת באברם, מפני הגברתו ובחירתו בעשיית הטוב והישר: **ואומר לי הכסף.** הוא ביאור אחר בכתוב כי כל בשמים ובארץ, כלומר אף כל אשר בארץ ראוי שיהיו מיוחדים רק לי ולשמי, כמו הנעשה בשמים, כן יהיה הכסף והזהב לעשיית המשכן, כלומר לא לענינים גשמיים, וכמאמרם בחזית (עיין להלן לה, א) לא היה העולם כדאי להשתמש בזהב רק למען בית המקדש, וזהו ויקחו לי תרומה [וכן פירש המתנות כהונה]:

באור מהרי"פ

[ד] **יהי רקיע בתוך המים.** וסיפיה דקרא, ויהי מבדיל בין מים למים: **ואומר לי הכסף וגו'.** פירוש, דבעל המדרש דורש שני דרשות במקראות של (דברי הימים א כט, כא - כב), מתחלה הוא דורש על המקרא לך ה' הגדולה וגו' כי כל בשמים ובארץ, שכל מה שיש למעלה יש למטה, מדלא כתיב כל בשמים ובארץ, דהכי נאות לפי פשט המקרא מאי כי כל, לכך מבאר דהכי פירושו, כי כל בשמים וכי כל בארץ, רצה לומר שכל מה שנמצא בשמים נמצא בארץ, וכי כל קאי אמלת בשמים גם אמלת בארץ, ומסיים הדרוש תדע לך וכו' ועשו לי מקדש וגו', שוב דורש דרש שני ונסמך על המקרא של אחריו והעושר והכבוד מלפניך וגו', ויהיה הפירוש של ועשו לי מקדש לי משלי, ולזה מביא הפסוק לי הכסף ולי הזהב לומר שהכל משלו ומשלי נתנו לו: [ה] **נבחר שם וגו'.** אולי הדרשה על ויקחו לי תרומה כדרשת על אופן המבואר למעלה (סוף סימן ד ובמהרי"פ ד"ה ואומר), לי משלי, רק על ידי הקדמת מקראות אחרים וסיומה לקמן (סוף סימן זה) אלא הדרשה

חידושי הרד"ל

ואומר לי הכסף כו'. עיין מתנות כהונה, ונראה שחסר כאן וצריך לומר מה שכתוב בתנחומא פרשה זו סימן ה, אמר לו הקב"ה אין אתם מביאים משלכם אלא מביזת הים, ועל זה מביא כאן קרא דלי הכסף וכל ההבאה אינה משלכם, ומלשון ואומר נראה שהיה כתוב עוד מקרא אחר תחלה, כמדומה דהיינו קרא (דברי הימים א כט, יב) דהעושר והכבוד מלפניך (סיפיה דכל בשמים ובארץ): [ה] **הדא הוא דכתיב נבחר שם מעשר רב.** חסר כאן התחלת הדרשא וקישורה לקרא דתרומה, שנראה שהיה דורש נבחר שם דור המדבר שנכתבו לשבח בתורה שהביאו נדבת המשכן לשני בקרים, מעושר רב של המצרים ומכסף וזהבם, חן טוב שנתן ה' את העם בעיני מצרים וינצלו אותם: **של משה כו'.** חן טוב, שכתוב בו (שמות לג, טז) כי מצאת חן בעיני:

חידושי הרש"ש

ואומר לי הכסף ולי הזהב נאם ה' צבאות. כן צריך לומר. יתכן שיכוין כאן למה דאיתא לקמן פרשה לה א, שלא נברא זהב אלא בשביל המשכן ובית המקדש, (ועיין שם עוד מה שדרשו על כסף מזוקק) וזהו פירוש לי הכסף כו', רצה לומר בשבילי בראתים, והוא לראיה נוספת שחביבים לו מה שלמטן:

אמרי יושר

[ד] **למטה ושני אנשים שרי גדודים.** לומר דהנהגה המדינית וסריית שבכאן נתלית, ודומה להנהגת גדודי מעלה, מלכותא דארעא כעין מלכותא דרקיעא: **ואומר לי הכסף.** זהו תקחו תרומה, הדבר שהוא לי: [ה] **[ויקחו לי תרומה כו' נבחר שמו של משה.** מה שהביאו פסוק זה נבחר שם מעושר רב על ויקחו לי תרומה, הוא זה נבחר שם של משה שהקים המשכן, מעושר רב שהביאו ישראל הנה ולקחו תרומה, כדרשם בפרשת פקודי (קטע זה היה בסוף הסימן)]:

שינוי נוסחאות

(ד) **לי הכסף ולי הזהב נאם ה' צבאות.** בכל ספרי המדרש כתוב "...אמר ה' צבאות", אבל לשון הפסוק הוא "נאם ה' צבאות":

אם למקרא

וַיְהִי מִקֵּץ שְׁלֹשִׁים שָׁנָה וְאַרְבַּע מֵאוֹת שָׁנָה וַיְהִי בְּעֶצֶם הַיּוֹם הַזֶּה יָצְאוּ כָּל צִבְאוֹת ה' מֵאֶרֶץ מִצְרָיִם: (לעיל יב:מא)

וַיֹּאמֶר אֱלֹהִים יְהִי רָקִיעַ בְּתוֹךְ הַמָּיִם וִיהִי מַבְדִּיל בֵּין מַיִם לָמָיִם: (בראשית א:ו)

וְנָתַתָּה אֶת הַפָּרֹכֶת תַּחַת הַקְּרָסִים וְהֵבֵאתָ שָׁמָּה מִבֵּית לַפָּרֹכֶת אֵת אֲרוֹן הָעֵדוּת וְהִבְדִּילָה הַפָּרֹכֶת לָכֶם בֵּין הַקֹּדֶשׁ וּבֵין קֹדֶשׁ הַקֳּדָשִׁים: (לקמן כו:לג)

בִּשְׁנַת מוֹת הַמֶּלֶךְ עֻזִּיָּהוּ וָאֶרְאֶה אֶת אֲדֹנָי יֹשֵׁב עַל כִּסֵּא רָם וְנִשָּׂא וְשׁוּלָיו מְלֵאִים אֶת הַהֵיכָל: (ישעיה ו:א)

כִּסֵּא כָבוֹד מָרוֹם מֵרִאשׁוֹן מְקוֹם מִקְדָּשֵׁנוּ: (ירמיה יז:יב)

הֲיֵשׁ מִסְפָּר לִגְדוּדָיו וְעַל מִי לֹא יָקוּם אוֹרֵהוּ: (איוב כה:ג)

וּשְׁנֵי אֲנָשִׁים שָׂרֵי גְדוּדִים הָיוּ בֶן שָׁאוּל שֵׁם הָאֶחָד בַּעֲנָה וְשֵׁם הַשֵּׁנִי רֵכָב בְּנֵי רִמּוֹן הַבְּאֵרֹתִי מִבְּנֵי בִנְיָמִן כִּי גַּם בְּאֵרוֹת תֵּחָשֵׁב עַל בִּנְיָמִן: (שמואל ב ד:ב)

וַיּוֹצֵא אֹתוֹ הַחוּצָה וַיֹּאמֶר הַבֶּט נָא הַשָּׁמַיְמָה וּסְפֹר הַכּוֹכָבִים אִם תּוּכַל לִסְפֹּר אֹתָם וַיֹּאמֶר לוֹ כֹּה יִהְיֶה זַרְעֶךָ: (בראשית טו:ה)

ה' אֱלֹהֵיכֶם הִרְבָּה אֶתְכֶם וְהִנְּכֶם הַיּוֹם כְּכוֹכְבֵי הַשָּׁמַיִם לָרֹב: (דברים א:י)

וְהִנֵּה הָאִישׁ לְבֻשׁ הַבַּדִּים אֲשֶׁר הַקֶּסֶת בְּמָתְנָיו מֵשִׁיב דָּבָר לֵאמֹר עָשִׂיתִי כְּכֹל אֲשֶׁר צִוִּיתָנִי: (יחזקאל ט:יא)

כְּתֹנֶת בַּד קֹדֶשׁ יִלְבָּשׁ וּמִכְנְסֵי בַד יִהְיוּ עַל בְּשָׂרוֹ וּבְאַבְנֵט בַּד יַחְגֹּר וּבְמִצְנֶפֶת בַּד יִצְנֹף בִּגְדֵי קֹדֶשׁ הֵם וְרָחַץ בַּמַּיִם אֶת בְּשָׂרוֹ וּלְבֵשָׁם: (ויקרא טז:ד)

חֹנֶה מַלְאַךְ ה' סָבִיב לִירֵאָיו וַיְחַלְּצֵם: (תהלים לד:ח)

כִּי שִׂפְתֵי כֹהֵן יִשְׁמְרוּ דַעַת וְתוֹרָה יְבַקְשׁוּ מִפִּיהוּ כִּי מַלְאַךְ ה' צְבָאוֹת הוּא: (מלאכי ב:ז) וַיָּעָף אֵלַי אֶחָד מִן הַשְּׂרָפִים וּבְיָדוֹ רִצְפָּה בְּמֶלְקַחַיִם לָקַח מֵעַל הַמִּזְבֵּחַ: (ישעיה ו:ו) מִזְבַּח אֲדָמָה תַּעֲשֶׂה לִּי וְזָבַחְתָּ עָלָיו אֶת עֹלֹתֶיךָ וְאֶת שְׁלָמֶיךָ אֶת צֹאנְךָ וְאֶת בְּקָרֶךָ בְּכָל הַמָּקוֹם אֲשֶׁר אַזְכִּיר אֶת שְׁמִי אָבוֹא אֵלֶיךָ וּבֵרַכְתִּיךָ: (שמות כ:כ) הַיֹּשֵׁב עַל חוּג הָאָרֶץ וְיֹשְׁבֶיהָ כַּחֲגָבִים הַנּוֹטֶה כַדֹּק שָׁמַיִם וַיִּמְתָּחֵם כָּאֹהֶל לָשָׁבֶת: (ישעיה מ:כב) מַה טֹּבוּ אֹהָלֶיךָ יַעֲקֹב מִשְׁכְּנֹתֶיךָ יִשְׂרָאֵל: (במדבר כד:ה) עֹטֶה אוֹר כַּשַּׂלְמָה נוֹטֶה שָׁמַיִם כַּיְרִיעָה: (תהלים קד:ב) וְאֶת הַמִּשְׁכָּן תַּעֲשֶׂה עֶשֶׂר יְרִיעֹת שֵׁשׁ מָשְׁזָר וּתְכֵלֶת וְאַרְגָּמָן וְתֹלַעַת שָׁנִי כְּרֻבִים מַעֲשֵׂה חֹשֵׁב תַּעֲשֶׂה אֹתָם: (שמות כו:א) הוּא גָּלֵא עַמִּיקָתָא וּמְסַתְּרָתָא יָדַע מָה בַחֲשׁוֹכָא וּנְהוֹרָא עִמֵּהּ שְׁרֵא: (דניאל ב:כב) וְאַתָּה תְּצַוֶּה אֶת בְּנֵי יִשְׂרָאֵל וְיִקְחוּ אֵלֶיךָ שֶׁמֶן זַיִת זָךְ כָּתִית לַמָּאוֹר לְהַעֲלֹת נֵר תָּמִיד: (לקמן כז:כ) וְעָשׂוּ לִי מִקְדָּשׁ וְשָׁכַנְתִּי בְּתוֹכָם: (שמות כה:ח) לְךָ ה' הַגְּדֻלָּה וְהַגְּבוּרָה וְהַתִּפְאֶרֶת וְהַנֵּצַח וְהַהוֹד כִּי כֹל בַּשָּׁמַיִם וּבָאָרֶץ לְךָ ה' הַמַּמְלָכָה וְהַמִּתְנַשֵּׂא לְכֹל לְרֹאשׁ: (דברי הימים א כט:יא) לִי הַכֶּסֶף וְלִי הַזָּהָב נְאֻם ה' צְבָאוֹת: (חגי ב:ח) נִבְחָר שֵׁם מֵעֹשֶׁר רָב מִכֶּסֶף וּמִזָּהָב חֵן טוֹב: (משלי כב:א) וַיֹּאמֶר לְהַשְׁמִידָם לוּלֵי מֹשֶׁה בְחִירוֹ עָמַד בַּפֶּרֶץ לְפָנָיו לְהָשִׁיב חֲמָתוֹ מֵהַשְׁחִית: (תהלים קו:כג) וַיֹּאמֶר ה' אֶל מֹשֶׁה גַּם אֶת הַדָּבָר הַזֶּה אֲשֶׁר דִּבַּרְתָּ אֶעֱשֶׂה כִּי מָצָאתָ חֵן בְּעֵינַי וָאֵדָעֲךָ בְּשֵׁם: (שמות לג:יז) וּקְחוּ אִישׁ מַחְתָּתוֹ וּנְתַתֶּם עֲלֵיהֶם קְטֹרֶת וְהִקְרַבְתֶּם לִפְנֵי ה' אִישׁ מַחְתָּתוֹ חֲמִשִּׁים וּמָאתַיִם מַחְתֹּת וְאַתָּה וְאַהֲרֹן אִישׁ מַחְתָּתוֹ: (במדבר טז:יז)

לְמַעְלָן ״נוֹטֶה שָׁמַיִם כַּיְרִיעָה״ – **Above,** the heavens are described as a "curtain," as is written, ***stretching out the heavens like a curtain*** (*Psalms* 104:2), לְמַטָּן ״עֶשֶׂר יְרִיעֹת״ – and **below** on earth, the Tabernacle was covered with curtains, as is stated, *You shall make the Tabernacle **of ten curtains*** (below, 26:1). לְמַעְלָן ״וּנְהוֹרָא עִמֵּהּ שְׁרֵא״ – **Above** in heaven there is light, as it states, ***and light dwells with Him*** (*Daniel* 2:22), לְמַטָּן ״שֶׁמֶן זַיִת זָךְ כָּתִית לַמָּאוֹר״ – and on earth **below** in the Tabernacle there is also light, as is stated, *Now you shall command the Children of Israel that they shall take for you **pure olive oil, pressed, for illumination,** to kindle a lamp continually* (below, 27:20).

Having shown that there are earthly creations to parallel the heavenly creations, the Midrash concludes:

וְלֹא עוֹד אֶלָּא שֶׁחֲבִיבִין כָּל מַה שֶּׁלְּמַטָּן מִשֶּׁל מַעְלָן – And moreover, not only do the heavenly creations have a parallel on earth, but **that which is below** on earth **is more precious** to God **than that which is above** in heaven. **תֵּדַע לָךְ, שֶׁהִנִּיחַ מַה שֶּׁלְּמַעְלָן וְיָרַד בְּשֶׁל מַטָּן – You may know this** for a fact, **for He left behind that** abode **which is above and descended to that** abode **which is below, שֶׁנֶּאֱמַר ״וְעָשׂוּ לִי מִקְדָּשׁ וְשָׁכַנְתִּי בְּתוֹכָם״ – as it is stated, *They shall make a Sanctuary for Me, so that I may dwell among them*** (ibid. 25:8).

הֱוֵי ״כִּי כֹל בַּשָּׁמַיִם וּבָאָרֶץ״ – This is the meaning of *Yours, HASHEM, is . . . **even everything in heaven is [also] on earth,** etc.* (*I Chronicles* 29:11), i.e., the creations of earth parallel those in heaven.

The Midrash continues with its analysis of the *Chronicles* passage, which continues, *Wealth and honor come from You* (ibid., v. 12):[49]

וְאוֹמֵר ״לִי הַכֶּסֶף וְלִי הַזָּהָב נְאֻם ה׳ צְבָאוֹת״ – And it also **states,**[50] in a similar vein, ***Mine is the silver and Mine is the gold – the word of HASHEM, Master of Legions*** (*Haggai* 2:8).

§5 The Midrash further expounds on the theme that all wealth ultimately belongs to God:[51]

דָּבָר אַחֵר, ״וְיִקְחוּ לִי תְּרוּמָה״ – Another interpretation of ***and let them take for Me a portion:*** **הָדָא הוּא דִכְתִיב ״נִבְחָר שֵׁם מֵעֹשֶׁר רָב״ – This is** to be understood in light of **what is written, *A good name is preferred over wealth,***[52] *and goodly favor over silver and gold* (*Proverbs* 22:1).

The Midrash associates the *Proverbs* verse with three specific episodes recorded in Scripture:

נִבְחָר שְׁמוֹ שֶׁל מֹשֶׁה – The verse can be applied as follows: ***The good name* of Moses *is preferred*** – **שֶׁנֶּאֱמַר ״לוּלֵי מֹשֶׁה בְחִירוֹ״** – for Moses is alluded to in the words *preferred* [נִבְחָר] and *name*, **as it is stated, *had not Moses, His chosen one*** [בְּחִירוֹ],[53]

NOTES

49. *Toldos Noach, Beur Maharif, Radal.*

50. The word "also" implies that the verse now cited is in addition to another one. That other verse is *Wealth and honor come from You* (*I Chronicles* 29:12), as explained in the introductory remark to this paragraph (*Radal*). Alternatively, it refers to our verse here in *Exodus*, וְיִקְחוּ לִי תְּרוּמָה, which the Midrash now interprets, "Let them take a portion *from that which is* [really] *mine* (לִי)," for all the riches of the world belong to God (*Matnos Kehunah*).

51. An idea with which the previous section concluded (*Toldos Noach*). Many commentators give other explanations for the relevance of the coming section to our particular verse. *Yefeh To'ar* (followed by *Eitz Yosef*) suggests that possibly the Midrash is addressing the apparent incongruity of the verb "take," when in fact the people are asked here to *give* contributions toward the construction of the Tabernacle. The Midrash explains that by providing an abode (as it were) for God's Presence, the people were actually receiving something much more valuable than what they were giving; spiritual accomplishment outweighs monetary wealth, as the Midrash goes on to elaborate. [See *Maharzu* for a similar approach.] See Insight Ⓐ.

52. The honor of a good reputation surpasses the honor of wealth; for wealth can be lost in an instant, while a good name is everlasting (*Eitz Yosef*).

53. "Chosen one" and "preferred" are both expressed by the same Hebrew root, בחר.

INSIGHTS

Torah's commandments, a man sanctifies his entire body, and actually becomes a Sanctuary within which the *Shechinah* will dwell.

This is the meaning of the verse that states, *They shall make a Sanctuary for Me so that I may dwell "among them,"* rather than "in it." The wording of the verse teaches that the ultimate purpose of the Tabernacle is for the betterment of Man. The Tabernacle teaches us that the *Shechinah* resides in a place of holiness. If an individual sanctifies himself properly, and performs all the mitzvos, then *he* becomes a "Sanctuary," and the *Shechinah* resides within *him*. Furthermore, the seemingly superfluous phrase, *and so shall you do* (v. 9), also teaches us that the outer aspects of the Tabernacle and its utensils are to guide one toward proper behavior and understanding, through their Divine design, applications, and messages. By absorbing these messages, one will become prepared and worthy of having the *Shechinah* reside within him. The verses thus convey the message: "You shall make *yourselves* into a Sanctuary, so that I can dwell within *you* ... you shall make *yourselves* like everything I have shown you."

Ⓐ **Wealth Versus a Good Name** The Midrash's discussion in this section does not appear, at first glance, to have any relevance to the cited opening verse (*and let them take for Me a portion*) in particular or, for that matter, even to the topic of the Tabernacle in general. Furthermore, several commentators ask why the Midrash has to *prove* that God favored Moses over the riches of the vile Korah (see below), as if it were some kind of contest that required arbitration.

Ksav Sofer explains the Midrash in a manner that sheds light on these issues. The wealthy Korah, he writes, must surely have given large donations toward the building of the Tabernacle. Moses, on the other hand, did not give anything at all, for the command to donate to the Tabernacle was not addressed to him, as it is written here, *HASHEM spoke to Moses, saying, Speak to the Children of Israel and let "them" take for Me a portion.* (*Ksav Sofer* cites "Midrashim" as his source for this assertion.) This discrepancy was one of the factors that led Korah to rebel against Moses' authority. Korah did not deny that Moses had led the Israelites out of Egypt, or that he had ascended to Mount Sinai to receive the Torah, or that he communicated directly with God on a regular basis. However, he argued, this was all before the Tabernacle was built. Now that there was a Tabernacle, and God had declared that through this Tabernacle He would "dwell in the midst of the people of Israel" (see here, verse 8, and below, 29:45), every Israelite was equally close to God (or, in Korah's own words [*Numbers* 16:3], *For the entire assembly — all of them — are holy and HASHEM is in their midst*), it was time for Moses to step down as leader and yield his authority to others — specifically to those (such as Korah) who had had a greater hand in the construction of the Tabernacle, and who had thus enabled the Divine Presence to dwell in Israel altogether.

Korah's argument, however, was based on false premises. There was a reason that Moses was not commanded to donate toward the building of the Tabernacle, and this reason was not to Moses' detriment; in fact it was quite to the contrary. Moses had experienced the prophetic call of God even in Egypt, without any need for material props — such as a building that represented God's abode on earth — to facilitate this Divine communication. Why, the Midrash tells us (above, 1 §20) that even on the day of his birth God indicated that Moses was destined for spiritual greatness, for the house in which he was born became filled with light. Moses, unlike every other Israelite, had no need for the Tabernacle to perceive and experience the presence of the *Shechinah*. This made him superior to Korah (and all of Israel) — not, as Korah had mistakenly assumed, inferior. In terms of achieving closeness to the Divine, Moses' "good name" and innate spirituality were thus favored over Korah's wealth.

לְמַטָּן (לעיל יב, מא) ״יָצְאוּ כָּל צִבְאוֹת ה׳ ״, לְמַעְלָן (בראשית א, ו) ״יְהִי רָקִיעַ בְּתוֹךְ הַמָּיִם״, לְמַטָּן (לקמן כו, לג) ״וְהִבְדִּילָה הַפָּרֹכֶת לָכֶם״, לְמַעְלָן (ישעיה ו, א; ועוד) ״כִּסֵּא ה׳, לְמַטָּן (ירמיה יז, יב) ״כִּסֵּא כָבוֹד מָרוֹם מֵרִאשׁוֹן מְקוֹם מִקְדָּשֵׁנוּ״, לְמַעְלָן (איוב כה, ג) ״הֲיֵשׁ מִסְפָּר לִגְדוּדָיו״, לְמַטָּן (שמואל-ב ד, ב) ״וּשְׁנֵי אֲנָשִׁים שָׂרֵי גְדוּדִים״, לְמַעְלָן (בראשית טו, ה) ״וּסְפֹר הַכּוֹכָבִים״, לְמַטָּן (דברים א, י) ״וְהִנְּכֶם הַיּוֹם כְּכוֹכְבֵי הַשָּׁמַיִם לָרֹב״, לְמַעְלָן (יחזקאל ט, יא) ״וְהִנֵּה הָאִישׁ לְבֻשׁ הַבַּדִּים״, לְמַטָּן (ויקרא טז, ד) ״כְּתֹנֶת בַּד קֹדֶשׁ יִלְבָּשׁ״, לְמַעְלָן (תהלים לד, ח) ״חֹנֶה מַלְאַךְ ה׳ ״, וּלְמַטָּן (מלאכי ב, ז) ״כִּי מַלְאַךְ ה׳ צְבָאוֹת הוּא״, לְמַעְלָן (ישעיה ו, ו) ״בְּמֶלְקַחַיִם לָקַח מֵעַל הַמִּזְבֵּחַ״, וּלְמַטָּן (לעיל כ, כ) ״מִזְבַּח אֲדָמָה תַּעֲשֶׂה לִּי״, לְמַעְלָן (ישעיה מ, כב) ״וַיִּמְתָּחֵם כָּאֹהֶל לָשָׁבֶת״, לְמַטָּן (במדבר כד, ה) ״מַה טֹּבוּ אֹהָלֶיךָ יַעֲקֹב״, לְמַעְלָן (תהלים קד, ב) ״נוֹטֶה שָׁמַיִם כַּיְרִיעָה״, וּלְמַטָּן (לקמן כו, א) ״עֶשֶׂר יְרִיעֹת״, לְמַעְלָן (דניאל ב, כב) ״וּנְהוֹרָא עִמֵּהּ שְׁרֵא״, לְמַטָּן (לקמן כז, כ) ״שֶׁמֶן זַיִת זָךְ כָּתִית לַמָּאוֹר״, וְלֹא עוֹד אֶלָּא שֶׁחֲבִיבִין כָּל מַה שֶּׁלְּמַטָּן מִשֶּׁל לְמַעְלָן, תֵּדַע לָךְ, שֶׁהִנִּיחַ מַה שֶּׁלְּמַעְלָן וְיָרַד בְּשֶׁל מַטָּן, שֶׁנֶּאֱמַר (לקמן פסוק ח) ״וְעָשׂוּ לִי מִקְדָּשׁ וְשָׁכַנְתִּי בְּתוֹכָם״, הֱוֵי (דברי הימים-א כט, יא) ״כִּי כֹל בַּשָּׁמַיִם וּבָאָרֶץ״, וְאוֹמֵר (חגי ב, ח) ״לִי הַכֶּסֶף וְלִי הַזָּהָב נְאֻם ה׳ צְבָאוֹת״:

ה דָּבָר אַחֵר, [כה, ב] ״וְיִקְחוּ לִי תְּרוּמָה״, הָדָא הוּא דִכְתִיב (משלי כב, א) ״נִבְחָר שֵׁם מֵעֹשֶׁר רָב״, נִבְחָר שְׁמוֹ שֶׁל מֹשֶׁה, שֶׁנֶּאֱמַר (תהלים קו, כג) ״לוּלֵי מֹשֶׁה בְחִירוֹ״, וְכֵן הוּא אוֹמֵר (שמות לג, יז) ״וָאֵדָעֲךָ בְּשֵׁם״, מֵעָשְׁרוֹ שֶׁל קֹרַח, שֶׁנֶּאֱמַר (במדבר טז, יז) ״חֲמִשִּׁים וּמָאתַיִם מַחְתֹּת״,

עץ יוסף

למעלן חונה מלאך ה׳. דמשמע שיש מלאך מיוחד למעלה שליח לצדיקים להצילם מהחטא דהיינו ויחלצם, כדאיתא בפרק התכלת (מנחות מד, א), וכן למטה, כי הכהן מציל האנשים מעון, כמו שנאמר (מלאכי ב, ז) כי שפתי כהן ישמרו דעת ותורה יבקשו מפיהו כי מלאך ה׳ צבאות הוא: **ובמלקחים לקח מעל המזבח.** ומדהוצרך המלאך שהוא אש, ליקח הגחלת במלקחים, על כרחך שמעל מזבח של מעלה לקח, שאם האש יותר קשה מהאש של מלאך. וענין מזבח של מעלה אמרו בפרק שני דחגיגה (יב, ב) ששם מקריב מיכאל נשמותיהן של צדיקים, ואיתא במדרש הנעלם אמר ר׳ חייא הקרבה זו אינה כשאר קרבנות, אלא כאדם המקריב דורון לפני המלך: **(ה) הדא הוא דכתיב נבחר שם מעושר רב וגו׳.** מכסף וזהב חן טוב שיותר הם מרויחים בנתינת כספם וזהבם לתרומה, ממה שהיה שוה כספם וזהבם, ולהכי אפקיה בלשון קיחה דהוי ליה כאילו לוקחים ולא נותנים, ולהכי מייתי סמך מנבחר שם מעושר רב דטוב השם הטוב הלקוח בקיום ה׳ מהעושר, ואיידי דמייתי ליה דריש ליה במשה ופנחס ומרדכי: **חמשים ומאתים מחתות.** ודרשו חכמינו ז״ל שכולם היו משל קרח (מתנות כהונה):

פירוש מהרז״ו

יהי רקיע. ויהי מבדיל בין מים למים: **למען כסא ה׳.** דברי הימים [א׳] כ״ט כ״ג, וישב שלמה על כסא ה׳ למלך, וכמו שדרשו לעיל פרשה ח בסימן א, הושיב לשלמה על כסאו, שנאמר וישב שלמה על כסא ה׳. וכן בירמיה ג׳ י״ז יקראו לירושלים כסא ה׳, פירוש על שם כסא ה׳ שבשמים. ויתכן שהכוונה על פסוק (שמות יז, טז) כי יד על כס יה. ולפסוק (דברי הימים ב יח, יח) ראיתי את ה׳ יושב על כסאו, וכדומה: **כתונת בד קודש ילבש.** ויקרא ט״ז: **כי מלאך ה׳ צבאות הוא.** מלאכי ב׳ ז׳, ורישא דקרא כי שפתי כהן ישמרו דעת וגו׳ כי מלאך וגו׳: **במלקחים לקח מעל המזבח.** ורישא דקרא ויעף אלי אחד מן השרפים, הרי שהוא ממזבח של מעלן: **מזבח אדמה.** שמות כ׳: **וימתחם באהל.** ורישא דקרא הנוטה כדוק שמים: **שמן זית למאור.** להאיר לפניו כביכול במשכן, כמו למעלה. ומאחר שכל מה שבשמים יש בארץ, על כן כמו ששוכן בשמים כן שוכן בארץ: **לי הכסף ולי הזהב.** היינו של בית המקדש, כמפורש שם בפסוק הקודם, ומלאתי את הבית הזה כבוד אמר ה׳ לי הכסף לי הזהב, וכן כאן במשכן, ויקחו לי תרומה וגו׳ זהב וכסף, של כל נדיב לב שהם חביבים לפניו יתברך שמו, כי רחמנא לבא בעי: **(ה) הדא הוא דכתיב נבחר שם.** וסיפא דקרא מכסף וזהב וחן טוב, וכן אומרים ישראל שחביב ויקר עליהם מה שהקב״ה קורא התרומה של כסף וזהב שהם שלו, וכמו שכתוב כאן ויקחו לי וגו׳ עד זהב וכסף ונחושת, שמצאו חן בעיניו, וכמו שדרשו בסוף סימן הקודם, וזהו שייכות כל הדרשה לכאן, ובסוף הסימן עוד באופן אחר: **חמשים ומאתים מחתות.** דזה מיותר שמאחר שהיו מאתים וחמישים איש מחזיקים מחתות, הרי אנו יודעים החשבון, אלא שכוונת התורה שהיו כולם של איש אחד, וזה חידוש שיהיה מזומן אצל איש אחד מאתים וחמישים מחתות:

מתנות כהונה

[ד] **הוי כי כל וגו׳.** פירושו כל אשר בשמים הוא בארץ גם כן: **ואומר לי הכסף וגו׳.** וזהו ויקחו לי משלי שהרי כתיב כי כל אשר בשמים ובארץ לך ה׳ כמה דאת אמר (חגי ב, ח) לי הכסף: [ה] **חמשים ומאתים מחתות.** ודרשו חז״ל שכולם היו משל קרח:

אשד הנחלים

שחביבין כל מה שלמטן. לפי שכאן הפעולה בבחירה ורצון ובהגברה, אבל למעלה הוא בטבע ככה, כי למעלה אין חומר מונע: **הוי כי כל.** וסופו אתה גו׳ אשר בחרת באברם, מפני הגברתו ובחירתו בעשיית הטוב והישר: **ואומר לי הכסף.** הוא ביאור אחר בכתוב כי כל בשמים ובארץ, כלומר אף כל אשר בארץ ראוי שיהיו מיוחדים רק לי ולשמי, כמו הנעשה בשמים, כן יהיה הכסף והזהב לעשיית המשכן, כלומר לא לענינים גשמיים, וכמאמרם בחזית (עיין להלן לה, א) לא היה העולם כדאי להשתמש בזהב רק למען בית המקדש, וזהו ויקחו לי תרומה [וכן פירש המתנות כהונה]:

באור מהרי״פ

[ד] **יהי רקיע בתוך המים.** וסיפיה דקרא, ויהי מבדיל בין מים למים: **ואומר לי הכסף וגו׳.** פירוש, דבעל המדרש דורש שני דרשות במקראות של (דברי הימים א כט, כא - כב), מתחלה הוא דורש על המקרא לך ה׳ הגדולה וגו׳ כי כל בשמים ובארץ, שכל מה שיש למעלה יש למטה, מדלא כתיב כל בשמים ובארץ, דהכי נאות לפי פשט המקרא מאי כי כל, לכך מבאר דהכי פירושו, כי כל בשמים וכי כל בארץ, רצה לומר שכל מה שנמצא בשמים נמצא בארץ, וכי כל קאי אמלת בשמים גם אמלת בארץ, ומסיים הדרוש תדע לך וכו׳ ועשו לי מקדש וגו׳, שוב דורש דרש שני ונסמך על המקרא של אחריו והעושר והכבוד מלפניך וגו׳, ויהיה הפירוש של ועשו לי מקדש לי משלי, ולזה מביא הפסוק לי הכסף ולי הזהב לומר שהכל משלו ומשלי נתנו לו: [ה] **נבחר שם וגו׳.** אולי הדרשה על ויקחו לי תרומה נדרשת על אופן המבואר למעלה (סוף סימן ד ובמהרי״פ ד״ה ואומר), לי משלי, רק על ידי הקדמת מקראות אחרים וסיומה לקמן (סוף סימן זה) אגב הדרשה

חידושי הרד״ל

ואומר לי הכסף כו׳. עיין מתנות כהונה, ונראה שחסר כאן וצריך לומר מה שכתוב בתנחומא פרשה זו סימן ה, אמר לו הקב״ה אין אתם מביאים משלכם אלא מביזת הים, ועל זה מביא כאן קרא דלי הכסף וכל ההבאה איננה משלכם, ומלשון ואומר נראה שהיה כתוב עוד מקרא אחר תחלה, כמדומה דהיינו קרא (דברי הימים א כט, יב) והעושר והכבוד מלפניך (סיפיה דכל בשמים ובארץ): [ה] **הדא הוא דכתיב נבחר שם מעשר רב.** חסר כאן התחלת הדרשא וקישורה לקרא דתרומה, שנראה שהיה דורש נבחר שם דור המדבר שנכתבו לשבח בתורה שהביאו נדבת המשכן לשני בקרים, מעושר רב של המצרים ומכסף וזהבם, חן טוב שנתן ה׳ את העם בעיני מצרים וינצלו אותם: **של משה כו׳.** חן טוב, שכתוב בו (שמות לג, טז) כי מצאת חן בעיני:

חידושי הרש״ש

ואומר לי הכסף ולי הזהב נאם ה׳ צבאות. כן צריך לומר. יתכן שיכוין כאן למה דאיתא לקמן פרשה לה א, שלא נברא זהב אלא בשביל המשכן ובית המקדש, (ועיין שם עוד מה שדרשו על כסף מזוקק) וזהו פירוש לי הכסף כו׳, רצה לומר בשבילי בראתים, והוא לראיה נוספת שחביבים לו מה שלמטן:

אמרי יושר

[ד] **למטה ושני אנשים שרי גדודים.** לומר דהנהגה המדינית וסריית שבכאן נתלית, ודומה להנהגת גדודי מעלה, מלכותא דארעא כעין מלכותא דרקיעא: **ואומר לי הכסף.** זהו תקחו תרומה, הדבר שהוא לי: [ה] **[ויקחו לי תרומה כו׳ נבחר שמו של משה.** מה שהביאו פסוק זה נבחר שם מעושר רב על ויקחו לי תרומה, הוא זה נבחר שם של משה שהקים המשכן, מעושר רב שהביאו ישראל הנה ולקחו תרומה, כדרשם בפרשת פקודי (קטע זה היה בסוף הסימן)]:

שינוי נוסחאות

(ד) **לי הכסף ולי הזהב נאם ה׳ צבאות.** בכל ספרי המדרש כתוב ״...אמר ה׳ צבאות״, אבל לשון הפסוק הוא ״נאם ה׳ צבאות״:

אם למקרא

וַיְהִי מִקֵּץ שְׁלֹשִׁים שָׁנָה וְאַרְבַּע מֵאוֹת שָׁנָה וַיְהִי בְּעֶצֶם הַיּוֹם הַזֶּה יָצְאוּ כָּל צִבְאוֹת ה׳ מֵאֶרֶץ מִצְרָיִם: (לעיל יב:מא)

וַיֹּאמֶר אֱלֹהִים יְהִי רָקִיעַ בְּתוֹךְ הַמָּיִם וִיהִי מַבְדִּיל בֵּין מַיִם לָמָיִם: (בראשית א:ו)

וְנָתַתָּה אֶת הַפָּרֹכֶת תַּחַת הַקְּרָסִים וְהֵבֵאתָ שָׁמָּה מִבֵּית לַפָּרֹכֶת אֵת אֲרוֹן הָעֵדוּת וְהִבְדִּילָה הַפָּרֹכֶת לָכֶם בֵּין הַקֹּדֶשׁ וּבֵין קֹדֶשׁ הַקֳּדָשִׁים: (לקמן כו:לג)

בִּשְׁנַת מוֹת הַמֶּלֶךְ עֻזִּיָּהוּ וָאֶרְאֶה אֶת אֲדֹנָי יֹשֵׁב עַל כִּסֵּא רָם וְנִשָּׂא וְשׁוּלָיו מְלֵאִים אֶת הַהֵיכָל: (ישעיה ו:א)

כִּסֵּא כָבוֹד מָרוֹם מֵרִאשׁוֹן מְקוֹם מִקְדָּשֵׁנוּ: (ירמיה יז:יב)

הֲיֵשׁ מִסְפָּר לִגְדוּדָיו וְעַל מִי לֹא יָקוּם אוֹרֵהוּ: (איוב כה:ג)

וּשְׁנֵי אֲנָשִׁים שָׂרֵי גְדוּדִים הָיוּ בֶן שָׁאוּל שֵׁם הָאֶחָד בַּעֲנָה וְשֵׁם הַשֵּׁנִי רֵכָב בְּנֵי רִמּוֹן הַבְּאֵרֹתִי מִבְּנֵי בִנְיָמִן כִּי גַּם בְּאֵרוֹת תֵּחָשֵׁב עַל בִּנְיָמִן: (שמואל ב ד:ב)

וַיּוֹצֵא אֹתוֹ הַחוּצָה וַיֹּאמֶר הַבֶּט נָא הַשָּׁמַיְמָה וּסְפֹר הַכּוֹכָבִים אִם תּוּכַל לִסְפֹּר אֹתָם וַיֹּאמֶר לוֹ כֹּה יִהְיֶה זַרְעֶךָ: (בראשית טו:ה)

ה׳ אֱלֹהֵיכֶם הִרְבָּה אֶתְכֶם וְהִנְּכֶם הַיּוֹם כְּכוֹכְבֵי הַשָּׁמַיִם לָרֹב: (דברים א:י)

וְהִנֵּה הָאִישׁ לְבֻשׁ הַבַּדִּים אֲשֶׁר הַקֶּסֶת בְּמָתְנָיו מֵשִׁיב דָּבָר לֵאמֹר עָשִׂיתִי כְּכֹל אֲשֶׁר צִוִּיתָנִי: (יחזקאל ט:יא)

כְּתֹנֶת בַּד קֹדֶשׁ יִלְבָּשׁ וּמִכְנְסֵי בַד יִהְיוּ עַל בְּשָׂרוֹ וּבְאַבְנֵט בַּד יַחְגֹּר וּבְמִצְנֶפֶת בַּד יִצְנֹף בִּגְדֵי קֹדֶשׁ הֵם וְרָחַץ בַּמַּיִם אֶת בְּשָׂרוֹ וּלְבֵשָׁם: (ויקרא טז:ד)

חֹנֶה מַלְאַךְ ה׳ סָבִיב לִירֵאָיו וַיְחַלְּצֵם: (תהלים לד:ח)

כִּי שִׂפְתֵי כֹהֵן יִשְׁמְרוּ דַעַת וְתוֹרָה יְבַקְשׁוּ מִפִּיהוּ כִּי מַלְאַךְ ה׳ צְבָאוֹת הוּא: (מלאכי ב:ז) וַיָּעָף אֵלַי אֶחָד מִן הַשְּׂרָפִים וּבְיָדוֹ רִצְפָּה בְּמֶלְקַחַיִם לָקַח מֵעַל הַמִּזְבֵּחַ: (ישעיה ו:ו) מִזְבַּח אֲדָמָה תַּעֲשֶׂה לִּי וְזָבַחְתָּ עָלָיו אֶת עֹלֹתֶיךָ וְאֶת שְׁלָמֶיךָ אֶת צֹאנְךָ וְאֶת בְּקָרֶךָ בְּכָל הַמָּקוֹם אֲשֶׁר אַזְכִּיר אֶת שְׁמִי אָבוֹא אֵלֶיךָ וּבֵרַכְתִּיךָ: (שמות כ:כ) הַיֹּשֵׁב עַל חוּג הָאָרֶץ וְיֹשְׁבֶיהָ כַּחֲגָבִים הַנּוֹטֶה כַדֹּק שָׁמַיִם וַיִּמְתָּחֵם כָּאֹהֶל לָשָׁבֶת: (ישעיה מ:כב) מַה טֹּבוּ אֹהָלֶיךָ יַעֲקֹב מִשְׁכְּנֹתֶיךָ יִשְׂרָאֵל: (במדבר כד:ה) עֹטֶה אוֹר כַּשַּׂלְמָה נוֹטֶה שָׁמַיִם כַּיְרִיעָה: (תהלים קד:ב) וְאֶת הַמִּשְׁכָּן תַּעֲשֶׂה עֶשֶׂר יְרִיעֹת שֵׁשׁ מָשְׁזָר וּתְכֵלֶת וְאַרְגָּמָן וְתֹלַעַת שָׁנִי כְּרֻבִים מַעֲשֵׂה חֹשֵׁב תַּעֲשֶׂה אֹתָם: (שמות כו:א) הוּא גָּלֵא עַמִּיקָתָא וּמְסַתְּרָתָא יָדַע מָה בַחֲשׁוֹכָא וּנְהוֹרָא עִמֵּהּ שְׁרֵא: (דניאל ב:כב) וְאַתָּה תְּצַוֶּה אֶת בְּנֵי יִשְׂרָאֵל וְיִקְחוּ אֵלֶיךָ שֶׁמֶן זַיִת זָךְ כָּתִית לַמָּאוֹר לְהַעֲלֹת נֵר תָּמִיד: (לקמן כז:כ) וְעָשׂוּ לִי מִקְדָּשׁ וְשָׁכַנְתִּי בְּתוֹכָם: (שמות כה:ח) לְךָ ה׳ הַגְּדֻלָּה וְהַגְּבוּרָה וְהַתִּפְאֶרֶת וְהַנֵּצַח וְהַהוֹד כִּי כֹל בַּשָּׁמַיִם וּבָאָרֶץ לְךָ ה׳ הַמַּמְלָכָה וְהַמִּתְנַשֵּׂא לְכֹל לְרֹאשׁ: (דברי הימים א כט:יא) לִי הַכֶּסֶף וְלִי הַזָּהָב נְאֻם ה׳ צְבָאוֹת: (חגי ב:ח) נִבְחָר שֵׁם מֵעֹשֶׁר רָב מִכֶּסֶף וּמִזָּהָב חֵן טוֹב: (משלי כב:א) וַיֹּאמֶר לְהַשְׁמִידָם לוּלֵי מֹשֶׁה בְחִירוֹ עָמַד בַּפֶּרֶץ לְפָנָיו לְהָשִׁיב חֲמָתוֹ מֵהַשְׁחִית: (תהלים קו:כג) וַיֹּאמֶר ה׳ אֶל מֹשֶׁה גַּם אֶת הַדָּבָר הַזֶּה אֲשֶׁר דִּבַּרְתָּ אֶעֱשֶׂה כִּי מָצָאתָ חֵן בְּעֵינַי וָאֵדָעֲךָ בְּשֵׁם: (שמות לג:יז) וּקְחוּ אִישׁ מַחְתָּתוֹ וּנְתַתֶּם עֲלֵיהֶם קְטֹרֶת וְהִקְרַבְתֶּם לִפְנֵי ה׳ אִישׁ מַחְתָּתוֹ חֲמִשִּׁים וּמָאתַיִם מַחְתֹּת וְאַתָּה וְאַהֲרֹן אִישׁ מַחְתָּתוֹ: (במדבר טז:יז)

וְכֵן הוּא אוֹמֵר "וָאֵדָעֲךָ בְּשֵׁם" – **and as it states also,** *HASHEM said to Moses, "... **and I have known you by 'name'**"* (below, 33:17) – מֵעָשְׁרוֹ שֶׁל קֹרַח – ***over** the **wealth** of* **Korah.** שֶׁנֶּאֱמַר "חֲמִשִּׁים וּמָאתַיִם מַחְתֹּת" – For Korah was very wealthy, **as it is stated,** *Moses said to Korah, "... Let each man take his fire-pan ... **two hundred and fifty fire-pans**"* (*Numbers* 16:17).[54]

NOTES

54. The proof is apparently based on the assumption that all the copper fire-pans belonged to Korah (*Matnos Kehunah, Eitz Yosef;* see also *Maharzu;* see, however, *Yefeh To'ar*).

לְמַטָּן (לעיל יב, מא) "יָצְאוּ כָּל צִבְאוֹת ה'", לְמַעְלָן (בראשית א, ו) "יְהִי רָקִיעַ בְּתוֹךְ הַמָּיִם", לְמַטָּן (לקמן כו, לג) "וְהִבְדִּילָה הַפָּרֹכֶת לָכֶם", לְמַעְלָן (ישעיה ו, א; ועוד) "כִּסֵּא ה', לְמַטָּן (ירמיה יז, יב) "כִּסֵּא כָבוֹד מָרוֹם מֵרִאשׁוֹן מְקוֹם מִקְדָּשֵׁנוּ", לְמַעְלָן (איוב כה, ג) "הֲיֵשׁ מִסְפָּר לִגְדוּדָיו", לְמַטָּן (שמואל־ב ד, ב) "וּשְׁנֵי אֲנָשִׁים שָׂרֵי גְדוּדִים", לְמַעְלָן (בראשית טו, ה) "וּסְפֹר הַכּוֹכָבִים", לְמַטָּן (דברים א, י) "וְהִנְּכֶם הַיּוֹם כְּכוֹכְבֵי הַשָּׁמַיִם לָרֹב", לְמַעְלָן (יחזקאל ט, יא) "וְהִנֵּה הָאִישׁ לְבֻשׁ הַבַּדִּים", לְמַטָּן (ויקרא טז, ד) "כְּתֹנֶת בַּד קֹדֶשׁ יִלְבָּשׁ", לְמַעְלָן (תהלים לד, ח) "חֹנֶה מַלְאַךְ ה' ", וּלְמַטָּן (מלאכי ב, ז) "כִּי מַלְאַךְ ה' צְבָאוֹת הוּא", לְמַעְלָן (ישעיה ו, ו) "בְּמֶלְקָחַיִם לָקַח מֵעַל הַמִּזְבֵּחַ", וּלְמַטָּן (לעיל כ, כ) "מִזְבַּח אֲדָמָה תַּעֲשֶׂה לִּי", לְמַעְלָן (ישעיה מ, כב) "וַיִּמְתָּחֵם כָּאֹהֶל לָשָׁבֶת", לְמַטָּן (במדבר כד, ה) "מַה טֹּבוּ אֹהָלֶיךָ יַעֲקֹב", לְמַעְלָן (תהלים קד, ב) "נוֹטֶה שָׁמַיִם כַּיְרִיעָה", וּלְמַטָּן (לקמן כו, א) "עֶשֶׂר יְרִיעֹת", לְמַעְלָן (דניאל ב, כב) "וּנְהוֹרָא עִמֵּהּ שְׁרֵא", לְמַטָּן (לקמן כז, כ) "שֶׁמֶן זַיִת זָךְ כָּתִית לַמָּאוֹר", וְלֹא עוֹד אֶלָּא שֶׁחֲבִיבִין כָּל מַה שֶּׁלְּמַטָּן מִשֶּׁל לְמַעְלָן, תֵּדַע לָךְ, שֶׁהִנִּיחַ מַה שֶּׁלְּמַעְלָן וְיָרַד בְּשֶׁל מַטָּן, שֶׁנֶּאֱמַר (לקמן פסוק ח) "וְעָשׂוּ לִי מִקְדָּשׁ וְשָׁכַנְתִּי בְּתוֹכָם", הֱוֵי (דברי הימים־א כט, יא) "כִּי כֹל בַּשָּׁמַיִם וּבָאָרֶץ", וְאוֹמֵר (חגי ב, ח) "לִי הַכֶּסֶף וְלִי הַזָּהָב נְאֻם ה' צְבָאוֹת":

ה דָּבָר אַחֵר, [כה, ב] "וְיִקְחוּ לִי תְּרוּמָה", הֲדָא הוּא דִכְתִיב (משלי כב, א) "נִבְחָר שֵׁם מֵעֹשֶׁר רָב", נִבְחָר שְׁמוֹ שֶׁל מֹשֶׁה, שֶׁנֶּאֱמַר (תהלים קו, כג) "לוּלֵי מֹשֶׁה בְחִירוֹ", וְכֵן הוּא אוֹמֵר (שמות לג, יז) "וָאֵדָעֲךָ בְשֵׁם", מֵעָשְׁרוֹ שֶׁל קֹרַח, שֶׁנֶּאֱמַר (במדבר טז, יז) "חֲמִשִּׁים וּמָאתַיִם מַחְתֹּת",

עץ יוסף

למעלן חונה מלאך ה'. דמשמע שיש מלאך מיוחד למעלה שליח לצדיקים להצילם מהחטא דהיינו ויחלצם, כדאיתא בפרק התכלת (מנחות מג, א), וכן למטה, כי הכהן מציל האנשים מעון, כמו שנאמר (מלאכי ב, ז) כי שפתי כהן ישמרו דעת ותורה יבקשו מפיהו כי מלאך ה' צבאות הוא: **ובמלקחים לקח מעל המזבח.** ומדהוצרך המלאך שהוא אש, ליקח הגחלת במלקחים, על כרחך שמעל מזבח של מעלה לקח, שאש האש יותר קשה מהאש של מלאך. וענין מזבח של מעלה אמרו בפרק שני דחגיגה (יב, ב) ששם מקריב מיכאל נשמותיהן של צדיקים, ואיתא במדרש הנעלם אמר ר' חייא הקרבה זו אינה כשאר קרבנות, אלא כאדם המקריב דורון לפני המלך: (ה) **הדא הוא דכתיב נבחר שם מעושר רב וגו'.** מכסף וזהב חן טוב שיותר הם מרויחים בנתינת כספם וזהבם לתרומה, ממה שהיה שוה כספם וזהבם, ולהכי אפקיה בלשון קיחה דהוי ליה כאילו לוקחים ולא נותנים, ולהכי מייתי סמך מנבחר שם מעושר רב דטוב השם הטוב הלקוח בקיום ה' מהעושר, ואיידי דמייתי ליה דריש ליה במשה ופנחס ומרדכי: **חמשים ומאתים מחתות.** ודרשו חכמינו ז"ל שכולם היו משל קרח (מתנות כהונה):

פירוש מהרז"ו

יהי רקיע. ויהי מבדיל בין מים למים: **למען כסא ה'.** דברי הימים [א'] כ"ט כ"ג, וישב שלמה על כסא ה' למלך, וכמו שדרשו לעיל פרשה ח בסימן א, הושיב לשלמה על כסאו, שנאמר וישב שלמה על כסא ה'. וכן בירמיה ג' י"ז יקראו לירושלים כסא ה', פירוש על שם כסא ה' שבשמים. ויתכן שהכוונה על פסוק (שמות יז, טז) כי יד על כס יה. ולפסוק (דברי הימים ב יח, יח) ראיתי את ה' יושב על כסאו, וכדומה: **כתונת בד קודש ילבש.** ויקרא ט"ז: **כי מלאך ה' צבאות הוא.** מלאכי ב' ז', ורישא דקרא כי שפתי כהן ישמרו דעת וגו' כי מלאך וגו': **במלקחים לקח מעל המזבח.** ורישא דקרא ויעף אלי אחד מן השרפים, הרי שהוא ממזבח של מעלן: **מזבח אדמה.** שמות כ': **וימתחם באהל.** ורישא דקרא הנוטה כדוק שמים: **שמן זית למאור.** להאיר לפניו כביכול במשכן, כמו למעלה. ומאחר שכל מה שבשמים יש בארץ, על כן כמו ששוכן בשמים כן שוכן בארץ: **לי הכסף ולי הזהב.** היינו של בית המקדש, כמפורש שם בפסוק הקודם, ומלאתי את הבית הזה כבוד אמר ה' לי הכסף לי הזהב, וכן כאן במשכן, ויקחו לי תרומה וגו' זהב וכסף, של כל נדיב לב שהם חביבים לפניו יתברך שמו, כי רחמנא לבא בעי: (ה) **הדא הוא דכתיב נבחר שם.** וסיפא דקרא מכסף וזהב וחן טוב, וכן אומרים ישראל שחביב ויקר עליהם מה שהקב"ה קורא התרומה של כסף וזהב שהם שלו, וכמו שכתוב כאן ויקחו לי וגו' עד זהב וכסף ונחושת, שמלאו חן בעיניו, וכמו שדרשו בסוף סימן הקודם, וזהו שייכות כל הדרשה לכאן, ובסוף הסימן עוד באופן אחר: **חמשים ומאתים מחתות.** דזה מיותר שמאחר שהיו מאתים וחמישים איש מחזיקים מחתות, הרי אנו יודעים החשבון, אלא שכוונת התורה שהיו כולם של איש אחד, וזה חידוש שיהיה מזומן אצל איש אחד מאתים וחמישים מחתות:

חידושי הרד"ל

ואומר לי הכסף כו'. עיין מתנות כהונה, ונראה שחסר כאן וצריך לומר מה שכתוב בתנחומא פרשה זו סימן ה, אמר לו הקב"ה אין אתם מביאים משלכם אלא מביזת הים, ועל זה מביא כאן קרא דלי הכסף וכל ההבאה אינה משלכם, ומלשון ואומר נראה שהיה כתוב עוד מקרא אחר תחלה, כמדומה דהיינו קרא (דברי הימים א כט, יב) דהעושר והכבוד מלפניך (סיפיה דכל בשמים ובארץ): [ה] **הדא הוא דכתיב נבחר שם מעשר רב.** חסר כאן התחלת הדרשא וקישורה לקרא דתרומה, שנראה שהיה דורש נבחר שם דור המדבר שנכתבו לשבח בתורה שהביאו נדבת המשכן לשני בקרים, מעושר רב של המצרים ומכסף וזהבם, חן טוב שנתן ה' את העם בעיני מצרים וינצלו אותם: **של משה כו'.** חן טוב, שכתוב בו (שמות לג, טז) כי מצאת חן בעיני:

חידושי הרש"ש

ואומר לי הכסף ולי הזהב נאם ה' צבאות. כן צריך לומר. יתכן שיכוין כאן למה דאיתא לקמן פרשה לה א, שלא נברא זהב אלא בשביל המשכן ובית המקדש, (ועיין שם עוד מה שדרשו על כסף מזוקק) וזהו פירוש לי הכסף כו', רצה לומר בשבילי בראתים, והוא לראיה נוספת שחביבים לו מה שלמטן:

אמרי יושר

[ד] **למטה ושני אנשים שרי גדודים.** לומר דהנהגה המדינית וסריית שבכאן נתלית, ודומה להנהגת גדודי מעלה, מלכותא דארעא כעין מלכותא דרקיעא: **ואומר לי הכסף.** זהו תקחו תרומה, הדבר שהוא לי: [ה] **[ויקחו לי תרומה כו' נבחר שמו של משה.** מה שהביאו פסוק זה נבחר שם מעושר רב על ויקחו לי תרומה, הוא זה נבחר שם של משה שהקים המשכן, מעושר רב שהביאו ישראל הנה ולקחו תרומה, כדרשם בפרשת פקודי (קטע זה היה בסוף הסימן)]:

שינוי נוסחאות

(ד) **לי הכסף ולי הזהב נאם ה' צבאות.** בכל ספרי המדרש כתוב "...אמר ה' צבאות", אבל לשון הפסוק הוא "נאם ה' צבאות":

אם למקרא

וַיְהִי מִקֵּץ שְׁלֹשִׁים שָׁנָה וְאַרְבַּע מֵאוֹת שָׁנָה וַיְהִי בְּעֶצֶם הַיּוֹם הַזֶּה יָצְאוּ כָּל צִבְאוֹת ה' מֵאֶרֶץ מִצְרָיִם: (לעיל יב:מא)

וַיֹּאמֶר אֱלֹהִים יְהִי רָקִיעַ בְּתוֹךְ הַמָּיִם וִיהִי מַבְדִּיל בֵּין מַיִם לָמָיִם: (בראשית א:ו)

וְנָתַתָּה אֶת הַפָּרֹכֶת תַּחַת הַקְּרָסִים וְהֵבֵאתָ שָׁמָּה מִבֵּית לַפָּרֹכֶת אֵת אֲרוֹן הָעֵדוּת וְהִבְדִּילָה הַפָּרֹכֶת לָכֶם בֵּין הַקֹּדֶשׁ וּבֵין קֹדֶשׁ הַקֳּדָשִׁים: (לקמן כו:לג)

בִּשְׁנַת מוֹת הַמֶּלֶךְ עֻזִּיָּהוּ וָאֶרְאֶה אֶת אֲדֹנָי יֹשֵׁב עַל כִּסֵּא רָם וְנִשָּׂא וְשׁוּלָיו מְלֵאִים אֶת הַהֵיכָל: (ישעיה ו:א)

כִּסֵּא כָבוֹד מָרוֹם מֵרִאשׁוֹן מְקוֹם מִקְדָּשֵׁנוּ: (ירמיה יז:יב)

הֲיֵשׁ מִסְפָּר לִגְדוּדָיו וְעַל מִי לֹא יָקוּם אוֹרֵהוּ: (איוב כה:ג)

וּשְׁנֵי אֲנָשִׁים שָׂרֵי גְדוּדִים הָיוּ בֶן שָׁאוּל שֵׁם הָאֶחָד בַּעֲנָה וְשֵׁם הַשֵּׁנִי רֵכָב בְּנֵי רִמּוֹן הַבְּאֵרֹתִי מִבְּנֵי בִנְיָמִן כִּי גַּם בְּאֵרוֹת תֵּחָשֵׁב עַל בִּנְיָמִן: (שמואל ב ד:ב)

וַיּוֹצֵא אֹתוֹ הַחוּצָה וַיֹּאמֶר הַבֶּט נָא הַשָּׁמַיְמָה וּסְפֹר הַכּוֹכָבִים אִם תּוּכַל לִסְפֹּר אֹתָם וַיֹּאמֶר לוֹ כֹּה יִהְיֶה זַרְעֶךָ: (בראשית טו:ה)

ה' אֱלֹהֵיכֶם הִרְבָּה אֶתְכֶם וְהִנְּכֶם הַיּוֹם כְּכוֹכְבֵי הַשָּׁמַיִם לָרֹב: (דברים א:י)

וְהִנֵּה הָאִישׁ לְבֻשׁ הַבַּדִּים אֲשֶׁר הַקֶּסֶת בְּמָתְנָיו מֵשִׁיב דָּבָר לֵאמֹר עָשִׂיתִי כְּכֹל אֲשֶׁר צִוִּיתָנִי: (יחזקאל ט:יא)

כְּתֹנֶת בַּד קֹדֶשׁ יִלְבָּשׁ וּמִכְנְסֵי בַד יִהְיוּ עַל בְּשָׂרוֹ וּבְאַבְנֵט בַּד יַחְגֹּר וּבְמִצְנֶפֶת בַּד יִצְנֹף בִּגְדֵי קֹדֶשׁ הֵם וְרָחַץ בַּמַּיִם אֶת בְּשָׂרוֹ וּלְבֵשָׁם: (ויקרא טז:ד)

חֹנֶה מַלְאַךְ ה' סָבִיב לִירֵאָיו וַיְחַלְּצֵם: (תהלים לד:ח)

כִּי שִׂפְתֵי כֹהֵן יִשְׁמְרוּ דַעַת וְתוֹרָה יְבַקְשׁוּ מִפִּיהוּ כִּי מַלְאַךְ ה' צְבָאוֹת הוּא: (מלאכי ב:ז) וַיָּעָף אֵלַי אֶחָד מִן הַשְּׂרָפִים וּבְיָדוֹ רִצְפָּה בְּמֶלְקַחַיִם לָקַח מֵעַל הַמִּזְבֵּחַ: (ישעיה ו:ו) מִזְבַּח אֲדָמָה תַּעֲשֶׂה לִּי וְזָבַחְתָּ עָלָיו אֶת עֹלֹתֶיךָ וְאֶת שְׁלָמֶיךָ אֶת צֹאנְךָ וְאֶת בְּקָרֶךָ בְּכָל הַמָּקוֹם אֲשֶׁר אַזְכִּיר אֶת שְׁמִי אָבוֹא אֵלֶיךָ וּבֵרַכְתִּיךָ: (שמות כ:כ) הַיֹּשֵׁב עַל חוּג הָאָרֶץ וְיֹשְׁבֶיהָ כַּחֲגָבִים הַנּוֹטֶה כַדֹּק שָׁמַיִם וַיִּמְתָּחֵם כָּאֹהֶל לָשָׁבֶת: (ישעיה מ:כב) מַה טֹּבוּ אֹהָלֶיךָ יַעֲקֹב מִשְׁכְּנֹתֶיךָ יִשְׂרָאֵל: (במדבר כד:ה) עֹטֶה אוֹר כַּשַּׂלְמָה נוֹטֶה שָׁמַיִם כַּיְרִיעָה: (תהלים קד:ב) וְאֶת הַמִּשְׁכָּן תַּעֲשֶׂה עֶשֶׂר יְרִיעֹת שֵׁשׁ מָשְׁזָר וּתְכֵלֶת וְאַרְגָּמָן וְתֹלַעַת שָׁנִי כְּרֻבִים מַעֲשֵׂה חֹשֵׁב תַּעֲשֶׂה אֹתָם: (שמות כו:א) הוּא גָּלֵא עַמִּיקָתָא וּמְסַתְּרָתָא יָדַע מָה בַחֲשׁוֹכָא וּנְהוֹרָא עִמֵּהּ שְׁרֵא: (דניאל ב:כב) וְאַתָּה תְּצַוֶּה אֶת בְּנֵי יִשְׂרָאֵל וְיִקְחוּ אֵלֶיךָ שֶׁמֶן זַיִת זָךְ כָּתִית לַמָּאוֹר לְהַעֲלֹת נֵר תָּמִיד: (לקמן כז:כ) וְעָשׂוּ לִי מִקְדָּשׁ וְשָׁכַנְתִּי בְּתוֹכָם: (שמות כה:ח) לְךָ ה' הַגְּדֻלָּה וְהַגְּבוּרָה וְהַתִּפְאֶרֶת וְהַנֵּצַח וְהַהוֹד כִּי כֹל בַּשָּׁמַיִם וּבָאָרֶץ לְךָ ה' הַמַּמְלָכָה וְהַמִּתְנַשֵּׂא לְכֹל לְרֹאשׁ: (דברי הימים א כט:יא) לִי הַכֶּסֶף וְלִי הַזָּהָב נְאֻם ה' צְבָאוֹת: (חגי ב:ח) נִבְחָר שֵׁם מֵעֹשֶׁר רָב מִכֶּסֶף וּמִזָּהָב חֵן טוֹב: (משלי כב:א) וַיֹּאמֶר לְהַשְׁמִידָם לוּלֵי מֹשֶׁה בְחִירוֹ עָמַד בַּפֶּרֶץ לְפָנָיו לְהָשִׁיב חֲמָתוֹ מֵהַשְׁחִית: (תהלים קו:כג) וַיֹּאמֶר ה' אֶל מֹשֶׁה גַּם אֶת הַדָּבָר הַזֶּה אֲשֶׁר דִּבַּרְתָּ אֶעֱשֶׂה כִּי מָצָאתָ חֵן בְּעֵינַי וָאֵדָעֲךָ בְּשֵׁם: (שמות לג:יז) וּקְחוּ אִישׁ מַחְתָּתוֹ וּנְתַתֶּם עֲלֵיהֶם קְטֹרֶת וְהִקְרַבְתֶּם לִפְנֵי ה' אִישׁ מַחְתָּתוֹ חֲמִשִּׁים וּמָאתַיִם מַחְתֹּת וְאַתָּה וְאַהֲרֹן אִישׁ מַחְתָּתוֹ: (במדבר טז:יז)

מתנות כהונה

[ד] **הוי כי כל וגו'.** פירושו כל אשר בשמים הוא בארץ גם כן: **ואומר לי הכסף וגו'.** וזהו ויקחו לי משלי שהרי כתיב כי כל אשר בשמים ובארץ לך ה' כמה דאת אמר (חגי ב, ח) לי הכסף: [ה] **חמשים ומאתים מחתות.** ודרשו חז"ל שכולם היו משל קרח:

אשד הנחלים

שחביבין כל מה שלמטן. לפי שכאן הפעולה בבחירה ורצון ובהגברה, אבל למעלה הוא בטבע ככה, כי למעלה אין חומר מונע: **הוי כי כל.** וסופו אתה גו' אשר בחרת באברם, מפני הגברתו ובחירתו בעשיית הטוב והישר: **ואומר לי הכסף.** הוא ביאור אחר בכתוב כי כל בשמים ובארץ, כלומר אף כל אשר בארץ ראוי שיהיו מיוחדים רק לי ולשמי, כמו הנעשה בשמים, כן יהיה הכסף והזהב לעשיית המשכן, כלומר לא לענינים גשמיים, וכמאמרם בחזית (עיין להלן לה, א) לא היה העולם כדאי להשתמש בזהב רק למען בית המקדש, וזהו ויקחו לי תרומה [וכן פירש המתנות כהונה]:

באור מהרי"פ

[ד] **יהי רקיע בתוך המים.** וסיפיה דקרא, ויהי מבדיל בין מים למים: **ואומר לי הכסף וגו'.** פירוש, דבעל המדרש דורש שני דרשות במקראות של (דברי הימים א כט, כא - כב), מתחלה הוא דורש על המקרא לך ה' הגדולה וגו' כי כל בשמים ובארץ, שכל מה שיש למעלה יש למטה, מדלא כתיב כל בשמים ובארץ, דהכי נאות לפי פשט המקרא מאי כי כל, לכך מבאר דהכי פירושו, כי כל בשמים וכי כל בארץ, רצה לומר שכל מה שנמצא בשמים נמצא בארץ, וכי כל קאי אמלת בשמים גם אמלת בארץ, ומסיים הדרוש תדע לך וכו' ועשו לי מקדש וגו', שוב דורש דרש שני ונסמך על המקרא של אחריו והעושר והכבוד מלפניך וגו', ויהיה הפירוש של ועשו לי מקדש לי משלי, ולזה מביא הפסוק לי הכסף ולי הזהב לומר שהכל משלו ומשלי נתנו לו: [ה] **נבחר שם וגו'.** אולי הדרשה על ויקחו לי תרומה כדרשת על אופן המבואר למעלה (סוף סימן ד ובמהרי"פ ד"ה ואומר), לי משלי, רק על ידי הקדמת מקראות אחרים וסיומה לקמן (סוף סימן זה) אבל הדרשה

אָמַר לוֹ הַקָּדוֹשׁ בָּרוּךְ הוּא: מִפְּנֵי שֶׁיֵּשׁ לְךָ עוֹשֶׁר אַתָּה מִתְגָּאֶה — The Holy One, blessed is He, said to [Korah], "Because you possess wealth you act haughtily? נִבְחָר שְׁמוֹ שֶׁל מֹשֶׁה מִכָּל עָשְׁרְךָ שֶׁל כֶּסֶף וְשֶׁל זָהָב — Well, to Me **the** good **name of Moses is preferred over all of your wealth of silver and gold!"** הֱוֵי "מִכֶּסֶף וּמִזָּהָב חֵן טוֹב" — And **this is** the meaning of the end of the verse in *Proverbs* as well, ***and goodly favor***[55] ***over silver and gold*** (22:1).

The Midrash applies the verse in *Proverbs* to another incident, and expounds on the details of that incident:

דָּבָר אַחֵר, נִבְחָר שְׁמוֹ שֶׁל פִּנְחָס מִן עָשְׁרוֹ שֶׁל זִמְרִי — **Another interpretation** of the verse in *Proverbs* is: **The *good name* of Phinehas is *preferred over* the *wealth* of Zimri,**[56] שֶׁהָיָה נְשִׂיא שֵׁבֶט שִׁמְעוֹן — **who was the leader of the tribe of Simeon.**[57] וּמָה עָשָׂה זִמְרִי — **Now, what did Zimri do?** עָלָיו אָמַר שְׁלֹמֹה "הֵעֵז אִישׁ רָשָׁע בְּפָנָיו" זֶה זִמְרִי — **Concerning him Solomon said** in *Proverbs* (21:29), ***A wicked person shows his audacity on his face,*** for the "wicked person" of **this** verse **is** an allusion to **Zimri.** "וְיָשָׁר הוּא יָבִין דַּרְכּוֹ" זֶה פִּנְחָס — And that verse continues, ***but the upright one understands his way***[58] — and **this is** an allusion to **Phinehas.** וּמָה הֵעֵז זִמְרִי — **And what was the audacity of Zimri** described by Solomon? אֶלָּא כֵּיוָן שֶׁבָּאָה כָּזְבִּי בִּקֵּשׁ לִיטְּלָהּ — **That when Cozbi,** the daughter of a Midianite dignitary,[59] **came** to the Israelite camp, **he sought to take her** for promiscuous purposes.[60] אָמְרָה לוֹ: אֵינִי נִשְׁמַעַת לְךָ — **She said to him, "I will not submit to you** for cohabitation, שֶׁכֵּן צִוַּנִי אַבָּא שֶׁלֹּא אֶהְיֶה נִשְׁמַעַת אֶלָּא לְמֹשֶׁה — **for my father has commanded me not to submit** to anyone **except to Moses."** אָמַר לָהּ: אֲנִי גָּדוֹל מִמֹּשֶׁה — **[Zimri] responded to her,** "But **I am** even **greater than Moses,** שֶׁהוּא מִשֵּׁבֶט שְׁלִישִׁי וַאֲנִי מִשֵּׁבֶט שֵׁנִי — **for he is** a member **of the third tribe** (Levi),[61] **whereas I am** a member **of the second tribe** (Simeon). וּרְצוֹנֵךְ לֵידַע שֶׁאֲנִי גָּדוֹל מִמֹּשֶׁה — **And do you want to know** for a fact **that I am greater than Moses?** בְּפָנָיו אֲנִי נוֹטֵל אוֹתָךְ — I will prove it to you, for **I will take you** as my partner right **in front of him** and he will be powerless to stop me!" שֶׁנֶּאֱמַר "וְהִנֵּה אִישׁ מִבְּנֵי יִשְׂרָאֵל בָּא וַיַּקְרֵב אֶל אֶחָיו אֶת הַמִּדְיָנִית לְעֵינֵי מֹשֶׁה" — **Thus it is stated, *Behold, a man of the Children of Israel***[62] ***came and brought a Midianite woman***[63] ***near to his brothers in the sight of Moses*** (*Numbers* 25:6). שֶׁהָיָה מַקִּישׁ דְּבָרִים כְּנֶגְדּוֹ — Zimri's "audacity" was in **that** when he came before Moses **he was hurling** offensive **words against him:** אָמַר לוֹ: מֹשֶׁה, זוֹ אֲסוּרָה אוֹ מוּתֶּרֶת — **[Zimri] said to him, "Moses, is this woman forbidden or permitted?"** אָמַר לוֹ: אֲסוּרָה הִיא לְךָ — **[Moses] responded to him, "She is forbidden to you."** אָמַר לוֹ זִמְרִי: אַתָּה הוּא הַנֶּאֱמָן שֶׁל תּוֹרָה שֶׁהַקָּדוֹשׁ בָּרוּךְ הוּא מִתְגָּאֶה בְּךָ וְאוֹמֵר "לֹא כֵן עַבְדִּי מֹשֶׁה" — **Zimri** then mockingly **said to him,** "Is it **you — the 'trusted one' of** teaching **the Torah,** — the one **in whom the Holy One, blessed is He, takes pride and says, *'Not so is My servant Moses;*** *in My entire house he is the trusted one'* (ibid. 12:7) — שֶׁאַתָּה אוֹמֵר אֲסוּרָה זוֹ — **who are saying** that **this woman is forbidden** to me?! אַף אִשְׁתְּךָ שֶׁנָּטַלְתָּ אֲסוּרָה הִיא לְךָ — If this is so, **your wife** (Zipporah) **whom you took** for yourself **should also be forbidden to you,** זוֹ מִדְיָנִית וְזוֹ מִדְיָנִית — for **this one** (Cozbi) **is a Midianite and that one** (Zipporah) **is a Midianite** as well![64] זוֹ גְּדוֹלָה בַּת אָבוֹת, וְאִשְׁתְּךָ בַּת כּוֹמֶר — And moreover, **this one** (Cozbi) **is a daughter of** a head of **family units, while your wife is the daughter of an idolatrous priest!"**[65] הֱוֵי "לְעֵינֵי מֹשֶׁה" — **This is** the meaning of *he brought a Midianite woman near to his brothers* ***in the sight of Moses.***[66] וּשְׁלֹמֹה צוֹוֵחַ "הֵעֵז אִישׁ רָשָׁע בְּפָנָיו" — **And Solomon cried out** regarding this incident, ***A wicked person shows his audacity on his face,*** *but the upright one understands his way* (*Proverbs* 21:29).

The *Proverbs* passage continues, *There is neither wisdom nor understanding nor counsel against HASHEM. The horse is readied for the day of battle, but salvation is HASHEM's* (ibid. vv. 30-31). The Midrash explains how this, too, relates to the incident of Zimri and Phinehas:

וְכֵיוָן שֶׁרָאוּ אוֹתוֹ הָיוּ בּוֹכִים, שֶׁנֶּאֱמַר "וְהֵמָּה בֹּכִים" — **When [the people]** who were present at this encounter **saw this** audacity of Zimri in front of Moses, **they wept, as it is stated,** *Behold, a man . . . came and brought a Midianite woman . . . in the sight of Moses and in the sight of the entire assembly of the Children of Israel,* ***and they***[67] ***were weeping*** *at the entrance of the Tent of Meeting* (*Numbers* 25:6).[68] אָמַר לוֹ הַקָּדוֹשׁ בָּרוּךְ הוּא: מֹשֶׁה, בּוֹכֶה אַתָּה — **The Holy One, blessed is He,** thereupon **said to [Moses], "Moses, you are weeping?** וְהֵיכָן חָכְמָתְךָ שֶׁאָמַרְתָּ דָּבָר וְהִבְלַעְתָּ לְקֹרַח, וְעַכְשָׁיו אַתָּה בּוֹכֶה — **Now where is your** great **wisdom, by which you** merely **said a word and** thereby **caused Korah to be swallowed** by the ground[69] — **and now you** stand by and **weep?!"** וְרוּחַ הַקֹּדֶשׁ צוֹוַחַת "אֶשְׁתּוֹלְלוּ אַבִּירֵי לֵב נָמוּ שְׁנָתָם" — Regarding this, **the Divine Spirit** (i.e., Scripture) **cries out, *Bereft of reason were the stout-hearted, they slept their sleep*** (*Psalms* 76:6). אָמַר לוֹ מֹשֶׁה: "אֵין חָכְמָה וְאֵין תְּבוּנָה וְאֵין עֵצָה לְנֶגֶד ה' " — **Moses responded to Him, *"There is neither wisdom nor understanding nor counsel against HASHEM"*** (*Proverbs* 21:30).[70]

NOTES

55. *Goodly favor* is an allusion to Moses, of whom it is written, *and you have also found "favor" in My eyes* (below, 33:12) (*Radal*). Moreover, according to one opinion in the Midrash above (1 §20), טוֹב ("Good") is one of Moses' names; the words חֵן טוֹב, then, can be translated, "the favor of Tov [Moses]" (*Toldos Noach, Maharzu, Eitz Yosef*).

56. The incident of Phinehas and Zimri is recorded in *Numbers* 25:1-9.

57. Actually, he was the leader of a family group within the tribe of Simeon, as recorded in *Numbers* 25:14. The assumption is that all tribal leaders were wealthy.

58. I.e., he understands what course of action must be taken. This applies aptly to Phinehas, as will soon become clear.

59. As stated in *Numbers* 25:15.

60. For, as Scripture relates (ibid. 25:1), the people had begun *to commit harlotry with the daughters of Moab* (and their allies, the Midianites).

61. Levi was Jacob's third son, after Reuben and Simeon.

62. Later (ibid. 25:14) identified as Zimri.

63. Later (ibid. v. 15) identified as Cozbi.

64. Zipporah was the daughter of Jethro, priest of Midian (see above, 2:21, 3:1).

65. There was of course no comparison between the two cases, for Moses married Zipporah before the giving of the Torah at Sinai. Moreover, when the Revelation at Sinai took place, all those present — native Israelites (such as Moses) as well as foreigners (such as Zipporah) — underwent conversion to the Israelite faith. Cozbi, on the other hand, was not a convert to Judaism (*Rashi* on *Sanhedrin* 82a, cited here by the commentators).

66. I.e., given the above description of the incident, we can now understand why Zimri specifically brought Cozbi before Moses (*Toldos Noach, Eitz Yosef*). He did so to show he was superior to Moses, which he accomplished by stating his audacious claim that Cozbi was no different from Zipporah, to which Moses offered no reply.

67. Referring to both Moses and the people.

68. Moses was weeping for the desecration of God's Name, for the law of how to proceed in this situation was concealed from him. The people cried, for at the incident of the Golden Calf Moses stood up against all 600,000 men of Israel, yet here he seemed powerless to act against a single individual (*Eitz Yosef,* citing *Rashi* to *Numbers* 25:6).

69. As related in *Numbers* 16:28-33.

70. I.e., in response to Your question, "Now where is your wisdom" — all my wisdom is naught in comparison to You, the all-knowing God, and therefore I leave it to You Yourself to seek proper vengeance against Zimri (*Yefeh To'ar, Eitz Yosef*). Accordingly, the words כְּנֶגֶד ה' are rendered, "*in comparison to HASHEM,*" rather than "against HASHEM."

אָמַר לוֹ הַקָּדוֹשׁ בָּרוּךְ הוּא: מִפְּנֵי שֶׁיֵּשׁ לְךָ עוֹשֶׁר אַתָּה מִתְגָּאֶה, נִבְחָר שְׁמוֹ שֶׁל מֹשֶׁה מִכָּל עָשְׁרְךָ שֶׁל כֶּסֶף וְשֶׁל זָהָב, הֱוֵי (משלי שם שם) **"מִכֶּסֶף וּמִזָּהָב חֵן טוֹב", דָּבָר אַחֵר, נִבְחָר שְׁמוֹ שֶׁל פִּנְחָס מִן עָשְׁרוֹ שֶׁל זִמְרִי שֶׁהָיָה נְשִׂיא שֵׁבֶט שִׁמְעוֹן, וּמֶה עָשָׂה זִמְרִי, עָלָיו אָמַר שְׁלֹמֹה** (שם כא, כט) **"הֵעֵז אִישׁ רָשָׁע בְּפָנָיו" זֶה זִמְרִי,** (שם) **"וְיָשָׁר הוּא יָבִין דַּרְכּוֹ" זֶה פִּנְחָס, וּמָה הֵעֵז זִמְרִי, אֶלָּא כֵּיוָן שֶׁבָּאָה כָּזְבִּי בִּקֵּשׁ לִיטְּלָהּ, יאָמְרָה לוֹ: אֵינִי נִשְׁמַעַת לְךָ, שֶׁכֵּן צִוַּנִי אַבָּא שֶׁלֹּא אֶהְיֶה נִשְׁמַעַת אֶלָּא לְמֹשֶׁה, אָמַר לָהּ: אֲנִי גָּדוֹל מִמֹּשֶׁה, שֶׁהוּא מִשֵּׁבֶט שְׁלִישִׁי וַאֲנִי מִשֵּׁבֶט שֵׁנִי, וּרְצוֹנֵךְ לֵידַע שֶׁאֲנִי גָּדוֹל מִמֹּשֶׁה, בְּפָנָיו אֲנִי נוֹטֵל אוֹתָךְ, שֶׁנֶּאֱמַר** (במדבר כה, ו) **"וְהִנֵּה אִישׁ מִבְּנֵי יִשְׂרָאֵל בָּא וַיַּקְרֵב אֶל אֶחָיו אֶת הַמִּדְיָנִית לְעֵינֵי מֹשֶׁה", שֶׁהָיָה מַקִּישׁ דְּבָרִים כְּנֶגְדּוֹ, אָמַר לוֹ: מֹשֶׁה, זוֹ אֲסוּרָה אוֹ מוּתֶּרֶת, אָמַר לוֹ: אֲסוּרָה הִיא לָךְ, אָמַר לוֹ זִמְרִי: אַתָּה הוּא הַנֶּאֱמָן שֶׁל תּוֹרָה, שֶׁהַקָּדוֹשׁ בָּרוּךְ הוּא מִתְגָּאֶה בְּךָ וְאוֹמֵר** (שם יב, ז) **"לֹא כֵן עַבְדִּי מֹשֶׁה", שֶׁאַתָּה אוֹמֵר אֲסוּרָה זוֹ, אַף אִשְׁתְּךָ שֶׁנָּטַלְתָּ אֲסוּרָה הִיא לָךְ, זוֹ מִדְיָנִית וְזוֹ מִדְיָנִית, זוֹ גְּדוֹלָה בַּת אָבוֹת, וְאִשְׁתְּךָ בַּת כּוֹמֶר, הֱוֵי "לְעֵינֵי מֹשֶׁה", וּשְׁלֹמֹה צוֹוֵחַ** (משלי כא, כט) **"הֵעֵז אִישׁ רָשָׁע בְּפָנָיו", וְכֵיוָן שֶׁרָאוּ אוֹתוֹ הָיוּ בּוֹכִים, שֶׁנֶּאֱמַר** (שם כה, ו) **"וְהֵמָּה בֹּכִים", אָמַר לוֹ הַקָּדוֹשׁ בָּרוּךְ הוּא: מֹשֶׁה, בּוֹכֶה אַתָּה, וְהֵיכָן חָכְמָתְךָ שֶׁאָמַרְתָּ דָּבָר וְהִבְלַעְתָּ לְקֹרַח, וְעַכְשָׁיו אַתָּה בּוֹכֶה, וְרוּחַ הַקֹּדֶשׁ צוֹוַחַת** (תהלים עו, ו) **"אֶשְׁתּוֹלְלוּ אַבִּירֵי לֵב נָמוּ שְׁנָתָם", אָמַר לוֹ מֹשֶׁה:** (משלי שם ל) **"אֵין חָכְמָה וְאֵין תְּבוּנָה וְאֵין עֵצָה לְנֶגֶד ה'", אָמַר הַקָּדוֹשׁ בָּרוּךְ הוּא: יוֹדֵעַ אֲנִי מִי מוּכָן לְדָבָר זֶה, מַה כְּתִיב אַחֲרָיו** (שם שם לא) **"סוּס מוּכָן לְיוֹם מִלְחָמָה וְלַה' הַתְּשׁוּעָה", אָמַר רַבִּי יוֹסֵי: דָּרַשׁ פִּנְחָס בְּעַצְמוֹ, וּמָה אִם הַסּוּס שֶׁהוּא נוֹתֵן נַפְשׁוֹ לְיוֹם מִלְחָמָה אֲפִילּוּ הוּא מֵת נוֹתֵן נַפְשׁוֹ עַל בְּעָלָיו,**

עץ יוסף

נבחר שמו של פנחס. שטוב לאדם הכבוד אשר משם טוב, מכבוד העושר, כי זה אפשר שיאבד כבודו, ופנחס זכה לכבוד בשם טוב, שעל כן אמר פנחס בן אלעזר בן אהרן הכהן, שבא הכתוב ליחסו כדפירש רש"י בחומש: **הוי מכסף ומזהב חן טוב.** שמשה נקרא בשם טוב, כדאיתא לעיל פרשה א', ותרא אותו כי טוב הוא (שמות ב, ב) רבי מאיר אומר טוב שמו: **נבחר שמו.** שמו של פנחס, כדכתיב לכן אמור הנני נותן לו את בריתי שלום: **נשיא שבט שמעון.** ומסתמא עשיר היה, כדכתיב והנשיאים הביאו את אבני השוהם וגו', מרוב עשרם: **מקיש דברים.** מטיח דברים: **זו מדינית וזו מדינית.** כתב רש"י בפרק הנשרפין (סנהדרין פב, א ד"ה בת) משה קודם מתן תורה נשאה, וכשניתנה תורה כולם בני נח היו, ונכנסו לכלל מצות והיא עמהם וגרים רבים של ערב רב עד כאן לשונו: **הוי לעיני משה.** שלפי שלא היתה רוצה לשמוע לזמרי, לכן הוזקק להעיז ולהקריבה לפני משה:**ושלמה צווח העז איש רשע בפניו.** פירוש שלמה עליו השלום פרסם קלונו ואמר העז איש רשע וגו': **וכיון שראו אותו היו בוכים שנאמר והמה בוכים כו'.** משה היה בוכה על חילול השם, והוא לא ידע מה לעשות להנקם ממנו, כי נתעלמה ממנו הלכה, וישראל היו בוכים איך בעגל עמד משה כנגד ששים רבוא, וכאן רפו ידיו, וכדפירש רש"י בחומש שם: **ורוח הקודש צווחת אשתוללו כו'.** פירוש רוח הקודש מפרסמת ומודיעה לנו ענין זה, כי מה שהיו בוכים לא מקוצר ידם היה, אלא מה' היתה זאת להם, על דרך משיב חכמים אחור, והסבה כדי שיבא פנחס ויטול הראוי לו, כדאיתא במדבר רבה פרשה כ': **אמר לו משה.** להקדוש ברוך הוא אין חכמת האדם ותבונתו ועצתו כלום לפני ה', כלומר שהשם יתברך נקם ינקם מזמרי, כי חכמת משה כאין נגדו, ואמר כן לפי שאמר ליה הקדוש ברוך הוא והיכן חכמתך כו':

מכסף ומזהב חן טוב. ומשה קרוי טוב, לעיל פרשה א סימן כ: **העיז איש רשע.** והרמז על זמרי בפסוק הקודם, אף כי בזימה יביאנו. ובמדבר רבה פרשה כ סימן כ"ד הביא גם פסוק (משלי כח, כד) זד יהיר וגו', ועיין שם בפסוקים שכולם מתפרשים על זמרי ופינחס, ועיין סנהדרין (דף פ"ב א'): **ומה העיז זמרי.** כולל שתי שאלות מה היתה העזתו, ולמה הוצרך להעיז לענין זימתו: **לעיני משה.** להמרות עיני כבודו: **לא כן עבדי משה.** וסיפא דקרא בכל ביתי נאמן הוא, עיין לעיל ריש פרשה י"ח, ולקמן סוף פרשה מ"ז, שפירשו שנאמן בכל בית התורה לדרוש ולכוון לדעתו של הקב"ה, ואיך אתה אומר שזו אסורה: **וכיון שראו אותו.** שראו עזות זמרי נגד משה: **נמו שנתם.** ולא מצאו כל אנשי חיל ידיהם: **סוס מוכן ליום מלחמה.** היינו פנחס שהיה מוכן למלחמת מדין, שמבואר בסדר מטות 0 ואת פנחס בן אלעזר [וגו'] וכלי הקודש וחצוצרות התרועה בידו, (ובזה אנו יודעים פירוש הפסוקים באיוב ל"ט מפסוק י"ט עד פסוק כ"ה, התתן לסוס גבורה וגו' עד רעם שרים ותרועה, שהנמשל על פנחס במלחמת מדין, ופסוק (שם איוב פסוק כו) המבינתך יאבר נץ יפרוש כנפיו הסמוך לו, יבואר על גליא בן דן, שמבואר בזוהר, וכמו שדרשו במדבר רבה פרשה כב סימן ה בביאור, וכמו הפסוקים הסמוכים שם אם על פיך יגביה נשר, שנדרש על אהרן ובניו, ויקרא רבה פרשה כא סימן ד, דוק והתבונן בזה): **אפילו הוא מת.** כמבואר בפסוקי איוב ל"ט שם, ישחק לפחד ולא יחת ולא ישוב מפני חרב, ועל כן למד הקל וחומר מהסוס:

חידושי הרד"ל

נבחר שמו של פנחס. שפרסם הקב"ה שמו וייחסו בתורה (במדבר כה, יא): **אין חכמה ואין תבונה ואין עצה לנגד ה'.** רצה לומר כמו שאמר בברכות (יט, ב) שכל מקום שיש חלול ה' אין חולקין כבוד לרב, ולכן נזדרז פנחס לזה:

חידושי הרש"ש

[ה] **אמר לו משה אין חכמה כו'.** לפי הגירסא דהכא משמע דמשה השיב להקב"ה, (כלפי שאמר לו והיכן חכמתך) אין חכמה כו' לנגד ה', רצה לומר דממך הוא שיזכה פנחס בזה, וכדאיתא לעיל ריש פרשת ויחי (בראשית רבה צו, ג) נתנה הישועה לפנחס והשפיל את משה, ולקמן סוף פרשת בלק (במדבר רבה כ, כד) והוא עומד נגד ששים ריבוא כו' ורפו ידיו אלא בשביל פנחס כו', אבל בסנהדרין (פב, א) אמרינן שפנחס אמר פסוק זה, עיין שם. ויש לדחוק הלשון שבכאן אמר לו, (רצה לומר פנחס למשה), משה אין חכמה כו':

באור מהרי"פ

הנדרשת על המן, ושם מביא גם כן המקרא לי הכסף. תולדות נח הארוך: **חן טוב.** פירוש, טוב זה משה כידוע (ויקרא רבה כ, א), [ו]הדרשה הנסמכת על ותרא אותו כי טוב הוא: **מה אם הסוס וכו'.** רבי יוסי נותן טעם למה מכנה הכתוב הכנת פנחס להכנת הסוס, מפני שלמד הקל וחומר מסוס: **נותן נפשו על בעליו.** תימה, [ד]בפסחים (קיג, ב) איתא איפכא (שלשה) [ששה] דברים נאמרו בסוס אוהב את המלחמה וכו' ויש אומרים אף מבקש להרוג את בעליו במלחמה. ואולי דתנא קמא שאמר (שלשה) [ששה] דברים נאמרו בסוס במניינא אתי למעוטי דעת יש אומרים ופליג עליו, ורבי יוסי סבירא ליה כתנא קמא, אך זה דוחק גדול, דאם כן סבירא ליה התנא קמא כרבי יוסי, וקשה למה לא חשיב גם זה במניינא דנותן נפשו על בעליו במלחמה:

מסורת המדרש

ו. עי' סנהדרין דף פ"ב וירושלמי סנהדרין פרק ט'. במדבר רבה פרשה כ'. תנחומא סדר בלק סימן כ'. ספרי סדר בלק פיסקא קל"א. ילקוט סדר בלק רמז תשע"א:

אם למקרא

הֵעֵז אִישׁ רָשָׁע בְּפָנָיו וְיָשָׁר הוּא יָבִין דַּרְכּוֹ: (משלי כא:כט)

וְהִנֵּה אִישׁ מִבְּנֵי יִשְׂרָאֵל בָּא וַיַּקְרֵב אֶל אֶחָיו אֶת הַמִּדְיָנִית לְעֵינֵי מֹשֶׁה וּלְעֵינֵי כָּל עֲדַת בְּנֵי יִשְׂרָאֵל וְהֵמָּה בֹכִים פֶּתַח אֹהֶל מוֹעֵד: (במדבר כה:ו)

לֹא כֵן עַבְדִּי מֹשֶׁה בְּכָל בֵּיתִי נֶאֱמָן הוּא: (שם יב:ז)

וְהִנֵּה אִישׁ מִבְּנֵי יִשְׂרָאֵל בָּא וַיַּקְרֵב אֶל אֶחָיו אֶת הַמִּדְיָנִית לְעֵינֵי מֹשֶׁה וּלְעֵינֵי כָּל עֲדַת בְּנֵי יִשְׂרָאֵל וְהֵמָּה בֹכִים פֶּתַח אֹהֶל מוֹעֵד: (שם כה:ו)

אֶשְׁתּוֹלְלוּ אַבִּירֵי לֵב נָמוּ שְׁנָתָם וְלֹא מָצְאוּ כָל אַנְשֵׁי חַיִל יְדֵיהֶם: (תהלים עו:ו)

אֵין חָכְמָה וְאֵין תְּבוּנָה וְאֵין עֵצָה לְנֶגֶד ה': סוּס מוּכָן לְיוֹם מִלְחָמָה וְלַה' הַתְּשׁוּעָה: (משלי כא:ל-לא)

אמרי יושר

סוס מוכן ליום מלחמה. שנשא קל וחומר מהמלחמה ומהסוס, וכל שכן בשביל עבודת האל, זהו ולה' התשועה:

מתנות כהונה

הכי גרסינן **בלומר הוי לעיני משה: וכיון שראו אותו ישראל.** ראו שנשתתק משה היו בוכים:
שאמרת דבר. אם בריאה וגו':

אשד הנחלים

[ה] **נבחר שם גו' עושר אתה מתגאה.** כי דימה קרח שמביא קרבן יפה מאד ברב עושר לפני ה', ובאמת לא זאת לעיקר לפניו יתברך, כי אם השם הטוב על ידי מעשיו הטובים, וזהו מרומז ויקחו לי לשמי, רק תרומה הרמה מעטה, רק שיהיה לשמי, ואז נחשב לפני. וכן דרש על זמרי ופנחס שנבחר פנחס לכהונת עולם, וזמרי נתגאה בעשרו ונפל: **איש רשע בפניו.** דרש בפניו של משה: **היו בוכים כו' והיכן חכמתך כו' מי מוכן כו'.** הענין בכללו כמו שביארו האחרונים בענין מיאון משה בשליחת פרעה בתחילתו, כי האיש הפועל ענינים נוראים למעלה מהטבע האנושית, מוצא בנפשו העוז והגדולה לעשות נוראות עד שלא יעצרהו שום מורא ופחד, וכל מי שמוצא בלבו העוז הזה, אז הוא בעצמו הסימן שהוא הנבחר לזה, ולכן משה בתחילתו לא מצא העוז בנפשו, על כן מיאן בשליחות הזאת ואמר מי אנכי, וכן כאן היה ככה, אחר שהיה בוכה ואמר לו ה' היכן חכמתך ועוזך שמצאת מול קרח, שהתחזקת ואמרת דבר והבלעת אותם, אבל האמת שאנכי מנעתי ממך העוז הזה שבדבר הזה מוכן רק פנחס, ועל ידו מוכרח הדבר להעשות, על כן נמנע זאת ממך כדי שיעשה הדבר על ידו, וזה שאמר אין חכמה גו' נגד ה', אחרי שרצון ה' היה שיעשה רק על ידי פנחס, אז אין חכמה ועוז לזה ביד אחר: **סוס מוכן.** כלומר אף שהאדם מוכרח לעשות הכנות טבעיות הנצרכות למלחמה, אבל באמת זאת לא יועיל רק התשועה על ידו יתברך, כן שוא ההתחכמות בכל דבר רק מה שהוא על ידי רצון ה' כן יעשה:

אָמַר הַקָּדוֹשׁ בָּרוּךְ הוּא: יוֹדֵעַ אֲנִי מִי מוּכָן לְדָבָר זֶה – The Holy One, blessed is He, then **said, "I know who is prepared for this matter!"** **מַה כְּתִיב אַחֲרָיו "סוּס מוּכָן לְיוֹם מִלְחָמָה וְלַה' הַתְּשׁוּעָה"** – Now, **what is written** in *Proverbs* **after [this verse]?** ***The horse is readied for the day of battle, but salvation is HASHEM's*** (ibid., v. 31). **אָמַר רַבִּי יוֹסֵי: דָּרַשׁ פִּנְחָס בְּעַצְמוֹ – R' Yose said:** This verse means that **Phinehas expounded regarding himself** as follows: **וּמָה אִם הַסּוּס שֶׁהוּא נוֹתֵן נַפְשׁוֹ לְיוֹם מִלְחָמָה – "Now, if a horse devotes himself entirely** to his master **on the day of battle,** **אֲפִילוּ הוּא מֵת נוֹתֵן נַפְשׁוֹ עַל בְּעָלָיו** – for **even if** it means **he will** surely **die he will devote himself entirely to his master,**

אָמַר לוֹ הַקָּדוֹשׁ בָּרוּךְ הוּא: מִפְּנֵי שֶׁיֵּשׁ לְךָ עוֹשֶׁר אַתָּה מִתְגָּאֶה, נִבְחָר שְׁמוֹ שֶׁל מֹשֶׁה מִכָּל עָשְׁרְךָ שֶׁל כֶּסֶף וְשֶׁל זָהָב, הֱוֵי (משלי שם שם) "מִכֶּסֶף וּמִזָּהָב חֵן טוֹב", דָּבָר אַחֵר, נִבְחָר שְׁמוֹ שֶׁל פִּנְחָס מִן עָשְׁרוֹ שֶׁל זִמְרִי שֶׁהָיָה נְשִׂיא שֵׁבֶט שִׁמְעוֹן, וּמֶה עָשָׂה זִמְרִי, עָלָיו אָמַר שְׁלֹמֹה (שם כא, כט) "הֵעֵז אִישׁ רָשָׁע בְּפָנָיו" זֶה זִמְרִי, (שם) "וְיָשָׁר הוּא יָבִין דַּרְכּוֹ" זֶה פִּנְחָס, וּמָה הֵעֵז זִמְרִי, אֶלָּא כֵּיוָן שֶׁבָּאָה כָּזְבִּי בִּקֵּשׁ לִיטְלָהּ, יָאמְרָה לוֹ: אֵינִי נִשְׁמַעַת לְךָ, שֶׁכֵּן צִוַּנִי אַבָּא שֶׁלֹּא אֶהְיֶה נִשְׁמַעַת אֶלָּא לְמֹשֶׁה, אָמַר לָהּ: אֲנִי גָּדוֹל מִמֹּשֶׁה, שֶׁהוּא מִשֵּׁבֶט שְׁלִישִׁי וַאֲנִי מִשֵּׁבֶט שֵׁנִי, וּרְצוֹנֵךְ לֵידַע שֶׁאֲנִי גָּדוֹל מִמֹּשֶׁה, בְּפָנָיו אֲנִי נוֹטֵל אוֹתָךְ, שֶׁנֶּאֱמַר (במדבר כה, ו) "וְהִנֵּה אִישׁ מִבְּנֵי יִשְׂרָאֵל בָּא וַיַּקְרֵב אֶל אֶחָיו אֶת הַמִּדְיָנִית לְעֵינֵי מֹשֶׁה", שֶׁהָיָה מַקִּישׁ דְּבָרִים כְּנֶגְדּוֹ, אָמַר לוֹ: מֹשֶׁה, זוֹ אֲסוּרָה אוֹ מוּתֶּרֶת, אָמַר לוֹ: אֲסוּרָה הִיא לְךָ, אָמַר לוֹ זִמְרִי: אַתָּה הוּא הַנֶּאֱמָן שֶׁל תּוֹרָה, שֶׁהַקָּדוֹשׁ בָּרוּךְ הוּא מִתְגָּאֶה בְּךָ וְאוֹמֵר (שם יב, ז) "לֹא כֵן עַבְדִּי מֹשֶׁה", שֶׁאַתָּה אוֹמֵר אֲסוּרָה זוֹ, אַף אִשְׁתְּךָ שֶׁנָּטַלְתָּ אֲסוּרָה הִיא לְךָ, זוֹ מִדְיָנִית וְזוֹ מִדְיָנִית, זוֹ גְּדוֹלָה בַּת אָבוֹת, וְאִשְׁתְּךָ בַּת כּוֹמֶר, הֱוֵי "לְעֵינֵי מֹשֶׁה", וּשְׁלֹמֹה צוֹוֵחַ (משלי כא, כט) "הֵעֵז אִישׁ רָשָׁע בְּפָנָיו", וְכֵיוָן שֶׁרָאוּ אוֹתוֹ הָיוּ בּוֹכִים, שֶׁנֶּאֱמַר (שם כה, ו) "וְהֵמָּה בֹּכִים", אָמַר לוֹ הַקָּדוֹשׁ בָּרוּךְ הוּא: מֹשֶׁה, בּוֹכֶה אַתָּה, וְהֵיכָן חָכְמָתְךָ שֶׁאָמַרְתָּ דָּבָר וְהִבְלַעְתָּ לְקֹרַח, וְעַכְשָׁיו אַתָּה בּוֹכֶה, וְרוּחַ הַקֹּדֶשׁ צוֹוַחַת (תהלים עו, ו) "אֶשְׁתּוֹלְלוּ אַבִּירֵי לֵב נָמוּ שְׁנָתָם", אָמַר לוֹ מֹשֶׁה: (משלי שם ל) "אֵין חָכְמָה וְאֵין תְּבוּנָה וְאֵין עֵצָה לְנֶגֶד ה'", אָמַר הַקָּדוֹשׁ בָּרוּךְ הוּא: יוֹדֵעַ אֲנִי מִי מוּכָן לְדָבָר זֶה, מַה כְּתִיב אַחֲרָיו (שם שם לא) "סוּס מוּכָן לְיוֹם מִלְחָמָה וְלַה' הַתְּשׁוּעָה", אָמַר רַבִּי יוֹסֵי: דָּרַשׁ פִּנְחָס בְּעַצְמוֹ, וּמָה אִם הַסּוּס שֶׁהוּא נוֹתֵן נַפְשׁוֹ לְיוֹם מִלְחָמָה אֲפִילוּ הוּא מֵת נוֹתֵן נַפְשׁוֹ עַל בְּעָלָיו,

עץ יוסף

נבחר שמו של פנחס. שטוב לאדם הכבוד אשר משם טוב, מכבוד העושר, כי זה אפשר שיאבד כבודו, ופנחס זכה לכבוד בשם טוב, שעל כן אמר פנחס בן אלעזר בן אהרן הכהן, שבא הכתוב ליחסו כדפירש רש"י בחומש: **הוי מכסף ומזהב חן טוב.** שמשה נקרא בשם טוב, כדאיתא לעיל פרשה א', ותרא אותו כי טוב הוא (שמות ב, ב) רבי מאיר אומר טוב שמו: **נבחר שמו.** שמו של פנחס, כדכתיב לכן אמור הנני נותן לו את בריתי שלום: **נשיא שבט שמעון.** ומסתמא עשיר היה, כדכתיב והנשיאים הביאו את אבני השוהם וגו', מרוב עשרם: **מקיש דברים.** מטיח דברים: **זו מדינית וזו מדינית.** כתב רש"י בפרק הנשרפין (סנהדרין פב, א ד"ה בת) משה קודם מתן תורה נשאה, וכשניתנה תורה כולם בני נח היו, ונכנסו לכלל מצות והיא עמהם וגרים רבים של ערב רב עד כאן לשונו: **הוי לעיני משה.** שלפי שלא היתה רוצה לשמוע לזמרי, לכן הוזקק להעיז ולהקריבה לפני משה:**ושלמה צווח העז איש רשע בפניו.** פירוש ששלמה עליו השלום פרסם קלונו ואמר העז איש רשע וגו': **וכיון שראו אותו היו בוכים שנאמר והמה בוכים כו'.** משה היה בוכה על חילול השם, והוא לא ידע מה לעשות להנקם ממנו, כי נתעלמה ממנו הלכה, וישראל היו בוכים איך בעגל עמד משה כנגד ששים רבוא, וכאן רפו ידיו, וכדפירש רש"י בחומש שם: **ורוח הקודש צווחת אשתוללו כו'.** פירוש רוח הקודש מפרסמת ומודיעה לנו ענין זה, כי מה שהיו בוכים לא מקוצר ידם היה, אלא מה' היתה זאת להם, על דרך משיב חכמים אחור, והסבה כדי שיבא פנחס ויטול הראוי לו, כדאיתא בבמדבר רבה פרשה כ': **אמר לו משה.** להקדוש ברוך הוא אין חכמת האדם ותבונתו ועצתו כלום לפני ה', כלומר שהשם יתברך נקם ינקם מזמרי, כי חכמת משה כאין נגדו, ואמר כן לפי שאמר ליה הקדוש ברוך הוא והיכן חכמתך כו':

פירוש מהרז"ו

מכסף ומזהב חן טוב. ומשה קרוי טוב, לעיל פרשה א סימן כ: **העיז איש רשע.** והרמז על זמרי בפסוק הקודם, אף כי בזימה יביאנו. ובמדבר רבה פרשה כ סימן כ"ד הביא גם פסוק (משלי כח, כד) זד יהיר וגו', ועיין שם בפסוקים שכולם מתפרשים על זמרי ופינחס, ועיין סנהדרין (דף פ"ב א'): **ומה העיז זמרי.** כולל שתי שאלות מה היתה העזתו, ולמה הוצרך להעיז לענין זימתו: **לעיני משה.** להמרות עיני כבודו: **לא כן עבדי משה.** וסיפא דקרא בכל ביתי נאמן הוא, עיין לעיל ריש פרשה י"ח, ולקמן סוף פרשה מ"ז, שפירשו שנאמן בכל בית התורה לדרוש ולכוון לדעתו של הקב"ה, ואיך אתה אומר שזו אסורה: **וכיון שראו אותו.** שראו עזות זמרי נגד משה: **נמו שנתם.** ולא מצאו כל אנשי חיל ידיהם: **סוס מוכן ליום מלחמה.** היינו פנחס שהיה מוכן למלחמת מדין, שמבואר בסדר מטות ס ואת פנחס בן אלעזר [וגו'] וכלי הקודש וחצוצרות התרועה בידו, (ובזה אנו יודעים פירוש הפסוקים באיוב ל"ט מפסוק י"ט עד פסוק כ"ה, התתן לסוס גבורה וגו' עד רעם שרים ותרועה, שהנמשל על פנחס במלחמת מדין, ופסוק (שם איוב פסוק כו) המבינתך יאבר נץ יפרוש כנפיו הסמוך לו, יבואר על נליא בן דן, שמבואר בזוהר, וכמו שדרשו במדבר רבה פרשה כב סימן ה בביאור, וכמו הפסוקים הסמוכים שם אם על פיך יגביה נשר, שנדרש על אהרן ובניו, ויקרא רבה פרשה כא סימן ד, דוק והתבונן בזה): **אפילו הוא מת.** כמבואר בפסוקי איוב ל"ט שם, ישחק לפחד ולא יחת ולא ישוב מפני חרב, ועל כן למד הקל וחומר מהסוס:

חידושי הרד"ל

נבחר שמו של פנחס. שפרסם הקב"ה שמו וייחסו בתורה (במדבר כה, יא): **אין חכמה ואין תבונה ואין עצה לנגד ה'.** רצה לומר כמו שאמר בברכות (יט, ב) שכל מקום שיש חלול ה' אין חולקין כבוד לרב, ולכן נזדרז פנחס לזה:

חידושי הרש"ש

[ה] **אמר לו משה אין חכמה כו'.** לפי הגירסא דהכא משמע דמשה השיב להקב"ה, (כלפי שאמר לו והיכן חכמתך) אין חכמה כו' לנגד ה', רצה לומר דממך הוא שיזכה פנחס בזה, וכדאיתא לעיל ריש פרשת ויחי (בראשית רבה צו, ג) נתנה הישועה לפנחס והשפיל את משה, ולקמן סוף פרשת בלק (במדבר רבה כ, כד) והוא עומד נגד ששים ריבוא כו' ורפו ידיו אלא בשביל פנחס כו', אבל בסנהדרין (פב, א) אמרינן שפנחס אמר פסוק זה, עיין שם. ויש לדחוק הלשון שבכאן אמר לו, (רצה לומר פנחס למשה), משה אין חכמה כו':

באור מהרי"פ

הנדרשת על המן, ושם מביא גם כן המקרא לי הכסף. תולדות נח הארוך: **חן טוב.** פירוש, טוב זה משה כידוע (ויקרא רבה כ, א), [ו]הדרשה הנסמכת על ותרא אותו כי טוב הוא: **מה אם הסוס וכו'.** רבי יוסי נותן טעם למה מכנה הכתוב הכנת פנחס להכנת הסוס, מפני שלמד הקל וחומר מסוס: **נותן נפשו על בעליו.** תימה, [ד]בפסחים (קיג, ב) איתא איפכא (שלשה) [ששה] דברים נאמרו בסוס אוהב את המלחמה וכו' ויש אומרים אף מבקש להרוג את בעליו במלחמה. ואולי דתנא קמא שאמר (שלשה) [ששה] דברים נאמרו בסוס במכילא אתי למעוטי דעת יש אומרים ופליג עליו, ורבי יוסי סבירא ליה כתנא קמא, אך זה דוחק גדול, דאם כן סבירא ליה התנא קמא כרבי יוסי, וקשה למה לא חשיב גם זה במכילא דנותן נפשו על בעליו במלחמה:

מסורת המדרש

ו. עי' סנהדרין דף פ"ב וירושלמי סנהדרין פרק ט'. במדבר רבה פרשה כ'. תנחומא סדר בלק סימן כ'. ספרי סדר בלק פיסקא קל"א. ילקוט סדר בלק רמז תשע"א:

אם למקרא

הֵעֵז אִישׁ רָשָׁע בְּפָנָיו וְיָשָׁר הוּא יָבִין דַּרְכּוֹ: (משלי כא:כט)

וְהִנֵּה אִישׁ מִבְּנֵי יִשְׂרָאֵל בָּא וַיַּקְרֵב אֶל אֶחָיו אֶת הַמִּדְיָנִית לְעֵינֵי מֹשֶׁה וּלְעֵינֵי כָּל עֲדַת בְּנֵי יִשְׂרָאֵל וְהֵמָּה בֹכִים פֶּתַח אֹהֶל מוֹעֵד: (במדבר כה:ו)

לֹא כֵן עַבְדִּי מֹשֶׁה בְּכָל בֵּיתִי נֶאֱמָן הוּא: (שם יב:ז)

וְהִנֵּה אִישׁ מִבְּנֵי יִשְׂרָאֵל בָּא וַיַּקְרֵב אֶל אֶחָיו אֶת הַמִּדְיָנִית לְעֵינֵי מֹשֶׁה וּלְעֵינֵי כָּל עֲדַת בְּנֵי יִשְׂרָאֵל וְהֵמָּה בֹכִים פֶּתַח אֹהֶל מוֹעֵד: (שם כה:ו)

אֶשְׁתּוֹלְלוּ אַבִּירֵי לֵב נָמוּ שְׁנָתָם וְלֹא מָצְאוּ כָל אַנְשֵׁי חַיִל יְדֵיהֶם: (תהלים עו:ו)

אֵין חָכְמָה וְאֵין תְּבוּנָה וְאֵין עֵצָה לְנֶגֶד ה': סוּס מוּכָן לְיוֹם מִלְחָמָה וְלַה' הַתְּשׁוּעָה: (משלי כא:ל-לא)

אמרי יושר

סוס מוכן ליום מלחמה. שנשא קל וחומר מהמלחמה ומהסוס, וכל שכן בשביל עבודת האל, זהו ולה' התשועה:

מתנות כהונה

הכי גרסינן **כלומר הוי לעיני משה: וכיון שראו אותו ישראל.** ראו שנשתתק משה היו בוכים: **שאמרת דבר.** אם בריאה וגו':

אשד הנחלים

[ה] **נבחר שם גו' עושר אתה מתגאה.** כי דימה קרח שמביא קרבן יפה מאד ברב עושר לפני ה', ובאמת לא זאת לעיקר לפניו יתברך, כי אם השם הטוב על ידי מעשיו הטובים, וזהו מרומז ויקחו לי לשמי, רק תרומה הרמה מעטה, רק שיהיה לשמי, ואז נחשב לפני. וכן דרש על זמרי ופנחס שנבחר פנחס לכהונת עולם, וזמרי נתגאה בעשרו ונפל: **איש רשע בפניו.** דרש בפניו של משה: **היו בוכים כו' והיכן חכמתך כו' מי מוכן כו'.** הענין בכללו כמו שביארו האחרונים בענין מיאון משה בשליחת פרעה בתחילתו, כי האיש הפועל ענינים נוראים למעלה מהטבע האנושית, מוצא בנפשו העוז והגדולה לעשות נוראות עד שלא יעצרהו שום מורא ופחד, וכל מי שמוצא בלבו העוז הזה, אז הוא בעצמו הסימן שהוא הנבחר לזה, ולכן משה בתחילתו לא מצא העוז בנפשו, על כן מיאן בשליחות הזאת ואמר מי אנכי, וכן כאן היה ככה, אחר שהיה בוכה ואמר לו ה' היכן חכמתך ועוזך שמצאת מול קרח, שהתחזקת ואמרת דבר והבלעת אותם, אבל האמת שאנכי מנעתי ממך העוז הזה שבדבר הזה מוכן רק פנחס, ועל ידו מוכרח הדבר להעשות, על כן נמנע זאת ממך כדי שיעשה הדבר על ידו, וזה שאמר אין חכמה גו' נגד ה', אחרי שרצון ה' היה שיעשה רק על ידי פנחס, אז אין חכמה ועוז לזה ביד אחר: **סוס מוכן.** כלומר אף שהאדם מוכרח לעשות הכנות טבעיות הנצרכות למלחמה, אבל באמת זאת לא יועיל רק התשועה על ידו יתברך, כן שוא ההתחכמות בכל דבר רק מה שהוא על ידי רצון ה' כן יעשה:

אֲנִי עַל קְדוּשַּׁת שְׁמוֹ שֶׁל הַקָּדוֹשׁ בָּרוּךְ הוּא עַל אַחַת כַּמָּה וְכַמָּה – then **I,** who am standing up **for the sanctity of the Name of the Holy One, blessed is He,** must **all the more so** be willing to devote myself to Him even at risk of my life!"

The Midrash details how Phinehas proceeded after concluding that he must act to end the desecration of God's Name:

"וַיַּרְא פִּינְחָס בֶּן אֶלְעָזָר" – ***Phinehas son of Elazar son of Aaron the Kohen saw,***[71] *and he stood up from amid the assembly and took a spear in his hand* (*Numbers* 25:7). הִתְחִיל אוֹמֵר בֵּינוֹ לְבֵין עַצְמוֹ: וּמָה אֶעֱשֶׂה – **He began to say to himself, "What shall I do?** אֵינִי יָכוֹל, שְׁנַיִם יְכוֹלִין לְאֶחָד – **I am** seemingly **unable** to stop them; for normally **two** people **are able to prevail over one,** שֶׁמָּא אֶחָד יָכוֹל לִשְׁנַיִם – but **is it possible for one** person **to be able to prevail over two?!"** עַד שֶׁהוּא נוֹטֵל עֵצָה בֵּינוֹ לְבֵין עַצְמוֹ הַנֶּגֶף נוֹגֵף – **Meanwhile, as he was seeking counsel from himself** in this manner, **the plague**[72] **was raging** against the Israelite camp, וְהַקָּדוֹשׁ בָּרוּךְ הוּא אוֹמֵר: "הִתְרַפִּיתָ בְּיוֹם צָרָה ... הַצֵּל לְקֻחִים לַמָּוֶת" – **and the Holy One, blessed is He, said** to Phinehas,[73] ***"If you were weak in [another's] day of affliction,*** *your strength will become limited,* ***if you desist from rescuing those being put to death,*** *and those on the way to be killed* (*Proverbs* 24:10-11). "כִּי תֹאמַר הֵן לֹא יָדַעְנוּ זֶה", אֲנִי מֵעִיד עָלֶיךָ, שֶׁנֶּאֱמַר "הֲלֹא תֹכֵן לִבּוֹת הוּא יָבִין" – And if you feign ignorance, and ***if you say, 'Behold, we did not know this!'*** (ibid., v. 12), **I will testify against you** that you indeed knew of the urgency of the situation and did not act, **as it states** in the continuation of the verse, ***but the One Who weighs hearts, He understands,*** *and the Protector of your soul, He knows; and He recompenses man according to his deeds.*"

נִכְנַס פִּנְחָס וּמָצָא אוֹתָם שֶׁקְּבָעָם הַקָּדוֹשׁ בָּרוּךְ הוּא זֶה עִם זֶה – Thereupon **Phinehas entered** Zimri's tent, where he had taken Cozbi, **and found that the Holy One, blessed is He, had** miraculously **fastened them to each other** in cohabitation וְהָיוּ כְּרוּכִין זֶה בָּזֶה וְלֹא הָיוּ יְכוֹלִין לְהַפְרִישׁ עַצְמָן – **and they were entwined with each other and unable to separate themselves.**[74] וְדָקַר שְׁנֵיהֶם דֶּרֶךְ דְּבִיקָתָן – **He then pierced both of them** at once **through** the place of **their attachment,** שֶׁנֶּאֱמַר "וַיִּדְקֹר אֶת שְׁנֵיהֶם וְגוֹ'" – **as it states, *and he pierced both of them,*** *the Israelite man and the woman into her stomach* (*Numbers* 25:8).[75] כֵּיוָן שֶׁיָּצָא נִכְנְסוּ שִׁבְטוֹ שֶׁל זִמְרִי – **After [Phinehas] left** the tent of Zimri and it became known what he had done, **the tribe of Zimri** (Simeon) **came along** to avenge Zimri's death. מֶה עָשָׂה הַקָּדוֹשׁ בָּרוּךְ הוּא – **What did the Holy One, blessed is He, do?** נָגַף אֶת כּוּלָּן – **He struck them all with a plague** to prevent them from harming Phinehas.[76] כֵּיוָן שֶׁרָאָה פִּנְחָס אֶת הַנֶּגֶף עָמַד וְהָיָה מִתְפַּלֵּל – **When Phinehas saw the plague he arose and began praying** for it to stop, שֶׁנֶּאֱמַר "וַיַּעֲמֹד פִּינְחָס וַיְפַלֵּל" – **as it states, *And Phinehas arose and prayed, and the plague was halted*** (*Psalms* 106:30).[77] מִיָּד קָרָא הַקָּדוֹשׁ בָּרוּךְ הוּא לְמֹשֶׁה וְאָמַר לוֹ – **Thereupon, the Holy One, blessed is He, called Moses and said to him,** בֹּא וְאוֹדִיעֲךָ מִי הֶעֱמִיד זַרְעוֹ שֶׁל אַבְרָהָם – **"Come, and I will inform you who** it was who **preserved the offspring of Abraham** from extinction, שֶׁנֶּאֱמַר "פִּינְחָס בֶּן אֶלְעָזָר" – **as it is stated,** *Hashem spoke to Moses, saying,* ***Phinehas son of Elazar*** *son of Aaron the Kohen has turned back My wrath from upon the Children of Israel . . . so I did not consume the Children of Israel in My vengeance* (*Numbers* 25:11). לְכָךְ נֶאֱמַר "נִבְחָר שֵׁם מֵעֹשֶׁר רָב" – And **it is in reference to this** incident that **it is stated, *A good name is preferred over wealth*** (*Proverbs* 22:1).[78]

A final interpretation of the *Proverbs* verse:

דָּבָר אַחֵר, נִבְחָר שְׁמוֹ שֶׁל מָרְדְּכַי מֵעָשְׁרוֹ שֶׁל הָמָן – **Another interpretation of** the verse in *Proverbs* cited above (22:1)**: The *good name* of Mordechai *is preferred over* the *wealth* of Haman.**[79] אָמַר רַבִּי יֹאשִׁיָּה: מֶה עָשָׂה אוֹתוֹ רָשָׁע – **R' Yoshiyah said: What did that wicked man** Haman **do?** הוֹצִיא כָּל כֶּסֶף וְזָהָב שֶׁהָיָה לוֹ וְנָתַן לַאֲחַשְׁוֵרוֹשׁ – **He took out all the silver and gold that he possessed and gave it to Ahasuerus** to purchase permission to destroy the Jews.[80] אָמַר לוֹ הַקָּדוֹשׁ בָּרוּךְ הוּא: חַיֶּיךָ, "נִבְחָר . . . מִכֶּסֶף וּמִזָּהָב חֵן טוֹב" – But **the Holy One, blessed is He, said to [Haman], "By your life! *Goodly favor* is *preferred over silver and gold*** (*Proverbs* ibid.)," נִבְחָר חִנָּהּ שֶׁל אֶסְתֵּר – by which He meant, **the "favor" of Esther is preferred** by Ahasuerus over your riches,[81] שֶׁנֶּאֱמַר "וַתְּהִי אֶסְתֵּר נֹשֵׂאת חֵן" – **for it is stated, *Esther found "favor"*** *in the eyes of all who saw her* (*Esther* 2:15).

The Midrash continues to elaborate on Haman's offer of riches to King Ahasuerus:

כֵּיוָן שֶׁבָּא הָרָשָׁע עִם הַמָּמוֹן – **When the wicked man** Haman **came** to Ahasuerus **with the** offer of **money** mentioned above, אָמַר לוֹ הַמֶּלֶךְ: "הַכֶּסֶף נָתוּן לָךְ" – **the king** declined and **said to him, *"The silver is given to you,*** *the people also, to do with as you see fit"* (ibid. 3:11).[82]

NOTES

71. The Midrash is bothered by what Phinehas *saw,* for all of Israel saw the incident that was occurring before their eyes, not just Phinehas. Therefore וַיַּרְא is interpreted to mean "he contemplated," a meaning that is attested to elsewhere as well (*Yefeh To'ar, Eitz Yosef*).

72. Mentioned in *Numbers* 28:8-9.

73. I.e., he placed this verse and its meaning in Phinehas' heart at this time to convey the message to him (*Eitz Yosef*).

74. The purpose of this miracle was that since Phinehas had been afraid to act because one person cannot normally overpower two people, God fastened Zimri and Cozbi together so that they could not fight him off (*Eitz Yosef*). Additionally, Phinehas acted on the basis of the principle of קַנָּאִין פּוֹגְעִין בּוֹ (Mishnah, *Sanhedrin* 81b), which allows a zealot to summarily execute an offender in such a case, but only if he is caught "in the act" (*Rashi, Sanhedrin* 82b).

75. The words אֶת שְׁנֵיהֶם (*both of them*) is apparently superfluous, for the verse states that he pierced the man and the woman. Therefore it is expounded to mean that he pierced them in the very spot in which they were both joined together (*Maharzu*). This precise aim was a miracle, intended so that people would realize that Phinehas acted as a righteous zealot and was not motivated by any personal hatred of Zimri (*Rashi, Sanhedrin* 82b).

76. [See end of *Rashi, Numbers* 26:13 s.v. לזרח (*Maharzu*).]

77. There seems to be a contradiction between two verses. From *Numbers* 25:8 (*He pierced them both . . . and the plague was halted*) it appears that Phinehas' execution of Zimri brought about the end of the plague. From *Psalms* 106:30 (*Phinehas arose and prayed, and the plague was halted*), however, it seems that it was his prayer that led to the halting of the plague. The Midrash therefore explains that there were two plagues, one which affected all of Israel (for their immorality with the Midianite and Moabite women, as well as the idolatry that this led to) and another that affected the tribe of Simeon (for their attempt to kill Phinehas). The former plague ended when Zimri was killed, the latter when Phinehas prayed.

78. This is alluded to in the *Numbers* passage itself: Phinehas, whose distinguished pedigree ("name") is recounted in the verse cited here, was preferred over Zimri, whose status and wealth are alluded to in a following verse (ibid., v. 14): *The name of the slain Israelite man . . . was Zimri son of Salu, leader of a father's house of the Simeonites* (*Maharzu*).

79. I.e., Mordechai's good name that he earned through saving the king's life trumped Haman's riches, for in the end Haman was forced to lead Mordechai through the streets of Shushan and proclaim his honor to all (*Esther* 6:1-11) (*Eitz Yosef*).

80. As related in *Esther* 3:9: *If it pleases the king, let it be recorded that [the Jews] be destroyed; and I will pay ten thousand silver talents into the hands of those who perform the duties, for deposit in the king's treasuries.*

81. For in the end, Ahasuerus obliged Esther by killing Haman (*Esther* 7:5-10).

82. So enamored was Ahasuerus of Haman's genocidal plan that he forwent the money offered to him for this purpose.

אֲנִי עַל קְדוּשַּׁת שְׁמוֹ שֶׁל הַקָּדוֹשׁ בָּרוּךְ הוּא עַל אַחַת כַּמָּה וְכַמָּה, (במדבר כה, ז) "וַיַּרְא פִּינְחָס בֶּן אֶלְעָזָר", הִתְחִיל אוֹמֵר בֵּינוֹ לְבֵין עַצְמוֹ: וּמָה אֶעֱשֶׂה, אֵינִי יָכוֹל, שְׁנַיִם יְכוֹלִין לְאֶחָד, שֶׁמָּא אֶחָד יָכוֹל לִשְׁנַיִם, עַד שֶׁהוּא נוֹטֵל עֵצָה בֵּינוֹ לְבֵין עַצְמוֹ הַנֶּגֶף נוֹגֵף, וְהַקָּדוֹשׁ בָּרוּךְ הוּא אוֹמֵר: (שם כד, י-יא) "הִתְרַפִּיתָ בְּיוֹם צָרָה ... הַצֵּל לְקֻחִים לַמָּוֶת", (שם שם יב) "כִּי תֹאמַר הֵן לֹא יָדַעְנוּ זֶה" אֲנִי מֵעִיד עָלֶיךָ, שֶׁנֶּאֱמַר (שם) "הֲלֹא תֹכֵן לִבּוֹת הוּא יָבִין", נִכְנַס פִּנְחָס וּמָצָא אוֹתָם שֶׁקְּבָעָם הַקָּדוֹשׁ בָּרוּךְ הוּא זֶה עִם זֶה וְהָיוּ כְּרוּכִין זֶה בָּזֶה וְלֹא הָיוּ יְכוֹלִין °לְהַפְרִיד עַצְמָן, וְדָקַר שְׁנֵיהֶם דֶּרֶךְ דְּבִיקָתָן, שֶׁנֶּאֱמַר (במדבר כה, ח) "וַיִּדְקֹר אֶת שְׁנֵיהֶם וְגוֹ' ", כֵּיוָן שֶׁיָּצָא נִכְנְסוּ שִׁבְטוֹ שֶׁל זִמְרִי, מֶה עָשָׂה הַקָּדוֹשׁ בָּרוּךְ הוּא, נָגַף אֶת כֻּלָּן, כֵּיוָן שֶׁרָאָה פִּנְחָס אֶת הַנֶּגֶף עָמַד וְהָיָה מִתְפַּלֵּל, שֶׁנֶּאֱמַר (תהלים קו, ל) "וַיַּעֲמֹד פִּינְחָס וַיְפַלֵּל", מִיָּד קָרָא הַקָּדוֹשׁ בָּרוּךְ הוּא לְמֹשֶׁה וְאָמַר לוֹ: בֹּא וְאוֹדִיעֲךָ מִי הֶעֱמִיד זַרְעוֹ שֶׁל אַבְרָהָם, שֶׁנֶּאֱמַר (במדבר שם יא) "פִּינְחָס בֶּן אֶלְעָזָר", לְכָךְ נֶאֱמַר (משלי כב, א) "נִבְחָר שֵׁם מֵעֹשֶׁר רָב", דָּבָר אַחֵר, נִבְחַר שְׁמוֹ שֶׁל מָרְדְּכַי מֵעָשְׁרוֹ שֶׁל הָמָן, אָמַר רַבִּי יֹאשִׁיָּה: מֶה עָשָׂה אוֹתוֹ רָשָׁע, הוֹצִיא כָּל כֶּסֶף וְזָהָב שֶׁהָיָה לוֹ וְנָתַן לַאֲחַשְׁוֵרוֹשׁ, אָמַר לוֹ הַקָּדוֹשׁ בָּרוּךְ הוּא: חַיֶּיךָ, (שם כב, א) "נִבְחָר ... מִכֶּסֶף וּמִזָּהָב חֵן טוֹב", נִבְחַר חִנָּהּ שֶׁל אֶסְתֵּר, שֶׁנֶּאֱמַר (אסתר ב, טו) "וַתְּהִי אֶסְתֵּר נֹשֵׂאת חֵן", כֵּיוָן שֶׁבָּא הָרָשָׁע עִם הַמָּמוֹן אָמַר לוֹ הַמֶּלֶךְ: (שם ג, יא) "הַכֶּסֶף נָתוּן לָךְ", אָמַר הַקָּדוֹשׁ בָּרוּךְ הוּא: כָּךְ אַתֶּם מוֹכְרִים שֶׁלִּי עַל שֶׁלִּי, שֶׁנֶּאֱמַר (ויקרא כה, נה) "כִּי לִי בְנֵי יִשְׂרָאֵל עֲבָדִים", וּכְתִיב (חגי ב, ח) "לִי הַכֶּסֶף וְלִי הַזָּהָב", חַיֶּיךָ, מַה שֶּׁאָמַרְתָּ "הַכֶּסֶף נָתוּן לָךְ וְגוֹ' ", כָּךְ (אסתר ח, א) "בַּיּוֹם הַהוּא נָתַן הַמֶּלֶךְ אֲחַשְׁוֵרוֹשׁ לְאֶסְתֵּר הַמַּלְכָּה אֶת בֵּית הָמָן":

התחיל אומר בינו לבין עצמו כו'. מפרש וירא פנחס על ראיה שכלית, כמו ולבי ראה הרבה חכמה, ובפרק הנשרפין (שם) דריש גם כן מלת וירא על ראיה חושיית והוא שראה המלאך המשחית וכולם לא ראו זה: **ומה הסוס.** שאף על פי שאינו מקבל שכר, מכל מקום הוא מסתכן למות ונותן נפשו להבקיע בתוך המלחמה בכל מקום שבעליו ירצו, וזהו מצד ההשכלה שנמצאת בו על דרך ידע שור קונהו, וכמו שאמרו הטבעיים שהסוס יש בו השכלה יותר מכל הבעלי חיים: **ואני על קדושת שמו.** רוצה לומר אדם שהוא מקבל שכר על אחת כמה וכמה שראוי שימסור נפשו על קדושת השם: **שמא אחד יכול לשנים.** אף שהיה רוצה למסור נפשו על קדושת שמו יתברך, מכל מקום כל כמה דלא גמר בדעתו שהיה יכול לו, מה היה מועיל לו מסירת נפשו, עד שנכנסה בו רוח הקודש: **הקדוש ברוך הוא אומר התרפית.** פירוש שהקדוש ברוך הוא נתן בלב פנחס ענין פסוק זה מה שאמר שלמה, והוא מדבר בכל עומד על דם רעהו התרפית ביום צרה אהוביך לעמוד מנגד, יהיה צר כחכה ביום הפורעניות, ואם תחשוך להציל את הלקוחים למות ומטים להרג על זה אמרתי צר כחך: **כי תאמר כו'.** פירוש שמא תאמר הן לא ידענו זה, אמר הקדוש ברוך הוא אני מעיד עליך שאני תוכן לבות, וכיון שנסתכל פנחס בזה, מיד שנס מתניו להרוג את זמרי כדי להציל את ישראל מן המגפה: **אני מעיד עליך.** הקדוש ברוך הוא הוא היודע ועד שהוא יעיד עליך ויודיע את מחשבתך לרבים, שידעת זה שנמסרו למות, וידעת ההלכה שקנאים פוגעים בו: **ולא היו יכולים להפריש עצמן.** לפי שיראתו של פנחס היה לפי שהיו שנים לא יוכל להם, לכך לא היו יכולים לפרוש זה מזה ולא יוכלו לעמוד כנגדו, אבל בגמרא מפורש בענין אחר: [ו] **נבחר שמו של מרדכי.** שנחשב לפני אחשורוש, לפי שנמצא שמו כתוב לטובה בספר הזכרונות יותר מעשרו של המן, שהשפילו לפניו שיעשה לו כרוז: **אמר רבי יאשיה.** אסיפא דכתיב מכסף ומזהב חן טוב קאי, וקאמר דהיינו מה שנבחר לפני אחשורוש חינה של אסתר יותר מכל כסף וזהב שהיה נותן המן לאבד את היהודים: **כל בסף וזהב שהיה לו.** לאו דוקא כל כסף וזהב אלא רוב: **כיון שבא הרשע עם הממון.** מדכתיב הכסף נתון לך דייק שקבל אחשורוש הכסף מיד המן, ושוב אמר לו הכסף נתון לך: **מוכרים שלי על שלי.** כלומר שאין להם רשות באחד מהם, לא בישראל ולא בהכסף, שישראל עבדים להקדוש ברוך הוא, והכסף והזהב הקדוש ברוך הוא הוא הנותנה לאשר יחפוץ, ואיך ימכרו הם מזה על זה:

התרפית ביום צרה. ובפסוק הקודם זמת אולת חטאת ותועבת לאדם לץ התרפית וגו', הפסוק זמת וגו' מדבר בזמרי, והשני והשלישי והרביעי מדברים בפינחס: **הצל לקוחים למות.** [סיפיה דקרא] ומטים להרג אם תחשוך, הם ישראל מהנגף: **הלא תוכן לבות הוא יבין.** וסיפא דקרא ונוצר נפשך הוא ידע, הוא יודע כחך שאתה יכול לעשות דבר זה: **את שניהם.** מיותר שהרי מפורש את האיש וגו' ואת האשה וגו', אלא פירוש שנדבקו שניהם יחד: **כיון שיצא.** שיצא פנחס מתוך העדה לילך לאהל של זמרי: **נגף את כולו.** כמו שכתב רש"י בסדר פנחס סוף פסוק לזרת, דזהו מה שכתוב ויהיו המתים במגפה ארבעה ועשרים אלף, והם שחסרו ממספר שבט שמעון: **נבחר שם מעושר רב.** שיחס הכתוב שמו של פנחס ביחוסו, מעשרו של זמרי, שנקרא רב, כמו שכתוב נשיא בית אב לשמעוני, ותרגומו רב בית אבא, וזהו עשרו: **נתן המלך אחשורוש.** כנגד מה שכתוב נתון לך, על פי מדות ממעל ומנגד. וכל דרשה זו על פי מדה י"ג. וזהו ויקחו לי תרומה וגו' זהב וכסף וגו', דברים שהם שלי לי הכסף ולי הזהב:

מתנות כהונה

איני יכול. להרוג שתיהם זמרי וכזבי. ועיין כל זה סוף פרשת בלק: **לא ידענו זה.** לא ידענו מזה שנמסר למות שאלך ואצילנו: **נכנסו כו'.** להרוג את פנחס: **לקנות בעליו** גרסינן:

אשד הנחלים

איני יכול. כלומר על פי דרך הטבע אנושית בודאי איני יכול רק שמוכרח אני לעשות למעלה מכוחי, ועזרו ה' באמצע שהחל הנגף מהר, כן הוא כל פעולות האדם, בעת שעושה דבר למען ה' אז ה' עוזרו בפעולותיו. או באורו שעל ידי שפנחס ראה את הנגף, על כן התחזק מאד לדקרם לבטל הנגף: **עמד והיה מתפלל.** באו בזה להורות תכונת נפש פנחס כמה היתה טובה מאד, אף שהוא היה בכעס מאד עליהם מפני מעשיהם הרעים, עם כל זה תיכף כשראום שהם נגפים נכמרו רחמיו ויפלל עליהם, כי כן מדות הטובים והמאושרים שלא יוכלו לראות הרע המוצא, אף לבני אדם רעים וחטאים: **מי העמיד.** כלומר ראה נא תכונתו הטובה מאד, וזהו פנחס בן אלעזר השיב את חמתי, על ידי תפלתו וטוב לבו: **מעשרו של המן.** בתחלה חשב עשרו של קרח אף שהקריב מעשרו לה' במחתותיו, ועתה מפרש כפשוטו על עושר של המן, שעל ידי זה היה חפץ להרע לישראל ולקנותם: **חינה של אסתר.** ועל ידי זה תהיה מפלתך, כי על ידי חינה בעיני המלך לא יחמול עליך: **מה שאמרת הכסף כו' נתן.** כלומר אהפך את לבבך מן הקצה אל הקצה, בתחלה נהנית ממפלת ישראל עד שהחזרת לו הכסף בשביל זה,

חידושי הרד"ל

כי תאמר הן לא ידענו זה אני מעיד עליך כו'. אפשר רצה לומר כמו שכתב במדבר רבה סוף פרשת בלק (פרשה כ, כה) מפני הנקרנין שלא יאמרו אף הוא נכנס ועשה צרכיו, וחשש פנחס לחשד זה, ואמר לו הקב"ה אני מעיד עליך, היינו כמו שכתוב שם שעשה לו נס שקבען הקב"ה כו', כדהכא: **שנאמר הוא יבין.** וזה שאמר וישר הוא יבין דרכו, (וכתיב יכין בכ"ף, לדרוש שהקב"ה הכין דרכו להוציאו מן החשד: **נבחר שמו של מרדכי.** כמו שכתוב, ושמו מרדכי (אסתר ב, ה):

באור מהרי"פ

שמא אחד יכול לשנים. ואם תאמר, הלא למד מקל וחומר שמחויב למסור נפשו על קדושת השם. יש לומר כיון דכל כמה דלא גמר פנחס בדעתו שהיה יכול לו מה היה מועיל לו מסירת נפשו, כי עיקר קדושת השם הוא בהריגת ואבידת הבועל מן העולם, ובאם שמא יתקפו השנים את האחד לא יבוא לכלל קדושת השם כלל, ואם כן לא היה ראוי שימסור נפשו על זה עד שנכנסה בו רוח הקודש. תולדות נח הארוך: **במתנות כהונה [בד"ה לא ידענו זה]. לא ידענו מזה שנמסר למות שאלך אצילנו.** עד כאן. אינו מובן לי היטב. ואולי על שנתעלמה ממנו ידיעת ההלכה הבועל ארמית קנאים פוגעין בו, אבל המאמר שאלך ואצילנו צריך עיון: **אני מעיד עליך.** פירוש, כי יכול תוכל להרוג אותם: **מי העמיד.** דורש ויעמוד פינחס, שהעמיד זרעו של אברהם: **שלי על שלי וכו' לי הכסף.** כאן מסיים הדרשה של ויקחו לי תרומה כמבואר לעיל (ריש סימן זה בד"ה נבחר):

אמרי יושר

הצל לקוחים למות. בתמיה, שמא יעלה בדעתך להציל זמרי וכזבי שהם חייבים למות, **הלא תוכן לבות [הוא]** ה'. או הוא בניחותא, ונאמר לקוחים למות על ישראל, שהחל הנגף בהם השתדל והציל אותם (בדפו"ר נדפס כאן הקטע שבריש הסימן):

מסורת המדרש

ז. סנהדרין דף פ"ב. ירושלמי סנהדרין פרק י"א הלכה ב'. במד"ר פרשה כ'. תנחומא סדר בלק סימן כ'. ספרי סדר בלק פסקא קל"א. ילקוט סדר בלק רמז תשע"א:

אם למקרא

וַיַּרְא פִּינְחָס בֶּן אֶלְעָזָר בֶּן אַהֲרֹן הַכֹּהֵן וַיָּקָם מִתּוֹךְ הָעֵדָה וַיִּקַּח רֹמַח בְּיָדוֹ: וַיָּבֹא אַחַר אִישׁ יִשְׂרָאֵל אֶל הַקֻּבָּה וַיִּדְקֹר אֶת שְׁנֵיהֶם אֵת אִישׁ יִשְׂרָאֵל וְאֶת הָאִשָּׁה אֶל קֳבָתָהּ וַתֵּעָצַר הַמַּגֵּפָה מֵעַל בְּנֵי יִשְׂרָאֵל:
(במדבר כה:ז-ח)

הִתְרַפִּיתָ בְּיוֹם צָרָה צַר כֹּחֶכָה: הַצֵּל לְקֻחִים לַמָּוֶת וּמָטִים לַהֶרֶג אִם תַּחְשׂוֹךְ: כִּי תֹאמַר הֵן לֹא יָדַעְנוּ זֶה הֲלֹא תֹכֵן לִבּוֹת הוּא יָבִין וְנֹצֵר נַפְשְׁךָ הוּא יֵדָע וְהֵשִׁיב לְאָדָם כְּפָעֳלוֹ:
(משלי כד:י-יב)

וַיַּעֲמֹד פִּינְחָס וַיְפַלֵּל וַתֵּעָצַר הַמַּגֵּפָה:
(תהלים קו:ל)

פִּינְחָס בֶּן אֶלְעָזָר בֶּן אַהֲרֹן הַכֹּהֵן הֵשִׁיב אֶת חֲמָתִי מֵעַל בְּנֵי יִשְׂרָאֵל בְּקַנְאוֹ אֶת קִנְאָתִי בְּתוֹכָם וְלֹא כִלִּיתִי אֶת בְּנֵי יִשְׂרָאֵל בְּקִנְאָתִי:
(במדבר כה:יא)

נִבְחָר שֵׁם מֵעֹשֶׁר רָב מִכֶּסֶף וּמִזָּהָב חֵן טוֹב:
(משלי כב:א)

וּבְהַגִּיעַ תֹּר אֶסְתֵּר בַּת אֲבִיחַיִל דֹּד מָרְדֳּכַי אֲשֶׁר לָקַח לוֹ לְבַת לָבוֹא אֶל הַמֶּלֶךְ לֹא בִקְשָׁה דָּבָר כִּי אִם אֶת אֲשֶׁר יֹאמַר הֵגַי סְרִיס הַמֶּלֶךְ שֹׁמֵר הַנָּשִׁים וַתְּהִי אֶסְתֵּר נֹשֵׂאת חֵן בְּעֵינֵי כָּל רֹאֶיהָ:
(אסתר ב:טו)

וַיֹּאמֶר הַמֶּלֶךְ לְהָמָן הַכֶּסֶף נָתוּן לָךְ וְהָעָם לַעֲשׂוֹת בּוֹ כַּטּוֹב בְּעֵינֶיךָ:
(שם ג:יא)

כִּי לִי בְנֵי יִשְׂרָאֵל עֲבָדִים עֲבָדַי הֵם אֲשֶׁר הוֹצֵאתִי אוֹתָם מֵאֶרֶץ מִצְרָיִם אֲנִי ה' אֱלֹהֵיכֶם:
(ויקרא כה:נה)

לִי הַכֶּסֶף וְלִי הַזָּהָב נְאֻם ה' צְבָאוֹת:
(חגי ב:ח)

בַּיּוֹם הַהוּא נָתַן הַמֶּלֶךְ אֲחַשְׁוֵרוֹשׁ לְאֶסְתֵּר הַמַּלְכָּה אֶת בֵּית הָמָן צֹרֵר הַיְּהוּדִים וּמָרְדֳּכַי בָּא לִפְנֵי הַמֶּלֶךְ כִּי הִגִּידָה אֶסְתֵּר מַה הוּא לָהּ:
(אסתר ח:א)

שינוי נוסחאות

(ה) ולא היו יכולין להפריד עצמן.

בספרים ישנים כתוב "... להפריש עצמן", ובאמש"ד תפ"ה ומשם ואילך כתבו "...להפרד עצמן" וזה בודאי אי אפשר לקיים, ובד' וארשא תיקנו הלשון וכתבו "להפריד" וגם הוא אפשר, אבל הנוסח המקורי הוא "להפריש":

אָמַר הַקָּדוֹשׁ בָּרוּךְ הוּא: כָּךְ אַתֶּם מוֹכְרִים שֶׁלִּי עַל שֶׁלִּי – **The Holy One, blessed is He, said** about this "business exchange": **"Such is how you sell what is Mine** in exchange **for what is Mine?!"** שֶׁנֶּאֱמַר "כִּי לִי בְנֵי יִשְׂרָאֵל עֲבָדִים" – **For it is stated,** ***For the Children of Israel are "Mine" as servants*** (*Leviticus* 25:55), וּכְתִיב "לִי הַכֶּסֶף וְלִי הַזָּהָב" – and **it is written** also, ***"Mine" is the silver and Mine is the gold*** – *the word of HASHEM, Master of Legions* (*Haggai* 2:8).[83] חַיֶּיךָ, מַה שֶּׁאָמַרְתָּ "הַכֶּסֶף נָתוּן לָךְ וְגוֹ'" – God continues to Ahasuerus, "I swear **by your life! As you said,** ***'The silver is given to you, etc.,'*** כָּךְ "בַּיּוֹם הַהוּא נָתַן הַמֶּלֶךְ אֲחַשְׁוֵרוֹשׁ לְאֶסְתֵּר הַמַּלְכָּה אֶת בֵּית הָמָן" – **so** shall it be." ***On that day, King Ahasuerus gave the estate of Haman,*** *the enemy of the Jews,* ***to Queen Esther*** (*Esther* 8:1).[84]

NOTES

83. You were thus trying to conduct a business deal in which you were exchanging two items, both of which in fact belong to Me, not to you – the Jews and money!

This is a further point of relevance of the Midrash's discussion to our verse: As explained above (§4), the cited verse shows that all riches belong to God, and וְיִקְחוּ לִי can thus be expounded to mean, *let them take [from that which really belongs] to Me* (*Maharzu, Maharif*).

84. You thought that you were giving Haman back his money because you were so anxious to be rid of the Jews (see above, note 82); in fact this very money ironically will end up with the Jews themselves! (*Maharzu*).

אֲנִי עַל קְדוּשַּׁת שְׁמוֹ שֶׁל הַקָּדוֹשׁ בָּרוּךְ הוּא עַל אַחַת כַּמָּה וְכַמָּה, (במדבר כה, ז) "וַיַּרְא פִּינְחָס בֶּן אֶלְעָזָר", הִתְחִיל אוֹמֵר בֵּינוֹ לְבֵין עַצְמוֹ: וּמָה אֶעֱשֶׂה, אֵינִי יָכוֹל, שְׁנַיִם יְכוֹלִין לְאֶחָד, שֶׁמָּא אֶחָד יָכוֹל לִשְׁנַיִם, עַד שֶׁהוּא נוֹטֵל עֵצָה בֵּינוֹ לְבֵין עַצְמוֹ הַנֶּגֶף נוֹגֵף, וְהַקָּדוֹשׁ בָּרוּךְ הוּא אוֹמֵר: (שם כד, י-יא) "הִתְרַפִּיתָ בְּיוֹם צָרָה ... הַצֵּל לְקֻחִים לַמָּוֶת", (שם שם יב) "כִּי תֹאמַר הֵן לֹא יָדַעְנוּ זֶה" אֲנִי מֵעִיד עָלֶיךָ, שֶׁנֶּאֱמַר (שם) "הֲלֹא תֹכֵן לִבּוֹת הוּא יָבִין", נִכְנַס פִּנְחָס וּמָצָא אוֹתָם שֶׁקְּבָעָם הַקָּדוֹשׁ בָּרוּךְ הוּא זֶה עִם זֶה וְהָיוּ כְּרוּכִין זֶה בָּזֶה וְלֹא הָיוּ יְכוֹלִין °לְהַפְרִיד עַצְמָן, וְדָקַר שְׁנֵיהֶם דֶּרֶךְ דְּבִיקָתָן, שֶׁנֶּאֱמַר (במדבר כה, ח) "וַיִּדְקֹר אֶת שְׁנֵיהֶם וְגוֹ'", כֵּיוָן שֶׁיָּצָא נִכְנְסוּ שִׁבְטוֹ שֶׁל זִמְרִי, מֶה עָשָׂה הַקָּדוֹשׁ בָּרוּךְ הוּא, נָגַף אֶת כּוּלָּן, כֵּיוָן שֶׁרָאָה פִּנְחָס אֶת הַנֶּגֶף עָמַד וְהָיָה מִתְפַּלֵּל, שֶׁנֶּאֱמַר (תהלים קו, ל) "וַיַּעֲמֹד פִּינְחָס וַיְפַלֵּל", מִיָּד קָרָא הַקָּדוֹשׁ בָּרוּךְ הוּא לְמֹשֶׁה וְאָמַר לוֹ: בֹּא וְאוֹדִיעֲךָ מִי הֶעֱמִיד זַרְעוֹ שֶׁל אַבְרָהָם, שֶׁנֶּאֱמַר (במדבר שם יא) "פִּינְחָס בֶּן אֶלְעָזָר", לְכָךְ נֶאֱמַר (משלי כב, א) "נִבְחָר שֵׁם מֵעֹשֶׁר רָב", דָּבָר אַחֵר, נִבְחָר שְׁמוֹ שֶׁל מָרְדְּכַי מֵעָשְׁרוֹ שֶׁל הָמָן, אָמַר רַבִּי יֹאשִׁיָּה: מֶה עָשָׂה אוֹתוֹ רָשָׁע, הוֹצִיא כָּל כֶּסֶף וְזָהָב שֶׁהָיָה לוֹ וְנָתַן לַאֲחַשְׁוֵרוֹשׁ, אָמַר לוֹ הַקָּדוֹשׁ בָּרוּךְ הוּא: חַיֶּיךָ, (שם כב, א) "נִבְחָר ... מִכֶּסֶף וּמִזָּהָב חֵן טוֹב", נִבְחָר חִנָּהּ שֶׁל אֶסְתֵּר, שֶׁנֶּאֱמַר (אסתר ב, טו) "וַתְּהִי אֶסְתֵּר נֹשֵׂאת חֵן", כֵּיוָן שֶׁבָּא הָרָשָׁע עִם הַמָּמוֹן אָמַר לוֹ הַמֶּלֶךְ: (שם ג, יא) "הַכֶּסֶף נָתוּן לָךְ", אָמַר הַקָּדוֹשׁ בָּרוּךְ הוּא: כָּךְ אַתֶּם מוֹכְרִים שֶׁלִּי עַל שֶׁלִּי, שֶׁנֶּאֱמַר (ויקרא כה, נה) "כִּי לִי בְנֵי יִשְׂרָאֵל עֲבָדִים", וּכְתִיב (חגי ב, ח) "לִי הַכֶּסֶף וְלִי הַזָּהָב", חַיֶּיךָ, מַה שֶּׁאָמַרְתָּ "הַכֶּסֶף נָתוּן לָךְ וְגוֹ'", כָּךְ (אסתר ח, א) "בַּיּוֹם הַהוּא נָתַן הַמֶּלֶךְ אֲחַשְׁוֵרוֹשׁ לְאֶסְתֵּר הַמַּלְכָּה אֶת בֵּית הָמָן":

עץ יוסף

התחיל אומר בינו לבין עצמו כו'. מפרש וירא פנחס על ראיה שכלית, כמו ולבי ראה הרבה חכמה, ובפרק הנשרפין (שם) דריש גם כן מלת וירא על ראיה חושית והוא שראה המלאך המשחית וכולם לא ראו זה: **ומה הסוס.** שאף על פי שאינו מקבל שכר, מכל מקום הוא מסתכן למות ונותן נפשו להבקיע בתוך המלחמה בכל מקום שבעליו ירצו, וזהו מצד ההשכלה שנמצאת בו על דרך ידע שור קונהו, וכמו שאמרו הטבעיים שהסוס יש בו השכלה יותר מכל הבעלי חיים: **ואני על קדושת שמו.** רוצה לומר אדם שהוא מקבל שכר על אחת כמה וכמה שראוי שימסור נפשו על קדושת השם: **שמא אחד יכול לשנים.** אף שהיה רוצה למסור נפשו על קדושת שמו יתברך, מכל מקום כל כמה דלא גמר בדעתו שהיה יכול לו, מה היה מועיל לו מסירת נפשו, עד שנכנסה בו רוח הקודש: **הקדוש ברוך הוא אומר התרפית.** פירוש שהקדוש ברוך הוא נתן בלב פנחס ענין פסוק זה מה שאמר שלמה, והוא מדבר בכל עומד על דם רעהו התרפית ביום צרה אהובך לעמוד מנגד, יהיה צר כחכה ביום הפורעניות, ואם תחשוך להציל את הלקוחים למות ומטים להרג על זה אמרתי צר כחך: **כי תאמר כו'.** פירוש שמא תאמר הן לא ידענו זה, אמר הקדוש ברוך הוא אני מעיד עליך שאני תוכן לבות, וכיון שנסתכל פנחס בזה, מיד שנס מתניו להרוג את זמרי כדי להציל את ישראל מן המגפה: **אני מעיד עליך.** הקדוש ברוך הוא הוא היודע ועד שהוא יעיד עליך ויודיע את מחשבתך לרבים, שידעת זה שנמסרו למות, וידעת ההלכה שקנאים פוגעים בו: **ולא היו יכולים להפריש עצמן.** לפי שיראתו של פנחס היה לפי שהיו שנים לא יוכל להם, לכך לא היו יכולים לפרוש זה מזה ולא יוכלו לעמוד כנגדו, אבל בגמרא מפורש בענין אחר: [ו] **נבחר שמו של מרדכי.** שנחשב לפני אחשורוש, לפי שנמצא שמו כתוב לטובה בספר הזכרונות יותר מעשרו של המן, שהשפילו לפניו שיעשה לו כרוז: **אמר רבי יאשיה.** אסיפא דכתיב מכסף ומזהב חן טוב קאי, וקאמר דהיינו מה שנבחר לפני אחשורוש חינה של אסתר יותר מכל כסף וזהב שהיה נותן המן לאבד את היהודים: **כל כסף וזהב שהיה לו.** לאו דוקא כל כסף וזהב אלא רוב: **כיון שבא הרשע עם הממון.** מדכתיב הכסף נתון לך דייק שקבל אחשורוש הכסף מיד המן, ושוב אמר לו הכסף נתון לך: **מוכרים שלי על שלי.** כלומר שאין להם רשות באחד מהם, לא בישראל ולא בהכסף, שישראל עבדים להקדוש ברוך הוא, והכסף והזהב הקדוש ברוך הוא הוא הנותנה לאשר יחפוץ, ואיך ימכרו הם מזה על זה:

פירוש מהרז"ו

התרפית ביום צרה. ובפסוק הקודם זמת אולת חטאת ותועבת לאדם לץ התרפית וגו', הפסוק זמת וגו' מדבר בזמרי, והשני והשלישי והרביעי מדברים בפינחס: **הצל לקוחים למות.** [סיפיה דקרא] ומטים להרג אם תחשוך, הם ישראל מהנגף: **הלא תוכן לבות הוא יבין.** וסיפא דקרא ונוצר נפשך הוא ידע, הוא יודע כחך שאתה יכול לעשות דבר זה: **את שניהם.** מיותר שהרי מפורש את האיש וגו' ואת האשה וגו', אלא פירוש שנדבקו שניהם יחד: **כיון שיצא.** שיצא פנחס מתוך העדה לילך לאהל של זמרי: **נגף את כולו.** כמו שכתב רש"י בסדר פנחס סוף פסוק לזרח, דזהו מה שכתוב ויהיו המתים במגפה ארבעה ועשרים אלף, והם שחסרו ממספר שבט שמעון: **נבחר שם מעושר רב.** שיחס הכתוב שמו של פנחס ביחוסו, מעשרו של זמרי, שנקרא רב, כמו שכתוב נשיא בית אב לשמעוני, ותרגומו רב בית אבא, וזהו עשרו: **נתן המלך אחשורוש.** כנגד מה שכתוב נתון לך, על פי מדות ממעל ומנגד. וכל דרשה זו על פי מדה י"ג. וזהו ויקחו לי תרומה וגו' זהב וכסף וגו', דברים שהם שלי לי הכסף ולי הזהב:

מתנות כהונה

איני יכול. להרוג שניהם זמרי וכזבי. ועיין כל זה סוף פרשת בלק: **לא ידענו זה.** לא ידענו מזה שנמסר למות שאלך ואצילנו: **נכנסו כו'.** להרוג את פנחס: **לקנות בעליו** גרסינן:

אשד הנחלים

איני יכול. כלומר על פי דרך הטבע אנושית בודאי איני יכול רק שמוכרח אני לעשות למעלה מכוחי, ועזרו ה' באמצע שהחל הנגף מהר, כן הוא כל פעולות האדם, בעת שעושה דבר למען ה' אז ה' עוזרו בפעולותיו. או באורו שעל ידי שפנחס ראה את הנגף, על כן התחזק מאד לדקרם לבטל הנגף: **עמד והיה מתפלל.** באו בזה להורות תכונת נפש פנחס כמה היתה טובה מאד, אף שהוא היה בכעס מאד עליהם מפני מעשיהם הרעים, עם כל זה תיכף כשראום שהם נגפים נכמרו רחמיו ויפלל עליהם, כי כן מדות הטובים והמאושרים שלא יוכלו לראות הרע המוצא, אף לבני אדם רעים וחטאים: **מי העמיד.** כלומר ראה נא תכונתו הטובה מאד, וזהו פנחס בן אלעזר השיב את חמתי, על ידי תפלתו וטוב לבו: **מעשרו של המן.** בתחלה חשב עשרו של קרח אף שהקריב מעשרו לה' במחתותיו, ועתה מפרש כפשוטו על עושר של המן, שעל ידי זה היה חפץ להרע לישראל ולקנותם: **חינה של אסתר.** ועל ידי זה תהיה מפלתך, כי על ידי חינה בעיני המלך לא יחמול עליך: **מה שאמרת הכסף כו' נתן.** כלומר אהפך את לבבך מן הקצה אל הקצה, בתחלה נהנית ממפלת ישראל עד שהחזרת לו הכסף בשביל זה,

חידושי הרד"ל

כי תאמר הן לא ידענו זה אני מעיד עליך כו'. אפשר רצה לומר כמו שכתב בבמדבר רבה סוף פרשת בלק (פרשה כ, כה) מפני הנקרנין שלא יאמרו אף הוא נכנס ועשה צרכיו, וחשש פנחס לחשד זה, ואמר לו הקב"ה אני מעיד עליך, היינו כמו שכתוב שם שעשה לו נס שקבען הקב"ה כו', כדהכא: **שנאמר הוא יבין.** וזה שאמר וישר הוא יבין דרכו, (וכתיב יכין בכ"ף, לדרוש שהקב"ה הכין דרכו להוציאו מן החשד: **נבחר שמו של מרדכי.** כמו שכתוב, ושמו מרדכי (אסתר ב, ה):

באור מהרי"פ

שמא אחד יכול לשנים. ואם תאמר, הלא למד מקל וחומר שמחויב למסור נפשו על קדושת השם. יש לומר כיון דכל כמה דלא גמר פנחס בדעתו שהיה יכול לו מה היה מועיל לו מסירת נפשו, כי עיקר קדושת השם הוא בהריגת ואבידת הבועל מן העולם, ובאם שמא יתקפו השנים את האחד לא יבוא לכלל קדושת השם כלל, ואם כן לא היה ראוי שימסור נפשו על זה עד שנכנסה בו רוח הקודש. תולדות נח הארוך: **במתנות כהונה [בד"ה לא ידענו זה]. לא ידענו מזה שנמסר למות שאלך אצילנו.** עד כאן. אינו מובן לי היטב. ואולי על שנתעלמה ממנו ידיעת ההלכה הבועל ארמית קנאים פוגעין בו, אבל המאמר שאלך ואצילנו צריך עיון: **אני מעיד עליך.** פירוש, כי יכול תוכל להרוג אותם: **מי העיד.** דורש ויעמוד פינחס, שהעמיד זרעו של אברהם: **שלי על שלי וכו' לי הכסף.** כאן מסיים הדרשה של ויקחו לי תרומה כמבואר לעיל (ריש סימן זה בד"ה נבחר):

אמרי יושר

הצל לקוחים למות. בתמיה, שמא יעלה בדעתך להציל זמרי וכזבי שהם חייבים למות, **הלא תוכן לבות** [הוא] ה'. או הוא בניחותא, ונאמר לקוחים למות על ישראל, שהחל הנגף בהם השתדל והציל אותם (בדפו"ר נדפס כאן הקטע שבריש הסימן):

מסורת המדרש

ז. סנהדרין דף פ"ב. ירושלמי סנהדרין פרק י"א הלכה ב'. במד"ר פרשה כ'. תנחומא סדר בלק סימן כ'. ספרי סדר בלק פסקא קל"א. ילקוט סדר בלק רמז תשע"א:

אם למקרא

וַיַּרְא פִּינְחָס בֶּן אֶלְעָזָר בֶּן אַהֲרֹן הַכֹּהֵן וַיָּקָם מִתּוֹךְ הָעֵדָה וַיִּקַּח רֹמַח בְּיָדוֹ: וַיָּבֹא אַחַר אִישׁ יִשְׂרָאֵל אֶל הַקֻּבָּה וַיִּדְקֹר אֶת שְׁנֵיהֶם אֵת אִישׁ יִשְׂרָאֵל וְאֶת הָאִשָּׁה אֶל קֳבָתָהּ וַתֵּעָצַר הַמַּגֵּפָה מֵעַל בְּנֵי יִשְׂרָאֵל:
(במדבר כה:ז-ח)

הִתְרַפִּיתָ בְּיוֹם צָרָה צַר כֹּחֶכָה: הַצֵּל לְקֻחִים לַמָּוֶת וּמָטִים לַהֶרֶג אִם תַּחְשׂוֹךְ: כִּי תֹאמַר הֵן לֹא יָדַעְנוּ זֶה הֲלֹא תֹכֵן לִבּוֹת הוּא יָבִין וְנֹצֵר נַפְשְׁךָ הוּא יֵדָע וְהֵשִׁיב לְאָדָם כְּפָעֳלוֹ:
(משלי כד:י-יב)

וַיַּעֲמֹד פִּינְחָס וַיְפַלֵּל וַתֵּעָצַר הַמַּגֵּפָה:
(תהלים קו:ל)

פִּינְחָס בֶּן אֶלְעָזָר בֶּן אַהֲרֹן הַכֹּהֵן הֵשִׁיב אֶת חֲמָתִי מֵעַל בְּנֵי יִשְׂרָאֵל בְּקַנְאוֹ אֶת קִנְאָתִי בְּתוֹכָם וְלֹא כִלִּיתִי אֶת בְּנֵי יִשְׂרָאֵל בְּקִנְאָתִי:
(במדבר כה:יא)

נִבְחָר שֵׁם מֵעֹשֶׁר רָב מִכֶּסֶף וּמִזָּהָב חֵן טוֹב:
(משלי כב:א)

וּבְהַגִּיעַ תֹּר אֶסְתֵּר בַּת אֲבִיחַיִל דֹּד מָרְדֳּכַי אֲשֶׁר לָקַח לוֹ לְבַת לָבוֹא אֶל הַמֶּלֶךְ לֹא בִקְשָׁה דָּבָר כִּי אִם אֶת אֲשֶׁר יֹאמַר הֵגַי סְרִיס הַמֶּלֶךְ שֹׁמֵר הַנָּשִׁים וַתְּהִי אֶסְתֵּר נֹשֵׂאת חֵן בְּעֵינֵי כָּל רֹאֶיהָ:
(אסתר ב:טו)

וַיֹּאמֶר הַמֶּלֶךְ לְהָמָן הַכֶּסֶף נָתוּן לָךְ וְהָעָם לַעֲשׂוֹת בּוֹ כַּטּוֹב בְּעֵינֶיךָ:
(שם ג:יא)

כִּי לִי בְנֵי יִשְׂרָאֵל עֲבָדִים עֲבָדַי הֵם אֲשֶׁר הוֹצֵאתִי אוֹתָם מֵאֶרֶץ מִצְרָיִם אֲנִי ה' אֱלֹהֵיכֶם:
(ויקרא כה:נה)

לִי הַכֶּסֶף וְלִי הַזָּהָב נְאֻם ה' צְבָאוֹת:
(חגי ב:ח)

בַּיּוֹם הַהוּא נָתַן הַמֶּלֶךְ אֲחַשְׁוֵרוֹשׁ לְאֶסְתֵּר הַמַּלְכָּה אֶת בֵּית הָמָן צֹרֵר הַיְּהוּדִים וּמָרְדֳּכַי בָּא לִפְנֵי הַמֶּלֶךְ כִּי הִגִּידָה אֶסְתֵּר מַה הוּא לָהּ:
(אסתר ח:א)

שינוי נוסחאות

(ה) **ולא היו יכולין להפריד עצמן.** בספרים ישנים כתוב "... להפריש עצמן", ובאמש"ד תפ"ה ומשם ואילך כתבו "...להפרד עצמן" וזה בודאי אי אפשר לקיים, ובד' וארשא תיקנו הלשון וכתבו "להפריד" וגם הוא אפשר, אבל הנוסח המקורי הוא "להפריש":

§6 The following section is a reprise of the exposition found above, in §1:[85]

דָּבָר אַחֵר, "וְיִקְחוּ לִי תְּרוּמָה" – **Another interpretation of** the verse, ***and let them take Me for a portion:*** הָדָא הוּא דִכְתִיב "כִּי לֶקַח טוֹב נָתַתִּי לָכֶם" – **This is** to be understood in light of **what it is written, *For I have given you a good teaching*** [לֶקַח], ***do not forsake My Torah*** (*Proverbs* 4:2). אָמַר רַבִּי בֶּרֶכְיָה הַכֹּהֵן בְּרַבִּי – **R' Berechyah the Kohen Berebbi**[86] **said:** בְּנוֹהַג שֶׁבָּעוֹלָם אָדָם מוֹכֵר חֵפֶץ בְּתוֹךְ בֵּיתוֹ הוּא עָצֵב עָלָיו – **It is the norm in the world that when a person sells an item in his home**[87] **he is saddened about** parting from **it.** וְהַקָּדוֹשׁ בָּרוּךְ הוּא נָתַן תּוֹרָה לְיִשְׂרָאֵל וְשָׂמֵחַ – **However, the Holy One, blessed is He, gave the Torah to Israel and is happy** to have given it. הֱוֵי "לֶקַח טוֹב וגו'" – **This** is the meaning of God's statement, ***For I have given you a good teaching*** (or: *acquisition*), *do not forsake My Torah.*[88] בְּנוֹהַג שֶׁבָּעוֹלָם אָדָם לוֹקֵחַ חֵפֶץ מֵיצֵר לְשָׁמְרָהּ – **It is** also **the norm in the world that when a person acquires an item he takes pains to protect it** from harm or theft. אֲבָל הַתּוֹרָה מְשַׁמֶּרֶת בְּעָלֶיהָ – **However,** with **the Torah** the opposite is true: It **protects its owners,** שֶׁנֶּאֱמַר "בְּהִתְהַלֶּכְךָ תַּנְחֶה אֹתָךְ בְּשָׁכְבְּךָ תִּשְׁמֹר עָלֶיךָ" – **as it states, *As you go forth, it will guide you;*** *as you recline, it will guard you* (ibid. 6:22). בְּנוֹהַג שֶׁבָּעוֹלָם אָדָם לוֹקֵחַ חֵפֶץ מִן הַשּׁוּק שֶׁמָּא יָכוֹל לִקְנוֹת בְּעָלָיו – **Is it perhaps the norm in the world that when a person buys an item from the marketplace he is able to acquire the owner** of the item along with the item itself? Surely not! אֲבָל הַקָּדוֹשׁ בָּרוּךְ הוּא נָתַן תּוֹרָה לְיִשְׂרָאֵל וְאוֹמֵר לָהֶם: כִּבְיָכוֹל לִי אַתֶּם לוֹקְחִים – **However, the Holy One, blessed is He,** did just that, for He **gave the Torah to Israel and said to them, "You are acquiring Me, as it were,** along with the Torah!" הֱוֵי "וְיִקְחוּ לִי תְּרוּמָה" – **This is** the meaning of ***and let them take for Me a portion.***[89]

§7 The Midrash cites a verse in *Deuteronomy,* which it expounds with several approaches, one of which is relevant to our verse:[90]

דָּבָר אַחֵר, "וְיִקְחוּ לִי תְּרוּמָה" – **Another interpretation of** the verse, ***and let them take for Me a portion:*** הָדָא הוּא דִכְתִיב "תּוֹרָה צִוָּה לָנוּ מֹשֶׁה" – **This is** to be understood in light of **what it is written, *The Torah that Moses commanded us*** *is the heritage of the Congregation of Jacob* (*Deuteronomy* 33:4).

NOTES

85. Although the two expositions are quite similar, the compiler of the Midrash included both versions because there are details in each version that are not found in the other (*Toldos Noach, Eitz Yosef*). See above, §1, and notes there, for clarification of many points here in our section.

86. Berebbi is a title sometimes given to outstanding Sages (see *Rashi* to *Chagigah* 7a, *Kiddushin* 21b, etc.).

87. I.e., he sells one of his household furnishings in order to raise cash.

88. It is not immediately clear how this verse teaches that God was happy about giving the Torah to Israel. This dictum appears (in different words) in the Talmud as well (*Berachos* 5a), where *Rashi* explains as follows: We see that God was happy because He was anxious for the "buyer" to prize the acquisition — cautioning Israel not to abandon it and even praising it as a "good acquisition" — even after having given it. Alternatively: The verse begins by describing the Torah as an acquisition (לֶקַח, something that is bought in a מִקָּח, *a sale*), but then goes on to say נָתַתִּי, *I have given* (as a מַתָּנָה, *a gift*). This indicates that although the Torah is described as a "sale," God was as content and wholehearted as one who gives a gift (*Yefeh To'ar* here; *Maharsha* to *Berachos* ibid.). See also Midrash above, at note 22.

89. As above (§1), the Midrash interprets this phrase וְיִקְחוּ לִי to mean, "Let them take *Me*." See Insight Ⓐ.

90. See below, note 100.

INSIGHTS

Ⓐ **The Torah That Was Given to Man** *Derashos HaRan* (*Derush* 3, 7, and 13) states a fundamental principle regarding the Giving of the Torah, which sheds light on the various cryptic statements made by the Midrash here and in §1 above. The Gemara (*Megillah* 19b) teaches that Moses was shown at Sinai even דִּקְדּוּקֵי סוֹפְרִים, *the analyses of Sages*. Based on the Gemara elsewhere (*Chagigah* 3b), *Ran* explains the "analyses of the Sages" to refer to the points that the later Sages would disagree upon. This means that although Moses was taught all the laws of the Torah, when it came to laws that would later be the subject of a dispute among the Sages, he was not taught what the final ruling should be. Rather, he was told the guidelines according to which the Sages were to arrive at a decision in such matters and that the decision of the Sages was to be the accepted law. Thus, when God gave the Torah to Israel, He meant it to be fulfilled according to how the Sages of the Torah would understand and interpret it. Once the Torah was given to mankind, it is no longer necessarily the Torah as it was in its ideal form in Heaven; it is rather the Torah that was given to Man, to be decided and implemented according to the wisdom of the Torah Sages, notwithstanding the limitations of the human mind. Even if the understanding of the Sages is to diverge from the "Heavenly Torah," it is God's Will that we are to follow the understanding of the Sages.

Thus, we find the famous incident in *Bava Metzia* (59b) involving a dispute between R' Eliezer and R' Yehoshua regarding the *tumah* status of a specific oven, in which R' Eliezer called upon Heaven to demonstrate through the performance of various miracles that his ruling was correct. And indeed, the Heavenly miracles were performed on his behalf, and a Heavenly voice announced that R' Eliezer was in the right. Nevertheless, R' Yehoshua declared that the Torah is no longer in Heaven. It was given to the Sages on earth to decide the law, in accordance with the Torah's own guidelines, and the majority of Sages had decided differently. And that is how the law would stand. *That* was the Will of God.

R' Yosef Shaul Natansohn (*Divrei Shaul* on v. 8) uses this principle, as expounded by *Ran*, to explain the statement of our Midrash here (and in §1 above) that the Holy One, blessed is He, was "sold along with the Torah." That is, when God gave Israel the Torah, He gave along with it the right to decide it differently from *His* Wisdom, i.e., He commanded us to follow the Sages' understanding of its laws even if the Sages "err" and decide it differently from the way it was decided in Heaven.

This is also what is meant by the Midrash's statement (above, §1) that God said, "I am unable to part from it, but I am also unable to tell you, 'Do not take it.'" God would not tell Israel not to take it — He had already given it over to their jurisdiction, to decide it as they see fit. However, He did not wish to part from it, for a human can err, and they were liable to distort the Torah. Therefore, as the Midrash there concludes, God told them to build a Sanctuary for Him to dwell in among them; that is, through the Divine Presence manifested in the Temple, they would merit Divine assistance in their rulings, so that they would not err.

This is also what is meant by the earlier statement of our Midrash, that unlike a person who sells his personal item, God is happy to have given the Torah to Israel. In what way has God "sold" the Torah and made it no longer His, just because He gave it to Israel? This too refers to the fact that the law no longer depends on the "Heavenly Torah" but rather on the decision reached by the Sages of Israel. Indeed, God has "given the Torah away." And He is happy to have done so. [See also the *Vilna Gaon's* commentary to *Song of Songs* (3:11), where the above explanation is given for this statement of the Midrash, without citing *Derashos HaRan*.]

This explanation is echoed by *R' Yosef Tzvi Dushinsky* (*Toras Maharitz* on our verse), who adds that this is what is meant by the Midrash in §1, which expounds the verse, *For I have given you a good teaching* [לֶקַח], *do not forsake My Torah,* to mean that God said, "Do not forsake the acquisition that I have given you." That is, it is true that I have given you My Torah to decide its laws according to *your* understanding. But do not be careless with this charge. Those who decide the laws of the Torah must invest all the necessary effort and toil, and attempt to arrive at the truth for the sake of Heaven, so that they do not "abandon the Torah," so that they do not deviate from the way they are *meant* to rule. Only then will they indeed merit that the ruling in practice will indeed follow their understanding of the Torah, and that their decision will become the Torah that God wishes us to fulfill.

ו דָּבָר אַחֵר, [כה, ב] "וְיִקְחוּ לִי תְּרוּמָה", הָדָא הוּא דִכְתִיב (משלי ד, ב) "כִּי לֶקַח טוֹב נָתַתִּי לָכֶם", אָמַר רַבִּי בֶּרֶכְיָה הַכֹּהֵן בְּרַבִּי: [ח] בְּנוֹהַג שֶׁבָּעוֹלָם אָדָם מוֹכֵר חֵפֶץ בְּתוֹךְ בֵּיתוֹ הוּא עָצֵב עָלָיו, וְהַקָּדוֹשׁ בָּרוּךְ הוּא נָתַן תּוֹרָה לְיִשְׂרָאֵל וְשָׂמֵחַ, הֱוֵי "לֶקַח טוֹב וְגוֹ'", בְּנוֹהַג שֶׁבָּעוֹלָם אָדָם לוֹקֵחַ חֵפֶץ מֵיצַר לְשָׁמְרָהּ, אֲבָל הַתּוֹרָה מְשַׁמֶּרֶת בְּעָלֶיהָ, שֶׁנֶּאֱמַר (שם ו, כב) "בְּהִתְהַלֶּכְךָ תַּנְחֶה אֹתָךְ", בְּנוֹהַג שֶׁבָּעוֹלָם אָדָם לוֹקֵחַ חֵפֶץ מִן הַשּׁוּק שֶׁמָּא יָכוֹל לִקְנוֹת בְּעָלָיו, אֲבָל הַקָּדוֹשׁ בָּרוּךְ הוּא נָתַן תּוֹרָה לְיִשְׂרָאֵל וְאוֹמֵר לָהֶם: כִּבְיָכוֹל לִי אַתֶּם לוֹקְחִים, הֱוֵי [כה, ב] "וְיִקְחוּ לִי תְּרוּמָה":

ז דָּבָר אַחֵר, [כה, ב] "וְיִקְחוּ לִי תְּרוּמָה", הָדָא הוּא דִכְתִיב (דברים לג, ד) "תּוֹרָה צִוָּה לָנוּ מֹשֶׁה", [ט] דָּרַשׁ רַבִּי שִׂמְלַאי: תרי"ג מִצְוֹת נִתְּנוּ לְיִשְׂרָאֵל עַל יְדֵי מֹשֶׁה, שֶׁכֵּן מִנְיַן "תּוֹרָה", וְאִם תֹּאמַר אֵינָן אֶלָּא תרי"א, וּשְׁתַּיִם הֵיכָן הֵם, אֶלָּא אָמְרֵי רַבָּנָן: [י] (לעיל כ, ב-ג) "אָנֹכִי" וְ"לֹא יִהְיֶה לְךָ" מִפִּי הַגְּבוּרָה שְׁמָעוּם, וְתרי"א אָמַר לָהֶם מֹשֶׁה, שֶׁנֶּאֱמַר "תּוֹרָה צִוָּה לָנוּ מֹשֶׁה מוֹרָשָׁה וְגוֹ'", [יא] אַל תִּקְרֵי "מוֹרָשָׁה" אֶלָּא יְרוּשָׁה, יְרוּשָׁה הִיא לְיִשְׂרָאֵל לְעוֹלָם, מָשָׁל לְבֶן מְלָכִים שֶׁנִּשְׁבָּה כְּשֶׁהוּא קָטָן לִמְדִינַת הַיָּם, אֲפִילוּ לְאַחַר כַּמָּה שָׁנִים אֵינוֹ בּוֹשׁ מִפְּנֵי שֶׁהוּא אוֹמֵר: לִירוּשַּׁת אֲבוֹתַי אֲנִי חוֹזֵר, כָּךְ תַּלְמִיד חָכָם שֶׁהוּא פּוֹרֵשׁ מִן הַתּוֹרָה וְהָלַךְ וְהִתְעַסֵּק בִּדְבָרִים אֲחֵרִים, אֲפִילוּ לְאַחַר כַּמָּה שָׁנִים הוּא מְבַקֵּשׁ לַחֲזוֹר אֵינוֹ בּוֹשׁ, מִפְּנֵי שֶׁאוֹמֵר: לִירוּשַּׁת אֲבוֹתַי אֲנִי חוֹזֵר, דָּבָר אַחֵר, "מוֹרָשָׁה", אַל תְּהִי קוֹרֵא "מוֹרָשָׁה" אֶלָּא מְאוֹרָסָה, מָה חָתָן זֶה כָּל זְמַן שֶׁלֹּא נָשָׂא אֲרוּסָתוֹ הוּא הֱוָה פָּרָאדוֹרָן לְבֵית חָמִיו,

עץ יוסף

(ו) [ז] **הדא הוא דכתיב כי לקח טוב כו'.** עיין מה שנאמר בסימן א': **אדם מוכר חפץ כו'.** המדרש הזה הוכפל והובא בריש הפרשה, יש לך מקח שמי שמכרו נמכר עמו כו', והמסדרן סידר את שניהם משום איזה חדושים שנתחדשו בראשון, מה שלא נאמר בשני, וכן בשני חידש מה שלא נאמר בראשון (תולדות נח): **הוא עצב.** אחר שידענו שכל חפצו יתברך רק להשלמת האדם, לא למענו חס ושלום, ולכן נתן התורה למען השלמתם, ואם לא יקיימו שיחתו בנפשם, ועם כל זה יבקש ה' אותם, וייפה הדבר הזה בעיניהם, ומבקשם שיקיימו, אך לא כן מדות בני אדם המוכרים דבר מה מחמת שהוא עלב, שמוכר דבר זה על כן לא יבקש את חברו שישמור אותו: **ושמח הוי כי לקח טוב נתתי לכם.** מדכתיב לקח שהוא מקח, והדר לשון מתנה נתתי לכם, דריש דהכי קאמר כי מקח טוב בעיני המוכר, לקיחתו כאילו הוא מתנה, שלא שייך בה עלבות כדדרש לעיל: **משמרת בעליה.** כי אין זה כקניינים הזמניים הצריכים עמל לשמרם, אך התורה שומרת האדם שעל ידי הוא נושע בהשגחת אלהית: **תנחה אותך וגו'.** ובשכבך תשמור עליך וגו': **לי אתם לוקחים** שעל ידי זה השגחתי בכם: (ז) [ח] **הדא הוא דכתיב תורה צוה לנו משה.** שהתורה תחלה כמאורסה, ומשנתנה שכן ה' בינותם, ואיידי דמייתי קרא מפרש ליה בענינים אחרים, כדרך המדרש: **על ידי משה.** אף על גב דאנכי ולא יהיה לך מפי הגבורה שמענו, קאמר שעל ידי משה כי הוא הסרסור ביניהם: **מפי הגבורה שמעום.** כי שתי הדברות זכו למדרגת פנים אל פנים, אנכי מצות עשה לקבלו עלינו לאלוה, ולא יהיה לך מצות לא תעשה, ואף על גב דכתיב וידבר אלהים את כל הדברים שמעו קלא לחוד, אבל חתוך אותיות לא שמעו אלא באנכי ולא יהיה לך, (הרמ"ה). ועיין בחזית פסוק ישקני: **אל תקרי מורשה כו'.** דמורשה משמע מורשה ומנחלת, ולפי זה לא ידבק אלא בעודם אחוזים בה, לזה אמר אל תקרי מורשה אלא ירושה, שהוא שם דבר שהיא ירושתם לעולם, והיינו תלמיד חכם שפירש מן התורה, שאף על פי שהיא רחוקה ממנו, מכל מקום כשירצה לחזור לא יבוש, לומר איך אשוב ולא אוכל עוד לגאת ולבא בלמודי כאשר בתחלה, כי על ידי זריזותו וחפצו, יפתחו לו עוד שערי התורה והידיעה, לפי שהיא כירושה להם, וכמשל בן המלך שהבאתי: **אלא מאורסה מה חתן זה כו'.** ולכן לא בא ה' אל ישראל, אלא משה היה הולך אל שכינה, ואחר כך ויהי בישורון מלך, שבא ה' בכבודו לגבי ישראל, על ידי התאסף ראשי עם יחד, דהיינו מעמד הר סיני, כי מאז שקבלו התורה נתיחד ה' עמהם וצוה לעשות משכן לשכנו, ומאז לא היתה התורה מאורסה אלא כנשואה:

פירוש מהרז"ו

(ו) **הדא הוא דכתיב כי לקח.** לעיל פרשה ו סימן ג: **חפץ מתוך ביתו.** מה שמשתמש בו בתוך ביתו, ומוכר מחמת דחקו, כי המוכר בחנות הוא שמח שמשתכר: **בהתהלכך תנחה.** [סיפיה דקרא] בשכבך תשמור עליך: (ז) **דרש רבי שמלאי.** מכות (דף כג, ב) שיר השירים רבה פסוק ישקני: **תורה צוה.** משמע דרבי שמלאי מביא ראיה מתיבת תורה על חשבון תרי"ג: **מורשה אל תקרי מורשה וכו'.** צריך עיון מה צריך לומר אל תקרי וכו', שהרי תיבת מורשה פירושו ירושה. וכמו שכתוב ריש וארא (שמות ו, ח) ונתתי אותה לכם מורשה, ותרגם אונקלוס ירותא, וכן מורשה קהלת יעקב, ירותא, ובסנהדרין כ"ט (ע"א), וצ"א (ע"ב), ליתא, אך בברכות כ"ז (ע"א), ובפסחים מ"ט (ע"ב), שדורש מאורסה אומר אל תקרי מורשה אלא מאורסה, וכמו שדרש כאן בסמוך, וכן בספרי סדר ברכה גם כן ליתא אלא דרשת ירושה, רק אלא דרשת מאורסה כנ"ל. על כן בהכרח סמי חדא גירסת המדרש כאן, מקמי תלת היינו בספרי ובסנהדרין בשני מקומות. ועיין מדרש תהלים מזמור ק"ח: **אל תהי קורא מורשה.** כמו שכתוב אבות סוף פרק ב' שאינה ירושה לך, פירוש שלהיחיד אינה ירושה, וצריך להתייגע להשיגה, אך לישראל בכלל היא ירושה, וכמו שכתוב (ישעיה נט, כא) לא ימושו מפיך וגו', וכן היחיד שכבר נתייגע והשיגה, היא לו ירושת אבות, ובכלל לא ימושו. וגם בתחלה היא ליחיד מיועדת וארוסה, שבדרכים ידועים ישיגנה:

חידושי הרד"ל

[ו] **תנחה אותך בשכבך תשמור עליך בנוהג כו'.** כן צריך לומר:

באור מהרי"פ

[ז] **אל תקרי מורשה אלא ירושה.** בילקוט לא גרס המאמר הזה, והכי גרסינן משה מורשה משל לבן מלכים:

אמרי יושר

[ז] **מבקש לחזור.** אינו חוטא, וכן אף על פי שחטא ישראל הוא: **אל תהי קורא מורשה אלא מאורסה.** אם בערך הארבעים יום שעלה משה, או אף עתה היא מאורסה והנשואין יהיו לעתיד, גם בערך הגלות סודותיה עתה היא מאורסה, לעתיד מלאה הארץ דעה:

מסורת המדרש

ח. ברכות ה'. ילקוט משלי רמז תתקל"ה:

ט. מכות דף כ"ג. במד"ר פרשה י"ח. שה"ש רבה פרשה א' פסוק ב'. תנחומא סדר קרח סימן י"ב. וסדר וילך סימן ב'. שוח"ט מז' י"ז. פדר"א פרק מ"א. ילקוט סדר הברכה רמז תתקנ"ב:

י. קדושין דף ל"א. הוריות דף ח':

יא. ברכות דף כ"ז. פסחים דף מ"ט. סנהדרין דף כ"ט. ספרי סדר הברכה פסקא שמ"ה כל הענין. ילקוט סדר הברכה רמז תתקנ"ב כל הענין. ועיין תנחומא ויקהל סימן ח':

אם למקרא

כִּי לֶקַח טוֹב נָתַתִּי לָכֶם תּוֹרָתִי אַל תַּעֲזֹבוּ:
(משלי ד:ב)

בְּהִתְהַלֶּכְךָ תַּנְחֶה אֹתָךְ בְּשָׁכְבְּךָ תִּשְׁמֹר עָלֶיךָ וַהֲקִיצוֹתָ הִיא תְשִׂיחֶךָ:
(שם ו:כב)

תּוֹרָה צִוָּה לָנוּ מֹשֶׁה מוֹרָשָׁה קְהִלַּת יַעֲקֹב:
(דברים לג:ד)

אָנֹכִי ה' אֱלֹהֶיךָ אֲשֶׁר הוֹצֵאתִיךָ מֵאֶרֶץ מִצְרַיִם מִבֵּית עֲבָדִים: לֹא יִהְיֶה לְךָ אֱלֹהִים אֲחֵרִים עַל פָּנָי:
(לעיל כ:ב-ג)

מתנות כהונה

[ז] **מנין תורה.** עיין כל זה סוף מסכת מכות:

אשד הנחלים

ועתה יהפך לבבך כי תקח מהמן ותתן למרדכי, וזהו נבחר חן מעושר רב: [ו] **הוא עצב.** לכאורה אינה דומה למוכר דבר שאין המכירה נשאר אצלו עוד, אבל כאן וכי בשביל שנתן להם התורה, חס ושלום לא נשארה התורה אצלו, היתכן זאת. והנראה דבא לבאר מדותיו של הקדוש ברוך הוא במה שנבדל מפעולות האדם, אחר שידענו שכל חפצו יתברך רק להשלמת האדם לא למענו חס ושלום, ולכן נתן התורה למען השלמתם ואם לא יקיימו שיחתו בנפשם, ועם כל זה יבקש ה' אותם וייפה הדבר הזה בעיניהם ומבקשם שיקיימו, אך לא כן מדות בני אדם המוכרים דבר מה, מחמת שהוא עצב שמוכר דבר זה, על כן לא יבקש את חברו שישמור אותו, הבן זה: **משמרת בעליה.** כי אין זה כקנינים הזמניים הצריכים עמל לשמירתם, אך התורה שומרת האדם שעל ידה הוא נושע בהשגחה אלקית: **לי אתם לוקחים.** שעל ידי זה השגחתי בכם: [ז] **מפי הגבורה.** כי שתי הדברות זכו במדרגת פנים אל פנים, לא על ידי משה שהיה אמצעי לזה, ועיין ברמב"ם (הלכות יסודי התורה פרק שמיני הלכה א): **ירושה היא לישראל כו' משל כו'.** והנמשל שישרים המה מכוונים למעלת התורה מפני עצם נפשם, רק בהיותם עוסקים בענינים הזמניים ובהבלי העולם, היו כבני מלכים הנשבים במדינת הים רחוקים מבית המלך, אבל בעת ששבו אז היו מכירים מעלתם בשהם בני המלך, כן היו התלמידי חכמים תיכף כששבו לתורה, אז הכירו מעלת נפשם, כי המאור שבה תזהיר בלבם תיכף והכירו ערך מעלתם:

The Midrash expounds on this verse, beginning with the first half:

דָּרַשׁ רַבִּי שִׂמְלַאי: תַּרְיַ״ג מִצְוֹת נִתְּנוּ לְיִשְׂרָאֵל עַל יְדֵי מֹשֶׁה – **R' Simlai expounded: Six hundred and thirteen commandments were given to Israel** by God **through Moses,**[91] שֶׁכֵּן מִנְיַן ״תּוֹרָה״ – **for this is the numerical value of the word *Torah*** [תּוֹרָה] in the phrase *the Torah that Moses commanded us.*[92] וְאִם תֹּאמַר אֵינָן אֶלָּא תרי״א, וּשְׁתַּיִם הֵיכָן הֵם – **And if you say** the argument: **"[These letters] are only six hundred and eleven** in value;[93] **where are the other two?"** אֶלָּא אָמְרֵי רַבָּנָן: ״אָנֹכִי״ וְ״לֹא יִהְיֶה לְךָ״ מִפִּי הַגְּבוּרָה שְׁמַעוּם – **However,** the answer to this question is that **the Sages have said:** The first two of the Ten Commandments – ***I am** HASHEM, your God* (above, 20:2) **and *You shall not recognize*** *the gods of others* (ibid., v. 3) – **were heard** by Israel directly **from the Almighty** Himself,[94] וְתרי״א אָמַר לָהֶם מֹשֶׁה – **and** besides these two there were **six hundred and eleven** commandments that **Moses communicated to them,** שֶׁנֶּאֱמַר ״תּוֹרָה צִוָּה לָנוּ מֹשֶׁה מוֹרָשָׁה וְגוֹ׳ ״ – **as it is stated, *The Torah*** [תּוֹרָה] ***"that Moses commanded us"***[95] ***is the heritage*** *of the Congregation of Jacob.*

The Midrash now expounds the second half of the *Deuteronomy* verse, *the heritage of the Congregation of Jacob*:

אַל תִּקְרֵי ״מוֹרָשָׁה״ אֶלָּא יְרוּשָּׁה – **Do not read** the word as it is written, *morashah* (*heritage*), **but** read it as if written, ***yerushah*** (*inheritance*),[96] יְרוּשָּׁה הִיא לְיִשְׂרָאֵל לְעוֹלָם – indicating that **[the Torah] is an inheritance to Israel for eternity.** מָשָׁל לְבֶן מְלָכִים שֶׁנִּשְׁבָּה כְּשֶׁהוּא קָטָן לִמְדִינַת הַיָּם – This can be illustrated by means **of a parable.** It may be **compared to a child of royalty who was taken captive overseas when he was young.** אֲפִילוּ לְאַחַר כַּמָּה שָׁנִים אֵינוֹ בּוֹשׁ – **Even** if he is not released until **after many years, he is not embarrassed** upon his return to the royal palace, מִפְּנֵי שֶׁהוּא אוֹמֵר: לִירוּשַּׁת אֲבוֹתַי אֲנִי חוֹזֵר – **for he says** to himself, **"I am** simply **returning to** what is rightfully mine, to **the inheritance of my fathers."** כָּךְ תַּלְמִיד חָכָם שֶׁהוּא פּוֹרֵשׁ מִן הַתּוֹרָה וְהָלַךְ וְהִתְעַסֵּק בִּדְבָרִים אֲחֵרִים – **So too, a Torah scholar who separates** himself **from the Torah and goes and involves himself in other matters,**[97] אֲפִילוּ לְאַחַר כַּמָּה שָׁנִים הוּא מְבַקֵּשׁ לַחֲזוֹר אֵינוֹ בּוֹשׁ – **even if after many years** have passed **he desires to return** to Torah study, **he is not embarrassed** to do so,[98] מִפְּנֵי שֶׁאוֹמֵר: לִירוּשַּׁת אֲבוֹתַי אֲנִי חוֹזֵר – **for he says, "I am** simply **returning to the inheritance of my fathers,** which belongs to me regardless of my hiatus in Torah study."

The Midrash presents a second interpretation of "heritage":

דָּבָר אַחֵר, ״מוֹרָשָׁה״, אַל תְּהִי קוֹרֵא ״מוֹרָשָׁה״ אֶלָּא מְאוֹרָסָה – **Another interpretation** of *The Torah . . . is **the heritage:*** **Do not read** the word as it is written, *morashah* (*heritage*), **but** read it as if written, ***me'orasah*** (*betrothed*), for the Torah is Israel's beloved betrothed, as it were. מַה חָתָן זֶה כָּל זְמַן שֶׁלֹּא נָשָׂא אֲרוּסָתוֹ הוּא הֱוֶה פָּרָאדוֹרָן לְבֵית חָמִיו – The "betrothed" allegory is explained as follows: **Just as a groom, as long as he has not married his betrothed, is a regular visitor to his father-in-law's house** to see his fiancee,

NOTES

91. The words "through Moses" are not meant literally, as will soon become apparent (*Yefeh To'ar*).

92. [This statement of R' Simlai (which is also found in *Makkos* 23b and elsewhere) is the source for the many Geonim and Rishonim who compiled enumerations and elaborations of the 613 mitzvos. *Ramban* (in his comments to *Rambam's Sefer HaMitzvos,* Principle #1) examines the possibility that R' Simlai's statement is not necessarily accepted by other Amoraim. However, *Ramban* concludes that the concept of 613 mitzvos is so widespread in the Talmud and Midrash that it must certainly be a tradition from antiquity. In the preface to his work on *Rav Saadiah Gaon's Sefer HaMitzvos, R' Yerucham Fishel Perla* demonstrates that there are several Tannaim and Amoraim other than R' Simlai who held that there are 613 mitzvos.]

93. ת=400, ו=6, ר=200, ה=5, totaling 611.

94. *Ramban* (above, 20:7) notes that this is clear from the grammar of the verses themselves: The first two Commandments are phrased in the first person, with God being the speaker. The rest of the Commandments refer to God in the third person, Moses being the speaker.

95. I.e., *Moses commanded us* the numerical value of תּוֹרָה (611 commandments), besides the two that God Himself commanded us.

96. There does not appear to be any significant difference between the two words מוֹרָשָׁה and יְרוּשָּׁה, both being nouns derived from the root ירש, *to inherit.* (Indeed, *Maharzu* suggests deleting this sentence – which is missing from other parallel Midrashim – from the text here, due to its difficulty.) *Yefeh To'ar* (followed by *Eitz Yosef*) suggests the following explanation: It is possible to interpret מוֹרָשָׁה as a verb: "to bequeath as an inheritance." The verse would then be saying that the Torah bequeaths its teachings to Israel, but only when they faithfully uphold it. The Midrash therefore tells us that it should be understood rather as a noun, like יְרוּשָּׁה, meaning "inheritance," the implication being that it is an automatic birthright of each and every Jew, regardless of his merit. See Insight Ⓐ.

97. I.e., he abandons Torah study to involve himself in pursuing a livelihood. Alternatively: He abandons the ways of the Torah altogether and leads a sinful lifestyle (both interpretations from *Yefeh To'ar*).

98. He is not embarrassed by the fact that he will find it difficult to master his studies at first. Alternatively: He is not embarrassed by his previous misdeeds (*Yefeh To'ar*). [These two alternatives correspond to the two explanations given in the previous note.]

INSIGHTS

Ⓐ **A National Heritage:** Our Midrash seems to contradict the Mishnah in *Avos* (2:17), which states explicitly that Torah is *not* an automatic inheritance! *Maharzu* answers that indeed the Torah is an inheritance to the nation of Israel as a whole, which we will retain for eternity even if we are undeserving. However, each individual must toil to acquire his personal portion in Torah; that cannot be inherited automatically.

ו דָּבָר אַחֵר, [כה, ב] "וְיִקְחוּ לִי תְּרוּמָה", **הָדָא הוּא דִכְתִיב** (משלי ד, ב) "כִּי לֶקַח טוֹב נָתַתִּי לָכֶם", אָמַר רַבִּי בֶּרֶכְיָה הַכֹּהֵן בְּרַבִּי: [ח]בְּנוֹהַג שֶׁבָּעוֹלָם אָדָם מוֹכֵר חֵפֶץ בְּתוֹךְ בֵּיתוֹ הוּא עָצֵב עָלָיו, וְהַקָּדוֹשׁ בָּרוּךְ הוּא נָתַן תּוֹרָה לְיִשְׂרָאֵל וְשָׂמֵחַ, הֱוֵי "לֶקַח טוֹב וְגוֹ'", בְּנוֹהַג שֶׁבָּעוֹלָם אָדָם לוֹקֵחַ חֵפֶץ מֵיצַר לְשָׁמְרָהּ, אֲבָל הַתּוֹרָה מְשַׁמֶּרֶת בְּעָלֶיהָ, שֶׁנֶּאֱמַר (שם ו, כב) "בְּהִתְהַלֶּכְךָ תַּנְחֶה אֹתָךְ", בְּנוֹהַג שֶׁבָּעוֹלָם אָדָם לוֹקֵחַ חֵפֶץ מִן הַשּׁוּק שֶׁמָּא יָכוֹל לִקְנוֹת בְּעָלָיו, אֲבָל הַקָּדוֹשׁ בָּרוּךְ הוּא נָתַן תּוֹרָה לְיִשְׂרָאֵל וְאוֹמֵר לָהֶם: כִּבְיָכוֹל לִי אַתֶּם לוֹקְחִים, הֱוֵי [כה, ב] "וְיִקְחוּ לִי תְּרוּמָה":

ז דָּבָר אַחֵר, [כה, ב] "וְיִקְחוּ לִי תְּרוּמָה", **הָדָא הוּא דִכְתִיב** (דברים לג, ד) "תּוֹרָה צִוָּה לָנוּ מֹשֶׁה", [ט]דָּרַשׁ רַבִּי שִׂמְלָאי: תרי"ג מִצְוֹת נִתְּנוּ לְיִשְׂרָאֵל עַל יְדֵי מֹשֶׁה, שֶׁכֵּן מִנְיַן "תּוֹרָה", וְאִם תֹּאמַר אֵינָן אֶלָּא תרי"א, וּשְׁתַּיִם הֵיכָן הֵם, אֶלָּא אָמְרֵי רַבָּנָן: [י](לעיל כ, ב-ג) "אָנֹכִי" וְ"לֹא יִהְיֶה לְךָ" מִפִּי הַגְּבוּרָה שְׁמָעוּם, וְתרי"א אָמַר לָהֶם מֹשֶׁה, שֶׁנֶּאֱמַר "תּוֹרָה צִוָּה לָנוּ מֹשֶׁה מוֹרָשָׁה וְגוֹ'", [יא]אַל תִּקְרֵי "מוֹרָשָׁה" אֶלָּא יְרוּשָּׁה, יְרוּשָּׁה הִיא לְיִשְׂרָאֵל לְעוֹלָם, מָשָׁל לְבֶן מְלָכִים שֶׁנִּשְׁבָּה כְּשֶׁהוּא קָטָן לִמְדִינַת הַיָּם, אֲפִילוּ לְאַחַר כַּמָּה שָׁנִים אֵינוֹ בּוֹשׁ מִפְּנֵי שֶׁהוּא אוֹמֵר: לִירוּשַּׁת אֲבוֹתַי אֲנִי חוֹזֵר, כָּךְ תַּלְמִיד חָכָם שֶׁהוּא פּוֹרֵשׁ מִן הַתּוֹרָה וְהָלַךְ וְהִתְעַסֵּק בִּדְבָרִים אֲחֵרִים, אֲפִילוּ לְאַחַר כַּמָּה שָׁנִים הוּא מְבַקֵּשׁ לַחֲזוֹר אֵינוֹ בּוֹשׁ, מִפְּנֵי שֶׁאוֹמֵר: לִירוּשַּׁת אֲבוֹתַי אֲנִי חוֹזֵר, דָּבָר אַחֵר, "מוֹרָשָׁה", אַל תְּהִי קוֹרֵא "מוֹרָשָׁה" אֶלָּא מְאוֹרָסָה, מֶה חָתָן זֶה כָּל זְמַן שֶׁלֹּא נָשָׂא אֲרוּסָתוֹ הוּא הֱוָה פָּרָאדוֹרָן לְבֵית חָמִיו,

עץ יוסף

(ו) [ז] **הדא הוא דכתיב כי לקח טוב כו'.** עיין מה שנאמר בסימן א': **אדם מוכר חפץ כו'.** המדרש הזה הוכפל והובא בריש הפרשה, יש לך מקח שמי שמכרו נמכר עמו כו', והמסדרן סידר את שניהם משום איזה חדושים שנתחדשו בראשון, מה שלא נאמר בשני, וכן בשני חידש מה שלא נאמר בראשון (תולדות נח): **הוא עצב.** אחר שידענו שכל חפצו יתברך רק להשלמת האדם, לא למענו חס ושלום, ולכן נתן התורה למען השלמתם, ואם לא יקיימו שיחתו בנפשם, ועם כל זה יבקש ה' אותם, וייפה הדבר הזה בעיניהם, ומבקשם שיקיימו, אך לא כן מדות בני אדם המוכרים דבר מה מחמת שהוא עצב, שמוכר דבר זה על כן לא יבקש את חברו שישמור אותו: **ושמח הוי כי לקח טוב נתתי לכם.** מדכתיב לקח שהוא מקח, והדר לשון מתנה נתתי לכם, דריש דהכי קאמר כי מקח טוב בעיני המוכר, לקיחתו כאילו הוא מתנה, שלא שייך בה עצבות כדדרש לעיל: **משמרת בעליה.** כי אין זה כקנינים הזמניים הצריכים עמל לשמרם, אך התורה שומרת האדם שעל ידי הוא נושע בהשגחת אלהית: **תנחה אותך וגו'.** ובשכבך תשמור עליך וגו': **לי אתם לוקחים** שעל ידי זה השגחתי בכם: (ז) [ח] **הדא הוא דכתיב תורה צוה לנו משה.** שהתורה תחלה כמאורסה, ומשנתנה שכן ה' בינותם, ואיידי דמייתי קרא מפרש ליה בענינים אחרים, כדרך המדרש: **על ידי משה.** אף על גב דאנכי ולא יהיה לך מפי הגבורה שמענו, קאמר שעל ידי משה כי הוא הסרסור ביניהם: **מפי הגבורה שמעום.** כי שתי הדברות זכו למדרגת פנים אל פנים, אנכי מצות עשה לקבלו עלינו לאלוה, ולא יהיה לך מצות לא תעשה, ואף על גב דכתיב וידבר אלהים את כל הדברים שמעו קלא לחוד, אבל חתוך אותיות לא שמעו אלא באנכי ולא יהיה לך, (הרמ"ה). ועיין בחזית פסוק ישקני: **אל תקרי מורשה כו'.** דמורשה משמע מורשה ומנחלת, ולפי זה לא ידבק אלא בעודם אוחזים בה, לזה אמר אל תקרי מורשה אלא ירושה, שהוא שם דבר שהיא ירושתם לעולם, והיינו תלמיד חכם שפירש מן התורה, שאף על פי שהיא רחוקה ממנו, מכל מקום כשירצה לחזור לא יבוש, לומר איך אשוב ולא אוכל עוד לגאת ולבא בלמודי כאשר בתחלה, כי על ידי זריזותו וחפצו, יפתחו לו עוד שערי התורה והידיעה, לפי שהיא כירושה להם, וכמשל בן המלך שהביא: **אלא מאורסה מה חתן זה כו'.** ולכן לא בא ה' אל ישראל, אלא משה היה הולך אל שכינה, ואחר כך ויהי בישורון מלך, שבא ה' בכבודו לגבי ישראל, על ידי התאסף ראשי עם יחד, דהיינו מעמד הר סיני, כי מאז שקבלו התורה נתיחד ה' עמהם וצוה לעשות משכן לשכנו, ומאז לא היתה התורה מאורסה אלא כנשואה:

פירוש מהרז"ו

(ו) **הדא הוא דכתיב כי לקח.** לעיל פרשה ז סימן ג: **חפץ מתוך ביתו.** מה שמשתמש בו בתוך ביתו, ומוכר מחמת דחקו, כי המוכר בחנות הוא שמח שמשתכר: **בהתהלכך תנחה.** [סיפיה דקרא] בשכבך תשמור עליך: (ז) **דרש רבי שמלאי.** מכות (דף כג, ב) שיר השירים רבה פסוק ישקני: **תורה צוה.** משמע דרבי שמלאי מביא ראיה מתיבת תורה על חשבון תרי"ג: **מורשה אל תקרי מורשה וכו'.** צריך עיון מה צריך לומר אל תקרי וכו', שהרי תיבת מורשה פירושו ירושה. וכמו שכתוב ריש וארא (שמות ו, ח) ונתתי אותה לכם מורשה, ותרגם אונקלוס ירותא, וכן מורשה קהלת יעקב, ירותא, ובסנהדרין כ"ט (ע"א), ונ"א (ע"ב), ליתא, אך בברכות כ"ז (ע"א), ובפסחים מ"ט (ע"ב), שדורש מאורסה אומר אל תקרי מורשה אלא מאורסה, וכמו שדרש כאן בסמוך, וכן בספרי סדר ברכה גם כן ליתא אלא דרשת ירושה, רק אלא דרשת מאורסה כנ"ל. על כן בהכרח שמי חדא גירסת המדרש כאן, מקמי תלת היינו בספרי ובסנהדרין בשני מקומות. ועיין מדרש תהלים מזמור קי"ח: **אל תהי קורא מורשה.** כמו שכתוב אבות סוף פרק ב' שאינה ירושה לך, פירוש שלהיחיד אינה ירושה, וצריך להתייגע להשיגה, אך לישראל בכלל היא ירושה, וכמו שכתוב (ישעיה נט, כא) לא ימושו מפיך וגו', וכן היחיד שכבר נתייגע והשיגה, היא לו ירושת אבות, ובכלל לא ימושו. וגם בתחלה היא ליחיד מיועדת וארוסה, שבדרכים ידועים ישיגנה:

חידושי הרד"ל

[ו] **תנחה אותך בשכבך תשמור עליך בנוהג כו'.** כן צריך לומר:

באור מהרי"פ

[ז] **אל תקרי מורשה אלא ירושה.** בילקוט לא גרס המאמר הזה, והכי גרסינן משה מורשה משל לבן מלכים:

אמרי יושר

[ז] **מבקש לחזור.** איננו חוטא, וכן אף על פי שחטא ישראל הוא: **אל תהי קורא מורשה אלא מאורסה.** אם בערך הארבעים יום שעלה משה, או אף עתה היא מאורסה והנשואין יהיו לעתיד, גם בערך הגלות סודותיה עתה היא מאורסה, לעתיד מלאה הארץ דעה:

מסורת המדרש

ח. ברכות ה'. ילקוט משלי רמז תתקל"ה:
ט. מכות דף כ"ג. במד"ר פרשה י"ח. שה"ש רבה פרשה א' פסוק ב'. תנחומא סדר קרח סימן י"ב. וסדר וילך סימן ב'. שוח"ט מז' י"ז. פדר"א פרק מ"א. ילקוט סדר הברכה רמז תתקנ"ב:
י. קדושין דף ל"א. הוריות דף ח':
יא. ברכות דף כ"ז. פסחים דף מ"ט. סנהדרין דף נ"ט. ספרי סדר הברכה פסקא שמ"ה כל הענין. ילקוט סדר הברכה רמז תתקנ"ב כל הענין. ועיין תנחומא ויקהל סימן ח':

אם למקרא

כִּי לֶקַח טוֹב נָתַתִּי לָכֶם תּוֹרָתִי אַל תַּעֲזֹבוּ: (משלי ד:ב)

בְּהִתְהַלֶּכְךָ תַּנְחֶה אֹתָךְ בְּשָׁכְבְּךָ תִּשְׁמֹר עָלֶיךָ וַהֲקִיצוֹתָ הִיא תְשִׂיחֶךָ: (שם ו:כב)

תּוֹרָה צִוָּה לָנוּ מֹשֶׁה מוֹרָשָׁה קְהִלַּת יַעֲקֹב: (דברים לג:ד)

אָנֹכִי ה' אֱלֹהֶיךָ אֲשֶׁר הוֹצֵאתִיךָ מֵאֶרֶץ מִצְרַיִם מִבֵּית עֲבָדִים: לֹא יִהְיֶה לְךָ אֱלֹהִים אֲחֵרִים עַל פָּנָי: (לעיל כ:ב-ג)

מתנות כהונה

[ז] **מנין תורה.** עיין כל זה סוף מסכת מכות:

אשד הנחלים

ועתה יהפך לבבך כי תקח מהמן ותתן למרדכי, וזהו נבחר חן מעושר רב: [ו] **הוא עצב.** לכאורה אינה דומה למוכר דבר שאין המכירה נשאר אצלו עוד, אבל כאן וכי בשביל שנתן להם התורה, חס ושלום לא נשארה התורה אצלו, היתכן זאת. והנראה דבא לבאר מדותיו של הקדוש ברוך הוא במה שנבדל מפעולות האדם, אחר שידענו שכל חפצו יתברך רק להשלמת האדם לא למענו חס ושלום, ולכן נתן התורה למען השלמתם ואם לא יקיימו שיחתו בנפשם, ועם כל זה יבקש ה' אותם וייפה הדבר הזה בעיניהם ומבקשם שיקיימו, אך לא כן מדות בני אדם המוכרים דבר מה, מחמת שהוא עצב שמוכר דבר זה, על כן לא יבקש את חברו שישמור אותו, הבן זה: **משמרת בעליה.** כי אין זה כקנינים הזמניים הצריכים עמל לשמירתם, אך התורה שומרת האדם שעל ידה הוא נושע בהשגחה אלקית: **לי אתם לוקחים.** שעל ידי זה השגחתי בכם: [ז] **מפי הגבורה.** כי שתי הדברות זכו במדרגת פנים אל פנים, לא על ידי משה שהיה אמצעי לזה, ועיין ברמב"ם (הלכות יסודי התורה פרק שמיני הלכה א): **ירושה היא לישראל כו' משל כו'.** והנמשל שישרים המה מכוונים למעלת התורה מפני עצם נפשם, רק בהיותם עוסקים בענינים הזמניים ובהבלי העולם, היו כבני מלכים הנשבים במדינת הים רחוקים מבית המלך, אבל בעת ששבו אז היו מכירים מעלתם בשהם בני המלך, כן היו התלמידי חכמים תיכף כששבו לתורה, אז הכירו מעלת נפשם, כי המאור שבה תזהיר בלבם תיכף והכירו ערך מעלתם:

מִשֶּׁנְּשָׂאָהּ הֲרֵי אָבִיהָ בָּא אֶצְלָהּ – **but once he has married her,** it is **her father** who **comes** to the son-in-law's house **to visit her,** **כָּךְ עַד שֶׁלֹּא נִתְּנָה תּוֹרָה לְיִשְׂרָאֵל "וּמֹשֶׁה עָלָה אֶל הָאֱלֹהִים"** – **so too, before the Torah was given to Israel** Moses went to God, as it is written, ***Moses ascended to God*** (above, 19:3),[99] **מִשֶּׁנִּתְּנָה תּוֹרָה אָמַר הַקָּדוֹשׁ בָּרוּךְ הוּא לְמֹשֶׁה: "וְעָשׂוּ לִי מִקְדָּשׁ וְשָׁכַנְתִּי בְּתוֹכָם"** – **but once the Torah was given, the Holy One, blessed is He, said to Moses, *"They shall make a Sanctuary for Me, so that I may dwell among them"*** (below, v. 8).[100]

One more interpretation of the *Deuteronomy* verse:

דָּבָר אַחֵר, אַל תְּהִי קוֹרֵא "מוֹרָשָׁה" אֶלָּא מְאוֹרָסָה – **Another interpretation** of *The Torah . . . is **the heritage*** [מוֹרָשָׁה]: **Do not read** the word as it is written, ***morashah*** (*heritage*), **but** read it as if written, ***me'orasah*** (*betrothed*).[101] **מְלַמֵּד שֶׁהַתּוֹרָה אֲרוּסָה הִיא לְיִשְׂרָאֵל** – **This teaches us that the Torah is betrothed to Israel,** as it were,[102] **שֶׁנֶּאֱמַר "וְאֵרַשְׂתִּיךְ לִי לְעוֹלָם"** – **as it is stated** elsewhere, ***and I*** (God) ***will betroth you to Me forever*** (*Hosea* 2:21).[103] **וּמִנַּיִן שֶׁהִיא כְּאֵשֶׁת אִישׁ לְאוּמּוֹת** – **And from where** do we learn **that [the Torah] is** considered **like a married woman**[104] ("married," as it were, to Israel), and is thus off limits **to the other nations?**[105]

NOTES

99. In the parable, the fiancee stands for the Torah, and the father-in-law – the "father" of the Torah – is God. When the verse states that the Torah is Israel's betrothed, it is referring to the time before the Giving of the Torah on Sinai, for since the beginning of time the Torah was intended to be given to Israel as their "bride." At that time Moses, representing the people of Israel, went to God, as it were, for a "visit," as an engaged man goes to his future father-in-law's house (*Yefeh To'ar, Eitz Yosef*).

100. I.e., when the Torah was given to Israel at Sinai, that was their "wedding," and from that point on God would be "visiting" the "groom" who had married his "daughter." To facilitate these "visits" God commanded Israel to build Him an "abode": the Tabernacle, described in our passage here in *Exodus.* This is the part of the Midrash's exposition of *Deuteronomy* 33:4 that is relevant to our verse. See Insight Ⓐ.

101. As in the previous interpretation.

102. According to this interpretation (unlike the previous one), the relationship between Israel and the Torah is compared to that between a betrothed couple for all time, even after the Giving of the Torah. The question arises: Why is the metaphor of a betrothed couple used rather than one of a couple that is actually married? *Yefeh To'ar* explains that the love felt between a betrothed couple is more intense than that of a married couple.

103. This verse speaks of Israel's relationship with God, not their relationship with the Torah. What, then, is its relevance to our discussion? *Yefeh To'ar* explains that the verse is adduced as a proof that the appropriate metaphor for the most intense love is the case of the betrothed couple rather than a married couple, as explained in the previous note.

104. In halachic terminology, אֵשֶׁת אִישׁ (translated here as "married woman") also includes betrothed women, for whom consorting with another man is considered adultery.

105. The Midrash has established that the Torah is "betrothed" to Israel in the sense that they have a loving and lasting relationship. But the metaphor of betrothal goes even further than that: Just as a betrothed woman is off limits to anyone other than her husband – for a relationship with any other man would be adultery, a capital crime – so, too, is the study of Torah (Israel's bride) forbidden for non-Jews. The Talmud (*Sanhedrin* 59a) derives this from the very fact that the betrothal metaphor is used to describe Israel's relationship to the Torah; the Midrash, however, seeks to derive it from a separate verse.

INSIGHTS

Ⓐ **The Torah and the Tabernacle** We have explained that the Midrash's opening exposition of R' Simlai regarding the Torah containing 613 mitzvos is not relevant to our verse, and was introduced only because it expounds the same verse that the Midrash now expounds as relevant to the building of the Tabernacle.

Some commentators, however, do see a connection between R' Simlai's exposition and the Tabernacle. *Daas Sofer* (on our verse, p. 148) explains that the Torah and the Tabernacle parallel each other in the following way: Neither can be accomplished entirely by an individual. Only through a combined communal effort is the totality achieved.

The mitzvos, which, our Sages tell us, correspond to the 613 limbs and sinews in a person's body, represent the totality of God's command to the entire corpus of the Jewish people. No individual is able — or for that matter commanded — to perform *all* the 613 commandments. Some commandments are specific to Kohanim, some to Levites, some only to men, others only to women, and quite a few only when one is living in the Land of Israel. How, then, can it be said that every Jew is commanded to perform the 613 mitzvos?

The answer is that the Jewish people is like one body, with each individual connected, responsible for, and impacted by, every other Jew. I am responsible for my neighbor, and he for me. Together, we form the corpus of Klal Yisrael, and together we fulfill the *entire* Torah. This is indicated in the verse cited by Midrash, *The Torah that Moses commanded us is the heritage of the Congregation of Jacob.* God gave the mitzvos to the Congregation of Israel as one living, interconnected whole.

The same applies to the building of the Tabernacle. God commanded the Jewish people to donate materials and build the Tabernacle. No individual could give all the materials that were needed and no individual could build the entire Tabernacle. Each contributed materials and craftsmanship in accordance with his or her means and talents. Yet the verse states, *let them take for Me a portion, from every man whose heart motivates him you shall take My portion,* which (as explained by *Tzafnas Pane'ach,* cited in *Ksav Sofer*) means that it is regarded as if God's entire portion was taken *from every man whose heart motivates him.* Each one gave what he could. The goal was achieved by a *community* of individuals, each one doing what he could. And the result was credited to each and every individual, as if he had done it completely on his own.

R' Yehoshua Heller (*Ohel Yehoshua, Derush* 1 §12) makes a fascinating observation. He calculates the necessary components of the Tabernacle, as follows:

48 קְרָשִׁים, *Planks* (26:15ff)
96 אֲדָנִים, *sockets,* 2 for each Plank (ibid.)
10 יְרִיעוֹת, *Curtains,* of the Tabernacle-spread (26:1ff)
100 לֻלָאֹת, *loops,* for these curtains (ibid., v. 5)
50 קַרְסֵי זָהָב, *gold hooks,* connecting the corresponding loops (ibid., v. 6)
11 יְרִיעוֹת עִזִּים, *Curtains of goat hair,* for the Tent over the Tabernacle-spread (ibid., v. 7)
100 לֻלָאֹת, *loops,* for these curtains (ibid., v. 10)
50 קַרְסֵי נְחֹשֶׁת, *copper hooks,* connecting the corresponding loops (ibid., v. 11)
15 בְּרִיחִים, *bars,* connecting the Planks (ibid., vv. 26-27; see *Rashi* there)
96 טַבָּעוֹת (rings, 2 on each of the 48 planks) for the upper and lower bars (ibid., v. 29; see *Rashi*)
1 פָּרֹכֶת, *Partition* (ibid., v. 31)
4 עַמּוּדִים, *pillars,* on which to hang the Partition (ibid., v. 32)
4 אֲדָנִים, *sockets,* 1 for each pillar (ibid.)
4 וָוֵי זָהָב, *hooks of gold* (ibid.)
1 מָסָךְ, *Screen,* for the entrance to the Tent (ibid., v. 36)
5 עַמּוּדִים, *pillars,* on which to hang the Screen (ibid., v. 37)
5 אֲדָנִים, *sockets,* 1 for each pillar (ibid.)
5 וָוִים, *hooks* (ibid.)
1 אֲרוֹן, *Ark* (25:10)
1 כַּפֹּרֶת, *Ark Cover,* commanded separately from the Ark and the Cherubim (ibid., v. 17)
1 כְּרוּבִים, *pair of Cherubim,* commanded with the expression שְׁנַיִם כְּרוּבִים (ibid., v. 18)
1 שֻׁלְחָן, *Table* (ibid., v. 23)
1 מְנֹרָה, *Menorah* (ibid., v. 31)
1 מִזְבַּח הַקְּטֹרֶת, *Incense Altar* (30:1)
1 מִזְבַּח הָעֹלָה, *Olah Altar* (27:1)
1 כִּיּוֹר וְכַנּוֹ, *Laver and its base* (30:18)

These add up to 613 components, which correspond exactly to the 613 mitzvos of the Torah!

Indeed our Midrash's comparison of the Tabernacle to the Torah is true on many levels.

מִשֶּׁנִּשָּׂאָה הֲרֵי אָבִיהָ בָּא אֶצְלָהּ, כָּךְ עַד שֶׁלֹּא נִתְּנָה תּוֹרָה לְיִשְׂרָאֵל (שמות יט, ג) **"וּמֹשֶׁה עָלָה אֶל הָאֱלֹהִים", מִשֶּׁנִּתְּנָה תּוֹרָה אָמַר הַקָּדוֹשׁ בָּרוּךְ הוּא לְמֹשֶׁה:** [כה, ח] **"וְעָשׂוּ לִי מִקְדָּשׁ וְשָׁכַנְתִּי בְּתוֹכָם", דָּבָר אַחֵר, אַל תְּהִי קוֹרֵא "מוֹרָשָׁה" אֶלָּא מְאוֹרָסָה, מְלַמֵּד שֶׁהַתּוֹרָה אֲרוּסָה הִיא לְיִשְׂרָאֵל, שֶׁנֶּאֱמַר** (הושע ב, כא) **"וְאֵרַשְׂתִּיךְ לִי לְעוֹלָם", וּמִנַּיִן שֶׁהִיא כְּאֵשֶׁת אִישׁ °לְעוֹבְדֵי כוֹכָבִים°, שֶׁנֶּאֱמַר** (משלי ו, כז-כט) **"הֲיַחְתֶּה אִישׁ אֵשׁ בְּחֵיקוֹ וּבְגָדָיו לֹא תִשָּׂרַפְנָה, אִם יְהַלֵּךְ אִישׁ עַל הַגֶּחָלִים וְרַגְלָיו לֹא תִכָּוֶינָה, כֵּן הַבָּא אֶל אֵשֶׁת רֵעֵהוּ":**

ח דָּבָר אַחֵר, [כה, ב] **"וְיִקְחוּ לִי תְּרוּמָה", בְּשָׁעָה שֶׁאָמַר הַקָּדוֹשׁ בָּרוּךְ הוּא לְמֹשֶׁה עַל עִסְקֵי הַמִּשְׁכָּן אָמַר לְפָנָיו: רִבּוֹנוֹ שֶׁל עוֹלָם, יְכוֹלִין הֵם יִשְׂרָאֵל לַעֲשׂוֹתוֹ, אָמַר לוֹ הַקָּדוֹשׁ בָּרוּךְ הוּא: אֲפִילוּ אֶחָד מִיִּשְׂרָאֵל יָכוֹל לַעֲשׂוֹתוֹ, שֶׁנֶּאֱמַר** [שם] **"מֵאֵת כָּל אִישׁ אֲשֶׁר יִדְּבֶנּוּ לִבּוֹ", אָמְרוּ רַבָּנָן: יבאַף בַּמָּן שֶׁהָיָה יוֹרֵד לְיִשְׂרָאֵל הָיוּ יוֹרְדוֹת בּוֹ אֲבָנִים טוֹבוֹת וּמַרְגָּלִיּוֹת, וְהָיוּ הַגְּדוֹלִים שֶׁבָּהֶן בָּאִין וּמְלַקְּטִים אוֹתָן וְהָיוּ גּוֹנְזִין אוֹתָן, תֵּדַע שֶׁכֵּן הוּא, שֶׁנֶּאֱמַר** (לקמן לו, ג) **"וְהֵם הֵבִיאוּ אֵלָיו עוֹד נְדָבָה בַּבֹּקֶר בַּבֹּקֶר", וְכִי בַּבֹּקֶר הָיוּ מְבִיאִין בַּצָּהֳרַיִם לֹא הָיוּ מְבִיאִים, אֶלָּא מִמַּה שֶּׁהָיָה הַמָּן מוֹרִיד לָהֶם הֵבִיאוּ,**

עץ יוסף

הוא היה פראדורן. שתי תיבות פרא דורן, ופרא הוא בלשון ירושלמי הליכה במרוצה, ודורן הוא מלשון בית דירה ממש, ועיין בערוך ערך פר הרביעי, ובעל מוסף הערוך הביא שם מלת פראדורן, ופירש בלשון יוני הולך לפני השער, והכל חד הוא: **מלמד שהתורה ארוסה היא לישראל.** שינהג בה מנהג ארוסה בצניעות ולא יגלה טעמי תורה בפני עמי הארץ, כמו שאמר הלומד תורה בפני עם הארץ כאילו בא על ארוסתו (ארוסת עצמו בפניו): **באשת איש לאחרים.** עיין בפרק ארבע מיתות (סנהדרין נט, א): **אש בחקו.** אש זו התורה כמה דאת אמר הלא כה דברי כאש: **(ח) [ט]** דבר אחר **ויקחו לי תרומה כו'.** כלומר משלי, כי ה' הוא הנותן להם כח להביא דברים הצריכים למשכן: **רבונו של עולם יכולים הם כו'.** אפשר דאמאת לא שאל משה זאת, אלא שהקדוש ברוך הוא הכניס לו הפירכא במאמר מאת כל איש כו', כי הקדוש ברוך הוא הבוחן לבות ידע שיאמר כן, ולכך הקדים לו לרמז במאמר מאת כל איש: **שנאמר מאת כל איש אשר כו'.** דהוי ליה לכתוב מאת כל אשר ידבנו לבו, איש למה לי, לומר שאפילו איש אחד מישראל יכול לעשותו: **והיו הגדולים שבהם.** אולי לא היו נמצאים אלא בעומר שהיו הגדולים לוקטים: **וכי בבקר היו מביאים.** דלא מסתברא דדוקא בבקר, דמאי שנא מבצהרים: **אלא ממה שהיה המן מוריד.** והכי קאמר והם הביאו אליו נדבה מהמן שהיו מלקטים בבקר:

פירוש מהרז"ו

הוה פארא דורון. פירש במוסף ערוך הולך לפני השער. והכוונה שומר השער והולך תמיד בהליכה וחזירה, וכ החתן הולך תמיד אל בית אבי הכלה: **ומשה עלה אל האלהים.** התורה בדמיון כלה, והשם יתברך אבי הכלה, וכמו שדרש לעיל פרשה ל סימן ה, ועד נתינת התורה בדמיון ארוסה, שבשביל ישראל נבראת התורה, כמו שדרשו בראשית רבה פרשה א סימן ד'. ואחר נתינת התורה בדמיון נשואה לכלל ישראל: **ועשו לי מקדש.** כמו שאמר לעיל סוף סימן א', וסוף סימן ו'. ועיין עוד ויקרא רבה פרשה כ' סימן י"ב. והנה כאן פתח בארוסה, ולעיל סימן א בנשואים, ולעיל סוף פרשה ט"ו כארוסה, ובמדבר רבה פרשה י"ב סימן ד, וסוף סימן ח', כארוסה. והענין שמקודם בריאת עולם היתה מזווגת לישראל, כדמיון הבת קול ביצירת כל אדם בת פלוני לפלוני, ובנעשה ונשמע, היה בדמיון קידושין, וקבלת הדברות כנשואים, והלוחות הראשונים ככתובה, ובחטא העגל נקרעה הכתובה, ועומדת להתקדש ובלוחות שניים כנשואה שנייה, אך תמיד בתנאי זה כשזוכים כנשואה, כשחוטאים כאלמנה, כגרושה עומדת לנשואים, בבחינת ארוסה, ולעתיד נשואה לעולם, ובזה נתישבו כל המדרשים שנראים סותרים, דוק והבן בכל המאמרים במקומם ובטעם הדברים, ובצירוף דברים דלעיל סימן זה: **וארשתיך לי.** עיין לעיל סוף פרשה ט"ו: **(ח) יכולים הם לישראל.** שתחלה כתוב דבר אל בני ישראל ויקחו, פירושו כולם יחד, ואחר כך כתוב מאת כל איש, ומשה היה מתמה על הכלל אם יכולים, כמו שאמר שלמה (מלכים א ח, כז) הנה השמים ושמי השמים לא יכלכלוך אף כי הבית הזה, וכדומה, והשיב מאת כל איש, מדה ט"ו בהכרעה מדה ט': **אף במן.** זה שייך למה שכתוב וזאת התרומה אשר תקחו מאתם זהב וכסף וגו' עד ואבני שוהם ואבני מלואים לאפוד ולחושן, והנה בכל הנדבה המנויה היו יכולים להביא כל אחד מעט ולצרף יחד, אך באבני שוהם ומלואים שהיו שתים עשרה אבנים באורים ותומים, ושתי אבני שוהם בכתפות האפוד, יקשה איך הביאו, ומי הביא, ואם רבים הביאו, איך יצרפם, הלא תרבה המחלוקת, על כן דורש שמעשה נסים היו, בזה שלא נמצא אבנים כאלו אלא אצל הנשיאים, על פי נס שתים עשרה אבנים לשנים עשר נשיאים, (וצריך עיון על אבני השוהם שבאפוד מי הביאם): **בצהרים לא היו מביאים.** בתמיה, ואם אינו ענין להבאה עצמה שהיה בבקר, תנהו ענין לדבר שהביאו שמצאוהו בבקר, על פי מדה ז' וי"ז, ומרומז במקומו, וילקטו אותו בבקר בבקר איש כפי אכלו וגו', ויבואו כל נשיאי העדה ויגידו למשה, ועל פי גזירה שוה הנ"ל, שמה שכתוב כאן והנשיאים הביאו, הם הנשיאים הנ"ל שאז מצאו. ויש רמז בסדר בהעלותך (במדבר יא, ז) ועינו כעין הבדולח, וכמו שכתוב (בראשית ב, יב) שם הבדולח ואבן השוהם. וביומא (דף עה, א) דרשו שמה שכתב והנשיאים הביאו, הם העננים. ועיין במדבר רבה פרשה י"ב סימן ט"ז, ויקרא רבה פרשה א סימן ו:

מתנות כהונה

פראדורן. נראה שהוא לשון פרידה וכמו שאמרו חז"ל על הנקיבה שלא תהא פרדניתא כך נקרא הזכר ההולך תמיד חולה פראדורן וכן ביארו המבאר על הגליון מהלך תמיד. ואולי שהוא בלשון נוטריקון שתי תיבות פרא דורן, פרא בלשון ירושלמי רץ, דורן כי הוא בא לבית חמיו בראיות פנים של כבוד ודרך מנחה ודורון: **באשת איש לאומות העולם.** שאסור להם לעסוק בתורה כאשת איש האסורה על איש אחר וכמו שאמרו חז"ל בפרק ארבע מיתות גוי העוסק בתורה חייב מיתה: **אש בחיקו.** אש זו התורה כמה דאת אמר (ירמיה כג, כט) הלא כה דברי כאש: **[ח] וכן הוא אומר והנשיאים הביאו.** כלומר העננים כמה דאת אמר (משלי כה, יד) נשיאים ורוח וכן הוא בפרק יום הכיפורים. ובתנחומא בפרשת ויקהל:

אשד הנחלים

מאורסה כו' משנשאה כו'. הכונה כי בחינת עלייה מורה על דבר גדול למאד, שהוצרך משה להתחזק מאד ולעלות למדרגה רמה בכדי לקבל התורה האלהית, אבל אחר כך תיכף שניתנה, ואז כאלו נשאם לישראל, ואז השכינה למטה על ידי קיום התורה, ואז ועשו לי מקדש ושכנתי, שבפעולות קטנות וקלות תשאר השכינה למטה והבן, ועיין במורה (ח"א פ"י) בבאור עלה וירד. ויהיה באורו לפי זה תורה צוה לנו משה מה שבתחלה היה רק מאורסה, אבל עתה צוה שהיא לנו ממש: **פראדורין.** עיין במתנות כהונה: **[ח] ישראל לעשותו.** בתמיה, כי דימה שאין כח במעשיהם להוריד השכינה למטה בארץ, והשיב ה' ברוך הוא שנקל הוא להם, רק בצירוף הלב טוב אז השכינה מדובקת אליהם: **היו יורדות בו אבנים טובות כו' והם הביאו עוד.** כלומר מלבד הנדבות מהכסף וזהב הנמצא בעולם, עוד הביאו נדבות אחרות מה שלא נמצא בטבע האדמה, כי אם מה שלקטו בבוקר בבוקר עם המן, כי היה זה נס אלקי, ולכן כתיב לשון עוד:

חידושי הרד"ל

[ח] אמרו רבותינו אף במן כו'. ולכן אמר שאף היחיד יכול לעשותו בנדבת לבו, שהאבנים הטובות יקרי הערך והמגליות היה מזומנים המן למי שהיה ראוי לזכות בהן:

חידושי הרש"ש

[ח] אלא ממה שהיה המן מוריד בו'. רצה לומר דכתיב ביה וילקטו אותו בבקר בבקר: **ואומר כל**

באור מהרי"פ

במתנות כהונה ד"ה פראדורן [כו'] ואולי שהוא בלשון נוטריקון. אמר הכותב, זה הפירוש מפורש באות אמת: **כן הבא אל אשת רעהו.** וצריך עיון היכא רמיזא דקרא בתורה איירי, דלמא אשת איש כפשוטה. ואולי משום שסתם אשה בספר משלי בתורה איירי, אם כן הבא על אשת רעהו כעובד כוכבים שלומד תורה משמע. ואמר **אל אשת רעהו,** משום דעובד כוכבים הבא על אשת רעהו חייב כו', אבל עובד כוכבים הבא על ארוסת רעהו אינו חייב, אף על פי שאם בא על ארוסת ישראל חייב כו', כמבואר ברמב"ם הלכות מלכים (פרק ט הלכה ז) ולכך אמר כן הבא אל אשת רעהו. והיפה תואר כתב מדכתיב היחתה איש אש בחיקו, ואש רמז על התורה, שנאמר מימינו אש דת למו, שמע מינה בעובד כוכבים הלומד תורה מיירי קרא:

אמרי יושר

והיא לאשת איש לאומות העולם. כי מאורסה היא בקידושין, וכן קיימא לן (סנהדרין נח, ב) גוי ששבת חייב מיתה או שעסק בתורה (שם נט, א): **[ח] במן היו יורדות אבנים טובות.** ולכל אחד הזדמן כפי ערכו. ויש אומרים על דרך (ויקרא רבה יח, א) ותרוץ גולת הזהב, זו גרגרת שמכלה זהב, ואם כן כיון שלא היו צריכים הוצאת מזונות בזה נתעשרו: **יש מהן שהביאו מעצמן.**

מסורת המדרש

יב. יומא דף ע"ה:

אם למקרא

וּמֹשֶׁה עָלָה אֶל הָאֱלֹהִים וַיִּקְרָא אֵלָיו ה' מִן הָהָר לֵאמֹר כֹּה תֹאמַר לְבֵית יַעֲקֹב וְתַגֵּיד לִבְנֵי יִשְׂרָאֵל: (שמות יט:ג)

וְאֵרַשְׂתִּיךְ לִי לְעוֹלָם וְאֵרַשְׂתִּיךְ לִי בְּצֶדֶק וּבְמִשְׁפָּט וּבְחֶסֶד וּבְרַחֲמִים: (הושע ב:כא)

הֲיַחְתֶּה אִישׁ אֵשׁ בְּחֵיקוֹ וּבְגָדָיו לֹא תִשָּׂרַפְנָה: אִם יְהַלֵּךְ אִישׁ עַל הַגֶּחָלִים וְרַגְלָיו לֹא תִכָּוֶינָה: כֵּן הַבָּא אֶל אֵשֶׁת רֵעֵהוּ לֹא יִנָּקֶה כָּל הַנֹּגֵעַ בָּהּ: (משלי ו:כז-כט)

וַיִּקְחוּ מִלִּפְנֵי מֹשֶׁה אֵת כָּל הַתְּרוּמָה אֲשֶׁר הֵבִיאוּ בְּנֵי יִשְׂרָאֵל לִמְלֶאכֶת עֲבֹדַת הַקֹּדֶשׁ לַעֲשֹׂת אֹתָהּ וְהֵם הֵבִיאוּ אֵלָיו עוֹד נְדָבָה בַּבֹּקֶר בַּבֹּקֶר: (לקמן לו:ג)

שֶׁנֶּאֱמַר ״הֲיַחְתֶּה אִישׁ אֵשׁ בְּחֵיקוֹ וּבְגָדָיו לֹא תִשָּׂרַפְנָה, אִם יְהַלֵּךְ אִישׁ עַל הַגֶּחָלִים וְרַגְלָיו לֹא תִכָּוֶינָה, כֵּן הַבָּא אֶל אֵשֶׁת רֵעֵהוּ״ — **For it is stated,** ***Can a man draw fire***[106] ***into his bosom without his clothes being burned? Can a man walk on coals without his feet being scorched? So is one who consorts with his fellow man's wife;*** *anyone who touches her will not be exonerated* (*Proverbs* 6:27-29).

§8 [וְיִקְחוּ לִי תְּרוּמָה מֵאֵת כָּל אִישׁ אֲשֶׁר יִדְּבֶנּוּ לִבּוֹ תִּקְחוּ אֶת תְּרוּמָתִי — *AND LET THEM TAKE FOR ME A PORTION, FROM EVERY MAN WHOSE HEART MOTIVATES HIM YOU SHALL TAKE MY PORTION.*]

The Midrash expounds on the expression *every man*:

דָּבָר אַחֵר, ״וְיִקְחוּ לִי תְּרוּמָה״ — **Another interpretation** of the verse, ***and let them take from Me a portion,*** *etc.*: בְּשָׁעָה שֶׁאָמַר הַקָּדוֹשׁ בָּרוּךְ הוּא לְמֹשֶׁה עַל עִסְקֵי הַמִּשְׁכָּן — **At the time when the Holy One, blessed is He, instructed Moses involving** the construction of **the Tabernacle,** אָמַר לְפָנָיו: רִבּוֹנוֹ שֶׁל עוֹלָם, יְכוֹלִין הֵם יִשְׂרָאֵל לַעֲשׂוֹתוֹ — **[Moses] said before Him, "Master of the Universe, are** the people of **Israel able to build [such a Tabernacle]?"**[107] אָמַר לוֹ הַקָּדוֹשׁ בָּרוּךְ הוּא: אֲפִילוּ אֶחָד מִיִּשְׂרָאֵל יָכוֹל לַעֲשׂוֹתוֹ — **The Holy One, blessed is He, responded to him, "Even a single individual of** the people of **Israel will be able to build it!"**[108] שֶׁנֶּאֱמַר ״מֵאֵת כָּל אִישׁ אֲשֶׁר יִדְּבֶנּוּ לִבּוֹ״ — **For it is stated** here, *and let them take for Me a portion,* ***"from every*** (or: *from any*) ***man" whose heart motivates him*** *you shall take My portion* (25:2).[109]

The Midrash continues to show how the materials that were needed for the Tabernacle were provided by God:

אָמְרוּ רַבָּנָן: אַף בַּמָּן שֶׁהָיָה יוֹרֵד לְיִשְׂרָאֵל הָיוּ יוֹרְדוֹת בּוֹ אֲבָנִים טוֹבוֹת וּמַרְגָּלִיּוֹת — **The Sages said: Also amid the manna that descended** in the Wilderness **for Israel, precious stones and pearls descended along with it.** וְהָיוּ הַגְּדוֹלִים שֶׁבָּהֶן בָּאִין וּמְלַקְּטִים אוֹתָן וְהָיוּ גוֹנְזִין אוֹתָן — **The great men of [Israel] would** then **come and gather them**[110] **and store them away** to be donated for use in the priestly vestments of the Tabernacle.[111] תֵּדַע שֶׁכֵּן הוּא, שֶׁנֶּאֱמַר ״וְהֵם הֵבִיאוּ אֵלָיו עוֹד נְדָבָה בַּבֹּקֶר בַּבֹּקֶר״ — **You may know** for a fact **that this is so, for it is stated** regarding the people's donations to the Tabernacle, ***and they continued to bring him*** (to Moses) ***free-willed gifts morning after morning*** (below, 36:3). וְכִי בַּבֹּקֶר הָיוּ מְבִיאִין בַּצָּהֳרַיִם לֹא הָיוּ מְבִיאִים — Now, **did they bring** their donations only **in the morning,** but **in the afternoon they did not bring** donations? There would be no reason for this; surely they brought donations all through the day! אֶלָּא מִמַּה שֶּׁהָיָה הַמָּן מוֹרִיד לָהֶם הֵבִיאוּ — **However,** the phrase *morning after morning* (lit., *in the morning, in the morning*) means that **they brought** donations **from what the manna** — of which it is written (above, 16:21), *They gathered it morning by morning* (lit., *in the morning, in the morning*) — **brought down for them,**[112] i.e., the precious stones and pearls.

NOTES

106. The Midrash interprets the "fire" of this verse as a metaphor for Torah (for the Torah is compared to fire; see *Deuteronomy* 33:2, *Jeremiah* 23:29, etc.). [See *Yefeh To'ar,* who shows how this metaphorical interpretation of the *Proverbs* verse fits well with its context in the rest of the passage there.] Thus, we see from this verse that drawing Torah close in an inappropriate manner (i.e., for those for whom it is not intended) is comparable to consorting with another man's wife.

107. Is it possible for them to find all these precious raw materials among themselves? After all, they are a group of impoverished, newly freed slaves! (*Yefeh To'ar*)

108. Just as I provide all mankind with all of their needs, I will provide the Israelites with the raw materials necessary to donate to the construction of the Tabernacle. Consequently, not only is it possible for all these materials to be found among the people of Israel, it is even possible for them to be found in the possession of a single person! (ibid.).

109. The wording "from any man" implies that there is a possibility for a single man to make all the donations of raw material necessary for the Tabernacle.

According to *Yefeh To'ar,* the Midrash here is again (see note 50) interpreting the words וְיִקְחוּ לִי תְּרוּמָה as *Let them take a portion from that which is* [ultimately] *mine* (לִי), for God was telling Moses that He would provide the Israelites with the necessary materials. See Insight Ⓐ.

110. Moses commanded the people not to glean the precious stones with their manna, but to allow the designated "great men" to go and collect them for use in the Tabernacle (*Yefeh To'ar*).

111. As it is written below in verse 7: *shoham stones and stones for the settings, for the Ephod and the Breastplate.*

112. I.e., the phrase *in the morning, in the morning* in 36:3 does not describe *when* the donations were brought, but *which* donations were brought — i.e., those precious stones that descended together with the manna *in the morning, in the morning.*

INSIGHTS

Ⓐ **Every Jew's Tabernacle** Moses was amazed by the idea that the Jewish people could build the Tabernacle. On a basic level, his wonderment arose from the technical difficulties involved in building such an elaborate structure. However, many commentaries find a deeper meaning in this exchange between God and Moses.

Yefeh To'ar (second explanation) suggests that Moses wondered how it was possible to construct an earthly home for God if even *the heavens and highest heavens cannot contain* Him, as Solomon pointed out when reflecting on the Temple that he built (see *I Kings* 8:27). [See also our elucidation of the Midrash below, 34 §1.] In response, God said to Moses, "Even one Jew can do it, for the purpose is not to create a space to hold My Presence but a medium through which I can draw close to My people and benefit them with the full measure of My providence. In that sense, every individual can 'build' a Tabernacle by embracing My Torah, following My ways, and developing a loving relationship with Me." The Midrash provides an example of the special consideration God gives to those close to Him by pointing to the "precious gems" that descended with the manna: that is, the lofty pearls of wisdom that were made accessible to select, saintly Jews by the angelic food that fell from heaven.

Sfas Emes (*Terumah* 5634 ד״ה ושכנתי) sees the construction of the Tabernacle as a paradigm for the great human task of revealing God's Presence in every aspect of Creation. God told Moses that although only all the donations — that is, all the devoted efforts — of the Jewish people together can complete this task, every member of the nation has a unique role to fill and can do his part ("even one Jew can do it") by including himself in this collective endeavor. But Moses was justified in wondering how even the best efforts of the nation as a whole could accomplish what needed to be done. The answer is that we are not expected to do it alone. All God asks is that we make our contributions with a generous heart, with a sincere devotion to His cause, and then the Name of Heaven will rest upon our work. The resulting Divine revelation will enable us to go further and accomplish more and more, with each successful step empowering us to reveal God's Presence in the world to a greater degree than before (see also *Ohr Gedalyahu, Terumah,* p. 64).

This idea explains the inverted sequence of verse 9. After prescribing (in v. 8) that *they shall make a Sanctuary for Me that I may dwell among them,* the passage continues, *Like everything that I show you . . . so you shall do,* putting the object before the subject and verb. It does not simply say, "You shall do . . . like everything that I show you," because the (subtextual) message is that if "you cause Me to dwell among you by making a Sanctuary in the manner that I show you, then *so you shall do* — you shall proceed further and further, with ever-increasing success."

מִשֶּׁנִּשְּׂאָה הֲרֵי אָבִיהָ בָּא אֶצְלָהּ, כָּךְ עַד שֶׁלֹּא נִתְּנָה תּוֹרָה לְיִשְׂרָאֵל (שמות יט, ג) "וּמֹשֶׁה עָלָה אֶל הָאֱלֹהִים", מִשֶּׁנִּתְּנָה תּוֹרָה אָמַר הַקָּדוֹשׁ בָּרוּךְ הוּא לְמֹשֶׁה: [כה, ח] "וְעָשׂוּ לִי מִקְדָּשׁ וְשָׁכַנְתִּי בְּתוֹכָם", דָּבָר אַחֵר, אַל תְּהִי קוֹרֵא "מוֹרָשָׁה" אֶלָּא מְאוֹרָסָה, מְלַמֵּד שֶׁהַתּוֹרָה אֲרוּסָה הִיא לְיִשְׂרָאֵל, שֶׁנֶּאֱמַר (הושע ב, כא) "וְאֵרַשְׂתִּיךְ לִי לְעוֹלָם", וּמִנַּיִן שֶׁהִיא כְּאֵשֶׁת אִישׁ °לְעוֹבְדֵי כוֹכָבִים°, שֶׁנֶּאֱמַר (משלי ו, כז-כט) "הֲיַחְתֶּה אִישׁ אֵשׁ בְּחֵיקוֹ וּבְגָדָיו לֹא תִשָּׂרַפְנָה, אִם יְהַלֵּךְ אִישׁ עַל הַגֶּחָלִים וְרַגְלָיו לֹא תִכָּוֶינָה, כֵּן הַבָּא אֶל אֵשֶׁת רֵעֵהוּ":

ח דָּבָר אַחֵר, [כה, ב] "וְיִקְחוּ לִי תְּרוּמָה", בְּשָׁעָה שֶׁאָמַר הַקָּדוֹשׁ בָּרוּךְ הוּא לְמֹשֶׁה עַל עִסְקֵי הַמִּשְׁכָּן אָמַר לְפָנָיו: רִבּוֹנוֹ שֶׁל עוֹלָם, יְכוֹלִין הֵם יִשְׂרָאֵל לַעֲשׂוֹתוֹ, אָמַר לוֹ הַקָּדוֹשׁ בָּרוּךְ הוּא: אֲפִילוּ אֶחָד מִיִּשְׂרָאֵל יָכוֹל לַעֲשׂוֹתוֹ, שֶׁנֶּאֱמַר [שם] "מֵאֵת כָּל אִישׁ אֲשֶׁר יִדְּבֶנּוּ לִבּוֹ", אָמְרוּ רַבָּנָן: [יב]אַף בַּמָּן שֶׁהָיָה יוֹרֵד לְיִשְׂרָאֵל הָיוּ יוֹרְדוֹת בּוֹ אֲבָנִים טוֹבוֹת וּמַרְגָּלִיּוֹת, וְהָיוּ הַגְּדוֹלִים שֶׁבָּהֶן בָּאִין וּמְלַקְּטִים אוֹתָן וְהָיוּ גוֹנְזִין אוֹתָן, תֵּדַע שֶׁכֵּן הוּא, שֶׁנֶּאֱמַר (לקמן לו, ג) "וְהֵם הֵבִיאוּ אֵלָיו עוֹד נְדָבָה בַּבֹּקֶר בַּבֹּקֶר", וְכִי בַּבֹּקֶר הָיוּ מְבִיאִין בַּצָּהֳרַיִם לֹא הָיוּ מְבִיאִים, אֶלָּא מִמַּה שֶּׁהָיָה הַמָּן מוֹרִיד לָהֶם הֵבִיאוּ,

עץ יוסף

הוא היה פראדורן. שתי תיבות פרא דורן, ופרא הוא בלשון ירושלמי הליכה במרוצה, ודורן הוא מלשון בית דירה ממש, ועיין בערוך ערך פר הרביעי, ובעל מוסף הערוך הביא שם מלת פראדורן, ופירש בלשון יוני הולך לפני השער, והכל חד הוא: **מלמד שהתורה ארוסה היא לישראל.** שינהג בה מנהג ארוסה בצניעות ולא יגלה טעמי תורה בפני עמי הארץ, כמו שאמר הלומד תורה בפני עם הארץ כאילו בא על ארוסתו (ארוסת עצמו בפניו): **כאשת איש לאחרים.** עיין בפרק ארבע מיתות (סנהדרין נט, א): **אש בחקו.** אש זו התורה כמה דאת אמר הלא כה דברי כאש: (ח) [ט] דבר אחר **ויקחו לי תרומה כו׳.** כלומר משלי, כי ה׳ הוא הנותן להם כח להביא דברים הצריכים למשכן: **רבונו של עולם יכולים הם כו׳.** אפשר דאמאת לא שאל משה זאת, אלא שהקדוש ברוך הוא הכניס לו הפירכא במאמר מאת כל איש כו׳, כי הקדוש ברוך הוא הבוחן לבות ידע שיאמר כן, ולכך הקדים לו לרמז במאמר מאת כל איש: **שנאמר מאת כל איש אשר כו׳.** דהוי ליה לכתוב מאת כל אשר ידבנו לבו, איש למה לי, לומר שאפילו איש אחד מישראל יכול לעשותו: **והיו הגדולים שבהם.** אולי לא היו נמצאים אלא בעומר שהיו הגדולים לוקטים: **וכי בבקר היו מביאים.** דלא מסתברא דדוקא בבקר, דמאי שנא מבצהרים: **אלא ממה שהיה המן מוריד.** והכי קאמר והם הביאו אליו נדבה מהמן שהיו מלקטים בבקר:

פירוש מהרז״ו

הוה פארא דורון. פירש במוסף ערוך הולך לפני השער. והכוונה שומר השער והולך תמיד בהליכה וחזירה, וכן החתן הולך תמיד אל בית אבי הכלה: **ומשה עלה אל האלהים.** התורה בדמיון כלה, והשם יתברך אבי הכלה, וכמו שדרש לעיל פרשה ל סימן ה, ועד נתינת התורה בדמיון ארוסה, שבשביל ישראל נבראת התורה, כמו שדרשו בראשית רבה פרשה א סימן ד׳. ואחר נתינת התורה בדמיון נשואה לכלל ישראל: **ועשו לי מקדש.** כמו שאמר לעיל סוף סימן א׳, וסוף סימן ו׳. ועיין עוד ויקרא רבה פרשה כ׳ סימן י״ב. והנה כאן פתח בארוסה, ולעיל סימן א בנשואים, ולעיל סוף פרשה ט״ו כארוסה, ובמדבר רבה פרשה י״ב סימן ד, וסוף סימן ח׳, כארוסה. והענין שמקודם בריאת עולם היתה מזווגת לישראל, כדמיון הבת קול בצירת כל אדם בת פלוני לפלוני, ובכנעשה ונשמע, היה בדמיון קידושין, וקבלת הדברות כנשואים, והלוחות הראשונים ככתובה, ובחטא העגל נקרעה הכתובה, ועומדת להתקדש ובלוחות שניים כנשואה שנייה, אך תמיד בתנאי זה כשזוכים כנשואה, כשחוטאים כאלמנה, כגרושה עומדת לנשואים, בבחינת ארוסה, ולעתיד נשואה לעולם, ובזה נתישבו כל המדרשים שנראים סותרים, דוק והבן בכל המאמרים במקומם ובטעם הדברים, ובצירוף דברים דלעיל סימן זה: **וארשתיך לי.** עיין לעיל סוף פרשה ט״ו: (ח) **יכולים הם לישראל.** שתחלה כתוב דבר אל בני ישראל ויקחו, פירושו כולם יחד, ואחר כך כתוב מאת כל איש, ומשה היה מתמה על הכלל אם יכולים, כמו שאמר שלמה (מלכים א ח, כז) הנה השמים ושמי השמים לא יכלכלוך אף כי הבית הזה, וכדומה, והשיב מאת כל איש, מדה ט״ו בהכרעה מדה ט׳: **אף במן.** זה שייך למה שכתוב וזאת התרומה אשר תקחו מאתם זהב וכסף וגו׳ עד ואבני שוהם ואבני מלואים לאפוד ולחושן, והנה בכל הנדבה המנויה היו יכולים להביא כל אחד מעט ולצרף יחד, אך באבני שוהם ומלואים שהיו שתים עשרה אבנים באורים ותומים, ושתי אבני שוהם בכתפות האפוד, יקשה איך הביאו, ומי הביא, ואם רבים הביאו, איך יצרפם, הלא תרבה המחלוקת, על כן דורש שמעשה נסים היו, בזה שלא נמצא אבנים כאלו אלא אצל הנשיאים, על פי נס שתים עשרה אבנים לשנים עשר נשיאים, (וצריך עיון על אבני השוהם שבאפוד מי הביאם): **בצהרים לא היו מביאים.** בתמיה, ואם אינו ענין להבאה עצמה שהיה בבקר, תנהו ענין לדבר שהביאו שמצאוהו בבקר, על פי מדה ז׳ וי״ז, ומרומז במקומו, וילקטו אותו בבקר בבקר איש כפי אכלו וגו׳, ויבואו כל נשיאי העדה ויגידו למשה, ועל פי גזירה שוה הנ״ל, שמה שכתוב כאן והנשיאים הביאו, הם הנשיאים הנ״ל שאז מצאו. ויש רמז בסדר בהעלותך (במדבר יא, ז) ועינו כעין הבדולח, וכמו שכתוב (בראשית ב, יב) שם הבדולח ואבן השוהם. וביומא (דף עה, א) דרשו שמה שכתב והנשיאים הביאו, הם העננים. ועיין במדבר רבה פרשה י״ב סימן ט״ז, ויקרא רבה פרשה א סימן ו:

מתנות כהונה

פראדורן. נראה שהוא לשון פרידה וכמו שאמרו חז״ל על הנקיבה שלא תהא פרדניתא כך נקרא הזכר ההולך תמיד חוצה פראדורן וכן ביארו המבאר על הגליון מהלך תמיד. ואולי שהוא בלשון נוטריקון שתי תיבות פרא דורן, פרא בלשון ירושלמי רץ, דורן כי הוא בא לבית חמיו בראיות פנים של כבוד ודרך מנחה ודורן: **באשת איש לאומות העולם.** שאסור להם לעסוק בתורה כאשת איש האסורה על איש אחר וכמו שאמרו חז״ל בפרק ארבע מיתות גוי העוסק בתורה חייב מיתה: **אש בחיקו.** אש זו התורה כמה דאת אמר (ירמיה כג, כט) הלא כה דברי כאש: [ח] **וכן הוא אומר והנשיאים הביאו.** כלומר העננים כמה דאת אמר (משלי כה, יד) נשיאים ורוח וכן הוא בפרק יום הכיפורים. ובתנחומא בפרשת ויקהל:

אשד הנחלים

מאורסה כו׳ משנשאה כו׳. הכונה כי בחינת עלייה מורה על דבר גדול למאד, שהוצרך משה להתחזק מאד ולעלות למדרגה רמה בכדי לקבל התורה האלהית, אבל אחר כך תיכף שניתנה, ואז כאלו נשאם לישראל, ואז השכינה למטה על ידי קיום התורה, ואז ועשו לי מקדש ושכנתי, שבפעולות קטנות וקלות תשאר השכינה למטה והבן, ועיין במורה (ח״א פ״י) בבאור עלה וירד. ויהיה באורו לפי זה תורה צוה לנו משה מה שבתחלה היה רק מאורסה, אבל עתה צוה שהיא לנו ממש: **פראדורין.** עיין במתנות כהונה: [ח] **ישראל לעשותו.** בתמיה, כי דימה שאין כח במעשיהם להוריד השכינה למטה בארץ, והשיב ה׳ ברוך הוא שנקל הוא להם, רק בצירוף הלב טוב אז השכינה מדובקת אליהם: **היו יורדות בו אבנים טובות כו׳ והם הביאו עוד.** כלומר מלבד הנדבות מהכסף וזהב הנמצא בעולם, עוד הביאו נדבות אחרות מה שלא נמצא בטבע האדמה, כי אם מה שלקטו בבוקר בבוקר עם המן, כי היה זה נס אלקי, ולכן כתיב לשון עוד:

חידושי הרד״ל

[ח] **אמרו רבותינו אף במן כו׳.** ולכן אמר שאף היחיד יכול לעשותו בנדבת לבו, שהאבנים הטובות יקרי הערך והמליאות היה מזומנים המן למי שהיה ראוי לזכות בהן:

חידושי הרש״ש

[ח] **אלא ממה שהיה המן מוריד כו׳.** רצה לומר דכתיב ביה וילקטו אותו בבקר בבקר: **ואומר כל**

באור מהרי״פ

במתנות כהונה ד״ה פראדורן [כו׳] ואולי שהוא בלשון נוטריקון. אמר הכותב, זה הפירוש מפורש באות אמת: **כן הבא אל אשת רעהו.** וצריך עיון היכא רמיזא דקרא בתורה איירי, דלמא אשת איש כפשוטה. ואולי משום שסתם אשה בספר משלי בתורה איירי, אם כן הבא על אשת רעהו כעובד כוכבים שלומד תורה משמע. ואמר **אל אשת רעהו,** משום דעובד כוכבים הבא על אשת רעהו חייב כו׳, אבל עובד כוכבים הבא על ארוסת רעהו אינו חייב, אף על פי שאם בא על ארוסת ישראל חייב כו׳, כמבואר ברמב״ם הלכות מלכים (פרק ט הלכה ז) ולכך אמר כן הבא אל אשת רעהו. והיפה תואר כתב מדכתיב היחתה איש אש בחיקו, ואש רמז על התורה, שנאמר מימינו אש דת למו, שמע מינה בעובד כוכבים הלומד תורה איירי קרא:

אמרי יושר

והיא לאשת איש לאומות העולם. כי מאורסה היא בקידושין, וכן קיימא לן (סנהדרין נח, ב) גוי ששבת חייב מיתה או שעסק בתורה (שם נט, א): [ח] **במן היו יורדות אבנים טובות.** ולכל אחד הזדמן כפי ערכו. ויש אומרים על דרך (ויקרא רבה יח, א) ותרוץ גולת הזהב, זו גרגרת שמכלה זהב, ואם כן כיון שלא היו צריכים הוצאת מזונות בזה נתעשרו: **יש מהן שהביאו מעצמן.**

מסורת המדרש

יב. יומא דף ע״ה:

אם למקרא

וּמֹשֶׁה עָלָה אֶל הָאֱלֹהִים וַיִּקְרָא אֵלָיו ה׳ מִן הָהָר לֵאמֹר כֹּה תֹאמַר לְבֵית יַעֲקֹב וְתַגֵּיד לִבְנֵי יִשְׂרָאֵל: (שמות יט:ג)

וְאֵרַשְׂתִּיךְ לִי לְעוֹלָם וְאֵרַשְׂתִּיךְ לִי בְּצֶדֶק וּבְמִשְׁפָּט וּבְחֶסֶד וּבְרַחֲמִים: (הושע ב:כא)

הֲיַחְתֶּה אִישׁ אֵשׁ בְּחֵיקוֹ וּבְגָדָיו לֹא תִשָּׂרַפְנָה: אִם יְהַלֵּךְ אִישׁ עַל הַגֶּחָלִים וְרַגְלָיו לֹא תִכָּוֶינָה: כֵּן הַבָּא אֶל אֵשֶׁת רֵעֵהוּ לֹא יִנָּקֶה כָּל הַנֹּגֵעַ בָּהּ: (משלי ו:כז-כט)

וַיִּקְחוּ מִלִּפְנֵי מֹשֶׁה אֵת כָּל הַתְּרוּמָה אֲשֶׁר הֵבִיאוּ בְּנֵי יִשְׂרָאֵל לִמְלֶאכֶת עֲבֹדַת הַקֹּדֶשׁ לַעֲשֹׂת אֹתָהּ וְהֵם הֵבִיאוּ אֵלָיו עוֹד נְדָבָה בַּבֹּקֶר בַּבֹּקֶר: (לקמן לו:ג)

"וְכֵן הוּא אוֹמֵר "וְהַנְּשִׂאִם הֵבִיאוּ וְגוֹ׳ — And so [Scripture] states, ***The leaders brought** the shoham stones and the stones for the settings for the Ephod and the Breastplate* (ibid. 35:27).[113]

וְזֹאת הַתְּרוּמָה אֲשֶׁר תִּקְחוּ מֵאִתָּם זָהָב וָכֶסֶף וּנְחֹשֶׁת. וּתְכֵלֶת וְאַרְגָּמָן וְתוֹלַעַת שָׁנִי וְשֵׁשׁ וְעִזִּים. וְעֹרֹת אֵילִם מְאָדָּמִים וְעֹרֹת תְּחָשִׁים וַעֲצֵי שִׁטִּים. שֶׁמֶן לַמָּאֹר בְּשָׂמִים לְשֶׁמֶן הַמִּשְׁחָה וְלִקְטֹרֶת הַסַּמִּים. אַבְנֵי שֹׁהַם וְאַבְנֵי מִלֻּאִים לָאֵפֹד וְלַחֹשֶׁן.
This is the portion that you shall take from them: gold, silver, and copper; and turquoise, purple, and scarlet wool; linen and goat hair; red-dyed ram skins, tachash skins, acacia wood; oil for illumination, spices for the anointment oil and the aromatic incense; shoham stones and stones for the settings, for the Ephod and the Breastplate (25:3-7).

□ וְזֹאת הַתְּרוּמָה — ***THIS IS THE PORTION** THAT YOU SHALL TAKE FROM THEM: GOLD, SILVER, AND COPPER, ETC.*

The Midrash continues to explain how the Israelites, who were newly emancipated slaves traveling in the Wilderness, obtained all the raw materials needed to construct the Tabernacle:

אָמַר רַבִּי טַבְיוֹמֵי: בְּשָׁעָה שֶׁהִגִּיעַ זְמַנּוֹ שֶׁל יַעֲקֹב אָבִינוּ לִיפָּטֵר מִן הָעוֹלָם קָרָא לְבָנָיו — **R' Tavyomei said: When the time came for Jacob, our forefather, to depart from this world, he called for his sons.** אָמַר לָהֶם: הֱוּוּ יוֹדְעִין שֶׁהַקָּדוֹשׁ בָּרוּךְ הוּא עָתִיד לוֹמַר לִבְנֵיכֶם לַעֲשׂוֹת מִשְׁכָּן — **He said to them, "Know that the Holy One, blessed is He, will** one day **in the future command your descendants to construct a Tabernacle.** אֶלָּא יִהְיוּ כָּל צְרָכָיו מוּכָנִים בְּיֶדְכֶם — Do not leave things for chance; **rather, let all of [the Tabernacle's] necessities be prepared** beforehand **in your possession** to pass on to your future descendants to use in the building of that Tabernacle." שֶׁנֶּאֱמַר "וְהָיָה אֱלֹהִים עִמָּכֶם" — We know this **because it is stated,** *Then Israel said to Joseph, "Behold! — I am about to die;* ***and God will be with you,*** *etc."* (*Genesis* 48:21). וְכִי תַּעֲלֶה עַל דַּעְתְּךָ כְּשֶׁהָיָה יַעֲקֹב אָבִינוּ חַי לֹא הָיָה הַקָּדוֹשׁ בָּרוּךְ הוּא עִם בָּנָיו — Now, **would the thought enter your mind that while Jacob, our forefather, was alive, the Holy One, blessed is He, was *not* with his children,** and that He only began to be with them after Jacob's death?[114] אֶלָּא כָּךְ אָמַר לָהֶם: עָתִיד הוּא לוֹמַר לָכֶם: וְעָשׂוּ לִי מִקְדָּשׁ — This was surely not his intention; **rather, this is what [Jacob] was saying to [his sons],** "Some time **in the future, [God] will command you, '*They shall make a Sanctuary for Me,*'** וְהוּא יוֹרֵד וּמַשְׁרֶה שְׁכִינָתוֹ בְּתוֹכְכֶם — **and** through it **He will descend and rest His Divine Presence in your midst,"**[115] שֶׁנֶּאֱמַר "וְעָשׂוּ לִי מִקְדָּשׁ וְשָׁכַנְתִּי בְּתוֹכָם" — **as it is stated, *They shall make a Sanctuary for Me, so that I may dwell among them*** (below, 25:8).

The Midrash continues to elaborate on Jacob's instructions to his sons to prepare materials to be used in the future for the Tabernacle:

וְיֵשׁ מֵהֶם שֶׁהִתְקִינוּ עַצְמָן לַדְּבָרִים — **Now, several of [Jacob's children] dedicated themselves to the** fulfillment of his **words,** וְיֵשׁ מֵהֶן שֶׁשָּׁכְחוּ — **but several of them forgot** all about Jacob's admonition. וּכְשֶׁבָּא מֹשֶׁה אָמַר לָהֶם שֶׁיַּעֲשׂוּ הַמִּשְׁכָּן — **Then, when Moses came** and **he told [the Israelites] to construct the Tabernacle** and asked them to bring forth donations, יֵשׁ מֵהֶם שֶׁהֵבִיא מֵעַצְמוֹ — **there were among them those who brought** materials that they had procured **on their own,**[116] וְיֵשׁ מֵהֶם שֶׁלֹּא הֵבִיא אֶלָּא מִמַּה שֶּׁהָיָה מוּנָּח בְּיָדוֹ — **while others among them brought only from what had been** previously **entrusted in their possession** from their ancestors who had prepared the materials. שֶׁכֵּן הוּא אוֹמֵר, "כָּל אִישׁ אֲשֶׁר נִמְצָא אִתּוֹ תְּכֵלֶת וְאַרְגָּמָן וְגוֹ׳" — **For so [Scripture] states,** *Everyone whose heart motivated him brought bracelets, nose-rings, rings, body ornaments, all sorts of gold ornaments .... **Every man "with whom was found" turquoise, purple,** and scarlet wool, linen, and goat hair, red-dyed ram skins, and tachash skins brought them* (below, 35:23).[117] וְאוֹמֵר "וְכֹל אֲשֶׁר נִמְצָא אִתּוֹ עֲצֵי שִׁטִּים" — **And it states** similarly, *Every man who separated a portion of silver or copper brought it as a portion for Hashem;* ***and everyone "with whom was found" acacia wood*** *for any work of the labor brought it* (ibid., v. 24).[118]

NOTES

113. This verse corroborates the Midrash's assertion above that the "leading men of Israel" gathered up the precious stones from the manna and ultimately donated it to construction of the Tabernacle. *Yefeh To'ar* (see also *Matnos Kehunah* and *Eshed HeNechalim*) writes that there is an additional reason why the Midrash cites this verse: Elsewhere (*Yoma* 75a) the Sages interpret the word נְשִׂאִם here to mean "clouds" (as in *Proverbs* 25:14), and learn from this that the clouds brought the precious stones for the Tabernacle. Thus, the Midrash brings this verse to corroborate its main point here, which is that the gems used in the Kohen's Breastplate were supplied supernaturally, descending from heaven.

114. As implied in the words, *I am about to die, and God will be with you.*

115. And this — God's dwelling among them in the Tabernacle — was what Jacob meant when he said, "God will be with you"; and this indeed occurred only after his death.

116. Those ancestors had neglected to prepare materials for them (*Eitz Yosef*).

117. Concerning the various fabrics and hides — in contrast to the golden objects — the expression *with whom was found* is used, indicating that these materials were already "found" in their possession for a long time — i.e., they were passed on from generation to generation, as opposed to being newly acquired. This contrast shows that some materials were prepared several generations in advance while other were not (*Yefeh To'ar*).

118. Here too, concerning the acacia wood — in contrast to the silver and copper — the expression *with whom was found* is used.

Yefeh To'ar (cited in *Eitz Yosef*) suggests that it was specifically the rarer materials (specially dyed fabrics, acacia wood, etc.), which would be particularly difficult to procure when needed, that were carefully prepared in advance, while advance preparation for more easily obtained objects (precious metals) was neglected.

וְכֵן הוּא אוֹמֵר (שם לה, כז) "וְהַנְּשִׂאִם הֵבִיאוּ וְגוֹ' ". [כה, ג] "וְזֹאת הַתְּרוּמָה", אָמַר רַבִּי טַבְיוֹמֵי: יג בְּשָׁעָה שֶׁהִגִּיעַ זְמַנּוֹ שֶׁל יַעֲקֹב אָבִינוּ לִיפָּטֵר מִן הָעוֹלָם קָרָא לְבָנָיו, אָמַר לָהֶם: הֱיוּ יוֹדְעִין שֶׁהַקָּדוֹשׁ בָּרוּךְ הוּא עָתִיד לוֹמַר לִבְנֵיכֶם לַעֲשׂוֹת מִשְׁכָּן, אֶלָּא יִהְיוּ כָּל צְרָכָיו מוּכָנִים בְּיֶדְכֶם, שֶׁנֶּאֱמַר (בראשית מח, כא) "וְהָיָה אֱלֹהִים עִמָּכֶם", וְכִי תַעֲלֶה עַל דַּעְתְּךָ כְּשֶׁהָיָה יַעֲקֹב אָבִינוּ חַי לֹא הָיָה הַקָּדוֹשׁ בָּרוּךְ הוּא עִם בָּנָיו, אֶלָּא כָּךְ אָמַר לָהֶם: עָתִיד הוּא לוֹמַר לָכֶם: וְעָשׂוּ לִי מִקְדָּשׁ, וְהוּא יוֹרֵד וּמַשְׁרֶה שְׁכִינָתוֹ בְּתוֹכְכֶם, שֶׁנֶּאֱמַר [כה, ח] "וְעָשׂוּ לִי מִקְדָּשׁ וְשָׁכַנְתִּי בְּתוֹכָם", וְיֵשׁ מֵהֶם שֶׁהִתְקִינוּ עַצְמָן לַדְּבָרִים וְיֵשׁ מֵהֶן שֶׁשָּׁכְחוּ, וּכְשֶׁבָּא מֹשֶׁה אָמַר לָהֶם שֶׁיַּעֲשׂוּ הַמִּשְׁכָּן, יֵשׁ מֵהֶם שֶׁהֵבִיא מֵעַצְמוֹ וְיֵשׁ מֵהֶם שֶׁלֹּא הֵבִיא אֶלָּא מִמַּה שֶּׁהָיָה מוּנָּח בְּיָדוֹ, שֶׁכֵּן הוּא אוֹמֵר, (לקמן לה, כג) "כָּל אִישׁ אֲשֶׁר נִמְצָא אִתּוֹ תְּכֵלֶת וְאַרְגָּמָן וְגוֹ' ", וְאוֹמֵר (שם שם כד) "וְכֹל אֲשֶׁר נִמְצָא אִתּוֹ עֲצֵי שִׁטִּים":

עץ יוסף

וכן הוא אומר והנשיאים. דהיינו ענני,ם וכדאמר בפרק יום הכיפורים (יומא עה, א) תנא נשיאים ממש, וכן הוא אומר (משלי כה, יד) נשיאים ורוח וגשם אין, ומכל מקום בוודאי אין מקרא יוצא מידי פשוטו, שהרי בתר והנשיאים הביאו את אבני השהם, כתיב ואת הבושם ואת השמן למאור, וזה ודאי לא היה יורד במן: **[י] בשעה שהגיע זמנו של יעקב כו'.** יתור לשון המקראות הוא דורש, שאחר שאמר תקחו את תרומתי אשר תקחו מאתם למה לי, לזה אמר שעוד יעקב צוה להם על מלאכת המשכן וכו', ומעתה מה שאמר תחלה תקחו את תרומתי היינו מהמתנדבים עתה, כמו שנאמר מאת כל איש אשר ידבנו לבו, והם אותן שלא היה מוכן בידם והתנדבו מאשר לעצמן, ומה שאמר אשר תקחו מאתם, היינו מאותם שוכן אתם למשמרת למשכן: **אלא יהיו כל צרכיו כו'.** כלומר אל תסמכו כי ה' יזמין הדברים בשעתו, אלא יהיו מוכנים בידכם, מפני שהם יוצאים למדבר שלא ימצאו שם אותם הדברים: **שהביאו מעצמן.** ממה שהיה לעצמו שלא היה לו מוכן: **כל איש אשר נמצא אתו כו'.** שפירושו שנמצא אתו למשמרת למשכן, ולהכי לא קאמר אלא בתכלת וארגמן ועצי שיטים, שהם דברים בלתי נמצאים, והוצרכו ליזהר בזה שיהיו בידם מיציאת מצרים:

פירוש מהרז"ו

והיה אלהים עמכם. ורישא דקרא אנכי מת, וזהו ששאל וכי בחייו וכו', אלא שמה שכתוב והיה אלהים עמכם, פירוש שישרה שכינתו במשכן במדבר, כמו שכתוב בסיפא דקרא והשיב אתכם אל ארץ אבותיכם, הרי שמה שכתב והיה אלהים וגו', פירושו קודם שיכנסו לארץ: **שהביא מעצמו.** פירוש בלא הכנה מאבותיו: **אשר נמצא אתו.** ואלל שאר נדבות כתיב כל נדיב לב וגו', כל מרים, ובשני פסוקים אלו כתיב כל אשר נמצא אתו תכלת וארגמן וגו', וכל אשר נמצא אתו עצי שטים, דורש שהכוונה שאלו לא היה בנדבת הלב מעתה, אלא שהיה מוכן אצלו מאבותיו. ועיין בראשית רבה פרשה צ"ד סימן ד:

אשד הנחלים

והנשיאים. דרש מלשון עננים, כמה דאת אמר (משלי כה, יד) נשיאים ורוח (מתנות כהונה): **וכי תעלה כו'.** כלומר בודאי היה ההשגחה מדובקת בם, רק שלא היתה השכינה למטה ממש, וזה שבישר יעקב לבניו שיהיה אלהים ממש עמהם, ולכן יכינו כל צרכי המשכן, ולכן כתיב כל אשר נמצא אתו, כי הכינו מכבר:

ידי משה

[ח] ויש מהם שהתקינו עצמן לדברים. פירוש שהכינו עצמם לדברים, שהיו נותנים מקום לדברי יעקב, והיו מכינים את כל הדברים הצריכים למשכן, **ויש מהם ששכחו,** וכשבא משה לעשות את המשכן אותן שהכינו הביאו מעצמן, ואותן ששכחו הגם שהיו בידם תכלת וארגמן לא הביאו מעצמן כי שכחו הדבר מה שאמר יעקב, לכן הוצרכו לצוות להם שיביאו, וזה אשר נמצא פירוש שהיו צריכים להמציא להם כי לא הביאו מעצמן. וקל להבין: **שכן הוא אומר כל איש אשר נמצא אתו תכלת.** פירוש, שקשה מה שנאמר בהני דכתיב לשון אשר נמצא מה שאין כן באחרים, אלא שפירושו הוא שנמצא בידם מן אזהרות יעקב שהם דברים בלתי נמצאים. וקל להבין:

חידושי הרד"ל

יש מהן שהביאו מעצמן. פירוש, משל שנתנדבו עתה (ועליהן כתיב כל נדיב לב כו'), ויש שמביאו ממה שהיה נמצא מונח בידן משל אבותיהם שהכינו על פי צוואת יעקב, (ועליהן כתיב וכל אשר נמצא), ודלא כידי משה:

חידושי הרש"ש

אשר נמצא אתו עצי שטים. אולי חסר וגו', והכוונה למאי דכתיב שם לכל מלאכת העבודה, ורצה לומר שהיה נמצא אתו בעבור מלאכת העבודה שהכינם לצורך המשכן, כי מצינו דלמ"ד משמש במקום בעבור, כמו עושק דל להרבות לו (משלי כב, טז):

באור מהרי"פ

[ח] **מעצמו.** פירוש, שלא הכין אביו מפני ששכח:

אמרי יושר

שהיה להם לכוונת כך, ויש מהם שהביאו בהזדמן, וכן כתיב בפרשת ויקהל **וכל איש אשר נמצא אתו תכלת** במקרה הביאו גם סוג אחר, שלזה הפסיק בחלוקת כל מרים **וכל אשר נמצא אתו עצי שטים** לכל מלאכת העבודה, בכוונה ובצווי יעקב הביאו:

מסורת המדרש

יג. בראשית רבה פרשה צ"ד וש"נ:

אם למקרא

וְהַנְּשִׂאִם הֵבִיאוּ אֵת אַבְנֵי הַשֹּׁהַם וְאֵת אַבְנֵי הַמִּלֻּאִים לָאֵפוֹד וְלַחֹשֶׁן: (שם לה:כז)

וַיֹּאמֶר יִשְׂרָאֵל אֶל יוֹסֵף הִנֵּה אָנֹכִי מֵת וְהָיָה אֱלֹהִים עִמָּכֶם וְהֵשִׁיב אֶתְכֶם אֶל אֶרֶץ אֲבֹתֵיכֶם: (בראשית מח:כא)

וְכָל אִישׁ אֲשֶׁר נִמְצָא אִתּוֹ תְּכֵלֶת וְאַרְגָּמָן וְתוֹלַעַת שָׁנִי וְשֵׁשׁ וְעִזִּים וְעֹרֹת אֵילִם מְאָדָּמִים וְעֹרֹת תְּחָשִׁים הֵבִיאוּ: כָּל מֵרִים תְּרוּמַת כֶּסֶף וּנְחֹשֶׁת הֵבִיאוּ אֵת תְּרוּמַת ה' וְכֹל אֲשֶׁר נִמְצָא אִתּוֹ עֲצֵי שִׁטִּים לְכָל מְלֶאכֶת הָעֲבֹדָה הֵבִיאוּ: (לקמן לה:כג-ד)

שינוי נוסחאות

(ח) וכשבא משה אמר להם שיעשו המשכן. כך הוא בד' ווארשא לבד, ובווילנא ובשאר הספרים איתא "וכשבא משה ועשו המשכן", ובספרים הישנים היה כתוב "וכשבא משה ועשה המשכן":

Chapter 34

וְעָשׂוּ אֲרוֹן עֲצֵי שִׁטִּים אַמָּתַיִם וָחֵצִי אָרְכּוֹ וְאַמָּה וָחֵצִי רָחְבּוֹ וְאַמָּה וָחֵצִי קֹמָתוֹ.

They shall make an Ark of acacia wood, two and a half cubits its length; a cubit and a half its width; and a cubit and a half its height (25:10).

§1 וְעָשׂוּ אֲרוֹן עֲצֵי שִׁטִּים — *THEY SHALL MAKE AN ARK OF ACACIA WOOD, TWO AND A HALF CUBITS ITS LENGTH, AND A CUBIT AND A HALF ITS WIDTH.*

The Midrash will discuss how God contracted His Presence into the Tabernacle and, further, into the tiny space of the Ark;[1] and it will expound a verse in *Job* as alluding to this contraction. However, it first expounds the *Job* verse as alluding to a different way that God "contracts" Himself:[2]

הֲדָא הוּא דִכְתִיב ״שַׁדַּי לֹא מְצָאנֻהוּ שַׂגִּיא כֹחַ״ — **It is this** idea[3] **that is written** in the verse, ***The Almighty, Whom we cannot discover, is great in strength*** (*Job* 37:23).[4] אָמַר רַבֵּינוּ הַגָּדוֹל — **Our great teacher**[5] **said:** צְרִיכִין אָנוּ לְהַחֲזִיק טוֹבָה לְאִיּוֹב — **We must show appreciation to Job,** שֶׁכָּל מַה שֶּׁאָמַר אֱלִיהוּא בָּא הוּא וְהוֹסִיף עַל דְּבָרָיו — **for he came and added on to all that Elihu said.**[6] אָמַר אִיּוֹב לַחֲבֵירָיו — For **Job had said to his friends,** Bildad, Eliphaz, and Zophar, מָה אַתֶּם סוֹבְרִים, שֶׁכָּל מַה שֶּׁאֲמַרְתֶּם הוּא כָּל שִׁבְחוֹ — **"What do you think? That all that you have said is the entirety of [God's] praise?!** מִי יוּכַל לְסַפֵּר כָּל שְׁבָחָיו וּגְבוּרוֹתָיו שֶׁל הַקָּדוֹשׁ בָּרוּךְ הוּא — **Who could** possibly **relate all the praises and mighty deeds of the Holy One, blessed is He?** כָּל הַדְּבָרִים שֶׁדִּבַּרְתֶּם ״הֵן אֵלֶּה קְצוֹת דְּרָכָיו״ — **All the words** of praise **you have spoken, *behold, these are [but] the tips of His ways"*** (ibid. 26:14). בָּא אֱלִיהוּא וְאָמַר ״שַׁדַּי לֹא מְצָאנֻהוּ שַׂגִּיא כֹחַ״ — **Elihu came and said, *"The Almighty, Whom we cannot discover, is great in strength."*** מִי שֶׁשּׁוֹמֵעַ הַפָּסוּק הַזֶּה אוֹמֵר שֶׁמָּא חֵירוּפִים הוּא חַס וְשָׁלוֹם — However, **one who hears this verse might say, "Perhaps it is blasphemy, Heaven forbid!"**[7] אֶלָּא כָּךְ אָמַר אֱלִיהוּא — **However, Elihu was** actually **saying thus:** לֹא מָצִינוּ כֹּחַ גְּבוּרָתוֹ שֶׁל הַקָּדוֹשׁ בָּרוּךְ הוּא עִם בְּרִיּוֹתָיו — **We have never discovered the** full **force of the might of the Holy One, blessed is He,** being brought to bear in His dealings **with His creatures,**[8] שֶׁאֵין הַקָּדוֹשׁ בָּרוּךְ הוּא בָּא בְּטָרְחוּת עִם בְּרִיּוֹתָיו — **for the Holy One, blessed is He, does not engage with His creatures in a troublesome manner.** לֹא בָא עַל הָאָדָם אֶלָּא לְפִי כֹחוֹ — Rather, **He comes** (i.e., imposes obligations) **upon man only in accord with [man's] capacity.** אַתָּה מוֹצֵא כְּשֶׁנָּתַן הַקָּדוֹשׁ בָּרוּךְ הוּא אֶת הַתּוֹרָה לְיִשְׂרָאֵל — Indeed, **you find** this **when the Holy One, blessed is He, gave the Torah to Israel,** אִלּוּ הָיָה בָּא עֲלֵיהֶם בְּחוֹזֶק כֹּחוֹ לֹא הָיוּ יְכוֹלִים לַעֲמוֹד — for **if He had come upon [Israel] with the** full **vigor of His power they would not have been able to withstand it,**[9] שֶׁנֶּאֱמַר ״אִם יֹסְפִים אֲנַחְנוּ לִשְׁמֹעַ וגו׳ ״ — **as it is stated, *"If we continue to hear*** *the voice of HASHEM our God any longer, we will die!"* (*Deuteronomy* 5:22). אֶלָּא לֹא בָא עֲלֵיהֶם אֶלָּא לְפִי כֹחָם — **Rather, [God] came upon [Israel]** at Sinai **only in accordance with *their* capacity** to receive Him, שֶׁנֶּאֱמַר ״קוֹל ה׳ בַּכֹּחַ״ — **as it is stated, *The voice of HASHEM is with power*** (*Psalms* 29:4). ״בְּכֹחוֹ״ אֵינוֹ אוֹמֵר אֶלָּא ״בַּכֹּחַ״ — Notice that **[the verse] does not say "with *His* power";**[10] it says, **rather, *with power.***[11] לְפִי כֹחוֹ שֶׁל כָּל אֶחָד וְאֶחָד — This indicates that God spoke **in consonance with the power** (capacity) **of each and every one** standing there to endure His voice.[12]

NOTES

1. Or, more specifically, onto the tiny space on *top* of the Ark. See note 25.

2. See *Tiferes Tzion*, and see *Eitz Yosef* here and to end of section.

3. That God limits Himself for the benefit of man.

4. These words were spoken to Job by Elihu son of Barachel the Buzite, who was not satisfied by the defense of God offered by Job's three friends, Eliphaz, Bildad, and Zophar.

5. R' Yehudah HaNasi, redactor of the Mishnah.

6. Although (as we see in the Book of *Job*) Job erred in his thinking about the ways of God, in intellect and comprehension he was far greater than his friends (*Eshed HaNechalim*, followed by *Eitz Yosef*). Both Elihu and Job intended and said essentially the same thing: that God's greatness is beyond human comprehension. But Elihu's formulation was somewhat ambiguous and could be construed as blasphemy (see below), whereas Job made the praise perfectly clear. [This is what the Midrash means by saying that Job "added on to" what Elihu said.] The Midrash proceeds to elaborate (*Toldos Noach,* cited by *Beur Maharif* and followed by *Eitz Yosef*; see, however, next note).

7. The most literal translation of Elihu's words, שַׁדַּי לֹא מְצָאנֻהוּ שַׂגִּיא כֹחַ, is: *The Almighty, we have not discovered Him great in strength*, which sounds like the blasphemous assertion that God is *limited* in strength. Thus, Job's words of praise — *Behold, these are but the tips of His ways, etc.* — constitute a more explicit declaration of the inscrutability of God's greatness (ibid.). The Midrash will now explain how Elihu's words — even taken in their most literal sense — may be understood in a non-blasphemous fashion.

We have followed the approach of the commentators mentioned heretofore in explaining the Midrash. However, other commentators find difficulty with the Midrash's statement that Job added on to what Elihu said. First, Elihu's comment [*Job* 37:23] came *after* Job's [ibid. 26:14] (*Yefeh To'ar*); second, if one looks in the Book of *Job* one will see that Elihu's comments are *all* in response to the dialogue between Job and his three friends (*Maharzu*). [It should be noted that these difficulties were raised by *Toldos Noach* himself and led him to the interpretation cited in the previous note.] *Yefeh To'ar* therefore reinterprets (and *Maharzu* emends) the Midrash to state that *Elihu* added onto what *Job* said. *Maharzu* explains: Job said to his friends, *"Behold, these are [but] the tips of His ways"* — which indicates that Job's friends did comprehend *something* of God's greatness. Elihu, however, added onto what Job said by saying, *"The Almighty, Whom we cannot discover, etc."* — which indicates that we comprehend *nothing* of God's greatness (because He is *so* great as to be beyond all comprehension). *Yefeh To'ar* adds that the reason the Midrash says that "we must show appreciation to Job" is that it is Job's statement that sheds light on how Elihu's statement is to be understood, for we know (by Midrashic tradition) that Elihu's statements come to add onto Job's.

For further discussion of these two approaches to the Midrash, see *Imrei Yosher.*

8. This was what Elihu meant in saying, *"The Almighty, we have not discovered Him great in strength"*: We have never found that God asks of man to serve Him as He truly *deserves* to be served — namely, without limit — because of His great might. Rather, God desires to be worshiped in accordance with man's capacity to serve Him. Elihu's intent in making this point was to glorify God (*Eitz Yosef*), Who limits ("contracts") His own strength and glory and does not ask of His creations to serve Him beyond their capacity [as the Midrash goes on to say] (see *Yefeh To'ar*). Alternatively, Elihu's intent in making this point was to castigate Job, who felt that God had imposed upon him to serve Him on a level beyond his capability. Elihu said that Job was mistaken (*Toldos Noach*).

9. An excessively exalted level of revelation would have caused Israel to die — sharing the fate of Ben Azzai when he entered the sublime Orchard [פַּרְדֵּס, or Paradise] and "he glanced and died" [see *Chagigah* 14b] (*Eshed HaNechalim*, followed by *Eitz Yosef*). See further above, 29 §4 note 38.

10. I.e., with the most exalted level of revelation.

11. I.e., with an unspecified level of revelation (ibid.).

12. The level of revelation was calibrated for each individual according to his ability to receive it (ibid.). See further above, 28 §6 note 100 and 29 §1 note 12.

פרשה לד

א [כה, י] **"וְעָשׂוּ אֲרוֹן עֲצֵי שִׁטִּים",** **הָדָא הוּא דִכְתִיב** (איוב לז, כג) **"שַׁדַּי לֹא מְצָאנֻהוּ שַׂגִּיא כֹחַ",** [א]**אָמַר רַבֵּינוּ הַגָּדוֹל: צְרִיכִין אָנוּ לְהַחֲזִיק טוֹבָה לְאִיּוֹב, שֶׁכָּל מַה שֶּׁאָמַר אֱלִיהוּא בָּא הוּא וְהוֹסִיף עַל דְּבָרָיו, אָמַר אִיּוֹב לַחֲבֵירָיו: מָה אַתֶּם סוֹבְרִים, שֶׁכָּל מַה שֶּׁאֲמַרְתֶּם הוּא כָּל שִׁבְחוֹ, מִי יוּכַל לְסַפֵּר כָּל שְׁבָחָיו וּגְבוּרוֹתָיו שֶׁל הַקָּדוֹשׁ בָּרוּךְ הוּא, כָּל הַדְּבָרִים שֶׁדִּבַּרְתֶּם** (שם כו, יד) **"הֵן אֵלֶּה קְצוֹת דְּרָכָיו", בָּא אֱלִיהוּא וְאָמַר "שַׁדַּי לֹא מְצָאנֻהוּ שַׂגִּיא כֹחַ", מִי שֶׁשּׁוֹמֵעַ הַפָּסוּק הַזֶּה אוֹמֵר: שֶׁמָּא חֵירוּפִים הוּא חַס וְשָׁלוֹם, אֶלָּא כָּךְ אָמַר אֱלִיהוּא: לֹא מָצִינוּ כֹּחַ גְּבוּרָתוֹ שֶׁל הַקָּדוֹשׁ בָּרוּךְ הוּא עִם בְּרִיּוֹתָיו, שֶׁאֵין הַקָּדוֹשׁ בָּרוּךְ הוּא בָּא בְּטָרְחוּת עִם בְּרִיּוֹתָיו, לֹא בָּא עַל הָאָדָם אֶלָּא לְפִי כֹחוֹ, אַתָּה מוֹצֵא כְּשֶׁנָּתַן הַקָּדוֹשׁ בָּרוּךְ הוּא אֶת הַתּוֹרָה לְיִשְׂרָאֵל אִלּוּ הָיָה בָּא עֲלֵיהֶם בְּחוֹזֶק כֹּחוֹ לֹא הָיוּ יְכוֹלִים לַעֲמוֹד, שֶׁנֶּאֱמַר** (דברים ה, כב) **"אִם יֹסְפִים אֲנַחְנוּ לִשְׁמֹעַ וְגוֹ'", אֶלָּא לֹא בָּא עֲלֵיהֶם** [ב]**אֶלָּא לְפִי כֹּחָם, שֶׁנֶּאֱמַר** (תהלים כט, ד) **"קוֹל ה' בַּכֹּחַ", "בְּכֹחוֹ" אֵינוֹ אוֹמֵר אֶלָּא "בַּכֹּחַ", לְפִי כֹּחוֹ שֶׁל כָּל אֶחָד וְאֶחָד, דָּבָר אַחֵר,** (איוב לז, כג) **"שַׁדַּי לֹא מְצָאנֻהוּ שַׂגִּיא כֹחַ", בְּשָׁעָה שֶׁאָמַר הַקָּדוֹשׁ בָּרוּךְ הוּא לְמֹשֶׁה: עֲשֵׂה לִי מִשְׁכָּן, הִתְחִיל מַתְמִיהַּ וְאוֹמֵר: כְּבוֹדוֹ שֶׁל הַקָּדוֹשׁ בָּרוּךְ הוּא מָלֵא עֶלְיוֹנִים וְתַחְתּוֹנִים, וְהוּא אוֹמֵר: עֲשֵׂה לִי מִשְׁכָּן, וְעוֹד הָיָה מִסְתַּכֵּל וְרָאָה שֶׁשְּׁלֹמֹה עוֹמֵד וּבוֹנֶה בֵּית הַמִּקְדָּשׁ שֶׁהוּא גָּדוֹל מִן הַמִּשְׁכָּן וְאָמַר לִפְנֵי הַקָּדוֹשׁ בָּרוּךְ הוּא:** (מלכים-א ח, כז) **"כִּי הַאֻמְנָם יֵשֵׁב אֱלֹהִים עַל הָאָרֶץ",**

עץ יוסף

(א) הדא הוא דכתיב שדי לא כו'. כדמסיק שאמאס שכינתו בתוך אמה על אמה: **צריכין אנו להחזיק טובה לאיוב.** כלומר אף שחטא בדעותיו, עם כל זה בשכלו והשגתו היה גדול מחביריו מאד, וזה שאמר בעל המאמר, שכל מה שאמר אליהוא בא הוא והוסיף על דבריו, פירוש שבא איוב והוסיף בשבח המקום יותר מאליהוא, אבל איוב ואליהו[א] אמרו דבר אחד, ושניהם לדבר אחד נתכוונו, דמה שאמר אליהוא שדי לא מצאנוהו שגיא כח, פירוש שאין אנו יכולים להשיג שגיא כח גדולתו וגבורתו יתברך, והוא ממש כמאמר איוב שאמר הן אלה קצות דרכיו, אלא שבדברי אליהוא היה מקום לטעות שהם חרופין וגדופין, כמו שאמר בעל המדרש, ואיוב פירש דבריו ביותר שמדבר בשבחו של מקום, והוסיף על דבריו כנ"ל: **מי ששומע פסוק זה.** לבד הוא סובר שאליהוא דבר חירופים שלא מצאנוהו שהוא שגיא כח, אלא כאילו הוא קצר כח חס ושלום: **אלא כך אמר אליהוא כו'.** כלומר לא מצאנוהו שיתנהג עם בריותיו כפי כחו הבלתי בלי תכלית, רוצה לומר שיחפוץ מהאדם שיעבדנו כפי שראוי לו שהיא עבודה לבלתי תכלית, כי אם כפי כח האדם ובא אליהוא בזה להגדיל כח ה': **בחוזק כחו.** כלומר שפע השגה הרמה, ואז לא היו יכולים לעמוד בו, כי זה מנתק קשרי הגוף מהנפש, על דרך הציץ ומת, וכדומה: **אלא בכח.** סתם כח כפי הכנת כח של כל אחד ואחד: **התחיל מתמיה ואומר כו'.** למדו זה מיתורא דוכן תעשו, שהיא תשובה לתמיהת משה, שהיה מתמה על מאמר הקדוש ברוך הוא שאמר ועשו לי מקדש, אמר כבודו של הקדוש ברוך הוא מלא כו', לזה הוזקק הקדוש ברוך הוא להשיבו שנית וכן תעשו, שלא תהרהר אחרי אלא תעשו כמו שאמרתי לך: **כבודו של הקדוש ברוך הוא כו'.** כתב בעל כלי חמדה שתי תמיהות בדבר, ראשונה מצד איכות המשכן שנית מצד הכמות, אם מצד האיכות אמר כי אחר שהקדוש ברוך הוא כל נמלאיו יכבדוהו ויברכו את שם כבודו מה בלע במשכן, וזה שאמר כבודו של הקדוש ברוך הוא בעליונים ובתחתונים הוא אומר עשה לי משכן, ואם מצד הכמות אמר ועוד היה מסתכל ורואה, ששלמה עומד ובונה בית המקדש שהוא גדול מן המשכן כו', הרי שהזכיר תיבת גדול להורות כי גם בכמות גדול המקדש והמשכן קטן מהכיל, עד כאן לשונו:

פירוש מהרז"ו

(א) שכל מה שאמר אליהוא. צריך עיון גדול שהרי מענות אליהוא היו באחרונה, ולא נזכר כלל אם ענה איוב דבר לאליהוא, רק כל דברי אליהוא על הטענות שהתווכח עם שלשת רעיו. ומה שכתוב הן אלה קצות דרכיו, אמר איוב כן על דברי עצמו ודברי רעיו, ולא על דברי אליהוא. ונראה שצריך לומר בהיפך שכל מה שאמר איוב לרעיו, הוסיף אליהוא, שאיוב אמר הן אלה קצות דרכיו, כנגד רעיו שהשיגו מקצת, אך אליהוא אמר שדי לא מצאנוהו, שלא השגנו ממנו מאומה, והוסיף על דברי איוב: **מי ששמע הפסוק הזה.** פירוש אחר על הפסוק שיש לטעות בו, ועיין ירושלמי ריש פרק הרואה (ברכות פ"ט), מדרש תהלים ריש מזמור י"ט, במדבר רבה פרשה כ"א סימן כ"ג: **אם יוספים.** וסיפא דקרא בקול ה' אלהינו עוד ומתנו: **קול ה' בכח.** לעיל פרשה ה סימן ט, וסוף פרשה כ"ח, וריש פרשה כ"ט: **ומשה מתמיה.** במדבר רבה פרשה י"ב סימן ג באריכות, מדרש תהלים מזמור ל"א: **ועוד היה מסתכל.** צופה ברוח הקדש, כמו שאמרו מכילתא סוף בשלח, ספרי סוף ברכה, שהראהו הקב"ה דור ודור ודורשיו:

אשד הנחלים

[א] **להחזיק טובה.** כלומר אף שחטא בדיעותיו, עם כל זה בשכלו והשגתו היה גדול מחבריו מאד. והכוונה נפלאה מאד, להיות כי הם דימו כי כל החכמות הנמצאים, שהמה עדות לחכמת ה', כאילו חכמת הבריאה הוא עצם חכמת ה', ובאמת לא כן הוא, כי כל החכמות המה מוגבלות, ואינן מסוג חכמת ה' הבלתי בעל תכלית, וזה הכונה הן אלה קצות דרכיו, (אבל) מה שמץ דבר נמצא בו, כלומר שהחכמה אינה מסוגו, כי החכמה שהיא בעלת תכלית, לא יורה מאומה על עצם חכמתו יתברך הבלתי בעל תכלית: **שמא חירופים.** כי ידומה חס ושלום שהכונה שלא מצאנו כחו וגבורתו ולא נראה בו, אבל האמת אין הכונה כן, רק ביאורו לא מצאנוהו שיתנהג עם בריותיו כפי כחו הבלתי בעל תכלית, רצה לומר שיחפוץ מהאדם שיעבדנו כפי שראוי לו העבודה יתברך שהיא עבודה לבלי תכלית, כי אם כפי כח האדם והכרתו. וכל זה הוכיח לאיוב, שדימה שהעמיס ה' עליו עבודתו יותר מכדי כוחו, ועל כן יענישנו במה שלא עבד ככה: **בחוזק כחו.** כלומר שפע השגה הרמה, ואז לא היו יכולים לעמוד בו, כי זה מנתק קשרי הגיו מהנפש על דרך (חגיגה יד, ב) הציץ ומת, וכדומה: **אלא בכח.** סתם כח כפי הכנת כח של כל אחד: **מתמיה ואומר כבודו.** כלומר אחר שהוא מלא כל, איך יתכן לייחס לו מקום מבלעדי מקום, ובפרט מקום קטן כזה. והכונה אחר שהשמים העליונים שהמה רוחנים גבוהים, ועם כל זה אינם יודעים ומבינים כבודו, ואיך ישיגו פה: **ועוד היה מסתכל.** כלומר בנבואתו ראה כל זה:

ידי משה

[א] **שדי לא מצאנוהו שגיא כח בשעה שאמר הקב"ה למשה עשה לי משכן התחיל מתמיה וכו' ועוד היה מסתכל וראה ששלמה עומד ובונה בית המקדש וכו' עד אמר רבי יהודה ברבי סימון וכו' מהו בצל שדי וגו'.** וקשה לי מהיכן מרומז בפסוק זה שדי לא מצאנוהו וגו' שהיה מתמיה משה על מעשה בית המקדש ובצל שדי אמר על משכן. ונראה לומר לפי דאיתא בתוספות במסכת חגיגה (יב א ד"ה מסוף) מהלך העולם חמש מאות שנה, פירשו התוספות שנרמז בתיבת שדי שנעלם מן שדי הוא חמש מאות. ונראה לי בן המחבר שזה הוא הרמז גם כן כאן, שדי לא מצאנוהו שגיא כח שקאי על בית המקדש שהיה חמש מאות אמה, והוא הנעלם מן שדי, וזה שהיה מסתכל והיה מתמיה על בנין שלמה, והיה מתמיה לא מצאנוהו שגיא כח, פירוש שראה ששלמה יתמיה עלמו, האמנם ישב וגו' ומהו בצל שדי, צל שעשה בצלאל פירוש שמשכן שעשה בצלאל היה רק כצל שדי פירוש לנגד בית המקדש שהיה כמספר שד"י פירוש חמש מאות אמה הנעלם שדי, כן נראה לי. אי נמי יש לומר שהיה נקרא המשכן צל שדי כמו שכתב אות אמת ז"ל, לפי שהשיב הקב"ה למשה לא כמו שאתה סובר אלא עשרים קרשים וכו', וזהו בצל שדי פירוש שאמר הקב"ה די בעשרים קרש בדרום וכו', על דרך שדרשו חכמינו ז"ל (חגיגה יב, א) שדי שאמר לעולמו די. ודוק:

חידושי הרד"ל

[א] **אלא כך כו' לא מצינו כח גבורותיו.** רצה לומר זה שנאמר בסיפיה דקרא ורעם גבורותיו מי יתבונן, שזה שאמר אליהוא לא מצאנוהו היינו הבנת השגתנו קצרה מהתבונן בגבורותיו, אף שהן מכריזין בקולם בכל העולם כקול הרעם, וכן מה שכתב להלן **אלו היה בא עליהם בחוזק כחו כו',** גם כן לפרושי רעם גבורותיו קאמר: **לפי כחו של כל אחד אחד.** עיין לעיל ריש פרשה כט (סימן א):

באור מהרי"פ

[א] **בא הוא והוסיף על דבריו.** וצריך עיון איך שייך לומר שאיוב הוסיף על דברי אליהוא, הלא דברי אליהוא היו באחרונה אחר ששבתו שלשת רעי איוב מענות אותו, כמבואר (איוב לב א ה - ו) וישבתו שלשת האנשים האלה מענות את איוב כי צדיק הוא בעיניו וירא אליהוא כי אין מענה בפי שלשת האנשים ויחר אפו. ויען אליהוא בן ברכאל הבוזי ויאמר ואחרי כלות דברי אליהוא ענה ה' אותו מן הסערה ושוב לא דבר איוב עם חביריו מענין התווכחות. ומה שאמר איוב הן אלה קצות דרכיו וגו', היה בתחלה, ואין שייך לומר כלל שאליהוא אשר כל דבריו היו אחרונים שאיוב הוסיף על דבריו. ואולי דמאמר בא והוסיף, פירוש, שהוסיף בשבח המקום בהרחבת והסברת דברים המובנים לכל יותר מאליהוא, שאיוב ואליהוא אמרו דבר אחד, ושניהם לכוונה אחת נתכוונו כמו שמבאר המדרש כאן, אלא שבדברי אליהוא היה מקום לטעות שהם חרופין וגדופין, ואיוב פירש דבריו בשבחו של מקום מפורש באר היטב הן אלה קצות דרכיו, ולזה כוון בעל המדרש במאמר שכל מה שאמר אליהוא בא הוא והוסיף על דבריו. תולדות נח הארוך:

מסורת המדרש

א. עיין ירושלמי ברכות פרק ט'. ומדרש תהלים מזמור י"ט:

ב. לעיל פרשה ה' ופרשה כ"ח וכ"ט:

אם למקרא

שַׁדַּי לֹא מְצָאנֻהוּ שַׂגִּיא כֹחַ וּמִשְׁפָּט וְרֹב צְדָקָה לֹא יְעַנֶּה: לָכֵן יְרֵאוּהוּ אֲנָשִׁים לֹא יִרְאֶה כָּל חַכְמֵי לֵב: (איוב לז:כג)

הֶן אֵלֶּה קְצוֹת דְּרָכָיו וּמַה שֵּׁמֶץ דָּבָר נִשְׁמַע בּוֹ וְרַעַם גְּבוּרֹתָיו מִי יִתְבּוֹנָן: (שם כו:יד)

וְעַתָּה לָמָּה נָמוּת כִּי תֹאכְלֵנוּ הָאֵשׁ הַגְּדֹלָה הַזֹּאת אִם יֹסְפִים אֲנַחְנוּ לִשְׁמֹעַ אֶת קוֹל ה' אֱלֹהֵינוּ עוֹד וָמָתְנוּ: (דברים ה:כב)

קוֹל ה' בַּכֹּחַ קוֹל ה' בֶּהָדָר: (תהלים כט:ד)

כִּי הַאֻמְנָם יֵשֵׁב אֱלֹהִים עַל הָאָרֶץ הִנֵּה הַשָּׁמַיִם וּשְׁמֵי הַשָּׁמַיִם לֹא יְכַלְכְּלוּךָ אַף כִּי הַבַּיִת הַזֶּה אֲשֶׁר בָּנִיתִי: (מלכים א ח:כז)

אמרי יושר

[א] **שכל מה שאמר אליהוא בא הוא והוסיף על דבריו.** ואף על פי שאיוב דבר תחילה, ילדק אומרו בא איוב והוסיף על דבריו, כי הפליג איוב בשבחיו יתברך ואמר שכל מה שביכתן הוא קצות דרכיו. או אפרש בא אליהוא והוסיף על דברי איוב, ואם כן היסוד היה איוב, ולולי איוב לא שמענו דברי אליהוא, איוב אמר הן אלה קצות דרכיו ששבחו יותר, בא אליהוא ואמר דעו כי עם הפלגת כל שבחו זה עם כל זה **אין הקב"ה בא בטרחות עם הבריות** והפלגה זו, אלא משתמש בכלי הדיוטות. או הם שני דרשות תחלה לא מצאנוהו אני איוב שגיא כח, ולא השגנו פרטי דרכיו, ולא יראה אחד מחכמי לב חכמתו, ואמר אחר כך דרש, אחר כך אמר אליהוא לא מצאנו שגיא כח, ובא בטורח לא במעשים, שמשפט ורוב לדקות לא יענה לא יכרית את האנשים שיעשו אלא די ידם, וכן בחכמה לא יראה כל חכמי לב בשוה אלא קול ה' בסיני כפי כח כל אחד:

The Midrash has interpreted Elihu's statement, *The Almighty, we have not discovered Him great in strength*, as referring to God's limiting Himself in the ways described above in order to enable man to serve Him. It now expounds Elihu's statement as alluding to God's limiting Himself to the small space of the Tabernacle and, further, to the even smaller space of the Ark (the subject of our *Exodus* verse):

דָּבָר אַחֵר, ״שַׁדַּי לֹא מְצָאנוּהוּ שַׂגִּיא כֹחַ״ – Another interpretation: *The Almighty, Whom we cannot discover, is great in strength.*[13] **בְּשָׁעָה שֶׁאָמַר הַקָּדוֹשׁ בָּרוּךְ הוּא לְמֹשֶׁה: עֲשֵׂה לִי מִשְׁכָּן – When the Holy One, blessed is He, said to Moses, "Make for Me a Tabernacle,"**[14] **הִתְחִיל מִתְמִיהַּ וְאוֹמֵר – [Moses] began** to be **astonished, and said, כְּבוֹדוֹ שֶׁל הַקָּדוֹשׁ בָּרוּךְ הוּא מָלֵא עֶלְיוֹנִים וְתַחְתּוֹנִים – "The glory of the Holy One, blessed is He, fills the upper and lower** realms, **וְהוּא אוֹמֵר: עֲשֵׂה לִי מִשְׁכָּן – and** yet **He says, 'Make for Me a Tabernacle'?!"**[15] **וְעוֹד הָיָה מִסְתַּכֵּל וְרָאָה שֶׁשְּׁלֹמֹה עוֹמֵד וּבוֹנֶה בֵּית הַמִּקְדָּשׁ – Moreover, [Moses] looked and saw** through the Holy Spirit of prophecy[16] **that Solomon would arise and build a Holy Temple, שֶׁהוּא גָּדוֹל מִן הַמִּשְׁכָּן – which would be larger than the Tabernacle, וְאָמַר לִפְנֵי הַקָּדוֹשׁ בָּרוּךְ הוּא – and [Solomon] would say before the Holy One, blessed is He,** ״כִּי הַאֻמְנָם יֵשֵׁב אֱלֹהִים עַל הָאָרֶץ״ – **"*Would God truly dwell on earth?*** *Behold, the heavens and the highest heavens cannot contain You, and surely not this Temple that I have built!"* (*I Kings* 8:27).

NOTES

13. See note 7.

14. See above, v. 8.

15. We learn this from the seemingly extraneous phrase, וְכֵן תַּעֲשׂוּ, *and so shall you do* (end of v. 9). Moses was astonished when he heard that God, Whose glory fills the entire creation, wanted him to build a Tabernacle (see below, note 17), and therefore God had to reiterate: *and so shall you do* – i.e., do not question Me; just do as I said (*Eitz Yosef*).

16. *Maharzu, Eshed HaNechalim*.

פרשה לד

א [כה, י] "**וְעָשׂוּ אֲרוֹן עֲצֵי שִׁטִּים**", **הָדָא הוּא דִכְתִיב** (איוב לז, כג) "**שַׁדַּי לֹא מְצָאנוּהוּ שַׂגִּיא כֹחַ**", [א]**אָמַר רַבֵּינוּ הַגָּדוֹל: צְרִיכִין אָנוּ לְהַחֲזִיק טוֹבָה לְאִיּוֹב, שֶׁכָּל מַה שֶּׁאָמַר אֱלִיהוּא בָּא הוּא וְהוֹסִיף עַל דְּבָרָיו, אָמַר אִיּוֹב לַחֲבֵירָיו: מָה אַתֶּם סוֹבְרִים, שֶׁכָּל מַה שֶּׁאֲמַרְתֶּם הוּא כָּל שִׁבְחוֹ, מִי יוּכַל לְסַפֵּר כָּל שְׁבָחָיו וּגְבוּרוֹתָיו שֶׁל הַקָּדוֹשׁ בָּרוּךְ הוּא, כָּל הַדְּבָרִים שֶׁדִּבַּרְתֶּם** (שם כו, יד) "**הֵן אֵלֶּה קְצוֹת דְּרָכָיו**", **בָּא אֱלִיהוּא וְאָמַר "שַׁדַּי לֹא מְצָאנוּהוּ שַׂגִּיא כֹחַ", מִי שֶׁשּׁוֹמֵעַ הַפָּסוּק הַזֶּה אוֹמֵר: שֶׁמָּא חֵירוּפִים הוּא חַס וְשָׁלוֹם, אֶלָּא כָּךְ אָמַר אֱלִיהוּא: לֹא מָצִינוּ כֹּחַ גְּבוּרָתוֹ שֶׁל הַקָּדוֹשׁ בָּרוּךְ הוּא עִם בְּרִיּוֹתָיו, שֶׁאֵין הַקָּדוֹשׁ בָּרוּךְ הוּא בָּא בְּטָרְחוּת עִם בְּרִיּוֹתָיו, לֹא בָּא עַל הָאָדָם אֶלָּא לְפִי כֹחוֹ, אַתָּה מוֹצֵא כְּשֶׁנָּתַן הַקָּדוֹשׁ בָּרוּךְ הוּא אֶת הַתּוֹרָה לְיִשְׂרָאֵל אִלּוּ הָיָה בָּא עֲלֵיהֶם בְּחוֹזֶק כֹּחוֹ לֹא הָיוּ יְכוֹלִים לַעֲמוֹד, שֶׁנֶּאֱמַר** (דברים ה, כב) "**אִם יֹסְפִים אֲנַחְנוּ לִשְׁמֹעַ וְגוֹ'**", **אֶלָּא לֹא בָּא עֲלֵיהֶם** [ב]**אֶלָּא לְפִי כֹּחָם, שֶׁנֶּאֱמַר** (תהלים כט, ד) "**קוֹל ה' בַּכֹּחַ**", "**בְּכֹחוֹ**" **אֵינוֹ אוֹמֵר אֶלָּא "בַּכֹּחַ", לְפִי כֹּחוֹ שֶׁל כָּל אֶחָד וְאֶחָד, דָּבָר אַחֵר,** (איוב לז, כג) "**שַׁדַּי לֹא מְצָאנוּהוּ שַׂגִּיא כֹחַ**", **בְּשָׁעָה שֶׁאָמַר הַקָּדוֹשׁ בָּרוּךְ הוּא לְמֹשֶׁה: עֲשֵׂה לִי מִשְׁכָּן, הִתְחִיל מַתְמִיהַּ וְאוֹמֵר: כְּבוֹדוֹ שֶׁל הַקָּדוֹשׁ בָּרוּךְ הוּא מָלֵא עֶלְיוֹנִים וְתַחְתּוֹנִים, וְהוּא אוֹמֵר: עֲשֵׂה לִי מִשְׁכָּן, וְעוֹד הָיָה מִסְתַּכֵּל וְרָאָה שֶׁשְּׁלֹמֹה עוֹמֵד וּבוֹנֶה בֵּית הַמִּקְדָּשׁ שֶׁהוּא גָּדוֹל מִן הַמִּשְׁכָּן וְאָמַר לִפְנֵי הַקָּדוֹשׁ בָּרוּךְ הוּא:** (מלכים-א ח, כז) "**כִּי הַאֻמְנָם יֵשֵׁב אֱלֹהִים עַל הָאָרֶץ**",

עץ יוסף

(א) הדא הוא דכתיב שדי לא כו'. כדמסיק שאמאס שכינתו בתוך אמה על אמה: **צריכין אנו להחזיק טובה לאיוב.** כלומר אף שחטא בדעותיו, עם כל זה בשכלו והשגתו היה גדול מחביריו מאד, וזה שאמר בעל המאמר, שכל מה שאמר אליהוא, בא הוא והוסיף על דבריו, פירוש שבא איוב והוסיף בשבח המקום יותר מאליהוא, אבל איוב ואליהו[א] אמרו דבר אחד, ושניהם לדבר אחד נתכוונו, דמה שאמר אליהוא שדי לא מצאנוהו שגיא כח, פירוש שאין אנו יכולים להשיג שגיא כח גדולתו וגבורתו יתברך, והוא ממש כמאמר איוב שאמר הן אלה קצות דרכיו, אלא שבדברי אליהוא היה מקום לטעות שהם חרופין וגדופין, כמו שאמר בעל המדרש, ואיוב פירש דבריו ביותר שמדבר בשבחו של מקום, והוסיף על דבריו כנ"ל: **מי ששומע פסוק זה.** לבד הוא סובר שאליהוא דבר חירופים שלא מצאנוהו שהוא שגיא כח, אלא כאילו הוא קצר כח חס ושלום: **אלא כך אמר אליהוא כו'.** כלומר לא מצאנוהו שיתנהג עם בריותיו כפי כחו הבלתי בלי תכלית, רוצה לומר שיחפוץ מהאדם שיעבדנו כפי שראוי לו שהיא עבודה לבלתי תכלית, כי אם כפי כח האדם ובא אליהוא בזה להגדיל כח ה': **בחוזק כחו.** כלומר שפע השגה הרמה, ואז לא היו יכולים לעמוד בו, כי זה מנתק קשרי הגוף מהנפש, על דרך הציץ ומת, וכדומה: **אלא בכח.** סתם כח כפי הכנת כח של כל אחד ואחד: **התחיל מתמיה ואומר כו'.** למדו זה מיתורא דוכן תעשו, שהיא תשובה לתמיהת משה, שהיה מתמה על מאמר הקדוש ברוך הוא שאמר ועשו לי מקדש, אמר כבודו של הקדוש ברוך הוא מלא כו', לזה הוזקק הקדוש ברוך הוא להשיבו שנית וכן תעשו, שלא תהרהר אחרי אלא תעשו כמו שאמרתי לך: **כבודו של הקדוש ברוך הוא כו'.** כתב בעל כלי חמדה שתי תמיהות בדבר, ראשונה מצד איכות המשכן שנית מצד הכמות, אם מצד האיכות אמר כי אחר שהקדוש ברוך הוא כל נמלאיו יכבדוהו ויברכו את שם כבודו מה בלע במשכן, וזה שאמר כבודו של הקדוש ברוך הוא בעליונים ובתחתונים הוא אומר עשה לי משכן, ואם מצד הכמות אמר ועוד היה מסתכל ורואה, ששלמה עומד ובונה בית המקדש שהוא גדול מן המשכן כו', הרי שהזכיר תיבת גדול להורות כי גם בכמות גדול המקדש והמשכן קטן מהכיל, עד כאן לשונו:

פירוש מהרז"ו

(א) שכל מה שאמר אליהוא. צריך עיון גדול שהרי מענות אליהוא היו באחרונה, ולא נזכר כלל אם ענה איוב דבר לאליהוא, רק כל דברי אליהוא על הטענות שהתווכח עם שלשת רעיו. ומה שכתוב הן אלה קצות דרכיו, אמר איוב כן על דברי עצמו ודברי רעיו, ולא על דברי אליהוא. ונראה שצריך לומר בהיפך שכל מה שאמר איוב לרעיו, הוסיף אליהוא, שאיוב אמר הן אלה קצות דרכיו, כנגד רעיו שהשיגו מקצת, אך אליהוא אמר שדי לא מצאנוהו, שלא השגנו ממנו מאומה, והוסיף על דברי איוב: **מי ששמע הפסוק הזה.** פירוש אחר על הפסוק שיש לטעות בו, ועיין ירושלמי ריש פרק הרואה (ברכות פ"ט), מדרש תהלים ריש מזמור י"ט, במדבר רבה פרשה כ"א סימן כ"ב: **אם יוספים.** וסיפא דקרא בקול ה' אלהינו עוד ומתנו: **קול ה' בכח.** לעיל פרשה ה סימן ט, וסוף פרשה כ"ח, וריש פרשה כ"ט: **ומשה מתמיה.** במדבר רבה פרשה י"ב סימן ג באריכות, מדרש תהלים מזמור נ"א: **ועוד היה מסתכל.** צופה ברוח הקדש, כמו שאמרו מכילתא סוף בשלח, ספרי סוף ברכה, שהראהו הקב"ה דור ודור ודורשיו:

חידושי הרד"ל

[א] אלא כך כו' לא מצינו כח גבורותיו. רצה לומר זה שנאמר בסיפיה דקרא ורעם גבורותיו מי יתבונן, שזה שאמר אליהוא לא מצאנוהו היינו הבנת השגתנו קצרה מהתבונן בגבורותיו, אף שהן מכריזין בקולם בכל העולם כקול הרעם, וכן מה שכתב להלן **אלו היה בא עליהם בחוזק כחו כו'**, גם כן לפרושי רעם גבורותיו קאמר: **לפי כחו של כל אחד אחד.** עיין לעיל ריש פרשה כט (סימן א):

באור מהרי"פ

[א] בא הוא והוסיף על דבריו. וצריך עיון איך שייך לומר שאיוב הוסיף על דברי אליהוא, הלא דברי אליהוא היו באחרונה אחר ששבתו שלשת רעי איוב מענות אותו, כמבואר (איוב לב א - ו) וישבתו שלשת האנשים האלה מענות את איוב כי צדיק הוא בעיניו ויחר אליהוא כי אין מענה בפי שלשת האנשים ויחר אפו. ויען אליהוא בן ברכאל הבוזי ויאמר ואחרי כלות דברי אליהוא ענה ה' אותו מן הסערה ושוב לא דבר איוב עם חביריו מענין התווכחות. ומה שאמר איוב הן אלה קצות דרכיו וגו', היה בתחלה, ואין שייך לומר ככל שאליהוא אשר כל דבריו היו אחרונים שאיוב הוסיף על דבריו. ואולי דמאמר בא והוסיף, פירוש, שהוסיף בשבח המקום בהרחבת והסברת דברים המובנים לכל יותר מאליהוא, שאיוב ואליהוא אמרו דבר אחד, ושניהם לכוונה אחת נתכוונו כמו שמבאר המדרש כאן, אלא שבדברי אליהוא היה מקום לטעות שהם חרופין וגדופין, ואיוב פירש דבריו בשבחו של מקום מפורש באר היטב הן אלה קצות דרכיו, ולזה כוון בעל המדרש במאמר שכל מה שאמר אליהוא בא הוא והוסיף על דבריו.
תולדות נח הארוך:

מסורת המדרש

א. עיין ירושלמי ברכות פרק ט'. ומדרש תהלים מזמור י"ט:
ב. לעיל פרשה ה' ופרשה כ"ח וכ"ט:

אם למקרא

שַׁדַּי לֹא מְצָאנֻהוּ שַׂגִּיא כֹחַ וּמִשְׁפָּט וְרֹב צְדָקָה לֹא יְעַנֶּה: לָכֵן יְרֵאוּהוּ אֲנָשִׁים לֹא יִרְאֶה כָּל חַכְמֵי לֵב:
(איוב לז:כג)

הֶן אֵלֶּה קְצוֹת דְּרָכָיו וּמַה שֵּׁמֶץ דָּבָר נִשְׁמַע בּוֹ וְרַעַם גְּבוּרֹתָיו מִי יִתְבּוֹנָן:
(שם כו:יד)

וְעַתָּה לָמָּה נָמוּת כִּי תֹאכְלֵנוּ הָאֵשׁ הַגְּדֹלָה הַזֹּאת אִם יֹסְפִים אֲנַחְנוּ לִשְׁמֹעַ אֶת קוֹל ה' אֱלֹהֵינוּ עוֹד וָמָתְנוּ:
(דברים ה:כב)

קוֹל ה' בַּכֹּחַ קוֹל ה' בֶּהָדָר:
(תהלים כט:ד)

כִּי הַאֻמְנָם יֵשֵׁב אֱלֹהִים עַל הָאָרֶץ הִנֵּה הַשָּׁמַיִם וּשְׁמֵי הַשָּׁמַיִם לֹא יְכַלְכְּלוּךָ אַף כִּי הַבַּיִת הַזֶּה אֲשֶׁר בָּנִיתִי:
(מלכים א ח:כז)

אמרי יושר

[א] שכל מה שאמר אליהוא בא הוא והוסיף על דבריו. ואף על פי שאיוב דבר תחילה, ילדק אומרו בא איוב והוסיף על דבריו, כי הפליג איוב בשבחיו יתברך ואמר שכל מה שבחן הוא קצות דרכיו. או אפרש בא אליהוא והוסיף על דברי איוב, ואם כן היסוד היה איוב, ולולי איוב לא שמענו דברי אליהוא, איוב אמר הן אלה קצות דרכיו ששבחו יותר, בא אליהוא ואמר דעו כי עם הפלגת כל שבחו זה עם כל זה **אין הקב"ה בא בטרחות עם הבריות** והפלגה זו, אלא משתמש בכלי הדיוטות. או הם שני דרשות תחלה לא מצאנוהו אני איוב שגיא כח, ולא השגנו פרטי דרכיו, ולא יראה אחד מחכמי לב חכמתו, ואמר אחר כך דרש, אחר כך אמר אליהוא לא מצאנו שגיא כח, ובא בטורח לא במעשים, שמשפט ורוב צדקות לא יענה לא יכרית את האנשים שיעשו אלא די ידם, וכן בחכמה לא יראה כל חכמי לב בשוה אלא קול ה' בסיני כפי כח כל אחד:

אשד הנחלים

[א] להחזיק טובה. כלומר אף שחטא בדיעותיו, עם כל זה בשכלו והשגתו היה גדול מחבריו מאד. והכוונה נפלאה מאד, להיות כי הם דימו כי כל החכמות הנמצאים, שהמה עדות לחכמת ה', כאילו חכמת הבריאה הוא עצם חכמת ה', ובאמת לא כן הוא, כי כל החכמות המה מוגבלות, ואינן מסוג חכמת ה' הבלתי בעל תכלית, וזה הכונה הן אלה קצות דרכיו, (אבל) מה שמץ דבר נמצא בו, כלומר שהחכמה אינה מסוגו, כי החכמה שהיא בעלת תכלית, לא יורה מאומה על עצם חכמתו יתברך הבלתי בעל תכלית: **שמא חירופים.** כי ידומה חס ושלום שהכונה שלא מצאנו כחו וגבורתו ולא נראה בו, אבל האמת אין הכונה כן, רק ביאורו לא מצאנוהו שיתנהג עם בריותיו כפי כחו הבלתי בעל תכלית, רצה לומר שיחפוץ מהאדם שיעבדנו כפי שראוי לו העבודה יתברך שהיא עבודה לבלי תכלית, כי אם כפי כח האדם והכרתו. וכל זה הוכיח לאיוב, שדימה שהעמיס ה' עליו עבודתו יותר מכדי כוחו, ועל כן יענישנו במה שלא עבד ככה: **בחוזק כחו.** כלומר שפע השגה הרמה, ואז לא היו יכולים לעמוד בו, כי זה מנתק קשרי הגיו מהנפש על דרך (חגיגה יד, ב) הציץ ומת, וכדומה: **אלא בכח.** סתם כח כפי הכנת כח של כל אחד: **מתמיה ואומר בכודו.** כלומר אחר שהוא מלא כל, איך יתכן לייחס לו מקום מבלעדי מקום, ובפרט מקום קטן כזה. והכונה אחר שהשמים העליונים שהמה רוחנים גבוהים, ועם כל זה אינם יודעים ומבינים כבודו, ואיך ישיגו פה: **ועוד היה מסתכל.** כלומר בנבואתו ראה כל זה:

ידי משה

[א] שדי לא מצאנוהו שגיא כח בשעה שאמר הקב"ה למשה עשה לי משכן התחיל מתמיה וכו' ועוד היה מסתכל וראה ששלמה עומד ובונה בית המקדש וכו' עד אמר רבי יהודה ברבי סימון וכו' מהו בצל שדי וגו'. וקשה לי מהיכן מרומז בפסוק זה שדי לא מצאנוהו וגו' שהיה מתמיה משה על מעשה בית המקדש ובצל שדי אמר על משכן. ונראה לומר לפי דאיתא בתוספות במסכת חגיגה (יג א ד"ה מסוף) מהלך העולם חמש מאות שנה, פירשו התוספות שנרמז בתיבת שדי שנעלם מן שדי הוא חמש מאות. ונראה לי בן המחבר שזה הוא הרמז גם כן כאן, שדי לא מצאנוהו שגיא כח שקאי על בית המקדש שהיה חמש מאות אמה, והוא הנעלם מן שדי, וזה שהיה מסתכל והיה מתמיה על בנין שלמה, והיה מתמיה לא מצאנוהו שגיא כח, פירוש שראה ששלמה יתמיה עצמו, האמנם ישב וגו' ומהו בצל שדי, צל שעשה בצלאל פירוש שמשכן שעשה בצלאל היה רק כצל שדי פירוש לנגד בית המקדש שהיה כמספר שד"י פירוש חמש מאות אמה הנעלם שדי, כן נראה לי. אי נמי יש לומר שהיה נקרא המשכן צל שדי כמו שכתב אות אמת ז"ל, לפי שהשיב הקב"ה למשה לא כשם שאתה סובר אלא עשרים קרשים וכו', וזהו בצל שדי פירוש שאמר הקב"ה די בעשרים קרש בדרום וכו', על דרך שדרשו חכמינו ז"ל (חגיגה יב, א) שדי שאמר לעולמו די. ודוק:

אָמַר מֹשֶׁה – And in response to this vision **Moses said,** וּמָה בֵּית הַמִּקְדָּשׁ, שֶׁהוּא יוֹתֵר וְיוֹתֵר מִן הַמִּשְׁכָּן, שְׁלֹמֹה אוֹמֵר כֵּן – **"If Solomon says this** regarding **the Holy Temple, which is so much larger than the Tabernacle,** מִשְׁכָּן עַל אַחַת כַּמָּה וְכַמָּה – then **how much more so** could this be said about **the Tabernacle!"**[17] לְכָךְ אָמַר מֹשֶׁה "יֹשֵׁב בְּסֵתֶר עֶלְיוֹן" – **Therefore, Moses said,** ***Yosheiv b'seiser Elyon*** (*Psalms* 91:1[18]), אָמַר רַבִּי יְהוּדָה בַּר רַבִּי סִימוֹן: יוֹשֵׁב בְּסֵתֶר הוּא עֶלְיוֹן עַל כָּל בְּרִיּוֹתָיו – and **R' Yehudah son of R' Simone said** that this phrase means: **He Who sits in a hidden place is Most High over all His creatures.**[19] מַהוּ "בְּצֵל שַׁדַּי" – Continuing in the *Psalms* verse, **what is** the meaning of ***b'tzeil Shaddai*** [שַׁדַּי] *yislonan?*[20] "בְּצֵל אֵל, בְּצֵל רַחוּם, בְּצֵל חַנּוּן" אֵין כְּתִיב כָּאן – Notice that ***b'tzeil El*** [אֵל] or ***b'tzeil Rachum*** [רַחוּם] or ***b'tzeil Chanun*** [חַנּוּן] **is not written here;**[21] אֶלָּא "בְּצֵל שַׁדַּי" – **rather, *b'tzeil Shaddai*** is written, בְּצֵל שֶׁעָשָׂה בְּצַלְאֵל – which is to be interpreted as stating that the Almighty shall dwell **in the shelter that Bezalel made** – i.e., the Tabernacle; לְכָךְ נֶאֱמַר "בְּצֵל שַׁדַּי יִתְלוֹנָן" – **therefore it is stated, *b'tzeil Shaddai*** [שַׁדַּי] ***yislonan.***[22] אָמַר הַקָּדוֹשׁ בָּרוּךְ הוּא – For **the Holy One, blessed is He, said** to Moses, לֹא כְּשֵׁם שֶׁאַתָּה סָבוּר כָּךְ אֲנִי סָבוּר – **"Not as you think do I think.**[23] אֶלָּא כ׳ קֶרֶשׁ בַּצָּפוֹן וְכ׳ בַּדָּרוֹם וְח׳ בַּמַּעֲרָב – **Rather,** a structure formed by **twenty planks on the north** side **and twenty** planks **on the south** side **and eight** planks **on the west** side suffices for Me![24] וְלֹא עוֹד אֶלָּא שֶׁאֵרֵד וַאֲצַמְצֵם שְׁכִינָתִי בְּתוֹךְ אַמָּה עַל אַמָּה – **And not only that, but I shall descend and contract My Presence within** the tiny space of **one square *amah."***[25]

NOTES

17. *Kli Chemdah*, cited by *Eitz Yosef*, writes that Moses was astounded on two fronts: one qualitative and the other quantitative. The qualitative wonder ("The glory of the Holy One, blessed is He, fills the upper and lower realms, etc.") is that if God's glory fills the entire creation, and the denizens of both the upper and lower realms all honor Him, what does a Tabernacle add to that homage and reverence? And the quantitative wonder ("the Holy Temple, which would be larger than the Tabernacle, etc.") is that the small size of the Tabernacle could possibly contain God's Presence (*Kli Chemdah*, cited by *Eitz Yosef*).

18. Moses composed this Psalm upon seeing the entire work of the Tabernacle completed (*Eitz Yosef*, citing *Midrash Shocher Tov*).

19. The plain meaning of the phrase is: *Whoever sits in the refuge of the Most High.* However, the Midrash interprets the word עֶלְיוֹן (*Most High*) as the phrase's subject. It is thus to be understood: The (One Who is) Most High (over all His creatures) sits in a hidden place (*Eitz Yosef*).

20. The plain meaning of this phrase is: *he* (i.e., the righteous person who "sits in the refuge of the Most High" – see preceding note) *shall dwell in the [protective] shade of the Almighty.* The Midrash goes on to explain why it does not interpret the verse that way.

21. If the verse indeed meant to say what it *seems* to be saying according to its plain meaning – that the righteous person shall sit in the protective shade of God (see preceding note) – it should have used the Name אֵל (God) or רַחוּם (the Merciful) or חַנּוּן (the Gracious) for God, as these Names signify God's Attributes of Kindness and Compassion. Instead, the Name שַׁדַּי appears, a Name that connotes God's Attribute of Strict Justice, and which one would not expect the verse to use had it meant to signify the One in Whose shelter the righteous sit (*Eitz Yosef*).

22. The Midrash concludes that the word שַׁדַּי, *Almighty*, is not the object but rather the subject in the phrase בְּצֵל שַׁדַּי יִתְלוֹנָן. It is thus to be understood: *The Almighty shall dwell in the shelter.* And which "shelter" is this? It is the shelter that Bezalel made – i.e., the Tabernacle. For the Name שַׁדַּי (in addition to its "non-Merciful" connotation; see preceding note) has the connotation שֶׁדַּי (*that enough*), thus alluding to the fact that God suffices with the limited space of the Tabernacle; He did not seek an accommodation that accorded with His "great strength" (*Eitz Yosef*; cf. *Yedei Moshe*).

See also *Midrash Tanchuma, Vayakhel* §3, which quotes our *Psalms* verse and states that בְּצַלְאֵל was called by this name because he made a shelter for God (צֵל לָאֵל). And for a connection between Bezalel and the Name שַׁדַּי, see end of 48 §4 below and *Tanchuma* ibid. §5 (cited by *Maharzu* and *Radal*).

The Gemara *Berachos* 55a states that Bezalel knew how to combine the letters with which heaven and earth were created. *Maharzu* writes that Bezalel understood how God contracted His glory in order to "make room" for the world to exist, and he thus understood as well how God could confine His glory to the small space of the Tabernacle. *Eshed HaNechalim* writes that Bezalel brought God's Presence down to earth through the special intentions (כַּוָּונוֹת) that he invested into the Ark (see note 35 below). See also *Ramban* to *Exodus* 31:2, end.

23. You cannot conceive of My glory confined in so small a place, but I can. Cf. *Yedei Moshe.*

24. Each plank was 10 *amos* tall and 1½ *amos* wide (below, 26:16). They formed the walls of the Sanctuary building, which contained the Holy and the Holy of Holies.

25. As the Almighty had told Moses, *I shall speak with you from atop the Cover, from between the two Cherubim that are on the Ark* (v. 22 below). However, the figure "one square *amah"* is not exact, for the Cover of the Ark measured 2½ *amos* in length and 1½ *amos* in width (v. 17 below), and the space between the Cherubim was certainly more than an *amah.* Nevertheless, because the Midrash did not choose to deal with fractions, it simply spoke of one square *amah* [i.e., an *amah* of length and an *amah* of width] (*Eitz Yosef*, citing *Yefeh To'ar*; see also *Maharzu*).

Alternatively, the Divine Presence actually rested upon the two Tablets that were *inside* the Ark, each of which was six handbreadths (*tefachim*) high and six handbreadths wide [see *Bava Basra* 14a]. Since six handbreadths equal one *amah*, the Midrash's calculation of "one square *amah"* is exact (*Beur Maharif*; *Toldos Noach*, cited by *Eitz Yosef*).

This resting of the Divine Presence within the space of "one square *amah"* is a contraction of God's infinite glory, and it too is alluded to in the verse, *The Almighty, we have not discovered Him great in strength* (*Eitz Yosef* and *Tiferes Tzion*, beginning of section).

See Insight Ⓐ.

INSIGHTS

Ⓐ **The Power to Receive** *R' Yerucham Levovitz* (*Daas Torah, Shemos*, pp. 258-261) explains the import of our Midrash. God is certainly unlimited and His existence is infinite. Yet, when He reveals Himself to Man, He does so only to the extent necessary for Man's benefit. The fundamental "size" of creation is expressed in the words, "He said to His world, 'Enough.'" The "enough" is a reference to size, weight, intensity, and precise boundaries. Everything in this world is created based on the needs of the recipient and his ability to receive what he is given. God's "contraction" is a metaphor for the precisely tailored measure of His revelation to us. In truth, God and His Glory are so much greater than that.

A teacher must do this as well. Our Sages (*Pesachim* 3b) teach that one should always teach his disciple in the briefest manner possible. On a simple level, this is because, as *Rashi* there explains, a succinct lesson will endure longer than one that is verbose. That is clearly the reality, but there is a deeper meaning as well. The ideal teacher possesses far more knowledge and wisdom than he can convey to his disciples. And he must take pains to ensure that the vast extent of his knowledge remains hidden from them. To them he reveals only that which they need and are able to absorb. The teacher who overwhelms his students with everything he knows is not a true teacher at all. The knowledge of the true master must be "contracted." It must be imparted to the disciples only in proportion to what they are able to receive.

R' Yerucham explains that this is also the concept underlying the teaching of the Midrash in *Shir HaShirim Rabbah* on the verse, *A sound! My Beloved knocks! He said, "Open your heart to Me, My sister, My love, My dove, My perfection; admit Me . . . "* (*Song of Songs* 5:2), where the Midrash remarks: *The Holy One, blessed is He, says to Israel, "My children! Open for Me [in your hearts] one opening of repentance like the point of a needle, and I will open for you openings that wagons can enter!"* If God is prepared to shower us with such an abundance of assistance for repentance, why is it necessary for us to make the initial pinprick? And the answer is that God gives us only what we are prepared to receive. If our hearts are not open, then we have no capacity to receive. We must make that initial opening to make ourselves receptacles, we must allow God admittance into our inner hearts. And then God will fill us with all the outpouring of His closeness that we are able to receive.

אָמַר מֹשֶׁה: וּמַה בֵּית הַמִּקְדָּשׁ, שֶׁהוּא יוֹתֵר וְיוֹתֵר מִן הַמִּשְׁכָּן, שְׁלֹמֹה אוֹמֵר כֵּן, מִשְׁכָּן עַל אַחַת כַּמָּה וְכַמָּה, לְכָךְ אָמַר מֹשֶׁה (תהלים צא, א) **"יֹשֵׁב בְּסֵתֶר עֶלְיוֹן", אָמַר רַבִּי יְהוּדָה בַּר רַבִּי סִימוֹן: יוֹשֵׁב בְּסֵתֶר הוּא עֶלְיוֹן עַל כָּל בְּרִיּוֹתָיו, מַהוּ** (שם) **"בְּצֵל שַׁדַּי", "בְּצֵל אֵל, בְּצֵל רַחוּם, בְּצֵל חַנּוּן" אֵין כְּתִיב כָּאן, אֶלָּא "בְּצֵל שַׁדַּי", בְּצֵל שֶׁעָשָׂה בְּצַלְאֵל, לְכָךְ נֶאֱמַר "בְּצֵל שַׁדַּי יִתְלוֹנָן", גאָמַר הַקָּדוֹשׁ בָּרוּךְ הוּא: לֹא כְּשֵׁם שֶׁאַתָּה סָבוּר כָּךְ אֲנִי סָבוּר, אֶלָּא כ' קֶרֶשׁ בַּצָּפוֹן וְכ' בַּדָּרוֹם וְח' בַּמַּעֲרָב, וְלֹא עוֹד אֶלָּא שֶׁאֵרֵד וַאֲצַמְצֵם שְׁכִינָתִי בְּתוֹךְ אַמָּה עַל אַמָּה:**

ב דָּבָר אַחֵר, [כה, י] **"וְעָשׂוּ אֲרוֹן עֲצֵי שִׁטִּים", מַה כְּתִיב לְמַעְלָה,** [כה, ב] **"וְיִקְחוּ לִי תְּרוּמָה", מִיָּד "וְעָשׂוּ אֲרוֹן עֲצֵי שִׁטִּים", מַה הַתּוֹרָה קְדוּמָה לַכֹּל, כָּךְ בְּמַעֲשֵׂה הַמִּשְׁכָּן הִקְדִּים אֶת הָאָרוֹן לְכָל הַכֵּלִים, מָה הָאוֹר קָדַם לְכָל מַעֲשֵׂה בְרֵאשִׁית, דִּכְתִיב** (בראשית א, ג) **"וַיֹּאמֶר אֱלֹהִים יְהִי אוֹר", וְאַף בְּמִשְׁכָּן בַּתּוֹרָה שֶׁנִּקְרֵאת אוֹר, דִּכְתִיב** (משלי ו, כג) **"כִּי נֵר מִצְוָה וְתוֹרָה אוֹר", קָדְמוּ מַעֲשֶׂיהָ לְכָל הַכֵּלִים, דָּבָר אַחֵר,** [כה, י] **"וְעָשׂוּ אֲרוֹן", מִפְּנֵי מָה בְּכָל הַכֵּלִים הָאֵלֶּה כְּתִיב** (לקמן פסוק יז, כג, כט, לא וכו') **"וְעָשִׂיתָ", וּבָאָרוֹן כְּתִיב "וְעָשׂוּ אֲרוֹן", אָמַר רַבִּי יְהוּדָה בַּר רַבִּי שָׁלוֹם: אָמַר לוֹ הַקָּדוֹשׁ בָּרוּךְ הוּא: יָבֹאוּ הַכֹּל וְיַעַסְקוּ בָּאָרוֹן כְּדֵי שֶׁיִּזְכּוּ כּוּלָּם לַתּוֹרָה,**

עץ יוסף

אמר משה יושב בסתר עליון. דמזמור זה משה אמרו בשעה שראה כל המלאכה, שנאמר וירא משה את המלאכה ויברך אותם, כדאיתא בשוחר טוב עיין שם: **יושב בסתר.** הוא עליון על כל בריותיו, ביאר בזה שמלת עליון הוא דבוק למלת יושב, ויהיה פירושו כך שהקדוש ברוך הוא שהוא עליון על כל באי עולם, הוא יושב בסתר, ובאיזה סתר, מבאר בצל שדי יתלונן, רוצה לומר בצל שעשה בצלאל, וכמו שמסיק: **בצל אל בצל רחום כו'.** בעי לפרש דמיירי בהקדוש ברוך הוא שיושב בצל המשכן, ומלת בצל בלתי סמוכה אלא הכי פירושו בצל יתלונן השדי, להכי מייתי סמך מדלא קאמר בצל אל בצל רחום כו', דאי בצדיק המסתופף בצל ה' מיירי, הוי ליה למנקט שם אל, או רחום, או חנון, שמורים על החסד והרחמים, ולא שם שדי שמורה על הדין שהוא לשון תקיף, על כרחך לומר שפירושו שהשדי יתלונן בצל המשכן, ולהכי נקט שם שדי, שהוא מורה על ההסתפקות, שדי לו בעשרים קרש בצפון כו', ולא בקש לפי כחו: **בתוך אמה על אמה.** היינו על גבי הכפורת, כמו שנאמר ונועדתי לך שם ודברתי אתך מעל הכפרת מבין שני הכרובים, ובוודאי היה בין הכרובים יותר מאמה, אלא שלא חש לדקדק ונקט אמה (יפה תואר). ותולדות נח פירש דהשכינה היתה שורה על הלוחות, והלוחות היו ששה טפחים על ששה טפחים, שהוא שיעור אמה, עד כאן: (ב) **מיד ועשו ארון עצי שיטים.** כלומר מיד אחר צווי נדבת המשכן הקדים את הארון, שעל ידי שהתורה קדומה לכל הוכרח להקדימו: **הקדים את הארון.** שהתורה בו כי שם לוחות הברית וספר תורה: **דכתיב ויאמר אלהים יהי אור.** שפירושו שבראשית בריאת שמים וארץ אמר אלהים יהי אור, וכדר' יהודה דלעיל בבראשית רבה פרשה ג': [ג] **מפני מה בכל הכלים כתיב ועשית כו'.** לאו דוקא בכלים הוא הדין במשכן נמי כתיב ועשית, כדכתיב ועשית קרשים למשכן, ובאמת במשכן ובכלים נמי כתיב ועשו, כדכתיב ועשו לי מקדש וגו' ואת תבנית המשכן ואת תבנית כל כליו וכן תעשו, אלא דעל הכלל שייך לומר ועשו, דמיירי בכלים הרבה שאחד עושה דבר פלוני וחברו עושה דבר פלוני, שייך לומר ועשו, מה שאין כן בדברים פרטים שייך לומר ועשית, לכך מקשה דוקא מדברים פרטים, מאי שנא דבכל דבר פרטיי כתיב ועשית, ובארון כתיב ועשו (תולדות נח): **יבואו הכל ויעסקו.** לכך כתיב ועשו ארון, ואף על גב דכתיב אחר כך ועשית עליו זר זהב וגו', אין קפידא, אחרי שכבר הורה לנו במלת ועשו ארון ענין זה: **ויעסקו בארון.** פירש הרמב"ן, והעסק שיתנדב כל אחד זהב לארון, או יעזור לבצלאל עזר מעט, כי על ידי עשייתם והתעסקם בזה יזכרו ויעוררו לבם על קדושתו,

פירוש מהרז"ו

יושב בסתר עליון. הכי גרסינן במדרש תהלים מזמור צ"א, אמר רבי יהודה ברבי סימון יושב בסתר עליון, שרואה ואינו נראה, ובצל שעשה בצלאל יתלונן שדי. ובמדבר רבה פרשה י"ב סימן ג (ר"ג אומר) משה אמר יושב בסתר עליון, הקב"ה יושב בסתרו של עולם הוא רואה את הכל, ואינו נראה הוא נתאוה ללון בצלנו, אמר רבי פרוזדוק ב"ר נחשא בשם רבי יהודה ברבי סימון שדי נתלונן בצל שעשה לך בצלאל, זה המשכן, הוי בצל שדי יתלונן. והדבר נראה לעין שהמדרש תהלים הנ"ל הוא מורכב משני מאמרים, והכל בשם רבי יהודה ברבי סימון, וכן הוא כאן, אלא דכאן חסר וצריך להגיה כנ"ל במדבר רבה שם. ומה שכתב רואה ואינו נראה, הוא פירוש ישב בסתר שבערך אצלנו הוא סתר ועליון. ועיין פירוש המאמר במדבר רבה שם: **בצלאל בצל רחום וכו'.** וכמו שדרשו לקמן פרשה מ"ח סוף סימן ד', וכל הבינה שהיה בבצלאל משל שדי היתה, כמו שכתוב (איוב לב, ח) אכן רוח הוא באנוש ונשמת שדי תבינם, עיין שם, וכן הוא בתנחומא סדר ויקהל סימן ה, וזהו בצל שדי יתלונן, שהוא היה יכול לעשותו על שידע לצרף אותיות שבהם נבראו שמים וארץ, ואיך לצמצם כבודו יתברך לצורך בריאות עולם, הוא ידע איך לצמצם כבודו במשכן. ומה שאמר לכך אמר משה, וכן אמר הקב"ה וכו', נחלפו המאמרים, וצריך להקדים תחלה מאמר אמר הקב"ה, אחר מה שאמר משכן על אחת כמה וכמה, אמר הקב"ה וכו' עד אמה על אמה, ואחר כך אמר משה עד יתלונן, וכן הוא בהדיא במדבר רבה פרשה י"ב סימן ג, ובמדרש תהלים מזמור צ"א שם: **ולא עוד.** פירוש לא די שאצמצם שכינתי לתוך המשכן, אלא לתוך קדש קדשים, וגם שם בין הבדים על הארון על הכרובים. ומה שאמר אמה על אמה, הכוונה במקום קטן וצר, וזהו שייכות הדרשה לכאן, שהארון מקום השכינה: (ב) **מה התורה קדומה.** בראשית רבה פרשה א סימן א: **האור קדם.** כמו שכתוב בראשית רבה ריש פרשה ג, ושם נסמן: **ואף במשכן.** שדומה לבנין העולם, כמו שאמר לעיל פרשה ל"ג סימן ד באריכות, ולקמן פרשה מ"ח סוף סימן ד': **ובארון כתיב ועשו.** מדה ט"ז מיוחד במקומו:

מתנות כהונה

[א] **הוא עליון כו'.** גדול ומעולה וכל בריותיו אין מספיקין לעשות לו בית משכן: **מהו בצל שדי בצל אל.** שדי הוא אל. אל לשון חוזק ואיילות כמה דאת אמר (יחזקאל יז, יג) ואת אילי הארץ לקח וכן שדי כמו שפירש הרד"ק הרי בצל שדי כמו בצלאל: הכי גרסינן **אמר הקב"ה לא כשם כו'.** עד **סבור אלא עשרים קרש כו'.** וכן הוא בתנחומא בפרשת כי תשא ובנשא פרשה י"ב:

אשד הנחלים

יושב בסתר עליון כו'. כלומר שדבר זה הוא דבר סתר בלתי נודע, איך העליון יושב ושוכן פה בארץ, ויתלונן בצל המשכן: **שעשה בצלאל.** שהוריד השכינה למטה על ידי כוונתו בעשייתו להארון, וכמו שאמרו (ברכות נה, א) יודע היה בצלאל לצרף אותיות התורה, וכמו שאמרו (שם) שמא בצל אל היית: **עשרים אמה [קרש].** כלומר כך אני מכוין שדוקא במדה כזאת, אם יבנה על המתכונת הזה, לא פחות ולא יותר שמה אשרה שכינתי: **ואצמצם.** עיין בדברי חכמי אמת ותבין כל עניני הצמצום הנזכר בדברי חז"ל: [ב] **הקדים את הארון.** שהוא נושא התורה, ולכן הוא המעלה העליונה מכל: **מה האור קודם.** דביאור הכתוב בראשית ברא, אז ויאמר אלהים יהי אור תחלה, והכונה על אור הרוחני והשפע הראשונה המחלקת שפעה למטה ממנה, וכן הוא התורה היא אור העליון מכל, ולכן המשכן שבתורה כלומר הארון ששם התורה שכונה, היא קודמת לכל: **ויעסקו בארון.** כי על ידי עשייתם והתעסקם בזה יזכרו ויעוררו לבם על קדושתו, מצד שהתורה יותן בה,

חידושי הרד"ל

אין כתיב כאן אלא כו' בצלאל כו'. ובאמת ניכרין הדברים שנתכוונו כאן למדתו של בצלאל שהוא בשם זה, וכן דרשו להלן סוף פרק מח (סימן ג) וכל הבינה שהיתה לבצלאל משל שדי היה כו': **שארד ואצמצם.** וזהו לא מצאנוהו שגיא כח:

חידושי הרש"ש

[ב] **ובארון כתיב ועשית עליו.** כן צריך לומר:

באור מהרי"פ

בצל שדי בצל שעשה בצלאל. עיין מתנות כהונה. והנכון על פי המבואר בפרשה מ"ח (סימן ג) וזה לשונו, וכל הבנה שהיתה בבצלאל משל שדי היתה, עד כאן. ולכך בצל שדי הוא רמז לבצלאל. תולדות נח הארוך: **אמה על אמה.** אולי פירושו שהשכינה היתה שורה על הלוחות, שהיו ששה טפחים על ששה טפחים: **מיד ועשו ארון.** צריך עיון, הלא ועשו לי מקדש וגו' כתיב קודם ועשו ארון עצי שטים. ואולי זה כוונת המדרש במה שהוא מסיים מה התורה קדומה לכל, כך במעשה המשכן הקדים את הארון לכל הכלים דוקא, אבל לא למשכן, הן במאמר והן בעשיה, כאשר אמרו חכמינו ז"ל כלים שאני עושה להיכן אכניסם כך אמר בצלאל למשה: **יבואו הכל ויתעסקו כו'.** ולכך כתיב אצל הארון ועשו לשון רבים. ואף על גב דכתיב אחר כן בארון גופיה ועשית (שמות כה, יא) וצפית אותו זהב טהור מבית ומחוץ תצפנו ועשית עליו זר זהב סביב, אין קפידא בזה, אחרי שכבר הורה לנו במלת ועשו ענין זה:

אמרי יושר

בצל שדי. שדי לו, ולימצם עצמו **בעשרים קרש בצפון ועשרים בדרום:** [ב] **מה כתיב למעלה ויקחו לי תרומה** ועשו לי מקדש ואיך דילג ועשו ארון, אלא דוגמת מה שעשיתי, אני שעשיתי אור תחלה:

מסורת המדרש

ג. במד"ר פרשה י"ב. תנחומא סדר תשא סימן יו"ד וסדר נשא סימן י"א. מדרש תהלים מזמור צ"א. פסיקתא רבתי פסקא ט"ז אות ח'. פסיקתא דרב כהנא פסקא א' ופסקא ו'. ילקוט כאן רמז שס"ה. ילקוט תהלים רמז תתמ"ב:

אם למקרא

יֹשֵׁב בְּסֵתֶר עֶלְיוֹן בְּצֵל שַׁדַּי יִתְלוֹנָן: (תהלים צא:א)

וַיֹּאמֶר אֱלֹהִים יְהִי אוֹר וַיְהִי אוֹר: (בראשית א:ג)

כִּי נֵר מִצְוָה וְתוֹרָה אוֹר וְדֶרֶךְ חַיִּים תּוֹכְחוֹת מוּסָר: (משלי ו:כג)

ידי משה

לכך כתיב יושב בסתר עליון שמת מעונך. כן צריך לומר: **בצל שעשה בצלאל.** פירוש, לפי שבכל מקום שנמצא בתורה שם שדי פירש רש"י לשון די, וכן כאן מתוך שלא נאמר צל רחום או חנון אלא בצל שדי שהוא לשון די, פירוש צל קטן שאתה יכול לומר עליו די, והוא הצל שעשה בצלאל, לכך נאמר בצל שהוא שדי, שהוא די וקטן אתה יתלונן, בתמיה, **אמר לו הקב"ה לא כשם שאתה סבור,** פירוש אפילו כמו שאתה סובר לא יהיה גדול אלא קטן מאוד של **עשרים קרשים מכאן וכו'** ועוד קטן מזה **אצמצם שכינתי וכו':**

שינוי נוסחאות

(ב) **ובארון כתיב "ועשית עליו".** בכל הספרים היה כתוב >ובארון כתיב ועשו עליו"<, אבל אין פסוק כזה בכל המקרא, ובד' וארשא תיקנוהו ע"פ הגהת הרש"ש:

§2 The Ark enjoys pride of place as the first item mentioned in God's command to build a Tabernacle. The Midrash explains why:

״דָּבָר אַחֵר, ״וְעָשׂוּ אֲרוֹן עֲצֵי שִׁטִּים — **Another interpretation:** ***They shall make an Ark of acacia wood.*** **מַה כְּתִיב לְמַעְלָה, ״וְיִקְחוּ לִי תְּרוּמָה״** — **What is written above** our verse? ***Let them take for Me a portion*** (v. 2). **מִיָּד ״וְעָשׂוּ אֲרוֹן עֲצֵי שִׁטִּים״** — And **immediately** after this calling for donations, before commanding to build any other part of the Tabernacle, the Torah states (in our verse), ***They shall make an Ark of acacia wood.*** **מַה הַתּוֹרָה קָדְמָה לַכֹּל** — And the rationale for giving precedence to the Ark is: **Just as the Torah preceded everything,**[26] **כָּךְ בְּמַעֲשֵׂה הַמִּשְׁכָּן הִקְדִּים אֶת הָאָרוֹן לְכָל הַכֵּלִים** — **so in the making of the Tabernacle,**[27] **[Scripture] put the** command to make the **Ark**[28] **before** the command to make **all the** other **vessels.**

The Midrash continues in a similar vein:[29]

מָה הָאוֹר קָדַם לְכָל מַעֲשֵׂה בְרֵאשִׁית — **Just as the** primordial **light preceded every** other **work of Creation,** **דִּכְתִיב ״וַיֹּאמֶר אֱלֹהִים יְהִי אוֹר״** — **as it is written,** ***And God said, "Let there be light," and there was light*** (*Genesis* 1:3),[30] **וְאַף בַּמִּשְׁכָּן** — **so, too, in** the building of **the Tabernacle,** **בַּתּוֹרָה שֶׁנִּקְרֵאת אוֹר, דִּכְתִיב ״כִּי נֵר מִצְוָה וְתוֹרָה אוֹר״** — **regarding the Torah** — **which** itself **is called "light," as it is written,** ***For a commandment is a lamp and the Torah is light*** (*Proverbs* 6:23) — **קָדְמוּ מַעֲשֶׂיהָ לְכָל הַכֵּלִים** — **its work**[31] **preceded** the construction of **all the** other **vessels.**[32]

The Midrash discusses a unique aspect of the Ark's construction:

״דָּבָר אַחֵר, ״וְעָשׂוּ אֲרוֹן — **Another interpretation:** ***They shall make an Ark.*** **מִפְּנֵי מָה בְּכָל הַכֵּלִים הָאֵלֶּה כְּתִיב ״וְעָשִׂיתָ״** — **Why in the case of all the** other **vessels** of the Tabernacle[33] **is it written** ***"You"*** (sing.) ***shall make,*** **וּבָאָרוֹן כְּתִיב ״וְעָשׂוּ אֲרוֹן״** — **while in the case of the Ark it is written,** ***"They" shall make an Ark?***[34] **אָמַר רַבִּי יְהוּדָה בַּר רַבִּי שָׁלוֹם** — **R' Yehudah son of R' Shalom said** in explanation: **אָמַר לוֹ הַקָּדוֹשׁ בָּרוּךְ הוּא** — **The Holy One, blessed is He, said to [Moses],** **יָבֹאוּ הַכֹּל וְיַעַסְקוּ בָּאָרוֹן כְּדֵי שֶׁיִּזְכּוּ כּוּלָּם לַתּוֹרָה** — **"Let everyone come and be involved in** the making of **the Ark**[35] **so that they will all merit** to have an attachment **to the Torah."**[36]

NOTES

26. The Torah preceded the creation of the world by 2,000 years (*Bereishis Rabbah* 8 §2). Indeed, it was God's blueprint for Creation (ibid. 1 §1).

27. Which was a replication of the universe, in miniature; see 33 §4 above, at length; see also 48 §4 (*Maharzu* below).

28. Which contains the Torah: the Tablets of the Covenant and the Torah scroll written by Moses (*Eitz Yosef*).

29. However, unlike the preceding paragraph in the Midrash, which speaks of the command to build the Ark preceding the command to construct the other vessels of the Tabernacle, the current paragraph speaks of the fact that the Ark's *actual construction* preceded that of the other vessels. See further in Insight following note 32 below.

30. Our Midrash understands the opening words of the Torah, בְּרֵאשִׁית בָּרָא אֱלֹהִים אֵת הַשָּׁמַיִם וְאֵת הָאָרֶץ, not as meaning that God created the heavens and the earth first, but rather: *In the beginning of God's creation of the heavens and the earth.* Thus, the light was the first thing created. See *Rashi* ad loc. and R' Yehudah's view in *Bereishis Rabbah* 3 §1-2 (*Eshed HaNechalim, Eitz Yosef*).

31. I.e., the construction of the vessel that holds it; namely, the Ark (see note 28).

32. As recorded below in Ch. 37. See Insight Ⓐ.

33. Viz., the Table (25:23), the Menorah (25:31), the Copper Altar (27:1), and the Incense Altar (30:1). [Actually, the same is true in connection with the various parts of the Tabernacle structure, such as the planks (26:15), the Partition (26:31), the Screen (27:1), et al. (see *Eitz Yosef*, citing *Toldos Noach*).]

34. There is a difficulty with the Midrash: The point it seeks to make (see further) is predicated on the Ark's being unique in regard to being commanded of *all* the people (as indicated by the plural, *They*). But in truth the plural form of *shall make* (or *shall do*) appears also in conjunction with the Tabernacle itself and the other vessels, as Scripture states: ***They*** *shall make a Sanctuary for Me . . . like everything that I show you, the form of the Tabernacle and the form of all its vessels; and so shall* ***you*** (plural) *do* (25:8-9)! *Toldos Noach*, cited by *Eitz Yosef*, explains that those two verses *must* speak in the plural because they are discussing the construction of [the Tabernacle as a whole and of] the various vessels *in the aggregate*; and [the Tabernacle as a whole and] the various vessels would not be made by one person but by different people (see *Ramban* to 36:8 below, in disagreement with *Ibn Ezra*). However, when Scripture is discussing individual items, it *could* speak in the singular. But it doesn't — except in the case of the Ark.

35. I.e., all of Israel. However, the question arises: Since the work of the Ark, which rested in the Holy of Holies, demanded the services of the artisan who was capable of the deepest level of Divinely inspired intent, and that person was Bezalel (see *Ramban* loc. cit. with note 34 in ArtScroll edition), what involvement could the lay population possibly have in the Ark's manufacture? *Ramban* (to 25:10, cited by *Eitz Yosef*) explains that each person was being encouraged to donate one gold article for the making of the Ark [in addition to his general contribution (Rav Chavel ad loc.)], or to assist Bezalel in some small supportive way [such as by carrying his tools (*Pnei Yerushalayim* ad loc.), or at least to "participate" mentally and direct his thoughts (כַּוָּנָה) to the matter.

36. For this involvement in producing the vessel that contains the Torah will make an enormous impression on the people, and they will be inspired by its holiness and will thereby merit to attach themselves to the Torah (*Eshed HaNechalim*, followed by *Eitz Yosef*; see *Eshed HaNechalim* for another explanation).

INSIGHTS

Ⓐ **Potential Sanctity** *Tiferes Tzion* explains that our Midrash is addressing the following question: The Tabernacle was constructed before the Ark (see below, 36:8ff and 37:1ff) — and properly so, for one must build a house before one makes the furnishings that go *into* the house. Why then did God state the command to construct the Ark *before* the command to construct the Tabernacle (see 25:10 and 26:1)? [See *Koheles Rabbah* to *Ecclesiastes* 7:11; cf. *Rashi* to 38:22 below; see, however, *Beur Maharif* here, and the beginning of §3 below.]

In answering this question, the Midrash begins (first paragraph) by saying that God commanded to construct the Ark first because the Ark represents the Torah, and the Tabernacle represents the world; just as the Torah preceded the world (see note 26), so the Ark was to precede the Tabernacle. *Tiferes Tzion* explains that the Torah's existence *in potential* (i.e., in non-physical form in heaven) came first in order to imbue the Creation that would follow (and which at the time existed only *in potential*) with sanctity. Similarly, God stated first the command to construct the Ark so that the existence of the Ark *in potential* would imbue the Tabernacle that would follow (and which likewise existed at the time only *in potential*) with sanctity. However, the world came into actual physical existence before the Torah, and thus the Tabernacle was constructed before the Ark.

But another question arises: Should not the Ark have been constructed *last* of all the vessels, just as the Torah was given (in its physical form) only *after* everything else in the world was created? But the Torah says that the Ark was the first vessel constructed after the Tabernacle itself was built! To this the Midrash responds (second paragraph) that the Ark is compared to the light of Creation; and that light came into existence *right after* heaven and earth were created, but *before* everything else. (The Midrash is thus following the view of R' Nehemiah in *Bereishis Rabbah* 3 §1 that heaven and earth were created before light — in contrast to the approach written in note 30 above.) The Ark was therefore constructed *right after* the Tabernacle itself.

אָמַר מֹשֶׁה: וּמַה בֵּית הַמִּקְדָּשׁ, שֶׁהוּא יוֹתֵר וְיוֹתֵר מִן הַמִּשְׁכָּן, שְׁלֹמֹה אוֹמֵר כֵּן, מִשְׁכָּן עַל אַחַת כַּמָּה וְכַמָּה, לְכָךְ אָמַר מֹשֶׁה (תהלים צא, א) "יֹשֵׁב בְּסֵתֶר עֶלְיוֹן", אָמַר רַבִּי יְהוּדָה בַּר רַבִּי סִימוֹן: יוֹשֵׁב בְּסֵתֶר הוּא עֶלְיוֹן עַל כָּל בְּרִיּוֹתָיו, מַהוּ (שם) "בְּצֵל שַׁדַּי", "בְּצֵל אֵל, בְּצֵל רַחוּם, בְּצֵל חַנּוּן" אֵין כְּתִיב כָּאן, אֶלָּא "בְּצֵל שַׁדַּי", בְּצֵל שֶׁעָשָׂה בְּצַלְאֵל, לְכָךְ נֶאֱמַר "בְּצֵל שַׁדַּי יִתְלוֹנָן", ג אָמַר הַקָּדוֹשׁ בָּרוּךְ הוּא: לֹא כְּשֵׁם שֶׁאַתָּה סָבוּר כָּךְ אֲנִי סָבוּר, אֶלָּא כ' קֶרֶשׁ בַּצָּפוֹן וְכ' בַּדָּרוֹם וְח' בַּמַּעֲרָב, וְלֹא עוֹד אֶלָּא שֶׁאֵרֵד וַאֲצַמְצֵם שְׁכִינָתִי בְּתוֹךְ אַמָּה עַל אַמָּה:

ב דָּבָר אַחֵר, [כה, י] "וְעָשׂוּ אֲרוֹן עֲצֵי שִׁטִּים", מַה כְּתִיב לְמַעְלָה, [כה, ב] "וְיִקְחוּ לִי תְּרוּמָה", מִיָּד "וְעָשׂוּ אֲרוֹן עֲצֵי שִׁטִּים", מַה הַתּוֹרָה קְדוּמָה לַכֹּל, כָּךְ בְּמַעֲשֵׂה הַמִּשְׁכָּן הִקְדִּים אֶת הָאָרוֹן לְכָל הַכֵּלִים, מָה הָאוֹר קָדַם לְכָל מַעֲשֵׂה בְרֵאשִׁית, דִּכְתִיב (בראשית א, ג) "וַיֹּאמֶר אֱלֹהִים יְהִי אוֹר", וְאַף בַּמִּשְׁכָּן בַּתּוֹרָה שֶׁנִּקְרֵאת אוֹר, דִּכְתִיב (משלי ו, כג) "כִּי נֵר מִצְוָה וְתוֹרָה אוֹר", קָדְמוּ מַעֲשֶׂיהָ לְכָל הַכֵּלִים, דָּבָר אַחֵר, [כה, י] "וְעָשׂוּ אֲרוֹן", מִפְּנֵי מָה בְּכָל הַכֵּלִים הָאֵלֶּה כְּתִיב (לקמן פסוק יז, כג, כט, לא וכו') "וְעָשִׂיתָ", וּבָאָרוֹן כְּתִיב "וְעָשׂוּ אֲרוֹן", אָמַר רַבִּי יְהוּדָה בַּר רַבִּי שָׁלוֹם: אָמַר לוֹ הַקָּדוֹשׁ בָּרוּךְ הוּא: יָבֹאוּ הַכֹּל וְיַעַסְקוּ בָּאָרוֹן כְּדֵי שֶׁיִּזְכּוּ כּוּלָּם לַתּוֹרָה,

עץ יוסף

אמר משה יושב בסתר עליון. דמזמור זה משה אמרו בשעה שראה כל המלאכה, שנאמר וירא משה את המלאכה ויברך אותם, כדאיתא בשוחר טוב עיין שם: **יושב בסתר.** הוא עליון על כל בריותיו, ביאר בזה שמלת עליון הוא דבוק למלת יושב, ויהיה פירושו כך שהקדוש ברוך הוא שהוא עליון על כל בא"י עולם, הוא יושב בסתר, ובאיזה סתר, מבאר בצל שדי יתלונן, רוצה לומר בצל שעשה בצלאל, וכמו שמסיק: **בצל אל בצל רחום כו'.** בעי לפרש דמיירי בהקדוש ברוך הוא שיושב בצל המשכן, ומלת בצל בלתי סמוכה אלא הכי פירושו בצל יתלונן השדי, להכי מייתי סמך מדלא קאמר בצל אל בצל רחום כו', דאי בצדיק המסתופף בצל ה' מיירי, הוי ליה למנקט שם אל, או רחום, או חנון, שמורים על החסד והרחמים, ולא שם שדי שמורה על הדין שהוא לשון תקיף, על כרחך לומר שפירושו שהשדי יתלונן בצל המשכן, ולהכי נקט שם שדי, שהוא מורה על ההסתפקות, שדי לו בעשרים קרש בצפון כו', ולא בקש לפי כחו: **בתוך אמה על אמה.** היינו על גבי הכפורת, כמו שנאמר ונועדתי לך שם ודברתי אתך מעל הכפרת מבין שני הכרובים, ובוודאי היה בין הכרובים יותר מאמה, אלא שלא חש לדקדק ונקט אמה (יפה תואר). ותולדות נח פירש דהשכינה היתה שורה על הלוחות, והלוחות היו ששה טפחים על ששה טפחים, שהוא שיעור אמה, עד כאן: (ב) **מיד ועשו ארון עצי שיטים.** כלומר מיד אחר צווי נדבת המשכן הקדים את הארון, שעל ידי שהתורה קדומה לכל הוכרח להקדימו: **הקדים את הארון.** שהתורה בו כי שם לוחות הברית וספר תורה: **דכתיב ויאמר אלהים יהי אור.** שפירושו שבראשית בריאת שמים וארץ אמר אלהים יהי אור, וכדר' יהודה דלעיל בבראשית רבה פרשה ג': [ג] **מפני מה בכל הכלים כתיב ועשית כו'.** לאו דוקא בכלים הוא הדין במשכן נמי כתיב ועשית, כדכתיב ועשית קרשים למשכן, ובאמת במשכן ובכלים נמי כתיב ועשו, כדכתיב ועשו לי מקדש וגו' ואת תבנית המשכן ואת תבנית כל כליו וכן תעשו, אלא דעל הכלל שייך לומר ועשו, דמיירי בכלים הרבה שאחד עושה דבר פלוני וחברו עושה דבר פלוני, שייך לומר ועשו, מה שאין כן בדברים פרטים שייך לומר ועשית, לכך מקשה דוקא מדברים פרטים, מאי שנא דבכל דבר פרטיי כתיב ועשית, ובארון כתיב ועשו (תולדות נח): **יבואו הכל ויעסקו.** לכך כתיב ועשו ארון, ואף על גב דכתיב אחר כך ועשית עליו זר זהב וגו', אין קפידא, אחרי שכך הורה לנו במלת ועשו ארון ענין זה: **ויעסקו בארון.** פירש הרמב"ן, והעסק שיתנדב כל אחד זהב לארון, או יעזור לבצלאל עזר מעט, כי על ידי עשייתם והתעסקם בזה יזכרו ויעוררו לבם על קדושתו,

פירוש מהרז"ו

יושב בסתר עליון. הכי גרסינן במדרש תהלים מזמור צ"א, אמר רבי יהודה ברבי סימון יושב בסתר עליון, שרואה ואינו נראה, ובצל שעשה בצלאל יתלונן שדי. ובמדבר רבה פרשה י"ב סימן ג (ר"ג אומר) משה אמר יושב בסתר עליון, הקב"ה יושב בסתרו של עולם הוא רואה את הכל, ואינו נראה הוא נתאוה ללון בצלנו, אמר רבי פרוזדוק ב"ר נחשא בשם רבי יהודה ברבי סימון שדי נתלונן בצל שעשה לך בצלאל, זה המשכן, הוי בצל שדי יתלונן. והדבר נראה לעין שהמדרש תהלים הנ"ל הוא מורכב משני מאמרים, והכל בשם רבי יהודה ברבי סימון, וכן הוא כאן, אלא דכאן חסר וצריך להגיה כנ"ל במדבר רבה שם. ומה שכתב רואה ואינו נראה, הוא פירוש ישב בסתר שבערך אצלנו הוא סתר ועליון. ועיין פירוש המאמר במדבר רבה שם: **בצלאל בצל רחום וכו'.** וכמו שדרשו לקמן פרשה מ"ח סוף סימן ד', וכל הבינה שהיה בבצלאל משל שדי היתה, כמו שכתוב (איוב לב, ח) אכן רוח הוא באנוש ונשמת שדי תבינם, עיין שם, וכן הוא בתנחומא סדר ויקהל סימן ה, וזהו בצל שדי יתלונן, שהוא היה יכול לעשותו על שידע לצרף אותיות שבהם נבראו שמים וארץ, ואיך נמלם כבודו יתברך לצורך בריאות עולם, הוא ידע איך נמלם כבודו במשכן. ומה שאמר לכך אמר משה, וכן אמר הקב"ה וכו', נחלפו המאמרים, וצריך להקדים תחלה מאמר אמר הקב"ה, אחר מה שאמר משכן על אחת כמה וכמה, אמר הקב"ה וכו' עד אמה על אמה, ואחר כך אמר משה עד יתלונן, וכן הוא בהדיא במדבר רבה פרשה י"ב סימן ג, ובמדרש תהלים מזמור צ"א שם: **ולא עוד.** פירוש לא די שאצמצם שכינתי לתוך המשכן, אלא לתוך קדש קדשים, וגם שם בין הבדים על הארון על הכרובים. ומה שאמר אמה על אמה, הכוונה במקום קטן וצר, וזהו שייכות הדרשה לכאן, שהארון מקום השכינה: (ב) **מה התורה קדומה.** בראשית רבה פרשה א סימן א: **האור קדם.** כמו שכתוב בראשית רבה ריש פרשה ג, ושם נסמן: **ואף במשכן.** שדומה לבנין העולם, כמו שאמר לעיל פרשה ל"ג סימן ד באריכות, ולקמן פרשה מ"ח סוף סימן ד': **ובארון כתיב ועשו.** מדה ט"ז מיוחד במקומו:

מתנות כהונה

[א] **הוא עליון כו'.** גדול ומעולה וכל בריותיו אין מספיקין לעשות לו בית משכן: **מהו בצל שדי בצל אל.** שדי הוא אל. אל לשון חוזק ואיילות כמה דאת אמר (יחזקאל יז, יג) ואת אילי הארץ לקח וכן שדי כמו שפירש הרד"ק הרי בצל שדי כמו בצלאל: הכי גרסינן **אמר הקב"ה לא כשם כו'.** עד **סבור אלא עשרים קרש כו'.** וכן הוא בתנחומא בפרשת כי תשא ובנשא פרשה י"ב:

אשד הנחלים

יושב בסתר עליון כו'. כלומר שדבר זה הוא דבר סתר בלתי נודע, איך העליון יושב ושוכן פה בארץ, ויתלונן בצל המשכן: **שעשה בצלאל.** שהוריד השכינה למטה על ידי כוונתו בעשייתו להארון, וכמו שאמרו (ברכות נה, א) יודע היה בצלאל לצרף אותיות התורה, וכמו שאמרו (שם) שמא בצל אל היית: **עשרים אמה [קרש].** כלומר כך אני מכוין שדוקא במדה כזאת, אם יבנה על המתכונת הזה, לא פחות ולא יותר שמה אשרה שכינתי: **ואצמצם.** עיין בדברי חכמי אמת ותבין כל עניני הצמצום הנזכר בדברי חז"ל: **[ב] הקדים את הארון.** שהוא נושא התורה, ולכן הוא המעלה העליונה מכל: **מה האור קודם.** דביאור הכתוב בראשית ברא, אז ויאמר אלהים יהי אור תחלה, והכונה על אור הרוחני והשפע הראשונה המחלקת שפעה למטה ממנה, וכן הוא התורה היא אור העליון מכל, ולכן המשכן שבתורה כלומר הארון ששם התורה שכונָה, היא קודמת לכל: **ויעסקו בארון.** כי על ידי עשייתם והתעסקם בזה יזכרו ויעוררו לבם על קדושתו, מצד שהתורה יותן בה,

חידושי הרד"ל

אין כתיב כאן אלא כו' בצלאל כו'. ובאמת ניכרין הדברים שנתכוונו כאן למדתו של בצלאל שהוא בשם זה, וכן דרשו להלן סוף פרק מח (סימן ג) וכל הבינה שהיתה לבצלאל משל שדי היה כו': **שארד ואצמצם.** וזהו לא מלאכוהו שגיא כח:

חידושי הרש"ש

[ב] **ובארון כתיב ועשית עליו.** כן צריך לומר:

באור מהרי"פ

בצל שדי בצל שעשה בצלאל. עיין מתנות כהונה. והנכון על פי המבואר בפרשה מ"ח (סימן ג) וזה לשונו, וכל הבנה שהיתה בבצלאל משל שדי היתה, עד כאן. ולכך בצל שדי הוא רמז לבצלאל. תולדות נח הארוך: **אמה על אמה.** אולי פירושו שהשכינה היתה שורה על הלוחות, שהיו ששה טפחים על ששה טפחים: **מיד ועשו ארון.** צריך עיון, הלא ועשו לי מקדש וגו' כתיב קודם ועשו ארון עצי שטים. ואולי זה כוונת המדרש במה שהוא מסיים מה התורה קדומה לכל, כך במעשה המשכן הקדים את הארון לכל הכלים דוקא, אבל לא למשכן, הן במאמר והן בעשיה, כאשר אמרו חכמינו ז"ל כלים שאני עושה להיכן אכניסם כך אמר בצלאל למשה: **יבואו הכל ויתעסקו בו'.** ולכך כתיב אצל הארון ועשו לשון רבים. ואף על גב דכתיב אחר כן בארון גופיה ועשית (שמות כה, יא) וצפית אותו זהב טהור מבית ומחוץ תצפנו ועשית עליו זר זהב סביב, אין קפידא בזה, אחרי שכבר הורה לנו במלת ועשו ענין זה:

אמרי יושר

בצל שדי. שדי לו, וצימצם עצמו **בעשרים קרש בצפון ועשרים בדרום:** [ב] **מה כתיב למעלה ויקחו לי תרומה** ועשו לי מקדש ואיך דילג ועשו ארון, אלא דוגמת מה שעשיתי, אני שעשיתי אור תחלה:

מסורת המדרש

ג. במד"ר פרשה י"ב. תנחומא סדר תשא סימן יו"ד וסדר נשא סימן י"א. מדרש תהלים מזמור צ"א. פסיקתא רבתי פסקא ט"ז אות ח'. פסיקתא דרב כהנא פסקא א' ופסקא ו'. ילקוט כאן רמז שס"ה. ילקוט תהלים רמז תתמ"ב:

אם למקרא

יֹשֵׁב בְּסֵתֶר עֶלְיוֹן בְּצֵל שַׁדַּי יִתְלוֹנָן: (תהלים צא:א)

וַיֹּאמֶר אֱלֹהִים יְהִי אוֹר וַיְהִי אוֹר: (בראשית א:ג)

כִּי נֵר מִצְוָה וְתוֹרָה אוֹר וְדֶרֶךְ חַיִּים תּוֹכְחוֹת מוּסָר: (משלי ו:כג)

ידי משה

לכך כתיב יושב בסתר עליון שמת מעונך. כן צריך לומר: **בצל שעשה בצלאל.** פירוש, לפי שבכל מקום שנמצא בתורה שם שדי פירש רש"י לשון די, וכן כאן מתוך שלא נאמר צל רחום או חנון אלא בצל שדי שהוא לשון די, פירוש צל קטן שאתה יכול לומר עליו די, והוא הצל שעשה בצלאל, לכך נאמר בצל שהוא שדי, שהוא די וקטן אתה יתלונן, בתמיה, **אמר לו הקב"ה לא כשם שאתה סבור,** פירוש אפילו כמו שאתה סובר לא יהיה גדול אלא קטן מאוד של **עשרים קרשים מכאן וכו'** ועוד קטן מזה **אצמצם שכינתי וכו':**

שינוי נוסחאות

(ב) **ובארון כתיב "ועשית עליו".** בכל הספרים היה כתוב <ובארון כתיב ועשו עליו">, אבל אין פסוק כזה בכל המקרא, ובד' וארשא תיקנוהו ע"פ הגהת הרש"ש:

The Midrash cites a teaching that will serve to explain further why the Torah insisted that every Jew participate in building the Ark:[37]

ג׳ כְּתָרִים אָמַר רַבִּי שִׁמְעוֹן בֶּן יוֹחָאי – **R' Shimon ben Yochai said:** הֵם כֶּתֶר מַלְכוּת וְכֶתֶר – **There are three crowns** in the world: כְּהוּנָּה וְכֶתֶר תּוֹרָה – **the crown of kingship, the crown of priesthood, and the crown of Torah.**[38] כֶּתֶר מַלְכוּת זֶה הַשֻּׁלְחָן דִּכְתִיב בּוֹ ״זֵר זָהָב סָבִיב״ – **The crown of kingship – this is** symbolized by **the** Tabernacle's **Table, concerning which it is written,** *You shall make for it* ***a gold crown all around*** (below, 25:24).[39] כֶּתֶר כְּהוּנָּה זֶה הַמִּזְבֵּחַ דִּכְתִיב בּוֹ ״זֵר זָהָב סָבִיב״ – **The crown of priesthood – this is the** Incense **Altar, concerning which it is written,** *You shall make for it* ***a gold crown all around*** (ibid. 30:3).[40] וְכֶתֶר תּוֹרָה זֶה הָאָרוֹן דִּכְתִיב בּוֹ ״זֵר זָהָב״ – **And the crown of Torah – this is the Ark,**[41] **concerning which it is written,** *You shall make on it* ***a gold crown*** *all around* (ibid. 25:11).

In each of these cases the word for "crown" (זֵיר) is written without a *yud* (זֵר). R' Shimon bar Yochai explains why:

לָמָּה נִכְתָּבִים ״זָר״ וְנִקְרָאִים ״זֵר״ – **Why are they written** ***zar*** (זָר) **and read** ***zeir*** (זֵר)?[42] אֶלָּא לוֹמַר לְךָ אִם אָדָם זוֹכֶה נַעֲשִׂים לוֹ זֵר – **However,** the explanation is that it is **to tell you** that **if a person** so **merits, [these things] become a crown** (*zeir*) **for him;**[43] וְאִם לָאו זָר – **but if** he does **not** so merit, they become **a stranger** (*zar*) to him.[44]

R' Shimon bar Yochai concludes his teaching by explaining another discrepancy:

וּמִפְּנֵי מָה בְּכוּלָּן כְּתִיב ״וְעָשִׂיתָ לּוֹ״ – **And why regarding all of them** (i.e., the Table and the Incense Altar) **it is written,** ***You should make "for it"*** *a gold crown,* וּבָאָרוֹן כְּתִיב ״וְעָשִׂיתָ עָלָיו״ – **and regarding the Ark it is written,** ***You shall make "on it"*** *a gold crown?* לְלַמֶּדְךָ שֶׁכֶּתֶר תּוֹרָה מְעוּלָּה יוֹתֵר מִכּוּלָּן – It is **to teach you that the crown of Torah is more exalted than all [the other crowns].**[45] זָכָה אָדָם לַתּוֹרָה כְּאִלּוּ זָכָה לְכוּלָּן – Therefore, if **a person has merited** to acquire **the Torah, it is as if he has merited** to acquire **all of them** (i.e., kingship and priesthood as well).[46]

§3 The Midrash discusses why the command to make an Ark immediately follows the general command to build a Sanctuary:

דָּבָר אַחֵר, ״וְעָשׂוּ אֲרוֹן״ – **Another interpretation:** ***They shall make an Ark.*** מַה כְּתִיב לְמַעְלָה, ״וְעָשׂוּ לִי מִקְדָּשׁ״ – **What is written** just **above [this verse]?** ***They shall make a Sanctuary for Me*** (above, 25:8).[47] אָמַר הַקָּדוֹשׁ בָּרוּךְ הוּא לְיִשְׂרָאֵל – **The Holy One, blessed is He, said to Israel,** אַתֶּם צֹאנִי וַאֲנִי רוֹעֶה – **"You are My flock and I am** your **Shepherd."** שֶׁנֶּאֱמַר ״וְאַתֵּן צֹאנִי צֹאן מַרְעִיתִי אָדָם אַתֶּם״ – You are My flock, **as it is stated,** ***Now, you are My sheep, the sheep of My pasture; you are Man*** (*Ezekiel* 34:31); וַאֲנִי רוֹעֶה שֶׁנֶּאֱמַר ״רֹעֵה יִשְׂרָאֵל הַאֲזִינָה״ – **and I am** your **Shepherd, as it is stated,** ***Give ear, O Shepherd of Israel*** (*Psalms* 80:2). עֲשׂוּ דִיר לָרוֹעֶה שֶׁיָּבֹא וְיִרְעֶה אֶתְכֶם – **"Make a tent for the shepherd that he may come and pasture you."**[48] לְכָךְ נֶאֱמַר ״וְעָשׂוּ לִי מִקְדָּשׁ וְשָׁכַנְתִּי בְּתוֹכָם״ – **For this reason it is stated,** ***They shall make a Sanctuary for Me that I may dwell among them.*** אַתֶּם כֶּרֶם שֶׁנֶּאֱמַר ״כִּי כֶרֶם ה׳ צְבָאוֹת בֵּית יִשְׂרָאֵל״ – The Holy One said further, **"You are My vineyard," as it is stated,** ***Now, the vineyard of HASHEM, Master of Legions, is the House of Israel*** (*Isaiah* 5:7); וַאֲנִי שׁוֹמֵר שֶׁנֶּאֱמַר ״הִנֵּה לֹא יָנוּם וְלֹא יִישָׁן שׁוֹמֵר יִשְׂרָאֵל״ – **"and I am the Watchman," as it is stated,** ***Behold, He neither slumbers nor sleeps, the Guardian of Israel*** (*Psalms* 121:4). עֲשׂוּ סוּכָּה לַשּׁוֹמֵר שֶׁיִּשְׁמוֹר אֶתְכֶם – **"Make a booth for the watchman that he may watch over you."**[49]

NOTES

37. R' Shimon ben Yochai will conclude that the crown of Torah is greater than the crowns of kingship and priesthood. Participating in making the Ark brings to attachment to Torah (as noted), which leads in turn to the preeminence of wearing the crown of Torah (*Tiferes Tzion*). Indeed, Torah is the most important of the three, for without knowledge of Torah, the king and priest, too, cannot function properly in their positions (see *Yefeh To'ar*, explaining *Yoma* 72b).

38. A crown is a sign of greatness, denoting the superiority and preeminence of he who wears it. The three crowns that R' Shimon enumerates correspond to the three realms of Godly superiority to which man can have attachment. "Kingship" represents Divinely bestowed power, which separates its one possessor from the rest of the people. "Priesthood" endows its initiates with a special soul. And "Torah" attires scholars with strength, and elevates them over all mankind (*Eshed HaNechalim*, followed by *Eitz Yosef*; see *Eitz Yosef* regarding a fourth crown mentioned by R' Shimon in *Avos* 4:13 but not mentioned here).

39. The Table expresses wealth and greatness, as people say with reference to a sumptuously set table: "a table of kings" (*Rashi* ad loc., cited by *Eitz Yosef*).

40. It is the Kohen Gadol who wears the crown of the priesthood, and it is he who brings atonement upon the horns of the Incense Altar once a year, on Yom Kippur (below, 30:10). Furthermore, he performs the entire Temple service on Yom Kippur, the highlight of which is his entering the Holy of Holies with an incense offering (see *Eitz Yosef*).

[Alternatively, the Midrash might be referring not to the Kohen Gadol on Yom Kippur but to *all* Kohanim, who perform the incense service twice daily throughout the year. (As to why the Midrash would link the Kohanim specifically to the incense service rather than to the sacrificial services as a whole, see Schottenstein edition of *Sefer HaChinuch*, Mitzvah §103 Insight A, citing *Chidushei HaGriz* to *Hil. Klei HaMikdash* 2:8, for a discussion that serves to answer this question.)]

41. Which houses the Tablets of the Covenant and Moses' Torah scroll, as mentioned above.

42. The word זר, written without vowels, could be read זָר, which means *stranger*. Given that this word is supposed to be read זֵר, which means *crown*, Scripture should have written it זיר, with a *yud* (see ibid.).

43. If a person merits to study Torah for its own sake and to observe all its precepts, the Torah will become a זֵיר (crown) for him. Similarly, if a king or Kohen Gadol will perform his duties faithfully and selflessly, his office will become a זֵיר (crown) for him (ibid.).

44. One who studies the Torah for ulterior reasons will forget his learning; and the king and Kohen Gadol who is self-aggrandizing will die prematurely, as it says, *The years of the wicked will be shortened* (*Proverbs* 10:27) – a verse that the Sages in (*Yoma* 9a) apply to the corrupt Kohanim Gedolim of the Second Temple era (*Eitz Yosef*).

45. The word עָלָיו (*on it*) is used in connection with the Ark because it connotes that all other crowns lean (or, rely) *on it*, for man's primary exaltedness comes through Torah (*Eshed HaNechalim*). Alternatively, the word עָלָיו (*on it*) is used in connection with the Ark because it connotes עֲלִיָּה, *elevation*.

46. Since a Torah sage takes precedence over a (less learned) king of Israel, and a king takes precedence over a Kohen Gadol (*Bamidbar Rabbah* 6 §1 and *Horayos* 13a), one who acquires the crown of Torah is regarded as though he acquired all three crowns (see *Eitz Yosef*). And it was precisely to enable Israel to attain this pinnacle of greatness that the Torah insisted that every Jew participate in the construction of the Holy Ark (see above, note 37).

47. The Midrash, beginning here and continuing until the end of the section, will present the idea that the purpose of a Sanctuary is to enable God, as it were, to relate to Israel as their Shepherd, their Watchman, and their Father. While this certainly relates to v. 25:8, which discusses the **Sanctuary**, how does the Midrash mean to connect this to our verse, *They shall make an* ***Ark***? *Yefeh To'ar* (see also *Eitz Yosef*) explains that it is only through Israel's study and observance of the Torah, which is contained in the Ark, that it is possible for these three benevolent relationships to be forged.

48. A tent is easily collapsed and transported as the shepherd moves his flock from pasture to pasture.

49. Watchmen customarily remain overnight in the vineyards and build booths there for shelter (*Eitz Yosef*).

אָמַר רַבִּי שִׁמְעוֹן בֶּן יוֹחָאי: ד׳ג׳ כְּתָרִים הֵם, כֶּתֶר מַלְכוּת וְכֶתֶר כְּהוּנָּה וְכֶתֶר תּוֹרָה, כֶּתֶר מַלְכוּת זֶה הַשֻּׁלְחָן דִּכְתִיב בּוֹ (לקמן פסוק כד) **"זֵר זָהָב סָבִיב", כֶּתֶר כְּהוּנָּה זֶה הַמִּזְבֵּחַ דִּכְתִיב בּוֹ** (לקמן ל, ג) **"זֵר זָהָב סָבִיב", וְכֶתֶר תּוֹרָה זֶה הָאָרוֹן דִּכְתִיב בּוֹ** (פסוק יא) **"זֵר זָהָב", לָמָּה נִכְתָּבִים "זָר" וְנִקְרָאִים "זֵר", אֶלָּא לוֹמַר לָךְ אִם אָדָם זוֹכֶה נַעֲשִׂים לוֹ זֵר וְאִם לָאו זָר, וּמִפְּנֵי מָה בְּכוּלָּן כְּתִיב** (לקמן פסוק כד; ל ,ג) **"וְעָשִׂיתָ לוֹ" וּבָאָרוֹן כְּתִיב** [כה, יא] **"וְעָשִׂיתָ עָלָיו", לְלַמֶּדְךָ שֶׁכֶּתֶר תּוֹרָה מְעוּלָּה יוֹתֵר מִכּוּלָּן, זָכָה אָדָם לַתּוֹרָה כְּאִלּוּ זָכָה לְכוּלָּן:**

ג דָּבָר אַחֵר, [כה, י] **"וְעָשׂוּ אֲרוֹן", מַה כְּתִיב לְמַעְלָה,** [כה, ח] **"וְעָשׂוּ לִי מִקְדָּשׁ", אָמַר הַקָּדוֹשׁ בָּרוּךְ הוּא לְיִשְׂרָאֵל: אַתֶּם צֹאנִי וַאֲנִי רוֹעֶה, שֶׁנֶּאֱמַר** (יחזקאל לד, לא) **"וְאַתֵּן צֹאנִי צֹאן מַרְעִיתִי אָדָם אַתֶּם", וַאֲנִי רוֹעֶה שֶׁנֶּאֱמַר** (תהלים פ, ב) **"רֹעֵה יִשְׂרָאֵל הַאֲזִינָה", עֲשׂוּ דִּיר לָרוֹעֶה שֶׁיָּבֹא וְיִרְעֶה אֶתְכֶם, לְכָךְ נֶאֱמַר** [כה, ח] **"וְעָשׂוּ לִי מִקְדָּשׁ וְשָׁכַנְתִּי בְּתוֹכָם", אַתֶּם כֶּרֶם שֶׁנֶּאֱמַר** (ישעיה ה, ז) **"כִּי כֶרֶם ה׳ צְבָאוֹת בֵּית יִשְׂרָאֵל", וַאֲנִי שׁוֹמֵר שֶׁנֶּאֱמַר** (תהלים קכא, ד) **"הִנֵּה לֹא יָנוּם וְלֹא יִישָׁן שׁוֹמֵר יִשְׂרָאֵל", עֲשׂוּ סוּכָּה לַשּׁוֹמֵר שֶׁיִּשְׁמוֹר אֶתְכֶם, אַתֶּם בָּנִים וַאֲנִי אֲבִיכֶם שֶׁנֶּאֱמַר** (דברים יד, א) **"בָּנִים אַתֶּם לַה׳ אֱלֹהֵיכֶם", וַאֲנִי אֲבִיכֶם שֶׁנֶּאֱמַר** (ירמיה לא, ח) **"כִּי הָיִיתִי לְיִשְׂרָאֵל לְאָב", כָּבוֹד לַבָּנִים כְּשֶׁהֵן אֵצֶל אֲבִיהֶם וְכָבוֹד לָאָב כְּשֶׁהוּא אֵצֶל בָּנָיו, וְכֵן הוּא אוֹמֵר** (משלי יז, ו) **"עֲטֶרֶת זְקֵנִים בְּנֵי בָנִים°", עֲשׂוּ בַּיִת לָאָב שֶׁיָּבֹא וְיִשְׁרֶה אֵצֶל בָּנָיו, לְכָךְ נֶאֱמַר** [כה, ח] **"וְעָשׂוּ לִי מִקְדָּשׁ":**

עץ יוסף

מלך שהתורה יותן בה על ידי זה יזכו לתורה, כי יעשה זאת רושם בלבבם: **שלשה כתרים.** כתר הוא אות הגדולה להורות על מעלתו, שבזה הוא נכתר ונתעלה מכל, ויש בזה שלשה מעלות אלהיות, המלוכה היא עוז אלהי שבו נבדל מיתר העם, כמו שמצינו בשאול עת שמלך שאז נתהפך לאיש אחר, וכן הכהונה נבדל נפשו מזולתו, והתורה מעלה את נפש האדם ומלבשתו עוז וכתר להיות נעלה על כל האדם: **שלשה כתרים הם.** אף על גב דבמתניתין דפרקי אבות מסיים בה, וכתר שם טוב עולה על גביהם, לא הזכירוה כאן כיון דליכא זר כנגדה, אבל בבמדבר רבה פרשה י"ד סימן כ"ב אמרו שכתר שם טוב הוא כנגד המנורה: **זה השולחן.** פירש רש"י בחומש שהשולחן שם עושר וגדולה, כמו שאומרים שולחן מלכים: **זה המזבח.** הוא מזבח הקטורת, שהיה יותר מיוחד לכהן גדול שהוא נושא כתר כהונה, דכתיב וכפר אהרן על קרנותיו אחת בשנה, ואין עבודת יום הכיפורים אלא בכהן גדול: **למה נכתבים זר.** דהוי ליה למיכתב זיר ביו"ד, שהצר"י מושך אחריו יו"ד: **ואם לאו זר.** פירוש שנעשית לו זרה הימנה, ורוצה לומר אם זכה ללמוד לשמה ולקיימה נעשית לו התורה זיר, לא זכה משתכחת ממנו, וכן הכהן כשלא יעשה לשמה, וכן הנשיא, ימותו בלא עתם, וכמו שאמרו חכמינו ז"ל (יומא ט, א) ושנות רשעים תקצורנה (משלי י, כז), אלו כהנים גדולים ששמשו בבית שני: **מעולה יותר מכולם.** שהרי חכם קודם למלך עם הארץ, וכהן גדול, כדלקמן בבמדבר רבה פרשה ו׳, ועל כן כאילו זכה לכולן אחר שגדול מהם: (ג) **[ד] מה כתיב למעלה ועשו לי מקדש.** כלומר מפני שתכלית המשכן לרעות את ישראל כצאן, ולשמרם ככרם, ולדור עמהם כאב עם בניו, לכך סמך הארון למאמר ועשו לי מקדש, לפי שכל זה יהיה באמצעית התורה הנתונה בארון: **עשו דיר לרועה כו׳ סוכה כו׳ לשומר כו׳ בית לאב כו׳.** דיר לרועה הוא באהל מועד שבמדבר, אשר כאהל רועי נתק ממסע למסע, סוכה לשומר, הוא כשבאו לארץ ישראל ונקבע אהל מועד בגלגל ונוב וגבעון, גם כן דרך ארעי כסוכה, ובית לאב הוא בית עולמים, ואז בימי שלמה נאמר (תהלים פ"ט, כז) הוא יקראני אבי וגו׳ (יפה תאר ורד"ל): **סוכה לשומר.** כן דרך שומרי הכרם עושים סוכה ללון בה: **וכן הוא אמר עטרת זקנים בני בנים.** ומסיפא דכתיב ותפארת בנים אבותם, יליף כבוד לבנים כשהם אצל אביהם:

פירוש מהרז"ו

שלשה כתרים. אבות פרק ד׳ (מי"ג), במדבר רבה פרשה ד סימן י"ג, ופרשה י"ד סימן י: **זר זהב סביב.** שמות כ"ה כ"ה: **מזבח כתיב בו זר.** שמות ל׳ פסוק ג׳. וארון כתוב בו כאן בפרשה זר: **נכתבים זר וקרינן זר.** לפי הכתיב יתכן לקרות זָר, כמו שכתוב בכמה מקומות, רק כאן נקרא זֵר, אבל השלשה הנ"ל: **זוכה לכולם.** כמו שכתוב משלי ח׳ כל הפרשה שם, וכן באבות ריש פרק ו׳: (ג) **אתם צאני.** לעיל פרשה כ"ד סימן ג, וזה היה במדבר, כמו שכתוב (תהלים עח, נב) ויסע כצאן עמו וינהגם כעדר במדבר, על שהיו מטולטלים, על כן במדבר בדמיון דיר רועה: **אתם כרם.** זה היה בבית המקדש, שהיה בקביעות במקום אחד, אך לעתיד בדמיון אב ובנים בבית, ויעקב קראו בית, ואז נכון יהיה הר בית ה׳, ודוק ומרומז בירמיה ל"א שם בפסוק ט׳ ובפסוק י׳ ובפסוק י"ב:

חידושי הרד"ל

[ב] שלשה כתרים הן. יומא (עב, ב): **[ג] עשו דיר לרועה כו׳ סוכה לשומר כו׳ בית לאב כו׳.** דיר לרועה הוא באוהל מועד שבמדבר אשר כאהל רועי (ישעיה לח יב) נתק ממסע למסע, סוכה לשומר הוא כשבאו לארץ ישראל ונקבע אוהל מועד בגלגל ונוב וגבעון גם כן דרך ערא׳י כסוכה, ובית לאב הוא בית עולמים, ואז בימי שלמה נאמר (תהלים פט, כז) הוא יקראני אבי וגו׳: **בני בנים ותפארת בנים אבותם.** כן צריך לומר:

חידושי הרש"ש

[ג] עשו דיר כו׳ עשו סוכה כו׳ עשו בית כו׳. יתכן דהמה נגד החצר ואוהל מועד וקדש הקדשים שחלוקין זה מזה גם בקדושתן מן התורה, עיין בפרק א דכלים:

אמרי יושר

זכה אדם לתורה כאלו זכה לכולם. וכן הוא אומר במתן תורה ואתם תהיו לי ממלכת כהנים, כהונה ומלכות: **[ג] דבר אחר ארון מה כתיב למעלה ועשו לי מקדש.** לי, שאני רועה ושומר ואב. ונתן לנו התבוננות איך הוא בא ושורה שם בארון שתעשו, הנני בא ושורה שם, כיון שארון חונה שם, ואם כן פירוש לי היינו הארון עשו מקדש לי, וכוונת המאמר יהיה בהתחלפות מדרגות שלימות האנשים זו למעלה מזו, והוא כנגד נפש החיונית, נפש הצומחת, נפש המשכלת. או כנגד השלש בתים, גדול יהיה כבוד הבית האחרון, ויהיה כבעל הבית. או כנגד עזרת ישראל, עזרת כהנים, ולפני ולפנים:

מסורת המדרש

ד. יומא דף ע"ב. אבות פרק ד׳. אבות דרבי נתן פרק מ"א. במדבר רבה פרשה ד׳ ופרשה י"ד. קהלת רבה ריש פרשה ז׳. מדרש שמואל פרשה כ"ג. תנחומא סדר ויקהל סימן ח׳. ילקוט קהלת רמז תתקע"ג:

אם למקרא

וְצִפִּיתָ אֹתוֹ זָהָב טָהוֹר מִבַּיִת וּמִחוּץ תְּצַפֶּנּוּ וְעָשִׂיתָ עָלָיו זֵר זָהָב סָבִיב:
(לקמן פסוק כד)

וְצִפִּיתָ אֹתוֹ זָהָב טָהוֹר אֶת גַּגּוֹ וְאֶת קִירֹתָיו סָבִיב וְאֶת קַרְנֹתָיו וְעָשִׂיתָ לּוֹ זֵר זָהָב סָבִיב:
(לקמן ל:ג)

וַיְצַף אֹתוֹ זָהָב טָהוֹר וַיַּעַשׂ לוֹ זֵר זָהָב סָבִיב:
(שם פסוק יא)

וְאַתֵּן צֹאנִי צֹאן מַרְעִיתִי אָדָם אַתֶּם אֲנִי אֱלֹהֵיכֶם נְאֻם אֲדֹנָי ה׳:
(יחזקאל לד:לא)

רֹעֵה יִשְׂרָאֵל הַאֲזִינָה נֹהֵג כַּצֹּאן יוֹסֵף יֹשֵׁב הַכְּרוּבִים הוֹפִיעָה:
(תהלים פ:ב)

כִּי כֶרֶם ה׳ צְבָאוֹת בֵּית יִשְׂרָאֵל וְאִישׁ יְהוּדָה נְטַע שַׁעֲשׁוּעָיו וַיְקַו לְמִשְׁפָּט וְהִנֵּה מִשְׂפָּח לִצְדָקָה וְהִנֵּה צְעָקָה:
(ישעיה ה:ז)

הִנֵּה לֹא יָנוּם וְלֹא יִישָׁן שׁוֹמֵר יִשְׂרָאֵל:
(תהלים קכא:ד)

בָּנִים אַתֶּם לַה׳ אֱלֹהֵיכֶם לֹא תִתְגֹּדְדוּ וְלֹא תָשִׂימוּ קָרְחָה בֵּין עֵינֵיכֶם לָמֵת:
(דברים יד:א)

בִּבְכִי יָבֹאוּ וּבְתַחֲנוּנִים אוֹבִילֵם אוֹלִיכֵם אֶל נַחֲלֵי מַיִם בְּדֶרֶךְ יָשָׁר לֹא יִכָּשְׁלוּ בָּהּ כִּי הָיִיתִי לְיִשְׂרָאֵל לְאָב וְאֶפְרַיִם בְּכֹרִי הוּא:
(ירמיה לא:ח)

עֲטֶרֶת זְקֵנִים בְּנֵי בָנִים וְתִפְאֶרֶת בָּנִים אֲבוֹתָם:
(משלי יז:ו)

ידי משה

[ב] למה נכתב זר ונקרא זר וכו׳. עיין פירוש מתנות כהונה (ד"ה נכתבים וד"ה נעשים), ואכתוב לך פירוש לפירושו וסימנך וכו׳, פירוש שנותן לך סימן איזו הוא הקרי ואיזו הכתיב, הפת"ח, ר"ל הנקרא בחכמת הדקדוק סגו"ל, פירוש קרי, ונקרא סגו"ל לפי שהוא סגור מבני אדם כי דבר שאינו נראה הוא דק, ונקרא כך בעל פה, והקומץ פירוש זַר כי פת"ח נקרא קמ"ץ קטן כי הוא כתיב שנראה לאדם פתוח וניכר לעינים:

מתנות כהונה

[ב] נכתבים זר ונקראים זר. וסימנך הפתח סגור: **נעשים לו זר ואם לאו זר.** וסימנך הקומץ פתוחה: **שלשה כתרים הם.** עיין במה שכתבתי במדרש קהלת בפסוק טוב שם משמן: **[ג] סוכה לשומר.** כן דרך שומרי הכרם עושים סוכה ללון בה:

אשד הנחלים

ועל ידי זה יזכו לתורה, כי יעשה זאת רושם בלבבם, או שהוא ענין סגולי בזכות זה: **שלשה כתרים.** כתר הוא אות הגדולה להורות על מעלתו, שבזה הוא נכתר ונתעלה מכל, ויש בזה שלש מעלות אלהיות, המלוכה היא עוז אלהי שבו נבדל מיתר העם, כמו שמצינו בשאול עת שמלך, שאז נתהפך לאיש אחר (שמואל א׳ י, ו), וכן הכהונה נבדל נפשו מזולתו, והתורה מעלה את נפש האדם ומלבשתו עוז וכתר, להיות נעלה על כל האדם: **זה השלחן כו׳ זר זהב.** הזר הוא הכתר, והיה בכלם זר וכתר להורות על מעלתו, כי השלחן שלחן גבוה כמו שנאמר לפני ה׳: **ואם לאו זָר.** כי כל המעלות הגדולות היו מתעלות אם ישרתו בהם לטוב, ואם לאו חס ושלום ההיפוך נעשה זָר, ויותר נגרע מכל, אחר שהיה בכחו לקבל הטוב העליוני ולא קיבל: **ועשו עליו כו׳ זכו לכלן.** שלכן כתיב עליו, כי כולם נסמכים עליו, כי עיקר העלוי הוא על ידי התורה: **[ג] אתם צאני כו׳ כרם כו׳ בנים כו׳.** חשב שלש בחינות במה שבית המקדש מועיל לישראל, אחד שעל ידי זה היו מתפרנסים בכל טוב, כי השפע היתה מתרבה על ידי בית המקדש, שני השמחה [המכונה בשם כרם הנטוע גפנים, המשמחים את הלב] כי ישמח ה׳ בהם ומשמח אותם, שלישי והוא העיקר, שעל ידי זה הם חביבים ונקראו בנים מדובקים באביהם, ושפע השגה מתרבה על ידי זה:

באור מהרי"פ

שלשה כתרים הם. גם זה הוא לפרש מלת ועשו דכתיב גבי ארון, דכתר כהונה נתנה לזרעו של אהרן בלבד, וכתר מלכות לזרע דוד לבד, אבל כתר תורה מוכן לכל איש ישראל, על כן נאמר בלשון רבים ועשו: **במתנות כהונה בד"ה [נכתבים כו׳] וסימנך הפתח סגור וכו׳ וסימנך הקמץ פתוחה.** צריך עיון: **ואם לאו זר.** כלומר יש לו דין עובד כוכבים העוסק בתורה חייב מיתה, על דרך מאמרם (יומא עב, א) זכה נעשית לו סם חיים, לא זכה נעשית לו סם המות, על דרך מאמרם (יומא ט, א. ויק"ר כא, ט) ושנות רשעים תקצורנה אלו כהנים גדולים ששמשו בבית שני, וכן מסתמא גבי מלכות: **ועשית עליו וגו׳.** המקרא הזה מובא למעלה בעמוד שלפני זה (לעיל סימן א מהרי"פ ד"ה מיד) עיין שם: **זכה לכולן.** דבתורה כתיב זאת תורת העולה, למדו חכמינו ז"ל (מנחות קי, א) כל העוסק בתורת עולה כאלו הקריב עולה וכו׳, הרי אם זכה לתורה כאלו זכה לכהונה, גם כתיב (משלי ח, טו) בי מלכים ימלוכו, הרי זכה לתורה זכה למלכות:

אַתֶּם בָּנִים וַאֲנִי אֲבִיכֶם – The Holy One said further, **"You are My children and I am your Father."** שֶׁנֶּאֱמַר "בָּנִים אַתֶּם לַה' אֱלֹהֵיכֶם" – You are My children, **as it is stated,** ***You are children to HASHEM, your God*** (*Deuteronomy* 14:1); וַאֲנִי אֲבִיכֶם שֶׁנֶּאֱמַר "כִּי הָיִיתִי לְיִשְׂרָאֵל לְאָב" – **and I am your Father, as it is stated,** ***for I have been a Father to Israel*** (*Jeremiah* 31:8). כָּבוֹד לְבָנִים כְּשֶׁהֵן אֵצֶל אֲבִיהֶם – **"It is an honor for the children when they are with their father,** וְכָבוֹד לָאָב כְּשֶׁהוּא אֵצֶל בָּנָיו – **and it is an honor for the father when he is with his children."** וְכֵן הוּא אוֹמֵר "עֲטֶרֶת זְקֵנִים בְּנֵי בָנִים וְתִפְאֶרֶת בָּנִים אֲבוֹתָם" – **And so it says** in the verse, ***The crown of elders is grandchildren,***[50] ***and the glory of children is their fathers*** (*Proverbs* 17:6). עֲשׂוּ בַּיִת לָאָב שֶׁיָּבֹא וְיִשְׁרֶה אֵצֶל בָּנָיו – **"Make a house for the father that he may come and dwell with his children."** לְכָךְ נֶאֱמַר "וְעָשׂוּ לִי מִקְדָּשׁ" – **For this reason it is stated,** ***They shall make a Sanctuary for Me*** *that I may dwell among them.*[51]

NOTES

50. And children bring honor to the "elders" as well. The verse mentions *grandchildren* because there is even greater honor to the elders when their children have children of their own (*Yefeh To'ar*). [This part of the verse supports the *second* half of the Midrash's preceding sentence; the next part of the verse supports the *first* half. See *Radal* and *Eitz Yosef*.]

51. *Radal*, followed by *Eitz Yosef*, explains that the "Sanctuary" that God requested came in three incarnations, corresponding to the tent, booth, and house mentioned by the Midrash. First came the "Tent" of Meeting, a very temporary structure that was collapsed and transported from encampment to encampment during Israel's forty-year sojourn in the Wilderness. Then came the years when the Tabernacle stood at Gilgal (14 years), Nov (13 years) and Giveon (44 years) in *Eretz Yisrael*, resembling the semipermanent booth. [After Gilgal, the Tabernacle stayed in Shiloh for 369 years. *Radal* omits Shiloh because the Tabernacle's stay there was a more permanent one (as reflected in halachah, as well – see Mishnayos, *Zevachim* Ch. 14) and would thus not be compared to a booth.] Finally, the "father's house" – the Eternal House of God – was built in Jerusalem.

Eshed HaNechalim takes a different approach, focusing on the three terms that God uses for Israel in this Midrash: flock, vineyard, and children. These three terms represent three advantages that accrue to Israel through having a Temple (Sanctuary). The "flock" represents livelihood, for blessing for livelihood comes through the Temple. The "vineyard" (wine) represents joy, for when there is a Temple, God rejoices with Israel and brings joy to them. And the Temple fosters and engenders a close relationship between God and Israel, like that of a father and his beloved "children."

For other approaches, see *Yefeh To'ar* and see Insight Ⓐ.

INSIGHTS

Ⓐ **Preparing a Dwelling for Our Guardian** Many commentators reflect on the significance of the three metaphors presented in this passage.

Shem MiShmuel suggests that they illustrate three different aspects of the Tabernacle's importance to Israel. The three guardians, he explains, represent three types of care. A watchman *protects* the vineyard from harm; a shepherd *sustains* his flock by leading it to fields of pasture; and a father *nurtures* his children with a personal connection, sweetened by warmth and love. In caring for the Jewish people, God serves in all of these roles. He protects them from both spiritual and physical threats; sustains them with food, clothing, and the gift of life; and above all, provides them with a higher goal toward which to strive: developing an attachment to His Presence, in this world and the next.

The Tabernacle was instrumental in drawing down these heaven-sent benefits, and it was correspondingly divided into three distinct areas: the Courtyard, the Holy, and the Holy of Holies. The Courtyard, where the offerings were sacrificed on the Altar, drew down the blessing of protection, for we are taught that the sacrificial offerings protect Israel from its enemies (see *Tosafos, Megillah* 3b s.v. אמש). The Holy contained the *Shulchan* and *Menorah*, which channeled prosperity and light to the world; hence, this area drew down the blessing of sustenance. The Holy of Holies, that innermost sanctum in which the Cherubs atop the Ark stood facing each other, drew down the greatest blessing of all: the opportunity for an intimate, father-son relationship with God.

Thus, when God gave the command to build the Tabernacle, He was essentially saying to Israel: You are a vineyard in need of protection, so prepare a Courtyard for My sake and I will be your Watchman. You are also a flock in need of sustenance, so build the Holy and I will thereby sustain you. And you are a son in need of a father, so erect the Holy of Holies and I will draw you close to Me.

[For a similar explanation, see *Minchas Ani* (by the author of *Aruch LaNer*) to this *parashah*.]

Another approach, followed by *Be'er Yosef* (to this verse), is that the three metaphors correspond to different stages in our history, different conditions in which the Jewish people may find themselves. And God's message to us is that in all these stages, we can expect Him to be there for us, as long as we dedicate a home for His Presence — whether a full-fledged Sanctuary with an Altar and offerings, a study hall where Torah is learned, or even a house of prayer — and as long as we invite Him to dwell in our midst.

So said God to Israel, "There may be times when you are like a dispersed flock of sheep (שֶׂה פְזוּרָה), when you are persecuted, denied a decent livelihood, and banished from country to country. Your chances of survival will appear to be slim, but there is a way for you to overcome the odds: pitch a tent for Me, your Shepherd, that I may come and pasture you.

"During another stage of exile, you will be like a vineyard. You will settle yourselves comfortably in some foreign land where the natives are friendly and consider you their equal, allowing you to send down roots, grow luxuriantly, and bear abundant fruit. In those circumstances, you may feel immune from the trials of exile, and safe enough without any special protections. Beware, for that is an illusion. You may be a vineyard at present, but at some point the wheel of fortune will turn. The dormant feelings of jealousy and hatred will bubble forth in the hearts of your neighbors and hosts, and before long you will bear the brunt of their frustrations and failures. Know, then, with certainty that I, and only I, am your Watchman, so build a booth for Me that I may watch over you.

"In this way you will survive, and even prosper at times. But that is far from the ideal, far from the goal of your existence. For you are My children and I am your Father, and as long as the exile continues to keep us apart, your honor is diminished, and My honor as well. Do, then, what you must to end the separation, and build a house for Me that I may come and dwell with you. When we are finally reunited, the entire world will take notice and and honor Me as their Creator and Master, and they will honor you as the bearers of My Name."

אָמַר רַבִּי שִׁמְעוֹן בֶּן יוֹחָאי: ד ג' כְּתָרִים הֵם, כֶּתֶר מַלְכוּת וְכֶתֶר כְּהוּנָּה וְכֶתֶר תּוֹרָה, כֶּתֶר מַלְכוּת זֶה הַשֻּׁלְחָן דִּכְתִיב בּוֹ (לקמן פסוק כד) "זֵר זָהָב סָבִיב", כֶּתֶר כְּהוּנָּה זֶה הַמִּזְבֵּחַ דִּכְתִיב בּוֹ (לקמן ל, ג) "זֵר זָהָב סָבִיב", וְכֶתֶר תּוֹרָה זֶה הָאָרוֹן דִּכְתִיב בּוֹ (פסוק יא) "זֵר זָהָב", לָמָּה נִכְתָּבִים "זָר" וְנִקְרָאִים "זֵר", אֶלָּא לוֹמַר לְךָ אִם אָדָם זוֹכֶה נַעֲשִׂים לוֹ זֵר וְאִם לָאו זָר, וּמִפְּנֵי מָה בְּכוּלָּן כְּתִיב (לקמן פסוק כד; ל, ג) "וְעָשִׂיתָ לוֹ" וּבָאָרוֹן כְּתִיב [כה, יא] "וְעָשִׂיתָ עָלָיו", לְלַמֶּדְךָ שֶׁכֶּתֶר תּוֹרָה מְעוּלָּה יוֹתֵר מִכּוּלָּן, זָכָה אָדָם לַתּוֹרָה כְּאִלּוּ זָכָה לְכוּלָּן:

ג דָּבָר אַחֵר, [כה, י] "וְעָשׂוּ אֲרוֹן", מַה כְּתִיב לְמַעְלָה, [כה, ח] "וְעָשׂוּ לִי מִקְדָּשׁ", אָמַר הַקָּדוֹשׁ בָּרוּךְ הוּא לְיִשְׂרָאֵל: אַתֶּם צֹאנִי וַאֲנִי רוֹעֶה, שֶׁנֶּאֱמַר (יחזקאל לד, לא) "וְאַתֵּן צֹאנִי צֹאן מַרְעִיתִי אָדָם אַתֶּם", וַאֲנִי רוֹעֶה שֶׁנֶּאֱמַר (תהלים פ, ב) "רֹעֵה יִשְׂרָאֵל הַאֲזִינָה", עֲשׂוּ דִּיר לָרוֹעֶה שֶׁיָּבֹא וְיִרְעֶה אֶתְכֶם, לְכָךְ נֶאֱמַר [כה, ח] "וְעָשׂוּ לִי מִקְדָּשׁ וְשָׁכַנְתִּי בְּתוֹכָם", אַתֶּם כֶּרֶם שֶׁנֶּאֱמַר (ישעיה ה, ז) "כִּי כֶרֶם ה' צְבָאוֹת בֵּית יִשְׂרָאֵל", וַאֲנִי שׁוֹמֵר שֶׁנֶּאֱמַר (תהלים קכא, ד) "הִנֵּה לֹא יָנוּם וְלֹא יִישָׁן שׁוֹמֵר יִשְׂרָאֵל", עֲשׂוּ סוּכָּה לַשּׁוֹמֵר שֶׁיִּשְׁמוֹר אֶתְכֶם, אַתֶּם בָּנִים וַאֲנִי אֲבִיכֶם שֶׁנֶּאֱמַר (דברים יד, א) "בָּנִים אַתֶּם לַה' אֱלֹהֵיכֶם", וַאֲנִי אֲבִיכֶם שֶׁנֶּאֱמַר (ירמיה לא, ח) "כִּי הָיִיתִי לְיִשְׂרָאֵל לְאָב", כָּבוֹד לַבָּנִים כְּשֶׁהֵן אֵצֶל אֲבִיהֶם וְכָבוֹד לָאָב כְּשֶׁהוּא אֵצֶל בָּנָיו, וְכֵן הוּא אוֹמֵר (משלי יז, ו) "עֲטֶרֶת זְקֵנִים בְּנֵי בָנִים°", עֲשׂוּ בַּיִת לָאָב שֶׁיָּבֹא וְיִשְׁרֶה אֵצֶל בָּנָיו, לְכָךְ נֶאֱמַר [כה, ח] "וְעָשׂוּ לִי מִקְדָּשׁ":

עץ יוסף

מלך שהתורה יותן בה על ידי זה יזכו לתורה, כי יעשה זאת רושם בלבבם: **שלשה כתרים.** כתר הוא אות הגדולה להורות על מעלתו, שבזה הוא נכתר ונתעלה מכל, ויש בזה שלשה מעלות אלהיות, המלוכה היא עוז אלהי שבו נבדל מיתר העם, כמו שמצינו בשאול עת שמלך שאז נתהפך לאיש אחר, וכן הכהונה נבדל נפשו מזולתו, והתורה מעלה את נפש האדם ומלבשתו עוז וכתר להיות נעלה על כל האדם: **שלשה כתרים הם.** אף על גב דבמתניתין דפרקי אבות מסיים בה, וכתר שם טוב עולה על גביהם, לא הזכירוה כאן כיון דליכא זר כנגדה, אבל בבמדבר רבה פרשה י"ד סימן כ"ב אמרו שכתר שם טוב הוא כנגד המנורה: **זה השולחן.** פירש רש"י בחומש שהשולחן שם עושר וגדולה, כמו שאומרים שולחן מלכים: **זה המזבח.** הוא מזבח הקטורת, שהיה יותר מיוחד לכהן גדול שהוא נושא כתר כהונה, דכתיב וכפר אהרן על קרנותיו אחת בשנה, ואין עבודת יום הכיפורים אלא בכהן גדול: **למה נכתבים זר.** דהוי ליה למיכתב זיר ביו"ד, שהאר"י מושך אחריו יו"ד: **ואם לאו זר.** פירוש שנעשית לו זרה הימנה, ורוצה לומר אם זכה ללמוד לשמה ולקיימה נעשית לו התורה זיר, לא זכה משתכחת ממנו, וכן הכהן כשלא יעשה לשמה, וכן הנשיא, ימותו בלא עתם, וכמו שאמרו חכמינו ז"ל (יומא ט, א) ושנות רשעים תקצורנה (משלי י, כז), אלו כהנים גדולים ששמשו בבית שני: **מעולה יותר מכולם.** שהרי חכם קודם למלך עם הארץ, וכהן גדול, כדלקמן בבמדבר רבה פרשה ו', ועל כן כאילו זכה לכולן אחר שגדול מהם: (ג) [ד] **מה כתיב למעלה ועשו לי מקדש.** כלומר מפני שתכלית המשכן לרעות את ישראל כצאן, ולשמרם ככרם, ולדור עמהם כאב עם בניו, לכך סמך הארון למאמר ועשו לי מקדש, לפי שכל זה יהיה באמצעית התורה הנתונה בארון: **עשו דיר לרועה כו' סוכה כו' לשומר כו' בית לאב כו'.** דיר לרועה הוא באהל מועד שבמדבר, אשר כאהל רועי נתק ממסע למסע, סוכה לשומר, הוא כשבאו לארץ ישראל ונקבע אהל מועד בגלגל ונוב וגבעון, גם כן דרך ארעי כסוכה, ובית לאב הוא בית עולמים, ואז בימי שלמה נאמר (תהלים פ"ט, כז) הוא יקראני אבי וגו' (יפה תאר ורד"ל): **סוכה לשומר.** כן דרך שומרי הכרם עושים סוכה ללון בה: **וכן הוא אמר עטרת זקנים בני בנים.** ומסיפא דכתיב ותפארת בנים אבותם, יליף כבוד לבנים כשהם אצל אביהם:

פירוש מהרז"ו

שלשה כתרים. אבות פרק ד' (מי"ג), במדבר רבה פרשה ד סימן י"ג, ופרשה י"ד סימן י: **זר זהב סביב.** שמות כ"ה כ"ה: **מזבח כתיב בו זר.** שמות ל' פסוק ג'. וארון כתוב בו כאן בפרשה זו: **נכתבים זר וקרינן זר.** לפי הכתיב יתכן לקרות זָר, כמו שכתוב בכמה מקומות, רק כאן נקרא זֵר, אלא השלשה הנ"ל: **זוכה לכולם.** כמו שכתוב משלי ח' כל הפרשה שם, וכן באבות ריש פרק ו': (ג) **אתם צאני.** לעיל פרשה כ"ד סימן ג, וזה היה במדבר, כמו שכתוב (תהלים עח, נב) ויסע כצאן עמו וינהגם כעדר במדבר, על שהיו מטולטלים, על כן במדבר בדמיון דיר רועה: **אתם כרם.** זה היה בבית המקדש, שהיה בקביעות במקום אחד, אך לעתיד בדמיון אב ובנים בבית, ויעקב קראו בית, ואז נכון יהיה הר בית ה', ודוק ומרומז בירמיה ל"א שם בפסוק ט' ובפסוק י' ובפסוק י"ב:

חידושי הרד"ל

[ב] **שלשה כתרים הן.** יומא (עב, ב): [ג] **עשו דיר לרועה כו' סוכה לשומר כו' בית לאב כו'.** דיר לרועה הוא באוהל מועד שבמדבר אשר כאהל רועי (ישעיה לח יב) נתק ממסע למסע, סוכה לשומר הוא כשבאו לארץ ישראל ונקבע אוהל מועד בגלגל ונוב וגבעון גם כן דרך ערא כסוכה, ובית לאב הוא בית עולמים, (ואז בימי שלמה נאמר (תהלים פט, כז) הוא יקראני אבי וגו'): **בני בנים ותפארת בנים אבותם.** כן צריך לומר:

חידושי הרש"ש

[ג] **עשו דיר כו' עשו סוכה כו' עשו בית כו'.** יתכן דהמה נגד החצר ואוהל מועד וקדש הקדשים שחלוקין זה מזה גם בקדושתן מן התורה, עיין בפרק א דכלים:

אמרי יושר

זכה אדם לתורה כאלו זכה לכולם. וכן הוא אומר במתן תורה ואתם תהיו לי ממלכת כהנים, כהונה ומלכות: [ג] **דבר אחר ארון מה כתיב למעלה ועשו לי מקדש.** לי, שאני רועה ושומר ואב. ונתן לנו התבוננות איך הוא בא ושורה שם בארון שתעשו, הנני בא ושורה שם, כיון שארון חונה שם, ואם כן פירוש לי היינו הארון עשו מקדש לי, וכוונת המאמר יהיה בהתחלפות מדרגות שלימות האנשים זו למעלה מזו, והוא כנגד נפש החיונית, נפש הצומחת, נפש המשכלת. או כנגד השלש בתים, גדול יהיה כבוד הבית האחרון, ויהיה כבעל הבית. או כנגד עזרת ישראל, עזרת כהנים, ולפני ולפנים:

מסורת המדרש

ד. יומא דף ע"ב. אבות פרק ד'. אבות דרבי נתן פרק מ"א. במדבר רבה פרשה ד' ופרשה י"ד. קהלת רבה ריש פרשה ז'. מדרש שמואל פרשה כ"ג. תנחומא סדר ויקהל סימן ח'. ילקוט קהלת רמז תתקע"ג:

אם למקרא

וְצִפִּיתָ אֹתוֹ זָהָב טָהוֹר מִבַּיִת וּמִחוּץ תְּצַפֶּנּוּ וְעָשִׂיתָ עָלָיו זֵר זָהָב סָבִיב:
(לקמן פסוק כד)

וְצִפִּיתָ אֹתוֹ זָהָב טָהוֹר אֶת גַּגּוֹ וְאֶת קִירֹתָיו סָבִיב וְאֶת קַרְנֹתָיו וְעָשִׂיתָ לּוֹ זֵר זָהָב סָבִיב:
(לקמן ל:ג)

וַיְצַף אֹתוֹ זָהָב טָהוֹר וַיַּעַשׂ לוֹ זֵר זָהָב סָבִיב:
(שם פסוק יא)

וְאַתֵּן צֹאנִי צֹאן מַרְעִיתִי אָדָם אַתֶּם אֲנִי אֱלֹהֵיכֶם נְאֻם אֲדֹנָי ה':
(יחזקאל לד:לא)

רֹעֵה יִשְׂרָאֵל הַאֲזִינָה נֹהֵג כַּצֹּאן יוֹסֵף יֹשֵׁב הַכְּרוּבִים הוֹפִיעָה:
(תהלים פ:ב)

כִּי כֶרֶם ה' צְבָאוֹת בֵּית יִשְׂרָאֵל וְאִישׁ יְהוּדָה נְטַע שַׁעֲשׁוּעָיו וַיְקַו לְמִשְׁפָּט וְהִנֵּה מִשְׂפָּח לִצְדָקָה וְהִנֵּה צְעָקָה:
(ישעיה ה:ז)

הִנֵּה לֹא יָנוּם וְלֹא יִישָׁן שׁוֹמֵר יִשְׂרָאֵל:
(תהלים קכא:ד)

בָּנִים אַתֶּם לַה' אֱלֹהֵיכֶם לֹא תִתְגֹּדְדוּ וְלֹא תָשִׂימוּ קָרְחָה בֵּין עֵינֵיכֶם לָמֵת:
(דברים יד:א)

בִּבְכִי יָבֹאוּ וּבְתַחֲנוּנִים אוֹבִילֵם אוֹלִיכֵם אֶל נַחֲלֵי מַיִם בְּדֶרֶךְ יָשָׁר לֹא יִכָּשְׁלוּ בָּהּ כִּי הָיִיתִי לְיִשְׂרָאֵל לְאָב וְאֶפְרַיִם בְּכֹרִי הוּא:
(ירמיה לא:ח)

עֲטֶרֶת זְקֵנִים בְּנֵי בָנִים וְתִפְאֶרֶת בָּנִים אֲבוֹתָם:
(משלי יז:ו)

מתנות כהונה

[ב] **נכתבים זר ונקראים זר.** וסימנך הפתח סגור: **נעשים לו זר ואם לאו זר.** וסימנך הקומץ פתוחה: **שלשה כתרים הם.** עיין במה שכתבתי במדרש קהלת בפסוק טוב שם משמן: [ג] **סוכה לשומר.** כן דרך שומרי הכרם עושים סוכה ללון בה:

אשד הנחלים

ועל ידי זה יזכו לתורה, כי יעשה זאת רושם בלבבם, או שהוא ענין סגולי בזכות זה: **שלשה כתרים.** כתר הוא אות הגדולה להורות על מעלתו, שבזה הוא נכתר ונתעלה מכל, ויש בזה שלש מעלות אלהיות, המלוכה היא עוז אלהי שבו נבדל מיתר העם, כמו שמצינו בשאול עת שמלך, שאז נתהפך לאיש אחר (שמואל א' י, ו), וכן הכהונה נבדל נפשו מזולתו, והתורה מעלה את נפש האדם ומלבשתו עוז וכתר, להיות נעלה על כל האדם: **זה השלחן כו' זר זהב.** הזר הוא הכתר, והיה בכלם זר וכתר להורות על מעלתו, כי השלחן שלחן גבוה כמו שנאמר לפני ה': **ואם לאו זָר.** כי כל המעלות הגדולות היו מתעלות אם ישרתו בהם לטוב, ואם לאו חס ושלום ההיפוך נעשה זָר, ויותר נגרע מכל, אחר שהיה בכחו לקבל הטוב העליוני ולא קיבל: **ועשו עליו כו' זכו לכלן.** שלכן כתיב עליו, כי כולם נסמכים עליו, כי עיקר העלוי הוא על ידי התורה: [ג] **אתם צאני כו' כרם כו' בנים כו'.** חשב שלש בחינות במה שבית המקדש מועיל לישראל, אחד שעל ידי זה היו מתפרנסים בכל טוב, כי השפע היתה מתרבה על ידי בית המקדש, שני השמחה [המכונה בשם כרם הנטוע גפנים, המשמחים את הלב] כי ישמח ה' בהם ומשמח אותם, שלישי והוא העיקר, שעל ידי זה הם חביבים ונקראו בנים מדובקים באביהם, ושפע השגה מתרבה על ידי זה:

באור מהרי"פ

שלשה כתרים הם. גם זה הוא לפרש מלת ועשו דכתיב גבי ארון, דכתר כהונה נתנה לזרעו של אהרן בלבד, וכתר מלכות לזרע דוד לבד, אבל כתר תורה מוכן לכל איש ישראל, על כן נאמר בלשון רבים ועשו: **במתנות כהונה בד"ה [נכתבים כו'] וסימנך הפתח סגור וכו' וסימנך הקמץ פתוחה.** צריך עיון: **ואם לאו זר.** כלומר יש לו דין עובד כוכבים העוסק בתורה חייב מיתה, על דרך מאמרם (יומא עב, א) זכה נעשית לו סם חיים, לא זכה נעשית לו סם המות, על דרך מאמרם (יומא ט, א. ויק"ר כא, ט) ושנות רשעים תקצורנה אלו כהנים גדולים ששמשו בבית שני, וכן מסתמא גבי מלכות: **ועשית עליו וגו'.** המקרא הזה מובא למעלה בעמוד שלפני זה (לעיל סימן א מהרי"פ ד"ה מיד) עיין שם: **זכה לבולן.** דבתורה כתיב זאת תורת העולה, למדו חכמינו ז"ל (מנחות קי, א) כל העוסק בתורת עולה כאלו הקריב עולה וכו', הרי אם זכה לתורה כאלו זכה לכהונה, גם כתיב (משלי ח, טו) בי מלכים ימלוכו, הרי זכה לתורה זכה למלכות:

ידי משה

[ב] **למה נכתב זר ונקרא זר וכו'.** עיין פירוש מתנות כהונה (ד"ה נכתבים וד"ה נעשים), ואכתוב לך פירוש לפירושו וסימנך וכו', פירוש שנותן לך סימן איזו הוא הקרי ואיזו הכתיב, הפת"ח, ציר"ה הנקרא בחכמת הדקדוק סגו"ר, פירוש קרי, ונקרא סגו"ר לפי שהוא סגור מבני אדם כי דבר שאינו נראה הוא דק, ונקרא כך בעל פה, והקומץ פירוש זַר כי פת"ח נקרא קמ"ץ קטן כי הוא כתיב שנראה לאדם פתוח וניכר לעינים:

Chapter 35

וְעָשִׂיתָ אֶת הַקְּרָשִׁים לַמִּשְׁכָּן עֲצֵי שִׁטִּים עֹמְדִים.
You shall make the planks for the Tabernacle of acacia wood, standing erect (26:15).

§1 וְעָשִׂיתָ אֶת הַקְּרָשִׁים לַמִּשְׁכָּן – *YOU SHALL MAKE THE PLANKS FOR THE TABERNACLE.*

The use of the definite article "the" before "planks" is unusual,[1] and the Midrash will explain that it implies that the planks were made from wood that was already prepared for this purpose from the Six Days of Creation. The Midrash begins by citing a verse that supports this interpretation:

הָדָא הוּא דִכְתִיב – **It is this** idea **that is written** in the verse, "יִשְׂבְּעוּ עֲצֵי ה' אַרְזֵי לְבָנוֹן אֲשֶׁר נָטָע" – ***The trees of HASHEM are sated, the cedars of Lebanan that He has planted*** (*Psalms* 104:16).[2] הַרְבֵּה בְּרִיּוֹת בָּרָא הַקָּדוֹשׁ בָּרוּךְ הוּא בְּעוֹלָמוֹ – **The Holy One, blessed is He, created many creations in His world** וְלֹא הָיָה הָעוֹלָם רָאוּי לְהִשְׁתַּמֵּשׁ בָּהֶן – **but the world was not worthy of utilizing them,**[3] וּגְנָזָן הַקָּדוֹשׁ בָּרוּךְ הוּא מִן הָעוֹלָם – **and so the Holy One, blessed is He, concealed them from the world.**[4] וְאֵיזֶה – **And which** creation **is this?** זֶה אוֹר שֶׁנִּבְרָא בְּיוֹם רִאשׁוֹן – **This is the** primordial **light that was created on the first day.**[5] דְּאָמַר רַבִּי יְהוּדָה בַּר סִימוֹן – **For R' Yehudah bar Simone said:** הָאוֹר שֶׁבָּרָא הַקָּדוֹשׁ בָּרוּךְ הוּא בְּיוֹם רִאשׁוֹן אָדָם צוֹפֶה וּמַבִּיט בּוֹ מִסּוֹף הָעוֹלָם וְעַד סוֹפוֹ – **With the light that the Holy One, blessed is He, created on the first day, Adam could look out and see from one end of the world to the other.**[6] כֵּיוָן שֶׁנִּסְתַּכֵּל הַקָּדוֹשׁ בָּרוּךְ הוּא בְּדוֹרוֹ שֶׁל אֱנוֹשׁ וּבְדוֹר הַמַּבּוּל וּבְדוֹר הַפְּלָגָה שֶׁמַּעֲשֵׂיהֶם מְקוּלְקָלִים – However, **once the Holy One, blessed is He, looked at the generation of Enosh and the generation of the Flood and the generation of the Dispersion** and saw **that their deeds were corrupt,** עָמַד וּגְנָזוֹ מֵהֶן, שֶׁנֶּאֱמַר "וְיִמָּנַע מֵרְשָׁעִים אוֹרָם" – **He arose and concealed [this light] from them, as it is stated,** ***And light was withheld from the wicked***[7] (*Job* 38:15). וּלְמִי גְנָזוֹ – **And for whom did [God] conceal [this light]?** לַצַּדִּיקִים לֶעָתִיד לָבֹא – **For the righteous in the Future Era,** שֶׁנֶּאֱמַר "וַיַּרְא אֱלֹהִים אֶת הָאוֹר כִּי טוֹב" – **as it is stated,** ***God saw that the light was good*** (*Genesis* 1:4).[8] מַהוּ "כִּי טוֹב" – **What is** the meaning of ***that [the light] was good?*** שֶׁהָיָה אוֹרוֹ נָאֶה לָעוֹלָם וְלֹא הָיָה מַזִּיק כַּשֶּׁמֶשׁ הַזֶּה – It means **that [God's]** primordial **light was fitting for the world, and did not damage** it as did **this** blazing **sun** of ours. וְהֵיכָן גְּנָזוֹ – **And where did [God] conceal [the light]?** בְּגַן עֵדֶן שֶׁנֶּאֱמַר "אוֹר זָרֻעַ לַצַּדִּיק" – **In the Garden of Eden, as it is stated,** ***Light is sown for the righteous*** (*Psalms* 97:11).[9]

The Midrash now discusses another category of special creations:

וְהַרְבֵּה בְּרִיּוֹת בָּרָא הַקָּדוֹשׁ בָּרוּךְ הוּא בְּעוֹלָם – **And many** other **creations the Holy One, blessed is He, created in** His **world,** וְלֹא הָיָה הָעוֹלָם רָאוּי לְהִשְׁתַּמֵּשׁ בָּהֶן – **and the world was not worthy of utilizing them,** וְהָיוּ רְאוּיִין לְהִגָּנֵז – **and so they should have been concealed;** וְלֹא נִגְנְזוּ מִפְּנֵי כְּבוֹד הַקָּדוֹשׁ בָּרוּךְ הוּא – **but they were not concealed, on account of the glory of the Holy One, blessed is He,** which demands their presence in the world. וְאֵיזֶה זֶה, זָהָב – **And which** creation **is this? This is gold.**[10] אָמַר רַבִּי אֲבָהוּ – And how does gold enhance God's glory? **R' Abahu said:** טוֹבָה גְדוֹלָה חָלַק הַקָּדוֹשׁ בָּרוּךְ הוּא לְעוֹלָמוֹ בַּזָּהָב – **The Holy One, blessed is He, imparted a great goodness to His world with** the creation of **gold.**[11] יֵשׁ אָדָם פּוֹרֵט זָהוּב אֶחָד – **For a man can exchange one gold coin for** many copper ***perutah*** **coins** וְהוּא מוֹצִיא מִמֶּנּוּ כַּמָּה יְצִיאוֹת – **and** thereby **draw from it** the coins he needs **for several expenditures,** שֶׁנֶּאֱמַר "וּזֲהַב הָאָרֶץ הַהִוא טוֹב" – **as it is stated,** ***And the gold of the land is good*** (*Genesis* 2:12). מַהוּ "טוֹב" – **What is [the nature of]** this **"good"?**[12]

NOTES

1. Indeed, this phrasing appears with no other vessel or structural part of the Tabernacle. Scripture could have stated "You shall make planks," similar to *You shall make "a" Table, ... "a" Menorah, ... "a" Partition,* etc. (*Yefeh To'ar*).

2. This exposition will be explained by the Midrash below (see note 42). However, the Midrash will first relate other expositions on the theme of God's having created things during the Six Days that were not actually to be utilized until later times in human history (see *Eitz Yosef*).

3. After Adam sinned by eating from the Tree of Knowledge of Good and Evil, the nature of man changed, with evil becoming a part of him [see *Nefesh HaChaim* 1:6, in note beginning וזה היה קודם החטא]. This meant that wicked people would perforce descend from him who did not have the spiritual capacity to receive and partake of these goodly creations, which were of a transcendent nature, and so God withheld them from the world (*Tiferes Tzion*).

4. If the Omniscient God knew that the world would not be worthy of using these creations, why did He create them in the first place? *Eitz Yosef* offers two answers: (i) so that mankind would know of the goodly things that they lost; and (ii) because the righteous would benefit from them in the Future Era (as explained below).

5. Although the Midrash began by informing us that God made "many creations," it now enumerates only one. *HaDerash VeHaIyun* to 26:26 below suggests that this might just be the writing style of our Sages (see similarly the Midrash below at note 10, and see *Sanhedrin* 29a; see, however, *Maharsha* ibid.). However, *Eitz Yosef* (s.v. הרבה בריות) suggests that the primordial light is mentioned only as an example of the several creations that were concealed. See also *Maharzu* (and see *Maharzu* below, s.v. אור זרוע לצדיק). For a different approach, see *Tiferes Tzion*.

6. The light of the first day was not a physical illumination, but a spiritual light that revealed to Adam the contents of the entire creation, from the most ethereal of the four worlds [עוֹלָם הָאֲצִילוּת] down to our physical world [עוֹלָם הַמַּעֲשֶׂה] (*R' Yitzchak Volozhin,* printed in *Nefesh HaChaim* 1:6 s.v. אבל).

7. I.e., *only* from the wicked, for the righteous will ultimately enjoy it in the Future Era, as the Midrash proceeds to relate. While our Midrash mentions only a number of specific generations (Enosh, Flood, and Dispersion – see also *Chagigah* 12a; *Bereishis Rabbah* 3 §6, 11 §2, and 12 §6), these are but examples of the wicked people whom God foresaw when He hid the light; see above, note 3 (see *Rashi* to *Genesis* 1:4).

Regarding *when* God concealed the primordial light there is some disagreement. *Rashi* (to ibid. 1:14) maintains that it was hidden away after the seven days of Creation, but in *Ramban's* view (ad loc.) the concealment occurred after the third day. See Midrashim referenced in the preceding paragraph.

8. And as *Chagigah* 12a and *Bereishis Rabbah* 12 §6 continue, *"good* is none other than a righteous person, as it is stated (*Isaiah* 3:10), *Say of the righteous person that he is good."* Cf. *Beur Maharif.*

9. "Sowing" is an act of concealing [seeds in the ground]. It typically takes place in a garden, and the "garden" where the righteous dwell is perforce the Garden of Eden (*Maharzu*; see also *Eitz Yosef*).

10. [See note 5.] After the sin of the Tree of Knowledge, mankind was not really worthy of using gold, for "a sinner should not adorn himself" [see *Rosh Hashanah* 26a] (*Tiferes Tzion*; see, however, note 15 below).

11. According to *Eitz Yosef*, R' Abahu does not address the question of how gold enhances God's glory. R' Abahu is cited only because he bases his teaching – that God created gold to benefit the world – on the same verse (*Genesis* 2:12) that R' Shimon ben Lakish will use below to explain how gold indeed enhances God's glory in the world. However, *Tiferes Tzion* disagrees: R' Abahu, too, is addressing our question. God's glory is enhanced when His world is seen not to be lacking the things that make life easier, as R' Abahu goes on to explain.

12. Alternatively: **What is** the reason that gold is called ***good?*** Why, it causes many people to sin! (*Tiferes Tzion*).

פרשה לה

א [כו, טו] **"וְעָשִׂיתָ אֶת הַקְּרָשִׁים לַמִּשְׁכָּן", הָדָא הוּא דִכְתִיב** (תהלים קד, טז) **"יִשְׂבְּעוּ עֲצֵי ה' אַרְזֵי לְבָנוֹן אֲשֶׁר נָטָע", הַרְבֵּה בְּרִיּוֹת בָּרָא הַקָּדוֹשׁ בָּרוּךְ הוּא בְּעוֹלָמוֹ וְלֹא הָיָה הָעוֹלָם רָאוּי לְהִשְׁתַּמֵּשׁ בָּהֶן וּגְנָזָן הַקָּדוֹשׁ בָּרוּךְ הוּא מִן הָעוֹלָם, וְאֵיזֶה זֶה, אוֹר שֶׁנִּבְרָא בְּיוֹם רִאשׁוֹן, דְּאָמַר רַבִּי יְהוּדָה בַּר רַבִּי סִימוֹן: [א]הָאוֹר שֶׁבָּרָא הַקָּדוֹשׁ בָּרוּךְ הוּא בְּיוֹם רִאשׁוֹן אָדָם צוֹפֶה וּמַבִּיט בּוֹ מִסּוֹף הָעוֹלָם וְעַד סוֹפוֹ, כֵּיוָן שֶׁנִּסְתַּכֵּל הַקָּדוֹשׁ בָּרוּךְ הוּא בְּדוֹרוֹ שֶׁל אֱנוֹשׁ וּבְדוֹר הַמַּבּוּל וּבְדוֹר הַפְּלָגָה שֶׁמַּעֲשֵׂיהֶם מְקוּלְקָלִים עָמַד וּגְנָזוֹ מֵהֶן, שֶׁנֶּאֱמַר** (איוב לח, טו) **"וְיִמָּנַע מֵרְשָׁעִים אוֹרָם", וּלְמִי גְנָזוֹ, לַצַּדִּיקִים לֶעָתִיד לָבֹא, שֶׁנֶּאֱמַר** (בראשית א, ד) **"וַיַּרְא אֱלֹהִים אֶת הָאוֹר כִּי טוֹב", מַהוּ "כִּי טוֹב", שֶׁהָיָה אוֹרוֹ נָאֶה לָעוֹלָם וְלֹא הָיָה מַזִּיק כַּשֶּׁמֶשׁ הַזֶּה, וְהֵיכָן גְּנָזוֹ, בְּגַן עֵדֶן, שֶׁנֶּאֱמַר** (תהלים צז, יא) **"אוֹר זָרֻעַ לַצַּדִּיק", וְהַרְבֵּה בְּרִיּוֹת בָּרָא הַקָּדוֹשׁ בָּרוּךְ הוּא בָּעוֹלָם וְלֹא הָיָה הָעוֹלָם רָאוּי לְהִשְׁתַּמֵּשׁ בָּהֶן וְהָיוּ רְאוּיִין לְהִגָּנֵז, וְלֹא נִגְנְזוּ מִפְּנֵי כְּבוֹד הַקָּדוֹשׁ בָּרוּךְ הוּא, וְאֵיזֶה זֶה, זָהָב, אָמַר רַבִּי אֲבָהוּ: [ב]טוֹבָה גְדוֹלָה חָלַק הַקָּדוֹשׁ בָּרוּךְ הוּא לְעוֹלָמוֹ בַּזָּהָב, יֵשׁ אָדָם פּוֹרֵט זָהוּב אֶחָד וְהוּא מוֹצִיא מִמֶּנּוּ כַּמָּה יְצִיאוֹת, שֶׁנֶּאֱמַר** (בראשית ב, יב) **"וּזֲהַב הָאָרֶץ הַהִוא טוֹב", וּמַהוּ "טוֹב", טוּבֵיהּ דְּהוּא בְּבֵיתֵיהּ, טוּבֵיהּ דְּהוּא בְּלְוָיָתֵיהּ, [ג]אָמַר רַבִּי שִׁמְעוֹן בֶּן לָקִישׁ: לֹא הָיָה הָעוֹלָם רָאוּי לְהִשְׁתַּמֵּשׁ בַּזָּהָב, וְלָמָּה נִבְרָא, בִּשְׁבִיל הַמִּשְׁכָּן וּבִשְׁבִיל בֵּית הַמִּקְדָּשׁ, שֶׁנֶּאֱמַר "וּזֲהַב הָאָרֶץ הַהִיא טוֹב", כְּמָה דְאַתְּ אָמַר** (דברים ג, כה) **"הָהָר הַטּוֹב הַזֶּה וְהַלְּבָנֹן", [ד]שִׁבְעָה זְהָבִים הָיוּ בְּבֵית הַמִּקְדָּשׁ:**

עץ יוסף

(א) **הדא הוא דכתיב ישבעו עצי ה' כו'.** דייק לשון הקרשים, בה"א הידיעה, שכבר הוכנו הארזים מששת ימי הבריאה, וכן מלת עומדים פירושו שעומדים ומוכנים לכך מימי עולם, וכמו שמסיים, אלא שהאריך תחילה בדרשות אחרות, ובתנחומא דריש כן בהדיא עיין שם: **הרבה בריות.** תימא דפתח בהרבה בריות ומסיים באור לחוד, ואולי לא הביא אלא אור לדוגמא, וקים ליה דמילי טובא איכא כמי שנגנזו: **ולא היה העולם ראוי כו'.** ואף שהכל גלוי לפניו, ואם כן למה בראם, יש לומר בכדי להודיע להם כמה טובות אבדו, אי נמי דעל כל פנים הוא תועלת לצדיקים לעתיד לבוא: **דאמר רבי יהודה בר סימון האור.** עיין בבראשית רבה פרשה י"א וי"ב: **שנאמר וירא אלהים את האור כי טוב.** שלא היה העולם כדאי להשתמש בו, והדר מייתי ראיה שגנז לצדיקים בגן עדן, מדכתיב אור זרוע לצדיק, נראה שגנז לצדיקים, והיינו בגן עדן: **זה זהב.** שלא היה העולם כדאי להשתמש בו, ולא נברא אלא לבית המקדש כדלקמן: **אמר ר' אבהו טובה גדולה כו'.** משום דבעי לאתויי מאמר רבי שמעון בן לקיש דדריש וזהב הארץ ההיא טוב, כמו דאמר ההר הטוב הזה, מייתי נמי דר' אבהו וטובו דהוא בביתיה: **אדם פורט זהוב אחד.** פירוש אדם מוכר זהוב אחד ולוקח בו מעות של נחשת, שהן פרוטות (ערוך): **טוביה דהוא בביתיה כו'.** פירוש טוב הוא בבית להולאתו, למכור ולקנות בדמיו כדי סיפוקו, וטובתו בלכתו, בדרך היא לווייתו שלו, בשכל מקום יכול למוכרו ולהספיק מדמיו, ובמקום מועט יכול להטמינו (רש"י): **אמר רבי שמעון בן לקיש כו'.** ריש לקיש בא לחלוק ולומר שלא נברא הזהב להטיב לעולם, אלא בשביל בית המקדש, והיינו טוב דקאמר: **כמה דאת אמר ההר הטוב הזה והלבנון.** ועל בית המקדש קאמר, ומה טעם נקרא לבנון איתא לקמן ריש ויקרא רבה: **שבעה זהבים.** משום דקאמר שהזהב נברא לבית המקדש, קאמר דשבע זהבים הם שכלם מלאו במלאכת בית המקדש, זהב טוב כדכתיב ויחפהו זהב טוב, זהב טהור, כדכתיב ויצפהו מפנימה זהב טהור, זהב סגור, כדכתיב ויצפהו זהב סגור, זהב מזוקק, כדכתיב ומזבח הקטורת זהב מזוקק, זהב פרוים, כדכתיב ויצף את הבית והזהב זהב פרוים, והזהב השחוט מצינו במגיני שלמה, כדכתיב ושלש מאות מגינים זהב שחוט, והזהב המופז נמצא בכסא שלמה, כדכתיב ויצפהו זהב מופז, ומסתמא גם במקדש היה בהם בקצת דוכתי, כי לא יתכן שיקצר שלמה בבנין בית המקדש ממה ששם בכליו, דמסתמא יש בכל אחד מזהבים אלו סגולה שאינה בשאר הזהבים:

פירוש מהרז"ו

(א) **הרבה בריות.** שכתוב שיהיו לעתיד ואינם נמצאים היום, לא שיברא בריות חדשות, כי אין כל חדש תחת השמש, אלא שנבראו ונגנזו, והביא ראיה מאור הראשון. ועיין בראשית רבה פרשה י"ב סימן ו, ושם נסמן, לעיל פרשה י"ח סימן י"א, פרשה ג סימן ו: **אור זרוע לצדיק.** וזריעה שייך בגן, והיינו בגן עדן מקום הצדיקים. והוא הדין כמה בריות אחרות, כמו אבני אקדח (ישעיה נד, יב) של שערי בית המקדש (עי' בבא בתרא עה, א): **טובה גדולה.** בראשית רבה פרשה ט"ז סימן ב, ושם נסמן ומבואר: **ההר הטוב הזה.** ובמדרש תהלים מזמור ק"ד יליף מפסוק של ריש פקודי, כל הזהב העשוי למלאכה בכל מלאכת, וכן הוא אומר וזהב הארץ ההיא טוב, ופירושו שכל הזהב העשוי בעולם למלאכה זכו לה, על כי בכל מלאכת הקודש של המשכן והמקדש: **שבעה זהבים.** ירושלמי יומא שם (פ"ד ה"ד), שיר השירים רבה פסוק אפריון עמודיו, במדבר רבה פרשה י"ב סימן ד. ונמצאו כולם בבית המקדש, זהב טוב, דברי הימים ב ג' ה', ויחפהו זהב טוב. זהב סגור, שם בפסוק הקודם, ויצפהו מפנימה זהב טהור. זהב שחוט, מלכים א י' (פסוק יז), דברי הימים ב' ט' ט"ז, מגינים זהב שחוט. זהב סגור, מלכים א ו' כ', ויצפהו זהב סגר. זהב מזוקק, דברי הימים א כ"ט ד', שבעת אלפים ככר כסף מזוקק לטוח קירות הבתים, כדלקמן שפירושו זהב. זהב פרוים, דברי הימים ב' ג' ו', והזהב זהב פרוים. זהב מופז, מלכים א י' י"ח, ויצפהו זהב מופז, אצל הכסא, ומן הסתם שהשתמש בו גם בבית המקדש:

חידושי הרד"ל

[א] **בשמש הזה.** שהוא מזיק, כמו שכתוב (תהלים קכא, ו) יומם השמש לא יככה, ואמרו בשבת (קכט, א) בישא מי הוי טבא כו': **שנאמר אור זרוע.** ולשון זריעה הוא בגן כמו שכתוב (ישעיה סא, יא) כגנה זרועיה תצמיח, ועיין זוהר בא (לח, א):

באור מהרי"פ

[א] **וירא וגו' כי טוב מהו כי טוב.** כאן משמע שהראיה היא שהאור נאה, אבל בבראשית רבה פרשה י"ב (סימן ו) איתא שנאמר וירא אלהים את האור כי טוב ואין טוב אלא צדיקים שנאמר אמרו צדיק כי טוב, משמע דמביא ראיה למה שאמרו שגנזו לצדיקים: **שנאמר אור זרוע.** פירוש, במקום הזריעה שהוא הגן עדן:

אמרי יושר

[א] **וירא אלהים את האור כי טוב.** זה הצדיק, שנאמר אמרו צדיק כי טוב. עוד אמרו טוב תועלת בלי היזק, לא כשמש שיש בו טוב ורע, וכדפירש הרב אברהם בן עזרא בפסוקי מצות ה' ברה מאירת עינים (תהלים יט, ט), כי הם להגיד שבח התורה שיש בה תועלת השמש ולא היזקה: **לא היה העולם ראוי להשתמש בזהב.** כי הוא דבר קיים בלי הטלאת חלודה, וכן עץ הארז כדפירשתי בפירושי לתהלים (אוצר נחמד סוף פרק קד [בסוף ספרו צוף דבש]), ולא נבראו אלא לתכלית בית המקדש:

מסורת המדרש

א. חגיגה דף י"ב. בראשית רבה פרשה י"ב וי"ג. ופרשה מ"ב. במדבר רבה פרשה י"ג. אסתר רבה פתיחתא י"א. רות רבה פרשה ב'. תנחומא סדר שמיני סימן ט'. תנא דבי אליהו זוטא פרק כ"א. ילקוט איוב רמז תתקכ"ד:

ב. ירושלמי יומא פרק ד' הלכה ד'. בראשית רבה פרשה ט"ז. במדבר רבה פרשה י"ב כל הענין. ילקוט בראשית רמז כ"א:

ג. מדרש תהלים מזמור ק"ד:

ד. יומא דף מ"ד ע"ב. שיר השירים רבה פ"ג פסוק ט':

אם למקרא

יִשְׂבְּעוּ עֲצֵי ה' אַרְזֵי לְבָנוֹן אֲשֶׁר נָטָע: (תהלים קד:טז)

וְיִמָּנַע מֵרְשָׁעִים אוֹרָם וּזְרוֹעַ רָמָה תִּשָּׁבֵר: (איוב לח:טו)

וַיַּרְא אֱלֹהִים אֶת הָאוֹר כִּי טוֹב וַיַּבְדֵּל אֱלֹהִים בֵּין הָאוֹר וּבֵין הַחֹשֶׁךְ: (בראשית א:ד)

אוֹר זָרֻעַ לַצַּדִּיק וּלְיִשְׁרֵי לֵב שִׂמְחָה: (תהלים צז:יא)

וּזֲהַב הָאָרֶץ הַהִוא טוֹב שָׁם הַבְּדֹלַח וְאֶבֶן הַשֹּׁהַם: (בראשית ב:יב)

אֶעְבְּרָה נָּא וְאֶרְאֶה אֶת הָאָרֶץ הַטּוֹבָה אֲשֶׁר בְּעֵבֶר הַיַּרְדֵּן הָהָר הַטּוֹב הַזֶּה וְהַלְּבָנֹן: (דברים ג:כה)

ידי משה

[א] **מהו טוב.** שפורט כמה פרוטות, והלא מטבע של כסף גם כן אדם פורט כמה פרוטות, ומשני טוב בבית כדאמרן, ועוד יש לו טיבותא יותר מן הכסף שקל לנושאם בדרך, וגם מפני אחריות הדרך. וקל להבין:

מתנות כהונה

[א] **צופה ומביט בו כו'.** עיין מזה בבראשית רבה פרשה י"ב: **מפני כבוד הקדוש ברוך הוא כו'.** להבנות ממנו בית המקדש ומשכן וכמדרש ואזיל: **טוביה דהוא בבית.** טוביו ומעלתו הוא בבית. **וטוביה דהוא בלוויתיה.** פירש רש"י בבראשית רבה פרשה ט"ז כשהוא מהלך בדרך, ולשון לוויה נופל על מי שנודד חוץ לביתו: **וזהב הארץ ההיא טוב.** כלומר זהב הארץ נברא בשביל בית המקדש שנקרא טוב **כמה דאת אמר ההר וגו':**

אשד הנחלים

[א] **הרבה כו' ראוי להשתמש.** כי הנבראים בעולם יש מהם שהם מוכרחים לקיום וחיות האדם, ויש מהם לתוספת תענוג, שיוכל להתקיים מבלעדו, רק שבאמת נבראו לתכלית עליוני, למשל הזהב למען עשות בית אלהים, ואם כן הוא לתכלית נכבד, לא להנאת עולם הזה שהוא דבר מותרי: **אור שנברא.** הדבר הזה בארתי היטב בסדר בראשית (פרשה ג) בפסוק יהי אור, עיין שם ותבין, ואין צורך לשנות הנה, כי שם מקומו: **טובה גדולה.** כלומר שברא הקדוש ברוך הוא דבר נכבד בעולם, עד שאפילו דבר קטן מזה יחשב בעיני האדם, ועל כן יכול להוציא מזה כמה יציאות מצד חשיבותו: **טוביה דהוא בביתיה.** אף שנכתב וזהב הארץ ההיא, דמשמע שהזהב ממקום ההיא טובה משאר זהב, עם כל זה דרש גם כן זה, דמלת טוב מוסב על הזהב, ואם כן לפי דעתם שם זהב הוא שם כולל על כל מיני מתכות, ובו במקום

טוּבֵיהּ דְּהוּא בְּבֵיתֵיהּ – [Gold's] good is in one's home,[13] **טוּבֵיהּ דְּהוּא בְּלְוָיְיתֵיהּ** – and **[gold's] good is in one's travels.**[14] **אָמַר רַבִּי שִׁמְעוֹן בֶּן לָקִישׁ – R' Shimon ben Lakish said: לֹא הָיָה הָעוֹלָם רָאוּי לְהִשְׁתַּמֵּשׁ בַּזָּהָב – The world was not worthy of using gold. וְלָמָּה נִבְרָא – But why,** then, **was it created? בִּשְׁבִיל הַמִּשְׁכָּן וּבִשְׁבִיל בֵּית הַמִּקְדָּשׁ – For the sake of the Tabernacle and for the sake of the Holy Temple,**[15] **שֶׁנֶּאֱמַר "וּזֲהַב הָאָרֶץ הַהִוא טוֹב" – as it is stated,** ***And the gold of that land***[16] ***is good.*** **כְּמָה דְּאַתְּ אָמַר "הָהָר הַטּוֹב הַזֶּה וְהַלְּבָנֹן" –** And "good" refers to the Holy Temple,[17] **as it is stated,** ***this good mountain and the Lebanon*** (*Deuteronomy* 3:25).[18]

Having established that gold was created for the Holy Temple, the Midrash teaches that there are seven types of gold, all of which were used in the construction of the Temple:[19]

שִׁבְעָה זְהָבִים הָיוּ בְּבֵית הַמִּקְדָּשׁ – Seven types of **gold were** used **in** building **the Holy Temple,** and they are:

NOTES

13. I.e., gold is good for household expenses, for it can be sold and the proceeds used to purchase one's daily necessities (*Eitz Yosef*).

14. Gold is easily concealed when one travels and it can be sold everywhere, and is thus a good source of ready cash for meeting a traveler's needs (ibid.).

15. R' Shimon maintains that gold was created for God's dwelling place on earth, the Holy Temple and the Tabernacle, and thus for enhancing His glory in the world. See note 11. *Eshed HaNechalim* (beginning of chapter) explains that gold is a luxury, not a necessity; we should assume, then, that it was created for a higher, spiritual purpose. See similarly *Yefeh To'ar* to *Bereishis Rabbah* 15 §1. [According to *Tiferes Tzion* cited in note 10 above, it seems that if Adam had not sinned man would indeed have been deserving of using this luxury for himself. Cf. note 39.]

16. I.e., the land of Havilah, mentioned in the preceding verse. However, according to Midrashic exposition, the word *good* is to be understood as describing *all* gold (see *Eshed HaNechalim*).

17. Gold is thus described as *good* (see note 12) because it is used for the Temple, which is called *good* (*Tiferes Tzion*).

18. The verse speaks of the Holy Temple (see *Targum Onkelos* there) and calls it "good." See *Vayikra Rabbah* 1 §2 for various reasons why the Temple is called לְבָנוֹן (*Eitz Yosef*; see below, note 42).

19. Ibid.

פרשה לה

א [כו, טו] **"וְעָשִׂיתָ אֶת הַקְּרָשִׁים לַמִּשְׁכָּן", הָדָא הוּא דִכְתִיב** (תהלים קד, טז) **"יִשְׂבְּעוּ עֲצֵי ה' אַרְזֵי לְבָנוֹן אֲשֶׁר נָטָע", הַרְבֵּה בְּרִיּוֹת בָּרָא הַקָּדוֹשׁ בָּרוּךְ הוּא בְּעוֹלָמוֹ וְלֹא הָיָה הָעוֹלָם רָאוּי לְהִשְׁתַּמֵּשׁ בָּהֶן וּגְנָזָן הַקָּדוֹשׁ בָּרוּךְ הוּא מִן הָעוֹלָם, וְאֵיזֶה זֶה, אוֹר שֶׁנִּבְרָא בְּיוֹם רִאשׁוֹן, דְּאָמַר רַבִּי יְהוּדָה בַּר רַבִּי סִימוֹן: [א]הָאוֹר שֶׁבָּרָא הַקָּדוֹשׁ בָּרוּךְ הוּא בְּיוֹם רִאשׁוֹן אָדָם צוֹפֶה וּמַבִּיט בּוֹ מִסּוֹף הָעוֹלָם וְעַד סוֹפוֹ, כֵּיוָן שֶׁנִּסְתַּכֵּל הַקָּדוֹשׁ בָּרוּךְ הוּא בְּדוֹרוֹ שֶׁל אֱנוֹשׁ וּבְדוֹר הַמַּבּוּל וּבְדוֹר הַפְּלָגָה שֶׁמַּעֲשֵׂיהֶם מְקוּלְקָלִים עָמַד וּגְנָזוֹ מֵהֶן, שֶׁנֶּאֱמַר** (איוב לח, טו) **"וְיִמָּנַע מֵרְשָׁעִים אוֹרָם", וּלְמִי גְנָזוֹ, לַצַּדִּיקִים לֶעָתִיד לָבֹא, שֶׁנֶּאֱמַר** (בראשית א, ד) **"וַיַּרְא אֱלֹהִים אֶת הָאוֹר כִּי טוֹב", מַהוּ "כִּי טוֹב", שֶׁהָיָה אוֹרוֹ נָאֶה לָעוֹלָם וְלֹא הָיָה מַזִּיק כַּשֶּׁמֶשׁ הַזֶּה, וְהֵיכָן גְּנָזוֹ, בְּגַן עֵדֶן, שֶׁנֶּאֱמַר** (תהלים צז, יא) **"אוֹר זָרֻעַ לַצַּדִּיק", וְהַרְבֵּה בְּרִיּוֹת בָּרָא הַקָּדוֹשׁ בָּרוּךְ הוּא בָּעוֹלָם וְלֹא הָיָה הָעוֹלָם רָאוּי לְהִשְׁתַּמֵּשׁ בָּהֶן וְהָיוּ רְאוּיִין לְהִגָּנֵז, וְלֹא נִגְנְזוּ מִפְּנֵי כְּבוֹד הַקָּדוֹשׁ בָּרוּךְ הוּא, וְאֵיזֶה זֶה, זָהָב, אָמַר רַבִּי אֲבָהוּ: [ב]טוֹבָה גְדוֹלָה חָלַק הַקָּדוֹשׁ בָּרוּךְ הוּא לְעוֹלָמוֹ בַּזָּהָב, יֵשׁ אָדָם פּוֹרֵט זָהוּב אֶחָד וְהוּא מוֹצִיא מִמֶּנּוּ כַּמָּה יְצִיאוֹת, שֶׁנֶּאֱמַר** (בראשית ב, יב) **"וּזֲהַב הָאָרֶץ הַהִיא טוֹב", וּמַהוּ "טוֹב", טוֹבֵיהּ דְּהוּא בְּבֵיתֵיהּ, טוֹבֵיהּ דְּהוּא בִּלְוָיָתֵיהּ, [ג]אָמַר רַבִּי שִׁמְעוֹן בֶּן לָקִישׁ: לֹא הָיָה הָעוֹלָם רָאוּי לְהִשְׁתַּמֵּשׁ בַּזָּהָב, וְלָמָּה נִבְרָא, בִּשְׁבִיל הַמִּשְׁכָּן וּבִשְׁבִיל בֵּית הַמִּקְדָּשׁ, שֶׁנֶּאֱמַר "וּזֲהַב הָאָרֶץ הַהִיא טוֹב", כְּמָה דְּאַתְּ אָמַר** (דברים ג, כה) **"הָהָר הַטּוֹב הַזֶּה וְהַלְּבָנֹן", [ד]שִׁבְעָה זְהָבִים הָיוּ בְּבֵית הַמִּקְדָּשׁ:**

עץ יוסף

(א) הדא הוא דכתיב ישבעו עצי ה' כו'. דייק לשון הקרשים, בה"א הידיעה, שכבר הוכנו הארזים משעת ימי הבריאה, וכן מלת עומדים פירושו שעומדים ומוכנים לכך מימי עולם, וכמו שמסיים, אלא שהאריך תחילה בדרשות אחרות, ובתנחומא דריש כן בהדיא עיין שם: **הרבה בריות.** תימא דפתח בהרבה בריות ומסיים באור לחוד, ואולי לא הביא אלא אור לדוגמא, וקים ליה דמילי טובא איכא כמי שנגנזו: **ולא היה העולם ראוי כו'.** ואף שהכל גלוי לפניו, ואם כן למה בראם, יש לומר בכדי להודיע להם כמה טובות אבדו, אי נמי דעל כל פנים הוא תועלת לצדיקים לעתיד לבוא: **דאמר רבי יהודה בר סימון האור.** עיין בבראשית רבה פרשה י"א וי"ב: **שנאמר וירא אלהים את האור כי טוב.** שלא היה העולם כדאי להשתמש בו, והדר מייתי ראיה שגנז לצדיקים בגן עדן, מדכתיב אור זרוע לצדיק, נראה שגנז לצדיקים, והיינו בגן עדן: **זה זהב.** שלא היה העולם כדאי להשתמש בו, ולא נברא אלא לבית המקדש כדלקמן: **אמר ר' אבהו טובה גדולה כו'.** משום דבעי לאתויי מאמר רבי שמעון בן לקיש דדריש וזהב הארץ ההיא טוב, כמו דאמר ההר הטוב הזה, מייתי נמי דר' אבהו וטובוי דהוא בביתיה: **אדם פורט זהוב אחד.** פירוש אדם מוכר זהוב אחד ולוקח בו מעות של נחשת, שהן פרוטות (ערוך): **טוביה דהוא בביתיה כו'.** פירוש טוב הוא בבית להואתו, למכור ולקנות בדמיו כדי סיפוקו, וטובתו בלכתו, בדרך היא לווייתו שלו, בשכל מקום יכול למוכרו ולהספיק מדמיו, ובמקום מועט יכול להטמינו (רש"י): **אמר רבי שמעון בן לקיש כו'.** ריש לקיש בא לחלוק ולומר שלא נברא הזהב להטיב לעולם, אלא בשביל בית המקדש, והיינו טוב דקאמר: **כמה דאת אמר ההר הטוב הזה והלבנון.** ועל בית המקדש קאמר, ומה טעם נקרא לבנון איתא לקמן ריש ויקרא רבה: **שבעה זהבים.** משום דקאמר שהזהב נברא לבית המקדש, קאמר דשבע זהבים הם שכלם מצאו במלאכת בית המקדש, זהב טוב כדכתיב ויחפהו זהב טוב, זהב טהור, כדכתיב וילפהו מפנימה זהב טהור, זהב סגור, כדכתיב וילפהו זהב סגור, זהב מזוקק, כדכתיב ומזבח הקטורת זהב מזוקק, זהב פרוים, כדכתיב ויצף את הבית והזהב זהב פרוים, והזהב השחוט מצינו במגיני שלמה, כדכתיב ושלש מאות מגינים זהב שחוט, והזהב המופז נמצא בכסא שלמה, כדכתיב ויצפהו זהב מופז, ומסתמא גם במקדש היה בהם בקצת דוכתי, כי לא יתכן שיקצר שלמה בבנין בית המקדש ממה שעשה בכליו, דמסתמא יש בכל אחד מזהבים אלו סגולה שאינה בשאר הזהבים:

פירוש מהרז"ו

(א) הרבה בריות. שכתוב שיהיו לעתיד ואינם נמצאים היום, לא שיברא בריות חדשות, כי אין כל חדש תחת השמש, אלא שנבראו ונגנזו, והביא ראיה מאור הראשון. ועיין בראשית רבה פרשה י"ב סימן ו, ושם נסמן, לעיל פרשה י"ח סימן י"א, פרשה ג סימן ו: **אור זרוע לצדיק.** וזריעה שייך בגן, והיינו בגן עדן מקום הצדיקים. והוא הדין כמה בריות אחרות, כמו האבני אקדח (ישעיה נד, יב) של שערי בית המקדש (עי' בבא בתרא עה, א): **טובה גדולה.** בראשית רבה פרשה ט"ז סימן ב, ושם נסמן ומבואר: **ההר הטוב הזה.** ובמדרש תהלים מזמור ק"ד יליף מפסוק של ריש פקודי, כל הזהב העשוי למלאכה בכל מלאכת, וכן הוא אומר וזהב הארץ ההיא טוב, ופירושו שכל הזהב העשוי בעולם למלאכה זכו לה, על כי בכל מלאכת הקודש של המשכן והמקדש: **שבעה זהבים.** ירושלמי יומא שם (פ"ד ה"ד), שיר השירים רבה פסוק אפריון עמודיו, במדבר רבה פרשה י"ב סימן ד. ונמצאו כולם בבית המקדש, זהב טוב, דברי הימים ב ג' ה', ויחפהו זהב טוב. זהב סגור, שם בפסוק הקודם, וילפהו מפנימה זהב טהור. זהב שחוט, מלכים א י' (פסוק יז), דברי הימים ב' ט' ט"ז, מגינים זהב שחוט. זהב סגור, מלכים א ו' כ', וילפהו זהב סגר. זהב מזוקק, דברי הימים א כ"ט ד', שבעת אלפים ככר כסף מזוקק לטוח קירות הבתים, כדלקמן שפירושו זהב. זהב פרוים, דברי הימים ב' ג' ו', והזהב זהב פרוים. זהב מופז, מלכים א י' י"ח, וילפהו זהב מופז, אלל הכסא, ומן הסתם שהשתמש בו גם בבית המקדש:

מתנות כהונה

[א] צופה ומביט בו כו'. עיין מזה בבראשית רבה פרשה י"ב: **מפני כבוד הקדוש ברוך הוא כו'.** להבנות ממנו בית המקדש ומשכן וכמדפרש ואזיל: **טוביה דהוא בבית.** טוביו ומעלתו הוא בבית. **וטוביה דהוא בלוויתיה.** פירש רש"י בבראשית רבה פרשה ט"ז כשהוא מהלך בדרך, ולשון לוויה נופל על מי שנודד חוץ לביתו: **וזהב הארץ ההיא טוב.** כלומר זהב הארץ נברא בשביל בית המקדש שנקרא טוב **במה דאת אמר ההר וגו':**

אשד הנחלים

[א] הרבה כו' ראוי להשתמש. כי הנבראים בעולם יש מהם שהם מוכרחים לקיום וחיות האדם, ויש מהם לתוספת תענוג, שיוכל להתקיים מבלעדו, רק שבאמת נבראו לתכלית עליוני, למשל הזהב למען עשות בית אלהים, ואם כן הוא לתכלית נכבד, לא להנאת עולם הזה שהוא דבר מותרי: **אור שנברא.** הדבר הזה בארתי היטב בסדר בראשית (פרשה ג) בפסוק יהי אור, עיין שם ותבין, ואין צורך לשנות הנה, כי שם מקומו: **טובה גדולה.** כלומר שברא הקדוש ברוך הוא דבר נכבד בעולם, עד שאפילו דבר קטן מזה יחשב בעיני האדם, ועל כן יכול להוציא מזה כמה יציאות מצד חשיבותו: **טוביה דהוא בביתיה.** אף שנכתב וזהב הארץ ההיא, דמשמע שהזהב ממקום ההיא טובה משאר זהב, עם כל זה דרש גם כן זה, דמלת טוב מוסב על הזהב, ואם כן לפי דעתם שם זהב הוא שם כולל על כל מיני מתכות, ובו במקום

חידושי הרד"ל

[א] בשמש הזה. שהוא מזיק, כמו שכתוב (תהלים קכא, ו) יומם השמש לא יככה, ואמרו בשבת (קכט, א) בישא מי הוי טבא כו': **שנאמר אור זרוע.** ולשון זריעה הוא בגן כמו שכתוב (ישעיה סא, יא) כגנה זרועיה תצמיח, ועיין זוהר בא (לח, א):

באור מהרי"פ

[א] וירא וגו' כי טוב מהו כי טוב. כאן משמע שהראיה היא שהאור נאה, אבל בבראשית רבה פרשה י"ב (סימן ו) איתא שנאמר וירא אלהים את האור כי טוב ואין טוב אלא צדיקים שנאמר אמרו צדיק כי טוב, משמע דמביא ראיה למה שאמרו שגנזו לצדיקים: **שנאמר אור זרוע.** פירוש, במקום הזריעה שהוא הגן עדן:

אמרי יושר

[א] וירא אלהים את האור כי טוב. זה הצדיק, שנאמר אמרו צדיק כי טוב. עוד אמרו טוב תועלת בלי היזק, לא כשמש שיש בו טוב ורע, וכדפירש הרב אברהם בן עזרא בפסוקי מצות ה' ברה מאירת עינים (תהלים יט, ט), כי הם להגיד שבא התורה שיש בה תועלת השמש ולא היזקה: **לא היה העולם ראוי להשתמש בזהב.** כי הוא דבר קיים בלי העלאת חלודה, וכן עץ הארז כדפירשתי בפירושי לתהלים (אוצר נחמד סוף פרק קד [בסוף ספרו נופת צופים]), ולא נבראו אלא לתכלית בית המקדש:

מסורת המדרש

א. חגיגה דף י"ב. בראשית רבה פרשה י"ב וי"ג. ופרשה מ"ב. במדבר רבה פרשה י"ג. אסתר רבה פתיחתא י"א. רות רבה פרשה ב'. תנחומא סדר שמיני סימן ט'. תנא דבי אליהו זוטא פרק כ"א. ילקוט איוב רמז תתקכ"ד:
ב. ירושלמי יומא פרק ד' הלכה ד'. בראשית רבה פרשה ט"ז. במדבר רבה פרשה י"ב כל הענין. ילקוט בראשית רמז כ"א:
ג. מדרש תהלים מזמור ק"ד:
ד. יומא דף מ"ד ע"ב. שיר השירים רבה פ"ג פסוק ט':

אם למקרא

יִשְׂבְּעוּ עֲצֵי ה' אַרְזֵי לְבָנוֹן אֲשֶׁר נָטָע: (תהלים קד:טז)

וְיִמָּנַע מֵרְשָׁעִים אוֹרָם וּזְרוֹעַ רָמָה תִּשָּׁבֵר: (איוב לח:טו)

וַיַּרְא אֱלֹהִים אֶת הָאוֹר כִּי טוֹב וַיַּבְדֵּל אֱלֹהִים בֵּין הָאוֹר וּבֵין הַחֹשֶׁךְ: (בראשית א:ד)

אוֹר זָרֻעַ לַצַּדִּיק וּלְיִשְׁרֵי לֵב שִׂמְחָה: (תהלים צז:יא)

וּזֲהַב הָאָרֶץ הַהִוא טוֹב שָׁם הַבְּדֹלַח וְאֶבֶן הַשֹּׁהַם: (בראשית ב:יב)

אֶעְבְּרָה נָּא וְאֶרְאֶה אֶת הָאָרֶץ הַטּוֹבָה אֲשֶׁר בְּעֵבֶר הַיַּרְדֵּן הָהָר הַטּוֹב הַזֶּה וְהַלְּבָנֹן: (דברים ג:כה)

ידי משה

[א] מהו טוב. שפורט כמה פרוטות, והלא מטבע של כסף גם כן אדם פורט כמה פרוטות, ומשני טוב בבית כדאמרן, ועוד יש לו טיבותא יותר מן הכסף שקל לנושאם בדרך, וגם מפני אחריות הדרך. וקל להבין:

"זָהָב טוֹב זָהָב טָהוֹר זָהָב שָׁחוּט זָהָב סָגוּר זָהָב מְזֻקָּק זְהַב פַּרְוַיִם זָהָב מוּפָז" – (i) **Good gold,**[20] (ii) **pure gold,**[21] (iii) ***shachut* gold,**[22] (iv) **"closed" gold,**[23] (v) **refined gold,**[24] (vi) ***parvayim* gold,**[25] and (vii) **Mufaz gold.**[26]

The Midrash explains why each type of gold is so named:

זָהָב טוֹב כְּמַשְׁמָעוֹ – "Good" gold is as the name **implies,**[27] **וְטָהוֹר שֶׁהָיוּ מַכְנִיסִין אוֹתוֹ לְכוּר וְאֵינוֹ חָסֵר כְּלוּם – and** the second type is called **"pure" because they would place it in a smelting furnace and it would lose nothing.**[28] **זָהָב שָׁחוּט שֶׁהָיָה נִמְשָׁךְ כְּחוּט – *Shachut* gold** is so named **because it was drawn out like a thread,**[29] **וְהָיוּ טָחִין בּוֹ כְּשַׁעֲוָה הַנְּתוּנָה עַל גַּבֵּי פִּינְקָס – and [people] would overlay** their vessels **with it, like wax that is applied on a ledger.**[30] **זָהָב סָגוּר שֶׁהָיָה סוֹגֵר כָּל הַזְּהָבִים שֶׁהָיוּ שָׁם – "Closed" gold** is so named **because it closed all the gold [shops] that were there** in the town.[31] **זָהָב מְזוּקָק שֶׁהָיוּ טוֹחִין בּוֹ אֶת הַכְּתָלִים – Refined** (מְזוּקָק) **gold** is so called **because they overlaid the walls** of the Holy Temple **with it,**[32] **וַהֲרֵי כָּתוּב "כֶּסֶף מְזֻקָּק לָטוּחַ בּוֹ קִירוֹת הַבָּתִּים" – for behold, it is written** (*I Chronicles* 29:4), ***refined*** [מְזֻקָּק] ***silver with which to overlay the walls of the buildings*** (of the Temple).[33] **לָמָּה קוֹרִין אוֹתוֹ "כֶּסֶף" –** But **why is it called *kesef*** [כֶּסֶף], *silver*, in this verse? **שֶׁהָיָה מַכְסִיף כָּל הַזְּהָבִים שֶׁהָיוּ שָׁם – Because it shames** (מַכְסִיף) **all the** other types of **gold that were** used **there** in the Temple.[34]

The Midrash describes the next type of gold:[35]

זָהָב מוּפָז – What is the appearance of **Mufaz gold? רַבִּי פַּטְרִיקִי אָחִיו שֶׁל רַבִּי דְּרוֹסָאִי אוֹמֵר – R' Patriki the brother of R' Drosai says שֶׁהָיָה דּוֹמֶה לְגָפְרִית הַזּוֹ שֶׁהִיא מוּצֶּתֶת בָּאֵשׁ – that it resembled sulphur when it is kindled by fire.**[36]

The Midrash explains the name of the seventh and final type of gold:

זְהַב פַּרְוַיִם – With regard to ***"parvayim"* gold, אָמַר רַבִּי שִׁמְעוֹן בֶּן לָקִישׁ: שֶׁהָיָה דּוֹמֶה לְדַם הַפָּרִים – R' Shimon ben Lakish said** that it is so called **because it resembled** in its crimson color **the blood of the bulls** (פָּרִים). **וְיֵשׁ אוֹמְרִים שֶׁהָיָה עוֹשֶׂה פֵּרוֹת – And some say** that it is called *parvayim* (פַּרְוַיִם) **because it produces fruit** (פֵּרוֹת).[37]

The Midrash now discusses a third category of special creations, and here it will address the aforementioned question regarding our *Exodus* verse (*You shall make the planks for the Tabernacle*); namely, What is intimated by the use of the definite article "the" before "planks"?[38] The Midrash explains:

וְאַף הָאֲרָזִים הָיוּ רְאוּיִין לְהִגָּנֵז וְלֹא נִגְנְזוּ – And the cedars, too, should have been concealed after Creation, **but they were not concealed. אָמַר רַבִּי חֲנִינָא – R' Chanina said** in explanation:

NOTES

20. As it is written, וַיְחַפֵּהוּ זָהָב טוֹב, *and he covered it* (the Sanctuary building) *with good gold* (*II Chronicles* 3:5). See similarly verse 8 there in regard to the Holy of Holies.

21. As it is written, וַיְצַפֵּהוּ מִפְּנִימָה זָהָב טָהוֹר, *He overlaid it* (the Hall) *inside with pure gold* (ibid., v. 4).

22. As it is written, for example: וּשְׁלֹשׁ מֵאוֹת מָגִנִּים זָהָב שָׁחוּט, *and three hundred bucklers of "shachut" gold* (*I Kings* 10:17, *II Chronicles* 9:16). See also the immediately preceding verses in *Kings* and in *Chronicles*. See note 26 below.

23. As it is written, וַיְצַפֵּהוּ זָהָב סָגוּר, *and he overlaid it* (the Partition) *with "closed" gold* (*I Kings* 6:20).

24. As it is written, וּלְמִזְבַּח הַקְּטֹרֶת זָהָב מְזֻקָּק, *And refined gold for the Altar of Incense* (*I Chronicles* 28:18; see also ibid. 29:4).

25. As it is written, וַיְצַף אֶת הַבַּיִת ... וְהַזָּהָב זְהַב פַּרְוָיִם, *He overlaid the Temple . . . and the gold was "parvayim" gold* (*II Chronicles* 3:6).

26. As it is written, וַיַּעַשׂ הַמֶּלֶךְ כִּסֵּא שֵׁן גָּדוֹל וַיְצַפֵּהוּ זָהָב מוּפָז, *The king made a great throne of ivory and overlaid it with Mufaz gold* (*I Kings* 10:18). [Regarding the translation of זָהָב מוּפָז see note 35 below.] Even though Solomon's throne sat in his palace and was not part of the Temple [and neither were the bucklers that he made from *shachut* gold], it is logical to assume that the king incorporated all seven types of gold in the Temple construction. For each type of gold presumably possesses a unique fine quality, and Solomon would not have denied the Temple the full spectrum of gold's richness and majesty that he utilized for the sake of his own accoutrements (*Eitz Yosef*; see also *Maharzu*).

27. Viz., that this is the best and most important of the plain golds (ibid.).

28. I.e., this gold contained no dross for the heat of the furnace to separate, since it was already *pure* (ibid.).

29. This metal was extremely soft and malleable, and could therefore be made into any form one wanted (*Eshed HaNechalim*; see *Rashi* to *Yoma* 45a). The word שָׁחוּט (*shachut*), which literally means *slaughtered*, can imply *drawn out* because the act of ritual slaughter is performed by drawing the knife across the animal's neck (*Chullin* 30b). Thus, *shachut* gold translates as "drawn-out" gold (see *Maharzu*; see, however, *Eshed HaNechalim*). Alternatively, it is possible that the Midrash is expounding the word שחוט as related to the word חוט, *thread.* [For a variant text and different explanation of the term *"shachut* gold" see *Rashash*, citing *Bamidbar Rabbah* 12 §4 and *Yoma* ibid.]

30. [In Mishnaic times merchants would have ledgers that consisted of tablets coated with wax, upon which they would record their accounts with a stylus (see Mishnah *Shabbos* 104b with *Rashi* s.v. על שני לוחי פנקס).] The fact the gold was used in this way, spread out (שָׁטוּחַ) over vessels, helps explain why it was called שָׁחוּט (*Maharzu*).

31. I.e., this was the most esteemed of all the golds, for when the merchant selling it opened his shop, all the other gold stores closed for lack of business (*Eitz Yosef*).

32. As it states, *He then overlaid the whole Temple with gold* (*I Kings* 6:22). And we know that that gold was מְזוּקָק, from the verse that the Midrash proceeds to cite (*Maharzu*; see also *Yefeh To'ar*). [It seems that the gold was called מְזוּקָק, *refined*, because it was exceedingly free of impurities; only such gold would have been used for the Temple (see *Yefeh To'ar, Eitz Yosef*).]

33. This verse states clearly that they used מְזוּקָק metal to overlay the Temple. However, it calls this metal "silver" instead of "gold." The Midrash immediately addresses this anomaly.

34. The implied play on the word כֶּסֶף (*silver*) indicates that refined gold is more esteemed than all the other types, thus (as it were) putting them all to shame. And even though the Midrash already indicated that "closed" gold was supreme (see note 31 above), it actually regards both types as the best: "closed" gold is the best *unprocessed* gold, while refined gold is the best because of the superior filtering process it undergoes [described in *Shir HaShirim Rabbah* 3:9, sec. 3] (*Yefeh To'ar*, cited by *Eitz Yosef*).

Alternatively, while "closed" gold is indeed superior in the sense that there is no market for any other type of gold when it is available, it does not "shame" the other types. That is, they are still valued; it is just that "closed" gold is preferred. Refined gold, on the other hand, does "shame" them, for compared to it, the other golds, with their impurities and imperfections, are like tin and lead (*Toldos Noach*, cited by *Eitz Yosef*).

[A comment in *Eitz Yosef* (Vagshal edition) suggests that the Midrash's "refined gold" might actually be platinum, called "silver" because of its whitish color.]

35. I.e., the Midrash only *describes* Mufaz gold, because its name comes from the region where it is mined: the place called Ufaz (Mufaz being short for *MeiUfaz* [*from Ufaz*]). See *Bamidbar Rabbah* 12 §4 (*Beur Maharif, Eitz Yosef*; see, however, *Yoma* 44b-45a).

36. I.e., like burning sulphur, Mufaz gold is clear and bright (*Eitz Yosef*).

37. The Sages relate that when Solomon built the Temple he etched pictures of fruit trees into the gold [of its walls]; and when the trees in the fields produced fruit, these golden trees miraculously produced [golden] fruit, which were duly harvested and deposited in the Temple treasury (*Shir HaShirim Rabbah* 3:9 [sec. 3]; cf. *Yoma* 21b). The gold in which the trees were etched was called פַּרְוַיִם because it produced פֵּרוֹת (*Eitz Yosef*). [As stated above (note 26), the seven types of gold each had unique qualities. It would appear that the gold in which the pictures were etched was particularly suited for etching — and hence, ultimately, for miraculously producing "fruit" — and hence was given the name פַּרְוַיִם.]

38. See introduction to this section with note 1.

(דברי הימים־ב ג, ה) "זָהָב טוֹב", (שם שם ד) "זָהָב טָהוֹר", (מלכים־א י, טז) "זָהָב שָׁחוּט", (שם ו, כ) "זָהָב סָגוּר", (דברי הימים־א כח, יח) "זָהָב מְזֻקָּק", (דברי הימים־ב ג, ו) "זְהַב פַּרְוָיִם", (מלכים־א י, יח) "זָהָב מוּפָז", זָהָב טוֹב כְּמַשְׁמָעוֹ, וְטָהוֹר שֶׁהָיוּ מַכְנִיסִין אוֹתוֹ לְכוּר וְאֵינוֹ חָסֵר כְּלוּם, זָהָב שָׁחוּט, שֶׁהָיָה נִמְשָׁךְ כְּחוּט וְהָיוּ° סָכִין בּוֹ כְּשַׁעֲוָה הַנְּתוּנָה עַל גַּבֵּי פִּינְקָס, זָהָב סָגוּר, שֶׁהָיָה סוֹגֵר כָּל הַזְּהָבִים שֶׁהָיוּ שָׁם, זָהָב מְזוּקָּק, שֶׁהָיוּ טוֹחִין בּוֹ אֶת הַכְּתָלִים, וַהֲרֵי כָּתוּב (דברי הימים־א כט, ד) "כֶּסֶף מְזֻקָּק לָטוּחַ קִירוֹת הַבָּתִּים", לָמָּה קוֹרִין אוֹתוֹ "כֶּסֶף", שֶׁהָיָה מַכְסִיף כָּל הַזְּהָבִים שֶׁהָיוּ שָׁם, זָהָב מוּפָּז, רַבִּי פַּטְרִיקִי אָחִיו שֶׁל רַבִּי דְרוֹסַאי אוֹמֵר: שֶׁהָיָה דוֹמֶה לַגָּפְרִית הַזּוֹ שֶׁהִיא מוּצֶתֶת בָּאֵשׁ, זְהַב פַּרְוַיִם, אָמַר רַבִּי שִׁמְעוֹן בֶּן לָקִישׁ: שֶׁהָיָה דוֹמֶה לְדַם הַפָּרִים, וְיֵשׁ אוֹמְרִים: שֶׁהָיָה עוֹשֶׂה פֵּירוֹת, וְאַף הָאֲרָזִים הָיוּ רְאוּיִין לְהִגָּנֵז וְלֹא נִגְנְזוּ, אָמַר רַבִּי חֲנִינָא: ילֹא הָיָה הָעוֹלָם רָאוּי לְהִשְׁתַּמֵּשׁ בַּאֲרָזִים, אֶלָּא לֹא נִבְרְאוּ אֶלָּא בִּשְׁבִיל הַמִּשְׁכָּן וּבִשְׁבִיל בֵּית הַמִּקְדָּשׁ, שֶׁנֶּאֱמַר (תהלים קד, טז) "יִשְׂבְּעוּ עֲצֵי ה' אַרְזֵי לְבָנוֹן אֲשֶׁר נָטָע", וְאֵין "לְבָנוֹן" אֶלָּא בֵּית הַמִּקְדָּשׁ, שֶׁנֶּאֱמַר (דברים ג, כה) "הָהָר הַטּוֹב הַזֶּה וְהַלְּבָנֹן", אָמַר רַבִּי שְׁמוּאֵל בַּר נַחְמָן בְּשֵׁם רַבִּי יוֹנָתָן: יכ"ד מִינֵי אֲרָזִים הֵם, וְאֵין לְךָ מְשׁוּבָּח מִכּוּלָּן אֶלָּא שִׁבְעָה, שֶׁנֶּאֱמַר (ישעיה מא, יט) "אֶתֵּן בַּמִּדְבָּר אֶרֶז שִׁטָּה וַהֲדַס וְעֵץ שָׁמֶן וְגוֹ'",

עץ יוסף

זהב טוב. כמשמעו שפירוש חשוב וטוב משאר זהבים פשוטים: **ואינו חסר כלום.** ולכן נקרא טהור שלא היה בו שום סיג: **שהיה סוגר.** כלומר שחשוב מכל הזהבים, שבשעה שנפתח להמכר כל חנויות של זהב נסגרות כדאמרו בפרק טרף בקלפי (יומא מה, א): **שהיה טוחין בו את הכתלים.** על ידי שהיה מזוקק מאד: **שהיה מכסיף שהיה מבייש.** כלומר שהיה חשוב מכולם, וכאילו מתביישין ממנו, ואף על גב דאמר לעיל זהב שסוגר כל הזהבים, יש לומר דחשיבות זהב סגור הוא מטבעו, אבל זהב מזוקק חשוב על ידי מלאכה, שמסננין אותה על ידי נעמיות (יפה תואר). והתולדות נח כתב וזה לשונו, שהיה מכסיף כו', ואף שגם לזהב סגור היה מעלה זו, מכל מקום לא היה מכסיף אלא שהיה סוגר כל הזהבים שלא היו נמכרים מפניו, אבל זהב מזוקק היה מכסיף שכל הזהבים היה נגדו כבדיל ועופרת לגבי זה: **דומה לגפרית.** לאו טעמא לשם מופז קאמר, אלא קא משמע לן דזהב זה כן היה, אבל טעם קריאתו מופז על שם מקומו כמאן דאמר הכי בבמדבר רבה פרשה י"ב (סי' ד): **שהוא מוצתה באש.** פירוש כשהוא מולת באש מראיתו זך ובהיר מאד: **שהיה עושה פירות.** שבשעה שבנה שלמה בית המקדש נר בו כל מיני אילנות, ובשעה שאלו שבשדה עושין פירות, אלו שבבית המקדש עושין פירות, והיו משירין פירותיהם ומלקטים אותם ומניחים אותם לבדק הבית, כדאיתא בחזית: **לא היה העולם ראוי להשתמש בארזים.** מצד חשיבותו ואינו הכרחי בעולם, ולא נבראו אלא לצורך המשכן והמקדש, ואחר שכבר נמצאו בעולם מצוי לכל: **ואין לבנון אלא בית המקדש.** ומפרש בפרק טרף בקלפי (יומא לט, ב) למה נקרא בית המקדש לבנון על שם שמלבין עונותיהם של ישראל, ובויקרא רבה פרשה א' איתא, עיין שם, שכל לבבות שמחים בו: **עשרין וארבע מיני ארזים הם.** אף על גב דקרא ליכא אלא שבעה, ידועים היו לו: **ואין לך משובח מכולם אלא שבע.** כיון דלא כתיב בקרא אלא שבע, משמע דהנך דוקא משובחים: **ועץ שמן וגו'.** אשים במדבר ברוש תדהר ותאשור יחדיו:

פירוש מהרז"ו

נמשך כחוט. שחוט במשמעות מלשון המשכה, שכל ענין השחיטה הוא על המשכת הסכין, ומענין חוט, שהיו עושין ממנו חוטים, וגם טסים: **בשעוה על פנקס.** שחוט מלשון שטוח ושטח, בהיפוך אותיות: **טוחין בו את הכתלים.** שהרי מפורש במלכים א ו' כ"ב, ואת כל הבית צפה זהב, וכאן אמר כסף, והם שני כתובים מכחישים מדה ט"ו, והכריע על פי מדת ממעל, על שמכסיף והיה זהב: **לגפרית שהיא מוצתה באש.** מראה ירקות שלו, דומה לירקות של גפרית מולאת באש, ועיין במדבר רבה י"ב פירוש אחר: **שהיה עושה פירות.** עיין שיר השירים רבה שם פסוק אפריון הנ"ל באריכות, ובמדבר רבה שם בקיצור: **להשתמש בארזים.** במדרש תהלים שם מזמור ק"ד. עיין בראשית רבה ריש פרשה ט"ו: **עצי ה'.** וסיפא דקרא שם לפרים יקננו כדלקמן. שלפי הפשט יקשה למה קרא אותם עצי ה', הרי הכל שלו, על כן דורש על העצים של המשכן והמקדש: **עשרים וארבעה מיני ארזים.** ירושלמי כתובות סוף פרק ז: **ארז שיטה.** וסיפא דקרא ברוש תדהר ותאשור יחדו, הרי שבעה:

מתנות כהונה

זהב שחוט גרסינן: **סוגר כל הזהבים.** שכל צורפי זהב היו סוגרין חנויותיהם מפני הבושה שאין לזהבם דמיון אצלו וכן לקמן שהיה מכסיף כו'. כך הבנתי בפרק טרף בקלפי ועיין במדרש חזית בפסוק עמודיו עשה כסף ובפרשת נשא פרשה י"ב: **שהיא מוצתת באש.** הכי גרסינן במדרש חזית. ופירושו כשהוא מולת באש מראיתו זך ובהיר מאד. וכן פירושו מופז לשון חוזק וקשה:

אשד הנחלים

ההוא היה זהב ממש והוא טוב: **ואינו חסר.** כי אין בו פסולת מאומה: **נמשך כחוט.** שהיתה רכה בטבע, והיה עושה בה כל מה שירצה. ומכוין לפשוטו גם כן, שחוט מלשון משוך, שנמשך כדבר הרך: **טוחין.** כן צריך לומר. מפני שהוא מזהיר מאד לכן היה מחפה הכתלים: **לגפרית.** עיין במתנות כהונה: **לדם.** מראיתו אדום מאד: **עושה פירות.** כי גם ממיני דוממים יש שעושים פירות בטבע, כמו שמוזכר בספרי הטבעים שיש מין אבן שיש בו כח המוליד בדומה, ויתכן שהיה הזהב הזה מזה הסוג: **ארזי לבנון.** הארזים שנבראו בשביל לבנון:

באור מהרי"פ

למה קורין אותו כסף וכו'. להבין יפה אעתיק לך המקראות השייכים לזה (מלכים א ו, כ - כב) ולפני הדביר עשרים אמה וארך ועשרים אמה רוחב ועשרים אמה קומתו ויצפהו זהב סגור ויצף מזבח ארז. ויצף שלמה את הבית מפנימה זהב סגור ויעבר ברתוקות זהב לפני הדביר ויצפהו זהב. ואת כל הבית צפה זהב עד תום כל הבית וכל המזבח אשר לדביר צפה זהב. (דברי הימים א כט, ד) שלשת אלפים ככרי זהב מזהב אופיר ושבעת אלפים ככר כסף מזוקק לטוח קירות הבתים. ובזה יבואר הענין אף שהלשון מגומגם קצת, והכי קאמר, **והרי כתיב כסף מזוקק** פירוש, ועל כרחך לא כסף מזוקק היה, אלא זהב, כמו שמבואר ואת כל הבית צפה זהב עד תום כל הבית, ואם כן **למה קרא אותו** הכתוב **כסף,** אלא משום **שהיה מכסיף כל הזהבים.** וברד"ק (דברי הימים א כט, ד) מלאתי הלשון יותר ברור וזה לשונו, לטוח קירות הבתים, והלא בזהב היו טוחים הקירות שנאמר ואת כל הבית צפה זהב, ואיך אמר כי הכסף הכין לטוח קירות הבית, נאמר כי לטוח טעמו לשלשת ככרי זהב שזכר, ובדברי רז"ל לטוח את קירות הבית, וכי כסף היה והלא זהב היה, אלא למה קורין אותו כסף שהיה מכסיף כל בעלי זהבים, עד כאן לשון הרד"ק. אמר הכותב אם תעיין במקראות האלה שהצעתי לפניך, גם תן עיניך ועיונך [ב]דברי הימים ב ג, ד - ח) ותקיש כל המקראות אלה אל אלה, אז תמצא שנויים גדולים. ועיין יפה תואר: **שהיה מכסיף וכו'.** ואף שגם לזהב סגור היה מעלה זו, מכל מקום לא היה מכסיף, אלא שהיה סוגר כל הדברים שלא היו נמכרים מלפניו, אבל זהב מזוקק היה מכסיף, שכל הזהבים היו נגדו כבדיל ועופרת: **זהב מופז רבי פטריקי וכו' אומר שהיא דומה לגפרית וכו'.** לאו טעם הוא למה נקרא שמו מופז, אלא המדרש מספר טבעו של זהב זה, וטעם מופז על שם מקומו נקרא, כמבואר לקמן בבמדבר רבה פרשה י"ב (סימן ד): **במתנות כהונה [ב]ד"ה שהוא מוצתת באש וכו' וכן פירושו מופז לשון חוזק וקשה.** צריך עיון:

חידושי הרד"ל

כחוט והיו טחין בו בשעוה שהיו טחין בו את הכתלים זהב סגור כו' שהיה שם כתיב כסף מזוקק כו' מכסיף כל הזהבים שהיו שם זהב מופז כו'. כן צריך לומר על פי הירושלמי דפרק טרף בקלפי ושיר השירים רבה (פרשה ג, פסוק ח, ג) שהביא המתנות כהונה, עיין שם (ולשון שחוט דרך בהפוך אותיות שטוח):

חידושי הרש"ש

[א] זהב שחוט שנמשך בחוט. ביומא (מה, א) ולקמן בנשא פרשה יב ד, הגירסא שנטוה כחוט, והיא נראה יותר נכונה דלפי דרשה דנמשך הוה השי"ן דשחוט מן השרש, ולישנא דכחוט משמע, דהשי"ן לשמוש, עיין חולין סוף דף ל ב, ותבין, ובחזית בפסוק עמודיו עשה כסף (פרשה ג פסוק ח, א) הגירסא שנמשך כשעוה, וגם היא נכונה: **שהיה עושה פירות.** הוא כפי שאמרו ביומא (כא, ב) בשעה שבנה שלמה בית המקדש נטע בו כל מיני מגדים של זהב והיו מוציאין פירותיהן בזמנן כו', ועיין בירושלמי בפרק טרף בקלפי הלכה ד' במאמר זה:

אמרי יושר

שמכניסין אותו לכור ואינו חסר כלום. לאו דוקא, אלא החסרון הוא מעט, שהרי מנורה שבימי שלמה הכניסוה לכור (מאה) [שמונים] פעמים וחסרה דינר (מנחות כט א): **למה נבראו ארזים בשביל המקדש.** זהו את הקרשים למשכן, שלא נבראו אלא למשכן, וכן עצי שטים עומדים שלא עמדו בעולם אלא לזה התכלית:

מסורת המדרש

ה. בראשית רבה פרשה ט"ו כל הענין. מדרש תהלים מזמור ק"ד. ילקוט תהלים רמז תתס"ב:

ו. ירושלמי כתובות סוף פרק ז'. תנחומא כאן סימן ט'. ילקוט ישעיה רמז שי"ד. ועי' ר"ה כ"ג. סוכה ל"ז. תענית כ"ה. בבא בתרא פ':

אם למקרא

וְהָאוּלָם אֲשֶׁר עַל פְּנֵי הָאֹרֶךְ עַל פְּנֵי רֹחַב הַבַּיִת אַמּוֹת עֶשְׂרִים וְהַגֹּבַהּ מֵאָה וְעֶשְׂרִים וַיְצַפֵּהוּ מִפְּנִימָה זָהָב טָהוֹר: וְאֵת הַבַּיִת הַגָּדוֹל חִפָּה עֵץ בְּרוֹשִׁים וַיְחַפֵּהוּ זָהָב טוֹב וַיַּעַל עָלָיו תִּמֹרִים וְשַׁרְשְׁרוֹת: (דברי הימים ב ג:ד-ה)

וַיַּעַשׂ הַמֶּלֶךְ שְׁלֹמֹה מָאתַיִם צִנָּה זָהָב שָׁחוּט שֵׁשׁ מֵאוֹת זָהָב שָׁחוּט יַעֲלֶה עַל הַצִּנָּה הָאֶחָת: (מלכים א י:טז)

וְכֹל כְּלֵי מַשְׁקֵה הַמֶּלֶךְ שְׁלֹמֹה זָהָב וְכֹל כְּלֵי בֵּית יַעַר הַלְּבָנוֹן זָהָב סָגוּר אֵין כֶּסֶף נֶחְשָׁב בִּימֵי שְׁלֹמֹה לִמְאוּמָה: (שם ו:כ)

וּלְמִזְבַּח הַקְּטֹרֶת זָהָב מְזֻקָּק בַּמִּשְׁקָל וּלְתַבְנִית הַמֶּרְכָּבָה הַכְּרֻבִים זָהָב לְפֹרְשִׂים וְסֹכְכִים עַל אֲרוֹן בְּרִית ה': (דברי הימים א כח:יח)

וַיְצַף אֶת הַבַּיִת אֶבֶן יְקָרָה לְתִפְאָרֶת וְהַזָּהָב זְהַב פַּרְוָיִם: (דברי הימים ב ג:ו)

וַיַּעַשׂ הַמֶּלֶךְ כִּסֵּא שֵׁן גָּדוֹל וַיְצַפֵּהוּ זָהָב מוּפָז: (מלכים א י:יח)

שְׁלֹשֶׁת אֲלָפִים כִּכְּרֵי זָהָב מִזְּהַב אוֹפִיר וְשִׁבְעַת אֲלָפִים כִּכַּר כֶּסֶף מְזֻקָּק לָטוּחַ קִירוֹת הַבָּתִּים: (דברי הימים א כט:ד)

אֲשֶׁר שָׁם צִפֳּרִים יְקַנֵּנוּ חֲסִידָה בְּרוֹשִׁים בֵּיתָהּ: (תהלים קד:טז)

אֶתֵּן בַּמִּדְבָּר אֶרֶז שִׁטָּה וַהֲדַס וְעֵץ שָׁמֶן אָשִׂים בָּעֲרָבָה בְּרוֹשׁ תִּדְהָר וּתְאַשּׁוּר יַחְדָּו: (ישעיה מא:יט)

שינוי נוסחאות

(א) והיו סכין בו בשעוה. רד"ל הגיה "והיו טחין...": **לגפרית הזו שהיא מוצתת באש.** בספרים הישנים היה כתוב "...מצפת באש", והגיה א"א "מצתת", ומ"כ הגיה "מוצתת", וכן כתבו ברוב הספרים אח"כ:

לֹא הָיָה הָעוֹלָם רָאוּי לְהִשְׁתַּמֵּשׁ בָּאֲרָזִים – The world was not worthy of utilizing cedar trees;[39] **אֶלָּא לֹא נִבְרְאוּ אֶלָּא בִּשְׁבִיל הַמִּשְׁכָּן וּבִשְׁבִיל בֵּית הַמִּקְדָּשׁ – rather, they were created only for the sake of the Tabernacle and for the sake of the Holy Temple,**[40] **שֶׁנֶּאֱמַר ״יִשְׂבְּעוּ עֲצֵי ה׳ אַרְזֵי לְבָנוֹן אֲשֶׁר נָטָע״ – as it is stated, *The trees of HASHEM are sated, the cedars of Lebanon that He has planted*** (*Psalms* 104:16).[41] **וְאֵין ״לְבָנוֹן״ אֶלָּא בֵּית הַמִּקְדָּשׁ – And "Lebanon" refers to nothing other than the Holy Temple, שֶׁנֶּאֱמַר ״הָהָר הַטּוֹב הַזֶּה וְהַלְּבָנוֹן״ – as it is stated, *this good mountain and the Lebanon*** (*Deuteronomy* 3:25).[42]

The Midrash interrupts its discussion to provide an explanation for Scripture's use of the plural אַרְזֵי לְבָנוֹן, *the "cedars" of Lebanon*, in the *Psalms* verse just quoted:[43]

אָמַר רַבִּי שְׁמוּאֵל בַּר נַחְמָן בְּשֵׁם רַבִּי יוֹנָתָן – R' Shmuel bar Nachman said in the name of R' Yonasan: כ״ד מִינֵי אֲרָזִים הֵם – There are twenty-four types of cedar (*erez*) **trees,**[44] **וְאֵין לְךָ מְשׁוּבָּח מִכּוּלָּן אֶלָּא שִׁבְעָה – and from them all only seven are praiseworthy, שֶׁנֶּאֱמַר ״אֶתֵּן בַּמִּדְבָּר אֶרֶז שִׁטָּה וַהֲדַס וְעֵץ שָׁמֶן וְגוֹ׳ ״ – as it is stated, *In the wilderness I will set cedar, acacia, myrtle, and pine tree; I will place cypress, fir, and box tree together in a desert*** (*Isaiah* 41:19).[45]

NOTES

39. These trees are so superior [i.e., magnificent and extra-special] that in truth, human beings were not deserving of them; and these trees are not essential for the functioning of the world, for other wood can be used instead (*Eitz Yosef*, based on *Yefeh To'ar* to *Bereishis Rabbah* 15 §1). [*Tiferes Tzion* writes that R' Chanina is following the view in *Bereishis Rabbah* 14 §3 that Adam was destined to die from the moment he was created – for according to the other view, Adam was on the lofty level of the angels and certainly *did* deserve to have use of such trees. Cf. note 15 above.]

40. Cedars were created only so that they would be available for use in constructing the Tabernacle and the Temple. But once they were created for those purposes and are found throughout the world, they are available for everyone's use (*Eitz Yosef*).

41. This is the verse quoted at the beginning of this section. See following note.

42. The word לְבָנוֹן refers to the Temple, either because the Temple whitens (מַלְבִּין) the sins of Israel, or because all hearts (לְבָבוֹת) rejoice in it (*Eitz Yosef*, citing *Yoma* 39b and *Vayikra Rabbah* 1 §2; see the latter source further). The *Psalms* verse should thus be understood: "... the cedars of the Holy Temple that He has planted" – which intimates that already at the time of Creation, God "planted" (created) the cedars for the future construction of His Temple. This is indicated also by the definite article "the" in our *Exodus* verse, for "*the* planks" suggests planks from wood already in existence; namely, from this very cedar wood that God prepared during the Six Days of Creation.

Maharzu explains the basis of the Midrash's exposition: The verse's plain meaning is difficult, for given that the entire world is God's, why specify *the trees of HASHEM*? The verse is therefore to be understood as referring specifically to the *trees* of God's own House, and it is saying that *He has planted* those *cedars* for the sake of the Tabernacle and for the sake of the Temple, which is called "Lebanon."

43. This follows *Yefeh To'ar* to *Bereishis Rabbah* loc. cit. See, however, note 45.

44. The term *erez* is not only the name of a specific tree, but is also the general term for a variety of trees (see *Eitz Yosef* in *Ein Yaakov, Bava Basra* 80b). Although the verse cited below mentions only seven *erez* trees, the other seventeen were known to R' Yonasan (*Eitz Yosef*).

45. Since Scripture mentions only seven of the twenty-four types, we can presume that only those are praiseworthy (ibid.).

Tiferes Tzion writes (against *Yefeh To'ar* cited in note 43) that R' Shmuel bar Nachman is arguing with R' Chanina: If *erez* trees were created only for the sake of the Tabernacle and Temple as R' Chanina said, why were twenty-four types created? God need only have created the *erez* trees needed for the construction of those buildings! Rather, the *erez* trees were created for Adam to use, as per the view in *Bereishis Rabbah* 14 §3 that had Adam not sinned, he [and his descendants] would have lived forever (see above, note 39).

However, *Yefeh To'ar* loc. cit. explains that according to R' Chanina, once God created the type of *erez* needed to build the Tabernacle and Temple, He created the other types as well, in accord with what His wisdom dictated would be an appropriate number of variations of this species. (*Yefeh To'ar* writes that only *one* type of *erez* was chosen for actual use in the Temple; namely, עֲצֵי שִׁטִּים, *acacia wood*. He bases this on an expanded version of R' Shmuel bar Nachman's teaching that appears in *Tanchuma, Terumah* §9. However, the plain sense of our Midrash is that all seven types of *erez* were used in the Temple [though not in the Tabernacle; see below, §2].)

(דברי הימים־ב ג, ה) "זָהָב טוֹב", (שם שם ד) "זָהָב טָהוֹר", (מלכים־א י, טז) "זָהָב שָׁחוּט", (שם ו, כ) "זָהָב סָגוּר", (דברי הימים־א כח, יח) "זָהָב מְזֻקָּק", (דברי הימים־ב ג, ו) "זְהַב פַּרְוָיִם", (מלכים־א י, יח) "זָהָב מוּפָז", זָהָב טוֹב כְּמַשְׁמָעוֹ, וְטָהוֹר שֶׁהָיוּ מַכְנִיסִין אוֹתוֹ לְכוּר וְאֵינוֹ חָסֵר כְּלוּם, זָהָב שָׁחוּט, שֶׁהָיָה נִמְשַׁךְ כְּחוּט וְהָיוּ° סָכִין בּוֹ כְּשַׁעֲוָה הַנְּתוּנָה עַל גַּבֵּי פִּינְקָס, זָהָב סָגוּר, שֶׁהָיָה סוֹגֵר כָּל הַזְּהָבִים שֶׁהָיוּ שָׁם, זָהָב מְזוּקָּק, שֶׁהָיוּ טוֹחִין בּוֹ אֶת הַכְּתָלִים, וַהֲרֵי כָּתוּב (דברי הימים־א כט, ד) "כֶּסֶף מְזֻקָּק לָטוּחַ קִירוֹת הַבָּתִּים", לָמָּה קוֹרִין אוֹתוֹ "כֶּסֶף", שֶׁהָיָה מַכְסִיף כָּל הַזְּהָבִים שֶׁהָיוּ שָׁם, זָהָב מוּפָז, רַבִּי פַּטְרִיקִי אָחִיו שֶׁל רַבִּי דְּרוֹסַאי אוֹמֵר: שֶׁהָיָה דּוֹמֶה לַגָּפְרִית הַזּוֹ שֶׁהִיא מוּצֶּתֶת בָּאֵשׁ, זְהַב פַּרְוַיִם, אָמַר רַבִּי שִׁמְעוֹן בֶּן לָקִישׁ: שֶׁהָיָה דּוֹמֶה לְדַם הַפָּרִים, וְיֵשׁ אוֹמְרִים: שֶׁהָיָה עוֹשֶׂה פֵּירוֹת, וְאַף הָאֲרָזִים הָיוּ רְאוּיִין לְהִגָּנֵז וְלֹא נִגְנְזוּ, אָמַר רַבִּי חֲנִינָא: הלֹא הָיָה הָעוֹלָם רָאוּי לְהִשְׁתַּמֵּשׁ בַּאֲרָזִים, אֶלָּא לֹא נִבְרְאוּ אֶלָּא בִּשְׁבִיל הַמִּשְׁכָּן וּבִשְׁבִיל בֵּית הַמִּקְדָּשׁ, שֶׁנֶּאֱמַר (תהלים קד, טז) "יִשְׂבְּעוּ עֲצֵי ה' אַרְזֵי לְבָנוֹן אֲשֶׁר נָטָע", וְאֵין "לְבָנוֹן" אֶלָּא בֵּית הַמִּקְדָּשׁ, שֶׁנֶּאֱמַר (דברים ג, כה) "הָהָר הַטּוֹב הַזֶּה וְהַלְּבָנֹן", אָמַר רַבִּי שְׁמוּאֵל בַּר נַחְמָן בְּשֵׁם רַבִּי יוֹנָתָן: יכ"ד מִינֵי אֲרָזִים הֵם, וְאֵין לְךָ מְשׁוּבָּח מִכּוּלָּן אֶלָּא שִׁבְעָה, שֶׁנֶּאֱמַר (ישעיה מא, יט) "אֶתֵּן בַּמִּדְבָּר אֶרֶז שִׁטָּה וַהֲדַס וְעֵץ שֶׁמֶן וְגוֹ'",

עץ יוסף

זהב טוב. כמשמעו שפירוש חשוב וטוב משאר זהבים פשוטים: **ואינו חסר כלום.** ולכן נקרא טהור שלא היה בו שום סיג: **שהיה סוגר.** כלומר שחשוב מכל הזהבים, שבשעה שנפתח להמכר כל חנויות של זהב נסגרות כדאמרו בפרק טרף בקלפי (יומא מה, א): **שהיה טוחין בו את הכתלים.** על ידי שהיה מזוקק מאד: **שהיה מכסיף שהיה מבייש.** כלומר שהיה חשוב מכולם, וכאילו מתביישין ממנו, ואף על גב דאמר לעיל זהב שסוגר כל הזהבים, יש לומר דחשיבות זהב סגור הוא מטבעו, אבל זהב מזוקק חשוב על ידי מלאכה, שמסננין אותה על ידי נעמיות (יפה תואר). והתולדות נח כתב וזה לשונו, שהיה מכסיף כו', ואף שגם לזהב סגור היה מעלה זו, מכל מקום לא היה מכסיף אלא שהיה סוגר כל הזהבים שלא היו נמכרים מפניו, אבל זהב מזוקק היה מכסיף שכל הזהבים היה נגדו כבדיל ועופרת לגבי זה: **דומה לגפרית.** לאו טעמא לשם מופז קאמר, אלא קא משמע לן דזהב זה כן היה, אבל טעם קריאתו מופז על שם מקומו כמאן דאמר הכי בבמדבר רבה פרשה י"ב (סי' ד): **שהוא מוצתה באש.** פירוש כשהוא מולת באש מראיתו זך ובהיר מאד: **שהיה עושה פירות.** שבשעה שבנה שלמה בית המקדש נר בו כל מיני אילנות, ובשעה שאלו שבשדה עושין פירות, אלו שבבית המקדש עושין פירות, והיו משירין פירותיהם ומלקטים אותם ומניחים אותם לבדק הבית, כדאיתא בחזית: **לא היה העולם ראוי להשתמש בארזים.** מצד חשיבותו ואינו הכרחי בעולם, ולא נבראו אלא לצורך המשכן והמקדש, ואחר שכבר נמצאו בעולם מנוי לכל: **ואין לבנון אלא בית המקדש.** ומפרש בפרק טרף בקלפי (יומא לט, ב) למה נקרא בית המקדש לבנון על שם שמלבין עונותיהם של ישראל, ובויקרא רבה פרשה א' איתא, עיין שם, שכל לבבות שמחים בו: **עשרין וארבע מיני ארזים הם.** אף על גב דבקרא ליכא אלא שבעה, ידועים היו לו: **ואין לך משובח מכולם אלא שבע.** כיון דלא כתיב בקרא אלא שבע, משמע דהנך דוקא משובחים: **ועץ שמן וגו'.** אשים במדבר ברוש תדהר ותאשור יחדיו:

פירוש מהרז"ו

נמשך כחוט. שחוט במשמעות מלשון המשכה, שכל ענין השחיטה הוא על המשכת הסכין, ומענין חוט, שהיו עושין ממנו חוטים, וגם טסים: **כשעוה על פנקס.** שחוט מלשון שטוח ושטח, בהיפוך אותיות: **טוחין בו את הכתלים.** שהרי מפורש במלכים א ו' כ"ב, ואת כל הבית צפה זהב, וכאן אמר כסף, והם שני כתובים מכחישים מדה ט"ו, והכריע על פי מדת ממעל, על שמכסיף והיה זהב: **לגפרית שהיא מוצתה באש.** מראה ירקות שלו, דומה לירקות של גפרית מולאת באש, ועיין במדבר רבה י"ב פירוש אחר: **שהיה עושה פירות.** עיין שיר השירים רבה שם פסוק אפריון הנ"ל באריכות, ובמדבר רבה שם בקילור: **להשתמש בארזים.** במדרש תהלים שם מזמור ק"ד. עיין בראשית רבה ריש פרשה ט"ו: **עצי ה'.** וסיפא דקרא שם צפרים יקננו כדלקמן. שלפי הפשט יקשה למה קרא אותם עצי ה', הרי הכל שלו, על כן דורש על העצים של המשכן והמקדש: **עשרים וארבעה מיני ארזים.** ירושלמי כתובות סוף פרק ז: **ארז שיטה.** וסיפא דקרא ברוש תדהר ותאשור יחדו, הרי שבעה:

מתנות כהונה

זהב שחוט גרסינן: **סוגר כל הזהבים.** שכל צורפי זהב היו סוגרין חנויותיהם מפני הבושה שאין לזהבם דמיון אצלו וכן לקמן שהיה מכסיף כו'. כך הבנתי בפרק טרף בקלפי ועיין במדרש חזית בפסוק עמודיו עשה כסף ובפרשת נשא פרשה י"ב: **שהיא מוצתת באש.** הכי גרסינן במדרש חזית. ופירושו כשהוא מולת באש מראיתו זך ובהיר מאד. וכן פירושו מופז לשון חוזק וקשה:

אשד הנחלים

ההוא היה זהב ממש והוא טוב: **ואינו חסר.** כי אין בו פסולת מאומה: **נמשך בחוט.** שהיתה רכה בטבע, והיה עושה בה כל מה שירצה. ומכוין לפשוטו גם כן, שחוט מלשון משוך, שנמשך כדבר הרך: **טוחין.** כן צריך לומר. מפני שהוא מזהיר מאד לכן היה מחפה הכתלים: **לגפרית.** עיין במתנות כהונה: **לדם.** מראיתו אדום מאד: **עושה פירות.** כי גם ממיני דוממים יש שעושים פירות בטבע, כמו שמוזכר בספרי הטבעים שיש מין אבן שיש בו כח המוליד בדומה, ויתכן שהיה הזהב הזה מזה הסוג: **ארזי לבנון.** הארזים שנבראו בשביל לבנון:

באור מהרי"פ

למה קורין אותו כסף וכו'. להבין יפה אעתיק לך המקראות השייכים לזה (מלכים א ו, כ - כב) ולפני הדביר עשרים אמה וארך ועשרים אמה רוחב ועשרים אמה קומתו ויצפהו זהב סגור ויצף מזבח ארז. ויצף שלמה את הבית מפנימה זהב סגור ויעבר ברתוקות זהב לפני הדביר ויצפהו זהב. ואת כל הבית צפה זהב עד תום כל הבית וכל המזבח אשר לדביר צפה זהב. (דברי הימים א כט, ד) שלשת אלפים ככרי זהב מזהב אופיר ושבעת אלפים ככר כסף מזוקק לטוח קירות הבתים. ובזה יבואר הענין אף שהלשון מגומגם קצת, והכי קאמר, **והרי כתיב בכסף מזוקק** פירוש, ועל כרחך לא כסף מזוקק היה, אלא זהב, כמו שמבואר ואת כל הבית צפה זהב עד תום כל הבית, ואם כן **למה קרא אותו** הכתוב **בכסף,** אלא משום **שהיה מכסיף כל הזהבים.** וברד"ק (דברי הימים א כט, ד) מלאתי הלשון יותר ברור וזה לשונו, לטוח קירות הבתים, והלא בזהב היו טוחים הקירות שנאמר ואת כל הבית צפה זהב, ואיך אמר כי הכסף הכין לטוח קירות הבית, נאמר כי לטוח טעמו לשלשת ככרי זהב שזכר, ובדברי רז"ל לטוח את קירות הבית, וכי כסף היה והלא זהב היה, אלא למה קורין אותו כסף שהיה מכסיף כל בעלי זהבים, עד כאן לשון הרד"ק. אמר הכותב אם תעיין במקראות האלה שהעלתי לפניך, גם תן עיניך ועיונך [ב]דברי הימים ב ג, ד - ח) ותקיש כל המקראות אלה אל אלה, אז תמצא שנויים גדולים. ועיין יפה תואר: **שהיה מכסיף וכו'.** ואף שגם לזהב סגור היה מעלה זו, מכל מקום לא היה מכסיף, אלא שהיה סוגר כל הדברים שלא היו נמכרים מלפניו, אבל זהב מזוקק היה מכסיף, שכל הזהבים היו נגדו כבדיל ועופרת: **זהב מופז רבי פטריקי וכו' אומר שהיא דומה לגפרית וכו'.** לאו טעם הוא למה נקרא שמו מופז, אלא המדרש מספר טבעו של זהב זה, וטעם מופז על שם מקומו נקרא, כמבואר לקמן בבמדבר רבה פרשה י"ב (סימן ד): **במתנות כהונה [ב]ד"ה שהוא מוצתת באש וכו' וכן פירושו מופז לשון חוזק וקשה.** צריך עיון:

חידושי הרד"ל

כחוט והיו טחין בו בשעוה שהיו טחין בו את הכתלים זהב סגור כו' שהיה שם כתיב כסף מזוקק כו' מכסיף כל הזהבים שהיו שם זהב מופז כו'. כן צריך לומר על פי הירושלמי דפרק טרף בקלפי ושיר השירים רבה (פרשה ג, פסוק ח, ג) שהביא המתנות כהונה, עיין שם (ולשון שחוט דרך בהפוך אותיות שטוח):

חידושי הרש"ש

[א] זהב שחוט שנמשך בחוט. ביומא (מה, א) ולקמן בנשא פרשה יב ד, הגירסא שנטוה כחוט, והיא נראה יותר נכונה דלפי דרשה דנמשך הוה השי"ן דשחוט מן השרש, ולישנא דכחוט משמע, דהשי"ן לשמוש, עיין חולין סוף דף ל ב, ותבין, ובחזית בפסוק עמודיו עשה כסף (פרשה ג פסוק ח, א) הגירסא שנמשך כשעוה, וגם היא נכונה: **שהיה עושה פירות.** הוא כפי שאמרו ביומא (כא, ב) בשעה שבנה שלמה בית המקדש נטע בו כל מיני מגדים של זהב והיו מוציאין פירותיהן בזמנן כו', ועיין בירושלמי בפרק טרף בקלפי הלכה ד' במאמר זה:

אמרי יושר

שמכניסין אותו לכור ואינו חסר כלום. לאו דוקא, אלא החסרון הוא מעט, שהרי מנורה שבימי שלמה הכניסוה לכור (מאה) [שמונים] פעמים וחסרה דינר (מנחות כט א): **למה נבראו ארזים בשביל המקדש.** זהו את הקרשים למשכן, שלא נבראו אלא למשכן, וכן עצי שטים עומדים שלא עמדו בעולם אלא לזה התכלית:

מסורת המדרש

ה. בראשית רבה פרשה ט"ו כל הענין. מדרש תהלים מזמור ק"ד. ילקוט תהלים רמז תתמ"ב:

ו. ירושלמי כתובות סוף פרק ז'. תנחומא כאן סימן ט'. ילקוט ישעיה רמז שי"ד. ועי' ר"ה כ"ג. סוכה ל"ז. תענית כ"ה. בבא בתרא פ':

אם למקרא

וְהָאוּלָם אֲשֶׁר עַל פְּנֵי הָאֹרֶךְ עַל פְּנֵי רֹחַב הַבַּיִת אַמּוֹת עֶשְׂרִים וְהַגֹּבַהּ מֵאָה וְעֶשְׂרִים וַיְצַפֵּהוּ מִפְּנִימָה זָהָב טָהוֹר: וְאֵת הַבַּיִת הַגָּדוֹל חִפָּה עֵץ בְּרוֹשִׁים וַיְחַפֵּהוּ זָהָב טוֹב וַיַּעַל עָלָיו תִּמֹרִים וְשַׁרְשְׁרוֹת:
(דברי הימים ב ג:ד-ה)

וַיַּעַשׂ הַמֶּלֶךְ שְׁלֹמֹה מָאתַיִם צִנָּה זָהָב שָׁחוּט שֵׁשׁ מֵאוֹת זָהָב שָׁחוּט יַעֲלֶה עַל הַצִּנָּה הָאֶחָת:
(מלכים א י:טז)

וְכֹל כְּלֵי מַשְׁקֵה הַמֶּלֶךְ שְׁלֹמֹה זָהָב וְכֹל כְּלֵי בֵּית יַעַר הַלְּבָנוֹן זָהָב סָגוּר אֵין כֶּסֶף נֶחְשָׁב בִּימֵי שְׁלֹמֹה לִמְאוּמָה:
(שם ו:כ)

וּלְמִזְבַּח הַקְּטֹרֶת זָהָב מְזֻקָּק בַּמִּשְׁקָל וּלְתַבְנִית הַמֶּרְכָּבָה הַכְּרֻבִים זָהָב לְפֹרְשִׂים וְסֹכְכִים עַל אֲרוֹן בְּרִית ה':
(דברי הימים א כח:יח)

וַיְצַף אֶת הַבַּיִת אֶבֶן יְקָרָה לְתִפְאָרֶת וְהַזָּהָב זְהַב פַּרְוָיִם:
(דברי הימים ב ג:ו)

וַיַּעַשׂ הַמֶּלֶךְ כִּסֵּא שֵׁן גָּדוֹל וַיְצַפֵּהוּ זָהָב מוּפָז:
(מלכים א י:יח)

שְׁלֹשֶׁת אֲלָפִים כִּכְּרֵי זָהָב מִזְּהַב אוֹפִיר וְשִׁבְעַת אֲלָפִים כִּכַּר כֶּסֶף מְזֻקָּק לָטוּחַ קִירוֹת הַבָּתִּים:
(דברי הימים א כט:ד)

אֲשֶׁר שָׁם צִפֳּרִים יְקַנֵּנוּ חֲסִידָה בְּרוֹשִׁים בֵּיתָהּ:
(תהלים קד:טז)

אֶתֵּן בַּמִּדְבָּר אֶרֶז שִׁטָּה וַהֲדַס וְעֵץ שָׁמֶן אָשִׂים בָּעֲרָבָה בְּרוֹשׁ תִּדְהָר וּתְאַשּׁוּר יַחְדָּו:
(ישעיה מא:יט)

שינוי נוסחאות

(א) והיו סכין בו בשעוה. רד"ל הגיה "והיו טחין...": **לגפרית הזו שהיא מוצתת באש.** בספרים הישנים היה כתוב "...מצפת באש", והגיה א"א "מצתת", ומ"כ הגיה "מוצתת", וכן כתבו ברוב הספרים אח"כ:

Having explained the *Psalms* verse, the Midrash continues its discussion:[46] וְלָמָּה לֹא נִגְנְזוּ – **Now, why were [these seven special types of trees] not concealed** after Creation, as the primordial light was? שֶׁצָּפָה הַקָּדוֹשׁ בָּרוּךְ הוּא שֶׁהֵן עֲתִידִין לַעֲשׂוֹת בָּהֶן מְלֶאכֶת הַמִּשְׁכָּן בְּמָקוֹם שֶׁהַשְּׁכִינָה עֲתִידָה לִשְׁכּוֹן – **Because the Holy One, blessed is He, foresaw that the work of the Tabernacle would some day be done with them in the place that the Divine Presence is destined to dwell,**[47] שֶׁנֶּאֱמַר ״אֲשֶׁר שָׁם צִפֳּרִים יְקַנֵּנוּ״ – **for** right after the verse, *the cedars of Lebanon that He has planted* (*Psalms* 104:16), **it is stated, *There where the birds nest*** (ibid., v. 17). וְכִי תַעֲלֶה עַל דַּעְתְּךָ שֶׁשָּׁם צִפֳּרִים הָיוּ מְקַנְּנוֹת – **Now, would it enter your mind that birds nested there** inside the Holy Temple?![48] Of course not![49] אֶלָּא הַצִּפֳּרִים שֶׁהָיָה כֹּהֵן שׁוֹחֵט וּמַקְרִיב בְּבֵית הַמִּקְדָּשׁ – **Rather,** the verse is referring to **the birds that a Kohen would slaughter**[50] **and offer in the Holy Temple.**[51] וּמַהוּ ״חֲסִידָה בְּרוֹשִׁים בֵּיתָהּ״ – **And what is [the meaning of]** the conclusion of v. 17, ***the stork with its home among cypresses?*** וְכִי חֲסִידָה בָּאֲרָזִים בֵּיתָהּ – **But does a stork** (*chasidah*) **make its home among *erez* trees?!** It does not![52] וּמַהוּ ״חֲסִידָה״ – **What,** then, **is meant by *chasidah*?** זֶה כֹּהֵן גָּדוֹל, שֶׁנֶּאֱמַר ״תֻּמֶּיךָ וְאוּרֶיךָ לְאִישׁ חֲסִידֶךָ״ – **This is an allusion to the Kohen Gadol, for it is stated** regarding him, ***Your Tumim and Your Urim befit Your devout one*** [*chassid*] (*Deuteronomy* 33:8).[53]

NOTES

46. See, however, *Yedei Moshe.*

47. This is fundamentally the same explanation given by R' Chanina above for why cedars were created in the first place. However, R' Chanina was discussing cedars *in general*, while the Midrash here is focusing on the seven special types of *erez* actually used in the Temple. For a different version and explanation of our text, see *Eshed HaNechalim.*

48. I.e., in the *Lebanon* of the preceding verse, which was built with the *cedars* mentioned there.

49. Nail-studded iron plates called crow-chasers (כָּלְיָא עוֹרֵב) were installed on the Temple's roof to prevent birds from alighting there (see Mishnah *Middos* 4:6 and note 10 in Schottenstein edition). Certainly, then, the birds were prevented from nesting inside! (*Maharzu, Radal, Eitz Yosef*). According to *Tosafos* to *Menachos* 107a (s.v. כליא עורב), citing *Aruch*, there were no crow-chasers in the First Temple; the birds kept their distance because the Divine Presence was so manifest (see *Rashash, Eitz Yosef*).

For a different interpretation of the Midrash here, see note 51 below.

50. The Midrash does not mean "slaughter" literally, for sacrificial birds were killed through *melikah*, the bird's neck being cut from the back with the Kohen's thumbnail (*Rashash*).

51. That is, the verse is not referring to wild birds nesting in the Temple. Rather, it is referring to birds designated for offerings that would be kept there.

Alternatively: *Yefeh To'ar* writes that the preceding interpretation is untenable, for it is only *as a result* of the question, "Would it enter your mind, etc.?" that the Midrash arrives at the conclusion that the verse is referring to the Temple! But the plain meaning of the Midrash's question, which would seem to be: **"Would it enter your mind that birds nested there** in the cedars of Lebanon?!" is also untenable, for what is difficult about the statement that birds nest in trees?! *Yefeh To'ar* (second interpretation) therefore explains as follows: The Midrash takes the verse to be saying that the birds were nesting in **the very trees** that *God planted* in Lebanon (at the time of Creation) — and the Midrash is asking: Would it enter your mind that that is indeed the case? Why, it is impossible that those original trees lasted that long! The Midrash thus concludes that the *Psalms* passage is speaking of the cedars and the birds that would be used in the Temple. And it is indeed plausible that God, Who planted those cedars for the Temple, sustained **those very trees** and made sure they would continue to exist until the Temple would be built (*Yefeh To'ar* loc. cit.).

52. The stork makes its home on the ground, not in the trees! (*Maharzu*, citing 25 §8 above). For a different version and explanation of our text, see *Radal*.

53. The *Urim* and the *Tumim* are contained inside the Breastplate worn by the Kohen Gadol (below, 28:30). Since *Psalms* 104:17 cannot be speaking of a stork (*chasidah*) making its home in the trees, it perforce alludes to the Kohen Gadol (God's *chassid*), who serves there continuously (*Maharzu*).

The two parts of verse 17 thus confirm that the seven special *erez* trees were used to build the Holy Temple, where the sacrificial service — led by the Kohen Gadol — took place.

As to why the *Psalms* passage speaks of birds altogether and not animals (which were the *main* offerings in the Temple), *Yefeh To'ar* explains that Scripture wished to speak in terms that fit with the passage's plain meaning, that it is discussing birds nesting in trees. The deeper meaning of the passage, however, remains that it is referring to the "cedars" of the Temple. See also *Eitz Yosef.*

See Insight Ⓐ.

INSIGHTS

Ⓐ **Original Purpose; Ongoing Potential** Our Midrash speaks of three creations that God deemed the world to be unworthy of: the primordial light, gold, and cedar. Why did He conceal the light but leave the gold and cedar intact for His glory in the Sanctuary? Would not the primordial light as well have served to promote His glory?

In a lengthy exposition on this Midrash, the late Mashgiach of Gateshead, *R' Moshe Schwab* (*Maarchei Lev*, Vol. 4, p. 3ff), explains:

What was the nature of this primordial light? It was an illumination of the mind that enabled Man to "see from one end of the world to the other." Man had absolute clarity about the Creator and His goodness. Nothing was hidden from him. There were no questions and no uncertainty.

But God also provided for Man to have free will, the capacity to choose between good and evil. This is a fundamental aspect of his creation. Without this capacity, Man's journey through life would be robotic and ultimately meaningless. Were the world to continue to be illuminated by the primordial light, Man would have to be given a heightened capacity to deceive and distort, to offset the absolute clarity of the primordial light. True, the righteous among them would choose the path of good, and thus benefit from absolute awareness of reality that they would perceive in this light. But the evil among them would choose a contrary path and darken and distort the light of truth. This would be a perversion of the light of ultimate truth itself, and thus undermine the spiritual underpinnings of Creation. This is something that God did not allow, and so He concealed the primordial light from Man.

Gold and cedar, however, for all their grandeur, are but material things. Yes, evil generations would come and pervert these as well with misuse. But the spiritual world would not thereby be undermined. And so, God permitted these material treasures to remain, for the purpose they would serve in His Sanctuary.

At the end of a related exposition on our Midrash, *R' Chizkiyahu Eliezer Kahan* (*Nachalas Eliezer*, cited in *Chochmas HaMatzpun* on our verse) considers why God, having foreseen the evil generations to come, created the primordial light to begin with (see note 4 for answers provided by the commentators). Rav Kahan suggests that it was so that Man would be created in a way that would make him compatible with such supernal light. True, that light would be concealed from him so that he not misuse it. But the nature and potential of Man would remain unchanged.

And the corollary of this is that with respect to the gold and the cedar, which were *not* concealed, Man still has the original capacity to fully utilize these material treasures for the lofty purposes they were originally meant: to promote the glory of God and His Will in this world. This is something Man can still do, within the context and confines of the Sanctuary that each and every one of us can build in our own hearts for the glory of God.

וְלָמָּה לֹא נִגְנְזוּ, שֶׁצָּפָה הַקָּדוֹשׁ בָּרוּךְ הוּא שֶׁהֵן עֲתִידִין לַעֲשׂוֹת בָּהֶן מְלֶאכֶת הַמִּשְׁכָּן בַּמָּקוֹם שֶׁהַשְּׁכִינָה עֲתִידָה לִשְׁכּוֹן, שֶׁנֶּאֱמַר (תהלים קד, יז) **"אֲשֶׁר שָׁם צִפֳּרִים יְקַנֵּנוּ", וְכִי תַעֲלֶה עַל דַּעְתְּךָ שֶׁשָּׁם צִפֳּרִים הָיוּ מְקַנְּנוֹת, אֶלָּא הַצִּפֳּרִים שֶׁהָיָה כֹּהֵן שׁוֹחֵט וּמַקְרִיב בְּבֵית הַמִּקְדָּשׁ, וּמַהוּ** (שם) **"חֲסִידָה בְּרוֹשִׁים בֵּיתָהּ", וְכִי חֲסִידָה בַּאֲרָזִים בֵּיתָהּ, וּמַהוּ "חֲסִידָה", זֶה כֹּהֵן גָּדוֹל, שֶׁנֶּאֱמַר** (דברים לג, ח) **"תֻּמֶּיךָ וְאוּרֶיךָ לְאִישׁ חֲסִידֶךָ":**

ב דָּבָר אַחֵר, [כו, טו] **"וְעָשִׂיתָ אֶת הַקְּרָשִׁים לַמִּשְׁכָּן עֲצֵי שִׁטִּים עֹמְדִים", לָמָּה עֲצֵי שִׁטִּים, לִמֵּד הַקָּדוֹשׁ בָּרוּךְ הוּא דֶּרֶךְ אֶרֶץ לַדּוֹרוֹת, שֶׁאִם יְבַקֵּשׁ אָדָם לִבְנוֹת בֵּיתוֹ מֵאִילָן עוֹשֶׂה פֵּירוֹת, אוֹמֵר לוֹ: וּמָה מֶלֶךְ מַלְכֵי הַמְּלָכִים שֶׁהַכֹּל שֶׁלּוֹ, כְּשֶׁאָמַר לַעֲשׂוֹת מִשְׁכָּן אָמַר לֹא תָבִיא אֶלָּא מֵאִילָן שֶׁאֵינוֹ עוֹשֶׂה פֵּירוֹת, אַתֶּם עַל אַחַת כַּמָּה וְכַמָּה:**

ג דָּבָר אַחֵר, [כו, טו] **"וְעָשִׂיתָ אֶת הַקְּרָשִׁים", מַה כְּתִיב לְמַעְלָה מִן הָעִנְיָן,** (לעיל כה, מ) **"וּרְאֵה וַעֲשֵׂה", וְכִי מֹשֶׁה עָשָׂה אֶת הַמִּשְׁכָּן, וַהֲלֹא כְתִיב** (לקמן לו, א) **"וְעָשָׂה בְצַלְאֵל וְאָהֳלִיאָב וְכֹל אִישׁ חֲכַם לֵב", אֶלָּא מֹשֶׁה לְתַלְמוּד וּבְצַלְאֵל לְמַעֲשֶׂה, מִכָּאן אָמְרוּ רַבּוֹתֵינוּ: לִיתֵּן שָׂכָר לַמַּעֲשֶׂה כְּעוֹשֶׂה, שֶׁכֵּן מָצִינוּ בְּמֹשֶׁה שֶׁעָשָׂה בְּצַלְאֵל לִמְלֶאכֶת הַמִּשְׁכָּן וְהֶעֱלָה עָלָיו הַקָּדוֹשׁ בָּרוּךְ הוּא כְּאִילּוּ הוּא עֲשָׂאוֹ, שֶׁנֶּאֱמַר** (דבריהימים־א כא, כט) **"וּמִשְׁכַּן ה' אֲשֶׁר עָשָׂה מֹשֶׁה בַמִּדְבָּר":**

ד דָּבָר אַחֵר, [כו, טו] **"וְעָשִׂיתָ אֶת הַקְּרָשִׁים", לֹא הָיָה צָרִיךְ לוֹמַר אֶלָּא "וְעָשִׂיתָ אֶת הַקְּרָשִׁים, מִשְׁכָּן" מַהוּ "לַמִּשְׁכָּן", אָמַר רַבִּי הוֹשַׁעְיָא: ז'עַל שׁוּם שֶׁהוּא °עוֹמֵד לְמַשְׁכֵּן, שֶׁאִם נִתְחַיְּבוּ שׂוֹנְאֵיהֶם שֶׁל יִשְׂרָאֵל כְּלָיָיה יְהֵא מִתְמַשְׁכֵּן עֲלֵיהֶן, אָמַר מֹשֶׁה לִפְנֵי הַקָּדוֹשׁ בָּרוּךְ הוּא: וַהֲלֹא עֲתִידִים הֵם שֶׁלֹּא יִהְיֶה לָהֶם לֹא מִשְׁכָּן וְלֹא מִקְדָּשׁ, וּמַה תְּהֵא עֲלֵיהֶם, אָמַר הַקָּדוֹשׁ בָּרוּךְ הוּא: אֲנִי נוֹטֵל מֵהֶם צַדִּיק אֶחָד וּמְמַשְׁכְּנוֹ בַּעֲדָם וּמְכַפֵּר אֲנִי עֲלֵיהֶם עַל כָּל עֲוֹנוֹתֵיהֶם,**

עץ יוסף

וכי תעלה על דעתך ששם צפרים היו מקננות כו'. פירוש שם בבית המקדש הלא היה שם אמה כליא עורב, ובבית ראשון היה על פי גם לפי דברי התוספות בשם הערוך, על כן דריש על צפרים שהיה כהן גדול מקריב: **ומהו חסידה זה כהן גדול.** והכתוב דבר דרך סתם, שיובן ממנו כפי פשוטו דמיירי בצפרים וחסידה ממש השוכנים בארזים, אף על פי שהכוונה האמיתית בארזי בית המקדש כנזכר: **(ב) למה עצי שטים.** הא תאשור החשוב מכל השבעת מינים, כדאיתא בבראשית רבה פרשה ט"ו. אם כן למה לא צוה לעשות המשכן מן תאשור, ומשני ללמד שלא לבנות בית מאילן שעושה פירות, פירוש שאפילו לא יהיה עץ מאכל, רק שיעשה איזה מין פירות שיש בהם תועלת מה, אפילו הכי לא יבנה ביתו מהם אלא מאילן שאינו עושה שום פרי, ולהכי נקט שטה שאין בו שום פרי: **(ג) אלא משה לתלמוד.** שלא היה בצלאל מכוון המלאכה אם לא שהיה מלמדו משה כל פרטי הדברים: **למעשה בעושה.** עיין מה שכתבתי בבמדבר רבה פרשה י"ב: **שנאמר ומשכן ה' אשר עשה משה במדבר.** דקשה דעשה משה התם למאי אתא, לא הוי ליה למימר רק משכן ה' שנעשה במדבר, אלא דאתא לומר שזכה משה בשכרו כעושה: **(ד) אלא ועשית את הקרשים משכן.** שהרי גוף המשכן הם הקרשים והיריעות, ולכן אמר ואת המשכן תעשה עשר יריעות, ולא קאמר ועשית יריעות למשכן: **אמר ר' הושעיה על שום שהוא עשוי למשכן.** כן צריך לומר (יפה תואר): **אמר משה לפני הקדוש ברוך הוא כו' אני נוטל מהם צדיק כו'.** אפשר דדייק מדכתיב למשכן בין קרשים לעצי שיטים, ולא כתיב ועשית קרשים עצי שטים למשכן, לזה אמר שמשה שאל אם לא יהיה משכן כו', והשיבו הקדוש ברוך הוא עצי שטים עומדים, כלומר הצדיקים הדומים לעצי שטים הם עומדים ומגינים על הדור, שהקדוש ברוך הוא נוטל צדיק אחד כו':

פירוש מהרז"ו

ולמה נגנזו. טעות סופר, וצריך לומר ולמה לא נגנזו, כדלעיל, ולא נגנזו. ובבראשית רבה ריש פרשה ט"ו, ובמדרש תהלים מזמור ק"ד, שם הגירסא ולמה נבראו. ועיין ידי משה: **ששם צפרים.** הרי לא הניחו העופות לנוח על גגו, שהרי עשו כליא עורב למעלה, ואיך יעשו קנים בתוכו, על כן דורש מדה כ' על פי מדה י"ז, אם אינו ענין לקני עופות, תנהו ענין על עופות המופרשים בתוכה שהיו מקריבים על המזבח. וכמו שכתוב (תהלים פד, ד) גם צפור מצאה בית ודרור קן לה וגו' את מזבחותיך ה' צבאות, הרי מפורש כוונת הקן על ההקרבה במזבח: **וכי חסידה בארזים ביתה.** כמו שכתוב איוב ל"ט (פסוק יג) אם אברה חסידה ונוצה, (פסוק יד) כי תעזוב לארץ ביציה ועל עפר תחמם, וכמו שאמרו לעיל פרשה כ"ה סימן ח, משל לחסידה שהיתה יולדת בעפר וכו', על כן דרש אם אינו ענין לעוף החסידה כפי משל אלא על מי שנקרא חסיד, ושם היה שוכן, וכל זה שייך למה שכתוב ועשית קרשים למשכן, שהיו של עצי שטים מן המובחר שבארזים, גבוהים עשר אמות, ורחבים, גם בגבהם אמה וחצי אחר התיקון: **(ב) לבנות בית מאילן.** הנה בכמה מצות צוה להוציא ממון ולהפסידם, כמו כל ענין הקרבנות. ולמה במשכן הקפיד על עצי שטים, שאינם עושים פירות, ודורש שבא ללמד על בנין חול, עיין תנחומא ריש ויקהל: **(ג) וראה ועשה.** על כלל המשכן וכליו שמשה בעצמו יעשה, וכתיב אשר עשה משה, וכתיב ועשה בצלאל, ויעש בצלאל, מדה ט"ו, והכריע כאן לתלמוד כאן למעשה, שהמעשה כעושה: **(ד) שהם עומדים למשכן.** כמו שדרש לעיל פרשה ל"א סימן י', ושם נסמן, למשכן משמע שהמשכן כבר עשוי, על כן דורש אל תקרי למשכן, אלא למשכון: **אמר משה לפני הקדוש ברוך הוא.** עיין לעיל פרשה ל"א סימן י, (אף [אמר לו] משה ולעולם הם ממושכנים, דשם איכא רמז, אך כאן צריך עיון:

חידושי הרד"ל

וכי תעלה על דעתך ששם צפרים כו'. והלא אפילו מבחוץ הוה אמה כליא עורב לגרש העופות, קל וחומר מבפנים חס ושלום: **וכי חסידה בארזים אינה ביתה.** כן צריך לומר. רצה לומר, וכי ברושים לבד מקננת ולא בארזים: **זה כהן גדול.** וידרש לפי זה ברושים ביתה כמו שכתוב בשיר השירים רבה סוף פרשה א (פסוק יז, ב) רהיטנו ברותים מקום שהכהנים רוהטים ספון בברושים, עיין שם: [ד] **והלא עתידים הם שלא כו' אני נוטל מהם צדיק כו'.** אפשר דרש עצי שטים עומדים על זה, שהצדיקים (שמגינים כעין על הדור) עומדים לעולם, (וכמו שכתוב ביומא (עב, א) עמודים שעומדים לעולם, עיין שם) אף בזמן הזה להתמשכן על ישראל: **וממשכנו בעדם ומכפר כו'.** רומז לדרשא דשיר השירים רבה פרשה א פסוק כ, אשכול הכופר נוטל איש שהכל בו ומכפר עליהם, ועיין שם בילקוט:

חידושי הרש"ש

ולמה נגנזו כו'. טעות סופר, וצריך לומר ולא נגנזו, וכן כתב הידי משה: **וכי תעלה על דעתך ששם צפרים היו כו'.** עיין מנחות (קז, א) בתד"ה כליא עורב, שהביאו בשם הערוך דמקדש ראשון לא היה נצרך לכליא עורב, שלא היו עופות פורחין עליו: **הצפרים שהיה כהן שוחט כו'.** שיגרת לישנא היא, דאין אלא במליקה:

באור מהרי"פ

ולמה נגנזו. הכי גרסינן ולמה לא נגנזו. תולדות נח הארוך:

מסורת המדרש

ז. לקמן פנ"א במד"ר פי"ב. תנחומא סדר ויקהל סימן ט' וסדר פקודי סימן ב'. ילקוט פקודי רמז תי"ד:

אם למקרא

יִשְׂבְּעוּ עֲצֵי ה' אַרְזֵי לְבָנוֹן אֲשֶׁר נָטָע: (תהלים קד:יז)

וּלְלֵוִי אָמַר תֻּמֶּיךָ וְאוּרֶיךָ לְאִישׁ חֲסִידֶךָ אֲשֶׁר נִסִּיתוֹ בְּמַסָּה תְּרִיבֵהוּ עַל מֵי מְרִיבָה: (דברים לג:ח)

וְעָשָׂה בְצַלְאֵל וְאָהֳלִיאָב וְכֹל אִישׁ חֲכַם לֵב אֲשֶׁר נָתַן ה' חָכְמָה וּתְבוּנָה בָּהֵמָּה לָדַעַת לַעֲשֹׂת אֶת כָּל מְלֶאכֶת עֲבֹדַת הַקֹּדֶשׁ לְכֹל אֲשֶׁר צִוָּה ה': (לקמן לו:א)

וּמִשְׁכַּן ה' אֲשֶׁר עָשָׂה מֹשֶׁה בַמִּדְבָּר וּמִזְבַּח הָעוֹלָה בָּעֵת הַהִיא בַּבָּמָה בְּגִבְעוֹן: (דברי הימים א כא:כט)

ידי משה

ולמה נגנזו. מלת ולמה טעות דמוכח, וצריך לומר **ולא הוגנזה לפי שצפה הקב"ה וכו'** וכל זה דברי רבי שמעון בן לקיש, וכן והוא לעיל גבי זהב (הרבה דברים וכו'). וקל להבין:

שינוי נוסחאות

ולמה לא נגנזו. ברוב הספרים כתוב "ולמה נגנזו" ותיקנוהו בד' וארשא על פי הגהת תולדות נח ואף ידי משה (הובא ברש"ש) הגיה כעין זה ("ולא נגנזו"): **(ד) על שום שהוא עומד למשכן.** בספרים הישנים היה כתוב "לשון שהוא אבודן למשכן", ומ"כ הגיה כלפנינו, וביפ"ת (ועצ"י) גם הגיה כך אלא שכתב "עשוי" במקום "עומד":

מתנות כהונה

ולא נגנזו גרסינן: **ועץ שמן וגו'.** וסיפיה דקרא אסים בערבה ברוש תדהר ותאשור: **[ג] שכר למעשה.** הגורס וכופה הבריות למעשים טובים כמה דאת אמר (גיטין פח, ב) גט מעושה: **[ד]** הכי גרסינן **אמר רבי הושעיא על שום שהוא עומד למשכן:**

אשד הנחלים

ולמה נגנזו. שאינם גדלים במקום ידוע. ואולי זה כונת הכתוב אתן במדבר, כי שם הם גדילים ואין אדם יודע מקומם, ולעתיד לבא יתגלו לבנין בית המקדש. ודרש סוף הפסוק כולו על בית המקדש ששם מקריבין הצפרים, ושם החסידה שהוא הכהן הגדול, ולתכלית זה נבראו. ודע דהדבר כפשוטו גם כן, שבין ארזים הצפרים מקננות, אבל עיקר התכלית הוא בית המקדש אשר שמה התכלית מהצפרים: **[ב] שאינם עושים פירות.** וזה פירושו עצי שטים עומדים, שהם עומדים תמיד על מעמד אחד, שאינם עושים פירות, כי האילן מתעלה אם עושה פירות, והעומד נקרא שעומד במעמד אחד, שאין בו שלימות נוסף: **[ג] משה לתלמוד.** שהיה מלמד לבצלאל כוונת העשיה, ואופן עשייתה, ולכן מכונה על שמו: **[ד] למשכן כו' מתמשכן כו'.** כי באמת הקרשים גופא הם המשכן, אם לא שמרמז על זה שכשיחטאו אז אסלק המשכן מהם, וזה יהיה להם לכפרה: **צדיק.** כי גם זה לכפרה עליהם:

§2 The Midrash discusses why God commanded that the Tabernacle be built with acacia wood:

"דָּבָר אַחֵר, "וְעָשִׂיתָ אֶת הַקְּרָשִׁים לַמִּשְׁכָּן עֲצֵי שִׁטִּים עֹמְדִים – **Another interpretation:** ***You shall make the planks for the Tabernacle of acacia wood, standing erect.*** לָמָּה עֲצֵי שִׁטִּים – Why did God choose **acacia wood?**[54] לִמֵּד הַקָּדוֹשׁ בָּרוּךְ הוּא דֶּרֶךְ אֶרֶץ לַדּוֹרוֹת – **The Holy One, blessed is He, was teaching proper conduct to** all future **generations.** שֶׁאִם יְבַקֵּשׁ אָדָם לִבְנוֹת בֵּיתוֹ מֵאִילָן עוֹשֶׂה פֵּירוֹת – **For if a person seeks to build his house from** the wood **of a fruit-bearing tree,**[55] אוֹמֵר לוֹ – **[our verse] says to him:** וּמָה מֶלֶךְ מַלְכֵי הַמְּלָכִים שֶׁהַכֹּל שֶׁלּוֹ – **Since the King Who reigns over kings, to Whom all things belong,** כְּשֶׁאָמַר לַעֲשׂוֹת מִשְׁכָּן אָמַר לֹא תָּבִיא אֶלָּא מֵאִילָן שֶׁאֵינוֹ עוֹשֶׂה פֵּירוֹת – **when He commanded** Israel **to make a Tabernacle He said, "You shall only bring** wood **from a tree that does not bear fruit,"** אַתֶּם עַל אַחַת כַּמָּה וְכַמָּה – then **all the more so** should **you,** when you build your house, refrain from using wood from a fruit-bearing tree.[56]

§3 The Midrash discusses Moses' role in the building of the Tabernacle, and how he was rewarded:

"דָּבָר אַחֵר, "וְעָשִׂיתָ אֶת הַקְּרָשִׁים – **Another interpretation:** The Torah here states, ***You shall make the planks.*** מַה כְּתִיב לְמַעְלָה מִן הָעִנְיָן – **What is written above this passage?** "וּרְאֵה וַעֲשֵׂה" – After the general command to build a Tabernacle, and the specific commands to make an Ark, a Table, and a Menorah, God orders Moses: ***See and make,*** *according to their form that you are shown on the mountain* (above 25:40). וְכִי מֹשֶׁה עָשָׂה אֶת הַמִּשְׁכָּן – **But did Moses make the Tabernacle,** as implied by that verse?! "וַהֲלֹא כְּתִיב "וְעָשָׂה בְצַלְאֵל וְאָהֳלִיאָב וְכֹל אִישׁ חֲכַם לֵב – **Why, it is written** elsewhere, ***Bezalel shall perform, with Oholiab and every wise-hearted man***... *all the work for*... *the Sanctuary* (ibid. 36:1)! אֶלָּא מֹשֶׁה לְתַלְמוּד וּבְצַלְאֵל לְמַעֲשֶׂה – We must say, **rather,** that **Moses** was commanded **for the instruction**[57] **and Bezalel for the work.** מִכָּאן אָמְרוּ רַבּוֹתֵינוּ לִיתֵּן שָׂכָר לִמְעַשֶּׂה כְּעוֹשֶׂה – It is **from here** that **our Rabbis said** that the Torah **gives a reward to one who causes** another **to perform** a mitzvah **equal to** the reward given to **the one who** actually **performs** the mitzvah.[58] שֶׁכֵּן מָצִינוּ בְּמֹשֶׁה – **For thus we find in the case of Moses,** שֶׁעָשָׂה בְּצַלְאֵל לִמְלֶאכֶת הַמִּשְׁכָּן – **where Bezalel performed the work of the Tabernacle** וְהֶעֱלָה עָלָיו הַקָּדוֹשׁ בָּרוּךְ הוּא כְּאִילּוּ הוּא עֲשָׂאוֹ – **and** yet **the Holy One, blessed is He, credited [Moses] as though he performed it,** "שֶׁנֶּאֱמַר "וּמִשְׁכַּן ה' אֲשֶׁר עָשָׂה מֹשֶׁה בַמִּדְבָּר – **as it is stated,** ***The Tabernacle of HASHEM, which Moses had made in the Wilderness*** (*I Chronicles* 21:29).[59]

§4 The Midrash expounds our verse to reveal an unexpected function of the Tabernacle:

"דָּבָר אַחֵר, "וְעָשִׂיתָ אֶת הַקְּרָשִׁים – **Another interpretation:** ***You shall make the planks*** *for the Tabernacle* [לַמִּשְׁכָּן] *of acacia wood, standing erect.* "לֹא הָיָה צָרִיךְ לוֹמַר אֶלָּא "וְעָשִׂיתָ אֶת הַקְּרָשִׁים מִשְׁכָּן – **[Scripture] should have said nothing other than, "You shall make of the planks a Tabernacle** [מִשְׁכָּן]." "מַהוּ "לַמִּשְׁכָּן – **What is** the implication of *You shall make the planks* ***"for" the Tabernacle*** [לַמִּשְׁכָּן]?[60] אָמַר רַבִּי הוֹשַׁעְיָא – **R' Hoshaya said:** עַל שׁוּם שֶׁהוּא עָשׂוּי לְמַשְׁכֵּן – The verse is worded in this way **because [the Tabernacle] is made to serve as collateral** (לְמַשְׁכֵּן) for Israel,[61] שֶׁאִם נִתְחַיְּיבוּ שׂוֹנְאֵיהֶם שֶׁל יִשְׂרָאֵל כְּלָיָה – meaning **that if "the enemies of Israel"**[62] ever **become liable to** the punishment of **destruction,** יְהֵא מִתְמַשְׁכֵּן עֲלֵיהֶם – **it will serve as collateral for them.**[63]

NOTES

54. We learned above in §1 that God created *erez* trees "for the sake of the Tabernacle and for the sake of the Holy Temple." We learned also that of the twenty-four types of *erez* wood, only seven are praiseworthy; and the Midrash teaches elsewhere (*Bereishis Rabbah* 15 §1) that of those seven types, the *te'ashur* (תְּאַשּׁוּר) is the most excellent. Why, then, did God not command that the Tabernacle be built with *te'ashur* wood? (*Eitz Yosef*).

[The *te'ashur* is the seventh cedar mentioned in *Isaiah* 41:19, cited above. There we translated it as "box tree," as some dictionaries have it; the Gemara (*Rosh Hashanah* 23a, *Bava Basra* 80b) identifies it as the *shurvina* tree. None of the Talmud commentators explain this name, and *Rashbam* (to *Bava Basra*) writes that its identity is unknown.]

Alternatively: Acacia trees produce no fruit, and it is apparent that in insisting on using specifically acacia wood, God was telling the Israelites that fruit-bearing trees were not to be cut down to build the Tabernacle (see Midrash further). But many mitzvos require of us to spend money and even to "destroy" that which we buy (e.g., offerings). Why is this different? (*Maharzu*).

55. Even if the fruit is not used for eating but for some other purpose (*Eitz Yosef*).

56. In order to teach the lesson of what types of trees to use in building a home, God commanded that the Tabernacle be built with the wood of an acacia tree, which produces no fruit at all (ibid.).

57. I.e., Moses was commanded to instruct Bezalel regarding all the practical details of the construction, and also regarding the intent he should invest in his work. Without Moses' instruction, Bezalel could not have built the Tabernacle (see *Eshed HaNechalim* and *Eitz Yosef*).

58. Cf. *Bamidbar Rabbah* 14 §10 and *Bava Basra* 9a, where the Sages teach that one who causes another to perform a mitzvah is even *greater* than the one who performs it (גָּדוֹל הַמְּעַשֶּׂה יוֹתֵר מִן הָעוֹשֶׂה). *Yefeh To'ar* explains that that teaching refers specifically to charity, where in convincing others to contribute, more is collected for charity than if one person himself simply gave. In our discussion, by contrast, nothing more will be constructed for the Tabernacle if more people are involved rather than fewer. (It may be noted that the verse cited in *Bamidbar Rabbah* 14 §10 and *Bava Basra* 9a in support of the Sages' teaching is *Isaiah* 32:17, which indeed speaks specifically of charity.)

59. In light of the Midrash's conclusion just above that Moses did not take part in the actual construction of the Tabernacle, but only instructed Bezalel, the words *which Moses had made* in this verse seem imprecise; the verse should rather have stated, "The Tabernacle of Hashem that was made in the Wilderness." The verse perforce is teaching that although Moses only *brought about* the making of the Tabernacle, he was rewarded the same as if he had made it (*Yefeh To'ar, Eitz Yosef*).

60. The word לַמִּשְׁכָּן, *for the Tabernacle*, implies that the Tabernacle was already made, and the planks should be made for that already-constructed Tabernacle. But this is obviously incorrect (*Maharzu*). The Tabernacle structure consisted *only* of the planks, which formed its northern, southern, and western walls, and the curtains (יְרִיעוֹת), which were spread over those three walls and formed the Tabernacle's roof. [We are speaking here of the first, lowest layer of curtains that were spread over the Tabernacle. See *Exodus* Ch. 26. Regarding the composition of the eastern side of the Tabernacle, see ibid., vv. 36-37.] Now, when the Torah commands the making of the curtains that formed part of the actual structure of the Tabernacle (i.e., its roof), it says, *You shall make the Tabernacle* ***of ten curtains*** (ibid., v. 1), and not, "You shall make ten curtains **for the Tabernacle.**" Similarly, in regard to the planks that formed part of the actual structure of the Tabernacle (i.e., its walls) it should have said, "You shall make **of the planks** a Tabernacle" and not *You shall make the planks* ***for the Tabernacle*** (*Eitz Yosef*; see also *Eshed HaNechalim*).

61. The word לַמִּשְׁכָּן, *for the Tabernacle*, is now interpreted as if written לְמַשְׁכֵּן, *to serve as collateral* (see *Maharzu*), so that it is as if the verse is saying, "You shall make the planks [i.e., the Tabernacle] to serve as collateral (for Israel)."

62. This phrase is a euphemism for Israel. The Sages often use it when speaking of dire circumstances besetting the Jewish people.

63. I.e., God will destroy the Tabernacle (or Temple) in place of Israel. *Yefeh To'ar* to 31 §10 above (second interpretation) explains the collateral metaphor: When a borrower does not repay his loan, his lender takes the collateral and is appeased to the extent that he does not pursue the borrower for the money that was not returned. Similarly, the foes

וְלָמָּה לֹא נִגְנְזוּ, שֶׁצָּפָה הַקָּדוֹשׁ בָּרוּךְ הוּא שֶׁהֵן עֲתִידִין לַעֲשׂוֹת בָּהֶן מְלֶאכֶת הַמִּשְׁכָּן בַּמָּקוֹם שֶׁהַשְּׁכִינָה עֲתִידָה לִשְׁכּוֹן, שֶׁנֶּאֱמַר (תהלים קד, יז) "אֲשֶׁר שָׁם צִפֳּרִים יְקַנֵּנוּ", וְכִי תַעֲלֶה עַל דַּעְתְּךָ שֶׁשָּׁם צִפֳּרִים הָיוּ מְקַנְּנוֹת, אֶלָּא הַצִּפֳּרִים שֶׁהָיָה כֹּהֵן שׁוֹחֵט וּמַקְרִיב בְּבֵית הַמִּקְדָּשׁ, וּמַהוּ (שם) "חֲסִידָה בְּרוֹשִׁים בֵּיתָהּ", וְכִי חֲסִידָה בַּאֲרָזִים בֵּיתָהּ, וּמַהוּ "חֲסִידָה", זֶה כֹּהֵן גָּדוֹל, שֶׁנֶּאֱמַר (דברים לג, ח) "תֻּמֶּיךָ וְאוּרֶיךָ לְאִישׁ חֲסִידֶךָ":

ב דָּבָר אַחֵר, [כו, טו] "וְעָשִׂיתָ אֶת הַקְּרָשִׁים לַמִּשְׁכָּן עֲצֵי שִׁטִּים עֹמְדִים", לָמָּה עֲצֵי שִׁטִּים, לִמֵּד הַקָּדוֹשׁ בָּרוּךְ הוּא דֶּרֶךְ אֶרֶץ לַדּוֹרוֹת, שֶׁאִם יְבַקֵּשׁ אָדָם לִבְנוֹת בֵּיתוֹ מֵאִילָן עוֹשֶׂה פֵּירוֹת, אוֹמֵר לוֹ: וּמַה מֶּלֶךְ מַלְכֵי הַמְּלָכִים שֶׁהַכֹּל שֶׁלּוֹ, כְּשֶׁאָמַר לַעֲשׂוֹת מִשְׁכָּן אָמַר לֹא תָבִיא אֶלָּא מֵאִילָן שֶׁאֵינוֹ עוֹשֶׂה פֵּירוֹת, אַתֶּם עַל אַחַת כַּמָּה וְכַמָּה:

ג דָּבָר אַחֵר, [כו, טו] "וְעָשִׂיתָ אֶת הַקְּרָשִׁים", מַה כְּתִיב לְמַעְלָה מִן הָעִנְיָן, (לעיל כה, מ) "וּרְאֵה וַעֲשֵׂה", וְכִי מֹשֶׁה עָשָׂה אֶת הַמִּשְׁכָּן, וַהֲלֹא כְּתִיב (לקמן לו, א) "וְעָשָׂה בְצַלְאֵל וְאָהֳלִיאָב וְכֹל אִישׁ חֲכַם לֵב", אֶלָּא מֹשֶׁה לְתַלְמוּד וּבְצַלְאֵל לְמַעֲשֶׂה, מִכָּאן אָמְרוּ רַבּוֹתֵינוּ: לִיתֵּן שָׂכָר לִמְעַשֶּׂה כְּעוֹשֶׂה, שֶׁכֵּן מָצִינוּ בְּמֹשֶׁה שֶׁעָשָׂה בְּצַלְאֵל לִמְלֶאכֶת הַמִּשְׁכָּן וְהֶעֱלָה עָלָיו הַקָּדוֹשׁ בָּרוּךְ הוּא כְּאִלּוּ הוּא עֲשָׂאוֹ, שֶׁנֶּאֱמַר (דברי הימים-א כא, כט) "וּמִשְׁכַּן ה' אֲשֶׁר עָשָׂה מֹשֶׁה בַּמִּדְבָּר":

ד דָּבָר אַחֵר, [כו, טו] "וְעָשִׂיתָ אֶת הַקְּרָשִׁים", לֹא הָיָה צָרִיךְ לוֹמַר אֶלָּא "וְעָשִׂיתָ אֶת הַקְּרָשִׁים, מִשְׁכָּן" מַהוּ "לַמִּשְׁכָּן", אָמַר רַבִּי הוֹשַׁעְיָא: עַל שׁוּם שֶׁהוּא °עוֹמֵד לַמִּשְׁכָּן, שֶׁאִם נִתְחַיְּבוּ שׂוֹנְאֵיהֶם שֶׁל יִשְׂרָאֵל כְּלָיָה יְהֵא מִתְמַשְׁכֵּן עֲלֵיהֶן, אָמַר מֹשֶׁה לִפְנֵי הַקָּדוֹשׁ בָּרוּךְ הוּא: וַהֲלֹא עֲתִידִים הֵם שֶׁלֹּא יִהְיֶה לָהֶם לֹא מִשְׁכָּן וְלֹא מִקְדָּשׁ, וּמַה תְּהֵא עֲלֵיהֶם, אָמַר הַקָּדוֹשׁ בָּרוּךְ הוּא: אֲנִי נוֹטֵל מֵהֶם צַדִּיק אֶחָד וּמְמַשְׁכְּנוֹ בַּעֲדָם וּמְכַפֵּר אֲנִי עֲלֵיהֶם עַל כָּל עֲוֹנוֹתֵיהֶם,

עץ יוסף

וכי תעלה על דעתך ששם צפרים היו מקננות כו'. פירוש שם בבית המקדש הלא היה שם אמה כליא עורב, ובבית ראשון היה על פי כן לפי דברי התוספות בשם הערוך, על כן דריש על צפרים שהיה כהן גדול מקריב: **ומהו חסידה זה כהן גדול.** והכתוב דבר דרך סתם, שיובן ממנו כפי פשוטו דמיירי בצפרים וחסידה ממש השוכנים בארזים, אף על פי שהכוונה האמיתית בארזי בית המקדש כנזכר: **(ב) למה עצי שטים.** הא תאשור החשוב מכל השבעת מינים, כדאיתא בבראשית רבה פרשה ט"ו. אם כן למה לא צוה לעשות המשכן מן תאשור, ומשני ללמד שלא לבנות בית מאילן שעושה פירות, פירוש שאפילו לא יהיה עץ מאכל, רק שיעשה איזה מין פירות שיש בהם תועלת מה, אפילו הכי לא יבנה ביתו מהם אלא מאילן שאינו עושה שום פרי, ולהכי נקט שטה שאין בו שום פרי: **(ג) אלא משה לתלמוד.** שלא היה בצלאל מכוון המלאכה אם לא שהיה מלמדו משה כל פרטי הדברים: **למעשה בעושה.** עיין מה שכתבתי בבמדבר רבה פרשה י"ב: **שנאמר ומשכן ה' אשר עשה משה במדבר.** דקשה דעשה משה התם למאי אתא, לא הוי ליה למימר רק משכן ה' שנעשה במדבר, אלא דאתא לומר שזכה משה בשכרו כעושה: **(ד) אלא ועשית את הקרשים משכן.** שהרי גוף המשכן הם הקרשים והיריעות, ולכן אמר ואת המשכן תעשה עשר יריעות, ולא קאמר ועשית יריעות למשכן: **אמר ר' הושעיה על שום שהוא עשוי למשכן.** כן צריך לומר (יפה תואר): **אמר משה לפני הקדוש ברוך הוא כו' אני נוטל מהם צדיק כו'.** אפשר דדייק מדכתיב למשכן בין קרשים לעצי שיטים, ולא כתיב ועשית קרשים עצי שטים למשכן, לזה אמר שמשה שאל אם לא יהיה משכן כו', והשיבו הקדוש ברוך הוא עצי שטים עומדים, כלומר הצדיקים הדומים לעצי שטים הם עומדים ומגינים על הדור, שהקדוש ברוך הוא נוטל צדיק אחד כו':

פירוש מהרז"ו

ולמה נגנזו. טעות סופר, וצריך לומר ולמה לא נגנזו, כדלעיל, ולא נגנזו. ובבראשית רבה ריש פרשה ט"ו, ובמדרש תהלים מזמור ק"ד, שם הגירסא ולמה נבראו. ועיין ידי משה: **ששם צפרים.** הרי לא הניחו העופות לנוח על גגו, שהרי עשו כליא עורב למעלה, ואיך יעשו קנים בתוכו, על כן דורש מדה כ' על פי מדה י"ז, אם אינו ענין לקני עופות, תנהו ענין על עופות המופרשים בתוכה שהיו מקריבים על המזבח. וכמו שכתוב (תהלים פד, ד) גם צפור מצאה בית ודרור קן לה וגו' את מזבחותיך ה' צבאות, הרי מפורש כוונת הקן על ההקרבה במזבח: **וכי חסידה בארזים ביתה.** כמו שכתוב איוב ל"ט (פסוק יג) אם אברה חסידה ונוצה, (פסוק יד) כי תעזוב לארץ ביציה ועל עפר תחמם, וכמו שאמרו לעיל פרשה כ"ה סימן ח, משל לחסידה שהיתה יולדת בעפר וכו', על כן דרש אם אינו ענין לעוף החסידה כפי משל אלא על מי שנקרא חסיד, ושם היה שוכן, וכל זה שייך למה שכתוב ועשית קרשים למשכן, שהיו של עצי שטים מן המובחר שבארזים, גבוהים עשר אמות, ורחבים, גם בגבהם אמה וחצי אחר התיקון: **(ב) לבנות בית מאילן.** הנה בכמה מצות שצוה להוציא ממון ולהפסידם, כמו כל ענין הקרבנות. ולמה במשכן הקפיד על עצי שטים, שאינם עושים פירות, ודורש שבא ללמד על בנין חול, עיין תנחומא ריש ויקהל: **(ג) וראה ועשה.** על כלל המשכן וכליו שמשה בעצמו יעשה, וכתיב אשר עשה משה, וכתיב ועשה בצלאל, ויעש בצלאל, מדה ט"ו, והכריע כאן לתלמוד כאן למעשה, שהמעשה כעושה: **(ד) שהם עומדים למשכן.** כמו שדרש לעיל פרשה ל"א סימן י', ושם נסמן, למשכן משמע שהמשכן כבר עשוי, על כן דורש אל תקרי למשכן, אלא למשכון: **אמר משה לפני הקדוש ברוך הוא.** עיין לעיל פרשה ל"א סימן י, (אף [אמר לו] משה ולעולם הם ממושכנים, דשם איכא רמז, אך כאן צריך עיון:

חידושי הרד"ל

וכי תעלה על דעתך ששם צפרים כו'. והלא אפילו מבחוץ הוה אמה כליא עורב לגרש העופות, קל וחומר מבפנים חס ושלום: **וכי חסידה בארזים אינה ביתה.** כן צריך לומר. רצה לומר, וכי ברושים לבד מקננת ולא בארזים: **זה כהן גדול.** וידרש לפי זה ברושים ביתה כמו שכתוב בשיר השירים רבה סוף פרשה א (פסוק יז, ב) רהיטנו ברותים מקום שהכהנים רוהטים ספון בברושים, עיין שם: **[ד] והלא עתידים הם שלא כו' אני נוטל מהם צדיק כו'.** אפשר דרש עצי שטים עומדים על זה, שהצדיקים (שמגינים כעץ על הדור) עומדים לעולם, (וכמו שכתוב ביומא (עב, א) עמודים שעומדים לעולם, עיין שם) אף בזמן הזה להתמשכן על ישראל: **וממשכנו בעדם ומכפר כו'.** רומז לדרשא דשיר השירים רבה פרשה א פסוק כ, אשכול הכופר נוטל איש שהכל בו ומכפר עליהם, ועיין שם בילקוט:

חידושי הרש"ש

ולמה נגנזו כו'. טעות סופר, וצריך לומר ולא נגנזו, וכן כתב הידי משה: **וכי תעלה על דעתך ששם צפרים היו כו'.** עיין מנחות (קז, א) בתד"ה כליא עורב, שהביאו בשם הערוך דמקדש ראשון לא היה נצרך לכליא עורב, שלא היו עופות פורחין עליו: **הצפרים שהיה כהן שוחט כו'.** שיגרת לישנא היא, דאין אלא במליקה:

באור מהרי"פ

ולמה נגנזו. הכי גרסינן ולמה לא נגנזו. תולדות נח הארוך:

מסורת המדרש

ז. לקמן פנ"א במד"ר פי"ב. תנחומא סדר ויקהל סימן ט' וסדר פקודי סימן ב'. ילקוט פקודי רמז תי"ד:

אם למקרא

יִשְׂבְּעוּ עֲצֵי ה' אַרְזֵי לְבָנוֹן אֲשֶׁר נָטָע: (תהלים קד:יז)

וּלְלֵוִי אָמַר תֻּמֶּיךָ וְאוּרֶיךָ לְאִישׁ חֲסִידֶךָ אֲשֶׁר נִסִּיתוֹ בְּמַסָּה תְּרִיבֵהוּ עַל מֵי מְרִיבָה: (דברים לג:ח)

וְעָשָׂה בְצַלְאֵל וְאָהֳלִיאָב וְכֹל אִישׁ חֲכַם לֵב אֲשֶׁר נָתַן ה' חָכְמָה וּתְבוּנָה בָּהֵמָּה לָדַעַת לַעֲשֹׂת אֶת כָּל מְלֶאכֶת עֲבֹדַת הַקֹּדֶשׁ לְכֹל אֲשֶׁר צִוָּה ה': (לקמן לו:א)

וּמִשְׁכַּן ה' אֲשֶׁר עָשָׂה מֹשֶׁה בַמִּדְבָּר וּמִזְבַּח הָעוֹלָה בָּעֵת הַהִיא בַּבָּמָה בְּגִבְעוֹן: (דברי הימים א כא:כט)

ידי משה

ולמה נגנזו. מלת ולמה טעות דמוכח, וצריך לומר **ולא הוגנזה לפי שצפה הקב"ה וכו'** וכל זה דברי רבי שמעון בן לקיש, וכן והוא לעיל גבי זהב (הרבה דברים וכו'). וקל להבין:

שינוי נוסחאות

ולמה לא נגנזו. ברוב הספרים כתוב "ולמה נגנזו" ותיקנוהו בד' וארשא על פי הגהת תולדות נח ואף ידי משה (הובא ברש"ש) הגיה כעין זה ("ולא נגנזו"): **(ד) על שום שהוא עומד למשכן.** בספרים הישנים היה כתוב "לשון שהוא אבודן למשכן", ומ"כ הגיה כלפנינו, וביפ"ת (ועצ"י) גם הגיה כך אלא שכתב "עשוי" במקום "עומד":

מתנות כהונה

ולא נגנזו גרסינן: **ועץ שמן וגו'.** וסיפיה דקרא אשים בערבה ברוש תדהר ותאשור: [ג] **שכר למעשה.** הגורם וכופה הבריות למעשים טובים כמה דאת אמר (גיטין פח, ב) גט מעושה: [ד] הכי גרסינן **אמר רבי הושעיא על שום שהוא עומד למשכן:**

אשד הנחלים

ולמה נגנזו. שאינם גדלים במקום ידוע. ואולי זה כונת הכתוב אתן במדבר, כי שם הם גדלים ואין אדם יודע מקומם, ולעתיד לבא יתגלו לבנין בית המקדש. ודרש סוף הפסוק כולו על בית המקדש ששם מקריבין הצפרים, ושם החסידה שהוא הכהן הגדול, ולתכלית זה נבראו. ודע דהדבר כפשוטו גם כן, שבין ארזים הצפרים מקננות, אבל עיקר התכלית הוא בית המקדש אשר שמה התכלית מהצפרים: [ב] **שאינם עושים פירות.** וזה פירושו עצי שטים עומדים, שהם עומדים תמיד על מעמד אחד, שאינם עושים פירות, כי האילן מתעלה אם עושה פירות, והעומד נקרא שעומד במעמד אחד, שאין בו שלימות נוסף: [ג] **משה לתלמוד.** שהיה מלמד לבצלאל כוונת העשיה, ואופן עשייתה, ולכן מכונה על שמו: [ד] **למשכן כו' מתמשכן כו'.** כי באמת הקרשים גופא הם המשכן, אם לא שמרמז על זה שכשיחטאו אז אסלק המשכן מהם, וזה יהיה להם לכפרה: **צדיק.** כי גם זה לכפרה עליהם:

The Midrash relates that Moses was still concerned: אָמַר מֹשֶׁה לִפְנֵי הַקָּדוֹשׁ בָּרוּךְ הוּא – **Moses said before the Holy One, blessed is He,** וַהֲלֹא עֲתִידִים הֵם שֶׁלֹּא יִהְיֶה לָהֶם לֹא מִשְׁכָּן וְלֹא מִקְדָּשׁ – **"But they are destined** one day, due to their recurring rebelliousness, **to have neither Tabernacle nor Temple,** וּמָה תְּהֵא עֲלֵיהֶם – **and what will become of them** then?!" אָמַר הַקָּדוֹשׁ בָּרוּךְ הוּא – **The Holy One, blessed is He, replied,** אֲנִי נוֹטֵל מֵהֶם צַדִּיק אֶחָד וּמְמַשְׁכְּנוֹ בַּעֲדָם – **"I will take from them a righteous man and make him collateral for them,**[64] וּמְכַפֵּר אֲנִי עֲלֵיהֶם עַל כָּל עֲוֹנוֹתֵיהֶם – **and** with this **I will grant atonement to them for all their sins."**[65]

NOTES

of Israel "took" the Temple and did not "pursue" Israel to destroy the people. See *Eichah Rabbah* 4 §14 and *Bamidbar Rabbah* 12 §14. See also above, 31 §10 note 142.

Tiferes Tzion wonders why God placed this disturbing intimation in the very command to build a Tabernacle. He explains that since God had declared that this edifice would be His dwelling place on earth (above, 25:8), and since *the Word of our God will stand forever* (*Isaiah* 40:8), the Tabernacle would have been indestructible, and thus unable to suffer the punishment intended for Israel, unless God instilled in it that capacity from the outset.

64. I.e., in place of taking punitive action against the entire nation, I will cause the death of a righteous man.

65. Perhaps the Midrash derives this teaching from the strange syntax of our verse. Our verse should really have been written, וְעָשִׂיתָ קְרָשִׁים עֲצֵי שִׁטִּים עֹמְדִים לַמִּשְׁכָּן, *You shall make planks of acacia wood, standing erect, for the Tabernacle* (with the words *of acacia wood, standing erect* immediately following the word *planks* which they come to describe). But instead our verse is written, וְעָשִׂיתָ אֶת הַקְּרָשִׁים לַמִּשְׁכָּן עֲצֵי שִׁטִּים עֹמְדִים, *You shall make the planks for the Tabernacle of acacia wood, standing erect*, with the word לַמִּשְׁכָּן placed in the middle of the sentence. The Midrash thus expounds the verse as follows: *You shall make the planks* (i.e., the Tabernacle) *to serve as collateral* (לְמַשְׁכָּן) for Israel (as stated by the Midrash above). And when the time comes that the Tabernacle (or Temple) no longer stands – Moses' concern – then the righteous men in every generation, who are likened to excellent *acacia wood*, will *stand* in protection of their generation (*Eitz Yosef*).

וְלָמָּה לֹא נִגְנְזוּ, שֶׁצָּפָה הַקָּדוֹשׁ בָּרוּךְ הוּא שֶׁהֵן עֲתִידִין לַעֲשׂוֹת בָּהֶן מְלֶאכֶת הַמִּשְׁכָּן בְּמָקוֹם שֶׁהַשְּׁכִינָה עֲתִידָה לִשְׁכּוֹן, שֶׁנֶּאֱמַר (תהלים קד, יז) "אֲשֶׁר שָׁם צִפֳּרִים יְקַנֵּנוּ", וְכִי תַעֲלֶה עַל דַּעְתְּךָ שֶׁשָּׁם צִפֳּרִים הָיוּ מְקַנְּנוֹת, אֶלָּא הַצִּפֳּרִים שֶׁהָיָה כֹּהֵן שׁוֹחֵט וּמַקְרִיב בְּבֵית הַמִּקְדָּשׁ, וּמַהוּ (שם) "חֲסִידָה בְּרוֹשִׁים בֵּיתָהּ", וְכִי חֲסִידָה בָּאֲרָזִים בֵּיתָהּ, וּמַהוּ "חֲסִידָה", זֶה כֹּהֵן גָּדוֹל, שֶׁנֶּאֱמַר (דברים לג, ח) "תֻּמֶּיךָ וְאוּרֶיךָ לְאִישׁ חֲסִידֶךָ":

ב דָּבָר אַחֵר, [כו, טו] "וְעָשִׂיתָ אֶת הַקְּרָשִׁים לַמִּשְׁכָּן עֲצֵי שִׁטִּים עֹמְדִים", לָמָּה עֲצֵי שִׁטִּים, לִמֵּד הַקָּדוֹשׁ בָּרוּךְ הוּא דֶּרֶךְ אֶרֶץ לַדּוֹרוֹת, שֶׁאִם יְבַקֵּשׁ אָדָם לִבְנוֹת בֵּיתוֹ מֵאִילָן עוֹשֶׂה פֵּירוֹת, אוֹמֵר לוֹ: וּמַה מֶּלֶךְ מַלְכֵי הַמְּלָכִים שֶׁהַכֹּל שֶׁלּוֹ, כְּשֶׁאָמַר לַעֲשׂוֹת מִשְׁכָּן אָמַר לֹא תָבִיא אֶלָּא מֵאִילָן שֶׁאֵינוֹ עוֹשֶׂה פֵּירוֹת, אַתֶּם עַל אַחַת כַּמָּה וְכַמָּה:

ג דָּבָר אַחֵר, [כו, טו] "וְעָשִׂיתָ אֶת הַקְּרָשִׁים", מַה כְּתִיב לְמַעְלָה מִן הָעִנְיָן, (לעיל כה, מ) "וּרְאֵה וַעֲשֵׂה", וְכִי מֹשֶׁה עָשָׂה אֶת הַמִּשְׁכָּן, וַהֲלֹא כְּתִיב (לקמן לו, א) "וְעָשָׂה בְצַלְאֵל וְאָהֳלִיאָב וְכֹל אִישׁ חֲכַם לֵב", אֶלָּא מֹשֶׁה לְתַלְמוּד וּבְצַלְאֵל לְמַעֲשֶׂה, מִכָּאן אָמְרוּ רַבּוֹתֵינוּ: לִיתֵּן שָׂכָר לִמְעַשֶּׂה כָּעוֹשֶׂה, שֶׁכֵּן מָצִינוּ בְּמֹשֶׁה שֶׁעָשָׂה בְּצַלְאֵל לִמְלֶאכֶת הַמִּשְׁכָּן וְהֶעֱלָה עָלָיו הַקָּדוֹשׁ בָּרוּךְ הוּא כְּאִילּוּ הוּא עֲשָׂאוֹ, שֶׁנֶּאֱמַר (דברי הימים-א כא, כט) "וּמִשְׁכַּן ה' אֲשֶׁר עָשָׂה מֹשֶׁה בַּמִּדְבָּר":

ד דָּבָר אַחֵר, [כו, טו] "וְעָשִׂיתָ אֶת הַקְּרָשִׁים", לֹא הָיָה צָרִיךְ לוֹמַר אֶלָּא "וְעָשִׂיתָ אֶת הַקְּרָשִׁים, מִשְׁכָּן" מַהוּ "לַמִּשְׁכָּן", אָמַר רַבִּי הוֹשַׁעְיָא: עַל שׁוּם שֶׁהוּא °עוֹמֵד לַמִּשְׁכָּן, שֶׁאִם נִתְחַיְּבוּ שׂוֹנְאֵיהֶם שֶׁל יִשְׂרָאֵל כְּלָיָה יְהֵא מִתְמַשְׁכֵּן עֲלֵיהֶן, אָמַר מֹשֶׁה לִפְנֵי הַקָּדוֹשׁ בָּרוּךְ הוּא: וַהֲלֹא עֲתִידִים הֵם שֶׁלֹּא יִהְיֶה לָהֶם לֹא מִשְׁכָּן וְלֹא מִקְדָּשׁ, וּמַה תְּהֵא עֲלֵיהֶם, אָמַר הַקָּדוֹשׁ בָּרוּךְ הוּא: אֲנִי נוֹטֵל מֵהֶם צַדִּיק אֶחָד וּמְמַשְׁכְּנוֹ בַּעֲדָם וּמְכַפֵּר אֲנִי עֲלֵיהֶם עַל כָּל עֲוֹנוֹתֵיהֶם,

עץ יוסף

וכי תעלה על דעתך ששם צפרים היו מקננות כו'. פירוש שם בבית המקדש הלא היה שם אמה כליא עורב, ובבית ראשון היה על פי גם לפי דברי התוספות בשם הערוך, על כן דריש על צפרים שהיה כהן גדול מקריב: **ומהו חסידה זה כהן גדול.** והכתוב דבר דרך סתם, שיובן ממנו כפי פשוטו דמיירי בצפרים וחסידה ממש השוכנים בארזים, אף על פי שהכוונה האמיתית בארזי בית המקדש כנזכר: **(ב) למה עצי שטים.** הא תאשור החשוב מכל השבעת מינים, כדאיתא בבראשית רבה פרשה ט"ו. אם כן למה לא נוה לעשות המשכן מן תאשור, ומשני ללמד שלא לבנות בית מאילן שעושה פירות, פירוש שאפילו לא יהיה עץ מאכל, רק שיעשה איזה מין פירות שיש בהם תועלת מה, אפילו הכי לא יבנה ביתו מהם אלא מאילן שאינו עושה שום פרי, ולהכי נקט שטה שאין בו שום פרי: **(ג) אלא משה לתלמוד.** שלא היה בצלאל מכוון המלאכה אם לא שהיה מלמדו משה כל פרטי הדברים: **למעשה בעושה.** עיין מה שכתבתי בבמדבר רבה פרשה י"ב: **שנאמר ומשכן ה' אשר עשה משה במדבר.** דקשה דעשה משה התם למאי אתא, לא הוי ליה למימר רק משכן ה' שנעשה במדבר, אלא דאתא לומר שזכה משה בשכרו כעושה: **(ד) אלא ועשית את הקרשים משכן.** שהרי גוף המשכן הם הקרשים והיריעות, ולכן אמר ואת המשכן תעשה עשר יריעות, ולא קאמר ועשית יריעות למשכן: **אמר ר' הושעיה על שום שהוא עשוי למשכן.** כן צריך לומר (יפה תואר): **אמר משה לפני הקדוש ברוך הוא כו' אני נוטל מהם צדיק כו'.** אפשר דדייק מדכתיב למשכן בין קרשים לעצי שיטים, ולא כתיב ועשית קרשים עצי שטים למשכן, לזה אמר שמשה שאל אם לא יהיה משכן כו', והשיבו הקדוש ברוך הוא עצי שטים עומדים, כלומר הצדיקים הדומים לעצי שטים הם עומדים ומגינים על הדור, שהקדוש ברוך הוא נוטל צדיק אחד כו':

פירוש מהרז"ו

ולמה נגנזו. טעות סופר, וצריך לומר ולמה לא נגנזו, כדלעיל, ולא נגנזו. ובבראשית רבה ריש פרשה ט"ו, ובמדרש תהלים מזמור ק"ד, שם הגירסא ולמה נבראו. ועיין ידי משה: **ששם צפרים.** הרי לא הניחו העופות לנוח על גגו, שהרי עשו כליא עורב למעלה, ואיך יעשו קנים בתוכו, על כן דורש מדה כ' על פי מדה י"ז, אם אינו ענין לקני עופות, תנהו ענין על עופות המופרשים בתוכה שהיו מקריבים על המזבח. וכמו שכתוב (תהלים פד, ד) גם צפור מצאה בית ודרור קן לה וגו' את מזבחותיך ה' צבאות, הרי מפורש כוונת הקן על ההקרבה במזבח: **וכי חסידה בארזים ביתה.** כמו שכתוב איוב ל"ט (פסוק יג) אם אברה חסידה ונוצה, (פסוק יד) כי תעזוב לארץ ביציה ועל עפר תחמם, וכמו שאמרו לעיל פרשה כ"ה סימן ח, משל לחסידה שהיתה יולדת בעפר וכו', על כן דרש אם אינו ענין לעוף החסידה כפי משל אלא על מי שנקרא חסיד, ושם היה שוכן, וכל זה שייך למה שכתוב ועשית קרשים למשכן, שהיו של עצי שטים מן המובחר שבארזים, גבוהים עשר אמות, ורחבים, גם בגבהם אמה וחצי אחר התיקון: **(ב) לבנות בית מאילן.** הנה בכמה מצות שנוה להוציא ממון ולהפסידם, כמו כל ענין הקרבנות. ולמה במשכן הקפיד על עצי שטים, שאינם עושים פירות, ודורש שבא ללמד על בנין חול, עיין תנחומא ריש ויקהל: **(ג) וראה ועשה.** על כלל המשכן וכליו שמשה בעצמו יעשה, וכתיב אשר עשה משה, וכתיב ועשה בצלאל, ויעש בצלאל, מדה ט"ו, והכריע כאן לתלמוד כאן למעשה, שהמעשה כעושה: **(ד) שהם עומדים למשכן.** כמו שדרש לעיל פרשה ל"א סימן י', ושם נסמן, למשכן משמע שהמשכן כבר עשוי, על כן דורש אל תקרי למשכן, אלא למשכון: **אמר משה לפני הקדוש ברוך הוא.** עיין לעיל פרשה ל"א סימן י, (אף [אמר לו] משה ולעולם הם ממושכנים, דשם איכא רמז, אך כאן צריך עיון:

חידושי הרד"ל

וכי תעלה על דעתך ששם צפרים כו'. והלא אפילו מבחוץ הוה אמה כליא עורב לגרש העופות, קל וחומר מבפנים חס ושלום: **וכי חסידה בארזים אינה ביתה.** כן צריך לומר. רצה לומר, וכי ברושים לבד מקננת ולא בארזים: **זה כהן גדול.** וידרש לפי זה ברושים ביתה כמו שכתוב בשיר השירים רבה סוף פרשה א (פסוק יז, ב) רהיטנו ברותים מקום שהכהנים רוהטים ספון בברושים, עיין שם: **[ד] והלא עתידים הם שלא כו' אני נוטל מהם צדיק כו'.** אפשר דרש עצי שטים עומדים על זה, שהצדיקים (שמגינים כעץ על הדור) עומדים לעולם, (וכמו שכתוב ביומא (עב, א) עמודים שעומדים לעולם, עיין שם) אף בזמן הזה להתמשכן על ישראל: **וממשכנו בעדם ומכפר כו'.** רומז לדרשא דשיר השירים רבה פרשה א פסוק כ, אשכול הכופר נוטל איש שהכל בו ומכפר עליהם, ועיין שם בילקוט:

חידושי הרש"ש

ולמה נגנזו כו'. טעות סופר, וצריך לומר ולא נגנזו, וכן כתב הידי משה: **וכי תעלה על דעתך ששם צפרים היו כו'.** עיין מנחות (קז, א) בתד"ה כליא עורב, שהביאו בשם הערוך דמקדש ראשון לא היה נצרך לכליא עורב, שלא היו עופות פורחין עליו: **הצפרים שהיה כהן שוחט כו'.** שיגרת לישנא היא, דאין אלא במליקה:

באור מהרי"פ

ולמה נגנזו. הכי גרסינן ולמה לא נגנזו. תולדות נח הארוך:

מסורת המדרש

ז. לקמן פל"א במד"ר פי"ב. תנחומא סדר ויקהל סימן ט' וסדר פקודי סימן ב'. ילקוט פקודי רמז תי"ד:

אם למקרא

יִשְׂבְּעוּ עֲצֵי ה' אַרְזֵי לְבָנוֹן אֲשֶׁר נָטָע: (תהלים קד:יז)

וּלְלֵוִי אָמַר תֻּמֶּיךָ וְאוּרֶיךָ לְאִישׁ חֲסִידֶךָ אֲשֶׁר נִסִּיתוֹ בְּמַסָּה תְּרִיבֵהוּ עַל מֵי מְרִיבָה: (דברים לג:ח)

וְעָשָׂה בְצַלְאֵל וְאָהֳלִיאָב וְכֹל אִישׁ חֲכַם לֵב אֲשֶׁר נָתַן ה' חָכְמָה וּתְבוּנָה בָּהֵמָּה לָדַעַת לַעֲשֹׂת אֶת כָּל מְלֶאכֶת עֲבֹדַת הַקֹּדֶשׁ לְכֹל אֲשֶׁר צִוָּה ה': (לקמן לו:א)

וּמִשְׁכַּן ה' אֲשֶׁר עָשָׂה מֹשֶׁה בַמִּדְבָּר וּמִזְבַּח הָעוֹלָה בָּעֵת הַהִיא בַּבָּמָה בְּגִבְעוֹן: (דברי הימים א כא:כט)

ידי משה

ולמה נגנזו. מלת ולמה טעות דמוכח, וצריך לומר **ולא הוגנזה לפי שצפה הקב"ה וכו'** וכל זה דברי רבי שמעון בן לקיש, וכן והוא לעיל גבי זהב (הרבה דברים וכו'). וקל להבין:

שינוי נוסחאות

ולמה לא נגנזו. ברוב הספרים כתוב "ולמה נגנזו" ותיקנוהו בד' וארשא על פי הגהת תולדות נח ואף ידי משה (הובא ברש"ש) הגיה כעין זה ("ולא נגנזו"): **(ד) על שום שהוא עומד למשכן.** בספרים הישנים היה כתוב "לשון שהוא אבודן למשכן", ומ"כ הגיה כלפנינו, וביפ"ת (ועצ"י) גם הגיה כך אלא שכתב "עשוי" במקום "עומד":

מתנות כהונה

ולא נגנזו גרסינן: **ועץ שמן וגו'.** וסיפיה דקרא אשים בערבה ברוש תדהר ותאשור: **[ג] שכר למעשה.** הגורם וכופה הבריות למעשים טובים כמה דאת אמר (גיטין פח, ב) גט מעושה: **[ד]** הכי גרסינן **אמר רבי הושעיא על שום שהוא עומד למשכן** :

אשד הנחלים

ולמה נגנזו. שאינם גדלים במקום ידוע. ואולי זה כונת הכתוב אתן במדבר, כי שם הם גדילים ואין אדם יודע מקומם, ולעתיד לבא יתגלו לבנין בית המקדש. ודרש סוף הפסוק כולו על בית המקדש ששם מקריבין הצפרים, ושם החסידה שהוא הכהן הגדול, ולתכלית זה נבראו. ודע דהדבר כפשוטו גם כן, שבין ארזים הצפרים מקננות, אבל עיקר התכלית הוא בית המקדש אשר שמה התכלית מהצפרים: **[ב] שאינם עושים פירות.** וזה פירושו עצי שטים עומדים, שהם עומדים תמיד על מעמד אחד, שאינם עושים פירות, כי האילן מתעלה אם עושה פירות, והעומד נקרא שעומד במעמד אחד, שאין בו שלימות נוסף: **[ג] משה לתלמוד.** שהיה מלמד לבצלאל כוונת העשיה, ואופן עשייתה, ולכן מכונה על שמו: **[ד] למשכן כו' מתמשכן כו'.** כי באמת הקרשים גופא הם המשכן, אם לא שמרמז על זה שכשיחטאו אז אסלק המשכן מהם, וזה יהיה להם לכפרה: **צדיק.** כי גם זה לכפרה עליהם:

וְכֵן הוּא אוֹמֵר "וַיַּהֲרֹג כֹּל מַחֲמַדֵּי עָיִן" — **And thus it says, *He slew all who were pleasant to the eye;*** *in the tent of the daughter of Zion He poured out His wrath like fire* (*Lamentations* 2:4).[66]

§5 The Midrash offers another interpretation of our verse based on the appearance of the definite article "the" before "planks":[67]

דָּבָר אַחֵר, "וְעָשִׂיתָ אֶת הַקְּרָשִׁים" — **Another interpretation: *You shall make the planks.*** מַה כְּתִיב לְמַעְלָה — **What is written above** this verse? "וְזֹאת הַתְּרוּמָה אֲשֶׁר תִּקְחוּ מֵאִתָּם זָהָב וָכֶסֶף וּנְחֹשֶׁת" — In calling for donations of raw material for the construction of the Tabernacle, God tells Moses, ***"This is the portion that you shall take from them: gold, silver, and copper"*** (above, 25:3).[68] "זָהָב" זוֹ בָּבֶל, שֶׁנֶּאֱמַר "הוּא צַלְמָא רֵאשֵׁהּ דִּי דְהַב טָב" — Now, as for ***gold* — this is** symbolic of **Babylonia, as it is stated, *This statue: its head of fine gold*** (*Daniel* 2:32).[69] "וָכֶסֶף" זוֹ מָדַי, שֶׁנֶּאֱמַר "חֲדוֹהִי וּדְרָעוֹהִי דִּי כְסַף" — **And *silver* — this is** symbolic of **Media, as it is stated** there, ***its breast and arms of silver*** (ibid.).[70] "נְחֹשֶׁת" זוֹ יָוָן, שֶׁנֶּאֱמַר "מְעוֹהִי וְיַרְכָתֵהּ דִּי נְחָשׁ" — ***Copper* — this is** symbolic of **Greece, as it is stated, *its belly and thighs of copper*** (ibid.).[71] אֲבָל בַּרְזֶל אֵין כְּתִיב כָּאן — **However,** a donation of **iron is not written here** in *Exodus* 25:3,[72] לֹא בַּמִּקְדָּשׁ וְלֹא בַּמִּשְׁכָּן — **neither with respect to the Holy Temple nor with respect to the Tabernacle.**[73] לָמָּה — **Why** is iron excluded?[74] שֶׁנִּמְשַׁל בּוֹ אֱדוֹם הָרְשָׁעָה שֶׁהֶחֱרִיבוּ בֵּית הַמִּקְדָּשׁ — **Because the evil** nation of **Edom** (Rome), **which destroyed the Holy Temple, is likened to it.**[75] לְלַמֶּדְךָ שֶׁמִּכָּל הַמַּלְכֻיּוֹת יְקַבֵּל הַקָּדוֹשׁ בָּרוּךְ הוּא דּוֹרוֹן לֶעָתִיד לָבֹא חוּץ מֵאֱדוֹם — And this is **to teach you that the Holy One, blessed is He, will accept gifts in the Future Era from all the kingdoms** of the world,[76] **with the exception of Edom.**[77]

The Midrash asks the obvious question:

וַהֲרֵי בָּבֶל — **But behold** the case of **Babylonia** — אַף הִיא הֶחֱרִיבָה אוֹתוֹ — **she, too, destroyed [the Temple]!?**[78] Why then did God allow the use of gold for the Tabernacle, which symbolizes that He will accept Babylonia's gift in the future?[79]

The Midrash explains the difference between Babylonia and Edom:

אֶלָּא עַל שֶׁלֹּא קַעְקְעָה אוֹתוֹ — **However,** God is lenient with Babylonia **because she did not raze [the First Temple];**[80] אֲבָל אֱדוֹם מַה כְּתִיב בָּהּ — **but** as for **Edom, what is written regarding her?** "הָאֹמְרִים עָרוּ עָרוּ עַד הַיְסוֹד בָּהּ" — *The offspring of Edom . . .* ***those who say, "Destroy! Destroy! to its very foundation"*** (*Psalms* 137:7). עַד עַכְשָׁיו הַיְסוֹד בָּהּ — For the conquering Roman soldiers said to one another in astonishment, **"It still**[81] **has a foundation?!**[82]

NOTES

66. I.e., God "slew all who were pleasant to the eye" — i.e., the righteous — as collateral (substitute) for the people, *after* "He had poured out His wrath like fire in the tent of the daughter of Zion," i.e., after He destroyed the Temple (*Maharzu*).

67. [See note 1 above.] The Midrash will explain that *"the" planks* suggests fully made planks, thus hinting that the acacia wood was to be made into planks *before* being brought to the construction site. This was to ensure that the sound of iron tools, needed to hew and fashion the wood, would not be heard there (see *I Kings* 6:7 — *but the hammers, the chisel, any iron utensil, was not heard in the Temple when it was being built*). And the Midrash will explain that the *reason* for iron's exclusion is based on what it symbolizes (*Yefeh To'ar*; see also *Eitz Yosef*).

68. The preceding verse (above, 25:2) states, *Speak to the Children of Israel and let them take for Me a portion, etc.* As such, the words in verse 3 cited by our Midrash, *This is the portion that you shall take from them*, are superfluous. The Midrash will therefore expound them as referring to a future time (*Maharzu*).

69. Nebuchadnezzar, king of Babylonia, dreamt of a huge statue. Daniel interpreted the dream for him, telling him that the four parts of the statue represented the four great kingdoms that would successively rule the world. The *head of fine gold* symbolizes Babylonia, as Daniel tells Nebuchadnezzar in a later verse (*Daniel* 2:38), *"You are the head of gold."*

Exodus 25:3 is thus expounded to mean: In a future time, you shall take a portion (i.e., a gift or donation) from Babylonia (which is represented by *gold*), as well as from the kingdoms represented by *silver* and *copper*; see further.

70. And Daniel then told the king (*Daniel* ibid., v. 39), *"And after you will arise another kingdom* (Media, the second of the Four Kingdoms) *inferior to you"* (just as silver is inferior to gold).

71. And Daniel then explained (ibid.), *". . . and [then] another, a third kingdom* (Greece), *of copper"* (ibid.).

72. The fourth kingdom in Nebuchadnezzar's dream, Edom (Rome), is represented by iron (. . . *its legs of iron* — ibid., v. 33), as Daniel said to Nebuchadnezzar, *"The fourth kingdom* (Edom) *will be as strong as iron"* (ibid., v. 40). While our *Exodus* verse alludes to the other three kingdoms in speaking of *gold, silver, and copper*, it does *not* allude to Edom.

73. There is a difficulty with the Midrash here: While iron is indeed not mentioned at all in connection with donations to the Tabernacle, it *is* mentioned in connection with donations to the Temple (see *I Chronicles* 22:3 and 29:2). In fact, Scripture indicates that the contributions of iron were extremely abundant (see ibid. 22:14 and 29:7)! *Maharzu* suggests that perhaps the use of iron was excluded only inside the Temple, but not in the Courtyards.

Ramban to *Exodus* 20:22 (end) offers another explanation: the iron was to be used for implements that would cut the timber and quarry the stones needed for the Temple. (Earlier in his comments *Ramban* writes that the prohibition against using iron implements in making the things needed for the Temple applies *only on Temple grounds* [see also *Rambam, Hil. Beis HaBechirah* 1:8 and note 67 above].) But it is difficult to understand how such an abundant amount of iron would be needed for those implements; *Eitz Yosef* (Vagshal ed.) cites *Ramban* and concludes that the matter requires further investigation. See further, note 75.

74. Iron could have been used for the pegs (יְתֵדוֹת) for the Tabernacle building and the Courtyard; indeed, pegs are generally made out of iron [because iron is superior for this purpose (*Ramban* loc. cit.)]. Why did God prescribe copper (below, 27:19), which is only minimally more important than iron, instead? (*Eitz Yosef*; see also *Yefeh To'ar*).

75. See above, note 72.

To better understand our Midrash: *Exodus* 20:22 states: *And if you shall make an Altar of stones for Me, do not build them hewn, for you have raised your "sword" upon it and desecrated it.* According to *Ramban* there, this verse prohibits using **iron** to hew stones for the Altar. (In support of this interpretation he cites *Deuteronomy* 27:5, which states *There* [on Mount Ebal] *you shall build an altar for HASHEM, your God, an altar of stones; you shall not raise* ***iron*** *upon them.*) Iron represents Esau (Edom), to whom Isaac said, *"By your sword you shall live"* (*Genesis* 27:40); iron represents bloodshed. By raising an iron implement upon stones to hew them, you have *raised your sword* — which slays and makes many corpses — *upon it*, and you have thus *desecrated it*. [See Mishnah *Middos* 3:4, which states that iron shortens the life of man, while the Altar lengthens it. *Tiferes Yisrael* ad loc. explains that the Altar is used for offerings, which bring atonement, and thus longer life, to man.]

[Apparently] as an *extension* of this idea, the use of anything made of iron was generally eschewed in the Tabernacle and Temple (e.g., the pegs mentioned in the preceding note). See *Ramban* and note 282 in ArtScroll edition for further discussion.

It is the donation of iron — this "extension" — that is the subject of our Midrash.

76. I.e., God will be reconciled with them and enable them to have a portion in the Messianic Era (*Eitz Yosef*).

77. See below, note 92.

78. Babylonia destroyed the First Temple, and Rome the Second Temple.

79. See note 69.

80. The Babylonians destroyed the Temple's roof, but left the walls intact (*Eitz Yosef*).

81. Lit., *until now.* The verse should have been written more simply, עָרוּ עָרוּ יְסוֹדָהּ, *Destroy! Destroy its foundation!* The Midrash expounds the word עַד, *until*, to mean "until now" (*Maharzu*; see also *Yedei Moshe*).

82. Translation follows *Eitz Yosef* (see also *Rashash*); see, however, *Matnos Kehunah*.

וְכֵן הוּא אוֹמֵר (איכה ב, ד) "וַיַּהֲרֹג כֹּל מַחֲמַדֵּי עָיִן":

ה דָּבָר אַחֵר, [כו, טו] "וְעָשִׂיתָ אֶת הַקְּרָשִׁים", מַה כְּתִיב לְמַעְלָה, [כה, ג] "וְזֹאת הַתְּרוּמָה אֲשֶׁר תִּקְחוּ מֵאִתָּם זָהָב וָכֶסֶף וּנְחֹשֶׁת", "זָהָב" זוֹ בָּבֶל, שֶׁנֶּאֱמַר (דניאל ב, לב) "הוּא צַלְמָא רֵאשֵׁהּ דִּי דְהַב טָב", "וָכֶסֶף" זוֹ מָדַי, שֶׁנֶּאֱמַר (שם) "חֲדוֹהִי וּדְרָעוֹהִי דִּי כְסַף", "נְחֹשֶׁת" זוֹ יָוָן, שֶׁנֶּאֱמַר (שם) "מְעוֹהִי וְיַרְכָתֵהּ דִּי נְחָשׁ", אֲבָל בַּרְזֶל אֵין כְּתִיב כָּאן, לֹא בַּמִּקְדָּשׁ וְלֹא בַּמִּשְׁכָּן, לָמָּה, שֶׁנִּמְשַׁל בּוֹ אֱדוֹם הָרְשָׁעָה שֶׁהֶחֱרִיבוּ בֵּית הַמִּקְדָּשׁ, לְלַמֶּדְךָ שֶׁמִּכָּל הַמַּלְכֻיּוֹת יְקַבֵּל הַקָּדוֹשׁ בָּרוּךְ הוּא דּוֹרוֹן לֶעָתִיד לָבֹא חוּץ מֵאֱדוֹם, וַהֲרֵי בָּבֶל אַף הִיא הֶחֱרִיבָה אוֹתוֹ, אֶלָּא עַל שֶׁלֹּא קִעְקְעָה אוֹתוֹ, אֲבָל אֱדוֹם מַה כְּתִיב בָּהּ (תהלים קלז, ז) "הָאֹמְרִים עָרוּ עָרוּ עַד הַיְסוֹד בָּהּ", עַד עַכְשָׁיו הַיְסוֹד בָּהּ, לְפִיכָךְ לֹא נִכְתַּב בַּרְזֶל בַּמִּשְׁכָּן וּבַמִּקְדָּשׁ, שֶׁמְּשׁוּלִין בּוֹ אֱדוֹם, וְכֵן אַתָּה מוֹצֵא לֶעָתִיד לָבֹא חשֶׁכָּל *הָאוּמּוֹת עֲתִידִין לְהָבִיא דּוֹרוֹן לְמֶלֶךְ הַמָּשִׁיחַ, וּמִצְרַיִם מְבִיאָה תְּחִלָּה, וּכְסָבוּר שֶׁלֹּא לְקַבֵּל מֵהֶם, וְאוֹמֵר לוֹ הַקָּדוֹשׁ בָּרוּךְ הוּא: אַכְסַנְיָא נַעֲשׂוּ לְבָנַי בְּמִצְרַיִם, שֶׁנֶּאֱמַר (שם סח, לב) "יֶאֱתָיוּ חַשְׁמַנִּים מִנִּי מִצְרָיִם כּוּשׁ תָּרִיץ יָדָיו לֵאלֹהִים", מִיָּד מְקַבֵּל מֵהֶן, נָשְׂאָה כּוּשׁ קַל וָחוֹמֶר: וּמַה מִּצְרַיִם שֶׁשִּׁעְבְּדוּ בָּהֶן קִבֵּל מֵהֶם, אָנוּ שֶׁלֹּא נִשְׁתַּעְבַּדְנוּ בָּהֶן עַל אַחַת כַּמָּה וְכַמָּה, מִיָּד "כּוּשׁ תָּרִיץ יָדָיו לֵאלֹהִים", מִיָּד כָּל הַמַּלְכֻיּוֹת שׁוֹמְעוֹת וְהֵן מְבִיאוֹת, שֶׁנֶּאֱמַר (שם שם לג) "מַמְלְכוֹת הָאָרֶץ שִׁירוּ לֵאלֹהִים", וְאַחַר כָּךְ מַלְכוּת אֱדוֹם נוֹשֵׂאת קַל וָחוֹמֶר בְּעַצְמָהּ *וְאוֹמֶרֶת: וּמַה הַלָּלוּ שֶׁאֵינָן אֲחֵיהֶם קִבְּלוּ מֵהֶם אָנוּ עַל אַחַת כַּמָּה וְכַמָּה, וְאַף הִיא מְבַקֶּשֶׁת לְהָבִיא דּוֹרוֹן לְמֶלֶךְ הַמָּשִׁיחַ, וְאוֹמֵר לוֹ הַקָּדוֹשׁ בָּרוּךְ הוּא: (שם שם לא) "גְּעַר חַיַּת קָנֶה", שֶׁכּוּלָּהּ חַיָּה מִן הַקָּנֶה,

עץ יוסף

(ה) **מה כתיב למעלה כו'.** בעי לדרוש דרמיז שלא יתקן עכשיו קרשים, אלא שיבא מהמתוקנים כבר, והסבה כדי שלא יצטרכו להשתמש בברזל במלאכת המשכן, ולהכי יהיב טעמא להרחקת הברזל, שהוא מפני אדום, כמו שמזה הטעם לא נזכר בכלל המתכות הנ"ל: **אבל ברזל אין כתיב כאן.** שהיה ראוי לעשות היתדות ברזל כדרך העולם, ולא של נחשת, כי לחשיבות ההפרש מעט: **יקבל הקדוש ברוך הוא דורון.** ויתרצה להם לשום להם שארית בארץ: **שלא קעקעה אותה.** פירוש שלא החריבה אלא התקרה של בית המקדש, כדאיתא בירושלמי פרק א' דיומא (ה"א), שאלו את רבי אליעזר דורות האחרונים כשרים מן הראשונים, אמר להם עדיכם בית הבחירה יוכיח, אבותינו העבירו את התורה שנאמר (ישעיה כב, ח) ויגל את מסך יהודה אבל אנו פעפענו את הכותלים, שנאמר (תהלים קלז, ז) ערו ערו עד היסוד בה עד כאן לשונו. ופירשו היפה מראה וקרבן העדה, בחטאם העבירו את התקרה, שלא החריב נבוכדנצר אלא התקרה של בית המקדש והשאיר היסודות, שנאמר ויגל את מסך יהודה, פעפענו את הכתלים, שבחורבן בית שני החריבו גם היסודות כדכתיב ערו ערו וגו' עד כאן לשונו: **עד עכשיו היסוד בה בתמיה.** שהיו אומרים זה לזה, וכי עדיין היסוד בה מהרו וקעקעוה: **וכסבור שלא לקבל מהם.** לפי שנשתעבדו בישראל ואין לכרות להם ברית: **ואומר לו הקדוש ברוך הוא אכסניא כו' שנאמר יאתיו חשמנים** (פירוש דורונות) **כו' מני מצרים.** שהקדוש ברוך הוא צוה למלך המשיח שיאתיו דורונות מן מצרים ויקבל מהם, לפי שסבר שלא לקבל מהם, ומדאמר הכתוב גבי כוש, כוש תריץ ידיו לאלהים, משמע שמעצמה תריץ בלי גזירת המקום, וזהו מצד שלמדו קל וחומר (תולדות נח): (אכסנאי) [אכסניא] **נעשו.** שאף על פי שנשתעבדו בהם, מתחלה נעשו להם אכסניא כשירד יעקב ובניו למצרים מפני זלעפות רעב, ואין לקפח שכרם: **ואחר כך אדום כו' אומר לו הקדוש ברוך הוא גער חית קנה.** אף על גב דבתחלה כתיב גער חית קנה, ואחר זה כתיב יאתיו חשמנים, יש לומר דקרא אומר תחלה סתם לך יובילו מלכים שי, (ולא פירוש עדיין מי המה), ואמר תיכף גער חית קנה, כלומר שהיא אינה בכלל מלכים הנזכר, ואחר זה מפרש מי המה המלכים שיובילו שי, ואמר מני מצרים כוש וכל ממלכות הארץ (יפה תואר): **גער חית קנה.** כמו הנני גוער לכם את הזרע: **שבולה חיה מן הקנה.** פירוש שעיקר חיותה מן הקנה של גבריאל, כדאיתא בגמרא (שבת נו, ב) בשעה שנשא שלמה בת פרעה ירד גבריאל ונעץ קנה בים והעלה שרטון,

פירוש מהרז"ו

ויהרוג כל מחמדי עין. וסיפא דקרא באהל בת ציון שפך כאש חמתו, ודורשים על פי מדה ל"א תחלה חרב בית המקדש, ואחר כך ויהרוג כל מחמדי עין: (ה) **מה כתיב למעלה.** עיין ויקרא רבה פרשה כ"ט סימן ה. ומה שכתב וזאת התרומה אשר תקחו מאתם, מיותר, שכבר אמר תקחו את תרומתי, והיה לו לומר מיד זהב וכסף ונחושת, על כן דורש על לעתיד, על פי מדה ז' וי"ג, שמשלשה אלו יקחו תרומה: **רישא דדהב.** ואמר דניאל לנבוכדנצר בפתרונו, (פסוק לח) אנת הוא רישא דדהבא: **די כסף.** ועל זה אמר דניאל בפתרונו, (פסוק לט) ובתרך תקום מלכו אחרי, זו מדי: **די נחש.** ובפתרונו אמר (שם) מלכו תליתאי די נחש, זה מוקדון: **לא במקדש ולא במשכן.** במשכן לא כתיב ברזל כלל. ובבית המקדש מלכים א' ו' ז', והמקבות והגרזן כל כלי ברזל לא נשמע בבית בהבנותו. ומה שכתוב בסוף דברי הימים א', והברזל לברזל וגו' מאה אלף ככרים ברזל. יתכן שהיה זה בחצרות ולא בפנימה: **עד עכשיו היסוד בה.** שהיה לו לומר ערו ערו יסודה, אלא פירוש על פי מדה ט', שאמרו זה לזה עד עכשיו יש יסוד בה, וצריך לערות שלא ישאר בה זכר יסוד, ועיין תנחומא תצא סימן ט, מדרש תהלים סוף מזמור קל"ז, פסיקתא רבתי פסקא ל"ב סימן ב:

חידושי הרד"ל

וכן הוא אומר ויהרוג כל מחמדי עין באהל בת ציון שפך באש חמתו. מחמדי עין אלו הצדיקים, ואהל בת ציון זה בית המקדש, ובשניהם שפך כאש חמתו וכלה עליהם ומכפר על ישראל: **[ה] עד עכשיו היסוד בה.** כלומר ואומרים לערער אף זה. ועיין באיכה רבה ריש פרשה ה (סימן א) ה שכתבתי בסייעתא דשמיא בהגהותיי (ד"ה שכחה) על פי התנחומא תצא סימן ט והשוחר טוב: **שכלה חיה מן הקנה** עיין מתנות כהונה, ובאגדת בראשית פרשה נח כתוב בקנה ואותם ונוטל ככרי זהב כו', עיין שם:

חידושי הרש"ש

[ה] עד עכשיו היסוד בה. כלשון הזה לעיל פרשה לא יג, עד עכשיו הוא חי, ושם פירש המתנות כהונה בתמיה:

באור מהרי"פ

[ה] עד עכשיו וכו'. פירוש, בלשון בתמיה, וכי עד עכשיו היסוד בה עדיין כך אמרו זה לזה: **ואחר כך מלכות אדום וכו'.** צריך עיון, [ד]משמע דמלכות אדום יבא באחרונה, ובמקרא כתיב, גער חית קנה קודם יאתיו חשמנים וגו', ובריש מסכת עבודה זרה (ב, ב) כשיתן הקב"ה שכר התורה יבא אדום בראשונה. וצריך עיון: **חיה מן הקנה.** בעל המתנות כהונה פירש מה שפירש. ואולם הנכון על דרך מאמר חכמינו ז"ל (שבת נו, ב) בשעה שנשא שלמה את בת פרעה ירד גבריאל ונעץ קנה בים ועליה נבנה כרך גדול של רומי, וזהו פירוש שכולה חיה מן הקנה:

ידי משה

[ה] שהיו אומרים עד עכשיו. פירוש, שהוקשה להם דהוה ליה לכתוב ערו היסוד מאי עד, אלא שמלת עד הם דברי אדום שאמרו עד עכשיו. וקל להבין: **שבולה חיה מן הקנה.** עיין מתנות כהונה שפירש שני פירושים, ושניהם דחוקים מאד. ולי נראה לפרש והכי קאמר, שאי אפשר לקבל דורון מאדום כדי שיהיה לה שלוה לעתיד, וזה אי אפשר, על דרך שאמרו חז"ל (פסחים מב, ב) אמלאה החרבה אם מלאה ירושלים יחרוב רומי, ורומי זה אדום, ולכן אמר שחיותה של אדום מן הקנה, פירוש שעיקר מטרפולין שלה היא רומי, שנקראת קנה על שם שנעץ גבריאל קנה בים וזהו כרך גדול שברומי. כן נראה לי:

מסורת המדרש

ח. פסחים דף קי"ח כל הענין. ילקוט תהלים רמז ת"ת כל הענין:

אם למקרא

דָּרַךְ קַשְׁתּוֹ כְּאוֹיֵב נִצָּב יְמִינוֹ כְּצָר וַיַּהֲרֹג כֹּל מַחֲמַדֵּי־עָיִן בְּאֹהֶל בַּת־צִיּוֹן שָׁפַךְ כָּאֵשׁ חֲמָתוֹ: (איכה ב:ד)

וְזֹאת הַתְּרוּמָה אֲשֶׁר תִּקְחוּ מֵאִתָּם זָהָב וָכֶסֶף וּנְחֹשֶׁת: (לעיל כה:ג)

הוּא צַלְמָא רֵאשֵׁהּ דִּי־דְהַב טָב חֲדוֹהִי וּדְרָעוֹהִי דִּי כְסַף מְעוֹהִי וְיַרְכָתֵהּ דִּי נְחָשׁ: (דניאל ב:לב)

זְכֹר ה' לִבְנֵי אֱדוֹם אֵת יוֹם יְרוּשָׁלָם הָאֹמְרִים עָרוּ עָרוּ עַד הַיְסוֹד בָּהּ: (תהלים קלז:ז)

גְּעַר חַיַּת קָנֶה עֲדַת אַבִּירִים בְּעֶגְלֵי עַמִּים מִתְרַפֵּס בְּרַצֵּי־כָסֶף בִּזַּר עַמִּים קְרָבוֹת יֶחְפָּצוּ: יֶאֱתָיוּ חַשְׁמַנִּים מִנִּי מִצְרָיִם כּוּשׁ תָּרִיץ יָדָיו לֵאלֹהִים: מַמְלְכוֹת הָאָרֶץ שִׁירוּ לֵאלֹהִים זַמְּרוּ אֲדֹנָי סֶלָה: (שם סח:לא-לג)

ענף יוסף

(ד) **ויהרוג כל מחמדי עין.** וגו' באהל בת ציון שפך כאש חמתו, והכי קאמר ויהרוג כל מחמדי עין היינו הצדיקים שחביבים כגלגל העין, וכמו שדרש על זה באיכה רבתי, ונתן טעם למה סילק את הצדיקים שהם מחמדי עין, לפי שבאהל בת ציון כבר שפך כאש חמתו קודם, ואין מקדש למשכן עליהם לכך הרג כל מחמדי עין שהם הצדיקים:

שינוי נוסחאות

(ה) **למה, שנמשל בו אדום הרשעה.** כן כתוב בכל הספרים, רק בד' ונציא תכ"ו כתבו "...פרס הרשעה" מחמת צנזורא, ועל כן פירש מ"כ (שידוע שהשתמש במהדורה ההיא) ש"הסופר דבר בלשון כינוי":

אמרי יושר

[ה] לשון שהוא אבוק (במדרש לפנינו ליתא). רצה לומר אף על פי שפשט הכתוב הוא במקדש, עם כל זה אמר לשון דמשתמע ביה לשון משכן גם כן, ואם כן רמז פה מעת צוואתו רמז חרבנו, וכן רמז לעתיד לבא אשר נקוה אחר החורבן שישוב המלכיות לרשותנו, ואמר תקחו מאתם זהב וכסף ונחשת משלשה מלכיות, לא מאדום, ואם כן אינו פלא שירמוז כאן לעת חרבנו, וזה דייק אומרו ועשית את הקרשים מה כתיב למעלה וזאת התרומה וגו':

מתנות כהונה

[ה] פרס. הסופר דבר בלשון כינוי. ורצה לומר מלכות הרשעה שנמשלה לברזל בדניאל: **עד עכשיו היסוד בה.** כך אמרו כל עוד שהיסוד בה ערו ערו: **שבולה חיה מן הקנה.** יש לפרשו בדוחק על דרך שדרשו חכמינו ז"ל בפרק ערבי פסחים שכל מעשיה נכתבים בקולמוס אחד ופירש רש"י ז"ל כלומר פה אחד להרע לישראל אם בא ישראל לדין לפניהם כולם מחייבים אותו מדכתיב קנה ולא כתיב קנים משמע קולמוס אחד וחיה כמו חיתה. ונראה דצריך לומר שכול החיה מן הקנה. שכול לשון משכלה מן הקנה מקן שלה שמלך המשיח יאבדם ויערערם מקן מושבם כמה דאת אמר (עובדיה א, כא) ועלו מושיעים וכו':

אשד הנחלים

[ה] זהב זו בבל. הענין בכללו, כי הבית המקדש היה למגן בעדם להנצל מן העתידים לעמוד עליהם, ולכן היו המינים בו מכל המינים, המכוונים ומרמזים לאלה, ואין להאריך יותר: **עד עכשיו היסוד.** כלומר ערו ערו עד שלא נשאר שום יסוד בה, שלא תחזור ותבנה עוד: **וכן אתה מוצא כו'.** שלעתיד לבא כלם ישובו ותדמה ראמולוס שגם היא תקובל: **חיה מן הקנה.** עיין במתנות כהונה פירושו:

Quickly, destroy it completely!" And so they did.[83] לְפִיכָךְ לֹא נִכְתַּב בַּרְזֶל בַּמִּשְׁכָּן וּבַמִּקְדָּשׁ – **Therefore iron is not written in connection with the Tabernacle and the Temple,** שֶׁמְּשׁוּלָה בּוֹ אֱדוֹם – **since Edom is likened to it.**

The Midrash relates that in the Messianic Era all the nations of the world will offer gifts of tribute to God:

וְכֵן אַתָּה מוֹצֵא לֶעָתִיד לָבֹא שֶׁכָּל הָאוּמּוֹת עֲתִידִין לְהָבִיא דוֹרוֹן לְמֶלֶךְ הַמָּשִׁיחַ – **And, similarly, you find that in the Future Era *all* the nations are destined to bring gifts to the King Messiah,** God's representative on earth. וּמִצְרַיִם מְבִיאָה תְּחִלָּה – **Egypt will bring first,** וּכְסָבוּר שֶׁלֹּא לְקַבֵּל מֵהֶם – **but** initially **[the Messiah] will think not to accept** the gift **from them.**[84] וְאוֹמֵר לוֹ הַקָּדוֹשׁ בָּרוּךְ הוּא: אַכְסַנְיָא נַעֲשׂוּ לְבָנַי בְּמִצְרַיִם – However, **the Holy One, blessed is He, will say to him,** "Accept it, since **they served as hosts for My children in Egypt."**[85] שֶׁנֶּאֱמַר "יֶאֱתָיוּ חַשְׁמַנִּים מִנִּי מִצְרָיִם כּוּשׁ תָּרִיץ יָדָיו לֵאלֹהִים" – **For it is stated** that as a result of God's command, ***Gifts will be brought from Egypt, Cush shall hasten its hands to God*** (*Psalms* 68:32), מִיָּד מְקַבֵּל מֵהֶן – and **[the Messiah] will thereupon accept** the gifts **from [Egypt].**[86] נָשְׂאָה כּוּשׁ קַל וָחוֹמֶר – At that time **Cush will take up a *kal vachomer* argument** for itself, reasoning: וּמַה מִּצְרַיִם שֶׁשִּׁעְבְּדוּ בָּהֶן קִבֵּל מֵהֶם – **Since [the Messiah] accepted** gifts **from Egypt, which had enslaved [the Israelites],** אָנוּ שֶׁלֹּא נִשְׁתַּעְבַּדְנוּ בָּהֶן עַל אַחַת כַּמָּה וְכַמָּה – then **all the more so** will he accept gifts from **us, who did not enslave them!**[87] מִיָּד "כּוּשׁ תָּרִיץ יָדָיו לֵאלֹהִים" – **Thereupon, *Cush shall hasten its hands to God.***[88] מִיָּד כָּל הַמַּלְכֻיּוֹת שׁוֹמְעוֹת – **All the** other **kingdoms will immediately hear** of this, וְהֵן מְבִיאוֹת שֶׁנֶּאֱמַר "מַמְלְכוֹת הָאָרֶץ שִׁירוּ לֵאלֹהִים" – **and they,** too, **will bring** gifts, **as it is stated, *O Kingdoms of the earth, sing to God*** (ibid., v. 33). וְאַחַר כָּךְ מַלְכוּת אֱדוֹם נוֹשֵׂאת קַל וָחוֹמֶר בְּעַצְמָהּ וְאוֹמֶרֶת – **And afterward the kingdom of Edom will take up a *kal vachomer* argument for itself, saying:** וּמָה הַלָּלוּ שֶׁאֵינָן אֲחֵיהֶם קִבְּלוּ מֵהֶם – **Since they accepted** gifts **from these** other nations, **who are not [Israel's] brothers,** אָנוּ עַל אַחַת כַּמָּה וְכַמָּה – then **all the more so** will they accept gifts from **us,** who are Israel's brothers![89] וְאַף הִיא מְבַקֶּשֶׁת לְהָבִיא דוֹרוֹן לְמֶלֶךְ הַמָּשִׁיחַ – **And** so **[Edom], too, will seek to bring gifts to the King Messiah,** וְאוֹמֵר לוֹ הַקָּדוֹשׁ בָּרוּךְ הוּא – **but the Holy One, blessed is He, will say to [the Messiah],** "גְּעַר חַיַּת קָנֶה" – ***"Rebuke the wild beast of the reed"*** (ibid., v. 31), שֶׁכּוּלָּהּ חַיָּה מִן הַקָּנֶה – i.e., rebuke the animalistic nation **whose entire existence is from the *reed*** that Gabriel planted.[90]

NOTES

83. Edom razed the Temple down to and including its foundation, so that it would never be rebuilt (*Eshed HaNechalim*).

[According to *Yerushalmi Yoma* 1:1 (cited by *Eitz Yosef*), it was the greater sins of Israel at the time of the destruction of the Second Temple as compared to the First that led to the greater devastation wrought by the Romans as compared to the Babylonians.]

84. Since they subjugated and persecuted Israel, and it would not be proper to make a covenant with them (*Eitz Yosef*).

85. Cf. *Rashi* to *Deuteronomy* 23:8. Even though the Egyptians later enslaved the Israelites, they initially offered Jacob's family hospitality when the latter came to Egypt to escape the raging famine in Canaan. And so, because God "does not withhold the reward due to any creature" (*Pesachim* 118a), He allowed Egypt to obtain the merit of offering a tribute to Him (*Eitz Yosef*).

86. That is: Because God will override the Messiah's reluctance to accept Egyptian gifts, *gifts will be brought from Egypt* and the Messiah will accept them. However, there will be no such unwillingness to accept gifts from Cush, as the Midrash proceeds to relate. [It is unclear why the Midrash quotes the second half of *Psalms* 68:32 before it begins discussing Cush. Indeed, the parallel passage in *Pesachim* 118b quotes only the first half at this point and quotes the second half later.]

87. See *Rif* in *Ein Yaakov* to *Pesachim* ibid. for why Cush, which never subjugated Israel, required a *kal vachomer* argument.

88. I.e., Cush proceeded to offer its tribute, and the Messiah accepted it.

89. The evil nation of Edom descends from Esau (see *Genesis* 25:30), while Israel descends from Esau's brother Jacob.

90. The Gemara (*Shabbos* 56b) teaches that when King Solomon married Pharaoh's daughter [which brought idolatry to Jerusalem for the first time; see Gemara there], the archangel Gabriel descended and thrust a reed-pole into the sea. A sandbank formed around the pole, and upon it was built the great metropolis of Rome, capital of the Edomite (Roman) Empire (*Toldos Noach*, cited by *Eitz Yosef*; *Yedei Moshe, Beur Maharif*). Alternatively, the phrase שֶׁכּוּלָּהּ חַיָּה מִן הַקָּנֶה is to be translated, *"whose entire existence is from the reed* (i.e., quill), which writes injunctions demanding taxes from all the nations of the world"; see *Bereishis Rabbah* 76 §6 (*Eitz Yosef*, second interpretation). For yet other interpretations see *Matnos Kehunah*.

In the Midrash's account Edom is mentioned last, whereas in the *Psalms* passage Edom is mentioned before Egypt, Cush, and the other nations. *Yefeh To'ar*, cited by *Eitz Yosef*, explains the sequence of verses as follows: God first informs the Messiah in a general way: *to you kings shall deliver tribute* (v. 30). But immediately He warns him: *Rebuke the wild beast of the reed* (v. 31), meaning: Edom will not be among the aforementioned kings. Who will be? *Nobles shall come from Egypt, Cush shall hasten its hands to God. O Kingdoms of the earth, sing to God* (vv. 32-33).

וְכֵן הוּא אוֹמֵר (איכה ב, ד) "וַיַּהֲרֹג כֹּל מַחֲמַדֵּי עָיִן":

ה דָּבָר אַחֵר, [כו, טו] "וְעָשִׂיתָ אֶת הַקְּרָשִׁים", מַה כְּתִיב לְמַעְלָה, [כה, ג] "וְזֹאת הַתְּרוּמָה אֲשֶׁר תִּקְחוּ מֵאִתָּם זָהָב וָכֶסֶף וּנְחֹשֶׁת", "זָהָב" זוֹ בָּבֶל, שֶׁנֶּאֱמַר (דניאל ב, לב) "הוּא צַלְמָא רֵאשֵׁהּ דִּי דְהַב טָב", "וָכֶסֶף" זוֹ מָדַי, שֶׁנֶּאֱמַר (שם) "חֲדוֹהִי וּדְרָעוֹהִי דִּי כְסַף", "נְחֹשֶׁת" זוֹ יָוָן, שֶׁנֶּאֱמַר (שם) "מְעוֹהִי וְיַרְכָתֵהּ דִּי נְחָשׁ", אֲבָל בַּרְזֶל אֵין כְּתִיב כָּאן, לֹא בַּמִּקְדָּשׁ וְלֹא בַּמִּשְׁכָּן, לָמָּה, שֶׁנִּמְשַׁל בּוֹ אֱדוֹם הָרְשָׁעָה שֶׁהֶחֱרִיבוּ בֵּית הַמִּקְדָּשׁ, לְלַמֶּדְךָ שֶׁמִּכָּל הַמַּלְכֻיּוֹת יְקַבֵּל הַקָּדוֹשׁ בָּרוּךְ הוּא דּוֹרוֹן לֶעָתִיד לָבֹא חוּץ מֵאֱדוֹם, וַהֲרֵי בָּבֶל אַף הִיא הֶחֱרִיבָה אוֹתוֹ, אֶלָּא עַל שֶׁלֹּא קִעְקְעָה אוֹתוֹ, אֲבָל אֱדוֹם מַה כְּתִיב בָּהּ (תהלים קלז, ז) "הָאֹמְרִים עָרוּ עָרוּ עַד הַיְסוֹד בָּהּ", עַד עַכְשָׁיו הַיְסוֹד בָּהּ, לְפִיכָךְ לֹא נִכְתַּב בַּרְזֶל בַּמִּשְׁכָּן וּבַמִּקְדָּשׁ, שֶׁמְּשׁוּלִין בּוֹ אֱדוֹם, וְכֵן אַתָּה מוֹצֵא לֶעָתִיד לָבֹא [ח]שֶׁכָּל *הָאוּמּוֹת עֲתִידִין לְהָבִיא דּוֹרוֹן לְמֶלֶךְ הַמָּשִׁיחַ, וּמִצְרַיִם מְבִיאָה תְּחִלָּה, וּכְסָבוּר שֶׁלֹּא לְקַבֵּל מֵהֶם, וְאוֹמֵר לוֹ הַקָּדוֹשׁ בָּרוּךְ הוּא: אַכְסַנְיָא נַעֲשׂוּ לְבָנַי בְּמִצְרַיִם, שֶׁנֶּאֱמַר (שם סח, לב) "יֶאֱתָיוּ חַשְׁמַנִּים מִנִּי מִצְרָיִם כּוּשׁ תָּרִיץ יָדָיו לֵאלֹהִים", מִיָּד מְקַבֵּל מֵהֶן, נָשְׂאָה כּוּשׁ קַל וָחוֹמֶר: וּמַה מִצְרַיִם שֶׁשִּׁעְבְּדוּ בָּהֶן קִבֵּל מֵהֶם, אָנוּ שֶׁלֹּא נִשְׁתַּעְבַּדְנוּ בָּהֶן עַל אַחַת כַּמָּה וְכַמָּה, מִיָּד "כּוּשׁ תָּרִיץ יָדָיו לֵאלֹהִים", מִיָּד כָּל הַמַּלְכֻיּוֹת שׁוֹמְעוֹת וְהֵן מְבִיאוֹת, שֶׁנֶּאֱמַר (שם שם לג) "מַמְלְכוֹת הָאָרֶץ שִׁירוּ לֵאלֹהִים", וְאַחַר כָּךְ מַלְכוּת אֱדוֹם נוֹשֵׂאת קַל וָחוֹמֶר בְּעַצְמָהּ *וְאוֹמֶרֶת: וּמַה הַלָּלוּ שֶׁאֵינָן אֲחֵיהֶם קִבְּלוּ מֵהֶם אָנוּ עַל אַחַת כַּמָּה וְכַמָּה, וְאַף הִיא מְבַקֶּשֶׁת לְהָבִיא דּוֹרוֹן לְמֶלֶךְ הַמָּשִׁיחַ, וְאוֹמֵר לוֹ הַקָּדוֹשׁ בָּרוּךְ הוּא: (שם שם לא) "גְּעַר חַיַּת קָנֶה", שֶׁכּוּלָּהּ חַיָּה מִן הַקָּנֶה,

עץ יוסף

(ה) **מה כתיב למעלה כו'.** בעי לדרוש דרמיז שלא יתקן עכשיו קרשים, אלא שיבא מהמתוקנים כבר, והסבה כדי שלא יצטרכו להשתמש בברזל במלאכת המשכן, ולהכי יהיב טעמא להרחקת הברזל, שהוא מפני אדום, כמו שמזה הטעם לא נזכר בכלל המתכות הנ"ל: **אבל ברזל אין כתיב כאן.** שהיה ראוי לעשות היתדות ברזל כדרך העולם, ולא של נחשת, כי לחשיבות ההפרש מעט: **יקבל הקדוש ברוך הוא דורון.** ויתרצה להם לשום להם שארית בארץ: **שלא קעקעה אותה.** פירוש שלא החריבה אלא התקרה של בית המקדש, כדאיתא בירושלמי פרק א' דיומא (ה"א), שאלו את רבי אליעזר דורות האחרונים כשרים מן הראשונים, אמר להם עדיכם בית הבחירה יוכיח, אבותינו העבירו את התורה שנאמר (ישעיה כב, ח) ויגל את מסך יהודה אבל אנו פעפענו את הכותלים, שנאמר (תהלים קלז, ז) ערו ערו עד היסוד בה עד כאן לשונו. ופירשו היפה מראה וקרבן העדה, בחטאם העבירו את התקרה, שלא החריב נבוכדנצר אלא התקרה של בית המקדש והשאיר היסודות, שנאמר ויגל את מסך יהודה, פעפענו את הכתלים, שבחורבן בית שני החריבו גם היסודות כדכתיב ערו ערו וגו' עד כאן לשונו: **עד עכשיו היסוד בה בתמיה.** שהיו אומרים זה לזה, וכי עדיין היסוד בה מהרו וקעקעוה: **וכסבור שלא לקבל מהם.** לפי שנשתעבדו בישראל ואין לכרות להם ברית: **ואומר לו הקדוש ברוך הוא אכסניא כו' שנאמר יאתיו חשמנים** (פירוש דורונות) **כו' מני מצרים.** שהקדוש ברוך הוא צוה למלך המשיח שיאתיו דורונות מן מצרים ותקבל מהם, לפי שסבר שלא לקבל מהם, ומדאמר הכתוב גבי כוש, כוש תריץ ידיו לאלהים, משמע שמעצמה תריץ בלי גזירת המקום, וזהו מצד שלמדו קל וחומר (תולדות נח): **(אכסנאי) [אכסניא] נעשו.** שאף על פי שנשתעבדו בהם, מתחלה נעשו להם אכסניא כשירד יעקב ובניו למצרים מפני זלעפות רעב, ואין לקפח שכרם: **ואחר כך אדום כו' אומר לו הקדוש ברוך הוא גער חית קנה.** אף על גב דבתחלה כתיב גער חית קנה, ואחר זה כתיב יאתיו חשמנים, יש לומר דקרא אומר תחלה שתם לך יובילו מלכים שי, (ולא פירוש עדיין מי המה), ואמר תיכף גער חית קנה, כלומר שהיא אינה בכלל מלכים הנזכר, ואחר זה מפרש מי המה המלכים שיובילו שי, ואמר מני מצרים כוש וכל ממלכות הארץ (יפה תואר): **גער חית קנה.** כמו הנני גוער לכם את הזרע: **שבולה חיה מן הקנה.** פירוש שעיקר חיותה מן הקנה של גבריאל, כדאיתא בגמרא (שבת נו, ב) בשעה שנשא שלמה בת פרעה ירד גבריאל ונעץ קנה בים והעלה שרטון,

פירוש מהרז"ו

ויהרוג כל מחמדי עין. וסיפא דקרא באהל בת ציון שפך כאש חמתו, ודורשים על פי מדה ל"א תחלה חרב בית המקדש, ואחר כך ויהרוג כל מחמדי עין: (ה) **מה כתיב למעלה.** עיין ויקרא רבה פרשה כ"ט סימן ה. ומה שכתב וזאת התרומה אשר תקחו מאתם, מיותר, שכבר אמר תקחו את תרומתי, והיה לו לומר מיד זהב וכסף ונחושת, על כן דורש על לעתיד, על פי מדה ז' וי"ג, שמשלשה אלו יקחו תרומה: **רישא דדהב.** ואמר דניאל לנבוכדנצר בפתרונו, (פסוק לח) אנת הוא רישא דדהבא: **די כסף.** ועל זה אמר דניאל בפתרונו, (פסוק לט) ובתרך תקום מלכו אחרי, זו מדי: **די נחש.** ובפתרונו אמר (שם) מלכו תליתאי די נחש, זה מוקדון: **לא במקדש ולא במשכן.** במשכן לא כתיב ברזל כלל. ובבית המקדש מלכים א' ו' ז', והמקבות והגרזן כל כלי ברזל לא נשמע בבית בהבנותו. ומה שכתוב בסוף דברי הימים א', והברזל לברזל וגו' מאה אלף ככרים ברזל. יתכן שהיה זה בחצרות ולא בפנימה: **עד עכשיו היסוד בה.** שהיה לו לומר ערו ערו יסודה, אלא פירוש על פי מדה ט', שאמרו זה לזה עד עכשיו יש יסוד בה, וצריך לערות שלא ישאר בה זכר יסוד, ועיין תנחומא תצא סימן ט, מדרש תהלים סוף מזמור קל"ז, פסיקתא רבתי פסקא ל"ב סימן ב:

מתנות כהונה

[ה] **פרס.** הסופר דבר בלשון כינוי. ורצה לומר מלכות הרשעה שנמשלה לברזל בדניאל: **עד עכשיו היסוד בה.** כך אמרו כל עוד שהיסוד בה ערו ערו: **שבולה חיה מן הקנה.** יש לפרשו בדוחק על דרך שדרשו חכמינו ז"ל בפרק ערבי פסחים שכל מעשיה נכתבים בקולמוס אחד ופירש רש"י ז"ל כלומר פה אחד להרע לישראל אם בא ישראל לדין לפניהם כולם מחייבים אותו מדכתיב קנה ולא כתיב קנים משמע קולמוס אחד וחיה כמו חיתה. ונראה דצריך לומר שכול החיה מן הקנה. שכול לשון משכלה מן הקנה מקן שלה שמלך המשיח יאבדם ויערערם מקן מושבם כמה דאת אמר (עובדיה א, כא) ועלו מושיעים וכו':

אשד הנחלים

[ה] **זהב זו בבל.** הענין בכללו, כי הבית המקדש היה למגן בעדם להנצל מן העתידים לעמוד עליהם, ולכן היו המינים בו מכל המינים, המכוונים ומרמזים לאלה, ואין להאריך יותר: **עד עכשיו היסוד.** כלומר ערו ערו עד שלא נשאר שום יסוד בה, שלא תחזור ותבנה עוד: **וכן אתה מוצא כו'.** שלעתיד לבא כלם ישובו ותדמה ראמולוס שגם היא תקובל: **חיה מן הקנה.** עיין במתנות כהונה פירושו:

חידושי הרד"ל

וכן הוא אומר ויהרוג כל מחמדי עין באהל בת ציון שפך כאש חמתו. מחמדי עין אלו הצדיקים, ואהל בת ציון זה בית המקדש, ובשניהם שפך כאש חמתו וכלה עליהם ומכפר על ישראל: [ה] **עד עכשיו היסוד בה.** כלומר ואומרים לערער אף זה. ועיין באיכה רבה ריש פרשה ה (סימן א) ה שכתבתי בסייעתא דשמיא בהגהותי (ד"ה שכחה) על פי התנחומא תצא סימן ט והשוחר טוב: שכלה חיה מן הקנה עיין מתנות כהונה, ובאגדת בראשית פרשה נח כתוב בקנה ואותם ונוטל ככרי זהב כו', עיין שם:

חידושי הרש"ש

[ה] **עד עכשיו היסוד בה.** כלשון הזה לעיל פרשה לא יג, עד עכשיו הוא חי, ושם פירש המתנות כהונה בתמיה:

באור מהרי"פ

[ה] **עד עכשיו וכו'.** פירוש, בלשון בתמיה, וכי עד עכשיו היסוד בה עדיין כך אמרו זה לזה: **ואחר כך מלכות אדום וכו'.** צריך עיון, [ד]משמע דמלכות אדום יבא באחרונה, ובמקרא כתיב, גער חית קנה קודם יאתיו חשמנים וגו', וברייש מסכת עבודה זרה (ב, ב) כשיתן הקב"ה שכר התורה יבא אדום בראשונה. וצריך עיון: **חיה מן הקנה.** בעל המתנות כהונה פירש מה שפירש. ואולם הנכון על דרך מאמר חכמינו ז"ל (שבת נו, ב) בשעה שנשא שלמה את בת פרעה ירד גבריאל ונעץ קנה בים ועליה נבנה כרך גדול של רומי, וזהו פירוש שכולה חיה מן הקנה:

ידי משה

[ה] **שהיו אומרים עד עכשיו.** פירוש, שהוקשה להם דהוה ליה לכתוב ערו היסוד מאי עד, אלא שמלת עד הם דברי אדום שאמרו עד עכשיו. וקל להבין: **שבולה חיה מן הקנה.** עיין מתנות כהונה שפירש שני פירושים, ושניהם דחוקים מאד. ולי נראה לפרש והכי קאמר, שאי אפשר לקבל דורון מאדום כדי שיהיה לה שלוה לעתיד, וזה אי אפשר, על דרך שאמרו חז"ל (פסחים מב, ב) אמלאה החרבה אם מלאה ירושלים יחרוב רומי, ורומי זה אדום, ולכן אמר שחיותה של אדום מן הקנה, פירוש שעיקר מטרפולין שלה היא רומי, שנקראת קנה על שם שנעץ גבריאל קנה בים וזהו כרך גדול שברומי. כן נראה לי:

מסורת המדרש

ח. פסחים דף קי"ח כל הענין. ילקוט תהלים רמז ת"ת כל הענין:

אם למקרא

דָּרַךְ קַשְׁתּוֹ כְּאוֹיֵב נִצָּב יְמִינוֹ כְּצָר וַיַּהֲרֹג כֹּל מַחֲמַדֵּי־עָיִן בְּאֹהֶל בַּת־צִיּוֹן שָׁפַךְ כָּאֵשׁ חֲמָתוֹ: (איכה ב:ד)

וְזֹאת הַתְּרוּמָה אֲשֶׁר תִּקְחוּ מֵאִתָּם זָהָב וָכֶסֶף וּנְחֹשֶׁת: (לעיל כה:ג)

הוּא צַלְמָא רֵאשֵׁהּ דִּי־דְהַב טָב חֲדוֹהִי וּדְרָעוֹהִי דִּי כְסַף מְעוֹהִי וְיַרְכָתֵהּ דִּי נְחָשׁ: (דניאל ב:לב)

זְכֹר ה' לִבְנֵי אֱדוֹם אֵת יוֹם יְרוּשָׁלָם הָאֹמְרִים עָרוּ עָרוּ עַד הַיְסוֹד בָּהּ: (תהלים קלז:ז)

גְּעַר חַיַּת קָנֶה עֲדַת אַבִּירִים בְּעֶגְלֵי עַמִּים מִתְרַפֵּס בְּרַצֵּי־כָסֶף בִּזַּר עַמִּים קְרָבוֹת יֶחְפָּצוּ: יֶאֱתָיוּ חַשְׁמַנִּים מִנִּי מִצְרָיִם כּוּשׁ תָּרִיץ יָדָיו לֵאלֹהִים: מַמְלְכוֹת הָאָרֶץ שִׁירוּ לֵאלֹהִים זַמְּרוּ אֲדֹנָי סֶלָה: (שם סח:לא-לג)

ענף יוסף

(ד) **ויהרוג כל מחמדי עין.** וגו' באהל בת ציון שפך כאש חמתו, והכי קאמר ויהרוג כל מחמדי עין היינו הצדיקים שחביבים כגלגל העין, וכמו שדרש על זה באיכה רבתי, ונתן טעם למה סילק את הצדיקים שהם מחמדי עין, לפי שבאהל בת ציון כבר שפך כאש חמתו קודם, ואין מקדש למשכן עליהם לכך הרג כל מחמדי עין שהם הצדיקים:

שינוי נוסחאות

(ה) **למה, שנמשל בו אדום הרשעה.** כן כתוב בכל הספרים, רק בד' ונציא תכ"ו כתבו "...פרס הרשעה" מחמת צנזורא, ועל כן פירש מ"כ (שידוע שהשתמש במהדורה ההיא) ש"הסופר דבר בלשון כינוי":

אמרי יושר

[ה] **לשון שהוא אבוק** (במדרש לפנינו ליתא). רצה לומר אף על פי שפשט הכתוב הוא במקדש, עם כל זה אמר לשון דמשתמע ביה לשון משכון גם כן, ואם כן רמז פה מעט גוואתו רמז חרבנו, וכן רמז לעתיד לבא אשר נקוה אחר החורבן שישוב המלכיות לרשותנו, ואמר תקחו מאתם זהב וכסף ונחשת משלשה מלכיות, לא מאדום, ואם כן אינו פלא שירמוז כאן לעת חרבנו, וזה דייק אומרו ועשית את הקרשים מה כתיב למעלה וזאת התרומה וגו':

דָּבָר אַחֵר – **Another interpretation** of *Rebuke the wild beast of the reed:* גְּעוֹר חַיָּה הַדָּרָה בֵּין הַקָּנִים – God will tell the Messiah, **"Rebuke the wild beast that dwells among the reeds** of the forest,[91] and do not accept its tribute." שֶׁנֶּאֱמַר "יְכַרְסְמֶנָּה חֲזִיר מִיָּעַר" – And this perforce refers to Edom, **as it is stated,** ***The boar of the forest ravages it*** [i.e., Israel] (ibid. 80:14).[92]

The Midrash interprets the rest of *Psalms* 68:31 in the same vein, as further justifications for rejecting Edom's tribute:[93]

"עֲדַת אַבִּירִים בְּעֶגְלֵי עַמִּים" – ***The assembly of the valiant among the calves of nations*** – אוֹתָהּ שֶׁאוֹכֶלֶת שַׁמְנָן שֶׁל עַמִּים – this speaks of **the one** (Edom) **who consumes the richness of peoples**[94] וּבָאָה בְּכֹחוֹ שֶׁל אַבִּירִים וְאוֹמֵר מֵהֶם אֲנִי – **and comes with the strength of the valiant ones, saying, "I descend from them,**[95] עֵשָׂו בֶּן יִצְחָק בֶּן אַבְרָהָם – since my progenitor **Esau** was **the son of Isaac,** who was **the son of Abraham."** "מִתְרַפֵּס בְּרַצֵּי כָסֶף" – ***He humiliates himself with pieces of silver*** – אַף עַל פִּי שֶׁחָטָא אָדָם וְכוֹעֶסֶת עָלָיו – this means that **even though a person sins** against Edom **and [Edom] is angry at him,** מַתֶּרֶת אֶת הַפַּס וְנוֹטֶלֶת אֶת הַכֶּסֶף וְהִיא מִתְרַצָּה לוֹ – **[Edom] opens the hand**[96] **and takes the silver** pieces **and becomes reconciled to him.**[97] וּמַהוּ "בִּזַּר עַמִּים קְרָבוֹת יֶחְפָּצוּ" – **And what is [the meaning]** of the verse's conclusion, ***he scatters peoples that desire battles?*** שֶׁהִיא מְפַזֶּרֶת לְיִשְׂרָאֵל מִתַּלְמוּדָהּ שֶׁל תּוֹרָה – It is **that [Edom] disperses Israel**[98] **from the study of Torah**[99] וּמַכְנֶסֶת אוֹתָן בַּמֶּה שֶׁיֵּצֶר הָרַע חָפֵץ בּוֹ – **and** thereby **gives them entry into that** situation **that the evil inclination desires.**[100] דָּבָר אַחֵר, "בִּזַּר עַמִּים קְרָבוֹת יֶחְפָּצוּ" – **Another interpretation:** ***He scatters peoples that desire battles*** – שֶׁפִּיזְּרוּ אֶת יִשְׂרָאֵל מִן הָעוֹלָם – this means **that [the Edomites] dispersed Israel from the world.**[101] דָּבָר אַחֵר, "בִּזַּר עַמִּים" – **Another interpretation:** ***He "bezar"*** [בִּזַּר] ***peoples*** – שֶׁעָשׂוּ אֶת יִשְׂרָאֵל זָרִים לִי – this means **that [the Edomites] made Israel strangers** (זָרִים) **to Me,**[102] וְהֵם מְבִיאִין קָרְבָּנוֹת – **and** in Israel's place ***they*** **would bring offerings.**[103]

NOTES

91. *Eitz Yosef,* from *Rashbam* to *Pesachim* 118b s.v. בין הקנים. See following note.

92. *The boar of the forest* refers to the Roman Empire (Esau), which appeared in Daniel's vision (*Daniel* 7:7) as a beast that was *devouring and crumbling, and trampling with its feet what remained* – which is the way of a boar (*Rashi* and *Rashbam* to *Pesachim* ibid.).

According to this interpretation, it seems that it is because of Edom's general destructiveness (like a boar) that her tribute to the Messiah will not be accepted. According to the preceding interpretation of *Rebuke the wild beast of the reed,* it is possibly because of Edom's excessive greed (see note 90, *Eitz Yosef's* second interpretation). And according to the Midrash above (addressing the difference between Babylonia and Edom), it seems that it is because Edom destroyed the Second Temple, and in a much more devastating fashion than the Babylonians destroyed the First.

93. *Psalms* 68:31 states in full: גְּעַר חַיַּת קָנֶה עֲדַת אַבִּירִים בְּעֶגְלֵי עַמִּים מִתְרַפֵּס בְּרַצֵּי כָסֶף בִּזַּר עַמִּים קְרָבוֹת יֶחְפָּצוּ. The Midrash will expound this verse phrase by phrase.

94. *The calves of the nations* intimates that Edom devours the wealth of other nations as one would devour fattened calves (*Eitz Yosef*).

95. *The assembly of the valiant* intimates that Edom impudently trumpets her lineage from the "valiant ones," Isaac and Abraham (*Eitz Yosef*). See also note 103 below.

96. Literally, she loosens the palm (interpreting מִתְרַפֵּס as a contraction of the words מַתִּיר פַּס, *loosens [the] palm*). The sense of this expression is that Edom opens her hand and stretches it forth to take money (ibid.).

97. The Midrash derives this from the words בְּרַצֵּי כָסֶף, which imply *appeasement* [רצוי] through the payment of *silver* [כֶּסֶף] (ibid.). And the lesson of the verse is that Esau is so avaricious that she is willing to take a bribe (see *Matnos Kehunah*), sacrificing her honor and dignity for monetary gain.

98. Who are called "peoples," as in אַף חֹבֵב עַמִּים, *Indeed, You loved peoples* (*Deuteronomy* 33:3); and עַמִּים הַר יִקְרָאוּ, *Peoples will assemble at the mount* (ibid., v. 19) [*Eitz Yosef*]. *Rashi* to 33:3 ibid. explains that the nation of Israel is composed of tribes, and each tribe is called a "people." Hence, the Torah refers to the nation of Israel as a whole as "peoples."

99. I.e., Edom disrupts Israel's study of Torah (ibid.).

100. The evil inclination desires to be in perpetual conflict with Israel – it is the one "that desires battles" of our verse. And the battles it desires are fought to prevent Israel from studying Torah (*Eitz Yosef*). According to this interpretation the verse is read, "he (Edom) scatters peoples (Israel) [into the hands of the one] that desires battles." For when Jews do not learn Torah, they fall into the hands of the evil inclination (see *Beur Maharif,* based on *Kiddushin* 30b).

101. I.e., they killed them. The concluding phrase, *that desire battles,* serves to explain that what caused Israel to be "scattered" from the world is the fact that they "desired battles." That is, because Israel chose to fight against her Roman oppressors rather than submit to them, she lost many precious souls in battle (*Eitz Yosef*).

102. Edom destroyed the Second Temple and thereby prevented Israel from bringing offerings to God (ibid.). In this interpretation בִּזַּר means not "scattered," but "made into strangers."

103. This is the interpretation of the concluding phrase, קְרָבוֹת יֶחְפָּצוּ, which the Midrash now translates: *they desired offerings* (taking קְרָבוֹת in the sense of קָרְבָּנוֹת). That is, Edom desired to bring its own offerings to God, thinking that He would receive them favorably as He did the offerings of Israel (ibid.). *Beur Maharif* writes that the Edomites desired to [take the place of Israel and] be close to God, while distancing Israel from Him (making them into "strangers").

The Midrash has now expounded *Psalms* 68:31 in its entirety, eliciting from it numerous reasons for God's rejecting the tribute Edom will bring to Him in the Messianic Era. See Insight Ⓐ.

INSIGHTS

Ⓐ **Gifts for the Messianic Era** In the future, says our Midrash, the Messiah will accept gifts from the nations that once subjugated Israel. What will these gifts be? *Bnei Yissas'char* (*Nissan* 4:8 *Remez,* and 4:13 *Peshat*) reasons that they surely will not consist of material treasures like gold and silver, because if silver was not valued in the days of Solomon due to the widespread prosperity (see *I Kings* 10:21), such commodities will surely be worthless in the Messianic Era. Besides, Scripture records that Abraham in his time refused to accept the gifts offered him by the king of Sodom (see *Genesis* 14:23); why would the Messiah act any differently?

Bnei Yissas'char concludes that their gifts will be of a different nature and will be significant indeed, for they will help complete the unfinished work of the Jewish people in exile. Kabbalistic sources teach that one aim of our long exile is to recover the "sparks" of holiness that are scattered among the nations of the world. When this process is completed, the forces of evil, which had always drawn their vitality from these "outposts" of holiness, will promptly die, allowing the world to be filled with the glory of God's Presence. In many cases, these stray sparks are brought back to their source by converts to Judaism, who are attracted to a Torah life by their contact with the exiled Jews. But some sparks are too deeply embedded in the realm of impurity to be recovered in the conventional way. Only when the Messiah arrives will those individuals harboring these last flecks of holiness be drawn to recognize God and join Israel in the Holy Land, and then only in a subordinate role. They will say, as Isaiah (2:3) prophesied, *"Come, let us go up to the Mountain of HASHEM, to the Temple of the God of Jacob, and He will teach us of His ways and we will walk in His paths."* These people are the precious gifts that the nations will "bring" to the Messiah at the end of days.

One nation, however, will have no contribution to make. Of the Edomites it is said, *There will be no survivor to the house of Esau* (*Obadiah* v. 18). As our Midrash explains, this is because they destroyed the Temple, and, unlike their Babylonian predecessors, did not stop until they had razed it entirely, to its very foundation. The motive behind

דָּבָר אַחֵר, גְּעוֹר חַיַּת הַדְּרָה בֵּין הַקָּנִים, שֶׁנֶּאֱמַר (שם פ, יד) "יְכַרְסְמֶנָּה חֲזִיר מִיָּעַר", (שם סח, לא) "עֲדַת אַבִּירִים בְּעֶגְלֵי עַמִּים", אוֹתָהּ שֶׁאוֹכֶלֶת שַׁמְנָן שֶׁל עַמִּים, וּבָאָה בְּכֹחוֹ שֶׁל אַבְרָהָם וְאוֹמֵר: מֵהֶם אֲנִי, עֵשָׂו בֶּן יִצְחָק בֶּן אַבְרָהָם, (שם) "מִתְרַפֵּס בְּרַצֵּי כָסֶף", אַף עַל פִּי שֶׁחָטָא אָדָם וְכוֹעֶסֶת עָלָיו, מַתֶּרֶת אֶת הַפַּס וְנוֹטֶלֶת אֶת הַכֶּסֶף וְהִיא מִתְרַצָּה לוֹ, וּמַהוּ (שם) "בִּזַּר עַמִּים קְרָבוֹת יֶחְפָּצוּ", שֶׁהִיא מְפַזֶּרֶת לְיִשְׂרָאֵל מִתַּלְמוּדָהּ שֶׁל תּוֹרָה וּמְכַנֶּסֶת אוֹתָן בַּמֶּה שֶׁיֵּצֶר הָרַע חָפֵץ בּוֹ, דָּבָר אַחֵר, "בִּזַּר עַמִּים קְרָבוֹת יֶחְפָּצוּ", שֶׁפִּיזְּרוּ אֶת יִשְׂרָאֵל מִן הָעוֹלָם, דָּבָר אַחֵר, "בִּזַּר עַמִּים" שֶׁעָשׂוּ אֶת יִשְׂרָאֵל זָרִים לִי, וְהֵם מְבִיאִין קָרְבָּנוֹת:

ו דָּבָר אַחֵר, [כו, טו] "וְעָשִׂיתָ אֶת הַקְּרָשִׁים לַמִּשְׁכָּן", [ט]אָמַר רַבִּי אָבִין: מָשָׁל לְמֶלֶךְ שֶׁהָיָה לוֹ אִיקוֹנִין נָאֶה, אָמַר לְבֶן בֵּיתוֹ: עֲשֵׂה לִי כְּמוֹתָהּ, אָמַר לוֹ: אֲדוֹנִי הַמֶּלֶךְ, אֵיךְ יָכוֹל אֲנִי לַעֲשׂוֹת כְּמוֹתָהּ, אָמַר לוֹ: אַתָּה בְּסַמְמָנֶיךָ וַאֲנִי בִּכְבוֹדִי, כָּךְ אָמַר הַקָּדוֹשׁ בָּרוּךְ הוּא לְמֹשֶׁה: [כה, מ] "וּרְאֵה וַעֲשֵׂה", אָמַר לְפָנָיו: רִבּוֹן הָעוֹלָם, אֱלוֹהַּ אֲנִי שֶׁאֲנִי יָכוֹל לַעֲשׂוֹת כָּאֵלּוּ, אָמַר לוֹ: [שם] "כְּתַבְנִיתָם", בִּתְכֵלֶת וּבְאַרְגָּמָן וְתוֹלַעַת שָׁנִי, וּכְשֵׁם שֶׁאַתָּה רוֹאֶה לְמַעְלָה כָּךְ עֲשֵׂה לְמַטָּה,

עץ יוסף

ועליה נבנה כרך גדול של רומי (תולדות כח). או פירושו שכל חיה הוא מן הקולמוס שמכתבת טירוניא מכל העולם, וקרא הקולמוס קנה, ועיין בפרק ערבי פסחים (פסחים קיח, ב) פירש רש"י, קנה דריש ליה לשון קנים, בין הקנים ביער: **אוכלת שמנן של עמים.** והיינו בעגלי עמים, שאוכלת שמנן, כאוכל עגלי מרבק: **ובאה בכחו של אבירים.** כן צריך לומר (יפה תואר). והיינו עדת אבירים, שמתייחס לאבירים, דהיינו יצחק ואברהם לאמר אני מבניהם: **מתרת את הפס.** דרש מתרפס מתיר פס, ופירושו פושטת יד ליטול: **והיא מתרצה.** מברצי כסף דריש ליה, שפירושו רצויי פיוסי כסף: **שהיא מפזרת לישראל.** דאיקרי עמים, כדכתיב אף חובב עמים, עמים הר יקראו: **מתלמודה של תורה.** שמבטלין אותם מן התורה, ועל ידי זה מכניסין אותם במה שהיצר הרע חפץ, על דרך דאיתא בגמרא אם רואה אדם שיצרו מתגבר עליו יעסוק בתורה, והיינו קרבות יחפצו, שהיצר הרע בעל מלחמות האדם כנודע: **מן העולם.** כלומר שאבדום מן העולם, ופירוש קרבות יחפצו, כמו שאמרו בפסחים מי גרם לישראל שיתפזרו בין האומות, קרבות יחפצו, על שרצו ישראל מלחמות, ולא רצו (להכנס) [להכנע] להם, כנודע מספר יוסיפון: **זרים לי.** שהחריבו בית המקדש שלא יוכלו להביא קרבנות, והם קרבנות יחפצו, שרצו להקריב לי קרבנות בחשבם שאתרצה להם, כמו שהייתי מקבל מישראל: **(ו) דבר אחר ועשית את הקרשים כו'.** מלות עומדים דריש, כדמסיק כשם שאתה רואה למעלה שרפים עומדים: **איקונין.** תואר פנים וצורתו, וצוה לבן ביתו לצייר שיעשה כמותה, ולכן אמר הבן בית איך אצייר דבר יקר כזה, והשיב לו המלך אתה בסממניך כו', רוצה לומר שאיני מבקש ממך אלא ציירו בסממנים כדרך הציירין, ואף על פי שאינו דומה ממש, וכבודי במקומו מונח. והנמשל בזה על כללות העולם והמשכן דוגמת כל העולם, וכשאמר הקדוש ברוך הוא למשה וראה ועשה בתבניתם, סבר משה שהכוונה האלהית לומר לו שיעשה ממש כמו אותן העליונים, ולכן נתקשה משה דודאי לא יוכל לעשות שיהיו דומים לעליונים, והשיב הקדוש ברוך הוא דמכל מקום יעשה במה שבידו, דהיינו תכלת וארגמן, אלא שיכוון במעשיהם לדוגמא של מעלה, ויתעלו בטוב כוונתו שיהיו חשובין כמותם, כי יוריד השם השכינה שם כשל מעלה, ועיין בבמדבר רבה פרשה י"ב סימן י':

פירוש מהרז"ו

(ו) ועשית את הקרשים. ובסוף הפרשה כמשפטו אשר הראת בהר. ועיין במדבר רבה פרשה י"ב סימן ח: **איקונין נאה.** פירוש מראה פניו וצורתו, וצוה שיעשה כמותה: **את בסממניך.** אתה תצייר בסממנים, ואני אשאר בכבודי, כי איני מבקש ממך דבר שלא תוכל לעשותו: **וראה ועשה.** בסוף פרשת מנורה כתוב, והמדרש דורש על יריעות המשכן. ועוד מנין דורש שאמר משה כך, והקב"ה השיב לו. ואשר יתכן לומר בזה, שאם כפי שכתוב על המנורה, הרי מפורש בריש בהעלותך כמראה אשר הראה ה' את משה כן עשה, ממש ולא בתבניתו, וכאן בתבניתם, ועוד שמה שאמר וראה ועשה, משמע מה שרואה יעשה ממש, ואחר כך אמר בתבניתם ולא ממש, על כן דרש אם אינו ענין על המנורה, תנהו ענין על פרשה שסמוכה לה, שמדבר ביריעות המשכן, שתחלה אמר לו וראה ועשה ממש, ועל זה הכריע על פי מדה ט', שהקשה משה וכי אלוה אני, והשיב לו בתבניתם בתכלת וארגמן, וזה על פי מדה ט"ו ומדה ט', ומדת סמוכין, או סידור שנחלק, שהפסוק שייך להפרשה הסמוכה. וכמו שכתוב כאן כן הוא גם בשיר השירים רבה פסוק לאנה ראנה, ובמדרש רבה שם בשיבוש: **וכשם שאתה רואה.** זה שייך לענין הקרשים שכתוב בהם גם כן בסוף הפרשה כמשפטו אשר הראת בהר:

חידושי הרד"ל

והם מביאין קרבנות. בתמיה האך מעלה על דרך לחפוץ ולקרב קרבנות:

באור מהרי"פ

במה שיצר הרע חפץ. אולי משום דאמרו חכמינו ז"ל (קדושין ל, ב) בראתי יצר הרע בראתי תבלין, היינו התורה, וכיון שהם מבטלין את ישראל מן התורה, ממילא נמסרים ביד היצר הרע: **והם מביאים קרבנות.** פירוש, אומות העולם מביאים קרבנות, ורוצים להיות קרובים להקב"ה, ולהרחיק את ישראל מהקב"ה, ולעשות אותם זרים, וקרבות דורש לשון קרבנות:

חידושי הרש"ש

[ו] [ועשית את הקרשים למשכן]. בסוף הסדרה פה מצאתי מקום לבאר ענין עמידת עמודי החצר אשר נבוכו בו רבים מגדולי הראשונים והאחרונים, עיין בהם בטרם תבא לביאורי זה, כי אז תטעום צוף נועם בדברי אלה, והוא הנראה לדעתי, כל עמוד עם החלל עד עמוד השני הכילו חמשה אמות, (ועיין תוספות ישנים ריש פרק ב דעירובין דמוכח דלא היה רוחב העמוד אמה שלמה), ומפירוש רש"י כאן פסוק י' משמע שהיו רחבן אמה, וכן כתב הרא"ם לדעת רש"י בפסוק י"ח, אף שאין פירושו שם מוכרח, וגם נראה שנעלם מכבוד תורתו פירוש רש"י בעירובין (כג, ב) ד"ה ועשרים לכל רוח, עיין שם. ונתחיל באורך החצר, כשהעמידו עשרים עמודי צפונים נעשו תשע עשרה חללים, אחר כך כשהעמידו עמודי מערביים הפליגו עמוד המקצוע מן העמוד העשרים למערב בכדי חלל אחד שוה לשאר חללי העמודים, אך לא העמידוהו בשורת העשרים הצפונים, רק שהפליגוהו לדרום בכדי שיעור עובי עמוד, עד שקצהו החיצוני היה נגד קצה הפנימי מן הצפונים, וכן כשכלו עשרה המערביים והתחילו בעמודי הדרומיים הפליגו עמוד המקצוע לדרום כשיעור חלל אחד, ולמזרח כשיעור עובי עמוד וכו', וכן עשו בהמזרחיים, והקלעים היו תלוים מבפנים לעמודים, וכשתדקדק היטב בזה תראה הפרשה מבוארת לפניך בלי שום גמגום, ומדוייק היטב גם כן עמודיהם ארבעה דכתיבי בשער החצר, ולא כהתוספות בעירובין (ב, ב) ד"ה בין שכתב דשלשה עמודים היה ברוחב הפתח, ונראה לי דטעות סופר בדבריהם, וצריך לומר ארבע כדכתיב בקרא, אחר זה

מסורת המדרש

ט. במדבר רבה פרשה י"ב. שיר השירים רבה סוף פרשה ג'. פסיקתא דרב כהנא פיסקא א'. ילקוט כאן רמז שס"ט. כל הענין:

אם למקרא

יְכַרְסְמֶנָּה חֲזִיר מִיָּעַר וְזִיז שָׂדַי יִרְעֶנָּה: (שם פ:יד)

ידי משה

והם מביאין קרבנות. קרבות יחפצו קדריש, לשון קרבן: **[ו] אתה בסממניך ואני בכבודי.** פירוש, הגם שלא תצייר את הצורה כהוייתן, מכל מקום תצייר בסממניה ואני אמחול על כבודי כך הנמשל וכו':

אמרי יושר

גער חיה שדרה בין הקנים. והוא חזיר שאדום נמשל בה. או יש נוסחא אחרת שכולה חיה מן הקנה דאמרינן (שבת נו, ב) נעץ גבריאל קנה בים והעלה שרטון ועליה נבנה כרך גדול של רומי: **שעשו ישראל זרים.** וחוטאים, וצריכים ישראל להביא קרבנות. אי נמי והם חוזר לאדום שילאו להכנס תמורת ישראל: **[ו] אמר לו אתה בסממניך.** ואיני אומר שיהא שוה לפרצוף שלי מכל צד, שזה אי אפשר, שאני בכבודי ולא האיקונין, אלא אני אומר שתעשה האיפשרי לך:

שינוי נוסחאות

ובאה בכחו של אברהם. יפ"ת הגיה "...של אבירים":

מתנות כהונה

שאנן של עמים. עשרם של ישראל שכל אחד ואחד מהם קרוי עם כמו שפירש רש"י בפסוק (דברים לג, ג) אף חובב עמים: **ואומר מהם אני.** הגוים אומרים מישראל אנחנו: **בן אברהם.** עדת אבירים קרי ביה עדת אברהם כדאיתא במדרש חזית סוף פסוק שררך אגן הסהר: **הפס.** פס ידו לקבל השוחד: **שיצר הרע חפץ בו.** קרבות לשון קרב ומלחמה וזהו יצר רע שלוחם תמיד עם בעליו: **בזר.** כמו פזר בחילוף אותיות בומ"ף: **זרים לי.** דרש בזר לשון זרות והבי"ת לשמוש: **[ו] כשם שאתה רואה כו'.** עיין במדרש חזית בפסוק לאינה. ובפרשת נשא פרשה י"ב:

אשד הנחלים

[ו] משל כו' אתה בסממניך ואני בכבודי. הענין הזה הוא ציור נשגב מאד, איך יתכן לעשות משכן חומרי שיהיה דוגמת משכן העליון שהוא רוחני, אחר שנבדלים הם בסוג, והרי זה דומה לאיקונים מהצורה האמיתית, שאין בה רוח חיים מאומה. אבל האמת על ידי הכונה הטובה, שזהו הסממנים המיפים הדבר ונותנים נעימות ועריבות להביט על דבר הנפלא, אז אני בכבודי אשכון בתוכה. ועל פי ציור המחקרי הוא דבר דק מאד, להיות שבאמת התמונה רק דבר משוער בנפש, לא כשהיא בעצם, כי אם מצד הנפש המחברת הדברים יחד, וחושבם לגוף אחד, המשל האדם מחובר מחלקים שונים הראש היד והרגל ושאר איבריו, ואילולי לא ימצא סדר בנפש לחשבו כגוף אחד, נִצב המורכב מאיברים שונים לתכלית אחד, אז לא היתה תמונת האדם תמונה, וכן בכל הדברים באין נמלט אחד מהם כן, ואם כן גם התמונה אף שהיא נמשכת מדבר גשמי, עם כל זה ציורה היא שכלי ומחשבי, ואם כן אינו רחוק לדמות דבר רוחני לתמונה גשמית לתת ציור מזה לזה, כי גם התמונה הוא כדבר רוחני מחשבי, ולזה העצי שטים העומדים, שציור העמידה הוא דבר המחובר יחד בחלקיו, עד עלותו למעלה על ידי עמידתו, כן מצוייר מלאכי מעלה בשהם עומדים למעלה במעלתן, וכן תמונת כל כלי בית המקדש ותמונתו כפי הציור יוכל לצייר למעלה ברוחנית, הבן זה מאד. ועל דרך הפשט הפשוט, הוא כדמות מזכרת, שיזכור על ידי הקרסים למשל הכוכבים המזהירים וכדומה, ועל ידי זה יזכור כבוד ה' וגדלו ורוממתו, וזהו כדמות איקונין של מלך, שעל ידי זה יזכור את המלך ואימת גדולתו, ודי בזה:

§6 The Midrash concludes this chapter with an interpretation of the final three words of our verse, עֲצֵי שִׁטִּים עֹמְדִים, *acacia wood, standing erect:*[104]

דָּבָר אַחֵר, ״וְעָשִׂיתָ אֶת הַקְּרָשִׁים לַמִּשְׁכָּן״ — **Another interpretation:** ***You shall make the planks for the Tabernacle*** *of acacia wood, standing erect.* אָמַר רַבִּי אָבִין — **R' Avin said:** מָשָׁל לְמֶלֶךְ שֶׁהָיָה לוֹ אִיקוֹנִין נָאֶה — It is **analogous to a king who had a handsome appearance.** אָמַר לְבֶן בֵּיתוֹ: עֲשֵׂה לִי כְּמוֹתָהּ — One day **he said to a member of his household,** a skilled painter, **"Make for me its likeness."**[105] אָמַר לוֹ: אֲדוֹנִי הַמֶּלֶךְ, אֵיךְ יָכוֹל אֲנִי לַעֲשׂוֹת כְּמוֹתָהּ — **[The painter] said to [the king], "My lord the king, how can I make its likeness?!"**[106] אָמַר לוֹ אַתָּה בְּסַמְמָנֶיךָ וַאֲנִי בִּכְבוֹדִי — **[The king] replied to him, "You with your paints and I with my honor."**[107] כָּךְ אָמַר הַקָּדוֹשׁ בָּרוּךְ הוּא לְמֹשֶׁה ״וּרְאֵה וַעֲשֵׂה״ — **In such manner the Holy One, blessed is He, said to Moses, *"See and make*** (the Tabernacle with all its vessels) *according to their form that you are shown on the mountain"* (above, 25:40).[108] אָמַר לְפָנָיו: רִבּוֹן הָעוֹלָם, אֱלוֹהַּ אֲנִי שֶׁאֲנִי יָכוֹל לַעֲשׂוֹת כְּאֵלּוּ — **[Moses] said before Him, "Master of the Universe! Am I** like **God, that I can make** supernal objects **such as these?!"**[109] אָמַר לוֹ ״כְּתַבְנִיתָם״ בִּתְכֵלֶת וּבְאַרְגָּמָן וְתוֹלַעַת שָׁנִי — **[God] replied to [Moses],** "Make them ***according to their form*** that you are being shown on Mount Sinai, but **with** the **turquoise, purple, and scarlet wool** that you have at hand;[110] וּכְשֵׁם שֶׁאַתָּה רוֹאֶה לְמַעְלָה כָּךְ עֲשֵׂה לְמַטָּה — **and just as you perceive** them **above, so shall you make** them **below."**[111]

NOTES

104. Since the planks of which the verse speaks are not yet in existence — God only now is ordering Moses to make them — the verse should not have described them as already "standing erect." It should have said, rather, in the language of a command, "You shall make the planks . . . of acacia wood and *stand them erect"* [see *Bamidbar Rabbah* 12 §8] (*Yefeh To'ar*; see also *Eitz Yosef*).

105. I.e., paint a picture of me (*Eitz Yosef*).

106. I.e., how can I paint a subject so resplendent?! (*Eitz Yosef*).

107. The king was reassuring the painter: "I do not ask the impossible of you. Rather, you paint with your artist's materials as you would any portrait, even though you cannot truly capture my likeness, and I will forgive any slight to my honor" (ibid., *Yedei Moshe*). *Imrei Yosher,* however, explains: The king was asserting that he knows that the artist's efforts will fall short, and that he, the king, will remain with his full "honor" — beyond what the painter has the ability to express.

108. When Moses was on Mount Sinai, he was shown an image of the entire Tabernacle and all its accoutrements [in disagreement with the view (see *Rashi* ad loc.) that he was shown only an image of the Menorah] (*Yefeh To'ar*). In addition, he was shown how the Tabernacle would be a model, or representation, of the Universe, including the upper realms (see above, 33 §4) — just as, in the analogy, the portrait was to be a representation of the king in all his glory (see *Eitz Yosef*).

109. Moses misunderstood God's intent, however, thinking he was being commanded to make an exact replication of all he was being shown on Mount Sinai, and he despaired of being able to accomplish this task (just as the painter despaired of capturing the king's inner radiance) (*Eitz Yosef*).

110. I.e., I do not require an exact replication of the celestial world! Use the earthly materials you possess to make a model of the forms you were shown on Mount Sinai (ibid.). [*Yefeh To'ar* explains that the reason the Midrash mentions these materials and does not mention gold — which Moses certainly had on hand, and would certainly be using to make the Menorah and other vessels — is to bring out the point that we are *not* discussing just the Menorah here (or even the Menorah along with all the other gold vessels), but rather the Tabernacle in its entirety — see note 108.]

111. That is: When you are making these physical forms, just have the intent that they should be representations of the supernal, ethereal creations you see above. And if you do so I will regard them as the equivalent of the supernal creations, and then I will have My *Shechinah* leave its heavenly abode and dwell in the Tabernacle below [see Midrash further] (*Eitz Yosef*).

INSIGHTS

their destructive zeal was a determination to prevent the Temple from ever being rebuilt. This evil ambition disqualified them from bringing a "gift" to the Messiah, because the magnet that will draw the lost sparks of holiness back to Israel will be the heavenly radiance emanating from the Third Temple — the very Temple that the Edomites had tried to forestall. A nation that did its best to prevent the Third Temple's existence cannot possibly be touched by its light. [The connection to the Temple explains as well why an allusion to these Messianic gifts appears in Scripture's discussion of the Tabernacle.]

Elaborating on this theme, *Shem MiShmuel* (*Terumah,* s.v. במד"ר וזאת התרומה אשר תקחו) delves deeper into the difference between Edom and the other three empires that ruled over Israel: Babylonia, Persia, and Greece. Each of these nations is represented by one of the four animals identified by the Torah as having one sign of purity and not the other. The latter three kingdoms are symbolized by the camel, hyrax, and hare, which chew their cud but lack split hooves. Their kosher sign is on the inside, indicating that these nations have an inner core of holiness; it is only externally that they became corrupted by sin. Therefore, when the Messianic Era banishes all impurity from the world, these nations will be stripped to their holy core and thus will be acceptable to Israel — as foreshadowed by the acceptance of gold, silver, and copper for use in the Tabernacle.

Edom, on the other hand, is symbolized by the wild boar, which has split hooves but does not chew its cud. Its only kosher sign is on the outside, indicating that while it has a superficial streak of holiness, on the inside it is thoroughly impure. In the future, then, its decadent core will disintegrate, leaving it without a base of existence, and without any gift to offer the Messiah.

[Nevertheless, the element of good in its outer layer will not be lost. That is why another Midrash (*Tanchuma* §7) teaches that the red-dyed ram skins donated to the Tabernacle correspond to Edom. Since these skins were used only to fashion an outer covering for the Tabernacle, they represent the nation whose only contribution to the holiness of the future era will be of a superficial nature.]

דָּבָר אַחֵר, גְּעוֹר חַיָּה הַדָּרָה בֵּין הַקָּנִים, שֶׁנֶּאֱמַר (שם פ, יד) "יְכַרְסְמֶנָּה חֲזִיר מִיָּעַר", (שם סח, לא) "עֲדַת אַבִּירִים בְּעֶגְלֵי עַמִּים", אוֹתָהּ שֶׁאוֹכֶלֶת שַׁמְנָן שֶׁל עַמִּים, וּבָאָה בְּכֹחוֹ שֶׁל אַבְרָהָם וְאוֹמֵר: מֵהֶם אֲנִי, עֵשָׂו בֶּן יִצְחָק בֶּן אַבְרָהָם, (שם) "מִתְרַפֵּס בְּרַצֵּי כָסֶף", אַף עַל פִּי שֶׁחָטָא אָדָם וְכוֹעֶסֶת עָלָיו, מַתֶּרֶת אֶת הַפַּס וְנוֹטֶלֶת אֶת הַכֶּסֶף וְהִיא מִתְרַצָּה לוֹ, וּמַהוּ (שם) "בִּזַּר עַמִּים קְרָבוֹת יֶחְפָּצוּ", שֶׁהִיא מְפַזֶּרֶת לְיִשְׂרָאֵל מִתַּלְמוּדָהּ שֶׁל תּוֹרָה וּמְכַנֶּסֶת אוֹתָן בַּמֶּה שֶׁיֵּצֶר הָרַע חָפֵץ בּוֹ, דָּבָר אַחֵר, "בִּזַּר עַמִּים קְרָבוֹת יֶחְפָּצוּ", שֶׁפִּיזְּרוּ אֶת יִשְׂרָאֵל מִן הָעוֹלָם, דָּבָר אַחֵר, "בִּזַּר עַמִּים" שֶׁעָשׂוּ אֶת יִשְׂרָאֵל זָרִים לִי, וְהֵם מְבִיאִין קָרְבָּנוֹת:

ו דָּבָר אַחֵר, [כו, טו] "וְעָשִׂיתָ אֶת הַקְּרָשִׁים לַמִּשְׁכָּן", [ט]אָמַר רַבִּי אָבִין: מָשָׁל לְמֶלֶךְ שֶׁהָיָה לוֹ אִיקוֹנִין נָאֶה, אָמַר לְבֶן בֵּיתוֹ: עֲשֵׂה לִי כְּמוֹתָהּ, אָמַר לוֹ: אֲדוֹנִי הַמֶּלֶךְ, אֵיךְ יָכוֹל אֲנִי לַעֲשׂוֹת כְּמוֹתָהּ, אָמַר לוֹ: אַתָּה בְּסַמָּמָנֶיךָ וַאֲנִי בִּכְבוֹדִי, כָּךְ אָמַר הַקָּדוֹשׁ בָּרוּךְ הוּא לְמֹשֶׁה: [כה, מ] "וּרְאֵה וַעֲשֵׂה", אָמַר לְפָנָיו: רִבּוֹן הָעוֹלָם, אֱלוֹהַּ אֲנִי שֶׁאֲנִי יָכוֹל לַעֲשׂוֹת כָּאֵלּוּ, אָמַר לוֹ: [שם] "כְּתַבְנִיתָם", בִּתְכֵלֶת וּבְאַרְגָּמָן וְתוֹלַעַת שָׁנִי, וּכְשֵׁם שֶׁאַתָּה רוֹאֶה לְמַעְלָה כָּךְ עֲשֵׂה לְמַטָּה,

עץ יוסף

ועליה נבנה כרך גדול של רומי (תולדות נח). או פירושו שכל חיה הוא מן הקולמוס שמכתבת טירוניא מכל העולם, וקרא הקולמוס קנה, ועיין בפרק ערבי פסחים (פסחים קיח, ב): **בין הקנים.** בפסחים פירש רש"י, קנה דריש ליה לשון קנים, בין הקנים ביער: **אוכלת שמנן של עמים.** והיינו בעגלי עמים, שאוכלת שמנן, כאוכל עגלי מרבק: **ובאה בכחו של אבירים.** כן צריך לומר (יפה תואר). והיינו עדת אבירים, שמתייחס לאבירים, דהיינו יצחק ואברהם לאמר אני מבניהם: **מתרת את הפס.** דרש מתרפס מתיר פס, ופירושו פושטת יד ליטול: **והיא מתרצה.** מברצי כסף דריש ליה, שפירושו רצויי פיוסי כסף: **שהיא מפזרת לישראל.** דאיקרי עמים, כדכתיב אף חובב עמים, עמים הר יקראו: **מתלמודה של תורה.** שמבטלין אותם מן התורה, ועל ידי זה מכניסין אותם במה שהיצר הרע חפץ, על דרך דאיתא בגמרא אם רואה אדם שיצרו מתגבר עליו יעסוק בתורה, והיינו קרבות יחפצו, שהיצר הרע בעל מלחמות האדם כנודע: **מן העולם.** כלומר שאבדום מן העולם, ופירוש קרבות יחפצו, כמו שאמרו בפסחים מי גרם לישראל שיתפזרו בין האומות, קרבות יחפצו, על שרצו ישראל מלחמות, ולא רצו (להכנס) [להכנע] להם, כנודע מספר יוסיפון: **זרים לי.** שהחריבו בית המקדש שלא יוכלו להביא קרבנות, והם קרבנות יחפצו, שרצו להקריב לי קרבנות בחשבם שאתרצה להם, כמו שהייתי מקבל מישראל: **(ו) דבר אחר ועשית את הקרשים כו'.** מלות עומדים דריש, כדמסיק כשם שאתה רואה למעלה שרפים עומדים: **איקונין.** תואר פנים וצורתו, וצוה לבן ביתו לצייר שיעשה כמותה, ולכן אמר הבן בית איך אצייר דבר יקר כזה, והשיב לו המלך אתה בסממניך כו', רוצה לומר שאיני מבקש ממך אלא ציירו בסממנים כדרך הציירין, ואף על פי שאינו דומה ממש, וכבודי במקומו מונח. והנמשל בזה על כללות העולם והמשכן דוגמת כל העולם, וכשאמר הקדוש ברוך הוא למשה וראה ועשה בתבניתם, סבר משה שהכוונה האלהית לומר לו שיעשה ממש כמו אותן העליונים, ולכן נתקשה משה דודאי לא יוכל לעשות שיהיו דומים לעליונים, והשיב הקדוש ברוך הוא דמכל מקום יעשה במה שבידו, דהיינו תכלת וארגמן, אלא שיכוון במעשיהם לדוגמא של מעלה, ויתעלו בטוב כוונתו שיהיו חשובין כמותם, כי יוריד השם השכינה שם כשל מעלה, ועיין בבמדבר רבה פרשה י"ב סימן י':

פירוש מהרז"ו

(ו) ועשית את הקרשים. ובסוף הפרשה כמשפטו אשר הראת בהר. ועיין במדבר רבה פרשה י"ב סימן ח: **איקונין נאה.** פירוש מראה פניו וצורתו, וצוה שיעשה כמותה: **את בסממניך.** אתה תצייר בסממנים, ואני אשאר בכבודי, כי איני מבקש ממך דבר שלא תוכל לעשותו: **וראה ועשה.** בסוף פרשת מנורה כתוב, והמדרש דורש על יריעות המשכן. ועוד מנין דורש שאמר משה כך, והקב"ה השיב לו. ואשר יתכן לומר בזה, שאם כפי שכתוב על המנורה, הרי מפורש בריש בהעלותך כמראה אשר הראה ה' את משה כן עשה, ממש ולא בתבניתו, וכאן בתבניתם, ועוד שמה שאמר וראה ועשה, משמע מה שרואה יעשה ממש, ואחר כך אמר בתבניתם ולא ממש, על כן דרש אם אינו ענין על המנורה, תנהו ענין על פרשה שסמוכה לה, שמדבר ביריעות המשכן, שתחלה אמר לו וראה ועשה ממש, ועל זה הכריע על פי מדה ט', שהקשה משה וכי אלוה אני, והשיב לו בתבניתם בתכלת וארגמן, וזה על פי מדה ט"ו ומדה ט', ומדת סמוכין, או סידור שנחלק, שהפסוק שייך להפרשה הסמוכה. וכמו שכתוב כאן כן הוא גם בשיר השירים רבה פסוק לאנה ורואה, ובמדרש רבה שם בשיבוש: **וכשם שאתה רואה.** זה שייך לענין הקרשים שכתוב בהם גם כן בסוף הפרשה כמשפטו אשר הראת בהר:

מתנות כהונה

שאנן של עמים. עשרם של ישראל שכל אחד ואחד מהם קרוי עם כמו שפירש רש"י בפסוק (דברים לג, ג) אף חובב עמים: **ואומר מהם אני.** הגוים אומרים מישראל אנחנו: **בן אברהם.** עדת אבירים קרי ביה עדת אברהם כדאיתא במדרש חזית סוף פסוק שררך אגן הסהר: **הפס.** פס ידו לקבל השוחד: **שיצר הרע חפץ בו.** קרבות לשון קרב ומלחמה וזהו יצר רע שלוחם תמיד עם בעליו: **בזר.** כמו פזר בחילוף אותיות בומ"ף: **זרים לי.** דרש בזר לשון זרות והבי"ת לשמוש: **[ו] כשם שאתה רואה כו'.** עיין במדרש חזית בפסוק לאינה. ובפרשת נשא פרשה י"ב:

אשד הנחלים

[ו] משל כו' אתה בסממניך ואני בכבודי. הענין הזה הוא ציור נשגב מאד, איך יתכן לעשות משכן חומרי שיהיה דוגמת משכן העליון שהוא רוחני, אחר שנבדלים הם בסוג, והרי זה דומה לאיקונים מהצורה האמיתית, שאין בה רוח חיים מאומה. אבל האמת על ידי הכונה הטובה, שזהו הסממנים המיפים הדבר ונותנים נעימות ועריבות להביט על דבר הנפלא, אז אני בכבודי אשכון בתוכה. ועל פי ציור המחקרי הוא דבר דק מאד, להיות שבאמת התמונה רק דבר משוער בנפש, לא כשהיא בעצם, כי אם מצד הנפש המחברת הדברים יחד, וחושבם לגוף אחד, המשל האדם מחובר מחלקים שונים הראש היד והרגל ושאר איבריו, ואילולי לא ימצא סדר בנפש לחשבו כגוף אחד, נצב המורכב מאיברים שונים לתכלית אחד, אז לא היתה תמונת האדם תמונה, וכן בכל הדברים באין נמלט אחד מהם כן, ואם כן גם התמונה אף שהיא נמשכת מדבר גשמי, עם כל זה ציורה היא שכלי ומחשבי, ואם כן אינו רחוק לדמות דבר רוחני לתמונה גשמית לתת ציור מזה לזה, כי גם התמונה הוא כדבר רוחני מחשבי, ולזה העצי שטים העומדים, שציור העמידה הוא דבר המחובר יחד בחלקיו, עד עלותו למעלה על ידי עמידתו, כן מצוייר מלאכי מעלה בשהם עומדים למעלה במעלתן, וכן תמונת כל כלי בית המקדש ותמונתו כפי הציור יוכל לצייר למעלה ברוחנית, הבן זה מאד. ועל דרך הפשט הפשוט, הוא כדמות מזכרת, שיזכור על ידי הקרסים למשל הכוכבים המזהירים וכדומה, ועל ידי זה יזכור כבוד ה' וגדלו ורוממתו, וזהו כדמות איקונין של מלך, שעל ידי זה יזכור את המלך ואימת גדולתו, ודי בזה:

חידושי הרד"ל

והם מביאין קרבנות. בתמיה הא מעלה על דרך לחפוץ ולקרב קרבנות:

באור מהרי"פ

במה שיצר הרע חפץ. אולי משום דאמרו חכמינו ז"ל (קדושין ל, ב) בראתי יצר הרע בראתי תבלין, היינו התורה, וכיון שהם מבטלין את ישראל מן התורה, ממילא נמסרים ביד היצר הרע: **והם מביאים קרבנות.** פירוש, אומות העולם מביאים קרבנות, ורוצים להיות קרובים להקב"ה, ולהרחיק את ישראל מהקב"ה, ולעשות אותם זרים, וקרבות דורש לשון קרבנות:

חידושי הרש"ש

[ו] [ועשית את הקרשים למשכן]. בסוף הסדרא פה מצאתי מקום לבאר ענין עמידת עמודי החצר אשר נבוכו בו רבים מגדולי הראשונים והאחרונים, עיין בהם בטרם תבא לביאורי זה, כי אז תטעום נוף נועם בדברי אלה, והוא הנראה לדעתי, כל עמוד עם החלל עד עמוד השני הכילו חמשה אמות, (ועיין תוספות ישנים ריש פרק ב דעירובין דמוכח דלא היה רוחב העמוד אמה שלמה), ומפירוש רש"י כאן פסוק י' משמע שהיו רחבן אמה, וכן כתב הרא"ס לדעת רש"י בפסוק י"ח, אף שאין פירושו שם מוכרח, וגם נראה שנעלם מכבוד תורתו פירוש רש"י בעירובין (כג, ב) ד"ה ועשרים לכל רוח, עיין שם. ונתחיל באורך החצר, כשהעמידו עשרים עמודי צפונים נעשו תשע עשרה חללים, אחר כך כשהעמידו עמודי מערביים הפליגו עמוד המקצוע מן העמוד העשרים למערב בכדי חלל אחד שוה לשאר חללי העמודים, אך לא העמידוהו בשורת העשרים הצפונים, רק שהפליגוהו לדרום בכדי שיעור עובי עמוד, עד שקצהו החיצוני היה נגד קצה הפנימי מן הצפונים, וכן כשכלו עשרה המערביים והתחילו בעמודי הדרומיים הפליגו עמוד המקצוע לדרום כשיעור חלל אחד, ולמזרח כשיעור עובי עמוד וכו', וכן עשו בהמזרחיים, והקלעים היו תלוים מפנים לעמודים, וכשתדקדק היטב בזה תראה הפרשה מבוארת לפניך בלי שום גמגום, ומדוייק היטב גם כן עמודיהם ארבעה דכתיבי בשער החצר, ודלא כהתוספות בעירובין (ב, ב) ד"ה בין שכתב דשלשה עמודים היה ברוחב הפתח, ונראה לי דטעות סופר בדבריהם, וצריך לומר ארבע כדכתיב בקרא, אחר זה

מסורת המדרש

ט. במדבר רבה פרשה י"ב. שיר השירים רבה סוף פרשה ג'. פסיקתא דרב כהנא פיסקא א'. ילקוט כאן רמז שס"ט. כל הענין:

אם למקרא

יְכַרְסְמֶנָּה חֲזִיר מִיָּעַר וְזִיז שָׂדַי יִרְעֶנָּה: (שם פ:יד)

ידי משה

והם מביאין קרבנות. קרבות יחפצו קדריס, לשון קרבן: **[ו] אתה בסממניך ואני בכבודי.** פירוש, הגם שלא תצייר את הצורה כהוייתן, מכל מקום תצייר בסממניה ואני אמחול על כבודי כך הנמשל וכו':

אמרי יושר

גער חיה שדרה בין הקנים. והוא חזיר שאדום נמשל בה. או יש נוסחא אחרת שכולה חיה מן הקנה דאמרינן (שבת נו, ב) נעץ גבריאל קנה בים והעלה שרטון ועליה נבנה כרך גדול של רומי: **שעשו ישראל זרים.** וחוטאים, וצריכים ישראל להביא קרבנות. או כמו והם חוזר לאדום שיצאו להכנס תמורת ישראל: **[ו] אמר לו אתה בסממניך.** ואיני אומר שיהא שוה לפרצוף שלי מכל צד, שזה אי אפשר, שאני בכבודי ולא האיקונין, אלא אני אומר שתעשה האיפשרי לך:

שינוי נוסחאות

ובאה בכחו של אברהם. יפ"ת הגיה "...של אבירים":

שֶׁנֶּאֱמַר "עֲצֵי שִׁטִּים עֹמְדִים" – **Thus it is stated** in our verse, *planks . . . **of acacia wood, standing erect,*** כְּנָתוּן בָּאִיסְטַרְטְיָא שֶׁל מַעְלָה – which means that the planks should be **like [the angels]** stationed **in the palace yard above,** who stand erect. וְאִם תַּעֲשֶׂה כְּאוֹתָהּ שֶׁל מַעְלָה לְמַטָּה – For God promised Moses, **"And if you will make below a likeness of** what appears **above,** אֲנִי מֵנִיחַ סַנְקְלִיטִין שֶׁל מַעְלָה וּמַשְׁרֶה שְׁכִינָתִי בֵּינֵיכֶם לְמַטָּה – **I shall take leave of My heavenly ministers, and rest My *Shechinah* among you below.** מַה לְמַעְלָן שְׂרָפִים עֹמְדִים אַף לְמַטָּה עֲצֵי שִׁטִּים עֹמְדִים – For **just as Seraphim angels stand erect above, so too** the planks of **acacia wood stand erect below;**[112] מַה לְמַעְלָה כּוֹכָבִים אַף לְמַטָּן כֵּן – **and just as there are stars above, so too there are such below."**[113] אָמַר רַבִּי חִיָּיא בַּר אַבָּא – And regarding this last point **R' Chiya bar Abba said:** מְלַמֵּד שֶׁהָיוּ קְרָסֵי זָהָב נִרְאִין בְּמִשְׁכָּן כְּכוֹכָבִים הַנִּרְאִים בָּרָקִיעַ – This **teaches that gold hooks appeared inside the Tabernacle like stars that appear in the firmament.**[114]

NOTES

112. When building a house, the beams of wood are generally laid horizontally. By contrast, the planks of the Tabernacle stood vertically, in order to imitate the erect stance of the angels (*Maharzu*).

113. The Midrash immediately explains how this is so.

114. The ten curtains that served as the Tabernacle's roof (see above, note 60) were sown together in two sets of five. Fifty loops of turquoise wool were then sewn at the end of each set, which were then joined together with gold hooks (*Rashi* to *Shabbos* 99a, from *Exodus* 26:4-6). The glitter of the gold hooks against the turquoise background of loops gave the appearance of stars in the sky (see *Ritva, MHK* edition, to *Shabbos* ibid.).

Eshed HaNechalim (in his "plain interpretation" at the end of his long comment) writes that the hooks serve as a reminder of the stars in heaven, and thus of God's greatness and glory. (The same holds true for the various other parts of the Tabernacle which parallel other aspects of the heavenly realms; see above, note 108.) They thus serve the same role as the picture in the parable, which serves the one who gazes upon it as a reminder of the king and the reverence due him.

See Insight Ⓐ.

INSIGHTS

Ⓐ The Spiritual Dimension of This World A man — even a man as great as Moses — inhabits the physical realm. God shows him a spiritual, heavenly paradigm of what it is he must produce here on earth, and he despairs of being able to perform this task. "How," he says, "can I escape the shackles of my material self and capture the image of pure spirit?" But God says to him, "I do not demand that you make a celestial replica of what you have been shown. I desire an earthly one. Copy what you have seen in heaven using the earthly materials at your disposal. That is what I want. That is what I *prefer.* And if you accomplish *that* task, I shall take leave of My heavenly ministers, and rest My *Shechinah* among you below."

R' Yechezkel Levenstein (*Ohr Yechezkel, Emunah,* pp. 259-262) expands on our Midrash. It is not that God finds the paltry efforts of mortal men to be sufficient. It is that man underestimates their spiritual power and import. Our physical actions have spiritual outcomes. We may lack the vision to see those outcomes. But it is incumbent upon us to realize the extraordinary power of our every action, thought, and deed.

Ramban writes (in his introduction to his commentary on *Deuteronomy*; see also his comments on *Genesis* 12:6) that the Book of *Bereishis* is called *Sefer Yetzirah* – the book of Creation (*Genesis*) — for two reasons: It describes the creation of the world, and it describes the actions of our Patriarchs — Abraham, Isaac, and Jacob — whose lives and deeds were acts of "creation" in that they blazed a trail for their progeny, imprinting this physical world with patterns that would be repeated throughout our long and varied history.

We are a far cry from the towering spiritual stature of the Patriarchs and Moses. We may think that our efforts, our actions, are disconnected from the inner workings of the universe. But our Midrash teaches otherwise. We, too, are painters commissioned to paint with our lives, thoughts, and deeds an image of the King with the meager tools at our disposal. There is profound spiritual accomplishment in that endeavor, however short we will necessarily fall of capturing more than but a faint reflection of the King's honor.

שנאמר עצי שטים עומדין. כלומר כאותם העומדים למעלה, וזה שאמר כנתון באסטרטיא של מעלה, תרגום דרך המלך, באסטרטיא דמלכא, וכמפרש מה להלן שרפים עומדין כו': **סנקליטין.** פירוש בית דין ושרי יועציו:

עצי שטים עומדים. בדרך גדילתם, ולא כדרך בניני בתים שמשכיבים העצים זה על זה, עיין לעיל פרשה ל"ג סימן ד: **קרסי זהב.** במדבר רבה שם, ושם נסמן, וברייתא דמלאכת המשכן פרק ג:

שֶׁנֶּאֱמַר "עֲצֵי שִׁטִּים עוֹמְדִים", כַּנָּתוּן בָּאִיסְטְרַטְיָא שֶׁל מַעְלָה, וְאִם תַּעֲשֶׂה כְּאוֹתָהּ שֶׁל מַעְלָה לְמַטָּה, אֲנִי מֵנִיחַ סַנְקְלִיטִין שֶׁל מַעְלָה וּמַשְׁרֶה שְׁכִינָתִי בֵּינֵיכֶם לְמַטָּה, [י]מַה לְמַעְלָן (ישעיה ו, ב) "שְׂרָפִים עֹמְדִים", אַף לְמַטָּה [כו, טו] "עֲצֵי שִׁטִּים עֹמְדִים", מַה לְמַעְלָה כּוֹכָבִים אַף לְמַטָּן כֵּן, אָמַר רַבִּי חִיָּיא בַּר אַבָּא: [יא]מְלַמֵּד שֶׁהָיוּ קַרְסֵי זָהָב נִרְאִין בַּמִּשְׁכָּן כְּכוֹכָבִים הַנִּרְאִים בָּרָקִיעַ:

מתנות כהונה

איסטרטיא. פירש הערוך (ערך אסטרטיא) חיל וצבא:
סנקליטון. ב"ד ושרי יועציו (ערוך ערך סנקליט):

חידושי הרש"ש

בינותי בספרים, וראיתי שהרב ספורני כוון למה שכתבתי. ואגב אבאר שם בפרשה ווי העמודים וחשוקיהם כסף, עיין רש"י. ולי נראה דהווים לא היו תחובים בחור בעמוד, רק עשו כמו חשוק של כסף, וממנו יצא כמין וי"ו ואחזוהו להעמוד, אבל בעמודי האהל לא היה צורך לחשוקים כי היו מצופים, ומהצפוי יצאו הווים:

מסורת המדרש

י. לעיל פרשה ל"ג:
יא. ירושלמי מגילה פרק א' הלכה י"ב:

אם למקרא

שְׂרָפִים עֹמְדִים מִמַּעַל לוֹ שֵׁשׁ כְּנָפַיִם שֵׁשׁ כְּנָפַיִם לְאֶחָד בִּשְׁתַּיִם יְכַסֶּה פָנָיו וּבִשְׁתַּיִם יְכַסֶּה רַגְלָיו וּבִשְׁתַּיִם יְעוֹפֵף:
(ישעיה ו:ב)

תצוה

TETZAVEH

Chapter 36

וְאַתָּה תְּצַוֶּה אֶת בְּנֵי יִשְׂרָאֵל וְיִקְחוּ אֵלֶיךָ שֶׁמֶן זַיִת זָךְ כָּתִית לַמָּאוֹר לְהַעֲלֹת נֵר תָּמִיד.

Now you shall command the Children of Israel that they shall take for you pure olive oil, pressed, for illumination, to kindle a lamp continually (27:20).

§1 וְאַתָּה תְּצַוֶּה – ***NOW YOU SHALL COMMAND*** *THE CHILDREN OF ISRAEL THAT THEY SHALL TAKE FOR YOU PURE OLIVE OIL.*

The word אֵלֶיךָ, *for you,* appears superfluous. The Midrash addresses this issue:[1]

הָדָא הוּא דִכְתִיב "זַיִת רַעֲנָן יְפֵה פְרִי תֹאַר קָרָא ה' שְׁמֵךְ" – **This is** to be understood in light of **what is written, *HASHEM had called your name, "A leafy olive tree, beautiful with shapely fruit,"*** *[but now,] amid the sound of a great commotion He has set fire to it and its branches were broken* (*Jeremiah* 11:16).[2] וְכִי לֹא נִקְרְאוּ יִשְׂרָאֵל אֶלָּא בְּזַיִת הַזֶּה בִּלְבַד – **Now, were** the people of **Israel only called after the olive tree?** וַהֲלֹא בְּכָל מִינֵי אִילָנוֹת נָאִים וּמְשׁוּבָּחִים נִקְרְאוּ יִשְׂרָאֵל – **Have not** the people of **Israel been called** also **after all kinds of** other more **beautiful and praiseworthy trees?**[3] בְּגֶפֶן וּתְאֵנָה – They are referred to **as a grapevine and as a fig tree;** שֶׁנֶּאֱמַר "גֶּפֶן מִמִּצְרַיִם תַּסִּיעַ" – they are called "grapevine," **as it is stated, *You caused a grapevine to journey out of Egypt*** (*Psalms* 80:9), תְּאֵנָה שֶׁנֶּאֱמַר "כְּבִכּוּרָה בִתְאֵנָה בְּרֵאשִׁיתָהּ" – and they are called **"fig tree," as it is stated,** *I found Israel like grapes in the desert;* ***like a ripe fruit on a fig tree in its beginning*** *did I view your fathers* (*Hosea* 9:10). בְּתָמָר, שֶׁנֶּאֱמַר "זֹאת קוֹמָתֵךְ דָּמְתָה לְתָמָר" – They are **likened to a palm tree** as well, **as it is stated, *this is your stature, like unto a palm tree*** (*Song of Songs* 7:8). בְּאֶרֶז, שֶׁנֶּאֱמַר "כְּאֶרֶז בַּלְּבָנוֹן יִשְׂגֶּה" – They are also **likened to a cedar, as it is stated,** *A righteous man will flourish like a date palm,* ***like a cedar in the Lebanon he will grow tall*** (*Psalms* 92:13).[4] בְּאֱגוֹז, שֶׁנֶּאֱמַר "אֶל גִּנַּת אֱגוֹז יָרַדְתִּי" – And they are **likened to a nut tree, as it is stated, *I went down to the garden of nuts*** (*Song of Songs* 6:11).[5] וּקְרָאָן בְּכָל מִינֵי שְׁלָחִים, שֶׁנֶּאֱמַר "שְׁלָחַיִךְ פַּרְדֵּס רִמּוֹנִים" – **And** moreover **he called [the people of Israel] by** the name of **all kinds of produce of the garden, as it states, *Your gardens are an orchard of pomegranates*** *with precious produce* (*Song of Songs* 4:13).[6] וּבָא יִרְמְיָה לוֹמַר "זַיִת רַעֲנָן יְפֵה פְרִי תֹאַר" – **Yet Jeremiah comes** along, **saying, *A leafy olive tree, beautiful with shapely fruit!*** אֶלָּא מָה הַזַּיִת הַזֶּה עַד שֶׁהוּא בְּאִילָנוֹ מְגַרְגְּרִין אוֹתוֹ – **However,** the explanation is that Jeremiah intended to make the following analogy: **Just as with the olive, while it is still on its tree it is selected for extra ripening,**[7] וְאַחַר כָּךְ מוֹרִידִין אוֹתוֹ מִן הַזַּיִת וְנֶחְבָּט – **and afterward [the olive] is brought down from the olive tree and is squeezed,** וּמִשֶּׁחוֹבְטִין אוֹתוֹ מַעֲלִין אוֹתוֹ לַגַּת וְנוֹתְנִין אוֹתָן בְּמַטְחֵן וְאַחַר כָּךְ טוֹחֲנִין אוֹתָן – **and after it is squeezed it is brought up to the olive-press, and [the olives] are placed in a mill and then ground,** וְאַחַר כָּךְ מַקִּיפִין אוֹתָן בַּחֲבָלִים – **and afterward they are wrapped in ropes,** וּמְבִיאִין אֲבָנִים – **and stones are brought** to press down on them, וְאַחַר כָּךְ נוֹתְנִין אֶת שׁוּמְנָן – **and** only **after** all **this do they give forth their oil,** כָּךְ יִשְׂרָאֵל – **so it is with** the people of **Israel:**[8] בָּאִין אוּמּוֹת הָעוֹלָם וְחוֹבְטִין אוֹתָם מִמָּקוֹם לְמָקוֹם – **The** other **nations of the world come and beat them,** thereby driving them **from place to place,** וְחוֹבְשִׁים אוֹתָם וְכוֹפְתִין אוֹתָם בְּקוֹלָרִין – **and they imprison them and bind them with neck chains,** וּמַקִּיפִין אוֹתָן טַרְטִיוֹטִין – **and they surround them with soldiers,** וְאַחַר כָּךְ עוֹשִׂין תְּשׁוּבָה וְהַקָּדוֹשׁ בָּרוּךְ הוּא עוֹנֶה לָהֶם – **and after** all **this [the people of Israel] repent** and call out to God, **and the Holy One, blessed is He, answers them.** מִנַּיִן – **From where** do we learn that this is so? שֶׁנֶּאֱמַר "וַיֵּאָנְחוּ בְנֵי יִשְׂרָאֵל" – **For it is stated, *and the Children of Israel groaned*** *"because of the work," and they cried out. Their outcry "because of the work" went up to God, and God heard their moaning, and God remembered His covenant, etc.* (above, 2:23-24); וְכֵן "בַּצַּר לְךָ וּמְצָאוּךָ וְגוֹ' כִּי אֵל רַחוּם ה' אֱלֹהֶיךָ" – **and similarly** it states, ***When you are "in distress" and*** *all these things* ***have befallen you,*** *at the end of days, you will return to HASHEM, your God, and hearken to His voice.* ***For HASHEM, your God, is a merciful God;*** *He will not abandon you nor destroy you, and He will not forget the covenant of your forefathers that He swore to them* (*Deuteronomy* 4:30-31).[9] הֱוֵי "זַיִת רַעֲנָן יְפֵה פְרִי תֹאַר" – **This is** the explanation of the verse, ***A leafy olive tree, beautiful with shapely fruit.***[10]

NOTES

1. The Midrash understands that the word אֵלֶיךָ, *for you* or *unto you* ("you" referring to Moses), intimates that there is a connection between olives and Israel (for Moses is representative of the entire people of Israel; see *Bamidbar Rabbah* 19 §28 and *Rashi* to *Numbers* 21:21) (*Maharzu*).

Alternatively: The point of the Midrash is to provide a rationale as to why God commands us to kindle lights in the Temple sanctuary, as mandated in our passage (*Eitz Yosef*). [The answer to this question is not given until §2.]

2. Jeremiah laments the fact that Israel, who had once been comparable to a fine tree, would now be "broken down" and "burnt."

3. Since Jeremiah said, *beautiful with shapely fruit*, it appears that his comparison of Israel to the olive tree is with regard to its attractiveness or stature. If so, of all the trees to which Israel is compared (listed by the Midrash shortly), why did he choose the olive tree, which is not known for its towering height or great beauty, as the other trees are? (*Yefeh To'ar, Eitz Yosef*).

4. This verse, though it refers specifically to the "righteous man," is understood to refer to the entire people of Israel (see also *Midrash Shocher Tov* ad loc.).

5. The verse is seen as a metaphor for God going to inspect Israel (see commentators and Midrash ad loc.).

6. The verse continues, כְּפָרִים עִם נְרָדִים, נֵרְדְּ וְכַרְכֹּם קָנֶה וְקִנָּמוֹן עִם כָּל עֲצֵי לְבוֹנָה מֹר וַאֲהָלוֹת עִם כָּל רָאשֵׁי בְשָׂמִים, *henna with nard; nard and saffron, calamus and cinnamon,with all trees of frankincense, myrrh and aloes with all the chief spices*. Thus Israel is compared to all kinds of garden produce (*Beur Maharif*).

7. When the harvester first begins to pick the olives, he selects certain choice olives to leave on the tree a bit longer, to allow them to soften somewhat, to facilitate the extraction of their oil. This translation of מְגַרְגְּרִין follows *Rashi's* first explanation in his commentary to *Menachos* 86a; see also *Aruch* s.v. גרגר. Another explanation for the word is that certain olives are picked from the top of the tree, where the exposure to the sun causes them to ripen early (*Rashi* ibid. and *Aruch* ibid.).

8. When the Jewish people are enjoying good times, they soar to great heights. They are left to ripen on the tree, so to speak. However, when they sin, they repent only after troubles befall them. They must be cast down from the tree and subjected to trouble in order to bring out the "oil" of repentance that ultimately brings salvation (see *Eshed HaNechalim*, *Maharzu*, *Radal*, and *Eitz Yosef*). The Midrash will list four things to which the Jewish people were subjected, which correspond to the four things, mentioned above, done to olives in order to yield their oil (*Tiferes Tzion*).

9. Thus we see that the Jewish people repent only when troubles befall them. Nevertheless, when they do so, God answers them (*Eitz Yosef*).

10. Jeremiah's intent by comparing the Jewish people to an olive tree was not with regard to its beauty, but rather that, like the olive, they only "emit their oil" (repent) when subjected to much harsh treatment. Therefore, he continues (ibid., vv. 16-17), God will bring their enemies against them: לְקוֹל הֲמוּלָּה גְדֹלָה הִצִּית אֵשׁ עָלֶיהָ וְרָעוּ דָּלִיּוֹתָיו, *[but now,] amid*

(א) הדא הוא דכתיב זית רענן כו'. בא לתת טעם מלות שמן זית, ומייתי קרא זית רענן שקרא להן ירמיה על שם שמאירים להקדוש ברוך הוא, כדמפרש בסימן ב', ואגב דריש ליה: **וכי לא נקראו ישראל כו'.** וטוב שיזכיר תמר או ארז, שהם יותר יפים, ומשני שהמשילם לזית, אחד לומר שאינן עושים תשובה אלא על ידי צרת גלותם. שנית שאין להם ערוב עם עובדי כוכבים, ועל זה יתאונן איך נתערבו בעובדי כוכבים. שלישית לומר שבשעה שעושים רצונו של מקום עם עליונים, ועכשיו בחטאם היה בהפך: **מגרגרים אותו.** מלקטים אותן שהם מתבשלין תחלה: **ונחבט.** כובשין אותו: **במטחן.** היינו רחיים שטוחנין, ועיין בתנחומא סדר זו סימן ו': **טרטיוטין.** לפי הענין הוא חיילות המלך, ואולי צריך לומר סרדיוטין (מתנות כהונה). ולי נראה שצריך לומר סטרטיוטין, ופירושה בלשון יוני אנשי מלחמה: **והקדוש ברוך הוא עונה להם.** אף על פי שהתשובה היא בעל כרחם: **שנאמר ויאנחו.** בני ישראל מן העבודה וגו': **בצר לך ומצאוך וגו'.** ושבת עד ה' אלהיך, הרי ממקרא זה גם כן משמע דדרך ישראל הוא שלא לשוב אלא מתוך צרה:

(א) ואתה תצוה. ויקחו אליך שמן זית, שתיבת אליך מיותר, ודורש שענין הזית מרמז על ישראל, ומשה הוא ישראל, וזהו אליך, וכמו שכתב בסוף הסימן: **וכי לא נקראו ישראל.** הוקשה לו מה שכתוב קרא ה' שמך, והלא בכל האילנות שנקראו ישראל לא אמר קרא ה' שמך. על כן דורש שכל ענין של ישראל בגלות וגאולה בדמיון הזית, ובזה שייך קריאת שם: **בבל מיני אילנות.** לעיל פרשה כ סימן ה: **בגפן.** בראשית רבה פרשה פ"ח סימן ה, לקמן ריש פרשה מ"ד, ושם נסמן: **בבכורה בתאנה.** [סיפיה דקרא] ראיתי אבותיכם, ורישיה דקרא כענבים במדבר מצאתי ישראל. אלא שכבר הזכיר גפן לאילן הגפן, ולא על הענבים לבד: **בארז בלבנון.** ורישיה דקרא, צדיק כתמר יפרח. וצריך ביאור מה הוצרך לפסוק זאת קומתך, אולי על הגידול והקומה, ולא על הפריחה לבד. ועיין בראשית רבה ריש פרשה מ"א: **באגוז.** עיין שיר פסוק זה: **מגרגרין אותו.** עושין סימן בגרגרים שנתבשלו: **במטחן.** ברחיים שטוחנין אותו, כמו שאמרו מנחות (פ"ה) [פו, א] הביאו רש"י בחומש ריש תצוה, ואחר שטוחנין נותנין בסלים, ועיין תנחומא כאן סימן ו: **טרטיוטין.** עיין מוסף ערוך ערך סרדיוט, וצריך לומר סטרטיוטין, פירוש אנשי מלחמה: **ויאנחו בני ישראל.** ותעל שועתם, ונגאלו, וזהו שנתנו שמנם על ידי הצרות שסבלו ונגאלו, וכן לעתיד, וזהו כתית למאור, על ידי כתיתה מאירים:

סֵדֶר תְּצַוֶּה

פרשה לו

א [כז, כ] **"וְאַתָּה תְּצַוֶּה" הָדָא הוּא דִכְתִיב** (ירמיה יא, טז) **"זַיִת רַעֲנָן יְפֵה פְרִי תֹאַר קָרָא ה' שְׁמֵךְ", וְכִי לֹא נִקְרְאוּ יִשְׂרָאֵל אֶלָּא בַּזַּיִת הַזֶּה בִּלְבָד, וַהֲלֹא בְּכָל מִינֵי אִילָנוֹת נָאִים וּמְשׁוּבָּחִים נִקְרְאוּ יִשְׂרָאֵל, בְּגֶפֶן וּתְאֵנָה, שֶׁנֶּאֱמַר** (תהלים פ, ט) **"גֶּפֶן מִמִּצְרַיִם תַּסִּיעַ", תְּאֵנָה שֶׁנֶּאֱמַר** (הושע ט, י) **"כְּבִכּוּרָה בִתְאֵנָה בְּרֵאשִׁיתָהּ", בַּתָּמָר שֶׁנֶּאֱמַר** (שיר השירים ז, ח) **"זֹאת קוֹמָתֵךְ דָּמְתָה לְתָמָר", בָּאֶרֶז שֶׁנֶּאֱמַר** (תהלים צב, יג) **"כְּאֶרֶז בַּלְּבָנוֹן יִשְׂגֶּה", בֶּאֱגוֹז שֶׁנֶּאֱמַר** (שיר השירים ו, יא) **"אֶל גִּנַּת אֱגוֹז יָרַדְתִּי", וּקְרָאָן בְּכָל מִינֵי שְׁלָחִים, שֶׁנֶּאֱמַר** (שם ד, יג) **"שְׁלָחַיִךְ פַּרְדֵּס רִמּוֹנִים", וּבָא יִרְמְיָה לוֹמַר** (ירמיה יא, טז) **"זַיִת רַעֲנָן יְפֵה פְרִי תֹאַר", אֶלָּא** [א]**מָה הַזַּיִת הַזֶּה עַד שֶׁהוּא בְּאִילָנוֹ מְגַרְגְּרִין אוֹתוֹ וְאַחַר כָּךְ מוֹרִידִין אוֹתוֹ מִן הַזַּיִת וְנֶחְבָּט, וּמִשֶּׁחוֹבְטִין אוֹתוֹ מַעֲלִין אוֹתוֹ לַגַּת וְנוֹתְנִין אוֹתָן בַּמַּטְחֵן וְאַחַר כָּךְ טוֹחֲנִין אוֹתָן וְאַחַר כָּךְ מַקִּיפִין אוֹתָן בַּחֲבָלִים, וּמְבִיאִין אֲבָנִים וְאַחַר כָּךְ נוֹתְנִין אֶת שׁוֹמְנָן,** [ב]**כָּךְ יִשְׂרָאֵל בָּאִין אוּמּוֹת הָעוֹלָם וְחוֹבְטִין אוֹתָם מִמָּקוֹם לְמָקוֹם וְחוֹבְשִׁים אוֹתָם וְכוֹפְתִין אוֹתָם בְּקוֹלָרִין וּמַקִּיפִין אוֹתָן טַרְטִיוֹטִין וְאַחַר כָּךְ עוֹשִׂין תְּשׁוּבָה וְהַקָּדוֹשׁ בָּרוּךְ הוּא עוֹנֶה לָהֶם, מִנַּיִן, שֶׁנֶּאֱמַר** (שמות ב, כג) **"וַיֵּאָנְחוּ בְנֵי יִשְׂרָאֵל", וְכֵן** (דברים ד, ל-לא) **"בַּצַּר לְךָ וּמְצָאוּךָ וְגוֹ' כִּי אֵל רַחוּם ה' אֱלֹהֶיךָ", הֱוֵי "זַיִת רַעֲנָן יְפֵה פְרִי תֹאַר", דָּבָר אַחֵר, מָה רָאָה יִרְמְיָה לִמְשׁוֹל יִשְׂרָאֵל °כַּזַּיִת,**

מתנות כהונה

[א] **עד שהוא באילנו כו'.** על פי המשנה בפרק כל הקרבנות במסכת מנחות נתבאר דהכי גרסינן עד שהוא באילנו מגרגרין אותו ואחר כך מורידין אותו מן הזית ונחבט ומשחובטין אותו מעלין אותו לגת ונותנין אותו במטחן כו': **מגרגרין.** מפרש התם בגמרא שעושין להם סימן שלא יתערב באחרים מפני שאינם מתבשלים כולם בפעם אחת ועושין סימן באותם שהתחילו להתבשל ראשון ראשון: **ונחבט.** זהו שאמרו שם (מנחות פו, א) מגרגרו בראש הזית וכותש. נחבט היינו כותש: **מטחן.** זהו הסל שאמר שם ונתנו בתוך הסל וטוענו בקורה: **טרטיוטין.** לפי הענין הוא חיילות המלך ואולי שצריך לומר סרדיוטין:

אשד הנחלים

[א] **זית רענן גו' אלא כזית הזה כו' כך ישראל כו'.** אף שכל הנביאים כל אחד אחז בכנוי פרי, מה זה גפן, וזה תאנה וכדומה, עם כל זה מקשים על זה שאמר יפה פרי תואר, דמשמע שלא מצא דמיון טוב יותר מהזית, והלא באמת נדמו לכל מיני פירות, כי יש בהם כל המעלות החמודות מה שנמצא דוגמתם בכל הפירות. ולכן מפרש שירמיה בהוכיחו לישראל, ובראותו צרותיהם ומצוקותיהם מכל עבר ופינה, לכן דימם לזית הנחבט בכל עת להוציא שמנו, וכל זה לטובתו למען יצא שמנו נקי, כן היו יסורי ישראל למען יזדככו ויצרפו יותר ויותר, ועל ידי זה יעשו תשובה ואחר כך יענה ה' להם, ולכן כינם יפה פרי תואר, על שם שמנו הטוב היוצא ממנו אחר טחינתו, שאז נשאר פרי תואר מאד:

באור מהרי"פ

[א] **בבל מיני שלחים שנאמר שלחיך פרדס רמונים.** (שיר השירים ד, ג) עם פרי מגדים כפרים עם נרדים. ואם כן נמשלו דומים לכל מיני אילנות ולכל מיני שלחים: **מגרגרין אותו.** והנמשל, שאומות העולם מונין את ישראל ממעי אמן, כמאמר חז"ל (שמות רבה א, כ) על המקרא ותלפנהו שלשה ירחים. תולדות נח הארוך: **במתנות כהונה ד"ה טרטיוטין כו' ואולי שצריך לומר סרדיוטין.** וזה לשון רבי בנימין מוספיא [בערוך] ערך סטרטיוטין, מדרש שמות רבה פרשת החודש הזה לכם (טו, א) בשר ודם מכתיב לו סטרטיוטין [כו'] כדי ללבוש קסדא ושריון, פירוש בלשון יוני אנשי מלחמה. ועיין ערך אסטרטיא עד כאן. וזה לשון הערוך ערך אסטרטיא, בקדושין פרק עשרה יוחסין (עו, א) במשנה אף מי שהיה מוכתב באסטרטיא של מלך. ופירש בגמרא (שם עמוד ב) מאי אסטרטיא של מלך, אמר רב יהודה אמר שמואל חיילות של בית דוד וכו'. ובמגלת איכה יעיב באפו (איכה רבתי ב, ד) אל תכתבהו באסטרטיא שלך. וזה לשון רבי בנימין מוספיא אמר בנימין פירוש בלשון יוני צבא ואסטרטיוט איש מלחמה, וחכמינו ז"ל בקילור קראוהו סרדיוט אסטרטיגוס, וגם אסטרטליטים שר צבא, תרגום אחשדרפני המלך אסטרטלוסי מלכא:

אמרי יושר

[א] **וכי לא נקראו ישראל אלא בזית.** והיאך אתה אומר זית קרא שמך, דמשמע שבא לשבחם, ואם לענין היופי הלא אחרים יש נאים בצילם ומשובחים בפרים. ועוד דייק לשון קרא ה' שמך אלא מה הזית כו', ואם כן לשבח מיוחד שאינו נמצא רק בזית נמשלו בו, ולזה נו את בני ישראל שהם כזית כתושים, להם נאה לקחת שמן זית זך כתית, ואם כן כאן קראם זית, ואמר ירמיה (יא טז) שלרעותא נהפך, שרעו דליותיו כזית:

חידושי הרד"ל

[א] **בבל מיני שלחים.** עיין לעיל ריש פרשה תרומה (לג, א): **מה זית כו' כך ישראל כו'.** מנחות (נג, ב) עיין שם: **שהוא באילנו כו' מורידין כו' ונחבט על גבי קרקע.** וזהו מאגרא רמא לבירא עמיקתא, וכמו שכתוב (איכה ב, א) השליך משמים ארץ כו': **מן העבודה.** והוא הלחץ, כמו שכתוב (שמות ו, ה) את נאקת וגו'. וגם ראיתי את הלחץ וגו' (שמות ג, ט): **ומצאוך וגו' ושבת עד ה' אלוקיך וגו'.** כן צריך לומר:

חידושי הרש"ש

[א] **בבכורה בתאנה בראשיתה.** פירוש הכתוב נראה כבכורה רצה לומר המתבכרת ראשונה, (דתאנה אין לקיטתה באחת כמבואר בשבת בריש פרק כ"ג) בראשיתה, רצה לומר בשנה ראשונה לגדול פירותיה: **מגרגרין אותו.** מה שכתב המתנות כהונה מפרש התם בגמרא שעושין להם סימן כו', בגמרא שם במנחות (פו, א) ליתא, רק הוא פירוש הערוך הביאוהו התוספות שם על הא דמבעי שם או מגלגלו תנן: **ונחבט ומשחובטין אותו כו'.** נראה דזהו דתנן התם טוענו בתוך הבית (כן הובא הגירסא במשניות) עד שילקה, כי חבוט היינו הלקאה בכמה מקומות. ואף דלא תנהו שם אלא בזית השלישי, והכא אמר לישנא דמגרגרו דתנהו שם בזית הראשון, הא לא אמר הכא בראש הזית כלישנא דשם בזית הראשון, ולכן אפשר לומר דלא מיירי הכא אלא בהשלישי. ועיקר דרשה דהכא הוא גם כן במנחות (נג, ב) בקצרה: **ונותנין אותו במטחן.** פשוט דפירוש מטחן היינו רחיים שטוחנין כדאיתא שם, ונראה דהכא סתם כתנא קמא דברייתא שם, ופירוש המתנות כהונה לא נהירא:

ידי משה

[א] **וכי לא נקראו ישראל אלא בזית הזה.** וקשה, אם היה קורא אותם כמין אחר היה מקשה גם כן, וחדא נקט. ויש לומר דהכי פירושו, הואיל והזכיר ירמיה לשון יופי, משמע שלענין יופי הם משולים לזית, וקשה והלא תמר וארז יפים יותר. אי נמי הכי קאמר, הואיל וירמיה הוכיחן על הטובות שאבדו שהיו נמשלים לזית וכדמסיים לקול המולה גדולה, אם כן לא היה לו להזכיר זית בלבד אלא כל המינים שנמשלו להם ישראל, אלא לומר מה זית וכו', פירוש, שכוונת ירמיה היה לומר שאין עושים תשובה אלא על ידי צרתם בגלות, וכמו שכתוב (ירמיה יא, טז) לקול המולה גדולה, ולכך אמר שנמשלו לזית הואיל ודיבר ירמיה מן הגלות, ודוק. אי נמי יש לומר, הואיל ואין לישראל שום מעלה רק על ידי תשובה, והוא על ידי שחובטין אותן אומות העולם כזית זה, אם כן הכל תלוי במה שמשולים לזית, לכך נקט זית. וקל להבין:

מסורת המדרש

א. עי' תורת כהנים סדר צו. תנחומא כאן סימן ו':

ב. עי' ילקוט ירמיה רמז רפ"ט:

אם למקרא

זַיִת רַעֲנָן יְפֵה פְרִי תֹאַר קָרָא ה' שְׁמֵךְ לְקוֹל הֲמוּלָּה גְדֹלָה הִצִּית אֵשׁ עָלֶיהָ וְרָעוּ דָּלִיּוֹתָיו: (ירמיה יא:טז)

גֶּפֶן מִמִּצְרַיִם תַּסִּיעַ תְּגָרֵשׁ גּוֹיִם וַתִּטָּעֶהָ: (תהלים פ:ט)

כַּעֲנָבִים בַּמִּדְבָּר מָצָאתִי יִשְׂרָאֵל כְּבִכּוּרָה בִתְאֵנָה בְּרֵאשִׁיתָהּ רָאִיתִי אֲבוֹתֵיכֶם הֵמָּה בָּאוּ בַעַל פְּעוֹר וַיִּנָּזְרוּ לַבֹּשֶׁת וַיִּהְיוּ שִׁקּוּצִים כְּאָהֳבָם: (הושע ט:י)

זֹאת קוֹמָתֵךְ דָּמְתָה לְתָמָר וְשָׁדַיִךְ לְאַשְׁכֹּלוֹת: (שיר השירים ז:ח)

צַדִּיק כַּתָּמָר יִפְרָח כְּאֶרֶז בַּלְּבָנוֹן יִשְׂגֶּה: (תהלים צב:יג)

אֶל גִּנַּת אֱגוֹז יָרַדְתִּי לִרְאוֹת בְּאִבֵּי הַנָּחַל לִרְאוֹת הֲפָרְחָה הַגֶּפֶן הֵנֵצוּ הָרִמֹּנִים: (שיר השירים ו:יא)

שְׁלָחַיִךְ פַּרְדֵּס רִמּוֹנִים עִם פְּרִי מְגָדִים כְּפָרִים עִם נְרָדִים: (שם ד:יג)

וַיְהִי בַיָּמִים הָרַבִּים הָהֵם וַיָּמָת מֶלֶךְ מִצְרַיִם וַיֵּאָנְחוּ בְנֵי יִשְׂרָאֵל מִן הָעֲבֹדָה וַיִּזְעָקוּ וַתַּעַל שַׁוְעָתָם אֶל הָאֱלֹהִים מִן הָעֲבֹדָה: (שמות ב:כג)

בַּצַּר לְךָ וּמְצָאוּךָ כֹּל הַדְּבָרִים הָאֵלֶּה בְּאַחֲרִית הַיָּמִים וְשַׁבְתָּ עַד ה' אֱלֹהֶיךָ וְשָׁמַעְתָּ בְּקֹלוֹ: כִּי אֵל רַחוּם ה' אֱלֹהֶיךָ לֹא יַרְפְּךָ וְלֹא יַשְׁחִיתֶךָ וְלֹא יִשְׁכַּח אֶת בְּרִית אֲבֹתֶיךָ אֲשֶׁר נִשְׁבַּע לָהֶם: (דברים ד:ל-לא)

שינוי נוסחאות

(א) עד שהוא באילנו מגרגרין אותו ואחר כך מורידין אותו מן הזית ונחבט, ומשחובטין אותו מעלין אותו לגת ונותנין אותן במטחן. בספרים הישנים היה כתוב "עד שהוא באילנו נחבט, ומשחובטין אותן מעלין אותן לגת ומגרגרין אותה ואחר כך מורידין אותן ומגרגרין אותם מן הזית ונותנין אותו במטחן", וא"א מחק התיבות "ומגרגרין אותם מן הזית", ומ"כ הגיה כלפנינו: **למשול ישראל.** בד' וילנא כתבו "אבותינו" במקום "ישראל" (אולי מחמת צנזורא), וכן כמה פעמים בהמשך: **למשול ישראל כזית.** בספרים ישנים איתא "...בזית", וכצ"ל, שזה הלשון המקובל בכל מקום במדרש, "נמשל ב...":

יִשְׂרָאֵל כְּזַיִת – **Why did Jeremiah see fit to compare Israel to an olive tree?** He could have compared them to many other trees!

The Midrash relates an alternative explanation for Jeremiah's comparison of Israel to an olive tree:

דָּבָר אַחֵר – **Another explanation:** מָה רָאָה יִרְמְיָה לְמְשׁוֹל

NOTES

the sound of a great commotion He has set fire to it and its branches were broken, וַה׳ צְבָאוֹת הַנּוֹטֵעַ אוֹתָךְ דִּבֶּר עָלַיִךְ רָעָה בִּגְלַל רָעַת בֵּית יִשְׂרָאֵל וּבֵית יְהוּדָה אֲשֶׁר עָשׂוּ לָהֶם לְהַכְעִסֵנִי לְקַטֵּר לַבָּעַל, *And HASHEM, Master of Legions, the One Who planted you, has declared evil upon you, because of the evil of the House of Israel and the House of Judah, which they committed in order to anger Me, by sacrificing to the Baal* (*Yefeh To'ar*). See Insight Ⓐ.

INSIGHTS

Ⓐ **The Essence of Purity** The Midrash explains that just as an olive is beaten to release its oil, so too is Israel oppressed to induce her to repent. Numerous commentators point out a difficulty: Jeremiah's comparison of Israel to the olive was intended as praise, to highlight Israel's positive qualities. Indeed, the verse states (*Jeremiah* 11:16): קָרָא ה׳ שְׁמֵךְ, *HASHEM called [this] your name.* Surely the name God bestowed upon Israel expresses her attributes, not her shortcomings. Why then does the Midrash interpret this name in a way that emphasizes Israel's failing, her refusal to repent until forced to do so?

They answer that in fact, this interpretation too, like the others presented in the Midrash, represents a virtue, not a fault. The oil of the olive, unlike most other fruit juices, is deemed [in matters of halachah] to be separate and distinct from the fruit's flesh, a tiny reservoir of pure oil contained within the shell of the olive, *not* absorbed in its flesh (see *Pesachim* 33b). The oil that emerges when the olive is crushed existed in its present form from the start, previously hidden but now revealed, through removal of the disposable shell in which it was contained.

So too Israel: Even when she transgresses, the sin is only outward. Her essence remains pure and without taint. A Jew might act sinfully, he might ape the nations in his external behavior, but inwardly, in his heart of hearts, he is devoted to God's service. His innermost thought, his truest intent, is with God, the ambit of his soul's yearning is the favor of the Divine countenance. When the people of Israel are beaten, when they are moved by their suffering to repent, their repentance strips away the shell of sin that distances them from their Creator, and their essence is revealed, souls perfect and unprofaned, lustrous and pure as the day the nation was born (see *Shabbos* 146a). With this teaching, then, the Midrash *exalts* the Jew, whose soul, like oil of the olive, is unaffected by the rude vessel in which it is contained.

This is the rationale famously offered by *Rambam* (*Hil. Geirushin* 2:20) for the validity of a divorce obtained from a husband by the court through the use of force (though the rule is that a husband must grant a divorce willingly). The presumption is that every Jew, in the depths of his heart, desires to do all that the Torah requires of him. This includes a desire to heed the words of the Rabbinic court that orders him to divorce his wife (see *Bava Basra* 48a). The husband refuses only because his evil inclination incites him to disobey. Through the application of force, this external influence is overcome, allowing the person to express his true will, which is to grant the divorce as required. What is true in the case of the recalcitrant husband is true as well with respect to Israel as a whole. Her sins are not intrinsic to her, but derive from the malign influence of the evil inclination. Behind the facade, what she truly desires is to serve God and do His Will. The oppression to which Israel is subjected spurs her to repent, and thus the evil inclination is vanquished, its shadow dissolved, and the innate goodness of God's people is revealed (*Ksav Sofer* and *Shem MiShmuel* to our verse).

Nesivos Shalom (*Exodus,* p. 221) adds that the olive differs from other fruits in yet another way: the liquid it exudes is not merely another food, but is a new entity, a fuel, a source of light and heat. The people of Israel, even when mired in sin, nurture within themselves a holy light, the light of the Torah, the light of their holy soul. A curtain is drawn before the light, made thick with the coarse illusions of a profane world. It is the work of a Jew to tear away that curtain of the material that separates Man from God. Sometimes, this is accomplished through suffering, which can galvanize a person into repentance. But even more effective is repentance that arises from a person's own desire to improve. In the words of *Berachos* 7a: טוֹבָה מַרְדּוּת אַחַת בְּלִבּוֹ שֶׁל אָדָם מִכַּמָּה מַלְקִיּוֹת, *a single self-reproach in the heart of a person is better than many lashes.* Through persecution delivered by her enemies, or the pain of Israel's own bitter regret, the interposing curtain is shredded and falls away, allowing the light secreted in the hearts of her people to shine forth in its glory (see also *Sfas Emes, Tetzaveh* תרל״ט; *Ohr Yechezkel,* Vol. 5, cited in *Chochmas HaMatzpun, Tetzaveh* §771).

These ideas serve also to explain the seeming redundancy of the Midrash's next explanation, which draws an analogy between the inability of olive oil to intermingle with other liquids and of Israel to intermingle with other nations, and follows this with a comparison between oil, which, when mixed with other liquids, rises to the top, and Israel, who stands above other nations. Now, the statement that oil rises to the top of other liquids includes the idea that it does not intermix with them. Why then is it necessary to state separately that oil, and likewise Israel, do not mix with others?

Ksav Sofer (ibid.) explains that this analogy amplifies the preceding one, which compares the persecution of Israel to the beating of olives to release their oil. The people of Israel, influenced by the ways of the nations among whom they are scattered, are oftentimes indistinguishable from their hosts. One imagines that Israel's saturation is complete, that the attitudes and beliefs of the nations have penetrated so deeply that her people are utterly changed, and repentance is no longer possible. The Midrash assures us otherwise. Israel, like the olive oil to which she is compared, does not ever truly intermingle with other nations. When the oil that is Israel does *not* rise to the top, it may appear that the Jews have been thoroughly subsumed into the alien culture that surrounds them, that nothing remains of what once distinguished God's nation from all others. But in fact, in the deepest recesses of their hearts, the chosen people remain separate and distinct, unaffected by the sinfulness and materialism that fills the world in which they dwell. Their inmost souls are pure, their profoundest intentions are good, they lack only the impetus to scrape away the encrustation of centuries that interposes between Israel and her Father Above. What goads them into action? The sufferings of exile, and the regret and self-reproach that scourge the heart. Under these twin lashes, Israel shakes off the dreadful burden of her evil inclination, freeing herself at last to follow the essential yearnings of the heart, to breathe life into the spark that resides in the souls of her people, to release the oil gathered within, the fuel meeting the flame, the pure and sacred oil of the soul catching fire, bright with a new light to illuminate the world.

סֵדֶר תְּצַוֶּה

פרשה לו

א [כז, כ] "**וְאַתָּה תְּצַוֶּה" הָדָא הוּא דִכְתִיב** (ירמיה יא, טז) "**זַיִת רַעֲנָן יְפֵה פְרִי תֹאַר קָרָא ה' שְׁמֵךְ", וְכִי לֹא נִקְרְאוּ יִשְׂרָאֵל אֶלָּא בַּזַּיִת הַזֶּה בִּלְבָד, וַהֲלֹא בְּכָל מִינֵי אִילָנוֹת נָאִים וּמְשׁוּבָּחִים נִקְרְאוּ יִשְׂרָאֵל, בְּגֶפֶן וּתְאֵנָה, שֶׁנֶּאֱמַר** (תהלים פ, ט) "**גֶּפֶן מִמִּצְרַיִם תַּסִּיעַ", תְּאֵנָה שֶׁנֶּאֱמַר** (הושע ט, י) "**כְּבִכּוּרָה בִתְאֵנָה בְּרֵאשִׁיתָהּ", בַּתָּמָר שֶׁנֶּאֱמַר** (שיר השירים ז, ח) "**זֹאת קוֹמָתֵךְ דָּמְתָה לְתָמָר", בָּאֶרֶז שֶׁנֶּאֱמַר** (תהלים צב, יג) "**כְּאֶרֶז בַּלְּבָנוֹן יִשְׂגֶּה", בֶּאֱגוֹז שֶׁנֶּאֱמַר** (שיר השירים ו, יא) "**אֶל גִּנַּת אֱגוֹז יָרַדְתִּי", וּקְרָאָן בְּכָל מִינֵי שְׁלָחִים, שֶׁנֶּאֱמַר** (שם ד, יג) "**שְׁלָחַיִךְ פַּרְדֵּס רִמּוֹנִים", וּבָא יִרְמְיָה לוֹמַר** (ירמיה יא, טז) "**זַיִת רַעֲנָן יְפֵה פְרִי תֹאַר", אֶלָּא** [א]**מָה הַזַּיִת הַזֶּה עַד שֶׁהוּא בְּאִילָנוֹ מְגַרְגְּרִין אוֹתוֹ וְאַחַר כָּךְ מוֹרִידִין אוֹתוֹ מִן הַזַּיִת וְנֶחְבָּט, וּמִשֶּׁחוֹבְטִין אוֹתוֹ מַעֲלִין אוֹתוֹ לַגַּת וְנוֹתְנִין אוֹתָן בַּמַּטְחֵן וְאַחַר כָּךְ טוֹחֲנִין אוֹתָן וְאַחַר כָּךְ מַקִּיפִין אוֹתָן בַּחֲבָלִים, וּמְבִיאִין אֲבָנִים וְאַחַר כָּךְ נוֹתְנִין אֶת שׁוֹמְנָן,** [ב]**כָּךְ יִשְׂרָאֵל בָּאִין אוּמּוֹת הָעוֹלָם וְחוֹבְטִין אוֹתָם מִמָּקוֹם לְמָקוֹם וְחוֹבְשִׁים אוֹתָם וְכוֹפְתִין אוֹתָם בְּקוֹלָרִין וּמַקִּיפִין אוֹתָן טַרְטְיוֹטִין וְאַחַר כָּךְ עוֹשִׂין תְּשׁוּבָה וְהַקָּדוֹשׁ בָּרוּךְ הוּא עוֹנֶה לָהֶם, מִנַּיִן, שֶׁנֶּאֱמַר** (שמות ב, כג) "**וַיֵּאָנְחוּ בְנֵי יִשְׂרָאֵל", וְכֵן** (דברים ד, ל-לא) "**בַּצַּר לְךָ וּמְצָאוּךָ וְגוֹ' כִּי אֵל רַחוּם ה' אֱלֹהֶיךָ", הֱוֵי "זַיִת רַעֲנָן יְפֵה פְרִי תֹאַר", דָּבָר אַחֵר, מָה רָאָה יִרְמְיָה לִמְשׁוֹל יִשְׂרָאֵל°כַּזַּיִת,**

עץ יוסף

(א) **הדא הוא דכתיב זית רענן כו'.** בא לתת טעם מלות שמן זית, ומייתי קרא זית רענן שקרא להן ירמיה על שם שמאירים להקדוש ברוך הוא, כדמפרש בסימן ב', ואגב דריש ליה: **וכי לא נקראו ישראל כו'.** וטוב שיזכיר תמר או ארז, שהם יותר יפים, ומשני שהמשילם לזית, אחד לומר שאינן עושים תשובה אלא על ידי צרת גלותם. שנית שאין להם ערוב עם עובדי כוכבים, ועל זה יתאונן איך נתערבו בעובדי כוכבים. שלישית לומר שבשעה שעושים רצונו של מקום עם עליונים, ועכשיו בחטאם היה בהפך: **מגרגרים אותו.** מלקטים אותן שהם מתבשלין תחלה: **ונחבט.** כובשין אותו: **במטחן.** היינו רחיים שטוחנין, ועיין בתנחומא סדר זו סימן ו': **טרטיוטין.** לפי הענין הוא חיילות המלך, ואולי צריך לומר סרדיוטין (מתנות כהונה). ולי נראה שצריך לומר סטרטיוטין, ופירושו בלשון יוני אנשי מלחמה: **והקדוש ברוך הוא עונה להם.** אף על פי שהתשובה היא בעל כרחם: **שנאמר ויאנחו.** בני ישראל מן העבודה וגו': **בצר לך ומצאוך וגו'.** ושבת עד ה' אלהיך, הרי ממקרא זה גם כן משמע דדרך ישראל הוא שלא לשוב אלא מתוך צרה:

פירוש מהרז"ו

(א) **ואתה תצוה.** ויקחו אליך שמן זית, שתיבת אליך מיותר, ודורש שענין הזית מרמז על ישראל, ומשה הוא ישראל, וזהו אליך, וכמו שכתב בסוף הסימן: **וכי לא נקראו ישראל.** הוקשה לו מה שכתוב קרא ה' שמך, והלא בכל האילנות שנקראו ישראל לא אמר קרא ה' שמך. על כן דורש שכל ענין של ישראל בגלות וגאולה בדמיון הזית, ובזה שייך קריאת שם: **בכל מיני אילנות.** לעיל פרשה כ סימן ה: **בגפן.** בראשית רבה פרשה פ"ח סימן ה, לקמן ריש פרשה מ"ד, ושם נסמן: **כבכורה בתאנה.** [סיפיה דקרא] ראיתי אבותיכם, ובריש' דקרא כענבים במדבר מצאתי ישראל. אלא שכבר הזכיר גפן לאילן הגפן, ולא על הענבים לבד: **בארז בלבנון.** ורישיה דקרא, צדיק כתמר יפרח. וצריך ביאור מה הוצרך לפסוק זאת קומתך, אולי על הגידול והקומה, ולא על הפריחה לבד. ועיין בראשית רבה ריש פרשה מ"א: **באגוז.** עיין שיר פסוק זה: **מגרגרין אותו.** עושין סימן בגרגרים שנתבשלו: **במטחן.** ברחיים שטוחנין אותו, כמו שאמרו מנחות (פ"ה) [פו, א] הביאו רש"י בחומש ריש תצוה, ואחר שטוחנין נותנין בסלים, ועיין תנחומא כאן סימן ו: **טרטיוטין.** עיין מוסף ערוך ערך סרדיוט, וצריך לומר סטרטיוטין, פירוש אנשי מלחמה: **ויאנחו בני ישראל.** ותעל שועתם, ונגאלו, וזהו שנתנו שמנם על ידי הצרות שסבלו ונגאלו, וכן לעתיד, וזהו כתית למאור, על ידי כתיתה מאירים:

חידושי הרד"ל

[א] **בכל מיני שלחים.** עיין לעיל ריש פרשה תרומה (לג, א): **מה זית כו' כך ישראל כו'.** מנחות (נג, ב) עיין שם: **שהוא באילנו כו' מורידין כו' ונחבט על גבי קרקע.** וזהו מאגרא רמא לבירא עמיקתא, וכמו שכתוב (איכה ב, א) השליך משמים ארץ כו': **מן העבודה.** והוא הלחץ, כמו שכתוב (שמות ו, ה) את נאקת וגו'. וגם ראיתי את הלחץ וגו' (שמות ג, ט): **ומצאוך וגו' ושבת עד ה' אלוקיך וגו'.** כן צריך לומר:

חידושי הרש"ש

[א] **כבכורה בתאנה בראשיתה.** פירוש הכתוב נראה כבכורה רצה לומר המתבכרת ראשונה, (דתאנה אין לקיטתה באחת כמבואר בשבת בריש פרק כ"ג) בראשיתה, רצה לומר בשנה ראשונה לגדול פירותיה: **מגרגרין אותו.** מה שכתב המתנות כהונה מפרש התם בגמרא שעושין להם סימן כו', בגמרא שם במנחות (פו, א) ליתא, רק הוא פירוש הערוך הביאוהו התוספות שם על הא דמבעי שם או מגלגלו תנן: **ונחבט ומשחובטין אותו כו'.** נראה דזהו דתנן התם טוענן בתוך הבית (כן הובא הגירסא במשניות) עד שילקה, כי חבוט היינו הלקאה בכמה מקומות. ואף דלא תנהו שם אלא בזית השלישי, והכא אמר לישנא דמגרגרו דתנהו שם בזית הראשון, הא לא אמר הכא בראש הזית כלישנא דשם בזית הראשון, ולכן אפשר לומר דלא איירי הכא אלא בהשלישי. ועיקר דרשה דהכא הוא גם כן במנחות (נג, ב) בקצרה: **ונותנין אותו במטחן.** פשוט דפירוש מטחן היינו רחיים שטוחנין כדאיתא שם, ונראה דהכא סתם כתנא קמא דברייתא שם, ופירוש המתנות כהונה לא נהירא:

ידי משה

[א] **וכי לא נקראו ישראל אלא בזית הזה.** וקשה, אם היה קורא אותם כמין אחר היה מקשה גם כן, וחדא נקט. ויש לומר דהכי פירושו, הואיל והזכיר ירמיה לשון יופי, משמע שלענין יופי הם משולים לזית, וקשה והלא תמר וארז יפים יותר. אי נמי הכי קאמר, הואיל וירמיה הוכיחן על הטובות שאבדו שהיו נמשלים לזית וכדמסיים לקול המולה גדולה, אם כן לא היה לו להזכיר זית בלבד אלא כל המינים שנמשלו להם ישראל, אלא לומר מה זית וכו', פירוש, שכוונת ירמיה היה לומר שאין עושים תשובה אלא על ידי צרתם בגלות, וכמו שכתוב (ירמיה יא, טז) לקול המולה גדולה, ולכך אמר שנמשלו לזית הואיל ודיבר ירמיה מן הגלות, ודוק. אי נמי יש לומר, הואיל ואין לישראל שום מעלה רק על ידי תשובה, והוא על ידי שחובטין אותן אומות העולם כזית זה, אם כן הכל תלוי במה שמשולים לזית, לכך נקט זית. וקל להבין:

מסורת המדרש

א. עי' תורת כהנים סדר לו. תנחומא כאן סימן ו':

ב. עי' ילקוט ירמיה רמז רפ"ט:

אם למקרא

זַיִת רַעֲנָן יְפֵה פְרִי תֹאַר קָרָא ה' שְׁמֵךְ לְקוֹל הֲמוּלָּה גְדֹלָה הִצִּית אֵשׁ עָלֶיהָ וְרָעוּ דָּלִיּוֹתָיו: (ירמיה יא:טז)

גֶּפֶן מִמִּצְרַיִם תַּסִּיעַ תְּגָרֵשׁ גּוֹיִם וַתִּטָּעֶהָ: (תהלים פ:ט)

כַּעֲנָבִים בַּמִּדְבָּר מָצָאתִי יִשְׂרָאֵל כְּבִכּוּרָה בִתְאֵנָה בְּרֵאשִׁיתָהּ רָאִיתִי אֲבוֹתֵיכֶם הֵמָּה בָּאוּ בַעַל פְּעוֹר וַיִּנָּזְרוּ לַבֹּשֶׁת וַיִּהְיוּ שִׁקּוּצִים כְּאָהֳבָם: (הושע ט:י)

זֹאת קוֹמָתֵךְ דָּמְתָה לְתָמָר וְשָׁדַיִךְ לְאַשְׁכֹּלוֹת: (שיר השירים ז:ח)

צַדִּיק כַּתָּמָר יִפְרָח כְּאֶרֶז בַּלְּבָנוֹן יִשְׂגֶּה: (תהלים צב:יג)

אֶל גִּנַּת אֱגוֹז יָרַדְתִּי לִרְאוֹת בְּאִבֵּי הַנָּחַל לִרְאוֹת הֲפָרְחָה הַגֶּפֶן הֵנֵצוּ הָרִמֹּנִים: (שיר השירים ו:יא)

שְׁלָחַיִךְ פַּרְדֵּס רִמּוֹנִים עִם פְּרִי מְגָדִים כְּפָרִים עִם נְרָדִים: (שם ד:יג)

וַיְהִי בַיָּמִים הָרַבִּים הָהֵם וַיָּמָת מֶלֶךְ מִצְרַיִם וַיֵּאָנְחוּ בְנֵי יִשְׂרָאֵל מִן הָעֲבֹדָה וַיִּזְעָקוּ וַתַּעַל שַׁוְעָתָם אֶל הָאֱלֹהִים מִן הָעֲבֹדָה: (שמות ב:כג)

בַּצַּר לְךָ וּמְצָאוּךָ כֹּל הַדְּבָרִים הָאֵלֶּה בְּאַחֲרִית הַיָּמִים וְשַׁבְתָּ עַד ה' אֱלֹהֶיךָ וְשָׁמַעְתָּ בְּקֹלוֹ: כִּי אֵל רַחוּם ה' אֱלֹהֶיךָ לֹא יַרְפְּךָ וְלֹא יַשְׁחִיתֶךָ וְלֹא יִשְׁכַּח אֶת בְּרִית אֲבֹתֶיךָ אֲשֶׁר נִשְׁבַּע לָהֶם: (דברים ד:ל-לא)

מתנות כהונה

[א] **עד שהוא באילנו כו'.** על פי המשנה בפרק כל הקרבנות במסכת מנחות נתבאר דהכי גרסינן עד שהוא באילנו מגרגרין אותו ואחר כך מורידין אותו מן הזית ונחבט ומשחובטין אותו מעלין אותו לגת ונותנין אותו במטחן כו': **מגרגרין.** מפרש התם בגמרא שעושין להם סימן שלא יתערב באחרים מפני שאינם מתבשלים כולם בפעם אחת ועושין סימן באותם שהתחילו להתבשל ראשון: **ונחבט.** זהו שאמרו שם (מנחות פו, א) מגרגרו בראש הזית וכותש. נחבט היינו כותש: **מטחן.** זהו הסל שאמר שם ונתנו בתוך הסל וטוענו בקורה: **טרטיוטין.** לפי הענין הוא חיילות המלך ואולי שצריך לומר סרדיוטין:

אשד הנחלים

[א] **זית רענן גו' אלא כזית הזה כו' כך ישראל כו'.** אף שכל הנביאים כל אחד אחז בכנוי פרי, מה זה גפן, וזה תאנה וכדומה, עם כל זה מקשים על זה שאמר יפה פרי תואר, דמשמע שלא מצא דמיון טוב יותר מהזית, והלא באמת נדמו לכל מיני פירות, כי יש בהם כל המעלות החמודות מה שנמצא דוגמתם בכל הפירות. ולכן מפרש שירמיה בהוכיחו לישראל, ובראותו צרותיהם ומצוקותיהם מכל עבר ופינה, לכן דימם לזית הנחבט בכל עת להוציא שמנו, וכל זה לטובתו למען יצא שמנו נקי, כן היו יסורי ישראל למען יזדככו ויצרפו יותר ויותר, ועל ידי זה יעשו תשובה ואחר כך יענה ה' להם, ולכן כינם יפה פרי תואר, על שם שמנו הטוב היוצא ממנו אחר טחינתו, שאז נשאר פרי תואר מאד:

באור מהרי"פ

[א] **בכל מיני שלחים שנאמר שלחיך פרדס רמונים.** (שיר השירים ד, ג) עם פרי מגדים כפרים עם נרדים. ואם כן נמצאו דומים לכל מיני אילנות ולכל מיני שלחים: **מגרגרין אותו.** והנמשל, שאומות העולם מונין את ישראל ממעי אמן, כמאמר חז"ל (שמות רבה א, כ) על המקרא ותלפנהו שלשה ירחים. תולדות נח הארוך: **במתנות כהונה ד"ה טרטיוטין כו' ואולי שצריך לומר סרדיוטין.** וזה לשון רבי בנימין מוספיא [בערוך] ערך סטרטיוטין, מדרש שמות רבה פרשת החודש הזה לכם (טו, א) בשר ודם מכתיב לו סטרטיוטין [כו'] כדי ללבוש קסדא ושריון, פירוש בלשון יוני אנשי מלחמה. ועיין ערך אסטרטיא עד כאן. וזה לשון הערוך ערך אסטרטיא, בקדושין פרק עשרה יוחסין (עו, א) במשנה אף מי שהיה מוכתב באסטרטיא של מלך. ופירש בגמרא (שם עמוד ב) מאי אסטרטיא של מלך, אמר רב יהודה אמר שמואל חיילות של בית דוד וכו'. ובמגלת איכה יעיב באפו (איכה רבתי ב, ד) אל תכתבהו באסטרטיא שלך. וזה לשון רבי בנימין מוספיא אמר בנימין פירוש בלשון יוני צבא ואסטרטיוט איש מלחמה, וחכמינו ז"ל בקיצור קראוהו סרדיוט אסטרטיגוס, וגם אסטרטליטים שר צבא, תרגום אחשדרפני המלך אסטרטלוסי מלכא:

אמרי יושר

[א] **וכי לא נקראו ישראל אלא בזית.** והיאך אתה אומר זית קרא שמך, דמשמע שבא לשבחם, ואם לענין היופי הלא אחרים יש נאים בצילם ומשובחים בפרים. ועוד דייק לשון קרא ה' שמך אלא מה הזית כו', ואם כן לשבח מיוחד שאינו נמצא רק בזית נמשלו בו, ולזה נו את בני ישראל שהם כזית כתושים, להם נאה לקחת שמן זית זך כתית, ואם כן כאן קראם זית, ואמר ירמיה (יא טז) שלרעותא נהפך, שרעו דליותיו כזית:

שינוי נוסחאות

(א) **עד שהוא באילנו מגרגרין אותו ואחר כך מורידין אותו מן הזית ונחבט, ומשחובטין אותו מעלין אותו לגת ונותנין אותן במטחן.** בספרים הישנים היה כתוב "עד שהוא באילנו נחבט, ומשחובטין אותן מעלין אותן לגת ומגרגרין אותה ואחר כך מורידין אותן ומגרגרין אותם מן הזית ונותנין אותו במטחן", וא"א מחק התיבות "ומגרגרין אותם מן הזית", ומ"כ הגיה כלפנינו: **למשול ישראל.** בד' וילנא כתבו "אבותינו" במקום "ישראל" (אולי מחמת צנזורא), וכן כמה פעמים בהמשך: **למשול ישראל כזית.** בספרים ישנים איתא "...בזית", וכצ"ל, שזה הלשון המקובל בכל מקום במדרש, "נמשל ב...":

אֶלָּא כָּל הַמַּשְׁקִין מִתְעָרְבִים זֶה בָּזֶה – **However,** his intent with this particular comparison was that **all** other **liquids intermingle with one another,** וְהַשֶּׁמֶן אֵינוֹ מִתְעָרֵב אֶלָּא עוֹמֵד – **whereas** olive **oil does not intermingle, but stands** separate from other liquids when combined with them. כָּךְ יִשְׂרָאֵל אֵינָם מִתְעָרְבִים עִם "הָאוּמּוֹת", שֶׁנֶּאֱמַר "וְלֹא תִתְחַתֵּן בָּם" – And **so, too,** the people of **Israel do not intermingle with the** other **nations, as it is stated,** ***You shall not intermarry with them*** (*Deuteronomy* 7:3).[11]

Another interpretation of Jeremiah's comparison of Israel to the olive:

דָּבָר אַחֵר – **Another explanation:** כָּל הַמַּשְׁקִים אָדָם מְעָרֵב בָּהֶם וְאֵינוֹ יוֹדֵעַ אֵי זֶה תַּחְתּוֹן וְאֵי זֶה עֶלְיוֹן – With **all** other **liquids, a person mingles them together and he does not know which** liquid **is on the bottom and which is on top,**[12] אֲבָל הַשֶּׁמֶן אֲפִילוּ אַתָּה מְעָרְבוֹ בְּכָל הַמַּשְׁקִין שֶׁבָּעוֹלָם הוּא נָתוּן לְמַעְלָה מֵהֶן – **but** with olive **oil, even if you mix it with all the liquids in the world, it is** always **situated on top of them.** כָּךְ יִשְׂרָאֵל בְּשָׁעָה שֶׁהֵם עוֹשִׂים רְצוֹנוֹ שֶׁל מָקוֹם נִצָּבִים לְמַעְלָה "מֵהָאוּמּוֹת", שֶׁנֶּאֱמַר "וּנְתָנְךָ ה׳ אֱלֹהֶיךָ עֶלְיוֹן וְגוֹ׳" – And **so, too,** the people of **Israel, when they fulfil the will of the Omnipresent they stand above the** other **nations, as it is stated,** *It shall be that if you hearken to the voice of* HASHEM, *your God, to observe, to perform all of His commandments . . .* ***then*** **HASHEM*, your God, will make you supreme*** *over all the nations of the earth* (ibid. 28:1).[13] הֱוֵי "זַיִת רַעֲנָן יְפֵה פְרִי תֹאַר" – **This is** the explanation of the verse, ***A leafy olive tree, beautiful with shapely fruit.***

Yet another interpretation of Jeremiah's statement referring to Israel as *a leafy olive tree,* arrived at through an analysis of another verse, *Psalms* 48:3:

דָּבָר אַחֵר, "זַיִת רַעֲנָן" – **Another explanation** of the verse, ***A leafy olive tree,*** *beautiful with shapely fruit:* הָדָא הוּא דִכְתִיב "יְפֵה נוֹף מְשׂוֹשׂ כָּל הָאָרֶץ" – **This is** to be understood in light of **what is written** regarding Jerusalem: ***fairest "nof," joy of all the earth*** (*Psalms* 48:3).[14] מַהוּ "יְפֵה נוֹף" – **What is** the meaning of ***fairest "nof"?***[15] לְשׁוֹן יְוָנִי קוֹרִין לְכַלָּה נִמְפֵי – It is derived from a Greek word, for in the **Greek language, they call a bride** ***nymphe.***[16] "מְשׂוֹשׂ כָּל הָאָרֶץ" – The verse continues, ***joy of all the earth.*** שֶׁלֹּא הָיָה אֶחָד מִיִּשְׂרָאֵל מֵיצֵר כְּשֶׁהָיָה בֵּית הַמִּקְדָּשׁ קַיָּים – Why is Jerusalem (or the Temple) called *joy of all the earth*? **Because not one** person **among** the people of **Israel felt troubled when the Temple was standing.** לָמָּה – **Why** was this so? שֶׁהָיָה אָדָם נִכְנָס לְשָׁם מָלֵא עֲוֹנוֹת וְהָיָה מַקְרִיב קָרְבָּן וּמִתְכַּפֵּר לוֹ – **For a person would enter [the Temple] full of transgressions,**[17] **and he would bring an offering and** thereby **gain atonement** for his sins. אֵין שִׂמְחָה גְדוֹלָה מִזּוֹ שֶׁהָיָה יוֹצֵא צַדִּיק – **There is no greater joy than this, for he would leave** the Temple in a state of being fully **righteous.** הֱוֵי "יְפֵה נוֹף מְשׂוֹשׂ כָּל הָאָרֶץ" – **This is** the explanation of ***fairest nof, joy of all the earth.***

The Midrash offers an alternative explanation for the word *nof*:

כְּתִיב בְּצוֹר "צוֹר אַתְּ אָמַרְתְּ אֲנִי כְּלִילַת יֹפִי" – **Regarding Tyre it is written,** ***Tyre, you have said, "I am perfect in beauty"*** (*Ezekiel* 27:3). אַתְּ אָמַרְתְּ אֲבָל אֲחֵרִים אֵינָם אוֹמְרִים – The verse states, ***"you" have said,*** indicating that Tyre said this about itself, **but others did not say** this. אֲבָל יְרוּשָׁלַיִם הַכֹּל אוֹמְרִים שִׁבְחָהּ, שֶׁנֶּאֱמַר "הֲזֹאת הָעִיר שֶׁיֹּאמְרוּ כְּלִילַת יֹפִי" – Regarding **Jerusalem, however, everyone speaks her praises,**[18] **as it is stated,** ***Could this be the city that was called Perfect in Beauty?*** (*Lamentations* 2:15).[19]

The Midrash continues its analysis of the *Psalms* verse:

וּכְתִיב "הַר צִיּוֹן יַרְכְּתֵי צָפוֹן קִרְיַת מֶלֶךְ רָב" – **And it is written** in the continuation of that verse (*Psalms* 48:3), ***Mount Zion, by the northern side, the great king's city.*** מָקוֹם שֶׁמַּקְרִיבִין בּוֹ קָרְבָּנוֹת, שֶׁנֶּאֱמַר "וְשָׁחַט אוֹתוֹ עַל יֶרֶךְ הַמִּזְבֵּחַ צָפֹנָה" – What is meant by *by the northern side* [יַרְכְּתֵי צָפוֹן]?[20] This refers to **the place at which sacrifices are offered, as it is stated** regarding the *olah*-offering, ***He shall slaughter it at the northern side*** [צָפֹנָה . . . יֶרֶךְ] ***of the Altar*** (*Leviticus* 1:11).[21]

The Midrash finally relates its discussion of *Psalms* 48:3 to the *Jeremiah* verse comparing Israel to the olive tree:

לְכָךְ נֶאֱמַר "זַיִת רַעֲנָן יְפֵה פְרִי תֹאַר" – And **that is why it is stated** in *Jeremiah,* ***A leafy olive tree, beautiful with shapely fruit.***[22] כְּשֵׁם שֶׁהַשֶּׁמֶן מֵאִיר כָּךְ בֵּית הַמִּקְדָּשׁ מֵאִיר לְכָל הָעוֹלָם, שֶׁנֶּאֱמַר "וְהָלְכוּ גוֹיִם לְאוֹרֵךְ" – This refers to the Temple, for **just as** olive **oil illuminates, so does the Temple illuminate the entire world,**[23] **as it is stated,** ***Nations will walk by your light*** (*Isaiah* 60:3). לְכֵן נִקְרְאוּ יִשְׂרָאֵל "זַיִת רַעֲנָן", שֶׁהֵם מְאִירִים לַכֹּל – **And** moreover **for this** reason the people of **Israel were called** ***a leafy olive tree*** by Jeremiah, **because they illuminate all** of mankind with the light of the Torah.[24]

NOTES

11. Jeremiah's intent by comparing the Jewish people to an olive tree, then, was that he was lamenting that they did not live up to their destiny to be distinct from the other nations, but learned from and copied their ways (*Yefeh To'ar, Eitz Yosef*).

12. Since the other liquids intermingle, as the Midrash said above, there is no distinct "top" and "bottom," for the entire mixture is uniform (*Eshed HaNechalim; Maharzu; Eitz Yosef*).

13. According to this interpretation as well (see above, note 11), Jeremiah's point with his comparison of Israel to the olive is to lament the fact that although they could have been granted superior status to the other nations (as olive oil floats to the top) by keeping God's commandments, as foretold in *Deuteronomy*, they veered from this path and instead incurred His wrath (*Yefeh To'ar, Eitz Yosef*).

14. This verse recounts the praises of Jerusalem and the Temple, as will be seen.

15. The word נוֹף appears nowhere else in Scripture (except as a place-name), and its meaning is uncertain. The translation preferred by many commentators is "site," or "locale." The Sages, however, regard it as a cognate to a Greek word, as the Midrash goes on to elaborate.

16. And the word *nof* is derived from this similar word, *nymphe*. The verse is thus saying that Jerusalem is as beautiful as a bride (see *Targum* ad loc.).

17. And hence depressed (*Midrash Shocher Tov* ad loc.).

18. At this point the *Pesikta* (*Piska* 41, *Tik'u*) and *Yalkut Shimoni* (on *Psalms* ad loc.) add the phrase וּמְנִיפִים לָהּ, "and they hail her." According to that reading, this interpretation regards *nof* as related to the word לְהָנִיף ("to hoist up, to hail") and translates יְפֵה נוֹף as "hailed as beautiful"; this appears to be the intent of our Midrash as well (see *Yefeh To'ar*).

19. Praise for someone is of no significance when it comes from himself; it is meaningful only when it is uttered by others (see *Midrash Tehillim* §48 and *Yalkut Shimoni* II §755).

20. Zion (Jerusalem) is in the south of *Eretz Yisrael* (see *Bereishis Rabbah* 39 §16, cited in *Rashi* to *Bereishis* 12:9), so "by the north side" does not seem to be an apt description of it (*Midrash Shocher Tov* ad loc.).

21. The words *by the northern side,* then, refer to the Temple, where the most-holy offerings (not just the *olah*-offering) were slaughtered at the northern side of the Altar. This corroborates what the Midrash stated earlier, that the atonement brought by the offerings in the Temple (such as through the sin-offering and the guilt-offering, both of them most-holy offerings) was what made Jerusalem a joy to the world (*Midrash Shocher Tov* ibid.).

22. The "beauty" mentioned by Jeremiah is a reference to the Temple (and not to Israel), to which the term "beauty" is applied in *Psalms* 48:3, as the Midrash has established. The Midrash will now explain why the olive tree metaphor is applicable to the Temple (*Yefeh To'ar, Eitz Yosef*).

23. Metaphorically, with the "light" of Torah and knowledge of God, which emanates from Jerusalem, where the Great Sanhedrin sat.

24. The light of the Torah, with which the Temple illuminates the entire world, ultimately emanates from the Jewish people, i.e., from the Sanhedrin. Thus, Jeremiah was referring not only to the Temple but to the people of Israel as well (*Yefeh To'ar, Eitz Yosef*).

אֶלָּא כָּל הַמַּשְׁקִין מִתְעָרְבִים זֶה בָּזֶה וְהַשֶּׁמֶן אֵינוֹ מִתְעָרֵב אֶלָּא עוֹמֵד, כָּךְ יִשְׂרָאֵל אֵינָם מִתְעָרְבִים עִם °הָעוֹבְדֵי כוֹכָבִים°, שֶׁנֶּאֱמַר (דברים ז, ג) **"וְלֹא תִתְחַתֵּן בָּם", דָּבָר אַחֵר, כָּל הַמַּשְׁקִים אָדָם מְעָרֵב בָּהֶם וְאֵינוֹ יוֹדֵעַ אֵי זֶה תַּחְתּוֹן וְאֵי זֶה עֶלְיוֹן, אֲבָל הַשֶּׁמֶן אֲפִילוּ אַתָּה מְעָרְבוֹ בְּכָל הַמַּשְׁקִין שֶׁבָּעוֹלָם הוּא נָתוּן לְמַעְלָה מֵהֶן, כָּךְ יִשְׂרָאֵל בְּשָׁעָה שֶׁהֵם עוֹשִׂים רְצוֹנוֹ שֶׁל מָקוֹם נִצָּבִים לְמַעְלָה °מֵהָעוֹבְדֵי כוֹכָבִים°, שֶׁנֶּאֱמַר** (שם כח, א) **"וּנְתָנְךָ ה' אֱלֹהֶיךָ עֶלְיוֹן וְגוֹ'", הֱוֵי "זַיִת רַעֲנָן יְפֵה פְרִי תוֹאַר", דָּבָר אַחֵר, "זַיִת רַעֲנָן", הָדָא הוּא דִכְתִיב** (תהלים מח, ג) **"יְפֵה נוֹף מְשׂוֹשׂ כָּל הָאָרֶץ", מַהוּ "יְפֵה נוֹף", לָשׁוֹן יְוָנִי קוֹרִין לְכַלָּה נִמְפֵי, "מְשׂוֹשׂ כָּל הָאָרֶץ", שֶׁלֹּא הָיָה אֶחָד מִיִּשְׂרָאֵל מֵיצֵר כְּשֶׁהָיָה בֵּית הַמִּקְדָּשׁ קַיָּים, לָמָּה, [ג]שֶׁהָיָה אָדָם נִכְנָס לְשָׁם מָלֵא עֲוֹנוֹת וְהָיָה מַקְרִיב קָרְבָּן וּמִתְכַּפֵּר לוֹ, אֵין שִׂמְחָה גְּדוֹלָה מִזּוֹ שֶׁהָיָה יוֹצֵא צַדִּיק, הֱוֵי "יְפֵה נוֹף מְשׂוֹשׂ כָּל הָאָרֶץ", [ד]כְּתִיב בְּצוֹר** (יחזקאל כז, ג) **"צוֹר אַתְּ אָמַרְתְּ אֲנִי כְּלִילַת יֹפִי", אַתְּ אָמַרְתְּ אֲבָל אֲחֵרִים אֵינָם אוֹמְרִים, [ה]אֲבָל יְרוּשָׁלַיִם הַכֹּל אוֹמְרִים שִׁבְחָהּ, שֶׁנֶּאֱמַר** (איכה ב, טו) **"הֲזֹאת הָעִיר שֶׁיֹּאמְרוּ כְּלִילַת יֹפִי", וּכְתִיב** (תהלים מח, ג) **"הַר צִיּוֹן יַרְכְּתֵי צָפוֹן קִרְיַת מֶלֶךְ רָב", מָקוֹם שֶׁמַּקְרִיבִין בּוֹ קָרְבָּנוֹת, שֶׁנֶּאֱמַר** (ויקרא א, יא) **"וְשָׁחַט אוֹתוֹ עַל יֶרֶךְ הַמִּזְבֵּחַ צָפֹנָה", לְכָךְ נֶאֱמַר "זַיִת רַעֲנָן יְפֵה פְרִי תֹאַר", כְּשֵׁם שֶׁהַשֶּׁמֶן מֵאִיר כָּךְ בֵּית הַמִּקְדָּשׁ מֵאִיר לְכָל הָעוֹלָם, שֶׁנֶּאֱמַר** (ישעיה ס, ג) **"וְהָלְכוּ גוֹיִם לְאוֹרֵךְ", לָכֵן נִקְרְאוּ יִשְׂרָאֵל "זַיִת רַעֲנָן", שֶׁהֵם מְאִירִים לַכֹּל, לְכָךְ אָמַר הַקָּדוֹשׁ בָּרוּךְ הוּא לְמֹשֶׁה** [כז, כ] **"וְיִקְחוּ אֵלֶיךָ שֶׁמֶן זַיִת זָךְ":**

ב לֹא שֶׁאֲנִי צָרִיךְ לָהֶם אֶלָּא שֶׁתָּאִירוּ לִי כְּשֵׁם שֶׁהֵאַרְתִּי לָכֶם, לָמָּה, כְּדֵי לְהַעֲלוֹת אֶתְכֶם בִּפְנֵי כָּל הָאוּמּוֹת, שֶׁיִּהְיוּ אוֹמְרִים: יִשְׂרָאֵל מְאִירִים לְמִי שֶׁמֵּאִיר לַכֹּל, [ו]מָשָׁל לְפִקֵּחַ וְסוּמָא שֶׁהָיוּ מְהַלְּכִין,

עץ יוסף

ואיני יודע איזה תחתון. כי מתערבים יחד ונעשה גוף אחד משונה ממה שהיה, כן התערבות אומות שונות בדתם, אז סופם שילמדו זה מזה, עד שיתחדש כמעט דבר חדש, אבל ישראל אין מתערבים לעולם, ובשעה שיעשו רצון המקום הם למעלה תחת השגחה העליונה ולא ילמדו מכולם:

[ב] הדא הוא דכתיב יפה נוף. דעל בית המקדש קאמר הכי שמאיר לעולם כשמן זית, וכהאי גוונא אשכחן דאיקרי יפה נוף: **נכנס לשם מלא עונות.** בשוחר טוב מוסיף ולבו דואג עליו ושח: **כתיב בצור כו'.** בעי לפרש יפה נוף שהיא משובחת מפי הכל, ומה שנאמר שם משוש כל הארץ, פירושו שהכל נהנים ביפיה: **מקום שמקריבין בו קרבנות.** שבצפון היה עומד ומקריב חטאתו, כדאמר בשוחר טוב: **כך בית המקדש מאיר.** אור הדעת, כי מציון תצא תורה, והיינו סנהדרין שיושבים בלשכת הגזית, ולכן הביא סמך מן והלכו גוים לאורך, שמתיחס האור לישראל כי הם המלמדים לכל לדעת את ה', ולכן נקראו זית רענן: **לכך אמר הקדוש ברוך הוא למשה כו'.** כלומר שקרא ה' שמם לפני כל העמים זית רענן, על היותם מאירים לפני ה' בשמן זית, כי זו למעלה גדולה שהמאיר לכל העולם יהיה מקבל אורה מהם:

(ב) למה כדי להעלות אתכם. בעיני האומות, בידעם שעם שאינו צריך לאור ומכל מקום מנוה עליהם, יאמרו זה ודאי למעלתם, שהשם יתברך אינו רוצה שיהיו מחזיקים לו טובה, וזה ענין משל הפקח עם הסומא:

פירוש מהרז"ו

אלא עומד. פירוש עומד וניכר בפני עצמו: **אדם מערב בהם.** פירוש שמתערבים יחד היטב, ועומדים בשוה תחתון ועליון. עיין דברים רבה פרשה ז סימן ג: **דבר אחר זית רענן.** וסיפיה דקרא יפה פרי תואר: **קורין לכלה נמפי.** בראשית רבה פרשה ע"א סימן ח, לקמן סוף פרשה כ"ב, ויקרא רבה פרשה א סימן ב, במדבר רבה ריש פרשה ט. וכאן הכוונה שהיו שמחים בירושלים ככלה חדשה, ועיין מדרש תהלים מזמור מ"ח בביאור, ובילקוט שם באריכות: **הר ציון ירכתי צפון.** סוף פסוק של יפה נוף הנ"ל, וכוונתו דכתיב יפה נוף משוש כל הארץ הר ציון ירכתי צפון: **מקום שמקריבים.** קרבן עולה שכתוב בה ושחט אותו על ירך המזבח צפונה לפני ה', וכמו שכתוב בתנחומא נו, הטיבה ברצונך את ציון, שאין ציון נבנה אלא בזכות קרבן עולה שהיו ישראל מקריבים, עיין ויקרא רבה פרשה ז סימן ה, ושם נסמן, והוא הדין לכל הקרבנות, קדשי קדשים, וקדשים קלים, על פי מדה כ"ג, על שהיא כולה כליל: **כך בית המקדש מאיר.** כמו שכתוב בראשית רבה פרשה ג סימן ד במדבר רבה פרשה ט"ו סימן ז: **והלכו גוים לאורך.** ובפסוק הקודם וכבוד ה' עליך זרח, ומקום כבוד ה' היא בבית המקדש, וכשבית המקדש מאיר על ידי המנורה, אז ישראל מאירים, לכך צוה ליקח שמן זית זך למנורת בית המקדש, על ידי ישראל: **(ב) לא שאני צריך להם.** לנרות, ופירוש אחר הוא על פסוק ויקחו אליך שמן וגו' להעלות נר: **להעלות אתכם.** מכילתא בשלח פסוק וה' הולך לפניהם יומם: **לפקח וסומא.** עיין במדבר רבה פרשה ט"ו סימן ה, ושם מבואר:

מתנות כהונה

קורין לכלה נמפי. עיין סוף פרשת פקודי (נב, ה): **צור את אמרת.** פסוק הוא ביחזקאל סימן כ"ז: **שנאמר ושחט אותו וגו'.** נקט האי קרא משום דכתיב ביה ירך לפונה: **[ב] להעלות.** לשון עילוי וגדולה:

אשד הנחלים

והשמן אינו מתערב. כי טבעו קל מאד, ולכן צף על כל המשקים, ואולי מפני שאין בו יסוד הכובד מהעפר המכביד, כן ישראל לא היה בהם גסות החומר כל כך, [שיסודו מיסוד העפר] על כן לא היו מתערבים בעובדי כוכבים, שכל תאותם היה בענינים חומריים, ולכן אחז ירמיה בזה הפרי להוכיח לישראל למען לא יתערבו בעובדי כוכבים: **ואינו יודע איזה תחתון.** כי מתערבים יחד ונעשה גוף אחד משונה ממה שהיה, כן התערבות אומות שונות בדתם, אז סופם שיבלבלו זה את זה, עד שיתחדש כמעט דבר חדש, ולא כראי זה ולא כראי זה, אבל ישראל בין העובדי כוכבים לא היו מתערבין לעולם, ובשעה שעשו רצון המקום, הם למעלה תחת השגחה העליונה ולא ילמדו מכולם, הבן זה: **לכלה נמפי.** כלומר נאה לרעיה המחוברת לאדוניה יתברך, על ידי הקרבנות, כמו שקראה רעיה בשיר השירים, וכמו שאמרו בחזית (שיר השירים רבה א, פסוק ט) על ידי שרועה בתמידין כל יום לאדוניה: **אתה אמרת.** כלומר דמית מפני רוב עושרך נקראת כלילת יופי, אבל לא זאת היא היפוי, רק ירושלים נקרא באמת כן, כי אין היופי מצד חמדת סגולת העושר לבד, כי אם בצירוף אנשי שלימות: **לכך נאמר זית רענן יפה.** כלומר שרק היא נקראת יפה באמת: **כשם.** עתה דורש על מה שמכנם בשם זית: **כך הקדוש ברוך הוא כו' נקראו ישראל.** מבאר שזה הדמוי לזית הוא דמוי אלהית במה שמדמה לישראל, שעל ידיהם השפע הטובה יורד משמים, שעל ידי זה ה' מאיר לכל העולם באורו והשגחתו ושפעו, וכאלו כונת הכתוב זית רענן יפה פרי תואר קרא ה', כמו נקרא ה', שהקדוש ברוך הוא מכונה כך מצד אורו, כן שמך גם כן, כי אתה במעשיך הטובים עוזר לאור אלהי שיאיר עוד בארץ: **[ב] לא שאני צריך.** וזהו הכנוי ויקחו אליך, למענך ולא למעני, והתועלת הוא להעלות נר תמיד, שעל ידי זה תעזרו שיאור לכם שפע השגחתי, ועל ידי זה תעלו במעלה מפני השגחתי הפרטית עליכם יותר מעל כל: **לפקח וסומא כו'.** אולי נרמז זה במלת תמיד, אף שהנר [היא ההשגחה] עולה תמיד מבלעדי נרותיכם, עם כל זה בכדי שלא תחזיקו לי טובה, רק תדמו שהשגחתי צריכה אליכם שתעלו על ידי מעשיכם הטובים. ולכאורה יקשה הלא יותר טוב שיחזיקו טובה לו

חידושי הרד"ל

והשמן אין מתערב כו'. עיין שיר השירים רבה פרשה א פסוק ד: **כך כו' אין מתערבין.** ואפילו בעת החרבן אמרו ביבמות (יז, ב) דבנתא דההוא דרא אלטרויי, ועיין ויקרא רבה פרשה י"ז: **שהיו עושים רצונו כו' הוי זית רענן יפה גו'** אימתי הם כזית רענן בזמן שהם יפים, ופרי תואר ישוה לו: **[ב] כדי להעלות אתכם בפני כו'.** לשון להעלות נר תמיד דרש כן, וכן דרש בפרשת בהעלותך (במדבר רבה טו, ה)

חידושי הרש"ש

כל המשקים מתערבין זה בזה והשמן אינו מתערב בו'. מזה נראה דהא דאמרינן שבת (ה, ב) שמן שצף על גבי יין (וגירסת הרמב"ם והרב המגיד משנה על המים) מחלוקת רבי יוחנן בן נורי ורבנן כו', דדווקא נקט שמן, וההא סבירא ליה לרבנן דאינו חבור מטעם האמור כאן, אבל בשאר משקין אף לרבנן הוי חבור, וכן משמע להדיא מפירוש רש"י שם ד"ה שמן למתבונן בו, ותמה אנכי על רבינו בעל הטורים בקצור פסקי הרא"ש שם סימן ד שכתב יין על גבי מים והוציא היין פטור: **לשון יוני קורין לכלה נימפי.** בראש השנה (כו, א) איתא בתחום קן נשריא קורין לה ניניפי: **כך הקדוש ברוך הוא מאיר כו' שנאמר והלכו גוים לאורך.** פירוש, דבקרא דלפניו כתיב ועליך יזרח ה':

באור מהרי"פ

נמפי. ובמקומות אחרים (ראש השנה כו, א. רש"י תהלים מח, ג) כתוב נני בשני נוני"ן, אבל בערוך (ערך נמפה. ולפנינו הגירסא ניניפי כגמ' בר"ה) מביא בערך נמפי במ"ס: **כשם שהשמן מאיר כך בית המקדש מאיר.** פירוש, היינו אור הדעת כי מציון תצא תורה, והיינו סנהדרין שיושבים בלשכת הגזית, וכן אמר לעיל בבראשית רבה פרשה נ"ה (סימן ז) ארון מקום שהאורה יוצאה לעולם, ולכן הביא כאן סמך מוהלכו גוים לאורך שמתיחס האור לישראל, והם המלמדים דעת את ה' לעובדי כוכבים: **לכך אמר הקדוש ברוך הוא למשה וכו'.** מילתא באנפי נפשה היא:

מסורת המדרש

ג. עיין במדבר רבה פרשה כ"א. תנחומא סדר פינחס סימן י"ג. שה"ש רבה פרשה א' וקהלת רבה פר' א'. פסיקתא רבתי פסקא ט"ו סימן כ"ד. פסיקתא דרב כהנא פיסקא ה' וסוף פסקא ו' ופיסקא ט"ז. ילקוט פנחס רמז תשע"ז. ילקוט ישעיה רמז רכ"ז:

ד. מדרש תהלים מזמור מ"ח. ילקוט תהלים רמז תשכ"ה:

ה. איכה רבתי פרשה ב' וש"נ:

ו. במדבר רבה פרשה ט"ו. תנחומא כאן סימן ד'. וסדר בהעלותך סימן ד'. ילקוט כאן רמז שע"ח:

אם למקרא

וְלֹא תִתְחַתֵּן בָּם בִּתְּךָ לֹא תִתֵּן לִבְנוֹ וּבִתּוֹ לֹא תִקַּח לִבְנֶךָ: (דברים ז:ג)

וְהָיָה אִם שָׁמוֹעַ תִּשְׁמַע בְּקוֹל ה' אֱלֹהֶיךָ לִשְׁמֹר לַעֲשׂוֹת אֶת כָּל מִצְוֹתָיו אֲשֶׁר אָנֹכִי מְצַוְּךָ הַיּוֹם וּנְתָנְךָ ה' אֱלֹהֶיךָ עֶלְיוֹן עַל כָּל גּוֹיֵי הָאָרֶץ: (שם כח:א)

יְפֵה נוֹף מְשׂוֹשׂ כָּל הָאָרֶץ הַר צִיּוֹן יַרְכְּתֵי צָפוֹן קִרְיַת מֶלֶךְ רָב: (תהלים מח:ג)

וְאָמַרְתָּ לְצוֹר הַיֹּשֶׁבֶת עַל מְבוֹאֹת יָם רֹכֶלֶת הָעַמִּים אֶל אִיִּים רַבִּים כֹּה אָמַר אֲדֹנָי ה' צוֹר אַתְּ אָמַרְתְּ אֲנִי כְּלִילַת יֹפִי: (יחזקאל כז:ג)

סָפְקוּ עָלַיִךְ כַּפַּיִם כָּל עֹבְרֵי דֶרֶךְ שָׁרְקוּ וַיָּנִעוּ רֹאשָׁם עַל בַּת יְרוּשָׁלָ‍ִם הֲזֹאת הָעִיר שֶׁיֹּאמְרוּ כְּלִילַת יֹפִי מָשׂוֹשׂ לְכָל הָאָרֶץ: (איכה ב:טו)

יְפֵה נוֹף מְשׂוֹשׂ כָּל הָאָרֶץ הַר צִיּוֹן יַרְכְּתֵי צָפוֹן קִרְיַת מֶלֶךְ רָב: (תהלים מח:ג)

וְשָׁחַט אֹתוֹ עַל יֶרֶךְ הַמִּזְבֵּחַ צָפֹנָה לִפְנֵי ה' וְזָרְקוּ בְּנֵי אַהֲרֹן הַכֹּהֲנִים אֶת דָּמוֹ עַל הַמִּזְבֵּחַ סָבִיב: (ויקרא א:יא)

וְהָלְכוּ גוֹיִם לְאוֹרֵךְ וּמְלָכִים לְנֹגַהּ זַרְחֵךְ: (ישעיה ס:ג)

שינוי נוסחאות

שהם מאירים לכל. בד' וילנא הוסיפו כאן תיבת "באמונתם" (אולי מחמת צנזורא) בסוגריים מרובעים, ואינו בשום ספר אחר:

לְכָךְ אָמַר הַקָּדוֹשׁ בָּרוּךְ הוּא לְמֹשֶׁה "וְיִקְחוּ אֵלֶיךָ שֶׁמֶן זַיִת זָךְ" – **This is why the Holy One, blessed is He, said to Moses, *that they shall take for you pure olive oil.***[25]

§2[26] The Midrash once again addresses the word אֵלֶיךָ, *for you,*[27] as well as the expression לְהַעֲלֹת (translated here as *to kindle*, but literally, *to raise up*). It also returns to the *Jeremiah* verse discussed in the previous section:

לֹא שֶׁאֲנִי צָרִיךְ לָהֶם – God was telling Moses here, **"It is not that I need [these lamps]** for light for Myself. **אֶלָּא שֶׁתָּאִירוּ לִי כְּשֵׁם שֶׁהֵאַרְתִּי לָכֶם** – **Rather,** the reason for this command is **in order that you provide light for Me, just as I have provided light for you.** לָמָּה – And **why** do I command you thus? **כְּדֵי לְהַעֲלוֹת אֶתְכֶם בִּפְנֵי כָּל הָאוּמּוֹת, שֶׁיִּהְיוּ אוֹמְרִים: יִשְׂרָאֵל מְאִירִים לְמִי שֶׁמֵּאִיר לַכֹּל** – **In order to raise you up** [לְהַעֲלֹת],[28] i.e., to glorify you, **before all** the other **nations, that they should say,** 'The people of **Israel** were chosen to **provide light to Him Who provides light to all** things!' "[29] **מָשָׁל לְפִקֵּחַ וְסוּמָא שֶׁהָיוּ מְהַלְּכִין** – This may be illustrated by means of **a parable.** It may be compared **to a sighted man and a blind man who were walking** together.

NOTES

25. I.e., it is for this reason that the word אֵלֶיךָ, *for you,* is used here, to intimate that there is a connection between Israel and olive oil (as explained in several interpretations in the Midrash); see above, note 1.

Alternatively: This line is actually to be appended to the following section (and accordingly there should be no *piska* mark at the end of this sentence, as the Vilna edition has), and it means: It is for this (i.e, *the following*) reason that God commanded Moses to kindle lights in the Tabernacle; see above, note 1 (*Yefeh To'ar*).

26. It has already been noted (previous note) that according to many commentators and Midrash editions the new section actually should begin with the previous sentence, לְכָךְ אָמַר הַקָּדוֹשׁ בָּרוּךְ הוּא.

27. See above, note 1. Alternatively, here the Midrash finally arrives at its main point: the reason for the command to kindle lights in the Tabernacle (see note 1).

28. And this is alluded to by the use of the word לְהַעֲלֹת, lit., "to raise up" (rather than the usual word for kindling a fire, לְהַדְלִיק or לְהַבְעִיר) (*Radal, Maharzu*).

29. When the other nations see that God commands Israel to kindle lamps before Him even though He does not need their light, they will say that this must be due to Israel's elevated status in the eyes of God: He wanted to show that He considered Israel equal with Himself, as it were, as if He needs them just as they need Him (*Yefeh To'ar* and *Eitz Yosef*; cf. *Yedei Moshe* [see Insight at note 32], *Maharzu* here and to *Bamidbar Rabbah* 15 §5, and *Eshed HaNechalim*).

אֶלָּא כָּל הַמַּשְׁקִין מִתְעָרְבִים זֶה בָּזֶה וְהַשֶּׁמֶן אֵינוֹ מִתְעָרֵב אֶלָּא עוֹמֵד, כָּךְ יִשְׂרָאֵל אֵינָם מִתְעָרְבִים עִם °הָעוֹבְדֵי כוֹכָבִים°, שֶׁנֶּאֱמַר (דברים ז, ג) ״וְלֹא תִתְחַתֵּן בָּם״, דָּבָר אַחֵר, כָּל הַמַּשְׁקִים אָדָם מְעָרֵב בָּהֶם וְאֵינוֹ יוֹדֵעַ אֵי זֶה תַּחְתּוֹן וְאֵי זֶה עֶלְיוֹן, אֲבָל הַשֶּׁמֶן אֲפִילוּ אַתָּה מְעָרְבוֹ בְּכָל הַמַּשְׁקִין שֶׁבָּעוֹלָם הוּא נָתוּן לְמַעְלָה מֵהֶן, כָּךְ יִשְׂרָאֵל בְּשָׁעָה שֶׁהֵם עוֹשִׂים רְצוֹנוֹ שֶׁל מָקוֹם נִצָּבִים לְמַעְלָה °מֵהָעוֹבְדֵי כוֹכָבִים°, שֶׁנֶּאֱמַר (שם כח, א) ״וּנְתָנְךָ ה׳ אֱלֹהֶיךָ עֶלְיוֹן וְגוֹ׳ ״, הֱוֵי ״זַיִת רַעֲנָן יְפֵה פְרִי תוֹאַר״, דָּבָר אַחֵר, ״זַיִת רַעֲנָן״, הֲדָא הוּא דִכְתִיב (תהלים מח, ג) ״יְפֵה נוֹף מְשׂוֹשׂ כָּל הָאָרֶץ״, מַהוּ ״יְפֵה נוֹף״, לָשׁוֹן יְוָנִי קוֹרִין לְכַלָּה נִמְפֵי, ״מְשׂוֹשׂ כָּל הָאָרֶץ״, שֶׁלֹּא הָיָה אֶחָד מִיִּשְׂרָאֵל מֵיצֵר כְּשֶׁהָיָה בֵּית הַמִּקְדָּשׁ קַיָּים, לָמָּה, [ג]שֶׁהָיָה אָדָם נִכְנָס לְשָׁם מָלֵא עֲוֹנוֹת וְהָיָה מַקְרִיב קָרְבָּן וּמִתְכַּפֵּר לוֹ, אֵין שִׂמְחָה גְּדוֹלָה מִזּוֹ שֶׁהָיָה יוֹצֵא צַדִּיק, הֱוֵי ״יְפֵה נוֹף מְשׂוֹשׂ כָּל הָאָרֶץ״, [ד]כְּתִיב בְּצוֹר (יחזקאל כז, ג) ״צוֹר אַתְּ אָמַרְתְּ אֲנִי כְּלִילַת יֹפִי״, אַתְּ אָמַרְתְּ אֲבָל אֲחֵרִים אֵינָם אוֹמְרִים, [ה]אֲבָל יְרוּשָׁלַיִם הַכֹּל אוֹמְרִים שִׁבְחָהּ, שֶׁנֶּאֱמַר (איכה ב, טו) ״הֲזֹאת הָעִיר שֶׁיֹּאמְרוּ כְּלִילַת יֹפִי״, וּכְתִיב (תהלים מח, ג) ״הַר צִיּוֹן יַרְכְּתֵי צָפוֹן קִרְיַת מֶלֶךְ רָב״, מָקוֹם שֶׁמַּקְרִיבִין בּוֹ קָרְבָּנוֹת, שֶׁנֶּאֱמַר (ויקרא א, יא) ״וְשָׁחַט אֹתוֹ עַל יֶרֶךְ הַמִּזְבֵּחַ צָפֹנָה״, לְכָךְ נֶאֱמַר ״זַיִת רַעֲנָן יְפֵה פְּרִי תֹאַר״, כְּשֵׁם שֶׁהַשֶּׁמֶן מֵאִיר כָּךְ בֵּית הַמִּקְדָּשׁ מֵאִיר לְכָל הָעוֹלָם, שֶׁנֶּאֱמַר (ישעיה ס, ג) ״וְהָלְכוּ גוֹיִם לְאוֹרֵךְ״, לָכֵן נִקְרְאוּ יִשְׂרָאֵל ״זַיִת רַעֲנָן״, שֶׁהֵם מְאִירִים לַכֹּל, לְכָךְ אָמַר הַקָּדוֹשׁ בָּרוּךְ הוּא לְמֹשֶׁה [כז, כ] ״וְיִקְחוּ אֵלֶיךָ שֶׁמֶן זַיִת זָךְ״:

ב לֹא שֶׁאֲנִי צָרִיךְ לָהֶם אֶלָּא שֶׁתָּאִירוּ לִי כְּשֵׁם שֶׁהֵאַרְתִּי לָכֶם, לָמָּה, כְּדֵי לְהַעֲלוֹת אֶתְכֶם בִּפְנֵי כָּל הָאוּמּוֹת, שֶׁיִּהְיוּ אוֹמְרִים: יִשְׂרָאֵל מְאִירִים לְמִי שֶׁמֵּאִיר לַכֹּל, [ו]מָשָׁל לְפִקֵּחַ וְסוּמָא שֶׁהָיוּ מְהַלְּכִין,

עץ יוסף

ואיני יודע איזה תחתון. כי מתערבים יחד ונעשה גוף אחד משונה ממה שהיה, כן התערבות אומות שונות בדתם, אז סופם שילמדו זה מזה, עד שיתחדש כמעט דבר חדש, אבל ישראל אין מתערבים לעולם, ובשעה שיעשו רצון המקום הם למעלה תחת השגחה העליונה ולא ילמדו מכולם:

[ב] הדא הוא דכתיב יפה נוף. דעל בית המקדש קאמר הכי שמאיר לעולם כשמן זית, וכהאי גוונא אשכחן דאיקרי יפה נוף: נכנס לשם מלא עונות. בשוחר טוב מוסיף ולבו דואג עליו ושח: כתיב בצור כו׳. בעי לפרש יפה נוף שהיא משובחת מפי הכל, ומה שנאמר שם משוש כל הארץ, פירושו שהכל נהנים ביפיה: מקום שמקריבין בו קרבנות. שבצפון היה עומד ומקריב חטאתו, כדאמר בשוחר טוב: כך בית המקדש מאיר. אור הדעת, כי מציון תצא תורה, והיינו סנהדרין שיושבים בלשכת הגזית, ולכן הביא סמך מן והלכו גוים לאורך, שמתיחס האור לישראל כי הם המלמדים לכל לדעת את ה׳, ולכן נקראו זית רענן: לכך אמר הקדוש ברוך הוא למשה כו׳. כלומר שקרא ה׳ שמם לפני כל העמים זית רענן, על היותם מאירים לפני ה׳ בשמן זית, כי זו למעלה גדולה שהמאיר לכל העולם יהיה מקבל אורה מהם: (ב) למה כדי להעלות אתכם. בעיני האומות, בידעם שעם שאינו צריך לאור ומכל מקום מצוה עליהם, יאמרו זה ודאי למעלתם, שהשם יתברך אינו רוצה שיהיו מחזיקים לו טובה, וזה ענין משל הפקח עם הסומא:

פירוש מהרז״ו

אלא עומד. פירוש עומד וניכר בפני עצמו: אדם מערב בהם. פירוש שמתערבים יחד היטב, ועומדים בשוה תחתון ועליון. עיין דברים רבה פרשה ז סימן ג: דבר אחר זית רענן. וסיפיה דקרא יפה פרי תואר: קורין לכלה נמפי. בראשית רבה פרשה ע״א סימן ח, לקמן סוף פרשה נ״ב, ויקרא רבה פרשה א סימן ב, במדבר רבה ריש פרשה ט. וכאן הכוונה שהיו שמחים בירושלים ככלה חדשה, ועיין מדרש תהלים מזמור מ״ח בביאור, ובילקוט שם באריכות: הר ציון ירכתי צפון. סוף פסוק של יפה נוף הנ״ל, וכוונתו דכתיב יפה נוף משוש כל הארץ הר ציון ירכתי צפון: מקום שמקריבים. קרבן עולה שכתוב בה ושחט אותו על ירך המזבח צפונה לפני ה׳, וכמו שכתוב בתנחומא לו, הטיבה ברצונך את ציון, שאין ציון נבנה אלא בזכות קרבן עולה שהיו ישראל מקריבים, עיין ויקרא רבה פרשה ז סימן ה, ושם נסמן, והוא הדין לכל הקרבנות, קדשי קדשים, וקדשים קלים, על פי מדה כ״ג, על שהיא כולה כליל: כך בית המקדש מאיר. כמו שכתוב בראשית רבה פרשה ג סימן ד במדבר רבה פרשה ט״ו סימן ז: והלכו גוים לאורך. ובפסוק הקודם וכבוד ה׳ עליך זרח, ומקום כבוד ה׳ היא בבית המקדש, וכשבית המקדש מאיר על ידי המנורה, אז ישראל מאירים, לכך צוה ליקח שמן זית זך למנורת בית המקדש, על ידי ישראל: (ב) לא שאני צריך להם. לנרות, ופירוש אחר הוא על פסוק ויקחו אליך שמן וגו׳ להעלות נר: להעלות אתכם. מכילתא בשלח פסוק וה׳ הולך לפניהם יומם: לפקח וסומא. עיין במדבר רבה פרשה ט״ו סימן ה, ושם מבואר:

מתנות כהונה

קורין לכלה נמפי. עיין סוף פרשת פקודי (נב, ה): צור את אמרת. פסוק הוא ביחזקאל סימן כ״ז: שנאמר ושחט אותו וגו׳. נקט האי קרא משום דכתיב ביה ירך לפונה: [ב] להעלות. לשון עילוי וגדולה:

אשד הנחלים

והשמן אינו מתערב. כי טבעו קל מאד, ולכן צף על כל המשקים, ואולי מפני שאין בו יסוד הכובד מהעפר המכביד, כן ישראל לא היה בהם גסות החומר כל כך, [שיסודו מיסוד העפר] על כן לא היו מתערבים בעובדי כוכבים, שכל תאותם היה בענינים חומריים, ולכן אחז ירמיה בזה הפרי להוכיח לישראל למען לא יתערבו בעובדי כוכבים: ואינו יודע איזה תחתון. כי מתערבים יחד ונעשה גוף אחד משונה ממה שהיה, כן התערבות אומות שונות בדתם, אז סופם שיבלבלו זה את זה, עד שיתחדש כמעט דבר חדש, ולא כראי זה ולא כראי זה, אבל ישראל בין העובדי כוכבים לא היו מתערבין לעולם, ובשעה שעשו רצון המקום, הם למעלה תחת השגחה העליונה ולא ילמדו מכולם, הבן זה: לכלה נמפי. כלומר נאה לרעיה המחוברת לאדוניה יתברך, על ידי הקרבנות, כמו שקראה רעיה בשיר השירים, וכמו שאמרו בחזית (שיר השירים רבה א, פסוק ט) על ידי שרועה בתמידין כל יום לאדוניה: אתה אמרת. כלומר דמית מפני רוב עושרך נקראת כלילת יופי, אבל לא זאת היא היפוי, רק ירושלים נקרא באמת כן, כי אין היופי מצד חמדת סגולת העושר לבד, כי אם בצירוף אנשי שלימות: לכך נאמר זית רענן יפה. כלומר שרק היא נקראת יפה באמת: כשם. עתה דורש על מה שמכנם בשם זית: כך הקדוש ברוך הוא כו׳ נקראו ישראל. מבאר שזה הדמוי לזית הוא דמוי אלהית במה שמדמה לישראל, שעל ידיהם השפע הטובה יורד משמים, שעל ידי זה ה׳ מאיר לכל העולם באורו והשגחתו ושפעו, וכאלו כונת הכתוב זית רענן יפה פרי תואר קרא ה׳, כמו נקרא ה׳, שהקדוש ברוך הוא מכונה כך מצד אורו, כן שמך גם כן, כי אתה במעשיך הטובים עוזר לאור אלהי שיאיר עוד בארץ: [ב] לא שאני צריך. וזהו הכנוי ויקחו אליך, למענך ולא למעני, והתועלת הוא להעלות נר תמיד, שעל ידי זה תעזרו שיאור לכם שפע השגחתי, ועל ידי זה תעלו במעלה מפני השגחתי הפרטית עליכם יותר מעל כל: לפקח וסומא כו׳. אולי נרמז זה במלת תמיד, אף שהנר [היא ההשגחה] עולה תמיד מבלעדי נרותיכם, עם כל זה בכדי שלא תחזיקו לי טובה, רק תדמו שהשגחתי צריכה אליכם שתעלו על ידי מעשיכם הטובים. ולכאורה יקשה הלא יותר טוב שיחזיקו טובה לו

חידושי הרד״ל

והשמן אין מתערב כו׳. עיין שיר השירים רבה פרשה א פסוק ד: כך כו׳ אין מתערבין. ואפילו בעת החרבן אמרו ביבמות (יז, ב) דבנתא דההוא דרא אגטרויי, ועיין ויקרא רבה פרשה י״ז: שהיו עושים רצונו כו׳ הוי זית רענן יפה גו׳ אימתי הם כזית רענן בזמן שהם יפים, ופרי תואר ישוה לו: [ב] כדי להעלות אתכם בפני כו׳. לשון להעלות נר תמיד דרש כן, וכן דרש בפרשת בהעלותך (במדבר רבה טו, ה)

חידושי הרש״ש

כל המשקים מתערבין זה בזה והשמן אינו מתערב כו׳. מזה נראה דהא דאמרינן שבת (ה, ב) שמן שצף על גבי יין (וגירסת הרמב״ם והרב המגיד משנה על המים) מחלוקת רבי יוחנן בן נורי ורבנן כו׳, דבדוקא נקט שמן, וקא סבירא ליה לרבנן דאינו חבור מטעם האמור כאן, אבל בשאר משקין אף לרבנן הוי חבור, וכן משמע להדיא מפירוש רש״י שם ד״ה שמן למתבונן בו, ותמה אנכי על רבינו בעל הטורים בקצור פסקי הרא״ש שם סימן ד שכתב יין על גבי מים והוציא היין פטור: לשון יוני קורין לכלה נימפי. בראש השנה (כו, א) איתא בתחום קן נשריא קורין לה נינפי: כך הקדוש ברוך הוא מאיר כו׳ שנאמר והלכו גוים לאורך. פירוש, דבקרא דלפניו כתיב ועליך יזרח ה׳:

באור מהרי״פ

נמפי. ובמקומות אחרים (ראש השנה כו, א. רש״י תהלים מח, ג) כתוב נינפי בשני נוני״ן, אבל בערוך (ערך נמפה. ולפנינו הגירסא נינפי כגמ׳ בר״ה) מביא בערך נמפי במ״ם: כשם שהשמן מאיר כך בית המקדש מאיר. פירוש, היינו אור הדעת כי מציון תצא תורה, והיינו סנהדרין שיושבים בלשכת הגזית, וכן אמר לעיל בבראשית רבה פרשה נ״ה (סימן ז) ארון מקום שהתורה יוצאה לעולם, ולכן הביא כאן סמך מוהלכו גוים לאורך שמתיחס האור לישראל, והם המלמדים דעת את ה׳ לעובדי כוכבים: לכך אמר הקדוש ברוך הוא למשה וכו׳. מילתא באנפי נפשה היא:

מסורת המדרש

ג. עיין במדבר רבה פרשה כ״א. תנחומא סדר פינחס סימן י״ג. שה״ש רבה פרשה א׳ וקהלת רבה פר׳ א׳. פסיקתא רבתי פסקא ט״ו סימן כ״ד. פסיקתא דרב כהנא פיסקא ה׳ וסוף פסקא ו׳ ופיסקא ט״ז. ילקוט פנחס רמז תשע״ז. ילקוט ישעיה רמז רכ״ז:
ד. מדרש תהלים מזמור מ״ח. ילקוט תהלים רמז תשכ״ה:
ה. איכה רבתי פרשה ב׳ וש״נ:
ו. במדבר רבה פרשה ט״ו. תנחומא כאן סימן ד׳. וסדר בהעלותך סימן ד׳. ילקוט כאן רמז שע״ח:

אם למקרא

וְלֹא תִתְחַתֵּן בָּם בִּתְּךָ לֹא תִתֵּן לִבְנוֹ וּבִתּוֹ לֹא תִקַּח לִבְנֶךָ:
(דברים ז:ג)

וְהָיָה אִם שָׁמוֹעַ תִּשְׁמַע בְּקוֹל ה׳ אֱלֹהֶיךָ לִשְׁמֹר לַעֲשׂוֹת אֶת כָּל מִצְוֺתָיו אֲשֶׁר אָנֹכִי מְצַוְּךָ הַיּוֹם וּנְתָנְךָ ה׳ אֱלֹהֶיךָ עֶלְיוֹן עַל כָּל גּוֹיֵי הָאָרֶץ:
(שם כח:א)

יְפֵה נוֹף מְשׂוֹשׂ כָּל הָאָרֶץ הַר צִיּוֹן יַרְכְּתֵי צָפוֹן קִרְיַת מֶלֶךְ רָב:
(תהלים מח:ג)

וְאָמַרְתָּ לְצוֹר הַיֹּשֶׁבֶת עַל מְבוֹאֹת יָם רֹכֶלֶת הָעַמִּים אֶל אִיִּים רַבִּים כֹּה אָמַר אֲדֹנָי ה׳ צוֹר אַתְּ אָמַרְתְּ אֲנִי כְּלִילַת יֹפִי:
(יחזקאל כז:ג)

סָפְקוּ עָלַיִךְ כַּפַּיִם כָּל עֹבְרֵי דֶרֶךְ שָׁרְקוּ וַיָּנִעוּ רֹאשָׁם עַל בַּת יְרוּשָׁלָםִ הֲזֹאת הָעִיר שֶׁיֹּאמְרוּ כְּלִילַת יֹפִי מָשׂוֹשׂ לְכָל הָאָרֶץ:
(איכה ב:טו)

יְפֵה נוֹף מְשׂוֹשׂ כָּל הָאָרֶץ הַר צִיּוֹן יַרְכְּתֵי צָפוֹן קִרְיַת מֶלֶךְ רָב:
(תהלים מח:ג)

וְשָׁחַט אֹתוֹ עַל יֶרֶךְ הַמִּזְבֵּחַ צָפֹנָה לִפְנֵי ה׳ וְזָרְקוּ בְּנֵי אַהֲרֹן הַכֹּהֲנִים אֶת דָּמוֹ עַל הַמִּזְבֵּחַ סָבִיב:
(ויקרא א:יא)

וְהָלְכוּ גוֹיִם לְאוֹרֵךְ וּמְלָכִים לְנֹגַהּ זַרְחֵךְ:
(ישעיה ס:ג)

שינוי נוסחאות

שהם מאירים לכל. בד׳ וילנא הוסיפו כאן תיבת ״באמונתם״ (אולי מחמת צנזורא) בסוגריים מרובעים, ואינו בשום ספר אחר:

אָמַר הַפִּקֵּחַ לַסּוּמָא: בֹּא וַאֲנִי סוֹמֶכְךָ, וְהָיָה הַסּוּמָא מְהַלֵּךְ – **The sighted man had said to the blind man, "Come, I will hold onto you,"** **and** in this manner **the blind man was** able to manage **walking.** **כֵּיוָן שֶׁנִּכְנְסוּ לַבַּיִת אָמַר הַפִּקֵּחַ לַסּוּמָא: צֵא וְהַדְלֵק לִי אֶת הַנֵּר וְהָאֵר לִי, שֶׁלֹּא תְהֵא מַחֲזִיק לִי טוֹבָה שֶׁלִּוִּיתִיךָ** – **When they entered the house,** and the blind man was able to walk on his own, **the sighted man said to the blind man, "Go forth and light the lamp and provide light for me, so that you should not be beholden to me for having escorted you;** **לְכָךְ אָמַרְתִּי לְךָ שֶׁתָּאִיר** – **that is why I told you that you should provide light** for me by lighting the lamp."[30] **כָּךְ הַפִּקֵּחַ זֶה הַקָּדוֹשׁ בָּרוּךְ הוּא, שֶׁנֶּאֱמַר "כִּי ה' עֵינָיו מְשֹׁטְטוֹת בְּכָל הָאָרֶץ"** – **So too** here. **The sighted man** of the parable – **this is** a reference to **the Holy One, blessed is He, as it is stated,** ***For HASHEM's eyes roam throughout the land*** (*II Chronicles* 16:9); **וְהַסּוּמָא אֵלוּ יִשְׂרָאֵל, שֶׁנֶּאֱמַר "נְגַשְׁשָׁה כַעִוְרִים קִיר וּכְאֵין עֵינַיִם נְגַשֵּׁשָׁה, כָּשַׁלְנוּ בַצָּהֳרַיִם כַּנֶּשֶׁף"** – **and the blind man** of the parable – **this is** a reference to **Israel, as it is stated,** ***We grope the wall like the blind; and like the eyeless we grope; we stumble at noon as in the dark of night*** (*Isaiah* 59:10), **בָּעֵגֶל בְּשֵׁשׁ שָׁעוֹת** – that is: we stumbled **with regard to the Golden Calf at six hours** of the day.[31] **וְהָיָה הַקָּדוֹשׁ בָּרוּךְ הוּא מֵאִיר לָהֶם וְהִנְהִיגָם, שֶׁנֶּאֱמַר "וַה' הֹלֵךְ לִפְנֵיהֶם יוֹמָם"** – **And,** as in the parable, **the Holy One, blessed is He, provided light to [Israel] and led them** in the Wilderness after the Exodus, **as it is stated,** ***HASHEM went before them by day*** *in a pillar of cloud to lead them on the way, and by night in a pillar of fire to give them light* (above, 13:21). **כֵּיוָן שֶׁבָּאוּ לַעֲשׂוֹת הַמִּשְׁכָּן קָרָא לְמֹשֶׁה וְאָמַר לוֹ: "וְיִקְחוּ אֵלֶיךָ שֶׁמֶן זַיִת זָךְ"** – Then, **when [Israel] reached** the time for **making the Tabernacle, [God] called Moses and said to him,** ***that they shall take for you pure olive oil*** . . . *for illumination.* **אָמַר יִשְׂרָאֵל: "כִּי אַתָּה תָּאִיר נֵרִי", וְאַתָּה אוֹמֵר שֶׁנָּאִיר לְפָנֶיךָ** – The people of **Israel said** to God, "You are the Source of all light, as it is written, ***For You light my lamp;*** *HASHEM, my God, illuminates my darkness* (*Psalms* 18:29), **and yet You say that we should provide light before You?!"** **אָמַר לָהֶם: בִּשְׁבִיל לְהַעֲלוֹת אֶתְכֶם שֶׁתָּאִירוּ לִי כְּשֵׁם שֶׁהֵאַרְתִּי לָכֶם** – **[God] replied to them,** "I command you to kindle light before Me only **in order to raise you up** [לְהַעֲלֹת], i.e., to glorify you before the nations, **that you should provide light for Me just as I have provided light for you."**[32]

לְכָךְ נֶאֱמַר "זַיִת רַעֲנָן" – **Therefore, it is stated** in Jeremiah's prophecy, ***A leafy olive tree.***[33]

§3 The Midrash presents yet another explanation for Jeremiah's statement likening the Jewish people to an olive tree:

דָּבָר אַחֵר, "זַיִת רַעֲנָן" – **Another explanation** of ***A leafy olive tree:*** **רְאֵה הֵיאַךְ דִּבְרֵי תוֹרָה מְאִירִין לָאָדָם בְּשָׁעָה שֶׁעוֹסֵק בָּהֶן** – **See how the words of Torah provide light**[34] **for a person during the time he engages in** studying **them,**[35] **וְכָל מִי שֶׁאֵינוֹ עוֹסֵק וְאֵינוֹ יוֹדֵעַ הוּא נִכְשָׁל** – **and** how **anyone who does not engage** in studying Torah, **and** hence **does not know** what the Torah requires of him, **stumbles.** **מָשָׁל לְמִי שֶׁעוֹמֵד בָּאֲפֵילָה** – This may be illustrated by means of **a parable.** It may be compared **to someone who was standing in the dark.** **בָּא לְהַלֵּךְ, מָצָא אֶבֶן וְנִכְשַׁל בָּהּ** – **He began to walk, encountered a stone, and stumbled over it;** **מָצָא בִּיב נוֹפֵל בּוֹ** – **he encountered a cesspit** and **fell into it,**

NOTES

30. I do not want you to feel beholden to me. I want you to feel that you have done for me just as I have done for you.

31. The initial mistake that led to the sin of the Golden Calf took place after the sixth hour on the 16th day of Tammuz had passed (see below, 41 §7 and *Shabbos* 89). This is how the Midrash understands the reference to Israel's "stumbling at noon" (*Eitz Yosef*).

32. This explains the use of the word אֵלֶיךָ, *for you.* God said, "I do not need light. I command you to take *for yourselves* olive oil. Kindling a lamp for Me is for your own sake (*Toldos Noach*; *Eshed HaNechalim*; see *Menachos* 86b). That is, the nations should see that I wish you to feel that you have done for Me just as I have done for you (see above, note 29). See Insight Ⓐ.

33. According to this interpretation, Israel is compared to an olive tree because they kindle lights before God with olive oil. It is a major distinction for them that the One Who gives light to the entire world accepts light from them (*Eitz Yosef*).

34. Metaphorically speaking, as the Midrash goes on to illustrate.

35. By saying "during the time he engages in studying them," the Midrash does not mean literally that the Torah gives "light" to those who study it only during the moments and hours he is studying; rather it means that as long as the person does not abandon his studies and neglect what he has learned he will be provided with this "light" (*Maharzu;* cf. *Yefeh To'ar* and *Eitz Yosef*).

INSIGHTS

Ⓐ **Repaying a Kindness** According to our Midrash, there is a special kindness in allowing the recipient of a kindness to reciprocate so that he not feel beholden to his benefactor. *R' Yerucham Levovitz* (*Daas Torah, Bereishis,* pp. 258-259) explains. It is commonly thought that when a benefactor brushes off the gratitude shown him by the recipient, the benefactor is exhibiting a heightened sense of kindness, by seeming to deprecate the kindness that he has done. Not necessarily so, explains R' Yerucham. There is often a different sentiment that informs this attitude. It is not that the benefactor wishes to bestow kindness for kindness' sake. Rather, he desires that the recipient of his kindness be — and remain — indebted to him. The benefactor does not want the beneficiary to repay his kindness in word or in deed; he wishes rather for the beneficiary to remain beholden to him.

Our Midrash teaches that the true benefactor seeks the opportunity to *allow* the recipient to show his gratitude and reciprocate. He wants that the recipient no longer feel beholden, a taker and not a giver. He wants the recipient to feel like an equal in their relationship. And so the true benefactor will allow the recipient to repay the kindness even if he, the benefactor, does not have any need for that repayment. He will allow the recipient to kindle a lamp for him even when there is no need for illumination.

This is the attitude that should govern our interpersonal dealings. If you really want to help someone in need, make sure that he does *not* feel indebted to you forever. Yes, if he is a thinking person, he will always appreciate what you have done for him. But allow him to do something in return, so that he can feel like an equal and not an inferior.

That is how God deals with us: we who must spend our lives in infinite gratitude to Him, and who know full well intellectually that we receive everything from Him, Who needs nothing from us at all. How much more so must we deal in this manner with our fellow men, who, no matter how diminished their circumstances might be, are in truth our equals before God and by every objective measure of worth.

Another approach to understanding our Midrash is offered by *Mahari ben Lev* (cited by *Yefeh To'ar,* and followed by *Yedei Moshe*). He explains that the sighted person desired to give the blind man the opportunity to show his appreciation for the assistance he had given him by leading him through the treacherous path. The sighted person did not want the blind man to feel beholden — i.e., incapable of showing his appreciation. So too did God allow us to light the Menorah "for Him," to "provide" Him with illumination He does not need, as a vehicle for us to express our appreciation to Him, as if we were giving Him something in return for all that He has done for us. The Midrash thereby wishes to emphasize the importance of *hakaras hatov,* of how important it is for the recipient of a kindness to express his *appreciation* for all that he has received from his benefactor. [See the discourse of *R' Chaim Shmulevitz* (*Sichos Mussar,* pp. 317-318) in keeping with this latter approach.]

אָמַר הַפִּקֵּחַ לַסּוּמָא: בֹּא וַאֲנִי סוֹמְכְךָ, וְהָיָה הַסּוּמָא מְהַלֵּךְ, כֵּיוָן שֶׁנִּכְנְסוּ לַבַּיִת אָמַר הַפִּקֵּחַ לַסּוּמָא: צֵא וְהַדְלֵק לִי אֶת הַנֵּר וְהָאֵיר לִי, שֶׁלֹּא תְהֵא מַחֲזִיק לִי טוֹבָה שֶׁלִּוִּיתִיךָ, לְכָךְ אָמַרְתִּי לְךָ שֶׁתָּאִיר, כָּךְ הַפִּקֵּחַ זֶה הַקָּדוֹשׁ בָּרוּךְ הוּא, שֶׁנֶּאֱמַר (דברי הימים-ב טז, ט) **"כִּי ה' עֵינָיו מְשֹׁטְטוֹת בְּכָל הָאָרֶץ", וְהַסּוּמָא אֵלּוּ יִשְׂרָאֵל, שֶׁנֶּאֱמַר** (ישעיה נט, י) **"נְגַשְׁשָׁה כַעִוְרִים קִיר וּכְאֵין עֵינַיִם נְגַשֵּׁשָׁה, כָּשַׁלְנוּ בַצָּהֳרַיִם כַּנֶּשֶׁף", בָּעֵגֶל בְּשֵׁשׁ שָׁעוֹת, וְהָיָה הַקָּדוֹשׁ בָּרוּךְ הוּא מֵאִיר לָהֶם וְהִנְהִיגָם, שֶׁנֶּאֱמַר** (שמות יג, כא) **"וַה' הֹלֵךְ לִפְנֵיהֶם יוֹמָם", כֵּיוָן שֶׁבָּאוּ לַעֲשׂוֹת הַמִּשְׁכָּן קָרָא לְמֹשֶׁה וְאָמַר לוֹ:** [כז, כ] **"וְיִקְחוּ אֵלֶיךָ שֶׁמֶן זַיִת זָךְ", אָמַר יִשְׂרָאֵל:** (תהלים יח, כט) **"כִּי אַתָּה תָּאִיר נֵרִי", וְאַתָּה אוֹמֵר שֶׁנָּאִיר לְפָנֶיךָ, אָמַר לָהֶם: בִּשְׁבִיל לְהַעֲלוֹת אֶתְכֶם שֶׁתְּאִירוּ לִי כְּשֵׁם שֶׁהֵאַרְתִּי לָכֶם, לְכָךְ נֶאֱמַר** (ירמיה יא, טז) **"זַיִת רַעֲנָן":**

ג דָּבָר אַחֵר, (ירמיה יא, טז) **"זַיִת רַעֲנָן", רְאֵה הֵיאַךְ דִּבְרֵי תוֹרָה מְאִירִין לָאָדָם בְּשָׁעָה שֶׁעוֹסֵק בָּהֶן, וְכָל מִי שֶׁאֵינוֹ עוֹסֵק וְאֵינוֹ יוֹדֵעַ הוּא נִכְשָׁל, [ז]מָשָׁל לְמִי שֶׁעוֹמֵד בָּאֲפֵלָה, בָּא לְהַלֵּךְ, מָצָא אֶבֶן וְנִכְשַׁל בָּהּ, מָצָא בִּיב נוֹפֵל בּוֹ הִקִּישׁ פָּנָיו בַּקַּרְקַע, לָמָּה, שֶׁלֹּא הָיָה בְּיָדוֹ נֵר, כָּךְ הַהֶדְיוֹט שֶׁאֵין בְּיָדוֹ דִּבְרֵי תוֹרָה, מָצָא עֲבֵירָה וְנִכְשָׁל בָּהּ וּמֵת, שֶׁכֵּן רוּחַ הַקֹּדֶשׁ צוֹוַחַת** (משלי ה, כג) **"הוּא יָמוּת בְּאֵין מוּסָר", וְאֵין מוּסָר אֶלָּא דִּבְרֵי תוֹרָה, שֶׁנֶּאֱמַר** (שם ד, יג) **"הַחֲזֵק בַּמּוּסָר אַל תֶּרֶף", לָמָּה הוּא מֵת, לְפִי שֶׁאֵינוֹ יוֹדֵעַ בַּתּוֹרָה וְהוֹלֵךְ וְחוֹטֵא, שֶׁנֶּאֱמַר** (שם שם יט) **"דֶּרֶךְ רְשָׁעִים כָּאֲפֵלָה לֹא יָדְעוּ בַּמֶּה יִכָּשֵׁלוּ", אֲבָל אוֹתָם שֶׁעוֹסְקִים בַּתּוֹרָה הֵם מְאִירִים בְּכָל מָקוֹם, [ח]מָשָׁל לְמִי שֶׁעוֹמֵד בָּאֲפֵלָה וְנֵר בְּיָדוֹ וְרוֹאֶה אֶבֶן וְלֹא נִכְשַׁל, רָאָה בִּיב וְלֹא נָפַל, לָמָּה, עַל שֶׁהָיָה בְּיָדוֹ נֵר, שֶׁנֶּאֱמַר** (תהלים קיט, קה) **"נֵר לְרַגְלִי דְבָרֶךָ *וְאוֹר לִנְתִיבָתִי", וְכֵן** (משלי ד, יב) **"וְאִם תָּרוּץ לֹא תִכָּשֵׁל", וְכֵן** (שם כ, כז) **"נֵר ה' נִשְׁמַת אָדָם",**

עץ יוסף

בעגל בששה שעות. כדכתיב וירא העם כי בושש משה, ואמרו חכמינו ז"ל (שבת פט, א) באו שש, ולהכי קאמר כשלנו בצהרים, שהיא שעה ששית: **והיה הקדוש ברוך הוא מאיר להם ומנהיגם.** פירוש אפילו בשעה שכשלו בעגל, כמו שנאמר (נחמיה ט, יח - יט) אף כי עשו [להם] עגל וגו' ואתה ברחמיך וגו' ואת (ה) עמוד האש בלילה להאיר להם וגו': (ג) **ראה איך דברי תורה מאירים.** דנקט זית רענן משום תורה המאירה כשמן זית, לומר שתחת היותם מאירים בתורה כזית, הפרו תורות חלפו חק: **בשעה שעוסק בה.** כדמסיק במסכת סוטה (כא, א) תורה בעידנא דעסיק בה מגינה ומצלי, פירוש מגינה מן הפורענות, ומצלת מן היצר הרע: **ביב.** בלשון לעז קלאויק"א שיורדים שם כל השופכים (ערוך): **ואין מוסר אלא דברי תורה.** ולא דרכי המדינות וטוב המדות כפשוטו: **שנאמר החזק במוסר.** וסיפיה דקרא נצרה כי היא חייך, והיינו תורה דכתיב בה כי היא חייך ואורך ימיך: **למה הוא מת.** דהוי ליה כשוגג ואינו בן מות, ומשני שעל ידי שאינו יודע מרגיל עצמו והולך וחוטא אף מזיד, דעבירה גוררת עבירה: **שנאמר דרך רשעים באפלה.** אלעיל קאי דקאמר משל למי שעומד באפילה, ומייתי ראיה דהכי מדמה לה קרא: **ולא נכשל כו' ולא נפל.** לא קאמר נמי לא הקיש פניו בקרקע, דכיון דלא נכשל ולא נפל הקשת פנים מנין: **שנאמר נר לרגלי דבריך.** דהיינו שלא יכשל רגלו בחטא, וכמו שאמרו בשוחר טוב אמר דוד באתי לחלל את השבת האירה לי תורה, שנאמר שמור את יום השבת, באתי לנאוף האירה לי תורה, שנאמר מות יומת הנואף והנואפה: **אם תרוץ לא תכשל.** היינו מכשול עון על ידי למוד התורה, וכדכתיב התם בדרך חכמה הוריתיך הדרכתיך במעגלי יושר, והדר כתיב בלכתך לא יצר צעדך ואם תרוץ לא תכשל: **וכן נר ה' נשמת אדם.** שהנשמה נקראת נר והתורה נקראת נר, לפי שתלוים זה בזה, שאמר הקדוש ברוך הוא נרי בידך ונרך בידי כו', כדלקמן סדר ראה:

פירוש מהרז"ו

ה' עיניו משוטטות. דברי הימים ב' ט"ז ט', זכריה ד' י': **והסומא אלו ישראל.** עיין לקמן פרשה מ"ד סימן ד, והלכו כעורים: **בעגל בשש שעות.** כמו שכתב לקמן פרשה מ"א סימן ז, ושם נסמן. ועיין לעיל פרשה ל"ג סוף סימן ב', שלווי המשכן אחר ענין העגל: **אמר ישראל וכו' אמר להם וכו'.** מרומז במה שכתוב להעלות נר תמיד, שהיה לו לומר להדליק, ועוד שכבר כתיב למאור, ואם כן שלשה תיבות אלו מיותרים, על כן דורש על פי מדה ט', שאחר שאמר ויקחו אליך וגו', אמרו ישראל וכו' כי אתה תאיר נרי, ובפסוק הקודם כי אתה עם עני תושיע, היינו שהוציא ישראל ממצרים, ואז וה' הולך לפניהם וגו', וכשצוה להם שיאירו לו, אז אמרו כי אתה תאיר נרי, ואיך נדליק לפניך, והשיב להעלות נר תמיד, ותמיד הם ישראל, כמו שכתוב פתיחה ב' דאיכה רבתי, ונבא תנתן על התמיד בפשע, וזהו להעלות אתכם: **והיה הקב"ה מאיר להם.** וכמו שכתוב בהדיא בנחמיה ט' י"ח, אף כי עשו להם עגל מסכה וגו' את עמוד הענן וגו' ואת עמוד האש בלילה להאיר להם: (ג) **דבר אחר זית רענן.** קרא ה' שמך, על שעוסקים בתורה המאירה כשמן זית, וזהו ויקחו אליך שמן זית, גם כן על אור התורה: **בשעה שעוסק בהן.** שאינו מסיח דעתו ממנה, התעיף עיניך בו ואיננו (משלי כג, ה), אינה מאירה לו ונכשל, עיין בראשית רבה פרשה ע"ח סימן ט"ו ותבין. ועיין (סוטה כ"א, א) בדומה לזה כל הענין: **ואין מוסר אלא דברי תורה.** כי מוסר כולל שלשה דברים, מוסר תוכחה, מוסר יסורים, מוסר תורה, וכאן בהכרח על דברי תורה, כי תוכחה ויסורים אינם בידו להחזיק בו: **לא ידעו במה יכשלו.** פירושו שהם נכשלים בוודאי, אלא שאינם יודעים כלל מה אסור ומה מותר: **נר ה' נשמת אדם.** נר ה' היא התורה, שמאירה לנשמתו ושכלו:

מתנות כהונה

בששה שעות. נכשלו בעגל: **והיה הקב"ה** גרסינן: [ג] **ביב.** חפירה ששופכין לתוכה כל השופכין לזוב חוץ:

אשד הנחלים

יתברך, משידמו כי הדבר צריך להם. והנראה דבאמת יתכן שעל ידי זה יתרשלו במעשיהם, אם יאמינו כי הדבר אינו תלוי בם, רק שההשגחה מופיעה מעצמה, אבל אם ידמו שהדבר תלוי בם אז יתאמצו: **והסומא אלו ישראל.** שחס ושלום אלולי השגחה אלהית השופע עליהם, אז הם כעורים וסומים נכשלים לכל מקרה ופגע: **בעגל בששה שעות.** וזהו כשלנו בצהרים בעת אור הגדול שופע עלינו, ועם כל זה כשלנו וחטאנו, ועם כל זה הארת לנו בחסדך להקימנו: [ג] **דברי תורה מאירים לאדם.** שידע איך להתנהג כתורה וכמצוה, וכן ההשגחה מדובקת בו מצד דיבוקו בתורה, אבל להיפך מי שאינו דבוק בתורה הוא נכשל תמיד במהלכו, וההשגחה מסתלקת ממנו, ולכן הוא נכשל תמיד לכל אשר יקרהו, כי העבירה שבידו תמסרהו להטבע הכללי: **אם תרוץ.** פסוק הוא במשלי, והכונה גם כן כנזכר לעיל:

חידושי הרד"ל

דרש לשון בעלותך: **והיה הקדוש ברוך הוא מאיר להם ומנהיגם.** פירוש, אפילו בשעה שכשלו בעגל, כמו שכתוב (נחמיה ט, יח) אף כי עשו עגל וגו' ואתה ברחמיך וגו' ואת העמוד האש בלילה להאיר להם וגו': [ג] **משל לעומד באפילה כו'.** שוחר טוב מזמור כז:

חידושי הרש"ש

[ב] **כי ה' עיניו משוטטות בכל הארץ.** כן צריך לומר, ותיבת המה ליתא בקרא: [ג] **דרך רשעים באפילה.** כן צריך לומר, בכ"ף:

אמרי יושר

[ב] **אמרו ישראל כי אתה תאיר נרי.** זהו למאור, עם כל זה יעלו נר: **כי אתה תאיר נרי.** [וסיפא דקרא] ה' אלהי יגיה חשכי. ולזה ידע מה בחשוכא, אף על גב דנהורא עמיה שרי, כי יזריח על הדבר החשוך ויראה. או בבחינה אחרת, כי ידוע כי האדם רואה מתוך האישון ולא מתוך הלבן, יגיה חשכי שהוא האישון זה מורה שאינו צריך לאורה כשם שאינו צריך לאכילה גסה, וזהו נכח השלחן ודכוותה: [ג] **מצא אבן ונכשל בה מצא ביב כו'.** זה רמז לאמונות ולמעשים, או באופן אחר טעות מצד התוספת או מצד החסרון, לא תסור מן הדבר אשר יגידו לך ימין ושמאל, וכן בלכתך לא יצר צעדך כנגד הביב, ואם תרוץ לא תכשל כנגד האבן: **נר ה' נשמת אדם.** תימה דבתחלה קראה נרך בידי. אלא צריכין אנו לפרש נר ה', דהיינו המצוה סיבה להחיות נשמת האדם, שהחוש טבעי נשוא בליחות והוא כנר גם כן, זהו כי נר מצוה, המצוה סיבה להדלקה ולקיים הנר, וזה בסיבת התורה המאירה, כי לולא כן היצר הרע מקטרג, וזהו למאור הנשמה:

ידי משה

[ב] **שתאירו לי כמו שהארתי לכם.** פירוש, כדי שלא תהיו כפוי טובה, ואף שאין הקב"ה צריך לאורה, מכל מקום כוונת הקב"ה להדריך את האדם שלא יהיה כפוי טובה. וקל להבין:

מסורת המדרש

ז. מדרש תהלים מזמור קי"ט. פסיקתא רבתי פיסקא ח' סימן ה'. ילקוט תהלים רמז תתע"ח:
ח. ע' סוטה כ"א ילקוט משלי רמז תתקל"ח:

אם למקרא

כִּי ה' עֵינָיו מְשֹׁטְטוֹת בְּכָל הָאָרֶץ לְהִתְחַזֵּק עִם לְבָבָם שָׁלֵם אֵלָיו נִסְכַּלְתָּ עַל זֹאת כִּי מֵעַתָּה יֵשׁ עִמְּךָ מִלְחָמוֹת:
(דברי הימים ב טז:ט)

נְגַשְׁשָׁה כַעִוְרִים קִיר וּכְאֵין עֵינַיִם נְגַשֵּׁשָׁה כָּשַׁלְנוּ בַצָּהֳרַיִם כַּנֶּשֶׁף בָּאַשְׁמַנִּים כַּמֵּתִים:
(ישעיה נט:י)

וַה' הֹלֵךְ לִפְנֵיהֶם יוֹמָם בְּעַמּוּד עָנָן לַנְחֹתָם הַדֶּרֶךְ וְלַיְלָה בְּעַמּוּד אֵשׁ לְהָאִיר לָהֶם לָלֶכֶת יוֹמָם וָלָיְלָה:
(שמות יג:כא)

כִּי אַתָּה תָּאִיר נֵרִי ה' אֱלֹהַי יַגִּיהַּ חָשְׁכִּי:
(תהלים יח:כט)

זַיִת רַעֲנָן יְפֵה פְרִי תֹאַר קָרָא ה' שְׁמֵךְ לְקוֹל הֲמוּלָּה גְדֹלָה הִצִּית אֵשׁ עָלֶיהָ וְרָעוּ דָּלִיּוֹתָיו:
(ירמיה יא:טז)

הוּא יָמוּת בְּאֵין מוּסָר וּבְרֹב אִוַּלְתּוֹ יִשְׁגֶּה:
(משלי ה:כג)

הַחֲזֵק בַּמּוּסָר אַל תֶּרֶף נִצְּרֶהָ כִּי הִיא חַיֶּיךָ:
(שם ד:יג)

דֶּרֶךְ רְשָׁעִים כָּאֲפֵלָה לֹא יָדְעוּ בַּמֶּה יִכָּשֵׁלוּ:
(שם שם יט)

נֵר לְרַגְלִי דְבָרֶךָ וְאוֹר לִנְתִיבָתִי:
(תהלים קיט:קה)

בְּלֶכְתְּךָ לֹא יֵצַר צַעֲדֶךָ וְאִם תָּרוּץ לֹא תִכָּשֵׁל:
(משלי ד:יב)

נֵר ה' נִשְׁמַת אָדָם חֹפֵשׂ כָּל חַדְרֵי בָטֶן:
(שם כ:כז)

שינוי נוסחאות

(ב) **"כי ה' עיניו משטטות בכל הארץ".** בכל הספרים כתוב "כי ה' עיניו המה משוטטות בכל הארץ", והוא הרכבה של ב' פסוקים, שבדה"ב טז:ט כתוב "כי ה' עיניו משטטות בכל הארץ", ובזכריה ד:י כתוב "עיני ה' המה משוטטים בכל הארץ". ורש"ש מחק תיבת "המה", ולפ"ז הפסוק המובא כאן הוא מד"ה בלי שום הרכבה, וכן בד' וארשא שמו תיבת "המה" בסוגריים לומר שצריך למחקה:

הִקִּישׁ פָּנָיו בַּקַּרְקַע – and **he struck his face on the ground.**[36] לָמָּה, שֶׁלֹּא הָיָה בְּיָדוֹ נֵר – **Why? Because he did not have a lamp in his hand.** כָּךְ הֶדְיוֹט שֶׁאֵין בְּיָדוֹ דִּבְרֵי תוֹרָה – **So** it is **too** with a **simple** (i.e., unlearned) **man who possesses no** knowledge of the **words of the Torah;** מָצָא עֲבֵירָה וְנִכְשַׁל בָּהּ וּמֵת – **he encounters a sin and "stumbles" on it,** transgressing the sin, **and dies** as a result. שֶׁכֵּן רוּחַ הַקּוֹדֶשׁ צוֹוַחַת "הוּא יָמוּת בְּאֵין מוּסָר" – **For so the Holy Spirit** (i.e., Scripture) **proclaims,** ***He will die for lack of discipline*** (*Proverbs* 5:23), וְאֵין מוּסָר אֶלָּא דִּבְרֵי תוֹרָה – **and the term *discipline*** in this context **is referring specifically to the words of Torah,** שֶׁנֶּאֱמַר "הַחֲזֵק בַּמּוּסָר אַל תֶּרֶף" – **as it is stated, *Hold fast to discipline; do not let go*** (ibid. 4:13).[37] לָמָּה הוּא מֵת – And **why does [this person] die?**[38] לְפִי שֶׁאֵינוֹ יוֹדֵעַ בַּתּוֹרָה וְהוֹלֵךְ וְחוֹטֵא – **Because he is not knowledgeable in** the laws of **the Torah and** as a result **he goes** ahead **and sins.**[39] שֶׁנֶּאֱמַר "דֶּרֶךְ רְשָׁעִים כָּאֲפֵילָה לֹא יָדְעוּ בַּמֶּה יִכָּשֵׁלוּ" – **Thus it is stated** of such people, ***[but] the way of the wicked is like darkness, they know not upon what they may stumble*** (ibid., v. 19). אֲבָל אוֹתָם שֶׁעוֹסְקִים בַּתּוֹרָה הֵם מְאִירִים בְּכָל מָקוֹם – **However, those who engage in Torah** study **give forth light everywhere.** מָשָׁל לְמִי שֶׁעוֹמֵד בָּאֲפֵלָה וְנֵר בְּיָדוֹ – This may be illustrated by means of a **parable.** It may be compared **to someone who was standing in the dark with a lamp in his hand.** וְרוֹאֶה אֶבֶן וְלֹא נִכְשַׁל, רָאָה בִּיב וְלֹא נָפַל – **And** when he began walking **he saw a stone and did not stumble** over it; **he saw a cesspit and did not fall** into it.[40] לָמָּה, עַל שֶׁהָיָה בְּיָדוֹ נֵר – **Why? Because there was a lamp in his hand.** שֶׁנֶּאֱמַר "נֵר לְרַגְלִי דְבָרֶךָ וְאוֹר לִנְתִיבָתִי" – **And so it is stated, *Your word is a lamp for my feet and a light for my path*** (*Psalms* 119:105), וְכֵן "וְאִם תָּרוּץ לֹא תִכָּשֵׁל" – **and similarly** it is stated, *I instruct you in the way of wisdom . . .* ***and when you run you will not stumble.*** *Hold fast to discipline; do not let go* (*Proverbs* 4:12).[41]

The Midrash continues to discuss the metaphor of the lamp in connection with the Torah:

וְכֵן "נֵר ה' נִשְׁמַת אָדָם" – **And similarly** it states, ***A man's soul is the lamp of HASHEM*** (ibid. 20:27).[42]

NOTES

36. See *Yefeh To'ar*, *Imrei Yosher*, and *Tiferes Tzion* who explain the symbolic significance of the various details in the parable.

37. And the subject of this verse is the Torah, as the verse concludes, נִצְּרֶהָ כִּי הִיא חַיֶּיךָ, *Guard it, for it is your life,* for Scripture states regarding the Torah, *it is your life and the length of your days* (*Eitz Yosef*; cf. *HaTirosh*).

38. Since he sinned out of ignorance, his sin was unintentional and he does not deserve to die (*Yefeh To'ar, Eitz Yosef*).

39. His inadvertent sins could have been avoided had he not neglected to study the Torah; therefore he is culpable for his transgressions even though they were committed without malicious intent (*Yefeh To'ar*). As the English expression puts it, "Ignorance of the law is no excuse" (see also *Bava Metzia* 33b: שִׁגְגַת תַּלְמוּד עוֹלָה זָדוֹן).

40. The Midrash does not state that he did not strike his face on the ground as well (as mentioned in the first parable), for if he did not stumble and did not fall, it is obvious that he did not strike his face on the ground (*Eitz Yosef*).

41. "Wisdom" refers to the Torah, as does "discipline" (as established above).

Jeremiah's intent by comparing Israel to an olive tree, then, was to lament the fact that they should have engaged in Torah study (compared to a lamp, which uses olive oil), illuminating their minds with the light of the Torah and thereby avoiding sin; but instead they abandoned the Torah and violated its precepts (*Yefeh To'ar, Eitz Yosef*).

42. I.e., just as the words of the Torah are compared to a lamp in the above verse (*Your word is a lamp for my feet*), so is man's soul compared to a lamp. The use of the same metaphor implies a connection between the two, which the Midrash now goes on to elaborate.

אָמַר הַפִּקֵּחַ לַסּוּמָא: בֹּא וַאֲנִי סוֹמֶכְךָ, וְהָיָה הַסּוּמָא מְהַלֵּךְ, כֵּיוָן שֶׁנִּכְנְסוּ לַבַּיִת אָמַר הַפִּקֵּחַ לַסּוּמָא: צֵא וְהַדְלֵק לִי אֶת הַנֵּר וְהָאֵר לִי, שֶׁלֹּא תְהֵא מַחֲזִיק לִי טוֹבָה שֶׁלִּוִּיתִיךְ, לְכָךְ אָמַרְתִּי לְךָ שֶׁתָּאִיר, כָּךְ הַפִּקֵּחַ זֶה הַקָּדוֹשׁ בָּרוּךְ הוּא, שֶׁנֶּאֱמַר (דברי הימים-ב טז, ט) "כִּי ה' עֵינָיו מְשֹׁטְטוֹת בְּכָל הָאָרֶץ", וְהַסּוּמָא אֵלּוּ יִשְׂרָאֵל, שֶׁנֶּאֱמַר (ישעיה נט, י) "נְגַשְׁשָׁה כַעִוְרִים קִיר וּכְאֵין עֵינַיִם נְגַשֵּׁשָׁה, כָּשַׁלְנוּ בַצָּהֳרַיִם כַּנֶּשֶׁף", בָּעֵגֶל בְּשֵׁשׁ שָׁעוֹת, וְהָיָה הַקָּדוֹשׁ בָּרוּךְ הוּא מֵאִיר לָהֶם וְהִנְהִיגָם, שֶׁנֶּאֱמַר (שמות יג, כא) "וַה' הֹלֵךְ לִפְנֵיהֶם יוֹמָם", כֵּיוָן שֶׁבָּאוּ לַעֲשׂוֹת הַמִּשְׁכָּן קָרָא לְמֹשֶׁה וְאָמַר לוֹ: [כז, כ] "וְיִקְחוּ אֵלֶיךָ שֶׁמֶן זַיִת זָךְ", אָמַר יִשְׂרָאֵל: (תהלים יח, כט) "כִּי אַתָּה תָּאִיר נֵרִי", וְאַתָּה אוֹמֵר שֶׁנָּאִיר לְפָנֶיךָ, אָמַר לָהֶם: בִּשְׁבִיל לְהַעֲלוֹת אֶתְכֶם שֶׁתָּאִירוּ לִי כְּשֵׁם שֶׁהֵאַרְתִּי לָכֶם, לְכָךְ נֶאֱמַר (ירמיה יא, טז) "זַיִת רַעֲנָן":

ג דָּבָר אַחֵר, (ירמיה יא, טז) "זַיִת רַעֲנָן", רְאֵה הֵיאַךְ דִּבְרֵי תוֹרָה מְאִירִין לָאָדָם בְּשָׁעָה שֶׁעוֹסֵק בָּהֶן, וְכָל מִי שֶׁאֵינוֹ עוֹסֵק וְאֵינוֹ יוֹדֵעַ הוּא נִכְשָׁל, יָמָשָׁל לְמִי שֶׁעוֹמֵד בָּאֲפֵילָה, בָּא לְהַלֵּךְ, מָצָא אֶבֶן וְנִכְשַׁל בָּהּ, מָצָא בִּיב נוֹפֵל בּוֹ הִקִּישׁ פָּנָיו בַּקַּרְקַע, לָמָּה, שֶׁלֹּא הָיָה בְּיָדוֹ נֵר, כָּךְ הֶדְיוֹט שֶׁאֵין בְּיָדוֹ דִּבְרֵי תוֹרָה, מָצָא עֲבֵירָה וְנִכְשַׁל בָּהּ וּמֵת, שֶׁכֵּן רוּחַ הַקּוֹדֶשׁ צוֹוַחַת (משלי ה, כג) "הוּא יָמוּת בְּאֵין מוּסָר", וְאֵין מוּסָר אֶלָּא דִּבְרֵי תוֹרָה, שֶׁנֶּאֱמַר (שם ד, יג) "הַחֲזֵק בַּמּוּסָר אַל תֶּרֶף", לָמָּה הוּא מֵת, לְפִי שֶׁאֵינוֹ יוֹדֵעַ בַּתּוֹרָה וְהוֹלֵךְ וְחוֹטֵא, שֶׁנֶּאֱמַר (שם שם יט) "דֶּרֶךְ רְשָׁעִים כָּאֲפֵילָה לֹא יָדְעוּ בַּמֶּה יִכָּשֵׁלוּ", אֲבָל אוֹתָם שֶׁעוֹסְקִים בַּתּוֹרָה הֵם מְאִירִים בְּכָל מָקוֹם, [ח]מָשָׁל לְמִי שֶׁעוֹמֵד בָּאֲפֵלָה וְנֵר בְּיָדוֹ וְרוֹאֶה אֶבֶן וְלֹא נִכְשַׁל, רָאָה בִּיב וְלֹא נָפַל, לָמָּה, עַל שֶׁהָיָה בְּיָדוֹ נֵר, שֶׁנֶּאֱמַר (תהלים קיט, קה) "נֵר לְרַגְלִי דְבָרֶךָ *וְאוֹר לִנְתִיבָתִי", וְכֵן (משלי ד, יב) "וְאִם תָּרוּץ לֹא תִכָּשֵׁל", וְכֵן (שם כ, כז) "נֵר ה' נִשְׁמַת אָדָם",

עץ יוסף

בעגל בששה שעות. כדכתיב וירא העם כי בושש משה, ואמרו חכמינו ז"ל (שבת פט, א) באו שש, ולהכי קאמר כשלנו בצהרים, שהיא שעה ששית: **והיה הקדוש ברוך הוא מאיר להם ומנהיגם.** פירוש אפילו בשעה שכשלו בעגל, כמו שנאמר (נחמיה ט, יח - יט) אף כי עשו [להם] עגל וגו' ואתה ברחמיך וגו' ואת (ה)עמוד האש בלילה להאיר להם וגו': (ג) **ראה איך דברי תורה מאירים.** דנקט זית רענן משום תורה המאירה כשמן זית, לומר שתחת היותם מאירים בתורה כזית, הפרו תורות חלפו חק: **בשעה שעוסק בה.** כדמסיק במסכת סוטה (כא, א) תורה בעידנא דעסיק בה מגינה ומצלי, פירוש מגינה מן הפורענות, ומצלת מן היצר הרע: **ביב.** בלשון לעז קלאויק"א שיורדים שם כל השופכים (ערוך): **ואין מוסר אלא דברי תורה.** ולא דרכי המדינות וטוב המדות כפשוטו: **שנאמר החזק במוסר.** וסיפיה דקרא נצרה כי היא חייך, והיינו תורה דכתיב בה כי היא חייך ואורך ימיך: **למה הוא מת.** דהוי ליה כשוגג ואינו בן מות, ומשני שעל ידי שאינו יודע מרגיל עצמו והולך וחוטא אף מזיד, דעבירה גוררת עבירה: **שנאמר דרך רשעים באפלה.** אלעיל קאי דקאמר משל למי שעומד באפילה, ומייתי ראיה דהכי מדמה לה קרא: **ולא נכשל כו' ולא נפל.** לא קאמר נמי לא הקיש פניו בקרקע, דכיון דלא נכשל ולא נפל הקשת פנים מנין: **שנאמר נר לרגלי דבריך.** דהיינו שלא יכשל רגלו בחטא, וכמו שאמרו בשוחר טוב אמר דוד באתי לחלל את השבת האירה לי תורה, שנאמר שמור את יום השבת, באתי לנאוף האירה לי תורה, שנאמר מות יומת הנואף והנואפה: **אם תרוץ לא תכשל.** היינו מכשול עון על ידי למוד התורה, וכדכתיב התם בדרך חכמה הוריתיך הדרכתיך במעגלי יושר, והדר כתיב בלכתך לא יצר צעדך ואם תרוץ לא תכשל: **וכן נר ה' נשמת אדם.** שהנשמה נקראת נר והתורה נקראת נר, לפי שתלוים זה בזה, שאמר הקדוש ברוך הוא נרי בידך ונרך בידי כו', כדלקמן סדר ראה:

פירוש מהרז"ו

ה' עיניו משוטטות. דברי הימים ב' ט"ז ט', זכריה ד' י': **והסומא אלו ישראל.** עיין לקמן פרשה מ"ד סימן ד, והלכו כעורים: **בעגל בשש שעות.** כמו שכתב לקמן פרשה מ"א סימן ז, ושם נסמן. ועיין לעיל פרשה ל"ג סוף סימן ב', שלווי המשכן אחר ענין העגל: **אמר ישראל וכו' אמר להם וכו'.** מרומז במה שכתוב להעלות נר תמיד, שהיה לו לומר להדליק, ועוד שכבר כתיב למאור, ואם כן שלשה תיבות אלו מיותרים, על כן דורש על פי מדה ט', שאחר שאמר ויקחו אליך וגו', אמרו ישראל וכו' כי אתה תאיר נרי, ובפסוק הקודם כי אתה עם עני תושיע, היינו שהוציא ישראל ממצרים, ואז וה' הולך לפניהם וגו', וכשצוה להם שיאירו לו, אז אמרו כי אתה תאיר נרי, ואיך נדליק לפניך, והשיב להעלות נר תמיד, ותמיד הם ישראל, כמו שכתוב פתיחה ב' דאיכה רבתי, וצבא תנתן על התמיד בפשע, וזהו להעלות אתכם: **והיה הקב"ה מאיר להם.** וכמו שכתוב בהדיא בנחמיה ט' י"ח, אף כי עשו להם עגל מסכה וגו' את עמוד הענן וגו' ואת עמוד האש בלילה להאיר להם: (ג) **דבר אחר זית רענן.** קרא ה' שמך, על שעוסקים בתורה המאירה כשמן זית, וזהו ויקחו אליך שמן זית, גם כן על אור התורה: **בשעה שעוסק בהן.** שאינו מסיח דעתו ממנה, התעיף עיניך בו ואיננו (משלי כג, ה), אינה מאירה לו ונכשל, עיין בראשית רבה פרשה ע"ח סימן ט"ו ותבין. ועיין (סוטה כ"א, א) בדומה לזה כל הענין: **ואין מוסר אלא דברי תורה.** כי מוסר כולל שלשה דברים, מוסר תוכחה, מוסר יסורים, מוסר תורה, וכאן בהכרח על דברי תורה, כי תוכחה ויסורים אינם בידו להחזיק בו: **לא ידעו במה יכשלו.** פירושו שהם נכשלים בוודאי, אלא שאינם יודעים כלל מה אסור ומה מותר: **נר ה' נשמת אדם.** נר ה' היא התורה, שמאירה לנשמתו ושכלו:

חידושי הרד"ל

דרש לשון בצלותך: **והיה הקדוש ברוך הוא מאיר להם ומנהיגם.** פירוש, אפילו בשעה שכשלו בעגל, כמו שכתוב (נחמיה ט, יח) אף כי עשו עגל וגו' ואתה ברחמיך וגו' ואת העמוד האש בלילה להאיר להם וגו': [ג] **משל לעומד באפילה כו'.** שוחר טוב מזמור כז:

חידושי הרש"ש

[ב] **כי ה' עיניו משוטטות בכל הארץ.** כן צריך לומר, ותיבת המה ליתא בקרא: [ג] **דרך רשעים באפילה.** כן צריך לומר, בכ"ף:

אמרי יושר

[ב] **אמרו ישראל כי אתה תאיר נרי.** זהו למאור, עם כל זה יעלו נר: **כי אתה תאיר נרי.** [וסיפא דקרא] ה' אלהי יגיה חשכי. ולזה ידע מה בחשוכא, אף על גב דנהורא עמיה שרי, כי יזריח על הדבר החשוך ויראה. או בבחינה אחרת, כי ידוע כי האדם רואה מתוך האישון ולא מתוך הלבן, יגיה חשכי שהוא האישון זה מורה שאינו צריך לאורה כשם שאינו צריך לאכילה גשה, זהו נכח השלחן ודכוותה: [ג] **מצא אבן ונכשל בה מצא ביב כו'.** זה רמז לאמונות ולמעשים, או באופן אחר טעות מצד התוספת או מצד החסרון, לא תסור מן הדבר אשר יגידו לך ימין ושמאל, וכן בלכתך לא יצר צעדך כנגד הביב, ואם תרוץ לא תכשל כנגד האבן: **נר ה' נשמת אדם.** תימה דבתחלה קראה נרך בידי. אלא צריכין אנו לפרש נר ה', דהיינו המצוה סיבה להחיות נשמת האדם, שהאוס טבעי נשוא בליחות והוא כנר גם כן, זהו כי נר מצוה, המצוה סיבה להדלקה ולקיים הנר, וזה בסיבת התורה המאירה, כי לולא כן היצר הרע מקטרג, וזהו למאור הנשמה:

ידי משה

[ב] **שתאירו לי כמו שהארתי לכם.** פירוש, כדי שלא תהיו כפוי טובה, ואף שאין הקב"ה צריך לאורה, מכל מקום כוונת הקב"ה להדריך את האדם שלא יהיה כפוי טובה. וקל להבין:

מסורת המדרש

ז. מדרש תהלים מזמור קי"ט. פסיקתא רבתי פיסקא ח' סימן ה'. ילקוט תהלים רמז תתע"ח:
ח. ע' סוטה כ"א ילקוט משלי רמז תתקל"ח:

אם למקרא

כִּי ה' עֵינָיו מְשֹׁטְטוֹת בְּכָל הָאָרֶץ לְהִתְחַזֵּק עִם לְבָבָם שָׁלֵם אֵלָיו נִסְכַּלְתָּ עַל זֹאת כִּי מֵעַתָּה יֵשׁ עִמְּךָ מִלְחָמוֹת: (דברי הימים ב טז:ט)
נְגַשְׁשָׁה כַעִוְרִים קִיר וּכְאֵין עֵינַיִם נְגַשֵּׁשָׁה כָּשַׁלְנוּ בַצָּהֳרַיִם כַּנֶּשֶׁף בָּאַשְׁמַנִּים כַּמֵּתִים: (ישעיה נט:י)
וַה' הֹלֵךְ לִפְנֵיהֶם יוֹמָם בְּעַמּוּד עָנָן לַנְחֹתָם הַדֶּרֶךְ וְלַיְלָה בְּעַמּוּד אֵשׁ לְהָאִיר לָהֶם לָלֶכֶת יוֹמָם וָלָיְלָה: (שמות יג:כא)
כִּי אַתָּה תָּאִיר נֵרִי ה' אֱלֹהַי יַגִּיהַּ חָשְׁכִּי: (תהלים יח:כט)
זַיִת רַעֲנָן יְפֵה פְרִי תֹאַר קָרָא ה' שְׁמֵךְ לְקוֹל הֲמוּלָּה גְדֹלָה הִצִּית אֵשׁ עָלֶיהָ וְרָעוּ דָּלִיּוֹתָיו: (ירמיה יא:טז)
הוּא יָמוּת בְּאֵין מוּסָר וּבְרֹב אִוַּלְתּוֹ יִשְׁגֶּה: (משלי ה:כג)
הַחֲזֵק בַּמּוּסָר אַל תֶּרֶף נִצְּרֶהָ כִּי הִיא חַיֶּיךָ: (שם ד:יג)
דֶּרֶךְ רְשָׁעִים כָּאֲפֵלָה לֹא יָדְעוּ בַּמֶּה יִכָּשֵׁלוּ: (שם שם יט)
נֵר לְרַגְלִי דְבָרֶךָ וְאוֹר לִנְתִיבָתִי: (תהלים קיט:קה)
בְּלֶכְתְּךָ לֹא יֵצַר צַעֲדֶךָ וְאִם תָּרוּץ לֹא תִכָּשֵׁל: (משלי ד:יב)
נֵר ה' נִשְׁמַת אָדָם חֹפֵשׂ כָּל חַדְרֵי בָטֶן: (שם כ:כז)

שינוי נוסחאות

(ב) **"כי ה' עיניו משוטטות בכל הארץ".** בכל הספרים כתוב "כי ה' עיניו המה משוטטות בכל הארץ", והוא הרכבה של ב' פסוקים, שבדה"ב טז:ט כתוב "כי ה' עיניו משוטטות בכל הארץ", ובזכריה ד:י כתוב "עיני ה' המה משוטטים בכל הארץ". ורש"ש מחק תיבת "המה", ולפ"ז הפסוק המובא כאן הוא מדה"ב בלי שום הרכבה, וכן בד' וארשא שמו תיבת "המה" בסוגריים לומר שצריך למחקה:

מתנות כהונה

בששה שעות. נכשלו בעגל: **והיה הקב"ה** גרסינן: [ג] **ביב.** חפירה ששופכין לתוכה כל השופכין לזוב חוץ:

אשד הנחלים

יתברך, משידמו כי הדבר צריך להם. והנראה דבאמת יתכן שעל ידי זה יתרשלו במעשיהם, אם יאמינו כי הדבר אינו תלוי בם, רק שההשגחה מופיעה מעצמה, אבל אם ידמו שהדבר תלוי בם אז יתאמצו: **והסומא אלו ישראל.** שחס ושלום אלולי השגחה אלהית השופע עליהם, אז הם כעורים וסומים נכשלים לכל מקרה ופגע: **בעגל בששה שעות.** וזהו כשלנו בצהרים בעת אור הגדול שופע עלינו, ועם כל זה כשלנו וחטאנו, ועם כל זה הארת לנו בחסדך להקימנו: [ג] **דברי תורה מאירים לאדם.** שידע איך להתנהג כתורה וכמצוה, וכן ההשגחה מדובקת בו מצד דיבוקו בתורה, אבל להיפך מי שאינו דבוק בתורה הוא נכשל תמיד במהלכו, וההשגחה מסתלקת ממנו, ולכן הוא נכשל תמיד לכל אשר יקרהו, כי העבירה שבידו תמסרהו להטבע הכללי: **אם תרוץ.** פסוק הוא במשלי, והכונה גם כן כנזכר לעיל:

אָמַר הַקָּדוֹשׁ בָּרוּךְ הוּא: יְהֵא נֵרִי בְּיָדְךָ וְנֵרְךָ בְּיָדִי – The Holy One, blessed is He, says to man, **"Let My 'lamp' be in your hand, and your 'lamp'** will be **in My hand."**[43] **וְאֵי זוֹ נֵרוֹ שֶׁל הַקָּדוֹשׁ בָּרוּךְ הוּא – And what is** meant by **the "lamp"** of the Holy One, blessed is He? **זוֹ תּוֹרָה, שֶׁנֶּאֱמַר "כִּי נֵר מִצְוָה וְתוֹרָה אוֹר" – This is the Torah, as it is stated, *For a commandment is a lamp and the Torah is light*** (ibid. 6:23).[44] **מַהוּ "כִּי נֵר מִצְוָה" – What is** the meaning of ***for a commandment is a lamp***? In what sense is a Torah commandment like a lamp?[45] **אֶלָּא כָּל מִי שֶׁעוֹשֶׂה מִצְוָה הוּא כְּאִלּוּ מַדְלִיק נֵר לִפְנֵי הַקָּדוֹשׁ בָּרוּךְ הוּא – However,** the explanation for this is that **whoever fulfills a** Torah **commandment, it is as if he kindles a lamp before the Holy One, blessed is He,**[46] **וּמְחַיֶּה נַפְשׁוֹ שֶׁנִּקְרֵאת נֵר, שֶׁנֶּאֱמַר "נֵר ה׳ נִשְׁמַת אָדָם" – and** thereby **he gives life to his soul, which is** also **called a lamp, as it is stated, *A man's soul is the lamp of HASHEM.***[47]

The Midrash continues to analyze the *Proverbs* verse:

וּמַהוּ "וְתוֹרָה אוֹר" – And what is the meaning of ***and the Torah is light***? In what way is the Torah like a light? **אֶלָּא הַרְבֵּה פְּעָמִים שֶׁאָדָם מְחַבֵּב בְּלִבּוֹ לַעֲשׂוֹת מִצְוָה – However,** the explanation of this expression is that **many times a man desires in his heart to perform a mitzvah** by giving charity,[48] **וְיֵצֶר הָרָע שֶׁבְּתוֹכוֹ אוֹמֵר: מַה לְּךָ לַעֲשׂוֹת מִצְוָה וּמְחַסֵּר אֶת נְכָסֶיךָ – and the evil inclination that is inside him says, "Why should you perform** this **mitzvah and** thereby **diminish your possessions? עַד שֶׁאַתָּה נוֹתֵן לַאֲחֵרִים תֵּן לְבָנֶיךָ – Rather than giving** money **to others, give** it **to your children!" וְיֵצֶר טוֹב אוֹמֵר לוֹ: תֵּן לַמִּצְוָה – And the good inclination says to him,** "Go ahead and **give** money **for the mitzvah** of charity. **רְאֵה מַה כְּתִיב "כִּי נֵר מִצְוָה וְתוֹרָה אוֹר" – See what is written, *For a commandment is a lamp** and the Torah is light!* **מָה הַנֵּר הַזֶּה כְּשֶׁהוּא דוֹלֵק אֲפִילוּ אֶלֶף אֲלָפִים קְרוֹיוֹנִין וְסֶבָקִין מַדְלִיקִין הֵימֶנּוּ אוֹרוֹ בִּמְקוֹמוֹ – Just as** with **a lamp when it is burning, even** if **a million wax candles and tallow torches are kindled from it, its light is** still **in its** original **state,** i.e., it does not become diminished thereby, **כָּךְ כָּל מִי שֶׁיִּתֵּן לְמִצְוָה אֵינוֹ מְחַסֵּר אֶת נְכָסָיו – so too, anyone who gives** money **for the mitzvah** of charity **does not diminish his possessions** in doing so."[49] **לְכָךְ נֶאֱמַר "כִּי נֵר מִצְוָה וְתוֹרָה אוֹר" – This is why it is stated, *For a commandment is a lamp and the Torah is light*** (or: *a lesson is light*).

§4 The Midrash elaborates on the idea mentioned above in §2 that although God does not need light, for in fact it is He Who gives light to all, nevertheless He commands Israel to kindle light before Him:

הֲדָא הוּא דִכְתִיב "תִּקְרָא וְאָנֹכִי אֶעֱנֶךָּ לְמַעֲשֵׂה יָדֶיךָ תִכְסֹף" – This is to be understood in light of **what is written, *Call out, and I will answer You! You desire*** (Hebrew, *tichsof*) ***Your handiwork*** (*Job* 14:15). **בְּד׳ דְּבָרִים נִתְאַוָּה הַקָּדוֹשׁ בָּרוּךְ הוּא לְמַעֲשֵׂה יָדָיו – In four matters** we find that **the Holy One, blessed is He, desired** that people provide for Him something that is in fact **His own handiwork.**[50] **וְאֵין "תִּכְסֹף" אֶלָּא תַּאֲוָה** – This alluded to in the phrase, *You "tichsof" Your handiwork,* **for** the term ***tichsof*** **means nothing other than *desire*, שֶׁנֶּאֱמַר "כִּי נִכְסֹף נִכְסַפְתָּה" – as it is stated, *because you longed*** (*nichsof*) ***greatly*** (*Genesis* 31:30), **"נִכְסְפָה וְגַם כָּלְתָה נַפְשִׁי"** – and, ***My soul yearns*** (*nichsefa*), ***indeed it pines*** (*Psalms* 84:3). **וְאֵלּוּ הֵן ד׳ דְּבָרִים – And these are the four matters:**[51]

NOTES

43. I.e., If you keep My "lamp" lit (if you fulfill the Torah), I will keep your "lamp" lit (I will preserve your soul), as the Midrash puts it in *Devarim Rabbah* 4 §4 (*Yefeh To'ar, Eitz Yosef*).

44. Although this verse refers to *a commandment* as a "lamp," the Midrash cites it to prove that the *Torah* is called a "lamp," for if one commandment is called a lamp, surely the entire Torah — which is made up of individual commandments — is called a lamp (*Yefeh To'ar*).

45. Above the Midrash explained why the study of Torah is compared to a lamp (*"Your word" is a lamp for my feet*) — because, like a lamp, it prevents man from "stumbling" into sins. Now it seeks to explain why "a commandment" — i.e., the fulfillment of one of the Torah's commandments — is likened to a lamp (*Yefeh To'ar*).

46. Obviously, God does not need a lamp lit before Him. What the Midrash means to say is that by fulfilling His commandments man brings satisfaction to God, so to speak, just as one would bring satisfaction to a human being by lighting a lamp for him in the dark (*Yefeh To'ar, Eitz Yosef*).

47. I.e., the fulfillment of a Torah commandment is like kindling a lamp in that in doing so one preserves his own "lamp" (his soul, his life), for the two "lamps" have a mutual relationship, as the Midrash explained above (*Yefeh To'ar*).

48. The word מִצְוָה, *commandment,* is often used in the Midrash and *Yerushalmi* to refer specifically to the giving of charity (*Matnos Kehunah*).

49. The Midrash interprets the word תּוֹרָה, *Torah* (in the phrase *the Torah is light*), in the sense of "instruction," "lesson." Thus, the phrase וְתוֹרָה אוֹר means "and light provides a lesson for life." That lesson is that just as the light of a fire is not diminished when another fire is lit from it, so too a person does not suffer a monetary loss by performing a mitzvah (*Yefeh To'ar, Eitz Yosef*).

50. *Eitz Yosef* (based on *Yefeh To'ar*) interprets: **In four matters** we find that **the Holy One, blessed is He, desired** that people, who are **His handiwork,** provide something for Him that He actually does for them.

51. See *Yefeh To'ar*, *Imrei Yosher*, *Eshed HaNechalim*, and *Tiferes Tzion* for the significance of these four things; see also Insight Ⓐ.

INSIGHTS

Ⓐ **Four Crowns** In four places, God required Israel to emulate His handiwork. The Midrash lists three: bearing the Holy Ark, guarding the Tabernacle, and kindling the Menorah. *Midrash Tanchuma* provides the fourth: bringing the daily *tamid* offerings upon the Altar (see note 60). *Shem MiShmuel* explains that these four things are representative of ideas and attributes crucial to the development of both individuals and the Jewish nation, and fundamental to her worship of God.

A Mishnah (*Avos* 4:17) speaks of four "crowns" that grace those who are worthy. The first three are: כֶּתֶר תּוֹרָה, *the crown of Torah*, כֶּתֶר כְּהוּנָּה, *the crown of priesthood (Kehunah)*, and כֶּתֶר מַלְכוּת, *the crown of kingship*. These three correspond to actual crowns that surmounted certain Temple vessels: the Ark, the Golden Altar, and the Table. The fourth crown is the כֶּתֶר שֵׁם טוֹב, *the crown of a good name,* which corresponds to the Temple Menorah (*Bamidbar Rabbah* 14 §10), and which, the Mishnah states, "rises above" the others.

The crowns of Torah, Kehunah, and kingship are bestowed upon people who have used these gifts for the glory of God and not for self-aggrandizement. Too often, wealth, wisdom, and privilege are taken as license for arrogance, as a reason to condescend to those less fortunate. Not so with regard to the wearers of the crowns. One who acquires the crown of Torah approaches each question of law impartially and dispassionately. He brings to the deliberations nothing of his own prejudice or self-interest. His sole concern is to do honor to the Torah by correctly applying its precepts. As for those who wear the crown of Kehunah, the thought uppermost as they perform their Temple duties is to serve the Creator; never is their work tainted by personal considerations. The crown of kingship endows its wearer with wealth and power, but he wears the crown lightly, without haughtiness, wielding these gifts to benefit others, his own interests never placed above those of the nation.

The lesson of the crowns, the idea that God's gifts are to be used in His service and not man's own, was bequeathed to us by our forefathers, each of whom excelled in one of these three attributes. The crown of Torah was earned by Abraham, whose great intellect sent him forth upon a straight and unswerving path, to discern God's hidden presence throughout Creation. The truths disseminated by Abraham

אָמַר הַקָּדוֹשׁ בָּרוּךְ הוּא: ט יְהֵא נֵרִי בְּיָדְךָ וְנֵרְךָ בְּיָדִי, וְאֵי זוֹ נֵרוֹ שֶׁל הַקָּדוֹשׁ בָּרוּךְ הוּא, זוֹ תּוֹרָה, שֶׁנֶּאֱמַר (שם ו, כג) "כִּי נֵר מִצְוָה וְתוֹרָה אוֹר", מַהוּ "כִּי נֵר מִצְוָה", אֶלָּא כָּל מִי שֶׁעוֹשֶׂה מִצְוָה הוּא כְּאִלּוּ מַדְלִיק נֵר לִפְנֵי הַקָּדוֹשׁ בָּרוּךְ הוּא, וּמְחַיֶּה נַפְשׁוֹ שֶׁנִּקְרֵאת נֵר, שֶׁנֶּאֱמַר (שם כ, כז) "נֵר ה' נִשְׁמַת אָדָם", וּמַהוּ "וְתוֹרָה אוֹר", אֶלָּא הַרְבֵּה פְּעָמִים שֶׁאָדָם מְחַבֵּב בְּלִבּוֹ לַעֲשׂוֹת מִצְוָה, וְיֵצֶר הָרָע שֶׁבְּתוֹכוֹ אוֹמֵר: מַה לְּךָ לַעֲשׂוֹת מִצְוָה וּמְחַסֵּר אֶת נְכָסֶיךָ, עַד שֶׁאַתָּה נוֹתֵן לַאֲחֵרִים תֵּן לְבָנֶיךָ, וְיֵצֶר טוֹב אוֹמֵר לוֹ: תֵּן לַמִּצְוָה, רְאֵה מַה כְּתִיב (משלי ו, כג) "כִּי נֵר מִצְוָה", מָה הַנֵּר הַזֶּה כְּשֶׁהוּא דוֹלֵק אֲפִילּוּ אֶלֶף אֲלָפִים °קְרוֹינִין וְסֶבָּקִין מַדְלִיקִין הֵימֶנּוּ אוֹרוֹ בִּמְקוֹמוֹ, כָּךְ כָּל מִי שֶׁיִּתֵּן לְמִצְוָה אֵינוֹ מְחַסֵּר אֶת נְכָסָיו, לְכָךְ נֶאֱמַר "כִּי נֵר מִצְוָה וְתוֹרָה אוֹר":

ד [כז, כ] "וְאַתָּה תְּצַוֶּה", הֲדָא הוּא דִכְתִיב (איוב יד, טו) "תִּקְרָא וְאָנֹכִי אֶעֱנֶךָּ לְמַעֲשֵׂה יָדֶיךָ תִכְסֹף", בְּד' דְּבָרִים נִתְאַוָּה הַקָּדוֹשׁ בָּרוּךְ הוּא לְמַעֲשֵׂה יָדָיו, וְאֵין "תִּכְסֹף" אֶלָּא תַּאֲוָה, שֶׁנֶּאֱמַר (בראשית לא, ל) "כִּי נִכְסֹף נִכְסַפְתָּה", (תהלים פד, ג) "נִכְסְפָה וְגַם כָּלְתָה נַפְשִׁי", וְאֵלּוּ הֵן ד' דְּבָרִים: הַקָּדוֹשׁ בָּרוּךְ הוּא סוֹבֵל עוֹלָמוֹ, שֶׁנֶּאֱמַר (ישעיה מו, ד) "אֲנִי עָשִׂיתִי וַאֲנִי אֶשָּׂא וַאֲנִי אֶסְבֹּל וַאֲמַלֵּט", וְצִוָּה לִבְנֵי קְהָת שֶׁיִּסְבְּלוּהוּ, שֶׁנֶּאֱמַר (במדבר ז, ט) "וְלִבְנֵי קְהָת לֹא נָתָן כִּי עֲבֹדַת הַקֹּדֶשׁ עֲלֵיהֶם בַּכָּתֵף יִשָּׂאוּ", וְתֵדַע שֶׁכִּבְיָכוֹל הוּא הָיָה סוֹבְלָן י בְּשָׁעָה שֶׁבָּאוּ לַיַּרְדֵּן, שֶׁנֶּאֱמַר (יהושע ג, טו) "וְהַיַּרְדֵּן מָלֵא עַל כָּל גְּדוֹתָיו", וְלֹא הָיוּ יְכוֹלִין בְּנֵי קְהָת לַעֲבוֹר, מֶה עָשָׂה הַקָּדוֹשׁ בָּרוּךְ הוּא, סְבָלָם,

עץ יוסף

באילו מדליק נר לפני הקדוש ברוך הוא. פירוש כאילו היה לריך לאורה והיה עושה לו נחת רוח בהדלקת הנר: **ומהו ותורה אור.** דליכא לפרש שהתורה אור לרגל האדם להצילו מהטון, שאין שייכות לזה עם מה שנאמר כי נר מצוה, לפי מה שפירש שהוא כמדליק הנר לפני ה': **קרינין וסבקין.** סבקין בלשון רומיי אבוקה עשויה מחלב, וקרינין בלשון יוני ורומיי אבוקה של שעוה (מוסיף הערוך): **לכך נאמר כי נר מצוה ותורה אור.** שפירוש תורה הוראה ולמוד, כלומר כך למוד מהאור שאינו חסר ממנה, אף על פי שידליקו ממנה: **(ד) הדא הוא דכתיב תקרא ואנכי אענך.** למעשה ידיך תכסוף, שארבע דברים מלינו שהקדוש ברוך הוא נכסף שהאנשים יעשו לפניו: **בארבע דברים.** מבואר אגלי דחסורי מיחסרא והכי קאמר, הקדוש ברוך הוא זן את כל העולם וצוה לישראל את קרבני לחמי לאשי, כדגרסינן לה בתנחומא, וגם שם השמיט המדרש הקדוש ברוך הוא משמר עולמו כו': **תדע שכביכול הוא היה סובלן.** מפני שאין זה נראה כבוד אלהים, שהרי הנישא גדול מהנושא, כדלעיל בבראשית רבה פרשה ע"ח, לכן כביכול: **הוא היה סובלן.** ומכל מקום ניחא ליה לעיל למימר ממה שסובל את עולמו, ולא קאמר ממה שסובל נושאי הארון, שאין זה מתמיד: **ולא היו יכולין בני קהת לעבור.** שאמרו חכמינו ז"ל (סוטה לג, ב) עד עתה הלוים היו נושאים הארון, ועתה נשאוהו הכהנים, ואמרו חכמינו ז"ל (שם) בשלשה מקומות נשאו הכהנים את הארון ואחד מהם כשעברו את הירדן:

פירוש מהרז"ו

נרך בידי. עיין דברים רבה פרשה ד סימן ד, ושם בשלימות וכאן חסר: **מהו כי נר מצוה.** דבר אחר ופירוש אחר שהוא משל על שנותן עוז לאלהים, ומעורר שפע עליונה החוזרת אל נפשו: **מהו ותורה אור.** פירוש כמו דבר אחר, כי נר מצוה ותורה אור, ועיקר הדרשה על מצוה ונר: **לעשות מצוה.** כמו שפירש במתנות כהונה על מצות צדקה. עיין ויקרא רבה פרשה ה סוף סימן ב', ושם נסמן, דברים רבה פרשה ד סימן ה, פרשה ח סימן ה: **קרוניון.** מוסף ערוך ערך סבקין, קרוניון בלשון רומי אבוקה של חלב, סבקין בלשון יוני ורומי אבוקה של שעוה. [עיין בחדושי רד"ל]: **לכך נאמר כי גר.** ולכך נקראו ישראל זית רענן, שלומדים תורה שמאירה להם, וכן ויקחו אליך שמן: **(ד) כי עבודת הקודש עליהם.** וככללם הארון, שנקרא ארון הברית אדון כל הארץ (שם פסוק יא, ויג), הרי כאלו סבלוהו כביכול:

חידושי הרד"ל

ומהו ותורה אור אלא הרבה פעמים כו'. חסר כאן הדרשה על ותורה אור, ומאמר **הרבה פעמים כו'** הוא דבר אחר על כי נר מצוה. ואולי יש לומר דמן תורה אור מוכיח לדרוש האי דבר אחר על נר מצוה שאין לו חסרון, כמו האור שוודאי אין נחסר כן הנר (אף על פי שהיה מקום לומר דשייך ביה אכחושי בשמן הנר) האור שבו אין נחסר לעולם: **קירויין.** נרות שעוה, **וסבקין** הוא נרות חלב (מוסף ערוך ערך סבקין): **מי שיתן למצוה אינו מתחסר.** כמו שכתוב (משלי יא, כד) יש מפזר ונוסף עוד: **[ד] בארבע דברים.** הרביעי חסר כאן, ובתנחומא חושב עוד אתה זן את כל העולם ומלוה את קרבני לחמי, והביאו רבינו בחיי:

חידושי הרש"ש

[ד] בארבעה דברים נתאוה הקדוש ברוך הוא כו'. עיין מתנות כהונה וידי משה שנדחקו, ולא עיינו בתנחומא שחשב שם הוא זן את כל העולם וצוה לישראל את קרבני לחמי וגו', ושם חסר אחד ממה שחשב כאן, עיין שם:

באור מהרי"פ

[ג] במתנות כהונה [בד"ה] קרוינין וסבקין מיני נרות הם. וזה לשון רבי בנימין מוספיא [בערוך] ערך סבקין, סבקין פירושו בלשון רומי אבוקה עשויה מחלב [פירוש] קירין בלשון יוני וברומי אבוקה של שעוה:

שינוי נוסחאות

(ג) **קרוינין וסבקין.** בכל הספרים הישנים היה כתוב "קרויונין..." וכצ"ל:

מסורת המדרש

ט. ויק"ר פ' ל"ח. דברים רבה פ' ד'. מדרש תהלים מזמור י"ז וי"ח. ילקוט תהלים רמז תרע"ח. וע' תנחומא סדר כי תשא סימן כ"ח. וסדר קדושים סימן ו':

י. במדבר רבה פרשה ד' וש"נ:

אם למקרא

כִּי נֵר מִצְוָה וְתוֹרָה אוֹר וְדֶרֶךְ חַיִּים תּוֹכְחוֹת מוּסָר: (שם ו:כג)

תִּקְרָא וְאָנֹכִי אֶעֱנֶךָּ לְמַעֲשֵׂה יָדֶיךָ תִכְסֹף: (איוב יד:טו)

וְעַתָּה הָלֹךְ הָלַכְתָּ כִּי נִכְסֹף נִכְסַפְתָּה לְבֵית אָבִיךָ לָמָּה גָנַבְתָּ אֶת אֱלֹהָי: (בראשית לא:ל)

נִכְסְפָה וְגַם כָּלְתָה נַפְשִׁי לְחַצְרוֹת ה' לִבִּי וּבְשָׂרִי יְרַנְּנוּ אֶל אֵל חָי: (תהלים פד:ג)

אֲנִי עָשִׂיתִי וַאֲנִי אֶשָּׂא וַאֲנִי אֶסְבֹּל וַאֲמַלֵּט: (ישעיה מו:ד)

וְלִבְנֵי קְהָת לֹא נָתָן כִּי עֲבֹדַת הַקֹּדֶשׁ עֲלֵהֶם בַּכָּתֵף יִשָּׂאוּ: (במדבר ז:ט)

וּכְבוֹא נֹשְׂאֵי הָאָרוֹן עַד הַיַּרְדֵּן וְרַגְלֵי הַכֹּהֲנִים נֹשְׂאֵי הָאָרוֹן נִטְבְּלוּ בִּקְצֵה הַמָּיִם וְהַיַּרְדֵּן מָלֵא עַל כָּל גְּדוֹתָיו כֹּל יְמֵי קָצִיר: (יהושע ג:טו)

אמרי יושר

[ד] למעשה ידיך תכסוף. בעל העקידה חשב לשנים, משא הלוים, ומשא הכהנים. והנכון דחסר חלוקה אחד בארבעה דברים, נכסף בהנעה שהוא מניע וסובל העולם, וגם תמצא בייחוד שסבל הקהתים בירדן, שנייה לה בהזנה, שלישית בהרחקת נזק ושמירה, רביעית בהארה והשכלה, וזה יצטרך כנגד דומם וצומח חי ומשכיל, שהדומם צריך הנעה, זהו שמן זית זך למאור, שאני מאיר לכם. או כנגד ארבע עולמות אצילות, בריאה, יצירה, עשיה, שומר לזה העולם השפל, סובל לעולם הגלגלים, זן לעולם המלאכים, אתה מחיה את כולם מאיר לעולם הספירות, מאורו יראו אור:

מתנות כהונה

כי נר מצוה וגו'. עיין בפרשת אמור בפרשה ל"א: **מצוה.** לדקה קורא כן בלשון ירושלמי: **לכך נאמר כו'.** שהתורה מאירה עיניו במה שהודיע אותנו שעשיית המצוה הוא כנר: **קרוינין וסבקין.** מיני נרות הן:

אשד הנחלים

נרי בידך. זהו התורה המאירה לך, וכן הנפש מאירה על ידי התורה: **אינו מחסר.** כאומר המצוה כנר שאינו חסר לעולם, כי השגחתי ושפעי מתרבה על ידי זה, ולא יחסר לעולם, וזהו להעלות נר תמיד, שעל ידי זה יעלה האור וההשגחה תמיד יותר ויותר: **[ד] בארבעה דברים נתאוה כו'.** פה לא ימצא כי אם שלשה, והידי משה פירש לענין תפלה הנאמר בפירוש בכתוב תקרא ואנכי אענך. והיפה תואר פירש שהרביעי מה הקדוש ברוך הוא זן עולמו כו'. וההבדל בין השמירה והסבל, הסבל הוא כנוי על השגחת הקיום, כאלו סובל ומקיים הכל עליו, והשמירה היא ההשגחה הנוספת לתת לכל דבר מיוחד, המשל כל נמצא אלולי יסולק השגחה העליונה אז יִפָּסֵד לגמרי, וההשגחה הנוספת לבל ישוב לטבעו הראשון, שזהו הארבעה יסודות הראשונות. והנה המשכן שעל ידי זה השכינה שורה עליהם להשגיח עליהם בכלל ובפרט, ועל ידי שמירת המשכן והארון, יזדקק ההשגחה האלקית עליהם, והארה היא השגחת השגת השכל שה' ברוך הוא מופיע להשכילם ולהבינם חכמת ה' ומעשיו בבריאה, וזהו סוד המנורה המכוונת לחכמה, כמו שאמרו (בבא בתרא כה, ב) הרוצה להחכים ידרים, שהמנורה בדרום, והבן כל זה:

ידי משה

[ד] בארבעה דברים נתאוה הקדוש ברוך הוא וכו' ובפרטן אי אתה מוצא אלא שלשה דברים. ובעל מתנות כהונה פירש בשם בעל עקידה, ודחוק מאד. ולי נראה שאחד הוא, שהקב"ה מתאוה לתפלתן של לדיקים, וריש דקרא קדריש, דכתיב אז תקרא וה' יענה למעשה ידיך תכסוף, וכן הוא משמעות הלשון של מדרש (שיר השירים פרשה ב פסוק יונתי) עיין שם ותראה שהוא כדברי, ומאי דלא קחשיב התפלה כי אינו לריך, כי מניה סליק דאיירי ביה קרא, דכתיב תקרא ואנכי אענך. וקל להבין:

לקוטים

[ד] ואתה תצוה הדא הוא דכתיב תקרא ואנכי אענך למעשה ידיך תכסוף. בארבעה דברים נתאוה הקדוש ברוך הוא למעשה ידיו וכו' הקדוש ברוך הוא סובל את עולמו כו' וציוה לבני קהת שיסבלוהו וכו' והקדוש בוך הוא משמר עולמו וכו' ואמר לישראל שישמרוהו וכו' הקדוש ברוך הוא מאיר לעולם וכו' ואמר לישראל ויקחו אליך שמן זית זך הוי למעשה ידיך תכסוף. ולריך עיון שפתח בארבעה, שבארבעה דברים נתאוה וכו' ולא מנה אלא שלשה. והמתנות כהונה כתב בזה בשם בעל העקידה, דחשיב כהנים ולוים בתרתי, וזה דחוק מאוד. והידי משה כתב שלריך לחשוב עוד שהקב"ה מתאוה לתפילתן של לדיקים, ורישא דקרא דרש דכתיב תקרא וה' יענה למעשה ידיך תכסוף וכו', עיין שם. וכל דבריו תמוהים, חדא דלא דמי לאידך שלשה דברים שעיקר כוונת המדרש לדרוש שהדברים אשר מלינו שהקב"ה בעלמו עשה אותם והוא מתאוה למעשה ידיו שיעשו לו כן, מה שאין כן בתפילה. ועוד מעיקרא דמילתא היא פריכא, שהפסוק אז תקרא וה' יעשה הוא בישעיה (נח, ט) ופסוק זה שהביא המדרש תקרא ואנכי אענך למעשה ידיך תכסוף הוא באיוב (יד, טו), שאיוב אמר כן להקב"ה, שהקב"ה יקרא אותו, והוא יענה לו, ויתאוה הקב"ה למעשה ידיו, וזהו למעשה ידיך תכסוף. אך האמת יורה דרכו בסייעתא דשמיא שכאן חסר הרביעי כדאיתא בתנחומא פרשת תצוה וזה לשונו, ואתה תצוה זה שאמר הכתוב תקרא ואנכי אענך וכו', עד אתה זן את כל העולם ואתה

הַקָּדוֹשׁ בָּרוּךְ הוּא סוֹבֵל עוֹלָמוֹ, שֶׁנֶּאֱמַר ״אֲנִי עָשִׂיתִי וַאֲנִי אֶשָּׂא וַאֲנִי אֶסְבֹּל וַאֲמַלֵּט״ – (i) **The Holy One, blessed is He, bears** (i.e., supports and maintains) **His world, as it is stated,** ***I made [everything] and I bear [it], I carry [it], and I will rescue*** (*Isaiah* 46:4), **וְצִוָּה לִבְנֵי קְהָת שֶׁיִּסְבְּלוּהוּ, שֶׁנֶּאֱמַר ״וְלִבְנֵי קְהָת לֹא נָתָן כִּי עֲבֹדַת הַקֹּדֶשׁ עֲלֵיהֶם בַּכָּתֵף יִשָּׂאוּ״** – **and yet he commanded the sons of Kohath that they should bear** the Ark, which is representative of **Him, as it is stated,** ***And to the sons of Kohath [Moses] did not give;***[52] ***since the sacred articles***[53] ***were upon them, they carried on the shoulder*** (*Numbers* 7:9). **וְתֵדַע שֶׁכִּבְיָכוֹל הוּא הָיָה סוֹבְלָן בְּשָׁעָה שֶׁבָּאוּ לַיַּרְדֵּן** – **And you may know** that this is so,[54] **for, as it were,** [God] Himself **carried [the bearers of the Ark], when they came to the Jordan** River, **שֶׁנֶּאֱמַר ״וְהַיַּרְדֵּן מָלֵא עַל כָּל גְּדוֹתָיו״, וְלֹא הָיוּ יְכוֹלִין בְּנֵי קְהָת לַעֲבוֹר** – **as it is stated,** ***and the Jordan was overflowing all its banks*** (*Joshua* 3:15), **and the sons of Kohath,** who had been carrying the Ark,[55] **were not able to cross** it. **מֶה עָשָׂה הַקָּדוֹשׁ בָּרוּךְ הוּא** – **What did the Holy One, blessed is He, do?**[56] **סְבָלָם** – **He carried [the bearers of the Ark]** across,

NOTES

52. Moses did not give them wagons and oxen, as he did for the other Levites.

53. Such as the Ark (see *Numbers* 4:4-15).

54. That God does not require humans to bear His Ark.

55. Actually, the passage (ibid.) states that the Kohanim were carrying the Ark at this point, but Kohanim themselves are of the Kohathite branch of the Levites; see *Sotah* 33b and *Ramban's* critique on *Rambam's Sefer HaMitzvos*, Principle #3.

56. This question, as well as the answer given here by the Midrash (that the Kohanim were miraculously lifted up and carried across the Jordan), is difficult, as the commentators note, for Scripture (ibid.) clearly states what God did to enable the crossing of the Jordan: He split its waters as soon as the bearers of the Ark reached the water's edge, and the people crossed on dry land! See following note. [The Talmud (*Sotah* 35a) also speaks of the Kohanim being miraculously transported across the Jordan, and some commentators explain that our Midrash is based on that Talmudic passage, but *Yefeh To'ar* shows that the Midrash's presentation of the story makes it incompatible with that of the Talmud.]

INSIGHTS

were in direct opposition to the prevailing wisdom, but Abraham, through strength of mind and character, withstood the enormous pressures brought to bear against him. It was in Abraham's merit that Israel received the Torah, whose very description — תּוֹרַת חֶסֶד, *a Torah of kindness* (*Proverbs* 31:26) — calls to mind the particular attribute of Abraham: חֶסֶד, *kindness.* The crown of kingship, which signifies wealth and great prosperity, was acquired by Isaac. The verse states (*Genesis* 26:12) that when Isaac sowed a field, he would reap a hundredfold of its normal production, such was the affluence with which he, more than any other Patriarch, was blessed. Finally, the crown of Kehunah was Jacob's, whose special attribute was קְדוּשָּׁה, *holiness,* and whom God described as His Kohen Gadol [as stated in a Midrash elsewhere]. Israel received the gift of Kehunah in the merit of Jacob, who achieved perfection in this area of Divine service.

This brings us to the fourth crown, "the crown of a good name." The Mishnah states that this crown is higher than the other three. *Shem MiShmuel* deduces from this that the crown of a good name corresponds to King David. For the Gemara states (*Moed Katan* 16b) that King David stands at the head of all three Patriarchs, meaning, that he surpasses all three in his greatness. Since each of the Patriarchs corresponds to another of the first three crowns, it stands to reason that the fourth and greatest of the crowns is bestowed upon King David.

This is supported by a Midrash which states that the Messiah, scion of the Davidic dynasty, will come in the merit of the flame kindled on the Temple Menorah, as alluded to in Scripture (*Psalms* 132:17), שָׁם אַצְמִיחַ קֶרֶן לְדָוִד עָרַכְתִּי נֵר לִמְשִׁיחִי, *There I shall bring forth the pride of David; I have prepared a lamp for My Messiah* (*Tanchuma, Terumah* §7, *Tetzaveh* §9). This provides a link between King David and the Menorah. And, as mentioned above, there exists a link between the Menorah and the crown of a good name. We may therefore deduce that if King David is linked to the Menorah, which in turn is linked to the crown of a good name, then King David is linked to the crown of a good name.

What quality did King David evince to be deemed worthy of this crown, and in what way does this particular quality surpass all others? *Shem MiShmuel* draws a parallel to *Sotah* 5b, which states that whereas one who brings a specific sacrificial offering (e.g., an *olah*) receives reward for that offering only, one who is exceedingly humble is regarded as if had brought *all* possible offerings. This person, in his utter humility, negates himself entirely before God. In response, God rests His Holy Name upon him, and he receives God's sustenance in *all* its forms; thus, his reward encompasses that of all offerings. Such self-negation was demonstrated particularly by King David, who served God with exceptional humility, whose every desire was subjugated to the Will of the Creator (see *Psalms* 22:7).

The exaltation of King David and his crown is seen further in the area of Temple vessels. The Altar, the Table, and the Holy Ark, vessels of the Patriarchs, represent the three parts of the human soul, the *nefesh,* the *ruach,* and the *neshamah.* All these are rooted in physical man. The flame of the Menorah, however, quests ever upward, and thus symbolizes the higher level of soul (*yechidah*) that will be attained by the King Messiah. This higher soul, unmoored entirely from the temporal plane, is compared to the light itself, a comparison that is made to the Messiah as well, descendant of David, in the verse, שְׁלַח אוֹרְךָ וַאֲמִתְּךָ, *Dispatch Your light and Your truth* (*Psalms* 43:3, see *Rashi* there).

Let us now return to our Midrash. God commanded that Israel emulate His handiwork in four ways. Each of these ways corresponds to one of the four crowns we have discussed, and so, taken together, these four tasks represent the perfection of the different levels of soul, and the totality of Man's service to God. The command to bear the Holy Ark symbolizes the attainment of the crown of Torah. The command to guard the Holy Temple symbolizes the crown of kingship, for guards are not truly needed in the place of the Divine Presence, but are posted only to honor the King of kings in His palace (see *Sifrei Zuta, Korach,* 18:4). The command of the daily *tamid*-offering represents the crown of Kehunah, which adorns those who bring God's offerings in the Temple. And finally, the command to kindle the Menorah symbolizes the crown of a good name, a crown imbued with an otherworldly light, cast by the flames of the holy Menorah, reflected in the sublime soul of the Messiah, king of the House of David (*Shem MiShmuel, Tetzaveh* שנת תרפ״א, pp. 160-163).

אָמַר הַקָּדוֹשׁ בָּרוּךְ הוּא: [ט] **יְהֵא נֵרִי בְּיָדְךָ וְנֵרְךָ בְּיָדִי, וְאֵי זוֹ נֵרוֹ שֶׁל הַקָּדוֹשׁ בָּרוּךְ הוּא, זוֹ תּוֹרָה, שֶׁנֶּאֱמַר** (שם ו, כג) **"כִּי נֵר מִצְוָה וְתוֹרָה אוֹר", מַהוּ "כִּי נֵר מִצְוָה", אֶלָּא כָּל מִי שֶׁעוֹשֶׂה מִצְוָה הוּא כְּאִלּוּ מַדְלִיק נֵר לִפְנֵי הַקָּדוֹשׁ בָּרוּךְ הוּא, וּמְחַיֶּה נַפְשׁוֹ שֶׁנִּקְרֵאת נֵר, שֶׁנֶּאֱמַר** (שם כ, כז) **"נֵר ה' נִשְׁמַת אָדָם", וּמַהוּ "וְתוֹרָה אוֹר", אֶלָּא הַרְבֵּה פְּעָמִים שֶׁאָדָם מְחַבֵּב בְּלִבּוֹ לַעֲשׂוֹת מִצְוָה, וְיֵצֶר הָרַע שֶׁבְּתוֹכוֹ אוֹמֵר: מַה לְּךָ לַעֲשׂוֹת מִצְוָה וּמְחַסֵּר אֶת נְכָסֶיךָ, עַד שֶׁאַתָּה נוֹתֵן לַאֲחֵרִים תֵּן לְבָנֶיךָ, וְיֵצֶר טוֹב אוֹמֵר לוֹ: תֵּן לַמִּצְוָה, רְאֵה מַה כְּתִיב** (משלי ו, כג) **"כִּי נֵר מִצְוָה", מָה הַנֵּר הַזֶּה כְּשֶׁהוּא דוֹלֵק אֲפִילּוּ אֶלֶף אֲלָפִים °קְרוִינִין וְסֶבָקִין מַדְלִיקִין הֵימֶנּוּ אוֹרוֹ בִּמְקוֹמוֹ, כָּךְ כָּל מִי שֶׁיִּתֵּן לְמִצְוָה אֵינוֹ מְחַסֵּר אֶת נְכָסָיו, לְכָךְ נֶאֱמַר "כִּי נֵר מִצְוָה וְתוֹרָה אוֹר":**

ד [כז, כ] **"וְאַתָּה תְּצַוֶּה", הֲדָא הוּא דִכְתִיב** (איוב יד, טו) **"תִּקְרָא וְאָנֹכִי אֶעֱנֶךָּ לְמַעֲשֵׂה יָדֶיךָ תִכְסֹף", בְּד' דְּבָרִים נִתְאַוָּה הַקָּדוֹשׁ בָּרוּךְ הוּא לְמַעֲשֵׂה יָדָיו, וְאֵין "תִּכְסֹף" אֶלָּא תַּאֲוָה, שֶׁנֶּאֱמַר** (בראשית לא, ל) **"כִּי נִכְסֹף נִכְסַפְתָּה",** (תהלים פד, ג) **"נִכְסְפָה וְגַם כָּלְתָה נַפְשִׁי", וְאֵלּוּ הֵן ד' דְּבָרִים: הַקָּדוֹשׁ בָּרוּךְ הוּא סוֹבֵל עוֹלָמוֹ, שֶׁנֶּאֱמַר** (ישעיה מו, ד) **"אֲנִי עָשִׂיתִי וַאֲנִי אֶשָּׂא וַאֲנִי אֶסְבֹּל וַאֲמַלֵּט", וְצִוָּה לִבְנֵי קְהָת שֶׁיִּסְבְּלוּהוּ, שֶׁנֶּאֱמַר** (במדבר ז, ט) **"וְלִבְנֵי קְהָת לֹא נָתַן כִּי עֲבֹדַת הַקֹּדֶשׁ עֲלֵיהֶם בַּכָּתֵף יִשָּׂאוּ", וְתֵדַע שֶׁכִּבְיָכוֹל הוּא הָיָה סוֹבְלָן** [י] **בְּשָׁעָה שֶׁבָּאוּ לַיַּרְדֵּן, שֶׁנֶּאֱמַר** (יהושע ג, טו) **"וְהַיַּרְדֵּן מָלֵא עַל כָּל גְּדוֹתָיו", וְלֹא הָיוּ יְכוֹלִין בְּנֵי קְהָת לַעֲבוֹר, מֶה עָשָׂה הַקָּדוֹשׁ בָּרוּךְ הוּא, סְבָלָם,**

עץ יוסף

כאילו מדליק נר לפני הקדוש ברוך הוא. פירוש כאילו היה לריך לאורה והיה עושה לו נחת רוח בהדלקת הנר: **ומהו ותורה אור.** דליכא לפרש שהתורה אור לרגל האדם להצילו מהטון, שאין שייכות לזה עם מה שנאמר כי נר מצוה, לפי מה שפירש שהוא כמדליק הנר לפני ה': **קרינין וסבקין.** סבקין בלשון רומיי אבוקה עשויה מחלב, וקרינין בלשון יוני ורומיי אבוקה של שעוה (מוסיף הערוך): **לכך נאמר כי נר מצוה ותורה אור.** שפירוש תורה הוראה ולמוד, כלומר כך למוד מהאור שאינו חסר ממנה, אף על פי שידליקו ממנה: **(ד) הדא הוא דכתיב תקרא ואנכי אענך.** למעשה ידיך תכסוף, שארבע דברים מלינו שהקדוש ברוך הוא נכסף שהאנשים יעשו לפניו: **בארבע דברים.** מבואר אלא דחסורי מיחסרא והכי קאמר, הקדוש ברוך הוא זן את כל העולם וצוה לישראל את קרבני לחמי לאשי, כדגרסינן לה בתנחומא, וגם שם השמיט המדרש הקדוש ברוך הוא משמר עולמו כו': **תדע שבביכול הוא היה סובלן.** מפני שאין זה נראה כבוד אלהים, שהרי הנישא גדול מהנושא, כדלעיל בבראשית רבה פרשה ע"ח, לכן כביכול: **הוא היה סובלן.** ומכל מקום ניחא ליה לעיל למימר ממה שסובל את עולמו, ולא קאמר ממה שסובל נושאי הארון, שאין זה מתמיד: **ולא היו יכולין בני קהת לעבור.** שאמרו חכמינו ז"ל (סוטה לג, ב) עד עתה הלוים היו נושאים הארון, ועתה נשאוהו הכהנים, ואמרו חכמינו ז"ל (שם) בשלשה מקומות נשאו הכהנים את הארון ואחד מהם כשעברו את הירדן:

פירוש מהרז"ו

נרך בידי. עיין דברים רבה פרשה ד סימן ד, ושם בשלימות וכאן חסר: **מהו כי נר מצוה.** דבר אחר ופירוש אחר שהוא משל על שנותן עוז לאלהים, ומעורר שפע עליונה החוזרת אל נפשו: **מהו ותורה אור.** פירוש כמו דבר אחר, כי נר מצוה ותורה אור, ועיקר הדרשה על מצוה ונר: **לעשות מצוה.** כמו שפירש במתנות כהונה על מלות לדקה. עיין ויקרא רבה פרשה ה סוף סימן ג', ושם נסמן, דברים רבה פרשה ד סימן ה, פרשה ח סימן ה: **קרוניון.** מוסף ערוך ערך סבקין, קרוניון בלשון רומי אבוקה של חלב, סבקין בלשון יוני ורומי אבוקה של שעוה. [עיין בחדושי רד"ל]: **לכך נאמר כי גר.** ולכך נקראו ישראל זית רענן, שלומדים תורה שמאירה להם, וכן ויקחו אליך שמן: **(ד) כי עבודת הקודש עליהם.** ובכללם הארון, שנקרא ארון הברית אדון כל הארץ (שם פסוק יא, ויג), הרי כאלו סבלוהו כביכול:

מתנות כהונה

כי נר מצוה וגו'. עיין בפרשת אמור בפרשה ל"א: **מצוה.** לדקה קורא כן בלשון ירושלמי: **לכך נאמר כו'.** שהתורה מאירה עינינו במה שהודיע אותנו שעשיית המצוה הוא כנר: **קרוינין וסבקין.** מיני נרות הן:

אשד הנחלים

נרי בידך. זהו התורה המאירה לך, וכן הנפש מאירה על ידי התורה: **אינו מחסר.** כאומר המצוה כנר שאינו חסר לעולם, כי השגחתי ושפעי מתרבה על ידי זה, ולא יחסר לעולם, וזהו להעלות נר תמיד, שעל ידי זה יעלה האור וההשגחה תמיד יותר ויותר: **[ד] בארבעה דברים נתאוה כו'.** פה לא ימצא כי אם שלשה, והידי משה פירש לענין תפלה הנאמר בפירוש בכתוב תקרא ואנכי אענך. והיפה תואר פירש שהרביעי מה הקדוש ברוך הוא זן עולמו כו'. וההבדל בין השמירה והסבל, הסבל הוא כנוי על השגחת הקיום, כאלו סובל ומקיים הכל עליו, והשמירה היא ההשגחה הנוספת לתת לכל דבר מיוחד, המשל כל נמצא אלולי יסולק השגחה העליונה אז יִפָּסֵד לגמרי, וההשגחה הנוספת לבל ישוב לטבעו הראשון, שזהו הארבעה יסודות הראשונות. והנה המשכן שעל ידי זה השכינה שורה עליהם להשגיח עליהם בכלל ובפרט, ועל ידי שמירת המשכן והארון, יזדקק ההשגחה האלקית עליהם, והארה היא השגחת השגת השכל שה' ברוך הוא מופיע להשכילם ולהבינם חכמת ה' ומעשיו בבריאה, וזהו סוד המנורה המכוונת לחכמה, כמו שאמרו (בבא בתרא כה, ב) הרוצה להחכים ידרים, שהמנורה בדרום, והבן כל זה:

ידי משה

[ד] בארבעה דברים נתאוה הקדוש ברוך הוא וכו' ובפרטן אי אתה מוצא אלא שלשה דברים. ובעל מתנות כהונה פירש בשם בעל עקידה, ודחוק מאד. ולי נראה שאחד הוא, שהקב"ה מתאוה לתפלתן של לדיקים, וריש דקרא קדריש, דכתיב אז תקרא וה' יענה למעשה ידיך תכסוף, וכן הוא משמעות הלשון של מדרש (שיר השירים פרשה ב פסוק יונתי) עיין שם ותראה שהוא כדברי, ומאי דלא קחשיב התפלה כי אינו לריך, כי מניה סליק דאיירי ביה קרא, דכתיב תקרא ואנכי אענך. וקל להבין:

לקוטים

[ד] ואתה תצוה הדא הוא דכתיב תקרא ואנכי אענך למעשה ידיך תכסוף. בארבעה דברים נתאוה הקדוש ברוך הוא למעשה ידיו וכו' הקדוש ברוך הוא סובל את עולמו כו' וציוה לבני קהת שיסבלוהו וכו' והקדוש בוך הוא משמר עולמו וכו' ואמר לישראל שישמרוהו וכו' הקדוש ברוך הוא מאיר לעולם וכו' ואמר לישראל ויקחו אליך שמן זית זך הוי למעשה ידיך תכסוף. ולריך עיון שפתח בארבעה, שבארבעה דברים נתאוה וכו' ולא מנה אלא שלשה. והמתנות כהונה כתב בזה בשם בעל העקידה, דחשיב כהנים ולוים בתרתי, וזה דחוק מאוד. והידי משה כתב שלריך לחשוב עוד שהקב"ה מתאוה לתפילתן של לדיקים, וריש דקרא דרש דכתיב תקרא וה' יענה למעשה ידיך תכסוף וכו', עיין שם. וכל דבריו תמוהים, חדא דלא דמי לאידך שלשה דברים שעיקר כוונת המדרש לדרוש שהדברים אשר מלינו שהקב"ה בעלמו עשה אותם והוא מתאוה למעשה ידיו שיעשו לו כן, מה שאין כן בתפילה. ועוד מעיקרא דמילתא היא פריכא, שהפסוק אז תקרא וה' יענה הוא בישעיה (נח, ט) ופסוק זה שהביא המדרש תקרא ואנכי אענך למעשה ידיך תכסוף הוא באיוב (יד, טו), שאיוב אמר כן להקב"ה, שהקב"ה יקרא אותו, והוא יענה לו, ויתאוה הקב"ה למעשה ידיו, וזהו למעשה ידיך תכסוף. אך האמת יורה דרכו בסייעתא דשמיא שכאן חסר הרביעי כדאיתא בתנחומא פרשת תלוה וזה לשונו, ואתה תלוה זה שאמר הכתוב תקרא ואנכי אענך וכו', עד אתה זן את כל העולם ואתה

חידושי הרד"ל

ומהו ותורה אור אלא הרבה פעמים כו'. חסר כאן הדרשה על ותורה אור, ומאמר **הרבה פעמים כו'** הוא דבר אחר על כי נר מלוה. ואולי יש לומר דמן תורה אור מוכיח לדרוש האי דבר אחר על נר מלוה שאין לו חסרון, כמו האור שוודאי אין נחסר כן הנר (אף על פי שהיה מקום לומר דשייך ביה אכחושי בשמן הנר) האור שבו אין נחסר לעולם: **קירויין.** נרות שעוה, וסבקין הוא נרות חלב (מוסף ערוך ערך סבקין): **מי שיתן למצוה אינו מתחסר.** כמו שכתוב (משלי יא, כד) יש מפזר ונוסף עוד: **[ד] בארבע דברים.** הרביעי חסר כאן, ובתנחומא חושב עוד אתה זן את כל העולם ומלוה את קרבני לחמי, והביאו רבינו בחיי:

חידושי הרש"ש

[ד] בארבעה דברים נתאוה הקדוש ברוך הוא כו'. עיין מתנות כהונה וידי משה שנדחקו, ולא עיינו בתנחומא שחשב שם הוא זן את כל העולם ולוה לישראל את קרבני לחמי וגו', ושם חסר אחד ממה שחשב כאן, עיין שם:

באור מהרי"פ

[ג] במתנות כהונה [בד"ה] קרוינין וסבקין מיני נרות הם. וזה לשון רבי בנימין מוספיא [בערוך] ערך סבקין, סבקין פירושו בלשון רומי אבוקה עשויה מחלב [פירוש] קירין בלשון יוני וברומי אבוקה של שעוה:

שינוי נוסחאות

(ג) **קרוינין וסבקין.** בכל הספרים הישנים היה כתוב "קרווינין..." וכצ"ל:

מסורת המדרש

ט. ויק"ר פ' ל"א. דברים רבה פ' ד'. מדרש תהלים מזמור י"ז וי"ח. ילקוט תהלים רמז תרע"א. וע' תנחומא סדר כי תשא סימן כ"ח. וסדר קדושים סימן ו':
י. במדבר רבה פרשה ד' וש"נ:

אם למקרא

כִּי נֵר מִצְוָה וְתוֹרָה אוֹר וְדֶרֶךְ חַיִּים תּוֹכְחוֹת מוּסָר: (שם ו:כג)

תִּקְרָא וְאָנֹכִי אֶעֱנֶךָּ לְמַעֲשֵׂה יָדֶיךָ תִכְסֹף: (איוב יד:טו)

וְעַתָּה הָלֹךְ הָלַכְתָּ כִּי נִכְסֹף נִכְסַפְתָּה לְבֵית אָבִיךָ לָמָּה גָנַבְתָּ אֶת אֱלֹהָי: (בראשית לא:ל)

נִכְסְפָה וְגַם כָּלְתָה נַפְשִׁי לְחַצְרוֹת ה' לִבִּי וּבְשָׂרִי יְרַנְּנוּ אֶל אֵל חָי: (תהלים פד:ג)

אֲנִי עָשִׂיתִי וַאֲנִי אֶשָּׂא וַאֲנִי אֶסְבֹּל וַאֲמַלֵּט: (ישעיה מו:ד)

וְלִבְנֵי קְהָת לֹא נָתָן כִּי עֲבֹדַת הַקֹּדֶשׁ עֲלֵהֶם בַּכָּתֵף יִשָּׂאוּ: (במדבר ז:ט)

וּכְבוֹא נֹשְׂאֵי הָאָרוֹן עַד הַיַּרְדֵּן וְרַגְלֵי הַכֹּהֲנִים נֹשְׂאֵי הָאָרוֹן נִטְבְּלוּ בִּקְצֵה הַמָּיִם וְהַיַּרְדֵּן מָלֵא עַל כָּל גְּדוֹתָיו כֹּל יְמֵי קָצִיר: (יהושע ג:טו)

אמרי יושר

[ד] למעשה ידיך תכסוף. בעל העקידה חשב לשנים, משא הלוים, ומשא הכהנים. והנכון דחסר חלוקה אחד בארבעה דברים, נכסף בהנעה שהוא מניע וסובל העולם, וגם תמצא בייחוד שסבל הקהתים בירדן, שנייה לה בהזנה, שלישית בהרחקת נזק ושמירה, רביעית בהארה והשכלה, וזה ילטרך כנגד דומם ולומח חי ומשכיל, שהדומם לריך הנעה, זהו שמן זית זך למאור, שאני מאיר לכם. או כנגד ארבע עולמות אצילות, בריאה, יצירה, עשיה, שומר לזה העולם השפל, סובל לעולם הגלגלים, זן לעולם המלאכים, אתה מחיה את כולם מאיר לעולם הספירות, מאורו יראו אור:

שֶׁנֶּאֱמַר ״וְהָיָה כְּנוֹחַ כַּפּוֹת רַגְלֵי הַכֹּהֲנִים״ – as it is stated, ***It shall happen, just as the soles of the feet of the Kohanim,*** *the bearers of the Ark* . . . ***rest*** *in the waters of the Jordan, the waters of the Jordan will be cut off — the waters that descend from upstream — and they will stand as one column* (ibid., v. 13).[57] אָמַר רַבִּי בֶּרֶכְיָה: הָאָרוֹן סָבַל אֶת סוֹבְלָיו, לֹא הַכֹּהֲנִים סְבָלוּהוּ אֶלָּא הוּא סְבָלָן – **R' Berechyah said: The Ark bore its bearers; the Kohanim did not bear it, but** on the contrary **it bore them.** שֶׁנֶּאֱמַר ״נִתְּקוּ כַּפּוֹת רַגְלֵי הַכֹּהֲנִים״ – **Thus it is stated,** ***and the soles of the Kohanim's feet were removed*** *to the dry ground* (ibid. 4:18).[58]

The second case in which God desired that people provide for Him something that is His own handiwork:

וְהַקָּדוֹשׁ בָּרוּךְ הוּא מְשַׁמֵּר עוֹלָמוֹ, שֶׁנֶּאֱמַר ״הִנֵּה לֹא יָנוּם וְלֹא יִישָׁן שׁוֹמֵר יִשְׂרָאֵל ה׳ שׁוֹמְרֶךָ״ – (ii) **And the Holy One, blessed is He, guards His world, as it is stated,** ***Behold, He neither slumbers nor sleeps, the Guardian of Israel; HASHEM is your Guardian*** (*Psalms* 121:4-5), וְאָמַר לְיִשְׂרָאֵל שֶׁיִּשְׁמְרוּהוּ, שֶׁנֶּאֱמַר ״וְהַחֹנִים לִפְנֵי הַמִּשְׁכָּן קֵדְמָה לִפְנֵי אֹהֶל מוֹעֵד מִזְרָחָה וגו׳״ – **and yet He told** the people of **Israel that they should guard Him, as it states,** ***Those who encamped before the Tabernacle to the front, before the Tent of Meeting to the east,*** *were Moses and Aaron and his sons, guardians of the charge of the Sanctuary* (*Numbers* 3:38).[59]

The third case:

וּמֵאִיר לְעוֹלָם דִּכְתִיב ״וְהָאָרֶץ הֵאִירָה מִכְּבֹדוֹ״ – (iii) **And [God] provides light for the** entire **world, as it is written,** ***and the earth shone with His glory*** (*Ezekiel* 43:2), וְאָמַר לְיִשְׂרָאֵל ״וְיִקְחוּ אֵלֶיךָ שֶׁמֶן זַיִת זָךְ״ – **and yet He told** the people of **Israel** ***that they shall take for you pure olive oil*** *for illumination, to kindle a lamp continually.*[60]

הֱוֵי ״לְמַעֲשֵׂה יָדֶיךָ תִכְסֹף״ – **This is** the explanation of the phrase, ***You desire*** (Hebrew, *tichsof*) ***Your handiwork*** (*Job* 14:15).

NOTES

57. *Yefeh To'ar* explains the Midrash's version of events as follows: As the people crossed the Jordan, the Kohanim bearing the Ark were standing in the *middle* of the dry riverbed, as implied (ibid. 3:17, 4:3, 4:5, etc.). Now, the Kohanim did not walk to that spot after the waters split, for the words of the verse (*just as the soles of the feet of the Kohanim . . . rest in the waters of the Jordan, the waters of the Jordan will be cut off*) imply that the Jordan's water did not split until the Kohanim reached their point of *rest* — i.e., the middle of the riverbed. How did the Kohanim get to this midpoint of the riverbed before the water split? This is what the Midrash explains by stating that they were lifted up by God and carried there. As soon as their feet touched the edge of the water (that is, its surface — *not* its eastern edge) the water split.

58. Since the verse does not state that the Kohanim bearing the Ark removed the soles of their feet from the water, but rather that the soles of their feet *were removed* from there, the implication is that they were removed not by the Kohanim themselves but by another cause — that being God (*Matnos Kehunah, Yefeh To'ar*).

59. And the Divine Presence dwells within the Sanctuary, as it were.

60. The Midrash stated that there are four such cases, but lists only three. Many commentators (*Radal, Rashash, Maharzu, Eitz Yosef,* etc.) note that the missing item can be found in *Midrash Tanchuma, Tetzaveh* §2: אַתָּה זָן אֶת כָּל הָעוֹלָם וְאַתָּה מְצַוֶּה אוֹתָן לְהַקְרִיב ״אֶת קָרְבָּנִי לַחְמִי״ – You feed the entire world, and yet You command them to offer [before You] *My offering, My food* (*Numbers* 28:2).

חידושי הרש"ש

שנאמר והיה כנוח כפות רגלי הכהנים גו'. יתכן שדורש כנח כו', דרצה לומר דרגלי הכהנים נחו ולא נטו בעברם מי הירדן: **ואמר לישראל שישמרוהו שנאמר והחונים כו' מזרחה.** צריך לומר וגו', דהכוונה על הא דכתיב שם שומרים משמרת המקדש:

לקוטים

תצוה אותי להקריב את קרבני לחמי לאשי, ולזה כיון המדרש כאן, וכן צריך להגיה במדרש (ליקוטים מחידושי מהרז"ו על מדרש תנאים):

שֶׁנֶּאֱמַר (שם שם יג) "וְהָיָה כְּנוֹחַ כַּפּוֹת רַגְלֵי הַכֹּהֲנִים", אָמַר רַבִּי בֶּרֶכְיָה: הָאָרוֹן סָבַל אֶת סוֹבְלָיו, לֹא הַכֹּהֲנִים סְבָלוּהוּ אֶלָּא הוּא סְבָלָן, שֶׁנֶּאֱמַר (שם ד, יח) "נִתְּקוּ כַּפּוֹת רַגְלֵי הַכֹּהֲנִים", וְהַקָּדוֹשׁ בָּרוּךְ הוּא מְשַׁמֵּר עוֹלָמוֹ, שֶׁנֶּאֱמַר (תהלים קכא, ד-ה) "הִנֵּה לֹא יָנוּם וְלֹא יִישָׁן שׁוֹמֵר יִשְׂרָאֵל ה' שׁוֹמְרֶךָ", וְאָמַר לְיִשְׂרָאֵל שֶׁיִּשְׁמְרוּהוּ, שֶׁנֶּאֱמַר (במדבר ג, לח) "וְהַחֹנִים לִפְנֵי הַמִּשְׁכָּן קֵדְמָה לִפְנֵי אֹהֶל מוֹעֵד מִזְרָחָה °", וּמֵאִיר לָעוֹלָם דִּכְתִיב (יחזקאל מג, ב) "וְהָאָרֶץ הֵאִירָה מִכְּבֹדוֹ", וְאָמַר לְיִשְׂרָאֵל [כז, כ] "וְיִקְחוּ אֵלֶיךָ שֶׁמֶן זַיִת זָךְ", הֱוֵי (איוב יד, טו) "לְמַעֲשֵׂה יָדֶיךָ תִּכְסֹף":

עץ יוסף

שנאמר נתקו כפות רגלי הכהנים. אל החרבה וישובו מי הירדן למקומם וילכו כתמול שלשם על כל גדותיו, פירוש כאשר נתקו רגלי הכהנים מן המים אל החרבה שאצלם, היינו אל הצד שירדו ממנו אל הירדן, וישובו מי הירדן למקומם וכו', נמצא ארון מצד זה וישראל מצד זה, נשא ארון את נושאיו כו': **ולא הכהנים סבלוהו.** פירוש מעולם לא סבלוהו הכהנים, ומה שנאמר בכתף ישאו היינו לפי הנראה: **משמר עולמו.** אף על פי שהראיה משומר ישראל, אמר משמר עולמו, כי הם עיקר עולמו: **שנאמר והחונים לפני המשכן קדמה.** סיפא דקרא שומרים משמרת המשכן: **והארץ האירה מכבודו.** סבירא ליה דבאורה שנבראת להאיר לעולם מיירי, וכמאן דאמר בבראשית רבה פרשה ג (סי' ד) שממקום בית המקדש נבראת האורה, ויליף לה מהכא:

פירוש מהרז"ו

והיה כנוח כפות רגלי הכהנים. משמע מיד שהניחו כפות רגליהם במי הירדן, נכרתו המים, וכמו שכתוב שם בסמוך (פסוק טו טז) ורגלי הכהנים וגו' ויעמדו המים. ואחר כך בסוף הענין (פ"ד פסוק י"ח) כתוב, ויהי בעלות הכהנים וגו' מתוך הירדן נתקו כפות רגלי הכהנים אל החרבה וישובו (מן) [מי] הירדן למקומם, שזהו מה שכתוב בפסוק ט"ז ויעלו מן הירדן, שהרי לא באו אל תוכו, וכמו בתחלה כנוח כפות רגלי הכהנים במי הירדן, כך בסוף נתקו כפות רגלי הכהנים אל החרבה בחזרה, והרי רוחב הירדן שעל כל גדותיו מפסיק בין הכהנים עם הארון, ובין כל העם שכבר עברו. וכן הוא מפורש בברייתא בסוטה (דף ל"ה א') ויהי בעלות הכהנים וגו' נתקו כפות וגו', נמצא ארון ונושאיו והכהנים מצד אחד, וישראל מצד אחר, נשא הארון את נושאיו ועבר, שנאמר ויהי כאשר תם כל העם לעבור ויעבור ארון ה' והכהנים לפני העם עכ"ל. ודורשים פסוק ויעבור הוא פסוק י"א, על פי מדה ל"א אחר פסוק י"ח, וכאן קיצר וסמך על המבואר בגמרא הנ"ל: **הארון סבל.** פירוש שתמיד סבל אותם באשר נשאוהו, ומה שכתב אלא הוא סבלן שנאמר נתקו, פירוש שכאן מפורש שסבלן, כאשר ביארתי לראיה שתמיד היה סובלן: **ולא היו יכולים בני קהת לעבור.** משמע שבני קהת שנשאו אותו תמיד נשאו אותו עתה גם כן, ואחר כך אמר לו הכהנים סבלוהו, וכמפורש בכל הפרשה, שהכהנים סבלוהו, וכמפורש בסוטה (דף ל"ג ב') בכל יום הלוים נושאים את הארון, והיום נשאוהו הכהנים, שנאמר והיה כנוח כפות רגלי הכהנים, ולא בני קהת, ואפשר שלזה כוון המדרש במה שכתב ולא היו יכולים בני קהת לעבור, היינו ביום זה לא היה ראוי שיעשה הנס על ידי הלוים, אלא על ידי הכהנים: **הקדוש ברוך הוא משמר.** מונה מה שכתב בריש המאמר בארבע דברים נתאווה, אחד מה שסבל הארון את סובליו, שני ששומר הכל וצוה שישמרו במשכן, שלישי שמאיר לכל וצוה שיאירו. והנה פתח בארבע דברים וחתם בשלש. ובתנחומא כאן סוף סימן ב' חושב שלשה דברים, ולא הזכיר מספר הדברים, ותחת מה שכתב כאן שומר הכל, חושב שם זן את הכל, ואתה מצוה את קרבני לחמי לאשי, ויתכן שגם המדרש כוון לזה.

ועיין בספרי מדרש תנאים בליקוטים וחידושים:

מתנות כהונה

[ד] **נתקו.** משמע על ידי אחר וסתמא כמפורש על ידי הקב"ה כמה דאת אמר (דברים לד, ו) ויקבור אותו בגיא הקב"ה קברו והרי אלו שנים אחת בכהנים ואחת בלוים. כן פירש בעל העקידה ז"ל בפרשת תרומה:

באור מהרי"פ

[ד] אמר רבי ברכיה הארון סבל וכו' שנאמר נתקו כפות רגלי הכהנים. וכתב מתנות כהונה [בד"ה נתקו] משמע על ידי אחר. אמר הכותב הנה אציגה לפניך מקראות השייכים לזה, ומה שאמרו חכמינו ז"ל בבבלי, ואז תבין הענין ביתר שאת. (יהושע ד, יא, טו - יח) ויהי כאשר תם כל העם לעבור ויעבור ארון ה' והכהנים לפני העם. ויאמר ה' אל יהושע לאמר. צוה את הכהנים נושאי ארון העדות ויעלו מן הירדן. ויצו יהושע את הכהנים לאמר עלו מן הירדן. ויהי בעלות הכהנים נושאי ארון ברית ה' מתוך הירדן נתקו כפות רגלי הכהנים אל החרבה וישובו מי הירדן למקומם וילכו כתמול שלשום על כל גדותיו. וזה לשון הברייתא (סוטה לה, א) וכיון שעלה האחרון שבישראל מן הירדן, חזרו המים למקומם, שנאמר ויהי בעלות הכהנים וגו', על כל גדותיו, נמצא ארון ונושאיו והכהנים מצד אחד, וישראל מצד אחד, נשא ארון את נושאיו ועבר, שנאמר ויהיה כאשר תמו וגו', עד כאן. פירש רש"י שבו המים למקומם, שהכהנים עמדו במקומם עד שעברו כל העם, ומשעברו נתקו כפות רגלי הכהנים אל החרבה ונמשכו לאחוריהם פסיעה אחת, נמצאו הכהנים מצד זה וכו'. ואף על גב דהאי קרא ויהי כאשר תם כל העם לעבור וגו' קדים, דמשמע דהאי נתקו כפות רגלי הכהנים בעבר השני כתיב, לאו הכי הוה, אלא דאין מוקדם ומאוחר, דאי כסדרן כתוב, הא נפקא להו מן הירדן דכתיב ויעבור ארון ה' והכהנים לפני העם והעם עלו, וכיון דארון והכהנים עלו ועברו אחריהם עד שבאו לפניהם, הרי שיצאו מן הירדן, ומאי תו דקאמר ויצו יהושע את הכהנים לאמר עלו מן הירדן, אלא אין מוקדם ומאוחר, והאי עלו מן הירדן דקאמר להו, הכי קאמר להו, סלקו רגליכם לאחוריכם, ועודם בעבר המזרחי, וכתיב בתריה נתקו כפות רגלי הכהנים אל החרבה וישובו מי הירדן למקומם, נשא ארון את נושאיו, והיינו קרא קמא דכתיב, ויהיה כאשר תם כל העם לעבור ויעבור ארון ה' והכהנים לפני העם, עד כאן לשון רש"י. ואולי נכוין דברי רבי ברכיה לזה. אך צריך עיון, הוי ליה לאתויי נמי המקרא ויהי כאשר תם כל העם לעבור כדמייתי בגמרא. ומה שפירש בעל המתנות כהונה נתקו על ידי אחר, משמע לכאורה דבריו סותרים דברי הגמרא שהצגנו: **ואמר לישראל ויקחו אליך וגו'.** ויש לתמוה, הלא התחיל בארבעה דברים, נכסף הקב"ה למעשי ידיו וכו', וקחשיב רק שלשה. ומתנות כהונה (בד"ה נתקו) פירש והרי אלו שנים, אחת בכהנים ואחת בלוים, וכוונתו להשלים ארבעה דברים, אבל זה דוחק עצום. אבל הנכון שחסר כאן בבא אחת המובא בתנחומא, וזהו, אתה זן את כל העולם ואתה מצוה אותו להקריב את קרבני לחמי. ואף על גב דגם בתנחומא לא קחשיב רק שלשה דברים, ומחסר בבא דאתה משמר את העולם. [יש לומר], (ו)התנחומא לא נחית למנינא, אבל המדרש דנחית למנינא לומר ארבעה דברים, בלתי ספק שחסר הבבא דאתה זן וכו':

אם למקרא

וְהָיָה כְּנוֹחַ כַּפּוֹת רַגְלֵי הַכֹּהֲנִים נֹשְׂאֵי אֲרוֹן ה' אֲדוֹן כָּל הָאָרֶץ בְּמֵי הַיַּרְדֵּן מֵי הַיַּרְדֵּן יִכָּרֵתוּן הַמַּיִם הַיֹּרְדִים מִלְמָעְלָה וְיַעַמְדוּ נֵד אֶחָד: (יהושע ג:יג)

וַיְהִי בַּעֲלוֹת הַכֹּהֲנִים נֹשְׂאֵי אֲרוֹן בְּרִית ה' מִתּוֹךְ הַיַּרְדֵּן נִתְּקוּ כַּפּוֹת רַגְלֵי הַכֹּהֲנִים אֶל הֶחָרָבָה וַיָּשֻׁבוּ מֵי הַיַּרְדֵּן לִמְקוֹמָם וַיֵּלְכוּ כִתְמוֹל שִׁלְשׁוֹם עַל כָּל גְּדוֹתָיו: (שם ד:יח)

הִנֵּה לֹא יָנוּם וְלֹא יִישָׁן שׁוֹמֵר יִשְׂרָאֵל: ה' שֹׁמְרֶךָ ה' צִלְּךָ עַל יַד יְמִינֶךָ: (תהלים קכא:ד-ה)

וְהַחֹנִים לִפְנֵי הַמִּשְׁכָּן קֵדְמָה לִפְנֵי אֹהֶל מוֹעֵד מִזְרָחָה מֹשֶׁה וְאַהֲרֹן וּבָנָיו שֹׁמְרִים מִשְׁמֶרֶת הַמִּקְדָּשׁ לְמִשְׁמֶרֶת בְּנֵי יִשְׂרָאֵל וְהַזָּר הַקָּרֵב יוּמָת: (במדבר ג:לח)

וְהִנֵּה כְּבוֹד אֱלֹהֵי יִשְׂרָאֵל בָּא מִדֶּרֶךְ הַקָּדִים וְקוֹלוֹ כְּקוֹל מַיִם רַבִּים וְהָאָרֶץ הֵאִירָה מִכְּבֹדוֹ: (יחזקאל מג:ב)

תִּקְרָא וְאָנֹכִי אֶעֱנֶךָּ לְמַעֲשֵׂה יָדֶיךָ תִכְסֹף: (איוב יד:טו)

שינוי נוסחאות

(ד) **"והחנים לפני המשכן קדמה לפני אהל מועד מזרחה".** רש"ש הגיה שצ"ל בסוף הפסוק "וגו'", שהראיה מהמשך הפסוק, "שמרים משמרת המקדש":

Chapter 37

וְאַתָּה הַקְרֵב אֵלֶיךָ אֶת אַהֲרֹן אָחִיךָ וְאֶת בָּנָיו אִתּוֹ מִתּוֹךְ בְּנֵי יִשְׂרָאֵל לְכַהֲנוֹ לִי אַהֲרֹן נָדָב וַאֲבִיהוּא אֶלְעָזָר וְאִיתָמָר בְּנֵי אַהֲרֹן.
Now you, bring near to yourself Aaron your brother, and his sons with him, from among the Children of Israel — Aaron, Nadab and Abihu, Elazar and Ithamar, the sons of Aaron — to minister to Me (28:1).

§1 **וְאַתָּה הַקְרֵב אֵלֶיךָ וגו׳** – ***NOW YOU, BRING NEAR TO YOURSELF*** *AARON YOUR BROTHER, AND HIS SONS WITH HIM, FROM AMONG THE CHILDREN OF ISRAEL.*

The Midrash discusses the significance of the words *from among the Children of Israel:*[1]

הָדָא הוּא דִכְתִיב ״מִמֶּנּוּ פִנָּה מִמֶּנּוּ יָתֵד מִמֶּנּוּ קֶשֶׁת מִלְחָמָה וְגוֹ׳ ״ – **This is** to be understood in light of **what is written, *From themselves***[2] ***the cornerstone; from themselves the peg; from themselves the bow of war;*** *from themselves all the officers will come forth together* (*Zechariah* 10:4). בֹּא וּרְאֵה אוּמּוֹת הָעוֹלָם כְּשֶׁמְּבַקְשִׁים לְהַעֲמִיד לָהֶם מֶלֶךְ הֵם מְבִיאִים מִכָּל מָקוֹם וּמַעֲמִידִים עֲלֵיהֶם – **Come and see: When the nations of the world seek to appoint a king for themselves, they bring** a man **from any place,** not necessarily one of their own, **and they appoint** him **over themselves,** שֶׁכֵּן הוּא אוֹמֵר ״וַיִּמְלֹךְ בֶּאֱדוֹם . . . מִדִּנְהָבָה ״ – **for so it states,** *Bela son of Beor* ***reigned in Edom,*** *and the name of his city was Dinhabah* (*Genesis* 36:32), indicating that he was not an Edomite, but was **from Dinhabah.** ״מִבָּצְרָה״ – And the next verse states as well, *And Bela died, and Jobab son of Zerah,* ***from Bozrah,*** *reigned after him* (ibid., v. 33), וְכֵן כֻּלָּן – **and similarly** with **all [the kings]** listed in that passage.[3] אֲבָל יִשְׂרָאֵל אֵינוֹ כֵן – The nation of **Israel, however, is not like this.** אֶלָּא מֵהֶם גְּדוֹלֵיהֶם מֵהֶם מַלְכֵיהֶם מֵהֶם כֹּהֲנֵיהֶם מֵהֶם נְבִיאֵיהֶם מֵהֶם שָׂרֵיהֶם – **Rather,** as indicated by the *Zechariah* verse cited above, **their leaders are from themselves: their kings are from themselves, their priests are from themselves, their prophets are from themselves,**[4] **their officers are from themselves.**[5] שֶׁנֶּאֱמַר ״מִמֶּנּוּ פִנָּה״ זוֹ הַמֶּלֶךְ דָּוִד – **For it is stated** there, ***From themselves the cornerstone*** – **this is** a reference to kings, specifically to **King David,**[6] שֶׁנֶּאֱמַר ״אֶבֶן מָאֲסוּ הַבּוֹנִים הָיְתָה לְרֹאשׁ פִּנָּה״ – **as it is stated** regarding King David, ***The stone the builders disdained has become the cornerstone*** (*Psalms* 118:22);[7] ״מִמֶּנּוּ יָתֵד״ זֶה כֹּהֵן גָּדוֹל שֶׁנֶּאֱמַר ״וּתְקַעְתִּיו יָתֵד בְּמָקוֹם נֶאֱמָן״ – ***from themselves the peg*** – **this is** a reference to **the High Priest, as it is stated** regarding the High Priest, ***I will affix him as a peg in a secure place*** (*Isaiah* 22:23);[8] ״מִמֶּנּוּ קֶשֶׁת מִלְחָמָה״ שֶׁנֶּאֱמַר ״נֹשְׁקֵי קֶשֶׁת מַיְמִינִים וּמַשְׂמִאלִים״ – ***from themselves the bow of war*** – this is a reference to the Torah scholars,[9] **as it is stated, *armed with bows, both right-handed and left-handed*** *in slinging stones or [shooting] arrows with a bow, of the kinsmen of Saul, from Benjamin* (*I Chronicles* 12:2);[10] ״מִמֶּנּוּ יָצָא כָּל נוֹגֵשׂ יַחְדָּו״, אֵלּוּ שׁוֹטְרֵי הַדַּיָּינִין – ***from themselves all the officers will come forth together*** – **these** are referring to **the enforcement officers of the court.**[11]

The Midrash concludes by showing how this discussion is relevant to our verse in *Exodus:*

וְכֵן הוּא אוֹמֵר ״וְאַתָּה הַקְרֵב אֵלֶיךָ אֶת אַהֲרֹן אָחִיךָ וְאֶת בָּנָיו אִתּוֹ״ – **And so it states, *Now you, bring near to yourself Aaron your brother, and his sons with him.*** מֵהֵיכָן, ״מִתּוֹךְ בְּנֵי יִשְׂרָאֵל״ – And, the verse continues, **from where** are these men, who are to be appointed as the Kohanim of the people? ***From among the Children of Israel.***[12]

NOTES

1. Which otherwise seem superfluous, for it is well known that Aaron and his family were members of the people of Israel (*Yefeh To'ar*; *Toldos Noach*).

2. I.e., from the people of Israel themselves.

3. The Midrash assumes that all these Edomite kings must have came from foreign lands, for otherwise why would Scripture mention their city of origin? [*Bamidbar Rabbah* 14 §10, however, is of the opinion that three of these Edomite kings were indeed descendants of Esau, though the others were not. See also *Ramban* to *Genesis* 36:31 (s.v. ואלה המלכים), who states that *all* the kings were Edomites, and the cities mentioned here are in fact Edomite cities] (*Toldos Noach,* cited in part in *Anaf Yosef;* see also *Yefeh To'ar* to *Bereishis Rabbah* 83 §1).

4. *Yefeh To'ar* maintains that the term "prophets" here is meant to refer to Torah scholars. See following note.

5. This list of four positions of leadership is based on *Jeremiah* 2:26 and 32:32 (*Rashash*).

Each of these four leadership positions corresponds to four leadership positions found among all societies: those who lead the people in their worship ("their priests"), those who teach the people the proper way of life ("their prophets"), those who enforce the law ("their officers"), and those in charge of the security of the people ("their kings") (*Yefeh To'ar*).

6. The verse delineates King David as a symbol for the Israelite kingship, for his dynasty is the primary royal dynasty of Israel (*Eitz Yosef*).

7. God sent the prophet Samuel to Bethlehem to anoint one of Jesse's eight sons as king of Israel. David, as a shepherd and the youngest of the sons, appeared to be the least qualified. Nevertheless, it was David who was chosen by God to be the king (*I Samuel* Ch. 16). The Midrash understands that this verse (*The stone the builders disdained has become the cornerstone*) refers to that event, for David, who seemed to be the most unlikely candidate, was chosen to be king (see *Pesachim* 119a with *Rashi* and *Rashbam* ad loc.).

8. When Sennacherib laid siege to Jerusalem, in the days of Hezekiah and Isaiah, Shebna, a senior official of Hezekiah, formed a rebellious party that was prepared to capitulate to the Assyrians, in defiance of Hezekiah and Isaiah, and sent Sennacherib a message to that effect. In *Isaiah* Ch. 22, Shebna is severely rebuked for this (see *Vayikra Rabbah* 5 §5). There, the prophet states that Eliakim son of Hilkiah will replace Shebna. The phrase, *I will affix him as a peg in a secure place,* was said about Eliakim's being appointed to this position (see commentaries to *Isaiah* 22:23).

Our Midrash is of the opinion that Shebna was a High Priest and Eliakim was replacing him in this position. *Isaiah* 22:21 states regarding Eliakim replacing Shebna, וְהִלְבַּשְׁתִּיו כֻּתָּנְתֶּךָ וְאַבְנֵטְךָ, *I will dress him with your tunic and gird him with your belt.* The Midrash takes this as a reference to the tunic and belt of the Kohen Gadol's vestments (see below, 28:4). See *Vayikra Rabbah* 5 §5, where this understanding is a matter of dispute (*Eitz Yosef,* citing *Toldos Noach*).

9. Referred to above as "prophets" (*Yefeh To'ar;* see notes 4 and 5). Although the Midrash does not state explicitly that it interprets the "bow of war" as a metaphor for prophets (or Torah scholars), this appears to be its intention, since "prophets" was one of the categories of leaders mentioned above by the Midrash.

10. The Midrash understands these warriors as referring to Torah scholars who wage "the battle of Torah," i.e., who debate points of Torah law. The Sages often explain Scriptural references to warriors in this manner (see, for example, *Megillah* 15b, *Kiddushin* 30b) (*Eitz Yosef*). This verse states that these "warriors with bows" came from Benjamin — i.e., from within the people of Israel (*Beur Maharif*).

11. I.e., those who enforce the law among the populace.

12. Thus corroborating the idea discussed above, that all of Israel's leaders are taken from its midst. See Insight Ⓐ.

INSIGHTS

Ⓐ From Among the Children of Israel What is so remarkable about the fact that the Jewish people appointed leaders from their midst and did not have to seek rulers from the outside? Furthermore, what is the meaning of the Midrash's statement that other nations were unfit to

פרשה לז

א [כח, א] **"וְאַתָּה הַקְרֵב אֵלֶיךָ וְגוֹ'", הָדָא הוּא דִכְתִיב** (זכריה י, ד) **"מִמֶּנּוּ פִנָּה מִמֶּנּוּ יָתֵד מִמֶּנּוּ קֶשֶׁת מִלְחָמָה וְגוֹ'", בֹּא °וּרְאֵה אוּמּוֹת °הַקַּדְמוֹנִים כְּשֶׁמְבַקְשִׁים לְהַעֲמִיד לָהֶם מֶלֶךְ הֵם מְבִיאִים מִכָּל מָקוֹם וּמַעֲמִידִים עֲלֵיהֶם, שֶׁכֵּן הוּא אוֹמֵר** (בראשית לו, לב) **"וַיִּמְלֹךְ בֶּאֱדוֹם..." מִדִּנְהָבָה,** (שם שם לג) **"מִבָּצְרָה" וְכֵן כֻּלָּן, °אֲבָל יִשְׂרָאֵל אֵינוֹ כֵן, אֶלָּא מֵהֶם גְּדוֹלֵיהֶם מֵהֶם מַלְכֵיהֶם מֵהֶם כֹּהֲנֵיהֶם מֵהֶם נְבִיאֵיהֶם מֵהֶם שָׂרֵיהֶם, שֶׁנֶּאֱמַר "מִמֶּנּוּ פִנָּה" זוֹ הַמֶּלֶךְ דָּוִד, שֶׁנֶּאֱמַר** (תהלים קיח, כב) **"אֶבֶן מָאֲסוּ הַבּוֹנִים הָיְתָה לְרֹאשׁ פִּנָּה", "מִמֶּנּוּ יָתֵד" זֶה כֹּהֵן גָּדוֹל שֶׁנֶּאֱמַר** (ישעיה כב, כג) **"וּתְקַעְתִּיו יָתֵד בְּמָקוֹם נֶאֱמָן", "מִמֶּנּוּ קֶשֶׁת מִלְחָמָה" שֶׁנֶּאֱמַר** (דברי הימים־א יב, ב) **"נֹשְׁקֵי קֶשֶׁת מַיְמִינִים וּמַשְׂמְאִלִים",** (זכריה שם שם) **"מִמֶּנּוּ יֵצֵא כָל נוֹגֵשׂ יַחְדָּו", אֵלּוּ °סוֹפְרֵי הַדַּיָּנִין, וְכֵן הוּא אוֹמֵר** [כח, א] **"וְאַתָּה הַקְרֵב אֵלֶיךָ אֶת אַהֲרֹן אָחִיךָ וְאֶת בָּנָיו אִתּוֹ", מֵהֵיכָן,** [שם] **"מִתּוֹךְ בְּנֵי יִשְׂרָאֵל", מָשָׁל לְמֶלֶךְ שֶׁהָיָה לוֹ אוֹהֵב וּבִקֵּשׁ לְמַנּוֹת קָתָלִיקוֹס וּמִנָּהוּ עַל כָּל בֵּית גְּנָזָיו, לְאַחַר יָמִים בִּקֵּשׁ לַעֲשׂוֹת אִסְטְרָטִיגוֹס, וְהָיָה אוֹתוֹ אוֹהֲבוֹ סָבוּר שֶׁמָּא יַעֲשֵׂהוּ וְלֹא עֲשָׂאוֹ, אָמַר לוֹ: לֵךְ מַנֵּה אִסְטְרָטִיגוֹס, אָמַר לוֹ: אֲדוֹנִי הַמֶּלֶךְ, מֵאֵיזוֹ גִּינוּסְיָא, אָמַר לוֹ: מִגִּינוּסְיָא שֶׁלְּךָ, כָּךְ בִּיקֵּשׁ הַקָּדוֹשׁ בָּרוּךְ הוּא לְמַנּוֹת עַל מְלֶאכֶת הַמִּשְׁכָּן וַעֲשָׂאוֹ לְמֹשֶׁה גִּזְבָּר עַל הַדַּיָּנִין וְעַל הַכֹּל,**

עץ יוסף

(א) הדא הוא דכתיב ממנו פנה ממנו יתד כו'. דריש שבא לרמוז היות סגולה זו בישראל, שכל אנשי המעלות נמצאו בהם גופייהו, וכן אהרן שנבחר לכהונה היה מבני ישראל, ולזה מייתי קרא דממנו פנה כו': **זה המלך דוד.** שהוא עיקר מלכותינו: **שנאמר אבן מאסו הבונים.** וכמו שנאמר בשוחר טוב זה דוד שבעבר היה רועה ונעשה מלך: **שנאמר ותקעתיו יתד במקום נאמן.** נאמר על אליקים בן חלקיהו, וסבר בעל המדרש שהיה כהן גדול, מדכתיב גביה והלבשתיו כתנתך ואבנטך, ודרש כתנתך על שם כתונת בד קדש דבגדי כהונה. ועיין בויקרא רבה פרשה ה' (תולדות נח): **ממנו קשת מלחמה שנאמר כו'.** כוונתם לדרוש מזה על הלוחמים מלחמתם של תורה, וכדרשתם ז"ל (מגלה טו, ב) על פסוק (ישעיה כח, ו) משיבי מלחמה שערה, ובכמה דוכתי: **אלו סופרי הדיינים.** כתב המתנות כהונה נראה דצריך לומר שוטרי, וכן הגיה בעל יפה תואר, והם הממונים לכוף את העם לקבל את הדין מהשופט: **משל למלך שהיה לו אוהב.** דייק יתור מלת ואתה ומלת אליך, לזה דריש שהודיע לו בכוונה מתחלה שיהיה הוא הבוחר והמקרב, שעל ידי שחשב משה בדעתו שהוא יהיה הכהן, אולי ירע בעיניו בחירת אחר, לכן הודיעו שהוא יהיה המקרבו והממנה אותו לגדולה זו, וגדול הממנה יותר מהממונה: **קתליקוס.** בלשון יוני ורומיי איש ממונה על כל דברי בית, ובידו לעשות מה שירצה (מוסף הערוך). ועיין בירושלמי שקלים פרק ה' משנה ב', וגמרא שם, וכתב שם בעל קרבן עדה, התוליקון היא שררה למעלה מן האמרכל: **אסטרטיגוס.** שר חשוב כמו שר צבא (ערוך): **אמר ליה לך מנה אסטרטיגוס.** שבזה תתקרר דעתו שהמינוי בידו: **גינוסיא.** פירוש בלשון יוני מולד ויחוס (מוסף הערוך). וכן הוא בתרגום: **בקש הקדוש ברוך הוא למנות על כו' ועשאו למשה גזבר כו'.** דבוק למאמר והיה סבור משה, ונתינת טעם הוא לסברת משה שסבר שהוא יהיה הכהן הגדול, מפני שלוי מלאכת המשכן היה למחרת יום הכיפורים, ובאותה שעה נתמנה משה גיזבר על הדיינים, כדאיתא בפרשת ויהי ממחרת:

פירוש מהרז"ו

(א) הדא הוא דכתיב ממנו פנה. עיין בראשית רבה ריש פרשה פ"ג: **זה המלך דוד.** והוא הדין לכל זרעו אחריו, וכן כל מלכי ישראל הכל מישראל. וכמו שכתוב (דברים יז, טו) מקרב אחיך תשים עליך: **ותקעתיו יתד.** באליקים, שיהיה תחת שבנא אשר על הבית. והנה הנוגש הוא השוטר המעשה לקיים הדין. ועיין לעיל פרשה א סימן כ"ט, ויקרא רבה פרשה ל"ב סימן ד. אך כאן בהכרח הכוונה על השוטר, ומה שאמר סופרי הדיינים, דורש מתיבות כל יחדיו: **קתליקוס.** ופירש במוסף ערוך בלשון יוני ורומי איש ממונה על כל דברי בית, ובידו לעשות מה שירצה. וכמו שאמרו בבמדבר רבה פרשה י"ח סימן ט, קרח קתליקוס של פרעה היה, והיו בידו מפתחות של האוצרות שלו: **אסטרטיגוס.** פירש בערוך תרגום של נציבים, אסטרטיגון: **גזבר על הדיינים.** כמו שכתוב (שמות יח, כה) ויבחר משה אנשי חיל מכל ישראל ויתן אותם ראשים על העם, כמו שכתוב סוף סימן ב'. ואולי צריך לומר גזבר על המשכן, ועל הדיינים, ועל הכל. כי גזבר אינו רק על דבר ממון:

חידושי הרד"ל

[א] מהם גדוליהם. חולין (נו, ב): **כל נוגש יחדיו אלו שוטרי הדיינין.** כן צריך לומר, והן הנוגשים בעם ואף הן מישראל דווקא. (ועיין בקדושין (עו, א.) אף מי שהחזיקו אבותיו משוטרי הרבים):

חידושי הרש"ש

[א] מהם מלכיהם כו'. לשון הכתוב בירמיה (ב, כו. נב, לב) מלכיהם שריהם כהניהם ונביאיהם, ותואר גדוליהם ליתא שם. וכן בחולין (נו, ב) ליתא, ובנחמיה (ט, לב) למלכינו לשרינו ולכהנינו ולנביאינו ולאבותינו, ויתכן דאבות הוא תואר להגדולים שבעדה, וכן פירש רש"י והרד"ק בדברי הימים (א' ב, מ) כל אבי הנאמר שם, וכן נראה לפרש מיד בני חמור אבי שכם (בראשית לג, יט) דרצה לומר שר עיר שכם הנזכרת בפסוק שלפניו: **ועשאו למשה גזבר על (הדיינים).** נראה דטעות סופר הוא, וצריך לומר האדנים:

ידי משה

[א] ואתה הקרב וגו' הדא הוא דכתיב ממנו פנה וגו'. לפי שקשה מה צריך לומר מתוך בני ישראל, אלא לפי שקשה למה לא נתקרב משה לכהונה גדולה, לזה אמר מתוך בני ישראל ממנו פנה וגו', ולפי שמשה נשא בת יתרו, לא היו ראוים בניו להיות כהנים, ולכך נדחה משה. וקל להבין:

אמרי יושר

[א] ואתה הקרב אליך כו'. יש אומרים ששימש משה שבעת ימי המלואים לבד וסבר שהוא יהיה כהן, ויש אומרים כל ארבעים שנה. שנאמר בדברי הימים (א כג, יד) בניו יקראו על שבט הלוי, שלא היו ראוין לכהונה, אבל הוא כהן היה, לזה אמר לו הקב"ה אתה בעצמך הקרב אהרן, וראה שהוא אחיך אל ירע בעיניך. או אף על פי שהוא אחיך ויחשדוך, כדלקמן בקרח (במדבר רבה יח ד). תימה [ד]מכאן נראה שזכה לכהונה בעבור העגל דאמרו (לקמן סימן ג) מפלטין שלי לית אתה זז, ובפרשת שמיני (ויקרא ט, ב עי' ברש"י שם) נראה שהוצרך לכפרה, ובמקום אחר אמרו (ויקרא רבה ז, א) דבאהרן התאנף להשמידו (דברים ט, כ) זה כילוי בנים, אלמא לא נתכפר. יש לומר דהכהונה היא בבחינת כוונתו הטובה, הכפרה בבחינת גוף המעשה, העונש בבנים על חילול השם שהחטיא, הוצרך להענש במיתת הבנים, או בכפרה לפי שהכה בקורנס לפניהם (לקמן סימן ב), ומוטב שיהו שוגגים:

מסורת המדרש

א. ב"ר פרשה פ"ג. ילקוט סדר וישלח רמז ק"מ. ילקוט דברי הימים רמז אלף ע"ג:
ב. חולין דף נ"ו. ילקוט סדר האזינו רמז תתקמ"ג. ילקוט זכריה רמז תקע"ת.

אם למקרא

מִמֶּנּוּ פִנָּה מִמֶּנּוּ יָתֵד מִמֶּנּוּ קֶשֶׁת מִלְחָמָה מִמֶּנּוּ יֵצֵא כָל נוֹגֵשׂ יַחְדָּו: (זכריה י:ד)

וַיִּמְלֹךְ בֶּאֱדוֹם בֶּלַע בֶּן בְּעוֹר וְשֵׁם עִירוֹ דִּנְהָבָה: וַיָּמָת בָּלַע וַיִּמְלֹךְ תַּחְתָּיו יוֹבָב בֶּן זֶרַח מִבָּצְרָה: (בראשית לו:לב-לג)

אֶבֶן מָאֲסוּ הַבּוֹנִים הָיְתָה לְרֹאשׁ פִּנָּה: (תהלים קיח:כב)

וּתְקַעְתִּיו יָתֵד בְּמָקוֹם נֶאֱמָן וְהָיָה לְכִסֵּא כָבוֹד לְבֵית אָבִיו: (ישעיה כב:כג)

נֹשְׁקֵי קֶשֶׁת מַיְמִינִים וּמַשְׂמְאִלִים בָּאֲבָנִים וּבַחִצִּים בַּקָּשֶׁת מֵאֲחֵי שָׁאוּל מִבִּנְיָמִן: (דברי הימים א יב:ב)

ענף יוסף

(א) מדנהבה מבצרה. סבירא ליה דבצרה ודנהבה שנזכר שם אינו מארץ אדום, דאי מארץ אדום מה בא הכתוב לאשמועינן, ושמו ושם עירו למה, אלא על כרחך לאשמועינן שהמליכו עליהם מלכים מארצות ומקומות אחרים, וכן מוכח בפסוק (ישעיה ס"ג) הנ"ל דאי בצרה מארץ אדום היא למה חלקם הכתוב לשתי חלוקות, וגם מארץ מיותר הוא (תולדות נח):

שינוי נוסחאות

(א) בא וראה אומות הקדמונים כשמבקשים להעמיד להם מלך הם מביאים מכל מקום. תיבת "הקדמונים" אינו בשום ספר אלא בדפוסי ווארשא ווילנא המאוחרים (מחמת צנזורא), ובווילנא אף הפכו המאמר ללשון עבר (גם מחמת צנזורא): "כשהיו מבקשים ... היו מביאים": **אלו סופרי הדיינין.** מ"כ ויפ"ת ורד"ל הסכימו שיש להגיה "... שוטרי הדיינין":

מתנות כהונה

[א] סופרי הדיינין. נראה דצריך לומר שוטרי הדיינין: **שבטי חביב.** עיין במדרש קהלת בפסוק טוב שם משמן טוב: **קתליקוס.** פירש הערוך (ערך קתליכוס) שומר אוצרותיו: **אסטרטיגוס.** פירש הערוך (ערך איסטרטווגוס) שר חשוב: **גינוסייא.** יחוס המשפחה:

אשד הנחלים

[א] הם מביאים מכל מקום. כי לא היה אומה ולשון שימצאו בהם אנשים שיש בהם כל השלימיות, ולכן היו מוכרחים לבקש ממקום אחר. וחשב שלשה דברים, מלכים שזה סגולה אלהית מיוחדת בישראל, כי אין בהם מלוכה טבעית, ולכן מצאנו בשאול במלכו שאמר הכתוב (שמואל א' י, ו) ונהפכת לאיש אחר, כי נתלבש בעוז אלהי, וכן הנבואה בהם ענין אלהי, שהסגולה הזאת היתה נמצאת רק בישראל, וכן הכהן הגדול אשר הוא שומר את העם בדת אלהית, ומקרבם לה', ומורה להם התורה, כמו שנאמר (מלאכי ב, ז) כי שפתי כהן ישמרו דעת ותורה יבקשו מפיהו: **מהיכן מתוך.** כי לא הורשה להם לקחת מאומה אחרת, אחר שכל אלה צריכים להיות מיוחדות בענינים אלהיים נעלה מאנושיות, וכל זה לא היה נמצא בין עובדי כוכבים: **משל למלך.** בא לבאר בזה מלת ואתה, כאלו באורו ואתה אשר אתה חפצת בכהונה הזאת, לא כן כי אם הקרב אליך את אהרן אחיך, כי אחיך הוא משבטך ולא יחרה לך, וכאלו שמחהו בזה על כל פנים ששבטו נעלה על כל השבטים, אבל על כל פנים הוא בעצמו לא:

באור מהרי"פ

[א] מדנהבה מבצרה. ובבמדבר רבה פרשה י"ד (סימן י) מבואר שאדום העמיד שלשה מלכים וכו', והשני יובב בן זרח מבצרה, השלישית חושם מארץ התימני, משמע דתימן ובצרה מארץ אדום. וצריך עיון על מדרש שבכאן: **נושקי וגו'** (דברי הימים א' יב, ב) נושקי קשת מימינים ומשמאילים, וסיפא דקרא באבנים ובחצים בקשת מאחי שאול ובנימין: **משל למלך כו'.** מלתא באנפי נפשה היא: **איסטרטיגוס.** ויעש דוד נציבים (שמואל ב ח, ו) תרגום אסטרטיגין: **גזבר על הדיינין ועל הכל וכו'** **היה משה סבור וכו'.** פירוש, מפני שלוי מלאכת המשכן היה למחרת יום הכפורים, ובאותה שעה נתמנה משה גזבר על הדיינים, כדכתיב ויהי ממחרת וישב משה לשפוט את העם, ואיתא בספרי דהאי ממחרת הוה ממחרת יום הכפורים, ובאותו יום נתמנה גזבר על הדיינים, ועל הכל שהיה מופלא שבבית דין, כמו דלא אמר את הדבר הקשה יביאון אל משה, גם נעשה באותו יום גזבר על מלאכת המשכן, והיה סבור שכשם שנעשה מופלא בבית דין כך יהיה מופלא במשכן, היינו שיהא כהן גדול:

The Midrash now turns its attention to an earlier part of the verse, to the phrase *Now you, bring near to yourself Aaron your brother*:[13]

מָשָׁל לְמֶלֶךְ שֶׁהָיָה לוֹ אוֹהֵב – This may be illustrated by **a parable.** It may be compared **to a king who had a friend,** **וּבִקֵּשׁ לְמַנּוֹת קָתָלִיקוֹס** – **and [the king] sought to appoint a treasurer,** **וּמִנָּהוּ עַל כָּל בֵּית גְּנָזָיו** – **and [the king] appointed [the friend] over all his treasure-houses.** **לְאַחַר יָמִים בִּקֵּשׁ לַעֲשׂוֹת אִסְטְרָטִיגוֹס** – **After** some **days** had passed, **[the king] sought to make** (i.e., to appoint) **a prefect,** **וְהָיָה אוֹתוֹ אוֹהֲבוֹ סָבוּר שֶׁמָּא יַעֲשֵׂהוּ וְלֹא עֲשָׂאוֹ** – **and that friend [of the king] thought** that **perhaps [the king] would make him** the prefect,[14] **but** in fact **[the king] did not make him** the prefect. **אָמַר לוֹ: לֵךְ מַנֵּה אִסְטְרָטִיגוֹס** – Instead, **[the king] said to him,** "You **go** and **appoint a prefect.**"[15] **אָמַר לוֹ: אֲדוֹנִי הַמֶּלֶךְ, מֵאֵיזוֹ גִּינוּסְיָא** – **[The friend] said to [the king], "My master the king, from which family** shall I appoint him?" **אָמַר לוֹ: מִגִּינוּסְיָא שֶׁלְּךָ** – **[The king] replied to him, "From your family."**[16] **כָּךְ בִּיקֵּשׁ הַקָּדוֹשׁ בָּרוּךְ הוּא לְמַנּוֹת עַל מְלֶאכֶת הַמִּשְׁכָּן** – **So, too, the Holy One, blessed is He, sought to appoint** someone **regarding the work of the Tabernacle,** **וַעֲשָׂאוֹ לְמֹשֶׁה גִּזְבָּר עַל הַדַּיָּינִין וְעַל הַכֹּל** – **and [God]** had **made Moses a manager over the judges**[17] **and** hence **over everyone,**[18]

NOTES

13. Scripture could have said simply וְהַקְרֵב אֶת אַהֲרֹן, "Now bring near Aaron." The words אַתָּה (*you*), אֵלֶיךָ (*to yourself*), and אָחִיךָ (*your brother*) all seem superfluous (see *Yefeh To'ar*).

14. Since the king had already shown him favor and trust by appointing him as royal treasurer.

15. This appeased the king's disappointed friend, for one who appoints someone to a position is inherently superior to the appointee. The friend had felt rejected because he was not chosen for the post of prefect; the king now showed the friend that he considered him even superior to a prefect (*Yefeh To'ar, Eitz Yosef*).

16. And this gladdened the friend even more, for a member of his own family was to be chosen for this position of honor.

17. The word גִּזְבָּר (translated here as "manager") usually indicates someone in charge of monetary affairs. Furthermore, in the parable above the friend had first been appointed to the post of treasurer. *Rashash* (see also *Maharzu*) therefore suggests emending the text from עַל הַדַּיָּינִין וְעַל הַכֹּל ("over the judges and over everyone") to עַל הָאֲדָנִים וְעַל הַכֹּל, meaning that Moses had been appointed trustee "for the silver sockets [of the Tabernacle planks] and over everything [else in the Tabernacle]."

18. Moses appointed all the judges, as it is written, *Moses chose men of accomplishment from among all Israel and appointed them heads of the people, leaders of thousands, leaders of hundreds, leaders of fifties, and leaders of tens* (above, 18:25), and was their superior, as it is stated, *They judged the people at all times; the difficult thing they would bring to Moses and the minor thing they themselves would judge* (ibid. v. 26).

INSIGHTS

rule their own country and were dependent upon foreign rulers? Are there not many nations that are in fact ruled by their own countrymen?

R' Tzadok HaKohen (*Divrei Sofrim* §24) explains that the Midrash does not refer to the ethnic origins of the leaders, but rather to their *qualities and virtues*, which — in the case of the Jewish people — reflect those of the nation at large. The entire Jewish nation may be compared to the human body, with the leaders representing the head, heart, and eyes: the king the heart, the Sanhedrin the eyes, and the Kohen Gadol the head. The citizenry correspond to the rest of the body. Something that happens to one part of the body has an impact on the body in its entirety. Similarly, the leaders' virtues and qualities, such as their ability to communicate with God, do not result solely from their personal achievements, but rather reflect the accomplishments and spiritual standing of the nation to which they are privileged to belong and which they were chosen to represent.

When the Jewish people achieve great heights, so do their leaders. Conversely, when the Jews experience spiritual decline, their leaders fall in stature. Thus, after the sin of the spies, when it was decreed that the adult Jews who left Egypt would not enter the Land, God would no longer speak to Moses in the manner that He formerly did. Moses had not sinned in any way, but the *Shechinah* rested upon Moses only for the sake of Israel, and not when Israel was undeserving (*Taanis* 30b; see *Rashi* to *Deuteronomy* 2:16). [In a similar vein, *R' Shmuel Gintzler* (*Meishiv Nefesh* on our verse) points out that after the Jews worshiped the Golden Calf, God told Moses, *Go descend – for your people that you brought up from Egypt has become corrupt*. Moses had been elevated to his exalted status only for Israel's sake; now that they had proved themselves unworthy, Moses had to descend (*Berachos* 32a).]

What sanctity the Kohanim and Levites possess is drawn from that of the nation, and magnified by God to a degree higher than that of the rest of the nation. Thus, the verse (*Numbers* 8:6) states, *Take the Levites from "among" the Children of Israel*. Likewise, the phrase "the Children of Israel" is written five times in another verse (ibid., v. 19) regarding the Levites' selection. *Rashi* (ad loc., citing the Midrash; see *Vayikra Rabbah* 2 §4) explains that the five mentions teach that the Jewish nation is beloved to God as much as the Five Books of Moses. But why is this lesson taught in this verse specifically? It is because the Torah wished to intimate that God selected the Levites only because of His great love for the Jewish nation. It was only because of this immense love for the nation that He deemed them worthy to have one tribe, the Levites, designated as His servants.

This is true of every generation: the level achieved by the nation as a whole is reflected in the level of sanctity of the Kohanim, Levites, Torah scholars, and leaders of the people. Thus, since the generation of the Wilderness was most beloved by God, they merited to have Moses, the greatest scholar and prophet of all generations, as their guide and mentor, and to have Aaron, the foremost Kohen Gadol, serve in the Tabernacle. Indeed, their selection as the nation's spiritual leaders is indicative of that generation's elevated standing.

Meishiv Nefesh (ibid.) echoes this explanation, adding that this is true only regarding the Jewish people. Other nations, however, do not share this connection with their leaders. Even when the nations are ruled by their countrymen, their leaders' moral stature has no correlation to that of the nation at large. Thus, in contrast to Aaron, who was appointed *from "among" the Children of Israel*, the verse regarding the Edomite rulers simply says, *Bela son of Beor reigned "in" Edom*. He ruled *there* and *over* them, but he did not emerge from their midst. He was their king, but not their heart.

פרשה לז

א [כח, א] **"וְאַתָּה הַקְרֵב אֵלֶיךָ וְגוֹ'", הָדָא הוּא דִכְתִיב** (זכריה י, ד) **"מִמֶּנּוּ פִנָּה מִמֶּנּוּ יָתֵד מִמֶּנּוּ קֶשֶׁת מִלְחָמָה וְגוֹ'", בֹּא ׳וּרְאֵה אוּמּוֹת °הַקַּדְמוֹנִים כְּשֶׁמְּבַקְשִׁים לְהַעֲמִיד לָהֶם מֶלֶךְ הֵם מְבִיאִים מִכָּל מָקוֹם וּמַעֲמִידִים עֲלֵיהֶם, שֶׁכֵּן הוּא אוֹמֵר** (בראשית לו, לב) **"וַיִּמְלֹךְ בֶּאֱדוֹם..." מִדִּנְהָבָה,** (שם שם לג) **"מִבָּצְרָה" וְכֵן כֻּלָּן, ׳אֲבָל יִשְׂרָאֵל אֵינוֹ כֵן, אֶלָּא מֵהֶם גְּדוֹלֵיהֶם מֵהֶם מַלְכֵיהֶם מֵהֶם כֹּהֲנֵיהֶם מֵהֶם נְבִיאֵיהֶם מֵהֶם שָׂרֵיהֶם, שֶׁנֶּאֱמַר "מִמֶּנּוּ פִנָּה" זוֹ הַמֶּלֶךְ דָּוִד, שֶׁנֶּאֱמַר** (תהלים קיח, כב) **"אֶבֶן מָאֲסוּ הַבּוֹנִים הָיְתָה לְרֹאשׁ פִּנָּה", "מִמֶּנּוּ יָתֵד" זֶה כֹּהֵן גָּדוֹל שֶׁנֶּאֱמַר** (ישעיה כב, כג) **"וּתְקַעְתִּיו יָתֵד בְּמָקוֹם נֶאֱמָן", "מִמֶּנּוּ קֶשֶׁת מִלְחָמָה" שֶׁנֶּאֱמַר** (דברי הימים־א יב, ב) **"נֹשְׁקֵי קֶשֶׁת מַיְמִינִים וּמַשְׂמְאִלִים",** (זכריה שם שם) **"מִמֶּנּוּ יֵצֵא כָל נוֹגֵשׂ יַחְדָּו", אֵלּוּ °סוֹפְרֵי הַדַּיָּנִין, וְכֵן הוּא אוֹמֵר** [כח, א] **"וְאַתָּה הַקְרֵב אֵלֶיךָ אֶת אַהֲרֹן אָחִיךָ וְאֶת בָּנָיו אִתּוֹ", מֵהֵיכָן,** [שם] **"מִתּוֹךְ בְּנֵי יִשְׂרָאֵל", מָשָׁל לְמֶלֶךְ שֶׁהָיָה לוֹ אוֹהֵב וּבִקֵּשׁ לְמַנּוֹת קָתָלִיקוֹס וּמִנָּהוּ עַל כָּל בֵּית גְּנָזָיו, לְאַחַר יָמִים בִּקֵּשׁ לַעֲשׂוֹת אִסְטְרַטִיגוֹס, וְהָיָה אוֹתוֹ אוֹהֲבוֹ סָבוּר שֶׁמָּא יַעֲשֵׂהוּ וְלֹא עֲשָׂאוֹ, אָמַר לוֹ: לֵךְ מַנֵּה אִסְטְרַטִיגוֹס, אָמַר לוֹ: אֲדוֹנִי הַמֶּלֶךְ, מֵאֵיזוֹ גִּינוּסְיָא, אָמַר לוֹ: מִגִּינוּסְיָא שֶׁלְּךָ, כָּךְ בִּיקֵּשׁ הַקָּדוֹשׁ בָּרוּךְ הוּא לְמַנּוֹת עַל מְלֶאכֶת הַמִּשְׁכָּן וַעֲשָׂאוֹ לְמֹשֶׁה גִּזְבָּר עַל הַדַּיָּנִין וְעַל הַכֹּל,**

עץ יוסף

(א) **הדא הוא דכתיב ממנו פנה ממנו יתד כו'.** דריש שבא לרמוז היות סגולה זו בישראל, שכל אנשי המעלות נמצאו בהם גופייהו, וכן אהרן שנבחר לכהונה היה מבני ישראל, ולזה מייתי קרא דממנו פנה כו': **זה המלך דוד.** שהוא עיקר מלכותינו: **שנאמר אבן מאסו הבונים.** וכמו שנאמר בשוחר טוב זה דוד לשעבר היה רועה ונעשה מלך: **שנאמר ותקעתיו יתד במקום נאמן.** נאמר על אליקים בן חלקיהו, וסבר בעל המדרש שהיה כהן גדול, מדכתיב גביה והלבשתיו כתנתך ואבנטך, ודרש כתנתך על שם כתונת בד קדש דבגדי כהונה. ועיין בויקרא רבה פרשה ה' (תולדות נח): **ממנו קשת מלחמה שנאמר בו'.** כוונתם לדרוש מזה על הלוחמים מלחמתם של תורה, וכדרשתם ז"ל (מגלה טו, ב) על פסוק (ישעיה כח, ו) משיבי מלחמה שערה, ובכמה דוכתי: **אלו סופרי הדיינים.** כתב המתנות כהונה נראה דצריך לומר שוטרי, וכן הגיה בעל יפה תואר, והם הממונים לכוף את העם לקבל את הדין מהשופט: **משל למלך שהיה לו אוהב.** דייק יתור מלת ואתה ומלת אליך, לזה דריש שהודיע לו בכוונה מתחלה שיהיה הוא הבוחר והמקרב, שעל ידי שחשב משה בדעתו שהוא יהיה הכהן, אולי ירע בעיניו בחירת אחר, לכן הודיעו שהוא יהיה המקרבו והממנה אותו לגדולה זו, וגדול הממנה יותר מהממונה: **קתליקוס.** בלשון יוני ורומיי איש ממונה על כל דברי בית, ובידו לעשות מה שירצה (מוסף הערוך). ועיין בירושלמי שקלים פרק ה' משנה ב', וגמרא שם, וכתב שם בעל קרבן עדה, התוליקון היא שררה למעלה מן האמרכל: **אסטרטיגוס.** שר חשוב כמו שר צבא (ערוך): **אמר ליה לך מנה אסטרטיגוס.** שבזה תתקרר דעתו שהמינוי בידו: **גינוסיא.** פירוש בלשון יוני מולד ויחוס (מוסף הערוך). וכן הוא בתרגום: **בקש הקדוש ברוך הוא למנות על כו' ועשאו למשה גזבר כו'.** דבוק למאמר והיה סבור משה, ונתינת טעם הוא לסברת משה שסבר שהוא יהיה הכהן הגדול, מפני שכל מלאכת המשכן היה למחרת יום הכיפורים, ובאותה שעה נתמנה משה גיזבר על הדיינים, כדאיתא בפרשת ויהי ממחרת:

פירוש מהרז"ו

(א) **הדא הוא דכתיב ממנו פנה.** עיין בראשית רבה ריש פרשה פ"ג: **זה המלך דוד.** והוא הדין לכל זרעו אחריו, וכן כל מלכי ישראל הכל מישראל. וכמו שכתוב (דברים יז, טו) מקרב אחיך תשים עליך: **ותקעתיו יתד.** באליקים, שיהיה תחת שבנא אשר על הבית. והנה הנוגש הוא השוטר המעשה לקיים הדין. ועיין לעיל פרשה א סימן כ"ט, ויקרא רבה פרשה ל"ב סימן ד. אך כאן בהכרח הכוונה על השוטר, ומה שאמר סופרי הדיינים, דורש מתיבות כל יחדיו: **קתליקוס.** ופירש במוסף ערוך בלשון יוני ורומי איש ממונה על כל דברי בית, ובידו לעשות מה שירצה. וכמו שאמרו בבמדבר רבה פרשה י"ח סימן ט, קרח קתליקוס של פרעה היה, והיו בידו מפתחות של האוצרות שלו: **אסטרטיגוס.** פירש בערוך תרגום של נציבים, אסטרטיגון: **גזבר על הדיינים.** כמו שכתוב (שמות יח, כה) ויבחר משה אנשי חיל מכל ישראל ויתן אותם ראשים על העם, כמו שכתוב סוף סימן ב'. ואולי צריך לומר גזבר על המשכן, ועל הדיינים, ועל הכל. כי גזבר אינו רק על דבר ממון:

מסורת המדרש

א. ב"ר פרשה פ"ג. ילקוט סדר וישלח רמז ק"מ. ילקוט דברי הימים רמז אלף ע"ג: ב. חולין דף כ"ו. ילקוט סדר האזינו רמז תתקמ"ג. ילקוט זכריה רמז תקע"ח.

אם למקרא

מִמֶּנּוּ פִנָּה מִמֶּנּוּ יָתֵד מִמֶּנּוּ קֶשֶׁת מִלְחָמָה מִמֶּנּוּ יֵצֵא כָל נוֹגֵשׂ יַחְדָּו: (זכריה י:ד)

וַיִּמְלֹךְ בֶּאֱדוֹם בֶּלַע בֶּן בְּעוֹר וְשֵׁם עִירוֹ דִּנְהָבָה: וַיָּמָת בָּלַע וַיִּמְלֹךְ תַּחְתָּיו יוֹבָב בֶּן זֶרַח מִבָּצְרָה: (בראשית לו:לב-לג)

אֶבֶן מָאֲסוּ הַבּוֹנִים הָיְתָה לְרֹאשׁ פִּנָּה: (תהלים קיח:כב)

וּתְקַעְתִּיו יָתֵד בְּמָקוֹם נֶאֱמָן וְהָיָה לְכִסֵּא כָבוֹד לְבֵית אָבִיו: (ישעיה כב:כג)

נֹשְׁקֵי קֶשֶׁת מַיְמִינִים וּמַשְׂמְאִלִים בָּאֲבָנִים וּבַחִצִּים בַּקָּשֶׁת מֵאֲחֵי שָׁאוּל מִבִּנְיָמִן: (דברי הימים א יב:ב)

ענף יוסף

(א) **מדנהבה מבצרה.** סבירא ליה דבצרה ודנהבה שנזכר שם אינו מארץ אדום, דאי מארץ אדום מה בא הכתוב לאשמועינן, ושמו ושם עירו למה, אלא על כרחך לאשמועינן שהמליכו עליהם מלכים מארצות ומקומות אחרים, וכן מוכח בפסוק (ישעיה ס"ג) הנ"ל דאי בצרה מארץ אדום היא למה חלקם הכתוב לשתי חלוקות, וגם מארץ מיותר הוא (תולדות נח):

שינוי נוסחאות

(א) **בא וראה אומות הקדמונים כשמבקשים להעמיד להם מלך הם מביאים מכל מקום.** תיבת "הקדמונים" אינו בשום ספר אלא בדפוסי וארשא ווילנא המאוחרים (מחמת צנזורא), ובווילנא אף הפכו המאמר ללשון עבר (גם מחמת צנזורא): "כשהיו מבקשים ... היו מביאים": **אלו סופרי הדיינין.** מ"כ ויפ"ת ורד"ל הסכימו שיש להגיה "... שוטרי הדיינין":

חידושי הרד"ל

[א] **מהם גדוליהם.** חולין (נו, ב): **כל נוגש יחדיו אלו שוטרי הדיינין.** כן צריך לומר, והן הנוגשים בעם ואף הן מישראל דווקא. ועיין בקדושין (ע, א.) אף מי שהחזיקו אבותיו משוטרי הרבים:

חידושי הרש"ש

[א] **מהם מלכיהם כו'.** לשון הכתוב בירמיה (ב, כו. כב, לב) מלכיהם שריהם כהניהם ונביאיהם, ותואר גדוליהם ליתא שם. וכן בחולין (נו, ב) ליתא, ובנחמיה (ט, לב) למלכינו לשרינו ולכהנינו ולנביאינו ולאבותינו, ויתכן דאבות הוא תואר להגדולים שבעדה, וכן פירש רש"י והרד"ק בדברי הימים (א' ב, מ) כל אבי הנאמר שם, וכן נראה לפרש מיד בני חמור אבי שכם (בראשית לג, יח) דרצה לומר שר עיר שכם הנזכרת בפסוק שלפניו: **ועשאו למשה גזבר על (הדיינים).** נראה דטעות סופר הוא, וצריך לומר האדנים:

ידי משה

[א] **ואתה הקרב וגו' הדא הוא דכתיב ממנו פנה וגו'.** לפי שקשה מה צריך לומר מתוך בני ישראל, אלא לפי שקשה למה לא נתקרב משה לכהונה גדולה, לזה אמר מתוך בני ישראל ממנו פנה וגו', ולפי שמשה נשא בת יתרו, לא היו ראוים בניו להיות כהנים, ולכך נדחה משה. וקל להבין:

אמרי יושר

[א] **ואתה הקרב אליך בו'.** יש אומרים ששימש משה שבעת ימי המלואים לבד וסבר שהוא יהיה כהן, ויש אומרים כל ארבעים שנה. שנאמר בדברי הימים (א כג, יד) בניו יקראו על שבט הלוי, שלא היו ראוין לכהונה, אבל הוא כהן היה, לזה אמר לו הקב"ה אתה בעצמך הקרב אהרן, וראה שהוא אחיך אל ירע בעיניך. או אף על פי שהוא אחיך ויחשדוך, כדלקמן בקרח (במדבר רבה יח ד). תימה [ד]מכאן נראה שזכה לכהונה בעבור העגל דאמרו (לקמן סימן ג) מפלטין שלי לית אתה זז, ובפרשת שמיני (ויקרא ט, ב עי' ברש"י שם) נראה שהוצרך לכפרה, ובמקום אחר אמרו (ויקרא רבה ז, א) דבאהרן התאנף להשמידו (דברים ט, כ) זה כילוי בנים, אלמא לא נתכפר. יש לומר דהכהונה היא בבחינת כוונתו הטובה, הכפרה בבחינת גוף המעשה, הטונש בבנים על חילול השם שהחטיא, הוצרך להענש במיתת הבנים, או בכפרה לפי שהכה בקורנס לפניהם (לקמן סימן ב), ומוטב שיהו שוגגים:

מתנות כהונה

[א] **סופרי הדיינין.** נראה דצריך לומר שוטרי הדיינין: **שבטי חביב.** עיין במדרש קהלת בפסוק טוב שם משמן טוב: **קתליקוס.** פירש הערוך (ערך קתליכוס) שומר אוצרותיו: **אסטרטיגוס.** פירש הערוך (ערך איסטרטוגוס) שר חשוב: **גינוסייא.** יחוס המשפחה:

אשד הנחלים

[א] **הם מביאים מכל מקום.** כי לא היה אומה ולשון שימצאו בהם אנשים שיש בהם כל השלימיות, ולכן היו מוכרחים לבקש ממקום אחר. וחשב שלשה דברים, מלכים שזה סגולה אלהית מיוחדת בישראל, כי אין בהם מלוכה טבעית, ולכן מצאנו בשאול במלכו שאמר הכתוב (שמואל א' י, ו) ונהפכת לאיש אחר, כי נתלבש בעוז אלהי, וכן הנבואה בהם ענין אלהי, שהסגולה הזאת היתה נמצאת רק בישראל, וכן הכהן הגדול אשר הוא שומר את העם בדת אלהית, ומקרבם לה', ומורה להם התורה, כמו שנאמר (מלאכי ב, ז) כי שפתי כהן ישמרו דעת ותורה יבקשו מפיהו: **מהיכן מתוך.** כי לא הורשה להם לקחת מאומה אחרת, אחר שכל אלה צריכים להיות מיוחדות בענינים אלהיים נעלה מאנושיות, וכל זה לא היה נמצא בין עובדי כוכבים: **משל למלך.** בא לבאר בזה מלת ואתה, כאלו באורו ואתה אשר אתה חפצת בכהונה הזאת, לא כן כי אם הקרב אליך את אהרן אחיך, כי אחיך הוא משבטך ולא יחרה לך, וכאלו שמחהו בזה על כל פנים ששבטו נעלה על כל השבטים, אבל על כל פנים הוא בעצמו לא:

באור מהרי"פ

[א] **מדנהבה מבצרה.** ובבמדבר רבה פרשה י"ד (סימן י) מבואר שאדום העמיד שלשה מלכים וכו', והשני יובב בן זרח מבצרה, השלישית חושם מארץ התימני, משמע דתימן ובצרה מארץ אדום. וצריך עיון על מדרש שבכאן: **נושקי וגו'** (דברי הימים א' יב, ב) נושקי קשת מימינים ומשמאילים, וסיפא דקרא באבנים ובחצים בקשת מאחי שאול ובנימין: **משל למלך בו'.** מלתא באנפי נפשה היא: **איסטרטיגוס.** ויעש דוד נצבים (שמואל ב ח, ו) תרגום אסטרטיגין: **גזבר על הדיינין ועל הכל וכו'** **היה משה סבור וכו'.** פירוש, מפני שכל מלאכת המשכן היה למחרת יום הכפורים, ובאותה שעה נתמנה משה גזבר על הדיינים, כדכתיב ויהי ממחרת וישב משה לשפוט את העם, ואיתא בספרי דהאי ממחרת הוה ממחרת יום הכפורים, ובאותו יום נתמנה גזבר על הדיינים, ועל הכל שהיה מופלא שבבית דין, כמו דאת אמר את הדבר הקשה יביאון אל משה, גם נעשה באותו יום גזבר על מלאכת המשכן, והיה סבור שכשם שנעשה מופלא בבית דין כך יהיה מופלא במשכן, היינו שיהא כהן גדול:

וּכְשֶׁבִּקֵּשׁ הַקָּדוֹשׁ בָּרוּךְ הוּא לַעֲשׂוֹת כֹּהֵן גָּדוֹל הָיָה מֹשֶׁה סָבוּר שֶׁהוּא נַעֲשֶׂה כֹּהֵן גָּדוֹל – and when the Holy One, blessed is He, sought to make a Kohen Gadol, Moses thought that he himself **would be made the Kohen Gadol. אָמַר לוֹ הַקָּדוֹשׁ בָּרוּךְ הוּא: לֵךְ וּמַנֵּה לִי כֹּהֵן גָּדוֹל** – But instead, **the Holy One, blessed is He, said to him, "Go and appoint a Kohen Gadol for Me."**[19] **אָמַר לְפָנָיו: רִבּוֹן הָעוֹלָם, מֵאֵי זֶה שֵׁבֶט אֲמַנֶּה לְךָ – [Moses] said before [God], "Master of the Universe! From which tribe shall I appoint** this Kohen Gadol **for You?" אָמַר לוֹ: מִשֵּׁבֶט לֵוִי – He replied to him, "From** your tribe, **the tribe of Levi."**[20] **אוֹתָהּ הַשָּׁעָה שָׂמַח מֹשֶׁה, אָמַר: כָּךְ שִׁבְטִי חָבִיב** – At **that time Moses became happy,** for **he said, "So beloved is my tribe** before God!" **אָמַר לוֹ הַקָּדוֹשׁ בָּרוּךְ הוּא: אַהֲרֹן אָחִיךָ הוּא – The Holy One, blessed is He,** then **said to [Moses]** further, **"It is Aaron your brother!"**[21] **לְכָךְ נֶאֱמַר "וְאַתָּה הַקְרֵב אֵלֶיךָ אֶת אַהֲרֹן אָחִיךָ" – Therefore it is stated, *Now you, bring near to yourself Aaron your brother*.**

The Midrash presents an alternative explanation for the expression הַקְרֵב אֵלֶיךָ, *bring near to yourself*:[22]

רַבָּנָן אָמְרֵי: כָּל מ׳ שָׁנָה שֶׁהָיוּ יִשְׂרָאֵל בַּמִּדְבָּר שִׁמֵּשׁ מֹשֶׁה בִּכְהוּנָּה גְּדוֹלָה – The Rabbis said: All forty years[23] **that** the people of **Israel were in the Wilderness, Moses served in the position of Kohen Gadol.**[24] **וְיֵשׁ אוֹמְרִים: לֹא שִׁמֵּשׁ אֶלָּא שִׁבְעַת יְמֵי הַמִּלּוּאִים – And there are some** other Sages **who said: [Moses] served** in the position of the Kohen Gadol **only for** the duration of **the seven days of the inauguration. וְרַבִּי בֶּרֶכְיָה בְּשֵׁם רַבִּי סִימוֹן אוֹמֵר: כָּל מ׳ שָׁנָה שִׁמֵּשׁ מֹשֶׁה בִּכְהוּנָּה גְּדוֹלָה – And R' Berechyah said in the name of R' Simone: All forty years Moses served in the position of Kohen Gadol,**[25] **שֶׁנֶּאֱמַר "בְּנֵי עַמְרָם אַהֲרֹן וּמֹשֶׁה" – as it is stated, *The sons of Amram: Aaron and Moses.*** *Aaron was set apart, to sanctify him as holy of holies, he and his sons forever, to burn offerings before HASHEM, to minister before Him, and to bless in His Name forever* (*I Chronicles* 23:13), **וּכְתִיב "וּמֹשֶׁה אִישׁ הָאֱלֹהִים" – and it is written** in the following verse, ***and Moses the man of God*** – *his sons would be reckoned as the tribe of Levi* (ibid., v. 14).[26]

§2 The Midrash further analyzes the expression "Now you, bring near to yourself":[27]

דָּבָר אַחֵר "וְאַתָּה הַקְרֵב אֵלֶיךָ" – Another explanation of the phrase, ***Now you, bring near to yourself*: אָמְרוּ: בְּשָׁעָה שֶׁיָּרַד מֹשֶׁה מִסִּינַי וְרָאָה יִשְׂרָאֵל בְּאוֹתוֹ מַעֲשֶׂה – [The Sages] said: When Moses descended from** Mount **Sinai and saw** the people of **Israel** engaged **in "that act,"** i.e., the worship of the Golden Calf, **הִבִּיט בְּאַהֲרֹן וְהָיָה מַקִּישׁ עָלָיו בְּקוּרְנָס – [Moses] looked at Aaron and** saw that **he was hammering upon [the Golden Calf] with a mallet.**[28] **וְהוּא לֹא נִתְכַּוֵּין אֶלָּא לְעַכְּבָם עַד שֶׁיֵּרֵד מֹשֶׁה – Now, [Aaron] was intending only to delay [the people]** from their nefarious plan **until Moses would descend.**[29] **וּמֹשֶׁה הָיָה סָבוּר שֶׁהָיָה אַהֲרֹן שׁוּתָּף עִמָּהֶן – But Moses thought that Aaron was** actually **a partner with [the people],** a full participant in their plan, **וְהָיָה בְּלִבּוֹ עָלָיו – and there was** anger **in [Moses'] heart toward [Aaron]. אָמַר לוֹ הַקָּדוֹשׁ בָּרוּךְ הוּא: מֹשֶׁה, יוֹדֵעַ אֲנִי כַּוָּונָתוֹ שֶׁל אַהֲרֹן הֵיאַךְ הָיְתָה לְטוֹבָה** – So **the Holy One, blessed is He, said to him, "Moses, I know Aaron's** true **intent, how it was for the good!" מָשָׁל לְבֶן מְלָכִים שֶׁזָּחָה דַּעְתּוֹ עָלָיו וְנָטַל אֶת הַצִּפּוֹרֶן לַחְתּוֹר בֵּית אָבִיו** – This may be illustrated by way of **a parable.** It can be compared **to a king's son whose attitude became haughty** and rebellious **and "took a spade" to "undermine" his father's house.**[30]

NOTES

19. This is why the verse states, וְאַתָּה, *now you*, stressing that Moses was personally entrusted with the appointment of the Kohen Gadol. As explained above (note 15), the appointer is superior to the appointee, so this expression set Moses' mind at ease (*Yefeh To'ar, Eitz Yosef*).

20. As in the parable (see note 16), the news that his own family would be honored with this appointment gladdened Moses further. This is indicated by the word אֵלֶיךָ, *to yourself*, which connotes that the appointee, Aaron, was personally close to Moses (*Yefeh To'ar*).

21. And this gladdened him even further. This is why the verse states אָחִיךָ, *your brother*.

22. *Toldos Noach, Yefeh To'ar, Eitz Yosef.*

23. The original Midrash text read כָּל שָׁנָה – **Throughout the entire** first **year** (see *Toldos Noach*). The current Midrash text, inserting the word "forty" (מ׳), is based on an emendation by *Os Emes*, adopted by *Matnos Kehunah* and *Yefeh To'ar.*

24. Although Aaron was the High Priest, Moses would also serve in the position of the High Priest. This fact explains the use of the expression "bring near to yourself," indicating that Aaron was to act jointly with Moses as Kohen Gadol (*Toldos Noach, Yefeh To'ar*).

25. R' Berechyah, then, concurs with the opinion of "the Rabbis" above (see, however, note 23); the only difference is that he adduces Scriptural proof for this position (*Yefeh To'ar*).

26. I.e., Moses' descendants were considered ordinary Levites, not Kohanim. The implication is that Moses *himself* (as opposed to his descendants) was *not* merely a Levite, but was a Kohen like Aaron (*Eitz Yosef*). [See Insight on *Vayikra Rabbah* 11 §6, "Moses as Kohen Gadol."]

27. Specifically, why are the seemingly superfluous words "you" and "to yourself" needed (as above; see notes 19-20)? (*Yefeh To'ar*). Furthermore, why is the expression "bring near" used, as if Aaron was far away and needed to be drawn close? (*Toldos Noach, Eitz Yosef*).

28. I.e., he was personally involved in the construction of the Golden Calf. The Midrash bases this assertion on Moses' words to Aaron when he entered the camp upon his descent from Mount Sinai: מֶה עָשָׂה לְךָ הָעָם הַזֶּה כִּי הֵבֵאתָ עָלָיו חֲטָאָה גְדֹלָה, *What did this people do to you that you brought a grievous sin upon it?* [below, 32:21] (*Tiferes Tzion*; see *Beur Maharif* for an alternative explanation).

29. This scenario appears difficult, for by the time Moses descended from Mount Sinai the Golden Calf was already constructed; in fact, the Israelites had already prostrated themselves and sacrificed to it (see Ch. 32 below). *Eitz Yosef* (from *Yefeh To'ar*) explains that what happened was that Aaron began banging on the Golden Calf with a hammer, as if to say that the construction was not yet complete. Aaron did this in order to suspend their worship until Moses' descent from Mount Sinai. Alternatively: Moses did not see Aaron actually hammering the calf at this point; rather, by looking at the calf and at Aaron he realized that Aaron was the one who *had* built it earlier (*Yefeh To'ar*).

30. I.e., he planned a rebellion.

וּכְשֶׁבִּקֵּשׁ הַקָּדוֹשׁ בָּרוּךְ הוּא לַעֲשׂוֹת כֹּהֵן גָּדוֹל [ג]הָיָה מֹשֶׁה סָבוּר שֶׁהוּא נַעֲשָׂה כֹּהֵן גָּדוֹל, אָמַר לוֹ הַקָּדוֹשׁ בָּרוּךְ הוּא: לֵךְ וּמַנֵּה לִי כֹּהֵן גָּדוֹל, אָמַר לְפָנָיו: רִבּוֹן הָעוֹלָם, מֵאֵי זֶה שֵׁבֶט אֲמַנֶּה לְךָ, אָמַר לוֹ: מִשֵּׁבֶט לֵוִי, אוֹתָהּ הַשָּׁעָה שָׂמַח מֹשֶׁה, אָמַר: כָּךְ שִׁבְטִי חָבִיב, אָמַר לוֹ הַקָּדוֹשׁ בָּרוּךְ הוּא: אַהֲרֹן אָחִיךָ הוּא, לְכָךְ נֶאֱמַר [כח, א] "וְאַתָּה הַקְרֵב אֵלֶיךָ אֶת אַהֲרֹן אָחִיךָ". רַבָּנָן אָמְרִי: [ד]כָּל מ' שָׁנָה שֶׁהָיוּ יִשְׂרָאֵל בַּמִּדְבָּר שִׁמֵּשׁ מֹשֶׁה בִּכְהוּנָּה גְדוֹלָה, וְיֵשׁ אוֹמְרִים: לֹא שִׁמֵּשׁ אֶלָּא שִׁבְעַת יְמֵי הַמִּלּוּאִים, וְרַבִּי בֶּרֶכְיָה בְּשֵׁם רַבִּי סִימוֹן אוֹמֵר: כָּל מ' שָׁנָה שִׁמֵּשׁ מֹשֶׁה בִּכְהוּנָּה גְדוֹלָה, שֶׁנֶּאֱמַר (דברי הימים-א ה, כט) "°וּבְנֵי עַמְרָם אַהֲרֹן וּמֹשֶׁה" וּכְתִיב (שם כג, יד) "וּמֹשֶׁה אִישׁ הָאֱלֹהִים":

ב דָּבָר אַחֵר, [כח, א] "וְאַתָּה הַקְרֵב אֵלֶיךָ", אָמְרוּ: בְּשָׁעָה שֶׁיָּרַד מֹשֶׁה מִסִּינַי וְרָאָה יִשְׂרָאֵל בְּאוֹתוֹ מַעֲשֶׂה, הִבִּיט בְּאַהֲרֹן וְהָיָה מַקִּישׁ עָלָיו בְּקוּרְנָס, וְהוּא לֹא נִתְכַּוֵּין אֶלָּא לְעַכְּבָם עַד שֶׁיֵּרֵד מֹשֶׁה, וּמֹשֶׁה הָיָה סָבוּר שֶׁהָיָה אַהֲרֹן שׁוּתָּף עִמָּהֶן וְהָיָה בְּלִבּוֹ עָלָיו, אָמַר לוֹ הַקָּדוֹשׁ בָּרוּךְ הוּא: מֹשֶׁה, יוֹדֵעַ אֲנִי כַּוָּונָתוֹ שֶׁל אַהֲרֹן הֵיאַךְ הָיְתָה לְטוֹבָה, [ה]מָשָׁל לְבֶן מְלָכִים שֶׁזָּחָה דַעְתּוֹ עָלָיו וְנָטַל אֶת הַצִּפּוֹרֶן לַחְתּוֹר בֵּית אָבִיו,

עץ יוסף

אמר ליה משבט לוי. כדי שישמח ששבטו חשיב מלבד מעלת עלמו שבידו המנוי, ואחר שאמר לו משבט לוי, ושמח, חזר ואמר ליה אהרן אחיך הוא הנבחר, שבזה ישמח יותר: **רבנן אמרי כו' שמש משה בכהן גדול כו'.** רבנן דרשי ואתה הקרב אותך עם אהרן אחיך, ופירוש אליך כמו אותך, ומלת את איננה סימן הפעול, רק מענין עם (שהוא אחד משמושיו). ולזה הזכיר מאמר זה כאן שגם משה שמש בכהונה גדולה כי ממקרא זה הוא מוכח וכאמור: **כל ארבעים שנה.** שאף על פי שהיה אהרן כהן גדול, היה משה שמש בכהונה גדולה: **רבי ברכיה כו'.** רבי ברכיה לא פליג על רבנן, אלא שבא להוסיף ראיה לדבריהם: **ומשה איש האלהים וגו'.** בניו יקראו על שבט הלוי, משמע אבל משה עלמו יקרא על שם הכהנים, דמשה ואהרן שוים לכהונה, וכן הוא בהדיא בויקרא רבה פרשה י"א, שכוונת המדרש הוא על (דברי הימים א כג, יג - יד) שתי פסוקים באים זה אחר זה, וז"ל, בני עמרם אהרן ומשה ויבדל אהרן להקדישו וגו' הוא ובניו עד עולם להקטיר לפני ה' וגו', ומשה איש האלהים בניו יקראו על שבט הלוי, וחוזר מלת ומשה למעלה, כלומר אהרן וגם משה שניהם נבדלו לכהונה (רק) בניו (של משה) יקראו על שבט הלוי: **(ב) דבר אחר ואתה הקרב אליך.** דלכך נאמר לשון הקרב, לפי שהיה משה מרחקו בשביל מעשה העגל, והקדוש ברוך הוא צוהו לקרבו אליו (תולדות נח): **והיה מקיש עליו בקורנס.** פירוש שהיה עסוק במעשה העגל: **אלא לעכבן.** אף על פי שבשעה ההיא כבר השתחוו לו ויזבחו לו, שב אהרן להקיש עליו בקורנס, לומר שעדיין לא נגמרה מלאכתו, כדי לבטלם מעבודתם: **שזחה.** לשון גיאות וגאוה, תרגום ותכפי לב, וזוחתי לבא, פירוש גבהי לב: **פדגוג.** בלשון יוני ורומיי אומן המגדל התינוק (מוסף הערוך). כאשר ישא האומן תרגום ירושלמי פדגוגא, מינקת רבקה, תרגום יונתן בן עוזיאל, פידגוגתא דרבקה:

פירוש מהרז"ו

אמר ליה מאיזה שבט. וכן הוא בקהלת רבה פסוק טוב שם משמן, ובמדרש שמואל פרשה כ"ג, ומרומז בתיבת הקרב, על שבט לוי, על פי גזירה שוה, כמו שכתוב במדבר ג' ה', הקרב את מטה לוי, על כן דורש תחלה על השבט, ואחר כך אהרן אחיך, עיין לעיל פרשה י"ב סימן ב, ולקמן ריש פרשה ל"ח. אם כן מקום פרשה זו בסדר במדבר, ובסדר קרח, שאחר שהקריב השבט בחר באהרן מהם, על פי מדה ל"ב: **אותה שעה שמח משה.** כוונתו למה שאמרו במדבר רבה פרשה א סימן י"ב, וזה לשונו שם, בשעה שאמר הקב"ה למשה אך את מטה לוי לא תפקוד, נתיירא משה ואמר שמא יש פסול בשבטי וכו', עיין שם באריכות, וזהו מה שאמר כאן שמח משה, ואמר כך שבטי חביב, לא די שאין בו פסול, אלא שגם הוא יקר וחביב: **כל ארבעים שנה.** עיין (זבחים ק"ב, א), ולעיל פרשה ג סימן י"ז, ועיין בספרי מדרש תנאים בליקוטים באריכות: **ובני עמרם אהרן.** מה שמלויין בלדו דברי הימים א' ה', ועל פסוק ומשה איש האלהים מלויין דברים ל"ג, אם כן לריך לומר משה איש אלהים, ולא ומשה, ואין מכאן שום ראיה ששמש משה בכהונה גדולה, כי הרבה נביאים ולדיקים נקראו איש אלהים, ולא היו כהנים, כמו דוד איש אלהים דברי הימים ב' ח' י"ד. אך האמת יורה דרכו שמלויין בטעות, וכוונתו על פסוק בדברי הימים א' כ"ג פסוק י"ג י"ד, בני עמרם אהרן ומשה ויבדל אהרן להקדישו קודש קדשים ומשה איש האלהים בניו יקראו על שבט הלוי, וכן הוא בהדיא בזבחים (ק"ב, א) שם, ובויקרא רבה פרשה י"א סימן ב, פסיקתא רבתי פרשה י"ד סימן י"א, ותוסם שם ומשה איש האלהים (שהוי"ו מוסיף על ענין ראשון על אהרן, שגם משה עלמו היה כהן גדול כמוהו, כל ארבעים שנה), אך בניו יקראו על שבט הלוי: **(ב) הביט באהרן.** ועיין ויקרא רבה פרשה י סוף סימן א' באריכות: **צפורן.** הוא יתד של ברזל שבו חופרין וסותרין את הקירות של חומה:

חידושי הרד"ל

אמר לו משבט לוי כו' כך שבטי חביב. דרש הקרב אליך מן הקרוב אליך, כלומר שבטך: **כל ארבעים שנה כו'.** פסיקתא דפרשת פרה: **אהרן ומשה ויבדל אהרן קדש קדשים הוא ובניו עד עולם וגו' ומשה איש האלהים בניו יקראו על שבט הלוי.** כן לריך לומר. והראיה מדכתיב בניו יקראו על שבט הלוי, דמשמע הא משה עלמו נקרא כהן כאהרן, וכן הוא להדיא בזבחים (קב, א) עיין שם. (שוב מלאתי בידי משה בויקרא רבה פרשה יא, ו (ד"ה וכתיב) שפירש שם כן): **[ב] והיה בלבו עליו.** ולכן הולרך לומר לו הקרב אליך, שהיה בדעתו לרחקו:

חידושי הרש"ש

שנאמר ובני עמרם אהרן ומשה וכתיב ומשה איש האלהים. עיין ויקרא רבה פרשה יא ו, ובמתנות כהונה (ד"ה ובניו) וידי משה שם (ד"ה וכתיב). (ועוד יש לומר דדייק גם כן מוי"ו הטפוף דומשה כו', דקאי על ויבדל אהרן גו' להקטיר גו' ומשה גו', רלה לומר דגם הוא נבדל, אך לפי זה לא הוה דחי הש"ס בזבחים (קב, א) וכי תימא לדורות הוא דכתיב, ויש ליישב דלפי הוכי תימא יהיה הוי"ו במקום אבל, כדרכו בכמה מקומות). ודברי המתנות כהונה בכאן דחוקים, ושכח דברי עלמו דשם, וגם המליין מראה מקום הפסוקים השתבש:

שינוי נוסחאות

כל מ' שנה. תיבת "מ'" לא היתה בספרים הישנים, וגם א"א וגם מ"כ וגם יפ"ת הגיהו שצ"ל "כל מ' שנה": **שנאמר "ובני עמרם אהרן ומשה".** פסוק זה ("ובני עמרם...", עם וי"ו) נמצא בדברי הימים-א ה, כט. אבל רד"ל הגיה שצ"ל "בני (בלי וי"ו) עמרם אהרן ומשה", שהוא בד"ה-א כג, יג, דהיינו הפסוק לפני הפסוק שמביא מיד אחר כך, "ומשה איש האלהים", ואף מדברי רש"ש מוכח שהבין שכוונת המדרש לפסוק זה:

מסורת המדרש

ג. זבחים דף ק"ב. ויקרא רבה פרשה י"א. פסיקתא דרב כהנא פיסקא ד' סימן קמ"ה. פסיקתא רבתי פיסקא ד' סימן י"א. מדרש תהלים מזמור נ"ט. ילקוט תהלים רמז תתנ"ב:
ד. ויקרא רבה פרשה י':
ה. עיין במדבר רבה פרשה ג':

אם למקרא

וּבְנֵי עַמְרָם אַהֲרֹן וּמֹשֶׁה וּמִרְיָם וּבְנֵי אַהֲרֹן נָדָב וַאֲבִיהוּא אֶלְעָזָר וְאִיתָמָר:
(דברי הימים א ה:כט)

וּמֹשֶׁה אִישׁ הָאֱלֹהִים בָּנָיו יִקָּרְאוּ עַל שֵׁבֶט הַלֵּוִי:
(שם כג:יד)

לקוטים

[א] רבי ברכיה בשם רבי סימון אומר כל ארבעים שנה שימש משה בכהונה גדולה שנאמר ובני עמרם אהרן ומשה וכתיב משה איש האלהים. וכתב המתנות כהונה איש האלהים משמע מיוחד מקריב אשה ריח ניחוח לה'. וזה תמוה, הלא מלינו גם בדוד בדברי הימים (ב ח, יד) שנקרא איש האלהים, וכן מלינו באלישע, וכן אצל כמה נביאים. אבל האמת יורה דרכו שכוונת המדרש על פסוק (דברי הימים א כג, יג), ובני עמרם אהרן ומשה, ויבדל אהרן להקדישו קודש קדשים הוא וגו' ומשה איש האלהים בניו יקראו על שבט הלוי. משמע אבל עלמו לא היה נקרא על שבט הלוי שהיה כהן, וכמו שנאמר משה ואהרן בכהניו, וכמו שאמר בהדיא ויקרא רבה פרשה י"א ובידי משה שם, וכמו שאיתא ילקוט תהלים (פרק לט) על פסוק משה ואהרן בכהניו. ומה שמלויין כאן דברי הימים א' ה' הוא טעות סופר ולריך לומר א' כ"ג. וכן מלאתי בהדיא בפסיקתא רבתי פרשה י"ד מפסוק משה ואהרן בכהניו ומפסוק ומשה איש האלקים וזה לשונו, ומשה איש אלקים, אבל בניו יקראו על שבט הלוי וכו"ל, וכן הוא בהדיא במסכת זבחים דף ק"ב ככל המבואר, עיין שם (ליקוטים מחידושי מהרז"ו על מדרש תנאים):

מתנות כהונה

ובני עמרם אהרן ומשה. ובאותה פרשה נמנו הכהנים ובפרשה שאחריה חזר והתחיל בני לוי גרשון קהת כו'. ומנה הלוים ולא מנה עמהם אהרן ומשה הרי שהיה כהן: **איש האלהים.** משמע איש מיוחד מקריב אשה ריח ניחוח לה': **[ב] באותה מעשה.** של עגל: **שזחה.** לשון גיאות וגאוה: **פדגוג.** אומן המגדל בני המלך:

אשד הנחלים

כל ארבעים שנה. ולכן כתיב לשון ואתה כלומר אשר כל הארבעים שנה היית כהן גדול, אתה בעצמך הקרב אליך את אהרן אחיך שהוא יהיה אחר כך כהן גדול: **איש אלהים.** איש המיוחד להקריב אשי ה' (מתנות כהונה): **[ב] ומשה היה סבור.** ולכן כתיב ואתה הקרב אליך, כי לא תדמה חס ושלום שאינו כדאי לכך, כי חס ושלום לא חטא, ואדרבה כיון לעכבם וכונתו היתה טובה מאד, לכן ראוי להתעלות בכבוד הזה:

באור מהרי"פ

כל שנה שהיו ישראל במדבר וכו'. פירוש, שנה ראשונה קודם שהוקם המשכן. ובאות אמת מגיה כל ארבעים שנה וכו', ולא ידעתי לפי זה במאי פליגי רבנן ורבי ברכיה: **ובני עמרם וגו' משה איש האלהים.** בעל המתנות כהונה פירש מה שפירש, ואמת הנכון, שכוונת המדרש כאן הוא כמו שמבואר בויקרא רבה פרשה י"א (סימן י), וזה לשונו, רבי יודן בשם רבי יוסי בר יהודה, ורבי ברכיה בשם רבי יהושע בן קרחה, כל ארבעים שנה שהיו ישראל במדבר לא נמנע משה מלשמש בכהונה גדולה, רבי ברכיה בשם רבי סימון מייתי לה מהדין קריא (דברי הימים א כג, יג - יד) בני עמרם אהרן ומשה ויבדל אהרן להקדישו קודש קדשים הוא ובניו עד עולם להקטיר לפני ה' לשרתו ולברך בשמו עד עולם. ומשה איש האלהים בניו יקראו על שבט הלוי, עד כאן לשון המדרש. ופירוש ומשה איש האלהים קאי אלמעלה, ויבדל אהרן וכו' להקטיר וכו' לשרתו וכו', ומשה איש האלהים פירוש גם משה הוא כמו אהרן, אך ההבדל בין אהרן ובין משה, שאהרן הוא ובניו עד עולם כהנים, אבל משה הוא לבדו כהן, אבל בניו יקראו על שבט הלוי, ובלתי ספק שגם בכאן כוונת המדרש כן הוא, והמליין שליין על ומשה איש האלהים (דברים לג, א) טעות הוא בידו, והטעה את אחרים בליונו: **[ב] והיה מקיש עליו בקורנס וכו'.** לא ידעתי מנין לו זה. ואולי דלא בהכאה ממש קמיירי, אלא שהטיח דברים כנגדו, כמאמר הכתוב אל יחר אף אדוני (שמות לב, כב):

אָמַר לוֹ פַּדְגוֹגוֹ: אַל תְּיַגֵּעַ עַצְמְךָ, תֵּן לִי וַאֲנִי אֶחְתּוֹר – [The prince's] **caretaker** saw this and **said to him, "Do not exert yourself! Give** the spade **to me and I will undermine** your father's house for you!"[31] הֵצִיץ הַמֶּלֶךְ עָלָיו וְאָמַר לוֹ: יוֹדֵעַ אֲנִי הֵיאַךְ הָיְתָה כַּוָּונָתְךָ – **The king peered out at [the caretaker]** as he was saying this, **and said to him, "I know what your intention was,** that it was only to prevent my son from proceeding with his rebellion. חַיֶּיךָ, אֵינִי מַשְׁלִיט בְּרִיָּה עַל פַּלְטִין שֶׁלִּי אֶלָּא אַתָּה – **By your life!** As a reward, **I will not give charge over my palace to any person but you!"** כָּךְ בְּשָׁעָה שֶׁאָמְרוּ יִשְׂרָאֵל לְאַהֲרֹן: "קוּם עֲשֵׂה לָנוּ אֱלֹהִים" – **So, too, when** the people of **Israel said to Aaron,** ***"Rise up, make for us gods"*** (below, 32:1), אָמַר לָהֶם: "פָּרְקוּ נִזְמֵי הַזָּהָב" – **[Aaron] said to them,** ***"Remove the rings of gold*** *that are in the ears of your wives, sons, and daughters, and bring them to me"* (ibid., v. 2). אָמַר לָהֶם: אֲנִי כֹּהֵן, אֲנִי אֶעֱשֶׂה אוֹתוֹ וּמַקְרִיב לְפָנָיו – And **he said to them, "I am a priest,**[32] after all, and **I will make** [the idol] myself **and bring** offerings **before it!"**[33] וְהוּא לֹא נִתְעַסֵּק אֶלָּא לְעַכְּבָן עַד שֶׁיָּבֹא מֹשֶׁה – **But** in reality, **[Aaron] engaged himself** in this activity **only in order to delay [the people] until Moses would come** back from Mount Sinai. אָמַר לוֹ הַקָּדוֹשׁ בָּרוּךְ הוּא: אַהֲרֹן, יוֹדֵעַ אֲנִי הֵיאַךְ הָיְתָה כַּוָּונָתְךָ – **The Holy One, blessed is He, said to him, "Aaron, I know what your intention was,** that it was only for the purpose of stalling the people.[34] חַיֶּיךָ אֵין אֲנִי מַשְׁלִיט עַל קָרְבְּנוֹתֵיהֶן שֶׁל בָּנַי אֶלָּא אַתָּה – **By your life, I will not put** anyone **in charge of My children's offerings but you!"** שֶׁנֶּאֱמַר "וְאַתָּה הַקְרֵב אֵלֶיךָ וְגוֹ'" – **Thus it is stated,** ***Now you, bring near to yourself*** *Aaron your brother.*[35] הֵיכָן אָמַר לוֹ הַדָּבָר הַזֶּה לְמֹשֶׁה – **And where,** i.e., in what context, **did [God] say this thing to Moses?** בַּמִּשְׁכָּן – **In** the context of **the Tabernacle.**[36]

NOTES

31. The caretaker told the prince, "You are not strong enough to carry through with your intentions. I am stronger, so give me the spade and I will take care of it." The caretaker's intention was to save the prince from proceeding with his foolish act of rebellion (*Maharzu*). Furthermore, he intended to procrastinate in his actions until the king would come by and thwart the plan (*Eitz Yosef*).

32. Although Aaron was not yet appointed a priest until later, when the Tabernacle was erected, he could still refer to himself as a priest, because it was known beforehand that he was destined to become a priest (*Yefeh To'ar, Eitz Yosef, Maharzu*; see also *Maharsha* to *Sanhedrin* 7a). Nevertheless, Moses thought that Aaron's destiny as a priest would now be rescinded due to his role in the Golden Calf, until God told him otherwise (*Maharzu*).

33. When the Israelites asked Aaron to make gods for them they were not asking him to do the actual work, for he was a leader of the people. Rather, they were asking him to head the project, while they would do the actual work. However, Aaron answered that they should bring the gold to him, and he would be the one to make the molten image. As with the caretaker in the parable, his intention was to procrastinate in his actions until Moses descended form Mount Sinai (*Yefeh To'ar*).

34. See Insight Ⓐ.

35. I.e., God addressed Moses directly (*you . . . yourself*) because of his hesitancy to bestow this honor on Aaron; this is also why the expression "bring near" is used, for Moses mistakenly thought Aaron was deserving of disapproval.

36. God did not inform Moses of Aaron's pure intentions immediately, but rather several months later, when He imparted to him the instructions regarding the Tabernacle (including our passage here). This is because the construction of the Tabernacle was meant to atone for the sin of the Golden Calf (as the Midrash implies above, 33 §2; see also Midrash *Tanchuma*, *Terumah* §8 and §10, et al.) (see *Maharzu*). [The original text of the Midrash (before it was emended in accordance with *Os Emes*) stated: הֵיכָן אָמַר לוֹ הַדָּבָר הַזֶּה מֹשֶׁה – **Where did Moses say this thing to [Aaron]?** See *Anaf Yosef*.]

INSIGHTS

Ⓐ **Intents and Outcomes** The assertion of our Midrash, that God was pleased with Aaron's involvement in making the Golden Calf, seems to contradict the verse (*Deuteronomy* 9:20), which states, וּבְאַהֲרֹן הִתְאַנַּף ה' מְאֹד לְהַשְׁמִידוֹ, *HASHEM became very angry with Aaron to destroy him,* describing God's reaction to Aaron after he constructed the Golden Calf. *Eitz Yosef* suggests that the verse does not mean God was angry *with* Aaron, but rather that He directed His anger at the nation *toward* Aaron, through whom the nation would gain atonement. [The righteous are sometimes afflicted so that the generation as a whole will achieve atonement (see *Shabbos* 33b).] See *Yefeh To'ar* for alternative explanations.

Shem MiShmuel (*Exodus*, p. 214 s.v. במד"ר) approaches this difficulty from a different perspective. He seeks to reconcile our Midrash with the Midrash below (38 §3), which implies that Aaron had to bring a sin-offering to receive atonement for his part in this sorry affair.

He begins by addressing the well-known statement of Rabban Yochanan ben Zakkai, who explained to his disciples why he was weeping on his deathbed. He said to them, "There lie before me two paths, one of the Garden of Eden and one of Gehinnom, and I know not on which they will lead me. Should I not weep?" (*Berachos* 28b). Could it really be that the learned and saintly Rabban Yochanan ben Zakkai, leader of the generation, was really afraid that he would be subjected to the sufferings of Gehinnom?

Shem MiShmuel cites the explanation of the Chassidic master, R' Avraham, known as "the *Malach*": Scripture states, כִּי אָדָם אֵין צַדִּיק בָּאָרֶץ אֲשֶׁר יַעֲשֶׂה טּוֹב וְלֹא יֶחֱטָא, *For there is no man so wholly righteous on earth that he [always] does good and never sins* (*Ecclesiastes* 7:20). There are, however, different ways in which the righteous react upon realizing that they have sinned. One type of *tzaddik* will devote himself entirely to repentance. He will isolate himself from society, completely absorbed in self-introspection and self-improvement. Only after he is satisfied that his repentance and rectification are complete will he return to his usual manner of serving God. An even loftier *tzaddik,* though, will not stop his usual service of God in order to rectify a wrongful deed of his; that would, in a sense, be a selfish act. Rather, his paramount desire is to do God's bidding, and he will allow nothing to distract him from this mission, not even his own need for repentance. He will not stop for a moment from drawing his fellowmen closer to God or disseminating His word.

Rabban Yochanan ben Zakkai was this latter type of *tzaddik*. He had labored unremittingly in the service of God and for the benefit of His people. And at the end of his lifetime of ceaseless devotion, he feared that perhaps he had been neglectful in some way of his own repentance for whatever misdeeds he might have committed. Whatever he had done — and whatever he might have neglected to do — was with the purest intention and devotion. That intention and devotion had surely earned him great reward. But a mitzvah does not cancel an *aveirah*. There would also be a price to pay for whatever sins he might have committed and that he might have eradicated had he withdrawn from the needs of his people to focus exclusively on his own rectification. And so he wept, not knowing whether he would have to endure the sufferings of Gehinnom before attaining his eternal reward.

In a similar vein, *Shem MiShmuel* explains that there were dual aspects to Aaron's role in the making of the Golden Calf. Whatever he had done, he had done with the purest motives. But the act itself had the appearance of idolatry associated with it, and for that he would require atonement. He would be rewarded for the pure, concealed motives of his heart. And he would deserve to be punished for the outward impropriety of his act.

Thus, he required a sin-offering to atone, as taught by the Midrash below (38 §3). For a sin-offering is brought to atone for an inadvertent transgression — for an act that is physically a sin, but which lacks sinful intent. But God also rewarded his noble intention, for which He would commission no one other than Aaron and his progeny to preside for all time over the offerings of His children.

[See also the related Insight on *Vayikra Rabbah* 10 §3, "Motivating Factors and Unintended Consequences."]

אָמַר לוֹ פַּדְגוֹגוֹ: אַל תְּיַגֵּעַ עַצְמְךָ, תֵּן לִי וַאֲנִי אֶחְתּוֹר, הֵצִיץ הַמֶּלֶךְ עָלָיו וְאָמַר לוֹ: יוֹדֵעַ אֲנִי הֵיאַךְ הָיְתָה כַּוָּונָתְךָ, חַיֶּיךָ, אֵינִי מַשְׁלִיט בְּרִיָּה עַל פָּלָטִין שֶׁלִּי אֶלָּא אַתָּה, כָּךְ בְּשָׁעָה שֶׁאָמְרוּ יִשְׂרָאֵל לְאַהֲרֹן: (לקמן לב, א) "קוּם עֲשֵׂה לָנוּ אֱלֹהִים", אָמַר לָהֶם: (שם שם ב) "פָּרְקוּ נִזְמֵי הַזָּהָב", אָמַר לָהֶם: אֲנִי כֹּהֵן, אֲנִי אֶעֱשֶׂה אוֹתוֹ וּמַקְרִיב לְפָנָיו, וְהוּא לֹא נִתְעַסֵּק אֶלָּא לְעַכְּבָן עַד שֶׁיָּבֹא מֹשֶׁה, אָמַר לוֹ הַקָּדוֹשׁ בָּרוּךְ הוּא: אַהֲרֹן, יוֹדֵעַ אֲנִי הֵיאַךְ הָיְתָה כַּוָּונָתְךָ, חַיֶּיךָ אֵין אֲנִי מַשְׁלִיט עַל קָרְבְּנוֹתֵיהֶן שֶׁל בָּנַי אֶלָּא אַתָּה, שֶׁנֶּאֱמַר [כח, א] "וְאַתָּה הַקְרֵב אֵלֶיךָ וְגוֹ'", הֵיכָן אָמַר לוֹ הַדָּבָר הַזֶּה לְמֹשֶׁה, בַּמִּשְׁכָּן, אָמַר רַבִּי לֵוִי: מָשָׁל לְאוֹהֲבוֹ שֶׁל מֶלֶךְ קוֹמִיס וְרָפוּסָא, בִּקֵּשׁ לַעֲשׂוֹת סְטַרְטִיגוֹס לְאֶחָד וְהוֹדִיעַ לוֹ, אָמַר לוֹ: אָחִיךָ הוּא, כָּךְ עָשָׂה הַקָּדוֹשׁ בָּרוּךְ הוּא לְמֹשֶׁה קוֹמִיס, (במדבר יב, ז) "לֹא כֵן עַבְדִּי מֹשֶׁה וְגוֹ'", וַעֲשָׂאוֹ רָפוּסָא שֶׁנֶּאֱמַר (שמות יח, יג) "וַיֵּשֶׁב מֹשֶׁה לִשְׁפֹּט אֶת הָעָם", בִּקֵּשׁ לַעֲשׂוֹת כֹּהֵן גָּדוֹל, הוֹדִיעַ לוֹ, אָמַר לוֹ: [כח, א] "אַהֲרֹן אָחִיךָ" הוּא:

ג דָּבָר אַחֵר, [כח, א] "וְאַתָּה הַקְרֵב אֵלֶיךָ", הָדָא הוּא דִכְתִיב (תהלים סה, ה) "אַשְׁרֵי תִּבְחַר וּתְקָרֵב יִשְׁכֹּן חֲצֵרֶיךָ", אָמַר רַבִּי יִצְחָק: מָשָׁל לְאוֹהֲבוֹ שֶׁל מֶלֶךְ שֶׁתִּיגְּרוֹ וַעֲשָׂאוֹ פְּרוֹטִיקָאטוֹר

עץ יוסף

ואני אחתור. וכוונתו היה להאריך מעשהו עד שיבא המלך: **אני כהן.** ואף על פי שלא נתמנה לכהן אלא כשהוקם המשכן, כבר ידע במה שאמר ה' למשה בסנה, הלא אהרן אחיך הלוי כו', ועכשיו יהיה לכהן, כדאיתא לעיל פרשה ג': **חייך איני משליט.** תימא דבהדיא כתיב ובאהרן התאנף ה' מאד להשמידו, ויש לומר שבעבור ישראל התאנף בו, על דרך גם בי התאנף ה' בגללכם: **היכן אמר ליה הדבר הזה משה במשכן.** צריך לומר למשה (אות אמת). ועל פי הגהתו הגיהו כן בדפוסים שלנו: **משל לאוהבו של מלך.** גם זה המשל כטעם המשל שבסימן הקודם, אלא שלפי משל זה מעיקרא קאמר ליה אהרן, ולא היתה הבחירה ביד משה, ויהיה פירוש ואתה הקרב אליך שאף על פי שאתה היית ראוי לכהונה, מכל מקום הקרב אהרן אחיך, כי לפי זה גם המעלה אליך כי אחיך בשרך הוא: **קומיס.** פירש מתנות כהונה, נגיד וסוכן נאמן על בית המלך, אסתר רבתי פסקא ותמאן, ואמרה לו קומים איסטאבלטי של בית אבא הייתי, פירש מתנות כהונה קומים ממונה, ירושלמי ברכות פרק ט' (ה"ב) העמידו קומים על תיסבריות שלו, כתב המוסיף הערוך בלשון יוני ורומיי נגיד: **ורפוסא.** בשבועות דף ו' ע"ב, רופילא וריש גלותא, פירש רש"י רופילא איפרכוס של מלכא. ורפוסא לפי הענין הוא מושאל מלשון רופילא, רוצה לומר נשיא ודיין, והמוסף הערוך פירוש בלשון רומיי שר חיל: **סטרטיגוס.** שר אשוב, נציב פלשתים, תרגם יונתן אסטרטיגם, וכוונת המאמר שכמו שחשב האוהב שמטעם זה שהוא קומים, היינו נאמן בית, ורפוסא, הוא השופט ודיין, יתן לו גם שררות האסטרטיגוס, כן משה לפי שנתעלה בנבואה שעל זה נאמר בכל ביתי נאמן הוא, וגם היה שופט ישראל, חשב שגם כהונה אליו יאתה, שיש בה שתי דברים אלו, אם הנבואה באורים ותומים, ואם המשפט באומר יורו משפטיך ליעקב: **(ג) הדא הוא דכתיב אשרי תבחר ותקרב כו'.** דמה טעם לשון הקרבה ומתוך בני ישראל, ילדק לומר הבדל, ואתה הבדל את אהרן מתוך בני ישראל, וקאמר שלפי שידע ה' כוונת אהרן שהיתה לטובה, צוה למשה שיקרבהו, ומביא סמך לזה מאשרי תבחר ותקרב ישכון חצריך, שפירושו אף שנדחה נתקרב אחר כך שישכון בחצרות ה', ובזה שפיר עולה המשל כפי הנמשל כמו שאפרש: **שתיגרו.** מדיינים תרגומו תיגרי, ורוצה לומר שאוהב המלך עשה מריבה עם המלך, ולפי שידע המלך שכוונת אוהבו הוא לטובת המלך, לכן עשאו פרוטיקאטור, פירוש יושב ראשונה במלכות, כן אהרן לפי שידע ה' טוב כוונתו, עשאו גדול ולא יהיה זז מפלטין, וזה שאמר ישכון חצריך נשבעה בטוב ביתך קדוש היכלך:

פירוש מהרז"ו

אל תיגע עצמך. שאין בכחך לעשות, ואני בעל כח יותר ממך. וכן בנמשל שאמר אהרן אני כהן, וכוונת הפדגוג היתה לטובת הבן להצילו מחטא זה, שיעשה באופן שיתבטל המעשה, וכן אהרן היה אחד משלשה פדגוגין של ישראל, משה ואהרן ומרים: **במשכן.** בא להביא ראיה שאמר על אהרן, שעל שהיה כוונתו לטובה בענין העגל לזכותם, מנהו להיות כהן גדול במשכן, שלווי עשיית המשכן לתקן חטא העגל, כמו שכתוב לעיל פרשה ל"ג סימן א ב' ג'. והקשה לי בני המופלא אברהם ישראל שיחיה, איך אמר המדרש אמר אהרן אני כהן, שבענין העגל קודם המשכן לא היה עדיין כהן. ותירצתי לו שהיה ידוע לאהרן ולישראל קודם הגאולה שיהיה כהן, כמו שכתוב בהדיא בשמואל א' ב' כ"ז [-כ"ח], הנגלה נגליתי לבית אביך בהיותם במצרים לבית פרעה, ובחור אותו משבטי ישראל לי לכהן לעלות על מזבחי וכו', עיין לעיל פרשה ג סימן ט"ז, הרי שבמצרים הובטח בנבואה שיהיה כהן, והיה משה סבור שעל ידי מעשה העגל נתחרט: **(ג) אשרי תבחר ותקרב.** עיין במדבר רבה פרשה ג' ריש סימן ב באריכות, ושם נסמן: **שתיגרו.** אגר בלשון ארמי שכר, ופירושו שעשה רצון המלך שהיה ראוי שיתן לו שכר טוב: **פרוטיקאטור.** הובא במוסף ערוך, כן הוא בלשון רומי מגן ופטרון ומנוס ביום צרה. ואין זה מתיישב על לשון המדרש. גם יתכן שפירושו שתגרו, מלשון תגר ומחלוקת, שהיה לו תרעומות על אוהבו, ואחר כך פייסו ונתרצה לו וגדלו יותר מאשר לפנים, וכן אהרן היה לו תגר ותרעומות עליו בעון העגל, כמו שכתוב (דברים ט, כ) ובאהרן התאנף ה' מאד להשמידו, וכשנתפייס לו גדלו יותר מאשר לפני:

מתנות כהונה

הדבר הזה למשה גרסינן: **קומיס.** פירש הערוך (ערך קמים) נגיד וסוכן נאמן על בית המלך: **רפוסא.** לפי העניין הוא נשיא ודיין. ואולי הושאל מלשון רופילין שפירושו נשיאים: **סטרטיגוס.** פירשתיו בסמוך (לעיל סימן א ד"ה אסטרטיגוס): **[ג] שתיגרו.** נראה פירושו שזכה בו דרך קניין והוא מלשון תגר וסוחר: **פרוטוקאטור.** נראה דצריך לומר פראקוראטור והוא מליץ בלשון לטי"ן:

אשד הנחלים

על קרבנותיהם. אחר שאמונתך בה' חזקה ודבוק אתה בי, לכן ראוי שתהיה המקריב קרבניהם אלי, מצד דביקותך בי: **למשה במשכן.** ולכן אמר הקרב אליך כמו שאתה במשכן כן תקרב אותו, כי הוא יהיה ממונה על מלאכת המשכן וקרבנותיהם: **אחיך הוא.** כלומר ואל תצטער מאומה כי לא מניתך על זה, אף שאתה אצלי כבן בית בנבואה, ואתה שופט ומלך עליהם, עם כל זה חפצתי לכבד גם אחיך שיהיה עליון במעלתו, ולכן אמר לו אהרן אחיך: **[ג] שלא יהא זז.** זהו הקרב אליך, כי יתקרב לביתי ויהיה קרוב אלי, ומרוחק בכל

חידושי הרד"ל

אמר רבי לוי משל לאוהבו כו' והודיע לו אמר לו אחיך הוא. בלשון זה לא אמר לו הקב"ה התמנות אהרן למשה, כי אם הודעה בעלמא מפני כבודו, ולא אמר לו לך ומנה לו כהן גדול כדנקט במשל דלעיל, אלא הקב"ה בעצמו כביכול מנהו לאהרן: **[ג] לאוהבו של מלך שתגרו.** עיין מתנות כהונה, ונראה שצריך לומר שחיבבו:

חידושי הרש"ש

[ג] משל לאוהבו של מלך שתגרו כו'. נראה שהוא מלשון תיגרא ומריבה, וכן בנמשל היה אהרן שוה לכל ישראל שעשו מריבה כביכול עם הקב"ה במעשה העגל, ודלא כמתנות כהונה:

אמרי יושר

[ב] היכן אמר לו הדבר הזה במשכן. פירוש שהטינא שבלב משה בעגל נשארה בלב משה עד הנה, לא הסירו הקב"ה מהחשד לאהרן עד שעת המשכן, שאז נראה בפעל קירבת אהרן להקב"ה **והודיע** ה' אשר לו והקדוש: **אהרן אחיך הוא.** ורצה שהוא לכהן, ואתה יש לך עסקים אחרים, לא נתתי אלא בעל מלאכה אחת (פירוש שאין לו עסקים אחרים), וזה כוונו (לקמן סימן ד) הדא הוא דכתיב לולי תורתך שעשועי:

ידי משה

[ב] היכן אמר לו זה במשכן. הוא תחלת המאמר, והמאמר מגיע עד **שלא יהיה זז מפלטין וכו'** (סימן ג). וקל להבין:

באור מהרי"פ

במתנות כהונה [בד"ה] קומיס פירש הערוך וכו'. וזה לשון הערוך ערך קמים (השלישי), בירושלמי פרק הרואה בגמרא על ענין הרוחות כיון שראה דוד שממון חביב עליו מינהו קומיס תסברין שלו על בית המקדש שנאמר נגיד על האוצרות עד כאן לשון הערוך. זה לשון רבי בנימין מוספיא אמר בנימין פירש בלשון יוני ורומי נגיד ופירוש קומים פנטון בלשון יוני נגיד על כל הדברים ובמדרש אסתר פסקא ותמאן המלכה (פרשה ג, יד) קומים אסטבולי, פירוש בלשון רומי נגיד על כל אורוות הסוסים, קומים קלטור (קהלת רבה ט, יב) פירוש בלשון יוני ממונה על שלוחי בית דין, ולא תתכן גירסת קוזמו קלטור, כי אם קומיזקלטור כמו שפירשתי, או קוזמוקראטור פירוש בלשון יוני אדון העולם, עד כאן לשון רבי בנימין מוספיא. ודבריו אלו נשענים על מה שהביא הערוך למעלה בירושלמי ובאמור אל הכהנים פרשת מה יתרון (ויקרא רבה כח, ו) וי ליה לההוא גברא מאן עביד קומים קלטור אנא עביד בלנא וספרא, ו[ב]פסקא דהעומר (פסיקתא רבתי פרשה יח, ו) וי ליה לההוא גברא דהוה עביד קומים פנטון קומיקלטור עביד בלנא וספר, עד כאן: **[במתות כהונה ב]ד"ה רפוסא לפי העניין הוא נשיא ודיין.** וזה לשון רבי בנימין מוספיא [בערוך] ערך רפס [ה]חמישי, רפוסא פירוש בלשון רומי שר החיל כמו רופלי דלעיל. וזה לשון הערוך ערך רפילא, ויבאו שדה מואב ויהיו שם (רות א, ב), תרגום והוו תמן רופילין עד כאן. והמשל שהביא המדרש כאן הוא כמו המשל דלעיל, והמבין יבין קלא שנוי בנמשל: **[ג] ותיגרו.** המתנות כהונה פירש מלשון תגר וסוחר, אבל איננו מתישב כל כך על הענין. ואולי יתישב יותר על פי מה שכתב רבי בנימין מוספיא [בערוך] ערך תיגדא, [תרגום] ויושט לו המלך את שרביט הזהב] ויושיט ליה מלכא ית תיגדא דדהבא, [תיגדא] באות דל"ת, ותרגום שבטך ומשענתך המה ינחמוני, תיגרך] באות רי"ש, ואולי גם כאן תיגרא הוא מלשון שבט: **פרוטיקטור.** רבי בנימין מוספיא (ערך פרוטיקטור) פירש בלשון רומי מגן פטרון ומנוס ביום צרה. ובאות אמת כתב וזה לשונו זה לא מצאתי בערוך, ונראה לי דלפי הענין אולי הגירסא פרטור, ופירושו סוחר כפירוש הערוך (ערך פרטר),

אם למקרא

וַיַּרְא הָעָם כִּי בֹשֵׁשׁ מֹשֶׁה לָרֶדֶת מִן הָהָר וַיִּקָּהֵל הָעָם עַל אַהֲרֹן וַיֹּאמְרוּ אֵלָיו קוּם עֲשֵׂה לָנוּ אֱלֹהִים אֲשֶׁר יֵלְכוּ לְפָנֵינוּ כִּי זֶה מֹשֶׁה הָאִישׁ אֲשֶׁר הֶעֱלָנוּ מֵאֶרֶץ מִצְרַיִם לֹא יָדַעְנוּ מֶה הָיָה לוֹ: וַיֹּאמֶר אֲלֵהֶם אַהֲרֹן פָּרְקוּ נִזְמֵי הַזָּהָב אֲשֶׁר בְּאָזְנֵי נְשֵׁיכֶם בְּנֵיכֶם וּבְנֹתֵיכֶם וְהָבִיאוּ אֵלָי: (לקמן לב:א-ב)

לֹא כֵן עַבְדִּי מֹשֶׁה בְּכָל בֵּיתִי נֶאֱמָן הוּא: (במדבר יב:ז)

וַיְהִי מִמָּחֳרָת וַיֵּשֶׁב מֹשֶׁה לִשְׁפֹּט אֶת הָעָם וַיַּעֲמֹד הָעָם עַל מֹשֶׁה מִן הַבֹּקֶר עַד הָעָרֶב: (לעיל יח:יג)

אַשְׁרֵי תִּבְחַר וּתְקָרֵב יִשְׁכֹּן חֲצֵרֶיךָ נִשְׂבְּעָה בְּטוּב בֵּיתֶךָ קְדֹשׁ הֵיכָלֶךָ: (תהלים סה:ה)

ענף יוסף

(ב) היכן אמר ליה הדבר הזה למשה. נראה שהגירסא הישנה משה (בלא למ"ד) היא עקרית. ופירושו היכן אשכחן שגלה משה לאהרן הדבר הזה בשם הקב"ה, במשכן גופיה ביום שמיני למלואים שאמר משה לאהרן קרב אל המזבח לפי שהיה אהרן בוש ממעשה העגל, כדאיתא בתורת כהנים עיין שם, ואז אמר ליה משה כי ה' חשבה לו לצדקה, ולדרגה בעבור זה מנהו על הקרבנות וכמו שאמר המדרש חייך כו' (יפה תואר):

שינוי נוסחאות

(ב) היכן אמר לו הדבר הזה למשה. בספרים הישנים איתא "היכן אמר לו הדבר הזה משה", והגיה א"א כלפנינו: **(ג) משל לאוהבו של מלך שתיגרו.** תיבת "שתיגרו" אינה נמצאת בשום מקום אחר, ופירושה אין ידוע בבירור, ע' במפרשים, ורד"ל הגיה "שחיבבו":

The Midrash presents an alternative explanation for the phrase *Now you, bring near to yourself Aaron your brother*:

אָמַר רַבִּי לֵוִי: מָשָׁל לְאוֹהֲבוֹ שֶׁל מֶלֶךְ קוֹמִיס וְרַפּוּסָא – **R' Levi said:** This may be illustrated by way of **a parable.** It can be compared **to a friend of a king,** who was **a controller** of the king's house **and a chief officer.**[37] **בִּקֵּשׁ לַעֲשׂוֹת סְטְרַטִיגוֹס לְאֶחָד וְהוֹדִיעַ לוֹ** – **[The king] sought to appoint someone a prefect, and he informed [the friend]** of this. **אָמַר לוֹ: אָחִיךְ הוּא** – **[The king]** then **said to [his friend], "[The prefect]** I seek to appoint **is your brother!"**[38] **כָּךְ עָשָׂה הַקָּדוֹשׁ בָּרוּךְ הוּא לְמֹשֶׁה קוֹמִיס, ״לֹא כֵן עַבְדִּי מֹשֶׁה וְגוֹ׳ ״** – **So too, the Holy One, blessed is He, had made Moses a "controller of the king's house,"** as it states, ***Not so is My servant Moses;*** *in My entire house he is the trusted one* (*Numbers* 12:7), **וַעֲשָׂאוֹ רַפּוּסָא שֶׁנֶּאֱמַר ״וַיֵּשֶׁב מֹשֶׁה לִשְׁפֹּט אֶת הָעָם״** – and **[God] had made him a chief officer, as it is stated,** ***and Moses sat to judge the people*** (above, 18:13). **בִּקֵּשׁ לַעֲשׂוֹת כֹּהֵן גָּדוֹל, הוֹדִיעַ לוֹ** – Now **[God] sought to make a Kohen Gadol, and He informed [Moses]** of this. **אָמַר לוֹ: ״אַהֲרֹן אָחִיךָ״ הוּא** – **[God] said to [Moses], "[The Kohen Gadol]** I seek to appoint **is *Aaron, your brother.*"**[39]

§3 The Midrash presents an alternative explanation for the word הַקְרֵב, *bring near*:[40]

דָּבָר אַחֵר ״וְאַתָּה הַקְרֵב אֵלֶיךָ״ – **Another explanation of *Now you, bring near to yourself*** *Aaron your brother:* **הָדָא הוּא דִכְתִיב ״אַשְׁרֵי תִּבְחַר וּתְקָרֵב יִשְׁכֹּן חֲצֵרֶיךָ״** – **This is** to be understood in light of **what is written, *Praises to the one whom You choose and draw near to dwell in Your courts;*** *may we be sated with the goodness of Your House, the holiest part of Your Sanctuary* (*Psalms* 65:5). **אָמַר רַבִּי יִצְחָק: מָשָׁל לְאוֹהֲבוֹ שֶׁל מֶלֶךְ שֶׁתִּיגְּרוֹ וַעֲשָׂאוֹ פְּרוֹטִיקְאטוֹר** – **R' Yitzchak said:** This may illustrated by **a parable.** It may be compared **to a friend of the king whom he rewarded**[41] **by appointing him Protector,**[42]

NOTES

37. Or "chief justice" (*Yefeh To'ar*).

38. The friend was somewhat insulted that the king was not offering the position to him. However, his disappointment was ameliorated by the fact that the appointee was the friend's own brother (*Yefeh To'ar*).

This parable is quite similar to the one related above in §1. There are two slight differences, however: (i) In the present parable the friend is already acting in senior governmental posts, which would make him the most qualified person to fill the position of prefect. (ii) In the first parable the friend was instructed to make the appointment himself, whereas in the present parable, he was merely informed of the king's decision to appoint someone. These factors affect the interpretation of וְאַתָּה (*Now you*) and הַקְרֵב אֵלֶיךָ (*bring near to yourself*) (ibid.).

39. According to this parable, the phrase *Now you, bring near to yourself Aaron your brother* connotes: Although you yourself (וְאַתָּה) are eminently qualified for the position of Kohen Gadol, nevertheless *bring near to yourself Aaron* to appoint him to the task; and this should not be difficult or disappointing for you, for he is, after all, *your brother* (*Yefeh To'ar, Eitz Yosef*).

In the parable, the qualities and positions held by the king's friend made him particularly suitable for the post of prefect. So, too, Moses was the greatest prophet, as *Numbers* 12:7 states, as well as the highest ranking judge. As such, he felt, he was the most qualified candidate for Kohen Gadol. For the position of Kohen Gadol contains within it elements of judging, as it is stated of the Kohanim, *They shall teach Your ordinances to Jacob and Your Torah to Israel* (furthermore, *Sifrei Devarim* §153 states that a *sanhedrin* should have Kohen and Levite members; see also *Malbim* to *Leviticus* 4:3 s.v. יחטא לאשמת העם and to *Deuteronomy* 17:9 s.v. ובאת אל הכהנים), as well as prophecy (for through the medium of the *Urim VeTumim*, the Kohen Gadol would receive Divine guidance; see *Yoma* 73a-b) (*Yefeh To'ar, Eitz Yosef*).

40. *Eitz Yosef.*

41. The unusual word שֶׁתִּיגְּרוֹ is of uncertain meaning. The commentators offer several conjectures; our translation follows *Maharzu*. *Radal* suggests changing the reading to שֶׁחִבְּבוֹ, "whom he liked dearly."

42. I.e., a royal bodyguard. Because of his great love for him, the king gave him a position which would keep him in close proximity at all times.

אָמַר לוֹ פַּדְגּוֹגוֹ: אַל תְּיַגַּע עַצְמְךָ, תֵּן לִי וַאֲנִי אֶחְתּוֹר, הֵצִיץ הַמֶּלֶךְ עָלָיו וְאָמַר לוֹ: יוֹדֵעַ אֲנִי הֵיאַךְ הָיְתָה כַּוָּונָתְךָ, חַיֶּיךָ, אֵינִי מַשְׁלִיט בְּרִיָּה עַל פַּלָטִין שֶׁלִּי אֶלָּא אַתָּה, כָּךְ בְּשָׁעָה שֶׁאָמְרוּ יִשְׂרָאֵל לְאַהֲרֹן: (לקמן לב, א) "קוּם עֲשֵׂה לָנוּ אֱלֹהִים", אָמַר לָהֶם: (שם שם ב) "פָּרְקוּ נִזְמֵי הַזָּהָב", אָמַר לָהֶם: אֲנִי כֹּהֵן, אֲנִי אֶעֱשֶׂה אוֹתוֹ וּמַקְרִיב לְפָנָיו, וְהוּא לֹא נִתְעַסֵּק אֶלָּא לְעַכְּבָן עַד שֶׁיָּבֹא מֹשֶׁה, אָמַר לוֹ הַקָּדוֹשׁ בָּרוּךְ הוּא: אַהֲרֹן, יוֹדֵעַ אֲנִי הֵיאַךְ הָיְתָה כַּוָּונָתְךָ, חַיֶּיךָ אֵין אֲנִי מַשְׁלִיט עַל קָרְבְּנוֹתֵיהֶן שֶׁל בָּנַי אֶלָּא אַתָּה, שֶׁנֶּאֱמַר [כח, א] "וְאַתָּה הַקְרֵב אֵלֶיךָ וְגוֹ'", הֵיכָן אָמַר לוֹ הַדָּבָר הַזֶּה לְמֹשֶׁה, בַּמִּשְׁכָּן, אָמַר רַבִּי לֵוִי: מָשָׁל לְאוֹהֲבוֹ שֶׁל מֶלֶךְ קוֹמִיס וְרָפוּסָא, בִּקֵּשׁ לַעֲשׂוֹת סְטַרְטִיגוֹס לְאֶחָד וְהוֹדִיעַ לוֹ, אָמַר לוֹ: אָחִיךָ הוּא, כָּךְ עָשָׂה הַקָּדוֹשׁ בָּרוּךְ הוּא לְמֹשֶׁה קוֹמִיס, (במדבר יב, ז) "לֹא כֵן עַבְדִּי מֹשֶׁה וְגוֹ'", וַעֲשָׂאוֹ רָפוּסָא שֶׁנֶּאֱמַר (שמות יח, יג) "וַיֵּשֶׁב מֹשֶׁה לִשְׁפֹּט אֶת הָעָם", בִּקֵּשׁ לַעֲשׂוֹת כֹּהֵן גָּדוֹל, הוֹדִיעַ לוֹ, אָמַר לוֹ: [כח, א] "אַהֲרֹן אָחִיךָ" הוּא:

ג דָּבָר אַחֵר, [כח, א] "וְאַתָּה הַקְרֵב אֵלֶיךָ", הֲדָא הוּא דִכְתִיב (תהלים סה, ה) "אַשְׁרֵי תִּבְחַר וּתְקָרֵב יִשְׁכֹּן חֲצֵרֶיךָ", אָמַר רַבִּי יִצְחָק: מָשָׁל לְאוֹהֲבוֹ שֶׁל מֶלֶךְ שֶׁתִּיגְּרוֹ וַעֲשָׂאוֹ פְּרוֹטִיקָאטוֹר

עץ יוסף

ואני אחתור. וכוונתו היה להאריך מעשהו עד שיבא המלך: **אני כהן**. ואף על פי שלא נתמנה לכהן אלא כשהוקם המשכן, כבר ידע במה שאמר ה' למשה בסנה, הלא אהרן אחיך הלוי כו', ועכשיו יהיה לכהן, כדאיתא לעיל פרשה ג': **חייך איני משליט**. תימא דבהדיא כתיב ובאהרן התאנף ה' מאד להשמידו, ויש לומר שבעבור ישראל התאנף בו, על דרך גם בי התאנף ה' בגללכם: **היכן אמר ליה הדבר הזה משה במשכן**. צריך לומר למשה (אות אמת). ועל פי הגהתו הגיהו כן בדפוסים שלנו: **משל לאוהבו של מלך**. גם זה המשל כטעם המשל שבסימן הקודם, אלא שלפי משל זה מעיקרא קאמר ליה אהרן, ולא היתה הבחירה ביד משה, ויהיה פירוש ואתה הקרב אליך שאף על פי שאתה היית ראוי לכהונה, מכל מקום הקרב אהרן אחיך, כי לפי זה גם המעלה אליך כי אחיך בערך הוא: **קומיס**. פירש מתנות כהונה, נגיד וסוכן נאמן על בית המלך, אסתר רבתי פסקא ותמאן, ואמרה לו קומיס איסטאבלטי של בית אבא היית, פירש מתנות כהונה קומיס ממונה, ירושלמי ברכות פרק ט' (ה"ב) העמידו קומים על תיסבריות שלו, כתב המוסיף הערוך בלשון יוני ורומיי נגיד: **ורפוסא**. בשבועות דף ו' ע"ב, רופילא וריש גלותא, פירש רש"י רופילא איפרכוס של מלכא. ורפוסא לפי הענין הוא מושאל מלשון רופילא, רוצה לומר נשיא ודיין, והמוסף הערוך פירוש בלשון רומיי שר חיל: **סטרטיגוס**. שר חשוב, נציב פלשתים, תרגם יונתן אסטרטיגם, וכוונת המאמר שכמו שחשב האוהב שמטעם זה שהוא קומים, היינו נאמן בית, ורפוסא, הוא השופט ודיין, יתן לו גם שררות האסטרטיגוס, כן משה לפי שנתעלה בנבואה שעל זה נאמר בכל ביתי נאמן הוא, וגם היה שופט ישראל, חשב שגם כהונה אליו יאתה, שיש בה שתי דברים אלו, אם הנבואה באורים ותומים, ואם המשפט באומר יורו משפטיך ליעקב: **(ג) הדא הוא דכתיב אשרי תבחר ותקרב כו'**. דמה טעם לשון הקרבה ומתוך בני ישראל, ילדק לומר הבדל, ואתה הבדל את אהרן מתוך בני ישראל, וקאמר שלפי שידע ה' כוונת אהרן שהיתה לטובה, לוה למשה שיקרבהו, ומביא סמך לזה מאשרי תבחר ותקרב ישכון חצריך, שפירושו אף שנדחה נתקרב אחר כך שישכון בחצרות ה', ובזה שפיר עולה המשל כפי הנמשל כמו שאפרש: **שתיגרו**. מדינים תרגומו תיגרי, ורוצה לומר שאוהב המלך עשה מריבה עם המלך, ולפי שידע המלך שכוונת אוהבו הוא לטובת המלך, לכן עשאו פרוטיקאטור, פירוש יושב ראשונה במלכות, כן אהרן לפי שידע ה' טוב כוונתו, עשאו גדול ולא יהיה זז מפלטין, וזה שאמר ישכון חצריך נשבעה בטוב ביתך קדוש היכלך:

פירוש מהרז"ו

אל תיגע עצמך. שאין בכחך לעשות, ואני בעל כח יותר ממך. וכן בנמשל שאמר אהרן אני כהן, וכוונת הפדגוג היתה לטובת הבן להצילו מחטא זה, שיעשה באופן שיתבטל המעשה, וכן אהרן היה אחד משלשה פדגוגין של ישראל, משה ואהרן ומרים: **במשכן**. בא להביא ראיה שאמר על אהרן, שעל שהיה כוונתו לטובה בענין העגל לזכותם, מנהו להיות כהן גדול במשכן, שלווי עשיית המשכן לתקן חטא העגל, כמו שכתוב לעיל פרשה ל"ג סימן א ב' ג'. והקשה לי בני המופלא אברהם ישראל שיחיה, איך אמר המדרש אמר אהרן אני כהן, שבענין העגל קודם המשכן לא היה עדיין כהן. ותירצתי לו שהיה ידוע לאהרן ולישראל קודם הגאולה שיהיה כהן, כמו שכתוב בהדיא בשמואל א' ב' כ"ז [־ כ"ח], הנגלה נגליתי לבית אביך בהיותם במצרים לבית פרעה, ובחור אותו משבטי ישראל לי לכהן לעלות על מזבחי וכו', עיין לעיל פרשה ג סימן ט"ז, הרי שבמצרים הובטח בנבואה שיהיה כהן, והיה משה סבור שעל ידי מעשה העגל נתחרט: **(ג) אשרי תבחר ותקרב**. עיין במדבר רבה פרשה ג' ריש סימן ב באריכות, ושם נסמן: **שתיגרו**. אגר בלשון ארמי שכר, ופירושו שעשה רצון המלך שהיה ראוי שיתן לו שכר טוב: **פרוטיקאטור**. הובא במוסף ערוך, כן הוא בלשון רומי מגן ופטרון ומנוס ביום צרה. ואין זה מתיישב על לשון המדרש. גם יתכן שפירושו שתגרו, מלשון תגר ומחלוקת, שהיה לו תרעומות על אוהבו, ואחר כך פייסו ונתרצה לו וגדלו יותר מאשר לפנים, וכן אהרן היה לו תגר ותרעומות עליו בעון העגל, כמו שכתוב (דברים ט, כ) ובאהרן התאנף ה' מאד להשמידו, וכשנתפייס לו גדלו יותר מאשר לפני:

חידושי הרד"ל

אמר רבי לוי משל לאוהבו כו' והודיע לו אמר לו אחיך הוא. ללשון זה לא אמר לו הקב"ה התמנות אהרן למשה, כי אם הודעה בעלמא מפני כבודו, ולא אמר לו לך ומנה לו כהן גדול כדנקט במשל דלעיל, אלא הקב"ה בעלמו כביכול מנהו לאהרן: **[ג] לאוהבו של מלך שתגרו**. עיין מתנות כהונה, ונראה שצריך לומר שחיבבו:

חידושי הרש"ש

[ג] משל לאוהבו של מלך שתגרו כו'. נראה שהוא מלשון תיגרא ומריבה, וכן בנמשל היה אהרן שוה לכל ישראל שעשו מריבה כביכול עם הקב"ה במעשה העגל, ודלא כמתנות כהונה:

אמרי יושר

[ב] היכן אמר לו הדבר הזה במשכן. פירוש שהטינא שבלב משה בעגל נשארה בלב משה עד הנה, לא הסירו הקב"ה מהחשד לאהרן עד שעת המשכן, שאז נראה בפעל קירבת אהרן להקב"ה **והודיע** ה' אשר **לו** והקדוש: **אהרן אחיך הוא**. ורצה שהוא לכהן, ואתה יש לך עסקים אחרים, לא כנחני אלא בעל מלאכה אחת [פירוש שאין לו עסקים אחרים], וזה כיוונו (לקמן סימן ד) הדא הוא דכתיב לולי תורתך שעשועי:

ידי משה

[ב] היכן אמר לו זה במשכן. הוא תחלת המאמר, והמאמר מגיע עד **שלא יהיה זז מפלטין וכו'** (סימן ג). וקל להבין:

באור מהרי"פ

במתנות כהונה [בד"ה] קומיס פירש הערוך וכו'. וזה לשון הערוך ערך קמים (השלישי), בירושלמי פרק הרואה בגמרא על ענין הרוחות כיון שראה דוד שממון חביב עליו מינהו קומים תסברין שלו על בית המקדש שנאמר נגיד על האוצרות עד כאן לון הערוך. זה לשון רבי בנימין מוספיא אמר בנימין פירש בלשון יוני ורומי נגיד ופירוש קומים פנטון בלשון יוני נגיד על כל הדברים ובמדרש אסתר פסקא ותמאן המלכה (פרשה ג, יד) קומים אסטבולי, פירוש בלשון רומי נגיד על כל אורוות הסוסים, קומים קלטור (קהלת רבה ט, יב) פירוש בלשון יוני ממונה על שלוחי בית דין, ולא תתכן גירסת קוזמו קלטור, כי אם קומיזקלטור כמו שפירשתי, או קוזמוקראטור פירוש בלשון יוני אדון העולם, עד כאן לשון רבי בנימין מוספיא. ודבריו אלו נשענים על מה שהביא הערוך למעלה בירושלמי ובאמור אל הכהנים פרשת מה יתרון (ויקרא רבה כח, ו) וי ליה לההוא גברא מאן עביד קומים קלטור אנא עביד בלנא וספרא, ו[ב]פסקא דהעומר (פסיקתא רבתי פרשה יח, ו) וי ליה לההוא גברא דהוה עביד קומים פנטון קוזמיקלטור עביד בלנא וספר, עד כאן: **[במתנות כהונה ב]ד"ה רפוסא לפי הענין הוא נשיא ודיין**. וזה לשון רבי בנימין מוספיא [בערוך] ערך רפס [ה]חמישי, רפוסא פירוש בלשון רומי שר החיל כמו רופלי דלעיל. וזה לשון הערוך ערך רפילא, ויבאו שדה מואב ויהיו שם (רות א, ב), תרגום והוו תמן רופילין עד כאן. והמשל שהביא המדרש כאן הוא כמו המשל דלעיל, והמבין יבין קלא שנוי בנמשל: **[ג] ותיגרו**. המתנות כהונה פירש מלשון תגר וסוחר, אבל איננו מתישב כל כך על הענין. ואולי יתישב יותר על פי מה שכתב רבי בנימין מוספיא [בערוך] ערך תיגלה, [תרגום] ויושט לו המלך [את שרביט הזהב] ויושיט ליה מלכא ית תיגלא דדהבא, [תיגלא] באות דל"ת, ותרגום שבטך ומשענתך המה ינחמוני, תיגרך תרילא ואורייתך היכן ינחמוני, [תיגרך] באות רי"ש, ואולי גם כאן תיגרא הוא מלשון שבט: **פרוטיקטור**. רבי בנימין מוספיא (ערוך ערך פרוטיקטור) פירש בלשון רומי מגן פטרון ומנוס ביום צרה. ובאות אמת כתב וזה לשונו לא מצאתי בערוך, ונראה לי דלפי הענין אולי הגירסא פרטור, ופירושו שוער כפירוש הערוך (ערך פרטר),

מתנות כהונה

הדבר הזה למשה גרסינן: **קומיס**. פירש הערוך (ערך קמיס) נגיד וסוכן נאמן על בית המלך: **רפוסא**. לפי העניין הוא נשיא ודיין. ואולי הושאל מלשון רופילין שפירושו נשיאים: **סטרטיגוס**. פירשתיו בסמוך (לעיל סימן א ד"ה אסטרטיגוס): **[ג] שתיגרו**. נראה פירושו שזכה בו דרך קניין והוא מלשון תגר וסוחר: **פרוטוקאטור**. נראה דצריך לומר פראקוראטור והוא מליץ בלשון לטי"ן:

אשד הנחלים

על קרבנותיהם. אחר שאמונתך בה' חזקה ודבוק אתה בי, לכן ראוי שתהיה המקריב קרבניהם אלי, מצד דביקותך בי: **למשה במשכן**. ולכן אמר הקרב אליך כמו שאתה במשכן כן תקרב אותו, כי הוא יהיה ממונה על מלאכת המשכן וקרבנותיהם: **אחיך הוא**. כלומר ואל תצטער מאומה כי לא מניתך על זה, אף שאתה אצלי כבן בית בנבואה, ואתה שופט ומלך עליהם, עם כל זה חפצתי לכבד גם אחיך שיהיה עליון במעלתו, ולכן אמר לו אהרן אחיך: **[ג] שלא יהא זז**. זהו הקרב אליך, כי יתקרב לביתי ויהיה קרוב אלי, ומרוחק בכל

אם למקרא

וַיַּרְא הָעָם כִּי בֹשֵׁשׁ מֹשֶׁה לָרֶדֶת מִן הָהָר וַיִּקָּהֵל הָעָם עַל אַהֲרֹן וַיֹּאמְרוּ אֵלָיו קוּם עֲשֵׂה לָנוּ אֱלֹהִים אֲשֶׁר יֵלְכוּ לְפָנֵינוּ כִּי זֶה מֹשֶׁה הָאִישׁ אֲשֶׁר הֶעֱלָנוּ מֵאֶרֶץ מִצְרַיִם לֹא יָדַעְנוּ מֶה הָיָה לוֹ: וַיֹּאמֶר אֲלֵהֶם אַהֲרֹן פָּרְקוּ נִזְמֵי הַזָּהָב אֲשֶׁר בְּאָזְנֵי נְשֵׁיכֶם בְּנֵיכֶם וּבְנֹתֵיכֶם וְהָבִיאוּ אֵלָי:
(לקמן לב:א-ב)

לֹא כֵן עַבְדִּי מֹשֶׁה בְּכָל בֵּיתִי נֶאֱמָן הוּא:
(במדבר יב:ז)

וַיְהִי מִמָּחֳרָת וַיֵּשֶׁב מֹשֶׁה לִשְׁפֹּט אֶת הָעָם וַיַּעֲמֹד הָעָם עַל מֹשֶׁה מִן הַבֹּקֶר עַד הָעָרֶב:
(לעיל יח:יג)

אַשְׁרֵי תִּבְחַר וּתְקָרֵב יִשְׁכֹּן חֲצֵרֶיךָ נִשְׂבְּעָה בְּטוּב בֵּיתֶךָ קְדֹשׁ הֵיכָלֶךָ:
(תהלים סה:ה)

ענף יוסף

(ב) היכן אמר ליה הדבר הזה למשה. נראה שהגירסא הישנה משה (בלא למ"ד) היא עקרית. ופירושו היכן אשכחן שגלה משה לאהרן הדבר הזה בשם הקב"ה, במשכן גופיה ביום שמיני למלואים שאמר משה לאהרן אז קרב אל המזבח לפי שהיה אהרן בוש ממעשה העגל, כדאיתא בתורת כהנים עיין שם, ואז אמר ליה משה כי ה' חשבה לו לצדקה, ואדרבה בעבור זה מנהו על הקרבנות וכמו שאמר המדרש חייך כו' (יפה תואר):

שינוי נוסחאות

(ב) היכן אמר לו הדבר הזה למשה. בספרים הישנים איתא "היכן אמר לו הדבר הזה משה", והגיה א"א כלפנינו: **(ג) משל לאוהבו של מלך שתיגרו**. תיבת "שתיגרו" אינה נמצאת בשום מקום אחר, ופירושה אין ידוע בבירור, ע' במפרשים, ורד"ל הגיה "שחיבבו":

שֶׁלֹּא יְהֵא זָז מִפַּלְטִין וְאוֹכֵל מוֹתָרָיו שֶׁל מֶלֶךְ – **so that he would not** ever **depart from the palace and would eat the remnants of** the fine food served to **the king.** כָּךְ אַהֲרֹן הָיָה שָׁוֶה לְכָל יִשְׂרָאֵל – **So, too, Aaron had been equal to all** the other people of **Israel,**[43] וַעֲשָׂאוֹ הַקָּדוֹשׁ בָּרוּךְ הוּא כֹּהֵן גָּדוֹל – **and the Holy One, blessed is He, made him Kohen Gadol** וְאָמַר לוֹ: "וּמִן הַמִּקְדָּשׁ לֹא יֵצֵא" – **and said regarding him,** ***He shall not leave the Sanctuary*** (*Leviticus* 21:12), וְאָכַל מוֹתָרָיו שֶׁל הַקָּדוֹשׁ בָּרוּךְ הוּא, שֶׁנֶּאֱמַר "וְהַנּוֹתֶרֶת מִן הַמִּנְחָה" – **and** furthermore he ordained that **[Aaron] would eat of the remnants of** the food offered up to **the Holy One, blessed is He, as it is stated,** ***The remnant of the meal-offering*** *is for Aaron and his sons* (ibid. 2:3).[44]

§4 The Midrash presents an additional explanation for the phrase וְאַתָּה הַקְרֵב אֵלֶיךָ, *Now you, bring near to yourself*:

דָּבָר אַחֵר, "וְאַתָּה הַקְרֵב אֵלֶיךָ" – **Another explanation of** ***Now you, bring near to yourself:*** הֲדָא הוּא דִכְתִיב "לוּלֵי תוֹרָתְךָ שַׁעֲשֻׁעָי אָז אָבַדְתִּי בְעָנְיִי" – **This is** to be understood in light of **what is written,** ***Had Your Torah not been my preoccupation, then I would have perished*** [אָבַדְתִּי] ***in my affliction*** (*Psalms* 119:92). כְּשֶׁאָמַר הַקָּדוֹשׁ בָּרוּךְ הוּא לְמשֶׁה "וְאַתָּה הַקְרֵב אֵלֶיךָ וְגוֹ'" הֵרַע לוֹ – **When the Holy One, blessed is He, said to Moses,** ***Now you, bring near to yourself*** *Aaron your brother*, **it distressed [Moses],** for he wished to serve as the Kohen Gadol himself.[45] אָמַר לוֹ: תּוֹרָה הָיְתָה לִי וּנְתַתִּיהָ לְךָ – But **[God] said to [Moses],**[46] **"I had the Torah and I gave it to you!**[47] שֶׁאִלּוּלֵי הִיא אִבַּדְתִּי עוֹלָמִי – And the Torah is of supreme importance, **for if not for [the Torah] I would have destroyed** [אִבַּדְתִּי] **My world."**[48]

מָשָׁל לְחָכָם שֶׁנָּטַל קְרוֹבָתוֹ וְעָשְׂתָה עִמּוֹ י' שָׁנִים וְלֹא יָלְדָה – This may be illustrated by **a parable.** It may be compared **to a wise man who took his relative** in marriage,[49] **and she remained with him** for **ten years but did not bear** any children.[50] אָמַר לָהּ: בַּקְּשִׁי לִי אִשָּׁה – **[The man] said to [his wife], "Seek out a** second **wife for me,** by whom I may have children." אָמַר לָהּ: יָכוֹל אֲנִי לִיטּוֹל חוּץ מֵרְשׁוּתֵךְ – **He said to [his wife]** further, "In truth **I can take** another wife myself **without your permission,** אֶלָּא שֶׁהָיִיתִי מְבַקֵּשׁ עַנְוְתָנוּתֵךְ – **but I seek** to show **your magnanimity."**[51] כָּךְ אָמַר הַקָּדוֹשׁ בָּרוּךְ הוּא לְמשֶׁה: יָכוֹל הָיִיתִי לַעֲשׂוֹת לְאָחִיךָ כֹּהֵן גָּדוֹל חוּץ מִדַּעְתְּךָ – **So too, the Holy One, blessed is He, said to Moses, "I could have made your brother Kohen Gadol without your consent,**[52] אֶלָּא שֶׁהָיִיתִי מְבַקֵּשׁ שֶׁתְּהֵא גָּדוֹל עָלָיו – **but I seek that you should be** regarded **a great man concerning him."**[53]

□ מִתּוֹךְ בְּנֵי יִשְׂרָאֵל – ***FROM AMONG THE CHILDREN OF ISRAEL.***

The Midrash presents an additional explanation (besides that given above, §1) for why Scripture states מִתּוֹךְ בְּנֵי יִשְׂרָאֵל, *from among the Children of Israel*, for it is obvious that Aaron and his sons were members of the Children of Israel:[54]

מִכָּל הָאֲרָצוֹת בָּחַר הַקָּדוֹשׁ בָּרוּךְ הוּא בְּאֶרֶץ יִשְׂרָאֵל – **Out of all the lands** in the world **the Holy One, blessed is He, chose the Land of Israel,**[55] וּמֵאֶרֶץ יִשְׂרָאֵל בָּחַר בְּבֵית הַמִּקְדָּשׁ – **and out of the** whole **Land of Israel He chose the Holy Temple** in Jerusalem,[56] וּמִבֵּית הַמִּקְדָּשׁ לֹא בָחַר אֶלָּא בְּבֵית קָדְשֵׁי הַקֳּדָשִׁים – **and out of the Holy Temple He chose only the Holy of Holies** inside the Sanctuary to have the highest level of sanctity.[57]

NOTES

43. Before being appointed Kohen he was like any other Israelite (*Yefeh To'ar*).

44. This is indicated by the continuation of the *Psalms* verse cited above (65:5), יִשְׁכֹּן חֲצֵרֶיךָ נִשְׂבְּעָה בְּטוּב בֵּיתֶךָ קְדֹשׁ הֵיכָלֶךָ, *to dwell in Your courts; may we be sated with the goodness of Your House, the holiest part of Your Sanctuary* (*Radal*; *Eitz Yosef*). This second half of the verse is an elaboration of the first half – *the one whom You choose and draw near* – and defines what is meant by "drawing near." In our verse, too, the expression "draw near" is used to indicate that Aaron would now be "dwelling in the courts" of the Tabernacle and "sated with the goodness of God's House."

According to this explanation, when the verse states הַקְרֵב אֵלֶיךָ it should not be translated, "bring near to yourself" (i.e., to Moses), but "bring near [to God], [and appoint him] yourself" (*Yefeh To'ar*).

45. *Yefeh To'ar, Eitz Yosef.*

46. To mollify him.

47. And you should content yourself with your role as receiver and transmitter of the Torah, which is superior to the role of Kohen Gadol (*Yefeh To'ar, Matnos Kehunah, Eitz Yosef*). Alternatively: If you would serve as Kohen Gadol it would inevitably interfere with your dedication to your role as the supreme teacher of Torah to Israel (*Yefeh To'ar*).

48. The Sages often state this principle that the world could not exist without the Torah, usually citing as a basis *Jeremiah* 33:25, which they translate: *Thus said HASHEM: If not for My covenant of day and night* (i.e., the Torah), *I would not have established the laws of heaven and earth.* Here, however, the Midrash derives it from the verse, *Had Your Torah not been my preoccupation, then I would have perished in my affliction.* The verse is saying that each and every person would perish if not for the Torah, meaning that there would be no world at all (*Yefeh To'ar; cf. Matnos Kehunah*).

49. The parable chooses a case in which the king's wife was his relative, perhaps in order to account for the fact that he spoke to her with such candor (see below).

50. And the wise man wished to have children. Moreover, the halachah stipulates that if a man has not had any children after ten years of marriage, he must marry another woman in order to fulfill the commandment to procreate (see *Yevamos* 64a).

51. That is: You realize there is no choice now but for me to take a second wife. By cooperating and even choosing this woman yourself you will be showing how magnanimous and gracious you are, for clearly no woman enjoys having a rival wife. Thus it will be for your own benefit (*Matnos Kehunah, Yefeh To'ar*). Additionally, if you are the one who brings in my second wife, it will always be clear that you are the primary wife and she is subordinate to you (*Maharzu, Radal*).

52. As established above, it was inappropriate for Moses, the transmitter of Torah, to be appointed to the position of Kohen Gadol (see note 47). Therefore, like the woman in the parable, it was obvious that someone else had to be appointed.

53. I.e., by you yourself installing Aaron as Kohen Gadol you will be showing how magnanimous and gracious you are (*Matnos Kehunah*). Another way of translating this line is: **but I seek that you should be greater than he,** for, as explained above, if Moses would be the one to appoint Aaron, it would always be clear that Moses was in the primary position and Aaron was subordinate to him (ibid.). This is why the verse states, וְאַתָּה, *now you*, stressing the significance of the fact that it was specifically Moses who was to "draw near" and appoint Aaron as Kohen Gadol (*Yefeh To'ar*; *Eshed HaNechalim*). It also accounts for the use of the term אֵלֶיךָ, *to yourself*, which indicates that Aaron was to be secondary *to yourself* (*Yefeh To'ar*).

54. *Yefeh To'ar.*

55. To imbue it with special sanctity and Divine attention. See *Psalms* 47:5: *He will choose our heritage-land for us, the pride of Jacob that He loves, Selah.* And *Deuteronomy* 11:12: *a Land that HASHEM, your God, seeks out; the eyes of Hashem, your God, are always upon it, from the beginning of the year to year's end* (*Yefeh To'ar*).

56. Jerusalem has a level of sanctity that is beyond that of the rest of *Eretz Yisrael.* It is referred to as God's "chosen place" many times; see *Deuteronomy* 12:4 (and many other verses): *the place that HASHEM will choose.* And within the already-sacred Jerusalem, the area of the Temple was chosen to have an even greater degree of sanctity; see *II Chronicles* 7:12, *I have chosen this place to be a Temple of offering for Me.* [The Midrash does not explicitly mention the holiness or chosenness of Jerusalem, but moves directly from *Eretz Yisrael* to the Temple; see *Yefeh To'ar.*]

57. There is no verse that speaks explicitly of God's "choosing" the Holy of Holies, but its elevated level of sanctity is self-evident (*Yefeh To'ar, Eitz Yosef*).

שֶׁלֹּא יְהֵא זָז מִפָּלָטִין וְאוֹכֵל מוֹתָרָיו שֶׁל מֶלֶךְ, כָּךְ אַהֲרֹן הָיָה שָׁוֶה לְכָל יִשְׂרָאֵל וַעֲשָׂאוֹ הַקָּדוֹשׁ בָּרוּךְ הוּא כֹּהֵן גָּדוֹל, וְאָמַר לוֹ: (ויקרא כא, יב) "וּמִן הַמִּקְדָּשׁ לֹא יֵצֵא", וְאָכַל מוֹתָרָיו שֶׁל הַקָּדוֹשׁ בָּרוּךְ הוּא, שֶׁנֶּאֱמַר (שם ב, ג) "וְהַנּוֹתֶרֶת מִן הַמִּנְחָה":

ד דָּבָר אַחֵר, [כח, א] "וְאַתָּה הַקְרֵב אֵלֶיךָ", הָדָא הוּא דִכְתִיב (תהלים קיט, צב) "לוּלֵי תוֹרָתְךָ שַׁעֲשֻׁעָי אָז אָבַדְתִּי בְעָנְיִי", כְּשֶׁאָמַר הַקָּדוֹשׁ בָּרוּךְ הוּא לְמֹשֶׁה [כח, א] "וְאַתָּה הַקְרֵב אֵלֶיךָ וְגוֹ׳ " הֵרַע לוֹ, אָמַר לוֹ: תּוֹרָה הָיְתָה לִי וּנְתַתִּיהָ לְךָ, שֶׁאִלּוּלֵי הִיא אִבַּדְתִּי עוֹלָמִי, מָשָׁל לְחָכָם שֶׁנָּטַל קְרוֹבָתוֹ וְעָשְׂתָה עִמּוֹ י׳ שָׁנִים וְלֹא יָלְדָה, אָמַר לָהּ: בַּקְּשִׁי לִי אִשָּׁה, אָמַר לָהּ: יָכוֹל אֲנִי לִיטּוֹל חוּץ מֵרְשׁוּתֵךְ, אֶלָּא שֶׁהָיִיתִי מְבַקֵּשׁ עַנְוְתָנוּתֵךְ, כָּךְ אָמַר הַקָּדוֹשׁ בָּרוּךְ הוּא לְמֹשֶׁה: יָכוֹל הָיִיתִי לַעֲשׂוֹת לְאָחִיךָ כֹּהֵן גָּדוֹל חוּץ מִדַּעְתְּךָ, אֶלָּא שֶׁהָיִיתִי מְבַקֵּשׁ שֶׁתְּהֵא גָּדוֹל עָלָיו. [כח, א] "מִתּוֹךְ בְּנֵי יִשְׂרָאֵל", מִכָּל הָאֲרָצוֹת בָּחַר הַקָּדוֹשׁ בָּרוּךְ הוּא בְּאֶרֶץ יִשְׂרָאֵל, וּמֵאֶרֶץ יִשְׂרָאֵל בָּחַר בְּבֵית הַמִּקְדָּשׁ, וּמִבֵּית הַמִּקְדָּשׁ לֹא בָחַר אֶלָּא בְּבֵית קָדְשֵׁי הַקֳּדָשִׁים, כָּךְ לֹא בָּחַר הַקָּדוֹשׁ בָּרוּךְ הוּא אֶלָּא בְּיִשְׂרָאֵל, וּמִיִּשְׂרָאֵל לֹא בָּחַר אֶלָּא שֵׁבֶט לֵוִי, וּמִשֵּׁבֶט לֵוִי בָּחַר אַהֲרֹן, שֶׁנֶּאֱמַר (שמואל-א ב, כח) "וּבָחֹר אֹתוֹ מִכָּל שִׁבְטֵי יִשְׂרָאֵל", תְּרוּמָה לְצַד וְהַמַּעֲשֵׂר לְצַד, נָדָב וַאֲבִיהוּא לְצַד, אֶלְעָזָר וְאִיתָמָר לְצַד, אֶלְעָזָר וְאִיתָמָר נִבְחֲרוּ, שֶׁנֶּאֱמַר "וּבָחֹר אֹתוֹ מִכָּל שִׁבְטֵי יִשְׂרָאֵל", לְכָךְ נֶאֱמַר (תהלים סה, ה) "אַשְׁרֵי תִּבְחַר וּתְקָרֵב יִשְׁכֹּן חֲצֵרֶיךָ":

עץ יוסף

(ד) הדא הוא דכתיב לולי תורתך כו׳. כדמסיק שהקדוש ברוך הוא אמר למשה שאלולי התורה היה אובד עולמו, מייתי גם כן מקרא זה שאמר דוד שהעולם אבוד בזולת התורה: **הרע לו.** שהוא היה רוצה לשמש בכהונה, והשיבו הקדוש ברוך הוא שדי לו כתר תורה שניתנה לו דחשיבי טפי, שאלולי היא היה העולם אבד והיא מקיימתו: **משל לחכם שנטל קרובתו.** רוצה לומר כי מה שמלוה לו שהוא יהיה הממנה אותו, הוא כדי שיהיה כפוף אליו, לכן אמר ואתה הקרב אליך: **עשר שנים ולא ילדה.** כדין השוהה עם אשתו עשר שנים ולא ילדה, שצריך לגרשה, והנמשל הוא מה שאמר לו בסנה אל תקרב הלום שלא יהיה כהן, כדאיתא לעיל פרשה ב׳, ואם כן אי אפשר למשה להיות כהן, וזהו דמיון לא ילדה (תולדות נח) **שתהא גדול עליו.** משום דגזרת נביא חוזרת, וגזרת אורים ותומים אינה חוזרת, כדאיתא בגמרא (יומא עג, ב), סלקא דעתך אמינא שמלך זה היה אהרן גדול ממנו, לכן היה מנויו על ידי משה, למען דעת כי כל השפעתם אינו אלא על פי משה:**[ה] מכל הארצות כו׳.** דריש מתוך בני ישראל, דרוצה לומר שהוא מיוחד מן המיוחד, כדמפרש שגם הם מקורבים, אהרן נבחר מכולם, ומייתי דוגמא לזה ממה שמצינו כן בבית המקדש: **בחר בארץ ישראל.** כדכתיב יבחר לנו את נחלתנו: **בחר בבית המקדש.** דכתיב ובחרתי המקום הזה לי, והיינו בית המקדש דביה מיירי: **לא בחר אלא בבית קדשי הקדשים.** אף על גב דלא אשכחן לשון בחירה בהדיא ביה, ענינו מבואר כי שם הארון והשכינה, ואין רשות ליכנס בו לכהן גדול אלא אחת בשנה: **אלא בישראל.** כדכתיב (דברים יד, ב) ובך בחר ה׳ אלהיך: **אלא שבט לוי.** במדבר רבה פרשה ג׳ סימן ב׳: **תרומה לצד והמעשר לצד.** איידי דמייתי קרא ובחור אותו מכל שבטי ישראל, בעי לתרוצי מאי דמסיים שם ואתנה לבית אביך את כל אשי בני ישראל, ולא קאמר כמי תרומה ומעשר מן המעשר שניתן לכהן, ומשני שמפני שרוצה לומר שם למה תבעטו בזבחי, לא חש להזכיר אלא הקרבנות, והניח התרומה והמעשר לצד אחד דלא דמי להו. ומה שאמר נדב ואביהוא לצד כו׳, רוצה לומר כי כן הוא לשון המקרא כאן, ואתה הקרב אליך את אהרן אחיך ואת בניו אתו מתוך בני ישראל לכהנו לי אהרן נדב ואביהוא אלעזר ואיתמר בני אהרן, דמלת בני אהרן הוא יתר כאן דכבר כתיב ואת בניו אתו, אלא שרמז בכאן שנדב ואביהוא יהיו לצד אחד, ואלעזר ואיתמר לצד, ולהכי קאמר אהרן נדב ואביהוא והדר קאמר אלעזר ואיתמר בני אהרן, לחלקם זה מזה: **שנאמר ובחור אותו כו׳.** שנבחרו בבני אהרן קצתם מקצתם, ובחור אותו כמו מאותו, שלא כל זרעו נבחר: **לכך נאמר אשרי תבחר ותקרב.** כי ישראל ולוי נבחרו גם כן, אבל לא מצינו בהם לשון הקרבה עם בחירה יחדיו, לכן מסיים אשרי תבחר ותקרב, דהיינו אהרן דהוה ביה בחירה והקרבה, וכמו דמסיים נשבעה בטוב ביתך קדוש היכלך, שהיה אוכל משלחנו של מקום:

חידושי הרד״ל

שלא יהיה זז מפלטין ואוכל מותריו של מלך. זה שאמר ישכון חצריך נשבעה בטוב ביתך קדוש היכלך: **[ד] שהייתי מבקש ענותנותך.** אפשר צריך לומר ענותנותה, כלומר של האשה השנייה שתהא ענוה וכוחה לך, וכדמפרש בנמשל הייתי מבקש שתהא גדול עליו, וכפירוש השני שפירש המתנות כהונה: **שבטי ישראל לעלות וגו׳ להקטיר קטורת לשאת אפוד לפני** כן צריך לומר. וזה שאמר **תרומה לצד. מעשר לצד.** שמעשר ללוים, ותרומה לכהנים הדיוטים, אבל אהרן ואחריו איתמר וזרעו נבחרו לכהנים גדולים להקטיר קטורת בקדש קדשים ולשאת אפוד, וכשחטאו בני עלי נבחר זרע אלעזר במקומו: **נדב ואביהוא לצד אלעזר ואיתמר לצד.** שכולן הוזכרו כאן עם אהרן, ומפרש שבחינת נדב ואביהוא לא היתה כי אם לכהנים הדיוטים שלא זכו לשמש בכהונה גדולה, ובנים לא היו להם, אבל איתמר ואלעזר זכו הן ולזרעם לכהונה גדולה:

חידושי הרש״ש

[ד] אלעזר ואיתמר נבחרו שנאמר ובחור אותו כו׳. יתכן שדורש אותו כמו מאותו, ורצה לומר שלא בחר זרעו כולו אלא הראוים, כמו (שמות א, ז) ותמלא הארץ אותם, תרגומו מנהון:

פירוש מהרז״ו

והנותרת מן המנחה. יאכלו אהרן ובניו: **(ד) לולי תורתך שעשועי.** שהתנחם משה על שלא נתמנה לכהן גדול, על ידי התורה שנתנה על ידו: **הרע לו.** כשנאמר לו הקרב, ולא הודיעו עדיין מי הוא, כדלעיל סוף סימן א׳: **שאלולי היא.** עיין דברים רבה פרשה ח סימן ה, ושם נסמן. ופירושו אתה מצטער על כהונה גדולה על שלא תהיה עבודת הקרבנות על ידיך, שהוא אחד משלשה עמודים שהעולם עומד עליהם, כמו שאמרו אבות פרק א׳. כבר הוקם העולם על ידיך בתורה, שהוא עמוד יותר גדול מהעבודה: **בקש ענותנותך.** שתראה מדת ענוה שלך שאתה בעצמך תכניס צרתך לביתך, ואחר כך תהיה ידך עליונה עליה ותהיה נכנעת לך, וכן הוא בנמשל שיהיה גדול עליו: **מכל הארצות.** עיין במדבר רבה פרשה ג׳ סימן א׳: **תרומה לצד מעשר לצד.** ותרומה נבחרה מן המעשר שהיא קדוש יותר, וכמו שאמר אלעזר ואיתמר נבחרו: **לכך נאמר אשרי תבחר.** רמוז לעיל ריש סימן ג:

אם למקרא

וּמִן הַמִּקְדָּשׁ לֹא יֵצֵא וְלֹא יְחַלֵּל אֵת מִקְדַּשׁ אֱלֹהָיו כִּי נֵזֶר שֶׁמֶן מִשְׁחַת אֱלֹהָיו עָלָיו אֲנִי ה׳:
(ויקרא כא:יב)

וְהַנּוֹתֶרֶת מִן הַמִּנְחָה לְאַהֲרֹן וּלְבָנָיו קֹדֶשׁ קָדָשִׁים מֵאִשֵּׁי ה׳:
(שם ב:ג)

לוּלֵי תוֹרָתְךָ שַׁעֲשֻׁעָי אָז אָבַדְתִּי בְעָנְיִי:
(תהלים קיט:צב)

וּבָחֹר אֹתוֹ מִכָּל שִׁבְטֵי יִשְׂרָאֵל לִי לְכֹהֵן לַעֲלוֹת עַל מִזְבְּחִי לְהַקְטִיר קְטֹרֶת לָשֵׂאת אֵפוֹד לְפָנָי וָאֶתְּנָה לְבֵית אָבִיךָ אֶת כָּל אִשֵּׁי בְּנֵי יִשְׂרָאֵל:
(שמואל א ב:כח)

אַשְׁרֵי תִּבְחַר וּתְקָרֵב יִשְׁכֹּן חֲצֵרֶיךָ נִשְׂבְּעָה בְּטוּב בֵּיתֶךָ קְדֹשׁ הֵיכָלֶךָ:
(תהלים סה:ה)

ידי משה

[ד] ומשבט לוי בחר באהרן. פירוש ובאהרן עצמו יש עוד בחירה, דהיינו תרומה לכהן, ומעשר ללוי, וגם נדב ואביהוא לצד אחד שמתו ואלעזר ואיתמר נבחרו, לכך נאמר אשרי תבחר וגו׳:

אמרי יושר

[ד] משל לחכם שנטל קרובתו. לחכם זה הקב״ה, שנטל קרובתו זה משה, ורצה בחכמתו שאין בניו הגונים, עשה לו חכמה שהיא תבקש לו, כדי שלא תתגדל עליה, גם להפיק רצון הראשונה, זהו אתה בעצמך תקח את אהרן, ראה בניו אתו כשרים והגונים, לא כן אתה, זהו מתוך בני ישראל, לא כן בניך כי הם בני גרים. או לרמוז הקריבהו נא והבדילהו ממחשבת ישראל בעגל, כי כוונתו טובה במאד ורצויה: **תרומה לצד.** כשם שבחרתי אהרן מתוך בני ישראל, כך אבחר מתוך אהרן, כי נדב ואביהוא קדש, עם כל זה אלעזר ואיתמר הם קדש (ובאר) [ובחר מ] בני אהרן הם דוקא, וזהו תרומה לצד, כי חייבין עליהם מיתה, לא כן במעשר המורם, ואף על פי שהכל כרי אחד שהוא אהרן, זהו **תבחר ותקרב** כפול מתוך אהרן:

מתנות כהונה

מותריו. מה שמותיר ממאכלו: **[ד] תורה היתה לי כו׳.** ומה תרצה עוד די לך בגדולה זו: **אבדתי עולמי.** בעניי דרש בעמלי ומלאכתי. וזהו העולם כמה דאת אמר (בראשית לא, מב) את עניי ואת יגיע כפי. ושיעור הכתוב לולי תורתך על דרך שאמר הכתוב תורת משה שהיא שעשועי אז אבדתי עולמי קרי ביה אִבַּדְתִּי בחיר״ק תחת האל״ף: **שתהא גדול כו׳.** נתגדל עליו שתראה בזה ענותנותך. או רצה לומר כשאתה תמנה אותו תהיה אתה גדול עליו שגדולתו תבא ממך ועל ידך: **תרומה לצד.** לינתן לכהנים: **ומעשר לצד.** לינתן ללוים: **נדב ואביהוא לצד:** הכי גרסינן **נדב ואביהוא לצד ואלעזר ואיתמר לצד אלעזר ואיתמר נבחרו:**

אשד הנחלים

ענינו מאנשי העולם, רק קרוב אלי בקדושה אלהית, ואין שבח נעלה מזה: **[ד] הרע לו.** כי הוא היה חפץ בכהונה גדולה גם כן, וניחם אותו ה׳ שדי לו בשיתן התורה על ידו, ועל ידה הוא קיום העולם כולו, ומה יחפוץ גדולה ויקר יותר מזה, ומרומז זאת במלת ואתה, כאומר ואתה אשר העליתיך עָדַי, הקרב אליך גם את אהרן אחיך: **שתהא גדול עליו.** אחר שאתה עושהו ומקרב לזה, ותלוי הדבר בך, וזהו ואתה הקרב: **מכל הארצות.** כאומר אל המקום הנבחר, והוא בית קדשי הקדשים מוכרח אתה להקריב אהרן אחיך, כי הוא הנבחר והנקרב לזה, כי המקום קדוש מאד וגם הוא קדוש מאד. וענינו להראות כי גם בישראל נבחר שבט מבלעדי שבט בסגולה מיוחדת, וכן הארץ נבחרת מקום מבלעדי מקום, כמאמרם (כלים פ״א מ״ו) עשר קדושות כו׳:

באור מהרי״פ

עד כאן לשון בעל אות אמת. וזה לשון הערוך ערך פרטר, בבראשית רבה פרשה כ״ג (סימן ו) הלא אם תיטיב שאת אית כלבין ברומיי ידעון למשדרא אזל יתיב קומי פרטירא ועביד גרמיה מתנמנם ומרי פרטירא מתנמנם, פירוש שוער, ובלע״ז פורטירו עד כאן לשון הערוך. וזה לשון רבי בנימין מוספיא, אמר בנימין פירוש בלשון יוני מפתן שלפני הבתים, ובנוסחאות כתוב פלטירא ופירוש בלשון יוני חנות שמוכרין בתוכו פת, עד כאן לשון רבי בנימין מוספיא. אמר הכותב, ואולי [צריך לומר] פורטורייני, וזה לשון רבי בנימין מוספיא ערך פרטורייני מדרש אסתר פסקא בשנת שלש למלכו (פרשה א יט) רבי יהודה בר סימון בשם רבי אליעזר אמר יכולני ופרטורייני, פירוש בלשון רומי כת אנשי מלחמה השומרת את היכל הקיסר ברומי, עד כאן לשון רבי בנימין מוספיא, ויכולני ופרטור מיני שמות של ראשי אומות הן, אבל בנוסחת מדרש שלנו כתיב יכולני ובר קוראי:

כָּךְ לֹא בָּחַר הַקָּדוֹשׁ בָּרוּךְ הוּא אֶלָּא בְּיִשְׂרָאֵל – **Similarly,** out of all the nations **the Holy One, blessed is He, chose only** the people of **Israel,**[58] וּמִיִּשְׂרָאֵל לֹא בָּחַר אֶלָּא שֵׁבֶט לֵוִי – **and out of** the twelve tribes of **Israel He chose only the tribe of Levi,**[59] וּמִשֵּׁבֶט לֵוִי בָּחַר אַהֲרֹן, שֶׁנֶּאֱמַר "וּבָחֹר אֹתוֹ מִכָּל שִׁבְטֵי יִשְׂרָאֵל" – **and out of tribe of Levi He chose Aaron, as it is stated,** ***and (I) chose him*** (Aaron) ***from among all the tribes of Israel*** *to be a Kohen to Me* (*I Samuel* 2:28).[60] תְּרוּמָה לְצַד וְהַמַּעֲשֵׂר לְצַד – And, as ***terumah*** is set aside **to** one **side and the tithe to** another **side,**[61] נָדָב וַאֲבִיהוּא לְצַד, אֶלְעָזָר וְאִיתָמָר לְצַד – so were **Nadab and Abihu** set aside **to** one **side** and **Elazar and Ithamar to** the other **side:**[62] אֶלְעָזָר וְאִיתָמָר נִבְחֲרוּ, שֶׁנֶּאֱמַר "וּבָחֹר אֹתוֹ מִכָּל שִׁבְטֵי יִשְׂרָאֵל" – **Elazar and Ithamar were chosen** from among Aaron's children, **as it is stated,** ***and (I) chose him from among all the tribes of Israel.***[63] לְכָךְ נֶאֱמַר, "אַשְׁרֵי תִּבְחַר וּתְקָרֵב יִשְׁכֹּן חֲצֵרֶיךָ" – **Therefore it is stated,** ***Praises to the one whom You choose and draw near to dwell in Your courts*** (*Psalms* 65:5).[64]

NOTES

58. See *Deuteronomy* 7:6, *For you are a holy people to Hashem, your God; Hashem, your God, has chosen you to be for Him a treasured people above all the peoples that are on the face of the earth* (*Eitz Yosef*).

59. See *I Chronicles* 15:2, *At that time David gave the command that no one but the Levites was to carry the Ark of God, for it was them whom HASHEM had chosen, etc.*

60. This explains why our verse uses the expression *from among the Children of Israel* (see introductory comment): It indicates that not only was Aaron being chosen for this task, but he was being chosen from among the people of Israel: chosen, in fact, from the chosen (Levites) of the chosen (Israel) (*Yefeh To'ar, Eitz Yosef*). The various levels of sanctity of land, described by the Midrash previously, was to serve as an example of the concept of holiness-within-holiness (*Eitz Yosef*). Alternatively: Just as there are levels of holiness in land, so are there levels of holiness in people; Aaron, the most holy among people, was selected to serve in the holiest of places (*Eshed HaNechalim*).

61. *Terumah* is the portion of produce given to the Kohen; the first tithe is given to the Levite. Although they are both set aside from the remainder of the produce that is kept by its owner, nevertheless, they are differentiated: *Terumah* is superior to the tithe, for it is holier, and the laws pertaining to *terumah* are stricter (*Imrei Yosher, Maharzu*; see *Radal*, *Yedei Moshe*, and *Eitz Yosef* for alternative explanations of this difficult line).

62. Both pairs of Aaron's sons were sanctified as Kohanim; nevertheless, Elazar and Ithamar and their descendants were chosen to succeed Aaron as Kohanim Gedolim, while Nadab and Abihu died shortly after the Inauguration (as recorded in *Leviticus* 10:1-2). In this sense they were comparable to *terumah* and the tithe.

63. The commentators struggle to find an allusion to the choosing of Elazar and Ithamar over Nadab and Abihu in this verse. *Yefeh To'ar* suggests the following: The *Samuel* verse reads in full, *and [I] chose him from among all the tribes of Israel to be a Kohen to Me, to ascend My altar, to burn incense, to wear an Ephod before Me.* The Ephod is a vestment worn only by the Kohen Gadol (see below, 28:4-12). Since the "choosing" of Aaron in this verse refers specifically to his role as Kohen Gadol (as opposed to ordinary Kohen), it relates to Elazar and Ithamar as well (for they or their descendants were also Kohanim Gedolim), but not to Nadab and Abihu.

64. This verse sums up the whole section praising Aaron. We find that, aside from Aaron, both Israel at large and the tribe of Levi were also referred to as being "chosen." However, we do not find that they were referred to as being "chosen" *and* "drawn near." This double description of closeness is found only with Aaron (as our verse states, *now you, "bring near" to yourself Aaron your brother*). *Psalms* 65:5 (*Praises to the one whom You "choose" and "draw near"*) is thus seen as an allusion to Aaron, as the verse concludes, יִשְׁכֹּן חֲצֵרֶיךָ נִשְׂבְּעָה בְּטוּב בֵּיתֶךָ קְדֹשׁ הֵיכָלֶךָ, *to dwell in Your courts; may we be sated with the goodness of Your House, the holiest part of Your Sanctuary* [see preceding section] (*Yefeh To'ar, Eitz Yosef*).

שֶׁלֹּא יְהֵא זָז מִפַּלָטִין וְאוֹכֵל מוֹתָרָיו שֶׁל מֶלֶךְ, כָּךְ אַהֲרֹן הָיָה שָׁוֶה לְכָל יִשְׂרָאֵל וַעֲשָׂאוֹ הַקָּדוֹשׁ בָּרוּךְ הוּא כֹּהֵן גָּדוֹל, וְאָמַר לוֹ: (ויקרא כא, יב) "וּמִן הַמִּקְדָּשׁ לֹא יֵצֵא", וְאָכַל מוֹתָרָיו שֶׁל הַקָּדוֹשׁ בָּרוּךְ הוּא, שֶׁנֶּאֱמַר (שם ב, ג) "וְהַנּוֹתֶרֶת מִן הַמִּנְחָה":

ד דָּבָר אַחֵר, [כח, א] "וְאַתָּה הַקְרֵב אֵלֶיךָ", הָדָא הוּא דִכְתִיב (תהלים קיט, צב) "לוּלֵי תוֹרָתְךָ שַׁעֲשֻׁעָי אָז אָבַדְתִּי בְעָנְיִי", כְּשֶׁאָמַר הַקָּדוֹשׁ בָּרוּךְ הוּא לְמֹשֶׁה [כח, א] "וְאַתָּה הַקְרֵב אֵלֶיךָ וְגוֹ'" הֵרַע לוֹ, אָמַר לוֹ: תּוֹרָה הָיְתָה לִי וּנְתַתִּיהָ לָךְ, שֶׁאִלּוּלֵי הִיא אָבַדְתִּי עוֹלָמִי, מָשָׁל לְחָכָם שֶׁנָּטַל קְרוֹבָתוֹ וְעָשְׂתָה עִמּוֹ י' שָׁנִים וְלֹא יָלְדָה, אָמַר לָהּ: בַּקְּשִׁי לִי אִשָּׁה, אָמַר לָהּ: יָכוֹל אֲנִי לִיטּוֹל חוּץ מֵרְשׁוּתֵךְ, אֶלָּא שֶׁהָיִיתִי מְבַקֵּשׁ עַנְוְתָנוּתֵךְ, כָּךְ אָמַר הַקָּדוֹשׁ בָּרוּךְ הוּא לְמֹשֶׁה: יָכוֹל הָיִיתִי לַעֲשׂוֹת לְאָחִיךָ כֹּהֵן גָּדוֹל חוּץ מִדַּעְתְּךָ, אֶלָּא שֶׁהָיִיתִי מְבַקֵּשׁ שֶׁתְּהֵא גָּדוֹל עָלָיו. [כח, א] "מִתּוֹךְ בְּנֵי יִשְׂרָאֵל", מִכָּל הָאֲרָצוֹת בָּחַר הַקָּדוֹשׁ בָּרוּךְ הוּא בְּאֶרֶץ יִשְׂרָאֵל, וּמֵאֶרֶץ יִשְׂרָאֵל בָּחַר בְּבֵית הַמִּקְדָּשׁ, וּמִבֵּית הַמִּקְדָּשׁ לֹא בָחַר אֶלָּא בְּבֵית קָדְשֵׁי הַקֳּדָשִׁים, כָּךְ לֹא בָּחַר הַקָּדוֹשׁ בָּרוּךְ הוּא אֶלָּא בְּיִשְׂרָאֵל, וּמִיִּשְׂרָאֵל לֹא בָּחַר אֶלָּא שֵׁבֶט לֵוִי, וּמִשֵּׁבֶט לֵוִי בָּחַר אַהֲרֹן, שֶׁנֶּאֱמַר (שמואל-א ב, כח) "וּבָחֹר אֹתוֹ מִכָּל שִׁבְטֵי יִשְׂרָאֵל", תְּרוּמָה לְצַד וְהַמַּעֲשֵׂר לְצַד, נָדָב וַאֲבִיהוּא לְצַד, אֶלְעָזָר וְאִיתָמָר לְצַד, אֶלְעָזָר וְאִיתָמָר נִבְחֲרוּ, שֶׁנֶּאֱמַר "וּבָחֹר אֹתוֹ מִכָּל שִׁבְטֵי יִשְׂרָאֵל", לְכָךְ נֶאֱמַר (תהלים סה, ה) "אַשְׁרֵי תִּבְחַר וּתְקָרֵב יִשְׁכֹּן חֲצֵרֶיךָ":

עץ יוסף

(ד) **הדא הוא דכתיב לולי תורתך כו'.** כדמסיק שהקדוש ברוך הוא אמר למשה שאלולי התורה היה מאבד עולמו, מייתי גם כן מקרא זה שאמר דוד שהעולם אבוד בזולת התורה: **הרע לו.** שהוא היה רוצה לשמש בכהונה, והשיבו הקדוש ברוך הוא שדי לו כתר תורה שניתנה לו דחשיבי טפי, שאלולי היא היה העולם אבד והיא מקיימתו: **משל לחכם שנטל קרובתו.** רוצה לומר כי מה שמלוה לו שהוא יהיה הממנה אותו, הוא כדי שיהיה כפוף אליו, לכן אמר ואתה הקרב אליך: **עשר שנים ולא ילדה.** כדין השוהה עם אשתו עשר שנים ולא ילדה, שצריך לגרשה, והנמשל הוא מה שאמר לו בסנה אל תקרב הלום שלא יהיה כהן, כדאיתא לעיל פרשה ב', ואם כן אי אפשר למשה להיות כהן, וזהו דמיון לא ילדה (תולדות נח) **שתהא גדול עליו.** משום דגזרת נביא חוזרת, וגזרת אורים ותומים אינה חוזרת, כדאיתא בגמרא (יומא עג, ב), סלקא דעתך אמינא שמלך זה היה אהרן גדול ממנו, לכן היה מנויו על ידי משה, למען דעת כי כל השפעתם אינו אלא על פי משה: [ה] **מכל הארצות כו'.** דריש מתוך בני ישראל, דרוצה לומר שהוא מיוחד מן המיוחד, כדמפרש שגם הם מקורבים, אהרן נבחר מכולם, ומייתי דוגמא לזה ממה שמצינו כן בבית המקדש: **בחר בארץ ישראל.** כדכתיב יבחר לנו את נחלתנו: **בחר בבית המקדש.** דכתיב ובחרתי המקום הזה לי, והיינו בית המקדש דביה מיירי: **לא בחר אלא בבית קדשי הקדשים.** אף על גב דלא אשכחן לשון בחירה בהדיא ביה, עניינו מבואר כי שם הארון והשכינה, ואין רשות ליכנס בו לכהן גדול אלא אחת בשנה: **אלא בישראל.** כדכתיב (דברים יד, ב) ובך בחר ה' אלהיך: **אלא שבט לוי.** במדבר רבה פרשה ג' סימן ב': **תרומה לצד והמעשר לצד.** איידי דמייתי קרא ובחור אותו מכל שבטי ישראל, בעי לתרוצי מאי דמסיים שם ואתנה לבית אביך את כל אשי בני ישראל, ולא קאמר כמי תרומה ומעשר מן המעשר שניתן לכהן, ומשני שמפני שרוצה לומר שם למה תבעטו בזבחי, לא חש להזכיר אלא הקרבנות, והניח התרומה והמעשר לצד אחד דלאו דמי להו. ומה שאמר נדב ואביהוא לצד כו', רוצה לומר כי כן הוא לשון המקרא כאן, ואתה הקרב אליך את אהרן אחיך ואת בניו אתו מתוך בני ישראל לכהנו לי אהרן נדב ואביהוא אלעזר ואיתמר בני אהרן, דמלת בני אהרן הוא יתר כאן דכבר כתיב ואת בניו אתו, אלא שרמז בכאן שנדב ואביהוא יהיו לצד אחד, ואלעזר ואיתמר לצד, ולהכי קאמר אהרן נדב ואביהוא והדר קאמר אלעזר ואיתמר בני אהרן, לאלקם זה מזה: **שנאמר ובחור אותו כו'.** שנבחרו בבני אהרן קצתם מקצתם, ובחור אותו כמו מאותו, שלא כל זרעו נבחר: **לבך נאמר אשרי תבחר ותקרב.** כי ישראל ולוי נבחרו גם כן, אבל לא מצינו בהם לשון הקרבה עם בחירה יחדיו, לכן מסיים אשרי תבחר ותקרב, דהיינו אהרן דהוה ביה בחירה והקרבה, וכמו דמסיים נשבעה בטוב ביתך קדוש היכלך, שהיה אוכל משלחנו של מקום:

פירוש מהרז"ו

והנותרת מן המנחה. יאכלו אהרן ובניו: (ד) **לולי תורתך שעשועי.** שהתנחם משה על שלא נתמנה לכהן גדול, על ידי התורה שנתנה על ידו: **הרע לו.** כשנאמר לו הקרב, ולא הודיעו עדיין מי הוא, כדלעיל סוף סימן א': **שאלולי היא.** עיין דברים רבה פרשה ח סימן ה, ושם נסמן. ופירושו אתה מצטער על כהונה גדולה על שלא תהיה עבודת הקרבנות על ידיך, שהוא אחד משלשה עמודים שהעולם עומד עליהם, כמו שאמרו אבות פרק א'. כבר הוקם העולם על ידיך בתורה, שהוא עמוד יותר גדול מהעבודה: **בקש ענותנותך.** שתראה מדת ענוה שלך שאתה בעצמך תכניס צרתך לביתך, ואחר כך תהיה ידך עליונה עליה ותהיה נכנעת לך, וכן הוא בנמשל שיהיה גדול עליו: **מכל הארצות.** עיין במדבר רבה פרשה ג' סימן א': **תרומה לצד מעשר לצד.** ותרומה נבחרה מן המעשר שהיא קדוש יותר, וכמו שאמר אלעזר ואיתמר נבחרו: **לכך נאמר אשרי תבחר.** רמוז לעיל ריש סימן ג:

חידושי הרד"ל

שלא יהיה זז מפלטין ואוכל מותריו של מלך. זה שאמר ישכון חצריך נשבעה בטוב ביתך קדוש היכלך: [ד] **שהייתי מבקש ענותנותך.** אפשר צריך לומר ענותנותה, כלומר של האשה השנייה שתהא ענוה ונוחה לך, וכדמפרש בנמשל הייתי מבקש שתהא גדול עליו, וכפירוש השני שפירש המתנות כהונה: **שבטי ישראל לעלות וגו' להקטיר קטורת לשאת אפוד לפני** כן צריך לומר. וזה שאמר **תרומה לצד. מעשר לצד.** שמעשר ללוים, ותרומה לכהנים הדיוטים, אבל אהרן ואחריו איתמר וזרעו נבחרו לכהנים גדולים להקטיר קטורת בקדש קדשים ולשאת אפוד, וכשחטאו בני עלי נבחר זרע אלעזר במקומו: **נדב ואביהוא לצד אלעזר ואיתמר לצד.** שכולן הוזכרו כאן עם אהרן, ומפרש שבחינת נדב ואביהוא לא היתה כי אם לכהנים הדיוטים שלא זכו לשמש בכהונה גדולה, ובנים לא היו להם, אבל איתמר ואלעזר זכו הן ולזרעם לכהונה גדולה:

חידושי הרש"ש

[ד] **אלעזר ואיתמר נבחרו שנאמר ובחור אותו כו'.** יתכן שדורש אותו כמו מאותו, ורצה לומר שלא בחר זרעו כולו אלא הראוים, כמו (שמות א, ז) ותמלא הארץ אותם, תרגומו מנהון:

באור מהרי"פ

עד כאן לשון בעל אות אמת. וזה לשון הערוך ערך פרטר, בבראשית רבה פרשה כ"ג (סימן ו) הלא אם תיטיב שאת אית כלבין ברומיי ידעון למשדרא אזל יתיב קומי פרטירא ועביד גרמיה מתנמנם ומרי פרטירא מתנמנם, פירוש שוער, ובלע"ז פורטירו עד כאן לשון הערוך. וזה לשון רבי בנימין מוספיא, אמר בנימין פירוש בלשון יוני מפתן שלפני הבתים, ובנוסחאות כתוב פלטירא ופירוש בלשון יוני חנות שמוכרין בתוכו פת, עד כאן לשון רבי בנימין מוספיא. אמר הכותב, ואולי [צריך לומר] פורטורייני, וזה לשון רבי בנימין מוספיא ערך פרטורייני מדרש אסתר פסקא בשנת שלש למלכו (פרשה א יט) רבי יהודה בר סימון בשם רבי אליעזר אמר יכולני ופרטורייני, פירוש בלשון רומי כת אנשי מלחמה השומרת את היכל הקיסר ברומי, עד כאן לשון רבי בנימין מוספיא, ויכולני ופרטור מיני שמות של ראשי אומות הן, אבל בנוסחת מדרש שלנו כתיב יכולני ובר קוראני:

אם למקרא

וּמִן הַמִּקְדָּשׁ לֹא יֵצֵא וְלֹא יְחַלֵּל אֵת מִקְדַּשׁ אֱלֹהָיו כִּי נֵזֶר שֶׁמֶן מִשְׁחַת אֱלֹהָיו עָלָיו אֲנִי ה':
(ויקרא כא:יב)

וְהַנּוֹתֶרֶת מִן הַמִּנְחָה לְאַהֲרֹן וּלְבָנָיו קֹדֶשׁ קָדָשִׁים מֵאִשֵּׁי ה':
(שם ב:ג)

לוּלֵי תוֹרָתְךָ שַׁעֲשֻׁעָי אָז אָבַדְתִּי בְעָנְיִי:
(תהלים קיט:צב)

וּבָחֹר אֹתוֹ מִכָּל שִׁבְטֵי יִשְׂרָאֵל לִי לְכֹהֵן לַעֲלוֹת עַל מִזְבְּחִי לְהַקְטִיר קְטֹרֶת לָשֵׂאת אֵפוֹד לְפָנָי וָאֶתְּנָה לְבֵית אָבִיךָ אֶת כָּל אִשֵּׁי בְּנֵי יִשְׂרָאֵל:
(שמואל א ב:כח)

אַשְׁרֵי תִּבְחַר וּתְקָרֵב יִשְׁכֹּן חֲצֵרֶיךָ נִשְׂבְּעָה בְּטוּב בֵּיתֶךָ קְדֹשׁ הֵיכָלֶךָ:
(תהלים סה:ה)

ידי משה

[ד] **ומשבט לוי בחר באהרן.** פירוש ובאהרן עצמו יש עוד בחירה, דהיינו תרומה לכהן, ומעשר ללוי, וגם נדב ואביהוא לצד אחד שמתו ואלעזר ואיתמר נבחרו, לכך נאמר אשרי תבחר וגו':

אמרי יושר

[ד] **משל לחכם שנטל קרובתו.** לחכם זה הקב"ה, שנטל קרובתו זה משה, ורצה בחכמתו שאין בניו הגונים, עשה צד חכמה שהיא תבקש לו, כדי שלא תתגדל עליה, גם להפיק רצון הראשונה, זהו אתה בעצמך תקח את אהרן, ראה בניו אתו כשרים והגונים, לא כן אתה, זהו מתוך בני ישראל, לא כן בניך כי הם בני גרים. או לרמוז הקריבהו נא והבדילהו ממחשבת ישראל בעגל, כי כוונתו טובה במאד ורצויה: **תרומה לצד.** כשם שבחרתי אהרן מתוך בני ישראל, כך אבחר מתוך אהרן, כי נדב ואביהוא קדש, עם כל זה אלעזר ואיתמר הם קדש (ובאר) [ובחר מ] בני אהרן הם דוקא, וזהו תרומה לצד, כי חייבין עליהם מיתה, לא כן במעשר המורם, ואף על פי שהכל כרי אחד שהוא אהרן, זהו **תבחר ותקרב** כפול מתוך אהרן:

מתנות כהונה

מותריו. מה שמותיר ממאכלו: [ד] **תורה היתה לי כו'.** ומה תרצה עוד די לך בגדולה זו: **אבדתי עולמי.** בעניי דרש בעמלי ומלאכתי. וזהו העולם כמה דאת אמר (בראשית לא, מב) את עניי ואת יגיע כפי. ושיעור הכתוב לולי תורתך על דרך שאמר הכתוב תורת משה שהיא שעשועי אז אָבַדְתִּי עולמי קרי ביה אִבַּדְתִּי בחיר"ק תחת האל"ף: **שתהא גדול כו'.** נתגדל עליו שתראה בזה ענותנותך. או רצה לומר כשאתה תמנה אותו תהיה אתה גדול עליו שגדולתו תבא ממך ועל ידך: **תרומה לצד.** ליתן לכהנים: **ומעשר לצד.** ליתן ללוים: **נדב ואביהוא לצד:** הכי גרסינן **נדב ואביהוא לצד ואלעזר ואיתמר לצד אלעזר ואיתמר נבחרו:**

אשד הנחלים

ענינו מאנשי העולם, רק קרוב אלי בקדושה אלהית, ואין שבח נעלה מזה: [ד] **הרע לו.** כי הוא היה חפץ בכהונה גדולה גם כן, וניחם אותו ה' שדי לו בשיתן התורה על ידו, ועל ידה הוא קיום העולם כולו, ומה יחפוץ גדולה ויקר יותר מזה, ומרומז זאת במלת ואתה, כאומר ואתה אשר העליתיך עָדַי, הקרב אליך גם את אהרן אחיך: **שתהא גדול עליו.** אחר שאתה עושהו ומקרב לזה, ותלוי הדבר בך, וזהו ואתה הקרב: **מכל הארצות.** כאומר אל המקום הנבחר, והוא בית קדשי הקדשים מוכרח אתה להקריב אהרן אחיך, כי הוא הנבחר והנקרב לזה, כי המקום קדוש מאד וגם הוא קדוש מאד. וענינו להראות כי גם בישראל נבחר שבט מבלעדי שבט בסגולה מיוחדת, וכן הארץ נבחרת מקום מבלעדי מקום, כמאמרם (כלים פ"א מ"ו) עשר קדושות כו':

Chapter 38

וְזֶה הַדָּבָר אֲשֶׁר תַּעֲשֶׂה לָהֶם לְקַדֵּשׁ אֹתָם לְכַהֵן לִי לְקַח פַּר אֶחָד בֶּן בָּקָר וְאֵילִם שְׁנַיִם תְּמִימִם.

This is the matter that you shall do for them to sanctify them to minister for Me: Take one young bull and two rams, unblemished (29:1).

§1 **וְזֶה הַדָּבָר אֲשֶׁר תַּעֲשֶׂה לָהֶם** – ***THIS IS THE MATTER THAT YOU SHALL DO FOR THEM*** *TO SANCTIFY THEM TO MINISTER FOR ME.*

The word הַדָּבָר, *the matter*, appears superfluous. The Midrash will expound it while relating a verse from *Psalms*:[1]

הָדָא הוּא דִכְתִיב "לְעוֹלָם ה׳ דְּבָרְךָ נִצָּב בַּשָּׁמָיִם" – **This is related to** that **which is written, *Forever, HASHEM, Your word stands in the heavens*** (*Psalms* 119:89). **אָמַר דָּוִד: כְּשֵׁם שֶׁאַתָּה אֱמֶת** – With these words he wrote in *Psalms*, King **David said: Just as You** (*HASHEM*) **are True,**[2] **שֶׁנֶּאֱמַר "וַה׳ אֱלֹהִים אֱמֶת"** – **as is stated, *HASHEM, God, is True*** (*Jeremiah* 10:10), **כֵּן דְּבָרְךָ אֱמֶת** – **so is Your word true,**[3] **שֶׁנֶּאֱמַר "לְעוֹלָם ה׳ דְּבָרְךָ נִצָּב בַּשָּׁמָיִם"** – **as is stated, *Forever, HASHEM, Your word stands in the heavens*;**[4] **אַל תֹּאמַר "בַּשָּׁמַיִם" אֶלָּא "כַּשָּׁמַיִם"** – **do not say *bashamayim*** [בַּשָּׁמַיִם] (*in the heavens*), **but rather, *kashamayim*** [כַּשָּׁמַיִם] (*like the heavens*),[5] so that the verse teaches the following: **כְּשֵׁם שֶׁמִּתְּחִלָּה גָּזַר וְנַעֲשׂוּ שָׁמַיִם** – **Just as at the beginning** of time **[God] decreed and the heavens were created,** and they continue to endure for all time,[6] **אַף דָּבָר שֶׁדִּבַּרְתָּ לְקַדֵּשׁ אֶת אַהֲרֹן וְאֶת בָּנָיו קַיָּים לְעוֹלָם** – **so too will the word that You spoke to sanctify Aaron and his sons endure forever;**[7] **שֶׁנֶּאֱמַר "וְהָיְתָה לּוֹ וּלְזַרְעוֹ אַחֲרָיו בְּרִית כְּהֻנַּת עוֹלָם"** – **as is stated, *And it shall be for him and his offspring after him a covenant of eternal priesthood*** (*Numbers* 25:13). **לָמָּה כָּךְ** – **Why is this so?**[8] **"כֵּן יִהְיֶה דְבָרִי אֲשֶׁר יֵצֵא מִפִּי"** – For Scripture states, ***So shall be My word*** [דְּבָרִי] ***that emanates from My mouth,*** *it will not return to Me unfulfilled* (*Isaiah* 55:11); **לְכָךְ נֶאֱמַר "וְזֶה הַדָּבָר"** – **therefore it is stated** in our verse, ***This is the matter*** [הַדָּבָר] *that you shall do for [Aaron and his sons] to sanctify them to minister for Me.*[9]

NOTES

1. See *Maharzu*.

2. I.e., alive and enduring (*Eitz Yosef*; also see *Maharzu*).

3. I.e., enduring (ibid.).

4. One would have expected the verse to state, ה׳ דְּבָרְךָ נִצָּב לְעוֹלָם, *HASHEM, Your word stands forever*. The verse's incongruous wording prompts the Midrash to interpret the verse as follows: *Just as forever You, HASHEM, endure, so does Your word endure* (see *Maharzu, Eitz Yosef*). Presently, the Midrash will support this interpretation from the verse's final word.

5. The Midrash is not satisfied with the simple reading of the verse alone, for *God's word stands* on earth no less than *in the heavens* (*Yefeh To'ar* et al., referencing below, §6). And since ב and כ have similar forms, they may be interchanged for each other (*Eitz Yosef*).

6. Elucidation follows *Yefeh To'ar* et al. *Yefeh To'ar* (followed by *Eitz Yosef*) adds that *Psalms* 148:6 says about the heavens: וַיַּעֲמִידֵם לָעַד לְעוֹלָם, *And He established them forever and ever*.

7. *Your word stands "like" the heavens* is understood to mean that God's statement regarding Aaron [which included the term הַדָּבָר, lit., *the word*] will endure forever as the heavens will (see *Beur Maharif, Eitz Yosef*).

[In truth, God's declarations are indeed reversed on occasion (see *Jeremiah* 18:7-8 et al.). However, such reversals are always precipitated by changes in circumstances and, in this situation, God foresaw that Aaron's offspring would forever be worthy of the priesthood (*Yefeh To'ar*).]

8. The Midrash appears to be asking where God made a guarantee that Aaron's priesthood would last forever. There is no record of God having sworn or provided a sign that it would be so (see *Matnos Kehunah*, also cited by *Eitz Yosef*; *Maharzu*; see *Toldos Noach* who notes the difficulty of this question).

9. Having demonstrated that the term הַדָּבָר, *the matter*, is associated with everlasting Divine decrees, the Midrash teaches that our verse included that word to indicate the infinite nature of Aaron's priesthood (see *Beur Maharif*; *Maharzu* and *Eitz Yosef* at the beginning of the section).

See Insight Ⓐ.

INSIGHTS

Ⓐ The Wonders of God's Word By comparing Aaron's status to another product of God's word — the heavens — the Midrash underscores the permanence of his appointment. But according to *Yakar MiPaz* ([and *Toras Kohen*, by the same author] on *Parashas Tetzaveh*), there is more to this comparison, something that teaches us a lesson about the potency of God's word.

In another Midrashic source, we find this lesson being taught to Korah, the distinguished Levite who rebelled against Aaron's accession to the priesthood. Scripture records that Moses told Korah, *In the morning, HASHEM will make known the one who is His own* (*Numbers* 16:5). Commenting on that verse, *Midrash Tanchuma* (§5, quoted by *Rashi* ad loc.) explains that Moses' reference to the morning was part of his response: "God has set all sorts of boundaries in His world," said Moses, "including the ones between light and darkness and between priest and non-priest. If you can turn morning into evening, then you will be able to cancel this decree about the priesthood."

Evidently, Korah did not doubt that Moses had gained God's approval for appointing Aaron as High Priest (otherwise, Moses' argument was beside the point). He thought, however, that the idea had originated with Moses, and that the appointment was no different from one made by any king or ruler who wishes to honor a favorite member of his court. Being arbitrary and superficial, such changes in status are not unconditionally hereditary, and they can be easily reversed.

But that was a mistake. Aaron's selection for the priesthood originated with God Himself, and, as a Divine decree, did more than provide him with a title and vocation. It elevated his soul and effected a permanent change in his nature, making his priestly status an integral part of his innermost being. It became so ingrained in him that he would automatically pass it on to his children and descendants, who would be Kohanim by birth without earning the distinction through their personal merits. From that point on there was a separation between Aaron and his fellow Jews, a separation that — as Moses told Korah — is no less fixed and irreversible than the boundary separating day from night.

Our Midrash, too, seeks to convey this idea. It wants us to understand that there is a fundamental difference between a Divine decree and a royal decree. A mortal king cannot alter the essential nature of things. His words produce results, but only indirectly, by inducing his subjects to act according to his wishes. Just as his own precarious, transient existence is not "true," so his words are not "true," in the sense that they do not affect reality in a real and permanent way. God, on the other hand, is the one true Existence in the world. Being the ultimate reality, He can create or change reality with a mere thought or spoken word. One Divine utterance created a permanent fixture like the heavens; in the same way, one directive to sanctify Aaron as a Kohen was enough to change his constitution and that of his progeny forever.

The passage concludes with an abbreviated quotation from *Isaiah* that makes the same point in the context of repentance. *"Let the wicked one forsake his way,"* Isaiah urged his people, *"let him return to HASHEM and He will show him mercy."* But Isaiah knew that the promise of clemency is not enough. There is always the danger that a potential penitent will tell himself, "True, God may forgive me, but what is the use? My sins have destroyed my purity, and the stains on my soul will always mark me as a sinner." To counter this notion, Isaiah continues in God's Name, *"For My thoughts are not your thoughts, and your ways are not My ways."* When a human being forgives, he relieves his offender of

פרשה לח

א [כט, א] "וְזֶה הַדָּבָר אֲשֶׁר תַּעֲשֶׂה לָהֶם", הָדָא הוּא דִכְתִיב (שם קיט, פט) "לְעוֹלָם ה' דְּבָרְךָ נִצָּב בַּשָּׁמָיִם", אָמַר דָּוִד: כְּשֵׁם שֶׁאַתָּה אֱמֶת שֶׁנֶּאֱמַר (ירמיה י, י) "וַה' אֱלֹהִים אֱמֶת", כֵּן *דְּבָרְךָ אֱמֶת, שֶׁנֶּאֱמַר "לְעוֹלָם ה' דְּבָרְךָ נִצָּב בַּשָּׁמָיִם", אַל תֹּאמַר "בַּשָּׁמָיִם" אֶלָּא "כַּשָּׁמָיִם", כְּשֵׁם שֶׁמִּתְּחִלָּה גָּזַר וְנַעֲשׂוּ שָׁמַיִם, אַף [א]דָּבָר שֶׁדִּבַּרְתָּ לְקַדֵּשׁ אֶת אַהֲרֹן וְאֶת בָּנָיו קַיָּים לְעוֹלָם, שֶׁנֶּאֱמַר (במדבר כה, יג) "וְהָיְתָה לּוֹ וּלְזַרְעוֹ אַחֲרָיו בְּרִית כְּהֻנַּת עוֹלָם", לָמָּה כָּךְ, (ישעיה נה, יא) "כֵּן יִהְיֶה דְבָרִי אֲשֶׁר יֵצֵא מִפִּי" לְכָךְ נֶאֱמַר [כט, א] "זֶה הַדָּבָר":

ב דָּבָר אַחֵר, [כט, א] "וְזֶה הַדָּבָר", הָדָא הוּא דִכְתִיב (חבקוק א, יב) "הֲלוֹא אַתָּה מִקֶּדֶם ה' אֱלֹהַי קְדֹשִׁי לֹא נָמוּת", עַד שֶׁלֹּא עָמַד אָדָם הָרִאשׁוֹן וְאָכַל אֶת הָאִילָן כָּךְ הָיִיתָ אוֹמֵר, שֶׁלֹּא יֹאכַל מִן הָאִילָן וְלֹא יָמוּת, שֶׁנֶּאֱמַר "הֲלוֹא אַתָּה מִקֶּדֶם ה' אֱלֹהַי קְדֹשִׁי לֹא נָמוּת", אֶלָּא מִפְּנֵי שֶׁבִּיטֵּל צִוּוּיָךְ הֵבֵאתָ עָלָיו מִיתָה °לְהַכּוֹת אֶת הַבְּרִיּוֹת,

עץ יוסף

(א) **הדא הוא דכתיב לעולם ה' דברך נצב בשמים.** שדבריו אמת וקיים לעד כמוהו, ולכן רמז הקיום באומר זה הדבר: **כשם שאתה אמת.** פירוש חי וקיים כן דברך יקום לעולם, והיינו לעולם ה' דברך נצב בשמים, פירוש כמו שלעולם אתה ה' קיים, כן דברך נצב פירוש קיים: **אל תאמר בשמים.** דמה שאמר שמים, בארץ נמי דבר ה' נצב: **אלא כשמים.** שלהיות הבי"ת והכ"ף קרובות בתמונתם יתחלפו זו בזו: **כשם שמתחלה גזר ונעשו שמים.** והגזירה ההיא קיימת לעולם כדכתיב ויעמידם לעד לעולם, וכן הארץ בל תמוט עולם ועד, ולכן אמר לדור ודור אמונתך כוננת ארץ ותעמוד, שלשניהם ידמה דבר ה' לאהרן שיהיה קיים לעולם: **למה כך כן יהיה דברי.** נתנה לו הכהונה לעולמים על שם כן יהיה דברי וגו', וסיפיה דקרא לא ישוב כלומר זה יהיה כן לעולמי עד (מתנות כהונה): **(ב) דבר אחר וזה הדבר.** וסלקא דעתך אשר תעשה להם לקדש אותם וגו', והקדושה הוא לה' יתברך, ולמלאכים החיים תמיד, לא בבני אדם המתים אין שייך בהם קדושה, ועל זה מביא הדא הוא דכתיב הלא אתה מקדם ה' אלהי קדושי לא נמות, וכדמפרש: **שנאמר הלא אתה מקדם כו'.** לשון המקרא שם, הלא אתה מקדם ה' אלהי קדושי לא נמות ה' למשפט שמתו וצור להוכיח יסדתו. והכי פירושו דקרא, מקדם שחטא אדם אמרת שלא ימות בהיותך ה' אלהיו וקדושו, דהיינו בשומרו מצותיך שלא לאכול מהעץ, שאז היה קדוש לך ודבוק בך והיית אתה אלהיו וקדושו, ולפי שבמיתתו נמשך הדבר לזרעו, כינה הנביא הדבר בשמו, ואמר ה' אלהי קדושי לא נמות: **הבאת עליו מיתה להוכיח את הבריות.** כן צריך לומר (יפה תואר). אף על גב דעל שביטל צוויו נגזר עליו מיתה, אמר להוכיח את הבריות, כי לולא זה לא היה ה' מעניש במיתה אלא בעונש אחר: **שנאמר ה' למשפט שמתו.** סיפיה וצור להוכיח יסדתו וכמו שאמר לעיל:

פירוש מהרז"ו

(א) **וזה הדבר.** תיבת הדבר מיותר כאן, ודורש גזירה שוה: **לעולם ה' דברך נצב בשמים.** היה לו לומר ה' דברך נצב לעולם, על כן דורש כשם שאתה ה' לעולם, כך דברך לעולם. כשם שלא תכזב אלהותך, כך לא תכזב דברך. ומה שכתוב בשמים, וכי אין דברו אלא בשמים ולא בארץ, אלא אל תקרי בשמים, אלא כשמים, כמו שכתוב (תהלים לג, ו) בדבר ה' שמים נעשו, וצבא השמים אינם משתנים וקיימים, אך הארץ וצבאיה משתנים תמיד: **ולמה כך.** עיין מתנות כהונה. ובא לחתום מה שהתחיל, ופירש אף שאין כאן לא שבועה ולא נתן לו אות, רק שהבטיח לו בתיבת דבר: **(ב) דבר אחר וזה הדבר.** וסיפא דקרא אשר תעשה להם לקדש אותם לכהן לי, והקדושה היא לה' יתברך ומלאכים החיים תמיד, אך בבני אדם המתים אין שייך בהם קדושה, כמו שכתוב ישעיה ה' ד', קדוש יאמר לו כל הכתוב לחיים בירושלים: **מקדם ה' אלהי קדושי ולא נמות.** איך דיקש שמטעם שהוא אלהים קדוש, לבטל המיתה, על כן דורש על פי גזירה שוה מקדם קודם לאדם, וכמו שדרש בבראשית רבה פרשה ט"ו סימן ג, מקדם לגן עדן (בראשית ג, כד), קודם שנברא אדם, עיין שם שכך היה דעת השם יתברך כביכול מתחלה, שיהיה האדם קדוש ולא ימות כנ"ל, אך אחר החטא, ה' למשפט שמתו, שימות הוא וזרעו, הן מעצמו הן על ידי אחרים, ועתה נתת משפטי ביד נבוכדנאצר מלך בבל, עיין בפסוקים שם, ועיין בראשית רבה ריש פרשה כא, וכן דרשו בפסוק שם בפרשה (חבקוק א, ז) איום ונורא הוא ממנו משפטו ושאתו יצא, על אדם הראשון ועל נבוכדנצר: **להכות את הבריות.** אולי צריך לומר להוכיח את הבריות, וכמו שכתוב בסיפא דקרא וצור להוכיח יסדתו. וכן מצאתי ביפה תואר:

מתנות כהונה

[א] **למה כך.** נתנה לו הכהונה לעולמים על שם **כן יהיה דברי וגו'.** וסיפיה דקרא לא ישוב כלומר זה יהיה כן לעולמי עד:

אשד הנחלים

[א] **כשם שאתה אמת כו' בשמים כו' קיים לעולם.** ענינו ופירושו כמו שה' יסד טבע השמים, שהיא טבע קיימת תמיד על אופן אחד [לא כמו טבע ברואי הארץ שמשתנים מהויה אל ההפסד תמיד], כן לדור ודור אמונתך וקיומך [על דרך (ישעיה כב, כג) ותקעתיו יתד במקום נאמן שפירושו קיים תמיד] שהבטחת להם. והכונה כי לא ידומה שלא נבחר רק לשעה, מצד שהיו ראוים בעת ההיא, אבל באמת המה נבחרים תמיד, כי עצם נפשם נבדלת ומיוחדת במעלה הזאת, ולכן המה תמיד במעלתם, ולכן כתיב ברית כהונת עולם: **כן יהיה דברי.** הבטחתי, במה שאני מבטיח לדור ושבט זה, ולכן כתיב וזה הדבר, כי דברי יקום לעד: **[ב] דבר אחר.** זה באור על לקדש אותם: **ולא ימות כו' שביטל צוויך.** הכונה כי ה' ברוך הוא הזהיר לאדם שישאר בקדושתו, וגלה לו במה ישאר בקדושתו, [וכן פה למד איך יתקדשו הכהנים] הוא אמר לא יאכל עץ הדעת, ועל ידי זה לא היה מת לעולם, רק הוא הגורם כי עבר על צוויך:

ידי משה

[א] **וזה הדבר אשר תעשה להם הדא הוא דכתיב וכו'.** עד **אף דבר שדברת לקדש את אהרן קיים לעולם ולמה כך כן יהיה דברי אשר יצא מפי וגו'.** מה מאד קשה להבין מהיכי תיתי לומר חס ושלום שלא יקיים הקב"ה דיבורו, ועוד כמה וכמה צווים ודיבורים נאמרו בתורה ולא נדרש בהם גם כן כדרש זה שהקב"ה מקיים דיבורו. ונראה לי דהכי קאמר, לפי שהוקשה למדרש שצוה הקב"ה שיקח אהרן פר בן בקר לחטאת וגו', פירש רש"י פר לכפר על מעשה עגל, ואיתא בהוריות (י, א) והובא במסכת כתובות (מה, א"ב) וזה לשונם וכולם שחטאו ואחר כך נתמנו כגון כהן גדול ונשיא (ר"י) [רבי שמעון] אומר שפטורים מקרבן, ורבי יהודה סבירא ליה שמביאין כהדיוט שעירה וכבשה, ואם כן כאן היה החטא של אהרן קודם המנוי, שנתמנה להיות כהן גדול אחר החטא, ואם כן קשה קושיא עצומה, שהיה לאהרן לפטור מכל, או להביא כבשה ושעירה, לזה אמר לעולם דברך וגו', ומסיים כשם שגזרת וכו' אף דברך וכו', להורות שדיבור של הקב"ה הוא מעשה, ומצינו שדיבר הקב"ה ליתן את הכהונה לאהרן בעודו במצרים, כדאיתא בגמרא דזבחים (קב, א) שאמר הקב"ה הלא אהרן אחיך, לפיכך מסיים כן יהיה דברי אשר יצא מפי וגו', פירוש הואיל והקב"ה אינו משנה דיבורו הוה כמעשה לגביה, וזה כוונת הפסוק גם כן במה שאמר וזה הדבר, פירוש שקיים הקב"ה זה הדבר שדיבר כבר כדי להתגלגל על קושיא דא, כן נראה לי בן המחבר. ודוק:

חידושי הרד"ל

[א] **אשר תעשה להם הדא הוא דכתיב לעולם.** כן צריך לומר: **ונעשו שמים.** שהן עומדים תמיד, (וכן דרך המקרא לתפוס תמיד הזמן במשל כימי השמים (דברים יא כא)): **[ב] קדושי ולא נמות כו' הייתי אומר כו'.** כן צריך לומר: **עליו מיתה להוכיח את הבריות.** כן צריך לומר וכסיפיה דקרא בחבקוק, וצור (זה אדם הראשון, צור חלבו של עולם) להוכיח (על ידי שגזרת מיתה עליו) יסדתו, וכמו שנאמר (בראשית רבה ט, ה) כי טוב מאוד זה המות:

חידושי הרש"ש

[ב] **כך היית אומר.** כן צריך לומר, בלא י' בסוף:

באור מהרי"פ

[א] **ונעשו שמים.** פירוש והגזרה קיימת לעולם, שהם נצחיים כך הדבור שלו הוא נצחי, וזה כשמים: **כן יהיה דברי אשר יצא מפי וכו'.** אולי יש קצת התיחסות לדרשת לעולם ה' דברך נצב בשמים, כשמים, וכך הענין המקרא הזה, לעיל מיניה כתיב כי כאשר ירד הגשם והשלג מן השמים, ושמה לא ישוב וגו', כן יהיה דברי אשר יצא מפי לא ישוב אלי ריקם, ועל המעיין ליישב האסמכתא: **לכך נאמר זה הדבר.** פירוש, שדבורו קיים לעולמי עד: **[ב] להכות את הבריות.** במדרש עם פירוש היפה תואר גורס להוכיח את הבריות, ונכון הוא, כי זה לשון המקרא (חבקוק א, יב) הלא אתה מקדם ה' אלהי קדושי לא נמות ה' למשפט שמתו וצור להוכיח יסדתו:

אמרי יושר

[א] **לעולם ה' דברך נצב בשמים.** הרגישו כדלקמן וכי אין דברו נצב בארץ, **אמר דוד כשם שאתה אמת כן דברך לעולם,** זהו כשם שלעולם ה', כן נצב דברך, ולזה לא אמר ה' לעולם, להקיש דברך לה' הנזכר שהוא נצב, **אל תאמר בשמים, אלא כשמים כשם שמתחלה גזר ונעשה שמים** כן דברך קיים. ואמר בזה הלשון לדקדק כי השמים עתידין ליכלות כי שמים כעשן נמלחו (ישעיה נא, ו), ואם כן אין קיום בהם לזה אמר והקיש קיום דברו והמשכו לקיום השמים במה שעבר שגזר ונעשו, וזהו הדבר אשר אני נותן להם, כי דברי אשר יצא מפי לא ישוב ריקם: **[ב] הלא אתה מקדם היית אומר שלא יאכל מהאילן כדי שלא נמות.** וכן כל חפצך שנהיה קדושים, אבל אחר שביזה המצוה למשפט המות שמתו לאדם הראשון, ד"א בדורות הללו, על דרך דרשא הנזכר ה' אלהי כיון שרצית שנהיה קדושים לא נמות הסר ממנו המות, אמר לו אי אפשר שהרי למשפט שמתו, וזה הדבר האפשרי שתעשה להם לקדש אותם לא דבר אחר:

מסורת המדרש

א. תנחומא כאן סימן י':

אם למקרא

לְעוֹלָם ה' דְּבָרְךָ נִצָּב בַּשָּׁמָיִם: (תהלים קיט:פט)

וַה' אֱלֹהִים אֱמֶת הוּא־אֱלֹהִים חַיִּים וּמֶלֶךְ עוֹלָם מִקִּצְפּוֹ תִּרְעַשׁ הָאָרֶץ וְלֹא־יָכִלוּ גוֹיִם זַעְמוֹ: (ירמיה י:י)

וְהָיְתָה לּוֹ וּלְזַרְעוֹ אַחֲרָיו בְּרִית כְּהֻנַּת עוֹלָם תַּחַת אֲשֶׁר קִנֵּא לֵאלֹהָיו וַיְכַפֵּר עַל־בְּנֵי יִשְׂרָאֵל: (במדבר כה:יג)

כֵּן יִהְיֶה דְבָרִי אֲשֶׁר יֵצֵא מִפִּי לֹא־יָשׁוּב אֵלַי רֵיקָם כִּי אִם־עָשָׂה אֶת־אֲשֶׁר חָפַצְתִּי וְהִצְלִיחַ אֲשֶׁר שְׁלַחְתִּיו: (ישעיה נה:יא)

הֲלוֹא אַתָּה מִקֶּדֶם ה' אֱלֹהַי קְדֹשִׁי לֹא נָמוּת ה' לְמִשְׁפָּט שַׂמְתּוֹ וְצוּר לְהוֹכִיחַ יְסַדְתּוֹ: (חבקוק א:יב)

ענף יוסף

(א) **שנאמר והיתה לו ולזרעו אחריו כו'.** קשה למה לא הביא ראיה מפסוק (שמות כ"ח מ"ג) חקת עולם לו ולזרעו אחריו, (ושם כ"ט פסוק ט') והיתה להם כהונה לחקת עולם. וי"ל דמשם אין ראיה דכתיב גבי בגדי כהונה, ועל כרחין צריך לומר דהאי לעולם לאו דוקא, דהא משחרב בית המקדש בטלה העבודה, אלא דהכי קאמר דלעולם כשיהיה בית המקדש קיים יהיה לכם הדבר הזה חקת עולם, אבל פסוק והיתה לו ולזרעו אחריו ברית כהונת עולם דגבי פנחס, דלאו כתיב בעבודה משמע דלעולם ממש (תולדות נח):

שינוי נוסחאות

(ב) **הבאת עליו מיתה להכות את הבריות.** בספרים הישנים היה כתוב "... להוכיח את הבריות", ולא הגיהו המפרשים בזה כלום, ואיני יודע למה שינוהו המדפיסים מדפוס קראקא ואילך לכתוב "להכות":

§2 The Midrash cites and expounds a verse from *Habakkuk*, ultimately relating it to ours:

דָּבָר אַחֵר, ״וְזֶה הַדָּבָר״ – **Alternatively,** ***This is the matter*** – הָדָא הוּא דִכְתִיב ״הֲלוֹא אַתָּה מִקֶּדֶם ה׳ אֱלֹהַי קְדֹשִׁי לֹא נָמוּת״ – **this is related** to that **which is written,** ***Are You not from the beginning of time, O HASHEM my God, my Holy One? – we shall not die.*** *O HASHEM, You have ordained him for judgment; O Stronghold, You have established him to chasten us* (*Habakkuk* 1:12).[10] עַד שֶׁלֹּא עָמַד אָדָם הָרִאשׁוֹן וְאָכַל אֶת הָאִילָן – With this, the prophet said to God as follows: **Before Adam, the first** man, **arose and ate** the fruit of **the Tree** of Knowledge, כָּךְ הָיִיתָ אוֹמֵר, שֶׁלֹּא יֹאכַל מִן הָאִילָן וְלֹא יָמוּת – **You were saying thus: That he should not eat from the tree and he should not die;** שֶׁנֶּאֱמַר ״הֲלוֹא אַתָּה מִקֶּדֶם ה׳ אֱלֹהַי קְדֹשִׁי לֹא נָמוּת״ – **as is stated,** ***Are You not from the beginning of time, O HASHEM my God, my Holy One? – we shall not die.***[11] אֶלָּא מִפְּנֵי שֶׁבִּיטֵּל צִוּוּיְךָ הֵבֵאתָ עָלָיו מִיתָה לְהוֹכִיחַ הַבְּרִיּוֹת – **But since [Adam] defied Your command** and ate from the tree, **You brought death upon him in order to chasten people;**[12]

NOTES

10. This statement was made in the context of an anticipated attack on the Jewish people by Nebuchadnezzar. See *Maharzu* for a discussion of what prompts the Midrashic approach offered here and how it is used to explain the verse.

11. As it is interpreted here, the verse states that during the period preceding Adam's sin (at *the beginning of time*), God asserted that as long as He remained *man's God* and *Holy One*, by virtue of man's abiding by His commandment not to eat the fruit of the Tree of Knowledge, man would *not die*. Habakkuk spoke the verse in the first person because the decree that Adam would die affected all of his descendants, including Habakkuk (*Eitz Yosef*).

12. I.e., so that death would be readily available as a tool with which to punish evildoers of the future (see *Yefeh To'ar*, referencing *Bereishis Rabbah* 9 §5).

[Although Adam's death was decreed as a punishment for his having eaten the forbidden fruit, were it not for the consideration given here God would have chosen another punishment (*Eitz Yosef*).]

INSIGHTS

a debt, but he does not cleanse the latter's heart and soul. The Creator's forgiveness, on the other hand, does effect such changes. *For just as the rain and snow descend from heaven* and do not fail *to water the earth and cause it to produce and sprout, so shall be the word that emanates from My mouth.* God's word is a creative force no less potent than rain upon the fertile ground; when His word decrees forgiveness for a sinner, it rehabilitates him, restoring him to the state of innocence and purity that he enjoyed before the sin.

פרשה לח

א [כט, א] "וְזֶה הַדָּבָר אֲשֶׁר תַּעֲשֶׂה לָהֶם", הָדָא הוּא דִכְתִיב (שם קיט, פט) "לְעוֹלָם ה' דְּבָרְךָ נִצָּב בַּשָּׁמָיִם", אָמַר דָּוִד: כְּשֵׁם שֶׁאַתָּה אֱמֶת שֶׁנֶּאֱמַר (ירמיה י, י) "וַה' אֱלֹהִים אֱמֶת", כֵּן *דְּבָרְךָ אֱמֶת, שֶׁנֶּאֱמַר "לְעוֹלָם ה' דְּבָרְךָ נִצָּב בַּשָּׁמָיִם", אַל תֹּאמַר "בַּשָּׁמָיִם" אֶלָּא "כַּשָּׁמָיִם", כְּשֵׁם שֶׁמִּתְּחִלָּה גָּזַר וְנַעֲשׂוּ שָׁמַיִם, אַף [א]דָּבָר שֶׁדִּבַּרְתָּ לְקַדֵּשׁ אֶת אַהֲרֹן וְאֶת בָּנָיו קַיָּם לְעוֹלָם, שֶׁנֶּאֱמַר (במדבר כה, יג) "וְהָיְתָה לוֹ וּלְזַרְעוֹ אַחֲרָיו בְּרִית כְּהֻנַּת עוֹלָם", לָמָּה כָּךְ, (ישעיה נה, יא) "כֵּן יִהְיֶה דְבָרִי אֲשֶׁר יֵצֵא מִפִּי" לְכָךְ נֶאֱמַר [כט, א] "זֶה הַדָּבָר":

ב דָּבָר אַחֵר, [כט, א] "וְזֶה הַדָּבָר", הָדָא הוּא דִכְתִיב (חבקוק א, יב) "הֲלוֹא אַתָּה מִקֶּדֶם ה' אֱלֹהַי קְדֹשִׁי לֹא נָמוּת", עַד שֶׁלֹּא עָמַד אָדָם הָרִאשׁוֹן וְאָכַל אֶת הָאִילָן כָּךְ הָיִיתָ אוֹמֵר, שֶׁלֹּא יֹאכַל מִן הָאִילָן וְלֹא יָמוּת, שֶׁנֶּאֱמַר "הֲלוֹא אַתָּה מִקֶּדֶם ה' אֱלֹהַי קְדֹשִׁי לֹא נָמוּת", אֶלָּא מִפְּנֵי שֶׁבִּיטֵּל צִוּוּיְךָ הֵבֵאתָ עָלָיו מִיתָה °לְהַכּוֹת אֶת הַבְּרִיּוֹת,

עץ יוסף

(א) הדא הוא דכתיב לעולם ה' דברך נצב בשמים. שדבריו אמת וקיים לעד כמוהו, ולכן רמז הקיום באומר זה הדבר: **כשם שאתה אמת.** פירוש חי וקיים כן דברך יקום לעולם, והיינו לעולם ה' דברך נצב בשמים, פירוש כמו שלעולם אתה ה' קיים, כן דברך נצב פירוש קיים: **אל תאמר בשמים.** דמה שאמר שמים, בארץ נמי דבר ה' נצב: **אלא כשמים.** שלהיות הבי"ת והכ"ף קרובות בתמונתם יתחלפו זו בזו: **כשם שמתחלה גזר ונעשו שמים.** והגזירה ההיא קיימת לעולם כדכתיב ויעמידם לעד לעולם, וכן הארץ בל תמוט עולם ועד, ולכן אמר לדור ודור אמונתך כוננת ארץ ותעמוד, שלשניהם ידמה דבר ה' לאהרן שיהיה קיים לעולם: **למה כך כן יהיה דברי.** נתנה לו הכהונה לעולמים על שם כן יהיה דברי וגו', וסיפיה דקרא לא ישוב כלומר זה יהיה כן לעולמי עד (מתנות כהונה): **(ב) דבר אחר וזה הדבר.** וסלקא דעתך אשר תעשה להם לקדש אותם וגו', והקדושה הוא לה' יתברך, ולמלאכים החיים תמיד, לא בבני אדם המתים אין שייך בהם קדושה, ועל זה מביא הדא הוא דכתיב הלא אתה מקדם ה' אלהי קדושי לא נמות, וכדמפרש: **שנאמר הלא אתה מקדם כו'.** לשון המקרא שם, הלא אתה מקדם ה' אלהי קדושי לא נמות ה' למשפט שמתו וצור להוכיח יסדתו. והכי פירושו דקרא, מקדם שחטא אדם אמרת שלא ימות בהיותך ה' אלהיו וקדושו, דהיינו בשומרו מצותיך שלא לאכול מהעץ, שאז היה קדוש לך ודבוק בך והיית אתה אלהיו וקדושו, ולפי שבמיתתו נמשך הדבר לזרעו, כינה הנביא הדבר בשמו, ואמר ה' אלהי קדושי לא נמות: **הבאת עליו מיתה להוכיח את הבריות.** כן צריך לומר (יפה תואר). אף על גב דעל שביטל צוויו נגזר עליו מיתה, אמר להוכיח את הבריות, כי לולא זה לא היה ה' מענישו במיתה אלא בעונש אחר: **שנאמר ה' למשפט שמתו.** סיפיה וצור להוכיח יסדתו וכמו שאמר לעיל:

פירוש מהרז״ו

(א) וזה הדבר. תיבת הדבר מיותר כאן, ודורש גזירה שוה: **לעולם ה' דברך נצב בשמים.** היה לו לומר ה' דברך נצב לעולם, על כן דורש כשם שאתה ה' לעולם, כך דברך לעולם. כשם שלא תכזב אלהותך, כך לא תכזב דברך. ומה שכתוב בשמים, וכי אין דברו אלא בשמים ולא בארץ, אלא אל תקרי בשמים, אלא כשמים, כמו שכתוב (תהלים לג, ו) בדבר ה' שמים נעשו, ולבא [?] השמים אינם משתנים וקיימים, אך הארץ ולבאיה משתנים תמיד: **ולמה כך.** עיין מתנות כהונה. ובא לחתום מה שהתחיל, ופירש אף שאין כאן לא שבועה ולא נתן לו אות, רק שהבטיח לו בתיבת דבר: **(ב) דבר אחר וזה הדבר.** וסיפא דקרא אשר תעשה להם לקדש אותם לכהן לי, והקדושה היא לה' יתברך ומלאכים החיים תמיד, אך בבני אדם המתים אין שייך בהם קדושה, כמו שכתוב ישעיה ה' ד', קדוש יאמר לו כל הכתוב לחיים בירושלים: **מקדם ה' אלהי קדושי ולא נמות.** איך ביקש שמטעם שהוא אלהים קדוש, לבטל המיתה, על כן דורש על פי גזירה שוה מקדם קודם לאדם, וכמו שדרש בבראשית רבה פרשה ט"ו סימן ג, מקדם לגן עדן (בראשית ג, כד), קודם שנברא אדם, עיין שם שכך היה דעת השם יתברך כביכול מתחלה, שיהיה האדם קדוש ולא ימות כנ"ל, אך אחר החטא, ה' למשפט שמתו, שימות הוא וזרעו, הן מעצמו הן על ידי אחרים, ועתה נתת משפטי ביד נבוכדנאצר מלך בבל, עיין בפסוקים שם, ועיין בראשית רבה ריש פרשה כא, וכן דרשו בפסוק שם בפרשה (חבקוק א, ז) איום ונורא הוא ממנו משפטו ושאתו יצא, על אדם הראשון ועל נבוכדנצר: **להכות את הבריות.** אולי צריך לומר להוכיח את הבריות, וכמו שכתוב בסיפא דקרא וצור להוכיח יסדתו. וכן מצאתי ביפה תואר:

מתנות כהונה

[א] **למה כך.** נתנה לו הכהונה לעולמים על שם **כן יהיה דברי וגו'.** וסיפיה דקרא לא ישוב כלומר זה יהיה כן לעולמי עד:

אשד הנחלים

[א] **כשם שאתה אמת כו' בשמים כו' קיים לעולם.** ענינו ופירושו כמו שה' יסד טבע השמים, שהיא טבע קיימת תמיד על אופן אחד [לא כמו טבע ברואי הארץ שמשתנים מהויה אל ההפסד תמיד], כן לדור ודור אמונתך וקיומך [על דרך (ישעיה כב, כג) ותקעתיו יתד במקום נאמן שפירושו קיים תמיד] שהבטחת להם. והכונה כי לא ידומה שלא נבחר רק לשעה, מצד שהיו ראוים בעת ההיא, אבל באמת המה נבחרים תמיד, כי עצם נפשם נבדלת ומיוחדת במעלה הזאת, ולכן המה תמיד במעלתם, ולכן כתיב ברית כהונת עולם: **כן יהיה דברי.** הבטחתי, במה שאני מבטיח לדור ושבט זה, ולכן כתיב וזה הדבר, כי דברי יקום לעד: [ב] **דבר אחר.** זה באור על לקדש אותם: **ולא ימות כו' שביטל צוויך.** הכונה כי ה' ברוך הוא הזהיר לאדם שישאר בקדושתו, וגלה לו במה ישאר בקדושתו, [וכן פה למד איך יתקדשו הכהנים] הוא אמר לא יאכל עץ הדעת, ועל ידי זה לא היה מת לעולם, רק הוא הגורם כי עבר על צוויך:

ידי משה

[א] **וזה הדבר אשר תעשה להם הדא הוא דכתיב וכו'.** עד **אף דבר שדברת לקדש את אהרן קיים לעולם ולמה כך כן יהיה דברי אשר יצא מפי וגו'.** מה אלא קשה להבין מהיכי תיתי לומר חס ושלום שלא יקיים הקב"ה דיבורו, ועוד כמה וכמה צווים ודיבורים נאמרו בתורה ולא נדרש בהם גם כן כדרש זה שהקב"ה מקיים דיבורו. ונראה לי דהכי קאמר, לפי שהוקשה למדרש שציוה הקב"ה שיקח אהרן פר בן בקר לחטאת וגו', פירש רש"י פר לכפר על מעשה עגל, ואיתא בהוריות (י, א) והובא במסכת כתובות (מה, א-ב) וזה לשונם וכולם שחטאו ואחר כך נתמנו כגון כהן גדול ונשיא (ר"י) [רבי שמעון] אומר שפטורים מקרבן, ורבי יהודה סבירא ליה שמביאין כהדיוט שעירה וכבשה, ואם כן כאן היה החטא של אהרן קודם המנוי, שנתמנה להיות כהן גדול אחר החטא, ואם כן קשה קושיא עצומה, שהיה לאהרן לפטור מכל, או להביא כבשה ושעירה, לזה אמר לעולם דברך וגו', ומסיים כשם שגזרת וכו' אף דברך וכו', להורות שדיבור של הקב"ה הוא מעשה, ומצינו שדיבר הקב"ה ליתן את הכהונה לאהרן בעודו במצרים, כדאיתא בגמרא דזבחים (קב, א) שאמר הקב"ה הלא אהרן אחיך, לפיכך מסיים כן יהיה דברי אשר יצא מפי וגו', פירוש הואיל והקב"ה אינו משנה דיבורו הוה כמעשה לגביה, וזה כוונת הפסוק גם כן במה שאמר וזה הדבר, פירוש שקיים הקב"ה זה הדבר שדיבר כבר כדי להתגלל על קושיא דא, כן נראה לי בן המחבר. ודוק:

חידושי הרד״ל

[א] **אשר תעשה להם הדא הוא דכתיב לעולם.** כן צריך לומר: **ונעשו שמים.** שהן עומדים תמיד, (וכן דרך המקרא לתפוס תמיד הזמן במשל כימי השמים (דברים יא כא)): [ב] **קדושי ולא נמות כו' הייתי אומר כו'.** כן צריך לומר: **עליו מיתה להוכיח את הבריות.** כן צריך לומר וכסיפיה דקרא בחבקוק, וצור (זה אדם הראשון, צור חצבו של עולם) להוכיח (על ידי שגזרת מיתה עליו) יסדתו, וכמו שנאמר (בראשית רבה ט, ה) כי טוב מאוד זה המות:

חידושי הרש״ש

[ב] **כך היית אומר.** כן צריך לומר, בלא י' בסוף:

באור מהרי״פ

[א] **ונעשו שמים.** פירוש והגזרה קיימת לעולם, שהם נלאיים כך הדבור שלו הוא נלחי, וזה כשמים: **כן יהיה דברי אשר יצא מפי וכו'.** אולי יש קצת התיחסות לדרשת לעולם ה' דברך נצב בשמים, כשמים, וכך הענין המקרא הזה, לעיל מיניה כתיב כי כאשר ירד הגשם והשלג מן השמים, ושמה לא ישוב וגו', כן יהיה דברי אשר יצא מפי לא ישוב אלי ריקם, ועל המעיין ליישב האסמכתא: **לכך נאמר זה הדבר.** פירוש, שדבורו קיים לעולמי עד: [ב] **להכות את הבריות.** במדרש עם פירוש היפה תואר גורס להוכיח את הבריות, ונכון הוא, כי זה לשון המקרא (חבקוק א, יב) הלא אתה מקדם ה' אלהי קדושי לא נמות ה' למשפט שמתו וצור להוכיח יסדתו:

אמרי יושר

[א] **לעולם ה' דברך נצב בשמים.** הרגישו כדלקמן וכי אין דברו נצב בארץ, **אמר דוד כשם שאתה אמת כן דברך לעולם,** זהו כשם שלעולם ה', כן נצב דברך, ולזה לא אמר ה' לעולם, להקיש דברך לה' הנזכר שהוא נצב, **אל תאמר בשמים, אלא כשמים כשם שמתחלה גזר ונעשה שמים כן דברך קיים.** ואמר בזה הלשון לדקדק כי השמים עתידין ליכלות כי שמים כעשן נמלחו (ישעיה נא, ו), ואם כן אין קיום בהם לזה אמר והקיש קיום דברו והמשכו לקיום השמים במה שעבר שגזר ונעשו, זהו הדבר אשר אני נותן להם, כי דברי אשר יצא מפי לא ישוב ריקם: [ב] **הלא אתה מקדם היית אומר שלא יאכל מהאילן כדי שלא נמות.** וכן כל חפצך שנהיה קדושים, אבל אחר שביזה המצוה למשפט המות שמתו לאדם הראשון, ד"א בדורות הללו, על דרך דרשה הנזכר ה' אלהי כיון שרצית שנהיה קדושים לא נמות הסר ממנו המות, אמר לו אי אפשר שהרי למשפט שמתו, וזה הדבר האפשרי שתעשה להם לקדש אותם לא דבר אחר:

מסורת המדרש

א. תנחומא כאן סימן י':

אם למקרא

לְעוֹלָם ה' דְּבָרְךָ נִצָּב בַּשָּׁמָיִם:
(תהלים קיט:פט)

וַה' אֱלֹהִים אֱמֶת הוּא־אֱלֹהִים חַיִּים וּמֶלֶךְ עוֹלָם מִקִּצְפּוֹ תִּרְעַשׁ הָאָרֶץ וְלֹא־יָכִלוּ גוֹיִם זַעְמוֹ:
(ירמיה י:י)

וְהָיְתָה לּוֹ וּלְזַרְעוֹ אַחֲרָיו בְּרִית כְּהֻנַּת עוֹלָם תַּחַת אֲשֶׁר קִנֵּא לֵאלֹהָיו וַיְכַפֵּר עַל־בְּנֵי יִשְׂרָאֵל:
(במדבר כה:יג)

כֵּן יִהְיֶה דְבָרִי אֲשֶׁר יֵצֵא מִפִּי לֹא־יָשׁוּב אֵלַי רֵיקָם כִּי אִם־עָשָׂה אֶת־אֲשֶׁר חָפַצְתִּי וְהִצְלִיחַ אֲשֶׁר שְׁלַחְתִּיו:
(ישעיה נה:יא)

הֲלוֹא אַתָּה מִקֶּדֶם ה' אֱלֹהַי קְדֹשִׁי לֹא נָמוּת ה' לְמִשְׁפָּט שַׂמְתּוֹ וְצוּר לְהוֹכִיחַ יְסַדְתּוֹ:
(חבקוק א:יב)

ענף יוסף

(א) שנאמר והיתה לו ולזרעו אחריו כו'. קשה למה לא הביא ראיה מפסוק (שמות כ"ח מ"ג) חקת עולם לו ולזרעו אחריו, (וכן כ"ט פסוק ט') והיתה להם כהונה לחקת עולם. וי"ל דמשם אין ראיה דכתיב גבי בגדי כהונה, ועל כרחין צריך לומר דהאי לעולם לאו דוקא, דהא משחרב בית המקדש בטלה העבודה, אלא דהכי קאמר דלעולם כשיהיה בית המקדש קיים יהיה לכם הדבר הזה חקת עולם, אבל פסוק והיתה לו ולזרעו אחריו ברית כהונת עולם דגבי פנחס, דלאו כתיב בעבודה משמע דלעולם ממש (תולדות נח):

שינוי נוסחאות

(ב) הבאת עליו מיתה להכות את הבריות. בספרים הישנים היה כתוב "... להוכיח את הבריות", ולא הגיהו המפרשים בזה כלום, ואיני יודע למה שינוהו המדפיסים מדפוס קראקא ואילך לכתוב "להכות":

שֶׁנֶּאֱמַר "ה׳ לְמִשְׁפָּט שַׂמְתּוֹ" – **as is stated** in the end of the *Habakkuk* verse, ***O HASHEM, You have ordained him for judgment;*** *O Stronghold, You have established him to chasten us.*

The Midrash presents an alternative interpretation of the verse from *Habakkuk*, which relates to our verse:[13]

אַתָּה גוֹזֵר וְאוֹמֵר "קְדֹשִׁים יִהְיוּ לֵאלֹהֵיהֶם" – With the above words, the Jewish people said to God, **"You decree and declare, *[The Kohanim] shall be holy to their God*** (*Leviticus* 21:6),[14] וְכֵן "וְזֶה הַדָּבָר אֲשֶׁר תַּעֲשֶׂה לָהֶם לְקַדֵּשׁ אֹתָם" – **and similarly, *This is the matter that you shall do for them to sanctify them.***[15] רִבּוֹן הָעוֹלָם, אַתָּה מְבַקֵּשׁ שֶׁנְּהֵא קְדוֹשִׁים הָסֵר מִמֶּנּוּ הַמָּוֶת – **Master of the Universe,** since **You desire that we be holy, remove death from us";**[16] שֶׁנֶּאֱמַר "הֲלוֹא אַתָּה מִקֶּדֶם ה׳ אֱלֹהַי קְדֹשִׁי לֹא נָמוּת" – **as is stated, *Are You not from the beginning of time, O HASHEM my God, my Holy One? – we shall not die.***[17] אָמַר לָהֶם: אִי אֶפְשָׁר – But **[God] said to them,** "It is **impossible";** "ה׳ לְמִשְׁפָּט שַׂמְתּוֹ" – as the verse continues, ***O HASHEM, You have ordained him for judgment.***[18]

§3 לְקַח פַּר אֶחָד בֶּן בָּקָר – ***TAKE ONE YOUNG BULL AND TWO RAMS, UNBLEMISHED.***

The Midrash relates a verse from *Psalms* to the choice of a bull for this offering:

הֲדָא הוּא דִכְתִיב "גְּדֹלִים מַעֲשֵׂי ה׳ דְּרוּשִׁים לְכָל חֶפְצֵיהֶם" – **This is** related to that **which is written, *Great are the deeds of HASHEM, "derushim lechol cheftzeihem"*** (*Psalms* 111:2).[19] כְּשֶׁהוּא רוֹצֶה הוּא קוֹרְאָהּ לְשׁוֹן נְקֵבָה – **When [God] desires, he refers to [atonement for the sin of the Golden Calf] in feminine phraseology,**[20] שֶׁנֶּאֱמַר "וְיִקְחוּ אֵלֶיךָ פָרָה אֲדֻמָּה תְּמִימָה" – **as is stated, *And they shall take to you a completely red cow*** (*Numbers* 19:2).[21] וּכְשֶׁהוּא רוֹצֶה הוּא קוֹרְאָהּ לְשׁוֹן זָכָר – **And when He desires, He refers to it in masculine form,**[22] שֶׁנֶּאֱמַר "לְקַח פַּר אֶחָד בֶּן בָּקָר" – **as is stated** in our verse, ***Take one young bull.*** לְכַפֵּר עֲלֵיהֶם עַל מַה שֶּׁעָתִיד – And the *young bull* of our verse was **to atone for [Aaron and his sons] for what was destined** to occur;[23] שֶׁנֶּאֱמַר "וַיֹּאמֶר אֶל אַהֲרֹן קַח לְךָ עֵגֶל בֶּן בָּקָר לְחַטָּאת" – **as is stated, *[Moses] said to Aaron, Take for yourself a young bull for a sin-offering*** (*Leviticus* 9:2).[24] לְכָךְ נֶאֱמַר "גְּדֹלִים מַעֲשֵׂי ה׳ דְּרוּשִׁים לְכָל חֶפְצֵיהֶם" – **Therefore it is stated, *Great are the deeds of HASHEM, "derushim lechol cheftzeihem."***[25]

The Midrash presents another insight into the cited passage from *Psalms*:[26]

דָּבָר אַחֵר, שֶׁעָשָׂה הַקָּדוֹשׁ בָּרוּךְ הוּא כָּבוֹד לְאַהֲרֹן – **Another interpretation:** The passage from *Psalms* suggests **that the Holy One, blessed is He, caused honor for Aaron,**

NOTES

13. *Maharzu*; see *Imrei Yosher*, *Eitz Yosef.*

14. Because this verse is in the form of a statement of fact rather than a direct commandment (contrast *Leviticus* 19:2), it indicates that God *decreed* that the Kohanim would be inherently holy, just as He created all matter with specific characteristics (*Eitz Yosef*).

15. The Midrash sees the phrase, וְזֶה הַדָּבָר, lit., *This is the word* or *the declaration*, as suggestive of a declaration made by a ruler (*Yefeh To'ar*; see *Maharzu* at the beginning of the section, followed by *Eitz Yosef* there, for another approach). Our verse thus supports the idea that the Midrash is inferring from the *Leviticus* verse.

16. True holiness endures forever (see *Sanhedrin* 92a). The prophet argued that since God endowed human beings with the intense holiness suggested by the above verses, they should be immune to death (*Yefeh To'ar*, third approach, followed in part by *Eitz Yosef*; see also *Maharzu* at the beginning of the section, followed by *Eitz Yosef* there).

17. The Midrash understands this segment of the verse to mean that because God is *our Holy One* [and His holiness is reflected in us] *we should not die* (*Eitz Yosef*).

18. At *the beginning of time*, God passed *judgment* on Adam, and decreed mortality on him and his descendants (*Eitz Yosef*).

19. [According to its plain meaning, the last words of this verse mean *accessible to all who want them* (see commentators to the verse).]

20. Elucidation follows *Yefeh To'ar* et al., who explain the Midrash to mean that under certain circumstances God's wisdom dictates that a female bovine be used to atone for the sin of the Golden Calf.

21. Our Midrash accords with *Bamidbar Rabbah* 19 §8 (also see *Rashi* to *Numbers* 19:22), which teaches that the *red cow* served to atone for the sin of the Golden Calf. The Midrash there compares this to a maidservant who was told to clean the king's palace after her young son had soiled it (*Imrei Yosher*, *Radal*, *Maharzu*).

22. Under different circumstances, God mandates that a male bovine be offered to atone for the Golden Calf (see *Yefeh To'ar* et al.).

23. I.e., for the Golden Calf that Aaron would eventually fashion (*Matnos Kehunah*, followed by *Eitz Yosef*; compare *Tanchuma*, *Tetzavah* §10, followed by *Rashi* to verse; see *Imrei Yosher* and *Maharzu* for additional approaches). And although Aaron's sons were uninvolved in its creation, they too needed atonement because (as taught in *Deuteronomy* 9:20 with *Rashi* ad loc. and *Vayikra Rabbah* 7 §1) they would perish as a consequence of Aaron's actions (*Eitz Yosef*; compare below, at note 120).
See Insight Ⓐ.

24. [Moses instructed Aaron to bring this offering on the eighth day of his inauguration as a Kohen. By contrast, the offerings described in our verse were brought on the first of those days (see *Beur Maharif*, *Rashi* to *Leviticus* 8:2).] According to *Toras Kohanim* (ad loc. and *Tanchuma*, *Shemini* §4; followed by *Rashi* ad loc.) this *sin-offering* was to atone for the sin of the Golden Calf. The Midrash cites this verse in support of its assertion that the bull of our verse served the same function. Were it not for this verse from *Leviticus* it could have been argued that Aaron needed no atonement for his role in that sin because he acted under duress and, moreover (as discussed in 37 §2 above; see discussion in our commentary there, note 34), his intentions were entirely noble (*Yefeh To'ar*; see *Radal* and *Maharzu* who consider emending the Midrash slightly).

25. As it is interpreted here, this verse lauds the depth of God's thinking because, upon examination, one can *expound* the various nuances of *all that God desires to do* (*Eitz Yosef*; also see *Maharzu*). Alternatively, the Midrash understands the verse as follows: *Great are God's creations; required for the fulfillment of all His desires*, i.e., for the varied purposes for which God created them (*Rashash*, referencing above, 17 [§1]).

26. *Eitz Yosef.* [See *Beur Maharif* and *Maharzu* for additional approaches to this paragraph.]

INSIGHTS

Ⓐ To Atone for What Was Destined As we have explained it in the commentary, this Midrash maintains that our verse's commandment regarding the inaugural offerings of Aaron and his sons in the Tabernacle predated the sin of the Golden Calf. This is consistent with the position of *Ramban* (to below, 35:1, et al.), who writes that the Jews were commanded to build the Tabernacle sometime before the 17th of Tammuz, when the sin of the Golden Calf took place (see *Beur Maharif*). [And while the offerings of our verse were actually brought later, during Aaron's inauguration at the end of the month of Adar, the commandment to bring those offerings took place at a time when the sin was still *destined* to occur (*Eitz Yosef*, from *Yefeh To'ar*).] However, *Rashi* (to below, 31:18) states that God commanded the building of the Tabernacle only after the sin of the Golden Calf had been committed and forgiven. Moreover, the Midrash above, in 33 §2, appears to accept this second position (see note 23 in our commentary there).

In defense of this position, *Maharzu* explains the words לְכַפֵּר עֲלֵיהֶם עַל מַה שֶּׁעָתִיד, *to atone for them for what was destined*, to refer not to a sin that would occur in the future, but rather to the deaths of Aaron's sons Elazar and Ithamar that would occur if atonement was not achieved. [See also the emended Midrash text of *Radal* and the approach of *Toldos Noach* (cited in large part by *Beur Maharif*) which also conform to this second view, and *Rashash*, who cites an emendation of *Rashi* to conform to *Ramban*'s view.]

It should also be noted that *Ramban* himself (to *Leviticus* 9:3) dismisses the notion that the bull of our verse could have been brought to atone for the Golden Calf before that sin had transpired.

שֶׁנֶּאֱמַר (שם) "ה' לְמִשְׁפָּט שַׂמְתּוֹ", אַתָּה גּוֹזֵר וְאוֹמֵר (ויקרא יט, ב) "קְדֹשִׁים °תִּהְיוּ" לֵאלֹהֵיכֶם°, וְכֵן [כט, א] "וְזֶה הַדָּבָר אֲשֶׁר תַּעֲשֶׂה לָהֶם לְקַדֵּשׁ אֹתָם", רִבּוֹן הָעוֹלָם, אַתָּה מְבַקֵּשׁ שֶׁנְּהֵא קְדוֹשִׁים, הָסֵר מִמֶּנּוּ הַמָּוֶת, שֶׁנֶּאֱמַר "הֲלוֹא אַתָּה מִקֶּדֶם ה' אֱלֹהַי קְדֹשִׁי לֹא נָמוּת", אָמַר לָהֶם: אִי אֶפְשָׁר, "ה' לְמִשְׁפָּט שַׂמְתּוֹ":

ג [כט, א] "לְקַח פַּר אֶחָד בֶּן בָּקָר", הָדָא הוּא דִכְתִיב (תהלים קיא, ב) "גְּדֹלִים מַעֲשֵׂי ה' דְּרוּשִׁים לְכָל חֶפְצֵיהֶם", בכְּשֶׁהוּא רוֹצֶה הוּא קוֹרְאָהּ לְשׁוֹן נְקֵבָה, שֶׁנֶּאֱמַר (במדבר יט, ב) "וְיִקְחוּ אֵלֶיךָ פָרָה אֲדֻמָּה תְּמִימָה", וּכְשֶׁהוּא רוֹצֶה הוּא קוֹרְאָהּ לְשׁוֹן זָכָר, שֶׁנֶּאֱמַר "לְקַח פַּר אֶחָד בֶּן בָּקָר", לְכַפֵּר עֲלֵיהֶם עַל מַה שֶּׁעָתִיד, שֶׁנֶּאֱמַר (ויקרא ט, ב) "וַיֹּאמֶר אֶל אַהֲרֹן קַח לְךָ עֵגֶל בֶּן בָּקָר לְחַטָּאת", לְכָךְ נֶאֱמַר "גְּדֹלִים מַעֲשֵׂי ה' דְּרוּשִׁים לְכָל חֶפְצֵיהֶם", דָּבָר אַחֵר, שֶׁעָשָׂה הַקָּדוֹשׁ בָּרוּךְ הוּא כָּבוֹד לְאַהֲרֹן

עץ יוסף

אתה גוזר ואומר כו'. לשון אחר הוא, שדורש המקרא בענין אחר, וכן צריך לומר אתה גוזר ואומר קדושים יהיו לאלהיהם (ויקרא כ"א), ורוצה לומר שלא אמר קדושים תהיו כמו שאמר לישראל, משמע שאינו מצוה עליהם שיתקדשו עצמם כדהתם, אלא לשון גזירה שיהיו קדושים, כדרך שגזר על דבר שברא שיהיה בטבעו שגזר עליו: **רבון העולם.** אתה מבקש שנהא קדושים לגמרי כמלאכים, הסר ממנו המות ונהיה קיימים כקדושי עליונים: **שנאמר הלא אתה מקדם כו'.** וכן פירושו הלא אף כי מפני שאתה אלהי קדושי, היה ראוי שלא נמות, אבל אי אפשר כן (כי) אתה מקדם למשפט שמתו, והיינו בימי אדם הראשון: (ג) **הדא הוא דכתיב גדולים מעשה ה' דרושים לכל חפציהם.** שנמצא לדרוש טעם בכל חפצי מעשי יתברך כפי שנוייהם: **כשהוא רוצה כו'.** פירוש כשחכמתו גוזרת כפי הענין קורא הכפרה הבאה על העגל בלשון נקבה, כלומר שתהיה הכפרה בנקבה, וכשהוא רוצה כו': **לכפר עליהם.** על אהרן ובניו, שאף על פי שבניו לא היו עמו במעשה העגל, צריכין כפרה מפני שבאהרן התאנף ה' להשמידו, והוא כילוי בנים: **על מה שעתיד.** פירש המתנות כהונה על מעשה העגל שעתיד אהרן לעשותו, וקשה דהא מעשה העגל קדים לזה, שהרי חטא העגל היה (בי"ו) [בשבעה עשר] בתמוז, ושבעת ימי המלואים היה סוף אדר, וקרבן עגל בן בקר היה בראש חודש ניסן. וכתב היפה תואר שכאשר צוה ה' זה הדבר אשר תעשה להם לקדש אותם, עדיין לא נעשה העגל, כדפירש הרמב"ן בפרשה שמיני, ומייתי ממה שאמר קח לך עגל וגו', וזה לכפר על העגל, כדאיתא בתורת כהונים פרשת מלואים: **דבר אחר שעשה הקדוש ברוך הוא כבוד לאהרן כו'.** כדכתיב גדולים מעשה ה' וגו' הוד והדר פעלו, שהלבישו כמלאכי השרת, על דרך הוד והדר לבשת, וזה שנאמר גדולים מעשה ה', כי אף שמלך אחד מצריכו כפרה, ומכל מקום מלך אחר מכבדו כמלאכים, כי עמקו מחשבותיו יתברך, וימלא טעם לשבח בכל גזירותיו כשיעויין בהם, והיינו דרושים לכל חפליהם, וזה שלהיות שידע הקדוש ברוך הוא כוונת אהרן שהיה לטובה, כדאיתא בפרשה הקודמת לכן עשה לו כבוד, והצריכו כפרה על שהתאנף בו מטעם שכתבתי בפרשה הקודמת סימן ב':

פירוש מהרז"ו

אתה גוזר ואומר קדושים. הוא פירוש אחר על הפסוק הלא אתה, לענין הפרשה: **קדושים תהיו לאלהיכם.** לא נמצא פסוק כזה, רק בריש אמור (ויקרא כא, ו), קדושים יהיו לאלהיהם: (ג) **דרושים לכל חפציהם.** מעשיו הגדולים הם חוקי התורה היקרים, דורש לכל מה שיחפוץ בהם בשינוים רבים, אף שכוון לענין אחד, כמו כאן שאמר קח לך פר בן בקר לחטאת, שבא לכפר על מעשה עגל, וכן הוא ברש"י בחומש כאן. ובריש חוקת קורא לכפרת העגל בלשון נקבה, כמו שדרש במדבר רבה פרשה י"ט סימן ח, תבא אמו ותקנח. ובריש סדר שמיני קח לך עגל בן בקר שהוא גם כן לכפר על מעשה עגל ותיבת שנאמר צריך עיון ואולי צריך לומר וכן ויאמר ה' אל אהרן, ומה שכתב לכפר על מה שעתיד, שכבר כתבנו כמה פעמים בפרשיות הקודמים שסדר תרומה תלוה תשא עד מעשה העגל היה אחר מעשה העגל, עיין לעיל פרשה ל"ג סימן ב, וכאן אמר המדרש לפי מה שכתוב קודם מעשה העגל, אך באמת כוונת המדרש מה שכתב לכפר על מה שעתיד במיתת נדב ואביהוא שלא ימותו אלעזר ואיתמר, וכמו שאמר לקמן פרשה זו סימן ז בהדיא. ובפסיקתא רבתי פרשה י"ד סימן ב, וזה לשונו אמר רבי לוי כל מה שהקב"ה רוצה הוא עושה, כשביקש קרא לקרבנות זכר, שור או כשב או עז כי יולד, וכשביקש קורא בלשון נקבה, ויקחו אליך פרה אדומה. ומה שכתב שור הוא גם כן לכפר על מעשה עגל, כמו שאמר ויקרא רבה פרשה כ"ז סוף סימן ג': **דבר אחר שעשה הקדוש ברוך הוא.** פירוש דבר אחר זה הדבר, וכדלקמן סימן ד שאין דבר אלא דברי תורה:

חידושי הרד"ל

[ג] כשהוא רוצה קוראה לשון נקבה כו' לשון זכר. נראה שעל הכפרה שבאה על חטא העגל קאי, שכשרצה נתן כפרה זו בנקבה פרה אדומה כמו שאמר (במדבר רבה יט, ח) תבא אמו ותקנחנו כו', וכשרצה נתנה בפר כדהכא כדמפורש. (ועיין בפסיקתא דפרה בתחלתה, ושם דחוק לפרש כן): **על מה שעשה שנאמר ויאמר אל אהרן.** כן צריך לומר. ורצה לומר על שעשה העגל, ומפני שכאן בפרשת מלואים דהכא לא נתפרש שהפר היה לכפרה, לכן מביא מקרא דמילואים דפרשת צו שכתוב בו לכפר עליהם, וחוזר ומביא עוד ראיה מקרא מבואר יותר, שכתוב באהרן עגל בן בקר לחטאת, הרי זה כפרה לחטא העגל. (ואפשר צריך לומר ונאמר ויאמר גו' עגל בן בקר לחטאת, והוא דבר אחר, שברצונו נתן כפרה לחטא העגל בעגל בן בקר ממש):

חידושי הרש"ש

[ג] הדא הוא דכתיב גדולים גו' דרושים לכל חפציהם גו'. פירוש, שכל מעשי ה' אשר ברא נדרשים לעשות חפצו ורצונו בהם, וכמו שבאר המדרש בארוכה לעיל פרשה יז (א - ב): **לכפר עליהם על מה שעתיד.** פירש המתנות כהונה על מעשה עגל שעתיד אהרן לעשותו. וצריך עיון, דהלא מעשה העגל קדים לזה כידוע, ועיין ידי משה. ומתנות כהונה הגיה [על פי] רש"י תשא (ל"א י"ח) דהקב"ה צוה למשה על מלאכת המשכן בארבעים ימים הראשונים, אך משה כשירד מן ההר ומצאם באותו מעשה לא אמר להם אז עד למחרת יום הכפורים שנתרצה להם הקב"ה, וכן משמע בזוהר ריש ויקהל, ובזה אתי שפיר המדרש שלפנינו:

מסורת המדרש

ב. פסיקתא רבתי פיסקא י"ד סימן ב':

אם למקרא

דַּבֵּר אֶל־כָּל־עֲדַת בְּנֵי־יִשְׂרָאֵל וְאָמַרְתָּ אֲלֵהֶם קְדֹשִׁים תִּהְיוּ כִּי קָדוֹשׁ אֲנִי ה' אֱלֹהֵיכֶם:
(ויקרא יט:ב)

גְּדֹלִים מַעֲשֵׂי יְהוָה דְּרוּשִׁים לְכָל־חֶפְצֵיהֶם:
(תהלים קיא:ב)

זֹאת חֻקַּת הַתּוֹרָה אֲשֶׁר־צִוָּה ה' לֵאמֹר דַּבֵּר אֶל־בְּנֵי יִשְׂרָאֵל וְיִקְחוּ אֵלֶיךָ פָרָה אֲדֻמָּה תְּמִימָה אֲשֶׁר אֵין־בָּהּ מוּם אֲשֶׁר לֹא־עָלָה עָלֶיהָ עֹל:
(במדבר יט:ב)

וַיֹּאמֶר אֶל־אַהֲרֹן קַח־לְךָ עֵגֶל בֶּן־בָּקָר לְחַטָּאת וְאַיִל לְעֹלָה תְּמִימִם וְהַקְרֵב לִפְנֵי ה':
(ויקרא ט:ב)

שינוי נוסחאות

ואומר "קדשים תהיו" לאלהיכם. יפ"ת ועצ"י ומהרז"ו הגיהו במקום פסוק זה "קדשים יהיו לאלהיהם" מויקרא כא:ו:

ידי משה

[ג] דרושים הם לכל חפציהם. פירוש, לפיכך שינה בלשונות, שתדרוש אותן ותקבל שכר, על שם דרוש וקבל שכר (סנהדרין עא, א):

מתנות כהונה

[ג] **על מה שעתיד.** על מעשה עגל שעתיד אהרן לעשותו: **לכך נאמר גדולים כו'.** הכי גרסינן **חפציהם דבר אחר שעשה כו':**

אשד הנחלים

הסר ממנו המות. דרש עוד הפסוק על דרך אחר, שהכונה אתה אלהי קדושי שחפצת שנתקדש ונהיה קדושים, לכן לא נמות ואז נהיה קדושים, אך מה נעשה כי ה' למשפט שמתו, שמוכרחין אנחנו למות. והכונה בכללה להיות שעץ הדעת גרם שימשך האדם אחרי החומר, וסבת המיתה הוא מהחומר והוא הוא היצר המחטיאו מצד חומרו, ואלולי זה אז היה מתבטל חומר הגוף והיצר המתאוה, ואז ממילא היינו קדושים: **[ג] כשהוא רוצה הוא קוראה לשון נקבה.** באמת הם קרבנות חלוקות, פר לחוד ופרה לחוד, רק הכונה מפני ששני הקרבנות הם באים לכפר על מעשי עגל, וזה שאמר לכפר עליכם על מה שעתיד, וזהו כשהוא רוצה הוא קוראה, כלומר לחטא העגל פעם מכפר קרבן זכר, ופעם קרבן נקבה, וזהו דרושים לכל חפציהם, שנכלל במעשי המצות כפי החפץ, שהכל נכלל במצוה והכל מכוון לענין מה:

אמרי יושר

[ג] **דרושים לכל חפציהם.** כפי הרצון כי כשרצה קראה נקבה פרה אדומה, וכאמרם (במדבר רבה יט, ח) תבא פרה ותקנח צואת בנה, וכשרוצה לשון זכר, והכל לכפר מעשה העגל, והרבה לו כפרות, לאהרן לפי שהיה שר ומנהיג, פר, ולהמון פרה. או נדייק כי הם חטאו במחשבה ואהרן מוכרח במעשה, ולזה אמר נקבה, כי החומר מכונה בלשון נקבה, ואף על פי שזה אופן החטא הוא לישראל לא לאהרן, הרי אמר הכתוב ונתתם אותה לאהרן במתנה נתונה לאהרן. או כי העבודה זרה היא אמצעית צורות מלאכים מקבלים ממעל ומשפיעים הוא שני בחינות. או משה הרכבה פר והוא חטאת, ואין חטאת אלא נקבה. או נפרש כי מצינו פר אלל כהן משיח גם גבי חטאת הקהל פר, לזה אמר כאן פר יש בחינה אחרת שיחידים חטאו. או אהרן בחינת יחיד, ומצינו בפרשת שלח לך יחיד שחטא בעבודה זרה מביא עז בת שנתה, לזה והקריב נקבה כאן. או יפורש במה שאמר להלן (סימן ז) מגיד מראשית אחרית, פר זה אהרן, והצדיקים נקראו בשם נשים, כדרשם כשם שהאשה אינה בושה לתבוע צרכי ביתה, כן הצדיקים, ולזה אהרן נקרא פר גם פרה: **על מה שעתיד ליעשות.** סובר שהמשכן קדם. או נפרש שזה צריך להקדים עתה כדי שיהו מוכנים לכפרה שעתיד ליעשות ביום שמיני למלואים שהוא רצוי קודם: **גדולים מעשי ה' כו'**

באור מהרי"פ

[ג] גדולים מעשי ה' וגו' כשהוא רוצה וכו' ויקחו אליך פרה אדומה וכשהוא רוצה וכו' לקח פר בן בקר וכו' קח לך עגל בן בקר וכו'. הנה הענין מוקשה מאד. האחד, פרה אדומה מאן דכר שמיה, מה עבידתה הכא, דפר היה מקרבנות המלואים, ולטהרת הטמאים באפר פרה היתה הפרה. וגם קשה להולמה מה שמביא קח לך עגל בן בקר כאן, שהוא קרבן של שמיני למלואים, ומה שייכות לשלשתן אלו בהדדי. וכתב תולדות נח האריך מי שיכול הענין ליישב על פי הפשט תבא עליו ברכה, והוא מיישב את הענין על דרך הדרש. והרוצה לעיין עיין שם: **לכפר עליהם על מה שעתיד.** המתנות כהונה פירש על מעשה עגל שעתיד אהרן לעשותו, עד כאן. וכתב תולדות נח האריך וזה לשונו, וקשה, דהא כבר נעשה, כי חטא העגל היה בשבעה עשר בתמוז, ולקיחת פר בן בקר היה בשבעת ימי המלואים שהתחלתם היה מכ"ג באדר, ולקיחת עגל בן בקר היה ביום שמיני למלואים והוא ראש חדש ניסן. אלא הכי קאמר, דקרבן של פר שבעת ימי המלואים שהוא [ב]סוף אדר, ככוונת קרבן של עגל בן בקר שהיה בראש חדש ניסן, וכמו שזה היה מכפר על עון מעשה העגל, כן זה, עד כאן לשונו. אמר הכותב, אולם המתנות כהונה סובר כדעת הרמב"ן, שהצווי על לקיחת הפר היתה קודם מעשה העגל, כמו שמבואר בסדר תלוה ברמב"ן (ויקרא כט, יד), ובסדר שמיני (ויקרא ט, ב - ג), במקומות המיוחסים לזה, עיין שם: **דבר אחר שעשה הקדוש ברוך הוא כבוד לאהרן שהלבישו וכו'.** נראה, דהאי דבר אחר קאי על וזה הדבר אשר תעשה להם, וכתיב (שם כט, ה) ולקחת את הבגדים והלבשת את אהרן את הכתונת וגו', ועל זה אמר שהלבישו כמלאכי השרת, כמו שנאמר והאיש גבריאל לבוש הבדים:

שֶׁהִלְבִּישׁוֹ כְּמַלְאֲכֵי הַשָּׁרֵת – **for He outfitted him like the ministering angels,**[27] שֶׁנֶּאֱמַר "כִּי מַלְאַךְ ה' צְבָאוֹת הוּא" – **as is stated,** *For the lips of the Kohen should safeguard knowledge, and people should seek Torah from his mouth;* ***for he is an angel of HASHEM, Master of Legions*** (*Malachi* 2:7).[28]

Having cited the above verse from *Malachi*, the Midrash presents an exposition of it:[29]

אָמַר רַבִּי יְהוּדָה: מִכָּאן אָמְרוּ – **R' Yehudah said: From here** (i.e., from the verse from *Hosea* that will follow)[30] **[the Sages] said:** כָּל כֹּהֵן שֶׁהוּא אוֹכֵל בִּתְרוּמָה וְאֵינוֹ בֶּן תּוֹרָה – **Any Kohen who eats of** ***terumah*** **but is not learned in Torah**[31] אֵינוֹ כֹּהֵן לֶעָתִיד לָבֹא, – **will not be a Kohen in the** Messianic **future, but will rather be spurned** and disqualified **from three things,** שֶׁנֶּאֱמַר "כִּי אַתָּה הַדַּעַת מָאַסְתָּ וְאֶמְאָסְאךָ מִכַּהֵן לִי" – **as is stated,** ***For you have spurned knowledge, and I will spurn you*** [וְאֶמְאָסְאךָ] ***from serving Me*** (*Hosea* 4:6). שֶׁכֵּן ג' אָלְפִין יֵשׁ בּוֹ – The above may be inferred from this verse **because there are three** ***alephs*** **within [the word** ***"v'emasecha"*** (וְאֶמְאָסְאךָ, *and I will spurn you*)],[32] שֶׁנִּמְאָס מִן הַכְּהוּנָּה וּמִן הַמִּקְדָּשׁ וּמִן הַלְוִיָּה – thus suggesting **that he is spurned** (i) **from the status of a Kohen,** (ii) **and from the Temple,** (iii) **and from the status of a Levite.**[33] אֲבָל אִם הָיָה בֶּן תּוֹרָה הוּא כְּמַלְאָךְ – **However, if [the Kohen] was learned in Torah, he is like an angel,**[34] שֶׁנֶּאֱמַר "כִּי שִׂפְתֵי כֹהֵן יִשְׁמְרוּ דַעַת וְתוֹרָה יְבַקְשׁוּ מִפִּיהוּ כִּי מַלְאַךְ ה' צְבָאוֹת הוּא" – **as is stated,** ***For the lips of the Kohen should safeguard knowledge, and people should seek Torah from his mouth; for he is an angel of HASHEM, Master of Legions.***

In the above verse, the phrase יִשְׁמְרוּ דַעַת, *should safeguard knowledge*, connotes proper review of Torah knowledge. The Midrash will now discuss the consequence of a Kohen failing to *safeguard knowledge:*[35]

וְאִם לָאו רְאֵה מַה כְּתִיב, "אֶרֶץ עֵפָתָה כְּמוֹ אֹפֶל" – **But if not, see what is written** about him, ***The land "eiphasah"*** [עֵפָתָה] ***like pitch-blackness*** (*Job* 10:22)[36] – זֶה גֵּיהִנָּם שֶׁהָרְשָׁעִים פּוֹרְחִים כָּעוֹף – **this** is an allusion to **Gehinnom, for the wicked fly** there **like a bird** [עוֹף].[37] דָּבָר אַחֵר, "עֵפָתָה" שֶׁהָרְשָׁעִים עֲיֵיפִים בָּהּ – **Alternatively,** ***"eiphasah"*** [עֵפָתָה] alludes to Gehinnom, **for the wicked are exhausted** [עֲיֵיפִים] **in it.**[38] וּמִי יֵרֵד לְשָׁם – **And who will descend there?** אָמַר רַבִּי חָמָא: מִי שֶׁאֵינוֹ רָגִיל לַעֲשׂוֹת תַּלְמוּדוֹ סְדָרִים סְדָרִים וּבוֹעֵט – **R' Chama said: One who is not accustomed to arranging** his Torah **learning in orders, and rejects it,**[39] שֶׁנֶּאֱמַר "צַלְמָוֶת וְלֹא סְדָרִים" – **as is stated** further in the *Job* verse, ***a shadow of death and without order.*** "וְתוֹרָה יְבַקְשׁוּ מִפִּיהוּ", אִם יָגַע בָּהּ – By contrast, we may infer from the words of the *Malachi* verse, *For the lips of the Kohen should safeguard knowledge,* ***and people should seek Torah from his mouth,*** that **if he did toil in [Torah],**[40] אֵלּוּ לֹא דַיּוֹ – **these** rewards previously mentioned **are not sufficient for him,**[41] אֶלָּא שֶׁהוּא נַעֲשָׂה תַּלְמִידוֹ שֶׁל הַקָּדוֹשׁ בָּרוּךְ הוּא – **rather, he** also **becomes a student of the Holy One, blessed is He.**[42] שֶׁנֶּאֱמַר "וְכָל בָּנַיִךְ לִמּוּדֵי ה'", וְכֵן "וְלֹא יִכָּנֵף עוֹד מוֹרֶיךָ וְהָיוּ עֵינֶיךָ רֹאוֹת אֶת מוֹרֶיךָ" – This may additionally be inferred, **for it is stated,** ***All your children will be students of HASHEM*** (*Isaiah* 54:13), **and, similarly,** ***Your Teacher will no longer be hidden behind His garment, and your eyes will behold your Teacher*** (ibid. 30:20).[43]

NOTES

27. As noted in *Vayikra Rabbah* 21 [§11], the tunics [and breeches] worn by the Kohanim were linen (*Leviticus* 16:4 et al.) and Scripture (in *Ezekiel* 10:2 and *Daniel* 10:5) describes angels as being clothed in linen (*Maharzu*; see *Beur Maharif*; *Radal*, referencing below, §8).

After having expounded *Psalms* 111:2 as related to Aaron, the Midrash is expounding the next verse of the Psalm in the same vein. Verse 111:3 states, הוֹד וְהָדָר פָּעֳלוֹ וְצִדְקָתוֹ עֹמֶדֶת לָעַד, *Glory and majesty are His work, and His righteousness endures forever*. The Midrash associates the words הוֹד וְהָדָר, *glory and majesty*, with *outfitting*, based on a similar occurrence in ibid. 104:1. The Midrash's comment also relates to the statement made in ibid. 111:2, גְּדֹלִים מַעֲשֵׂי ה', *Great are the deeds of HASHEM*, which, as noted above, indicate the phenomenal depth of God's thought. For God saw fit to honor Aaron with the vestment of angels even as Aaron sought atonement for his misdeed with the Golden Calf (*Eitz Yosef*).

28. This verse compares the Kohen to an angel (see *Maharzu*).

29. *Eitz Yosef*.

30. *Beur Maharif*, *Eitz Yosef*.

31. Lit., *a son of Torah*.

Because a Kohen *eats of terumah* at no cost and need not earn a livelihood, he is free to learn Torah. If he nevertheless failed to do so, he has spurned Torah knowledge (*Tiferes Tzion*, referencing *Bereishis Rabbah* 80 §1).

32. Because the name of the letter *aleph* is cognate with אַלּוּף, meaning *a leader*, the Midrash sees the word's three *alephs* as suggestive of three areas of domination that are denied to the scorned individual described by the verse (*Eitz Yosef*; also see *Beur Maharif*, *Radal*; see *Maharzu* for another approach).

33. The disgraced Kohen will not enjoy the gifts or honors that are typically given to a *Kohen*, he will not perform the *Temple* service, and he will not receive the first tithe as a *Levite* [despite his belonging to that Tribe] (*Eitz Yosef*). Alternatively, the three things mentioned are the priestly gifts that are unrelated to the Temple service, those related to the Temple service, and the first tithe (*Imrei Yosher*).

34. The Kohen who is learned in Torah is close to God as an angel is close to God. *Rambam* (*Moreh Nevuchim* 1:18) writes that man achieves closeness to God through his intellect (*Yefeh To'ar*, followed in part by *Eitz Yosef*).

35. *Maharzu*, who notes that שְׁמִירָה, *safeguarding*, is understood to suggest effective review of Torah in *Kiddushin* 37a and *Sifri* [to *Deuteronomy* 12:1]. (See *Eitz Yosef* for another approach to the coming lines.)

The Midrash is stressing that not only will this individual not merit to be *like an angel*, but he is also subject to the harsh punishment that will be described just below (*Eitz Yosef*).

36. [According to the plain meaning of this verse, in which Job discusses what will happen after his death, the word עֵפָתָה means *whose darkness* (see commentators to verse).] The Midrash's basis for associating this verse with the individual under discussion will be explained presently.

37. The Midrash refers to the way the wicked descend to Gehinnom with the swiftness of a bird in flight. Alternatively, the Midrash may allude to the fact that the wicked are transferred from one punishment in Gehinnom to another (*Eitz Yosef*; see *Radal* for another approach and related discussion).

38. This is a fitting punishment for the *wicked* men who (as taught just below; compare *Esther Rabbah* 3 §4) felt unable to devote the energy needed to review Torah properly (*Radal*).

39. The six sections of the Mishnah are called סְדָרִים, *orders*, because one Mishnah follows another in an orderly arrangement based on topic. This allows for the study of one topic to bring the next one to mind. One who neglects to *arrange his learning* based on these *orders* forgets what he learned more quickly than necessary (*Maharzu*).

When one learns Torah improperly he will not find satisfaction in his study and is likely to *reject* Torah learning (see *Tiferes Tzion*).

40. This describes the antithesis of the type of people depicted just above, in note 38 (see *Radal*).

41. In other words, the Kohen who toils in Torah gains more than the advantages of *status as a Kohen, the Temple*, and to be *like an angel*, that were described above (*Eitz Yosef*; also see *Matnos Kehunah*).

42. The Midrash may understand the verse to mean that people will *seek Torah from [God's] mouth* through the intervention of the Kohen who can hear it directly from God (*Radal*). Alternatively, the Midrash sees the verse to be teaching that those who search for the word of God will *seek Torah from [the Kohen's] mouth* (*Eitz Yosef*). Moreover, the Sages state (in *Tanchuma*, *Balak* §14, based on *Numbers* 23:23) that the ministering angels will ask Torah scholars to impart to them what they learned from God (*Matnos Kehunah*, followed in part by *Eitz Yosef*).

43. These verses support the assertion that God personally teaches human beings Torah.

שֶׁהִלְבִּישׁוּ כְּמַלְאֲכֵי הַשָּׁרֵת, שֶׁנֶּאֱמַר (מלאכי ב, ז) "כִּי מַלְאַךְ ה' צְבָאוֹת הוּא", אָמַר רַבִּי יְהוּדָה: מִכָּאן אָמְרוּ גכָּל כֹּהֵן שֶׁהוּא אוֹכֵל בַּתְּרוּמָה וְאֵינוֹ בֶּן תּוֹרָה אֵינוֹ כֹּהֵן לֶעָתִיד לָבֹא, אֶלָּא נִמְאָס מִשְּׁלֹשָׁה דְבָרִים, שֶׁנֶּאֱמַר (הושע ד, ו) "כִּי אַתָּה הַדַּעַת מָאַסְתָּ וְאֶמְאָסְאךָ מִכַּהֵן לִי", שֶׁכֵּן ג' אָלְפִין יֵשׁ בּוֹ, שֶׁנִּמְאָס מִן הַכְּהוּנָּה וּמִן הַמִּקְדָּשׁ וּמִן הַלְוִיָּה, אֲבָל אִם הָיָה בֶּן תּוֹרָה הוּא כְּמַלְאָךְ, שֶׁנֶּאֱמַר (מלאכי ב, ז) "כִּי שִׂפְתֵי כֹהֵן יִשְׁמְרוּ דַעַת וְתוֹרָה יְבַקְשׁוּ מִפִּיהוּ כִּי מַלְאַךְ ה' צְבָאוֹת הוּא", וְאִם לָאו רְאֵה מַה כְּתִיב, (איוב י, כב) "אֶרֶץ עֵפָתָה כְּמוֹ אֹפֶל", זֶה גֵּיהִנָּם שֶׁהָרְשָׁעִים פּוֹרְחִים כָּעוֹף, דָּבָר אַחֵר, "עֵפָתָה" שֶׁהָרְשָׁעִים עֲיֵפִים בָּהּ, וּמִי יֵרֵד לְשָׁם, אָמַר רַבִּי חָמָא: דמִי שֶׁאֵינוֹ רָגִיל לַעֲשׂוֹת תַּלְמוּדוֹ סְדָרִים סְדָרִים וּבוֹעֵט, שֶׁנֶּאֱמַר (שם) "צַלְמָוֶת וְלֹא סְדָרִים", (מלאכי ב, ז) "וְתוֹרָה יְבַקְשׁוּ מִפִּיהוּ", אִם יָגַע בָּהּ, אֵלּוּ לֹא דַיּוֹ אֶלָּא שֶׁהוּא נַעֲשָׂה תַּלְמִידוֹ שֶׁל הַקָּדוֹשׁ בָּרוּךְ הוּא, שֶׁנֶּאֱמַר (ישעיה נד, יג) "וְכָל בָּנַיִךְ לִמּוּדֵי ה'", וְכֵן (שם ל, כ) "וְלֹא יִכָּנֵף עוֹד מוֹרֶיךָ וְהָיוּ עֵינֶיךָ רֹאוֹת אֶת מוֹרֶיךָ":

עץ יוסף

אמר ר' יהודה כו'. איידי דמייתי הכא כי מלאך ה' צבאות הוא, מייתי דרבי יהודה דקמפרש ליה על מי שהוא בן תורה, שכשאינו בן תורה אינו כהן ונמאס, וכשהוא בן תורה, אז הוא נאה וקרוב לה' כמלאך: **מכאן אמרו כו'.** מהאי קרא דמייתי שנאמר אתה הדעת מאסת: **שלש אלפין יש כו'.** דואמאסך כתיב, באל"ף יתירא בין הסמ"ך והכ"ף, ובא להורות שנמאס משלשה שררות, ורמזו בהאלפי"ן, כי אל"ף מלשון אלוף מורה על שררה: **מן הכהונה.** פירושו ממתנות כהונה כבכורות וזרוע ולחיים והקבה, ומכבוד כהונה לפתוח ראשון: **ומן המקדש.** משישמש בכהונה בבית המקדש: **ומן הלויה.** שלא יטול מעשר אפילו כלוי, וכדכתיב למען יחזקו בתורת ה', ואמרו חכמינו ז"ל (סנהדרין ל, ב) כל שעוסק בתורה יש לו מנת וכל מי שאינו עוסק בתורה אין לו מנת: **ואם לאו ראה מה כתיב כו'.** פירוש ואם אינו מלאך ה' עם היותו בן תורה, והיינו שאין דרכיו מתוקנים, אז אין צריך לומר שאינו נאהב כמלאך, אלא שיורד לגיהנם, והיינו ארץ עיפתה כדמפרש: **פורחים בעוף.** דריש עיפתה לשון עופפות, שפורחים בה והיא כמו אופל, וענין העופפות רמז למהירות הרשעים ליפול בגיהנם. ויתכן שהעופפות הוא השתנותם מדין אל דין בגיהנם, כמו שאמרו ז"ל שיוצאים מגיהנם של שלג לשל אש, ומשל אש לשל שלג: **אם יגע בה אלו לא די.** כלומר לא דיו כל אילו המעלות אשר לו שיש לו, כהונה ומקדש והוא כמלאך, אלא שהוא נעשה תלמידו של הקדוש ברוך הוא, והבא לדרוש את פי ה' יבקש מפיהו, וכמו שאמרו חכמינו ז"ל (סנהדרין לג, א) גדולים לדיקים יותר ממלאכי השרת: **והיו עיניך רואות את מוריך.** דמשמע שהם תלמידיו ממש היושבים עם השכינה ולומדים תורה ממנו:

פירוש מהרז"ו

שהלבישו כמלאכי השרת. שכאן כתוב כתונת בד קודש, ואצל מלאכים כתוב לבוש בדים, כמו שאמרו ויקרא רבה פרשה כ"א סוף סימן ו', ועל שהיה בן תורה שדומה למלאך ה', הלבישו כמלאך, וכמו שכתוב כי שפתי כהן ישמרו דעת ותורה יבקשו מפיהו כי מלאך ה' צבאות הוא: **הדעת מאסת ואמאסך.** שאיך כמו שכתוב שפתי כהן ישמרו דעת. והיה לו לומר תמאס מכהן לי, הרי שני אלפין נוספים לבד תיבת מאס, הרי שלשה מאוסים, על פי מדה י', שנוי באותיות: **הרי הוא במלאך.** ומקומו ומדרגתו למעלה, כמו שכתוב (זכריה ג, ז) ונתתי לך מהלכים בין העומדים האלה, ואם לאו למטה בגיהנם, ודורש עיפתה, על פי מדה ט' וממעל, עיפתה לעוף כעוף. או מלשון עיף עיפתה שעייפים בה. וכמו שכתוב ירמיה כ"א כ"ח, בדי אש ויעפו, היינו בגיהנם: **צלמות ולא סדרים.** סיפא דקרא של ארץ עיפתה, כמו אופל, והמשנה נקרא שיתא סדרי משנה על שנסדר ענין לענין שסייך לו, וזה מקל הלימוד, שכל ענין מזכיר את הסמוך לו, ומי שלומד בלא סדרים משכח מהרה: **תלמידו של הקדוש ברוך הוא.** לעיל פרשה כא סימן ג, עיין שם ותבין כאן:

מתנות כהונה

ואמאסאך גרסינן: **אלו לא דיו.** לא דיו התוארים הללו שנקרא בן דעת ובן תורה ומלאך אלא כו'. וכמו שאמרו חז"ל (סנהדרין לג, א) גדולים לדיקים ממלאכי השרת שנאמר (במדבר כג, כג) כעת יאמר ליעקב ולישראל מה פעל אל:

אשד הנחלים

כמלאכי השרת. שבגדי כהונה מכוונים לענינים רוחנים נעלים מאד: **מכאן אמרו.** כלומר אחר שהכהנים מכובדים מאד עד שהיו מכונים בשם מלאכי צבאות, וכל זה כשישלימו נפשם בתורה: **לעתיד לבא.** אף שבעולם הזה אין ביכלתנו לסלקו מכהונתו כי האדם יראה לעינים, אך לעתיד לבא ימאס מכל אלה: **מן הכהונה.** מלאכל בתרומה ומן המקדש להקריב הקרבנות, ומן הלויה לשרת במקדש כלוים: **ואם לאו מה כתיב כו' פורחים כעוף.** הדבר תמוה מאד מאין מוכח שמוסב על הכהנים, וגם מבלעדי הכתוב הזה מי לא ידע שהגיהנם רע מאד, גם מהו המליצה שהם פורחים כעוף. ואשר נראה לי בזה על דרך הציור האמיתי, כמו שבארתי פעמים רבות על מאמרם בקהלת רבה (ג, פסוק כא) זה לשונם, תני אחת נשמתן של צדיקים ואחת נשמתן של רשעים כלן עולות למרום, אלא שזו נתונה באוצר וזו מטורפת בארץ, שנאמר (שמואל א כה, כט) והיתה נפש אדוני צרורה בצרור החיים ואת נפש אויביך יקלענה בתוך כף הקלע. והענין בקצרה, כי הנפש מצד עצמה [לולי חמרה] כל חפצה ותשוקתה להתענג מנועם ה' ולהתדבק בו, ולכן אחרי הפרדה מגופו יש לה כוסף טבעי לדבק בה', רק מצד שהרגילה בענינים הגופנים למאד על כן ימשכנו למטה לענינים הגופניים אשר הרגיל, וזהו מכונה בשם כף הקלע, כמו האבן הנזרק בכף הקלע, אף שזורקו למעלה עם כל זה יורד למטה, מחמת כח הכובד, כן פעל בה ההרגל הגדול. ומעתה יובן, כל אשר הנפש גדולה ורמה בשכלה אם אינו משלים נפשו, אז מקבלת צער יותר, אחר שכחה ותשוקתה בעצם יותר נעלה מאד מצד הכרתה. והנה ידענו שהכהנים המה נבדלים במעלת נפשם ממעלת ישראל בעצם, ולכן היו נבחרים מעבודת ה' יותר מישראל, כמו שכתוב ואתה הקרב אליך את אהרן גו' מתוך בני ישראל לכהנו לי, ואם כן אם לא ישלימו עצמם, אז עונשם שפורחים כמו עוף אנה ואנה, תשוקתם גדולה יעוף למעלה למעלה, אבל אין מניחים אותם, וזהו הכנוי שפורחים כעוף, כלומר שטבע שלהם לעוף אנה ואנה. ותדע עוד שהבעל שכל אם יחטא, אז הוא יותר רע גם כן מאדם הפשוט, כי שכלו הגבוה נעשה משרת לרע, ולכן גם נפילתו והשתקעו ברע יותר מאנשים הפשוטים, ולכן הם פורחים אנה ואנה, פורחים למעלה מצד רוממות השכל, ופורחים למטה מצד השתקעות ברע יותר, ודרש ארץ עיפתה ארץ המעופפת, ששמה הנפש מעופפת בלי תקומה: **עייפים בה כו' לעשות תלמודו סדרים סדרים.** לכאורה משמע פה אף שאינו רשע, רק שלא סידר תלמודו נופל בה, וזהו לכאורה יפלא מדוע אחז רק בזה, ומאין לו זה שדוקא על העדר הסדר יפול שמה, גם מסיים ובועט. אך שמע נא הבאור האמיתי אשר אציע לפניך על דרך האמת בקצרה מאד. הנה הגיהנם הוא מקום מוכן להצריף את הנפש מה שחסרה משלימות מה שהיה בכחה להשלימה, והנה התורה בכללה ולימודה היא עיקר שלימות הנפש באמת, כמו שאמרו (פסחים נ, א) אשרי מי שבא לכאן ותלמודו בידו, כי צריך באמת לדעת כל פרטי דיני התורה וכללותיה בסדר ישר, למען לא ישכח מאתו, כמו שאמרו (שבת לא, א) ששואלים ליום הדין פלפלת בחכמה, הבנת דבר מתוך דבר, והנה הלומד בחפזה בלי סדר ישר הוא לימוד מבולבל בנפש, בלתי יודע הדבר על בוריו, והנה צירופו שהוא עמל שם מאד עד שיתוקן זאת בנפש, וזהו שהרשעים עיפים בה על שלמדו בלא סדר נכון, וקראם גם כן רשעים על שם שסוף לימוד כזה שהוא בועט בלימודו בחייו, כי אינו מוצא נעימות בנפשו, וסוף שיעזוב למודו. ודרש דוקא על זה לפי שכתוב עיפתה כמו אופל, דמשמע לא אופל ממש, כי באופל אמיתי שמה רשעים בחושך ידמו, אבל אלה אינם מכונים בשם אופל, אבל כמו אופל הוא. והבן זה למאד: **לא דיו.** פירש המתנות כהונה לא דיו התוארים הללו שנקרא בן דעת ובן תורה ומלאך, אלא כו'. והנראה כפשוטו, כי לא ידומה ששם לא ישיג יותר רק במה שיגע והשיג בעולם הזה, (כמו שהוא באמת דעת הרלב"ג בספרו מלחמות ה' מאמר א' פרק ט"ו), לא כן, כי לא די זה אלא אף גם נעשה תלמידו של הקדוש ברוך הוא, כי זוכה להשיג שמה מהשגת ה' מאד נעלה:

חידושי הרד"ל

שהלבישו במלאכי השרת. בגדי בד, וכמו שכתב לעיל בסוף פרשת תרומה (לה, ו), ועיין לעיל סוף פרשה ו (סימן ח): **צבאות הוא ותורה יבקשו מפיהו אמר רבי יהודה מכאן אמרו כו'.** כן לריך לומר. ונראה בא לדרוש כאן זה הדבר אשר תעשה להם וגו' לכהן לי, שעל ידי זה הדבר שהיא התורה תתקיים קדושת כהונתם, ואמר לו כתיב **ואמאסאך מכהן לי** ותשכח תורת אלהיך וגו': **שבן שלשת אלפין.** אלף לשון חשיבות, [על דרך] אלופים לראש (ירמיה יג, כא): **ואם לאו ראה כו' ארץ עיפתה כמו אופל כו' שאין רגיל כו' ולא סדרים.** אפשר דרש שפתי כהן ישמרו דעת, שראוי לכהן (שנבחר למורה בתורה) לשמור דעת אלו דברי תורה, והשמירה היא על ידי שיהא שונה וחוזר לסדר תלמודו, ותהיה שמורה וערוכה בפיו, (וזה שאמר בקדושין (ל, ב) ובכמה מקומות בתורת כהנים (אחרי פרק ט, ט) וספרי (ראה פיסקא ו) תשמרון זו משנה), שאם ישאלנו אדם למשפט אלהיו יורנו, ואם לאו יבוא להכשיל רבים בתורה ויענש בארץ עיפתה כו', ולא סדרים על שלא סדר תלמודו כראוי: **שהרשעים פורחים (בה) בעוף.** מפני עומקה, כשנופל לתוכה דומה לפרוח כעוף, והוא מדה כנגד מדה שלא השגיח לשמור תלמודו ושכחו, כמו שכתוב התעיף עיניך בו ואיננו כי עשה יעשה לו כנפים וגו' (משלי כג, ה): **שהרשעים עייפים בה.** על שהיה עיף ויגע מלשנות תורתו, וכמו שנאמר (אסתר רבה פרשה ג, ד) כי יגעת בי גו' כולי יומא ולא לעי אתי למיגרס באורייתא ולעי כו', וזה שאמר **אם יגע בה וכו': תלמידיו של הקדוש ברוך הוא.** אפשר דרש יבקשו מפיהו, מפיהו של הקב"ה, (שישראל יבקשו מכהן אשר יהיה בימיו שישמע את דבר ה' ויגידה לנו), וכמו שכתוב ישקני מנשיקות פיהו, וכמו שאמר בשיר השירים רבה שם (פרשה א פסוק א, ה) ממה שבתוך פיו:

מסורת המדרש

ג. עיין סנהדרין דף נ' ע"ב. חולין דף ק"ל. ילקוט סדר קרח רמז תשנ"ט. ילקוט דברי הימים רמז אל"ף פ"ה: ד. עיין תנחומא סדר בא סימן ב'. ילקוט איוב רמז תתק"ו:

אם למקרא

כִּי־שִׂפְתֵי כֹהֵן יִשְׁמְרוּ־דַעַת וְתוֹרָה יְבַקְשׁוּ מִפִּיהוּ כִּי מַלְאַךְ ה'־צְבָאוֹת הוּא:
(מלאכי ב:ז)

נִדְמוּ עַמִּי מִבְּלִי הַדָּעַת כִּי אַתָּה הַדַּעַת מָאַסְתָּ וְאֶמְאָסְאךָ [וְאֶמְאָסְךָ] מִכַּהֵן לִי וַתִּשְׁכַּח תּוֹרַת אֱלֹהֶיךָ אֶשְׁכַּח בָּנֶיךָ גַּם־אָנִי:
(הושע ד:ו)

אֶרֶץ עֵיפָתָה כְּמוֹ־אֹפֶל צַלְמָוֶת וְלֹא־סְדָרִים וַתֹּפַע כְּמוֹ־אֹפֶל:
(איוב י:כב)

וְכָל־בָּנַיִךְ לִמּוּדֵי ה' וְרַב שְׁלוֹם בָּנָיִךְ:
(ישעיה נד:יג)

וְלֹא־יִכָּנֵף עוֹד מוֹרֶיךָ וְהָיוּ עֵינֶיךָ רֹאוֹת אֶת־מוֹרֶיךָ:
(שם ל:כ)

באור מהרי"פ

מכאן אמרו וכו'. קאי אלמטה מהמקרא, כי אתה הדעת מאסת וגו': **שלשה אלפין.** והאל"ף לשון אלוף ושררה הוא, והוא נמאס משלשת שררות: **ארץ עיפתה וגו'.** (איוב ו, יב) ארץ עיפתה כמו אופל צלמות ולא סדרים. ותופע כמו אופל, ועיפתה לשון התעופפות הוא, שפורחין כמו עוף לגיהנם, ובשביל מה, בשביל צלמות, ולא סדרים, שאינו **רגיל לעשות תלמודו סדרי סדרים ובועט**, כדדריש לקמן בסמוך:

אמרי יושר

שהלבישו בכבוד גדול כמלאכי השרת. ורמז שזכות הבגדים גרם גם כן לקדש אותו, כדלקמן (סימן ח) לבן מלכים שהיה פדגוגו נכנס אצל המלך: **ואמאסאך כו' תלתי אלפין.** שנמאס משלשה דברים, **ממקדש** פירוש מתנות הקרבנות, **מן הכהונה** הוא מתנות גבול, **מן הלויה** הן מעשרות שהכהן גם כן זוכה בהם: **דיו שנעשה תלמידו של הקדוש ברוך הוא.** זהו כי שפתי כהן ישמרו דעת, ודיו שמלאך ה' צבאות הוא ותלמידו:

§4 The Midrash presents another exposition of the words וְזֶה הַדָּבָר, *This is the matter:*[44]

דָּבָר אַחֵר, "וְזֶה הַדָּבָר" — **Another interpretation:** ***This is the matter*** — הָדָא הוּא דִכְתִיב "קְחוּ עִמָּכֶם דְּבָרִים" — **this is** related to that **which is written,** ***Take words with you,*** *etc.* (*Hosea* 14:3), וְזֶהוּ שֶׁאָמַר הַכָּתוּב "אֶרְחַץ בְּנִקָּיוֹן כַּפָּי וְגוֹ' לַשְׁמִעַ בְּקוֹל תּוֹדָה" — and **this** is related to that **which the verse stated,** ***I wash my hands in purity, etc.*** *[and circle around Your Altar, HASHEM],* ***to proclaim thanksgiving in a loud voice*** (*Psalms* 26:6-7). יָכוֹל אַף לְהַקְרִיב פָּרִים וְאֵילִים — Now, **it is possible** that the purpose for which King David spoke of *washing hands in purity* is **also to offer bulls and rams;**[45] תַּלְמוּד לוֹמַר "לַשְׁמִעַ בְּקוֹל תּוֹדָה" — therefore, **Scripture states,** ***to proclaim thanksgiving in a loud voice.***[46] לְפִי שֶׁיִּשְׂרָאֵל אוֹמְרִים, רִבּוֹן הָעוֹלָם, הַנְּשִׂיאִים חוֹטְאִים וּמְבִיאִים קָרְבָּן וּמִתְכַּפֵּר לָהֶם — And why, then, does the above verse state, *and circle around Your Altar, HASHEM,* which implies bringing offerings?[47] **For** the nation of **Israel said, "Master of the Universe, the rulers sin and bring an offering and atonement is achieved for them;**[48] מָשִׁיחַ חוֹטֵא וּמֵבִיא קָרְבָּן וּמִתְכַּפֵּר לוֹ — **an anointed [high priest] sins and brings an offering and atonement is achieved for him;**[49] אָנוּ אֵין לָנוּ קָרְבָּן — but **we do not have an offering** through which to achieve atonement!"[50] אָמַר לָהֶם: "וְאִם כָּל עֲדַת יִשְׂרָאֵל יִשְׁגּוּ וְגוֹ'" — **[God] said to them,** ***"If the entire assembly of Israel shall err, etc.*** *[the congregation shall offer a young bull as a sin-offering]*" (*Leviticus* 4:13-14). אָמְרוּ לוֹ: עֲנִיִּים אָנוּ וְאֵין לָנוּ לְהָבִיא קָרְבָּנוֹת — **[The Jewish people] said to Him,** "But **we are paupers and we do not have** the wherewithal **to bring offerings!"**[51] אָמַר לָהֶם: דְּבָרִים אֲנִי מְבַקֵּשׁ, שֶׁנֶּאֱמַר "קְחוּ עִמָּכֶם דְּבָרִים וְשׁוּבוּ אֶל ה'" — **[God] said to them, "Words I request — as is stated,** ***Take words with you and return to HASHEM*** — וַאֲנִי מוֹחֵל עַל כָּל עֲוֹנוֹתֵיכֶם — **and I will forgive** you **for all of your iniquities."** וְאֵין "דְּבָרִים" אֶלָּא דִּבְרֵי תוֹרָה, שֶׁנֶּאֱמַר "אֵלֶּה הַדְּבָרִים אֲשֶׁר דִּבֶּר מֹשֶׁה" — **And** what are the "words" of this verse? **"Words" are nothing but words of Torah, as is stated,** ***These are the words that Moses spoke*** (*Deuteronomy* 1:1).[52] אָמְרוּ לוֹ: אֵין אָנוּ יוֹדְעִין — **[The Jewish people] said to Him,** "But **we do not know** words of Torah!"[53] אָמַר לָהֶם: בְּכוּ וְהִתְפַּלְּלוּ לְפָנַי וַאֲנִי מְקַבֵּל — **[God] said to them, "Cry and pray before Me and I will accept** that in place of offerings.[54] אֲבוֹתֵיכֶם כְּשֶׁנִּשְׁתַּעְבְּדוּ בְּמִצְרַיִם לֹא בִתְפִלָּה פְּדִיתִי אוֹתָם — **Your ancestors — when they were enslaved in Egypt,** was it **not through prayer** that **I redeemed them?"**[55] שֶׁנֶּאֱמַר "וַיֵּאָנְחוּ בְנֵי יִשְׂרָאֵל מִן הָעֲבֹדָה וַיִּזְעָקוּ" — **As is stated,** ***And the Children of Israel groaned because of the work and they cried out.*** *Their outcry because of the work went up to God. God heard their moaning, and God remembered His covenant with Abraham, with Isaac, and with Jacob* (above, 2:23-24). בִּימֵי יְהוֹשֻׁעַ לֹא בִתְפִלָּה עָשִׂיתִי לָהֶם נִסִּים — "And **in the days of Joshua,** was it **not through prayer** that **I performed miracles for them?"** שֶׁנֶּאֱמַר "וַיִּקְרַע יְהוֹשֻׁעַ שִׂמְלֹתָיו" — **As is stated,** ***Joshua tore his garments*** *and fell on his face to the ground before the Ark of HASHEM until evening. Joshua said, "Alas, my Lord, HASHEM/ELOHIM, etc."* (*Joshua* 7:6-7).[56] וּמָה אָמַרְתִּי לוֹ, "נְטֵה בַּכִּידוֹן וְגוֹ'" — **"And what did I** then **say to [Joshua]?** ***Stretch forth with the spear, etc.*** *[that is in your hand toward Ai, for in your hand will I give it]*" (ibid. 8:18).[57]

NOTES

44. As it did above, the Midrash wishes to explain the significance of this seemingly superfluous expression. After a lengthy discussion, at the section's conclusion, the Midrash will explain that וְזֶה הַדָּבָר, *This is the matter*, alludes to the prayer for Aaron to recite that was necessary at the critical juncture spoken of by our verse. By way of introducing this explanation, the Midrash will expound a verse from *Hosea* to show that the root דבר is associated with prayer and a verse from *Psalms* to teach that prayer is more valued by God than offerings [such as those that Aaron would bring] (*Yefeh To'ar*, followed in part by *Eitz Yosef*).

45. Elucidation follows *Beur Maharif* (also see *Eitz Yosef*; see *Yedei Moshe* and *Maharzu* for additional approaches), who explains that while the Psalmist states clearly that the purpose of his *washing his hands in purity* would be *to proclaim thanksgiving* to God, one may have understood the words that interpose between these phrases, וַאֲסֹבְבָה אֶת מִזְבַּחֲךָ ה', *and I will circle around Your Altar, HASHEM*, to mean that he *also* would do so in preparing to bring offerings.

46. The Midrash is pointing out that there is no ו, meaning *and*, between the phrase לַשְׁמִעַ בְּקוֹל תּוֹדָה, *to proclaim thanksgiving in a loud voice*, and the words that preceded it, וַאֲסֹבְבָה אֶת מִזְבַּחֲךָ ה', *and I will circle around Your Altar, HASHEM*. This indicates that the second of these phrases was not stated by the Psalmist as an additional reason for *washing his hands in purity*, but rather as an explanation of the preceding phrase. Thus, the Psalmist gives only one reason for his purifying himself in anticipation: In order to *proclaim thanksgiving in a loud voice* (*Beur Maharif*, from *Toldos Noach*; see *Yedei Moshe*, *Maharzu*, and *Eitz Yosef*, for additional approaches).

47. Elucidation follows *Toldos Noach*, who explains that the Midrash will now teach that the thanksgiving prayer is equivalent to offerings brought on the Altar, so that the phrase, וַאֲסֹבְבָה אֶת מִזְבַּחֲךָ ה', *and I will circle around Your Altar, HASHEM*, may be understood metaphorically. (See also *Maharzu*; see, however, *Radal* below, s.v. אינו אומר.)

48. The Midrash refers to *Leviticus* 4:22-23, which teaches of a sacrificial he-goat that must be brought by a ruler who sins unintentionally (*Maharzu*).

49. *Leviticus* 4:3 obligates a High Priest to offer a bull if he sins unintentionally (ibid.).

50. Although the Torah prescribes an offering for when an individual Jew sins (see *Leviticus* 4:27-28), the Jewish people opined that there should be a larger offering for when the nation sins as a unit (*Yefeh To'ar*, see there and *Maharzu* for additional discussion).

51. The Jewish people argued that in an era where there would be no Temple, they would be too "poor" to achieve atonement through offerings (*Eitz Yosef*, from *Yefeh To'ar* and *Nezer HaKodesh* [perhaps this reference should be to *Yefeh To'ar* and *Toldos Noach*]; see *Maharzu*; *Imrei Yosher*, second approach).

52. This verse uses the term דְּבָרִים, *words*, to introduce Moses' review of the Torah.

Our Midrash accords with *Megillah* [31b] and *Menachos* [110a] (see also *Vayikra Rabbah* 9 §8), where it is taught that in the absence of the Temple, one who studies the Torah passages of the offerings is considered as having offered them (*Yefeh To'ar*; see *Maharzu*).

53. As the Gemara teaches (in *Shabbos* 138b), *the Torah is destined to be forgotten from Israel* (*Maharzu*, see there for additional discussion). [See the Gemara there with *Rashi* regarding what part of the Torah this regards and for a debate over the basic concept.]

54. In its entirety, the Hosea verse cited above reads, קְחוּ עִמָּכֶם דְּבָרִים וְשׁוּבוּ אֶל ה' אִמְרוּ אֵלָיו כָּל תִּשָּׂא עָוֹן וְקַח טוֹב וּנְשַׁלְּמָה פָרִים שְׂפָתֵינוּ, *Take words with you and return to HASHEM; say to Him, "May You forgive all iniquity and accept good, and let our lips substitute for bulls."* The Midrash understands the words *return to HASHEM* to connote [remorseful] *crying* — a primary component of repentance, and the words *let our lips substitute for bulls* as suggestive of *praying* (*Eitz Yosef*, from *Toldos Noach*; also see *Matnos Kehunah*). Thus, the verse states that if *words*, i.e., *Torah*, cannot be *taken*, then the Jewish people should resort to *crying* and *praying* to achieve atonement when they cannot bring offerings.

Alternatively, the Midrash understands the directive of קְחוּ עִמָּכֶם דְּבָרִים, *Take words with you*, to refer to *words* of either Torah or prayer (*Yefeh To'ar*, followed in part by *Eitz Yosef*; see there for elaboration and for support for this approach from the Midrash just below).

55. Although in this incident and in each of the others to be cited just below, only one of either crying or praying is proven effective, the Midrash assumes that both were present and played a role (see *Eitz Yosef* below, s.v. ומה אמרתי, from *Toldos Noach*). These incidents are therefore supportive of God's statement regarding the power of crying and praying.

56. [This passage describes how Joshua prayed after the Jewish army had been defeated at Ai.]

57. God told Joshua to do this because the tall spear held aloft would remind the Jews that their success in battle would be determined not by their own strength but by their devoting themselves to God in Heaven. This verse thus supports the idea that through humbling themselves to

ד דָּבָר אַחֵר, [כט, א] "וְזֶה הַדָּבָר", הָדָא הוּא דִכְתִיב (הושע יד, ג) "קְחוּ עִמָּכֶם דְּבָרִים", זֶהוּ שֶׁאָמַר הַכָּתוּב (תהלים כו, ו-ז) "אֶרְחַץ בְּנִקָּיוֹן כַּפָּי וְגוֹ' לַשְׁמִעַ בְּקוֹל תּוֹדָה", יָכוֹל אַף לְהַקְרִיב פָּרִים וְאֵילִים, תַּלְמוּד לוֹמַר "לַשְׁמִעַ בְּקוֹל תּוֹדָה", לְפִי שֶׁיִּשְׂרָאֵל אוֹמְרִים: רִבּוֹן הָעוֹלָם, הַנְּשִׂיאִים חוֹטְאִים וּמְבִיאִים קָרְבָּן וּמִתְכַּפֵּר לָהֶם, מָשִׁיחַ חוֹטֵא וּמֵבִיא קָרְבָּן וּמִתְכַּפֵּר לוֹ, אָנוּ אֵין לָנוּ קָרְבָּן, אָמַר לָהֶם: (ויקרא ד, יג) "וְאִם כָּל עֲדַת יִשְׂרָאֵל יִשְׁגּוּ וְגוֹ'", אָמְרוּ לוֹ: עֲנִיִּים אָנוּ וְאֵין לָנוּ לְהָבִיא קָרְבָּנוֹת, אָמַר לָהֶם: דְּבָרִים אֲנִי מְבַקֵּשׁ, שֶׁנֶּאֱמַר (הושע יד, ג) "קְחוּ עִמָּכֶם דְּבָרִים וְשׁוּבוּ אֶל ה'", וַאֲנִי מוֹחֵל עַל כָּל עֲוֹנוֹתֵיכֶם, וְאֵין "דְּבָרִים" אֶלָּא דִּבְרֵי תוֹרָה, שֶׁנֶּאֱמַר (דברים א, א) "אֵלֶּה הַדְּבָרִים אֲשֶׁר דִּבֶּר מֹשֶׁה", אָמְרוּ לוֹ: אֵין אָנוּ יוֹדְעִין, אָמַר לָהֶם: בְּכוּ וְהִתְפַּלְּלוּ לְפָנַי וַאֲנִי מְקַבֵּל, אֲבוֹתֵיכֶם כְּשֶׁנִּשְׁתַּעְבְּדוּ בְּמִצְרַיִם לֹא בִתְפִלָּה פְּדִיתִי אוֹתָם, שֶׁנֶּאֱמַר (שמות ב, כג) "וַיֵּאָנְחוּ בְנֵי יִשְׂרָאֵל מִן הָעֲבֹדָה וַיִּזְעָקוּ", בִּימֵי יְהוֹשֻׁעַ לֹא בִתְפִלָּה עָשִׂיתִי לָהֶם נִסִּים, שֶׁנֶּאֱמַר (יהושע ז, ו) "וַיִּקְרַע יְהוֹשֻׁעַ שִׂמְלֹתָיו", וּמָה אָמַרְתִּי לוֹ, (שם ח, יח) "נְטֵה בַּכִּידוֹן וְגוֹ'", בִּימֵי הַשּׁוֹפְטִים בִּבְכִיָּה שָׁמַעְתִּי צַעֲקָתָם, שֶׁנֶּאֱמַר (שופטים ו, ז) "וַיְהִי כִּי זָעֲקוּ בְנֵי יִשְׂרָאֵל אֶל ה' וְגוֹ'",

עץ יוסף

(ד) הדא הוא דכתיב קחו עמכם דברים. בעי למדרש שמרומז במלת הדבר תפלה, לפי שלא יתרצה ה' לאהרן אלא על ידי תפלה כדלקמן, ומייתי קחו עמכם דברים היינו תפלה, ומייתי ארחץ בנקיון כפי, דאף על גב דכתיב ואסובבה את מזבחך ה', עיקרו בתפלה כמו שאפרש: **יכול אף להקריב.** רוצה לומר יכול דפירושו דקרא דארחץ כפי ואסובבה את מזבחך, היינו להקריב קרבנות וגם לשמוע בקול תודה וגו' היינו תפלה, להכי קאמר מדכתיב לשמיע, ולא כתיב לשמוע בקול תודה, על כרחך שפירושו ואסובבה את מזבחך לשמוע בקול תודה, רוצה לומר שלא קרב אל המזבח אלא התפלה וההודאה: **אמר ליה עניים אנו.** על זמן שאין בית המקדש קיים קאמר דעניי אנן לגבי קרבן, דלית לן כהן שיכפר בעדנו (יפה תואר וזר הקודש): **ואין דברים אלא דברי תורה.** דקחו עמכם דברים כולל תורה ותפלה, דשניהם דברים נקראו, וכדכתיב קחו עמכם דברים, אמרו אליו כל תשא עון היינו תפלה, וקח טוב ירמוז לתורה, כמאמרם ז"ל (ברכות ה, א) אין טוב אלא תורה, וכן ונשלמה פרים שפתינו, פירושו התפלה שהיא במקום הקרבנות, והיינו דמסיים בסמוך איני מבקש כו' אלא דברים סתם, דאית בהו תרתי אם תורה אם תפלה: **בכו והתפללו בבכיה.** מושבו אל ה' קדייק, דעיקר תשובה היא הבכיה, כי תשובה נוטריקון תענית שק ואפר בכיה הספד, ותפלה מסיפא דקרא ונשלמה פרים שפתינו קדייק (תולדות נח): **ומה אמרתי לו נטה בבידון.** אשר בידך אל העי כי בידך אתננה, שלא יעלה בדעת ישראל שבכחם הגדול אשר אתם נלחו, אלא נטה בכידון שהוא גבוה הקומה למעלה, לרמוז כשישראל מסתכלין כלפי מעלה ולבם לשמים ינלחו, כענין שנאמר והיה כאשר ירים משה ידו וגבר ישראל, הרי בזכות שמשברין לבם ומתפללים בבכיה נלחו את העי: **בימי השופטים בבכיה שמעתי כו'.** והוא הדין בתפלה, וכן כל היכא דאמר בתפלה הוא הדין בבכייה, אלא דחדא מנייהו נקט (תולדות נח):

פירוש מהרז"ו

(ד) ארחץ בנקיון כפי. ואסובבה את מזבחך ה', וזהו יכול להקריב פרים ואילים, תלמוד לומר לשמיע בקול תודה, לא אמר להקריב תודה, אלא להשמיע קול תודה (ותיבת אף נראה מיותר), הרי הוא כמסבב המזבח בקרבנות, וכמו שאמרו (מגילה (כ"ט) [לא, ב]): **שישראל אומרת.** צריך לומר כנסת ישראל, או ישראל אומרים: **הנשיאים חוטאים.** כוונתו למה שנאמר ויקרא ד' אשר נשיא יחטא וגו' והביא קרבנו שעירת עזים. משיח חוטא. שם בפרשה לפני זה, אם הכהן המשיח יחטא לאשמת העם והקריב על חטאתו פר בן בקר: **אנו אין לנו קרבן.** וצריך עיון שהרי סידר הכתוב בפסוק ג', נפש כי תחטא וגו' אם הכהן המשיח וגו', ובפסוק י"ג ואם כל עדת ישראל ישגו וגו', ובפסוק כ"ב אשר נשיא יחטא. והמדרש חושב תחלה מה שכתוב אשר נשיא יחטא, ואחר כך אם הכהן המשיח, ואיך אומר אנו אין לנו קרבן, והקרבן כבר מבואר. אך חז"ל דקדקו בלשון הפרשיות, שהתחיל נפש כי תחטא, ואחר כך בפסוק י"ג ואם כל עדת ישראל, בוי"ו הנוסף. וכשמגיע לפרשת הנשיא היה לו לומר ואם הנשיא, וכמו שכתוב בפסוק כ"ז ואם נפש, ובפסוק ל"ב ואם כבש. על כן דורש שתחלה נסדר פרשה אשר נשיא יחטא, בלא וי"ו, ואחר כך אם הכהן המשיח, ואחר כך ואם כל עדת ישראל, תחלה הנשיא הגדול מהכל, ואחר כך הכהן המשיח, ואחר כך כלל העם, וזה על פי מדה ל"ב, (אלא שסידר הכתוב פר אצל פר, ושעיר אצל שעירה, ואחר פרשת הנשיא והמשיח אמרו ישראל אנו אין לנו קרבן, ועל זה השיב להם ואם כל עדת ישראל ישגו ונעלם דבר מעיני הקהל): **עניים היו.** אחר שחרב בית המקדש, כמו שאומרים במוסף, ולעשות חובותינו בבית בחירתך מפני היד השלוחה במקדשך, וכשאמר להם שובה ישראל עד ה' אלקיך, השיבו אין לנו במה נשוב, השיב להם קחו עמכם דברים ושובו אל ה' וגו', ונשלמה פרים שפתינו, במקום פרים שכתוב והקריבו הקהל פר בן בקר, וכמו שאמרו (מנחות ק"י, א) ויקרא רבה פרשה ט סימן ו, זאת התורה לעולה ולמנחה וגו': **אין אנו יודעים.** כמו שאמרו חז"ל (שבת קלח, ב) עתידה תורה שתשתכח מישראל, שעל זה אמר כאן ונעלם דבר, שיבא עת שיתעלם מהם, ועל פי מדה י"ז דורש כאן מדה ל"א, שפסוק ונעלם דבר מקומו אחר והביאו הקהל פר, ומאחר שכתוב ונעלם דבר, הרי שהיה דבר אחר פר, היינו מה שכתוב קחו עמכם דברים, שפתינו במקום פרים. ועל זה השיב בכו והתפללו לפני. ומרומז במה שכתוב מעיני הקהל, כשנתעלם דבר בתורה אז יועיל הבכי והתפלה ודו"ק: **ויקרע יהושע שמלותיו.** וסיפא דקרא ויפול על פניו ארצה וגו' ויאמר אהה ה' אלהים וגו', שהתפלל וענה אותו עד נטה בכידון, עד שהחרימו על ידי זה לכל אנשי העי: **ויהי כי זעקו.** וישלח להם איש נביא וגו', וזכו לישועה:

חידושי הרד"ל

[ד] **זמה אמרתי לו נטה בבידון.** כמדומני שדורש בכידון לשני תיבות בכי דון, שעל ידי הבכי הזה שבכו, (כשנפלו יהושע והזקנים על פניהם לפני הארון והעלו עפר על ראשנו), נשמעה תפלתם ואמר לו (יהושע ח, יח) נטה [בכידון אשר ב]ידך כי בידך אתננה: **בימי השופטים בבכי שמעתי זעקתם שנאמר ויהי כי זעקו גו'.** על בכי עיקר הראייה,

חידושי הרש"ש

[ד] **לשמיע בקול תודה שאני מודה לך על דברי תורה.** אולי דריש זה מקרא דבתריה ה' אהבתי מעון ביתך, דדרשוהו במגילה (כט, א) על בתי כנסיות ומדרשות, וכדאמרינן בברכות (ח, א) אין לו להקב"ה בעולמו אלא ארבע אמות של הלכה בלבד:

אמרי יושר

[ד] **עניים אנו ואין לנו להקריב קרבן.** תימה דהא אין ציבור עני. לכך אני אומר, דודאי גירסא משובשת היא מאי דקאמר אמר להם אם כל עדת ישראל ישגו, ואי איתא להאי גירסא נפרש עניים אנו מתובלים בעונות, או כשאין בית המקדש קיים:

באור מהרי"פ

[ד] **ארחץ וגו' ואסובבה את וגו' לשמוע בקול תודה ולספר כל נפלאותיך.** וזה שאמר **יכול אף להקריב פרים ואילים,** פירוש, מדכתיב ואסובבה את מזבחך ה', סלקא דעתך היינו פרים ואילים, וארחץ בנקיון כפי על שניהם, היינו על הקרבת פרים ואילים, וגם על לשמיע בקול תודה, לזה אמר **תלמוד לומר לשמיע בקול תודה** ולא ולשמיע בוי"ו הנוסף, אלא שמע מינה דעל הא לחוד קאי, וזה שאמר **לפי שישראל אומרים,** וכך וכוונת סיום הדורש, כי לשמיע בקול תודה הוא חשוב לפני הקב"ה כמו ואסובבה את מזבחך, בהקרבת הקרבנות של נשיאים ומשיח וכו'. תולדות נח הארוך: **בכו והתפללו לפני וקחו עמכם דברים.** כוללים דברי תורה וגם דברי תפלה, גם נסמך על ונשלמה

מסורת המדרש

ה. עיין ויק"ר פ"ז. תנחומא סדר צו סימן י"ד. פסיקתא רבתי פיסקא ט"ז סימן ז'. פסיקתא דרב כהנא פיסקא ו'. ילקוט סדר צו רמז תע"ט. ילקוט סדר פנחס רמז תשע"ז. ילקוט תהלים רמז תתע"ו:

אם למקרא

קְחוּ עִמָּכֶם דְּבָרִים וְשׁוּבוּ אֶל־ה' אִמְרוּ אֵלָיו כָּל־תִּשָּׂא עָוֺן וְקַח־טוֹב וּנְשַׁלְּמָה פָרִים שְׂפָתֵינוּ: (הושע יד:ג)

אֶרְחַץ בְּנִקָּיוֹן כַּפָּי וַאֲסֹבְבָה אֶת־מִזְבַּחֲךָ ה': לַשְׁמִעַ בְּקוֹל תּוֹדָה וּלְסַפֵּר כָּל־נִפְלְאוֹתֶיךָ: (תהלים כו:ו-ז)

וְאִם כָּל־עֲדַת יִשְׂרָאֵל יִשְׁגּוּ וְנֶעְלַם דָּבָר מֵעֵינֵי הַקָּהָל וְעָשׂוּ אַחַת מִכָּל־מִצְוֺת ה' אֲשֶׁר לֹא־תֵעָשֶׂינָה וְאָשֵׁמוּ: (ויקרא ד:יג)

אֵלֶּה הַדְּבָרִים אֲשֶׁר דִּבֶּר מֹשֶׁה אֶל־כָּל־יִשְׂרָאֵל בְּעֵבֶר הַיַּרְדֵּן בַּמִּדְבָּר בָּעֲרָבָה מוֹל סוּף בֵּין־פָּארָן וּבֵין־תֹּפֶל וְלָבָן וַחֲצֵרֹת וְדִי זָהָב: (דברים א:א)

וַיְהִי בַיָּמִים הָרַבִּים הָהֵם וַיָּמָת מֶלֶךְ מִצְרַיִם וַיֵּאָנְחוּ בְנֵי־יִשְׂרָאֵל מִן־הָעֲבֹדָה וַיִּזְעָקוּ וַתַּעַל שַׁוְעָתָם אֶל־הָאֱלֹהִים מִן־הָעֲבֹדָה: (שמות ב:כג)

וַיִּקְרַע יְהוֹשֻׁעַ שִׂמְלֹתָיו וַיִּפֹּל עַל־פָּנָיו אַרְצָה לִפְנֵי אֲרוֹן ה' עַד־הָעֶרֶב הוּא וְזִקְנֵי יִשְׂרָאֵל וַיַּעֲלוּ עָפָר עַל־רֹאשָׁם: (יהושע ז:ו)

וַיֹּאמֶר ה' אֶל־יְהוֹשֻׁעַ נְטֵה בַּכִּידוֹן אֲשֶׁר־בְּיָדְךָ אֶל־הָעַי כִּי בְיָדְךָ אֶתְּנֶנָּה וַיֵּט יְהוֹשֻׁעַ בַּכִּידוֹן אֲשֶׁר־בְּיָדוֹ אֶל־הָעִיר: (שם ח:יח)

וַיְהִי כִּי־זָעֲקוּ בְנֵי־יִשְׂרָאֵל אֶל־ה' עַל אֹדוֹת מִדְיָן: (שופטים ו:ז)

מתנות כהונה

[ד] **בנקיון וגו'** גרסינן: **ישגו וגו'** גרסינן: **בכו והתפללו.** וזהו ושובו:

אשד הנחלים

[ד] **דבר אחר כו' אף להקריב כו' עניים אנו כו' דברים אני מבקש.** אף שהכתוב אומר (ויקרא ד, יג-יד) ואם כל עדת ישראל ישגו גו' והקריבו הקהל פר בן בקר, מכל מקום היה מהראוי שיקריב כל אחד לבדו קרבן מיוחד, רק שחסה התורה עליהם, כי אין בהם כח להקריב כמה קרבנות כמספר, רק הם מתכפרים בדברים. וכלל הענין שלא ידומה כי אי אפשר להתכפר כי אם בקרבן, לא כן, כי העיקר הוא הדברים, ואם יכול ללמוד אז אין טוב נעלה מזה, כי זה עיקר השלמה, ואם לא כן על כל פנים התשובה והזעקה לה' וההכנעה אליו, ולכן כתיב כאן זה הדבר, להורות אף שאני מצוה אתכם על הקרבנות, אבל העיקר הוא הדברים, והקרבן הוא רק לתועלת הדבר שהוא להכנעה ולתשובה, וכמו שמסיים בסוף

ידי משה

[ד] **ארחץ בנקיון כפי ואסובבה את מזבחך ה' לשמוע בקול תודה.** יאמר דהכי פירוש הפסוק, אלו לא נאמר בקול פירוש שלא היה נאמר בקול בבי"ת, אלא היה כתוב לשמוע קול תודה בלא ב', הייתי אומר אף בפרים ואילים, ויהיה דבוק לשלפניו שאסבב מזבח בקרבנות ותפלה, אבל תפלה לחוד לא מהני בלא קרבן, לכן כתיב בקול לומר שאף תפלה לחוד מהני כדמפרש ואזיל: **נטה בבידון.** פירוש,

ענף יוסף

(ד) **אמר להם ואם כל עדת כו' אמרו לו עניים אנו כו'.** הוא מוקשה מאד, אם השיב להם ואם כל עדת וגו', איך שייך לומר עניים אנחנו כי אין לצבור עני, גם מה שהשיב דברים אני מבקש, לא מצינו בשום מקום שהעני מפני עניו יפטור עצמו בדברים, רק שקרבנו הוא דבר מועט כמו תורים ובני יונה או סולת, ואם קרבנו הוא חטאת קבועה אין תמורה ומוכרח להביאה. ונראה דכוונת הדורש הוא על זמן שאין בית המקדש קיים, דעניי אנן לגבי קרבן, דאין כהן שיכפר בעדינו, ועל זה היתה התשובה קחו עמכם דברים, דהיינו דברי תורה, ועל דרך שאמר בפרק בני העיר (מגלה לא, ב) שישראל אומרים תינח בזמן שבית המקדש קיים, בזמן שאין בית המקדש מה יהיה, אמר ליה יעסוק בתורת קרבנות (יפה תואר):

בִּימֵי הַשּׁוֹפְטִים בִּבְכִיָּה שָׁמַעְתִּי צַעֲקָתָם – "And in the days of the Judges, through crying I heard their outcry"; שֶׁנֶּאֱמַר "וַיְהִי כִּי זָעֲקוּ בְנֵי יִשְׂרָאֵל אֶל ה' וגו' " – as is stated, ***So it happened that when the Children of Israel cried out to HASHEM, etc.*** *[concerning Midian, HASHEM sent a man, a prophet, to the Children of Israel]* (*Judges* 6:7-8).[58]

NOTES

God and praying to Him tearfully *miracles were performed* for the Jews, who would eventually be victorious at Ai (*Eitz Yosef*, referencing 17:11 above with *Rosh Hashanah* 29a; see *Yedei Moshe*, *Radal*, and *Maharzu*, for other approaches). [According to the plain meaning of the verse, the outstretched spear was a signal for the Jewish soldiers to emerge from where they lay in ambush and begin their attack. The Midrash, however, is dissatisfied with this meaning alone, because the fact that the spear remained in that position until the Jewish army had achieved victory (*Joshua* 8:26) proves that the spear served some other purpose. The Midrash therefore sees the outstretched spear as a symbol of the Jewish prayer that accompanied the warriors (*Matas-Yah*, cited in a comment in *Eitz Yosef*, Vagshal ed.).]

58. [This man was Gideon, who would lead the Jews to a spectacular defeat of Midian.]

ד דָּבָר אַחֵר, [כט, א] "וְזֶה הַדָּבָר", הָדָא הוּא דִכְתִיב (הושע יד, ג) "קְחוּ עִמָּכֶם דְּבָרִים", זֶהוּ שֶׁאָמַר הַכָּתוּב (תהלים כו, ו-ז) "אֶרְחַץ בְּנִקָּיוֹן כַּפָּי וְגוֹ' לַשְׁמִעַ בְּקוֹל תּוֹדָה", יָכוֹל אַף לְהַקְרִיב פָּרִים וְאֵילִים, תַּלְמוּד לוֹמַר "לַשְׁמִעַ בְּקוֹל תּוֹדָה", לְפִי שֶׁיִּשְׂרָאֵל אוֹמְרִים: רִבּוֹן הָעוֹלָם, הַנְּשִׂיאִים חוֹטְאִים וּמְבִיאִים קָרְבָּן וּמִתְכַּפֵּר לָהֶם, מָשִׁיחַ חוֹטֵא וּמֵבִיא קָרְבָּן וּמִתְכַּפֵּר לוֹ, אָנוּ אֵין לָנוּ קָרְבָּן, אָמַר לָהֶם: (ויקרא ד, יג) "וְאִם כָּל עֲדַת יִשְׂרָאֵל יִשְׁגּוּ וְגוֹ' ", אָמְרוּ לוֹ: עֲנִיִּים אָנוּ וְאֵין לָנוּ לְהָבִיא קָרְבָּנוֹת, אָמַר לָהֶם: הדְּבָרִים אֲנִי מְבַקֵּשׁ, שֶׁנֶּאֱמַר (הושע יד, ג) "קְחוּ עִמָּכֶם דְּבָרִים וְשׁוּבוּ אֶל ה' ", וַאֲנִי מוֹחֵל עַל כָּל עֲוֹנוֹתֵיכֶם, וְאֵין "דְּבָרִים" אֶלָּא דִּבְרֵי תוֹרָה, שֶׁנֶּאֱמַר (דברים א, א) "אֵלֶּה הַדְּבָרִים אֲשֶׁר דִּבֶּר מֹשֶׁה", אָמְרוּ לוֹ: אֵין אָנוּ יוֹדְעִין, אָמַר לָהֶם: בְּכוּ וְהִתְפַּלְּלוּ לְפָנַי וַאֲנִי מְקַבֵּל, אֲבוֹתֵיכֶם כְּשֶׁנִּשְׁתַּעְבְּדוּ בְּמִצְרַיִם לֹא בִתְפִלָּה פְּדִיתִי אוֹתָם, שֶׁנֶּאֱמַר (שמות ב, כג) "וַיֵּאָנְחוּ בְנֵי יִשְׂרָאֵל מִן הָעֲבֹדָה וַיִּזְעָקוּ", בִּימֵי יְהוֹשֻׁעַ לֹא בִתְפִלָּה עָשִׂיתִי לָהֶם נִסִּים, שֶׁנֶּאֱמַר (יהושע ז, ו) "וַיִּקְרַע יְהוֹשֻׁעַ שִׂמְלֹתָיו", וּמָה אָמַרְתִּי לוֹ, (שם ח, יח) "נְטֵה בַּכִּידוֹן וְגוֹ' ", בִּימֵי הַשּׁוֹפְטִים בִּבְכִיָּה שָׁמַעְתִּי צַעֲקָתָם, שֶׁנֶּאֱמַר (שופטים ו, ז) "וַיְהִי כִּי זָעֲקוּ בְנֵי יִשְׂרָאֵל אֶל ה' וְגוֹ' ",

עץ יוסף

(ד) **הדא הוא דכתיב קחו עמכם דברים.** בעי למדרש שמרומז במלת הדבר תפלה, לפי שלא יתרצה ה' לאהרן אלא על ידי תפלה כדלקמן, ומייתי קחו עמכם דברים היינו תפלה, ומייתי ארחץ בנקיון כפי, דאף על גב דכתיב ואסובבה את מזבחך ה', עיקרו בתפלה כמו שאפרש: **יכול אף להקריב.** רוצה לומר יכול דפירושו דקרא דארחץ כפי ואסובבה את מזבחך, היינו להקריב קרבנות וגם לשמוע בקול תודה וגו' היינו תפלה, להכי קאמר מדכתיב לשמיע, ולא כתיב לשמוע בקול תודה, על כרחך שפירושו ואסובבה את מזבחך לשמוע בקול תודה, רוצה לומר שלא קרב אל המזבח אלא התפלה וההודאה: **אמר ליה עניים אנו.** על זמן שאין בית המקדש קיים קאמר דעניי אנן לגבי קרבן, דלית לן כהן שיכפר בעדנו (יפה תואר וזרע הקודש): **ואין דברים אלא דברי תורה.** דקחו עמכם דברים כולל תורה ותפלה, דשניהם דברים נקראו, וכדכתיב קחו עמכם דברים, אמרו אליו כל תשא עון היינו תפלה, וקח טוב ירמוז לתורה, כמאמרם ז"ל (ברכות ה, א) אין טוב אלא תורה, וכן ונשלמה פרים שפתינו, פירושו התפלה שהיא במקום הקרבנות, והיינו דמסיים בסמוך איני מבקש כו' אלא דברים סתם, דאית בהו תרתי אם תורה אם תפלה: **בכו והתפללו בבכיה.** מושבו אל ה' קדייק, דעיקר תשובה היא הבכיה, כי תשובה נוטריקון תענית שק ואפר בכיה הספד, ותפלה מסיפא דקרא ונשלמה פרים שפתינו קדייק (תולדות נח): **ומה אמרתי לו נטה בכידון.** אשר בידך אל העי כי בידך אתננה, שלא יעלה בדעת ישראל שבכחם הגדול אשר אתם נלחו, אלא נטה בכידון שהוא גבוה הקומה למעלה, לרמוז כשישראל מסתכלין כלפי מעלה ולבם לשמים ינלחו, כענין שנאמר והיה כאשר ירים משה ידו וגבר ישראל, הרי בזכות שמשברין לבם ומתפללים בבכיה נלחו את העי: **בימי השופטים בבכיה שמעתי כו'.** והוא הדין בתפלה, וכן כל היכא דאמר בתפלה הוא הדין בבכייה, אלא דחדא מנייהו נקט (תולדות נח):

פירוש מהרז"ו

(ד) **ארחץ בנקיון כפי.** ואסובבה את מזבחך ה', וזהו יכול להקריב פרים ואילים, תלמוד לומר לשמיע בקול תודה, לא אמר להקריב תודה, אלא להשמיע קול תודה (ותיבת אף נראה מיותר), הרי הוא כמסבב המזבח בקרבנות, וכמו שאמרו (מגילה (כ"ט) [לא, ב]): **שישראל אומרת.** צריך לומר כנסת ישראל, או ישראל אומרים: **הנשיאים חוטאים.** כוונתו למה שנאמר ויקרא ד' אשר נשיא יחטא וגו' והביא קרבנו שעירת עזים. משיח חוטא. שם בפרשה לפני זה, אם הכהן המשיח יחטא לאשמת העם והקריב על חטאתו פר בן בקר: **אנו אין לנו קרבן.** וצריך עיון שהרי סידר הכתוב בפסוק ג', נפש כי תחטא וגו' אם הכהן המשיח וגו', ובפסוק י"ג ואם כל עדת ישראל ישגו וגו', ובפסוק כ"ב אשר נשיא יחטא. והמדרש חושב תחלה מה שכתוב אשר נשיא יחטא, ואחר כך אם הכהן המשיח, ואיך אומר אנו אין לנו קרבן, והקרבן כבר מבואר. אך חז"ל דקדקו בלשון הפרשיות, שהתחיל נפש כי תחטא, ואחר כך בפסוק י"ג ואם כל עדת ישראל, בוי"ו הנוסף. וכשמגיע לפרשת הנשיא היה לו לומר ואם הנשיא, וכמו שכתוב בפסוק כ"ז ואם נפש, ובפסוק ל"ב ואם כבש. על כן דורש שתחלה נסדר פרשה אשר נשיא יחטא, בלא וי"ו, ואחר כך אם הכהן המשיח, ואחר כך ואם כל עדת ישראל, תחלה הנשיא הגדול מהכל, ואחר כך הכהן המשיח, ואחר כך כלל העם, וזה על פי מדה ל"ב, (אלא שסידר הכתוב פר אצל פר, ושעיר אצל שעירה, ואחר פרשת הנשיא והמשיח אמרו ישראל אנו אין לנו קרבן, ועל זה השיב להם ואם כל עדת ישראל ישגו ונעלם דבר מעיני הקהל): **עניים היו.** אחר שחרב בית המקדש, כמו שאומרים במוסף, ולעשות חובותינו בבית בחירתך מפני היד השלוחה במקדשך, וכשאמר להם שובה ישראל עד ה' אלקיך, השיבו אין לנו במה נשוב, השיב להם קחו עמכם דברים ושובו אל ה' וגו', ונשלמה פרים שפתינו, במקום פרים שכתוב והקריבו הקהל פר בן בקר, וכמו שאמרו (מנחות ק"י, א) ויקרא רבה פרשה ט סימן ו, זאת התורה לעולה ולמנחה וגו': **אין אנו יודעים.** כמו שאמרו חז"ל (שבת קלח, ב) עתידה תורה שתשתכח מישראל, שעל זה אמר כאן ונעלם דבר, שיבא עת שיתעלם מהם, ועל פי מדה י"ז דורש כאן מדה ל"א, שפסוק ונעלם דבר מקומו אחר והביאו הקהל פר, ומאחר שכתוב ונעלם דבר, הרי שהיה דבר אחר פר, היינו מה שכתוב קחו עמכם דברים, שפתינו במקום פרים. ועל זה השיב בכו והתפללו לפני. ומרומז במה שכתוב מעיני הקהל, כשנתעלם דבר בתורה אז יועיל הבכי והתפלה ודו"ק: **ויקרע יהושע שמלותיו.** וסיפא דקרא ויפול על פניו ארצה וגו' ויאמר אהה ה' אלהים וגו', שהתפלל וענה אותו עד נטה בכידון, עד שהחרימו על ידי זה לכל אנשי העי: **ויהי כי זעקו.** וישלח להם איש נביא וגו', וזכו לישועה:

חידושי הרד"ל

[ד] **זמה אמרתי לו נטה בכידון.** כמדומני שדורש בכידון לשני תיבות בכי דון, שעל ידי הבכי הזה שבכו, (כשנפלו יהושע והזקנים על פניהם לפני הארון והעלו עפר על ראשנו), נשמעה תפלתם ואמר לו (יהושע ח, יח) נטה [בכידון אשר ב] ידך כי בידך אתננה: **בימי השופטים בבכי שמעתי זעקתם שנאמר ויהי כי זעקו גו'.** על בכי עיקר הראייה,

חידושי הרש"ש

[ד] **לשמיע בקול תודה שאני מודה לך על דברי תורה.** אולי דריש זה מקרא דבתריה ה' אהבתי מעון ביתך, דדרשוהו במגילה (כט, א) על בתי כנסיות ומדרשות, וכדאמרינן בברכות (ח, א) אין לו להקב"ה בעולמו אלא ארבע אמות של הלכה בלבד:

אמרי יושר

[ד] **עניים אנו ואין לנו להקריב קרבן.** תימה דהא אין ליבור עני. לכך אני אומר, דודאי גירסא משובשת היא מאי דקאמר אמר להם אם כל עדת ישראל ישגו, ואי איתא להאי גירסא נפרש עניים אנו מתובלים בעונות, או כשאין בית המקדש קיים:

באור מהרי"פ

[ד] **ארחץ וגו' ואסובבה את וגו' לשמוע בקול תודה ולספר כל נפלאותיך.** וזה שאמר **יכול אף להקריב פרים ואילים,** פירוש, מדכתיב ואסובבה את מזבחך ה', סלקא דעתך היינו פרים ואילים, וארחץ בנקיון כפי על שניהם, היינו על הקרבת פרים ואילים, וגם על לשמיע בקול תודה, לזה אמר **תלמוד לומר לשמיע בקול תודה** ולא ולשמיע בוי"ו הנוסף, אלא שמע מינה דעל הא לחוד קאי, וזה שאמר **לפי שישראל אומרים,** וכך וכוונת סיום הדורש, כי לשמיע בקול תודה הוא חשוב לפני הקב"ה כמו ואסובבה את מזבחך, בהקרבת הקרבנות של נשיאים ומשיח וכו'. תולדות נח הארוך: **בכו והתפללו לפני וקחו עמכם דברים.** כוללים דברי תורה וגם דברי תפלה, גם נסמך על ונשלמה

מסורת המדרש

ה. עיין ויק"ר פ"ג. תנחומא סדר צו סימן י"ד. פסיקתא רבתי פיסקא ט"ו סימן ז'. פסיקתא דרב כהנא פיסקא ו'. ילקוט סדר צו רמז תע"ט. ילקוט סדר פנחס רמז תשע"ו. ילקוט תהלים רמז תתע"ו:

אם למקרא

קְחוּ עִמָּכֶם דְּבָרִים וְשׁוּבוּ אֶל־ה' אִמְרוּ אֵלָיו כָּל־תִּשָּׂא עָוֹן וְקַח־טוֹב וּנְשַׁלְּמָה פָרִים שְׂפָתֵינוּ: (הושע יד:ג)

אֶרְחַץ בְּנִקָּיוֹן כַּפָּי וַאֲסֹבְבָה אֶת־מִזְבַּחֲךָ ה': לַשְׁמִעַ בְּקוֹל תּוֹדָה וּלְסַפֵּר כָּל־נִפְלְאוֹתֶיךָ: (תהלים כו:ו-ז)

וְאִם כָּל־עֲדַת יִשְׂרָאֵל יִשְׁגּוּ וְנֶעְלַם דָּבָר מֵעֵינֵי הַקָּהָל וְעָשׂוּ אַחַת מִכָּל־מִצְוֹת ה' אֲשֶׁר לֹא־תֵעָשֶׂינָה וְאָשֵׁמוּ: (ויקרא ד:יג)

אֵלֶּה הַדְּבָרִים אֲשֶׁר דִּבֶּר מֹשֶׁה אֶל־כָּל־יִשְׂרָאֵל בְּעֵבֶר הַיַּרְדֵּן בַּמִּדְבָּר בָּעֲרָבָה מוֹל סוּף בֵּין־פָּארָן וּבֵין־תֹּפֶל וְלָבָן וַחֲצֵרֹת וְדִי זָהָב: (דברים א:א)

וַיְהִי בַיָּמִים הָרַבִּים הָהֵם וַיָּמָת מֶלֶךְ מִצְרַיִם וַיֵּאָנְחוּ בְנֵי־יִשְׂרָאֵל מִן־הָעֲבֹדָה וַיִּזְעָקוּ וַתַּעַל שַׁוְעָתָם אֶל־הָאֱלֹהִים מִן־הָעֲבֹדָה: (שמות ב:כג)

וַיִּקְרַע יְהוֹשֻׁעַ שִׂמְלֹתָיו וַיִּפֹּל עַל־פָּנָיו אַרְצָה לִפְנֵי אֲרוֹן ה' עַד־הָעֶרֶב הוּא וְזִקְנֵי יִשְׂרָאֵל וַיַּעֲלוּ עָפָר עַל־רֹאשָׁם: (יהושע ז:ו)

וַיֹּאמֶר ה' אֶל־יְהוֹשֻׁעַ נְטֵה בַּכִּידוֹן אֲשֶׁר־בְּיָדְךָ אֶל־הָעַי כִּי בְיָדְךָ אֶתְּנֶנָּה וַיֵּט יְהוֹשֻׁעַ בַּכִּידוֹן אֲשֶׁר־בְּיָדוֹ אֶל־הָעִיר: (שם ח:יח)

וַיְהִי כִּי־זָעֲקוּ בְנֵי־יִשְׂרָאֵל אֶל־ה' עַל אֹדוֹת מִדְיָן: (שופטים ו:ז)

מתנות כהונה

[ד] **בנקיון וגו'** גרסינן: **ישגו וגו'** גרסינן: **בכו והתפללו.** וזהו ושובו:

אשד הנחלים

[ד] **דבר אחר כו' אף להקריב כו' עניים אנו כו' דברים אני מבקש.** אף שהכתוב אומר (ויקרא ד, יג-יד) ואם כל עדת ישראל ישגו גו' והקריבו הקהל פר בן בקר, מכל מקום היה מהראוי שיקריב כל אחד לבדו קרבן מיוחד, רק שחסה התורה עליהם, כי אין בהם כח להקריב כמה קרבנות כמספר, רק הם מתכפרים בדברים. וכלל הענין שלא ידומה כי אי אפשר להתכפר כי אם בקרבן, לא כן, כי העיקר הוא הדברים, ואם יכול ללמוד אז אין טוב נעלה מזה, כי זה עיקר השלמה, ואם לא כן על כל פנים התשובה והזעקה לה' וההכנעה אליו, ולכן כתיב כאן זה הדבר, להורות אף שאני מצוה אתכם על הקרבנות, אבל העיקר הוא הדברים, והקרבן הוא רק לתועלת הדבר שהוא להכנעה ולתשובה, וכמו שמסיים בסוף

ענף יוסף

(ד) **אמר להם ואם כל עדת כו' אמרו לו עניים אנו כו'.** הוא מוקשה מאד, אם השיב להם ואם כל עדת וגו', איך שייך לומר עניים אנחנו כי אין לבור עני, גם מה שהשיב דברים אני מבקש, לא מלינו בשום מקום שהעני מפני עניו יפטור עצמו בדברים, רק שקרבנו הוא דבר מועט כמו תורים ובני יונה או סולת, ואם קרבנו הוא חטאת קבועה אין תמורה ומוכרח להביאה. ויראה דכוונת הדורש הוא על זמן שאין בית המקדש קיים, דעניי אנן לגבי קרבן, דאין כהן שיכפר בעדינו, ועל זה היתה התשובה קחו עמכם דברים, דהיינו דברי תורה, ועל דרך שאמר בפרק בני העיר (מגלה לא, ב) שישראל אומרים תינח בזמן שבית המקדש קיים, בזמן שאין בית המקדש מה יהיה, אמר ליה יעסוק בתורת קרבנות (יפה תואר):

ידי משה

[ד] **ארחץ בנקיון כפי ואסובבה את מזבחך ה' לשמוע בקול תודה.** יאמר דהכי פירוש הפסוק, אלו לא נאמר בקול פירוש שלא היה נאמר בקול בבי"ת, אלא היה כתוב לשמוע קול תודה בלא ב', הייתי אומר אף בפרים ואילים, ויהיה דבוק לשלפניו שאסבב מזבח בקרבנות ותפלה, אבל תפלה לחוד לא מהני בלא קרבן, לכן כתיב בקול לומר שאף תפלה לחוד מהני כדמפרש ואזיל: **נטה בבידון.** פירוש,

בִּימֵי שְׁמוּאֵל לֹא בִתְפִלָּה שָׁמַעְתִּי לָהֶם – "And **in the days of Samuel,** was it **not through prayer** that **I listened to them?"** **שֶׁנֶּאֱמַר "וַיִּזְעַק שְׁמוּאֵל אֶל ה׳ בְּעַד יִשְׂרָאֵל וַיַּעֲנֵהוּ ה׳ "** – **As is stated, *Samuel cried out to HASHEM on behalf of Israel and HASHEM answered him.*** *Samuel was offering up the elevation-offering when the Philistines approached for the battle with Israel. HASHEM then thundered with a great noise on that day against the Philistines and confounded them, so that they were defeated by Israel* (*I Samuel* 7:9-10). **וְכֵן אַנְשֵׁי יְרוּשָׁלַיִם** – "**And, so too,** regarding **the residents of Jerusalem**[59] – **אַף עַל פִּי שֶׁהִכְעִיסוּנִי בִּשְׁבִיל שֶׁבָּכוּ לְפָנַי רִחַמְתִּי עֲלֵיהֶם** – **even though they angered Me** through their sinful actions, **because they cried before Me I had mercy on them";** **שֶׁנֶּאֱמַר "כֹּה אָמַר ה׳ רָנּוּ לְיַעֲקֹב שִׂמְחָה וגו׳ "** – **as is stated, *Thus said HASHEM: Sing, O Jacob, with gladness, etc.*** *[. . . Behold, I will bring them from the land of the North and gather them from the ends of the earth . . . With weeping they will come and through supplications I will bring them]* (*Jeremiah* 31:6-8). **הֱוֵי, אֵינִי מְבַקֵּשׁ מִכֶּם לֹא זְבָחִים וְלֹא קָרְבָּנוֹת** – "**Thus,** as in these incidents, **I request from you neither sacrifices nor offerings,**[60] **אֶלָּא דְּבָרִים** – **but rather words,"** **שֶׁנֶּאֱמַר "קְחוּ עִמָּכֶם דְּבָרִים וְשׁוּבוּ אֶל ה׳ "** – **as is stated, *Take words with you and return to HASHEM.***[61]

The Midrash concludes its commentary on the verse from *Psalms* cited above:

לְכָךְ אָמַר דָּוִד "אֶרְחַץ בְּנִקָּיוֹן כַּפָּי" – **Therefore, David said** in *Psalms, **I wash my hands in purity** and circle around Your Altar, HASHEM, to proclaim thanksgiving in a loud voice;* **אֵינִי אוֹמֵר "לְהַקְרִיב לְךָ" אֶלָּא "לַשְׁמִעַ בְּקוֹל תּוֹדָה"** – **it does not say, *to sacrifice to You,* but rather, *to proclaim thanksgiving in a loud voice,*** **שֶׁאֲנִי מוֹדֶה לְךָ עַל דִּבְרֵי תוֹרָה** – meaning, **that I thank You in addition to** learning **words of Torah.**[62]

The Midrash presents additional insight into the verse from *Hosea*. In doing so, the Midrash will expound a passage from *Deuteronomy* at length, phrase by phrase:[63]

דָּבָר אַחֵר, "קְחוּ עִמָּכֶם דְּבָרִים" – **Another interpretation: *Take words with you*** *and return to HASHEM;* **אָמַר מֹשֶׁה "מְעֹנָה אֱלֹהֵי קֶדֶם", אֵלּוּ יִשְׂרָאֵל** – **Moses said, *The abode of God immemorial*** (*Deuteronomy* 33:27) – **these are** the people of **Israel,**[64] **שֶׁבִּזְכוּתָן נִבְרָא הָעוֹלָם וַעֲלֵיהֶם הָעוֹלָם עוֹמֵד** – **for in their merit the world was created**[65] **and upon them the world stands.**[66] **רַבִּי אוֹמֵר: "וַיְגָרֶשׁ מִפָּנֶיךָ אוֹיֵב"** – **Rebbi says: *He drove the enemy*** [אוֹיֵב] ***away from before you*** (ibid.)[67] – **זֶה הָמָן, שֶׁנֶּאֱמַר "אִישׁ צַר וְאוֹיֵב הָמָן"** – **this** *enemy* **is Haman, as is stated,** *And Esther said,* ***"A man who is an adversary and an enemy*** [אוֹיֵב]***! Haman!"*** (*Esther* 7:6).[68] **וְלָמָּה "צַר וְאוֹיֵב"** – **And why** is Haman called ***an adversary and an enemy,*** with seeming redundance?[69] **אֶלָּא "צַר" לְמַעְלָן "וְאוֹיֵב" לְמַטָּן** – **However,** the explanation of the phrase is as follows: ***an adversary*** to the One **above *and an enemy*** to the one **below;**[70]

NOTES

59. I.e., the residents of Jerusalem who were expelled to Babylon at the time of the destruction of the First Temple and returned 70 years later (see *Maharzu*).

60. Whereas the term זְבָחִים refers specifically to sacrificial animals (see *Chagigah* 7a with *Rashi* s.v. בזובחים and elsewhere), קָרְבָּנוֹת is inclusive of all types of offerings. It is also possible that זְבָחִים is used here to refer specifically to שְׁלָמִים, *peace-offerings*, and קָרְבָּנוֹת to all other offerings (see *HaKesav VaHaKabbalah* and *The Hirsch Chumash* to *Vayikra* 3:1).

61. As has been expounded above, this verse indicates that God requests Torah, prayer, and crying (see *Maharzu* and *Eitz Yosef*).

[See *Yefeh To'ar*, who explains at length how each of the five historical proofs to the efficacy of prayer that are cited here relates to another of the five advantages that prayer has over offerings. To summarize these advantages, offerings must be brought in the Temple, at specific times, at a cost, and by Kohanim, and they atone only for inadvertent sins. Prayer, on the other hand, is effective anytime, anywhere, without expenditure, and regardless of who the supplicant is, and it can achieve atonement even for wanton sins.]

62. Elucidation follows *Eitz Yosef*.

After having expounded the *Hosea* verse to teach of the significance God attaches to Torah study and prayer, the Midrash is reiterating that King David spoke similarly of these activities. The word לַשְׁמִעַ, *to proclaim*, contains the root שמע, which is commonly associated with Torah (see, for example, *Berachos* 15b), and תּוֹדָה, *thanksgiving*, connotes prayer (*Yefeh To'ar*, followed in part by *Eitz Yosef*; see *Radal* and *Rashash* for other approaches).

63. [The passage to be expounded is from Moses' parting remarks to the Jewish people, recorded in *Deuteronomy* 33:27-29, and consists of the following three verses: מְעֹנָה אֱלֹהֵי קֶדֶם וּמִתַּחַת זְרֹעֹת עוֹלָם וַיְגָרֶשׁ מִפָּנֶיךָ אוֹיֵב וַיֹּאמֶר הַשְׁמֵד. וַיִּשְׁכֹּן יִשְׂרָאֵל בֶּטַח בָּדָד עֵין יַעֲקֹב אֶל אֶרֶץ דָּגָן וְתִירוֹשׁ אַף שָׁמָיו יַעַרְפוּ טָל. אַשְׁרֶיךָ יִשְׂרָאֵל מִי כָמוֹךָ עַם נוֹשַׁע בַּה׳ מָגֵן עֶזְרֶךָ וַאֲשֶׁר חֶרֶב גַּאֲוָתֶךָ וְיִכָּחֲשׁוּ אֹיְבֶיךָ לָךְ וְאַתָּה עַל בָּמוֹתֵימוֹ תִדְרֹךְ. *The abode of God immemorial and below are the world's mighty ones; He drove the enemy away from before you, and He said, "Destroy!" Thus Israel shall dwell secure, solitary, in the likeness of Jacob, in a land of grain and wine; even his heavens shall drip with dew. Fortunate are you, O Israel: Who is like you! O people delivered by HASHEM, the Deliverer of your help, Who is the Sword of your grandeur; your foes will try to deceive you, but you will trample their haughty ones.*]

Just above, the *Hosea* verse was interpreted as referring to *words* of Torah and of prayer (see above, note 54); here the Midrash will prove that the verse is more easily explained as a reference to prayer, leading to the idea that the words זֶה הַדָּבָר of our verse from *Exodus* are suggestive of prayer. The basis for this proof is the fact that, as will be demonstrated, Mordechai achieved greatness specifically in the merit of his prayer, despite his formidable Torah scholarship. The *Deuteronomy* passage is expounded here because, as will be shown, it contains allusions to the miracles of Haman's downfall and Mordechai's ascent interspersed with allusions to the creation of the world, the sustenance of the world, changes to the natural order, and the merit of the Patriarchs, thus indicating how significant the Purim miracles were (*Yefeh To'ar*, followed in part by *Eitz Yosef*).

Alternatively, the Midrash cites the *Deuteronomy* passage primarily because its final words allude to Mordechai and his prayer; as an aside, the earlier parts are cited as well (*Maharzu*).

64. The verse that precedes the one cited here (33:26) speaks of יְשֻׁרוּן, *Jeshurun* – a reference to the Jewish people. Our Midrash therefore understands that when the cited verse refers to *The abode of God immemorial*, it is describing the nation of which it just spoke. This is consistent with *Exodus* 25:8, which speaks of God *dwelling* in the midst of the Jewish people (*Yefeh To'ar*; see also *Beur Maharif*, *Imrei Yosher*, *Maharzu*, *Eitz Yosef*).

Alternatively, it is only the word קֶדֶם that the Midrash is interpreting in reference to the people of Israel, for the Midrash understands that word to mean *the precedent one*, and (as taught in *Bereishis Rabbah* 1 §4) the Divine design to bring about a Jewish nation *preceded* the creation of the world. The cited verse is thus rendered, *The abode of the God of the precedent one* (see *Matnos Kehunah*; see *Radal* for additional explanations).

65. This is consistent with *Bereishis Rabbah* 1 [see §4 there; see also *Vayikra Rabbah* 36:4] (*Eitz Yosef*).

66. The Midrash is interpreting the continuation of the cited verse from *Deuteronomy*, which states, וּמִתַּחַת זְרֹעֹת עוֹלָם (according to *Rashi* ad loc.: *and below are the world's mighty ones*). The Midrash understands these words to mean *and underneath, the arms of the world* – a reference to the nation that supports the world as arms carry a burden (*Eitz Yosef*; see *Maharzu*).

67. This is the conclusion of the cited verse from *Deuteronomy* (*Maharzu*).

68. After alluding to the fact that the world was created [and stands] in the merit of the Jewish people, Moses added that God *drove away* Haman *from before them*. This is because, as taught in *Esther Rabbah* (7 §11), the indispensability of the nation was a factor in their salvation. Moses made singular reference to the deliverance from Haman, because Haman sought the total annihilation of the Jewish people, unlike the four kingdoms who subjugated them (*Eitz Yosef*).

69. *Eitz Yosef*.

70. Haman blasphemed God (*Eitz Yosef*), Who resides in heaven, and antagonized the Jewish people, who inhabit the earth.

Alternatively, Haman is described as *an adversary to the One above* because the Sages teach (in *Midrash Tannaim* to *Deuteronomy* 14:2,

בִּימֵי שְׁמוּאֵל לֹא בִתְפִלָּה שָׁמַעְתִּי לָהֶם, שֶׁנֶּאֱמַר (שמואל-א ז, ט) **"וַיִּזְעַק שְׁמוּאֵל אֶל ה' בְּעַד יִשְׂרָאֵל וַיַּעֲנֵהוּ ה' ", וְכֵן אַנְשֵׁי יְרוּשָׁלַיִם אַף עַל פִּי שֶׁהִכְעִיסוּנִי, בִּשְׁבִיל שֶׁבָּכוּ לְפָנַי רִחַמְתִּי עֲלֵיהֶם, שֶׁנֶּאֱמַר** (ירמיה לא, ו) **"כֹּה אָמַר ה' רָנּוּ לְיַעֲקֹב שִׂמְחָה וְגוֹ' ", הֱוֵי, אֵינִי מְבַקֵּשׁ מִכֶּם לֹא זְבָחִים וְלֹא קָרְבָּנוֹת אֶלָּא דְּבָרִים, שֶׁנֶּאֱמַר** (הושע יד, ג) **"קְחוּ עִמָּכֶם דְּבָרִים וְשׁוּבוּ אֶל ה' ", לְכָךְ אָמַר דָּוִד** (תהלים כו, ו) **"אֶרְחַץ בְּנִקָּיוֹן כַּפָּי", אֵינִי אוֹמֵר לְהַקְרִיב לְךָ אֶלָּא** (שם שם ז) **"לַשְׁמִעַ בְּקוֹל תּוֹדָה", שֶׁאֲנִי מוֹדֶה לְךָ עַל דִּבְרֵי תוֹרָה, דָּבָר אַחֵר,** (הושע יד, ג) **"קְחוּ עִמָּכֶם דְּבָרִים", אָמַר מֹשֶׁה** (דברים לג, כז) **"מְעֹנָה אֱלֹהֵי קֶדֶם", אֵלּוּ יִשְׂרָאֵל שֶׁבִּזְכוּתָן נִבְרָא הָעוֹלָם וַעֲלֵיהֶם הָעוֹלָם עוֹמֵד, רַבִּי אוֹמֵר:** (שם) **"וַיְגָרֶשׁ מִפָּנֶיךָ אוֹיֵב" זֶה הָמָן, שֶׁנֶּאֱמַר** (אסתר ז, ו) **"אִישׁ צַר וְאוֹיֵב הָמָן", וְלָמָּה "צַר וְאוֹיֵב", אֶלָּא "צַר" לְמַעְלָן "וְאוֹיֵב" לְמַטָּן, "צַר" לָאָבוֹת "וְאוֹיֵב" לַבָּנִים, "צַר" לִי "וְאוֹיֵב" לְךָ,** (דברים שם שם) **"וַיֹּאמֶר הַשְׁמֵד", אֵלּוּ בָּנָיו,** (שם שם כח) **"וַיִּשְׁכֹּן יִשְׂרָאֵל בֶּטַח בָּדָד עֵין יַעֲקֹב", אֵין "עַיִן" אֶלָּא נְבוּאָה,**

עץ יוסף

רנו ליעקב שמחה וגו'. בבכי יבואו ובתחנונים אובילם: **ולא קרבנות אלא דברים.** אם תלמיד חכם הוא אני מבקש ממנו דברים של תורה שיעסוק בדיני קרבנות, ולמי שאינו יודע דברי תורה אני מבקש ממנו דברים של תפלה: **שאני מודה לך.** היינו תפלה, על דברי תורה, כלומר נוסף על דברי תורה, ודברי תורה נרמזים בלשמוע, וקול תודה על התפלה וההודאה: **[ה] דבר אחר קחו עמכם דברים כו'.** משום דבעי לאתויי ענין מרדכי, מייתי מעונה אלהי קדם, דמינה ילפינן תגבורת הנס ההוא, שאחר מעונה אלהי קדם כתיב ויגרש מפניך אויב, דהיינו המן: **מעונה אלהי קדם.** אלו ישראל, כמו שדרשו חכמינו ז"ל אין כאל, ומי כאל ישורון, וזה שדריש ישורון הנזכר הוא המעון של אלהי קדם, שה' שוכן בתוכו כאומרו ושכנתי בתוכם: **שבזכותו נברא העולם.** כדילפינן בבראשית רבה פרשה א': **שבזכותן נברא העולם ועליהם העולם עומד.** פירוש שיש עמודים שבשבילם העולם נברא, ויש עמודים שעליהם העולם קיים, וכמו שמביא בטור חושן משפט סימן א' ובית יוסף שם, לזה אמר לא כן ישורון, שבזכותן העולם נברא וגם בזכותם העולם קיים (תולדות נח): **ועליהם העולם עומד.** וזהו ומתחת זרועות עולם, שהם מעמידים אותו כזרועות המעמידים המשא: **זה המן.** הזכיר הכתוב גאולת המן יותר מכל הגאולות, והטעם שכל ארבע מלכיות לא בקשו לעקור את הכל כמו המן, ולזה אחרי שתיאר משה את ישראל שבזכותן נברא העולם, אמר ויגרש מפניך אויב זה המן, רוצה לומר שלסיבה זו ניצולו בגזירת המן, כדאיתא באסתר רבה: **ולמה צר ואויב.** פירוש למה כתיב כפול צר ואויב: **צר למעלן.** שהיה אויב חרף ה': **צר לאבות.** שהוא נין עמלק שהיה אויב לאבות, והוא נטר שנאה לבנים: **ואויב לך.** שחשב לתלות את מרדכי על אשר דבר טוב על המלך: **אלו בניו.** דהשמד הוא כילוי בנים, כדלקמן בויקרא רבה פרשה י': **אין עין אלא נבואה.** ופירוש הכתוב שנתקיימה בהם הנבואה שנאמר ליעקב מטל השמים ורוב דגן ותירוש, והיינו דמפרש אל ארץ דגן ותירוש (יפה תואר):

פירוש מהרז"ו

וכן אנשי ירושלים. פירוש אותם ששבו מן הגולה מבבל לירושלים, כתוב אצלם רנו ליעקב וגו' בבכי יבואו ובתחנונים אובילם: **אלא דברים.** היינו דברי תורה כנ"ל, ושובו אל ה', היינו בבכי ותפלה, וכנ"ל מעיני הקהל: **מודה לך על דברי תורה.** כמו שכתוב (תהלים קיט, קסד) שבע ביום הללתיך על משפטי צדקך. וזהו וזה הדבר: **מעונה אלהי קדם.** וסיפא דקרא ואתה על במותימו תדרוך, לענין התפלה ואגב דורש כל הפסוק: **אלו ישראל.** כמו שכתוב בפסוק הקודם, אין כאל ישורון רוכב שמים בעזרך ובגאותו שחקים מעונה אלהי קדם ומתחת זרועות עולם, שהם מתחת ועליהם העולם עומד, כמו שכתוב (משלי י, כה) וצדיק יסוד עולם: **ויגרש מפניך אויב.** סיפא דקרא של מעונה אלהי קדם: **השמד אלו בניו.** כמו שדרשו ויקרא רבה פרשה ז' סימן א, ושם נתבאר שאין השמדה אלא כלוי בנים, כמו שכתוב (עמוס ב, ט) ואשמיד פריו: **אין עין אלא נבואה.** שאותם זיכה בנבואה, כמו שאמר לעיל פרשה ל"ג סימן ג, כמו שכתוב (שמות לג, טז) ונפלינו אני וגו', וזהו בדד עין, שבענין הנבואה הם בדד:

מתנות כהונה

רנו ליעקב שמחה וגו' גרסינן. וכתיב בתריה בבכי יבאו ובתחנונים אובילם: **אלו ישראל.** האי קדם דכתיב אלו ישראל שמחשבתן היא קדמה לעולם: **למעלן.** כמו שדרשו רבותינו ז"ל (גיטין נו, ב) כל המיצר לישראל כאילו מיצר כביכול להקב"ה שנאמר (ישעיה סג, ט) בכל צרתם לו צר. ואף על גב דכתיב לא באל"ף כבר אמרו בפרק כשם דלא כתיב באל"ף משמע גם כן כמו לו בוא"ו וגם במסורות איתא דקרינן לו צר בוא"ו: **צר לי.** אסתר אמרה כן על עצמה, ואויב לך, לאחשורוש אמרה כן:

אשד הנחלים

שאהרן נתכפר רק בדברים, כי זהו העיקר לנקות עצמו מחטאיו, ולסבב המזבח בקול תודה אף בלא קרבן: **שאני מודה לך על דברי תורה.** בכאן אחז שני דברים ביחד לימוד התורה וההודאה, על שזכה לתורה ולימודה, כמו שאמרו לעיל שעיקר הדברים הוא התורה, ואם לאו די בדברים לבד, אבל דוד זכה בשתיהם: **דבר אחר כו' מעונה גו' אלו ישראל כו'.** וזהו שכתב מתחלה אין כאל ישרון רוכב שמים בעזרך, שכביכול בעזר ישרים, ובמעשיהם הטובים ה' רוכב שמים ומשגיח עליהם, ועל ידי זה נעשה השמים מעון לאלהי קדם, שאלולי הם לא היה נברא העולם ולא היה ה' מזדקק לבראם, וגם עתה עליהם העולם עומד לקיימה [עיין טור חשן משפט בתחילתו]: **זה המן כו' צר למעלן כו'.** אחז רק בהמן, לפי שעמלק היה העיקר העומד לנגד ישראל לשטנם, וה' ציוה מחיית זכר עמלק לעולם, מה שלא ציוה כן על כל עובדי כוכבים, וזהו ויאמר השמד כי רק על זה ציוה, והמן שבא מעמלק גרש מפניו, ויאמר עוד להשמיד מכל וכל אף בניו אחריו. ואמר צר למעלה, כי כחו ומזלו רע, כמו שכתוב (אסתר ג, ז) הפיל פור, וכל זה בכח הקסם: **צר לאבות ואויב לבנים.** כי צר משמע שהוא מציר עתה, ואויב הוא המחשב להרע באחרית וזהו לבנים: **אלא נבואה.** ואף שגם אחרי מחיית המן עדנה לא החל הנבואה בישראל, הכונה על מחיית עמלק לגמרי, כמו שאמרו (תנחומא סוף פרשת כי תצא) אין השם שלם ואין הכסא שלם עד שימחה זרעו של עמלק, ואז יתפרסם שם ה', ואז ממילא יהיו נביאים בארץ היודעים שם ה', הבן זה. ופירוש עין יעקב, כלומר הבטתו וצפייתו למעלה:

באור מהרי"פ

פריס שפתינו: **כי כה אמר ה' רנו ליעקב שמחה.** (ירמיה לא, ז) וצהלו בראש הגוים השמיעו הללו ואמרו הושע ה' את עמך את שארית ישראל. וצריך עיון דממקרא זה אין שום משמעות שמתוך הבכי נגאלו, ויותר היה להביא המקראות (שם טו - טז) כה אמר ה' קול ברמה נשמע נהי בכי תמרורים רחל מבכה על בניה וגו' כי איננו. כה אמר ה' מנעי קולך מבכי ועיניך מדמעה כי יש שכר לפעולתך נאום ה' ושבו מארץ אויב. כאן מרומז היטב שמתוך הבכי נגאלו. וצריך עיון ומה שכתב המתנות כהונה דכתיב בתריה בבכי יבואו וגו', אם כן היה לו להביא המקרא של בבכי יבואו. ואולם המקראות האלו שהבאתי יותר מרומז בהם ענין הדרשה הלזו:

חידושי הרד"ל

מדכתיב (שופטים ב, א) ויעל מלאך ה' מן הגלגל אל הבוכים וגו' וישאו העם את קולם ויבכו, ומקרא זה מביא רק על הזעקה ותפלה, (ומשום שכתוב שם (שופטים ו, ו) וידל ישראל מאד ודרשו בתנחומא פרשת בהר (ועיין ויקרא רבה פרשה לד ו מה שכתבתי שם בהגהותי (ד"ה עד) בסייעתא דשמיא) ממעשים טובים, ושלא היו בידם להביא אפילו קרבן דלי דלות, והוא דומה למה שכתב כאן אין לנו להביא קרבנות כו' דברי תורה אין אנו יודעין כו', ונענו רק בבכי וזעקה: **שנאמר ויזעק שמואל גו'.** וכתיב שם וישאבו מים וישפכו לפני ה' ויצומו, ואמרו (בירושלמי תענית פרק ב הלכה ז) ששפכו לבם בתשובה, ולענין דהכא ששאבו מים שהורידו כנחל דמעה לפני ה': **איני אומר להקריב לך אלא לשמיע בקול תודה.** קול הודאה ותפלה, (והרמת קול בבכי ותחנונים) וכתיב סיפיה ואסובבה את מזבחך ה', והיינו בבכי ותחנונים, כמו שכתוב (יואל ב, יז) בין האולם ולמזבח יבכו גו' וכתיב (מלאכי ב, יג) כסות דמעה את מזבח ה' בכי ואנקה, וכמו שכתב בבראשית רבה פרשה יח ו שהיו מקיפות את המזבח כו': **בקול תודה שאני מודה לך על דברי תורה.** כמו שמבואר בתוספתא מנחות פרק ז (והובא בילקוט פקודי רמז תנד), זבח לאלהים תודה שתהא מודה בי ושלם לעליון נדריך: **אלו ישרים שבזכותן העולם עומד.** נראה דדרש ליה בסיפיה ומתחת זרועות עולם, שישראל סומכין (מתחת מעונה של אלהי קדם) בזרוע צדקם את העולם. ואפשר מעונה אלהי קדם דרש, שבשביל שמקדם בריאתו של עולם ישראל עלו במחשבה להיותן מעונו של הקב"ה לשכון כבוד בהם, לכן נברא העולם: **צר למעלן כו' לאבות כו'.** נראה לשון צר הוא, כאדם שעינו צרה בטובתו של חבירו ומיצר על זה אבל אינו יכול לעשות לו דבר, וזהו כענין צר למעלן, או לאבות שכבר מתו, ואין בידו לעשות להם כל רע, אבל אויב ירדוף ישיג בידו עד כלותם, וזהו למטן ולבנים דור שבימיו. ולפי זה הא דלהלן צר לי ואויב לך נראה טעות סופר, וכן צריך לומר להיפוך צר לך לאחשורוש וכמו שכתוב כי אין הצר שוה בנזק המלך, (וכמו שמבואר במגילה (טז, א) דאקני בושתי ומיקני נמי בדידי), ואויב לי שרוצה להשמיד אותי ואת עמי, גם דרך כבוד הוא להזכיר תחלה צער המלך ואחר כך צער עצמה: **בדד עין יעקב אין עין אלא נבואה.** אפשר רצה לומר כתרגומו מעין ברכתא דיעקב, שהוא בנבואה. או יש לומר כמו שנאמר בקש משה שלא תשרה שכינה רק על ישראל ונתנה לו, וזה שנאמר בטח בדד עין יעקב לבדו תזכה לראות בשכינת עוזו של הקב"ה ולקבל שפע נבואתו, (וזה שאמר ויעלה את עיניהם, ענין הנבואה הנתונה להם לבדם מימי משה):

אם למקרא

וַיִּקַּח שְׁמוּאֵל טְלֵה חָלָב אֶחָד וַיַּעֲלֶה [וַיַּעֲלֵהוּ] עוֹלָה כָּלִיל לַה' וַיִּזְעַק שְׁמוּאֵל אֶל־ה' בְּעַד יִשְׂרָאֵל וַיַּעֲנֵהוּ ה':
(שמואל-א ז:ט)

כִּי־כֹה אָמַר ה' רָנּוּ לְיַעֲקֹב שִׂמְחָה וְצַהֲלוּ בְּרֹאשׁ הַגּוֹיִם הַשְׁמִיעוּ הַלְלוּ וְאִמְרוּ הוֹשַׁע ה' אֶת־עַמְּךָ אֵת שְׁאֵרִית יִשְׂרָאֵל:
(ירמיה לא:ו)

מְעֹנָה אֱלֹהֵי קֶדֶם וּמִתַּחַת זְרֹעֹת עוֹלָם וַיְגָרֶשׁ מִפָּנֶיךָ אוֹיֵב וַיֹּאמֶר הַשְׁמֵד: וַיִּשְׁכֹּן יִשְׂרָאֵל בֶּטַח בָּדָד עֵין יַעֲקֹב אֶל־אֶרֶץ דָּגָן וְתִירוֹשׁ אַף־שָׁמָיו יַעַרְפוּ־טָל: אַשְׁרֶיךָ יִשְׂרָאֵל מִי כָמוֹךָ עַם נוֹשַׁע בַּה' מָגֵן עֶזְרֶךָ וַאֲשֶׁר־חֶרֶב גַּאֲוָתֶךָ וְיִכָּחֲשׁוּ אֹיְבֶיךָ לָךְ וְאַתָּה עַל־בָּמוֹתֵימוֹ תִדְרֹךְ:
(דברים לג:כז-כט)

וַתֹּאמֶר אֶסְתֵּר אִישׁ צַר וְאוֹיֵב הָמָן הָרָע הַזֶּה וְהָמָן נִבְעַת מִלִּפְנֵי הַמֶּלֶךְ וְהַמַּלְכָּה:
(אסתר ז:ו)

ידי משה

שגם היה שהראה יהושע בכידון פירוש ברומחו, נפלו בני עי, וכן הוא ביהושע (ח, כו): **צר למעלן.** פירוש, מתחלה אתה דורש מצר זה המן, צר למעלן פירוש עמלק, צר למטן קאי על המן, והדר מפרש **צר לאבות ואויב לבנים,** פירוש עמלק היה צר לאבות לישראל, והמן צר לבנים, לכך קורא ועמלק צר מלמעלן, ולהמן קורא מלמטן, כלומר צר לבנים, ודוק. ועיין פירוש מתנות כהונה שהוא דחוק מאד:

אמרי יושר

אלו ישראל. שהן מעון, גם משכן לאלהי קדם: **צר למעלה ואויב למטה.** זה סמאל, זו כחו של עשו והמן הרשע: **עין יעקב זו נבואה.** שאסתר נאמרה ברוח הקדש:

חידושי הרש"ש

ואויב לך. כמו שאמרו במגילה (טו, ב) שלא יטול עצה וימרוד:

"וַיִּשְׁכֹּן יִשְׂרָאֵל בֶּטַח בָּדָד עֵין יַעֲקֹב" — ***Thus Israel shall dwell secure, solitary, "ein"*** [עֵין] ***Jacob,*** *in a land of grain and wine; even his heavens shall drip with dew* (*Deuteronomy* 33:28)[74] — **אֵין "עֵין" אֶלָּא נְבוּאָה — "*ein*" [עֵין] is nothing other than prophecy;**[75] "צַר" לָאָבוֹת "וְאוֹיֵב" לַבָּנִים — ***an adversary*** **to the fathers *and an enemy* to the children;**[71] "צַר" לִי "וְאוֹיֵב" לָךְ — ***an adversary*** **to me** (Esther) ***and an enemy*** **to you** (Ahasuerus).[72] "וַיֹּאמֶר הַשְׁמֵד" אֵלּוּ בָּנָיו — ***And He said, "Destroy!"*** **— these are [Haman's] sons.**[73]

NOTES

based on *Isaiah* 63:9 [see *Sotah* 31a]) that whoever causes anguish to the Jewish people is considered as having caused anguish to God Himself, Who "suffers," so to speak, along with His people (*Matnos Kehunah*; see *Yedei Moshe* for another approach).

71. Haman's enmity to the Jews of his time was rooted in the hostility that his forebear, Amalek, had toward the early Jews (*Eitz Yosef*).

72. Elucidation follows *Matnos Kehunah* and *Eitz Yosef*; also see *Radal*.

According to this approach, in the cited verse Esther was telling Ahasuerus that in addition to the harm that Haman was trying to do to her personally, he also sought to hang Mordechai, who had benefited the king with his timely words (see *Eitz Yosef*; see *Radal* and *Rashash* for alternative explanations).

73. I.e., in addition to *driving away* Haman, God commanded that Haman's sons be killed.

According to *Vayikra Rabbah* 7 §1 and 10 §5, the root שמד is suggestive of the deaths of one's offspring (see *Maharzu*, *Eitz Yosef*).

74. [According to *Rashi* to the verse, עֵין יַעֲקֹב means *in the likeness of (the blessing of) Jacob*.]

75. The Midrash is interpreting the verse as insinuating that the Jewish prosperity it speaks of was the fulfillment of the *prophecy* that Isaac had spoken to *Jacob* (in *Genesis* 27:28): וְיִתֶּן לְךָ הָאֱלֹהִים מִטַּל הַשָּׁמַיִם וּמִשְׁמַנֵּי הָאָרֶץ וְרֹב דָּגָן וְתִירֹשׁ, *And may God give you of the dew of the heavens and of the fatness of the earth, and abundant grain and wine* (*Eitz Yosef*, from *Yefeh To'ar*; see *Radal*, first approach). Alternatively, according to this Midrash the words בָּדָד עֵין יַעֲקֹב, *solitary, "ein" Jacob*, imply that the Jewish people are uniquely gifted with *prophecy* (*Maharzu*, referencing 32 §3 above; see *Radal*, second approach; see *Imrei Yosher* for another approach).

בִּימֵי שְׁמוּאֵל לֹא בִּתְפִלָּה שָׁמַעְתִּי לָהֶם, שֶׁנֶּאֱמַר (שמואל־א ז, ט) **"וַיִּזְעַק שְׁמוּאֵל אֶל ה' בְּעַד יִשְׂרָאֵל וַיַּעֲנֵהוּ ה'", וְכֵן אַנְשֵׁי יְרוּשָׁלַיִם אַף עַל פִּי שֶׁהִכְעִיסוּנִי, בִּשְׁבִיל שֶׁבָּכוּ לְפָנַי רִחַמְתִּי עֲלֵיהֶם, שֶׁנֶּאֱמַר** (ירמיה לא, ו) **"כֹּה אָמַר ה' רָנּוּ לְיַעֲקֹב שִׂמְחָה וְגוֹ'", הֱוֵי, אֵינִי מְבַקֵּשׁ מִכֶּם לֹא זְבָחִים וְלֹא קָרְבָּנוֹת אֶלָּא דְּבָרִים, שֶׁנֶּאֱמַר** (הושע יד, ג) **"קְחוּ עִמָּכֶם דְּבָרִים וְשׁוּבוּ אֶל ה'", לְכָךְ אָמַר דָּוִד** (תהלים כו, ו) **"אֶרְחַץ בְּנִקָּיוֹן כַּפָּי", אֵינִי אוֹמֵר לְהַקְרִיב לְךָ אֶלָּא** (שם שם ז) **"לַשְׁמִעַ בְּקוֹל תּוֹדָה", שֶׁאֲנִי מוֹדֶה לְךָ עַל דִּבְרֵי תוֹרָה, דָּבָר אַחֵר,** (הושע יד, ג) **"קְחוּ עִמָּכֶם דְּבָרִים", אָמַר מֹשֶׁה** (דברים לג, כז) **"מְעֹנָה אֱלֹהֵי קֶדֶם", אֵלּוּ יִשְׂרָאֵל שֶׁבִּזְכוּתָן נִבְרָא הָעוֹלָם וַעֲלֵיהֶם הָעוֹלָם עוֹמֵד, רַבִּי אוֹמֵר:** (שם) **"וַיְגָרֶשׁ מִפָּנֶיךָ אוֹיֵב" זֶה הָמָן, שֶׁנֶּאֱמַר** (אסתר ז, ו) **"אִישׁ צַר וְאוֹיֵב הָמָן", וְלָמָּה "צַר וְאוֹיֵב", אֶלָּא "צַר" לְמַעְלָן "וְאוֹיֵב" לְמַטָּן, "צַר" לָאָבוֹת "וְאוֹיֵב" לַבָּנִים, "צַר" לִי "וְאוֹיֵב" לְךָ,** (דברים שם שם) **"וַיֹּאמֶר הַשְׁמֵד", אֵלּוּ בָּנָיו,** (שם שם כח) **"וַיִּשְׁכֹּן יִשְׂרָאֵל בֶּטַח בָּדָד עֵין יַעֲקֹב", אֵין "עַיִן" אֶלָּא נְבוּאָה,**

עץ יוסף

רנו ליעקב שמחה וגו'. בבכי יבואו ובתחנונים אובילם: **ולא קרבנות אלא דברים.** אם תלמיד חכם הוא אני מבקש ממנו דברים של תורה שיעסוק בדיני קרבנות, ולמי שאינו יודע דברי תורה אני מבקש ממנו דברים של תפלה: **שאני מודה לך.** היינו תפלה, על דברי תורה, כלומר נוסף על דברי תורה, ודברי תורה נרמזים בלשמוע, וקול תודה על התפלה וההודאה: [ה] **דבר אחר קחו עמכם דברים כו'.** משום דבעי לאתויי ענין מרדכי, מייתי מעונה אלהי קדם, דמינה ילפינן תגבורת הנס ההוא, שאחר מעונה אלהי קדם כתיב ויגרש מפניך אויב, דהיינו המן: **מעונה אלהי קדם.** אלו ישראל, כמו שדרשו חכמינו ז"ל אין כאל, ומי כאל ישורון, וזה שדריש ישורון הנזכר הוא הוא המעון של אלהי קדם, שה' שוכן בתוכו כאומרו ושכנתי בתוכם: **שבזכותו נברא העולם.** כדילפינן בבראשית רבה פרשה א': **שבזכותן נברא העולם ועליהם העולם עומד.** פירוש שיש עמודים שבשבילם העולם נברא, ויש עמודים שעליהם העולם קיים, וכמו שמביא בטור חושן משפט סימן א' ובית יוסף שם, לזה אמר לא כן ישורון, שבזכותן העולם נברא וגם בזכותם העולם קיים (תולדות נח): **ועליהם העולם עומד.** וזהו ומתחת זרועות עולם, שהם מעמידים אותו כזרועות המעמידים המשא: **זה המן.** הזכיר הכתוב גאולת המן יותר מכל הגאולות, והטעם שכל ארבע מלכיות לא בקשו לעקור את הכל כמו המן, ולזה אחרי שתיאר משה את ישראל שבזכותן נברא העולם, אמר ויגרש מפניך אויב זה המן, רוצה לומר שלסיבה זו ניצלו בגזירת המן, כדאיתא באסתר רבה: **ולמה צר ואויב.** פירוש למה כתיב כפול צר ואויב: **צר למעלן.** שהיה אויב חרף ה': **צר לאבות.** שהוא נין עמלק שהיה אויב לאבות, והוא נטר שנאה לבנים: **ואויב לך.** שחשב לתלות את מרדכי על אשר דבר טוב על המלך: **אלו בניו.** דהשמד הוא כילוי בנים, כדלקמן בויקרא רבה פרשה י': **אין עין אלא נבואה.** ופירוש הכתוב שנתקיימה בהם הנבואה שנאמר ליעקב מטל השמים ורוב דגן ותירוש, והיינו דמפרש אל ארץ דגן ותירוש (יפה תואר):

פירוש מהרז"ו

וכן אנשי ירושלים. פירוש אותם ששבו מן הגולה מבבל לירושלים, כתוב אצלם רנו ליעקב וגו' בבכי יבואו ובתחנונים אובילם: **אלא דברים.** היינו דברי תורה כנ"ל, ושובו אל ה', היינו בבכי ותפלה, וכנ"ל מעיני הקהל: **מודה לך על דברי תורה.** כמו שכתוב (תהלים קיט, קסד) שבע ביום הללתיך על משפטי צדקך. וזהו וזה הדבר: **מעונה אלהי קדם.** וסיפא דקרא ואתה על במותימו תדרוך, לענין התפלה ואגב דורש כל הפסוק: **אלו ישראל.** כמו שכתוב בפסוק הקודם, אין כאל ישורון רוכב שמים בעזרך ובגאותו שחקים מעונה אלהי קדם ומתחת זרועות עולם, שהם מתחת ועליהם העולם עומד, כמו שכתוב (משלי י, כה) וצדיק יסוד עולם: **ויגרש מפניך אויב.** סיפא דקרא של מעונה אלהי קדם: **השמד אלו בניו.** כמו שדרשו ויקרא רבה פרשה ז' סימן א, ושם נתבאר שאין השמדה אלא כלוי בנים, כמו שכתוב (עמוס ב, ט) ואשמיד פריו: **אין עין אלא נבואה.** שאותם זיכה בנבואה, כמו שאמר לעיל פרשה ל"ג סימן ג, כמו שכתוב (שמות לג, טז) ונפלינו אני וגו', וזהו בדד עין, שבענין הנבואה הם בדד:

מתנות כהונה

רנו ליעקב שמחה וגו' גרסינן. וכתיב בתריה בבכי יבאו ובתחנונים אובילם: **אלו ישראל.** הא קדם דכתיב אלו ישראל שמחשבתן היא קדמה לעולם: **למעלן.** כמו שדרשו רבותינו ז"ל (גיטין נו, ב) כל המיצר לישראל כאילו מיצר כביכול להקב"ה שנאמר (ישעיה סג, ט) בכל צרתם לו צר. ואף על גב דכתיב לא בא"ף כבר אמרו בפרק כשם דלא כתיב בא"ף משמע גם כן כמו לו בוא"ו וגם במסורות איתא דקרינן לו צר בוא"ו: **צר לי.** אסתר אמרה כן על עצמה, ואויב לך, לאחשורוש אמרה כן:

אשד הנחלים

שאהרן נתכפר רק בדברים, כי זהו העיקר לנקות עצמו מחטאיו, ולסבב המזבח בקול תודה אף בלא קרבן: **שאני מודה לך על דברי תורה.** בכאן אחז שני דברים ביחד לימוד התורה וההודאה, על שזכה לתורה ולימודה, כמו שאמרו לעיל שעיקר הדברים הוא התורה, ואם לאו די בדברים לבד, אבל דוד זכה בשתיהם: **דבר אחר כו' מעונה גו' אלו ישראל כו'.** וזהו שכתב מתחלה אין כאל ישרון רוכב שמים בעזרך, שכביכול בעזר ישרים, ובמעשיהם הטובים ה' רוכב שמים ומשגיח עליהם, ועל ידי זה נעשה השמים מעון לאלהי קדם, שאלולי הם לא היה נברא העולם ולא היה ה' מזדקק לבראם, וגם עתה עליהם העולם עומד לקיימה [עיין טור חשן משפט בתחילתו]: **זה המן כו' צר למעלן כו'.** אחז רק בהמן, לפי שעמלק היה העיקר העומד לנגד ישראל לשטנם, וה' ציוה מחיית זכר עמלק לעולם, מה שלא ציוה כן על כל עובדי כוכבים, וזהו ויאמר השמד כי רק על זה ציוה, והמן שבא מעמלק גרש מפניו, ויאמר עוד להשמיד מכל וכל אף בניו אחריו. ואמר צר למעלה, כי כחו ומזלו רע, כמו שכתוב (אסתר ג, ז) הפיל פור, וכל זה בכח הקסם: **צר לאבות ואויב לבנים.** כי צר משמע שהוא מציר עתה, ואויב הוא המחשב להרע באחרית וזהו לבנים: **אלא נבואה.** ואף שגם אחרי מחיית המן עדנה לא החל הנבואה בישראל, הכונה על מחיית עמלק לגמרי, כמו שאמרו (תנחומא סוף פרשת כי תצא) אין השם שלם ואין הכסא שלם עד שימחה זרעו של עמלק, ואז יתפרסם שם ה', ואז ממילא יהיו נביאים בארץ היודעים שם ה', הבן זה. ופירוש עין יעקב, כלומר הבטתו וצפייתו למעלה:

באור מהרי"פ

פריס שפתיה: **כי כה אמר ה' רנו ליעקב שמחה.** (ירמיה לא, ו) וצהלו בראש הגוים השמיעו הללו ואמרו הושע ה' את עמך את שארית ישראל. וצריך עיון דממקרא זה אין שום משמעות שמתוך הבכי נגאלו, ויותר היה להביא המקראות (שם טו - טז) כה אמר ה' קול ברמה נשמע נהי בכי תמרורים רחל מבכה על בניה וגו' כי איננו. כה אמר ה' מנעי קולך מבכי ועיניך מדמעה כי יש שכר לפעולתך נאום ה' ושבו מארץ אויב. כאן מרומז היטב שמתוך הבכי נגאלו. וצריך עיון ומה שכתב המתנות כהונה דכתיב בתריה בבכי יבואו וגו', אם כן היה לו להביא המקרא של בבכי יבואו. ואולם המקראות האלו שהבאתי יותר מרומז בהם ענין הדרשה הלזו:

חידושי הרד"ל

מדכתיב (שופטים ב, א) ויעל מלאך ה' מן הגלגל אל הבוכים וגו' וישא העם את קולם ויבכו, ומקרא זה מביא רק על הזעקה ותפלה, (ומשום שכתוב שם (שופטים ו, ו) וידל ישראל מאד ודרשו בתנחומא פרשת בהר (ועיין ויקרא רבה פרשה לד ו מה שכתבתי שם בהגהותי (ד"ה עד) בסייעתא דשמיא) ממעשים טובים, ושלא היו בידם להביא אפילו קרבן דלי דלות, והוא דומה למה שכתב כאן אין לנו להביא קרבנות כו' דברי תורה אין אנו יודעין כו', ונטעו רק בבכי וזעקה: **שנאמר ויזעק שמואל גו'.** וכתיב שם וישאבו מים וישפכו לפני ה' ויצומו, ואמרו (בירושלמי תענית פרק ב הלכה ז) ששפכו לבם בתשובה, ולענין דהכא ששאבו מים שהורידו כנחל דמעה לפני ה': **איני אומר להקריב לך אלא לשמיע בקול תודה.** קול הודאה ותפלה, (והרמת קול בבכי ותחנונים) וכתיב סיפיה ואסובבה את מזבחך ה', והיינו בבכי ותחנונים, כמו שכתוב (יואל ב, יז) בין האולם ולמזבח יבכו גו' וכתיב (מלאכי ב, יג) כסות דמעה את מזבח ה' בכי ואנקה, וכמו שכתב בבראשית רבה פרשה יח ו שהיו מקיפות את המזבח כו': **בקול תודה שאני מודה לך על דברי תורה.** כמו שמבואר בתוספתא מנחות פרק ז (והובא בילקוט פקודי רמז תנד), זבח לאלהים תודה שתהא מודה בי ושלם לעליון נדריך: **אלו ישרים שבזכותן העולם עומד.** נראה דדרש ליה בסיפיה ומתחת זרועות עולם, שישראל סומכין (מתחת מעונה של אלהי קדם) בזרוע לדקם את העולם. ואפשר מעונה אלהי קדם דרש, שבשביל שמקדם בריותו של עולם ישראל עלו במחשבה להיותן מעונו של הקב"ה לשכון כבוד בהם, לכן נברא העולם: **צר למעלן כו' לאבות כו'.** נראה לשון צר הוא, כאדם שעינו צרה בטובתו של חבירו ומיצר על זה אבל אינו יכול לעשות לו דבר, וזהו כענין צר למעלן, או לאבות שכבר מתו, ואין בידו לעשות להם כל רע, אבל אויב ירדוף ישיג בידו עד כלותם, וזהו למטן ולבנים דור שבימיו. ולפי זה הא דלהלן צר לי ואויב לך נראה טעות סופר, וכן צריך לומר להיפוך צר לך לאחשורוש וכמו שכתוב כי אין הצר שוה בנזק המלך, (וכמו שמבואר במגילה (טז, א) דאקני בושתי ומיקני נמי בדידי), ואויב לי שרוצה להשמיד אותי ואת עמי, גם דרך כבוד הוא להזכיר תחלה צער המלך ואחר כך צער עצמה: **בדד עין יעקב אין עין אלא נבואה.** אפשר רצה לומר כתרגומו מעין ברכתא דיעקב, שהוא בנבואה. או יש לומר כמו שנאמר בקש משה שלא תשרה שכינה רק על ישראל ונתנה לו, וזה שנאמר בטח בדד עין יעקב לבדו תזכה לראות בשכינת עזו של הקב"ה ולקבל שפע נבואתו, (וזה שאמר ויעלה את עיניכם, עין הנבואה הנתונה לכם לבדם מימי משה):

אם למקרא

וַיִּקַּח שְׁמוּאֵל טְלֵה חָלָב אֶחָד וַיַּעֲלֶה [וַיַּעֲלֵהוּ] עוֹלָה כָּלִיל לַה' וַיִּזְעַק שְׁמוּאֵל אֶל־ה' בְּעַד יִשְׂרָאֵל וַיַּעֲנֵהוּ ה':
(שמואל־א ז:ט)

כִּי־כֹה אָמַר ה' רָנּוּ לְיַעֲקֹב שִׂמְחָה וְצַהֲלוּ בְּרֹאשׁ הַגּוֹיִם הַשְׁמִיעוּ הַלְלוּ וְאִמְרוּ הוֹשַׁע ה' אֶת־עַמְּךָ אֵת שְׁאֵרִית יִשְׂרָאֵל:
(ירמיה לא:ו)

מְעֹנָה אֱלֹהֵי קֶדֶם וּמִתַּחַת זְרֹעֹת עוֹלָם וַיְגָרֶשׁ מִפָּנֶיךָ אוֹיֵב וַיֹּאמֶר הַשְׁמֵד: וַיִּשְׁכֹּן יִשְׂרָאֵל בֶּטַח בָּדָד עֵין יַעֲקֹב אֶל־אֶרֶץ דָּגָן וְתִירוֹשׁ אַף־שָׁמָיו יַעַרְפוּ־טָל: אַשְׁרֶיךָ יִשְׂרָאֵל מִי כָמוֹךָ עַם נוֹשַׁע בַּה' מָגֵן עֶזְרֶךָ וַאֲשֶׁר־חֶרֶב גַּאֲוָתֶךָ וְיִכָּחֲשׁוּ אֹיְבֶיךָ לָךְ וְאַתָּה עַל־בָּמוֹתֵימוֹ תִדְרֹךְ:
(דברים לג:כז-כט)

וַתֹּאמֶר אֶסְתֵּר אִישׁ צַר וְאוֹיֵב הָמָן הָרָע הַזֶּה וְהָמָן נִבְעַת מִלִּפְנֵי הַמֶּלֶךְ וְהַמַּלְכָּה:
(אסתר ז:ו)

ידי משה

שנס היה שהראה יהושע בכידון פירוש ברומחו, נפלו בני עי, וכן הוא ביהושע (ח, כו): **צר למעלן.** פירוש, מתחלה אתה דורש מצר זה המן, צר למעלן פירוש עמלק, צר למטן קאי על המן, והדר מפרש **צר לאבות ואויב לבנים,** פירוש עמלק היה צר לאבות לישראל, והמן צר לבנים, לכך קורא ועמלק צר מלמעלן, ולהמן קורא מלמטן, כלומר צר לבנים, ודוק. ועיין פירוש מתנות כהונה שהוא דחוק מאד:

אמרי יושר

אלו ישראל. שהן מעון, גם משכן לאלהי קדם: **צר למעלה ואויב למטה.** זה סמאל, זו כחו של עשו והמן הרשע: **עין יעקב זו נבואה.** שאסתר נאמרה ברוח הקדש:

חידושי הרש"ש

ואויב לך. כמו שאמרו במגילה (טו, ב) שלא יטול עצה וימרוד:

שֶׁנֶּאֱמַר ״כִּי נָסַךְ עֲלֵיכֶם ה׳ רוּחַ תַּרְדֵּמָה וַיְעַצֵּם אֶת עֵינֵיכֶם״ – as is stated, ***For HASHEM has poured upon you a spirit of deep slumber and He has closed your eyes*** [עֵינֵיכֶם]; *He has covered the prophets and your chiefs, the seers* (*Isaiah* 29:10). אָמַר רַבִּי שִׁמְעוֹן בֶּן גַּמְלִיאֵל – **R' Shimon ben Gamliel said:**[76] גְּדוֹלָה חִיבָּתָן שֶׁל יִשְׂרָאֵל – **Great is** the Divine **love** of the people of **Israel,** שֶׁהַקָּדוֹשׁ בָּרוּךְ הוּא מְשַׁנֶּה סִדְרֵי בְרֵאשִׁית בִּשְׁבִיל טוֹבָתָן – **for the Holy One, blessed is He, adjusts the order of creation for their good;**[77] שֶׁהוּא מוֹרִיד לָהֶם מָן מִן הַשָּׁמַיִם – **for [God] brings manna down from the heavens for them,**[78] וּמַעֲלֶה לָהֶם מִן הָאָרֶץ טַל, שֶׁנֶּאֱמַר ״וַתַּעַל שִׁכְבַת הַטָּל״ – **and brings dew up from the earth for them, as is stated,** ***The layer of dew ascended*** (above, 16:14).[79] וְכֵן ״אַף שָׁמָיו יַעַרְפוּ טָל״ – **And, so too** does the cited verse state, ***even his heavens shall drip with dew*** (*Deuteronomy* ibid.).[80] כֵּיוָן שֶׁרָאָה מֹשֶׁה מַתַּן שְׂכָרָן שֶׁל צַדִּיקִים – **Once Moses saw the giving of the reward of the righteous,** as described here, אָמַר לָהֶם: ״אַשְׁרֶיךָ יִשְׂרָאֵל מִי כָמוֹךָ עַם נוֹשַׁע בַּה׳ ״ – **he said to them** in the next verse, ***"Fortunate are you, O Israel: Who is like you! O people delivered by HASHEM"*** (ibid., v. 29) – בְּנֵי אָדָם שֶׁהֵן מִשְׁתַּמְּשִׁים בְּהַקָּדוֹשׁ בָּרוּךְ הוּא – which may be interpreted to mean, **people who are administered to by the Holy One, blessed is He.**[81] ״מָגֵן עֶזְרֶךָ״ – ***The Deliverer of your help*** (ibid.)[82] – כְּנֶגֶד אַבְרָהָם, שֶׁנֶּאֱמַר ״אֲשֶׁר מִגֵּן צָרֶיךָ בְּיָדֶךָ״ – this is **in correspondence to Abraham, as is stated,** *And blessed be God, the Most High,* ***Who has delivered your foes into your hands*** (*Genesis* 14:20);[83] ״וַאֲשֶׁר חֶרֶב גַּאֲוָתֶךָ״, כְּנֶגֶד יִצְחָק שֶׁפָּשַׁט צַוָּארוֹ כְּנֶגֶד הַחֶרֶב – ***Who is the Sword of your grandeur*** (*Deuteronomy* ibid.) – this is **in correspondence to Isaac, who stretched out his neck opposite the sword** at the *Akeidah*; ״וְיִכָּחֲשׁוּ אֹיְבֶיךָ לָךְ״, כְּנֶגֶד יַעֲקֹב שֶׁנֶּאֱמַר ״וַיֵּלֶךְ אֶל אֶרֶץ מִפְּנֵי יַעֲקֹב אָחִיו״ – ***Your foes will try to deceive you*** (ibid.) – this is **in correspondence to Jacob, as is stated,** ***And [Esau] went to a land because of his brother Jacob.*** *For their wealth was too abundant for them to dwell together* (*Genesis* 36:6-7).[84] ״וְאַתָּה עַל בָּמוֹתֵימוֹ תִדְרֹךְ״ – ***But you will trample their haughty ones*** (*Deuteronomy* ibid.) – בִּימֵי מָרְדְּכַי שֶׁנֶּאֱמַר ״וַיִּקַּח הָמָן אֶת הַלְּבוּשׁ וְאֶת הַסּוּס״ – this occurred **in the days of Mordechai, as is stated,** ***So Haman took the garment and the horse*** *and dressed Mordechai, and had him ride through the city square* (*Esther* 6:11).[85] מִי גָרַם לְמָרְדְּכַי לָבֹא לִידֵי הַגְּדוּלָּה הַזֹּאת – **What caused Mordechai to arrive at this state of grandeur?** אֱמוֹר שֶׁהָיָה מִתְפַּלֵּל בְּכָל שָׁעָה – **Say** in explanation **that he would pray at all times,** שֶׁנֶּאֱמַר ״וּמָרְדְּכַי יָדַע אֶת כָּל אֲשֶׁר נַעֲשָׂה וגו׳ ״ – **as is stated** after Haman's decree had been promulgated, ***Mordechai learned of all that had been done, etc.*** *[and Mordechai tore his clothes and donned sackcloth and ashes. He went out into the midst of the city, and cried a loud and bitter cry]* (ibid. 4:1).[86] וְאַחַר שֶׁרָאָה עַצְמוֹ בִּגְדוּלָּה לֹא הֵגִיס לִבּוֹ וְלֹא עָמַד מִן הַתְּפִלָּה – **And** even **after he observed himself in a state of grandeur, his heart did not become haughty and he did not desist from prayer,** אֶלָּא ״וַיָּשָׁב מָרְדְּכַי״, כְּשֵׁם שֶׁהָיָה מִתְּחִלָּה – **rather,** ***Mordechai returned*** (ibid. 6:12) – **just as he had been originally.**[87]

The Midrash relates Mordechai's conduct to a different verse from *Deuteronomy*, before concluding its exposition of the *Hosea* verse:

״וְנָתַן ה׳ אֱלֹהֶיךָ אֵת כָּל הָאָלוֹת הָאֵלֶּה״, לֹא עָלֶיךָ אֶלָּא ״עַל אֹיְבֶיךָ וְעַל שֹׂנְאֶיךָ אֲשֶׁר רְדָפוּךָ״ – Scripture states:[88] ***HASHEM, your God, will place all these imprecations*** (*Deuteronomy* 30:7) – **not upon you, but rather** – ***upon your enemies and those who hate you, who pursue you*** (ibid.); וְאַתָּה תַּעֲמוֹד לְךָ מִן הַתְּפִלָּה, לָאו – **and will you** then **desist from prayer? No!**

NOTES

76. [As will presently become evident] R' Shimon ben Gamliel's statement relates to the verse from *Deuteronomy* under discussion (*Eitz Yosef*).

77. [Actually, according to the view of Abaye in *Shabbos* 53a, it is a negative statement about a person if the *order of creation* is changed for him; see *Yefeh To'ar* for a resolution of these two sources.]

78. In the version of this Midrash that appears in *Mechilta* to 16:4 above, that verse is offered as a source for this phenomenon.

79. According to our Midrash this means that dew came forth from the earth and rose into the air. It appears that this dew then fell back down and formed a *layer* upon the manna, which rested upon other dew that had descended in the regular manner (*Yefeh To'ar*, see discussion there; *Yefeh To'ar* also points out that *Rashi* to the verse explains it differently than our Midrash).

Whereas, according to the natural order, bread comes forth from the ground and dew descends from heaven, the Jews in the Wilderness experienced a phenomenal reversal of these processes (*Eitz Yosef*, referencing *Mechilta* to 16:4 above).

80. ״אַף״ שָׁמָיו יַעַרְפוּ טָל, *"Even" his heavens will drip with dew,* implies that the earth will provide dew as well, thus supporting the preceding statement (see *Matnos Kehunah* et al.).

81. The Midrash sees the words נוֹשַׁע בַּה׳, lit., *delivered through HASHEM*, as suggesting that the Jewish people is provided for by God Himself without intermediaries (*Eitz Yosef*, from *Toldos Noach*; also see *Maharzu*). Alternatively, this phrase is interpreted to mean *delivered through God's Name*, because the Jews utter the holy Divine Names to gain protection when they are in danger (*Eitz Yosef*, from *Yefeh To'ar*).

82. [Our translation reflects the Midrash's understanding of the verse.] Although the word מָגֵן usually connotes a *shield*, because a shield prevents the arrival of distress, rendering *help* unnecessary, the Midrash understands the word in the manner it is used in the *Genesis* verse cited just below. Thus, the verse refers to God as the One Who *helps* the Jewish people by *delivering* their foes into their hands (*Maharzu*).

83. [Malchizedek, king of Salem, made this statement to Abraham after the latter had miraculously defeated four kings.]

Moses alluded to the Patriarchs to hint that their merit was a factor in the Divine deliverance of which he spoke (*Eitz Yosef*; also see *Beur Maharif*, *Maharzu*, *Radal*).

84. According to *Bereishis Rabbah* 82 §13, Esau left the land of Canaan either to avoid the exile that was associated with possession of that land or out of humiliation [over his having sold his birthright or over the fact that his descendants included several illegitimate children (see commentators ad loc.)]. The commentators (ad loc.) explain that the reason given in this verse, *for their wealth was too abundant*, was merely the excuse offered by Esau, who was ashamed to admit the true rational for his departure. It is based on this that our Midrash associates this verse with the phrase *your foes will try to deceive you* (*Eitz Yosef*, from *Toldos Noach*).

85. Our Midrash accords with *Esther Rabbah* (at the end of 10 §4 and *Vayikra Rabbah* 28 §6; see also *Megillah* 16a), where it is taught that Mordechai stepped upon Haman, who had crouched down to assist him in mounting the king's horse (*Matnos Kehunah*, *Maharzu*, *Eitz Yosef*).

86. This was a cry of prayer (*Maharzu*, *Eitz Yosef*).

87. I.e., Mordechai *returned* to his sackcloth and fasting [after his glorious ride through Shushan], as will be taught just below (*Eitz Yosef*; see *Radal*).

Mordechai relied on neither Esther's position as queen nor the prominence he had personally achieved; he turned to prayer *at all times* in the knowledge that God alone could help him (*Yefeh To'ar*).

[An Insight regarding Mordechai's behavior ("Faithful Leader") appears in our edition of *Esther Rabbah*, on 10 §6.]

88. *Matnos Kehunah*, followed by *Eitz Yosef*.

שֶׁנֶּאֱמַר (ישעיה כט, י) **״כִּי נָסַךְ עֲלֵיכֶם ה׳ רוּחַ תַּרְדֵּמָה וַיְעַצֵּם אֶת עֵינֵיכֶם״, יָאמַר רַבִּי שִׁמְעוֹן בֶּן גַּמְלִיאֵל: גְּדוֹלָה חִיבָּתָן שֶׁל יִשְׂרָאֵל, שֶׁהַקָּדוֹשׁ בָּרוּךְ הוּא מְשַׁנֶּה סִדְרֵי בְרֵאשִׁית בִּשְׁבִיל טוֹבָתָן, שֶׁהוּא מוֹרִיד לָהֶם מָן מִן הַשָּׁמַיִם וּמַעֲלֶה לָהֶם מִן הָאָרֶץ טָל, שֶׁנֶּאֱמַר** (שמות טז, יד) **״וַתַּעַל שִׁכְבַת הַטָּל״, וְכֵן** (דברים שם שם) **״אַף שָׁמָיו יַעַרְפוּ טָל״, כֵּיוָן שֶׁרָאָה מֹשֶׁה מַתַּן שְׂכָרָן שֶׁל צַדִּיקִים אָמַר לָהֶם:** (שם שם כט) **״אַשְׁרֶיךָ יִשְׂרָאֵל מִי כָמוֹךָ עַם נוֹשַׁע בַּה׳ ״, בְּנֵי אָדָם שֶׁהֵן מִשְׁתַּמְּשִׁים בְּהַקָּדוֹשׁ בָּרוּךְ הוּא,** (שם) **״מָגֵן עֶזְרֶךָ״, כְּנֶגֶד אַבְרָהָם שֶׁנֶּאֱמַר** (בראשית יד, כ) **״אֲשֶׁר מִגֵּן צָרֶיךָ בְּיָדֶךָ״,** (דברים שם שם) **״וַאֲשֶׁר חֶרֶב גַּאֲוָתֶךָ״, כְּנֶגֶד יִצְחָק שֶׁפָּשַׁט צַוָּארוֹ כְּנֶגֶד הַחֶרֶב,** (שם) **״וְיִכָּחֲשׁוּ אֹיְבֶיךָ לָךְ״, כְּנֶגֶד יַעֲקֹב שֶׁנֶּאֱמַר** (שם לו, ו) **״וַיֵּלֶךְ אֶל אֶרֶץ מִפְּנֵי יַעֲקֹב אָחִיו״,** (דברים שם שם) **ז״וְאַתָּה עַל בָּמוֹתֵימוֹ תִדְרֹךְ״, בִּימֵי מָרְדְּכַי שֶׁנֶּאֱמַר** (אסתר ו, יא) **״וַיִּקַּח הָמָן אֶת הַלְּבוּשׁ וְאֶת הַסּוּס״, מִי גָּרַם לְמָרְדְּכַי לָבֹא לִידֵי הַגְּדוּלָּה הַזֹּאת, אֱמוֹר שֶׁהָיָה מִתְפַּלֵּל בְּכָל שָׁעָה, שֶׁנֶּאֱמַר** (שם ד, א) **״וּמָרְדְּכַי יָדַע אֶת כָּל אֲשֶׁר נַעֲשָׂה וְגוֹ׳ ״, °מֵאַחַר שֶׁרָאָה עַצְמוֹ בִּגְדוּלָּה לֹא הֵגִיס לִבּוֹ וְלֹא עָמַד מִן הַתְּפִלָּה, חאֶלָּא** (שם ו, יב) **״וַיָּשָׁב מָרְדְּכַי״, כְּשֵׁם שֶׁהָיָה מִתְחִלָּה,** (דברים ל, ז) **״וְנָתַן ה׳ אֱלֹהֶיךָ אֵת כָּל הָאָלוֹת הָאֵלֶּה״ לֹא עָלֶיךָ אֶלָּא** (שם) **״עַל אֹיְבֶיךָ וְעַל שֹׂנְאֶיךָ אֲשֶׁר רְדָפוּךָ״, וְאַתָּה תַּעֲמוֹד לְךָ מִן הַתְּפִלָּה, לָאו,**

עץ יוסף

גדולה חיבתן כו׳. מפרש סיפא דקרא אף שמיו יערפו טל: **אמר רבי שמעון בן גמליאל גדולה חיבתן של ישראל.** במכילתא בשלח איתא לשעבר היה הלחם עולה מן הארץ, והטל יורד מן השמים, שנאמר ארץ דגן ותירוש אף שמיו יערפו טל, ועתה נתחלפו הדברים התחיל הלחם יורד מן השמים והטל עולה מן הארץ, דכתיב הנני ממטיר לכם לחם מן השמים, וכתיב ותעל שכבת הטל וגו׳, עד כאן לשונו. ולגירסתנו פירושו שהוא מוריד להם מן מן השמים שהוא הלחם שניתן להם מן השמים, עם היות ארץ ממנה יצא לחם, ומעלה להם מן הארץ טל, שאין דרכו להיות מן הארץ כלל, שנאמר ותעל שכבת הטל, וכן אף שמיו יערפו טל, רוצה לומר מדכתיב אף, ולא קאמר ושמיו יערפו טל, דריש דהכי קאמר לא הארץ בלבד תעלה טל, אלא אף שמיו יערפו טל: **שהם משתמשים בהקדוש ברוך הוא.** מלת בה׳ קדייק, והכוונה שמושפעים וניזונין על ידי הקדוש ברוך הוא בעצמו (תולדות כח). או פירושו שמשתמשים בשמות הקדשים להגן עליכם בעת צרכם, והיינו נושע בה׳ כלומר בשם ה׳ (יפה תואר): **כנגד אברהם.** לרמוז שזכות אבותם מסייעתם: **שנאמר וילך אל ארץ מפני יעקב אחיו.** בבראשית רבה איתא וילך אל ארץ מפני יעקב מפני הבושה, או מפני השטר חוב עיין שם. והקשו המפרשים והא קרא קאמר כי היה רכושם רב וגו׳, ותירצו שהיה מתבייש לומר שילך מפני הבושה או מפני השטר חוב, לכן כחש ואמר טעם אחר, וזה שאמר כאן ויכחשו אויביך לך כו׳, שנאמר וילך אל ארץ מפני יעקב אחיו (תולדות כח): **שנאמר ויקח המן כו׳.** שאז דרך עליו, כמבואר באסתר רבה, שאמר ליה דרום עלי וסליק ורכב, למקימא לכון מה דאמר כתבא ואתה על במותימו תדרוך: **שנאמר ומרדכי ידע את כל אשר נעשה וגו׳ ויזעק זעקה גדולה ומרה.** ומן הסתם היא זעקת תפלה: **מאחר שראה עצמו בגדולה.** צריך לומר ואחר שראה כו׳ (תולדות כח): **אלא וישב מרדכי כשם שהיה בתחלה.** פירוש ששב לשקו ולתעניתו כמו שהיה מתחלה, וכמו שאמר בסמוך: **ונתן ה׳.** טעמו כאילו אמר כתיב ונתן ה׳, וכן לשון ספר זה בכמה מקומות (מתנות כהונה):

פירוש מהרז״ו

את עיניכם. וסיפא דקרא את הנביאים: **אמר רבי שמעון בן גמליאל.** מכילתא בשלח פסוק ויאמר ה׳ אל משה הנני ממטיר לכם, וזה לשונו, רבי שמעון בן גמליאל אומר בא וראה כמה חביבים לפני המקום, שבשבילם שינה עליהם מעשה בראשית וכו׳, לשעבר היה הלחם עולה מן הארץ, והטל יורד מן השמים, שנאמר (דברים לג, כח) אל ארץ דגן ותירוש אף שמיו יערפו טל, ועתה נתחלפו הדברים, התחיל הלחם יורד מן השמים, והטל עולה מן הארץ, כדכתיב (שמות טז, ד) הנני ממטיר לכם לחם מן השמים, וכתיב (שם יד) ותעל שכבת הטל עד כאן. וכאן שדורש פסוק וישכון ישראל וגו׳, הביא גם סיפא דקרא אל ארץ דגן ותירוש, (ועיין בספרי מדרש תנאים בליקוטים וחידושים): **משתמשים בהקדוש ברוך הוא.** כמו שכתוב במצרים אני ה׳, ולא מלאך ולא שליח, וזהו נושע בה׳: **כנגד אברהם.** כמו שהתנהג עם האבות, כך עם בניהם, בזכותם. והנה המגן הוא למחסה שלא יבא הצרה, אם כן אינו צריך לעזר, על כן דורש מגן, מלשון מגן צריך, שמסר והסגיר צריך בידך, וזהו העזר: **ויקח וגו׳ את הסוס.** וכמו שדרשו ויקרא רבה פרשה כ״ז סימן ח באריכות, ובאסתר פסוק מהר קח: **ומרדכי ידע.** וסיפא דקרא ויזעק זעקה גדולה ומרה, היינו בתפלה: **וישב מרדכי.** אל שער המלך, כמו שכתוב ויבא עד לפני שער המלך כי אין לבא אל שער המלך בלבוש שק, אם כן כששב היינו ששב לפני שער המלך בשק ותפלה, כמו תחלה:

מתנות כהונה

וכן אף שמיו וגו׳. אף רבוי הוא לרבות שאף מן הארץ יעלה טל: **ויקח המן את הלבוש וגו׳.** ואיתא במדרש אסתר שהמן כפף קומתו לפני מרדכי ודרך עליו ועלה וישב לו על הסוס: **ונתן ה׳ וגו׳.** טעמו כאלו אמר כתיב ונתן ה׳ וגו׳. וכן לשון ספר זה בכמה מקומות:

אשד הנחלים

וכן אף שמיו. כלומר מלבד הטל מלמטה, עוד אף שמיו יערפו טל מלמעלה: **שהם משתמשים בהקדוש ברוך הוא.** כאומר שהם נושעים על ידי ה׳ שהוא מזדקק לעזרם כפי חפצם, כלומר נעלה מדרך הטבע כי אם בהשגחה אלהית: **כנגד אברהם כו׳ אשר מגן.** לדעתי היה יותר טוב לגרוס (בראשית טו, א) אנכי מגן לך, שהבטיח לו ה׳, וכלומר המגן שהבטיח ה׳ לאברהם עומד בעזרך: **כנגד יצחק.** כלומר גם גאותך וגדולתך על ידי החרב, שפשט יצחק צוארו נגד החרב: **כנגד יעקב.** כי על ידי זכות אברהם לא היו רק ניצולים מהצרה, שה׳ למגן בעדם, אבל שהאויבים יהיו יראים מהם, זה הוא בזכות יעקב, שכן קרה לו (סימן לבניו) שכלם היו יראים מפניו והלכו להם, אך יתכן שהם יראים והולכים אך לא תשיג אותם לדרוך עליהם, אבל בימי מרדכי דרכת עליו, כמו שכתוב ויקח הלבוש, וכמו שאמרו חז״ל (מגילה טז, א) שהוכרח המן להשכיב עצמו, ומרדכי דרך עליו לעלות על הסוס: **שהיה מתפלל בכל שעה.** ולכן כתיב כאן זה הדברים, כמו שמסיים לעיל דברים אני מבקש, והתשועה רק על ידי דברים ותפלה:

לקוטים

[ד] **אמר רבי שמעון בן גמליאל גדולה חיבתן של ישראל שהקדוש ברוך הוא משנה סדרי בראשית בשביל טובתן שהוא מוריד לחם מן השמים, ומעלה להם מן הארץ טל שנאמר ותעל שכבת הטל וכן אף שמיו יערפו טל.** ואפשר לדחוק ולפרש שכוונתו מדקאמר אף שמיו יערפו טל, משמע דעיקר הטל עלה להם מן הארץ, עיין מתנות כהונה וכל זה דוחק. אך מצאתי בסייעתא דשמיא במכילתא בשלח (פרשה ג) רבי שמעון בן גמליאל (והוא בעל המאמר של המדרש הנ״ל) אומר בא וראה כמה חביבין ישראל לפני המקום ולפי שהם חביבין לפניו משנה עליהם מעשה בראשית, עשה להם תחתונים עליונים, ועליונים תחתונים, לשעבר היה הלחם עולה מן הארץ והטל יורד מן השמים שנאמר ארץ דגן ותירוש אף שמיו יערפו טל, ועתה נתחלפו הדברים התחיל הלחם יורד מן השמים והטל עולה מן הארץ דכתיב הנני ממטיר לכם לחם מן השמים, וכתיב ותעל שכבת הטל וגו׳, עד כאן לשון המכילתא, וכן צריך להגיה במדרש הנ״ל (ליקוטים מחידושי מהרז״ו על מדרש תנאים):

חידושי הרד״ל

אמר רבן שמעון בן גמליאל כו׳ משנה כו׳. עיין לעיל פרשה כה, ב: **וכן אף שמיו יערפו טל.** אפשר מלשון אף קדריס, שגם מהארץ תעלה שכבת הטל ואף משמים ירעף: **שפשט צוארו כנגד החרב.** המאכלת שלקח אברהם לשוחטו, (ובזכות זה יגאלו ישראל): **ויקח המן את הלבוש.** עיין מתנות כהונה, ובמגילה (טז, א) כי סליק רכב עליו ובעט ביה אמר ליה דכתיב על בומתימו תדרוך: **אשר נעשה וגו׳ וילבש שק ואפר וגו׳ ויזעק וגו׳.** אלא וישב מרדכי, כדמפורש ששב לשקו כו׳:

חידושי הרש״ש

ויעצם את עיניכם. ורצה לומר כדמפרש בסופיה את הנביאים ואת ראשיכם החוזים:

באור מהרי״פ

מעונה אלהי קדם אלו ישראל וכו׳. אולי נסמך על מקרא דלקמיה (דברים לג, כו - כז) אין כאל ישורון רוכב שמים בעזרך ובגאותו שחקים. מעונה אלהי קדם ומתחת זרועות עולם ויגרש מפניך אויב ויאמר השמד. ודרשו חכמינו ז״ל אין כאל ומי כאל ישורון אלו ישראל, מפני שבזכותן נברא ובזכותן קיים העולם, ולכך נעשו שותפים להקב״ה: **שהם משתמשים בהקדוש ברוך הוא.** פירוש, שכל האומות מושפעים על ידי שבעים שרים, מה שאין כן ישראל כי חלק ה׳ עמו, וזהו נושע בה׳: **כנגד אברהם.** פירוש, אף שלפעמים שאין להם זכיות יש להם זכות אבות: **על במותימו תדרוך בימי מרדכי.** כדאיתא בגמרא (מגילה טז, א) ובסוף אסתר רבה (י, ד) דאמר המן למרדכי אנא ממיך קדלי ואת דריך עלי למקיימא כתבא ואתה על במותימו תדרוך:

אמרי יושר

וכן אף שמיו כארץ **יערפו טל.** כן אף שמיו טל כלחם יערפו: **שהם משתמשים בהקדוש ברוך הוא.** כאמרו (תהלים לה, ב-ג) החזק מגן וצנה והרק חנית וסגור לקראת רודפי: **עם נושע בה׳.** זו תפלה, **ואשר חרב גאותך** כי היא זומרת הקטרוג:

מסורת המדרש

ו. מכילתא בשלח מסכת דויסע פ״ג. תנחומא בשלח סימן כ׳. ילקוט סדר בשלח רמז רכ״ז:
ז. עיין מגילה דף ט״ז. ויקרא רבה פכ״ח. אסתר רבה פ״י. פדר״א פ׳ נ׳. פסיקתא רבתי סוף פיסקא י״ח. פסיקתא דרב כהנא סוף פיסקא ח׳. ילקוט סדר אמור רמז תרמ״ג. ע״ש כל הענין:
ח. עיין מגילה דף ט״ז:

אם למקרא

כִּי־נָסַךְ עֲלֵיכֶם ה׳ רוּחַ תַּרְדֵּמָה וַיְעַצֵּם אֶת־עֵינֵיכֶם אֶת־הַנְּבִיאִים וְאֶת־רָאשֵׁיכֶם הַחֹזִים כִּסָּה: (ישעיה כט:י)

וַתַּעַל שִׁכְבַת הַטָּל וְהִנֵּה עַל־פְּנֵי הַמִּדְבָּר דַּק מְחֻסְפָּס דַּק כַּכְּפֹר עַל־הָאָרֶץ: (שמות טז:יד)

וּבָרוּךְ אֵל עֶלְיוֹן אֲשֶׁר־מִגֵּן צָרֶיךָ בְּיָדֶךָ וַיִּתֶּן־לוֹ מַעֲשֵׂר מִכֹּל: (בראשית יד:כ)

וַיִּקַּח עֵשָׂו אֶת־נָשָׁיו וְאֶת־בָּנָיו וְאֶת־בְּנֹתָיו וְאֶת־כָּל־נַפְשׁוֹת בֵּיתוֹ וְאֶת־מִקְנֵהוּ וְאֶת־כָּל־בְּהֶמְתּוֹ וְאֵת כָּל־קִנְיָנוֹ אֲשֶׁר רָכַשׁ בְּאֶרֶץ כְּנָעַן וַיֵּלֶךְ אֶל־אֶרֶץ מִפְּנֵי יַעֲקֹב אָחִיו: (שם לו:ו)

וַיִּקַּח הָמָן אֶת־הַלְּבוּשׁ וְאֶת־הַסּוּס וַיַּלְבֵּשׁ אֶת־מָרְדֳּכָי וַיַּרְכִּיבֵהוּ בִּרְחוֹב הָעִיר וַיִּקְרָא לְפָנָיו כָּכָה יֵעָשֶׂה לָאִישׁ אֲשֶׁר הַמֶּלֶךְ חָפֵץ בִּיקָרוֹ: (אסתר ו:יא)

וּמָרְדֳּכַי יָדַע אֶת־כָּל־אֲשֶׁר נַעֲשָׂה וַיִּקְרַע מָרְדֳּכַי אֶת־בְּגָדָיו וַיִּלְבַּשׁ שַׂק וָאֵפֶר וַיֵּצֵא בְּתוֹךְ הָעִיר וַיִּזְעַק זְעָקָה גְדֹלָה וּמָרָה: (שם ד:א)

וַיָּשָׁב מָרְדֳּכַי אֶל־שַׁעַר הַמֶּלֶךְ וְהָמָן נִדְחַף אֶל־בֵּיתוֹ אָבֵל וַחֲפוּי רֹאשׁ: (שם ו:יב)

וְנָתַן ה׳ אֱלֹהֶיךָ אֵת כָּל־הָאָלוֹת הָאֵלֶּה עַל־אֹיְבֶיךָ וְעַל־שֹׂנְאֶיךָ אֲשֶׁר רְדָפוּךָ: (דברים ל:ז)

ידי משה

ונתן ה׳ אלהיך את כל האלות וגו׳ ואתה תעמוד לך מן התפלה לאו. פירוש זה אי אפשר לך לעשות, אלא מה

שינוי נוסחאות

(ד) **מאחר שראה עצמו בגדולה** - תו״נ ועצ״י מגיהים ״ואחר שראה...״.

אֶלָּא מַה כְּתִיב אַחֲרָיו – **Rather, what is written** immediately **after [the above verse]?** "וְאַתָּה תָשׁוּב וְשָׁמַעְתָּ בְּקוֹל ה׳" – ***You shall return and listen to the voice of HASHEM*** (ibid., v. 8)[89] – כְּשֵׁם שֶׁעָשָׂה מָרְדְּכַי – **just as Mordechai did;** שֶׁנֶּאֱמַר "וַיָּשָׁב מָרְדְּכַי אֶל שַׁעַר הַמֶּלֶךְ", שֶׁחָזַר לְשַׂקּוֹ וּלְתַעֲנִיתוֹ – **as is stated** after the description of Mordechai's majestic ride through Shushan, ***Mordechai returned to the king's gate***, indicating **that he returned to his sackcloth and his fasting.**[90] לְכָךְ נֶאֱמַר "קְחוּ עִמָּכֶם דְּבָרִים" – And **therefore it is stated** in the cited verse from *Hosea*, ***Take words*** [דְּבָרִים] ***with you.***[91]

Having established that דָּבָר connotes prayer, the Midrash at last extends this idea to our verse:[92]

אַף כָּאן הוּא אוֹמֵר "וְזֶה הַדָּבָר" – And **here as well, [our verse] states, *This is the matter*** [הַדָּבָר] *that you shall do for [Aaron and his sons] to sanctify them;*[93] לְפִי שֶׁלֹּא הִתְרַצָּה הַקָּדוֹשׁ בָּרוּךְ הוּא לְאַהֲרֹן אֶלָּא עַל יְדֵי הַתְּפִלָּה – **for the Holy One, blessed is He, became placated toward Aaron only through prayer,** שֶׁנֶּאֱמַר "וּבְאַהֲרֹן הִתְאַנַּף ה׳ מְאֹד לְהַשְׁמִידוֹ" – **as is stated, *HASHEM became very angry with Aaron to destroy him,*** *so I prayed also for Aaron at that time* (*Deuteronomy* 9:20).[94]

§5 The Midrash will present another explanation of the seemingly superfluous words, וְזֶה הַדָּבָר, *this is the matter*:[95]

דָּבָר אַחֵר, "וְזֶה הַדָּבָר", הָדָא הוּא דִכְתִיב "כָּבוֹד חֲכָמִים יִנְחָלוּ" – **Another interpretation: *This is the matter* – this is** related to that **which is written, *The wise inherit honor*** (*Proverbs* 3:35). אֵין כָּבוֹד אֶלָּא תּוֹרָה – **"Honor" is nothing but Torah.**[96] תֵּדַע לָךְ, מָה אָמַר בְּרֹאשׁ דִּבְרֵי הַיָּמִים – **This can be proven as follows:**[97] **What does [Scripture] state at the beginning of** the Book of ***Chronicles*?** "אָדָם שֵׁת אֱנוֹשׁ", וְכֵן כֻּלָּן – ***Adam, Seth, Enosh*** (*I Chronicles* 1:1), **and in the same manner all of [the generations]** are named. וְאֵין אַתָּה מוֹצֵא בְּאֶחָד מֵהֶם כָּבוֹד עַד שֶׁמַּגִּיעַ לְיַעְבֵּץ – **And you do not find honor** mentioned **with respect to any of them until [the verse] arrives at** the name of **Jabez,**[98] שֶׁנֶּאֱמַר "וַיְהִי יַעְבֵּץ נִכְבָּד מֵאֶחָיו" – **as is stated, *Jabez was more honorable than his brothers*** (ibid. 4:9). לָמָּה כָּתוּב בּוֹ כָּבוֹד – Now, **why is honor written about him?** עַל שֶׁיָּגַע בַּתּוֹרָה – **For he toiled in Torah** study.[99] הֱוֵי "כָּבוֹד חֲכָמִים יִנְחָלוּ" – **Thus is** stated, ***The wise inherit honor.*** וְכֵן אַתָּה מוֹצֵא בְּאַהֲרֹן – **And so do you find with respect to Aaron;** מַה כְּתִיב, "תּוֹרַת אֱמֶת הָיְתָה בְּפִיהוּ" – **what is written** about Aaron? ***The Torah of truth was in his mouth*** (*Malachi* 2:6).[100]

NOTES

89. The Midrash maintains that this prediction is not about repentance, for an earlier verse (v. 6) already stated that the Jews would repent. The verse is therefore understood to mean that even after the suffering will have transferred from the Jewish people to their enemies they will continue to pray constantly as they had done previously (*Maharzu*; see *Yedei Moshe* for another approach).

90. Because it appears unnecessary for the verse to mention where Mordechai went after Haman paraded him through the streets of Shushan, we may infer from it that Mordechai resumed the activity that (as stated in *Esther* 4:1-2) he had previously been involved in at *the king's gate* (*Maharsha, Chidushei Aggados* to *Megillah* 16a; for additional approaches see *Yefeh To'ar*; *Maharzu*; *Alshich* [in *Masas Moshe* to *Esther* 6:12], cited in *Eitz Yosef* to *Esther Rabbah* 10 §6; *Torah Temimah* to *Esther* 6:12).

The Midrash is noting that the predicted Jewish behavior is similar to that of Mordechai, who continued to pray even after his foe had been humbled before him.

91. In other words, it is because of the tremendous value of prayer that the *Hosea* verse advises that *words*, i.e., prayers, be taken (see *Yefeh To'ar*, cited above, in note 63; also see *Maharzu*).

See Insight Ⓐ.

92. See *Maharzu* here and *Eitz Yosef* at the beginning of the section.

93. The Midrash understands this verse as a directive of God to Moses that he pray for Aaron (*Radal*; also see *Matnos Kehunah*).

94. This verse [spoken by Moses with regard to the Golden Calf] demonstrates that despite the fact that Aaron had repented, his sin was forgiven only through Moses' prayer (*Eitz Yosef*).

95. Earlier (at note 52), the Midrash taught of a connection between הַדָּבָר and *Torah*. Based on this, our Midrash will interpret the words וְזֶה הַדָּבָר, *And this is the matter*, as an introduction to v. 5 below, where Moses is instructed to clothe Aaron in the priestly vestments. Moses is told that it was Aaron's Torah study that lead to his being honored with those garments (see *Yefeh To'ar* et al.).

96. I.e., a man will achieve true *honor* only if he is learned in Torah (*Yefeh To'ar*, referencing *Avos* 6:3; also see *Maharzu*).

97. Lit., *Know for yourself.*

98. [The Sages (in *Temurah* 16a) identify Jabez as the great judge Othniel, who succeeded Joshua and used Talmudical analysis to restore hundreds of Torah expositions that were forgotten during the period of mourning over Moses' death.]

99. That Jabez did so is evident from *I Chronicles* 2:55 (with 1 §9 above and *Sotah* 11a), *Temurah* 16a (cited just above), and elsewhere (*Radal*; also see *Maharzu, Eitz Yosef*).

100. This is a reference to Aaron, as taught above, in 5 [§10] (*Eitz Yosef*). The verse demonstrates that Aaron was an exceptional Torah scholar.

INSIGHTS

Ⓐ **Post-Salvation Prayer** Why did Mordechai resume his prayerful posture after his regal tour of Shushan? Was this not the turning point for which he had been fasting, praying, and hoping? One would think that he would join his brethren in rejoicing over this unmistakable sign that God had accepted their pleas and was directing events toward their salvation. Even their worst enemies recognized Haman's humiliation as a portent of his downfall. Yet Mordechai acted as if nothing had happened. His humble bearing was unchanged and his immersion in prayer continued as before.

R' Chaim Friedlander (*Sifsei Chaim, Moadim* Vol. II, pp. 181-182) concludes that Mordechai's behavior impels us to reconsider our notions of suffering and salvation. Contrary to what we may have hitherto thought, life's tribulations and crises are not the reason we pray, and prayer is not merely a path to salvation; otherwise, there would be no reason to continue praying once the salvation has come. Rather, the need for heartfelt prayer is the reason for life's troubles, and such prayer is necessary because it is a vehicle for developing a close relationship with God. According to this scheme of things, the resolution of a crisis is not a signal to stop praying; if anything, it should inspire us to invest more heavily in this endeavor that lifts us ever closer to God. Mordechai's prayers inspired him in just that way, and thus he returned to his sackcloth even after the royal parade in his honor had lifted the darkness and eased the tension brought on by Haman's decree.

A similar lesson can be learned from the Talmud. "R' Yitzchak taught: Why were the Matriarchs barren? Because the Holy One, blessed is He, desires the prayers of the righteous" (*Yevamos* 64a). Our forefathers were no strangers to prayer, even before they faced the prospect of childlessness. It was Abraham, Isaac, and Jacob who introduced the three daily services. But there is a special quality to prayers that emerge from deep within, that express a feeling of absolute dependence on God. It is especially these prayers that God wants to hear, for they are most effective in bringing the supplicant closer to Him.

This understanding of prayer, notes *R' Nassan Wachtfogel* (*Sichos Mussar*, pp. 106-107), should lead us to a sobering realization. If the purpose of human suffering — or at least one purpose thereof — is to arouse us to pray, then a neglectful attitude toward prayer effectively increases the need for such suffering. The choice is ours: We can wait for the Divine prods of fear and desperation to shake us out of our complacency, or we can reach out to God on our own by mastering how to pray with fervor and sincerity.

אֶלָּא מַה כְּתִיב אַחֲרָיו (שם שם ח) **"וְאַתָּה תָשׁוּב וְשָׁמַעְתָּ בְּקוֹל ה' ", כְּשֵׁם שֶׁעָשָׂה מָרְדְּכַי, שֶׁנֶּאֱמַר** (אסתר ו, יב) **"וַיָּשָׁב מָרְדְּכַי אֶל שַׁעַר הַמֶּלֶךְ", שֶׁחָזַר לְשַׂקּוֹ וּלְתַעֲנִיתוֹ, לְכָךְ נֶאֱמַר** (הושע יד, ג) **"קְחוּ עִמָּכֶם דְּבָרִים", אַף כָּאן הוּא אוֹמֵר** [כט, א] **"וְזֶה הַדָּבָר" לְפִי שֶׁלֹּא הִתְרַצָּה הַקָּדוֹשׁ בָּרוּךְ הוּא לְאַהֲרֹן אֶלָּא עַל יְדֵי הַתְּפִלָּה, שֶׁנֶּאֱמַר** (דברים ט, כ) **"וּבְאַהֲרֹן הִתְאַנַּף ה' מְאֹד לְהַשְׁמִידוֹ":**

ה דָּבָר אַחֵר, [כט, א] **"וְזֶה הַדָּבָר",** **[ט]הָדָא הוּא דִכְתִיב** (משלי ג, לה) **"כָּבוֹד חֲכָמִים יִנְחָלוּ", אֵין כָּבוֹד אֶלָּא תּוֹרָה, תֵּדַע לָךְ, מָה אָמַר בְּרֹאשׁ דִּבְרֵי הַיָּמִים,** (דברי הימים-א א, א) **"אָדָם שֵׁת אֱנוֹשׁ", וְכֵן כֻּלָּן, וְאֵין אַתָּה מוֹצֵא בְּאֶחָד מֵהֶם כָּבוֹד עַד שֶׁמַּגִּיעַ לְיַעְבֵּץ, שֶׁנֶּאֱמַר** (שם ד, ט) **"וַיְהִי יַעְבֵּץ נִכְבָּד מֵאֶחָיו", לָמָּה כָּתוּב בּוֹ כָּבוֹד, עַל שֶׁיָּגַע בַּתּוֹרָה, הֱוֵי "כָּבוֹד חֲכָמִים יִנְחָלוּ", וְכֵן אַתָּה מוֹצֵא בְּאַהֲרֹן, מַה כְּתִיב,** (מלאכי ב, ו) **"תּוֹרַת אֱמֶת הָיְתָה בְּפִיהוּ", מָה אָמַר הַקָּדוֹשׁ בָּרוּךְ הוּא לְמֹשֶׁה,** [כח, ב] **"וְעָשִׂיתָ בִגְדֵי קֹדֶשׁ לְאַהֲרֹן אָחִיךָ לְכָבוֹד וּלְתִפְאָרֶת", וְכָל אֵלּוּ בִּזְכוּת הַתּוֹרָה שֶׁהָיָה יָגֵעַ בָּהּ, הֱוֵי** (משלי ג, לה) **"כָּבוֹד חֲכָמִים יִנְחָלוּ":**

ו דָּבָר אַחֵר, [כט, א] **"וְזֶה הַדָּבָר", הָדָא הוּא דִכְתִיב** (תהלים קיט, פט) **"לְעוֹלָם ה' דְּבָרְךָ נִצָּב בַּשָּׁמָיִם", וְכִי אֵין דְּבָרוֹ שֶׁל הַקָּדוֹשׁ בָּרוּךְ הוּא נִצָּב בָּאָרֶץ אֶלָּא בַּשָּׁמַיִם, אָמַר רַבִּי חִזְקִיָּה בַּר חִיָּיא: מִפְּנֵי שֶׁהִבְטִיחַ הַקָּדוֹשׁ בָּרוּךְ הוּא דָּבָר בַּשָּׁמַיִם, וְאַחַר רד"ו שָׁנִים בְּאוֹתָהּ הַהַבְטָחָה שֶׁהִבְטִיחַ הַקָּדוֹשׁ בָּרוּךְ הוּא אֶת הַצַּדִּיק, כֵּיצַד, בְּשָׁעָה שֶׁאָמַר הַקָּדוֹשׁ בָּרוּךְ הוּא לְאַבְרָהָם**

עץ יוסף

מה כתיב אחריו ואתה תשוב. פירוש ואתה תשוב ותתפלל: **שחזר לשקו ולתעניתו.** עיין מה שכתבתי באסתר רבה על מאמר זה: **אלא על ידי תפלה.** ולא הספיק בתשובה מדאצטריך משה להתפלל בעדו: **שנאמר ובאהרן התאנף כו'.** וסיפיה דקרא ואתפלל גם בעד אהרן:

(ה) [ו] **הדא הוא דכתיב כבוד חכמים ינחלו כו'.** דייק זה הדבר וגו', כלומר התורה שנקראת דבר כדלעיל, גרמה לו הכבוד הזה, והוא עשיית הבגדים לכבוד ולתפארת: **שנאמר ויהי יעבץ נכבד מאחיו.** כדאיתא לעיל פרשה א', יתרו שברח זכה וישבו בניו בלשכת הגזית, שנאמר (דברי הימים א ב, נה) ומשפחות סופרים יושבי יעבץ תרעתים שמעתים סוכתים המה הקינים הבאים מחמת אבי בית רכב וגו', ועיין שם מה שכתבתי: **תורת אמת היתה בפיהו.** ובאהרן איירי כדלעיל פרשה ה' עיין שם: **מה אמר הקדוש ברוך הוא למשה ועשית כו'.** רוצה לומר שמאחר שה' אמר למשה ועשית בגדי קדש לאהרן אחיך, ולא אמר ועשית בגדי קדש כך וכך והלבשתם לאהרן, נראה שאהרן מצד עצמו ראוי אל הכבוד הזה, והענין שבזכות תורתו זכה למלבושים אלו, כאתן יכהן פאר וכבוד: (ו) [ז] **הדא הוא דכתיב לעולם ה' דברך נצב בשמים.** שקיים דברו לאהרן כדמסיים: **דבר בשמים.** כדמפרש שהגביה לאברהם למעלה מן השמים ואמר לו הבט נא השמימה וגו': **ואחר מאתיים ועשר שנה כו'.** סיפיה דקרא לדר ודר אמונתך, לשון רד"ו, שאחר רד"ו שנים נתאמת ההבטחה (תולדות נח): **ואחר רד"ו שנה ששהו במצרים.** אבל מעת ההבטחה היה ארבע מאות ושלשים שנה: **ואחר רד"ו שנה באתה אותה ההבטחה.** דהיינו ביציאת מצרים, דכתיב והנכם היום ככוכבי השמים לרוב: **את הצדיק.** אברהם אבינו: **ביצד בשעה כו'.** בעי לפרש אמר ר' חזקיה מפני שהבטיח דבר בשמים כו' (תולדות נח): **בשעה שאמר הקדוש ברוך הוא.** בשעה לאו דוקא, דדבר ה' אל אברם במחזה על כרחך אחר ביאת אברהם לארץ ישראל הרבה היה, ואחר שהרג את המלכים:

פירוש מהרז"ו

ואתה תשוב. מיותר, אחר שכתוב ומל גו' לאהבה את ה' אלקיך בכל לבבך וגו', על כן דורש ואתה תשוב לעשות כמו שעשית בהיות הקללות, על שהיית מתפלל תמיד כך תעשה אחר כך, כמו מרדכי: **קחו עמכם דברים.** על התפלה, כמו שכתוב (הושע יד, ג) אמרו אליו כל תשא עון וגו', דברי תשובה ותפלה ווידוי, וכן וזה הדבר על התפלה, כמו שכתוב ובאהרן התאנף ה' מאד להשמידו, וסיפיה דקרא ואתפלל גם בעד אהרן, ועיין כל הענין מכילתא בשלח פסוק וייראו מאד ויצעקו בני ישראל, שמאריך שם בכיוצא בזה: (ה) **אין כבוד אלא תורה.** אבות (פרק ו', מ"ג), עיין תנחומא פרשה זו סימן ט באריכות, ועיין לעיל פרשה כ"ז ריש סימן ב: **נכבד מאחיו.** מדה ט"ז, וכמו שדרש בהדיא בתנחומא, וזה לשונו, ולמה כתוב בו כבוד, שהיה מקהיל קהלות ופירש טעמי תורה ברבים, שנאמר (דברי הימים א ב, נה) ומשפחת סופרים יושבי יעבץ וגו'. ועיין ספרי בהעלותך פסוק ויאמר משה לחובב. וכמו שדרשו מכילתא יתרו סוף פסוק ושפטו את העם בכל עת. ומה שכתוב (שם) תרעתים יושבי שער, הם הסנהדרין, שתער בלשון ארמי שער: **באחד מהם כבוד.** פירוש שבדברי הימים אין כתוב באחד מהם כבוד, אבל בתורה כתיב כבוד אצל אהרן. ובדברי הימים נזכר אהרן אחר יעבץ, כי יעבץ כתוב בדברי הימים א' ב', ושם ד' (פסוק ט - י), ואהרן, שם ה' (פסוק כט): **תורת אמת היתה בפיהו.** וסמוך ליה כי שפתי כהן ישמרו דעת וגו', היינו אהרן, ולכך כתוב אצלו לכבוד ולתפארת, וכן כבוד חכמים וגו', וזהו וזה הדבר היינו תורה, כמו שכתב לעיל ריש סימן ג', והוי"ו מוסיף על ענין כבוד של הבגדים הסמוכים להם למעלה: (ו) **הדא הוא דכתיב לעולם ה' דברך.** עיין כל זה במדבר רבה פרשה ב סימן י"ב, ועיין לעיל ריש סימן א: **מפני שהבטיח ה' דבר בשמים.** עיין מה שכתב בראשית רבה פרשה כ"ג ריש סימן ד, והיינו מה שכתוב הבט נא השמימה וספור הכוכבים, כמו שכתב בסמוך. ועיין עוד במדבר רבה ב' שם, דכאן חסר על תיבת דברך: **ואחר רד"ו שנה.** צריך עיון מה לחשבון של רד"ו שנה אצל אברהם, שיעקב אמר (בראשית מב, ב) רדו ושברו לנו, כמו שאמרו בראשית רבה פרשה צ"א סימן ב'. והאמת יורה דרכו שכוונת המדרש על פסוק [שלאחריו] (תהלים שם צ) לדר ודור אמונתך כוננת ארץ ותעמוד, ודורש פסוק ראשון על אברהם בשמים, ופסוק השני ביעקב בארץ, שאמר לו והיה זרעך כעפר הארץ. ותחלה אמר דרך כלל על אברהם, ואחר רד"ו שנה וכו' על יעקב, ואחר כך פירש את שניהם באריכות. כיצד בשעה וכו' על אברהם, עד וכן אתה מוצא ביעקב וכו' זרעך כעפר הארץ וגו', וכן אנכי ארד עמך וגו', שמעת ההורדה עד העלאה, רד"ו שנה, ומרומז במה שכתוב לדר ודר, ודר הוא רד"ו: **ביצד בשעה.** כמו שאמרו בראשית רבה פרשה מ"ד סימן י"ב, ושם נסמן:

חידושי הרד"ל

להשמידו ואתפלל גם בעד אהרן וגו'. ורצה לומר זהו שאמר כאן וזה הדבר אשר תעשה להם, שצוהו ה' על העתיד לדבר דברי תפלות ובקשות עבורם: [ה] **על שיגע בתורה.** כמו שכתוב (דברי הימים א ב, נה) משפחת סופרים יושבי יעבץ, וכמו שמבואר בתמורה (טז, ב) ובספרי בהעלותך, ובכמה מקומות: **בזכות התורה שהיה יגע.** בזכות זה הדבר זכו אשר תעשה להם כבוד זה:

באור מהרי"פ

[ה] **וזה הדבר הדא הוא דכתיב כבוד וגו'.** ונסמך על מה דכתיב בתריה ולקחת את הבגדים והלבשת וגו':

אמרי יושר

[ו] **שהבטיח הקדוש ברוך הוא דבר בשמים.** שאמר לו הבט נא השמימה וספור הכוכבים, אותו דבר הוא נצב, שלאחר מאתיים ועשר שנים שיצאו ישראל ממצרים נתקיים ויהי שם לגוי גדול, הייעוד שנתייעד לאברהם לך לך מארצך ואעשך לגוי גדול:

מסורת המדרש

ט. תנחומא כאן סימן ט' כל הענין:

אם למקרא

וְאַתָּה תָשׁוּב וְשָׁמַעְתָּ בְּקוֹל ה' וְעָשִׂיתָ אֶת־כָּל־מִצְוֹתָיו אֲשֶׁר אָנֹכִי מְצַוְּךָ הַיּוֹם:
(דברים ל:ח)

קְחוּ עִמָּכֶם דְּבָרִים וְשׁוּבוּ אֶל־ה' אִמְרוּ אֵלָיו כָּל־תִּשָּׂא עָוֺן וְקַח־טוֹב וּנְשַׁלְּמָה פָרִים שְׂפָתֵינוּ:
(הושע יד:ג)

וּבְאַהֲרֹן הִתְאַנַּף ה' מְאֹד לְהַשְׁמִידוֹ וָאֶתְפַּלֵּל גַּם־בְּעַד אַהֲרֹן בָּעֵת הַהִוא:
(דברים ט:כ)

כָּבוֹד חֲכָמִים יִנְחָלוּ וּכְסִילִים מֵרִים קָלוֹן:
(משלי ג:לה)

אָדָם שֵׁת אֱנוֹשׁ:
(דברי הימים-א א:א)

וַיְהִי יַעְבֵּץ נִכְבָּד מֵאֶחָיו וְאִמּוֹ קָרְאָה שְׁמוֹ יַעְבֵּץ לֵאמֹר כִּי יָלַדְתִּי בְּעֹצֶב:
(שם ד:ט)

תּוֹרַת אֱמֶת הָיְתָה בְּפִיהוּ וְעַוְלָה לֹא־נִמְצָא בִשְׂפָתָיו בְּשָׁלוֹם וּבְמִישׁוֹר הָלַךְ אִתִּי וְרַבִּים הֵשִׁיב מֵעָוֺן:
(מלאכי ב:ו)

לְעוֹלָם ה' דְּבָרְךָ נִצָּב בַּשָּׁמָיִם:
(תהלים קיט:פט)

ידי משה

כתיב אחריו ואתה תשוב ושמעת בקול ה', ועל כרחך קאי אתפלה, דאם אמצות, היה להתורה להתחיל בזה אם תשמע בקול ה' אז כל האלות וגו', ולמה שינה התורה סדר הלשון משאר דוכתיה, אלא להורות שקאי על התפלה, פירוש מדקאמר על שונאך אשר רדפוך, פירוש השונאים אשר ירדפוך במלחמה יבאו עליהם האלות, זה יהיה מכח ושמעת בקול, פירוש התפלה. וקל להבין: [ה] **על שיגע בתורה.** כי יעבץ היה עתניאל בן קנז (תמורה טז, א), וגבי יעבץ כתיב ויקרא יעבץ לאלהי ישראל בדברי הימים (א ד, י):

מתנות כהונה

אף כאן הוא אומר כו'. קרי ביה וזה הדיבור: [ו] **דבר בשמים.** כדמפרש ואזיל שהגביה לאברהם למעלה מן השמים: **ואחר רד"ו שנים באתה ההבטחה גרסינן. אחר רד"ו שנים.** ששהו במצרים אבל מעת ההבטחה היה ארבע מאות ושלשים שנה: **את הצדיק** גרסינן. רצה לומר אברהם:

אשד הנחלים

ובאהרן התאנף. וסופו ואתפלל גם בעד אהרן: [ה] **אין כבוד אלא תורה.** כלומר זהו הראוי לכבודו, ולכן מחשיבו ליעבץ מאד על יגיעתו בתורה, ולכן אהרן על ידי עמלו בתורה זכה לכל זה. וזהו הדבר, וכמו שאמרו לעיל (סימן ד) אין דברים אלא תורה, כלומר שלכן תעשה להם כל הכבוד הזה מפני זה הדבר, ומלת זה כמו זאת הסיבה שלכן תעשה להם: [ו] **אלא בשמים כו' מפני שהבטיח כו'.** הענין בכללו כי הטובות הטבעיות

מָה אָמַר הַקָּדוֹשׁ בָּרוּךְ הוּא לְמֹשֶׁה – And what did the Holy One, blessed is He, say to Moses? "וְעָשִׂיתָ בִגְדֵי קֹדֶשׁ לְאַהֲרֹן אָחִיךָ לְכָבוֹד וּלְתִפְאָרֶת" – ***You shall make vestments of sanctity for Aaron your brother, for honor and splendor*** (above, 28:2).[101] **וְכָל אֵלּוּ בִּזְכוּת הַתּוֹרָה שֶׁהָיָה יָגֵעַ בָּהּ – And all of these** vestments were **in the merit of the Torah that he toiled in. הֱוֵי "כָּבוֹד חֲכָמִים יִנְחָלוּ"** – **Thus is** stated, ***The wise inherit honor.***

§6 The Midrash offers yet another interpretation of the seemingly unnecessary words וְזֶה הַדָּבָר, *this is the matter*:[102]

דָּבָר אַחֵר, "וְזֶה הַדָּבָר" הָדָא הוּא דִכְתִיב "לְעוֹלָם ה' דְּבָרְךָ נִצָּב בַּשָּׁמָיִם" – Another interpretation: *This is the matter* – this is related to that **which is written, *Forever, HASHEM, Your word stands in the heavens*** (*Psalms* 119:89). **וְכִי אֵין דְּבָרוֹ שֶׁל הַקָּדוֹשׁ בָּרוּךְ הוּא נִצָּב בָּאָרֶץ אֶלָּא בַּשָּׁמַיִם** – Now, **does the word of the Holy One, blessed is He, not stand on the earth but** only **in the heavens?!** Certainly not! Why then does the verse state that God's word *stands in the heavens?*[103] **אָמַר רַבִּי חִזְקִיָּה בַּר חִיָּיא – R' Chizkiyah bar Chiya said: מִפְּנֵי שֶׁהִבְטִיחַ הַקָּדוֹשׁ בָּרוּךְ הוּא דָּבָר בַּשָּׁמַיִם – Because the Holy One, blessed is He, guaranteed something in the heavens** to the righteous Abraham,[104] **וְאַחַר רד"י שָׁנִים בָּאתָה הַהַבְטָחָה שֶׁהִבְטִיחַ הַקָּדוֹשׁ בָּרוּךְ הוּא אֶת הַצַּדִּיק – and after two hundred and ten years,** the fulfillment of **the guarantee that the Holy One, blessed is He, had made to the righteous one came about.**[105] **כֵּיצַד – How** is it that a guarantee was made *in the heavens?*[106] **בְּשָׁעָה שֶׁאָמַר הַקָּדוֹשׁ בָּרוּךְ הוּא לְאַבְרָהָם – At the time that the Holy One, blessed is He, said to Abraham,**

NOTES

101. In truth, Aaron wore the priestly vestments to show honor to God (compare above, 28:3). Our Midrash, however, sees in the fact that our verse includes the words לְאַהֲרֹן אָחִיךָ, *for Aaron your brother*, an indication that Aaron had personal merit that made him worthy of these clothes (*Yefeh To'ar*, followed in large part by *Eitz Yosef*).

102. *Yefeh To'ar*.

103. [Note that the Midrash presented one approach to this difficulty above, at the beginning of the chapter.]

104. As we will see presently, God lifted Abraham above the heavens (*Matnos Kehunah*, followed by *Eitz Yosef*) when He promised him that his offspring would be innumerable like the stars.

105. After 210 years of Egyptian enslavement — 430 years after the cited guarantee had been made (*Matnos Kehunah*, followed by *Eitz Yosef*) — at the time of the exodus from Egypt, the Jewish people was described (in *Deuteronomy* 1:10) as כְּכוֹכְבֵי הַשָּׁמַיִם לָרֹב, *like the stars of heaven in abundance* (*Eitz Yosef*, based on *Bamidbar Rabbah* 2 §12 and 23 §8). At that point the *word* God had stated to Abraham *in the heavens* was *standing* (*Imrei Yosher*).

The Midrash is weaving its interpretation into the words that follow the cited verse from *Psalms*, לְדֹר וָדֹר אֱמוּנָתֶךָ, lit., *Your faithfulness is from generation to generation* (*Psalms* 119:90). The Midrash is interpreting the word וָדֹר as cognate to רד"ו, *two hundred ten*, the amount of years after which God's *faithfulness* was demonstrated (*Eitz Yosef*, from *Toldos Noach*; see *Maharzu* for another approach).

[King David stressed that God fulfilled His guarantee to Abraham because that guarantee could have been nullified as a result of a sin that Abraham committed after it was made (compare *Berachos* 4a). God honored His guarantee due to Abraham's righteousness. The same holds true with respect to the Divine guarantees made to Jacob and Aaron that will be discussed below (*Yefeh To'ar*, see there for complete discussion).]

106. See *Eitz Yosef*, from *Toldos Noach*.

אֶלָּא מַה כְּתִיב אַחֲרָיו (שם שם ח) "וְאַתָּה תָשׁוּב וְשָׁמַעְתָּ בְּקוֹל ה' ", כְּשֵׁם שֶׁעָשָׂה מָרְדְּכַי, שֶׁנֶּאֱמַר (אסתר ו, יב) "וַיָּשָׁב מָרְדְּכַי אֶל שַׁעַר הַמֶּלֶךְ", שֶׁחָזַר לְשַׂקּוֹ וּלְתַעֲנִיתוֹ, לְכָךְ נֶאֱמַר (הושע יד, ג) "קְחוּ עִמָּכֶם דְּבָרִים", אַף כָּאן הוּא אוֹמֵר [כט, א] "וְזֶה הַדָּבָר" לְפִי שֶׁלֹּא הִתְרַצָּה הַקָּדוֹשׁ בָּרוּךְ הוּא לְאַהֲרֹן אֶלָּא עַל יְדֵי הַתְּפִלָּה, שֶׁנֶּאֱמַר (דברים ט, כ) "וּבְאַהֲרֹן הִתְאַנַּף ה' מְאֹד לְהַשְׁמִידוֹ":

ה דָּבָר אַחֵר, [כט, א] "וְזֶה הַדָּבָר", [ט]הָדָא הוּא דִכְתִיב (משלי ג, לה) "כָּבוֹד חֲכָמִים יִנְחָלוּ", אֵין כָּבוֹד אֶלָּא תוֹרָה, תֵּדַע לָךְ, מָה אָמַר בְּרֹאשׁ דִּבְרֵי הַיָּמִים, (דברי הימים-א א, א) "אָדָם שֵׁת אֱנוֹשׁ", וְכֵן כֻּלָּן, וְאֵין אַתָּה מוֹצֵא בְּאֶחָד מֵהֶם כָּבוֹד עַד שֶׁמַּגִּיעַ לְיַעְבֵּץ, שֶׁנֶּאֱמַר (שם ד, ט) "וַיְהִי יַעְבֵּץ נִכְבָּד מֵאֶחָיו", לָמָּה כָּתוּב בּוֹ כָּבוֹד, עַל שֶׁיָּגַע בַּתּוֹרָה, הֱוֵי "כָּבוֹד חֲכָמִים יִנְחָלוּ", וְכֵן אַתָּה מוֹצֵא בְּאַהֲרֹן, מַה כְּתִיב, (מלאכי ב, ו) "תּוֹרַת אֱמֶת הָיְתָה בְּפִיהוּ", מָה אָמַר הַקָּדוֹשׁ בָּרוּךְ הוּא לְמֹשֶׁה, [כח, ב] "וְעָשִׂיתָ בִגְדֵי קֹדֶשׁ לְאַהֲרֹן אָחִיךָ לְכָבוֹד וּלְתִפְאָרֶת", וְכָל אֵלּוּ בִּזְכוּת הַתּוֹרָה שֶׁהָיָה יָגֵעַ בָּהּ, הֱוֵי (משלי ג, לה) "כָּבוֹד חֲכָמִים יִנְחָלוּ":

ו דָּבָר אַחֵר, [כט, א] "וְזֶה הַדָּבָר", הָדָא הוּא דִכְתִיב (תהלים קיט, פט) "לְעוֹלָם ה' דְּבָרְךָ נִצָּב בַּשָּׁמָיִם", וְכִי אֵין דְּבָרוֹ שֶׁל הַקָּדוֹשׁ בָּרוּךְ הוּא נִצָּב בָּאָרֶץ אֶלָּא בַּשָּׁמַיִם, אָמַר רַבִּי חִזְקִיָּה בַּר חִיָּיא: מִפְּנֵי שֶׁהִבְטִיחַ הַקָּדוֹשׁ בָּרוּךְ הוּא דָּבָר בַּשָּׁמַיִם, וְאַחַר רד"ו שָׁנִים בָּאֲתָה הַהַבְטָחָה שֶׁהִבְטִיחַ הַקָּדוֹשׁ בָּרוּךְ הוּא אֶת הַצַּדִּיק, כֵּיצַד, בְּשָׁעָה שֶׁאָמַר הַקָּדוֹשׁ בָּרוּךְ הוּא לְאַבְרָהָם

עץ יוסף

מה כתיב אחריו ואתה תשוב. פירוש ואתה תשוב ותתפלל: **שחזר לשקו ולתעניתו.** עיין מה שכתבתי באסתר רבה על מאמר זה: **אלא על ידי תפלה.** ולא הספיק בתשובה מדאצטריך משה להתפלל בעדו: **שנאמר ובאהרן התאנף כו'.** וסיפיה דקרא ואתפלל גם בעד אהרן: (ה) [ו] **הדא הוא דכתיב כבוד חכמים ינחלו כו'.** דייק זה הדבר וגו', כלומר התורה שנקראת דבר כדלעיל, גרמה לו הכבוד הזה, והוא עשיית הבגדים לכבוד ולתפארת: **שנאמר ויהי יעבץ נכבד מאחיו.** כדאיתא לעיל פרשה א', יתרו שברח זכה וישבו בניו בלשכת הגזית, שנאמר (דברי הימים א ב, נה) ומשפחות סופרים יושבי יעבץ תרעתים שמעתים סוכתים המה הקינים הבאים מחמת אבי בית רכב וגו', ועיין שם מה שכתבתי: **תורת אמת היתה בפיהו.** ובאהרן מיירי כדלעיל פרשה ה' עיין שם: **מה אמר הקדוש ברוך הוא למשה ועשית כו'.** רוצה לומר שמאחר שה' אמר למשה ועשית בגדי קדש לאהרן אחיך, ולא אמר ועשית בגדי קדש כך וכך והלבשתם לאהרן, נראה שאהרן מצד עצמו ראוי אל הכבוד הזה, והענין שבזכות תורתו זכה למלבושים אלו, כאתן יכהן פאר וכבוד: (ו) [ז] **הדא הוא דכתיב לעולם ה' דברך נצב בשמים.** שקיים דברו לאהרן כדמסיים: **דבר בשמים.** כדמפרש שהגביה לאברהם למעלה מן השמים ואמר לו הבט נא השמימה וגו': **ואחר מאתיים ועשר שנה כו'.** סיפיה דקרא לדר ודר אמונתך, לשון רד"ו, שאחר רד"ו שנים נתאמת ההבטחה (תולדות נח): **ואחר רד"ו שנה ששהו במצרים.** אבל מעת ההבטחה היה ארבע מאות ושלשים שנה: **ואחר רד"ו שנה באתה אותה ההבטחה.** דהיינו ביציאת מצרים, דכתיב והנכם היום ככוכבי השמים לרוב: **את הצדיק.** אברהם אבינו: **כיצד בשעה כו'.** בעי לפרש אמר ר' חזקיה מפני שהבטיח דבר בשמים כו' (תולדות נח): **בשעה שאמר הקדוש ברוך הוא.** בשעה לאו דוקא, דדבר ה' אל אברם במחזה על כרחך אחר ביאת אברהם לארץ ישראל הרבה היה, ואחר שהרג את המלכים:

פירוש מהרז"ו

ואתה תשוב. מיותר, אחר שכתוב ומל גו' לאהבה את ה' אלקיך בכל לבבך וגו', על כן דורש ואתה תשוב לעשות כמו שעשית בהיות הקללות, על שהיית מתפלל תמיד כך תעשה אחר כך, כמו מרדכי: **קחו עמכם דברים.** על התפלה, כמו שכתוב (הושע יד, ג) אמרו אליו כל תשא עון וגו', דברי תשובה ותפלה ודוי, וכן וזה הדבר על התפלה, כמו שכתוב ובאהרן התאנף ה' מאד להשמידו, וסיפיה דקרא ואתפלל גם בעד אהרן, ועיין כל הענין מכילתא בשלח פסוק וייראו מאד ויצעקו בני ישראל, שמאריך שם בכיוצא בזה: (ה) **אין כבוד אלא תורה.** אבות (פרק ו', מ"ג), עיין תנחומא פרשה זו סימן ט באריכות, ועיין לעיל פרשה כ"ז ריש סימן ב: **נכבד מאחיו.** מדה ט"ז, וכמו שדרש בהדיא בתנחומא, וזה לשונו, ולמה כתוב בו כבוד, שהיה מקהיל קהלות ופירש טעמי תורה ברבים, שנאמר (דברי הימים א ב, נה) ומשפחת סופרים יושבי יעבץ וגו'. ועיין ספרי בהעלותך פסוק ויאמר משה לחובב. וכמו שדרשו מכילתא יתרו סוף פסוק ושפטו את העם בכל עת. ומה שכתוב (שם) תרעתים יושבי שער, הם הסנהדרין, שתער בלשון ארמי שער: **באחד מהם כבוד.** פירוש שבדברי הימים אין כתוב באחד מהם כבוד, אבל בתורה כתיב כבוד אצל אהרן. ובדברי הימים נזכר אהרן אחר יעבץ, כי יעבץ כתוב בדברי הימים א' ב', ושם ד' (פסוק ט - י), ואהרן, שם ה' (פסוק כט): **תורת אמת היתה בפיהו.** וסמוך ליה כי שפתי כהן ישמרו דעת וגו', היינו אהרן, ולכך כתוב אצלו לכבוד ולתפארת, וכן כבוד חכמים וגו', וזהו וזה הדבר היינו תורה, כמו שכתב לעיל ריש סימן ג', והוי"ו מוסיף על ענין כבוד של הבגדים הסמוכים להם למעלה: (ו) **הדא הוא דכתיב לעולם ה' דברך.** עיין כל זה במדבר רבה פרשה ב סימן י"ב, ועיין לעיל ריש סימן א: **מפני שהבטיח ה' דבר בשמים.** עיין מה שכתב בראשית רבה פרשה כ"ג ריש סימן ד, והיינו מה שכתוב הבט נא השמימה וספור הכוכבים, כמו שכתב בסמוך. ועיין עוד במדבר רבה ב' שם, דכאן חסר על תיבת דברך: **ואחר רד"ו שנה.** צריך עיון מה לחשבון של רד"ו שנה אצל אברהם, שיעקב אמר (בראשית מב, ב) רדו ושברו לנו, כמו שאמרו בראשית רבה פרשה צ"א סימן ב'. והאמת יורה דרכו שכוונת המדרש על פסוק [שלאחריו] (תהלים שם צ) לדר ודור אמונתך כוננת ארץ ותעמוד, ודורש פסוק ראשון על אברהם בשמים, ופסוק השני ביעקב בארץ, שאמר לו והיה זרעך כעפר הארץ. ותחלה אמר דרך כלל על אברהם, ואחר רד"ו שנה וכו' על יעקב, ואחר כך פירש את שניהם באריכות. כילד בשעה וכו' על אברהם, עד וכן אתה מוצא ביעקב וכו' זרעך כעפר הארץ וגו', וכן אנכי ארד עמך וגו', שמעת ההורדה עד העלאה, רד"ו שנה, ומרומז במה שכתוב לדר ודר, ודר הוא רד"ו: **כיצד בשעה.** כמו שאמרו בראשית רבה פרשה מ"ד סימן י"ב, ושם נסמן:

חידושי הרד"ל

להשמידו ואתפלל גם בעד אהרן וגו'. ורצה לומר זהו שאמר כאן וזה הדבר אשר תעשה להם, שאוהו ה' על העתיד לדבר דברי תפלות ובקשות עבורם: [ה] **על שיגע בתורה.** כמו שכתוב (דברי הימים א ב, נה) משפחת סופרים יושבי יעבץ, וכמו שמבואר בתמורה (טז, ב) ובספרי בהעלותך, וככמה מקומות: **בזכות התורה שהיה יגע.** בזכות זה הדבר זכו אשר תעשה להם כבוד זה:

באור מהרי"פ

[ה] **וזה הדבר הדא הוא דכתיב כבוד וגו'.** ונסמך על מה דכתיב בתריה ולקחת את הבגדים והלבשת וגו':

אמרי יושר

[ו] **שהבטיח הקדוש ברוך הוא דבר בשמים.** שאמר לו הבט נא השמימה וספור הכוכבים, אותו דבר הוא נצב, שלאחר מאתיים ועשר שנים שיצאו ישראל ממצרים נתקיים ויהי שם לגוי גדול, הייעוד שנתייעד לאברהם לך לך מארצך ואעשך לגוי גדול:

מסורת המדרש

ט. תנחומא כאן סימן ט' כל הענין:

אם למקרא

וְאַתָּה תָשׁוּב וְשָׁמַעְתָּ בְּקוֹל ה' וְעָשִׂיתָ אֶת־כָּל־מִצְוֹתָיו אֲשֶׁר אָנֹכִי מְצַוְּךָ הַיּוֹם: (דברים ל:ח)

קְחוּ עִמָּכֶם דְּבָרִים וְשׁוּבוּ אֶל־ה' אִמְרוּ אֵלָיו כָּל־תִּשָּׂא עָוֹן וְקַח־טוֹב וּנְשַׁלְּמָה פָרִים שְׂפָתֵינוּ: (הושע יד:ג)

וּבְאַהֲרֹן הִתְאַנַּף ה' מְאֹד לְהַשְׁמִידוֹ וָאֶתְפַּלֵּל גַּם־בְּעַד אַהֲרֹן בָּעֵת הַהִוא: (דברים ט:כ)

כָּבוֹד חֲכָמִים יִנְחָלוּ וּכְסִילִים מֵרִים קָלוֹן: (משלי ג:לה)

אָדָם שֵׁת אֱנוֹשׁ: (דברי הימים-א א:א)

וַיְהִי יַעְבֵּץ נִכְבָּד מֵאֶחָיו וְאִמּוֹ קָרְאָה שְׁמוֹ יַעְבֵּץ לֵאמֹר כִּי יָלַדְתִּי בְּעֹצֶב: (שם ד:ט)

תּוֹרַת אֱמֶת הָיְתָה בְּפִיהוּ וְעַוְלָה לֹא־נִמְצָא בִשְׂפָתָיו בְּשָׁלוֹם וּבְמִישׁוֹר הָלַךְ אִתִּי וְרַבִּים הֵשִׁיב מֵעָוֹן: (מלאכי ב:ו)

לְעוֹלָם ה' דְּבָרְךָ נִצָּב בַּשָּׁמָיִם: (תהלים קיט:פט)

ידי משה

כתיב אחריו ואתה תשוב ושמעת בקול ה', ועל כרחך קאי אתפלה, דאם אמצות, היה להתורה להתחיל בזה אם תשמע בקול ה' אז כל האלות וגו', ולמה שינה התורה סדר הלשון משאר דוכתיה, אלא להורות שקאי על התפלה, פירוש מדקאמר על שונאך אשר רדפוך, פירוש השונאים אשר ירדפוך במלחמה יבאו עליהם האלות, זה יהיה מכח ושמעת בקול, פירוש התפלה. וקל להבין: [ה] **על שיגע בתורה.** כי יעבץ היה עתניאל בן קנז (תמורה טז, א), וגבי יעבץ כתיב ויקרא יעבץ לאלהי ישראל בדברי הימים (א ד, י):

מתנות כהונה

אף כאן הוא אומר כו'. קרי ביה וזה הדיבור: [ו] **דבר בשמים.** כדמפרש ואזיל שהגביה לאברהם למעלה מן השמים: **ואחר רד"ו שנים באתה ההבטחה** גרסינן. **אחר רד"ו שנים.** ששהו במצרים אבל מעת ההבטחה היה ארבע מאות ושלשים שנה: **את הצדיק** גרסינן. רצה לומר אברהם:

אשד הנחלים

ובאהרן התאנף. וסופו ואתפלל גם בעד אהרן: [ה] **אין כבוד אלא תורה.** כלומר זהו הראוי לכבודו, ולכן מחשיבו ליעבץ מאד על יגיעתו בתורה, ולכן אהרן על ידי עמלו בתורה זכה לכל זה. וזהו הדבר, וכמו שאמרו לעיל (סימן ד) אין דברים אלא תורה, כלומר שלכן תעשה להם כל הכבוד הזה מפני זה הדבר, ומלת זה כמו זאת הסיבה שלכן תעשה להם: [ו] **אלא בשמים כו' מפני שהבטיח כו'.** הענין בכללו כי הטובות הטבעיות

"לֵךְ לְךָ מֵאַרְצְךָ וגו׳ וְאֶעֶשְׂךָ לְגוֹי גָּדוֹל" — ***"Go for yourself from your land, etc. And I will make of you a great nation;** I will bless you, etc."* (*Genesis* 12:1-3),[107] אָמַר לִפְנֵי הַקָּדוֹשׁ בָּרוּךְ הוּא — **[Abraham] said before the Holy One, blessed is He,** רִבּוֹנוֹ שֶׁל עוֹלָם, מַה הֲנָאָה יֵשׁ לִי בְּכָל הַבְּרָכוֹת הַלָּלוּ וַהֲרֵינִי הוֹלֵךְ מִן הָעוֹלָם בְּלֹא בָנִים — **"Master of the Universe, What benefit do I have in all of these blessings, if I am departing from the world without children?!"**[108] אָמַר לוֹ הַקָּדוֹשׁ בָּרוּךְ הוּא לְאַבְרָהָם — **The Holy One, blessed is He, responded to Abraham,** כְּבָר אַתָּה יוֹדֵעַ שֶׁאֵין אַתָּה מוֹלִיד — **"Do you already know that you will not beget children?"**[109] אָמַר לְפָנָיו: רִבּוֹנוֹ שֶׁל עוֹלָם כָּךְ אֲנִי רוֹאֶה בְּמַזָּל שֶׁלִּי שֶׁאֵינִי מוֹלִיד — **[Abraham] responded before Him, "Master of the Universe, so do I see in my** celestial **sign: that I will not beget children."** אָמַר לוֹ: מִן הַמַּזָּל אַתָּה מִתְיָרֵא — **[God] said to him, "Of a** celestial **sign you are afraid?!** חַיֶּיךָ כְּשֵׁם שֶׁאִי אֶפְשָׁר לְאָדָם לִמְנוֹת אֶת הַכּוֹכָבִים — I swear by **your life that just as it is impossible for a man to count the stars,** כָּךְ אִי אֶפְשָׁר לִמְנוֹת אֶת בָּנֶיךָ — **so will it be impossible to count your children!"**[110] אָמַר רַבִּי יְהוּדָה בַּר רַבִּי סִימוֹן בְּשֵׁם רַבִּי חָנִין — **R' Yehudah the son of R' Simone said in the name of R' Chanin:** בְּאוֹתָהּ שָׁעָה הֶעֱלָה הַקָּדוֹשׁ בָּרוּךְ הוּא אֶת אַבְרָהָם לְמַעְלָה מִכִּיפַּת הָרָקִיעַ — **At that time, the Holy One, blessed is He, raised Abraham above the dome of the sky,** וְאָמַר לוֹ: "הַבֶּט נָא הַשָּׁמַיְמָה וּסְפֹר הַכּוֹכָבִים אִם תּוּכַל לִסְפֹּר אֹתָם, וַיֹּאמֶר לוֹ כֹּה יִהְיֶה זַרְעֶךָ" — **and He said to him, *"Gaze, now, toward the Heavens, and count the stars if you are able to count them!" And He said to him, "So shall your offspring be!"*** (ibid. 15:5).[111] אָמַר לוֹ: כְּשֵׁם שֶׁאַתָּה רוֹאֶה אֶת אֵלּוּ וְאִי אַתָּה יָכוֹל לִמְנוֹתָם — With this **[God] said to [Abraham], "Just as you see these** stars **and you are unable to count them,** כָּךְ יִהְיֶה זַרְעֶךָ — **so will your offspring be** so numerous שֶׁאֵין אָדָם יָכוֹל לִמְנוֹתָם — **that no man will be able to count them."**[112] וְכֵן אַתָּה מוֹצֵא בְּיַעֲקֹב — **And so do you find regarding Jacob,** שֶׁהִבְטִיחוֹ הַקָּדוֹשׁ בָּרוּךְ הוּא וְאָמַר לוֹ "וְהָיָה זַרְעֲךָ כַּעֲפַר הָאָרֶץ" — **that the Holy One, blessed is He, guaranteed him and said to him, *"Your offspring shall be as the dust of the earth"*** (ibid. 28:14), וְכֵן "אָנֹכִי אֵרֵד עִמְּךָ מִצְרַיְמָה וְאָנֹכִי אַעַלְךָ גַם עָלֹה" — **and similarly,** He promised Jacob, ***"I shall descend with you to Egypt, and I shall also surely bring you up"*** (ibid. 46:4); וְקִיֵּים לוֹ הַקָּדוֹשׁ בָּרוּךְ הוּא — **and the Holy One, blessed is He, fulfilled** His guarantees **to [Jacob].** הֲוֵי, "לְעוֹלָם ה׳ דְּבָרְךָ נִצָּב בַּשָּׁמָיִם" — **Thus is** stated, ***Forever, HASHEM, Your word stands firm in the heavens.***[113]

The Midrash applies the above concept to our verse:

וְכֵן אַתָּה מוֹצֵא בְּאַהֲרֹן — **And so do you find regarding Aaron,** שֶׁהִבְטִיחוֹ הַקָּדוֹשׁ בָּרוּךְ הוּא לְמֹשֶׁה, וְאָמַר לוֹ "וְאַתָּה הַקְרֵב אֵלֶיךָ אֶת אַהֲרֹן אָחִיךָ" — **that the Holy One, blessed is He, guaranteed to Moses and said to him, *Now you, bring near to yourself Aaron your brother*** . . . *to minister to Me* (above, 28:1), וְקִיֵּים לוֹ הַקָּדוֹשׁ בָּרוּךְ הוּא — **and the Holy One, blessed is He, fulfilled** His guarantee **to [Aaron].** הֲוֵי "וְזֶה הַדָּבָר אֲשֶׁר תַּעֲשֶׂה לָהֶם" — **Thus is** stated, ***This is the matter that you shall do for them*** *to sanctify them to minister for Me.*[114]

§7 The Midrash comments on the commandment to sanctify specifically Aaron and his sons for the purpose of ministering for God:[115]

אָמַר רַבִּי חֲנִינָא: יָבֹא קָדוֹשׁ וְיִכָּנֵס לְקָדוֹשׁ וְיַקְרִיב לִפְנֵי קָדוֹשׁ וִיכַפֵּר עַל קְדוֹשִׁים — **R' Chanina said:** God said, **"A holy one should come and he should enter into holy and he should sacrifice before a Holy One and he should atone for holy ones."** The meaning of this cryptic statement is as follows:[116]

NOTES

107. The Midrash speaks non-literally when it says that the conversation to follow took place *at the time* that God spoke these words to Abraham. In fact, [God's response that will be cited as part of] the conversation took place many years later (*Eitz Yosef*).

108. Abraham expressed this sentiment in *Genesis* 15:2 (*Maharzu*).

Although God was informing Abraham in the cited passage that he would spawn a great nation, Abraham feared that his sins would render him ineligible for that blessing. [As will be taught presently,] Abraham believed that his celestial sign proved this (*Eitz Yosef*; compare *Berachos* 4a).

109. *Matnos Kehunah*, followed by *Eitz Yosef*.

110. God was telling Abraham not to fear the celestial sign for He could manipulate it as He desired (*Eitz Yosef*; compare *Shabbos* 156a-b).

111. *Bereishis Rabbah* 44 §12 adds that the term הַבֶּט, *gaze*, implies looking down from above (*Maharzu*, *Eitz Yosef*; also see *Matnos Kehunah*), thus suggesting that Abraham was above the stars when he was instructed to look at them.

God placed Abraham in this position to demonstrate that Abraham held dominion over the celestial signs (*Yefeh To'ar*; also see *Eitz Yosef*, who references *Bereishis Rabbah* 44 §12; for another approach see the Insight "The View From Outside" in our edition of *Bereishis Rabbah* ibid.).

112. See Insight Ⓐ.

113. King David said לְעוֹלָם, *Forever*, because he referred not only to the guarantee God made to Abraham *in the heavens*, but to all of God's guarantees to the Patriarchs (*Toldos Noach*, followed in part by *Eitz Yosef*; see *Maharzu* for another approach).

114. Above, the Midrash established from the *Psalms* verse that הַדָּבָר is associated with the idea that God fulfills guarantees He made to the righteous even if they later sinned. Here the Midrash is explaining that our verse employs that term because God fulfilled the guarantee He made regarding His choice of Aaron as Kohen even after Aaron's sin with the Golden Calf (*Yefeh To'ar,* at the beginning of the section, followed in part by *Eitz Yosef* there).

115. *Maharzu*. [For another approach see *Eitz Yosef*, from *Toldos Noach*.]

116. [*Matnos Kehnuah*, cited by *Radal*, references *Menachos* (53a-b),

INSIGHTS

Ⓐ **Innumerable** According to *Tiferes Tzion,* in the conversation related by our Midrash, God informed Abraham not only of the vast nation that he would engender but also of the reason He had seen fit for Abraham to be born under astrological conditions that pointed to the impossibility of his fathering children:

Had Abraham had a son in the typical manner, that son — and the people he would spawn — would have been affected by the particular sign under which he was born, thereby limiting his power and influence to those within the purview of that sign. Because God wished to avoid this, He lifted Abraham above the stars, and in so doing gave the people he would produce the power and influence shared collectively by all of the stars.

Technically speaking, the multitude of stars can be counted. Like all of creation, stars are finite. When the Sages state that *it is impossible for a man to count the stars* what they mean is that a single number cannot adequately depict the sum total of stars that grace the firmament. Every star is a world unto itself, with attributes that are unequaled in other stars; it is impossible to simply tally them up and present the stars as a single collective unit. One star plus one star does not equal two stars.

God told Abraham that the nation he would found, from a position that was beyond the domain of the celestial signs, would share this attribute with the stars. Every Jewish soul has roots, abilities, and a mission that differentiate it from all others. While census takers may succeed in counting Jews, the tally yielded by their efforts falls short of a true *count* of the Jewish people. In fact, the Torah mandates that Jews themselves never be counted, but rather that each Jew donate a single coin and the coins be counted (see below, 30:12). As with the stars, *it is impossible* for a single figure to accurately represent the sum total of Jewish individuals.

(בראשית יב, א-ב) "לֶךְ לְךָ מֵאַרְצְךָ וְגוֹ' וְאֶעֶשְׂךָ לְגוֹי גָּדוֹל", אָמַר לִפְנֵי הַקָּדוֹשׁ בָּרוּךְ הוּא: רִבּוֹנוֹ שֶׁל עוֹלָם, מָה הֲנָאָה יֵשׁ לִי בְּכָל הַבְּרָכוֹת הַלָּלוּ, וַהֲרֵינִי הוֹלֵךְ מִן הָעוֹלָם בְּלֹא בָנִים, אָמַר לוֹ הַקָּדוֹשׁ בָּרוּךְ הוּא לְאַבְרָהָם: יכְּבָר אַתָּה יוֹדֵעַ שֶׁאֵין אַתָּה מוֹלִיד, אָמַר לְפָנָיו: רִבּוֹנוֹ שֶׁל עוֹלָם כָּךְ אֲנִי רוֹאֶה בַּמַּזָּל שֶׁלִּי שֶׁאֵינִי מוֹלִיד, אָמַר לוֹ: מִן הַמַּזָּל אַתָּה מִתְיָרֵא, חַיֶּיךָ כְּשֵׁם שֶׁאִי אֶפְשָׁר לְאָדָם לִמְנוֹת אֶת הַכּוֹכָבִים כָּךְ אִי אֶפְשָׁר לִמְנוֹת אֶת בָּנֶיךָ, אָמַר רַבִּי יְהוּדָה בַּר רַבִּי סִימוֹן בְּשֵׁם רַבִּי חָנִין: יאבְּאוֹתָהּ שָׁעָה הֶעֱלָה הַקָּדוֹשׁ בָּרוּךְ הוּא אֶת אַבְרָהָם לְמַעְלָה מִכִּיפַּת הָרָקִיעַ וְאָמַר לוֹ: (שם טו, ה) "הַבֶּט נָא הַשָּׁמַיְמָה וּסְפֹר הַכּוֹכָבִים אִם תּוּכַל לִסְפֹּר אֹתָם, וַיֹּאמֶר לוֹ כֹּה יִהְיֶה זַרְעֶךָ", אָמַר לוֹ: כְּשֵׁם שֶׁאַתָּה רוֹאֶה אֶת אֵלּוּ וְאִי אַתָּה יָכוֹל לִמְנוֹתָם כָּךְ יִהְיֶה זַרְעֲךָ שֶׁאֵין אָדָם יָכוֹל לִמְנוֹתָם, וְכֵן אַתָּה מוֹצֵא בְּיַעֲקֹב שֶׁהִבְטִיחוֹ הַקָּדוֹשׁ בָּרוּךְ הוּא וְאָמַר לוֹ (שם כח, יד) "וְהָיָה זַרְעֲךָ כַּעֲפַר הָאָרֶץ", וְכֵן (שם מו, ד) "אָנֹכִי אֵרֵד עִמְּךָ מִצְרַיְמָה וְאָנֹכִי אַעַלְךָ גַם עָלֹה", וְקִיֵּם לוֹ הַקָּדוֹשׁ בָּרוּךְ הוּא, הֱוֵי, (תהלים קיט, פט) "לְעוֹלָם ה' דְּבָרְךָ נִצָּב בַּשָּׁמָיִם", וְכֵן אַתָּה מוֹצֵא בְּאַהֲרֹן שֶׁהִבְטִיחוֹ הַקָּדוֹשׁ בָּרוּךְ הוּא לְמֹשֶׁה, וְאָמַר לוֹ [כח, א] "וְאַתָּה הַקְרֵב אֵלֶיךָ אֶת אַהֲרֹן אָחִיךָ", וְקִיֵּם לוֹ הַקָּדוֹשׁ בָּרוּךְ הוּא, הֱוֵי [כט, א] "וְזֶה הַדָּבָר אֲשֶׁר תַּעֲשֶׂה לָהֶם":

ז אָמַר רַבִּי חֲנִינָא: יָבֹא קָדוֹשׁ וְיִכָּנֵס לְקָדוֹשׁ וְיַקְרִיב לִפְנֵי קָדוֹשׁ וִיכַפֵּר עַל קְדוֹשִׁים, יָבֹא קָדוֹשׁ, זֶה אַהֲרֹן שֶׁנֶּאֱמַר (תהלים קו, טז) "לְאַהֲרֹן קְדוֹשׁ ה' ", וְיִכָּנֵס לְקָדוֹשׁ, זֶה מִקְדָּשׁ שֶׁנֶּאֱמַר (שמות טו, יז) "מִקְדָּשׁ ה' כּוֹנְנוּ יָדֶיךָ", וְיַקְרִיב לִפְנֵי קָדוֹשׁ, זֶה הַקָּדוֹשׁ בָּרוּךְ הוּא שֶׁנֶּאֱמַר (ויקרא יט, ב) "כִּי קָדוֹשׁ אֲנִי ה' ", וִיכַפֵּר עַל קְדוֹשִׁים, אֵלּוּ יִשְׂרָאֵל שֶׁנֶּאֱמַר (שם) "קְדֹשִׁים תִּהְיוּ". [כט, א] "לְקַח פַּר אֶחָד בֶּן בָּקָר", אָמַר רַבִּי פִּנְחָס הַכֹּהֵן בַּר חָמָא: הֲדָא הוּא דִכְתִיב (ישעיה מו, י) "מַגִּיד מֵרֵאשִׁית אַחֲרִית", [כט, א] "פַּר אֶחָד" זֶה אַהֲרֹן, [שם] "וְאֵילִים שְׁנַיִם" זֶה אֶלְעָזָר וְאִיתָמָר, רֶמֶז נָתַן לוֹ שֶׁשְּׁנֵי בָנָיו עֲתִידִין לָמוּת וְאֵינָן מְשַׁמְּשִׁין אֶלָּא שְׁנַיִם:

ח דָּבָר אַחֵר, [כט, א] "וְזֶה הַדָּבָר", בְּאֵי זֶה זְכוּת הָיָה אַהֲרֹן נִכְנָס לְבֵית קָדְשֵׁי הַקֳּדָשִׁים, אָמַר רַבִּי חֲנִינָא בְּנוֹ שֶׁל רַבִּי יִשְׁמָעֵאל: יבזְכוּת הַמִּילָה הָיְתָה נִכְנֶסֶת עִמּוֹ,

עץ יוסף

מה הנאה יש לי בכל הברכות הללו כו'. ואף שבכלל הברכות נאמר לו ואעשך לגוי גדול, והרי הבטיחו בבנים, מכל מקום היה ירא שמא יגרום החטא, לבטל הברכה מחמת שראה במזלו שאינו מוליד: **כבר אתה יודע כו'.** בתמיה: **כך אי אפשר למנות בניך.** ולא תחוש למזלך כי אל כל אשר אחפוץ אטנו: **למעלה מכפת הרקיע.** וכדאיתא בבראשית רבה פרשה מ"ד שאמר ליה עד דסנדלא ברגליך דרוש כוכא כו', וגירסת האלשיך דרוס כוכבית. ופירושו שהוא שאמר ליה הקדוש ברוך הוא שהוא שודד המזל המתחייב שלא יוליד, ואמר ליה כה יהיה זרעך מושלים על הכוכבים: **ואמר ליה הבט.** דהיינו מלמעלה למטה, כדאיתא בבראשית רבה פרשה מ"ד: **הוי לעולם ה' דברך נצב בשמים.** רוצה לומר דלא קאי אהבטחת אברהם לחוד, אלא אכל הבטחות שהבטיח הקדוש ברוך הוא לאבות ישראל, כולם קיים בהם (תולדות נח): (ז) [ח] **יבא קדוש כו',** דריש וזה אשר תעשה להם לקדש אותם, שהיא נתינת טעם לקדושתם, בשביל שיבא קדוש לקודש, שיהא אהרן קדוש שיבא לקודש (תולדות נח): [ט] **מגיד מראשית אחרית.** אחרית כלומר שהקדוש ברוך הוא צופה עתידות ודבריו רומזים לעתיד: **פר אחד זה אהרן כו'.** שלכן היה פר אחד לכפר על העגל שעשה כדלעיל, ואילים שנים, לכפר על בניו שלא יסופו בחטאו, ולא היו פרים ממש, כי לא חטאו הם כמוהו בעגל: (ח) [י] **דבר אחר וזה הדבר.** כדמסיק דרמיז לזכות שתים עשרה שבטים, כלומר כי זכות שתים עשרה הוא הדבר והסיבה המגינה עליו: **באיזה זכות היה אהרן נכנס לבית קדש קדשים.** לכפר על בני ישראל, כלומר מהו הזכות שתעמוד לישראל שיוכל הוא לכפר בעדם אפילו יהיו חוטאים, בזכות הברית,

פירוש מהרז"ו

מה הנייה יש לי. כמו שכתוב (בראשית טו, ב) מה תתן לי ואנכי הולך ערירי: **כך אני רואה.** דורש כן ממה שכתוב כי אם בנך וגו' ויוצא אותו החוצה וגו', למה הוצרך להוציאו החוצה, אלא שאחר שאמר לו כי אם בנך וגו', טען שאני רואה במזל שאיני מוליד, והוצרך להוציאו למטלה מן המזל, על פי מדה ט': **הבט נא השמימה.** ואין הבטה אלא מלמעלה למטה, שם בבראשית רבה, ובמדבר רבה ב', שם הגירסא מן אותו המזל שאתה רואה שאין אתה מוליד, מן אותו המזל אני מראה לך שאתה מוליד, כמו שאמרו שבת (דף קנ"ו, א): **הוי לעולם ה' דברך נצב.** בשמים, על אברהם, לדר ודר אמונתך כוננת ארץ ותעמוד, על יעקב, ועל שעיקר השייך כאן הוא פסוק לעולם ה' וגו', על כן לא הזכיר פסוק ב': **וכן אתה מוצא באהרן.** דוק היטב בסימן א ותבין כאן: (ז) **יבא קדוש.** דורש מה שכתוב וזה הדבר וגו' לקדש אותם לכהן לי, על שאני קדוש וכו': **לאהרן קדוש ה'.** תהלים ק"ו ט"ז, גם בתורה בסדר קרח קורא לאהרן (במדבר טז, ה) ואת הקדוש, אלא דבתהלים מפורש יותר: **זה מקדש.** על שם הקדושה שבו: **קדושים תהיו.** וכן קיימו, וכמו שכתוב דברים ז' ו', כי עם קדוש אתה, וכדומה. ודרש זו על פי מדת ממעל: **פר אחד זה אהרן.** נותן טעם למה צוה להקריב מספר זה, כי באו לכפר על מעשה העגל, כמו שדרש לעיל ריש סימן ג, לכפר על מה שעתיד, עיין מה שכתבתי שם, ומה שאמר וזה הדבר, על תפלת משה על אהרן ובניו, כמו שאמר סוף סימן ד', עיין מה שכתבתי שם, ובא לרמז מה שפעל בתפלתו: (ח) **באיזה זכות.** והכוונה ביום הכפורים: **זכות המילה.** פסיקתא סוף פרשה מ"ז, ויקרא רבה פרשה כ"ד סוף סימן ב':

חידושי הרד"ל

[ז] **במתנות כהונה ד"ה יבוא קודש כו'.** מנחות (נג, ב): **שנאמר לאהרן קדוש ה'.** (תהלים קו טז): **באיזו זכות אהרן יכנס כו'.** ויקרא רבה פרשה כא י, ועיין פסיקתא דיום הכפורים:

באור מהרי"פ

[ח] **דבר אחר וזה הדבר וכו' בזכות המילה.** ולקמן בסמוך מביא בזאת יבא אהרן בזכות המילה. אולי וזה וזאת בענין הדרש חדא הוא, ועיין ויקרא רבה פרשה כ"א (סימן ה) שם מביא שנכנס בחבילות מצות עיין שם:

אמרי יושר

[ח] **זכות המילה היתה נכנסת עמו.** כי לאברהם נתגלתה שכינה ובאת אליו, וכן אהרן בבאו אל הקדש פנימה למקום השכינה בזכות המילה, כמה דאת אמר וזה הדבר אשר מל יהושע:

מסורת המדרש

י. עיין שבת דף קנ"ו. נדרים דף ל"ב:
יא. בראשית רבה פרשה מ"ד ופרשה מ"ח. במדבר רבה פרשה ב'. תנחומא סדר חיי שרה סימן ו' וסדר שופטים סימן י"א. ילקוט סדר לך לך רמז ע"ו:
יב. ויקרא רבה פרשה כ"א. פסיקתא רבתי סוף פיסקא מ"ז. פסיקתא דרב כהנא פיסקא כ"ז:

אם למקרא

וַיֹּאמֶר ה' אֶל־אַבְרָם לֶךְ־לְךָ מֵאַרְצְךָ וּמִמּוֹלַדְתְּךָ וּמִבֵּית אָבִיךָ אֶל־הָאָרֶץ אֲשֶׁר אַרְאֶךָּ: וְאֶעֶשְׂךָ לְגוֹי גָּדוֹל וַאֲבָרֶכְךָ וַאֲגַדְּלָה שְׁמֶךָ וֶהְיֵה בְּרָכָה:
(בראשית יב:א-ב)

וַיּוֹצֵא אֹתוֹ הַחוּצָה וַיֹּאמֶר הַבֶּט־נָא הַשָּׁמַיְמָה וּסְפֹר הַכּוֹכָבִים אִם־תּוּכַל לִסְפֹּר אֹתָם וַיֹּאמֶר לוֹ כֹּה יִהְיֶה זַרְעֶךָ:
(שם טו:ה)

וְהָיָה זַרְעֲךָ כַּעֲפַר הָאָרֶץ וּפָרַצְתָּ יָמָּה וָקֵדְמָה וְצָפֹנָה וָנֶגְבָּה וְנִבְרְכוּ בְךָ כָּל־מִשְׁפְּחֹת הָאֲדָמָה וּבְזַרְעֶךָ:
(שם כח:יד)

אָנֹכִי אֵרֵד עִמְּךָ מִצְרַיְמָה וְאָנֹכִי אַעַלְךָ גַם־עָלֹה וְיוֹסֵף יָשִׁית יָדוֹ עַל־עֵינֶיךָ:
(שם מו:ד)

וַיְקַנְאוּ לְמֹשֶׁה בַּמַּחֲנֶה לְאַהֲרֹן קְדוֹשׁ ה':
(תהלים קו:טז)

תְּבִאֵמוֹ וְתִטָּעֵמוֹ בְּהַר נַחֲלָתְךָ מָכוֹן לְשִׁבְתְּךָ פָּעַלְתָּ ה' מִקְּדָשׁ אֲדֹנָי כּוֹנְנוּ יָדֶיךָ:
(שמות טו:יז)

דַּבֵּר אֶל־כָּל־עֲדַת בְּנֵי־יִשְׂרָאֵל וְאָמַרְתָּ אֲלֵהֶם קְדֹשִׁים תִּהְיוּ כִּי קָדוֹשׁ אֲנִי ה' אֱלֹהֵיכֶם:
(ויקרא יט:ב)

מַגִּיד מֵרֵאשִׁית אַחֲרִית וּמִקֶּדֶם אֲשֶׁר לֹא־נַעֲשׂוּ אֹמֵר עֲצָתִי תָקוּם וְכָל־חֶפְצִי אֶעֱשֶׂה:
(ישעיה מו:י)

מתנות כהונה

כבר את יודע וכו'. בתמיה: **הבט נא.** ואין אומרים הבט אלא מלמעלה למטה: [ז] **יבא קדוש.** עיין עוד במסכת מנחות:

אשד הנחלים

אינן קיימות, ואפשר להם להתבטל ולהתהפך מטוב לרע מהר, אבל הבטחות השמיימיות נעלה מדרך הטבע היא, נצבת לעולם: **שהעלהו למעלה מכפת הרקיע.** כלומר הגביהו במעלה נעלה מהטבע המוסד על פי מזל הכוכבים, וזה הראה לו במראה הנבואה שהוא למעלה מהם: **וכן אתה מוצא באהרן.** כלומר שלכן קרא בלשון עשייה, כי נתקן ונשלם הדבר באמת: [ז] **יבוא קדוש.** מבאר בזה לשון אשר תעשה להם, כי להם הוא ראוי ההקרבה, כי הם קדושים במעלה מאד כשם קדוש, שביאורו נבדל ונפרש מזולתו, וכן ישראל היו במעלתם מיתר העובדי כוכבים, ולמי להקדוש ברוך הוא, ובאיזה מקום בבית המקדש, ולכן רק להם הם ראוים: **מגיד מראשית.** שציוה על הקרבנות רק שנים, על שני בניו, מפני שצפה שרק שני בניו יחיו, והם יהיו הכהנים לבד, ולכן לא ציוה רק על השנים: [ח] **זכות הברית.** כי רק בזאת יוכל לבוא למקום קדוש, כמו שנודע שאי

"יָבֹא קָדוֹשׁ, זֶה אַהֲרֹן, שֶׁנֶּאֱמַר "לְאַהֲרֹן קְדוֹשׁ ה׳" – "A holy one should come" – this is Aaron, as is stated, ***Of Aaron, HASHEM's holy one*** (*Psalms* 106:16); **וְיִכָּנֵס לְקָדוֹשׁ, זֶה מִקְדָּשׁ, שֶׁנֶּאֱמַר "מִקְּדָשׁ ה׳ כּוֹנְנוּ יָדֶיךָ" – "and he should enter into holy" – this is the Temple, as is stated,** ***The Holy Temple, my Lord, that Your hands established*** (above, 15:17); **וְיַקְרִיב לִפְנֵי קָדוֹשׁ, זֶה הַקָּדוֹשׁ בָּרוּךְ הוּא, שֶׁנֶּאֱמַר "כִּי קָדוֹשׁ אֲנִי ה׳" – "and he should offer before a Holy One" – this is the Holy One, blessed is He, as is stated,** ***For holy am I, HASHEM,*** *your God* (*Leviticus* 19:2); **וִיכַפֵּר עַל קְדוֹשִׁים, אֵלּוּ יִשְׂרָאֵל, שֶׁנֶּאֱמַר "קְדֹשִׁים תִּהְיוּ" – "and he should atone for holy ones" – these are** the people of **Israel, as is stated,** *Speak to the entire assembly of the Children of Israel and say to them,* ***You shall be holy*** (ibid.).[117]

□ **לְקַח פַּר אֶחָד בֶּן בָּקָר** – *TAKE ONE YOUNG BULL AND TWO RAMS.*

The Midrash will explain why these offerings were commanded in these quantities:[118]

אָמַר רַבִּי פִּנְחָס הַכֹּהֵן בַּר חָמָא – R' Pinchas the Kohen, the son of Chama, said: הָדָא הוּא דִכְתִיב "מַגִּיד מֵרֵאשִׁית אַחֲרִית" – This is related to that **which is written,** ***From the beginning I foretell the outcome*** (*Isaiah* 46:10).[119] **"פַּר אֶחָד" זֶה אַהֲרֹן, "וְאֵילִים שְׁנַיִם" זֶה אֶלְעָזָר וְאִיתָמָר –** ***One young bull*** **– this is** in correspondence to **Aaron,** ***and two rams*** **– this is** in correspondence to **Elazar and Ithamar.**[120] **רֶמֶז נָתַן לוֹ שֶׁשְּׁנֵי בָנָיו עֲתִידִין לָמוּת, וְאֵינָן מְשַׁמְּשִׁין אֶלָּא שְׁנַיִם** – Thus, **[God] gave a hint to [Aaron] that his two sons were destined to die and only two** of his sons **would serve** as Kohanim.[121]

§8 The Midrash introduces a discussion that will yield another explanation of the seemingly superfluous words וְזֶה הַדָּבָר, *this is the matter:*[122]

דָּבָר אַחֵר, "וְזֶה הַדָּבָר" – Another interpretation: ***This is the matter*** **– בְּאֵי זֶה זְכוּת הָיָה אַהֲרֹן נִכְנָס לְבֵית קָדְשֵׁי הַקֳּדָשִׁים – with what merit would Aaron enter into the Holy of Holies?**[123] **אָמַר רַבִּי חֲנִינָא בְּנוֹ שֶׁל רַבִּי יִשְׁמָעֵאל – R' Chanina the son R' Yishmael said: זְכוּת הַמִּילָה הָיְתָה נִכְנֶסֶת עִמּוֹ – The merit of circumcision would enter with him,**[124]

NOTES

where the Sages make a number of similar statements. *Yefeh To'ar* offers a lengthy explanation for why the Sages of the Gemara did not mention this statement there.]

117. The Midrash is teaching that God chose each of the components of the Temple/Tabernacle service because of the inherent holiness that it shared with Him. Aaron was the ideal agent of the service, the Temple was the ideal location for the service, and the Jews were the ideal nation to offer the service (*Yefeh To'ar*).

118. *Yefeh To'ar, Maharzu.*

This commandment is anomalous, for nowhere else are more rams offered than bulls (*Yefeh To'ar*, see there for discussion).

119. In other words, God foresees the future and hints at what it holds (*Eitz Yosef*).

120. As we have learned above (at note 23) Aaron was to offer specifically a *young bull* in order to achieve atonement for his role in the sin of the Golden Calf [since a *bull* is related to a *calf*]. Here the Midrash is teaching that the *two rams* of our verse served to spare Elazar and Ithamar from perishing as a consequence of that sin. It was unnecessary for these offerings to be bovine, as Elazar and Ithamar had not actually sinned (*Eitz Yosef*; also see *Maharzu*).

121. This was alluded to by the fact that only two offerings were brought to atone for Aaron's sons, despite his having had four sons (*Yefeh To'ar*).

122. *Yefeh To'ar*; also see *Maharzu*.

123. In other words, what merit would stand by the Jewish people that would allow Aaron to achieve atonement for them in the Holy of Holies in spite of their sins? (*Eitz Yosef*). [The Kohen Gadol would enter the Holy of Holies annually, on Yom Kippur (see *Maharzu*).]

124. Circumcision is a sign of holiness upon the Jews' flesh that sets them apart from the nations and designates them as God's servants. It is only to be expected that God would rescue His servants [by absolving them of their sins] (*Eitz Yosef*; see *Maharzu* and Insight Ⓐ for additional approaches).

INSIGHTS

Ⓐ **With the Merit of Circumcision** According to most commentators, our Midrash's question about Aaron's entry into the Holy of Holies relates not to the entry per se but to what he accomplished there: atonement for Israel's sins. *Maharal* (*Ner Mitzvah* II, pp. 87-90), however, takes the Midrash's words quite literally and explains that the Midrash wonders how the Kohen Gadol can venture at all into the Temple's awesome inner sanctum.

Holiness, he explains, is the state of separation from materiality — from the body and its drives and from the forces of nature, both key features of the physical world. As the holiest location on earth, the Holy of Holies epitomizes that separation; it is a world apart, a heavenly outpost on earth. What merit, then, could possibly allow the Kohen Gadol, a physical human being anchored in the material world, to enter a place of such sublime sanctity?

One answer is the merit of circumcision. This mitzvah lifts the body out of its natural state — in which it is contaminated by the foreskin — and raises those who bear its seal above the physical world and the forces of nature. That is why it is performed on the eighth day of one's life. Whereas the number seven represents the physical world, created as it was in seven days, the number eight represents the realm beyond that world, a realm unvulgarized by materiality and unfettered by natural laws.

This dichotomy between the spheres of seven and eight is reflected in the layout of the Tabernacle (and Temple), that Divinely established microcosm of the universe. The area known as the Holy, which corresponds to our earthly world, housed the Menorah with its seven lamps; while the Holy of Holies, symbol of the celestial world, harbored the purely spiritual and intellectual Torah, which was given at Sinai in the eighth week after the Exodus (on the fiftieth day, after seven weeks of preparation).

On Yom Kippur, when the sublime nature of the day and the restrictions of the fast loosen the body's grip upon the soul, the Kohen Gadol is able to tap into the circumcised Jew's power of transcendence and lift himself into the sphere of eight: the same sphere occupied by the Holy of Holies.

[In further consonance with these ideas, the Kohen Gadol, once inside the inner sanctum, sprinkles the sacrificial blood eight times in the direction of the Ark: once upward, corresponding to the heavenly world, and seven times downward, corresponding to this world.]

Interestingly, a parallel Midrash (*Vayikra Rabbah* 21 §6) records an opinion that Aaron's entry into the Holy of Holies was facilitated by the merit of Torah. That approach, too, *Maharal* explains in light of the foregoing: As the representative of the people of the Torah, the Kohen Gadol was carried into the sphere of eight by the Torah's own connection to that sacred sphere.

ז (בראשית יב, א-ב) **"לֶךְ לְךָ מֵאַרְצְךָ וְגוֹ' וְאֶעֶשְׂךָ לְגוֹי גָּדוֹל", אָמַר לִפְנֵי הַקָּדוֹשׁ בָּרוּךְ הוּא: רִבּוֹנוֹ שֶׁל עוֹלָם, מָה הֲנָאָה יֵשׁ לִי בְּכָל הַבְּרָכוֹת הַלָּלוּ, וַהֲרֵינִי הוֹלֵךְ מִן הָעוֹלָם בְּלֹא בָנִים, אָמַר לוֹ הַקָּדוֹשׁ בָּרוּךְ הוּא לְאַבְרָהָם: [י]כְּבָר אַתָּה יוֹדֵעַ שֶׁאֵין אַתָּה מוֹלִיד, אָמַר לְפָנָיו: רִבּוֹנוֹ שֶׁל עוֹלָם כָּךְ אֲנִי רוֹאֶה בַּמַּזָּל שֶׁלִּי שֶׁאֵינִי מוֹלִיד, אָמַר לוֹ: מִן הַמַּזָּל אַתָּה מִתְיָירֵא, חַיֶּיךָ כְּשֵׁם שֶׁאִי אֶפְשָׁר לְאָדָם לִמְנוֹת אֶת הַכּוֹכָבִים כָּךְ אִי אֶפְשָׁר לִמְנוֹת אֶת בָּנֶיךָ, אָמַר רַבִּי יְהוּדָה בַּר רַבִּי סִימוֹן בְּשֵׁם רַבִּי חָנִין: [יא]בְּאוֹתָהּ שָׁעָה הֶעֱלָה הַקָּדוֹשׁ בָּרוּךְ הוּא אֶת אַבְרָהָם לְמַעְלָה מִכִּפַּת הָרָקִיעַ וְאָמַר לוֹ:** (שם טו, ה) **"הַבֶּט נָא הַשָּׁמַיְמָה וּסְפֹר הַכּוֹכָבִים אִם תּוּכַל לִסְפֹּר אֹתָם, וַיֹּאמֶר לוֹ כֹּה יִהְיֶה זַרְעֶךָ", אָמַר לוֹ: כְּשֵׁם שֶׁאַתָּה רוֹאֶה אֶת אֵלּוּ וְאִי אַתָּה יָכוֹל לִמְנוֹתָם כָּךְ יִהְיֶה זַרְעֲךָ שֶׁאֵין אָדָם יָכוֹל לִמְנוֹתָם, וְכֵן אַתָּה מוֹצֵא בְּיַעֲקֹב שֶׁהִבְטִיחוֹ הַקָּדוֹשׁ בָּרוּךְ הוּא וְאָמַר לוֹ** (שם כח, יד) **"וְהָיָה זַרְעֲךָ כַּעֲפַר הָאָרֶץ", וְכֵן** (שם מו, ד) **"אָנֹכִי אֵרֵד עִמְּךָ מִצְרַיְמָה וְאָנֹכִי אַעַלְךָ גַם עָלֹה", וְקִיֵּים לוֹ הַקָּדוֹשׁ בָּרוּךְ הוּא, הֱוֵי,** (תהלים קיט, פט) **"לְעוֹלָם ה' דְּבָרְךָ נִצָּב בַּשָּׁמָיִם", וְכֵן אַתָּה מוֹצֵא בְּאַהֲרֹן שֶׁהִבְטִיחוֹ הַקָּדוֹשׁ בָּרוּךְ הוּא לְמֹשֶׁה, וְאָמַר לוֹ** [כח, א] **"וְאַתָּה הַקְרֵב אֵלֶיךָ אֶת אַהֲרֹן אָחִיךָ", וְקִיֵּים לוֹ הַקָּדוֹשׁ בָּרוּךְ הוּא, הֱוֵי** [כט, א] **"וְזֶה הַדָּבָר אֲשֶׁר תַּעֲשֶׂה לָהֶם":**

ז אָמַר רַבִּי חֲנִינָא: יָבֹא קָדוֹשׁ וְיִכָּנֵס לְקָדוֹשׁ וְיַקְרִיב לִפְנֵי קָדוֹשׁ וִיכַפֵּר עַל קְדוֹשִׁים, יָבֹא קָדוֹשׁ, זֶה אַהֲרֹן שֶׁנֶּאֱמַר (תהלים קו, טז) **"לְאַהֲרֹן קְדוֹשׁ ה'", וְיִכָּנֵס לְקָדוֹשׁ, זֶה מִקְדָּשׁ שֶׁנֶּאֱמַר** (שמות טו, יז) **"מִקְּדָשׁ ה' כּוֹנְנוּ יָדֶיךָ", וְיַקְרִיב לִפְנֵי קָדוֹשׁ, זֶה הַקָּדוֹשׁ בָּרוּךְ הוּא שֶׁנֶּאֱמַר** (ויקרא יט, ב) **"כִּי קָדוֹשׁ אֲנִי ה'", וִיכַפֵּר עַל קְדוֹשִׁים, אֵלּוּ יִשְׂרָאֵל שֶׁנֶּאֱמַר** (שם) **"קְדֹשִׁים תִּהְיוּ".** [כט, א] **"לְקַח פַּר אֶחָד בֶּן בָּקָר", אָמַר רַבִּי פִּנְחָס הַכֹּהֵן בַּר חָמָא: הָדָא הוּא דִכְתִיב** (ישעיה מו, י) **"מַגִּיד מֵרֵאשִׁית אַחֲרִית",** [כט, א] **"פַּר אֶחָד" זֶה אַהֲרֹן,** [שם] **"וְאֵילִים שְׁנַיִם" זֶה אֶלְעָזָר וְאִיתָמָר, רֶמֶז נָתַן לוֹ שֶׁשְּׁנֵי בָנָיו עֲתִידִין לָמוּת וְאֵינָן מְשַׁמְּשִׁין אֶלָּא שְׁנַיִם:**

ח דָּבָר אַחֵר, [כט, א] **"וְזֶה הַדָּבָר", בְּאֵי זֶה זְכוּת הָיָה אַהֲרֹן נִכְנָס לְבֵית קָדְשֵׁי הַקֳּדָשִׁים, אָמַר רַבִּי חֲנִינָא בְּנוֹ שֶׁל רַבִּי יִשְׁמָעֵאל: [יב]זְכוּת הַמִּילָה הָיְתָה נִכְנֶסֶת עִמּוֹ,**

עץ יוסף

מה הנאה יש לי בכל הברכות הללו כו'. ואף שבכלל הברכות נאמר לו ואעשך לגוי גדול, והרי הבטיחו בבנים, מכל מקום היה ירא שמא יגרום החטא, לבטל הברכה מחמת שראה במזלו שאינו מוליד: **כבר אתה יודע כו'.** בתמיה: **כך אי אפשר למנות בניך.** ולא תחוש למזלך כי אל כל אשר אחפוץ אטנו: **למעלה מכפת הרקיע.** וכדאיתא בבראשית רבה פרשה מ"ד שאמר ליה עד דסנדלא ברגליך דרוש כובא כו', וגירסת האלשיך דרוש כוכביא. ופירושו שהוא שאמר ליה הקדוש ברוך הוא שהוא שודד המזל המתחייב שלא יוליד, ואמר ליה כה יהיה זרעך מושלים על הכוכבים: **ואמר ליה הבט.** דהיינו מלמעלה למטה, כדאיתא בבראשית רבה פרשה מ"ד: **הוי לעולם ה' דברך נצב בשמים.** רוצה לומר דלא קאי אהבטחת אברהם לחוד, אלא אכל הבטחות שהבטיח הקדוש ברוך הוא לאבות ישראל, כולם קיים בהם (תולדות נח): (ז) [ח] **יבא קדוש כו',** דריש וזה אשר תעשה להם לקדש אותם, שהיא נתינת טעם לקדושתם, בשביל שיבא קדוש לקודש, שיהא אהרן קדוש שיבא לקודש (תולדות נח): [ט] **מגיד מראשית אחרית.** אחרית כלומר שהקדוש ברוך הוא צופה עתידות ודבריו רומזים לעתיד: **פר אחד זה אהרן כו'.** שלכן היה פר אחד לכפר על העגל שעשה כדלעיל, ואילים שנים, לכפר על בניו שלא יסופו בחטאו, ולא היו פרים ממש, כי לא חטאו הם כמוהו בעגל: (ח) [י] **דבר אחר וזה הדבר.** כדמסיק דרמיז לזכות שתים עשרה שבטים, כלומר כי זכות שתים עשרה הוא הדבר והסיבה המגינה עליו: **באיזה זכות היה אהרן נכנס לבית קדש קדשים.** לכפר על בני ישראל, כלומר מהו הזכות שתעמוד לישראל שיוכל הוא לכפר בעדם אפילו יהיו חוטאים, בזכות הברית,

פירוש מהרז"ו

מה הנייה יש לי. כמו שכתוב (בראשית טו, ב) מה תתן לי ואנכי הולך ערירי: **כך אני רואה.** דורש כן ממה שכתוב כי אם בנך וגו' ויוצא אותו החוצה וגו', למה הוצרך להוציאו החוצה, אלא שאחר שאמר לו כי אם בנך וגו', טען שאני רואה במזל שאיני מוליד, והוצרך להוציאו למעלה מן המזל, על פי מדה ט': **הבט נא השמימה.** ואין הבטה אלא מלמעלה למטה, שם בבראשית רבה, ובמדבר רבה ב', שם הגירסא מן אותו המזל שאתה רואה שאין אתה מוליד, מן אותו המזל אני מראה לך שאתה מוליד, כמו שאמרו שבת (דף קנ"ו, א): **הוי לעולם ה' דברך נצב.** בשמים, על אברהם, לדר ודר אמונתך כוננת ארץ ותעמוד, על יעקב, ועל שעיקר השייך כאן הוא פסוק לעולם ה' וגו', על כן לא הזכיר פסוק ב': **וכן אתה מוצא באהרן.** דוק היטב בסימן א ותבין כאן: (ז) **יבא קדוש.** דורש מה שכתוב וזה הדבר וגו' לקדש אותם לכהן לי, על שאני קדוש וכו': **לאהרן קדוש ה'.** תהלים ק"ו ט"ז, גם בתורה בסדר קרח קורא לאהרן (במדבר טז, ה) ואת הקדוש, אלא דבתהלים מפורש יותר: **זה מקדש.** על שם הקדושה שבו: **קדושים תהיו.** וכן קיימו, וכמו שכתוב דברים ז' ו', כי עם קדוש אתה, וכדומה. ודרש זו על פי מדת ממטל: **פר אחד זה אהרן.** נותן טעם למה צוה להקריב מספר זה, כי באו לכפר על מעשה העגל, כמו שדרש לעיל ריש סימן ג, לכפר על מה שעתיד, עיין מה שכתבתי שם, ומה שאמר וזה הדבר, על תפלת משה על אהרן ובניו, כמו שאמר סוף סימן ד', עיין מה שכתבתי שם, ובא לרמז מה שפעל בתפלתו: (ח) **באיזה זכות.** והכוונה ביום הכפורים: **זכות המילה.** פסיקתא סוף פרשה מ"ז, ויקרא רבה פרשה כ"ד סוף סימן ב':

חידושי הרד"ל

[ז] במתנות כהונה ד"ה יבוא קודש כו'. מנחות (נג, ב): **שנאמר לאהרן קדוש ה'.** (תהלים קו טז): **באיזו זכות אהרן יכנס כו'.** ויקרא רבה פרשה כא י, ועיין פסיקתא דיום הכפורים:

באור מהרי"פ

[ח] דבר אחר וזה הדבר וכו' בזכות המילה. ולקמן בסמוך מביא בזאת יבא אהרן בזכות המילה. אולי וזה וזאת בענין הדרש חדא הוא, ועיין ויקרא רבה פרשה כ"א (סימן ה) שם מביא שנכנס בחבילות מצות עיין שם:

אמרי יושר

[ח] זכות המילה היתה נכנסת עמו. כי לאברהם נתגלתה שכינה ובאת אליו, וכן אהרן בבאו אל הקדש פנימה למקום השכינה בזכות המילה, כמה דאת אמר וזה הדבר אשר מל יהושע:

מסורת המדרש

י. עיין שבת דף קנ"ו. נדרים דף ל"ב:
יא. בראשית רבה פרשה מ"ד ופרשה מ"ח. במדבר רבה פרשה ב'. תנחומא סדר חיי שרה סימן ו' וסדר שופטים סימן י"א. ילקוט סדר לך לך רמז ע"ו:
יב. ויקרא רבה פרשה כ"א. פסיקתא רבתי סוף פיסקא מ"ז. פסיקתא דרב כהנא פיסקא כ"ז:

אם למקרא

וַיֹּאמֶר ה' אֶל־אַבְרָם לֶךְ־לְךָ מֵאַרְצְךָ וּמִמּוֹלַדְתְּךָ וּמִבֵּית אָבִיךָ אֶל־הָאָרֶץ אֲשֶׁר אַרְאֶךָּ: וְאֶעֶשְׂךָ לְגוֹי גָּדוֹל וַאֲבָרֶכְךָ וַאֲגַדְּלָה שְׁמֶךָ וֶהְיֵה בְּרָכָה:
(בראשית יב:א-ב)

וַיּוֹצֵא אֹתוֹ הַחוּצָה וַיֹּאמֶר הַבֶּט־נָא הַשָּׁמַיְמָה וּסְפֹר הַכּוֹכָבִים אִם־תּוּכַל לִסְפֹּר אֹתָם וַיֹּאמֶר לוֹ כֹּה יִהְיֶה זַרְעֶךָ:
(שם טו:ה)

וְהָיָה זַרְעֲךָ כַּעֲפַר הָאָרֶץ וּפָרַצְתָּ יָמָּה וָקֵדְמָה וְצָפֹנָה וָנֶגְבָּה וְנִבְרְכוּ בְךָ כָּל־מִשְׁפְּחֹת הָאֲדָמָה וּבְזַרְעֶךָ:
(שם כח:יד)

אָנֹכִי אֵרֵד עִמְּךָ מִצְרַיְמָה וְאָנֹכִי אַעַלְךָ גַם־עָלֹה וְיוֹסֵף יָשִׁית יָדוֹ עַל־עֵינֶיךָ:
(שם מו:ד)

וַיְקַנְאוּ לְמֹשֶׁה בַּמַּחֲנֶה לְאַהֲרֹן קְדוֹשׁ ה':
(תהלים קו:טז)

תְּבִאֵמוֹ וְתִטָּעֵמוֹ בְּהַר נַחֲלָתְךָ מָכוֹן לְשִׁבְתְּךָ פָּעַלְתָּ ה' מִקְּדָשׁ אֲדֹנָי כּוֹנְנוּ יָדֶיךָ:
(שמות טו:יז)

דַּבֵּר אֶל־כָּל־עֲדַת בְּנֵי־יִשְׂרָאֵל וְאָמַרְתָּ אֲלֵהֶם קְדֹשִׁים תִּהְיוּ כִּי קָדוֹשׁ אֲנִי ה' אֱלֹהֵיכֶם:
(ויקרא יט:ב)

מַגִּיד מֵרֵאשִׁית אַחֲרִית וּמִקֶּדֶם אֲשֶׁר לֹא־נַעֲשׂוּ אֹמֵר עֲצָתִי תָקוּם וְכָל־חֶפְצִי אֶעֱשֶׂה:
(ישעיה מו:י)

מתנות כהונה

כבר את יודע וכו'. בתמיה: **הבט נא.** ואין אומרים הבט אלא מלמעלה למטה: [ז] **יבא קדוש.** עיין עוד במסכת מנחות:

אשד הנחלים

אינן קיימות, ואפשר להם להתבטל ולהתהפך מטוב לרע מהר, אבל הבטחות השמיימיות נעלה מדרך הטבע היא, נצבת לעולם: **שהעלהו למעלה מכפת הרקיע.** כלומר הגביהו במעלה נעלה מהטבע המוסד על פי מזל הכוכבים, וזה הראה לו במראה הנבואה שהוא למעלה מהם: **וכן אתה מוצא באהרן.** כלומר שלכן קרא בלשון עשייה, כי נתקן ונשלם הדבר באמת: [ז] **יבוא קדוש.** מבאר בזה לשון אשר תעשה להם, כי להם הוא ראוי ההקרבה, כי הם קדושים במעלה מאד כשם קדוש, שביאורו נבדל ונפרש מזולתו, וכן ישראל היו במעלתם מיתר העובדי כוכבים, ולמי להקדוש ברוך הוא, ובאיזה מקום בבית המקדש, ולכן רק להם הם ראוים: **מגיד מראשית.** שציוה על הקרבנות רק שנים, על שני בניו, מפני שצפה שרק שני בניו יחיו, והם יהיו הכהנים לבד, ולכן לא ציוה רק על השנים: [ח] **זכות הברית.** כי רק בזאת יוכל לבוא למקום קדוש, כמו שנודע שאי

שֶׁנֶּאֱמַר "בְּזֹאת יָבֹא אַהֲרֹן" — **as is stated, *With this*** [בְּזֹאת] ***shall Aaron come into the Sanctuary***[125] — **זוֹ הַמִּילָה כְּמָה דְאַתְּ אָמַר "זֹאת בְּרִיתִי אֲשֶׁר תִּשְׁמְרוּ"** — **this is** an allusion to **circumcision, as is stated, *This*** [זֹאת] ***is My covenant that you shall keep*** *between Me and you and your offspring after you: Every male among you shall be circumcised* (*Genesis* 17:10). **וְכֵן הוּא אוֹמֵר** — **And so does [Scripture] state, "בְּרִיתִי הָיְתָה אִתּוֹ הַחַיִּים וְהַשָּׁלוֹם"** — ***My covenant was with [Levi], life and peace*** (*Malachi* 2:5).[126] **רַבִּי יִצְחָק אוֹמֵר: זְכוּת הַשְּׁבָטִים הָיְתָה נִכְנֶסֶת עִמּוֹ** — And **R' Yitzchak says: The merit of the** twelve **tribes would enter with [Aaron],**[127] **שֶׁנֶּאֱמַר "וְזֶה הַדָּבָר אֲשֶׁר תַּעֲשֶׂה לָהֶם", מִנַּיִן "זֶה" י"ב** — **as is stated** in our verse, ***"Zeh"*** [זֶה] ***the matter that you shall do for them*** *to sanctify them to minister for Me* — **the numerical value of "*zeh*"** [זֶה] **is twelve,**[128] **וְאֵלּוּ הֵן י"ב אֲבָנִים שֶׁהָיוּ נְתוּנוֹת עַל לִבּוֹ שֶׁל אַהֲרֹן, וַעֲלֵיהֶן שְׁמוֹת הַשְּׁבָטִים** — **and these are the twelve stones that were placed** in the *choshen* that was worn **upon Aaron's heart, and upon them were** engraved **the names of the** twelve **tribes.**[129] **וְכַסֵּדֶר הַזֶּה הָיוּ נְתוּנוֹת** — **And in the following order were [the stones] placed** in the *choshen*:[130] **רְאוּבֵן שַׁדַּרְגָּנִין** — (i) **Reuben** — ***shadarganin,***[131] **שִׁמְעוֹן שִׁימְפּוֹזִין** — (ii) **Simeon** — ***shimpozin,*** **לֵוִי דְּיָיקִינְתִּין** — (iii) **Levi** — ***diyakinsin,*** **יְהוּדָה בְּרָדִינִין** — (iv) **Judah** — ***beradinin,*** **יִשָּׂשכָר סַנְפִּרִינוֹן** — (v) **Issachar** — ***sanpirinon,*** **זְבוּלוּן אִזְמָרַגְדִּין** — (vi) **Zebulun** — ***izmaragdin,*** **דָּן כּוֹחָלִין** — (vii) **Dan** — ***kochalin,*** **נַפְתָּלִי אָבָאטִיס** — (viii) **Naphtali** — ***avatis,*** **גָּד הִימִיסְיוֹן** — (ix) **Gad** — ***himisyon,*** **אָשֵׁר קְרוֹמַטִיסִין** — (x) **Asher** — ***keromatisin,*** **יוֹסֵף פְּרָאלוֹקִין** — (xi) **Joseph** — ***peralokin,*** **בִּנְיָמִין מַרְגָּלִיטוֹס** — (xii) **Benjamin** — ***margalitos.*** **מַה טַּעַם** — And for **what reason** were the tribes' names engraved on the stones? **שֶׁיְּהֵא הַקָּדוֹשׁ בָּרוּךְ הוּא מִסְתַּכֵּל בָּהֶם וּבְבִגְדֵי כֹהֵן בִּכְנִיסָתוֹ בְּיוֹם הַכִּפּוּרִים** — **So that the Holy One, blessed is He, would be gazing at them and at the vestments of the Kohen during [the Kohen's] entrance on Yom Kippur,**[132] **וְנִזְכָּר לִזְכוּת הַשְּׁבָטִים** — **and He would** thereby **be reminded of the merit of the tribes.**[133]

The Midrash offers a parable that illustrates how the priestly garments served to protect Aaron when he entered the Holy of Holies:[134]

רַבִּי יְהוֹשֻׁעַ דְּסִכְנִין בְּשֵׁם רַבִּי לֵוִי אָמַר — **R' Yehoshua of Sichnin said in the name of R' Levi:** **מָשָׁל לְבֶן מְלָכִים שֶׁהָיָה פַּדְגוֹגוֹ נִכְנָס אֶצְלוֹ לְלַמֵּד סַנֵּיגוֹרְיָא עַל בְּנוֹ** — Aaron's entrance into the Holy of Holies can be illustrated by means of **a parable regarding a child of royalty whose tutor**[135] **was entering [the king's] presence to speak in defense of [the king's] son.**

NOTES

125. According to its plain meaning, the verse refers to the offerings that follow it. However, as noted in *Yoma* 4a, if only for that meaning, the verse should have used either the masculine word בְּזֶה, *with this,* or the plural בְּאֵלֶּה, *with these* (*Rashash*).

126. The passage in which this verse appears makes a reference to a Kohen that was interpreted above (at note 28) as referring to Aaron (see *Maharzu*; also see *Radak* ad loc.). Our Midrash assumes that the *covenant* of the verse is *circumcision* based on *Deuteronomy* 33:9, which was explained above, 19 §5, to teach that the Tribe of Levi was the only one to practice circumcision in the Wilderness (*Rashash*; also see *Maharzu*).

127. R' Yitzchak maintains that the Kohen Gadol could atone for the Jewish people because they support the world, which cannot exist without them (see *Zechariah* 2:10 with *Taanis* 3b). This prominence is reflected in the fact that the tribes of Israel number 12, corresponding to the 12 celestial signs and other heavenly groups of 12 with which God controls His universe (*Yefeh To'ar*, followed in large part by *Eitz Yosef*).

[Note that in a similar Midrash in *Vayikra Rabbah* 21 §6 several additional merits are mentioned.]

128. ז = 7, ה = 5, for a total of 12.

This word lends itself to be expounded this way because of its seeming superfluousness (*Maharzu*, referencing *Bereishis Rabbah* 24 §5 and 63 §6).

129. One of eight garments worn by the Kohen Gadol, the *choshen* was a cloth square attached to the *ephod* and worn on the chest. It held precious stones set in 4 rows of 3 stones each (see above, 28:15-17,29).

The Midrash links the numerical value of the word זֶה to the 12 stones and not to the 12 tribes themselves, because God's command that the 12 names be engraved on an equal number of stones underscores that God wished to be "reminded" of the tribes' righteousness (*Yefeh To'ar*).

130. In the list that will follow, the tribes are not in birth order (Issachar and Zebulun were born between Asher and Joseph, not between Judah and Dan). Rather, the list begins with all six sons of Leah, who was the first of the Matriarchs to bear children, then proceeds to the sons of the other Matriarchs in the order in which they gave birth. Our Midrash is noting the unconventional order because as was taught above, in 1 [§6], the fact that the tribes' names do not always appear in the same sequence is indicative of their importance. The names' order therefore supports the idea being espoused by our Midrash that the tribes' names appeared on the stones because their merit protected the Jewish people. Presumably, the Midrash knew that the names appeared in this order because there existed an oral tradition regarding which name appeared on which stone (*Yefeh To'ar*). Alternatively, the Midrash may have inferred that the names were ordered this way from *Joshua* 19:47 which, as explained by *Rashi* to *Judges* 18:27, indicates that Dan's name appeared on the *leshem* stone (ibid., from *Mizrachi* [to *Exodus* 28:21]; *Beur Maharif,* at the end of the chapter; *Maharzu* to *Bamidbar Rabbah* 2 §7).

131. This is the Latin name of a certain precious stone (*Eitz Yosef*, from *Mussaf HeAruch*). This is the stone that 28:17 above refers to as "*odem*" and identifies as the first stone in the first row of the *choshen*'s stones. It was on this stone that Reuben's name was inscribed. The second stone given here and associated with Simeon's name corresponds to *pitdah*, which follows *odem* in the verse. This pattern continues with each of the other ten stones listed here (*Yefeh To'ar*, referencing below, §9).

The Midrash gives the stones' names in the vernacular to stress that the 12 stones differed from one another in color (see *Bamidbar Rabbah* 2 §6), reflecting the idea that each stone represented a character trait that was unique to a particular tribe. It was when the diversity of the tribes was considered collectively that their merit would prove effective for the Jewish people (*Tiferes Tzion*).

132. The Kohen Gadol would *enter* on Yom Kippur garbed in four linen garments. According to *Vayikra Rabbah* 21 (§10) [§11], these corresponded to the four Matriarchs (*Eitz Yosef*; see *Maharzu* for another approach). Thus, the garments as well as the stones invoked merit on the Jewish people's behalf.

[It appears from our Midrash that the stones of the *choshen* would be seen by God during the Kohen Gadol's Yom Kippur entry into the Holy of Holies. In truth, however, the *choshen* was not among the four garments that was worn by the Kohen Gadol at that time (see *Leviticus* 16:4). This leads *Ramban* (to 28:35 above, cited by *Yefeh To'ar*, *Beur Maharif*) to explain that the merits discussed by our Midrash were needed by the Kohen Gadol even when he entered the less sacred *Ohel Moed* (lit., *Tent of Meeting*; the "holy" area of the Temple or Tabernacle, just beyond the "Holy of Holies"). Thus, the Kohen's *entrance* mentioned by our Midrash is his entrance into the *ohel moed* and not his entrance into the Holy of Holies. In an alternative approach, *Maharzu* accepts that the entrance spoken of is indeed the Kohen's annual entrance into the Holy of Holies. *Maharzu* explains the Midrash to mean that the merit invoked by the stones that were worn during the Kohen's performance of the Yom Kippur service in the *Ohel Moed* and the Tabernacle Courtyard proved beneficial when he would enter the Holy of Holies.]

133. Of course, God does not forget and He has no need for visual reminders. Rather, the Midrash means that through the Kohen's fulfillment of God's commandments [while wearing the priestly garments that bore the tribes' names and corresponded to their four mothers], he caused the merit of the tribes to be invoked before God (*Yefeh To'ar*, followed in part by *Eitz Yosef*).

134. In light of the preceding discussion regarding the stones of the *choshen*, the Midrash is troubled over how Aaron might have successfully entered the Holy of Holies if [as noted] he did not go there while wearing the *choshen* (see *Anaf Yosef*).

135. This was a skilled individual who was tasked with rearing the king's children (*Matnos Kehunah*).

שֶׁנֶּאֱמַר (ויקרא טז, ג) "בְּזֹאת יָבֹא אַהֲרֹן", זוֹ הַמִּילָה כְּמָה דְאַתְּ אָמַר (בראשית יז, י) "זֹאת בְּרִיתִי אֲשֶׁר תִּשְׁמְרוּ", וְכֵן הוּא אוֹמֵר (מלאכי ב, ה) "בְּרִיתִי הָיְתָה אִתּוֹ הַחַיִּים וְהַשָּׁלוֹם", רַבִּי יִצְחָק אוֹמֵר: זְכוּת הַשְּׁבָטִים הָיְתָה נִכְנֶסֶת עִמּוֹ, שֶׁנֶּאֱמַר [כט, א] "וְזֶה הַדָּבָר אֲשֶׁר תַּעֲשֶׂה לָהֶם", מִנַּיִן "זֶה" י"ב, וְאֵלּוּ הֵן י"ב אֲבָנִים שֶׁהָיוּ נְתוּנוֹת עַל לִבּוֹ שֶׁל אַהֲרֹן וַעֲלֵיהֶן שְׁמוֹת הַשְּׁבָטִים, וּכְסֵדֶר הַזֶּה הָיוּ נְתוּנוֹת: רְאוּבֵן שָׁדַרְגָּנִין, שִׁמְעוֹן שִׁימְפּוֹזִין, לֵוִי דְּיָיקִינְתִּין, יְהוּדָה בְּרָדִינִין, יִשָּׂשכָר סַנְפְּרִינוֹן, זְבוּלוּן אִזְמָרַגְדִּין, דָּן כּוֹחֲלִין, נַפְתָּלִי אֲבָאטִיס, גָּד הִימִיסְיוֹן, אָשֵׁר קְרוּמַטִּיסִין, יוֹסֵף פְּרָאלוֹקִין, בִּנְיָמִין מַרְגָּלִיטוּס, מַה טַּעַם, שֶׁיְּהֵא הַקָּדוֹשׁ בָּרוּךְ הוּא מִסְתַּכֵּל בָּהֶם וּבְבִגְדֵי כֹּהֵן בִּכְנִיסָתוֹ בְּיוֹם הַכִּפּוּרִים וְנִזְכָּר לִזְכוּת הַשְּׁבָטִים, רַבִּי יְהוֹשֻׁעַ דְּסִכְנִין בְּשֵׁם רַבִּי לֵוִי אָמַר: מָשָׁל לְבֶן מְלָכִים שֶׁהָיָה פַּדְגוֹגוֹ נִכְנָס אֶצְלוֹ לְלַמֵּד סַנֵּיגוֹרְיָא עַל בְּנוֹ, וְהָיָה מִתְיָרֵא מִן הָעוֹמְדִים עָלָיו שֶׁמָּא יִפְגְּעוּ בוֹ, מֶה עָשָׂה הַמֶּלֶךְ, הִלְבִּישׁוֹ פּוֹרְפִּירָא שֶׁלּוֹ שֶׁיִּהְיוּ רוֹאִין אוֹתוֹ וּמִתְיָרְאִין מִמֶּנּוּ, כָּךְ אַהֲרֹן הָיָה נִכְנָס בְּכָל שָׁעָה לְבֵית קָדְשֵׁי הַקֳּדָשִׁים, וְאִלּוּלֵא יגזְכֻיּוֹת הַרְבֵּה שֶׁהָיוּ נִכְנָסוֹת עִמּוֹ וּמְסַיְּיעוֹת אוֹתוֹ לֹא הָיָה יָכוֹל לְהִכָּנֵס, לָמָּה, שֶׁהָיוּ מַלְאֲכֵי הַשָּׁרֵת שָׁם, מֶה עָשָׂה לוֹ הַקָּדוֹשׁ בָּרוּךְ הוּא, נָתַן לוֹ מִדְּמוּת לְבוּשֵׁי הַקֹּדֶשׁ, שֶׁנֶּאֱמַר (לעיל כח, מ) "וְלִבְנֵי אַהֲרֹן תַּעֲשֶׂה כֻתֳּנֹת", כְּשֵׁם שֶׁכָּתוּב (ישעיה נט, יז) "וַיִּלְבַּשׁ צְדָקָה כַּשִּׁרְיָן וְכוֹבַע יְשׁוּעָה בְּרֹאשׁוֹ וַיִּלְבַּשׁ בִּגְדֵי נָקָם תִּלְבֹּשֶׁת וַיַּעַט כַּמְעִיל":

עץ יוסף

על ידי היותם מיוחדים באות ברית קודש, כי ראוי שהאדון ישגיח על עבדו להצילו, והאומר בזכות השבטים הוא להיותם עמוד העולם, שאי אפשר לעולם בלא ישראל, כמו שנאמר (זכריה ב, י) כי כארבע רוחות השמים וגו', לכן ראוי להעביר על עונם, וזה שאמר בזכות השבטים דהיינו היותם שתים עשרה כמספר המזלות: **ראובן שדרגנין.** מין אבן טובה בלשון רומיי (מוסף הערוך): **סנפירינון.** תרגום ירושלמי נפך ספיר: **כוחלין כו' אבאטים.** בלשון יוני ורומיי מין אבן טובה שאינה יקרה, אבל יש לה סגולות ונמצאת בשנוי גווניס (מוסף הערוך): **שיהא הקדוש ברוך הוא מסתכל כו'.** הכוונה שעל ידי שיעשה הכהן מצות ה', מתעורר זכותם לפני ה': **מסתכל בהם ובבגדי כהן.** היינו בגדי הבד שהיה נכנס בהם ביום הכיפורים, שהם כנגד ארבע אמהות, בויקרא רבה פרשה כ"א סימן י': **כך אהרן היה נכנס בכל שעה לבית קדשי הקדשים.** היפה תואר הגיה שצריך לומר בכל שנה, אבל אין צורך שזה לשון המדרש לקמן בויקרא רבה פרשה כ"א סימן ו', אלא בכל שעה שהוא רוצה לכנוס יכנס רק שיכנס בסדר הזה, והא דכתיב בפרשה (תצוה) וכפר אהרן [וגו'] אחת בשנה, רוצה לומר אחת בשנה מחוייב לכפר: **נתן לו בדמות לבושי הקדש.** כלומר עכשיו בכניסתו לבית קדשי קדשים, שלא היה מלובש בשמונה בגדים שהיו מכפרים על ראשי עבירות, הוזקק להלבישו מדמות לבושי הקודש: **שנאמר ולבני אהרן תעשה כתנות.** כי גם כהאי גוונא בשעה שנכנס לפני ולפנים היה מלובש בגדים אלו, ומה שלא הביא מקרא דאחרי מות הוא דניחא ליה להביא פסוק ולבני אהרן וגו', משום סיפא דקרא והיו על אהרן וגו' ולא ישאו עון ומתו, דמשמע דהבגדים מצילים אותו ממיתה מסיבה הנזכרת (תולדות נח): **כשם שכתוב וילבש צדקה כו'.** שהוא מלובש בארבע בגדים כביכול, והן, אחד וילבש צדקה, שנית וכובע ישועה, שלישית וילבש בגדי נקם תלבושת, רביעית ויעט כמעיל קנאה (תולדות נח):

פירוש מהרז"ו

בריתי היתה אתו. הוא ברית מילה, כמו שדרשו בראשית י"ז י', זאת בריתי אשר תשמרו, וכדלעיל ריש סימן ג, שהפסוק מדבר באהרן, וכמו שאמרו לעיל פרשה י"ט בסימן ה, שלא שמרו המילה אלא שבט לוי, והיינו על פי אהרן שהיה הנביא במצרים, עיין לעיל פרשה ל"ז סימן ב מה שכתבתי שם, ועל כן עמדה לו כאן זכות המילה. והובא זה לכאן אגב דברי רבי יצחק שהוא שייך כאן: **מנין זה.** על שתיבת זה מיותר, דריש ליה לגמטריא. ועיין בראשית רבה פרשה כ"ד סוף סימן ה', זה ספר (בראשית ה, א), ופרשה ס"ג בסימן ו, זה אנכי (שם כה, כב): **שנים עשר אבנים.** (סוטה (ל"ז) [לו, א ב]) עיין שם. והנה השנים עשר אבנים של החושן, ושנים של כתפות האפוד, היו של שמונה בגדים, וביום הכפורים כשנכנס לקדש קדשים היה בארבע בגדי לבן, ובהכרח שהכוונה שזכות האבנים שבשמונה בגדים שהיה עובד בהיכל ובמזבח החילון, עמדה לו גם בהכנסו לקדש קדשים לפני ולפנים, וכמו שכתוב ונשא אהרן את שמות בני ישראל על לבו בבואו אל הקודש לזכרון לפני ה' תמיד, משמע שהזכרון יהיה תמיד אף כשאינס עליו: **ובסדר הזה היו נתונות.** במדבר רבה פרשה ב סימן ז באריכות: **מסתכל בהן ובבגדי כהן.** באבני חשן ואפוד, ובכל בגדי כהונה שכולם היו בדוגמא של מעלה, כדלעיל פרשה זו בסימן ג', שהלבישו כמלאכי השרת: **היה נכנס בכל שעה.** נכנס ביום הכפורים ארבע פעמים: **מדמות לבושי הקודש.** עיין בויקרא רבה פרשה כא סימן ו באריכות: **וילבש צדקה וגו'.** וסיפא דקרא תלבושת ויעט כמעיל קנאה, הרי גם כן ארבע לבישות, אחד וילבש צדקה, שני וכובע ישועה, שלישי וילבש בגדי נקם, רביעי ויעט כמעיל. או באופן זה וילבש וגו', וילבש וגו', תלבושת, ויעט, הרי ארבע:

חידושי הרד"ל

[ח] **כתונת ומגבעות תעשה להם כשם שכתוב וילבש כו'.** כן צריך לומר. (ובלשון המאמר הזה שהובא ברבינו בחיי לא נזכר אהרן כלל):

חידושי הרש"ש

[ח] **שנאמר בזאת יבא אהרן זו כו'.** דאלו לא כוון רק על הקרבנות האמורות בענין, לימא בזה, או באלה, כדאיתא יומא (ד, א): **וכן הוא אומר בריתי היתה אתו וגו'.** וכן הוא אומר (דברים לג, ח - ט) וללוי גו' כי שמרו אמרתך ובריתך ינצורו, דדרשו לעיל פרשה יט ה על המילה שלא בטלו שבט לוי במצרים, וכן בנשא פרשה יא ג אמרו שאהרן היה פורע בעת מילתן בעשיית הפסח במצרים: **שיהא הקדוש ברוך הוא מסתכל בהם בבגדי** (כן נראה דצריך לומר, בלי ו') **כהן בכניסתו ביום הכפורים.** לכאורה ביום הכפורים לא היה נכנס אלא בארבע בגדי לבן, ועיין מה שכתבתי בויקרא רבה פרשה כא, ז (ד"ה בשלשים): **כך אהרן היה נכנס בכל שעה לבית קדש הקדשים.** דלאהרן ניתן רשות להכנס בכל עת שהיה רוצה רק בסדר האמור, כדאיתא שם במדרש (ויקרא רבה כא, ז):

באור מהרי"פ

מסתכל בהן ובבגדי כהן בכניסתו וכו'. נראה שיהא מסתכל בהן הקב"ה בכניסת כהן גדול להיכל, אשר שם בלבושי בגדי זהב נכנס, אבל לבית קדשי הקדשים לא היה רשאי ליכנס בבגדי זהב, וכבר כתב הרמב"ן בסדר תצוה בפסוק ולא ימות (שמות כח, לה), שאף באהל מועד הוצרך כהן גדול לזכיות אלו: **ולבני אהרן תעשה כתנות.** (שמות כח מ) ועשית להם אבנטים ומגבעות תעשה להם לכבוד ולתפארת. ואולי כוונת המדרש, דהכא כתיב מגבעות, ורומז להענין שכתוב סמוך לזה, **כשם שכתוב** (ישעיה נט, יז) **וילבש צדקה בשריון וכובע ישועה בראשו וילבש בגדי נקם תלבושת ויעט במעיל** קנאה. ומגבעות וכובע חדא היא. אך צריך עיון למה מביא המקרא הזה דמיירי בבגדי הדיוט, ואי משום דכתיב כאן מגבעות ולהסמיך לו כובע ישועה בראשו, היה לו להביא המקרא (ויקרא טז, ד) כתונת בד קודש ילבש ומכנסי בד יהיו על בשרו ובאבנט בד יחגור ובמצנפת בד יצנוף בגדי קודש הם ורחץ במים את בשרו ולבשם, דהמקרא הזה מיירי ממלבושי כהן גדול, גם נזכר בו מצנפת שהוא דמיון לכובע ישועה בראשו. ואולי המדרש שכתב וילבש וכו' מרמז שכהן גדול היה מלובש בארבע בגדים, כשם שכתוב בהקב"ה שהוא גם כן מלובש בארבע בגדים כביכול, וילבש צדקה כשרין חד, וכובע ישועה בראשו תרין, וילבש בגדי נקם תלבושת תלת, ויעט כמעיל קנאה הרי ארבע: **שהיו מלאכי השרת שם.** תימה, בירושלמי יומא פרק הוציאו לו סוף הלכה ב, וכל אדם לא יהיה באוהל מועד וגו' אפילו אותן שכתוב בהן ודמות פניהם פני אדם לא יהיה באהל מועד, על כרחך היינו מלאכי השרת, אולם מדברי רמב"ן סדר תצוה סוף ד"ה ולא ימות (שמות כח, לה) משמע שבפנים היו מלאכי השרת, אלא כשהיה כהן גדול נכנס היו הולכים המלאכים משם, וחוזרים בצאתו:

מסורת המדרש

יג. עיין ויקרא רבה פרשה כ"א. פסיקתא רבתי סוף פיסקא מ"ז. פסיקתא דרב כהנא פיסקא כ"ז:

אם למקרא

בְּזֹאת יָבֹא אַהֲרֹן אֶל־הַקֹּדֶשׁ בְּפַר בֶּן־בָּקָר לְחַטָּאת וְאַיִל לְעֹלָה: (ויקרא טז:ג)

זֹאת בְּרִיתִי אֲשֶׁר תִּשְׁמְרוּ בֵּינִי וּבֵינֵיכֶם וּבֵין זַרְעֲךָ אַחֲרֶיךָ הִמּוֹל לָכֶם כָּל־זָכָר: (בראשית יז:י)

בְּרִיתִי הָיְתָה אִתּוֹ הַחַיִּים וְהַשָּׁלוֹם וָאֶתְּנֵם־לוֹ מוֹרָא וַיִּירָאֵנִי וּמִפְּנֵי שְׁמִי נִחַת הוּא: (מלאכי ב:ה)

וְלִבְנֵי אַהֲרֹן תַּעֲשֶׂה כֻתֳּנֹת וְעָשִׂיתָ לָהֶם אַבְנֵטִים וּמִגְבָּעוֹת תַּעֲשֶׂה לָהֶם לְכָבוֹד וּלְתִפְאָרֶת: (לעיל כח:מ)

וַיִּלְבַּשׁ צְדָקָה כַּשִּׁרְיָן וְכוֹבַע יְשׁוּעָה בְּרֹאשׁוֹ וַיִּלְבַּשׁ בִּגְדֵי נָקָם תִּלְבֹּשֶׁת וַיַּעַט כַּמְעִיל קִנְאָה: (ישעיה נט:יז)

ענף יוסף

(ח) [י] **משל לבן מלכים כו'.** כוונתו בזה לתרץ דהא שמות השבטים היו פתוחי חותם על שתים עשרה אבני החושן, וביום הכפורים לא היה משמש בבגדי זהב אלא בבגדי לבן, לכך אמר משל לבן מלכים כו', ומסיים בנמשל הקדוש ברוך הוא נותן לו מדמות לבוש הקדש, וכוונתו על כתונת בד קודש וגו':

מתנות כהונה

[ח] **פדגוג.** אומן המגדל בני המלך: הכי גרסינן **מה עשה המלך הלבישו: פורפירא.** לבוש מלכות:

אשד הנחלים

אפשר לבוא למדרגת הנבואה ולכל קדושה אלהית בלתה, וזהו בריתי היתה אתו, ולכן החיים והשלום [שלא היה ניזוק בבית קדשי הקדשים]: **זכות השבטים.** שלכן היה נושא שמות בני ישראל עליו: **שדרגנין.** זה באור שמות האבנים איך נקראים. ועיין בשלטי הגבורים הגדול (לרבי אברהם הרופא פרק מו) מענין סגולת אבנים ומהותם: **שיהא הקדוש ברוך הוא מסתכל.** הוא על דרך הכנוי, כלומר שעל ידי זה ועל ידי זכות ישראל הוא יוצא ובא בשלום לבית קדשי הקדשים: **הלבישו פורפוריא כו' זכיות הרבה.** כי הזכות המה לבוש לכבוד ולתפארת, המורה כי הוא איש אלהי קרוב למלך ה' צבאות, ועל כן אינם יכולים המזיקים לפגוע בו: **שהיו מלאכי השרת שם.** והקדושה רבה שם עד שאי אפשר לאדם פשוט לכלכל הקדושה הרבה הזאת, אם לא על ידי זכות רב: **כשם שכתוב וילבש צדקה.** כלומר שלכן מכנהו פורפורא של המלך, לפי שמצינו כביכול שלבשו המלך, ומהו לבושו שבהם מתעטף בו הוא צדקה, ואלה הבגדים היו מכוונים לזה, על כן עומד זאת לזכות לו:

וְהָיָה מִתְיָירֵא מִן הָעוֹמְדִים עָלָיו שֶׁמָּא יִפְגְּעוּ בּוֹ – **And [the tutor] was frightened of** the guards **who were standing over [the king],** for **perhaps they would harm him.**[136] מֶה עָשָׂה הַמֶּלֶךְ – So **what did the king do?** הִלְבִּישׁוֹ פּוֹרְפִּירָא שֶׁלּוֹ שֶׁיִּהְיוּ רוֹאִין אוֹתוֹ וּמִתְיָירְאִין מִמֶּנּוּ – **He dressed [the tutor] in his royal garment**[137] **so that [the guards] would see him and be frightened of him.** כָּךְ אַהֲרֹן הָיָה נִכְנָס בְּכָל שָׁעָה לְבֵית קָדְשֵׁי הַקֳּדָשִׁים – **Similarly, Aaron would enter at all times into the Holy of Holies** on behalf of the Jewish people,[138] וְאִלּוּלֵא זְכֻיּוֹת הַרְבֵּה שֶׁהָיוּ נִכְנָסוֹת עִמּוֹ וּמְסַיְּיעוֹת אוֹתוֹ לֹא הָיָה יָכוֹל לְהִכָּנֵס – **and if not for the many merits that would enter with him and assist him, he would be unable to enter.**[139] לְמָה שֶׁהָיוּ מַלְאֲכֵי הַשָּׁרֵת שָׁם, מֶה עָשָׂה לוֹ הַקָּדוֹשׁ בָּרוּךְ הוּא – **And because the ministering angels were there, what did the Holy One, blessed is He, do for him?**[140] נָתַן לוֹ מִדְּמוּת לְבוּשֵׁי הַקּוֹדֶשׁ – **He gave him a semblance of the Holy vestments** of God,[141] שֶׁנֶּאֱמַר "וְלִבְנֵי אַהֲרֹן תַּעֲשֶׂה כֻתֳּנֹת" – **as is stated,** ***For the sons of Aaron you shall make Tunics*** *and make them Sashes; and you shall make them Headdresses for glory and splendor . . . You shall make them linen breeches* (above, 28:40-42),[142] כְּשֵׁם שֶׁכָּתוּב "וַיִּלְבַּשׁ צְדָקָה כַּשִּׁרְיָן וְכוֹבַע יְשׁוּעָה בְּרֹאשׁוֹ וַיִּלְבַּשׁ בִּגְדֵי נָקָם תִּלְבֹּשֶׁת וַיַּעַט כַּמְעִיל" – **just as is written** regarding God, ***He donned righteousness like armor and a helmet of salvation on His head; and He donned garments of vengeance as His attire and clothed Himself*** *in zealousness* ***like a coat*** (*Isaiah* 59:17).

NOTES

136. Although the tutor was personally unworthy of entering the king's presence, the king wished for him to come due to the nature of his mission. The tutor was afraid that the royal guards, who were unaware of the reason for his entrance, might harm him to prevent it (*Yefeh To'ar*).

137. *Matnos Kehunah*.

138. This Midrash mirrors *Vayikra Rabbah* 21 §7, which teaches that Aaron was permitted to enter the Holy of Holies as frequently as he wished, provided that he perform the service (stated in *Leviticus* 16:3ff) that he would perform there on Yom Kippur. Accordingly, *Exodus* 30:10, which states that Aaron would perform that service *once a year*, means that only on Yom Kippur was Aaron *obligated* to perform the service (*Eitz Yosef*; see *Rashash*). Alternatively, when the Midrash states that Aaron would enter *at all times*, it means only that he would make multiple entrances on the day of Yom Kippur (*Maharzu*; also see *Yefeh To'ar*, cited in *Eitz Yosef*, who emends the Midrash; also see *Rashi* to *Leviticus* 16:3 and *Yefeh To'ar* to *Vayikra Rabbah* ibid.).

139. As with the tutor of the parable, it was only the circumstances of his visit that allowed for the Kohen Gadol to enter the King's inner sanctum (*Yefeh To'ar*). The Midrash notes that Aaron would enter often, because that contributed to the difficulty he faced in entering (see *Tiferes Tzion*).

140. Elucidation follows *Yefeh To'ar*.

Although the merits that accompanied him justified Aaron's entrance, the angels, who would not know that, would stop him in defense of God's honor (*Yefeh To'ar*). Aaron's vulnerability in the Holy of Holies was compounded by the fact that [as noted] he was then without four of the eight garments of the Kohen Gadol, and the Sages teach (in *Arachin* 16a and *Shir HaShirim Rabbah* to 4:1) that each of the garments atoned for another severe type of sin (*Eitz Yosef*).

[Our Midrash appears to contradict the *Yerushalmi* (*Yoma* 27a), where it is derived from Scripture that even the angels were not permitted in the Holy of Holies when Aaron would enter. The difficulty is resolved according to *Ramban* (above, 28:35), who indicates that the angels would leave the Holy of Holies when they heard Aaron's approach and return when they heard him leave (*Yefeh To'ar*, see there for additional approaches; *Beur Maharif*).]

141. As the Midrash will now demonstrate, the Kohen Gadol wore four garments on Yom Kippur just as God "wears" four garments, so to speak (*Eitz Yosef*, from *Toldos Noach*; see *Beur Maharif*, *Maharzu*).

142. According to *Leviticus* 16:4 the Kohen Gadol wore these same four garments when he entered the Holy of Holies on Yom Kippur. The reason the Midrash cites these verses regarding Aaron's sons as opposed to the *Leviticus* one regarding Aaron is that the verse that follows these states, וְהָיוּ עַל אַהֲרֹן וְעַל בָּנָיו . . . וְלֹא יִשְׂאוּ עָוֹן וָמֵתוּ, *They shall be on Aaron and his sons . . . and they should not bear a sin and die*, thus supporting the idea proposed by our Midrash that these garments saved the Kohen from death (*Eitz Yosef*, from *Toldos Noach*).

שֶׁנֶּאֱמַר (ויקרא טז, ג) "בְּזֹאת יָבֹא אַהֲרֹן", זוֹ הַמִּילָה כְּמָה דְאַתְּ אָמַר (בראשית יז, י) "זֹאת בְּרִיתִי אֲשֶׁר תִּשְׁמְרוּ", וְכֵן הוּא אוֹמֵר (מלאכי ב, ה) "בְּרִיתִי הָיְתָה אִתּוֹ הַחַיִּים וְהַשָּׁלוֹם", רַבִּי יִצְחָק אוֹמֵר: זְכוּת הַשְּׁבָטִים הָיְתָה נִכְנֶסֶת עִמּוֹ, שֶׁנֶּאֱמַר [כט, א] "וְזֶה הַדָּבָר אֲשֶׁר תַּעֲשֶׂה לָהֶם", מִנַּיִן "זֶה" י"ב, וְאֵלּוּ הֵן י"ב אֲבָנִים שֶׁהָיוּ נְתוּנוֹת עַל לִבּוֹ שֶׁל אַהֲרֹן וַעֲלֵיהֶן שְׁמוֹת הַשְּׁבָטִים, וּכְסֵדֶר הַזֶּה הָיוּ נְתוּנוֹת: רְאוּבֵן שַׁדְרְגָנִין, שִׁמְעוֹן שִׁימְפּוֹזִין, לֵוִי דְּיָקִינְתִּין, יְהוּדָה בְּרַדִּינִין, יִשָּׂשכָר סַנְפִּרִינוֹן, זְבוּלוּן אִזְמַרַגְדִּין, דָּן כּוּחְלִין, נַפְתָּלִי אֲבָאטִיס, גָּד הִימִיסִיוֹן, אָשֵׁר קְרוֹמְטִיסִין, יוֹסֵף פְּרָאלוֹקִין, בִּנְיָמִין מַרְגָּלִיטוֹס, מַה טַּעַם, שֶׁיְּהֵא הַקָּדוֹשׁ בָּרוּךְ הוּא מִסְתַּכֵּל בָּהֶם וּבְבִגְדֵי כֹהֵן בִּכְנִיסָתוֹ בְּיוֹם הַכִּפּוּרִים וְנִזְכָּר לִזְכוּת הַשְּׁבָטִים, רַבִּי יְהוֹשֻׁעַ דְּסִכְנִין בְּשֵׁם רַבִּי לֵוִי אָמַר: מָשָׁל לְבֶן מְלָכִים שֶׁהָיָה פַּדְגּוֹגוֹ נִכְנָס אֶצְלוֹ לְלַמֵּד סַנֵּיגוֹרְיָא עַל בְּנוֹ, וְהָיָה מִתְיָרֵא מִן הָעוֹמְדִים עָלָיו שֶׁמָּא יִפְגְּעוּ בוֹ, מֶה עָשָׂה הַמֶּלֶךְ, הִלְבִּישׁוֹ פּוֹרְפִּירָא שֶׁלּוֹ שֶׁיִּהְיוּ רוֹאִין אוֹתוֹ וּמִתְיָרְאִין מִמֶּנּוּ, כָּךְ אַהֲרֹן הָיָה נִכְנָס בְּכָל שָׁעָה לְבֵית קָדְשֵׁי הַקֳּדָשִׁים, וְאִלּוּלֵא זְכֻיּוֹת הַרְבֵּה שֶׁהָיוּ נִכְנָסוֹת עִמּוֹ וּמְסַיְּעוֹת אוֹתוֹ לֹא הָיָה יָכוֹל לְהִכָּנֵס, לָמָּה, שֶׁהָיוּ מַלְאֲכֵי הַשָּׁרֵת שָׁם, מֶה עָשָׂה לוֹ הַקָּדוֹשׁ בָּרוּךְ הוּא, נָתַן לוֹ מִדְּמוּת לְבוּשֵׁי הַקֹּדֶשׁ, שֶׁנֶּאֱמַר (לעיל כח, מ) "וְלִבְנֵי אַהֲרֹן תַּעֲשֶׂה כֻתֳּנֹת", כְּשֵׁם שֶׁכָּתוּב (ישעיה נט, יז) "וַיִּלְבַּשׁ צְדָקָה כַּשִּׁרְיָן וְכוֹבַע יְשׁוּעָה בְּרֹאשׁוֹ וַיִּלְבַּשׁ בִּגְדֵי נָקָם תִּלְבֹּשֶׁת וַיַּעַט כַּמְּעִיל":

עץ יוסף

על ידי היותם מיוחדים באות ברית קודש, כי ראוי שהאדון ישגיח על עבדו להצילו, והאומר בזכות השבטים הוא להיותם עמוד העולם, שאי אפשר לעולם בלא ישראל, כמו שנאמר (זכריה ב, י) כי כארבע רוחות השמים וגו', לכן ראוי להעביר על עונם, וזה שאמר בזכות השבטים דהיינו היותם שתים עשרה כמספר המזלות: **ראובן שדרגנין.** מין אבן טובה בלשון רומיי (מוסף הערוך): **סנפירינון.** תרגום ירושלמי נפך ספיר: **כוחלין כו' אבאטים.** בלשון יוני ורומיי מין אבן טובה שאינה יקרה, אבל יש לה סגולות ונמלאת בשני גוונים (מוסף הערוך): **שיהא הקדוש ברוך הוא מסתכל כו'.** הכוונה שעל ידי שיעשה הכהן מצות ה', מתעורר זכותם לפני ה': **מסתכל בהם ובבגדי כהן.** היינו בגדי הבד שהיה נכנס בהם ביום הכיפורים, שהם כנגד ארבע אמהות, בויקרא רבה פרשה כ"א סימן י': **כך אהרן היה נכנס בכל שעה לבית קדשי הקדשים.** היפה תואר הגיה שצריך לומר בכל שנה, אבל אין צורך שזה לשון המדרש לקמן בויקרא רבה פרשה כ"א סימן ו', אלא בכל שעה שהוא רוצה לכנוס יכנס רק שיכנס בסדר הזה, והא דכתיב בפרשה (תצוה) וכפר אהרן [וגו'] אחת בשנה, רוצה לומר אחת בשנה מחוייב לכפר: **נתן לו בדמות לבושי הקדש.** כלומר עכשיו בכניסתו לבית קדשי קדשים, שלא היה מלובש בשמונה בגדים שהיו מכפרים על ראשי עבירות, הוזקק להלבישו מדמות לבושי הקודש: **שנאמר ולבני אהרן תעשה כתנות.** כי גם כהאי גוונא בשעה שנכנס לפני ולפנים היה מלובש בגדים אלו, ומה שלא הביא מקרא דאחרי מות הוא דניחא ליה להביא פסוק ולבני אהרן וגו', משום סיפא דקרא והיו על אהרן וגו' ולא ישאו עון ומתו, דמשמע דהבגדים מצילים אותו ממיתה מסיבה הנזכרת (תולדות נח): **כשם שכתוב וילבש צדקה כו'.** שהוא מלובש בארבע בגדים כביכול, והן, אחד וילבש צדקה, שנית וכובע ישועה, שלישית וילבש בגדי נקם תלבושת, רביעית ויעט כמעיל קנאה (תולדות נח):

פירוש מהרז"ו

בריתי היתה אתו. הוא ברית מילה, כמו שדרשו בראשית י"ז י', זאת בריתי אשר תשמרו, וכדלעיל ריש סימן ג, שהפסוק מדבר באהרן, וכמו שאמרו לעיל פרשה י"ט בסימן ה, שלא שמרו המילה אלא שבט לוי, והיינו על פי אהרן שהיה הנביא במצרים, עיין לעיל פרשה ל"ז סימן ב מה שכתבתי שם, ועל כן עמדה לו כאן זכות המילה. והובא זה לכאן אגב דברי רבי יצחק שהוא שייך כאן: **מנין זה.** על שתיבת זה מיותר, דריש ליה לגמטריא. ועיין בראשית רבה פרשה כ"ד סוף סימן ה', זה ספר (בראשית ה, א), ופרשה ס"ג בסימן ו, זה אנכי (שם כה, כב): **שנים עשר אבנים.** (סוטה (ל"ז) [לו, א ב]) עיין שם. והנה השנים עשר אבנים של החושן, ושנים של כתפות האפוד, היו של שמונה בגדים, וביום הכפורים כשנכנס לקדש קדשים היה בארבע בגדי לבן, ובהכרח שהכוונה שזכות האבנים שבשמונה בגדים שהיה עובד בהיכל ובמזבח החיצון, עמדה לו גם בהכנסו לקדש קדשים לפני ולפנים, וכמו שכתוב ונשא אהרן את שמות בני ישראל על לבו בבואו אל הקודש לזכרון לפני ה' תמיד, משמע שהזכרון יהיה תמיד אף כשאינם עליו: **וכסדר הזה היו נתונות.** במדבר רבה פרשה ב סימן ז באריכות: **מסתכל בהן ובבגדי כהן.** באבני חשן ואפוד, ובכל בגדי כהונה שכולם היו בדוגמא של מעלה, כדלעיל פרשה זו בסימן ג', שהלבישו כמלאכי השרת: **היה נכנס בכל שעה.** נכנס ביום הכפורים ארבע פעמים: **מדמות לבושי הקודש.** עיין בויקרא רבה פרשה כא סימן ו באריכות: **וילבש צדקה וגו'.** וסיפא דקרא תלבושת ויעט כמעיל קנאה, הרי גם כן ארבע לבישות, אחד וילבש צדקה, שני וכובע ישועה, שלישי וילבש בגדי נקם, רביעי ויעט כמעיל. או באופן זה וילבש וגו', וילבש וגו', תלבושת, ויעט, הרי ארבע:

חידושי הרד"ל

[ח] **כתונת ומגבעות תעשה להם כשם שכתוב וילבש כו'.** כן צריך לומר. (ובלשון המאמר הזה שהובא ברבינו בחיי לא נזכר אהרן כלל):

חידושי הרש"ש

[ח] **שנאמר בזאת יבא אהרן זו כו'.** דאלו לא כוון רק על הקרבנות האמורות בענין, לימא בזה, או באלה, כדאיתא יומא (ד, א): **וכן הוא אומר בריתי היתה אתו וגו'.** וכן הוא אומר (דברים לג, ח - ט) וללוי גו' כי שמרו אמרתך ובריתך ינצורו, דדרשו לעיל פרשה יט ה על המילה שלא בטלו שבט לוי במצרים, וכן בנשא פרשה יא ג אמרו שאהרן היה פורע בעת מילתן בעשיית הפסח במצרים: **שיהא הקדוש ברוך הוא מסתכל בהם בבגדי** (כן נראה דצריך לומר, בלי ו') **כהן בכניסתו ביום הכפורים.** לכאורה ביום הכפורים לא היה נכנס אלא בארבע בגדי לבן, ועיין מה שכתבתי בויקרא רבה פרשה כא, ז (ד"ה בשלשים): **כך אהרן היה נכנס בכל שעה לבית קדש הקדשים.** דלאהרן ניתן רשות להכנס בכל עת שהיה רוצה רק בסדר האמור, כדאיתא שם במדרש (ויקרא רבה כא, ז):

באור מהרי"פ

מסתכל בהן ובבגדי כהן בכניסתו וכו'. נראה שיהא מסתכל בהן הקב"ה בכניסת כהן גדול להיכל, אשר שם בלבושי בגדי זהב נכנס, אבל לבית קדשי הקדשים לא היה רשאי ליכנס בבגדי זהב, וכבר כתב הרמב"ן בסדר תצוה בפסוק ולא ימות (שמות כח, לה), שאף באהל מועד הוצרך כהן גדול לזכיות אלו: **ולבני אהרן תעשה כתנות.** (שמות כח מ) ועשית להם אבנטים ומגבעות תעשה להם לכבוד ולתפארת. ואולי כוונת המדרש, דהכא כתיב מגבעות, ורומז להענין שכתוב סמוך לזה, **כשם שכתוב** (ישעיה נט, יז) **וילבש צדקה כשריון וכובע ישועה בראשו וילבש בגדי נקם תלבושת ויעט במעיל** קנאה. ומגבעות וכובע חדא היא. אך צריך עיון למה מביא המקרא הזה דמיירי בבגדי הדיוט, ואי משום דכתיב כאן מגבעות ולהסמיך לו כובע ישועה בראשו, היה לו להביא המקרא (ויקרא טז, ד) כתונת בד קודש ילבש ומכנסי בד יהיו על בשרו ובאבנט בד יחגור ובמצנפת בד יצנוף בגדי קודש הם ורחץ במים את בשרו ולבשם, דהמקרא הזה מיירי ממלבושי כהן גדול, גם נזכר בו מצנפת שהוא דמיון לכובע ישועה בראשו. ואולי המדרש שכתב וילבש וכו' מרמז שכהן גדול היה מלובש בארבע בגדים, כשם שכתוב בהקב"ה שהוא גם כן מלובש בארבע בגדים כביכול, וילבש צדקה כשרין חד, וכובע ישועה בראשו תרין, וילבש בגדי נקם תלבושת תלת, ויעט כמעיל קנאה הרי ארבע: **שהיו מלאכי השרת שם.** תימא, בירושלמי יומא פרק הוציאו לו סוף הלכה ב, וכל אדם לא יהיה באוהל מועד וגו' אפילו אותן שכתוב בהן ודמות פניהם פני אדם לא יהיה באהל מועד, על כרחך היינו מלאכי השרת, אולם מדברי רמב"ן סדר תצוה סוף ד"ה ולא ימות (שמות כח, לה) משמע שבפנים היו מלאכי השרת, אלא כשהיה כהן גדול נכנס היו הולכים המלאכים משם, וחוזרים בצאתו:

מסורת המדרש

יג. עיין ויקרא רבה פרשה כ"א. פסיקתא רבתי סוף פיסקא מ"ז. פסיקתא דרב כהנא פיסקא כ"ז:

אם למקרא

בְּזֹאת יָבֹא אַהֲרֹן אֶל־הַקֹּדֶשׁ בְּפַר בֶּן־בָּקָר לְחַטָּאת וְאַיִל לְעֹלָה: (ויקרא טז:ג)

זֹאת בְּרִיתִי אֲשֶׁר תִּשְׁמְרוּ בֵּינִי וּבֵינֵיכֶם וּבֵין זַרְעֲךָ אַחֲרֶיךָ הִמּוֹל לָכֶם כָּל־זָכָר: (בראשית יז:י)

בְּרִיתִי הָיְתָה אִתּוֹ הַחַיִּים וְהַשָּׁלוֹם וָאֶתְּנֵם־לוֹ מוֹרָא וַיִּירָאֵנִי וּמִפְּנֵי שְׁמִי נִחַת הוּא: (מלאכי ב:ה)

וְלִבְנֵי אַהֲרֹן תַּעֲשֶׂה כֻתֳּנֹת וְעָשִׂיתָ לָהֶם אַבְנֵטִים וּמִגְבָּעוֹת תַּעֲשֶׂה לָהֶם לְכָבוֹד וּלְתִפְאָרֶת: (לעיל כח:מ)

וַיִּלְבַּשׁ צְדָקָה כַּשִּׁרְיָן וְכוֹבַע יְשׁוּעָה בְּרֹאשׁוֹ וַיִּלְבַּשׁ בִּגְדֵי נָקָם תִּלְבֹּשֶׁת וַיַּעַט כַּמְּעִיל קִנְאָה: (ישעיה נט:יז)

ענף יוסף

(ח) [י] **משל לבן מלכים כו'.** כוונתו בזה לתרץ דהא שמות השבטים היו פתוחי חותם על שתים עשרה אבני החושן, וביום הכפורים לא היה משמש בבגדי זהב אלא בבגדי לבן, לכך אמר משל לבן מלכים כו', ומסיים בנמשל הקדוש ברוך הוא נותן לו מדמות לבוש הקדש, וכוונתו על כתונת בד קודש וגו':

מתנות כהונה

[ח] **פדגוג.** אומן המגדל בני המלך: הכי גרסינן **מה עשה המלך הלבישו: פורפירא.** לבוש מלכות:

אשד הנחלים

אפשר לבוא למדרגת הנבואה ולכל קדושה אלהית בלתה, וזהו בריתי היתה אתו, ולכן החיים והשלום [שלא היה ניזוק בבית קדשי הקדשים]: **זכות השבטים.** שלכן היה נושא שמות בני ישראל עליו: **שדרגנין.** זה באור שמות האבנים איך נקראים. ועיין בשלטי הגבורים הגדול (לרבי אברהם הרופא פרק מו) מענין סגולת אבנים ומהותם: **שיהא הקדוש ברוך הוא מסתכל.** הוא על דרך הכנוי, כלומר שעל ידי זה ועל ידי זכות ישראל הוא יוצא ובא בשלום לבית קדשי הקדשים: **הלבישו פורפוריא כו' זכיות הרבה.** כי הזכות המה לבוש לכבוד ולתפארת, המורה כי הוא איש אלהי קרוב למלך ה' צבאות, ועל כן אינם יכולים המזיקים לפגוע בו: **שהיו מלאכי השרת שם.** והקדושה רבה שם עד שאי אפשר לאדם פשוט לכלכל הקדושה הרבה הזאת, אם לא על ידי זכות רב: **כשם שכתוב וילבש צדקה.** כלומר שלכן מכנהו פורפורא של המלך, לפי שמצינו כביכול שלבשו המלך, ומהו לבושו שבהם מתעטף בו הוא צדקה, ואלה הבגדים היו מכוונים לזה, על כן עומד זאת לזכות לו:

§9 The Midrash concludes its discussion of the *choshen*'s stones and the tribes' names that they bore:

"וּמִלֵּאתָ בוֹ מִלֻּאַת אֶבֶן", כֵּיצַד הָיוּ נְתוּנִים – Scripture states, ***You shall fill [the choshen] with stone mounting*** (above, 28:17) – **how were [the stones] placed** in the *choshen*?[143] **"טוּר אֹדֶם פִּטְדָה וּבָרֶקֶת וגו׳"** – The verse continues, ***a row of odem, pitdah, and barekes, etc.*** [– *the one row*] – **עַל אוֹדֶם הָיָה כָּתוּב אַבְרָהָם יִצְחָק וְיַעֲקֹב רְאוּבֵן** – **on** ***odem*** **was written "Abraham," "Isaac,"** and **"Jacob,"** and **"Reuben,"**[144] **עַל פִּטְדָה הָיָה כָּתוּב שִׁמְעוֹן עַל בָּרֶקֶת הָיָה כָּתוּב לֵוִי** – **on** ***pitdah*** **was written "Simeon,"** and **on** ***barekes*** **was written "Levi";** **"וְהַטּוּר הַשֵּׁנִי נֹפֶךְ סַפִּיר וְיָהֲלֹם"** – ***the second row: nophech, sapir, and yahalom*** (ibid., v. 18) – **עַל נוֹפֶךְ הָיָה כָּתוּב יְהוּדָה עַל סַפִּיר הָיָה כָּתוּב יִשָּׂשכָר עַל יַהֲלוֹם הָיָה כָּתוּב זְבוּלֻן** – **on** ***nophech*** **was written "Judah," on** ***sapir*** **was written "Issachar,"** and **on** ***yahalom*** **was written "Zebulun";** **"וְהַטּוּר הַשְּׁלִישִׁי לֶשֶׁם שְׁבוֹ וְאַחְלָמָה"** – ***the third row: leshem, shevo, and achlamah*** (ibid., v. 19) – **עַל לֶשֶׁם הָיָה כָּתוּב דָּן עַל שְׁבוֹ הָיָה כָּתוּב נַפְתָּלִי עַל אַחְלָמָה הָיָה כָּתוּב גָּד** – **on** ***leshem*** **was written "Dan," on** ***shevo*** **was written "Naphtali,"** and **on** ***achlamah*** **was written "Gad";**[145] **"וְהַטּוּר הָרְבִיעִי תַּרְשִׁישׁ וְשֹׁהַם וְיָשְׁפֵה"** – ***and the fourth row: tarshish, shoham, and yashfeh*** (ibid., v. 20) – **עַל תַּרְשִׁישׁ הָיָה כָּתוּב אָשֵׁר עַל שׁוֹהַם הָיָה כָּתוּב יוֹסֵף עַל יָשְׁפֵה הָיָה כָּתוּב בִּנְיָמִין שִׁבְטֵי יְשׁוּרוּן** – **on** ***tarshish*** **was written "Asher," on** ***shoham*** **was written "Joseph,"** and **on** ***yashfeh*** **was written "Benjamin"** and **"the Tribes of Jeshurun."**[146]

NOTES

143. The Midrash is stressing that, as noted above (in note 130), the tribes' names did not appear on the *choshen*'s stones in the order of their births as would have been expected (*Yefeh To'ar*).

144. Verse 28:30 above requires that "*Urim VeTumim*" be inserted into the *choshen*. According to *Rashi* (ad loc.) and the majority of authorities, this was a slip of parchment upon which God's Ineffable Name was written. The Gemara (*Yoma* 73b, followed in part by the commentators here) teaches that when the *Urim VeTumim* was consulted under certain conditions it would communicate a response through the letters on the stones of the *choshen*. The Gemara challenges this based on the fact that the Torah commands only that the tribes' names be engraved upon the *choshen*'s stones and the letters צ and ט [as well as ח and ק (*Yerushalmi, Yoma* 7:3, cited by *Tosafos Yeshanim* to *Yoma* ibid.; *Hagahos HaGra* ibid.)] are absent from the tribes' names. The Gemara answers that the names of the Patriarchs and the words שִׁבְטֵי יְשׁוּרוּן, *the Tribes of Jeshurun* (a reference to the tribes of Israel – see *Deuteronomy* 33:5 with *Targum Onkelos*), appeared there as well.

That the Patriarchs' names appeared on the *choshen*'s stones to complete the alphabet was deduced by the Sages based on the following argument: If the tribes' names appeared so that God would be reminded of their merit (as above), the Patriarchs' names should certainly have appeared, as Scripture repeatedly states that the Patriarchs are *remembered* this way (*Maharzu*).

[See the end of note 146 regarding the placement of the Patriarchs' names.]

145. [Note that in the prevalent version of *Bamidbar Rabbah* 2 §7, *Gad* appeared on *shevo* and *Naphtali* on *achlamah*.]

146. [This Midrash concurs with the Gemara cited just above. According to *Yerushalmi* (loc. cit.) the engraving read, "כָּל אֵלֶּה" שִׁבְטֵי יְשׁוּרוּן, *"all of these (were)" the Tribes of Jeshurun* (*Eitz Yosef*), and *Rambam* (*Hil. Klei HaMikdash* 9:7, cited by *Beur Maharif*; see *Kesef Mishneh* and *Mirkeves HaMishneh* ad loc.) writes that the words "שִׁבְטֵי "יָהּ, *the Tribes of "God,"* appeared.

Additionally, our Midrash appears to support the view of *Rambam* (ibid.) that the Patriarchs' names were all written above Reuben's name and that the words שִׁבְטֵי יָהּ were written below Benjamin's name (*Rashash*). By contrast, *Rabbeinu Bachya* (to 28:15, cited in *Matnos Kehunah* and *Beur Maharif*), asserts that the letters of the words אַבְרָהָם יִצְחָק יַעֲקֹב שִׁבְטֵי יְשֻׁרוּן were distributed in order among the twelve stones after the names of the tribes in such a way that each stone had exactly six letters engraved upon it. Thus, *odem* featured ראובן א, *pitdah* – שמעון ב, *barekes* – לוי רהם, and so on. *Imrei Yosher* (also see *Matnos Kehunah*; cf. *Rashash*) contends that our Midrash is written imprecisely, and it in fact accepts that the letters were distributed among the stones.]

מדרש

ט [כח, יז] "וּמִלֵּאתָ בוֹ מִלֻּאַת אֶבֶן", כֵּיצַד הָיוּ נְתוּנִים, [שם] "טוּר אֹדֶם פִּטְדָה וּבָרֶקֶת וְגוֹ'", עַל אוֹדֶם הָיָה כָּתוּב אַבְרָהָם יִצְחָק וְיַעֲקֹב רְאוּבֵן, עַל פִּטְדָה הָיָה כָּתוּב שִׁמְעוֹן, עַל בָּרֶקֶת הָיָה כָּתוּב לֵוִי, [כח, יח] "וְהַטּוּר הַשֵּׁנִי נֹפֶךְ סַפִּיר וְיַהֲלֹם", עַל נוֹפֶךְ הָיָה כָּתוּב יְהוּדָה, עַל סַפִּיר הָיָה כָּתוּב יִשָּׂשכָר, עַל יַהֲלוֹם הָיָה כָּתוּב זְבוּלֻן, [כח, יט] "וְהַטּוּר הַשְּׁלִישִׁי לֶשֶׁם שְׁבוֹ וְאַחְלָמָה", עַל לֶשֶׁם הָיָה כָּתוּב דָּן, עַל שְׁבוֹ הָיָה כָּתוּב נַפְתָּלִי, עַל אַחְלָמָה הָיָה כָּתוּב גָּד, [כח, כ] "וְהַטּוּר הָרְבִיעִי תַּרְשִׁישׁ וְשֹׁהַם וְיָשְׁפֵה", עַל תַּרְשִׁישׁ הָיָה כָּתוּב אָשֵׁר, עַל שׁוֹהַם הָיָה כָּתוּב יוֹסֵף, עַל יָשְׁפֵה הָיָה כָּתוּב בִּנְיָמִין שִׁבְטֵי יְשֻׁרוּן:

עץ יוסף

(ט) [יא] **כיצד היו נתונים.** עיין ברבינו בחיי סדר זו: **היה כתוב אברהם כו'.** לפי שלצורך האורים ותומים היה צריך להיות שם כל האותיות מאלפ"א בית"א, ובשמות השבטים היו חסרין אות חי"ת טי"ת צד"ק קו"ף, לכן נכתבו שלשה אבות שיש בהם חי"ת צד"י קו"ף, ונכתב שבטי ישורון להיות שם אות הטי"ת: **שבטי ישורון.** זהו כשטת הבבלי ביומא דף ע"ג ע"ב, אבל בירושלמי שם אמרו כל אלה שבטי ישראל:

פירוש מהרז"ו

(ט) **כיצד היו נתונים.** עיין במדבר רבה פרשה ב סימן ז מה שכתבתי שם: **על אודם היה כתוב אברהם וכו'.** להשלים אותיות הא"ב, שיהיו כולם באורים ותומים, דרשו רז"ל קל וחומר אם שמות השבטים נחקקו בחושן לזכרון, קל וחומר שמות האבות שהם תמיד לזכרון, כמו שכתוב (ויקרא כו מב) וזכרתי את בריתי יעקב וגו', וכמו שכתוב (שמות לב, יג) זכור לאברהם ליצחק ולישראל:

מתנות כהונה

[ט] **על אודם היה כתוב כו'.** ברבינו בחיי סדר לכל שבט אות אחת מן שלשה אבות אברהם יצחק יעקב א' י' י'. וכן אותיות שבטי ישורון. עד שבכל אבן ואבן היו כתובים ששה אותיות:

חידושי הרד"ל

[ט] **שבטי ישורון.** זהו כשיטת הבבלי ביומא (עג, ב), אבל בירושלמי שם אמרו כל אלה שבטי ישראל:

חידושי הרש"ש

[ט] **על אודם היה כו'.** מכאן למד הרמב"ם ז"ל פרק ט מהלכות כלי המקדש הלכה ז שאברהם יצחק ויעקב היו כתובים למעלה מראובן ושבטי יה למטה מבנימין, והכסף משנה לא ידע מקורו, ודלא כרבינו בחיי שחלקם על כל האבנים: **על לשם היה כתוב דן.** הוא כמו שכתב רש"י בשופטים (יח, כט) וכן הובא לקמן במדבר רבה פרשה ב ז (ועיין מה שכתבתי שם (ד"ה גד)), ודלא כדמשמע מדבריו בפירוש התורה בסדר זה (כח, כא) דדן היה כתוב על ספיר, ועיין ברא"ם:

אמרי יושר

[ט] **על אודם כו' אברהם יצחק יעקב.** לאו דוקא אלא מחולקים היו:

באור מהרי"פ

[ט] **כיצד היו נתונים וכו'.** אמר הכותב, דע כי אצל האפוד כתיב (שמות כח, יוד) ששה משמותם על האבן האחת ואת שמות הששה הנותרים על האבן השנית כתולדותם, וכאן אצל החושן כתיב (שם, כא) והאבנים תהיינה על שמות בני ישראל שתים עשרה על שמותם פתוחי חותם איש על שמו תהיינה לשני עשר שבט. ולא נאמר כאן כתולדותם, והיתה קבלה ביד חכמינו ז"ל שהיו כתובים כסדר הזה האמור כאן שלא כתולדותם. וזה לשון הרמב"ם (הלכות כלי מקדש פרק ט הלכה ז) ומפתח על האבנים שמות כשבטים כתולדותם, ונמצא כותב על האודם ראובן, ועל ישפה בנימין, וכותב בתחלה למעלה מראובן אברהם יצחק ויעקב, וכותב למטה מבנימין שבטי יה, כדי שיהיו כל האותיות מצויות שם עד כאן לשון הרמב"ם. הנה מלשון הרמב"ם משמע שהיו כתובים כסדר תולדותם ראובן שמעון לוי יהודה דן ונפתלי גד אשר יוסף ובנימין, ודברי המדרש סותרים את דבריו, וזה לשון רש"י בחומש אצל החושן איש על שמו כסדר תולדותם סדר האבנים אודם לראובן פטדה לשמעון וכן כולם עד כאן לשון רש"י ז"ל, ודבריו מתאימים עם דברי הרמב"ם ז"ל, והמדרש סותר דברי שניהם. אולם אחר אשר בינותי בספרים מצאתי ישוב נכון לפי חומר הנושא, שיש הכרח שמכריח את המדרש לסדר זה, שלפי סדר הפשוט כסדר תולדותם, הוא מן ההכרח ששם דן כתוב על אבן ספיר, כי סדר תולדותם הוא ראובן שמעון לוי יהודה דן נפתלי כמו שכתב רש"י ז"ל אצל האפוד, פירוש של כתולדותם, ואלו בספר (שופטים יח, יט) ויקרא שם העיר בשם דן אביהם אשר יולד לישראל ואולם ליש שם העיר לראשונה, וכתב רש"י שם וזה לשונו, ליש שם העיר ובספר יהושע קורא שמה לשם על שם שמצאו שם אבן טובה ששמה לשם, והיא היתה על החשן לשבט דן שמו כתוב על לשם לידה שבאמת הוא נחלתו עד כאן לשונו, ולכן מסדר המדרש סדר זה ראובן שמעון לוי יהודה יששכר זבולון דן נפתלי וכו', שלפי זה יהיה שם דן כתוב על לשם, ולא על ספיר, והמדרש סובר גם כן הסדר של כתולדותם, אך לא לפי סדר הנולדים, אך לפי סדר אמהות היולדות, היינו שיהיו כל בני האם הקודמת בלידה קודמין על האחר, אף על פי שנולדו אחריהן, ולכן יחויב מזה שיהיו יששכר וזבולון קודמין על דן ונפתלי, אף על פי שהן מאוחרין מהם, והמקרא (יהושע יט, מז) ויצא גבול בני דן מהם ויעלו בני דן וילחמו עם לשם וילכדו אותה ויכו אותה לפי חרב ויירשו אותה וישבו בה ויקראו ללשם דן בשם דן אביהם, וכמבואר למעלה מפירש"י בספר שופטים, הוא משען גדול לסדר זה, ואולי גם הרמב"ם ורש"י ז"ל שכתבו כסדר תולדותם כוונו גם כן לזה, ובזה יהיו דבריהם מתאימים עם דברי המדרש: **היה כתוב אברהם יצחק ויעקב.** (יומא דף עג, ב) כילד נעשית רבי יוחנן אמר בולטות, וריש לקיש אמר מגוטרפות, והא לא כתב בהו צ', אמר רבי שמואל בר יצחק אברהם יצחק ויעקב כתיב שם, והא לא כתיב ט' אמר רב אחא בר יעקב שבטי ישורון כתיב. פירש רש"י בולטות, האותיות בולטות, כגון ע' משמעון, ל' מלוי, ה' מיהודה, לומר עלה וכל אחת אינה זזה ממקומה אלא בולטת במקומה, והוא מגרפן, והא לא כתיב צ' בכל השבטים, ואם צריך לה כגון והלל תליל מהיכן באה, עד כאן לשון רש"י ז"ל, ובזה יובן כאן: **במתנות כהונה [בד"ה על כו'] ברבינו בחיי סדר וכו'.** וזה לשון רבינו בחיי (שמות כח, טו), ומפתח שמות שנים עשר שבטים על שתים עשרה אבנים, ראובן היה מפותח על אבן אודם, שמעון על פטדה, וכן כולם, ומלבד שבטים שנים עשר שהיו כתובים על שתים עשרה אבנים הללו, היו כתובים שמות האבות אברהם ויצחק ויעקב ושבטי ישרון, וכסדר הזה היו כתובים, ראובן א' על אודם, שמעון ב' על פטדה, לוי רהם על ברקת, יהודה י' על נופך, יששכר צ' על ספיר, זבולון ח' על יהלום, דן ק' יעק על לשם, נפתלי ב' על שבו, גד שבטי על אחלמה, אשר ישר על תרשיש, יוסף ו"ן על שוהם, בנימין על ישפה הרי לך בכל אבן ואבן ששה אותיות להורות כי ששת ימי המעשה תלוים בשנים עשר שבטים, עד כאן לשון רבינו בחיי:

כי תשא
KI SISA

Chapter 39

כִּי תִשָּׂא אֶת רֹאשׁ בְּנֵי יִשְׂרָאֵל לִפְקֻדֵיהֶם וְנָתְנוּ אִישׁ כֹּפֶר נַפְשׁוֹ לַה׳ בִּפְקֹד אֹתָם וְלֹא יִהְיֶה בָהֶם נֶגֶף בִּפְקֹד אֹתָם.

When you take a census of the Children of Israel according to their numbers, every man shall give HASHEM an atonement for his soul when counting them, so that there will not be a plague among them when counting them (30:12).

§1 כִּי תִשָּׂא — *WHEN YOU TAKE A CENSUS.*

The Midrash cites the beginning of a lengthy exposition of our verse:

כָּךְ פָּתַח רַבִּי תַּנְחוּמָא בַּר אַבָּא: ״שָׁרְרֵךְ אַגַּן הַסַּהַר וְגוֹ׳״ — **This is how R' Tanchuma opened** his discourse on our passage: He expounded the verse, ***Your navel is [like] a moon-shaped basin, etc.*** (*Song of Songs* 7:3).[1] וְכָל הַפְּתִיחוֹת כּוּלָּן כְּעִנְיַן הַכָּתוּב בְּפָרָשִׁיּוֹת — And **all the** other **opening discussions** on our passage apply here, **everything as written** in *Pesikta*, in the section of the Four ***Parshiyos.***[2]

The Midrash cites one more exposition of this verse in full:

וְעוֹד — **In addition** to the above references, there is another exposition of our verse: אָמַר לוֹ הַקָּדוֹשׁ בָּרוּךְ הוּא — **The Holy One, blessed is He, said [to Moses],** מֹשֶׁה, חַיָּיבִין לִי יִשְׂרָאֵל מַה שֶּׁלָּוּוּ הֵימֶנִּי — **"Moses! Israel is obligated to** repay **Me what they 'borrowed' from Me,** i.e., what they owe Me."[3] שֶׁנֶּאֱמַר ״כִּי תִשָּׂא״, כְּמָה דְתֵימָא ״כִּי תַשֶּׁה בְרֵעֲךָ״ — Our verse alludes to this, **for it is stated, *When you take a census*** [כִּי תִשָּׂא], which can be interpreted **along the lines of that which is stated** elsewhere, ***When you make a loan*** [כִּי תַשֶּׁה] *of any amount* ***to your fellow*** (*Deuteronomy* 24:10).[4] אֱמוֹר לָהֶם שֶׁיִּפָּרְעוּ מַה שֶּׁהֵם חַיָּיבִים לִי — God continued, **"Tell [Israel] that they should pay** Me **what they owe Me."** הֱוֵי ״כִּי תִשָּׂא״ — **Hence** it says, ***When you take a census*** [כִּי תִשָּׂא] *of the Children of Israel, etc.,* which can also be interpreted, "When you inform the Children of Israel that they are indebted to Me, *every man shall give HASHEM an atonement for his soul, so that there will not be a plague among them.*"[5]

NOTES

1. The Midrash here does not cite the actual exposition of R' Tanchuma. It can be found in its entirety in *Pesikta Rabbasi* §10. (It is also found, in slightly different words, in *Midrash Tanchuma, Ki Sisa* §2.) *Shemos Rabbah* (as we have it) often records partial expositions, referring the reader to other sources for the full version.

2. The Four *Parshiyos,* read on the Sabbaths before Pesach, are *Shekalim, Zachor, Parah,* and *HaChodesh.* The first one, *Shekalim,* consists of our passage here at the beginning of *Ki Sisa.* The *Pesikta* expounds all of the Four *Parshiyos,* beginning with *Shekalim,* where it presents several "openings" or introductions to our passage. It is these openings to which our Midrash is referring. It may also be referring us to *Midrash Tanchuma* (see previous note), which contains even more opening discourses on our passage.

3. God had a "debt" to "collect" from Israel after the sin of the Golden Calf (for this Midrash maintains, as do several others, that our passage regarding the half-*shekel* chronologically follows the sin of the Calf, which is recorded later). Becoming subject to punishment for a sin is compared to having a financial obligation as a result of borrowing money (*Yefeh To'ar, Eitz Yosef*). [Indeed, the same Hebrew word, חַיָּיב, means both "liable for punishment" and "financially liable."]

4. The verb תַשֶּׁה (translated here as "make a loan") has no exact English equivalent. It indicates that someone (usually a creditor) causes someone else (usually a borrower) to owe him money. The Midrash homiletically interprets our verse's expression כִּי תִשָּׂא as if it were written, כִּי תַשָּׁא, *when you cause others to owe.* God, by telling Moses (תַשָּׁא) כִּי תִשָּׂא אֶת רֹאשׁ בְּנֵי יִשְׂרָאֵל, thus meant that Moses was to make Children of Israel aware of the fact that they owed a "debt" to God for their sin involving the Golden Calf (ibid.).

5. The Midrash thus sees the payment of the half-*shekel* by each Israelite as a means of an *atonement for his soul* for the sin of the Calf, in lieu of the plague or destruction that they rightfully deserved. See Insight Ⓐ.

INSIGHTS

Ⓐ **One Among Many** Our Midrash characterizes the half-*shekel* donations as repayment of a debt. It does not say why this debt came due now, just as a census was being initiated, but presumably it was because, as the Torah itself makes clear, there was a risk that the census would trigger a plague.

What, though, was the nature of this debt? Why did the census make repaying it so urgent? And why, indeed, should counting the Jewish people expose them to a plague?

The *Dubno Maggid* (*Ohel Yaakov, Ki Sisa*) sheds light on all these issues. He begins by reflecting on a famous Mishnaic statement: *All Israel have a share in the World to Come, as it is said, "And your people are all righteous; they shall inherit the land forever"* (*Sanhedrin* 10:1). This statement seems to guarantee a share in the World to Come, without requiring us to earn the privilege with a lifetime of good deeds. But if so (asks *Midrash Shmuel* at the beginning of *Avos*), what motivates a Jew to devote himself to serving God if the ultimate reward is assured before one even starts? A similar question can be asked about the exile. Many classic sources portray the exile as a prison in which we are confined until we mend our ways. On the other hand, the prophets repeatedly assure us that the exile is not open-ended. At some point it will run its course and we will be redeemed. Why, then, should we feel compelled to repent if we can just wait out the hard times and enjoy the redemption all the same?

The answer to these questions lies in the two ways a nation can be viewed: as a unified body or an amalgam of individuals. To illustrate the difference, we might imagine a community with public and private assets. If the communal fund is full but private income is lacking, then the community is rich while the individuals are poor. No one citizen would boast of being rich based on the robust state of the community's finances. In the same way, the Jewish people have a fund of public assets, including a promise of redemption from exile and a guaranteed place in the World to Come. But no single Jew has an automatic claim on these benefits; only those who prove themselves worthy will be allowed to partake of them.

What emerges is that the Jewish people are perceived and judged on two levels: national and individual. Since individual people are often deficient in terms of their moral obligations, Israel will always be considered more worthy and distinguished when it is viewed on a national level. It is from this perspective that King Solomon sings of the loving esteem in which God holds the Jewish people, portraying the "House of Israel" as a beautiful dwelling in which God proudly sets Himself up as Master (see *Song of Songs* 1:17). But for this perspective to prevail, the Jewish people must be bound together and united, as they were in the days of Solomon. During the exile, when we are scattered throughout the world and dispersed among the nations, we can be viewed only as individuals, and our status has declined accordingly.

The fragmentation of our people has another consequence. Consider this parable: A person of modest means obtained a large supply of lumber to build a house. First he purchased ten boards on credit from one neighbor, then he did the same with another and another, until he was able to erect an impressive mansion. Before long it was time to pay his suppliers, but the deadline passed and he failed to meet his obligations. Do the creditors have the right to dismantle the building and take back their boards? It stands to reason that they do not. But if the builder himself decides to renovate the house and proceeds to dismantle it for that purpose, then the creditors would be perfectly justified in seizing upon the opportunity and recovering their individual boards.

The same guidelines apply to the Jewish people, and herein lies the danger of taking a census. As private citizens we are all deeply in debt

סֵדֶר כִּי תִשָּׂא

פרשה לט

א [ל, יב] "**כִּי תִשָּׂא**", **כָּךְ פָּתַח רַבִּי תַּנְחוּמָא בַּר אַבָּא:** (שיר השירים ז, ג) "**שָׁרְרֵךְ אַגַּן הַסַּהַר וְגוֹ'**", **וְכָל הַפְּתִיחוֹת כּוּלָּן כְּעִנְיַן הַכָּתוּב בַּפָּרָשִׁיּוֹת, וְעוֹד אָמַר לוֹ הַקָּדוֹשׁ בָּרוּךְ הוּא: מֹשֶׁה, חַיָּיבִין לִי יִשְׂרָאֵל מַה שֶּׁלָּווּ הֵימֶנִּי, שֶׁנֶּאֱמַר "כִּי תִשָּׂא", כְּמָה דְתֵימָא** (דברים כד, י) "**כִּי תַשֶּׁה בְרֵעֲךָ**", **אֱמוֹר לָהֶם שֶׁיִּפְרְעוּ מַה שֶּׁהֵם חַיָּיבִים לִי, הֱוֵי "כִּי תִשָּׂא", וַאֲשַׁלְּמָה לָהֶם, שֶׁנֶּאֱמַר** (הושע ב, א) "**וְהָיָה מִסְפַּר בְּנֵי יִשְׂרָאֵל כְּחוֹל הַיָּם**":

עץ יוסף

(א) כך פתח רבי תנחומא. בפסיקתא פרק י' ובתנחומא סדר זו, ולא הזכיר כאן רק מה שאמר בסופן (בפסיקתא שם סי' ט"ו) ועוד אמר ליה הקדוש ברוך הוא למשה כו': **מה שלוו ממני.** החטא נקרא הלואה, שנעשו חייבים כלוה למלוה, והחטא הזה הוא העגל, ולכן אמר שיפרעו בנתינת השקלים לכפר על נפשותם, ובפסיקתא שם כי תשא וגו' ונתנו איש כופר נפשו, אמר ליה הקדוש ברוך הוא, משה מיתה הם חייבים על שעשו את העגל, אלא יתנו כפרת נפשם ונתנו איש כופר נפשו: **הוי כי תשא.** דריש ליה כמו תשיא, שיעשה את בני ישראל נושים, כלומר שידעו שהם חייבים: **ואשלמה להם.** דריש עוד תשא לשון חיוב, לענין שיהיה ה' כאילו חייב להם ויפרע להם, והיינו והיה מספר בני ישראל כחול הים, שעל ידי שהם מקיימים מצותיו במנינם שלא ימנום אלא בשקלים, ירבה אותם ויהיה מספרם בלתי אפשר למנות:

פירוש מהרז"ו

(א) שררך אגן הסהר. כאן לא הובא מה שדורש על זה, והוא בשיר השירים רבה פסוק זה, ובתנחומא ריש תשא, ובמדבר רבה פרשה א סימן ד, פסיקתא רבתי פסקא י סימן ב. ועיקר הדרשה על סוף הפסוק בטנך ערמת חטים, מה ערמת חטים נכנסת לזריעה במנין, ולאוצר במנין, כך ישראל נמנים בכל שעה שצריכים: **וכל הפתוחות כולן כמו שכתוב בפרשיות.** בפסיקתא הנ"ל שמיוסד על פרשיות הנוספות, היינו ארבע פרשיות וכו', ופרשת כי תשא שהיא פרשת שקלים בפרשה י' שם, כמה פתיחות, ועיין לעיל ריש פרשה ט"ו, ולעיל ריש פרשה י"א: **ועוד.** לבד דרשה שעל פסוק שררך הנ"ל, יש לדרוש עוד על תיבת תשא, ולא אמר תמנה או תפקוד, לדרוש על פי מדת ממעל לשון כי תשה ברעך, שפירושו כי תלוה, ועיין מה שכתב לעיל פרשה ל"ג סימן ב, שכל הפרשיות אלו אחר חטא העגל, ואם יעברו תחת המנין יכשלו חלילה בנגף על חטא העגל, על כן צריכים כופר, שעיקר הצלחת ישראל כשהם אגודה אחת לשמו יתברך, וכשמונים אותם נעשו פרטים כל אחד בפני עצמו, ואז שולט הדין והנגף, כשמזכירים עונות כל אחד, וזהו צריך פדיון נפש במנין: **ואשלמה להם.** שלכך אמר לשון הלואה סתם, כאלו כביכול לוה מהם וצריך לשלם להם, ותשלומי הכופר שיפרו וירבו מאוד, עד שלא יהיה להם מספר:

מתנות כהונה

[א] ואשלמה להם. כי תשא קריביה גם כן כי תשיא הרי שהם לוו מהקדוש ברוך הוא וצריכים לפרוע והקדוש ברוך הוא מעלה עליהם כאלו הלווהו. וזהו כי תשיא:

אשד הנחלים

[א] בענין הכתוב. כלומר כמפורש בחזית על הפסוק הזה: **ועוד.** פירוש ועוד דריש רבי תנחומא (ידי משה): **חייבים לי כו' תשא כו' ואשלמה.** עיין במתנות כהונה שפירש כי תשיא שהם לווים מה' וכו'. ועניננו על דרך פשוטו שבהם ישראל מתעלים ומתנשאים במה שנותנים לה', כי מכירים הם שחייבים להודות לה' וליתן כופר נפשם, וזהו החיוב שהם חייבים להכיר מצד שכלם, אבל עם כל זה ה' משלם להם שכר עשייתם, אף שעושים זה על ידי שהם חייבים מקודם, כמו שנאמר (איוב מא, ג) מי הקדימני ואשלם, ואם כן נכלל זה גם כן בפשט הכתוב, הבן זה:

אמרי יושר

[א] שררך גן הסהר וגו'. [הרב ביאר בזאת הפרשה הפתיחות הרמוזות כאן, וכתובות בפסיקתא פסקא כי תשא, בילרוט, ובתחומא סדר זו]. **בטנך ערימת חיטים, אלו ישראל כו' כחיטים שהם סדוקות כו' ולמה כו' שהכל טפלה להם** (פסיקתא סימן ג). שהם סדוקות ונכללות בו, כי החטים יקיפום: **דבר אחר בטנך ערימת חיטים כו' השבולת הזו מתמרת ועולה** (פסיקתא סימן ד). הדרשא הראשונה (פסיקתא שם סימן ג) בערך הבן בית היה החשבון, ודרשא זו היא בערך השבולת מאליה ומעצמה, כגון עליה שרואים עצמם רחבים וחושבים שבשבילם נזרעה, כן אומות העולם אומרים שבשבילם נברא העולם: **ומעלה לזה ומוריד לזה בסולמות כו' בלשון זה הושפל ובלשון זה הוגבה** (תנחומא סימן ה). זה ענין הזיווג גם כן, כאמרם (כתובות מח, א) עולה עמו ואינה יורדת, כי בזיווגים יתעלה ענין הייחס או ישפל, ואם כן ענין הזיווג אמר לה גם כן אבל בזה לשון: **אמר הקדוש ברוך הוא שא** (תנחומא סימן ט). ראשי תיבות אות ראשונה שבשבטים, תמצא שש מאות אלף חסר שלשת אלפים שמתו בעגל. ומצאנו סמך שהמנין הוא לאלפים יגיד עליו אל"ף, אשר שמשמעה אלף כשמה, והמספר יבנה מהאחד, כי הוא מספר אחדים: **ל העובר על הפקודים רבי יהודה אומר כל דעבר בימא** (ילקוט שמעוני ריש כי תשא). אם כן אף שבט לוי בכלל השקלים, וסובר שהחטא הוא מכירת יוסף כדלקמן. **רבי נחמיה אומר כל דעבר על סכומיא.** ושבט לוי לא נמנה בכלל ישראל, ואם כן לא נתנו שקלים וסובר שעל עון העגל בא זה. אלא שקשה לזה שמצינו רבי יהודה בעל סברת כל דעבר על ימא לפי שחטאו בחצי היום וכו' (ילקוט שמעוני שם. עי' תנחומא סימן י) זה יתנו, אמר זה לבד יתנו, אף על פי שבערך כבוד הקב"ה יצוייר את הרבה, גם בערך מיני הכופר הנזכרים בתורה או ככר כסף, או חמישים שקלים, או שלשים, אמר די בזה: **אם עבירותיהם בך** (פסיקתא שם סימן יג). הביאם לזכות, זהו רמז זה יתנו כל העובר:

חידושי הרד"ל

[א] הכתוב בפרשיות עד אמר לו הקדוש ברוך הוא כו'. כן צריך לומר. והוא בפסיקתא דפרשת שקלים, (רק האי אמר ליה הקב"ה כו' ליתא שם לפנינו, ואיתא בתנחומא כאן):

באור מהרי"פ

[א] שררך אגן הסהר וכו'. מבואר במדרש חזית (שיר השירים רבה פרשה ז, ו) ועיקר במדרש תנחומא יש פתיחות, רבי תנחומא פתח, ואולי גם בשאר מדרשות כן, ולזה נתכוין המוסגר שבכאן **וכל הפתיחות כולן וכו': והיה מספר וכו'.** כלומר, בזכות תשא את ראש בני ישראל לתת מחצית השקל יזכו להיות כחול הים אשר לא ימד ולא יספר:

אם למקרא

שָׁרְרֵךְ אַגַּן הַסַּהַר אַל יֶחְסַר הַמָּזֶג בִּטְנֵךְ עֲרֵמַת חִטִּים סוּגָה בַּשּׁוֹשַׁנִּים:
(שיר השירים ז:ג)

כִּי תַשֶּׁה בְרֵעֲךָ מַשַּׁאת מְאוּמָה לֹא תָבֹא אֶל בֵּיתוֹ לַעֲבֹט עֲבֹטוֹ:
(דברים כד:י)

וְהָיָה מִסְפַּר בְּנֵי יִשְׂרָאֵל כְּחוֹל הַיָּם אֲשֶׁר לֹא יִמַּד וְלֹא יִסָּפֵר וְהָיָה בִּמְקוֹם אֲשֶׁר יֵאָמֵר לָהֶם לֹא עַמִּי אַתֶּם יֵאָמֵר לָהֶם בְּנֵי אֵל חָי:
(הושע ב:א)

ידי משה

[א] כך פתח רבי תנחומא. פירוש שרבי תנחומא פתח כל הפתיחות בזה הסדרא, כאשר תראה בכל הפרשיות (פר' לט – מה) רבי תנחומא פתר, מה שאין כן בשאר הסדרות: **ועוד.** פירוש, ועוד דריש רבי תנחומא **אמר לו הקדוש ברוך הוא** שיפרעו לי מה שהם חייבים לי וגם אני אפרע להם מה שאני חייב להם, שהבטחתי אותם שיהיו כחול הים אפרע להם, דכתיב והיה מספר **בני ישראל כחול הים,** אבל אם לא יפרעו לי השקלים, אי אפשר לפרוע להם שיהיו כחול הים, כי ישלוט בהם הנגף:

וַאֲשַׁלְּמָה לָהֶם – Moreover, God said to Moses here, **"And I, too, will repay them** one day,"[6] שֶׁנֶּאֱמַר "וְהָיָה מִסְפַּר בְּנֵי יִשְׂרָאֵל כְּחוֹל הַיָּם" – **as it is stated,** ***And the number of the Children of Israel will be***[7] ***like the sand of the sea,*** *which can neither be measured nor counted* (Hosea 2:1).

NOTES

6. The Midrash once again interprets כִּי תִשָּׂא is if it were written כִּי תְשָׂה, but this time the subject and object are reversed: God tells Moses that one day *He* will "pay" *Israel* what He "owes" them. *Yefeh To'ar* (cited in *Eitz Yosef*) explains: As a result of following God's command, that the census be conducted through *shekalim* rather than a direct head count, God will consider Himself "indebted" to Israel, as it were, and will repay them in kind, by increasing their population to the extent that a count will be implausible.

7. In Messianic times (see context ibid.).

INSIGHTS

to God as a result of our many failings and sins. Our saving grace is that we are not just individuals; we are the building blocks of a great, unified nation that God treasures as His chosen people. When we present ourselves as a nation, we create a synthesized whole whose eminence and splendor overshadow the imperfections found in its constituent parts. Taking a census, however, means breaking down the nation into tribes, households, families, and individuals. This process causes each of us to stand out on his own, shifting the focus from Israel as a people to the Israelite as a person. When this happens, we are exposed to scrutiny by heavenly prosecutors eager to collect our outstanding "debts."

To ward off this danger, God instructed Moses to conduct the census through half-*shekel* donations. As our Midrash explains, these donations were intended to serve in lieu of payment for our debts, and would thus protect us from harm.

We can now proceed to the obscure conclusion of the Midrashic passage: "God said to Moses, 'And I will pay them [back], as it says, *And the number of the Children of Israel will be like the sand of the sea*'" (*Hosea* 2:1). In other words, there will come a time when Israel will be able to undergo a census without recourse to special protective measures. In that future era, every Jew will be righteous and worthy in his own right, and will be even more esteemed than was the nation as a whole in its less glorious past. Not only will the Jews of that era be immune from the designs of the Satan, they will actually be better appreciated under the spotlight of a census, because the extra exposure will underscore their perfection and reveal them in all their beauty and glory. Hosea's prophecy therefore continues, *Instead of it being said to them, "You are not My people"* — that is, whereas in the past as individuals you did not not appear as beautiful and worthy as "My [unified] people" — *it will [henceforth] be said to them, "Children of the living God,"* for at that time even Jews singled out by the counting process will be recognizable as the noble and unblemished children of God.

סֵדֶר כִּי תִשָּׂא

פרשה לט

א [ל, יב] **"כִּי תִשָּׂא", כָּךְ פָּתַח רַבִּי תַּנְחוּמָא בַּר אַבָּא:** (שיר השירים ז, ג) **"שָׁרְרֵךְ אַגַּן הַסַּהַר וְגוֹ'", וְכָל הַפְּתִיחוֹת כּוּלָּן כָּעִנְיָן הַכָּתוּב בַּפָּרָשִׁיּוֹת, וְעוֹד אָמַר לוֹ הַקָּדוֹשׁ בָּרוּךְ הוּא: מֹשֶׁה, חַיָּיבִין לִי יִשְׂרָאֵל מַה שֶּׁלָּווּ הֵימֶנִּי, שֶׁנֶּאֱמַר "כִּי תִשָּׂא", כְּמָה דְתֵימָא** (דברים כד, י) **"כִּי תַשֶּׁה בְרֵעֲךָ", אֱמוֹר לָהֶם שֶׁיִּפְרְעוּ מַה שֶּׁהֵם חַיָּיבִים לִי, הֱוֵי "כִּי תִשָּׂא", וַאֲשַׁלְּמָה לָהֶם, שֶׁנֶּאֱמַר** (הושע ב, א) **"וְהָיָה מִסְפַּר בְּנֵי יִשְׂרָאֵל כְּחוֹל הַיָּם":**

עץ יוסף

(א) כך פתח רבי תנחומא. בפסיקתא פרק י' ובתנחומא סדר זו, ולא הזכיר כאן רק מה שאמר בסופן (בפסיקתא שם סי' ט"ו) ועוד אמר ליה הקדוש ברוך הוא למשה כו': **מה שלוו ממני.** החטא נקרא הלואה, שנעשו חייבים כלוה למלוה, והחטא הזה הוא העגל, ולכן אמר שיפרעו בנתינת השקלים לכפר על נפשותם, ובפסיקתא שם כי תשא וגו' ונתנו איש כופר נפשו, אמר ליה הקדוש ברוך הוא, משה מיתה הם חייבים על שעשו את העגל, אלא יתנו כפרת נפשם ונתנו איש כופר נפשו: **הוי כי תשא.** דריש ליה כמו תשיא, שיעשה את בני ישראל נושים, כלומר שידעו שהם חייבים: **ואשלמה להם.** דריש עוד תשא לשון חיוב, לענין שיהיה ה' כאילו חייב להם ויפרע להם, והיינו והיה מספר בני ישראל כחול הים, שעל ידי שהם מקיימים מצותיו במנינם שלא ימנום אלא בשקלים, ירבה אותם ויהיה מספרם בלתי אפשר למנות:

פירוש מהרז"ו

(א) שררך אגן הסהר. כאן לא הובא מה שדורש על זה, והוא בשיר השירים רבה פסוק זה, ובתנחומא ריש תשא, ובמדבר רבה פרשה א סימן ד, פסיקתא רבתי פסקא י סימן ב. ועיקר הדרשה על סוף הפסוק בטנך ערמת חטים, מה ערמת חטים נכנסת לזריעה במנין, ולאוצר במנין, כך ישראל נמנים בכל שעה שצריכים: **וכל הפתוחות כולן כמו שכתוב בפרשיות.** בפסיקתא הנ"ל שמיוסד על פרשיות הנוספות, היינו ארבע פרשיות וכו', ופרשת כי תשא שהיא פרשת שקלים בפרשה י' שם, כמה פתיחות, ועיין לעיל ריש פרשה ט"ו, ולעיל ריש פרשה י"א: **ועוד.** לבד דרשה שעל פסוק שררך הנ"ל, יש לדרוש עוד על תיבת תשא, ולא אמר תמנה או תפקוד, לדרוש על פי מדת ממעל לשון כי תשה ברעך, שפירושו כי תלוה, ועיין מה שכתב לעיל פרשה ל"ג סימן ב, שכל הפרשיות אלו אחר חטא העגל, ואם יעברו תחת המנין יכשלו חלילה בנגף על חטא העגל, על כן צריכים כופר, שעיקר הצלחת ישראל כשהם אגודה אחת לשמו יתברך, וכשמונים אותם נעשו פרטים כל אחד בפני עצמו, ואז שולט הדין והנגף, כשמזכירים עונות כל אחד, וזהו צריך פדיון נפש במנין: **ואשלמה להם.** שלכך אמר לשון הלואה סתם, כאלו כביכול לוה מהם וצריך לשלם להם, ותשלומי הכופר שיפרו וירבו מאוד, עד שלא יהיה להם מספר:

חידושי הרד"ל

[א] **הכתוב בפרשיות עד אמר לו הקדוש ברוך הוא כו'.** כן צריך לומר. והוא בפסיקתא דפרשת שקלים, (רק הא' אמר ליה הקב"ה כו' ליתא שם לפנינו, ואיתא בתנחומא כאן):

באור מהרי"פ

[א] **שררך אגן הסהר וכו'.** מבואר במדרש חזית (שיר השירים רבה פרשה ז, ו) ועיקר במדרש תנחומא יש פתיחות, רבי תנחומא פתח, ואולי גם בשאר מדרשות כן, ולזה נתכוין המוסגר שבכאן **וכל הפתיחות כולן וכו': והיה מספר וכו'.** כלומר, בזכות תשא את ראש בני ישראל לתת מחצית השקל יזכו להיות כחול הים אשר לא ימד ולא יספר:

אם למקרא

שָׁרְרֵךְ אַגַּן הַסַּהַר אַל יֶחְסַר הַמָּזֶג בִּטְנֵךְ עֲרֵמַת חִטִּים סוּגָה בַּשּׁוֹשַׁנִּים:
(שיר השירים ז:ג)

כִּי תַשֶּׁה בְרֵעֲךָ מַשַּׁאת מְאוּמָה לֹא תָבֹא אֶל בֵּיתוֹ לַעֲבֹט עֲבֹטוֹ:
(דברים כד:י)

וְהָיָה מִסְפַּר בְּנֵי יִשְׂרָאֵל כְּחוֹל הַיָּם אֲשֶׁר לֹא יִמַּד וְלֹא יִסָּפֵר וְהָיָה בִּמְקוֹם אֲשֶׁר יֵאָמֵר לָהֶם לֹא עַמִּי אַתֶּם יֵאָמֵר לָהֶם בְּנֵי אֵל חָי:
(הושע ב:א)

ידי משה

[א] **כך פתח רבי תנחומא.** פירוש שרבי תנחומא פתח כל הפתיחות בזה הסדרא, כאשר תראה בכל הפרשיות (פר' לט – מה) רבי תנחומא פתר, מה שאין כן בשאר הסדרות: **ועוד.** פירוש, ועוד דריש רבי תנחומא **אמר לו הקדוש ברוך הוא** שיפרעו לי מה שהם חייבים לי וגם אני אפרע להם מה שאני חייב להם, שהבטחתי אותם שיהיו כחול הים אפרע להם, דכתיב והיה מספר בני ישראל כחול הים, אבל אם לא יפרעו לי השקלים, אי אפשר לפרוע להם שיהיו כחול הים, כי ישלוט בהם הנגף:

מתנות כהונה

[א] **ואשלמה להם.** כי תשא קריביה גם כן כי תשיא הרי שהם לוו מהקדוש ברוך הוא וצריכים לפרוע והקדוש ברוך הוא מעלה עליהם כאלו הלווהו. וזהו כי תשיא:

אשד הנחלים

[א] **בענין הכתוב.** כלומר כמפורש בחזית על הפסוק הזה: **ועוד.** פירוש ועוד דריש רבי תנחומא (ידי משה): **חייבים לי כו' תשא כו' ואשלמה.** עיין במתנות כהונה שפירש כי תשיא שהם לווים מה' וכו'. וענינו על דרך פשוטו שבהם ישראל מתעלים ומתנשאים במה שנותנים לה', כי מכירים הם שחייבים להודות לה' וליתן כופר נפשם, וזהו החיוב שהם חייבים להכיר מצד שכלם, אבל עם כל זה ה' משלם להם שכר עשייתם, אף שעושים זה על ידי שהם חייבים מקודם, כמו שנאמר (איוב מא, ג) מי הקדימני ואשלם, ואם כן נכלל זה גם כן בפשט הכתוב, הבן זה:

אמרי יושר

[א] **שררך גן הסהר וגו'.** [הרב ביאר בזאת הפרשה הפתיחות הרמוזות כאן, וכתובות בפסיקתא פסקא כי תשא, בילרוט, ובתנחומא סדר זו]. **בטנך ערימת חיטים, אלו ישראל כו' כחיטים שהם סדוקות כו' ולמה כו' שהכל טפלה להם** (פסיקתא סימן ג). שהם סדוקות וכללות בו, כי החטים יקיפוס: **דבר אחר בטנך ערימת חיטים כו' השבולת הזו מתמרת ועולה** (פסיקתא סימן ד). הדרשא הראשונה (פסיקתא שם סימן ג) בערך הבן בית היה התשבון, ודרשא זו היא בערך השבולת מאליה ומעלמה, כגון עליה שרואים עלמס רתבים וחושבים שבשבילם נזרעה, כן אומות העולם אומרים שבשבילם נברא העולם: **ומעלה לזה ומוריד לזה בסולמות כו' בלשון זה השפל ובלשון זה הוגבה** (תנחומא סימן ה). זה ענין הזיווג גם כן, כאמרם (כתובות מח, א) עולה עמו ואינה יורדת, כי בזיווגים יתעלה ענין הייחס או ישפל, ואם כן ענין הזיווג אמר לה גם כן אבל בזה לשון: **אמר הקדוש ברוך הוא שא** (תנחומא סימן ט). ראשי תיבות אות ראשונה שבשבטים, תמצא שש מאות אלף חסר שלשת אלפים שמתו בעגל. ומצאנו סמך שהמנין הוא לאלפים יגיד עליו אל"ף, אשר שמשמעה אלף כשמה, והמספר יבנה מהאחד, כי הוא מספר אחדים: **ל העובר על הפקודים רבי יהודה אומר כל דעבר בימא** (ילקוט שמעוני ריש כי תשא). אם כן אף שבט לוי בכלל השקלים, וסובר שהחטא הוא מכירת יוסף כדלקמן. **רבי נחמיה אומר כל דעבר על סכומיא.** ושבט לוי לא נמנה בכלל ישראל, ואם כן לא נתנו שקלים וסובר שעל עון העגל בא זה. אלא שקשה לזה שמצינו רבי יהודה בעל סברת כל דעבר על ימא לפי שחטאו בחצי היום וכו' (ילקוט שמעוני שם. עי' תנחומא סימן י) זה יתנו, אמר זה לבד יתנו, אף על פי שבערך כבוד הקב"ה יצוייר את הרבה, גם בערך מיני הכופר הנזכרים בתורה או ככר כסף, או חמישים שקלים, או שלשים, אמר די בזה: **אם עבירותיהם כך** (פסיקתא שם סימן יג). הביאם לזכות, זהו רמז זה יתנו כל העובר:

Chapter 40

וַיְדַבֵּר ה׳ אֶל מֹשֶׁה לֵּאמֹר. רְאֵה קָרָאתִי בְשֵׁם בְּצַלְאֵל בֶּן אוּרִי בֶן חוּר לְמַטֵּה יְהוּדָה.

HASHEM spoke to Moses, saying, See, I have called by the name: Bezalel son of Uri, son of Hur, of the tribe of Judah (31:1-2).

§1 **וַיְדַבֵּר ה׳ וְגוֹ׳ רְאֵה קָרָאתִי בְשֵׁם בְּצַלְאֵל** – ***HASHEM SPOKE** TO MOSES, SAYING, **SEE, I HAVE CALLED BY THE NAME: BEZALEL** SON OF URI, SON OF HUR, OF THE TRIBE OF JUDAH.*

The Midrash cites a verse from *Job* and gives several interpretations for it, ultimately relating it to our passage:

כָּךְ פָּתַח רַבִּי תַּנְחוּמָא בַּר אַבָּא – **R' Tanchuma bar Abba opened** his discussion of our passage **thus:** **״אָז רָאָהּ וַיְסַפְּרָהּ הֱכִינָהּ וְגַם חֲקָרָהּ״** – It is stated, ***Then He saw it and recounted it; He prepared it and perfected it*** (*Job* 28:27). **צָפָה הַקָּדוֹשׁ בָּרוּךְ הוּא וְרָאָה שֶׁיִּשְׂרָאֵל מְקַבְּלִין אֶת הַתּוֹרָה** – *Then* refers to Creation,[1] at which time **the Holy One, blessed is He, peered** into the future **and saw that Israel would accept the Torah,** **שֶׁאִלּוּלֵא כֵן לֹא בָּרָא הָעוֹלָם, שֶׁנֶּאֱמַר ״אָז רָאָהּ וַיְסַפְּרָהּ״** – **for otherwise [God] would not have created the world** at all, **as it is stated, *Then He saw it and recounted it.***[2] **וּמַה כְּתִיב אַחֲרָיו** – **And** how do we know that what God "saw and recounted" was Israel's acceptance of the Torah? For see **what is written** immediately **after this,** **״וַיֹּאמֶר לָאָדָם הֵן יִרְאַת ה׳ הִיא חָכְמָה״** – ***And He said to Man*** (Hebrew: *adam*), ***"Behold, the fear of the Lord is wisdom"*** (ibid., v. 28), **וְאֵין ״אָדָם״ אֶלָּא יִשְׂרָאֵל, שֶׁנֶּאֱמַר ״וְאַתֵּן צֹאנִי צֹאן מַרְעִיתִי אָדָם אַתֶּם״** – **and** the expression ***adam*** **refers specifically to Israel, as it is stated,** ***Now, you are My sheep, the sheep of My pasture, you are adam*** (*Ezekiel* 34:31).[3]

The Midrash explains the multiple terms that are used in this verse (*Then He saw it and recounted it; He prepared it and perfected it*) in referring to the giving of the Torah:

״אָז רָאָהּ וַיְסַפְּרָהּ״ בְּסִינַי – ***Then He saw it and recounted it*** alludes to the Torah as given to Moses **at** Mount **Sinai;**[4] **״הֱכִינָהּ״ בְּאֹהֶל מוֹעֵד** – ***He prepared it*** alludes to the Torah as given to Moses **at the Tent of Meeting;**[5] **״וְגַם חֲקָרָהּ״ בְּעַרְבוֹת מוֹאָב בְּאֵלֶּה הַדְּבָרִים** – ***and perfected it*** alludes to the Torah as given to Moses **at the Plains of Moab,** as recorded **in** the Book of ***These are the Words*** (*Deuteronomy*).[6]

The Midrash presents another exposition of the verse in *Job:*

דָּבָר אַחֵר, ״אָז רָאָהּ וַיְסַפְּרָהּ״ – **Another interpretation** of ***Then He saw it and recounted it:*** **אָמְרֵי רַבָּנָן: צָרִיךְ אָדָם לִהְיוֹת נוֹטֵל מָשָׁל** – **The Rabbis said: A person should make an example** of this verse for himself, **לוֹמַר פִּרְקוֹ אוֹ אַגָּדָתוֹ אוֹ מִדְרָשׁוֹ בְּשָׁעָה שֶׁהוּא מְבַקֵּשׁ לְאָמְרָם בַּצִּבּוּר** – viz., **that he should** always **say over his chapter** of Talmud **or his Aggadah or his Midrashic exposition** to himself first, **when he intends to deliver them in public.** **לֹא יֹאמַר: הוֹאִיל שֶׁאֲנִי יוֹדֵעַ בּוֹ יָפֶה כְּשֶׁאֶכָּנֵס לִדְרוֹשׁ אֲנִי אוֹמֵר** – **He should not say** to himself, **"Since I know it so well** already, **when I enter** the hall **to lecture I will** just **say** it without rehearsing it first." **אָמַר רַבִּי אַחָא: מִן הָאֱלֹהִים אַתָּה לָמֵד** – **R' Acha said:** From where in Scripture can this be derived? **You may learn this from God** Himself. **כְּשֶׁבִּקֵּשׁ לוֹמַר תּוֹרָה לְיִשְׂרָאֵל אֲמָרָהּ ד׳ פְּעָמִים בֵּינוֹ לְבֵין עַצְמוֹ עַד שֶׁלֹּא אֲמָרָהּ לְיִשְׂרָאֵל** – **When [God] wished to transmit Torah to Israel, He repeated it to Himself,** as it were, **four times before He transmitted it to Israel,** **שֶׁנֶּאֱמַר ״אָז רָאָהּ וַיְסַפְּרָהּ הֱכִינָהּ וְגַם חֲקָרָהּ״, וְאַחַר כָּךְ ״וַיֹּאמֶר לָאָדָם״** – **as it is stated, *Then He saw it and recounted it; He prepared it and perfected it,***[7] **and** only **afterward** does it say, ***And He said to man,*** etc.[8] **וְכֵן ״וַיְדַבֵּר אֱלֹהִים אֵת כָּל הַדְּבָרִים הָאֵלֶּה״** – **Similarly,** in the verse introducing the Ten Commandments (above, 20:1), it says, ***God spoke all these statements,*** **וְאַחַר כָּךְ ״לֵאמֹר״ לְיִשְׂרָאֵל** – **and** only **afterward** it says, ***saying*** **to Israel.**[9]

The Midrash illustrates this principle with an incident:

אָמְרֵי רַבָּנָן: רַבִּי יוֹחָנָן בֶּן תּוֹרְתָא פַּעַם אַחַת בָּא לִפְנֵי רַבִּי עֲקִיבָא – **The Rabbis said: R' Yochanan ben Torsa**[10] **once came before R' Akiva.**

NOTES

1. *Eitz Yosef.* For the previous verses there deal with the creation of the world [see next note] (*Yefeh To'ar*).

2. This verse and the verse the Midrash quotes next are at the end of Ch. 28 in *Job.* This chapter is a paean to "wisdom," i.e. the Torah, declaring that *precious gold cannot be exchanged for it and its price cannot be weighed in silver* (v. 15), and so on. Verses 24-26 speak of the creation of the world: *For He peers to the ends of the world, He sees what is under the entire heavens, making a prescribed weight for the wind, apportioning water with a measure,* the last words referring to the formation of the seas and the dry land on the third day of Creation (*Yefeh To'ar*). Verse 27, as the Midrash interprets it, returns to the Torah: *Then He saw it and recounted it; He prepared it and perfected it.* That is, at the time of Creation, God looked ahead and *saw and recounted* Israel's acceptance of the Torah, and only then went ahead with Creation.

3. The sense of the *Job* passage, then, is this: When God created the world, He looked into the future (אָז רָאָהּ) and justified Creation only because one day He would give to *adam* (i.e., Israel) the "wisdom" and the "fear of the Lord" embodied in the Torah (*Beur Maharif*).

4. At Mount Sinai, the commandments of the Torah were given to Moses in generality, without all their details (see *Sotah* 37b and *Vayikra Rabbah* 1 §10). The word וַיְסַפְּרָהּ ("recounted" or "recited") is appropriate for such a general, basic presentation of the commandments (*Yefeh To'ar, Eitz Yosef*).

5. For all the commandments were reviewed to Moses, in greater detail, in the Tent of Meeting (see *Sotah* ibid.). The expression הֱכִינָהּ ("prepared" or "established") is appropriate for such elaboration (ibid.).

6. At the Plains of Moab, Israel was given further clarification of the details of the Torah, as well as receiving some additional commandments that had not been given to them until then. Accordingly, Scripture describes the Torah as now being *perfected* because its transmission to Israel was now complete (ibid.).

7. The four expressions, *looked, recounted, prepared,* and *perfected,* allude to four different reviews of the teachings God wished to transmit to Israel (see *Bereishis Rabbah* 24 §5). Surely, God did not have a need to "practice" anything to Himself before transmitting it to Israel. Rather, He did so in order to teach that a human being must first repeat his studies to himself before giving them over to others (*Yefeh To'ar*).

8. And this "saying to *adam*" refers to the giving of the Torah to Israel, as above.

9. The expression לֵאמֹר (usually translated as *saying,* but more literally, *to say*) is typically used by the Torah when God is speaking to Moses and instructs Moses to transmit (*to say*) His words to Israel. In the present verse, however, God was speaking directly to Israel. Thus, the redundancy of וַיְדַבֵּר . . . לֵאמֹר is therefore expounded to teach that God first rehearsed the Ten Commandments to Himself and only afterward said them to Israel (*Yefeh To'ar, Eitz Yosef*). The proof from this verse is not for the assertion that one needs to rehearse *four* times, only for the general idea that one needs to rehearse before speaking in public (ibid., *Eitz Yosef*; cf. *Maharzu*).

10. Concerning this unusual name, see Insight Ⓐ.

INSIGHTS

Ⓐ **The Man Named for a Cow** The words בֶּן תּוֹרְתָא mean literally, *son of a cow.* The following anecdote is told about how this Tanna came to be given this name: There was once a pious Jew who became poor and had to sell his plowing cow to a non-Jew. The non-Jew plowed with

פרשה מ

א [לא, א-ב] **"וַיְדַבֵּר ה' וְגוֹ' רְאֵה קָרָאתִי בְשֵׁם בְּצַלְאֵל", כָּךְ פָּתַח רַבִּי תַּנְחוּמָא בַּר אַבָּא:** (איוב כח, כז) **"אָז רָאָהּ וַיְסַפְּרָהּ הֱכִינָהּ וְגַם חֲקָרָהּ", צָפָה הַקָּדוֹשׁ בָּרוּךְ הוּא וְרָאָה שֶׁיִּשְׂרָאֵל מְקַבְּלִין אֶת הַתּוֹרָה, שֶׁאִלּוּלֵא כֵן לֹא בָּרָא הָעוֹלָם, שֶׁנֶּאֱמַר "אָז רָאָהּ וַיְסַפְּרָהּ", וּמַה כְּתִיב אַחֲרָיו,** (שם שם כח) **"וַיֹּאמֶר לָאָדָם הֵן יִרְאַת ה' הִיא חָכְמָה", וְאֵין "אָדָם" אֶלָּא יִשְׂרָאֵל, שֶׁנֶּאֱמַר** (יחזקאל לד, לא) **"וְאַתֵּן צֹאנִי צֹאן מַרְעִיתִי אָדָם אַתֶּם",** (איוב כח, כז) **"אָז רָאָהּ וַיְסַפְּרָהּ" בְּסִינָי, "הֱכִינָהּ" בְּאֹהֶל מוֹעֵד, "וְגַם חֲקָרָהּ" בְּעַרְבוֹת מוֹאָב בְּאֵלֶּה הַדְּבָרִים, דָּבָר אַחֵר, "אָז רָאָהּ וַיְסַפְּרָהּ", אָמְרֵי רַבָּנָן: צָרִיךְ אָדָם לִהְיוֹת נוֹטֵל מָשָׁל לוֹמַר פִּרְקוֹ אוֹ אַגָּדָתוֹ אוֹ מִדְרָשׁוֹ בְּשָׁעָה שֶׁהוּא מְבַקֵּשׁ לְאָמְרָם בַּצִּבּוּר, לֹא יֹאמַר: הוֹאִיל שֶׁאֲנִי יוֹדֵעַ בּוֹ יָפֶה כְּשֶׁאֶכָּנֵס לִדְרוֹשׁ אֲנִי אוֹמֵר, [א]אָמַר רַבִּי אַחָא: מִן הָאֱלֹהִים אַתָּה לָמֵד, כְּשֶׁבִּקֵּשׁ לוֹמַר תּוֹרָה לְיִשְׂרָאֵל אֲמָרָהּ ד' פְּעָמִים בֵּינוֹ לְבֵין עַצְמוֹ עַד שֶׁלֹּא אֲמָרָהּ לְיִשְׂרָאֵל, שֶׁנֶּאֱמַר "אָז רָאָהּ וַיְסַפְּרָהּ הֱכִינָהּ וְגַם חֲקָרָהּ", וְאַחַר כָּךְ "וַיֹּאמֶר לָאָדָם", וְכֵן** (שמות כ, א) **"וַיְדַבֵּר אֱלֹהִים אֵת כָּל הַדְּבָרִים הָאֵלֶּה", וְאַחַר כָּךְ** (שם) **"לֵאמֹר" לְיִשְׂרָאֵל, אָמְרֵי רַבָּנָן: רַבִּי יוֹחָנָן בֶּן תּוֹרְתָא פַּעַם אַחַת בָּא לִפְנֵי רַבִּי עֲקִיבָא, אָמַר לוֹ: עֲמוֹד וּקְרָא בַּתּוֹרָה, אָמַר לָהֶם: לֹא עָבַרְתִּי עַל הַפָּרָשָׁה, וְשִׁבְּחוּהוּ חֲכָמִים, הֱוֵי** (איוב כח, כז) **"אָז רָאָהּ וַיְסַפְּרָהּ",**

עץ יוסף

(א) כך פתח רבי תנחומא כו'. מפני שאומרו קראתי ענינו שכבר נקרא שמו, כדלקמן סימן ג', סבירא ליה לרבי תנחומא שטעם קדימת הכנה זו מימי מרים, כי בזכותה הכין ה' את בצלאל שיעמוד ממנה, שיהיה בו חכמה ובינה, ומפני שרוצה לעשות זה אסמכתא על אומרו הן יראת ה' היא חכמה, פתח בהאי קרא אז ראה ויספרה, ואגב אורחיה מפרש כוליה קרא: **צפה הקדוש ברוך הוא וראה שישראל כו'.** דרש אז בבריאת העולם, שבשעת בריאת עולם ראה הקדוש ברוך הוא שישראל יקבלו את התורה, שאלולי כן לא ברא העולם (תולדות נח): **ואין אדם.** הנזכר סתם בכל מקום אלא ישראל: **בסיני.** והכי קאמר מאז ראה העתיד, וכן היה מעשה אחר כך שויספרה בסיני, והכינה באהל מועד, וגם חקרה בערבות מואב, ורוצה לומר שלפי שבסיני לא נתפרשה התורה, שעשרת הדברות המה הכללים שבהם נכללו כל פרטי התורה, והיתה סתומה עד אהל מועד שנשנית ונתפרשה, כדלקמן ריש ויקרא רבה, לכן אמר על סיני ויספרה, שלא היה רק כסיפור דברים בעלמא, ועל אהל מועד אמר הכינה, שכבר נעשית כשולחן ערוך ומוכן, ועל ערבות מואב אמר חקרה, שנשלם בה קצת מצות שלא נאמרו תחלה וכאילו נחקר עתה יותר מה שצריך, ועוד ששם היה תוספת ביאור (יפה תואר): **צריך אדם להיות נוטל משל.** פירוש נוטל משל מהקדוש ברוך הוא: **לומר פרקו בינו לבין עצמו.** ועיין בבראשית רבה פרשה כ"ד (סי' ה): **אמרה ארבע פעמים בינו לבין עצמו.** חס ושלום לדמות ככה כפשוטו שהיה צריך לזה, אלא כדי ללמד דרך ארץ, ואולי הארבע פעמים, היינו הארבע דרכים שהתורה נדרשת בהם, והוא פרד"ס [פשט, רמז, דרוש, סוד]: **ואחר כך לומר לישראל.** דאם לא כן מאי לאמר, דבכל מקום שייך לאמר שהקדוש ברוך הוא דבר למשה לאמר לישראל, אבל כאן שה' היה המדבר עם כל ישראל, מאי לאמר, אלא שפירושו וידבר אלהים תחלה בינו לבין עצמו, ואחר כך אמר לישראל, ואף שאין בזה ראיה על ארבע פעמים, מכל מקום יש מכאן ראיה שמחוייב האדם לסדר בינו לבין עצמו קודם שיאמר ברבים, קל וחומר משכינה: **רבי יוחנן בן תורתא.** נקרא כן משום מעשה שהיה, שחסיד אחד מכר את שורו לנכרי, וביום השבת לא רצה השור לחרוש, ורצה הנכרי לחזור לו ולבטל המקח, ולחש אותו החסיד באזני השור ואמר לו כל זמן שאתה היית בבית ישראל מצווה היית על שביתת השבת, ובבית זה אי אתה מצווה על שביתתו, ועמד השור וחרש, ונשא הנכרי קל וחומר בעצמו ונתגייר ויצא ממנו רבי יוחנן, לכך נקרא בן תורתא: **ושבחוהו חכמים.** שאף שהיה בקי ולא היה צריך לעבור על הפרשה, מכל מקום שם לב לומר שלא עברתי, כדי שיקחו ממנו מוסר:

פירוש מהרז"ו

(א) אז ראה ויספרה. בעת בריאת עולם, כמו שכתוב בפסוק הקודם (פסוק כד), כי הוא לקצות הארץ יביט תחת כל השמים יראה, (פסוק כה) לעשות לרוח משקל ומים תיכן במדה, היינו ארבע יסודות, והכל בעבור חכמה ויראה שיקבל האדם כשראה בעת הבריאה, כמו שכתוב (בראשית א, לא) וירא אלהים את כל אשר עשה והנה טוב מאד, וכמו שדרשו בראשית רבה פרשה ט סימן י"ב, מאד זה אדם, אז צפה שעתיד להיות, ויאמר לאדם כל ענין הבריאה הנ"ל, והתורה שבה נברא: **ויספרה בסיני.** דרך סיפור והגעת דברים, כי לא נתחייבו ישראל על מצות של סיני, עד שנשנית באוהל מועד, כמו שאמרו בויקרא רבה פרשה א ריש סימן י"א, וזהו הכינה באוהל מועד, וגם חקרה בערבות מואב, כמו שכתוב דברים א', בארץ מואב הואיל משה באר את התורה: **דבר אחר אז ראה.** בראשית רבה פרשה כ"ד סימן ה, עיין מה שכתבתי שם. תנחומא ויקהל סימן ד: **ואחר כך ויאמר לאדם.** זה משה, בראשית רבה שם: **את כל הדברים האלה.** הדברים שניים, האלה שניים:

מתנות כהונה

[א] הכי גרסינן **נוטל משל לומר פרקו: נוטל משל.** מהקב"ה: **לומר פרקו.** בינו לבין עצמו וזה יותר מבואר בבראשית רבה פרשה כ"ד:

אשד הנחלים

[א] ראה גו' אלא ישראל. כי שם אדם מורה על גדול המעלה, אף שלוקח מאדמה, עם כל זה יש לו נפש גבוה ומשכלת ופועל טוב, וכל זה רק באנשים השלימים הנוהגים בדרך בני אדם: **ראה ויספרה בסיני כו' באהל מועד כו' בערבות מואב.** הראיה הוא הבטה בדבר על דרך כלל מאד, והסיפור המה הכללים הקטנים, למשל כמין שהוא תחת הסוג ולכן נופל תחת הספירה, וההכנה המה הפרטים הרבים היוצאים מהכללים הגבוהים, והמה נכללים בסדר ישר, ולכן נקראים הכנה, כי מוכנים הם להבינם יותר מידיעת הכלל, והחקירה הוא הבנה בדבר מתוך דבר לחקור ולהסביר ענינם היטב. ומעתה יובן היטב, כי בסיני הנבואה בכלל הוא הראיה, ועשרת הדברים המה הכוללים, שבהם נכללו כל פרטי התורה, כמאמרם (רש"י שמות כד, יב) שכל התורה כלולה באלה העשרה [ועיין במאמר השכל להגאון הראב"ן זקינו של הרא"ש], ופרטי המצות שנישנו באהל מועד נקראת הכנה, והמשנה תורה ששנה והסביר להם דבר מתוך דבר נקראת חקירה: **אמרה ארבע פעמים בינו לבין עצמו כו'.** חס ושלום לדמות ככה כפשוטו, רק הכונה לפי שהתורה הוא עמוקה וגבוה בהשגתה, והיא מדרגה הראשונה המכילה בקרבה כל המדרגות, וכל המדרגות כלולות בה, כי היא כתבנית העולם כולה העליונים והתחתונים, אשר לכן אנו

חידושי הרד"ל

[א] אז ראה ויספרה. דרש אז בבריאת עולם, (וכדכתיב לעיל מניה (פסוק כה - כו) לעשות לרוח משקל כו' בעשותו למטר חוק כו', שזה היה בבריאת עולם) קדם מפעליו מאז ראה שיקבלו את התורה **ויספרה בסיני כו': שאני יודע יפה.** כן צריך לומר, (וכמדומה שצריך לומר בפה, כלומר שיודע בעל פה ובקי): **אמר רבי אחא כו' ארבע פעמים.** בבראשית רבה (כד, ה) שהביא המתנות כהונה, ובתנחומא ויקהל סימן ד פליגי בה איכא מאן דאמר שלשה, עיין שם: **בא לפני רבי עקיבא.** בתנחומא ריש פרשת יתרו המעשה ברבי עקיבא עצמו, וכן הביא בטור אורח חיים ריש סימן קל"ט (ועיין שם בבית יוסף שציין לרבה פרשת תצוה, וטעות סופר הוא:

באור מהרי"פ

[א] אז ראה. (איוב כח, כד - כח) כי הוא לקצות הארץ יביט תחת כל השמים יראה לעשות לרוח משקל ומים תכן במדה. בעשותו למטר חוק ודרך לחזיז קולות. אז ראה ויספרה הכינה וגם חקרה. ויאמר לאדם הן יראת ה' היא חכמה וסור מרע בינה. ודורש המדרש, כי הוא לקצות הארץ יביט וגו' אז ראה וגו' חקרה, באיזה זכות יברא אותה, ויאמר לאדם, בזכות אדם שיקבל את התורה ויש בו יראת ה' היא חכמה האמיתית, וסור מרע בינה: **ראה ויספרה בסיני.** פירוש, דבסיני לא היה אלא סיפור בעלמא, כללי המצות, ולא היו מבינים, ובאהל מועד היה הכנה, שימה בפניהם כשולחן ערוך, כסדר המשנה, כמבואר במסכת יומא, ובערבות מואב היתה החקירה, שהיו חוקרין ושואלין בעניני התורה ולהעמיק בה, מה שלא היה כן באהל מועד. ועל דרך מאמר חכמינו ז"ל (שבת סג, א) כי בתחלה לגמור איניש והדר לסבור, באהל מועד הבינו פשט התורה על בוריה, ובערבות מואב חקרו עד שעמדו במדרגה להבין סודות התורה. תולדות נח הארוך: **ואחר כך לאמר** ואף על פי שאין ראיה מכאן על ארבע פעמים, מכל מקום שמכאן ראיה גדולה שמחויב האדם לסדר בינו לבין עצמו, קל וחומר משכינה. ודייק מלת לאמר, דאין לו שחר, דלאמר שבכל מקום היינו שהקב"ה אמר למשה שיאמר לישראל, אבל הכא שהקב"ה בכבודו ובעצמו דבר העשרת הדברות לישראל, אם כן מאי לאמר, ואף לרבי יהושע בן לוי במדרש חזית (שיר השירים רבה פרשה א יג) דאמר שלא שמעו ישראל מפי הקב"ה אלא שני דברות אנכי ולא יהיה לך, מכל מקום לאמר קאי על כל הדברים, [ו]גם על שני דברות הראשונות. תולדות נח הארוך: **רבי יוחנן בן תורתא וכו'.** משום מעשה שהיה, שחסיד אחד מכר את שורו לעובד כוכבים, וביום השבת לא רצה השור לחרוש, ורצה העובד כוכבים לחזור ולבטל את המקח, ולחש אותו החסיד באזני השור ואמר לו, כל זמן שאתה היית בבית ישראל מצווה היית על שביתת שבת, ובבית העובד כוכבים אי אתה מצווה על שביתת השבת, עמד השור וחרש, נשא העובד כוכבים קל וחומר בעצמו מן השור, ונתגייר, ונפק ממנו רבי יוחנן, לכך נקרא בן תורתא. עד כאן לשון תולדות נח הארוך. אמר הכותב, עדיין לא חפשתי באיזה מקום מן מדרשי חכמינו ז"ל כתובה המעשה הזה:

מסורת המדרש

א. בראשית רבה פרשה כ"ד. תנחומא סדר ויקהל סימן ד'. ילקוט איוב רמז תתקט"ז. ועיין תנחומא סדר יתרו סימן ט"ו:

אם למקרא

אָז רָאָהּ וַיְסַפְּרָהּ הֱכִינָהּ וְגַם חֲקָרָהּ: וַיֹּאמֶר לָאָדָם הֵן יִרְאַת אֲדֹנָי הִיא חָכְמָה וְסוּר מֵרָע בִּינָה:
(איוב כח:כז-כח)

וְאַתֵּן צֹאנִי צֹאן מַרְעִיתִי אָדָם אַתֶּם אֲנִי אֱלֹהֵיכֶם נְאֻם אֲדֹנָי ה':
(יחזקאל לד:לא)

וַיְדַבֵּר אֱלֹהִים אֵת כָּל הַדְּבָרִים הָאֵלֶּה לֵאמֹר:
(שמות כ:א)

ידי משה

[א] ושבחוהו חכמים. אף על פי שהדין כן, מכל מקום הואיל דמן הדין אינו חייב אלא בתורה שבעל פה, אבל בתורה שבכתב לא בעי, מכל מקום החמיר על עצמו, ואף על פי שכל שנותנין לו ספר תורה לקרות ואינו קורא מקצרין ימיו (ברכות נה, א), ויש לומר דהתם כשאינו קורא מפני טורח, מה שאין כן כאן שכוונתו היה לטובה מפני שלא היה רגיל. וקל להבין:

לקוטים

[א] מהרי"פ ד"ה רבי יוחנן בן תורתא כו' אמר הכותב עדיין לא חפשתי כו'. מדרש זה הוא בפסיקתא פסקא דפרשת פרה (פרשה יד, ב) וזה לשונו, מעשה היה בישראל אחד כו', מיד בא ונתגייר ולמד וזכה לתורה, והיו קוראים שמו יוחנן בן תורתה, ועד עכשיו רבותינו אומרים הלכה משמו, ואם תמיה אתה שעל ידי פרה נתקרב אדם אחד לכנפי השכינה, הרי על ידי פרה היא טהרתו של כל ישראל כו' עיין שם. ופירש שם המהרז"ו, תורתא הוא תרגום של פרה (אונקלוס בראשית לב, טז. ועוד), שעל ידי פרה נתגייר:

אָמַר לוֹ: עֲמוֹד וּקְרָא בַּתּוֹרָה – When the Torah was being read in the synagogue, **[R' Akiva] said to him, "Stand up and read in the Torah."** אָמַר לָהֶם: לֹא עֲבַרְתִּי עַל הַפָּרָשָׁה – But **[R' Yochanan ben Torsa] said to [those assembled], "I did not review the chapter** of the Torah I am now being asked to read, so I will not read," וְשִׁבְּחוּהוּ חֲכָמִים – **and the Rabbis praised him** for this.[11] הֱוֵי "אָז רָאָהּ וַיְסַפְּרָהּ" – **Thus** we have explained the verse, ***Then He saw it and recounted it.***

NOTES

11. R' Yochanan ben Torsa was well-versed in the Torah and had no need to review it before reading it publicly. Nevertheless, he refused to publicly read the Torah before actually reviewing it so as to teach others who are not as well-versed in Torah that they must must review it before reading it publicly. This elicited praise on the part of the Rabbis (*Eitz Yosef*). [This teaching of the Midrash is codified in *Shulchan Aruch, Orach Chaim* 139:1.]

INSIGHTS

the cow during the six weekdays, but on the Sabbath the cow refused to work. The non-Jew tried to coerce the cow to work but it was to no avail. Feeling cheated, the non-Jew told the Jew to take his cow back. The Jew immediately realized that the cow had become accustomed to resting on the Sabbath when it had been in his possession. He proceeded to whisper a few words in the ear of the cow, and afterward the animal was amenable to work for the non-Jew every day of the week. The non-Jew suspected the Jew of performing some form of black magic and demanded an explanation regarding the change in the cow's behavior. The pious Jew assured him that no sorcery was involved. He had simply told the cow that it now had a non-Jewish master and should please plow on the seventh day as well.

The non-Jew was astonished how an animal, whose intelligence was lower than his own, had recognized his Creator whereas he had not. The non-Jew immediately decided to convert to Judaism and he eventually became a Talmudic scholar. Now, a non-Jew who converts to Judaism is considered in some respects as if he had just been born anew (*Yevamos* 48b). Thus, this proselyte was called "ben Torsa" — literally, *son of a cow* — because his genesis as a Jew was the result of a cow (*Pesikta Rabbasi* 14:3; see also *Tos. Yeshanim* to *Yoma* 9a, end; cf. *Toldos Noach* and *Eitz Yosef,* who say that it was R' Yochanan ben Torsa's *father* who converted).

פרשה מ

א [לא, א-ב] "וַיְדַבֵּר ה' וְגוֹ' רְאֵה קָרָאתִי בְשֵׁם בְּצַלְאֵל", כָּךְ פָּתַח רַבִּי תַנְחוּמָא בַּר אַבָּא: (איוב כח, כז) "אָז רָאָהּ וַיְסַפְּרָהּ הֱכִינָהּ וְגַם חֲקָרָהּ", צָפָה הַקָּדוֹשׁ בָּרוּךְ הוּא וְרָאָה שֶׁיִּשְׂרָאֵל מְקַבְּלִין אֶת הַתּוֹרָה, שֶׁאִלּוּלֵא כֵן לֹא בָּרָא הָעוֹלָם, שֶׁנֶּאֱמַר "אָז רָאָהּ וַיְסַפְּרָהּ", וּמַה כְּתִיב אַחֲרָיו, (שם שם כח) "וַיֹּאמֶר לָאָדָם הֵן יִרְאַת ה' הִיא חָכְמָה", וְאֵין "אָדָם" אֶלָּא יִשְׂרָאֵל, שֶׁנֶּאֱמַר (יחזקאל לד, לא) "וְאַתֵּן צֹאנִי צֹאן מַרְעִיתִי אָדָם אַתֶּם", (איוב כח, כז) "אָז רָאָהּ וַיְסַפְּרָהּ" בְּסִינָי, "הֱכִינָהּ" בְּאֹהֶל מוֹעֵד, "וְגַם חֲקָרָהּ" בְּעַרְבוֹת מוֹאָב בְּאֵלֶּה הַדְּבָרִים, דָּבָר אַחֵר, "אָז רָאָהּ וַיְסַפְּרָהּ", אָמְרִי רַבָּנָן: צָרִיךְ אָדָם לִהְיוֹת נוֹטֵל מָשָׁל לוֹמַר פִּרְקוֹ אוֹ אַגָּדָתוֹ אוֹ מִדְרָשׁוֹ בְּשָׁעָה שֶׁהוּא מְבַקֵּשׁ לְאָמְרָם בַּצִּבּוּר, לֹא יֹאמַר: הוֹאִיל שֶׁאֲנִי יוֹדֵעַ בּוֹ יָפֶה כְּשֶׁאֶכָּנֵס לִדְרוֹשׁ אֲנִי אוֹמֵר, [א] אָמַר רַבִּי אַחָא: מִן הָאֱלֹהִים אַתָּה לָמֵד, כְּשֶׁבִּקֵּשׁ לוֹמַר תּוֹרָה לְיִשְׂרָאֵל אֲמָרָהּ ד' פְּעָמִים בֵּינוֹ לְבֵין עַצְמוֹ עַד שֶׁלֹּא אֲמָרָהּ לְיִשְׂרָאֵל, שֶׁנֶּאֱמַר "אָז רָאָהּ וַיְסַפְּרָהּ הֱכִינָהּ וְגַם חֲקָרָהּ", וְאַחַר כָּךְ "וַיֹּאמֶר לָאָדָם", וְכֵן (שמות כ, א) "וַיְדַבֵּר אֱלֹהִים אֵת כָּל הַדְּבָרִים הָאֵלֶּה", וְאַחַר כָּךְ (שם) "לֵאמֹר" לְיִשְׂרָאֵל, אָמְרִי רַבָּנָן: רַבִּי יוֹחָנָן בֶּן תּוֹרְתָא פַּעַם אַחַת בָּא לִפְנֵי רַבִּי עֲקִיבָא, אָמַר לוֹ: עֲמוֹד וּקְרָא בַּתּוֹרָה, אָמַר לָהֶם: לֹא עָבַרְתִּי עַל הַפָּרָשָׁה, וְשִׁבְּחוּהוּ חֲכָמִים, הֱוֵי (איוב כח, כז) "אָז רָאָהּ וַיְסַפְּרָהּ",

עץ יוסף

(א) כך פתח רבי תנחומא כו'. מפני שאומרו קראתי ענינו שכבר נקרא שמו, כדלקמן סימן ג', סבירא ליה לרבי תנחומא שטעם קדימת הכנה זו מימי מרים, כי בזכותה הכין ה' את בצלאל שיעמוד ממנה, שיהיה בו חכמה ובינה, ומפני שרוצה לעשות זה אסמכתא על אומרו הן יראת ה' היא חכמה, פתח בהאי קרא אז ראה ויספרה, ואגב אורחיה מפרש כוליה קרא: **צפה הקדוש ברוך הוא וראה שישראל כו'.** דרש אז בבריאת העולם, שבשעת בריאת עולם ראה הקדוש ברוך הוא שישראל יקבלו את התורה, שאלולי כן לא ברא העולם (תולדות נח): **ואין אדם.** הנזכר סתם בכל מקום אלא ישראל: **בסיני.** והכי קאמר מאז ראה העתיד, וכן היה מעשה אחר כך שויספרה בסיני, והכינה באהל מועד, וגם חקרה בערבות מואב, ורוצה לומר שלפי שבסיני לא נתפרשה התורה, שעשרת הדברות המה הכללים שבהם נכללו כל פרטי התורה, והיתה סתומה עד אהל מועד שנשנית ונתפרשה, כדלקמן ריש ויקרא רבה, לכן אמר על סיני ויספרה, שלא היה רק כסיפור דברים בעלמא, ועל אהל מועד אמר הכינה, שכבר נעשית כשולחן ערוך ומוכן, ועל ערבות מואב אמר חקרה, שנשלם בה קצת מצות שלא נאמרו תחלה וכאילו נחקר עתה יותר מה שצריך, ועוד ששם היה תוספת ביאור (יפה תואר): **צריך אדם להיות נוטל משל.** פירוש נוטל משל מהקדוש ברוך הוא: **לומר פרקו בינו לבין עצמו.** ועיין בבראשית רבה פרשה כ"ד (סי' ה): **אמרה ארבע פעמים בינו לבין עצמו.** חס ושלום לדמות ככה כפשוטו שהיה צריך לזה, אלא כדי ללמד דרך ארץ, ואולי הארבע פעמים, היינו הארבע דרכים שהתורה נדרשת בהם, והוא פרד"ס [פשט, רמז, דרוש, סוד]: **ואחר כך לומר לישראל.** דאם לא כן מאי לאמר, דבכל מקום שייך לאמר שהקדוש ברוך הוא דבר למשה לאמר לישראל, אבל כאן שה' היה המדבר עם כל ישראל, מאי לאמר, אלא שפירושו וידבר אלהים תחלה בינו לבין עצמו, ואחר כך אמר לישראל, ואף שאין בזה ראיה על ארבע פעמים, מכל מקום יש מכאן ראיה שמחוייב האדם לסדר בינו לבין עצמו קודם שיאמר ברבים, קל וחומר משכינה: **רבי יוחנן בן תורתא.** נקרא כן משום מעשה שהיה, שחסיד אחד מכר את שורו לנכרי, וביום השבת לא רצה השור לחרוש, ורצה הנכרי לחזור לו ולבטל המקח, ולחש אותו החסיד באזני השור ואמר לו כל זמן שאתה היית בבית ישראל מצווה היית על שביתת השבת, ובבית זה אי אתה מצווה על שביתתו, ועמד השור וחרש, ונשא הנכרי קל וחומר בעצמו ונתגייר ויצא ממנו רבי יוחנן, לכך נקרא בן תורתא: **ושבחוהו חכמים.** שאף שהיה בקי ולא היה צריך לעבור על הפרשה, מכל מקום שם לב לומר שלא עברתי, כדי שיקחו ממנו מוסר:

פירוש מהרז"ו

(א) אז ראה ויספרה. בעת בריאת עולם, כמו שכתוב בפסוק הקודם (פסוק כד), כי הוא לקצות הארץ יביט תחת כל השמים יראה, (פסוק כה) לעשות לרוח משקל ושמים תיכן במדה, היינו ארבע יסודות, והכל בעבור חכמה ויראה שיקבל האדם כשראה בעת הבריאה, כמו שכתוב (בראשית א, לא) וירא אלהים את כל אשר עשה והנה טוב מאד, וכמו שדרשו בבראשית רבה פרשה ט סימן י"ב, מאד זה אדם, אז צפה שעתיד להיות, ויאמר לאדם כל ענין הבריאה הנ"ל, והתורה שבה נברא: **ויספרה בסיני.** דרך סיפור והגדת דברים, כי לא נתחייבו ישראל על מצות של סיני, עד שנשנית באוהל מועד, כמו שאמרו בויקרא רבה פרשה א ריש סימן י"א, וזהו הכינה באוהל מועד, וגם חקרה בערבות מואב, כמו שכתוב דברים א', בארץ מואב הואיל משה באר את התורה: **דבר אחר אז ראה.** בראשית רבה פרשה כ"ד סימן ה, עיין מה שכתבתי שם. תנחומא ויקהל סימן ד: **ואחר כך ויאמר לאדם.** זה משה, בראשית רבה שם: **את כל הדברים האלה.** הדברים שנים, האלה שנים:

מתנות כהונה

[א] הכי גרסינן **נוטל משל לומר פרקו:** **נוטל משל.** מהקב"ה: **לומר פרקו.** בינו לבין עצמו וזה יותר מבואר בבראשית רבה פרשה כ"ד:

אשד הנחלים

[א] **ראה גו' אלא ישראל.** כי שם אדם מורה על גדול המעלה, אף שלוקח מאדמה, עם כל זה יש לו נפש גבוה ומשכלת ופועל טוב, וכל זה רק באנשים השלימים הנוהגים בדרך בני אדם: **ראה ויספרה בסיני כו' באהל מועד כו' בערבות מואב.** הראיה הוא הבטה בדבר על דרך כלל מאד, והסיפור המה הכללים הקטנים, למשל כמין שהוא תחת הסוג ולכן נופל תחת הספירה, וההכנה המה הפרטים הרבים היוצאים מהכללים הגבוהים, והמה נכללים בסדר ישר, ולכן נקראים הכנה, כי מוכנים הם להבינם יותר מידיעת הכלל, והחקירה הוא הבנה בדבר מתוך דבר לחקור ולהסביר ענינם היטב. ומעתה יובן היטב, כי בסיני הנבואה בכלל הוא הראיה, ועשרת הדברים המה הכוללים, שבהם נכללו כל פרטי התורה, כמאמרם (רש"י שמות כד, יב) שכל התורה כלולה באלה העשרה [ועיין במאמר השכל להגאון הראב"ן זקינו של הרא"ש], ופרטי המצות שנישנו באהל מועד נקראת הכנה, והמשנה תורה ששנה והסביר להם דבר מתוך דבר נקראת חקירה: **אמרה ארבע פעמים בינו לבין עצמו כו'.** חס ושלום לדמות ככה כפשוטו, רק הכונה לפי שהתורה הוא עמוקה וגבוה בהשגתה, והיא מדרגה הראשונה המכילה בקרבה כל המדרגות, וכל המדרגות כלולות בה, כי היא כתבנית העולם כולה העליונים והתחתונים, אשר לכן אנו

חידושי הרד"ל

[א] **אז ראה ויספרה.** דרש אז בבריאת עולם, (וכדכתיב לעיל מניה (פסוק כה - כו) לעשות לרוח משקל כו' בעשותו למטר חוק כו', שזה היה בבריאת עולם) קדם מפעליו מאז ראה שיקבלו את התורה **ויספרה בסיני כו':** **שאני יודע יפה.** כן צריך לומר, (וכמדומה שצריך לומר בפה, כלומר שיודע בעל פה ובקי): **אמר רבי אחא כו' ארבע פעמים.** בבראשית רבה (כד, ה) שהביא המתנות כהונה, ובתנחומא ויקהל סימן ד פליגי בה איכא מאן דאמר שלשה, עיין שם: **בא לפני רבי עקיבא.** בתנחומא ריש פרשת יתרו המעשה ברבי עקיבא עצמו, וכן הביא בטור אורח חיים ריש סימן קל"ט (ועיין שם בבית יוסף שציין לרבה פרשת תצוה, וטעות סופר הוא:

באור מהרי"פ

[א] **אז ראה.** (איוב כח, כד - כח) כי הוא לקצות הארץ יביט תחת כל השמים יראה לעשות לרוח משקל ומים תכן במדה. בעשותו למטר חוק ודרך לחזיז קולות. אז ראה ויספרה הכינה וגם חקרה. ויאמר לאדם הן יראת ה' היא חכמה וסור מרע בינה. ודורש המדרש, כי הוא לקצות הארץ יביט וגו' אז ראה וגו' חקרה, באיזה זכות יברא אותה, ויאמר לאדם, בזכות אדם שיקבל את התורה ויש בו יראת ה' היא חכמה האמיתית, וסור מרע בינה: **ראה ויספרה בסיני.** פירוש, דבסיני לא היה אלא סיפור בעלמא, כללי המצות, ולא היו מבינים, ובאהל מועד היה הכנה, שימה בפניהם כשולחן ערוך, כסדר המשנה, כמבואר במסכת יומא, ובערבות מואב היתה החקירה, שהיו חוקרין ושואלין בעניני התורה ולהעמיק בה, מה שלא היה כן באהל מועד. ועל דרך מאמר חכמינו ז"ל (שבת סג, א) כי בתחלה לגמור איניש והדר לסבור, באהל מועד הבינו פשט התורה על בוריה, ובערבות מואב חקרו עד שעמדו במדרגה להבין סודות התורה. תולדות נח הארוך: **ואחר כך לאמר** ואף על פי שאין ראיה מכאן על ארבע פעמים, מכל מקום שמכאן ראיה גדולה שמחויב האדם לסדר בינו לבין עצמו, קל וחומר משכינה. ודייק מלת לאמר, דאין לו שחר, דלאמר שבכל מקום היינו שהקב"ה אמר למשה שיאמר לישראל, אבל הכא שהקב"ה בכבודו ובעצמו דבר העשרת הדברות לישראל, אם כן מאי לאמר, ואף לרבי יהושע בן לוי במדרש חזית (שיר השירים רבה פרשה א יג) דאמר שלא שמעו ישראל מפי הקב"ה אלא שני דברות אנכי ולא יהיה לך, מכל מקום לאמר קאי על כל הדברים, [ו]גם על שני דברות הראשונות. תולדות נח הארוך: **רבי יוחנן בן תורתא וכו'.** משום מעשה שהיה, שחסיד אחד מכר את שורו לעובד כוכבים, וביום השבת לא רצה השור לחרוש, ורצה העובד כוכבים לחזור ולבטל את המקח, ולחש אותו החסיד באזני השור ואמר לו, כל זמן שאתה היית בבית ישראל מצווה היית על שביתת שבת, ובבית העובד כוכבים אי אתה מצווה על שביתת השבת, עמד השור וחרש, נשא העובד כוכבים קל וחומר בעצמו מן השור, ונתגייר, ונפק ממנו רבי יוחנן, לכך נקרא בן תורתא. עד כאן לשון תולדות נח הארוך. אמר הכותב, עדיין לא חפשתי באיזה מקום מן מדרשי חכמינו ז"ל כתובה המעשה הזאת:

מסורת המדרש

א. בראשית רבה פרשה כ"ד. תנחומא סדר ויקהל סימן ד'. ילקוט איוב רמז תתקט"ז. ועיין תנחומא סדר יתרו סימן ט"ו:

אם למקרא

אָז רָאָהּ וַיְסַפְּרָהּ הֱכִינָהּ וְגַם חֲקָרָהּ: וַיֹּאמֶר לָאָדָם הֵן יִרְאַת אֲדֹנָי הִיא חָכְמָה וְסוּר מֵרָע בִּינָה:
(איוב כח:כז-כח)

וְאַתֵּן צֹאנִי צֹאן מַרְעִיתִי אָדָם אַתֶּם אֲנִי אֱלֹהֵיכֶם נְאֻם אֲדֹנָי ה':
(יחזקאל לד:לא)

וַיְדַבֵּר אֱלֹהִים אֵת כָּל הַדְּבָרִים הָאֵלֶּה לֵאמֹר:
(שמות כ:א)

ידי משה

[א] **ושבחוהו חכמים.** אף על פי שהדין כן, מכל מקום הואיל דמן הדין אינו חייב אלא בתורה שבעל פה, אבל בתורה שבכתב לא בעי, מכל מקום החמיר על עצמו, ואף על פי שכל שנותנין לו ספר תורה לקרות ואינו קורא מקצרין ימיו (ברכות נה, א), ויש לומר דהתם כשאינו קורא מפני טורח, מה שאין כן כאן שכוונתו היה לטובה מפני שלא היה רגיל. וקל להבין:

לקוטים

[א] **מהרי"פ ד"ה רבי יוחנן בן תורתא כו' אמר הכותב עדיין לא חפשתי כו'.** מדרש זה הוא בפסיקתא פסקא דפרשת פרה (פרשה יד, ב) וזה לשונו, מעשה היה בישראל אחד כו', מיד בא ונתגייר ולמד וזכה לתורה, והיו קוראים שמו יוחנן בן תורתה, ועד עכשיו רבותינו אומרים הלכה משמו, ואם תמיה אתה שעל ידי פרה נתקרב אדם אחד לכנפי השכינה, הרי על ידי פרה היא טהרתו של כל ישראל כו' עיין שם. ופירש שם המהרז"ו, תורתא הוא תרגום של פרה (אונקלוס בראשית לב, טז. ועוד), שעל ידי פרה נתגייר:

The Midrash above cited the last verse in *Job,* Ch. 28, *And He said to Man, "Behold, the fear of the Lord is wisdom and refraining from evil is understanding."* The Midrash presents another teaching from this verse:

אָמַר רַבִּי הוֹשַׁעְיָא: כָּל מִי שֶׁהוּא יוֹדֵעַ וְאֵין בְּיָדוֹ יִרְאַת חֵטְא אֵין בְּיָדוֹ כְּלוּם — **R' Hoshaya said: Whoever knows** Torah **but has no fear of sin, has nothing in his possession** at all,[12] כָּל נַגָּר שֶׁאֵין בְּיָדוֹ אַרְגַּלְיָא שֶׁלּוֹ אֵינוֹ נַגָּר — just as **any carpenter who does not have his tools at hand is not a carpenter,** practically speaking.[13] לָמָּה — **Why** is this so? שֶׁקַּפְלְיוֹת שֶׁל תּוֹרָה בְּיִרְאַת חֵטְא, שֶׁנֶּאֱמַר "יִרְאַת ה' הִיא אוֹצָרוֹ" — **Because the capitals of Torah** scholarship rest upon the pillars of **fear of sin,**[14] **as it is stated, *Fear of HASHEM — that is [man's] storehouse*** (*Isaiah* 33:6).[15] אָמַר רַבִּי יוֹחָנָן: כָּל מִי שֶׁהוּא יוֹדֵעַ תּוֹרָה וְאֵינוֹ עוֹשֶׂה — In a similar vein, **R' Yochanan said: Anyone who is knowledgeable in the Torah but does not put** its commandments **into practice** — מוּטָב לוֹ שֶׁלֹּא יָצָא לָעוֹלָם אֶלָּא נֶהֶפְכָה הַשִּׁלְיָא עַל פָּנָיו — **it would have been better for him had he not emerged into the world, but rather had his amniotic sac overturned on his face** at birth.[16] לְכָךְ נֶאֱמַר "וַיֹּאמֶר לָאָדָם הֵן יִרְאַת ה' וְגוֹ'" — **Thus, it is stated, *He said to man, "Behold, the fear of the Lord* is *wisdom"*** (*Job* 28:28).[17]

The Midrash presents another teaching for the *Job* verse, *the fear of the Lord is wisdom*:

אָמַר רַבִּי חִיָּיא בַּר אַבָּא: מַהוּ "הֵן יִרְאַת ה' וְגוֹ'" — **R' Chiya bar Abba said: What is** meant by ***Behold, the fear of the Lord*** *is wisdom?*[18] אָמַר הָאֱלֹהִים: אִם הֱיוּ לְךָ מַעֲשִׂים טוֹבִים אֲנִי נוֹתֵן לְךָ שָׂכָר — **God was saying** to Israel here, **"If you have good deeds,[19] I will give you a reward.** וּמַה שָּׂכָר, תּוֹרָה — **And which reward** will I give you? **Torah** wisdom."[20] שֶׁנֶּאֱמַר "וַיֹּאמֶר לָאָדָם הֵן יִרְאַת ה' הִיא חָכְמָה", — **Thus it is stated, *He said to man, "Behold, the fear of the Lord [merits] wisdom."*** "וְסוּר מֵרָע בִּינָה" — And the continuation of the verse, ***"and refraining from evil [merits] understanding,"*** should be understood similarly: וְאִם סַרְתָּ מִן הָרַע אֲנִי מַעֲמִיד מִמְּךָ בְּנֵי אָדָם שֶׁמְּבִינִים בַּתּוֹרָה — **And if you refrain from evil, I will cause individuals to emerge from you who will** also **have understanding of the Torah.**[21] מֵהֵיכָן אַתָּה לָמֵד — **From where can you learn** this?[22] מִיּוֹכֶבֶד וּמִרְיָם, בְּעֵת שֶׁיָּרְאוּ מֵהָאֱלֹהִים — **From** what transpired with **Jochebed and Miriam, when they feared God** under difficult circumstances,

NOTES

12. I.e., even if one has great knowledge of the Torah, if he is not God fearing he is considered not to be in possession even of his considerable scholarship (*Eitz Yosef*).

13. A carpenter may have much practical knowhow, but without his tools he is useless. For a sage, the "tool of his trade" is the fear of Heaven.

14. We have followed *Mussaf HeAruch's* translation of קַפְלְיוֹת; see *Eitz Yosef* for several other opinions. [From the ground up, a column consists of a base, a shaft, and a capital. The capital is usually ornate, such as in a Corinthian column, and represents the glory of the column. The intent of the Midrash is apparently that even if a person's scholarship in Torah reaches lofty levels and even if it is as exquisite as the capital of a column, if the scholarship does not rest upon a foundation of fear of Heaven, it cannot stand on its own.]

15. As expounded elsewhere (*Shabbos* 31a), the beginning of this verse alludes to the six sections ("Orders") of the Mishnah, followed by the present declaration that the fear of Heaven is the "storage house" for such knowledge; without a warehouse, all one's produce is lost (see 30 §14 above; see *Nefesh HaChaim* 4:4-9 at length).

16. A person who is well versed in the mitzvos, yet disregards them, would be better off not having been born. See Insight Ⓐ.

17. The logic of the exposition is as follows: God created the world for the sake of wisdom, i.e., the Torah (see above, note 2; see also *Proverbs* 8:22). Our verse teaches that the true purpose of this wisdom is the fear of Heaven. Without fear of Heaven, then, Creation would have been in vain. It is thus better for a person who has no fear of sin not to have been born (see *Yefeh To'ar* and *Eitz Yosef*).

18. Until this point, the Midrash has understood *the fear of the Lord is wisdom* to mean that the fear of the Lord is the ultimate *purpose* of wisdom. Now, the Midrash rejects this interpretation, because the wording of the verse does not really seem to indicate this kind of relationship between the two concepts (*Yefeh To'ar*); indeed, the plain intent of the verse (*the fear of the Lord is wisdom*) seems to be that the two concepts (*fear of the Lord* and *wisdom*) are identical (*Toldos Noach, Eitz Yosef*).

19. I.e., if you act in a way that indicates that you have *fear of the Lord,* for good deeds emanate from one's fear of God.

20. Thus, the phrase *the fear of the Lord is wisdom* is interpreted to mean, "the fear of the Lord is *what leads to* wisdom," i.e., one who exhibits fear of God will merit to achieve Torah wisdom — either in himself or in his descendants.

21. For performing good deeds, one will merit Torah wisdom, as the first half of the verse teaches. However, refraining from doing evil when the temptation arises is an even greater accomplishment than performing good deeds, and as such, is worthy of "understanding," which is superior to plain knowledge (*Toldos Noach, Eitz Yosef*).

22. I.e., from which actual event can you see the truth of this principle? (*Eitz Yosef*).

INSIGHTS

Ⓐ **Miscarriage of Life's Mission** According to its plain meaning, the Midrash is saying that a person who is full of Torah but empty of good deeds would have been better off not being created in the first place. That understanding, however, is not fully satisfying. Why did the Midrash use such picturesque language to express this idea? What does it add by focusing on the fetal stage and saying that he should have had his amniotic sac overturned on his face?

The author of *Maalos HaTorah* (p. 110ff [Peninim edition, New York, 5706]) records an original explanation in the name of his brother, the *Vilna Gaon* (see also *Beur HaGra* to *Mishlei* 16:26). The Sages teach that while a fetus is in its mother's womb, an angel comes and teaches it the entire Torah. As the time of birth approaches, the angel strikes the baby on its mouth, causing it to forget everything it learned (*Niddah* 30b).

What is the purpose of all this? Why teach someone Torah only to make him forget it afterward?

R' Moshe Alshich explains that when we pray וְתֵן חֶלְקֵנוּ בְּתוֹרָתֶךָ, we mean, "Give us *our* portion in Your Torah." Every Jew is assigned his own portion in the Torah. At Mount Sinai, when the Torah was originally given to our nation, every Jewish soul was present to receive his designated share. Thus, we seek the portion allocated specifically to each one of us. Along the same lines, the Talmud remarks, "If someone says that 'I have toiled [in my Torah study] and I have *found* [my objective],' you should believe him" (*Megillah* 6b). Accumulating Torah knowledge is like *finding* a lost object, because the student is recovering the share that he received at Mount Sinai.

It follows from these thoughts that when the Sages said that a baby is taught the entire Torah *in utero,* they meant that it is taught all of *its* Torah: the portion of God's wisdom that relates to its particular soul. The baby is pre-taught because otherwise it could never absorb all that knowledge in its lifetime. On the other hand, it must not retain what it learned because that would remove the element of difficulty from its subsequent Torah study, and the great value of Torah study lies primarily in the hard work that it entails.

We can now understand why our Midrash does not simply say that a scholar lacking in good deeds should never have been created. The Midrash wished to convey the message that such a person has advanced no further than the point he had reached in his mother's womb. There, too, he mastered his share of Torah knowledge. The main thing he could not accomplish as a fetus — the great human task of translating theory into practice — he failed to accomplish in his lifetime as well.

In his case, little would have been lost had his amniotic sac been overturned on his face.

אָמַר רַבִּי הוֹשַׁעְיָא: [ב] כָּל מִי שֶׁהוּא יוֹדֵעַ וְאֵין בְּיָדוֹ יִרְאַת חֵטְא אֵין בְּיָדוֹ כְּלוּם, כָּל נַגָּר שֶׁאֵין בְּיָדוֹ אֶרְגַּלְיָא שֶׁלּוֹ אֵינוֹ נַגָּר, לָמָּה, שֶׁקְּפַלְיוֹת שֶׁל תּוֹרָה בְּיִרְאַת חֵטְא, שֶׁנֶּאֱמַר (ישעיה לג, ו) "יִרְאַת ה' הִיא אוֹצָרוֹ", אָמַר רַבִּי יוֹחָנָן: כָּל מִי שֶׁהוּא יוֹדֵעַ תּוֹרָה וְאֵינוֹ עוֹשֶׂה, מוּטָב לוֹ שֶׁלֹּא יָצָא לָעוֹלָם אֶלָּא נֶהֶפְכָה הַשִּׁלְיָא עַל פָּנָיו, לְכָךְ נֶאֱמַר (איוב שם כח) "וַיֹּאמֶר לָאָדָם הֵן יִרְאַת ה' וְגוֹ'", אָמַר רַבִּי חִיָּיא בַּר אַבָּא: מַהוּ "הֵן יִרְאַת ה' וְגוֹ'", אָמַר הָאֱלֹהִים: אִם הָיוּ לְךָ מַעֲשִׂים טוֹבִים אֲנִי נוֹתֵן לְךָ שָׂכָר, וּמַה שָּׂכָר, תּוֹרָה, שֶׁנֶּאֱמַר (שם) "וַיֹּאמֶר לָאָדָם הֵן יִרְאַת ה' הִיא חָכְמָה וְסוּר מֵרָע בִּינָה", וְאִם סַרְתָּ מִן הָרָע אֲנִי מַעֲמִיד מִמְּךָ בְּנֵי אָדָם שֶׁמְּבִינִים בַּתּוֹרָה, מֵהֵיכָן אַתָּה לָמֵד, מִיּוֹכֶבֶד וּמִרְיָם, בְּעֵת שֶׁיָּרְאוּ מֵהָאֱלֹהִים, כְּדִכְתִיב (שמות א, יז) "וַתִּירֶאןָ הַמְיַלְּדֹת אֶת הָאֱלֹהִים", אָמַר רַבִּי בֶּרֶכְיָה בְּשֵׁם רַבִּי חִיָּיא בַּר אַבָּא: שְׂכַר הַיִּרְאָה תּוֹרָה, שֶׁמִּיּוֹכֶבֶד הֶעֱמִיד הַקָּדוֹשׁ בָּרוּךְ הוּא אֶת מֹשֶׁה וְזָכָה שֶׁתִּכָּתֵב הַתּוֹרָה עַל שְׁמוֹ, שֶׁנֶּאֱמַר (מלאכי ג, כב) "זִכְרוּ תּוֹרַת מֹשֶׁה עַבְדִּי", וּכְתִיב (דברים לג, ד) "תּוֹרָה צִוָּה לָנוּ מֹשֶׁה", מִרְיָם עַל יְדֵי שֶׁסָּרָה מִן הָרַע וּמִן הַחֵטְא

עץ יוסף

כל מי שיודע. פירוש אף כל מי שהוא יודע: **ארגלים שלו.** בלשון יוני כלי אומנות ופעולה (מוסף הערוך): **שקפליות.** בלשון יוני כותרת (מוסף הערוך). או פירושו מפתחות או מנעולים (יפה תואר). או פירושו מלשון מקפלין את הכלים (שבת קיג, א), ורוצה לומר שהתורה מקופלת ומונחת בתוך יראת חטא (הרש״ש): **שנאמר יראת ה' היא אוצרו.** דלעיל מיניה כתיב והיה אמונת עתך וגו', והיינו ששה סדרי משנה, ועלה קאמר אי איכא יראת ה' אין ואי לא לא, כדאיתא במסכת שבת (לא, א): **אלא נהפכה לו השליא על פניו.** לפי שאיתא בעירובין (יג, ב) שנמנו וגמרו שנוח לו לאדם שלא נברא משנברא ועכשיו שנברא יפשפש במעשיו: **לכך נאמר ויאמר לאדם.** דייק מדכתיב התם כי הוא לקצות הארץ יביט לעשות לרוח משקל, שהכי פירושו כשברא העולם ושם משקל בכל דבר היה התכלית בעבור החכמה, כאומרו (משלי ח, כב) ה' קנני ראשית דרכו, ויאמר לאדם כי תכלית החכמה שעליה נברא העולם היא יראת ה', אם כן נקטינן דאם אין יראה בריאת העולם לבטלה, ואם כן מוטב לו שלא יצא לעולם: **מהו הן יראת ה'.** פירוש כי בפסוק משמע שיראת ה' וחכמה דבר אחד הוא, וזה אינו שיראת ה' לחוד, וחכמה לחוד (תולדות נח): **אם היה לך מעשים טובים.** וקרי להו יראה, שעל ידי מורא ה' מתעסק בהם: **ומה שכר תורה.** ואף על גב דעל כרחך הוי ליה תורה מעיקרא דאין בור ירא חטא, ה' יוסיף מאד בחכמתו בעד זה שעשה מעשים טובים בפועל: **ואם סרת מן הרע.** פירוש אם קיים מצות ה' אז יזכה לחכמה, ואם סרת מן הרע שבא דבר עבירה לידך ולא עשית אותה, שהוא יותר גדול מקיום המצוה, תיזכה לבינה, שהיא גם כן גדולה מן החכמה, ורוצה לומר שיזכה לבינה נוסף על החכמה, כמו שמסיים המדרש העמיד ממנו הקדוש ברוך הוא בצלאל וזכה לחכמה ולבינה (תולדות נח): **מהיכן אתה למד.** היכן מלינו שנתקיים כן: **כדכתיב ותיראן המילדות.** והיינו יוכבד ומרים, דאיקרו שפרה ופועה כדלעיל פרשה א': **אמר רבי ברכיה כו'.** חידש לנו רבי ברכיה שבשכר היראה זכתה לזה, ולמדו מדכתיב ויהי כי יראו המילדות את האלהים וגו' ויעש להם בתים, ודרש הוא, בתי תורה ובתי מביני בינה (תולדות נח): **וכתיב תורה צוה לנו משה.** והלא הקדוש ברוך הוא צוה, אלא שנקראת על שמו כאילו הוא צוה, ולפי שלא נכתב בהדיא כאן שנקרא על שמו, לכן הביא פסוק זכרו תורת משה, שכתוב בו בפירוש תורת משה, משמע שנקרא על שמו (תולדות נח): **שסרה מן הרע ומן החטא.** מן הרע היינו שלא שמעה לפרעה שבקש להזדווג להן, כנ״ל פרשה א', וזנות איקרי רע, כדכתיב (בראשית לט, ט) ואיך אעשה הרעה הגדולה הזאת, ומן החטא היינו הריגת הילדים (יפה תואר):

פירוש מהרז״ו

כל שהוא יודע. דברי תורה, וכמו שאמרו באבות (ג, ט) כל שיראת חטאו קודמת לחכמתו חכמתו מתקיימת, וכמו שאמרו שם, אם אין יראה אין חכמה, עיין לעיל פרשה ל סימן י״ד: **ארגליא שלו.** בערוך פירש כלים המרגילים אותם, ובמוסף ערוך פירש שבלשון יוני פירושו כלי אומנות פעולה. עיין ויקרא רבה פרשה כג סימן ג, היא וכל ארגליא שלה הסל והמגריפה, עיין שם. וכמו שאמר דברים רבה פרשה ח ריש סימן ו, היא וכל כלי אומנתה, נתנה ענותנותה לדקה וישרותה, המה כלי ארגליא של תורה: **קפליות של תורה.** עיין ויקרא רבה פרשה כ״ה סימן ז, וקפליות מלמטלה, ופירש המוסף ערוך, כותרת העמודים, והוא תיקון העמוד וחזקו ויפיו, וכמו שכתוב (תהלים קיא, י) ראשית חכמה יראת ה': **אמר רבי יוחנן.** ויקרא רבה פרשה ל״ה סימן ז, עיין שם: **מהו הן יראת.** שלפירוש הנ״ל היה לו לומר הן החכמה היא ביראת ה', על כן דורש ששכר היראה הוא חכמה ותורה: **מיוכבד ומרים.** הן היו המילדות שפרה ופועה, כדלעיל פרשה א סימן י״ג, ועיין שם סימן ט״ו:

חידושי הרד״ל

כל מי כו' ואינו עושה כו'. כן הובא גם בתנחומא סוף פרשת כי תבא, אבל בויקרא רבה פרשה לה ז, ובירושלמי פרק קמא דברכות הגירסא הלמד על מנת שלא לעשות כו': **מרים על ידי שסרה כו'.** אפשר רצה לומר כמו שכתוב (פרשה א, טו) שתבעו פרעה ולא שמעו אליו, ועיין בשמות רבה שם:

חידושי הרש״ש

[א] **שקפליות של תורה ביראת חטא כו'.** נראה לי שהוא מלשון מקפלין את הכלים שבת (קיג, א), רצה לומר שהתורה מקופלת ומונחת בתוך יראת חטא, דומה למה דאמר רבה (שם לא, ב) כל אדם שיש בו תורה ואין בו יראת שמים דומה לגזבר שמסרו לו מפתחות הפנימיות ומפתחות החצוניות לא מסרו לו כו', עיין שם: **שנאמר יראת ה' היא אוצרו.** רצה לומר ורישא דקרא והיה אמונת עתיך גו', דדרשו שם על ששה סדרי משנה:

אמרי יושר

[א] **נח לו שנהפכה שלייתו על פניו.** זהו ויאמר לאדם, לא אדם:

מסורת המדרש

ב. ירושלמי ברכות פרק א'. ויקרא רבה פרשה ל״ה. דברים רבה פרשה ז'. תורת כהנים פרשה בחוקותי. תנחומא סדר כי תבא סימן ד':

אם למקרא

וְהָיָה אֱמוּנַת עִתֶּיךָ חֹסֶן יְשׁוּעֹת חָכְמַת וָדָעַת יִרְאַת ה' הִיא אוֹצָרוֹ: (ישעיה לג:ו)

וַתִּירֶאןָ הַמְיַלְּדֹת אֶת הָאֱלֹהִים וְלֹא עָשׂוּ כַּאֲשֶׁר דִּבֶּר אֲלֵיהֶן מֶלֶךְ מִצְרָיִם וַתְּחַיֶּיןָ אֶת הַיְלָדִים: (שמות א:יז)

זִכְרוּ תּוֹרַת מֹשֶׁה עַבְדִּי אֲשֶׁר צִוִּיתִי אוֹתוֹ בְחֹרֵב עַל כָּל יִשְׂרָאֵל חֻקִּים וּמִשְׁפָּטִים: (מלאכי ג:כב)

תּוֹרָה צִוָּה לָנוּ מֹשֶׁה מוֹרָשָׁה קְהִלַּת יַעֲקֹב: (דברים לג:ד)

באור מהרי״פ

ארגליא. זה לשון הערוך (ערך ארגליא), בילמדנו סדר בהעלותך במקרא קח את הלוים, מי שמכר לחבירו ספינה ולא פירש כלי ארגליא שלה מהו שיזכה בה הלוקח, כך שנו רבותינו (בבא בתרא עג, א) המוכר את הספינה מכר את התורן ואת הנס ואת העוגן (עד כאן), פירוש ארגליא כלים אלו המרגילים אותה, עד כאן לשון הערוך, וזה לשון רבי בנימין מוספיא, אמר בנימין, פירוש בלשון יוני כלי אומנות ופעולה, עד כאן: **במתנות כהונה [בד״ה שקפליות כו'] ועיין בערוך ערך קפל השני.** הערוך לא פירש שם כלום, גם לא בערך טפף. וזה לשון רבי בנימין מוספיא ערך קפל השני, אמר בנימין, פירוש, בלשון יוני כותרת העמוד, עד כאן. והוא למד (מדברי ילמדנו שמביא הערוך סדר והיה עקב פסוק כי תאמר והיה עם אנטוכינוס לגיון אחד נאה כארזים ראשיהם מגיעין לקופלין של עמודים) [מדברי ילמדנו פרשת וישב (תנחומא, פיסקא ויוסף הורד, סימן ג), ראה רבי שמעון שם לגיון אחד נאה ומשובח ראשו מגיע לקפלרם של עמודים], עד כאן:

מתנות כהונה

ארגלייא. פירש הערוך (ערך ארגליא) כלי אומנתו: **שקפליות.** ראש וכתר. עיין בערוך ערך קפל השני:
מהו הן יראת ה' וגו' גרסינן. פירוש שכר היראה היא החכמה:

אשד הנחלים

מכנים שגם העליונים שומרים התורה כפי דרכם, כי כולם נכללים בה [וכבר הארכתי בענינו בספרי הדרשות דרוש עין תורה] כפי הנודע שהברואים כולם נחלקים לארבע עולמות בפי חכמי אמת, ומכונים בשם אבי״ע [אצילות בריאה יצירה עשייה], וכל אחת כפי מדרגתה הוא אחוזה בתורה עליונה, ולמטה נתלבשה בספוריה ומצותיה לעיני בני אדם שהם מלובשים בגוף, וזהו המכונה בשם חזרה, וזהו השתלשלות התורה דרך ארבע מדרגות האלו, עד שנעשתה שיהיה בכח יכולת האדם לקבלה ולהבינה, ומזה ילמוד החכם שישפיל שכלו למען הבינו לעיני ההמון, ולא יאמר כפי שהוא מבין, כי אולי לא יבינו ההמון מפני עמקו. והנה לפי דברי לעיל, ההבדל בין הראיה להסיפור והכנה וחקירה, תוכל להבין במה מכוונים הארבע מלות מול ארבע העולמות הידועים, אך לא חפצתי להאריך, ודי לחכם ומבין מעצמו: **ארגליא שלו כו' שקפליות כו'.** במשל הזה ביאר לנו היטב גדר היראה במה היא מכונה מול הידיעה וההשכלה, כי הן אמת שעיקר ההשלמה לנפש היא הידיעה, כמו שכתוב (פסחים נ, א ועוד) אשרי מי שבא לכאן ותלמודו בידו, והיראה משרתת לה, כי היא האוצר ומכיל בקרבה התורה, והאוצר הוא בשביל התורה ואם כן התורה התכלית, אך להיות שאי אפשר שידע התורה אם לא על ידי היראה, דאם לא כן נשאר ערום מזה ומזה, וזה כדמות האומן ששכלו מבין המלאכה, אך אם אין כלי האומנות בידו (שזהו הקפליות) אז לשוא ידיעתו, כי אי אפשר לאומן לעשות בלי כלים, כן אי אפשר להשאר בידו הידיעה, אם לא תהיה יראת ה' על פניו: **ואינו עושה.** הוא ענין אחר כי יתכן לאיש יודע ואוהב התורה מצד שהוא איש אוהב השכלה, אך העשייה אינם נחשבת בעיניו מאומה, כי מדמה שהעשיה הוא רק להמון. אבל הנפש המשכלת כו' שלמותה רק בידיעה, שזה עיקר השלמה לנפש. ואם כן לשוא נברא הנפש בתוך הגוף. כי שמה טרם הבראה, היתה יודעת יותר ממה שהיא עתה בעת שנאסרת בתוך גופה. ולכן אמר על דרך מליצה שנוח לו שיהפך השליא על פניו. וזהו ויאמר לאדם (כלומר אחר שנעשה אדם נפש בתוך הגוף) הן יראת ה' היא חכמה (כי היראה באה מסבת חיבור הנפש עם הגוף). כי היראה היא התפעלות מדבר היראוי ונמשך מחומר. וכן סור מרע הבינה האמיתית והבן זה: **ומאי שכר תורה.** דרש עוד הן, בסיבת יראת ה' יבוא לידי חכמה, ובסיבת שהוא סר מרע יבא לידי בינה, וזהו עצם השכר למתבונן, כי שכר מצוה מצוה (אבות פ״ד מ״ב), כי אין תענוג ונועם אחר כי אם החכמה והבינה. **וביאור הכתוב** אז ראה החכמה וסיפרה והכינה וחקרה, אך למי נותן ומי זוכה לידיעתה, ויאמר לאדם על ידי יראת ה' וסור מרע יבוא לכל זה: **מעמיד ממך בנים.** כי יש בני אדם שהם סרים מרע והם בעצמם אינם מוכנים להיות נבונים, כאשה וכדומה, אז על כל פנים זוכה שיעמדו ממנה נבונים:

כִּדְכְתִיב "וַתִּירֶאןָ הַמְיַלְּדֹת אֶת הָאֱלֹהִים" — **as it is written,** ***But the midwives feared God*** *and they did not do as the king of Egypt spoke to them*[23] (above, 1:17). אָמַר רַבִּי בֶּרֶכְיָה בְּשֵׁם רַבִּי חִיָּיא בַּר אַבָּא: שְׂכַר הַיִּרְאָה תּוֹרָה — In elaboration, **R' Berechyah said in the name of R' Chiya bar Abba:** We see from here that **the reward for fear** of God **is Torah** knowledge, שֶׁמִּיּוֹכֶבֶד הֶעֱמִיד הַקָּדוֹשׁ בָּרוּךְ הוּא אֶת מֹשֶׁה וְזָכָה שֶׁתִּכָּתֵב הַתּוֹרָה עַל שְׁמוֹ — **for from Jochebed,** who "had good deeds" because she *feared God,*[24] **the Holy One, blessed is He, brought forth Moses, who** had so much Torah knowledge that he **merited that the Torah should be written in his name,**[25] שֶׁנֶּאֱמַר "זִכְרוּ תּוֹרַת מֹשֶׁה עַבְדִּי", וּכְתִיב "תּוֹרָה צִוָּה לָנוּ מֹשֶׁה" — **as it is stated,** ***Remember "the Torah of Moses," My servant*** (*Malachi* 3:22), **and as it is written,** ***The Torah that "Moses commanded us"*** (*Deuteronomy* 33:4).[26] מִרְיָם עַל יְדֵי שֶׁפָּרְשָׁה מִן הָרַע וּמִן הַחֵטְא — And as for **Miriam, by virtue of the fact that she** ***refrained from evil*** **and from sin,**[27]

NOTES

23. Pharaoh had ordered them to kill all Israelite male infants upon birth, but they refused to do so. Although the midwives who acted thus are identified ibid. as "Shifrah" and "Puah," the Midrash above (1 §13) identifies these two women as Jochebed and Miriam.

24. This refers to the fact that she used to take up collections from wealthy families to help the newborns of poor families, and that she used to apply her extensive skills to improve the health of ill newborns — as described in the Midrash above, 1 §15 (*Yefeh To'ar, Toldos Noach*).

25. I.e., that the Torah should be called by his name and attributed to him (see Midrash above, 30 §4).

26. Since it was God, and not Moses, who commanded Israel regarding the Torah, the Midrash interprets this verse as an example of the Torah being ascribed to Moses.

27. *Eitz Yosef* explains the double expression ("she refrained *from evil and from sin*") as follows: The Midrash above (1 §15) teaches that Pharaoh wanted to act promiscuously with Miriam (which is called "evil" in *Genesis* 31:9), but she refused; furthermore, she refrained *from sin* by defying Pharaoh's orders to kill the Israelite babies (based on *Toldos Noach*).

אָמַר רַבִּי הוֹשַׁעְיָא: בכָּל מִי שֶׁהוּא יוֹדֵעַ וְאֵין בְּיָדוֹ יִרְאַת חֵטְא אֵין בְּיָדוֹ כְּלוּם, כָּל נַגָּר שֶׁאֵין בְּיָדוֹ אֶרְגַּלְיָא שֶׁלּוֹ אֵינוֹ נַגָּר, לָמָּה, שֶׁקַּפְלָיוֹת שֶׁל תּוֹרָה בְּיִרְאַת חֵטְא, שֶׁנֶּאֱמַר (ישעיה לג, ו) "יִרְאַת ה' הִיא אוֹצָרוֹ", אָמַר רַבִּי יוֹחָנָן: כָּל מִי שֶׁהוּא יוֹדֵעַ תּוֹרָה וְאֵינוֹ עוֹשֶׂה, מוּטָב לוֹ שֶׁלֹּא יָצָא לָעוֹלָם אֶלָּא נֶהֶפְכָה הַשִּׁלְיָא עַל פָּנָיו, לְכָךְ נֶאֱמַר (איוב שם כח) "וַיֹּאמֶר לָאָדָם הֵן יִרְאַת ה' וְגוֹ'", אָמַר רַבִּי חִיָּיא בַּר אַבָּא: מַהוּ "הֵן יִרְאַת ה' וְגוֹ'", אָמַר הָאֱלֹהִים: אִם הָיוּ לְךָ מַעֲשִׂים טוֹבִים אֲנִי נוֹתֵן לְךָ שָׂכָר, וּמַה שָּׂכָר, תּוֹרָה, שֶׁנֶּאֱמַר (שם) "וַיֹּאמֶר לָאָדָם הֵן יִרְאַת ה' הִיא חָכְמָה וְסוּר מֵרָע בִּינָה", וְאִם סַרְתָּ מִן הָרַע אֲנִי מַעֲמִיד מִמְּךָ בְּנֵי אָדָם שֶׁמְּבִינִים בַּתּוֹרָה, מֵהֵיכָן אַתָּה לָמֵד, מִיּוֹכֶבֶד וּמִרְיָם, בְּעֵת שֶׁיָּרְאוּ מֵהָאֱלֹהִים, כִּדְכְתִיב (שמות א, יז) "וַתִּירֶאןָ הַמְיַלְּדֹת אֶת הָאֱלֹהִים", אָמַר רַבִּי בֶּרֶכְיָה בְּשֵׁם רַבִּי חִיָּיא בַּר אַבָּא: שְׂכַר הַיִּרְאָה תּוֹרָה, שֶׁמִּיּוֹכֶבֶד הֶעֱמִיד הַקָּדוֹשׁ בָּרוּךְ הוּא אֶת מֹשֶׁה וְזָכָה שֶׁתִּכָּתֵב הַתּוֹרָה עַל שְׁמוֹ, שֶׁנֶּאֱמַר (מלאכי ג, כב) "זִכְרוּ תּוֹרַת מֹשֶׁה עַבְדִּי", וּכְתִיב (דברים לג, ד) "תּוֹרָה צִוָּה לָנוּ מֹשֶׁה", מִרְיָם עַל יְדֵי שֶׁסָּרָה מִן הָרַע וּמִן הַחֵטְא

עץ יוסף

כל מי שיודע. פירוש אף כל מי שהוא יודע: **ארגלים שלו.** בלשון יוני כלי אומנות ופעולה (מוסיף הערוך): **שקפליות.** בלשון יוני כותרת (מוסף הערוך). או פירושו מפתחות או מנעולים (יפה תואר). או פירושו מלשון מקפלין את הכלים (שבת קיג, א), ורוצה לומר שהתורה מקופלת ומונחת בתוך יראת חטא (הרש"ש): **שנאמר יראת ה' היא אוצרו.** דלעיל מיניה כתיב והיה אמונת עתך וגו', והיינו ששה סדרי משנה, ועלה קאמר אי איכא יראת ה' אין ואי לא לא, כדאיתא במסכת שבת (לא, א): **אלא נהפכה לו השליא על פניו.** לפי שאיתא בעירובין (יג, ב) שנמנו וגמרו שנוח לו לאדם שלא נברא משנברא ועכשיו שנברא יפשפש במעשיו: **לכך נאמר ויאמר לאדם.** דייק מדכתיב התם כי הוא לקצות הארץ יביט לעשות לרוח משקל, שהכי פירושו כשברא העולם ושם משקל בכל דבר היה התכלית בעבור החכמה, כאומרו (משלי ח, כב) ה' קנני ראשית דרכו, ויאמר לאדם כי תכלית החכמה שעליה נברא העולם היא יראת ה', אם כן נקטינן דאם אין יראה בריאת העולם לבטלה, ואם כן מוטב לו שלא יצא לעולם: **מהו הן יראת ה'.** פירוש כי בפסוק משמע שיראת ה' וחכמה דבר אחד הוא, וזה אינו שיראת ה' לחוד, וחכמה לחוד (תולדות נח): **אם היה לך מעשים טובים.** וקרי להו יראה, שעל ידי מורא ה' מתעסק בהם: **ומה שכר תורה.** ואף על גב דעל כרחך הוי ליה תורה מעיקרא דאין בור ירא חטא, ה' יוסיף מאד בחכמתו בעד זה שעשה מעשים טובים בפועל: **ואם סרת מן הרע.** פירוש אם קיים מצות ה' אז יזכה לחכמה, ואם סרת מן הרע שבא דבר עבירה לידך ולא עשית אותה, שהוא יותר גדול מקיום המצוה, תיזכה לבינה, שהיא גם כן גדולה מן החכמה, ורוצה לומר שיזכה לבינה נוסף על החכמה, כמו שמסיים המדרש העמיד ממנו הקדוש ברוך הוא בצלאל וזכה לחכמה ולבינה (תולדות נח): **מהיכן אתה למד.** היכן מצינו שנתקיים כן: **כדכתיב ותיראן המילדות.** והיינו יוכבד ומרים, דאיקרו שפרה ופועה כדלעיל פרשה א': **אמר רבי ברכיה כו'.** חידש לנו רבי ברכיה שבשכר היראה זכתה לזה, ולמדו מדכתיב ויהי כי יראו המילדות את האלהים וגו' ויעש להם בתים, ודרש הוא, בתי תורה ובתי מביני בינה (תולדות נח): **וכתיב תורה צוה לנו משה.** והלא הקדוש ברוך הוא צוה, אלא שנקראת על שמו כאילו הוא צוה, ולפי שלא נכתב בהדיא כאן שנקרא על שמו, לכן הביא פסוק זכרו תורת משה, שכתוב בו בפירוש תורת משה, משמע שנקרא על שמו (תולדות נח): **שסרה מן הרע ומן החטא.** מן הרע היינו שלא שמעה לפרעה שבקש להזדווג להן, כנ"ל פרשה א', וזנות איקרי רע, כדכתיב (בראשית לט, ט) ואיך אעשה הרעה הגדולה הזאת, ומן החטא היינו הריגת הילדים (יפה תואר):

פירוש מהרז"ו

כל שהוא יודע. דברי תורה, וכמו שאמרו באבות (ג, ט) כל שיראת חטאו קודמת לחכמתו חכמתו מתקיימת, וכמו שאמרו שם, אם אין יראה אין חכמה, עיין לעיל פרשה ל סימן י"ד: **ארגליא שלו.** בערוך פירש כלים המרגילים אותם, ובמוסף ערוך פירש שבלשון יוני פירושו כלי אומנות פעולה. עיין ויקרא רבה פרשה כג סימן ג, היא וכל ארגליא שלה הסל והמגריפה, עיין שם. וכמו שאמר דברים רבה פרשה ח ריש סימן ו, היא וכל כלי אומנתה, נתנה ענותנותה לדקה וישרותה, המה כלי ארגליא של תורה: **קפליות של תורה.** עיין ויקרא רבה פרשה כ"ה סימן ז, וקפליות מלמעלה, ופירש המוסף ערוך, כותרת העמודים, והוא תיקון העמוד וחזקו ויפיו, וכמו שכתוב (תהלים קיא, י) ראשית חכמה יראת ה': **אמר רבי יוחנן.** ויקרא רבה פרשה ל"ה סימן ז, עיין שם: **מהו הן יראת.** שלפירוש הנ"ל היה לו לומר הן החכמה היא בירא ת ה', על כן דורש ששכר היראה הוא חכמה ותורה: **מיוכבד ומרים.** הן היו המילדות שפרה ופועה, כדלעיל פרשה א סימן י"ג, ועיין שם סימן ט"ז:

חידושי הרד"ל

כל מי כו' ואינו עושה כו'. כן הובא גם בתנחומא סוף פרשת כי תשא, אבל בויקרא רבה פרשה לה ז, ובירושלמי פרק קמא דברכות הגירסא הלמד על מנת שלא לעשות כו': **מרים על ידי שסרה כו'.** אפשר רצה לומר כמו שכתוב (פרשה א, טו) שתבען פרעה ולא שמעו אליו, ועיין בשמות רבה שם:

חידושי הרש"ש

[א] שקפליות של תורה ביראת חטא כו'. נראה לי שהוא מלשון מקפלין את הכלים שבת (קיג, א), רצה לומר שהתורה מקופלת ומונחת בתוך יראת חטא, דומה למה דאמר רבה (שם לא, ב) כל אדם שיש בו תורה ואין בו יראת שמים דומה לגזבר שמסרו לו מפתחות הפנימיות ומפתחות החצוניות לא מסרו לו כו', עיין שם: **שנאמר יראת ה' היא אוצרו.** רצה לומר ורישא דקרא והיה אמונת עתיך גו', דדרשו שם על ששה סדרי משנה:

אמרי יושר

[א] נח לו שנהפכה שלייתו על פניו. זהו ויאמר לאדם, לא אדם:

מסורת המדרש

ב. ירושלמי ברכות פרק א'. ויקרא רבה פרשה ל"ה. דברים רבה פרשה ז'. תורת כהנים פרשה בחוקותי. תנחומא סדר כי תשא סימן ד':

אם למקרא

וְהָיָה אֱמוּנַת עִתֶּיךָ חֹסֶן יְשׁוּעֹת חָכְמַת וָדָעַת יִרְאַת ה' הִיא אוֹצָרוֹ: (ישעיה לג:ו)

וַתִּירֶאןָ הַמְיַלְּדֹת אֶת הָאֱלֹהִים וְלֹא עָשׂוּ כַּאֲשֶׁר דִּבֶּר אֲלֵיהֶן מֶלֶךְ מִצְרָיִם וַתְּחַיֶּיןָ אֶת הַיְלָדִים: (שמות א:יז)

זִכְרוּ תּוֹרַת מֹשֶׁה עַבְדִּי אֲשֶׁר צִוִּיתִי אוֹתוֹ בְחֹרֵב עַל כָּל יִשְׂרָאֵל חֻקִּים וּמִשְׁפָּטִים: (מלאכי ג:כב)

תּוֹרָה צִוָּה לָנוּ מֹשֶׁה מוֹרָשָׁה קְהִלַּת יַעֲקֹב: (דברים לג:ד)

באור מהרי"פ

ארגליא. זה לשון הערוך (ערך ארגליא), בילמדנו סדר בהעלותך במקרא קח את הלוים, מי שמכר לחבירו ספינה ולא פירש כלי ארגליא שלה מהו שיזכה בה הלוקח, כך שנו רבותינו (בבא בתרא עג, א) המוכר את הספינה מכר את התורן ואת הנס ואת העוגן (עד כאן), פירוש ארגליא כלים אלו המרגילים אותה, עד כאן לשון הערוך, וזה לשון רבי בנימין מוספיא, אמר בנימין, פירוש בלשון יוני כלי אומנות ופעולה, עד כאן: **במתנות כהונה [בד"ה שקפליות כו'] ועיין בערוך ערך קפל השני.** הערוך לא פירש שם כלום, גם לא בערך טפף. וזה לשון רבי בנימין מוספיא ערך קפל השני, אמר בנימין, פירוש, בלשון יוני כותרת העמוד, עד כאן. והוא למד (מדברי ילמדנו שמביא הערוך סדר והיה עקב פסוק כי תאמר והיה עם אנטוניטוס לגיון אחד נאה כארזים ראשיהם מגיעין לקופלין של עמודים) [מדברי ילמדנו פרשת וישב (תנחומא, פיסקא ויוסף הורד, סימן ג), ראה רבי שמעון שם לגיון אחד נאה ומשובח ראשו מגיע לקפלרם של עמודים], עד כאן:

מתנות כהונה

ארגלייא. פירש הערוך (ערך ארגליא) כלי אומנתו: **שקפליות.** ראש וכתר. עיין בערוך ערך קפל השני:
מהו הן יראת ה' וגו' גרסינן. פירוש שכר היראה היא החכמה:

אשד הנחלים

מכנים שגם העליונים שומרים התורה כפי דרכם, כי כולם נכללים בה [וכבר הארכתי בענינו בספרי הדרשות דרוש עין תורה] כפי הנודע שהברואים כולם נחלקים לארבע עולמות בפי חכמי אמת, ומכונים בשם אבי"ע [אצילות בריאה יצירה עשייה], וכל אחת כפי מדרגתה הוא אחוזה בתורה עליונה, ולמטה נתלבשה בספוריה ומצותיה לעיני בני אדם שהם מלובשים בגוף, וזהו המכונה בשם חזרה, וזהו השתלשלות התורה דרך ארבע מדרגות האלו, עד שנעשתה שיהיה בכח יכולת האדם לקבלה ולהבינה, ומזה ילמוד החכם שישפיל שכלו למען הבינו לעיני ההמון, ולא יאמר כפי שהוא מבין, כי אולי לא יבינו ההמון מפני עמקו. והנה לפי דברי לעיל, ההבדל בין הראיה להסיפור והכנה וחקירה, תוכל להבין במה מכוונים הארבע מלות מול ארבע העולמות הידועים, אך לא חפצתי להאריך, ודי לחכם ומבין מעצמו: **ארגליא שלו כו' שקפליות כו'.** במשל הזה ביאר לנו היטב גדר היראה במה היא מכונה מול הידיעה וההשכלה, כי הן אמת שעיקר ההשלמה לנפש היא הידיעה, כמו שכתוב (פסחים נ, א ועוד) אשרי מי שבא לכאן ותלמודו בידו, והיראה משרתת לה, כי היא האוצר ומכיל בקרבה התורה, והאוצר הוא בשביל התורה ואם כן התורה התכלית, אך להיות שאי אפשר שידע התורה אם לא על ידי היראה, דאם לא כן נשאר ערום מזה ומזה, וזה כדמות האומן ששכלו מבין המלאכה, אך אם אין כלי האומנות בידו (שזהו הקפליות) אז לשוא ידיעתו, כי אי אפשר לאומן לעשות בלי כלים, כן אי אפשר להשאר בידו הידיעה, אם לא תהיה יראת ה' על פניו: **ואינו עושה.** הוא ענין אחר כי יתכן לאיש יודע ואוהב התורה מצד שהוא איש אוהב השכלה, אך העשייה אינם נחשבת בעיניו מאומה, כי מדמה שהעשיה הוא רק להמון. אבל הנפש המשכלת כו' שלמותה רק בידיעה, שזה עיקר השלמה לנפש. ואם כן לשוא נברא הנפש בתוך הגוף. כי שמה טרם הבראה, היתה יודעת יותר ממה שהיא עתה בעת שנאסרת בתוך גופה. ולכן אמר על דרך מליצה שנוח לו שיהפך השליא על פניו. וזהו ויאמר לאדם (כלומר אחר שנעשה אדם נפש בתוך הגוף) הן יראת ה' היא חכמה (כי היראה באה מסבת חיבור הנפש עם הגוף). כי היראה היא התפעלות מדבר היראוי ונמשך מחומר. וכן סור מרע הבינה האמיתית והבן זה: **ומאי שכר תורה.** דרש עוד הן, בסיבת יראת ה' יבוא לידי חכמה, ובסיבת שהוא סר מרע יבא לידי בינה, וזהו עצם השכר למתבונן, כי שכר מצוה מצוה (אבות פ"ד מ"ב), כי אין תענוג ונועם אחר כי אם החכמה והבינה. וביאור הכתוב אז ראה החכמה וסיפרה והכינה וחקרה, אך למי נותן ומי זוכה לידיעתה, ויאמר לאדם על ידי יראת ה' וסור מרע יבוא לכל זה: **מעמיד ממך בנים.** כי יש בני אדם שהם סרים מרע והם בעצמם אינם מוכנים להיות נבונים, כאשה וכדומה, אז על כל פנים זוכה שיעמדו ממנה נבונים:

הֶעֱמִיד מִמֶּנָּה הַקָּדוֹשׁ בָּרוּךְ הוּא בְּצַלְאֵל וְזָכָה לְחָכְמָה וּלְבִינָה – **the Holy One, blessed is He, brought forth from her Bezalel, who merited wisdom and understanding.** הָדָא הוּא דִכְתִיב "רְאֵה קָרָאתִי בְשֵׁם בְּצַלְאֵל", וּכְתִיב "וָאֲמַלֵּא אֹתוֹ רוּחַ אֱלֹהִים בְּחָכְמָה בִּתְבוּנָה וּבְדַעַת" – **Thus it is written,** ***See, I have called by the name: Bezalel*** *son of Uri, son of Hur,*[28] *etc.* **and it is written** after this, ***I have filled him with a Godly spirit, with wisdom, understanding, and knowledge,*** *etc.* (below, 31:3).[29]

§2 The Midrash expounds the seemingly superfluous word, *See*:

דָּבָר אַחֵר – **Another comment** on the phrase, *See, I have called by the name*: "קָרָאתִי בְשֵׁם בְּצַלְאֵל" אֵין כְּתִיב כָּאן אֶלָּא "רְאֵה קָרָאתִי" – **It is not written here** merely, ***I have called by the name: Bezalel,*** **but rather, *"See," I have called*** *by the name: Bezalel.* What did God want Moses to see?[30] אַתָּה מוֹצֵא כְּשֶׁעָלָה מֹשֶׁה לַמָּרוֹם הֶרְאָה לוֹ הַקָּדוֹשׁ בָּרוּךְ הוּא כָּל כְּלֵי הַמִּשְׁכָּן, וְאָמַר לוֹ: כָּךְ וְכָךְ עֲשֵׂה – **You find that when Moses ascended to the Heavens, the Holy One, blessed is He, showed him all the vessels of the Tabernacle, and said to him, "Make** the vessels **like this and like that,"** "וְעָשִׂיתָ מְנֹרַת", "וְעָשִׂיתָ שֻׁלְחָן", "וְעָשִׂיתָ מִזְבֵּחַ" – as it is stated, ***"You" shall make a Menorah*** (above, 25:31); ***"You" shall make a Table*** (ibid., v. 23); ***"You" shall make an Altar*** (above, 27:1), כָּךְ כָּל מַעֲשֵׂה הַמִּשְׁכָּן – and **similarly** with regard to **all the making of the Tabernacle.**[31] בָּא מֹשֶׁה לֵירֵד, סָבוּר שֶׁהוּא עוֹשֶׂה אוֹתוֹ – When **Moses was about to descend** from the mountain, **he** therefore **thought that he would make [the Tabernacle]** and its vessels **himself.**[32] קָרָא לוֹ הַקָּדוֹשׁ בָּרוּךְ הוּא, אָמַר לוֹ: מֹשֶׁה, מֶלֶךְ עֲשִׂיתִיךָ, אֵין דֶּרֶךְ הַמֶּלֶךְ לַעֲשׂוֹת דָּבָר, אֶלָּא גּוֹזֵר וַאֲחֵרִים עוֹשִׂים – But **the Holy One, blessed is He, called to [Moses]** and **said to him, "Moses, I have made you a king. It is not the accepted practice for a king to do anything** involving manual labor himself; **rather, he delegates** the work **and others do** it. אַף אַתָּה אֵין לְךָ רְשׁוּת לַעֲשׂוֹת דָּבָר, אֶלָּא אֱמוֹר לָהֶם וְהֵם עוֹשִׂין – And **so it is with you: You have no permission to do anything** involving the construction of the Tabernacle yourself;[33] **rather, instruct [others]** what they must do **and they will do** it." וְלֹא אָמַר לוֹ לְמִי יֹאמַר – **However, [God] did not tell [Moses] whom he should tell** to do the work. אָמַר מֹשֶׁה: לְמִי אוֹמַר – So **Moses said** to God, **"Whom should I tell** to do it?" אָמַר לוֹ: אֲנִי מַרְאֶה לְךָ – **[God] replied to [Moses], "I will show you** who is designated for this task." וּמֶה עָשָׂה הַקָּדוֹשׁ בָּרוּךְ הוּא – **What did the Holy One, blessed is He, do?** הֵבִיא לוֹ סִפְרוֹ שֶׁל אָדָם הָרִאשׁוֹן וְהֶרְאָה לוֹ כָּל הַדּוֹרוֹת שֶׁהֵן עֲתִידִין לַעֲמוֹד מִבְּרֵאשִׁית עַד תְּחִיַּית הַמֵּתִים – **He brought before [Moses] the Book of Adam, the first** man, **and showed him** in it **all the generations that were destined to emerge from the beginning** of Creation all the way **up to the Revivification of the Dead** in the end of days – דּוֹר וָדוֹר וּמְלָכָיו, דּוֹר וָדוֹר וּמַנְהִיגָיו, דּוֹר וָדוֹר וּנְבִיאָיו – **each generation and its kings, each generation and its leaders, each generation and its prophets.**[34] אָמַר לוֹ: כָּל אֶחָד וְאֶחָד הִתְקַנְתִּיו מֵאוֹתָהּ שָׁעָה, וְכֵן בְּצַלְאֵל מֵאוֹתָהּ שָׁעָה הִתְקַנְתִּיו – [God] then **said to [Moses], "I arranged** the position of **each and every** future person **from the time** that this book was written. **And I arranged** the position of **Bezalel** to build the Tabernacle **at that time as well."** הֲוֵי "רְאֵה קָרָאתִי בְשֵׁם בְּצַלְאֵל" – **Thus** it is written, ***See, I have called by the name: Bezalel.***[35]

§3 The Midrash explains what is meant by Bezalel being "called by the name":

דָּבָר אַחֵר, "רְאֵה קָרָאתִי בְשֵׁם בְּצַלְאֵל" – **Another interpretation** of ***See, I have called by the name: Bezalel:*** הָדָא הוּא דִכְתִיב "מַה שֶּׁהָיָה כְּבָר נִקְרָא שְׁמוֹ" – **This is** to be understood in light of **what is written,** ***What has been was already named*** (*Ecclesiastes* 6:10). אָמַר הַקָּדוֹשׁ בָּרוּךְ הוּא: מִי שֶׁהִתְקַנְתִּיו מֵרֹאשׁ שֶׁיַּעֲשֶׂה הַמִּשְׁכָּן כְּבָר קָרָאתִי לוֹ שֵׁם – **The Holy One, blessed is He, was saying** here, **"He whom I have arranged from the beginning** of Creation **to build the Tabernacle – I have already called him by name."**[36]

NOTES

28. And Hur was Miriam's son (*Maharzu,* from §4 below; see also above, 1 §17).

29. According to *Yefeh To'ar* (and *Eitz Yosef*) the Midrash is addressing the fact that God does not say that He is presently calling Bezalel, but rather that He "has called" Bezalel, some time in the past. The Midrash explains that this reference to the past alludes to Bezalel's illustrious ancestress, whose good deeds provided the merit by which Bezalel achieved his great wisdom and understanding.

30. In many similar contexts, the word רְאֵה, *see,* means: "*Understand* or *pay attention* to what I am telling you." Here, however, what was God telling Moses to understand? God was simply naming the person who would oversee the construction of the Tabernacle. Therefore, the Midrash expounds that God wanted Moses to actually see something (*Yefeh To'ar*; see there further).

31. [In all of these instances, God showed Moses a model of each item while Moses was on the mountain, as is clear from other verses (see above, 25:40; 26:30; 27:8).]

32. Although concerning the Tabernacle itself it is written, *They* [the people of Israel] *shall make a Sanctuary for Me* (above, 25:8), Moses assumed that this referred only to the donation of the materials necessary for the building of the Tabernacle, but not the actual building of the Tabernacle itself (*Yefeh To'ar, Eitz Yosef*).

33. Even if you want to, permission is denied you. For a king is not permitted to forgo the honor due him, as taught in the Talmud (*Kesubos* 17a). [See *Yefeh To'ar* and *Eitz Yosef* regarding the two Tablets that Moses carved out himself, as recounted above, 34:4.]

34. The Book of Adam also lists each generation and its speakers, each generation and its sages, each generation and its writers (*Bereishis Rabbah* 24 §2), each generation and its benefactors, each generation and its strong men, each generation and its sinners, each generation and its saints (*Avos DeRabbi Nassan* Ch. 31; see more in *Vayikra Rabbah* 26 §7). See Insight Ⓐ.

35. Thus, God told Moses to "see" what was written in the Book of Adam.

Why did God have to show Moses this book? *Yefeh To'ar* explains: Moses might have thought that originally it had been his role to make the Tabernacle himself, but the privilege was stripped from him and given to Bezalel when God saw that he had difficulty understanding how the Menorah was to be crafted (*Bamidbar Rabbah* 15 §4), or for some misdeed. [And he would have thought that God gave the reason of it being improper for a king to engage in manual labor merely to assuage his feelings.] To dispel this thought, God showed Moses that Bezalel and his role in building the Tabernacle had in fact been destined from the beginning of Creation.

36. The Midrash is teaching that not only is it true that each major person's role has already been ordained from Creation, but that each of these persons has already been named from that time as well.

But what is the significance of the fact that each person was named from Creation? What difference does it make? *Yefeh To'ar* explains that

INSIGHTS

Ⓐ **The Book of Adam** This book is mentioned in several other places: See *Bereishis Rabbah* 24 §7, *Bava Metzia* 85b, *Avodah Zarah* 5a, *Zohar* Vol. II, 143b, 181a, and elsewhere. *Rav Hai Gaon* was asked if this book was still extant. He answered that he had never seen it and was not in possession of it, nor was it something that was studied by others, except for those quotes that appear in the Gemara and the Midrash (*Teshuvos HaGeonim, Geonei Mizrach U'Maarav* §131). *Maharal* explains that the Book of Adam represents the order of the world, from beginning to end. Referring to the upcoming Midrash (§3), *Maharal* states that the personality of Adam contained within it every person and every leader that would emerge in history. A person who understands his place within the grand scheme of the universe can appreciate his role, which may help him not to covet the roles of others (see *Chidushei Aggados, Bava Metzia* 85b).

הֶעֱמִיד מִמֶּנָּה הַקָּדוֹשׁ בָּרוּךְ הוּא בְּצַלְאֵל וְזָכָה לְחָכְמָה וּלְבִינָה, הָדָא הוּא דִכְתִיב [לא, ב] "רְאֵה קָרָאתִי בְשֵׁם בְּצַלְאֵל", וּכְתִיב [לא, ג] "וָאֲמַלֵּא אֹתוֹ רוּחַ אֱלֹהִים בְּחָכְמָה בִּתְבוּנָה וּבְדַעַת":

ב דָּבָר אַחֵר, [לא, ב] "קָרָאתִי בְשֵׁם בְּצַלְאֵל" אֵין כְּתִיב כָּאן אֶלָּא "רְאֵה קָרָאתִי", אַתָּה מוֹצֵא כְּשֶׁעָלָה מֹשֶׁה לַמָּרוֹם הֶרְאָה לוֹ הַקָּדוֹשׁ בָּרוּךְ הוּא כָּל כְּלֵי הַמִּשְׁכָּן, וְאָמַר לוֹ: כָּךְ וְכָךְ עֲשֵׂה, (לעיל כה, לא) "וְעָשִׂיתָ מְנֹרַת", (שם שם כג) "וְעָשִׂיתָ שֻׁלְחָן", (לעיל ל, א) "וְעָשִׂיתָ מִזְבֵּחַ", כָּךְ כָּל מַעֲשֵׂה הַמִּשְׁכָּן, בָּא מֹשֶׁה לֵירֵד, סָבוּר שֶׁהוּא עוֹשֶׂה אוֹתוֹ, קָרָא לוֹ הַקָּדוֹשׁ בָּרוּךְ הוּא, אָמַר לוֹ: מֹשֶׁה, מֶלֶךְ עֲשִׂיתִיךָ, אֵין דֶּרֶךְ הַמֶּלֶךְ לַעֲשׂוֹת דָּבָר, אֶלָּא גּוֹזֵר וַאֲחֵרִים עוֹשִׂים, אַף אַתָּה אֵין לְךָ רְשׁוּת לַעֲשׂוֹת דָּבָר, אֶלָּא אֱמוֹר לָהֶם וְהֵם עוֹשִׂין, וְלֹא אָמַר לוֹ לְמִי יֹאמַר, אָמַר מֹשֶׁה: לְמִי אוֹמֵר, אָמַר לוֹ: אֲנִי מַרְאֶה לְךָ, וּמֶה עָשָׂה הַקָּדוֹשׁ בָּרוּךְ הוּא, הֵבִיא לוֹ סִפְרוֹ שֶׁל אָדָם הָרִאשׁוֹן וְהֶרְאָה לוֹ כָּל הַדּוֹרוֹת שֶׁהֵן עֲתִידִין לַעֲמוֹד מִבְּרֵאשִׁית עַד תְּחִיַּת הַמֵּתִים, דּוֹר *וָדוֹר וּמְלָכָיו, דּוֹר וָדוֹר וּמַנְהִיגָיו, דּוֹר וָדוֹר וּנְבִיאָיו, אָמַר לוֹ: כָּל אֶחָד וְאֶחָד הִתְקַנְתִּיו מֵאוֹתָהּ שָׁעָה, וְכֵן בְּצַלְאֵל מֵאוֹתָהּ שָׁעָה הִתְקַנְתִּיו, הֱוֵי [לא, ב] "רְאֵה קָרָאתִי בְשֵׁם בְּצַלְאֵל":

ג דָּבָר אַחֵר, [לא, ב] "רְאֵה קָרָאתִי בְשֵׁם בְּצַלְאֵל", הָדָא הוּא דִכְתִיב (קהלת ו, י) "מַה שֶּׁהָיָה כְּבָר נִקְרָא שְׁמוֹ", אָמַר הַקָּדוֹשׁ בָּרוּךְ הוּא: מִי שֶׁהִתְקַנְתִּיו מֵרֹאשׁ שֶׁיַּעֲשֶׂה הַמִּשְׁכָּן כְּבָר קָרָאתִי לוֹ שֵׁם, מַהוּ (שם) "וְנוֹדָע אֲשֶׁר הוּא אָדָם", עַד שֶׁאָדָם הָרִאשׁוֹן מוּטָל גּוֹלֶם הֶרְאָה לוֹ הַקָּדוֹשׁ בָּרוּךְ הוּא כָּל צַדִּיק וְצַדִּיק שֶׁעָתִיד לַעֲמוֹד מִמֶּנּוּ, יֵשׁ שֶׁהוּא תָּלוּי בְּרֹאשׁוֹ שֶׁל אָדָם, *וְיֵשׁ שֶׁהוּא תָּלוּי בִּשְׂעָרוֹ,

עץ יוסף

(ב) **סבור שהוא עושה אותו.** ואף על גב דקאמר ליה ועשו לי מקדש, סבור שעל שהם מביאים תרומתם למעשה המשכן, נחשב להם למעשה, ואף על גב דכתיב ועשו ארון, הרי נאמר לו גם כן ועשית לך ארון עץ, ומה שנאמר ועשו, היינו ללמדך שתלמיד חכם כולם מצוין לעשות מלאכתו כדאיתא ביומא (עב, ב), או לומר שיבואו הכל ויעסקו בארון, כדלעיל פרשה ל"ד: **אין לך רשות.** ואפילו שירצה למחול על כבודו, דמלך שמחל על כבודו אין כבודו מחול (כתובות יז, א), ואף על גב דהלוחות משה גופיה פסלן, יש לומר שהוצרך לעשות בעצמו שהוא שברן לתקן את אשר עות: **הביא לו ספרו של אדם הראשון.** שגלה לו ה' כל הדורות העתידים, ועיין בבראשית רבה פרשה כ"ד: **כל אחד התקנתיו מאותה שעה.** וטעם קדימת התקנה הזו להורות כי ה' מגיד מראשית אחרית: **וכן בצלאל.** כי דור דור ומנהיגיו, היינו החכמים שהם מנהיגים לעם, ובצלאל מכלל החכמים הגדולים: **הוי ראה קראתי כו'.** רוצה לומר שראה בספרו של אדם הראשון שה' קראו לבצלאל מתחלה: (ג) **הדא הוא דכתיב מה שהיה כבר נקרא שמו.** מפרש ראה על ראיית הלב, שישים לבו כי כבר קרא ה' בשם בצלאל, לומר כי לא עכשיו נתחדש זה, אלא מזמן קדמון קראו בשמו, ומביא סמך מאשר כבר נקרא שמו, דמימי אדם הראשון נקרא שם כל אחד: **עד שאדם הראשון מוטל גולם.** שלא נמתחו ידיו ורגליו ולא היה בו נשמה, הראה לו הקדוש ברוך הוא כל צדיק כו', ופירוש ונודע אשר הוא אדם, שנודע כשהיה אדם, והוא כשהיה גולם, שעל אותה מדרגה נקרא אדם, דהיינו עפר מן האדמה, וחסר כ"ף כאילו כתיב כאשר הוא אדם, ואפשר שכל הנשמות היו תלויין בו אף הרשעים, רק שעיקר תכלית היה על הצדיקים שיצאו ממנו: **יש שהוא תלוי בראשו כו'.** עיין ביפה תואר שמפרש מאמר זה באריכות במתיקות דבריו, כי עזבתים מפני אריכות עיין שם:

פירוש מהרז"ו

העמיד הקדוש ברוך הוא ממנה בצלאל. שהוא בן אורי בן חור, וחור הוא בן כלב, מאפרת היא מרים, כמו שאמר בסמוך בסימן ד': (ב) **מלך עשיתיך וכו' אמור להם.** עיקר דרשה זו על פי מדה ט"ו, שבכל סדר תרומה כתוב ועשית, (לבד אצל הארון שכתוב ועשו, כדלעיל פרשה ל"ד סימן ב), שמשה בעצמו יעשה, ובכיש תצוה (שמות כח, ב) ועשית בגדי קדש וגו', ואחר כך (פסוק ג) כתוב, ואתה (תצוה) [תדבר] אל כל חכמי לב [וגו'] ועשו את בגדי, ואחר כך פעם ועשו פעם ועשית, ובויקהל פקודי מפורש שצוה על בצלאל ואהליאב והחכמים שיעשו, והכריעו מפסוק (דדברים לג, ה) ויהי בישורון מלך, זה משה, שאינו עושה בעצמו, (וכן כל שנתמנה פרנס על הציבור (קידושין ע, א), אינו רשאי לעשות מלאכה בפני רבים), ועם כל זה נקרא הכל על שמו, ועיין לעיל פרשה ל"ה סימן ג: **ראה קראתי.** איך יראה שקרא, אלא פירושו שיראה בספר, ועיין בראשית רבה פרשה כ"ד סימן ב, מדרש תהלים מזמור קל"ט: (ג) **מה שהיה כבר נקרא שמו.** וסיפיה דקרא ונודע אשר הוא אדם, ועיין קהלת רבה פסוק זה, ולא פירש מה שהיה ואיזה שם, ודורש כמו שדרש לעיל פרשה ב' סימן ד, כל מי שנאמר בו היה, מתוקן היה לכך, וכמו שדרש עוד בתנחומא כאן סימן י"ב, מפסוק (ישעיה מא, ד) מי פעל ועשה קורא הדורות מראש, אמר הקב"ה מי שהתקנתיו מראש לעשות המשכן, וכמו שאמר בסוף סימן הקודם, ולקמן בסימן ד: **מוטל גולם.** כמו שדרשו בראשית רבה פרשה ח סימן א, ושם נסמן, מפסוק (תהלים קלט, טז) גלמי ראו עיניך ועל ספרך כלם יכתבו, ועיין מדרש תהלים מזמור קל"ט: **יש שהוא תלוי בראשו וכו'.** הכוונה הכחות הטמונות ברוח האדם, ויצאו מכח אל הפועל על ידי מעשיו ועמלו על הארץ: **תלוי בראשו.** כאן אינו חושב רק אברי הראש, ובסמוך אמר או באיזה אבר מושלו, על כל אברי הגוף, ובתנחומא הגירסא או בזרועו:

חידושי הרד"ל

[ב] **אין לך רשות.** כמו שכתב בקדושין (ע, ב) כיון שנתמנה אדם פרנס על הצבור אסור לעשות מלאכה בפני שלשה: [ג] **מהו ונודע אשר כו'.** כן צריך לומר:

אמרי יושר

[ב] **הראהו כו' דור דור ודורשיו.** זהו כל אשר אני מראה אותך, בספר: [ג] **כבר קראתי לו שם.** המורה על המשכן, ואם כן אין לך להתלונן על הדבר, וזהו פירוש מה שאמרו (שמות רבה ב, ד) כל מקום שנאמר היה הוא מתוקן אם לגאולה אם לפרנסה: **יש שהוא תלוי בראשו.** כילד, יש בשערו ויש בעיניו, הצדיקים כולם בגובה גופם, והרשעים בשאר איברים, וכפי אומנותו וייחודו כן מקום תלייתו. או יהיה על דרך אמרם (עי' סוטה י א) שלשה נדמו לאדם הראשון אבשלום בשערו, אסא ברגליו כו':

מסורת המדרש

ג. סנהדרין ל"ח עבודה זרה ד'. ב"ר פ' כ"ד וש"נ:

ד. חגיגה י"ב. סנהדרין ל"ח. אדר"נ פ' ל"א. ב"ר פ' ח' ופ' כ"ח. תנחומא כאן סימן י"ב. מדרש תהלים סוף מזמור קל"ט. פסיקתא רבתי ריש פסקא כ"ג סדר עולם פ' ל'. ילקוט בראשית רמז מ'. ילקוט תהלים רמז תתפ"ז. ילקוט דברי הימים רמז אל"ף ע"ב:

אם למקרא

וְעָשִׂיתָ מְנֹרַת זָהָב טָהוֹר מִקְשָׁה תֵּיעָשֶׂה הַמְּנוֹרָה יְרֵכָהּ וְקָנָהּ גְּבִיעֶיהָ כַּפְתֹּרֶיהָ וּפְרָחֶיהָ מִמֶּנָּה יִהְיוּ: (לעיל כה:לא)

וְעָשִׂיתָ שֻׁלְחָן עֲצֵי שִׁטִּים אַמָּתַיִם אָרְכּוֹ וְאַמָּה רָחְבּוֹ וְאַמָּה וָחֵצִי קֹמָתוֹ: (שם שם כג)

וְעָשִׂיתָ מִזְבֵּחַ מִקְטַר קְטֹרֶת עֲצֵי שִׁטִּים תַּעֲשֶׂה אֹתוֹ: (לעיל ל:א)

מַה שֶּׁהָיָה כְּבָר נִקְרָא שְׁמוֹ וְנוֹדָע אֲשֶׁר הוּא אָדָם וְלֹא יוּכַל לָדִין עִם שֶׁתַּקִּיף מִמֶּנּוּ: (קהלת ו:י)

ידי משה

[ב] **הביא לו ספרו של אדם הראשון וכו'.** וקשה, מה היה צריך הקב"ה להתגלגל לפני משה ולהראות לו ספרו של אדם הראשון. ויש לומר לפי שהיה משה נתקשה במעשה מנורה, והיה משה סבור שאיזו חטא גרם לו זה ויחזור הקב"ה מדיבורו מה שאמר שיעשה משה, לכך הראהו שמתחלה היה הגזירה כך שיהיה בצלאל עושה. וקל להבין:

מתנות כהונה

[ב] **אלא גוזר** גרסינן:

אשד הנחלים

הדא הוא דכתיב ראה קראתי. כאומר ראה והתבונן שמכבר קראתי בשם גו' ואמלא אותו רוח חכמה, כי מוכן הוא לכך מצד אמו: [ב] **למרום הראה לו.** כלומר כי במראה הנבואה ראה הבית המקדש העליון, ומתוכו הבין איכה יעשה הבית המקדש התחתון המכוון לו בתכונותיו ועניניו, ועל ידי זה דימה משה כי רק הוא יעשה אותו, כי הוא יודע כונת העשיה בזה, וה' השיב לו שהעשיה אינו מוטלת עליו, כי הוא כמלך היושב במנוחה: **אין לך רשות.** כי המלך אין ראוי לעשות מלאכה בפני רבים: **למי אומר.** כי לא ידע איפה ימצא איש אשר רוח אלהים בו היודע כונותיו הפנימיות: **ספרו של אדם הראשון.** היא המכונה אוצר כל הנשמות, לפי שכל הנשמות היו תלוים באדם הראשון, ונתחלקו לכל אדם בפרטי כחותיהם, והראה לו בנבואה איכות כל אדם וכחו בפרט, ומה שיהיה באחרית הכל כאשר לכל מה שיהיה, ומזה הבין והתחכם כי רק בצלאל מוכן לזה, כי כן מוכן נפשו מכבר, וזהו ראה, הכונה התבונן על ערך נשמתו מכבר, ותדע מזה כי רק הוא מוכן לזה, והבן: [ג] **שיעשה המשכן כו' עד שאדם הראשון מוטל גולם כו'.** הוא כמו שביארתי, אך הוא מבאר יותר, ובאורו ונודע בעת אשר הוא (היה) אדם בעת שמוטל גולם: **בראשו בשערו.** הכונה בנפש, יש שהוא בבחינת ראש שהוא העיקרי, ויש שהוא שער, והוא הנמשך מן הראש אך אינו עצמי, רק מותרות השפע היונק מן הראש, וכמפורש בדברי חכמי אמת מה שקוראים דיקנא עילאה וכדומה, עיין דבריהם ותבין:

מַהוּ "וְנוֹדָע אֲשֶׁר הוּא אָדָם" – **And what** is meant by that which it says in the next part of the verse in *Ecclesiastes, **and it is known that he is but a man*** (*adam*)? עַד שֶׁאָדָם הָרִאשׁוֹן מוּטָל גּוֹלֶם הֶרְאָה לוֹ הַקָּדוֹשׁ בָּרוּךְ הוּא כָּל צַדִּיק וְצַדִּיק שֶׁעָתִיד לַעֲמוֹד מִמֶּנּוּ – **When Adam, the first** man, **was** yet **in an unfinished state,**[37] **the Holy One, blessed is He, showed him each and every righteous individual that was destined to emerge from him.**[38] יֵשׁ שֶׁהוּא תָּלוּי בְּרֹאשׁוֹ שֶׁל אָדָם, וְיֵשׁ שֶׁהוּא תָּלוּי בִּשְׂעָרוֹ – **Some were linked to**[39] **[Adam's] head; some were linked to his hair;**

NOTES

there are philosophers who maintain that God set up the system of stars and planets, through which various forces would impact upon humanity and guide it in a pre-determined way. However, in the philosophers' worldview, it is only the general contours of history that are ordained; i.e., the stars determine that a king will arise in a certain time and place, but not who that king will be. The philosophers maintain that the identity of the king is variable. To repudiate this view, our Midrash teaches that even the name of the king or, in our case, the person building the Sanctuary, was determined and declared from the beginning.

[Of course, *Yefeh To'ar's* explanation raises the perennial philosophical conundrum of how God's knowledge of the future exists together with man's free will. *Shelah* deals with a closely related statement of the Sages in his *Beis HaBechirah* (found in *Toldos Adam*). For more on this general topic, see *Rambam, Hil. Teshuvah* 5:5 along with the sources cites in *Sefer HaMafte'ach* ad loc., in the Frankel ed.]

37. I.e., he had limbs but they were not fully formed, nor did he yet have a human soul (*Eitz Yosef*; see *Sanhedrin* 38b).

38. The Midrash is thus interpreting וְנוֹדָע אֲשֶׁר הוּא אָדָם as "it was made known (וְנוֹדָע) while (אֲשֶׁר) he was just *adam* (הוּא אָדָם)." "While he was just *adam*" means that this took place while Adam was in his first stage of creation, when he was taken from the earth (*adamah*), but before he was fully formed (*Eitz Yosef*).

39. Literally, "hanging from" or "dependent on."

הֶעֱמִיד מִמֻּנֶּה הַקָּדוֹשׁ בָּרוּךְ הוּא בְּצַלְאֵל וְזָכָה לְחָכְמָה וּלְבִינָה, הָדָא הוּא דִכְתִיב [לא, ב] "רְאֵה קָרָאתִי בְשֵׁם בְּצַלְאֵל", וּכְתִיב [לא, ג] "וָאֲמַלֵּא אֹתוֹ רוּחַ אֱלֹהִים בְּחָכְמָה בִּתְבוּנָה וּבְדַעַת":

ב דָּבָר אַחֵר, [לא, ב] "קָרָאתִי בְשֵׁם בְּצַלְאֵל" אֵין כְּתִיב כָּאן אֶלָּא "רְאֵה קָרָאתִי", אַתָּה מוֹצֵא כְּשֶׁעָלָה מֹשֶׁה לַמָּרוֹם הֶרְאָה לוֹ הַקָּדוֹשׁ בָּרוּךְ הוּא כָּל כְּלֵי הַמִּשְׁכָּן, וְאָמַר לוֹ: כָּךְ וְכָךְ עֲשֵׂה, (לעיל כה, לא) "וְעָשִׂיתָ מְנֹרַת", (שם שם כג) "וְעָשִׂיתָ שֻׁלְחָן", (לעיל ל, א) "וְעָשִׂיתָ מִזְבֵּחַ", כָּךְ כָּל מַעֲשֵׂה הַמִּשְׁכָּן, בָּא מֹשֶׁה לֵירֵד, סָבוּר שֶׁהוּא עוֹשֶׂה אוֹתוֹ, קָרָא לוֹ הַקָּדוֹשׁ בָּרוּךְ הוּא, אָמַר לוֹ: מֹשֶׁה, מֶלֶךְ עֲשִׂיתִיךָ, אֵין דֶּרֶךְ הַמֶּלֶךְ לַעֲשׂוֹת דָּבָר, אֶלָּא גוֹזֵר וַאֲחֵרִים עוֹשִׂים, אַף אַתָּה אֵין לְךָ רְשׁוּת לַעֲשׂוֹת דָּבָר, אֶלָּא אֱמוֹר לָהֶם וְהֵם עוֹשִׂין, וְלֹא אָמַר לוֹ לְמִי יֹאמַר, אָמַר מֹשֶׁה: לְמִי אוֹמַר, אָמַר לוֹ: אֲנִי מַרְאֶה לְךָ, וּמֶה עָשָׂה הַקָּדוֹשׁ בָּרוּךְ הוּא, הֵבִיא לוֹ [ג]סִפְרוֹ שֶׁל אָדָם הָרִאשׁוֹן וְהֶרְאָה לוֹ כָּל הַדּוֹרוֹת שֶׁהֵן עֲתִידִין לַעֲמוֹד מִבְּרֵאשִׁית עַד תְּחִיַּית הַמֵּתִים, דּוֹר *וָדוֹר וּמְלָכָיו, דּוֹר וָדוֹר וּמַנְהִיגָיו, דּוֹר וָדוֹר וּנְבִיאָיו, אָמַר לוֹ: כָּל אֶחָד וְאֶחָד הִתְקַנְתִּיו מֵאוֹתָהּ שָׁעָה, וְכֵן בְּצַלְאֵל מֵאוֹתָהּ שָׁעָה הִתְקַנְתִּיו, הֱוֵי [לא, ב] "רְאֵה קָרָאתִי בְשֵׁם בְּצַלְאֵל":

ג דָּבָר אַחֵר, [לא, ב] "רְאֵה קָרָאתִי בְשֵׁם בְּצַלְאֵל", הָדָא הוּא דִכְתִיב (קהלת ו, י) "מַה שֶּׁהָיָה כְּבָר נִקְרָא שְׁמוֹ", אָמַר הַקָּדוֹשׁ בָּרוּךְ הוּא: מִי שֶׁהִתְקַנְתִּיו מֵרֹאשׁ שֶׁיַּעֲשֶׂה הַמִּשְׁכָּן כְּבָר קָרָאתִי לוֹ שֵׁם, מַהוּ (שם) "וְנוֹדָע אֲשֶׁר הוּא אָדָם", [ד]עַד שֶׁאָדָם הָרִאשׁוֹן מוּטָל גּוֹלֶם הֶרְאָה לוֹ הַקָּדוֹשׁ בָּרוּךְ הוּא כָּל צַדִּיק וְצַדִּיק שֶׁעָתִיד לַעֲמוֹד מִמֶּנּוּ, יֵשׁ שֶׁהוּא תָּלוּי בְּרֹאשׁוֹ שֶׁל אָדָם, *וְיֵשׁ שֶׁהוּא תָּלוּי בִּשְׂעָרוֹ,

עץ יוסף

(ב) סבור שהוא עושה אותו. ואף על גב דקאמר ליה ועשו לי מקדש, סבור שעל שהם מביאים תרומתם למעשה המשכן, נחשב להם למעשה, ואף על גב דכתיב ועשו ארון, הרי נאמר לו גם כן ועשית לך ארון עץ, ומה שנאמר ועשו, היינו ללמדך שתלמיד חכם כולם מצווין לעשות מלאכתו כדאיתא ביומא (עב, ב), או לומר שיבואו הכל ויעסקו בארון, כדלעיל פרשה ל"ד: **אין לך רשות.** ואפילו שירצה למחול על כבודו, דמלך שמחל על כבודו אין כבודו מחול (כתובות יז, א), ואף על גב דהלוחות משה גופיה פסלן, יש לומר שהוצרך לעשות בעצמו שהוא שברן לתקן את אשר עות: **הביא לו ספרו של אדם הראשון.** שגלה לו ה' כל הדורות העתידים, ועיין בבראשית רבה פרשה כ"ד: **כל אחד התקנתיו מאותה שעה.** וטעם קדימת התקנה הזו להורות כי ה' מגיד מראשית אחרית: **וכן בצלאל.** כי דור דור ומנהיגיו, היינו החכמים שהם מנהיגים לעם, ובצלאל מכלל החכמים הגדולים: **הוי ראה קראתי כו'.** רוצה לומר שראה בספרו של אדם הראשון שה' קראו לבצלאל מתחלה: **(ג) הדא הוא דכתיב מה שהיה כבר נקרא שמו.** מפרש ראה על ראיית הלב, שישים לבו כי כבר קרא ה' בשם בצלאל, לומר כי לא עכשיו נתחדש זה, אלא מזמן קדמון קראו בשמו, ומביא סמך מאשר כבר נקרא שמו, דמימי אדם הראשון נקרא שם כל אחד: **עד שאדם הראשון מוטל גולם.** שלא נמתחו ידיו ורגליו ולא היה בו נשמה, הראה לו הקדוש ברוך הוא כל צדיק כו', ופירוש ונודע אשר הוא אדם, שנודע כשהיה אדם, והוא כשהיה גולם, שעל אותה מדרגה נקרא אדם, דהיינו עפר מן האדמה, וחסר כ"ף כאילו כתיב כאשר הוא אדם, ואפשר שכל הנשמות היו תלויין בו אף הרשעים, רק שעיקר תכלית היה על הצדיקים שיצאו ממנו: **יש שהוא תלוי בראשו כו'.** עיין ביפה תואר שמפרש מאמר זה באריכות במתיקות דבריו, כי עזבתים מפני אריכות עיין שם:

פירוש מהרז"ו

העמיד הקדוש ברוך הוא ממנה בצלאל. שהוא בן אורי בן חור, וחור הוא בן כלב, מאפרת היא מרים, כמו שאמר בסמוך בסימן ד': **(ב) מלך עשיתיך וכו' אמור להם.** עיקר דרשה זו על פי מדה ט"ו, שבכל סדר תרומה כתוב ועשית, (לבד אצל הארון שכתוב ועשו, כדלעיל פרשה ל"ד סימן ב), שמשה בעצמו יעשה, ובריש תצוה (שמות כח, ב) ועשית בגדי קדש וגו', ואחר כך (פסוק ג) כתוב, ואתה (תצוה) [תדבר] אל כל חכמי לב [וגו'] ועשו את בגדי, ואחר כך פעם ועשו פעם ועשית, ובויקהל פקודי מפורש שצוה על בצלאל ואהליאב והחכמים שיעשו, והכריעו מפסוק (דדברים לג, ה) ויהי בישורון מלך, זה משה, שאינו עושה בעצמו, (וכן כל שנתמנה פרנס על הציבור (קידושין ע, א), אינו רשאי לעשות מלאכה בפני רבים), ועם כל זה נקרא הכל על שמו, ועיין לעיל פרשה ל"ה סימן ג: **ראה קראתי.** איך יראה שקרא, אלא פירושו שיראה בספר, ועיין בראשית רבה פרשה כ"ד סימן ב, מדרש תהלים מזמור קל"ט: **(ג) מה שהיה כבר נקרא שמו.** וסיפיה דקרא ונודע אשר הוא אדם, ועיין קהלת רבה פסוק זה, ולא פירש מה שהיה ואיזה שם, ודורש כמו שדרש לעיל פרשה ב' סימן ד, כל מי שנאמר בו היה, מתוקן היה לכך, וכמו שדרש עוד בתנחומא כאן סימן י"ב, מפסוק (ישעיה מא, ד) מי פעל ועשה קורא הדורות מראש, אמר הקב"ה מי שהתקנתיו מראש לעשות המשכן, וכמו שאמר בסוף סימן הקודם, ולקמן בסימן ד: **מוטל גולם.** כמו שדרשו בראשית רבה פרשה ח סימן א, ושם נסמן, מפסוק (תהלים קלט, טז) גלמי ראו עיניך ועל ספרך כלם יכתבו, ועיין מדרש תהלים מזמור קל"ט: **יש שהוא תלוי בראשו וכו'.** הכוונה הכחות הטמונות ברוח האדם, ויצאו מכח אל הפועל על ידי מעשיו ועמלו על הארץ: **תלוי בראשו.** כאן אינו חושב רק אברי הראש, ובסמוך אמר או באיזה אבר מושלו, על כל אברי הגוף, ובתנחומא הגירסא או בזרועו:

חידושי הרד"ל

[ב] אין לך רשות. כמו שכתב בקדושין (ע, ב) כיון שנתמנה אדם פרנס על הצבור אסור לעשות מלאכה בפני שלשה: **[ג] מהו ונודע אשר כו'.** כן צריך לומר:

אמרי יושר

[ב] הראהו כו' דור דור ודורשיו. זהו כל אשר אני מראה אותך, בספר: **[ג] כבר קראתי לו שם.** המורה על המשכן, ואם כן אין לך להתלונן על הדבר, וזהו פירוש מה שאמרו (שמות רבה ב, ד) כל מקום שנאמר היה הוא מתוקן אם לגאולה אם לפרנסה: **יש שהוא תלוי בראשו.** כילד, יש בשערו ויש בעיניו, הצדיקים כולם בגובה גופם, והרשעים בשאר איברים, וכפי אומנותו וייחודו כן מקום תלייתו. או יהיה על דרך אמרם (עי' סוטה י א) שלשה נדמו לאדם הראשון אבשלום בשערו, אסא ברגליו כו':

מסורת המדרש

ג. סנהדרין ל"ח עבודה זרה ד'. ב"ר פ' כ"ד וש"נ:

ד. חגיגה י"ב. סנהדרין ל"ח. אדר"נ פ' ל"א. ב"ר פ' ח' ופ' כ"ח. תנחומא כאן סימן י"ב. מדרש תהלים סוף מזמור קל"ט. פסיקתא רבתי ריש פסקא כ"ג סדר עולם פ' ל'. ילקוט בראשית רמז מ'. ילקוט תהלים רמז תתפ"ז. ילקוט דברי הימים רמז אל"ף ע"ב:

אם למקרא

וְעָשִׂיתָ מְנֹרַת זָהָב טָהוֹר מִקְשָׁה תֵּיעָשֶׂה הַמְּנוֹרָה יְרֵכָהּ וְקָנָהּ גְּבִיעֶיהָ כַּפְתֹּרֶיהָ וּפְרָחֶיהָ מִמֶּנָּה יִהְיוּ: (לעיל כה:לא)

וְעָשִׂיתָ שֻׁלְחָן עֲצֵי שִׁטִּים אַמָּתַיִם אָרְכּוֹ וְאַמָּה רָחְבּוֹ וְאַמָּה וָחֵצִי קֹמָתוֹ: (שם שם כג)

וְעָשִׂיתָ מִזְבֵּחַ מִקְטַר קְטֹרֶת עֲצֵי שִׁטִּים תַּעֲשֶׂה אֹתוֹ: (לעיל ל:א)

מַה שֶּׁהָיָה כְּבָר נִקְרָא שְׁמוֹ וְנוֹדָע אֲשֶׁר הוּא אָדָם וְלֹא יוּכַל לָדִין עִם שֶׁתַּקִּיף מִמֶּנּוּ: (קהלת ו:י)

ידי משה

[ב] הביא לו ספרו של אדם הראשון וכו'. וקשה, מה היה צריך הקב"ה להתגלגל לפני משה ולהראות לו ספרו של אדם הראשון. ויש לומר לפי שהיה משה נתקשה במעשה מנורה, והיה משה סבור שאיזו חטא גרס לו זה ויחזור הקב"ה מדיבורו מה שאמר שיעשה משה, לכך הראהו שמתחלה היה הגזירה כך שיהיה בצלאל עושה. וקל להבין:

מתנות כהונה

[ב] אלא גוזר גרסינן:

אשד הנחלים

הדא הוא דכתיב ראה קראתי. כאומר ראה והתבונן שמכבר קראתי בשם גו' ואמלא אותו רוח חכמה, כי מוכן הוא לכך מצד אמו: **[ב] למרום הראה לו.** כלומר כי במראה הנבואה ראה הבית המקדש העליון, ומתוכו הבין איכה יעשה הבית המקדש התחתון המכוון לו בתכונותיו ועניניו, ועל ידי זה דימה משה כי רק הוא יעשה אותו, כי הוא יודע כונת העשיה בזה, וה' השיב לו שהעשיה אינו מוטלת עליו, כי הוא כמלך היושב במנוחה: **אין לך רשות.** כי המלך אין ראוי לעשות מלאכה בפני רבים: **למי אומר.** כי לא ידע איפה ימצא איש אשר רוח אלהים בו היודע כונותיו הפנימיות: **ספרו של אדם הראשון.** היא המכונה אוצר כל הנשמות, לפי שכל הנשמות היו תלוים באדם הראשון, ונתחלקו לכל אדם בפרטי כחותיהם, והראה לו בנבואה איכות כל אדם וכחו בפרט, ומה שיהיה באחרית הכל כאשר לכל מה שיהיה, ומזה הבין והתחכם כי רק בצלאל מוכן לזה, כי כן מוכן נפשו מכבר, וזהו ראה, הכונה התבונן על ערך נשמתו מכבר, ותדע מזה כי רק הוא מוכן לזה, והבן: **[ג] שיעשה המשכן כו' עד שאדם הראשון מוטל גולם כו'.** הוא כמו שביארתי, אך הוא מבאר יותר, ובאורו ונודע בעת אשר הוא (היה) אדם בעת שמוטל גולם: **בראשו בשערו.** הכונה בנפש, יש שהוא בבחינת ראש שהוא העיקרי, ויש שהוא שער, והוא הנמשך מן הראש אך אינו עצמי, רק מותרות השפע היונק מן הראש, וכמפורש בדברי חכמי אמת מה שקוראים דיקנא עילאה וכדומה, עיין דבריהם ותבין:

וְיֵשׁ שֶׁהוּא תָּלוּי בְּמִצְחוֹ – some were linked to his forehead; וְיֵשׁ בְּעֵינָיו, וְיֵשׁ בְּחוֹטְמוֹ, וְיֵשׁ בְּפִיו, וְיֵשׁ בְּאָזְנוֹ, וְיֵשׁ בְּמַלְתִּין (וְזֶה מְקוֹם הַנֶּזֶם) – some were linked to **his eyes; some** were linked to **his nose; some** were linked to **his mouth; some** were linked to **his ear; and some** were linked to **his** ear ***maltin***[40] **(this is the place** in the ear used **for** hanging **an earring,** i.e., the ear lobe).[41]

The Midrash continues:

וְתֵדַע לְךָ – You may know that **this is so,** **בְּשָׁעָה שֶׁהָיָה אִיּוֹב מְבַקֵּשׁ לְהִתְוַכֵּחַ עִם הַקָּדוֹשׁ בָּרוּךְ הוּא וְאָמַר: "מִי יִתֵּן יָדַעְתִּי וְאֶמְצָאֵהוּ וְגוֹ' אֶעֶרְכָה לְפָנָיו מִשְׁפָּט"** – for **when Job sought to argue with the Holy One, blessed is He,**[42] **and said,** ***If only I knew how to find Him, I would approach His seat; I would set out my case before Him;*** *I would fill my mouth with arguments!* (*Job* 23:3-4), **הַקָּדוֹשׁ בָּרוּךְ הוּא מְשִׁיבוֹ: אַתָּה מְבַקֵּשׁ לְהִתְוַכֵּחַ עִמִּי, "אֵיפֹה הָיִיתָ בְּיָסְדִי אָרֶץ" – the Holy One, blessed is He, responded to him, "You seek to argue with Me?!** ***Where*** [אֵיפֹה] ***were you when I laid the earth's foundation?"*** (ibid. 38:4). **מַהוּ "אֵיפֹה" – What is** meant by the expression **אֵיפֹה** (translated as *where*)?[43] **אָמַר רַבִּי שִׁמְעוֹן בֶּן לָקִישׁ: אָמַר לוֹ הַקָּדוֹשׁ בָּרוּךְ הוּא – R' Shimon ben Lakish said: The Holy One, blessed is He, was saying to Job** here, **אִיּוֹב, אֱמוֹר לִי, הָאֵיפָה שֶׁלְּךָ בְּאֵיזֶה מָקוֹם הָיְתָה תְּלוּיָה, בְּרֹאשׁוֹ אוֹ בְּמִצְחוֹ אוֹ בְּאֵי זֶה אֵבָר שֶׁלּוֹ – "To which place** on Adam **was your spiritual root** [אֵיפָה] linked? **On his head, on his forehead, or on which** other **limb of his?** **אִם יוֹדֵעַ אַתָּה בְּאֵי זֶה מָקוֹם הָיְתָה אֵיפָתְךָ אַתָּה מִתְוַכֵּחַ עִמִּי – If you know in which place your spiritual root was situated, then you** would have a right to **argue with Me.** But since you do not have this knowledge, you cannot argue with Me."[44]

NOTES

40. As noted in the previous section, included within Adam himself was every person and every leader that would emerge in history. He was the first of them and the father of all of them. The great variety among his descendants derived from different emphases on elements that existed within Adam himself (see *Maharal, Chidushei Aggados, Bava Metzia* 85b).

In a similar vein, *Yefeh To'ar* explains that there are many statements of the Sages that teach how a person's every limb can contribute to the service of God. For example, the Gemara teaches that the 248 positive commandments correspond to the 248 limbs of a person (*Makkos* 23b). Now, we know that there are righteous individuals who specialize in one mitzvah or another, e.g., Moses specialized in the mitzvah of Torah study and Aaron specialized in the mitzvah of bringing others closer to Torah and in establishing harmonious relationships between people. There are other righteous persons who specialize in the mitzvah of *tzitzis* or of *tefillin*, and so on. Collectively, they observe the entire Torah [at a superlative level]. Our Midrash is teaching us that, when God was creating Adam's limbs, he foresaw the righteous persons who tended toward this limb and those who tended toward another limb.

Yefeh To'ar proceeds to define the specialties mentioned by our Midrash: (i) Those who serve God with their intellect, such as Moses and Solomon, are linked to Adam's head; (ii) those who beautify themselves before God, as a Kohen Gadol does when serving in the Temple, are linked to Adam's hair, in that the styling of hair represents beautification; (iii) the righteous persons who are bold (called in Hebrew עַז מֵצַח or חֲזַק מֵצַח) enough to stand up to the evildoers in their generation and rebuke them, such as the prophets Isaiah and Jeremiah, are linked to his forehead (see *Ezekiel* 3:7-9); (iv) a humble person (called in Hebrew שַׁח עֵינַיִם) and a generous person (called in Hebrew טוֹב עַיִן) are linked to his eyes; (v) those who justly carry out God's anger against the wicked are linked to the nose, in that "anger" and "nose" are both represented by the same Hebrew word, אַף (see *Rashi* on *Deuteronomy* 29:19 for the connection); (vi) those who teach Torah to the Jewish people and preach to them are linked to Adam's mouth; (vii) those who accept reproof willingly, who are good listeners, are linked to his ears; (viii) those who distinguish themselves through tolerance, who are humiliated by others but do not lash back, are linked to the ear lobe, in that the ear lobe was created to plug the ear when one should not hear something (see *Kesubos* 5b). These righteous persons were who God had in mind when He created each of Adam's limbs.

41. The words in parentheses are not part of the original Midrash; rather, this is an explanatory gloss on the obscure word מַלְתִּין that was originally added in the margin of the Midrash, and eventually it was placed in the text itself (*Eitz Yosef*).

42. Regarding what Job felt was God's unfair treatment of him.

43. In the verse's simple sense, God is asking Job a rhetorical question, for which the self-understood answer was, "Of course you were not present at Creation!" However, the Midrash presents a way to explain the verse as a straightforward question.

44. Job had entertained the notion that God was somehow unaware of his tormented circumstances (see *Job* 22:14); God responds that He is certainly aware of every detail of Job's circumstances, but more than that, God was aware of Job and his nature long before Job was born, when he was just a spiritual root linked to a part of Adam. Everything was foreseen and everything is just (*Eitz Yosef*). See Insight Ⓐ.

INSIGHTS

Ⓐ **A Role for Every Soul** *R' Chaim Friedlander* (*Sifsei Chaim, Pirkei Emunah U'Vitachon*, pp. 207-214, 199-201, and 221-223) demonstrates how this Midrash holds the key to understanding a fundamental aspect of Jewish faith. From God's responses to Moses and Job, we learn that wealth and talent and other tools for navigating life and serving God are not allocated according to merit, or at least not primarily so. Rather, they are allocated with an eye toward each person's mission in life: the unique role that one is meant to play in bringing the world to its goal of perfection. The system by which these life roles are assigned is rooted in the Divine plan of Creation, a plan that the human mind cannot begin to understand.

Moses had wondered how a mortal being could create a structure worthy of hosting the Divine Presence. In reply, God informed Moses that He had given Bezalel his name — that is, He had determined the inner makeup represented by his name — at the beginning of time, precisely to equip him for this formidable task.

But it was not just Bezalel. Every righteous person, the Midrash goes on to say — indeed, every human being — was "programmed" at the time of Adam's creation, for every human soul is actually a "piece" of Adam's soul. Even as God was forming the father of the human race, He showed him where each of his righteous descendants was "located" on the map of his soul, and how each one's location on that map determined his life mission.

Why was human history set up in this manner? *R' Eliyahu Eliezer Dessler* (*Michtav MeEliyahu* Vol. 2, p. 152, based on the writings of the *Vilna Gaon*) explains that God wished to give Adam the opportunity, through his one mitzvah, to perfect everything in the created world that needed perfection. To make this possible, God designed Adam in such a way that his soul incorporated every other human soul, and He created the institution of time in such a way that the six days of Creation contained within them all 6,000 years allotted to this world. If Adam had upheld his mitzvah and not partaken of the Tree of Knowledge, the present world would have lasted just six days, and the World to Come would have begun with the onset of the first Sabbath. But Adam's sin aborted that scheme, and many things changed, along with God's plan for the world: Adam's soul was divided into its component parts, which would now become discrete beings; his one great test of free will was divided into a vast array of challenges for an equally vast array of free-willed human beings; and the six days of Creation were expanded into a full history of 6,000 years. In this new world order, the epic task that Adam left undone devolves upon his descendants, who must accomplish it step by step, over a much longer period of time.

This knowledge gives us new insight into the Talmudic statement that the Messiah will not come "until there are no more souls in the *guf* [lit., *body*] (*Avodah Zarah* 5a). *Rashi* explains that all the souls destined to be born were created from the beginning and placed in a "storehouse" called the *guf*. According to Rav Dessler, the *guf* is Adam's body, and the Messiah cannot come until all the souls contained therein carry out their role in perfecting the world, thereby completing Adam's original task.

In this context we can appreciate God's response to Job. A truly pious man, Job had no thought of complaining about his lot; he accepted his

ויש במלתין (זה מקום הנזם). שלש מלות, זה מקום הנזם, אינם מבעל המדרש, אבל היה כתוב בגליון המדרש והכניסוהו אחר זמן בפנים, אבל כן הוא האמת שפירושה הרך שבאוזן, שאם תולין נזמי הנשים, ובקידושין דף כ״א (ע״ב) כשהן רוצעין אין רוצעין אלא במילתא, פירוש הרך שבאוזן אותו שלמטה, וכן פירש רש״י שם אליה, והיא היא: **בשעה שהיה איוב מבקש להתוכח עם הקדוש ברוך הוא ואמר מי יתן כו׳**. ורוצה לומר כי כל ויכוחו היה בחשבו כי ה׳ נסתר מאין פנות בעולם השפל, וזה שאמר שם מי יתן ידעתיו ואמצאהו וגו׳ אערכה לפניו משפט ופי אמלא תוכחות, ולזה ענהו ה׳ מפרטי ידיעתו באדם, שאפילו קודם מציאותו ידע מכל איש ואיש מהיכן מוצאו, ואיך אם כן יתווכח עמו לומר כי עבים סתר לו ולא יראה, כי באמת לקצות הארץ יביט וצפה הכל מתחלה והכל במשפט: **האיפה שלך**. פירוש העיקר שורש שלך (ערוך): **הראה לו הקדוש ברוך הוא כו׳**. לאדם הראשון: **שאמר דבר אחד**. היינו במה אדע כי אירשנה, וכדאיתא לעיל סוף פרשה ה׳: **מושח מלכים**. שמשח לשאול ולדוד: **מושח נביאים**. שמשח לאהרן ובניו, ואהרן היה נביא כדכתיב (שמואל א׳ ב׳, [כז]) הנגלה נגלתי אל בית אביך וגו׳, (ועיין מה שכתבתי בבמדבר רבה סוף פרשה י״ד), ובניו נקראו נביאים, כדאיתא בויקרא רבה ריש פרשה י״ג, שזכו ונתייחד הדיבור אליהם ועל אביהם ועל אחי אביהם בחייהם, ועיין שם מה שכתבתי, ועוד שמשיחה לשון גדולה, מגזרת למשחה בהם, וכענין (מלכים א יט, טז) ומשחת את חזאל, ועוד אפשר שגרסינן למשה מושח כהנים: **מנתקין את המסמרות**. כדכתיב בדברי הימים (ב כד, ז) כי עתליהו המרשעת בניה (פירוש עם בניה) פרצו את בית אלהים (יפה תואר): **יהוידע מתקן**. ואם תאמר הא גם יאשיהו היה מתקן בית המקדש, ויש לומר דמייתי יהוידע מפני שהוא היה קודם ליאשיהו (תולדות נח): **יאשיה מבערה**. ואף על גב שהרבה מלכים ביערו גם כן, כגון אסא ויהושפט וחזקיה, כדכתיב גבי כל אחד ואחד, ויש לומר שהכל עזבו כמה עבודה זרה ולא ביערו אותם, עד שבא יאשיהו וביער הכל, כדאיתא בפרק קמא דחולין (ז, א) וכיתת את נחש הנחשת כו׳ אפשר בא אסא ולא ביערו כו׳, אלא מקום הניחו לו להתגדר בהם (תולדות נח):

וְיֵשׁ שֶׁהוּא תָּלוּי בְּמִצְחוֹ, וְיֵשׁ בְּעֵינָיו, וְיֵשׁ בְּחוֹטְמוֹ, וְיֵשׁ בְּפִיו, וְיֵשׁ בְּאָזְנוֹ, וְיֵשׁ בְּמַלְתִּין (זֶה מְקוֹם הַנֶּזֶם), וְתֵדַע לְךָ בְּשָׁעָה שֶׁהָיָה אִיּוֹב מְבַקֵּשׁ לְהִתְוַכֵּחַ עִם הַקָּדוֹשׁ בָּרוּךְ הוּא וְאָמַר: (איוב כג, ג-ד) "מִי יִתֵּן יָדַעְתִּי וְאֶמְצָאֵהוּ וְגוֹ׳ אֶעֶרְכָה לְפָנָיו מִשְׁפָּט", הַקָּדוֹשׁ בָּרוּךְ הוּא מְשִׁיבוֹ: אַתָּה מְבַקֵּשׁ לְהִתְוַכֵּחַ עִמִּי, (שם לח, ד) "אֵיפֹה הָיִיתָ בְּיָסְדִי אָרֶץ", מַהוּ "אֵיפֹה", אָמַר רַבִּי שִׁמְעוֹן בֶּן לָקִישׁ: אָמַר לוֹ הַקָּדוֹשׁ בָּרוּךְ הוּא: אִיּוֹב, אֱמוֹר לִי, הָאֵיפָה שֶׁלְּךָ בְּאֵיזֶה מָקוֹם הָיְתָה תְּלוּיָה, בְּרֹאשׁוֹ אוֹ בְּמִצְחוֹ אוֹ בְּאֵי זֶה אֵבָר שֶׁלּוֹ, אִם יוֹדֵעַ אַתָּה בְּאֵי זֶה מָקוֹם הָיְתָה אֵיפָתְךָ אַתָּה מִתְוַכֵּחַ עִמִּי, הֱוֵי "אֵיפֹה הָיִיתָ", הֶרְאָה *לוֹ הַקָּדוֹשׁ בָּרוּךְ הוּא לְאַבְרָהָם, עַל יְדֵי שֶׁאָמַר דָּבָר אֶחָד בָּנָיו יוֹרְדִין לְמִצְרַיִם וּמִשְׁתַּעְבְּדִין בְּמִצְרַיִם, הֶרְאָה אוֹתוֹ לְמֹשֶׁה עוֹמֵד וְגוֹאֲלָם, הֶרְאָה לוֹ לְיוֹסֵף זָן אֶת הַשְּׁבָטִים, הֶרְאָה לוֹ לְמֹשֶׁה מוֹשֵׁחַ נְבִיאִים, הֶרְאָה לוֹ לִשְׁמוּאֵל מוֹשֵׁחַ מְלָכִים, לִיהוֹשֻׁעַ מַכְנִיס יִשְׂרָאֵל לָאָרֶץ, לְדָוִד מְיַסֵּד הַבַּיִת, לִשְׁלֹמֹה בּוֹנֵהוּ, לַעֲתַלְיָה אֵם אֲחַזְיָה וּבָנֶיהָ מְנַתְּקִין אֶת מַסְמְרוֹת הַזָּהָב שֶׁל בֵּית הַמִּקְדָּשׁ, יְהוֹיָדָע מְתַקֵּן, אָמוֹן עוֹשֶׂה עֲבוֹדָה זָרָה, יֹאשִׁיָּה מְבַעֲרָהּ, נְבוּכַדְנֶצַּר מַחֲרִיב הַבַּיִת, דָּרְיָוֶשׁ בּוֹנֶה אוֹתוֹ, וְהֶרְאָהוּ לִבְצַלְאֵל עוֹשֶׂה הַמִּשְׁכָּן, הֱוֵי [לב, ב] "רְאֵה קָרָאתִי בְשֵׁם בְּצַלְאֵל":

מי יתן. וסיפיה דקרא ופי אמלא תוכחות, וזהו שאמר להתווכח עמי: **מהו איפה**. ובתנחומא הגירסא איפה כתיב, הרי שתיבת איפה דוחק שאינו מיושב. שמע דברי חכמים, כי יש איפה שכתוב בוי״ו ואל״ף, מי אפוא הוא הצד (בראשית כז, לג), ולך אפוא מה אעשה (שם לז), אם כן אפוא זאת עשו (שם מג, יא), וכדומה. ויש אפא באל״ף לבד, ובוי״ו לבד, וכל אלו אינם אלא תיקון הלשון, אך איפה ביו״ד ה״א, איפה הם רועים (שם לז, טז), איפה (דוד ו)שמואל [ודוד] (שמואל א יט, כב), הוא שאלה באיזה מקום, ואפשתי אחריהם בתנ״ך שהכלל נאמן והוא נוטריקון אי פה, באיזה מקום, וכאן שכתוב איפה היית ביסדי ארץ, ומאחר שאיוב לא היה אז עדיין בעולם, אינו שייך לשאול באיזה מקום היה, והיה לו לומר אפוא, או אפא, והיה פירושו ששואלו בתמיה אם היה ביסדו ארץ, הלא לא היית, על כן דורש איפה באיזה מקום היתה האיפה שלך ביסדי ארץ, שהגוף לא היה אז, אך הנשמה גם מאז כבר היתה, כמו שאמרו בראשית רבה פרשה ח סימן ז, שנמלך עם נפשות הצדיקים, והנשמה נקראת איפה, כמו שאמרו בראשית רבה פרשה י״ד סימן ט, נשמה זו האופיה, עיין שם. ופירושו אם היית יודע באיזה מקום היתה נשמתך, היית מבין מעצמך איך להצדיק הדין עליך, ודורש התיבה כפשוטה, איפה איזה מקום, ועל פי מדת ממעל האיפה שלך: **הראה הקדוש ברוך הוא לאברהם**. פירוש שהראה הקב״ה לאדם הראשון את אברהם, וכן הוא בהדיא בתנחומא: **למשה מושח נביאים**. בתנחומא הגירסא משה מושח כהנים ונביאים, כהנים אהרן ובניו, נביאים יהושע ושבעים זקנים: **שמואל מושח מלכים**. שאול ודוד: **לעתליה ובניה**. דברי הימים ב כ״ד ז׳: **והראהו לבצלאל**. וזהו כבר נקרא שמו, ונודע אשר הוא אדם, הוי מי פעל ועשה וגו׳, תנחומא וכנ״ל:

מתנות כהונה

[ג] **במלתין**. נראה שהספר מפרש והולך זה מקום הנזם. ועוד יש לפרש במלתין אלו השינים הגדולים כמה דאת אומר (איוב כט, יז) ואשבר מתלעות רשע ורצה לומר הלחיים. וכן נזם במקום הזה פירושו כמו הנזמים אשר באזניהם. או זה מקום הנזם מלתא באפי נפשיה כלומר וזה תלוי במקום הנזם: **האיפה שלך**. פירש הערוך (ערך אפי השני) עיקרו של דבר נקרא איפה: **שאמר דבר אחד**. במה אדע:

אשד הנחלים

האיפה שלך. כלומר העיקר שלך (מתנות כהונה בשם הערוך). ואולי באורו המדה שלך, איפה היית במדת הנפש של אדם הראשון. והכונה בכללה כי הנפשות מוכנות מאז והמה מתקנים אחר כך מה שפגם אדם הראשון, ויש נפשות המוכנים ליסורין בכדי שיתוקנו, ואם כן אחר שאינך יודע מדתך וכחך, איך תתוכח עמדי: **הראה לו הקדוש ברוך הוא**. כלומר הראה לאדם הראשון כל מה שיקרה באחרית הימים מאנשים הטובים והרעים, מי יתקן ומי יקלקל:

חידושי הרד״ל

ויש במלתן. פירוש, ומפרש בפנים מקום הנזם והוא אליה רכה שבאוזן, וכמדומה שרצה לומר במילתו, (ומשה היה שרש בנלאלו): **לפניו משפט וגו׳ אבינה מה יאמר לי גו׳ ביסדי ארץ הגד אם ידעת בינה מהו איפה כו׳**. כן צריך לומר: **ואף הראה לו הקדוש ברוך הוא (לאדם הראשון) לאברהם כו׳**. כן צריך לומר, וכן הוא בתנחומא: **למשה מושח נביאים**. אף שמצאנו משיחה בנביאים, כמו שכתוב (מלכים א יט, טז) ואת אלישע בן שפט כו׳ תמשח לנביא תחתיך, אבל במשה לא נמצא. (ואפשר גרסינן מושך, והוא רומז לויאצל מן הרוח אשר עליו ויתן על שבעים איש הזקנים וגו׳ ויתנבאו וגו׳ (במדבר יא, כה) אבל אין נראה). ובתנחומא הגירסא משח כהנים ונביאים והן אהרן ובניו: **לעתליה כו׳ מנתקין כו׳**. כמו שכתוב (דברי הימים ב כד, ז) כי עתליה המרשעת בניה פרצו את בית האלהים:

חידושי הרש״ש

[ג] מושח נביאים. הוא על דרך הכתוב (מלכים א יט, טז) ואת אלישע גו׳ תמשח לנביא תחתיך: **לעתליה אם אחזיה ובניה מנתקין כו׳**. ככתוב (דברי הימים ב כד, ז) כי עתליהו המרשעת בניה פרצו את בית האלהים:

אם למקרא

מִי יִתֵּן יָדַעְתִּי וְאֶמְצָאֵהוּ אָבוֹא עַד תְּכוּנָתוֹ: אֶעֶרְכָה לְפָנָיו מִשְׁפָּט וּפִי אֲמַלֵּא תוֹכָחוֹת: (איוב כג:ג-ד)

אֵיפֹה הָיִיתָ בְּיָסְדִי אָרֶץ הַגֵּד אִם יָדַעְתָּ בִינָה: (שם לח:ד)

שינוי נוסחאות

(ג) **ויש במלתין (זה מקום הנזם)**. התיבות "זה מקום הנזם" נמצאות בכל הדפוסים, בלי סוגריים, ובמ״כ כתב כמה פירושים ולפי אחד מהם מילים אלו הן פירוש ל"מלתין", כנראה פירוש שנכתב אחרי המדרש ע״י מפרש מאוחר יותר (גלא״ס בלע״ז), ועל פי זה כתבו מדפיסי וילנא ווארשא את המילים האלו בתוך סוגריים כדרכם במקרים כאלו:

באור מהרי״פ

[ג] **במתנות כהונה [בד״ה ויש במלתן כו׳] כמה דאת אמר ומשבר מתלעות רשע**. כך נראה לומר ואשברה מתלעות עול (איוב כט, טז). אבל לפי פירושו דמלתין הוא הלחיים, יותר היה לו להביא המקרא (תהלים נח, ז) מלתעות כפירים נתוץ ה׳, ומלתין הוא כמו מלתעין, וחסר אות ע׳. וכן מה שכתב **ובן נזמים במקום הזה כו׳** לא הבינותי דבריו. אולם נראה שהמדרש לא כוון לפירושו של בעל המתנות כהונה, וזה לשון הערוך ערך מל האחרון, ובפרק קמא דקדושין (דף כא, ב) אמר רבי אלעזר, יודן ברבי היה דורש, מה כשהם רוצעין אין רוצעין אלא במילת. פירוש הרך שבאוזן, אותו שלמטה, עד כאן לשון הערוך. וזה כוונת המדרש ובמלתין, פירוש, יש שתלוי ברך שבאוזן, ומה שכתוב במדרש זה מקום הנזם, הוא פירוש למילת מלתין, שהרך שבאוזן הוא מקום הנזם, שבו תולין הנזמים אשר באזניהם, ואולי איזה כותב כתב זה הפירוש על הגליון מבחוץ, ואחר כך הכניסו המדפיסים אותו בתוך המדרש: במתנות כהונה [בד״ה איפה שלך] **פירש הערוך עקרו של דבר נקרא איפה**. עד כאן. וזה לשון הערוך ערך אפי הראשון, גבי עובדת כוכבים לא תיילד בת ישראל דברי רבי מאיר (עבודה זרה דף כו, א) כההיא איתתא דאמרה לסברתה מולדא יהודייתא בת מולדא דיהודייתא אמרה ליה נפישא בישתא דההיא איתתא דמשפילנא מינייהו דמא כאופיא דנהר פירוש אופיא עיקר חריות של דקל בישתא כינוי זכות הוא רבות בכיות של אותה אשה שהיא הורגת מהן כי אופי בנהרא. פירוש אחר בישתא רעות כלומר יהיה רצון שירבה רעות לחברתה כמו שאני הורגת מהן חתיכות של עלים השטים בנהר עד כאן לשון הערוך. ובערך אפי השני כתב, וזה לשונו, בפסיקתא דסוכה (לא זכינו לראותה. ועי׳ במבוא הפסיקתא לרד״ל) פנה אל תפלה הערער אמר רבי ראובן אין אנו יכולין לעמוד על אופי של דוד פעמים קורא עצמו מלך ופעמים קורא עצמו עני וכו׳, ספרים אחרים אופי דעתו, עד כאן. וזה לשון רבי בנימין מוספיא, אמר בנימין, פירושו בלשון יוני קול ודבור עד כאן לשונו. והבוחר יבחר:

"הֱוֵי "אֵיפֹה הָיִיתָ – **Thus** we have explained the verse, ***Where*** [אֵיפֹה] ***were you?***

The Midrash specifies individuals whom God showed to Adam at the beginning of Creation:[45]

הֶרְאָה לוֹ הַקָּדוֹשׁ בָּרוּךְ הוּא לְאַבְרָהָם – **The Holy One, blessed is He, showed [Adam] Abraham,** עַל יְדֵי שֶׁאָמַר דָּבָר אֶחָד בָּנָיו יוֹרְדִין לְמִצְרַיִם וּמִשְׁתַּעְבְּדִין בְּמִצְרַיִם – **who, because of a single thing that he said,** had to suffer in that **his descendants descended to Egypt and were subjugated in Egypt;**[46] הֶרְאָה אוֹתוֹ לְמֹשֶׁה עוֹמֵד וְגוֹאֲלָם – **He** then **showed [Adam] Moses proceeding to redeem** [Israel] from Egypt; הֶרְאָה לוֹ לְיוֹסֵף זָן אֶת הַשְּׁבָטִים – **He showed him Joseph providing sustenance for** his brothers, **the** progenitors of the twelve **tribes;** הֶרְאָה לוֹ לְמֹשֶׁה מוֹשֵׁחַ נְבִיאִים – **He showed him Moses anointing prophets;**[47] הֶרְאָה לוֹ לִשְׁמוּאֵל מוֹשֵׁחַ מְלָכִים – **He showed him Samuel anointing kings;**[48] לִיהוֹשֻׁעַ מַכְנִיס יִשְׂרָאֵל לָאָרֶץ – **Joshua bringing** the people of **Israel into the Land** of Israel; לְדָוִד מְיַסֵּד הַבַּיִת, לִשְׁלֹמֹה בּוֹנֵהוּ – **David laying the foundation of the Temple** and **Solomon building it;** לַעֲתַלְיָה אֵם אֲחַזְיָה וּבָנֶיהָ מְנַתְּקִין אֶת מַסְמְרוֹת הַזָּהָב שֶׁל בֵּית הַמִּקְדָּשׁ – **Athaliah the** evil **mother of Ahaziah and her sons, pulling out the Holy Temple's golden nails** to make breaches in its walls;[49] יְהוֹיָדָע מְתַקֵּן – **Jehoiada repairing** those breaches;[50] אָמוֹן עוֹשֶׂה עֲבוֹדָה זָרָה, יֹאשִׁיָּה מְבַעֲרָהּ – **Amon,** king of Judah, **making an idol,** and Amon's son **Josiah destroying it;**[51] נְבוּכַדְנֶצַּר מַחֲרִיב הַבַּיִת, דָּרְיָוֶשׁ בּוֹנֶה אוֹתוֹ – **Nebuchadnezzar destroying the Temple**[52] **and** the Persian king **Darius rebuilding it;**[53] וְהֶרְאָהוּ לִבְצַלְאֵל עוֹשֶׂה הַמִּשְׁכָּן – **and [God] showed [Adam] Bezalel making the Tabernacle.** "הֱוֵי "רְאֵה קָרָאתִי בְשֵׁם בְּצַלְאֵל – **Thus** it says, ***See, I have called by the name: Bezalel.***[54]

NOTES

45. After Adam was given his human soul (*Yefeh To'ar*).

46. A reference to Abraham's questioning of God, when he asked God, *Whereby shall I know that I am to inherit it?* (*Genesis* 15:8) (*Eitz Yosef,* citing 5 §22 above).

47. A reference to Aaron and his sons who were prophets, and whom Moses anointed as Kohanim by smearing sacred oil upon them. Alternatively, the expression מוֹשֵׁחַ is interpreted to mean *appointing to greatness,* alluding to the fact that Moses elevated Joshua and the seventy elders — all of them prophets — to greatness (*Yefeh To'ar, Eitz Yosef*).

48. A reference to Saul and David, whom Samuel anointed as kings (ibid.).

49. As it is written, *For Athaliah the evildoer [and] her sons had made breaches in the Temple of God* [*II Chronicles* 24:7] (*Eitz Yosef,* from *Yefeh To'ar*).

50. See *II Chronicles* 24.

51. See ibid. 33:21ff and Ch. 34.

52. See *II Kings* Ch. 25 and *Jeremiah* Ch. 52.

53. See *Ezra* Ch. 1.

54. In this section, then, as in the previous section, the Midrash teaches that Bezalel was predestined for his task since the time of Adam. However, whereas in the previous section *See* was interpreted literally (that God was telling Moses to look inside the Book of Adam), in this section it interprets *See* to refer to the "seeing" of the heart. Thus, God was telling Moses, "Understand and realize that I have shown Adam that Bezalel would build the Sanctuary" (see *Yefeh To'ar* and *Eitz Yosef*).

INSIGHTS

suffering with faith and love. He did, however, want to fathom God's ways, and with that in mind he sought to understand why God would treat a loyal servant so harshly. Rather than answering his question, God explained to Job why the answer he was seeking would always be beyond his ken: "Can you tell Me," asked God, "which part of Adam your soul is rooted in?" By that He meant to say, "If you would know which aspect of Adam's mission is yours, and why precisely that role has been entrusted to you, then you would understand why I have decreed all these misfortunes upon you. You would understand that you are not to blame for your suffering, but that this is your place in My world — to serve Me amid pain and adversity, and to serve as a model for others in similar conditions."

Job, of course, did not know where in Adam's soul his spiritual root lay, and he certainly did not know why that spot was its source and no other. Information of this type is deeply hidden, and it requires knowledge of God's fundamental plan for Creation, which is unfathomable to the human mind, even those endowed with prophetic insight (see *Daas Tevunos,* p. 189).

Consider that Moses himself posed essentially the same question as Job did. *"Please let me know Your ways,"* he said to God (below, 33:13). In other words, he asked, "Why do some righteous people have a good life, while others do not?" (*Berachos* 7a). According to the Talmud (ibid.), God gave him two answers. One is that the difference lies in one's level of piety; only the absolutely righteous are immune from suffering. The second explanation is that *"I will show favor when I choose to show favor, and I will show mercy when I choose to show mercy"* (ibid., v. 19); i.e., the deeper answer to this question is beyond your comprehension. Both of these answers are true. In some cases, a good person suffers to atone for the deficiencies in his righteousness and prepare him to enjoy his share in the World to Come. In other cases, even the most saintly person is made to suffer simply because serving God through suffering is the mission allotted to his soul.

This view of human destiny is borne out by a Talmudic anecdote. R' Elazar ben Pedas, one of the Amoraic Sages, was extremely poor. Once he underwent a bloodletting procedure and could find nothing to eat afterward but a piece of garlic. [Eating heartily after this procedure was considered to be vital.] After eating the garlic, he fainted and became unconscious. As R' Elazar himself later described it, he saw himself sitting with God and asking Him, "How long must I suffer in this world?" Upon which God answered, "Elazar, my son, if you would like, I can recreate the world from scratch and then maybe you will be born at a time more favorable for sustenance" (*Taanis* 25a).

There is nothing that prevented God from giving R' Elazar the blessing of wealth. But God explained to him that his poverty was not a matter of justice or merit, but an integral part of his life's mission. And his selection for this mission was not an isolated decree but one element in an exceedingly intricate plan that depends on the contribution of every individual to bring the world to its ultimate goal. Changes cannot be made lightly, for each person's role in the larger scheme of things is designed specifically for the nature of his soul. In addition, there are complex interrelationships between the roles of every individual, those of his contemporaries, and those of preceding and succeeding generations. If God were to remove the task of living a pious life in poverty from R' Elazar ben Pedas and give it to someone else, He would have to recalculate His entire plan from beginning to end — and reconstitute the world accordingly — in order to achieve the desired result.

Although, as we have seen, the allocation of life roles is not based on merit, the reward in the Coming World certainly is. In that world, everyone who helped carry out the Divine plan will be handsomely rewarded, but those who carried out the most difficult and unpleasant tasks will have earned the greatest remuneration. Indeed, the Talmud (ibid.) says that when R' Elazar ben Pedas ultimately reconciled himself with his bitter lot in life, God promised him a choice portion in the World to Come, featuring "thirteen rivers of balsam oil" [a metaphor for some form of spiritual bliss] that would provide him with pleasure for all eternity.

וְיֵשׁ שֶׁהוּא תָּלוּי בְּמִצְחוֹ, וְיֵשׁ בְּעֵינָיו, וְיֵשׁ בְּחוֹטְמוֹ, וְיֵשׁ בְּפִיו, וְיֵשׁ בְּאָזְנוֹ, וְיֵשׁ בְּמַלְתִּין (זֶה מְקוֹם הַנֶּזֶם), וְתֵדַע לְךָ בְּשָׁעָה שֶׁהָיָה אִיּוֹב מְבַקֵּשׁ לְהִתְוַכֵּחַ עִם הַקָּדוֹשׁ בָּרוּךְ הוּא וְאָמַר: (איוב כג, ג-ד) "מִי יִתֵּן יָדַעְתִּי וְאֶמְצָאֵהוּ וְגוֹ' אֶעֶרְכָה לְפָנָיו מִשְׁפָּט", הַקָּדוֹשׁ בָּרוּךְ הוּא מְשִׁיבוֹ: אַתָּה מְבַקֵּשׁ לְהִתְוַכֵּחַ עִמִּי, (שם לח, ד) "אֵיפֹה הָיִיתָ בְּיָסְדִי אָרֶץ", מַהוּ "אֵיפֹה", אָמַר רַבִּי שִׁמְעוֹן בֶּן לָקִישׁ: אָמַר לוֹ הַקָּדוֹשׁ בָּרוּךְ הוּא: אִיּוֹב, אֱמוֹר לִי, הָאֵיפָה שֶׁלְּךָ בְּאֵיזֶה מָקוֹם הָיְתָה תְּלוּיָה, בְּרֹאשׁוֹ אוֹ בְּמִצְחוֹ אוֹ בְּאֵי זֶה אֵבֶר שֶׁלּוֹ, אִם יוֹדֵעַ אַתָּה בְּאֵי זֶה מָקוֹם הָיְתָה אֵיפָתְךָ אַתָּה מִתְוַכֵּחַ עִמִּי, הֱוֵי "אֵיפֹה הָיִיתָ", הֶרְאָה *לוֹ הַקָּדוֹשׁ בָּרוּךְ הוּא לְאַבְרָהָם, עַל יְדֵי שֶׁאָמַר דָּבָר אֶחָד בָּנָיו יוֹרְדִין לְמִצְרַיִם וּמִשְׁתַּעְבְּדִין בְּמִצְרַיִם, הֶרְאָה אוֹתוֹ לְמֹשֶׁה עוֹמֵד וְגוֹאֲלָם, הֶרְאָה לוֹ לְיוֹסֵף זָן אֶת הַשְּׁבָטִים, הֶרְאָה לוֹ לְמֹשֶׁה מוֹשֵׁחַ נְבִיאִים, הֶרְאָה לוֹ לִשְׁמוּאֵל מוֹשֵׁחַ מְלָכִים, לִיהוֹשֻׁעַ מַכְנִיס יִשְׂרָאֵל לָאָרֶץ, לְדָוִד מְיַסֵּד הַבַּיִת, לִשְׁלֹמֹה בּוֹנֵהוּ, לַעֲתַלְיָה אֵם אֲחַזְיָה וּבָנֶיהָ מְנַתְּקִין אֶת מַסְמְרוֹת הַזָּהָב שֶׁל בֵּית הַמִּקְדָּשׁ, יְהוֹיָדָע מְתַקֵּן, אָמוֹן עוֹשֶׂה עֲבוֹדָה זָרָה, יֹאשִׁיָּה מְבַעֲרָהּ, נְבוּכַדְנֶצַּר מַחֲרִיב הַבַּיִת, דָּרְיָוֶשׁ בּוֹנֶה אוֹתוֹ, וְהֶרְאָהוּ לִבְצַלְאֵל עוֹשֵׂה הַמִּשְׁכָּן, הֱוֵי [לב, ב] "רְאֵה קָרָאתִי בְשֵׁם בְּצַלְאֵל":

עץ יוסף

ויש במלתין (זה מקום הנזם). שלש מלות, זה מקום הנזם, אינם מבעל המדרש, אבל היה כתוב בגליון המדרש והכניסוהו אחר זמן בפנים, אבל כן הוא האמת שפירושה הרך שבאוזן, שעם תולין נזמי הנשים, ובקידושין דף כ"א (ע"ב) כשהן רוצעין אין רוצעין אלא במילתא, פירוש הרך שבאוזן אותו שלמטה, וכן פירש רש"י שם אליה, והיא היא: **בשעה שהיה איוב מבקש להתוכח עם הקדוש ברוך הוא ואמר מי יתן כו'.** ורוצה לומר כי כל ויכוחו היה בחשבו כי ה' נסתר מאין פנות בעולם השפל, וזה שאמר שם מי יתן ידעתיו ואמצאהו וגו' אערכה לפניו משפט ופי אמלא תוכחות, ולזה ענהו ה' מפרטי ידיעתו באדם, שאפילו קודם מציאותו ידע מכל איש ואיש מהיכן מוצאו, ואיך אם כן יתווכח עמו לומר כי עבים סתר לו ולא יראה, כי באמת לקצות הארץ יביט וצפה הכל מתחלה והכל במשפט:**האיפה שלך.** פירוש העיקר שורש שלך (ערוך): **הראה לו הקדוש ברוך הוא כו'.** לאדם הראשון: **שאמר דבר אחד.** היינו במה אדע כי אירשנה, וכדאיתא לעיל סוף פרשה ה': **מושח מלכים.** שמשח לשאול ולדוד: **מושח נביאים.** שמשח לאהרן ובניו, ואהרן היה נביא כדכתיב (שמואל א' ב', [כז]) הנגלה נגלתי אל בית אביך וגו', (ועיין מה שכתבתי בבמדבר רבה סוף פרשה י"ד), ובניו נקראו נביאים, כדאיתא בויקרא רבה ריש פרשה י"ג, שזכו ונתייחד הדיבור אליהם ועל אביהם ועל אחי אביהם בחייהם, ועיין שם מה שכתבתי, ועוד שמשיחה לשון גדולה, מגזרת למשחה בהם, וכענין (מלכים א יט, טו) ומשחת את חזאל, ועוד אפשר שגרסינן למשה מושח כהנים: **מנתקין את המסמרות.** כדכתיב בדברי הימים (ב כד, ז) כי עתליהו המרשעת בניה (פירוש עם בניה) פרצו את בית אלהים (יפה תואר): **יהוידע מתקן.** ואם תאמר הא גם יאשיהו היה מתקן בית המקדש, ויש לומר דמייתי יהוידע מפני שהוא היה קודם ליאשיהו (תולדות נח): **יאשיה מבערה.** ואף על גב שהרבה מלכים ביערו גם כן, כגון אסא ויהושפט וחזקיה, כדכתיב גבי כל אחד ואחד, ויש לומר שהכל עזבו כמה עבודה זרה ולא ביערו אותם, עד שבא יאשיהו וביער הכל, כדאיתא בפרק קמא דחולין (ז, א) וכיתת את נחש הנחשת כו' אפשר בא אסא ולא ביערו כו', אלא מקום הניחו לו להתגדר בהם (תולדות נח):

פירוש מהרז"ו

מי יתן. וסיפיה דקרא ופי אמלא תוכחות, וזהו שאמר להתווכח עמי: **מהו איפה.** ובתנחומא הגירסא איפה כתיב, הרי שתיבת איפה דוחק שאינו מיושב. שמע דברי חכמים, כי יש איפה שכתוב בוי"ו ואל"ף, מי אפוא הוא הצד (בראשית כז, לג), ולך אפוא מה אעשה (שם לז), אם כן אפוא זאת עשו (שם מג, יא), וכדומה. ויש אפא באל"ף לבד, ובוי"ו לבד, וכל אלו אינם אלא תיקון הלשון, אך איפה ביו"ד ה"א, איפה הם רועים (שם לז, טו), איפה (דוד ו)שמואל [ודוד] (שמואל א יט, כב), הוא שאלה באיזה מקום, וחפשתי אחריהם בתנ"ך שהכלל נאמן והוא נוטריקון אי פה, באיזה מקום, וכאן שכתוב איפה היית ביסדי ארץ, ומאחר שאיוב לא היה אז עדיין בעולם, אינו שייך לשאול באיזה מקום היה, והיה לו לומר אפוא, או אפא, והיה פירושו ששואלו בתמיה אם היה ביסדו ארץ, הלא לא היית, על כן דורש איפה באיזה מקום היתה האיפה שלך ביסדי ארץ, שהגוף לא היה אז, אך הנשמה גם מאז כבר היתה, כמו שאמרו בראשית רבה פרשה ח סימן ז, שנמלך עם נפשות הצדיקים, והנשמה נקראת איפה, כמו שאמרו בראשית רבה פרשה י"ד סימן ט, נשמה זו האופיה, עיין שם. ופירושו אם היית יודע באיזה מקום היתה נשמתך, היית מבין מעצמך איך להצדיק הדין עליך, ודורש התיבה כפשוטה, איפה איזה מקום, ועל פי מדת ממעל האיפה שלך: **הראה הקדוש ברוך הוא לאברהם.** פירוש שהראה הקב"ה לאדם הראשון את אברהם, וכן הוא בהדיא בתנחומא: **למשה מושח נביאים.** בתנחומא הגירסא משה מושח כהנים ונביאים, כהנים אהרן ובניו, נביאים יהושע ושבעים זקנים: **שמואל מושח מלכים.** שאול ודוד: **לעתליה ובניה.** דברי הימים ב כ"ד ז': **והראהו לבצלאל.** וזהו כבר נקרא שמו, ונודע אשר הוא אדם, הוי מי פעל ועשה וגו', תנחומא וככ"ל:

מתנות כהונה

[ג] **במלתין.** נראה שהספר מפרש והולך זה מקום הנזם. ועוד יש לפרש במלתין אלו השינים הגדולים כמה דאת אומר (איוב כט, יז) ואשבר מתלעות רשע ורצה לומר הלחיים. וכן נזם במקום הזה פירושו כמו הנזמים אשר באזניהם. או זה מקום הנזם מלתא באפי נפשיה כלומר וזה תלוי במקום הנזם: **האיפה שלך.** פירש הערוך (ערך אפי השני) עיקרו של דבר נקרא איפה: **שאמר דבר אחד.** במה אדע:

אשד הנחלים

האיפה שלך. כלומר העיקר שלך (מתנות כהונה בשם הערוך). ואולי באורו המדה שלך, איפה היית במדת הנפש של אדם הראשון. והכונה בכללה כי הנפשות מוכנות מאז והמה מתקנים אחר כך מה שפגם אדם הראשון, ויש נפשות המוכנים ליסורין בכדי שיתוקנו, ואם כן אחר שאינך יודע מדתך וכחך, איך תתוכח עמדי: **הראה לו הקדוש ברוך הוא.** כלומר הראה לאדם הראשון כל מה שיקרה באחרית הימים מאנשים הטובים והרעים, מי יתקן ומי יקלקל:

חידושי הרד"ל

ויש במלתן. פירוש, ומפרש בפנים מקום הנזם והוא אליה רכה שבאוזן, וכמדומה שרצה לומר במילתו, (ומשה היה שרש בצלאל): **לפניו משפט וגו' אבינה מה יאמר לי גו' ביסדי ארץ הגד אם ידעת בינה מהו איפה כו'.** כן צריך לומר: **ואף הראה לו הקדוש ברוך הוא (לאדם הראשון) לאברהם כו'.** כן צריך לומר, וכן הוא בתנחומא: **למשה מושח נביאים.** אף שמצאנו משיחה בנביאים, כמו שכתוב (מלכים א יט, טז) ואת אלישע בן שפט כו' תמשח לנביא תחתיך, אבל במשה לא נמצא. (ואפשר גרסינן מושך, והוא רומז לויאצל מן הרוח אשר עליו ויתן על שבעים איש הזקנים וגו' ויתנבאו וגו' (במדבר יא, כה) אבל אין נראה). ובתנחומא הגירסא משח כהנים ונביאים והן אהרן ובניו: **לעתליה כו' מנתקין כו'.** כמו שכתוב (דברי הימים ב כד, ז) כי עתליה המרשעת בניה פרצו את בית האלהים:

חידושי הרש"ש

[ג] **מושח נביאים.** הוא על דרך הכתוב (מלכים א יט, טז) ואת אלישע גו' תמשח לנביא תחתיך: **לעתליה אם אחזיה ובניה מנתקין כו'.** ככתוב (דברי הימים ב כד, ז) כי עתליהו המרשעת בניה פרצו את בית האלהים:

אם למקרא

מִי יִתֵּן יָדַעְתִּי וְאֶמְצָאֵהוּ אָבוֹא עַד תְּכוּנָתוֹ: אֶעֶרְכָה לְפָנָיו מִשְׁפָּט וּפִי אֲמַלֵּא תוֹכָחוֹת: (איוב כג:ג-ד)

אֵיפֹה הָיִיתָ בְּיָסְדִי אָרֶץ הַגֵּד אִם יָדַעְתָּ בִינָה: (שם לח:ד)

שינוי נוסחאות

(ג) **ויש במלתין (זה מקום הנזם).** התיבות "זה מקום הנזם" נמצאות בכל הדפוסים, בלי סוגריים, ובמ"כ כתב כמה פירושים ולפי אחד מהם מילים אלו הן פירוש ל"מלתין", כנראה פירוש שנכתב אחרי המדרש ע"י מפרש מאוחר יותר (גלא"ס בלע"ז), ועל פי זה כתבו מדפיסי וילנא ווארשא את המילים האלו בתוך סוגריים כדרכם במקרים כאלו:

באור מהרי"פ

[ג] **במתנות כהונה [בד"ה ויש במלתן כו'] כמה דאת אמר ומשבר מתלעות רשע.** כך נראה לומר ואשברה מתלעות עול (איוב כט, טז). אבל לפי פירושו דמלתין הוא הלחיים, יותר היה לו להביא המקרא (תהלים נח, ז) מלתעות כפירים נתוץ ה', ומלתין הוא כמו מלתעין, וחסר אות ע'. וכן מה שכתב **וכן נזמים במקום הזה כו'** לא הבינותי דבריו. אולם נראה שהמדרש לא כוון לפירושו של בעל המתנות כהונה, וזה לשון הערוך ערך מל האחרון, ובפרק קמא דקדושין (דף כא, ב) אמר רבי אלעזר, יודן ברבי היה דורש, מה כשהם רוצעין אין רוצעין אלא במילת. פירוש הרך שבאוזן, אותו שלמטה, עד כאן לשון הערוך. וזה כוונת המדרש ובמלתין, פירוש, יש שתלוי ברך שבאוזן, ומה שכתוב במדרש זה מקום הנזם, הוא פירוש למילת מלתין, שהרך שבאוזן הוא מקום הנזם, שבו תולין הנזמים אשר באזניהם, ואולי איזה כותב כתב זה הפירוש על הגליון מבחוץ, ואחר כך הכניסו המדפיסים אותו בתוך המדרש: **במתנות כהונה [בד"ה איפה שלך] פירש הערוך עקרו של דבר נקרא איפה.** עד כאן. וזה לשון הערוך ערך אפי הראשון, גבי עובדת כוכבים לא תיילד בת ישראל דברי רבי מאיר (עבודה זרה דף כו, א) כההיא איתתא דאמרה לסברתה מולדא יהודייתא בת מולדא דיהודייתא אמרה ליה נפישא בישתא דההיא אתתא דמשפילנא מינייהו דמא כאופיא דנהר פירוש אופיא עיקר חריות של דקל בישתא כינוי זכות הוא רבות בכיות של אותה אשה שהיא הורגת מהן כי אופי בנהרא. פירוש אחר בישתא רעות כלומר יהיה רצון שירבה רעות לחברתה כמו שאני הורגת מהן חתיכות של עלים הצטים בנהר עד כאן לשון הערוך. ובערך אפי השני כתב, וזה לשונו, בפסיקתא דסוכה (לא זכינו לראותה. ועי' במבוא הפסיקתא לרד"ל) פנה אל תפלה הערער אמר רבי ראובן אין אנו יכולין לעמוד על אופי של דוד פעמים קורא עצמו מלך ופעמים קורא עצמו עני וכו', ספרים אחרים אופי דעתו, עד כאן. וזה לשון רבי בנימין מוספיא, אמר בנימין, פירושו בלשון יוני קול ודבור עד כאן לשונו. והבוחר יבחר:

§4 The Midrash addresses the expression *I have called by the name:*

דָּבָר אַחֵר, "רְאֵה קָרָאתִי בְשֵׁם" – Another interpretation of *See, I have called by the name: Bezalel:* **זֶה אֶחָד מִשִּׁבְעָה בְּנֵי אָדָם שֶׁנִּקְרְאוּ לָהֶם שֵׁמוֹת – [Bezalel] was one of seven men who were called** by additional **names** in appreciation of their special qualities.[55]

NOTES

55. The Book of *Chronicles*, which is quoted extensively in this section, contains many names that are unfamiliar to us from the other books of Scripture. The Sages teach that there are several instances in which a group of names actually refers to a single person. However, each name depicts a separate quality or a significant role of that person. Thus the Gemara (*Megillah* 13a) teaches: "When R' Shimon ben Pazi began to expound upon the Book of *Chronicles*, he said this: All your words are identical and we know how to interpret them." *Rashi* ad loc. explains: "A single person is identified by many different names. Even though God concealed this, we apply ourselves until we are able to decipher and expound the correct meaning." Closer to our context here, the Midrash teaches elsewhere (*Koheles Rabbah* 7 §3): "A person is called by three names. The first is the one given him by his father and mother; the second is the one by which others call him; the third is the one by which he is inscribed in the Book of Events of His Creation."

The Torah views a given name as more than a simple means of identification. A person's name — which is never the result of happenstance — defines his unique and individual place in the Divine scheme. We may say that his physical existence is no more than the tangible form of the essence that the name expresses. A person can have two or more different names based on different aspects of his nature, different roles he played or different perceptions of other persons, or a name may be associated with a specific event connected to the bearer (for sources and further discussion, see Overview to *I Chronicles*, ArtScroll ed., pp. xxxiv-xlii). Our Midrash will explore these types of names with regard to seven people. See Insight Ⓐ.

INSIGHTS

Ⓐ **The Significance of Names** Our Midrash lists a number of Scriptural figures who are referred to by more than one name. The Midrash expounds the names to reflect the various qualities of these great individuals. As explained in note 55, the exposition of names is based on the principle that a name reveals something of the essence of the person who bears it. This idea is expressed in the verse that states (*Genesis* 2:19) that Adam bestowed names upon all living things that populated the earth. Adam's power of naming is described in Midrash (*Koheles Rabbah* 7 §32) as "the wisdom of Adam," for Adam did not assign names arbitrarily, but rather chose for each creature a name that reflected its essential nature. Likewise with respect to a person's given name: it is not merely a means of identification, but expresses the particular strengths of the individual, the purpose of his existence, and the very shape of his soul (*Maharal, Chidushei Aggados* to *Sotah* 34b s.v. לא נתכונו; *Keren Orah* there; *Ohr Gedalyahu, Shemos* §1, pp. 1-2; see *Yoma* 83b; *Berachos* 7b; *Midrash Tanchuma* to the verse in *Genesis*). Although one's Hebrew name is generally chosen by one's parents, their decision is Divinely influenced, for God inspires parents to give their child the Hebrew name by which He Himself calls the child's soul in the Heavenly spheres. Thus, a person's name reflects the depths of his or her spiritual nature (*Shaar HaGilgulim, Hakdamah* §23; see also *Cheifetz Hashem, Berachos* 13b; *Ohr HaChaim, Deuteronomy* 29:17, 31:1).

The Rabbis teach that a person's deeds are, to some extent, inherent in his name. The Gemara records a tradition that states that the wickedness of the spies, who uttered evil falsehoods about the Land of Israel, can be discerned in the names they carried. For example, the spy called "Sethur ben Michael" was so named because he contradicted [*satar*] God's promise of a good and bountiful Land, and because he depicted Almighty God as one who is weak [*mach*] (*Sotah* 34b). Similarly, the Gemara describes a practice followed by some Tannaim, who would decide, on the basis of his name, whether or not one was trustworthy (*Yoma* 83b). This is not to say that one's actions are *determined* by his name. Rather, possibilities for both good and evil are inherent in one's name; for those who choose righteousness, their names are the cause of good; for those who choose sin, their names are the cause of evil (see *Zohar, Bereishis* 58b).

The above discussion sheds light on several customs based on names. A male child receives a name only after his circumcision. This is because the *bris milah* represents the completion of the child's spiritual birth, the final step in the inculcation of his soul. Before he is circumcised, the child is an unfinished vessel. His purpose is as yet nebulous, his innate character and abilities unfixed. Once the boy is circumcised, and in full possession of the soul, his essential nature has been determined, and he is deemed ready for bestowal of a name (*Ohr Gedalyahu* ibid., p. 4, gloss 6). Another custom concerns the שִׁנּוּי הַשֵּׁם, *the change of name*, that is advocated for one who is dangerously ill (*Rama, Yoreh Deah* 335:10). In the relevant prayer, we recite, "although death may have been decreed for the bearer of the previous name, it was not decreed for the bearer of the new name," in the hope that the change of name will spur a fundamental change in the patient himself, and transform his fate and destiny (see *Rosh Hashanah* 16b). Finally, it is customary to recite a verse symbolizing one's name at the close of the *Shemoneh Esrei* prayer (*Elyah Rabbah* 122:3). This is done, according to *Shelah*, to ensure that one's name will "not be forgotten" on the Day of Judgment. As explained, one's name indicates one's mission in life. With each righteous act, a person burnishes his name, and brings to fruition the powers that lie dormant within it, until, at the end of one's life, one finds himself in possession of a fully developed name, whose every potential has been realized. The wicked, by contrast, do not fulfill their purpose in God's scheme, and so their names are "forgotten," the hidden potential unrealized, the opportunities squandered (*Sfas Emes, Vayeishev* תר"נ; see also *Shaar HaGilgulim* ibid. and *Ohr HaChaim* ibid. 31:1).

This unique property of Hebrew names is a function of the language of Creation, the Hebrew tongue that God employed in creating the world. The Rabbis teach (*Bereishis Rabbah* 1 §2): *God looked into the Torah and created the world.* The holy letters of the Torah were the tools with which He shaped Creation. It follows that Hebrew letters and words, unlike those of other languages, did not merely emerge through common consent, but are laden with meaning, inherently descriptive of the objects and ideas to which they refer. The letters that form the words of the Torah are symbolic of the Divine utterances that sustain and nourish God's world. Those that form the given names of human beings or the names of specific creatures denote the particular forces that give life and purpose to each individual person and creatures. Small wonder, then, that a person's name is no matter of happenstance, but embodies the singular qualities that differentiate his soul from all others (*Sfas Emes, Shemos* תרנ"ז; *Ohr Gedalyahu* ibid., p. 2; see *Magen VeTzinah*, Ch. 30).

Each of the illustrious individuals discussed in our Midrash possessed several names. As has been discussed, a name represents a person's sacred purpose, his reason for living. These great-hearted ones were men of diverse gifts, who shouldered many burdens and excelled in numerous areas. It is for this reason that they were blessed with several names, which expressed the various aspects of their multifaceted personalities and illuminated the depths of their vast and complex souls (see *Sichos Mussar* §60, p. 254).

The significance of multiple names is made especially clear in the incident where God changed the name of the Patriarch Jacob to "Israel" after he wrestled with an angel and was victorious (*Genesis* 32:25-33). *Sfas Emes* (*Vayishlach* תרנ"ז ותרנ"ט) explains that Man's purpose in Creation differs sharply from that of the angels. The life of a human being is meant to be a spiritual journey, a mission of self-improvement. Day by day, bit by bit, throughout a person's life, he works to refine his character and deeds. When the person achieves perfection and his task is complete, he must depart this world of striving. His time is ended. Not so the angel, who is created without flaw, and remains so forever, entirely powerless to effect, whether for good or ill, the slightest change in his circumstances. This crucial differentiation is alluded to in Scripture, which describes mankind as "those who walk" and the angels as "those who stand still" (*Zechariah* 3:7). When Jacob triumphed over the angel, his victory demonstrated that he had achieved the perfection of the angels themselves. His life's mission was complete. He had accomplished the purpose inherent in the name Jacob. Had this remained his only name, he would have departed this life at once, his work at an end. However, God bestowed upon Jacob an additional name —

ד דָּבָר אַחֵר, [לא, ב] "רְאֵה קָרָאתִי בְשֵׁם", ה"זֶה אֶחָד מִשִּׁבְעָה בְּנֵי אָדָם שֶׁנִּקְרְאוּ לָהֶם שֵׁמוֹת, יֵשׁ שֶׁנִּקְרְאוּ לוֹ אַרְבָּעָה, זֶה אֵלִיָּהוּ, בְּצַלְאֵל ו', וִיהוֹשֻׁעַ ו', וּמֹשֶׁה ז', מָרְדְּכַי ב', דָּנִיֵּאל ה', חֲנַנְיָה מִישָׁאֵל וַעֲזַרְיָה ד', אֵלִיָּהוּ ד', אָמַר רַבִּי אֶלְעָזָר בֶּן פְּדָת: יאֵלִיָּהוּ יְרוּשַׁלְמִי הָיָה, וּמִיּוֹשְׁבֵי לִשְׁכַּת הַגָּזִית הָיָה, וּמִכְּרַךְ שֶׁל יְהוּדָה הָיָה, וּבִשְׁנֵי שְׁבָטִים הָיָה חֶלְקוֹ,

עץ יוסף

(ד) זה אחד משבעה כו'. שקראו ה' בשם חשוב נוסף על שם בצלאל, שזה היה עיקר שמו, והקדוש ברוך הוא הוסיף לו שמות של חבה כדלקמן: **משבעה בני אדם.** היפה תואר גרס מתשעה, דחשיב חנניה מישאל ועזריה לשלשה, ואפשר דחנניה מישאל ועזריה כחדא חשיב להו, לפי שבכל מקום נזכרים יחד כאיש אחד: **משבעה בני אדם.** צריך עיון דמצינו עוד הרבה צדיקים שהיו להם כמה שמות כמו שלמה, קהלת, ידידיה כו', כדאיתא בריש קהלת רבה, ושבעה שמות ליתרו, וכן כלב יש לו שמות רבים, כדאיתא לעיל פרשה א': **שנקראו להם שמות.** פירוש שלכל אחד מהם היו שמות רבים: **יהושע ששה.** אחד יהושע, שתים הושע, שלשה ישוע (נחמיה ח, יז) מימי ישוע בן נון וגו', ארבע שאול, בבראשית רבה פרשה נ"ח סימן ט"ו ובימי שאול עשו מלחמה עם ההגריאים, אמר ר' יהושע ב"ר נחמיה בימי שאול זה יהושע, ולמה קורא אותו שאול, שהיתה המלכות שאולה בידו, פירוש שהיה שופט לא מלך, חמשה כדאיתא סוף המוכר את הספינה (בבא בתרא) כתיב (דברי הימים א [ד], כא - כב) לבית אשבע, ויוקים וגו', יוקים זה יהושע שהוקים שבועה לגבעונים, הששי אפשר שכוונת בעל המדרש לבית אשבע (הנזכר), הוא גם כן שמו של יהושע, על שם שנשבע לגבעונים, כי מצינו במדרש רות שדרש מקרא זה על רחב הזונה, וז"ל, לבית אשבע שנשבעו לה מרגלים, ויוקים שקיימו לה השבועה, אם כן בש"ס הנ"ל שדרש ויוקים זה יהושע על שם קיום השבועה, בהכרח הוא שלבית אשבע הוא גם כן על יהושע, על שם שנשבע להם קודם קיומו (תולדות נח): **ומשה שבע.** בויקרא רבה פרשה א' איתא שם חד מאן דאמר דחשיב למשה שבע שמות, ואחר כך אמר שם חד מאן דאמר דהיה לו עשרה שמות: **מרדכי שנים.** בהרבה מדרשים הגירסא מרדכי שמונה, וכתב התולדות נח היינו אחד מרדכי, שתים בלשן, שלשה מלאכי, ארבעה שמעי, ששמע אל לתפלתו, חמשה יאיר, שמאיר עיני ישראל, ששה קיש, שהקיש על דלתי התשובה, שבעה ימיני, שמונה פתחיה, כדפירש בירושלמי דפסחים, ואם נוציא ימיני מלד שכל השבט נקרא כך, נכנס תמורתו שם מר דרור, שאמרו חכמינו ז"ל (חולין קלט, ב) מרדכי מן התורה מנין, שנאמר מר דרור, ומתרגמינן מרי דכיא: **דניאל חמשה.** אחד דניאל, שתים בלטשצר שקרא לו נבוכדנאצר, שלשה התך, למאן דאמר (מגלה טו, א) זהו דניאל, ארבעה איש מופת, כמאמר חכמינו ז"ל בחלק (סנהדרין צג, ב) על הפסוק כי אנשי מופת המה (זכריה ג') זה דניאל וחביריו חנניה מישאל ועזריה, חמשה נקרא שם בדניאל רב חרטומיא, או אפשר מה שקראו שם (ו' כ"א) עבד אלהא חיא (תולדות נח): **חנניה מישאל ועזריה ארבע.** אחד שמותן, שתים שמות שקרא להן נבוכדנצר, שדרך מישך ועבד נגו, שלשה אנשי מופת, כדלעיל בפרק חלק, ארבעה עבדוהי די אלהא (תולדות נח): **ירושלמי היה כו'.** לפי שרוצה להוכיח שארבעה שמותיו היה יערשיה ואליה כו' כדבסמוך, ולפי זה הוא מבני בנימין כדכתיב שם (ד"ה א' ח') פסוק א', ובנימין הוליד וגו', ושם פסוק כ"ז ויערשיה ואליה וזכרי בני ירוחם, ושם מסיים כל (אליה) [אלה] מבני בנימין, ולפי זה הוא מבני בנימין, לזה אמר וירושלמי היה ככתוב שם פסוק כ"ח (אחר פסוק ויערשיה ואליה וגו') אלה ישבו בירושלים, נמצא יש שתי ראיות שאליהו הוא מבני בנימין, האחד שנמנה בין בני בנימין, והשנית שמקום מושבו היה בירושלים שהיה נחלת בנימין, ויקשה על זה ממקרא דויאמר אליהו התשבי מתושבי גלעד (מלכים א י"ז, א) שמזה נראה אחר שמושבו בגלעד היה מבני גד, על כן מפרש המדרש דלעולם עיקר ישיבתו היה בירושלים, וירושלמי היה, ומפני שהיה יושב שם בלשכת הגזית, על כן קראו מתושבי גלעד, וכמפורש לעיל בבראשית רבה סוף פרשה ע"א מתושבי גלעד מיושבי לשכת הגזית, ודרשו גלעד לשון גיל עד שמשם גילה יוצאה לעולם, על ידי התורה והמשפט היוצא משם, והוא היה עד שהשכינה שורה בישראל, אך לא ידעתי מנא ליה דגלע האלף וגו' היה חלק אליהו, ואולי גמרא גמיר ליה (יפה תואר):

פירוש מהרז"ו

(ד) זה אחד משבעה בני אדם. כל מאמר זה גם כן בתנחומא כאן סימן י"ג בקצת שינוי, ומהשבעה בני אדם לא פירש כאן אלא שנים בצלאל ואליהו, וחשב חנניה מישאל ועזריה לאחד, כי כתובים תמיד יחד ובענין אחד. וסידור המאמר נראה לי דכן צריך לומר, יש שנקראו ארבעה, ויש חמשה, ויש ששה, ויש שבעה, ויש שמונה, אליהו חנניה מישאל ועזריה ארבעה, דניאל חמשה, בצלאל ויהושע ששה, משה שבעה, מרדכי שמונה. ואכתוב מה שיש בידי להשלים מה שחסר בחשבון שמות אלו, יהושע ששה לא מצאתי לו רק עוד אחד, שנקרא שאול, בראשית רבה פרשה נ"ח סימן ט"ו, ועל שאנו חסרי מדרשים על כן אין בידינו להשלים. ומשה שבעה, ויקרא רבה פרשה א בסוף סימן ג', שנקראו לו עשרה שמות וחושבם שם בפרט, ואולי צריך לומר כאן משה עשרה. מרדכי שמונה, מרדכי, בלשן, יאיר, שמעי, קיש, יהודי, ימיני, כמו שאמרו במסכת מגילה, גם נקרא פתחיה, כמו שתנינן במס' שקלים (פ"ה מ"א). ועיין בספרי מדרש תנאים בליקוטים וחידושים, שיתכן לחשוב לו עוד שמות, משזבאל, זרח. חנניה מישאל ועזריה, מפורש בדניאל שנקראו גם שדרך מישך ועבד נגו, והשאר צריך עיון. דניאל חמשה, דניאל, בלטשאצר, התך, ממוכן, חמודות, ממדרש אסתר. וצריך עיון למה לא חשב את שלמה, כמו שאמר ריש שיר השירים רבה, וכן זמרי, בבמדבר רבה פרשה כא סימן ג, ששה שמות, וכן כלב, נקראו לו כמה שמות, וכן מרים, לעיל פרשה א סימן י"ז, וכן יתרו שבע שמות: **אליהו ירושלמי היה.** עיין בראשית רבה פרשה ע"א סימן ט, והוא מהתנא דבי אליהו חלק ב סוף פרק ט"ו, ושם הגירסא משבט בנימין היה, מפסוק שמביא וירעשיה ואליהו וגו', וכתוב אחריו אלה ישבו בירושלים, ובריש הענין שם (דברי הימים א ח, א) ובנימין הוליד, וכן בסוף הפרשה (פסוק מ) כל אלה מבני בנימין, ומה שאמר מיושבי לשכת הגזית, עיין שם בבראשית רבה, וכמו שכתוב מלכים א י"ז (פסוק א), ויאמר אליהו התשבי מתושבי גלעד, ומבואר שם בפסוק וירעשיה, שהיה מיושבי ירושלים כנ"ל, והם שני כתובים מכחישים, והכריע שמה שכתוב גלעד, היינו בית המקדש, כמו שדרש מכילתא בשלח כתוב זאת זכרון, ובספרי סוף ברכה, הובא ילקוט ואתחנן פסוק עלה ראש הפסגה, ואין גלעד אלא בית המקדש, שנאמר (ירמיה כב, ו) גלעד אתה לי ראש הלבנון, וכן הוא בשיר השירים רבה פסוק שערך כעדר העזים, שגלשו מן הגלעד, כך היתה סנהדרין יושבת אחורי בית המקדש. ומה שאמר מכרך של יהודה, היינו מגדל גד, כדלקמן שלשה ביהודה.

אשד הנחלים

[ד] ארבעה זה אליהו. עיין בידי משה ובמתנות כהונה פירושו. וענין השמות להורות על מהותם ואיכותם (כדלהלן), ועיין פירושם במתנות כהונה:

ידי משה

[ד] יש שנקרא לו ארבעה זה אליהו. כדלקמן שהיה לו ארבע שמות דוק ותשכח שאמר שם בשעה שביקש להרעיש עולמו הוא עומד, פירוש אליהו עומד ומזכיר זכות אבות, והקב"ה מרחם נמצא הפירוש של ד' השמות:

יוקים זה יהושע שהקים שבועה לגבעונים הרי חמשה שמות. והששי לא מצאתי, אך אפשר שסבר בעל המדרש דיהושע נקרא לבית אשבוע, על שם שנשבע לגבעונים, כדמצינו במדרש רות (ב, א) שדורש מקרא זה על רחב הזונה לבית אשבוע, שנשבעו לה המרגלים, יוקים שקיימו לה השבועה, ואם כן בגמרא דדריש יוקים זה יהושע על שם שקיים השבועה לגבעונים, מן המוכרח דהאי לבית אשבוע קאי גם כן על יהושע, על שם שנשבע לגבעונים. תולדות נח הארוך: **ומשה שבעה.** ובויקרא רבה פרשה א' (סימן ג) יש פלוגתא, חד אמר שבעה, וחד אמר עשרה, עיין שם ויתבאר לך: **מרדכי שמונה.** מרדכי. בלשן. מלאכי, כדאיתא במגילה (טו, א). פתחיה, כמבואר בירושלמי שקלים. בן שמעי ששמע אל לתפלתו (מגילה יב, ב). בן יאיר שהאיר עיני ישראל (מגילה שם). בן קיש שהקיש על דלתי התשבה (מגילה שם). מר דרור כאשר אמרו חכמינו ז"ל (חולין קלט, ב) מרדכי מן התורה מנין מר דרור מתרגמינן מרי דכיא, הרי שהתורה קוראה אותו מר דרור. תולדות נח הארוך: **דניאל חמשה.** וזה לשון תולדות נח הארוך, דניאל. בלטשצר שקרא לו נבוכדנאצר (דניאל א, ז). התך לחד מאן דאמר במגילה (טו, א). וגם נקרא [רב] חרטומיא בדניאל (ד, ו). וגם הכתוב קראו איש מופת, כמאמר חכמינו ז"ל בסנהדרין פרק חלק (צג, א). על הפסוק כי אנשי מופת המה עד כאן לשונו. אמר הכותב, לא הביאותי דבריו רק כדי שיהיו בכאן כל שמות האחרונים: **חנניה מישאל ועזריה ארבעה.** חנניה מישאל ועזריה. ושמות שקרא להן נבוכדנצר שדרך מישך ועבד נגו, ועוד שנקראו [אנשי מופת] בחלק (סנהדרין צג, א) ורבנן (ו)פירשו [על] חנניה מישאל ועזריה ודניאל מפני שהיו ראשי חכמי בבל גם כן אנשי מופת, עד כאן לשון תולדות נח הארוך. אמר הכותב גם בזה לא הביאותי שני האחרונים. גם פליאה הסדר של המדרש אליהו בצלאל יהושע משה וכו', שאינו על סדר הדורות ולא סדר החשיבות: **אליהו ירושלמי היה.** אולי נלמד מדכתיב (דברי הימים א ח, כז - כח) ויערשיה ואליה וזכרי בני ירחם אלה ראשי אבות לתולדותם ראשים אלה ישבו בירושלים, ויערשיה וגו' דרשו בסמוך על שמות של אליהו, וכתוב על כולם אלה ישבו בירושלים, שמע מינה אליהו ירושלמי היה. **(מיושביה) [ומלשכת הגזית] היה.** פירוש, על דרך מדרשות רבה, דרכי נהוראי סבר משל גד היה, שנאמר ויאמר אליהו התשבי מתושבי גלעד, ולכאן משמע שהיה מבני בנימין, שהרי כתיב (דברי הימים א ח, מ) כל אלה מבני בנימין, וגם מירושלים, לזה מתרץ המדרש ומיושבי לשכת הגזית, כלומר מה שנאמר מתושבי גלעד פירוש, מתושבי לשכת הגזית, וגלעד נוטריקון גל עד, שהכל פונים להוראות שיוצאות משם, והיא היתה עדות שהשכינה שורה בישראל. ועיין שם, ויתבאר לך היטב:

חידושי הרד"ל

[ד] שנקראו לו ארבעה זה אליהו ז"ל. אפשר ירמוז לזה מה שכתוב בברכות (ד, ב) אליהו בארבע: **ירושלמי היה.** מתנות כהונה דדרש מדכתיב בדברי הימים שם אחר מקרא דיערשיה ואליה שמביא להלן אלה ישבו בירושלים (עד כאן מתנות כהונה): **ומיושבי לשכת הגזית היה.** בבראשית רבה סוף פרשה ע"א (סימן ט) דרש לה מתושבי גלעד מיושבי לשכת הגזית, וזה שאמר מכרך של יהודה היה, ואיפשר פירושו שבירושלים עצמו היה יושב בחלק של יהודה, וכמו שכתוב במגילה (כו, א) שהלשכות ובכללם לשכת הגזית בחלקו של יהודה היו:

חידושי הרש"ש

[ד] ומשה שבעה. עיין בויקרא רבה פרשה א, ג: **ומרדכי שנים.** במגילה (יג, ב) אמרינן דיאיר ושמעי וקיש כולן על שמו נקראו, וכן נקרא בלשן, ובריש פרק ה דשקלים קראוהו גם כן פתחיה, ובתנחומא הגירסא מרדכי שמונה, (ובאמת שני שמות נמצא לרוב שיקרא בהם אדם אחד, ועיין גם כן מה שכתבתי לקמן בסמוך). ויתכן שיכוון להני חמשה דאמרן, וכדעת רבי יוחנן במגילה (יג, א) שנקרא גם כן יהודי על שם מעשיו, וכדעת רב נחמן שם (טו, א) דהוא מלאכי ושמו העצמי מרדכי: **ומכרך של יהודה היה.** אולי רצה לומר בחלק יהודה שבירושלים ולא בחלק בנימין, ואתיא כתנא דסבירא ליה ביומא (יב, א) דנתחלקה לשתי שבטים הללו:

מסורת המדרש

ה. תנחומא כאן סי' י"ג כה"ע. ב"ר פ' ע"א וש"נ:
ו. לעיל פרשה א':

אמרי יושר

[ד] יש שיקראו בו'. נראה דגירסא הנכונה כלב (א') [חמשה], כדרשם בפרשת שמות (פרשה א, יז) על וקוץ זה כלב הוליד את ענוב, ובן יפונה, תאר, וכרמי על שם האשכול. ופליגי אההיא דמכילתא שבע שמות נקראו ליתרו. וקשה דאמאי לא חשיב חזקיה דאמרינן בפרק חלק (סנהדרין לד, א) במשמניו רזון יבא חזקיה שיש לו שמונה שמות, ויקרא שמו פלא יועץ וכו', ויפרע מסנחריב:

באור מהרי"פ

[ד] משבעה בני אדם שנקראו להם שמות וכו'. וצריך עיון, הלא מצינו עוד כמה צדיקים שהיה להם שמות הרבה, כמו שלמה, ידידיה, קהלת, וכן שבע שמות היה לו ליתרו, יתרו חובב כו', כלב יש לו שמות רבים כדאיתא פרשה קמא דשמות רבה (א, יז), וכיוצא בהם, והדבר צריך תלמוד: **משבעה בני אדם.** פירוש, דחנניה מישאל ועזריה חשיב ליה כחדא, לפי שבכל מקום נזכרים יחד: **ויהושע ששה.** יהושע. הושע. ישוע, כדכתיב (נחמיה ח, יז) ויעשו כל הקהל השבים מן השבי סוכות וישבו בסוכות כי לא עשו מימי ישוע בן נון כן בני ישראל עד היום ותהי שמחה גדולה מאד. שאול, כדאיתא בבראשית רבה פרשה נ"ח (סימן טו) בימי שאול עשו מלחמה את ההגריאים זה יהושע שהיתה המלכות שאולה בידו. יוקים, כדאיתא סוף פרק המוכר את הספינה (בבא בתרא צא, ב)

יֵשׁ שֶׁנִּקְרְאוּ לוֹ אַרְבָּעָה, זֶה אֵלִיָּהוּ – (i) **There was one who was called** by **four** names, **this being Elijah;**[56] בְּצַלְאֵל ו׳, וִיהוֹשֻׁעַ ו׳, וּמֹשֶׁה ז׳, מָרְדְּכַי ב׳, דָּנִיֵּאל ה׳ – (ii) **Bezalel** was called by **six** names;[57] (iii) **Joshua** was called by **six** names; (iv) **Moses** was called by **seven** names; (v) **Mordechai** was called by **two** names; (vi) **Daniel** was called by **five** names; חֲנַנְיָה מִישָׁאֵל וַעֲזַרְיָה ד׳ – and (vii) **Hananiah, Mishael, and Azariah** were together called by **four** names.[58]

Before discussing the names of Elijah, the Midrash notes some personal details:

אֵלִיָּהוּ ד׳ – Regarding **Elijah** who was given **four** additional names: אָמַר רַבִּי אֶלְעָזָר בֶּן פְּדָת: אֵלִיָּהוּ יְרוּשַׁלְמִי הָיָה, וּמִיּוֹשְׁבֵי לִשְׁכַּת הַגָּזִית הָיָה, וּמִכְּרַךְ שֶׁל יְהוּדָה הָיָה – **R' Elazar ben Pedas said: Elijah was** of the tribe of Benjamin.[59] He was **a resident of Jerusalem,**[60] **and he was a member** of the Great Sanhedrin of seventy-one judges **that sat in the Chamber of Hewn Stone** in the Temple,[61] **and he was from a city in Judah,**[62] וּבִשְׁנֵי שְׁבָטִים הָיָה חֶלְקוֹ – **and his** ancestral **portion** of land **was** spread out over seven cities **in** the lands of **two** separate **tribes:**

NOTES

56. The Midrash will elaborate on Elijah's names below.

57. As the Midrash will elaborate below.

58. The Midrash here does not elaborate upon the alternative names of Joshua, Moses, Mordechai, Daniel, or Hananiah, Mishael, and Azariah. However, the commentators do list these names:

❑ **Joshua** – (i) יְהוֹשֻׁעַ; (ii) הוֹשֵׁעַ (*Numbers* 13:16); (iii) יֵשׁוּעַ (*Nehemiah* 8:17); (iv) שָׁאוּל (see *I Chronicles* 5:10 and *Bereishis Rabbah* 98 §15); (v) אַשְׁבֵּעַ; (vi) יוֹקִים (see *I Chronicles* 4:21-22, *Rus Rabbah* 2 §1, and *Bava Basra* 91b) (*Eitz Yosef,* citing *Toldos Noach*).

❑ **Moses** – (i) מֹשֶׁה; (ii) יֶרֶד; (iii) אֲבִי גְדוֹר; (iv) חֶבֶר; (v) אֲבִי שׂוֹכוֹ; (vi) יְקוּתִיאֵל; (vii) אֲבִי זָנוֹחַ (see *I Chronicles* 1:4 and *Vayikra Rabbah* 1:3; another view there maintains that Moses had ten names).

❑ **Mordechai** – (i) מָרְדְּכַי and (ii) בִּלְשָׁן (see *Ezra* 2:2 and *Menachos* 65a). Many other versions of this Midrash state that Mordechai had a total of eight names instead of just two: (i) מָרְדְּכַי; (ii) בִּלְשָׁן (see *Ezra* 2:2 and *Yalkut Shimoni Ezra* §1067); (iii) מַלְאָכִי (see *Megillah* 15a); (iv) שִׁמְעִי; (v) יָאִיר; (vi) קִישׁ; (vii) יְמִינִי (see *Megillah* 12b regarding the last four), or מָר דְּרוֹר (see *Megillah* 10b); (viii) פְּתַחְיָה (*Yerushalmi Shekalim* 21a) (*Eitz Yosef*).

❑ **Daniel** – (i) דָּנִיֵּאל; (ii) בֵּלְטְשַׁאצַּר (*Daniel* 1:7); (iii) הֲתָךְ (*Esther* 4:6); (iv) אִישׁ מוֹפֵת (see *Zechariah* 3:8 and *Sanhedrin* 93a); (v) רַב חַרְטֻמַיָּא (*Daniel* 4:6), or עֲבֵד אֱלָהָא חַיָּא (6:21) (*Eitz Yosef* citing *Toldos Noach*).

❑ **Hananiah, Mishael, and Azariah** – (i) חֲנַנְיָה, מִישָׁאֵל, וַעֲזַרְיָה; (ii) שַׁדְרַךְ, מֵישַׁךְ, עֲבֵד נְגוֹ (*Daniel* 1:7); (iii) אַנְשֵׁי מוֹפֵת (*Zechariah* 3:8; see *Sanhedrin* 93a); (iv) עַבְדוֹהִי דִּי אֱלָהָא עִלָּאָה (*Daniel* 3:26) (*Eitz Yosef,* citing *Toldos Noach*).

The Midrash counts Hananiah, Mishael, and Azariah as one (for a total of seven people under discussion) because they are often listed together in Scripture. *Yefeh To'ar,* however, emends the Midrash to read that *nine* persons were called by additional names, instead of *seven,* counting them as three separate individuals (*Eitz Yosef*).

59. For he is to be identified with the Elijah mentioned in *I Chronicles* 8:27 (cited in the Midrash below) among the descendants of Benjamin. Although the Midrash does not spell this out here, this is R' Elazar's explicit position in *Bereishis Rabbah* 71 §9, and it is evident that the Midrash means this here as well (see *Yefeh To'ar*).

60. For it is written in *I Chronicles* (ibid., v. 28) that he lived in Jerusalem (*Yefeh To'ar, Eitz Yosef*).

61. With these words the Midrash is deflecting a possible objection to identifying Elijah as a Benjaminite. For there is a verse that reads, אֵלִיָּהוּ הַתִּשְׁבִּי מִתֹּשָׁבֵי גִלְעָד, *Elijah the Tishbite, a resident of Gilead* (*I Kings* 17:1), and Gilead is in the portion of Gad (see *Bereishis Rabbah* 71 §9). The Midrash therefore alludes to R' Elazar's exposition elsewhere (*Bereishis Rabbah* ibid.), that the words מִתֹּשָׁבֵי גִלְעָד should be interpreted to mean that Elijah was one of those who sat [מִיּוֹשְׁבֵי] on the Sanhedrin, which was in the Temple, which is called גִּלְעָד, as in *Jeremiah* 22:6 with *Targum Yonasan* (see *Yefeh To'ar* and *Eitz Yosef*).

62. This, too, is meant to deflect a possible objection to identifying Elijah as a Benjaminite: If he was of the tribe of Benjamin, why did he have [at least some of] his portion in Judahite cities (as the Midrash will shortly elaborate)? The answer is that although he was himself a Benjaminite, he dwelled in one of the cities of Judah.

INSIGHTS

Israel — whose sacred letters proclaimed a *new* task for the great man, allowing him to begin life afresh, with renewed purpose, his feet set in a new direction upon the path of Godly service.

The Rabbis teach that Israel merited to be redeemed from Egypt, in part, because they did not "change their names" (*Vayikra Rabbah* 32:5). Simply understood, this refers to their retention of Hebrew names and their refusal to adopt Egyptian ones, which prevented their absorption in the pagan culture of the Egyptians. Because they remained separate, redemption was possible. However, the teaching alludes to another idea as well; to wit, that the Jews in Egypt did not forget the *subtext* of the names they carried, the notion that names are not a matter of coincidence, but express a person's essential nature. Even in their exile, Israel recalled the sacred duties of the soul that were laid upon them by the holy names they bore, and did not forsake those duties. Therefore, they merited redemption (*Ohr Gedalyahu* ibid. §2, p. 6).

The need to "remember" one's Hebrew name applies not only in times of exile, but exists as a constant obligation upon every Jew. Throughout life, a person must remain continually aware of his latent abilities, of the heights he must reach, of the beauties that lie dormant in the soul, waiting to be illuminated by the light of one's righteous deeds. All this is expressed in the Hebrew name by which the person is known in the Heavens, the name that describes one's earthly calling, one's ordained task, the name given by God Himself to one's immortal soul (see *Sfas Emes, Shemos* תרנ"ג; *Ohr Gedalyahu* ibid. §3, p. 8).

[For further discussion of this fascinating topic, see R' Moshe Eisemann's Overview to the Artscroll edition of *Divrei HaYamim I,* "Names and their Significance in Scripture." See also Insight to *Rus Rabbah* 2 §5, "The Significance of Names."]

ד דָּבָר אַחֵר, [לא, ב] "רְאֵה קָרָאתִי בְשֵׁם", [ה]זֶה אֶחָד מִשִּׁבְעָה בְּנֵי אָדָם שֶׁנִּקְרְאוּ לָהֶם שֵׁמוֹת, יֵשׁ שֶׁנִּקְרְאוּ לוֹ אַרְבָּעָה, זֶה אֵלִיָּהוּ, בְּצַלְאֵל ו', וִיהוֹשֻׁעַ ו', וּמֹשֶׁה ז', מָרְדְּכַי ב', דָּנִיֵּאל ה', חֲנַנְיָה מִישָׁאֵל וַעֲזַרְיָה ד', אֵלִיָּהוּ ד', אָמַר רַבִּי אֶלְעָזָר בֶּן פְּדָת: [ו]אֵלִיָּהוּ יְרוּשַׁלְמִי הָיָה, וּמִיּוֹשְׁבֵי לְשִׁכַּת הַגָּזִית הָיָה, וּמְכֹּרַךְ שֶׁל יְהוּדָה הָיָה, וּבִשְׁנֵי שְׁבָטִים הָיָה חֶלְקוֹ,

עץ יוסף

(ד) זה אחד משבעה כו'. שקראו ה' בשם חשוב נוסף על שם בצלאל, שזה היה עיקר שמו, והקדוש ברוך הוא הוסיף לו שמות של חבה כדלקמן: **משבעה בני אדם.** היפה תואר גרס מתשעה, דחשיב חנניה מישאל ועזריה לשלשה, ואפשר דחנניה מישאל ועזריה כחדא חשיב להו, לפי שבכל מקום נזכרים יחד כאיש אחד: **משבעה בני אדם.** צריך עיון דמצינו עוד הרבה צדיקים שהיו להם כמה שמות כמו שלמה, קהלת, ידידיה כו', כדאיתא בריש קהלת רבה, ושבעה שמות ליתרו, וכן כלב יש לו שמות רבים, כדאיתא לעיל פרשה א': **שנקראו להם שמות.** פירוש שלכל אחד מהם היו שמות רבים: **יהושע ששה.** אחד יהושע, שתים הושע, שלשה ישוע (נחמיה ח, יז) מימי ישוע בן נון וגו', ארבע שאול, בבראשית רבה פרשה נ"ח סימן ט"ו ובימי שאול עשו מלחמה עם ההגריאים, אמר ר' יהושע ב"ר נחמיה בימי שאול זה יהושע, ולמה קורא אותו שאול, שהיתה המלכות שאולה בידו, פירוש שהיה שופט לא מלך, חמשה כדאיתא סוף המוכר את הספינה (בבא בתרא) כתיב (דברי הימים א [ד], כא - כב) לבית אשבע, ויוקים וגו', יוקים זה יהושע שהוקים שבועה לגבעונים, הששי אפשר שכוונת בעל המדרש לבית אשבע (הנזכר), הוא גם כן שמו של יהושע, על שם שנשבע לגבעונים, כי מצינו במדרש רות שדרש מקרא זה על רחב הזונה, וז"ל, לבית אשבע שנשבעו לה מרגלים, ויוקים שקיימו לה השבועה, אם כן בש"ס הנ"ל שדרש ויוקים זה יהושע על שם קיום השבועה, בהכרח הוא שלבית אשבע הוא גם כן על יהושע, על שם שנשבע להם קודם קיומו (תולדות נח): **ומשה שבע.** בויקרא רבה פרשה א' איתא שם חד מאן דאמר דחשיב למשה שבע שמות, ואחר כך אמר שם חד מאן דאמר דהיה לו עשרה שמות: **מרדכי שנים.** בהרבה מדרשים הגירסא מרדכי שמונה, וכתב התולדות נח היינו אחד מרדכי, שתים בלשן, שלשה מלאכי, ארבעה שמעי, ששמע אל לתפלתו, חמשה יאיר, שמאיר עיני ישראל, ששה קיש, שהקיש על דלתי התשובה, שבעה ימיני, שמונה פתחיה, כדפירש בירושלמי דפסחים, ואם נוציא ימיני מצד שכל השבט נקרא כך, נכנס תמורתו שם מר דרור, שאמרו חכמינו ז"ל (חולין קלט, ב) מרדכי מן התורה מנין, שנאמר מר דרור, ומתרגמינן מרי דכיא: **דניאל חמשה.** אחד דניאל, שתים בלטשאצר שקרא לו נבוכדנאצר, שלשה התך, למאן דאמר (מגלה טו, א) זהו דניאל, ארבעה איש מופת, כמאמר חכמינו ז"ל בחלק (סנהדרין צג, ב) על הפסוק כי אנשי מופת המה (זכריה ג') זה דניאל וחביריו חנניה מישאל ועזריה, חמשה נקרא שם בדניאל רב חרטומיא, או אפשר מה שקראו שם (ו' כ"א) עבד אלהא חיא (תולדות נח): **חנניה מישאל ועזריה ארבע.** אחד שמותן, שתים שמות שקרא להן נבוכדנצר, שדרך מישך ועבד נגו, שלשה אנשי מופת, כדלעיל בפרק חלק, ארבעה עבדוהי די אלהא (תולדות נח): **ירושלמי היה כו'.** לפי שרוצה להוכיח שארבעה שמותיו היה יערשיה ואליה כו' כדבסמוך, ולפי זה הוא מבני בנימין כדכתיב שם (ד"ה א' ח') פסוק א', ובנימין הוליד וגו', ושם פסוק כ"ז ויערשיה ואליה וזכרי בני ירוחם, ושם מסיים כל (אליה) [אלה] מבני בנימין, ולפי זה הוא מבני בנימין, לזה אמר וירושלמי היה ככתוב שם פסוק כ"ח (אחר פסוק ויערשיה ואליה וגו') אלה ישבו בירושלים, נמצא יש שתי ראיות שאליהו הוא מבני בנימין, האחד שנמנה בין בני בנימין, והשנית שמקום מושבו היה בירושלים שהיה נחלת בנימין, ויקשה על זה ממקרא דויאמר אליהו התשבי מתושבי גלעד (מלכים א י"ז, א) שמזה נראה אחר שמושבו בגלעד היה מבני גד, על כן מפרש המדרש דלעולם עיקר ישיבתו היה בירושלים, וירושלמי היה, ומפני שהיה יושב שם בלשכת הגזית, על כן קראו מתושבי גלעד, וכמפורש לעיל בבראשית רבה סוף פרשה ע"א מתושבי גלעד מיושבי לשכת הגזית, ודרשו גלעד לשון גיל עד שמשם גילה יוצאה לעולם, על ידי התורה והמשפט היוצא משם, והוא היה עד שהשכינה שורה בישראל, אך לא ידעתי מנא ליה דגלעד האלף וגו' היה חלק אליהו, ואולי גמרא גמיר ליה (יפה תואר):

פירוש מהרז"ו

(ד) זה אחד משבעה בני אדם. כל מאמר זה גם כן בתנחומא כאן סימן י"ג בקצת שינוי, ומהשבעה בני אדם לא פירש כאן אלא שנים בצלאל ואליהו, וחשב חנניה מישאל ועזריה לאחד, כי כתובים תמיד יחד ובענין אחד. וסידור המאמר נראה לי דכן צריך לומר, יש שנקראו ארבעה, ויש חמשה, ויש ששה, ויש שבעה, ויש שמונה, אליהו חנניה מישאל ועזריה ארבעה, דניאל חמשה, בצלאל ויהושע ששה, משה שבעה, מרדכי שמונה. ואכתוב מה שיש בידי להשלים מה שחסר בחשבון שמות אלו, יהושע ששה לא מצאתי לו רק עוד אחד, שנקרא שאול, בראשית רבה פרשה נ"ח סימן ט"ו, ועל שאנו חסרי מדרשים על כן אין בידינו להשלים. ומשה שבעה, ויקרא רבה פרשה א בסוף סימן ג', שנקראו לו עשרה שמות וחושבם שם בפרט, ואולי צריך לומר כאן משה עשרה. מרדכי שמונה, מרדכי, בלשן, יאיר, שמעי, קיש, יהודי, ימיני, כמו שאמרו במסכת מגילה, גם נקרא פתחיה, כמו שתנינן במס' שקלים (פ"ה מ"א). ועיין בספרי מדרש תנאים בליקוטים וחידושים, שיתכן לחשוב לו עוד שמות, משזבאל, זרח. חנניה מישאל ועזריה, מפורש בדניאל שנקראו גם שדרך מישך ועבד נגו, והשאר צריך עיון. דניאל חמשה, דניאל, בלטשאצר, התך, ממוכן, חמודות, ממדרש אסתר. וצריך עיון למה לא חשב את שלמה, כמו שאמר ריש שיר השירים רבה, וכן זמרי, בבמדבר רבה פרשה כא סימן ג, ששה שמות, וכן כלב, נקראו לו כמה שמות, וכן מרים, לעיל פרשה א סימן י"ז, וכן יתרו שבע שמות: **אליהו ירושלמי היה.** עיין בראשית רבה פרשה ע"א סימן ט, והוא מהתנא דבי אליהו חלק ב סוף פרק ט"ו, ושם הגירסא משבט בנימין היה, מפסוק שמביא ויערשיה ואליהו וגו', וכתוב אחריו אלה ישבו בירושלים, ובריש הענין שם (דברי הימים א ח, א) ובנימין הוליד, וכן בסוף הפרשה (פסוק מ) כל אלה מבני בנימין, ומה שאמר מיושבי לשכת הגזית, עיין שם בבראשית רבה, וכמו שכתוב מלכים א י"ז (פסוק א), ויאמר אליהו התשבי מתושבי גלעד, ומבואר שם בפסוק ויערשיה, שהיה מיושבי ירושלים כנ"ל, והם שני כתובים מכחישים, והכריע שמה שכתוב גלעד, היינו בית המקדש, כמו שדרש מכילתא בשלח כתוב זאת זכרון, ובספרי סוף ברכה, הובא ילקוט ואתחנן פסוק עלה ראש הפסגה, ואין גלעד אלא בית המקדש, שנאמר (ירמיה כב, ו) גלעד אתה לי ראש הלבנון, וכן הוא בשיר השירים רבה פסוק שערך כעדר העזים, שגלשו מן הגלעד, כך היתה סנהדרין יושבת אחורי בית המקדש. ומה שאמר מכרך של יהודה, היינו מגדל גד, כדלקמן שלשה ביהודה.

חידושי הרד"ל

[ד] שנקראו לו ארבעה זה אליהו ז"ל. אפשר ירמוז לזה מה שכתוב בברכות (ד, ב) אליהו בארבע: **ירושלמי היה.** מתנות כהונה דדרש מדכתיב בדברי הימים שם אחר מקרא דיערשיה ואליה שמביא להלן אלה ישבו בירושלים (עד כאן מתנות כהונה): **ומיושבי לשכת הגזית היה.** בבראשית רבה סוף פרשה ע"א (סימן ט) דרש לה מתושבי גלעד מיושבי לשכת הגזית, וזה שאמר מכרך של יהודה היה, ואיפשר פירושו שבירושלים עצמו היה יושב בחלק של יהודה, וכמו שכתוב במגילה (כו, א) שהלשכות ובכללם לשכת הגזית בחלקו של יהודה היו:

חידושי הרש"ש

[ד] ומשה שבעה. עיין בויקרא רבה פרשה א, ג: **ומרדכי שנים.** במגילה (יג, ב) אמרינן דיאיר ושמעי וקיש כולן על שמו נקראו, וכן נקרא בלשן, ובריש פרק ה דשקלים קראוהו גם כן פתחיה, ובתנחומא הגירסא מרדכי שמונה, (ובאמת שני שמות נמצא לרוב שיקרא בהם אדם אחד, ועיין גם כן מה שכתבתי לקמן בסמוך). ויתכן שיכון להני חמשה דאמרן, וכדעת רבי יוחנן במגילה (יג, א) שנקרא גם כן יהודי על שם מעשיו, וכדעת רב נחמן שם (טו, א) דהוא מלאכי ושמו העטלמי מרדכי: **ומכרך של יהודה היה.** אולי רצה לומר בחלק יהודה שבירושלים ולא בחלק בנימין, ואתיא כתנא דסבירא ליה ביומא (יב, א) דנתחלקה לשני שבטים הללו:

ידי משה

[ד] יש שנקרא לו ארבעה זה אליהו. כדלקמן שהיה לו ארבע שמות דוק ותשכח שאמר שם בשעה שביקש להרשיע עולמו הוא עומד ומזכיר זכות אבות, והקב"ה מרחם נמצא הפירוש של ד' השמות:

מסורת המדרש

ה. תנחומא כאן סי' י"ג כה"ע. ב"ר פ' ע"א וש"נ:
ו. לעיל פרשה א':

אמרי יושר

[ד] יש שיקראו כו'. נראה דגירסא הנכונה כלב (ח') [חמשה], כדדרש בפרשת שמות (פרשה א, יז) על וקוץ זה כלב הוליד את ענוב, וכן יפונה, אשחור, וכרמי על שם האשכול. ופליגי אההיא דמכילתא שבע שמות נקראו ליתרו. וקשה דאמאי לא חשיב חזקיה דאמרינן בפרק חלק (סנהדרין צד, א) במשמניו רזון יבא חזקיה שיש לו שמונה שמות, ויקרא שמו פלא יועץ וכו', ויפרע מסנחריב:

באור מהרי"פ

[ד] משבעה בני אדם שנקראו להם שמות וכו'. וצריך עיון, הלא מצינו עוד כמה צדיקים שהיה להם שמות הרבה, כמו שלמה, ידידיה, קהלת, וכן שבע שמות היה לו ליתרו, יתרו חובב כו', כלב יש לו שמות רבים כדאיתא פרשה קמא דשמות רבה (א, יז), וכיוצא בהם, והדבר צריך תלמוד: **משבעה בני אדם.** פירוש, דחנניה מישאל ועזריה חשיב ליה כחדא, לפי שבכל מקום נזכרים יחד: **ויהושע ששה.** יהושע. הושע. ישוע, כדכתיב (נחמיה ח, יז) ויעשו כל הקהל השבים מן השבי סוכות וישבו בסוכות כי לא עשו מימי ישוע בן נון כן בני ישראל עד היום ההוא ותהי שמחה גדולה מאד. שאול, כדאיתא בבראשית רבה פרשה נ"ח (סימן טו) בימי שאול עשו מלחמה את ההגריאים זה יהושע שהיתה המלכות שאולה בידו. יוקים, כדאיתא סוף פרק המוכר את הספינה (בבא בתרא צא, ב) יוקים זה יהושע שהקים שבועה לגבעונים הרי חמשה שמות. והששי לא מצאתי, אך אפשר שסבר בעל המדרש דיהושע נקרא לבית אשבוע, על שם שנשבע לגבעונים, כדמצינו במדרש רות (ב, א) שדורש מקרא זה על רחב הזונה לבית אשבוע, שנשבעו לה המרגלים, יוקים שקיימו לה השבועה, ואם כן בגמרא דדריש יוקים זה יהושע על שם שקיים השבועה לגבעונים, מן המוכרח דהאי לבית אשבוע קאי גם כן על יהושע, על שם שנשבע לגבעונים. תולדות נח הארוך: **ומשה שבעה.** ובויקרא רבה פרשה א' (סימן ג) יש פלוגתא, חד אמר שבעה, וחד אמר עשרה, עיין שם ויתבאר לך: **מרדכי שמונה.** מרדכי. בלשן. מלאכי, כדאיתא במגילה (טו, א). פתחיה, כמבואר בירושלמי שקלים. בן שמעי ששמע אל לתפלתו (מגילה יב, ב). בן יאיר שהאיר עיני ישראל (מגילה שם). בן קיש שהקיש על דלתי התשובה (מגילה שם). מר דרור כאשר אמרו חכמינו ז"ל (חולין קלט, ב) מרדכי מן התורה מנין מר דרור מתרגמינן מרי דכיא, הרי שהתורה קוראה אותו מר דרור. תולדות נח הארוך: **דניאל חמשה.** וזה לשון תולדות נח הארוך, דניאל. בלטשאצר שקרא לו נבוכדנאצר (דניאל א, ז). התך לחד מאן דאמר במגילה (טו, א). וגם נקרא [רב] חרטומיא בדניאל (ד, ו). וגם הכתוב קראו איש מופת, כמאמר חכמינו ז"ל סנהדרין פרק חלק (צג, א) על הפסוק כי אנשי מופת המה עד כאן לשונו. אמר הכותב, לא הבינותי דבריו בשני שמות האחרונים: **חנניה מישאל ועזריה ארבעה.** חנניה מישאל ועזריה. ושמות שקרא להן נבוכדנאצר שדרך מישך עבד נגו (דניאל א, ז). ועוד שנקראו [אנשי מופת] בחלק (סנהדרין צג, א) ורבנן (ו)פירשו [על] חנניה מישאל ועזריה ודניאל מפני שהיו ראשי חכמי בבל גם שם אנשי מופת, עד כאן לשון תולדות נח הארוך. אמר הכותב גם בזה לא הבינותי שני האחרונים. גם פליאה הסדר של המדרש אליהו בצלאל יהושע משה וכו', שאינו לא סדר הדורות ולא סדר החשיבות: **אליהו ירושלמי היה.** אולי נלמד מדכתיב (דברי הימים א ח, כז - כח) ויערשיה ואליה וזכרי בני ירחם אלה ראשי אבות לתולדותם ראשים אלה ישבו בירושלים, ויערשיה וגו' דרשו בסמוך על שמות של אליהו, וכתוב על זה אלה ישבו בירושלים, שמע מינה שאליהו ירושלמי היה: **ומלשכת הגזית (מיושביה) היה.** פירוש, על דרך המדרש סוף פרשה א' בבראשית רבה, דרבי נהוראי סבר משל גד היה, שנאמר ויאמר אליהו התשבי מתושבי גלעד, וכאן משמע שהיה מבני בנימין, שהרי כתיב (דברי הימים א ח, מ) כל אלה מבני בנימין, וגם מירושלים, לזה מתרץ המדרש ומיושבי לשכת הגזית, כלומר מה שנאמר מתושבי גלעד פירוש, מתושבי לשכת הגזית, וגלעד נוטריקון גל עד, גל ותל, שהכל פונים להוראות שיוצאות משם, והיא היתה עדות שהשכינה שורה בישראל. ועיין שם, ויתבאר לך היטב:

אשד הנחלים

[ד] ארבעה זה אליהו. עיין בידי משה ובמתנות כהונה פירושו. וענין השמות להורות על מהותם ואיכותם (כדלהלן), ועיין פירושם במתנות כהונה:

חֲמִשָּׁה בְּבִנְיָמִין, שֶׁנֶּאֱמַר ״וְצֵלַע הָאֶלֶף וְהַיְבוּסִי הִיא יְרוּשָׁלַיִם״ – **Five** of Elijah's cities **were** situated **in the land of Benjamin, as it is stated** in listing the cities of Benjamin, ***Zela, Eleph, the Jebusite [city] which is Jerusalem,*** *Gibeath, [and] Kiriath* (*Joshua* 18:28), שְׁלשָׁה בִּיהוּדָה, שֶׁנֶּאֱמַר ״צְנָן וַחֲדָשָׁה וּמִגְדַּל גָּד״ – and **three** cities **were** situated **in Judah, as it is stated, *Zenan, Hadashah, Migdal-gad*** (ibid. 15:37).[63]

The Midrash expounds the names of the latter three cities:

אָמַר רַבִּי חֲנִינָא בַּר פָּפָּא: ״צְנָן״ שֶׁהִיא צִנָּה – **R' Chanina bar Pappa said: Zenan** [צְנָן] is so called **because** it belonged to Elijah who served as a **shield** [צִנָּה] over Israel through his merit.[64] ״וַחֲדָשָׁה״ שֶׁהַקָּדוֹשׁ בָּרוּךְ הוּא מְחַדְּשָׁהּ לֶעָתִיד לָבֹא – **Hadashah** (meaning "New") is so called **because the Holy One, blessed is He, is destined to renew it in the future** through the coming of Elijah.[65] ״וּמִגְדַּל גָּד״ שֶׁמִּשָּׁם הַקָּדוֹשׁ בָּרוּךְ הוּא מוֹצִיא וּמְגַדֵּד מַשְׁתִּיתָן שֶׁל אוּמּוֹת הָעוֹלָם – **And Migdal-gad** [מִגְדַּל גָּד] is so called **because from there the Holy One, blessed is He, will bring the one,** i.e. Elijah, **who will chop down** [מְגַדֵּד] **the foundations of the** idolatrous **nations of the world.**[66]

The Midrash lists the four names of Elijah:

וְנִקְרְאוּ לוֹ לְאֵלִיָּהוּ ד׳ שֵׁמוֹת, שֶׁכֵּן כְּתִיב ״וְיַעֲרֶשְׁיָה וְאֵלִיָּה וְזִכְרִי בְּנֵי יְרֹחָם״ – **Elijah was called** a total of **four names, as it is written, *Jaaresiah*** [יַעֲרֶשְׁיָה], ***Elijah, and Zichri*** [זִכְרִי], ***sons*** [בְּנֵי] ***of Jeroham*** [יְרֹחָם] (*I Chronicles* 8:27).[67] לָמָּה נִקְרָא שְׁמוֹ כֵּן – **Why was [Elijah] called thus?** אֶלָּא בְּשָׁעָה שֶׁהַקָּדוֹשׁ בָּרוּךְ הוּא מְבַקֵּשׁ לְהַרְעִישׁ עוֹלָמוֹ הוּא עוֹמֵד וּמַזְכִּיר זְכוּת אָבוֹת, וֵאלֹהִים מְרַחֵם עַל עוֹלָמוֹ – **Because when the Holy One, blessed is He, wishes to cause the world to quake** [לְהַרְעִישׁ], **[Elijah] rises and mentions** [מַזְכִּיר] **the merit of the Patriarchs before Him,** for the sake of their children [בָּנָיו], **and God** then **has mercy** [מְרַחֵם] **on His world.**[68]

The Midrash discusses the names of Bezalel:

וּבְצַלְאֵל נִקְרְאוּ לוֹ שִׁשָּׁה שֵׁמוֹת, וְאַתְּ מְיַיחֲסוֹ וּבָא מִשִּׁבְטוֹ שֶׁל יְהוּדָה – **Bezalel was called by six names, and Scripture traces his lineage from the tribe of Judah,**[69] שֶׁנֶּאֱמַר ״בְּנֵי יְהוּדָה פֶּרֶץ חֶצְרוֹן וְכַרְמִי וְחוּר וְשׁוֹבָל וּרְאָיָה וְגוֹ׳ ״ – **as it is stated, *The sons of Judah: Perez, Hezron, Carmi, Hur, and Shobal. And Reaiah*** *son of Shobal fathered Jahath; and Jahath fathered Ahumai and Lahad* (ibid. 4:1-2).[70]

The Midrash clarifies some points about Bezalel's ancestry:

וְאֵין ״חֶצְרוֹן״ אֶלָּא בֶּן בְּנוֹ שֶׁל יְהוּדָה, שֶׁנֶּאֱמַר ״וַיִּהְיוּ בְנֵי פֶרֶץ חֶצְרֹן וְחָמוּל״ – *The sons of Judah: Perez, Hezron* – **now,** we know that **Hezron was only a *grandson* of Judah,** not a son, **as it is stated,** *Judah's sons: Er, Onan, Shelah, Perez, and Zerah* ... ***and Perez's sons were Hezron and Hamul*** (*Genesis* 46:12).[71]

NOTES

63. It is not clear how the Midrash derives that Elijah owned portions in these three Judahite cities; perhaps it was known to the Sages through an oral tradition (*Yefeh To'ar, Eitz Yosef*). Apparently he had a maternal ancestress from Judah, and this was how he came to be in possession of portions in the land of Judah despite his being a Benjaminite on his father's side (*Yefeh To'ar*).

[For more on Elijah's lineage, see Kleinman edition of *Bereishis Rabbah* 71 §9, especially note 120 and Insight A there.]

64. *Eitz Yosef.*

65. As it states, *Behold, I send you Elijah the prophet before the coming of the great and awesome day of HASHEM* (*Malachi* 3:23) (see *Eitz Yosef*).

66. The prophet Elijah will eliminate the wicked from the land in preparation for the Messianic era (see *Maharzu* to *Bereishis Rabbah* 71 §9; see *R' Tzadok HaKohen, Machshevos Charutz* 28a-29a).

67. According to the Midrashic interpretation, these are not names of separate people, but constitute four names for the same individual: Elijah.

68. Accordingly, the name יַעֲרֶשְׁיָה is interpreted to be an amalgam of the two words יַרְעִשׁ יָהּ, *when God will cause an earthquake*; the name זִכְרִי is related to מַזְכִּיר, *mention*; בְּנֵי are the *children*; and יְרֹחָם is read יְרַחֵם, *He will have mercy* (see *Matnos Kehunah, Maharzu*).

The Gemara records an instance of Elijah playing this role, recalling the merit of the Patriarchs for the sake of their descendants, in *Bava Metzia* 85b.

69. Literally, *and you can proceed to trace his lineage [as coming] from the tribe of Judah.*

70. And, as the Midrash goes on to elaborate, Shobal (Hur's son) is to be identified with Uri (Hur's son); all the names following Shobal's are actually alternative names for Uri's son Bezalel: Reaiah, ben Shobal, Jahath, Ahumai, and Lahad. Altogether, then, we have six names for Bezalel.

71. The Midrash is pointing out that when the verse says *The sons of Judah: Perez, Hezron, Carmi, Hur, and Shobal,* it is not listing five sons of Judah, but rather five successive generations that emerged from Judah: Judah fathered Perez, Perez fathered Hezron, Hezron fathered Carmi, Carmi fathered Hur, and Hur fathered Shobal (*Yefeh To'ar, Eitz Yosef, Maharzu,* etc.).

חֲמִשָּׁה בְּבִנְיָמִין, שֶׁנֶּאֱמַר (יהושע יח, כח) "וְצֵלַע הָאֶלֶף וְהַיְבוּסִי הִיא יְרוּשָׁלַיִם", שְׁלֹשָׁה בִּיהוּדָה, שֶׁנֶּאֱמַר (שם טו, לז) "צְנָן וַחֲדָשָׁה וּמִגְדַּל גָּד", אָמַר רַבִּי חֲנִינָא בַּר פָּפָּא: *"צְנָן" שֶׁהִיא צִנָּה, "וַחֲדָשָׁה" שֶׁהַקָּדוֹשׁ בָּרוּךְ הוּא מְחַדְּשָׁהּ לֶעָתִיד לָבֹא, "וּמִגְדַּל גָּד" שֶׁמִּשָּׁם הַקָּדוֹשׁ בָּרוּךְ הוּא יוֹצֵא וּמַגְדִּיד מַשְׁתִּיתָן שֶׁל °עוֹבְדֵי כוֹכָבִים°, וְנִקְרְאוּ לוֹ לְאֵלִיָּהוּ ד' שֵׁמוֹת, שֶׁכֵּן כְּתִיב (דברי הימים-א ח, כז) "וְיַעֲרֶשְׁיָה וְאֵלִיָּה וְזִכְרִי בְּנֵי יְרֹחָם", לָמָּה נִקְרָא שְׁמוֹ כֵּן, אֶלָּא בְּשָׁעָה שֶׁהַקָּדוֹשׁ בָּרוּךְ הוּא מְבַקֵּשׁ לְהַרְעִישׁ עוֹלָמוֹ הוּא עוֹמֵד וּמַזְכִּיר זְכוּת אָבוֹת, וֵאלֹהִים מְרַחֵם עַל עוֹלָמוֹ, וּבִצַלְאֵל נִקְרְאוּ לוֹ שִׁשָּׁה שֵׁמוֹת, וְאַתְּ מְיַיחֲסוֹ וּבָא מִשִּׁבְטוֹ שֶׁל יְהוּדָה, שֶׁנֶּאֱמַר (שם ד, א-ב) "בְּנֵי יְהוּדָה פֶּרֶץ חֶצְרוֹן וְכַרְמִי וְחוּר וְשׁוֹבָל וּרְאָיָה וְגוֹ' ", וְאֵין "חֶצְרוֹן" אֶלָּא בֶּן בְּנוֹ שֶׁל יְהוּדָה, שֶׁנֶּאֱמַר (בראשית מו, יב) "וַיִּהְיוּ בְנֵי פֶרֶץ חֶצְרֹן וְחָמוּל",

עץ יוסף

שנאמר וצלע האלף כו'. וחמש עיירות נזכרו בפסוק זה, וצלע, האלף, והיבוסי היא ירושלים, גבעת, קרית, כן פרש"י והרד"ק: **שהיא צנה.** פירוש שאליהו בעליה היה צנה וסוחרה להגין על ישראל בזכותו: **שהקדוש ברוך הוא מחדשו** לאליהו בעליה **לעתיד לבוא.** כדכתיב הנה אנכי שולח לכם את אליהו הנביא: **שמשם הקדוש ברוך הוא מביא מי שיוצא ומגדיד.** כן צריך לומר. ופירושו שנקרא גד על שם אליהו שיוצא משם, שכורת את הרשעים, ודורש גד לשון כריתה, כדלעיל בבראשית רבה סוף פרשה ע"א: **ונקראו לו לאליהו ארבע שמות שכן כתיב ויערשיה ואליהוא כו' למה נקרא כו' אלא בשעה כו'.** עיין בבראשית רבה סוף פרשה ע"א, ותראה שהמדרש דכאן מערב דעת רבי אלעזר עם דעת רבי נהוראי, וצריך עיון: **להרעיש עולמו.** דרש ויערשיה לשתי תיבות כמו וירעש יה: **ואת מיחסו ובא משבטו של יהודה שנאמר ובני יהודה כו'.** כדי להבין מאמר זה צריך להעתיק כל הפסוקים שמביא כאן המדרש, על הסדר כפי מה שהם כתובים במקרא שבם למקומותם, והנם לפניך (דברי הימים א' ד' פסוק א') בני יהודה פרץ חצרון וכרמי וחור ושובל, (פסוק ב') וראיה בן שובל הוליד את יחת ויחת הוליד את אחומי ואת להד, (ושם ב' פסוק כ"ד) ואחר מות חצרון בכלב אפרתה, ושם פסוק י"ט, ויקח לו כלב את אפרת ותלד לו את חור וחור הוליד את אורי ואורי הוליד את בצלאל: **ואין חצרון אלא בן בנו של יהודה כו'.** לפי שרוצה לפרש ששובל וראיה וגו' הוליד את יחת וגו', המה שמות התוארים לבצלאל הבא מחור הנזכר כאן סימן ב' פסוק י"ט ד', (ובאופן שיבואר לקמן בסמוך ד"ה ואורי הוליד את בצלאל כו'), ולכאורה היה נראה דאין זה חור אבי אביו של בצלאל, כי זה היה נראה שהוא בן יהודה ממש מדכתיב בני יהודה פרץ חצרון וכרמי וחור, ואילו אבי אביו של בצלאל היה בנו של כלב בן חצרון, לזה הקדים המדרש ואמר דעל כרחך כאן לאו מבני יהודה ממש איירי דחצרון בן בנו הוא (ככתוב בתורה), וקרי ליה בנו דבני בנים הרי הם כבנים, והכי נמי חור אף על פי שהוא אינו בנו של יהודה ממש, מפני שהוא מזרעו היינו מחצרון בן בנו קרי ליה בנו:

פירוש מהרז"ו

ומה שאמר חמשה בבנימין, היינו מה שכתוב (יהושע יח, כח) וצלע האלף והיבוסי היא ירושלים גבעת קרית [וגו'] זאת נחלת בני בנימין, וכפי חשבון הערים שם מפורש שהם חמשה ערים. אך צריך עיון איך דורש שהם של אליהו. ומה שכתוב צנן וחדשה ומגדל גד, ביהושע ט"ו ל"ז, שחושב שם בערי יהודה, וכי מה ענין גד ליהודה, ודורש על אליהו שנקרא גד, כמו שדרשו בבראשית רבה שם סוף [פרשה] ע"א (סימן ט) בא גד, אך צריך עיון מה שדורש על צנן וחדשה: **וירעשיה ואליהו וזכריה בני ירוחם.** ברייתא נדפסה בסוף מדרש אגדת בראשית, ומאחר שירוחם אינו נזכר בפרשה שם, איזה סימן הוא להם בני ירוחם, שאינו ידוע לנו, ולא בא לסתום אלא לפרש. על כן דורש כל הפסוק על אליהו, על פי מדה י"ז, שהוא כתוב כמה פעמים בנביאים, דורש וירעשיה נוטריקון, וירעש יה, כאשר יה רוצה להרעיש עולמו, אז וזכרו בני, מזכיר זכות אבות לבנים (על פי מדה ט'), ואז ירוחם, מרחם על עולמו: **ואת מיחסו ובא משבטו של יהודה.** בדברי הימים א' ד' [פסוק] א' ב', בני יהודה פרץ וחצרון וכרמי וחור ושובל, וראיה בן שובל הוליד את יחת. ופירושו יהודה הוליד את פרץ, ופרץ הוליד את חצרון, וכן כולם שזה הוליד את זה. ושם [פרק] ב' [פסוקים] י"ח י"ט כ', וכלב בן חצרון וגו', ויקח לו כלב את אפרת ותלד לו את חור, וחור הוליד את אורי ואורי הוליד את בצלאל. הרי מפורש שכלב בן חצרון הוליד את חור, וכאן כתוב שחצרון הוליד את כרמי, וכרמי הוליד את חור, הרי שכרמי הוא כלב שהוליד את חור, ולמה נקרא שמו כרמי, יתכן כמו שדרשו לעיל פרשה א סוף סימן י"ז, וקוץ הוליד את ענוב, על כלב שלקח אשכול ענבים, ועל שם זה נקרא גם כרמי, וכן הוא שם בדברי הימים א ב' פסוק נ', אלה היו בני כלב בן חור בכור אפרתה שובל אבי קרית יערים, ששובל הוא בן חור בן כלב, שכרמי הוא כלב, ושובל הוא אורי, וראיה הוא בצלאל, שהיה להם שמות אלו. והנה כל אלו שבפסוק א', יהודה פרץ חצרון כרמי חור ושובל, יחס דור אחר דור, בנו ובן בנו, וזהו כוונת המדרש במה שאמר ואין חצרון אלא בן בנו של יהודה, כמפורש בתורה, אם כן גם כן מה שכתוב כרמי ושובל וראיה, הוא גם כן דור אחר דור, ואם כן מה שכתוב שם ה' פסוק ב', וראיה בן שובל הוליד את יחת ויחת הוליד את אחומי ואת להד, ואם הכוונה גם כן שבא ליחס שראיה הוליד את שובל ושובל הוליד את יחת ויחת את אחומי ואת להד, היה לו לומר וראיה ויחת ואחומי, והיינו יודעים שהם דור אחר דור, ככ"ל אצל חצרון, למה שינה מראיה בן שובל וגו', אלא על כרחך לדרשה על בצלאל, וכמו שדרשו בבראשית רבה פרשה מ"ב סימן ד, על מה שכתוב (בראשית י, ח) וכוש ילד את נמרוד, עיין שם. ומה שכתוב וראיה בן שובל, כאלו אמר בצלאל בן אורי, ונקרא ראיה על שכתוב בתורה ראה קראתי בשם בצלאל, ואם היה כוונתו לחשוב בני ראיה, היה לו לחשבם שם [פרק] ב' פסוק ל"ד:

מתנות כהונה

[ד] חמשה בבנימין כו'. כל אחת ואחת הוא שם עיר וחמשה עיירות נזכרו בפסוק זה. וצלע. האלף. וירושלים. גבעת. קרית. כך פירש רש"י ורד"ק בספר יהושע (יח, כח): **צנן** גרסינן. צנן וחדשה ומגדל גד. הרי שלשה ומפני שבלשתן נדרשו על ירושלים כדמפרש ואזיל אמר שהיו לחלק אליהו: הכי גרסינן בתנחומא **שהיה צנה.** פירוש שעכשיו היא נתקלקלה וטפילה כדבר שנתקלקל מחמת יושנו אבל לעתיד יחדשנו הקדוש ברוך הוא כך משמע בערוך ערך צנן שפירושו מלשון לגומות דקות תרגום ירושלמי לגומין דקיקין: הכי גרסינן בתנחומא וכן הוא בבראשית רבה פרשה ע"א **יוצא ומגדיד משתותן של אומות העולם.** פירש הערוך (ערך גד הרביעי) ורש"י (יבמות קכ א ד"ה מגוייד) מגדיד כמו גודו אילנא: **משתיתן.** שרשם ויסודם מלשון אבן שתיה כלומר יכרית ויערער יסודם: **בשעה שהקב"ה כו'.** ו[י]ערשיה דרש נוטריקון וירעש יה: **הוא עומד.** אליהו עומד **ומזכיר כו':** הכי גרסינן **וראיה וגו':**

חידושי הרד"ל

שנאמר וצלע האלף וכו' ירושלים. וכתיב ביה באליהו אלה ישבו בירושלים, ודרש ליה לכל הפסוק שאמור בו חמשה כרכים יחד (מתנות כהונה): **שנאמר צנן וחדשה** (יהושע טו, לז). כן צריך לומר: **צנן שהיא צנה.** פירוש, כמגן וצנה ליושביה: **ומגיד משתיתן כו'.** בראשית רבה שם (עא, ט), עיין שם: **בשעה שה' מבקש להרעיש כו'.** עיין בבראשית רבה בפנים, ושם נסמן:

חידושי הרש"ש

ומגדל גד כו' ומגיד משתיתן כו'. ועל מגדל אינו נותן טעם, ועיין בסוכה (מט, א): **ואין חצרון אלא בן בנו של יהודה כו'.** הוא לראיה שכל הנמנים פה המה אב ובן ובן בנו כו', ואם כן כרמי הוא כלב, ושובל הוא אורי, וראיה הוא בצלאל, כדמפרש ואזיל:

אמרי יושר

אין חצרון אלא בן בנו של יהודה. ואם כן אף כל הנזכר בכתוב הם בני בניו:

באור מהרי"פ

חמשה מבנימין. פירוש חמש עיירות היו לו בבנימין, שנאמר (יהושע יח, כח) וצלע האלף והיבוסי היא ירושלים גבעת קרית יערים ארבע עשרה וחצריהן זאת נחלת בני בנימין למשפחותם, וחמשה עיירות נזכרים בפסוק זה, כמו שמבואר במתנות כהונה בשם רש"י ורד"ק, והסברה נותנת שכל חמש עיירות הללו הנזכרים במקרא אחד הם, וכבר שייכים להדדי, וכחלק אחד הם, וכבר מוזכר שאליהו ירושלמי היה, והיה מראשי יושבי ירושלים, וכאן בחמשת הערים נזכרת ירושלים, שמע מינה שהיה חלקו בכל החמש העיירות. תולדות נח הארוך: **צנן וחדשה ומגדל גד** (יהושע טו, לז). וצנן כתיב, ולא צנה: **מחדשו לעתיד לבוא.** כדכתיב הנה אנכי שולח לכם את אליה הנביא: **למה נקרא שמו כן אלא בשעה כו'.** צריך עיון, הלא סוף פרשה ע"א בבראשית רבה משמע דרבי אלעזר דסובר דאליהו מבנימין קאתי, סובר דויערשיה ואליה וזכרי לאו למדרש קאתי, אלא שמות אנשים הם, ורבי נהוראי דסובר דאליהו מגד קאתי סובר דויערשיה וגו' למדרש קאתי, והמדרש שבכאן סובר דאליהו מבנימין קאתי, וגם סובר הדרשה דויערשיה וגו', והוא דלא כמאן. [תולדות נח הארוך]. ויש ליישב: **עומד ומזכיר זכות אבות.** ענין זה מכוון למאמר חכמינו ז"ל בבבא מציעא פרק השוכר את הפועלים (פה, ב), אליהו הוי שכיח במתיבתא דרבי יומא חד דריש ירחא הוה נגה ליה ולא אתא, אמר ליה מאי טעמא נגה ליה למר, אמר ליה אדאוקימנא ליה לאברהם ומשינא ידיה ומצלי: **שנאמר ובני יהודה וגו'** (דברי הימים א ד, א - ב) בני יהודה פרץ חצרון וכרמי וחור ושובל. וראיה בן שובל הוליד את יחת ויחת הוליד את אחומי ואת להד אלה משפחות הצרעתי. (שם ב, יח - כ, כד) וכלב בן חצרון הוליד את עזובה אשה ואת יריעות ואלה בניה ישר ושובב וארדון. ותמת עזובה ויקח לו כלב את אפרת ותלד לו את חור. וחור הוליד את אורי ואורי הוליד את בצלאל. ואחר מות חצרון בכלב אפרתה ואשת חצרון אביה ותלד לו את אשחור אבי תקוע. אמר הכותב, הנה הצעתי לפניך המקראות האלו השייכים למדרש המוקשה הלזה:

אם למקרא

וְצֵלַע הָאֶלֶף וְהַיְבוּסִי הִיא יְרוּשָׁלַםִ גִּבְעַת קִרְיַת עָרִים אַרְבַּע עֶשְׂרֵה וְחַצְרֵיהֶן זֹאת נַחֲלַת בְּנֵי בִנְיָמִן לְמִשְׁפְּחֹתָם: (יהושע יח:כח)

צְנָן וַחֲדָשָׁה וּמִגְדַּל גָּד: (שם טו:לז)

וְיַעֲרֶשְׁיָה וְאֵלִיָּה וְזִכְרִי בְּנֵי יְרֹחָם: (דברי הימים א ח:כז)

בְּנֵי יְהוּדָה פֶּרֶץ חֶצְרוֹן וְכַרְמִי וְחוּר וְשׁוֹבָל: וּרְאָיָה בֶן שׁוֹבָל הֹלִיד אֶת יַחַת וְיַחַת הֹלִיד אֶת אֲחוּמַי וְאֶת לָהַד אֵלֶּה מִשְׁפְּחוֹת הַצָּרְעָתִי: (שם ד:א-ב)

וּבְנֵי יְהוּדָה עֵר וְאוֹנָן וְשֵׁלָה וָפֶרֶץ וָזָרַח וַיָּמָת עֵר וְאוֹנָן בְּאֶרֶץ כְּנַעַן וַיִּהְיוּ בְנֵי פֶרֶץ חֶצְרֹן וְחָמוּל: (בראשית מו:יב)

ידי משה

ואתה מייחסו. פירוש, עליך לדרוש השמות ליחוס ולחיבה כבסמוך (חמשה שמות כו'). וקל להבין:

שינוי נוסחאות

(ד) **שנאמר "צנן וחדשה".** בכל הדפוסים כתוב "שנאמר צנה וחדשה", אבל מ"כ הגיה שצ"ל "צנן", כי כן כתוב בפסוק, וכן הגיה רד"ל, אבל משום מה המדפיסים העלימו עין והשאירו הטעות. וכיון שכתוב כן בהדיא בפסוק, תיקנו את המילה בפנים בתוך המדרש: **יוצא ומגדיד משתיתן.** בספרים הישנים היה כתוב "יוצא ומגדיל ..." (שהרי עתה דורש שם "מגדל גד"), והגיה מ"כ "ומגדיד", וכן כתבו המדפיסים בד' קראקא על פיו, אבל בד' אמשט' ת"א כתבו "ומגיד", וכן הוא בד' וילנא ועוד: **משתיתן של עובדי כוכבים.** בכל ספרים היה כתוב "... של אומות העולם", עד ששינוהו מחמת צנזורא, ובד' וילנא כתבו "של עשו":

וּכְתִיב "וְאַחַר מוֹת חֶצְרוֹן בְּכָלֵב אֶפְרָתָה" — **And it is written,** ***After Hezron died in Caleb, to Ephrath***[72] (*I Chronicles* 2:24). וְכִי יֵשׁ אָדָם מֵת בְּאָדָם, שֶׁכָּתוּב "וְאַחַר מוֹת חֶצְרוֹן בְּכָלֵב" — Now, **does a person die in a** different **person, that it is written,** ***After Hezron died "in Caleb"?!*** אָמַר רֵישׁ לָקִישׁ: מַהוּ "וְאַחַר מוֹת חֶצְרוֹן בְּכָלֵב וגו' ", מִשֶּׁמֵּת חֶצְרוֹן בָּא כָלֵב אֶל אֶפְרָת זוֹ מִרְיָם שֶׁהָיָה שְׁמָהּ אֶפְרָת — **Reish Lakish said: What is** meant by this verse, ***After Hezron died in Caleb*** [בְּכָלֵב]? **After Hezron died, Caleb married** [בָּא כָלֵב] **Ephrath**[73] **— this** Ephrath **being** none other than **Miriam, whose name was** also **Ephrath.** וְלָמָּה נִקְרָא שְׁמָהּ כֵּן, שֶׁהָיוּ יִשְׂרָאֵל פּוֹרִים וְרָבִים עַל יָדֶיהָ — **And why was [Miriam] called by this name,** Ephrath [אֶפְרָת]? **Because Israel became fruitful** [פּוֹרִים] **and multiplied through her.**[74] "וַתֵּלֶד לוֹ אֶת חוּר וְחוּר הוֹלִיד אֶת אוּרִי וְאוּרִי הוֹלִיד אֶת בְּצַלְאֵל" — And it is written elsewhere, ***And she*** (Ephrath) ***bore him*** (Caleb) ***Hur. Hur begot Uri, and Uri begot Bezalel*** (ibid. 2:19-20).[75]

The Midrash returns to the passage cited above, from *I Chronicles,* Chapter 4:

"וּרְאָיָה בֶן שׁוֹבָל הוֹלִיד אֶת יַחַת וְיַחַת הוֹלִיד אֶת אֲחוּמַי וְאֶת לָהַד" — ***Reaiah son of Shobal fathered Jahath, and Jahath fathered Ahumai and Lahad*** (ibid. 4:2). These are all alternative names for Bezalel.[76]

The Midrash explains the six names of Bezalel:

בְּצַלְאֵל מַה שֶּׁקְּרָאָה לוֹ אִמּוֹ — **"Bezalel" is what his mother called him** at birth;[77] וְהַקָּדוֹשׁ בָּרוּךְ הוּא קָרָא לוֹ חֲמִשָּׁה שֵׁמוֹת שֶׁל חִבָּה עַל שֵׁם הַמִּשְׁכָּן — **and** in addition to this name, **the Holy One, blessed is He, called him five affectionate names,** all **on account of** Bezalel's work in **the Tabernacle.** "רְאָיָה", שֶׁהֶרְאָהוּ הַקָּדוֹשׁ בָּרוּךְ הוּא לְמֹשֶׁה וּלְכָל יִשְׂרָאֵל, וְאָמַר לָהֶם: מִן בְּרֵאשִׁית הִתְקַנְתִּיו לַעֲשׂוֹת הַמִּשְׁכָּן — Bezalel was given the name ***Reaiah*** [רְאָיָה] **because the Holy One, blessed is He, showed** [הֶרְאָה] **him to Moses and the entire** nation **of Israel, and told them that He had arranged for [Bezalel] to build the Tabernacle from the time of Creation.**[78] וְ"שׁוֹבָל" שֶׁהֶעֱמִיד שׁוֹבָךְ לֵאלֹהִים, זֶה הַמִּשְׁכָּן שֶׁהָיָה עוֹמֵד כְּשׁוֹבָךְ — **And** the name **Shobal** [שׁוֹבָל] was given to him **because he established a dovecote** [שׁוֹבָךְ][79] **for God,** as it were, **referring to the Tabernacle, which stood like a dovecote.**[80] אָמַר רַבִּי יְהוּדָה בַּר רַבִּי סִימוֹן: הֶעֱמִיד הַקָּדוֹשׁ בָּרוּךְ הוּא מִשְׁכָּן כְּשׁוֹבָךְ — **R' Yehudah ben R' Simone said:** It was **the Holy One, blessed is He,** who **established the Tabernacle as** something **similar to a dovecote.**[81] "יַחַת" שֶׁנָּתַן חִתִּיתוֹ עַל יִשְׂרָאֵל — Bezalel was given the name **Jahath** [יַחַת] **because he imbued Israel with the awe** [חִתִּית] **of [God]**[82] through building the Tabernacle in which the Divine Presence rested.[83] "אֲחוּמַי" שֶׁאִיחָה אֶת יִשְׂרָאֵל לְהַקָּדוֹשׁ בָּרוּךְ הוּא וַעֲשָׂאָן כְּאַחִים לַמָּקוֹם — Bezalel was given the name ***Ahumai*** [אֲחוּמַי] **because he joined** [אִיחָה] **Israel to the Holy One, blessed is He, and made [the Israelites] as brothers** [אַחִים] **to the Omnipresent.**

NOTES

72. The verse is not usually rendered this way, but this is its literal translation — which makes no sense, as the Midrash goes on to elaborate.

73. Accordingly, the expression, בְּכָלֵב is interpreted as an amalgam of the words בָּא כָלֵב, *Caleb married,* and בְּכָלֵב אֶפְרָתָה means that Caleb married Ephrath (*Eitz Yosef*). In any event, as the commentaries note, it is stated explicitly elsewhere (ibid. 2:19) that Caleb married Ephrath.

74. Miriam was Puah (see above, note 23), who helped save the Israelite male babies from Pharaoh's decree that they be killed (*Eitz Yosef* citing 1 §13 above). [She also persuaded her father, Amram, to end his "decree" of abstinence for married couples (as recounted in *Sotah* 12a) and thus indirectly promoted procreation among them.]

75. Thus, Caleb — who is identified here as Hur's father — must be identical to Carmi, who is listed in the verse cited above (ibid. 4:1) as Hur's father (*Rashash, Maharzu*).

76. As explained above, in note 70.

77. Another version of the text reads: בְּצַלְאֵל מַה שֶּׁקָּרָא לוֹ אוּמָּתוֹ שֶׁלּוֹ — **"Bezalel" is what his own nation called him.** That is, after Moses witnessed Bezalel's wisdom in discerning God's Will, Moses asked him, "Perhaps you were in the shadow of God (בְּצֵל אֵל) [when He gave this command] and that is how you knew this," and for this reason he was called "Bezalel" (*Eshed HaNechalim,* citing *Berachos* 55a).

78. As expounded above, §2 and §3.

79. The name שׁוֹבָל is an amalgam of the words שׁוֹבָךְ אֵל, *a dovecote [for] God* (*Maharzu*).

80. *Yefeh To'ar* suggests that the Tabernacle was like a dovecote in that both were temporary structures [for dwelling], or that both had distinct sections (in the case of the Tabernacle, one section for the Divine Presence and one section for the Kohanim), or that both were tall structures [the walls of the Tabernacle were ten cubits high] (cf. *Maharzu* and *Eshed HaNechalim*).

[The phrase שׁוֹבָךְ לֵאלֹהִים, *a dovecote for God,* would seem to indicate that it was for God's purposes, as it were, that the dovecote was erected (see *Ramban* above, 29:46). The metaphor of the dovecote seems apt when we consider passages like that in *Tikkunei Zohar* 22b that *when the Divine Presence is in exile, it can be described by the verse* (*Genesis* 8:9): *And the dove was not able to find rest.* See also *Berachos* 3a, which describes a Heavenly voice *moaning like a dove.*]

81. I.e., God, through Bezalel, established the Tabernacle as a "dovecote" for Israel, to which they flocked on the three festivals as doves flock to a dovecote (*Eitz Yosef,* from *Radal*; see *Pesikta Rabbasi* §1; cf. *Yefeh To'ar*).

82. *Eitz Yosef,* based on *Tanchuma, Ki Sisa* 13.

83. The reference is apparently to the commandment to stand in awe before God's Sanctuary (*Leviticus* 19:30), וּמִקְדָּשִׁי תִּירָאוּ, *And you shall fear My Sanctuary.*

וּכְתִיב (דברי הימים-א ב, כד) "וְאַחַר מוֹת חֶצְרוֹן בְּכָלֵב אֶפְרָתָה", וְכִי יֵשׁ אָדָם מֵת בְּאָדָם, שֶׁכָּתוּב "וְאַחַר מוֹת חֶצְרוֹן בְּכָלֵב", אָמַר רֵישׁ לָקִישׁ: מַהוּ "וְאַחַר מוֹת חֶצְרוֹן בְּכָלֵב וְגוֹ'", מִשֶּׁמֵּת חֶצְרוֹן (ע' שם שם יט) בָּא כָלֵב אֶל אֶפְרָת, זוֹ מִרְיָם שֶׁהָיָה שְׁמָהּ אֶפְרָת, וְלָמָּה נִקְרָא שְׁמָהּ כֵּן, שֶׁהָיוּ יִשְׂרָאֵל פָּרִים וְרָבִים עַל יָדֶיהָ, (שם שם יט-כ) "וַתֵּלֶד לוֹ אֶת חוּר וְחוּר הוֹלִיד אֶת אוּרִי וְאוּרִי הוֹלִיד אֶת בְּצַלְאֵל", (שם ד, ב) "וּרְאָיָה בֶן שׁוֹבָל הוֹלִיד אֶת יַחַת וְיַחַת הוֹלִיד אֶת אֲחוּמַי וְאֶת לָהַד", בְּצַלְאֵל מַה °שֶּׁקָּרָא לוֹ אוּמָּתוֹ שֶׁלּוֹ°, וְהַקָּדוֹשׁ בָּרוּךְ הוּא קָרָא לוֹ חֲמִשָּׁה שֵׁמוֹת שֶׁל חִבָּה עַל שֵׁם הַמִּשְׁכָּן, "רְאָיָה", שֶׁהֶרְאָהוּ הַקָּדוֹשׁ בָּרוּךְ הוּא לְמֹשֶׁה וּלְכָל יִשְׂרָאֵל, וְאָמַר לָהֶם: מִן בְּרֵאשִׁית הִתְקַנְתִּיו לַעֲשׂוֹת הַמִּשְׁכָּן, וְ"שׁוֹבָל" שֶׁהֶעֱמִיד שׁוֹבָךְ לֵאלֹהִים, זֶה הַמִּשְׁכָּן שֶׁהָיָה עוֹמֵד כַּשּׁוֹבָךְ, אָמַר רַבִּי יְהוּדָה בַּר רַבִּי סִימוֹן: הֶעֱמִיד הַקָּדוֹשׁ בָּרוּךְ הוּא מִשְׁכָּן כַּשּׁוֹבָךְ, "יַחַת" שֶׁנָּתַן חִתִּיתוֹ עַל יִשְׂרָאֵל, "אֲחוּמַי" שֶׁאִיחָה אֶת יִשְׂרָאֵל לְהַקָּדוֹשׁ בָּרוּךְ הוּא וַעֲשָׂאָן כְּאַחִים לַמָּקוֹם,

עץ יוסף

וכתיב ואחר מות חצרון כו'. הביא דרש מקרא זה לכאן משום דמהאי קרא דכתיב ואחר מות חצרון בכלב אפרתה איכא למשמע דחצרון אחרינא איכא בר מחצרון בן בנו של יהודה, משום דבכלב אפרתה משמע שם מקום שנקרא כן על שם כלב ואשתו, כמו שפירשו קצת מהמפרשים, ואם הוא חצרון בר פרץ זהו רחוק, שאם כן היה מבאי הארץ, והיה יותר ממאתים חמישים שנה, שהרי נולד כמה שנים קודם שירדו למצרים, ולכן היה נראה שהוא חצרון אחר שנולד ליהודה, ואפשר שהיה לידתו שנים הרבה אחר בואו מצרימה, ולפי זה לעולם בני יהודה פרץ וחצרון דכתיב בדברי הימים (א' ד' פסוק א') איכא למימר דבנים ממש היו, להכי קאמר דאי מהא לא איריא דמאי דקשה לך מאי בכלב אפרתה, הא משני ריש לקיש משמת חצרון בא כלב אל אפרתה, ואף על פי שכתוב בכלב אפרתה יתפרש כשני מלות, כמו ותאמר לאה בגד, ומפרש אפרתה כמו לאפרת: **פרים ורבים על ידה וכתיב ותמת עזובה ויקח לו כלב את אפרת ותלד לו את חור.** כן צריך לומר. וכן הוא בתנחומא. ופירושו שהיו ישראל פרים ורבים על ידיה, שהיא היתה פועה המחיה את הילדים, כדלעיל פרשה א': **וראיה בן שובל הוליד בו'.** אף על גב דלא כתיב האי קרא בתר ואורי הוליד את בצלאל, (שפסוק וחור הוליד את אורי ואורי הוליד את בצלאל כתיב בדברי בימים (א' ב' פסוק ד'), ופסוק וראיה בן שובל כו' כתיב בדברי הימים (א' ד' פסוק ב'), שכך כתיב שם בני יהודה פרץ חצרון וכרמי וחור ושובל וראיה בן שובל הוליד את יחת וגו', אך כיון דכתיב בתר בני יהודה פרץ חצרון וכרמי וחור חשוב כאילו כתיב התם וחור הוליד את אורי ואורי הוליד את בצלאל ושובל וראיה בן שובל הוליד וגו', ויחזרו כל התוארים ממלת ושובל עד מלת להד, על בצלאל הנזכר בהוספה הנ"ל והיא כעין גזירה שוה במלות שוות), ואין לנו להרהר אחר חכמינו ז"ל בדרשות כאלו, אף על פי שיפרשו שמות רבים על אחד שלא כפשט הכתוב, שאין ספק שדבריהם דברי קבלה, וכל זה מכלל ספר יוחסין שנאבד ממנו, שהיה ארוך מאד כדאיתא (פסחים סב, ב) בספר יוחסין בין אצל לאצל כמה גמלי טעוני, (עיין רש"י דברי הימים א ח, כט ד"ה ובגבעון ישבו ובסוף דבריו שם), על כן הכרח לומר שהדברים סתומים מאד ביחסם בדברי הימים, ויש עליו פירוש זולת הפשט, וכן אמרו בפרק קמא דמגילה (יג, א) גבי ואשתו היהודיה, דבריך סתומים ואנו יודעין לדרשן (יפה תואר בתוספות דברים): **מה שקרא לו אומתו.** כלומר שיודעיו ומכיריו קראוהו כן על שם שעשה המשכן בצלאל בצל אל, ומכל מקום מלת שלו לא נתיישבה, אבל יש גורסין מה שקרא לו אמו: **שהראהו הקדוש ברוך הוא למשה כו'.** כדלעיל סימן ב': **ושובל שהעמיד שובך.** והלמ"ד מתחלף בכ"ף, בא"ת ב"ש: **שהיה עומד כשובך.** שהוא גבוה כשובך: **משכן כשובך.** שיתכנסו ישראל לשם ברגלים כיונים אל ארובותיהם, וע' בפסיקתא דרש מקרא זה וכיונים וגו', על עליית ישראל לירושלים להתפלל (רד"ל). ועוד מדמהו לשובך, שכמו שבשובך יש בו קנים הרבה, כן היה בו במשכן מקום לכהנים ומקום מיוחד לשכינה (יפה תואר): **שנתן חתיתו.** פחדו ואימתו של הקדוש ברוך הוא על ישראל, וכן הוא בתנחומא בהדיא: **שאיחה.** שחיבר ותפר, כמה דאת אמר קורעין ולא מאחין, תרגום ועת לתפור

פירוש מהרז"ו

וכתיב ואחר מות חצרון בכלב אפרתה. עתה בא להוכיח שמה שכתוב וכרמי וחור ושובל וראיה, בהכרח הנ"ל שהמה כלב וחור ואורי ובצלאל, ממה שכתוב שם וכלב בן חצרון הוליד וגו' ויקח לו כלב את אפרת ותלד לו את חור, שכלב לקח את אפרת לאשה, ואם כן מה שכתוב ואחרי מות חצרון בכלב אפרתה, על כרחך פירושו שבא כלב אל אפרת שלקחה לו לאשה, כמו שכתוב בפסוק י"ט בהדיא, ומה שכתוב אפרת היא מרים, כמו שאמר לעיל סוף סימן א', ועל פי מדה ל"א, כאלו כתוב ותמת עזובה ואחר מות חצרון בכלב אפרתה ויקח לו כלב את אפרת ותלד לו את חור וחור הוליד את אורי ואורי הוליד את בצלאל. הרי שמה שכתוב כאן וכרמי וחור ושובל וראיה, המה כלב וחור ואורי ובצלאל כנ"ל, וזה ברור שזה דעת חכמינו ז"ל, שהוא כוונת הפסוק באמת. ועתה בא לפרש הששה שמות של בצלאל, והמה בצלאל, ראיה, שובל, יחת, אחומי, להד: **שקראה לו אומתו.** ובתנחומא הגירסא שקראה לו אמו ואומתו, וחמשה אחרים שקראה לו רוח הקדש, על פי מדה י"ז וממעל, על שם המשכן: **מן בראשית.** עיין לעיל פרשה ז ריש סימן ג: **ושובל וכו'.** נוטריקון ושובך אל, ולא בא לדרוש מה שכתוב ושובל, שהרי מבואר שהוא אורי, אלא דורש מה שכתוב בן שובל, וכן הוא בהדיא בתנחומא הנ"ל, בן שובל. וקורא למשכן שובך, כמו שדרש לעיל פרשה ל"ה סימן ג, אשר שם צפרים יקננו (תהלים קד, יז), היינו צפרים שמקריבים על המזבח, ולזה נקרא שובך, שמקננים בו היונים והתורים, והמשכן היה עומד תמיד בגובה על ההרים, שהיה הענן משפיל כל ההרים, ומניח הר אחד להעמיד בו המשכן: **יחת שנתן חתיתו בו'.** בתנחומא שנתן חתיתו של הקב"ה על ישראל:

מתנות כהונה

ואחר מות כו'. פסוק הוא בדברי הימים א' ב': הכי גרסינן **מהו ואחר מות חצרון בכלב וגו' משמת: בכלב.** נוטריקון בא כלב: **אפרתה.** כמו לאפרת כל תיבה שצריכה למ"ד בתחלתה הטיל לה ה"א בסופה: **אל אפרת** גרסינן: **שמה אפרת** גרסינן: **פרים ורבים כו'.** שהיא היתה אחת מהמילדות במצרים אשר החיו את הילדים כדאיתא בפרשת שמות ובפירש"י שם ובפרק הרואה: **ותלד לו את חור.** דברי הימים א' ב' כתיב ויקח לו כלב את אפרת ותלד לו את חור וגו': **וראיה בן שובל.** סיפיה דקרא של בני יהודה פרץ וחצרון וגו' שהביא בסמוך: **שקרא לו אומתו.** ישראל קראוהו בצלאל על שם בצל אל היית שידע לכוון כל מלאכת המשכן. ובתנחומא גרס שקראה לו אמו: הכי גרסינן **הקדוש ברוך הוא קרא לו חמשה שמות: ושובל.** שובל נוטריקון שובך לאלהים: **חתיתו.** פחדו ואימתו של הקב"ה על ישראל: והכי גרסינן בתנחומא בהדיא **חתיתו של הקב"ה על ישראל: שאיחה.** שחבר ותפר כמה דאת אמר

אשד הנחלים

שקרא לו אומתו. כמאמרם (ברכות נה, א) שמא בצל אל היית, כי השכיל בזה לעשות, ובעבור שראה משה תכונתו מתחילת הבריאה שיהא מוכן לכך. והשובך הוא המגדל לעלות למעלה, כן על ידי המשכן עולה הכונה למעלה להוריד השכינה למטה, גם היה נותן חתיתו של הקדוש ברוך הוא על ישראל, אולי פירושו כי על ידי עשיית המשכן ששרתה תיכף השכינה, אז ויקדו העם וישתחוו מרוב אימה (עיין ויקרא ט, כד): **שאיחה.** כי המשכן הוא האמצעי ודיבוק האומה לה', וגם זהו הַדָּרָן האמתי:

חידושי הרד"ל

שהיה עומד בשובך. פירוש דבר גבוה מאד ממשילין בשובך, (כיוצא בזה עיין בסוטה (מד, א) ובהגהותי לויקרא רבה פרשה ה, ה (ד"ה עשה): **העמיד ה' משכן בשובך.** אפשר ללשון זה פירושו שה' העמיד על ידי בצלאל שובך לישראל שיתכנסו אליו (ברגלים) כיונים אל ארובתיהם. (ועיין בפסיקתא ברא שונה דדרש מקרא זה דכיונים וכו' על עליית ישראל לירושלים להתפלל): **חתיתו בו'.** (עיין מתנות כהונה):

חידושי הרש"ש

בא כלב אל אפרת בו'. וכן כתוב מפורש שם למעלה (דברי הימים א ב יט), ויקח לו כלב את אפרת ותלד לו את חור כו', ואולי חסר זה מן הספר, ובתנחומא איתא: **ושובל** (כן צריך לומר) **שהעמיד שובך בו'.** והא דדריש כל השמות, על בצלאל הוא, דלפי פשוטו היה צריך לומר בקוצר וראיה ויחת ואחומי כמו בהקודמים פרץ חצרון כו' וכמו שכתב לעיל:

באור מהרי"פ

שנתן חתיתו על ישראל. עיין מתנות כהונה, ולפי פירושו צריך עיון מה שכתב דבר אחר אחומי שנתן אימתו של הקב"ה על ישראל, אם כן היינו חתיתו, ואף שבתנחומא גורס בהדיא שנתן חתיתו של הקב"ה על ישראל, היינו משום דלא גרים הדבר אחר של אחומי שנתן אימתו וכו', אבל כאן דגרים שתיהן קשה. ונראה דכוונת המדרש במה שאמר נתן חתיתו על ישראל קאי אבצלאל גופיה, שהוא היה מצוה לכל עושי מלאכת המשכן לעשות ככל אשר צוה, ולא היה רק בן שלש עשרה שנה כדאיתא [ב]סנהדרין פרק בן סורר ומורה (סט, ב), ואף על פי כן היתה חתיתו עליהם, ולא סרו ימין או שמאל ככל אשר צוה. תולדות נח הארוך:

מסורת המדרש

ז. פסיקתא רבתי סוף פסקא ו'. ילקוט מלכים א' רמז קפ"ה:

אם למקרא

וְאַחַר מוֹת חֶצְרוֹן בְּכָלֵב אֶפְרָתָה וְאֵשֶׁת חֶצְרוֹן אֲבִיָּה וַתֵּלֶד לוֹ אֶת אַשְׁחוּר אֲבִי תְקוֹעַ: (דברי הימים א ב:כד)

וַתָּמָת עֲזוּבָה וַיִּקַּח לוֹ כָלֵב אֶת אֶפְרָת וַתֵּלֶד לוֹ אֶת חוּר: וְחוּר הוֹלִיד אֶת אוּרִי וְאוּרִי הוֹלִיד אֶת בְּצַלְאֵל: (שם שם יט-כ)

שינוי נוסחאות

מה שקרא לו אומתו שלו. הביא א"א גרסת הערוך "שקרא לו אמו", וכן הביא מ"כ מתנחומא:

דָּבָר אַחֵר, "אֲחוּמַי" שֶׁנָּתַן אֵימָתוֹ שֶׁל הַקָּדוֹשׁ בָּרוּךְ הוּא עַל יִשְׂרָאֵל — **Alternatively:** Bezalel was called ***Ahumai*** [אֲחוּמַי] **because he placed the fear** [אֵימָה] **of the Holy One, blessed is He, upon Israel** through building the Tabernacle in which the Divine Presence rested.[84] "לָהַד" שֶׁנָּתַן הוֹד וְהָדָר עַל יִשְׂרָאֵל שֶׁהָיָה הַמִּשְׁכָּן הֲדָרָן — And the name ***Lahad*** [לָהַד] was given to him **because he provided Israel with glory** [הוֹד] **and splendor, for the Tabernacle was their splendor.** דָּבָר אַחֵר, "לָהַד", אָמַר רַבִּי אַבָּא בַּר חִיָּיא: שֶׁהַדַּל שֶׁבַּשְּׁבָטִים מִדַּבֵּק לוֹ — **Alternatively: R' Abba bar Chiya said:** Bezalel was given the name ***Lahad*** [לָהַד] **because** Oholiab son of Ahisamach, from **the lowest** [הַדַּל][85] **of the tribes** (Dan), **was attached** (i.e., closely associated) **to [Bezalel]** in building the Tabernacle.[86]

The Midrash elaborates on the status of Dan as the lowest of the tribes and on its partnership with Judah:

אָמַר רַבִּי חֲנִינָא בֶּן פָּזִי: אֵין לְךָ גָּדוֹל מִשֵּׁבֶט יְהוּדָה וְאֵין לְךָ יָרוּד מִשֵּׁבֶט דָּן, שֶׁהָיָה מִן הַלְּחֵינוֹת — **R' Chanina ben Pazi said: There is no greater** tribe among the tribes **than the tribe of Judah,**[87] **and there is no lower** tribe **than the tribe of Dan, who was** born **from one of the concubines** of Jacob.[88] וּמַה כְּתִיב בּוֹ, "וּבְנֵי דָן חֻשִׁים" — **And** although Gad, Asher, and Naphtali were also sons of concubines, **what is written regarding [Dan]** further on? ***And Dan's sons: Hushim*** (*Genesis* 46:23), showing how lowly he was.[89] אָמַר הַקָּדוֹשׁ בָּרוּךְ הוּא: יָבֹא וְיִזְדַּוֵּוג לוֹ שֶׁלֹּא יְהוּ מְבַזִּין אוֹתוֹ — Therefore, **the Holy One, blessed is He, said: Let [a member of the tribe of Dan],** i.e., Oholiab son of Ahisamach, **come and be matched with [a member of the tribe of Judah],** i.e., Bezalel, **so that [people] should not demean [Dan],**[90] וְשֶׁלֹּא יְהֵא אָדָם רוּחוֹ גַּסָּה עָלָיו — **and so that no person should become haughty.**[91] לְפִי שֶׁהַגָּדוֹל וְהַקָּטָן שָׁוִין לִפְנֵי הַמָּקוֹם — This is **because a great person and a lowly person are equal before God,**[92] בְּצַלְאֵל מִשֶּׁל יְהוּדָה וְאָהֳלִיאָב מִדָּן וְהוּא מִזְדַּוֵּוג לוֹ — as evidenced by the fact that **Bezalel is from** the Tribe of **Judah, and Oholiab is from** the Tribe of **Dan, and** God ordained that **[Oholiab] joined [Bezalel]** in building the Tabernacle.

The Midrash cites a related teaching:

אָמַר רַבִּי חֲנִינָא: הַגָּדוֹל וְהַקָּטָן שָׁוִים, לְעוֹלָם אַל יְהֵא אָדָם מַנִּיחַ בְּצִרוֹ — **R' Chanina said: A great person and a lowly person are equal** in the eyes of God, and therefore **a person should never set aside his helper,**[93] even if he is lowly, by claiming he has no need for him. הַמִּשְׁכָּן בִּשְׁנֵי שְׁבָטִים אֵלּוּ נַעֲשָׂה — **For the Tabernacle was built by these two tribes,** Dan and Judah,[94] וְכֵן הַמִּקְדָּשׁ, שְׁלֹמֹה מִיהוּדָה וְחִירָם מִדָּן — **and so too the Temple** was built by leaders from these same two tribes: King **Solomon, from** the tribe of **Judah, and Hiram, from** the tribe of **Dan.** שֶׁנֶּאֱמַר "בֶּן אִשָּׁה אַלְמָנָה מִמַּטֵּה נַפְתָּלִי" — **For it is stated** that Hiram, who was in charge of building the Temple, was ***the son of a widowed woman, from the tribe of Naphtali*** (*I Kings* 7:14), וּבְדִבְרֵי הַיָּמִים כְּתִיב "בֶּן אִשָּׁה מִבְּנוֹת דָּן", שֶׁהָיָה אָבִיו מִנַּפְתָּלִי וְאִמּוֹ מִדָּן — **yet it is written in *Chronicles*** (*II Chronicles* 2:13) that he was ***the son of a woman from the daughters of Dan.*** The explanation is **that his father was from Naphtali and his mother was from Dan.**[95] אָמַר הַקָּדוֹשׁ בָּרוּךְ הוּא: אֲנִי הוּא בְּצַרְכֶן וּבְצָרָן שֶׁל אֲבוֹתֵיכֶם, אַף אַתֶּם אַל תַּנִּיחוּ אוֹתִי — **The Holy One, blessed is He, said** to Israel, in effect, **"I am your helper** and the helper of your fathers; **do not set Me aside."** דִּכְתִיב "וְהָיָה שַׁדַּי בְּצָרֶיךָ" — **For it is written, *And the Almighty will be your stronghold*** [בְּצָרֶיךָ][96] (*Job* 22:25). עֲשֵׂה אוֹתוֹ בְּצָרָךְ, שֶׁיְּהֵא עִמְּךָ בְּצָרָה שֶׁמַּגִּיעַ אֶתְכֶם, שֶׁנֶּאֱמַר "עִמּוֹ אָנֹכִי בְצָרָה" — This verse can also be interpreted: **Make Him** accompany you **"through your difficulties"** [בְּצָרָךְ],[97] meaning **that He should be with you through** any **adversity that you** may **encounter, as it is stated, *I am with him in [his] adversity*** (*Psalms* 91:15).

NOTES

84. According to this exposition, the ח of אֲחוּמַי is disregarded because its pronunciation is almost silent (*Eitz Yosef*). [See *Rashi* on *Sanhedrin* 62b s.v. מסותא and *Ran* on *Rif* to *Shevuos* 13b s.v. אי נמי לשודא דדייני.] Thus, אֲחוּמַי may be understood as related to the word אֵימָה, *fear.*

85. The name לָהַד contains the same letters as the word הַדַּל, *the lowest,* alluding to the tribe of Dan, which was the "lowest" of all the twelve tribes, as the Midrash expounds below (*Matnos Kehunah*).

86. As it is written (below, v. 6): *And I, behold, I have assigned with [Bezalel] Oholiab son of Ahisamach.*

87. The man who would reign over all of Israel would come from Judah, (*Genesis* 49:10), and Judah was the tribe that marched first during the Israelites' travels in the Wilderness (*Numbers* 4:14).

88. Dan's mother, Bilhah, is referred to as Jacob's "concubine" in *Genesis* 35:22.

89. It is not clear how this verse proves the lowliness of Dan. According to *Yefeh To'ar* it is because it shows that Dan — unlike all his brothers — had only one son. Alternatively, the name Hushim indicates that Dan's descendants were lowly and sickly [from the word חָשׁ, *to feel unwell*] (*Matnos Kehunah*; see *Beur Maharif*).

90. By seeing that God commanded the tribe of Dan to work alongside the tribe of Judah, Israel will treat the tribe of Dan with respect (*Eitz Yosef*).

91. I.e., so that Bezalel should not become haughty on account of his appointment to build the Tabernacle.

92. External qualities that impress people are meaningless before God.

93. We have translated בְּצִרוֹ as "helper," related to the word מִבְצָר, *a support, a stronghold* (*Eitz Yosef;* cf. *Matnos Kehunah*).

94. Even though the tribe of Dan was lowly, Bezalel did not send Oholiab away, but rather worked together with him in building the Tabernacle.

95. And though his mother was from the lowliest of tribes, he was chosen by Solomon to build the Temple.

96. This proves that God is called our "Stronghold" or "Helper."

97. Although the Midrash has interpreted בְּצָרְךָ as *your Stronghold* (see previous note), it provides an additional interpretation as well: that בְּצָרְךָ means *in adversity*, from the word צַר, *difficulty adversity,* with the prefix בְּ, meaning *in* (*Yefeh To'ar, Eitz Yosef*).

דָּבָר אַחֵר, "אֲחוּמַי" שֶׁנָּתַן אֵימָתוֹ שֶׁל הַקָּדוֹשׁ בָּרוּךְ הוּא עַל יִשְׂרָאֵל, "לָהַד" שֶׁנָּתַן הוֹד וְהָדָר עַל יִשְׂרָאֵל שֶׁהָיָה הַמִּשְׁכָּן הֲדָרָן, דָּבָר אַחֵר, "לָהַד", אָמַר רַבִּי אַבָּא בַּר חִיָּיא: שֶׁהַדַּל שֶׁבַּשְּׁבָטִים מְדַבֵּק לוֹ, אָמַר רַבִּי חֲנִינָא בֶּן פָּזִי: אֵין לְךָ גָּדוֹל מִשֵּׁבֶט יְהוּדָה וְאֵין לְךָ יָרוּד מִשֵּׁבֶט דָּן, שֶׁהָיָה מִן הַלְּחֵינוֹת, וּמַה כְּתִיב בּוֹ, (בראשית מו, כג) "וּבְנֵי דָן חֻשִׁים", אָמַר הַקָּדוֹשׁ בָּרוּךְ הוּא: יָבֹא וְיִזְדַּוֵּג לוֹ שֶׁלֹּא יְהוּ מְבַזִּין אוֹתוֹ, וְשֶׁלֹּא יְהֵא אָדָם רוּחוֹ גַּסָּה עָלָיו, לְפִי שֶׁהַגָּדוֹל וְהַקָּטָן שָׁוִין לִפְנֵי הַמָּקוֹם, בְּצַלְאֵל מִשֶּׁל יְהוּדָה וְאָהֳלִיאָב מִדָּן וְהוּא מִזְדַּוֵּג לוֹ, אָמַר רַבִּי חֲנִינָא: הַגָּדוֹל וְהַקָּטָן שָׁוִים, לְעוֹלָם אַל יְהֵא אָדָם מַנִּיחַ בִּצְרוֹ, הַמִּשְׁכָּן בִּשְׁנֵי שְׁבָטִים אֵלּוּ נַעֲשָׂה, וְכֵן הַמִּקְדָּשׁ, שְׁלֹמֹה מִיהוּדָה וְחִירָם° (מלכים-א ז, יד) "בֶּן אִשָּׁה אַלְמָנָה מִמַּטֵּה נַפְתָּלִי"°, אָמַר הַקָּדוֹשׁ בָּרוּךְ הוּא: אֲנִי הוּא בְּצַרְכֶן, אַל תַּנִּיחוּ בְּצַרְכֶן °וְלֹא בְּצָרָן שֶׁל אֲבוֹתֵיכֶם°, אַף אַתֶּם אַל תַּנִּיחוּ° אוֹתוֹ, דִּכְתִיב (איוב כב, כה) "וְהָיָה שַׁדַּי בְּצָרֶיךָ", עֲשֵׂה אוֹתוֹ בְּצָרְךָ, שֶׁיְּהֵא עִמְּךָ בְּצָרָה שֶׁמַּגִּיעַ אֶתְכֶם, שֶׁנֶּאֱמַר (תהלים צא, טו) "עִמּוֹ אָנֹכִי בְצָרָה",

עץ יוסף

(קהלת ג, ז), ועדן בחיר לאחאה, ורוצה לומר שעל ידי המשכן ראו כבוד ה', ונתחברו לו להקדוש ברוך הוא לעבדו בלב שלם: **אחומי שנתן אימתו של הקדוש ברוך הוא על ישראל.** על ידי המשכן שראו כבוד ה' רגזו וחלו מפניו, ודרש אחומי כמו אימה שאין הכרת החי"ת ניכרת כל כך, וגם שם הארון שמשם יראה יוצאה לעולם, כמו שאמר בבראשית רבה פרשה כ"ה: **ובני דן חושים.** ואיתא בבראשית רבה פרשה צ"ד סי' ח', בתורתו של רבי מאיר מצאו כתוב (בראשית מו, כג) ובני דן חושים [ובן דן חושים], רוצה לומר שכתב כן לפרש הפסוק שלא נטעה לומר מדכתיב ובני דן, ששני בנים היה לו, ולכן היה ירוד כי לא היה לו רק בן אחד, אבל אי לאו הכי לא היה ירוד מכל השבטים, שגם גד ואשר ונפתלי כמוהו: **שלא יהיו מבזים אותו כו'.** כלומר מה שהיו בצלאל ואהליאב נזכרים יחד שלא יבזו את שבט דן, מאחר שאהליאב נחשב עם בצלאל, וגם בצלאל לא יתגאה מאחר שגם אהליאב נמנה עמו: **אל יהי אדם מניח בצרו.** פירוש עוזרו וגבורתו, שאם יש לו עוזר לא יבזה אותו לקטנותו, לומר שאינו צריך לו, וזה מענין אזהרת אל תהי בז לכל אדם, והביא ראיה מן המקדש שנעשה בגדול, היינו שלמה המלך, שנתן תבנית כל הבית והכלים כמו שקבל מדוד אביו, וחירם ממטה נפתלי, הרי מזה נראה שגם הגדול טוב לו עזר הקטן: **שלמה מיהודה וחירם מדן שנאמר** (מלכים א ז) **בן אשה אלמנה ממטה נפתלי ובדברי הימים** (ב ב, יג) **כתיב בן אשה מבנות דן שהיה אביו מנפתלי ואמו מדן.** כן צריך לומר (א"א): **אמר הקדוש ברוך הוא אני הוא בצרכם.** פירוש אני הוא בעזרתכם ובמבצרכם אל תניחו בצרכן, רוצה לומר עזרתכם ומבצרכם, ולא בצרן של אבותיכם, פירוש עוזר ומבצר של אבותיכם, והיינו הקדוש ברוך, הוא על דרך (משלי כז, י) רעך ורע אביך אל תעזוב, שדרשו על הקדוש ברוך הוא שהוא רעך ורע אביך אל תעזוב אותו, כדלעיל פרשה כ"ז (סי' א). ולשון המדרש הוא מגומגם ונראה שכך צריך לומר, אני הוא בצרכן ובצרן של אבותיכם, אף אתם אל תניחו אותי: **דכתיב והיה שדי בצריך.** לא מייתי מהכא רק רמז למה שאמר שהקדוש ברוך הוא בצר, כדכתיב התם והיה שדי בצרך, שפירושו גם כן המקום יהיה מבצריך: **עשה אותו בצריך.** אף על גב דהוא לשון עזרה, מכל מקום מדלא קאמר עזרה בהדיא דריש כמי שיהיה עמך בצרה, וענין זה כביכול ה' מצטער בצרתך, כמו עמו אנכי בצרה:

פירוש מהרז"ו

הוד והדר. הלמ"ד מתחלף ברי"ש, כמו ארמנותיו אלמנותיו, מזלות מזרות, וכאן להד הדר: **הלחינות.** תרגום של שפחות, לחינות: **ומה כתוב בו.** בדן ובני דן חושים, אף שהיה יחיד כתוב בו ובני לשון רבים, להחשיבו: **לפי שהגדול.** עיין לעיל פרשה י"ז סוף סימן ב': **בצרו.** עיין פסיקתא סוף פסקא ו, והוא מלשון בציר ענבים, חתיכה וקצירה של ענבים, שהמשפחה דומה לאילן עם ענפים, והיחיד מהמשפחה דומה לגרגיר מהאילן, ולא יבזה אדם משפחה שבא ממנה, שכל משפחה חשובה ויקרה בעיני ה': **ממטה נפתלי.** ונפתלי כמו דן, מן בלהה שפחת רחל, ועיין מתנות כהונה: **אני הוא בצרכן.** ממני נבצרו ונבראו כל בני אדם, וכולם יקרים לפני. ומה שתפס הענין בלשון בציר, מלשון הפסוק (איוב כב, כה) והיה שדי בצריך, שאין פירושו שיהיה בשונאיך להרע לך, שהרי הוא בלשון ברכה, אלא שפירושו מלשון שעל שהוא בצרך, על כן וכסף תועפות לך (שם), והבי"ת של בצריך שורש בתיבה: **אל תניחו אותו.** אולי צריך לומר אותי: **עשה אותו בצרך.** פירוש אחר הוא שדורש, בצריך מלשון צרה, ופירושו שתף אותו בצרתך, והבי"ת לשימוש:

מתנות כהונה

אין מאחין את הקרע. קורעין ולא מאחין: **אימתו.** דרש אחומי כמו אימה שאין הכרת החי"ת נכרת כל כך: **להד.** אותיות הדל וזהו אהליאב משבט דן כדמפרש ואזיל: **הלחינות.** תרגומו של השפחות: **ובני דן חושים.** לשון שפלות ודבר חשאי ותלשות כמו חש בראשו וכן משמע בתנחומא. או רצה לומר שאף על פי שהיה ירוד ושפל הקב"ה מחשיבו וכתב בו בלשון רבים אף על פי שלא היה לו אלא בן אחד: **שלא יהו מבזין אותו.** אהליאב או שבטו של דן. ובתנחומא לא גרס ליה: הכי גרסינן **בשני שבטים אלו נעשה: ממטה נפתלי.** סמיך אסיפיה דקרא ואביו איש צורי חורש נחושת ודרשו חז"ל בפרק שלישי דערכין ואמר מר אמיה מדבית דן שנאמר (שמות לח, כג) ואתו אהליאב בן אחיסמך למטה דן חרש. ובתנחומא מסיים ובדברי הימים כתיב בן אשה מן בנות דן שהיה אביו מנפתלי ואמו מדן: **בצרו.** נראה פירושו חזקתו ומנהג אבותיו על פי מה שדרשו בפרק ג' דמסכת ערכין מפסוק זה שלא יניח אדם אומנות אבותיו: **בצרכן.** חזקתכם ומעוזכם: **ולא בצרן כו'.** מנהג וחוזק אבותיכם גם אותו אל תניחהו. כך נראה לפרשה והוא מגומגם: **עשה אותו בצרך כו'.** ודרשו לשון צר והבי"ת לשימוש:

אשד הנחלים

שהדל שבשבטים. להורות בה שגם מהדל שבשבטים יוכל לצאת איש גדול המעלה מאד, כשבטו של יהודה שהוא גדול במעלתו, מפני שבאמת נמצאו בכל השבטים תכונות רמות וכלם שוים: **שוים לעולם כו' מניח בצרו כו'.** עיין מתנות כהונה וידי משה פירושו. ואולי מלשון חוזק ומבצר, שאל יקטין עצמו וידמה כי הוא אין ואפס עצור ועזור לו, כי אם יבטח בה' וה' ברוך הוא עוזר הכל כקטן כגדול, ואחז בלשון הכתוב והיה שדי בצריך, וזהו עשה אותו בצרך כלומר חזקך. ודרש עוד מלשון צרה, כלומר בצרתך שמגיע אותך בטח בו והוא יעזרך:

חידושי הרד"ל

אימתו כו'. כמה דאת אמר ואת מקדשי תיראו (מל"כ) ושם הארון שמשם יראה יוצאה לעולם כמו שכתוב בבראשית רבה פרשה נה, ז: **ועשאן באחים למקום.** על ידי המשכן ישראל מתחברין להיות לו לעם: **ומה כתיב בו ובני דן חשים.** ודרשו כחשים של קנים, שהן גדלים נמוכים ואין גבוהים כשאר אילנות, ומזה סמך משל לירידתן של בני דן מכל השבטים אף מבני השפחות: **בצרכן ולא של אבותיכם.** עיין מתנות כהונה שפירש אומנתו וחזקתו, וזה קאי על מה שנאמר באיוב (שם) לעיל שית על עפר בצר. ויש לומר דדרש ליה על עפר על אותן ששוכנים כבר בעפר אבותיך, עליהן תשית בצרך שלא לשנות מהם:

באור מהרי"פ

שהיה מן הלחינות. וצריך עיון, הלא נפתלי גד ואשר היו גם כן מן הלחינות, ולמה קרא שבט דן דווקא ירוד מכל השבטים. ויש לומר, לפי שדן היה לו חסרון נוסף, שלא היה לו רק בן אחד, חושים, ואמרו חכמינו ז"ל דהוו יקירין ואדכיה והוה כמאן דליתא, כמו שאמרו חכמינו ז"ל (בבא קמא פה, ב) חרשו נותן דמי כולו, ולזה דייק המדרש שהיה מן הלחינות, ועוד מה כתיב ביה ובני דן חושים: **שלמה מיהודה וחירם בן אשה אלמנה וגו'.** כתב בעל אות אמת, הכי גרסינן, שלמה מיהודה, וחירם מדן, שנאמר בן אשה אלמנה הוא ממטה נפתלי, ובדברי הימים כתיב בן אשה מבנות דן, שהיה אביו מנפתלי, ואמו מדן, עד כאן לשון בעל אות אמת. והיא הגירסא הנכונה למבין, וכן הוא בתנחומא. ועתה אציע לפניך המקראות בשלמות (מלכים א ז, יג- יד) וישלח המלך שלמה ויקח את חירם מצור, בן אשה אלמנה הוא ממטה נפתלי, ואביו איש צורי חורש נחושת, וימלא את החכמה ואת התבונה ואת הדעת לעשות כל מלאכה בנחושת, ויבא אל המלך שלמה ויעש את כל מלאכתו. (דברי הימים ב ב, יג) בן אשה מן בנות דן ואביו איש צורי יודע לעשות בזהב ובכסף בנחושת בברזל באבנים ובעצים בארגמן בתכלת ובבוץ ובכרמל ולפתח כל פתוח ולחשוב מחשבת אשר ינתן לו עם חכמיך וחכמי אדוני דוד אביך. (שם יב - יג) ועתה שלחתי איש חכם יודע בינה לחירם אבי, בן אשה אלמנה וגו'. [מה שכתב מתנות כהונה] ודרשו חכמינו ז"ל בערכין (וכתב במתנות כהונה) עיין שם, וזה לשון חכמינו ז"ל (ערכין טז, ב) אמר רבי יוחנן מנין שלא ישנה אדם מאומנותו ומאומנות אבותיו שנאמר וישלח המלך שלמה ויקח את חירם מצור בן אשה אלמנה הוא מנפתלי ממטה נפתלי ואביו איש צורי חורש נחושת, ואמר מר אמיה מבית דן וכתיב ואתו אהליאב בן אחיסמך למטה דן, עד כאן. וזה לשון התוספות, לעולם אל ישנה אדם מאומנות אביו ומאומנות אבותיו, ומייתי ראיה שאמו היתה מבני דן, ולקח אומנות אבותיו, עד כאן. ועוד לשון התוספות, הכי גרסינן דאמר מר אמיה מדן ואבוה מנפתלי, דבדברי הימים כתיב ואמו מבני דן, עד כאן לשונם. אמר הכותב, אין זה לשון המקרא, וכוונו התוספות למה שכתוב בן אשה אלמנה מן בנות דן כמפורש למעלה, וכוונת התוספות היא דלגירסת הגמרא אין שום ראיה על שלא ישנה אומנותו, רק שלא ישנה אומנות אבותיו, אבל לגירסת התוספות יש ראיה על שניהם, על אומנות אביו שהיה אביו חורש נחושת וגו', ועל אומנות אבותיו שהיה מצד אמו משבט דן, מאהליאב בן אחיסמך למטה דן:

עשה אותו. הוא כמו דבר אחר, ומבואר למבין:

אם למקרא

וּבְנֵי דָן חֻשִׁים: (בראשית מו:כג)

בֶּן אִשָּׁה אַלְמָנָה הוּא מִמַּטֵּה נַפְתָּלִי וְאָבִיו אִישׁ צֹרִי חֹרֵשׁ נְחֹשֶׁת וַיִּמָּלֵא אֶת הַחָכְמָה וְאֶת הַתְּבוּנָה וְאֶת הַדַּעַת לַעֲשׂוֹת כָּל מְלָאכָה בַּנְּחֹשֶׁת וַיָּבוֹא אֶל הַמֶּלֶךְ שְׁלֹמֹה וַיַּעַשׂ אֶת כָּל מְלַאכְתּוֹ: (מלכים א ז:יד)

וְהָיָה שַׁדַּי בְּצָרֶיךָ וְכֶסֶף תּוֹעָפוֹת לָךְ: (איוב כב:כה)

יִקְרָאֵנִי וְאֶעֱנֵהוּ עִמּוֹ אָנֹכִי בְצָרָה אֲחַלְּצֵהוּ וַאֲכַבְּדֵהוּ: (תהלים צא:טו)

אמרי יושר

לעולם אל יהא אדם מניח בצרו. או הגירסא בצרו, לא יניח שום ביצור וחיזוק בצרו שיעזרהו, שכן הקב"ה עשה המשכן ביהודה ודן ובמקדש יהודה ונפתלי:

ידי משה

אל יהא אדם מניח בצרו וכו'. המדרש זה אין לו פירוש והסבר כלל, ויגעתי בזה הרבה למצוא לו פירוש מספיק, ומצאה און לי בסדר ויקהל (פרשה מח, ג) עיין שם וזה לשונו, כל הנסים שעושה הקב"ה לכל השבטים כשהן בצרה הכל בשביל הברכה שבירך משה ליהודה ועזר מצריו תהיה, הנס שברכה ליהודה נאמרה, מכל מקום חשיב שם כל הנסים שנעשו לשאר שבטים כשנכנסים בצרה הם ניצולים בשביל ברכה זאת, ומביא שם הפסוק של חירם ממטה נפתלי עיין שם, לזה אמר הגדול והקטן

שינוי נוסחאות

וכן המקדש, שלמה מיהודה וחירם, "בן אשה אלמנה ממטה נפתלי". הגיה א"א >...שלמה מיהודה וחירם מדן, שנאמר "בן אשה אלמנה ממטה נפתלי", ובדברי הימים כתיב "בן אשה מבנות דן", שהיה אביו מנפתלי ואמו מדן<. וגם מ"כ פירש כך בלי להגיה: **אני הוא בצרכן, אל תניחו בצרכן ולא בצרן של אבותיכם, אף אתם אל תניחו אותו.** עצ"י הגיה במקום זה: "אני הוא בצרכן ובצרן של אבותיכם, אף אתם אל תניחו אותי":

דָּבָר אַחֵר, "בְּצָרֶיךָ" שֶׁאִם בָּאוּ שׂוֹנְאִים אֱהֵא כְּנֶגְדָּן, שֶׁנֶּאֱמַר "וְהָיָה שַׁדַּי בְּצָרֶיךָ" – Yet **another interpretation** of the word בְּצָרֶיךָ in this verse is that **if** your **enemies come** upon you, God promises, **"I will be against them," as it is stated,** ***And the Almighty will be against your enemies.***[98] דָּבָר אַחֵר, שֶׁנַּעֲשָׂה חוֹמוֹתֶיךָ, וְאֵין "בְּצָרֶיךָ" אֶלָּא חוֹמָה, כְּמָה דְאַתְּ אָמַר "וּמִבְצַר מִשְׂגַּב חוֹמֹתֶיךָ" – **Another interpretation:** It means **that [God] will** even **become your walls** of protection,[99] as it were, for the word בְּצָרֶיךָ **means none other than "a wall," as it states,** ***And the stronghold*** [מִבְצָר] ***of your powerful walls*** *He will topple* (*Isaiah* 25:12). אָמַר הַקָּדוֹשׁ בָּרוּךְ הוּא: בָּעוֹלָם הַזֶּה אֲנִי חוֹמָה לָכֶם וְכֵן לֶעָתִיד לָבֹא כְּשֶׁיִּבָּנֶה צִיּוֹן אֲנִי נַעֲשֶׂה לָהּ חוֹמָה – **The Holy One, blessed is He, said** to Israel, **"In this world I serve as a** protective **wall for you,**[100] **and similarly in the future, when Zion will be rebuilt, I will be a** protective **wall for you,"**[101] שֶׁנֶּאֱמַר "וַאֲנִי אֶהְיֶה לָּהּ נְאֻם ה' חוֹמַת אֵשׁ סָבִיב וּלְכָבוֹד אֶהְיֶה בְתוֹכָהּ" – **as it is stated,** ***And I will be for [Jerusalem] – the word of HASHEM – a wall of fire all around, and for glory will I be in its midst*** (*Zechariah* 2:9).[102] וְכֵן "קָרָאתִי בְשִׁמְךָ לִי אָתָּה" – **Similarly,** it says, *Fear not, for I have redeemed you;*[103] ***I have called [you] by name; you are Mine.*** *When you pass through water, I am with you*[104] (*Isaiah* 43:1-2).[105]

NOTES

98. According to this interpretation, בְּצָרֶיךָ is related to צַר, *enemy*, with the prefix בְּ, meaning *against.*

99. I.e., no harm will befall Israel, as if it were surrounded by a protective wall (*Eitz Yosef*).

100. As it is written, *and HASHEM surrounds His people* (*Psalms* 125:2) (ibid.).

101. I.e., by using the expression וְהָיָה instead of the more common expression וַיְהִי, the Midrash interprets the verse to be referring to God's assistance both in the past and in the future. This is because the expression וְהָיָה can be interpreted to mean, *it was,* as well as, *it will be,* for the prefix letter *vav* has the ability to shift the word הָיָה from the past tense into the future tense (ibid.).

102. Although there will be no stone walls surrounding Jerusalem to protect its inhabitants (as stated in the previous verse in *Zechariah*), they will be perfectly safe and secure for God Himself will be its Shield, as if a wall of fire surrounded it. He will defend the city from any attacking enemy (see *Rashi* ad loc.). *Radak* there adds that just as one does not touch fire for fear of being burned, so too, no one will touch the inhabitants of Jerusalem with harmful intent.

103. Indicating that God has helped Israel in the past (*Eitz Yosef*).

104. Indicating that God will also help them in the future (ibid.).

105. The Midrash, in closing, chose this particular verse (*I have called you by name*) to express this idea, for it harks back to the verse with which the section began: *See, I have called by the name, Bezalel etc.* (*Rashash;* see *Maharzu*).

מדרש

דָּבָר אַחֵר, "בְּצָרֶיךָ" שֶׁאִם בָּאוּ שׂוֹנְאִים אֲהֵא כְּנֶגְדָּן, שֶׁנֶּאֱמַר "וְהָיָה שַׁדַּי בְּצָרֶיךָ", דָּבָר אַחֵר, שֶׁנַּעֲשֶׂה חוֹמוֹתֶיךָ, וְאֵין "בְּצָרֶיךָ" אֶלָּא חוֹמָה, כְּמָה דְאַתְּ אָמַר (ישעיה כה, יב) "וּמִבְצַר מִשְׂגַּב חוֹמֹתֶיךָ", אָמַר הַקָּדוֹשׁ בָּרוּךְ הוּא: בָּעוֹלָם הַזֶּה אֲנִי חוֹמָה לָכֶם וְכֵן לֶעָתִיד לָבֹא כְּשֶׁיִּבָּנֶה צִיּוֹן אֲנִי נַעֲשֶׂה לָהּ חוֹמָה, שֶׁנֶּאֱמַר (זכריה ב, ט) "וַאֲנִי אֶהְיֶה לָּהּ נְאֻם ה' חוֹמַת אֵשׁ סָבִיב וּלְכָבוֹד אֶהְיֶה בְתוֹכָהּ", וְכֵן (ישעיה מג, א) "קָרָאתִי בְשִׁמְךָ לִי אָתָּה":

עץ יוסף

דבר אחר בצריך שאם באו שונאיך כו'. מוסיף לומר דלא מיבעי כי יצילנו ה' אלא שיפגע באויביו: **דבר אחר שנעשה חומותיך.** בא להוסיף ולומר שלא יגע בו רע מכל צדדיו כמוקף חומה: **אמר הקדוש ברוך הוא.** ודריש והיה לשון עבר, מדלא כתיב ויהי משום דהיה הוא לשון עבר ולשון עתיד, מדכתיב והיה שהוי"ו מהפכו להבא: **בעולם הזה אני חומה.** כדכתיב וה' סביב לעמו: **וכן קראתי בשמך לי אתה.** דכתיב מקמיה כי גאלתיך דהיינו לשעבר, והדר כתיב קראתי בשמך לי אתה כי תעבור במים אתך אני לעתיד:

פירוש מהרז"ו

שונאיהם אהא כנגדן. בצריך כפשוטו בשונאיך, שפירושו להלחם כנגדם, שלמוד מעניינו שהוא לברכה: **שנעשה חומותיך.** מלשון מבצר ומשגב שלך, והבי"ת מן השורש. וכל זה על פי מדת ממעל: **אני חומה.** עיין תנחומא גירסא אחרת: **וכן קראתי בשמך לי אתה.** ישעיה מ"ג א', ובפסוק הסמוך כי תלך במו אש לא תכוה ולהבה לא תבער בך, על שיהיה לך לחומות אש, לא תירא מאש. ויותר נראה שמה שכתוב וכן קראתי בשמך, חוזר לראש הסימן, ראה קראתי בשם בצלאל, ועל זה מביא פסוק קראתי בשמך לי אתה:

חידושי הרש"ש

וכן קראתי בשמך לי אתה (ישעיה מג א). וכל הענין שאחריו מדבר איך שהוא יתעלה מגן וחומה להם בכל צרותם כי תעבור במים גו' (שם פסוק ב), ואחז פסוק זה שהוא בלשון ראש פרשתנו, ראה קראתי בשם גו':

ידי משה

שוים, פירוש הגדול והקטן שבשבטים שוים לפני הקב"ה, לכן אל יניח מלהתפלל בצרו, ולא יאמר מן הגרוע שבשבטים אני שהמשכן בשני השבטים וכו', ועיין בפרשה מ"ח ותבין המכוון, אבל פירוש מתנות כהונה אין לו שום שייכות לכאן. כן נראה לי:

אם למקרא

וּמִבְצַר מִשְׂגַּב חוֹמֹתֶיךָ הֵשַׁח הִשְׁפִּיל הִגִּיעַ לָאָרֶץ עַד עָפָר: (ישעיה כה:יב)

וַאֲנִי אֶהְיֶה לָּהּ נְאֻם ה' חוֹמַת אֵשׁ סָבִיב וּלְכָבוֹד אֶהְיֶה בְתוֹכָהּ: (זכריה ב:ט)

וְעַתָּה כֹּה אָמַר ה' בֹּרַאֲךָ יַעֲקֹב וְיֹצֶרְךָ יִשְׂרָאֵל אַל תִּירָא כִּי גְאַלְתִּיךָ קָרָאתִי בְשִׁמְךָ לִי אָתָּה: (ישעיה מג:א)

אשד הנחלים

שונאיהם. כלומר עת שיבואו צרים עליך אהיה עמך להושיעך מהם: **בעולם הזה אני חומה לכם לה כו' חומה כו'.** כלומר שאני משגיח עליכם, עוד אשגיח גם על העיר הקודש גם כן שלא תחרב לעולם, ואהיה לה לחומה ולמחסה חזק:

באור מהרי"פ

דבר אחר שאם באו שונאים וכו'. צריך עיון, דהיינו הך דשלפניו שיהא עמך בצר וכו': **דבר אחר שנעשה חומותיך.** צריך עיון, היינו הך דלעיל אל תניחו בצרכן וכו': **וכן קראתי בשמך וגו'.** (ישעיה מג, א - ב) ועתה כה אמר ה' בוראך יעקב ויוצרך ישראל אל תירא כי גאלתיך קראתי בשמך לי אתה. כי תעבור במים אתך אני ובנהרות לא ישטפוך כי תלך במו אש לא תכוה ולהבה לא תבער בך. ומפרש אל תירא, כי כמו לשעבר גאלתיך קראתי בשמך לי אתה, כן לעתיד כי תעבור במים וגו' כי תלך במו אש וגו'. ואולי רומז על דרך דרש לאש שאינה אוכלת, היא האש שלמעלה, והיא ואני אהיה לה חומת אש סביב וגו'. אמן כן יהי רצון:

Chapter 41

וַיִּתֵּן אֶל מֹשֶׁה כְּכַלֹּתוֹ לְדַבֵּר אִתּוֹ בְּהַר סִינַי שְׁנֵי לֻחֹת הָעֵדֻת לֻחֹת אֶבֶן כְּתֻבִים בְּאֶצְבַּע אֱלֹהִים.

When He finished speaking with him on Mount Sinai, He gave Moses the two Tablets of Testimony, stone tablets inscribed by the finger of God (31:18).

§1 **וַיִּתֵּן אֶל מֹשֶׁה כְּכַלֹּתוֹ** — ***WHEN HE FINISHED*** *SPEAKING WITH HIM ON MOUNT SINAI,* ***HE GAVE MOSES*** *THE TWO TABLETS OF TESTIMONY.*

The Midrash presents several interpretations of a verse from *Daniel,* the last of which relates to our verse:

כָּךְ פָּתַח רַבִּי תַּנְחוּמָא בַּר אַבָּא — **R' Tanchuma bar Abba opened** his discussion of our verse **thus,** by citing the following verse, **"לְךָ ה׳ הַצְּדָקָה וְלָנוּ בֹּשֶׁת הַפָּנִים"** — ***To You, O Lord, is the charity, and to us is the shamefacedness*** (*Daniel* 9:7). **מַהוּ כֵן** — **What is [the sense]of this?**[1] **אָמַר רַבִּי נְחֶמְיָה: אֲפִילּוּ בְּשָׁעָה שֶׁאָנוּ עוֹשִׂין אֶת הַצְּדָקָה מַבִּיטִים אָנוּ מַעֲשִׂים שֶׁלָּנוּ וְיֵשׁ לָנוּ בּוֹשֶׁת פָּנִים** — **R' Nechemyah said: Even when we are performing charity, we look at our** improper **deeds and we have shamefacedness.**[2] **אֵין לָנוּ שָׁעָה שֶׁאָנוּ בָּאִין בִּזְרוֹעַ** — **We have no time in which we can come forcibly** and demand reward from God,[3] **אֶלָּא בְּשָׁעָה שֶׁאָנוּ מוֹצִיאִים מַעַשְׂרוֹתֵינוּ** — **except for when we** properly **remove our tithes** from our produce,[4] **שֶׁנֶּאֱמַר "כִּי תְכַלֶּה לַעְשֵׂר"** — **as [Scripture] states,** ***When you have finished tithing*** *every tithe of your produce* etc. (*Deuteronomy* 26:12). **מַה כְּתִיב בַּסּוֹף** — For **what is written at the end** of that passage? **"הַשְׁקִיפָה מִמְּעוֹן קָדְשְׁךָ מִן הַשָּׁמַיִם"** — ***Gaze down from Your holy abode, from the heavens, and bless Your people Israel*** (ibid., v. 15).[5]

Having digressed to discuss the merits of tithing, the Midrash cites another teaching on this topic:

אָמַר רַבִּי אֲלֶכְּסַנְדְּרִי: גָּדוֹל כֹּחָן שֶׁל מוֹצִיאֵי מַעַשְׂרוֹת — **R' Alexandri said: Great is the power of those who** properly **remove tithes,** **שֶׁהֵן הוֹפְכִין אֶת הַקְּלָלָה לִבְרָכָה** — **for** in doing so **they transform a curse into a blessing.** **אַתָּה מוֹצֵא כָּל מָקוֹם שֶׁכָּתוּב בַּתּוֹרָה "הַשְׁקִיפָה" לְשׁוֹן צַעַר הוּא** — **You will find that whenever** the term ***"gaze"*** **is written in the Torah, it is an expression** with an association **of suffering,** **כְּמָה דְאַתְּ אָמַר "וַיַּשְׁקֵף ה׳ אֶל מַחֲנֵה מִצְרַיִם"** — **as it is stated,** ***HASHEM gazed down at the camp of Egypt*** *with a pillar of fire and cloud, and He confounded the camp of Egypt* (above, 14:24). **וְכֵן בִּסְדוֹם שֶׁנֶּאֱמַר** — **And similarly regarding Sodom, as [Scripture] states,** **"וַיַּשְׁקֵף עַל פְּנֵי סְדֹם"** — ***And he gazed down upon Sodom*** *and Gomorrah and the entire surface of the land of the plain; and saw — and behold! the smoke of the earth rose like the smoke of a kiln* (*Genesis* 19:28). **חוּץ מִזּוֹ** — **Except for this** instance concerning tithing. **אָמַר רַבִּי אֲלֶכְּסַנְדְּרִי: גָּדוֹל כֹּחָן שֶׁל מוֹצִיאֵי מַעַשְׂרוֹת** — **R' Alexandri said: Great is the power of those who** properly **remove tithes,** **שֶׁהֵם הוֹפְכִים דְּבַר אֲרִירָה לִבְרָכָה** — **for** in doing so **they transform a cursed matter into a blessing,**[6] **שֶׁנֶּאֱמַר "הַשְׁקִיפָה מִמְּעוֹן קָדְשְׁךָ מִן הַשָּׁמַיִם וּבָרֵךְ אֶת עַמְּךָ"** — **as [Scripture] states,** ***Gaze down from Your holy abode, from the heavens, and bless Your people Israel.***

An alternate exposition of the verse from *Daniel,*[7] presenting a different perspective on the value of our tithing:

אָמַר רַבִּי נְחֶמְיָה: אֲפִילּוּ בְּשָׁעָה שֶׁאָנוּ מַבִּיטִים בְּמַעֲשֵׂינוּ יֵשׁ לָנוּ בּוֹשֶׁת פָּנִים — **R' Nechemyah said: Even when we look at our** good **deeds we have shamefacedness.**[8] **כֵּיצַד הוּא הַדָּבָר** — **How is** it that our good deeds are **the matter** of shame? **אֶלָּא בְּנוֹהַג שֶׁבָּעוֹלָם אָדָם נוֹתֵן שָׂדֵהוּ לַאֲרִיסוּת** — **Rather, it is that in** accordance with **the custom in the world, a person gives his land over to** someone else for **sharecropping,** **וְהוּא נוֹתֵן זֶרַע וְנוֹתֵן פְּעוּלָּה** — **and** then **[the sharecropper] provides the seed and performs** all **the work,**[9] **וְהוּא חוֹלֵק עִמּוֹ בְּשָׁוֶה** — **and** yet **[the landowner] divides** the produce **evenly with [the sharecropper].**[10]

NOTES

1. I.e., what is the connection between God's charity and Israel's shamefacedness (*Eitz Yosef*).

2. R' Nechemyah is interpreting the verse as follows: *To You, O Lord, is the charity,* meaning, even though You, God, are aware of our charity, *to us is the shamefacedness,* i.e., we are inhibited due to our improper deeds from asking for any reward for our charity (ibid.; for an alternative understanding, see Insight Ⓐ at note 14 below).

3. Relying upon the merit of our deeds (*Matnos Kehunah*).

4. Giving them to their appropriate recipients, the Levites and the poor, etc.

5. That is, after stating that we have properly fulfilled the requirements of tithing (vv. 13 and 14 there), the passage concludes with a demand that God should now bless His people; see *Rashi* ad loc. Thus, the verse specifically sanctions claiming reward for observing the tithes (see also *Taanis* 9a). In contrast, for other good deeds such as the giving of charity we make no such demands, knowing that their merit is offset by our sins; see note 2 above (see *Eitz Yosef*). [It should be noted that some sources appear to equate tithing and charity in this regard. See *Tur, Yoreh Deah* 247; see also *Beis Yosef* ad loc. and *Rama, Yoreh Deah* 247:4.]

6. R' Alexandri's statement here is a repetition of his previous statement. *Eitz Yosef* suggests emending the text and removing this line (see also *Maharzu;* however, see *Yefeh To'ar*).

7. *Yefeh To'ar, Eitz Yosef.* See note 14 below.

8. That is, while according to R' Nechemyah's first exposition we feel ashamed due to our sins despite our charitable deeds, here he is saying that in fact we are ashamed by our good deeds themselves. See further in the Midrash.

9. Translation follows *Yefeh To'ar* and *Eitz Yosef.* See *Maharzu* for an alternative understanding of this line.

10. I.e., the landowner takes half of the produce grown by the sharecropper, leaving the sharecropper with the other half.

פרשה מא

א [לא, יח] **"וַיִּתֵּן אֶל מֹשֶׁה כְּכַלֹּתוֹ"**, [א]**כָּךְ פָּתַח רַבִּי תַּנְחוּמָא בַּר אַבָּא:** (דניאל ט, ז) **"לְךָ ה' הַצְּדָקָה וְלָנוּ בֹּשֶׁת הַפָּנִים", מַהוּ כֵּן, אָמַר רַבִּי נְחֶמְיָה: אֲפִילוּ בְּשָׁעָה שֶׁאָנוּ עוֹשִׂין אֶת הַצְּדָקָה מַבִּיטִים אָנוּ מַעֲשִׂים שֶׁלָּנוּ וְיֵשׁ לָנוּ בּוֹשֶׁת פָּנִים, אֵין לָנוּ שָׁעָה שֶׁאָנוּ בָּאִין בִּזְרוֹעַ אֶלָּא בְּשָׁעָה שֶׁאָנוּ מוֹצִיאִים מַעַשְׂרוֹתֵינוּ, שֶׁנֶּאֱמַר** (דברים כו, יב) **"כִּי תְכַלֶּה לַעְשֵׂר", מַה כְּתִיב בַּסּוֹף,** (שם שם טו) **"הַשְׁקִיפָה מִמְּעוֹן קָדְשְׁךָ מִן הַשָּׁמַיִם", אָמַר רַבִּי אֲלֶכְּסַנְדְּרִי: גָּדוֹל כֹּחָן שֶׁל מוֹצִיאֵי מַעַשְׂרוֹת שֶׁהֵן הוֹפְכִין אֶת הַקְּלָלָה לִבְרָכָה, אַתָּה מוֹצֵא כָּל מָקוֹם שֶׁכָּתוּב בַּתּוֹרָה "הַשְׁקִיפָה" לְשׁוֹן צַעַר הוּא, כְּמָה דְאַתְּ אָמַר** (שמות יד, כד) **"וַיַּשְׁקֵף ה' אֶל מַחֲנֵה מִצְרַיִם", וְכֵן בִּסְדוֹם שֶׁנֶּאֱמַר** (בראשית יט, כח) **"וַיַּשְׁקֵף עַל פְּנֵי סְדֹם", חוּץ מִזּוֹ, אָמַר רַבִּי אֲלֶכְּסַנְדְּרִי: גָּדוֹל כֹּחָן שֶׁל מוֹצִיאֵי מַעַשְׂרוֹת שֶׁהֵם הוֹפְכִים דְּבַר אֲרִירָה לִבְרָכָה, שֶׁנֶּאֱמַר** (דברים כו, טו) **"הַשְׁקִיפָה מִמְּעוֹן קָדְשְׁךָ מִן הַשָּׁמַיִם וּבָרֵךְ אֶת עַמְּךָ", אָמַר רַבִּי נְחֶמְיָה: אֲפִילוּ בְּשָׁעָה שֶׁאָנוּ מַבִּיטִים בְּמַעֲשֵׂינוּ יֵשׁ לָנוּ בּוֹשֶׁת פָּנִים, כֵּיצַד הוּא הַדָּבָר, אֶלָּא בְּנוֹהַג שֶׁבָּעוֹלָם אָדָם נוֹתֵן שָׂדֵהוּ לַאֲרִיסוּת וְהוּא נוֹתֵן זֶרַע וְנוֹתֵן פְּעוּלָּה וְהוּא חוֹלֵק עִמּוֹ בְּשָׁוֶה,**

עץ יוסף

(א) כך פתח רבי תנחומא לך ה' הצדקה. דרש ויתן לשון מתנה וחסד וצדקה, ולזה מביא פסוק לך ה' הצדקה, ואגב אורחיה מפרש ליה בכמה אנפי: **מהו כן.** כיון שהצדקה אצלו, ולמה הבושת הזה, ודריש אפילו בשעה כו', ופירוש הכתוב כך הוא, אף כי לך ה' הצדקה, שאתה מביט את צדקותינו שאנו עושים צדקה אין לנו מלח לשאול מלפניך דבר בזכותינו, כי אנו מתביישים ממעשינו הרעים שהם מכריעים לחובה, לבד במעשר ראינו שהתורה התירה לנו בעבור זה לעורר צדקתינו, ולומר שישגיח עלינו בעבור זה, כמו שדרשו (תענית ט, א) עשר בשביל שתתעשר: **כל מקום שכתוב בתורה השקיפה.** בתורה לבדה ולא בנביאים וכתובים, ובתורה באמת אין גם אחד מלשון השקפה שאין בו צער חוץ מזו, ובזה גלתה התורה לנו גודל כח של מוציאי מעשרות, שהופכין את הקללה לברכה: **חוץ מזו אמר רבי אלכסנדרי כו'.** נראה שטעות נפל בכל הספרים בכפל מאמרו של רבי אלכסנדרי, וכן צריך לומר חוץ מזו השקיפה ממעון קדשך מן השמים וברך את עמך, אמר רבי נחמיה אפילו כו', פירוש דרבי נחמיה מפרש שני פירושים על פסוק לך ה' הצדקה, שפירוש ראשון קאי אנתינת צדקה, שיש לנו בושת פנים לבא בזרוע לאמר להשם יתברך תן לנו דבר מה בשכר הצדקה שאנו עושים, אבל בשכר המעשיות יש לנו לבא בזרוע וכדמסיים, ולפי פירוש שני ביאור הכתוב לך ה' הצדקה, לך נאה לעשות צדקה עם הבריות, שאתה נותן להם ברבוי והשפעה די מחסורו אשר יחסר לו, אבל לנו בושת הפנים למה כשאנו נותנין צדקה ומעשרות אינו אלא דבר מועט, אחד מעשרה ואחד מחמשים כו', ואפילו בדבר מועט כזאת אינם נותנים בשלימות ובעין יפה (תולדות נח): **אפילו בשעה שאנו מביטים במעשינו הטובים יש לנו בושת פנים.** שאין אנו עושים כראוי וכדמפרש, והשתא הוי לך ה' הצדקה כולל אפילו מעשר, שגם הוא ממיני הצדקה ללוי לגר ליתום ולאלמנה: **והוא נותן זרע.** האריס נותן הזרע משלו, וגם כן הפעולה היינו הטורח בזריעה וקצירה:

פירוש מהרז"ו

(א) מהו כן. שהצדקה אצלו ולמה הבושת הזה, על כן דורש רבי נחמיה שפירוש שאנו עושים לך צדקה כאשר צויתנו, עם כל זה לנו בושת הפנים, שאינו לפי גמולו, וכמו שכתב בסמוך אמר רבי נחמיה אפילו בשעה וכו'. ומה שאמר אין לנו שעה שאנו באין בזרוע וכו', הוא שייך לדרשת רבי אלכסנדרי שמביא המדרש דרך אגב, וכל הענין בתנחומא כאן סימן י"ד: **מוציאים את מעשרותינו.** בתנחומא הגירסא אלא בשעת ביעור מעשרותינו מן הבית, שנאמר כי תכלה לעשר וגו' השקיפה ממעון קדשך מן השמים: **באין בזרוע.** כמו שאמרו חז"ל (תענית ט, א) שבענין עשר (דברים יד, כב) בשביל שתתעשר, מותר לנסות, כמו שכתוב (מלאכי ג, י) ובחנוני נא בזאת אם לא אפתח לכם את ארובות השמים והריקותי לכם ברכה וגו', ומרומז כאן במה שכתוב השקיפה ממעון קדשך מן השמים וברך את עמך וגו': **גדול כחן.** ירושלמי מעשר שני סוף פרק כרם רבעי, ושם איתא רבי הונא בר רבי אחא בשם רבי אלכסנדרי: **וישקף על מחנה מצרים.** בתנחומא מקדים הפסוק וישקיפו על פני סדום, כסדר התורה, ומביא עוד שלש ראיות, וכאן כפל דברי רבי אלכסנדרי בשינוי לשון, והלשון הראשון מהתנחומא, והשני מהירושלמי בלשונם, וכן הוא דרך המדרש בהרבה מקומות שמעתיק בלשון שמוצא: **אמר רבי נחמיה אפילו וכו'.** בעבור שהפסיק במאמר רבי אלכסנדרי כנ"ל, אמר עוד הפעם אמר רבי נחמיה והוא בעצמו המאמר שהתחיל מרבי נחמיה, ועל כן קיצר כאן, וצריך לומר אפילו בשעה וכו' אנו מביטין: **הוא נותן זרע.** הבעל הבית הוא נותן זרע לזרוע השדה, ונותן פעולה שאר הוצאה מה שצריכים לפעולות השדה:

מתנות כהונה

[א] **בזרוע.** בגבורה לסמוך על מעשה וזכות עצמנו: **דבר ארורה.** לשון של השקפה. ובתנחומא נתבאר יותר היטב: **והוא נותן זרע כו'.** האריס נותן הכל. כן הוא בתנחומא:

אשד הנחלים

[א] **שאנו עושים צדקה.** דהוקשה להם דמלת צדקה בשם מופשט, לא מצינו בכתוב שמייחסו אל ה' רק בתואר צדיק, גם אחר שדניאל מדבר על משפטי ה' שענש אותנו בחטאינו, לא שייך לכנות זה בשם צדקה, לכן דרש על צדקת האדם, כאומר אף כי לך ה' הצדקה ומביט את צדקותינו המעטים, עם כל זה לנו בושת הפנים, שזה כאין מול חטאינו הרבים ולמול מה שאנחנו חייבים להודות לך, לבד במעשר ראינו שהתורה התירה לנו בעבור זה לעורר צדקותינו, ולומר שישגיח עלינו בעבור זה, כי הוא ענין גדול מאד שבעבור זה תהיה ההשגחה בנו כמו שאמרו (שבת קיט, א) עשר בשביל שתתעשר: **הופכין כו' לשון צער.** דמלת השגחה הונח תמיד על מי שמביט בחזקה מאד על זולתו, ולכן על הרוב בא מזה צער ומכאוב על המושגחים, שאם יושגח היטב יראה רעתו ויענש עליו, אבל פה אנחנו מבקשים שיביט היטב עלינו, ועם כל זה יתראו צדקותינו, כי כח המעשר גדול מאד. ובין תבין היטב כי ההשגחה השמיימית הנוסף על השגחה הטבעית יש בה לפעמים השגחה לרעה, כאילו שעל דרך הטבע היה טוב לו אך המשקיף עליו נעלה מדרך הטבע ומייסרו, וזה מכונה בשם השקפה, אך על ידי זכות מעשה אף שהוא מושקף בהשגחה שמיימית אך ההשגחה היא טובה מאד שה' משגיח עליו הרבה להיטיבו, הבן זה: **דבר ארירה לברכה.** ההבדל בין ארירה לקללה, עיין בידי משה שמוסב על האדמה אשר ארה ה' מכבר, והוא דחוק:

אמרי יושר

[א] **אפילו בשעה שאנו עושים צדקה.** אפילו בשעה שאנו עובדים זה עם זה לצדקה שלך הצדקה: **מביטין אנו מעשים שלנו.** פירוש מעשים טובים עם כל זה יש לנו בושת הפנים, כי אינם כדאים המעשים טובים להכריע עבירות שבידינו, ואין לנו לבא בזרוע אלא בעת הוצאת המעשרות. ויש מפרשים אפילו בעת שאנו עושים צדקה לך ואנו מוציאין מעשרותינו עם כל זה לנו בושת פנים, אף על פי שכפי הראוי אין שעה שנוכל לבא בזרוע אלא אז, עם כל זה יש רושם קללה וצריך להפכה לברכה, דהשקיפה לרעה: **אמר רבי נחמיה אפילו בשעה שאנו מביטים במעשינו.** הנכון דלא גרסינן אפילו, וקאמר דבהתייחסות מדות הקב"ה במעשינו אז יראה צדקתו יתברך וטובו. ואי גרסינן ליה כן יתיישב, לא מיבעיא אם נאמר שאין אנו עושים כלום שכפי האמת כן הוא שכל מעשינו הבל, אלא אפילו אם נביט במעשינו ונעשה רושם ממנו עם כל זה אינו נערך לשיסתפק הקב"ה במעשינו, אלא נבוש ונכלם מגודל חסדו עמנו ונדיבותו:

חידושי הרד"ל

[א] **אפילו בשעה כו' הצדקה מבינים אנו כו'.** דרש הצדקה נמשך למטה אל לנו בושת הפנים, ואף כשאנו עושים הצדקה אנו מביטים (אפשר דרש הפנים לשון פונים להביט ולראות) ובושים. (והאי צדקה היינו מעשר שמפ"ו שבאותה שעה באים בזרוע ומכל מקום אנו בושים, כדמסיים סוף המאמר כו' אמר רבי נחמיה אפילו בשעה כו' אחד מעשרה כו' הוי כו' ולמבשת כו'): **אמר רבי אלכסנדרי גדול כחן כו'.** ירושלמי פרק ה במעשר שני: **כל מקום כו' השקיפה לשון צער כו'.** בתנא דבי אליהו רבה פרק יח אמרו, אין השקפה אלא לברכה, שנאמר השקיפה ממעון קדשך. ואולי יש לומר דקאי שם גם כן השקפה הנאמר אצל צדקה, בקרא דצדק משמים נשקף אמר לה התם. ועיין בזוהר וירא (קד, א) שאמרו בהשקיפה אתערותא ברחמי, והא דוישקיפו על פני סדום נמי לרחמי לשיזבא ללוט, עיין שם: **אמר רבי אלכסנדרי כו' דבר ארורה כו'.** עיין מתנות כהונה וידי משה. ובתנחומא שניהם נכללין במאמר אחד, רק מסיים ולא עוד אלא שהן הופכין קללה לברכה. ובירושלמי מעשר שני שם איתא כלשון מימרא שניה דכאן. ונראה שמשם הוא שהוגה כן מאמר זה עצמו בלשון הירושלמי והכל דבר אחד. (מסיים בירושלמי שם ולא עוד אלא שהן אומרים היום הזה, היינו דדרש היום הכתוב בתחלת פרשה שלאחריה היום הזה אני מצוך, קאי גם למעלה על וברך את עמך כו', תן היום):

באור מהרי"פ

[א] **וישקף וגו'.** הכי גרסינן, וישקף על פני סדום חוץ מזו שנאמר השקיפה ממעון קדשך, ומאמר **אמר רבי אלכסנדרי וכו',** צריך לדלג: **אמר רבי נחמיה אפילו בשעה וכו'.** נראה דרבי נחמיה חולק אדרבי תנחומא שאמר דבזכות המעשרות אנו באים בזרוע, ורבי נחמיה סובר שאפילו בזכות מעשרות אין לנו לבא בזרוע, כמובן מדבריו:

מסורת המדרש

א. תנחומא כאן סימן י"ד כל הענין:

אם למקרא

לְךָ אֲדֹנָי הַצְּדָקָה וְלָנוּ בֹּשֶׁת הַפָּנִים כַּיּוֹם הַזֶּה לְאִישׁ יְהוּדָה וּלְיוֹשְׁבֵי יְרוּשָׁלִַם וּלְכָל יִשְׂרָאֵל הַקְּרֹבִים וְהָרְחֹקִים בְּכָל הָאֲרָצוֹת אֲשֶׁר הִדַּחְתָּם שָׁם בְּמַעֲלָם אֲשֶׁר מָעֲלוּ בָךְ: (דניאל ט:ז)

כִּי תְכַלֶּה לַעְשֵׂר אֶת כָּל מַעְשַׂר תְּבוּאָתְךָ בַּשָּׁנָה הַשְּׁלִישִׁת שְׁנַת הַמַּעֲשֵׂר וְנָתַתָּה לַלֵּוִי לַגֵּר לַיָּתוֹם וְלָאַלְמָנָה וְאָכְלוּ בִשְׁעָרֶיךָ וְשָׂבֵעוּ: (דברים כו:יב)

הַשְׁקִיפָה מִמְּעוֹן קָדְשְׁךָ מִן הַשָּׁמַיִם וּבָרֵךְ אֶת עַמְּךָ אֶת יִשְׂרָאֵל וְאֵת הָאֲדָמָה אֲשֶׁר נָתַתָּה לָנוּ כַּאֲשֶׁר נִשְׁבַּעְתָּ לַאֲבֹתֵינוּ אֶרֶץ זָבַת חָלָב וּדְבָשׁ: (שם שם טו)

וַיְהִי בְּאַשְׁמֹרֶת הַבֹּקֶר וַיַּשְׁקֵף ה' אֶל מַחֲנֵה מִצְרַיִם בְּעַמּוּד אֵשׁ וְעָנָן וַיָּהָם אֵת מַחֲנֵה מִצְרָיִם: (שמות יד:כד)

וַיַּשְׁקֵף עַל פְּנֵי סְדֹם וַעֲמֹרָה וְעַל כָּל פְּנֵי אֶרֶץ הַכִּכָּר וַיַּרְא וְהִנֵּה עָלָה קִיטֹר הָאָרֶץ כְּקִיטֹר הַכִּבְשָׁן: (בראשית יט:כח)

ידי משה

[א] **שאנו באים בזרוע.** פירוש, בחזקה אף בלי שום זכיות אלא במעשר, כי גדול כח המעשר שמהפך הקללה לברכה: **שמהפכין דבר ארירה לברכה.** עיין פירוש מתנות כהונה, ולא דק כי קשה לפירושו הלא זה דברי רבי אלכסנדרי דלעיל, ותרתי למה לי, ועוד למה שינה לשונו, שלעיל אמר הקללה לברכה, וכאן אמר ארירה לברכה. ולי נראה דהכי פירושו, שמהפכין דבר ארורה לברכה לפי שנתקללה האדמה, וכתיב בה לשון ארירה, כדכתיב ארורה האדמה בעבורך, וכאן במעשר כתיב וברך את עמך ישראל ואת האדמה, נמצא שמהפך דבר ארור לברכה. כן נראה לי:

חידושי הרש"ש

[א] **שנאמר וישקף על פני סדום.** כן צריך לומר, ויותר נכון לגרוס וישקיפו על פני סדום (שם יח, טז) עיין שם בפירוש רש"י:

אֲבָל הַקָּדוֹשׁ בָּרוּךְ הוּא יִשְׁתַּבַּח שְׁמוֹ וְיִתְעַלֶּה זִכְרוֹ אֵינוֹ כֵּן — However, the Holy One, blessed is He, may His Name be praised and His remembrance be elevated, is not like that. **אֶלָּא הָעוֹלָם וְכָל אֲשֶׁר בּוֹ שֶׁלּוֹ — Rather, the world and all that is in it belongs to Him,** **כְּמָה דְּאַתְּ אָמַר ״לַה׳ הָאָרֶץ וּמְלוֹאָהּ״ — as it is stated, *HASHEM's is the earth and its fullness*** (*Psalms* 24:1). **הָאָרֶץ שֶׁלּוֹ וְהַפֵּירוֹת שֶׁלּוֹ — The earth is His and the produce** that is used for seed **is His,**[11] **וְהוּא מוֹרִיד גְּשָׁמִים וּמַפְרִיחַ טְלָלִים כְּדֵי לְגַדְּלָם — and He brings the rain and blows the dew** onto the field **in order to grow [the produce].** **וְהוּא מְשַׁמְּרָם וְהוּא עוֹשֶׂה כָּל דָּבָר** — Furthermore, **[God] watches over [the produce], and He does everything** necessary to ensure its growth.[12] **אָמַר לָהֶם הַקָּדוֹשׁ בָּרוּךְ הוּא: לֹא אָמַרְתִּי לְךָ שֶׁתִּתֵּן לִי** — Nevertheless, **the Holy One, blessed is He, said to [Israel], I did not say that you must give Me** any of the produce, **אֶלָּא אֶחָד מֵעֲשָׂרָה מַעֲשֵׂר, אֶחָד מֵחֲמִשִּׁים תְּרוּמָה — other than one** out **of ten as** the **tithe,** and **one** out **of fifty as *terumah*.**[13] **הֱוֵי ״לְךָ ה׳ הַצְּדָקָה וְלָנוּ בֹּשֶׁת הַפָּנִים״ — It is** thus that, ***To You, O Lord, is the charity, and to us is the shamefacedness.***[14]

Another exposition of the verse from *Daniel,* placing it in a historical context:

רַבִּי יְהוּדָה אוֹמֵר — R' Yehudah says: The verse should be read in reverse, as follows: **לָנוּ בּוֹשֶׁת הַפָּנִים — *To us is the shamefacedness,*** **וְשֶׁלְּךָ הַצְּדָקָה — but *to You,* O Lord, *is the charity.***[15] **יִשְׂרָאֵל עוֹבְרִים בַּיָּם וְכַסְפּוֹ שֶׁל צֶלֶם מִיכָה עוֹבֵר בַּיָּם — Israel passed through the Sea, and the silver of the** graven **image of Micah passed through the Sea** along with them,[16] **שֶׁנֶּאֱמַר ״וְעָבַר בַּיָּם צָרָה״ — as [Scripture] states, *And misfortune passed through the Sea*** (*Zechariah* 10:11),[17] **וְהָיָה הַיָּם נִקְרָע לִפְנֵיהֶם — and** still **the Sea was split before them.** **הֱוֵי ״לְךָ ה׳ הַצְּדָקָה וְלָנוּ בֹּשֶׁת הַפָּנִים״ — It is** thus that, ***To You, O Lord, is the charity, and to us is the shamefacedness.***[18]

The Midrash now interprets the verse from *Daniel* in terms of the worship of the Golden Calf. It begins by discussing the severity of that sin:

אָמַר רַבִּי שְׁמוּאֵל בַּר נַחְמָן — R' Shmuel bar Nachman said: **נָאֶה הָיָה לַאֲבוֹתֵינוּ לְקַבֵּל אֶת הַתּוֹרָה וְלוֹמַר ״כֹּל אֲשֶׁר דִּבֶּר ה׳ נַעֲשֶׂה וְנִשְׁמָע״ — It had been appropriate for our forefathers to have accepted the Torah and to have said, "*Everything that HASHEM has said, we will do and we will obey*"** (above, 24:7). **שֶׁמָּא נָאֶה הָיָה לָהֶם לוֹמַר ״אֵלֶּה אֱלֹהֶיךָ יִשְׂרָאֵל״ — But was it appropriate for them to have said** regarding the Golden Calf, ***This is your god, O Israel*** (below, 32:4)? **אֶתְמְהָא — Can it be?**[19]

NOTES

11. For God was in charge of the growth of that produce. Thus, unlike the human landowner, God provides the seed to His "sharecropper."

12. Again unlike the human landowner who leaves all the work for the sharecropper.

13. See *Terumos* 4:3. [The figure of one out of fifty for *terumah* is a Rabbinic enactment; see *Chullin* 137b.] The tithe is to be given to the Levite and the *terumah* to the Kohen (in reverse order, with the tithe calculated only after the *terumah* has already been removed from the crop). Thus the share that God "takes" is much less than that taken by a human landowner. [It should be noted that there is an additional tithe, *maaser sheni,* the second tithe, that the farmer may keep for himself but he is required to eat it in Jerusalem. Furthermore, in the third and sixth years of the *shemittah* cycle *maaser sheni* is replaced by *maasar ani,* the pauper's tithe, which must be given to the poor.]

14. That is, God performs true charity, providing His creatures with abundant goodness, which He does not in any sense owe them. In contrast, our "charity," the tithes and *terumos* that we give to the Levite and the Kohen, leaves us shamefaced, for it is much less than by right we really should be giving (*Yefeh To'ar, Eitz Yosef,* citing *Toldos Noach*). [While in R' Nechemyah's first interpretation he contrasted our tithes with our charity, in this explanation he treats the tithes as equivalent to charity, for it is a form of charity for the landless Levites (*Yefeh To'ar, Eitz Yosef*).]

Our treatment of this passage as a second exposition by R' Nechemyah follows the understanding of *Yefeh To'ar, Toldos Noach,* and *Eitz Yosef.* For an alternative interpretation, see Insight Ⓐ.

15. I.e., even though we have committed shameful sins, You, God, have acted toward us with charity (*Matnos Kehunah, Eitz Yosef*). See further.

16. The episode of Micah and his graven image is found in the Book of *Judges* Ch. 17. Although the incident related there took place several generations later, according to the Gemara Micah himself was born during the slavery in Egypt; see *Sanhedrin* 101b. The Midrash here is saying that the silver used in making that idol was already "consecrated" for that purpose at the time of the Exodus (*Eitz Yosef,* first explanation). Alternatively, "the graven image of Micah" refers not to that idol but rather to the Golden Calf, for it too was fashioned by Micah who threw a tablet with the words עֲלֵה שׁוֹר, "Arise, O ox!" into the furnace where Aaron was melting the gold; see *Rashi* to 32:4 below, s.v. עגל מסכה, second explanation. The "silver of the graven image" would then mean that tablet, which according to the Midrash here was made of silver (*Eitz Yosef,* second explanation, based on *Rashi* to *Sanhedrin* 103b s.v. זה פסלו של מיכה, first explanation). [It should be noted though that according to above, 24 §1, it was Micah's idolatrous image itself and not the silver thereof that passed through the Sea. See also *Sanhedrin* 103b.]

The Gaon of Vilna, in *Aderes Eliyahu* (*Deuteronomy* 29:17), posits that the Sages do not mean that either Micah himself or his graven image were actually present when the Sea was split. Rather it was that Micah's ancestor, who passed through the Sea of Reeds, bore with him the spiritual root that would ultimately produce Micah and his image.

17. צָרָה, *misfortune,* referring to the idol.

18. That is, God charitably performed the miracle of splitting the Sea despite the shame of Micah's idolatry.

19. The two statements made by the Children of Israel are diametrically opposed to each other; the first pledging unconditional allegiance to God and His commandments, the second deifying an idol in His place. The Midrash is commenting that it was the first declaration, affirming their obedience to God, which was truly befitting their lofty spiritual nature. Their latter, idolatrous declaration was something that should have been beneath them and hence it was all the more grievous a sin (*Eitz Yosef;* see *Yefeh To'ar* for an alternative understanding; see also Insight Ⓑ).

INSIGHTS

Ⓐ **Shameful Deeds** In our notes to this point we have presented the approach of *Yefeh To'ar, Eitz Yosef,* and others that R' Nechemyah is offering two very distinct expositions of the verse in *Daniel.* Although the terminology used in both is similar, they mean different things. The first refers to our shame at our sinful deeds, the second to the shame of our good deeds, which are inadequate and lacking. However, *Maharzu* posits that R' Nechemyah gave only one exposition of the verse, which the Midrash repeats (with slight changes of wording) after digressing to discuss the significance of tithing. Thus, R' Nechemyah was referring all along to the shame involved in our good deeds. Even those good deeds that we feel involve great sacrifice on our part, like charity and tithing, are nothing to be proud of. Proper observance of the tithes may be one of our greatest merits and as R' Alexandri points out it is truly very powerful. But ultimately it is minimal and deficient, "the least we could do." For all our produce and wealth comes from God. Even were we to treat God as we would a mere human landlord we would owe Him so much more. See also *Radal.*

Ⓑ **Mutual Responsiblity** It is hard to imagine a more incompatible pair of declarations than the faith-filled "We will do and we will obey" on one hand and the traitorous "This is your god, O Israel" on the other. Our Midrash, then, seems to be grossly understating the case when it distinguishes between them in terms of mere propriety.

Addressing this problem, *Beis HaLevi* (on *Mishpatim,* and in *Derashos* §10) reflects on the meaning of the first declaration, "We will do and we will obey." The Sages teach that when the Jewish people uttered these words, God immediately responded with a special gesture of love: He sent two angels to every Jew, one to "gird him with weapons" and the

אֲבָל הַקָּדוֹשׁ בָּרוּךְ הוּא יִשְׁתַּבַּח שְׁמוֹ וְיִתְעַלֶּה זִכְרוֹ אֵינוֹ כֵן, אֶלָּא הָעוֹלָם וְכָל אֲשֶׁר בּוֹ שֶׁלּוֹ, כְּמָה דְאַתְּ אָמַר (תהלים כד, א) "לַה' הָאָרֶץ וּמְלוֹאָהּ", הָאָרֶץ שֶׁלּוֹ וְהַפֵּירוֹת שֶׁלּוֹ, וְהוּא מוֹרִיד גְּשָׁמִים וּמַפְרִיחַ טְלָלִים כְּדֵי לְגַדְּלָם, וְהוּא מְשַׁמְּרָם וְהוּא עוֹשֶׂה כָּל דָּבָר, אָמַר לָהֶם הַקָּדוֹשׁ בָּרוּךְ הוּא: לֹא אָמַרְתִּי לְךָ שֶׁתִּתֵּן לִי אֶלָּא אֶחָד מֵעֲשָׂרָה מַעֲשֵׂר, אֶחָד מֵחֲמִשִּׁים תְּרוּמָה, הֱוֵי (דניאל ט, ז) "לְךָ ה' הַצְּדָקָה וְלָנוּ בֹּשֶׁת הַפָּנִים", רַבִּי יְהוּדָה אוֹמֵר: לָנוּ בּוֹשֶׁת הַפָּנִים וְשֶׁלְּךָ הַצְּדָקָה, [ב] יִשְׂרָאֵל עוֹבְרִים בַּיָּם וְכַסְפּוֹ שֶׁל צֶלֶם מִיכָה עוֹבֵר בַּיָּם, שֶׁנֶּאֱמַר (זכריה י, יא) "וְעָבַר בַּיָּם צָרָה", וְהָיָה הַיָּם נִקְרָע לִפְנֵיהֶם, הֱוֵי "לְךָ ה' הַצְּדָקָה וְלָנוּ בֹּשֶׁת הַפָּנִים", אָמַר רַבִּי שְׁמוּאֵל בַּר נַחְמָן: נָאֶה הָיָה לַאֲבוֹתֵינוּ לְקַבֵּל אֶת הַתּוֹרָה וְלוֹמַר (שמות כד, ז) "כֹּל אֲשֶׁר דִּבֶּר ה' נַעֲשֶׂה וְנִשְׁמָע", שֶׁמָּא נָאֶה הָיָה לָהֶם לוֹמַר [לב, ד] "אֵלֶּה אֱלֹהֶיךָ יִשְׂרָאֵל" אֶתְמְהָא, אוֹתָהּ שָׁעָה הָיָה מֹשֶׁה יוֹרֵד מִלְמַעְלָן, אָמַר לוֹ יְהוֹשֻׁעַ: [לב, יז] "קוֹל מִלְחָמָה בַּמַּחֲנֶה" אָמַר לוֹ מֹשֶׁה: [לב, יח] "אֵין קוֹל עֲנוֹת גְּבוּרָה", (לעיל יז יא) "וְהָיָה כַּאֲשֶׁר יָרִים מֹשֶׁה יָדוֹ וְגָבַר יִשְׂרָאֵל", [לב, יח] "אֵין קוֹל עֲנוֹת חֲלוּשָׁה", (לעיל יז, יג) "וַיַּחֲלֹשׁ יְהוֹשֻׁעַ", מַהוּ [לב, יח] "קוֹל עַנּוֹת אָנֹכִי שֹׁמֵעַ", קוֹל חֵירוּפִין וְגִידוּפִין אֲנִי שׁוֹמֵעַ, אַנְשֵׁי כְּנֶסֶת הַגְּדוֹלָה עָמְדוּ וּפֵרְשׁוּ אוֹתָהּ, (נחמיה ט, יח) "אַף כִּי עָשׂוּ לָהֶם עֵגֶל מַסֵּכָה וַיֹּאמְרוּ זֶה אֱלֹהֶיךָ יִשְׂרָאֵל אֲשֶׁר הֶעֶלְךָ מִמִּצְרָיִם", חָסֵר כְּלוּם, מַהוּ (שם) "וַיַּעֲשׂוּ נֶאָצוֹת גְּדוֹלֹת", חֵירוּפִין וְגִידוּפִין *שֶׁהָיוּ שָׁם,

עץ יוסף

אחד מחמישים תרומה מדאורייתא חטה אחת פוטרת כל הכרי. אך מדרבנן עין בינונית נותן אחד מחמשים: **רבי יהודה אומר לנו בושת הפנים שלך הצדקה.** הפך לשון הכתוב, מפני שבענין זה הבושת פנים שהוא המעשה רע קדם אצלם (והיינו צלם מיכה), ואחר כך הצדקה שאף על פי כן העבירם בים: **ושלך הצדקה.** פירוש אף על פי שלנו ואתנו הבושת הפנים, עשית אתה עמנו צדקה: **וכספו של צלם מיכה עובר בים.** דקדק בלשונו וכתב כספו של צלם מיכה, רוצה לומר לא שפסל מיכה עצמו עובר עמו, כי עדיין לא נעשה אלא בימי השופטים נעשה אלא כספו עבר בים. עוד יש לומר שכוונתו על הטס של כסף שהיה חקוק בו השם שבו עשה מיכה העגל, ואיתא במדרשות שהיה כתוב עליו עלה שור עלה שור, והוא השליכו אז לאור ויצא העגל, וכמו שפירש רש"י בחלק (סנהדרין קג, ב ד"ה זה פסלו) כשכתב משה את השם והשליכו על נילוס להעלות ארונו של יוסף בא מיכה ונטלו בהחבא, והיינו דכתיב ועבר בים צרה, כשהעביר הקדוש ברוך הוא לישראל עבר מיכה עמהם שבידו השם לעבוד העגל ע"כ. אבל לקמן בבמדבר רבה פרשה ט"ו איתא כשעברו ישראל בים צלמו של מיכה עברה עמהם, וזהו על כרחך כלשון שני שכתב רש"י בחלק, וזה לשונו, לשון אחר מיכה עשה פסל והביאו עמו כשעברו ישראל הים, עד כאן: **נאה היה לאבותינו כו'.** כוונתו להגדיל החטא שלהן שחטאו היפך טבעם, שלפי קדושת טבעם היה נאה להם לומר כל אשר דבר ה' נעשה ונשמע, ולא לאמר לעגל אלה אלהיך וגו', ולכך הביא גם כן מאמר יהושע למשה קול מלחמה במחנה, לפי שהיה ידוע ליהושע מקדושת טבעם להטיב ולא להרע, לכך לא חשדן לכף חובה אלא לכף זכות ואמר קול מלחמה במחנה כו': **אמר לו משה אין קול ענות גבורה והיה כאשר ירים משה כו'.** לפי שרצה משה לומר ליהושע כי אינה קול מלחמה אלא קול חרופין, הקדים משה לומר לו כי אין בהם זכר נפלאות ה', אלא שכחו אל מושיעם, ולא זכרו מה שגבר ישראל בזמן שהיו מסתכלים כלפי מעלה, דהיינו כאשר ירים משה ידו, כמו שדרשו ז"ל, ולא מה שנלחם יהושע הפך המערכה, והיינו ויחלוש יהושע, כדאיתא בתנחומא סוף בשלח: **קול חרופין.** ופירוש ענות דברים המענין את נפש השומען כשנאמרין לו, כדכתב רש"י בחומש שמות: **חסר כלום.** רוצה לומר מה היה מקרא חסר אם לא היה כתיב ויעשו נאצות גדולות:

פירוש מהרז"ו

אחד מחמשים תרומה. אינו מדאורייתא אלא מדרבנן, אלא שיש לו סמך בתיבת תרומה תרי ממאה, ולרבי נחמיה הפסוק כסדר מרישא לסיפא, תחלה הצדקה, ואחר כך בושת הפנים: **רבי יהודה אומר.** ובתנחומא הגירסא רבי יוסי אומר יש בושה גדולה מזו. כי יקשה לרבי נחמיה שהיה לו לומר לנו הצדקה והבושת הפנים, על כן דורש רבי יהודה מסיפא לרישא, לנו בושת הפנים בעונינו, ועם כל זה לך הצדקה: **וכספו של פסל מיכה.** בתנחומא כאן ליתא תיבת וכספו, ועיין לעיל ריש פרשה כ"ד, וגם שם ליתא עיין שם. ואפשר שמרמז למה שאמר תנחומא תשא סימן י"ט וזה לשונו, ויש אומרים שמיכה היה שנתמעך בבנין מה שהציל משה מן הלבינים, נטל הלוח שכתב עליו משה עלה שור, כשהעלה ארונו של יוסף והשליכו לתוך הכור בין הנזמים ויצא העגל וכו', ויתכן שהיה הטס של כסף: **ועבר בים צרה.** פשטא דקרא בגאולה העתידה, כמו שכתוב (פסוק י) והשיבותים וגו' אקבצם וגו' אביאם וגו', הכל בלשון עתיד ואחר כך אמר ועבר בים צרה, בלשון עבר, על כן דרש על שעברו ישראל בים סוף, ואז עבר עמהם צרה והכה בים גלים, ומה שכתוב צרה מבואר שם בריש פרשה כ"ד, עיין מה שכתבתי שם ותבין כאן: **אמר רבי שמואל בר נחמן.** בא גם כן לפרש פסוק לך ה' הצדקה וכו', שעשו העגל וחרפו וגדפו, עם כל זה לך ה' הצדקה, וכרבי יהודה מסיפא לרישא: **קול ענות גבורה וכו'.** משה השיב ליהושע שאמר קול מלחמה במחנה, על זה השיב הלא עשית אתה מלחמת עמלק, ושם היה קול ענות גבורה וקול של חלושה, וכאן אין אחד מהם, ואיך אתה אומר מלחמה במחנה: **קול חירופין.** מה שעינו והצירו בקולם, ועל פי מדה י"ז, שפירש בנחמיה נאצות גדולות, וכמו שכתוב מלכים ב י"ט ג', יום צרה ותוכחה ונאצה היום הזה, הם הניאוצין של רבשקה, וכן ועם נבל נאצו שמך (תהלים עד, יח), ינאץ אויב שמך (שם י), ועל פי מדה ט', ויעשו מעשים רעים וינאצו נאצות גדולות. גם בתיבת גדולות מרומז חרופין, כמו שאמרו חז"ל (ערכין טו, ב) מפסוק (תהלים יב, ד) לשון מדברת גדולות:

חידושי הרד"ל

וכספו של צלם מיכה. אתיא דרבי יהודה כשיטת רבי אליעזר רביה דאבוה רבי אלעי דאמר בספרי בהעלותך פסקא פד ובכמה מקומות (פרשה כד, ב) עבודת כוכבים ומזלות עברה עם ישראל בים, והיינו פסלו של מיכה, והכי איתא לעיל פרשה פרשה כד ב, משמיה דרבי יהודה. וכן בפרק חלק (סנהדרין קג, ב) אמר רבי יוחנן פסלו של מיכה עבר בים. (ועיין שם בפירש"י ללשון ראשון נראה דוחק לפרש שלאו דווקא הפסל עבר, רק מיכה העביר בידו השם של עלה שור על דעת לעשות עגל, וכן מראים המקראות בשופטים שמיכה עשה הפסל בזמן מאוחר, כשהיה שבט דן מבקש לו נחלה. ואפשר נוסחא דהכא כספו של צלם מיכה נכונה, ויתפרש שהכסף לשם עשיית ופסל הקדישתו אמו של מיכה מכבר ועבר עמהן בים, וגם זה לא משמע כן מהמקראות. ועיין בפסחים (קיז, א) דפשיטא ליה לרבי יוסי דבים לא עברה עבודת כוכבים והוא בשיטת רבי עקיבא רביה דפליג על רבי אליעזר בספרי שם ובכמה מקומות):

חידושי הרש"ש

רבי יהודה אומר לנו בושת הפנים כו' וכספו של פסל מיכה כו'. כי עבודת גלולים נקראת בושת, כדכתיב והבושת אכלה את יגיע אבותינו (ירמיה ג, כד), ובזה יכוונו גם בדרשות דבסמוך: **אנשי כנסת הגדולה עמדו ופרשו כו' ויאמרו אלה אלהיך אשר העלוך ממצרים.** כן צריך לומר:

באור מהרי"פ

וכספו של צלם מיכה וכו'. דקדק בלשונו וכתב כספו של צלם, כלומר, לא שפסל מיכה עצמו עבר בים כי עדיין לא נעשה, אלא בימי שופטים נעשה, כמו שמפורש (שופטים יז, ג - ד) וישב את אלף ומאה הכסף לאמו ותאמר אמו הקדש הקדשתי את הכסף לה' מידי לבני לעשות פסל ומסכה ועתה אשיבנו לך. וישב את הכסף לאמו ותקח אמו מאתים כסף ותתנהו לצורף ויעשהו פסל ומסכה ויהי בבית מיכיהו. אכן הכסף שהכינו לפסל מיכה הלזה עבר בים. תולדות נח אהרן:

מסורת המדרש

ב. סנהדרין ק"ג. ירושלמי סוכה פ"ד סוף הלכה ג'. לעיל פכ"ד. במד"ר פ' ט"ו. אדר"ן פ' ל"ד. שוח"ט מז' ק"א. תנחומא כאן סי' י"ד. וסדר ראה סימן ט"ז. מכילתא בא פרשה י"ד. וסדר בשלח פ"א. ספרי בהעלותך פסקא פ"ד. ילקוט בשלח רמז רכ"ד. ילקוט שופטים רמז ע"ד. ילקוט זכריה רמז תקע"א. ילקוט תהלים רמז תתכ"ה:

אם למקרא

לְדָוִד מִזְמוֹר לַה' הָאָרֶץ וּמְלוֹאָהּ תֵּבֵל וְיֹשְׁבֵי בָהּ: (תהלים כד:א)

לְךָ אֲדֹנָי הַצְּדָקָה וְלָנוּ בֹּשֶׁת הַפָּנִים כַּיּוֹם הַזֶּה לְאִישׁ יְהוּדָה וּלְיוֹשְׁבֵי יְרוּשָׁלִַם וּלְכָל יִשְׂרָאֵל הַקְּרֹבִים וְהָרְחֹקִים בְּכָל הָאֲרָצוֹת אֲשֶׁר הִדַּחְתָּם שָׁם בְּמַעֲלָם אֲשֶׁר מָעֲלוּ בָךְ: (דניאל ט:ז)

וְעָבַר בַּיָּם צָרָה וְהִכָּה בַיָּם גַּלִּים וְהֹבִישׁוּ כֹּל מְצוּלוֹת יְאֹר וְהוּרַד גְּאוֹן אַשּׁוּר וְשֵׁבֶט מִצְרַיִם יָסוּר: (זכריה י:יא)

וַיִּקַּח סֵפֶר הַבְּרִית וַיִּקְרָא בְּאָזְנֵי הָעָם וַיֹּאמְרוּ כֹּל אֲשֶׁר דִּבֶּר ה' נַעֲשֶׂה וְנִשְׁמָע: (שמות כד:ז)

וְהָיָה כַּאֲשֶׁר יָרִים מֹשֶׁה יָדוֹ וְגָבַר יִשְׂרָאֵל וְכַאֲשֶׁר יָנִיחַ יָדוֹ וְגָבַר עֲמָלֵק: (לעיל יז:יא)

וַיַּחֲלֹשׁ יְהוֹשֻׁעַ אֶת עֲמָלֵק וְאֶת עַמּוֹ לְפִי חָרֶב: (לעיל יז:יג)

אַף כִּי עָשׂוּ לָהֶם עֵגֶל מַסֵּכָה וַיֹּאמְרוּ זֶה אֱלֹהֶיךָ אֲשֶׁר הֶעֶלְךָ מִמִּצְרָיִם וַיַּעֲשׂוּ נֶאָצוֹת גְּדֹלֹת: (נחמיה ט:יח)

ענף יוסף

(א) נאה היה לאבותינו כו'. קשה והלא פשוט הוא שזה נאה וזה אינו נאה. ויש לומר דהכי פירושו נאה היה לאבותינו לקבל את התורה דוקא, שהיא מספר שש מאות ואחד עשרה מצות שהם שייכים לכבודינו, ולא עברו עליהם לחטוא בשלהם, שמא נאה היה להם לומר אלה אלהיך ישראל, רצה לומר לעשות העגל ולעבור על שני מצות אלו אנכי ה' אלהיך ולא יהיה לך אלהים

מתנות כהונה

אחד מחמשים. היא מדה בינונית בנותני תרומה: **לנו בושת כו'.** אף על פי שלנו ואתנו הבושת עשית אתה עמנו צדקה. ובתנחומא לא גרס ליה: הכי גרסינן **לקבל את התורה ולומר כל אשר בו': וחסר כלום.** בתמיה. ולמה לו לכתוב שוב ויעשו נאצות גדולות: **חרופין וגידופין.** כלפי מעלה כביכול. כך הוא בתנחומא:

אשד הנחלים

בנוהג שבעולם. וביאורו לך ה' הצדקה מה שאנו עושין, כי משלך אנחנו עושין צדקה, אם כן לנו בושת הפנים לבקש טובה בעבור זה: **לנו בושת הפנים ושלך הצדקה.** כאלו באורו לך ה' הצדקה להצדיקנו ולהיטיב לנו אף כי לנו בושת הפנים, שראוי לנו שנבוש במעשינו הרעים, עם כל זה תעשה עמנו צדקה בעת הזאת. ולכן מכנה ענין העבירה הזאת בשם בושת פנים, כי די בושה לנו שנעשה כך, ולכן דרש להלן גם כן נאה היה לאבותינו כו', שביאורו גם כן כי זה בושה לנו לרדת מטה מטה, ממעלה הגבוה הזאת ומאמונה רמה להעדר אמונה ככה: **גבורה והיה גו' חלושה ויחלוש כו'.** דרש שמרמז על נפילתם ממדרגתם הרמה, שאין קול ענות גבורה שנוכל לדמות כי גברו ישראל על שונאיהם, או קול ענות חלושה שצועקים הנחלשים מרוב כאבם כמו שהיה בעמלק, כי אם קול ענייה והמייה וקלות הדעת מחירופין וגדופין: **חסר כלום בו'.** מה חסר בעבירה הגדולה הזאת שאמר הכתוב ויעשו נאצות גדולות, אלא ודאי שחירפו וגדפו כלפי

אוֹתָהּ שָׁעָה הָיָה מֹשֶׁה יוֹרֵד מִלְמַעְלָן – **At that time,** while the Israelites were worshiping the Calf, **Moses was descending from** the mountain **above them,** אָמַר לוֹ יְהוֹשֻׁעַ: "קוֹל מִלְחָמָה בַּמַּחֲנֶה" – and **Joshua said to him,** ***"The sound of battle is in the camp!"*** (ibid., v. 17).[20] אָמַר לוֹ מֹשֶׁה – **Moses said to [Joshua]** in reply, "אֵין קוֹל עֲנוֹת גְּבוּרָה", "וְהָיָה כַּאֲשֶׁר יָרִים מֹשֶׁה יָדוֹ וְגָבַר יִשְׂרָאֵל" – ***"Not a sound shouting strength . . ."*** (ibid., v. 18),[21] as in the verse regarding the war with the Amalekites, ***It happened that when Moses raised his hand Israel was stronger*** (above, 17:11); "אֵין קוֹל עֲנוֹת חֲלוּשָׁה", "וַיַּחֲלֹשׁ יְהוֹשֻׁעַ" – ***". . . nor a sound shouting weakness"*** (below, 32:18), as in the verse, ***Joshua weakened*** *Amalek and its people with the sword's blade* (above, 17:13).[22] מַהוּ "קוֹל עַנּוֹת אָנֹכִי שֹׁמֵעַ" – **What is** the meaning of the conclusion of the verse, ***"a sound of distress do I hear"*** (below, 32:18)? קוֹל חֵירוּפִין וְגִידּוּפִין אֲנִי שׁוֹמֵעַ – **"The sound of insults and blasphemies** directed at God **do I hear."**[23]

The Midrash expounds a passage in *Nehemiah* concerning the Golden Calf, finding a reference to the insults and blasphemies mentioned above and a connection to the verse from *Daniel*:

אַנְשֵׁי כְּנֶסֶת הַגְּדוֹלָה עָמְדוּ וּפֵרְשׁוּ אוֹתָהּ – **The Men of the Great Assembly arose and stated it clearly,** saying: "אַף כִּי עָשׂוּ לָהֶם עֵגֶל מַסֵּכָה וַיֹּאמְרוּ זֶה אֱלֹהֶיךָ יִשְׂרָאֵל אֲשֶׁר הֶעֶלְךָ מִמִּצְרָיִם" – ***Even when they made themselves a molten calf and said, "This is your god who brought you up from Egypt"*** (*Nehemiah* 9:18).[24] חָסֵר כְּלוּם – Now, **is there anything missing** from this description of the sin? מַהוּ "וַיַּעֲשׂוּ נֶאָצוֹת גְּדֹלוֹת" – **What,** then, is meant by the verse's conclusion, ***"and they performed great provocations"?*** חֵירוּפִין וְגִידּוּפִין שֶׁהָיוּ שָׁם – It perforce is a reference to the **insults and blasphemies that were** uttered **there.**[25]

NOTES

20. For due to the Israelites' lofty spiritual nature (see previous note) Joshua could not conceive that the shouting that he heard from the camp was the sound of idolatrous revelry. Accordingly, the Midrash is quoting Joshua's words in support of its assertion concerning Israel's inherently high spiritual level (*Eitz Yosef*).

21. The full text of Moses' response reads, אֵין קוֹל עֲנוֹת גְּבוּרָה וְאֵין קוֹל עֲנוֹת חֲלוּשָׁה קוֹל עַנּוֹת אָנֹכִי שֹׁמֵעַ, *"Not a sound shouting strength nor a sound shouting weakness; a sound of distress do I hear."* See further in the Midrash.

22. That is, Moses was reminding Joshua that in the war against Amalek he had been exposed to both the sounds of victory (from the Israelites) and the sounds of defeat (from the Amalekites) and hence he should be able to tell that this sound that he was hearing now was neither (*Maharzu*). Alternatively, the Midrash here quotes these verses for Moses was intimating to Joshua that the Israelites had forgotten their war with Amalek, where they had been victorious only due to God's supernatural intervention on their behalf. See *Rosh Hashanah* 29a and *Tanchuma, Beshalach* §28 (*Yefeh To'ar, Eitz Yosef*).

23. Which cause distress to the [God-fearing] person who hears them (*Eitz Yosef,* citing *Rashi* on the verse).

24. The verse is from a prayer of the Levites said in the presence of all of the Children of Israel, including the Men of the Great Assembly (see also *Rashi* to *Sanhedrin* 64a s.v. ויצעקו בני ישראל בקול גדול).

25. That is, the phrase implies that in addition to the worship of the Calf mentioned previously, the Israelites also provoked God by uttering blasphemies and insults against Him. The term, נְאָצָה, *provocation,* is used elsewhere in Scripture for blasphemy; see e.g., *II Kings* 19:3, *Psalms* 74:18 (*Maharzu*).

INSIGHTS

other to place a crown upon his head (*Midrash Tanchuma, Tetzaveh* §11).

Why these two marks of distinction?

Beis HaLevi explains that God was reacting to the way the Jews accepted the Torah. Rather than limiting themselves to a strictly personal commitment ("*I* will do and *I* will obey"), they undertook responsibility for their fellow Jews as well, promising to ensure that "we" — every member of our people — will do and obey. Indeed, the Sages state that "when Israel stood at Mount Sinai . . . they offered themselves as security for one another" (*Tanchuma, Yisro* §13). Recognizing their devotion, God honored them in two ways: For their own acceptance of the Torah, He gave them a crown to adorn their heads; and for guaranteeing one another's loyalty, he armed them with "weapons," symbolizing the courage and strength of character necessary to influence others.

Now, which of these commitments did the Jews violate when they stood around the Golden Calf and said, "This is your god, O Israel"? It is instructive to note that the people did not say, "This is *our* god," but "This is *your* god." The wording is significant, because genuine idolatry involves more than a bare act of worship; it requires an acceptance of the idol as a god. [See *Sanhedrin* 62b, where the Talmud establishes that even prostrating oneself to an idol does not incur the death penalty unless the perpetrator acknowledges the idol's divinity.]

Evidently, even the devotees of the Golden Calf were not quite so brazen as to cross into the forbidden territory of genuine idolatry. Thus, instead of avowing their own belief in the Calf's divinity, they imputed that belief to their fellow worshipers: "This is *your* god." As a result, no one actually committed the cardinal sin of idolatry. However, by encouraging one another to do just that, they violated their promise of "We will do," whereby they undertook to guarantee the mitzvah performance of their fellow Jews. [According to some Midrashic sources, Israel's culpability in this affair is minimized even further. These sources ascribe the Calf's idolization, as well as the statement "This is your god," to the *eirev rav* (the newly converted "mixed multitude"), leaving the Israelites themselves guilty of only the failure to protest against the show of heresy in their midst (see below, 42 §6, and *Yalkut Shimoni, Yeshayah* §450).]

In light of this account of what occurred, our Midrash becomes readily intelligible: It had been "appropriate" for our forefathers to accept responsibility not only for themselves but for one another as well by declaring, "We will do." This was not essential to their personal acceptance of the Torah, and the extra responsibility they undertook is characterized as "appropriate." Once they made this "optional" commitment, however, basic decency would dictate that they should keep it. It was therefore inappropriate for these same people to goad their fellow Jews to sin, or to allow the *eirev rav* to do so, with the statement "This is your god, O Israel." And they lost the special crown they had received for their original commitment of responsibility for others.

When recalling this incident, Daniel could only say in the name of his people, *"To You, O Lord, is the charity, and to us is the shamefacedness."*

[See, however, Insights below on 42 §5, "The Ox of the Chariot *Chayos*," and 43 §7, "The Sin of the Golden Calf," where it is explained how the Golden Calf was initially not intended to be idolatry altogether.]

אֲבָל הַקָּדוֹשׁ בָּרוּךְ הוּא יִשְׁתַּבַּח שְׁמוֹ וְיִתְעַלֶּה זִכְרוֹ אֵינוֹ כֵן, אֶלָּא הָעוֹלָם וְכָל אֲשֶׁר בּוֹ שֶׁלּוֹ, כְּמָה דְאַתְּ אָמַר (תהלים כד, א) "לַה' הָאָרֶץ וּמְלוֹאָהּ", הָאָרֶץ שֶׁלּוֹ וְהַפֵּירוֹת שֶׁלּוֹ, וְהוּא מוֹרִיד גְּשָׁמִים וּמַפְרִיחַ טְלָלִים כְּדֵי לְגַדְּלָם, וְהוּא מְשַׁמְּרָם וְהוּא עוֹשֶׂה כָּל דָּבָר, אָמַר לָהֶם הַקָּדוֹשׁ בָּרוּךְ הוּא: לֹא אָמַרְתִּי לְךָ שֶׁתִּתֵּן לִי אֶלָּא אֶחָד מֵעֲשָׂרָה מַעֲשֵׂר, אֶחָד מֵחֲמִשִּׁים תְּרוּמָה, הֱוֵי (דניאל ט, ז) "לְךָ ה' הַצְּדָקָה וְלָנוּ בֹּשֶׁת הַפָּנִים", רַבִּי יְהוּדָה אוֹמֵר: לָנוּ בּוֹשֶׁת הַפָּנִים וְשֶׁלְּךָ הַצְּדָקָה, [ב]יִשְׂרָאֵל עוֹבְרִים בַּיָּם וְכַסְפּוֹ שֶׁל צֶלֶם מִיכָה עוֹבֵר בַּיָּם, שֶׁנֶּאֱמַר (זכריה י, יא) "וְעָבַר בַּיָּם צָרָה", וְהָיָה הַיָּם נִקְרָע לִפְנֵיהֶם, הֱוֵי "לְךָ ה' הַצְּדָקָה וְלָנוּ בֹּשֶׁת הַפָּנִים", אָמַר רַבִּי שְׁמוּאֵל בַּר נַחְמָן: נָאֶה הָיָה לַאֲבוֹתֵינוּ לְקַבֵּל אֶת הַתּוֹרָה וְלוֹמַר (שמות כד, ז) "כֹּל אֲשֶׁר דִּבֶּר ה' נַעֲשֶׂה וְנִשְׁמָע", שֶׁמָּא נָאֶה הָיָה לָהֶם לוֹמַר [לב, ד] "אֵלֶּה אֱלֹהֶיךָ יִשְׂרָאֵל" אֶתְמְהָא, אוֹתָהּ שָׁעָה הָיָה מֹשֶׁה יוֹרֵד מִלְמַעְלָן, אָמַר לוֹ יְהוֹשֻׁעַ: [לב, יז] "קוֹל מִלְחָמָה בַּמַּחֲנֶה" אָמַר לוֹ מֹשֶׁה: [לב, יח] "אֵין קוֹל עֲנוֹת גְּבוּרָה", (לעיל יז יא) "וְהָיָה כַּאֲשֶׁר יָרִים מֹשֶׁה יָדוֹ וְגָבַר יִשְׂרָאֵל", [לב, יח] "אֵין קוֹל עֲנוֹת חֲלוּשָׁה", (לעיל יז, יג) "וַיַּחֲלֹשׁ יְהוֹשֻׁעַ", מַהוּ [לב, יח] "קוֹל עַנּוֹת אָנֹכִי שֹׁמֵעַ", קוֹל חֵירוּפִין וְגִידוּפִין אֲנִי שׁוֹמֵעַ, אַנְשֵׁי כְּנֶסֶת הַגְּדוֹלָה עָמְדוּ וּפֵרְשׁוּ אוֹתָהּ, (נחמיה ט, יח) "אַף כִּי עָשׂוּ לָהֶם עֵגֶל מַסֵּכָה וַיֹּאמְרוּ זֶה אֱלֹהֶיךָ יִשְׂרָאֵל אֲשֶׁר הֶעֶלְךָ מִמִּצְרָיִם", חָסֵר כְּלוּם, מַהוּ (שם) "וַיַּעֲשׂוּ נֶאָצוֹת גְּדֹלוֹת", חֵירוּפִין וְגִידוּפִין *שֶׁהָיוּ שָׁם,

עץ יוסף

אחד מחמישים תרומה מדאורייתא חטה אחת פוטרת כל הכרי. אך מדרבנן עין בינונית נותן אחד מחמשים: **רבי יהודה אומר לנו בושת הפנים שלך הצדקה.** הפך לשון הכתוב, מפני שבענין זה הבושת פנים שהוא המעשה רע קדם אצלם (והיינו צלם מיכה), ואחר כך הצדקה שאף על פי כן העבירם בים: **ושלך הצדקה.** פירוש אף על פי שלנו ואתנו הבושת הפנים, עשית אתה עמנו צדקה: **וכספו של צלם מיכה עובר בים.** דקדק בלשונו וכתב כספו של צלם מיכה, רוצה לומר לא שפסל מיכה עצמו עובר עמו, כי עדיין לא נעשה אלא בימי השופטים נעשה אלא כספו עבר בים. עוד יש לומר שכוונתו על הטס של כסף שהיה חקוק בו השם שבו עשה מיכה העגל, ואיתא במדרשות שהיה כתוב עליו עלה שור עלה שור, והוא השליכו אז לאור ויצא העגל, וכמו שפירש רש"י בחלק (סנהדרין קג, ב ד"ה זה פסלו) כשכתב משה את השם והשליכו על נילוס להעלות ארונו של יוסף בא מיכה ונטלו בהחבא, והיינו דכתיב ועבר בים צרה, כשהעביר הקדוש ברוך הוא לישראל עבר מיכה עמהם שבידו השם לעבוד העגל ע"כ. אבל לקמן בבמדבר רבה פרשה ט"ז איתא כשעברו ישראל בים צלמו של מיכה עברה עמהם, וזהו על כרחך כלשון שני שכתב רש"י בחלק, וזה לשונו, לשון אחר מיכה עשה פסל והביאו עמו כשעברו ישראל הים, עד כאן: **נאה היה לאבותינו כו'.** כוונתו להגדיל החטא שלהן שחטאו היפך טבעם, שלפי קדושת טבעם היה נאה להם לומר כל אשר דבר ה' נעשה ונשמע, ולא לאמר לעגל אלה אלהיך וגו', ולכך הביא גם כן מאמר יהושע למשה קול מלחמה במחנה, לפי שהיה ידוע ליהושע מקדושת טבעם להטיב ולא להרע, לכך לא חשדן לכף חובה אלא לכף זכות ואמר קול מלחמה במחנה כו': **אמר לו משה אין קול ענות גבורה והיה כאשר ירים משה כו'.** לפי שרצה משה לומר ליהושע כי אינה קול מלחמה אלא קול חרופין, הקדים משה לומר לו כי אין בהם זכר נפלאות ה', אלא שכחו אל מושיעם, ולא זכרו מה שגבר ישראל בזמן שהיו מסתכלים כלפי מעלה, דהיינו כאשר ירים משה ידו, כמו שדרשו ז"ל, ולא מה שנלחם יהושע הפך המערכה, והיינו ויחלוש יהושע, כדאיתא בתנחומא סוף בשלח: **קול חרופין.** ופירוש ענות דברים המענין את נפש השומען כשנאמרין לו, כדכתב רש"י בחומש שמות: **חסר כלום.** רוצה לומר מה היה מקרא חסר אם לא היה כתיב ויעשו נאצות גדולות:

פירוש מהרז"ו

אחד מחמשים תרומה. אינו מדאורייתא אלא מדרבנן, אלא שיש לו סמך בתיבת תרומה תרי ממאה, ולרבי נחמיה הפסוק כסדר מרישא לסיפא, תחלה הצדקה, ואחר כך בושת הפנים: **רבי יהודה אומר.** ובתנחומא הגירסא רבי יוסי אומר יש בושה גדולה מזו. כי יקשה לרבי נחמיה שהיה לו לומר לנו הצדקה והבושת הפנים, על כן דורש רבי יהודה מסיפא לרישא, לנו בושת הפנים בעונינו, ועם כל זה לך הצדקה: **וכספו של פסל מיכה.** בתנחומא כאן ליתא תיבת וכספו, ועיין לעיל ריש פרשה כ"ד, וגם שם ליתא עיין שם. ואפשר שמרמז למה שאמר תנחומא תשא סימן י"ט וזה לשונו, ויש אומרים שמיכה היה שנתמעך בבנין מה שהציל משה מן הלבינים, נטל הלוח שכתב עליו משה עלה שור, כשהעלה ארונו של יוסף והשליכו לתוך הכור בין הנזמים ויצא העגל וכו', ויתכן שהיה הטס של כסף: **ועבר בים צרה.** פשטא דקרא בגאולה העתידה, כמו שכתוב (פסוק י) והשיבותים וגו' אקבצם וגו' אביאם וגו', הכל בלשון עתיד ואחר כך אמר ועבר בים צרה, בלשון עבר, על כן דרש על שעברו ישראל בים סוף, ואז עבר עמהם צרה והכה בים גלים, ומה שכתוב צרה מבואר שם בריש פרשה כ"ד, עיין מה שכתבתי שם ותבין כאן: **אמר רבי שמואל בר נחמן.** בא גם כן לפרש פסוק לך ה' הצדקה וכו', שעשו העגל וחרפו וגדפו, עם כל זה לך ה' הצדקה, וכרבי יהודה מסיפא לרישא: **קול ענות גבורה וכו'.** משה השיב ליהושע שאמר קול מלחמה במחנה, על זה השיב הלא עשית אתה מלחמת עמלק, ושם היה קול ענות גבורה וקול של חלושה, וכאן אין אחד מהם, ואיך אתה אומר מלחמה במחנה: **קול חירופין.** מה שעינו והצירו בקולם, ועל פי מדה י"ז, שפירש בנחמיה נאצות גדולות, וכמו שכתוב מלכים ב י"ט ג', יום צרה ותוכחה ונאצה היום הזה, הם הניאוצין של רבשקה, וכן ועם נבל נאצו שמך (תהלים עד, יח), ינאץ אויב שמך (שם י), ועל פי מדה ט', ויעשו מעשים רעים וינאצו נאצות גדולות. גם בתיבת גדולות מרומז חרופין, כמו שאמרו חז"ל (ערכין טו, ב) מפסוק (תהלים יב, ד) לשון מדברת גדולות:

מתנות כהונה

אחד מחמשים. היא מדה בינונית בנותני תרומה: **לנו בושת כו'.** אף על פי שלנו ואתנו הבושת עשית אתה עמנו צדקה. ובתנחומא לא גרס ליה: הכי גרסינן **לקבל את התורה ולומר כל אשר כו':** **וחסר כלום.** בתמיה. ולמה לו לכתוב שוב ויעשו נאצות גדולות: **חרופין וגידופין.** כלפי מעלה כביכול. כך הוא בתנחומא:

אשד הנחלים

בנוהג שבעולם. וביאורו לך ה' הצדקה מה שאנו עושין, כי משלך אנחנו עושין צדקה, אם כן לנו בושת הפנים לבקש טובה בעבור זה: **לנו בושת הפנים ושלך הצדקה.** כאלו באורו לך ה' הצדקה להצדיקנו ולהיטיב לנו אף כי לנו בושת הפנים, שראוי לנו שנבוש במעשינו הרעים, עם כל זה תעשה עמנו צדקה בעת הזאת. ולכן מכנה ענין העבירה הזאת בשם בושת פנים, כי די בושה לנו שנעשה כך, ולכן דרש להלן גם כן נאה היה לאבותינו כו', שביאורו גם כן כי זה בושה לנו לרדת מטה מטה, ממעלה הגבוה הזאת ומאמונה רמה להעדר אמונה ככה: **גבורה והיה גו' חלושה ויחלוש כו'.** דרש שמרמז על נפילתם ממדרגתם הרמה, שאין קול ענות גבורה שנוכל לדמות כי גברו ישראל על שונאיהם, או קול ענות חלושה שצועקים הנחלשים מרוב כאבם כמו שהיה בעמלק, כי אם קול ענייה והמייה וקלות הדעת מחירופין וגדופין: **חסר כלום כו'.** מה חסר בעבירה הגדולה הזאת שאמר הכתוב ויעשו נאצות גדולות, אלא ודאי שחירפו וגדפו כלפי

חידושי הרד"ל

וכספו של צלם מיכה. אתיא דרבי יהודה כשיטת רבי אליעזר רביה דאבוה רבי אלעי דאמר בספרי בהעלותך פסקא פד ובכמה מקומות (פרשה כד, ב) עבודת כוכבים ומזלות עברה עם ישראל בים, והיינו פסלו של מיכה, והכי איתא לעיל פרשה פרשה כד ב, משמיה דרבי יהודה. וכן בפרק חלק (סנהדרין קג, ב) אמר רבי יוחנן פסלו של מיכה עבר בים. (ועיין שם בפירש"י ללשון ראשון נראה דוחק לפרש שלא דווקא הפסל עבר, רק מיכה העביר בידו השם של עלה שור על דעת לעשות עגל, וכן מראים המקראות בשופטים שמיכה עשה הפסל בזמן מאוחר, כשהיה שבט דן מבקש לו נחלה. ואפשר נוסחא דהכא כספו של צלם מיכה נכונה, ויתפרש שהכסף לשם עשיית ופסל הקדישתו אמו של מיכה מכבר ועבר עמהן בים, וגם זה לא משמע כן מהמקראות. ועיין בפסחים (קיז, א) דפשיטא ליה לרבי יוסי דבים לא עברה עבודת כוכבים והוא בשיטת רבי עקיבא רביה דפליג על רבי אליעזר בספרי שם ובכמה מקומות):

חידושי הרש"ש

רבי יהודה אומר לנו בושת הפנים כו' וכספו של פסל מיכה כו'. כי עבודת גלולים נקראת בושת, כדכתיב והבושת אכלה את יגיע אבותינו (ירמיה ג, כד), ובזה יכוונו גם בדרשות דבסמוך: **אנשי כנסת הגדולה עמדו ופרשו כו' ויאמרו אלה אלהיך אשר העלוך ממצרים.** כן צריך לומר:

באור מהרי"פ

וכספו של צלם מיכה וכו'. דקדק בלשונו וכתב כספו של צלם, כלומר, לא שפסל מיכה עצמו עבר בים כי עדיין לא נעשה, אלא בימי שופטים נעשה, כמו שמפורש (שופטים יז, ג - ד) וישב את אלף ומאה הכסף לאמו ותאמר אמו הקדש הקדשתי את הכסף לה' מידי לבני לעשות פסל ומסכה ועתה אשיבנו לך. וישב את הכסף לאמו ותקח אמו מאתים כסף ותתנהו לצורף ויעשהו פסל ומסכה ויהי בבית מיכיהו. אכן הכסף שהכינו לפסל מיכה הלזה עבר בים. תולדות נח הארוך:

מסורת המדרש

ב. סנהדרין ק"ג. ירושלמי סוכה פ"ד סוף הלכה ג'. לעיל פכ"ד. במד"ר פ' ט"ז. אדר"ן פ' ל"ד. שוח"ט מז' ק"א. תנחומא כאן סי' י"ד. וסדר ראה סימן ט"ז. מכילתא בא פרשה י"ד. וסדר בשלח פ"א. ספרי בהעלותך פסקא פ"ד. ילקוט בשלח רמז רכ"ד. ילקוט שופטים רמז ע"ד. ילקוט זכריה רמז תקע"ח. ילקוט תהלים רמז תתכ"ה:

אם למקרא

לְדָוִד מִזְמוֹר לַה' הָאָרֶץ וּמְלוֹאָהּ תֵּבֵל וְיֹשְׁבֵי בָהּ: (תהלים כד:א)

לְךָ אֲדֹנָי הַצְּדָקָה וְלָנוּ בֹּשֶׁת הַפָּנִים כַּיּוֹם הַזֶּה לְאִישׁ יְהוּדָה וּלְיוֹשְׁבֵי יְרוּשָׁלִַם וּלְכָל יִשְׂרָאֵל הַקְּרֹבִים וְהָרְחֹקִים בְּכָל הָאֲרָצוֹת אֲשֶׁר הִדַּחְתָּם שָׁם בְּמַעֲלָם אֲשֶׁר מָעֲלוּ בָךְ: (דניאל ט:ז)

וְעָבַר בַּיָּם צָרָה וְהִכָּה בַיָּם גַּלִּים וְהֹבִישׁוּ כֹּל מְצוּלוֹת יְאֹר וְהוּרַד גְּאוֹן אַשּׁוּר וְשֵׁבֶט מִצְרַיִם יָסוּר: (זכריה י:יא)

וַיִּקַּח סֵפֶר הַבְּרִית וַיִּקְרָא בְּאָזְנֵי הָעָם וַיֹּאמְרוּ כֹּל אֲשֶׁר דִּבֶּר ה' נַעֲשֶׂה וְנִשְׁמָע: (שמות כד:ז)

וְהָיָה כַּאֲשֶׁר יָרִים מֹשֶׁה יָדוֹ וְגָבַר יִשְׂרָאֵל וְכַאֲשֶׁר יָנִיחַ יָדוֹ וְגָבַר עֲמָלֵק: (לעיל יז:יא)

וַיַּחֲלֹשׁ יְהוֹשֻׁעַ אֶת עֲמָלֵק וְאֶת עַמּוֹ לְפִי חָרֶב: (לעיל יז:יג)

אַף כִּי עָשׂוּ לָהֶם עֵגֶל מַסֵּכָה וַיֹּאמְרוּ זֶה אֱלֹהֶיךָ אֲשֶׁר הֶעֶלְךָ מִמִּצְרָיִם וַיַּעֲשׂוּ נֶאָצוֹת גְּדֹלוֹת: (נחמיה ט:יח)

ענף יוסף

(א) נאה היה לאבותינו כו'. קשה והלא פשוט הוא שזה נאה וזה אינו נאה. ויש לומר דהכי פירושו נאה היה לאבותינו לקבל את התורה דוקא, שהיא מספר שש מאות ואחד עשרה מצות שהם שייכים לכבודינו, ולא עברו עליהם לחטוא בשלהם, שמא נאה היה להם לומר אלה אלהיך ישראל, רצה לומר לעשות העגל ולעבור על שני מצות אלו אנכי ה' אלהיך ולא יהיה לך אלהים

וְאַחַר כָּל מַה שֶּׁעָשׂוּ לֹא הָיָה הַמָּן צָרִיךְ לֵירֵד – Now, after all [the Israelites] had done then, the manna should not have descended from heaven. אֶלָּא מַה כְּתִיב – But what in fact is written there? "וּמַנְךָ לֹא מָנַעְתָּ מִפִּיהֶם" – *You did not withhold Your manna from their mouths* (ibid., v. 20). הֱוֵי "לְךָ ה׳ הַצְּדָקָה וְלָנוּ בֹּשֶׁת הַפָּנִים" – It is thus that, ***To You, O Lord, is the charity, and to us is the shamefacedness.***[26]

The Midrash presents a variation of the above interpretation of the verse in *Daniel*:

אָמַר רַבִּי יְהוּדָה בַּר רַבִּי שָׁלוֹם: וְדַיֶּיךָ, עַד כָּאן – **R' Yehudah son of R' Shalom said: And would not [the sin]** of the Calf **thus far have been** bad **enough for you?**[27] וְלֹא עוֹד, אֶלָּא שֶׁהָיוּ נוֹטְלִין מִן הַמָּן וּמַקְרִיבִין לִפְנֵי עֲבוֹדָה זָרָה – **But** it was **not only that,** in addition **[the Israelites] were taking from the manna and offering it before the idol,** i.e., the Golden Calf. שֶׁנֶּאֱמַר "וְלַחְמִי אֲשֶׁר נָתַתִּי לָךְ סֹלֶת וָשֶׁמֶן וּדְבַשׁ הֶאֱכַלְתִּיךְ וּנְתַתִּיהוּ לִפְנֵיהֶם לְרֵיחַ נִיחֹחַ" – **As [Scripture] states,** ***My bread that I gave you – I had fed you fine flour, oil, and honey – you placed before them for a satisfying aroma*** (*Ezekiel* 16:19).[28] וְחוֹזֵר וְיוֹרֵד בַּיּוֹם הָאַחֵר – **And yet, [the *manna*] continued to descend** from heaven **the next day.**[29] הֱוֵי "לְךָ ה׳ הַצְּדָקָה" – **It is** thus that, ***To You, O Lord, is the charity, and to us is the shamefacedness.***[30]

The Midrash offers its final exposition of the verse from *Daniel,* which connects the verse to our verse:

דָּבָר אַחֵר – **Another interpretation:** "לְךָ ה׳ הַצְּדָקָה" – ***To You, O Lord, is the charity,*** *and to us is the shamefacedness.* אָמַר רַבִּי לֵוִי: יִשְׂרָאֵל עוֹמְדִין לְמַטָּה וְחוֹקְקִים עֲבוֹדָה זָרָה לְהַכְעִיס לְיוֹצְרָם – **R' Levi said: Israel is standing** on the earth **below, and carving out idols** so as **to anger their Creator,** כְּדִכְתִיב "וַיִּקַּח מִיָּדָם וַיָּצַר אֹתוֹ בַּחֶרֶט" – **as it is written,** ***He took it from their hands and shaped it with a stylus,*** *and fashioned it into a molten calf* (below, 32:4). וְהַקָּדוֹשׁ בָּרוּךְ הוּא יוֹשֵׁב לְמַעְלָן – **And** at the same time **the Holy One, blessed is He, is sitting** in heaven **above [the Israelites],** וְחוֹקֵק לָהֶם לוּחוֹת לָתֵת לָהֶם חַיִּים – **and is carving** the two **Tablets for them** in order **to give them life,**[31] שֶׁנֶּאֱמַר "וַיִּתֵּן אֶל מֹשֶׁה כְּכַלֹּתוֹ" – **as [our verse] states,** ***When He finished*** *speaking with him on Mount Sinai,* ***He gave Moses*** *the two Tablets of Testimony.*[32] הֱוֵי "לְךָ ה׳ הַצְּדָקָה וְגוֹ׳" – **It is** thus that, ***To You, O Lord, is the charity,*** *and to us is the shamefacedness.*[33]

§2 Our verse describes the greatest gift of all time: God's gift of the Torah. The Midrash expounds a verse from *Proverbs* concerning gifts:

דָּבָר אַחֵר – **Another interpretation:** "וַיִּתֵּן אֶל מֹשֶׁה" – ***He gave Moses*** *the two Tablets of Testimony.* הָדָא הוּא דִכְתִיב "מַתָּן אָדָם יַרְחִיב לוֹ" – **Thus it is written, *A man's gift broadens [access] for him*** *and leads him before the great* (*Proverbs* 18:16).[34] מַתָּנָה שֶׁאָדָם נוֹתֵן מִשֶּׁלּוֹ יַרְחִיב לוֹ – That is, a charitable **gift that a man gives of his [property]**[35] ***broadens [access] for him*** *and leads him before the great.* מַעֲשֶׂה בְּאַבּוּן רַמָּאָה וְכוּ׳ – **There was an incident involving Avun the Deceiver etc.** כְּמוֹ שֶׁכָּתוּב בִּמְגִילַּת אֶסְתֵּר בַּמִּדְרָשׁ – **[as is written in the Midrash on *Esther*],**[36] עַד שֶׁנָּטְלוּ אוֹתוֹ וְהוֹשִׁיבוּהוּ אֶצְלָם – **. . . that [the Rabbis] took him and seated him next to themselves,** לְקַיֵּים "מַתָּן אָדָם יַרְחִיב לוֹ" – **in order to fulfill** the verse, ***A man's gift broadens [access] for him*** *and leads him before the great.*[37]

The Midrash offers an alternate interpretation of the verse from *Proverbs* in terms of a specific *man* and a specific *gift*:

דָּבָר אַחֵר – **Another interpretation:** "מַתָּן אָדָם יַרְחִיב לוֹ" – ***A man's gift broadens [access] for him*** – זֶה אַבְרָהָם – this is referring to **Abraham.** כְּשֶׁרָדַף אַחַר הַמְּלָכִים יָצָא מֶלֶךְ סְדוֹם לִקְרָאתוֹ – **When [Abraham] had** successfully **pursued the** four **kings,**[38] **the king of Sodom came out to meet him;** אָמַר לוֹ: "תֶּן לִי הַנֶּפֶשׁ וְהָרְכֻשׁ קַח לָךְ" – **he said to [Abraham], *"Give me the people and take the possessions for yourself"*** (*Genesis* 14:21).

NOTES

26. That is, God charitably gave the Israelites manna despite the shame of the Golden Calf.

27. I.e., the very fact that the Israelites worshiped the Golden Calf in any fashion would have been a severe enough sin (see *Matnos Kehunah* and *Eitz Yosef*).

28. The pronoun *them* refers to Israel's idols; see v. 7 there. [*Maharzu,* citing *Zohar,* suggests that the Golden Calf was not the only idol that the Israelites made at the time; see also *Rashi* on 32:1 below.] The phrase, וְלַחְמִי אֲשֶׁר נָתַתִּי לָךְ, *My bread that I gave you,* refers to the manna. The verse describes it as סֹלֶת וָשֶׁמֶן וּדְבַשׁ, *fine flour, oil, and honey,* because for the ill among the Israelites the manna tasted like flour mixed with oil and honey; see above, 5 §9 (*Yefeh To'ar, Eitz Yosef*).

29. The parallel passage in *Tanchuma, Ki Sisa* §14 interprets the next word in the verse there, וַיְהִי, as meaning *and it* (the manna) *was* there [again] on the next day (see *Eitz Yosef*).

30. That is, God charitably gave the Israelites manna despite their extremely shameful behavior of giving it as an offering to the Golden Calf.

31. For the Torah engraved upon the Tablets can free one from the dominion of the Angel of Death; see below, §7 (*Maharzu*); see also *Avos* 6:7. The Tablets themselves had been created at twilight on Friday eve at the end of the six days of Creation (see *Avos* 5:6), but it was only now that they were carved into their proper shape (*Eitz Yosef*).

32. The verse thus implies that God gave the Tablets to Moses only at the end of of his forty-day stay on Mount Sinai, which was not until the day after the Calf had been made; see below, 32:6ff. [This accords with the position of R' Levi in §5 below; see note 79 there.] Although the verse does not discuss the carving of the Tablets per se, the assumption is that God gave them to Moses immediately after He carved them (*Eitz Yosef*).

33. That is, despite their shameful sin God gave the Israelites the most wonderful gift, His holy Torah (*Maharzu*).

34. The gist of the verse is that when a person gives a gift he benefits himself. *Eitz Yosef* suggests that the Midrash cites it here for it is applicable to Moses' relationship to the Torah. According to the Gemara (*Nedarim* 38a) God originally gave Moses the Torah to be his alone, and Moses magnanimously shared it with all of Israel. The Midrash is indicating that it it was due to this generous gift that Moses merited his profound and all-encompassing knowledge of Torah. [For other explanations of the relevance of this verse here, see *Toldos Noach* and *Maharzu* below, s.v. מה זכו כי ירחיב.]

35. As opposed to charitable contributions made from stolen funds, which God despises; see *Isaiah* 61:8 (*Yefeh To'ar, Eitz Yosef*).

36. In our texts of *Esther Rabbah* there is no reference to anyone called "Avun the Deceiver" nor to any incident associated with the verse מַתָּן אָדָם יַרְחִיב לוֹ. However, such an incident involving Avun the Deceiver is found in *Devarim Rabbah* 4 §8; see also *Vayikra Rabbah* 5 §4 (where the protagonist is named אַבָּא יוּדָן רַמָּאי, Abba Yudan the Deceiver), and *Tanchuma, Ki Sisa* §15. As recounted there, Avun the Deceiver was a wealthy man who would refrain from participating in appeals for charity until everyone else had made their pledges, then he would match all the pledges of the others combined. His practice is termed "deception" for his original abstention would motivate the others to give more than they would have had they seen him contributing also (*Yefeh To'ar* to *Vayikra Rabbah* loc. cit., first interpretation). *Eitz Yosef* suggests that an earlier version of our Midrash may have had this reference as an abbreviation כמו שכתוב במ״א במדרש, with במ״א standing for בְּמָקוֹם אַחֵר, *another place,* meaning that the incident is written elsewhere in the Midrash but without actually giving a specific citation. The text as we have it is the result of the misinterpretation (at some point in history) of the initials במ״א as standing for בִּמְגִלַּת אֶסְתֵּר, *in the Scroll of Esther* (see, similarly, *Radal*).

37. That is, his gifts to charity give him access to, and lead him to, the Torah great. [The plain meaning of the verse is that one can gain access to powerful leaders by giving them gifts; see commentators ad loc.]

38. The kings of Shinar, Eliasar, Elam, and Goiim, who had attacked Sodom and its neighboring cities; see *Genesis* Ch. 14.

וְאַחַר כָּל מַה שֶּׁעָשׂוּ לֹא הָיָה הַמָּן צָרִיךְ לֵירֵד, אֶלָּא מַה כְּתִיב, (שם שם כ) "וּמַנְךָ לֹא מָנַעְתָּ מִפִּיהֶם", הֱוֵי (דניאל ט, ז) "לְךָ ה' הַצְּדָקָה וְלָנוּ בֹּשֶׁת הַפָּנִים", אָמַר רַבִּי יְהוּדָה בַּר רַבִּי שָׁלוֹם: וְדַיֶּיךָ, עַד כָּאן וְלֹא עוֹד, אֶלָּא שֶׁהָיוּ נוֹטְלִין מִן הַמָּן וּמַקְרִיבִין לִפְנֵי עֲבוֹדָה זָרָה, שֶׁנֶּאֱמַר (יחזקאל טז, יט) "וְלַחְמִי אֲשֶׁר נָתַתִּי לָךְ סֹלֶת וָשֶׁמֶן וּדְבַשׁ הֶאֱכַלְתִּיךְ וּנְתַתִּיהוּ לִפְנֵיהֶם לְרֵיחַ נִיחֹחַ" וְחוֹזֵר וְיוֹרֵד בַּיּוֹם הָאַחֵר, הֱוֵי "לְךָ ה' הַצְּדָקָה", דָּבָר אַחֵר, (דניאל ט, ז) "לְךָ ה' הַצְּדָקָה", אָמַר רַבִּי לֵוִי: יִשְׂרָאֵל עוֹמְדִין לְמַטָּה וְחוֹקְקִים עֲבוֹדָה זָרָה לְהַכְעִיס לְיוֹצְרָם, כִּדְכְתִיב [לב, ד] "וַיִּקַּח מִיָּדָם וַיָּצַר אֹתוֹ בַּחֶרֶט", וְהַקָּדוֹשׁ בָּרוּךְ הוּא יוֹשֵׁב לְמַעְלָן וְחוֹקֵק לָהֶם לוּחוֹת לָתֵת לָהֶם חַיִּים, שֶׁנֶּאֱמַר [לא, יח] "וַיִּתֵּן אֶל מֹשֶׁה כְּכַלֹּתוֹ", הֱוֵי "לְךָ ה' הַצְּדָקָה וְגוֹ' ":

ב דָּבָר אַחֵר, [לא, יח] "וַיִּתֵּן אֶל מֹשֶׁה", הָדָא הוּא דִכְתִיב (משלי יח, טז) "מַתָּן אָדָם יַרְחִיב לוֹ", מַתָּנָה שֶׁאָדָם נוֹתֵן מִשֶּׁלּוֹ יַרְחִיב לוֹ, מַעֲשֶׂה בְּאַבּוּן רַמָּאָה וְכוּ' כְּמוֹ שֶׁכָּתוּב בִּמְגִילַּת אֶסְתֵּר בַּמִּדְרָשׁ עַד שֶׁנָּטְלוּ אוֹתוֹ וְהוֹשִׁיבוּהוּ אֶצְלָם לְקַיֵּים "מַתָּן אָדָם יַרְחִיב לוֹ", דָּבָר אַחֵר, (שם, שם) "מַתָּן אָדָם יַרְחִיב לוֹ" זֶה אַבְרָהָם, כְּשֶׁרָדַף אַחַר הַמְּלָכִים יָצָא מֶלֶךְ סְדוֹם לִקְרָאתוֹ, אָמַר לוֹ: (בראשית יד, כא) "תֶּן לִי הַנֶּפֶשׁ וְהָרְכֻשׁ קַח לָךְ", אָמַר אַבְרָהָם: (שם, שם כב-כג) "הֲרִימֹתִי יָדִי אֶל ה' וגו' אִם מִחוּט וְעַד שְׂרוֹךְ נַעַל", [ג]אָמַר לוֹ הַקָּדוֹשׁ בָּרוּךְ הוּא: אַתָּה אוֹמֵר "אִם מִחוּט", חַיֶּיךָ בּוֹ בַּלָּשׁוֹן אֲנִי מְקַלֵּס אֶת בָּנֶיךָ,

עץ יוסף

צריך לירד. פירוש רחוי: **דייך עד כאן**. די היה ברעה שעשו, אלא שעוד הוסיפו ברעה והקריבו המן לפני העגל: **ולחמי אשר נתתי לך סלת שמן ודבש**. והיינו המן שהיו החולים טועמים אותו כסולת מעורב בדבש, כדלעיל פרשה ה': **וחוזר ויורד ביום האחר**. בתנחומא ונתתיהו לפניהם לריח ניחוח ויהי נאם ה', מהו (ויהי) וירד למחר, כמה דאת אמר (ישעיה נ"ו, יב) והיה כזה יום מחר: **וחוקק להם לוחות**. סבירא ליה שאחר שעשו העגל נתן ה' למשה הלוחות כדלקמן, ומכיון דכן בעוד שהיו עושים העגל חקקם ה', דאי מקמי הכי למה עכב את משה שם ולא נתנן לו מיד: **וחוקק להם לוחות**. והא דתנן באבות שהלוחות נבראו ערב שבת בין השמשות, היינו לוחות בלי חקיקה: **שנאמר ויתן אל משה**. לא יליף מהכא אלא שאחר מעשה העגל נתן לו הלוחות כדלקמן: **(ב) הדא הוא דכתיב מתן אדם ירחיב לו כו'**. שמה שזכה משה אל כל הכבוד הזה היה בנדיבות, ולזה הביא המדרש דמתן אדם ירחיב לו, וענין הנדיבות הוא מה שאמרו ז"ל (נדרים לח, א) בתחלה לא ניתנה תורה אלא למשה, והוא נהג בעין טובה ונתנה לישראל, והקדוש ברוך הוא שהכל צפוי לפניו נתן לו בשכר זה סתרי תורה ודבר עמו: **שאדם נותן משלו**. ולא מן הגזל דשונא גזל בעולה, ודרשו כן מדכתיב מתן אדם לומר שיהיה של אדם, ולא גזל: **באבין רמאה כו'**. שאבין נתעשר מאד, שמצא סימא על ידי טוב לבו ונדבתו שעשה בעת עניו, וזהו מתן אדם ירחיב לו אחר כך בנכסים רבים, עד שנטלו אותו והושיבוהו אצלו לקיים מתן אדם ירחיב לו ולפני גדולים ינחנו: **כמו שכתוב במגילת אסתר**. לא נמצא שם אלא בהמקומות שנרשם ביד יוסף, [ויקרא רבה פרשה ה', דברים רבה ראה, וירושלמי הוריות פרק ג', ילקוט משלי י"ח (יד יוסף)], ואפשר שהיה כתוב כמו שכתוב במ"א, והוא ראשי תיבות מקום אחר, וחשבו שהוא ראשי תיבות של מגלת אסתר: **אתה אומר אם כו'**. כלומר דבזכותו זכו בניו, והוי ליה כאילו אמר לו ה' כן: **בו בלשון אני מקלס כו'**. דעל ידי

פירוש מהרז"ו

ומנך לא מנעת. סיפא של ויעשו נאצות הנ"ל. ועיין לקמן פרשה מ"ג סימן ט, קהלת רבה פסוק שבתי וראה: **דייך עד כאן**. שחטאו בעת הצדקה והטובה, אלא שבטובה והצדקה עצמה חטאו בו: **ולחמי וגו' סולת ושמן ודבש**. הוא המן, כמו שדרש לעיל פרשה ה בסימן ט בהדיא, ועל זה אמר ונתתיהו לפניהם לריח ניחוח, היינו לפני העגל שעשו אז, שהיו שנים, כמו שכתוב אלה אלהיך, וכמו שאמרו בזוהר שהיו שור וחמור, גם אפא רבא ואפא זוטא: **דבר אחר לך ה' הצדקה**. דרשה זאת העיקר לענין הפרשה שכתוב ויתן אל משה, שנתן לו הלוחות, שהוא הצדקה היותר גדולה, שנתן לנו בעת אשר לנו בושת הפנים בעשיית העגל: **למטה וחוקקים**. ובתנחומא כאן הגירסא וחורטים, כלשון הכתוב ויצר אותו בחרט, שפירושו מלשון נייר שצייר צורת העגל בחרט, הוא כעין קולמס של ברזל, והוא ענין חקיקה, ומה שאמר ליתן להם חיים כמו שדרש לקמן פרשה זו סימן ז: **(ב) מתן אדם ירחיב לו**. וסיפא דקרא ולפני גדולים ינחנו, ויקרא רבה פרשה ה סימן ב, תנחומא סדר ראה סימן ה, והוא שייך כאן, ותנחומא כאן סימן ט"ו, ירושלמי הוריות פרק ג', דברים רבה פרשה ד סימן ח. ומה שאמר כמו שכתוב במגילת אסתר, לא מצאתי שם, והמעשה של אבין רמאה שהושיבוהו אצלם, שייך למה שכתוב בסיפא דקרא ולפני גדולים ינחנו, אך מה שכתוב מתן אדם, על זה מביא שם מעשה של אבא יודן, שהרחיב לו ונעשה עשיר, והמעשה דאבין רמאה הובא בדברים רבה א' שם, ובויקרא רבה שם לא הובאה: **זה אברהם**. שלא לקח מרכוש סדום, שוויתר להם חלקו לקדש שמו יתברך: **אתה אומר אם מחוט**. עיין בראשית רבה סוף פרשה מ"ג, ושם נסמן:

חידושי הרד"ל

[ב] כמו שכתוב במ"א במדרש. כן צריך לומר. והוא ראשי תיבות במקומות אחרים, והמעתיקים טעו וכתבו במגלת אסתר, וליתי שם, ואין מקומו שם להיות: **בו בלשון אני מקלס כו'**. ודרש זה על ירחיב לו, שמנתינה מועטת זכה לשבחים וקלוסין רחבים מפי ה':

חידושי הרש"ש

ולחמי אשר נתתי כו' ונתתיהו לפניהם. כן צריך לומר: **[ב] שאדם נותן משלו**. לאפוקי מי שגוזל וחומס ונותן צדקה משל אחרים, כדאיתא לקמן בויקרא רבה ריש פרשה ג (סימן א):

באור מהרי"פ

ולחמו וגו'. (יחזקאל טז, יז - יט) ותקחי כלי תפארתך מזהבי ומכספי אשר נתתי לך ותעשי לך צלמי זכר ותזני בם. ותקחי את בגדי רקמתיך ותכסם ושמני וקטרתי נתת לפניהם. ולחמי אשר נתתי לך סולת ושמן ודבש האכלתיך ונתתיהו לפניהם לריח ניחוח ויהי נאום ה'. **ונתתידו** פירושו, ונתת אותו לפניהם בחרט ויעשהו עגל מסכה ויאמרו אלה אלהיך ישראל אשר העלוך מארץ מצרים:

מסורת המדרש

ג. ב"ר ס"פ מ"ג וש"נ:

אם למקרא

וְרוּחֲךָ הַטּוֹבָה נָתַתָּ לְהַשְׂכִּילָם וּמַנְךָ לֹא מָנַעְתָּ מִפִּיהֶם וּמַיִם נָתַתָּה לָהֶם לִצְמָאָם: (נחמיה ט:כ)

וְלַחְמִי אֲשֶׁר נָתַתִּי לָךְ סֹלֶת וָשֶׁמֶן וּדְבַשׁ הֶאֱכַלְתִּיךְ וּנְתַתִּיהוּ לִפְנֵיהֶם לְרֵיחַ נִיחֹחַ וַיֶּהִי נְאֻם אֲדֹנָי ה': (יחזקאל טז:יט)

מַתָּן אָדָם יַרְחִיב לוֹ וְלִפְנֵי גְדֹלִים יַנְחֶנּוּ: (משלי יח:טז)

וַיֹּאמֶר מֶלֶךְ סְדֹם אֶל אַבְרָם תֶּן לִי הַנֶּפֶשׁ וְהָרְכֻשׁ קַח לָךְ: וַיֹּאמֶר אַבְרָם אֶל מֶלֶךְ סְדֹם הֲרִמֹתִי יָדִי אֶל ה' אֵל עֶלְיוֹן קֹנֵה שָׁמַיִם וָאָרֶץ: אִם מִחוּט וְעַד שְׂרוֹךְ נַעַל וְאִם אֶקַּח מִכָּל אֲשֶׁר לָךְ וְלֹא תֹאמַר אֲנִי הֶעֱשַׁרְתִּי אֶת אַבְרָם: (בראשית יד:כא-כג)

ידי משה

[ב] מתן אדם ירחיב לו. וקשה, מאי שייכות לפסוק זה כאן. ויש לומר על דרך שאמרו חכמינו ז"ל בפרק אין בין המודר (לח, א), בתחלה לא נתנה התורה אלא למשה והוא נהג עין טובה ונתנה לישראל, ומכח זה זכה משה לכל הכבוד שנתגלה לו סתרי תורה, ומיתורא דאל משה דריש, פירוש שנתן לו הקב"ה כפי מדתו שהיה חונן ונותן התורה לישראל. ודוק:

ענף יוסף

אחרים וגו', הנוגע לכבודו יתברך, בתמיה לחטוא דוקאבשלו, וזה שאמר לך רד כי שחת עמך סרו מהר מן הדרך אשר צויתים, דייקא אני בעצמי אנכי ולא יהיה לך מפי הגבורה שמעו, והם עברו ועשו עגל מסכה (לב ח' אריה):

מתנות כהונה

ודייך עד כאן. די היה ברעה שעשו ועוד הוסיפו להרע בהקריבם המן לפני העגל: הכי גרסינן **ויורד ביום האחר** גרסינן: [ב] **מעשה באבין רמאה וכו'**. עיין כל זה בויקרא רבה פרשה ה' ובפרשת ראה ובירושלמי פרק שלישי דמסכת הוריות:

אשד הנחלים

מעלה, וכלומר לא די שהאמינו בעגל, אלא אף גם כחשו בה' וחירפו אותו, כי לא חשבו אותו כאמצעי רק כעיקר: **דייך עד כאן**. כלומר כפי הראות דיו עוונם עד כאן, אלא ראה עוד עבירה יותר גדולה, שמהמן שראו בו מעשי נסים והיה להם להכיר כי מיד ה' הוא, מזה עצמו הקריבו לעבודת כוכבים, עם כל זה ירד ביום האחר עוד הפעם: **וחוקקים כו' ויצר כו'**. כי היו מעשיהם בלהט ובכישוף, וזהו שחוקקים עבודת כוכבים, וזהו להכעיס במה שהזהיר ה' שלא יכשפו, ועם כל זה באותו עת ה' חקק להם התורה שעל ידה יירשו חיים הנצחיים. והתבונן כי חשב וצייר לנו כמה ענינים, אחד כי המעשה גופא איננה טובה בשלימות בלי שום פנייה, וזהו הפירוש הראשון, עוד יותר גרוע כי כל צדקותינו כאין, כי אינם שלנו ומיד ה' הכל, עוד יותר שבשעה שימצא בהם אנשים רעים וחטאים, עם כל זה עושה לנו נסים בשביל הטובים, ואחר כך חשב עוד טובה יותר שאותן בני אדם שעשו הרעה עם כל זה השפיע להם טובה, עוד יותר טובה שמהטובה עצמו הקריבו לעבודת כוכבים, ועם כל זה השפיע להם אותה הטובה, ודי בזה בושת פנים: **[ב] מעשה באבון כו'**. עיין בויקרא פ"ה (סימן ד) שאבון נתעשר מאד, כי מצא סימא על ידי טוב לבו ונדבתו שעשה בעת עניו, וזהו מתן אדם ירחיב לו אחר כך להרחיב לבו בנכסים רבים: **אתה אומר אם מחוט חייך בו בלשון כו'**. יש להבין מהו ענין ההתיחסות הזאת, וכי בשביל שאמר בלשון הזה קילס אותם בלשון הזה, ומה כונה מצויר בזה. ואולי להיות כי אבינו אברהם הרים ידו לה', ולא חפץ ליהנות מאומה ממנו אף דבר קל שבקלות, ואמר הרימותי ידי רק לה', כי אינני מייחס הישועה לי כי אם ה' עשה לי זאת, ואם כן מדוע אקח ממך הלא לא עשיתי מאומה, ובו בלשון הזה נתקלסו שבשפתם הם אומרים ומאמינים בה' כאביהם אברהם שאמר אם מחוט, וכן מה יפו פעמיך, ודרכיך באמונה כאברהם שאמר ועד שרוך נעל, וזהו מנעלים, ולכך קראם אחר כך בת נדיב כדרשתם בתו של אברהם שהיה נדיב מאד, ודוחק:

אָמַר לוֹ הַקָּדוֹשׁ בָּרוּךְ הוּא: אַתָּה אוֹמֵר ״אִם מִחוּט״ – **The Holy One, blessed is He, said to [Abraham], "You say, '*If so much as a thread.*'** חַיֶּיךָ בּוֹ בַּלָּשׁוֹן אֲנִי מְקַלֵּס אֶת בָּנֶיךָ – **By your life, with** this same **expression I will praise your children,"**

אָמַר אַבְרָהָם: ״הֲרִימֹתִי יָדִי אֶל ה׳ וגו׳ אִם מִחוּט וְעַד שְׂרוֹךְ נַעַל״ – **Abraham responded, "*I lift up my hand to HASHEM,* *God, the Most High, Maker of heaven and earth,* ***if so much as a thread to a shoe strap;*** *or if I shall take from anything of yours!*"** (ibid., vv. 22-23).

וְאַחַר כָּל מַה שֶּׁעָשׂוּ לֹא הָיָה הַמָּן צָרִיךְ לֵירֵד, אֶלָּא מַה כְּתִיב, (שם שם כ) "וּמַנְךָ לֹא מָנַעְתָּ מִפִּיהֶם", הֱוֵי (דניאל ט, ז) "לְךָ ה' הַצְּדָקָה וְלָנוּ בֹּשֶׁת הַפָּנִים", אָמַר רַבִּי יְהוּדָה בַּר רַבִּי שָׁלוֹם: וְדַיֶּיךָ, עַד כָּאן וְלֹא עוֹד, אֶלָּא שֶׁהָיוּ נוֹטְלִין מִן הַמָּן וּמַקְרִיבִין לִפְנֵי עֲבוֹדָה זָרָה, שֶׁנֶּאֱמַר (יחזקאל טז, יט) "וְלַחְמִי אֲשֶׁר נָתַתִּי לָךְ סֹלֶת וָשֶׁמֶן וּדְבַשׁ הֶאֱכַלְתִּיךְ וּנְתַתִּיהוּ לִפְנֵיהֶם לְרֵיחַ נִיחֹחַ" וְחוֹזֵר וְיוֹרֵד בַּיּוֹם הָאַחֵר, הֱוֵי "לְךָ ה' הַצְּדָקָה", דָּבָר אַחֵר, (דניאל ט, ז) "לְךָ ה' הַצְּדָקָה", אָמַר רַבִּי לֵוִי: יִשְׂרָאֵל עוֹמְדִין לְמַטָּה וְחוֹקְקִים עֲבוֹדָה זָרָה לְהַכְעִיס לְיוֹצְרָם, כִּדְכְתִיב [לב, ד] "וַיִּקַּח מִיָּדָם וַיָּצַר אֹתוֹ בַּחֶרֶט", וְהַקָּדוֹשׁ בָּרוּךְ הוּא יוֹשֵׁב לְמַעְלָן וְחוֹקֵק לָהֶם לוּחוֹת לָתֵת לָהֶם חַיִּים, שֶׁנֶּאֱמַר [לא, יח] "וַיִּתֵּן אֶל מֹשֶׁה כְּכַלֹּתוֹ", הֱוֵי "לְךָ ה' הַצְּדָקָה וְגוֹ'":

ב דָּבָר אַחֵר, [לא, יח] "וַיִּתֵּן אֶל מֹשֶׁה", הָדָא הוּא דִכְתִיב (משלי יח, טז) "מַתָּן אָדָם יַרְחִיב לוֹ", מַתָּנָה שֶׁאָדָם נוֹתֵן מִשֶּׁלּוֹ יַרְחִיב לוֹ, מַעֲשֶׂה בְּאַבּוּן רַמָּאָה וְכוּ' כְּמוֹ שֶׁכָּתוּב בִּמְגִילַּת אֶסְתֵּר בַּמִּדְרָשׁ עַד שֶׁנָּטְלוּ אוֹתוֹ וְהוֹשִׁיבוּהוּ אֶצְלָם לְקַיֵּם "מַתָּן אָדָם יַרְחִיב לוֹ", דָּבָר אַחֵר, (שם, שם) "מַתָּן אָדָם יַרְחִיב לוֹ" זֶה אַבְרָהָם, כְּשֶׁרָדַף אַחַר הַמְּלָכִים יָצָא מֶלֶךְ סְדוֹם לִקְרָאתוֹ, אָמַר לוֹ: (בראשית יד, כא) "תֶּן לִי הַנֶּפֶשׁ וְהָרְכֻשׁ קַח לָךְ", אָמַר אַבְרָהָם: (שם, שם כב-כג) "הֲרִימֹתִי יָדִי אֶל ה' וגו' אִם מִחוּט וְעַד שְׂרוֹךְ נַעַל", [ג]אָמַר לוֹ הַקָּדוֹשׁ בָּרוּךְ הוּא: אַתָּה אוֹמֵר "אִם מִחוּט", חַיֶּיךָ בּוֹ בַּלָּשׁוֹן אֲנִי מְקַלֵּס אֶת בָּנֶיךָ,

עץ יוסף

צריך לירד. פירוש ראוי: **דייך עד כאן.** די היה ברעה שעשו, אלא שעוד הוסיפו ברעה והקריבו המן לפני העגל: **ולחמי אשר נתתי לך סלת שמן ודבש.** והיינו המן שהיו החולים טועמים אותו כסולת מעורב בדבש, כדלעיל פרשה ה': **וחוזר ויורד ביום האחר.** בתנחומא ונתתיהו לפניהם לריח ניחוח ויהי נאם ה', מהו (ויהי) וירד למחר, כמה דאת אמר (ישעיה כ"ו, יב) והיה כזה יום מחר: **וחוקק להם לוחות.** סבירא ליה שאחר שעשו העגל נתן ה' למשה הלוחות כדלקמן, ומכיון דכן בעוד שהיו עושים העגל חקקם ה', דאי מקמי הכי למה עכב את משה שם ולא נתנן לו מיד: **וחוקק להם לוחות.** והא דתנן באבות שהלוחות נבראו ערב שבת בין השמשות, היינו לוחות בלי חקיקה: **שנאמר ויתן אל משה.** לא יליף מהכא אלא שאחר מעשה העגל נתן לו הלוחות כדלקמן: **(ב) הדא הוא דכתיב מתן אדם ירחיב לו כו'.** שמה שזכה משה אל כל הכבוד הזה היה בנדיבות, ולזה הביא המדרש דמתן אדם ירחיב לו, וענין הנדיבות הוא מה שאמרו ז"ל (נדרים לח, א) בתחלה לא ניתנה תורה אלא למשה, והוא נהג בעין טובה ונתנה לישראל, והקדוש ברוך הוא שהכל לפוי לפניו נתן לו בשכר זה סתרי תורה ודבר עמו: **שאדם נותן משלו.** ולא מן הגזל דשונא גזל בעולה, ודרשו כן מדכתיב מתן אדם לומר שיהיה של אדם, ולא גזל: **באבין רמאה כו'.** שאבין נתעשר מאד, שמצא סימא על ידי טוב לבו ונדבתו שעשה בעת עניו, וזהו מתן אדם ירחיב לו אחר כך בנכסים רבים, עד שנטלו אותו והושיבוהו אצלו לקיים מתן אדם ירחיב לו ולפני גדולים ינחנו: **כמו שכתוב במגילת אסתר.** לא נמצא שם אלא בהמקומות שנרשם ביד יוסף, [ויקרא רבה פרשה ה', דברים רבה ראה, וירושלמי הוריות פרק ג', ילקוט משלי י"ח (יד יוסף)], ואפשר שהיה כתוב כמו שכתוב במ"א, והוא ראשי תיבות מקום אחר, וחשבו שהוא ראשי תיבות של מגלת אסתר: **אתה אומר אם כו'.** כלומר דבזכותו זכו בניו, והוי ליה כאילו אמר לו ה' כן: **בו בלשון אני מקלס כו'.** דעל ידי

פירוש מהרז"ו

ומנך לא מנעת. סיפא של ויעשו כאלות הנ"ל. ועיין לקמן פרשה מ"ג סימן ט, קהלת רבה פסוק שבתי וראה: **דייך עד כאן.** שחטאו בעת הצדקה והטובה, אלא שבטובה והצדקה עצמה חטאו בו: **ולחמי וגו' סולת ושמן ודבש.** הוא המן, כמו שדרש לעיל פרשה ה בסימן ט בהדיא, ועל זה אמר ונתתיהו לפניהם לריח ניחוח, היינו לפני העגל שעשו אז, שהיו שנים, כמו שכתוב אלה אלהיך, וכמו שאמרו בזוהר שהיו שור וחמור, גם אפא רבא ואפא זוטא: **דבר אחר לך ה' הצדקה.** דרשה זאת העיקר לענין הפרשה שכתוב ויתן אל משה, שנתן לו הלוחות, שהוא הצדקה היותר גדולה, שנתן לנו בעת אשר לנו בושת הפנים בעשיית העגל: **למטה וחוקקים.** ובתנחומא כאן הגירסא וחורטים, כלשון הכתוב ויצר אותו בחרט, שפירושו מלשון צייר שצייר צורת העגל בחרט, הוא כעין קולמס של ברזל, והוא ענין חקיקה, ומה שאמר ליתן להם חיים כמו שדרש לקמן פרשה זו סימן ז: **(ב) מתן אדם ירחיב לו.** וסיפא דקרא ולפני גדולים ינחנו, ויקרא רבה פרשה ה סימן ב, תנחומא סדר ראה סימן ה, והוא שייך כאן, ותנחומא כאן סימן ט"ו, ירושלמי הוריות פרק ג', דברים רבה פרשה ד סימן ח. ומה שאמר כמו שכתוב במגילת אסתר, לא מצאתי שם, והמעשה של אבין רמאה שהושיבוהו אצלם, שייך למה שכתוב בסיפא דקרא ולפני גדולים ינחנו, אך מה שכתוב מתן אדם, על זה מביא שם מעשה של אבא יודן, שהרחיב לו ונעשה עשיר, והמעשה דאבין רמאה הובא בדברים רבה ח' שם, ובויקרא רבה שם לא הובא: **זה אברהם.** שלא לקח מרכוש סדום, שוויתר להם חלקו לקדש שמו יתברך: **אתה אומר אם מחוט.** עיין בראשית רבה סוף פרשה מ"ג, ושם נסמן:

חידושי הרד"ל

[ב] כמו שכתוב במ"א במדרש. כן צריך לומר. והוא ראשי תיבות במקומות אחרים, והמעתיקים טעו וכתבו במגלת אסתר, וליתי שם, ואין מקומו שם להיות: **בו בלשון אני מקלס כו'.** ודרש זה על ירחיב לו, שמנתינה מועטת זכה לשבחים וקלוסין רחבים מפי ה':

חידושי הרש"ש

ולחמי אשר נתתי כו' ונתתיהו לפניהם. כן צריך לומר: **[ב] שאדם נותן משלו.** לאפוקי מי שגוזל וחומס ונותן צדקה משל אחרים, כדאיתא לקמן בויקרא רבה ריש פרשה ג (סימן א):

באור מהרי"פ

ולחמו וגו'. ויחזקאל טז, יז - יט) ותקחי כלי תפארתך מזהבי ומכספי אשר נתתי לך ותעשי לך צלמי זכר ותזני בם. ותקחי את בגדי רקמתיך ותכסם ושמני וקטרתי נתת לפניהם. ולחמי אשר נתתי לך סולת ושמן ודבש האכלתיך ונתתיהו לפניהם לריח ניחוח ויהי נאום ה'. **ונתתיהו** פירושו, ונתת אותו לפניהם בחרט ויעשהו עגל מסכה ויאמרו אלה אלהיך ישראל אשר העלוך מארץ מצרים:

מסורת המדרש

ג. ב"ר ס"פ מ"ג וש"נ:

אם למקרא

וְרוּחֲךָ הַטּוֹבָה נָתַתָּ לְהַשְׂכִּילָם וּמַנְךָ לֹא מָנַעְתָּ מִפִּיהֶם וּמַיִם נָתַתָּה לָהֶם לִצְמָאָם: (נחמיה ט:כ)

וְלַחְמִי אֲשֶׁר נָתַתִּי לָךְ סֹלֶת וָשֶׁמֶן וּדְבַשׁ הֶאֱכַלְתִּיךְ וּנְתַתִּיהוּ לִפְנֵיהֶם לְרֵיחַ נִיחֹחַ וַיֶּהִי נְאֻם אֲדֹנָי ה': (יחזקאל טז:יט)

מַתָּן אָדָם יַרְחִיב לוֹ וְלִפְנֵי גְדֹלִים יַנְחֶנּוּ: (משלי יח:טז)

וַיֹּאמֶר מֶלֶךְ סְדֹם אֶל אַבְרָם תֶּן לִי הַנֶּפֶשׁ וְהָרְכֻשׁ קַח לָךְ: וַיֹּאמֶר אַבְרָם אֶל מֶלֶךְ סְדֹם הֲרִמֹתִי יָדִי אֶל ה' אֵל עֶלְיוֹן קֹנֵה שָׁמַיִם וָאָרֶץ: אִם מִחוּט וְעַד שְׂרוֹךְ נַעַל וְאִם אֶקַּח מִכָּל אֲשֶׁר לָךְ וְלֹא תֹאמַר אֲנִי הֶעֱשַׁרְתִּי אֶת אַבְרָם: (בראשית יד:כא-כג)

ידי משה

[ב] מתן אדם ירחיב לו. וקשה, מאי שייכות לפסוק זה כאן. ויש לומר על דרך שאמרו חכמינו ז"ל בפרק אין בין המודר (לח, א), בתחלה לא נתנה התורה אלא למשה והוא נהג עין טובה ונתנה לישראל, ומכח זה זכה משה לכל הכבוד שנתגלה לו סתרי תורה, ומיתורא דאל משה דריש, פירוש שנתן לו הקב"ה כפי מדתו שהיה חונן ונותן התורה לישראל. ודוק:

ענף יוסף

אחרים וגו', הנוגע לכבודו יתברך, בתמיה לחטוא דוקאבשלו, וזה שאמר לך רד כי שחת עמך סרו מהר מן הדרך אשר צויתים, דייקא אני בעצמי אנכי ולא יהיה לך מפי הגבורה שמעו, והם עברו ועשו עגל מסכה (לב אריה):

מתנות כהונה

ודייך עד כאן. די היה ברעה שעשו ועוד הוסיפו להרע בהקריבם המן לפני העגל: הכי גרסינן **ויורד ביום האחר** גרסינן: [ב] **מעשה באבין רמאה וכו'.** עיין כל זה בויקרא רבה פרשה ה' ובפרשת ראה ובירושלמי פרק שלישי דמסכת הוריות:

אשד הנחלים

מעלה, וכלומר לא די שהאמינו בעגל, אלא אף גם כחשו בה' וחירפו אותו, כי לא חשבו אותו כאמצעי רק כעיקר: **דייך עד כאן.** כלומר כפי הראות דיו עוונם עד כאן, אלא ראה עוד עבירה יותר גדולה, שמהמן שראו בו מעשי נסים והיה להם להכיר כי מיד ה' הוא, מזה עצמו הקריבו לעבודת כוכבים, עם כל זה ירד ביום האחר עוד הפעם: **וחוקקים כו' ויצר כו'.** כי היו מעשיהם בלהט ובכישוף, וזהו שחוקקים עבודת כוכבים, וזהו להכעיס במה שהזהיר ה' שלא יכשפו, ועם כל זה באותו עת ה' חקק להם התורה שעל ידה יירשו חיים הנצחיים. והתבונן כי חשב וצייר לנו כמה ענינים, אחד כי המעשה גופא איננה טובה בשלימות בלי שום פנייה, וזהו הפירוש הראשון, עוד יותר גרוע כי כל צדקותינו כאין, כי אינם שלנו ומיד ה' הכל, עוד יותר שבשעה שימצא בהם אנשים רעים וחטאים, עם כל זה עושה לנו נסים בשביל הטובים, ואחר כך חשב עוד טובה יותר שאותן בני אדם שעשו הרעה עם כל זה השפיע להם טובה, עוד יותר טובה שמהטובה עצמו הקריבו לעבודת כוכבים, ועם כל זה השפיע להם אותה הטובה, ודי בזה בושת פנים: **[ב] מעשה באבון כו'.** עיין בויקרא פ"ה (סימן ד) שאבון נתעשר מאד, כי מצא סימא על ידי טוב לבו ונדבתו שעשה בעת עניו, וזהו מתן אדם ירחיב לו אחר כך להרחיב לבו בנכסים רבים: **אתה אומר אם מחוט חייך בו בלשון כו'.** יש להבין מהו ענין ההתיחסות הזאת, וכי בשביל שאמר בלשון הזה קילס אותם בלשון הזה, ומה כונה מצויר בזה. ואולי להיות כי אבינו אברהם הרים ידו לה', ולא חפץ ליהנות מאומה ממנו אף דבר קל שבקלות, ואמר הרימותי ידי רק לה', כי אינני מייחס הישועה לי כי אם ה' עשה לי זאת, ואם כן מדוע אקח ממך הלא לא עשיתי מאומה, ובו בלשון הזה נתקלסו שבשפתם הם אומרים ומאמינים בה' כאביהם אברהם שאמר אם מחוט, וכן מה יפו פעמיך, ודרכיך באמונה כאברהם שאמר ועד שרוך נעל, וזהו מנעלים, ולכך קראם אחר כך בת נדיב כדרשתם בתו של אברהם שהיה נדיב מאד, ודוחק:

שֶׁנֶּאֱמַר ״כְּחוּט הַשָּׁנִי שִׂפְתוֹתַיִךְ״ – as [Scripture] states, ***Your lips are like a thread of scarlet*** (*Song of Songs* 4:3).[39] אַתָּה אָמַרְתָּ – "Furthermore, you said, ״עַד שְׂרוֹךְ נַעַל״ – ***'to a shoe strap,'*** בּוֹ בְּלָשׁוֹן אֲנִי מְקַלֵּס אֶת בָּנֶיךָ – **with this** same **expression I will praise your children,"** שֶׁנֶּאֱמַר ״מַה יָּפוּ פְעָמַיִךְ בַּנְּעָלִים״ – as **[Scripture] states, *How lovely are your footsteps in shoes, O daughter of nobility*** (ibid. 7:2).[40] הֱוֵי ״מַתָּן אָדָם יַרְחִיב לוֹ״ – **It is** thus, ***A man's gift broadens for him.***[41]

Another exposition of the verse from *Proverbs,* regarding a different *"man"* and a different *"gift"*:

דָּבָר אַחֵר – **Another interpretation:** ״מַתָּן אָדָם יַרְחִיב לוֹ״, אֵלּוּ יִשְׂרָאֵל – ***A man's gift broadens for him*** – **this is** referring to **Israel.** בְּשָׁעָה שֶׁאָמַר לָהֶם מֹשֶׁה לְהָבִיא נְדָבָה לַמִּשְׁכָּן, מַה כְּתִיב – **What is written** in Scripture **regarding the time that Moses told [Israel] to bring donations for the Tabernacle?** ״וְהֵם הֵבִיאוּ אֵלָיו עוֹד נְדָבָה בַּבֹּקֶר בַּבֹּקֶר״ – ***And they continued to bring him free-willed gifts morning after morning*** (below, 36:3). אָמַר רַבִּי יוֹחָנָן: לִשְׁנֵי בְקָרִים הֵבִיאוּ כָּל מְלֶאכֶת הַמִּשְׁכָּן – **R' Yochanan said: Within** just **two mornings, [Israel] had brought all** the materials needed for the **building of the Tabernacle.**[42] מַה זָּכוּ – **What** reward **did [the Israelites] merit** as a result of this alacritous response? לְהַרְחִיב הַקָּדוֹשׁ בָּרוּךְ הוּא אֶת גְּבוּלָן – That **the Holy One, blessed is He, shall broaden their boundaries,** שֶׁנֶּאֱמַר ״כִּי יַרְחִיב ה׳ אֱלֹהֶיךָ אֶת גְּבֻלְךָ״ – **as [Scripture] states, *When HASHEM, your God, will broaden your boundary** as He spoke to you* (*Deuteronomy* 12:20), שֶׁל כָּל אֶחָד וְאֶחָד – which means, **the boundary of each and every individual.**[43] הֱוֵי ״מַתָּן אָדָם יַרְחִיב לוֹ״ – **It is** thus, ***A man's gift broadens for him.***

The Midrash discusses God's various gifts to the world, among them the gift of the Torah mentioned in our verse:

רַבִּי יוֹנָתָן אוֹמֵר: ג׳ דְּבָרִים נִתְּנוּ מַתָּנָה – **R' Yonasan says:** Each of **three things were given** by God **as a gift** [מַתָּנָה]:[44] הַגְּשָׁמִים וְהַמְּאוֹרוֹת וְהַתּוֹרָה – **the rains, the** celestial **luminaries** (i.e., the sun, the moon, and the stars), **and the Torah.**[45] גְּשָׁמִים מִנַּיִן – **From where is it known** that **rain** is a gift? שֶׁנֶּאֱמַר ״וְנָתַתִּי גִשְׁמֵיכֶם בְּעִתָּם״ – **As [Scripture] states, *Then I will provide*** [נָתַתִּי], ***your rains in their time*** (*Leviticus* 26:4).[46] מְאוֹרוֹת מִנַּיִן – **From where is it known** that the celestial **luminaries** are a gift? שֶׁנֶּאֱמַר ״וַיִּתֵּן אוֹתָם אֱלֹהִים בִּרְקִיעַ הַשָּׁמַיִם״ – **For it is written, *And God set*** [וַיִּתֵּן] ***them in the firmament of the heaven to give light upon the earth*** (*Genesis* 1:17).[47] תּוֹרָה מִנַּיִן – **From where is it known** that the **Torah** is a gift? שֶׁנֶּאֱמַר ״וַיִּתֵּן אֶל מֹשֶׁה״ – **As [Scripture] states, *He gave Moses** the two Tablets of Testimony.*[48] וְרַבִּי עֲזַרְיָה בְּשֵׁם רַבִּי שִׁמְעוֹן אוֹמֵר: אַף שָׁלוֹם – **R' Azaryah says in the name of R' Shimon: Also peace** is given as a gift, שֶׁנֶּאֱמַר ״וְנָתַתִּי שָׁלוֹם בָּאָרֶץ״ – **as [Scripture] states, *I will provide*** [נָתַתִּי] ***peace in the land*** (*Leviticus* 26:6).[49]

§3 The Midrash presents two expositions of another verse from *Proverbs,* the second of which concerns our verse:

דָּבָר אַחֵר – **Another interpretation:** ״וַיִּתֵּן אֶל מֹשֶׁה״ – ***He gave Moses*** *the two Tablets of Testimony.* הָדָא הוּא דִכְתִיב ״כִּי ה׳ יִתֵּן חָכְמָה, מִפִּיו דַּעַת וּתְבוּנָה״ – **Thus it is written, *For HASHEM grants wisdom; from His mouth intelligence and understanding*** (*Proverbs* 2:6). גְּדוֹלָה הַחָכְמָה, וּגְדוֹלָה מִמֶּנָּה הַדַּעַת וְהַתְּבוּנָה – **Great is wisdom, but greater than [wisdom] is intelligence and understanding.**[50] הֱוֵי ״כִּי ה׳ יִתֵּן חָכְמָה״ – **It is** thus that, ***For HASHEM grants wisdom,***

NOTES

39. An allegorical reference to the Torah study and songs of praise uttered by Israel's lips (*Maharzu*).

40. An allegorical reference to Israel's festival pilgrimages to the Temple (*Maharzu*); see *Succah* 49b. The Midrash does not mean that God actually said these words to Abraham. Rather, it is a metaphor meaning that it was in Abraham's merit that the Jewish people attained these attributes (*Eitz Yosef*).

41. I.e., Abraham's "gift," his forfeiture of his right to the spoils, which he did in order to sanctify God's Name, merited for him the expansion of his spiritual acquisitions, granting his descendants these additional attributes (*Maharzu*).

42. As indicated by the double wording, בַּבֹּקֶר בַּבֹּקֶר, *morning after morning* (*Matnos Kehunah*). That is, from the time that Moses first told them to bring donations for the Tabernacle until the second morning thereafter (see *Yefeh To'ar* and *Eitz Yosef*). The Israelites were unable to bring all that was required any quicker than that, for some items, such as the dyed threads, required special preparation (*Maharzu*).

43. As is indicated by Scripture's use of the second person singular, גְּבוּלְךָ, instead of the plural form, גְּבוּלְכֶם (*Matnos Kehunah, Eitz Yosef*). The verse thus indicates that not only will the territory inhabited by Israel as a whole be enlarged but even that each individual will have a large estate (see *Yefeh To'ar*). Alternatively, גְּבוּלְךָ, *your boundary,* refers not to the individual's portion of the land but to his personal wealth in general; see *Rashi* ad loc. (*Toldos Noach*). Although the verse does not explicitly state that this is a reward for their donations to the Tabernacle, the Midrash assumes as much, for a large portion (of land or of wealth) is a fitting repayment for generosity, in accordance with the principle of מִדָּה כְּנֶגֶד מִדָּה, *measure for measure* (*Yefeh To'ar*).

Although the generation that donated for the construction of the Tabernacle died in the Wilderness and did not enter the Land, the verse applies to them as well, for they will receive a portion in the Land after the revivification of the dead (*Eitz Yosef*).

44. I.e., God gave them to the world even though the world was inherently unworthy and undeserving of them (*Eitz Yosef*).

45. These three items are indispensable to the existence of the world: water and light for man's physical survival and well-being, Torah for his spiritual well-being (ibid.).

46. The word נָתַתִּי, *I will provide* (lit., *give*), is cognate to the word מַתָּנָה, *gift.* [The Midrash interprets נָתַתִּי here in the sense of "gift" since Scripture did not use more neutral wording like, וְהִמְטַרְתִּי, "I will cause it to rain," which does not have any connotation of a gift.]

47. Similarly, the word וַיִּתֵּן, *And [God] set,* (lit., *give*), is cognate to the word מַתָּנָה, *gift.* The Midrash interprets וַיִּתֵּן in the sense of "gift" since the verse could have used the more neutral term וַיָּשֶׂם, "and [God] placed" (*Eitz Yosef*).

48. Here, too, the Midrash interprets וַיִּתֵּן in the sense of "gift" since Scripture does not use the more neutral term וַיָּשֶׂם לִפְנֵי מֹשֶׁה, "and [God] placed [the two Tablets] before Moses" (ibid.).

49. [For here, as well, the verse could have used a neutral wording like, וְשַׂמְתִּי שָׁלוֹם, "I will place peace."]

50. According to *Rashi* on v. 3 above (cited here by *Yefeh To'ar* and *Eitz Yosef*) חָכְמָה, *wisdom,* refers to that which a person learns from others, תְּבוּנָה, *understanding,* refers to one's ability to discern one thing from another, while דַּעַת, *intelligence,* refers to Divine Inspiration.

שֶׁנֶּאֱמַר (שיר השירים ד, ג) "כְּחוּט הַשָּׁנִי שִׂפְתוֹתַיִךְ", אַתָּה אָמַרְתָּ "עַד שְׁרוֹךְ נַעַל", בּוֹ בַּלָּשׁוֹן אֲנִי מְקַלֵּס אֶת בָּנֶיךָ, שֶׁנֶּאֱמַר (שם ז, ב) "מַה יָּפוּ פְעָמַיִךְ בַּנְּעָלִים", הֱוֵי "מַתָּן אָדָם יַרְחִיב לוֹ", דָּבָר אַחֵר, (משלי יח, טז) "מַתָּן אָדָם יַרְחִיב לוֹ", אֵלּוּ יִשְׂרָאֵל בְּשָׁעָה שֶׁאָמַר לָהֶם מֹשֶׁה לְהָבִיא נְדָבָה לַמִּשְׁכָּן, מַה כְּתִיב (לקמן לו, ג) "וְהֵם הֵבִיאוּ אֵלָיו עוֹד נְדָבָה בַּבֹּקֶר בַּבֹּקֶר", אָמַר רַבִּי יוֹחָנָן: לִשְׁנֵי בְקָרִים הֵבִיאוּ כָּל מְלֶאכֶת הַמִּשְׁכָּן, מַה זָּכוּ, לְהַרְחִיב הַקָּדוֹשׁ בָּרוּךְ הוּא אֶת גְּבוּלָן, שֶׁנֶּאֱמַר (דברים יב, כ) "כִּי יַרְחִיב ה' אֱלֹהֶיךָ אֶת גְּבֻלְךָ" שֶׁל כָּל אֶחָד וְאֶחָד, הֱוֵי "מַתָּן אָדָם יַרְחִיב לוֹ", רַבִּי יוֹנָתָן אוֹמֵר: ד ג' דְּבָרִים נִתְּנוּ מַתָּנָה, הַגְּשָׁמִים וְהַמְּאוֹרוֹת וְהַתּוֹרָה, גְּשָׁמִים מִנַּיִן, שֶׁנֶּאֱמַר (ויקרא כו, ד) "וְנָתַתִּי גִשְׁמֵיכֶם בְּעִתָּם", מְאוֹרוֹת מִנַּיִן, שֶׁנֶּאֱמַר (בראשית א, יז) "וַיִּתֵּן אוֹתָם אֱלֹהִים בִּרְקִיעַ הַשָּׁמַיִם", תּוֹרָה מִנַּיִן, שֶׁנֶּאֱמַר [לא, יח] "וַיִּתֵּן אֶל מֹשֶׁה", וְרַבִּי עֲזַרְיָה בְּשֵׁם רַבִּי שִׁמְעוֹן אוֹמֵר: אַף שָׁלוֹם, שֶׁנֶּאֱמַר (ויקרא כו, ו) "וְנָתַתִּי שָׁלוֹם בָּאָרֶץ":

ג דָּבָר אַחֵר, [לא, יח] "וַיִּתֵּן אֶל מֹשֶׁה", הָדָא הוּא דִכְתִיב (משלי ב, ו) ה "כִּי ה' יִתֵּן חָכְמָה, מִפִּיו דַּעַת וּתְבוּנָה", גְּדוֹלָה הַחָכְמָה, וּגְדוֹלָה מִמֶּנָּה הַדַּעַת וְהַתְּבוּנָה, הֱוֵי "כִּי ה' יִתֵּן חָכְמָה",

עץ יוסף

שהקילום הוא בלשון שאמר אברהם יזכר למו זכותו, וזה הוא פירוש סיפא דקרא ומדברך נאוה, רוצה לומר שבא להזכיר זכות של אברהם שאמר אם מחוט וגו', וזה שאמר כחוט השני וגו', וכן הפסוק השני מה יפו פעמיך בנעלים על ידי כך יזכור למו שהם בת נדיב זה אברהם וכו': **לשני בקרים.** מפני שהיום הראשון לא נתפרש אי היה בהשכמה או לא, לא חש להזכירו כאן שידענו דשני בקרים היינו זולת היום שלא נזכר בו בקר: **גבול של כל אחד ואחד.** שלעתיד אפילו גבול כל יחיד יהיה גדול, וכדשנו בפרק יש נוחלין, ועושי המשכן עצמם שמתו אז יזכו שהם חיים לימות המשיח, כמו שאמר בפרק קמא דיומא (ה, ב) מי לא אתו משה ואהרן בהדייהו: **גבול של כל אחד ואחד.** דייק מדכתיב גבולך לשון יחיד דהוי ליה לומר גבולכם: **שלשה דברים נתנו מתנה לעולם.** שהעולם בלתי כדאי לעכבם אילולא שחננם ה' לעולם, כנותן מתנה בלי תשלומין: **שלשה דברים כו'.** פירוש למעוטי שאר דברים דקחשיב בבראשית רבה פרשה ו' סימן ז', עיין שם: **הגשמים והמאורות.** הקדים גשמים למאורות, אף שהמאורות היו קודמין לבריאת העולם, כדי להסמיך מאורות לתורה, על שם כי נר מצוה ותורה אור: **ויתן אותם אלהים.** דהוי ליה למימר וישם אותה: **שנאמר ויתן אל משה.** דהוה ליה למימר וישם לפני משה, וכתיב ויתן למימר דהוה מתנה, והנה חשב כאן שלשה ענינים כוללים, הגשמים הם עיקר חיות העולם שבלעדם אין קיום העולם, וניתנה במתנה להם להוריד בזכותם ובמעשיהם, וכן המאורות הם גם כן עיקר הקיום, כי אלולי האור אין תועלת בעולם ואין הנאה ותענוג מכל מאויו בעולם, והם ניתנו במתנה שיאירו תמיד ולא כעניינים הפרטים שיעזרו לפעמים בהמציאות כי אפשר מבלעדם, וכל זה בעניינים הגופניים, והעיקר השלישי הוא התורה שהיא שלימות הנפשיי ואור האמיתי שניתנה במתנה מבלי זכות, ואחר שניתנה היא ביד האדם ובכחו להשיגה מה שלא היה בכח השכל להשיגה מעצמה, ולכן כתיב בשלשתן לשון מתנה: **(ג) הדא הוא דכתיב כי ה' יתן חכמה.** כדמסיק שנדרש מקרא זה על ישראל שלמדם ה' משה לפה, דהיינו מפיו דעת ותבונה והיינו סתרי תורה, ואיידי דמייתי ליה דריש ליה בהא דרבי יצחק ורבי לוי: **גדולה החכמה וגדולה ממנה כו'.** מדחלקו לשני בבות שמע מינה שזה גדול מזה, והנה רש"י פירש שחכמה הוא מה שאדם שומע מאחרים ולמד, תבונה מבין דבר מתוך דבר מלבו, ודעת היינו רוח הקודש:

פירוש מהרז"ו

כחוט השני. שזה משל לומר שיזכו ללמוד תורה, ולומר שירה בשפתים: **מה יפו פעמיך בנעלים.** כשעולים ברגלים, וזהו ירחיב לו, שיתן לבניו מתנות אלו, וזה על פי מדת ממעל ומנגד: **לשני בקרים.** על פי מדה י', לשני בקרים ולא יותר, והדבר למוד מסופו דקאי על כל נדבה, (ועכ"ו) [ועם כל זה] היה עוד ויותר. ומה שהביאו בבוקר דווקא, כמו שאמרו בריש פסחים (ד, א) שכל זריזות מקדימין, ומה שלא הביאו לבקר אחד, כי דברים רבים שהוצרכו לתקן, לטוות התכלת והעזים הביאו בבקר שני. ועיין ויקרא רבה פרשה ח סימן ב, ובמדבר רבה פרשה א סימן י, ופרשה י"ב סימן ט"ז, מדרש תהלים סוף מזמור ק"א: **מה זכו כי ירחיב וגו'.** עיין דברים רבה פרשה ד סוף סימן א', שלמד במקומו על פי סמוכים, כמו שכתוב (דברים יב, יט) השמר פן תעזוב את הלוי, וסמך ליה כי ירחיב ה', ומתנות הלוי על שעבד במשכן ובמקדש, וכן כאן בנדבת המשכן, וקל וחומר הוא, ושייכות הדרשה לכאן, מצאתי בתנחומא ראה סימן ה, שמשם הועתק מאמר זה כולו לבד סופו, שהוא עיקר וחסר כאן, וזה לשונו שם על כי ירחיב וגו', מה זכו וכו' בזכות מה הוא מרחיבן, כאשר דבר לך בזכות עשרת הדברות שקבלתים עכ"ל. והנה אצל הדברות לא כתיב נתינה, רק כאן ויתן אל משה, שהיה כתוב עליהם עשרת הדברות, ובזכות זה כי ירחיב: **שלשה דברים נתנו.** בראשית רבה פרשה ו סימן ה ושם מבואר: **(ג) מפיו דעת ותבונה.** שתי חשיבות. אחת על שהוא מפיו, והשני שהדעת ותבונה יקרים מהחכמה:

מתנות כהונה

לשני בקרים. דכתיב בבקר בבקר: **של כל אחד ואחד.** דייק מדכתיב גבולך לשון יחיד והיה לו לומר גבולכם מלמד שאחר שקבל כל אחד ואחד מדת נחלתו היה מתרחב מאליו:

אשד הנחלים

אלו ישראל כו' עוד כו'. כלומר הם התאמצו עוד יותר ממה שציום משה, ועוד בבקר בבקר לשני בקרים, שמיהרו בנתינה מרוב חפצם ליתן, ובזה זכו להרחיב גבולם, וחשב כמה דברים אחד כי הנתינה ירחיב לו בהון רב כאבון, השני מתן אדם אם אינו חפץ לקחת משום אדם כאברהם, השלישי אם הנתינה הוא בלב טוב: **נתנו מתנה.** שם מתנה הוא דבר שאין לו זכות בו, ואלולי שניתן לו לא היה בכחו להשיג, ואחר שניתן לו אז הדבר בידו ובכחו כאלו הוא מושל בו ושלו הוא. והנה חשב כאן שלשה ענינים כוללים, הגשמים הם עיקר חיות העולם, שבלעדם אין קיום העולם, וניתנה במתנה להם להוריד בזכותם ובמעשיהם, וכן המאורות הם גם כן עיקר הקיום, כי אלולי האור אין תועלת בעולם ואין הנאה ותענוג מכל מאויי העולם, והם ניתנו במתנה שיאירו תמיד, ולא כענינים הפרטים שיעזרו לפעמים בהמציאות, כי אפשר מבלעדם, וכל זה בענינים הגופניים, והעיקר השלישי הוא התורה שהיא שלימות הנפשי, ואור האמיתי שניתנה במתנה מבלי זכות, ואחר שניתנה היא ביד האדם ובכחו להשיגה, מה שלא היה בכח השכל להשיגה מעצמה, ולכן כתיב בשלשתן לשון נתינה: **אף שלום.** זה שם כולל את כל הענינים הטובים, כי כל הבריאה היא מטבע הפכיים, הקיום וההפסד, הארבע יסודות הפכים המתנגדים זה מול זה, וכלם מיוסדים רק על ידי שלום, וזהו ונתתי שלום בארץ: **[ג] גדולה כו' וגדולה כו' אבל למי שהוא אוהב כו'.** כבר ביארו החכמים כי החכמה היא הידיעה בכלל הדברים, והתבונה היא ידיעת הפרטים, והדעת הוא ציור המושכלות הראשונות המחבר התבונה להחכמה, שעל ידה יהיו הדברים על מכונם. והנה לדעת החכמה בכלל צריך גם כן עזר ה', אבל גדולה ממנה הדעת והתבונה להבין על פיהם הפרטים הנכללים בהחכמה על מכונה, והנה אין אדם שלא יהא טמון בלבו מעט מן החכמה הכוללת, וזהו כי ה' יתן בקרב של אדם חכמה, אבל מפיו צריך להיות דעת ותבונה, וזהו אבל למי שהוא אוהב, נותן לו מפיו גם דעת ותבונה. והנה הם דברו מן חכמה ודעת ותבונה האנושי השכלי, ורבי יצחק ורבי לוי דיברו על החכמה האלהית המתגלית בנבואה, שהיא למעלה מהשכל מה שאין השכל מקיפו, והנה ידוע שהנבואה פי

חידושי הרד"ל

[ג] אלא ממה שבתוך פיך כו' פצטלין שבתוך פיו. ללשון ראשון הכל ממין תמחוי אחד, ירק שהבן בגעגועיו ביקש חתיכה (מזה התמחוי עצמו) שבתוך פיו, וללשון שני הפילטלין הוא מין מאכל אחר מעדני מלך שבתוך פיו, והוא משל על חכמת התורה שלא יערכוה כל מיני חכמות אחרות כלל להחשב אף בחלקים ממנה:

באור מהרי"פ

[ב] גבול של כל אחד ואחד. פירוש, הרחבת הלב מתוך הצלחה ועושר, וגם זה נקרא בשם הרחבה, כמאמר חכמינו ז"ל (חולין פד, א) על מקרא זה למדה תורה דרך ארץ שלא יתאוה אדם לאכול בשר אלא מתוך רחבת ידים, וזהו כוונת הרחבת גבול של כל אחד ואחד. גם מה שמסיים הכתוב כאשר דבר לך גם כן אתי שפיר, שכבר הבטיח לנו שכר מצות הצדקה הצלחת העושר בכתובים ובדברי חז"ל, ונדבת המשכן וצדקה דא ודא אחת היא. תולדות נח הארוך: **תורה מנין וכו'.** כאן מסיים הדרשה במאי דפתח ויתן אל משה, ועל דרך המפורש בסמוך (לקמן סימן ו), כל ארבעים יום למד משה את התורה במתנה ושכחה, עד שלבסוף נתנה לו התורה במתנה היה לומד ולא משכחה, וזהו מתן אדם במה שנתנה לו התורה במתנה, ירחיב לו, שהיה לו הרחבה במה שהיתה התורה שמורה בקרב לבו: **[ג] וגדולה ממנה הדעת וכו'.** פירוש, לפי שהדעת והתבונה מפיו הם, מה שאין כן בחכמה שלא נאמר בו מפיו, וכמבואר במשל ונמשל:

אמרי יושר

[ב] דבר אחר מתן אדם בנדבת המשכן ירחיב לו. שזכו לקבל תורה: **שלשה דברים נתנו במתנה.** שהם להכרח נתנם בזול, על דרך מאמר המורה (ח"ג פי"ב) במזונות ומים ואויר, ולקחו מבעל חובת הלבבות (שער הבחינה פ"ה) גם אף על פי שאין החומר ראוי לתורה:

מסורת המדרש

ד. לקמן פרשה כ"א. במדבר רבה פ' א' וי"ב. תנחומא סדר תרומה סי' ד' וסדר נשא סימן כ"ז. וסדר ראה סי' ה'. מדרש תהלים מזמור ק"א. ילקוט תהלים רמז תתכ"ה:

ה. בראשית רבה פרשה ו'. ויקרא רבה פרשה ל"ה. מדרש תהלים מזמור י"ח. תורת כהנים פרשה בחקותי. ילקוט סדר בראשית רמז י'. וסדר בחקותי רמז תרע"א. ילקוט שמואל ב' רמז קס"ב. ילקוט ישעיה רמז ש"ז:

אם למקרא

כְּחוּט הַשָּׁנִי שִׂפְתֹתַיִךְ וּמִדְבָּרֵיךְ נָאוֶה כְּפֶלַח הָרִמּוֹן רַקָּתֵךְ מִבַּעַד לְצַמָּתֵךְ:
(שיר השירים ד:ג)

מַה יָּפוּ פְעָמַיִךְ בַּנְּעָלִים בַּת נָדִיב חַמּוּקֵי יְרֵכַיִךְ כְּמוֹ חֲלָאִים מַעֲשֵׂה יְדֵי אָמָּן:
(שם ז:ב)

וַיִּקְחוּ מִלִּפְנֵי מֹשֶׁה אֵת כָּל הַתְּרוּמָה אֲשֶׁר הֵבִיאוּ בְּנֵי יִשְׂרָאֵל לִמְלֶאכֶת עֲבֹדַת הַקֹּדֶשׁ לַעֲשֹׂת אֹתָהּ וְהֵם הֵבִיאוּ אֵלָיו עוֹד נְדָבָה בַּבֹּקֶר בַּבֹּקֶר:
(לקמן לו:ג)

כִּי יַרְחִיב ה' אֱלֹהֶיךָ אֶת גְּבֻלְךָ כַּאֲשֶׁר דִּבֶּר לָךְ וְאָמַרְתָּ אֹכְלָה בָשָׂר כִּי תְאַוֶּה נַפְשְׁךָ לֶאֱכֹל בָּשָׂר בְּכָל אַוַּת נַפְשְׁךָ תֹּאכַל בָּשָׂר:
(דברים יב:כ)

וְנָתַתִּי גִשְׁמֵיכֶם בְּעִתָּם וְנָתְנָה הָאָרֶץ יְבוּלָהּ וְעֵץ הַשָּׂדֶה יִתֵּן פִּרְיוֹ:
(ויקרא כו:ד)

וַיִּתֵּן אֹתָם אֱלֹהִים בִּרְקִיעַ הַשָּׁמָיִם לְהָאִיר עַל הָאָרֶץ:
(בראשית א:יז)

וְנָתַתִּי שָׁלוֹם בָּאָרֶץ וּשְׁכַבְתֶּם וְאֵין מַחֲרִיד וְהִשְׁבַּתִּי חַיָּה רָעָה מִן הָאָרֶץ וְחֶרֶב לֹא תַעֲבֹר בְּאַרְצְכֶם:
(ויקרא כו:ו)

כִּי ה' יִתֵּן חָכְמָה מִפִּיו דַּעַת וּתְבוּנָה:
(משלי ב:ו)

אֲבָל לְמִי שֶׁהוּא אוֹהֵב "מִפִּיו דַּעַת וּתְבוּנָה" — **but to him whom He loves** greatly, He gives ***from His mouth intelligence and understanding.***[51] רַבִּי יִצְחָק וְרַבִּי לֵוִי — **R' Yitzchak and R' Levi** each offered parables illustrating this idea. חַד מִנְּהוֹן אָמַר: לְמָה הַדָּבָר דּוֹמֶה — **One of them says: To what may this be likened?** לְמֶלֶךְ שֶׁהָיָה לוֹ בֵּן — **To a king who had a** young **son.** בָּא בְּנוֹ מִבֵּית הַסֵּפֶר, מָצָא תַּמְחוּי לִפְנֵי אָבִיו — When **his son returned from school, he found a large platter** of food placed **before his father.** נָטַל אָבִיו חֲתִיכָה אַחַת וּנְתָנָהּ לוֹ — **His father** then **took one piece** of food from the platter **and gave it to [his son].**[52] מֶה עָשָׂה בְּנוֹ — **What did his son do?** אָמַר לוֹ: אֵינִי מְבַקֵּשׁ אֶלָּא מִזֶּה שֶׁבְּתוֹךְ פִּיךְ — **He said to [the king], "I want** some **only from that** piece **which is within your mouth."**[53] מֶה עָשָׂה — **What did [the king] do?** נְתָנוֹ לוֹ — **He gave** some of **it to [his son].** וְלָמָּה — **Why?** עַל שֶׁהָיָה מְחַבְּבוֹ נָתַן לוֹ מִתּוֹךְ פִּיו — **Because he loved [his son]** greatly, **he gave him from that which was within his mouth.** הֱוֵי "כִּי ה' יִתֵּן חָכְמָה" — Similarly, **it is** thus that, ***For HASHEM grants wisdom,*** וְכָל מִי שֶׁהוּא מְחַבְּבוֹ יוֹתֵר "מִפִּיו דַּעַת וּתְבוּנָה" — **but to all whom He loves greatly,** He gives ***from His mouth intelligence and understanding.***

The second sage's parable:

וְהָאֶחָד אוֹמֵר — **And the** other **one says:** מָשָׁל לְמֶלֶךְ שֶׁהָיָה לוֹ בֵּן — **It is comparable to a king who had a** young **son.** בָּא מִבֵּית הַסֵּפֶר וְנָתַן לוֹ מָנָה — **[The son] returned from school and [the king] gave him a portion** of food. אָמַר לוֹ בְּנוֹ — **His son** then **said to him,** אֵינִי מְבַקֵּשׁ אֶלָּא מִן הַפִּיצְטָלִין שֶׁבְּתוֹךְ פִּיךְ — **"I am asking only for the sweet wafers that are within your mouth."**[54] נָטַל וְנָתַן לוֹ מִתּוֹךְ פִּיו — **[The king] took** the wafer **and gave it to [his son] from within his** own **mouth.** הֱוֵי "כִּי ה' יִתֵּן חָכְמָה" — Similarly, **it is** thus that, ***For HASHEM grants wisdom,*** אֶלָּא "מִפִּיו דַּעַת וּתְבוּנָה" — **but** He even grants ***from His mouth intelligence and understanding.***[55]

NOTES

51. The phrase, *from His mouth,* implies that these gifts are of a more exalted nature; see further in the Midrash.

52. *Eitz Yosef* posits that this was the choicest piece of food that was on the platter.

53. I.e., from the piece that you yourself are eating. For he knew that the piece that his father had taken for himself was of the highest quality (see *Yefeh To'ar*). Alternatively, there was nothing inherently superior regarding the king's piece; the son wanted it only because of his strong feelings of attachment to his father (*Radal*). See Insight Ⓐ for a variation on this approach.

54. Translation follows *Ohr Esther,* cited by *Eitz Yosef;* see also *Aruch HaShalem.* According to *Mussaf HeAruch,* cited by *Maharzu* and *Eitz Yosef,* פִּיצְטָלִין refers to small loaves of bread.

55. I.e., to those He truly loves; see *Matnos Kehunah.* [The theme of both of these parables is that it is only because the king dearly loves his son that he gives him from that which is in his own mouth. It follows then that when the verse describes דַּעַת וּתְבוּנָה, *intelligence and understanding,* as coming from God's mouth, the connotation is that God gives them only to those whom He loves greatly. Since God gives *intelligence and understanding* only to those whom He truly loves but is not so restrictive with *wisdom,* the implication is that *intelligence and understanding* are superior to *wisdom. Maharzu* writes that *intelligence and understanding* are greater than *wisdom* on two counts: they are inherently superior and they are greater because they come from God's mouth, as it were. For a discussion of the differences between these two parables, see Insight Ⓑ.]

INSIGHTS

Ⓐ The Divine Taste of Wisdom *R' Tzadok HaKohen* (*Likkutei Maamarim,* p. 90) offers a different explanaton. The son ignores the food on the plate because he seeks more than to eat the same food his father is eating; he wants to get as close as he can to experiencing the same taste that his father experiences. Since taste is a sensation that is experienced differently by every individual, this son will not be satisfied until he samples the very piece that his father is in the midst of chewing.

Behind this parable is the idea that there is a mysterious quality to taste, and especially to the enjoyment that one derives from taste: neither can be adequately described to someone who has not experienced it himself. In symbolic terms, then, the "taste" of Torah is its hidden element, the underlying meaning of the Torah's laws and teachings. The pieces of food on the plate — the revealed aspects of Torah — are accessible to anyone who wishes to study them. But the beloved son, Israel, aspires to more than that; he seeks to perceive the Torah just as his Father perceives it, with insight into the many layers of meaning that lie beneath the surface. This aspect of the Torah can be learned only if it comes straight from God's "mouth," and it is only as a loving Father that God reveals such secrets to us, His children, allowing us to stand in His place, as it were, and "taste" the Torah just as He tastes it.

Following a slightly different approach, *R' Berel Soloveitchik* (quoted by *Talelei Oros, Ki Sisa,* pp. 219-220) interprets the father's chewing as representing the process of drawing conclusions, both theoretical and practical, from the knowledge contained in the Torah. Anyone willing to invest the necessary time and effort can amass a wealth of Torah knowledge and recognize each teaching for what it is, for *HASHEM grants wisdom* to all who seek it. But it is another thing to employ that knowledge creatively, to use one's deductive faculty to gain further insight into God's wisdom, and to turn theory into practice by applying the Torah's lessons in everyday life. These extra skills require a special connection to God, for it is only directly *from His mouth* that *intelligence and understanding* can be obtained.

It emerges that God and the Torah student "chew" over the Torah's teachings together, and in proportion to the closeness of the bond between them at the time, the student will receive from God's "mouth" an understanding of the interrelationship between His teachings, and the intelligence to translate them into a living reality.

Ⓑ The King's Own Food In both of these two parables, the king offers his son a piece of food, which the son rejects, insisting instead on eating some of the food that is in his father's mouth. And in both parables the king accedes to his son's request. There are differences: in the first parable the king was eating a portion of food essentially similar to that which he had offered his son, while in the second parable the king himself was eating פִּיצְטָלִין, *sweet wafers.* But the gist of the two parables appears to be the same, that it is a sign of his great affection for his son that the king gave him the food that he himself was eating. Why then did the second sage find it necessary to give his own parable and what significance is there in the slight variations between the two parables?

Yefeh To'ar suggests that the food in the first parable represents Torah knowledge. In essence all the pieces are the same, for they are all Torah. Nevertheless, there are different gradations of Torah knowledge. Not everyone who is wise and knowledgeable in Torah is able to reach the proper halachic conclusion לאסוקי שמעתתא אליבא דהלכתא, based on that knowledge, for to the human mind the Torah can appear open to different interpretations. It requires a special wisdom, a special gift from God, to be able to derive the correct halachah from one's Torah knowledge (see *Bava Kamma* 92a et al.). The piece of food that had been in the king's own mouth in this parable represents that special Divine wisdom. The implication of the first parable, then, is that God grants Torah knowledge to all (as long as one is willing to apply oneself). The mark of being truly loved by God is that portion of Torah knowledge that comes from within God's mouth, the ability to apply the Torah properly to real-life situations (see Insight above, "The Divine Taste of Wisdom").

However, in the second parable the portion of food that the king offered his son represents knowledge in general, for all forms of true knowledge come from God. The food that the king himself was eating was not merely a superior piece, it was פִּיצְטָלִין, *sweet wafers,* a different type of food entirely. Those waters represented the Torah, a form of knowledge that is qualitatively different from all others. But it was only because of the king's great affection for his son that he gave him the sweet wafers. The moral of this parable, then, is the opposite of the first. God does not grant Torah knowledge to everyone, but rather only to those whom He holds in affection. But the corollary to that is that possessing Torah knowledge, at whatever level, is a sure sign of God's love (see also *Radal;* for an alternative approach to the meaning and

עץ יוסף

אבל למי. שהוא אוהב ביותר: **תמחוי.** פירוש קערה גדולה, יש לבני אדם חשובים קערה גדולה, ויש בגופה של קערה מגורות, ודומין לקערות קטנות בתוך קערה גדולה, ויש בה כל מיני מזון מיכן מיכן (ערוך): **ונתן לו מנה.** המנה יותר מיוחד וחשוב מן החתיכה: **הפיצטלין.** פירושו בלשון רומיי מין פת קטן (מוסף הערוך). ובספר אור אסתר כתב שהוא מלשון פאסטילו או פסטילוס, והוא רקיקים עשויים מעיסה שנילושה במי ביצים וצוקער וקנה בושם: **ולראות דמותו.** הכוונה בזה שבקשו להשיג אמתת מציאותו ודבקותו עמהם, כהשגתו לנביאים המשיגים מציאותו במציאות האפשרי בחקם, עד שנתאמת להם מציאותו, וכן שמיעת הדברים מפיו ממש כדרך הנביאים, ולפי שזה נמנע ההשגה אלא לנביאים בדבקותם בהכנתם מה שלא היה בחק ההמון הזה שהיו נעדרים מההכנה, על כן אמר שהוא כבקשת שטות, (ובשיר השירים רבה פרשה א' סימן י"ד אמר שהוא כבקשת תינוק), והשיב שכדי שלא יהיה פתחון פה לומר שלפי שלא נתאמת להם מציאותו ודבקותו טעו בעגל, שאילו נתאמת להם היו מכירין כי אין צריך אמצעי בינם לבין יתברך, ולא עשו אלהים אשר ילך לפניהם לאמצעי במקום זה משה האיש, וכדי שלא יאמרו כן, הוצרך לשנות טעמם לטובה לתת להם הכנה בעת ההיא להשיג מדריגת נבואה, עם שאינם מוכנים מעצמם: **מנשיקות.** תרתי משמע, שאמרו רצוננו לראות מלכנו, ולשמוע מפיו הדברות: **שומעין לשוטה.** בתמיה, וכי בשביל שאלו כך היה צריך למלאות משאלתם: **כמה דאת אמר וידבר אלהים.** מייתי מדכתיב וידבר אלהים את כל הדברים מקמי דבר אתה עמנו ונשמעה, דמשמע שכל הדברות ממש שמעו ישראל מפי הקדוש ברוך הוא, והיא דעת רבנן בחזית פסוק ישקני: **הוי כי ה' יתן חכמה ויתן אל משה.** כלומר פירושו כי ה' יתן חכמה, יינו מה שנתן לישראל על ידי משה, ופירוש מפיו דעת ותבונה, היינו מה שנתן להם מפיו ממש, וקרי להא דעת ותבונה, מפני שהשיגו אז כשדיבר עמהם רוח הקודש ודעת יתירה לידע את ה' וליראה ממנו ולהבין דבר מתוך דבר: **הוי כי ה' יתן חכמה ויתן אל משה הוי מפיו דעת ותבונה שנתנה להם תורה מפיו של הקדוש ברוך הוא.** כן צריך לומר (יפה תואר):

פירוש מהרז"ו

פיצטולין. פירש במוסף ערוך פת קטן: **שני דברים.** לעיל פרשה כ"ט סימן ד ושם נסמן: **יתן חכמה.** מה שנתן לו הלוחות בידו מפיו דעת ותבונה, שדבר בפיו מה שנתן ביד:

אֲבָל לְמִי שֶׁהוּא אוֹהֵב "מִפִּיו דַּעַת וּתְבוּנָה", רַבִּי יִצְחָק וְרַבִּי לֵוִי, חַד מִנְּהוֹן אָמַר: לְמָה הַדָּבָר דּוֹמֶה, לְמֶלֶךְ שֶׁהָיָה לוֹ בֵּן, בָּא בְּנוֹ מִבֵּית הַסֵּפֶר, מָצָא תַּמְחוּי לִפְנֵי אָבִיו, נָטַל אָבִיו חֲתִיכָה אַחַת וּנְתָנָהּ לוֹ, מֶה עָשָׂה בְּנוֹ, אָמַר לוֹ: אֵינִי מְבַקֵּשׁ אֶלָּא מִזֶּה שֶׁבְּתוֹךְ פִּיךָ, מֶה עָשָׂה, נְתָנוֹ לוֹ, וְלָמָּה, עַל שֶׁהָיָה מְחַבְּבוֹ נָתַן לוֹ מִתּוֹךְ פִּיו, הֱוֵי "כִּי ה' יִתֵּן חָכְמָה", וְכָל מִי שֶׁהוּא מְחַבְּבוֹ יוֹתֵר "מִפִּיו דַּעַת וּתְבוּנָה", וְהָאֶחָד אוֹמֵר: מָשָׁל לְמֶלֶךְ שֶׁהָיָה לוֹ בֵּן, בָּא מִבֵּית הַסֵּפֶר וְנָתַן לוֹ מָנָה, אָמַר לוֹ בְּנוֹ: אֵינִי מְבַקֵּשׁ אֶלָּא מִן הַפִּיצְטָלִין שֶׁבְּתוֹךְ פִּיךָ, נָטַל וְנָתַן לוֹ מִתּוֹךְ פִּיו, הֱוֵי "כִּי ה' יִתֵּן חָכְמָה", אֶלָּא "מִפִּיו דַּעַת וּתְבוּנָה", דָּבָר אַחֵר, "כִּי ה' יִתֵּן חָכְמָה", אַתָּה מוֹצֵא בְּשָׁעָה שֶׁעָמְדוּ יִשְׂרָאֵל עַל הַר סִינַי לְקַבֵּל אֶת הַתּוֹרָה הָיוּ מְבַקְּשִׁים לִשְׁמוֹעַ הַדִּבְּרוֹת מִפִּי הַקָּדוֹשׁ בָּרוּךְ הוּא, אָמַר רַבִּי פִּנְחָס הַכֹּהֵן בֶּן חָמָא: שְׁנֵי דְבָרִים שָׁאֲלוּ יִשְׂרָאֵל מִן הַקָּדוֹשׁ בָּרוּךְ הוּא, לִרְאוֹת דְּמוּתוֹ וְלִשְׁמוֹעַ מִפִּיו הַדִּבְּרוֹת, כְּמוֹ שֶׁכָּתוּב (שיר השירים א, ב) "יִשָּׁקֵנִי מִנְּשִׁיקוֹת פִּיהוּ", אָמַר רַבִּי פִּנְחָס הַכֹּהֵן בֶּן חָמָא: שׁוֹמְעִין לְשׁוֹטֶה מַה שֶּׁהוּא מְבַקֵּשׁ, אֶלָּא שֶׁהָיָה צָפוּי וְגָלוּי לִפְנֵי הַקָּדוֹשׁ בָּרוּךְ הוּא שֶׁעֲתִידִין יִשְׂרָאֵל אַחַר מ' יוֹם לַעֲשׂוֹת הָעֵגֶל, אָמַר הַקָּדוֹשׁ בָּרוּךְ הוּא: אִם אֵינִי שׁוֹמֵעַ לָהֶם עֲתִידִין הֵם לוֹמַר: לֹא תָבַעְנוּ בְּיַד מֹשֶׁה אֶלָּא שֶׁיַּרְאֵנוּ הַקָּדוֹשׁ בָּרוּךְ הוּא דְמוּתוֹ וִידַבֵּר עִמָּנוּ, אָמַר הַקָּדוֹשׁ בָּרוּךְ הוּא: שֶׁלֹּא יְהֵא לָהֶם פִּתְחוֹן פֶּה לוֹמַר שֶׁמִּפְּנֵי שֶׁלֹּא שָׁמַעְנוּ מִפִּיו וְלֹא רָאִינוּ דְמוּתוֹ לְפִיכָךְ עָשִׂינוּ לָנוּ אֱלֹהִים, אֶלָּא מָה אֶעֱשֶׂה, הֲרֵינִי מַרְאֶה לָהֶם דְּמוּתִי וּמְדַבֵּר עִמָּהֶם פֶּה אֶל פֶּה, כְּמָה דְאַתְּ אָמַר (לעיל כ, א) "וַיְדַבֵּר אֱלֹהִים אֵת כָּל הַדְּבָרִים הָאֵלֶּה לֵאמֹר", הֱוֵי (משלי ב, ו) "כִּי ה' יִתֵּן חָכְמָה", [לא, יח] "וַיִּתֵּן אֶל מֹשֶׁה", הֱוֵי (משלי שם שם) "מִפִּיו דַּעַת וּתְבוּנָה", שֶׁנִּתְּנָה לָהֶם תּוֹרָה מִפִּיו שֶׁל הַקָּדוֹשׁ בָּרוּךְ הוּא:

באור מהרי"פ

פצטלין. רבי בנימין מוספיא (ערוך ערך פלטלין) פירש בלשון רומי מין פת קטן: **שני דברים שאלו ישראל וכו'.** במדרש חזית פסוק ישקני מנשיקות פיהו (שיר השירים רבה פרשה א, יד) נלמד מדכתיב בעבור ישמע העם בדברי, וכתיב כי ביום השלישי ירד ה' לעיני כל העם. כן כתב בתולדות נח הארוך. אמר הכותב לא מצאתי שם בחזית הראיה של כי ביום השלישי ירד ה' לעיני כל העם, עיין שם: **הוי כי ה' יתן וכו'.** פירוש, כי ה' יתן חכמה מה שנתן לישראל על ידי משה, **ומפיו דעת ותבונה** מה שנתן להם מפיו ממש: **שומעין לשוטה מה שהוא מבקש וכו'.** פירוש, שטעות גדול היה בשאלה זו, שלא יכלו לעמוד בקולו של הקב"ה, ובקשו אחר כך דבר אתה עמנו ונשמעה ואל ידבר עמנו אלהים פן וגו'. [תולדות נח הארוך]:

אמרי יושר

מפיו דעת ותבונה רבי יצחק ורבי לוי. ר' יצחק אמר ממה שבתוך פיו ממש, רמז להשגה נעלמת קרובה מאד לו. רבי לוי אמר מהמנה שהוא אוכל, כאלו רומז שאף המלאכים היושבים ראשונה לא יושגו, כדברי המורה (ח"א פל"ז) על ופני לא יראו דקדמי לא יתחזון:

מסורת המדרש

ו. ילקוט משלי רמז תתקל"ב. ילקוט שיר השירים רמז תתקפ"א:

אם למקרא

יִשָּׁקֵנִי מִנְּשִׁיקוֹת פִּיהוּ כִּי טוֹבִים דֹּדֶיךָ מִיָּיִן: (שיר השירים א:ב)

וַיְדַבֵּר אֱלֹהִים אֵת כָּל הַדְּבָרִים הָאֵלֶּה לֵאמֹר: (לעיל כ:א)

שינוי נוסחאות

(ג) למלך. בד' וילנא שינו לכתוב "לעשיר" מחמת צנזורא:

מתנות כהונה

[ג] **ונתן לו מנה.** המנה יותר מיוחד וחשוב מן החתיכה: **פיצטלין.** לפי הענין פירוש חתיכה חשובה מאד וכן מוכח במדרש חזית סוף פסוק ישקני: **אלא מפיו.** כלומר לא זו שיתן חכמה אלא אפילו דעת ותבונה הוא נותן: **שלשה דברים נתנו כו'.** עיין עוד בבראשית רבה פרשה ו': **מנשיקות.** תרתי משמע. שאמרו רצוננו לראות מלכנו ולשמוע מפיו הדברות: **שומעין לשוטה.** בתמיה. וכי בשביל ששאלו כך היה צריך למלאת משאלותם. ועיין זה במדרש חזית בפסוק ישקני. כך מצאתי הגירסא בילקוט תהלים בשם תנחומא:

אשד הנחלים

שנים ברוחה, יש נבואה שהיא על ידי אמצעי, כמו שאמרו בחזית (שיר השירים רבה א, פסוק ב) מהדיבור למלאך וממלאך לישראל, ולכן היא מכונה רק בשם חכמה לבד, והיא גם כן נתינה אלהית מה שאין בכח השכל להשיגה, אבל היא לא ידיעה פרטית מקפת כל ידיעת המציאות, אבל יש עוד נעלה מזה, והיא נבואה פנים אל פנים, לדעת כל סתרי פרטי המציאות כולם באין נמלט אחד מהם, כמו שנאמר במשה אדון הנביאים (במדבר יב, ז) בכל ביתי נאמן הוא, שידע כל מציאות העולם העליון והתחתון, בכל פרטי פרטיהם באין נמלט אחד מהם, וזהו הדעת והתבונה האלהית, זהו מכונה בשם פנים אל פנים, כביכול כאלו נטל מפיו כל הטמון בידיעת ה' ובסתרו, וזה מפיו דעת ותבונה שידעם כמו שהם מפיו יתברך, וזהו המשל מהתינוק, אחר שבא מבית הספר ועמל ויגע בה מה שיש בכחו, ובתחלה ניתן לו מנה שהיא המכונה בשם חכמה ונבואה סתם, ואחר כך ניתן לו גם מתוך פיו שהיא הנבואה הגדולה מדרגת פנים אל פנים. ומה שאמר שני משלים שלכאורה הם אחד, לפי שגם במדרגת פנים אל פנים יש גם כן הבדלים זה למעלה מזה, כי גם אבי הנביאים היה זוכה תמיד להשיג השגות נוראות יותר ויותר, כי אין גבול ותכלית לחכמה העליונה, וזהו המשל השני מן הפיצטלין, שהוא מאכל היותר חביב ומתוק מכל המאכלים, וזהו שמוסיף על המשל הראשון שלא דיבר רק שנתן ממה שבתוך פיו, והמשל השני שנתן לו מתוך פיו המאכל החשוב שאין כמוהו: **פיצטלון.** בספר אור אסתר כתב שהוא מלשון פאסטילו או פאסטילוס, והוא רקיקים עשוים מעיסה שנילושה במי בצים וסוקער וקנה בושם: **לראות דמותו ולשמוע מפיו כו'.** חס ושלום שהדבר כפשוטו שיראה דמותו ממש, כי אין לו דמות הגוף ואינו גוף, רק בקשו שיגיעו להשגת משה רבינו עליו השלום, שנאמר עליו (שמות לג, כג) וראית את אחורי, ופירש אונקלוס ותחזי ית דבתרי, פירוש המציאות כולו הנמשך ממנו יתברך (עיין מורה), וכך בקשו השגת פנים אל פנים. והן אמת שלא היה בכחם להשיג זאת ואין הקדוש ברוך הוא שומע לקטן החפץ למעלה מערכו, רק מפני שראה ה' שהם עתידים לטעות בעגל, ואולי יתנצלו בזה במה שלא הראה לכן הראה להם. אך יקשה וכי הקדוש ברוך הוא סיבב בזה יותר עונש להם שלא יהא להם התנצלות, וא"כ היא רעה להם. והנראה דהכונה להיפך, דאם לא היה מראה להם חס ושלום היו נשארים בטעותם, ולכן הראה להם שעל כל פנים ישובו מזה, כי יזכרו מה שהראה להם. ודרש ויתן אל משה ככלותו, כלומר שלא היתה נבואתו לשעה כי אם נתן לו בנתינה תמידית שיהיה בו המדרגה הזאת תמיד:

The Midrash now interprets the verse from *Proverbs* in the context of the Giving of the Torah at Mount Sinai:

דָּבָר אַחֵר – Another interpretation: "כִּי ה׳ יִתֵּן חָכְמָה" – ***For HASHEM grants wisdom;*** *from His mouth intelligence and understanding.* **אַתָּה מוֹצֵא בְּשָׁעָה שֶׁעָמְדוּ יִשְׂרָאֵל עַל הַר סִינַי לְקַבֵּל אֶת הַתּוֹרָה – You find that when Israel stood at Mount Sinai to receive the Torah,** **הָיוּ מְבַקְּשִׁים לִשְׁמוֹעַ הַדִּבְּרוֹת מִפִּי הַקָּדוֹשׁ בָּרוּךְ הוּא – they sought to hear the** Ten **Commandments from the mouth of the Holy One, blessed is He.** **אָמַר רַבִּי פִּנְחָס הַכֹּהֵן בֶּן חָמָא שְׁנֵי דְבָרִים שָׁאֲלוּ יִשְׂרָאֵל מִן הַקָּדוֹשׁ בָּרוּךְ הוּא – R' Pinchas the Kohen, son of Chama,** elaborated and **said:** At Mount Sinai **Israel asked two things of the Holy One, blessed is He:** **לִרְאוֹת דְּמוּתוֹ – to see His likeness,**[56] **וְלִשְׁמוֹעַ מִפִּיו הַדִּבְּרוֹת – and to hear the** Ten **Commandments from His mouth,**[57] **כְּמוֹ שֶׁכָּתוּב "יִשָּׁקֵנִי מִנְּשִׁיקוֹת פִּיהוּ" – as it is written,** ***May He kiss me with the kisses of His mouth*** (*Songs of Songs* 1:2).[58] **אָמַר רַבִּי פִּנְחָס הַכֹּהֵן בֶּן חָמָא: שׁוֹמְעִין לְשׁוֹטֶה מַה שֶּׁהוּא מְבַקֵּשׁ – R' Pinchas the Kohen, son of Chama, said: Does one accede to a fool's request?**[59] **אֶלָּא שֶׁהָיָה צָפוּי וְגָלוּי לִפְנֵי הַקָּדוֹשׁ בָּרוּךְ הוּא שֶׁעֲתִידִין יִשְׂרָאֵל אַחַר מ׳ יוֹם לַעֲשׂוֹת הָעֵגֶל – Rather,** it was **that it was clearly revealed before the Holy One, blessed is He, that Israel was destined to make the** Golden **Calf forty days afterward.** **אָמַר הַקָּדוֹשׁ בָּרוּךְ הוּא: אִם אֵינִי שׁוֹמֵעַ לָהֶם עֲתִידִין הֵם לוֹמַר** – Therefore, **the Holy One, blessed is He, said, "If I do not accede to [the Israelites]** now, **they will subsequently say,** **לֹא תָבַעְנוּ בְּיַד מֹשֶׁה אֶלָּא שֶׁיַּרְאֵנוּ הַקָּדוֹשׁ בָּרוּךְ הוּא דְּמוּתוֹ וִידַבֵּר עִמָּנוּ – 'Did we not issue a request through Moses that** instead of using him as an intermediary, **the Holy One, blessed is He, should rather show us His likeness and speak** directly **to us?' "** **אָמַר הַקָּדוֹשׁ בָּרוּךְ הוּא: שֶׁלֹּא יְהֵא לָהֶם פִּתְחוֹן פֶּה לוֹמַר** – Accordingly, **the Holy One, blessed is He, said, "In order that they should not find an opening to say** **שֶׁמִּפְּנֵי שֶׁלֹּא שָׁמַעְנוּ מִפִּיו וְלֹא רָאִינוּ דְּמוּתוֹ – that** it was **because we did not hear** the Ten Commandments **from [God's] mouth, and** because **we did not see His likeness,** **לְפִיכָךְ עָשִׂינוּ לָנוּ אֱלֹהִים** – that **therefore we have made for ourselves a god.**[60] **אֶלָּא מָה אֶעֱשֶׂה – Rather, what shall I do?** **הֲרֵינִי מַרְאֶה לָהֶם דְּמוּתִי וּמְדַבֵּר עִמָּהֶם פֶּה אֶל פֶּה – I will show [the Israelites] My likeness, and speak to them directly,"** **כְּמָה דְאַתְּ אָמַר "וַיְדַבֵּר אֱלֹהִים אֵת כָּל הַדְּבָרִים הָאֵלֶּה לֵאמֹר" – as it is stated** in the verse that introduces the Ten Commandments, ***God spoke all these Statements, saying*** (above, 20:1).[61] **הֱוֵי "כִּי ה׳ יִתֵּן חָכְמָה", "וַיִּתֵּן אֶל מֹשֶׁה" – It is** thus that, ***For HASHEM grants*** [יִתֵּן] ***wisdom,*** meaning that ***He gave*** [וַיִּתֵּן] ***Moses*** *the two Tablets of Testimony,*[62] **הֱוֵי "מִפִּיו דַּעַת וּתְבוּנָה", שֶׁנִּתְּנָה לָהֶם תּוֹרָה מִפִּיו שֶׁל הַקָּדוֹשׁ בָּרוּךְ הוּא** – and **it is** thus that, ***from His mouth intelligence and understanding,*** meaning, **that Torah was** also **given to [Israel]** directly **from the mouth of the Holy One, blessed is He.**[63]

NOTES

56. This does not refer to a physical image, for God is incorporeal; in fact Scripture states explicitly that they did not see any image at the time of the revelation at Sinai; see *Deuteronomy* 4:15. Rather the Midrash means that they sought to be granted an understanding of God's essence to the extent that is humanly possible, similar to the understanding attained by a prophet (*Yefeh To'ar, Eitz Yosef*).

57. That is, that they should experience a direct revelation of God's word (ibid.).

58. The plural נְשִׁיקוֹת, *the kisses,* indicates that the Israelites asked for a twofold connection with God (*Matnos Kehunah, Eitz Yosef*).

59. Why then did God consent to Israel's request? (see further in Midrash). Only one who is properly prepared spiritually is capable of experiencing prophecy. Hence it was foolish of the Israelites to request a prophetic revelation en masse (*Yefeh To'ar, Eitz Yosef*). See also 29 §4 above

60. Paraphrase of 32:1 below. [I.e., if God had refused their request, they would think that they were in need of a medium between themselves and God. Hence, when Moses did not return from Mount Sinai, they would be forced to make the Golden Calf to replace him, and, consequently they should not be held culpable for their sin. See Insights below on 42 §5, "The Ox of the Chariot *Chayos,*" and on 43 §7, "The Sin of the Golden Calf."]

61. The plain meaning of the verse is that it was God Himself Who spoke all of the commandments to the Israelites. This understanding is supported by the verse found after the Ten Commandments, וַיֹּאמְרוּ אֶל מֹשֶׁה דַּבֵּר אַתָּה עִמָּנוּ וְנִשְׁמָעָה וְאַל יְדַבֵּר עִמָּנוּ אֱלֹהִים פֶּן נָמוּת, *You speak to us and we shall hear; let God not speak to us lest we die* (above, 20:16), which indicates that the Ten Commandments themselves were heard directly from God. This accords with the opinion of the Rabbis, cited in *Shir HaShirim Rabbah* on *Song of Songs* 1:2; see, however, the position of R' Yehoshua ben Levi there (see *Eitz Yosef*).

Accordingly, since the Israelites did "see God's likeness" and hear the commandments directly from Him, they could now be held completely culpable for their sin. [*Eshed HaNechalim* suggests that God's motive was really for the Israelites' benefit. Had He not revealed Himself to them in such a fashion, they would never have recognized their error in worshiping the Golden Calf. It was only because He did "show them His likeness" and speak directly to them that they ultimately repented their sin.]

62. I.e., that God gave Israel the Torah through the hands of Moses (*Yefeh To'ar, Eitz Yosef*). [The physical Tablets that God gave to Moses on behalf of the Jewish people at the conclusion of the forty days represented the Torah as a whole that God had taught him during that period, which was likewise to be given over to the people. However, see the explanation of *Maharzu,* cited in the following note.]

63. Referring to the Ten Commandments, which the Israelites heard directly from God. Scripture uses the expression, דַּעַת וּתְבוּנָה, *intelligence and understanding,* because when God spoke to them they achieved both דַּעַת, Divine Inspiration, and תְּבוּנָה, the ability to discern one matter from another (*Eitz Yosef*). See note 50 above.

Alternatively, both clauses in the verse are referring specifically to the Ten Commandments, which were given [יִתֵּן] to the Israelites physically in the form of the two Tablets (see *Deuteronomy* 4:13) and which they heard directly from God's mouth (*Maharzu*).

אֲבָל לְמִי שֶׁהוּא אוֹהֵב "מִפִּיו דַּעַת וּתְבוּנָה", רַבִּי יִצְחָק וְרַבִּי לֵוִי, חַד מִנְּהוֹן אָמַר: לְמָה הַדָּבָר דּוֹמֶה, לְמֶלֶךְ שֶׁהָיָה לוֹ בֵּן, בָּא בְנוֹ מִבֵּית הַסֵּפֶר, מָצָא תַּמְחוּי לִפְנֵי אָבִיו, נָטַל אָבִיו חֲתִיכָה אַחַת וּנְתָנָהּ לוֹ, מֶה עָשָׂה בְנוֹ, אָמַר לוֹ: אֵינִי מְבַקֵּשׁ אֶלָּא מִזֶּה שֶׁבְּתוֹךְ פִּיךָ, מֶה עָשָׂה, נְתָנוֹ לוֹ, וְלָמָּה, עַל שֶׁהָיָה מְחַבְּבוֹ נָתַן לוֹ מִתּוֹךְ פִּיו, הֱוֵי "כִּי ה' יִתֵּן חָכְמָה", וְכָל מִי שֶׁהוּא מְחַבְּבוֹ יוֹתֵר "מִפִּיו דַּעַת וּתְבוּנָה", וְהָאֶחָד אוֹמֵר: מָשָׁל לְמֶלֶךְ שֶׁהָיָה לוֹ בֵּן, בָּא מִבֵּית הַסֵּפֶר וְנָתַן לוֹ מָנָה, אָמַר לוֹ בְּנוֹ: אֵינִי מְבַקֵּשׁ אֶלָּא מִן הַפִּיצְטָלִין שֶׁבְּתוֹךְ פִּיךָ, נָטַל וְנָתַן לוֹ מִתּוֹךְ פִּיו, הֱוֵי "כִּי ה' יִתֵּן חָכְמָה", אֶלָּא "מִפִּיו דַּעַת וּתְבוּנָה", דָּבָר אַחֵר, "כִּי ה' יִתֵּן חָכְמָה", אַתָּה מוֹצֵא בְּשָׁעָה שֶׁעָמְדוּ יִשְׂרָאֵל עַל הַר סִינַי לְקַבֵּל אֶת הַתּוֹרָה הָיוּ מְבַקְשִׁים לִשְׁמוֹעַ הַדִּבְּרוֹת מִפִּי הַקָּדוֹשׁ בָּרוּךְ הוּא, אָמַר רַבִּי פִּנְחָס הַכֹּהֵן בֶּן חָמָא: שְׁנֵי דְבָרִים שָׁאֲלוּ יִשְׂרָאֵל מִן הַקָּדוֹשׁ בָּרוּךְ הוּא, לִרְאוֹת דְּמוּתוֹ וְלִשְׁמוֹעַ מִפִּיו הַדִּבְּרוֹת, כְּמוֹ שֶׁכָּתוּב (שיר השירים א, ב) "יִשָּׁקֵנִי מִנְּשִׁיקוֹת פִּיהוּ", אָמַר רַבִּי פִּנְחָס הַכֹּהֵן בֶּן חָמָא: שׁוֹמְעִין לְשׁוֹטֶה מַה שֶּׁהוּא מְבַקֵּשׁ, אֶלָּא שֶׁהָיָה צָפוּי וְגָלוּי לִפְנֵי הַקָּדוֹשׁ בָּרוּךְ הוּא שֶׁעֲתִידִין יִשְׂרָאֵל אַחַר מ' יוֹם לַעֲשׂוֹת הָעֵגֶל, אָמַר הַקָּדוֹשׁ בָּרוּךְ הוּא: אִם אֵינִי שׁוֹמֵעַ לָהֶם עֲתִידִין הֵם לוֹמַר: לֹא תָבַעְנוּ בְּיַד מֹשֶׁה אֶלָּא שֶׁיַּרְאֵנוּ הַקָּדוֹשׁ בָּרוּךְ הוּא דְּמוּתוֹ וִידַבֵּר עִמָּנוּ, אָמַר הַקָּדוֹשׁ בָּרוּךְ הוּא: שֶׁלֹּא יְהֵא לָהֶם פִּתְחוֹן פֶּה לוֹמַר שֶׁמִּפְּנֵי שֶׁלֹּא שָׁמַעְנוּ מִפִּיו וְלֹא רָאִינוּ דְּמוּתוֹ לְפִיכָךְ עָשִׂינוּ לָנוּ אֱלֹהִים, אֶלָּא מָה אֶעֱשֶׂה, הֲרֵינִי מַרְאֶה לָהֶם דְּמוּתִי וּמְדַבֵּר עִמָּהֶם פֶּה אֶל פֶּה, כְּמָה דְּאַתְּ אָמַר (לעיל כ, א) "וַיְדַבֵּר אֱלֹהִים אֵת כָּל הַדְּבָרִים הָאֵלֶּה לֵאמֹר", הֱוֵי (משלי ב, ו) "כִּי ה' יִתֵּן חָכְמָה", [לא, יח] "וַיִּתֵּן אֶל מֹשֶׁה", הֱוֵי (משלי שם שם) "מִפִּיו דַּעַת וּתְבוּנָה", שֶׁנִּתְּנָה לָהֶם תּוֹרָה מִפִּיו שֶׁל הַקָּדוֹשׁ בָּרוּךְ הוּא:

עץ יוסף

אבל למי. שהוא אוהב ביותר: **תמחוי.** פירוש קערה גדולה, יש לבני אדם חשובים קערה גדולה, ויש בגופה של קערה מגורות מגורות, ודומין לקערות קטנות בתוך קערה גדולה, ויש בה כל מיני מזון מינין מינין (ערוך): **ונתן לו מנה.** המנה יותר מיוחד וחשוב מן החתיכה: **הפיצטלין.** פירושו בלשון רומיי מין פת קטן (מוסף הערוך). ובספר אור אסתר כתב שהוא מלשון פאסטילו או פסטילוס, והוא רקיקים עשויים מעיסה שנילושה במי ביצים וצוקער וקנה בושם: **ולראות דמותו.** הכוונה בזה שבקשו להשיג אמתת מציאותו ודבקותו עמהם, כהשגתו לנביאים המשיגים מציאותו במציאות האפשרי בחקם, עד שנתאמת להם מציאותו, וכן שמיעת הדברים מפיו ממש כדרך הנביאים, ולפי שזה נמנע ההשגה אלא לנביאים בדבקותם בהכנתם מה שלא היה בחק ההמון הזה שהיו נעדרים מההכנה, על כן אמר שהוא כבקשת שטות, (ובשיר השירים רבה פרשה א' סימן י"ד אמר שהוא כבקשת תינוק), והשיב שכדי שלא יהיה פתחון פה לומר שלפי שלא נתאמת להם מציאותו ודבקותו טעו בעגל, שאילו נתאמת להם היו מכירין כי אין צריך אמצעי בינם לבין יתברך, ולא עשו אלהים אשר ילך לפניהם לאמצעי במקום זה משה האיש, וכדי שלא יאמרו כן, הוצרך לשנות טעמם לטובה לתת להם הכנה בעת ההיא להשיג מדריגת נבואה, עם שאינם מוכנים מעצמם: **מנשיקות.** תרתי משמע, שאמרו רצונינו לראות מלכנו, ולשמוע מפיו הדברות: **שומעין לשוטה.** בתמיה, וכי בשביל ששאלו כך היה צריך למלאות משאלתם: **במה דאת אמר וידבר אלהים.** מייתי מדכתיב וידבר אלהים את כל הדברים מקמי דבר אתה עמנו ונשמעה, דמשמע שכל הדברות ממש שמעו ישראל מפי הקדוש ברוך הוא, והיא דעת רבנן בחזית פסוק ישקני: **הוי כי ה' יתן חכמה ויתן אל משה.** כלומר פירושו כי ה' יתן חכמה, היינו מה שנתן לישראל על ידי משה, ופירוש מפיו דעת ותבונה, היינו מה שנתן להם מפיו ממש, וקרי להא דעת ותבונה, מפני שהשיגו אז כשדיבר עמהם רוח הקודש ודעת יתירה לידע את ה' וליראה ממנו ולהבין דבר מתוך דבר: **הוי כי ה' יתן חכמה ויתן אל משה הוי מפיו דעת ותבונה שנתנה להם תורה מפיו של הקדוש ברוך הוא.** כן צריך לומר (יפה תואר):

פירוש מהרז"ו

פיצטולין. פירש במוסף ערוך פת קטן: **שני דברים.** לעיל פרשה כ"ט סימן ד ושם נסמן: **יתן חכמה.** מה שנתן לו הלוחות בידו מפיו דעת ותבונה, שדבר בפיו מה שנתן ביד:

באור מהרי"פ

פצטלין. רבי בנימין מוספיא (ערוך ערך פלטלין) פירש בלשון רומי מין פת קטן: **שני דברים שאלו ישראל וכו'.** במדרש חזית פסוק ישקני מנשיקות פיהו (שיר השירים רבה פרשה א, יד) נלמד מדכתיב בעבור ישמע העם בדברי, וכתיב כי ביום השלישי ירד ה' לעיני כל העם. כן כתב בתולדות נח הארוך. אמר הכותב לא מצאתי שם בחזית הראיה של כי ביום השלישי ירד ה' לעיני כל העם, עיין שם: **הוי כי ה' יתן וכו'.** פירוש, כי ה' יתן חכמה מה שנתן לישראל על ידי משה, **ומפיו דעת ותבונה** מה שנתן להם מפיו ממש: **שומעין לשוטה מה שהוא מבקש וכו'.** פירוש, שטעות גדול היה בשאלה זו, שלא יכלו לעמוד בקולו של הקב"ה, ובקשו אחר כך דבר אתה עמנו ונשמעה ואל ידבר עמנו אלהים פן וגו'. [תולדות נח הארוך]:

אמרי יושר

מפיו דעת ותבונה רבי יצחק ורבי לוי. ר' יצחק אמר ממה שבתוך פיו ממש, רמז להשגה נעלמת קרובה מאד לו. רבי לוי אמר מהמנה שהוא אוכל, כאלו רומז שאף המלאכים היושבים ראשונה לא ישגו, כדברי המורה (ח"א פל"ז) על ופני לא יראו דקדמי לא יתחזון:

מסורת המדרש

ו. ילקוט משלי רמז תתקל"ג. ילקוט שיר השירים רמז תתקפ"א:

אם למקרא

יִשָּׁקֵנִי מִנְּשִׁיקוֹת פִּיהוּ כִּי טוֹבִים דֹּדֶיךָ מִיָּיִן:
(שיר השירים א:ב)

וַיְדַבֵּר אֱלֹהִים אֵת כָּל הַדְּבָרִים הָאֵלֶּה לֵאמֹר:
(לעיל כ:א)

שינוי נוסחאות

(ג) **למלך.** בד' וילנא שינו לכתוב "לעשיר" מחמת צנזורא:

מתנות כהונה

[ג] **ונתן לו מנה.** המנה יותר מיוחד וחשוב מן החתיכה: **פיצטלין.** לפי הענין פירוש חתיכה חשובה מאד וכן מוכח במדרש חזית סוף פסוק ישקני: **אלא מפיו.** כלומר לא זו שיתן חכמה אלא אפילו דעת ותבונה הוא נותן: **שלשה דברים נתנו כו'.** עיין עוד בבראשית רבה פרשה ו': **מנשיקות.** תרתי משמע. שאמרו רצוננו לראות מלכנו ולשמוע מפיו הדברות: **שומעין לשוטה.** בתמיה. וכי בשביל ששאלו כך היה צריך למלא משאלותם. ועיין זה במדרש חזית בפסוק ישקני. כך מצאתי הגירסא בילקוט תהלים בשם תנחומא:

אשד הנחלים

שנים ברוחה, יש נבואה שהיא על ידי אמצעי, כמו שאמרו בחזית (שיר השירים רבה א, פסוק ב) מהדיבור למלאך וממלאך לישראל, ולכן היא מכונה רק בשם חכמה לבד, והיא גם כן נתינה אלהית מה שאין בכח השכל להשיגה, אבל היא לא ידיעה פרטית מקפת כל ידיעת המציאות, אבל יש עוד נעלה מזה, והיא נבואה פנים אל פנים, לדעת כל סתרי פרטי המציאות כולם באין נמלט אחד מהם, כמו שנאמר במשה אדון הנביאים (במדבר יב, ז) בכל ביתי נאמן הוא, שידע כל מציאות העולם העליון והתחתון, בכל פרטי פרטיהם באין נמלט אחד מהם, וזהו הדעת והתבונה האלהית, זהו מכונה בשם פנים אל פנים, כביכול כאלו נטל מפיו כל הטמון בידיעת ה' ובסתרו, וזה מפיו דעת ותבונה שידעם כמו שהם מפיו יתברך, וזהו המשל מהתינוק, אחר שבא מבית הספר ועמל ויגע בה מה שיש בכחו, ובתחלה ניתן לו מנה שהיא המכונה בשם חכמה ונבואה סתם, ואחר כך ניתן לו גם מתוך פיו שהיא הנבואה הגדולה מדרגת פנים אל פנים. ומה שאמר שני משלים שלכאורה הם אחד, לפי שגם במדרגת פנים אל פנים יש גם כן הבדלים זה למעלה מזה, כי גם אבי הנביאים היה זוכה תמיד להשיג השגות נוראות יותר ויותר, כי אין גבול ותכלית לחכמה העליונה, וזהו המשל השני מן הפיצטלין, שהוא מאכל היותר חביב ומתוק מכל המאכלים, וזהו שמוסיף על המשל הראשון שלא דיבר רק שנתן ממה שבתוך פיו, והמשל השני שנתן לו מתוך פיו המאכל החשוב שאין כמוהו: **פיצטלון.** בספר אור אסתר כתב שהוא מלשון פאסטילו או פאסטילוס, והוא רקיקים עשוים מעיסה שנילושה במי בצים וסוקער וקנה בושם: **לראות דמותו ולשמוע מפיו כו'.** חס ושלום שהדבר כפשוטו שיראה דמותו ממש, כי אין לו דמות הגוף ואינו גוף, רק בקשו שיגיעו להשגת משה רבינו עליו השלום, שנאמר עליו (שמות לג, כג) וראית את אחורי, ופירש אונקלוס ותחזי ית דבתרי, פירוש המציאות כולו הנמשך ממנו יתברך (עיין מורה), וכך בקשו השגת פנים אל פנים. והן אמת שלא היה בכחם להשיג זאת ואין הקדוש ברוך הוא שומע לקטן החפץ למעלה מערכו, רק מפני שראה ה' שהם עתידים לטעות בעגל, ואולי יתנצלו בזה במה שלא הראה לכן הראה להם. אך יקשה וכי הקדוש ברוך הוא סיבב בזה יותר עונש להם שלא יהא להם התנצלות, וא"כ היא רעה להם. והנראה דהכונה להיפך, דאם לא היה מראה להם חס ושלום היו נשארים בטעותם, ולכן הראה להם שעל כל פנים ישובו מזה, כי יזכרו מה שהראה להם. ודרש ויתן אל משה ככלותו, כלומר שלא היתה נבואתו לשעה כי אם נתן לו בנתינה תמידית שיהיה בו המדרגה הזאת תמיד:

§4 The Midrash cites several expositions of a verse from *Psalms,* the last of which relates to our verse:

דָּבָר אַחֵר – Another interpretation: ״וַיִּתֵּן אֶל מֹשֶׁה״ – ***He gave Moses** the two Tablets of Testimony.* הֲדָא הוּא דִכְתִיב – **Thus it is written,** ״וַתִּתֶּן לִי מָגֵן יִשְׁעֶךָ״ – ***You have given me the shield of Your salvation*** (*Psalms* 18:36). מְדַבֵּר בְּיִשְׂרָאֵל שֶׁהֵם בְּטוּחִים בְּהַקָּדוֹשׁ בָּרוּךְ הוּא וְהוּא מָגֵן לָהֶם – The verse is **referring to Israel,**[64] **who trust in the Holy One, blessed is He, and He is** therefore **a shield for them,** כִּדְכְתִיב ״מָגֵן הוּא לְכֹל הַחֹסִים בּוֹ״ – **as it is written,** ***He is a shield for all who take refuge in Him*** (ibid., v. 31). ״וִימִינְךָ תִסְעָדֵנִי״ זוֹ תוֹרָה – The first verse continues, ***and Your right hand has sustained me*** (ibid., v. 36) – **this is** referring to **the Torah,** דִּכְתִיב ״מִימִינוֹ אֵשׁ דָּת לָמוֹ״ – **as it is written,** ***From His right hand He presented the fiery Torah to them*** (*Deuteronomy* 33:2). ״וְעַנְוַתְךָ תַרְבֵּנִי״ – The above verse in *Psalms* concludes, ***and Your humility made me great.*** וְכִי יֵשׁ עָנָיו גָּדוֹל מִן הַקָּדוֹשׁ בָּרוּךְ הוּא – **And** indeed, **is there anyone more humble than the Holy One, blessed is He?** אָמַר רַבִּי אַבָּא בַּר אַחָא: בְּנוֹהַג שֶׁבָּעוֹלָם הַתַּלְמִיד יוֹשֵׁב לִפְנֵי רַבּוֹ, וּמִשֶּׁהוּא גּוֹמֵר הַתַּלְמִיד אוֹמֵר לָרַב: יְגַעְתִּיךָ – **R' Abba bar Acha said: It is the custom in the world,** a **student sits before his teacher, and when he is finished** with his lesson, **the student says** apologetically **to the teacher, I have wearied you,**[65] . . . (וְכָל הָעִנְיָן כְּמוֹ שֶׁכָּתוּב בִּבְרֵאשִׁית רַבָּה עַד) ״וַיִּשָּׂא עֵינָיו וַיַּרְא וְהִנֵּה שְׁלֹשָׁה אֲנָשִׁים״ – [**And so forth, as is written in** a passage **in *Bereishis Rabbah,* concluding at** the citation of the verse, ***He lifted his eyes and saw: And behold! three men were standing over him*** (*Genesis* 18:2).][66] יֵשׁ עָנָיו גָּדוֹל מִזֶּה – **Is there,** then, anyone **more humble than that?** Surely not! הֱוֵי ״וְעַנְוַתְךָ תַרְבֵּנִי״ – **It is** thus that, ***and Your humility made me great.***[67]

The Midrash cites another example of God's great humility:

אָמַר רַבִּי סִימוֹן: בֹּא וּרְאֵה מַה כְּתִיב ״וַיִּפְנוּ מִשָּׁם הָאֲנָשִׁים וַיֵּלְכוּ סְדֹמָה וְגוֹ׳״ – **R' Simone said: Come and see what is written,** ***The men turned from there and went to Sodom,*** *while Abraham was still standing before HASHEM* (*Genesis* 18:22). לֹא הָיָה צָרִיךְ לוֹמַר אֶלָּא וַה׳ עוֹדֶנּוּ עוֹמֵד לִפְנֵי אַבְרָהָם – Now, **[Scripture] should rather have stated, "While HASHEM was still standing before Abraham."**[68] אֶלָּא תִּקּוּן סוֹפְרִים הוּא – **Rather, it is a scribal correction,** phrasing the verse in a manner more respectful to God.[69] הֱוֵי ״וְעַנְוַתְךָ תַרְבֵּנִי״ – **It is** thus that, ***and Your humility made me great.***[70]

The Midrash interprets the verse from *Psalms* as referring to a different instance of God's humility:

דָּבָר אַחֵר – Another interpretation: ״וְעַנְוַתְךָ תַרְבֵּנִי״ – ***and Your humility made me great.*** אָמַר בֶּן עַזַּאי: בֹּא וּרְאֵה עֲנָוָה שֶׁבְּיַד הַקָּדוֹשׁ בָּרוּךְ הוּא – **Ben Azzai said: Come and see the humility that is displayed by the Holy One, blessed is He.** בָּשָׂר וָדָם – A person who is **flesh and blood . . .** (כְּמוֹ שֶׁכָּתוּב שָׁם וְכוּ׳) – [**as it is written there, etc.**].[71]

The Midrash now expounds the verse from *Psalms* in connection to our verse:

דָּבָר אַחֵר – Another interpretation: ״וְעַנְוַתְךָ תַרְבֵּנִי״ – ***and Your humility made me great.*** בְּנוֹהַג שֶׁבָּעוֹלָם מֶלֶךְ בָּשָׂר וָדָם – **It is the custom in the world** with regard to a **king who is flesh and blood,** כָּל הַיָּמִים שֶׁהַבְּרִיּוֹת מוֹשְׁלָמִים לוֹ – **that all the days that people are loyal to him,** הוּא נִזְקָק לִיתֵּן לָהֶם דּוֹנָטִיבָא לְחַלֵּק לָהֶם אֲנוֹנוֹת – **he attends to** them, **granting them gifts,**[72] and **allotting them provisions,**[73] וְהוּא זָקוּק לְחַיֵּיהֶם – **and he attends to their well-being.**[74] אֲבָל אִם מָרְדוּ בוֹ – **However, if [the people] have rebelled against him,** אֵינוֹ נִזְקָק לָהֶם לְכָל דָּבָר שֶׁבָּעוֹלָם – **he does not attend to them with** regard to **anything in the world;** אֶלָּא פּוֹסֵק אֲנוֹנוֹת שֶׁלָּהֶם – **rather, he ceases their** allotment of **provisions.** לָמָּה, שֶׁכָּפְרוּ בְּמַלְכוּתוֹ – **Why? Because they have denied his kingship.** וְהַקָּדוֹשׁ בָּרוּךְ הוּא אֵינוֹ כֵן – **But the Holy One, blessed is He, is not like that.** אֶלָּא הֵם עוֹסְקִים וּמַכְעִיסִים אוֹתוֹ לְמַטָּה – **Rather,** on earth **below [the Israelites] were involved** in the worship of the Golden Calf, **and were angering [God],** וְהוּא עוֹסֵק לְמַעְלָה לִיתֵּן לָהֶם אֶת הַתּוֹרָה – **yet above** in Heaven **[God] was involved** with **giving them the Torah,**

NOTES

64. I.e., the subject of the verse is Israel personified; it is Israel who is addressing this verse to God.

65. By having you teach me for so long. Since the studies have been for the benefit of the student, he politely apologizes for taking up so much of his teacher's time.

66. The reference appears to be to *Parashah* 48, where the verse from *Psalms* is similarly expounded in terms of God's extreme humility (see §1 there). However this particular exposition is not found in our editions of *Bereishis Rabbah*. It is found, though, in *Midrash Shocher Tov* on *Psalms* Ch.18 and *Yalkut Shimoni, II Samuel* §161 (see *Eitz Yosef* and *Maharzu*). The Midrash there states that God, as it were, apologized to Israel at the end of their stay at Mount Sinai where they received the Torah, saying, רַב לָכֶם, *It has been much for you* (*Deuteronomy* 1:6). However, see *Eshed HaNechalim.*

67. That is, God in His humility treated Israel as if they were "great," as if they were the teacher and He owed deference to them.

68. For it had been God Who had originally appeared to Abraham; see v. 1 there (*Matnos Kehunah*), and it had been God Who had initiated the dialogue with Abraham concerning Sodom; see v. 20 there (*Rashi* ad loc.). Alternatively, it had been Abraham who had left God's presence, so to speak, to escort the angels on their way; see v. 16 there, while God remained there waiting for Abraham's return (*Maharzu*).

69. This term is applied by the Sages to this and seventeen other verses in Scripture (see *Midrash Tanchuma, Beshalach* §16), whose plain meanings are inconsistent with their true messages. The connotation of the term is that in the manner that a *scribe* will edit his text to improve upon it, so did the Torah change what it "should have" written in these verses, in order to present more acceptable wording (*Eitz Yosef;* see also *Sefer HaIkkarim* 3:22). Alternatively, it means that the Sages, who are referred to as *scribes* (see *Kiddushin* 30a), explained the verses in the appropriate manner (*Yefeh To'ar* and *Matnos Kehunah* to *Bereishis Rabbah* 49 §7; see also the responsum of *Rashba* [*Chadashos*] §368).

[The words תִּיקּוּן סוֹפְרִים, *a scribal correction,* cannot, Heaven forbid, be taken at face value. There can be no doubt that the Torah as we have it was given to Moses at Mount Sinai and faithfully transmitted ever since (*Teshuvos Radvaz,* Vol. 3, §1020 (594); *Rashba* loc. cit.; *Sefer HaIkkarim,* loc. cit. and *Mizrachi* ad loc.; see also sources cited in the Kleinman edition of *Bereishis Rabbah, Parashah* 49 note 112).]

70. For despite the respectful wording, the connotation of the verse is in fact that it was God Who was waiting there for Abraham's response (*Eitz Yosef*). [According to this exposition, the verse in *Psalms* is referring to Abraham rather than to the people of Israel; see *Midrash Shocher Tov* loc. cit.]

71. The reference is apparently to an exposition found in *Bereishis Rabbah* 1 §12. Ben Azzai there cites this verse from *Psalms* and observes that while it was customary for human rulers to place their names before their titles, God, in His humility, first mentions the fact that He created the world before mentioning His Name. Thus, the first verse in *Genesis* begins בְּרֵאשִׁית בָּרָא, *In the beginning [He] created,* and only afterward mentions God's Name, אֱלֹהִים. See also *Midrash Shocher Tov* loc. cit. and *Tanchuma, Ki Sisa* §15 (*Maharzu*).

72. *Eitz Yosef,* citing *Mussaf HeAruch,* writes that דּוֹנָטִיבָא is a Latin word referring to gifts given by army commanders to their soldiers at the time of battle. However, see *Matnos Kehunah.*

73. Translation follows *Eitz Yosef;* see also *Matnos Kehunah.*

74. He takes care of the needs of the public, buildings roads and bridges and protecting them from foreign attack (*Yefeh To'ar*).

ד דָּבָר אַחֵר, [לא, יח] **"וַיִּתֵּן אֶל מֹשֶׁה",** **הָדָא הוּא דִכְתִיב** (תהלים יח, לו) **"וַתִּתֶּן לִי מָגֵן יִשְׁעֶךָ", מְדַבֵּר בְּיִשְׂרָאֵל שֶׁהֵם בְּטוּחִים בְּהַקָּדוֹשׁ בָּרוּךְ הוּא וְהוּא מָגֵן לָהֶם, כִּדְכְתִיב** (שם שם לא) **"מָגֵן הוּא לְכֹל הַחוֹסִים בּוֹ",** (שם שם לו) **"וִימִינְךָ תִסְעָדֵנִי" זוֹ תּוֹרָה, דִּכְתִיב** (דברים לג, ב) **"מִימִינוֹ אֵשׁ דָּת לָמוֹ",** (תהלים שם שם) **"וְעַנְוָתְךָ תַרְבֵּנִי", וְכִי יֵשׁ עָנָיו גָּדוֹל מִן הַקָּדוֹשׁ בָּרוּךְ הוּא, אָמַר רַבִּי אַבָּא בַּר אַחָא: ^ז^ בְּנוֹהַג שֶׁבָּעוֹלָם הַתַּלְמִיד יוֹשֵׁב לִפְנֵי רַבּוֹ, וּמִשֶּׁהוּא גוֹמֵר הַתַּלְמִיד אוֹמֵר לָרַב: יְגַעְתִּיךָ,** (וְכָל הָעִנְיָן כְּמוֹ שֶׁכָּתוּב בִּבְרֵאשִׁית רַבָּה עַד) (בראשית יח, ב) **"וַיִּשָּׂא עֵינָיו וַיַּרְא וְהִנֵּה שְׁלֹשָׁה אֲנָשִׁים", יֵשׁ עָנָיו גָּדוֹל מִזֶּה, הֱוֵי "וְעַנְוָתְךָ תַרְבֵּנִי", אָמַר רַבִּי סִימוֹן: בֹּא וּרְאֵה מַה כְּתִיב** (שם שם כב) **"וַיִּפְנוּ מִשָּׁם הָאֲנָשִׁים וַיֵּלְכוּ סְדֹמָה וְגוֹ'", לֹא הָיָה צָרִיךְ לוֹמַר אֶלָּא וַה' עוֹדֶנּוּ עוֹמֵד לִפְנֵי אַבְרָהָם, ^ח^ אֶלָּא תִּקּוּן סוֹפְרִים הוּא, הֱוֵי "וְעַנְוָתְךָ תַרְבֵּנִי", דָּבָר אַחֵר,** (תהלים יח, לו) **"וְעַנְוָתְךָ תַרְבֵּנִי", אָמַר בֶּן עַזַּאי: בֹּא וּרְאֵה עֲנָוָה שֶׁבְּיַד הַקָּדוֹשׁ בָּרוּךְ הוּא, בָּשָׂר וָדָם** (כְּמוֹ שֶׁכָּתוּב שָׁם וְכוּ'), **דָּבָר אַחֵר, "וְעַנְוָתְךָ תַרְבֵּנִי", בְּנוֹהַג שֶׁבָּעוֹלָם מֶלֶךְ בָּשָׂר וָדָם כָּל הַיָּמִים שֶׁהַבְּרִיּוֹת מוֹשְׁלָמִים לוֹ הוּא נִזְקָק לִיתֵּן לָהֶם דּוֹנָטִיבָא לְחַלֵּק לָהֶם אֲנוֹנוֹת וְהוּא זָקוּק לְחַיֵּיהֶם, אֲבָל אִם מָרְדוּ בוֹ אֵינוֹ נִזְקָק לָהֶם לְכָל דָּבָר שֶׁבָּעוֹלָם, אֶלָּא פּוֹסֵק אֲנוֹנוֹת שֶׁלָּהֶם, לָמָּה, שֶׁכָּפְרוּ בְּמַלְכוּתוֹ, וְהַקָּדוֹשׁ בָּרוּךְ הוּא אֵינוֹ כֵן, אֶלָּא הֵם עוֹסְקִים וּמַכְעִיסִים אוֹתוֹ לְמַטָּה וְהוּא עוֹסֵק לְמַעְלָה לִיתֵּן לָהֶם אֶת הַתּוֹרָה שֶׁכֻּלָּהּ חַיִּים, הֱוֵי** [לא, יח] **"וַיִּתֵּן אֶל מֹשֶׁה כְּכַלֹּתוֹ", יֵשׁ עָנָיו גָּדוֹל מִזֶּה, הֱוֵי** (שם שם) **"וְעַנְוָתְךָ תַרְבֵּנִי":**

עץ יוסף

(ד) הדא הוא דכתיב ותתן לי מגן ישעך וענותך תרבני. כדמסיק שמשעשו אותו מעשה נתן הקדוש ברוך הוא למשה את הלוחות, ואגב דריש ליה לקרא באנפי אחריני: **כמו שכתוב בבראשית רבה.** אין זה בבראשית רבה, אבל הוא בשוחר טוב מזמור י"ח: **לא היה צריך לומר אלא וה' עודנו עומד.** שהרי הקדוש ברוך הוא בא אליו שנאמר וירא אליו ה' וגו': **אלא תיקון סופרים הוא.** רוצה לומר שבאמת השכינה היתה ממתנת לאברהם, אלא שהכתוב תקן הדבר מפני כבוד כסופר זה שמתקן דבר מה: **דונטיבא.** פירושו בלשון רומיי מתנות שמחלק שר צבא לחילות בעת לאתם נגד אויביהם (מוסף הערוך): **אנונית.** פירושו בלשון רומיי מזון וסיפוק (מוסף הערוך): **והוא עוסק למעלה.** שהיה חוקק להם לוחות לתת להם חיים כדלעיל: **יש עניו גדול מזה.** שאינו פוקד על מה שנגעו בכבודו כאילו אינו מחשיב כבודו לתבוע עלבונו:

פירוש מהרז"ו

(ד) מדבר בישראל. עיין תנחומא כאן סימן ט"ו, מדרש תהלים מזמור י"ח פסוק זה: **שכתוב בבראשית רבה.** פירוש דרשה אחרת על פסוק זה, ולא הדרשה שבכאן, אך הוא במדרש תהלים מזמור י"ח, וזה לשונו שם אמר רבי אבא ראית מימיך הרב והתלמיד עוסקים בתורה, והרב אומר לתלמיד הוגעתיך רב לך, (פירוש בתמיה שאין הדרך כן, אבל התלמיד אומר כן לרב כמו שכתב כאן), והקב"ה לומד תורה לישראל ארבעים יום, ובסוף אומר להם הוגעתי אתכם וליגעתי, שנאמר (דברים א, ו) ה' אלהינו דבר אלינו בחורב לאמר רב לכם עכ"ל: **ויקומו משם האנשים.** וגו' עד ויפנו משם האנשים וילכו סדומה ואברהם עודנו עומד לפני ה'. והרי כתוב ואברהם הולך עמם לשלחם, ואיך אמר ואברהם עודנו עומד: **תיקון סופרים הוא.** שאין זה כבוד השכינה לומר וה' עודנו עומד, על כן כתוב ואברהם עודנו עומד, אך הכוונה בהיפך. וכמו שאמרו בראשית רבה פרשה מ"ט ריש סימן ז, תיקון סופרים הוא השכינה ממתנת לאברהם, עיין שם: **בן עזאי.** תנחומא ומדרש תהלים הנ"ל, בראשית רבה פרשה א סימן י"ב: **דונטיבא.** פירש המוסף ערוך שהוא בלשון רומי מתנות שמחלק שר הצבא בעת לאתם למלחמה: **אנונות.** פירוש בלשון רומי מזון וסיפוק:

מתנות כהונה

[ד] **וענותך תרבני.** וכי יש עניו מן הקב"ה: **אלא וה' עודנו עומד.** שהרי הקב"ה בא ונגלה אליו שנאמר (בראשית יח, א) וירא אליו וגו': **תיקון סופרים.** הכתוב מדבר דרך כבוד כלפי מעלה. ועיין לעיל בבראשית רבה פרשה מ"ט הארכתי בזה: **משלמים לו** גרסינן: **דונטיבא.** מתנה ופרס מבית המלך. כך פירש הערוך (ערך דנטיב): **אנונות.** גם כן פירושו מנות מאכל ומשתה מבית המלך (ערוך ערך אנונה):

אשד הנחלים

[ד] **מדבר בישראל כו'.** כי דוד המלך אשר בישועתו הוא ישועת כל ישראל, מדבר על עצמו ועל כלל הכנסיה [הנושעים במלחמה] יחד, שנתן להם מגן כמו שהבטיח לאברהם [בעבור זרעו] אנכי מגן לך, והכונה על השגחה הנסית למעלה מהטבע, כי הנס עומד ומגין בעד כל מקרי ופגעי הטבע. ומפרש המדרש שזה היה הסיבה מפני שהם בטוחים בו, לא על חנם, כי הדבוק בה' ובבטחונו לא ישלוט בו כל מקרה ופגע הטבע, אך להיות שהאדם עלול ליפול מדרכו הטובה מרוב השתקעו בעולם ותענוגיו, לכן התורה האלהית עומדת לימינו של אדם לעזרו ולתמכו להיות דבוק בו יתברך, וקרא לתורה בשם ימין, כי ניתנה בימין ממדת החסד כנודע: **התלמיד יושב כו' כמו שכתוב בבראשית רבה.** שם נאמר בריש פרשת וירא שאברהם יושב ושכינה עומדת זהו הענוה, וכן כאן פירושו, וצריך לומר התלמיד עומד, אבל לא שיהיה התלמיד יושב ואומר לו כי הגעתיך במה שעמדת עד כה, וזה לא ראינו מעולם, ושם אברהם ישב וביקש מהשכינה שלא אעבור מעליו, והענין שדוד התבונן על טוב ה' וחסדו עמנו, ולזאת הרהיב בנפשו עוז לבקש מלפניו ולתת תודות לו: **לא היה צריך כו' תיקון סופרים.** ורצה לומר שבאמת הכונה שה' עודנו עומד לפני אברהם, אם כן וכי יש ענוה גדולה מזו. והענין על דרך הציור מרמז על הזדקקות הנבואה, אף שאברהם היה עסוק באורחים וטרוד בעניני העולמים, שזה לא מצאנו שתהיה הנבואה חל כי אם על המופשט מן האנושיות לגמרי, וכן אחר שהכתוב מספר על צד החידוש שאברהם עודנו עומד לפני ה', כאלו חידש הוא שה' עודנו עומד ומזדקקת הנבואה בו, וזהו הכנוי שאברהם יושב במנוחה והקדוש ברוך הוא עומד עליו ומשפיע עליו שפע הנבואה, הבן זה: **כמו שכתוב שם כו'.** אולי מורה על תחלת פרשת וירא, ושם אינו כתיב בן עזאי, והוא באמת דבר אחד עם הנאמר לעיל כמו שפירשתי: **דונטיבא.** פירש המעריך מתנות חנם: **אנונית.** פרס כך וכך ליום לפרנסתו: **שהבריות מושלמים כו'.** כי אהבת בני אדם לאדם היא אהבה חוזרת שמשלם טוב בעבור טובה שעושים עמו, לא כן אצלו יתברך שמשלם טובה אף תחת רעה, כי גם הרעה נוגע רק לעצמם לא לכבודו ולכן עושה חסד עמם, וזהו גדר הענוה שאינו חושש לכבודו. והנה חשב מגדר ענותו יתברך שני דברים, אחד השפעת הנבואה לטובים אף בשעה שאינם מוכנים כל כך, השני השגחה על כלל הכנסיה אף בשעה שחוטאים לעשות להם תיקון, כמו שחקק התורה בשביל טובתם הנפשית:

לקוטים

[ד] **מהרי"פ ד"ה לרב יגעתיך כו' אמר הכותב כו'.** זה לשון התולדות נח, אמר ר' פנחס וכו', לא דפליג עליה אלא שמוסיף על דבריו. ונלמד מדכתיב בעבור ישמע העם וכתיב כי ביום השלישי ירד ה' לעיני כל העם כדאיתא לקמן במדרש חזית בפסוק ישקני (שיר השירים רבה פרשה א, יד), [ו]כמדרש ילקוט (יתרו רמז רעו), ועיין בהם, עד כאן לשונו. וכוונתו שבמדרש חזית ילפינן מדכתיב בעבור ישמע העם בדברי, ובמדרש ילקוט (שם) ילפינן מדכתיב כי ביום השלישי ירד ה' לעיני כל העם. ובזה מיושב קושית המהרי"פ. ודוק: **בשר ודם וכו' כמו שכתוב שם וכו'.** עיין מהרי"פ מה כתב בשם מדרש שוחר טוב. ואין צריך לזה, דהא כל הפיסקא הזאת הוא מהתנחומא (סדר כי תשא סימן טו), וזה לשונו, מלך בשר ודם שגר פרודיגמאות במדינה ואומר פלוני קומוס פלוני איפרכוס פלוני הגמון, משמזכיר שמו מזכיר שבחו והקב"ה משמזכיר שבחו אחר כך מזכיר שמו בראשית בארא אלהים יש ענו גדול מזה, עד כאן לשונו:

חידושי הרד"ל

[ד] **אמר בן עזאי בא וראה ענוה כו' והוא עוסק למעלה ליתן להם כו'.** בתנחומא הגירסא בהא דבן עזאי המאמר שבבראשית רבה פרשה א יב על מקרא זה דענותך תרבני בשר ודם מזכיר שמו ואחר כך שבחו כו', ושוב גרס אחרי זה הא כמנהג שבעולם דהכא בלשון דבר אחר:

באור מהרי"פ

[ד] **לרב יגעתיך.** אבל הקב"ה למד תורה לישראל ואמר להם יגעתי לכם שנאמר ה' אלהינו דבר אלינו בחורב לאמר רב לכם וגו'. תנחומא. [תולדות נח הארוך]. ואני הכותב מצאתי בשוחר טוב מזמור יח ד"ה מלמד ידי למלחמה: **הוי וענותך תרבני.** פירוש, לפי שבאמת הקב"ה היה עומד לפני אברהם, רק שהוא תיקון סופרים, אם כן שפיר מוכח מכאן ענותנותו של הקב"ה [תולדות נח הארוך]: **בשר ודם [כמו שכתוב שם וכו']**. כשהוא מזכיר שמו ואחר כך קטיומא שלו והקב"ה אינו כן מזכיר קטיומא שלו ואחר כך מזכיר שמו שנאמר בראשית ברא אלהים וגו' הוי וענותך תרבני עד כאן. שוחר טוב מזמור י"ח ד"ה מלמד ידי:

אמרי יושר

[ד] **התלמידים מהלכים תחלה לבקרו** [במדרש לפנינו נמצא זה בתנחומא סי' טו]. ואחר כך מודיעים לרב והולך. או יפורש בעת ההכנס כי יכנסו התלמידים תחלה לתקן מקום לרב שישב, והקב"ה בתחילה וירא אליו ה' ואחר כך והנה שלשה אנשים: **בשר ודם** [במדרש לפנינו שם]. משהזכיר שמו אחר כך מזכיר שבחו, כאלו אומר שבשביל שמו לבד ראוי למעלה, אבל הקב"ה אומר בעבור התועלת שעשיתי לכם: **מה כלה מקושטת בעשרים וארבע תכשיטין.** הן הנזכרים בספר ישעיה (ג, יח): **צנוע.** בקריאת התורה, **ומפורסם במעשים טובים,** גם התורה מכרזת עליו: **בכלותו.** לשון כלל:

מסורת המדרש

ז. לעיל פרשה כ"ט. שיר השירים רבה פרשה א' פסוק ב'. מכילתא יתרו פרשה ג'. ילקוט יתרו רמז רע"ו:

ח. מדרש תהלים מזמור י"ח. ילקוט שמואל ב' רמז קס"ב:

אם למקרא

וַתִּתֶּן לִי מָגֵן יִשְׁעֶךָ וְעַנְוֹתְךָ תַרְבֵּנִי: (תהלים יח:לו)

הָאֵל תָּמִים דַּרְכּוֹ אִמְרַת ה' צְרוּפָה מָגֵן הוּא לְכֹל הַחֹסִים בּוֹ: (שם שם לא)

וַיֹּאמַר ה' מִסִּינַי בָּא וְזָרַח מִשֵּׂעִיר לָמוֹ הוֹפִיעַ מֵהַר פָּארָן וְאָתָה מֵרִבְבֹת קֹדֶשׁ מִימִינוֹ אֵשְׁ דָּת לָמוֹ: (דברים לג:ב)

וַיִּשָּׂא עֵינָיו וַיַּרְא וְהִנֵּה שְׁלֹשָׁה אֲנָשִׁים נִצָּבִים עָלָיו וַיַּרְא וַיָּרָץ לִקְרָאתָם מִפֶּתַח הָאֹהֶל וַיִּשְׁתַּחוּ אָרְצָה: (בראשית יח:ב)

וַיִּפְנוּ מִשָּׁם הָאֲנָשִׁים וַיֵּלְכוּ סְדֹמָה וְאַבְרָהָם עוֹדֶנּוּ עֹמֵד לִפְנֵי ה': (שם שם כב)

ענף יוסף

(ד) וכל הענין כמו שכתוב בבראשית רבה עד וישא עיניו כו'. כן הוא לשון המדרש בכל הספרים, אבל ברור הוא שכל לשון מימרא זו הוא משובש עד אמר בן עזאי, כי ענין התלמיד והרב לא נמצא כלל בבראשית רבה שם, [וכוונתו על פרשה מ"ט דשם כמו שמבואר בסמוך], כי אם במדרש שוחר טוב (בתהלים קאפיטיל יח ד"ה מלמד ידי למלחמה), עיין שם היטב ותבין גם כאן:

ידי משה

[ד] **וכי יש לך עניו גדול מהקדוש ברוך הוא.** פירוש, לפיכך אין לך לדרוש אלא על הקב"ה: **לא היה צריך לומר ואברהם היה עומד אלא וה' עודנו עומד.** שהרי הקב"ה בא אליו, רק שהסופרים תקנו וכתבו ואברהם היה עומד מפני כבוד הקב"ה, לכן כתבו במקום מלת השם אברהם, אבל האמת שהיה הקב"ה כביכול עומד לפני אברהם הוי וענותך תרבני. ודוק:

שֶׁכֻּלָּהּ חַיִּים – **which is in its entirety life**-giving.[75] הֱוֵי ״וַיִּתֵּן אֶל מֹשֶׁה כְּכַלֹּתוֹ״ – For it is written, ***When He finished*** *speaking with him on Mount Sinai,* ***He gave Moses*** *the two Tablets of Testimony.*[76] יֵשׁ עָנָיו גָּדוֹל מִזֶּה – **Is there anyone more humble than this?** הֱוֵי ״וְעַנְוָתְךָ תַרְבֵּנִי״ – **It is** thus that, ***and Your humility made me great.***[77]

NOTES

75. I.e., God was carving the two Tablets for them, upon which is written life-giving Torah; see §1 above and note 31 there (*Yefeh To'ar, Eitz Yosef*).

76. [See ibid., note 32.]

77. For God gave Israel the Torah despite the slight to His honor involved in their worship of the Golden Calf (see *Yefeh To'ar, Eitz Yosef*). [As with the first exposition in this section, according to this interpretation the verse is referring to Israel.]

ד דָּבָר אַחֵר, [לא, יח] "וַיִּתֵּן אֶל מֹשֶׁה", הֲדָא הוּא דִכְתִיב (תהלים יח, לו) "וַתִּתֶּן לִי מָגֵן יִשְׁעֶךָ", מְדַבֵּר בְּיִשְׂרָאֵל שֶׁהֵם בְּטוּחִים בְּהַקָּדוֹשׁ בָּרוּךְ הוּא וְהוּא מָגֵן לָהֶם, כִּדְכְתִיב (שם שם לא) "מָגֵן הוּא לְכֹל הַחֹסִים בּוֹ", (שם שם לו) "וִימִינְךָ תִסְעָדֵנִי" זוֹ תוֹרָה, דִּכְתִיב (דברים לג, ב) "מִימִינוֹ אֵשׁ דָּת לָמוֹ", (תהלים שם שם) "וְעַנְוָתְךָ תַרְבֵּנִי", וְכִי יֵשׁ עָנָיו גָּדוֹל מִן הַקָּדוֹשׁ בָּרוּךְ הוּא, אָמַר רַבִּי אַבָּא בַּר אַחָא: [ז]בְּנוֹהַג שֶׁבָּעוֹלָם הַתַּלְמִיד יוֹשֵׁב לִפְנֵי רַבּוֹ, וּמִשֶּׁהוּא גוֹמֵר הַתַּלְמִיד אוֹמֵר לָרַב: יְגַעְתִּיךָ, (וְכָל הָעִנְיָן כְּמוֹ שֶׁכָּתוּב בִּבְרֵאשִׁית רַבָּה עַד) (בראשית יח, ב) "וַיִּשָּׂא עֵינָיו וַיַּרְא וְהִנֵּה שְׁלֹשָׁה אֲנָשִׁים", יֵשׁ עָנָיו גָּדוֹל מִזֶּה, הֱוֵי "וְעַנְוָתְךָ תַרְבֵּנִי", אָמַר רַבִּי סִימוֹן: בֹּא וּרְאֵה מַה כְּתִיב (שם שם כב) "וַיִּפְנוּ מִשָּׁם הָאֲנָשִׁים וַיֵּלְכוּ סְדֹמָה וגו׳", לֹא הָיָה צָרִיךְ לוֹמַר אֶלָּא וַה׳ עוֹדֶנּוּ עוֹמֵד לִפְנֵי אַבְרָהָם, [ח]אֶלָּא תִּקּוּן סוֹפְרִים הוּא, הֱוֵי "וְעַנְוָתְךָ תַרְבֵּנִי", דָּבָר אַחֵר, (תהלים יח, לו) "וְעַנְוָתְךָ תַרְבֵּנִי", אָמַר בֶּן עַזַּאי: בֹּא וּרְאֵה עֲנָוָה שֶׁבְּיַד הַקָּדוֹשׁ בָּרוּךְ הוּא, בָּשָׂר וָדָם (כְּמוֹ שֶׁכָּתוּב שָׁם וְכוּ׳), דָּבָר אַחֵר, "וְעַנְוָתְךָ תַרְבֵּנִי", בְּנוֹהַג שֶׁבָּעוֹלָם מֶלֶךְ בָּשָׂר וָדָם כָּל הַיָּמִים שֶׁהַבְּרִיּוֹת מוֹשְׁלָמִים לוֹ הוּא נִזְקָק לִיתֵּן לָהֶם דּוֹנַטִיבָא לְחַלֵּק לָהֶם אֲנוֹנוֹת וְהוּא זָקוּק לְחַיֵּיהֶם, אֲבָל אִם מָרְדוּ בוֹ אֵינוֹ נִזְקָק לָהֶם לְכָל דָּבָר שֶׁבָּעוֹלָם, אֶלָּא פּוֹסֵק אֲנוֹנוֹת שֶׁלָּהֶם, לָמָּה, שֶׁכָּפְרוּ בְּמַלְכוּתוֹ, וְהַקָּדוֹשׁ בָּרוּךְ הוּא אֵינוֹ כֵן, אֶלָּא הֵם עוֹסְקִים וּמַכְעִיסִים אוֹתוֹ לְמַטָּה וְהוּא עוֹסֵק לְמַעְלָה לִיתֵּן לָהֶם אֶת הַתּוֹרָה שֶׁכְּלָלָהּ חַיִּים, הֱוֵי [לא, יח] "וַיִּתֵּן אֶל מֹשֶׁה כְּכַלֹּתוֹ", יֵשׁ עָנָיו גָּדוֹל מִזֶּה, הֱוֵי (שם שם) "וְעַנְוָתְךָ תַרְבֵּנִי":

עץ יוסף

(ד) הדא הוא דכתיב ותתן לי מגן ישעך וענותך תרבני. כדמסיק שמשבעטו אותו מעשה נתן הקדוש ברוך הוא למשה את הלוחות, ואגב דריש ליה לקרא באנפי אחריני: **כמו שכתוב בבראשית רבה.** אין זה בבראשית רבה, אבל הוא בשוחר טוב מזמור י"ח: **לא היה צריך לומר אלא וה' עודנו עומד.** שהרי הקדוש ברוך הוא בא אליו שנאמר וירא אליו ה' וגו': **אלא תיקון סופרים הוא.** רוצה לומר שבאמת השכינה היתה ממתנת לאברהם, אלא שהכתוב תקן הדבר מפני כבוד כסופר זה שמתקן דבר מה: **דונטיבא.** פירוש בלשון רומיי מתנות שמחלק שר צבא לחילות בעת לאתם נגד אויביהם (מוסף הערוך): **אנונות.** פירוש בלשון רומיי מזון וסיפוק (מוסף הערוך): **והוא עוסק למעלה.** שהיה חוקק להם לוחות לתת להם חיים כדלעיל: **יש עניו גדול מזה.** שאינו פוקד על מה שנגעו בכבודו כאילו אינו מחשיב כבודו לתבוע עלבונו:

פירוש מהרז"ו

(ד) מדבר בישראל. עיין תנחומא כאן סימן ט"ו, מדרש תהלים מזמור י"ח פסוק זה: **שכתוב בבראשית רבה.** פירוש דרשה אחרת על פסוק זה, ולא הדרשה שבכאן, אך הוא במדרש תהלים מזמור י"ח, וזה לשונו שם אמר רבי אבא ראית מימיך הרב והתלמיד עוסקים בתורה, והרב אומר לתלמיד הוגעתיך רב לך, (פירוש בתמיה שאין הדרך כן, אבל התלמיד אומר כן לרב כמו שכתב כאן), והקב"ה לומד תורה לישראל ארבעים יום, ובסוף אומר להם הוגעתי אתכם וכו', שנאמר (דברים א, ו) ה' אלהינו דבר אלינו בחורב לאמר רב לכם שבת וכו': **ויקומו משם האנשים.** וגו' עד ויפנו משם האנשים וילכו סדומה ואברהם עודנו עומד לפני ה'. והרי כתוב ואברהם הולך עמם לשלחם, ואיך אמר ואברהם עודנו עומד: **תיקון סופרים הוא.** שאין זה כבוד השכינה לומר וה' עודנו עומד, על כן כתוב ואברהם עודנו עומד, אך הכוונה בהיפך. וכמו שאמרו בראשית רבה פרשה מ"ט ריש סימן ז, תיקון סופרים הוא שהיתה השכינה ממתנת לאברהם, עיין שם: **בן עזאי.** תנחומא ומדרש תהלים הנ"ל, בראשית רבה פרשה א סימן י"ב: **דונטיבא.** פירש המוסף ערוך שהוא בלשון רומי מתנות שמחלק שר הצבא בעת לאתם למלחמה: **אנונות.** פירוש בלשון רומי מזון וסיפוק:

חידושי הרד"ל

[ד] אמר בן עזאי בא וראה ענוה כו' והוא עוסק למעלה ליתן להם כו'. בתנחומא הגירסא בהא דבן עזאי המאמר שבבראשית רבה פרשה א' יב על מקרא זה דוענותך תרבני בשר ודם מזכיר שמו ואחר כך שבחו כו', ושוב גרס אחרי זה האי כמנהג שבעולם דהכא בלשון דבר אחר:

באור מהרי"פ

[ד] לרב יגעתיך. אבל הקב"ה למד תורה לישראל ואמר להם יגעתי לכם שנאמר ה' אלהינו דבר אלינו בחורב לאמר רב לכם וגו'. תנחומא. [תולדות נח הערוך]. ואולי הכותב מלאתי בשוחר טוב מזמור יח ד"ה מלמד ידי למלחמה: **הוי וענותך תרבני.** פירוש, לפי שבאמת הקב"ה היה עומד לפני אברהם, רק שהוא תיקון סופרים, אם כן שפיר מוכח מכאן ענוותנותו של הקב"ה [תולדות נח הערוך]: **בשר ודם [כמו שכתוב שם וכו'].** כשהוא מזכיר שמו ואחר כך קטיומא שלו והקב"ה אינו כן מזכיר קטיומא שלו ואחר כך מזכיר שמו שנאמר בראשית ברא אלהים וגו' הוי וענותך תרבני עד כאן. שוחר טוב מזמור י"ח ד"ה מלמד ידי:

אמרי יושר

[ד] התלמידים מהלכים תחלה לבכרו [ובמדרש לפניו נמצא זה בתנחומא סי' טו]. ואחר כך מודיעים לרב והולך. או יפורש בעת הכנסם כי יכנסו התלמידים תחלה לתקן מקום לרב שישב, והקב"ה בתחילה וירא אליו ה' ואחר כך והנה שלשה אנשים: **בשר ודם** [במדרש לפנינו שם]. משהזכיר שמו אחר כך מזכיר שבחו, כאלו אומר שבשביל שמו לבד ראוי לשבח, אבל הקב"ה אומר בעבור התועלת שעשית לכם: **מה כלה מקושטת בעשרים וארבע תכשיטין.** כן הנזכרים בספר ישעיה (ג, יח): **צנוע.** בקריאת התורה, **ומפורסם במעשים טובים,** גם התורה מכרזת עליו: **בכלותו.** לשון כלל:

מסורת המדרש

ז. לעיל פרשה כ"ט. שיר השירים רבה פרשה א' פסוק ב'. מכילתא יתרו פרשה ג'. ילקוט יתרו רמז רע"ו:

ח. מדרש תהלים מזמור י"ח. ילקוט שמואל ב' רמז קס"ב:

אם למקרא

וַתִּתֶּן לִי מָגֵן יִשְׁעֶךָ וַעֲנוֹתְךָ תַרְבֵּנִי: (תהלים יח:לו)

הָאֵל תָּמִים דַּרְכּוֹ אִמְרַת ה' צְרוּפָה מָגֵן הוּא לְכֹל הַחֹסִים בּוֹ: (שם שם לא)

וַיֹּאמַר ה' מִסִּינַי בָּא וְזָרַח מִשֵּׂעִיר לָמוֹ הוֹפִיעַ מֵהַר פָּארָן וְאָתָה מֵרִבְבֹת קֹדֶשׁ מִימִינוֹ אֵשׁ דָּת לָמוֹ: (דברים לג:ב)

וַיִּשָּׂא עֵינָיו וַיַּרְא וְהִנֵּה שְׁלֹשָׁה אֲנָשִׁים נִצָּבִים עָלָיו וַיַּרְא וַיָּרָץ לִקְרָאתָם מִפֶּתַח הָאֹהֶל וַיִּשְׁתַּחוּ אָרְצָה: (בראשית יח:ב)

וַיִּפְנוּ מִשָּׁם הָאֲנָשִׁים וַיֵּלְכוּ סְדֹמָה וְאַבְרָהָם עוֹדֶנּוּ עֹמֵד לִפְנֵי ה': (שם שם כב)

ענף יוסף

(ד) וכל הענין כמו שכתוב בבראשית רבה עד וישא עיניו כו'. כן הוא לשון המדרש בכל הספרים, אבל ברור הוא שכל לשון מימרא זו הוא משובש עד אמר בן עזאי, כי ענין התלמיד והרב לא נמצא כלל בבראשית רבה שם, [וכוונתו על פרשה מ"ט דשם כמו שמבואר בסמוך], כי אם במדרש שוחר טוב (בתהלים קאפיטל יח ד"ה מלמד ידי למלחמה), עיין שם היטב ותבין גם כאן:

ידי משה

[ד] וכי יש לך עניו גדול מהקדוש ברוך הוא. פירוש, לפיכך אין לך לדרוש אלא על הקב"ה: **לא היה צריך לומר ואברהם היה עומד אלא וה' עודנו עומד.** שהרי הקב"ה בא אליו, רק שהסופרים תקנו וכתבו ואברהם היה עומד מפני כבוד הקב"ה, לכן כתבו במקום מלת השם אברהם, אבל האמת שהיה הקב"ה כביכול עומד לפני אברהם הוי וענותך תרבני. ודוק:

מתנות כהונה

[ד] וענותך תרבני. וכי יש עניו מן הקב"ה: **אלא וה' עודנו עומד.** שהרי הקב"ה בא ונגלה אליו שנאמר (בראשית יח, א) וירא אליו וגו': **תיקון סופרים.** הכתוב מדבר דרך כבוד כלפי מעלה. ועיין לעיל בבראשית רבה פרשה מ"ט הארכתי בזה: **משלמים לו** גרסינן: **דונטיבא.** מתנה ופרס מבית המלך. כך פירש הערוך (ערך דנטיב): **אנונות.** גם כן פירושו מנות מאכל ומשתה מבית המלך (ערוך ערך אנונה):

אשד הנחלים

[ד] מדבר בישראל כו'. כי דוד המלך אשר בישועתו הוא ישועת כל ישראל, מדבר על עצמו ועל כלל הכנסיה [הנושעים במלחמה] יחד, שנתן להם מגן כמו שהבטיח לאברהם [בעבור זרעו] אנכי מגן לך, והכונה על השגחה הנסית למעלה מהטבע, כי הנס עומד ומגין בעד כל מקרי ופגעי הטבע. ומפרש המדרש שזה היה הסיבה מפני שהם בטוחים בו, לא על חנם, כי הדבוק בה' ובבטחונו לא ישלוט בו כל מקרה ופגע הטבע, אך להיות שהאדם עלול ליפול מדרכו הטובה מרוב השתקעו בעולם ותענוגיו, לכן התורה האלהית עומדת לימינו של אדם לעזרו ולתמכו להיות דבוק בו יתברך, וקרא לתורה בשם ימין, כי ניתנה בימין ממדת החסד כנודע: **התלמיד יושב כו' כמו שכתוב בבראשית רבה.** שם נאמר בריש פרשת וירא שאברהם יושב ושכינה עומדת זהו הענוה, וכן כאן פירושו, וצריך לומר התלמיד עומד, אבל לא שיהיה התלמיד יושב ואומר לו כי הגעתיך במה שעמדת עד כה, וזה לא ראינו מעולם, ושם אברהם ישב וביקש מהשכינה שלא אעבור מעליו, והענין שדוד התבונן על טוב ה' וחסדו עמנו, ולזאת הרהיב בנפשו עוז לבקש מלפניו ולתת תודות לו: **לא היה צריך כו' תיקון סופרים.** ורצה לומר שבאמת הכונה שה' עודנו עומד לפני אברהם, אם כן וכי יש ענוה גדולה מזו. והענין על דרך הציור מרמז על הזדקקות הנבואה, אף שאברהם היה עסוק באורחים וטרוד בעניני העולמים, שזה לא מצאנו שתהיה הנבואה חל כי אם על המופשט מן האנושיות לגמרי, וכן אחר שהכתוב מספר על צד החידוש שאברהם עודנו עומד לפני ה', כאלו חידש הוא שה' עודנו עומד ומזדקקת הנבואה בו, וזהו הכנוי שאברהם יושב במנוחה והקדוש ברוך הוא עומד עליו ומשפיע עליו שפע הנבואה, הבן זה: **כמו שכתוב שם כו'.** אולי מורה על תחלת פרשת וירא, ושם אינו כתיב בן עזאי, והוא באמת דבר אחד עם הנאמר לעיל כמו שפירשתי: **דונטיבא.** פירש המעריך מתנות חנם: **אנונות.** פרס כך וכך ליום לפרנסתו: **שהבריות מושלמים כו'.** כי אהבת בני אדם לאדם היא אהבה חוזרת שמשלם טוב בעבור טובה שעושים עמו, לא כן אצלו יתברך שמשלם טובה אף תחת רעה, כי גם הרעה נוגע רק לעצמם לא לכבודו ולכן עושה חסד עמם, וזהו גדר הענוה שאינו חושש לכבודו. והנה חשב מגדר ענותו יתברך שני דברים, אחד השפעת הנבואה לטובים אף בשעה שאינם מוכנים כל כך, השני השגחה על כלל הכנסיה אף בשעה שחוטאים לעשות להם תיקון, כמו שחקק התורה בשביל טובתם הנפשית:

לקוטים

[ד] מהרי"פ ד"ה לרב יגעתיך כו' אמר הכותב כו'. זה לשון התולדות נח, אמר ר' פנחס וכו', לא דפליג עליה אלא שמוסיף על דבריו. ונלמד מדכתיב בעבור ישמע העם וכתיב כי ביום השלישי ירד ה' לעיני כל העם כדאיתא לקמן במדרש חזית בפסוק ישקני (שיר השירים רבה פרשה א, יד), [ו]במדרש ילקוט (יתרו רמז רעו), ועיין בהם, עד כאן לשונו. וכוונתו שבמדרש חזית ילפינן מדכתיב בעבור ישמע העם בדברי, ובמדרש ילקוט (שם) ילפינן מדכתיב כי ביום השלישי ירד ה' לעיני כל העם. ובזה מיושב קושית המהרי"פ. ודוק: **בשר ודם וכו' כמו שכתוב שם וכו'.** עיין מהרי"פ מה כתב בשם מדרש שוחר טוב. ואין צריך לזה, דהא כל הפיסקא הזאת הוא מהתנחומא (סדר כי תשא סימן טו), וזה לשונו, מלך בשר ודם שבר פרודוגמאות במדינה ואומר פלוני קומס פלוני איפרכוס פלוני הגמון, משמזכיר שמו מזכיר שבחו והקב"ה אינו כן אלא מזכיר שבחו ואחר כך מזכיר שמו בראשית ברא אלהים יש ענו גדול מזה, עד כאן לשונו.

§5 The Midrash addresses an issue of chronology involving our verse:

דָּבָר אַחֵר – Another interpretation: "וַיִּתֵּן אֶל מֹשֶׁה" – *When He finished speaking with him on Mount Sinai, **He gave Moses** the two Tablets of Testimony.* רַבָּנִין אָמְרֵי: אִלּוּ עָשׂוּ יִשְׂרָאֵל אוֹתוֹ מַעֲשֶׂה עַד שֶׁלֹּא נִיתְּנוּ הַלּוּחוֹת לְמֹשֶׁה – **The Rabbis said: Had Israel performed that act,** i.e., the sin of the Golden Calf, **before the** two **Tablets were given** by God **to Moses,** לֹא הָיוּ יוֹרְדִין בְּיָדוֹ – **[the Tablets] would never have descended** down the mountain **in [Moses'] hand.**[78] רַבִּי לֵוִי אָמַר: מִשֶּׁעָשׂוּ אוֹתוֹ מַעֲשֶׂה נָתַן הַקָּדוֹשׁ בָּרוּךְ הוּא לְמֹשֶׁה אֶת הַלּוּחוֹת – **R' Levi,** however, **said:** It was **after [the Israelites] performed that act** that **the Holy One, blessed is He, gave Moses the Tablets,** כְּמוֹ שֶׁכָּתוּב "וַיִּתֵּן אֶל מֹשֶׁה כְּכַלֹּתוֹ לְדַבֵּר אִתּוֹ" – **as it is written, *When He finished speaking with him on Mount Sinai, He gave Moses** the two Tablets of Testimony.*[79]

Our verse describes God's teaching Moses the Torah as God speaking אִתּוֹ, *with him,* rather than speaking "to him." The Midrash explains the significance of this wording:

אָמַר רַבִּי שִׁמְעוֹן בֶּן לָקִישׁ: מַהוּ "לְדַבֵּר אִתּוֹ" – **R' Shimon ben Lakish said: What** is the meaning here of the expression, ***"speaking with him"?***[80] מָשָׁל לְתַלְמִיד שֶׁלִּמְּדוֹ רַבּוֹ תּוֹרָה – **It is comparable to a pupil whose teacher was teaching him Torah;** עַד שֶׁלֹּא לִמְּדוֹ הָיָה הָרַב אוֹמֵר וְהוּא עוֹנֶה אַחֲרָיו – **until [the teacher] had** successfully **taught him, the teacher would say** the lesson **and [the pupil] would repeat** it **after him,** מִשֶּׁלִּמֵּד אוֹתוֹ אוֹמֵר לוֹ רַבּוֹ – but **once he had** successfully **taught [the pupil], the teacher would** then **say to him,** בֹּא וְנֹאמְרָה אֲנִי וְאַתָּה – **"Come, you and I will say it** together."[81] כָּךְ – **Similarly,** כְּשֶׁעָלָה מֹשֶׁה לַשָּׁמַיִם הִתְחִיל לוֹמַר אַחַר בּוֹרְאוֹ הַתּוֹרָה – **when Moses** first **ascended to Heaven, he began reciting the Torah** in response **after his Creator.** מִשֶּׁלִּמְּדָהּ – **Once [God] had taught** Moses **[the Torah],** אָמַר לוֹ: בֹּא וְנֹאמְרָה אֲנִי וְאַתָּה – **[God] said to him, "Come, let you and I say it** together." הֱוֵי "לְדַבֵּר אִתּוֹ" – **It is** in this sense that God was ***speaking with him.***[82]

The word, כְּכַלֹּתוֹ (*when He finished*), is written here in an abbreviated form, without a ו (representing a *cholam*) after the letter ל. The Midrash discusses the connotation of this unusual spelling:[83]

מַהוּ "כְּכַלֹּתוֹ" – **What is** the implication of the word ***k'challoso*** [כְּכַלֹּתוֹ] (lit., *when He finished*) used here regarding the Giving of the Torah? אָמַר רַבִּי שִׁמְעוֹן בֶּן לָקִישׁ: כָּל מִי שֶׁהוּא מוֹצִיא דִּבְרֵי תוֹרָה – **R' Shimon ben Lakish said: Anyone who utters words of Torah,** וְאֵינָן עֲרֵבִין עַל שׁוֹמְעֵיהֶן כְּכַלָּה שֶׁהִיא עֲרֵיבָה לְבַעְלָהּ – **and they are not pleasing to those who hear them, like a bride** [כַּלָּה] **who is pleasing to her husband,**[84] נוֹחַ לוֹ שֶׁלֹּא אֲמָרָן – **it would have been better for him had he not said them.**[85] לָמָּה – **Why** is that? שֶׁבְּשָׁעָה שֶׁנָּתַן הַקָּדוֹשׁ בָּרוּךְ הוּא תּוֹרָה לְיִשְׂרָאֵל – **Because when the Holy One, blessed is He, gave the Torah to Israel,** הָיְתָה חֲבִיבָה עֲלֵיהֶם כְּכַלָּה שֶׁהִיא חֲבִיבָה עַל בֶּן זוּגָהּ – **it was dear to [Israel] as a bride who is dear to her spouse.**[86] מִנַּיִן – **From where is this known?** שֶׁנֶּאֱמַר "וַיִּתֵּן אֶל מֹשֶׁה כְּכַלֹּתוֹ" – **As [Scripture] states, *He gave Moses** the two Tablets of Testimony **k'challoso*** [כְּכַלֹּתוֹ].[87]

NOTES

78. For according to the Rabbis, had Israel already sinned God would not have given Moses the two Tablets for them. However, once He had given the Tablets to Moses He did not take them back and Moses brought them down with him. [However, when Moses saw the Calf he threw down the Tablets and broke them (below, 32:19); see *Eitz Yosef*.] The position of the Rabbis is supported by the sequence of the verses, for it is only in the following verse that Scripture begins to recount the incident of the Golden Calf (*Yefeh To'ar, Eitz Yosef;* however, see *Maharzu*).

79. Implying that God gave Moses the Tablets immediately prior to his descent from the mountain, which was not until the day after the Israelites made the Calf (see 32:6 below). Our verse then is written here out of sequence, in accordance with the principle, אֵין מוּקְדָּם וּמְאוּחָר בַּתּוֹרָה, the text of the Torah does not follow exact chronological order; see *Pesachim* 6b (*Eitz Yosef*). Although the Israelites had sinned severely with the Golden Calf, God nevertheless gave Moses the Tablets on account of His great benevolence and humility; see sections 1 and 4 above (*Yefeh To'ar, Eitz Yosef*).

The Rabbis, though, would interpret our verse as meaning that God gave the Tablets to Moses when He finished teaching him the Torah, which would have been right before the Israelites had sinned. However, Moses then stayed an extra day to pray on the Israelites' behalf, descending from the mountain only on the following day (see *Yefeh To'ar;* for an alternative explanation, see *Toldos Noach*).

80. *Speaking with him* implies a dialogue between two parties, while here, although when God was teaching Moses the Torah, it was presumably God Who was speaking and Moses was listening (*Matnos Kehunah*). Alternatively, the expression *speaking with him* implies that the two parties are equals, and should therefore be inappropriate to use for God speaking to Moses (*Yefeh To'ar, Eitz Yosef*).

81. [I.e, once the pupil had mastered the material the teacher would then offer to study the lesson together with him as if they were equals.]

82. For God and Moses were studying the Torah together, like the teacher and pupil in the parable who became the study-partners. The phrase לְדַבֵּר אִתּוֹ thus indicates that, analogous to the aforementioned pupil, Moses had mastered the Torah he had been taught (see *Eitz Yosef*). For another understanding of the significance of the phrase לְדַבֵּר אִתּוֹ, see Insight Ⓐ.

83. *Toldos Noach* and *Maharzu,* second explanation, from *Tanchuma, Ki Sisa* §16; see also *Eitz Yosef.*

84. Who wishes to hear what she has to say (*Eitz Yosef,* based on *Tanchuma, Ki Sisa* 16).

85. For if the audience does not appreciate them, the words of Torah will be disgraced (see *Yefeh To'ar*).

86. [Hence, in future occasions as well, it is appropriate that the Torah be received with such appreciation.]

87. Which, when spelled without the middle ו, can be read as כְּכַלָּתוֹ (*k'challaso*), "like his bride." For further elaboration of this idea that the Torah should be viewed as a bride, see Insight Ⓑ.

INSIGHTS

significance of the two parables, see *Tiferes Tziyon*).

Ⓐ **The Conversation at Sinai** *R' Yaakov Tzvi Meklenburg* (*HaKesav VeHaKabbalah* on *Deuteronomy* 5:4) offers a slightly different perspective on the difference between speaking "to" and speaking "with" expounded by our Midrash.

When one speaks *to* another, he is dictating, instructing, and telling the listener what to do. The speaker does not necessarily need or expect a response. However, when the Torah describes God as speaking *with* Moses or the Jewish people, it is meant to express *conversation*: where the two sides *exchange* comments, one responding to what the other has said. When the Torah tells us that "A" was speaking *with* "B," the precedence that "A" receives tells us that it was *he* who initiated the conversation.

When God spoke with the Jewish people at Sinai, it was not a monologue. It was a dialogue. *Midrash Chazis* (*Shir HaShirim* 1:2) expounds that the words, יִשָּׁקֵנִי מִנְּשִׁיקוֹת פִּיהוּ, *Communicate Your innermost wisdom to me again in loving closeness,* indicate that when God spoke with the Jewish people at Sinai, He asked each one of us, as it were, "Do you accept this commandment, this law, this potential punishment, this decree, this mitzvah? It has easy parts and difficult ones, and it can be the source of much reward." And the Jewish people replied, "Yes." God asked them again, "Do you accept My rulership of this world?" and again, they replied in the affirmative.

This was the nature of the Divine revelation at Sinai. It was not a dictate from on high, but a dialogue between God and the Jewish people.

Ⓑ **As Dear as a Bride** *R' Moshe Feinstein* (quoted in *Kol Ram,* Vol. 3, pp. 146-147) draws a number of lessons from the idea that one should relate to the Torah as a groom does to his bride:

ה דָּבָר אַחֵר, [לא, יח] "וַיִּתֵּן אֶל מֹשֶׁה", רַבָּנִין אָמְרִי: אִלּוּ עָשׂוּ יִשְׂרָאֵל אוֹתוֹ מַעֲשֶׂה עַד שֶׁלֹּא נִיתְּנוּ הַלּוּחוֹת לְמֹשֶׁה לֹא הָיוּ יוֹרְדִין בְּיָדוֹ, רַבִּי לֵוִי אָמַר: מִשֶּׁעָשׂוּ אוֹתוֹ מַעֲשֶׂה נָתַן הַקָּדוֹשׁ בָּרוּךְ הוּא לְמֹשֶׁה אֶת הַלּוּחוֹת, כְּמוֹ שֶׁכָּתוּב [שם] "וַיִּתֵּן אֶל מֹשֶׁה כְּכַלּוֹתוֹ לְדַבֵּר אִתּוֹ". [ט]אָמַר רַבִּי שִׁמְעוֹן בֶּן לָקִישׁ: מַהוּ "לְדַבֵּר אִתּוֹ", מָשָׁל לְתַלְמִיד שֶׁלִּמְּדוֹ רַבּוֹ תּוֹרָה, עַד שֶׁלֹּא לִמְּדוֹ הָיָה הָרַב אוֹמֵר וְהוּא עוֹנֶה אַחֲרָיו, מִשֶּׁלִּמֵּד אוֹתוֹ אוֹמֵר לוֹ רַבּוֹ: בֹּא וְנֹאמְרָה אֲנִי וְאַתָּה, כָּךְ כְּשֶׁעָלָה מֹשֶׁה לַשָּׁמַיִם הִתְחִיל לוֹמַר אַחַר בּוֹרְאוֹ הַתּוֹרָה, מִשֶּׁלִּמְּדָהּ אָמַר לוֹ: בֹּא וְנֹאמְרָה אֲנִי וְאַתָּה, הֱוֵי "לְדַבֵּר אִתּוֹ". מַהוּ [לא, יח] "כְּכַלֹּתוֹ" אָמַר רַבִּי שִׁמְעוֹן בֶּן לָקִישׁ: כָּל מִי שֶׁהוּא מוֹצִיא דִּבְרֵי תוֹרָה וְאֵינָן עֲרֵבִין עַל שׁוֹמְעֵיהֶן כְּכַלָּה שֶׁהִיא עֲרֵיבָה לְבַעֲלָהּ, נוֹחַ לוֹ שֶׁלֹּא אֲמָרָן, לָמָּה, שֶׁבְּשָׁעָה שֶׁנָּתַן הַקָּדוֹשׁ בָּרוּךְ הוּא תּוֹרָה לְיִשְׂרָאֵל הָיְתָה חֲבִיבָה עֲלֵיהֶם כְּכַלָּה שֶׁהִיא חֲבִיבָה עַל בֶּן זוּגָהּ, מִנַּיִן, שֶׁנֶּאֱמַר "וַיִּתֵּן אֶל מֹשֶׁה כְּכַלֹּתוֹ", אָמַר רַבִּי לֵוִי אָמַר רַבִּי שִׁמְעוֹן בֶּן לָקִישׁ: מַה כַּלָּה זוֹ מְקוּשֶּׁטֶת בְּכ"ד מִינֵי תַכְשִׁיטִין, כָּךְ תַּלְמִיד חָכָם צָרִיךְ לִהְיוֹת זָרִיז בְּכ"ד סְפָרִים, "כְּכַלֹּתוֹ", אָמַר רַבִּי שִׁמְעוֹן בֶּן לָקִישׁ: מַה כַּלָּה הַזּוֹ כָּל יָמִים שֶׁהִיא בְּבֵית אָבִיהָ מְצַנַּעַת עַצְמָהּ וְאֵין אָדָם מַכִּירָהּ, וּכְשֶׁבָּאָה לִיכָּנֵס לְחוּפָּתָהּ הִיא מְגַלָּה פָּנֶיהָ, כְּלוֹמַר כָּל מִי שֶׁהוּא יוֹדֵעַ לִי עֵדוּת יָבֹא וְיָעִיד עָלַי, כָּךְ תַּלְמִיד חָכָם צָרִיךְ לִהְיוֹת צָנוּעַ כַּכַּלָּה הַזּוֹ, וּמְפוּרְסָם בְּמַעֲשִׂים טוֹבִים כַּכַּלָּה הַזּוֹ שֶׁהִיא מְפַרְסֶמֶת עַצְמָהּ, הֱוֵי [לא, יח] "וַיִּתֵּן אֶל מֹשֶׁה כְּכַלֹּתוֹ":

עץ יוסף

(ה) דבר אחר ויתן אל משה רבנין אמרי כו'. שמדכתבה התורה נתינת הלוחות קודם לעשיית העגל, שמע מינה שכך היה המעשה, והורה לנו התורה בזה שאילו קדמה המעשה לנתינת הלוחות, לא היה הדין נותן ליתן להם הלוחות, ומשה אף על פי שנודע לו מעשיהם מכל מקום לא הניחם שם אלא לקחם עמו, ושברן אחר כך כדי שיראו ישראל מה שהפסידו, ורבי לוי פליג מדכתיב ויתן אל משה ככלותו לדבר אתו, והדבור לא נגמר עד למחרתו ביום ירידתו, וסבירא ליה לר' לוי אף שכבר חטאו, נתנם לו הקדוש ברוך הוא שלא למנוע מהם הטובה, וזה מחסדו יתברך, ומשה שברן שלא ברצון ה', ומדכתיב נתינת הלוחות קודם למעשה לא הוקשה לו, דאין מוקדם ומאוחר בתורה: **[ו] מהו לדבר אתו.** שלא ידק הלשון הזה אלא בין אדם לרעהו שדומה לו, אבל בדבור ה' לאדם אין לומר כן, ולזה אמר שהוא דרך משל כרב עם התלמיד אחר שלמד הדבר כהוגן, והכוונה להודיענו שלמד הדברים כהוגן: **מהו בכלותו.** נקיט פירוש ככלותו בתר פירוש דלדבר אתו, משום דהוה קרוב לדרוש מככלותו שנמסרה לו התורה במתנה ככלה, לפי שהיה לומד ושוכח, וכדפירש רש"י בחומש, אבל מכיון דדריש לדבר אתו שהיה אומר רבו עמו הרי שסבירא ליה שלא היה שוכח, בעי אם כן ככלותו במאי תוקמיה: **שערבה לבעלה.** בתנחומא גרס ערבה על בעלה, ומתאוה להיות שומע את דבריה: **בעשרים וארבעה מיני תכשיטין.** הכתובים בספר ישעיה העכסים והשביסים והשהרונים עד חגורה ומעשה מקשה ופתיגיל: **היא מגלה פניה.** כלומר שמפרסמת צניעותה על ידי שמואלת שלום בבית בעלה: **צנוע בכלה.** שלא ימצא בו דבר של דופי: **ומפורסם במעשים טובים.** היינו שיהיה בו מעשים טובים בפועל בקום עשה:

פירוש מהרז"ו

(ה) לא היו יורדים בידו. שכל לוח ארכו ששה טפחים, ורחבו ששה טפחים, ועביו שלשה, ומצד הטבע היו כבדים מאד, אלא שהכתב האלהי היה סובלו, כענין חי נושא את עצמו, וכמו שאמר לעיל סוף פרשה ל"ו, ואחר החטא פרח הכתב, שלא היו ישראל זכאים להשתמש בהם, ואם כן בהכרח שפסוק ויפן וירד משה מן ההר ושני לוחות העדות בידו, מקומו כאן אצל פסוק ויתן אל משה, שירדו בידו קודם שחטאו, על פי מדה ל"ב, ורבי לוי סובר שהיה כפי מה שכתוב תחלה ויתן, ואחר כך וירא העם וגו', כל הענין, וכפי שיטתו לעיל פרשה זו סוף סימן א': **מהו לדבר אתו.** היה לו לומר לדבר אליו. תנחומא כאן סימן ט"ז: **מהו בכלותו.** וכו' לא דיבר עמו עוד, ובתנחומא הגירסא ככלתו כתיב חסר, ועל כן דורש מלשון כלה, על פי מדת ממעל: **עשרים וארבעה תבשיטין.** עיין מתנות כהונה: **צנועה בכלה ומפורסם וכו'.** שלא יביאנו צניעותו למעט במעשים טובים, או להביא עצמו לידי חשד חלילה, כי יש עת שבהכרח לפרסם עצמו לקדש שם שמים:

חידושי הרש"ש

[ה] **מה כתיב והם הביאו אליו עוד נדבה בבקר בבקר אמר רבי יוחנן כו'.** כן צריך לומר: **משעשו אותו מעשה כו' כמו שכתוב ויתן וגו' בכלתו גו'.** פירוש, דמשמע כאשר השלים ללמוד אתו, והשלמתו היתה ביום שירד ואז כבר נעשה מעשה:

באור מהרי"פ

[ה] **שלא נתנו הלוחות וכו'.** (שמות לא, יח. לב, א - ז) ויתן אל משה ככלותו לדבר אתו בהר סיני שני לוחות העדות לוחות אבן כתובים באצבע אלהים. וירא העם כי בושש משה לרדת מן ההר ויקהל העם על אהרן ויאמרו אליו קום עשה לנו אלהים אשר ילכו לפנינו כי זה משה האיש אשר העלנו מארץ מצרים לא ידענו מה היה לו. ויאמר אליהם אהרן פרקו נזמי הזהב אשר באזני נשיכם בניכם ובנותיכם והביאו אלי ויתפרקו כל העם את נזמי הזהב אשר באזניהם ויביאו אל אהרן. ויקח מידם ויצר אותו בחרט ויעשהו עגל מסכה ויאמרו אלה אלהיך ישראל אשר העלוך מארץ מצרים וירא אהרן ויבן מזבח לפניו ויקרא אהרן ויאמר חג לה' מחר וישכימו ממחרת ויעלו עולות ויגשו שלמים וישב העם לאכול ושתו ויקומו לצחק וידבר ה' אל משה לך רד כי שחת עמך אשר העלית מארץ מצרים. ובזה פליגי, רבנן אמרי, באמת היה קודם למעשה עגל ככתיבתן כך עשייתן, ומדכתבה התורה נתינתה קודם לעשיתה, שמע מינה שכך היה המעשה, והורה לנו התורה בזה, שאלו קדמה המעשה לנתינתם, לא היה הדין נותן ליתן להם התורה. ורבי לוי פליג מדכתיב ויתן אל משה ככלותו לדבר אתו, והדבור לא נגמר עד למחרתו ביום ירידתו, דאם לא כן היה משה יורד קודם המעשה, ומדכתיב נתינתה קודם למעשה, לא הוקשה לו טעם שזכרנו בראש הפרשה, או מטעם שאין מוקדם ומאוחר בתורה, ולרבנן נמי לא הקשה פסוק ויתן אל משה ככלותו לדבר אתו, משום דאף אם כבר נגמר מלדבר עמו, מכל מקום לא הגיע זמן ירידתו עד למחרתו, משום שבאותו זמן היה פוסק הלימוד בינו לבין עצמו: **כך תלמיד חכם וכו'.** אף על פי שאין המשל דומה לנמשל לגמרי, מכל מקום קצת דמיון יש, שעל ידי מעשיו הטובים ותורתו נתפרסם ממילא, אף על פי שהוא עושה בצנעה:

מסורת המדרש

ט. בראשית רבה פרשה מ"ט. ויקרא רבה פרשה י"א. תנחומא בשלח סימן ט"ז. מדרש תהלים מזמור י"ח. ילקוט סדר וירא רמז פ"ג. ילקוט שמואל ב' רמז קס"א:

ענף יוסף

(ה) [ו] **כך תלמיד חכם צריך להיות זריז בעשרים וארבע ספרים.** מזה יש ראיה ברורה שצריך כל אדם ללמוד מקרא, שאם לא ילמוד מקרא איך יהיה מקושט בעשרים וארבע ספרים, והמקראות הבלולים בש"ס אחת הנה ואחת הנה לא יועיל למי שלא למד מקרא על הסדר, כי לפעמים מביא הש"ס מפרשה שלימה מקרא אחד, ואם לא ידע ענין הפרשה כולה אי אפשר לעמוד על עומק דברי הש"ס לפלפל בדבריהם בדרך אמת:

מתנות כהונה

[ה] **לדבר אתו.** משמע שניהם היו מדברים מדלא אמר לדבר אליו: הכי גרסינן **היה הרב אומר והוא עונה:** **עשרים וארבעה תבשיטין.** הנזכרים בספר ישעיה: **עדות.** שאיני טהורה:

אשד הנחלים

[ה] **אלו כו' לא היו יורדין כו'.** כי באמת גם זכות ישראל פעל בזה, כמאמרם בברכות (לב, א) כלום נתתי לך גדולה אלא בשביל ישראל לך רד מגדולתך, ולכן אלולי היו חוטאים בשעת נתינת הלוחות לידו לא היו נתונים לו, כי אי אפשר שבאותו פעם לא יהיה מדת הדין גובר עליהם כי איה זכותם, וחולק על דעת הראשון, או יתכן שגם דעת הראשון כן, רק שאומר אף שידע הקדוש ברוך הוא שישראל חוקקין אחר כך עבודת כוכבים עם כל זה נתן לו, אבל בשעת מעשה לא יתכן: **משל כו' בא ונאמרה אני ואתה כו'.** כי מלת את מורה על החיבור הוא ואתו, ולכן לא כתוב לדבר אליו. והענין כי משה זכה להתגלות התורה העליונה על מתכונתה כמו שהיא ידועה כביכול אצלו יתברך, כי ידע והשיג אותה בשלימות כמו שרצה ה' ברוך הוא לגלותה למטה, והיא היא הנבואה העליונה הנשפעת מאת ה' ברוך הוא, וזהו ונאמרה אני ואתה, כי שכינה מדברת מתוך גרונו של משה, אך לא כן ביתר הנבואות שהיו על ידי אמצעים רבים כנודע, וזהו ויתן אל משה שנתנה לו כאילו היא שלו כי השיג אותה: **ככלה שהיא עריבה כו'.** קשה מאד לתווך מלת ככלותו מלשון כלה. והנראה כי שרשם וענינם אחד ונגזר משרש כל כלה, ולכן נקראת כלה כי היא עריבה לבעלה מאד, עד שאז כל מחשבותיו רק בה ובשמחתה, וכן כאן מלת ככלותו גם כן מלשון כל, שדיבר אתו את כל התורה וכל ענינים הטמונים בה, והתורה אצלו נחשבת לכלה, כי היא העקרית והתכליתית שכל מעיניו ומחשבותיו רק בה, ולכן לקחו מזה ציור גם כן על האומר דברי תורה ברבים, [במשל משה שקיבל התורה לומר לישראל], שצריך שיהיה עריבה לשומעיהם כי יהיו הדברים יוצאים מלב אמת ודבוק בה, ואז ידבק גם כן בהם, ודי בזה לתת ציור מעט לדבריהם: **בעשרים וארבעה מיני תכשיט.** הכתובים בספר ישעיה (ג, יח – כד), והענין כי המה תכשיטין המיפים את כל הגוף ואיבריו, ובהחסר פרט אחד מהם לא תהיה תפארתם בשלימות, אף שיתר איברים הם נאים, כך העשרים וארבעה ספרים, כל אחד יש בה דבר מועיל פרטי מה שאין באחרות, ובהצטרף ידיעת כולם אז הם על שלימותם בתכלית על דרך הציור, וזהו ככלותו שנגזר ממלת כל, כי השיג את כל התורה בשלימות. והענין על דרך הציור, כי העשרים וארבעה ספרים הן הן הנרמזים בתורה, כי גם הם נבואות וכל אחד מרמז על ענין מה הכתוב בתורה ברמז, כי גם הם השיגו ענינם רק מהתורה, כמו שאמרו במדרש (ילקוט שמעוני שיר השירים פרק א רמז תתקפב) וכי מאין היה יודע יחזקאל מעשה מרכבה מהתורה, הבן זה: **כל זמן שהיא בבית אביה כו' צנוע כו'.** כלומר כמו שהכלה כל זמן שאיננה צריכה לפרסם את טובה היא צנועה, כי איננה מתהללת עצמה והכבוד בעיניה כאין, רק בשעה שהיא צריכה,

Another exposition, similarly interpreting כְּכַלֹּתוֹ in the sense of a כַּלָּה, a bride:

אָמַר רַבִּי לֵוִי אָמַר רַבִּי שִׁמְעוֹן בֶּן לָקִישׁ – **R' Levi said** in the name of **R' Shimon ben Lakish:** מַה כַּלָּה זוֹ מְקוּשֶׁטֶת בְּכ״ד מִינֵי תַכְשִׁיטִין – **Just as the bride** at her wedding **is adorned with twenty-four forms of ornaments,**[88] כָּךְ תַּלְמִיד חָכָם צָרִיךְ לִהְיוֹת זָרִיז בְּכ״ד סְפָרִים – **so too, a Torah scholar must be well versed in** all the **twenty-four Books** of the Bible.

An alternate understanding of the allusion here to a כַּלָּה, a bride:

״כְּכַלֹּתוֹ״ – ***"K'challoso."*** אָמַר רַבִּי שִׁמְעוֹן בֶּן לָקִישׁ: מַה כַּלָּה הַזּוֹ כָּל יָמִים שֶׁהִיא בְּבֵית אָבִיהָ מִצְנַעַת עַצְמָהּ וְאֵין אָדָם מַכִּירָהּ – **R' Shimon ben Lakish said: Just as with this bride, all the days she is in her father's house she hides herself and no one recognizes her,** וּכְשֶׁבָּאָה לִיכָּנֵס לְחוּפָּתָהּ הִיא מְגַלָּה פָּנֶיהָ – **and when she readies to enter** under **the** wedding **canopy she reveals her face,** כְּלוֹמַר – **so as to say:** כָּל מִי שֶׁהוּא יוֹדֵעַ לִי עֵדוּת יָבֹא וְיָעִיד עָלַי – **Whoever knows testimony regarding me should come forth and testify about me;**[89] כָּךְ תַּלְמִיד חָכָם צָרִיךְ לִהְיוֹת צָנוּעַ כְּכַלָּה הַזּוֹ – **so too, a Torah scholar must be chaste like the bride,**[90] וּמְפוּרְסָם בְּמַעֲשִׂים טוֹבִים – **and** yet **known through** his **good deeds,**[91] כְּכַלָּה הַזּוֹ שֶׁהִיא מְפַרְסֶמֶת עַצְמָהּ – **like the bride who makes herself known,** revealing her face at the time of her wedding. הֱוֵי ״וַיִּתֵּן אֶל מֹשֶׁה כְּכַלֹּתוֹ״ – Thus **it is** written, ***He gave Moses** the two Tablets of Testimony* ***k'challoso*** [כְּכַלֹּתוֹ].[92]

NOTES

88. See *Isaiah* 3:18-24 (*Yefeh To'ar, Eitz Yosef;* from *Rashi* on our verse).

89. I.e., she reveals her face, allowing anyone who had previously seen her engage in illicit behavior to now identify her and come forward and testify against her (see *Matnos Kehunah;* see *Yefeh To'ar* and *Eitz Yosef* for an alternative understanding). [If despite this opportunity no one accuses her, her chastity is thereby confirmed.]

90. That is, free from any moral blemish or defect (*Yefeh To'ar, Eitz Yosef*). Alternatively, צָנוּעַ means modest, discreet, free from any pretentious or ostentatious behavior (see *Maharzu*).

91. It is not sufficient that the Torah scholar be free of moral blemish, he must also actively perform good deeds (*Yefeh To'ar, Eitz Yosef*). Alternatively, he must not allow his modesty to stand in the way of his performing good deeds (*Maharzu;* see also *Eshed HaNechalim*).

The case of the Torah scholar is not an exact parallel to that of the bride, for she reveals herself only to demonstrate her chastity. The Midrash compares the two only to the extent that despite the Torah scholar's modesty, like the bride, he must at times reveal himself to a greater degree (*Toldos Noach;* see also *Yefeh To'ar*).

92. Here too, the Midrash is reading כְּכַלֹּתוֹ as כְּכַלָּתוֹ (*k'challaso*), "like his bride."

INSIGHTS

Just as the fondness between newlyweds enhances their ability to work together productively, so will the fondness one feels for the Torah improve the quality of his Torah learning.

People, even busy people, often have small blocks of free time throughout their day, but they neglect to utilize these opportunities for Torah learning because they do not see what they can accomplish with just a few minutes of study. The truth is, however, that just as a groom and bride savor every minute they can spend together, in the same way a Jew must appreciate the value of every minute spent in the study of Torah. Those who adopt this attitude will soon find that the minutes add up and these short spurts of learning can lead to achievements of great significance.

Newlyweds may sometimes get into disagreements, but the foundation of love that underlies their relationship enables them to put such unpleasant moments behind them and carry on happily with their lives together. In the same way, a Torah student who is struggling to remember his learning should not give in to despair; he should persist in his studies and he will eventually succeed.

Being newly married, a groom and bride know relatively little about each other, yet their initial attachment sets them squarely on the path of proper living. Similarly, a thorough grounding in Torah — even one that leaves much still unlearned — is enough to turn a Jew's life in the right direction, setting him on his way toward achieving the goal for

ה דָּבָר אַחֵר, [לא, יח] **"וַיִּתֵּן אֶל מֹשֶׁה", רַבָּנִין אָמְרִי: אִלּוּ עָשׂוּ יִשְׂרָאֵל אוֹתוֹ מַעֲשֶׂה עַד שֶׁלֹּא נִיתְּנוּ הַלּוּחוֹת לְמֹשֶׁה לֹא הָיוּ יוֹרְדִין בְּיָדוֹ, רַבִּי לֵוִי אָמַר: מִשֶּׁעָשׂוּ אוֹתוֹ מַעֲשֶׂה נָתַן הַקָּדוֹשׁ בָּרוּךְ הוּא לְמֹשֶׁה אֶת הַלּוּחוֹת, כְּמוֹ שֶׁכָּתוּב** [שם] **"וַיִּתֵּן אֶל מֹשֶׁה כְּכַלֹּתוֹ לְדַבֵּר אִתּוֹ". ט אָמַר רַבִּי שִׁמְעוֹן בֶּן לָקִישׁ: מַהוּ "לְדַבֵּר אִתּוֹ", מָשָׁל לְתַלְמִיד שֶׁלִּמְּדוֹ רַבּוֹ תּוֹרָה, עַד שֶׁלֹּא לִמְּדוֹ הָיָה הָרַב אוֹמֵר וְהוּא עוֹנֶה אַחֲרָיו, מִשֶּׁלִּמֵּד אוֹתוֹ אוֹמֵר לוֹ רַבּוֹ: בֹּא וְנֹאמְרָה אֲנִי וְאַתָּה, כָּךְ כְּשֶׁעָלָה מֹשֶׁה לַשָּׁמַיִם הִתְחִיל לוֹמַר אַחַר בּוֹרְאוֹ הַתּוֹרָה, מִשֶּׁלִּמְּדָהּ אָמַר לוֹ: בֹּא וְנֹאמְרָה אֲנִי וְאַתָּה, הֱוֵי "לְדַבֵּר אִתּוֹ". מַהוּ** [לא, יח] **"כְּכַלֹּתוֹ" אָמַר רַבִּי שִׁמְעוֹן בֶּן לָקִישׁ: כָּל מִי שֶׁהוּא מוֹצִיא דִּבְרֵי תוֹרָה וְאֵינָן עֲרֵבִין עַל שׁוֹמְעֵיהֶן כְּכַלָּה שֶׁהִיא עֲרֵיבָה לְבַעְלָהּ, נוֹחַ לוֹ שֶׁלֹּא אֲמָרָן, לָמָּה, שֶׁבְּשָׁעָה שֶׁנָּתַן הַקָּדוֹשׁ בָּרוּךְ הוּא תּוֹרָה לְיִשְׂרָאֵל הָיְתָה חֲבִיבָה עֲלֵיהֶם כְּכַלָּה שֶׁהִיא חֲבִיבָה עַל בֶּן זוּגָהּ, מִנַּיִן, שֶׁנֶּאֱמַר "וַיִּתֵּן אֶל מֹשֶׁה כְּכַלֹּתוֹ", אָמַר רַבִּי לֵוִי אָמַר רַבִּי שִׁמְעוֹן בֶּן לָקִישׁ: מַה כַּלָּה זוֹ מְקוּשֶּׁטֶת בְּכ"ד מִינֵי תַכְשִׁיטִין, כָּךְ תַּלְמִיד חָכָם צָרִיךְ לִהְיוֹת זָרִיז בְּכ"ד סְפָרִים, "כְּכַלֹּתוֹ", אָמַר רַבִּי שִׁמְעוֹן בֶּן לָקִישׁ: מַה כַּלָּה הַזּוֹ כָּל יָמִים שֶׁהִיא בְּבֵית אָבִיהָ מִצְנַעַת עַצְמָהּ וְאֵין אָדָם מַכִּירָהּ, וּכְשֶׁבָּאָה לִיכָּנֵס לְחוּפָּתָהּ הִיא מְגַלָּה פָּנֶיהָ, כְּלוֹמַר כָּל מִי שֶׁהוּא יוֹדֵעַ לִי עֵדוּת יָבֹא וְיָעִיד עָלַי, כָּךְ תַּלְמִיד חָכָם צָרִיךְ לִהְיוֹת צָנוּעַ כַּכַּלָּה הַזּוֹ, וּמְפוּרְסָם בְּמַעֲשִׂים טוֹבִים כַּכַּלָּה הַזּוֹ שֶׁהִיא מְפַרְסֶמֶת עַצְמָהּ, הֱוֵי** [לא, יח] **"וַיִּתֵּן אֶל מֹשֶׁה כְּכַלֹּתוֹ":**

עץ יוסף

(ה) **דבר אחר ויתן אל משה רבנין אמרי כו'.** שמדכתבה התורה נתינת הלוחות קודם לעשיית העגל, שמע מינה שכך היה המעשה, והורה לנו התורה בזה שאילו קדמה המעשה לנתינת הלוחות, לא היה הדין נותן ליתן להם הלוחות, ומשה אף על פי שנודע לו מעשיהם מכל מקום לא הניחם שם אלא לקחם עמו, ושברן אחר כך כדי שיראו ישראל מה שהפסידו, ורבי לוי פליג מדכתיב ויתן אל משה ככלותו לדבר אתו, והדבור לא נגמר עד למחרתו ביום ירידתו, וסבירא ליה לר' לוי אף שכבר חטאו, נתנם לו הקדוש ברוך הוא שלא למנוע מהם הטובה, וזה מחסדו יתברך, ומשה שברן שלא ברצון ה', ומדכתיב נתינת הלוחות קודם למעשה לא הוקשה לו, דאין מוקדם ומאוחר בתורה: [ו] **מהו לדבר אתו.** שלא ילדק הלשון הזה אלא בין אדם לרעהו שדומה לו, אבל בדבור ה' לאדם אין לומר כן, ולזה אמר שהוא דרך משל כרב עם התלמיד אחר שלמד הדבר כהוגן, והכוונה להודיענו שלמד הדברים כהוגן: **מהו ככלותו.** נקיט פירוש ככלותו בתר פירוש דלדבר אתו, משום דהוה קרוב לדרוש מככלותו שנמסרה לו התורה במתנה ככלה, לפי שהיה לומד ושוכח, וכדפירש רש"י בחומש, אבל מכיון דדריש לדבר אתו שהיה אומר רבו עמו הרי שסבירא ליה שלא היה שוכח, בעי אם כן ככלותו במאי תוקמיה: **שערבה לבעלה.** בתנחומא גרס ערבה על בעלה, ומתאוה להיות שומע את דבריה: **בעשרים וארבעה מיני תכשיטין.** הכתובים בספר ישעיה העכסים והשביסים והשהרונים עד חגורה ומעשה מקשה ופתיגיל: **היא מגלה פניה.** כלומר שמפרסמת צניעותה על ידי שמואלת שלום בבית בעלה: **צנוע בכלה.** שלא ימצא בו דבר של דופי: **ומפורסם במעשים טובים.** היינו שיהיה בו מעשים טובים בפועל בקום עשה:

פירוש מהרז"ו

(ה) **לא היו יורדים בידו.** שכל לוח ארכו ששה טפחים, ורחבו ששה טפחים, ועביו שלשה, ומצד הטבע היו כבדים מאד, אלא שהכתב האלהי היה סובלו, כענין חי נושא את עצמו, וכמו שאמר לעיל סוף פרשה ל"ו, ואחר החטא פרח הכתב, שלא היו ישראל זכאים להשתמש בהם, ואם כן בהכרח שפסוק ויפן וירד משה מן ההר ושני לוחות העדות בידו, מקומו כאן אצל פסוק ויתן אל משה, שירדו בידו קודם שחטאו, על פי מדה ל"ב, ורבי לוי סובר שהיה כפי מה שכתוב תחלה ויתן, ואחר כך וירא העם וגו', כל הענין, וכפי שיטתו לעיל פרשה זו סוף סימן א': **מהו לדבר אתו.** היה לו לומר לדבר אליו. תנחומא כאן סימן ט"ז: **מהו בכלותו.** וכו' לא דיבר עמו עוד, ובתנחומא הגירסא ככלתו כתיב חסר, ועל כן דורש מלשון כלה, על פי מדת ממעל: **עשרים וארבעה תבשיטין.** עיין מתנות כהונה: **צנועה בכלה ומפורסם וכו'.** שלא יביאנו צניעותו למעט במעשים טובים, או להביא עצמו לידי חשד חלילה, כי יש עת שבהכרח לפרסם עצמו לקדש שם שמים:

חידושי הרש"ש

[ה] **מה כתיב והם הביאו אליו עוד נדבה בבקר בבקר אמר רבי יוחנן כו'.** כן צריך לומר: **משעשו אותו מעשה כו' כמו שכתוב ויתן וגו' ככלתו גו'.** פירוש, דמשמע כאשר השלים ללמוד אתו, והשלמתו היתה ביום שירד ואז כבר נעשה מעשה:

באור מהרי"פ

[ה] **שלא נתנו הלוחות וכו'.** (שמות לא, יח. לב, א - ז) ויתן אל משה ככלותו לדבר אתו בהר סיני שני לוחות העדות לוחות אבן כתובים באצבע אלהים. וירא העם כי בושש משה לרדת מן ההר ויקהל העם על אהרן ויאמרו אליו קום עשה לנו אלהים אשר ילכו לפנינו כי זה משה האיש אשר העלנו מארץ מצרים לא ידענו מה היה לו. ויאמר אליהם אהרן פרקו נזמי הזהב אשר באזני נשיכם בניכם ובנותיכם והביאו אלי ויתפרקו כל העם את נזמי הזהב אשר באזניהם ויביאו אל אהרן. ויקח מידם ויצר אותו בחרט ויעשהו עגל מסכה ויאמרו אלה אלהיך ישראל אשר העלוך מארץ מצרים וירא אהרן ויבן מזבח לפניו ויקרא אהרן ויאמר חג לה' מחר וישכימו ממחרת ויעלו עולות ויגישו שלמים וישב העם לאכול ושתו ויקומו לצחק וידבר ה' אל משה לך רד כי שחת עמך אשר העלית מארץ מצרים. ובזה פליגי, רבנן אמרי, באמת היה קודם למעשה עגל ככתיבתן כך עשייתן, ומדכתבה התורה נתינתה קודם לעשיתה, שמע מינה שכך היה המעשה, והורה לנו התורה בזה, שאלו קדמה המעשה לנתינתם, לא היה הדין נותן ליתן להם התורה. ורבי לוי פליג מדכתיב ויתן אל משה ככלותו לדבר אתו, והדבור לא נגמר עד למחרתו ביום ירידתו, דאם לא כן היה משה יורד קודם המעשה, ומדכתיב נתינתה קודם למעשה, לא הוקשה לו טעם שזכרנו בראש הפרשה, או מטעם שאין מוקדם ומאוחר בתורה, ולרבנן נמי לא הקשה פסוק ויתן אל משה ככלותו לדבר אתו, משום דאף אם כבר נגמר מלדבר עמו, מכל מקום לא הגיע זמן ירידתו עד למחרתו, משום שבאותו זמן היה פוסק הלימוד בינו לבין עצמו: **כך תלמיד חכם וכו'.** אף על פי שאין המשל דומה לנמשל לגמרי, מכל מקום קצת דמיון יש, שעל ידי מעשיו הטובים ותורתו נתפרסם ממילא, אף על פי שהוא עושה בצנעה:

מסורת המדרש

ט. בראשית רבה פרשה מ"ט. ויקרא רבה פרשה י"א. תנחומא בשלח סימן ט"ז. מדרש תהלים מזמור י"ח. ילקוט סדר וירא רמז פ"ג. ילקוט שמואל ב' רמז קס"א:

ענף יוסף

(ה) [ו] **כך תלמיד חכם צריך להיות זריז בעשרים וארבע ספרים.** מזה יש ראיה ברורה שצריך כל אדם ללמוד מקרא, שאם לא ילמוד מקרא איך יהיה מקושט בעשרים וארבע ספרים, והמקראות הבלולים בש"ס אחת הנה ואחת הנה לא יועיל למי שלא למד מקרא על הסדר, כי לפעמים מביא הש"ס מפרשה שלימה מקרא אחד, ואם לא ידע ענין הפרשה כולה אי אפשר לעמוד על עומק דברי הש"ס לפלפל בדבריהם בדרך אמת:

מתנות כהונה

[ה] **לדבר אתו.** משמע שניהם היו מדברים מדלא אמר לדבר אליו: הכי גרסינן **היה הרב אומר והוא עונה:** **עשרים וארבעה תבשיטין.** הנזכרים בספר ישעיה: **עדות.** שאינני טהורה:

אשד הנחלים

[ה] **אלו כו' לא היו יורדין כו'.** כי באמת גם זכות ישראל פעל בזה, כמאמרם בברכות (לב, א) כלום נתתי לך גדולה אלא בשביל ישראל לך רד מגדולתך, ולכן אלולי היו חוטאים בשעת נתינת הלוחות לידו לא היו נתונים לו, כי אי אפשר שבאותו פעם לא יהיה מדת הדין גובר עליהם כי איה זכותם, וחולק על דעת הראשון, או יתכן שגם דעת הראשון כן, רק שאומר אף שידע הקדוש ברוך הוא שישראל חוקקין אחר כך עבודת כוכבים עם כל זה נתן לו, אבל בשעת מעשה לא יתכן: **משל כו' בא ונאמרה אני ואתה כו'.** כי מלת את מורה על החיבור הוא ואתו, ולכן לא כתוב לדבר אליו. והענין כי משה זכה להתגלות התורה העליונה על מתכונתה כמו שהיא ידועה כביכול אצלו יתברך, כי ידע והשיג אותה בשלימות כמו שרצה ה' ברוך הוא לגלותה למטה, והיא היא הנבואה העליונה הנשפעת מאת ה' ברוך הוא, וזהו ונאמרה אני ואתה, כי שכינה מדברת מתוך גרונו של משה, אך לא כן ביתר הנבואות שהיו על ידי אמצעים רבים כנודע, וזהו ויתן אל משה שנתנה לו כאילו היא שלו כי השיג אותה: **ככלה שהיא עריבה כו'.** קשה מאד לתווך מלת ככלותו מלשון כלה. והנראה כי שרשם וענינם אחד ונגזר משרש כל כלה, ולכן נקראת כלה כי היא עריבה לבעלה מאד, עד שאז כל מחשבותיו רק בה ובשמחתה, וכן כאן מלת ככלותו גם כן מלשון כל, שדיבר אתו את כל התורה וכל ענינים הטמונים בה, והתורה אצלו נחשבת לכלה, כי היא העקרית והתכליתית שכל מעיניו ומחשבותיו רק בה, ולכן לקחו מזה ציור גם כן על האומר דברי תורה ברבים, [במשל משה שקיבל התורה לומר לישראל], שצריך שיהיה עריבה לשומעיהם כי יהיו הדברים יוצאים מלב אמת ודבוק בה, ואז ידבק גם כן בהם, ודי בזה לתת ציור מעט לדבריהם: **בעשרים וארבעה מיני תכשיט.** הכתובים בספר ישעיה (ג, יח – כד), והענין כי המה תכשיטין המיפים את כל הגוף ואיבריו, ובהחסר פרט אחד מהם לא תהיה תפארתם בשלימות, אף שיתר איברים הם נאים, כך העשרים וארבעה ספרים, כל אחד יש בה דבר מועיל פרטי מה שאין באחרות, ובהצטרף ידיעת כולם אז הם על שלימותם בתכלית על דרך הציור, וזהו ככלותו שנגזר ממלת כל, כי השיג את כל התורה בשלימות. והענין על דרך הציור, כי העשרים וארבעה ספרים הן הן הנרמזים בתורה, כי גם הם נבואות וכל אחד מרמז על ענין מה הכתוב בתורה ברמז, כי גם הם השיגו ענינם רק מהתורה, כמו שאמרו במדרש (ילקוט שמעוני שיר השירים פרק א רמז תתקפב) וכי מאין היה יודע יחזקאל מעשה מרכבה מהתורה, הבן זה: **כל זמן שהיא בבית אביה כו' צנוע כו'.** כלומר כמו שהכלה כל זמן שאיננה צריכה לפרסם את טובה היא צנועה, כי איננה מתהללת עצמה והכבוד בעיניה כאין, רק בשעה שהיא צריכה,

§6 How did Moses gain mastery of the entire Torah in only forty days? The Midrash finds answers to this question in our verse:

דָּבָר אַחֵר – Another interpretation: "וַיִּתֵּן אֶל מֹשֶׁה" – *When He finished speaking with him on Mount Sinai, **He gave Moses** the two Tablets of Testimony.* אָמַר רַבִּי אַבָּהוּ: כָּל מ׳ יוֹם שֶׁעָשָׂה מֹשֶׁה לְמַעְלָה הָיָה לָמֵד תּוֹרָה וְשׁוֹכֵחַ – **R' Abahu said: Throughout the forty days that Moses was** in the upper realms **above, he would study the Torah and** then he would **forget** what he had learned.[93] אָמַר לוֹ: רִבּוֹן הָעוֹלָם יֵשׁ לִי מ׳ יוֹם וְאֵינִי יוֹדֵעַ דָּבָר – **[Moses] said to [God], "Master of the Universe! I** already **have** had **forty days** of Torah study, **and yet I do not know anything!"** מֶה עָשָׂה הַקָּדוֹשׁ בָּרוּךְ הוּא – **What did the Holy One, blessed is He, do?** מִשֶּׁהִשְׁלִים מ׳ יוֹם נָתַן לוֹ הַקָּדוֹשׁ בָּרוּךְ הוּא אֶת הַתּוֹרָה מַתָּנָה – At that point, **when the forty days were completed, the Holy One, blessed is He, gave [Moses] the Torah as a gift,**[94] שֶׁנֶּאֱמַר "וַיִּתֵּן אֶל מֹשֶׁה" – **as [Scripture] states,** *When He finished speaking with him on Mount Sinai, **He gave** (ויתן) **Moses** the two Tablets of Testimony.*[95]

Another approach to Moses' mastery of the Torah:[96]

וְכִי כָּל הַתּוֹרָה לָמַד מֹשֶׁה – **Did Moses learn the entire Torah** on Mount Sinai? כְּתִיב בַּתּוֹרָה "אֲרֻכָּה מֵאֶרֶץ מִדָּה וּרְחָבָה מִנִּי יָם" – Why, **it is written regarding the Torah,** ***Its measure is longer than the earth and wider than the sea*** (*Job* 11:9), וּלְאַרְבָּעִים יוֹם לְמָדָהּ מֹשֶׁה – **and Moses learned** all of **it in** a mere **forty days!** אֶלָּא כְּלָלִים לִמְּדָהוּ הַקָּדוֹשׁ בָּרוּךְ הוּא לְמֹשֶׁה – **Rather, the Holy One, blessed is He, taught Moses comprehensive principles** [כְּלָלִים].[97] הֱוֵי "כְּכַלֹּתוֹ לְדַבֵּר אִתּוֹ" – **Thus** it states, *He gave Moses the two Tablets of Testimony* ***k'challoso*** [כְּכַלֹּתוֹ] ***speaking with him.***[98]

NOTES

93. For in the relatively short period of forty days Moses was unable to learn the entire vastness of the Torah and still devote sufficient time for review (*Eitz Yosef;* see also *Rashi* on our verse).

94. For as long as Moses had acquired his Torah knowledge through human study, his knowledge was subject to normal human weaknesses and limitations and he would forget it. However, when God gave him the Torah as a Divine gift God also gave him the power to retain his Torah knowledge. This accords with the dictum, מַאן דְּיָהִיב מַתָּנָה בְּעַיִן יָפָה יָהִיב, *one who gives a gift gives it in a generous manner* (*Bava Basra* 65a) [see *Eitz Yosef*].

95. The word וַיִּתֵּן (*He gave*) indicating the giving of a gift; see §2 above and note 48 there (*Yefeh To'ar*). The verse thus means that *when He finished speaking with* Moses, i.e., at the end of the forty days, God gave him the Torah as a gift (*Eitz Yosef*).

Accordingly, Moses' knowledge of the Torah was a result of his being given the Torah as a gift, and not due to his forty days of study. Why then did God not give Moses the gift of the Torah immediately, why was it necessary for him to first learn the Torah (unsuccessfully) for forty days? *Radal* suggests that God wished to demonstrate that it was impossible to acquire Torah knowledge solely through the power of the human intellect. True knowledge of the Torah always requires Divine assistance (see *Megillah* 6b), making prayer to God for His help a necessity for any would-be Torah scholar (see *Niddah* 70b). Alternatively, *Iyun Yaakov* (*Nedarim* 38a) posits that it was to show that it is only after one applies himself to the utmost in his study of Torah that he merits God's assistance in acquiring Torah knowledge. See also *Anaf Yosef.* For further elabortion of these ideas, see Insight Ⓐ.

96. See *Eitz Yosef.*

97. I.e., the text of the Written Torah contains terse allusions that hint at the elaborate rules of the Oral Torah. God gave Moses the ability to remember these allusions, from which he was then able to recall and reconstruct the Oral Torah in its entirety (*Eitz Yosef,* citing early authorities).

98. Interpreting כְּכַלֹּתוֹ in the sense of כְּלָל, *comprehensive principle* (*Matnos Kehunah, Eitz Yosef*). The verse thus means that God taught Moses the Torah in the form of comprehensive principles.

We have followed the explanation of *Eitz Yosef,* who treats these two expositions as two independent approaches. However, *Maharzu* understands that the two expositions complement each other. Moses was unable to master the Torah until God gave it to him as a gift, as explained above. But even then, since the Torah is infinite, he was still unable to learn all of the particulars. Rather, God taught him the Written Torah and the various principles of hermeneutics. Moses was then able to derive the particulars of the Oral Torah through these principles (see also *Yefeh To'ar*).

INSIGHTS

which he was created.

Ⓐ **Coping With Forgetfulness** According to the Midrash, Moses studied the Torah intensely for forty days but was unable to remember it. Then, at the end of the forty days, God gave him the Torah as a gift, so that he was finally able to master what he had learned. It would appear then that his forty days of toil in Torah study were in vain; however, *Shem MiShmuel* contends that in fact that is not the case. For even if God was ready to grant the Torah gratis, it is not a simple matter to receive God's blessing; one must have the capacity to absorb and retain it. When Moses first ascended the mountain, he was not capable of harboring the depth and breadth of the Torah in his mind and heart, even with Divine assistance. But as he applied himself to learning the Torah, the effort he invested made an impression on him. Each round of arduous study had a small but significant effect on his being, and the cumulative result of this conditioning process was that by the fortieth day he had become a worthy receptacle for the gift God sought to bestow upon him.

Moses' experience, *Shem MiShmuel* concludes, is a valuable source of encouragement for any Torah student struggling with the problem of forgetfulness. Such a person must learn from Moses that one never toils in vain, for no expenditure of time or effort gets lost or goes to waste. The impressions that accumulate from any learning one does help forge him into a suitable receptacle for the gift of Torah at some future time; if not in This World, then in the Next.

Chidushei HaRim (quoted in *Sfas Emes, Ki Sisa* §5644; *Likkutei HaRim, Ki Sisa* 31:18; *Likkutei Yehudah* ad loc.) goes further. No human effort, he argues, is inherently capable of attaining spiritual enlightenment and bringing one closer to God. But neither is such effort unnecessary. For while God is willing to teach us Torah and help us up the ladder of spiritual growth, He requires that we demonstrate our earnest desire for His assistance by working on our own toward the desired goal. This explains the seemingly incongruous wording of the Talmudic dictum, "If someone says, 'I have toiled [in spiritual matters] and I have found [my objective],' you should believe him" (*Megillah* 6b). A "find" by definition is something that one chances upon unexpectedly, without toiling for it. Nevertheless, the Talmud characterizes a hard-won spiritual achievement as a find, since it was not the hard work invested but God's beneficence that made the achievement possible.

We must realize that the attainment of Torah knowledge is ultimately nothing more than a gift from Above. *R' Shimshon Pincus* (*Tiferes Shimshon,* p. 208) provides us with an illustrative parable: If a wealthy person is seen wearing a fine watch, his friends are likely to ask him where he bought it, for they know such a luxury is within his means and they will assume that he obtained it by purchase. But if a poor man is seen with an unusually lustrous diamond, it would not occur to anyone to ask him where he bought the gem. Instead, his friends will ask, "Who gave you this wonderful gift?"

No matter how much one toils in Torah, he is no more than the poor man with the lustrous diamond. The holy Torah is so exalted and such a powerful manifestation of Godliness that it is absurd to assume that a lowly mortal can acquire it on his own, no matter how good and righteous he may be. There is no other conclusion to draw except that he has received it directly from God as a gift. That is why the prayer for wisdom, among all the requests we make in the *Shemoneh Esrei* prayer, is the only one prefaced with a statement: *You graciously endow man with wisdom and teach insight to a frail mortal.* Before asking for the undeserved gift of Torah (*Endow us graciously from Yourself with*

ו דָּבָר אַחֵר, [לא, יח] "וַיִּתֵּן אֶל מֹשֶׁה", אָמַר רַבִּי אַבָּהוּ: יכָּל מ' יוֹם שֶׁעָשָׂה מֹשֶׁה לְמַעְלָה הָיָה לָמֵד תּוֹרָה וְשׁוֹכֵחַ, אָמַר לוֹ: רִבּוֹן הָעוֹלָם יֵשׁ לִי מ' יוֹם וְאֵינִי יוֹדֵעַ דָּבָר, מֶה עָשָׂה הַקָּדוֹשׁ בָּרוּךְ הוּא, מִשֶּׁהִשְׁלִים מ' יוֹם נָתַן לוֹ הַקָּדוֹשׁ בָּרוּךְ הוּא אֶת הַתּוֹרָה מַתָּנָה, שֶׁנֶּאֱמַר "וַיִּתֵּן אֶל מֹשֶׁה". וְכִי כָּל הַתּוֹרָה לָמַד מֹשֶׁה, כְּתִיב בַּתּוֹרָה (איוב יא, ט) "אֲרֻכָּה מֵאֶרֶץ מִדָּהּ וּרְחָבָה מִנִּי יָם", *וּלְאַרְבָּעִים יוֹם לְמָדָהּ מֹשֶׁה, אֶלָּא כְּלָלִים לִמְּדָהוּ הַקָּדוֹשׁ בָּרוּךְ הוּא לְמֹשֶׁה, הֱוֵי [לא, יח] "כְּכַלֹּתוֹ לְדַבֵּר אִתּוֹ". [שם] "שְׁנֵי לֻחֹת הָעֵדֻת", מַהוּ "שְׁנֵי לֻחֹת", כְּנֶגֶד שָׁמַיִם וָאָרֶץ, כְּנֶגֶד חָתָן וְכַלָּה, כְּנֶגֶד שְׁנֵי שׁוֹשְׁבִינִין, כְּנֶגֶד הָעוֹלָם הַזֶּה וְהָעוֹלָם הַבָּא. "שְׁנֵי לֻחֹת הָעֵדֻת", אָמַר רַבִּי חֲנִינָא "לֻחֹת" כְּתִיב, לֹא זוֹ גְּדוֹלָה מִזּוֹ. [שם]

עץ יוסף

(ו) **אמר ר' אבהו כל ארבעים יום כו'.** ויתן דריש לשון מתנה: **ושוכח.** כי על ידי שהזמן מועט והתורה מרובה כשהיה למד זה היה שוכח זה: **נתן לו הקדוש ברוך הוא את התורה במתנה.** כי הנותן בעין יפה נותן ולכן לא היה שוכח אותה, ומדכתיב ויתן ככלותו לדבר אתו, משמע שלא נתנו לו במתנה אלא לסוף ארבעים יום: **וכי כל התורה למד.** מילתא באפי נפשה הוא ולפרש לשון ככלותו קאתי: **אלא כללים למדוהו.** פירשו גדולי הקדמונים ז"ל שנתן לו כח ובינה בזכרונו לזכור כל התורה שבעל פה הארוכה מארץ מדה על פי התורה שבכתב בקיצור נפלא, מפני שהתורה שבכתב דרכה לכלול ענינים הרבה מחכמת תורה שבעל פה בקיצור נפלא, באופן שיקמוץ הלומד ממנה במלא קומצו ממנה הזכרה רבה בתורה שבעל פה: **הוי ככלותו.** פירוש לשון כללים: [ז] **מהו שני לוחות.** פירוש למה ניתנה בשני לוחות, אחר שכולם היו יכולים לכתוב בלוח אחד, ומשני כנגד שמים וארץ, לרמוז שבשבילם נבראו שמים וארץ, כמאמר הכתוב אם לא בריתי יומם ולילה חקות שמים וארץ לא שמתי: **שמים וארץ.** פירוש בתורה נברא העולם, ולכן בלוח אחד שכתוב בו דברים שבין אדם למקום נברא בו שמים, ובלוח שני שכתוב בו דברים שבין אדם לחברו נברא בו הארץ, אי נמי שבזכות הלוחות השמים והארץ קיימים: **כנגד חתן וכלה.** פירוש לוח אחד היה בדמיון חתן, ולוח שני בדמיון כלה, כי הלוחות היו חמשה כנגד חמשה כדמות משפיע ונשפע: **כנגד שני שושבינין.** פירוש שני הלוחות היו בדמיון שני שושבינין, כי ישראל היו בדמיון הכלה, והקדוש ברוך הוא כביכול בדמיון החתן, ולכך היו שני הלוחות שושבינין: **כנגד העולם הזה ועולם הבא.** כלומר דעל ידי התורה נקנה אלו שני עולמות:[ח] **לחת כתיב.** כלומר כאילו היה לוח אחד, שהיו שוים במדה ובמשקל: **לא זו גדולה מזו.** ואשמועינן גודל הנס, כי אין כח בבשר ודם לעשות שני דברים שוים זה לזה בצמצום

פירוש מהרז"ו

(ו) **את התורה מתנה.** עיין לעיל פרשה ו סימן ג ושם נסמן: **ואיני יודע דבר.** לפי מה שידע שארוכה מארץ מדה וגבהה משמים ועמוקה משאול, כמו שכתוב איוב י"א, וכדסמוך, אם כן מה שידע ממנה נחשב לו שאינו יודע דבר עד שנתנה לו מתנה, ונעשה כמעין המתגבר וכנהר שאינו פוסק, ועם כל זה לא למד אלא כללים, הם המדות שהתורה נדרשת, שכל מדה מלמדת לאין חקר, כמו ברבויים, ובקל וחומר, ובגזירה שוה, ובבנין אב, וכל תיבות לגזירה שוה, ולגימטריא ולנוטריקון, וכן בכולם, ודורש ככלתו, על פי מדת ממעל, וכמו שכתב בסימן הקודם, שלא יתכן לפרש ככלתו כפשוטו: **בנגד שמים וארץ.** דברים רבה פרשה ג סימן ט"ז, שעם התורה נבראו ובזכותה, וכנגד חתן וכלה כמו שכתב לעיל ריש פרשה ל"ג, ושם נסמן, וכנגד שני שושבינין האמצעיים המקריבים החתן והכלה, כן הלוחות והתורה בין ישראל לאביהם שבשמים: **לחת כתיב.** על שדומים זה לזה בצמצום גדול אלהי כאלו הם אחד, וצריך עיון על דרשה זו שהרי דרשו בהרבה מקומות שכתוב שנים על שהם שוים, שני המאורות (בראשית א, טז), פרקי דרבי אליעזר ריש פרק ו, שניהם מלאים (במדבר ז, יג), בספרי נשא, ובמדבר רבה פרשה י"ג ריש סימן י"ג, וכן ביומא (סב, א) שני שעירים, וכן יש לדרוש כאן שני לוחות, שהיו שוים, ומה שאמר לחת כתיב, ענין אחר הוא, שדרך המדרש להודיע שכתוב חסר או מלא, או שחסר הדרשה שדרש על זה:

חידושי הרד"ל

[ו] **היה לומד תורה ושוכחה כו' במתנה.** נדרים (לח, א). והענין להראות לדורות, כמו שמבואר במגלה (ז, א) לאוקמי בגירסא סייעתא דשמיא, ואין תקנה לזה אלא להתפלל לה' על סייעתא זו, וכמו שמבואר בנדה (ע, ב) הרבה עשו כן להרבות בישיבה ולא קנו חכמה אלא יבקש רחמים ממי שהחכמה שלו, שיתן לו במתנה בסייעתא דשמיא שלא ישכח: **אלא כללים למדהו.** כמו שכתוב בספרי האזינו על פסוק יערוף כמטר, רבי יהודה אומר יעשה אדם התורה כללים כו': **בנגד שמים וארץ.** וזהו שנקרא עדות, כמה דאת אמר (דברים לא, כח) ואעידה בם את השמים ואת הארץ. ובדברים רבה סוף פרשת עקב (דברים רבה ג, טז) חשיב לבד שמים וארץ גם שני עדים, (ולפי זה הן עשרה דברים נגד עשרה מאמרות):

באור מהרי"פ

[ו] **וכי כל התורה וכו'.** מילתא באפי נפשה היא: **לא זו גדולה מזו וכו'.** פירוש, לפי שבלוח הראשון היו חמשה דברות ארוכות, כגון אנכי, לא יהיה לך, זכור, לא תשא, כבד. ובלוח השני היו הדברות קצרות, כגון לא תרצח, לא תנאף, לא תגנוב, לא תענה, לא תחמוד. היה סלקא אדעתין דלאחד היה גדול מחבירו, לכן כתיב לחת שלא היה זה גדול מזה. וכתב תולדות נח הארוך מסברא, שהיו שניהם קטנים, דאם לא כן שהיו שניהם גדולים אם כן מאי רבותא יש כאן, גם מדכתיב לחת חסר, משמע רמז על קוטנם:

אמרי יושר

[ו] **בנגד חתן וכלה.** שנתינת התורה הוא נמשל לחתן וכלה, וקדשתם היום ומחר (שמות יט, י) לשון קידושין:

מסורת המדרש

י. תנחומא כאן סימן ט"ז כל הענין:

אם למקרא

פסקא ו
אֲרֻכָּה מֵאֶרֶץ מִדָּהּ וּרְחָבָה מִנִּי יָם: (איוב יא:ט)

ענף יוסף

(ו) **משהשלים ארבעים יום נתן לו הקדוש ברוך הוא את התורה מתנה.** קצת קשה למה הוזקק להיות במרום ארבעים יום, ולא נתן לו הקדוש ברוך הוא את התורה במתנה מיד כדי שלא ישכח, יש לומר כדי ללמד אותו ואת העם דעת שלא יהיו חכמים בעיניהם, ולא יהיו עמלים בתורה כל צרכן, ולכך הגדיל והפליג בעיניו כדי שיהיו עוסקים בה תמיד יומם ולילה (תולדות נח), ועיין מה שכתבתי בתנחומא:

מתנות כהונה

[ו] **כללים.** ככלותו לשון כלל הוא:

נחמד למראה

[ו] **אמר רבי חנינא לחת כתיב לא זו גדולה מזו.** כתב רבינו בחיי בפרשה זו על זה המדרש וזה לשונו, ומלת שני תורה שהם שוים כלשון שני כבשים, שני השעירים עכ"ל. ירלה בזה דהוה ליה למכתב לוחות, ואנא ידענא דשנים הוו דמיעוט רוב שנים, ומדכתיב שְׁנֵי ולא כתיב שְׁנַיִם, זה יורה ששניהם שוים היו, כי שני לשון השווים הוא, לפי שמופשט מהמתואר הוא, כמו שהתבאר בספר צוהר התיבה תיבת השמות אות י"ג עיין שם. וכן כתב רבינו בחיי בפרשת תרומה וזה לשונו, ומה שהזכיר בציווי ועשית שְׁנַיִם כרובים, ולא אמר שְׁנֵי, בעבור כי שני לשון השווייה הוא, כמו שני לחות העדות, שני כבשים, שני השעירים, לכך הוצרך לומר שְׁנַיִם, כי חלוקים היו בעניינם זה זכר וזה נקבה, כדאיתא ביומא (נד, ב). ואמר מבין שני הכרובים לרמוז על השווייתם בזהב ובמקשה ובאחדות עכ"ל. ומה שכתוב בכל הנוסחאות בפירוש רש"י בחומש לוחות לחת כתיב, שהיו שתיהן שוות, אומר אני דמשבשתא היא.

אשד הנחלים

כן התלמיד חכם צריך להיות צנוע לבל יתהלל עצמו להשיג כבוד, רק בעת שצריך לפרסם עצמו דהיינו בעת שצריך לעשות מעשים טובים בפני העולם, כי בזה צריך שלא יכניע עצמו כדברי בעל חובות הלבבות שלא ימנע ממעשיו הטובים מיראתו פן יתענג מהכבוד: [ו] **לומד תורה ושוכח כו' מתנה כו'.** השכחה באה מצד החומר המסתיר השגת הנפש, והשגתו רק בכח ולא בפועל, כמו שאמר הרב המורה בהקדמתו, כי טבע הענין מתראה מציץ ואחר כך מתעלם, כי יעלימהו הטבעים והמנהגים, ואחר שנזדכך משה בשלימות, בלי נמצא בו ציורי החומר כלל וכלל, כמו שאמרו (יומא ד, ב) שלא בא כו' [הכתוב] אלא למען כו' [למרק אכילה ושתיה שבמעיו] ולעשותו כמלאכי השרת, אז ניתנה התורה בלבו בלי שכחה כלל, כי לא היתה אז בכח כי אם בפועל ממש: **וכי כל התורה למד כו' אלא כללים למדוהו כו'.** הענין על דרך הציור, כי התורה מקפת כל הידיעות עד בלתי תכלית, והבלתי תכלית אי אפשר לדעת בחוק אנושי שידיעתו בעל תכלית, רק זאת יכול להיות שידע הענינים הכוללים שמתוכו יוכל להודע כל פרט ופרט הנמשך ממנה, כמו למשל הארבעה אבות נזיקין המה הענינים הכלליים שנובע מהם כל פרטי דיני הנזקין ותולדותיהם, וזאת אי אפשר לדעת ולחשוב כל השנוים הפרטים שיש בעניני נזיקין, כי רבים הם השנוים, אבל עם כל זה לעת יקרה פרט אחד, ידע הדין מהכלל שנמשך ממנו הפרט, וכן כל פרט ופרט ידע מזה, אבל כל הפרטים ביחד שהמה בלי תכלית זה אי אפשר לדעת אחר שהמה בלי תכלית, וכן בעניני השגות מחכמה העליונה הרמוזה בה הוא גם כן ככה, והבן הדברים היטב, וזהו ככלותו מלשון כלל, שיש בו כללי הענינים שמתוכו יודע הפרטים: **בנגד שמים וארץ כו'.** יש להבין מהו הכונה בזה, ואיך יהיו מכוונים השני לוחות זה נגד שמים דוקא וזה נגד הארץ, ומהו חתן וכלה ושני שושבינין. ואשר נראה לי בזה כי החמש מהלוחות המדברות ממצות שבין אדם למקום, כהאמנת אחדותו יתברך והשבועה בו יתברך וכדומה, הן ענינים המשלימים לנפש בחיים הנצחיים, והחמש האחרונות המדברים מן בין אדם לחברו, כאיסור הגניבה והחמדה וכדומה, הם הם העומדים לקיום העולם וחיי עולם הזה, והנה ידוע כי הנפש היא מסוג העליונים והגוף מהארץ, על כן המה מכוונים ממש כנגד שמים וארץ, ולהיות כי העיקר הוא המצות שהמה ממשלימי הנפש, ורק המצות שבין אדם לרעהו המה האמצעיים העוזרים לזה המה מכונים לחתן וכלה, שהחתן הוא העיקר והכלה נכנע תחתיו במעלה, או להיות כי הוא כנוי למשפיע ומקבל השפע כנודע, ולהיות שהעיקר המה החמש הראשונות, אשר מהם ומאמונתם יושפע גם כן העשיה בהחמש הנותרות שיעשה על ידי האמנתו בה', לכן מכנה לחתן וכלה. ולהיות גם כן באמת המה שני עמודים אשר בלתם לא יתכן הדיבוק בה', כי בנפול מהאדם איזה מעלה הן מהראשונות הן מאחרונות יפול הבנין כולו, לזאת המה מכונים גם כן בשם שושבינים החתן והכלה, כלומר שהמה המיצועים השוים של ידם ידבק השפע להאדם המקבל, ודי בזה למתבונן על ראשי הדברים. ולפי דרך חכמי אמת יש דרך אחרת מאד נעלה, וידוע רק ליודעים: **לא זו גדולה.** אף שלפי הראות הראשונות גדולים במעלה להיות נושאים ענינים אלהיים, עם כל זה בעיני ה' חשובים גם כן ענינים בין אדם לחבירו, ולכן כתיב לוחת, כאלו הם אחד ממש, כי חס הקדוש ברוך הוא על כבודן של בריות כביכול ככבודו:

"שְׁנֵי לֻחֹת הָעֵדֻת" ☐ – ***THE TWO TABLETS OF TESTIMONY.***

Why were the Ten Commandments written on two separate Tablets rather than on just one? The Midrash explains: מַהוּ "שְׁנֵי לֻחֹת" – **What is** the significance of *the* ***two Tablets*** *of Testimony?* כְּנֶגֶד שָׁמַיִם וָאָרֶץ – They **correspond to heaven and earth;**[99] כְּנֶגֶד חָתָן וְכַלָּה – they **correspond to the groom and the bride;**[100] כְּנֶגֶד שְׁנֵי שׁוֹשְׁבִינִין – they **correspond to the two wedding attendants;**[101] כְּנֶגֶד הָעוֹלָם הַזֶּה וְהָעוֹלָם הַבָּא – they **correspond to This World and the Next World.**[102]

"שְׁנֵי לֻחֹת הָעֵדֻת" ☐ – ***THE TWO TABLETS OF TESTIMONY.***

The Midrash comments on an unusual spelling found here: אָמַר רַבִּי חֲנִינָא "לֻחֹת" כְּתִיב – **R' Chanina said: [The word]** *luchos* [לוחֹת], *Tablets,* **is written** as if it were pronounced ***luchas*** [לֻחַת],[103] *"Tablet of [Testimony],"* in the singular, לֹא זוֹ גְּדוֹלָה מִזּוֹ – indicating that **neither** Tablet **was larger than the other.**[104]

NOTES

99. For heaven and earth, the cosmos in its entirety, were created only for the sake of the Torah and maintain their existence only in the merit of the Torah, as indicated by the verse, אִם לֹא בְרִיתִי יוֹמָם וָלָיְלָה חֻקּוֹת שָׁמַיִם וָאָרֶץ לֹא שָׂמְתִּי, *If not for My covenant of day and night, I would not have established the statutes of heaven and earth* (*Jeremiah* 33:25). The first Tablet, on which were written the first five commandments dealing with man's relationship with God (see the statement of R' Yehudah in 47 §6 below), corresponds to heaven. The second Tablet, with the last five commandments dealing with man's relationship with man, corresponds to the earth (*Eitz Yosef*).

100. For the giving of the Torah is compared to a wedding, with Israel the groom and the Torah the bride; see above, *Parashah* 33 sections 1 and 7 (*Maharzu;* see *Eitz Yosef* for an alternative understanding).

101. One for the groom and one for the bride, who facilitate their union (see *Kesubos* 12a). So too, the two Tablets facilitated the "marriage" between God, "the groom," and Israel, "the bride" (*Maharzu;* see also *Eitz Yosef*).

102. For through fulfilling the Torah, one merits the enjoyment of both This World and the Next (*Eitz Yosef*).

103. That is, it is written without a letter ו between the ח and the ת to represent the *cholam* (long O) vowel sound.

104. Since the two Tablets were perfectly identical in size and in weight they could be deemed to be one and the same, hence the use of the singular form לֻחַת (*Eitz Yosef, Maharzu*). Their absolute equality in size attested to the fact that they were God's handiwork, for it would not be humanly possible to produce such exactness (*Eitz Yosef,* from *Yefeh To'ar*). Alternatively, Scripture is indicating that despite the fact that the first five commandments contain more words and letters (146 words consisting of 533 letters) than the last five (26 words consisting of 87 letters), the Tablets on which the two sets of commandments were written were equal in size (*Eitz Yosef,* citing *Toldos Noach*). Additionally, the fact that the two Tablets were equivalent in size carries an important lesson. Although the first five commandments deal with man's obligations to God and the last five deal with man's obligations to his fellow man (see note 99 above), both sets are of equal importance (*Yefeh To'ar, Eshed HaNechalim*).

ו דָּבָר אַחֵר, [לא, יח] "וַיִּתֵּן אֶל מֹשֶׁה", אָמַר רַבִּי אַבָּהוּ: יכָּל מ' יוֹם שֶׁעָשָׂה מֹשֶׁה לְמַעְלָה הָיָה לָמֵד תּוֹרָה וְשׁוֹכֵחַ, אָמַר לוֹ: רִבּוֹן הָעוֹלָם יֵשׁ לִי מ' יוֹם וְאֵינִי יוֹדֵעַ דָּבָר, מֶה עָשָׂה הַקָּדוֹשׁ בָּרוּךְ הוּא, מִשֶּׁהִשְׁלִים מ' יוֹם נָתַן לוֹ הַקָּדוֹשׁ בָּרוּךְ הוּא אֶת הַתּוֹרָה מַתָּנָה, שֶׁנֶּאֱמַר "וַיִּתֵּן אֶל מֹשֶׁה". וְכִי כָּל הַתּוֹרָה לָמַד מֹשֶׁה, כְּתִיב בַּתּוֹרָה (איוב יא, ט) "אֲרֻכָּה מֵאֶרֶץ מִדָּהּ וּרְחָבָה מִנִּי יָם", *וּלְאַרְבָּעִים יוֹם לְמָדָהּ מֹשֶׁה, אֶלָּא כְּלָלִים לִמְּדָהוּ הַקָּדוֹשׁ בָּרוּךְ הוּא לְמֹשֶׁה, הֱוֵי [לא, יח] "כְּכַלֹּתוֹ לְדַבֵּר אִתּוֹ". [שם] "שְׁנֵי לֻחֹת הָעֵדֻת", מַהוּ "שְׁנֵי לֻחֹת", כְּנֶגֶד שָׁמַיִם וָאָרֶץ, כְּנֶגֶד חָתָן וְכַלָּה, כְּנֶגֶד שְׁנֵי שׁוֹשְׁבִינִין, כְּנֶגֶד הָעוֹלָם הַזֶּה וְהָעוֹלָם הַבָּא. "שְׁנֵי לֻחֹת הָעֵדֻת", אָמַר רַבִּי חֲנִינָא "לֻחֹת" כְּתִיב, לֹא זוֹ גְּדוֹלָה מִזּוֹ. [שם]

עץ יוסף

(ו) **אמר ר' אבהו כל ארבעים יום כו'.** ויתן דריש לשון מתנה: **ושוכח.** כי על ידי שהזמן מועט והתורה מרובה כשהיה למד זה היה שוכח זה: **נתן לו הקדוש ברוך הוא את התורה במתנה.** כי הנותן בעין יפה נותן ולכן לא היה שוכח אותה, ומדכתיב ויתן ככלותו לדבר אתו, משמע שלא נתנו לו במתנה אלא לסוף ארבעים יום: **וכי כל התורה למד.** מילתא באפי נפשא הוא ולפרש לשון ככלותו קאתי: **אלא כללים למדוהו.** פירשו גדולי הקדמונים ז"ל שנתן לו כח ובינה בזכרונו לזכור כל התורה שבעל פה הארוכה מארץ מדה על פי התורה שבכתב בקיצור נפלא, מפני שהתורה שבכתב דרכה לכלול ענינים הרבה מחכמת תורה שבעל פה בקיצור נפלא, באופן שיקמון הלומד ממנה במלא קומצו ממנה הזכרה רבה בתורה שבעל פה: **הוי בכלותו.** פירוש לשון כללים: [ז] **מהו שני לוחות.** פירוש למה ניתנה בשני לוחות, אחר שכולם היו יכולים לכתוב בלוח אחד, ומשני כנגד שמים וארץ, לרמוז שבשבילם נבראו שמים וארץ, כמאמר הכתוב אם לא בריתי יומם ולילה חקות שמים וארץ לא שמתי: **שמים וארץ.** פירוש בתורה נברא העולם, ולכן בלוח אחד שכתוב בו דברים שבין אדם למקום נברא בו שמים, ובלוח שני שכתוב בו דברים שבין אדם לחברו נברא בו הארץ, אי נמי שבזכות הלוחות השמים והארץ קיימים: **כנגד חתן וכלה.** פירוש לוח אחד היה בדמיון חתן, ולוח שני בדמיון כלה, כי הלוחות היו חמשה כנגד חמשה כדמות משפיע ונשפע: **כנגד שני שושבינין.** פירוש שני הלוחות היו בדמיון שני שושבינין, כי ישראל היו בדמיון הכלה, והקדוש ברוך הוא כביכול בדמיון החתן, ולכך היו שני הלוחות שושבינין: **כנגד העולם הזה ועולם הבא.** כלומר דעל ידי התורה נקנה אלו שני עולמות:[ח] **לחת כתיב.** כלומר כאילו היה לוח אחד, שהיו שוים במדה ובמשקל: **לא זו גדולה מזו.** ואשמועינן גודל הנס, כי אין כח בבשר ודם לעשות שני דברים שוים זה לזה בצלמוס

פירוש מהרז"ו

(ו) **את התורה מתנה.** עיין לעיל פרשה ו סימן ב ושם נסמן: **ואיני יודע דבר.** לפי מה שידע שארוכה מארץ מדה וגבהה משמים ועמוקה משאול, כמו שכתוב איוב י"א, וכדבסמוך, אם כן מה שידע ממנה נחשב לו שאינו יודע דבר עד שנתנה לו מתנה, ונעשה כמעין המתגבר וכנהר שאינו פוסק, ועם כל זה לא למד אלא כללים, הם המדות שהתורה נדרשת, שכל מדה מלמדת לאין חקר, כמו ברבויים, ובקל וחומר, ובגזירה שוה, ובבנין אב, וכל תיבות לגזירה שוה, ולגימטריא ולנוטריקון, וכן בכולם, ודורש ככלתו, על פי מדת ממעל, וכמו שכתב בסימן הקודם, שלא יתכן לפרש ככלתו כפשוטו: **כנגד שמים וארץ.** דברים רבה פרשה ג סימן ט"ז, שעם התורה נבראו ובזכותה, וכנגד חתן וכלה כמו שכתב לעיל ריש פרשה ל"ג, ושם נסמן, וכנגד שני שושבינין האמצעיים המקריבים החתן והכלה, כן הלוחות והתורה בין ישראל לאביהם שבשמים: **לחת כתיב.** על שדומים זה לזה בצלמוס גדול אלהי כאלו הם אחד, וצריך עיון על דרשה זו שהרי דרשו בהרבה מקומות שכתוב שנים על שהם שוים, שני המאורות (בראשית א, טז), פרקי דרבי אליעזר ריש פרק ו, שניהם מלאים (במדבר ז, יג), בספרי נשא, ובמדבר רבה פרשה י"ג ריש סימן י"ג, וכן ביומא (סב, א) שני שעירים, וכן יש לדרוש כאן שני לוחות, שהיו שוים, ומה שאמר לחת כתיב, ענין אחר הוא, שדרך המדרש להודיע שכתוב חסר או מלא, או שחסר הדרשה שדרש על זה:

חידושי הרד"ל

[ו] **היה לומד תורה ושוכחה כו' במתנה.** נדרים (לח, א). והענין להראות לדורות, כמו שמבואר במגלה (ז, א) לאוקמי בגירסא סייעתא דשמיא, ואין תקנה לזה אלא להתפלל לה' על סייעתא זו, וכמו שמבואר בנדה (ע, ב) הרבה עשו כן להרבות בישיבה ולא קנו חכמה אלא יבקש רחמים ממי שהחכמה שלו, שיתן לו במתנה בסייעתא דשמיא שלא ישכח: **אלא כללים למדהו.** כמו שכתוב בספרי האזינו על פסוק יערוף כמטר, רבי יהודה אומר יעשה אדם התורה כללים כו': **בנגד שמים וארץ.** וזהו שנקרא עדות, כמה דאת אמר (דברים לא, כח) ואעידה בם את השמים ואת הארץ. ובדברים רבה סוף פרשת עקב (דברים רבה ג, טז) חשיב לבד שמים וארץ גם שני עדים, (ולפי זה הן עשרה דברים נגד עשרה מאמרות):

באור מהרי"פ

[ו] **וכי כל התורה וכו'.** מילתא באפי נפשה היא: **לא זו גדולה מזו וכו'.** פירוש, לפי שבלוח הראשון היו חמשה דברות ארוכות, כגון אנכי, לא יהיה לך, זכור, לא תשא, כבד. ובלוח השני היו הדברות קצרות, כגון לא תרצח, לא תנאף, לא תגנוב, לא תענה, לא תחמוד. היה סלקא אדעתין דאחד היה גדול מחבירו, לכן כתיב לחת שלא היה זה גדול מזה. וכתב תולדות נח הארוך מסברא, שהיו שניהם קטנים, דאם לא כן שהיו שניהם גדולים אם כן מאי רבותא יש כאן, גם מדכתיב לחת חסר, משמע רמז על קוטנם:

אמרי יושר

[ו] **כנגד חתן וכלה.** שנתינת התורה הוא נמשל לחתן וכלה, וקדשתם היום ומחר (שמות יט, י) לשון קידושין:

מסורת המדרש

י. תנחומא כאן סימן ט"ז כל הענין:

אם למקרא

פסקא ו

אֲרֻכָּה מֵאֶרֶץ מִדָּהּ וּרְחָבָה מִנִּי יָם: (איוב יא:ט)

ענף יוסף

(ו) **משהשלים ארבעים יום נתן לו הקדוש ברוך הוא את התורה מתנה.** קצת קשה למה הוזקק להיות במרום ארבעים יום, ולא נתן לו הקדוש ברוך הוא את התורה במתנה מיד כדי שלא ישכח, יש לומר כדי ללמד אותו ואת העם דעת שלא יהיו חכמים בעיניהם, ולא יהיו עמלים בתורה כל צרכן, ולכך הגדיל והפליג בעיניו כדי שיהיו עוסקים בה תמיד יומם ולילה (תולדות נח), ועיין מה שכתבתי בתנחומא:

מתנות כהונה

[ו] **כללים.** ככלותו לשון כלל הוא:

נחמד למראה

[ו] **אמר רבי חנינא לחת כתיב לא זו גדולה מזו.** כתב רבינו בחיי בפרשה זו על זה המדרש וזה לשונו, ומלת שני תורה שהם שוים כלשון שני כבשים, שני השעירים עכ"ל. ירצה בזה דהוה ליה למכתב לוחות, והנא ידענא דשנים הוו דמיעוט רוב שנים, ומדכתיב שְׁנֵי ולא כתיב שְׁנַיִם, זה יורה ששניהם שוים היו, כי שני לשון השוויים הוא, לפי שמופשט מהמתואר הוא, כמו שהתבאר בספר צוהר התיבה תיבת השמות אות י"ג עיין שם. וכן כתב רבינו בחיי בפרשת תרומה וזה לשונו, ומה שהזכיר בלויי ועשית שְׁנַיִם כרובים, ולא אמר שְׁנֵי, בעבור כי שני לשון השווייה הוא, כמו שני לחות העדות, שני כבשים, שני השעירים, לכך הוצרך לומר שְׁנַיִם, כי חלוקים היו בענינם זה זכר וזה נקבה, כדאיתא ביומא (נד, ב). ואמר מבין שני הכרובים לרמוז על השווייתם בזהב ובמקשה ובאחדות עכ"ל. ומה שכתוב בכל הנוסחאות בפירוש רש"י בחומש לוחות לחת כתיב, שהיו שתיהן שוות, אומר אני דמשבשתא היא.

אשד הנחלים

כן התלמיד חכם צריך להיות צנוע לבל יתהלל עצמו להשיג כבוד, רק בעת שצריך לפרסם עצמו דהיינו בעת שצריך לעשות מעשים טובים בפני העולם, כי בזה צריך שלא יכניע עצמו כדברי בעל חובות הלבבות שלא ימנע ממעשיו הטובים מיראתו פן יתענג מהכבוד: [ו] **לומד תורה ושוכח כו' מתנה כו'.** השכחה באה מצד החומר המסתיר השגת הנפש, והשגתו רק בכח ולא בפועל, כמו שאמר הרב המורה בהקדמתו, כי טבע הענין מתראה מציץ ואחר כך מתעלם, כי יעלימהו הטבעים והמנהגים, ואחר שנזדכך משה בשלימות, בלי נמצא בו ציורי החומר כלל וכלל, כמו שאמרו (יומא ד, ב) שלא בא כו' [הכתוב] אלא למען כו' [למרק אכילה ושתיה שבמעיו] ולעשותו כמלאכי השרת, אז ניתנה התורה בלבו בלי שכחה כלל, כי לא היתה אז בכח כי אם בפועל ממש: **וכי כל התורה למד כו' אלא כללים למדוהו כו'.** הענין על דרך הציור, כי התורה מקפת כל הידיעות עד בלתי תכלית, והבלתי תכלית אי אפשר לדעת בחוק אנושי שידיעתו בעל תכלית, רק זאת יכול להיות שידע הענינים הכוללים שמתוכו יוכל להודע כל פרט ופרט הנמשך ממנה, כמו למשל הארבעה אבות נזיקין המה הענינים הכלליים שנובע מהם כל פרטי דיני הנזקין ותולדותיהם, וזאת אי אפשר לדעת ולחשוב כל השנוים הפרטים שיש בעניני נזיקין, כי רבים הם השנוים, אבל עם כל זה לעת יקרה פרט אחד, ידע הדין מהכלל שנמשך ממנו הפרט, וכן כל פרט ופרט ידע מזה, אבל כל הפרטים ביחד שהמה בלי תכלית זה אי אפשר לדעת אחר שהמה בלי תכלית, וכן בעניני השגות מחכמה העליונה הרמוזה בה הוא גם כן ככה, והבן הדברים היטב, וזהו ככלותו מלשון כלל, שיש בו כללי הענינים שמתוכו יודע הפרטים: **כנגד שמים וארץ כו'.** יש להבין מהו הכונה בזה, ואיך יהיו מכוונים השני לוחות זה נגד שמים דוקא וזה נגד הארץ, ומהו חתן וכלה ושני שושבינין. ואשר נראה לי בזה כי החמש מהלוחות המדברות ממצות שבין אדם למקום, כהאמנת אחדותו יתברך והשבועה בו יתברך וכדומה, הן ענינים המשלימים לנפש בחיים הנצחיים, והחמש האחרונות המדברים מן בין אדם לחברו, כאיסור הגניבה והחמדה וכדומה, הם הם העומדים לקיום העולם וחיי עולם הזה, והנה ידוע כי הנפש היא מסוג העליונים והגוף מהארץ, על כן המה מכוונים ממש כנגד שמים וארץ, ולהיות כי העיקר הוא המצות שהמה ממשלימי הנפש, ורק המצות שבין אדם לרעהו המה האמצעיים העוזרים לזה המה מכונים לחתן וכלה, שהחתן הוא העיקר והכלה נכנע תחתיו במעלה, או להיות כי הוא כנוי למשפיע ומקבל השפע כנודע, ולהיות שהעיקר המה החמש הראשונות, אשר מהם ומאמונתם יושפע גם כן העשיה בהחמש הנותרות שיעשה על ידי האמנתו בה', לכן מכנה לחתן וכלה. ולהיות גם כן באמת המה שני עמודים אשר בלתם לא יתכן הדיבוק בה', כי בנפול מהאדם איזה מעלה הן מהראשונות הן מאחרונות יפול הבנין כולו, לזאת המה מכונים גם כן בשם שושבינים החתן והכלה, כלומר שהמה המיצועים השוים של ידם ידבק השפע להאדם המקבל, ודי בזה למתבונן על ראשי הדברים. ולפי דרך חכמי אמת יש דרך אחרת מאד נעלה, וידוע רק ליודעים: **לא זו גדולה.** אף שלפי הראות הראשונות גדולים במעלה להיות נושאים ענינים אלהיים, עם כל זה בעיני ה' חשובים גם כן ענינים בין אדם לחבירו, ולכן כתיב לוחת, כאלו הם אחד ממש, כי חס הקדוש ברוך הוא על כבודן של בריות כביכול ככבודו:

״לֻחֹת אֶבֶן״ □ – *STONE TABLETS.*

The Midrash discusses the lessons to be learned from the material of which the Tablets were made:

וְלָמָּה שֶׁל אֶבֶן – Why does Scripture emphasize that the Tablets were made **of stone?**[105] **שֶׁרוּבָּן שֶׁל עוֹנָשִׁין שֶׁבַּתּוֹרָה בִּסְקִילָה – Because most of the** capital **punishments in the Torah are through stoning, לְכָךְ נֶאֱמַר ״לֻחֹת אֶבֶן״ – therefore, [the verse] states,** ***Stone Tablets.***[106] **דָּבָר אַחֵר, ״לֻחֹת אֶבֶן״ – Another interpretation:** The mention of ***stone Tablets*** **בִּזְכוּת יַעֲקֹב שֶׁנִּקְרָא אֶבֶן** – alludes to the fact that they were given to Israel **in the merit of Jacob, who was called "stone," שֶׁנֶּאֱמַר ״מִשָּׁם רֹעֶה אֶבֶן יִשְׂרָאֵל״ – as [Scripture] states,** ***from there, he shepherded the stone of Israel*** (*Genesis* 49:24).[107] **דָּבָר אַחֵר, ״לֻחֹת אֶבֶן״ – Another interpretation:** The mention of ***stone Tablets*** [לֻחֹת] **כָּל מִי שֶׁאֵינוֹ מֵשִׂים לְחָיָיו כָּאֶבֶן הַזּוֹ אֵינוֹ זוֹכֶה לַתּוֹרָה** – alludes to the idea that **anyone who does not fortify his jawbones** [לְחָיָיו] **like this stone will not merit** acquiring **the Torah.**[108]

§7 The Midrash cites and expounds another verse that describes the two Tablets:[109]

״וְהַלֻּחֹת מַעֲשֵׂה אֱלֹהִים הֵמָּה״ – *The Tablets were God's handiwork* (below, 32:16). **אָמַר רַבִּי יְהוֹשֻׁעַ בֶּן לֵוִי – R' Yehoshua ben Levi said: בְּכָל יוֹם וָיוֹם בַּת קוֹל יוֹצֵאת מֵהַר חוֹרֵב וְאוֹמֶרֶת – Every single day a Heavenly voice rings out from Mount Horeb,** i.e., Mount Sinai, **saying: אוֹי לָהֶם לַבְּרִיּוֹת מֵעֶלְבּוֹנָהּ שֶׁל תּוֹרָה – Woe to them, to the people, for the humiliation of the Torah!**[110] **שֶׁכָּל מִי שֶׁאֵינוֹ עוֹסֵק תָּדִיר בַּתּוֹרָה הֲרֵי זֶה נָזוּף לְהַקָּדוֹשׁ בָּרוּךְ הוּא – For anyone who does not constantly occupy himself with the Torah is disgraced before the Holy One, blessed is He,**[111] **שֶׁנֶּאֱמַר ״וְהַלֻּחֹת מַעֲשֵׂה אֱלֹהִים הֵמָּה״ – as [the verse] states,** ***The Tablets were God's handiwork.***[112]

The Midrash expounds the concluding phrase of the verse:

״חָרוּת עַל הַלֻּחֹת״ – *"Charus"* [חָרוּת], lit., *engraved,* ***on the Tablets*** (ibid.). **מַהוּ ״חָרוּת״ – What is** the connotation of ***"charus"*?**[113] **רַבִּי יְהוּדָה וְרַבִּי נְחֶמְיָה וְרַבָּנָן – R' Yehudah, R' Nechemyah, and the Rabbis** offer different interpretations. **רַבִּי יְהוּדָה אוֹמֵר: אַל תִּקְרֵי ״חָרוּת״ אֶלָּא ״חֵירוּת״, מִן הַגָּלֻיּוֹת – R' Yehudah says: Do not read** it as ***charus*** [חָרוּת], meaning *engraved,* **but rather, as *cheirus*** [חֵירוּת], meaning "freedom," that is, freedom **from the exiles.**[114] **רַבִּי נְחֶמְיָה אוֹמֵר: חֵירוּת מִמַּלְאַךְ הַמָּוֶת – R' Nechemyah says:** It alludes to **freedom from the Angel of Death.**[115]

NOTES

105. It appears unnecessary for the verse to mention here that the Tablets were stone, since Scripture had already stated before Moses ascended the mountain, וְאֶתְּנָה לְךָ אֶת לֻחֹת הָאֶבֶן, *And I shall give you stone Tablets* (above, 24:12) [*Yefeh To'ar*]. Moreover, since the Tablets were made from the extremely precious *sanphirinon* stone (see *Vayikra Rabbah* 32 §2), Scripture should have specified from which type of stone they were made, rather than giving the impression that they were made of ordinary stone (*Eitz Yosef,* from *Maharsha* to *Sanhedrin* 54a s.v. מאי דכתיב לוחות אבן).

106. There are eighteen offenses punishable by stoning (see *Sanhedrin* 53a), while only eleven offenses are punished by burning (ibid. 75a), eight by strangulation (ibid. 84b), and only two by beheading (ibid. 76b) [*Eitz Yosef*]. Stoning is the most severe of the four methods of capital punishment (see *Sanhedrin* 49b); thus, the mention of *stone Tablets* alludes to the severity involved in transgressing the precepts of the Torah (*Eshed HaNechalim*).

107. *The stone of Israel* being Jacob; see *Rashi* ad loc., first explanation. Israel merited receiving the Torah on account of the patriarch Jacob, for he had toiled diligently in Torah throughout his life; see *Yalkut Shimoni* §110 on *Genesis* 25:27 (*Eitz Yosef,* citing *Toldos Noach*).

[In 28 §1 above, the Midrash stated that it was in the merit of Abraham that Israel received the Torah. However, the meaning there is that it was Abraham's merit that succeeded in deflecting the opposition of the heavenly angels to the giving of the Torah (*Eitz Yosef;* however, see *Yefeh To'ar*; see also our commentary to the Midrash there).]

108. Interpreting לֻחֹת as derived from לְחִי, meaning *jaw* or *cheek* (*Matnos Kehunah, Eitz Yosef,* citing *Rif* to *Ein Yaakov, Eruvin* 54a). The verse then means that God gave Moses the Torah in the form of stone jawbones, for only if one has "stone jawbones" can one acquire the Torah. I.e., the aspiring Torah scholar must fortify his jawbones so that they do not weary of constant review of his Torah studies, like a stone that does not wear out from use (*Eitz Yosef,* based on *Rashi* to *Eruvin* 54a s.v. כאבן זו שאינו נמחית). Alternatively, לְחָיָיו here means "his cheeks," that is, he must fortify himself, making himself impervious to insult and calumny, as in the verse, גֵּוִי נָתַתִּי לְמַכִּים וּלְחָיַי לְמֹרְטִים פָּנַי לֹא הִסְתַּרְתִּי מִכְּלִמּוֹת וָרֹק, *I submitted my body to those who smite and my cheeks to those who pluck; I did not hide my face from humiliation and spit* (*Isaiah* 50:6); see *Radak* ad loc., first explanation (*Matnos Kehunah* and *Maharzu,* second explanation; see, similarly, *Yefeh To'ar*).

109. Although the following expositions do not inherently belong here, for they concern a verse in the middle of the following chapter, the Midrash cites them here so as to group together the various expositions that concern the Tablets (*Eitz Yosef,* citing *Toldos Noach*).

110. For all the woe that befalls people is a result of the humiliation of the Torah (*Eitz Yosef,* citing *Chavos Yair*); that is, the failure of the people to occupy themselves with its study, which humiliates the Torah (*Matnos Kehunah*).

The idea of the "Heavenly voice" is not to be understood literally. Rather it means that it is appropriate for one who neglects Torah study to envision for himself as if Mount Horeb is itself chastising him (*Eitz Yosef;* however, see *Eshed HaNechalim* and *Tiferes Yisrael* to *Avos* 6:2).

111. Even if he engages intermittently in Torah study; see *Eitz Yosef.*

112. The Torah is described as *God's handiwork,* the focus of His labor, so to speak. Hence one who humiliates the Torah is held in disgrace by God (see *Matnos Kehunah*).

113. If חרות (*charus*) is meant in the sense of *engraved,* it would have been appropriate for Scripture to have stated, חָרוּת בַּלֻּחֹת, "engraved in the Tablets," rather than, עַל הַלֻּחֹת, *on the Tablets.* Accordingly, the Midrash offers a homiletical interpretation of the word (*Eitz Yosef,* citing *Alshich*). Alternatively, the Midrash is questioning why the verse uses specifically this word, חָרוּת (*charus*), rather than one of the other words [such as חקוק] that denote "engraving" (*Toldos Noach*). See note 4 to 32 §1 above.

114. That is, the Torah engraved upon the Tablets would have granted the Israelites freedom from being subjected to foreign exiles and subjugated to foreign nations. It is only because the Israelites sinned with the Golden Calf, as a result of which Moses broke the original Tablets (below, 32:20), that they were ultimately punished with exile. See 32 §1 above.

115. I.e., R' Nechemyah also understands the word חרות (*charus*) in the sense of חֵרוּת (*cheirus*), *freedom,* but he interprets that as referring to freedom from the Angel of Death, meaning that the Israelites would have become immortal (see 32 §1 above). Although the Torah itself contains passages that relate to death, such as those concerning levirate marriages (see *Deuteronomy* 25:5-10) and inheritance (see *Numbers* 27:6-11), these passages were not meant to be absolute, but were contingent on the eventuality that Israel would sin (*Eitz Yosef,* based on *Avodah Zarah* 5a).

See note 6 to 32 §1 above regarding whether or not R' Yehudah, R' Nechemyah, and the Rabbis agree with one another's positions.

[See Insight below on 51 §8, "Engraved Souls."]

"לֻחֹת אֶבֶן", וְלָמָּה שֶׁל אֶבֶן, שֶׁרוּבָּן שֶׁל עוֹנָשִׁין שֶׁבַּתּוֹרָה בִּסְקִילָה, לְכָךְ נֶאֱמַר "לֻחֹת אֶבֶן", דָּבָר אַחֵר, "לֻחֹת אֶבֶן", בִּזְכוּת יַעֲקֹב שֶׁנִּקְרָא אֶבֶן, שֶׁנֶּאֱמַר (בראשית מט, כד) "מִשָּׁם רֹעֶה אֶבֶן יִשְׂרָאֵל", דָּבָר אַחֵר, "לֻחֹת אֶבֶן", יאכָּל מִי שֶׁאֵינוֹ מֵשִׂים לְחָיָיו כָּאֶבֶן הַזּוֹ אֵינוֹ זוֹכֶה לַתּוֹרָה:

ז [לב, טז] "וְהַלֻּחֹת מַעֲשֵׂה אֱלֹהִים הֵמָּה", יבאָמַר רַבִּי יְהוֹשֻׁעַ בֶּן לֵוִי: בְּכָל יוֹם וָיוֹם בַּת קוֹל יוֹצֵאת מֵהַר חוֹרֵב וְאוֹמֶרֶת: אוֹי לָהֶם לַבְּרִיּוֹת מֵעֶלְבּוֹנָהּ שֶׁל תּוֹרָה, שֶׁכָּל מִי שֶׁאֵינוֹ עוֹסֵק תָּדִיר בַּתּוֹרָה הֲרֵי זֶה נָזוּף לְהַקָּדוֹשׁ בָּרוּךְ הוּא, שֶׁנֶּאֱמַר [שם] "וְהַלֻּחֹת מַעֲשֵׂה אֱלֹהִים הֵמָּה". [שם] "חָרוּת עַל הַלֻּחֹת", יגמַהוּ "חָרוּת", רַבִּי יְהוּדָה וְרַבִּי נְחֶמְיָה וְרַבָּנָן, רַבִּי יְהוּדָה אוֹמֵר: אַל תִּקְרֵי "חָרוּת" אֶלָּא "חֵירוּת", מִן הַגָּלֻיּוֹת, רַבִּי נְחֶמְיָה אוֹמֵר: חֵירוּת מִמַּלְאַךְ הַמָּוֶת,

עץ יוסף

(יפה תואר). והתולדות נח כתב פירושו מפני שבלוח אחד נכתבו חמשה דברות ארוכות, כגון אנכי, ולא יהיה לך, וזכור את יום השבת, ולא תשא, וכבד את אביך, ובאחת היו חמשה דברות קצרות כגון לא תרצח, לא תנאף, לא תגנוב, לא תענה, לא תחמוד, ואם כן בלוח אחד היו תקל"ג אותיות, ובלוח השני היו (כ"ז) [פ"ז] אותיות, ובכללם היו תר"ך אותיות, ואם כן הוה אמינא דלוח אחד היה גדול ואחד קטן, קא משמע לן שהיו שוין: **ולמה של אבן.** רוצה לומר דלא הוי ליה להזכיר שהיו של אבן, ועוד דסנפירין היו, ולא הוי ליה למכתב בהו אבן סתם (רש"א): **שרובן של עונשין שבתורה בסקילה.** לפי שהנסקלין הם י"ח כדחשיב בפרק ארבע מיתות, אבל הנשרפין הם י"א ונחנקים הם ח' ונהרגין הם שנים, ובכללם הם ל"ט כמנין המלקות: **בזכות יעקב.** פירוש על שיעקב מסר נפשו על התורה ללמוד יום ולילה, כמאמר חכמינו ז"ל על פסוק איש תם יושב אוהלים, לכך זיכה את בניו לקבלת התורה, ואין זה סותר למה שאמר לעיל פרשה כ"ח שלא ניתנה תורה אלא בזכות אברהם, דודאי שלא קבלו ישראל את התורה אלא בזכות יעקב, אלא שבזכות אברהם נשתתקו המלאכים שקטרגו לבלתי לתת את התורה לישראל (תולדות נח): **לחייו כאבן.** רוצה לומר דריש לוחות מלשון לחיים שמשים לחיו כאבן שאינו נמחה מפני דריסת הרגלים, כך לחייו אינם נלאים מלחזר אחר תלמודו (רי"ף): (ז) [ט] **והלוחות מעשה אלהים המה.** המסדר את הספר הביא הדרשות לפירוש והלוחות כאן, אף שהפסוק הזה בתורה אחר פרשת העגל, כדי לסמוך דרשות הלוחות להדדי (תולדות נח): **בת קול.** ענין בת קול כבר פירשתיה בתנחומא סדר זה: **אוי להם לבריות.** פירוש אותן צרות וגזירות רעות הבאים על הבריות, באות להם מעלבונה של תורה (אות יאיר). והענין הוא דרך משל לפי שהתורה ניתנה בהר חורב שהוא הר סיני, וכשישראל אינם עוסקים בתורה, צריך שיחשוב האדם שהר חורב בעצמו מכריז ואומר אוי להם לבריות מעלבונה של תורה, ויאר את רעתם ואמר שכל מי שאינו עוסק תדיר בתורה נקרא נזוף: **מעלבונה של תורה.** שהם עולבים אותה ואין מחשיבים אותה לעסוק בה: **שכל מי שאינו עוסק תדיר בתורה כו'.** וכדאיתא בריש שמואל רבתי וזה לשונו העושה תורתו עתים מפר ברית כו', ומה התנוק הזה מבקש לאכול בכל שעות היום, כך אדם צריך להיות יגע בתורה בכל שעות היום, עד כאן: **נזוף.** לשון נזיפה: **מהו חרות רבי יהודה ורבי נחמיה ורבנן.** רוצה לומר שהיה קשה להם מאי חרות על הלוחות, כי מהראוי יאמר חרות בלוחות, ולכך אמר אל תקרי חרות אלא חירות, כל אחד לפי שיטתו, שהוא על הלוחות כלומר על דבר הלוחות, שבזכות תורת הלוחות אם היו בלי מכשול העגל היה חירות (אלשיך): **מן הגליות.** שכל זמן שהם עסוקים בתורה ניצולים מן השעבוד: **חירות ממלאך המות.** ובגמרא (ע"ז ה, א) מקשה למימרא דאי לא חטאו לא מתו, והא איכא פרשת יבמה ופרשת נחלות, ומשני על תנאי נאמרו:

פירוש מהרז"ו

בסקילה. וסקילה באבן: **לחייו כאבן הזה.** לדבר תמיד ולא ילאה, וכוונתו כאבן של רחיים שטוחנין ונותנים חיים, ועיין (עירובין נ"ד, א) ורש"י שם (ד"ה כאבן) ראיה לזה. גם יש לפרש כמו שכתוב במתנות כהונה וכמו שכתוב (ישעיה נ, ו) גוי נתתי למכים ולחיי למורטים פני לא הסתרתי מכלמות ורוק על כן שמתי פני כחלמיש: (ז) **והלוחות מעשה אלהים.** המדרש עומד כאן בתורה בסוף [פרשה] ל"א, ומצרף לכאן מה שכתוב להלן ל"ב ט"ז, וזה על פי מדה ל"ב, לדעת רבנן בריש סימן ה: **נזוף וכו' שנאמר והלוחות וגו'.** כמו שכתב בתנחומא כאן סימן ט"ז על זה, כאדם שאומר לחבירו מה מלאכתו של זה כסף נבחר, כך מלאכתו של הקב"ה עוסק בתורה. וזהו מעשה אלהים המה, ועיין מתנות כהונה: **אל תקרי חרות אלא חירות.** לעיל ריש פרשה ל"ב, לקמן פרשה נ"א סימן א, אבות ריש פרק ו', ויקרא רבה פרשה י"ח סימן ד, במדבר רבה פרשה י' סימן ח, פרשה ט"ז סימן כ"ד, שיר השירים רבה פסוק שימני כחותם, תנחומא כאן סימן ט"ז: **אלא חירות מן גליות.** אם היו שומרים את התורה, וריב ומצה לא היה ביניהם, ולא רדפו אחרי המותרות, ובשרירות לבם לא הלכו, אז לא הדיפם ה' מארצם אשר נתן לאבותיהם:

מתנות כהונה

לחייו כאבן. לוחות דרש לשון לחיים. כלומר לסבול חרפות והכאות ומיעוט תענוג במאכל ובמשתה: [ז] **אי להם.** אוי להם. **מעלבונה** שהם עולבים אותה ואין מחשיבין אותה לעסוק בה תדיר. כך פירש רש"י פרק ששי ממסכת אבות: **מעשה אלהים.** בתנחומא מפרש כאדם האומר לחבירו מה מעשיך אכר נגר. כך כל עסקו של הקב"ה בתורה וכן פירש רש"י. ולפיכך מי שאינו עושה כן נזוף ממנו:

נחמד למראה

כי מה ענין חסר או מלא אל השווי. ותו למה לא פירש רש"י כך לעיל בפרשת משפטים בפסוק ואתנה לך את לוחות האבן, שגם הוא חסר, דחסר הוא. אלא מחוורתא כדפרישית שרש"י פירש כן מדכתיב שני לוחות, שלשון השווייה הוא. וצריך לגרוס כך בפירוש רש"י שני לוחות שהיו שתיהן שוות ודוק:

אשד הנחלים

בסקילה. כאלו מרמז על קושי העונש הממרה עליהם עד שיענש בסקילה, שהיא המיתה החמורה מאד: **בזכות יעקב כו'.** כי שם אבן וכנוייה הונח על האדם העומד בחזקה במדרגתו הגדלה, כאבן הקשה הבלתי נמחה והוא תמיד בשלימות, כן הוא בלתי יפול מדרכו אף פרט אחד, והנה בניו המה השבטים כלה זרע אמת, גם תכונתם מתאחדות בתכונתו הטובה כי הם עומדים במדרגתם, ולכן זכו לתורה, ואם כן זכותו גרמה להם לקבלת התורה: **לחייו כאבן.** כאלו הם בנוים מאבנים הבלתי משתברים, כן אינו חס על לחייו ומדבר תמיד ואינו עיף מהם, ואז יזכה לתורה: [ז] **בת קול יוצאת כו'.** רבים מקשים מה יועיל הבת קול אחר ששומע אין להם, כי מי יזכה לשמוע אם לא הקדושים המתבודדים. ולפי דברי חכמי התולדות, וכן לדעת חכמי המחקר האמתיים נכונים הדברים מאד, להיות כי ההתעוררת הנופלת פתאום לפעמים בלב האדם ללמוד התורה, בא מהבת קול, כי הנפש מצד עצמה היא שומעת זאת (כי היא שפע מלמעלה השופע תמיד על מקום הקדוש, אשר שם ניתנה התורה, והיא קיימת בקדושתה תמיד) לולי חומר המסתיר ממנה, אך לפעמים אף על גב דאיהו לא שמע נפשו שומעת, והיא מתעוררת מעצמה ולא ידע מה זאת, כן עיקרו של דבר באמת: **מעלבונה של תורה.** היא כדמות מליצה, כאילו המה מעליבים ומחרפים את התורה הקדושה במה שאינם חוששים לכבודה ללמדה, ולכן הם כנזופים להקדוש ברוך הוא, כמו מי שמחרף את התלמיד חכם הוא בנזיפה, ומכל שכן אם הוא מחרף לתורה. וענין הנזיפה הוא ענין גדול מאד, כאילו ניטלה ההשגחה העליונה ממנו, ואין רואה אותו לפוקדו ולהשגיח עליו לטובה, כאילו הוא נזוף ומרוחק מכל: **מעשה אלהים.** עיין במתנות כהונה: **חירות מן כו'.** חשב שלשה דברים שהיו נמלטים מהם, אם לא היו חוטאים בעגל, שלא היה עוד גליות ושעבודים שבא לצרף אותם, ואלולי לא חטאו אז היו נצרפים בקבלת התורה, כי היה נפסק זוהמתם מבלי יחטאו ואז לא היו צריכים לגליות, גם לא היו מתים לעולם, כי היו כמדרגת אדם הראשון קודם החטא, כמו שאמרו (שבת קמו, א) כשבא נחש על חוה הטיל בה זוהמא, וכשבאו לקבל התורה פסקה זוהמתן, וכשחטאו בעגל חזרה הזוהמא למקומה, וא"כ אלולי החטא אז היו נצרפים והיו בלי זוהמא חיים לעולם כגוף הספירי העומד לעד.

חידושי הרד"ל

שרובן של עונשין שבתורה בסקילה. פירוש, בעונשי מיתת בית דין הנסקלין מרובין משארי חייבי מיתות: **לחייו באבן.** עיין מתנות כהונה. ובעירובין (נד, א) אמרו כאבן שאינה נמחית, ופירש רש"י כן ילמוד תמיד בלחייה, עיין שם: [ז] **הרי זה נזוף שנאמר נזם זהב באף חזיר ואומר והלוחות כו'.** כן צריך לומר, כמו שהוא בפרק קנין תורה (אבות ו, ב), עיין שם בפירוש רש"י: **מהו חירות רבי יהודה ורבי נחמיה ורבנן כו'.** ויקרא רבה פרשה יח ג כל המאמר, עיין שם:

חידושי הרש"ש

[ז] **מהו חרות רבי יהודה ורבי נחמיה ורבנן כו'.** כן צריך לומר, וכדלקמן: **קציעי צוואריא.** עיין ידי משה. ונראה לי דידוע שעל ידי פרקי הצואר אדם מחזיר ראשו לאחוריו, ומפני שהם לא חזרו לאחוריהם להסתכל מה שעשה עמהם הקב"ה מאחור קראן כן כאלו אין להם צואר להטות על ידו ראשם לאחוריהם, והוא על דרך הכתוב (ירמיה ב, כז) כי פנו אלי עורף ולא פנים:

באור מהרי"פ

שרובן של עונשי מיתה שבתורה הם סקילה. שעונשי סקילה הם שמונה עשרה, ושארי עונשי מיתות שריפה הרג וחנק הם עשרים ואחד, סך הכל שלשים ותשע. ועיין סנהדרין פרק ז משנה ד, ועיין רמב"ם הלכות סנהדרין פרק טו הלכה יא - יג: **לחייו באבן וכו'.** עירובין פרק כילד מעברין (נד א) פירש רש"י (ד"ה כאבן) כאבן שאינה נמחת מפני דריסת הרגלים, כך לחייו אינם נלאים מלחזור על למודו: [ז] **רבי יהודה ורבי ירמיה ורבנן וכו'.** (כן צריך לומר רבי נחמיה במקום רבי ירמיה:

מסורת המדרש

יא. נדרים דף נ"ה. ילקוט כאן רמז שנ"ח: יב. עירובין דף נ"ד: יג. אבות פרק ו'. תנחומא כאן סימן ט"ז כל הענין. פתיחתא דאיכה רבתי. תנא דבי אליהו רבה פרק י"ח:

אם למקרא

וַתֵּשֶׁב בְּאֵיתָן קַשְׁתּוֹ וַיָּפֹזּוּ זְרֹעֵי יָדָיו מִידֵי אֲבִיר יַעֲקֹב מִשָּׁם רֹעֶה אֶבֶן יִשְׂרָאֵל: (בראשית מט:כד)

ענף יוסף

(ז) [ט] **מעלבונה של תורה.** שהתורה מאז היתה משתעשעת לפניו יתברך, וכמו שאמר הכתוב ואהיה אצלו אמון וגו', וה' יתברך נתנה לבני אדם ילוד אשה, וכל זה התורה סובלת כאשר בני אדם עוסקים בה, כי כן היה רצון קונה, אמנם כאשר יתבטלו ממנה ויניחו אותה בקרן זוית, בודאי כי אז תתחיל תזעק בחבליה, ואז ה' יתברך יתבע עלבונה מבני אדם (תולדות נח):

אמרי יושר

[ז] **והלוחות מעשה אלהים המה.** מה אומנותו של הקב"ה הלוחות, שהוא עוסק בתורה, ומי שאינו עושה דוגמת הקב"ה הוא נזוף: **מהו חרות.** דהיה לו לומר חתור, גם הוה ליה למימר בלוחות: **אל תקרי כו' אלא חירות ממלאך המות.** פירוש שלא ימותו על ידי סיטרא דמסאבא. ועיין פרק קמא דעבודה זרה:

וְרַבּוֹתֵינוּ אוֹמְרִים: חֵירוּת מִן הַיִּסּוּרִין – **And our Rabbis say:** It alludes to **freedom from physical suffering.**[116]

The Midrash presents a dialogue between God and the Angel of Death relevant to R' Nechemyah's exposition above:

אָמַר רַבִּי אֶלְעָזָר בְּנוֹ שֶׁל רַבִּי יוֹסֵי הַגְּלִילִי: אִם יָבֹא מַלְאַךְ הַמָּוֶת וְיֹאמַר לִפְנֵי הַקָּדוֹשׁ בָּרוּךְ הוּא – R' Elazar the son of R' Yose HaGelili said: If the Angel of Death were to come before the Holy One, blessed is He, at the time of the Giving of the Torah **and say,**[117] **עַל חִנָּם בְּרָאתַנִי בָּעוֹלָם – "You have created me in the world for naught!" הוּא אוֹמֵר – [God] would** then **respond, עַל כָּל אוּמָּה שֶׁבָּעוֹלָם הִשְׁלַטְתִּי אוֹתְךָ – "I have given you dominance over every nation in the world, חוּץ מֵאוּמָּה זוֹ שֶׁנָּתַתִּי לָהּ חֵירוּת – except for this nation,** i.e., Israel, **to whom I have given freedom** from your power."[118] **הֱוֵי "חָרוּת עַל הַלֻּחֹת" –** In this sense **it is, "charus"** [חָרוּת], i.e., *"cheirus"* [חֵירוּת], *freedom,* ***on the Tablets.***[119]

וַיַּרְא הָעָם כִּי בֹשֵׁשׁ מֹשֶׁה לָרֶדֶת מִן הָהָר וַיִּקָּהֵל הָעָם עַל אַהֲרֹן וַיֹּאמְרוּ אֵלָיו קוּם עֲשֵׂה לָנוּ אֱלֹהִים אֲשֶׁר יֵלְכוּ לְפָנֵינוּ כִּי זֶה מֹשֶׁה הָאִישׁ אֲשֶׁר הֶעֱלָנוּ מֵאֶרֶץ מִצְרַיִם לֹא יָדַעְנוּ מֶה הָיָה לוֹ. וַיֹּאמֶר אֲלֵהֶם אַהֲרֹן פָּרְקוּ נִזְמֵי הַזָּהָב אֲשֶׁר בְּאָזְנֵי נְשֵׁיכֶם בְּנֵיכֶם וּבְנֹתֵיכֶם וְהָבִיאוּ אֵלָי. וַיִּתְפָּרְקוּ כָּל הָעָם אֶת נִזְמֵי הַזָּהָב אֲשֶׁר בְּאָזְנֵיהֶם וַיָּבִיאוּ אֶל אַהֲרֹן. וַיִּקַּח מִיָּדָם וַיָּצַר אֹתוֹ בַּחֶרֶט וַיַּעֲשֵׂהוּ עֵגֶל מַסֵּכָה וַיֹּאמְרוּ אֵלֶּה אֱלֹהֶיךָ יִשְׂרָאֵל אֲשֶׁר הֶעֱלוּךָ מֵאֶרֶץ מִצְרָיִם. וַיַּרְא אַהֲרֹן וַיִּבֶן מִזְבֵּחַ לְפָנָיו וַיִּקְרָא אַהֲרֹן וַיֹּאמַר חַג לַה׳ מָחָר. וַיַּשְׁכִּימוּ מִמָּחֳרָת וַיַּעֲלוּ עֹלֹת וַיַּגִּשׁוּ שְׁלָמִים וַיֵּשֶׁב הָעָם לֶאֱכֹל וְשָׁתוֹ וַיָּקֻמוּ לְצַחֵק. וַיְדַבֵּר ה׳ אֶל מֹשֶׁה לֶךְ רֵד כִּי שִׁחֵת עַמְּךָ אֲשֶׁר הֶעֱלֵיתָ מֵאֶרֶץ מִצְרָיִם.

The people saw that Moses had delayed in descending the mountain, and the people gathered around Aaron and said to him, "Rise up, make for us gods that will go before us, for this man Moses who brought us up from the land of Egypt — we do not know what became of him!" Aaron said to them, "Remove the rings of gold that are in the ears of your wives, sons, and daughters, and bring them to me." The entire people removed the gold rings that were in their ears, and brought them to Aaron. He took it from their hands and bound it up in a cloth, and fashioned it into a molten calf. They said, "This is your god, O Israel, which brought you up from the land of Egypt." Aaron saw and built an altar before it. Aaron called out and said, "A festival for HASHEM tomorrow!" They arose early the next day and offered up burnt-offerings and brought peace-offerings. The people sat to eat and drink, and they got up to revel. HASHEM spoke to Moses, "Go, descend — for your people that you brought up from the land of Egypt has become corrupt" (32:1-7).

☐ **"וַיַּרְא הָעָם כִּי בֹשֵׁשׁ מֹשֶׁה"** – ***THE PEOPLE SAW THAT MOSES HAD DELAYED*** *IN DESCENDING THE MOUNTAIN.*

The word Scripture uses here for *delayed,* בֹשֵׁשׁ, is uncommon; the Midrash interprets it homiletically:[120]

מַהוּ "כִּי בֹשֵׁשׁ" – What is the sense of the expression ***ki boshesh*** [כִּי בֹשֵׁשׁ], (lit., *that he delayed*)? **בָּאוּ שֵׁשׁ שָׁעוֹת וְלֹא יָרַד –** It means that **the sixth hour** of the day **had arrived,**[121] **and** yet **[Moses] had not descended** from the mountain. **לָמָּה – Why** does the verse allude here to the sixth hour? **שֶׁהִתְנָה עִמָּהֶם: לְמִי יוֹם אֲנִי מֵבִיא לָכֶם אֶת הַתּוֹרָה – For** upon his ascent **[Moses] had stipulated with [Israel]** as follows: **In forty days I will** return and **bring the Torah to you.**[122] **וְכֵיוָן שֶׁבָּאוּ שֵׁשׁ שָׁעוֹת וְלֹא יָרַד מֹשֶׁה – And** then **when the sixth hour** of that day **arrived and Moses had not descended** from the mountain, **מִיָּד "וַיִּקָּהֵל הָעָם עַל אַהֲרֹן" – immediately,** ***And the people gathered around Aaron*** *and said to him, "Rise up, make for us gods that will go before us, for this man Moses who brought us up from the land of Egypt — we do not know what became of him!"* [123]

The Midrash narrates the sequence of events involved in the making of the Golden Calf:

רַבָּנָן אָמְרֵי: הַשָּׂטָן מָצָא אֶת יָדָיו אוֹתָהּ שָׁעָה – The Rabbis say: At that time Satan took advantage of the opportunity, שֶׁהָיָה מֹשֶׁה נִרְאֶה תָּלוּי בֵּין הַשָּׁמַיִם וְהָאָרֶץ – for an image of **Moses was** made **visible, suspended** lifeless **between heaven and earth,**[124] **וְהָיוּ מַרְאִין אוֹתוֹ בְּאֶצְבַּע וְאוֹמְרִים "כִּי זֶה מֹשֶׁה הָאִישׁ" – and [the Israelites] pointed to** the image of **[Moses] with their fingers and said,** ***"For this man Moses*** *who brought us up from the land of Egypt — we do not know what became of him!"*[125]

NOTES

116. At the time of the Giving of the Torah, the Israelites were healed of all their physical defects and infirmities. When they worshiped the Golden Calf they were afflicted again with *tzaraas* and *zav* emissions and the like; see *Vayikra Rabbah* 18 §4 and *Bamidbar Rabbah* 7 §1 (*Eitz Yosef*).

Like R' Yehudah, the Rabbis reject the idea that the Israelites would have achieved immortality were it not for the sin of the Calf (*Toldos Noach*).

117. That is, one can metaphorically ascribe the following conversation to God and the Angel of Death at that time (*Eshed HaNechalim*).

118. That is, when the Israelites (momentarily) gained immortality, the Angel of Death, whose dominion over humanity had hitherto been absolute, assumed that he had lost his power entirely and that he no longer had any role to play in the world. God reassured him that it was only Israel who, by virtue of their having accepted the Torah, had been freed from his power but that his position vis-a-vis the rest of the world remained the same as before (see *Eshed HaNechalim*). Alternatively, the Angel of Death feared that when the other nations saw that Israel had achieved immortality through accepting the Torah, they too would accept the Torah and hence they would also become immortal, leaving him with no power over anyone at all. God reassured the angel that even if the other nations were now to accept the Torah, since their acceptance would be due to an ulterior motive, they would remain subject to his dominion (*Yefeh To'ar,* final explanation; see also *Toldos Noach*).

119. For it was because of the Torah written on the Tablets that Israel had been given freedom from the Angel of Death; see *Eitz Yosef.*

120. Scripture normally uses the word אִיחֵר for "delay"; see e.g., *Genesis* 34:19, *Deuteronomy* 23:22 (*Yefeh To'ar, Maharzu, Eitz Yosef*).

121. The Midrash is interpreting בֹשֵׁשׁ as an amalgam of the words בָּא, *arrived,* and שֵׁשׁ, *six.*

122. Specifying the beginning of the sixth hour as the time of day for his descent (*Yefeh To'ar, Eitz Yosef,* from *Shabbos* 89a; however, see *Maharzu*).

123. Moses had meant that he would be on the mountain for forty complete days, forty days with forty nights (see 24:18 above), and thus he would descend from the mountain only on the forty-first day following his ascent. The people, though, included the day of Moses' ascent in the count and assumed that Moses would descend forty days thereafter, and they gathered around Aaron already on day forty. In truth, though, Moses would not return until the following day; see below, v. 6ff (*Rashi* to our verse, cited by *Eitz Yosef*). Alternatively, it was the correct day but it was cloudy and the sun's precise position in the sky was not visible. Consequently the Israelites erred as to the *hour* of the day, mistakenly believing that the sixth hour had already arrived when in fact it had not. [The statement of the Midrash, בָּאוּ שֵׁשׁ שָׁעוֹת וְלֹא יָרַד, refers not to the actual hour, but to the hour as the Israelites thought it to be.] However, Moses ultimately did not descend until the next day, for after God informed him of the Israelites' sin, he remained on the mountain an extra day to pray on their behalf (*Yefeh To'ar, Eitz Yosef,* first explanation; see the discussion of the position of the Rabbis in §5 above, note 79). See also below, note 141.

124. That is, Satan made this image of Moses to mislead the Israelites into believing that Moses was dead (*Yefeh To'ar, Matnos Kehunah, Eitz Yosef;* see also *Shabbos* 89a).

125. The word זֶה, *this,* implying that they were pointing at him (*Matnos Kehunah, Maharzu*); see 15 §28 above.

וְרַבּוֹתֵינוּ אוֹמְרִים: חֵירוּת מִן הַיִּסּוּרִין, אָמַר רַבִּי אֶלְעָזָר בְּנוֹ שֶׁל רַבִּי יוֹסֵי הַגְּלִילִי: אִם יָבֹא מַלְאַךְ הַמָּוֶת וְיֹאמַר לִפְנֵי הַקָּדוֹשׁ בָּרוּךְ הוּא: עַל חִנָּם בְּרָאתַנִי בָּעוֹלָם, הוּא אוֹמֵר: עַל כָּל אוּמָּה שֶׁבָּעוֹלָם הִשְׁלַטְתִּי אוֹתְךָ חוּץ מֵאוּמָּה זוֹ שֶׁנָּתַתִּי לָהּ חֵירוּת, הֱוֵי "חָרוּת עַל הַלֻּחֹת".

[לב, א] "וַיַּרְא הָעָם כִּי בֹשֵׁשׁ מֹשֶׁה", מַהוּ "כִּי בֹשֵׁשׁ" [יד] בָּאוּ שֵׁשׁ שָׁעוֹת וְלֹא יָרַד, לָמָּה, [טו] שֶׁהִתְנָה עִמָּהֶם: לְמ׳ יוֹם אֲנִי מֵבִיא לָכֶם אֶת הַתּוֹרָה, וְכֵיוָן שֶׁבָּאוּ שֵׁשׁ שָׁעוֹת וְלֹא יָרַד מֹשֶׁה, מִיָּד [שם] "וַיִּקָּהֵל הָעָם עַל אַהֲרֹן", רַבָּנָן אָמְרֵי: הַשָּׂטָן מָצָא אֶת יָדָיו אוֹתָהּ שָׁעָה, שֶׁהָיָה מֹשֶׁה נִרְאֶה תָּלוּי בֵּין הַשָּׁמַיִם וְהָאָרֶץ, וְהָיוּ מַרְאִין אוֹתוֹ בָּאֶצְבַּע °וְאוֹמֵר [לב, א] "כִּי זֶה מֹשֶׁה הָאִישׁ", אוֹתָהּ שָׁעָה עָמַד עֲלֵיהֶם חוּר וְאָמַר לָהֶם: קְצִיעֵי צַוָּארַיָּא, אֵין אַתֶּם נִזְכָּרִים מַה נִּסִּים עָשָׂה לָכֶם הַקָּדוֹשׁ בָּרוּךְ הוּא, מִיָּד עָמְדוּ עָלָיו וַהֲרָגוּהוּ, [טז] נִכְנְסוּ עַל אַהֲרֹן, שֶׁנֶּאֱמַר [לב, א] "וַיִּקָּהֵל הָעָם עַל אַהֲרֹן", וְאָמְרוּ לוֹ: כְּשֵׁם שֶׁעָשִׂינוּ לָזֶה כָּךְ אָנוּ עוֹשִׂים לְךָ, כֵּיוָן שֶׁרָאָה אַהֲרֹן כָּךְ נִתְיָרֵא, שֶׁנֶּאֱמַר [לב, ה] "וַיַּרְא אַהֲרֹן וַיִּבֶן מִזְבֵּחַ לְפָנָיו", מַהוּ "מִזְבֵּחַ", מִן הַזָּבוּחַ שֶׁלְּפָנָיו, דָּבָר אַחֵר, "וַיִּבֶן מִזְבֵּחַ", בִּקְּשׁוּ לִבְנוֹת מִזְבֵּחַ עִמּוֹ

עץ יוסף

חירות מן היסורים. פירוש שעל ידי קבלת התורה נתרפאו ולא היה בהם חגרים וסומים וזבים ומצורעין, כדאיתא במדבר רבה פרשת נשא: **אם יבא מלאך המות.** כלומר כך היה מאמרו של הקדוש ברוך הוא אם יבא כו׳: **הוי חרות על הלוחות.** רוצה לומר בשביל הלוחות: [י] **מהו כי בשש.** פירוש למה נקט לשון בושש ולא איחור: **לארבעים יום.** בתחלת שש, וכיון שבאו שש ביום הארבעים ולא בא, מצאו מקום לטעות, וענין טעותם היה ביום המעונן בין קודם חצות לאחר חצות, אלא כשטעו וחטאו והודיעהו ה׳ למשה, נתעכב שם עוד יום להתפלל עליהם. ורש״י יש לו דרך אחרת שהוא ז״ל פירש, שהם חשבו שהיום שעלה הוא מן המנין, והוא אמר להם ארבעים יום שלמים ולילו עמו ואין יום עלייתו לילו עמו, שהרי בשבעה בסיון עלה נמצא ארבעים יום בשבעה עשר בתמוז היה, בששה עשר [בתמוז] בא שטן וערבב כו׳ ותוספות דחו פירוש רש״י, עיין בדבריהם: **מצא את ידו.** כלומר מצא מקום להטעותן שערבב את העולם והראה להם דמות חשך ואפילה וערבוביא, לומר ודאי מת משה ולכך בא ערבוביא בעולם, והראה להם שהיה משה תלוי בין השמים והארץ, כלומר שמת והראה להם דמות מטתו, כדאיתא בפרק רבי עקיבא (שבת פט, א): **קציעי צואריא.** צריך לומר קטיעי צואריא (אות אמת). ופירושו קטיעי וכריתי צואר, שאין אתם זוכרים הראשונות, והידי משה גרם קליעי צוארי, ופירש שאמר להם אפילו אתם חותכים צוארי לא אתאפק מלהוכיח אתכם והם עשו כן והרגוהו, ולמד שהרגוהו, מויבן מזבח לפניו כדבסמוך: **מה נסים עשה לכם.** ודמות משה שראיתם תלוי בין שמים לארץ, הוא מעשה שטן (תולדות נח): **נתיירא.** והא דלא מסר עצמו על קידוש השם, אמרו לקמן בויקרא רבה פרשה ו׳ שאמר אהרן אם הורגין אותי שאני כהן ונביא מתקיים אם יהרג במקדש ה׳ כהן ונביא, ומיד הם גולים: **מהמזבח.** פירוש מה נתינת טעם וירא אהרן לבנין מזבח, לכן דרשו מן הזבוח שלפניו, ופירוש ויבן, נתבונן, כדפירשו גבי ויבן נח, דאם לא כן לכתוב ויבנה מזבח:

פירוש מהרז״ו

כי בושש באו שש. תנחומא כאן סימן י״ט כל הענין, כי בתורה לא נמצא תיבה זו, רק בלשון איחור, ולא אחר הנער (בראשית לד, יט), לא תאחר לשלמו (דברים כג, כב), רק כאן כתוב כי בושש, על כן דורש מדה ט״ז, שכאן הוצרך לכתוב תיבה זו על האיחור, לגלות כמה איחרו, על פי נוטריקון באו שש, ועיין לעיל פרשה ל״ו סימן ב׳ בראשית רבה סוף פרשה י״ח: **לארבעים יום.** והמתינו ביום הארבעים עד חצות, ולא רצו להמתין יותר: **כי זה משה האיש.** עיין לעיל פרשה ט״ו ריש פרשה כ״א, שבמקום שכתוב זה, מורה באצבע הוא, וכאן [היאך] הראו עליו באצבע, הרי לא היה לפניהם, על כן בהכרח שהטעה אותם השטן והראו עליו: **עמד עליהם חור.** עיין פרקי דרבי אליעזר פרק מ״ד באריכות, לקמן סוף פרשה כ״א, ויקרא רבה פרשה י בסימן א: **קציעי צואריא.** מורדים מחוייבי מיתה ושחיטה לחתוך הצואר, או שפירושו אנשים בלא ראש: **עמדו עליו והרגוהו.** לקמן ריש פרשה מ״ב, ופרשה מ״ח ריש סימן ג, עיין מה שכתבתי שם, וביתר ביאור במדבר רבה פרשה ט״ו סימן כ״א: **ויבן מזבח לפניו.** משמע שהתפעל אהרן על שראה שילא העגל, וראה שנכון לבנות מזבח לפני העגל חלילה, ואחר כך אמר ויקרא אהרן ויאמר חג לה׳ מחר, ולא לעגל, והם שני כתובים מכחישים, והכריע על פי מדה ל״א ומדת ממעל, וירא מלשון יראה, ויבן מלשון בינה, ועיין בראשית רבה פרשה ל״ד סוף סימן א׳, ואל תקרי מזבח אלא מהזבות. ובתנחומא כאן איתא שהיה ירא שאם יהרגו גם אותו לא יהיה להם תקנה, וכמו שאמרו ויקרא רבה פרשה י׳ סימן א, עיין שם, על פי מדה ל״א, מקומו קודם פסוק ויאמר אליהם פרקו נזמי וגו׳: **דבר אחר ויבן מזבח.** עיין

מתנות כהונה

באו שש. עיין בפירוש רש״י בסדר זה ובפרק רבי עקיבא: **נראה.** השטן הראהו כן. וזהו כי זה משה שהראו כן באצבע. כן מפורש בתנחומא ובשבת פרק רבי עקיבא: **קציעי צואריא.** קטיעי וכרותי צואר שאין אתם זוכרים את הראשונות:

אשד הנחלים

ורבותינו אמרו חירות מן היסורים, כי אולי דעתם שהמיתה היתה על כל פנים שולטת, כמו שאמרו במסכת עבודת כוכבים פרק קמא (ה, א), רק על כל פנים היה חירות מן יסורין הבאים על האדם להצריפו ולזככו, ובא הכל מסיבת החטא, ואלמלא לא חטאו אז היו נקיים מזה: **אם יבוא מלאך המות כו׳.** הוא כדמות מליצה וציור, להיות שמלאך המות שולט על ההפסד, שכח ההפסד שולט ונובע ממנו לפי דברי רבותינו ז״ל האמיתים, והנה כח ההפסד מטבעו לשלוט על כל דבר גופני שהוא מורכב בטבעו וכל מורכב מוכרח להתפרד, ואם כן כיון שראה שאינו יכול לנגוע בהם, סובר שניטל שפעו מהעולם ואינו יכול לעשות פעולתו, ועל זה משיבו שרק על המאמינים לבד לא ישלוט, אבל טבע העולם נשאר על מתכונתה וטבעה. וזהו והלוחות מעשי אלהים המה, כי המה ענינים אלהיים למעלה מענין הטבע, לכן חירות על הלוחות, רצה לומר שהמקיימן הוא גם כן חירות ממלאך המות, כי על ידי התורה שהיא אלהית הוא נעלה מהטבע הנהוג: **השטן מצא.** כבר ידוע מאמר רבותינו ז״ל (בבא בתרא טז, א) הוא השטן הוא היצר הרע הוא המלאך המות, וידוע שדעת רבותינו ז״ל שכל מה שיש בעולם מהטוב או מהרע יש לעומתו כח מלמעלה המשפיע, והנה ההפסד והמיתה למטה הוא ענין טבעי, יחסו לשפע מלאך המות הרע המסית לב האדם מלמעלה, והוא הנקרא שטן, ודעת רבותינו ז״ל שהמה אחד ממש, כי הרע בא מהחומר, וכן ההפסד והמיתה, והמיתה סיבת החטא כנודע, והנה יש עת שהדמיונות מתגברות באדם המוסת בחטא, כאלו רואה דבר שמחפצו לראות, ודעתם שגם הדמיונות באים מלמעלה מהשטן שהוא היצר הרע למטה, וכאלו אמר הדמיון התעם, שדימו שיודעים על בוריו שמשה מת. ומה שאמרו **שתלוי בין שמים לארץ,** הוא מפני שידעו מעלת משה שהוא גדול מאד עד שלא יתכן שיאמר עליו שנקבר גופו בארץ, [כמו שהיה מדרגת אליהו שעלה בסערה השמים], שבאמת לכן נאמר (דברים לד, ו) ולא ידע איש את קבורתו, ואילו היה קבורתו טבעית בודאי היה נודע, אלא שבאמת לא נדע איך ואיככה ואנה הוא, ויען שחשבו אותו על כל פנים שמת ואינו בשמים ממש על כן דימו שהוא בין שמים לארץ, וענינו כמו שביארו המחקרים בענין עלות אליהו שגופו נשרף בגלגל הירח, ודי בזה למתבונן: **קצועי צואריא.** עיין מתנות כהונה, והוא דחוק לכנות על שכוחי טובה בשם כרות צואר. ואולי הונח זה על מי שאינו רואה האמת מרחוק, כי מדרך המביט למעלה שמפשיט צוארו למעלה, ולכן אמרו על דרך מליצה אתם מדמים שאתם רואין מרחוק מה שקרה למשה, ובאמת אתם מקוצצי צואר שאין אתם רואים, ואיך לא תזכרו הנסים שעשה לכם, ואיך תאמרו קום עשה לנו אלהים, להאמין חס ושלום באחר: **מן הזבוח.** דרש על צד הרמז ויבן מלשון בינה, שהתבונן מן הזבוח לפניו ונתיירא מפניהם, ודרש וירא מלשון יראה ולא מלשון ראיה, דאי כפשוטו מה ראה שבנה מזבח, ולכן מפרש שראה הזבוח לפניו ועל כן נתיירא, ולכן דרש לשון יראה: **בקשו לבנות.** דאם לא כן מה היה כונתו במה שבנה מזבח להטעותם, אלא ודאי שהם בקשו לבנות עמו והיו ממהרים הבנין, לכן הסיתם שיבנה בעצמו כדי לאחר הדבר, ובין כך יבוא משה:

חידושי הרד״ל

באו שש שעות כו׳. בראשית רבה סוף פרשה יח י, ועיין שבת (פט, א): **עמד עליהם חור כו׳.** ויקרא רבה פרשה י ג כל המאמר, ועיין תנחומא תצוה סימן י: **קצועי צואריא.** פירוש מחוייבי מיתה, וכאלו כבר ראשיכם קטועים:

חידושי הרש״ש

כיון שראה אהרן כך נתיירא שנאמר וירא אהרן גו׳. דורש וירא מלשון יראה, כן מוכח לקמן בויקרא רבה פרשה י׳, ג:

שינוי נוסחאות

(ז) **והיו מראין אותו באצבע ואומר.** בספרים הישנים היה כתוב בקיצור "... ואומ׳ ", ואין ספק שכוונתם לומר "ואומרים" בל׳ רבים, ולא "ואומר" כמו שכתבו המדפיסים המאוחרים:

מסורת המדרש

יד. לעיל פרשה ל״ב. ויקרא רבה פרשה י״ח. במדבר רבה פרשה י׳ ופרשה ט״ז. שיר השירים רבה פרשה ח׳. תנא דבי אליהו זוטא פרק ד׳. פרקי דרבי אליעזר פרק מ״ט. תנחומא שלח סימן י״ג. וסדר עקב סימן ח׳: **טו.** בראשית רבה פרשה י״ח וש״נ: **טז.** במדבר רבה פרשה ט״ו. תנחומא בהעלותך סימן י״ד:

ידי משה

[ז] **רבנן אמרו השטן מצא את ידיו וכו׳.** שהראה להם שמשה מת וכו׳. וקשה לי בן המחבר הרבה במאמר זה, אטו בשופטני עסקינן מתוך שהראה להם שמת משה על כן יעשו את העגל חס ושלום. ועוד מאי מדייק באותה שעה מצא השטן את ידיו משמע שהחזיק דבריו וטענתו בזה. ונראה לי דהכי פירושו, על דרך דאיתא בגמרא דסנהדרין בפרק קמא (ז, א), (ויבן) [וירא] אהרן [ויבן] מזבח מן הזבוח שלפניו לפי שהרגו לחור, אמר אהרן השתא עבדי לי כדעבדו לחור ויקוים אם יהרג במקדש ה׳ כהן ונביא ולא יהיה להם תקנה לעולם. וצריך לומר טעם למה על כל העונות שעשו יהיה להם תקנה, ועל זה לא יהיה להם תקנה. ועוד קשה למה דוקא אם יהרג כהן ולא נדיק אחר, אלא נראה לי לפי דאיתא במשנה במסכת מכות (יא, ב) כהן שנהרג אינו יוצא לעולם, דבמיתת מי יצא, ואם כן זה היה כוונת הנביא, אם יהרג כהן או יתחייבו גלות ולא יהיה תקנה לעולם, רק דאיתא בתוספות אמנם אם יש שם עוד כהן דהיינו משוח שעבר אז יוצא במיתת משוח שעבר, ואיתא (בזבחים) [לעיל (פרשה לז, א)] כל ארבעים שנה שימש משה בכהונה גדולה, ואם כן עשה שטן תחבולה להראות שמת משה, ואם כן על כרחך יהיה אהרן מוכרח לעשות העגל שלא יקוים אם יהרג כהן לפי שאין בעולם כהן רק אהרן ובמיתת מי יצאו, ואם כן מכח זה יעשה אהרן להם את העגל, ואיתא שנדונו בשלש דינים לפי שהיה קצת מהם שוגגים בלא עדים, ואם כן יתחייבו גלות, ולא יהיה להם תקנה. ודוק היטב: **קציעי צוואריא.** פירוש לשון קשי עורף אתם. אי נמי רצה לומר הכי קאמר להם, אפילו אתם חותכים צווארי לא אתאפק מלהוכיח

אוֹתָהּ שָׁעָה עָמַד עֲלֵיהֶם חוּר וְאָמַר לָהֶם – At that time Hur arose against them, and said to them,[126] **קְצִיעֵי צַוָּארַיָּא – "You severed necks!**[127] **אֵין אַתֶּם נִזְכָּרִים מַה נִּסִּים עָשָׂה לָכֶם הַקָּדוֹשׁ בָּרוּךְ הוּא – Do you not remember the miracles the Holy One, blessed is He, has done for you?"**[128] **מִיָּד עָמְדוּ עָלָיו וַהֲרָגוּהוּ – Immediately, [the Israelites] arose against him and killed him.** **נִכְנְסוּ עַל אַהֲרֹן, שֶׁנֶּאֱמַר "וַיִּקָּהֵל הָעָם עַל אַהֲרֹן" – [The Israelites]** then **assembled around Aaron, as [the verse] states,** ***And the people gathered around Aaron,*** **וְאָמְרוּ לוֹ: כְּשֵׁם שֶׁעָשִׂינוּ לָזֶה כָּךְ אָנוּ עוֹשִׂים לְךָ – and they said to him, "Just as we have done to that one,** i.e., Hur, **we will do to you,** if you do not do as we say!" **כֵּיוָן שֶׁרָאָה אַהֲרֹן כָּךְ נִתְיָירֵא – When Aaron saw** that they had done **thus** to Hur, **he became fearful** that they would do the same to him,[129] **שֶׁנֶּאֱמַר "וַיַּרְא אַהֲרֹן וַיִּבֶן מִזְבֵּחַ לְפָנָיו" – as [Scripture] states,** ***Aaron saw "vayiven mizbe'ach"*** [וַיִּבֶן מִזְבֵּחַ] ***before him.***

NOTES

126. According to *Vayikra Rabbah* 10 §3, upon seeing the image of Moses the Israelites first approached Hur with the request that he make an idol for them. [Prior to his ascent up Mount Sinai, Moses had designated Aaron and Hur to exercise authority in his absence; see 24:14 above.]

127. I.e., you are acting brainlessly, as if you have no heads, lacking the ability to learn from previous experiences (*Matnos Kehunah, Eitz Yosef*). Alternatively, Hur was indicating that they deserved to be beheaded for their idolatrous request (*Maharzu, Radal;* for other interpretations of this phrase, see *Yedei Moshe*).

128. Therefore you should trust God and realize that He would not have allowed any evil to befall Moses, and that the image of Moses that you see is perforce an illusion created by Satan (*Eitz Yosef,* from *Toldos Noach*). Alternatively, Hur was saying that even if in fact Moses had died, it was God Who had produced the miracles for them, and that He was able to protect them and care for them even without Moses (*Yefeh To'ar* s.v. והדרשנים, second explanation).

129. Seemingly, Aaron constructed the Golden Calf because he feared for his life. But how, we may ask, was Aaron permitted to do so in the face of a Torah obligation to sacrifice one's life rather than worship idols? See Insight Ⓐ for a discussion of this topic.

INSIGHTS

wisdom), it is appropriate that we acknowledge our complete dependence on God's generosity for this all-important aspect of our lives.

Ⓐ Casting the Calf — Halachic Perspectives Our Midrash seems to condone Aaron's decision to create the Golden Calf in order to save his life. In a similar vein, *Rashi* (*Exodus* 32:21) explains that when Moses asked Aaron, *"What did this people do to you that you brought a grievous sin upon it?"* he meant to say, "How many forms of torture did they use to compel you to bring such a great sin upon them?!" The implication is that the threat of torture is a legitimate excuse for making an idol. This is difficult to accept, since idolatry is one of three cardinal sins (the others being murder and immorality) that one must desist from even on pain of death (see *Pesachim* 25a, *Sanhedrin* 74a). Indeed, *Ramban* (to *Exodus* ad loc.) rejects *Rashi's* interpretation for this very reason.

In defense of *Rashi* — and by extension, the Midrash — *Gur Aryeh* (to v. 21 below; see also *Pnei Yehoshua, Rosh Hashanah* 24b, cited by *Minchas Chinuch* 27:3) argues that Aaron's purpose in making the Calf had nothing to do with idolatry. As the Midrash mentioned above, the people mistakenly believed that Moses was dead, and that they had been left without a leader and intermediary between themselves and God. Remembering how they had relied on Moses to appeal to God when they needed salvation at the sea or when they had no food and water, and how he had led them to Sinai and directed them in battle, they were convinced that they needed some tangible presence to take his place. This was not a denial of God; it was an erroneous belief that an intermediary was needed to represent them before God and convey His teachings and beneficence to them. Since neither their misguided concern nor Aaron's solution to it was idolatrous in nature, Aaron was not required to sacrifice his life.

Others, however, point out that regardless of his pure intentions, Aaron did produce a graven image, an act that is forbidden by the Biblical command לֹא תַעֲשֶׂה לְךָ פֶסֶל, *You shall not make for yourself a graven image* (above, 20:4). Moreover, he caused some of his fellow Jews to worship the idol he created, thereby violating the prohibition of וְלִפְנֵי עִוֵּר לֹא תִתֵּן מִכְשֹׁל, *before a blind man you shall not place a stumbling block* (*Leviticus* 19:14), which forbids one to facilitate another person's transgression. How could the threat of torture or death justify committing these idolatry-related violations?

Addressing the first of these points, *Ohr HaChaim* (to v. 21 below) and *Tosefos Yom HaKippurim* (*Yoma* 86a s.v. ת"ש לפי שנאמר), note that producing a graven image is not subject to the death penalty, but only to lashes. Evidently, making a graven image is not treated with the same gravity as actual idol-worship. From this it follows that such an act does not have the status of a cardinal sin, and avoiding it does not take precedence over the imperative to preserve one's life. Hence, Aaron was permitted to create the Golden Calf under the circumstances.

It should be noted that the position adopted by these commentators — that there is no requirement to sacrifice one's life for prohibitions that are secondary to the cardinal sins — is the subject of a dispute among Rishonim. While *Tosafos* (*Pesachim* 25a and *Avodah Zarah* 27b, as interpreted by *Minchas Chinuch* 295-296:15) concur that there is no such requirement, *Ramban* and other Rishonim disagree. In their view, one must forfeit his life even for ancillary prohibitions that are not punishable by death (*Milchamos Hashem, Sanhedrin* fol. 18a; *Ran, Pesachim* fol. 5b; *Nimukei Yosef, Sanhedrin* fol. 18a). Consistent with his more stringent view, *Ramban* could not accept *Rashi's* suggestion that torture would have given Aaron license to make the Golden Calf, as we have seen.

Regarding *lifnei iveir,* the prohibition against leading others astray as it pertains to the three cardinal sins, there is a similar dispute as to whether this prohibition, which never carries the death penalty, must be upheld even at the expense of one's life. According to *Rashi* (and our Midrash), there is obviously no such requirement, and in this case, *Ramban* agrees (*Milchamos Hashem* ibid. and *Toras HaAdam,* pp. 35-37, Chavel ed.). For unlike other ancillary commands related to the cardinal sins, the prohibition against causing another to do wrong does not specify any particular sin; it is merely a general law that is applicable to all the Torah's commandments, and therefore never requires one to lay down his life. Hence, in Aaron's perilous situation, the concern that some Jews would make idolatrous use of the Calf was not sufficient reason to refrain from creating it (*Kovetz He'aros, Hashmatos* to 48:9). [Since *Ramban* follows this lenient view, we must conclude that his objection to *Rashi's* commentary is based strictly on the fact that Aaron violated the law against creating a graven image (ibid.).]

Baal HaMaor (*Sanhedrin* fol. 18a), on the other hand, does not differentiate between *lifnei iveir* for the three cardinal sins and other ancillary prohibitions; he rules that in all cases one must forfeit his life rather than perform the forbidden act. Apparently, he maintains that *lifnei iveir* is not treated as a single, all-inclusive prohibition but rather as a template for extending other prohibitions beyond one's own actions to the effect one has on the actions of others. These "extensions" are defined to some extent by the prohibitions to which they belong. Thus, causing another to engage in idolatry is considered to be a violation of an idolatry-specific prohibition and a cardinal sin, one that every Jew must avoid at the cost of his life (*Kovetz He'aros* ibid.).

Returning to our original question, *Eitz Yosef* (here and to *Vayikra Rabbah* 10 §3) takes a very different approach to resolving it. Basing himself on a teaching of the Sages (*Vayikra Rabbah* ad loc. and *Sanhedrin* 7a), he suggests that Aaron was not concerned about the loss of his own life. Rather, he feared that if the people would kill someone of his stature, a leader of Israel, a Kohen and a prophet, they would be guilty of an unforgivable sin, of the kind foreseen by Jeremiah with dismay: אִם יֵהָרֵג בְּמִקְדַּשׁ אֲדֹנָי כֹּהֵן וְנָבִיא, *Should a priest and prophet be slain in the Sanctuary of* HASHEM? (*Lamentations* 2:20). Jeremiah was referring to the future murder of Zechariah, who was both a priest and a prophet, in the Temple Courtyard (see *II Chronicles* 24:20ff), an outrage that precipitated the Temple's destruction and the subsequent exile. Aaron calculated that if his brethren, who already had the blood of the righteous Hur on their hands, would kill him as well, the enormity of this

וְרַבּוֹתֵינוּ אוֹמְרִים: חֵירוּת מִן הַיִּסּוּרִין, אָמַר רַבִּי אֶלְעָזָר בְּנוֹ שֶׁל רַבִּי יוֹסֵי הַגְּלִילִי: אִם יָבֹא מַלְאַךְ הַמָּוֶת וְיֹאמַר לִפְנֵי הַקָּדוֹשׁ בָּרוּךְ הוּא: עַל חִנָּם בְּרָאתַנִי בָּעוֹלָם, הוּא אוֹמֵר: עַל כָּל אוּמָּה שֶׁבָּעוֹלָם הִשְׁלַטְתִּי אוֹתְךָ חוּץ מֵאוּמָּה זוֹ שֶׁנָּתַתִּי לָהּ חֵירוּת, הֱוֵי "חָרוּת עַל הַלֻּחֹת". [לב, א] "וַיַּרְא הָעָם כִּי בֹשֵׁשׁ מֹשֶׁה", מַהוּ "כִּי בֹשֵׁשׁ" ידבָּאוּ שֵׁשׁ שָׁעוֹת וְלֹא יָרַד, לָמָּה, טושֶׁהִתְנָה עִמָּהֶם: לְמ' יוֹם אֲנִי מֵבִיא לָכֶם אֶת הַתּוֹרָה, וְכֵיוָן שֶׁבָּאוּ שֵׁשׁ שָׁעוֹת וְלֹא יָרַד מֹשֶׁה, מִיָּד [שם] "וַיִּקָּהֵל הָעָם עַל אַהֲרֹן", רַבָּנָן אָמְרֵי: הַשָּׂטָן מָצָא אֶת יָדָיו אוֹתָהּ שָׁעָה, שֶׁהָיָה מֹשֶׁה נִרְאֶה תָלוּי בֵּין הַשָּׁמַיִם וְהָאָרֶץ, וְהָיוּ מַרְאִין אוֹתוֹ בָּאֶצְבַּע °וְאוֹמֵר [לב, א] "כִּי זֶה מֹשֶׁה הָאִישׁ", אוֹתָהּ שָׁעָה עָמַד עֲלֵיהֶם חוּר וְאָמַר לָהֶם: קְצִיעֵי צַוָּארַיָּא, אֵין אַתֶּם נִזְכָּרִים מַה נִּסִּים עָשָׂה לָכֶם הַקָּדוֹשׁ בָּרוּךְ הוּא, מִיָּד עָמְדוּ עָלָיו וַהֲרָגוּהוּ, טזנִכְנְסוּ עַל אַהֲרֹן, שֶׁנֶּאֱמַר [לב, א] "וַיִּקָּהֵל הָעָם עַל אַהֲרֹן", וְאָמְרוּ לוֹ: כְּשֵׁם שֶׁעָשִׂינוּ לָזֶה כָּךְ אָנוּ עוֹשִׂים לְךָ, כֵּיוָן שֶׁרָאָה אַהֲרֹן כָּךְ נִתְיָרֵא, שֶׁנֶּאֱמַר [לב, ה] "וַיַּרְא אַהֲרֹן וַיִּבֶן מִזְבֵּחַ לְפָנָיו", מַהוּ "מִזְבֵּחַ", מִן הַזָּבוּחַ שֶׁלְּפָנָיו, דָּבָר אַחֵר, "וַיִּבֶן מִזְבֵּחַ", בִּקְשׁוּ לִבְנוֹת מִזְבֵּחַ עִמּוֹ

עץ יוסף

חירות מן היסורים. פירוש שעל ידי קבלת התורה נתרפאו ולא היה בהם חגרים וסומים וזבים ומצורעין, כדאיתא במדבר רבה פרשת נשא: **אם יבא מלאך המות.** כלומר כך היה מאמרו של הקדוש ברוך הוא אם יבא כו': **הוי חרות על הלוחות.** רוצה לומר בשביל הלוחות: **[י] מהו כי בשש.** פירוש למה נקט לשון בושש ולא איחור: **לארבעים יום.** בתחלת שש, וכיון שבאו שש ביום הארבעים ולא בא, מצאו מקום לטעות, וענין טעותם היה ביום המעונן בין קודם חצות לאחר חצות, אלא כשטעו וחטאו והודיעהו ה' למשה, נתעכב שם עוד יום להתפלל עליהם. ורש"י יש לו דרך אחרת שהוא ז"ל פירש, שהם חשבו שהיום שעלה הוא מן המנין, והוא אמר להם ארבעים יום שלמים ולילו עמו ואין יום עלייתו לילו עמו, שהרי בשבעה בסיון עלה נמצא ארבעים יום בשבעה עשר בתמוז היה, בששה עשר [בתמוז] בא שטן וערבב כו' ותוספות דחו פירוש רש"י, עיין בדבריהם: **מצא את ידו.** כלומר מצא מקום להטעותן שערבב את העולם והראה להם דמות חשך ואפילה וערבוביא, לומר ודאי מת משה ולכך בא ערבוביא בעולם, והראה להם שהיה משה תלוי בין השמים והארץ, כלומר שמת והראה להם דמות מטתו, כדאיתא בפרק רבי עקיבא (שבת פט, א): **קציעי צואריא.** צריך לומר קטיעי צואריא (אות אמת). ופירושו קטיעי וכריתי צואר, שאין אתם זוכרים הראשונות, והידי משה גרס קליעי צוארי, ופירש שאמר להם אפילו אתם חותכים צוארי לא אתאפק מלהוכיח אתכם והם עשו כן והרגוהו, ולמד שהרגוהו, מויבן מזבח לפניו כדבסמוך: **מה נסים עשה לכם.** ודמות משה שראיתם תלוי בין שמים לארץ, הוא מעשה שטן (תולדות נח): **נתיירא.** והא דלא מסר עצמו על קידוש השם, אמרו לקמן בויקרא רבה פרשה ו' שאמר אהרן אם הורגין אותי שאני כהן ונביא מתקיים אם יהרג במקדש ה' כהן ונביא, ומיד הם גולים: **מהמזבח.** פירוש מה כתיב נתעטס וירא אהרן לבנין מזבח, לכן דרשו מן הזבוח שלפניו, ופירוש ויבן, נתבונן, כדפירשו גבי ויבן נח, דאם לא כן לכתוב ויבנה מזבח:

פירוש מהרז"ו

כי בושש באו שש. תנחומא כאן סימן י"ט כל הענין, כי בתורה לא נמצא תיבה זו, רק בלשון איחור, ולא אחר הנער (בראשית לד, יט), לא תאחר לשלמו (דברים כג, כב), רק כאן כתוב כי בושש, על כן דורש מדה ט"ז, שכאן הוצרך לכתוב תיבה זו על האיחור, לגלות כמה איחרו, על פי נוטריקון באו שש, ועיין לעיל פרשה ל"ו סימן ב' בראשית רבה סוף פרשה י"ח: **לארבעים יום.** והמתינו ביום הארבעים עד חצות, ולא רצו להמתין יותר: **כי זה משה האיש.** עיין לעיל פרשה ט"ו ריש פרשה כ"א, שבמקום שכתוב זה, מורה באצבע הוא, וכאן [היאך] הראו עליו באצבע, הרי לא היה לפניהם, על כן בהכרח שהטעה אותם השטן והראו עליו: **עמד עליהם חור.** עיין פרקי דרבי אליעזר פרק מ"ד באריכות, לקמן סוף פרשה כ"א, ויקרא רבה פרשה י בסימן א: **קציעי צואריא.** מורדים מחוייבי מיתה ושחיטה לחתוך הצואר, או שפירושו אנשים בלא ראש: **עמדו עליו והרגוהו.** לקמן ריש פרשה מ"ב, ופרשה מ"א ריש סימן ג, עיין מה שכתבתי שם, וביתר ביאור במדבר רבה פרשה ט"ו סימן כ"א: **ויבן מזבח לפניו.** משמע שהתפעל אהרן על שראה שילא העגל, וראה שנכון לבנות מזבח לפני העגל חלילה, ואחר כך אמר ויקרא אהרן ויאמר חג לה' מחר, ולא לעגל, והם שני כתובים מכחישים, והכריע על פי מדה ל"א ומדת ממעל, וירא מלשון יראה, ויבן מלשון בינה, ועיין בראשית רבה פרשה ל"ד סוף סימן א', ואל תקרי מזבח אלא מהזבות. ובתנחומא כאן איתא שהיה ירא שאם יהרגו גם אותו לא יהיה להם תקנה, וכמו שאמרו ויקרא רבה פרשה י' סימן א, עיין שם, על פי מדה ל"א, מקומו קודם פסוק ויאמר אליהם פרקו נזמי וגו': **דבר אחר ויבן מזבח.** עיין

מתנות כהונה

באו שש. עיין בפירוש רש"י בסדר זה ובפרק רבי עקיבא: כן מפורש בתנחומא ובשבת פרק רבי עקיבא: **קציעי צואריא.** קטיעי וכרותי צואר שאין אתם זוכרים את הראשונות: **נראה.** השטן הראהו כן. וזהו כי זה משה שהראו כן באצבע.

אשד הנחלים

ורבותינו אמרו חירות מן היסורים, כי אולי דעתם שהמיתה היתה על כל פנים שולטת, כמו שאמרו במסכת עבודת כוכבים פרק קמא (ה, א), רק על כל פנים היה חירות מן יסורין הבאים על האדם להצריפו ולזככו, ובא הכל מסיבת החטא, ואלמלא לא חטאו אז היו נקיים מזה: **אם יבוא מלאך המות כו'.** הוא כדמות מליצה וציור, להיות שמלאך המות שולט על ההפסד, שכח ההפסד שולט ונובע ממנו לפי דברי רבותינו ז"ל האמיתים, והנה כח ההפסד מטבעו לשלוט על כל דבר גופני שהוא מורכב בטבעו וכל מורכב מוכרח להתפרד, ואם כן כיון שראה שאינו יכול לנגוע בהם, סובר שניטל שפעו מהעולם ואינו יכול לעשות פעולתו, ועל זה משיבו שרק על המאמינים לבד לא ישלוט, אבל טבע העולם נשאר על מתכונתה וטבעה. וזהו והלוחות מעשי אלהים המה, כי המה ענינים אלהיים למעלה מענין הטבע, לכן חירות על הלוחות, רצה לומר שהמקיימן הוא גם כן חירות ממלאך המות, כי על ידי התורה שהיא אלהית הוא נעלה מהטבע הנהוג: **השטן מצא.** כבר ידוע מאמר רבותינו ז"ל (בבא בתרא טז, א) הוא השטן הוא היצר הרע הוא המלאך המות, וידוע שדעת רבותינו ז"ל שכל מה שיש בעולם מהטוב או מהרע יש לעומתו כח מלמעלה המשפיע, והנה ההפסד והמיתה למטה הוא ענין טבעי, יחסו לשפע מלאך המות הרע המסית לב האדם מלמעלה, והוא הנקרא שטן, ודעת רבותינו ז"ל שהמה אחד ממש, כי הרע בא מהחומר, וכן ההפסד והמיתה, והמיתה סיבת החטא כנודע, והנה יש עת שהדמיונות מתגברות באדם המוסת בחטא, כאלו רואה דבר שמחפצו לראות, ודעתם שגם הדמיונות באים מלמעלה מהשטן שהוא היצר הרע למטה, וכאלו אמר הדמיון התעָם, שדימו שיודעים על בוריו שמשה מת. ומה שאמרו **שתלוי בין שמים לארץ**, הוא מפני שידעו מעלת משה שהוא גדול מאד עד שלא יתכן שיאמר עליו שנקבר גופו בארץ, [כמו שהיה מדרגת אליהו שעלה בסערה השמים], שבאמת לכן נאמר (דברים לד, ו) ולא ידע איש את קבורתו, ואילו היה קבורתו טבעית בודאי היה נודע, אלא שבאמת לא נדע איך ואיככה ואנה הוא, ויען שחשבו אותו על כל פנים שמת ואינו בשמים ממש על כן דימו שהוא בין שמים לארץ, וענינו כמו שביארו המחקרים בענין עלות אליהו שגופו נשרף בגלגל הירח, ודי בזה למתבונן: **קצועי צואריא.** עיין מתנות כהונה, והוא דחוק לכנות על שכוחי טובה בשם כרות צואר. ואולי הונח זה על מי שאינו רואה האמת מרחוק, כי מדרך המביט למעלה שמפשיט צוארו למעלה, ולכן אמרו על דרך מליצה אתם מדמים שאתם רואין מרחוק מה שקרה למשה, ובאמת אתם מקוצצי צואר שאין אתם רואים, ואיך לא תזכרו הנסים שעשה לכם, ואיך תאמרו קום עשה לנו אלהים, להאמין חס ושלום באחר: **מן הזבוח.** דרש על צד הרמז ויבן מלשון בינה, שהתבונן מן הזבוח לפניו ונתיירא מפניהם, ודרש וירא מלשון יראה ולא מלשון ראיה, דאי כפשוטו מה ראה שבנה מזבח, ולכן מפרש שראה הזבוח לפניו ועל כן נתיירא, ולכן דרש לשון יראה: **בקשו לבנות.** דאם לא כן מה היה כונתו במה שבנה מזבח להטעותם, אלא ודאי שהם בקשו לבנות עמו והיו ממהרים הבנין, לכן הסיתם שיבנה בעצמו כדי לאחר הדבר, ובין כך יבוא משה:

חידושי הרד"ל

באו שש שעות כו'. בראשית רבה סוף פרשה יח י, ועיין שבת (פט, א): **עמד עליהם חור כו'.** ויקרא רבה פרשה י ג כל המאמר, ועיין תנחומא תצוה סימן י: **קצועי צואריא.** פירוש מחוייבי מיתה, וכאלו כבר ראשיכם קטועים:

חידושי הרש"ש

כיון שראה אהרן כך נתיירא שנאמר וירא אהרן גו'. דורש וירא מלשון יראה, כן מוכח לקמן בויקרא רבה פרשה י, ג:

שינוי נוסחאות

(ז) **והיו מראין אותו באצבע ואומר.** בספרים הישנים היה כתוב בקיצור "... ואומ' ", ואין ספק שכוונתם לומר "ואומרים" בל' רבים, ולא "ואומר" כמו שכתבו המדפיסים המאוחרים:

מסורת המדרש

יד. לעיל פרשה ל"ב. ויקרא רבה פרשה י"ח. במדבר רבה פרשה י' ופרשה ט"ז. שיר השירים רבה פרשה ח'. תנא דבי אליהו זוטא פרק ד'. פרקי דרבי אליעזר פרק מ"ט. תנחומא שלח סימן י"ג. וסדר עקב סימן א':
טו. בראשית רבה פרשה י"ח וש"נ:
טז. במדבר רבה פרשה ט"ו. תנחומא בהעלותך סימן י"ד:

ידי משה

[ז] **רבנן אמרו השטן מצא את ידיו וכו'.** שהראה להם שמשה מת וכו'. וקשה לי בן המחבר הרבה במאמר זה, אטו בשופטני עסקינן מתוך שהראה להם שמת משה על כן יעשו את העגל חס ושלום. ועוד מאי מדייק באותה שעה מצא השטן את ידיו משמע שהחזיק דבריו וטענתו בזה. ונראה לי דהכי פירושו, על דרך דאיתא בגמרא דסנהדרין בפרק קמא (ז, א), (ויבן) [וירא] אהרן [ויבן] מזבח מן הזבוח שלפניו לפי שהרגו לחור, אמר אהרן השתא עבדי לי כדעבדו לחור ויקוים אם יהרג במקדש ה' כהן ונביא ולא יהיה להם תקנה לעולם. וצריך לומר טעם למה על כל העונות שעשו יהיה להם תקנה, ועל זה לא יהיה להם תקנה. ועוד קשה למה דוקא אם יהרג כהן ולא לדיק אחר, אלא נראה לי לפי דאיתא במשנה במסכת מכות (יא, ב) כהן שנהרג אינו יוצא לעולם, דבמיתת מי יצא, ואם כן זה היה כוונת הנביא, אם יהרג כהן או יתחייבו גלות ולא יהיה תקנה לעולם, רק דאיתא בתוספות אמנם אם יש שם עוד כהן דהיינו משוח שעבר אז יוצא במיתת משוח שעבר, ואיתא (בזבחים) [לעיל (פרשה לז, א)] כל ארבעים שנה שימש משה בכהונה גדולה, ואם כן עשה שטן תחבולה להראות שמת משה, ואם כן על כרחך יהיה אהרן מוכרח לעשות העגל שלא יקוים אם יהרג כהן לפי שאין בעולם כהן רק אהרן ובמיתת מי יצאו, ואם כן מכח זה יעשה אהרן להם את העגל, ואיתא שנדונו בשלש דינים לפי שהיה קצת מהם שוגגים בלא עדים, ואם כן יתחייבו גלות, ולא יהיה להם תקנה. ודוק היטב: **קציעי צוואריא.** פירוש לשון קשי עורף אתם. אי נמי רצה לומר הכי קאמר להם, אפילו אתם חותכים צווארי לא אתאפק מלהוכיח

"מַהוּ "מִזְבֵּחַ – **What** is meant by ***"mizbe'ach"*** [מִזְבֵּחַ] *before him?*[130] מִן הַזָּבוּחַ שֶׁלְּפָנָיו – It should be understood as a contraction of ***"min hazavuach"*** [מִן הַזָּבוּחַ] ***before him,*** meaning, *"from the one slaughtered before him."*[131]

The Midrash offers an alternate exposition of this verse, one that conforms with the plain meaning of the verse but nevertheless exonerates Aaron of idolatrous intent:

"דָּבָר אַחֵר, "וַיִּבֶן מִזְבֵּחַ – **Another interpretation:** ***Aaron saw and built an altar.*** בִּקְּשׁוּ לִבְנוֹת מִזְבֵּחַ עִמּוֹ – **[The Israelites] sought to build an altar together with [Aaron],**

NOTES

130. The literal translation of the verse would be, *Aaron saw and built an altar before it,* implying that the sight of the Calf and the people proclaiming it to be their god so moved Aaron that he built an altar for it. But surely Aaron would not have been caught up in the idolatrous frenzy; hence, the Midrash offers a homiletical interpretation (*Maharzu;* see similarly *Eitz Yosef*).

131. That is, Hur, whom the Israelites had slaughtered for protesting their idolatrous plans. The Midrash is interpreting the word וַיִּבֶן (lit., *he built,* from the root, בנה, "build") as, *he discerned,* from the root בין, "understand," so that the phrase וַיִּבֶן מִזְבֵּחַ לְפָנָיו means, *and he discerned from the one* (who had been) *slaughtered before him* (*Matnos Kehunah, Eitz Yosef,* from *Bamidbar Rabbah* 15 §21; see similarly *Bereishis Rabbah* 34 §9). *Rashash* and *Maharzu* suggest that the Midrash is interpreting וַיַּרְא in the sense of יִרְאָה, *fear,* so that וַיַּרְא אַהֲרֹן, means, *Aaron was afraid;* see *Vayikra Rabbah* 10 §3.

Although according to its plain meaning this verse discusses the altar that Aaron constructed after he made the Golden Calf, the Midrash in this interpretation expounds the verse as referring to Aaron's rationale in the actual construction of the Calf.

INSIGHTS

double crime would forever disqualify them from Divine mercy and forgiveness, even if they should repent. He reasoned, "Better I should accede to making a Golden Calf that they can worship, for then at least they will have access to a remedy through repentance" (see *Maharsha, Sanhedrin* ad loc.).

Thus, even if creating an idol is a sin that a person generally must sacrifice his life to avoid, the urgency of saving the nation from irreparable spiritual and physical harm made Aaron's case an exception to the rule.

The rule that one may, in certain situations, commit a sin for the sake of heaven (עֲבֵירָה לִשְׁמָהּ) is derived from Yael, a woman praised by Scripture for doing just that. It was a time of war, and Israel had just defeated the Canaanites in battle. The enemy general, Sisera, fled from the battlefield, and he took refuge in Yael's tent. After he fell asleep, Yael pierced his skull with a tent peg, killing him (see *Judges* 4:15-21). The Gemara (*Horayos* 10b) teaches that in order to tire Sisera and gain the opportunity to kill him, Yael first engaged in illicit relations with him. This was an act of adultery, which is one of the cardinal sins, but Yael correctly reasoned that she was permitted to consort with Sisera, and even to seduce him, because she was involved in extricating the entire Jewish people from danger. Scripture actually blesses her for this pure-minded act (*Judges* 5:24): תְּבֹרַךְ מִנָּשִׁים יָעֵל אֵשֶׁת חֶבֶר הַקֵּינִי מִנָּשִׁים בָּאֹהֶל תְּבֹרָךְ, *May Yael, the wife of Chever, the Kenite, be blessed with something of [the blessing bestowed upon] the women; may she be blessed with something of [the blessing of] the women in the tent* — i.e., Sarah, Rebecca, Rachel, and Leah (see *Meiri* to *Sanhedrin* 74b, *Maharik* §167; see also *Tosafos* to *Yoma* 82b).

In the same way, Aaron was permitted to cast the Golden Calf in order to save the Jewish people from the unpardonable sin of murdering a prophet and High Priest.

As indicated, this dispensation is very limited in application. Indeed, the *Vilna Gaon* (quoted in *Keser Rosh* [found in *Siddur Ishei Yisrael*] §132) asserts that after the Giving of the Torah, one rarely has a right to perform an act forbidden by the Torah, no matter how noble his intentions. An עֲבֵירָה לִשְׁמָהּ, *a sin for the sake of Heaven,* is permitted in the

וְרַבּוֹתֵינוּ אוֹמְרִים: חֵירוּת מִן הַיִּסּוּרִין, אָמַר רַבִּי אֶלְעָזָר בְּנוֹ שֶׁל רַבִּי יוֹסֵי הַגְּלִילִי: אִם יָבֹא מַלְאַךְ הַמָּוֶת וְיֹאמַר לִפְנֵי הַקָּדוֹשׁ בָּרוּךְ הוּא: עַל חִנָּם בְּרָאתַנִי בָּעוֹלָם, הוּא אוֹמֵר: עַל כָּל אוּמָּה שֶׁבָּעוֹלָם הִשְׁלַטְתִּי אוֹתְךָ חוּץ מֵאוּמָּה זוֹ שֶׁנָּתַתִּי לָהּ חֵירוּת, הֱוֵי "חָרוּת עַל הַלֻּחֹת".

[לב, א] "וַיַּרְא הָעָם כִּי בֹשֵׁשׁ מֹשֶׁה", מַהוּ "כִּי בֹשֵׁשׁ" [יד]בָּאוּ שֵׁשׁ שָׁעוֹת וְלֹא יָרַד, לָמָּה, [טו]שֶׁהִתְנָה עִמָּהֶם: לְמ' יוֹם אֲנִי מֵבִיא לָכֶם אֶת הַתּוֹרָה, וְכֵיוָן שֶׁבָּאוּ שֵׁשׁ שָׁעוֹת וְלֹא יָרַד מֹשֶׁה, מִיָּד [שם] "וַיִּקָּהֵל הָעָם עַל אַהֲרֹן", רַבָּנָן אָמְרֵי: הַשָּׂטָן מָצָא אֶת יָדָיו אוֹתָהּ שָׁעָה, שֶׁהָיָה מֹשֶׁה נִרְאֶה תָּלוּי בֵּין הַשָּׁמַיִם וְהָאָרֶץ, וְהָיוּ מַרְאִין אוֹתוֹ בָּאֶצְבַּע °וְאוֹמֵר [לב, א] "כִּי זֶה מֹשֶׁה הָאִישׁ", אוֹתָהּ שָׁעָה עָמַד עֲלֵיהֶם חוּר וְאָמַר לָהֶם: קְצִיעֵי צַוָּארַיָּא, אֵין אַתֶּם נִזְכָּרִים מַה נִּסִּים עָשָׂה לָכֶם הַקָּדוֹשׁ בָּרוּךְ הוּא, מִיָּד עָמְדוּ עָלָיו וַהֲרָגוּהוּ, [טז]נִכְנְסוּ עַל אַהֲרֹן, שֶׁנֶּאֱמַר [לב, א] "וַיִּקָּהֵל הָעָם עַל אַהֲרֹן", וְאָמְרוּ לוֹ: כְּשֵׁם שֶׁעָשִׂינוּ לָזֶה כָּךְ אָנוּ עוֹשִׂים לְךָ, כֵּיוָן שֶׁרָאָה אַהֲרֹן כָּךְ נִתְיָרֵא, שֶׁנֶּאֱמַר [לב, ה] "וַיַּרְא אַהֲרֹן וַיִּבֶן מִזְבֵּחַ לְפָנָיו", מַהוּ "מִזְבֵּחַ", מִן הַזָּבוּחַ שֶׁלְּפָנָיו, דָּבָר אַחֵר, "וַיִּבֶן מִזְבֵּחַ", בִּקְשׁוּ לִבְנוֹת מִזְבֵּחַ עִמּוֹ

עץ יוסף

חירות מן היסורים. פירוש שעל ידי קבלת התורה נתרפאו ולא היה בהם חגרים וסומים וזבים ומצורעין, כדאיתא במדבר רבה פרשת נשא: **אם יבא מלאך המות.** כלומר כך היה מאמרו של הקדוש ברוך הוא אם יבא כו': **הוי חרות על הלוחות.** רוצה לומר בשביל הלוחות: [י] **מהו כי בשש.** פירוש למה נקט לשון בושש ולא איחור: **לארבעים יום.** בתחלת שש, וכיון שבאו שש ביום הארבעים ולא בא, מצאו מקום לטעות, וענין טעותם היה ביום המעונן בין קודם חצות לאחר חצות, אלא כשטעו וחטאו והודיעהו ה' למשה, נתעכב שם עוד יום להתפלל עליהם. ורש"י יש לו דרך אחרת שהוא ז"ל פירש, שהם חשבו שהיום שעלה הוא מן המנין, והוא אמר להם ארבעים יום שלמים ולילו עמו ואין יום עלייתו לילו עמו, שהרי בשבעה בסיון עלה נמצא ארבעים יום בשבעה עשר בתמוז היה, בששה עשר [בתמוז] בא שטן וערבב כו' ותוספות דחו פירוש רש"י, עיין בדבריהם: **מצא את ידו.** כלומר מצא מקום להטעותן שערבב את העולם והראה להם דמות חשך ואפילה וערבוביא, לומר ודאי מת משה ולכך בא ערבוביא בעולם, והראה להם שהיה משה תלוי בין השמים והארץ, כלומר שמת והראה להם דמות מטתו, כדאיתא בפרק רבי עקיבא (שבת פט, א): **קציעי צואריא.** צריך לומר קטיעי צואריא (אות אמת). ופירושו קטיעי וכריתי צואר, שאין אתם זוכרים הראשונות, והידי משה גרס קליעי צוארי, ופירש שאמר להם אפילו אתם חותכים צוארי לא אתאפק מלהוכיח אתכם והם עשו כן והרגוהו, ולמד שהרגוהו, מויבן מזבח לפניו כדסמוך: **מה נסים עשה לכם.** ודמות משה שראיתם תלוי בין שמים לארץ, הוא מעשה שטן (תולדות נח): **נתיירא.** והא דלא מסר עצמו על קידוש השם, אמרו לקמן בויקרא רבה פרשה ו' שאמר אהרן אם הורגין אותי שאני כהן ונביא מתקיים אם יהרג במקדש ה' כהן ונביא, ומיד הם גולים: **מהמזבח.** פירוש מהכתיבת טעם ויירא אהרן לבנין מזבח, לכן דרשו מן הזבוח שלפניו, ופירוש ויבן, נתבונן, כדפירשו גבי ויבן נח, דאם לא כן לכתוב ויבנה המזבח:

פירוש מהרז"ו

כי בושש באו שש. תנחומא כאן סימן י"ט כל הענין, כי בתורה לא נמצא תיבה זו, רק בלשון איחור, ולא אחר הנער (בראשית לד, יט), לא תאחר לשלמו (דברים כג, כב), רק כאן כתוב כי בושש, על כן דורש מדה ט"ז, שכאן הוצרך לכתוב תיבה זו על האיחור, לגלות כמה איחרו, על פי נוטריקון באו שש, ועיין לעיל פרשה ל"ו סימן ב' בראשית רבה סוף פרשה י"ח: **לארבעים יום.** והמתינו ביום הארבעים עד חצות, ולא רצו להמתין יותר: **כי זה משה האיש.** עיין לעיל פרשה ט"ו ריש פרשה כ"א, שבמקום שכתוב זה, מורה באצבע הוא, וכאן [היאך] הראו עליו באצבע, הרי לא היה לפניהם, על כן בהכרח שהטעה אותם השטן והראו עליו: **עמד עליהם חור.** עיין פרקי דרבי אליעזר פרק מ"ד באריכות, לקמן סוף פרשה כ"א, ויקרא רבה פרשה י בסימן א: **קציעי צואריא.** מורדים מחוייבי מיתה ושחיטה לחתוך הצואר, או שפירושו אנשים בלא ראש: **עמדו עליו והרגוהו.** לקמן ריש פרשה מ"ב, ופרשה מ"ח ריש סימן ג, עיין מה שכתבתי שם, וביתר ביאור במדבר רבה פרשה ט"ו סימן כ"א: **ויבן מזבח לפניו.** משמע שהתפעל אהרן על שראה שילא העגל, וראה שנכון לבנות מזבח לפני העגל חלילה, ואחר כך אמר ויקרא אהרן ויאמר חג לה' מחר, ולא לעגל, והם שני כתובים מכחישים, והכריע על פי מדה ל"א ומדת ממעל, וירא מלשון יראה, ויבן מלשון בינה, ועיין בראשית רבה פרשה ל"ד סוף סימן א', ואל תקרי מזבח אלא מהזבות. ובתנחומא כאן איתא שהיה ירא שאם יהרגו גם אותו לא יהיה להם תקנה, וכמו שאמרו ויקרא רבה פרשה י' סימן א, עיין שם, על פי מדה ל"א, מקומו קודם פסוק ויאמר אליהם פרקו נזמי וגו': **דבר אחר ויבן מזבח.** עיין

חידושי הרד"ל

באו שש שעות כו'. בראשית רבה סוף פרשה יח י, ועיין שבת (פט, א): **עמד עליהם חור כו'.** ויקרא רבה פרשה י ג כל המאמר, ועיין תנחומא תצוה סימן י: **קצועי צואריא.** פירוש מחוייבי מיתה, וכאלו כבר ראשיכם קטועים:

חידושי הרש"ש

כיון שראה אהרן כך נתיירא שנאמר וירא אהרן גו'. דורש וירא מלשון יראה, כן מוכח לקמן בויקרא רבה פרשה י, ג:

שינוי נוסחאות

(ז) **והיו מראין אותו באצבע ואומר.** בספרים הישנים היה כתוב בקיצור "... ואומ' ", ואין ספק שכוונתם לומר "ואומרים" בל' רבים, ולא "ואומר" כמו שכתבו המדפיסים המאוחרים:

מסורת המדרש

יד. לעיל פרשה ל"ב. ויקרא רבה פרשה י"ח. במדבר רבה פרשה י' ופרשה ט"ז. שיר השירים רבה פרשה ח'. תנא דבי אליהו זוטא פרק ד'. פרקי דרבי אליעזר פרק מ"ט. תנחומא שלח סימן י"ג. וסדר עקב סימן ח': **טו.** בראשית רבה פרשה י"ח וש"נ: **טז.** במדבר רבה פרשה ט"ו. תנחומא בהעלותך סימן י"ד:

ידי משה

[ז] **רבנן אמרו השטן מצא את ידיו וכו'.** שהראה להם שמשה מת וכו'. וקשה לי בן המחבר הרבה במאמר זה, אטו בשופטני עסקינן מתוך שהראה להם שמת משה על כן יעשו את העגל חס ושלום. ועוד מאי מדייק באותה שעה מצא השטן את ידיו משמע שהחזיק דבריו וטענתו בזה. ונראה לי דהכי פירושו, על דרך דאיתא בגמרא דסנהדרין בפרק קמא (ז, א), (ויבן) [וירא] אהרן [ויבן] מזבח מן הזבוח שלפניו לפי שהרגו לחור, אמר אהרן השתא עבדי לי כדעבדו לחור ויקוים אם יהרג במקדש ה' כהן ונביא ולא יהיה להם תקנה לעולם. וצריך לומר טעם למה על כל העונות שעשו יהיה להם תקנה, ועל זה לא יהיה להם תקנה. ועוד קשה למה דוקא אם יהרג כהן ולא לדיק אחר, אלא נראה לי לפי דאיתא במשנה במסכת מכות (יא, ב) כהן שנהרג אינו יוצא לעולם, דבמיתת מי יצא, ואם כן זה היה כוונת הנביא, אם יהרג כהן או יתחייבו גלות ולא יהיה תקנה לעולם, רק דאיתא בתוספות אמנם אם יש שם עוד כהן דהיינו משוח שעבר אז יוצא במיתת משוח שעבר, ואיתא (בזבחים) [לעיל (פרשה לז, א)] כל ארבעים שנה שימש משה בכהונה גדולה, ואם כן עשה שטן תחבולה להראות שמת משה, ואם כן על כרחך יהיה אהרן מוכרח לעשות העגל שלא יקוים אם יהרג כהן לפי שאין בעולם כהן רק אהרן ובמיתת מי יצאו, ואם כן מכח זה יעשה אהרן להם את העגל, ואיתא שנדונו בשלש דינים לפי שהיה קלת מהם שוגגים בלא עדים, ואם כן יתחייבו גלות, ולא יהיה להם תקנה. ודוק היטב: **קציעי צוואריא.** פירוש לשון קשי עורף אתם. אי נמי רצה לומר הכי קאמר להם, אפילו אתם חותכים צווארי לא אתאפק מלהוכיח

מתנות כהונה

באו שש. עיין בפירוש רש"י בסדר זה ובפרק רבי עקיבא: **נראה.** השטן הראהו כן. וזהו כי זה משה שהראו כן באצבע. כן מפורש בתנחומא ובשבת פרק רבי עקיבא: **קציעי צואריא.** קטיעי וכרותי צואר שאין אתם זוכרים את הראשונות:

אשד הנחלים

ורבותינו אמרו חירות מן היסורים, כי אולי דעתם שהמיתה היתה על כל פנים שולטת, כמו שאמרו במסכת עבודת כוכבים פרק קמא (ה, א), רק על כל פנים היה חירות מן יסורין הבאים על האדם להצריפו ולזככו, ובא הכל מסיבת החטא, ואלמלא לא חטאו אז היו נקיים מזה: **אם יבוא מלאך המות כו'.** הוא כדמות מליצה וציור, להיות שמלאך המות שולט על ההפסד, שכח ההפסד שולט ונובע ממנו לפי דברי רבותינו ז"ל האמיתים, והנה כח ההפסד מטבעו לשלוט על כל דבר גופני שהוא מורכב בטבעו וכל מורכב מוכרח להתפרד, ואם כן כיון שראה שאינו יכול לנגוע בהם, סובר שניטל שפעו מהעולם ואינו יכול לעשות פעולתו, ועל זה משיבו שרק על המאמינים לבד לא ישלוט, אבל טבע העולם נשאר על מתכונתה וטבעה. וזהו והלוחות מעשי אלהים המה, כי המה ענינים אלהיים למעלה מענין הטבע, לכן חירות על הלוחות, רצה לומר שהמקיימן הוא גם כן חירות ממלאך המות, כי על ידי התורה שהיא אלהית הוא נעלה מהטבע הנהוג: **השטן מצא.** כבר ידוע מאמר רבותינו ז"ל (בבא בתרא טז, א) הוא השטן הוא היצר הרע הוא המלאך המות, וידוע שדעת רבותינו ז"ל שכל מה שיש בעולם מהטוב או מהרע יש לעומתו כח מלמעלה המשפיע, והנה ההפסד והמיתה למטה הוא ענין טבעי, יחסו לשפע מלאך המות הרע המסית לב האדם מלמעלה, והוא הנקרא שטן, ודעת רבותינו ז"ל שהמה אחד ממש, כי הרע בא מהחומר, וכן ההפסד והמיתה, והמיתה סיבת החטא כנודע, והנה יש עת שהדמיונות מתגברות באדם המוסת בחטא, כאלו רואה דבר שמחפצו לראות, ודעתם שגם הדמיונות באים מלמעלה מהשטן שהוא היצר הרע למטה, וכאלו אמר הדמיון התעם, שדימו שיודעים על בוריו שמשה מת. ומה שאמרו **שתלוי בין שמים לארץ**, הוא מפני שידעו מעלת משה שהוא גדול מאד עד שלא יתכן שיאמר עליו שנקבר גופו בארץ, [כמו שהיה מדרגת אליהו שעלה בסערה השמים], שבאמת לכן נאמר (דברים לד, ו) ולא ידע איש את קבורתו, ואילו היה קבורתו טבעית בודאי היה נודע, אלא שבאמת לא נדע איך ואיככה ואנה הוא, ויען שחשבו אותו על כל פנים שמת ואינו בשמים ממש על כן דימו שהוא בין שמים לארץ, וענינו כמו שביארו המחקרים בענין עלות אליהו שגופו נשרף בגלגל הירח, ודי בזה למתבונן: **קצועי צואריא.** עיין מתנות כהונה, והוא דחוק לכנות על שכוחי טובה בשם כרות צואר. ואולי הונח זה על מי שאינו רואה האמת מרחוק, כי מדרך המביט למעלה שמפשיט צוארו למעלה, ולכן אמרו על דרך מליצה אתם מדמים שאתם רואין מרחוק מה שקרה למשה, ובאמת אתם מקוצצי צואר שאין אתם רואים, ואיך לא תזכרו הנסים שעשה לכם, ואיך תאמרו קום עשה לנו אלהים, להאמין חס ושלום באחר: **מן הזבוח.** דרש על צד הרמז ויבן מלשון בינה, שהתבונן מן הזבוח לפניו ונתיירא מפניהם, ודרש וירא מלשון יראה ולא מלשון ראיה, דאי כפשוטו מה ראה שבנה מזבח, ולכן מפרש שראה הזבוח לפניו ועל כן נתיירא, ולכן דרש לשון יראה: **בקשו לבנות.** דאם לא כן מה היה כונתו במה שבנה מזבח להטעותם, אלא ודאי שהם בקשו לבנות עמו והיו ממהרים הבנין, לכן הסיתם שיבנה בעצמו כדי לאחר הדבר, ובין כך יבוא משה:

וְלֹא הִנִּיחַ לָהֶם – **but he did not allow them** to take part in the construction.[132] אָמַר לָהֶם: הַנִּיחוּ לִי וַאֲנִי בוֹנֵהוּ לְעַצְמִי – **Aaron said to [Israel], "Allow me to build [the altar] by myself,** שֶׁאֵין כְּבוֹדוֹ שֶׁל מִזְבֵּחַ שֶׁיִּבְנֶה אוֹתוֹ אַחֵר – **for it is not in keeping with the honor of the altar that it be built by someone else."**[133] וְאַהֲרֹן נִתְכַּוֵּין כְּדֵי לְאַחֵר הַדְּבָרִים – And in so doing, **Aaron intended to delay matters.** אָמַר: עַד שֶׁאֲנִי בוֹנֵהוּ לְעַצְמִי מֹשֶׁה יֵרֵד – **He said** to himself: **Before I will have** completely **built it** working by **myself, Moses will have descended** from Mount Sinai.[134] בָּנָה אוֹתוֹ וְלֹא יָרַד – Ultimately though, **[Aaron] did** completely **build [the altar], and [Moses]** still **had not descended.**[135] מִיָּד "וַיַּשְׁכִּימוּ מִמָּחֳרָת" – **Immediately,** *They arose early the next day* and *offered up burnt-offerings and brought peace-offerings.* וְהַנָּבִיא צוֹוֵחַ "אָכֵן הִשְׁכִּימוּ הִשְׁחִיתוּ כֹּל עֲלִילוֹתָם" – **And** it is regarding this that **the prophet cries out,** ***But they arose early and corrupted all their deeds*** (*Zephaniah* 3:7).[136]

❑ "וַיֵּשֶׁב הָעָם לֶאֱכֹל וְשָׁתוֹ וַיָּקֻמוּ לְצַחֵק" – ***THE PEOPLE SAT TO EAT AND DRINK, AND THEY GOT UP TO REVEL.***

The Midrash explains the nature of the people's "revelry":

בַּעֲבוֹדָה זָרָה – They reveled **in idol worship.**[137]

The fact that וַיֵּשֶׁב הָעָם, *the people sat,* appears to be an unimportant detail. The Midrash discusses its relevance to the sin described in the verse:

כָּל מָקוֹם שֶׁאַתָּה מוֹצֵא יְשִׁיבָה אַתָּה מוֹצֵא שָׁם תַּקָּלָה – **Wherever you find** a Scriptural reference to ***yeshivah*** [יְשִׁיבָה], "sitting," or "settling," as in our verse, **you find** that **a mishap** occurred **there.**[138] שֶׁכֵּן מָצִינוּ בְּדוֹר הַמִּגְדָּל – **For so we find** "settling" mentioned **with regard to the generation of the Tower,** שֶׁנֶּאֱמַר "וַיִּמְצְאוּ בִקְעָה בְּאֶרֶץ שִׁנְעָר וַיֵּשְׁבוּ שָׁם" – **as [Scripture] states,** ***They found a valley in the land of Shinar and settled*** [וַיֵּשְׁבוּ] ***there*** (*Genesis* 11:2). וּמָה תַּקָּלָה הָיְתָה שָׁם – **And what** was the **mishap** that **took place there?** "וַיֹּאמְרוּ הָבָה נִבְנֶה לָּנוּ עִיר" – ***And they said one to another "Come, let us build us a city,*** *and a tower with its top in the heavens"* (ibid. 11:4).[139] "וַיֵּשְׁבוּ לֶאֱכָל לֶחֶם" – Likewise, regarding Joseph's brothers, ***They sat*** [וַיֵּשְׁבוּ] ***to eat food*** (ibid. 37:25), וּכְתִיב "וַיִּמְכְּרוּ אֶת יוֹסֵף" – **and it is written** subsequently, *They drew Joseph up and lifted him out of the pit* ***and sold Joseph*** *to the Ishmaelites* (ibid. 37:28). "וַיֵּשֶׁב יִשְׂרָאֵל בַּשִּׁטִּים" – Likewise, Scripture states, ***Israel settled*** [וַיֵּשֶׁב] ***in the Shittim*** (*Numbers* 25:1). מָה תַּקָּלָה הָיְתָה שָׁם – **What mishap occurred there?** "וַיָּחֶל הָעָם לִזְנוֹת אֶל בְּנוֹת מוֹאָב" – ***And the people began to commit harlotry with the daughters of Moab*** (ibid.). וּמָה הָיָה בְּסוֹפָן – **And what was the end** result **of [their sins]?** "וַיִּהְיוּ הַמֵּתִים וגו' " – ***Those who died*** *in the plague were twenty-four thousand* (ibid. 35:9).[140] וְאַף כָּאן יְשִׁיבָה שֶׁל עֲבוֹדָה זָרָה – **And here too,** when the verse states, וַיֵּשֶׁב הָעָם, *the people sat,* it refers **to a sitting of idol worship.**

❑ "וַיֵּשֶׁב הָעָם לֶאֱכֹל וגו' " – ***THE PEOPLE SAT TO EAT AND DRINK, AND THEY GOT UP TO REVEL.*** *HASHEM SPOKE TO MOSES, "GO, DESCEND."*

The Midrash resumes its narrative of the incident of the Golden Calf:

אָמַר הַקָּדוֹשׁ בָּרוּךְ הוּא לְמֹשֶׁה: הֵם קָמוּ לְצַחֵק בַּעֲבוֹדָה זָרָה וְאַתָּה יוֹשֵׁב כָּאן – **The Holy One, blessed is He, said to Moses, "[The Israelites] have gotten up to revel in idol worship, and you** are remaining **settled here?** "רֵד" – *Go descend!"*[141] אוֹתָהּ שָׁעָה בִּיקֵּשׁ מֹשֶׁה לֵירֵד – **At that time, Moses sought to descend** in accordance with the Divine command,[142] וּמָצָא מַלְאֲכֵי חַבָּלָה וְנִתְיָירֵא מֵהֶם וְלֹא יָרַד – **but he found angels of destruction** in his path, **and he became fearful of them and did not go down,**[143] כְּמוֹ שֶׁכָּתוּב "כִּי יָגֹרְתִּי מִפְּנֵי הָאַף וְהַחֵמָה" – **as it is written** elsewhere in Scripture, ***For I was terrified of the wrath and blazing anger*** (*Deuteronomy* 9:19).[144] מֶה עָשָׂה מֹשֶׁה – **What did Moses do** to escape the angels of destruction?

NOTES

132. That is, Aaron realized that the people were interested in making an altar for the Golden Calf, and that they would construct it themselves if he did not preempt them (see *Eshed HaNechalim*).

133. For Aaron was the one destined to be the Kohen Gadol (*Matnos Kehunah, Eitz Yosef*); see above, 37 §2.

134. And he will then destroy the idol without anyone having actually worshiped it. Aaron was afraid, though, that if he were to let the people build the altar themselves, working together, they would construct it quickly before Moses' return. In this exposition then, the Midrash is interpreting וַיַּרְא אַהֲרֹן to mean that *Aaron saw* that this delaying tactic was needed; see *Vayikra Rabbah* loc. cit.

135. For Moses did not descend until the next day. This accords with the second explanation in note 123 above that Moses had been scheduled to arrive on that first day. Since in the end Moses delayed his descent, Aaron's plans were confounded. According to the first interpretation cited there, that Moses had not been scheduled to return until the day after, it must be that Aaron thought to prolong the building of the altar and delay until the next day but he was not successful in his plan, finishing the altar in one day (*Eitz Yosef;* however, see *Toldos Noach*).

136. For it was only the next morning that they actually engaged in the worship of the Golden Calf, due to Aaron's delaying tactics of the previous day (*Yefeh To'ar*).

137. That is, the verse is not referring to innocent revelry, but rather to the people's rejoicing with their new idol (*Yefeh To'ar*). Alternatively, the Midrash means that לְצַחֵק, *to revel,* is being used as a euphemism for idol worship itself; see above, 1 §1, and *Bereishis Rabbah* 53 §11.

138. That is, some form of loss or harm, whether physical, emotional, or spiritual (*Yefeh To'ar, Anaf Yosef*). For one who seeks to become settled, and seeks only stability and physical tranquility, incites Satan to agitate against him (*Yefeh To'ar, Eitz Yosef*); see similarly *Rashi* to *Genesis* 37:1. Man requires spiritual activity and progress in order to thrive (*Yefeh To'ar*).

139. God punished them for their blasphemous plans by confusing their language and dispersing them throughout the world. See *Genesis* 11:7-9.

140. *Eitz Yosef,* citing *Toldos Noach,* suggests that the Midrash here is making the argument that the mishap, the primary sin involved in the incident at Shittim, was the harlotry mentioned in the verse together with וַיֵּשֶׁב יִשְׂרָאֵל, *Israel settled,* rather than the worship of the idol Baal-peor referred to later in the passage (vv. 3 and 5 there). The Midrash therefore makes a point of the terrible punishment of the plague, which was clearly a result of the harlotry, for it did not cease until Phinehas killed Zimri for his promiscuous act with the Midianite woman. See v. 8 there. It is to this end that the Midrash here asks the question, מָה הָיָה בְּסוֹפָן, "What was the end?" while no such question is asked regarding the Tower of Babel or the selling of Joseph.

[See *Yefeh To'ar, Toldos Noach,* and *Eitz Yosef* with regard to the extent to which the principle that כָּל מָקוֹם שֶׁאַתָּה מוֹצֵא יְשִׁיבָה אַתָּה מוֹצֵא שָׁם תַּקָּלָה can be applied to other instances where Scripture refers to "sitting" or "settling."]

141. [I.e., you should go down and stop their idol worship.] According to this exposition then, God did not tell Moses about the Golden Calf until the second day, when the Israelites were actually worshiping it (*Eitz Yosef*). However, see second explanation in note 123 above.

142. Moses at this point did not attempt to pray for Israel, for he intended to destroy the Golden Calf first (*Yefeh To'ar, Eitz Yosef*).

143. Moses was frightened, for when he saw the angels of destruction he realized that they had already been sent to destroy Israel for its sin. Therefore he chose not to descend immediately but rather to first pray on Israel's behalf (see also 42 §1 below). Only once he would be reassured that the Jewish people were no longer in immediate danger would he descend and destroy the Calf (*Yefeh To'ar*). However, according to *Devarim Rabbah* 3 §11 the angels of destruction wished to harm Moses himself (see *Yefeh To'ar* and *Eitz Yosef;* see also 42 §4 below).

144. *Wrath* and *Blazing Anger* are two of God's angels of destruction; see further in the Midrash. It would appear from the plain meaning of the verse that *wrath* and *blazing anger* are attributes being ascribed to

וְלֹא הִנִּיחַ לָהֶם, אָמַר לָהֶם: הַנִּיחוּ לִי וַאֲנִי בּוֹנֵהוּ לְעַצְמִי, שֶׁאֵין כְּבוֹדוֹ שֶׁל מִזְבֵּחַ שֶׁיִּבְנֶה אוֹתוֹ אַחֵר, יזוְאַהֲרֹן נִתְכַּוֵּן כְּדֵי לְאַחֵר הַדְּבָרִים, אָמַר: עַד שֶׁאֲנִי בּוֹנֵהוּ לְעַצְמִי מֹשֶׁה יֵרֵד, בָּנָה אוֹתוֹ וְלֹא יָרַד, מִיָּד [לב, ו] "וַיַּשְׁכִּימוּ מִמָּחֳרָת", וְהַנָּבִיא צוֹוֵחַ (צפניה ג, ז) "אָכֵן הִשְׁכִּימוּ הִשְׁחִיתוּ כֹּל עֲלִילוֹתָם". [לב, ו] "וַיֵּשֶׁב הָעָם לֶאֱכֹל וְשָׁתוֹ וַיָּקֻמוּ לְצַחֵק", בַּעֲבוֹדָה זָרָה, יחכָּל מָקוֹם שֶׁאַתָּה מוֹצֵא יְשִׁיבָה אַתָּה מוֹצֵא שָׁם תַּקָּלָה, שֶׁכֵּן מָצִינוּ בְּדוֹר הַמִּגְדָּל, שֶׁנֶּאֱמַר (בראשית יא, ב) "וַיִּמְצְאוּ בִקְעָה בְּאֶרֶץ שִׁנְעָר וַיֵּשְׁבוּ שָׁם", וּמַה תַּקָּלָה הָיְתָה שָׁם, (שם שם ד) "וַיֹּאמְרוּ הָבָה נִבְנֶה לָּנוּ עִיר", (שם לז, כה) "וַיֵּשְׁבוּ לֶאֱכָל לֶחֶם" וּכְתִיב (שם שם כח) "וַיִּמְכְּרוּ אֶת יוֹסֵף", (במדבר כה, א) "וַיֵּשֶׁב יִשְׂרָאֵל בַּשִּׁטִּים", מַה תַּקָּלָה הָיְתָה שָׁם, (שם) "וַיָּחֶל הָעָם לִזְנוֹת אֶל בְּנוֹת מוֹאָב", וּמָה הָיָה בְּסוֹפָן, (שם שם ט) "וַיִּהְיוּ הַמֵּתִים וְגוֹ'", וְאַף כָּאן יְשִׁיבָה שֶׁל עֲבוֹדָה זָרָה. [לב, ו] "וַיֵּשֶׁב הָעָם לֶאֱכֹל וְגוֹ'", אָמַר הַקָּדוֹשׁ בָּרוּךְ הוּא לְמֹשֶׁה: הֵם קָמוּ לְצַחֵק בַּעֲבוֹדָה זָרָה וְאַתָּה יוֹשֵׁב כָּאן, [לב, ז] "רֵד", אוֹתָהּ שָׁעָה בִּיקֵּשׁ מֹשֶׁה לֵירֵד, וּמָצָא מַלְאֲכֵי חַבָּלָה וְנִתְיָירֵא מֵהֶם וְלֹא יָרַד, כְּמוֹ שֶׁכָּתוּב (דברים ט, יט) "כִּי יָגֹרְתִּי מִפְּנֵי הָאַף וְהַחֵמָה", מֶה עָשָׂה מֹשֶׁה, הָלַךְ וְאָחַז אֶת הַכִּסֵּא, שֶׁנֶּאֱמַר (איוב כו, ט) "מְאַחֵז פְּנֵי כִסֵּא פַּרְשֵׁז עָלָיו עֲנָנוֹ", פָּרַשׁ וְהֵגִין עָלָיו הַקָּדוֹשׁ בָּרוּךְ הוּא, אָמַר לוֹ: (דברים שם יב) "קוּם רֵד מַהֵר מִזֶּה",

עץ יוסף

אין כבודו כו'. שאני כהן גדול: **כדי לאחר.** לשון איחור ועיכוב: **אמר עד שאני בונהו לעצמי משה ירד.** שיודע היה אהרן שהארבעים יום צריכים להיות שלמים כנזכר, והיה סבור לאחר ולעכב בבנינו עד למחרתו, ומעשה שטן הצליח להשלים מלאכתו בזמן מועט, ולפי פירוש ראשון שכתבנו שהטעות לא היה רק בין קודם שש לאחר שש, אם כן סבר אהרן שבוודאי יבא משה בו ביום, ולכן אמר עד שאני בונה משה ירד: **והנביא צווח.** פירוש והנביא מפרסם הענין: **אבן השכימו כו'.** והכי קאמר אכן זה דרכם כי השכימו השחיתו במעשה העגל, וכן תמיד עושים רשעתם בהשכמה: **[יא] כל מקום שאתה מוצא כו'.** אין למדין מן הכללות אף במקום שנאמר בו חוץ, ואפילו בדינים והלכות, מכל שכן בדברי אגדה שעל הרוב דברו, וכדרך אסמכתות המדרשות בכל מקום: **שאתה מוצא ישיבה כו'.** הטעם כשבני אדם רוצים לישב בשלוה, השטן מקטרג ומהפך השמחה לאבל: **ומה היה בסופן ויהיו המתים כו'.** משום שלכאורה יש לומר שהתקלה היה חטא וילמדו לבעל פעור, כדכתיב הרגו איש את אנשיו הנצמדים לבעל פעור, לכן אמר מה היה בסופן ויהיו המתים במגפה, שרוצה לומר שבזה ראיה שעיקר המגפה לא היה אלא בסבת חטא הזנות, דהא לא נעצרה המגפה עד שהרג פנחס לזמרי (תולדות נח): **[יב] הם קמו לצחק.** סבירא ליה שלא היה הטעות בשעות, אלא ביום העליה, כדרך רש"י: **בקש משה לירד.** שחשב לירד תחלה להעביר העגל והחוטאים מן העולם, ולעלות אחר כך להתפלל, ואז ראה כי יצא הקצף מלפני ה', וראה שבטרם ירד תפגע מדת הדין בישראל, ולזה נתעכב והתפלל: **ונתיירא מהם.** שלא יזיקו לישראל וגם שלא יזיקו אותו, כדאיתא בדברים רבה, ועיין שם מה שכתבתי: **אחזאת הכסא.** כלומר שנעזר מבקשת מדת הרחמים כי הוכן בחסד כסאו: **פירש והגין.** פרשז דרשינן שפירש שדי זיו שכינתו עליו:

פירוש מהרז"ו

ויקרא רבה שם גירסא אחרת: **אין כבודו של מזבח.** עיין לעיל פרשה ל"ז סימן ג אני כהן: **אבן השכימו.** בהשכמה אחת השחיתו, על פי גזירה שוה בעגל: **שאתה מוצא ישיבה.** סנהדרין (ק"ו א'). פרקי דרבי אליעזר פרק מ"ז, בראשית רבה פרשה ל"ח סימן ז, ועיין מה שכתבתי שם בפרשה ל"ט סימן ח. ספרי סוף פרשת בלק: **ויהיו המתים.** במגפה ארבעה ועשרים אלף: **ומצא מלאכי חבלה.** לקמן פרשה מ"ב סימן ד, דברים רבה פרשה ג סימן י"א, פרקי דרבי אליעזר פרק מ"ה: **נתיירא מהם ולא ירד כמו שכתוב כי יגורתי.** משמע שסובר שמה שכתוב כי יגורתי, בדברים ט', הוא טעם שלא יכול לירד, וכתוב (שם פסוק יח) מפורש ואתנפל וגו', כי יגורתי, שעל שירא מן האף והחמה, על כן התפלל. אך הענין בזה שהוקשה להמדרש, שכתוב שם ואתנפל לפני ה' [וגו'] על כל חטאתכם אשר חטאתם לעשות הרע בעיני ה' להכעיסו, הרי מבואר שטעם התפלה על שחטאו והכעיסו, אף אם לא היה מתיירא מפני מלאכי חבלה האף והחמה, ומה זה שכתוב כי יגורתי, על כן דורש שהוא נתינת טעם על עצמו שעל שהיה מתיירא מהאף וכו', על כן לא יכול לירד, על כן בהכרח לדרוש על פי מדה ל"א, שפסוק כי יגורתי מקומו מיד אחר מה שכתוב שם קום רד מהר מזה, שם בדברים ט' פסוק י"ב: **מאחז פני כסא פרשז עליו עננו.** בפסוק הקודם צורר מים בעביו ולא נבקע ענן תחתם מאחז פני כסא וכו', ודורש על שנכנס בענן הוא משה, כמו שכתוב בסוף משפטים (שמות כד, יח) ויבא משה בתוך הענן ויעל אל ההר. ועל שכתוב ולא נבקע ענן תחתם, שהיה ראוי שיבקע ויפלא מתוכו, ולא נבקע, ועל כן מאחז פני כסא. ועיין שבת (פ"ח ב'), פסיקתא סוף פרשה כ', שזה היה בעת מתן תורה, אך בכאן ולקמן פרשה מ"ב סוף סימן ד', ובדברים רבה פרשה ג סימן י"א, שזה היה בחטא העגל: **פרש והגין עליו.** עיין לקמן פרשה מ"ב סוף סימן ד', מהו פרשז נוטריקון פרש רחום שדי זיו עננו עליו, ועל שאין לתיבת פרשז דוגמא בתנ"ך, דורש אותה נוטריקון: **אמר לו קום רד.** הדבר כפול שהוא העתקה ממקום אחר, שהמדרש מתמה שמאחר שצוהו שירד, אם כן לא היה לו לגור אלא ראה כמה וכו':

חידושי הרש"ש

קום רד מהר מזה. זה כתוב בפרשת עקב (ט, יב):

ענף יוסף

[יא] כל מקום שאתה מוצא ישיבה אתה מוצא שם תקלה. אין הכוונה מכשול עון דוקא, אך פירושו נזק והפסד, יהיה עון או איזה צער מה, ובפרק חלק (סנהדרין קו, א) גרסינן כל מקום שנאמר וישב אינו אלא לשון צער, והכוונה אחר שמצינו בשלשה וארבע מקומות צער ותקלה במקום שאתה מוצא ישיבה, הוא בנין אב לכל ישיבה שאתה מוצא בכל התורה כולה, שגם אתה מוצא צער ותקלה כשתעיין ותדקדק בהו, אף שלא נמצא שם תקלה מפורסמת, עד כאן (תולדות נח):

באור מהרי"פ

מה היה בסופן וכו'. צריך עיון, למה מביא מה היה בסופן אלא תקלה זו מה שלא הביא בשתי תקלות הראשונות. ולהבינך אציע לפניך פרשה קטנה (במדבר כה, א - ז) וישב ישראל בשטים ויחל העם לזנות אל בנות מואב. ותקראן לעם לזבחי אלהיהן ויאכל העם וישתחוו לאלהיהן. ויצמד ישראל לבעל פעור ויחר אף ה' בישראל. ויאמר ה' אל משה קח את כל ראשי העם והוקע אותם לה' נגד השמש וישוב חרון אף ה' מישראל. ויאמר משה אל שופטי ישראל הרגו איש אנשיו הנצמדים לבעל פעור. והנה איש מבני ישראל בא ויקרב אל אחיו את המדינית לעיני משה ולעיני כל עדת בני ישראל והמה בוכים פתח אהל מועד. וירא פינחס בן אלעזר בן אהרן הכהן ויקם מתוך העדה ויקח רומח בידו. ויבא אחר איש ישראל אל הקובה וידקור את שניהם את איש ישראל ואת האשה אל קבתה ותעצר המגפה מעל בני ישראל. ועל פי זה מבואר, דבעל המדרש רוצה להוכיח דעיקר התקלה שהיתה בשטים היא הזנות, אך שיש לבעל הדין לחלוק ולומר שזה לא היתה התקלה, כי בעילת עובדי כוכבים לא נאסרה להם עדיין, כי בימי חשמונאים גזרו על נדה שפחה גויה זונה (סנהדרין פב, א), ומה שאמר הקב"ה קח את כל ראשי העם והוקע וגו', הוא בשביל חטא עבודת כוכבים כמאמר הכתוב הרגו וגו' הנצמדים לבעל פעור, לכן אמר, ראה מה היה בסופן ויהיו המתים במגפה ארבעה ועשרים אלף, ותיכף כשהרג פינחס לזמרי ותעצר המגפה מעל בני ישראל, שמע מינה שעיקר התקלה היתה חטא הזנות. תולדות נח הארוך: **בקש משה לירד ומצא מלאכי חבלה וכו' והקדוש ברוך הוא אמר לו קום רד וגו'.** נלמד דבר זה משני מקראות, (שמות לב, ג) וידבר ה' אל משה לך רד כי שחת עמך אשר העלית מארץ מצרים, ולא כתיב כאן תיבות קום רד מהר מזה. ובספר דברים (ט, יב) כתיב ויאמר ה' אלי קום רד מהר מזה כי שחת עמך אשר הוצאת מארץ מצרים סרו מהר מן הדרך אשר צויתים עשו להם עגל מסכה. לכן אמר המדרש דתרוייהו איתנהו, דבתחלה אמר לו לך רד סתם, **וכשבקש לירד מצא** אותן חמשה **מלאכי חבלה**, והיה משה מתיירא מפניהם לרדת, עד שהוצרך לסיוע לכך, **אמר לו הקדוש ברוך הוא** פעם שנית, **קום רד מהר מזה**, מזה דייק, הוא מקום מתחת כסא הכבוד, הוא מקום שאין להם רשות אפילו למלאכי השרת,

מסורת המדרש

יז. עיין סנהדרין דף ז'. ויקרא רבה פרשה י'. פרקי דרבי אליעזר פרק מ"ה. תנחומא תצוה סימן י'. ועי' ילקוט ירמיה רמז רס"ח:
יח. תדא"ר פרק ד':

אם למקרא

אָמַרְתִּי אַךְ תִּירְאִי אוֹתִי תִּקְחִי מוּסָר וְלֹא יִכָּרֵת מְעוֹנָהּ כֹּל אֲשֶׁר פָּקַדְתִּי עָלֶיהָ אָכֵן הִשְׁכִּימוּ הִשְׁחִיתוּ כֹּל עֲלִילוֹתָם: (צפניה ג:ז)

וַיְהִי בְּנָסְעָם מִקֶּדֶם וַיִּמְצְאוּ בִקְעָה בְּאֶרֶץ שִׁנְעָר וַיֵּשְׁבוּ שָׁם: (בראשית יא:ב)

וַיֹּאמְרוּ הָבָה נִבְנֶה לָּנוּ עִיר וּמִגְדָּל וְרֹאשׁוֹ בַשָּׁמַיִם וְנַעֲשֶׂה לָּנוּ שֵׁם פֶּן נָפוּץ עַל פְּנֵי כָל הָאָרֶץ: (שם שם ד)

וַיֵּשְׁבוּ לֶאֱכָל לֶחֶם וַיִּשְׂאוּ עֵינֵיהֶם וַיִּרְאוּ וְהִנֵּה אֹרְחַת יִשְׁמְעֵאלִים בָּאָה מִגִּלְעָד וּגְמַלֵּיהֶם נֹשְׂאִים נְכֹאת וּצְרִי וָלֹט הוֹלְכִים לְהוֹרִיד מִצְרָיְמָה: (שם לז:כה)

וַיַּעַבְרוּ אֲנָשִׁים מִדְיָנִים סֹחֲרִים וַיִּמְשְׁכוּ וַיַּעֲלוּ אֶת יוֹסֵף מִן הַבּוֹר וַיִּמְכְּרוּ אֶת יוֹסֵף לַיִּשְׁמְעֵאלִים בְּעֶשְׂרִים כָּסֶף וַיָּבִיאוּ אֶת יוֹסֵף מִצְרָיְמָה: (שם שם כח)

וַיֵּשֶׁב יִשְׂרָאֵל בַּשִּׁטִּים וַיָּחֶל הָעָם לִזְנוֹת אֶל בְּנוֹת מוֹאָב: (במדבר כה:א)

וַיִּהְיוּ הַמֵּתִים בַּמַּגֵּפָה אַרְבָּעָה וְעֶשְׂרִים אָלֶף: (שם שם ט)

כִּי יָגֹרְתִּי מִפְּנֵי הָאַף וְהַחֵמָה אֲשֶׁר קָצַף ה' עֲלֵיכֶם לְהַשְׁמִיד אֶתְכֶם וַיִּשְׁמַע ה' אֵלַי גַּם בַּפַּעַם הַהִוא: (דברים ט:יט)

מְאַחֵז פְּנֵי כִסֵּה פַּרְשֵׁז עָלָיו עֲנָנוֹ: (איוב כו:ט)

וַיֹּאמֶר ה' אֵלַי קוּם רֵד מַהֵר מִזֶּה כִּי שִׁחֵת עַמְּךָ אֲשֶׁר הוֹצֵאתָ מִמִּצְרָיִם סָרוּ מַהֵר מִן הַדֶּרֶךְ אֲשֶׁר צִוִּיתִם עָשׂוּ לָהֶם מַסֵּכָה: (דברים ט:יב)

ידי משה

אתכם, וכן עשו והרגוהו, וכן משמע לקמן (פרשה מח, ג) שאיתא שם וזה לשונו שנתן חור נפשו עליהם, פירוש שהעמיד עצמו בתוכחתו שאמר לו אפילו תהרגני אני מוכיח אתכם. וקל להבין:

מתנות כהונה

ויבן כו'. מדלא כתיב ויבנה מזבח. וכן דרשו אלא ויבן את הצלע (בראשית ב, כב). ויבן נח מזבח (שם ח, כ). וכן פירש רש"י שם. ועיין זה במדבר רבה פרשה ט"ו: **בקשו לבנות** גרסינן: **אין כבודו כו'.** שאני כהן גדול: **לאחר.** לשון עיכוב ואיחור:

אשד הנחלים

אבן השכימו. מרמז על מעשה עגל, (שכ)[כש]השכימו וראו שמשה איננו, מיד השחיתו כל עלילותם ומחשבתם שהיה להם מאתמול: **לצחק בעבודת כוכבים.** עיין לעיל ריש שמות שם בארתי: **מוצא ישיבה כו' תקלה.** ענינו שמלת ישיבה בהבנתו המורחבת מורה על מי ששוקט על מקומו בשלוה ובלב שמח, כיושב הנח מכל עניניו מבלי טרדה ומחשב, והנה על הרוב מי שיושב במנוחה ושמחה מביאו לבו לידי תקלת עבירה, ולכן מביא מן דור המגדל, על ידי שישבו במנוחה הסיתו לבם לרעה, וכן בשיטים, וכן במעשה עגל המה ישבו לאכול במנוחה ואחר כך ויקומו לצחק בעבודת כוכבים: **ומצא מלאכי חבלה כו'.** ענין מלאכי חבלה לפי דברי רבותינו ז"ל, הוא כנוי על מיני העונשים המיוחדים פה בעולם למטה, יש ממונים עליונים המשפיעים בעולם הרעה הזאת והם הנקראים מלאכי חבלה, וכפי פרטי העונשים כן פרטי מלאכי חבלה ממונים עליהם, וכל מלאכי חבלה המה תחת סוג החמשה שהם הראשים הכוללים העושים מעשיהם בזעף ובקצף גדול לכלה ולהשחית. והנה כשחטאו ישראל מצאו המלאכי חבלה מקום לשלוט על משה, ולכן נתירא מהם פן יפגעו בו. והנה לפי התבוננות בדרך כלל הענינים נוכל לומר כי קצף הוא הכעס עד קצה האחרון, כמו שכתוב (קהלת ה, טז) וכעס הרבה ואחר כך וחלי וקצף, וכמו שביארו המפרשים שמכעס יבוא לידי חולי,

הָלַךְ וְאָחַז אֶת הַכִּסֵּא, שֶׁנֶּאֱמַר ״מְאַחֵז פְּנֵי כִסֵּא פַּרְשֵׁז עָלָיו עֲנָנוֹ״ – **He went and grabbed onto the Throne** of God,[145] **as [Scripture] states,** ***He allowed him to grasp the face of the throne; He spread His cloud over him*** (*Job* 26:9), פֵּרַשׁ וְהֵגִין עָלָיו הַקָּדוֹשׁ בָּרוּךְ הוּא – that is, **the Holy One, blessed is He, spread** His cloud over Moses **and protected him.**[146] אָמַר לוֹ: ״קוּם רֵד מַהֵר מִזֶּה״ – **[God]** then **said to [Moses]** again, ***"Arise, descend quickly from here"*** (*Deuteronomy* 9:12).

NOTES

God. However, the Midrash interprets all such attributes and emotions as angels distinct from God Himself, employed by God to express such attributes in the world, for God Himself is not subject to varying emotions or attributes (*Yefeh To'ar* and *Maharzu*).

145. The Throne represents God's Attribute of Mercy; see *Proverbs* 20:28 (*Yefeh To'ar, Eitz Yosef*).

146. A similar account of this episode appears in the Midrash below (42 §4), which interprets the word פַּרְשֵׁז as an acronym for פרש רחום ש־די זיו, *The Merciful Almighty spread the radiance [of His cloud over him].* The Gemara (*Shabbos* 88b) interprets פַּרְשֵׁז as an amalgam of the words פירש שדי זיו, *The Almighty spread the radiance [of His cloud over him]*; see *Eitz Yosef*.

וְלֹא הִנִּיחַ לָהֶם, אָמַר לָהֶם: הַנִּיחוּ לִי וַאֲנִי בּוֹנֵהוּ לְעַצְמִי, שֶׁאֵין כְּבוֹדוֹ שֶׁל מִזְבֵּחַ שֶׁיִּבְנֶה אוֹתוֹ אַחֵר, ״וְאַהֲרֹן נִתְכַּוֵּן כְּדֵי לְאַחֵר הַדְּבָרִים, אָמַר: עַד שֶׁאֲנִי בּוֹנֵהוּ לְעַצְמִי מֹשֶׁה יֵרֵד, בָּנָה אוֹתוֹ וְלֹא יָרַד, מִיָּד [לב, ו] ״וַיַּשְׁכִּימוּ מִמָּחֳרָת״, וְהַנָּבִיא צוֹוֵחַ (צפניה ג, ז) ״אָכֵן הִשְׁכִּימוּ הִשְׁחִיתוּ כֹּל עֲלִילוֹתָם״. [לב, ו] ״וַיֵּשֶׁב הָעָם לֶאֱכֹל וְשָׁתוֹ וַיָּקֻמוּ לְצַחֵק״, בַּעֲבוֹדָה זָרָה, ״כָּל מָקוֹם שֶׁאַתָּה מוֹצֵא יְשִׁיבָה אַתָּה מוֹצֵא שָׁם תַּקָּלָה, שֶׁכֵּן מָצִינוּ בְּדוֹר הַמִּגְדָּל, שֶׁנֶּאֱמַר (בראשית יא, ב) ״וַיִּמְצְאוּ בִקְעָה בְּאֶרֶץ שִׁנְעָר וַיֵּשְׁבוּ שָׁם״, וּמַה תַּקָּלָה הָיְתָה שָׁם, (שם שם ד) ״וַיֹּאמְרוּ הָבָה נִבְנֶה לָּנוּ עִיר״, (שם לז, כה) ״וַיֵּשְׁבוּ לֶאֱכָל לֶחֶם״ וּכְתִיב (שם שם כח) ״וַיִּמְכְּרוּ אֶת יוֹסֵף״, (במדבר כה, א) ״וַיֵּשֶׁב יִשְׂרָאֵל בַּשִּׁטִּים״, מַה תַּקָּלָה הָיְתָה שָׁם, (שם) ״וַיָּחֶל הָעָם לִזְנוֹת אֶל בְּנוֹת מוֹאָב״, וּמָה הָיָה בְּסוֹפָן, (שם שם ט) ״וַיִּהְיוּ הַמֵּתִים וְגוֹ׳ ״, וְאַף כָּאן יְשִׁיבָה שֶׁל עֲבוֹדָה זָרָה. [לב, ו] ״וַיֵּשֶׁב הָעָם לֶאֱכֹל וְגוֹ׳ ״, אָמַר הַקָּדוֹשׁ בָּרוּךְ הוּא לְמֹשֶׁה: הֵם קָמוּ לְצַחֵק בַּעֲבוֹדָה זָרָה וְאַתָּה יוֹשֵׁב כָּאן, [לב, ז] ״רֵד״, אוֹתָהּ שָׁעָה בִּיקֵּשׁ מֹשֶׁה לֵירֵד, וּמָצָא מַלְאֲכֵי חַבָּלָה וְנִתְיָירֵא מֵהֶם וְלֹא יָרַד, כְּמוֹ שֶׁכָּתוּב (דברים ט, יט) ״כִּי יָגֹרְתִּי מִפְּנֵי הָאַף וְהַחֵמָה״, מֶה עָשָׂה מֹשֶׁה, הָלַךְ וְאָחַז אֶת הַכִּסֵּא, שֶׁנֶּאֱמַר (איוב כו, ט) ״מְאַחֵז פְּנֵי כִסֵּא פַּרְשֵׁז עָלָיו עֲנָנוֹ״, פָּרַשׂ וְהֵגִין עָלָיו הַקָּדוֹשׁ בָּרוּךְ הוּא, אָמַר לוֹ: (דברים שם יב) ״קוּם רֵד מַהֵר מִזֶּה״,

עץ יוסף

אין כבודו כו׳. שאני כהן גדול: **כדי לאחר.** לשון איחור ועיכוב: **אמר עד שאני בונהו לעצמי משה ירד.** שיודע היה אהרן שהארבעים יום צריכים להיות שלמים כנזכר, והיה סבור לאחר ולעכב בבנינו עד למחרתו, ומעשה שטן הצליח להשלים מלאכתו בזמן מועט, ולפי פירוש ראשון שכתבנו שהטעות לא היה רק בין קודם שש לאחר שש, אם כן סבר אהרן שבוודאי יבא משה בו ביום, ולכן אמר עד שאני בונה משה ירד: **והנביא צווח.** פירוש והנביא מפרסם הענין: **אכן השכימו כו׳.** והכי קאמר אכן זה דרכם כי השכימו השחיתו במעשה העגל, וכן תמיד עושים רשעתם בהשכמה: **[יא] כל מקום שאתה מוצא כו׳.** אין למדין מן הכללות אף במקום שנאמר בו חוץ, ואפילו בדינים והלכות, מכל שכן בדברי אגדה שעל הרוב דברו, וכדרך אסמכתות המדרשות בכל מקום: **שאתה מוצא ישיבה כו׳.** הטעם כשבני אדם רוצים לישב בשלוה, השטן מקטרג ומהפך השמחה לאבל: **ומה היה בסופן ויהיו המתים כו׳.** משום שלכאורה יש לומר שהתקלה היה חטא וילמדו לבעל פעור, כדכתיב הרגו איש את אנשיו הנצמדים לבעל פעור, לכן אמר מה היה בסופן ויהיו המתים במגפה, שרוצה לומר שבזה ראיה שעיקר המגפה לא היה אלא בסבת חטא הזנות, דהא לא נעצרה המגפה עד שהרג פנחס לזמרי (תולדות נח): **[יב] הם קמו לצחק.** סבירא ליה שלא היה הטעות בשעות, אלא ביום העליה, כדרך רש"י: **בקש משה לירד.** שחשב לירד תחלה להעביר העגל והחוטאים מן העולם, ולעלות אחר כך להתפלל, ואז ראה כי יצא הקצף מלפני ה׳, וראה שבטרם ירד תפגע מדת הדין בישראל, ולזה נתעכב והתפלל: **ונתיירא מהם.** שלא יזיקו לישראל וגם שלא יזיקו אותו, כדאיתא בדברים רבה, ועיין שם מה שכתבתי: **אחזאת הכסא.** כלומר שנעזר מבקשת מדת הרחמים כי הוכן בחסד כסאו: **פירש והגין.** פרשז דרשינן שפירש שדי זיו שכינתו עליו:

פירוש מהרז"ו

ויקרא רבה שם גירסא אחרת: **אין כבודו של מזבח.** עיין לעיל פרשה ל"ז סימן ג אני כהן: **אבן השכימו.** בהשכמה אחת השחיתו, על פי גזירה שוה בעגל: **שאתה מוצא ישיבה.** סנהדרין (ק"ו א׳). פרקי דרבי אליעזר פרק מ"ז, בראשית רבה פרשה ל"ח סימן ז, ועיין מה שכתבתי שם בפרשה ל"ט סימן ח. ספרי סוף פרשת בלק: **ויהיו המתים.** במגפה ארבעה ועשרים אלף: **ומצא מלאכי חבלה.** לקמן פרשה מ"ב סימן ד, דברים רבה פרשה ג סימן י"א, פרקי דרבי אליעזר פרק מ"ה: **נתיירא מהם ולא ירד כמו שכתוב כי יגורתי.** משמע שסובר שמה שכתוב כי יגורתי, בדברים ט׳, הוא טעם שלא יכול לירד, ובכתוב (שם פסוק יח) מפורש ואתנפל וגו׳, כי יגורתי, שעל יראה מן האף והחמה, על כן התפלל. אך הענין בזה שהוקשה להמדרש, שכתוב שם ואתנפל לפני ה׳ [וגו׳] על כל חטאתכם אשר חטאתם לעשות הרע בעיני ה׳ להכעיסו, הרי מבואר שטעם התפלה על שחטאו והכעיסו, אף אם לא היה מתיירא מפני מלאכי חבלה האף והחמה, ומה זה שכתוב כי יגורתי, על כן דורש שהוא נתינת טעם על עצמו שעל שהיה מתיירא מהאף וכו׳, על כן לא יכול לירד, על כן בהכרח לדרוש על פי מדה ל"א, שפסוק כי יגורתי מקומו מיד אחר מה שכתוב שם קום רד מהר מזה, שם בדברים ט׳ פסוק י"ב: **מאחז פני כסא פרשז עליו עננו.** בפסוק הקודם צורר מים בעביו ולא נבקע ענן תחתם מאחז פני כסא וכו׳, ודורש על שנכנס בענן הוא משה, כמו שכתוב בסוף משפטים (שמות כד, יח) ויבא משה בתוך הענן ויעל אל ההר. ועל שכתוב ולא נבקע ענן תחתם, שהיה ראוי שיבקע ויצא מתוכו, ולא נבקע, ועל כן מאחז פני כסא. ועיין שבת (פ"ח ב׳), פסיקתא סוף פרשה כ׳, שזה היה בעת מתן תורה, אך בכאן ולקמן פרשה מ"ב סוף סימן ד׳, ובדברים רבה פרשה ג סימן י"א, שזה היה בחטא העגל: **פרש והגין עליו.** עיין לקמן פרשה מ"ב סוף סימן ד׳, מהו פרשז נוטריקון פרש רחום שדי זיו עננו עליו, ועל שאין לתיבת פרשז דוגמא בתנ"ך, דורש אותה נוטריקון: **אמר לו קום רד.** הדבר כפול שהוא העתקה ממקום אחר, שהמדרש מתמה שמאחר שצוהו שירד, אם כן לא היה לו לגור אלא ראה כמה וכו׳:

מתנות כהונה

ויבן כו׳. מדלא כתיב ויבנה מזבח. וכן דרשו אלא ויבן את הצלע (בראשית ב, כב). ויבן נח מזבח (שם ח, כ). וכן פירש רש"י שם. ועיין זה במדבר רבה פרשה ט"ו: **בקשו לבנות** גרסינן: **אין כבודו כו׳.** שאני כהן גדול: **לאחר.** לשון עיכוב ואיחור:

אשד הנחלים

אבן השכימו. מרמז על מעשה עגל, (שכ)[כש]השכימו וראו שמשה איננו, מיד השחיתו כל עלילותם ומחשבתם שהיה להם מאתמול: **לצחק בעבודת כוכבים.** עיין לעיל ריש שמות שם בארתי: **מוצא ישיבה כו׳ תקלה.** ענינו שמלת ישיבה בהבנתו המורחבת מורה על מי ששוקט על מקומו בשלוה ובלב שמח, כיושב הנח מכל עניניו מבלי טרדה ומחשב, והנה על הרוב מי שיושב במנוחה ושמחה מביאו לבו לידי תקלת עבירה, ולכן מביא מן דור המגדל, על ידי שישבו במנוחה הסיתו לבם לרעה, וכן בשיטים, וכן במעשה עגל המה ישבו לאכול במנוחה ואחר כך ויקומו לצחק בעבודת כוכבים: **ומצא מלאכי חבלה כו׳.** ענין מלאכי חבלה לפי דברי רבותינו ז"ל, הוא כנוי על מיני העונשים המיוחדים פה בעולם למטה, יש ממונים עליונים המשפיעים בעולם הרעה הזאת והם הנקראים מלאכי חבלה, וכפי פרטי העונשים כן פרטי מלאכי חבלה ממונים עליהם, וכל מלאכי חבלה המה תחת סוג החמשה שהם הראשים הכוללים העושים מעשיהם בזעף ובקצף גדול לכלה ולהשחית. והנה כשחטאו ישראל מצאו המלאכי חבלה מקום לשלוט על משה, ולכן נתירא מהם פן יפגעו בו. והנה לפי התבוננות בדרך כלל הענינים נוכל לומר כי קצף הוא הכעס עד קצה האחרון, כמו שכתוב (קהלת ה, טז) וכעס הרבה ואחר כך וחלי וקצף, וכמו שביארו המפרשים שמכעס יבוא לידי חולי,

חידושי הרש"ש

קום רד מהר מזה. זה כתוב בפרשת עקב (ט, יב):

ענף יוסף

[יא] כל מקום שאתה מוצא ישיבה אתה מוצא שם תקלה. אין הכוונה מכשול עון דוקא, אך פירושו נזק והפסד, יהיה עון או איזה צער מה, ובפרק חלק (סנהדרין קו, א) גרסינן כל מקום שנאמר וישב אינו אלא לשון צער, והכוונה אחר שמצינו בשלשה וארבע מקומות צער ותקלה במקום שאתה מוצא ישיבה, הוא בנין אב לכל ישיבה שאתה מוצא בכל התורה כולה, ששם אתה מוצא צער ותקלה כשתעיין ותדקדק בהו, אף שלא נמצא שם תקלה מפורסמת, עד כאן (תולדות נח):

באור מהרי"פ

מה היה בסופן וכו׳. צריך עיון, למה מביא מה היה בסופן אגב תקלה זו מה שלא הביא בשתי תקלות הראשונות. ולהבינך אציע לפניך פרשה קטנה (במדבר כה, א - ז) וישב ישראל בשטים ויחל העם לזנות אל בנות מואב. ותקראן לעם לזבחי אלהיהן ויאכל העם וישתחוו לאלהיהן. ויצמד ישראל לבעל פעור ויחר אף ה׳ בישראל. ויאמר ה׳ אל משה קח את כל ראשי העם והוקע אותם לה׳ נגד השמש וישוב חרון אף ה׳ מישראל. ויאמר משה אל שופטי ישראל הרגו איש אנשיו הנצמדים לבעל פעור. והנה איש מבני ישראל בא ויקרב אל אחיו את המדינית לעיני משה ולעיני כל עדת בני ישראל והמה בוכים פתח אהל מועד. וירא פינחס בן אלעזר בן אהרן הכהן ויקם מתוך העדה ויקח רומח בידו. ויבא אחר איש ישראל אל הקובה וידקור את שניהם את איש ישראל ואת האשה אל קבתה ותעצר המגפה מעל בני ישראל. ועל פי זה מבואר, דבעל המדרש רוצה להוכיח דעיקר התקלה שהיתה בשטים היא הזנות, אך שיש לבעל הדין לחלוק ולומר שזה לא היתה התקלה, כי בעילת עובדי כוכבים לא נאסרה להם עדיין, כי בימי חשמונאים גזרו על נדה שפחה גויה זונה (סנהדרין פב, א), ומה שאמר הקב"ה קח את כל ראשי העם והוקע וגו׳, הוא בשביל חטא עבודת כוכבים כמאמר הכתוב הרגו וגו׳ הנצמדים לבעל פעור, לכן אמר, ראה מה היה בסופן ויהיו המתים במגפה ארבעה ועשרים אלף, ותיכף כשהרג פינחס לזמרי ותעצר המגפה מעל בני ישראל, שמע מינה שעיקר התקלה היתה חטא הזנות. תולדות נח הארוך: **בקש משה לירד ומצא מלאכי חבלה וכו׳ והקדוש ברוך הוא אמר לו קום רד וגו׳.** נלמד דבר זה משני מקראות, (שמות לב, ז) וידבר ה׳ אל משה לך רד כי שחת עמך אשר העלית מארץ מצרים, ולא כתיב כאן תיבות קום רד מהר מזה. ובספר דברים (ט, יב) כתיב ויאמר ה׳ אלי קום רד מהר מזה כי שחת עמך אשר הוצאת מארץ מצרים סרו מהר מן הדרך אשר צויתים עשו להם עגל מסכה. לכן אמר המדרש דתרווייהו איתנהו, דבתחלה אמר לו לך רד סתם, **וכשבקש לירד מצא** אותן חמשה **מלאכי חבלה,** והיה משה מתיירא מפניהם לרדת, עד שהוצרך לסיוע לכך, **אמר לו הקדוש ברוך הוא** פעם שנית, **קום רד מהר מזה,** מזה דייק, הוא מקום מתחת כסא הכבוד, הוא מקום שאין להם רשות אפילו למלאכי השרת.

מסורת המדרש

יז. עיין סנהדרין דף ז׳. ויקרא רבה פרשה י׳. פרקי דרבי אליעזר פרק מ"ה. תנחומא תצוה סימן י׳. ועי׳ ילקוט ירמיה רמז רס"ח:
יח. תדא"ר פרק ד׳:

אם למקרא

אָמַרְתִּי אַךְ תִּירְאִי אוֹתִי תִּקְחִי מוּסָר וְלֹא יִכָּרֵת מְעוֹנָהּ כֹּל אֲשֶׁר פָּקַדְתִּי עָלֶיהָ אָכֵן הִשְׁכִּימוּ הִשְׁחִיתוּ כֹּל עֲלִילוֹתָם: (צפניה ג:ז)

וַיְהִי בְּנָסְעָם מִקֶּדֶם וַיִּמְצְאוּ בִקְעָה בְּאֶרֶץ שִׁנְעָר וַיֵּשְׁבוּ שָׁם: (בראשית יא:ב)

וַיֹּאמְרוּ הָבָה נִבְנֶה לָּנוּ עִיר וּמִגְדָּל וְרֹאשׁוֹ בַשָּׁמַיִם וְנַעֲשֶׂה לָּנוּ שֵׁם פֶּן נָפוּץ עַל פְּנֵי כָל הָאָרֶץ: (שם שם ד)

וַיֵּשְׁבוּ לֶאֱכָל לֶחֶם וַיִּשְׂאוּ עֵינֵיהֶם וַיִּרְאוּ וְהִנֵּה אֹרְחַת יִשְׁמְעֵאלִים בָּאָה מִגִּלְעָד וּגְמַלֵּיהֶם נֹשְׂאִים נְכֹאת וּצְרִי וָלֹט הוֹלְכִים לְהוֹרִיד מִצְרָיְמָה: (שם לז:כה)

וַיַּעַבְרוּ אֲנָשִׁים מִדְיָנִים סֹחֲרִים וַיִּמְשְׁכוּ וַיַּעֲלוּ אֶת יוֹסֵף מִן הַבּוֹר וַיִּמְכְּרוּ אֶת יוֹסֵף לַיִּשְׁמְעֵאלִים בְּעֶשְׂרִים כָּסֶף וַיָּבִיאוּ אֶת יוֹסֵף מִצְרָיְמָה: (שם שם כח)

וַיֵּשֶׁב יִשְׂרָאֵל בַּשִּׁטִּים וַיָּחֶל הָעָם לִזְנוֹת אֶל בְּנוֹת מוֹאָב: (במדבר כה:א)

וַיִּהְיוּ הַמֵּתִים בַּמַּגֵּפָה אַרְבָּעָה וְעֶשְׂרִים אָלֶף: (שם שם ט)

כִּי יָגֹרְתִּי מִפְּנֵי הָאַף וְהַחֵמָה אֲשֶׁר קָצַף ה׳ עֲלֵיכֶם לְהַשְׁמִיד אֶתְכֶם וַיִּשְׁמַע ה׳ אֵלַי גַּם בַּפַּעַם הַהִוא: (דברים ט:יט)

מְאַחֵז פְּנֵי כִסֵּה פַּרְשֵׁז עָלָיו עֲנָנוֹ: (איוב כו:ט)

וַיֹּאמֶר ה׳ אֵלַי קוּם רֵד מַהֵר מִזֶּה כִּי שִׁחֵת עַמְּךָ אֲשֶׁר הוֹצֵאתָ מִמִּצְרָיִם סָרוּ מַהֵר מִן הַדֶּרֶךְ אֲשֶׁר צִוִּיתִם עָשׂוּ לָהֶם מַסֵּכָה: (דברים ט:יב)

ידי משה

אתכם, וכן עשו והרגוהו, וכן משמע לקמן (פרשה מח, ג) שאיתא שם וזה לשונו שנתן חור נפשו עליהם, פירוש שהעמיד עצמו בתוכחתו שאמר לו אפילו תהרגני אני מוכיח אתכם. וקל להבין:

אָמַר לוֹ: מִתְיָירֵא אֲנִי — [Moses] said to [God], "I am afraid of the angels of destruction."

The Midrash derives a moral lesson from Moses' reaction to the angels:

בֹּא וּרְאֵה כַּמָּה גְּדוֹלִים הָעֲוֹנוֹת — Come and see how severe sins are. אֶתְמוֹל מְנַגֵּחַ אוֹתָם וְעַתָּה מִתְיָירֵא מֵהֶם — Yesterday he was attacking [the angels] and now he is in fear of them,[147] **שֶׁנֶּאֱמַר "כִּי יָגֹרְתִּי מִפְּנֵי הָאַף וְהַחֵמָה" — as [Scripture] states, *For I was terrified of the wrath and blazing anger*** (*Deuteronomy* 9:19).

The Midrash continues its account of Moses' encounter with the angels of destruction:

חֲמִשָּׁה מַלְאֲכֵי חַבָּלָה הָיוּ שָׁם — Five angels of destruction were present **there, אַף וְחֵמָה וְקֶצֶף וְהַשְׁמֵד וְהַשְׁחֵת — Wrath, Blazing Anger, Rage, Annihilation, and Destruction.**[148] **אוֹתָהּ שָׁעָה בָּאוּ שְׁלֹשֶׁת הָאָבוֹת וְעָמְדוּ בִּשְׁלֹשָׁה מֵהֶם — At that time, the three forefathers came and** successfully **stood against** (i.e., contended with) **three of [these angels],**[149] **נִשְׁתַּיְּירוּ אַף וְחֵמָה — but Wrath and Blazing Anger remained.**[150] **אָמַר מֹשֶׁה: רִבּוֹן הָעוֹלָם — Moses** then **said** to God, **"Master of the Universe! בְּבַקָּשָׁה מִכִּסֵּא כְבוֹדְךָ — I request of Your glorious throne, עֲמוֹד אַתָּה בְּאֶחָד וַאֲנִי בְּאֶחָד — You stand against one** of the remaining angels, **and I** will stand **against** the other **one," שֶׁנֶּאֱמַר "קוּמָה ה' בְּאַפֶּךָ" — as [Scripture] states, *Rise up, HASHEM, against your wrath*** (*Psalms* 7:7).[151] **וַאֲנִי אֶעֱמוֹד בְּחֵמָה — "And I will stand up against Blazing Anger," שֶׁנֶּאֱמַר "וַיֹּאמֶר לְהַשְׁמִידָם לוּלֵי מֹשֶׁה בְחִירוֹ עָמַד בַּפֶּרֶץ לְפָנָיו לְהָשִׁיב חֲמָתוֹ" — as [Scripture] states, *He said He would destroy them — had not Moses, His chosen one, stood in the breach before Him to turn away His blazing anger*** (ibid. 106:23).

The Midrash now returns to God's command to Moses, לֶךְ רֵד, *"Go, descend,"* and offers a homiletical interpretation:

מִיָּד אָמַר לוֹ הַקָּדוֹשׁ בָּרוּךְ הוּא: "רֵד" — When the Israelites reveled with the Golden Calf, **immediately the Holy One, blessed is He, said to [Moses], *"Descend,"*** **יְרִידָה הִיא לָךְ —** meaning, their sin **is a** personal **decline for you,** Moses, a lowering of your stature.[152] **אָמַר לוֹ: לָמָּה — [Moses] said to [God], "Why** is it a disgrace for me?" **שֶׁ"שִּׁחֵת עַמְּךָ" —** God answered him, ***"For your people . . . has become corrupt"*** (ibid.).[153] **אָמַר לוֹ מֹשֶׁה: עַכְשָׁיו אַתָּה קוֹרֵא אוֹתָם עַמִּי — [Moses] said to [God], "Now You call [Israel] my nation, אֵינָן אֶלָּא עַמְּךָ —** but in reality **they are nothing other than Your nation,**[154] **"שׁוּב מֵחֲרוֹן אַפֶּךָ וְהִנָּחֵם עַל הָרָעָה לְעַמֶּךָ" —** therefore, ***Relent from Your flaring anger and reconsider regarding the evil against Your people"*** (below, v. 12). **אָמַר רַבִּי שִׁמְעוֹן בֶּן יוֹחָאי: לֹא זָז מֹשֶׁה מִתְפַּלֵּל עַד שֶׁקְּרָאָן הַקָּדוֹשׁ בָּרוּךְ הוּא עַמִּי — R' Shimon ben Yochai said: Moses did not move away** from his **praying until the Holy One, blessed is He, called [Israel], "My nation," שֶׁנֶּאֱמַר "וַיִּנָּחֶם ה' עַל הָרָעָה אֲשֶׁר דִּבֶּר לַעֲשׂוֹת לְעַמּוֹ" — as [Scripture] states, *HASHEM reconsidered regarding the evil that He declared He would do to His people*** (below, 32:14).

The Midrash concludes this account of the sin of the Golden Calf with a positive note:[155]

אָמַר הַקָּדוֹשׁ בָּרוּךְ הוּא לְמֹשֶׁה — The Holy One, blessed is He, said to Moses, בָּעוֹלָם הַזֶּה עַל יְדֵי שֶׁהָיָה בָּהֶם יֵצֶר הָרָע עוֹשִׂין עֲבוֹדָה זָרָה — "In This World, because [Israel] has an evil inclination, they perform idolatry. אֲבָל לֶעָתִיד לָבֹא אֲנִי עוֹקֵר מֵהֶם יֵצֶר הָרָע וְנוֹתֵן לָהֶם לֵב בָּשָׂר — However, in the future yet to come, **I will uproot the evil inclination from them and give them** instead **a heart of flesh," כְּמָה דְּאַתְּ אָמַר — as it is stated, "וַהֲסִירֹתִי אֶת לֵב הָאֶבֶן מִבְּשַׂרְכֶם וְנָתַתִּי לָכֶם לֵב בָּשָׂר" — *I will remove the heart of stone from your flesh and give you a heart of flesh*** (*Ezekiel* 36:26).[156]

NOTES

147. That is, it was only because he had been weakened by Israel's sin in worshiping the Golden Calf that Moses was now frightened of the angels of destruction. The reference to Moses having previously attacked the angels apparently concerns an incident recounted in *Nedarim* 32a. When Moses was returning to Egypt from Midian he was assailed by the two angels, Wrath and Blazing Anger, for he had been tardy in circumcising his son (see above, 4:24-26). After Zipporah circumcised the son, the angels released Moses and he sought to slay the angels in turn. However, God told him to spare them (*Eitz Yosef,* citing *Yefeh To'ar* and *Toldos Noach*). Alternatively, this refers to Moses having confronted the ministering angels who had sought to prevent him from receiving the Torah; see *Shabbos* 88b, see also above, 28 §1, and *Bamidbar Rabbah* 11 §3 (*Maharzu, Radal*; see also *Matnos Kehunah*).

148. The verse in *Deuteronomy* cited above reads in full: כִּי יָגֹרְתִּי מִפְּנֵי הָאַף וְהַחֵמָה אֲשֶׁר קָצַף ה' עֲלֵיכֶם לְהַשְׁמִיד אֶתְכֶם, *For I was terrified of the wrath and blazing anger with which HASHEM had been enraged at you to annihilate you* (*Deuteronomy* 9:19), alluding to the four angels, Wrath, Blazing Anger, Rage, and Annihilation. In verse 26 there Moses prayed, אַל תַּשְׁחֵת עַמְּךָ וְנַחֲלָתְךָ, *Do not destroy Your people and Your heritage,* alluding to the fifth angel, Destruction (*Maharzu* here; *Rashash* to 44 §8 below; see, similarly, *Yefeh To'ar*).

149. For Moses had invoked the merit of the three forefathers in his prayer, זְכֹר לְאַבְרָהָם לְיִצְחָק וּלְיִשְׂרָאֵל עֲבָדֶיךָ, *Remember for the sake of Abraham, Isaac, and Israel, Your servants* (below, v. 13); see 44 §8 below; see also *Tanchuma, Ki Sisa* §20 (*Maharzu;* see also *Eitz Yosef*).

150. Wrath and Blazing Anger were more powerful angels than the other three (*Maharzu;* see also *Yefeh To'ar* s.v. חמשה מלאכי חבלה and באו שלשת האבות).

151. We have translated the verse as it is interpreted by the Midrash here; see *Maharzu* and *Eitz Yosef.* According to the plain meaning of the verse, בְּאַפֶּךָ would be translated as *in Your wrath;* see commentators ad loc.

152. I.e., it disgraces you (*Yefeh To'ar, Eitz Yosef*). The Midrash interprets רֵד in this sense, for as an imperative (meaning, *descend* down the mountain) it would be redundant, since the verse already stated, לֵךְ, *Go* (*Maharzu;* however, see *Yefeh To'ar*).

153. As *your people,* their disgrace is your disgrace (*Yefeh To'ar, Eitz Yosef*).

154. For God had referred to Israel as His nation in the verse, וְהוֹצֵא אֶת עַמִּי בְנֵי יִשְׂרָאֵל מִמִּצְרָיִם, *And you shall take My people the Children of Israel out of Egypt* (above, 3:10); see 42 §6 below. Accordingly, as Your people, it is not appropriate that You should now act with loathing toward them (*Eitz Yosef*).

155. See *Yefeh To'ar* and *Eitz Yosef.*

156. [Thus God acknowledged that the Israelites' sin was not intrinsic to their nature but was caused by something foreign, *the heart of stone,* the evil inclination. With that removed, they would no longer sin. See *Eshed HaNechalim.*]

אָמַר לוֹ: מִתְיָירֵא אֲנִי, בֹּא וּרְאֵה כַּמָּה גְּדוֹלִים הָעֲוֹנוֹת, אֶתְמוֹל מְנַגֵּחַ אוֹתָם וְעַתָּה מִתְיָירֵא מֵהֶם, שֶׁנֶּאֱמַר (שם שם, יט) **"כִּי יָגֹרְתִּי מִפְּנֵי הָאַף וְהַחֵמָה", [יט]חֲמִשָּׁה מַלְאֲכֵי חַבָּלָה הָיוּ שָׁם: אַף וְחֵמָה וְקֶצֶף וְהַשְׁמֵד וְהַשְׁחֵת, אוֹתָהּ שָׁעָה בָּאוּ שְׁלֹשֶׁת הָאָבוֹת וְעָמְדוּ בִּשְׁלֹשָׁה מֵהֶם, נִשְׁתַּיְּירוּ אַף וְחֵמָה, אָמַר מֹשֶׁה: רִבּוֹן הָעוֹלָם, בְּבַקָּשָׁה מִכִּסֵּא כְבוֹדֶךָ, עֲמוֹד אַתָּה בְּאֶחָד וַאֲנִי בְּאֶחָד, שֶׁנֶּאֱמַר** (תהלים ז, ז) **"קוּמָה ה' בְּאַפֶּךָ", וַאֲנִי אֶעֱמוֹד בְּחֵמָה, שֶׁנֶּאֱמַר** (שם קו, כג) **"וַיֹּאמֶר לְהַשְׁמִידָם לוּלֵי מֹשֶׁה בְחִירוֹ עָמַד בַּפֶּרֶץ לְפָנָיו לְהָשִׁיב חֲמָתוֹ", [כ]מִיָּד אָמַר לוֹ הַקָּדוֹשׁ בָּרוּךְ הוּא:** [לב, ז] **"רֵד", יְרִידָה הִיא לְךָ, אָמַר לוֹ: לָמָּה, שֶׁ"שִּׁחֵת עַמְּךָ"** [לב, ז], **אָמַר לוֹ מֹשֶׁה: עַכְשָׁיו אַתָּה קוֹרֵא אוֹתָם עַמִּי, אֵינָן אֶלָּא עַמְּךָ,** [לב, יב] **"שׁוּב מֵחֲרוֹן אַפֶּךָ וְהִנָּחֵם עַל הָרָעָה לְעַמֶּךָ", אָמַר רַבִּי שִׁמְעוֹן בֶּן יוֹחָאי: לֹא זָז מֹשֶׁה מִתְפַּלֵּל עַד שֶׁקְּרָאָן הַקָּדוֹשׁ בָּרוּךְ הוּא עַמִּי, שֶׁנֶּאֱמַר** [לב, יד] **"וַיִּנָּחֶם ה' עַל הָרָעָה אֲשֶׁר דִּבֶּר לַעֲשׂוֹת לְעַמּוֹ", אָמַר הַקָּדוֹשׁ בָּרוּךְ הוּא לְמֹשֶׁה: בָּעוֹלָם הַזֶּה עַל יְדֵי שֶׁהָיָה בָּהֶם יֵצֶר הָרָע עוֹשִׂין עֲבוֹדָה זָרָה, אֲבָל לֶעָתִיד לָבֹא אֲנִי עוֹקֵר מֵהֶם יֵצֶר הָרָע וְנוֹתֵן לָהֶם לֵב בָּשָׂר, כְּמָה דְּאַתְּ אָמַר** (יחזקאל לו, כו) **"וַהֲסִירֹתִי אֶת לֵב הָאֶבֶן מִבְּשַׂרְכֶם וְנָתַתִּי לָכֶם לֵב בָּשָׂר":**

עץ יוסף

מנגח אותם. כלומר עלה בחזקה ודחה אותם (מתנות כהונה). ופירושו דחוק, והאמת הוא פירוש היפה תואר ז"ל שפירש אתמול מנגח אותם, כדאיתא בנדרים (לב, א) כשנתרשל מן המילה ובא אף וחימה כנגדו ובקש להרגו והקדוש ברוך הוא אמר לו הרף מאף ועזוב חמה, וזה פשוט שלזה רומז הדורש כאן, וכן פירש גם כן התולדות נח: **והשמד.** בדברים רבה פרשה ג' במקום השמד, גרס מכלה: **באו שלשה אבות.** כלומר שזכות שלשה אבות שהזכיר סלקום כאילו באו שם: **עמוד אתה באחד.** וכן עשה: **שנאמר קומה ה' באפך.** ופירושו לפי זה, עמוד באפך לעכבו אבל לצוררי התקומם והנשא בעברה וזעם, ודוד למד זה ממשה לומר כן: **מיד אמר ליה הקדוש ברוך הוא רד.** אין זה דבק למה שנזכר, אלא השתא הדר אריישא דקרא, וקאמר דמיד כשקמו לצחק, אמר לו הקדוש ברוך הוא רד כדלעיל, ולא קאמר לה השתא אלא למדרש רד ירידה: **ירידה היא לך.** פירוש דבר זה ירידה וקלון לך, והיינו דקאמר למה ששחת עמך, כי אחר שהם נקראים עמך בקלונם יהיה לך קלון, ולכן השיב משה כי הם ושלום שיקראו בשמי כי עם ה' אלה, ואין ראוי שתגעל נפשך אותם: **עכשיו אתה קורא אותן עמי ועד עכשיו היית קוראן עמך.** כן צריך לומר, וכן איתא בפסיקתא משל למלך כו', עיין שם: **אמר הקדוש ברוך הוא למשה בעולם הזה כו'.** אין לו שייכות לדלעיל אלא בא לסיים בדבר טוב:

פירוש מהרז"ו

אתמול מנגח אותם. פירושו נלחם (בטענותיו) [בטענותיו] בעת קבלת התורה, כמו שאמר לעיל ריש פרשה כ"ח. והנה כאן משמע שאותם שנלחם בטענותיו, עכשיו מתיירא מהם, וזה קשה מאד, שהרי כאן מפורש כי יגורתי מפני האף והחמה, וכמו שאמר בסמוך חמשה מלאכי חבלה, ומה ענינם למתן תורה, ושם אמר מלאכים סתם. ובמדבר רבה פרשה י"א ריש סימן ג מפורש רבי פנחס וכו' מלאכי צבאות ידודון ידודון וגו', אפילו מיכאל ואפילו גבריאל היו מתייראין מפני משה, וכיון שחטאו בגולירין שלהם לא היה משה יכול להסתכל, הדא הוא דכתיב כי יגורתי מפני האף והחימה. וגולירין פירושו חלשים והדיוטים, אלא דכאן לא נחית לחלק בזה: **אף, וחמה, וקצף, והשמד, והשחת.** כלל גדול בזה שכל מקום שכתוב ממדותיו יתברך שמו, הן מדות חסד ורחמים וחמלה [ו]כדומה, ובין מדת קצף אף וחימה וכדומה, הכוונה בכל זה על מלאכים נושאי המדות אלה, כמו שאמר בבראשית רבה פרשה ח סימן ה, ופירשו בביאור אגלי בכתובים באריכות. וכאן כתוב מפני האף והחמה אשר קצף ה' להשמיד אתכם הרי ארבע, אף, וחמה, וקצף, והשמד. ומה שכתב והשחת, היינו ממה שכתוב דברים ט' (פסוק כו) ואומר ה' אלהים אל תשחת, וכמו שכתוב לולי משה בחירו עמד בפרץ לפניו להשיב חמתו מהשחית. ובפרקי דרבי אליעזר פרק מ"ה שם באופן אחר, ובדברים רבה הגירסא שם באופן אחר: **באו שלשה האבות.** היינו על ידי שהזכיר זכור לאברהם ליצחק ולישראל. וכמו שכתוב בתנחומא כאן, כיון שהזכיר זכות אבות נגרעו ממנו שלשה, והם קצף והשמד והשחת, שהם קלים מאף וחמה, וכמו שכתוב כי יגורתי מפני האף והחמה, קראם בשמם ולא אמר והקצף והשמד והשחת, אלא אשר קצף להשמיד בעבורם, שבעת שיגר מהאף והחמה, כבר עברו אלו, וכן אל תשחת כנ"ל: **בבקשה מכסא כבודך.** כמו שכתוב מאחז פני כסא: **קומה ה' באפך.** ואיך יבקש דוד שיקום באפו לשפוט, הלא כתוב (איוב לא, יד) ומה אעשה כי יקום אל, וכמו שאמר לעיל פרשה י"ז סימן ד, על כן דרשו שפירוש קומה ה' כנגד אפך, שלא ישלוט, וכמפורש בתורה שאמר משה למה ה' יחרה אפך, אמר גם כן קומה ה' באפך, וכן שוב מחרון אפך, ומרומז כאן שאחר שאמר לו לך רד, לא ירד עד שהתפלל והזכיר לו זכות אבות, וכתיב ויחס וגו', ואחר כך ויפן וירד: **מיד אמר לו לך רד.** חוזר לדרשתו בפרשה, מיד שחטאו אמר לו לך רד, והיה די בתיבת לך, אלא שאמר לו ירידה היא לך, **על פי מדת ממעל,** ואם היה אומר שחת עמך לך רד, היה יודע טעם הירידה, אך מאחר שאמר לך רד, ולא ידע כלל למה, אז אמר לו למה כך, והשיב לו טעם הדבר, כי שחת עמך, דאם לא כן תיבת כי מיותר. עיין לקמן פרשה מ"ב סימן ו', במדבר רבה פרשה ב בסימן י"ב, פסיקתא סוף פרשה י"ח:

מתנות כהונה

מנגח אותם. כלומר עלה בחזקה ודחה אותם. ועיין לקמן פרשה מ"ד ובפרשת עקב ובמדרש חזית בפסוק הנה מטתו. ובמדרש קהלת בפסוק שבתי וראה. ובפסוק ושבח אני את המתים:

אשד הנחלים

ואחר כך החולי מביאנו לידי קצף שהוא הכעס הגדול, והנה לפי זה **הקצף והשמד והשחת** הן המה המלאכי חבלה השולטים על האדם להשחיתו לגמרי, רק שיש הבדל, השמדה הוא מן העולם הזה ומן העולם הבא שלא נשאר ממנו מאומה, והשחתה יתכן שהוא רק מן עולם הזה, והנה גם הם אבו לשלוט על ישראל לכלותם כליון גמור, אך זכות אבותיהם עמדה לנו בזה על כל פנים שלא נשחת ונשמד לגמרי, אבל נשארו על כל פנים האף והחימה לעונשם על עונם מעט, ואחר כך יוסיף להיטיב להם, ולכן ביקש משה על שניהם שאחד ימחה שלא בזכות כי אם מצד חסדי ה' לבד, וזהו עמוד אתה באחד, ועל האחד יעמוד זכות. ודע **דאף וחימה** גם כן שני מיני עונש הם, החימה הוא עונש יותר גדול ויותר מכאוב, ועל החימה עמד זכות משה מבלי להענישם הרבה, וה' ברוך הוא ביטל גם האף להענישם אף מעט: **הלך ואחז את הכסא כו'.** כבר פירשוהו כל החכמים כי אין הדבר כפשוטו חס ושלום, שאין לך הגשמה גדולה מזו, כי אין הכסא דבר גופני שיאחז בו. ורק הפירוש הנכון, שמצד הנפש שהיא אצולה מתחת כסא הכבוד שהיא למעלה מהם התגבר בנפשו לדחותם ולא ירא מהם, כי כל שליטתם אינו רק מצד הגוף, הבן הדברים כי קצרתי: **ירידה היא לך.** כלומר שלא תדמה כי אנכי מצוה כפשוטו לרדת למטה, כי אם בתורת ירידה מן המדרגה הרמה שהיה לך בנבואה, כי שיחת עמך אשר עמלת בהם לזכותם: **עכשיו כו' אלא עמך.** יש להבין הדברים מהו הויכוח שהיה ביניהם. והנראה שה' ברוך הוא כדי שיתפלל למענם מתחלה הבעיתו, ואמר כי רק עמך הוא אשר למען זכותם עשיתי להם כל זה, אבל אינם עמי, שיהיו כדאים מצד עצמם לזה, ומשה השיב שבאמת הם עמך וראוים מצד עצמם לאלו הטובות, ולכן אי אפשר שהרע שעשו עתה יורידם ממעלתם אשר להם בטבע העצמית: **בעולם הזה כו' עושין כו' לב בשר.** יש להבין מה שייך זה לכאן, ואולי הוא כעין סיום טוב להפרשה. ואולי עוד לפי שבאו לבאר בזה מה זה שאמר משה וסלחת לעון העם גו' כי עם קשה עורף הוא, והלא זה אינו מעלה כי אם חסרון גדול, לזה אמר שבאמת הכונה זו, פה בעולם הזה בטבע אנחנו קשה עורף כי לבנו לב אבן מסבת קשיות החומר, ולכן ראוי לנו הסליחה כי היצר עושה זאת, אבל לעתיד לבא תסר לבם האבן שלא יתפתו בזה מאומה:

חידושי הרד"ל

אתמול מנגח כו' ועתה כו'. במדבר רבה פרשה יא ט, ושיר השירים רבה פרשה ג פסוק ו:

חידושי הרש"ש

חמשה מלאכי חבלה כו'. נראה דסמיך על הא דמצינו ביחזקאל (ט, ב) והנה ששה אנשים גו' ואיש כלי מפצו בידו ואיש אחד בתוכם לבוש בדים, ונשארו חמשה מלאכי קצף, וכדאיתא במדרש איכה בפסוק ולא זכר הדום רגליו (פרשה ב, ג), והלא חמש גזירות הן, אמר רבי יוחנן למלאך רחמים כו', כגירסת הילקוט ביחזקאל שם, ודלא כגמרא דשבת (נה, א) דסברה דכל הששה היו מלאכי זעף. ודע דבילקוט כאן הגירסא משבר תחת השמד דכאן, והיא היתה נראה עקרית, אשר בזה מכוונים שמותם כשמות אשר קראה להם הגמרא שם, לבד שם מכלה הששי הנוסף שם לשיטתם כנ"ל. אולם גם בקהלת בפסוק וטוב משניהם (פרשה ד פסוק ג, א) הגירסא כמו בכאן, וכן לקמן פרשה מד ח, ועיין מה שכתבתי שם (ד"ה כמו) דיליף להו מקרא, לכן נראה יותר להגיה בגמרא וילקוט כמו דאיתא כאן, ובפרשת עקב (דברים רבה ג, יא) הגירסא במדרש מכלה תחת השמד: **שנאמר קומה ה' באפך.** וגם בפרשת ויחל (שמות לב יא - יב) אמר משה למה ה' יחרה אפך, שוב מחרון אפך:

אמרי יושר

שלשה אבות ועמדו בשלשה. אם חטאו בשגגה וחייבין כדמות גלות הן, אברהם יגן עליהם שנאמר לו (יב, א) לך לך, אם חייבין כעיר הנדחת סייף הן יצחק פשט צוארו, אם סקילה כיחיד עובד עבודה זרה זכות יעקב תגן משם רועה אבן ישראל (בראשית מט, כד): **יהושע משקה עפר העגל** [במדרש לפנינו נמצא זה בבמדבר רבה יא, ג]. ולא רצו שימותו עד שימולו תחלה ויטרדו:

מסורת המדרש

יט. עיין סנהדרין דף ק"ו. בראשית רבה פרשה ל"ח ופ' פ"ד. תנחומא וישב סימן א'. ספרי סוף בלק. פרקי דרבי אליעזר פ' מ"ז: כ. לקמן פרשה מ"ד. דברים רבה פרשה ג'. קהלת רבה פרשה ד' פסוק ג'. פרקי דרבי אליעזר פרק מ"ה. מדרש תהלים מזמור ז' ומזמור י"ח. ילקוט סדר עקב רמז תתנ"ג. ילקוט תהלים רמז תרל"ז. ועיין נדרים דף ל"ב. ובילקוט כאן רמז של"ב:

אם למקרא

קוּמָה ה' בְּאַפֶּךָ הִנָּשֵׂא בְּעַבְרוֹת צוֹרְרָי וְעוּרָה אֵלַי מִשְׁפָּט צִוִּיתָ: (תהלים ז:ז)

וַיֹּאמֶר לְהַשְׁמִידָם לוּלֵי מֹשֶׁה בְחִירוֹ עָמַד בַּפֶּרֶץ לְפָנָיו לְהָשִׁיב חֲמָתוֹ מֵהַשְׁחִית: (שם קו:כג)

וְנָתַתִּי לָהֶם לֵב אֶחָד וְרוּחַ חֲדָשָׁה אֶתֵּן בְּקִרְבְּכֶם וַהֲסִרֹתִי לֵב הָאֶבֶן מִבְּשָׂרָם וְנָתַתִּי לָהֶם לֵב בָּשָׂר: (יחזקאל לו:כו)

באור מהרי"פ

קל וחומר למלאכי חבלה, וכמו שמצינו במנשה שחתר לו חתירה מתחת כסא הכבוד שאין רשות אפילו למלאכי השרת ליכנס שם: **אמר לו מתיירא אני כו'.** צריך עיון, אחר שהראה לו הקב"ה מקום מתחת כסא כבודו שאפילו מלאכי השרת אינם רשאין ליכנס לשם קל וחומר למלאכי חבלה, אם כן למה היה מתיירא. וכתב תולדות נח הארוך, שזה המאמר אמר לו מתיירא אני הוא פיסקא בפני עצמו, והוא כמו אמר מר המובא בתלמוד, וכן הענין כאן שמרשים [אמר לו מתירא אני], הא דאמרן לעיל, וכוונתו בזו הרשימה לדרוש עליו הענין של בא וראה כמה גדולים העונות וכו': **אתמול מנגח אותם וכו'.** בנדרים פרק ג' (לב, א) איתא, באותה שעה בקש משה להרגו, שנאמר הרף מאף ועזוב חמה, ויש אומרים לחמה הרג, עד כאן. וזה פירוש של מנגח אותם, ודלא כפירוש של המתנות כהונה:

Chapter 42

וַיְדַבֵּר ה׳ אֶל מֹשֶׁה לֶךְ רֵד כִּי שִׁחֵת עַמְּךָ אֲשֶׁר הֶעֱלֵיתָ מֵאֶרֶץ מִצְרָיִם.

HASHEM spoke to Moses, "Go, descend — for your people that you brought up from the land of Egypt has become corrupt" (32:7).

§1 וַיְדַבֵּר ה׳ אֶל מֹשֶׁה לֶךְ רֵד — ***HASHEM SPOKE TO MOSES, "GO, DESCEND** — FOR YOUR PEOPLE THAT YOU BROUGHT UP FROM THE LAND OF EGYPT HAS BECOME CORRUPT."*

The Midrash examines Israel's spiritual downfall through the lens of a verse in *Proverbs:*

רַבִּי תַּנְחוּמָא בַּר אַבָּא פָּתַח — R' Tanchuma bar Abba opened his discourse on our passage with the following exposition: ״נְשִׂיאִים וְרוּחַ וְגֶשֶׁם אָיִן . . . בְּאֹרֶךְ אַפַּיִם יְפֻתֶּה קָצִין״ — Scripture states, *[Like]* ***clouds and wind without rain,*** *[so is] one who lauds himself for a false gift.* ***By forbearance a ruler is mollified,*** *and a soft tongue breaks strong anger* (*Proverbs* 25:14-15).[1] מִי שֶׁהוּא אוֹמֵר לִיתֵּן מַתָּנָה לַחֲבֵירוֹ וְאֵינוֹ נוֹתְנָהּ, לְמָה הוּא דוֹמֶה — This is the meaning of the first verse: **One who promises to give a gift to his friend and does not give it, to what is he similar?** לִנְשִׂיאִים וְרוּחַ וְלִבְרָקִים שֶׁהֵם בָּאִים וּגְשָׁמִים אֵינָם יוֹרְדִין — **To clouds and wind and lightning**[2] **that come, and yet rain does not descend.**[3] זֶה הָיָה דוֹר הַמִּדְבָּר — **This was** the failing of **the generation of the Wilderness:** כְּשֶׁהָיוּ בְּסִינַי — **When they were in** the vicinity of **Sinai,** הָיוּ ס׳ רִבּוֹא שֶׁל זְקֵנִים וְכֵן שֶׁל בַּחוּרִים וְכֵן שֶׁל נְעָרִים וְכֵן שֶׁל נָשִׁים — **there were sixty myriads**[4] **of elders, and the same** number **of young men, and the same** number **of children, and the same** number **of women.**[5] וְכֵיוָן שֶׁבָּאוּ לְסִינַי וְקִבְּלוּ עֲלֵיהֶם מַלְכוּתוֹ שֶׁל הַקָּדוֹשׁ בָּרוּךְ הוּא — **When they arrived at Sinai and accepted upon themselves the sovereignty of the Holy One, blessed is He,** וְעָנוּ כּוּלָּם קוֹל אֶחָד וְאָמְרוּ: ״כֹּל אֲשֶׁר דִּבֶּר ה׳ נַעֲשֶׂה וְנִשְׁמָע״ — **and they all responded with one voice and said,** ***"Everything that HASHEM said we will do and we will obey"*** (above, 24:7),[6] הֲרֵי קוֹל שֶׁהָיָה קוֹל — **that was a voice that was** an exemplary and powerful **voice.**[7] כֵּיוָן שֶׁבָּאוּ לַמִּדְבָּר עָבְרוּ עַל הַכֹּל וְשִׁחֲתוּ מַעֲשֵׂיהֶם — But **when they came to the Wilderness,**[8] **they violated all** of God's commandments[9] **and they corrupted** (i.e., ruined) **their** previous good **deeds.**[10] כֵּיוָן שֶׁרָאָה הַקָּדוֹשׁ בָּרוּךְ הוּא כֵּן אָמַר לְמֹשֶׁה: ״לֶךְ רֵד כִּי שִׁחֵת עַמְּךָ״ — **When the Holy One, blessed is He, observed this, He said to Moses,** ***"Go, descend — for your people . . . has corrupted."***[11]

What is meant by the truncated phrase *your people has corrupted*? The Midrash explains:

וְאֵין ״שִׁחֵת״ אֶלָּא שֶׁחִבְּלוּ מַעֲשֵׂיהֶם — The meaning of ***has corrupted*** **[שִׁחֵת] can only be that they ruined their** previous good **deeds,**[12] כְּמָה דְאַתְּ אָמַר ״שִׁחֵת לוֹ לֹא בָּנָיו מוּמָם״ — **as it is stated** in Moses' rebuke of Israel, ***[The nation] has corrupted*** **[שִׁחֵת]** ***itself but not Him — the blemish is His children's*** (*Deuteronomy* 32:5).[13]

The Midrash elaborates on how corrupt those who worshiped the Calf had become:

וְלֹא עֲבוֹדָה זָרָה עָשׂוּ בִּלְבַד — **And not only did they engage in idolatry** by worshiping the Calf, אֶלָּא גִּילּוּי עֲרָיוֹת וּשְׁפִיכוּת דָּמִים — **but** they also sinned by engaging in **licentiousness and murder;** וְאֵין שְׂחוֹק הָאָמוּר כָּאן אֶלָּא עֲבוֹדַת זָרָה וְגִילּוּי עֲרָיוֹת וּשְׁפִיכוּת דָּמִים — **for** the term **"revelry"** [שְׂחוֹק] that is **mentioned here**[14] **means nothing but idolatry, licentiousness, and murder.**

NOTES

1. The Midrash will first expound the initial *Proverbs* verse and only later (at the very end of the section) will it explain the meaning and relevance of the second verse (see *Maharzu*).

2. Though lightning is not mentioned in the verse, the Midrash includes it to enhance its portrayal of a weather pattern that is predictive of abundant rain (see *Eshed HaNechalim*; see also *Eitz Yosef* and *Tiferes Tzion*).

3. A cloudy and windy day is usually a harbinger of rain. Sometimes, however, despite these promising signs, the rain fails to come. The Midrash, elaborating on the Scriptural proverb, compares this to one who promises a gift to his friend and does not follow through.

4. The term רִבּוֹא (*myriad*) means 10,000. Sixty myriads equals 600,000.

5. When describing the Exodus from Egypt, Scripture states that the departing nation included כְּשֵׁשׁ מֵאוֹת אֶלֶף רַגְלִי הַגְּבָרִים לְבַד מִטָּף, *about [lit., like] six hundred thousand men on foot, aside from children* (above, 12:37). Since this verse mentions only the "vigorous" men (the word גְּבָרִים being derived from גְּבוּרָה, *strength*), and it introduces its tally with the prefix -כְּ, *like*, we are led to interpret the verse as saying, "like the elderly men, who totaled 600,000, the younger men added up to the same number." And from the superfluous phrase *aside from children* (for the term גְּבָרִים obviously does not include children) we learn that there were a similar number of male children. Add equal amounts of women for each of the three age groups and the total comes to six times 600,000, or 3,600,000 (see *Toldos Noach* [quoted in part by *Eitz Yosef*] and *Maharzu*, the latter based on the opinion of R' Yochanan in *Mechilta* to 12:37; see also *Targum Yonasan* ad loc.).

6. This description blends the wording of the cited verse with that of a previous one (24:3): *And the entire people responded with one voice and they said, "All the words that HASHEM has spoken, we will do"* (see *Eitz Yosef*).

7. Inasmuch as they all responded with one voice, their declaration was certainly fit to be heard and accepted by God (*Eitz Yosef*).

8. *Maharzu* notes an apparent difficulty here: When the people declared "we will do and we will obey," they were already in the Wilderness of Sinai, the same place where the sin of the Golden Calf took place! For a resolution to this problem, see *Tiferes Tzion*.

9. I.e., by worshiping the Golden Calf, they committed the sin of idolatry, which is tantamount to transgressing all of the commandments (see *Horayos* 8a; *Rambam, Hil. Avodas Kochavim* 2:4) (*Eitz Yosef*). Alternatively, the Midrash is saying that they violated the word כֹּל, *all*, which represents the verse (above, 19:8), כֹּל אֲשֶׁר דִּבֶּר ה׳ נַעֲשֶׂה, *Everything that HASHEM has spoken we will do* (*Matnos Kehunah*).

10. A mere forty days after Israel unanimously and joyously declared at Sinai that *"Everything that HASHEM said we will do and we will obey"* (above, 24:7), they "destroyed" and negated that statement by serving the Golden Calf and engaging in idol-worship. Their abandoned commitment was thus comparable to the promising signs of clouds, wind, and lightning when they come without bringing rain (*Maharzu*).

Although it would seem that only their previous *statement* (as opposed to *deeds*) was "corrupted," the Sages teach that when one resolves to perform a good deed, he is immediately credited as though it were done (*Mechilta* to 12:28 above, cited by *Rashi* there). Accordingly, Israel's promise "to do" all that God would command them was tantamount to performing all the mitzvos of the Torah. Now, however, having reneged on that promise, they rendered these virtual good deeds null and void (*Yefeh To'ar*).

11. Although the phrase כִּי שִׁחֵת עַמְּךָ is usually rendered *for your people has become corrupt*, our Midrash takes שִׁחֵת as a transitive verb, yielding the translation *for your people has corrupted.* However, if that is the word's intended meaning in our verse, the object is missing: Whom or what did the people corrupt? The Midrash presently addresses this question (*Eshed HaNechalim*).

12. *Maharzu*; see *Radal*.

13. The import of this verse is that the corruptive power of our sins has no effect on God; it is we who are harmed and blemished by it. In the same way, the Israelites in the Wilderness, after accepting the Torah and rising to a level of angel-like purity (see *Avodah Zarah* 5a; see also above, 32 §1 and 32 §7), now "ruined their good deeds" and fell back into their former state of human deficiency, thereby inflicting the ultimate blemish upon themselves (see *Maharzu*).

14. In the previous verse (v. 6): *The people sat to eat and drink, and they got up to revel* [לְצַחֵק] (*Maharzu*).

פרשה מב

א [לב, ז] "**וַיְדַבֵּר ה' אֶל מֹשֶׁה לֶךְ רֵד**", [א]**רַבִּי תַּנְחוּמָא בַּר אַבָּא פָּתַח:** (משלי כה, יד) "**נְשִׂיאִים וְרוּחַ וְגֶשֶׁם אָיִן**", (שם שם טו) "**בְּאֹרֶךְ אַפַּיִם יְפֻתֶּה קָצִין**", **מִי שֶׁהוּא אוֹמֵר לִיתֵּן מַתָּנָה לַחֲבֵירוֹ וְאֵינוֹ נוֹתְנָהּ, לְמָה הוּא דוֹמֶה, לִנְשִׂיאִים וְרוּחַ וְלִבְרָקִים שֶׁהֵם בָּאִים וּגְשָׁמִים אֵינָם יוֹרְדִין, זֶה הָיָה דּוֹר הַמִּדְבָּר, כְּשֶׁהָיוּ בְּסִינַי הָיוּ ס' רִבּוֹא שֶׁל זְקֵנִים וְכֵן שֶׁל בַּחוּרִים וְכֵן שֶׁל נְעָרִים וְכֵן שֶׁל נָשִׁים, וְכֵיוָן שֶׁבָּאוּ לְסִינַי וְקִבְּלוּ עֲלֵיהֶם מַלְכוּתוֹ שֶׁל הַקָּדוֹשׁ בָּרוּךְ הוּא, וְעָנוּ כּוּלָּם קוֹל אֶחָד וְאָמְרוּ:** (לעיל כד, ז) "**כֹּל אֲשֶׁר דִּבֶּר ה' נַעֲשֶׂה וְנִשְׁמָע**", **הֲרֵי קוֹל שֶׁהָיָה קוֹל, כֵּיוָן שֶׁבָּאוּ לַמִּדְבָּר עָבְרוּ עַל הַכֹּל וְשִׁחֲתוּ מַעֲשֵׂיהֶם, כֵּיוָן שֶׁרָאָה הַקָּדוֹשׁ בָּרוּךְ הוּא כֵּן אָמַר לְמֹשֶׁה:** [לב, ז] "**לֶךְ רֵד כִּי שִׁחֵת עַמְּךָ**", **וְאֵין "שִׁחֵת" אֶלָּא שֶׁחִבְּלוּ מַעֲשֵׂיהֶם, כְּמָה דְּאַתְּ אָמַר** (דברים לב, ה) "**שִׁחֵת לוֹ לֹא בָּנָיו מוּמָם**", **וְלֹא עֲבוֹדָה זָרָה עָשׂוּ בִּלְבָד, אֶלָּא גִּילּוּי עֲרָיוֹת וּשְׁפִיכוּת דָּמִים, וְאֵין שְׂחוֹק הָאָמוּר כָּאן אֶלָּא עֲבוֹדַת זָרָה וְגִילּוּי עֲרָיוֹת וּשְׁפִיכוּת דָּמִים, וּמִנַּיִן** [ב]**לִשְׂחוֹק שֶׁהוּא שְׁפִיכוּת דָּמִים, שֶׁנֶּאֱמַר** (שמואל-ב ב, יד) "**יָקוּמוּ נָא הַנְּעָרִים וִישַׂחֲקוּ לְפָנֵינוּ**", **וְגִילּוּי עֲרָיוֹת מִנַּיִן, שֶׁנֶּאֱמַר** (בראשית לט, יז) "**בָּא אֵלַי הָעֶבֶד הָעִבְרִי ... לְצַחֶק בִּי וְגוֹ'**", **וְלֹא הָיָה שָׁם גָּדוֹל מֵחוּר וְהָרְגוּ אוֹתוֹ, זוֹ שִׁיטַּת אַבָּא הַדּוֹרֵשׁ, דָּבָר אַחֵר,** [לב, ז] "**לֶךְ רֵד**" **בְּזַעַף, אוֹתָהּ שָׁעָה דִּבֵּר הַקָּדוֹשׁ בָּרוּךְ הוּא כְּנֶגְדּוֹ דְּבָרִים קָשִׁים,**

עץ יוסף

(א) **וגשם אין.** וסיפא דקרא איש מתהלל במתת שקר: **יפותה קצין.** וסיפא דקרא ולשון רכה תשבר גרס: **מי שהוא אומר ליתן מתנה.** טעם המשל לישראל בזה לנותן מתנה, הוא מפני שלפי החיוב היה להם לקבל העשיה אחר השמיעה, אבל הקדימה נעשה לנשמע היה ותרנות ונדיבות בחקם לקבל דברי ה' בלב שלם, בלי דקדוק אחר דברו: **ולברקים.** אף על פי שלא נזכר ברקים בכתוב, הנה במאמר נשיאים ורוח, כי מבקיעת הענן על ידי הרוח יתילד הברק, ודקדק כאן להזכיר ברק מפני הנמשל שהוא על הקול שנתנו ישראל, ומהברק הקול נשמע למרחוק: **היו ששים רבוא של זקנים כו'.** להפליג מעשיהם בא, שחד מינייהו לא עיכב כדכתיב ויענו כל העם יחדיו וגו', שמשה דבר לכולם יחד וכולם יחד ענו לו, כדכתיב ויענו כל העם קול אחד וגו': **ששים רבוא של זקנים כו'.** נלמד מדכתיב (שמות י"ב) ויסעו בני ישראל מרעמסס סכתה כשש מאות אלף רגלי הגברים לבד מטף, משמע מדאמר כשש מאות, שמע מינה שגם הזקנים היו כמספר הזה, ואמר כשש מאות אלף הזקנים היו מספר רגלי הגברים בערך זה, וששים רבוא של נשים נלמד גם כן מדאמר רגלי הגברים שבא למעוטי הנשים, וגם מדאמר לבד מטף משמע שגם הטף היה בערך מספר זה: **ואמרו כל אשר דבר ה' נעשה ונשמע.** הוא לשון המדרש שתפס לשון הדומה ללשון מקרא, ומה שאמר עברו על הכל אין הכוונה על נעשה ונשמע, וכן דייק בסמוך אמר הקדוש ברוך הוא עברו על העשיה, כלומר על דבור נעשה לבד עברו ולא על נשמע, וכן אמר לעיל סוף פרשה כ"ז אמר הקדוש ברוך הוא שברתם נעשה ועשיתם העגל הזהרו בנשמע, אבל כוונתו במלת על הכל, דעכו"ם שקולה כנגד כל המצות: **הרי קול שהיה קול.** כלומר זה ודאי נקרא קול שהיה ראוי ליכנס באזני השם יתברך, אחר שכל אלה יחד ענו קול אחד, ולזה ימשול לקול הברקים הנזכרים המרעים לארץ ולדרים: **עברו על הכל.** פירוש על כל המעשים, דעבודת כוכבים שקולה כנגד כל המצות, כמו שכתבתי לעיל. ובאות אמת גרס עברו על הקול: **שחבלו מעשיהם.** היינו טוב הכנתם שהיו כמלאכים, שהקדימו נעשה לנשמע, כדאיתא בפרק רבי עקיבא: **וישחקו לפנינו.** ומזה נמשך שפיכות דמים, כדאיתא התם: **ולא היה שם גדול מחור.** כדכתיב הנה עמכם אהרן וחור מי בעל דברים יגש אליהם, והרגו אותו: **בזעף.** בנזיפה ובכעס:

פירוש מהרז"ו

(א) **נשיאים ורוח.** שהם הסימנים שמבשרים על ביאת הגשם, אך לפעמים מכזבים שאין הגשם בא אחריהם, אם הרוח חזק שמפזר העננים, והנמשל על ישראל שקבלו התורה בשמחה, וזה מורה שיקיימו, אך לא קיימו ועשו מיד את העגל, וכעס השם יתברך עליהם, אך בארך אפים יפותה קצין, על ידי תפלת משה נתרצה הקב"ה: **ששים רבוא של זקנים.** כמו שכתוב מכילתא בא פסוק ויסעו בני ישראל, רבי יוחנן אומר לבד מנשים טף וזקנים, שמה שכתוב הגברים, להוציא כל אלו, שהיו גם כן של ששים ששים רבוא. ומה שכתב של נשים, גם כן בערך של אנשים, זקנות, בחורות ונערות, של ששים ששים רבוא, הרי ששה פעמים ששים רבוא: **עברו על הכל.** וכן הגירסא בתנחומא כאן על הכל, וכמו שכתוב בסמוך שעברו על כל המצות. ועיין לעיל סוף פרשה כ"ז, וזהו איש מתהלל במתת שקר: **כיון שבאו למדבר.** זה צריך עיון שכבר אמר כשהיו בסיני ושם עשו העגל כי לא נסעו משם עד שנה שניה, וכמו שכתוב תהלים ק"ו (פסוק יט) יעשו עגל בחורב: **אין שחת אלא שחבלו מעשיהם.** שחבלו אף המעשים טובים שעשו תחלה, ועשו מום בעצמם: **ואין שחוק האמור באן.** היינו מה שכתוב ויקומו לצחק. ועיין בראשית רבה פרשה נ"ג סימן כ"א, שרבי עקיבא דורש על גן עדן, ורבי ישמעאל על עבודת כוכבים, ורבי אליעזר בנו של רבי יוסי הגלילי על שפיכות דמים, ושם הוצרך להביא ראיה על עבודת כוכבים, ממה שכתוב כאן ויקומו לצחק, וכאן אינו צריך להביא ראיה על עבודת כוכבים, שהוא מפורש בפרשה: **ולא היה שם גדול מחור.** היינו לבד אהרן, שהיה הנביא הגואל דומה למשה, אבל חור גדול מכל העם, כמו שכתוב בסוף בשלח (שמות יז, יב) ואהרן וחור תמכו בידיו. ובסוף משפטים (שם כד, יד) והנה אהרן וחור עמכם, והרגו אותו שלא נזכר עוד שמו אחר מעשה העגל. ועיין פרקי דרבי אליעזר פרק מ"ה, לעיל פרשה מ"א ריש סימן ז, לקמן פרשה מ"ח סימן ג, ועיין במדבר רבה פרשה ט"ו סימן כ"א, שהרגו גם לשבעים זקנים:

מתנות כהונה

[א] **נשיאים ורוח וגו'.** סיפיה דקרא איש מתהלל במתת שקר: **בארך אפים וגו'.** סיפיה דקרא ולשון רכה תשבר גרס: **שהיה קול.** כלומר קול שראוי לקרותו קול. קול הדר ומשובח: **על הכל.** שאמרו כל אשר דבר ה' נעשה ומלאתי מוגה על הקול ואין צורך:

אשד הנחלים

[א] **נשיאים כו' וגשמים כו'.** שהוא דומה ממש, שמקוה הישועה על ידי שרואה הרוח מביא העננים והברקים באים שזה לסימן רבוי הגשמים בעת ההיא, ועם כל זה אינו בא, וכן המבטיח לרעהו מקוה אליו, ואחר כך אינו נותן. וכל זה פתיחה על דור המדבר שהיה מקוה שיהיו מתעלים במעלה עליונה, ומי יאמין כי ירדו כבר ממעלתם: **הרי קול שהיה קול.** כלומר זהו קול אמיתי שנקרא קול, אבל בעגל היה קול חירופים וגדופים כדלעיל (מא, א) [ידי משה בתוספת ביאור קצת]: **אלא שחבלו.** כי מלת שיחת במוכרת נוכל לומר שנשחתו ממעמדם או השחתה מה, לזה אמר דהוי כאלו כתיב בפירוש כי שיחתו וחבלו מעשיהם: **ואין שחוק האמור כאן אלא כו'.** הענין כי השחוק שהוא שמחת הלב בחפשיות הרצון לעשות כל אשר ישאלנו לבו מביא לידי כל אלה, ולהיות כי מצאנו בכל אלה השלשה שמתאר הכתוב בענין השחוק, וכאן כתיב סתם שחוק ולא פירש מה היה ענין השחוק, ממילא מוכח שהיה הכל נכלל בה ולכן כתיב סתם. ואם תרצה להבין ביתר באור, עיין בספר קנאת ה' צבאות כתב יד להרב הגאון רבי משה חיים לוצאטו, ותבין הדברים איך הם באמת מסוג אחד וענינם אחד: **בזעף.** כאומר לך מכאן כי איני חפץ בהם לתת להם תורה ורד מגדולתך, ולא כפשוטו שירד מן השמים (ידי משה):

חידושי הרד"ל

[א] **הרי קול שהיה קול.** יש לומר כעין קול שקודם הגשם נשיאים ורוח. (ואפשר נקט לשון קול משום דדרש כהאי גוונא בויקרא רבה פרשה ו ה על ושמעה קול אלה): **שחבלו מעשיהם.** וכמו שמבואר (סנהדרין נז, א) כל מקום שנאמר השחתה אינו אלא דבר ערוה ועבודת כוכבים: **נשיאים כו' וגשם אין.** [סופיה דקרא] איש מתהלל במתת שקר, שכל המתנות של מצות שעשו עברו עליהם ובטלום ולא היה להם זכות לעמוד עליהם, רק שמכל מקום משה בטל הפורעניות על ידי שהאריך לבקש רחמים והאריך אפו של הקב"ה, וביני ביני עבר שעת הכעס והתחיל הקב"ה עצמו לפתוח לו שבילין כו', וזה שכתוב (פסוק טו) הוי בארך אפים יפותה קצין, שבזה שהאריך משה אפו של הקב"ה ולא יצאה הגזירה מיד כביכול נפתה לרחם עליהם:

באור מהרי"פ

[א] **נשיאים ורוח וגשם אין.** (משלי כה, יד - טו) איש מתהלל במתת שקר בארך אפים יפותה קצין ולשון רכה תשבר גרם. וקאי על משה, דלשון רכה שלו שבר את מדת הדין, והאריך הקב"ה אפו לבל יעשה את ישראל כלה: **הרי קול שהיה קול.** פירוש, שהיה קול ראוי לכנוס באזני הקב"ה, קול העגל, שנאמר אלו וישמע יהושע את קול העם ברעו:

אמרי יושר

[א] **נשיאים ורוח וגשם אין איש מתהלל.** ישראל שנתהללו לשוא ולשקר, שחטאו בעגל, אבל סוף סוף יפותה קצין בתחנוניו של משה, וכן כתיב לעיל מיניה (פסוק יג) כצנת שלג ביום קציר ציר נאמן לשולחיו, שהוא משה רבנו עליו השלום:

מסורת המדרש

א. תנחומא כאן סימן כ' כל הענין:
ב. בראשית רבה פרשה נ"ג. תוספתא סוטה פרק ו'. ספרי פרשה ואתחנן פסקא ל"א. תנא דבי אליהו רבא פרק י"ג. ילקוט סדר וירא רמז צ"ד:

אם למקרא

נְשִׂיאִים וְרוּחַ וְגֶשֶׁם אָיִן אִישׁ מִתְהַלֵּל בְּמַתַּת שָׁקֶר: בְּאֹרֶךְ אַפַּיִם יְפֻתֶּה קָצִין וְלָשׁוֹן רַכָּה תִּשְׁבָּר גָּרֶם:
(משלי כה:יד-טו)

וַיִּקַּח סֵפֶר הַבְּרִית וַיִּקְרָא בְּאָזְנֵי הָעָם וַיֹּאמְרוּ כֹּל אֲשֶׁר דִּבֶּר ה' נַעֲשֶׂה וְנִשְׁמָע:
(לעיל כד:ז)

שִׁחֵת לוֹ לֹא בָּנָיו מוּמָם דּוֹר עִקֵּשׁ וּפְתַלְתֹּל:
(דברים לב:ה)

יָקוּמוּ נָא הַנְּעָרִים וִישַׂחֲקוּ לְפָנֵינוּ וַיֹּאמֶר יוֹאָב יָקֻמוּ:
(שמואל ב ב:יד)

וַתְּדַבֵּר אֵלָיו כַּדְּבָרִים הָאֵלֶּה לֵאמֹר בָּא אֵלַי הָעֶבֶד הָעִבְרִי אֲשֶׁר הֵבֵאתָ לָּנוּ לְצַחֶק בִּי:
(בראשית לט:יז)

ידי משה

[א] **הרי קול שהיה קול.** פירוש, אבל כשחטאו אין קול גבורה אלא קול ענות, וכן הוא בהדיא לקמן (פרשה מג, ח): **דבר אחר לך רד בזעף.** רצה לומר שדיבר עמו קשות, אבל לפי פירוש הראשון אמר רד כמשמעו שירד מן השמים:

וּמִנַּיִן לִשְׂחוֹק שֶׁהוּא שְׁפִיכוּת דָּמִים – And from where do we know **that "revelry"** [שְׂחוֹק] **implies murder?** **שֶׁנֶּאֱמַר "יָקוּמוּ נָא הַנְּעָרִים וִישַׂחֲקוּ לְפָנֵינוּ" – For it says, *"Let the young soldiers arise and revel* [וִישַׂחֲקוּ] *before us!"*** (*II Samuel* 2:14).[15] **וְגִילּוּי עֲרָיוֹת מִנַּיִן – And from where** do we know that "revelry" [שְׂחוֹק] implies **licentiousness?** **שֶׁנֶּאֱמַר "בָּא אֵלַי הָעֶבֶד הָעִבְרִי . . . לְצַחֶק בִּי וְגוֹ'" – For it says, *"The Hebrew slave*** *whom you brought to us* ***came to me to sport*** [לְצַחֶק] ***with me"*** (*Genesis* 39:17).[16] **וְלֹא הָיָה שָׁם גָּדוֹל מֵחוּר וְהָרְגוּ אוֹתוֹ – Moreover, there was no one there greater than Hur,**[17] **and they slew him.**[18] **זוֹ שִׁיטַת אַבָּא הַדּוֹרֵשׁ – This is the approach of Abba the Lecturer.**[19]

The Midrash interrupts its discussion of Israel's spiritual reversal with an alternative understanding of God's initial words to Moses:[20]

דָּבָר אַחֵר, "לֶךְ רֵד" בְּזַעַף – Another interpretation of *Go, descend:* God made this demand **with anger.** **אוֹתָהּ שָׁעָה דִּבֵּר הַקָּדוֹשׁ בָּרוּךְ הוּא כְּנֶגְדוֹ דְּבָרִים קָשִׁים – At that moment, the Holy One, blessed is He, spoke harsh words to [Moses].**[21]

NOTES

15. After meeting up with each other at the Pool of Gibeon, Abner suggested to Joab that their young soldiers engage in a duel [lit., "revel"] before them. As *Samuel* relates, the duel quickly got out of hand and resulted in the deaths of all twenty-four soldiers involved (see *Metzudos* ad loc.).

16. This was said by the wife of Potiphar, who falsely accused Joseph of immoral behavior. She used the same Hebrew verb צחק (translated here as "sport") as that which is translated above as "revel."

17. See 24:14 above. [Hur was Miriam's son (*Rashi* ad loc.).] The Midrash means that aside from Aaron and Moses, there was none greater among the people than Hur (*Maharzu*).

18. As related above, 41 §7. Thus, we see that in addition to worshiping the Golden Calf, the people committed murder by killing Hur, who attempted to restrain them. This corroborates the aforementioned statement that they also committed murder (*Toldos Noach*). Although Scripture does not make explicit mention of Hur's murder, it is evident that something happened to Hur at this time, since his name is not mentioned in the Torah after the story of the Golden Calf (*Maharzu*).

The Midrash does not attempt to prove its assertion that the Calf's worshipers engaged in licentiousness as well, for no evidence is needed: The Sages have taught (*Sanhedrin* 63b) that historically, the primary motivation for idol-worship was the desire to rationalize the public practice of immoral behavior (*Toldos Noach*).

19. The section opened by attributing this exposition to R' Tanchuma bar Abba. R' Tanchuma was apparently quoting or elaborating upon the approach of "Abba the Lecturer." ["Abba the Lecturer" was a Tanna; he is quoted twice in *Sifrei*.]

20. *Yefeh To'ar.*

21. Previously, the Midrash had understood that when God told Moses to descend, He meant only that he should climb down the mountain and return to the camp. But according to the present interpretation, God's command carried a considerably harsher message: that Moses should step down from his exalted position as leader of His chosen nation, for that very nation had betrayed Him (*Yedei Moshe, Eshed HaNechalim*).

פרשה מב

א [לב,ז] **"וַיְדַבֵּר ה' אֶל מֹשֶׁה לֶךְ רֵד", [א]רַבִּי תַּנְחוּמָא בַּר אַבָּא פָּתַח:** (משלי כה, יד) **"נְשִׂיאִים וְרוּחַ וְגֶשֶׁם אָיִן",** (שם שם טו) **"בְּאֹרֶךְ אַפַּיִם יְפֻתֶּה קָצִין", מִי שֶׁהוּא אוֹמֵר לִיתֵּן מַתָּנָה לַחֲבֵירוֹ וְאֵינוֹ נוֹתְנָהּ, לְמָה הוּא דוֹמֶה, לִנְשִׂיאִים וְרוּחַ וְלִבְרָקִים שֶׁהֵם בָּאִים וּגְשָׁמִים אֵינָם יוֹרְדִין, זֶה הָיָה דוֹר הַמִּדְבָּר, כְּשֶׁהָיוּ בְּסִינַי הָיוּ ס' רִבּוֹא שֶׁל זְקֵנִים וְכֵן שֶׁל בַּחוּרִים וְכֵן שֶׁל נְעָרִים וְכֵן שֶׁל נָשִׁים, וְכֵיוָן שֶׁבָּאוּ לְסִינַי וְקִבְּלוּ עֲלֵיהֶם מַלְכוּתוֹ שֶׁל הַקָּדוֹשׁ בָּרוּךְ הוּא, וְעָנוּ כּוּלָּם קוֹל אֶחָד וְאָמְרוּ:** (לעיל כד, ז) **"כֹּל אֲשֶׁר דִּבֶּר ה' נַעֲשֶׂה וְנִשְׁמָע", הֲרֵי קוֹל שֶׁהָיָה קוֹל, כֵּיוָן שֶׁבָּאוּ לַמִּדְבָּר עָבְרוּ עַל הַכֹּל וְשִׁחֲתוּ מַעֲשֵׂיהֶם, כֵּיוָן שֶׁרָאָה הַקָּדוֹשׁ בָּרוּךְ הוּא כֵּן אָמַר לְמֹשֶׁה:** [לב, ז] **"לֶךְ רֵד כִּי שִׁחֵת עַמְּךָ", וְאֵין "שִׁחֵת" אֶלָּא שֶׁחִבְּלוּ מַעֲשֵׂיהֶם, כְּמָה דְּאַתְּ אָמַר** (דברים לב, ה) **"שִׁחֵת לוֹ לֹא בָּנָיו מוּמָם", וְלֹא עֲבוֹדָה זָרָה עָשׂוּ בִּלְבָד, אֶלָּא גִּילּוּי עֲרָיוֹת וּשְׁפִיכוּת דָּמִים, וְאֵין שְׂחוֹק הָאָמוּר כָּאן אֶלָּא עֲבוֹדַת זָרָה וְגִילּוּי עֲרָיוֹת וּשְׁפִיכוּת דָּמִים, וּמִנַּיִן [ב]לִשְׂחוֹק שֶׁהוּא שְׁפִיכוּת דָּמִים, שֶׁנֶּאֱמַר** (שמואל־ב ב, יד) **"יָקוּמוּ נָא הַנְּעָרִים וִישַׂחֲקוּ לְפָנֵינוּ", וְגִילּוּי עֲרָיוֹת מִנַּיִן, שֶׁנֶּאֱמַר** (בראשית לט, יז) **"בָּא אֵלַי הָעֶבֶד הָעִבְרִי ... לְצַחֶק בִּי וְגוֹ'", וְלֹא הָיָה שָׁם גָּדוֹל מֵחוּר וְהָרְגוּ אוֹתוֹ, זוֹ שִׁיטַּת אַבָּא הַדּוֹרֵשׁ, דָּבָר אַחֵר,** [לב, ז] **"לֶךְ רֵד" בְּזַעַף, אוֹתָהּ שָׁעָה דִּבֵּר הַקָּדוֹשׁ בָּרוּךְ הוּא כְּנֶגְדּוֹ דְּבָרִים קָשִׁים,**

עץ יוסף

(א) **וגשם אין.** וסיפא דקרא איש מתהלל במתת שקר: **יפותה קצין.** וסיפא דקרא ולשון רכה תשבר גרם: **מי שהוא אומר ליתן מתנה.** טעם המשל לישראל בזה לנותן מתנה, הוא מפני שלפי החיוב היה להם לקבל העשיה אחר השמיעה, אבל הקדימה נעשה לנשמע היה ותרנות ונדיבות בחקם לקבל דברי ה' בלב שלם, בלי דקדוק אחר דברו: **ולברקים.** אף על פי שלא נזכר ברקים בכתוב, הנה במאמר נשיאים ורוח, כי מבקיעת הענן על ידי הרוח יתילד הברק, ודקדק כאן להזכיר ברק מפני הנמשל שהוא על הקול שנתנו ישראל, ומהברק הקול נשמע למרחוק: **היו ששים רבוא של זקנים כו'.** להפליג מעשיהם בא, שחד מינייהו לא עיכב כדכתיב ויענו כל העם יחדיו וגו', שמשה דבר לכולם יחד וכולם יחד ענו לו, כדכתיב ויענו כל העם קול אחד וגו': **ששים רבוא של זקנים כו'.** נלמד מדכתיב (שמות י"ב) ויסעו בני ישראל מרעמסס סכתה כשש מאות אלף רגלי הגברים לבד מטף, משמע מדאמר כשש מאות, שמע מינה שגם הזקנים היו כמספר הזה, ואמר כשש מאות אלף הזקנים היו מספר רגלי הגברים בערך זה, ושש רבוא של נשים נלמד גם כן מדאמר רגלי הגברים שבא למעוטי הנשים, וגם מדאמר לבד מטף משמע שגם הטף היה בערך מספר זה: **ואמרו כל אשר דבר ה' נעשה ונשמע.** הוא לשון המדרש שתפס לשון הדומה ללשון מקרא, ומה שאמר עברו על הכל אין הכוונה על נעשה ונשמע, וכן דייק בסמוך אמר הקדוש ברוך הוא עברו על העשיה, כלומר על דבור נעשה לבד עברו ולא על נשמע, וכן אמר לעיל סוף פרשה כ"ז אמר הקדוש ברוך הוא שברתם נעשה ועשיתם העגל הזהרו בנשמע, אבל כוונתו במלת על הכל, דעכו"ם שקולה כנגד כל המצות: **הרי קול שהיה קול.** כלומר זה ודאי נקרא קול שהיה ראוי ליכנס באזני השם יתברך, אחר שכל אלה יחד ענו קול אחד, ולזה ימשול לקול הברקים הנזכרים המרעים לארץ ולדרים: **עברו על הכל.** פירוש על כל המעשים, דעבודת כוכבים שקולה כנגד כל המצות, כמו שכתבתי לעיל. ובאות אמת גרם עברו על הקול: **שחבלו מעשיהם.** היינו טוב הכנתם שהיו כמלאכים, שהקדימו נעשה לנשמע, כדאיתא בפרק רבי עקיבא: **וישחקו לפנינו.** ומזה נמשך שפיכות דמים, כדאיתא התם: **ולא היה שם גדול מחור.** כדכתיב הנה עמכם אהרן וחור מי בעל דברים יגש אליהם, והרגו אותו: **בזעף.** בנזיפה ובכעס:

פירוש מהרז"ו

(א) **נשיאים ורוח.** שהם הסימנים שמבשרים על ביאת הגשם, אך לפעמים מכזבים שאין הגשם בא אחריהם, אם הרוח חזק שמפזר העננים, והנמשל על ישראל שקבלו התורה בשמחה, וזה מורה שיקיימו, אך לא קיימו ועשו מיד את העגל, וכעס השם יתברך עליהם, אך בארך אפים יפותה קצין, על ידי תפלת משה נתרצה הקב"ה: **ששים רבוא של זקנים.** כמו שכתוב מכילתא בא פסוק ויסעו בני ישראל, רבי יוחנן אומר לבד מנשים טף וזקנים, שמה שכתוב הגברים, להוציא כל אלו, שהיו גם כן של ששים ששים רבוא. ומה שכתב של נשים, גם כן בערך של אנשים, זקנות, בחורות ונערות, של ששים ששים רבוא, הרי ששה פעמים ששים רבוא: **עברו על הכל.** וכן הגירסא בתנחומא כאן על הכל, וכמו שכתוב בסמוך שעברו על כל המצות. ועיין לעיל סוף פרשה כ"ז, וזהו איש מתהלל במתת שקר: **כיון שבאו למדבר.** זה צריך עיון שכבר אמר כשהיו בסיני ושם עשו העגל כי לא נסעו משם עד שנה שניה, וכמו שכתוב תהלים ק"ו (פסוק יט) יעשו עגל בחורב: **אין שחת אלא שחבלו מעשיהם.** שחבלו אף המעשים טובים שעשו תחלה, ועשו מום בעצמם: **ואין שחוק האמור באן.** היינו מה שכתוב ויקומו לצחק. ועיין בראשית רבה פרשה נ"ג סימן כ"א, שרבי עקיבא דורש על גן עדן, ורבי ישמעאל על עבודת כוכבים, ורבי אליעזר בנו של רבי יוסי הגלילי על שפיכות דמים, ושם הוצרך להביא ראיה על עבודת כוכבים, ממה שכתוב כאן ויקומו לצחק, וכאן אינו צריך להביא ראיה על עבודת כוכבים, שהוא מפורש בפרשה: **ולא היה שם גדול מחור.** היינו לבד אהרן, שהיה הנביא הגואל דומה למשה, אבל חור גדול מכל העם, כמו שכתוב בסוף בשלח (שמות יז, יב) ואהרן וחור תמכו בידיו. ובסוף משפטים (שם כד, יד) והנה אהרן וחור עמכם, והרגו אותו שלא נזכר עוד שמו אחר מעשה העגל. ועיין פרקי דרבי אליעזר פרק מ"ה, לעיל פרשה מ"א ריש סימן ז, לקמן פרשה מ"ח סימן ג, ועיין במדבר רבה פרשה ט"ו סימן כ"א, שהרגו גם לשבעים זקנים:

מתנות כהונה

[א] **נשיאים ורוח וגו'.** סיפיה דקרא איש מתהלל במתת שקר: **בארך אפים וגו'.** סיפיה דקרא ולשון רכה תשבר גרם: **שהיה קול.** כלומר קול שראוי לקרותו קול. קול הדר ומשובח: **על הכל.** שאמרו כל אשר דבר ה' נעשה ומלאתי מוגה על הקול ואין צורך:

אשד הנחלים

[א] **נשיאים כו' וגשמים כו'.** שהוא דומה ממש, שמקוה הישועה על ידי שרואה הרוח מביא העננים והברקים באים שזה לסימן רבוי הגשמים בעת ההיא, ועם כל זה אינו בא, וכן המבטיח לרעהו מקוה אליו, ואחר כך אינו נותן. וכל זה פתיחה על דור המדבר שהיה מקוה שיהיו מתעלים במעלה עליונה, ומי יאמין כי ירדו כבר ממעלתם: **הרי קול שהיה קול.** כלומר זהו קול אמיתי שנקרא קול, אבל בעגל היה קול חירופים וגדופים כדלעיל (מא, א) [ידי משה בתוספת ביאור קצת]: **אלא שחבלו.** כי מלת שיחת במוכרת נוכל לומר שנשחתו ממעמדם או השחתה מה, לזה אמר דהוי כאלו כתיב בפירוש כי שיחתו וחבלו מעשיהם: **ואין שחוק האמור כאן אלא כו'.** הענין כי השחוק שהוא שמחת הלב בחפשיות הרצון לעשות כל אשר ישאלנו לבו מביא לידי כל אלה, ולהיות כי מצאנו בכל אלה השלשה שמתאר הכתוב בענין השחוק, וכאן כתיב סתם שחוק ולא פירש מה היה ענין השחוק, ממילא מוכח שהיה הכל נכלל בה ולכן כתיב סתם. ואם תרצה להבין ביתר באור, עיין בספר קנאת ה' צבאות כתב יד להרב הגאון רבי משה חיים לוצאטו, ותבין הדברים איך הם באמת מסוג אחד וענינם אחד: **בזעף.** כאומר לך מכאן כי איני חפץ בהם לתת להם תורה ורד מגדולתך, ולא כפשוטו שירד מן השמים (ידי משה):

חידושי הרד"ל

[א] **הרי קול שהיה קול.** יש לומר כעין קול שקודם הגשם נשיאים ורוח. (ואפשר נקט לשון קול משום דדרש כהאי גוונא בויקרא רבה פרשה ו ה על ושמעה קול אלה): **שחבלו מעשיהם.** וכמו שמבואר (סנהדרין נז, א) כל מקום שנאמר השחתה אינו אלא דבר ערוה ועבודת כוכבים: **נשיאים כו' וגשם אין.** [סופיה דקרא] איש מתהלל במתת שקר, שכל המתנות של מצות שעשו עברו עליהם ובטלום ולא היה להם זכות לעמוד עליהם, רק שמכל מקום משה בטל הפורענויות על ידי שהאריך לבקש רחמים והאריך אפו של הקב"ה, וביני ביני עבר שעת הכעס והתחיל הקב"ה עצמו לפתוח לו שבילין כו', וזה שכתוב (פסוק טו) הוי בארך אפים יפותה קצין, שבזה שהאריך משה אפו של הקב"ה ולא יצאה הגזירה מיד כביכול נפתה לרחם עליהם:

באור מהרי"פ

[א] **נשיאים ורוח וגשם אין.** (משלי כה, יד - טו) איש מתהלל במתת שקר בארך אפים יפותה קצין ולשון רכה תשבר גרם. וקאי על משה, דלשון רכה שלו שבר את מדת הדין, והאריך הקב"ה אפו לבל יעשה את ישראל כלה: **הרי קול שהיה קול.** פירוש, שהיה קול ראוי לכנוס באזני הקב"ה, קול העגל, שנאמר אלנו וישמע יהושע את קול העם ברעו:

אמרי יושר

[א] **נשיאים ורוח וגשם אין איש מתהלל.** ישראל שנתהללו לשוא ולשקר, שחטאו בעגל, אבל סוף סוף יפותה קצין בתחנוניו של משה, וכן כתיב לעיל מיניה (פסוק יג) כצנת שלג ביום קציר ציר נאמן לשולחיו, שהוא משה רבנו עליו השלום:

מסורת המדרש

א. תנחומא כאן סימן כ' כל הענין:

ב. בראשית רבה פרשה נ"ג. תוספתא סוטה פרק ו'. ספרי פרשה ואתחנן פסקא ל"א. תנא דבי אליהו רבא פרק י"ג. ילקוט סדר וירא רמז צ"ד:

אם למקרא

נְשִׂיאִים וְרוּחַ וְגֶשֶׁם אָיִן אִישׁ מִתְהַלֵּל בְּמַתַּת שָׁקֶר: בְּאֹרֶךְ אַפַּיִם יְפֻתֶּה קָצִין וְלָשׁוֹן רַכָּה תִּשְׁבָּר גָּרֶם:
(משלי כה:יד-טו)

וַיִּקַּח סֵפֶר הַבְּרִית וַיִּקְרָא בְּאָזְנֵי הָעָם וַיֹּאמְרוּ כֹּל אֲשֶׁר דִּבֶּר ה' נַעֲשֶׂה וְנִשְׁמָע:
(לעיל כד:ז)

שִׁחֵת לוֹ לֹא בָּנָיו מוּמָם דּוֹר עִקֵּשׁ וּפְתַלְתֹּל:
(דברים לב:ה)

יָקוּמוּ נָא הַנְּעָרִים וִישַׂחֲקוּ לְפָנֵינוּ וַיֹּאמֶר יוֹאָב יָקֻמוּ:
(שמואל ב ב:יד)

וַתְּדַבֵּר אֵלָיו כַּדְּבָרִים הָאֵלֶּה לֵאמֹר בָּא אֵלַי הָעֶבֶד הָעִבְרִי אֲשֶׁר הֵבֵאתָ לָּנוּ לְצַחֶק בִּי:
(בראשית לט:יז)

ידי משה

[א] **הרי קול שהיה קול.** פירוש, אבל כשחטאו אין קול גבורה אלא קול ענות, וכן הוא בהדיא לקמן (פרשה מג, ח): **דבר אחר לך רד בזעף.** רצה לומר שדיבר עמו קשות, אבל לפי פירוש הראשון אמר רד כמשמעו שירד מן השמים:

אָמַר רַבִּי יוֹחָנָן: אֵין דִּבּוּר הָאָמוּר כָּאן אֶלָּא דְּבָרִים קָשִׁים – As **R' Yochanan said: The "speaking"** [דִּבּוּר], which is **mentioned here,**[22] **connotes nothing other than** a tone of **harshness,**[23] **כְּמָה דְאַתְּ אָמַר "דִּבֶּר הָאִישׁ אֲדֹנֵי הָאָרֶץ אִתָּנוּ קָשׁוֹת"** – **as it says, *"The man, the lord of the land, spoke* [דִּבֶּר] *harshly to us"*** (*Genesis* 42:30).

Returning to its original theme, the Midrash illustrates further how Israel's later actions negated their initial ones.

אוֹתָהּ שָׁעָה רָאָה מֹשֶׁה לְמַלְאֲכֵי הַשָּׁרֵת שֶׁהֵם עוֹמְדִים וּמְבַקְשִׁים לָצֵאת וּלְחַבֵּל כָּל יִשְׂרָאֵל – **At that moment, Moses saw the ministering angels standing and seeking** permission **to go and destroy all of Israel.**[24] **אָמַר מֹשֶׁה: אִם מַנִּיחַ אֲנִי אֶת יִשְׂרָאֵל וְאֵרֵד אֵין לָהֶם תְּקוּמָה לְעוֹלָם** – **Moses then said** to himself, **"If I leave Israel** to their fate **and** simply **go down** the mountain, **there will never be any restoration for them; אֵינִי זָז מִכָּאן עַד שֶׁאֲבַקֵּשׁ עֲלֵיהֶם רַחֲמִים** – therefore, **I will not budge from here before seeking mercy for them." מִיָּד הִתְחִיל מְלַמֵּד עֲלֵיהֶם סָנֵיגוֹרְיָא** – **He** therefore **immediately began pleading in their defense.**[25]

NOTES

22. In our verse: וַיְדַבֵּר ה' אֶל מֹשֶׁה לֶךְ רֵד, *HASHEM spoke* [וַיְדַבֵּר] *to Moses: "Go, descend . . ."*

23. [Note, however, that when the root דבר (in its various forms) is used in conjunction with the word אמר, as in the oft-repeated verse וַיְדַבֵּר ה' אֶל מֹשֶׁה לֵאמֹר, *HASHEM spoke to Moses, saying*, it does not imply harshness (*Mizrachi* and *Sifsei Chachamim* to 32:7).]

24. The Midrash is now interpreting the phrase כִּי שִׁחֵת עַמְּךָ to mean *for your people deserve destruction* [הַשְׁחָתָה], in contrast to the passage above, which took it to mean that the nation has corrupted its good ways (*Eitz Yosef*, citing *Toldos Noach*).

25. *Yefeh To'ar* points out that the negotiations recorded here are implicit in the next verse (as the Midrash itself goes on to describe), for after informing Moses that his people had strayed, God went on to enumerate the charges against them: (i) *They have made themselves a molten calf*; (ii) *prostrated themselves to it*; (iii) *sacrificed to it*; (iv) *and they said, "This is your god, O Israel, which brought you up from the land of Egypt."* Given the urgent need for Moses to return to the camp and break up the idolatrous celebration that was taking place there, it is odd that God would delay him now with this lengthy accusation — unless He was responding, point by point, to Moses' plea for mercy. As for why Moses rushed to enter a plea before descending, the Midrash explains that he was roused to immediate action by the sight of the destructive angels about to be set upon his people. See Insight Ⓐ.

INSIGHTS

Ⓐ **The Time of וַיְחַל מֹשֶׁה, *Moses Pleaded* ...** Our Midrash states that when Moses saw that the angels were prepared to destroy all of Israel, he concluded that there was no time to descend the mountain, and he decided to pray for mercy immediately. This immediate prayer of which the Midrash speaks, however, is *not* the prayer of verses 11-13 (וַיְחַל מֹשֶׁה ..., *Moses pleaded* ...) but rather a series of pleas that *preceded* that prayer. For the Midrash states that God's words in v. 8, *"They have strayed quickly, etc.,"* were in *response* to Moses' pleas. The prayer beginning in v. 11 (וַיְחַל מֹשֶׁה ..., *Moses pleaded* ...) is discussed in the *next* section of the Midrash, and the Midrash there does not specify precisely when it took place — while Moses was still on the mountain or after he had ascended a second time after shattering the Tablets and punishing the worshipers.

According to a simple reading of Scripture, the prayer of v. 11 appears to have taken place prior to Moses' descent from the mountain. This, however, is actually the subject of a dispute among the Rishonim and, as we shall see, within the Midrash itself.

Ibn Ezra (on v. 11) argues that Moses would not have prayed for the Jewish people before destroying the idol and punishing its worshipers. Rather, the prayer recorded there was uttered by Moses during the forty days of prayer mentioned in *Deuteronomy* 9:18ff. Although, as the Midrash states below in §9, God indeed hinted to him to pray when He said (v. 10), *"Desist from Me,"* His intention was that Moses do so only after descending and removing the idol; but since God made this allusion earlier, the Torah records both God's allusion and Moses' prayer there.

Ramban (on v. 11), however, maintains that the prayer of that verse is not the prayer of the forty days (after Moses re-ascended the mountain), but rather was uttered immediately when God hinted to him to pray. *Ramban* rejects *Ibn Ezra's* understanding that it was uttered after destroying the Calf, because Scripture later (vv. 31-32) discusses the prayer that Moses uttered after descending the mountain and destroying the Calf. It is unlikely that Scripture would cite part of that prayer here (in v. 11) and another part much further on (vv. 31-32). As to *Ibn Ezra's* argument that it is unreasonable that Moses would have begged for forgiveness before destroying the idol, *Ramban* explains that there was no time to wait, because — as our Midrash states — the Jewish people were in danger of immediate annihilation. *Ramban* concludes that the prayer of v. 11 achieved a stay of the decree to destroy them immediately. Then there was time for Moses to descend from the mountain, destroy the idol, and then re-ascend the mountain to pray for *forgiveness*.

It should be noted, however, that our Midrash is not explicit support of *Ramban's* view, for as mentioned above, the Midrash is not discussing the prayer recorded in vv. 11-13, but rather an earlier prayer offered by Moses, *before* God said that He would destroy the Jewish people.

Ramban's understanding is borne out by the Midrash earlier (41 §7), which states that when God commanded Moses to descend (v. 7), he sought to descend, but he encountered angels of destruction and was afraid to go down. As *Yefeh To'ar* ad loc. explains, God had indeed hinted to Moses to pray, but nonetheless, he would have destroyed the idol first and then prayed for forgiveness had he not seen the angels who were prepared to destroy the Jewish people immediately. The Midrash continues by saying that Moses stood against them with the help of the three forefathers. As the Midrash further (44 §8) explains, Moses achieved this by invoking the merit of the forefathers with his prayer, *"Remember for the sake of Abraham, etc."* (v. 13) — *which was part of the prayer beginning in v. 11.* Clearly the Midrash in all these places is of the opinion, as *Ramban* assumes, that Moses had to pray immediately to avert the threat of annihilation, and that v. 11 is part of this prayer. Although (as stated above) our Midrash does not state explicitly that v. 11 was part of Moses immediate prayer, *Yefeh To'ar* on 44 §1 states that this is indeed the opinion of our Midrash here.

However, *Yefeh To'ar* there (cited by *Eitz Yosef* there) states that the Midrash *there* disagrees with our Midrash (and, as was explained, with 41 §7 and 44 §8 as well). For the Midrash there states that when Moses prayed for forty days he was not answered, but when he mentioned the forefathers (v. 13) he was immediately answered. Thus, the Midrash there is of the opinion that the prayer of vv. 11-13 was later, at the end of the forty days. *Yefeh To'ar* also proves that this is the opinion of the Midrash in *Devarim Rabbah* (3 §15) as well. The Midrash later (45 §1), too, indicates that the annulment of the decree of annihilation, of which it states in v. 14, *HASHEM reconsidered regarding the evil, etc.*, was accomplished through repentance (see note 9 there). *Yefeh To'ar* (ad loc., s.v. הה"ד and על האדם) explains that that Midrash, too, is of the opinion that the prayer of v. 11 was uttered later, after Moses destroyed the Golden Calf and executed the sinners and the nation looked on without protesting, which was a clear show of repentance (vv. 20-29). In 46 §4, as well, *Yefeh To'ar* and *Eitz Yosef* (cited in note 89 there), commenting on the statement of the Midrash there that Moses' prayer of *"Why, HASHEM, should Your anger flare, etc."* (v. 11) took place after the Children of Israel were stripped of their ornaments (33:5-6), states that the Midrash is following the opinion that this prayer took place during the forty days. In 47 §9, too, the Midrash indicates that when Moses prayed during the forty days, he was praying to annul the decree to destroy Israel, and therefore he argued that were God to do so, there would be no one to observe the Torah. As *Yefeh To'ar* ad loc. (s.v. מה אני) points out, this can be true only if God's annulment of the decree described in v. 14 — and accordingly, the prayer of v. 11 that preceded it — had not yet taken place. Hence, the Midrash in 47 §9, too, follows the opinion that Moses did not pray before he descended.

In summation, the dispute between *Ibn Ezra* and *Ramban* in this matter is actually a dispute in the Midrash itself, with *Shemos Rabbah* 41 §7, 42 §1, and 44 §8 supporting the opinion of *Ramban*, while 44 §1, 45 §1, 46 §4, 47 §9, and *Devarim Rabbah* 3 §15 support the opinion of *Ibn Ezra*.

אָמַר רַבִּי יוֹחָנָן: אֵין דִּבּוּר הָאָמוּר כָּאן אֶלָּא דְּבָרִים קָשִׁים, כְּמָה דְּאַתְּ אָמַר (בראשית מב, ל) "דִּבֶּר הָאִישׁ אֲדֹנֵי הָאָרֶץ אִתָּנוּ קָשׁוֹת", אוֹתָהּ שָׁעָה רָאָה מֹשֶׁה לְמַלְאֲכֵי הַשָּׁרֵת שֶׁהֵם עוֹמְדִים וּמְבַקְשִׁים לָצֵאת וּלְחַבֵּל כָּל יִשְׂרָאֵל, אָמַר מֹשֶׁה: אִם מַנִּיחַ אֲנִי אֶת יִשְׂרָאֵל וְאֵרֵד אֵין לָהֶם תְּקוּמָה לְעוֹלָם, אֵינִי זָז מִכָּאן עַד שֶׁאֲבַקֵּשׁ עֲלֵיהֶם רַחֲמִים, מִיָּד הִתְחִיל מְלַמֵּד עֲלֵיהֶם סָנֵיגוֹרְיָא, אָמַר לְהַקָּדוֹשׁ בָּרוּךְ הוּא: יֵשׁ לִי זְכוּת לְלַמֵּד עֲלֵיהֶם, אָמַר לוֹ: רִבּוֹן הָעוֹלָם, הִזָּכֵר לָהֶם כְּשֶׁבִּקַּשְׁתָּ לִיתֵּן תּוֹרָה לִבְנֵי עֵשָׂו וְלֹא קִבְּלוּהָ וְיִשְׂרָאֵל קִבְּלוּהָ, שֶׁנֶּאֱמַר (לעיל יט, ח) "וַיַּעֲנוּ כָל הָעָם יַחְדָּו וְגוֹ'", אָמַר הַקָּדוֹשׁ בָּרוּךְ הוּא: עָבְרוּ עַל הָעֲשִׂיָּה, שֶׁנֶּאֱמַר [לב, ח] "סָרוּ מַהֵר מִן הַדֶּרֶךְ וְגוֹ'", אָמַר לוֹ: הִזָּכֵר לָהֶם כְּשֶׁהָלַכְתִּי בִּשְׁלִיחוּתְךָ לְמִצְרַיִם וְאָמַרְתִּי לָהֶם שִׁמְךָ, מִיָּד הֶאֱמִינוּ וְהִשְׁתַּחֲווּ לִשְׁמְךָ, שֶׁנֶּאֱמַר (לעיל ד, לא) "וַיַּאֲמֵן הָעָם", מִיָּד (שם) "וַיִּקְּדוּ וַיִּשְׁתַּחֲווּ", אָמַר לוֹ: עָבְרוּ עַל °הִשְׁתַּחֲוָיָה, שֶׁנֶּאֱמַר [לב, ח] "וַיִּשְׁתַּחֲווּ לוֹ", אָמַר לוֹ: הִזָּכֵר לְבַחוּרֵיהֶם שֶׁשְּׁלַחְתִּים וְהִקְרִיבוּ לְפָנֶיךָ זְבָחִים, שֶׁנֶּאֱמַר (לעיל כד, ה) "וַיִּשְׁלַח אֶת נַעֲרֵי בְּנֵי יִשְׂרָאֵל וְגוֹ'", אָמַר לוֹ: עָבְרוּ עַל הַזְּבִיחָה, שֶׁנֶּאֱמַר [לב, ח] "וַיִּזְבְּחוּ לוֹ", אָמַר לוֹ: הִזָּכֵר לָהֶם מַה שֶּׁאָמַרְתָּ בְּסִינַי (לעיל כ, ב) "אָנֹכִי ה' אֱלֹהֶיךָ", אָמַר לוֹ: עָבְרוּ עָלָיו, שֶׁנֶּאֱמַר [לב, ח] "וַיֹּאמְרוּ אֵלֶּה אֱלֹהֶיךָ", הֱוֵי (משלי כה, יד) "נְשִׂיאִים וְרוּחַ וְגֶשֶׁם אָיִן", בִּטֵּל מֹשֶׁה מִיָּד אֶת הַפּוּרְעָנוּת, הֱוֵי (שם שם טו) "בְּאֹרֶךְ אַפַּיִם וְגוֹ'":

ב הִתְחִיל הַקָּדוֹשׁ בָּרוּךְ הוּא לִיתֵּן לְמֹשֶׁה שְׁבִילִים שֶׁיְּבַקֵּשׁ עֲלֵיהֶם רַחֲמִים, מִנַּיִן, אָמַר רַבִּי יוֹחָנָן: לְמַעְלָה כָּתוּב [לב, ז] "לֶךְ רֵד" וְאַחַר כָּךְ הוּא אוֹמֵר [לב, ט] "וַיֹּאמֶר ה' אֶל מֹשֶׁה רָאִיתִי אֶת הָעָם הַזֶּה", וְאֵין אֲמִירָה אֶלָּא לָשׁוֹן רַךְ, כְּאָדָם שֶׁיֵּשׁ בְּלִבּוֹ עַל חֲבֵרוֹ וְהוּא מְבַקֵּשׁ לְהִתְפַּיֵּס לוֹ, וְהוּא אוֹמֵר לוֹ: אֱמוֹר לִי מֶה עָשִׂיתִי לְךָ שֶׁכֵּן עָשִׂיתָ,

עץ יוסף

אין דבור האמור כאן. וידבר ה' אל משה לך רד: **למלאכי השרת שהם עומדים ומבקשים לצאת ולחבל.** כי שחת עמך דרש בלשון השחתה וחבלה, שמלאכי השרת מבקשים לחבל, ולא בלשון חבלת מעשים כדלעיל (תולדות כח): **אם מניח אניח אני את ישראל.** מלהלין עליהם: **וישראל קבלוה.** ואף על גב דעברו על עשיה, הלין משה שאף שעברו באחת יש להם זכות במה שקיימו האחר, והם לדיקים לגבי אותם שלא קבלו ולא קיימו כל עיקר, והקדוש ברוך הוא השיב שהמה עברו על העשיה כלה, מאחר שעשו עבודה זרה ששקולה ככל המלות, והא דאמר [לעיל] פרשה כ"ז [סי' ט] אבדתם נעשה הזהרו בנשמע, היינו אחר שעשו תשובה, שאף על פי כן אבדו מעלת נעשה, וקאמר שיזהרו בנשמע שלא יחטאו כלל: **האמינו והשתחוו.** כי אף שעברו על מלותיו, יש להם שכר על ההכנעה לכבוד ה' כמכבד המלך אף שאינו עושה כמלותיו, והשיבו ה' עברו על ההשתחויה שאחר שנתנו כבוד לעגל, הרי הם מסירים כבוד ה' מעליהם: **הזכר לבחוריהם.** שלא טעמו טעם חטא שהם חשובים מאד לפני ה', כדאיתא בתנא דבי אליהו: **והקריבו לפניך זבחים.** וזכות הקרבנות גדול שהעולם מתקיים בהם. והטעם להיותם מורים על הכנעת האדם לפני בוראו, וכל שכן שהוא לבא בברית עם ה', כמו שאמרו ז"ל גבי ויקח משה חצי הדם שנכנסו בברית, ועל כרחך אף שחטאו, הם עמו ונחלתו ולא יוכל לעזבם, והשיב ה' כי עברו על הברית, במה שזבחו לעגל וכאילו כרתו ברית עמו: **מה שאמרת בסיני אנכי ה' אלהיך.** ואיתא במכילתא שעל כל דבור ודבור היו אומרים הן, ואם כן הוי ליה כאילו אמרו ה' אלהינו, וענין המלילתו בזה, שאף שהשתחוו וזבחו לעגל, הנם מאמינים בה', כמו שהודו כי ה' האלהים, כי לא עבדו העגל בתורת אלהות אלא דרך אמלעי, אם כן לא כפרו בעיקר, והשיב ה' כי גם על זה עברו כי אמרו אלה אלהיך ישראל, וכפרו באלהותו: **הוי נשיאים ורוח וגשם אין.** חוזר לענין ראשון דנשיאים ורוח נדרש בישראל ששנו את דבריהם הראשונים, כי זה ילדק בכל ארבע הדברים שהלין משה עליהם, והכי קאמר קרא, נשיאים ורוח וגשם אין איש מתהלל במתת שקר, שכל המתנות של מלות שעשו עברו עליהם ובטלום ולא היה להם זכות לעמוד עליהם, רק שמכל מקום מיד אחר שהמלין משה עליהם, בטל את הפורענויות של המלאכים שבקשו לכלותם, על ידי שהאריך לבקש רחמים והאריך אפו של הקדוש ברוך הוא למנוע המשחיתים, (אף) [אך] הזעף והכעס של הקדוש ברוך הוא במקומו עומד, ולא היה יודע משה מה לעשות עד שהראה הקדוש ברוך הוא למשה שבילין: **(ב) למעלה כתיב לך רד.** רוצה לומר דכיון דקאמר לך רד, היאך חזר והאריך עמו דברים, ראיתי את העם הזה, אלא ודאי דהדר ביה, ואמירה זו לשון רך: **כאדם שיש בלבו.** מפרש מאי היא האמירה רכה: **מה עשיתי לך.** וכן מה שנאמר ראיתי את העם הזה, הכי קאמר ראיתי תמיד את העם הזה להטיב לו, ועם כל זה עם קשה עורף הוא ולא פנו אלי, ומה טעם זה הדבר:

פירוש מהרז"ו

דיבור האמור כאן. וידבר ה' אל משה לך רד, והיה לו לומר ויאמר: **למלאכי השרת.** ולעיל סוף פרשה מ"א איתא מלאכי חבלה, וכן הוא בתנחומא כאן עיין שם: **ויענו כל העם.** כל אשר דבר ה' נעשה: **סרו מהר וגו'.** וסיפא דקרא עשו להם עגל מסכה וישתחוו לו ויזבחו לו ויאמרו אלה אלהיך ישראל. והיה די שיאמר עשו עגל ועבדו לו, למה פרט כל כך, אלא שכל דיבור הוא תשובה על סניגוריא של משה: **בארך אפים יפותה.** שהאריך השם יתברך אפו ולא כלה חמתו עד שהודיע למשה, וביקש רחמים וביטל הגזירה: **(ב) שבילים שיבקש עליהם רחמים.** אחד מה ששינה לו מדיבור לאמירה, ויאמר ה' אל משה ראיתי. שני והנה עם קשה עורף הוא, כלומר מה עשיתי לו רע שהוא קשה כנגדי כל כך. שליש הניחה לי, כמו שכתוב סוף פרשה זו, רביע ואעשה אותך לגוי גדול, הרי עם משה ברלון ובאלו נתחזק לבו לבקש:

חידושי הרד"ל

[ב] אלא לשון רכה. זה שכתוב (סוף הפסוק דלעיל (סימן א ד"ה נשיאים) ולשון רכה תשבר גרם:

חידושי הרש"ש

[א] כמה דאת אמר דבר כו'. ורש"י בפירוש התורה הביא פסוק וידבר אתם קשות המוקדם: **[ב] אמור לי מה עשיתי לך שכן עשית.** נראה דדריש ראיתי את העם הזה כמו וירא אלהים את בני ישראל (שמות ב, כה), ראה ראיתי את עני עמי (שמות ג, ז), ראיתי את הלחץ (שם ט), כלומר אנכי ראיתי את עניים להצילם, והם עם קשה עורף:

באור מהרי"פ

בטל משה וכו'. פירוש, על ידי שהתחיל הקב"ה ליתן לו שבילים לבקש עליהם רחמים, כמבואר תיכף בסמוך:

אם למקרא

דִּבֶּר הָאִישׁ אֲדֹנֵי הָאָרֶץ אִתָּנוּ קָשׁוֹת וַיִּתֵּן אֹתָנוּ כִּמְרַגְּלִים אֶת הָאָרֶץ: (בראשית מב:ל)

וַיַּעֲנוּ כָל הָעָם יַחְדָּו וַיֹּאמְרוּ כֹּל אֲשֶׁר דִּבֶּר ה' נַעֲשֶׂה וַיָּשֶׁב מֹשֶׁה אֶת דִּבְרֵי הָעָם אֶל ה': (לעיל יט:ח)

וַיַּאֲמֵן הָעָם וַיִּשְׁמְעוּ כִּי פָקַד ה' אֶת בְּנֵי יִשְׂרָאֵל וְכִי רָאָה אֶת עָנְיָם וַיִּקְּדוּ וַיִּשְׁתַּחֲווּ: (לעיל ד:לא)

וַיִּשְׁלַח אֶת נַעֲרֵי בְּנֵי יִשְׂרָאֵל וַיַּעֲלוּ עֹלֹת וַיִּזְבְּחוּ זְבָחִים שְׁלָמִים לַה' פָּרִים: (לעיל כד:ה)

אָנֹכִי ה' אֱלֹהֶיךָ אֲשֶׁר הוֹצֵאתִיךָ מֵאֶרֶץ מִצְרַיִם מִבֵּית עֲבָדִים: (לעיל כ:ב)

בְּאֹרֶךְ אַפַּיִם יְפֻתֶּה קָצִין וְלָשׁוֹן רַכָּה תִּשְׁבָּר גָּרֶם: (שם שם טו)

שינוי נוסחאות

(א) השתחויה. בספרים ישנים איתא "ההשתחויה" והוא הנכון:

מתנות כהונה

ויענו כל העם יחדו וגו'. גרס וסיפיה דקרא נעשה (ונשמע): **[ב] למעלה כתיב לך רד.** לשון כעס כדלעיל:

אשד הנחלים

וישראל קבלוה. ואם כן תכונותיהם מצד עצמם הם טובים, רק ששיחתו מצד המקרה. והשיב לו הקדוש ברוך הוא שעתה סרו מזה ונשחתו תכונותיהם, וכן ההכנעה והאמנה שהיה בהם עד כה נתהפך עתה לאמונה רעה, כי הכניעו את עצמם לעגל והשתחוו לו: **מה שאמרת בסיני.** לכאורה אין זה זכירה לטובתם כי ה' אמר להם אבל הם לא קיבלוה. ונראה דהכונה זכור שאמרת להם ואז קיבלוה בלב שלם, כי הגיעו אז למדרגה עליונה כמו שאמרו (מכות כד, א) אנכי ולא יהיה לך מפי הגבורה שמעו, ואם כן תכונותיהם טוב מצד עצמם. והשיב לו ה' שעתה נתהפכו ממש מן הקצה אל הקצה. ודע דהנה בעל המדרש מפרש בזה הפסוקים במה שאמר ה' למשה להרשיע לישראל, מוכח מפני שהצדיק משה אותם באלו המעלות, על כן השיב לו שעתה נפלו מכל אלה וניתנו אלו המעלות לאמונת שוא: **הוי נשיאים כו'.** פירוש מה שקיוה מאלו המעלות שיהיו ישראל טובים, עתה נהפכו: **[ב] שיש בלבו.** כלומר שיש כעס בלבו, וחפץ שאחר ישתיק כעסו בכדי שלא יעשה לרעה מתוך כעסו. והענין בכללו כי מדת הדין התגבר בעת הזאת למאד, וחפץ ה' שילמד עליהם זכות להשתיק המדת הדין מעליהם:

אָמַר לְהַקָּדוֹשׁ בָּרוּךְ הוּא: יֵשׁ לִי זְכוּת לְלַמֵּד עֲלֵיהֶם – **He said to the Holy One, blessed is He, "I have a merit to plead on their behalf."** אָמַר לוֹ: רִבּוֹן הָעוֹלָם – He went on and **said to [God], "Master of the universe!** הִזָּכֵר לָהֶם כְּשֶׁבִּקַּשְׁתָּ לִיתֵּן תּוֹרָה לִבְנֵי עֵשָׂו וְלֹא קִבְּלוּהָ – **Recall** favorably **for them that when You sought to give the Torah to the descendants of Esau, they did not accept it;**[26] וְיִשְׂרָאֵל קִבְּלוּהָ, שֶׁנֶּאֱמַר "וַיַּעֲנוּ כָל הָעָם יַחְדָּו וגו'" – **but Israel did accept it," as it is stated, *The entire people responded together*** *and said, "Everything that HASHEM has spoken we shall do* [נַעֲשֶׂה]*!"* (above, 19:8). אָמַר הַקָּדוֹשׁ בָּרוּךְ הוּא: עָבְרוּ עַל הָעֲשִׂיָּה – **The Holy One, blessed is He, replied, "But they have negated that 'doing'** which they had accepted upon themselves," שֶׁנֶּאֱמַר "סָרוּ מַהֵר מִן הַדֶּרֶךְ וגו'" – **as it is stated, *"They have strayed quickly from the way*** *that I have commanded them. They have made* [עָשׂוּ] *themselves a molten calf, etc."* (v. 8).[27] אָמַר לוֹ: הִזָּכֵר לָהֶם כְּשֶׁהָלַכְתִּי בִּשְׁלִיחוּתְךָ לְמִצְרַיִם וְאָמַרְתִּי לָהֶם שִׁמְךָ – **[Moses] said to [God]** further, **"Recall** favorably **for them** that **when I went to Egypt at Your bidding and told them Your Name** מִיָּד הֶאֱמִינוּ וְהִשְׁתַּחֲווּ לִשְׁמֶךָ, שֶׁנֶּאֱמַר "וַיַּאֲמֵן הָעָם", מִיָּד "וַיִּקְּדוּ וַיִּשְׁתַּחֲווּ" – **they immediately believed** me **and prostrated themselves in honor of Your Name," as it is stated, *And the people believed,*** and **immediately** afterward it says, ***and they bowed their heads and prostrated themselves*** (above, 4:31). אָמַר לוֹ: עָבְרוּ עַל הַהִשְׁתַּחֲוָיָה, שֶׁנֶּאֱמַר "וַיִּשְׁתַּחֲווּ לוֹ" – **[God] replied [to Moses],** "But **they have negated that prostration," as it is stated, *they prostrated themselves to it*** (v. 8).[28] אָמַר לוֹ: הִזָּכֵר לִבְחוּרֵיהֶם שֶׁשִּׁלַּחְתִּים וְהִקְרִיבוּ לְפָנֶיךָ זְבָחִים – **[Moses]** then **said [to God], "Recall** favorably **their youths that I sent up to sacrifice offerings before You,"** שֶׁנֶּאֱמַר "וַיִּשְׁלַח אֶת נַעֲרֵי בְּנֵי יִשְׂרָאֵל וגו'" – **as it is stated, *He sent the youths of the Children of Israel*** *and they brought up burnt offerings, etc.* (above, 24:5).[29] אָמַר לוֹ: עָבְרוּ עַל הַזְּבִיחָה, שֶׁנֶּאֱמַר "וַיִּזְבְּחוּ לוֹ" – To this **[God] responded,** "But **they have negated that sacrificial act," as it says, *and they sacrificed to it*** (v. 8). אָמַר לוֹ: הִזָּכֵר לָהֶם מַה שֶּׁאָמַרְתָּ בְּסִינַי "אָנֹכִי ה' אֱלֹהֶיךָ" – **[Moses]** then **said [to God], "Recall** favorably **what You said to them at Sinai – *'I am HASHEM, Your God'"*** (above, 20:2).[30] אָמַר לוֹ: עָבְרוּ עָלָיו, שֶׁנֶּאֱמַר "וַיֹּאמְרוּ אֵלֶּה אֱלֹהֶיךָ" – **[God] replied,** "But **they transgressed it** when they worshiped the Golden Calf," **as it is stated, *and they said, "This is your god,*** *O Israel, which brought you up from the land of Egypt"* (v. 8).[31] הֱוֵי "נְשִׂיאִים וְרוּחַ וְגֶשֶׁם אָיִן" – **Hence,** the verse states, ***[Like] clouds and wind without rain,*** *[so is] one who lauds himself for a false gift* (Proverbs 25:14).[32]

NOTES

26. As recounted in *Sifrei, Devarim* §343; *Eichah Rabbah* 3 §א, etc.

27. They had promised, *"we shall do,"* and now they "made" an idolatrous Golden Calf (see *Maharzu*; note that in Hebrew, the root word עשה means both *to do* and *to make*). Moses felt that although Israel contravened the injunction against idolatry, they still had the merits of observing the other commandments, and they were thus superior to the other nations, who rejected the Torah altogether. But God responded that the sin of idolatry, being tantamount to transgressing all of the commandments (see note 9 above), negated entirely their commitment to observe the Torah (*Eitz Yosef*).

28. Moses conceded the fact that Israel's transgression was severe, yet he countered that they nevertheless deserved credit for honoring God by humbly acknowledging His majesty, despite their refusal to obey His commandments. God, however, rejoined that by prostrating themselves to an idol they had in effect renounced their initial display of homage to Him (*Eitz Yosef*).

29. [These offerings were brought at Sinai, a day before the giving of the Torah (*Rashi* to 24:4 above; see, however, *Ramban, Ibn Ezra*, et al., who maintain that this ceremony took place after the giving of the Torah).] Being offered by youths who were innocent of sin, these sacrifices were exceedingly valued by God. Now, generally, the merit of offering sacrifices is great, as it indicates a degree of submissiveness to God's Will. How much more so when the sacrifices are brought by untainted youths for the express purpose of entering into a covenant with God, as was the case here (see 24:8 above). Therefore, Moses claimed that God could not ignore this great deed and forsake Israel (*Yefeh To'ar, Eitz Yosef*).

30. This was the first of the Ten Commandments, and the people immediately registered their agreement by declaring "yes" (ibid., citing *Mechilta* ad loc., beginning of *Parashah* 5).

31. Moses was saying that though the Israelites prostrated themselves and sacrificed to the Calf, their intent was not to deify it, for they certainly still believed in God; rather, they intended for the Calf to serve as their guide to lead them through the Wilderness in place of Moses, who had seemingly left them (see *Ramban* to 32:1 at length, cited in Insight below on §5, "The Ox of the Chariot *Chayos*"). Accordingly, when they requested of Aaron, *Make for us "elohim,"* they meant "a guide," not "gods" (*Ramban* ibid.). Since they merely sought an entity to act as an intermediary between God and themselves, what rationale was there for punishing them as though they had denied God's existence? However, God responded that when they declared, *This is your god, O Israel* (v. 4), the people had begun to believe that the Calf actually possessed a degree of independent power (see *Ramban* to v. 4), and some actually offered sacrifices to the Calf (see *Ramban* to v. 5; see Insight below on 43 §7, "The Sin of the Golden Calf"). In this way, the people negated their previous acceptance of the monotheistic doctrine laid down in the Ten Commandments (see *Eitz Yosef*).

32. By reneging on all their previous positive actions and proclamations (in the four instances just detailed by the Midrash), the people of Israel acted like *one who lauds himself for a false gift;* all their apparent good deeds had dissipated, leaving them with no merit on which to stand (*Radal, Eitz Yosef*). See Insight Ⓐ.

INSIGHTS

Ⓐ **Four for the Defense** Moses offered four arguments in defense of Israel. According to *Shem MiShmuel* (*Ki Sisa*, pp. 246-247), these arguments correspond to the four aspects of a human being: the body, the soul, the intellect, and the new entity formed by this threefold combination, referred to as *tzelem Elokim*, "the Divine image."

To defend the bodily element, insofar as it is the instrument of human action, Moses argued that Israel had declared with one voice, "We will do," whereby they promised to take action in serving God.

Next he defended the soul, which resides in the blood (see *Leviticus* 17:11), by recalling how representatives of the nation had slaughtered sacrifices and sprinkled their blood before God. In keeping with the basic symbolism of sacrifice, they offered an animal's soul before God as a way of acknowledging that they really owed their souls to Him.

Third, Moses defended the intellect by pointing out that the people had prostrated themselves before God. By means of this gesture they subjugated their intellect to God, for the uniquely human tendency to stand erect derives from the intellect, whose elevating power draws the head upward, and with it the entire human form. [Subjugating one's intellect to the Divine wisdom revealed in the Torah is actually the only way to refine and perfect it, for the intellect's ultimate purpose is to help man recognize how insignificant he is before God, and when one achieves that goal, he receives access to a higher form of intellect that gives him special insight into the Divine.]

Finally, Moses defended the *tzelem Elokim* by invoking Israel's verbal acceptance of the first and foremost of the Ten Commandments, *I am HASHEM, your God.* [The Sages teach that the nation at Mount Sinai indicated their acceptance of the Ten Commandments by responding, "Yes," to each one in turn.] Since speech is a function of the *tzelem Elokim*, as the *Maharal* teaches, Moses hoped that Israel's meritorious responses at Mount Sinai would protect this aspect of their being. Nevertheless, God refuted all of these arguments by showing how Israel's sudden reversal had rendered all of their recently acquired merits null and void.

This perspective lends a new meaning to the passage's conclusion, which repeats the verse cited at its beginning: נְשִׂיאִים וְרוּחַ וְגֶשֶׁם אָיִן. But whereas the earlier citation drew on the plain sense of the verse

אָמַר רַבִּי יוֹחָנָן: אֵין דִּבּוּר הָאָמוּר כָּאן אֶלָּא דְּבָרִים קָשִׁים, כְּמָה דְּאַתְּ אָמַר (בראשית מב, ל) "דִּבֶּר הָאִישׁ אֲדֹנֵי הָאָרֶץ אִתָּנוּ קָשׁוֹת", אוֹתָהּ שָׁעָה רָאָה מֹשֶׁה לְמַלְאֲכֵי הַשָּׁרֵת שֶׁהֵם עוֹמְדִים וּמְבַקְשִׁים לָצֵאת וּלְחַבֵּל כָּל יִשְׂרָאֵל, אָמַר מֹשֶׁה: אִם מַנִּיחַ אֲנִי אֶת יִשְׂרָאֵל וְאֵרֵד אֵין לָהֶם תְּקוּמָה לְעוֹלָם, אֵינִי זָז מִכָּאן עַד שֶׁאֲבַקֵּשׁ עֲלֵיהֶם רַחֲמִים, מִיָּד הִתְחִיל מְלַמֵּד עֲלֵיהֶם סָנֵיגוֹרְיָא, אָמַר לְהַקָּדוֹשׁ בָּרוּךְ הוּא: יֵשׁ לִי זְכוּת לְלַמֵּד עֲלֵיהֶם, אָמַר לוֹ: רִבּוֹן הָעוֹלָם, הִזָּכֵר לָהֶם כְּשֶׁבִּקַּשְׁתָּ לִיתֵּן תּוֹרָה לִבְנֵי עֵשָׂו וְלֹא קִבְּלוּהָ וְיִשְׂרָאֵל קִבְּלוּהָ, שֶׁנֶּאֱמַר (לעיל יט, ח) "וַיַּעֲנוּ כָל הָעָם יַחְדָּו וְגוֹ׳ ", אָמַר הַקָּדוֹשׁ בָּרוּךְ הוּא: עָבְרוּ עַל הָעֲשִׂיָּה, שֶׁנֶּאֱמַר [לב, ח] "סָרוּ מַהֵר מִן הַדֶּרֶךְ וְגוֹ׳ ", אָמַר לוֹ: הִזָּכֵר לָהֶם כְּשֶׁהָלַכְתִּי בִּשְׁלִיחוּתְךָ לְמִצְרַיִם וְאָמַרְתִּי לָהֶם שִׁמְךָ, מִיָּד הֶאֱמִינוּ וְהִשְׁתַּחֲווּ לִשְׁמְךָ, שֶׁנֶּאֱמַר (לעיל ד, לא) "וַיַּאֲמֵן הָעָם", מִיָּד (שם) "וַיִּקְּדוּ וַיִּשְׁתַּחֲווּ", אָמַר לוֹ: עָבְרוּ עַל °הִשְׁתַּחֲוָיָה, שֶׁנֶּאֱמַר [לב, ח] "וַיִּשְׁתַּחֲווּ לוֹ", אָמַר לוֹ: הִזָּכֵר לְבַחוּרֵיהֶם שֶׁשְּׁלַחְתִּים וְהִקְרִיבוּ לְפָנֶיךָ זְבָחִים, שֶׁנֶּאֱמַר (לעיל כד, ה) "וַיִּשְׁלַח אֶת נַעֲרֵי בְּנֵי יִשְׂרָאֵל וְגוֹ׳ ", אָמַר לוֹ: עָבְרוּ עַל הַזְּבִיחָה, שֶׁנֶּאֱמַר [לב, ח] "וַיִּזְבְּחוּ לוֹ", אָמַר לוֹ: הִזָּכֵר לָהֶם מַה שֶּׁאָמַרְתָּ בְּסִינַי (לעיל כ, ב) "אָנֹכִי ה׳ אֱלֹהֶיךָ", אָמַר לוֹ: עָבְרוּ עָלָיו, שֶׁנֶּאֱמַר [לב, ח] "וַיֹּאמְרוּ אֵלֶּה אֱלֹהֶיךָ", הֱוֵי (משלי כה, יד) "נְשִׂיאִים וְרוּחַ וְגֶשֶׁם אָיִן", בִּטֵּל מֹשֶׁה מִיָּד אֶת הַפּוּרְעָנוּת, הֱוֵי (שם שם טו) "בְּאֹרֶךְ אַפַּיִם וְגוֹ׳ ":

ב הִתְחִיל הַקָּדוֹשׁ בָּרוּךְ הוּא לִיתֵּן לְמֹשֶׁה שְׁבִילִים שֶׁיְּבַקֵּשׁ עֲלֵיהֶם רַחֲמִים, מִנַּיִן, אָמַר רַבִּי יוֹחָנָן: לְמַעְלָה כָּתוּב [לב, ז] "לֶךְ רֵד" וְאַחַר כָּךְ הוּא אוֹמֵר [לב, ט] "וַיֹּאמֶר ה׳ אֶל מֹשֶׁה רָאִיתִי אֶת הָעָם הַזֶּה", וְאֵין אֲמִירָה אֶלָּא לָשׁוֹן רַךְ, כְּאָדָם שֶׁיֵּשׁ בְּלִבּוֹ עַל חֲבֵרוֹ וְהוּא מְבַקֵּשׁ לְהִתְפַּיֵּס לוֹ, וְהוּא אוֹמֵר לוֹ: אֱמוֹר לִי מֶה עָשִׂיתִי לְךָ שֶׁכֵּן עָשִׂיתָ,

עץ יוסף

אין דבור האמור כאן. וידבר ה' אל משה לך רד: **למלאכי השרת שהם עומדים ומבקשים לצאת ולחבל.** כי שחת עמך דרש בלשון השחתה וחבלה, שמלאכי השרת מבקשים לחבל, ולא בלשון חבלת מעשים כדלעיל (תולדות נח): **אם מניח אניח אני את ישראל.** מלהליץ עליהם: **וישראל קבלוה.** ואף על גב דעברו על עשיה, הליץ משה שאף שעברו באחת יש להם זכות במה שקיימו האחר, והם לדיקים לגבי אותם שלא קבלו ולא קיימו כל עיקר, והקדוש ברוך הוא השיב שהמה עברו על העשיה כלה, מאחר שעשו עבודה זרה ששקולה ככל המלות, והא דאמר [לעיל] פרשה כ"ז [סי' ט] אבדתם נעשה הזהרו בנשמע, היינו אחר שעשו תשובה, שאף על פי כן אבדו מעלת נעשה, וקאמר שיזהרו בנשמע שלא יחטאו כלל: **האמינו והשתחוו.** כי אף שעברו על מלותיו, יש להם שכר על ההכנעה לכבוד ה' כמכבד המלך אף שאינו עושה כמלותיו, והשיבו ה' עברו על ההשתחויה שאחר שנתנו כבוד לעגל, הרי הם מסירים כבוד ה' מעליהם: **הזכר לבחוריהם.** שלא טעמו טעם חטא שהם חשובים מאד לפני ה', כדאיתא בתנא דבי אליהו: **והקריבו לפניך זבחים.** וזכות הקרבנות גדול שהעולם מתקיים בהם. והטעם להיותם מורים על הכנעת האדם לפני בוראו, וכל שכן שהוא לבא בברית עם ה', כמו שאמרו ז"ל גבי ויקח משה חצי הדם שנכנסו בברית, ועל כרחך אף שחטאו, הם עמו ונחלתו ולא יוכל לעזבם, והשיב ה' כי עברו על הברית, במה שזבחו לעגל וכאילו כרתו ברית עמו: **מה שאמרת בסיני אנכי ה' אלהיך.** ואיתא במכילתא שעל כל דבור ודבור היו אומרים הן, ואם כן הוי ליה כאילו אמרו ה' אלהינו, וענין המליצו בזה, שאף שהשתחוו וזבחו לעגל, הנם מאמינים בה', כמו שהודו כי ה' האלהים, כי לא עבדו העגל בתורת אלהות אלא דרך אמצעי, אם כן לא כפרו בעיקר, והשיב ה' כי גם על זה עברו כי אמרו אלה אלהיך ישראל, וכפרו באלהותו: **הוי נשיאים ורוח וגשם אין.** חוזר לענין ראשון דנשיאים ורוח נדרש בישראל ששנו את דבריהם הראשונים, כי זה ילדק בכל ארבע הדברים שהליץ משה עליהם, והכי קאמר קרא, נשיאים ורוח וגשם אין איש מתהלל במתת שקר, שכל המתנות של מלות שעשו עברו עליהם ובטלום ולא היה להם זכות לעמוד עליהם, רק שמכל מקום מיד אחר שהמליץ משה עליהם, בטל את הפורעניות של המלאכים שבקשו לכלותם, על ידי שהאריך לבקש רחמים והאריך אפו של הקדוש ברוך הוא למנוע המשחיתים, (אף) [אך] הזעף והכעס של הקדוש ברוך הוא במקומו עומד, ולא היה יודע משה מה לעשות עד שהראה הקדוש ברוך הוא למשה שבילין: **(ב) למעלה כתיב לך רד.** רוצה לומר דכיון דקאמר לך רד, היאך חזר והאריך עמו דברים, ראיתי את העם הזה, אלא ודאי דהדר ביה, ואמירה זו לשון רך: **כאדם שיש בלבו.** מפרש מאי היא האמירה רכה: **מה עשיתי לך.** וכן מה שנאמר ראיתי את העם הזה, הכי קאמר ראיתי תמיד את העם הזה להטיב לו, ועם כל זה עם קשה עורף הוא ולא פנו אלי, ומה טעם זה הדבר:

פירוש מהרז"ו

דיבור האמור כאן. וידבר ה' אל משה לך רד, והיה לו לומר ויאמר: **למלאכי השרת.** ולעיל סוף פרשה מ"א איתא מלאכי חבלה, וכן הוא בתנחומא כאן עיין שם: **ויענו כל העם.** כל אשר דבר ה' נעשה: **סרו מהר וגו'.** וסיפא דקרא עשו להם עגל מסכה וישתחוו לו ויזבחו לו ויאמרו אלה אלהיך ישראל. והיה די שיאמר עשו עגל ועבדו לו, למה פרט כל כך, אלא שכל דיבור הוא תשובה על סניגוריא של משה: **בארך אפים יפותה.** שהאריך השם יתברך אפו ולא כלה חמתו עד שהודיע למשה, וביקש רחמים וביטל הגזירה: **(ב) שבילים שיבקש עליהם רחמים.** אחד מה ששינה לו מדיבור לאמירה, ויאמר ה' אל משה ראיתי. שני והנה עם קשה עורף הוא, כלומר מה עשיתי לו רע שהוא קשה כנגדי כל כך. שליש הניחה לי, כמו שכתוב סוף פרשה זו, רביע ואעשה אותך לגוי גדול, הרי עם משה ברצון ובאלו נתחזק לבו לבקש:

חידושי הרד"ל

[ב] אלא לשון רכה. זה שכתוב (סוף הפסוק דלעיל (סימן א ד"ה נשיאים) ולשון רכה תשבר גרם:

חידושי הרש"ש

[א] כמה דאת אמר דבר כו'. ורש"י בפירוש התורה הביא פסוק וידבר אתם קשות המוקדם: **[ב] אמור לי מה עשיתי לך שכן עשית.** נראה דדריש ראיתי את העם הזה כמו וירא אלהים את בני ישראל (שמות ב, כה), ראה ראיתי את עני עמי (שמות ג, ז), ראיתי את הלחץ (שם ט), כלומר אנכי ראיתי את עניים להצילם, והם עם קשה עורף:

באור מהרי"פ

בטל משה וכו'. פירוש, על ידי שהתחיל הקב"ה ליתן לו שבילים לבקש עליהם רחמים, כמבואר תיכף בסמוך:

אם למקרא

דִּבֶּר הָאִישׁ אֲדֹנֵי הָאָרֶץ אִתָּנוּ קָשׁוֹת וַיִּתֵּן אֹתָנוּ כִּמְרַגְּלִים אֶת הָאָרֶץ:
(בראשית מב:ל)

וַיַּעֲנוּ כָל הָעָם יַחְדָּו וַיֹּאמְרוּ כֹּל אֲשֶׁר דִּבֶּר ה׳ נַעֲשֶׂה וַיָּשֶׁב מֹשֶׁה אֶת דִּבְרֵי הָעָם אֶל ה׳:
(לעיל יט:ח)

וַיַּאֲמֵן הָעָם וַיִּשְׁמְעוּ כִּי פָקַד ה׳ אֶת בְּנֵי יִשְׂרָאֵל וְכִי רָאָה אֶת עָנְיָם וַיִּקְּדוּ וַיִּשְׁתַּחֲווּ:
(לעיל ד:לא)

וַיִּשְׁלַח אֶת נַעֲרֵי בְּנֵי יִשְׂרָאֵל וַיַּעֲלוּ עֹלֹת וַיִּזְבְּחוּ זְבָחִים שְׁלָמִים לַה׳ פָּרִים:
(לעיל כד:ה)

אָנֹכִי ה׳ אֱלֹהֶיךָ אֲשֶׁר הוֹצֵאתִיךָ מֵאֶרֶץ מִצְרַיִם מִבֵּית עֲבָדִים:
(לעיל כ:ב)

בְּאֹרֶךְ אַפַּיִם יְפֻתֶּה קָצִין וְלָשׁוֹן רַכָּה תִּשְׁבָּר גָּרֶם:
(שם שם טו)

שינוי נוסחאות

(א) **השתחויה.** בספרים ישנים איתא "ההשתחויה" והוא הנכון:

מתנות כהונה

ויענו כל העם יחדו וגו'. גרס וסיפיה דקרא נעשה (ונשמע): **[ב] למעלה כתיב לך רד.** לשון כעס כדלעיל:

אשד הנחלים

וישראל קבלוה. ואם כן תכונותיהם מצד עצמם הם טובים, רק ששיחתו מצד המקרה. והשיב לו הקדוש ברוך הוא שעתה סרו מזה ונשחתו תכונותיהם, וכן ההכנעה והאמנה שהיה בהם עד כה נתהפך עתה לאמונה רעה, כי הכניעו את עצמם לעגל והשתחוו לו: **מה שאמרת בסיני.** לכאורה אין זה זכירה לטובתם כי ה' אמר להם אבל הם לא קיבלוה. ונראה דהכונה זכור שאמרת להם ואז קיבלוה בלב שלם, כי הגיעו אז למדרגה עליונה כמו שאמרו (מכות כד, א) אנכי ולא יהיה לך מפי הגבורה שמעו, ואם כן תכונותיהם טוב מצד עצמם. והשיב לו ה' שעתה נתהפכו ממש מן הקצה אל הקצה. ודע דהנה בעל המדרש מפרש בזה הפסוקים במה שאמר ה' למשה להרשיע לישראל, מוכח מפני שהצדיק משה אותם באלו המעלות, על כן השיב לו שעתה נפלו מכל אלה וניתנו אלו המעלות לאמונת שוא: **הוי נשיאים כו'.** פירוש מה שקיוה מאלו המעלות שיהיו ישראל טובים, עתה נהפכו: **[ב] שיש בלבו.** כלומר שיש כעס בלבו, וחפץ שאחר ישתיק כעסו בכדי שלא יעשה לרעה מתוך כעסו. והענין בכללו כי מדת הדין התגבר בעת הזאת למאד, וחפץ ה' שילמד עליהם זכות להשתיק המדת הדין מעליהם:

בִּטֵּל מֹשֶׁה מִיָּד אֶת הַפּוּרְעָנוּת – Nevertheless, **Moses stopped the immediate** imposition of the **punishment** due for Israel's sin.[33] "הֱוֵי "בְּאֹרֶךְ אַפַּיִם וגו׳ – **Thus,** the next verse continues, ***By forbearance*** *a ruler is mollified, and a soft tongue breaks strong anger* (ibid., v. 15) – the ruler being God, Who was mollified by Moses' entreaties on Israel's behalf.

§2 The Midrash continues elaborating on the dialogue between Moses and God:

הִתְחִיל הַקָּדוֹשׁ בָּרוּךְ הוּא לִיתֵּן לְמֹשֶׁה שְׁבִילִים שֶׁיְּבַקֵּשׁ עֲלֵיהֶם רַחֲמִים – **The Holy One, blessed is He, began to give Moses "pathways"** (i.e., openings) **for requesting mercy on [Israel's] behalf.** מִנַּיִן – **From where** do we know this? אָמַר רַבִּי יוֹחָנָן: לְמַעְלָה כָּתוּב "לֶךְ רֵד" – **R' Yochanan explained: Above it is written** that God told Moses, ***"Go, descend,"*** implying that He was angry at Israel, וְאַחַר כָּךְ הוּא אוֹמֵר "וַיֹּאמֶר ה׳ אֶל מֹשֶׁה רָאִיתִי אֶת הָעָם הַזֶּה" – **whereas afterward it states,** ***HASHEM "said" to Moses, "I have seen this people, and behold! it is a stiff-necked people"*** (v. 9), וְאֵין אֲמִירָה אֶלָּא לָשׁוֹן רַךְ – **and** the expression **"saying"** [אֲמִירָה] **is** an indication of **nothing other than gentle speech.**[34] כְּאָדָם שֶׁיֵּשׁ בְּלִבּוֹ עַל חֲבֵרוֹ וְהוּא מְבַקֵּשׁ לְהִתְפַּיֵּס לוֹ – This teaches that God at this moment was **like a person who has** a grievance **in his heart against his friend, and yet wishes to be reconciled with him,** וְהוּא אוֹמֵר לוֹ: אֱמוֹר לִי מֶה עָשִׂיתִי לְךָ שֶׁכֵּן עָשִׂיתָ – **so he says to him, "Tell me, what I have done to you that you** retaliated and **acted this way** toward me?"[35]

NOTES

33. That is, although Israel had no merits to support them, Moses was able, by advocating at length on their behalf, to hold off God's anger temporarily; and in the meantime, the angels set upon destroying Israel (see above) were recalled. But God's anger was still intact, and Moses did not know how to proceed until, as the Midrash will say shortly (in the next section), God showed him "pathways" for requesting mercy on behalf of Israel. By utilizing this opportunity, Moses eventually succeeded in *totally* averting the catastrophic Divine punishment that was in store for his people (*Eitz Yosef*). See Insight Ⓐ.

34. Once God abruptly told Moses, *"Go, descend – for your people . . . has become corrupt," etc.* (vv. 7-8), it seems insensible for God to now continue speaking to Moses by saying, *"I have seen this people . . ."* (v. 9), unless God intended to convey that He was now open to a plea for mercy and would consider rescinding the decree of annihilation. This is further borne out by the fact that the term וַיֹּאמֶר, *[HASHEM] said*, preceding the phrase *I have seen this people*, is a softer expression than וַיְדַבֵּר, *[HASHEM] spoke*, used in the beginning of verse 7, as explained above, at note 22 (see *Maharzu* and *Eitz Yosef*).

35. Having shown that God's second statement was made in a conciliatory spirit, the Midrash interprets it as follows: *"I have seen this people,"* i.e., I have kept My watchful eye on this people, always looking for ways to bestow kindness upon them, yet they remain *a stiff-necked people*, stubbornly refusing to heed My commands. What have I done to them that they should act this way in return? (*Yefeh To'ar, Eitz Yosef*).

INSIGHTS

(*Like clouds and wind without rain*), here the Midrash is construing it in a rather different way. The plural word נְשִׂיאִים (*clouds*) literally means "lofty things," and hence refers to man's intellect, which raises him erect, and to his *tzelem Elokim*, which sets him on a plane above all other creatures. The word רוּחַ (usually *wind*) can also mean *spirit*, and thus refers to the soul. And גֶּשֶׁם (usually *rain*) can also mean *physicality*, implying the body. Taken together, the verse is saying that these four components of the human being have, in Israel's case, become אַיִן, *non-existent*, i.e., not worthy of continued existence due to their traitorous involvement with the Golden Calf.

Seeing all his arguments rejected, Moses fell back on the approach alluded to in the next verse — *a soft tongue breaks strong anger* — and indeed, his prayerful pleas succeeded in averting the threatened calamity.

Ⓐ **Courage Amid Despair** The question, however, remains: If all Moses' arguments on behalf of Israel were refuted, how *did* he succeed in moderating God's anger against them?

R' Moshe Schwab (*Maarchei Lev* Vol. IV, p. 287ff) offers insights into the Midrash, containing invaluable lessons for our own lives.

God had ordered Moses to descend from Sinai because the Israelites had made a Golden Calf. Would it not have been natural for Moses to become disheartened and not even attempt to come to his nation's defense? God Himself had declared that the nation was doomed because of its grave sins! What could he possibly reply?

And should not Moses have suffered a crushing sense of defeat? Here was the nation that he had taken out of Egypt so that they could receive the Torah and become God's beloved treasure and a holy nation (above, 19:5-6). He had communicated God's word to them, and then ascended to the heavens, remaining there for forty days, so that he could transmit the entire Torah to them. Now all his efforts seemed to have been in vain. The hopes he had held so high for the nation he had nurtured were dashed.

At this point, Moses could have turned his thoughts inward, seeking to salvage at least himself from the wreckage of the nation. He could have spent his time in prayer and soul-searching, seeking to identify and correct any fault on his part that might have contributed to this calamity. Is that not how a God-fearing person ordinarily confronts disappointment and failure?

Yes. But these were not ordinary times. This was a critical moment in history. As the Midrash states, אוֹתָהּ שָׁעָה, *At that moment,* God spoke harsh words to Moses! אוֹתָהּ שָׁעָה, *At that moment,* the Midrash states, Moses saw the ministering angels seeking to destroy all of Israel! This was no time for self-recrimination or introspection, nor for doubt or despondency. The Jewish people was threatened with extinction! What they needed now was a leader, a Moses, who would rise fearlessly to their defense and advocate on their behalf, no matter how futile the endeavor seemed. So Moses said, "If I abandon Israel to their fate, there will never be any restoration for them. I will not budge from here before seeking mercy for them!"

True, every point Moses raised in defense of the people was rejected. But it is altogether possible, R' Schwab suggests, that the very fact that there was an advocate willing to spare no effort on their behalf gained the people a reprieve. Advocacy on behalf of the Jewish nation has the power to transform the Attribute of Justice into the Attribute of Forbearance.

Alternatively, R' Schwab suggests that the defenses offered by Moses *did* have merit, the rebuttals notwithstanding. Elsewhere, the Midrash (*Shir HaShirim Rabbah* 1 §34) expounds the verse שְׁחוֹרָה אֲנִי וְנָאוָה, *Though I am black, I am comely* (*Song of Songs* 1:5), to mean: *"Though I am black* in Horeb . . . [because of] the Calf, *I am comely* in Horeb . . . [because of my declaring], *'We will do and we will obey.'"* Plainly, the Midrash maintains that the original merit of *We will do and we will obey* was not entirely erased by the sin of the Golden Calf. The blackness was not total. Even when darkened with sin, the nation was still "comely." The merit of that original declaration was not sufficient to erase the decree against them, but it did earn them God's forbearance, until Moses would follow the path shown to him by God to save the nation, as delineated in the Midrash's next teaching.

We, too, experience moments of inspiration that move us to resolve "to do and obey," to better ourselves and hold to a higher standard. But with the passage of time — sometimes only days, perhaps weeks, or even months — we stumble and lapse, until it seems that we are incapable of real and sustained change, and we are ready to surrender to despair. Our Midrash teaches us to hold fast. True, we have faults, even many faults. But we have virtues as well, and we must advocate those virtues. But even more: Even the virtue of those broken resolutions is not completely lost. Their beauty has been tarnished by our lapses, not erased. The underlying source of that beauty remains, and it retains the power to transform anger into forbearance, and despair into the expectations for a better future.

אָמַר רַבִּי יוֹחָנָן: אֵין דִּבּוּר הָאָמוּר כָּאן אֶלָּא דְּבָרִים קָשִׁים, כְּמָה דְּאַתְּ אָמַר (בראשית מב, ל) ״דִּבֶּר הָאִישׁ אֲדֹנֵי הָאָרֶץ אִתָּנוּ קָשׁוֹת״, אוֹתָהּ שָׁעָה רָאָה מֹשֶׁה לְמַלְאֲכֵי הַשָּׁרֵת שֶׁהֵם עוֹמְדִים וּמְבַקְשִׁים לָצֵאת וּלְחַבֵּל כָּל יִשְׂרָאֵל, אָמַר מֹשֶׁה: אִם מַנִּיחַ אֲנִי אֶת יִשְׂרָאֵל וְאֵרֵד אֵין לָהֶם תְּקוּמָה לְעוֹלָם, אֵינִי זָז מִכָּאן עַד שֶׁאֲבַקֵּשׁ עֲלֵיהֶם רַחֲמִים, מִיָּד הִתְחִיל מְלַמֵּד עֲלֵיהֶם סָנֵיגוֹרְיָא, אָמַר לְהַקָּדוֹשׁ בָּרוּךְ הוּא: יֵשׁ לִי זְכוּת לְלַמֵּד עֲלֵיהֶם, אָמַר לוֹ: רִבּוֹן הָעוֹלָם, הִזָּכֵר לָהֶם כְּשֶׁבִּקַּשְׁתָּ לִיתֵּן תּוֹרָה לִבְנֵי עֵשָׂו וְלֹא קִבְּלוּהָ וְיִשְׂרָאֵל קִבְּלוּהָ, שֶׁנֶּאֱמַר (לעיל יט, ח) ״וַיַּעֲנוּ כָל הָעָם יַחְדָּו וגו׳ ״, אָמַר הַקָּדוֹשׁ בָּרוּךְ הוּא: עָבְרוּ עַל הָעֲשִׂיָּה, שֶׁנֶּאֱמַר [לב, ח] ״סָרוּ מַהֵר מִן הַדֶּרֶךְ וְגו׳ ״, אָמַר לוֹ: הִזָּכֵר לָהֶם כְּשֶׁהָלַכְתִּי בִּשְׁלִיחוּתְךָ לְמִצְרַיִם וְאָמַרְתִּי לָהֶם שִׁמְךָ, מִיָּד הֶאֱמִינוּ וְהִשְׁתַּחֲווּ לְשִׁמְךָ, שֶׁנֶּאֱמַר (לעיל ד, לא) ״וַיַּאֲמֵן הָעָם״, מִיָּד (שם) ״וַיִּקְּדוּ וַיִּשְׁתַּחֲווּ״, אָמַר לוֹ: עָבְרוּ עַל °הִשְׁתַּחֲוָיָה, שֶׁנֶּאֱמַר [לב, ח] ״וַיִּשְׁתַּחֲווּ לוֹ״, אָמַר לוֹ: הִזָּכֵר לְבַחוּרֵיהֶם שֶׁשְּׁלַחְתִּים וְהִקְרִיבוּ לְפָנֶיךָ זְבָחִים, שֶׁנֶּאֱמַר (לעיל כד, ה) ״וַיִּשְׁלַח אֶת נַעֲרֵי בְּנֵי יִשְׂרָאֵל וְגו׳ ״, אָמַר לוֹ: עָבְרוּ עַל הַזְּבִיחָה, שֶׁנֶּאֱמַר [לב, ח] ״וַיִּזְבְּחוּ לוֹ״, אָמַר לוֹ: הִזָּכֵר לָהֶם מַה שֶּׁאָמַרְתָּ בְּסִינַי (לעיל כ, ב) ״אָנֹכִי ה׳ אֱלֹהֶיךָ״, אָמַר לוֹ: עָבְרוּ עָלָיו, שֶׁנֶּאֱמַר [לב, ח] ״וַיֹּאמְרוּ אֵלֶּה אֱלֹהֶיךָ״, הֱוֵי (משלי כה, יד) ״נְשִׂיאִים וְרוּחַ וְגֶשֶׁם אָיִן״, בִּטֵּל מֹשֶׁה מִיָּד אֶת הַפּוּרְעָנוּת, הֱוֵי (שם שם טו) ״בְּאֹרֶךְ אַפַּיִם וגו׳ ״:

ב הִתְחִיל הַקָּדוֹשׁ בָּרוּךְ הוּא לִיתֵּן לְמֹשֶׁה שְׁבִילִים שֶׁיְּבַקֵּשׁ עֲלֵיהֶם רַחֲמִים, מִנַּיִן, אָמַר רַבִּי יוֹחָנָן: לְמַעְלָה כָּתוּב [לב, ז] ״לֶךְ רֵד״ וְאַחַר כָּךְ הוּא אוֹמֵר [לב, ט] ״וַיֹּאמֶר ה׳ אֶל מֹשֶׁה רָאִיתִי אֶת הָעָם הַזֶּה״, וְאֵין אֲמִירָה אֶלָּא לָשׁוֹן רַךְ, כְּאָדָם שֶׁיֵּשׁ בְּלִבּוֹ עַל חֲבֵרוֹ וְהוּא מְבַקֵּשׁ לְהִתְפַּיֵּיס לוֹ, וְהוּא אוֹמֵר לוֹ: אֱמוֹר לִי מֶה עָשִׂיתִי לְךָ שֶׁכֵּן עָשִׂיתָ,

עץ יוסף

אין דבור האמור כאן. וידבר ה׳ אל משה לך רד: **למלאכי השרת שהם עומדים ומבקשים לצאת ולחבל.** כי שחת עמך דרש בלשון השחתה וחבלה, שמלאכי השרת מבקשים לחבל, ולא בלשון חבלת מעשים כדלעיל (תולדות כח): **אם מניח אניח אני את ישראל.** מלהלין עליהם: **וישראל קבלוה.** ואף על גב דעברו על עשיה, הלין משה שאף שעברו באחת יש להם זכות במה שקיימו השאר, והם לדיקים לגבי אותם שלא קבלו ולא קיימו כל עיקר, והקדוש ברוך הוא השיב שהמה עברו על העשיה כלה, מאחר שעשו עבודה זרה ששקולה ככל המלות, והא דאמר [לעיל] פרשה כ״ז [סי׳ ט] אבדתם נעשה הזהרו בנשמע, היינו אחר שעשו תשובה, שאף על פי כן אבדו מעלת נעשה, וקאמר שיזהרו בנשמע שלא יחטאו כלל: **האמינו והשתחוו.** כי אף שעברו על מלותיו, יש להם שכר על ההכנעה לכבוד ה׳ כמכבד המלך אף שאינו עושה כמלותיו, והשיבו ה׳ עברו על ההשתחוויה שאחר שנתנו כבוד לעגל, הרי הם מסירים כבוד ה׳ מעליהם: **הזכר לבחוריהם.** שלא טעמו טעם חטא שהם חשובים מאד לפני ה׳, כדאיתא בתנא דבי אליהו: **והקריבו לפניך זבחים.** וזכות הקרבנות גדול שהעולם מתקיים בהם. והטעם להיותם מורים על הכנעת האדם לפני בוראו, וכל שכן שהוא לבא בברית עם ה׳, כמו שאמרו ז״ל גבי ויקח משה חצי הדם שנכנסו בברית, ועל כרחך אף שחטאו, הם עמו ונחלתו ולא יוכל לעזבם, והשיב ה׳ כי עברו על הברית, במה שזבחו לעגל וכאילו כרתו ברית עמו: **מה שאמרת בסיני אנכי ה׳ אלהיך.** ואיתא במכילתא שעל כל דבור ודבור היו אומרים הן, ואם כן הוי ליה כאילו אמרו ה׳ אלהינו, וענין המלילתו בזה, שאף שהשתחוו וזבחו לעגל, הנם מאמינים בה׳, כמו שהודו כי ה׳ האלהים, כי לא עבדו העגל בתורת אלהות אלא דרך אמצעי, אם כן לא כפרו בעיקר, והשיב ה׳ כי גם על זה עברו כי אמרו אלה אלהיך ישראל, וכפרו באלהותו: **הוי נשיאים ורוח וגשם אין.** חוזר לענין ראשון דנשיאים ורוח נדרש בישראל ששנו את דבריהם הראשונים, כי זה ילדק בכל ארבע הדברים שהלין משה עליהם, והכי קאמר קרא, נשיאים ורוח וגשם אין איש מתהלל במתת שקר, שכל המתנות של מלות שעשו עברו עליהם ובטלום ולא היה להם זכות לעמוד עליהם, רק שמכל מקום מיד אחר שהמלין משה עליהם, בטל את הפורעניות של המלאכים שבקשו לכלותם, על ידי שהאריך לבקש רחמים והאריך אפו של הקדוש ברוך הוא למנוע המשחיתים, (אף) [אך] הזעף והכעס של הקדוש ברוך הוא במקומו עומד, ולא היה יודע משה מה לעשות עד שהראה הקדוש ברוך הוא למשה שבילין: **(ב) למעלה כתיב לך רד.** רולה לומר דכיון דקאמר לך רד, היאך חזר והאריך עמו דברים, ראיתי את העם הזה, אלא ודאי דהדר ביה, ואמירה זו לשון רך: **כאדם שיש בלבו.** מפרש מאי היא האמירה רכה: **מה עשיתי לך.** וכן מה שנאמר ראיתי את העם הזה, הכי קאמר ראיתי תמיד את העם הזה להטיב לו, ועם כל זה עם קשה עורף הוא ולא פנו אלי, ומה טעם זה הדבר:

פירוש מהרז״ו

דיבור האמור כאן. וידבר ה׳ אל משה לך רד, והיה לו לומר ויאמר: **למלאכי השרת.** ולעיל סוף פרשה מ״א איתא מלאכי חבלה, וכן הוא בתנחומא כאן עיין שם: **ויענו כל העם.** כל אשר דבר ה׳ נעשה: **סרו מהר וגו׳.** וסיפא דקרא עשו להם עגל מסכה וישתחוו לו ויזבחו לו ויאמרו אלה אלהיך ישראל. והיה די שיאמר עשו עגל ועבדו לו, למה פרט כל כך, אלא שכל דיבור הוא תשובה על סניגוריא של משה: **בארך אפים יפותה.** שהאריך השם יתברך אפו ולא כלה חמתו עד שהודיע למשה, וביקש רחמים וביטל הגזירה: **(ב) שבילים שיבקש עליהם רחמים.** אחד מה ששינה לו מדיבור לאמירה, ויאמר ה׳ אל משה ראיתי. שני והנה עם קשה עורף הוא, כלומר מה עשיתי לו רע שהוא קשה כנגדי כל כך. שליש הניחה לי, כמו שכתוב סוף פרשה זו, רביע ואעשה אותך לגוי גדול, הרי עם משה ברלון ובאלו נתחזק לבו לבקש:

חידושי הרד״ל

[ב] אלא לשון רכה. זה שכתוב (סוף הפסוק דלעיל (סימן א ד״ה נשיאים) ולשון רכה תשבר גרם:

חידושי הרש״ש

[א] כמה דאת אמר דבר כו׳. ורש״י בפירוש התורה הביא פסוק וידבר אתם קשות המוקדם: **[ב] אמור לי מה עשיתי לך שכן עשית.** נראה דדריש ראיתי את העם הזה כמו וירא אלהים את בני ישראל (שמות ב, כה), ראה ראיתי את עני עמי (שמות ג, ז), ראיתי את הלחץ (שם ט), כלומר אנכי ראיתי את עניים להצילם, והם עם קשה עורף:

באור מהרי״פ

בטל משה וכו׳. פירוש, על ידי שהתחיל הקב״ה ליתן לו שבילים לבקש עליהם רחמים, כמבואר תיכף בסמוך:

אם למקרא

דִּבֶּר הָאִישׁ אֲדֹנֵי הָאָרֶץ אִתָּנוּ קָשׁוֹת וַיִּתֵּן אֹתָנוּ כִּמְרַגְּלִים אֶת הָאָרֶץ: (בראשית מב:ל)

וַיַּעֲנוּ כָל הָעָם יַחְדָּו וַיֹּאמְרוּ כֹּל אֲשֶׁר דִּבֶּר ה׳ נַעֲשֶׂה וַיָּשֶׁב מֹשֶׁה אֶת דִּבְרֵי הָעָם אֶל ה׳: (לעיל יט:ח)

וַיַּאֲמֵן הָעָם וַיִּשְׁמְעוּ כִּי פָקַד ה׳ אֶת בְּנֵי יִשְׂרָאֵל וְכִי רָאָה אֶת עָנְיָם וַיִּקְּדוּ וַיִּשְׁתַּחֲווּ: (לעיל ד:לא)

וַיִּשְׁלַח אֶת נַעֲרֵי בְּנֵי יִשְׂרָאֵל וַיַּעֲלוּ עֹלֹת וַיִּזְבְּחוּ זְבָחִים שְׁלָמִים לַה׳ פָּרִים: (לעיל כד:ה)

אָנֹכִי ה׳ אֱלֹהֶיךָ אֲשֶׁר הוֹצֵאתִיךָ מֵאֶרֶץ מִצְרַיִם מִבֵּית עֲבָדִים: (לעיל כ:ב)

בְּאֹרֶךְ אַפַּיִם יְפֻתֶּה קָצִין וְלָשׁוֹן רַכָּה תִּשְׁבָּר גָּרֶם: (שם שם טו)

שינוי נוסחאות

(א) השתחויה. בספרים ישנים איתא ״ההשתחויה״ והוא הנכון:

מתנות כהונה

ויענו כל העם יחדו וגו׳. גרס וסיפיה דקרא נעשה (ונשמע): **[ב] למעלה כתיב לך רד.** לשון כעס כדלעיל:

אשד הנחלים

וישראל קבלוה. ואם כן תכונותיהם מצד עצמם הם טובים, רק ששיחתו מצד המקרה. והשיב לו הקדוש ברוך הוא שעתה סרו מזה ונשחתו תכונותיהם, וכן ההכנעה והאמנה שהיה בהם עד כה נתהפך עתה לאמונה רעה, כי הכניעו את עצמם לעגל והשתחוו לו: **מה שאמרת בסיני.** לכאורה אין זה זכירה לטובתם כי ה׳ אמר להם אבל הם לא קיבלוה. ונראה דהכונה זכור שאמרת להם ואז קיבלוה בלב שלם, כי הגיעו אז למדרגה עליונה כמו שאמרו (מכות כד, א) אנכי ולא יהיה לך מפי הגבורה שמעו, ואם כן תכונותיהם טוב מצד עצמם. והשיב לו ה׳ שעתה נתהפכו ממש מן הקצה אל הקצה. ודע דהנה בעל המדרש מפרש בזה הפסוקים במה שאמר ה׳ למשה להרשיע לישראל, מוכח מפני שהצדיק משה אותם באלו המעלות, על כן השיב לו שעתה נפלו מכל אלה וניתנו אלו המעלות לאמונת שוא: **הוי נשיאים כו׳.** פירוש מה שקיוה מאלו המעלות שיהיו ישראל טובים, עתה נהפכו: **[ב] שיש בלבו.** כלומר שיש כעס בלבו, וחפץ שאחר ישתיק כעסו בכדי שלא יעשה לרעה מתוך כעסו. והענין בכללו כי מדת הדין התגבר בעת הזאת למאד, וחפץ ה׳ שילמד עליהם זכות להשתיק המדת הדין מעליהם:

כֵּיוָן שֶׁשָּׁמַע מֹשֶׁה מִן הַקָּדוֹשׁ בָּרוּךְ הוּא דְּבָרִים רַכִּים הִתְחִיל מְבַקֵּשׁ עֲלֵיהֶם רַחֲמִים – **When Moses heard** these **gentle words from the Holy One, blessed is He, he began to plead for mercy on their behalf,** "שֶׁנֶּאֱמַר "וַיְחַל מֹשֶׁה וגו׳ – **as it is stated,** ***Moses pleaded*** *before HASHEM, his God,* ***etc.*** (v. 11).

☐ לֵךְ רֵד – *GO, DESCEND.*

The Midrash describes Moses' reaction to God's command:

אָמַר לוֹ: רִבּוֹן הָעוֹלָם – **[Moses] said to [God], "Master of the world!** אֶתְמוֹל אָמַרְתָּ לִי "וְעָלִיתָ אַתָּה וְאַהֲרֹן עִמָּךְ", וְכֵן "וְאֶל מֹשֶׁה אָמַר "עֲלֵה אֶל ה׳ – **Yesterday You commanded me,** ***You shall ascend, and Aaron with you*** (above, 19:24), **and similarly,** ***To Moses He said, 'Go up to HASHEM'*** (ibid. 24:1); וְכָאן אַתָּה אוֹמֵר "לֵךְ רֵד" – **and now You say, '*Go, descend*'?"**[36] אָמַר לוֹ: לֹא בִּשְׁבִיל כְּבוֹדְךָ אַתָּה עוֹלֶה לְכָאן, אֶלָּא בִּשְׁבִיל כְּבוֹד בָּנַי – **[God] replied to [Moses], "You did not ascend to this position for your own glory, but for the glory of My children.**[37] אָמַרְתִּי לַזָּקֵן שֶׁלָּהֶם: "וְהִנֵּה מַלְאֲכֵי "אֱלֹהִים עֹלִים וְיֹרְדִים בּוֹ – Indeed, **I said** long ago **to their ancestor** Jacob, ***And behold! angels of God were ascending and descending on it*** [בּוֹ] (*Genesis* 28:12).[38] מַהוּ "בּוֹ" – **What is** the meaning of ***on it*** [בּוֹ]?[39] אֶלָּא כָּךְ אָמַרְתִּי לוֹ – **However, this is what I said to [Jacob],** in effect, in his dream: כְּשֶׁיִּהְיוּ בָּנֶיךָ צַדִּיקִים – **'When your descendants will be righteous,** הֵם מִתְרוֹמְמִים בְּעוֹלָם וְעוֹלִים, וְכֵן שְׁלוּחֵיהֶם מִתְעַלִּים עִמָּהֶם – **they will rise higher and higher in the world, and their representatives,** i.e., their prophets, **will also ascend with them.** וּכְשֶׁהֵם יוֹרְדִים הֵם וּשְׁלוּחֵיהֶם בִּירִידָה – **But when they descend** to a spiritual low, both **they and their representatives** will share **in the descent.'**[40] "לֵךְ רֵד", לָמָּה, "כִּי שִׁחֵת עַמְּךָ" – Hence, I tell you, ***Go, descend*** from your position of greatness. **Why?** ***For your people*** *that you brought up from the land of Egypt* ***has become corrupt.***" אָמַר לוֹ: הוֹאִיל וְחָטְאוּ אַתָּה וְהֵם בִּירִידָה – It is as though **[God] said to him, "Since they have sinned, you and they** must share **in the descent."**

§3 The Midrash brings to light another shade of meaning in God's demand that Moses "descend":

דָּבָר אַחֵר, "לֵךְ רֵד" – **Another interpretation of** ***Go, descend:*** אָמַר רַבִּי בֶּרֶכְיָה בְּשֵׁם רַבִּי שְׁמוּאֵל בַּר נַחְמָן – **R' Berechyah said in the name of R' Shmuel bar Nachman:** נִתְנַדָּה מֹשֶׁה וְנִזְעַף – At this point **Moses was excommunicated**[41] **and rebuked** by God, וְאֵין "רֵד" אֶלָּא נִידּוּי – **as the word** ***descend*** [רד] here implies **nothing other than excommunication.**[42] וּמֵהֵיכָן אַתָּה לָמֵד – **And from where can you derive** that "descend" can have this meaning? בְּשָׁעָה שֶׁאֶחָיו שֶׁל יוֹסֵף מְכָרוּהוּ וְהָלְכוּ לְנַחֵם אֲבִיהֶם וְלֹא נִתְנַחֵם – From the incident of Joseph's sale, for **when the brothers sold Joseph and** then **went to comfort their father, and he would not be comforted,**

NOTES

36. The Midrash sees in the expressions וְעָלִיתָ, *you shall ascend*, and עֲלֵה, *ascend*, a connotation of promotion to greatness. But now he was told, *Go, descend,* suggesting just the opposite (see *Eitz Yosef* and *Eshed HaNechalim*).

As indicated earlier (see note 21), the Midrash here does not understand *descend* literally — in the sense of "descend from the mountain" — for Moses was not given any instructions as to what he was to do upon descending (see *Maharsha* to *Berachos* 32a). Furthermore, had he actually been ordered to descend, he would have immediately complied, yet the Torah records that he remained and continued to converse with God (see *Tzlach* to *Berachos* ad loc.). Rather, the term רד, *descend*, in this context means "*step down* from your eminent status." [Note that these rationales for attaching a figurative meaning to the word *descend* underlie many of the expositions recorded below in this *Parashah*; see, for example, the beginning of sections 3 and 5.]

37. Although Moses was the greatest of mortals and reached the pinnacle of human perfection, the lofty levels he attained were essentially a Divine gift conferred upon him in the merit of the people of Israel; for a single individual cannot achieve such superior prophetic power on his own (*Eitz Yosef*). Consequently, his powers were dependent on Israel's behavior.

38. God did not actually *say* these words to Jacob; rather, He communicated the image they describe by showing it to him in a dream.

39. According to the plain reading of the verse, the angels were ascending and descending *on the ladder* that, in Jacob's vision, reached from earth to heaven. But if the word בּוֹ, *on it*, truly refers to the ladder, it is redundant, since the ladder is the subject of the verse. Of necessity, then, it refers to Jacob, i.e., Jacob's offspring, as the Midrash goes on to explain (*Eitz Yosef, Maharzu*).

40. The Midrash interprets *angels of* [מַלְאֲכֵי] *God* as referring to the prophets. The word מַלְאָךְ essentially means *messenger*, and thus can refer to either angels or prophets, both of whom act as agents of God's will (*Toldos Noach*, based on *Vayikra Rabbah* 1 §1). Accordingly, the verse is saying that the prophets ascend and descend בּוֹ, *with him* — in tandem with Jacob, that is, the Jewish people, and their current level of virtue (ibid.). See further, *Bereishis Rabbah* 68 §12 (referenced by *Eitz Yosef*), where the exposition of *Genesis* 28:12 and the general idea presented by our Midrash is more fully developed. See also Insight Ⓐ.

41. This is not meant to be taken literally; the intention is rather that Moses was [temporarily] cut off from the flow of prophetic inspiration, in much the same way that a person who is excommunicated is isolated from other people (*Eitz Yosef*). [Note that the Midrash itself softens its statement by adding that Moses was "rebuked." Since true excommunication involves far more than a rebuke, this addition indicates that the "excommunication" mentioned here is something akin to a rebuke (ibid.).]

42. We have already seen (note 36) that given its context, the word *descend* in this verse must be understood in a figurative sense.

INSIGHTS

Ⓐ **Upward Descent** To all appearances, our Midrash is saying that Moses was dragged down from his position of eminence by the spiritual descent of his people. And so it is with all Jewish leaders: They rise and fall according to the spiritual state of the people. *Sfas Emes* (*Ki Sisa* 5641 and 5637), however, sees things in a different light. In his view, Moses made a conscious decision to descend along with his people because he knew that by doing so he could assist in their elevation.

Moses, he explains, did not have to step down because of Israel's sin. He did not have to break the Tablets for lack of a worthy recipient. There was another option available, offered to him by God Himself: *Let My anger flare up against them and I shall annihilate them; and I shall make you a great nation* (below, v. 10). Being completely free of any blame for the Golden Calf, Moses could have given up on his disgraced brethren and claimed all their privileges — the Tablets, the Torah, and the distinction of being God's chosen people — for himself and his progeny. But Moses was not a leader who looked out for himself. Even with an opportunity of such magnitude at hand, his devotion to his flock did not permit him to abandon it in its hour of need. What is more, he understood that the command *"Go, descend"* indicated God's preference that he remain bound to the people. As a result, he could not save the Tablets, for he was, by his own choice, still a member of a nation that had turned its back on the Commandments. On the other hand, his pure and guiltless presence within the sin-stained community mitigated its collective guilt, saved it from destruction, and paved the way for its subsequent rehabilitation.

This is the true meaning of Jacob's vision. When the righteous share in Israel's descent, it is not because they have lost their own lofty status, but because they forfeit that status in order to pull Israel back up with them. In doing so, they follow the example of Moses, who sacrificed everything for the sake of his brethren — and merited, in due course, to hear God rescind His previous command of *"Go, descend"* and tell him instead (below, 33:1), *"Go, ascend from here, you and the people whom you brought up from the land of Egypt . . . "*

כֵּיוָן שֶׁשָּׁמַע מֹשֶׁה מִן הַקָּדוֹשׁ בָּרוּךְ הוּא דְּבָרִים רַכִּים הִתְחִיל מְבַקֵּשׁ עֲלֵיהֶם רַחֲמִים, שֶׁנֶּאֱמַר [לב, יא] "וַיְחַל מֹשֶׁה וְגוֹ'", [לב, ז] "לֶךְ רֵד", אָמַר לוֹ: רִבּוֹן הָעוֹלָם, אֶתְמוֹל אָמַרְתָּ לִי (לעיל יט, כד) "וְעָלִיתָ אַתָּה וְאַהֲרֹן עִמָּךְ", וְכֵן (לעיל כד, א) "וְאֶל מֹשֶׁה אָמַר עֲלֵה אֶל ה'", וְכָאן אַתָּה אוֹמֵר "לֶךְ רֵד", אָמַר לוֹ: לֹא בִּשְׁבִיל כְּבוֹדְךָ אַתָּה עוֹלֶה לְכָאן, אֶלָּא בִּשְׁבִיל כְּבוֹד בָּנַי, אָמַרְתִּי לַזָּקֵן שֶׁלָּהֶם: (בראשית כח, יב) "וְהִנֵּה מַלְאֲכֵי אֱלֹהִים עֹלִים וְיֹרְדִים בּוֹ", מַהוּ "בּוֹ", אֶלָּא כָּךְ אָמַרְתִּי לוֹ: כְּשֶׁיִּהְיוּ בָּנֶיךָ צַדִּיקִים הֵם מִתְרוֹמְמִים בָּעוֹלָם וְעוֹלִים, וְכֵן שְׁלוּחֵיהֶם מִתְעַלִּים עִמָּהֶם, וּכְשֶׁהֵם יוֹרְדִים הֵם וּשְׁלוּחֵיהֶם בִּירִידָה, [לב, ז] "לֶךְ רֵד", לָמָּה, [שם] "כִּי שִׁחֵת עַמְּךָ", אָמַר לוֹ: הוֹאִיל וְחָטְאוּ אַתָּה וָהֵם בִּירִידָה:

ג דָּבָר אַחֵר, [לב, ז] "לֶךְ רֵד", אָמַר רַבִּי בֶּרֶכְיָה בְּשֵׁם רַבִּי שְׁמוּאֵל בַּר נַחְמָן: נִתְנַדָּה מֹשֶׁה וְנִזְעַף, וְאֵין "רֵד" אֶלָּא נִדּוּי, וּמֵהֵיכָן אַתָּה לָמֵד, בְּשָׁעָה שֶׁאֶחָיו שֶׁל יוֹסֵף מְכָרוּהוּ וְהָלְכוּ לְנַחֵם אֲבִיהֶם וְלֹא נִתְנַחֵם, אָמְרוּ: כָּל הַדְּבָרִים הַלָּלוּ עָשָׂה לָנוּ יְהוּדָה, שֶׁאִלּוּלֵא בִּקֵּשׁ לֹא מְכַרְנוּ אוֹתוֹ, כְּשֵׁם שֶׁאָמַר לָנוּ אַל תַּהַרְגוּהוּ וְשָׁמַעְנוּ לוֹ, אִלּוּ אָמַר לָנוּ אַל תִּמְכְּרוּהוּ נִשְׁמַע לוֹ, אֶלָּא אָמַר לָנוּ: (בראשית לז, כז) "לְכוּ וְנִמְכְּרֶנּוּ לַיִּשְׁמְעֵאלִים", *וְעָמְדוּ וְנִדּוּהוּ, שֶׁנֶּאֱמַר (שם לח, א) "וַיְהִי בָּעֵת הַהִיא וַיֵּרֶד יְהוּדָה מֵאֵת אֶחָיו", וְלֹא הָיָה לוֹ לוֹמַר אֶלָּא "וַיֵּלֶךְ יְהוּדָה", שֶׁהָיָה לוֹ יְרִידָה מִצַּד אֶחָיו, וּמַה "וַיֵּרֶד" הָאָמוּר לְהַלָּן נִדּוּי אַף "רֵד" הָאָמוּר כָּאן נִדּוּי, מָשָׁל לִמְדִינָה שֶׁשָּׁלְחָה פְּרוֹזְבּוּטִים לְעַטֵּר לַמֶּלֶךְ, עַד שֶׁהוּא הוֹלֵךְ עָמְדוּ בְּנֵי הַמְּדִינָה וְכָפוּ אֶת הַצְּלָמִים וְרָגְמוּ אֶת הָאִיקוֹנִין, עָמְדוּ גְּדוֹלֵי הַמְּדִינָה וְכָתְבוּ לַמֶּלֶךְ וְנִכְנְסוּ הַכְּתָבִים עַד שֶׁלֹּא הָלַךְ הַפְּרוֹזְבּוּטִים לְהִכָּנֵס לְעַטֵּר לַמֶּלֶךְ, אָמַר לוֹ הַמֶּלֶךְ וְכוּ'. [לב, ז] "כִּי שִׁחֵת עַמְּךָ", וְכִי עַמּוֹ שֶׁל מֹשֶׁה הָיוּ, אֶלָּא זֶהוּ שֶׁאָמַר הַכָּתוּב (הושע ז, יג) "אוֹי לָהֶם כִּי נָדְדוּ מִמֶּנִּי שֹׁד לָהֶם כִּי פָשְׁעוּ בִי וְאָנֹכִי אֶפְדֵּם וְהֵמָּה דִּבְּרוּ עָלַי כְּזָבִים", מִמֶּנִּי הָיוּ פוֹרְשִׁים שֶׁנֶּאֱמַר "אוֹי לָהֶם כִּי נָדְדוּ מִמֶּנִּי", יֵשׁ אָדָם °מַחֲלִיף דָּבָר רַע בְּדָבָר טוֹב°,

עץ יוסף

אתמול אמרת לי כו' ועלית. לשון גדולה וכבוד: **לא בשביל כבודך.** שאף על פי שהיה מובחר המין, הנה עלותו במדרגה ההיא היה מתנה מאת ה' לזכות הצבור, כי אין זכות אחד מספיק למדרגת הנבואה ההיא: **מהו בו.** דאי על הסולם, מלת בו מיותר שבו משתעי, אלא שפירוש בו ביעקב, ופירושו בשבילו דהיינו זרעו, והכי קאמר והנה מלאכי אלהים, דהיינו הנביאים עולים ויורדים בו בשבילו, וסולם רמז לסיני, כדלעיל בבראשית רבה פרשה ס"ח: (ג) [ב] **נתנדה משה.** דאין רד אלא נדוי, הכוונה שהרחיקו ה' ממדרגת הנבואה כמו שהמנודה מרוחק, ואף על גב דנדוי חמור מנזיפה, קאמר וניזוף לומר דנדוי זה אינו אלא קרוב לנזיפה, שהיה נבדל ממדרגת נבואתו כנזוף, לא שנדוהו בפירוש חס ושלום: **והלכו לנחם אביהם כו'.** מסמיכות וירד יהודה לוימאן להתנחם קמפיק. ומה שלא נתחרטו עד אחרי שראו בצרות אביהם, יש לומר משום שהמכירה גופא היה לפי סברת דעתם כדת ודין, אך אחר כן שראו שגרמו צער לאביהם אז נתחרטו על המכירה (תולדות נח): **עשה לנו יהודה.** האשימו ליהודה כי הוא הגדול ומלך עליהם, ועליו מוטל לעיין יותר בדברים: **אילו אמר לנו אל תמכרוהו כו'.** ויהודה היה סבר שלהפך ולעקור מחשבתם הרעה לגמרי אי אפשר: **משל למדינה.** משל לשליח שנזעף אף על פי שאין בו חטא, אך מפני שכל כניסתו לבית המלך אינה אלא מפני שולחיו, וכיון שהם מרוחקים ממילא ידחה הוא, כן משה לפי שגדולתו בשביל ישראל תתחייב ירידתו מירידתם כדלעיל: **פרוזבוטים.** פירוש שליח: **האיקונים.** צורה ודמות, תרגום המסולאים בפז, דמתילין איקוניהון לדהבא: **אמר לו המלך כו'.** שיחזור לו לאחוריו כי עמו אשר שלחוהו סרחו ומרדו במלך (מתנות כהונה): **וכי עמו של משה היו.** דאף על גב דנקראו על שמו, מפני שנתן נפשו עליהם כדלעיל פרשה ל', אין זה אלא אחר שאמר מחני נא מספרך: **והמה דברו עלי כזבים.** שמשום זה לא קראם עמו, וכדמסיים בסוף הסימן: **יש אדם מחליף דבר טוב בדבר רע.** כן צריך לומר

פירוש מהרז"ו

אמר לו רבון העולם. כמו שדרש לעיל סוף פרשה מ"ח, א"ל למה אז אמר לו טענה זו: **אמרתי לזקן.** זה יעקב שהראהו מראה הסולם ברוח הקדש, וזהו אמירתו: **מהו בו.** אם הכוונה על הסולם, תיבת בו מיותר, שהרי בסולם מדבר, אלא פירוש בו, ביעקב, וכן לזרעו. ומה שכתוב עולים ויורדים, אין פירושו שעולים ויורדים ברגליהם, אלא פירושו מתעלים ונשפלים ביעקב, ומלאכי אלהים פירושו שלוחיו לישראל ונביאיו, כמו שאמרו ויקרא רבה ריש פרשה א'. ועיין פסיקתא פרשה י' סימן ו, ועיין בריש מכילתא: (ג) **נתנדה משה.** לשון התנחומא סימן כ"ב מפי בית דין של מעלה, וכל הענין שם: **ולא נתנחם.** ואז הרגישו צרת אביהם ונתחרטו: **אלא וילך יהודה.** וירד, משמע שאחיו היו בהר, וירד יהודה לבקעה, ואם אינו ענין לירידת מקום תנהו ענין לירידת מעלה, ודורש כאן גזירה שוה על פי מדה כ': **משל למדינה.** והנמשל שישראל שלחו את משה שיקבל הלוחות והתורה לעבוד את השם יתברך, שזהו עטרה שלו, ואחר ששלחו אותו חטאו בעגל, ועל ידי כן גער במשה לך רד:

חידושי הרד"ל

מתרוממים בעולם ועולים. כן צריך לומר:

חידושי הרש"ש

[ג] **נתנדה משה ונזעף.** אולי צריך לומר וניזוף, לשון נזיפה:

באור מהרי"פ

[ג] **משל למדינה וכו'.** מילתא באנפי נפשה היא, והנמשל של העטרות הוא כקבלת עול מלכותו ועול מצותיו שהבטיחו ישראל במאמר נעשה ונשמע, הם המה העטרות שרצה משה לעטר את הקב"ה:

אמרי יושר

[ג] **עם עצמו היה עסוק.** כי שכינה גלתה עמהם, זהו ויזבחו לו ויאמרו אלה אלהיך ישראל אשר העלך, אבל הקב"ה בעצמו היה עסוק להעלות עצמו:

אם למקרא

וַיֹּאמֶר אֵלָיו ה' לֶךְ רֵד וְעָלִיתָ אַתָּה וְאַהֲרֹן עִמָּךְ וְהַכֹּהֲנִים וְהָעָם אַל יֶהֶרְסוּ לַעֲלֹת אֶל ה' פֶּן יִפְרָץ בָּם: (לעיל יט:כד)

וְאֶל מֹשֶׁה אָמַר עֲלֵה אֶל ה' אַתָּה וְאַהֲרֹן נָדָב וַאֲבִיהוּא וְשִׁבְעִים מִזִּקְנֵי יִשְׂרָאֵל וְהִשְׁתַּחֲוִיתֶם מֵרָחֹק: (לעיל כד:א)

וַיַּחֲלֹם וְהִנֵּה סֻלָּם מֻצָּב אַרְצָה וְרֹאשׁוֹ מַגִּיעַ הַשָּׁמָיְמָה וְהִנֵּה מַלְאֲכֵי אֱלֹהִים עֹלִים וְיֹרְדִים בּוֹ: (בראשית כח:יב)

לְכוּ וְנִמְכְּרֶנּוּ לַיִּשְׁמְעֵאלִים וְיָדֵנוּ אַל תְּהִי בוֹ כִּי אָחִינוּ בְשָׂרֵנוּ הוּא וַיִּשְׁמְעוּ אֶחָיו: (בראשית לז:כז)

וַיְהִי בָּעֵת הַהִוא וַיֵּרֶד יְהוּדָה מֵאֵת אֶחָיו וַיֵּט עַד אִישׁ עֲדֻלָּמִי וּשְׁמוֹ חִירָה: (שם לח:א)

אוֹי לָהֶם כִּי נָדְדוּ מִמֶּנִּי שֹׁד לָהֶם כִּי פָשְׁעוּ בִי וְאָנֹכִי אֶפְדֵּם וְהֵמָּה דִּבְּרוּ עָלַי כְּזָבִים: (הושע ז:יג)

מתנות כהונה

כשיהיו בניך כו'. מוסב על יעקב כלומר אם יהיו צדיקים כמוהו יעלו ואם לאו ירדו: [ג] **נשמע לו.** היינו שומעין לו: **פרוזבוטים.** שלוחים: **צלמים ואיקונין.** צורת תמונת המלך: **אמר לו המלך כו'.** שיחזור לו לאחוריו כי עמו אשר שלחוהו סרחו ומרדו במלך:

אשד הנחלים

ועלית כו' עלה כו'. כלומר כל כך העליתני במעלות, בתחלה הבדלת אותי ואת אהרן אחי ממעלת ישראל, ואחר כך הבדלתני גם אותי נעלה ממעלת אהרן אחי, ואיך תאמר אלי עתה שארד: **בשביל כבוד בני.** רצה לומר שאין דומה השגחה על הכלל כהשגחה על הפרט, כי השגחה על הכלל גדולה מאד, ולכן נתתי לך מעלה בכדי לזכותם, וכן להיפך כשהכלל המה רעים אז גם הטובים שבהם יורדם עמהם, כי כן טבע השפע שאינה מזדקקת בעולם אם אנשיה רעים, וזהו לך רד גם אתה כי שיחת עמך: [ג] **נתנדה משה.** ענין הנדוי הוא שהכל פורשים ממנו ואין מדברים עמו, והנה משה כשעלה למעלה ונזדקקו עמו מלאכי השרת והנבואה הגדולה לדבר עמו, ותיכף כשעשו ישראל אותו מעשה פירשו העליונים ממנו, וזהו המכונה בנדוי, וזהו ענין הירידה הנאמר אצל הנבואה, כי ירד מהשגתו הגדולה ונשאר באין השפעת הנבואה: **עשה לנו יהודה.** כלומר אנחנו מרוב הכעס רצינו להרגו, אבל הוא אחר שראה כי אנחנו שומעים לו, היה לו למנענו אף מהמכירה, ולכן כתיב ברמז וירד יהודה מאת אחיו, כי נפרשו הימנו כי לא דברו עמו מתוך כעסם, ולכן התחבר לאיש עדולמי לריע: **משל למדינה.** הרי זה ציור חזק ללמד ממנו דוגמא זאת לקחת משל מענין מלך בשר ודם, ולדעת ממנו גודל החטא: **וכי עמי כו' אלא כו' אף אני אומר כו'.** הענין בכללו כי הכנוי במה שישראל נקראים עם ה' נמשך אם הם מחזיקים אותו יתברך לאלוה ומאמינים בו שהוא יחיד אז הם עמו, אבל אם המה יכזבו בו אז לפי דעתם הרעה א"כ אינם עמו אחר שאומרים כי הוא אינו משגיח עליהם, זה שאמר עמך הוא לרמוז על שלילה שאינם עמי: **יש אדם מחליף כו'.** כי שם נדידה מורה על מי שנודד ממקום טוב למקום רע, שלא ימצא בו מנוח לכף רגליו, והרי זה כמו שאומר הכתוב ראו נא

אָמְרוּ: כָּל הַדְּבָרִים הַלָּלוּ עָשָׂה לָנוּ יְהוּדָה – [the brothers] said among themselves, **"It is Judah who has done all these things to us,**[43] שֶׁאִלּוּלֵא בִּקֵּשׁ לֹא מְכַרְנוּ אוֹתוֹ – **for had he only requested** it of us, **we would not have sold [Joseph].** כְּשֵׁם שֶׁאָמַר לָנוּ אַל תַּהַרְגוּהוּ וְשָׁמַעְנוּ לוֹ, אִלּוּ אָמַר לָנוּ אַל תִּמְכְּרוּהוּ נִשְׁמַע לוֹ – **Just as we listened to him when he told us not to kill [Joseph]** (*Genesis* 37:26), **we would** likewise **have listened to him had he told us not to sell him.** אֶלָּא אָמַר לָנוּ: "לְכוּ וְנִמְכְּרֶנּוּ לַיִּשְׁמְעֵאלִים" – **But** instead of dissuading us from taking action against Joseph, **he told us, *'Come, let us sell him to the Ishmaelites'* "** (ibid., v. 27). וְעָמְדוּ וְנִדּוּהוּ – **And,** based on this accusation, **they rose up and excommunicated him,**[44] שֶׁנֶּאֱמַר "וַיְהִי בָּעֵת הַהִוא וַיֵּרֶד יְהוּדָה מֵאֵת אֶחָיו" – **as it is stated, *It was at that time that Judah went down from his brothers*** (ibid. 38:1). וְלֹא הָיָה לוֹ לוֹמַר אֶלָּא "וַיֵּלֶךְ יְהוּדָה" – **Now, [the verse] should** seemingly **have said "Judah *went away* from his brothers";**[45] שֶׁהָיָה לוֹ יְרִידָה מִצַּד אֶחָיו – since it says instead that he *went down*, we learn **that he experienced a "descent"** (viz., excommunication)[46] **at the hands of his brothers.** וּמַה "וַיֵּרֶד" הָאָמוּר לְהַלָּן נִדּוּי אַף "רֵד" הָאָמוּר כָּאן נִדּוּי – **And just as** the expression **"went down" there** implies **excommunication, so too, the expression "descend," mentioned here** implies **excommunication.** מָשָׁל לִמְדִינָה שֶׁשָּׁלְחָה פְּרוֹזְבּוּטִים לְעַטֵּר לַמֶּלֶךְ – **This may be compared to a province that sent an emissary to crown the king.**[47] עַד שֶׁהוּא הוֹלֵךְ עָמְדוּ בְּנֵי הַמְּדִינָה וְכָפוּ אֶת הַצְּלָמִים וְרָגְמוּ אֶת הָאִיקוֹנִין – **While he was on his way, the people of the province arose and overturned the statues and stoned the portraits** of the king. עָמְדוּ גְּדוֹלֵי הַמְּדִינָה וְכָתְבוּ לַמֶּלֶךְ – Seeing this, **the leaders of the province rose up and wrote to the king** informing him of these developments, וְנִכְנְסוּ הַכְּתָבִים עַד שֶׁלֹּא הָלַךְ הַפְּרוֹזְבּוּטִים לְהִכָּנֵס לְעַטֵּר לַמֶּלֶךְ – **and the letters arrived** to the king **before the emissary went in to crown the king.** אָמַר לוֹ הַמֶּלֶךְ וְכוּ' – When the emissary arrived, **the king said to him, etc.**[48]

□ כִּי שִׁחֵת עַמְּךָ – *GO, DESCEND* – ***FOR YOUR PEOPLE*** *THAT YOU BROUGHT UP FROM THE LAND OF EGYPT* ***HAS BECOME CORRUPT.***

The Midrash wonders why God, in this statement to Moses, referred to Israel as "your people":

וְכִי עַמּוֹ שֶׁל מֹשֶׁה הָיוּ – **Were they** in fact ***Moses'* people?**[49] אֶלָּא זֶהוּ שֶׁאָמַר הַכָּתוּב "אוֹי לָהֶם כִּי נָדְדוּ מִמֶּנִּי שֹׁד לָהֶם כִּי פָשְׁעוּ בִי וְאָנֹכִי אֶפְדֵּם וְהֵמָּה דִּבְּרוּ עָלַי כְּזָבִים" – **Rather, this is** to be understood in light of **what Scripture states, *Woe to them for they have moved away from Me; devastation unto them, for they have rebelled against Me. I redeem them, but they have spoken lies about Me*** (*Hosea* 7:13).[50]

The verse is now elucidated phrase by phrase:

מִמֶּנִּי הָיוּ פּוֹרְשִׁים שֶׁנֶּאֱמַר "אוֹי לָהֶם כִּי נָדְדוּ מִמֶּנִּי" – God said: **They have separated themselves from Me** by worshiping the Golden Calf, **as it is stated, *Woe to them for they have moved away from Me.*** יֵשׁ אָדָם מַחֲלִיף דָּבָר רַע בְּדָבָר טוֹב – Now, **is there a person who takes a bad thing in exchange for a good one?**

NOTES

43. Judah, being the greatest among the brothers, was an authority figure — even like a king — to them, and the brothers therefore felt that he should have given more serious thought to the consequences of their decision. Accordingly, they faulted him for the grief suffered by their father Jacob (*Eitz Yosef*).

44. This interpretation is based on the fact that Judah's "descent" (*Judah went down, etc.*) is described shortly after a verse that states, *All [Jacob's] sons and all his daughters arose to comfort him, but he refused to be comforted*. The juxtaposition suggests a link between the two incidents: It was Jacob's distress that caused them to regret the sale and condemn Judah for allowing it to happen. Instructively, the Midrash implies that the brothers saw no reason to reconsider the suffering they had inflicted on Joseph, for that, in their unchanged opinion, was morally and legally justified (*Eitz Yosef*, citing *Toldos Noach*; see *Rashi* to *Genesis* 38:1).

45. Since we do not find that the brothers were situated on a hill that Judah would have to descend (in the literal sense) as he left (*Maharzu*).

46. Here, too (see note 41 above), the Midrash does not mean that Judah was literally excommunicated, but rather that the brothers removed him from his position of authority (*Yefeh To'ar*; see *Rashi* ibid.).

47. I.e., to participate in his crowning ceremony, or perhaps simply to declare allegiance to him.

48. The use of the word וְכוּ', *etc.*, apparently indicates that the sentence or passage is an abbreviated quotation, the continuation of which is found in another source. In this case that other source has been lost to us. *Matnos Kehunah*, however, conjectures and fills in the missing words: The king then said to the emissary, "Return to where you came from, for your people who sent you have gone astray and have rebelled."

The point of the parable is that although the emissary was blameless, he owed his presence in the palace to the people who sent him to crown the king and accept his rulership over them. Now that they had repudiated that mission, the emissary was rejected as well. Similarly, Moses had risen to the heights of human greatness and prophecy for no other reason than to receive the Torah for Israel, so that they could crown God, as it were, with their loyal observance of its laws. They had now betrayed that calling, and hence Moses was no longer welcome in God's Presence (*Eitz Yosef, Maharzu*).

49. Why, they were God's people, as God Himself told Moses at the burning bush (above, 3:10): *and you shall take "My people" the Children of Israel out of Egypt.*

50. The Midrash answers that since they had spoken lies about God (as will be explained shortly), God did not wish to associate His Name with them (ibid.). He therefore referred to them as Moses' nation.

כֵּיוָן שֶׁשָּׁמַע מֹשֶׁה מִן הַקָּדוֹשׁ בָּרוּךְ הוּא דְּבָרִים רַכִּים הִתְחִיל מְבַקֵּשׁ עֲלֵיהֶם רַחֲמִים, שֶׁנֶּאֱמַר [לב, יא] "וַיְחַל מֹשֶׁה וְגוֹ'", [לב, ז] "לֶךְ רֵד", אָמַר לוֹ: רִבּוֹן הָעוֹלָם, אֶתְמוֹל אָמַרְתָּ לִי (לעיל יט, כד) "וְעָלִיתָ אַתָּה וְאַהֲרֹן עִמָּךְ", וְכֵן (לעיל כד, א) "וְאֶל מֹשֶׁה אָמַר עֲלֵה אֶל ה'", וְכָאן אַתָּה אוֹמֵר "לֶךְ רֵד", אָמַר לוֹ: לֹא בִּשְׁבִיל כְּבוֹדְךָ אַתָּה עוֹלֶה לְכָאן, אֶלָּא בִּשְׁבִיל כְּבוֹד בָּנַי, אָמַרְתִּי לַזָּקֵן שֶׁלָּהֶם: (בראשית כח, יב) "וְהִנֵּה מַלְאֲכֵי אֱלֹהִים עֹלִים וְיֹרְדִים בּוֹ", מַהוּ "בּוֹ", אֶלָּא כָּךְ אָמַרְתִּי לוֹ: כְּשֶׁיִּהְיוּ בָּנֶיךָ צַדִּיקִים הֵם מִתְרוֹמְמִים בָּעוֹלָם וְעוֹלִים, וְכֵן שְׁלוּחֵיהֶם מִתְעַלִּים עִמָּהֶם, וּכְשֶׁהֵם יוֹרְדִים הֵם וּשְׁלוּחֵיהֶם בִּירִידָה, [לב, ז] "לֶךְ רֵד", לָמָּה, [שם] "כִּי שִׁחֵת עַמְּךָ", אָמַר לוֹ: הוֹאִיל וְחָטְאוּ אַתָּה וָהֵם בִּירִידָה:

ג דָּבָר אַחֵר, [לב, ז] "לֶךְ רֵד", אָמַר רַבִּי בֶּרֶכְיָה בְּשֵׁם רַבִּי שְׁמוּאֵל בַּר נַחְמָן: נִתְנַדָּה מֹשֶׁה וְנִזְעַף, וְאֵין "רֵד" אֶלָּא נִידּוּי, וּמֵהֵיכָן אַתָּה לָמֵד, בְּשָׁעָה שֶׁאֶחָיו שֶׁל יוֹסֵף מְכָרוּהוּ וְהָלְכוּ לְנַחֵם אֲבִיהֶם וְלֹא נִתְנֶחָם, אָמְרוּ: כָּל הַדְּבָרִים הַלָּלוּ עָשָׂה לָנוּ יְהוּדָה, שֶׁאִלּוּלֵא בִּקֵּשׁ לֹא מְכַרְנוּ אוֹתוֹ, כְּשֵׁם שֶׁאָמַר לָנוּ אַל תַּהַרְגוּהוּ וְשָׁמַעְנוּ לוֹ, אִלּוּ אָמַר לָנוּ אַל תִּמְכְּרוּהוּ נִשְׁמַע לוֹ, אֶלָּא אָמַר לָנוּ: (בראשית לז, כז) "לְכוּ וְנִמְכְּרֶנּוּ לַיִּשְׁמְעֵאלִים", *וְעָמְדוּ וְנִדּוּהוּ, שֶׁנֶּאֱמַר (שם לח, א) "וַיְהִי בָּעֵת הַהִיא וַיֵּרֶד יְהוּדָה מֵאֵת אֶחָיו", וְלֹא הָיָה לוֹ לוֹמַר אֶלָּא "וַיֵּלֶךְ יְהוּדָה", שֶׁהָיָה לוֹ יְרִידָה מִצַּד אֶחָיו, וּמַה "וַיֵּרֶד" הָאָמוּר לְהַלָּן נִדּוּי אַף "רֵד" הָאָמוּר כָּאן נִידּוּי, מָשָׁל לִמְדִינָה שֶׁשָּׁלְחָה פְּרוֹזְבּוּטִים לְעַטֵּר לַמֶּלֶךְ, עַד שֶׁהוּא הוֹלֵךְ עָמְדוּ בְּנֵי הַמְּדִינָה וְכָפוּ אֶת הַצְּלָמִים וְרָגְמוּ אֶת הָאִיקוֹנִין, עָמְדוּ גְּדוֹלֵי הַמְּדִינָה וְכָתְבוּ לַמֶּלֶךְ וְנִכְנְסוּ הַכְּתָבִים עַד שֶׁלֹּא הָלַךְ הַפְּרוֹזְבּוּטִים לְהִכָּנֵס לְעַטֵּר לַמֶּלֶךְ, אָמַר לוֹ הַמֶּלֶךְ וְכוּ'. [לב, ז] "כִּי שִׁחֵת עַמְּךָ", וְכִי עַמּוֹ שֶׁל מֹשֶׁה הָיוּ, אֶלָּא זֶהוּ שֶׁאָמַר הַכָּתוּב (הושע ז, יג) "אוֹי לָהֶם כִּי נָדְדוּ מִמֶּנִּי שֹׁד לָהֶם כִּי פָשְׁעוּ בִי וְאָנֹכִי אֶפְדֵּם וְהֵמָּה דִּבְּרוּ עָלַי כְּזָבִים", מִמֶּנִּי הָיוּ פוֹרְשִׁים שֶׁנֶּאֱמַר "אוֹי לָהֶם כִּי נָדְדוּ מִמֶּנִּי", יֵשׁ אָדָם °מַחֲלִיף דָּבָר רַע בְּדָבָר טוֹב°,

עץ יוסף

אתמול אמרת לי כו' ועלית. לשון גדולה וכבוד: **לא בשביל כבודך.** שאף על פי שהיה מובחר המין, הנה עלותו במדרגה ההיא היה מתנה מאת ה' לזכות הצבור, כי אין זכות אחד מספיק למדרגת הנבואה ההיא: **מהו בו.** דאי על הסולם, מלת בו מיותר שבו משתעי, אלא שפירוש בו ביעקב, ופירושו בשבילו דהיינו זרעו, והכי קאמר והנה מלאכי אלהים, דהיינו הנביאים עולים ויורדים בו בשבילו, וסולם רמז לסיני, כדלעיל בבראשית רבה פרשה ס"ח: **(ג) [ב] נתנדה משה.** דאין רד אלא נדוי, הכוונה שהרחיקו ה' ממדרגת הנבואה כמו שהמנודה מרוחק, ואף על גב דנדוי חמור מנזיפה, קאמר וניזוף לומר דנדוי זה אינו אלא קרוב לנזיפה, שהיה נבדל ממדרגת נבואתו כנזוף, לא שנדוהו בפירוש חס ושלום: **והלכו לנחם אביהם כו'.** מסמיכות וירד יהודה לוימאן להתנחם קמפיק. ומה שלא נתחרטו עד אחרי שראו בצרות אביהם, יש לומר משום שהמכירה גופא היה לפי סברת דעתם כדת ודין, אך אחר כן שראו שגרמו צער לאביהם אז נתחרטו על המכירה (תולדות נח): **עשה לנו יהודה.** האשימו ליהודה כי הוא הגדול ומלך עליהם, ועליו מוטל לעיין יותר בדברים: **אילו אמר לנו אל תמכרוהו כו'.** ויהודה היה סבר שלהפך ולעקור מחשבתם הרעה לגמרי אי אפשר: **משל למדינה.** משל לשליח שנזעף אף על פי שאין בו חטא, אך מפני שכל כניסתו לבית המלך אינה אלא מפני שולחיו, וכיון שהם מרוחקים ממילא ידחה הוא, כן משה לפי שגדולתו בשביל ישראל תתחייב ירידתו מירידתם כדלעיל: **פרוזבוטים.** פירוש שליח: **האיקונים.** צורה ודמות, תרגום המסולאים בפז, דמתילין איקוניהון לדהבא: **אמר לו המלך כו'.** שיחזור לו לאחוריו כי עמו אשר שלחוהו סרחו ומרדו במלך (מתנות כהונה): **וכי עמו של משה היו.** דאף על גב דנקראו על שמו, מפני שנתן נפשו עליהם כדלעיל פרשה ל', אין זה אלא אחר שאמר מחני נא מספרך: **והמה דברו עלי כזבים.** שמשום זה לא קראם עמו, וכדמסיים בסוף הסימן: **יש אדם מחליף דבר טוב בדבר רע.** כן צריך לומר

פירוש מהרז"ו

אמר לו רבון העולם. כמו שדרש לעיל סוף פרשה מ"ג, א"ל למה אז אמר לו טענה זו: **אמרתי לזקן.** זה יעקב שהראהו מראה הסולם ברוח הקדש, וזהו אמירתו: **מהו בו.** אם הכוונה על הסולם, תיבת בו מיותר, שהרי בסולם מדבר, אלא פירוש בו, ביעקב, וכן לזרעו. ומה שכתוב עולים ויורדים, אין פירושו שעולים ויורדים ברגליהם, אלא פירושו מתעלים ונשפלים ביעקב, ומלאכי אלהים פירושו שלוחיו לישראל ונביאיו, כמו שאמרו ויקרא רבה ריש פרשה א'. ועיין פסיקתא פרשה י' סימן ו, ועיין בריש מכילתא: **(ג) נתנדה משה.** לשון התנחומא סימן כ"ב מפי בית דין של מעלה, וכל הענין שם: **ולא נתנחם.** ואז הרגישו צרת אביהם ונתחרטו: **אלא וילך יהודה.** וירד, משמע שאחיו היו בהר, וירד יהודה לבקעה, ואם אינו ענין לירידת מקום תנהו ענין לירידת מעלה, ודורש כאן גזירה שוה על פי מדה כ': **משל למדינה.** והנמשל שישראל שלחו את משה שיקבל הלוחות והתורה לעבוד את השם יתברך, שזהו עטרה שלו, ואחר ששלחו אותו חטאו בעגל, ועל ידי כן גער במשה לך רד:

אם למקרא

וַיֹּאמֶר אֵלָיו ה' לֶךְ רֵד וְעָלִיתָ אַתָּה וְאַהֲרֹן עִמָּךְ וְהַכֹּהֲנִים וְהָעָם אַל יֶהֶרְסוּ לַעֲלֹת אֶל ה' פֶּן יִפְרָץ בָּם: (לעיל יט:כד)

וְאֶל מֹשֶׁה אָמַר עֲלֵה אֶל ה' אַתָּה וְאַהֲרֹן נָדָב וַאֲבִיהוּא וְשִׁבְעִים מִזִּקְנֵי יִשְׂרָאֵל וְהִשְׁתַּחֲוִיתֶם מֵרָחֹק: (לעיל כד:א)

וַיַּחֲלֹם וְהִנֵּה סֻלָּם מֻצָּב אַרְצָה וְרֹאשׁוֹ מַגִּיעַ הַשָּׁמָיְמָה וְהִנֵּה מַלְאֲכֵי אֱלֹהִים עֹלִים וְיֹרְדִים בּוֹ: (בראשית כח:יב)

לְכוּ וְנִמְכְּרֶנּוּ לַיִּשְׁמְעֵאלִים וְיָדֵנוּ אַל תְּהִי בוֹ כִּי אָחִינוּ בְשָׂרֵנוּ הוּא וַיִּשְׁמְעוּ אֶחָיו: (בראשית לז:כז)

וַיְהִי בָּעֵת הַהִוא וַיֵּרֶד יְהוּדָה מֵאֵת אֶחָיו וַיֵּט עַד אִישׁ עֲדֻלָּמִי וּשְׁמוֹ חִירָה: (שם לח:א)

אוֹי לָהֶם כִּי נָדְדוּ מִמֶּנִּי שֹׁד לָהֶם כִּי פָשְׁעוּ בִי וְאָנֹכִי אֶפְדֵּם וְהֵמָּה דִּבְּרוּ עָלַי כְּזָבִים: (הושע ז:יג)

חידושי הרד"ל

מתרוממים בעולם ועולים. כן צריך לומר:

חידושי הרש"ש

[ג] נתנדה משה ונזעף. אולי צריך לומר וניזוף, לשון נזיפה:

באור מהרי"פ

[ג] משל למדינה וכו'. מילתא באנפי נפשה היא, והנמשל של העטרות הוא כקבלת עול מלכותו ועול מצותיו שהבטיחו ישראל במאמר נעשה ונשמע, הם המה העטרות שרצה משה לעטר את הקב"ה:

אמרי יושר

[ג] עם עצמו היה עסוק. כי שכינה גלתה עמהם, זהו ויזבחו לו ויאמרו אלה אלהיך ישראל אשר העלך, אבל הקב"ה בעצמו היה עסוק להעלות עצמו:

מתנות כהונה

כשיהיו בניך כו'. מוסב על יעקב כלומר אם יהיו צדיקים כמוהו יעלו ואם לאו ירדו: **[ג] נשמע לו.** היינו שומעין לו: **פרוזבוטים.** שלוחים: **צלמים ואיקונין.** צורת תמונת המלך: **אמר לו המלך כו'.** שיחזור לו לאחוריו כי עמו אשר שלחוהו סרחו ומרדו במלך:

אשד הנחלים

ועלית כו' עלה כו'. כלומר כל כך העליתני במעלות, בתחלה הבדלת אותי ואת אהרן אחי ממעלת ישראל, ואחר כך הבדלתני גם אותי נעלה ממעלת אהרן אחי, ואיך תאמר אלי עתה שארד: **בשביל כבוד בני.** רצה לומר שאין דומה השגחה על הכלל כהשגחה על הפרט, כי השגחה על הכלל גדולה מאד, ולכן נתתי לך מעלה בכדי לזכותם, וכן להיפך כשהכלל המה רעים אז גם הטובים שבהם יורדם עמהם, כי כן טבע השפע שאינה מזדקקת בעולם אם אנשיה רעים, וזהו לך רד גם אתה כי שיחת עמך: **[ג] נתנדה משה.** ענין הנדוי הוא שהכל פורשים ממנו ואין מדברים עמו, והנה משה כשעלה למעלה ונזדקקו עמו מלאכי השרת והנבואה הגדולה לדבר עמו, ותיכף כשעשו ישראל אותו מעשה פירשו העליונים ממנו, וזהו המכונה בנדוי, וזהו ענין הירידה הנאמר אצל הנבואה, כי ירד מהשגתו הגדולה ונשאר באין השפעת הנבואה: **עשה לנו יהודה.** כלומר אנחנו מרוב הכעס רצינו להרגו, אבל הוא אחר שראה כי אנחנו שומעים לו, היה לו למנענו אף מהמכירה, ולכן כתיב ברמז וירד יהודה מאת אחיו, כי נפרשו הימנו כי לא דברו עמו מתוך כעסם, ולכן התחבר לאיש עדולמי לריע: **משל למדינה.** הרי זה ציור חזק ללמד ממנו דוגמא זאת לקחת משל מענין מלך בשר ודם, ולדעת ממנו גודל החטא: **וכי עמי כו' אלא כו' אף אני אומר כו'.** הענין בכללו כי הכנוי במה שישראל נקראים עם ה' נמשך אם הם מחזיקים אותו יתברך לאלוה ומאמינים בו שהוא יחיד אז הם עמו, אבל אם המה יכזבו בו אז לפי דעתם הרעה א"כ אינם עמו אחר שאומרים כי הוא אינו משגיח עליהם, זה שאמר עמך הוא לרמוז על שלילה שאינם עמי: **יש אדם מחליף כו'.** כי שם נדידה מורה על מי שנודד ממקום טוב למקום רע, שלא ימצא בו מנוח לכף רגליו, והרי זה כמו שאומר הכתוב ראו נא

אָדָם שֶׁנּוֹתְנִין לְפָנָיו מַרְגָּלִית וְשִׁיחוֹר מַנִּיחַ הַמַּרְגָּלִית וְנוֹטֵל הַשִּׁיחוֹר – **A person who has placed before him a pearl and a coal – would he leave the pearl and take the coal?** וְהֵם מַנִּיחִים לְחַיִּים שֶׁל עוֹלָם וּבוֹחֲרִים בַּמֵּתִים – Yet this is what the people of Israel have done, **for they have forsaken** the Creator, **the life force of the universe, and chosen the dead,** i.e., lifeless idols, שֶׁנֶּאֱמַר ״עֵינַיִם לָהֶם וְלֹא יִרְאוּ״ – of which **it is said, *They have eyes but cannot see;*** *they have ears but cannot hear, etc.* (*Psalms* 115:5).

״שֹׁד לָהֶם״, שֶׁבֶר עָתִיד לְהַגִּיעָם – The verse continues, ***devastation unto them*** – this means: **catastrophe is destined to come upon them** owing to this great sin.[51]

״וְהֵמָּה דִּבְּרוּ עָלַי כְּזָבִים״ – *I redeem them,* ***but they have spoken lies about Me.*** וּמַה כְּזָבִים דִּבְּרוּ עַל הַקָּדוֹשׁ בָּרוּךְ הוּא – **What lies did [the Israelites] utter against the Holy One, blessed is He?** דָּרַשׁ רַבִּי עֲקִיבָא: אָמְרוּ: וְכִי עִמָּנוּ הָיָה עָסוּק, עִם עַצְמוֹ הָיָה עָסוּק – **R' Akiva expounded: [The devotees of the Golden Calf] declared, "Did He occupy Himself with us?** (I.e., did He execute the Exodus from Egypt for our sake?) Why, **He was occupied with Himself!** The Exodus was for His own sake! לְעַצְמוֹ פָּדָה וְלֹא פָּדָה אוֹתָנוּ – **He redeemed Himself, but He did not redeem us,"**[52] שֶׁנֶּאֱמַר ״מִפְּנֵי עַמְּךָ אֲשֶׁר פָּדִיתָ לְּךָ מִמִּצְרַיִם גּוֹיִם וֵאלֹהָיו״ – **as it is stated,** . . . ***from before Your people that You redeemed for Yourself from Egypt – [a nation of] families and its God*** (*II Samuel* 7:23).[53] רַבָּנִין אָמְרֵי: זֶה ״אֵלֶּה אֱלֹהֶיךָ״ פָּדָה אוֹתָנוּ – **The Sages said: This** reference to "lies" **is** referring to the fact that while worshiping the Golden Calf, Israel proclaimed, ***"This is*** (lit., *These are*) ***your god,*** *O Israel,* (v. 4) who **redeemed us!"**[54] רַבִּי חַגַּי בֶּן אֶלְעָזָר אוֹמֵר – **R' Chaggai ben Elazar said:** ״זֶה אֱלֹהֶיךָ״ אֵין כְּתִיב כָּאן אֶלָּא ״אֵלֶּה אֱלֹהֶיךָ״ – **It is not written here *"This* [זֶה] is your God,"** in the singular, **but rather *"These"*** [אֵלֶּה] ***are your gods,***[55] שִׁיתְּפוּ אוֹתוֹ עִמּוֹ, אָמְרוּ: אֱלוֹהַּ וְהָעֵגֶל פָּדָה אוֹתָנוּ – indicating that **they included [God] as a partner with it, and said, "God and the Calf** together **redeemed us** from Egypt."[56] וּמְכַזְּבִים בִּי, ״וְאָנֹכִי אֶפְדֵּם וְהֵמָּה דִּבְּרוּ עָלַי כְּזָבִים״ – **And** hence, God declared, **"They have spoken untruthfully about Me – *I redeem them, but they have spoken lies about Me.***[57] אַף אֲנִי אוֹמֵר שֶׁאֵינָם עַמִּי – Consequently, **I, too, declare that they are no longer My people";**[58] לְכָךְ נֶאֱמַר ״כִּי שִׁחֵת עַמְּךָ״ – and **thus it says, *for "your"*** (not "My") ***people has become corrupt.***

§4 The Midrash cites a verse in *Zephaniah* and relates it to the incident of the Golden Calf, one phrase at a time:

דָּבָר אַחֵר, ״לֶךְ רֵד״ – **Another interpretation of *Go, descend*:** רַבִּי יִצְחָק פָּתַח: ״וַהֲצֵרֹתִי לָאָדָם״, זֶה מֹשֶׁה – **R' Yitzchak opened** his discourse on our passage with the following quotation: *I caused distress to man, and they will go about like the blind, for they have sinned against HASHEM. Their blood will be spilled out like dust and their flesh like dung* (*Zephaniah* 1:17). ***I caused distress to man* – this** *man* **is** an allusion to **Moses,** called "man" because he was the most eminent of men.[59] ״וְהָלְכוּ כַּעִוְרִים״, אֵלּוּ יִשְׂרָאֵל – ***And they will go about like the blind* – this is** an allusion to **Israel** when they sinned with the Golden Calf.[60] לָמָּה, ״כִּי לַה׳ חָטָאוּ״, שֶׁאָמְרוּ ״אֵלֶּה אֱלֹהֶיךָ״ – **Why? *For they have sinned against HASHEM*** – this refers to the fact **that they said, *"This is your god,*** *O Israel"* (below, v. 4). ״וְשֻׁפַּךְ דָּמָם כֶּעָפָר״, שֶׁנֶּאֱמַר ״עִבְרוּ וָשׁוּבוּ מִשַּׁעַר לָשַׁעַר בַּמַּחֲנֶה״ – ***Their blood will be spilled out like dust* – as it is stated,** *[Moses] said to [the Levites],* ***"Pass back and forth from gate to gate in the camp;*** *let every man kill his brother, etc."* (below, v. 27). ״וּלְחֻמָם כַּגְּלָלִים״, שֶׁנֶּהֶרְגוּ וְהָיָה בְּשָׂרָם מוּשְׁלָךְ כַּגְּלָלִים הַלָּלוּ – ***And their flesh*** [לְחֻמָם] ***like dung* – for they were slain, and** then **their flesh was strewn about like so much dung.**[61] אָמַר רַבִּי לֵוִי: בַּעֲרַבְיָא קוֹרִין לְבִשְׂרָא לַחְמָא – **R' Levi clarified:** We know that the obscure word לְחֻמָם means "their flesh," for **in Arabia they call flesh *lahma.***[62]

The Midrash elaborates on the statement above that ***I caused distress to man*** refers to Moses:

אָמַר רַבִּי יִצְחָק: בְּשָׁעָה שֶׁאָמַר לוֹ הַקָּדוֹשׁ בָּרוּךְ הוּא ״לֶךְ רֵד״ – **R' Yitzchak said: When the Holy One, blessed is He, said to him, *"Go, descend,"*** חָשְׁכוּ פָּנָיו שֶׁל מֹשֶׁה וְנַעֲשָׂה כְּסוּמָא מִן הַצָּרוֹת – **Moses' face darkened and he became like a blind man owing to** his deep **distress,** וְלֹא הָיָה יוֹדֵעַ מֵאֵיזֶה מָקוֹם לֵירֵד – **and he did not know from which place to descend** from the mountain.

NOTES

51. The Midrash's point is that the verse is not speaking of the present situation (though שֹׁד לָהֶם, lit., *devastation is theirs,* seems to be in the present tense), but of a future event that they are destined to experience (*Yefeh To'ar*).

52. I.e., His intention was not to redeem us, though He did so incidentally (*Yefeh To'ar*).

53. The Midrash interprets this verse to mean that when God redeemed the Israelites from Egypt, he redeemed their God – Himself – as well (see above, 15 §12). *Yefeh To'ar* explains that as long as the Hebrews were enslaved in Egypt, God's Name was scarcely known to humanity. It was only the awesome miracles of the Exodus that spread knowledge of His Name throughout the world. Seizing upon this idea, the worshipers of the Golden Calf justified their infidelity by claiming that God, as their Redeemer, did not deserve their gratitude and loyalty because He was merely acting in His own interest.

54. I.e., their lie was that they attributed the redemption from Egypt exclusively to the Calf (*Yedei Moshe*).

55. Although it is translated into English in the singular, "This is your god," the Hebrew actually uses the plural, literally, "These are your gods." R' Chaggai goes on to explain the significance of this anomaly.

56. In R' Chaggai's view, the Calf's worshipers acknowledged that God took them out of Egypt, but they believed that He did so in conjunction with the Calf.

57. The Midrash interprets the verse to mean, "I [alone] redeemed them [from Egypt], but they spoke lies about Me [saying that I did not redeem them alone, but with the assistance of another power]."

58. Since they have abandoned Me as their One God, I have abandoned them as a people as well (*Radal*; cf. *Yefeh To'ar*).

59. *Eitz Yosef,* based on *Vayikra Rabbah* 2 §1. God threw Moses into a state of distress when He said to him, *"Go, descend, for your people . . . has become corrupt"* (*Maharzu*). Although in its plain sense the *Zephaniah* verse speaks of the harrowing events surrounding the Temple's destruction, it is expounded here with reference to the episode of the Golden Calf, based on the principle (set forth in *Sanhedrin* 102a; see also Midrash below, 43 2§2) that every accounting of Israel's sins is accompanied by some measure of retribution for the nation's seminal sin (see *Yefeh To'ar*).

60. See 36 §2 above, where the Midrash compares Israel at the time of the Calf's construction to blind people groping in the darkness (*Radal*).

61. Scripture states that as a result of Moses' instructions, *about three thousand men of the people fell on that day* (v. 28). The term *fell* suggests that the corpses were strewn about (like dung), and were not immediately gathered for burial.

62. And *lahma* is of the same root as לֶחֶם. Hence, לְחֻמָם means "their flesh." [The Sages often derive the meanings of obscure Biblical words from Arabic cognates. (See *Yerushalmi Berachos* 9:1; *Bereishis Rabbah* 36 §1, 63 §5, and 87 §1, etc.)]

אָדָם שֶׁנּוֹתְנִין לְפָנָיו °מַרְגָּלִיּוֹת וְשִׁיחוֹר מַנִּיחַ °הַמַּרְגָּלִיּוֹת וְנוֹטֵל הַשִּׁיחוֹר, וְהֵם מַנִּיחִים לַחַיִּים שֶׁל עוֹלָם וּבוֹחֲרִים בַּמֵּתִים, שֶׁנֶּאֱמַר (תהלים קטו, ה) "עֵינַיִם לָהֶם וְלֹא יִרְאוּ", (הושע ז, יג) "שֹׁד לָהֶם", שֶׁבֶר עָתִיד לְהַגִּיעָם, (שם) "וְהֵמָּה דִּבְּרוּ עָלַי כְּזָבִים", וּמַה כְּזָבִים דִּבְּרוּ עַל הַקָּדוֹשׁ בָּרוּךְ הוּא, דָּרַשׁ רַבִּי עֲקִיבָא: אָמְרוּ: וְכִי עִמָּנוּ הָיָה עָסוּק, עִם עַצְמוֹ הָיָה עָסוּק, [ג]לְעַצְמוֹ פָּדָה וְלֹא פָּדָה אוֹתָנוּ, שֶׁנֶּאֱמַר (שמואל-ב ז, כג) "מִפְּנֵי עַמְּךָ אֲשֶׁר פָּדִיתָ לְּךָ מִמִּצְרַיִם גּוֹיִם וֵאלֹהָיו", רַבָּנִין אָמְרֵי: זֶה °אֱלֹהֶיךָ פָּדָה אוֹתָנוּ, רַבִּי חַגַּי בֶּן אֶלְעָזָר אוֹמֵר: "זֶה אֱלֹהֶיךָ" אֵין כְּתִיב כָּאן אֶלָּא [לב, ד] "אֵלֶּה אֱלֹהֶיךָ", שִׁיתְּפוּ אוֹתוֹ °עִמָּהֶם, אָמְרוּ: אֱלוֹהַּ וְהָעֵגֶל פָּדָה אוֹתָנוּ, וּמְכַזְּבִים בִּי, (הושע ז, יג) "וְאָנֹכִי אֶפְדֵּם וְהֵמָּה דִּבְּרוּ עָלַי כְּזָבִים", אַף אֲנִי אוֹמֵר שֶׁאֵינָם עַמִּי, לְכָךְ נֶאֱמַר [לב, ז] "כִּי שִׁחֵת עַמְּךָ":

ד דָּבָר אַחֵר, [לב, ז] "לֶךְ רֵד", רַבִּי יִצְחָק פָּתַח: (צפניה א, יז) "וַהֲצֵרֹתִי לָאָדָם", זֶה מֹשֶׁה, (שם) "וְהָלְכוּ כַּעִוְרִים", אֵלּוּ יִשְׂרָאֵל, לָמָּה, (שם) "כִּי לַה' חָטָאוּ", שֶׁאָמְרוּ [לב, ד] "אֵלֶּה אֱלֹהֶיךָ", (צפניה שם שם) "וְשֻׁפַּךְ דָּמָם כֶּעָפָר", שֶׁנֶּאֱמַר [לב, כז] "עִבְרוּ וָשׁוּבוּ מִשַּׁעַר לָשַׁעַר בַּמַּחֲנֶה", (צפניה שם שם) "וּלְחֻמָם כַּגְּלָלִים", שֶׁנֶּהֶרְגוּ וְהָיָה בְּשָׂרָם מוּשְׁלָךְ כַּגְּלָלִים הַלָּלוּ, אָמַר רַבִּי לֵוִי: בַּעֲרַבְיָא קוֹרִין לְבִשְׂרָא לַחְמָא, אָמַר רַבִּי יִצְחָק: בְּשָׁעָה שֶׁאָמַר לוֹ הַקָּדוֹשׁ בָּרוּךְ הוּא [לב, ז] "לֶךְ רֵד" חָשְׁכוּ פָּנָיו שֶׁל מֹשֶׁה וְנַעֲשָׂה כְּסוּמָא מִן הַצָּרוֹת, וְלֹא הָיָה יוֹדֵעַ מֵאֵיזֶה מָקוֹם לֵירֵד,

עץ יוסף

(יפה תואר). ומפרש אוי להם שהם סכלים ואוילים שטועים מה שלא יעשה אדם: **ושיחור**. גחלת: **דרש רבי עקיבא וכי עמנו היה עסוק כו'**. ופירושו לעצמו פדה, שהשכינה היתה עמהם בגלות כדלעיל פרשה ט"ו, ולא פדה אותנו כלומר לא כיון לפדותינו, והוא מה שאמר וכי עמנו היה עסוק, לומר שאף על פי שפדאנו לא נתעסק אלא בעבורו: **שנאמר מפני עמך אשר פדית לך ממצרים גוים ואלהיו** (שמואל ב ז, כג). כן נריך לומר. ועיקר ראיית המדרש הוא ממלת לך, ומלת גוים ואלהיו הוא כמו כפל ענין: **רבנין אמרין זה אלהיך פדה אותנו**. פסוק הוא בנחמיה (ט"ט) אף כי עשו להם עגל מסכה ויאמרו זה אלהיך אשר העלך ממצרים, ובאו להגדיל העון בזה הפסוק, כי אם עבדוהו בשותפות אין העון כל כך חמור, וכדאיתא באיכה רבתי ויעזבו את ה' ולא עבדוהו אפילו בשותפות, ולכך הביאו מקרא דנחמיה ויאמרו זה אלהיך (דייקא לשון יחיד), והא דכתיב בתורה אלה אלהיך וגו' (המורה על ריבוי ושותפות), יש לתרץ על דרך דאיתא בזוהר שישראל עשו שתים עשרה עגלים למספר שבטי בני ישראל, ורבי חגי בא כחולק על רבנן ואמר זה אלהיך אין כתיב כאן, רוצה לומר כאן בתורה אצל מעשה העגל גופא אין כתיב זה אלא אלה אלהיך בלשון רבים, זה יורה שעבדו העגל בשותפות, והא דאמר בנחמיה זה אלהיך, רמז למה דאיתא בזוהר שעשו שתים עשרה עגלים, כמנין זה (תולדות כח): **ומכזבים בי ואנכי ואפדם כו'**. כלומר והיינו דכתיב ואנכי אפדם והמה דברו עלי כזבים, כי הכזב הוא אומרם שלא פדיתים לבדי אלא על ידי כח המזל, ככ"ל: **אף אני אומר שאינן עמי**. רוצה לומר לפי דבריהם אף אני אומר שאינם עמי: (ד) [ג] **זה משה**. כי הוא מבחר המין וזה כל האדם, וכמו שדרשו עליו בויקרא רבה פרשה ב' אדם אחד מאלף מלאתי, זה משה: **ולחומם**. פירוש בשרם: **בשרם מושלך**. רוצה לומר מדכתיב ויפול מן העם, שהיו נופלים כדומן על פני האדמה ולא יקברו, ואף על גב דהרוגי בית דין נקברים, הוראת שעה היתה, למען יראו ויפחדו הנשארים: **חשכו פניו**. כדרך הנבהל שפניו מכסיפות:

פירוש מהרז"ו

ובוחרים במתים. כמו שכתוב בתהלים (קו, כ) וימירו את כבודם בתבנית שור אוכל עשב, וכמו שכתוב ירמיה ב' (פסוק יא) ועמי המיר כבודו בלא יועיל: **מפני עמך אשר פדית לך**. עיין לעיל פרשה כ"ד סימן א, ושם נסמן ומבואר. ודוד אמר פסוק זה לשבח, שכביכול הוא עמנו בין בצרה בין ברווחה: **זה אלהיך**. נחמיה ט' י"ט: **זה אלהיך אין כתיב כאן**. פירוש שבתורה אינו כתוב זה, אלא אלה: (ד) **והצירותי לאדם**. לשון יחיד, והלכו כעורים לשון רבים, על כן דרש לאדם על משה, שאמר לו לך רד, כעורים על ישראל, כמו שאמר לעיל פרשה ל"ו סימן ב, נעשה כעורים: **משער לשער**. והרגו איש את אחיו וגו': **ונעשה כסומא**. דורש והלכו כעורים גם כן על משה, עד שהוצרך להראות לו מאיזה מקום לירד, וזהו מהר מזה עד שלא יהרגוך:

מתנות כהונה

אתה והם בירידה גרסינן: **ושיחור**. גחלים שככו: **ונוטל השיחור**. בתמיה: **עמנו היה עסוק**. לגאלנו ממצרים: **זה אלהיך**. העגל: **אלה**. לשון רבים בכל מקום: [ד] **לחמא**. ולחומם פירושו ובשרם:

אשד הנחלים

איך הלך ממקום טוב לילך ולידור למקום רע, וזהו המשל שלפניו מרגליות ושיחור ובוחר בשיחור ומניח המרגליות, כן הוא הנמשל שהניחו דבר החי וקיים לבחור בדבר המת: **לעצמו פדה**. חס ושלום שיאמר כפשוטו, גם מהו ולא פדה אותנו, הלא על כל פנים היה פודה גם אותם, גם הכתוב שאומר אשר פדית גוי ואלהיו, אינו דברי ישראל כי אם דברי הנביא, וא"כ באמת כך הוא כי השכינה גם היא עמהם. אך הענין בכללו על דרך ההסבר הנכון הוא כך, כי הנה לפי האמת כל צדקת האדם ופעולותיו אינם נוגעים לעצמותו יתברך ולא ישיג שנוי בו מישועתם או מצרתם חס ושלום, אפס כי השפע העליונה חפיצה להשפיע טובה וברכה לאנשיה, ובהעדר המקבלים יש כביכול צער למעלה כי מנועים הם מלהשפיע טוב למטה, והנה כל הצער הזה אינו אלא רק מפני המקבלים לא למשפיע עצמו, והרי זה כביכול לאיש טוב וחסד החפץ להרבות ולהיטיב, ולא ימצא הראוים לתת להם כל טוב, והנה טעות ישראל היה לא כדברינו, כי אם חס ושלום שנוגע הטובה לעצמו יתברך ולא פדה אותם לטובתם, כי לא הבינו האחדות הגמורה המנוקה מכל שנוי, כי אם דימו שהוא בעל תוארים ככל התפעלות, והרי זה כנהנה ומשתנה מרעתנו וישועתנו, ולכן מפני זה נפלו במהמורות אמונת שוא, אחר כי הרחיקו מידיעת האחדות הגמורה ומהרחקת התוארים, ודי בזה: **אשר פדית ממצרים גוי ואלהיו**. אין זה הפסוק בדברי הימים י"ז כי אם שם נאמר מפני עמך אשר פדית ממצרים גוים, והנראה לגרוס גם כאן [**אשר פדית ממצרים**] **גוים, אלה**, [ו"אלה"] הוא ריש פיסקא ודרוש אחר הוא: **זה אלהיך**. כי מלת אלה הוא תמיד לשון רבים. ודעתם שלא שיתפו עם העגל את אחר, ואם כן פירושו כמו זה, ואחזו בדרך כבוד לכנות בלשון רבים, אך דעת רבי חגי ששיתפו, והענין כי הם דימו שהעגל יהיה האמצעי להוריד השפע מלמעלה, כמו שביאר הכוזרי, ולדעת רבנן שלא שיתפו אף שהאמינו בה' כמו שנאמר (מלאכי א, יא) ובכל מקום מוקטר ומוגש לשמי, אך לא האמינו כי יזדקק ה' לעולם השפל, והוא נקי מהשפעתו למטה כי אם על ידי העגל: **ומכזבים כו'**. פירשתי לעיל: [ד] **לאדם זה משה כו'**. כי הוא היה אדם אמיתי על דרך (יבמות סא, א) אתם קרואים אדם, ואף שהיה במעלה הגבוה עם כל זה ציערתי אותו, וזה בעבור שהיו כעורים ישראל בדרכם: **מאיזה מקום לירד**. אין הכונה תנועה מקומית, כי אם שמדת הדין קטרג עליו מכל הצדדים, עד שאין מקום לתגבורת הרחמים. ומה שביקשו להרגו הוא מפני שידוע שהעולה למעלה ממדרגתו בעניני הנבואה הוא נהדף ממקומו, וכמו שאמרו אף במדרגות קטנות (חגיגה יד, ב) הציץ ומת, ויען שמשה בא במעלתו הגדולה רק בשביל ישראל, ועתה שישראל נפלו אם כן מוכרח לירד ממעלתו, ואם לאו יפגעו, כי עתה ראו שאין זה מעלתו: **חשכו כו' מאיזה מקום כו'**. דע דהעולה במעלת הנבואה, שהוא אז בהתבודדות עצומה מנפש מכל עניני התבל וציוריו, ואחר כך בעת שנסתלקה ממנו הנבואה, צריך לרדת במדרגה אחר מדרגה ולא פתאום, ולכן אמרו חז"ל (במדבר רבה יב, סימן יא) מי עלה שמים וירד (משלי ל, ד) זה משה, כי גם הירידה קשה מאד

חידושי הרד"ל

[ג] **דרש רבי עקיבא אמרו כו'**. ליינתי לעיל פרשה כד א (ד"ה אלא) בסייעתא דשמיא, עיין שם: **רבנן אמרי זה אלהיך פדה אותנו** ורלה לומר שכתוב (נחמיה ט, יח) זה אלהיך (ישראל) אשר העלוך ממצרים, ורבי חגי דרש קרא דהכא דאין כתיב זה אלא אלה כו' ששתפו כו', ועיין סנהדרין (סג, ב) אלמלא ו' שבהעלוך כו': **אף אנו אומר שאינם עמי**. אפשר למדרשיה נמי בקרא דהושע שם (פסוק יב) אייסרם כשמע לעדתם, שאייסרם בזה שאשמיעם לקרותם בשם עדתם ולא עדת ה' המה, וזה שנאמר בריש הושע (א, ט) אתם לא עמי ואנכי לא אהיה לכם, מפני שכפרו ואמרו אנכי לא אהיה להם לכן גם אני אמרתי המה לא יהיו עמי: [ד] **בעורים אלו ישראל**. עיין לעיל ריש פרשה לו ב כעורים נגשה כו' בלהרים בעגל בשש שעות:

חידושי הרש"ש

שיתפו אותו עמו ואמרו כו'. כן נריך לומר:[ד] **לאדם זה משה**. וכן דרשו בשבת (פט, א) לקחת מתנות באדם בשכר שקראוך אדם: **חשכו פניו של משה ונעשה בסומא כו'**. רבי ילחק דריש גם והלכו כעורים, וכוליה קרא על משה:

באור מהרי"פ

רבי עקיבא. דייק, והמה דברו עלי כזבים, פירוש, הכוזב שאמרו עלי דייקא של עלמי פדיתי, ומחובר לרישא דקרא כי פשטו בי דייקא:

מסורת המדרש

ג. עיין מגילה דף כ"ט. ירושלמי תענית פרק א' סוף הלכה א'. ירושלמי סוכה פרק ד' הלכה ג'. לעיל פרשה ט"ו סימן ט"ז. במדבר רבה פרשה ז'. מכילתא סדר בא פרשה י"ד. ספרי סדר בהעלותך פסקא פ"ד ופסקא קס"א. ילקוט סדר בא רמז ר"י. וסדר בהעלותך רמז תשל"א. ילקוט זכריה רמז תקע"ז. ועיין מדרש תהלים מזמור פ' ומזמור נ"א. ילקוט תהלים רמז תתמ"ג:

אם למקרא

פֶּה לָהֶם וְלֹא יְדַבֵּרוּ עֵינַיִם לָהֶם וְלֹא יִרְאוּ: (תהלים קטו:ה)

וּמִי כְעַמְּךָ כְּיִשְׂרָאֵל גּוֹי אֶחָד בָּאָרֶץ אֲשֶׁר הָלְכוּ אֱלֹהִים לִפְדּוֹת לוֹ לְעָם וְלָשׂוּם לוֹ שֵׁם וְלַעֲשׂוֹת לָכֶם הַגְּדוּלָּה וְנֹרָאוֹת לְאַרְצֶךָ מִפְּנֵי עַמְּךָ אֲשֶׁר פָּדִיתָ לְּךָ מִמִּצְרַיִם גּוֹיִם וֵאלֹהָיו: (שמואל ב ז:כג)

וַהֲצֵרֹתִי לָאָדָם וְהָלְכוּ כַּעִוְרִים כִּי לַה' חָטָאוּ וְשֻׁפַּךְ דָּמָם כֶּעָפָר וּלְחֻמָם כַּגְּלָלִים: (צפניה א:יז)

ידי משה

[ג] **רבנין אמרי זה אלה אלהיך**. כן נריך לומר. פירוש, שאמרו על העגל עלמו שפדה אותן. ורבי חגי אמר מדלא כתיב זה אלהיך אלא לשון רבים שמע מינה ששיתפו להקב"ה גם כן, והטעות מה שנחסר מלת אלה בדברי רבנין, לפי שראה המדפיס בדברי רבי חגי זה אלהיך, נדפס גם בדברי רבנין כך:

וְהָיוּ מַלְאֲכֵי הַשָּׁרֵת מְבַקְשִׁים לְהָרְגוֹ – **And the ministering angels were seeking to kill him,** אָמְרוּ: הֲרֵי הַשָּׁעָה לְהָרְגוֹ – **for they said, "This is the** opportune **time to kill him."**[63] יָדַע הַקָּדוֹשׁ בָּרוּךְ הוּא מָה הַמַּלְאָכִים מְבַקְשִׁים לַעֲשׂוֹת לוֹ – Now, **the Holy One, blessed is He, knew what the angels were seeking to do to him.** מֶה עָשָׂה הַקָּדוֹשׁ בָּרוּךְ הוּא – So **what did the Holy One, blessed is He, do** to save Moses? אָמַר רַבִּי בֶּרֶכְיָה בְּשֵׁם רַבִּי חֶלְבּוֹ בְּשֵׁם רַב חָנָן בַּר יוֹסֵף בְּשֵׁם רַבִּי אַבָּא בַּר אֵיבוּ – **R' Berechyah said in the name of R' Chelbo,** who said it **in the name of R' Chanan bar Yoseph,** who said it **in the name of R' Abba bar Eivu:** פָּתַח לוֹ הַקָּדוֹשׁ בָּרוּךְ הוּא פִּשְׁפֵּשׁ מִתַּחַת כִּסֵּא כְבוֹדוֹ, וְאָמַר: "לֶךְ רֵד" – **The Holy One, blessed is He, opened for him a small doorway under His Throne of Glory and said to him, *"Go, descend*** from here,"[64] שֶׁנֶּאֱמַר "וַיֹּאמֶר ה' אֵלַי קוּם רֵד מַהֵר מִזֶּה" – **as it is stated** in a parallel verse elsewhere, ***Then HASHEM said to me, "Arise, descend quickly from here"*** (*Deuteronomy* 9:12).[65]

Another tradition provides a different description of the same incident:

רַבִּי עֲזַרְיָה בְּשֵׁם רַבִּי יְהוּדָה בַּר רַבִּי סִימוֹן בְּשֵׁם רַבִּי יְהוּדָה בְּרַבִּי אִלְעָי אָמַר – **R' Azaryah said in the name of R' Yehudah bar Simone,** who said it **in the name of R' Yehudah bar Il'ai:** כֵּיוָן שֶׁבָּא מֹשֶׁה לֵירֵד בָּאוּ הַמַּלְאָכִים לְהָרְגוֹ – **When Moses sought to descend, the angels came to kill him.** מֶה עָשָׂה – **So what did [Moses] do?** אָחַז בַּכִּסֵּא שֶׁל הַקָּדוֹשׁ בָּרוּךְ הוּא וּפָרַשׂ הַקָּדוֹשׁ בָּרוּךְ הוּא טַלִּיתוֹ עָלָיו שֶׁלֹּא יְחַבְּלוּהוּ – **He grabbed onto the Throne of the Holy One, blessed is He,** Who then **spread His "cloak" over [Moses] so that they would not harm him,**[66] שֶׁנֶּאֱמַר "מְאַחֵז פְּנֵי כִסֵּה פַּרְשֵׁז עָלָיו עֲנָנוֹ" – **as it is stated, *He allowed him to grasp the face of the Throne; He spread*** [פַּרְשֵׁז] ***His cloud over him*** (*Job* 26:9). מַהוּ "פַּרְשֵׁז" – **What is** the meaning of the word **פַּרְשֵׁז** (translated here as "He spread")? נוֹטָרִיקוֹן פָּ'רַשׂ רַ'חוּם שַׁ'דַּי זִ'יו עֲנָנוֹ עָלָיו – **It is an acronym** for the following words: **"He spread (פָּ'רַשׂ)"; "the Merciful One (רַ'חוּם)"; "the Almighty (שַׁ'דַּי)"; "His radiant (זִ'יו) cloud over him."**[67]

§5 דָּבָר אַחֵר, "לֶךְ רֵד" – **Another interpretation of *Go, descend*:** רַבִּי מֵאִיר אוֹמֵר: מַרְדוּת הֵם צְרִיכִים – **R' Meir says:** God was telling Moses, **"They require chastisement!"**[68] וּמִנַּיִן שֶׁאָמַר לוֹ כֵּן – **And from where** do we know **that [God] said this to [Moses]?**[69]

NOTES

63. The angels were already jealous of Moses for taking the Torah from them and bringing it down to earth (see *Shabbos* 88b), and now they felt that the grievous sin just committed by the people afforded them an excellent opportunity to kill Moses, given the principle (see *Shabbos* 33b) that the righteous are snatched away from the world to atone for the sins of their brethren (*Eitz Yosef*).

64. This is meant figuratively; the intention is that God facilitated Moses' escape by investing him with the ability to descend in a way that the angels could not harm him (ibid., from *Eshed HaNechalim*).

65. The words *from here* suggest that God, as it were, indicated a place from which Moses could descend. The fact that our verse in *Shemos* (v. 7) does not say *from here* shows that initially God simply told Moses to descend; it was only after God "saw" that the angels intended to kill Moses that He showed him a way to descend safely, as reflected in the *Deuteronomy* verse (*Eitz Yosef*).

66. Certainly God's heavenly Throne is not a physical entity that can be grasped by the hand. The commentators, therefore (quoted in *Eitz Yosef*), explain this passage in an allegorical sense: Inasmuch as the human soul is seen as emanating from God's "Throne of Glory," which transcends the realm of angels, one who is capable of "grasping" — that is, tapping into — this source of existence elevates himself to a lofty spiritual plane and becomes immune to any danger posed by the angels below.

67. That is, the Almighty, in His compassion, spread His radiant cloud (His "cloak") over Moses.

The Midrash singles out the word פַּרְשֵׁז and interprets it as an acronym because it has no parallel in all of Scripture (*Eitz Yosef*). [The Biblical commentators (*Ibn Ezra, Ramban*, et al.) equate פַּרְשֵׁז with פָּרַשׂ and translate it as *He spread*, taking the final letter ז as a mere linguistic embellishment.] See Insight Ⓐ.

68. R' Meir associates the word רֵד etymologically with מַרְדוּת, *chastisement* (*Eitz Yosef*). The phrase לֶךְ רֵד is thus interpreted as if it were written לֵךְ רְדֵה, *Go and chastise* (see *Radal*).

69. I.e., how do we know that רֵד here denotes chastisement? Note that this question is not asked in order to justify departing from the usual meaning of רֵד (*descend*), because that meaning is shown to be inadequate by the context of the verse (as explained in note 36). Nevertheless, R' Meir finds it necessary to offer evidence for his interpretation because it is hardly an intuitive one, and because other suggestions for

INSIGHTS

Ⓐ **Hidden Route of Rescue** This account of Moses' stealthy descent from heaven is mystifying. First, the picture it gives of God's heavenly abode is all too mundane and earthlike. As the central feature in this abstract realm, the Throne of Glory is certainly not a physical construct. How, then, can we believe that there is some kind of trapdoor underneath it leading to the terrestrial world? Moreover, the description of the angels' apparently self-conceived plan to kill Moses seems contrary to Jewish thought, for it implies that those dedicated agents of God's Will also have their own will and their own power to act as they see fit; even worse, it implies that when they choose to exercise that power God does not stop them directly, just as in this instance He did nothing to help Moses except to carve out a secret passageway through which Moses could escape.

These problems, submits the Midrash commentary *HaTirosh*, indicate that this passage is to be understood allegorically. The "angels" mentioned here are actually the Divine attributes of fairness and justice. Considering the magnitude of Israel's sin, which was made all the more egregious by its proximity to the Exodus and the Revelation at Sinai, these attributes argued that there was no sustainable defense for Israel and no grounds for Divine mercy. Their case was compelling, and even Moses, Israel's great and storied advocate, had no response to offer. His face clouded over in distress, and "he did not know from which place to descend," meaning that he could not see how he would be able to return to his people and complete his mission of leading them to the promised land. Vindicated by Moses' silence, "the angels sought to kill Moses," that is, the Divine attributes argued that the time had come to end Moses' mission as leader of the Chosen People. To make matters worse, "God knew what His angels were seeking to do" — He conceded that by His own standards of equity there was nothing to be done for the fallen nation.

Fortunately, however, there was another, somewhat external factor to consider: the effect that any drastic action would have on God's honor. "What did the Holy One, blessed is He, do? He opened a passageway underneath the Throne of Glory." In other words, He showed Moses a way to save the people: by pointing out that their destruction would undermine God's reputation among the nations of the world. *"Why,"* as Moses soon asked, *"should Egypt say, 'With evil intent did He take them out, to kill them in the mountains and to annihilate them from the face of the earth!'"* (v. 12). Of similar concern was the fact that God had sworn to our forefathers "by His own existence" that He would give their descendants the land of Canaan, thus investing the oath with Divine permanence: "Just as I am eternal, so will My oath be eternal" (see below, 44 §10). Moses capitalized on this opening as well and quickly petitioned God to *"remember for the sake of Abraham, Isaac, and Israel, Your servants, to whom You swore by Yourself . . . . [that] 'this entire land of which I spoke I shall give to your offspring and it shall be their heritage forever'"* (v. 13).

R' Azaryah offers another metaphor to describe the same turn of events. In Talmudic literature, we find that the *tallis*, or "cloak," is a garment worn by eminent people as a mark of distinction. By portraying God as spreading His cloak over Moses, the Midrash is saying that God elevated Moses' stature by giving him the remarkable ability, through the arguments He taught him, to extricate the people of Israel from their seemingly hopeless predicament: to save them from extinction and preserve them for eternity.

וְהָיוּ מַלְאֲכֵי הַשָּׁרֵת מְבַקְשִׁים לְהָרְגוֹ, אָמְרוּ: הֲרֵי הַשָּׁעָה לְהָרְגוֹ, יָדַע הַקָּדוֹשׁ בָּרוּךְ הוּא מָה הַמַּלְאָכִים מְבַקְשִׁים לַעֲשׂוֹת לוֹ, מֶה עָשָׂה הַקָּדוֹשׁ בָּרוּךְ הוּא, אָמַר רַבִּי בֶּרֶכְיָה בְּשֵׁם רַבִּי חֶלְבּוֹ בְּשֵׁם רַב חָנָן בַּר יוֹסֵף בְּשֵׁם רַבִּי אַבָּא בַּר אִיבוֹ: פָּתַח לוֹ הַקָּדוֹשׁ בָּרוּךְ הוּא פִּשְׁפֵּשׁ מִתַּחַת כִּסֵּא כְבוֹדוֹ, וְאָמַר: [לב, ז] "לֵךְ רֵד", שֶׁנֶּאֱמַר (דברים ט, יב) "וַיֹּאמֶר ה' אֵלַי קוּם רֵד מַהֵר מִזֶּה", רַבִּי עֲזַרְיָה בְּשֵׁם רַבִּי יְהוּדָה בַּר רַבִּי סִימוֹן בְּשֵׁם רַבִּי יְהוּדָה בְּרַבִּי אִלְעָי אָמַר: כֵּיוָן שֶׁבָּא מֹשֶׁה לֵירֵד בָּאוּ הַמַּלְאָכִים לְהָרְגוֹ, מֶה עָשָׂה, ד אָחַז בְּכִסֵּא שֶׁל הַקָּדוֹשׁ בָּרוּךְ הוּא וּפָרַשׂ הַקָּדוֹשׁ בָּרוּךְ הוּא טַלִּיתוֹ עָלָיו שֶׁלֹּא יְחַבְּלוּהוּ, שֶׁנֶּאֱמַר (איוב כו, ט) "מְאַחֵז פְּנֵי כִסֵּה פַּרְשֵׁז עָלָיו עֲנָנוֹ", מַהוּ "פַּרְשֵׁז", נוֹטָרִיקוֹן פָּ'רַשׂ רַ'חוּם שַׁ'דַּי זִ'יו עֲנָנוֹ עָלָיו:

ה דָּבָר אַחֵר, [לב, ז] "לֵךְ רֵד", רַבִּי מֵאִיר אוֹמֵר: מַרְדּוּת הֵם צְרִיכִים, וּמִנַּיִן שֶׁאָמַר לוֹ כֵּן, מִמַּה שֶּׁהַקָּדוֹשׁ בָּרוּךְ הוּא אוֹמֵר לוֹ אַתָּה יוֹדֵעַ, שֶׁנֶּאֱמַר [לב, ט] "וַיֹּאמֶר ה' אֶל מֹשֶׁה רָאִיתִי אֶת הָעָם הַזֶּה וְהִנֵּה עַם קְשֵׁה עֹרֶף הוּא", אֵין אָדָם אוֹמֵר פְּלוֹנִי קָשֶׁה אֶלָּא שֶׁהוּא צָרִיךְ מַרְדּוּת, וְרַבּוֹתֵינוּ אָמְרוּ: מַהוּ "לֵךְ רֵד", מַרְדּוּת הֵם צְרִיכִים, מְסַיֵּיעַ לֵיהּ לְרַבִּי מֵאִיר, וְתֵדַע לְךָ שֶׁכֵּן, בֹּא וּרְאֵה כֵּיוָן שֶׁיָּרַד מֹשֶׁה מָה אָמַר לָהֶם, [לב, כו-כז] "וַיַּעֲמֹד מֹשֶׁה בְּשַׁעַר הַמַּחֲנֶה וַיֹּאמֶר מִי לַה' וְגוֹ' וַיֹּאמֶר לָהֶם כֹּה אָמַר ה' אֱלֹהֵי יִשְׂרָאֵל וְגוֹ'", וְהֵיכָן אַתָּה מוֹצֵא שֶׁאָמַר לוֹ כָּךְ, "לֵךְ רֵד", מַהוּ "רֵד", מַרְדּוּת הֵם צְרִיכִין, דָּבָר אַחֵר, "לֵךְ רֵד", ה אָמַר רַבִּי אָבִין: אָמַר לוֹ הַקָּדוֹשׁ בָּרוּךְ הוּא לְמֹשֶׁה: אַל יֵרַע לְךָ עַל שֶׁאָמַרְתִּי לְךָ "לֵךְ רֵד" מִכָּאן,

עץ יוסף

הרי השעה להרגו. שתמיד היו מתקנאים בו על שהוריד התורה על הארץ, ועתה שחטאו ישראל בקשו לפגוע במשה, משום שהצדיקים נתפסים בעון הדור: **פתח לו הקדוש ברוך הוא כו'.** משום שבפרשת כי תשא לא נאמר מזה אלא לך רד כי שחת עמך וגו', ובפרשת עקב כתיב קום רד מהר מזה, משמע שמתחלה לא אמר לו שירד מתוך הפשפש כו', עד שראה שהמלאכים ביקשו להרגו, אז אמר לו שירד בפשפש שתחת כסא הכבוד: **פשפש שתחת כסא הכבוד.** ופשפש הוא פתח צר וקטן שאין רגילין לצאת ולבא בו, וכל זה דרך משל, והכוונה שעזרו ה' נעלה מכחו מה שלא חשבו המלאכים שיוכל לירד בו, וזהו לשון מזה רוצה לומר דרך מקום זה, כלומר שהורה לו דרך איכו ואיפוא ירד: **אחז בכסא של הקדוש ברוך הוא.** כבר פירשוהו כל החכמים כי אין הדבר כפשוטו חס ושלום, שאין לך הגשמה גדולה מזו, כי אין הכסא דבר גופני שיאחז בו, ורק הפירוש הנכון שמצד הנפש שהיא אצולה מתחת כסא הכבוד, שהוא למעלה מהם המתגבר בנפשו לדוחם ולא ירא מהם, כי כל שליטתן אינו רק מצד הגוף: **שנאמר מאחז פני כסא.** דרש זה הוא על דרך אסמכתא: **פרש"ז.** נוטריקון, כי לא מצינו חבר למילה זו: (ה) [ד] **מרדות הן צריכין.** מפרש רד לשון רידוי ומרדות, ומפני שאין לשון רד מורה כל כך ענין מרדות, להכי מייתי רבי מאיר ורבנן סמך שיש בדברי ה' ענין מרדות: **ומנין שאמר לו כן.** פירוש לשון מרדות, ולא נימא שהוא לשון נידוי או לשון ירידה או שפלות: **אלא שהוא צריך מרדות.** אין המרדות הריגת הפושעים, כדלרבנן כדלקמן בסמוך, אלא הכנעת קשה ערפם, כדרך קשי העורף שעל ידי היסורין משיבין אותם מקושי ערפם, והמרדות הזה הוא מה שנהג עמהם כמנודים, כמו שאמרו ז"ל גבי ומשה יקח את האהל ונטה לו מחוץ למחנה, ואף על פי שאלו לא חטאו שהחוטאים ביער מן העולם, אך לפי שלא מיחו בחוטאים צריכין מרדות: **ורבותינו אמרו מה לך רד מרדות הם צריכים.** פירוש מרדות זו היא הריגה, ולפי זה לשון מסייע אינו מדוייק, שהרי מרדות דרבי מאיר פירושו הכנעת קשה עורף, מכל מקום אמר מסייע לרבי מאיר, משום שלשון רד לתרווייהו לשון מרדות הוא: **והיכן אתה מוצא כו'.** ולרבי מאיר לא תקשה כה אמר ה' אלהי ישראל היכן אמר, כי מצינו כמה דברים שמשה אומר בשם ה', ולא ספר הכתוב תחלה אמירתם למשה: **לך רד.** רוצה לומר שזה נמצא במה שאמר לו לך רד, מהו רד מרדות הם צריכין שירדם ויעבר החוטאים מהעולם עם אותם שלא ימחו בהם: [ה] דבר אחר **לך רד כו' אל ירע לך.** כלומר אף על פי שאמרתי לך רד מגדולתך, אל ירע בעיניך לחשוב שזו ירידה בעצמות, אלא הענין עצמו מחייב להיות ענין ירידה, כמו שנאמר שתים שלש פעמים בהשם יתברך כשבא לראות בקללת הבריות:

פירוש מהרז"ו

הרי השעה להרגו. על שחטאו ישראל וחללו התורה, והמלאכים רצו לקבלה וצללה מהם, הרי שמשה הפסיד התורה. עיין (שבת פ"ח, ב), פסיקתא סוף פרשה כ. ומה שכתב לעיל סוף פרשה מ"א, ופרשה ז' בסימן א, על המלאכי חבלה שילאו להשחית ישראל: (ה) **מרדות הם צריכים.** שתיבת רד מיותר, על פי מדת ממעל, מלשון (תהלים קי, ב) מטה עוזך וגו' רדה בקרב אויביך, ורד הוא לווי שירדה את ישראל, על שהם קשה עורף, וכמו שאמר לקמן סימן ט: **והיכן אתה מוצא שאמר לו כך.** כמו שאמר בתנא דבי אליהו ריש פרק ד', וזה לשונו מעיד אני עלי שמים וארץ, שלא אמר הקב"ה למשה לעמוד בשער המחנה ולומר מי לה' אלי. העתקתי לשונו לקמן סוף פרשה מ"ז, עיין מה שכתבתי שם. ואפשר שדרשו כאן כך, על שכתוב כאן ויעשו בני לוי כדבר משה, הרי שהיה דבר משה, היינו שדרש כן ממה שכתוב לך רד, גם בכל מקום כתוב תחלה וידבר ה' אל משה, או ויאמר ה', ואחר כך ויאמר משה, וכאן אינו כתוב כך. עיין מה שכתבתי בזה לעיל פרשה י"ח סימן א, התחיל נווח בפרהסיא כה אמר ה' כחצות, דוק מאד בכל זה, ובכל המקומות הנ"ל:

מתנות כהונה

פשפש. פתח קטון: **קום רד מהר מזה.** משמע רד מהר מפתח הזה אשר אני מראה אותך: **מאחז כו'.** עיין כל זה בפרק רבי עקיבא: [ה] **רד.** לשון רידוי ומרדות: **והיכן אתה מוצא כו'.** עד **לך רד.** במה שאמר לו לך רד אתה מוצא שאמר לו כך:

אשד הנחלים

לרדת ממחשבה אלקית למחשבת אנושיות, ויען שמשה ירד עתה ממעלתו הגדולה מהנבואה, ונתבלבל מאד עד שלא ידע באיזה אופן ירד: **פתח לו הקדוש ברוך הוא פשפש.** הפשפש הוא פתח צר וקטן שאינם רגילים לצאת ולכנס בו, ולכן אם יצא בו לא יביטו בו, כי אינם חושבים שיצא מזה, כן הוא על דרך משל שעזרו ה' נעלה מכחו מה שלא חשבו המלאכים שיוכל לירד בו, וזהו לשון מִזֶּה, שהורה לו הדרך איכה ואיפוא ירד, כן נוכל לתווך על דרך הציור בכדי להרחיק ענין הגשמה מהמקום ברוך הוא כנודע להמשכילים המבינים על דבר אמת: **אחז בכסאו.** פירשתי לעיל: **טליתו עליו.** הוא גם כן משל להגנה והסתרה מעיני המלאכים שלא יראוהו, כי נעלם הוא מדעתם: [ה] **מרדות הם צריכים.** דרש רד מלשון רדייה, לך ורדה אותם במכות והריגות כי עם קשה עורף הוא, ולא יועיל להם התוכחה לבד: **אין אדם כו' קשה כו'.** כלומר על מה אנחנו אומרים שהוא קשה עורף, בכדי שנדע כי לא יועיל לו הדיבור כי אם הרדיה: **אל ירע כו' ירדתי כו'.** יש להבין מאין לקחו הציור הזה ואיפה מרומז זאת. והנראה דממלת עמך קדריש, כאומר ראה נא שאנכי בשביל עולמי שהם עמי, לפעמים אנכי יורד למטה בשבילם, אתה גם כן עשה כן בשביל עמך אשר עמלת בהם להשלימם, לך רד לתקנם ולהצריף החייבים. וענינו בכלל, כי מלת ירידה הונח על מי שפונה מחשבתו בדבר אשר אין מכבודו לפנות בו, והוא ענין השגחה לפקוד העונש שאין מכבודו כביכול לעשות זאת כי מפיהו לא יצא הרע, לכן קרא לזאת ירידה [עיין מורה במלת ירידה קצת באופן זה], וכן כאן נאמר על אופן זה:

חידושי הרד"ל

מהו פרשו נוטריקון כו'. בש"ס בשבת (פח, ב) דרש לה על שעת מתן תורה כשהחזיר תשובה למלאכי השרת עיין שם: [ה] **ורבותינו אמרו כו' צריכים דברי רבי מאיר ומסייע ליה תדע לך שכן כו'.** כן צריך לומר, לנוסחת הספר, אין רבותינו מחדשים כי אם סיוע ממקרא אחר לרבי מאיר. אך כמדומני שעיקר הגירסא צריך לומר ורבותינו אומרים לך רדה אותם מרדות הם צריכים מסייעא ליה כו', ולפי זה אף שרבותינו מסייעין ובשיטת רבי מאיר דדרש לך רד לשון מרדות, אבל חלוקין הן בזה, דרבי מאיר אמר שהם צריכין מרדות שירדם ויעניםם הקב"ה. וכדמייתי קרא דוהנה עם קשה עורף הוא, וכדכתיב באידך קרא אתם עם קשה עורף (אפשר גרסינן האי קרא לכאן וגו') ועתה הורד עדיך מעליך ואדעה מה אעשה לך, ורבותינו דרשו לך רד אתה רדה אותם, והיינו כדמייתי קרא שלוה משה עברו משער לשער והרגו וגו': **והיכן אתה מוצא שאמר לו כך לך רד.** בתנא דבי אליהו רבה פרק ד לא אמר הקב"ה למשה כן, אלא שהיה משה דן בעצמו כו', עיין שם. והוא דבר תימא. ונראה שהכוונה כדהכא, שהקב"ה אמר זה ברמז ולא בפירוש, ומשה דן בעצמו פירוש הדבר כיצד יתקיים המרדות בהן על ידו:

חידושי הרש"ש

פרש רחום כו'. ובגמרא שבת (פח, ב) חסר רחום, וגם שם הגירסא ועננו עליו כו': [ה] **כיון שירד משה מה אמר להם ויעמד כו'.** אולי תיבת להם מיותר, ורצה לומר מה אמר הכתוב:

מסורת המדרש

ד. שבת דף פ"ח. סוכה דף ה'. ילקוט מלכים רמז רכ"ה: ה. תנחומא כאן סי' כ"א כל הענין:

אם למקרא

וַיֹּאמֶר ה' אֵלַי קוּם רֵד מַהֵר מִזֶּה כִּי שִׁחֵת עַמְּךָ אֲשֶׁר הוֹצֵאתָ מִמִּצְרָיִם סָרוּ מַהֵר מִן הַדֶּרֶךְ אֲשֶׁר צִוִּיתִם עָשׂוּ לָהֶם מַסֵּכָה: (דברים ט:יב)

מְאַחֵז פְּנֵי כִסֵּה פַּרְשֵׁז עָלָיו עֲנָנוֹ: (איוב כו:ט)

ידי משה

[ד] **פתח לו הקדוש ברוך הוא פשפש מתחת כסא הכבוד ואמר לך רד.** כן צריך לומר. לפי שהיו מלאכי השרת מבקשים לפגוע בו, והוכרח הקב"ה לפתוח לו מקום תחת כסא הכבוד ושם אין מלאכי השרת רשאים לקרב, כדאיתא (ילקוט שמעוני שיר השירים רמז תתקפג) מלאכים עומדים ממעל לו ברחוק חמש עשרה אמות מן הכסא, כך נראה לי וקל להבין:

מִמַּה שֶׁהַקָּדוֹשׁ בָּרוּךְ הוּא אוֹמֵר לוֹ אַתָּה יוֹדֵעַ – **We know it from what the Holy One, blessed is He, told him,** שֶׁנֶּאֱמַר "וַיֹּאמֶר ה׳ אֶל מֹשֶׁה רָאִיתִי אֶת הָעָם הַזֶּה וְהִנֵּה עַם קְשֵׁה עֹרֶף הוּא" – **for it is stated,** ***HASHEM said to Moses, "I have seen this people, and behold! it is a stiff-necked*** [קְשֵׁה עֹרֶף] ***people*** (lit., *people of difficult necks*)" (below, v. 9). אֵין אָדָם אוֹמֵר פְּלוֹנִי קָשֶׁה אֶלָּא שֶׁהוּא צָרִיךְ מַרְדּוּת – **A person does not say, "So-and-so is difficult** [קָשֶׁה]**,"**[70] **unless he requires chastisement.**[71]

The Midrash finds confirmation for R' Meir's teaching.

וְרַבּוֹתֵינוּ אָמְרוּ: מַהוּ "לֶךְ רֵד" – **Our Sages** also **said: What is** the meaning of ***"Go, descend"***? מַרְדּוּת הֵם צְרִיכִים – God was telling Moses, **"They require chastisement!"** מְסַיֵּיעַ לֵיהּ לְרַבִּי מֵאִיר – And **this supports** the view of **R' Meir** (cited above). However, the Sages had a different way of proving this interpretation than did R' Meir;[72] for they said: וְתֵדַע לְךָ שֶׁכֵּן – **And you may know** for a fact **that it is so:** בֹּא וּרְאֵה כֵּיוָן שֶׁיָּרַד מֹשֶׁה מָה אָמַר לָהֶם – For **come and see that as soon as Moses came down** from the mountain, **what did he say to [the people]?** "וַיַּעֲמֹד מֹשֶׁה בְּשַׁעַר הַמַּחֲנֶה וַיֹּאמֶר מִי לַה׳ וְגוֹ׳ – Scripture tells us, ***Moses stood at the gateway of the camp, and said, "Whoever is for HASHEM,*** *join me!*" (below, v. 26), "וַיֹּאמֶר לָהֶם כֹּה אָמַר ה׳ אֱלֹהֵי יִשְׂרָאֵל וְגוֹ׳ " – and in the next verse we read, ***He said to them, "So said HASHEM, the God of Israel:*** *Every man, put his sword on his thigh . . . let every man kill his brother,* ***etc."*** וְהֵיכָן אַתָּה מוֹצֵא שֶׁאָמַר לוֹ כָּךְ – **Now, where do you find that [God] said this to him?**[73] "לֵךְ רֵד" – You find it in God's command, ***Go, descend***; מַהוּ "רֵד", מַרְדּוּת הֵם צְרִיכִין – for **what is** the meaning of רֵד (translated as "descend") here? It means that God told him, **"They require chastisement."**[74]

The Midrash presents yet another exposition on the words "Go, descend":

דָּבָר אַחֵר, "לֵךְ רֵד" – **Another interpretation** of ***Go, descend:*** אָמַר רַבִּי אָבִין – **R' Avin said:** אָמַר לוֹ הַקָּדוֹשׁ בָּרוּךְ הוּא לְמֹשֶׁה: אַל יֵרַע לְךָ עַל שֶׁאָמַרְתִּי לְךָ "לֵךְ רֵד" מִכָּאן – **The Holy One, blessed is He, said to Moses, "Do not be upset over the fact that I have told you, '*Go, descend* from here';**

NOTES

the word's meaning in this instance — a descent in status (section 2) or excommunication (section 3) — have also been put forward (*Yefeh To'ar, Eitz Yosef*). See Insight Ⓐ.

70. As God said to Moses, *"It is a stiff-necked* [קְשֵׁה "עֹרֶף"] *people."*

71. And here, too, God was telling Moses that the people needed to be reprimanded, to have their stiff-neckedness redressed (*Yefeh To'ar*).

72. And that different method of proof yields a significant difference between their respective interpretations; see below, note 74.

73. For Moses quoted God as having told him, "*Every man, put his sword on his thigh, etc.*" But we do not find anywhere in Scripture that God told him this. Where is it alluded to?

74. Which, according to the Sages, meant that they were subject to capital punishment. [According to R' Meir, however, the "chastisement" that God prescribed for Israel here was something more mild than capital punishment, something that would merely redress the people's trait of stiff-neckedness: perhaps Moses' moving his tent out of the camp, as described in 33:7 below (*Yefeh To'ar*), or perhaps God's own punishment of the people, as alluded to ibid. 33:5 (*Radal*).]

INSIGHTS

Ⓐ **Prophecy or Punishment** Although the Hebrew word for *chastisement* (מַרְדּוּת) shares the same root as the word רֵד, the conceptual distance between chastisement and the usual meaning of רד — *descend* — makes this interpretation seem farfetched (see note 69). However, the *Dubno Maggid* (*Ohel Yaakov, Ki Sisa*) maintains that far from dismissing the plain sense of the verse, R' Meir's interpretation actually complements it, with the latter deepening our understanding of the former.

To appreciate how, we need to refer back to the historic observation made by our forefather Isaac, *The voice is Jacob's voice, but the hands are Esau's hands* (*Genesis* 27:22). According to the Midrash (above, 21 §1), this verse is an expression of the two legacies that Isaac would bequeath to his sons: the "voice" to Jacob and the "hands" to Esau.

This can be understood as follows. From the time God decided to raise up Jacob's descendants as His chosen people, He allowed for the likelihood that they would occasionally stray from the path laid out for them. To keep Israel true to its noble calling, He prepared two methods of delivering moral instruction to the people when necessary: prophecy and punishment, each one appropriate in its own time.

In the early part of the nation's history, when the people were generally close to God, settled as they were in the Holy Land around the Divine Presence that rested in Solomon's Temple, God would call the "voice of Jacob" into service, sending prophets to the people with messages of guidance and rebuke aimed at correcting whatever failings they had. With the Temple's destruction and the beginning of exile, however, the channels of prophecy were closed. At that point it became necessary to employ the second approach: that of subjecting the Jewish people to suffering and persecution at the "hands of Esau," i.e., at the hands of our enemies among the nations of the world. If the Jews would only contemplate the true reason for their troubles, they could gain as much spiritual uplift from these wordless sermons as their ancestors had from the eloquent homilies delivered by the prophets of their day. Noting the parallel between these two methods of Divine discipline, the Sages remarked that the "removal of [Ahasuerus'] signet ring" — authorizing the wicked Haman to implement His decree of genocide against the Jews — was more effective in rousing the Jews to repentance than all the admonitions of the great prophets of yore (*Megillah* 14a).

As Isaac was about to bestow the blessings upon Jacob and confirm his status as the father of Israel, he foresaw and gave expression to the vital measures God would take to protect the nation's integrity over the millennia. Isaac meant to say that God will make certain that Israel stays its course and completes its world-historic mission. If feasible, He will do so benignly through the inspired voice of Jacob; but if that proves ineffective, then He will accomplish the same goal through the oppressive hands of Esau.

A similar choice lies before any parent searching for a teacher to educate his child. Before vetting the candidates, the parent must assess the nature of the student. If the lad is obedient and studious, then the priority is to find the most learned and fluent teacher available. But if the would-be pupil is indolent or unruly, then the teacher's erudition is less important than the force of his character, which will be called upon to inspire the youth and restrain him and condition him for learning. The ideal candidate, of course, would be both scholarly and stern, but perfection being hard to come by, one must focus on the most essential qualities and compromise on the others.

This brings us back to Moses on Mount Sinai. When Israel had left Egypt and begun their trek into the Wilderness, their hearts and minds, filled with the impressions of the recent miracles and wonders, were fully receptive to God's word. They were eager to learn the Torah and mold their lives in accordance with its laws. For such a high-minded audience, Moses was the ideal teacher: humble, righteous, and supreme in Torah knowledge. As the Talmud puts it (*Menachos* 53b): "Let the good [Moses] come and receive the good [Torah] from the good [God] on behalf of the good [nation]." But the perfection of this match presupposed the nation's "goodness." As long as that quality remained predominant, the nation's primary need was a teacher skilled and knowledgeable enough to guide them through the subtleties of the Torah's vast and varied storehouse of Divine wisdom. The sin of the Golden Calf, however, presented the nation in a different light. It brought to the fore the nation's stiff-necked nature and its susceptibility to the empty allure of the pagan way of life. Now arose the need for a different, more domineering teacher, and this is when God said to Moses, *"Go, descend,"* indicating that it was time for Moses to step down from his post and make way for the iron rod of מַרְדּוּת, *chastisement,* which would now be used to keep them in the fold.

Thus, the same word God used to remove Moses from his role as humble teacher of the people (רֵד, *descend*) also introduced his replacement — chastisement — as "teacher" (מַרְדּוּת - רד, *chastisement*). The simple and Midrashic meanings of the word go hand in hand.

וְהָיוּ מַלְאֲכֵי הַשָּׁרֵת מְבַקְשִׁים לְהָרְגוֹ, אָמְרוּ: הֲרֵי הַשָּׁעָה לְהָרְגוֹ, יָדַע הַקָּדוֹשׁ בָּרוּךְ הוּא מָה הַמַּלְאָכִים מְבַקְשִׁים לַעֲשׂוֹת לוֹ, מֶה עָשָׂה הַקָּדוֹשׁ בָּרוּךְ הוּא, אָמַר רַבִּי בֶּרֶכְיָה בְּשֵׁם רַבִּי חֶלְבּוֹ בְּשֵׁם רַב חָנָן בַּר יוֹסֵף בְּשֵׁם רַבִּי אַבָּא בַּר אֵיבוּ: פָּתַח לוֹ הַקָּדוֹשׁ בָּרוּךְ הוּא פִּשְׁפֵּשׁ מִתַּחַת כִּסֵּא כְבוֹדוֹ, וְאָמַר: [לב, ז] "לֶךְ רֵד", שֶׁנֶּאֱמַר (דברים ט, יב) "וַיֹּאמֶר ה' אֵלַי קוּם רֵד מַהֵר מִזֶּה", רַבִּי עֲזַרְיָה בְּשֵׁם רַבִּי יְהוּדָה בַּר רַבִּי סִימוֹן בְּשֵׁם רַבִּי יְהוּדָה בְּרַבִּי אִלְעַי אָמַר: כֵּיוָן שֶׁבָּא מֹשֶׁה לֵירֵד בָּאוּ הַמַּלְאָכִים לְהָרְגוֹ, מֶה עָשָׂה, ד אָחַז בְּכִסֵּא שֶׁל הַקָּדוֹשׁ בָּרוּךְ הוּא וּפָרַשׂ הַקָּדוֹשׁ בָּרוּךְ הוּא טַלִּיתוֹ עָלָיו שֶׁלֹּא יְחַבְּלוּהוּ, שֶׁנֶּאֱמַר (איוב כו, ט) "מְאַחֵז פְּנֵי כִסֵּה פַּרְשֵׁז עָלָיו עֲנָנוֹ", מַהוּ "פַּרְשֵׁז", נוֹטָרִיקוֹן פָּ'רַשׂ רַ'חוּם שַׁ'דַּי זִ'יו עֲנָנוֹ עָלָיו:

ה דָּבָר אַחֵר, [לב, ז] "לֶךְ רֵד", רַבִּי מֵאִיר אוֹמֵר: מַרְדּוּת הֵם צְרִיכִים, וּמִנַּיִן שֶׁאָמַר לוֹ כֵּן, מִמַּה שֶּׁהַקָּדוֹשׁ בָּרוּךְ הוּא אוֹמֵר לוֹ אַתָּה יוֹדֵעַ, שֶׁנֶּאֱמַר [לב, ט] "וַיֹּאמֶר ה' אֶל מֹשֶׁה רָאִיתִי אֶת הָעָם הַזֶּה וְהִנֵּה עַם קְשֵׁה עֹרֶף הוּא", אֵין אָדָם אוֹמֵר פְּלוֹנִי קָשֶׁה אֶלָּא שֶׁהוּא צָרִיךְ מַרְדּוּת, וְרַבּוֹתֵינוּ אָמְרוּ: מַהוּ "לֶךְ רֵד", מַרְדּוּת הֵם צְרִיכִים, מְסַיֵּיעַ לֵיהּ לְרַבִּי מֵאִיר, וְתֵדַע לְךָ שֶׁכֵּן, בֹּא וּרְאֵה כֵּיוָן שֶׁיָּרַד מֹשֶׁה מָה אָמַר לָהֶם, [לב, כו-כז] "וַיַּעֲמֹד מֹשֶׁה בְּשַׁעַר הַמַּחֲנֶה וַיֹּאמֶר מִי לַה' וְגוֹ' וַיֹּאמֶר לָהֶם כֹּה אָמַר ה' אֱלֹהֵי יִשְׂרָאֵל וְגוֹ'", וְהֵיכָן אַתָּה מוֹצֵא שֶׁאָמַר לוֹ כָּךְ, "לֶךְ רֵד", מַהוּ "רֵד", מַרְדּוּת הֵם צְרִיכִין, דָּבָר אַחֵר, "לֶךְ רֵד", ו אָמַר רַבִּי אָבִין: אָמַר לוֹ הַקָּדוֹשׁ בָּרוּךְ הוּא לְמֹשֶׁה: אַל יֵרַע לְךָ עַל שֶׁאָמַרְתִּי לְךָ "לֶךְ רֵד" מִכָּאן,

עץ יוסף

הרי השעה להרגו. שתמיד היו מתקנאים בו על שהוריד התורה על הארץ, ועתה שחטאו ישראל בקשו לפגוע במשה, משום שהצדיקים נתפסים בעון הדור: **פתח לו הקדוש ברוך הוא כו'.** משום שבפרשת כי תשא לא נאמר מזה אלא לך רד כי שחת עמך וגו', ובפרשת עקב כתיב קום רד מהר מזה, משמע שמתחלה לא אמר לו שירד מתוך הפשפש כו', עד שראה שהמלאכים ביקשו להרגו, אז אמר לו שירד בפשפש שתחת כסא הכבוד: **פשפש שתחת כסא הכבוד.** ופשפש הוא פתח צר וקטן שאין רגילין לצאת ולבא בו, וכל זה דרך משל, והכוונה שעזרו ה' נעלה מכחו מה שלא חשבו המלאכים שיוכל לירד בו, וזהו לשון מזה רוצה לומר דרך מקום זה, כלומר שהורה לו דרך איכו ואיפוא ירד: **אחז בכסא של הקדוש ברוך הוא.** כבר פירשוהו כל החכמים כי אין הדבר כפשוטו חס ושלום, שאין לך הגשמה גדולה מזו, כי אין הכסא דבר גופני שיאחז בו, ורק הפירוש הנכון שמצד הנפש שהיא אצולה מתחת כסא הכבוד, שהוא למעלה מהם המתגבר בנפשו לדחותם ולא ירא מהם, כי כל שליטתן אינו רק מצד הגוף: **שנאמר מאחז פני כסא.** דרש זה הוא על דרך אסמכתא: **פרש"ז.** נוטריקון, כי לא מצינו חבר למילה זו: (ה) [ד] **מרדות הן צריכין.** מפרש רד לשון רידוי ומרדות, ומפני שאין לשון רד מורה כל כך ענין מרדות, להכי מייתי רבי מאיר ורבנן סמך שיש בדברי ה' ענין מרדות: **ומנין שאמר לו כן.** פירוש לשון מרדות, ולא נימא שהוא לשון נידוי או לשון ירידה או שפלות: **אלא שהוא צריך מרדות.** אין המרדות הריגת הפושעים, כדלרבנן כדלקמן בסמוך, אלא הכנעת קשה ערפס, כדרך קשי העורף שעל ידי היסורין משיבין אותם מקושי ערפס, והמרדות הזה הוא מה שנהג עמהם כמנודים, כמו שאמרו ז"ל גבי ומשה יקח את האהל ונטה לו מחוץ למחנה, ואף על פי שאלו לא חטאו שהחוטאים ביער מן העולם, אך לפי שלא מיחו בחוטאים צריכין מרדות: **ורבותינו אמרו מה לך רד מרדות הם צריכים.** פירוש מרדות זו היא הריגה, ולפי זה לשון מסייע אינו מדוייק, שהרי מרדות דרבי מאיר פירושו הכנעת קשה עורף, מכל מקום אמר מסייע לרבי מאיר, משום שלשון רד לתרווייהו לשון מרדות הוא: **והיכן אתה מוצא כו'.** ולרבי מאיר לא תקשה כה אמר ה' אלהי ישראל היכן אמר, כי מצינו כמה דברים שמשה אומר בשם ה', ולא ספר הכתוב תחלה אמירתם למשה: **לך רד.** רוצה לומר שזה נמצא במה שאמר לו לך רד, מהו רד מרדות הם צריכין שירדם ויעבר החוטאים מהעולם עם אותם שלא ימחו בהם: [ה] דבר אחר **לך רד כו' אל ירע לך.** כלומר אף על פי שאמרתי לך רד מגדולתך, אל ירע בעיניך לחשוב שזו ירידה בעצמות, אלא הענין עצמו מחייב להיות ענין ירידה, כמו שנאמר שתים שלש פעמים בהשם יתברך כשבא לראות בקללת הבריות:

פירוש מהרז"ו

הרי השעה להרגו. על שחטאו ישראל וחללו התורה, והמלאכים רצו לקבלה ושללה מהם, הרי שמשה הפסיד התורה. עיין (שבת פ"ח, ב), פסיקתא סוף פרשה כ. ומה שכתב לעיל סוף פרשה מ"א, ופרשה זו בסימן א, על המלאכי חבלה שילאו להשחית ישראל: (ה) **מרדות הם צריכים.** שתיבת רד מיותר, על פי מדת ממעל, מלשון (תהלים קי, ב) מטה עוזך וגו' רדה בקרב אויביך, ורד הוא לווי שירדה את ישראל, על שהם קשה עורף, וכמו שאמר לקמן סימן ט: **והיכן אתה מוצא שאמר לו כך.** כמו שאמר בתנא דבי אליהו ריש פרק ד', וזה לשונו מעיד אני עלי שמים וארץ, שלא אמר הקב"ה למשה לעמוד בשער המחנה ולומר מי לה' אלי. העתקתי לשונו לקמן סוף פרשה מ"ז, עיין מה שכתבתי שם. ואפשר שדרשו כאן כך, על שכתוב כאן ויעשו בני לוי כדבר משה, הרי שהיה דבר משה, היינו שדרש כן ממה שכתוב לך רד, גם בכל מקום כתוב תחלה וידבר ה' אל משה, או ויאמר ה', ואחר כך ויאמר משה, וכאן אינו כתוב כך. עיין מה שכתבתי בזה לעיל פרשה י"ח סימן א, התחיל לווח בפרהסיא כה אמר ה' כחצות, דוק מאד בכל זה, ובכל המקומות הנ"ל:

מתנות כהונה

פשפש. פתח קטון: **קום רד מהר מזה.** משמע רד מהר מפתח הזה אשר אני מראה אותך: **מאחז כו'.** עיין כל זה בפרק רבי עקיבא: [ה] **רד.** לשון רידוי ומרדות: **והיכן אתה מוצא כו'.** עד **לך רד.** במה שאמר לו לך רד אתה מוצא שאמר לו כך:

אשד הנחלים

לרדת ממחשבה אלקית למחשבת אנושיות, ויען שמשה ירד עתה ממעלתו הגדולה מהנבואה, ונתבלבל מאד עד שלא ידע באיזה אופן ירד: **פתח לו הקדוש ברוך הוא פשפש.** הפשפש הוא פתח צר וקטן שאינם רגילים לצאת ולכנס בו, ולכן אם יצא בו לא יביטו בו, כי אינם חושבים שיצא מזה, כן הוא על דרך משל שעזרו ה' נעלה מכחו מה שלא חשבו המלאכים שיוכל לירד בו, וזהו לשון מִזֶּה, שהורה לו הדרך איכה ואיפוא ירד, כן נוכל לתווך על דרך הציור בכדי להרחיק ענין הגשמה מהמקום ברוך הוא כנודע להמשכילים המבינים על דבר אמת: **אחז בכסאו.** פירשתי לעיל: **טליתו עליו.** הוא גם כן משל להגנה והסתרה מעיני המלאכים שלא יראוהו, כי נעלם הוא מדעתם: [ה] **מרדות הם צריכים.** דרש רד מלשון רדייה, לך ורדה אותם במכות והריגות כי עם קשה עורף הוא, ולא יועיל להם התוכחה לבד: **אין אדם כו' קשה כו'.** כלומר על מה אנחנו אומרים שהוא קשה עורף, בכדי שנדע כי לא יועיל לו הדיבור כי אם הרדיה: **אל ירע כו' ירדתי כו'.** יש להבין מאין לקחו הציור הזה ואיפה מרומז זאת. והנראה דממלת עמך קדריש, כאומר ראה נא שאנכי בשביל עולמי שהם עמי, לפעמים אנכי יורד למטה בשבילם, אתה גם כן עשה כן בשביל עמך אשר עמלת בהם להשלימם, לך רד לתקנם ולהצריף החייבים. וענינו בכלל, כי מלת ירידה הונח על מי שפונה מחשבתו בדבר אשר אין מכבודו לפנות בו, והוא ענין השגחה לפקוד העונש שאין מכבודו כביכול לעשות זאת כי מפיהו לא יצא הרע, לכן קרא לזאת ירידה [עיין מורה במלת ירידה קצת באופן זה], וכן כאן נאמר על אופן זה:

חידושי הרד"ל

מהו פרשו נוטריקון כו'. בש"ס בשבת (פח, ב) דרש לה על שעת מתן תורה כשהחזיר תשובה למלאכי השרת עיין שם: [ה] **ורבותינו אמרו כו' צריכים דברי רבי מאיר ומסייע ליה תדע לך שכן כו'.** כן צריך לומר, לנוסחת הספר, אין רבותינו מחדשים כי אם סיוע ממקרא אחר לרבי מאיר. אך כמדומני שעיקר הגירסא צריך לומר ורבותינו אומרים לך רדה אותם מרדות הם צריכים מסייעא ליה כו', ולפי זה אף שרבותינו מסייעין ובשיטת רבי מאיר דדרש לך רד לשון מרדות, אבל חלוקין הן בזה, דרבי מאיר אמר שהם צריכין מרדות שירדם ויעניסם הקב"ה. וכדמייתי קרא דוהנה עם קשה עורף הוא, וכדכתיב באידך קרא אתם עם קשה עורף (ואפשר גרסינן האי קרא לכאן וגו') ועתה הורד עדיך מעליך ואדעה מה אעשה לך, ורבותינו דרשו לך רד אתה רדה אותם, והיינו כדמייתי קרא שצוה משה עברו משער לשער והרגו וגו': **והיכן אתה מוצא שאמר לו כך לך רד.** בתנא דבי אליהו רבה פרק ד לא אמר הקב"ה למשה כן, אלא שהיה משה דן בעצמו כו', עיין שם. והוא דבר תימא. ונראה שהכוונה כדהכא, שהקב"ה אמר זה ברמז ולא בפירוש, ומשה דן בעצמו פירוש הדבר כילד יתקיים המרדות בהן על ידו:

חידושי הרש"ש

פרש רחום כו'. ובגמרא שבת (פח, ב) חסר רחום, וגם שם הגירסא ועננו עליו כו': [ה] **כיון שירד משה מה אמר להם ויעמד כו'.** אולי תיבת להם מיותר, ורצה לומר מה אמר הכתוב:

מסורת המדרש

ד. שבת דף פ"ח. סוכה דף ה'. ילקוט מלכים רמז רכ"ה: ה. תנחומא כאן סי' כ"א כל הענין:

אם למקרא

וַיֹּאמֶר ה' אֵלַי קוּם רֵד מַהֵר מִזֶּה כִּי שִׁחֵת עַמְּךָ אֲשֶׁר הוֹצֵאתָ מִמִּצְרָיִם סָרוּ מַהֵר מִן הַדֶּרֶךְ אֲשֶׁר צִוִּיתִם עָשׂוּ לָהֶם מַסֵּכָה: (דברים ט:יב)

מְאַחֵז פְּנֵי כִסֵּה פַּרְשֵׁז עָלָיו עֲנָנוֹ: (איוב כו:ט)

ידי משה

[ד] **פתח לו הקדוש ברוך הוא פשפש מתחת כסא הכבוד ואמר לך רד.** כן צריך לומר. לפי שהיו מלאכי השרת מבקשים לפגוע בו, והוכרח הקב"ה לפתוח לו מקום תחת כסא הכבוד ושם אין מלאכי השרת רשאים לקרב, כדאיתא (ילקוט שמעוני שיר השירים רמז תתקפג) מלאכים עומדים ממעל לו ברחוק חמש עשרה אמות מן הכסא, כך נראה לי וקל להבין:

שֶׁהֲרֵי ב׳ ג׳ פְּעָמִים כִּבְיָכוֹל יָרַדְתִּי מִן הַשָּׁמַיִם לָאָרֶץ בִּשְׁבִיל לִרְאוֹת בְּקַלְקָלַת הַבְּרִיּוֹת – **for in two** or **three instances I** Myself **descended, as it were, from heaven to earth in order to observe the** moral **degeneration of** My **creatures."**[75] שֶׁנֶּאֱמַר "וַיֵּרֶד ה׳ לִרְאֹת אֶת הָעִיר וְאֶת הַמִּגְדָּל" – These instances are recorded in Scripture, **for** regarding the Tower of Babel **it is stated,** ***HASHEM descended to look at the city and tower*** *which the sons of man built* (*Genesis* 11:5); "הָבָה נֵרְדָה" – and immediately afterward, *HASHEM said . . .* ***"Come, let us descend"*** (ibid., vv. 6-7); "אֵרְדָה נָּא וְאֶרְאֶה" – and finally, regarding the perversions of Sodom, God declared, ***"I will descend and see, etc."*** (ibid., 18:21). אַף אַתָּה "לֶךְ רֵד", דַּיּוֹ לָעֶבֶד לִהְיוֹת שָׁוֶה לְקוֹנוֹ – "Therefore," said God to Moses, **"you, too,** should ***go descend*****; it is enough for the servant to be equal to his master!"**[76] כֵּיוָן שֶׁרָאָה מֹשֶׁה בֶּן אָמַר אֵין סְלִיחָה – **When Moses saw this,**[77] **he said** to himself, "Apparently, **there is no forgiveness** in store for this people!" יָדַע הַקָּדוֹשׁ בָּרוּךְ הוּא מַה בְּלִבּוֹ שֶׁל מֹשֶׁה וְקָרָא אוֹתוֹ לְפַיְּיסוֹ – **The Holy One, blessed is He, knew what Moses was thinking, and He called to him to appease him.** אָמַר לוֹ: לֹא אָמַרְתִּי לְךָ עַד שֶׁאַתָּה בַּסְּנֶה מַה שֶּׁעֲתִידִין לַעֲשׂוֹת – **He said to him, "Did I not tell you** the first time I appeared to you, **while you were still at the** burning **bush, what** sins **[Israel] would do in the future?"** שֶׁנֶּאֱמַר "וַיֹּאמֶר ה׳ רָאֹה רָאִיתִי" – And from where can we learn that God told Moses about Israel's future sins at that time? **For it is stated** in the context of God's appearance in the burning bush, ***HASHEM said, "I have indeed seen"*** (lit., *See, have I seen*) (above, 3:7). אָמַר הַקָּדוֹשׁ בָּרוּךְ הוּא לְמֹשֶׁה: אַתָּה רוֹאֶה רְאִיָּה אַחַת וַאֲנִי רוֹאֶה שְׁתֵּי רְאִיּוֹת – By using this double expression, **the Holy One, blessed is He, was saying to Moses, "You foresee only one sight, but I foresee two sights.**[78] רוֹאֶה אַתָּה אוֹתָם בָּאִים לְסִינַי וּמְקַבְּלִים תּוֹרָתִי – **You foresee them coming to Sinai and accepting My Torah,** וַאֲנִי רוֹאֶה אוֹתָם שֶׁאַחַר שֶׁאָבֹא לְסִינַי לִיתֵּן לָהֶם אֶת הַתּוֹרָה – **but** I foresee something else about **them, that after I come to Sinai to give them the Torah,** וַאֲנִי יוֹרֵד בְּטֶטְרָאמוּלִין שֶׁלִּי – **and I come down** from heaven **in My four-animal**-drawn **Chariot,**[79] שֶׁהֵן מִתְבּוֹנְנִין בּוֹ – I know **that they will gaze at [the Chariot]** borne by *Chayos* with four faces, וְשׁוֹמְטִים אֶחָד מֵהֶן וּמַכְעִיסִים אוֹתִי בּוֹ – **and they will 'detach' one of them and they will provoke My anger with it."**[80] שֶׁנֶּאֱמַר "וּפְנֵי שׁוֹר מֵהַשְּׂמֹאל לְאַרְבַּעְתָּן" – For one of the *Chayos'* faces was that of an ox, **as it is stated,** ***and an ox's face to the left for the four of them*** (*Ezekiel* 1:10).[81] וְהֵם מַכְעִיסִים אוֹתִי בּוֹ, שֶׁנֶּאֱמַר "וַיָּמִירוּ אֶת כְּבוֹדָם בְּתַבְנִית שׁוֹר" – And when God said, **"And they will provoke My anger with it,"** He was referring to that **which is stated,** ***They exchanged their Glory for the likeness of a grass-eating ox*** (*Psalms* 106:20).[82]

Having mentioned verse 3:7 above, and having interpreted it as an allusion to the sin of the Golden Calf, the Midrash presents further evidence that the verse alludes to the Golden Calf incident:

דָּבָר אַחֵר, "רָאֹה רָאִיתִי וגו׳" – **Another interpretation** of the aforementioned verse, *HASHEM said,* ***"I have indeed seen*** *the affliction of My people . . . and I have heard its outcry* (above, 3:7): מַהוּ "עֳנִי עַמִּי" – **What is meant by** ***the affliction*** [עֳנִי] ***of My people?*** זֶה קוֹל הָעֵגֶל – **It alludes to the sound** emanating from the worshipers **of the Calf.**[83] "רָאֹה רָאִיתִי" – And when the verse states, ***I have indeed seen,*** הִיא הָרְאִיָּה שֶׁלְּהַלָּן הִיא הָרְאִיָּה שֶׁבְּכָאן – **the "seeing"** mentioned **there** (3:7) **is the** same **"seeing"** mentioned **here** (32:9), i.e., it is an allusion to the sin of the Golden Calf.[84]

NOTES

75. In this context, "to descend" is to *condescend* – to involve oneself in a matter that is beneath one's dignity. Punishing the sinful is just such a matter, for God – and those who strive to emulate God – find it degrading to dispense anything other than pure goodness. Scripture therefore describes God as "descending" when He imposes punishment upon the wicked. According to our Midrash, God cited these precedents when reassuring Moses that he should not be unduly troubled if circumstances require him to do the same (*Eshed HaNechalim*; see also *Yefeh To'ar*).

76. I.e., "You are no better than I; if I (the Master) can descend to deal with men's sins, certainly you (the servant) can!" In this light, our verse's expression לֵךְ, *go*, can be understood as a command to follow God's example, on the pattern of the Scriptural dictum (*Deuteronomy* 28:9) that one must "go in God's ways" (*Eitz Yosef*).

77. That is, when he realized that God was comparing Israel's sin to those of the tower-builders of Babel and the people of Sodom (*Maharzu, Beur Maharif;* see *Matnos Kehunah*).

78. See Midrash above, 3 §2.

79. The term טֶטְרָאמוּלִין is a combination of the Greek word *tetra*, meaning "four," and the Latin *mula*, meaning "mules" (*Mussaf HeAruch;* see also *Ramban* on 32:1). The reference here is to the *Merkavah*, the Divine Chariot, that carries God's Throne of Glory. This chariot is borne by four angelic beings referred to as *Chayos* (which can also mean "animals") in the esoteric prophecy recorded in the first chapter of *Ezekiel*. The four *Chayos* are described (ibid.) as each having a different face, one of which was that of an ox.

80. That is, they "took" one of the faces of the *Chayos* (that of an ox), and angered God by ascribing divine power to it (*Eitz Yosef*).

81. See Insight Ⓐ.

82. God's response served to allay Moses' fears that Israel would never be forgiven. For Moses saw that although at the time of the burning bush God already foresaw that Israel would one day sin grievously, He still deemed them worthy of redemption from Egypt. Hence it was alluded to Moses that God, being ever Merciful, would be inclined to accept their sincere repentance after the sin of the Calf (*Maharzu, Eitz Yosef*).

83. The term עֳנִי (translated here as *affliction*) is perceived to be alluding to the Golden Calf, regarding which Moses said (32:18), קוֹל עַנּוֹת אָנֹכִי שֹׁמֵעַ, *"A sound of distress* [עַנּוֹת] *do I hear"* (*Yedei Moshe, Rashash* to 43 §8).

84. In our passage (which deals with the Golden Calf), it says, וַיֹּאמֶר ה׳ אֶל מֹשֶׁה רָאִיתִי אֶת הָעָם הַזֶּה, *HASHEM said to Moses, "I have seen this people, etc."* (32:9). The fact that the verb רָאִיתִי, *I have seen*, is employed also in the aforementioned verse spoken at the burning bush, is a subtle indication that it, too, is alluding to the episode of the Calf (see *Yedei Moshe*).

According to this interpretations as well (see above, note 82), the Midrash's point is that already at the burning bush, God had told Moses, "Despite My foreknowledge (*I have indeed seen*) of *the affliction*

INSIGHTS

Ⓐ The Ox of the Chariot *Chayos* In his Torah commentary here (on v. 1), *Ramban* writes that this verse, which places the ox's face on the left side of the *Chayos*, is important for understanding the original idea behind the Golden Calf.

Ramban explains that when the people asked Aaron to make "a god" for them, they did not desire an actual object of deification, God forbid. Rather, being under the impression that Moses would not return, they sought an alternative Divinely *guided* power that would lead them safely through the Wilderness (as the language of the Torah itself implies here in v. 1). They did not specify what kind of "power" this might be, but Aaron, who consented to the people's wishes (see Torah commentators and Midrashim [e.g., above, 37 §2] as to why he complied), chose the figure of an ox. This was because the ox-figure appears on the left (or *north*, for שְׂמֹאל has both meanings) of the Divine Chariot, and north is the direction that represents destruction and desolation (see *Jeremiah* 1:14). This particular *Chayos* figure, Aaron reasoned, would serve as an appropriate channel to guide the people in the desolate wasteland through which they must now traverse.

Thus, the Israelites, through Aaron, in a sense "detached" one element of the Divine Chariot, seeking to marshal its God-given power for their benefit. The people, however, soon allowed this ox to become much more than a symbol of Divine guidance; they "angered God with it," and began to view it as an independent power, worthy of their veneration and responsive to their worship. Having treated the Golden Calf in a manner that should have been reserved for their Creator, they effectively "exchanged their Glory for the likeness of a grass-eating ox."

שֶׁהֲרֵי יב׳ ג׳ פְּעָמִים כִּבְיָכוֹל יָרַדְתִּי מִן הַשָּׁמַיִם לָאָרֶץ בִּשְׁבִיל לִרְאוֹת *בְּקַלְקָלַת הַבְּרִיּוֹת, שֶׁנֶּאֱמַר (בראשית יא, ה) "וַיֵּרֶד ה׳ לִרְאֹת אֶת הָעִיר וְאֶת הַמִּגְדָּל", (שם שם ז) "הָבָה נֵרְדָה", (שם יח, כא) "אֵרְדָה נָּא וְאֶרְאֶה", אַף אַתָּה "לֶךְ רֵד", דַּיּוֹ לָעֶבֶד לִהְיוֹת שָׁוֶה לְקוֹנוֹ, כֵּיוָן שֶׁרָאָה מֹשֶׁה כֵּן אָמַר אֵין סְלִיחָה, יָדַע הַקָּדוֹשׁ בָּרוּךְ הוּא מַה בְּלִבּוֹ שֶׁל מֹשֶׁה וְקָרָא אוֹתוֹ לְפַיְּסוֹ, אָמַר לוֹ: לֹא אָמַרְתִּי לְךָ עַד שֶׁאַתָּה בַּסְּנֶה מַה שֶּׁעֲתִידִין לַעֲשׂוֹת, שֶׁנֶּאֱמַר (לעיל ג, ז) "וַיֹּאמֶר ה׳ רָאֹה רָאִיתִי", יֹאמַר הַקָּדוֹשׁ בָּרוּךְ הוּא לְמֹשֶׁה: אַתָּה רוֹאֶה רְאִיָּה אַחַת וַאֲנִי רוֹאֶה שְׁתֵּי רְאִיּוֹת, רוֹאֶה אַתָּה אוֹתָם בָּאִים לְסִינַי וּמְקַבְּלִים תּוֹרָתִי וַאֲנִי רוֹאֶה אוֹתָם שֶׁאַחַר שֶׁאָבֹא לְסִינַי לִיתֵּן לָהֶם אֶת הַתּוֹרָה וַאֲנִי °חוֹזֵר בְּטֶטְרָאמוּלִין שֶׁלִּי שֶׁהֵן מִתְבּוֹנְנִין בּוֹ וְשׁוֹמְטִים אֶחָד מֵהֶן וּמַכְעִיסִים אוֹתִי בּוֹ, שֶׁנֶּאֱמַר (יחזקאל א, י) "וּפְנֵי שׁוֹר מֵהַשְּׂמֹאל לְאַרְבַּעְתָּן", וְהֵם מַכְעִיסִים אוֹתִי בּוֹ, שֶׁנֶּאֱמַר (תהלים קו, כ) "וַיָּמִירוּ אֶת כְּבוֹדָם בְּתַבְנִית שׁוֹר", דָּבָר אַחֵר, (לעיל ג, ז) "רָאֹה רָאִיתִי וְגוֹ׳", מַהוּ (שם) "עֳנִי עַמִּי", זֶה °קְהַל הָעֵגֶל, "רָאֹה רָאִיתִי", הִיא הָרְאִיָּה שֶׁלְּהַלָּן הִיא הָרְאִיָּה שֶׁבְּכָאן:

ו [לב, ז] "לֶךְ רֵד כִּי שִׁחֵת עַמְּךָ", "הָעָם" אֵין כְּתִיב כָּאן אֶלָּא "עַמְּךָ", אָמַר מֹשֶׁה: רִבּוֹן הָעוֹלָם, מִנַּיִן הֵם עַמִּי, אָמַר לוֹ הַקָּדוֹשׁ בָּרוּךְ הוּא: עַמְּךָ הֵם, שֶׁעַד שֶׁהָיוּ בְּמִצְרַיִם אָמַרְתִּי לְךָ (שמות ז, ד) "וְהוֹצֵאתִי אֶת צִבְאֹתַי אֶת עַמִּי", לֹא אָמַרְתִּי לְךָ שֶׁלֹּא לְעָרֵב בָּהֶם עֵרֶב רַב, אַתָּה שֶׁהָיִיתָ עָנָיו וְכָשֵׁר אָמַרְתָּ לִי: לְעוֹלָם מְקַבְּלִים הַשָּׁבִים, וַאֲנִי הָיִיתִי יוֹדֵעַ מַה הֵם עֲתִידִין לַעֲשׂוֹת,

עץ יוסף

שתים שלש פעמים. משום דוירד ה׳ לראות, והבה נרדה, כתיבי בחד ענינא, ואפשר שימנו שניהם אחד, ולפי זה ליכא אלא שני פעמים, ואפשר שימנו לשנים, ולפי זה יהיו שלש, לכן אמר שנית שלש כמסתפק בענין, אם הם שנים או שלש: **שהרי שנים ושלש פעמים.** אף שעשר ירידות אמורות בתורה, כדאיתא בפרקי רבי אליעזר, מכל מקום ירידות שירד לראות בקלקולם אינם אלא שנים ושלש פעמים: **אף אתה לך רד.** והא רמיזא באומר לך לשון הליכה, לומר שידמה להשם יתברך בזה, על דרך (דברים יג, ה) אחרי ה׳ תלכו, (דברים כח, ט) והלכת בדרכיו, דדרשינן (ספרי עקב מט, שבת קלג, ב, סוטה יד, א) מה הוא רחום כו׳: **לא אמרתי לך.** ומכאן נחת רוח למשה, שהרי אמר שם שאף על פי שהם חוטאים אינו נמנע מלגאלם ואם כן עתה כמו כן לא ימנע מלקבלם בתשובה: **אתה רואה ראיה אחת כו׳.** דקדקו כן מדכתיב כפל ראה ראיתי: **בטטראמולין.** פירושו מרכבה. ומלה זו מורכבת, טטרא בלשון יוני ארבע, מולין בלשון רומיי פרדות (ערוך): **ושומטין אחד מהם.** היינו פני שור שהוא מהשמאל, כי המירו את כבודם בתבנית שור (תהלים קו, כ): **מהו עני עמי.** דכתיב (שמות ג, ז) ראה ראיתי את עני עמי אשר במצרים ואת צעקתם שמעתי וגו׳, וקאמר המדרש מהו עני עמי, זה קול העגל כן צריך לומר, וכן הוא מפורש בהדיא לקמן בסוף פרשה מ״ג, ובא לומר דאף שיודע שיחטאו לו אחר זמן בעגל, אינו נמנע מלשמוע בקול צעקתם, וזהו פירוש ראיתי את עני עמי, [והוא ענין חטא העגל כאמור, ועל כל זה ואת צעקתם שמעתי וגו׳, וזה היה פיוס למשה שלא יחשוב שאין כאן סליחה (יפה תואר): **ראה ראיתי היא הראיה שלהלן כו׳.** הוא כמו דבר אחר, ומפרש עתה מקרא דראה ראיתי על ענין העגל, ודריש כעין גזירה שוה, נאמר כאן ראיתי את העם הזה וגו׳ ושם ראה ראיתי, שהכל ראיה אחת, והוא מעשה העגל: (ו) **לא אמרתי לך שלא לערב בהם ערב רב.** בתמיה, וכי לא אמרתי לך שלא לערב בהם ערב רב כדי שתהיה עדת ישראל נקיה מערבוביא: **ואני הייתי יודע מה עתידים לעשות כו׳.** רוצה לומר אף שהייתי יודע שהם יעשו את העגל, אך לפי שאין טענה זו מספקת להשיב טענתך אמרתי לך זאת (שיעשו את העגל) בתמיה, לאו ודאי לא אמרתי לך, ועשיתי רצונך וקבלתי אותם, לכן נקראו עמך:

פירוש מהרז"ו

שתים שלש פעמים. שתים שהן שלש, אצל הפלגה שתי ירידות, אחד וירד ה׳, שני הבה נרדה, ואחד אצל סדום, ארדה נא. ואף על פי שכתובים עשר ירידות בתורה, כמו שכתב פרקי דרבי אליעזר פרק י״ד, אך שתים אלו היו לראות בקלקלת הבריות, ולא כן השאר: **שראה משה כך.** שמדמה אותם להפלגה ולסדום: **קרא אותו ופייסו.** דייק דתחלה אמר וידבר ה׳, כמו שאמר לעיל סימן א, ואחר כך ויאמר ה׳, ואמירה רכה קריאה לפיוס, והפיוס הוא מה שכתוב כאן ראיתי את העם הזה והנה עם קשה עורף הוא, פירוש כבר ראיתי, וכמו שאמר בסוף הסימן, ושם מבואר, ומאחר שראה כן מקודם, ועם כל זה גאלם והבטיחם לנחול הארץ, גם עתה יש תקוה. ועיין לעיל פרשה ג סימן ב, ולקמן פרשה מ״ג סימן ט: **זה קהל העגל.** ולקמן פרשה מ״ג סימן ט, הגירסא זה קולו של עגל, קול ענות אנכי שומע, וכן צריך לגרוס כאן וזהו עני עמי: (ו) **אלא עמך.** לעיל סוף פרשה מ״א באופן אחר. ועיין במדבר רבה פרשה ב סימן י״ב:

מתנות כהונה

מבן. מכאן: **אין סליחה.** משה אמר בלבו ודאי שוב לא יהא להם סליחה: **בטטראמילון.** עיין לעיל בפרת שמות פרשה ג׳ פירשתיו ועיין בפירוש הרמב״ן בפרשה זו ורבינו בחיי בפרשת שמות: **קהל העגל.** הם המענים ישראל בעמל ורעות רוח: **הראיה שבאן.** דכתיב ראיתי העם הזה וגו׳:

אשד הנחלים

אין סליחה. כלומר אחר חטא גדול כזה בודאי אין סליחה לחטאם לפייס: **לא אמרתי כו׳.** כלומר הלא גליתי לך מתחלה שעתידים לחטוא בזה, ועם כל זה שלחתי לפדותם, וא״כ מזה תבין כי אין דעתי חס ושלום לכלותם: **סליחה וכפרה להם שתי ראיות כו׳.** כפילת לשון ראייה הונח בטבע הלשון על מי שרואה שני ענינים הפכיים, כי על זה נוכל לומר שהם שני ראיות כלומר שני ענינים שאינם דומים, וזהו השני ראיות אחד לטובה ואחד לרעה שהם הפכיים: **טטרמולון.** פירש המעריך ארבעה פרדות, והוא רמז למעשי מרכבה שהם ארבעה פנים. וענין השמטה שהם דימו לעשות כֵּנִים למול מעשה המרכבה העליונה להוריד השפע על ידי דבר מוחשי למטה שהיא דוגמת מעלה, עיין בכוזרי מאמר ראשון מענין חטא העגל ותבין כאן, ובאמת הם מכעיסין אותו בו, כי אין רצונו בזה האופן אף שהם מכוונים למעלה: **בתבנית שור.** רצה לומר תבנית ודוגמא למעלה, כי שם תבנית הונח על מי שעושה דוגמת דבר אחר, וזהו שהעגל היה דוגמת המרכבה: **קהל עגל.** שהיו עניים בדעת שדימו ככה: **הראיה שבאן.** שנאמר ראיתי את העם (מתנות כהונה). ופירושו כאן ראיתי מכבר מה שהם עתידים לעשות, וזה רמזתי לך מה שאמרתי תחלה שתי ראיות: [ו] **אמר לו הקדוש ברוך הוא עמך כו׳ ערב רב כו׳.** ואלו הם עמך שאתה רצית שאקבלם אף שידעת סופם:

חידושי הרד"ל

ואני חוזר בטטראמולין שלי. בפרשת שמות שם (פרשה ג, ב) הגירסא יורד בטטראמולין, וכן צריך לומר: **קהל העגל.** יפה הגיה בידי משה קול העגל, וכן הובא לקמן סוף פרשה מג ט, עיין פירושו במתנות כהונה שם, דלצעקתם שמעתי דרש, ונכון יותר מפירוש הידי משה בזה:

חידושי הרש"ש

וקרא אותו לפייסו כו׳. היינו ממה דכתיב אחר כך ויאמר ה׳ אל משה (דהוא לשון רך כדאיתא לעיל) ראיתי את העם גו׳, רצה לומר כבר ראיתי שהם עתידין לעשות העגל כדמפרש ואזיל, וכדמסיים לקמן היא הראיה שלהלן כו׳: **מהו עני עמי זה קהל העגל.** עיין ידי משה שהגיה קול, וכן הוא לקמן סוף פרשה מג, ט: [ו] **ואני הייתי יודע מה הם עתידין לעשות**

אמרי יושר

[ה] **ידע הקדוש ברוך הוא מה בלבו של משה וקרא אותו לפייסו.** ולא תחשוב בעבור שאמרתי לך לך רד, כי אין סליחה, ויאמר דברים רכים, ראיתי כבר בעבר את העם הזה שהיה עתיד להיות קשה עורף, וזהו ראה מלת ראיתי שנאמר בכאן, ואם היותי יודע זה הוצאתים ואם כן על מנת לסלוח הסכמתי:

באור מהרי"פ

[ה] **אין סליחה.** לפי שדימה הקב״ה ירידה זו לירידת הפלגה וסדום, ושם עשה רושם, סבר שאף בירידה זו כן הוא: **ראה ראיתי וגו׳.** אולי המדרש מסמיך ההיא ראה ראיתי, וכל הנדרש עליו במקרא ויאמר ה׳ ראיתי את העם הזה והנה עם קשה עורף הוא, שמרמז על ראה ראיתי שבמצרים, כלומר כבר ראיתי את עונם ומריים שעתידין לעשות ואף על פי כן גאלתי אותם, וזהו הפיוס למשה: **זה קהל העגל.** עיין מתנות כהונה. אולם בסוף פרשה מ״ג (סימן ח) גורס המדרש קול העגל, ודורש עני עמי לשון ענות עמי, כמה דאת אמר קול ענות אנכי שומע. ואולי האי דבר אחר הוא רק לפרש השתי מלות עני עמו:

מסורת המדרש

ו. עיין אבות דרבי נתן פרק ל״ד. ופרקי דרבי אליעזר פרק י״א. וסוף פ׳ כ״ד וכ״ה. ספרי פ׳ בהעלוך פסקא ל״ג. בראשית רבה פרשה ל״א ומ״א. ילקוט סדר בראשית רמז כ״ז:
ז. לקמן פרשה מ״ג. לעיל פרשה ג׳. דברים רבה פרשה ג׳. תנחומא סדר שמות סימן כ׳:

אם למקרא

וַיֵּרֶד ה׳ לִרְאֹת אֶת הָעִיר וְאֶת הַמִּגְדָּל אֲשֶׁר בָּנוּ בְּנֵי הָאָדָם: (בראשית יא:ה)

הָבָה נֵרְדָה וְנָבְלָה שָׁם שְׂפָתָם אֲשֶׁר לֹא יִשְׁמְעוּ אִישׁ שְׂפַת רֵעֵהוּ: (שם שם ז)

אֵרְדָה נָּא וְאֶרְאֶה הַכְּצַעֲקָתָהּ הַבָּאָה אֵלַי עָשׂוּ כָּלָה וְאִם לֹא אֵדָעָה: (שם יח:כא)

וַיֹּאמֶר ה׳ רָאֹה רָאִיתִי אֶת עֳנִי עַמִּי אֲשֶׁר בְּמִצְרָיִם וְאֶת צַעֲקָתָם שָׁמַעְתִּי מִפְּנֵי נֹגְשָׂיו כִּי יָדַעְתִּי אֶת מַכְאֹבָיו: (לעיל ג:ז)

וּדְמוּת פְּנֵיהֶם פְּנֵי אָדָם וּפְנֵי אַרְיֵה אֶל הַיָּמִין לְאַרְבַּעְתָּם וּפְנֵי שׁוֹר מֵהַשְּׂמֹאול לְאַרְבַּעְתָּן וּפְנֵי נֶשֶׁר לְאַרְבַּעְתָּן: (יחזקאל א:י)

וַיָּמִירוּ אֶת כְּבוֹדָם בְּתַבְנִית שׁוֹר אֹכֵל עֵשֶׂב: (תהלים קו:כ)

וְלֹא יִשְׁמַע אֲלֵכֶם פַּרְעֹה וְנָתַתִּי אֶת יָדִי בְּמִצְרָיִם וְהוֹצֵאתִי אֶת צִבְאֹתַי אֶת עַמִּי בְנֵי יִשְׂרָאֵל מֵאֶרֶץ מִצְרַיִם בִּשְׁפָטִים גְּדֹלִים: (שמות ז:ד)

ידי משה

[ה] **קול העגל.** כן צריך לומר. לפי שדרש עני עמי לשון קול כמה דאת אמר (שמות לב, יח) קול ענות אנכי שומע, וזה שאמר ראה ראיתי, כי במצרים ראה הקב״ה שיעשו העגל ואמר למשה אתה רואה ראיה אחת, ואני רואה שתי ראיות, לזה אמר היא הראיה שלהלן, פירוש במצרים, והיא הראיה של כאן זה העגל, ונשמט מן בעל מתנות כהונה הגירסא הנכונה:

§6 לֵךְ רֵד כִּי שִׁחֵת עַמְּךָ – *HASHEM SPOKE TO MOSES: "GO,* ***DESCEND – FOR YOUR PEOPLE*** *THAT YOU BROUGHT UP FROM THE LAND OF EGYPT* ***HAVE BECOME CORRUPT.***

As above (§3), the Midrash discusses the expression "*your* people":

"הָעָם" אֵין כְּתִיב כָּאן אֶלָּא "עַמְּךָ" – **It is not written here "the people," but "*your*" *people.*** אָמַר מֹשֶׁה: רִבּוֹן הָעוֹלָם, מִנַּיִן הֵם עַמִּי – To this **Moses exclaimed, "Master of the world! On what basis are they** considered *my* **people?"**[85] אָמַר לוֹ הַקָּדוֹשׁ בָּרוּךְ הוּא: עַמְּךָ הֵם – **The Holy One, blessed is He, replied** to Moses, **"They are** indeed **your people,** שֶׁעַד שֶׁהָיוּ בְּמִצְרַיִם אָמַרְתִּי לְךָ "וְהוֹצֵאתִי אֶת צִבְאֹתַי אֶת עַמִּי" – **for when they were still in Egypt I said to you, *And I shall take out My legions – 'My people,'*** *the Children of Israel* (above, 7:4). לֹא אָמַרְתִּי לְךָ שֶׁלֹּא לְעָרֵב בָּהֶם עֵרֶב רַב – **Did I not** thereby **tell you** through allusion – by specifying *My people, the Children of Israel* – **not to mingle in the "mixed multitude"**[86] of foreigners **with [the Israelites]** as they left Egypt?[87] אַתָּה שֶׁהָיִיתָ עָנָיו וְכָשֵׁר אָמַרְתָּ לִי – But **you, being** the **humble and proper** person that you are, **responded to Me,** לְעוֹלָם מְקַבְּלִים הַשָּׁבִים – 'The rule is that **penitents are always accepted** into the congregation.'[88] וַאֲנִי הָיִיתִי יוֹדֵעַ מַה הֵם עֲתִידִין לַעֲשׂוֹת – **Now, I knew what they would ultimately do** to Israel,

NOTES

[עָנְיִ] *of My people* – the sin of the Golden Calf – *I have* nevertheless *heard its* present *outcry* to Me." After the predicted sin came to pass, God recalled that promise (see above) and thereby reassured Moses that his people could indeed gain forgiveness through repentance (*Eitz Yosef*, citing *Yefeh To'ar*).

85. Did not God Himself say to Moses (above, 3:10), *"And you shall take 'My people,' the Children of Israel, out of Egypt"*? (see *Pesikta DeRav Kahana* 16:9).

86. Mentioned above, 12:37-38: *The Children of Israel journeyed from Rameses to Succoth, about six hundred thousand men on foot, aside from children. Also a mixed multitude went up with them.*

87. So that the people of Israel would stay clear of any foreign influences (*Eitz Yosef*).

88. Moses argued that the "mixed multitude," whose members were prepared to abandon their past and convert (see *Rashi* to 12:37 s.v. ערב רב), should not be pushed away.

שֶׁהֲרֵי יב' ג' פְּעָמִים כִּבְיָכוֹל יָרַדְתִּי מִן הַשָּׁמַיִם לָאָרֶץ בִּשְׁבִיל לִרְאוֹת *בְּקַלְקָלַת הַבְּרִיּוֹת, שֶׁנֶּאֱמַר (בראשית יא, ה) "וַיֵּרֶד ה' לִרְאֹת אֶת הָעִיר וְאֶת הַמִּגְדָּל", (שם שם ז) "הָבָה נֵרְדָה", (שם יח, כא) "אֵרְדָה נָּא וְאֶרְאֶה", אַף אַתָּה "לֶךְ רֵד", דַּיּוֹ לָעֶבֶד לִהְיוֹת שָׁוֶה לְקוֹנוֹ, כֵּיוָן שֶׁרָאָה מֹשֶׁה כֵּן אָמַר אֵין סְלִיחָה, יָדַע הַקָּדוֹשׁ בָּרוּךְ הוּא מַה בְּלִבּוֹ שֶׁל מֹשֶׁה וְקָרָא אוֹתוֹ לְפַיְּסוֹ, אָמַר לוֹ: לֹא אָמַרְתִּי לְךָ עַד שֶׁאַתָּה בַּסְּנֶה מַה שֶּׁעֲתִידִין לַעֲשׂוֹת, שֶׁנֶּאֱמַר (לעיל ג, ז) "וַיֹּאמֶר ה' רָאֹה רָאִיתִי", יֹאמַר הַקָּדוֹשׁ בָּרוּךְ הוּא לְמֹשֶׁה: אַתָּה רוֹאֶה רְאִיָּה אַחַת וַאֲנִי רוֹאֶה שְׁתֵּי רְאִיּוֹת, רוֹאֶה אַתָּה אוֹתָם בָּאִים לְסִינַי וּמְקַבְּלִים תּוֹרָתִי וַאֲנִי רוֹאֶה אוֹתָם שֶׁאַחַר שֶׁאָבֹא לְסִינַי לִיתֵּן לָהֶם אֶת הַתּוֹרָה וַאֲנִי °חוֹזֵר בְּטֶטְרָאמוּלִין שֶׁלִּי שֶׁהֵן מִתְבּוֹנְנִין בּוֹ וְשׁוֹמְטִים אֶחָד מֵהֶן וּמַכְעִיסִים אוֹתִי בּוֹ, שֶׁנֶּאֱמַר (יחזקאל א, י) "וּפְנֵי שׁוֹר מֵהַשְּׂמֹאל לְאַרְבַּעְתָּן", וְהֵם מַכְעִיסִים אוֹתִי בּוֹ, שֶׁנֶּאֱמַר (תהלים קו, כ) "וַיָּמִירוּ אֶת כְּבוֹדָם בְּתַבְנִית שׁוֹר", דָּבָר אַחֵר, (לעיל ג, ז) "רָאֹה רָאִיתִי וְגוֹ' ", מַהוּ (שם) "עֳנִי עַמִּי", זֶה °קְהַל הָעֵגֶל, "רָאֹה רָאִיתִי", הִיא הָרְאִיָּה שֶׁלְּהַלָּן הִיא הָרְאִיָּה שֶׁבְּכָאן:

ו [לב, ז] "לֶךְ רֵד כִּי שִׁחֵת עַמְּךָ", "הָעָם" אֵין כְּתִיב כָּאן אֶלָּא "עַמְּךָ", אָמַר מֹשֶׁה: רִבּוֹן הָעוֹלָם, מִנַּיִן הֵם עַמִּי, אָמַר לוֹ הַקָּדוֹשׁ בָּרוּךְ הוּא: עַמְּךָ הֵם, שֶׁעַד שֶׁהָיוּ בְּמִצְרַיִם אָמַרְתִּי לְךָ (שמות ז, ד) "וְהוֹצֵאתִי אֶת צִבְאֹתַי אֶת עַמִּי", לֹא אָמַרְתִּי לְךָ שֶׁלֹּא לְעָרֵב בָּהֶם עֵרֶב רָב, אַתָּה שֶׁהָיִיתָ עָנָיו וְכָשֵׁר אָמַרְתָּ לִי: לְעוֹלָם מְקַבְּלִים הַשָּׁבִים, וַאֲנִי הָיִיתִי יוֹדֵעַ מַה הֵם עֲתִידִין לַעֲשׂוֹת,

עץ יוסף

שתים שלש פעמים. משום דוירד ה' לראות, והבה נרדה, כתיבי בחד ענינא, ואפשר שימנו שניהם אחד, ולפי זה ליכא אלא שני פעמים, ואפשר שימנו לשנים, ולפי זה יהיו שלש, לכן אמר שנית שלש כמסתפק בענין, אם הם שנים או שלש: **שהרי שנים ושלש פעמים.** אף שעשר ירידות אמורות בתורה, כדאיתא בפרקי רבי אליעזר, מכל מקום ירידות שירד לראות בקלקולם אינם אלא שנים ושלש פעמים: **אף אתה לך רד.** והא רמיזא באומר לך לשון הליכה, לומר שידמה להשם יתברך בזה, על דרך (דברים יג, ה) אחרי ה' תלכו, (דברים כח, ט) והלכת בדרכיו, דדרשינן (ספרי עקב מט, שבת קלג, ב, סוטה יד, א) מה הוא רחום כו': **לא אמרתי לך.** ומכאן נחת רוח למשה, שהרי אמר שם שאף על פי שהם חוטאים אינו נמנע מלגאלם ואם כן עתה כמו כן לא ימנע מלקבלם בתשובה: **אתה רואה ראיה אחת כו'.** דקדקו כן מדכתיב כפל ראה ראיתי: **בטטראמולין.** פירושו מרכבה. ומלה זו מורכבת, טטרא בלשון יוני ארבע, מולין בלשון רומיי פרדות (ערוך): **ושומטין אחד מהם.** היינו פני שור שהוא מהשמאל, כי המירו את כבודם בתבנית שור (תהלים קו, כ): **מהו עני עמי.** דכתיב (שמות ג, ז) ראה ראיתי את עני עמי אשר במצרים ואת צעקתם שמעתי וגו', וקאמר המדרש מהו עני עמי, זה קול העגל כן צריך לומר, וכן הוא מפורש בהדיא לקמן בסוף פרשה מ"ג, ובא לומר דאף שיודע שיחטאו לו אחר זמן בעגל, אינו נמנע מלשמוע בקול צעקתם, וזהו פירוש ראיתי את עני עמי, [והוא ענין חטא העגל כאמור, ועל כל זה ואת צעקתם שמעתי וגו', וזה היה פיוס למשה שלא יחשוב שאין כאן סליחה (יפה תואר): **ראה ראיתי היא הראיה שלהלן כו'.** הוא כמו דבר אחר, ומפרש עתה מקרא דראה ראיתי על ענין העגל, ודריש כעין גזירה שוה, נאמר כאן ראיתי את העם הזה וגו' ושם ראה ראיתי, שהכל ראיה אחת, והוא מעשה העגל: (ו) **לא אמרתי לך שלא לערב בהם ערב רב.** בתמיה, וכי לא אמרתי לך שלא לערב בהם ערב רב כדי שתהיה עדת ישראל נקיה מערבוביא: **ואני הייתי יודע מה עתידים לעשות כו'.** רוצה לומר אף שהייתי יודע שהם יעשו את העגל, אך לפי שאין טענה זו מספקת להשיב טענתך אמרתי לך זאת (שיעשו את העגל) בתמיה, לאו ודאי לא אמרתי לך, ועשיתי רצונך וקבלתי אותם, לכן נקראו עמך:

פירוש מהרז"ו

שתים שלש פעמים. שתים שהן שלש, אצל הפלגה שתי ירידות, אחד וירד ה', שני הבה נרדה, ואחד אצל סדום, ארדה נא. ואף על פי שכתובים עשר ירידות בתורה, כמו שכתב פרקי דרבי אליעזר פרק י"ד, אך שתים אלו היו לראות בקלקלת הבריות, ולא כן האחר: **שראה משה כך.** שמדמה אותם להפלגה ולסדום: **קרא אותו ופייסו.** דייק דתחלה אמר וידבר ה', כמו שאמר לעיל סימן א, ואחר כך ויאמר ה', ואמירה רכה קריאה לפיוס, והפיוס הוא מה שכתוב כאן ראיתי את העם הזה והנה עם קשה עורף הוא, פירוש כבר ראיתי, וכמו שאמר בסוף הסימן, ושם מבואר, ומאחר שראה כן מקודם, ועם כל זה גאלם והבטיחם לנחול הארץ, גם עתה יש תקוה. ועיין לעיל פרשה ג סימן ב, ולקמן פרשה מ"ג סימן ט: **זה קהל העגל.** ולקמן פרשה מ"ג סימן ט, הגירסא זה קולו של עגל, קול ענות אנכי שומע, וכן צריך לגרוס כאן וזהו עני עמי: (ו) **אלא עמך.** לעיל סוף פרשה מ"א באופן אחר. ועיין במדבר רבה פרשה ב סימן י"ב:

חידושי הרד"ל

ואני חוזר בטטראמולין שלי. בפרשת שמות שם (פרשה ג, ב) הגירסא יורד בטטראמולין, וכן צריך לומר: **קהל העגל.** יפה הגיה בידי משה קול העגל, וכן הובא לקמן סוף פרשה מג ט, עיין פירושו במתנות כהונה שם, דלצעקתם שמעתי דרש, ונכון יותר מפירוש הידי משה בזה:

חידושי הרש"ש

וקרא אותו לפייסו כו'. היינו ממה דכתיב אחר כך ויאמר ה' אל משה (דהוא לשון רך כדאיתא לעיל) ראיתי את העם גו', רצה לומר כבר ראיתי שהם עתידין לעשות העגל כדמפרש ואזיל, וכדמסיים לקמן היא הראיה שלהלן כו': **מהו עני עמי זה קהל העגל.** עיין ידי משה שהגיה קול, וכן הוא לקמן סוף פרשה מג, ט: [ו] **ואני הייתי יודע מה הם עתידין לעשות**

אמרי יושר

[ה] **ידע הקדוש ברוך הוא מה בלבו של משה וקרא אותו לפייסו.** ולא תחשוב בעבור שאמרתי לך לך רד, כי אין סליחה, ויאמר דברים רכים, ראיתי כבר בעבר את העם הזה שהיה עתיד להיות קשה עורף, וזהו ראה מלת ראיתי שנאמר בכאן, ואם הייתי יודע זה הוצאתים ואם כן על מנת לסלוח הסכמתי:

באור מהרי"פ

[ה] **אין סליחה.** לפי שדימה הקב"ה ירידה זו לירידת הפלגה וסדום, ושם עשה דינם, סבר שאף בירידה זו כן הוא: **ראה ראיתי וגו'.** אולי המדרש מסמיך ההיא ראה ראיתי, וכל הנדרש עליו במקרא ויאמר ה' ראיתי את העם הזה והנה עם קשה עורף הוא, שמרמז על ראה ראיתי שבמצרים, כלומר כבר ראיתי את עונם ומריס שעתידין לעשות ואף על פי כן גאלתי אותם, וזהו הפיוס למשה: **זה קהל העגל.** עיין מתנות כהונה. אולם בסוף פרשה מ"ג (סימן ח) גורס המדרש קול העגל, ודורש עני עמי לשון ענות עמי, כמה דאת אמר קול ענות אנכי שומע. ואולי האי דבר אחר הוא רק לפרש השתי מלות עני עמו:

מסורת המדרש

ו. עיין אבות דרבי נתן פרק ל"ד. ופרקי דרבי אליעזר פרק י"ח. וסוף פ' כ"ד וכ"ה. ספרי פ' בהעלותך פסקא נ"ג. בראשית רבה פרשה ל"ח ומ"ט. ילקוט סדר בראשית רמז כ"ז: ז. לקמן פרשה מ"ג. לעיל פרשה ג'. דברים רבה פרשה ג'. תנחומא סדר שמות סימן כ':

אם למקרא

וַיֵּרֶד ה' לִרְאֹת אֶת הָעִיר וְאֶת הַמִּגְדָּל אֲשֶׁר בָּנוּ בְּנֵי הָאָדָם: (בראשית יא:ה)

הָבָה נֵרְדָה וְנָבְלָה שָׁם שְׂפָתָם אֲשֶׁר לֹא יִשְׁמְעוּ אִישׁ שְׂפַת רֵעֵהוּ: (שם שם ז)

אֵרְדָה נָּא וְאֶרְאֶה הַכְּצַעֲקָתָהּ הַבָּאָה אֵלַי עָשׂוּ כָּלָה וְאִם לֹא אֵדָעָה: (שם יח:כא)

וַיֹּאמֶר ה' רָאֹה רָאִיתִי אֶת עֳנִי עַמִּי אֲשֶׁר בְּמִצְרָיִם וְאֶת צַעֲקָתָם שָׁמַעְתִּי מִפְּנֵי נֹגְשָׂיו כִּי יָדַעְתִּי אֶת מַכְאֹבָיו: (לעיל ג:ז)

וּדְמוּת פְּנֵיהֶם פְּנֵי אָדָם וּפְנֵי אַרְיֵה אֶל הַיָּמִין לְאַרְבַּעְתָּם וּפְנֵי שׁוֹר מֵהַשְּׂמֹאול לְאַרְבַּעְתָּן וּפְנֵי נֶשֶׁר לְאַרְבַּעְתָּן: (יחזקאל א:י)

וַיָּמִירוּ אֶת כְּבוֹדָם בְּתַבְנִית שׁוֹר אֹכֵל עֵשֶׂב: (תהלים קו:כ)

וְלֹא יִשְׁמַע אֲלֵכֶם פַּרְעֹה וְנָתַתִּי אֶת יָדִי בְּמִצְרָיִם וְהוֹצֵאתִי אֶת צִבְאֹתַי אֶת עַמִּי בְנֵי יִשְׂרָאֵל מֵאֶרֶץ מִצְרַיִם בִּשְׁפָטִים גְּדֹלִים: (שמות ז:ד)

ידי משה

[ה] **קול העגל.** כן צריך לומר. לפי שדרש עני עמי לשון קול כמה דאת אמר (שמות לב, יח) קול ענות אנכי שומע, וזה שאמר ראה ראיתי, כי במצרים ראה הקב"ה שיעשו העגל ואמר למשה אתה רואה ראיה אחת, ואני רואה שתי ראיות, לזה אמר היא הראיה שלהלן, פירוש במצרים, והיא הראיה של כאן זה העגל, ונשמט מן בעל מתנות כהונה הגירסא הנכונה:

מתנות כהונה

מבן. מכאן: **אין סליחה.** משה אמר בלבו ודאי שוב לא יהא להם סליחה: **בטטראמילון.** עיין לעיל בפרת שמות פרשה ג' פירשתיו ועיין בפירוש הרמב"ן בפרשה זו וברבינו בחיי בפרשת שמות: **קהל העגל.** הם המענים ישראל בעמל ורעות רוח: **הראיה שבאן.** דכתיב ראיתי העם הזה וגו':

אשד הנחלים

אין סליחה. כלומר אחר חטא גדול כזה בודאי אין סליחה לחטאם לפייס: **לא אמרתי כו'.** כלומר הלא גליתי לך מתחלה שעתידים לחטוא בזה, ועם כל זה שלחתי לפדותם, וא"כ מזה תבין כי אין דעתי חס ושלום לכלותם: **סליחה וכפרה להם שתי ראיות כו'.** כפילת לשון ראייה הונח בטבע הלשון על מי שרואה שני ענינים הפכיים, כי על זה נוכל לומר שהם שני ראיות כלומר שני ענינים שאינם דומים, וזהו השני ראיות אחד לטובה ואחד לרעה שהם הפכיים: **טטרמולין.** פירש המעריך ארבעה פרדות, והוא רמז למעשי מרכבה שהם ארבעה פנים. וענין השמטה שהם דימו לעשות כֵּוָנִים למול מעשה המרכבה העליונה להוריד השפע על ידי דבר מוחשי למטה שהיא דוגמת מעלה, עיין בכוזרי מאמר ראשון מענין חטא העגל ותבין כאן, ובאמת הם מכעיסין אותו בו, כי אין רצונו בזה האופן אף שהם מכוונים למעלה: **בתבנית שור.** רצה לומר תבנית ודוגמא למעלה, כי שם תבנית הונח על מי שעושה דוגמת דבר אחר, וזהו שהעגל היה דוגמת המרכבה: **קהל עגל.** שהיו עניים בדעת שדימו ככה: **הראיה שכאן.** שנאמר ראיתי את העם (מתנות כהונה). ופירושו כאן ראיתי מכבר מה שהם עתידים לעשות, וזה רמזתי לך מה שאמרתי תחלה שתי ראיות: [ו] **אמר לו הקדוש ברוך הוא עמך כו' ערב רב כו'.** ואלו הם עמך שאתה רצית שאקבלם אף שידעת סופם:

אָמַרְתִּי לָךְ, לָאו — but **did I tell you** that in order to change your mind? **No!** I remained silent,[89] **וְעָשִׂיתִי רְצוֹנְךָ** — **and I fulfilled your wish,** allowing them to join Israel in the Exodus.[90] **וְהֵם הֵם שֶׁעָשׂוּ אֶת הָעֵגֶל** — **And** now, **it is they who made the Calf, שֶׁהָיוּ עוֹבְדִים עֲבוֹדָה זָרָה** — **for they had been idol worshipers** previously, **וְהֵם עָשׂוּ אוֹתוֹ וְגָרְמוּ לְעַמִּי לַחֲטֹא** — **and, having made [the Calf], it was they who caused My people to sin!"** **רְאֵה מַה כְּתִיב** — You may know this[91] for a fact, for **see what is written** in the name of those promoting the Calf: **"אֵלֶּה אֱלֹהֵינוּ" אֵין כְּתִיב כָּאן, אֶלָּא "אֵלֶּה אֱלֹהֶיךָ"** — **It is not written here** that they proclaimed, **"This is *our* God," but rather, *This is "your" God,*** *O Israel* (v. 4),[92] **שֶׁהַגֵּרִים שֶׁעָלוּ עִם מֹשֶׁה הֵם עֲשָׂאוּהוּ, וְאָמְרוּ לְיִשְׂרָאֵל: "אֵלֶּה אֱלֹהֶיךָ"** — **for it was the proselytes**, i.e., the foreigners of the "mixed multitude," **who had gone up** from Egypt **with** the approval of **Moses who were the ones who made [the Calf] and addressed Israel, saying, *"This is your God,*** *O Israel."* **לְכָךְ הַקָּדוֹשׁ בָּרוּךְ הוּא אָמַר לְמֹשֶׁה: "לֶךְ רֵד כִּי שִׁחֵת עַמְּךָ"** — And it is **for this reason** that **the Holy One, blessed is He, said to Moses, *Go, descend — for "your people"*** *that you brought up from the land of Egypt* ***has become corrupt.***[93]

> סָרוּ מַהֵר מִן הַדֶּרֶךְ אֲשֶׁר צִוִּיתִם עָשׂוּ לָהֶם עֵגֶל מַסֵּכָה, וַיִּשְׁתַּחֲווּ לוֹ וַיִּזְבְּחוּ לוֹ וַיֹּאמְרוּ אֵלֶּה אֱלֹהֶיךָ יִשְׂרָאֵל אֲשֶׁר הֶעֱלוּךָ מֵאֶרֶץ מִצְרָיִם.
>
> *They have strayed quickly from the way that I have commanded them. They have made themselves a molten calf, prostrated themselves to it and sacrificed to it, and they said, "This is your god, O Israel, which brought you up from the land of Egypt"* (32:8).

§7 The Midrash finds difficulty with the phraseology here:

"עָבְרוּ מִן הַדֶּרֶךְ אֲשֶׁר צִוִּיתִים" אֵין כְּתִיב כָּאן — **It is not written here, "They have *departed*** [עָבְרוּ] **from the way that I have commanded them," אֶלָּא "סָרוּ מַהֵר מִן הַדֶּרֶךְ"** — **but *They have "strayed quickly" from the way*** *that I have commanded them.* Why does the verse use the term "strayed"[94] rather than "departed," and why does it add the word "quickly"?[95]

The Midrash begins by answering the first question.

כְּשֶׁהָיוּ בְּסִינַי הָיוּ שׁוֹשַׁנִּים וּוְרָדִין — **When they were at Sinai** accepting the Torah, **they were** comparable to **lilies and roses, עַכְשָׁיו נַעֲשׂוּ סְרִיוֹת נַעֲשׂוּ כּוּבִים** — but **now they became** like **thorns, they became** like **thistles.**[96]

The Midrash now explains the significance of the word מַהֵר, *quickly:*

לֹא עָשׂוּ לֹא שָׁעָה וְלֹא שְׁתַּיִם אֶלָּא מִיָּד סָרוּ — **They did not spend** even **one hour or two** in their loyalty to God, **but rather strayed immediately.**[97]

The Midrash records several opinions as to the period of time during which Israel maintained their loyalty to God before straying with idolatrous thoughts and plans. All agree, however, that the statement *they have strayed "quickly"* indicates that the people began to have idolatrous thoughts even before they actually sinned with the Golden Calf on the fortieth day after the Revelation:

אָמַר רַבִּי שִׁמְעוֹן בֶּן יוֹחָאי — **R' Shimon ben Yochai said: י״א יוֹם הָיוּ עִם הַקָּדוֹשׁ בָּרוּךְ הוּא** — **For** the first **eleven days** after the Revelation at Sinai, **they were** in accord **with the Holy One, blessed is He,**[98] **וְכ״ט יוֹם הָיוּ מִתְחַשְּׁבִים הֵיאַךְ לַעֲשׂוֹת אֶת הָעֵגֶל** — **but for** the next **twenty-nine days they were** already **contemplating how to make the Calf,**[99] **כְּמוֹ שֶׁכָּתוּב "אַחַד עָשָׂר יוֹם מֵחֹרֵב"** — **as it is written, *Eleven days from Horeb,*** *by way of Mount Seir* (*Deuteronomy* 1:2). **וְאַחַר בָּאוּ לְדַרְכֵי עֵשָׂו, "דֶּרֶךְ הַר שֵׂעִיר"** — This verse means to say that *eleven days* **after** having received the Torah at *Horeb* (Sinai),[100] **they came into the** idolatrous **ways of Esau,** as alluded to in the words ***by way of Mount Seir.***[101] **וְרַבִּי אֱלִיעֶזֶר בֶּן יַעֲקֹב אוֹמֵר** — **But R' Eliezer ben Yaakov says** the opposite: **כ״ט יוֹם הָיוּ עִם הַקָּדוֹשׁ בָּרוּךְ הוּא** — **For twenty-nine days** after the Revelation at Sinai **they were** in accord **with the Holy One, blessed is He, וְי״א יוֹם הָיוּ מִתְחַשְּׁבִין הֵיאַךְ לַעֲשׂוֹת הָעֵגֶל** — **but for** the remaining **eleven days they were** already **contemplating how to make the Calf,**

NOTES

89. We have followed the interpretation of *Yefeh To'ar* (and *Eitz Yosef*) in translating this difficult line. Another possible translation is:

Now, I, Who, unlike you, **knew what they would ultimately do** to Israel, **had told you** initially, **"No!** Do not take them." But in light of your principled objection **I fulfilled your wish . . .** (*Radal*).

90. Despite foreseeing the disastrous results of Moses' request, God did not dismiss Moses' argument in favor of accepting these converts because they were in fact sincere at the time, and there is a principle (*Rosh HaShanah* 16b) that a person is judged strictly by his current merits (*Yefeh To'ar*).

91. That it was the foreigners of the "mixed multitude" who initiated the sin of the Golden Calf.

92. Which implies that someone other than "Israel" was addressing them.

93. *Yefeh To'ar* notes that according to this interpretation, the word שִׁחֵת (translated here as "has become corrupt") can be understood as a transitive verb (as this form [*pi'el*] of this verb nearly always is; see also above, note 11), and the phrase שִׁחֵת עַמְּךָ can be translated, "your people (i.e., the 'mixed multitude') have corrupted others (namely, the native Israelites)."

94. The verb סור ("to stray") is not appropriate to describe the sin of idolatry (*Mizrachi* on *Deuteronomy* 11:16, based on *Rashi* ibid.). This is because this term usually implies a minor infraction, such as neglecting to fulfill a positive commandment (*Mizrachi* ibid.). Hence we would have expected עָבְרוּ, *departed*, which would apply to more serious sins such as idolatry (*Yefeh To'ar*).

95. The difficulty is that it seems superfluous to specify that they strayed quickly when the Scriptural account makes clear that no more than forty days passed between the giving of the Torah and the making of the Golden Calf (*Yefeh To'ar, Eitz Yosef*).

96. The word סָרוּ is used here to allude to the severe deterioration of the Israelites' spiritual status, for it is interpreted as being related to the word סִיר, which means "thorn" in Hebrew (see *Ecclesiastes* 7:6, *Hosea* 2:8, etc.). [Our translation of this line is based on the reading of *Yedei Moshe* and *Radal*. Others read כזבים instead of כובים; see *Yefeh To'ar* and *Toldos Noach* for explanations of this word. Furthermore, some translate סְרִיוֹת not as "thorns," but "refuse," which would also make a stark contrast to lilies and roses (*Yefeh To'ar, Matnos Kehunah*).]

97. Almost as soon as the Israelites had accepted the Torah at Sinai, they began thinking about fashioning a graven image for themselves. To indicate this, our verse emphasizes that they strayed "quickly," even before the forty-day interval was over (*Eitz Yosef*).

98. I.e., they remained faithful to God.

99. Although the ostensible reason for creating the Calf was Moses' failure to return as promised after forty days, all the opinions presented here maintain that the people (or some of the people) had begun devising idolatrous plans before that, and merely needed an excuse to justify an act of such brazenness. Their opportunity came when the nation came to believe that Moses would not return and a new leader was needed (*Yefeh To'ar*; see *Ramban* to v. 1).

100. For Horeb is another name for Sinai (see above, 3:1, and below, 33:6, etc.; see also Midrash below, 51 §8).

101. Seir is the name of the country in which Esau resided (see *Genesis* 36:8), and is thus used to represent the nation of Esau (also called Edom).

The word just prior to the verse cited here mentioned "Di-zahab," which the Sages (below, 51 §8, and elsewhere) interpret as a veiled reference to the sin of the Golden Calf. Thus the verse cited here goes on to elaborate that this sin of Di-zahab began just *eleven days from [God's revelation at] Horeb,* when the people began to embark upon the depraved *way of Seir* (Esau) (*Eitz Yosef, Beur Maharif*; see also *Maharzu*).

אָמַרְתִּי לְךָ, לָאו, וְעָשִׂיתִי רְצוֹנְךָ, וְהֵם הֵם שֶׁעָשׂוּ אֶת הָעֵגֶל שֶׁהָיוּ עוֹבְדִים עֲבוֹדָה זָרָה וְהֵם עָשׂוּ אוֹתוֹ וְגָרְמוּ לְעַמִּי לַחֲטֹא, רְאֵה מַה כְּתִיב "אֵלֶּה אֱלֹהֵינוּ" אֵין כְּתִיב כָּאן, אֶלָּא [לב, ד] "אֵלֶּה אֱלֹהֶיךָ", שֶׁהַגֵּרִים שֶׁעָלוּ עִם מֹשֶׁה הֵם עֲשָׂאוּהוּ, וְאָמְרוּ לְיִשְׂרָאֵל: "אֵלֶּה אֱלֹהֶיךָ", לְכָךְ הַקָּדוֹשׁ בָּרוּךְ הוּא אָמַר לְמֹשֶׁה: [לב, ז] "לֶךְ רֵד כִּי שִׁחֵת עַמְּךָ":

ז "עָבְרוּ מִן הַדֶּרֶךְ אֲשֶׁר צִוִּיתִים" אֵין כְּתִיב כָּאן אֶלָּא [לב, ח] "סָרוּ מַהֵר מִן הַדֶּרֶךְ", כְּשֶׁהָיוּ בְּסִינַי הָיוּ שׁוֹשַׁנִּים וּוְרָדִין, עַכְשָׁיו נַעֲשׂוּ סְרִיּוֹת נַעֲשׂוּ כְּזָבִים, לֹא עָשׂוּ לֹא שָׁעָה וְלֹא שְׁתַּיִם אֶלָּא מִיָּד סָרוּ, אָמַר רַבִּי שִׁמְעוֹן בֶּן יוֹחָאי: י"א יוֹם הָיוּ עִם הַקָּדוֹשׁ בָּרוּךְ הוּא וְכ"ט יוֹם הָיוּ מִתְחַשְּׁבִים הֵיאַךְ לַעֲשׂוֹת אֶת הָעֵגֶל, כְּמוֹ שֶׁכָּתוּב (דברים א, ב) "אַחַד עָשָׂר יוֹם מֵחֹרֵב", וְאַחַר בָּאוּ לְדַרְכֵי עֵשָׂו (שם) "דֶּרֶךְ הַר שֵׂעִיר", וְרַבִּי אֱלִיעֶזֶר בֶּן יַעֲקֹב אוֹמֵר: כ"ט יוֹם הָיוּ עִם הַקָּדוֹשׁ בָּרוּךְ הוּא וְי"א יוֹם הָיוּ מִתְחַשְּׁבִין הֵיאַךְ לַעֲשׂוֹת הָעֵגֶל, כְּמוֹ שֶׁכָּתוּב "אַחַד עָשָׂר יוֹם מֵחֹרֵב דֶּרֶךְ הַר שֵׂעִיר", שֶׁעָשׂוּ מַעֲשֵׂה שֵׂעִיר, דָּבָר אַחֵר, (שם) "הַר שֵׂעִיר", מָה עֵשָׂו מְחָרֵף וּמְגַדֵּף אַף הֵם מְחָרְפִים וּמְגַדְּפִים לִפְנֵי עֲבוֹדָה זָרָה, מָה עֵשָׂו עוֹבֵד עֲבוֹדָה זָרָה אַף הֵם עָשׂוּ כֵן, וְרַבִּי יְהוּדָה בַּר רַבִּי אִלְעָאִי אוֹמֵר: יוֹם אֶחָד הָיוּ עִם הַקָּדוֹשׁ בָּרוּךְ הוּא, מִנַּיִן שֶׁכֵּן, מִיכָה מְפָרֵשׁ (מיכה ב, ח) "וְאֶתְמוּל עַמִּי לְאוֹיֵב יְקוֹמֵם", אָמַר לָהֶם הַקָּדוֹשׁ בָּרוּךְ הוּא: אֶתְמוֹל אֲמַרְתֶּם (שמות כד, ז) "כֹּל אֲשֶׁר דִּבֶּר ה' נַעֲשֶׂה וְנִשְׁמָע", וְהַיּוֹם [לב, ד] "אֵלֶּה אֱלֹהֶיךָ יִשְׂרָאֵל", וְרַבִּי שִׁמְעוֹן בֶּן חֲלַפְתָּא אָמַר: שְׁנֵי יָמִים, שֶׁנֶּאֱמַר (ירמיה ב, לב) "וְעַמִּי שְׁכֵחוּנִי יָמִים אֵין מִסְפָּר", כַּמָּה "יָמִים", שְׁנַיִם,

עץ יוסף

וגרמו לעמי לחטא. שבתר שראו מערב רב למדו מהם לעשות, כמו שהתבוננו בטטראמולין שלי: **(ז) עברו מן הדרך אשר צויתים אין כתיב באן.** תרתי קשה ליה, חדא דלימא עברו, שנית דמהר למה לי, הא פשיטא דממתן תורה עד השתא זמן מועט הוא, ומשני דסרו כתיב לרמוז סריות, ומהר אתא למימר כי לא חטאו בסוף ארבעים יום אלא יותר מהר, דמיד סרו ולא עשו (פירוש לא עכבו במחשבתם הטובה) לא שעה ולא שתים, ומה שאמר עכשיו נעשו סריות, כלומר עכשיו הראו בפומבי סריותם: **אלא מיד סרו.** כר' מאיר דבסמוך דקאמר אף לא יום אחד, ואיידי דבעי לאתויי דרבי מאיר, מייתי נמי דרבי שמעון בר יוחאי ודרבי אליעזר, דלדידהו היו קצת ימים בלא חטא, ולדידהו סרו מהר אתא למימר, שלא היה החטא בסוף הארבעים אלא ימים מועטים, אלא עשרים ותשע יום או אחד עשר ימים: **כמו שנאמר אחד עשר יום מחורב ואחר באו [וכו'] דרך הר שעיר.** דרשו סמוכים, ודי זהב [דהיינו תוכחתו של עגל הזהב, כמו שתרגם אונקלוס ועל דעבדו עגל דדהב] אחד עשר יום מחורב, פירוש שעשו את עגל הזהב אחר אחד עשר ימים של מעשה חורב, שהוא מתן תורה, כי הוא חורב הוא הר סיני, דאז באו לדרך שעיר דהיינו החטא, ורבי אליעזר בן יעקב דורש כן אחד עשר יום מאותן הימים שהיו מחורב עד מעשה העגל, דהיינו ארבעים יום יצא להם דרך הר שעיר: **מחרף.** כדלעיל גבי הנה אנכי הולך למות: **מנין שכן מיכה מפרש.** כלומר שדרך הנביא לפרש ולא לסתום: **ואתמול עמי לאויב יקומם.** כלומר רק יום אתמול נקראו עמי, אבל אחר זה לאויב יקומם נגד ה' יתברך: **והיום אלה אלהיך.** ואף על גב דלא אמרו כן אלא אחר ארבעים יום, מכל מקום כיון דמיד חשבו לפרוש מה' הוה ליה כאילו מאז אמרו ליה: **ימים אין מספר כמה ימים שנים כו'.** ומסתבר ליה דמקרא זה מיירי במתן תורה דכתיב שם התשכח בתולה עדיה כלה קשוריה, וזה משל לישראל בעת מתן תורה שנקראו כלה, והיו מקושטים בעדי עדים שנתן להם, כנזכר בתורה הורד עדיך מעליך וגו' ויתנצלו את עדים וגו', ואף על גב דמלת ימים דבוק למלת שכחוני, הכי פירושו ועמי שכחוני ימים היינו לסוף שני ימים, ולגודל מיעוטם גם המה אינם חשובים במספר כלל וכאילו מיד שכחוני:

פירוש מהרז"ו

והם שעשו העגל. עיין בזוהר סדר זה באריכות: **(ז) נעשו סריות.** שריחם רע היפך השושנה שריחה טוב, ובאש היאור (שמות ז, יח), תרגם אונקלוס וסרי נהרא. מלשון קוצים, גם כן היפך השושנה, כמו שכתוב (ב, ב) כשושנה בין החוחים, ועיין שיר השירים רבה פסוק זה: **אלא מיד סרו.** כדעת רבי מאיר בסוף הסימן, וזהו סרו מהר: **אחד עשר יום מחורב.** וסיפא דקרא דרך הר שעיר, והרי לא הניחם לילך דרך הר שעיר, על כן דורש ששייך למה שכתוב סוף הפסוק הקודם, ודי זהב, שעשו ממנו העגל, כמו שכתוב בתרגום אונקלוס, ורש"י שם, על זה אמר אחד עשר יום מחורב, שהארבעים יום שהיה משה בחורב, היו עמו מהם אחד עשרה, והשאר פנו לדרך הר שעיר, לעבודת כוכבים. ורמז הארבעים יום על פי מדה י"א, בפסוק הסמוך ויהי בארבעים, או שדורש מחורב, מ' חורב: **מחרפים ומגדפים.** עיין ויקרא רבה סוף פרשה י"ח, וכמו שאמר לעיל פרשה מ"א סוף סימן א': **ואתמול עמי.** הרי אין אנו יודעים באיזה יום אמר שנדע האתמול, על כן דורש על פי מדה י"ז, ואתמול עמי, היו נקראים עמי, שמעה עמי ואדברה (תהלים נ, ז), לעיל פרשה כ"ט סימן ד, והיום נקראו עמך, על פי מדה ט', כי לאויב יקומם: **ועמי שכחוני ימים אין מספר.** ובפסוק הקודם התשכח בתולה עדיה כלה קשוריה, הוא משל על עדיי ישראל בהר חורב, שהיו ככלה בעדיים, וימים משמע שנים, ואחר כך אמר אין מספר, על כן דרש והכריע על פי מדה ל"א, ועמי ימים שכחוני אין מספר, וכצ"ל שמעה עמי:

מתנות כהונה

[ז] סריות. סרחוניות. ועיין במדרש איכה בפסוק סורו טמא. או יש לפרש קוצים כמה דאת אמר (קהלת ז, ו) כקול הסירים תחת הסיר: **לא עשו.** לא עכבו במחשבתם הטובה:

אשד הנחלים

אלה אלהיך. שאמרו ופיתו זאת לישראל לומר אלה אלהיך האמינו בו: **[ז] עברו כו' סרו כו'.** כי מלת העברה הוא העברה מעטה מן הדרך הנכונה, אבל ההסרה היא הסרה ממש מן הקצה אל הקצה, וזהו שדרשו מלשון סריא וסרחון, כמו סר טעמו, כי ענינו אחד, כי מי שסר לדרך רעה מאד נעשה מאוס מאד: **כזבין.** והידי משה גרס כובין, שהוא מלשון קוצים, וכן הסריות מלשון כקול הסירים (קהלת ז, ו): **לא שעה.** זהו מלת מהר, שמן הפלא איך נפלו מהר ממדרגתם: **אחד עשר יום כו'.** דרש על צד הרמז, אחד עשר מחורב, כלומר אחר האחד עשר יום מהר, אחזו דרך הר שעיר לעבוד העגל ולסור מאחרי ה', ופירושו סרו מהר כלומר תיכף אחרי האחד עשר יום, כי גם הארבעים יום לא התבוששו להיות עומדים באמונתם, ודעת רבי אליעזר בן יעקב להיפך שאחד עשר יום היו אוחזים את דרך הר שעיר: **מחרף כו'.** הבדיל פירושו מלעיל, לפי שדעתו שלא עבדו העגל בשיתוף עם האמונה לה' כי אם חירפו וגדפו את ה' המיוחד, ועבדו לעגל לבדו, ודעת הראשון לא כן: **ואתמול עמי גו'.** דרש מאתמול כלומר אחר יום הראשון כי לא היה אמונתם שלימה, כי אם היתה מחשבתם לאמונה רעה: **אתמול אמרתם כו'.** וזהו סרו מהר, מיום ללילה נהפכו מאמונתם: **כמה ימים שנים.** ופירוש אין מספר, כלומר שזהו מספר מעט, עד שכמעט לא נחשב זאת למספר ועם כל זה חטאו מיד וק"ל:

חידושי הרד"ל

[ו] אמרתי לך לאו ועשיתי רצונך. חס ושלום שיעבור משה פי ה' באם היה אומר לו לאו. ואפשר האי אמרתי לך לאו נמשך למעלה ואני הייתי יודע כו', והוא מוסב טעם על האמירה הראשונה שאמר לו שלא לערב בהם ערב רב, וכשהשיב משה לעולם מקבלים השבים לא אמר לו הקב"ה עוד כלום, (שלא לגדור גדר בפני בעלי תשובה). או אולי טעות סופר הוא, וצריך לומר אמר לו לך ועשה רצונך, וכענין מה שכתוב במרגלים במדבר רבה פרשה טז ח שאמר לו הקב"ה שלח לך אם בקשת שלח לך לעצמך: **והם עשו אותו וגרמו כו'.** עיין בזוהר פרשה זו באריכה: **[ז] סריות נעשו כובים** כן צריך לומר, וכן כתב בידי משה. פירוש קוצים וסנאים: **אמר רבי שמעון בר יוחאי אחד עשר יום כו'.** במדבר רבה פרשה ז, ד (ועיין מתנות כהונה (שם)):

חידושי הרש"ש

(אמרתי לך לאו ועשיתי רצונך). אלו התיבות המסובבות ליתא בתנחומא: **[ז] אתמול אמרתם כל אשר כו'.** ופירוש הכתוב, ואתמול עמי רצה לומר הייתם עמי, והיום לאויב יקומם: **ורבי שמעון בן חלפתא אמר שני ימים כו'.** לקמן בסדר נשא פרשה ז ד, איתא דהוא אמר יום אחד ויליף מן פסוק יום אשר עמדת כו', עיין שם. ולפי גירסא דשם אתי שפיר טפי מה שאומר בסמוך אלא מן הראשון:

באור מהרי"פ

[ז] אחד עשר יום מחורב וגו'. וקודם כתיב ודי זהב, רמז על העגל שנעשה מזהב:

אם למקרא

אַחַד עָשָׂר יוֹם מֵחֹרֵב דֶּרֶךְ הַר שֵׂעִיר עַד קָדֵשׁ בַּרְנֵעַ: (דברים א:ב)

וְאֶתְמוּל עַמִּי לְאוֹיֵב יְקוֹמֵם מִמּוּל שַׂלְמָה אֶדֶר תַּפְשִׁטוּן מֵעֹבְרִים בֶּטַח שׁוּבֵי מִלְחָמָה: (מיכה ב:ח)

וַיִּקַּח סֵפֶר הַבְּרִית וַיִּקְרָא בְּאָזְנֵי הָעָם וַיֹּאמְרוּ כֹּל אֲשֶׁר דִּבֶּר ה' נַעֲשֶׂה וְנִשְׁמָע: (שמות כד:ז)

הֲתִשְׁכַּח בְּתוּלָה עֶדְיָהּ כַּלָּה קִשֻּׁרֶיהָ וְעַמִּי שְׁכֵחוּנִי יָמִים אֵין מִסְפָּר: (ירמיה ב:לב)

ענף יוסף

(ו) ועשיתי רצונך והם הם שעשו את העגל. קשה דהוי ליה להקדוש ברוך הוא להודיעו מה שיעשו, ואז יודה להקדוש ברוך הוא, ולא יעשה משה רצונו ונפיק מיניה חורבא. ויש לומר שכמו שאין ה' דן את האדם אלא בשעתו, כמו כן לא היה מן הדין למנעם בשביל מה שיעשו, ולכן לא הגיד זה למשה, אבל אמר שכדי שתהיה עדת ישראל נקיה מערבוביא, ראוי שלא לערב בהם ערב רב, ומשה טען שכדי שלא לנעול דלת מפני שבים אין למנוע בשביל זה (יפה תואר): **(ז) נעשו כזבים.** מענין כזב ושקר, כלומר סרו מהר מן מה שאמרו בתחלה נעשה ונשמע ונעשו כזבים, וכן הוא מפורש בהדיא בבמדבר רבה פרשה ז' שמביא שם גם כן כל ענין הפלוגתא, כמה ימים היו עומדים בדבורם נעשה ונשמע, וזה לשונו, חייך בכזבים הם עומדים, אינם מושלמים לי אלא ארבעים יום כו', רבי שמעון בר יוחאי אומר אחד עשר יום היו כו' (תולדות נח):

ידי משה

[ז] נעשו סריות נעשו כובין. כן צריך לומר. ומלת כובין הוא קוץ ודרדר בלשון ירושלמי (תרגום אונקלוס וירושלמי בראשית ג, יח):

כְּמוֹ שֶׁכָּתוּב ״אַחַד עָשָׂר יוֹם מֵחֹרֵב דֶּרֶךְ הַר שֵׂעִיר״ – **as it is written,** ***Eleven days from Horeb*** (or: *of Horeb*)**,** ***by way of Mount Seir,*** שֶׁעָשׂוּ מַעֲשֵׂה שֵׂעִיר – meaning, **that** for *eleven days* out *of* the forty "*Horeb* days,"[102] **they acted like Seir,** i.e., like Esau.[103]

Having interpreted the "way of Mount Seir" as an allusion to Esau's evil ways, the Midrash elaborates on these ways:[104] דָּבָר אַחֵר, ״הַר שֵׂעִיר״ – **Another interpretation** of ***by way of Mount Seir:*** מָה עֵשָׂו מְחָרֵף וּמְגַדֵּף אַף הֵם מְחָרְפִים וּמְגַדְּפִים לִפְנֵי עֲבוֹדָה זָרָה – **Just as Esau blasphemed and vilified** the Name of God,[105] **they, too, uttered words of blasphemy and vilification before the idol** they created; מָה עֵשָׂו עוֹבֵד עֲבוֹדָה זָרָה אַף הֵם עָשׂוּ כֵן – and **just as Esau worshiped idols, they, too, did the same.**

The Midrash resumes its discussion of the proximity in time between the Revelation and the stirrings of infidelity that led to the worship of the Golden Calf:

וְרַבִּי יְהוּדָה בַּר רַבִּי אִלְעָאי אוֹמֵר – **And R' Yehudah bar R' Il'ai says:** יוֹם אֶחָד הָיוּ עִם הַקָּדוֹשׁ בָּרוּךְ הוּא – **They were with God for** just **one day,** i.e., the day they received the Torah at Sinai. מִנַּיִן שֶׁכֵּן – **How do we know that this is so?** מִיכָה מְפָרֵשׁ ״וְאֶתְמוּל עַמִּי לְאוֹיֵב יְקוֹמֵם״ – **Micah explains** it with the words, ***Yesterday My people arose as an enemy*** (*Micah* 2:8): אָמַר לָהֶם הַקָּדוֹשׁ בָּרוּךְ הוּא: אֶתְמוֹל אֲמַרְתֶּם ״כֹּל אֲשֶׁר דִּבֶּר ה׳ נַעֲשֶׂה וְנִשְׁמָע״ – Addressing Israel, **the Holy One, blessed is He, was saying** here, "Only **yesterday you declared,** ***'Everything that HASHEM has said, we will do and we will obey!'*** (above, 24:7); וְהַיּוֹם ״אֵלֶּה אֱלֹהֶיךָ יִשְׂרָאֵל״ – **and today** you say to this Calf, ***This is your god, O Israel"*** (v. 4)![106] וְרַבִּי שִׁמְעוֹן בֶּן חֲלַפְתָּא אָמַר: שְׁנֵי יָמִים – **R' Shimon ben Chalafta said:** They were faithful to God for **two days** after receiving the Torah, שֶׁנֶּאֱמַר ״וְעַמִּי שְׁכֵחוּנִי יָמִים אֵין מִסְפָּר״ – **for it is stated,** *Can a maiden forget her jewelry? A bride her adornments?* ***Yet My people forgot Me [after] days without number*** (*Jeremiah* 2:32).[107] כַּמָּה ״יָמִים״, שְׁנַיִם – **How many** are indicated by the plural word ***"days"*? Two.**[108]

NOTES

102. The forty "Horeb days" are the forty days, between the Revelation and the actual sin of the Calf, that Moses spent atop Mount Horeb (*Yefeh To'ar, Eitz Yosef*).

103. "Seir" referring to Esau (see note 101). The interpretation of the verse according to R' Eliezer ben Yaakov is thus, "Eleven days of [the forty days of] Horeb, [the people embarked upon] the way of Seir." These eleven days must have been the last eleven of the forty, just prior to the actual making and worshiping of the Calf.

104. Although this paragraph begins with the words דָּבָר אַחֵר, *Another interpretation,* it appears to be an elaboration on – as opposed to a disagreement with – the Midrash's previous explanations. (See, however, *Eshed HaNechalim,* who addresses this problem and suggests an answer.)

105. The reference is to the incident related in *Bereishis Rabbah* 63 §13 (*Yefeh To'ar*).

106. R' Yehudah bar R' Il'ai construes the *Micah* verse as follows: "Yesterday [you were] My people [but since then you] have risen up like an enemy against Me [by declaring, *'This is your god, O Israel'*]" (*Eitz Yosef, Rashash*). Although the people did not actually make this declaration until after fashioning the Calf, forty days after the Torah was given, according to R' Yehudah they had already begun moving in that direction after one day, and thus it is reckoned as though they uttered their blasphemy then (*Eitz Yosef*).

107. This verse portrays Israel at Sinai as an adorned bride. Through the prophet Jeremiah, God laments the fact that this lovely bride soon lost sight of her "adornments," and forgot the One Who bestowed them upon her after *days without number*.

108. According to R' Shimon ben Chalafta, *they forgot Me [after] days without number* means that "they forgot Me after two days (for two is the smallest plural number), days so few that they are not worthy of being assigned a number to be reckoned with." From this R' Shimon infers that Israel remained faithful for only the first two days after accepting the Torah (*Eitz Yosef*).

אָמַרְתִּי לְךָ, לָאו, וְעָשִׂיתִי רְצוֹנְךָ, וְהֵם הֵם שֶׁעָשׂוּ אֶת הָעֵגֶל שֶׁהָיוּ עוֹבְדִים עֲבוֹדָה זָרָה וְהֵם עָשׂוּ אוֹתוֹ וְגָרְמוּ לְעַמִּי לַחֲטֹא, רְאֵה מַה כְּתִיב "אֵלֶּה אֱלֹהֵינוּ" אֵין כְּתִיב כָּאן, אֶלָּא [לב, ד] "אֵלֶּה אֱלֹהֶיךָ", שֶׁהַגֵּרִים שֶׁעָלוּ עִם מֹשֶׁה הֵם עֲשָׂאוּהוּ, וְאָמְרוּ לְיִשְׂרָאֵל: "אֵלֶּה אֱלֹהֶיךָ", לְכָךְ הַקָּדוֹשׁ בָּרוּךְ הוּא אָמַר לְמֹשֶׁה: [לב, ז] "לֶךְ רֵד כִּי שִׁחֵת עַמְּךָ":

ז "עָבְרוּ מִן הַדֶּרֶךְ אֲשֶׁר צִוִּיתִים" אֵין כְּתִיב כָּאן אֶלָּא [לב, ח] "סָרוּ מַהֵר מִן הַדֶּרֶךְ", כְּשֶׁהָיוּ בְּסִינַי הָיוּ שׁוֹשַׁנִּים וּוְרָדִין, עַכְשָׁיו נַעֲשׂוּ סְרִיּוֹת נַעֲשׂוּ כְּזָבִים, לֹא עָשׂוּ לֹא שָׁעָה וְלֹא שְׁתַּיִם אֶלָּא מִיָּד סָרוּ, אָמַר רַבִּי שִׁמְעוֹן בֶּן יוֹחָאי: י"א יוֹם הָיוּ עִם הַקָּדוֹשׁ בָּרוּךְ הוּא וְכ"ט יוֹם הָיוּ מִתְחַשְּׁבִים הֵיאַךְ לַעֲשׂוֹת אֶת הָעֵגֶל, כְּמוֹ שֶׁכָּתוּב (דברים א, ב) "אַחַד עָשָׂר יוֹם מֵחֹרֵב", וְאַחַר בָּאוּ לְדַרְכֵי עֵשָׂו (שם) "דֶּרֶךְ הַר שֵׂעִיר", וְרַבִּי אֱלִיעֶזֶר בֶּן יַעֲקֹב אוֹמֵר: כ"ט יוֹם הָיוּ עִם הַקָּדוֹשׁ בָּרוּךְ הוּא וְי"א יוֹם הָיוּ מִתְחַשְּׁבִין הֵיאַךְ לַעֲשׂוֹת הָעֵגֶל, כְּמוֹ שֶׁכָּתוּב "אַחַד עָשָׂר יוֹם מֵחֹרֵב דֶּרֶךְ הַר שֵׂעִיר", שֶׁעָשׂוּ מַעֲשֵׂה שֵׂעִיר, דָּבָר אַחֵר, (שם) "הַר שֵׂעִיר", מָה עֵשָׂו מְחָרֵף וּמְגַדֵּף אַף הֵם מְחָרְפִים וּמְגַדְּפִים לִפְנֵי עֲבוֹדָה זָרָה, מָה עֵשָׂו עוֹבֵד עֲבוֹדָה זָרָה אַף הֵם עָשׂוּ כֵן, וְרַבִּי יְהוּדָה בַּר רַבִּי אִלְעָאי אוֹמֵר: יוֹם אֶחָד הָיוּ עִם הַקָּדוֹשׁ בָּרוּךְ הוּא, מִנַּיִן שֶׁכֵּן, מִיכָה מְפָרֵשׁ (מיכה ב, ח) "וְאֶתְמוּל עַמִּי לְאוֹיֵב יְקוֹמֵם", אָמַר לָהֶם הַקָּדוֹשׁ בָּרוּךְ הוּא: אֶתְמוֹל אֲמַרְתֶּם (שמות כד, ז) "כֹּל אֲשֶׁר דִּבֶּר ה' נַעֲשֶׂה וְנִשְׁמָע", וְהַיּוֹם [לב, ד] "אֵלֶּה אֱלֹהֶיךָ יִשְׂרָאֵל", וְרַבִּי שִׁמְעוֹן בֶּן חֲלַפְתָּא אָמַר: שְׁנֵי יָמִים, שֶׁנֶּאֱמַר (ירמיה ב, לב) "וְעַמִּי שְׁכֵחוּנִי יָמִים אֵין מִסְפָּר", כַּמָּה "יָמִים", שְׁנַיִם,

עץ יוסף

וגרמו לעמי לחטא. שבתר שראו מערב רב למדו מהם לעשות, כמו שהתבוננו בטטראמולין שלי: **(ז) עברו מן הדרך אשר צויתים אין כתיב כאן.** תרתי קשה ליה, חדא דלימא עברו, שנית דמהר למה לי, הא פשיטא דממתן תורה עד השתא זמן מועט הוא, ומשני דסרו כתיב לרמוז סריות, ומהר אתא למימר כי לא חטאו בסוף ארבעים יום אלא יותר מהר, דמיד סרו ולא עשו (פירוש לא עכבו במחשבתם הטובה) לא שעה ולא שתים, ומה שאמר עכשיו נעשו סריות, כלומר עכשיו הראו בפומבי סריותם: **אלא מיד סרו.** כר' מאיר דבסמוך דקאמר אף לא יום אחד, ואיידי דבעי לאתויי דרבי מאיר, מייתי נמי דרבי שמעון בר יוחאי ודרבי אליעזר, דלדידהו היו קצת ימים בלא חטא, ולדידהו סרו מהר אתא למימר, שלא היה החטא בסוף הארבעים אלא ימים מועטים, אלא עשרים ותשע יום או אחד עשר ימים: **כמו שנאמר אחד עשר יום מחורב ואחר באו [וכו'] דרך הר שעיר.** דרשו סמוכים, ודי זהב [דהיינו תוכחתו של עגל הזהב, כמו שתרגם אונקלוס ועל דעבדו עגל דדהב] אחד עשר יום מחורב, פירוש שעשו את עגל הזהב אחר אחד עשר ימים של מעשה חורב, שהוא מתן תורה, כי הוא חורב הוא הר סיני, דאז באו לדרך שעיר דהיינו החטא, ורבי אליעזר בן יעקב דורש כן אחד עשר יום מאותן הימים שהיו מחורב עד מעשה העגל, דהיינו ארבעים יום ילא להם דרך הר שעיר: **מחרף.** כדלעיל גבי הנה אנכי הולך למות: **מנין שכן מיכה מפרש.** כלומר שדרך הנביא לפרש ולא לסתום: **ואתמול עמי לאויב יקומם.** כלומר רק יום אתמול נקראו עמי, אבל אחר זה לאויב יקומם נגד ה' יתברך: **והיום אלה אלהיך.** ואף על גב דלא אמרו כן אלא אחר ארבעים יום, מכל מקום כיון דמיד חשבו לפרוש מה' הוה ליה כאילו מאז אמרו ליה: **ימים אין מספר במה ימים שנים בו'.** ומסתבר ליה דמקרא זה איירי במתן תורה דכתיב שם התשכח בתולה עדיה כלה קשוריה, וזה משל לישראל בעת מתן תורה שנקראו כלה, והיו מקושטים בעדי עדים שנתן להם, כנזכר בתורה הורד עדיך מעליך וגו' ויתנצלו את עדים וגו', ואף על גב דמלת ימים דבוק למלת שכחוני, הכי פירושו ועמי שכחוני ימים היינו לסוף שני ימים, ולגודל מיעוטם גם המה אינם חשובים במספר כלל וכאילו מיד שכחוני:

פירוש מהרז"ו

והם שעשו העגל. עיין בזוהר סדר זה באריכות: **(ז) נעשו סריות.** שריחם רע היפך השושנה שריחה טוב, ובאש היאור (שמות ז, יח), תרגם אונקלוס וסרי נהרא. מלשון קוצים, גם כן היפך השושנה, כמו שכתוב (ב, ב) כשושנה בין החוחים, ועיין שיר השירים רבה פסוק זה: **אלא מיד סרו.** כדעת רבי מאיר בסוף הסימן, וזהו סרו מהר: **אחד עשר יום מחורב.** וסיפא דקרא דרך הר שעיר, והרי לא הניחם לילך דרך הר שעיר, על כן דורש שייך למה שכתוב סוף הפסוק הקודם, ודי זהב, שעשו ממנו העגל, כמו שכתוב בתרגום אונקלוס, ורש"י שם, על זה אמר אחד עשר יום מחורב, שהארבעים יום שהיה משה בחורב, היו עמו מהם אחד עשרה, והשאר פנו לדרך הר שעיר, לעבודת כוכבים. ורמז הארבעים יום על פי מדה י"א, בפסוק הסמוך ויהי בארבעים, או שדורש מחורב, מ' חורב: **מחרפים ומגדפים.** עיין ויקרא רבה סוף פרשה י"א, וכמו שאמר לעיל פרשה מ"א סוף סימן א': **ואתמול עמי.** הרי אין אנו יודעים באיזה יום אמר שנדע האתמול, על כן דורש על פי מדה י"ז, ואתמול עמי, היו נקראים עמי, שמטה עמי ואדברה (תהלים נ, ז), לעיל פרשה כ"ט סימן ד, והיום נקראו עמך, על פי מדה ט', כי לאויב יקומם: **ועמי שכחוני ימים אין מספר.** ובפסוק הקודם התשכח בתולה עדיה כלה קשוריה, הוא משל על עדיי ישראל בהר חורב, שהיו ככלה בעדיים, וימים משמע שנים, ואחר כך אמר אין מספר, על כן דרש והכריע על פי מדה ל"א, ועמי ימים שכחוני אין מספר, וכצ"ל שמטה עמי:

חידושי הרד"ל

[ו] אמרתי לך לאו ועשיתי רצונך. חס ושלום שיעבור משה פי ה' באם היה אומר לו לאו. ואפשר האי אמרתי לך לאו נמשך למעלה ואני הייתי יודע כו', והוא מוסב טעם על האמירה הראשונה שאמר לו שלא לערב בהם ערב רב, וכשהשיב משה לעולם מקבלים השבים לא אמר לו הקב"ה עוד כלום, (שלא לגדור גדר בפני בעלי תשובה). או אולי טעות סופר הוא, וצריך לומר אמר לו לך ועשה רצונך, וכענין מה שכתוב במרגלים במדבר רבה פרשה טז ח שאמר לו הקב"ה שלא לך אם בקשת שלא לך לעצמך: **והם עשו אותו וגרמו כו'.** עיין בזוהר פרשה זו בארוכה: **[ז] סריות נעשו כובים** כן צריך לומר, וכן כתב בידי משה. פירוש קוצים וסנאים: **אמר רבי שמעון בר יוחאי אחד עשר יום כו'.** במדבר רבה פרשה ז, ד (ועיין מתנות כהונה (שם)):

חידושי הרש"ש

(אמרתי לך לאו ועשיתי רצונך). אלו התיבות המסובבות ליתא בתנחומא: **[ז] אתמול אמרתם כל אשר כו'.** ופירוש הכתוב, ואתמול עמי רצה לומר הייתם עמי, והיום לאויב יקומם: **ורבי שמעון בן חלפתא אמר שני ימים כו'.** לקמן בסדר נשא פרשה ז ד, איתא דהוא אמר יום אחד ויליף מן פסוק יום אשר עמדת כו', עיין שם. ולפי גירסא דשם אתי שפיר טפי מה שאומר בסמוך אלא מן הראשון:

באור מהרי"פ

[ז] אחד עשר יום מחורב וגו'. וקודם כתיב ודי זהב, רמז על העגל שנעשה מזהב:

אם למקרא

אַחַד עָשָׂר יוֹם מֵחֹרֵב דֶּרֶךְ הַר שֵׂעִיר עַד קָדֵשׁ בַּרְנֵעַ:
(דברים א:ב)

וְאֶתְמוּל עַמִּי לְאוֹיֵב יְקוֹמֵם מִמּוּל שַׂלְמָה אֶדֶר תַּפְשִׁטוּן מֵעֹבְרִים בֶּטַח שׁוּבֵי מִלְחָמָה:
(מיכה ב:ח)

וַיִּקַּח סֵפֶר הַבְּרִית וַיִּקְרָא בְּאָזְנֵי הָעָם וַיֹּאמְרוּ כֹּל אֲשֶׁר דִּבֶּר ה' נַעֲשֶׂה וְנִשְׁמָע:
(שמות כד:ז)

הֲתִשְׁכַּח בְּתוּלָה עֶדְיָהּ כַּלָּה קִשֻּׁרֶיהָ וְעַמִּי שְׁכֵחוּנִי יָמִים אֵין מִסְפָּר:
(ירמיה ב:לב)

ענף יוסף

(ו) ועשיתי רצונך והם הם שעשו את העגל. קשה דהוי ליה להקדוש ברוך הוא להודיעו מה שיעשו, ואז יודה להקדוש ברוך הוא, ולא יעשה משה רצונו ונפיק מיניה חורבא. ויש לומר שכמו שאין ה' דן את האדם אלא בשעתו, כמו כן לא היה מן הדין למנעם בשביל מה שיעשו, ולכן לא הגיד זה למשה, אבל אמר שכדי שתהיה עדת ישראל נקיה מערבוביא, ראוי שלא לערב בהם ערב רב, ומשה טען שכדי שלא לנעול דלת מפני שבים אין למנוע בשביל זה (יפה תואר): **(ז) נעשו כזבים.** מענין כזב ושקר, כלומר סרו מהר מן מה שאמרו בתחלה נעשה ונשמע ונעשו כזבים, וכן הוא מפורש בהדיא במדבר רבה פרשה ז' שמביא שם גם כן כל ענין הפלוגתא, כמה ימים היו עומדים בדבורם נעשה ונשמע, וזה לשונו, חייך בכזבים הם עומדים, אינם מושלמים לי אלא ארבעים יום כו', רבי שמעון בר יוחאי אומר אחד עשר יום היו כו' תולדות נח):

ידי משה

[ז] נעשו סריות נעשו כובין. כן צריך לומר. ומלת כובין הוא קוץ ודרדר בלשון ירושלמי (תרגום אונקלוס וירושלמי בראשית ג, יח):

מתנות כהונה

[ז] סריות. סרחוניות. ועיין במדרש איכה בפסוק סורו טמא. או יש לפרש קוצים כמה דאת אמר (קהלת ז, ו) כקול הסירים תחת הסיר: **לא עשו.** לא עכבו במחשבתם הטובה:

אשד הנחלים

אלה אלהיך. שאמרו ופיתו זאת לישראל לומר אלה אלהיך האמינו בו: **[ז] עברו כו' סרו כו'.** כי מלת העברה הוא העברה מעטה מן הדרך הנכונה, אבל ההסרה היא הסרה ממש מן הקצה אל הקצה, וזהו שדרשו מלשון סריא וסרחון, כמו סר טעמו, כי ענינו אחד, כי מי שסר לדרך רעה מאד נעשה מאוס מאד: **כזבין.** והידי משה גרס כובין, שהוא מלשון קוצים, וכן הסריות מלשון כקול הסירים (קהלת ז, ו): **לא שעה.** זהו מלת מהר, שמן הפלא איך נפלו מהר ממדרגתם: **אחד עשר יום כו'.** דרש על צד הרמז, אחד עשר מחורב, כלומר אחר האחד עשר יום מהר, אחזו דרך הר שעיר לעבוד העגל ולסור מאחרי ה', ופירושו סרו מהר כלומר תיכף אחרי האחד עשר יום, כי גם הארבעים יום לא התבוששו להיות עומדים באמונתם, ודעת רבי אליעזר בן יעקב להיפך שאחד עשר יום היו אוחזים את דרך הר שעיר: **מחרף כו'.** הבדיל פירושו מלעיל, לפי שדעתו שלא עבדו העגל בשיתוף עם האמונה לה' כי אם חירפו וגדפו את ה' המיוחד, ועבדו לעגל לבדו, ודעת הראשון לא כן: **ואתמול עמי גו'.** דרש מאתמול כלומר אחר יום הראשון כי לא היה אמונתם שלימה, כי אם היתה מחשבתם לאמונה רעה: **אתמול אמרתם כו'.** וזהו סרו מהר, מיום ללילה נהפכו מאמונתם: **כמה ימים שנים.** ופירוש אין מספר, כלומר שזהו מספר מעט, עד שכמעט לא נחשב זאת למספר ועם כל זה חטאו מיד וק"ל:

וְרַבִּי יוֹנָה אָמַר טַעְמָא מִפָּסוּק אַחֵר — **R' Yonah cited a source** for this same view **from another verse,** שֶׁנֶּאֱמַר "וְאוֹתִי יוֹם יוֹם יִדְרֹשׁוּן" — **for it is stated,** ***They seek Me [only] day by day*** (*Isaiah* 58:2).[109]

§8 The Midrash explains the imagery of "the way" (or: *the road*) used in this phrase:

דָּבָר אַחֵר, "סָרוּ מַהֵר" — **Another interpretation** of the phrase ***They have strayed quickly*** *from the way that I have commanded them:* אָמַר רַבִּי שִׁמְעוֹן בֶּן חֲלַפְתָּא — **R' Shimon ben Chalafta said:** עִקַּשְׁתֶּם אֶת הַדֶּרֶךְ עַל רֹאשׁוֹ — God said to Israel, in effect, **"You have 'struck the road on its head!'**[110] אָדָם שֶׁהוּא יוֹצֵא לַדֶּרֶךְ מְהַלֵּךְ ב׳ אוֹ ג׳ מִילִין וְטוֹעֶה בַּשְּׁלִישִׁי — When **a person sets out on a journey, he travels two or three miles, and** then perhaps **strays** while traveling **the third;** שֶׁמָּא מִן הָרִאשׁוֹן הוּא טוֹעֶה — **but is it likely that he would stray during the** very **first** mile?!" כָּךְ אָמַר לָהֶם הַקָּדוֹשׁ בָּרוּךְ הוּא — **Similarly, the Holy One, blessed is He, said,** לֹא הָיָה לָכֶם לִסְרוֹחַ לֹא בַּשֵּׁנִי וְלֹא בַּשְּׁלִישִׁי, אֶלָּא מִן הָרִאשׁוֹן, אֶתְמְהָא — **"You should not have sinned even against the second or third** commandment, **but** to sin **against the** very **first** commandment?![111] **That is something to wonder at!"**

The Midrash returns to discussing the exceedingly short length of time that elapsed between the Revelation and the beginning of the people's idolatrous thoughts:

רַבִּי מֵאִיר אוֹמֵר — **R' Meir said:** אַף לֹא יוֹם אֶחָד הָיָה — **It was not even one day** before Israel began to contemplate idol worship. אֶלָּא הָיוּ עוֹמְדִים בְּסִינַי וְאָמְרוּ בְּפִיהֶם "נַעֲשֶׂה וְנִשְׁמָע" — **Rather,** even as **they were standing at Sinai and mouthing** the words **"We will do and we will obey,"** וְלִבָּם הָיָה מְכֻוָּן לַעֲבוֹדָה זָרָה — **their hearts were** already **directed toward idolatry,** שֶׁנֶּאֱמַר "וַיְפַתּוּהוּ בְּפִיהֶם וגו׳" — **as it says,** ***They beguiled Him them with their mouths,*** *and they deceived Him with their tongues* (*Psalms* 78:36), i.e., their declaration at Sinai was insincere.[112]

The Midrash turns to expound a related verse in *Deuteronomy.*

רַבִּי הוּנָא בְּשֵׁם רַבִּי אִידִי אָמַר — **R' Huna said in the name of R' Idi:** "וָאֵרֶא וְהִנֵּה חֲטָאתֶם לַה׳ אֱלֹהֵיכֶם" — Moses said to Israel, ***Then I saw, and behold, you sinned to*** (or: *for*) ***HASHEM, your God*** (*Deuteronomy* 9:16). בְּ"לַה׳ אֱלֹהֵיכֶם" חֲטָאתֶם — **It was in regard to** the commandments given ***for HASHEM, your God,*** **that you sinned!**[113] אָמַר הַקָּדוֹשׁ בָּרוּךְ הוּא: עֲשֶׂרֶת הַדִּבְּרוֹת נָתַתִּי לָכֶם לִכְבוֹדְכֶם — **The Holy One, blessed is He, was saying** to Israel here (through Moses), **"I gave you Ten Commandments,** and several of them are **for your** own **honor** and benefit: "לֹא תִרְצָח, לֹא תִנְאָף, לֹא תִגְנֹב", וְכֵן כּוּלָּם — ***You shall not kill; you shall not commit adultery; you shall not steal;*** **and so on** (above, 20:13-14). לֹא הָיָה לָהֶן לַחֲטוֹא אֶלָּא בְּשֶׁלִּי — **Did [the people] have no other** commandments **to violate except those that are for My sake** — the ones intended for My honor?!" שֶׁנֶּאֱמַר "וָאֵרֶא וְהִנֵּה חֲטָאתֶם לַה׳" — For this reason, **it is said,** ***Then I saw, and behold! you sinned for HASHEM, your God.*** אֶתְמְהָא — It is thus an expression of **astonishment.**[114]

The Midrash presents an additional exposition of *Deuteronomy* 1:2, which was cited and expounded previously (above, §7):

רַבִּי אַבָּהוּ אָמַר: "אַחַד עָשָׂר יוֹם מֵחֹרֵב" — **R' Abahu said:** The verse states, ***Eleven*** (or: *one-ten*) ***days from Horeb,*** *by way of Mount Seir to Kadesh-barnea* (*Deuteronomy* 1:2). בַּמְיוּחָד שֶׁבָּעֲשָׂרָה חֲטָאתֶם — It is as though God said, **"You have transgressed 'the most significant one'** (מְיוּחָד) **of the 'Ten'** Commandments,[115]

NOTES

109. The previous verse, also seen here as speaking of the time after the giving of the Torah, states, *Proclaim to My people their willful sins, to the House of Jacob their transgressions.* The next verse, cited by R' Yonah, explains the nature of their transgression: they sought God only *day by day* (or lit., "day, day") — i.e., for two days (*Eitz Yosef*).

110. This is a difficult expression, and several commentators suggest emending the text (see *Radal, Maharzu, Eshed HaNechalim*); however, in a parallel Midrash (Lieberman's *Devarim Rabbah* 1 §11), the same phrase is used, translated into Aramaic: מְחֵיתָ לְאוֹרְחָא בְּרֵישָׁא. The meaning of the expression "to strike the road on the head," as may be gathered from the context, is "to lose one's way at the very first step of a journey."

111. I.e., the first (or first two, which are considered one unit) of the Ten Commandments, which demands the belief in God and forbids idolatry. We have followed the interpretation of *Toldos Noach* and *Maharzu,* that the words *first, second,* and *third* refer to the Ten Commandments. *Yefeh To'ar* rejects this interpretation and explains instead (as does *Matnos Kehunah*) that these words refer to the number of *days* after the Giving of the Torah. The parallel Midrash cited in the previous note, however, agrees explicitly with the first interpretation.

112. Although this verse does not mention Israel's acceptance of the Torah, the next verse alludes to it, *Their heart was not consistent with Him, and they were not steadfast in His covenant* — that is, the covenant made at Sinai, as recorded in *Deuteronomy* (5:2), *HASHEM, our God, sealed a covenant with us at Horeb* (*Maharzu*). See Insight Ⓐ.

113. It is obvious that when one sins, he sins "to God"; the words *to HASHEM your God* are thus apparently superfluous. R' Huna therefore interprets these words as *"for" HASHEM your God,* as the Midrash goes on to clarify (*Yefeh To'ar*).

114. In other words, Moses was saying, "I saw that behold, you had sinned — and [in matters pertaining] to God yet!" The words *for HASHEM your God* are thus an exclamation, an expression of astonishment. This sentiment is alluded to in God's words to Moses here, *They have strayed quickly* — i.e., they have violated the very first commandments (as R' Shimon ben Chalafta said above), the ones that pertain to My honor (see Lieberman's *Devarim Rabbah* ibid.). Moses later repeated this point in his rebuke to the nation in *Deuteronomy.*

115. R' Abahu homiletically interprets אַחַד עָשָׂר not as "eleven," but as "one [of] ten"; i.e. the verse is referring to a violation of *one* of the *Ten*

INSIGHTS

Ⓐ **The Force of Commitment** R' Meir makes a serious indictment of the Jewish nation at Sinai: They harbored thoughts of idolatry even as they declared before God, "We will do and we will obey!" What would prompt R' Meir to level such a charge? Where did he find any flaw in their initial declaration? *R' Yerucham Levovitz* explains this by way of an analogy. When a person buys a new suit, its durability will be his foremost consideration. Now it used to be, he writes, that the buyer could examine the material and see whether it was of high-quality wool. With the advent of certain technological advances, however, it became possible to produce paper fibers that look uncannily like wool. No one but an expert in fibers and their manufacture would be able to distinguish between the two. The only way for the non-expert to determine the difference is to see how the garment stands the test of time. If the garment falls apart quickly, that is an indication that it was made from the inferior material to begin with.

Our Sages (*Bereishis Rabbah* 39 §3) compare the Jewish people to a solid wall, which can withstand any onslaught, and upon which one can build a future, with the assurance that it will not buckle or give way. This is the hallmark of the Jewish people, a people unique in its sturdiness, its steadfastness, and its ability to withstand the pressures and vicissitudes of the moment.

When Israel strayed soon after experiencing the Revelation at Sinai, it could not have been a new and sudden turn of events. Such fickleness was not in the nature of our people. It could indicate only that they had not yet *become* absolutely firm in their commitment to do and obey exactly as God has commanded them, without a lingering attachment to their prior notions and outlooks. It must be that even when they made that foundational declaration, they harbored deep in their psyches some small, perhaps invisibly small, vestige of idolatrous thoughts. That is the only way to explain why their commitment did not stand even the short test of time (*Daas Torah, Ki Sisa* p. 283ff).

The corollary, of course, is that when our commitment *is* pure and untainted, then it contains in it the seeds of endurance and growth. For we are a stubborn and resolute people. Once committed to God and His ways, we stand strong and firm against the winds of change.

וְרַבִּי יוֹנָה אָמַר טַעְמָא מִפָּסוּק אַחֵר: שֶׁנֶּאֱמַר (ישעיה נח, ב) **"וְאוֹתִי יוֹם יוֹם יִדְרֹשׁוּן":**

ח דָּבָר אַחֵר, [לב, ח] **"סָרוּ מַהֵר", אָמַר רַבִּי שִׁמְעוֹן בֶּן חֲלַפְתָּא: הִקַשְׁתֶּם אֶת הַדֶּרֶךְ עַל *רֹאשׁוֹ, אָדָם שֶׁהוּא יוֹצֵא לַדֶּרֶךְ מְהַלֵּךְ ב' אוֹ ג' מִילִין וְטוֹעֶה בַּשְּׁלִישִׁי, שֶׁמָּא מִן הָרִאשׁוֹן הוּא טוֹעֶה, כָּךְ אָמַר לָהֶם הַקָּדוֹשׁ בָּרוּךְ הוּא: לֹא הָיָה לָכֶם לִסְרוֹחַ לֹא בַּשֵּׁנִי וְלֹא בַּשְּׁלִישִׁי, אֶלָּא מִן הָרִאשׁוֹן, אֶתְמְהָא, רַבִּי מֵאִיר אוֹמֵר: אַף לֹא יוֹם אֶחָד הָיָה, אֶלָּא הָיוּ עוֹמְדִים בְּסִינַי וְאָמְרוּ בְּפִיהֶם** [כד, ז] **"נַעֲשֶׂה וְנִשְׁמָע" וְלִבָּם הָיָה מְכֻוָּן לַעֲבוֹדָה זָרָה, שֶׁנֶּאֱמַר** (תהלים עח, לו) **"וַיְפַתּוּהוּ בְּפִיהֶם וְגוֹ'", רַבִּי הוּנָא בְּשֵׁם רַבִּי אִידִי אָמַר:** (דברים ט, טז) **"וָאֵרֶא וְהִנֵּה חֲטָאתֶם לַה' אֱלֹהֵיכֶם", בְּ"לַה' אֱלֹהֵיכֶם" חֲטָאתֶם, אָמַר הַקָּדוֹשׁ בָּרוּךְ הוּא: עֲשֶׂרֶת הַדִּבְּרוֹת נָתַתִּי לָכֶם לִכְבוֹדְכֶם,** (לעיל כ, יג) **"לֹא תִרְצָח, לֹא תִנְאָף, *לֹא תִגְנֹב", וְכֵן כּוּלָּם, לֹא הָיָה לָהֶן לַחֲטוֹא אֶלָּא בְּשֶׁלִּי, שֶׁנֶּאֱמַר "וָאֵרֶא וְהִנֵּה חֲטָאתֶם לַה'", אֶתְמְהָא, רַבִּי אֲבָהוּ אָמַר:** (דברים א, ב) **"אַחַד עָשָׂר יוֹם מֵחֹרֵב", בַּמְיוּחָד שֶׁבַּעֲשָׂרָה חֲטָאתֶם, בִּשְׁמִי, שֶׁהוּא אֶחָד שֶׁהוּא רֹאשׁ לְכָל הַדִּבְּרוֹת,** (לעיל כ, ב) **"אָנֹכִי ה' אֱלֹהֶיךָ", דָּבָר אַחֵר,** [לב, ח] **"סָרוּ מַהֵר", רַבִּי יוֹנָה בְּשֵׁם רַבִּי שְׁמוּאֵל בַּר נַחְמָן אָמַר: [ח]כָּל נָבִיא שֶׁהָיָה עוֹמֵד הָיָה אוֹמֵר נְבִיאוּתוֹ שֶׁל חֲבֵירוֹ, וְלָמָּה הָיָה אוֹמֵר דְּבַר חֲבֵירוֹ, לְבָרֵר נְבִיאוּתוֹ, וְרַבִּי יְהוֹשֻׁעַ בֶּן לֵוִי אוֹמֵר: לִנְבוּאָתוֹ הוּא נִזְקָק,**

עץ יוסף

שנאמר ואותי יום יום ידרושון. לעיל מיניה כתיב והגד לעמי פשעם ולבית יעקב חטאתם, ומפרש ליה הכי והגד לעמי פשעם וחטאתם, היינו מה שלא דרשוני אלא יום יום, רוצה לומר שני ימים, ואחר כך פשעו בי, ושני הימים האלה בוודאי הם ימי מתן תורה: **(ח) הקשתם את הדרך על ראשה.** כלומר דדריש מן הדרך דרך ממש, כלומר שסרו ועקמו מן הדרך מהר, כלומר מיד בראשו ובתחלתו (וכמו שנאמר בבראשית רבה פרשה נ' סרו עקמו עלי את הדרך), שטעו כטועה בדרך מהלכו, ואף גם מיהרו לטעות מיד בתחלת הדרך שלא כדרך בני אדם, והנמשל שתיכף אחר שאמרו נעשה ונשמע והיתה בהם אמונה שלימה סרו מהר ועזבו האמונה, וזה מן הפלא איך נהפכו תיכף מן הקצה אל הקצה: **לא בשני ולא בשלישי.** נראה לפרש שני שלישי על הימים, דאם פירושו על הדברות לא היה לו להספיק בזה בין התנאים דלעיל מיניה, ובין רבי מאיר שאחריו, דעסקי בחדא מילתא והוא כמה ימים חטאו, ורבי שמעון בן חלפתא מיירי מענין הדברות, אלא שפירוש בראשון ושני על הימים, ויהיו כל דבריהם על הסדר מענין אחד (יפה תואר): **אף לא יום אחד.** והא דכתיב מי יתן והיה לבבם זה להם כל הימים, פירושו מי יתן והיה זה מה שאמרו בפיהם, בלבבם כל הימים (רי"ף): **בלה' אלהיכם חטאתם.** שהוא תמיהא שחטאו בכבוד ה', רוצה לומר באותו דבור הנאמר בכבוד המקום: **לכבודכם.** כלומר ויש בהם לכבודכם לא תרצח, לא תנאף, לא תגנוב, וכן כולם, פירושו הבאים אחריהם, דהיינו לא תחמוד לא תענה, אבל כבד את אביך ואת אמך הנאמר קודם לא תרצח, לא חשב משום דההוא נמי לכבוד ה', דשלשה שותפים באדם וכשיכובד האב הוי ליה כמכבד את ה', כדאמר בפרק קמא דקדושין (ל, ב): **אלא בשלי.** והא שהרגו לחור, י"ל שלא היתה כוונתם להריגתו אלא לעשות העגל שלא ימחה בידם: **ר' אבהו אמר אחד עשר יום כו'.** דורש מלת אחד בשלשה פירושים, אחד לשון מיוחד (כמו אחד העם), כלומר המיוחד שבעשר דהיינו אנכי שהוא לכבוד ה', והכי קאמר אחד עשר במיוחד שבעשר הדברות שקבלו ביום שהיו בחורב עשו בו כדרך הר שעיר, פירוש כמעשה הר שעיר. פירוש שני לשון אחד היינו שחטאו לשמו שהוא אחד, והכי קאמר אחד עשר, שמי שהוא אחד בתוך עשר הדברות שקבלו ביום שהיו בחורב כנ"ל. פירוש שלישי לשון התחלה, כמו שהאחד תחלת מספר והכי קאמר אחד עשר ראשון שבעשרת הדברות שקבלו כו' כנ"ל: **[ז] היה אומר.** אומר נבואתו של חבירו שעבר, כדי לברר ולאמת נבואת חבירו שהיא אמיתית, כי גם נביא זה מעיד עליה: **ורבי יהושע בן לוי אמר כו'.** רבי יהושע בן לוי פליג על רבי שמעון בן לקיש, דלית ליה לרבי יהושע בן לוי שהנביא היה צריך להזכיר נבואת חבירו, ולפי שאנו מוצאים קצת נבואות שנאמרו מפי שנים,

פירוש מהרז"ו

יום יום ידרושו. על פי מדה י', שני ימים: **(ח) עקשתם את הדרך.** מלשון נפתל ועקש וטעות: **אלא מן הראשון.** מדבור אנכי ה' אלהיך: **אף לא יום אחד.** שכל ישראל ביחד לא היו אפילו יום אחד, וכמו שאמר לעיל פרשה כ"ד סימן א, כספו של מיכה היה עמהם כו': **ויפתוהו בפיהם.** [**וסיפיה דקרא**] ובלשונם יכזבו לו ולבם לא נכון עמו ולא נאמנו בבריתו, היינו ברית סיני, כמו שכתוב (דברים ד, כג) ה' אלהיכם כרת עמכם ברית בחורב. **חטאתם לה' אלהיכם.** שהיה החטא בענין ה' אלקיכם, באלהותו: **לכבודכם לא תרצח וכו'.** פירוש נתתי לכם עשר דברות, ועד לא תרצח הוא לכבודי, אנכי, לא יהיה לך, לא תשא, זכור. ומלא תרצח ולמטה, לכבודכם, שנוהג בין בני אדם: **בשמי שהוא אחד.** אחד יש לו שלש משמעות, אחד ה' אחד, אחד מיוחד, אחד במקום ראשון, וכולל המדרש שלשתם יחד, במיוחד שהוא אחד הוא ראש וראשון לדברות, וכדלעיל שהוא שייך למה שכתוב ודי זהב, ודורש אחד מיוחד, כמו שאמרו חז"ל (יומא לד, א) על מה שכתוב (במדבר כח, ז) כבש אחד, מיוחד, וכמו שכתוב (בראשית כו, י) אחד העם: **כל נביא וכו' של חבירו.** כמו שאמרו (סנהדרין פ"ט, א) הכובש נבואתו לוקה, מאן מתרי ביה חבריו הנביאים שרואים ויודעים נבואתו, אלא שהם לא נשלחו, וזה נשלח. ורבי יהושע בן לוי חולק שאינו נזקק כלל לחבירו לברר נבואתו, ועם כל זה יתכן שאינו חולק על הגמרא שמתרה לחבירו שלא יכבוש נבואתו:

מתנות כהונה

[ח] לא היה לכם לסרוח כו'. כאשר עלתה בדעתכם לחטא. וכי לא היה לכם להמתין עד יום שלישי או יום שני שמא ביום ראשון בתמיה: **בה' אלהיכם חטאתם.** באותו דבור הנאמר בכבוד המקום: **אלא בשלי.** באותו דבור שצויתי בו על אלהותי ואדנותי: **אחד.** פירוש הטוב והמיוחד שבכולם. כמו אחד העם וכל זה בבמדבר [רבה] פרשה ז': **לנבואתו.** הוא נזקק ולא לנבואת חבירו:

אשד הנחלים

יום יום ידרושון גו'. כלומר רק יום יום זהו שני ימים דרשוני אבל אחר כך עזבוני. ודע דהיה לכל אחד בקבלה כמה ימים היו בתמימות, וכל אחד סמך על הפסוק לרמוז את דעתו, אבל לא שהוכיחו מן הפסוקים המדברים מאנשי בית ראשון: **[ח] העקשתם את הדרך על ראשם.** כן צריך לומר. הלשון מוקשה, ואולי פירושו שהעקשתם את הדרך בראשו ובתחלתו, [כמו שמפרש] שזהו דבר שאינו מצוי. והנמשל שתיכף אחר שאמרו נעשה ונשמע, והיתה בהם אמונה שלימה סרו מהר ועזבו האמונה, וזה מן הפלא איך נהפכו תיכף מן הקצה אל הקצה: **אחד עשר כו' במיוחד שבעשרה כו'.** דרש מהעשרה לקחו אחד המובחר וחטאו בו, כי האמונה היא הכוללת את כלם ובנפלם מזה, נפלו כל העשרה ביחד, וזהו דרך רמז לבד. ודרש חטאתם לה' אלהיכם כלומר בציווי אשר אמרתי אנכי ה' אלהיך, דאם לא כן היה לו לומר חטאתם בה': **היה אומר כו' לברר נבואתו.** דעתו שהנביא במדרגת נבואתו מחוייב לידע כל העתידות וכל עניני הסתרים, וא"כ יודע גם כן מה שניבא נביא אחר, ודעת רבי יהושע בן לוי אינו כן כי אם הוא נזקק רק לנבואתו לבד הפרט שנתגלה לו לא ידיעה אחרת, אבל על משה שנבואתו גדולה ונעלה מכל הכל, מודים שכל הנבואות נכללות תחת נבואתו וא"כ היה יודע כל. ואחרי זה מפרש שגם ישראל באותן שתי הדברות זכו למעלת משה לשמוע מפי הקדוש ברוך הוא, מדריגת פנים אל פנים, והם חטאו ואבדו אותם מהר, אתמהא. ודע דהרב המורה כתב זאת השגה אי אפשר לשכחה, וכל מה שהשגה יותר גדולה גם השכחה יותר קשה ואינו בנמצא:

חידושי הרד"ל

[ח] אמר רבי שמעון בן חלפתא עקשתם את הדרך על ראשה. כן נ"ל לומר, מלשון (משלי כב, ה) דרך עיקש, והוא פירוש סרו מהר, שלשון סור מן הדרך הוא לילך דרך עקלתון, (כמו שכתוב בבראשית רבה פרשה נ ד סורו עקמו עלי את הדרך כו'): **במיוחד שבעשרה.** דרש אחד עשר יום מחורב באחד המיוחד מהעשר שצויתכם ביום עמידה בחורב:

באור מהרי"פ

[ח] הקשתם בראשה. פירוש בתחלת הדרך, ונסמכה הדרשה על סרו מהר מן הדרך: **אחד עשר יום במיוחד שבעשרה.** וצריך עיון מה ענין העשרה ימים לעשרת הדברות. ואולי על דרך מאמר חכמינו ז"ל במכות (כג, ב) שלש מאות ששים וחמש לא תעשה כנגד ימות החמה, ופירש רש"י כי כל יום אומר לא יעשה בי לאו פלוני, כי כל יום ויום מיוחד לאחת ממצות ה' אשר לא תעשינה. ואולם הדבר הזה צריך תלמוד, שהרי בעשרת הדברות יש גם כן מצות עשה: **סרו מהר.** מן הדרך אשר צויתים. ועל זה מסיים הדרוש,

אמרי יושר

[ח] ולמה היה אומר דבר חבירו לברר נביאותו. לקיימה ולהתאמת כשאומר דבר נבואה שכבר נתאמתה מאחר שקדם לו. או פירושו לברר ולפרש נבואת חבירו, כי ירמיה ניבא על חורבן הגוים, והוזכר כן בדברי נביאים אחרים, וכיון שאין שני נביאים מתנבאין בסגנון אחד, בהכרח יפורש ויובן יותר דברי הקודש. **רבי יהושע בן לוי** פליג **ואמר לנבואתו** לבד **נזקק** ולא לפרש דברי אחר מה לו, לזה

מסורת המדרש

ח. עיין סנהדרין דף פ"ט:

אם למקרא

וְאוֹתִי יוֹם יוֹם יִדְרֹשׁוּן וְדַעַת דְּרָכַי יֶחְפָּצוּן כְּגוֹי אֲשֶׁר צְדָקָה עָשָׂה וּמִשְׁפַּט אֱלֹהָיו לֹא עָזָב יִשְׁאָלוּנִי מִשְׁפְּטֵי צֶדֶק קִרְבַת אֱלֹהִים יֶחְפָּצוּן: (ישעיה נח:ב)

וַיְפַתּוּהוּ בְּפִיהֶם וּבִלְשׁוֹנָם יְכַזְּבוּ לוֹ: (תהלים עח:לו)

וָאֵרֶא וְהִנֵּה חֲטָאתֶם לַה' אֱלֹהֵיכֶם עֲשִׂיתֶם לָכֶם עֵגֶל מַסֵּכָה סַרְתֶּם מַהֵר מִן הַדֶּרֶךְ אֲשֶׁר צִוָּה ה' אֶתְכֶם: (דברים ט:טז)

לֹא תִרְצָח לֹא תִנְאָף לֹא תִגְנֹב לֹא תַעֲנֶה בְרֵעֲךָ עֵד שָׁקֶר: לֹא תַחְמֹד בֵּית רֵעֶךָ לֹא תַחְמֹד אֵשֶׁת רֵעֶךָ וְעַבְדּוֹ וַאֲמָתוֹ וְשׁוֹרוֹ וַחֲמֹרוֹ וְכֹל אֲשֶׁר לְרֵעֶךָ: (לעיל כ:יג-יד)

אַחַד עָשָׂר יוֹם מֵחֹרֵב דֶּרֶךְ הַר שֵׂעִיר עַד קָדֵשׁ בַּרְנֵעַ: (דברים א:ב)

אָנֹכִי ה' אֱלֹהֶיךָ אֲשֶׁר הוֹצֵאתִיךָ מֵאֶרֶץ מִצְרַיִם מִבֵּית עֲבָדִים: לֹא יִהְיֶה לְךָ אֱלֹהִים אֲחֵרִים עַל פָּנָי: (לעיל כ:ב-ג)

רַבִּי יוֹנָה בְּשֵׁם רַבִּי שְׁמוּאֵל בַּר נַחְמָן אָמַר — **R' Yonah said in the name of R' Shmuel bar Nachman:** כָּל נָבִיא שֶׁהָיָה עוֹמֵד הָיָה אוֹמֵר נְבִיאוּתוֹ שֶׁל חֲבֵירוֹ — **Every prophet who arose** throughout history **would declare the prophecy of his fellow** prophet, besides his own prophecies.[118] וְלָמָּה הָיָה אוֹמֵר דְּבַר חֲבֵירוֹ — **And why** was it that **he would repeat the words of his fellow?** לְבָרֵר נְבִיאוּתוֹ — In order **to verify his** fellow's **prophecy.**[119] וְרַבִּי יְהוֹשֻׁעַ בֶּן לֵוִי אוֹמֵר: לִנְבוּאָתוֹ הוּא נִזְקָק — **But R' Yehoshua ben Levi said: Each prophet was occupied** only **with his own prophecy.**[120]

בִּשְׁמִי שֶׁהוּא אֶחָד — and you have sinned **against My Name, which is One** (אֶחָד),[116] שֶׁהוּא רֹאשׁ לְכָל הַדִּבְּרוֹת, ״אָנֹכִי ה׳ אֱלֹהֶיךָ״ — and you violated the Commandment **which is at the head of all the commandments;** namely, ***I am HASHEM, your God"*** (above, 20:2).[117]

The Midrash addresses the words *that I have commanded them:*

״סָרוּ מַהֵר״ ,דָּבָר אַחֵר — **Another interpretation** of the phrase ***They have strayed quickly*** *from the way that I have commanded them:*

NOTES

Commandments, which the people received on the *day* they stood at *Horeb.* And which one of the Ten was it that they violated? The unique, most significant one (מְיוּחָד) — for the word אֶחָד can have this meaning (as in *Genesis* 26:10) — namely, the first Commandment, which pertains to the belief in God (*Yefeh To'ar, Eitz Yosef*).

116. This is a second explanation of how the word "one" refers to the first Commandment: it is because its subject is the One God.

117. This is yet a third explanation as to how the word "one" refers to the first Commandment: it is because the first Commandment is number one ("the head") on the list.

118. That is, we often find similar prophecies declared by more than one prophet (*Yefeh To'ar*). Indeed the Gemara (*Sanhedrin* 89b) tells us that as a matter of course a single prophetic message reaches several prophets (*Maharzu*).

119. By repeating the prophecy of his fellow he confirms the authenticity of the prophecy by attesting to it (*Yefeh To'ar, Eitz Yosef*).

120. If there was repetition of a prophecy, it was because God saw fit that the second prophet should repeat this message to his own audience at his own time — and not, as R' Shmuel bar Nachman held, for the purpose of verification of the original prophet's words (*Yefeh To'ar, Eitz Yosef*).

חידושי הרד"ל

[ח] **אמר רבי שמעון בן חלפתא עקשתם את הדרך על ראשה.** כן צריך לומר, מלשון (משלי כב, ה) דרך עיקש, והוא פירוש סרו מהר, שלשון סור מן הדרך הוא לילך דרך עקלתון, (כמו שכתוב בבראשית רבה פרשה כ ד סורו עקמו עלי את הדרך כו'): **במיוחד שבעשרה.** דרש אחד עשר יום מחורב באחד המיוחד מהעשר שלויתכם ביום עמידה בחורב:

באור מהרי"פ

[ח] **הקשתם בראשה.** פירוש בתחלת הדרך, ונסמכה הדרשה על סרו מהר מן הדרך: **אחד עשר יום במיוחד שבעשרה.** וצריך עיון מה ענין העשרה ימים לעשרת הדברות. ואולי על דרך מאמר חכמינו ז"ל במכות (כג, ב) שלש מאות ששים וחמש לא תעשה כנגד ימות החמה, ופירש רש"י כי כל יום אומר לא יעשה בי לאו פלוני, כי כל יום ויום מיוחד לאחת ממצות ה' אשר לא תעשינה. ואולם הדבר הזה צריך תלמוד, שהרי בעשרת הדברות יש גם כן מצות עשה: **סרו מהר.** מן הדרך אשר צויתים. ועל זה מסיים הדרוש,

אמרי יושר

[ח] **ולמה היה אומר דבר חבירו לברר נביאותו.** לקיימה ולהתאמת כשאומר דבר נבואה שכבר נתאמתה מאחר שקדם לו. או פירושו לברר ולפרש נבואת חבירו, כי ירמיה ניבא על חורבן הגוים, והוזכר כן בדברי נביאים אחרים, וכיון שאין שני נביאים מתנבאין בסגנון אחד, בהכרח יפורש ויובן יותר דברי הקודם. **רבי יהושע בן לוי** פליג **ואמר לנבואתו** לבד **נזקק** ולא לפרש דברי אחר מה לו, לזה

עץ יוסף

שנאמר ואותי יום יום ידרושון. לעיל מיניה כתיב והגד לעמי פשעם ולבית יעקב חטאתם, ומפרש ליה הכי והגד לעמי פשעם וחטאתם, היינו מה שלא דרשוני אלא יום יום, רוצה לומר שני ימים, ואחר כך פשעו בי, ושני הימים האלה בוודאי הם ימי מתן תורה: (ח) **הקשתם את הדרך על ראשה.** כלומר דדריש מן הדרך דרך ממש, כלומר שסרו ועקמו מן הדרך מהר, כלומר מיד בראשו ובתחלתו (וכמו שנאמר בבראשית רבה פרשה כ' סרו עקמו עלי את הדרך), שטעו כטועה בדרך מהלכו, ואף גם מיהרו לטעות מיד בתחלת הדרך שלא כדרך בני אדם, והנמשל שתיכף אחר שאמרו נעשה ונשמע והיתה בהם אמונה שלימה סרו מהר ועזבו האמונה, וזה מן הפלא איך נהפכו תיכף מן הקצה אל הקצה: **לא בשני ולא בשלישי.** נראה לפרש שני שלישי על הימים, דאם פירושו על הדברות לא היה לו להספיק בזה בין התנאים דלעיל מיניה, ובין רבי מאיר שאחריו, דעסקי בחדא מילתא והוא כמה ימים חטאו, ורבי שמעון בן חלפתא מיירי מענין הדברות, אלא שפירוש בראשון ושני על הימים, ויהיו כל דבריהם על הסדר מענין אחד (יפה תואר): **אף לא יום אחד.** והא דכתיב מי יתן והיה לבבם זה להם כל הימים, פירושו מי יתן והיה זה מה שאמרו בפיהם, בלבבם כל הימים (רי"ף): **בלה' אלהיכם חטאתם.** שהוא תמיהא שחטאו בכבוד ה', רוצה לומר באותו דבור הנאמר בכבוד המקום: **לכבודכם.** כלומר ויש בהם לכבודכם לא תרצח, לא תנאף, לא תגנוב, וכן כולם, פירושו הבאים אחריהם, דהיינו לא תחמוד לא תענה, אבל כבד את אביך ואת אמך הנאמר קודם לא תרצח, לא חשב משום דהוה כמי לכבוד ה', דשלשה שותפים באדם וכשיכובד האב הוי ליה כמכבד את ה', כדאמר בפרק קמא דקדושין (ל, ב): **אלא בשלי.** והא שהרגו לחור, י"ל שלא היתה כוונתם להריגתו אלא לעשות העגל שלא ימחה בידם: **ר' אבהו אמר אחד עשר יום כו'.** דורש מלת אחד בשלשה פירושים, אחד לשון מיוחד (כמו אחד העם), כלומר המיוחד שבעשר דהיינו אנכי שהוא לכבוד ה', והכי קאמר אחד עשר במיוחד שבעשר הדברות שקבלו ביום שהיו בחורב עשו בו כדרך הר שעיר, פירוש כמעשה הר שעיר. פירוש שני לשון אחד היינו שחטאו לשמו שהוא אחד, והכי קאמר אחד עשר, שמי שהוא אחד בתוך עשר הדברות שקבלו ביום שהיו בחורב כנ"ל. פירוש שלישי לשון התחלה, כמו שהאחד תחלת מספר והכי קאמר אחד עשר ראשון שבעשרת הדברות שקבלו כו' כנ"ל: [ז] **היה אומר.** אומר נבואתו של חבירו שעבר, כדי לברר ולאמת נבואת חבירו שהיא אמיתית, כי גם נביא זה מעיד עליה: **ורבי יהושע בן לוי אמר כו'.** רבי יהושע בן לוי פליג על רבי שמעון בן לקיש, דלית ליה לרבי יהושע בן לוי שהנביא היה צריך להזכיר נבואת חבירו, ולפי שאנו מוצאים קצת נבואות שנאמרו מפי שנים,

מדרש

וְרַבִּי יוֹנָה אָמַר טַעְמָא מִפָּסוּק אַחֵר: שֶׁנֶּאֱמַר (ישעיה נח, ב) "וְאוֹתִי יוֹם יוֹם יִדְרֹשׁוּן":

ח דָּבָר אַחֵר, [לב, ח] "סָרוּ מַהֵר", אָמַר רַבִּי שִׁמְעוֹן בֶּן חֲלַפְתָּא: הִקַשְׁתֶּם אֶת הַדֶּרֶךְ עַל *רֹאשׁוֹ, אָדָם שֶׁהוּא יוֹצֵא לַדֶּרֶךְ מְהַלֵּךְ ב' אוֹ ג' מִילִין וְטוֹעֶה בַּשְּׁלִישִׁי, שֶׁמָּא מִן הָרִאשׁוֹן הוּא טוֹעֶה, כָּךְ אָמַר לָהֶם הַקָּדוֹשׁ בָּרוּךְ הוּא: לֹא הָיָה לָכֶם לִסְרוֹחַ לֹא בַּשֵּׁנִי וְלֹא בַּשְּׁלִישִׁי, אֶלָּא מִן הָרִאשׁוֹן, אֶתְמְהָא, רַבִּי מֵאִיר אוֹמֵר: אַף לֹא יוֹם אֶחָד הָיָה, אֶלָּא הָיוּ עוֹמְדִים בְּסִינַי וְאָמְרוּ בְּפִיהֶם [כד, ז] "נַעֲשֶׂה וְנִשְׁמָע" וְלִבָּם הָיָה מְכֻוָּן לַעֲבוֹדָה זָרָה, שֶׁנֶּאֱמַר (תהלים עח, לו) "וַיְפַתּוּהוּ בְּפִיהֶם וְגוֹ'", רַבִּי הוּנָא בְּשֵׁם רַבִּי אִידִי אָמַר: (דברים ט, טז) "וָאֵרֶא וְהִנֵּה חֲטָאתֶם לַה' אֱלֹהֵיכֶם", בְּ"לַה' אֱלֹהֵיכֶם" חֲטָאתֶם, אָמַר הַקָּדוֹשׁ בָּרוּךְ הוּא: עֲשֶׂרֶת הַדִּבְּרוֹת נָתַתִּי לָכֶם לִכְבוֹדְכֶם, (לעיל כ, יג) "לֹא תִרְצָח, לֹא תִנְאָף, *לֹא תִגְנֹב", וְכֵן כּוּלָּם, לֹא הָיָה לָהֶן לַחֲטוֹא אֶלָּא בְּשֶׁלִּי, שֶׁנֶּאֱמַר "וָאֵרֶא וְהִנֵּה חֲטָאתֶם לַה'", אֶתְמְהָא, רַבִּי אֲבָהוּ אָמַר: (דברים א, ב) "אַחַד עָשָׂר יוֹם מֵחֹרֵב", בַּמְיוּחָד שֶׁבַּעֲשָׂרָה חֲטָאתֶם, בִּשְׁמִי, שֶׁהוּא אֶחָד שֶׁהוּא רֹאשׁ לְכָל הַדִּבְּרוֹת, (לעיל כ, ב) "אָנֹכִי ה' אֱלֹהֶיךָ", דָּבָר אַחֵר, [לב, ח] "סָרוּ מַהֵר", רַבִּי יוֹנָה בְּשֵׁם רַבִּי שְׁמוּאֵל בַּר נַחְמָן אָמַר: חכָּל נָבִיא שֶׁהָיָה עוֹמֵד הָיָה אוֹמֵר נְבִיאוּתוֹ שֶׁל חֲבֵירוֹ, וְלָמָּה הָיָה אוֹמֵר דְּבַר חֲבֵירוֹ, לְבָרֵר נְבִיאוּתוֹ, וְרַבִּי יְהוֹשֻׁעַ בֶּן לֵוִי אוֹמֵר: לִנְבוּאָתוֹ הוּא נִזְקָק,

פירוש מהרז"ו

יום יום ידרושו. על פי מדה י', שני ימים: (ח) **עקשתם את הדרך.** מלשון נפתל ועקש וטעות: **אלא מן הראשון.** מדבור אנכי ה' אלהיך: **אף לא יום אחד.** שכל ישראל ביחד לא היו אפילו יום אחד, וכמו שאמר לעיל פרשה כ"ד סימן א, כספו של מיכה היה עמהם כים: **ויפתוהו בפיהם.** [**וסיפיה דקרא**] ובלשונם יכזבו לו ולבם לא נכון עמו ולא נאמנו בבריתו, היינו ברית סיני, כמו שכתוב (דברים ד, כג) ה' אלהיכם כרת עמכם ברית בחורב. **חטאתם לה' אלהיכם.** שהיה החטא בענין ה' אלקיכם, באלהותו: **לכבודכם לא תרצח וכו'.** פירוש נתתי לכם עשר דברות, ועד לא תרצח הוא לכבודי, אנכי, לא יהיה לך, לא תשא, זכור. ומלא תרצח ולמטה, לכבודכם, שנוהג בין בני אדם: **בשמי שהוא אחד.** אחד יש לו שלש משמעות, אחד ה' אחד, אחד מיוחד, אחד במקום ראשון, וכולל המדרש שלשתם יחד, במיוחד שהוא אחד הוא ראש וראשון לדברות, וכדלעיל שהוא שייך למה שכתוב ודי זהב, ודורש אחד מיוחד, כמו שאמרו חז"ל (יומא לד, א) על מה שכתוב (במדבר כח, ז) כבש אחד, מיוחד, וכמו שכתוב (בראשית כו, י) אחד העם: **כל נביא וכו' של חבירו.** כמו שאמרו (סנהדרין פ"ט, א) הכובש נבואתו לוקה, מאן מתרי ביה חבריו הנביאים שרואים ויודעים נבואתו, אלא שהם לא נשתלחו, וזה נשתלח. ורבי יהושע בן לוי חולק שאינו נזקק כלל לחבירו לברר נבואתו, ועם כל זה יתכן שאינו חולק על הגמרא שמתרה לחבירו שלא יכבוש נבואתו:

מתנות כהונה

[ח] **לא היה לכם לסרוח כו'.** כאשר עלתה בדעתכם לחטא. וכי לא היה לכם להמתין עד יום שלישי או יום שני שמא ביום ראשון בתמיה: **בה' אלהיכם חטאתם.** באותו דבור הנאמר בכבוד המקום: **אלא בשלי.** באותו דבור שצויתי בו על אלהותי ואדנותי: **אחד.** פירוש הטוב והמיוחד שבכולם. כמו אחד העם וכל זה בבמדבר [רבה] פרשה ז': **לנבואתו.** הוא נזקק ולא לנבואת חבירו:

אשד הנחלים

יום יום ידרושון גו'. כלומר רק יום יום זהו שני ימים דרשוני אבל אחר כך עזבוני. ודע דהיה לכל אחד בקבלה כמה ימים היו בתמימות, וכל אחד סמך על הפסוק לרמוז את דעתו, אבל לא שהוכיחו מן הפסוקים המדברים מאנשי בית ראשון: [ח] **העקשתם את הדרך על ראשם.** כן צריך לומר. הלשון מוקשה, ואולי פירושו שהעקשתם את הדרך בראשו ובתחלתו, [כמו שמפרש] שזהו דבר שאינו מצוי. והנמשל שתיכף אחר שאמרו נעשה ונשמע, והיתה בהם אמונה שלימה סרו מהר ועזבו האמונה, וזה מן הפלא איך נהפכו תיכף מן הקצה אל הקצה: **אחד עשר כו' במיוחד שבעשרה כו'.** דרש מהעשרה לקחו אחד המובחר וחטאו בו, כי האמונה היא הכוללת את כלם ובנפלם מזה, נפלו כל העשרה ביחד, וזהו דרך רמז לבד. ודרש חטאתם לה' אלהיכם כלומר בציווי אשר אמרתי אנכי ה' אלהיך, דאם לא כן היה לו לומר חטאתם בה': **היה אומר כו' לברר נבואתו.** דעתו שהנביא במדרגת נבואתו מחוייב לידע כל העתידות וכל עניני הסתרים, וא"כ יודע גם כן מה שניבא נביא אחר, ודעת רבי יהושע בן לוי אינו כן כי אם הוא נזקק רק לנבואתו לבד הפרט שנתגלה לו **לא ידיעה אחרת,** אבל על משה שנבואתו גדולה ונעלה מכל הכל, מודים שכל הנבואות נכללות תחת נבואתו וא"כ היה יודע כל. ואחרי זה מפרש שגם ישראל באותן שתי הדברות זכו למעלת משה לשמוע מפי הקדוש ברוך הוא, מדריגת פנים אל פנים, והם חטאו ואבדו אותם מהר, אתמהא. ודע דהרב המורה כתב זאת השגה אי אפשר לשכחה, וכל מה שהשגה יותר גדולה גם השכחה יותר קשה ואינו בנמצא:

מסורת המדרש

ח. עיין סנהדרין דף פ"ט:

אם למקרא

וְאוֹתִי יוֹם יוֹם יִדְרֹשׁוּן וְדַעַת דְּרָכַי יֶחְפָּצוּן כְּגוֹי אֲשֶׁר צְדָקָה עָשָׂה וּמִשְׁפַּט אֱלֹהָיו לֹא עָזָב יִשְׁאָלוּנִי מִשְׁפְּטֵי צֶדֶק קִרְבַת אֱלֹהִים יֶחְפָּצוּן: (ישעיה נח:ב)

וַיְפַתּוּהוּ בְּפִיהֶם וּבִלְשׁוֹנָם יְכַזְּבוּ לוֹ: (תהלים עח:לו)

וָאֵרֶא וְהִנֵּה חֲטָאתֶם לַה' אֱלֹהֵיכֶם עֲשִׂיתֶם לָכֶם עֵגֶל מַסֵּכָה סַרְתֶּם מַהֵר מִן הַדֶּרֶךְ אֲשֶׁר צִוָּה ה' אֶתְכֶם: (דברים ט:טז)

לֹא תִרְצָח לֹא תִנְאָף לֹא תִגְנֹב לֹא תַעֲנֶה בְרֵעֲךָ עֵד שָׁקֶר: לֹא תַחְמֹד בֵּית רֵעֶךָ לֹא תַחְמֹד אֵשֶׁת רֵעֶךָ וְעַבְדּוֹ וַאֲמָתוֹ וְשׁוֹרוֹ וַחֲמֹרוֹ וְכֹל אֲשֶׁר לְרֵעֶךָ: (לעיל כ:יג-יד)

אַחַד עָשָׂר יוֹם מֵחֹרֵב דֶּרֶךְ הַר שֵׂעִיר עַד קָדֵשׁ בַּרְנֵעַ: (דברים א:ב)

אָנֹכִי ה' אֱלֹהֶיךָ אֲשֶׁר הוֹצֵאתִיךָ מֵאֶרֶץ מִצְרַיִם מִבֵּית עֲבָדִים: לֹא יִהְיֶה לְךָ אֱלֹהִים אֲחֵרִים עַל פָּנָי: (לעיל כ:ב-ג)

חוּץ מִמֹּשֶׁה שֶׁאָמַר כָּל דִּבְרֵי הַנְּבִיאִים וְשֶׁלּוֹ — This is all true **with the exception of Moses, who declared all the words of** all **the** other **prophets, besides his own** prophecies,[121] וְכָל שֶׁהָיָה מִתְנַבֵּא מֵעֵין נְבוּאָתוֹ שֶׁל מֹשֶׁה הָיָה — **and** the prophecy of **any** prophet **who ever prophesied** subsequently **was a semblance of** some aspect of **Moses' prophecy.**[122] וְכָל הַדִּבְּרוֹת הוּא אוֹמֵר — **And** besides this **[Moses] declared all of the** Ten **Commandments,** relaying them from God to the people,[123] חוּץ מִשְּׁנַיִם שֶׁהַקָּדוֹשׁ בָּרוּךְ הוּא אֲמָרָן לְיִשְׂרָאֵל מִפִּיו — **except for** the first **two, which the Holy One, blessed is He, communicated to Israel** directly, **with His** own **"mouth,"** as it were — "אָנֹכִי" וְ"לֹא יִהְיֶה לְךָ" — namely, the first Commandment, ***I am HASHEM, your God,*** **and** the second Commandment, ***You shall not recognize the gods of others.*** אָמַר הַקָּדוֹשׁ בָּרוּךְ הוּא: לֹא הָיָה לָכֶם לַחֲטוֹא אֶלָּא בַּמֶּה שֶׁצִּוִּיתִי אֶתְכֶם — **The Holy One, blessed is He,** thus **said** to them, **"Did you have to sin specifically in the commandments regarding which I Myself commanded you** directly?!"[124]

The Midrash illustrates its point with a parable:

אָמַר רַבִּי שִׁמְעוֹן בְּשֵׁם רַבִּי יְהוֹשֻׁעַ בֶּן לֵוִי — **R' Shimon said in the name of R' Yehoshua ben Levi:** מָשָׁל לְמֶלֶךְ שֶׁקִּדֵּשׁ מַטְרוֹנָה בְּב' מַרְגָּלִיּוֹת מִיָּד לְיָד — **This may be compared to a king who betrothed a certain matron with two** precious **pearls,** which he delivered directly **from** his **hand to** her **hand.** וְחָזַר וְשָׁלַח לָהּ עוֹד שְׁמוֹנָה עַל יְדֵי שְׁלוּחוֹ — **Afterward he sent her another eight gems** as a gift **with his messenger.**[125] עִם שֶׁהָיְתָה מְשַׂחֶקֶת עִם אוֹהֲבָהּ — The woman was unfaithful, and **as she was dallying with her lover,** אִבְּדָה אֶת ב' הַמַּרְגָּלִיּוֹת שֶׁנָּתַן לָהּ הַמֶּלֶךְ — **she lost the two gems the king had given her.** כֵּיוָן שֶׁיָּדַע הַמֶּלֶךְ שֶׁאִבְּדָה אוֹתָן טְרָדָהּ מִבֵּיתוֹ — **When the king became aware of this, he banished her from his house.** בָּא לוֹ שׁוֹשְׁבִינָהּ לְפַיֵּיס לַמֶּלֶךְ — After learning of this, **her wedding attendant**[126] **went to the king** in an attempt **to appease him.** אָמַר: אֲדוֹנִי הַמֶּלֶךְ, אֵימָתַי אַתָּה מוֹצֵא מְשׁוּבַּחַת וְנָאָה כְּמוֹתָהּ — **He said, "My master the king, when will you** ever **find someone** else **as praiseworthy and beautiful as she** to marry?" אָמַר הַמֶּלֶךְ: אֵי שָׁמַיִם — But **the king responded, "Woe unto the heavens!**[127] ב' מַרְגָּלִיּוֹת נָתַתִּי לָהּ מִיָּדִי לְיָדָהּ — **I** personally **gave her two pearls, from** my **hand into** her **hand,** וְשָׁלַחְתִּי לָהּ עַל יָדְךָ שְׁמוֹנָה — **and** then **I sent her another eight with you.** לֹא הָיָה לָהּ לְאַבֵּד אֶת שֶׁלְּךָ אוֹ ג' אוֹ אֲפִילוּ כּוּלָּם — **Could she not have lost yours,** i.e., the ones I sent with you, **or** could she not have lost **three** pearls **or even all of them?**[128] אֶלָּא כָּךְ הָיְתָה בּוֹסֶרֶת עָלַי שֶׁאוֹתָן שְׁתֵּי מַרְגָּלִיּוֹת שֶׁנָּתַתִּי לָהּ מִיָּד לְיָד אִיבְּדָה אוֹתָן — **But** in fact **she was so rebellious against me that it was** specifically **those two pearls that I gave her personally** — and those alone — **that she has lost!"**[129] הוּא שֶׁהַקָּדוֹשׁ בָּרוּךְ הוּא אוֹמֵר לְיִרְמְיָה, "כִּי שְׁתַּיִם רָעוֹת עָשָׂה עַמִּי" — And **this is** the meaning of **what the Holy One, blessed is He, said to Jeremiah,** ***For My people has committed two evils*** (*Jeremiah* 2:13). וּשְׁתֵּי רָעוֹת עָשׂוּ לְבַד — **Now, did they committed only two evils?** וִיתֵּר עַל כ"ב — **Did [God] overlook the** other **twenty-two** evils?![130] וּמַהוּ "כִּי שְׁתַּיִם רָעוֹת עָשָׂה עַמִּי" — **What,** then, **is** the meaning of ***My people has committed two evils?*** בְּ"אָנֹכִי" וְ"לֹא יִהְיֶה לְךָ" — Jeremiah was referring **to** the two fundamental Commandments of, ***"I am HASHEM, your God,"*** **and** ***"You shall not recognize the gods of others,"*** which are more severe than all other sins.[131] הֱוֵי "סָרוּ מַהֵר מִן הַדֶּרֶךְ אֲשֶׁר צִוִּיתִם" — **Thus** we have explained the words, ***They have strayed quickly from the way "that I have commanded them."***

□ עָשׂוּ לָהֶם עֵגֶל מַסֵּכָה — ***THEY HAVE MADE THEMSELVES A MOLTEN*** (Heb.: *MASEICHAH*) ***CALF.***

The Midrash discusses the term מַסֵּכָה (*maseichah,* translated here as *molten*):[132]

רַבִּי תַּנְחוּם בַּר חֲנִילַאי אָמַר — **R' Tanchum bar Chanilai said:** קכ"ה קֶנְטֵרִין שֶׁל זָהָב הָיָה בָּעֵגֶל, מִנְיַן מַסֵּכָ"ה — **There were a hundred and twenty-five centenaria**[133] **of gold in the Calf,** corresponding to **the numerical value of the word** מַסֵּכָה, ***molten***; מ' אַרְבָּעִים ס' שִׁשִּׁים כ' עֶשְׂרִים ה' חֲמִשָּׁה — for the value of ***mem*** **is forty,** ***samech*** **is sixty,** ***kaf*** **is twenty, and** ***hei*** **is five,** totaling 125.[134] רַבִּי לֵוִי בְּשֵׁם רַבִּי חָמָא בַּר חֲנִינָא אוֹמֵר — **R' Levi says in the name of R' Chama bar Chanina:** ק"כ קֶנְטֵרִין, מִנְיַן מַסֵּ"ךְ — There were only **a hundred and twenty centenaria** of gold in the Calf, corresponding to **the numerical value of the word** מַסֵּ"ךְ, שֶׁהוּא מַעֲבִיר ה' — **for [R' Levi] disregards the letter** ***hei*** at the end of the word מַסֵּכָה.[135]

NOTES

121. That is, Moses' prophetic revelations subsumed within them all subsequent prophecies throughout history; see Midrash above, 28 §6, for more detail about this concept. See also *Taanis* 9a, where it is taught that all concepts found in the *Tanach* have a basis in the Torah. See also *Shabbos* 104a.

122. Moses was an exception to the rule; the duplication of prophecies in his case was neither for the purpose of verification (according to R' Shmuel bar Nachman) nor for some separate need for these prophecies to be declared in Moses' time (according to R' Yehoshua ben Levi). Rather, the point was so that all prophecy in all times should "descend from" Moses' prophecy and be an offshoot of it.

123. The point of the Midrash is that Moses was the vehicle through which all of God's words, throughout all time, were conveyed to Israel — with the exception of the first two Commandments, which God felt were so fundamental that He communicated them to Israel directly.

124. These are the most fundamental of all the many commandments and prophecies uttered throughout history! Did you have to choose them to violate?! Thus, the Midrash has explained (as stated explicitly below) God's wording to Moses, *They have strayed quickly from the way that "I have commanded them."*

125. As the Midrash indicates below, this messenger happened to be the bride's close friend.

126. A שׁוֹשְׁבִין is a close friend of a bride or groom, who acts on behalf of his friend, especially involving marital issues.

127. An expression denoting great consternation (see *Rosh Hashanah* 19a).

128. If she had to go and lose the two pearls that I gave her, could she not have lost some (or all) of the others as well? That would not have been so bad!

129. Showing how completely she has disregarded my honor (*Eitz Yosef*).

130. There is a list of twenty-four sins that *Ezekiel* (Ch. 22) accuses Israel of committing. Why does Jeremiah ignore twenty-two of them and indict Israel for only two? (*Yefeh To'ar* and *Eitz Yosef,* based on *Rashi* to *Taanis* 5a).

131. Because they were communicated to Israel directly from God, as explained above. Only these two sins are mentioned, then, because of the severity involved in transgressing them.

132. The Midrash shies away from the plain meaning of the word, because the fact that the Calf was molten (as opposed to chiseled or some other form of production) does not seem to be a relevant factor here, that God should make mention of it to Moses as He informed him of the people's sin. The Midrash therefore presents several homiletical interpretations (*Yefeh To'ar, Eitz Yosef*).

133. A centenarium is an extremely large weight, equivalent to 100 *manehs* (approx. 100 pounds) (*Rashi* to *Bava Metzia* 87a s.v. קנטרי; see, however, *Rashi* to *Bechoros* 50a s.v. קינטרין).

134. According to this interpretation it is understood why God mentioned the word מַסֵּכָה as He was telling Moses about the people's sin. He wanted to stress the enormity of the idol and the consequently huge effort that was undertaken to fund it and fashion it (*Yefeh To'ar, Eitz Yosef*).

135. He does not expound the final *hei* because it is a silent letter, not pronounced when speaking (*Yefeh To'ar, Eitz Yosef*) or because it is not part of the root of the word (*Yedei Moshe*).

חוץ מִמֹּשֶׁה שֶׁאָמַר כָּל דִּבְרֵי הַנְּבִיאִים וְשֶׁלּוֹ, וְכָל שֶׁהָיָה מִתְנַבֵּא מֵעֵין נְבוּאָתוֹ שֶׁל מֹשֶׁה הָיָה, וְכָל הַדִּבְּרוֹת הוּא אוֹמֵר, חוּץ מִשְּׁנַיִם שֶׁהַקָּדוֹשׁ בָּרוּךְ הוּא אֲמָרָן לְיִשְׂרָאֵל מִפִּיו, (לעיל כ, ב) "אָנֹכִי" וְ"לֹא יִהְיֶה לְךָ" (שם שם ג), אָמַר הַקָּדוֹשׁ בָּרוּךְ הוּא: לֹא הָיָה לָכֶם לַחֲטוֹא אֶלָּא בַּמֶּה שֶׁצִּוִּיתִי אֶתְכֶם, אָמַר רַבִּי שִׁמְעוֹן בְּשֵׁם רַבִּי יְהוֹשֻׁעַ בֶּן לֵוִי: מָשָׁל לְמֶלֶךְ שֶׁקִּדֵּשׁ מַטְרוֹנָה בְּב' מַרְגָּלִיּוֹת מִיָּד לְיָד, וְחָזַר וְשָׁלַח לָהּ עוֹד שְׁמוֹנֶה עַל יְדֵי שְׁלוּחוֹ, עִם שֶׁהָיְתָה מְשַׂחֶקֶת עִם אוֹהֲבָהּ אִבְּדָה אֶת ב' הַמַּרְגָּלִיּוֹת שֶׁנָּתַן לָהּ הַמֶּלֶךְ, כֵּיוָן שֶׁיָּדַע הַמֶּלֶךְ שֶׁאִבְּדָה אוֹתָן טְרָדָהּ מִבֵּיתוֹ, בָּא לוֹ שׁוֹשְׁבִינָהּ לְפַיֵּס לַמֶּלֶךְ, אָמַר: אֲדוֹנִי הַמֶּלֶךְ, אֵימָתַי אַתָּה מוֹצֵא מְשׁוּבַּחַת וְנָאָה כְּמוֹתָהּ, אָמַר הַמֶּלֶךְ: אֵי שָׁמַיִם, ב' מַרְגָּלִיּוֹת נָתַתִּי לָהּ מִיָּדִי לְיָדָהּ וְשָׁלַחְתִּי לָהּ עַל יָדְךָ שְׁמוֹנֶה, לֹא הָיָה לָהּ לְאַבֵּד אֶת שֶׁלְּךָ אוֹ ג' אוֹ אֲפִילוּ כּוּלָּם, אֶלָּא כָּךְ הָיְתָה בּוֹסֶרֶת עָלַי שֶׁאוֹתָן שְׁתֵּי מַרְגָּלִיּוֹת שֶׁנָּתַתִּי לָהּ מִיָּד לְיָד אִיבְּדָה אוֹתָן, הוּא שֶׁהַקָּדוֹשׁ בָּרוּךְ הוּא אוֹמֵר לְיִרְמְיָה, (ירמיה ב, יג) "כִּי שְׁתַּיִם רָעוֹת עָשָׂה עַמִּי", וּשְׁתֵּי רָעוֹת עָשׂוּ, °לְכָךְ [ט]וִיתֵּר עַל כ"ב, וּמַהוּ "כִּי שְׁתַּיִם רָעוֹת עָשָׂה עַמִּי", בְּ"אָנֹכִי" וְ"לֹא יִהְיֶה לְךָ", הֱוֵי [לב, ח] "סָרוּ מַהֵר מִן הַדֶּרֶךְ אֲשֶׁר צִוִּיתִם". [שם] "עָשׂוּ לָהֶם עֵגֶל מַסֵּכָה", רַבִּי תַּנְחוּם בַּר חֲנִילָאי אָמַר: קכ"ה קֶנְטֵרִין שֶׁל זָהָב הָיָה בָּעֵגֶל, מִנַּיִן מַסֵּכָ"ה, מ' אַרְבָּעִים ס' שִׁשִּׁים כ' עֶשְׂרִים ה' חֲמִשָּׁה, רַבִּי לֵוִי בְּשֵׁם רַבִּי חָמָא בַּר חֲנִינָא אוֹמֵר: ק"ב קֶנְטֵרִין, מִנַּיִן מַסֵּ"ךְ, שֶׁהוּא מַעֲבִיר ה', דָּבָר אַחֵר, אָמַר רַבִּי אַמִּי: מַסֵּכָה רָעָה הִסַּכְתֶּן לַדּוֹרוֹת, מִשְׁתֵּי בִּישְׁתָא אִשְׁתִּיתוּן לְדָרַיָּא,

עץ יוסף

כגון נבואת חורבן מואב חשבון ואלעלא, שנזכר בישעיה וירמיה, להכי קאמר רבי יהושע בן לוי לנבואתו הוא נזקק, כלומר לא להזכיר נבואת חבירו נזקק אלא לנבואת עצמו, שראה ה' שגם הוא ינבא על דבר זה: **חוץ ממשה.** שהתנבא דברי כל הנביאים, אף על פי שלא היה צורך לנבואתו, וזה לפי שכל הנביאים יהיו מתנבאין מעין נבואתו שכולן תלמידיו, ואינן מתנבאין אלא מכחו: **שאמר כל דברי הנביאים ושלו.** היינו מה דגרסינן בפרק קמא דתענית (ט, א) מי איכא מידי דלא רמזה משה באורייתא, וטעמא משום דמאלה המצות ילפינן שאין נביא רשאי לחדש דבר מעתה, כדאיתא פרק קמא דמגילה (ג, א): **וכל הדברות הוא אומר.** והא דכתיב דבר אתה עמנו ונשמעה אחר כל הדברות, מתרץ בחזית פסוק ישקני דאחר שני הדברות היה זה, ואין מוקדם ומאוחר בתורה עיין שם: **אלא במה שצויתי.** והיינו דכתיב אשר צויתם: **אי שמים.** לעקה וקובלנא: **בסרת.** תרגום בזה בסר: **שתי מרגליות.** שנתתי לה מידי לידה איבדה אותן שנראית כמיקל בכבודי שלא נזהרה לשמור מתנתי: **ויתר על עשרים ושנים.** פירוש וכי ויתר ומחל להם הקדוש ברוך הוא על יתר העשרים ושנים עבירות שעשו, והלא עשרים וארבע עברו, והמה מנוין ביחזקאל קאפיטיל י"ז, וכן איתא בפרק קמא דתענית מאי דכתיב כי שתים רעות, תרתי הוא דהוי עשרין ותרתין שביקא להו, ופירש רש"י שם בפסוק התשפוט, עשרים וארבע עבירות שעברו, וכן הוא בויקרא רבה פרשה ל"ג, עשרים וארבע חטאות סדר יחזקאל כו', ועיין בשיר השירים רבה פרשה א' סימן מ' מה שכתבתי שם: **[ח] מנין מסכה.** דבשלמא בקרא קמא דכתיב ויעשו עגל מסכה, אצטריך קרא לאשמועינן איך היה המעשה, אבל מה צורך להזכיר בתרעומות שהיה מתכות או התוך, לכן אמר דרמז לרבוי קנטרין כזה, וזה להגדיל בתרעומות שבזבזו כל כך זהב בחמדתם לעכו"ם: **שהוא מעביר ה"א.** כלומר דלא דריש גימטריא דה"א, וטעמיה דלא למדרש גימטריא אלא באות הנעה ולא בנחה. והמתנות כהונה פירש שהוא מעביר ה"א, מסכה נוטריקון מסך ה', כלומר מסך מעביר חמשה חומשי תורה: **מסכה רעה הסכתן לדורות.** דרש מסכה מן לשון עם המסכת, דמשון (שופטים ט"ז, יג), דהיינו אדרת וכיולא, או דרש מסכה לשון נסך והשקאה, והכוונה שהליטו הלעה רעה, או מכסה רעה, או השקאה רעה לדורות, שלוקין כלם בעון זה כי אין דור שאינו נוטל אונקיא מעון העגל כמו שאמרו ז"ל (סנהדרין קב, א) גבי וביום פקדי פקדתי:

פירוש מהרז"ו

בוסרת. פירושו מבזה, שעל תיבת בזה (במדבר טו, לא), תרגם אונקלוס בסר, ועיין בערוך, גם הוא מלשון אבות אכלו בוסר (ירמיהו לא, כח), שמקהה השניים: **ויתר על עשרים ושתים.** כמו שכתוב בפתיחה כ"א דאיכה רבתי, שחטאו מאל"ף ועד תי"ו, והא"ב עשרים ושתים אותיות, לבד מנצפ"ך. ועיין ויקרא רבה פרשה ל"ג סימן ג, עשרים וארבע חטאות סדר יחזקאל: **מאה עשרים וחמשה קנטרין.** דייק שתיבת מסכה מיותר, דמאי נפקא מינה אם היה מעשה מקשה או מסכה, על כן דורש שתיבת מסכה גימטריא מאה עשרים וחמשה, ולפרש מה שכתוב ודי זהב ולא פירש כמה, וכאן פירש שהיה מאה עשרים וחמשה קנטרין, פירושו ככרין, שאם פירושו שקלים או מנים אין זה ודי, אלא פירושו ככרין הרי הרבה זהב, ככר זהב (שמות כה, לט), תרגום ירושלמי קנטר דדהב, וכמו שכתוב בזוהר: **מנין מסך שהוא מעביר ה"א.** שעל שאות ה"א בתיבת מסכה אינו נרגש במבטא, אין לחשבו. וצריך עיון במאי פליגי, ומי דחקו לזה. על כן נראה לי שכוונתו על פסוק (תהלים עה, ט) כי כוס ביד ה' ויין חמר מלא מסך ויגר מזה אך שמריה ימצו ישתו כל רשעי ארץ, שמדבר בעון העגל, כמו שכתוב בפסוק הקודם, זה ישפיל וזה ירים, כמפורש בויקרא רבה פרשה ח סוף סימן א', וזהו שאתם רבי אמי מסכה רעה מסכתם לדריא, היינו מה שכתוב מלא מסך, משתיתא בישא, כמו שכתוב ימצו ישתו כל רשעי, וכמו שכתוב בעגל וביום פקדי ופקדתי וגו':

מתנות כהונה

וכל שהיה בו'. וכל נביא שהיה מתנבא. והטוב להגיה וכל שהיו מתנבאים: **אלא במה שצויתי אתכם.** בתמיה: **אי שמים.** לעקה וקובלנא בלשון תימה: **בוסרת.** סרבנית וסוררת בוסר לשון קיוהא כבוסר הזה שלא נתבשל כדי צרכו ויינו חמוץ: **מעביר ה'.** מסכה נוטריקון מסך ה"א כלומר מסך המעביר חמשה חומשי תורה: **משתי בישתא בו'.** משתה רעה מסכתם לדורות. ודרש מסכה לשון מסכה יינה. או רצה לומר אריגה רעה ארגתם לדורות ומשתי לשון שתי וערב כמה דאת אמר (שופטים טז, יג) המסכת דשמשון תרגם עם משתיתא:

אשד הנחלים

למלך שגירש בו' אבדה בו'. כלומר כל כך היתה טרודה באהבתה את אוהבה, עד ששכחה מתנת המלך ויקרתו, כן זה הנה ה' ברוך הוא נתן להם מתנה גדולה מדרגת פנים אל פנים, עד שזכו לשמוע מפיו יתברך והיה להם להיות דבוקים בו יתברך ובהשגתו המתגלה להם, אך אהבתם לעגל טרדו לבם לשכוח ולאבד זאת, הבן זה: **ויתר על עשרים ושתים.** מרמז על התורה שניתנה בכ"ב אותיות (ידי משה): **באנכי בו'.** וזהו שתים הראשונות, והם העיקריים שמהם נמשכו אחרי זה כולם, כי בהבטל העיקר נבטל כל, אחר כי נאבדה האמונה בה', אז נכרתה מפיהם כל מעשי המצות כולם, וכמו שאמרו (ספרי במדבר שלח טו, כג הובא ברש"י שם ועיין הוריות ח, א) כל המודה בעבודת כוכבים כופר בכל התורה כולה, וזהו אשר צויתים שאני בעצמי צויתים ששמעו מפי הגבורה: **מאה עשרים וחמשה קנטרון בו'.** אולי היה בזה מספר מכוון לענין מה שהיו מכוונים בזה לעבודת כוכבים, ואולי היה ידוע לחז"ל מענין מעשי הקדמונים בענין זה, וסמכו על מלת מסכה שעולה בגימטריא מספר זה: **מעביר ה'.** פירש המתנות כהונה מעביר חמשה חומשי תורה, ועיין רד"ל: **מסכתן לדורות.** כי חטא העגל נפקד בכל דור כמו שנאמר (להלן לב, לד) וביום פקדי ופקדתי, כי אלולי חטא העגל היו נשלמים אז בכל השלימות האפשרי, ולא היו באים אחר כך לחטא ולעונש, כמו שאמרו חז"ל (לעיל לב, א. ועיין עבודה זרה ה, א) על הפסוק אני אמרתי אלהים אתם גו'. ודרש מסכה מלשון נסך והשקאה, שהשקו כל הדורות בחטאם:

חידושי הרד"ל

ויתר על כ"ב. כדאמרינן פרק קמא דתענית (ו, א) כ"ב שביקין להון, והיינו הסדורים שביחזקאל (וכן הובא בקהלת רבה פרשה א פסוק י"ד, כ"ד חטאות סדר יחזקאל, ועיין בערוך ערך עשר) ודלא כידי משה: **שהוא מעביר ה'.** פירוש רבי לוי אינו חושב ה' של מסכה, שהוא ה"א הנקבה, ועיקר המלה מסך, וכן כתב בידי משה. (ולפירוש המתנות כהונה יש לפרש שהוא מסך מבדיל לפני ה' הוא השם ה' אחרונה משם הויה):

חידושי הרש"ש

[ח] ויתר על עשרים ושתים כו'. זה לשון הגמרא תענית (ה, א) תרתין הוא דהוי עשרין ותרתין (כן הובא הגירסא בעין יעקב) שביקא להו, ופירש רש"י בפרשת התשפוט עשרים וארבע עבירות שעברו עד כאן, וכן הובא לקמן בויקרא רבה פרשה לג ג, עשרים וארבעה חטאות סדר יחזקאל כו', וכן כוונת המדרש כאן. ומלת ויתר הוא מלשון מצינו שויתר הקב"ה על עבודת גלולים כו' ולא ויתר על מאסה של תורה כו' (בריש פתיחתא דאיכה בפסוק מי האיש (סימן ב)), ובויקרא רבה פרשה א ג, שויתר הקב"ה על ידי מעשה העגל ובפרשה כב ו, מצינו שויתר כו' על עבודת גלולים ולא ויתר על חילול השם, ובשיר השירים רבה בפסוק אל תראוני (פרשה א פסוק ו, א) גירסא אחרת, עיין שם:

באור מהרי"פ

לא היה לכם לחטוא אלא במה שצויתי אתכם: נבואתו של חבירו. פירוש, שהנביא היה מתנבא על ענין נבואתו של נביא שהיה אחריו, ומתוך כך נבואתו מתבררת: **על עשרים ושתים.** בתענית (ה, א) פירש רש"י (ד"ה עשרים וארבע) בפרשת התשפוט יש עשרים וארבע עונות שעברו, לישנא אחרינא שעברו על עשרים וארבעה ספרים, [עד כאן לשונו]: **מעביר ה'.** פירוש, שאינו חושב אות ה' בענין התיבה של מסכה, ואולי הטעם מפני שאינה נרגשת במבטא, ודלא כפירוש המתנות כהונה:

מסורת המדרש

ט. עיין ויקרא רבה פרשה ל"ג. קהלת רבה פרשה א' ופרשה ג'. ילקוט יחזקאל רמז שס"ב. ילקוט עמוס רמז תקמ"ו:

אם למקרא

כִּי שְׁתַּיִם רָעוֹת עָשָׂה עַמִּי אֹתִי עָזְבוּ מְקוֹר מַיִם חַיִּים לַחְצֹב לָהֶם בֹּארוֹת בֹּארֹת נִשְׁבָּרִים אֲשֶׁר לֹא יָכִלוּ הַמָּיִם:
(ירמיה ב:יג)

ידי משה

[ח] ויתר על עשרים ושתים. מרמז על כל התורה עברו שהיא עשרים ושתים אותיות: **רבי לוי כו' אומר מאה ועשרים קנטרין של זהב היה בעגל מנין מס"ך שהוא מעביר ה'.** עיין פירוש מתנות כהונה, ונשמט ממנו פירוש המכוון. והכי פירושו, כי מלת שהוא קאי על רבי לוי, שלא דרש אלא מלת מסך שם דבר, אבל אות הה"א לא דרש רבי לוי, כי הה"א היא רק פעולה, לזה אמר שהוא, פירוש רבי לוי מעבר את הה"א ולא דריש אותה, רק עיקר התיבה מלת מסך. ודוק:

אמרי יושר

חוץ ממשה שאמר כל דברי הנביאים ושלו, שהם בסיני עמדו כל הנביאים וקבלו אז נבואתם משה דבר ה' ביד מלאכי: **וכל מי שהיה מתנבא מעין נבואתו של משה היה.** פירוש שהכל בא לאשר ולחזק מצות משה רבנו עליו השלום, זכרו תורת משה עבדי. וכיון המאמר בהקדים זה לומר כי אף שיעברו על צוואות ששמעו מפי משה רע גדול הוא זה, כיון שנתעלה והוא מקור כל הנביאים, כל שכן שעברו על אשר צויתים אני מפי לפיהם: **רבי לוי אמר מאה עשרים קנטרין מנין מסך.** שכן היה בעונות מסך מבדיל וחוצץ גדול בינינו לאלהינו, ופירוש שהוא מעביר חמשה, כי הה"א נוספת, כמו נחלה מצרים (במדבר לד, ה ובאבן עזרא), כי אותיות האמנ"תי באו מיותרות:

דָּבָר אַחֵר – **Another interpretation** of the word מַסֵּכָה: אָמַר רַבִּי אַמִּי – **R' Ami said:** מַסֵּכָה רָעָה הַסַּכְתֶּן לַדּוֹרוֹת – It was as if God were telling them, **"You have created a** ***masechah*** **for** future **generations;**[136] מִשְׁתֵּי בִּישְׁתָא אִישְׁתִּיתוֹן לְדָרַיָּיא – **you have woven an evil web for** future **generations."**[137]

NOTES

136. The Midrash goes on to explain this statement.

137. This is an Aramaic translation of the previous phrase, explaining that "to create a *masechah*" means "to weave a web." This interpretation sees the word מַסֵּכָה as being related to the word מַסֶּכֶת, *a web* or *a weaving rod* (*Judges* 16:13; see also *Shabbos* 73a). By saying that the people "wove a web for future generations," the Midrash means that the sin of the Golden Calf was never completely erased, and all future generations continue to suffer as a result of it, as the Midrash teaches below, in 43 §2 (*Eitz Yosef*).

It should be noted that both the Hebrew word מַסֵּכָה used by the Midrash and its Aramaic translation מִשְׁתִּיתָא can also mean "a mixed drink," so that these lines can also be translated "you have mixed a drink from which all future generations will have to drink" (*Matnos Kehunah, Eitz Yosef*; *Yefeh To'ar* interprets the double language of the Midrash to be referring to both of these meanings). The overall meaning of the metaphor is the same in either case.

חוּץ מִמֹּשֶׁה שֶׁאָמַר כָּל דִּבְרֵי הַנְּבִיאִים וְשֶׁלּוֹ, וְכָל שֶׁהָיָה מִתְנַבֵּא מֵעֵין נְבוּאָתוֹ שֶׁל מֹשֶׁה הָיָה, וְכָל הַדִּבְּרוֹת הוּא אוֹמֵר, חוּץ מִשְּׁנַיִם שֶׁהַקָּדוֹשׁ בָּרוּךְ הוּא אֲמָרָן לְיִשְׂרָאֵל מִפִּיו, (לעיל כ, ב) **"אָנֹכִי" וְ"לֹא יִהְיֶה לְךָ"** (שם שם ג), **אָמַר הַקָּדוֹשׁ בָּרוּךְ הוּא: לֹא הָיָה לָכֶם לַחֲטוֹא אֶלָּא בַּמֶּה שֶׁצִּוִּיתִי אֶתְכֶם, אָמַר רַבִּי שִׁמְעוֹן בְּשֵׁם רַבִּי יְהוֹשֻׁעַ בֶּן לֵוִי: מָשָׁל לְמֶלֶךְ שֶׁקִּדֵּשׁ מַטְרוֹנָה בְּב' מַרְגָּלִיּוֹת מִיָּד לְיָד, וְחָזַר וְשָׁלַח לָהּ עוֹד שְׁמוֹנֶה עַל יְדֵי שְׁלוּחוֹ, עִם שֶׁהָיְתָה מְשַׂחֶקֶת עִם אוֹהַבְהָּ אִבְּדָה אֶת ב' הַמַּרְגָּלִיּוֹת שֶׁנָּתַן לָהּ הַמֶּלֶךְ, כֵּיוָן שֶׁיָּדַע הַמֶּלֶךְ שֶׁאִבְּדָה אוֹתָן טְרָדָהּ מִבֵּיתוֹ, בָּא לוֹ שׁוֹשְׁבִינָהּ לְפַיֵּס לַמֶּלֶךְ, אָמַר: אֲדוֹנִי הַמֶּלֶךְ, אֵימָתַי אַתָּה מוֹצֵא מְשׁוּבַּחַת וְנָאָה כְּמוֹתָהּ, אָמַר הַמֶּלֶךְ: אִי שָׁמַיִם, ב' מַרְגָּלִיּוֹת נָתַתִּי לָהּ מִיָּדִי לְיָדָהּ וְשָׁלַחְתִּי לָהּ עַל יָדְךָ שְׁמוֹנֶה, לֹא הָיָה לָהּ לְאַבֵּד אֶת שֶׁלְּךָ אוֹ ג' אוֹ אֲפִילוּ כּוּלָּם, אֶלָּא כָּךְ הָיְתָה בּוֹסֶרֶת עָלַי שֶׁאוֹתָן שְׁתֵּי מַרְגָּלִיּוֹת שֶׁנָּתַתִּי לָהּ מִיָּד לְיָד אִיבְּדָה אוֹתָן, הוּא שֶׁהַקָּדוֹשׁ בָּרוּךְ הוּא אוֹמֵר לְיִרְמְיָה,** (ירמיה ב, יג) **"כִּי שְׁתַּיִם רָעוֹת עָשָׂה עַמִּי", וּשְׁתֵּי רָעוֹת עָשׂוּ, °לָכָךְ** [ט] **וִיתֵּר עַל כ"ב, וּמַהוּ "כִּי שְׁתַּיִם רָעוֹת עָשָׂה עַמִּי", בְּ"אָנֹכִי" וְ"לֹא יִהְיֶה לְךָ", הֱוֵי** [לב, ח] **"סָרוּ מַהֵר מִן הַדֶּרֶךְ אֲשֶׁר צִוִּיתִם".** [שם] **"עָשׂוּ לָהֶם עֵגֶל מַסֵּכָה", רַבִּי תַּנְחוּם בַּר חֲנִילָאִי אָמַר: קכ"ה קֶנְטֵרִין שֶׁל זָהָב הָיָה בָּעֵגֶל, מִנְיַן מַסֵּכָ"ה, מ' אַרְבָּעִים ס' שִׁשִּׁים כ' עֶשְׂרִים ה' חֲמִשָּׁה, רַבִּי לֵוִי בְּשֵׁם רַבִּי חָמָא בַּר חֲנִינָא אוֹמֵר: ק"ב קֶנְטֵרִין, מִנְיַן מַסֵּ"ךְ, שֶׁהוּא מַעֲבִיר ה', דָּבָר אַחֵר, אָמַר רַבִּי אַמִּי: מַסֵּכָה רָעָה הִסַּכְתֶּן לַדּוֹרוֹת, מִשְׁתֵּי בִּישְׁתָא אִישְׁתִּיתוּן לְדָרַיָּא,**

עץ יוסף

כגון נבואת חורבן מואב חשבון ואלעלא, שנזכר בישעיה וירמיה, להכי קאמר רבי יהושע בן לוי לנבואתו הוא נזקק, כלומר לא להזכיר נבואת חבירו נזקק אלא לנבואת עצמו, שרצה ה' שגם הוא ינבא על דבר זה: **חוץ ממשה.** שהתנבא דברי כל הנביאים, אף על פי שלא היה צורך לנבואתו, וזה לפי שכל הנביאים יהיו מתנבאין מעין נבואתו שכולן תלמידיו, ואינן מתנבאין אלא מכחו: **שאמר כל דברי הנביאים ושלו.** הייני מה דגרסינן בפרק קמא דתענית (ט, א) מי איכא מידי דלא רמזה משה באורייתא, וטעמא משום דמאלה המצות ילפינן שאין נביא רשאי לחדש דבר מעתה, כדאיתא פרק קמא דמגילה (ג, א): **וכל הדברות הוא אומר.** והא דכתיב דבר אתה עמנו ונשמעה אחר כל הדברות, מתרץ בחזית פסוק ישקני דאחר שני הדברות היה זה, ואין מוקדם ומאוחר בתורה עיין שם: **אלא במה שצויתי.** והיינו דכתיב אשר צויתים: **אי שמים.** צעקה וקובלנא: **בסרת.** תרגום בזה בסר: **שתי מרגליות.** שנתתי לה מידי לידה איבדה אותן שנראית כמיקל בכבודי שלא נזהרה לשמור מתנתי: **ויתר על עשרים ושנים.** פירוש וכי ויתר ומחל להם הקדוש ברוך הוא על יתר העשרים ושנים עבירות שעשו, והלא עשרים וארבע עברו, והמה מנוין ביחזקאל קאפיטיל י"ז, וכן איתא בפרק קמא דתענית מאי דכתיב כי שתים רעות, תרתי הוא דהוי עשרין ותרתין שביקא להו, ופירש רש"י שם בפסוק התשפוט, עשרים וארבע עבירות שעברו, וכן הוא בויקרא רבה פרשה ל"ג, עשרים וארבע חטאות סדר יחזקאל כו', ועיין בשיר השירים רבה פרשה א' סימן מ' מה שכתבתי שם: **[ח] מנין מסכה.** דבשלמא בקרא קמא דכתיב ויעשו עגל מסכה, אצטריך קרא לאשמועינן איך היה המעשה, אבל מה צורך להזכיר בתרעומות שהיה מתכות או התוך, לכן אמר דרמז לרבוי קנטרין כזה, וזה להגדיל בתרעומות שבזבזו כל כך זהב בחמדתם לעכו"ם: **שהוא מעביר ה"א.** כלומר דלא דריש גימטריא דה"א, וטעמיה דלא למדרש גימטריא אלא באות הנעה ולא בנחה. והמתנות כהונה פירש שהוא מעביר ה"א, מסכה נוטריקון מסך ה', כלומר מסך מעביר חמשה חומשי תורה: **מסכה רעה הסכתן לדורות.** דרש מסכה מן לשון עם המסכת, דשמשון (שופטים ט"ז, יג), דהיינו אדרת וכיולא, או דרש מסכה לשון נסך והשקאה, והכוונה שהליטו הלעה רעה, או מכסה רעה, או השקאה רעה לדורות, שלוקין כלם בעון זה כי אין דור שאינו נוטל אונקיא מעון העגל כמו שאמרו ז"ל (סנהדרין קב, א) גבי וביום פקדי פקדתי:

פירוש מהרז"ו

בוסרת. פירושו מבזה, שעל תיבת בזה (במדבר טו, לא), תרגם אונקלוס בסר, ועיין בערוך, גם הוא מלשון אבות אכלו בוסר (ירמיהו לא, כח), שמקהה השניים: **ויתר על עשרים ושתים.** כמו שכתוב בפתיחה כ"א דאיכה רבתי, שחטאו מאל"ף ועד תי"ו, והא"ב עשרים ושתים אותיות, לבד מנצפ"ך. ועיין ויקרא רבה פרשה ל"ג סימן ג, עשרים וארבע חטאות סדר יחזקאל: **מאה עשרים וחמשה קנטרין.** דייק שתיבת מסכה מיותר, דמאי נפקא מינה אם היה מעשה מקשה או מסכה, על כן דורש שתיבת מסכה גימטריא מאה עשרים וחמשה, ולפרש מה שכתוב ודי זהב ולא פירש כמה, וכאן פירש שהיה מאה עשרים וחמשה קנטרין, פירושו ככרין, שאם פירושו שקלים או מנים אין זה ודי, אלא פירושו ככרין הרי הרבה זהב, ככר זהב (שמות כה, לט), תרגום ירושלמי קנטר דדהב, וכמו שכתוב בזוהר: **מנין מסך שהוא מעביר ה"א.** שעל שאות ה"א בתיבת מסכה אינו נרגש במבטא, אין לחשבו. וצריך עיון במאי פליגי, ומי דחקו לזה. על כן נראה לי שכוונתו על פסוק (תהלים עה, ט) כי כוס ביד ה' ויין חמר מלא מסך ויגר מזה אך שמריה ימצו ישתו כל רשעי ארץ, שמדבר בעון העגל, כמו שכתוב בפסוק הקודם, זה ישפיל וזה ירים, כמפורש בויקרא רבה פרשה ח סוף סימן א', וזהו שאתם רבי אמי מסכה רעה מסכתם לדריא, היינו מה שכתוב מלא מסך, משתיתא בישא, כמו שכתוב ימצו ישתו כל רשעי, וכמו שכתוב בעגל וביום פקדי ופקדתי וגו':

חידושי הרד"ל

ויתר על כ"ב. כדאמרינן פרק קמא דתענית (ו, א) כ"ב שביקין להון, והיינו הסדורים שביחזקאל (וכן הובא בקהלת רבה פרשה א פסוק י"ד, כ"ד חטאות סדר יחזקאל, ועיין בערוך ערך עשר) ודלא כידי משה: **שהוא מעביר ה'.** פירוש רבי לוי אינו חושב ה' של מסכה, שהוא ה"א הנקבה, ועיקר המלה מסך, וכן כתב בידי משה. (ולפירוש המתנות כהונה יש לפרש שהוא מסך מבדיל לפני ה' הוא השם ה' אחרונה משם הויה):

חידושי הרש"ש

[ח] ויתר על עשרים ושתים כו'. זה לשון הגמרא תענית (ה, א) תרתין הוא דהוי עשרין ותרתין (כן הובא הגירסא בעין יעקב) שביקא להו, ופירש רש"י בפרשת התשפוט עשרים וארבע עבירות שעברו עד כאן, וכן הובא לקמן בויקרא רבה פרשה לג ג, עשרים וארבעה חטאות סדר יחזקאל כו', וכן כוונת המדרש כאן. ומלת ויתר הוא מלשון מלינו שויתר הקב"ה על עבודת גלולים כו' ולא ויתר על מאסה של תורה כו' (בריש פתיחתא דאיכה בפסוק מי האיש (סימן ב)), ובויקרא רבה פרשה א ג, שויתר הקב"ה על ידי מעשה העגל ובפרשה כב ו, מלינו שויתר כו' על עבודת גלולים ולא ויתר על חילול השם, ובשיר השירים רבה בפסוק אל תראוני (פרשה א פסוק ו, א) גירסא אחרת, עיין שם:

באור מהרי"פ

לא היה לכם לחטוא אלא במה שצויתי אתכם: נבואתו של חבירו. פירוש, שהנביא היה מתנבא על ענין נבואתו של נביא שהיה אחריו, ומתוך כך נבואתו מתבררת: **על עשרים ושתים.** בתענית (ה, א) פירש רש"י (ד"ה עשרים וארבע) בפרשת התשפוט יש עשרים וארבע טוות שעברו, לישנא אחרינא שעברו על עשרים וארבעה ספרים, [עד כאן לשונו]: **מעביר ה'.** פירוש, שאינו חושב אות ה' בענין התיבה של מסכה, ואולי הטעם מפני שאינה נרגשת במבטא, ודלא כפירוש המתנות כהונה:

מסורת המדרש

ט. עיין ויקרא רבה פרשה ל"ג. קהלת רבה פרשה א' ופרשה ג'. ילקוט יחזקאל רמז שמ"ב. ילקוט עמוס רמז תקמ"ו:

אם למקרא

כִּי שְׁתַּיִם רָעוֹת עָשָׂה עַמִּי אֹתִי עָזְבוּ מְקוֹר מַיִם חַיִּים לַחְצֹב לָהֶם בֹּארוֹת בֹּארֹת נִשְׁבָּרִים אֲשֶׁר לֹא יָכִלוּ הַמָּיִם:
(ירמיה ב:יג)

ידי משה

[ח] ויתר על עשרים ושתים. מרמז על כל התורה שעברו שהיא עשרים ושתים אותיות: **רבי לוי כו' אומר מאה ועשרים קנטרין של זהב היה בעגל מנין מס"ך שהוא מעביר ה'.** עיין פירוש מתנות כהונה, ונשמט ממנו פירוש המכוון. והכי פירושו, כי מלת שהוא קאי על רבי לוי, שלא דרש אלא מלת מסך שם דבר, אבל אות הה"א לא דרש רבי לוי, כי הה"א היא רק פעולה, לזה אמר שהוא, פירוש רבי לוי מעבר את הה"א ולא דריש אותה, רק עיקר התיבה מלת מסך. ודוק:

אמרי יושר

חוץ ממשה שאמר כל דברי הנביאים ושלו, שגם בסיני עמדו כל הנביאים וקבלו אז נבואתם משא דבר ה' ביד מלאכי: **וכל מי שהיה מתנבא מעין נבואתו של משה היה.** פירוש שהכל בא לאשר ולחזק מצות משה רבנו עליו השלום, זכרו תורת משה עבדי. וכיון המאמר בהקדים זה לומר כי אף שיעברו על צוואות ששמעו מפי משה רע גדול הוא זה, כיון שנתעלה והוא מקור כל הנביאים, כל שכן שעברו על אשר צויתים אני מפי לפיהם: **רבי לוי אמר מאה עשרים קנטרין מנין מסך.** שכן היה בעונות מסך מבדיל וחוצץ גדול בינינו לאלהינו, ופירוש שהוא מעביר חמשה, כי הה"א נוספת, כמו נחלה מצרים (במדבר לד, ה ובאבן עזרא), כי אותיות האמנ"תי באו מיותרות:

מתנות כהונה

וכל שהיה כו'. וכל נביא שהיה מתנבא. והטוב להגיה וכל שהיו מתנבאים: **אלא במה שצויתי אתכם.** בתמיה: **אי שמים.** צעקה וקובלנא בלשון תימה: **בוסרת.** סרבנית וסוררת בוסר לשון קיוהא כבוסר הזה שלא נתבשל כדי צרכו ויינו חמוץ: **מעביר ה'.** מסכה נוטריקון מסך ה"א כלומר מסך המעביר חמשה חומשי תורה: **משתי בישתא כו'.** משתה רעה מסכתם לדורות. ודרש מסכה לשון מסכה יינה. או רצה לומר אריגה רעה ארגתם לדורות ומשתי לשון שתי וערב כמה דאת אמר (שופטים טז, יג) המסכת דשמשון תרגם עם משתיתא:

אשד הנחלים

למלך שגירש כו' אבדה כו'. כלומר כל כך היתה טרודה באהבתה את אוהבה, עד ששכחה מתנת המלך ויקרתו, כן זה הנה ה' ברוך הוא נתן להם מתנה גדולה מדרגת פנים אל פנים, עד שזכו לשמוע מפיו יתברך והיה להם להיות דבוקים בו יתברך ובהשגתו המתגלה להם, אך אהבתם לעגל טרדו לבם לשכוח ולאבד זאת, הבן זה: **ויתר על עשרים ושתים.** מרמז על התורה שניתנה בכ"ב אותיות (ידי משה): **באנכי כו'.** וזהו שתים הראשונות, והם העיקריים שמהם נמשכו אחרי זה כולם, כי בהבטל העיקר נבטל כל, אחר כי נאבדה האמונה בה', אז נכרתה מפיהם כל מעשי המצות כולם, וכמו שאמרו (ספרי במדבר שלח טו, כג הובא ברש"י שם ועיין הוריות ח, א) כל המודה בעבודת כוכבים כופר בכל התורה כולה, וזהו אשר צויתים שאני בעצמי צוויתים ששמעו מפי הגבורה: **מאה עשרים וחמשה קנטרון כו'.** אולי היה בזה מספר מכוון לענין מה שהיו מכוונים בזה לעבודת כוכבים, ואולי היה ידוע לחז"ל מענין מעשי הקדמונים בענין זה, וסמכו על מלת מסכה שעולה בגימטריא מספר זה: **מעביר ה'.** פירש המתנות כהונה מעביר חמשה חומשי תורה, ועיין רד"ל: **מסכתן לדורות.** כי חטא העגל נפקד בכל דור כמו שנאמר (להלן לב, לד) וביום פקדי ופקדתי, כי אלולי חטא העגל היו נשלמים אז בכל השלימות האפשרי, ולא היו באים אחר כך לחטא ולעונש, כמו שאמרו חז"ל (לעיל לב, א. ועיין עבודה זרה ה, א) על הפסוק אני אמרתי אלהים אתם גו'. ודרש מסכה מלשון נסך והשקאה, שהשקו כל הדורות בחטאם:

וְרַבִּי יִצְחָק אָמַר – **And R' Yitzchak said:** לְשׁוֹן סַרְדְיוֹטִין הוּא – The word מַסֵּכָה **is an expression denoting rulership.**[138]

The Midrash presents one last interpretation of מַסֵּכָה:[139]

"מַסֵּכָה" – Another interpretation of the word מַסֵּכָה is that it is a contraction of two words, as follows: אָמַר הַקָּדוֹשׁ בָּרוּךְ הוּא: כָּךְ אֲנִי מְרַפֵּא אוֹתָן **The Holy One, blessed is He, said** to Moses, **"For such** [כֹּה] a thing **can I** ever **'heal'** [מַסִּי] (i.e., forgive) **them?**[140] Surely not!" שֶׁנֶּאֱמַר "עָשׂוּ לָהֶם עֵגֶל מַסֵּכָה" – **Thus it is stated,** ***They have made themselves a calf of maseichah.***

וַיֹּאמֶר ה׳ אֶל מֹשֶׁה רָאִיתִי אֶת הָעָם הַזֶּה וְהִנֵּה עַם קְשֵׁה עֹרֶף הוּא.

HASHEM said to Moses, "I have seen this people, and behold! it is a stiff-necked people" (32:9).

§9 וַיֹּאמֶר ה׳ אֶל מֹשֶׁה רָאִיתִי אֶת הָעָם הַזֶּה וְגוֹ׳ – ***HASHEM SAID TO MOSES, "I HAVE SEEN THIS PEOPLE, AND BEHOLD! IT IS A STIFF-NECKED PEOPLE."***

The Midrash gives a homiletical interpretation of the phrase, *behold, it is a stiff-necked people*:

מַהוּ "וְהִנֵּה עַם קְשֵׁה עֹרֶף הוּא" – **What is the meaning of** the phrase, ***and behold, it is a stiff-necked people?***[141] אָמַר רַבִּי יְהוּדָה בֶּן פּוֹלוֹיָה בְּשֵׁם רַבִּי מֵאִיר – **R' Yehudah ben Poloyah said in the name of R' Meir:** רְאוּיִם הֵן לְהֵעָרֵף – God was saying to Moses, **"They deserve to have their necks broken** for what they have done!"[142]

The Midrash offers a different interpretation of the phrase *it is a stiff-necked people*:

אָמַר רַב יָקִים – **R' Yakim said:** ג׳ חֲצוּפִים הֵם – **There are three** creatures **that are** known for being **brazen** by nature:[143] חָצוּף בַּחַיָּה כֶּלֶב – **The most brazen among animals is the dog;**[144] בָּעוֹף תַּרְנְגוֹל – the most brazen **among birds is the rooster;**[145] וּבְאוּמּוֹת יִשְׂרָאֵל – **and** the most brazen **among the nations is Israel.**[146]

אָמַר רַבִּי יִצְחָק בַּר רְדִיפָא בְּשֵׁם רַבִּי אַמִּי – **R' Yitzchak bar Redifa said in the name of R' Ami:** אַתָּה סָבוּר שֶׁהוּא לִגְנַאי, וְאֵינוֹ אֶלָּא לְשִׁבְחָן – Now, **you may think that this** statement, i.e., that Israel is the most brazen among all the nations, **is meant disparagingly** toward them,[147] **but actually it is** said **in praise of them;** אוֹ יְהוּדִי אוֹ צָלוּב – for in times of persecution they declare, **"Either** I will remain **a** faithful **Jew or I am** prepared to be **hanged!"**[148] אָמַר רַבִּי אָבִין – **R' Avin said:** עַד עַכְשָׁיו קוֹרִין אֶת יִשְׂרָאֵל בְּחוּצָה לָאָרֶץ הָאוּמָּה שֶׁל קְשֵׁה עוֹרֶף – **In the Diaspora, until this very day, [the non-Jews] call** the people of **Israel "the stiff-necked people."**[149] אָמַר רַב נַחְמָן: תֵּדַע לְךָ שֶׁהֵם קָשִׁים – **R' Nachman said: You may know** for a fact **that they are stiff necked,** כְּשֶׁבָּא הַקָּדוֹשׁ בָּרוּךְ הוּא לִיתֵּן לָהֶם אֶת הַתּוֹרָה מַה כְּתִיב בָּהֶם – for **when the Holy One, blessed is He, came to give them the Torah, what is written of them?** "וַיְהִי בַיּוֹם הַשְּׁלִישִׁי בִּהְיֹת הַבֹּקֶר וַיְהִי קֹלֹת וּבְרָקִים וְגוֹ׳" – ***On the third day when it was morning, there was thunder and lightning*** *and a heavy cloud on the mountain, and the sound of the shofar was very powerful etc.* (above, 19:16). אָמַר הַקָּדוֹשׁ בָּרוּךְ הוּא: אַרְאֶה לָהֶם כָּל נִסַּי וּלְוַאי לֶיהֱנֵי – There should have been no need for so much fanfare.[150] But **the Holy One, blessed is He,** being aware of the stiff-neckedness of Israel, **said** to Himself, **"I will show them all My miracles**[151] (thunder, lightning, shofar, and so on) **would that this will** somehow **be effective,**[152] and they will not turn to idolatry."[153] "וְהִנֵּה עַם קְשֵׁה עֹרֶף הוּא" – And thus Scripture tells us, ***behold! it is a stiff-necked people.***

וְעַתָּה הַנִּיחָה לִּי וְיִחַר אַפִּי בָהֶם וַאֲכַלֵּם וְאֶעֱשֶׂה אוֹתְךָ לְגוֹי גָּדוֹל.

And now, desist from Me. Let My anger flare up against them and I shall annihilate them; and I shall make you a great nation (32:10).

□ וְעַתָּה הַנִּיחָה לִּי וְיִחַר אַפִּי בָהֶם וַאֲכַלֵּם – ***AND NOW, DESIST FROM ME. LET MY ANGER FLARE UP AGAINST THEM AND I SHALL ANNIHILATE THEM.***

The Midrash discusses the implication of the words, *desist from Me* (lit., *release Me*, or *leave Me alone*):

וְכִי מֹשֶׁה הָיָה תּוֹפֵשׂ בְּהַקָּדוֹשׁ בָּרוּךְ הוּא שֶׁהוּא אוֹמֵר "הַנִּיחָה לִּי" – **Now, was Moses holding on to the Holy One, blessed is He, that God should have said, *"Release Me"*?** Of course not! אֶלָּא לְמָה הַדָּבָר דּוֹמֶה – **Rather, to what can this be compared?**

NOTES

138. R' Yitzchak interprets מַסֵּכָה as meaning "a position of rulership," as in *Isaiah* 30:1. The phase עֵגֶל מַסֵּכָה, then, means that they made "a calf to rule over them" (*Yefeh To'ar*; cf. *Matnos Kehunah* and *Eitz Yosef*).

139. *Yefeh To'ar*; according to *Matnos Kehunah* this line belongs together with the previous interpretation.

140. The word מַסֵּכָה is understood as an amalgam of the two words מַסִּי, כֹּה, meaning "heal for this." Accordingly, when God told Moses that the people had made a calf of *masechah*, He meant, "They have made a calf idol; can I possibly forgive them for this?!" (*Yefeh To'ar*).

141. Of course the plain meaning of the expression "stiff-necked" is *stubborn*. The reason the Midrash veers from the plain meaning of "stiff-necked" here is that, in light of the tremendous perfidy of the people in worshiping an idol right at the foot of Mount Sinai, the criticism that they are "stubborn" seems to be greatly understated. The Midrash therefore seeks a homiletical meaning for the expression here (*Yefeh To'ar*).

142. R' Meir renders the expression וְהִנֵּה עַם קְשֵׁה עֹרֶף הוּא as "behold, they are a difficult people [עַם קָשֶׁה], and deserve to be broken necked [עָרוּף]" (*Yefeh To'ar, Eitz Yosef*).

143. That is, they are persistent and unyielding in the face of resistance (*Yefeh To'ar, Eitz Yosef*).

144. The stubborn persistence of the dog expresses itself in that even after it has been driven away it [doggedly] returns again and again (*Yefeh To'ar, Eitz Yosef*).

145. The rooster will also return after been chased away (ibid.).

146. As the Midrash will shortly elaborate.

147. I.e., that they are unreasonable people to deal with.

148. Unlike the dog and the rooster, they are persistent and unyielding in a good sense; they tenaciously refuse to give up their devotion to the Torah even on pain of death. In fact it was because of this very trait that God chose them to receive His Torah, which requires a great deal of persistence, especially in the face of adversity. According to this interpretation, God was telling Moses, "I saw this people (רָאִיתִי אֶת הָעָם הַזֶּה), that they were stiff necked (וְהִנֵּה עַם קְשֵׁה עֹרֶף הוּא), and that is why I gave them the Torah. However, in this case their positive trait of tenaciousness failed them, for *They have strayed quickly from the way that I have commanded them*" (*Yefeh To'ar, Eitz Yosef, Yedei Moshe;* see *Eshed HaNechalim*).

149. Because they refuse to assimilate (*Eitz Yosef*). This, then, proves the Midrash's earlier contention that being *a stiff-necked people* is a praiseworthy attribute (*Yefeh To'ar*).

150. For *The words of the wise are heard when spoken softly* (*Ecclesiastes* 9:17). And since the people had recently witnessed all the miracles of the Exodus and the Sea, they should not have required any other "sign" that it was God Who was giving the Torah to them (*Yefeh To'ar*).

151. For this was no ordinary thunder and lightning, but rather a spectacular display of varied sounds and brilliant flashes of light, as described in *Mechilta* to 19:16 (*Eitz Yosef*).

152. In convincing them that I am the One giving the Torah and that they should be faithful to Me.

153. Had the people not been so stubborn by nature, it would not have been necessary for God to expend so much "effort" in impressing them.

וְרַבִּי יִצְחָק אָמַר: לְשׁוֹן סַרְדְּיוֹטִין הוּא "מַסֵּכָה", אָמַר הַקָּדוֹשׁ בָּרוּךְ הוּא: כָּךְ אֲנִי מְרַפֵּא אוֹתָן, שֶׁנֶּאֱמַר [לב, ח] "עָשׂוּ לָהֶם עֵגֶל מַסֵּכָה":

ט [לב, ט] "וַיֹּאמֶר ה' אֶל מֹשֶׁה רָאִיתִי אֶת הָעָם הַזֶּה וְגוֹ'", מַהוּ [שם] "וְהִנֵּה עַם קְשֵׁה עֹרֶף הוּא", אָמַר רַבִּי יְהוּדָה בֶּן פּוֹלוֹיָה בְּשֵׁם רַבִּי מֵאִיר: רְאוּיִם הֵן לְהֵעָרֵף, אָמַר רַב יָקִים: ג' חֲצוּפִים הֵם, חָצוּף בַּחַיָּה כֶּלֶב, בָּעוֹף תַּרְנְגוֹל, וּבָאוּמּוֹת יִשְׂרָאֵל, אָמַר רַבִּי יִצְחָק בַּר רְדִיפָא בְּשֵׁם רַבִּי אַמִּי: אַתָּה סָבוּר שֶׁהוּא לִגְנַאי, וְאֵינוֹ אֶלָּא לְשִׁבְחָן, אוֹ יְהוּדִי אוֹ צָלוּב, אָמַר רַבִּי אָבִין: עַד עַכְשָׁיו קוֹרִין אֶת יִשְׂרָאֵל בְּחוּצָה לָאָרֶץ הָאוּמָּה שֶׁל קְשֵׁה עוֹרֶף, אָמַר רַב נַחְמָן: תֵּדַע לְךָ שֶׁהֵם קָשִׁים, כְּשֶׁבָּא הַקָּדוֹשׁ בָּרוּךְ הוּא לִיתֵּן לָהֶם אֶת הַתּוֹרָה מַה כְּתִיב בָּהֶם, (לעיל יט, טז) "וַיְהִי בַיּוֹם הַשְּׁלִישִׁי בִּהְיֹת הַבֹּקֶר°", אָמַר הַקָּדוֹשׁ בָּרוּךְ הוּא: אַרְאֶה לָהֶם כָּל נִסַּי וְלְוַאי לֶיהֱנֵי, [לב, ט] "וְהִנֵּה עַם קְשֵׁה עֹרֶף הוּא". [שם] "וְעַתָּה הַנִּיחָה לִּי וְיִחַר אַפִּי בָהֶם וַאֲכַלֵּם", יאוְכִי מֹשֶׁה הָיָה תּוֹפֵשׂ בְּהַקָּדוֹשׁ בָּרוּךְ הוּא שֶׁהוּא אוֹמֵר "הַנִּיחָה לִּי", אֶלָּא לְמָה הַדָּבָר דּוֹמֶה, לְמֶלֶךְ שֶׁכָּעַס עַל בְּנוֹ וְהִכְנִיסוֹ לְקִיטוֹן וּמַתְחִיל לְבַקֵּשׁ לְהַכּוֹתוֹ, וְהָיָה הַמֶּלֶךְ מְצַעֵק מִן הַקִּיטוֹן "הַנִּיחָה לִי שֶׁאַכֶּנּוּ", וְהָיָה פַּדְגּוֹג עוֹמֵד בַּחוּץ, אָמַר הַפַּדְגּוֹג: הַמֶּלֶךְ וּבְנוֹ לִפְנִים בַּקִּיטוֹן, לָמָּה הוּא אוֹמֵר הַנִּיחָה לִי, אֶלָּא מִפְּנֵי שֶׁהַמֶּלֶךְ מְבַקֵּשׁ שֶׁאֵלֵךְ וַאֲפַיְּסֶנּוּ עַל בְּנוֹ, לְכָךְ הוּא מְצַעֵק הַנִּיחָה לִי, כָּךְ אָמַר הַקָּדוֹשׁ בָּרוּךְ הוּא לְמֹשֶׁה: "וְעַתָּה הַנִּיחָה לִּי", אָמַר מֹשֶׁה, מִפְּנֵי שֶׁהַקָּדוֹשׁ בָּרוּךְ הוּא רוֹצֶה שֶׁאֲפַיֵּיס עַל יִשְׂרָאֵל, לְפִיכָךְ הוּא אוֹמֵר "וְעַתָּה הַנִּיחָה לִּי", מִיָּד הִתְחִיל לְבַקֵּשׁ עֲלֵיהֶם רַחֲמִים, הֱוֵי [לב, יא] "וַיְחַל מֹשֶׁה אֶת פְּנֵי ה' אֱלֹהָיו":

עץ יוסף

לשון סרדיוטין הוא. סרדיוט הוא מנהיג ומושל, והוא נוטריקון שר ההדיוטים, ורוצה לומר מסכה הוא לשון מנהיג ומושל, כמו נסיכי מדין, שהמה לא רצו העגל לאלוה אמת רק למנהיג ומושל, כמו שפרשו המפרשים: **מסכה אמר הקדוש ברוך הוא כך אני מרפא אותן כו'.** רומז לפרה אדומה, כמבואר ברש"י (במדבר כ, כב) ויקחו אליך, משלהם, כשם שהם פרקו נזמי זהב לעגל משלהם, כך יביאו זו לכפרה משלהם, פרה אדומה משל לבן שפחה שטנף פלטין של מלך, אמרו תבא אמו ותקנח הצואה, כך תבא פרה ותכפר על העגל, ועיין שם ברש"י פירוש כל הפרשה זו באופן זה. וזה שאמר מסכה אמר הקדוש ברוך הוא כך אני מרפא אותן שנאמר כו' כלומר מסי כה, ומסי הוא לשון רפואה, כה פירוש כך או פה, והיינו כלומר כעגל הזה, כן יהיה רפואתם בה והיא הפרה האדומה: (ט) **מהו והנה עם קשה עורף הוא.** דריש ראוים להערף, וכאילו קאמר לפי שהוא קשה ורע ראוי להערף: **שלשה חצופים הם.** פירוש שהם עזי פנים ולא יתבוששו מעשות רצונם, וכן הכלב בחיות, הוא חצוף מכולם שמגרשים אותו וחוזר, וכן התרנגול, ובמסכת ביצה (כה, ב) חשיב עז בבהמה דקה, נלף באילנות: **אתה סבור שהוא לגנאי.** פירוש אתה סבור שמה שאמר ובאומות ישראל שהוא לגנאי, אינו אלא לשבחן, דהשתא דקיבלו עלייהו דברי תורה הם חצופים ולא ישובו מפני כל שמוסרין עצמן למיתה על קידוש השם, שאומרים או להיות יהודי או להיות נצלב על קידוש השם יתברך, והכי קאמר ראיתי את העם הזה שהוא טוב לי לתת להם תורה מפני שהם קשה עורף, ולא ישובו ממנה אחר שיקבלו אותה, ועתה אינו כן כי סרו מהר ולא היו קשה עורף לטובה: **קורין את ישראל.** לפי שאינן נשמעים להם, הרי שקשה עורף נאמר על דבוקם בתורתם: **מה כתיב בהם.** ואלמלא שהם קשים לא היה ראוי לכל זה, דדברי חכמים בנחת נשמעים ולא בקולות וברקים, אלא על ידי שהם קשים לקבל: **ולואי ליהני.** מי יתן ויועיל שלא ישובו לכסלה, מה שאמר על הקול אראה להם כל ניסי, משום שבקול היה כמה נסים, כדאיתא במדרש שם בסדר יתרו, ובמכילתא עיין שם: [י] **וכי משה תופס בהקדוש ברוך הוא.** שיכריחנו בתפלתו להעתר לו: **למלך שכעס על בנו.** שמתחלה אמר הקדוש ברוך הוא לך רד ודחה אותו מחוץ למחנה שכינה, ואחר כך אומר ועתה הניחה לי, כדי שירגיש משה, אני מחוץ לקיטון והוא בתוך הקיטון, והוא אומר הניחה לי וכי תופס אני בו, אלא רמוזי קמרמז לי מפני שרוצה שאפייס על ישראל: **לקיטון.** פירוש לחדר, החדרה (בראשית מג, ל) תרגם יונתן לקיטונא: **ומתחיל לבקש להכותו.** כלומר עושה עצמו כמבקש להכותו: **פדגוג.** אומן המגדל בני המלך, כאשר ישא האומן (במדבר יא, יב), תרגום יונתן פדגוגא: **כך אמר הקדוש ברוך הוא למשה ועתה הניחה לי.** שמפני מדת הדין שמקטרגת, רצה ה' שיפייסנו משה כדי לתלות הצלת ישראל בזכותו וזכות האבות שיזכיר: **מיד התחיל.** מפרש ויחל לשון התחלה, כי עד עתה לא נתן לבו להתפלל עליהם, שחשב כי לא יעתר להם בעידן ריתחא:

פירוש מהרז"ו

סרדיוטין. עיין מתנות כהונה. ומה שאמר כך אני מרפא אותן, פירוש שאופן רפואתן יהיה תחת שרים ומלאכים, כנ"ל לעיל פרשה ל"ב, וכן משועבדים בגלות: (ט) **ראוין הן להערף.** כמו שכתוב פרשה זו סימן ה, ולשיטתיה אזיל: **שלשה חצופים.** ביצה (כ"ה ב') שלשה עזים הם: **בהיות הבוקר.** ויהי קולות וברקים, עד שאמרו אם יוספים אנחנו לשמוע עוד ומתנו: **וכי משה היה תופש.** עיין ברכות (ל"ב א'), דברים רבה פרשה ג בסימן ט"ו, ובזוהר תשא: **מיד ויחל משה.** וקודם לכן לא היה יכול להתפלל, וכמו שאמר לעיל פרשה זו בסימן ג':

מתנות כהונה

לשון סרדיוטין הוא כו'. סרדיוט הוא מנהיג ומושל בכל מקום והוא נוטריקון שר ההדיוטים ורצה לומר מסכה הוא לשון מנהיג ומושל כמו נסיכי מדין. והמה לא רצו העגל לאלוה אמת רק למנהיג ומושל כמו שכתבו המפרשים הקדמונים ז"ל ובזה היה מרפא אותם וחס עליהם: [ט] **שלשה חצופין.** במסכת ביצה פרק (יום טוב) [אין לדין] (כה, ב) מוסיף עוד יש אומרים עז בבהמה דקה ויש אומרים אף נלף באילנות: **או יהודי כו'.** הוא עז כנמר ומוסר נפשו למיתה על קידוש השם יתברך: **ולואי ליהני.** מי יתן ויועיל שלא ישובו לכסלה הרי שהיו בחזקת קשים לפניו: **ומתחיל לבקש** גרסינן: **הקיטון.** חדר קטון: **פדגוג.** אומן המגדל בני המלך: הכי גרסינן **כך אמר הקדוש ברוך הוא למשה:**

אשד הנחלים

סרדיוטין כו' אני מרפא כו'. הידי משה גרס כך אני עורפן, כדלהלן (סימן ט) שאמר ראוים להערף, והוא נכון. ולדעת המתנות כהונה מלשון רפואה, צריך לומר מרפא (באל"ף), ודעתו שלא היו עובדין לעגל ממש, כי אם עשאו למנהיג ומושל ואמצעי, וזאת היתה רפואתן, כי לא חטאו חס ושלום בעיקר, שאז היו נאבדין בלי רפואה, אך הוא דחוק. והנראה עוד דהונח על מי שנמסה ונכפה מאד כדבר הנמסה, וזהו עשו להם שגרמו להם להמסה כמסכה: [ט] **להערף כו'.** הונח תמיד זאת בלשון חז"ל על מיתה ומכה רעה מאד, כמו שאמרו (פסחים מט, ב) מותר לקרוע כדג ומגבו, וזהו המכה בכעס לייסרו ביסורים, וכל זה בא על מי שמקשה ערפו מבלי ישמע הטוב לו, אז מענשין אותו ככה, ולכן דרשו אחרי שהם קשה עורף ראוים הם להערף: **שלשה חצופים.** זהו גדר אבירת הלב שאינו נכנע להזולת, והמעלה שבו אם הוא הולך בדרך טוב, לא במהרה יפול מאת המסיתים ומפתים, וזהו **או יהודי כו'**, אך חס ושלום כשהם רעים הם גם כן ככה. והנה פירוש הכתוב ראיתי את העם, כלומר התבוננתי עליהם והנה יש בהם מעלה וחסרון יחד במה שהם קשי עורף, ולכן כתיב לשון ראיה דהונח על ההתבוננות על להבא, לא על דבר נראה לחוש בעת הזאת, ולכן כתיב ועתה הניחה, אף שהיא מעלה בעת אחרת, אך עתה היא רעה מאד, הניחה לי לכלותם: **ישראל בחוצה לארץ.** שאומרים עליהם שאנשי ארץ ישראל בטבען הם עזים, ואנחנו מולדתנו משם: **הלואי ליהני.** כלומר שיועיל שיכנס בלבם: **המלך ובנו לפנים.** והנמשל כי מי הוא שיכול למחות בה' ברוך הוא לעשות בהם מה שירצה, כי הוא מחייה ומקיימם ויכול להפסידם, כי הוא בפנים, כלומר תוכן חיותם והם בידו תמיד כעומדים פנימה, ואם כן מוכרח שרוצה שיבקש רחמים עליהם, ולכן חילה פניו יתברך מיד:

חידושי הרד"ל

כך אני מרפא אותן. עיין ידי משה. ואפשר צריך לומר, כך אני משפה את דמן, רצה לומר דדרש מעשו להם מסכה שיסך וישפך דמן, כמה דאת אמר (תהלים ע"ז) נסכיהם מדם, וזה שאמר לשון אסטרדיטין, ההורגים ושופכים דם (ולשון משפה הוא מצוי בש"ס על אומן המקיז דם): [ט] **בהיות הבוקר ויהו קולות וברקים וגו' וקול שופר חזק מאד אמר הקדוש ברוך הוא אראה כו'.** כן צריך לומר. ורצה לומר שמתחלה ראה הקב"ה שהן קשה עורף, ולכן הראה להם את כל אלה למען תהא יראתו על פניהם לבל יחטאו. (ולשון כל נסי אפשר פירושו אותות, כמו לעיל פרשה ט ז, (אסתר רבה ב, א) ששה נסים הים מראה להם. או אפשר פירושו כמו שכתוב למען נסות אתכם בא האלהים ובעבור תהיה יראתו וגו'): **למה הדבר דומה למלך שכעס כו'.** ברכות (לב, א):

חידושי הרש"ש

[ט] **אמר משה מפני שהקדוש ברוך הוא רוצה שאפייס כו' לפיכך הוא אומר ועתה הניחה לי.** וכן הובא לקמן במדרש פרשת עקב (פרשה ג טו), ומכאן לקח רש"י בחומש לפרש בזה הפסוק שפתח לו פתח כו', ובאנס גמגם עליו המהרש"א בחדושי אגדות ברכות (לב, א) מהגמרא דשם ודרשו בזה מלמד שתפסו משה כו', עיין שם. ובריש פרק ואתחנן מביא רש"י (דברים ג, כד) גם כן על זה פסוק דועתה הניחה לי ופירושו דשם לקוח מספרי, ולפנינו בספרי איתא פסוק דהרף כו' כבגמרא ברכות שם, ולקמן סוף פרשה מד (סוף סימן ט), ועל כן צריך לומר דלפני רש"י היה הגירסא בספרי גם כן קרא דועתה גו':

מסורת המדרש

י. ביצה דף כ"ה:
יא. ברכות דף ל"ב. דברים רבה פרשה ג'. ילקוט כאן רמז שנ"ב:

אם למקרא

וַיְהִי בַיּוֹם הַשְּׁלִישִׁי בִּהְיֹת הַבֹּקֶר וַיְהִי קֹלֹת וּבְרָקִים וְעָנָן כָּבֵד עַל הָהָר וְקֹל שֹׁפָר חָזָק מְאֹד וַיֶּחֱרַד כָּל הָעָם אֲשֶׁר בַּמַּחֲנֶה: (לעיל יט:טז)

ידי משה

לשון סרדיוטין הוא מסכה אמר הקדוש ברוך הוא כך אני עורפן שנאמר עשו להם עגל מסכה והנה עם קשה עורף ראוים הם לעורפן כן צריך לומר. ודלא כפירוש מתנות כהונה. וסרדיוטין הוא פירוש תליין ההורג חייבי מיתות במיתות משונות כגון עריפה: [ט] **או יהודי או צלוב.** פירוש, בשעת גזירות השמד נותנין הברירה ליהודי, או יהודי ואצלוב אותך על העץ, והוא נותן נפשו ואינו רוצה להמיר דתו, נמצא קשה עורף לשבח:

אמרי יושר

כך אני מרפא אותן שנאמר עשו להם עגל. נראה שהוא לשון ריתוך ורפיון, כן יהו מתמוטטין בכל דור אוקיא מעון העגל (לקמן מח, ג): [ט] **ולואי ליהני.** ראיתי והנה עם כל זאת וכל מה שהראיתי להם הם קשה עורף:

באור מהרי"פ

אישתיתן לדריא. כמבואר לקמן בסמוך (פרשה מג, ב), אין דור ודור שאין נוטלין אוקיא ממעשה עגל: **סרדיוט.** המעריך (ערך סרדיוט) פירש [שהוא בלשון רומי] איש מלחמה, והוא שם הכולל [לכל יוצאים לצבא, בין] לרגלי או לפרשים, וכן פירש רבי בנימין מוספיא (ערך סרדיוט), ואמר שלשון יוני הוא: **להם עגל מסכה.** פירוש, מלת להם דייקא, שלא עשו אותו רק למנהיג ולתועלתם. תולדות נח הארוך: [ט] **בהיות הבוקר.** ויהי קולות וברקים וגו'. ופירושו, שהראה להם כמה נסים ונפלאות כדי שיאמינו לפי שידע שהם קשים:

לְמֶלֶךְ שֶׁכָּעַס עַל בְּנוֹ – To a mortal **king who became enraged at his son** for some wrongdoing, **וְהִכְנִיסוֹ לְקִיטוֹן וּמַתְחִיל לְבַקֵּשׁ לְהַכּוֹתוֹ – and he took him into an inner room and began to seek to strike him** in anger. **וְהָיָה הַמֶּלֶךְ מְצַעֵק מִן הַקִּיטוֹן "הַנִּיחָה לִי שֶׁאַכֶּנּוּ" – And** while doing so **the king shouted out from within the room, "Leave me alone, so that I may strike him!"** **וְהָיָה פַּדְגוֹג עוֹמֵד בַּחוּץ – Now, the** child's **caretaker was standing outside** the room, and he heard the king calling out these words. **אָמַר הַפַּדְגוֹג: הַמֶּלֶךְ וּבְנוֹ לִפְנִים בְּקִיטוֹן, לָמָּה הוּא אוֹמֵר הַנִּיחָה לִי – Said the caretaker** to himself, "It is only **the king and his son** who **are inside the room,** so **why is he saying, 'Leave me alone'?** To whom is he speaking? **אֶלָּא מִפְּנֵי שֶׁהַמֶּלֶךְ מְבַקֵּשׁ שֶׁאֵלֵךְ וַאֲפַיְּסֶנּוּ עַל בְּנוֹ – However,** it must **because he wants me to go and appease him on behalf of his son,** **לְכָךְ הוּא מְצַעֵק הַנִּיחָה לִי – and that is the reason he is shouting out, 'Leave me alone!' "** **כָּךְ אָמַר הַקָּדוֹשׁ בָּרוּךְ הוּא לְמֹשֶׁה: "וְעַתָּה הַנִּיחָה לִּי" – Similarly,** when **the Holy One, blessed is He, said to Moses,** ***And now, desist from Me*** (or, *leave Me alone*), **אָמַר מֹשֶׁה, מִפְּנֵי שֶׁהַקָּדוֹשׁ בָּרוּךְ הוּא רוֹצֶה שֶׁאֲפַיֵּיס עַל יִשְׂרָאֵל – Moses said, "Because the Holy One, blessed is He, desires that I appease Him on Israel's behalf,** **לְפִיכָךְ הוּא אוֹמֵר "וְעַתָּה הַנִּיחָה לִּי" – therefore He is saying,** ***And now, desist from Me,*** *etc.*" **מִיָּד הִתְחִיל לְבַקֵּשׁ עֲלֵיהֶם רַחֲמִים – Moses thereupon began pleading for mercy on their behalf;** **הֱוֵי "וַיְחַל מֹשֶׁה אֶת פְּנֵי ה' אֱלֹהָיו" – and thus** it is written in the ensuing verse, ***Moses pleaded before HASHEM, his God,*** *and said, "Why, HASHEM, should Your anger flare up against Your people . . . Relent from Your flaring anger and reconsider . . . "* (vv. 11-12).

וְרַבִּי יִצְחָק אָמַר: לְשׁוֹן סַרְדְּיוֹטִין הוּא "מַסֵּכָה", אָמַר הַקָּדוֹשׁ בָּרוּךְ הוּא: כָּךְ אֲנִי מְרַפֵּא אוֹתָן, שֶׁנֶּאֱמַר [לב, ח] "עָשׂוּ לָהֶם עֵגֶל מַסֵּכָה":

ט [לב, ט] "וַיֹּאמֶר ה' אֶל מֹשֶׁה רָאִיתִי אֶת הָעָם הַזֶּה וְגוֹ'", מַהוּ [שם] "וְהִנֵּה עַם קְשֵׁה עֹרֶף הוּא", אָמַר רַבִּי יְהוּדָה בֶּן פּוֹלוֹיָה בְּשֵׁם רַבִּי מֵאִיר: רְאוּיִם הֵן לְהֵעָרֵף, אָמַר רַב יָקִים: ג' חֲצוּפִים הֵם, חָצוּף בַּחַיָּה כֶּלֶב, בָּעוֹף תַּרְנְגוֹל, וּבָאוּמּוֹת יִשְׂרָאֵל, אָמַר רַבִּי יִצְחָק בַּר רְדִיפָא בְּשֵׁם רַבִּי אַמֵּי: אַתָּה סָבוּר שֶׁהוּא לִגְנַאי, וְאֵינוֹ אֶלָּא לְשִׁבְחָן, אוֹ יְהוּדִי אוֹ צָלוּב, אָמַר רַבִּי אָבִין: עַד עַכְשָׁיו קוֹרִין אֶת יִשְׂרָאֵל בְּחוּצָה לָאָרֶץ הָאוּמָּה שֶׁל קְשֵׁה עוֹרֶף, אָמַר רַב נַחְמָן: תֵּדַע לְךָ שֶׁהֵם קָשִׁים, כְּשֶׁבָּא הַקָּדוֹשׁ בָּרוּךְ הוּא לִיתֵּן לָהֶם אֶת הַתּוֹרָה מַה כְּתִיב בָּהֶם, (לעיל יט, טז) "וַיְהִי בַיּוֹם הַשְּׁלִישִׁי בִּהְיֹת הַבֹּקֶר", אָמַר הַקָּדוֹשׁ בָּרוּךְ הוּא: אַרְאֶה לָהֶם כָּל נִסַּי וּלְוַאי לֵיהֱנֵי, [לב, ט] "וְהִנֵּה עַם קְשֵׁה עֹרֶף הוּא". [שם] "וְעַתָּה הַנִּיחָה לִּי וְיִחַר אַפִּי בָהֶם וַאֲכַלֵּם", וְכִי מֹשֶׁה הָיָה תּוֹפֵשׂ בְּהַקָּדוֹשׁ בָּרוּךְ הוּא שֶׁהוּא אוֹמֵר "הַנִּיחָה לִּי", אֶלָּא לְמָה הַדָּבָר דּוֹמֶה, לְמֶלֶךְ שֶׁכָּעַס עַל בְּנוֹ וְהִכְנִיסוֹ לְקִיטוֹן וּמַתְחִיל לְבַקֵּשׁ לְהַכּוֹתוֹ, וְהָיָה הַמֶּלֶךְ מְצַעֵק מִן הַקִּיטוֹן "הַנִּיחָה לִי שֶׁאַכֶּנּוּ", וְהָיָה פַּדְגּוֹג עוֹמֵד בַּחוּץ, אָמַר הַפַּדְגּוֹג: הַמֶּלֶךְ וּבְנוֹ לִפְנִים בְּקִיטוֹן, לָמָּה הוּא אוֹמֵר הַנִּיחָה לִי, אֶלָּא מִפְּנֵי שֶׁהַמֶּלֶךְ מְבַקֵּשׁ שֶׁאֵלֵךְ וַאֲפַיְּסֶנּוּ עַל בְּנוֹ, לְכָךְ הוּא מְצַעֵק הַנִּיחָה לִי, כָּךְ אָמַר הַקָּדוֹשׁ בָּרוּךְ הוּא לְמֹשֶׁה: "וְעַתָּה הַנִּיחָה לִּי", אָמַר מֹשֶׁה, מִפְּנֵי שֶׁהַקָּדוֹשׁ בָּרוּךְ הוּא רוֹצֶה שֶׁאֲפַיֵּיס עַל יִשְׂרָאֵל, לְפִיכָךְ הוּא אוֹמֵר "וְעַתָּה הַנִּיחָה לִּי", מִיָּד הִתְחִיל לְבַקֵּשׁ עֲלֵיהֶם רַחֲמִים, הֱוֵי [לב, יא] "וַיְחַל מֹשֶׁה אֶת פְּנֵי ה' אֱלֹהָיו":

עץ יוסף

לשון סרדיוטין הוא. סרדיוט הוא מנהיג ומושל, והוא נוטריקון שר ההדיוטים, ורוצה לומר מסכה הוא לשון מנהיג ומושל, כמו נסיכי מדין, שהמה לא רצו העגל לאלוה אמת רק למנהיג ומושל, כמו שפרשו המפרשים: **מסכה אמר הקדוש ברוך הוא כך אני מרפא אותן כו'.** רומז לפרה אדומה, כמבואר ברש"י (במדבר כ, כב) ויקחו אליך, משלהם, כשם שהם פרקו נזמי זהב לעגל משלהם, כך יביאו זו לכפרה משלהם, פרה אדומה משל לבן שפחה שטנף פלטין של מלך, אמרו תבא אמו ותקנח הצואה, כך תבא פרה ותכפר על העגל, ועיין שם ברש"י פירוש כל הפרשה זו באופן זה. וזה שאמר מסכה אמר הקדוש ברוך הוא כך אני מרפא אותן שנאמר כו' כלומר מסי כה, ומסי הוא לשון רפואה, כה פירוש כך או פה, והיינו כלומר כעגל הזה, כן יהיה רפואתם בה והיא הפרה האדומה: (ט) **מהו והנה עם קשה עורף הוא.** דריש ראוים להערף, וכאילו קאמר לפי שהוא קשה ורע ראוי להערף: **שלשה חצופים הם.** פירוש שהם עזי פנים ולא יתבוששו מעשות רצונם, וכן הכלב בחיות, הוא חצוף מכולם שמגרשים אותו וחוזר, וכן התרנגול, ובמסכת ביצה (כה, ב) חשיב עז בבהמה דקה, נלף באילנות: **אתה סבור שהוא לגנאי.** פירוש אתה סבור שמה שאמר ובאומות ישראל שהוא לגנאי, אינו אלא לשבחן, דהשתא דקבילו עלייהו דברי תורה הם חצופים ולא ישובו מפני כל שמוסרין עצמן למיתה על קידוש השם, שאומרים או להיות יהודי או להיות נצלב על קידוש השם יתברך, והכי קאמר ראיתי את העם הזה שהוא טוב לי לתת להם תורה מפני שהם קשה עורף, ולא ישובו ממנה אחר שיקבלו אותה, ועתה אינו כן כי סרו מהר ולא היו קשה עורף לטובה: **קורין את ישראל.** לפי שאינן נשמעים להם, הרי שקשה עורף נאמר על דבוקם בתורתם: **מה כתיב בהם.** ואלמלא שהם קשים לא היה ראוי לכל זה, דדברי חכמים בנחת נשמעים ולא בקולות וברקים, אלא על ידי שהם קשים לקבל: **ולואי ליהני.** מי יתן ויועיל שלא ישובו לכסלה, מה שאמר על הקול אראה להם כל ניסי, משום שבקול היה כמה נסים, כדאיתא במדרש שם בסדר יתרו, ובמכילתא עיין שם: [י] **וכי משה תופס בהקדוש ברוך הוא.** שיכריחנו בתפלתו להעתר לו: **למלך שכעס על בנו.** שמתחלה אמר הקדוש ברוך הוא לך רד ודחה אותו מחוץ למחנה שכינה, ואחר כך אומר ועתה הניחה לי, כדי שירגיש משה, אני מחוץ לקיטון והוא בתוך הקיטון, והוא אומר הניחה לי וכי תופס אני בו, אלא רמוזי קמרמז לי מפני שרוצה שאפייס על ישראל: **לקיטון.** פירוש לחדר, החדרה (בראשית מג, ל) תרגם יונתן לקיטונא: **ומתחיל לבקש להכותו.** כלומר עושה עצמו כמבקש להכותו: **פדגוג.** אומן המגדל בני המלך, כאשר ישא האומן (במדבר יא, יב), תרגום יונתן פדגוגא: **כך אמר הקדוש ברוך הוא למשה ועתה הניחה לי.** שמפני מדת הדין שמקטרגת, רצה ה' שיפייסנו משה כדי לתלות הצלת ישראל בזכותו וזכות האבות שיזכיר: **מיד התחיל.** מפרש ויחל לשון התחלה, כי עד עתה לא נתן לבו להתפלל עליהם, שחשב כי לא יעתר להם בעידן ריתחא:

פירוש מהרז"ו

סרדיוטין. עיין מתנות כהונה. ומה שאמר כך אני מרפא אותן, פירוש שאופן רפואתן יהיה תחת שרים ומלאכים, כנ"ל לעיל פרשה ל"ב, וכן משועבדים בגלות: (ט) **ראוין הן להערף.** כמו שכתוב פרשה זו סימן ה, ולשיטתיה אזיל: **שלשה חצופים.** ביצה (כ"ה ב') שלשה עזים הם: **בהיות הבוקר.** ויהי קולות וברקים, עד שאמרו אם יוספים אנחנו לשמוע עוד ומתנו: **וכי משה היה תופש.** עיין ברכות (ל"ב א'), דברים רבה פרשה ג בסימן ט"ו, ובזוהר תשא: **מיד ויחל משה.** וקודם לכן לא היה יכול להתפלל, וכמו שאמר לעיל פרשה זו בסימן ג':

מתנות כהונה

לשון סרדיוטין הוא כו'. סרדיוט הוא מנהיג ומושל בכל מקום והוא נוטריקון שר ההדיוטים ורצה לומר מסכה הוא לשון מנהיג ומושל כמו נסיכי מדין. והמה לא רצו העגל לאלוה אמת רק למנהיג ומושל כמו שכתבו המפרשים הקדמונים ז"ל ובזה היה מרפא אותם ואם עליהם: [ט] **שלשה חצופין.** במסכת ביצה פרק (יום טוב) [אין לדין] (כה, ב) מוסיף עוד יש אומרים עז בבהמה דקה ויש אומרים אף נלף באילנות: **או יהודי כו'.** הוא עז כנמר ומוסר נפשו למיתה על קידוש השם יתברך: **ולואי ליהני.** מי יתן יועיל שלא ישובו לכסלה הרי שהיו בחזקת קשים לפניו: **ומתחיל לבקש** גרסינן: **הקיטון.** חדר קטון: **פדגוג.** אומן המגדל בני המלך: הכי גרסינן **כך אמר הקדוש ברוך הוא למשה:**

אשד הנחלים

סרדיוטין כו' אני מרפא כו'. הידי משה גרס כך אני עורפן, כדלהלן (סימן ט) שאמר ראוים להערף, והוא נכון. ולדעת המתנות כהונה מלשון רפואה, צריך לומר מרפא (באל"ף), ודעתו שלא היו עובדין לעגל ממש, כי אם עשאו למנהיג ומושל ואמצעי, וזאת היתה רפואתן, כי לא חטאו חס ושלום בעיקר, שאז היו נאבדין בלי רפואה, אך הוא דחוק. והנראה עוד דהונח על מי שנמסה ונכפה מאד כדבר הנמסה, וזהו עשו להם שגרמו להם להמסה כמסכה: [ט] **להערף כו'.** הונח תמיד זאת בלשון חז"ל על מיתה ומכה רעה מאד, כמו שאמרו (פסחים מט, ב) מותר לקרוע כדג ומגבו, וזהו המכה בכעס לייסרו ביסורים, וכל זה בא על מי שמקשה ערפו מבלי ישמע הטוב לו, אז מענשין אותו ככה, ולכן דרשו אחרי שהם קשה עורף ראוים הם להערף: **שלשה חצופים.** זהו גדר אבירת הלב שאינו נכנע להזולת, והמעלה שבו אם הוא הולך בדרך טוב, לא במהרה יפול מאת המסיתים ומפתים, וזהו **או יהודי כו'**, אך חס ושלום כשהם רעים הם גם כן ככה. והנה פירוש הכתוב ראיתי את העם, כלומר התבוננתי עליהם והנה יש בהם מעלה וחסרון יחד במה שהם קשי עורף, ולכן כתיב לשון ראיה דהונח על ההתבוננות על להבא, לא על דבר נראה לחוש בעת הזאת, ולכן כתיב ועתה הניחה, אף שהיא מעלה בעת אחרת, אך עתה היא רעה מאד, הניחה לי לכלותם: **ישראל בחוצה לארץ.** שאומרים עליהם שאנשי ארץ ישראל בטבען הם עזים, ואנחנו מולדתנו משם: **הלואי ליהני.** כלומר שיועיל שיכנס בלבם: **המלך ובנו לפנים.** והנמשל כי מי הוא שיכול למחות בה' ברוך הוא לעשות בהם מה שירצה, כי הוא מחייה ומקיימם ויכול להפסידם, כי הוא בפנים, כלומר תוכן חיותם והם בידו תמיד כעומדים פנימה, ואם כן מוכרח שרוצה שיבקש רחמים עליהם, ולכן חילה פניו יתברך מיד:

חידושי הרד"ל

כך אני מרפא אותן. עיין ידי משה. ואפשר צריך לומר, כך אני משפה את דמן, רצה לומר דדרש מעשו להם מסכה שיסך וישפך דמן, כמה דאת אמר (תהלים ט"ז) נסכיהם מדם, וזה שאמר לשון אסטרדיטין, ההורגים ושופכים דם (ולשון משפה הוא מצוי בש"ס על אומן המקיז דם): [ט] **בהיות הבוקר ויהו קולות וברקים וגו' וקול שופר חזק מאד אמר הקדוש ברוך הוא אראה כו'.** כן צריך לומר. ורצה לומר שמתחלה ראה הקב"ה שהן קשה עורף, ולכן הראה להם את כל אלה למען תהא יראתו על פניהם לבל יחטאו. (ולשון כל נסי אפשר פירושו אותות, כמו לעיל פרשה ט ז, (אסתר רבה ב, א) ששה נסים היה מראה להם. או אפשר פירושו כמו שכתוב למען נסות אתכם בא האלהים ובעבור תהיה יראתו וגו'): **למה הדבר דומה למלך שכעס כו'.** ברכות (לב, א):

חידושי הרש"ש

[ט] **אמר משה מפני שהקדוש ברוך הוא רוצה שאפייס כו' לפיכך הוא אומר ועתה הניחה לי.** וכן הובא לקמן במדרש פרשת עקב (פרשה ג טו), ומכאן לקח רש"י בחומש לפרש בזה הפסוק שפתח לו פתח כו', ואחר כך נמצא גם כן עליו המהרש"א בחדושי אגדות ברכות (לב, א) מהגמרא דשם ודרשו בזה מלמד שתפסו משה כו', עיין שם. ובריש פרק ואתחנן מביא רש"י (דברים ג, כד) גם כן על זה פסוק דועתה הניחה לי ופירושו דשם לקוח מספרי, ולפנינו בספרי איתא פסוק דהרף כו' כבגמרא ברכות שם, ולקמן סוף פרשה מד (סוף סימן ט), ועל כן צריך לומר דלפני רש"י היה הגירסא בספרי גם כן קרא דועתה גו':

מסורת המדרש

י. ביצה דף כ"ה:
יא. ברכות דף ל"ב. דברים רבה פרשה ג'. ילקוט כאן רמז שנ"ב:

אם למקרא

וַיְהִי בַיּוֹם הַשְּׁלִישִׁי בִּהְיֹת הַבֹּקֶר וַיְהִי קֹלֹת וּבְרָקִים וְעָנָן כָּבֵד עַל הָהָר וְקֹל שֹׁפָר חָזָק מְאֹד וַיֶּחֱרַד כָּל הָעָם אֲשֶׁר בַּמַּחֲנֶה: (לעיל יט:טז)

ידי משה

לשון סרדיוטין הוא מסכה אמר הקדוש ברוך הוא כך אני עורפן שנאמר עשו להם עגל מסכה והנה עם קשה עורף ראוים הם לעורפן כן צריך לומר. ודלא כפירוש מתנות כהונה. וסרדיוטין הוא פירוש תליין ההורג חייבי מיתות במיתות משונות כגון עריפה: [ט] **או יהודי או צלוב.** פירוש, בשעת גזירות השמד נותנין הברירה ליהודי, או יהודי ואצלוב אותך על העץ, והוא נותן נפשו ואינו רוצה להמיר דתו, נמצא קשה עורף לשבח:

אמרי יושר

כך אני מרפא אותן שנאמר עשו להם עגל. נראה שהוא לשון היתוך ורפיון, כן יהו מתמוטטין בכל דור אוקיא מעון העגל (לקמן מא, ג): [ט] **ולואי ליהני.** ראיתי והנה עם כל זאת וכל מה שהראיתי להם הם קשה עורף:

באור מהרי"פ

אישתיתן לדריא. כמבואר לקמן בסמוך (פרשה מג, ב), אין דור ודור שאין נוטלין אוקיא ממעשה עגל: **סרדיוט.** המעריך (ערך סרדיוט) פירש [שהוא בלשון רומי] איש מלחמה, והוא שם הכולל [לכל יוצאים לצבא, בין] לרגלי או לפרשים, וכן פירש רבי בנימין מוספיא (ערך סרדיוט), ואמר שלשון יוני הוא: **להם עגל מסכה.** פירוש, מלת להם דייקא, שלא עשו אותו רק למנהיג ולתועלתם. תולדות נח האחרון: [ט] **בהיות הבוקר.** ויהי קולות וברקים וגו', ופירושו, שהראה להם כמה נסים ונפלאות כדי שילמדו לפי שידע שהם קשים:

Chapter 43

וַיְחַל מֹשֶׁה אֶת פְּנֵי ה׳ אֱלֹהָיו וַיֹּאמֶר לָמָה ה׳ יֶחֱרֶה אַפְּךָ בְּעַמֶּךָ אֲשֶׁר הוֹצֵאתָ מֵאֶרֶץ מִצְרַיִם בְּכֹחַ גָּדוֹל וּבְיָד חֲזָקָה.
Moses pleaded before HASHEM, his God, and said, "Why, HASHEM, should Your anger flare up against Your people, whom You have taken out of the land of Egypt, with great power and a strong hand?" (32:11).

§1 וַיְחַל מֹשֶׁה – ***MOSES PLEADED.***

The Hebrew language uses various words to describe prayer.[1] The Midrash explains why the unusual term וַיְחַל, *pleaded*, is used in this particular instance:[2]

כָּךְ פָּתַח רַבִּי תַּנְחוּמָא בַּר אַבָּא – **R' Tanchuma bar Abba opened** his discourse on our verse **as follows:** **"וַיֹּאמֶר לְהַשְׁמִידָם לוּלֵי מֹשֶׁה בְחִירוֹ עָמַד בַּפֶּרֶץ לְפָנָיו"** – Scripture states regarding this incident, ***[God] said He would destroy [Israel] – had not Moses, His chosen one, stood in the breach before Him*** *to turn away His wrath from destroying* (*Psalms* 106:23). **אָמַר רַבִּי חָמָא בַּר חֲנִינָא** – **R' Chama bar Chanina said**: **הַסָּנֵיגוֹר הַטּוֹב אֵינוֹ מַסְבִּיר פָּנִים בַּדִּין** – **A good defender does not** always **act politely** in presenting his case **during** the court's **judgment.**[3]

R' Chama gives two examples of such "good defenders" found in Scripture:

מֹשֶׁה אֶחָד מִשְּׁנֵי סָנֵיגוֹרִין שֶׁעָמְדוּ לְלַמֵּד סָנֵיגוֹרְיָא עַל יִשְׂרָאֵל – **Moses was one of the two defenders who arose to plead in the defense of Israel,** **וְהֶעֱמִידוּ פָּנִים כִּבְיָכוֹל כְּנֶגֶד הַקָּדוֹשׁ בָּרוּךְ הוּא** – **and who** in doing so **spoke brazenly, as it were, toward the Holy One, blessed is He,** **מֹשֶׁה וְדָנִיֵּאל** – these two being **Moses and Daniel.**[4] **מֹשֶׁה מִנַּיִן** – **From where** do we learn that **Moses** was such a defender? **שֶׁנֶּאֱמַר "לוּלֵי מֹשֶׁה בְחִירוֹ וְגוֹ׳ "** – **For it is stated,** ***had not Moses, His chosen one,*** *"stood in the breach" before Him, etc.*[5] **דָּנִיֵּאל מִנַּיִן** – And **from where** do we learn that **Daniel** was such a defender? **שֶׁנֶּאֱמַר "וָאֶתְּנָה אֶת פָּנַי אֶל ה׳ הָאֱלֹהִים לְבַקֵּשׁ וְגוֹ׳ "** – **For it is stated,** ***I "set my face toward the Lord," God, to beseech, etc.*** (*Daniel* 9:3).[6] **אֵלּוּ שְׁנֵי בְּנֵי אָדָם שֶׁנָּתְנוּ פְּנֵיהֶם לְנֶגֶד מִדַּת הַדִּין לְבַקֵּשׁ רַחֲמִים עַל יִשְׂרָאֵל** – **These are the two people who "set their faces,"** i.e., spoke boldly, **against the** Divine **Attribute of** Strict **Justice in order to seek mercy on behalf of Israel.**

The Midrash has asserted that Moses acted brazenly in his defense of Israel, and derived this from the verse, *had not Moses, His chosen one, stood in the breach before Him*. The Midrash now elaborates on that point:

רַבִּי בֶּרֶכְיָה אָמַר שְׁתַּיִם – **R' Berechyah presented** the following **two** interpretations of the phrase *had not Moses, His chosen one, stood in the breach before Him,* **אַחַת בְּשֵׁם רַבֵּינוּ וְאַחַת בְּשֵׁם רַבִּי שְׁמוּאֵל בַּר נַחְמָן** – **one in the name of our master,**[7] **and the other in the name of R' Shmuel bar Nachman:** **רַבֵּינוּ אָמַר: לְמָה הַדָּבָר דּוֹמֶה** – **Our master said: To what might this matter be compared?** **לְמֶלֶךְ בָּשָׂר וָדָם שֶׁהָיָה דָן אֶת בְּנוֹ** – **To a flesh-and-blood** (i.e., mortal) **king who was judging his son** for his misdeeds, **וְהָיָה הַקָּטֵיגוֹר עוֹמֵד וּמְקַטְרֵג** – **and the prosecutor was standing and declaring accusations** against the son. **מֶה עָשָׂה הַפַּדְגּוֹג שֶׁל בֵּן** – The son's beloved caretaker was alarmed by this. **What did the son's caretaker do?** **כֵּיוָן שֶׁרָאָה אוֹתוֹ מִתְחַיֵּיב** – **When he saw that [the son] was about to be found guilty,** **דָּחַף אֶת הַקָּטֵיגוֹר וְהוֹצִיאוֹ לַחוּץ** – **he pushed the prosecutor** aside, **threw him out** of the court, **וְעָמַד לוֹ בִּמְקוֹמוֹ מְלַמֵּד עַל הַבֵּן סָנֵיגוֹרְיָא** – **and stood in his place, advocating** instead **for the son's defense.** **כָּךְ בְּשָׁעָה שֶׁעָשׂוּ יִשְׂרָאֵל אֶת הָעֵגֶל** – **Similarly, when Israel made the** Golden **Calf,** **הָיָה הַשָּׂטָן עוֹמֵד וּמְקַטְרֵג בִּפְנִים וּמֹשֶׁה עוֹמֵד מִבַּחוּץ** – **Satan was standing inside and declaring accusations** against Israel, **while Moses stood on the outside.**[8] **מֶה עָשָׂה מֹשֶׁה** – So **what did Moses do?** **עָמַד וְדָחַף אֶת הַשָּׂטָן וְהוֹצִיאוֹ לַחוּץ וְעָמַד בִּמְקוֹמוֹ** – **He stood up, pushed Satan aside, threw him out, and stood in his place** and instead pleaded in Israel's defense, **שֶׁנֶּאֱמַר "עָמַד בַּפֶּרֶץ לְפָנָיו"** – **as it is stated,** ***He stood in the breach before Him,*** **עָמַד לוֹ בִּמְקוֹמוֹ שֶׁל פּוֹרֵץ** – which can be interpreted to mean, **"He stood in the place of the breacher**[9] before Him."

The Midrash cites R' Berechyah's second interpretation, this one in the name of R' Shmuel bar Nachman:

רַבִּי שְׁמוּאֵל בַּר נַחְמָן אָמַר – **R' Shmuel bar Nachman said:** **"עָמַד בַּפֶּרֶץ לְפָנָיו", דָּבָר קָשֶׁה** – The meaning of ***He stood in the breach before Him*** **is a difficult concept** to state.[10] **מָשָׁל לְמֶלֶךְ שֶׁכָּעַס עַל בְּנוֹ** – This may be illustrated by **a parable.** It may be compared **to a king who became angry at his son** and decided to pass judgment against him; **וְיָשַׁב עַל בִּימָה וְדָנוֹ וְחִיְּיבוֹ** – **he sat upon a** judge's **platform and tried and convicted him.** **נָטַל אֶת הַקּוּלְמוֹס לַחְתּוֹם גְּזַר דִּינוֹ** – **[The king]** then **took a pen in order to sign the** guilty **verdict.** **מֶה עָשָׂה סוּנְקָתֶדְרוֹ** – **What did [the king's] senior adviser do** at that point? **חָטַף אֶת הַקּוּלְמוֹס מִתּוֹךְ יָדוֹ שֶׁל מֶלֶךְ כְּדֵי לְהָשִׁיב חֲמָתוֹ** – **He snatched the pen from the king's hand** to detain him from acting impetuously, **in order to turn away his anger** in the meantime.[11]

NOTES

1. See *Devarim Rabbah* 2 §1, where the Midrash enumerates ten expressions connoting prayer. [See Kleinman edition of *Devarim Rabbah* ibid., with Insight.]

2. The explanation, however, will become apparent only at the very end of this section.

3. He states his client's case with passion and zeal, even when doing so involves what might be considered immoderate behavior (*Yefeh To'ar* and *Eitz Yosef,* based on *Os Emes*).

4. That is, Moses and Daniel fiercely and undauntedly beseeched God in order to achieve a positive response. Moses defended the people of Israel until God relented and forgave their transgression, and Daniel pleaded for Israel's redemption in the waning years of the 70-year exile. Although this entailed some measure of brazenness, which was certainly not befitting before God, since they were engaged in the noble cause of defending Israel, this indignity was overlooked (*Eitz Yosef,* citing *Toldos Noach,* based on 5 §22 above).

5. The Midrash will shortly offer two explanations of how Moses "stood in the breach" before God in order to save Israel (*Eitz Yosef*).

6. The wording of the verse ("set my face toward the Lord") suggests that through his intense prayer Daniel intended to force the hand of God, as it were, to redeem Israel speedily (*Maharzu;* see *Eitz Yosef,* who cites an alternative explanation from *Toldos Noach*).

7. The identity of the sage to whom R' Berechyah applied this honorific is not immediately apparent; however, *Maharzu* cites a parallel passage in *Midrash Shocher Tov* (106 §6), where the sage is mentioned by name: R' Yehudah bar Simone.

8. The terms "inside" and "outside" here are figurative. Since Satan was the first to present his case before God, he was "inside," i.e., his condemnation of Israel was being seriously considered by God, while Moses, who heretofore had stood by silently, was "outside" of the discussion (*Yefeh To'ar*).

9. Satan is "the breacher" *par excellence,* for he "breaches" the "fence" protecting man's very life (*Eitz Yosef,* from *Yefeh To'ar*).

10. The expression דָּבָר קָשֶׁה (*a difficult concept*) is sometimes used by the Midrash (see *Devarim Rabbah* 8 §5; below, §4; *Tanchuma, Naso* #4, etc.) when it presents a statement that would seem inappropriate or inapplicable regarding God. It is applied here to the notion (which the Midrash will now present) that Moses "overpowered" God, as it were, preventing Him from carrying out His decree to destroy the people (*Matnos Kehunah*).

11. During the interim the adviser implored the king to reconsider his harsh decree (*Yefeh To'ar*).

פרשה מג

א [לב, יא] "וַיְחַל מֹשֶׁה", כָּךְ פָּתַח רַבִּי תַּנְחוּמָא בַּר אַבָּא: (תהלים קו, כג) "וַיֹּאמֶר לְהַשְׁמִידָם לוּלֵי מֹשֶׁה בְחִירוֹ עָמַד בַּפֶּרֶץ לְפָנָיו", אָמַר רַבִּי חָמָא בַּר חֲנִינָא: הַסָּנֵיגוֹר הַטּוֹב מַסְבִּיר פָּנִים בַּדִּין, מֹשֶׁה אֶחָד מִשְּׁנֵי סָנֵיגוֹרִין שֶׁעָמְדוּ °לִלְמוֹד סָנֵיגוֹרְיָא עַל יִשְׂרָאֵל וְהֶעֱמִידוּ פָּנִים כִּבְיָכוֹל כְּנֶגֶד הַקָּדוֹשׁ בָּרוּךְ הוּא, מֹשֶׁה וְדָנִיֵּאל, מֹשֶׁה מִנַּיִן, שֶׁנֶּאֱמַר "לוּלֵי מֹשֶׁה בְחִירוֹ וְגוֹ'", דָּנִיֵּאל מִנַּיִן, שֶׁנֶּאֱמַר (דניאל ט, ג) "וָאֶתְּנָה אֶת פָּנַי אֶל ה' הָאֱלֹהִים לְבַקֵּשׁ וְגוֹ'", אֵלּוּ שְׁנֵי בְּנֵי אָדָם שֶׁנָּתְנוּ פְּנֵיהֶם לְנֶגֶד מִדַּת הַדִּין לְבַקֵּשׁ רַחֲמִים עַל יִשְׂרָאֵל, רַבִּי בֶּרֶכְיָה אָמַר שְׁתַּיִם, אַחַת בְּשֵׁם רַבֵּינוּ וְאַחַת בְּשֵׁם רַבִּי שְׁמוּאֵל בַּר נַחְמָן: רַבֵּינוּ אָמַר: לְמָה הַדָּבָר דּוֹמֶה, [א]לְמֶלֶךְ בָּשָׂר וָדָם שֶׁהָיָה דָּן אֶת בְּנוֹ וְהָיָה הַקָּטֵיגוֹר עוֹמֵד וּמְקַטְרֵג, מֶה עָשָׂה הַפַּדְגּוֹג שֶׁל בֵּן, כֵּיוָן שֶׁרָאָה אוֹתוֹ מִתְחַיֵּיב דָּחַף אֶת הַקָּטֵיגוֹר וְהוֹצִיאוֹ לַחוּץ וְעָמַד לוֹ בִּמְקוֹמוֹ מְלַמֵּד עַל הַבֵּן סָנֵיגוֹרְיָא, כָּךְ בְּשָׁעָה שֶׁעָשׂוּ יִשְׂרָאֵל אֶת הָעֵגֶל הָיָה הַשָּׂטָן עוֹמֵד וּמְקַטְרֵג בִּפְנִים וּמֹשֶׁה עוֹמֵד מִבַּחוּץ, מֶה עָשָׂה מֹשֶׁה, עָמַד וְדָחַף אֶת הַשָּׂטָן וְהוֹצִיאוֹ לַחוּץ וְעָמַד בִּמְקוֹמוֹ, שֶׁנֶּאֱמַר (תהלים קו, כג) "עָמַד בַּפֶּרֶץ לְפָנָיו", עָמַד לוֹ בִּמְקוֹמוֹ שֶׁל פּוֹרֵץ, רַבִּי שְׁמוּאֵל בַּר נַחְמָן אָמַר: "עָמַד בַּפֶּרֶץ לְפָנָיו", דָּבָר קָשֶׁה, מָשָׁל לְמֶלֶךְ שֶׁכָּעַס עַל בְּנוֹ וְיָשַׁב עַל בִּימָה וְדָנוֹ וְחִיְּיבוֹ, נָטַל אֶת הַקּוּלְמוּס לַחְתּוֹם גְּזַר דִּינוֹ, מֶה עָשָׂה סוּנְקַתֶּדְרוֹ, חָטַף אֶת הַקּוּלְמוּס מִתּוֹךְ יָדוֹ שֶׁל מֶלֶךְ כְּדֵי לְהָשִׁיב חֲמָתוֹ, כָּךְ בְּשָׁעָה שֶׁעָשׂוּ יִשְׂרָאֵל אוֹתוֹ מַעֲשֶׂה יָשַׁב הַקָּדוֹשׁ בָּרוּךְ הוּא עֲלֵיהֶם בַּדִּין לְחַיְּיבָם, שֶׁנֶּאֱמַר (דברים ט, יד) "הֶרֶף מִמֶּנִּי וְאַשְׁמִידֵם", וְלֹא עָשָׂה, אֶלָּא בָּא לַחְתּוֹם גְּזַר דִּינָן, שֶׁנֶּאֱמַר (לעיל כב, יט) "זֹבֵחַ לָאֱלֹהִים יָחֳרָם", מֶה עָשָׂה מֹשֶׁה, נָטַל אֶת הַלּוּחוֹת מִתּוֹךְ יָדוֹ שֶׁל הַקָּדוֹשׁ בָּרוּךְ הוּא כְּדֵי לְהָשִׁיב חֲמָתוֹ,

עץ יוסף

(א) הסניגור. פירוש המליץ: **מסביר פנים בדין.** פירוש שמהפך הרבה בזכות הנדון ומסביר פנים לטענתו בדין עד שילא כנגה לדקו, והיינו מעמיד פנים דקאמר, אבל הסניגור שאינו טוב אינו חושש להסביר פני טענתו מאד. ואות אמת גרם אינו מסביר פנים בדין, ופירושו שאינו נושא פני הדיין אלא מעמיד פנים כנגדו עד שיודה לו: **משה אחד משני סניגורין כו'.** רוצה לומר שלא תקשה למה באמת העמידו פניהם בדין, לכך אמר ללמוד סניגוריא על ישראל, ומי שלומד סניגוריא על ישראל אף שמדבר דברים קשים אין אדם נתפס על צערו כדאיתא לעיל פרשה י' בקשה מדת הדין לפגוע במשה, ולפי שנסתכל הקדוש ברוך הוא שבשביל צער ישראל דבר כן, חזר ונהג עמו במדת הרחמים (תולדות נח): **משני בני אדם.** בגמרא קחשיב פנחס ומשה ואליהו וחנה: **והעמידו פנים.** כביכול נגד הקדוש ברוך הוא, דבמשה כתיב לולי משה בחירו עמד בפרץ לפניו, מזה דריש שהעמיד פנים כנגדו, וכדפירש בסמוך שדחה הקטיגור, או במה שחטף את הלוחות, וכן דניאל העמיד פנים במה שאמר האל הגדול והנורא ולא אמר הגבור (יומא סט, ב), נכרים משעבדין בבניו איה גבורותיו: **רבי ברכיה אמר שתים.** כלומר שני פירושים לפרש עמד בפרץ לפניו: **במקומו של פורץ.** הוא השטן פורץ גדר החיים: **עמד בפרץ לפניו דבר קשה בו'.** רוצה לומר דמשמעו שמשה עמד בפרץ ועכבו, וזה דבר קשה להאמר, ועל זה אמרו משל למלך כו', ואחר שתופס הקולמוס מרבה ביני וביני בתפלה ופיוסים עד שמשיב חמתו, ואילו היה נחתם הגזירה לא היה לו מקום עוד לבקש, וכן משה במה שנטל הלוחות מידו של הקדוש ברוך הוא ודחה חתימת הגזירה, בזה נקרא עומד בפרץ כאילו עכב על ידו, ומכל מקום השבת החמה היתה על ידי תפלה: **סונקתדרי.** בלשון יוני יועץ למלך (מוסף הערוך): **ולא עשה.** כלומר לא נגמר הדין כמו שהיה ראוי, אלא נדחה, כי בא לחתום ומשה עכב בנטילת הלוחות: **נטל את הלוחות מתוך ידו של הקדוש ברוך הוא כו'.** שבשעה שהיה ה' נותן את הלוחות,

פירוש מהרז"ו

(א) ויחל משה. היה לו לומר ויתפלל או ויתחנן, כמו שכתוב בסוף הסימן: **מסביר פנים בדין.** שיודע איך לסדר טענות שיטה הדיין אזנו לדבריו, ואם רואה שפסק הדין נוטה להיות קשה, עומד כנגד הדיין בחיזוק לבו לטעון, וזהו העמדת פנים בדין, וכמו שכתוב לעיל פרשה א סימן י"ג פוטה: **לולי משה בחירו.** להשיב חמתו מהשחית. ולפניו פירוש נגד פניו ונגד רצונו, ואצל דניאל מפורש ואתנה [את] פני, שידע דניאל שהיה השם יתברך במעמד כעס שמחזיקם בבבל, וחיזק לבו כנגד רצונו שימהר לגאלם: **אחת בשם רבינו.** המאמר במדרש תהלים מזמור ק"ו, שני דעות, רבי ברכיה בשם רבי יהודה ברבי סימון, ואחת בשם רבי שמואל בר נחמן, כמו שכתב כאן, ואם כן מה שכתב כאן בשם רבינו, על כרחך פירושו על רבי יהודה ברבי סימון, ונקרא רבינו סתם על שהוא מרא דתלמודא בירושלמי ובמדרש, ורבי ברכיה היה תלמידו: **במקומו של פרץ.** בא לפרש מה שכתוב בפרץ לפניו, משמע שיש גדר לפניו ובו פרץ, על כן דורש אל תקרי בפרץ אלא במקום פורץ, לקטרג עליהם, על פי מדות נוטריקון וממעל, חטא העם הזה חטאה גדולה, והניחו המקטרגים הקטרוג, ועל ידי כן התחיל להתפלל, וכמו שאמר לקמן פרשה מ"ז ריש סימן ט. ומה שכתוב לפניו, שתחלה היה הפורץ לפניו, וכענין שכתוב ריש איוב ויבא גם השטן בתוכם להתיצב על ה' איוב ב' א', ומשה עמד ברחוק, שאמר לו לך רד, ונתנדה, כדלעיל פרשה מ"ב סימן ג: **הרף ממני ואשמידם.** דברים ט': **ולא עשה אלא.** פירוש ולא עשה באופן זה, אלא כשבא לחתום כן השיב חמתו מהשחית: **גזר דינם שנאמר זובח.** כמו שאמרו בסוף הסימן, ועונשו אללו זובח לאלהים, וכמו שדרשו בשיר השירים רבה פסוק ידיו גלילי זהב, בין כל דיבור ודיבור פרשיות ודקדוקין של תורה וכו':

חידושי הרד"ל

[א] הסניגור הטוב מעביר פנים בדין משה כו' והעמידו פנים כביכול כו' העמדת פנים הוא כמו ענין העז פנים, (עיין בראשית רבה פרשה מ"ד טו כל המעמיד פנים, ובכמה מקומות) וזה שאמר שכל הסניגורין אפילו הטוב שבהם אינו אלא מסביר פנים, אבל משה כביכול העמיד פנים, כמו שכתוב עמד בפרץ לפניו: **רבי שמואל בר נחמן אמר כו' לפניו והשיב חמתו דבר קשה כו'.** כן צריך לומר:

חידושי הרש"ש

[א] שנאמר לולי משה בחירו וגו'. נראה שדורש עמד כמו העמיד, וכינוי דלפניו מוסב על משה, ורצה לומר שהעמיד משה את פניו בפריצות כביכול כנגדו, וכמו שאמר לקמן שעמד בקלות ראש כו', ודלא כפירוש המתנות כהונה שם: **כלומר כו' עד לא חטאו.** נראה דזה צריך להיות להלן אחר ואל יהו מזידין. ונראה עוד דמשה היה מתירא פן לא יחזרו בהם אף אחר ביאתו אליהם:

באור מהרי"פ

[א] נטל את הלוחות מתוך ידו של הקדוש ברוך הוא. פירוש, אף שמקודם נתנו לו מאת הקב"ה ברצונו הטוב, כמו שנאמר ויתן אל משה ככלותו וגו', אלא קודם החטא נתנו לו, ולאחר החטא נטל הקב"ה מידו כדי לחתום גזר דינם זובח לאלהים יחרם, מה שלא היה נכתב מקודם, לכן כשראה משה כן חטף מידו. ואם תאמר, הלא כבר היו כל המצות כתובים בין כל דבור ודבור כגלים קטנים המסויימין בין גלים גדולים כדאיתא במדרש חזית (שיר השירים רבה פרשה ה, יב), ואי כבר היו כתובים, מה הועיל בחטיפתו מיד הקב"ה. ויש לומר, שזה דוקא בלוחות השניים וכדמשמע בפרשה מ"ז (סימן ז) ובלוחות השניים אני נותן לך שיהא בהם מדרש הלכות ואגדות, עיין שם, ולפי זה אתי שפיר מה שאמר מה עשה משה נטל את הלוחות מידו של הקב"ה. תולדות נח הארוך:

מסורת המדרש

א. מדרש תהלים מזמור ק"ו. ילקוט תהלים רמז תתס"ד:

אם למקרא

וַיֹּאמֶר לְהַשְׁמִידָם לוּלֵי מֹשֶׁה בְחִירוֹ עָמַד בַּפֶּרֶץ לְפָנָיו לְהָשִׁיב חֲמָתוֹ מֵהַשְׁחִית: (תהלים קו:כג)

וָאֶתְּנָה אֶת פָּנַי אֶל אֲדֹנָי הָאֱלֹהִים לְבַקֵּשׁ תְּפִלָּה וְתַחֲנוּנִים בְּצוֹם וְשַׂק וָאֵפֶר: (דניאל ט: ג)

הֶרֶף מִמֶּנִּי וְאַשְׁמִידֵם וְאֶמְחֶה אֶת שְׁמָם מִתַּחַת הַשָּׁמָיִם וְאֶעֱשֶׂה אוֹתְךָ לְגוֹי עָצוּם וָרָב מִמֶּנּוּ: (דברים ט: יד)

זֹבֵחַ לָאֱלֹהִים יָחֳרָם בִּלְתִּי לַה' לְבַדּוֹ: (שמות כב: יט)

ידי משה

[א] דבר קשה. כי לפי דברי רבינו שפירש עמד בפרץ שדחף את השטן אין זה דבר קשה, אבל לדברי רבי שמואל שחטף הקולמוס מיד הקב"ה זה הוא דבר קשה:

אמרי יושר

[א] הסנגור הטוב מעמיד פנים בדיין. וזהו ויחל משה וקם בעזות גדול את פני ה' ובהפצר, וזה היה זכות גדול לו:

שינוי נוסחאות

(א) הסניגור הטוב מסביר פנים בדין. א"א מגיה "...אינו מסביר פנים בדין" (ורמז לו יפה תאר בעילום שם): **ללמוד סניגוריא על ישראל.** בספרים הישנים היה כתוב "ללמד..." וכצ"ל:

מתנות כהונה

[א] דבר קשה. כלומר ענין קשה הוא על הלשון לאומרו כביכול משה רבינו עליו השלום חטף בזרוע הלוחות מידו של הקדוש ברוך הוא. וכן הוא לקמן (סימן ד): **סונקתדרו.** פירש הערוך (ערך סנקתדרון) שר היושב תדיר עם המלך בקתדרא, פירוש כסא מכובד: **ולא עשה.** לא עכב להיות לו די בזה אלא גם בא לחתום גזר דין:

אשד הנחלים

[א] מסביר פנים כו' והעמידו פנים כביכול כו'. כלומר כאלו עומד פנים בפנים להתוכח ולזכותם, וכולל גם כן לשון הסברת פנים, כלומר להראות שראוים להסברת פנים לנשוא חטאם ולהסביר להם פנים: **ודחף את השטן.** הנובע ממדת הדין למעלה, והוא נמשך להיות עומד לשטנו על ישראל, וזהו ויחל גו' ה' אלהיו זהו מדת הרחמים המעוטף עתה במדת הדין, ולכן נכתב בוא"ו הכנוי. וההוצאה לחוץ הוא משל, כלומר שלמד סניגוריא וביטל הקטגוריא: **דבר קשה.** כלומר אף שלא כדרך ארץ שחטף הקולמס (ידי משה). וענינו כי אילו היה ניתן להם הלוחות היה נחתם גזר דינם להריגה כדכתיב זובח גו' יחרם, ולא היה מועיל התפלה אחר גזר דינם, אבל כששברם וביטל הנתינה אז נידונו כשוגגים. ובמשל מבאר על דרך דוגמת בשר ודם שעושה וחותם מתוך כעסו, ועל כן כשחוטף הקולמס מידו טרם שיחתום אחר כך הוא נח מרוגזו, אבל בנמשל אי אפשר לומר ככה, כי לא יתפעל חס ושלום ה' ברוך הוא ולא יצדק עליו ככה, לכן מוכרח לפרש בסיבה אחרת, הבן זה. ודרש עמד בפרץ שפרץ הלוחות ופרץ הגזר דין:

שֶׁנֶּאֱמַר ״זֹבֵחַ לָאֱלֹהִים He was about to sign the guilty verdict — יָחֳרָם״ — in accordance with what is stated, *One who brings offerings to the gods shall be destroyed* (above, 22:19)[13] — מֶה עָשָׂה מֹשֶׁה — and what did Moses do? נָטַל אֶת הַלּוּחוֹת מִתּוֹךְ יָדוֹ שֶׁל הַקָּדוֹשׁ בָּרוּךְ הוּא כְּדֵי לְהָשִׁיב חֲמָתוֹ — He took the two Tablets out of the hand of the Holy One, blessed is He,[14] in order to turn away His anger[15] in the interim.

כָּךְ בְּשָׁעָה שֶׁעָשׂוּ יִשְׂרָאֵל אוֹתוֹ מַעֲשֶׂה — Similarly, when Israel did that sinful act of worshiping the Golden Calf, יָשַׁב הַקָּדוֹשׁ בָּרוּךְ הוּא עֲלֵיהֶם בַּדִּין לְחַיְּיבָם — the Holy One, blessed is He, sat in judgment in order to convict them, שֶׁנֶּאֱמַר ״הֶרֶף מִמֶּנִּי וְאַשְׁמִידֵם״ — as it is stated, HASHEM *said to me . . . "Release Me, and I shall destroy them"* (*Deuteronomy* 9:14). וְלֹא עָשָׂה — But He did not in fact carry out this decree;[12] אֶלָּא בָּא לַחְתּוֹם גְּזַר דִּינָן — rather,

NOTES

12. [*Matnos Kehunah* interprets the expression וְלֹא עָשָׂה here — as elsewhere (see *Bereishis Rabbah* 37 §4; below, §3, etc.) — to mean "He did not delay."]

13. These words were inscribed on the Tablets themselves (as explained below), and God was about to sign the decree against Israel next to these words (*Yefeh To'ar*).

14. [Above, in 41 §5, the Midrash records two opinions as to whether the Tablets were given to Moses before the sin of the Golden Calf or afterward. R' Shmuel bar Nachman, however, holds a third opinion: The sin occurred exactly as God was giving the Tablets to Moses, when both Moses and God were holding on to them from opposite ends; God sought to take them back, but Moses wrested them from His hand. This version of the events (which is recorded briefly in the Midrash above, 28 §1, and below, 47 §6) is explicitly attributed to R' Shmuel bar Nachman in the *Yerushalmi, Taanis* 4:5 (*Yefeh To'ar*).]

Just as the pen was snatched away from the king in the parable above, Moses snatched away the Tablet before God could sign the decree on it (*Yefeh To'ar*).

By "snatching" the Tablets from God, Moses *stood in the breach before Him.* It was as if God had made a breach in a barrier, through which He sought to "cross over" and destroy Israel, but Moses stood in that breach and "blocked" God from coming through (*Yefeh To'ar*).

15. Through prayer (as described in our verse: *Moses pleaded before* HASHEM, *etc.*) (*Yefeh To'ar, Eitz Yosef*).

פרשה מג

א [לב, יא] "וַיְחַל מֹשֶׁה", כָּךְ פָּתַח רַבִּי תַּנְחוּמָא בַּר אַבָּא: (תהלים קו, כג) "וַיֹּאמֶר לְהַשְׁמִידָם לוּלֵי מֹשֶׁה בְחִירוֹ עָמַד בַּפֶּרֶץ לְפָנָיו", אָמַר רַבִּי חָמָא בַּר חֲנִינָא: הַסָּנֵיגוֹר הַטּוֹב מַסְבִּיר פָּנִים בַּדִּין, מֹשֶׁה אֶחָד מִשְּׁנֵי סָנֵיגוֹרִין שֶׁעָמְדוּ °לִלְמוֹד סָנֵיגוֹרְיָא עַל יִשְׂרָאֵל וְהֶעֱמִידוּ פָּנִים כִּבְיָכוֹל כְּנֶגֶד הַקָּדוֹשׁ בָּרוּךְ הוּא, מֹשֶׁה וְדָנִיֵּאל, מֹשֶׁה מִנַּיִן, שֶׁנֶּאֱמַר "לוּלֵי מֹשֶׁה בְּחִירוֹ וְגוֹ'", דָּנִיֵּאל מִנַּיִן, שֶׁנֶּאֱמַר (דניאל ט, ג) "וָאֶתְּנָה אֶת פָּנַי אֶל ה' הָאֱלֹהִים לְבַקֵּשׁ וְגוֹ'", אֵלּוּ שְׁנֵי בְּנֵי אָדָם שֶׁנָּתְנוּ פְּנֵיהֶם לְנֶגֶד מִדַּת הַדִּין לְבַקֵּשׁ רַחֲמִים עַל יִשְׂרָאֵל, רַבִּי בֶּרֶכְיָה אָמַר שְׁתַּיִם, אַחַת בְּשֵׁם רַבֵּינוּ וְאַחַת בְּשֵׁם רַבִּי שְׁמוּאֵל בַּר נַחְמָן: רַבֵּינוּ אָמַר: לְמָה הַדָּבָר דּוֹמֶה, [א]לְמֶלֶךְ בָּשָׂר וָדָם שֶׁהָיָה דָן אֶת בְּנוֹ וְהָיָה הַקָּטֵיגוֹר עוֹמֵד וּמְקַטְרֵג, מֶה עָשָׂה הַפַּדְגּוֹג שֶׁל בֵּן, כֵּיוָן שֶׁרָאָה אוֹתוֹ מִתְחַיֵּיב דָּחַף אֶת הַקָּטֵיגוֹר וְהוֹצִיאוֹ לַחוּץ וְעָמַד לוֹ בִּמְקוֹמוֹ מְלַמֵּד עַל הַבֵּן סָנֵיגוֹרְיָא, כָּךְ בְּשָׁעָה שֶׁעָשׂוּ יִשְׂרָאֵל אֶת הָעֵגֶל הָיָה הַשָּׂטָן עוֹמֵד וּמְקַטְרֵג בִּפְנִים וּמֹשֶׁה עוֹמֵד מִבַּחוּץ, מֶה עָשָׂה מֹשֶׁה, עָמַד וְדָחַף אֶת הַשָּׂטָן וְהוֹצִיאוֹ לַחוּץ וְעָמַד בִּמְקוֹמוֹ, שֶׁנֶּאֱמַר (תהלים קו, כג) "עָמַד בַּפֶּרֶץ לְפָנָיו", עָמַד לוֹ בִּמְקוֹמוֹ שֶׁל פּוֹרֵץ, רַבִּי שְׁמוּאֵל בַּר נַחְמָן אָמַר: "עָמַד בַּפֶּרֶץ לְפָנָיו", דָּבָר קָשֶׁה, מָשָׁל לְמֶלֶךְ שֶׁכָּעַס עַל בְּנוֹ וְיָשַׁב עַל בִּימָה וְדָנוֹ וְחִיְּיבוֹ, נָטַל אֶת הַקּוּלְמוֹס לַחְתּוֹם גְּזַר דִּינוֹ, מֶה עָשָׂה סוּנְקַתֶּדְרוֹ, חָטַף אֶת הַקּוּלְמוֹס מִתּוֹךְ יָדוֹ שֶׁל מֶלֶךְ כְּדֵי לְהָשִׁיב חֲמָתוֹ, כָּךְ בְּשָׁעָה שֶׁעָשׂוּ יִשְׂרָאֵל אוֹתוֹ מַעֲשֶׂה יָשַׁב הַקָּדוֹשׁ בָּרוּךְ הוּא עֲלֵיהֶם בַּדִּין לְחַיְּיבָם, שֶׁנֶּאֱמַר (דברים ט, יד) "הֶרֶף מִמֶּנִּי וְאַשְׁמִידֵם", וְלֹא עָשָׂה, אֶלָּא בָּא לַחְתּוֹם גְּזַר דִּינָן, שֶׁנֶּאֱמַר (לעיל כב, יט) "זֹבֵחַ לָאֱלֹהִים יָחֳרָם", מֶה עָשָׂה מֹשֶׁה, נָטַל אֶת הַלּוּחוֹת מִתּוֹךְ יָדוֹ שֶׁל הַקָּדוֹשׁ בָּרוּךְ הוּא כְּדֵי לְהָשִׁיב חֲמָתוֹ,

עץ יוסף

(א) **הסניגור.** פירוש המליץ: **מסביר פנים בדין.** פירוש שמהפך הרבה בזכות הנדון ומסביר פנים לטענתו בדין עד שילא כנגה לדקו, והיינו מעמיד פנים דקאמר, אבל הסניגור שאינו טוב אינו חושש להסביר פני טענתו מאד. ואות אמת גרם אינו מסביר פנים בדין, ופירושו שאינו נושא פני הדיין אלא מעמיד פנים כנגדו עד שיודה לו: **משה אחד משני סניגורין כו'.** רוצה לומר שלא תקשה למה באמת העמידו פניהם בדין, לכך אמר ללמוד סניגוריא על ישראל, ומי שלומד סניגוריא על ישראל אף שמדבר דברים קשים אין אדם נתפס על לערו כדאיתא לעיל פרשה י' בקשה מדת הדין לפגוע במשה, ולפי שנסתכל הקדוש ברוך הוא שבשביל לער ישראל דבר כן, חזר ונהג עמו במדת הרחמים (תולדות נח): **משני בני אדם.** בגמרא קחשיב פנחס ומשה ואליהו וחנה: **והעמידו פנים.** כביכול נגד הקדוש ברוך הוא, דבמשה כתיב לולי משה בחירו עמד בפרץ לפניו, מזה דריש שהעמיד פנים כנגדו, וכדפירש בסמוך שדחה הקטיגור, או במה שחטף את הלוחות, וכן דניאל העמיד פנים במה שאמר האל הגדול והנורא ולא אמר הגבור (יומא סט, ב), נכרים משעבדין בבניו איה גבורותיו: **רבי ברכיה אמר שתים.** כלומר שני פירושים לפרש עמד בפרץ לפניו: **במקומו של פורץ.** הוא השטן פורץ גדר החיים: **עמד בפרץ לפניו דבר קשה כו'.** רוצה לומר דמשמעו שמשה עמד בפרץ ועכבו, וזה דבר קשה להאמר, ועל זה אמרו משל למלך כו', ואחר שתופס הקולמוס מרבה ביני וביני בתפלה ופיוסים עד שמשיב חמתו, ואילו היה נחתם הגזירה לא היה לו מקום עוד לבקש, וכן משה במה שנטל הלוחות מידו של הקדוש ברוך הוא ודחה חתימת הגזירה, בזה נקרא עומד בפרץ כאילו עכב על ידו, ומכל מקום השבת החמה היתה על ידי תפלה: **סונקתדרי.** בלשון יוני יועץ למלך (מוסף הערוך): **ולא עשה.** כלומר לא נגמר הדין כמו שהיה ראוי, אלא נדחה, כי בא לחתום ומשה עכב בנטילת הלוחות: **נטל את הלוחות מתוך ידו של הקדוש ברוך הוא כו'.** שבשעה שהיה ה' נותן את הלוחות,

פירוש מהרז"ו

(א) **ויחל משה.** היה לו לומר ויתפלל או ויתחנן, כמו שכתוב בסוף הסימן: **מסביר פנים בדין.** שיודע איך לסדר טענות שיטה הדיין אזנו לדבריו, ואם רואה שפסק הדין נוטה להיות קשה, עומד כנגד הדיין בחיזוק לבו לטעון, וזהו העמדת פנים בדין, וכמו שכתוב לעיל פרשה א' סימן י"ג פועה: **לולי משה בחירו.** להשיב חמתו מהשחית. ולפניו פירוש נגד פניו ונגד רצונו, ואגל דניאל מפורש ואתנה [את] פני, שידע דניאל שהיה השם יתברך במעמד כעס שמחזיקם בבבל, וחיזק לבו כנגד רצונו שימהר לגאלם: **אחת בשם רבינו.** המאמר במדרש תהלים מזמור ק"ו, שני דעות, רבי ברכיה בשם רבי יהודה ברבי סימון, ואחת בשם רבי שמואל בר נחמן, כמו שכתב כאן, ואם כן מה שכתב כאן בשם רבינו, על כרחך פירושו על רבי יהודה ברבי סימון, ונקרא רבינו סתם על שהוא מרא דתלמודא בירושלמי ובמדרש, ורבי ברכיה היה תלמידו: **במקומו של פרץ.** בא לפרש מה שכתוב בפרץ לפניו, משמע שיש גדר לפניו ובו פרץ, על כן דורש אל תקרי בפרץ אלא במקום פורץ, לקטרג עליהם, על פי מדות נוטריקון וממעל, חטא העם הזה חטאה גדולה, והניחו המקטרגים הקטרוג, ועל ידי כן התחיל להתפלל, וכמו שאמר לקמן פרשה מ"ז ריש סימן ט. ומה שכתוב לפניו, שתחלה היה הפורץ לפניו, וכענין שכתוב ריש איוב ויבא גם השטן בתוכם להתילב על ה' איוב ב' א', ומשה עמד ברחוק, שאמר לו לך רד, ונתנדה, כדלעיל פרשה מ"ב סימן ג: **הרף ממני ואשמידם.** דברים ט': **ולא עשה אלא.** פירוש ולא עשה באופן זה, אלא כשבא לחתום כן השיב חמתו מהשחית: **גזר דינם שנאמר זובח.** כמו שאמרו בסוף הסימן, וטוגשו אללו זובח לאלהים, וכמו שדרשו בשיר השירים רבה פסוק ידיו גלילי זהב, בין כל דיבור ודיבור פרשיות ודקדוקין של תורה וכו':

מתנות כהונה

[א] **דבר קשה.** כלומר ענין קשה הוא על הלשון לאומרו כביכול משה רבינו עליו השלום חטף בזרוע הלוחות מידו של הקדוש ברוך הוא. וכן הוא לקמן (סימן ד): **סונקתדרו.** פירש הערוך (ערך סנקתדרון) שר היושב תדיר עם המלך בקתדרא, פירוש כסא מכובד: **ולא עשה.** לא עכב להיות לו די בזה אלא גם בא לחתום גזר דין:

אשד הנחלים

[א] **מסביר פנים כו' והעמידו פנים כביכול כו'.** כלומר כאלו עומד פנים בפנים להתוכח ולזכותם, וכולל גם כן לשון הסברת פנים, כלומר להראות שראוים להסברת פנים לנשוא חטאם ולהסביר להם פנים: **ודחף את השטן.** הנובע ממדת הדין למעלה, והוא נמשך להיות עומד לשטנו על ישראל, וזהו ויחל גו' ה' אלהיו זהו מדת הרחמים המעוטף עתה במדת הדין, ולכן נכתב בוא"ו הכנוי. וההוצאה לחוץ הוא משל, כלומר שלמד סניגוריא וביטל הקטגוריא: **דבר קשה.** כלומר אף שלא כדרך ארץ שחטף הקולמס (ידי משה). וענינו כי אילו היה ניתן להם הלוחות היה נחתם גזר דינם להריגה כדכתיב זובח גו' יחרם, ולא היה מועיל התפלה אחר גזר דינם, אבל כששברם וביטל הנתינה אז נידונו כשוגגים. ובמשל מבאר על דרך דוגמת בשר ודם שעושה וחותם מתוך כעסו, ועל כן כשחוטף הקולמס מידו טרם שיחתום אחר כך הוא נח מרוגזו, אבל בנמשל אי אפשר לומר ככה, כי לא יתפעל חס ושלום ה' ברוך הוא ולא יצדק עליו ככה, לכן מוכרח לפרש בסיבה אחרת, הבן זה. ודרש עמד בפרץ שפרץ הלוחות ופרץ הגזר דין:

חידושי הרד"ל

[א] **הסניגור הטוב מעביר פנים בדין משה כו' והעמידו פנים כביכול כו'** העמדת פנים הוא כמו ענין העז פנים, (עיין בראשית רבה פרשה מ"ד טו כל המעמיד פנים, ובכמה מקומות) וזה שאמר שכל הסניגורין אפילו הטוב שבהם אינו אלא מסביר פנים, אבל משה כביכול העמיד פנים, כמו שכתוב עמד בפרץ לפניו: **רבי שמואל בר נחמן אמר כו' לפניו והשיב חמתו דבר קשה כו'.** כן לריך לומר:

חידושי הרש"ש

[א] **שנאמר לולי משה בחירו וגו'.** נראה שדורש עמד כמו העמיד, וכינוי דלפניו מוסב על משה, ורלה לומר שהעמיד משה את פניו בפריצות כביכול כנגדו, וכמו שאמר לקמן שעמד בקלות ראש כו', ודלא כפירוש המתנות כהונה שם: **כלומר כו' עד לא חטאו.** נראה דזה לריך להיות להלן אחר ואל יהו מזידין. ונראה עוד דמשה היה מתירא פן לא יחזרו בהם אף אחר ביאתו אליהם:

באור מהרי"פ

[א] **נטל את הלוחות מתוך ידו של הקדוש ברוך הוא.** פירוש, אף שמקודם נתנו לו מאת הקב"ה ברלונו הטוב, כמו שנאמר ויתן אל משה ככלותו וגו', אלא קודם החטא נתנו לו, ולאחר החטא נטל הקב"ה מידו כדי לחתום גזר דינם זובח לאלהים יחרם, מה שלא היה נכתב מקודם, לכן כשראה משה כן חטף מידו. ואם תאמר, הלא כבר היו כל המלות כתובים בין כל דבור ודבור כגלים קטנים המסויימין בין גלים גדולים כדאיתא במדרש חזית (שיר השירים רבה פרשה ה, יב), ואי כבר היו כתובים, מה הועיל בחטיפתו מיד הקב"ה. ויש לומר, שזה דוקא בלוחות השניים וכדמשמע בפרשה מ"ז (סימן ז) ובלוחות השניים אני נותן לך שיהא בהם מדרש הלכות ואגדות, עיין שם, ולפי זה אתי שפיר מה שאמר מה עשה משה נטל את הלוחות מידו של הקב"ה. תולדות נח הארוך:

מסורת המדרש

א. מדרש תהלים מזמור ק"ו. ילקוט תהלים רמז תתס"ד:

אם למקרא

וַיֹּאמֶר לְהַשְׁמִידָם לוּלֵי מֹשֶׁה בְחִירוֹ עָמַד בַּפֶּרֶץ לְפָנָיו לְהָשִׁיב חֲמָתוֹ מֵהַשְׁחִית: (תהלים קו:כג)

וָאֶתְּנָה אֶת פָּנַי אֶל אֲדֹנָי הָאֱלֹהִים לְבַקֵּשׁ תְּפִלָּה וְתַחֲנוּנִים בְּצוֹם וְשַׂק וָאֵפֶר: (דניאל ט: ג)

הֶרֶף מִמֶּנִּי וְאַשְׁמִידֵם וְאֶמְחֶה אֶת שְׁמָם מִתַּחַת הַשָּׁמָיִם וְאֶעֱשֶׂה אוֹתְךָ לְגוֹי עָצוּם וָרָב מִמֶּנּוּ: (דברים ט: יד)

זֹבֵחַ לָאֱלֹהִים יָחֳרָם בִּלְתִּי לַה' לְבַדּוֹ: (שמות כב: יט)

ידי משה

[א] **דבר קשה.** כי לפי דברי רבינו שפירש עמד בפרץ שדחף את השטן אין זה דבר קשה, אבל לדברי רבי שמואל שחטף הקולמוס מיד הקב"ה זה הוא דבר קשה:

אמרי יושר

[א] **הסנגור הטוב מעמיד פנים בדיין.** וזהו ויחל משה וקם בעזות גדול את פני ה' ובהפלר, וזה היה זכות גדול לו:

שינוי נוסחאות

(א) **הסניגור הטוב מסביר פנים בדין.** א"א מגיה "...אינו מסביר פנים בדין" (ורמז לו יפה תאר בעילום שם): **ללמוד סניגוריא על ישראל.** בספרים הישנים היה כתוב "ללמד..." וכצ"ל:

The Midrash has implied that the words *One who brings offerings to the gods shall be destroyed* were inscribed on the Tablets.[16] It now presents another parable to support this assertion:[17] **לְמָה הַדָּבָר דּוֹמֶה – To what might this**[18] **be compared?** **לְמֶלֶךְ שֶׁשָּׁלַח לְקַדֵּשׁ אִשָּׁה עִם הַסַּרְסוּר – To a king who sent an agent to betroth a** certain **woman** for him. **הָלַךְ וְקִלְקְלָה עִם אַחֵר – [The agent] went** to fulfill his mission, and while he was on the way, **[the woman] committed a sin,** i.e., she consorted, **with another** man. **הַסַּרְסוּר שֶׁהָיָה נָקִי מֶה עָשָׂה – What did the agent – who was a decent person – do?** **נָטַל אֶת כְּתוּבָּתָהּ מַה שֶּׁנָּתַן לוֹ הַמֶּלֶךְ לְקַדְּשָׁהּ וְקָרְעָהּ – He took the** ***kesubah*** (marriage contract), **which the king had given him to betroth her, and he tore it up,** **אָמַר: מוּטָב שֶׁתִּדּוֹן כִּפְנוּיָה וְלֹא כְּאֵשֶׁת אִישׁ – saying,** "If she is to be judged for licentiousness, **it is preferable that she be judged as an unmarried woman rather than as a married one."**[19] **כָּךְ עָשָׂה מֹשֶׁה – This is what Moses did** as well. **כֵּיוָן שֶׁעָשׂוּ יִשְׂרָאֵל אוֹתוֹ מַעֲשֶׂה נָטַל אֶת הַלּוּחוֹת וְשִׁבְּרָן – When Israel committed that** sinful **act** of worshiping the Golden Calf, **he took the** two **Tablets** that he was supposed to have given to Israel **and smashed them,** **כְּלוֹמַר שֶׁאִלּוּ הָיוּ רוֹאִין עוֹנְשָׁן לֹא חָטְאוּ – meaning** to intimate **that had [Israel] seen their punishment** to which they were subject **for idolatry,** as written in the Tablets, **they would not have sinned.**[20] **וְעוֹד אָמַר מֹשֶׁה: מוּטָב נִידּוֹנִין כְּשׁוֹגְגִין וְאַל יְהוּ מְזִידִין – And moreover Moses said,** "If they are to be judged for their idolatry, **it is better that they be judged as unintentional sinners**[21] **than as intentional sinners."** **לָמָּה – And why** is this so?[22] **שֶׁהָיָה כָּתוּב בַּלּוּחוֹת "אָנֹכִי ה' אֱלֹהֶיךָ" – For it was written on the Tablets,** ***I am HASHEM, your God*** . . . *You shall not recognize the gods of others . . . nor worship them* (above, 20:2-5), **וְעוֹנְשׁוֹ אֶצְלוֹ, "זֹבֵחַ לָאֱלֹהִים יָחֳרָם" – and the punishment for** transgressing **[this sin] was** written **next to it** as well, namely, ***One who brings offerings to the gods shall be destroyed*** (above, 22:19); **לְפִיכָךְ שִׁבֵּר אֶת הַלּוּחוֹת – and this is why [Moses] smashed the Tablets.**

"וַיֹּאמֶר לְהַשְׁמִידָם" – Thus we have explained the verse, ***He said He would destroy them,*** *had not Moses, His chosen one, stood in the breach before Him to turn away His wrath from destroying.*

As explained above,[23] not only did Moses "stand in the breach"

NOTES

16. See notes 13 and 14.

17. *Yefeh To'ar.*

18. I.e., Moses' breaking of the Tablets.

19. If the *kesubah,* testifying to her betrothal to the king, were left intact, the woman would have to prove that her immoral act had taken place before the betrothal, and thus did not constitute adultery. With the *kesubah* destroyed, however, there was no proof at all that she had ever become betrothed to the king.

20. Just as the woman in the parable was cleared of the charge of adultery once the agent had destroyed the evidence of the *kesubah,* for she could easily defend herself with the claim that she was not yet betrothed when she acted licentiously, so too the people of Israel could now defend themselves by saying they had not yet been warned of the consequences of idolatry (*One who brings offerings to the gods shall be destroyed*), and are thus not culpable for their actions (see *Yefeh To'ar, Eitz Yosef*). See Insight Ⓐ.

21. I.e., unwitting sinners, unaware of the consequences of their actions when they sinned.

22. I.e., why do we say that by not giving the Tablets to Israel, Moses ensured that they be considered in the category of "unwitting sinners"?

23. See note 15.

INSIGHTS

Ⓐ **Agent of the Almighty** Although the Midrash portrays Moses as a סַרְסוּר, *agent,* only in the course of relating a parable, the Midrash above, on 33 §1, speaks explicitly of Moses as a סרסור. *Meshech Chochmah* (*Ki Sisa* 32:19) considers the characterization of Moses as a סרסור or "agent" to be a fundamental point around which the entire episode of the Golden Calf revolves.

Jewish theology teaches that the nature of God's existence is very different from that of every other being. While other beings invariably depend on something else — ultimately, God — to give them sustenance and maintain their existence, God Himself is completely self-sufficient. He is self-sufficient not only in terms of His existence, but also in terms of His providential care of the universe. Despite His exalted nature, He can and does manage the affairs of the lowliest creatures, without the need for semi-divine intermediaries through which to supply His blessing to the world.

Related to the idea that God does not "franchise" His Godliness to others is the fact that there is no person or thing that is inherently holy, apart from God Himself and the Torah, which is a pure expression of His Will. Holiness resides in places, objects, and people only to the extent that God's Presence is manifest in them.

To some minds, this is a difficult concept to accept. Being of limited intellect and experience, human beings have a hard time relating to an abstract and transcendent Deity. They may yearn sincerely to connect to the Divine, but in their earthbound, physical state they feel capable of doing so only if the Divine is tangibly accessible — through a concrete physical form that they can revere and worship. It was this mentality that gave rise to the Golden Calf. When the people became convinced that Moses would not return, they hurried to replace him with a graven image that they could establish as an earthly base of Godliness and disseminator of Divine providence in this world. [See Insight below on §7, "The Sin of the Golden Calf."]

As the Calf's enthusiasts danced around their newly ordained "deity," Moses descended the mountain with the Tablets in hand. He saw what the people had done and realized that their mistake did not start with the Calf; it started with their perception of *him* and his role.

And to this Moses cried out, "Did you imagine that I was inherently great or holy that you felt compelled in my absence to create an idol in my place? I am but a man like you, chosen by God to serve as a סַרְסוּר, an *agent* or *middleman,* between Him and you. I may have been the messenger to bring down the Torah and record it for you, but the Torah does not depend on me; had I never existed, it would have been exactly the same." Likewise, one should not think that the Tabernacle and Temple were inherently holy. Their holiness derived solely from the intimate relationship that they helped foster between God and Israel. As soon as Israel breached the terms of their covenant and the Divine Presence departed from their midst, the Temple was left as an empty shell, a mundane structure of wood and stones.

In view of the terrible damage that Israel's confusion about this concept had wrought, Moses found it necessary to drive home the truth in a dramatic, unforgettable way. He would, of course, destroy the Golden Calf, but what would deter them from transferring their devotion to another physical object? Why should they not idolize the incomparably sacred Tablets that he now held in his arms, hewn and inscribed by God Himself to serve as a physical embodiment of the Torah within Israel? Immediately, Moses knew what had to be done. He threw down the Tablets and shattered them at the foot of the mountain, as if to say: Nothing, even these heaven-made Tablets, is intrinsically holy and hence worthy of being made an object of worship. The Tablets are special only insofar as they represent the central place that God's law occupies among the Jewish people. Now that you have spurned that law, they have lost their significance and they may as well be smashed.

Moses undertook to teach this lesson on his own accord, but he soon received God's endorsement for the drastic step he had taken (see above, 19 §3; below, 46 §3). And in due course God even amplified the lesson by instructing him to place the broken Tablets in the Ark together with the new ones (*Bava Basra* 14b). The contrast was surely striking: The Tablets carved by Moses, whole and intact, alongside the Tablets made by God, broken into pieces. There could be only one explanation: The sanctity of an object does not lie in the object, but in the Jewish people's commitment to the ideal it represents.

ב לָמָּה הַדָּבָר דּוֹמֶה, לְמֶלֶךְ שֶׁשָּׁלַח לְקַדֵּשׁ אִשָּׁה עִם הַסַּרְסוּר, הָלַךְ ° וְקִלְקְלָה עִם אַחֵר, הַסַּרְסוּר שֶׁהָיָה נָקִי מֶה עָשָׂה, נָטַל אֶת כְּתוּבָּתָהּ מַה שֶּׁנָּתַן לוֹ הַמֶּלֶךְ לְקַדְּשָׁהּ וּקְרָעָהּ, אָמַר: מוּטָב שֶׁתִּדּוֹן כִּפְנוּיָה וְלֹא כְּאֵשֶׁת אִישׁ, כָּךְ עָשָׂה מֹשֶׁה, כֵּיוָן שֶׁעָשׂוּ יִשְׂרָאֵל אוֹתוֹ מַעֲשֶׂה נָטַל אֶת הַלּוּחוֹת וְשִׁיבְּרָן, כְּלוֹמַר שֶׁאִלּוּ הָיוּ רוֹאִין עָנְשָׁן לֹא חָטְאוּ, וְעוֹד אָמַר מֹשֶׁה: מוּטָב נִידּוֹנִין כְּשׁוֹגְגִין וְאַל יְהוּ מְזִידִין, לָמָּה, שֶׁהָיָה כָּתוּב בַּלּוּחוֹת (לעיל כ, ב) "אָנֹכִי ה' אֱלֹהֶיךָ", וְעוֹנְשׁוֹ אֶצְלוֹ, "זֹבֵחַ לָאֱלֹהִים יָחֳרָם", לְפִיכָךְ שָׁבַר אֶת הַלּוּחוֹת, (תהלים קו, כג) "וַיֹּאמֶר לְהַשְׁמִידָם", מִיָּד הִתְחִיל חוֹגֵר בִּתְפִלָּה, הֱוֵי [לב, יא] "וַיְחַל מֹשֶׁה אֶת פְּנֵי ה' אֱלֹהָיו", שֶׁעָמַד בְּקַלּוּת רֹאשׁ לִפְנֵי הַקָּדוֹשׁ בָּרוּךְ הוּא לְבַקֵּשׁ צָרְכָּן שֶׁל יִשְׂרָאֵל, הֱוֵי "וַיְחַל מֹשֶׁה":

ב דָּבָר אַחֵר, [לב, יא] "וַיְחַל מֹשֶׁה", הָדָא הוּא דִכְתִיב (משלי טז, יד) "חֲמַת מֶלֶךְ מַלְאֲכֵי מָוֶת", מְדַבֵּר בְּמֹשֶׁה, כְּשֶׁעָשׂוּ יִשְׂרָאֵל אוֹתוֹ מַעֲשֶׂה עָלְתָה חֲמָתוֹ שֶׁל הַקָּדוֹשׁ בָּרוּךְ הוּא וְשָׁלַח מַלְאֲכֵי חַבָּלָה לְחַבֵּל אֶת יִשְׂרָאֵל, הֱוֵי "חֲמַת מֶלֶךְ מַלְאֲכֵי מָוֶת", (שם) "וְאִישׁ חָכָם יְכַפְּרֶנָּה", זֶה מֹשֶׁה שֶׁנִּקְרָא חָכָם, שֶׁנֶּאֱמַר (שם כא, כב) "עִיר גִּבֹּרִים עָלָה חָכָם", שֶׁעָמַד וְלִמֵּד סַנֵּגוֹרְיָא עַל יִשְׂרָאֵל וְרִיצָּה אוֹתָם לַאֲבִיהֶם שֶׁבַּשָּׁמַיִם, הֱוֵי "וַיְחַל מֹשֶׁה", דָּבָר אַחֵר, [לב, יא] "וַיְחַל מֹשֶׁה", הָדָא הוּא דִכְתִיב (שם כט, ח) "אַנְשֵׁי לָצוֹן יָפִיחוּ קִרְיָה", אֵלּוּ יִשְׂרָאֵל שֶׁנָּתְנוּ פִּיחָה בָּעוֹלָם בָּעֵגֶל שֶׁעָשׂוּ, דְּאָמַר רַבִּי אַסִּי: ג אֵין דּוֹר וָדוֹר שֶׁאֵינוֹ נוֹטֵל אוּקְיָא מִמַּעֲשֵׂה הָעֵגֶל,

עץ יוסף

אז עשו ישראל את העגל והקדוש ברוך הוא היה תופס בטפחיים ומשה בטפחיים, וב״ק הקדוש ברוך הוא לחטפן מידו, וגברה ידו של משה וחטפן, כדאיתא במסכת תענית ירושלמי: **למה הדבר דומה למלך ששלח לקדש אשה אחת עד שהסרסור הולך קלקלה עם אחר.** כן צריך לומר (יפה תואר). ופירושו שהלך וקידשה ועד שחזר והלך מאללה מיד קלקלה. והאות אמת גרם הלך הסרסור וקלקלה, וגם לפי גירסא זו צריך לומר שהקלקול היה אחר שנתקדשה למלך, וקריעת הכתובה כדי שתדון כפנויה שתכחיש ותאמר פנויה הייתי, ולפי שלא היה הקדושין ידועין למלך, שהיו על ידי הסרסור ומלו מטען ליה שעדיין לא נתקדשה לו, וכן בנמשל ישראל כבר היו מקודשים לה' אלא שהראה שידונו כאילו לא נתקדשו עדיין: **נטל את כתובתה ומה שנתן לו המלך.** כן צריך לומר (יפה תואר). והכי פירושו שנתן לו חפץ לקדשה, וגם כתב לה כתובתה ונתן בידו, כדלקמן פרשה מ"ו, ולכן הוצרך השושבין ליטול כתובתה ולקורעה וליטול גם כן החפץ שנתן לו לקדשה בו, להראות לו לומר שהרי הוא עדיין בידו ולא קדשה: **כלומר שאילו היו רואים עונשם לא חטאו.** הכוונה משום שבמאמר ה' העשרת הדברות, אמר גם כן עונשם, ואז חקק בלוחות כל דבור ודבור ועונשו בצדו, כפי מאמרו, או שהדבור נחקק מאליו כדאיתא בחזית פסוק ישקני, הילכך אלו היו הלוחות קיימות לא היה להם עמידה, אבל השתא ששברם, מצי טעין שלא ידעו בעונשים הכתובים בהן, וכל זה עשה מפני המקטריגים שלא יקטרגו שידעו ישראל בעונשם: **מוטב נידונים בשוגגים.** שהיה מסתפק משה שלא יוכל להשיבן מטון אחר שהעיזו לחטוא: **ויאמר להשמידם מיד התחיל כו'.** חוזר לענין ראשון דקאמר שהעמיד פניס כנגד ה': **חוגר.** כלומר מתאמן בתפלה מלשון אל יתהלל חוגר: **בקלות ראש.** דריש למלת ויחל לשון חולין, כי לא נהג כבוד בה', אלא עמד בקלות ראש והעמיד פנים כנגד ה', ובזה מסיים במה שהתחיל בריש פרשה זו, עיין שם: **(ב) הדא הוא דכתיב חמת מלך כו'.** בעי למדרש ויחל משה, מלשון (במדבר ל, ג) לא יחל דברו, שהוא לשון ביטול, כלומר שבטל חמת ה' שהוא פנים של זעם, ומייתי קרא דחמת מלך, דדרשי שמשה כפר חמת מלכו של עולם: **עלתה חמתו של הקדוש ברוך הוא.** הוא על דרך דברה תורה כלשון בני אדם: **שנאמר עיר גבורים עלה חכם.** ובמשה קמיירי בהורדת התורה, כדלקמן בויקרא רבה פרשה ל"א: **[ג] אלו ישראל.** כלומר ענין זה נוכר בישראל שנתנו פיחה, פירושו הבערה וגחלים בוערות בכל העולם, ואיקרו אנשי לצון משום ויקומו לצחק: **אונקיא.** משקל קטן, וכתב הערוך אונקיא, בלשון יוני ורומיי שם משקל אשר משקלו שני שקלי הקדש, או שמנה דרכמון: **ממעשה העגל.** כדילפינן בפרק חלק (סנהדרין קב, א) מביום פקדי ופקדתי, ואף שנתכפר להם כדכתיב וינחם ה' על הרעה וגו', יש לומר שלא נתכפר אלא להגן מעונשים הגדולים כמו כלייה והשמדה, אבל מכל מקום הרושם נרשם והפגם נפגם לענוש בכל דור ודור, אי נמי שנתכפרו לבלתי המית ולעשות כלה את כל הדור בפעם אחת,

פירוש מהרז"ו

את הלוחות ושברן. עיין לעיל ריש פרשה כ"ח, ולקמן ריש פרשה מ"ו: **ויאמר להשמידם.** פירוש שעל ידי דרשה הנ"ל יבואר פסוק זה שהתחיל בריש הסימן: **חוגר בתפלה.** פירוש חוגר מתניו, הוא משל על התחזקות בדבר, וכמו שאמרו בראשית רבה פרשה ע"א סימן ז חגר מתניו כנגדה, עיין שם: **ויחל משה שעמד בקלות ראש.** בזה שהעמיד פניו ודחף הפורך, וחטף הלוחות שלא בדרך כבוד של מעלה, אלא על שהיה נאמן ביתו ידע רצונו האמיתי בזה, שלא כנראה מכעסו: **(ב) עלתה חמתו.** כמו שכתוב דברים ט' (פסוק יט), כי יגורתי מפני האף והחמה, וכדלעיל סוף פרשה מ"א: **יכפרנה זה משה.** וכמו שכתוב כאן ואכפרה בעד חטאתכם: **פיחה בעולם בעגל.** הפחה באש לשרוף העולם, וכמו שאמר לקמן פרשה מ"ח סימן ה, עיין שם ותבין כאן. ומה שכתוב אנשי לצון, כמו שדרש לעיל פרשה מ"א סוף סימן א, על החרפות והגדפות, (וקריה כמו שכתוב מדרש קהלת רבה (ט פסוק יד) עיר קטנה זה העולם, והשמים נקרא עיר גבורים), וכן מצאתי בהדיא במדרש תהלים מזמור א', ובמושב לצים לא ישב, שנאמר וישב העם וגו' ויקומו לצחק: **אוקיא ממעשה העגל.** ובקהלת רבה פסוק שבתי וראה (ט, פסוק יא, א), הגירסא אונקיא, ופירשו במוסף ערוך בלשון יוני קורין כן משקל ששוקל שני שקלי קודש, עיין שם. עוד בראשית רבה ריש פרשה כ"ט (סימן א) אונקיא:

חידושי הרד"ל

ועונשו אצלו זובח כו'. וכמו שכתוב בשיר השירים רבה פרשה ה (פסוק יד, ג) שבין כל דבור ודבור היו כתובים דקדוקיה ופרשיותיה, והן הן עונשיה ואזהרותיה (שם פרשה א פסוק א, ח) שבשעת הדברות היה הדיבור אומר להם כך וכך עונשין כו', וכן נחקקו על הלוחות: **בקלות ראש לפני הקדוש ברוך הוא לבקש צרכן של ישראל.** בא ליישב שמפני שלצרכן של ישראל עשה כן אין תימא, וכמו שכתוב בשיר השירים רבה פרשה א פסוק יג, מה אשה זו אינה מתביישת לתבוע צרכי ביתה מבעלה כך הנביאים כו', ואמרו שם היפה בנשים זה משה כו', ועיין לעיל סוף פרשה ה: **[ב] אנשי לצון כו' אלו ישראל.** שכתוב עליהן באותה שעה ויקומו לצחק: **שנתנו פיחה בעולם.** כנופח בגחלים להלהיב אש, כן הפיחו חרון אפו של הקב"ה כאש עליהם לעולם: **אין דור כו' אוקיא ממעשי העגל.** עיין סנהדרין (קב, א):

באור מהרי"פ

למלך שקידש לו אשה כו'. נראה דמלתא באנפי נפשה היא, ולא קאי אלמעלה, דכאן משמע שאף בלוחות הראשונים היו כתובים העונשים, ומשה שברם כדי שיוכל להמליץ עבורם אלו היו רואים את העונשים לא היו חוטאים: **ועוד אמר משה מוטב וכו'.** פירוש, במה שיחטאו מכאן ואילך, שאם יראו מה שכתוב בלוחות ואף על פי כן יחטאו, הם מזידים גמורים, ומשה היה מסתפק שמא לא יוכל להשיבם מטון, אחר שהעיזו כל כך לחטוא: **ויאמר להשמידם וגו'.** חוזר לתחלת הדרשה דבריש הפרשה: **בקלות.** פירש [תולדות נח הארוך], כי התפלה עצמה היתה בקלות ראש, [שאמר במאמרו] למה ה' יחרה אפך וגו' אתה משיב הרוח והוא מוריד טללים וכו' ולקמן סימן ו. במדבר רבה ב, טו), וכדי שלא יקשה למה לא נענש על כך או למה עשה כך, לזה אמר **לבקש צרכן של ישראל,** כי מפני נערו על ישראל על עשה זה, וכדאיתא במדרש שעל דבר זה בקשה מדת הדין לפגוע במשה, ולפי שנסתכל הקב"ה שבשביל נערן של ישראל דבר כן

מסורת המדרש

ב. לקמן פרשה מ"ו. תנחומא כאן סימן ל' וסדר עקב סימן י"א. אבות דרבי נתן פרק ב':
ג. סנהדרין דף ק"ב. ירושלמי תענית פרק ד'. קהלת רבה פרשה ט' פסוק י"א. ילקוט כאן רמז שנ"ג:

אם למקרא

אָנֹכִי ה' אֱלֹהֶיךָ אֲשֶׁר הוֹצֵאתִיךָ מֵאֶרֶץ מִצְרַיִם מִבֵּית עֲבָדִים: (שמות כ: ב)
חֲמַת מֶלֶךְ מַלְאֲכֵי מָוֶת וְאִישׁ חָכָם יְכַפְּרֶנָּה: (משלי טז: יד)
עִיר גִּבֹּרִים עָלָה חָכָם וַיֹּרֶד עֹז מִבְטֶחָה: (משלי כא: כב)
אַנְשֵׁי לָצוֹן יָפִיחוּ קִרְיָה וַחֲכָמִים יָשִׁיבוּ אָף: (משלי כט: ח)

ידי משה

מוטב שתדון בפנויה. ואם תאמר למה שברן לא היה לו ליטול אותן. ויש לומר שהראה לנו משה הדין שאין לענוש שום אדם אף על פי שהוגד לו על ידי איש מהימן ולדיק גמור רק שיראה בעצמו או על פי שני עדים, לכך נטלם, ואחר כך שראה בעצמו שחטאו שברם. ואם תאמר למה צריך לשברם דוקא תיפק ליה שכל זמן שלא באו ליד ישראל הם עדיין כפנויה. ויש לומר לפי שהיה משה שלוחם וידו כידם, והוה כאילו היה ישראל מקבלים הלוחות בעצמם ששלוחו של אדם כמותו, רק שקשה אם כן אף ששברם מכל מקום הא כבר קבלם משה מכל מקום היה כוונת ישראל שעל כל פנים יגיע לידם. וקל להבין:

שינוי נוסחאות

הלך וקלקלה עם אחר. בספרים הישנים היה כתוב "הולך קלקלה עם אחר" (וחסר וי"ו החיבור לפני "קלקלה") והגיה א"א "הלך הסרסור וקלקלה"; ומ"כ הגיה כעין זה, "הלך וקלקלה", כלפנינו; ויפ"ת הגיה "עד שהסרסור הולך קלקלה":

מתנות כהונה

עם הסירסור. על ידי הסרסור: **סרסור.** אמצעי בין המוכר והלוקח: הכי גרסינן **הלך וקלקלה.** ופירוש הלך הסרסור לעשות שליחותו ולקדשה ובעוד שהוא הלך קלקלה היא עם אחר: **שאלו היו רואין.** ישראל את עונש העובד עבודה זרה לא היו עובדין לעבודה זרה וכך המליץ עליהם לפני הקב"ה: **בקלות ראש.** כלומר דרך הפקר דוגמת מה שאמרו חז"ל בפרק קמא דשבת (י, א) חזינא לרב כהנא כי איכא צערא בעלמא שדי גלימא ופכר ידיה ומצלי אמר כעבדא קמי מריה. ודרש ויחל לשון חולין ודרך הפקר: **[ב] וריצה אותם כו'.** דרש ויחל לשון מחילה: **פיחה.** הבערה וגחלים בוערות כן פרשוהו המפרשים: **אוקיא.** משקל קטון: הכי גרסינן

אשד הנחלים

בקלות ראש. וזהו לשון ויחל מלשון חולין, וכלומר בלי הכנעה ועטיפת הנפש, וכל זה מרוב חשקו להועיל לישראל ולזכותם: **[ב] עיר גבורים.** דרשו על משה שעלה למרום שהיא עיר גבורים כי המלאכים המה גבורי כח: **הוי ויחל גו'.** שלכן כתיב אלהיו בכנוי שהיה מעוטף במדת הדין לשלוח מלאכי חבלה לכלותם חס ושלום, וזהו את פני, זהו שם הכעס כמו (איכה ד, טז) פני ה' חלקם: **פיחה.** פירש המתנות כהונה לשון הבערה וגחלים בוערות כמו פחמים. וכלומר ראה נא גודל חטאם עד שהפיחו בזה כל הדורות להבעיר הכעס עליהם ולפקוד עונם, וא"כ מה גדול עונו בעתו, ועם כל זה חכמים השיבו אף, אף בשעת מעשה, וזהו ויחל את פניו זהו שם הכעס, וקרא אנשי לצון כמו ויקומו לצחק (יפה תואר):

by acting audaciously to defer God's judgment, he took advantage of this delay by praying for Israel's forgiveness: מִיָּד הִתְחִיל חוֹגֵר בִּתְפִלָּה – **Immediately thereafter,**[24] **[Moses] girded** (i.e., strengthened) **himself in prayer.** הֱוֵי "וַיְחַל מֹשֶׁה אֶת פְּנֵי ה' אֱלֹהָיו" – And **this is the import of** our verse, ***Moses pleaded*** [וַיְחַל] ***before HASHEM, his God,*** שֶׁעָמַד בְּקַלּוּת רֹאשׁ לִפְנֵי הַקָּדוֹשׁ בָּרוּךְ הוּא לְבַקֵּשׁ צָרְכָּן שֶׁל יִשְׂרָאֵל – **that he stood irreverently before the Holy One, blessed is He, to beg for the needs of Israel,** i.e., for their forgiveness.[25] הֱוֵי "וַיְחַל מֹשֶׁה" – **Thus** we have explained the verse, ***Moses pleaded*** *before HASHEM*.

§2 The Midrash cites a verse from *Proverbs* and applies it to Moses' prayers to God after the sin of the Golden Calf:

דָּבָר אַחֵר, "וַיְחַל מֹשֶׁה" – **Another interpretation** of the words ***Moses pleaded:*** הֲדָא הוּא דִכְתִיב "חֲמַת מֶלֶךְ מַלְאֲכֵי מָוֶת" – **This is** to be understood in light of **what is written, *The king's wrath is angels of death,*** *but a wise man will appease it* (*Proverbs* 16:14). מְדַבֵּר בְּמֹשֶׁה – This verse **is speaking of Moses.** כְּשֶׁעָשׂוּ יִשְׂרָאֵל אוֹתוֹ מַעֲשֶׂה – For **when Israel committed that** sinful **act** of worshiping the Golden Calf, עָלְתָה חֲמָתוֹ שֶׁל הַקָּדוֹשׁ בָּרוּךְ הוּא וְשָׁלַח מַלְאֲכֵי חַבָּלָה לְחַבֵּל אֶת יִשְׂרָאֵל – **the wrath of the Holy One, blessed is He, was provoked, and He sent angels of destruction to punish Israel;**[26] הֱוֵי "חֲמַת מֶלֶךְ מַלְאֲכֵי מָוֶת" – and **this is** the meaning of ***The king's wrath is angels of death.***[27] "וְאִישׁ חָכָם יְכַפְּרֶנָּה", זֶה מֹשֶׁה – As for the continuation of the verse, ***but a wise man will appease it*** – **this is** a reference **to Moses,** שֶׁנִּקְרָא חָכָם, שֶׁנֶּאֱמַר "עִיר גִּבּוֹרִים עָלָה חָכָם" – **who is called "wise one," as it is stated, *The wise one went up to the city of the mighty ones,*** *and brought down the strength of its trust* (ibid. 21:22).[28] שֶׁעָמַד וְלִמֵּד סָנֵגוֹרְיָא עַל יִשְׂרָאֵל וְרִיצָּה אוֹתָם לַאֲבִיהֶם שֶׁבַּשָּׁמַיִם – **For [Moses] stood and advocated for Israel, thus bringing reconciliation for them with their Father in Heaven.** הֱוֵי "וַיְחַל מֹשֶׁה" – **Thus** we have explained the verse, ***Moses pleaded*** [וַיְחַל] *before HASHEM*.[29]

The Midrash presents a similar idea, but based on a different verse in *Proverbs*:

דָּבָר אַחֵר, "וַיְחַל מֹשֶׁה" – **Another interpretation of *Moses pleaded:*** הֲדָא הוּא דִכְתִיב "אַנְשֵׁי לָצוֹן יָפִיחוּ קִרְיָה" – **This is** to be understood in light of **what is written, *Scoffing men will ignite a city,*** *and wise men will turn back anger* (ibid. 29:8). אֵלּוּ יִשְׂרָאֵל שֶׁנָּתְנוּ פִּיחָה בָּעוֹלָם בָּעֵגֶל שֶׁעָשׂוּ – **These** "scoffing men" **are** alluding to the people of **Israel, who "ignited the world"** with God's wrath **through the** Golden **Calf that they made** and worshiped.[30] דְּאָמַר רַבִּי אַסִּי – **For R' Assi said:** אֵין דּוֹר וָדוֹר שֶׁאֵינוֹ נוֹטֵל אוּקְיָא מִמַּעֲשֵׂה הָעֵגֶל – **There is not a single generation that does not receive an ounce,** i.e., some small measurement, out of the total residual punishment **for the incident of the** Golden **Calf.**[31]

NOTES

24. After having "shoved Satan out of the way," or after having "blocked" God (as it were) from decreeing the destruction of the Israelites (depending on the two explanations for "standing in the breach" given above).

25. According to this interpretation וַיְחַל (translated here as *he pleaded*) is seen as being of the root חלל, meaning "to profane, to disregard sanctity." The phrase וַיְחַל ... אֶת פְּנֵי ה' thus means "he acted profanely in the presence of Hashem," referring to Moses' audacious act of "standing in the breach" (for which the Midrash has given two explanations). Nevertheless, since it was "for the needs of Israel" Moses did not hesitate even to act somewhat irreverently; his only thought – like the "good defender" mentioned above – was to save Israel from God's wrath, by whatever means possible (*Yefeh To'ar*).

26. As Moses later told Israel with reference to this incident, "*For I was terrified of the wrath and blazing anger with which HASHEM has been provoked against you to destroy you*" (*Deuteronomy* 9:19), from which the Midrash (above, 41 §7, and below, 44 §8) derives that angels of destruction had been sent forth by God (*Maharzu, Eitz Yosef*).

27. For God, King of the universe, initially sent these angels of death to destroy Israel.

28. This verse is interpreted as referring to Moses (*the wise one*), who ascended to the domain of the angels (*the mighty ones*) in order to bring down the Torah (*the strength of its trust*) to Israel (*Eitz Yosef,* citing from *Vayikra Rabbah* 31 §5).

29. I.e., this *Proverbs* verse sheds light on our verse, *Moses pleaded, etc.* Many commentators explain that the Midrash here intends to provide an additional interpretation for the word וַיְחַל. According to *Yefeh To'ar* (and *Eitz Yosef*), the Midrash here interprets וַיְחַל (from the root חלל) as "he nullified [וַיְחַל] God's angry countenance [פְּנֵי ה']," as in, *he shall not nullify* [יַחֵל] *his word* (*Numbers* 30:3), for, as stated, Moses succeeded in "nullifying" God's wrath through his prayers. According to *Toldos Noach* the Midrash is interpreting וַיְחַל מֹשֶׁה as "Moses weakened [the angels of destruction that God had sent]," from the verb הֶחֱלִי (to weaken, from the root חלה). According to *Matnos Kehunah,* the Midrash interprets וַיְחַל as being related to מחל, "to forgive"; וַיְחַל מֹשֶׁה thus means "Moses effected forgiveness [for the people]."

30. They are here called *scoffing men* (or "frivolous men") in light of the verse that states that the men who made the Calf *got up to revel* (32:6) (*Eitz Yosef*).

31. That is, a small part of every punishment that God has ever inflicted upon the Jewish people since the sin of the Golden Calf is due to what is left owing from the sin of the Calf (*Sanhedrin* 102a, based on v. 34). Hence, the sin of the Calf "ignited the world with God's wrath," i.e., it caused His wrath to go on burning indefinitely.

ב**לָמָה הַדָּבָר דּוֹמֶה, לְמֶלֶךְ שֶׁשָּׁלַח לְקַדֵּשׁ אִשָּׁה עִם הַסַּרְסוּר, הָלַךְ וְקִלְקְלָה עִם אַחֵר, הַסַּרְסוּר שֶׁהָיָה נָקִי מֶה עָשָׂה, נָטַל אֶת כְּתוּבָּתָהּ מַה שֶּׁנָּתַן לוֹ הַמֶּלֶךְ לְקַדְּשָׁהּ וּקְרָעָהּ, אָמַר: מוּטָב שֶׁתִּדּוֹן כִּפְנוּיָה וְלֹא כְּאֵשֶׁת אִישׁ, כָּךְ עָשָׂה מֹשֶׁה, כֵּיוָן שֶׁעָשׂוּ יִשְׂרָאֵל אוֹתוֹ מַעֲשֶׂה נָטַל אֶת הַלּוּחוֹת וְשִׁיבְּרָן, כְּלוֹמַר שֶׁאִלּוּ הָיוּ רוֹאִין עוֹנְשָׁן לֹא חָטְאוּ, וְעוֹד אָמַר מֹשֶׁה: מוּטָב נִידּוֹנִין כְּשׁוֹגְגִין וְאַל יְהוּ מְזִידִין, לָמָּה, שֶׁהָיָה כָּתוּב בַּלּוּחוֹת** (לעיל כ, ב) **"אָנֹכִי ה' אֱלֹהֶיךָ", וְעוֹנְשׁוֹ אֶצְלוֹ, "זֹבֵחַ לָאֱלֹהִים יָחֳרָם", לְפִיכָךְ שָׁבַר אֶת הַלּוּחוֹת,** (תהלים קו, כג) **"וַיֹּאמֶר לְהַשְׁמִידָם", מִיָּד הִתְחִיל חוֹגֵר בִּתְפִלָּה, הֱוֵי** [לב, יא] **"וַיְחַל מֹשֶׁה אֶת פְּנֵי ה' אֱלֹהָיו", שֶׁעָמַד בְּקַלּוּת רֹאשׁ לִפְנֵי הַקָּדוֹשׁ בָּרוּךְ הוּא לְבַקֵּשׁ צָרְכָּן שֶׁל יִשְׂרָאֵל, הֱוֵי "וַיְחַל מֹשֶׁה":**

ב דָּבָר אַחֵר, [לב, יא] **"וַיְחַל מֹשֶׁה", הָדָא הוּא דִּכְתִיב** (משלי טז, יד) **"חֲמַת מֶלֶךְ מַלְאֲכֵי מָוֶת", מְדַבֵּר בְּמֹשֶׁה, כְּשֶׁעָשׂוּ יִשְׂרָאֵל אוֹתוֹ מַעֲשֶׂה עָלְתָה חֲמָתוֹ שֶׁל הַקָּדוֹשׁ בָּרוּךְ הוּא וְשָׁלַח מַלְאֲכֵי חַבָּלָה לְחַבֵּל אֶת יִשְׂרָאֵל, הֱוֵי "חֲמַת מֶלֶךְ מַלְאֲכֵי מָוֶת",** (שם) **"וְאִישׁ חָכָם יְכַפְּרֶנָּה", זֶה מֹשֶׁה שֶׁנִּקְרָא חָכָם, שֶׁנֶּאֱמַר** (שם כא, כב) **"עִיר גִּבּוֹרִים עָלָה חָכָם", שֶׁעָמַד וְלִמֵּד סָנֵגוֹרְיָא עַל יִשְׂרָאֵל וְרִיצָּה אוֹתָם לַאֲבִיהֶם שֶׁבַּשָּׁמַיִם, הֱוֵי "וַיְחַל מֹשֶׁה", דָּבָר אַחֵר,** [לב, יא] **"וַיְחַל מֹשֶׁה", הָדָא הוּא דִכְתִיב** (שם כט, ח) **"אַנְשֵׁי לָצוֹן יָפִיחוּ קִרְיָה", אֵלּוּ יִשְׂרָאֵל שֶׁנָּתְנוּ פִּיחָה בָּעוֹלָם בָּעֵגֶל שֶׁעָשׂוּ, דְּאָמַר רַבִּי אַסִּי:** ג**אֵין דּוֹר וָדוֹר שֶׁאֵינוֹ נוֹטֵל אוּקְיָא מִמַּעֲשֵׂה הָעֵגֶל,**

עץ יוסף

אז עשו ישראל את העגל והקדוש ברוך הוא היה תופס בטפחיים ומשה בטפחיים, ובקש הקדוש ברוך הוא לחטפן מידו, וגברה ידו של משה וחטפן, כדאיתא במסכת תענית ירושלמי: **למה הדבר דומה למלך ששלח לקדש אשה אחת עד שהסרסור הולך קלקלה עם אחר.** כן צריך לומר (יפה תואר). ופירושו שהלך וקידשה ועד שחזר והלך מאצלה מיד קלקלה. והאות אמת גרס הלך הסרסור וקלקלה, וגם לפי גירסא זו צריך לומר שהקלקול היה אחר שנתקדשה למלך, וקריעת הכתובה כדי שתדון כפנויה שתכחיש ותאמר פנויה הייתי, ולפי שלא היה הקדושין ידועין למלך, שהיו על ידי הסרסור ומצי מטען ליה שעדיין לא נתקדשה לו, וכן בנמשל ישראל כבר היו מקודשים לה' אלא שהראה שידונו כאילו לא נתקדשו עדיין: **נטל את כתובתה ומה שנתן לו המלך.** כן צריך לומר (יפה תואר). והכי פירושו שנתן לו חפץ לקדשה, וגם כתב לה כתובתה ונתן בידו, כדלקמן פרשה מ"ו, ולכן הוצרך השושבין ליטול כתובתה ולקורעה וליטול גם כן החפץ שנתן לו לקדשה בו, להראות לו לומר שהרי הוא עדיין בידו ולא קדשה: **כלומר שאילו היו רואים עונשם לא חטאו.** הכוונה משום שבמאמר ה' העשרת הדברות, אמר גם כן עונשם, ואז חקק בלוחות כל דבור ודבור ועונשו בלדו, כפי מאמרו, או שהדבור נחקק מאליו כדאיתא בחזית פסוק ישקני, הילכך אלו היו הלוחות קיימות לא היה להם עמידה, אבל השתא ששברם, מצי טעין שלא ידעו בעונשים הכתובים בהן, וכל זה עשה מפני המקטריגים שלא יקטרגו שידעו ישראל בעונשם: **מוטב נידונים בשוגגים.** שהיה מסתפק משה שלא יוכל להשיבן מעון אחר שהעיזו לחטוא: **ויאמר להשמידם מיד התחיל כו'.** חוזר לענין ראשון דקאמר שהעמיד פניס כנגד ה': **חוגר.** כלומר מתאמץ בתפלה מלשון אל יתהלל חוגר: **בקלות ראש.** דריש למלת ויחל לשון חולין, כי לא נהג כבוד בה', אלא עמד בקלות ראש והעמיד פנים כנגד ה', ובזה מסיים במה שהתחיל בריש פרשה זו, עיין שם: **(ב) הדא הוא דכתיב חמת מלך כו'.** בעי למדרש ויחל משה, מלשון (במדבר ל, ג) לא יחל דברו, שהוא לשון ביטול, כלומר שבטל חמת ה' שהוא פנים של זעם, ומייתי קרא דחמת מלך, דדרשי שמשה כפר חמת מלכו של עולם: **עלתה חמתו של הקדוש ברוך הוא.** הוא על דרך דברה תורה כלשון בני אדם: **שנאמר עיר גבורים עלה חכם.** ובמשה קמיירי בהורדת התורה, כדלקמן בויקרא רבה פרשה ל"א: **[ג] אלו ישראל.** כלומר ענין זה נוכך בישראל שנתנו פיחה, פירושו הבערה וגחלים בוערות בכל העולם, ואיקרו אנשי לצון משום ויקומו לצחק: **אונקיא.** משקל קטן, וכתב הערוך אונקיא, בלשון יוני ורומיי שם משקל אשר משקלו שני שקלי הקדש, או שמנה דרכמון: **ממעשה העגל.** כדילפינן בפרק חלק (סנהדרין קב, א) מביום פקדי ופקדתי, ואף שנתכפר להם כדכתיב וינחם ה' על הרעה וגו', יש לומר שלא נתכפר אלא להגן מעונשים הגדולים כמו כלייה והשמדה, אבל מכל מקום הרושם נרשם והפגם נפגם לענוש בכל דור ודור, אי נמי שנתכפרו לבלתי המית ולעשות כלה את כל הדור בפעם אחת,

פירוש מהרז"ו

את הלוחות ושברן. עיין לעיל ריש פרשה כ"ח, ולקמן ריש פרשה מ"ו: **ויאמר להשמידם.** פירוש שעל ידי דרשה הנ"ל יבואר פסוק זה שהתחיל בריש הסימן: **חוגר בתפלה.** פירוש חוגר מתניו, הוא משל על התחזקות בדבר, וכמו שאמרו בראשית רבה פרשה ע"א סימן ז חגר מתניו כנגדה, עיין שם: **ויחל משה שעמד בקלות ראש.** בזה שהעמיד פניו ודחף הפורץ, וחטף הלוחות שלא בדרך כבוד של מעלה, אלא על שהיה נאמן ביתו ידע רצונו האמיתי בזה, שלא כנראה מכעסו: **(ב) עלתה חמתו.** כמו שכתוב דברים ט' (פסוק יט), כי יגורתי מפני האף והחמה, וכדלעיל סוף פרשה מ"א: **יכפרנה זה משה.** וכמו שכתוב כאן ואכפרה בעד חטאתכם: **פיחה בעולם בעגל.** הפחה באש לשרוף העולם, וכמו שאמר לקמן פרשה מ"ח סימן ה, עיין שם ותבין כאן. ומה שכתוב אנשי לצון, כמו שדרש לעיל פרשה מ"א סוף סימן א, על החרפות והגדפות, וקריה כמו שכתוב מדרש קהלת רבה (ט פסוק יד) עיר קטנה זה העולם, והשמים נקרא עיר גבורים), וכן מצאתי בהדיא במדרש תהלים מזמור א', ובמושב לצים לא ישב, שנאמר וישב העם וגו' ויקומו לצחק: **אוקיא ממעשה העגל.** ובקהלת רבה פסוק שבתי וראה (ט, פסוק יא, א), הגירסא אונקיא, ופירשו במוסף ערוך בלשון יוני קורין כן משקל ששוקל שני שקלי קודש, עיין שם. עוד בראשית רבה ריש פרשה כ"ט (סימן א) אונקיא:

מתנות כהונה

עם הסירסור. על ידי הסרסור: **סרסור.** אמצעי בין המוכר והלוקח: הכי גרסינן **הלך וקלקלה.** ופירוש הלך הסרסור לעשות שליחותו ולקדשה ובעוד שהוא הלך קלקלה היא עם אחר: **שאלו היו רואין.** ישראל את עונש העובד עבודה זרה לא היו עובדין לעבודה זרה וכך המליץ עליהם לפני הקב"ה: **בקלות ראש.** כלומר דרך הפקר דוגמת מה שאמרו חז"ל בפרק קמא דשבת (י, א) חזינא לרב כהנא כי איכא צערא בעלמא שדי גלימא ופכר ידיה ומצלי אמר כעבדא קמי מריה. ודרש ויחל לשון חולין ודרך הפקר: **[ב] וריצה אותם כו'.** דרש ויחל לשון מחילה: **פיחה.** הבערה וגחלים בוערות כן פרשוהו המפרשים: **אוקיא.** משקל קטון: הכי גרסינן

אשד הנחלים

בקלות ראש. וזהו לשון ויחל מלשון חולין, וכלומר בלי הכנעה ועטיפת הנפש, וכל זה מרוב חשקו להועיל לישראל ולזכותם: **[ב] עיר גבורים.** דרשו על משה שעלה למרום שהיא עיר גבורים כי המלאכים המה גבורי כח: **הוי ויחל גו'.** שלכן כתיב אלהיו בכנוי שהיה מעוטף במדת הדין לשלוח מלאכי חבלה לכלותם חס ושלום, וזהו את פני, זהו שם הכעס כמו (איכה ד, טז) פני ה' חלקם: **פיחה.** פירש המתנות כהונה לשון הבערה וגחלים בוערות כמו פחמים. וכלומר ראה נא גודל חטאם עד שהפיחו בזה כל הדורות להבעיר הכעס עליהם ולפקוד עונם, וא"כ מה גדול עונו בעתו, ועם כל זה חכמים השיבו אף, אף בשעת מעשה, וזהו ויחל את פני זהו שם הכעס, וקרא אנשי לצון כמו ויקומו לצחק (יפה תואר):

חידושי הרד"ל

ועונשו אצלו זובח כו'. וכמו שכתוב בשיר השירים רבה פרשה ה (פסוק יד, ב) שבין כל דבור ודבור היו כתובים דקדוקיה ופרשיותיה, והן הן עונשיה ואזהרותיה (שם פרשה א פסוק א, ח) שבשעת הדברות היה הדיבור אומר להם כך וכך עונשין כו', וכן נחקקו על הלוחות: **בקלות ראש לפני הקדוש ברוך הוא לבקש צרכן של ישראל.** בא ליישב שמפני שלצרכן של ישראל עשה כן אין תימא, וכמו שכתוב בשיר השירים רבה פרשה א פסוק יג, מה אשה זו אינה מתביישת לתבוע צרכי ביתה מבעלה כך הנביאים כו', ואמרו שם היפה בנשים זה משה כו', ועיין לעיל סוף פרשה ה: **[ב] אנשי לצון כו' אלו ישראל.** שכתוב עליהן באותה שעה ויקומו לצחק: **שנתנו פיחה בעולם.** כנופח בגחלים להלהיב אש, כן הפיחו חרון אפו של הקב"ה כאש עליהם לעולם: **אין דור כו' אוקיא ממעשי העגל.** עיין סנהדרין (קב, א):

באור מהרי"פ

למלך שקידש לו אשה כו'. נראה דמלתא באנפי נפשה היא, ולא קאי אלמעלה, דכאן משמע שאף בלוחות הראשונים היו כתובים העונשים, ומשה שברם כדי שיוכל להמליץ עבורם אלו היו רואים את העונשים לא היו חוטאים: **ועוד אמר משה מוטב וכו'.** פירוש, במה שיחטאו מכאן ואילך, שאם יראו מה שכתוב בלוחות ואף על פי כן יחטאו, הם מזידים גמורים, ומשה היה מסתפק שמא לא יוכל להשיבם מעון, אחר שהעיזו כל כך לחטוא: **ויאמר להשמידם וגו'.** חוזר לתחלת הדרשה דבריש הפרשה: **בקלות.** פירש [תולדות נח הארוך], כי התפלה עצמה היתה בקלות ראש, [שאמר במאמרו] למה ה' יחרה אפך וגו' אתה משיב הרוח והוא מוריד טללים וכו' ולקמן סימן ו. במדבר רבה ב, טו), וכדי שלא יקשה למה לא נענש על כך או למה עשה כך, לזה אמר **לבקש צרכן של ישראל,** כי מפני נצרו על ישראל על עשה זה, וכדאיתא במדרש שעל דבר זה בקשה מדת הדין לפגוע במשה, ולפי שנסתכל הקב"ה שבשביל צערן של ישראל דבר כן

מסורת המדרש

ב. לקמן פרשה מ"ו. תנחומא כאן סימן ל' וסדר עקב סימן י"א. אבות דרבי נתן פרק ב':

ג. סנהדרין דף ק"ב. ירושלמי תענית פרק ד'. קהלת רבה פרשה ט' פסוק י"א. ילקוט כאן רמז שנ"ג:

אם למקרא

אָנֹכִי ה' אֱלֹהֶיךָ אֲשֶׁר הוֹצֵאתִיךָ מֵאֶרֶץ מִצְרַיִם מִבֵּית עֲבָדִים:
(שמות כ: ב)

חֲמַת מֶלֶךְ מַלְאֲכֵי מָוֶת וְאִישׁ חָכָם יְכַפְּרֶנָּה:
(משלי טז: יד)

עִיר גִּבֹּרִים עָלָה חָכָם וַיֹּרֶד עֹז מִבְטֶחָה:
(משלי כא: כב)

אַנְשֵׁי לָצוֹן יָפִיחוּ קִרְיָה וַחֲכָמִים יָשִׁיבוּ אָף:
(משלי כט: ח)

ידי משה

מוטב שתדון כפנויה. ואם תאמר למה שברן לא היה לו ליטול אותן. ויש לומר שהראה לנו משה הדין שאין לענוש שום אדם אף על פי שהוגד לו על ידי איש מהימן ולדיק גמור רק שיראה בעצמו או על פי שני עדים, לכך נטלם, ואחר כך שראה בעצמו שחטאו שברם. ואם תאמר למה צריך לשברם דוקא תיפוק ליה שכל זמן שלא באו ליד ישראל הם עדיין כפנויה. ויש לומר לפי שהיה משה שלוחם וידו כידם, והוה כאילו היה ישראל מקבלים הלוחות בעצמם שלוחו של אדם כמותו, רק שקשה אם כן אף ששברם מכל מקום הא כבר קבלם משה מכל מקום היה כוונת ישראל שעל כל פנים יגיע לידם. וקל להבין:

שינוי נוסחאות

הלך וקלקלה עם אחר. בספרים הישנים היה כתוב "הולך קלקלה עם אחר" (וחסר וי"ו החיבור לפני "קלקלה") והגיה א"א "הלך הסרסור וקלקלה"; ומ"כ הגיה כעין זה, "הלך וקלקלה", כלפנינו; ויפ"ת הגיה "עד שהסרסור הולך קלקלה":

"וַחֲכָמִים יָשִׁיבוּ אָף", זֶה מֹשֶׁה – And in the ensuing phrase, ***and wise men will turn back anger*** – **this is a reference to Moses,**[32] שֶׁהֵשִׁיב אַפּוֹ שֶׁל הַקָּדוֹשׁ בָּרוּךְ הוּא בְּסַנֵּיגוֹרְיָא שֶׁלִּמֵּד עַל יִשְׂרָאֵל – **who "turned back the anger" of the Holy One, blessed is He, through the defense that he offered on behalf of Israel.**[33] הֲוֵי "וַיְחַל מֹשֶׁה" – **Thus** we have explained the verse, ***Moses pleaded*** [וַיְחַל] *before HASHEM.*[34]

§3 The Midrash presents more interpretations of the unusual word וַיְחַל:

"וַיְחַל מֹשֶׁה", דָּבָר אַחֵר – **Another interpretation of** ***Moses pleaded*** [וַיְחַל] *before HASHEM, his God:*[35] רַבִּי יְהוּדָה וְרַבִּי נְחֶמְיָה וְרַבָּנָן – **R' Yehudah, R' Nechemyah, and the** other **Sages** all gave explanations for the word וַיְחַל: רַבִּי יְהוּדָה אוֹמֵר: חָלָה מֹשֶׁה כְּשֶׁעָשׂוּ אוֹתוֹ מַעֲשֶׂה – **R' Yehudah said: Moses became ill** [חָלָה] **when they committed that** sinful **act.**[36] רַבִּי נְחֶמְיָה אוֹמֵר: מַהוּ "וַיְחַל מֹשֶׁה" – **R' Nechemyah said: What is the meaning of** the words וַיְחַל מֹשֶׁה (translated here as *Moses pleaded*)? שֶׁהִכְנִיס לֵאלֹהִים כְּמִין דּוֹרוֹן – **That he offered a tribute** (i.e., an offering, a gift) **before God.**[37] וְאֵין הַלָּשׁוֹן הַזֶּה אֶלָּא לְשׁוֹן דּוֹרוֹן – **For this expression** of וַיְחַל פְּנֵי **means** "to **present a tribute,"** כְּמָה דְּאַתְּ אָמַר "וּבַת צֹר בְּמִנְחָה פָּנַיִךְ יְחַלּוּ וְגוֹ'" – **like that which is stated,** ***And the daughter of Tyre will entreat you*** [פָּנַיִךְ יְחַלּוּ] ***with a tribute*** (*Psalms* 45:13), וְכֵן "וְעַתָּה חַלּוּ נָא פְנֵי אֵל וְגוֹ'" – **and similarly,** ***And now, if you now entreat God, etc.***[38] (*Malachi* 1:9).

NOTES

32. The word חֲכָמִים (*wise men*) is plural, yet the Midrash applies it to Moses alone. *Toldos Noach* explains that the Patriarchs are also included, for it was their merit that Moses invoked in his prayer: *Remember for the sake of Abraham, Isaac, and Jacob, etc.* (v. 13).

33. As Moses begged (v. 12), *"Relent from Your flaring anger and reconsider the evil against Your people"* (*Maharzu*). Moses "turned back" God's anger regarding the threat of immediate annihilation, but the lingering effects of the Golden Calf, which come to the fore in every generation, remained (*Toldos Noach*). See Insight Ⓐ.

34. The same interpretations of וַיְחַל given above (see note 29) can be applied here.

35. See introductory comment to section 1, which applies here as well (*Maharzu*).

36. In this interpretation, the word וַיְחַל (translated here as *he pleaded*) is of the root חלה, *to become ill.* The phrase וַיְחַל מֹשֶׁה אֶת פְּנֵי ה' means that owing to God's anger (פְּנֵי ה'), Moses became sick (וַיְחַל) with anxiety (*Yefeh To'ar, Eitz Yosef*).

37. I.e., by declaring before God, *"And now if You would but forgive their sin! — but if not, erase me now from this book that You have written,"* Moses in effect was stating that he was willing to sacrifice his future legacy as an atonement for the sin of Israel (*Yefeh To'ar;* see other explanations in *Eitz Yosef* and *Yedei Moshe*).

38. The context there (see preceding verses) speaks of bringing gifts and offerings to God; the word "entreat" in this verse, as well, is understood as being accomplished through the presentation of tributes and gifts (*Yefeh To'ar, Eitz Yosef;* see *Radak* to verse 9 ad loc.).

INSIGHTS

Ⓐ **A Plea for Mercy** The *Dubno Maggid* (to our verse) suggests that the Midrash expounds this verse from *Proverbs* in reference to the sin of the Golden Calf in order to resolve a difficulty regarding the defenses Moses offered on behalf of his people.

Moses made two claims before God. In his first argument, *Why, HASHEM, should Your anger flare up against Your people, whom You have taken out of the land of Egypt,* Moses insinuates that God should not be angry at Israel for having adopted the ways of the Egyptians in whose land they had been enslaved. The Midrash below (§7) explains this through the parable of a man who employed his son in a perfumery that was frequented by harlots. The son succumbed to immoral behavior, whereupon his father became angry at him. A witness to the father's outrage asked him why was he so angry at his son. Was it not the father himself who had compromised his son by placing him in the way of temptation? What did he expect from the boy? So, too, Moses argued that the Israelites succumbed to the sin of the Golden Calf because God had exiled them to Egypt, a land steeped in idolatry.

In Moses' second argument, *Why should Egypt say … "With evil intent did He take them out, to kill them in the mountains and to annihilate them from the face of the earth"?,* Moses claimed that even if the Israelites *were* deserving of punishment, God should have mercy on them, lest the Egyptians doubt His might, leading them to conclude that He took them out because He despised them and wished to eliminate them (see *Deuteronomy* 9:28), which would be a desecration of His Name.

Seemingly, the second argument alone could have sufficed to turn back God's anger. Why, then, wonders the *Dubno Maggid,* did Moses also advance the first argument, which lays the blame before God, as it were, for placing the Israelites into circumstances in which their sin was almost inevitable? Is that the way of someone pleading for mercy to assign blame to the one whose favor he seeks?

The Midrash answers this with its exposition of the *Proverbs* verse, which likens the making and worship of the Golden Calf to a fire ignited in a city, where, if left unchecked, it will spread from house to house. The wise man does not devote all his efforts on salvaging things from the homes that are already burning, for in the end the fire will spread and reduce the city to ashes. Rather, he takes measures to extinguish the blaze before it spreads to consume the entire town.

Similarly, in the aftermath of the sin of the Golden Calf, the Israelites were in need of immediate salvation, but they also required God's protection for the future, since the sin would have a detrimental impact upon the nation for all future generations, as pointed out by the Midrash. Moses' argument that the Egyptians would say that God took the Israelites out of Egypt only out of hatred would save the nation only as long as the current generation of Egyptians remained alive. Once that generation of Egyptians had passed, however, the argument would no longer hold true and the subsequent generations of Israelites would be subject to annihilation. To spare future generations of Israelites as well, it was necessary for Moses to argue that Israel itself was not to blame for the Golden Calf since they had been influenced by the pagan practices of the Egyptians among whom God had placed them.

The *Dubno Maggid* illuminates this idea with a parable of a wealthy man who had a suit of the finest material made for his son by an expert tailor. Donning the new suit for the first time, the boy went out to play with his friends and promptly proceeded to dirty his expensive garment. He returned home to a house full of Sabbath guests. The father was quite angry at his son, but he restrained himself from punishing the boy in front of the many guests. But all the while, the father was waiting for the Sabbath meal to end and the guests to leave so that he could censure the lad. One of the guests discerned the father's anger and ultimate intentions, and fabricated a story to save the boy from the painful punishment in store. He told the father that the boy had been on his way to study, when he passed a drunk who suddenly reached out and pushed the boy into the mud. It was not at all the boy's fault that his new suit was muddied!

Now, the presence of the other guests also helped spare the boy from punishment — but only for as long as they would remain in the home. Once the meal was over and they had departed, however, the boy would bear the full brunt of the punishment he deserved. The discerning and thoughtful guest, however, who took pains to altogether absolve the boy from responsibility for what had happened, saved the boy from punishment even after the guests would leave.

Similarly, Moses sought to gain the Israelites more than just a temporary reprieve, lasting only as long as the Egyptians of that era still lived. In order to remove the stain of the Golden Calf from future generations of Jews, Moses had no choice but to approach God with the bold assertion that His exile of them to the pagan land is what caused them to succumb to idolatry. In that way, the wise Moses "turned back anger," extinguishing the blaze completely, eliminating the severe blight of the Golden Calf from the Jewish nation for all time.

(שם) "וַחֲכָמִים יָשִׁיבוּ אָף", זֶה מֹשֶׁה שֶׁהֵשִׁיב אַפּוֹ שֶׁל הַקָּדוֹשׁ בָּרוּךְ הוּא בַּסָּנֵיגוֹרְיָא שֶׁלִּמֵּד עַל יִשְׂרָאֵל, הֱוֵי [לב, יא] "וַיְחַל מֹשֶׁה":

ג דָּבָר אַחֵר, [לב, יא] "וַיְחַל מֹשֶׁה", רַבִּי יְהוּדָה וְרַבִּי נְחֶמְיָה וְרַבָּנָן, רַבִּי יְהוּדָה אוֹמֵר: חָלָה מֹשֶׁה כְּשֶׁעָשׂוּ אוֹתוֹ מַעֲשֶׂה, רַבִּי נְחֶמְיָה אוֹמֵר: מַהוּ "וַיְחַל מֹשֶׁה", שֶׁהִכְנִיס לֵאלֹהִים כְּמִין דּוֹרוֹן, וְאֵין הַלָּשׁוֹן הַזֶּה אֶלָּא לְשׁוֹן דּוֹרוֹן, כְּמָה דְאַתְּ אָמַר (תהלים מה, יג) "וּבַת צֹר בְּמִנְחָה פָּנַיִךְ יְחַלּוּ וְגוֹ'", וְכֵן (מלאכי א, ט) "וְעַתָּה חַלּוּ נָא פְנֵי אֵל וְגוֹ'", וְרַבָּנָן אָמְרִין: מַהוּ "וַיְחַל מֹשֶׁה", עָשָׂה אֶת הַמַּר מָתוֹק, "וַיְחַל" לְשׁוֹן חִלּוּי, כֵּיצַד, אָמַר רַבִּי בֶּרֶכְיָה בְּשֵׁם רַבִּי חִיָּיא בַּר אָדָא דְּיָפוֹ בְּשֵׁם רַבִּי שְׁמוּאֵל בַּר נַחְמָן: כֵּיוָן שֶׁבָּאוּ יִשְׂרָאֵל לְמָרָה מַה כָּתוּב שָׁם, "וַיָּבֹאוּ מָרָתָה", הִתְחִיל מֹשֶׁה מְהַרְהֵר בְּלִבּוֹ וְאָמַר: הַמַּיִם הַלָּלוּ לָמָּה נִבְרְאוּ, מַה הֲנָיָיה יֵשׁ לָעוֹלָם בָּהֶן, מוּטָב הָיָה אִלּוּ לֹא נִבְרְאוּ, יָדַע הַקָּדוֹשׁ בָּרוּךְ הוּא מֶה הָיָה מְחַשֵּׁב בְּלִבּוֹ, אָמַר לוֹ הַקָּדוֹשׁ בָּרוּךְ הוּא: לֹא תֹאמַר כֵּן, וְלֹא מַעֲשֵׂי יָדַי הֵן, יֵשׁ דָּבָר בָּעוֹלָם שֶׁלֹּא נִבְרָא לְצוֹרֶךְ, אֶלָּא אֲנִי מְלַמֶּדְךָ הֵיאַךְ תְּהֵא אוֹמֵר, אֱמוֹר כָּךְ: עֲשֵׂה אֶת הַמַּר מָתוֹק, וּמִנַּיִן שֶׁלִּמְּדוֹ הַקָּדוֹשׁ בָּרוּךְ הוּא לִהְיוֹת אוֹמֵר כָּךְ, רְאֵה מַה כָּתוּב, (שמות טו, כה) "וַיִּצְעַק אֶל ה' וַיּוֹרֵהוּ ה' עֵץ", "וַיַּרְאֵהוּ" אֵין כְּתִיב כָּאן אֶלָּא "וַיּוֹרֵהוּ", אֵין "וַיּוֹרֵהוּ" אֶלָּא לְשׁוֹן לִמּוּד, שֶׁנֶּאֱמַר (משלי ד, ד) "וַיֹּרֵנִי וַיֹּאמֶר לִי". וּכְתִיב (שמות לה, לד) "וּלְהוֹרֹת נָתַן בְּלִבּוֹ", הָיָה הַדָּבָר מָסוֹרֶת בְּיַד מֹשֶׁה, וְלֹא עָשָׂה, °וְלָמָּה עָשָׂה°, אֶלָּא כֵּיוָן שֶׁבָּאוּ יִשְׂרָאֵל לַמִּדְבָּר וּבִקֵּשׁ הָאֱלֹהִים לְכַלּוֹתָן, אָמַר לוֹ מֹשֶׁה: רִבּוֹנוֹ שֶׁל עוֹלָם, בִּקַּשְׁתָּ לְאַבֵּד אֶת יִשְׂרָאֵל, מְכַלֶּה אַתָּה אוֹתָם מִן הָעוֹלָם, לֹא כָּךְ אָמַרְתָּ לִי בְּמָרָה: הֱוֵי מִתְפַּלֵּל וֶאֱמוֹר: עֲשֵׂה אֶת הַמַּר מָתוֹק, וְאַף עַכְשָׁיו ד°חֲלֵי מְרִירָתָן שֶׁל יִשְׂרָאֵל וְרַפֵּא אוֹתָן, הֱוֵי "וַיְחַל מֹשֶׁה",

עץ יוסף

אלא הפריש והפליג על כל הדורות הבאים אחריהם כי היכי דנמטי שיבי מכשורא (תולדות נח): **וחכמים ישובו אף זה משה.** ואף שכתוב וחכמים לשון רבים, יש לומר וחכמים זה משה והאבות העולם שבזכותם שהתפלל זכור לאברהם וליצחק וליעקב וגו' נתכפר להם (תולדות נח): (ג) [ד] **חלה משה.** פירוש שמדאגתו חלה. ופירוש את פני ה', עם פני ה', שעל ידי כעס ה' נצטער משה וחלה (יפה תואר): **במין דורון.** היינו מה שמסר נפשו על ישראל, שאמר ואם אין מחני נא מספרך. או רוצה לומר התפלה בשביל ישראל חביב לפני המקום כמין דורון למלך בשר ודם: **כמה דאת אמר במנחה פניך יחלו.** שפירושו לפי זה במנחה לפניך יהיו מקריבין דורון: **וכן ועתה חלו נא.** פירוש דמקרא זה נמשך למעלה הימנו וכי תגישון עור לזבוח וגו' הקריבהו נא לפחתך הירצך או הישא פניך וגו' ועתה חלו נא פני אל, כלומר הקריבו קרבן ומנחה תמימה בלי מום לפני ה' אלהים (תולדות נח): **לשון חלי.** והוא לשון ערבי שקורין למין מרקחת הנעשית מדבש חלוה, ובמגלה (ז, ב) מצינו בלשון זה אנא שדרי ליה חוליא ושדר לי חורפא: **התחיל משה מהרהר בלבו כו'.** דריש שצעקה זו לשון תרעומות על בריאה זו שאין בה צורך לעולם (תולדות נח): **אמור כך.** פירוש הקדוש ברוך הוא אמר למשה כה תאמר כשתרצה להתפלל וכדלקמן: **אין ויורהו אלא לשון למוד.** שבמלת ויורהו רומז לנו דבר נסתר שלמד אותו לאמור עשה מר מתוק: **היה הדבר מסורת כו'.** כלומר היה שומר את הדבר בלבו: **ולא עשה.** כלומר לא עשה משה כדבר הזה כי מעולם לא בא לידו מעשה שיצטרך להתפלל שיעשה המר מתוק, אלא כשעשו ישראל את העגל: **כיון שבאו ישראל למדבר.** נראה דגרסינן למדה זו או לדבר זה, ואפשר צריך לומר כיון שבאו למרה (יפה תואר): **רבונו של עולם לא בקשת לאבד את ישראל מכלה אתה אותם מן העולם.** כן הוא במדרש שעם היפה תואר, וכתב יש גורסין (בקשות) [בקשת], ולא הונח לי דמאי תו מכלה אתה אותם, ולמה הוכפל. אבל האות אמת והמתנות כהונה מחקו תיבת לא, וקושית [היפה תואר] יש ליישב כי כן הוא דרך המתמיהים לכפול דבורם כמה פעמים לרוב התמהון. ומסיים [היפה תואר] ונראה לי שהיה כתוב, אמר לו משה דבר שלעולם לא בקשת כו' ואיך אתה מכלה את ישראל, והסופרים טעו וכתבו רבונו של עולם במקום דבר שלעולם, עד כאן לשונו: **חלי מרירתן.** המתק המרירות, ורוצה לומר שיביאם למוטב וירחיק מהם העון, על דרך והכן לבבם אליך, ורפא אותן בתשובה, על דרך ארפא משובתם: **הוי ויחל משה.** שעל ידי תפלתו המתיק ה' את המר:

פירוש מהרז"ו

שהשיב אפו. כמו שכתוב כאן שוב מחרון אפך. וכמו שאמר בסימן א להשיב חמתו: (ג) **ויחל משה.** היה לו לומר ויתפלל ויתחנן, על כן דורש רבי יהודה מלשון חולי, ורבי נחמיה מלשון דורון: **ועתה חלו נא.** ובפסוק הקודם וכי תגישון עור וגו' הקריבהו נא לפחתך הירצך או הישא פניך, ועתה חלו נא פני אל, פירושו הביאו לו מנחה בכבוד ויחוננו, והדבר למוד מעניינו שמדבר במנחה. ועיין לקמן פרשה מ"ה סימן ב, מלשון תפלה: **ויבאו מרתה.** שמות ט"ו, וסיפיה דקרא ולא יכלו לשתות מים ממרה כי מרים הם על כן קרא שמה מרה, בלשון יחיד, ודורש קרא משה שמה מרה, כלומר מה הניה יש מהם: **ולא עשה אלא.** פירוש שלא עשה אלא באופן זה, ומה שאמר ולמה עשה, נראה מיותר, ועיין מתנות כהונה: **חלי מרירתן.** והעון נקרא מר, כמו שכתוב (ירמיה ב, יט) ודעי וראי כי רע ומר עזבך את ה' אלהיך, ובעון העגל מדבר שם, וכמו שכתוב שם (פסוק יג) כי שתים רעות, כמו שדרש לעיל פרשה מ"ב סימן ח. וזהו עזבך את ה' אלהיך בעת מוליכך בדרך. ועיין דברים רבה פרשה ג סימן ט"ו, ודורש ויחל מלשון מתיקות בדברי חז"ל:

מתנות כהונה

ישיבו אף זה משה שהשיב: [ג] **חלוי.** מתיקות כמה דלא אמר חורפיה מחליא ליה: הכי גרסינן **תהא אמור כך.** ופירושו, הקב"ה אמר למשה כה תאמר כשתרצה להתפלל וכדלקמן: **עשה את המר וכו'.** כלומר מחול נא חטאתם והניח מרירת הרוגז. וכל זה מבואר בפרשת עקב: **היה הדבר מסורת כו'.** כלומר היה שומר את הדבר בלבו: **ולא עשה.** כלומר לא עכב אלא מיד כשבאו כו': הכי גרסינן **רבונו של עולם בקשת.** פירושו לשון תמיה: **חלי מרירתן.** פירושו המתק המרירות כמו שפירשתי לעיל:

אשד הנחלים

[ג] **חלה משה.** דרשו לשון חולי, כמו שאמרו בברכות (לב, א) שעמד בתפלה עד שאחזתו אחילו, (ועיין ביריעות שלמה בהקדמתו לחלק א'): **כמין דורון כו'.** כלומר שמצאנו לפעמים שהבקשה עם דורון ביחד נקרא בלשון זה, כמו ובת צור כו', וכמו ועתה חלי נא, שמדבר תחלה מענין הבאת המעשרות, שזהו כמין דורון לה' שעל ידי זה ינצל בצירוף התפלה. וכונתם דלא יתכן כפשוטו שיתפעל כביכול מהתפלה לבד, אם לא ימצא להם צד זכות, שזהו כמין דורון המכפר פני הכעס: **את המר מתוק כו'.** כלומר הפך מדת הדין המר, למתוק. ועניינו לדעתי כדלעיל (מב, ט) שהקשיות עורף שהיא מדה רעה למאוד, עשה אותה למתוק, שבעתים אחרות המדה הזאת טובה שיחזיקו באמונתם החזקה, וא"כ נהפך הדבר להורות לו את המר דוקא שהיא מתוקה: **היאך תהא אומר אמור עשה כו'.** כלומר כמו שיש בענינים הטבעים שעל ידי הנס והשגחה אלהית נתהפך מהיפך אל היפך, מהמר יצא דוקא מתוק, כן גם כן במדות רעות שבבני אדם תמצא זכות עליהם,

חידושי הרד"ל

וחכמים ישיבו אף. כן צריך לומר: [ג] **לא תאמר כן ולא מעשי ידי הן כו'.** עיין זוהר אמור (קט, א): **ולא עשה אלא כיון** כן צריך לומר, ועיין מתנות כהונה: **בקשת לאבד כו' מכלה אתה אותם מן העולם.** כמו שכתוב ויחר אפי בהם ואכלם, והכוונה שאם כן תכלה מעשי ידיך שבראת לגמרי, וכמו שאמר הקב"ה ולא מעשי ידי הן יש דבר שנברא שלא לצורך כו':

חידושי הרש"ש

[ג] **וכן ועתה חלו נא פני אל.** רצה לומר דאמר תחילה להכהנים שהם מקריבי קרבן ודורון לפני ה' מגישים על מזבחי, וכל הענין אמרו אחרי זה ועתה חלו נא פני אל, פירוש בקרבנות מהודרים הישא מכם פנים:

באור מהרי"פ

חזר ונהג עמו במדת הרחמים, עד כאן: [ג] **ועתה חלו נא וגו'.** ומלת חלו בכאן לשון דורון הוא, כדמשמע מסדר המקראות (מלאכי א, ח - ט) וכי תגישון עור לזבוח אין רע, וכי תגישו פסח וחולה אין רע, הקריבהו נא לפחתך הירצך או הישא פניך אמר ה' צבאות. ועתה חלו נא פני אל ויחננו מידכם היתה זאת הישא מכם פנים אמר ה' צבאות. לכך מפרש המדרש ועתה חלו נא, כאלו אומר הקריבו קרבן ומנחה תמימה בלי מום לפני ה' צבאות, לשון חלוי, החדלתי את מתקי (שופטים ט, יא) תרגום ית חליי, מה מתוק מדבש (שופטים יד, יח) [תרגום] מה חלי מדובשא:

ידי משה

[ג] **שהכניס לאלהים במין דורון.** שהתפלה היתה חביבה ונכנס באזני ה' כמין דורון. ועוד שמעתי לפי שהיה זורה את העגל על פני המים להשקות את ישראל כסוטות, והיה העגל משקל מאה עשרים וחמש קנטרן של זהב (פרשה מב, ח), ואין לך מתנה מרובה מזה: **אלא אני מלמדך.** פירוש, לפיכך עשיתי את המים מרים כדי שתבקש עליהם שיהיו מתוקים, וכן לעתיד בעגל אני מלמדך שתאמר בזה הלשון עשה מר מתוק כדברי רבנן דלעיל:

מסורת המדרש

ד. דברים רבה פרשה ג':

אם למקרא

וּבַת צֹר בְּמִנְחָה פָּנַיִךְ יְחַלּוּ עֲשִׁירֵי עָם: (תהלים מה: יג)

וְעַתָּה חַלּוּ נָא פְנֵי אֵל וִיחָנֵנוּ מִיֶּדְכֶם הָיְתָה זֹּאת הֲיִשָּׂא מִכֶּם פָּנִים אָמַר ה' צְבָאוֹת: (מלאכי א: ט)

וַיִּצְעַק אֶל ה' וַיּוֹרֵהוּ ה' עֵץ וַיַּשְׁלֵךְ אֶל הַמַּיִם וַיִּמְתְּקוּ הַמָּיִם שָׁם שָׂם לוֹ חֹק וּמִשְׁפָּט וְשָׁם נִסָּהוּ: (שמות טו: כה)

וַיֹּרֵנִי וַיֹּאמֶר לִי יִתְמָךְ דְּבָרַי לִבֶּךָ שְׁמֹר מִצְוֹתַי וֶחְיֵה: (משלי ד: ד)

וּלְהוֹרֹת נָתַן בְּלִבּוֹ הוּא וְאָהֳלִיאָב בֶּן אֲחִיסָמָךְ לְמַטֵּה דָן: (שמות לה: לד)

שינוי נוסחאות

(ג) **ולא עשה ולמה עשה.** בספרים הישנים היה כתוב רק "ולא עשה", גם בד' קראקא שמ"ח, וכן מוכח במ"כ (כמו שהעיר גם רד"ל), אבל בד' קראקא שס"ט פתאום כתבו "ולמ' עשה" במקום "ולא עשה", ואח"כ בד' אמשט' ת"א הרכיבו את שתי הנוסחאות יחד זה אחר זה "ולא עשה ולמה עשה" (אע"פ שאין בזה שום הבנה או הגיון), ומשם העתיקו כל המדפיסים וכך נשאר עד היום, אבל אין ספק שצריך למחוק תיבות "ולמה עשה" שאינן אלא טעות: **ואף עכשיו חלי מרירתן.** בספרים ישנים היה כתוב "... חלין מרירתן", והגיה א"א שצ"ל "...חלה מרירתן" וכצ"ל, ומ"כ הגיה "חלי", אבל אינו מדוקדק:

אמרי יושר

[ג] **כמין דורון.** ששלם תמורת עון של העם. או הדרשא אחרת, עשה המר מתוק, שהעון עשה אותו דק וקלוש:

וְרַבָּנָן אָמְרִין: מַהוּ ״וַיְחַל מֹשֶׁה״ – And the other Sages said: What is the meaning of the words וַיְחַל מֹשֶׁה (translated here as *Moses pleaded*)? **עָשָׂה אֶת הַמַּר מָתוֹק – [Moses] made the bitter into sweet, ״וַיְחַל״ לְשׁוֹן חִלּוּי** – for the word **וַיְחַל is an expression of "sweetening"** [חִלּוּי].[39] **כֵּיצַד – How is it** that Moses sweetened the bitterness of the sin of the Golden Calf? **אָמַר רַבִּי בֶּרֶכְיָה בְּשֵׁם רַבִּי חִיָּיא בַּר אַדָּא דְּיָפוֹ בְּשֵׁם רַבִּי שְׁמוּאֵל בַּר נַחְמָן – R' Berechyah said in the name of R' Chiya bar Adda of Jaffa,** who said it **in the name of R' Shmuel bar Nachman: כֵּיוָן שֶׁבָּאוּ יִשְׂרָאֵל לְמָרָה מַה כָּתוּב שָׁם, ״וַיָּבֹאוּ מָרָתָה״ – When the people of Israel came to Marah, what is written there? *They came to Marah,*** *but they could not drink the waters of Marah because they were bitter . . .* (above, 15:23). **הִתְחִיל מֹשֶׁה מְהַרְהֵר בְּלִבּוֹ וְאָמַר: הַמַּיִם הַלָּלוּ לָמָּה נִבְרְאוּ, מַה הֲנָיָה יֵשׁ לָעוֹלָם בָּהֶן – Moses** then **began thinking** to himself **and saying, "Why were these** bitter, undrinkable **waters created** at all? **What benefit does the world get from them? מוּטָב הָיָה אִלּוּ לֹא נִבְרְאוּ – It would have been better if they had not been created** altogether!"[40] **יָדַע הַקָּדוֹשׁ בָּרוּךְ הוּא מֶה הָיָה מְחַשֵּׁב בְּלִבּוֹ** – Now, **the Holy One, blessed is He, knew what he was thinking in his heart, אָמַר לוֹ הַקָּדוֹשׁ בָּרוּךְ הוּא: לֹא תֹאמַר כֵּן** – and **the Holy One, blessed is He, said to him, "Do not speak in this manner! וְלֹא מַעֲשֵׂי יָדַי הֵן – Is** this water **not My handiwork? יֵשׁ דָּבָר בָּעוֹלָם שֶׁלֹּא נִבְרָא לְצוֹרֶךְ – Is there anything in the world that was not created for some purpose? אֶלָּא אֲנִי מְלַמֶּדְךָ הֵיאַךְ תְּהֵא אוֹמֵר – Rather, I will instruct you as to how you should speak** in such situations. **אֱמוֹר כָּךְ: עֲשֵׂה אֶת הַמַּר מָתוֹק – Say the following:** 'O God, **turn the bitter to sweet!'** "[41] **וּמִנַּיִן שֶׁלִּמְּדוֹ הַקָּדוֹשׁ בָּרוּךְ הוּא לִהְיוֹת אוֹמֵר כָּךְ – And from where is it** derived **that the Holy One, blessed is He, taught him to say this? רְאֵה מַה כָּתוּב, ״וַיִּצְעַק אֶל ה׳ וַיּוֹרֵהוּ ה׳ עֵץ״ – See what is written, *He cried out to HASHEM, and HASHEM showed him*** (*vayo'reihu*)[42] ***a tree;*** *he threw it into the water and the water became sweet* (above, 15:25). **״וַיַּרְאֵהוּ״ אֵין כְּתִיב כָּאן אֶלָּא ״וַיּוֹרֵהוּ״ – Now, it is not written here *vayar'eihu,*** which would be the proper way to say, "He showed him," **but *vayo'reihu,* אֵין ״וַיּוֹרֵהוּ״ אֶלָּא לְשׁוֹן לִמּוּד** – and ***vayo'reihu*** [וַיּוֹרֵהוּ] **is an expression of "instruction," שֶׁנֶּאֱמַר ״וַיֹּרֵנִי וַיֹּאמֶר לִי״ – as it is stated, *He taught me*** [וַיֹּרֵנִי] ***and said to me*** (*Proverbs* 4:4), **וּכְתִיב ״וּלְהוֹרֹת נָתַן בְּלִבּוֹ״ – and as it is written, *He gave him the ability to teach*** [לְהוֹרֹת] (below, 35:34).[43] **הָיָה הַדָּבָר מְסוֹרֶת בְּיַד מֹשֶׁה, וְלֹא עָשָׂה – This lesson remained a tradition in Moses' possession,**[44] **but he did not act** upon it immediately, since the circumstances necessitating this sort of prayer had never yet presented themselves.[45] **אֶלָּא כֵּיוָן שֶׁבָּאוּ יִשְׂרָאֵל לַמִּדְבָּר וּבִקֵּשׁ הָאֱלֹהִים לְכַלּוֹתָן – However, when the Israelites came to the Wilderness** of Sinai and sinned with the Golden Calf, **and God sought to decimate them, אָמַר לוֹ מֹשֶׁה: רִבּוֹנוֹ שֶׁל עוֹלָם, בִּקַּשְׁתָּ לְאַבֵּד אֶת יִשְׂרָאֵל – Moses said** to God, **"Master of the universe! You seek to destroy** the people of **Israel? מְכַלֶּה אַתָּה אוֹתָם מִן הָעוֹלָם – You are going to annihilate them from the world?**[46] **לֹא כָּךְ אָמַרְתָּ לִי בְּמָרָה: הֱוֵי מִתְפַּלֵּל וֶאֱמוֹר: עֲשֵׂה אֶת הַמַּר מָתוֹק – Did you not tell me at Marah, 'Pray** to Me **and say, Turn the bitter to sweet'?**[47] **וְאַף עַכְשָׁיו, חַלֵּה מְרִירָתָן שֶׁל יִשְׂרָאֵל וְרַפֵּא אוֹתָן – Now, too, then,** I pray to You and say, **'Sweeten** [חַלֵּי] **the bitterness of** the people **of Israel, and heal them.'** "[48] **הֱוֵי ״וַיְחַל מֹשֶׁה״ – Thus** we have explained the verse, ***Moses pleaded*** *before HASHEM*.

NOTES

39. I.e., ויחל is of the root חלה, which means (in the *pi'el* form, as it is here) "to sweeten." (This verb is commonly used in Aramaic, though not in Hebrew.) In our verse, the meaning is that Moses "sweetened" the "bitter" effects of the Golden Calf by beseeching God for forgiveness.

40. After the people complained to Moses that they lacked potable water, the verse (15:25) states that Moses *cried out to HASHEM,* which R' Shmuel bar Nachman interprets to mean that Moses complained to God about the nature of the water (*Eitz Yosef,* citing *Toldos Noach*).

41. Instead of complaining about the water's apparent uselessness, you should pray that it be rendered useful!

42. "Showed him" is not really the literal translation of *vayo'reihu,* as the Midrash now goes on to establish.

43. The words וַיּוֹרֵהוּ ה׳ עֵץ are thus to be translated as "*HASHEM taught him something regarding the tree.*" The lesson He taught him was that one should pray for a change for the better rather than wishing that something useless should not exist at all.

44. I.e., he bore the lesson in mind.

45. See above, note 12.

46. As it is written, "*Let My anger flare up against them and I shall annihilate them*" (v. 10) (*Maharzu*).

47. Rather than complain about the detrimental properties of a certain item and declare that it would be better if it did not exist.

48. "Bitterness" refers to sin (see *Jeremiah* 2:19: *realize and understand that your forsaking of HASHEM, your God, is evil and bitter*). By asking God to "sweeten" this bitterness, Moses meant that He should bring the people to repent and distance themselves from sin, as a result of which He would "heal" them (i.e., forgive them, as in *Isaiah* 6:10, *Hosea* 14:5, etc.) (*Yefeh To'ar, Maharzu*). If God would not bring about spiritual improvement for the people rather than destroy them, this would constitute a negation of God's earlier statement that each and every creation serves a purpose in the world, and that if it is presently inappropriate for use it should be rectified rather than destroyed (*Radal;* see *Yefeh To'ar* at length on this point).

Alternatively: The "bitterness" here is God's Attribute of Strict Justice and the Heavenly accusers who seek to punish Israel (referred to as פְּנֵי ה׳; see note 29). Moses asked that this strictness be tempered ("sweetened") with Divine mercy (*Toldos Noach*).

(שם) "וַחֲכָמִים יָשִׁיבוּ אָף", זֶה מֹשֶׁה שֶׁהֵשִׁיב אַפּוֹ שֶׁל הַקָּדוֹשׁ בָּרוּךְ הוּא בַּסַּנֵיגוֹרְיָא שֶׁלִּמֵּד עַל יִשְׂרָאֵל, הֱוֵי [לב, יא] "וַיְחַל מֹשֶׁה":

ג דָּבָר אַחֵר, [לב, יא] "וַיְחַל מֹשֶׁה", רַבִּי יְהוּדָה וְרַבִּי נְחֶמְיָה וְרַבָּנָן, רַבִּי יְהוּדָה אוֹמֵר: חָלָה מֹשֶׁה כְּשֶׁעָשׂוּ אוֹתוֹ מַעֲשֶׂה, רַבִּי נְחֶמְיָה אוֹמֵר: מַהוּ "וַיְחַל מֹשֶׁה", שֶׁהִכְנִיס לֵאלֹהִים כְּמִין דּוֹרוֹן, וְאֵין הַלָּשׁוֹן הַזֶּה אֶלָּא לְשׁוֹן דּוֹרוֹן, כְּמָה דְאַתְּ אָמַר (תהלים מה, יג) "וּבַת צֹר בְּמִנְחָה פָּנַיִךְ יְחַלּוּ וְגוֹ'", וְכֵן (מלאכי א, ט) "וְעַתָּה חַלּוּ נָא פְנֵי אֵל וְגוֹ'", וְרַבָּנָן אָמְרִין: מַהוּ "וַיְחַל מֹשֶׁה", עָשָׂה אֶת הַמַּר מָתוֹק, "וַיְחַל" לְשׁוֹן חִלּוּי, כֵּיצַד, אָמַר רַבִּי בֶּרֶכְיָה בְּשֵׁם רַבִּי חִיָּיא בַּר אַדָּא דְּיָפוֹ בְּשֵׁם רַבִּי שְׁמוּאֵל בַּר נַחְמָן: כֵּיוָן שֶׁבָּאוּ יִשְׂרָאֵל לְמָרָה מַה כָּתוּב שָׁם, "וַיָּבֹאוּ מָרָתָה", הִתְחִיל מֹשֶׁה מְהַרְהֵר בְּלִבּוֹ וְאָמַר: הַמַּיִם הַלָּלוּ לָמָּה נִבְרְאוּ, מַה הֲנָיָיה יֵשׁ לָעוֹלָם בָּהֶן, מוּטָב הָיָה אִלּוּ לֹא נִבְרְאוּ, יָדַע הַקָּדוֹשׁ בָּרוּךְ הוּא מֶה הָיָה מְחַשֵּׁב בְּלִבּוֹ, אָמַר לוֹ הַקָּדוֹשׁ בָּרוּךְ הוּא: לֹא תֹאמַר כֵּן, וְלֹא מַעֲשֵׂי יָדַי הֵן, יֵשׁ דָּבָר בָּעוֹלָם שֶׁלֹּא נִבְרָא לְצוֹרֶךְ, אֶלָּא אֲנִי מְלַמֶּדְךָ הֵיאַךְ תְּהֵא אוֹמֵר, אֱמוֹר כָּךְ: עֲשֵׂה אֶת הַמַּר מָתוֹק, וּמִנַּיִן שֶׁלִּמְּדוֹ הַקָּדוֹשׁ בָּרוּךְ הוּא לִהְיוֹת אוֹמֵר כָּךְ, רְאֵה מַה כָּתוּב, (שמות טו, כה) "וַיִּצְעַק אֶל ה' וַיּוֹרֵהוּ ה' עֵץ", "וַיַּרְאֵהוּ" אֵין כְּתִיב כָּאן אֶלָּא "וַיּוֹרֵהוּ", אֵין "וַיּוֹרֵהוּ" אֶלָּא לְשׁוֹן לִמּוּד, שֶׁנֶּאֱמַר (משלי ד, ד) "וַיֹּרֵנִי וַיֹּאמֶר לִי". וּכְתִיב (שמות לה, לד) "וּלְהוֹרֹת נָתַן בְּלִבּוֹ", הָיָה הַדָּבָר מָסוֹרֶת בְּיַד מֹשֶׁה, וְלֹא עָשָׂה, °וְלָמָּה עָשָׂה°, אֶלָּא כֵּיוָן שֶׁבָּאוּ יִשְׂרָאֵל לַמִּדְבָּר וּבִקֵּשׁ הָאֱלֹהִים לְכַלּוֹתָן, אָמַר לוֹ מֹשֶׁה: רִבּוֹנוֹ שֶׁל עוֹלָם, בִּקַּשְׁתָּ לְאַבֵּד אֶת יִשְׂרָאֵל, מְכַלֶּה אַתָּה אוֹתָם מִן הָעוֹלָם, לֹא כָךְ אָמַרְתָּ לִי בְּמָרָה: הֱוֵי מִתְפַּלֵּל וֶאֱמוֹר: עֲשֵׂה אֶת הַמַּר מָתוֹק, וְאַף עַכְשָׁיו ד°חַלֵּי מְרִירָתָן שֶׁל יִשְׂרָאֵל וְרַפֵּא אוֹתָן, הֱוֵי "וַיְחַל מֹשֶׁה",

עץ יוסף

אלא הפריש והפליג על כל הדורות הבאים אחריהם כי היכי דנמטי שיבי מכשורא (תולדות נח): **וחכמים ישובו אף זה משה.** ואף שכתוב וחכמים לשון רבים, יש לומר וחכמים זה משה והאבות העולם שבזכותם שהתפלל זכור לאברהם וליצחק וליעקב וגו' נתכפר להם (תולדות נח): (ג) [ד] **חלה משה.** פירוש שמדאגתו חלה. ופירוש את פני ה', עם פני ה', שעל ידי כעס ה' נצטער משה וחלה (יפה תואר): **כמין דורון.** היינו מה שמסר נפשו על ישראל, שאמר ואם אין מחני נא מספרך. או רוצה לומר התפלה בשביל ישראל חביב לפני המקום כמין דורון למלך בשר ודם: **כמה דאת אמר במנחה פניך יחלו.** שפירושו לפי זה במנחה לפניך יהיו מקריבין דורון: **וכן ועתה חלו נא.** פירוש דמקרא זה נמשך למעלה הימנו וכי תגישון עור לזבוח וגו' הקריבהו נא לפחתך הירצך או הישא פניך וגו' ועתה חלו נא פני אל, כלומר הקריבו קרבן ומנחה תמימה בלי מום לפני ה' אלהים (תולדות נח): **לשון חלי.** והוא לשון ערבי שקורין למין מרקחת הנעשית מדבש חלוה, ובמגלה (ז, ב) מצינו בלשון זה אנא שדרי ליה חוליא ושדר לי חורפא: **התחיל משה מהרהר בלבו כו'.** דריש שנעקה זו לשון תרעומות על בריאה זו שאין בה צורך לעולם (תולדות נח): **אמור כך.** פירוש הקדוש ברוך הוא אמר למשה כה תאמר כשתרצה להתפלל וכדלקמן: **אין ויורהו אלא לשון למוד.** שבמלת ויורהו רומז לנו דבר נסתר שלמד אותו לאמור עשה מר מתוק: **היה הדבר מסורת כו'.** כלומר היה שומר את הדבר בלבו: **ולא עשה.** כלומר לא עשה משה כדבר הזה כי מעולם לא בא לידו מעשה שיצטרך להתפלל שיעשה המר מתוק, אלא כשעשו ישראל את העגל: **כיון שבאו ישראל למדבר.** נראה דגרסינן למדה זו או לדבר זה, ואפשר צריך לומר כיון שבאו למרה (יפה תואר): **רבונו של עולם לא בקשת לאבד את ישראל מכלה אתה אותם מן העולם.** כן הוא במדרש שעם היפה תואר, וכתב יש גורסין (בקשות) [בקשת], ולא הונח לי דמאי תו מכלה אתה אותם, ולמה הוכפל. אבל האות אמת והמתנות כהונה מתקו תיבת לא, וקושית [היפה תואר] יש ליישב כי כן הוא דרך המתמיהים לכפול דבורם כמה פעמים לרוב התמהון. ומסיים [היפה תואר] ונראה לי שהיה כתוב, אמר לו משה דבר שלעולם לא בקשת כו' ואיך אתה מכלה את ישראל, והסופרים טעו וכתבו רבונו של עולם במקום דבר שלעולם, עד כאן לשונו: **חלי מרירתן.** המתק המרירות, ורוצה לומר שיביאם למוטב וירחיק מהם העון, על דרך והכן לבבם אליך, ורפא אותן בתשובה, על דרך ארפא משובתם: **הוי ויחל משה.** שעל ידי תפלתו המתיק ה' את המר:

פירוש מהרז"ו

שהשיב אפו. כמו שכתוב כאן שוב מחרון אפך. וכמו שאמר בסימן א להשיב חמתו: (ג) **ויחל משה.** היה לו לומר ויתפלל ויתחנן, על כן דורש רבי יהודה מלשון חולי, ורבי נחמיה מלשון דורון: **ועתה חלו נא.** ובפסוק הקודם וכי תגישון עור וגו' הקריבהו נא לפחתך הירצך או הישא פניך, ועתה חלו נא פני אל, פירושו הביאו לו מנחה בכבוד ויחוננו, והדבר למוד מעניינו שמדבר במנחה. ועיין לקמן פרשה מ"ה סימן ב, מלשון תפלה: **ויבאו מרתה.** שמות ט"ו, וסיפיה דקרא ולא יכלו לשתות מים ממרה כי מרים הם על כן קרא שמה מרה, בלשון יחיד, ודורש קרא משה שמה מרה, כלומר מה הנייה יש מהם: **ולא עשה אלא.** פירוש שלא עשה אלא באופן זה, ומה שאמר ולמה עשה, נראה מיותר, ועיין מתנות כהונה: **חלי מרירתן.** והעון נקרא מר, כמו שכתוב (ירמיה ב, יט) ודעי וראי כי רע ומר עזבך את ה' אלהיך, ובעון העגל מדבר שם, וכמו שכתוב שם (פסוק יג) כי שתים רעות, כמו שדרש לעיל פרשה מ"ב סימן ח. וזהו עזבך את ה' אלהיך בעת מוליכך בדרך. ועיין דברים רבה פרשה ג סימן ט"ו, ודורש ויחל מלשון מתיקות בדברי חז"ל:

מתנות כהונה

ישיבו אף זה משה שהשיב: [ג] **חלוי.** מתיקות כמה דאת אמר חורפיה מחליא ליה: הכי גרסינן **תהא אמור כך.** ופירושו, הקב"ה אמר למשה כה תאמר כשתרצה להתפלל וכדלקמן: **עשה את המר וכו'.** כלומר מחול נא חטאתם והניח מרירת הרוגז. וכל זה מבואר בפרשת עקב: **היה הדבר מסורת כו'.** כלומר היה שומר את הדבר בלבו: **ולא עשה.** כלומר לא עכב אלא מיד כשבאו כו': הכי גרסינן **רבונו של עולם בקשת.** פירושו לשון תמיה: **חלי מרירתן.** פירושו המתק המרירות כמו שפירשתי לעיל:

אשד הנחלים

[ג] **חלה משה.** דרשו לשון חולי, כמו שאמרו בברכות (לב, א) שעמד בתפלה עד שאחזתו אחילו, (ועיין ביריעות שלמה בהקדמתו לחלק א'): **כמין דורון כו'.** כלומר שמצאנו לפעמים שהבקשה עם דורון ביחד נקרא בלשון זה, כמו ובת צור כו', וכמו ועתה חלי נא, שמדבר תחלה מענין הבאת המעשרות, שזהו כמין דורון לה' שעל ידי זה ינצל בצירוף התפלה. וכונתם דלא יתכן כפשוטו שיתפעל כביכול מהתפלה לבד, אם לא ימצא להם צד זכות, שזהו כמין דורון המכפר פני הכעס: **את המר מתוק כו'.** כלומר הפך מדת הדין המר, למתוק. ועניינו לדעתי כדלעיל (מב, ט) שהקשיות עורף שהיא מדה רעה למאוד, עשה אותה למתוק, שבעתים אחרות המדה הזאת טובה שיחזיקו באמונתם החזקה, וא"כ נהפך הדבר להורות לו את המר דוקא שהיא מתוקה: **היאך תהא אומר אמור עשה כו'.** כלומר כמו שיש בענינים הטבעים שעל ידי הנס והשגחה אלהית נתהפך מהיפך אל היפך, מהמר יצא דוקא מתוק, כן גם כן במדות רעות שבבני אדם תמצא זכות עליהם,

חידושי הרד"ל

וחכמים ישיבו אף. כן צריך לומר: [ג] **לא תאמר כן ולא מעשי ידי הן כו'.** עיין זוהר אמור (קט, א): **ולא עשה אלא כיון** כן צריך לומר, ועיין מתנות כהונה: **בקשת לאבד כו' מכלה אתה אותם מן העולם.** כמו שכתוב ויחר אפי בהם ואכלם, והכוונה שאם כן תכלה מעשי ידיך שבראת לגמרי, וכמו שאמר הקב"ה ולא מעשי ידי הן יש דבר שנברא שלא לצורך כו':

חידושי הרש"ש

[ג] **וכן ועתה חלו נא פני אל.** רצה לומר דאמר תחילה להכהנים שהם מקריבי קרבן ודורון לפני ה' מגישים על מזבחי, וכל הענין אמרו אחרי זה ועתה חלו נא פני אל, פירוש בקרבנות מהודרים הישא מכם פנים:

באור מהרי"פ

חזר ונהג עמו במדת הרחמים, עד כאן: [ג] **ועתה חלו נא וגו'.** ומלת חלו בכאן לשון דורון הוא, כדמשמע מסדר המקראות (מלאכי א, ח - ט) וכי תגישון עור לזבוח אין רע, וכי תגישו פסח וחולה אין רע, הקריבהו נא לפחתך הירצך או הישא פניך אמר ה' צבאות. ועתה חלו נא פני אל ויחננו מידכם היתה זאת הישא מכם פנים אמר ה' צבאות. לכך מפרש המדרש ועתה חלו נא, כאלו אומר הקריבו קרבן ומנחה תמימה בלי מום לפני ה' צבאות, לשון חלוי, החדלתי את מתקי (שופטים ט, יא) תרגום ית חליי, מה מתוק מדבש (שופטים יד, יח) [תרגום] מה חלי מדובשא:

ידי משה

[ג] **שהכניס לאלהים כמין דורון.** שהתפלה היתה חביבה ונכנס באזני ה' כמין דורון. ועוד שמעתי לפי שהיה זורה את העגל על פני המים להשקות את ישראל כסוטות, והיה העגל משקל מאה עשרים וחמש קנטרין של זהב (פרשה מב, ח), ואין לך מתנה מרובה מזה: **אלא אני מלמדך.** פירוש, לפיכך עשיתי את המים מרים כדי שתבקש עליהם שיהיו מתוקים, וכן לעתיד בעגל אני מלמדך שתאמר בזה הלשון עשה מר מתוק כדברי רבנן דלעיל:

מסורת המדרש

ד. דברים רבה פרשה ג':

אם למקרא

וּבַת צֹר בְּמִנְחָה פָּנַיִךְ יְחַלּוּ עֲשִׁירֵי עָם: (תהלים מה: יג)

וְעַתָּה חַלּוּ נָא פְנֵי אֵל וִיחָנֵנוּ מִיֶּדְכֶם הָיְתָה זֹּאת הֲיִשָּׂא מִכֶּם פָּנִים אָמַר ה' צְבָאוֹת: (מלאכי א: ט)

וַיִּצְעַק אֶל ה' וַיּוֹרֵהוּ ה' עֵץ וַיַּשְׁלֵךְ אֶל הַמַּיִם וַיִּמְתְּקוּ הַמָּיִם שָׁם שָׂם לוֹ חֹק וּמִשְׁפָּט וְשָׁם נִסָּהוּ: (שמות טו: כה)

וַיֹּרֵנִי וַיֹּאמֶר לִי יִתְמָךְ דְּבָרַי לִבֶּךָ שְׁמֹר מִצְוֹתַי וֶחְיֵה: (משלי ד: ד)

וּלְהוֹרֹת נָתַן בְּלִבּוֹ הוּא וְאָהֳלִיאָב בֶּן אֲחִיסָמָךְ לְמַטֵּה דָן: (שמות לה: לד)

שינוי נוסחאות

(ג) **ולא עשה ולמה עשה.** בספרים הישנים היה כתוב רק "ולא עשה", גם בד' קראקא שמ"ח, וכן מוכח במ"כ (כמו שהעיר גם רד"ל), אבל בד' קראקא שס"ט פתאום כתבו "ולמ' עשה" במקום "ולא עשה", ואח"כ בד' אמשט' ת"א הרכיבו את שתי הנוסחאות יחד זה אחר זה "ולא עשה ולמה עשה" (אע"פ שאין בזה שום הבנה או הגיון), ומשם העתיקו כל המדפיסים וכך נשאר עד היום, אבל אין ספק שצריך למחוק תיבות "ולמה עשה" שאינן אלא טעות: **ואף עכשיו חלי מרירתן.** בספרים ישנים היה כתוב "...חלין מרירתן", והגיה א"א שצ"ל "...חלה מרירתן" וכצ"ל, ומ"כ הגיה "חלי", אבל אינו מדוקדק:

אמרי יושר

[ג] **כמין דורון.** שבשלם תמורת עון של העם. או הדרשה אחרת, עשה המר מתוק, שהעון עשה אותו דק וקלוש:

The Midrash expands on this interpretation of the expression וַיְחַל . . . פְּנֵי as "to sweeten that which is bitter":

אָמַר רַבִּי אָבִין בְּשֵׁם רַבִּי לֵוִי בַּר פַּרְטָא – **R' Avin said in the name of Levi bar Parta:** בִּימֵי מֹשֶׁה הָיָה לָנוּ מִי שֶׁיְּחַלֶּה הַמְּרִירוּת שֶׁלָּנוּ, הֱוֵי "וַיְחַל מֹשֶׁה" – **In the days of Moses we had someone who could sweeten** [יְחַלֶּה] **our bitterness, and this is** the import of the words וַיְחַל מֹשֶׁה, meaning "Moses sweetened," as explained above; אֲבָל בִּימֵי דָנִיֵּאל לֹא הָיָה לָנוּ מִי שֶׁיְּחַלֶּה הַמְּרִירוּת – **however, in the days of Daniel we had no one to "sweeten the bitterness"**[49] in us, and consequently we suffered with the destruction of the Temple and the exile, שֶׁנֶּאֱמַר "וְלֹא חִלִּינוּ אֶת פְּנֵי ה' אֱלֹהֵינוּ" – **as it is stated,** ***We did not entreat the countenance*** [חִלִּינוּ אֶת פְּנֵי][50] ***of HASHEM, our God,*** *to repent from our iniquities and to comprehend Your truth. HASHEM hastened the calamity and brought it upon us, etc.* (*Daniel* 9:13-14).

§4 The Midrash presents an additional interpretation of the word וַיְחַל, *he pleaded*:

דָּבָר אַחֵר, "וַיְחַל מֹשֶׁה" – **Another interpretation** of ***Moses pleaded*** [וַיְחַל] *before HASHEM, his God:* מַהוּ כֵן – **What is this** expression?[51] אָמַר רַבִּי בֶּרֶכְיָה בְּשֵׁם רַבִּי חֶלְבּוֹ בְּשֵׁם רַבִּי יִצְחָק – **R' Berechyah said in the name of R' Chelbo, who** in turn **said in the name of R' Yitzchak:** שֶׁהִתִּיר נִדְרוֹ שֶׁל יוֹצְרוֹ – It means **that [Moses] annulled the vow of his Creator.**[52] כֵּיצַד – **How was this so?** אֶלָּא בְּשָׁעָה שֶׁעָשׂוּ יִשְׂרָאֵל הָעֵגֶל – **For when the people of Israel made the** Golden **Calf,** עָמַד מֹשֶׁה מְפַיֵּיס הָאֱלֹהִים שֶׁיִּמְחוֹל לָהֶם – **Moses arose and sought to appease God, so that He should forgive them.** אָמַר הָאֱלֹהִים: מֹשֶׁה, כְּבָר נִשְׁבַּעְתִּי "זֹבֵחַ לָאֱלֹהִים יָחֳרָם" – **God,** however, **said, "Moses, I have already sworn an oath,** stating, ***One who brings offerings to the gods shall be destroyed,*** *only to HASHEM alone* (above, 22:19),[53] וְדָבָר שְׁבוּעָה שֶׁיָּצְאַת מִפִּי אֵינִי מַחֲזִירָהּ – **and I cannot retract an oath that has emerged from My mouth!"** אָמַר מֹשֶׁה: רִבּוֹן הָעוֹלָם – **Moses responded, "Master of the universe!** וְלֹא נָתַתָּ לִי הֲפָרָה שֶׁל נְדָרִים, וְאָמַרְתָּ "אִישׁ כִּי יִדֹּר נֶדֶר לַה' אוֹ הִשָּׁבַע שְׁבֻעָה לֶאְסֹר אִסָּר עַל נַפְשׁוֹ לֹא יַחֵל דְּבָרוֹ" – **Did You not grant me the power of annulment of oaths, saying** to me, ***If a man takes a vow to HASHEM or swears an oath to establish a prohibition upon himself, 'he' shall not nullify his word*** (*Numbers* 30:3), הוּא אֵינוֹ מוֹחֵל, אֲבָל חָכָם מוֹחֵל אֶת נִדְרוֹ בְּעֵת שֶׁיִּשְׁאַל עָלָיו – from which it may be inferred:[54] **'*He* may not nullify** the vow that he took, **but a sage *may* annul his vow' when he appeals it** before him.[55] וְכָל זָקֵן שֶׁמּוֹרֶה הוֹרָאָה אִם יִרְצֶה שֶׁיְּקַבְּלוּ אֲחֵרִים הוֹרָאָתוֹ – And moreover, **if an elder,** i.e., a rabbi, **issues a halachic ruling and wishes for others to accept his ruling,** צָרִיךְ הוּא לְקַיְּימָהּ תְּחִלָּה – **he must first fulfill it himself.**[56] וְאַתָּה צִוִּיתַנִי עַל הֲפָרַת נְדָרִים – **Now, since You commanded me concerning the annulment of vows,** דִּין הוּא שֶׁתַּתִּיר אֶת נִדְרְךָ כַּאֲשֶׁר צִוִּיתַנִי לְהַתִּיר לַאֲחֵרִים – **it is only proper that You should annul Your own vow,**[57] **just as You have commanded me to annul** vows **for others."** מִיָּד נִתְעַטֵּף בְּטַלִּיתוֹ וְיָשַׁב לוֹ כְּזָקֵן – **Thereupon, [Moses] wrapped himself in his cloak and seated himself in the manner of an elder,** וְהַקָּדוֹשׁ בָּרוּךְ הוּא עוֹמֵד כְּשׁוֹאֵל נִדְרוֹ – **and the Holy One, blessed is He, stood before him like one who is appealing for the release of his vow.**[58]

The Midrash supports its statement that Moses sat down to annul God's vow, as it were, based on the verse that states, *and I sat on the mountain, etc.*, for which it gives two interpretations. It is the second interpretation that relates to our discussion:

וְכֵן הוּא אוֹמֵר "וָאֵשֵׁב בָּהָר" – **For so it states,** ***and I sat on the mountain*** *for forty days and forty nights* (*Deuteronomy* 9:9). וְאֶפְשָׁר שֶׁהָיָה מֹשֶׁה יוֹשֵׁב וְהָאֱלֹהִים יִתְבָּרַךְ שְׁמוֹ עוֹמֵד – **Now, can it be that Moses was sitting, while God, blessed be His Name, stood?** אָמַר רַבִּי דְּרוּסַאי – **R' Derusai said:** קָתֶדְרָא עָשָׂה לוֹ – The explanation is that **[God] made for him a chair of honor,**[59] בְּקָתֶדְרָא שֶׁל אִסְכּוֹלַסְטִיקִין הַלָּלוּ בְּשָׁעָה שֶׁהֵן נִכְנָסִין לִפְנֵי הַשִּׁלְטוֹן, וְהֵן נִרְאִין עוֹמְדִין וְאֵינָן אֶלָּא יוֹשְׁבִין – **like the chairs of honor of the academics,**[60] **who, when they appear before the ruler, appear to be standing, but are actually sitting.**[61] וְאַף כָּאן כָּךְ, יְשִׁיבָה שֶׁהִיא נִרְאֵית עֲמִידָה – **And here too** regarding Moses **it was so:** His position was **sitting which appeared as standing;** הֱוֵי "וָאֵשֵׁב בָּהָר" – and **this is the meaning of** ***and I "sat" on the mountain.***[62]

The second interpretation of *and I sat on the mountain,* which bolsters the foregoing assertion that Moses sat to annul God's vow, as it were:[63]

NOTES

49. During the time of Daniel, there were no people sufficiently righteous to be able to beseech God to "sweeten the bitterness" in order to avert disaster (*Eitz Yosef;* see *Radal*).

50. Or, translated according to the present interpretation, "We did not seek sweetening from the countenance (or anger; see note 48) of *HASHEM.*"

51. I.e., as above, the Midrash is asking that of the many ways of describing prayer (see note 1), why was the particular term "וַיְחַל", *pleaded*, used in this instance? (*Eitz Yosef*).

52. In this interpretation, וַיְחַל . . . אֶת פְּנֵי ה' is rendered: *he nullified HASHEM's vow* (from the root חלל, "to nullify a commitment"), as in *Numbers* (30:3), *If a man takes a vow . . . he shall not nullify* [לֹא יַחֵל] *his word.*

53. It is not apparent how the Midrash sees an allusion to an oath in this verse. According to *Yefeh To'ar,* the Midrash is interpreting the verse as follows: "One who brings offerings (זוֹבֵחַ) [to other gods], by God! (לָאֱלֹהִים) [i.e., I swear!], he shall be destroyed (יָחֳרָם)." According to *Toldos Noach,* the added expression at the end of the verse, *only to HASHEM alone,* is considered a repetition, and when God utters something twice it is considered an oath (see *Rashi* on *Genesis* 8:21, based on *Shevuos* 36a). See *Maharzu* for yet another explanation.

54. As the Gemara teaches in *Chagigah* 10a.

55. If the sages can ascertain that the vower regrets ever having made the vow in the first place, he may release him from his vow. [For further elucidation of this concept, see Schottenstein ed. of *Berachos* 32a with note 37.]

[God, of course, does not require others to permit Him to do anything. By way of analogy, however, the Midrash explains that the verse alludes to the fact that God allowed Himself to be appeased by Moses' fervent entreaties, so that it can be said that Moses "annulled" God's resolve to destroy Israel (*Rashba* in *Chidushei Aggados* to *Berachos* 32a, cited by *Eitz Yosef* below).]

56. That is, the elder should not disregard something he himself has promulgated, lest people say that they are not bound by his ruling since he himself fails to abide by it (*Eitz Yosef,* citing *Toldos Noach;* see *Yefeh To'ar*).

57. I.e., allow your vow (to destroy Israel) to be annulled by someone else.

58. Who must stand before the sage while making his case (*Yefeh To'ar,* based on *Tosefta Sanhedrin* 6 §2).

59. A קָתֶדְרָא (cathedra) is a thronelike chair of honor, from which a person of great authority issues pronouncements or gives instruction.

60. Men of great learning (*Radal*).

61. Being great academics, they are allowed to be seated even before the ruler, but in deference to the latter, the raised cathedras on which they sat gave the appearance that they were standing (*Eitz Yosef,* as understood by *Midrash HaMevoar*).

62. Moreover, this accounts for a later verse (*Deuteronomy* 10:10) which says, *I "stood" on the mountain as on the first days, etc.,* for Moses appeared to be standing, but in reality was sitting. This is the first interpretation of the verse *and I sat on the mountain:* Moses was not actually sitting in the usual sense (*Maharzu*).

63. *Eitz Yosef, Beur Maharif.*

אָמַר רַבִּי אָבִין בְּשֵׁם רַבִּי לֵוִי בַּר פַּרְטָא: בִּימֵי מֹשֶׁה הָיָה לָנוּ מִי שֶׁיְּחַלֶּה הַמְּרִירוּת שֶׁלָּנוּ, הֱוֵי "וַיְחַל מֹשֶׁה", אֲבָל בִּימֵי דָנִיֵּאל לֹא הָיָה לָנוּ מִי שֶׁיְּחַלֶּה הַמְּרִירוּת, שֶׁנֶּאֱמַר (דניאל ט, יג) "וְלֹא חִלִּינוּ אֶת פְּנֵי ה' אֱלֹהֵינוּ":

ד דָּבָר אַחֵר, [לב, יא] "וַיְחַל מֹשֶׁה", מַהוּ כֵן, אָמַר רַבִּי בֶּרֶכְיָה בְּשֵׁם רַבִּי חֶלְבּוֹ בְּשֵׁם רַבִּי יִצְחָק: ה שֶׁהִתִּיר נִדְרוֹ שֶׁל יוֹצְרוֹ, כֵּיצַד, אֶלָּא בְּשָׁעָה שֶׁעָשׂוּ יִשְׂרָאֵל הָעֵגֶל עָמַד מֹשֶׁה מְפַיֵּס הָאֱלֹהִים שֶׁיִּמְחוֹל לָהֶם, אָמַר הָאֱלֹהִים: מֹשֶׁה, כְּבָר נִשְׁבַּעְתִּי (שמות כב, יט) "זֹבֵחַ לָאֱלֹהִים יָחֳרָם", וּדְבַר שְׁבוּעָה שֶׁיָּצָאת מִפִּי אֵינִי מַחֲזִירָהּ, אָמַר מֹשֶׁה: רִבּוֹן הָעוֹלָם, וְלֹא נָתַתָּ לִי הֲפָרָה שֶׁל נְדָרִים, וְאָמַרְתָּ (במדבר ל, ג) "אִישׁ כִּי יִדֹּר נֶדֶר לַה' אוֹ הִשָּׁבַע שְׁבוּעָה לֶאְסֹר אִסָּר עַל נַפְשׁוֹ לֹא יַחֵל דְּבָרוֹ", ו הוּא אֵינוֹ מוֹחֵל, אֲבָל חָכָם מוֹחֵל אֶת נִדְרוֹ בְּעֵת שֶׁיִּשְׁאַל עָלָיו, וְכָל זָקֵן שֶׁמּוֹרֶה הוֹרָאָה אִם יִרְצֶה שֶׁיְּקַבְּלוּ אֲחֵרִים הוֹרָאָתוֹ צָרִיךְ הוּא לְקַיְּמָהּ תְּחִלָּה, וְאַתָּה צִוִּיתַנִי עַל הֲפָרַת נְדָרִים, דִּין הוּא שֶׁתַּתִּיר אֶת נִדְרְךָ כַּאֲשֶׁר צִוִּיתַנִי לְהַתִּיר לַאֲחֵרִים, מִיָּד נִתְעַטֵּף בְּטַלִּיתוֹ וְיָשַׁב לוֹ כְּזָקֵן וְהַקָּדוֹשׁ בָּרוּךְ הוּא עוֹמֵד כְּשׁוֹאֵל נִדְרוֹ, וְכֵן הוּא אוֹמֵר (דברים ט, ט) "וָאֵשֵׁב בָּהָר", וְאֶפְשָׁר שֶׁהָיָה מֹשֶׁה יוֹשֵׁב וְהָאֱלֹהִים יִתְבָּרַךְ שְׁמוֹ עוֹמֵד, אָמַר רַבִּי דְּרוֹסָאי: קָתֶדְרָא עָשָׂה לוֹ כְּקָתֶדְרָא שֶׁל °אִסְטְלִיסְטְקִין הַלָּלוּ בְּשָׁעָה שֶׁהֵן נִכְנָסִין לִפְנֵי הַשִּׁלְטוֹן, וְהֵן נִרְאִין עוֹמְדִין וְאֵינָן אֶלָּא יוֹשְׁבִין, וְאַף כָּאן כָּךְ, יְשִׁיבָה שֶׁהִיא נִרְאֵית עֲמִידָה, הֱוֵי "וָאֵשֵׁב בָּהָר", דָּבָר אַחֵר, "וָאֵשֵׁב בָּהָר" ז וְכִי יֵשׁ יְשִׁיבָה לְמַעְלָה, אַתָּה מוֹצֵא שֶׁכּוּלָּם עוֹמְדִין, שֶׁנֶּאֱמַר (ישעיה ו, ב) "שְׂרָפִים עֹמְדִים מִמַּעַל לוֹ", וְכֵן (יחזקאל א, כד) "בְּעָמְדָם תְּרַפֶּינָה כַנְפֵיהֶם", וְכֵן (דניאל ז, טז) "קִרְבֵת עַל חַד מִן קָאֲמַיָּא",

עץ יוסף

אבל בימי דניאל לא היה מי שיחלה המרירות. שלא היו לדיקים בדור כדאין שיעתרו בתפלתם את פני ה': (ד) [ה] **מהו כן.** למה לא אמר לשון תפלה, לכן מפרש ליה על התרת הנדר והוא מענין לא יחל דברו דדרשינן הוא אינו מוחל אבל חכם מוחל כדמפרש: **כבר נשבעתי זובח כו'.** דייק מדכתיב כפל בפסוק זובח לאלהים יחרם בלתי לה' לבדו, שהכפל מורה על שבועה, ועיין רש"י בחומש סדר נח, ובמסכת שבועות דף ל"ו (תולדות נח): **ואמרת איש כי ידור נדר.** שאף על פי שעדיין לא כתב פרשה זו, כל המצות נתנו לו בסיני: **והוא אנו מוחל.** דמהוי ליה למימר לא יעבור, וקאמר לא יחל, דריש לשון מחילה, ולדיוקא אתא דאחרים מוחלים לו: **ואתה צויתני על הפרת נדרים.** להפר במקום מצוה: **צריך הוא לקיימו תחלה.** לאו דוקא, אלא פירושו לאפוקי ההיפוך שלא יבטל מצוה אחת ממצות אשר צוה (תולדות נח): **וכן הוא אומר ואשב בהר כו'.** ממה ששינה לכתוב בלשון ישיבה ולא כתב עמידה כדכתיב אחר זה ואנכי עמדתי בהר, רמז לנו דפעם ראשון הוי ישיבתו יום אחד, והיינו בסוף הארבעים (יפה תואר): **ואפשר שהיה משה יושב.** ואף על גב דאמר בבראשית רבה פרשה מ"ח דאמר הקדוש ברוך הוא שב ואני עומד ואתה סימן לבניך, התם אילטריך להיות סימן לבניו, ועוד דהתם בבית אברהם, ומשום כבודו עבד: **קתדרא.** פירושו בלשון יוני ורומיי מין כסא מוכן לאדם חשוב (מוסף הערוך): **איסטליסטקין.** לפי הענין המה שרים חשובים (מתנות כהונה). ונראה שטעות סופר כאן וצריך לומר אסכולוסטיקון. ופירושו ראש והרב של בית המדרש, כי אסכולי בלשון יוני בית המדרש שלומדים הנערים בו. ועיין בבראשית רבה סוף פרשה ס"ד יעול רבי יהושע בן חנניה דהוא אסכולוסטיקו דאורייתא, ובפירוש המתנות כהונה שם: **נראין עומדין.** מפני כבוד השלטון, או מפני כבוד הראש והרב, ואינן אלא יושבין דטריחא מילתא להיות עומדים ממש: **דבר אחר ואשב בהר.** וכי יש ישיבה למעלה, הוסיף עוד קושיא אחרת וכי יש ישיבה למעלה כו' להכריח פירוש הנזכר:

פירוש מהרז"ו

(ד) **שהתיר נדרו.** על פי מדת ממעל, ויחל משה מלשון לא יחל דברו, עיין דברים רבה פרשה ב סימן ח, (ברכות ל"ב א'), ונדר ושבועה ענין אחד, כמו שכתוב בסמוך איש כי ידור נדר וגו': **זובח לאלהים יחרם.** והוא שבועה, כמו שכתוב פרקי דרבי אליעזר פרק ל"ח בהדיא: **לא יחל.** ספרי ריש מטות: **לקיימה תחלה.** כמו שאמרו בהדיא ויקרא רבה פרשה ל"ה סוף סימן ג', ושם נסמן: **והאלהים יתברך שמו כביכול עומד.** ועיין בראשית רבה פרשה מ"ח סימן ז, והוא יושב, ואפשר דמשם יליף הקב"ה כביכול עומד. ועיין ויקרא רבה פרשה ל"ז סימן ג: **קתדרא.** פירש במוסף ערוך מין כסא מוכן לאדם חשוב: **אסטליסטקין.** לא נמצא פירושו, וכל דרשה זו על פי מדה ט"ו, דכתיב ואשב בהר, וכתיב ואנכי עמדתי בהר, והכריע עמידה בדרך ישיבה, ודרשה זו אינו שייך לענין הנדר:

מתנות כהונה

שיקבלו אחרים הוראתו גרסינן: [ד] **קתדרא.** כסא של כבוד: **איסטליסטוקין.** לפי הענין המה שרים חשובים ובקשתיו ולא מצאתיו: **קרבית על חד מן קאמייא** גרסינן. ופסוק הוא בדניאל סימן ז': הכי גרסינן

אשד הנחלים

לבקש ולמצוא איך מן המדה הרעה ימצא טובה, וזהו למה יחרה אפך בעמך אשר הוצאת, וראית את תכונתם הטובה שהאמינו בך, וא"כ המדה היוצא מן קשיות עורף הוא טוב: **אבל בימי דניאל כו'.** כי היו אז דורו רעים שלא נמצא להם זכות על אופן זה: **[ד] שהתיר נדרו כו' נשבעתי כו' משה יושב כו'.** הדבר הזה יש לו צורה שלא ידומה חס ושלום כפשוטו, ומהו דין הוא שתתיר. ובקצרה אבאר לך בהסבר מעט, הנה חז"ל ייחסו עסק התורה להקדוש ברוך הוא, כמו שאמרו במסכת עבודת כוכבים (ג, ב) שלש שעות הקדוש ברוך הוא יושב ועוסק בתורה, וענינו לפי שהסתדרות העולם כולו וההשגחה אשר עליה הוא לפי קיום התורה, כמו שכתוב אם בחקותי תלכו גו' ונתתי גשמיכם בעתם, והתורה אומרת בי נסתכל הקדוש ברוך הוא וברא את העולם (בראשית רבה פרשה א), כי מתכונת העולם וכל טבעו כפי מתכונת התורה ומצותיה, והתורה כפי מתכונת תכונת האדם, והעולם נברא למען האדם, א"כ הכל נאחדים יחד, וא"כ עסק התורה למעלה הוא כנוי על הסתדרות העולם וטבעיה על המתכונת הראוי, שכביכול מביט בתורה איך להסדיר העולם וקיומה, וזהו שאמרו המחדש בכל יום תמיד מעשה בראשית, כי העולם צריכה בכל עת ורגע לקיום, והנה כל מצות התורה מכוון לענין מה לענין קיום העולם, וזה הוא מכונה כאלו הקדוש ברוך הוא מקיים התורה כביכול. והנה מצד הדין המתיר צריך לישב והשואל צריך לעמוד, להורות שהמתיר הוא הגדול והשואל נכנע לפניו, כי הישיבה היא ענין הגדולה, ולכן כאן כשהצריך הענין כביכול להתיר השבועה, כלומר להפר הגזרה הנגזר עליהם כפי חכמתו יתברך, הוכרח הענין שיהיה כביכול עומד ונשמע לדברי משה, והוא כעין מאמרם ממש (מועד קטן טז, ב) שהקדוש ברוך הוא גוזר גזירה והצדיק מבטלה, כן הוא תוכן הענין על דרך ההסבר מעט. והנה באמת אף שמשה היה עומד כי אין ישיבה למעלה שגם המלאכים אינם יושבים, והכונה בזה כי הישיבה מורה על המנוחה הבלתי משתנה, ובאמת המלאכים תמיד רצים להשיג ולשמוע יותר ויותר ואינם על מתכונת אחת, ורק הכנוי בישיבה הוא רק על ה' ברוך הוא, שהוא בלתי משתנה ובלתי מתפעל, והוא וחכמתו אחד, וא"כ כלם נכנעים ונבטלים לו יתברך, אבל כאן הוכרח להיות שכביכול הקדוש ברוך הוא שומע ומתפעל לדברי משה, והיה נראה כאלו הקדוש ברוך הוא עומד ושומע למשה ומשה יושב ומתיר לו, הבן הדברים על אמתתן באמת:

חידושי הרד"ל

מי שיחלה המרירות. שנאמר ולא חלינו את פני כו' ודרש פני לשון כעס כמו שכתוב פני ילכו וכמו שמבואר בברכות (ז, א) פנים של זעם: [ד] **שהתיר נדרו כו'.** כאן משמע שהוא כענין התרת חכם, אבל בשוחר טוב מזמור צ משמע שהוא ענין הפרת הבעל לאשתו, כמו שנאמר במשה איש אלהים בעלה דמטרוניתא. (מושל על הנהגת הטבע, כמו שכתב רבינו הגר"א ז"ל בפירוש התורה ריש פרשת וזאת הברכה): **א ס ט ל י ס ט ק ן.** אפשר צריך להיות א ס כ ל מ ט י ק ע ן ופירושו חכמים גדולים, עיין ערוך (ערך אסקולסטיקא), וחולקין להם כבוד בפני המלך מפני חכמתן שיהיו נראין כיושבין:

חידושי הרש"ש

[ד] **וכן בעמדם כו'.** כן צריך לומר:

באור מהרי"פ

[ד] זובח וגו'. (שמות כב, יט) זובח לאלהים יחרם בלתי לה' לבדו. ופירושו זובח לאלהים יחרם, תו בלתי לה' לבדו, אלא שהוכפל לשבועה, כמאמר חכמינו ז"ל אבל שבועת המבול, מפני שהוכפל במקרא ולא יכרת כל בשר ולא יהיה עוד מבול לשחת הארץ שהכפל הוא שבועה (שבועות לו, א). תולדות נח הארוך: **דבר אחר ואשב בהר וכו'.** הנה אין מחדש שום פירוש חדש יותר מבראשונה, אלא שמכריח הפירוש הראשון מכח הקושיא שהקשה והלא אין (עמידה) ישיבה למעלה, ולא יותר אלא תוספת דברים מעט בענין היתר הנדר:

מסורת המדרש

ה. ברכות דף ל"ב. מדרש תהלים מזמור צ'. ילקוט תהלים רמז תתמ"א:

ו. ברכות דף ל"ב. חגיגה דף יו"ד. נדרים דף פ"א. ספרי סדר מטות פסקא קנ"ג. ילקוט סדר מטות רמז תשפ"ט. ועיין ירושלמי נדרים פרק ב' הלכה א':

ז. ירושלמי ברכות פרק א' הלכה א'. בראשית רבה פרשה ס"ה. פתיחתא דרות רבה. תנחומא סדר קדושים סימן ו'. מדרש תהלים מזמור א'. ילקוט סדר תולדות רמז קט"ו. ילקוט יחזקאל רמז ש"מ:

אם למקרא

כַּאֲשֶׁר כָּתוּב בְּתוֹרַת מֹשֶׁה אֵת כָּל הָרָעָה הַזֹּאת בָּאָה עָלֵינוּ וְלֹא חִלִּינוּ אֶת פְּנֵי ה' אֱלֹהֵינוּ לָשׁוּב מֵעֲוֹנֵנוּ וּלְהַשְׂכִּיל בַּאֲמִתֶּךָ:
(דניאל ט: יג)

זֹבֵחַ לָאֱלֹהִים יָחֳרָם בִּלְתִּי לַה' לְבַדּוֹ:
(שמות כב: יט)

אִישׁ כִּי יִדֹּר נֶדֶר לַה' אוֹ הִשָּׁבַע שְׁבֻעָה לֶאְסֹר אִסָּר עַל נַפְשׁוֹ לֹא יַחֵל דְּבָרוֹ כְּכָל הַיֹּצֵא מִפִּיו יַעֲשֶׂה:
(במדבר ל: ג)

בַּעֲלֹתִי הָהָרָה לָקַחַת לוּחֹת הָאֲבָנִים לוּחֹת הַבְּרִית אֲשֶׁר כָּרַת ה' עִמָּכֶם וָאֵשֵׁב בָּהָר אַרְבָּעִים יוֹם וְאַרְבָּעִים לַיְלָה לֶחֶם לֹא אָכַלְתִּי וּמַיִם לֹא שָׁתִיתִי:
(דברים ט: ט)

שְׂרָפִים עֹמְדִים מִמַּעַל לוֹ שֵׁשׁ כְּנָפַיִם שֵׁשׁ כְּנָפַיִם לְאֶחָד בִּשְׁתַּיִם יְכַסֶּה פָנָיו וּבִשְׁתַּיִם יְכַסֶּה רַגְלָיו וּבִשְׁתַּיִם יְעוֹפֵף:
(ישעיה ו: ב)

וָאֶשְׁמַע אֶת קוֹל כַּנְפֵיהֶם כְּקוֹל מַיִם רַבִּים כְּקוֹל שַׁדַּי בְּלֶכְתָּם קוֹל הֲמֻלָּה כְּקוֹל מַחֲנֶה בְּעָמְדָם תְּרַפֶּינָה כַנְפֵיהֶן:
(יחזקאל א: כד)

קִרְבֵת עַל חַד מִן קָאֲמַיָּא וְיַצִּיבָא אֶבְעֵא מִנֵּהּ עַל כָּל דְּנָה וַאֲמַר לִי וּפְשַׁר מִלַּיָּא יְהוֹדְעִנַּנִי:
(דניאל ז: טז)

שינוי נוסחאות

(ד) **בקתדרא של א ס ט ל י ס ט ק י ן.** רד"ל מגיה "... של אסכולסטיקין":

״דָּבָר אַחֵר, ״וָאֵשֵׁב בָּהָר – **Another interpretation of** the phrase, ***and I sat on the mountain.*** וְכִי יֵשׁ יְשִׁיבָה לְמַעְלָה – **Is there** then **sitting on High,** in Heaven? אַתָּה מוֹצֵא שֶׁכּוּלָּם עוֹמְדִין, שֶׁנֶּאֱמַר ״שְׂרָפִים עֹמְדִים מִמַּעַל לוֹ״ – Why, **you** will **find that they are all standing** there, **as it is stated** in Isaiah's vision of God's Heavenly abode, ***Seraphim were "standing" above*** (*Isaiah* 6:2), וְכֵן ״בְּעָמְדָם תְּרַפֶּינָה כַנְפֵיהֶם״ – **and also,** when describing the angelic beings bearing God's Chariot, Ezekiel declared, ***When they would stand, they would release their wings*** (*Ezekiel* 1:24), וְכֵן ״קִרְבֵת עַל חַד מִן קָאֲמַיָּא״ – **and again,** when recounting his encounter with one of the angels, Daniel said, ***I approached one of the "standing ones"*** (*Daniel* 7:16).

אָמַר רַבִּי אָבִין בְּשֵׁם רַבִּי לֵוִי בַּר פַּרְטָא: בִּימֵי מֹשֶׁה הָיָה לָנוּ מִי שֶׁיְּחַלֶּה הַמְּרִירוּת שֶׁלָּנוּ, הֱוֵי "וַיְחַל מֹשֶׁה", אֲבָל בִּימֵי דָנִיֵּאל לֹא הָיָה לָנוּ מִי שֶׁיְּחַלֶּה הַמְּרִירוּת, שֶׁנֶּאֱמַר (דניאל ט, יג) "וְלֹא חִלִּינוּ אֶת פְּנֵי ה' אֱלֹהֵינוּ":

ד דָּבָר אַחֵר, [לב, יא] "וַיְחַל מֹשֶׁה", מַהוּ כֵן, אָמַר רַבִּי בֶּרֶכְיָה בְּשֵׁם רַבִּי חֶלְבּוֹ בְּשֵׁם רַבִּי יִצְחָק: ה שֶׁהִתִּיר נִדְרוֹ שֶׁל יוֹצְרוֹ, כֵּיצַד, אֶלָּא בְּשָׁעָה שֶׁעָשׂוּ יִשְׂרָאֵל הָעֵגֶל עָמַד מֹשֶׁה מְפַיֵּיס הָאֱלֹהִים שֶׁיִּמְחוֹל לָהֶם, אָמַר הָאֱלֹהִים: מֹשֶׁה, כְּבָר נִשְׁבַּעְתִּי (שמות כב, יט) "זֹבֵחַ לָאֱלֹהִים יָחֳרָם", וּדְבַר שְׁבוּעָה שֶׁיָּצָאת מִפִּי אֵינִי מַחֲזִירָהּ, אָמַר מֹשֶׁה: רִבּוֹן הָעוֹלָם, וְלֹא נָתַתָּ לִי הֲפָרָה שֶׁל נְדָרִים, וְאָמַרְתָּ (במדבר ל, ג) "אִישׁ כִּי יִדֹּר נֶדֶר לַה' אוֹ הִשָּׁבַע שְׁבוּעָה לֶאְסֹר אִסָּר עַל נַפְשׁוֹ לֹא יַחֵל דְּבָרוֹ", ו הוּא אֵינוֹ מוֹחֵל, אֲבָל חָכָם מוֹחֵל אֶת נִדְרוֹ בְּעֵת שֶׁיִּשְׁאַל עָלָיו, וְכָל זָקֵן שֶׁמּוֹרֶה הוֹרָאָה אִם יִרְצֶה שֶׁיְּקַבְּלוּ אֲחֵרִים הוֹרָאָתוֹ צָרִיךְ הוּא לְקַיְּימָהּ תְּחִלָּה, וְאַתָּה צִוִּיתַנִי עַל הֲפָרַת נְדָרִים, דִּין הוּא שֶׁתַּתִּיר אֶת נִדְרְךָ כַּאֲשֶׁר צִוִּיתַנִי לְהַתִּיר לַאֲחֵרִים, מִיָּד נִתְעַטֵּף בְּטַלִּיתוֹ וְיָשַׁב לוֹ כְּזָקֵן וְהַקָּדוֹשׁ בָּרוּךְ הוּא עוֹמֵד כְּשׁוֹאֵל נִדְרוֹ, וְכֵן הוּא אוֹמֵר (דברים ט, ט) "וָאֵשֵׁב בָּהָר", וְאֶפְשָׁר שֶׁהָיָה מֹשֶׁה יוֹשֵׁב וְהָאֱלֹהִים יִתְבָּרַךְ שְׁמוֹ עוֹמֵד, אָמַר רַבִּי דְּרוֹסָאִי: קָתֶדְרָא עָשָׂה לוֹ כְּקָתֶדְרָא שֶׁל °אִסְטְלִיסְטְקִין הַלָּלוּ בְּשָׁעָה שֶׁהֵן נִכְנָסִין לִפְנֵי הַשִּׁלְטוֹן, וְהֵן נִרְאִין עוֹמְדִין וְאֵינָן אֶלָּא יוֹשְׁבִין, וְאַף כָּאן כָּךְ, יְשִׁיבָה שֶׁהִיא נִרְאֵית עֲמִידָה, הֱוֵי "וָאֵשֵׁב בָּהָר", דָּבָר אַחֵר, "וָאֵשֵׁב בָּהָר" ז וְכִי יֵשׁ יְשִׁיבָה לְמַעְלָה, אַתָּה מוֹצֵא שֶׁכּוּלָּם עוֹמְדִין, שֶׁנֶּאֱמַר (ישעיה ו, ב) "שְׂרָפִים עֹמְדִים מִמַּעַל לוֹ", וְכֵן (יחזקאל א, כד) "בְּעָמְדָם תְּרַפֶּינָה כַנְפֵיהֶם", וְכֵן (דניאל ז, טז) "קִרְבֵת עַל חַד מִן קָאֲמַיָּא",

עץ יוסף

אבל בימי דניאל לא היה מי שיחלה המרירות. שלא היו צדיקים בדור כדאין שיעתרו בתפלתם את פני ה': (ד) [ה] **מהו כן.** למה לא אמר לשון תפלה, לכן מפרש ליה על התרת הנדר והוא מענין לא יחל דברו דדרשינן הוא אינו מוחל אבל חכם מוחל כדמפרש: **כבר נשבעתי זובח כו'.** דייק מדכתיב כפל בפסוק זובח לאלהים יחרם בלתי לה' לבדו, שהכפל מורה על שבועה, ועיין רש"י בחומש סדר נח, ובמסכת שבועות דף ל"ו (תולדות נח): **ואמרת איש כי ידור נדר.** שאף על פי שעדיין לא כתב פרשה זו, כל המצות נתנו לו בסיני: **והוא אנו מוחל.** דמהוי ליה למימר לא יעבור, וקאמר לא יחל, דריש לשון מחילה, ולדיוקא אתא דאחרים מוחלים לו: **ואתה צויתני על הפרת נדרים.** להפר במקום מצוה: **צריך הוא לקיימו תחלה.** לאו דוקא, אלא פירושו לאפוקי ההיפוך שלא יבטל מצוה אחת ממצות אשר צוה (תולדות נח): **וכן הוא אומר ואשב בהר כו'.** ממה ששינה לכתוב בלשון ישיבה ולא כתב עמידה כדכתיב אחר זה ואנכי עמדתי בהר, רמז לנו דפעם ראשון הוי ישיבתו יום אחד, והיינו בסוף הארבעים (יפה תואר): **ואפשר שהיה משה יושב.** ואף על גב דאמר בבראשית רבה פרשה מ"ח דאמר הקדוש ברוך הוא שב ואני עומד ואתה סימן לבניך, התם אילטריך להיות סימן לבניו, ועוד דהתם בבית אברהם, ומשום כבודו עבד: **קתדרא.** פירושו בלשון יוני ורומיי מין כסא מוכן לאדם חשוב (מוסף הערוך): **איסטליסטקין.** לפי הענין המה שרים חשובים (מתנות כהונה). ונראה שטעות סופר כאן וצריך לומר אסכולוסטיקון. ופירושו ראש והרב של בית המדרש, כי אסכולי בלשון יוני בית המדרש שלומדים הנערים בו. ועיין בבראשית רבה סוף פרשה ס"ד יטול רבי יהושע בן חנניה דהוא אסכולוסטיקו דאורייתא, ובפירוש המתנות כהונה שם: **נראין עומדין.** מפני כבוד השלטון, או מפני כבוד הראש והרב, ואינן אלא יושבין דטריחא מילתא להיות עומדים ממש: **דבר אחר ואשב בהר.** וכי יש ישיבה למעלה, הוסיף עוד קושיא אחרת וכי יש ישיבה למעלה כו' להכריח פירוש הנזכר:

פירוש מהרז"ו

(ד) **שהתיר נדרו.** על פי מדת ממעל, ויחל משה מלשון לא יחל דברו, עיין דברים רבה פרשה ב סימן ח, (ברכות ל"ב א'), ונדר ושבועה ענין אחד, כמו שכתוב בסמוך איש כי ידור נדר וגו': **זובח לאלהים יחרם.** והוא שבועה, כמו שכתוב פרקי דרבי אליעזר פרק ל"ח בהדיא: **לא יחל.** ספרי ריש מטות: **לקיימה תחלה.** כמו שאמרו בהדיא ויקרא רבה פרשה ל"ה סוף סימן ג', ושם נסמן: **והאלהים יתברך שמו כביכול עומד.** ועיין בראשית רבה פרשה מ"ח סימן ז, והוא יושב, ואפשר דמשם יליף הקב"ה כביכול עומד. ועיין ויקרא רבה פרשה ל"ז סימן ג: **קתדרא.** פירש במוסף ערוך מין כסא מוכן לאדם חשוב: **אסטליסטקין.** לא נמצא פירושו, וכל דרשה זו על פי מדה ט"ו, דכתיב ואשב בהר, וכתיב ואנכי עמדתי בהר, והכריע עמידה בדרך ישיבה, ודרשה זו אינו שייך לענין הנדר:

חידושי הרד"ל

מי שיחלה המרירות. שנאמר ולא חלינו את פני כו' ודרש פני לשון כעס כמו שכתוב פני ילכו וכמו שמבואר בברכות (ז, א) פנים של זעם: [ד] **שהתיר נדרו כו'.** כאן משמע שהוא כענין התרת חכם, אבל בשוחר טוב מזמור ל משמע שהוא ענין הפרת הבעל לאשתו, כמו שנאמר במשה איש אלהים בעלה דמטרוניתא. (ומושל על הנהגת הטבע, כמו שכתב רבינו הגר"א ז"ל בפירוש התורה ריש פרשת וזאת הברכה): **אסטליסטקן.** אפשר צריך להיות אסכלמטיקען ופירושו חכמים גדולים, עיין ערוך (ערך אסקולוסטיקא), וחולקין להם כבוד בפני המלך מפני חכמתן שיהיו נראין כיושבין:

חידושי הרש"ש

[ד] **וכן בעמדם כו'.** כן צריך לומר:

באור מהרי"פ

[ד] **זובח וגו'.** (שמות כב, יט) זובח לאלהים יחרם בלתי לה' לבדו. ופירושו זובח לאלהים יחרם, תו בלתי לה' לבדו, אלא שהוכפל לשבועה, כמאמר חכמינו ז"ל אבל שבועת המבול, מפני שהוכפל במקרא ולא יכרת כל בשר ולא יהיה עוד מבול לשחת הארץ שהכפל הוא שבועה (שבועות לו, א). תולדות נח הארוך: **דבר אחר ואשב בהר וכו'.** הנה אין מחדש שום פירוש חדש יותר מבראשונה, אלא שמכריח הפירוש הראשון מכח הקושיא שהקשה והלא אין (עמידה) ישיבה למעלה, ולא יותר אלא תוספת דברים מעט בענין היתר הנדר:

מסורת המדרש

ה. ברכות דף ל"ב. מדרש תהלים מזמור ל'. ילקוט תהלים רמז תתמ"א:

ו. ברכות דף ל"ב. חגיגה דף יו"ד. נדרים דף פ"א. ספרי סדר מטות פסקא קנ"ג. ילקוט סדר מטות רמז תשפ"ט. ועיין ירושלמי נדרים פרק ב' הלכה א':

ז. ירושלמי ברכות פרק א' הלכה א'. בראשית רבה פרשה ס"ה. פתיחתא דרות רבה. תנחומא סדר קדושים סימן ו'. מדרש תהלים מזמור א'. ילקוט סדר תולדות רמז קט"ו. ילקוט יחזקאל רמז ש"מ:

אם למקרא

כַּאֲשֶׁר כָּתוּב בְּתוֹרַת מֹשֶׁה אֵת כָּל הָרָעָה הַזֹּאת בָּאָה עָלֵינוּ וְלֹא חִלִּינוּ אֶת פְּנֵי ה' אֱלֹהֵינוּ לָשׁוּב מֵעֲוֹנֵנוּ וּלְהַשְׂכִּיל בַּאֲמִתֶּךָ: (דניאל ט: יג)

זֹבֵחַ לָאֱלֹהִים יָחֳרָם בִּלְתִּי לַה' לְבַדּוֹ: (שמות כב: יט)

אִישׁ כִּי יִדֹּר נֶדֶר לַה' אוֹ הִשָּׁבַע שְׁבֻעָה לֶאְסֹר אִסָּר עַל נַפְשׁוֹ לֹא יַחֵל דְּבָרוֹ כְּכָל הַיֹּצֵא מִפִּיו יַעֲשֶׂה: (במדבר ל: ג)

בַּעֲלֹתִי הָהָרָה לָקַחַת לוּחֹת הָאֲבָנִים לוּחֹת הַבְּרִית אֲשֶׁר כָּרַת ה' עִמָּכֶם וָאֵשֵׁב בָּהָר אַרְבָּעִים יוֹם וְאַרְבָּעִים לַיְלָה לֶחֶם לֹא אָכַלְתִּי וּמַיִם לֹא שָׁתִיתִי: (דברים ט: ט)

שְׂרָפִים עֹמְדִים מִמַּעַל לוֹ שֵׁשׁ כְּנָפַיִם שֵׁשׁ כְּנָפַיִם לְאֶחָד בִּשְׁתַּיִם יְכַסֶּה פָנָיו וּבִשְׁתַּיִם יְכַסֶּה רַגְלָיו וּבִשְׁתַּיִם יְעוֹפֵף: (ישעיה ו: ב)

וָאֶשְׁמַע אֶת קוֹל כַּנְפֵיהֶם כְּקוֹל מַיִם רַבִּים כְּקוֹל שַׁדַּי בְּלֶכְתָּם קוֹל הֲמֻלָּה כְּקוֹל מַחֲנֶה בְּעָמְדָם תְּרַפֶּינָה כַנְפֵיהֶן: (יחזקאל א: כד)

קִרְבֵת עַל חַד מִן קָאֲמַיָּא וְיַצִּיבָא אֶבְעֵא מִנֵּהּ עַל כָּל דְּנָה וַאֲמַר לִי וּפְשַׁר מִלַּיָּא יְהוֹדְעִנַּנִי: (דניאל ז: טז)

שינוי נוסחאות

(ד) בקתדרא של אסטליסטקין. רד"ל מגיה "... של אסכולסטיקין":

מתנות כהונה

שיקבלו אחרים הוראתו גרסינן: [ד] **קתדרא.** כסא של כבוד: **איסטליסטוקין.** לפי הענין המה שרים חשובים ובקשתיו ולא מצאתיו: **קרבית על חד מן קאמייא** גרסינן. ופסוק הוא בדניאל סימן ז': הכי גרסינן

אשד הנחלים

לבקש ולמצוא איך מן המדה הרעה ימצא טובה, וזהו למה יחרה אפך בעמך אשר הוצאת, וראית את תכונתם הטובה שהאמינו בך, וא"כ המדה היוצא מן קשיות עורף הוא טוב: **אבל בימי דניאל כו'.** כי היו אז דורו רעים שלא נמצא להם זכות על אופן זה: **[ד] שהתיר נדרו כו' נשבעתי כו' משה יושב כו'.** הדבר הזה יש לו צורה שלא ידומה חס ושלום כפשוטו, ומהו דין הוא שתתיר. ובקצרה אבאר לך בהסבר מעט, הנה חז"ל ייחסו עסק התורה להקדוש ברוך הוא, כמו שאמרו במסכת עבודת כוכבים (ג, ב) שלש שעות הקדוש ברוך הוא יושב ועוסק בתורה, וענינו לפי שהסתדרות העולם כולו וההשגחה אשר עליה הוא לפי קיום התורה, כמו שכתוב אם בחקותי תלכו גו' ונתתי גשמיכם בעתם, והתורה אומרת בי נסתכל הקדוש ברוך הוא וברא את העולם (בראשית רבה פרשה א), כי מתכונת העולם וכל טבעו כפי מתכונת התורה ומצותיה, והתורה כפי מתכונת תכונת האדם, והעולם נברא למען האדם, א"כ הכל נאחדים יחד, וא"כ עסק התורה למעלה הוא כנוי על הסתדרות העולם וטבעיה על המתכונת הראוי, שכביכול מביט בתורה איך להסדיר העולם וקיומה, וזהו שאמרו המחדש בכל יום תמיד מעשה בראשית, כי העולם צריכה בכל עת ורגע לקיום, והנה כל מצות התורה מכוון לענין מה לענין קיום העולם, וזה הוא מכונה כאלו הקדוש ברוך הוא מקיים התורה כביכול. והנה מצד הדין המתיר צריך לישב והשואל צריך לעמוד, להורות שהמתיר הוא הגדול והשואל נכנע לפניו, כי הישיבה היא ענין הגדולה, ולכן כאן כשהצריך הענין כביכול להתיר השבועה, כלומר להפר הגזרה הנגזר עליהם כפי חכמתו יתברך, הוכרח הענין שיהיה כביכול עומד ונשמע לדברי משה, והוא כעין מאמרם ממש (מועד קטן טז, ב) שהקדוש ברוך הוא גוזר גזירה והצדיק מבטלה, כן הוא תוכן הענין על דרך ההסבר מעט. והנה באמת אף שמשה היה עומד כי אין ישיבה למעלה שגם המלאכים אינם יושבים, והכונה בזה כי הישיבה מורה על המנוחה הבלתי משתנה, ובאמת המלאכים תמיד רצים להשיג ולשמוע יותר ויותר ואינם על מתכונת אחת, ורק הכנוי בישיבה הוא רק על ה' ברוך הוא, שהוא בלתי משתנה ובלתי מתפעל, והוא וחכמתו אחד, וא"כ כלם נכנעים ונבטלים לו יתברך, אבל כאן הוכרח להיות שכביכול הקדוש ברוך הוא שומע ומתפעל לדברי משה, והיה נראה כאלו הקדוש ברוך הוא עומד ושומע למשה ומשה יושב ומתיר לו, הבן הדברים על אמתתן באמת:

וְכֵן אֲפִילוּ מֹשֶׁה כְּשֶׁעָלָה לַמָּרוֹם הָיָה עוֹמֵד, שֶׁנֶּאֱמַר ״וְאָנֹכִי עָמַדְתִּי בָהָר״ — **And similarly, even Moses** himself, **when he ascended on High, he stood, as it is stated,** ***I "stood" on the mountain*** (*Deuteronomy* 10:10), וּכְתִיב ״אָנֹכִי עוֹמֵד בֵּין ה׳ וּבֵינֵיכֶם״ — **and also it is written,** ***I was "standing" between HASHEM and you*** *at that time* (ibid. 5:5). וְאֵין יוֹשֵׁב שָׁם אֶלָּא הַקָּדוֹשׁ בָּרוּךְ הוּא לְבַדּוֹ, שֶׁנֶּאֱמַר ״רָאִיתִי אֶת ה׳ יוֹשֵׁב עַל כִּסְאוֹ״ — **And there is no one who sits there** at all **except the Holy One, blessed is He, alone, as it is stated,** ***I have seen HASHEM sitting upon His throne,*** *with all the host of Heaven standing on His right and on His left* (*II Chronicles* 18:18). וְהוּא אוֹמֵר ״וָאֵשֵׁב בָּהָר״ — **And yet** [Moses] **says,** ***and I "sat" on the mountain!*** וּמַהוּ כֵן — **How could this be?** אָמַר רַבִּי הוּנָא בַּר אַחָא — **R' Huna bar Acha said:** שֶׁיָּשַׁב לְהַתִּיר נִדְרוֹ שֶׁל יוֹצְרוֹ — **For,** as stated above, **he sat to annul the vow of his Creator.**[64]

The Midrash elaborates on the annulment that Moses performed for God:

וּמָה אָמַר לוֹ — **What did** [Moses] **say to** [God]? דָּבָר קָשֶׁה — It is **a difficult thing** to state.[65] אָמַר רַבִּי יוֹחָנָן: דָּבָר קָשֶׁה אָמַר לְפָנָיו: תָּהִית, אִתְמְהָא — **R' Yochanan said: He said a difficult thing**[65] **before** [God], **"Do You regret Your vow?"**[66] אָמַר לוֹ: תּוֹהֵא אֲנָא עַל הָרָעָה אֲשֶׁר דִּבַּרְתִּי לַעֲשׂוֹת לְעַמִּי — **God responded, "I regret the evil that I said I would do to My people."**[67] אוֹתָהּ שָׁעָה אָמַר מֹשֶׁה: מוּתָּר לָךְ מוּתָּר לָךְ, אֵין כָּאן נֶדֶר וְאֵין כָּאן שְׁבוּעָה — **Moses then declared, "It is permitted for You! It is permitted for You! There is no longer any vow, there is no longer any oath."**[68] הֱוֵי ״וַיְחַל מֹשֶׁה״, שֶׁהֵפֵר נִדְרוֹ לְיוֹצְרוֹ — **Thus** we have explained the verse, ***Moses pleaded*** [וַיְחַל] *before HASHEM,* to mean that **he absolved the vow of his Creator,** כְּמָה דְאַתְּ אָמַר ״לֹא יַחֵל דְּבָרוֹ״ — **as it is stated,** ***He shall not nullify*** [יַחֵל] ***his word*** (*Numbers* 30:3).[69]

The Midrash continues to discuss Moses' canceling of God's vow, as it were:

אָמַר רַבִּי שִׁמְעוֹן בֶּן לָקִישׁ — **R' Shimon ben Lakish said:** לְפִיכָךְ נִקְרָא שְׁמוֹ ״אִישׁ הָאֱלֹהִים״ — **For this reason** [Moses] **is called** ***the "man"*** [אִישׁ] ***of God*** (*Deuteronomy* 33:1, *Joshua* 14:6, etc.) — לוֹמַר שֶׁהֵפִיר נֶדֶר לָאֱלֹהִים — **to intimate that he revoked the vow of God.**[70] וְכֵן ״וַיְחַל מֹשֶׁה״ — **And** this concept is **similarly** alluded to in the words ***Moshe pleaded*** [וַיְחַל], as explained above.

§5 וַיְחַל מֹשֶׁה אֶת פְּנֵי ה׳ אֱלֹהָיו — *MOSES PLEADED BEFORE HASHEM, HIS GOD.*]

The Midrash makes an observation about the wording of this phase:

אָמַר רַבִּי יְהוֹשֻׁעַ בֶּן לֵוִי בְּשֵׁם רַבִּי שִׁמְעוֹן בֶּן יוֹחָאי — **R' Yehoshua ben Levi said in the name of R' Shimon ben Yochai:** פֶּתַח שֶׁל תְּשׁוּבָה פָּתַח לוֹ הַקָּדוֹשׁ בָּרוּךְ הוּא — **The Holy One, blessed is He, provided** [Moses] **with an opening for an argument** for the defense of Israel from the indictment against them, ״אָנֹכִי ה׳ אֱלֹהֶיךָ״ בְּסִינַי — when He said **at Sinai,** ***"I am HASHEM, your*** (in the singular)[71] ***God"*** (above, 20:2). לָמָּה, בְּשָׁעָה שֶׁעָשׂוּ יִשְׂרָאֵל הָעֵגֶל הָיָה מֹשֶׁה מְפַיֵּיס אֶת הָאֱלֹהִים וְלֹא הָיָה שׁוֹמֵעַ לוֹ — **Why** is this? For **when Israel made the** Golden **Calf, Moses attempted to appease God's anger, but He would not listen to him,** אָמַר לוֹ: אֶפְשָׁר שֶׁלֹּא נַעֲשֶׂה בָּהֶם מִדַּת הַדִּין עַל שֶׁבִּטְּלוּ אֶת הַדִּיבּוּר — for **He said to** [Moses], **"Is it possible not to subject them to the** full **measure of** strict **justice for having violated the commandment** of *I am HASHEM, your God?"* אָמַר מֹשֶׁה: רִבּוֹן הָעוֹלָם — But **Moses replied** to God, **"Master of the universe!** כָּךְ אָמַרְתָּ בְּסִינַי ״אָנֹכִי ה׳ אֱלֹהֶיךָ״ — **This is what You said at Sinai,** ***I am HASHEM, your*** (in the singular) ***God;*** ״אֱלֹהֵיכֶם״ לֹא נֶאֱמַר — **it was not said, 'your** (in the plural) **God.'** לִי אָמַרְתָּ — **Were You not speaking** specifically **to me,** as indicated by the singular form of 'your'? שֶׁמָּא לָהֶם אָמַרְתָּ — **Were you perhaps speaking to them?** The language you used indicates otherwise! וַאֲנִי בִּטַּלְתִּי אֶת הַדִּבּוּר, אִתְמְהָא לִי — **And** since the commandment was addressed only to me — **have** ***I*** **violated the commandment, I ask** You **rhetorically?"** הֱוֵי ״וַיְחַל מֹשֶׁה וגו׳״ — **Thus** we have explained the verse, ***Moses pleaded*** *before HASHEM, "his God,"*[72] **etc.**

NOTES

64. Thus, Moses actually stood when he was on Mount Sinai; he sat down only once, to annul God's vow.

65. See above, note 10.

66. Just as a sage would ask a vower who comes before him for an annulment.

67. As Scripture states explicitly, *HASHEM relented regarding the evil that He declared He would do to His people* (v. 14) (*Maharzu*).

[Although it is written, *God is not a man . . . that He should speak and not fulfill* (*Numbers* 23:19), i.e., He does not retract His promises, the Midrash elsewhere (*Bereishis Rabbah* 53 §4) explains that this is true only when God decrees to bring something beneficial to the world; but when He makes a decree to bring bad to the world He might not fulfill this decree (*Yefeh To'ar*).]

68. This is the general formula of the annulment of vows (see *Shulchan Aruch, Yoreh Deah* 228:3).

69. I.e., the word וַיְחַל is interpreted as being related to the word יַחֵל and refers to the annulment of vows, as explained above.

70. Just as a husband [אִישׁ] can revoke the vows of his wife, as stated in *Numbers* 30:14: *her husband may let it stand and her husband may revoke it,* so did Moses, *the man* [אִישׁ] *of God,* fulfill this role for God (*Yefeh To'ar* and *Eitz Yosef,* citing *Midrash Shocher Tov* 90 §5). [According to this view, Moses did not *annul* the vow as a sage would, but rather *revoked* it, as a husband would.] Alternatively, Moses was given the title "man of God," which denotes eminence and mastery, since he was invested with the special capability of annulling God's vow (*Matnos Kehunah*).

71. Unlike modern English, Hebrew uses different pronouns for "you" singular and "you" plural. Here (and throughout the Ten Commandments) the singular is used.

72. The words *before HASHEM, "his God,"* allude to the fact that Moses pleaded that God had identified Himself at Sinai only as "Your (in the singular) God," i.e., Moses' God (*Matnos Kehunah*). See Insight Ⓐ.

INSIGHTS

Ⓐ **Loopholes for a Liar** This Midrash is astounding. Moses' defense was that the Israelites might have thought that only he was meant when God said, *I am HASHEM your God.* Could any Israelite standing at Mount Sinai have possibly thought that the Ten Commandments were intended for Moses alone? It was patently clear that all of Israel was included. And if somehow it was not so obvious, then why indeed did God not speak in plural terms so that the people would clearly realize that all were included and thereby refrain from the sin of the Golden Calf?

Shiurei Daas (III, p. 134, quoted in *Chochmas HaMatzpun, Ki Sisa*) finds the answer to these questions in the obscure workings of the human psyche, as revealed by a careful study of two incidents in the life of our forefather Jacob.

Soon after Jacob came to stay with his uncle Laban, he began shepherding Laban's flocks. Asked how he would like to be paid for this work, Jacob replied that he wanted the hand of "Rachel, your younger daughter," in marriage (*Genesis* 29:18). Noting the seemingly unnecessary specificity, the Midrash (*Bereishis Rabbah* 70 §17, cited by *Rashi* ad loc.) explains that Jacob sought to prevent Laban from scheming to deceive him, since he knew that Laban would be reluctant to marry off Rachel before her older sister Leah. In effect, he told Laban that "I am working for Rachel, not for Leah; for your daughter, not for some other Rachel off the street; and, in case you go to the length of switching your daughters' names for the occasion, I expect the younger one, whatever her name may be."

At first glance, it is hard to see what Jacob hoped to accomplish with all this. Even without all the identifying details, it was obvious whom Jacob had in mind. There was no chance that Laban would misunderstand him. And if Jacob's concern was that Laban would deliberately

וְכֵן אֲפִילּוּ מֹשֶׁה כְּשֶׁעָלָה לַמָּרוֹם הָיָה עוֹמֵד, שֶׁנֶּאֱמַר (דברים י, י) "וְאָנֹכִי עָמַדְתִּי בָהָר", וּכְתִיב (שם ה, ה) "אָנֹכִי עוֹמֵד בֵּין ה' וּבֵינֵיכֶם", וְאֵין יוֹשֵׁב שָׁם אֶלָּא הַקָּדוֹשׁ בָּרוּךְ הוּא לְבַדּוֹ, שֶׁנֶּאֱמַר (דברי הימים־ב יח, יח) "רָאִיתִי אֶת ה' יוֹשֵׁב עַל כִּסְאוֹ", וְהוּא אוֹמֵר (שם ט, ט) "וָאֵשֵׁב בָּהָר", וּמַהוּ כֵן, אָמַר רַבִּי הוּנָא בַּר אַחָא: שֶׁיָּשַׁב [ח]לְהַתִּיר נִדְרוֹ שֶׁל יוֹצְרוֹ, וּמָה אָמַר לוֹ, דָּבָר קָשֶׁה, אָמַר רַבִּי יוֹחָנָן: דָּבָר קָשֶׁה אָמַר לְפָנָיו: תָּהִיתָ, אֶתְמְהָא, אָמַר לוֹ: תּוֹהֵא אֲנָא עַל הָרָעָה אֲשֶׁר דִּבַּרְתִּי לַעֲשׂוֹת לְעַמִּי, אוֹתָהּ שָׁעָה אָמַר מֹשֶׁה: מוּתָּר לָךְ מוּתָּר לָךְ, אֵין כָּאן נֶדֶר וְאֵין כָּאן שְׁבוּעָה, הֱוֵי [לב, יא] "וַיְחַל מֹשֶׁה", שֶׁהֵפֵר נִדְרוֹ לְיוֹצְרוֹ, כְּמָה דְאַתְּ אָמַר (במדבר ל, ג) "לֹא יַחֵל דְּבָרוֹ", אָמַר רַבִּי שִׁמְעוֹן בֶּן לָקִישׁ: לְפִיכָךְ נִקְרָא שְׁמוֹ (דברים לג, א; יהושע יד, ו; ועוד) "אִישׁ הָאֱלֹהִים", לוֹמַר °שֶׁהִתִּיר נֶדֶר לָאֱלֹהִים, וְכֵן [לב, יא] "וַיְחַל מֹשֶׁה":

ה אָמַר רַבִּי יְהוֹשֻׁעַ בֶּן לֵוִי בְּשֵׁם רַבִּי שִׁמְעוֹן בֶּן יוֹחָאי: פֶּתַח שֶׁל תְּשׁוּבָה פָּתַח לוֹ הַקָּדוֹשׁ בָּרוּךְ הוּא (שמות כ, ב) "אָנֹכִי ה' אֱלֹהֶיךָ" בְּסִינַי °לְמֹשֶׁה, בְּשָׁעָה שֶׁעָשׂוּ יִשְׂרָאֵל הָעֵגֶל הָיָה מֹשֶׁה מְפַיֵּיס אֶת הָאֱלֹהִים וְלֹא הָיָה שׁוֹמֵעַ לוֹ, אָמַר לוֹ: אֶפְשָׁר שֶׁלֹּא נַעֲשָׂה בָּהֶם מִדַּת הַדִּין עַל שֶׁבִּטְּלוּ אֶת הַדִּיבּוּר, אָמַר מֹשֶׁה: רִבּוֹן הָעוֹלָם, כָּךְ אָמַרְתָּ בְּסִינַי "אָנֹכִי ה' אֱלֹהֶיךָ", "אֱלֹהֵיכֶם" לֹא נֶאֱמַר, לֹא לִי אָמַרְתָּ שֶׁמָּא לָהֶם אָמַרְתָּ, וַאֲנִי בִּטַּלְתִּי אֶת הַדִּבּוּר, אֶתְמְהָא לִי, הֱוֵי [לב, יא] "וַיְחַל מֹשֶׁה וְגוֹ'", אָמַר רַבִּי שִׁמְעוֹן דְּסִכְנִין בְּשֵׁם רַבִּי לֵוִי: לְפִיכָךְ חָזַר וּכְתָבָהּ בִּלְשׁוֹן רַבִּים, (ויקרא יא, מד; יט, ב; ועוד) "אֲנִי ה' אֱלֹהֵיכֶם", וְכֵן בְּכָל הַמִּצְוֹת אוֹמֵר "אֲנִי ה' אֱלֹהֵיכֶם", וְלֹא אָמַר עוֹד "אֲנִי ה' אֱלֹהֶיךָ":

ו דָּבָר אַחֵר, [לב, יא] "וַיְחַל מֹשֶׁה", מַהוּ [שם] "לָמָה ה' יֶחֱרֶה אַפְּךָ בְּעַמֶּךָ", רַבִּי יְהוּדָה וְרַבִּי נְחֶמְיָה, רַבִּי יְהוּדָה אוֹמֵר: לָמָה הַדָּבָר דּוֹמֶה, לְמֶלֶךְ שֶׁהָיָה לוֹ בֶּן בַּיִת וְהִשְׁלִיטוֹ עַל כָּל מַה שֶּׁהָיָה לוֹ,

עץ יוסף

וכן אפילו משה כו'. שנברא להיותו עומד או יושב, ואף על פי כן כשעלה למרום לא ישב אלא עמד (תולדות נח): **להתיר נדרו של יוצרו.** בעל עין יעקב בפרק אין עומדין (ברכות פ"ה לב, א) כתב בשם הרשב"א שזה דרך משל: **תהית.** בלשון שאלה אמר ליה תהית, פירוש יש לך חרטה על הנדר: **אתמהא.** כלומר דרך שאלה אמר ליה כן (מתנות כהונה): **מותר לך כו'.** כאן משמע שהוא כענין התרת חכם, אבל בשוחר טוב מזמור צ' משמע שהוא ענין הפרת הבעל לאשתו, כמו שנאמר במשה איש אלהים בעלה דמטרוניתא, פירוש מושל על הטבע, כמו שאמר הגר"א ז"ל בפירוש התורה ריש פרשת וזאת הברכה: **לפיכך נקרא איש אלהים.** מבואר בשוחר טוב מזמור הנ"ל למה נקרא שמו איש אלהים, מה האיש אם מבקש להפר נדרי אשתו מפר כו' כך כביכול כו': [ו] **וכן ויחל משה.** נראה שצריך לומר דבר אחר ויחל משה ושייך לסימן זה, דרבי יהושע בן לוי קמפרש ליה הכי ויתפלל משה על ידי פנים שנתן לו ה' במה שנכתב ה' אלהיו (היינו אלהיך בלשון יחיד), ולא בלשון אלהיכם לנוכח הרבים, שבזה האופן פתח לו פתח להליץ על ישראל, שאף כי ידע ה' שאפילו היה אומר בלשון רבים היו חוטאים, מכל מקום אמר בלשון זה כדי שיוכל להשיב תשובה כנגד השטן המקטרג לומר שטעו בזה וכדמפרש ומסיים הוי ויחל משה: (ה) **שמא להם אמרת.** כלומר שיש להליץ עליהם שהם לא הבינו הדבר, וזה פליג אמדרש דחזית פסוק ישקני שחזר הדבור על כל אחד מישראל כו', והוא אומר לו הן והן, עיין שם: **ולפיכך חזר וכתבה בלשון רבים.** כוונתו על עשרת הדברות שבפרשת קדושים תהיו, שנאמר בתורת כהנים שנשנו בה כל עשרת הדברות, דוק שם ותמצאם, רק שאינם מסודרים בסדר שבעשרת הדברות, ועיין בתורת כהנים שם וברש"י ובתנחומא. ומה שאמר וכן בכל המצות כוונתו על יתר התשע דברות הנוספים על דבור ראשון שהזכיר אני ה' אלהיכם שכולם בלשון רבים (יפה תואר): (ו) [ז] **דבר אחר ויחל משה.** הני תיבות מיותרים (אות אמת):

פירוש מהרז"ו

יושב על כסא. וסיפיה דקרא וכל צבא השמים עומדים עליו וגו': **תוהה אנא על הרעה.** כמו שכתוב מפורש, וינחם ה' על הרעה אשר דבר לעשות לעמו, שעיקר התרת הנדר הוא לעקור הנדר מעיקרו: **איש האלהים.** עיין מדרש תהלים מזמור צ', אמר רבי יהודה ברבי סימון בשם ריש לקיש, מה האיש אם מבקש להפר נדרי אשתו מפר, ואם מבקש מקיים שנאמר (במדבר ל, יד) אישה יקימנו ואישה יפירנו, כך כביכול משה אומר להקב"ה וכו', עיין שם: (ה) **פתח של תשובה.** פירוש פתחון פה הכין לו השם יתברך למשה שיהיה לו מה להשיב. ועיין לקמן פרשה מ"ז סימן ט, במדבר רבה פרשה י"ט סימן ל"ג, דברים רבה פרשה ג סימן י"א: (ו) **למה ה' יחרה אפך.** משמע שאין טעם כלל שיחרה אפך שהרי תורתך ומצותיך יתקיים על ידי הצדיקים, והם כל בית ישראל שהחוטאים היו מעטים בערך כל ישראל, שהרי לא נפלו על ידי הלוים כי אם שלשת אלפים, וכל בני לוי לא חטאו כלל בעגל, וגם הנשים לא חטאו:

חידושי הרד"ל

שהפר נדרו ליוצרו כו' איש אלהים לומר שהפיר נדר כו'. כן צריך לומר, וכמו שכתבתי לעיל (ד"ה שהתיר) בשם השוחר טוב (והוא שם מימריה דריש לקיש דהכא):[ה] **לא לי אמרת שמא כו'.** במדבר רבה סוף פרשה יט (סימן לג):

באור מהרי"פ

במה דאת אמר ולא יחל דברו. פירוש, אבל אחרים מוחלין לו: [ה] **פתח של תשובה פתח להם וכו'.** המדרש בא לתרץ אחר שגלוי וידוע לפני הקב"ה מראשית [ועד] אחרית, וידע תשובת משה אלהיכם אין כתיב כאן וכו', אם כן באמת למה לא אמר אנכי ה' אלהיכם כדי לסתום את פיהם, לכך דרש שהקב"ה פתח לו פתח של תשובה כדי שלא יכלו לגמרי בחטא העגל. אך תימא [דאיתא] במדבר רבה סדר חוקת (פרשה יט, לג) זה אחד משלשה דברים שאמר משה לפני הקב"ה ואמר לו הקב"ה כביכול למדתני, אמר לפניו רבונו של עולם מנין יודעין מה עשו וכו', וכשנתת את הדברות לא נתת להם ולא אמרת אנכי ה' אלהיכם, אלא אנכי ה' אלהיך, לי אמרת שמא חטאתי, אמר לו הקב"ה חייך יפה אמרת למדתני מכאן ואילך אני אומר בלשון אני ה' אלהיכם, עד כאן. והענין נפלא: **וכן בכל המצות אומר אני ה' אלהיכם.** פירוש, לאו דוקא בכל המצות, אלא בכל מקום דשייך לכתוב אני ה' אלהיך, אני כותב אני ה' אלהיכם, בלשון רבים: [ו] **דבר אחר ויחל משה.** שבין תיבת אלהיך ובין תיבת מהו לא גרסינן ליה, והוא מיותר, וכן מצאתי באות אמת:

מסורת המדרש

ח. ברכות דף ל"ב. מדרש תהלים מזמור צ'. ילקוט תהלים רמז תתמ"א:

אם למקרא

וְאָנֹכִי עָמַדְתִּי בָהָר כַּיָּמִים הָרִאשֹׁנִים אַרְבָּעִים יוֹם וְאַרְבָּעִים לָיְלָה וַיִּשְׁמַע ה' אֵלַי גַּם בַּפַּעַם הַהִוא לֹא אָבָה ה' הַשְׁחִיתֶךָ: (דברים י:י)

אָנֹכִי עֹמֵד בֵּין ה' וּבֵינֵיכֶם בָּעֵת הַהִוא לְהַגִּיד לָכֶם אֶת דְּבַר ה' כִּי יְרֵאתֶם מִפְּנֵי הָאֵשׁ וְלֹא עֲלִיתֶם בָּהָר לֵאמֹר: (דברים ה: ה)

וַיֹּאמֶר לָכֵן שִׁמְעוּ דְּבַר ה' רָאִיתִי אֶת ה' יוֹשֵׁב עַל כִּסְאוֹ וְכָל צְבָא הַשָּׁמַיִם עֹמְדִים עַל יְמִינוֹ וּשְׂמֹאלוֹ: (דברי הימים ב יח: יח)

וְזֹאת הַבְּרָכָה אֲשֶׁר בֵּרַךְ מֹשֶׁה אִישׁ הָאֱלֹהִים אֶת בְּנֵי יִשְׂרָאֵל לִפְנֵי מוֹתוֹ: (דברים לג: א)

אָנֹכִי ה' אֱלֹהֶיךָ אֲשֶׁר הוֹצֵאתִיךָ מֵאֶרֶץ מִצְרַיִם מִבֵּית עֲבָדִים: (שמות כ: ב)

כִּי אֲנִי ה' אֱלֹהֵיכֶם וְהִתְקַדִּשְׁתֶּם וִהְיִיתֶם קְדֹשִׁים כִּי קָדוֹשׁ אָנִי וְלֹא תְטַמְּאוּ אֶת נַפְשֹׁתֵיכֶם בְּכָל הַשֶּׁרֶץ הָרֹמֵשׂ עַל הָאָרֶץ: (ויקרא יא: מד)

שינוי נוסחאות

לומר שהתיר נדר. רד"ל הגיה "...שהפיר נדר": (ה) **פתח של תשובה פתח לו הקב"ה "אנכי ה' אלהיך" בסיני למשה.** בספרים ישנים היה כתוב "...בסיני, למה", ופתאום בד' קראקא ש"ע החליפו "למה" ל"למשה":

מתנות כהונה

אמר לפניו תהית. פירוש נחרטת בעצמך לשון שאלה כדאמרינן (נדרים כא, ב) כדו תהית: **אתמהה.** כלומר דרך שאלה אמר לו כן: **איש האלהים.** כלומר אדון ורב כמה דאת אמר (רות א, ג) איש נעמי, איש האדמה (בראשית ט, כ): [ה] **שלא נעשה בהם דין.** כלומר שלא יעשה בהם דין: **אתמהה לי הוי ויחל משה וגו'.** כלומר תמיה ותם לי ודייק סיפיה דקרא דכתיב ה' אלהיו רמז למה שאמר לו הקב"ה אנכי ה' אלהיך: [ו] **בעמך.** באותן שאמרת לי עמך הם ועתה מה איכפת לך מהם:

אשד הנחלים

תוהא אנא. פתיחת התרת הנדר שמתחרט על נדרו, והוא דבר קשה לאומרו: [ה] **פתח של תשובה.** כי גם התרת הנדר אי אפשר אם לא על ידי פתח חרטה, לבקש צדדי היתר על נשיאת העון. ומפרשים שהיה ההיתר כאילו השבועה בטעות כביכול, לפי שהצווי היה בלשון יחיד ובלשון נוכח, כאילו מדבר למשה לבד. אך יש להתבונן בזה, וכי יתכן שידמו ישראל כי להם הותר חס ושלום לעבוד אלהים אחרים, שזאת הוא העיקר לאמונה ובלתה בטלים כל המצות. ויתכן לפי דברי הכוזרי שביאר כי לא עבדו ישראל לעגל בבחינת אלהות, רק עשוהו לאמצעי להורדת השפע, ולכן דימו שהם לא הוזהרו בזה, כי זה רק לאנשים הדבקים הגדולים בה' כמשה, להם אסור אחר שדבוקים בה', וה' דבק עמהם, אך באמת הוזהרו גם הם, אך על כל פנים היה זאת לקצת פתח חרטה שהם דימו ככה. והנה אחזור מעט מעניני דרשותם לבאר פירושם על מלת ויחל, והבדלם זה מזה, מי שדורש לשון חולי, היה זאת הסיבה לנשיאת עון מפני משה, ומי שדורש מלשון חלוי ומתיקות, הוא מצד ישראל, מצד מדת הקשיות שהוא באמת טובה בעת אחרת, ומי שדורש לשון פתח חרטה, הוא מפני שאירע חטאם על ידי טעות: [ו] **מהו למה.** כלומר איה חטא גדול כמוהו עד שישאל משה למה יחרה בעבורם: **למלך כו' הרי פלוני ערב כו' אהרן ובניו יקיימוה כו'.** יש להבין וכי בשביל שאהרן ובניו

ידי משה

[ד] **שהתיר נדרו.** הקשה בעל יפה תואר וזה לשונו ואם תאמר והלא קיימא לן (ירושלמי נדרים פ"ה ה"ד) האומר קונם הנאתי על בני עירי אין אחד מהם יכול להתיר מחמת שכולם נוגעים בדבר הם, וכאן אמר לו הקב"ה למשה לך רד מגדולתך אם כן נוגע בדבר הוא. ויש לומר הואיל ואמר לו הקב"ה ואעשה אותך לגוי גדול, ואם כן אדרבה יהיה למשה טובה, ואף על פי כן התיר לו נדרו ולא חשוב נוגע בדבר. ודוק: **ומה אמר לו דבר קשה.** ורבי יוחנן מפרש מה הוא דבר קשה, ומפרש שאמר להקב"ה **תהית,** פירוש התחרטת, **אתמה** בתמיה, כי לא אדם אל ויתנחם, ואין לך דבר קשה מזו, והוא הוכרח לומר כך, כי כן הדרך הנודרים כשמתירין להם את נדרם צריכין לומר מתחרט אני, ומשה התיר להקב"ה את נדרו. וקל להבין:

The Midrash continues its discussion of the expression "your God":

אָמַר רַבִּי שִׁמְעוֹן דְּסִכְנִין בְּשֵׁם רַבִּי לֵוִי – **R' Shimon of Sichnin said in the name of R' Levi:** "לְפִיכָךְ חָזַר וּכְתָבָה בִּלְשׁוֹן רַבִּים, "אֲנִי ה' אֱלֹהֵיכֶם – **For this reason,** i.e., because of Moses' argument, **[God] subsequently wrote [''your''] in the plural form:** ***I am HASHEM, your*** (in the plural) ***God*** (*Leviticus* 11:44, 19:2, etc.); וְכֵן בְּכָל "הַמִּצְוֹת אוֹמֵר "אֲנִי ה' אֱלֹהֵיכֶם", וְלֹא אָמַר עוֹד "אֲנִי ה' אֱלֹהֶיךָ – **and similarly in connection with all the commandments** in the Torah **it** always **says,** ***I am HASHEM, your*** (in the plural) ***God,*** **and [God] did not say again,** ***I am HASHEM, your*** (in the singular) ***God.***[73]

§6 The people had just committed the most grievous of sins and as such, God's wrath appears to be entirely comprehensible. Moses' question thus seems inappropriate. The Midrash addresses this question:

"דָּבָר אַחֵר, "וַיְחַל מֹשֶׁה – **Another interpretation** of the verse, ***Moses pleaded*** ... *and said, "Why, HASHEM, should Your anger flare up against Your people?"* מַהוּ "לָמָה ה' יֶחֱרֶה "אַפְּךָ בְּעַמֶּךָ – **What is the meaning of** the question, ***Why, HASHEM, should Your anger flare up against Your people?*** רַבִּי יְהוּדָה וְרַבִּי נְחֶמְיָה – **R' Yehudah and R' Nechemyah** gave interpretations for this. רַבִּי יְהוּדָה אוֹמֵר: לְמָה הַדָּבָר דּוֹמֶה – **R' Yehudah said: To what might this be compared?** לְמֶלֶךְ שֶׁהָיָה לוֹ בֶּן בַּיִת וְהִשְׁלִיטוֹ עַל כָּל מַה שֶּׁהָיָה לוֹ – **To a king who had an aide whom he empowered over all that he owned.**

NOTES

73. *Yefeh To'ar* notes that the phrase אֲנִי ה' אֱלֹהֵיכֶם, *I am HASHEM, your* (in the plural) *God,* appears ten times in the Torah-portion of *Kedoshim,* which is, according to the Midrash (*Vayikra Rabbah* 24 §5), a reprise of the Ten Commandments in other words. Thus, the Midrash means that God made this statement (using the plural form of "you") ten times in *Kedoshim* in order to counter the singular used in the Ten Commandments.

INSIGHTS

deviate from the agreed-upon terms, as he in fact proceeded to do, then what purpose would all these stipulations serve?

In fact, Jacob had a well-considered purpose, even if his efforts did not help in the end. He understood that even habitual liars are usually not brazen enough to tell an outright lie — a statement that is false in every possible sense. In order to ease their conscience, they need to be able to tell themselves that the falsehood can be construed as the truth, even if only in some farfetched way. Thus, although Jacob knew that his uncle was a cheat, he sought to protect himself by eliminating any possibility of applying a crooked interpretation to their agreement over Rachel. In the end, however, these precautions were to no avail, because Laban's corrupt nature ran so deep that he did not need a rationalization to lie.

Not only is it harder to lie when the speaker is unable to perceive his words as the truth, it is also more damaging to the soul when one defies his conscience and makes such a thoroughly false statement. This explains why Jacob, when forced to impersonate Esau in order to receive his father's blessings, was extremely circumspect in the way he uttered the lie. Upon being asked which son he was, Jacob did not simply answer, "I am Esau," but rather said, "It is I, Esau your firstborn" (*Genesis* 27:19). As the Midrash there (*Tanchuma,* Buber ed., cited by *Rashi* ad loc.) explains, Jacob chose this formula because it could be interpreted as "It is I [who brought these delicacies; however] Esau is your firstborn." Although this stratagem did little to temper the misleading nature of the statement — it still caused Isaac to believe that Esau, not Jacob, was the one standing before him and thus retained its status as a falsehood — nevertheless, Jacob was loath to defile his soul with a full-fledged lie, even a permitted one, and he strove to make it as truthful as circumstances allowed.

In light of these insights, we can understand our own Midrash. In reality, the All-knowing God knew from the start that the Israelites would make a Golden Calf and violate their commitment to observe His commandments. He therefore made the following calculation. If He would use the normal, inclusive formula, אָנֹכִי ה' אֱלֹהֵיכֶם, "I am Hashem, your (in the plural) God," there could be no doubt — even to the most twisted mind — that Israel's acceptance bound them as well. There would be no possibility of rationalization on the part of the people. The act of violating such an airtight commitment would magnify Israel's sin and push it out of the range of Divine mercy. He therefore chose to word the Ten Commandments in the singular, leaving room for the rationalization, however flimsy, that the commandments were binding on Moses alone. In this way, the sin of the nation would be minimized.

Thus, God Himself provided Moses with an opening through which to enter a plea on the people's behalf, and Himself with a basis on which to show compassion and grant forgiveness for the sin.

וְכֵן אֲפִילוּ מֹשֶׁה כְּשֶׁעָלָה לַמָּרוֹם הָיָה עוֹמֵד, שֶׁנֶּאֱמַר (דברים י, י) "וְאָנֹכִי עָמַדְתִּי בָהָר", וּכְתִיב (שם ה, ה) "אָנֹכִי עוֹמֵד בֵּין ה' וּבֵינֵיכֶם", וְאֵין יוֹשֵׁב שָׁם אֶלָּא הַקָּדוֹשׁ בָּרוּךְ הוּא לְבַדּוֹ, שֶׁנֶּאֱמַר (דברי הימים־ב יח, יח) "רָאִיתִי אֶת ה' יוֹשֵׁב עַל כִּסְאוֹ", וְהוּא אוֹמֵר (שם ט, ט) "וָאֵשֵׁב בָּהָר", וּמַהוּ כֵן, אָמַר רַבִּי הוּנָא בַּר אַחָא: שֶׁיָּשַׁב ח'לְהַתִּיר נִדְרוֹ שֶׁל יוֹצְרוֹ, וּמָה אָמַר לוֹ, דָּבָר קָשֶׁה, אָמַר רַבִּי יוֹחָנָן: דָּבָר קָשֶׁה אָמַר לְפָנָיו: תָּהִיתָ, אֶתְמְהָא, אָמַר לוֹ: תּוֹהֵא אֲנָא עַל הָרָעָה אֲשֶׁר דִּבַּרְתִּי לַעֲשׂוֹת לְעַמִּי, אוֹתָהּ שָׁעָה אָמַר מֹשֶׁה: מוּתָּר לָךְ מוּתָּר לָךְ, אֵין כָּאן נֶדֶר וְאֵין כָּאן שְׁבוּעָה, הֱוֵי [לב, יא] "וַיְחַל מֹשֶׁה", שֶׁהֵפֵר נִדְרוֹ לְיוֹצְרוֹ, כְּמָה דְאַתְּ אָמַר (במדבר ל, ג) "לֹא יַחֵל דְּבָרוֹ", אָמַר רַבִּי שִׁמְעוֹן בֶּן לָקִישׁ: לְפִיכָךְ נִקְרָא שְׁמוֹ (דברים לג, א; יהושע יד, ו; ועוד) "אִישׁ הָאֱלֹהִים", לוֹמַר °שֶׁהִתִּיר נֶדֶר לֵאלֹהִים, וְכֵן [לב, יא] "וַיְחַל מֹשֶׁה":

ה אָמַר רַבִּי יְהוֹשֻׁעַ בֶּן לֵוִי בְּשֵׁם רַבִּי שִׁמְעוֹן בֶּן יוֹחָאי: פֶּתַח שֶׁל תְּשׁוּבָה פָּתַח לוֹ הַקָּדוֹשׁ בָּרוּךְ הוּא (שמות כ, ב) "אָנֹכִי ה' אֱלֹהֶיךָ" בְּסִינַי °לְמֹשֶׁה, בְּשָׁעָה שֶׁעָשׂוּ יִשְׂרָאֵל הָעֵגֶל הָיָה מֹשֶׁה מְפַיֵּס אֶת הָאֱלֹהִים וְלֹא הָיָה שׁוֹמֵעַ לוֹ, אָמַר לוֹ: אֶפְשָׁר שֶׁלֹּא נַעֲשָׂה בָּהֶם מִדַּת הַדִּין עַל שֶׁבִּטְּלוּ אֶת הַדִּיבּוּר, אָמַר מֹשֶׁה: רִבּוֹן הָעוֹלָם, כָּךְ אָמַרְתָּ בְּסִינַי "אָנֹכִי ה' אֱלֹהֶיךָ", "אֱלֹהֵיכֶם" לֹא נֶאֱמַר, לֹא לִי אָמַרְתָּ שֶׁמָּא לָהֶם אָמַרְתָּ, וַאֲנִי בִּטַּלְתִּי אֶת הַדִּבּוּר, אֶתְמְהָא לִי, הֱוֵי [לב, יא] "וַיְחַל מֹשֶׁה וְגוֹ'", אָמַר רַבִּי שִׁמְעוֹן דְּסִכְנִין בְּשֵׁם רַבִּי לֵוִי: לְפִיכָךְ חָזַר וּכְתָבָהּ בִּלְשׁוֹן רַבִּים, (ויקרא יא, מד; יט, ב; ועוד) "אֲנִי ה' אֱלֹהֵיכֶם", וְכֵן בְּכָל הַמִּצְוֹת אוֹמֵר "אֲנִי ה' אֱלֹהֵיכֶם", וְלֹא אָמַר עוֹד "אֲנִי ה' אֱלֹהֶיךָ":

ו דָּבָר אַחֵר, [לב, יא] "וַיְחַל מֹשֶׁה", מַהוּ [שם] "לָמָה ה' יֶחֱרֶה אַפְּךָ בְּעַמֶּךָ", רַבִּי יְהוּדָה וְרַבִּי נְחֶמְיָה, רַבִּי יְהוּדָה אוֹמֵר: לְמָה הַדָּבָר דּוֹמֶה, לְמֶלֶךְ שֶׁהָיָה לוֹ בֶּן בַּיִת וְהִשְׁלִיטוֹ עַל כָּל מַה שֶּׁהָיָה לוֹ,

עץ יוסף

וכן אפילו משה כו'. שנראה להיותו עומד או יושב, ואף על פי כן כשעלה למרום לא ישב אלא עמד (תולדות נח): **להתיר נדרו של יוצרו.** בעל עין יעקב בפרק אין עומדין (ברכות פ"ה לב, א) כתב בשם הרשב"א שזה דרך משל: **תהית.** בלשון שאלה אמר ליה תהית, פירוש יש לך חרטה על הנדר: **אתמהא.** כלומר דרך שאלה אמר ליה כן (מתנות כהונה): **מותר לך כו'.** כאן משמע שהוא כענין התרת חכם, אבל בשוחר טוב מזמור ל' משמע שהוא ענין הפרת הבעל לאשתו, כמו שנאמר במשה איש אלהים בעלה דמטרוניתא, פירוש מושל על הטבע, כמו שאמר הגר"א ז"ל בפירוש התורה ריש פרשת וזאת הברכה: **לפיכך נקרא איש אלהים.** מבואר בשוחר טוב מזמור הנ"ל למה נקרא שמו איש אלהים, מה האיש אם מבקש להפר נדרי אשתו מפר כו' כך כביכול כו': [ו] **וכן ויחל משה.** נראה שצריך לומר דבר אחר ויחל משה ושייך לסימן זה, דרבי יהושע בן לוי קמפרש ליה הכי ויתפלל משה על ידי פנים שנתן לו ה' במה שנכתב ה' אלהיו (היינו אלהיך בלשון יחיד), ולא בלשון אלהיכם לנוכח הרבים, שבזה האופן פתח לו פתח להליץ על ישראל, שאף כי ידע ה' שאפילו היה אומר בלשון רבים היו חוטאים, מכל מקום אמר בלשון זה כדי שיוכל להשיב תשובה כנגד השטן המקטרג לומר שטעו בזה וכדמפרש ומסיים הוי ויחל משה: (ה) **שמא להם אמרת.** כלומר שיש להליץ עליהם שהם לא הבינו הדבר, וזה פליג אמדרש דחזית פסוק ישקני שחזר הדבור על כל אחד מישראל כו', והוא אומר לו הן והן, עיין שם: **ולפיכך חזר וכתבה בלשון רבים.** כוונתו על עשרת הדברות שבפרשת קדושים תהיו, שנאמר בתורת כהנים שנשנו בה כל עשרת הדברות, דוק שם ותמצאם, רק שאינם מסודרים בסדר שבעשרת הדברות, ועיין בתורת כהנים שם וברש"י ובתנחומא. ומה שאמר וכן בכל המצות כוונתו על יתר התשע דברות הנוספים על דבור ראשון שהזכיר אני ה' אלהיכם שכולם בלשון רבים (יפה תואר): (ו) [ז] **דבר אחר ויחל משה.** הכי תיבות מיותרים (אות אמת):

פירוש מהרז"ו

יושב על כסא. וסיפיה דקרא וכל צבא השמים עומדים עליו וגו': **תוהה אנא על הרעה.** כמו שכתוב מפורש, וינחם ה' על הרעה אשר דבר לעשות לעמו, שעיקר התרת הנדר הוא לעקור הנדר מעיקרו: **איש האלהים.** עיין מדרש תהלים מזמור צ', אמר רבי יהודה ברבי סימון בשם ריש לקיש, מה האיש אם מבקש להפר נדרי אשתו מפר, ואם מבקש מקיים שנאמר (במדבר ל, יד) אישה יקימנו ואישה יפירנו, כך כביכול משה אומר להקב"ה וכו', עיין שם: (ה) **פתח של תשובה.** פירוש פתחון פה הכין לו השם יתברך למשה שיהיה לו מה להשיב. ועיין לקמן פרשה מ"ז סימן ט, במדבר רבה פרשה י"ט סימן ל"ג, דברים רבה פרשה ג סימן י"א: (ו) **למה ה' יחרה אפך.** משמע שאין טעם כלל שיחרה אפך שהרי תורתך ומצותיך יתקיים על ידי הצדיקים, והם כל בית ישראל שהחוטאים היו מעטים בערך כל ישראל, שהרי לא נפלו על ידי הלוים כי אם שלשת אלפים, וכל בני לוי לא חטאו כלל בעגל, וגם הנשים לא חטאו:

חידושי הרד"ל

שהפר נדרו ליוצרו כו' איש אלהים לומר שהפיר נדר כו'. כן צריך לומר, וכמו שכתבתי לעיל (ד"ה שהתיר) בשם השוחר טוב (והוא שם מימריה דריש לקיש דהכא):[ה] **לא לי אמרת שמא כו'.** במדבר רבה סוף פרשה יט (סימן לג):

באור מהרי"פ

כמה דאת אמר ולא יחל דברו. פירוש, אבל אחרים מוחלין לו: [ה] **פתח של תשובה פתח להם וכו'.** המדרש בא לתרץ אחר שגלוי וידוע לפני הקב"ה מראשית [ועד] אחרית, וידע תשובת משה אלהיכם אין כתיב כאן וכו', אם כן באמת למה לא אמר אנכי ה' אלהיכם כדי לסתום את פיהם, לכך דרש שהקב"ה פתח לו פתח של תשובה כדי שלא יכלו לגמרי בחטא העגל. אך תימא [דאיתא] במדבר רבה סדר חוקת (פרשה יט, לג) זה אחד משלשה דברים שאמר משה לפני הקב"ה ואמר לו הקב"ה כביכול למדתני, אמר לפניו רבונו של עולם מנין יודעין מה עשו וכו', וכשנתת את הדברות לא נתת להם ולא אמרת אנכי ה' אלהיכם, אלא אנכי ה' אלהיך, לי אמרת שמא חטאתי, אמר לו הקב"ה חייך יפה אמרת למדתני מכאן ואילך אני אומר בלשון אני ה' אלהיכם, עד כאן. והענין נפלא: **וכן בכל המצות אומר אני ה' אלהיכם.** פירוש, לאו דוקא בכל המצות, אלא בכל מקום דשייך לכתוב אני ה' אלהיך, אני כותב אני ה' אלהיכם, בלשון רבים: [ו] **דבר אחר ויחל משה.** שבין תיבת אלהיך ובין תיבת מהו לא גרסינן ליה, והוא מיותר, וכן מצאתי באות אמת:

ידי משה

[ד] **שהתיר נדרו.** הקשה בעל יפה תואר וזה לשונו ואם תאמר והלא קיימא לן (ירושלמי נדרים פ"ה ה"ד) האומר קונם הנאתי על בני עירי אין אחד מהם יכול להתיר מחמת שכולם נוגעים בדבר הם, וכאן אמר לו הקב"ה למשה לך רד מגדולתך אם כן נוגע בדבר הוא. ויש לומר הואיל ואמר לו הקב"ה ואעשה אותך לגוי גדול,

מסורת המדרש

ח. ברכות דף ל"ב. מדרש תהלים מזמור צ'. ילקוט תהלים רמז תתמ"א:

אם למקרא

וְאָנֹכִי עָמַדְתִּי בָהָר כַּיָּמִים הָרִאשֹׁנִים אַרְבָּעִים יוֹם וְאַרְבָּעִים לָיְלָה וַיִּשְׁמַע ה' אֵלַי גַּם בַּפַּעַם הַהִוא לֹא אָבָה ה' הַשְׁחִיתֶךָ:
(דברים י:י)

אָנֹכִי עֹמֵד בֵּין ה' וּבֵינֵיכֶם בָּעֵת הַהִוא לְהַגִּיד לָכֶם אֶת דְּבַר ה' כִּי יְרֵאתֶם מִפְּנֵי הָאֵשׁ וְלֹא עֲלִיתֶם בָּהָר לֵאמֹר:
(דברים ה: ה)

וַיֹּאמֶר לָכֵן שִׁמְעוּ דְבַר ה' רָאִיתִי אֶת ה' יוֹשֵׁב עַל כִּסְאוֹ וְכָל צְבָא הַשָּׁמַיִם עֹמְדִים עַל יְמִינוֹ וּשְׂמֹאלוֹ:
(דברי הימים ב יח: יח)

וְזֹאת הַבְּרָכָה אֲשֶׁר בֵּרַךְ מֹשֶׁה אִישׁ הָאֱלֹהִים אֶת בְּנֵי יִשְׂרָאֵל לִפְנֵי מוֹתוֹ:
(דברים לג: א)

אָנֹכִי ה' אֱלֹהֶיךָ אֲשֶׁר הוֹצֵאתִיךָ מֵאֶרֶץ מִצְרַיִם מִבֵּית עֲבָדִים:
(שמות כ: ב)

כִּי אֲנִי ה' אֱלֹהֵיכֶם וְהִתְקַדִּשְׁתֶּם וִהְיִיתֶם קְדֹשִׁים כִּי קָדוֹשׁ אָנִי וְלֹא תְטַמְּאוּ אֶת נַפְשֹׁתֵיכֶם בְּכָל הַשֶּׁרֶץ הָרֹמֵשׂ עַל הָאָרֶץ:
(ויקרא יא: מד)

שינוי נוסחאות

לומר שהתיר נדר. רד"ל הגיה "...שהפיר נדר": (ה) **פתח של תשובה פתח לו הקב"ה "אנכי ה' אלהיך" בסיני למשה.** בספרים ישנים היה כתוב "...בסיני, למה", ופתאום בד' קראקא ש"ע החליפו "למה" ל"למשה":

מתנות כהונה

אמר לפניו תהית. פירוש נחרטת בעצמך לשון שאלה כדאמרינן (נדרים כא, ב) כדו תהית: **אתמהה.** כלומר דרך שאלה אמר לו כן: **איש האלהים.** כלומר אדון ורב כמה דאת אמר (רות א, ג) איש נעמי, איש האדמה (בראשית ט, כ): [ה] **שלא נעשה בהם דין.** כלומר שלא יעשה בהם דין: **אתמהה לי הוי ויחל משה וגו'.** כלומר תמיה וחס לי ודייק סיפיה דקרא דכתיב ה' אלהיו רמז למה שאמר לו הקב"ה אנכי ה' אלהיך: [ו] **בעמך.** באותן שאמרת לי עמך הם ועתה מה איכפת לך מהם:

אשד הנחלים

תוהא אנא. פתיחת התרת הנדר שמתחרט על נדרו, והוא דבר קשה לאומרו: [ה] **פתח של תשובה.** כי גם התרת הנדר אי אפשר אם לא על ידי פתח חרטה, לבקש צדדי היתר על נשיאת העון. ומפרשים שהיה ההיתר כאילו השבועה בטעות כביכול, לפי שהצווי היה בלשון יחיד ובלשון נוכח, כאילו מדבר למשה לבד. אך יש להתבונן בזה, וכי יתכן שידמו ישראל כי להם הותר חס ושלום לעבוד אלהים אחרים, שזאת הוא העיקר לאמונה ובלתה בטלים כל המצות. ויתכן לפי דברי הכוזרי שביאר כי לא עבדו ישראל לעגל בבחינת אלהות, רק עשוהו לאמצעי להורדת השפע, ולכן דימו שהם לא הוזהרו בזה, כי זה רק לאנשים הדבקים הגדולים בה' כמשה, להם אסור אחר שדבוקים בה', וה' דבק עמהם, אך באמת הוזהרו גם הם, אך על כל פנים היה זאת לקצת פתח חרטה שהם דימו ככה. והנה אחזור מעט מעניני דרשותם לבאר פירושם על מלת ויחל, והבדלם זה מזה, מי שדורש לשון חולי, היה זאת הסיבה לנשיאת עון מפני משה, ומי שדורש מלשון חלוי ומתיקות, הוא מצד ישראל, מצד מדת הקשיות שהוא באמת טובה בעת אחרת, ומי שדורש לשון פתח חרטה, הוא מפני שאירע חטאם על ידי טעות: [ו] **מהו למה.** כלומר איה חטא גדול כמוהו עד שישאל משה למה יחרה בעבורם: **למלך כו' הרי פלוני ערב כו' אהרן ובניו יקיימוה כו'.** יש להבין וכי בשביל שאהרן ובניו

ואם כן אדרבה יהיה למשה טובה, ואף על פי כן התיר לו נדרו ולא חשוב נוגע בדבר. ודוק: **ומה אמר לו דבר קשה.** ורבי יוחנן מפרש מה הוא דבר קשה, ומפרש שאמר להקב"ה **תהית**, פירוש התחרטת, **אתמהה** בתמיה, כי לא אדם אל ויתנחם, ואין לך דבר קשה מזו, והוא הוכרח לומר כך, כי כן הדרך הנודרים כשמתירין להם את נדרם צריכין לומר מתחרט אני, ומשה התיר להקב"ה את נדרו. וקל להבין:

הָלַךְ אותו בֶּן בַּיִת וְהִלְוָה לִבְנֵי אָדָם עַל יְדֵי עֲרֵבִים – **The aide then went and lent people money for which others served as guarantors.** הִלְוָה לָזֶה נ׳ זְהוּבִים וְלָזֶה ק׳ וְלָזֶה מָאתַיִם – **To one he lent fifty gold coins, to another a hundred, and to another two hundred.** בָּרְחוּ הַלּוִוים – **The debtors** then **fled** before paying their debts. אַחַר זְמַן שָׁמַע הַמֶּלֶךְ וְרַע לוֹ, אָמַר לוֹ: לֹא הִשְׁלַטְתִּיךָ עַל שֶׁלִּי אֶלָּא לְאַבְּדָן – **After some time, the king heard** about this **and became aggravated and said, "Did I empower you over all that is mine only to squander it?"** אָמַר לוֹ הַבֶּן בַּיִת: אֲנִי הִלְוֵיתִי וּבְאַחֲרָיוּתִי הֵם לְשַׁלֵּם – However, **the aide responded, "I** indeed **lent** the gold coins, **and** I recognize that **they are my responsibility to retrieve.** אֲנִי מַעֲמִידְךָ עַל הַכֹּל – **I will get it all back for you;** הֲרֵי פְּלוֹנִי עָרֵב יֵשׁ בְּיָדוֹ ק׳ זְהוּבִים וּבְיַד פְּלוֹנִי נ׳ – for **you see,** although the debtors themselves have fled, **the guarantor So-and-so has a hundred gold coins** that he must pay, **and** the guarantor **So-and-so has fifty,** and another has two hundred." כָּךְ אָמַר מֹשֶׁה לְהַקָּדוֹשׁ בָּרוּךְ הוּא – **Similarly, Moses said to the Holy One, blessed is He,** לָמָּה אַתָּה כּוֹעֵס – **"Why are You angry?** לֹא בִּשְׁבִיל תּוֹרָתְךָ – **Is it not because of Your Torah,** which they have violated? בְּאַחֲרָיוּתִי הִיא, שֶׁאֲנִי וַחֲבֵירַי נְקַיֵּים אוֹתָהּ – If so, **it is my responsibility** to ensure **that I and my colleagues will fulfill it,** even if the rest of the people have not fulfilled their obligation to fulfill it; אַהֲרֹן וּבָנָיו יְקַיְּימוּהָ – **Aaron and his sons will fulfill it,** יְהוֹשֻׁעַ וְכָלֵב יְקַיְּימוּהָ – **Joshua and Caleb will fulfill it,** יָאִיר וּמָכִיר יְקַיְּימוּהָ – **Jair and Machir**[74] **will fulfill it,** הַצַּדִּיקִים יְקַיְּימוּהָ, וַאֲנִי אֲקַיְּימֶנָּה – all **the** other **righteous people** in Israel **will fulfill it,**[75] **and I** myself **will fulfill it."** הֲוֵי "לָמָּה ה׳ יֶחֱרֶה אַפְּךָ" – **Thus** we have explained Moses' question, ***"Why, HASHEM, should Your anger flare up*** *against Your people?"*

The Midrash now presents R' Nechemyah's interpretation:

וְרַבִּי נְחֶמְיָה אָמַר – **R' Nechemyah said:** בְּשָׁעָה שֶׁעָשׂוּ יִשְׂרָאֵל אותו מַעֲשֶׂה עָמַד לוֹ מֹשֶׁה מְפַיֵּיס אֶת הָאֱלֹהִים – **When Israel committed that** sinful **act, Moses arose to appease God;** אָמַר: רִבּוֹן הָעוֹלָם – **he said, "Master of the universe!** עָשׂוּ לְךָ סִיּוּעַ וְאַתָּה כּוֹעֵס עֲלֵיהֶם – **They** intended only to have **made an assistant for You, and You are angry at them** as if they intended idolatry? הָעֵגֶל הַזֶּה שֶׁעָשׂוּ יִהְיֶה מְסַיְּיעֶךָ – Why, they meant that **this Calf that they made will assist You:** אַתָּה מַזְרִיחַ אֶת הַחַמָּה וְהוּא הַלְּבָנָה – **You will make the sun rise and [the Calf]** will make **the moon** rise; אַתָּה הַכּוֹכָבִים וְהוּא הַמַּזָּלוֹת – **You** will make **the stars** shine **and it** will do the same for **the constellations;** אַתָּה מוֹרִיד אֶת הַטַּל וְהוּא מַשִּׁיב רוּחוֹת – **You will make the dew descend and it will make the winds blow;** אַתָּה מוֹרִיד גְּשָׁמִים וְהוּא מְגַדֵּל צְמָחִים – **You will make the rain fall, and it will make the plants grow."**[76] אָמַר הַקָּדוֹשׁ בָּרוּךְ הוּא: מֹשֶׁה, אַף אַתָּה טוֹעֶה כְּמוֹתָם – **The Holy One, blessed is He, replied, "Moses, you, too, are going astray like them?!** וַהֲלֹא אֵין בּוֹ מַמָּשׁ – **There is obviously no substance to [this Calf]!"**[77] אָמַר לוֹ: אִם כֵּן לָמָּה אַתָּה כּוֹעֵס עַל בָּנֶיךָ – **[Moses]** then **rejoined to Him, "If so, why are You angry at Your children?"**[78] הֲוֵי "לָמָּה ה׳ יֶחֱרֶה אַפְּךָ בְּעַמֶּךָ" – **Thus** we have explained Moses' question, ***"Why, HASHEM, should Your anger flare up*** *against Your people?"*

§7 As in the previous section, the Midrash seeks to explain why Moses questioned God's anger, which seemed reasonable in light of the people's terrible sin:

דָּבָר אַחֵר, "לָמָּה ה׳ יֶחֱרֶה אַפְּךָ בְּעַמֶּךָ" – **Another interpretation** of ***Why, HASHEM, should Your anger flare up against Your people:*** אָמַר מֹשֶׁה: לֹא כָּךְ אָמַרְתָּ לִי, "כִּי שִׁחֵת עַמְּךָ" – **Moses said** to God, **"Did You not** just **say to me,** *'Go, descend –* ***for your people*** *that you brought up from the land of Egypt* ***has become corrupt,'*** "עַמְּךָ" חָטְאוּ וְלֹא עַמִּי – the words ***'your' people*** implying that You do **not** regard them as **'My** (i.e., God's) **people'?**[79]

NOTES

74. Machir was a son of Manasseh (*Genesis* 50:23); Jair was a descendant of Manasseh (see *Numbers* 34:41 and *I Chronicles* 2:21-22).

75. For the women and the tribe of Levi did not sin altogether, and moreover only 3,000 sinners were deemed guilty to be killed from among all the rest (see v. 28). As for the reason the Midrash singles out the particular individuals mentioned here and not others, see *Yefeh To'ar.*

76. *Yefeh To'ar* explains that in this figurative suggestion that the Golden Calf could "help" God run the world, Moses of course had no intention of suggesting that such notions had any merit. Rather, as it were, Moses sought to mitigate the severity of the sin before God by subtly suggesting that these attitudes were reflective of the people's mindset at the time. Moses argued that the people's intentions were not so bad: They did not [at least initially (see *Ramban* in his commentary to vv. 4-6)] have idolatrous intentions; they merely meant to create a guide who would lead them through the Wilderness in Moses' absence (see *Ramban* to v. 1 at length) and they believed they would merit Divine assistance in this endeavor, since they were, in some sense, "assisting" God by supplying a guide or intermediary. And, although they ultimately sinned by beginning to view the Calf as possessing power in itself (see *Ramban* to vv. 4-6), for this they did not deserve complete annihilation. See Insight Ⓐ.

77. According to *Yefeh To'ar*, the Midrash means that God said: Since it is absurd to believe, as they did, that the Calf they had formed with their own hands could possess actual power, they deserve to be punished for that alone! (*Yefeh To'ar, Eitz Yosef*).

78. Moses contended that since God Himself conceded, so to speak, that it was mere folly on their part (see previous note), but that their intentions were good, they should be spared the severest punishment of complete annihilation (ibid.).

79. See 42 §6 above. The Midrash there says that it was the "mixed multitude" of non-Israelites who joined the Exodus from Egypt (see above, 12:38) that instigated the making of the Golden Calf. Since it was Moses'

INSIGHTS

Ⓐ **The Calf as Assistant** *Tiferes Tzion* explains our Midrash in a similar vein, through an illuminating interpretation of the examples of "assistance" suggested by Moses.

As the commentators note, based on 32:1 above, the idea behind the Israelites' plan to build the Golden Calf was that it should serve as a replacement for Moses, who, they had erroneously assumed, was not going to return to them (see next Insight, "The Sin of the Golden Calf"). *Tiferes Tzion* explains that according to R' Nechemyah here in our Midrash, the people felt that even with regard to the Jewish people, God provides their needs through a conduit and not directly. When there is a great righteous person in the world, that person can act as such a conduit. And Moses was such a person. Now, however, having lost Moses (as they thought), the people sought to create a new channel through which God would supply His bounty to the nation. Since they could not find anyone remotely similar to Moses' supreme saintliness, they sought to create an artificial object to act as a conduit in his stead.

Thus, Moses mentioned benefits whose source is clearly not the vehicle through which it is conveyed. All the people had intended, in their error, was that God would cause the sun — the source of light in the world — to shine, and the Calf would act as the moon. The moon has no light of its own, but merely reflects the sun's light into the nighttime sky. They thought that the Calf, as a conduit of God's goodness, could channel the sun's light onto earth through the moon. Similarly, God would cause the stars to shine at night, while the Calf would "bring out the מַזָּלוֹת" (the "constellations," or the signs of the zodiac), which are said to influence each individual's particular destiny. And lastly, God would supply the dew, which brings moisture to the world as a whole at night, and the Calf would "make the winds blow," moving tree leaves and plants to and fro to enable each individual plant to be exposed to the dew and thus benefit from it.

הָלַךְ אוֹתוֹ בֶּן בַּיִת וְהִלְוָה לִבְנֵי אָדָם עַל יְדֵי עֲרֵבִים, הִלְוָה לָזֶה נ׳ זְהוּבִים וְלָזֶה ק׳ וְלָזֶה מָאתַיִם, בָּרְחוּ הַלּוֹוִים, אַחַר זְמַן שָׁמַע הַמֶּלֶךְ וְרַע לוֹ, אָמַר לוֹ: °הִשְׁלַטְתִּיךָ עַל שֶׁלִּי אֶלָּא לְאַבְּדָן, אָמַר לוֹ הַבֶּן בַּיִת: אֲנִי הִלְוֵיתִי וּבְאַחֲרָיוּתִי הֵם לְשַׁלֵּם, אֲנִי מַעֲמִידְךָ עַל הַכֹּל, הֲרֵי פְּלוֹנִי עָרֵב יֵשׁ בְּיָדוֹ ק׳ זְהוּבִים וּבְיַד פְּלוֹנִי נ׳, כָּךְ אָמַר מֹשֶׁה לְהַקָּדוֹשׁ בָּרוּךְ הוּא: לָמָּה אַתָּה כּוֹעֵס, לֹא בִּשְׁבִיל תּוֹרָתְךָ, בְּאַחֲרָיוּתִי הִיא, שֶׁאֲנִי וַחֲבֵירַי נְקַיֵּים אוֹתָהּ, אַהֲרֹן וּבָנָיו יְקַיְּימוּהָ, יְהוֹשֻׁעַ וְכָלֵב יְקַיְּימוּהָ, יָאִיר וּמָכִיר יְקַיְּימוּהָ, הַצַּדִּיקִים יְקַיְּימוּהָ, וַאֲנִי אֲקַיְּימֶנָּה, הֱוֵי "לָמָה ה׳ יֶחֱרֶה אַפְּךָ", וְרַבִּי נְחֶמְיָה אָמַר: בְּשָׁעָה שֶׁעָשׂוּ יִשְׂרָאֵל אוֹתוֹ מַעֲשֶׂה עָמַד לוֹ מֹשֶׁה מְפַיֵּיס אֶת הָאֱלֹהִים, אָמַר: רִבּוֹן הָעוֹלָם, עָשׂוּ לְךָ סִיּוּעַ וְאַתָּה כּוֹעֵס עֲלֵיהֶם, הָעֵגֶל הַזֶּה שֶׁעָשׂוּ יִהְיֶה מְסַיְּיעֲךָ, אַתָּה מַזְרִיחַ אֶת הַחַמָּה וְהוּא הַלְּבָנָה, אַתָּה הַכּוֹכָבִים וְהוּא הַמַּזָּלוֹת, אַתָּה מוֹרִיד אֶת הַטַּל וְהוּא מַשִּׁיב רוּחוֹת, אַתָּה מוֹרִיד גְּשָׁמִים וְהוּא מְגַדֵּל צְמָחִים, אָמַר הַקָּדוֹשׁ בָּרוּךְ הוּא: מֹשֶׁה, אַף אַתָּה טוֹעֶה כְּמוֹתָם, וַהֲלֹא אֵין בּוֹ מַמָּשׁ, אָמַר לוֹ: אִם כֵּן לָמָּה אַתָּה כּוֹעֵס עַל בָּנֶיךָ, הֱוֵי [לב, יא] "לָמָה ה׳ יֶחֱרֶה אַפְּךָ בְּעַמֶּךָ":

ז דָּבָר אַחֵר, [לב, יא] "לָמָה ה׳ יֶחֱרֶה אַפְּךָ בְּעַמֶּךָ", אָמַר מֹשֶׁה: לֹא כָּךְ אָמַרְתָּ לִי [לב, ז] "כִּי שִׁחֵת עַמְּךָ", ט"עַמְּךָ" חָטְאוּ וְלֹא עַמִּי, אִם עַמִּי חָטְאוּ לֹא עַמְּךָ חָטְאוּ, הֱוֵי "לָמָה ה׳ יֶחֱרֶה אַפְּךָ בְּעַמֶּךָ", דָּבָר אַחֵר, "לָמָה ה׳ יֶחֱרֶה אַפְּךָ בְּעַמֶּךָ", ימָשָׁל לְמֶלֶךְ שֶׁנִּכְנַס לְבֵיתוֹ וּמָצָא אִשְׁתּוֹ מְגַפֶּפֶת לְדֶלְפְּקִי וְכָעַס, אָמַר לוֹ שׁוֹשְׁבִינוֹ: אִם הָיָה מוֹלִיד יָפֶה הָיִיתָ כּוֹעֵס,

עץ יוסף

אני וחבירי נקיים אותה כו׳. פירוש נקיים אותה ביד ישראל, שידריכום אל התורה ואל העבודה עד שיפרעו חובם, וזה מדין ערבות, דכל ישראל ערבים זה לזה להדריך אותם במישרים: **עשו לך סיוע כו׳.** הכוונה שמשה בא להמליץ שאין חטא העגל ממש כנראה ממעשה, אלא שחשבו היות איזה שפע מושפע עליהם מכח העליונים במעשה העגל, וערב רב הוא שחשבוהו לעבודה זרה, ואף על גב שגם זה חטא, מכל מקום אינם ראויים לכליון חרוץ, ואמר על דרך משל אתה מזריח את החמה כו׳, והשיב ה׳ כי זה טעות ושטות בחושבם זה, ואם כן ראוי להעניש שחטאו בדבר שאין בו תועלת, והשיב משה רבינו עליו השלום דאם כן למה ה׳ יחרה אפך בעמך, דהשתא שטעו בחשבם לקבל תועלת אין בהם חטא, זולת הטעות שחשבו שהיה בזה תועלת: **(ז) עמך חטאו.** דהיינו הערב רב שקבל משה כדלעיל פרשה מ"ב: **לדולפקי.** פירוש סרים חמה (מעריך): **אם היה מוליד יפה היית כועס.** כלומר בדין היה שתכעוס, אבל השתא אין טעם בכעס, ומהדר ליה ידעתי שאין בו כח לדבר זה, ומכל מקום ראוי ליסרה ללמדה, וכן טענת משה שאין כאן אליל, ולכן אין ראוי לכעוס עליהם, שאינן אלא כטועים, וכהאי דמסיים רבי נחמיה לעיל, והלא אין בו ממש, אמר ליה אם כן למה אתה כועס על בניך:

פירוש מהרז"ו

יאיר ומכיר. כתובים בסוף מטות, ושם מקדים מכיר ליאיר. וצריך עיון שלא חשב בצלאל, ואהליאב, וכל חכם לב, וכן נבח שהוא מפורש, ויתכן שהיה בכלל צדיקים שזכר, וכן השבעים זקנים: **עשו לך סיוע.** במדבר רבה פרשה ב סימן י"ב, דברים רבה פרשה א סימן ב, ושם כתבתי פירוש המאמר קחנו משם: **(ז) אם עמך חטאו.** וכמו שכתוב (דברים ט, כט) והם עמך ונחלתך: **לדלפקי.** במדבר רבה שם הגירסא לסרים. וכאן אולי צריך לומר לדלפיטן, עיין ערוך ערך דלפן, שהביא דברי הגמרא בכורות (דף (מ׳) [ח, א]) הדולפנין בני ימא, פירושו אדם של ים. ועיין שם במוסף ערוך ואין מין מוליד משאינו מינו:

מתנות כהונה

[ז] **מגפפת.** מחבקת ומנשקת: **דלפקי.** פירש הערוך (ערך דלפק) כלי עץ שנותנין בו כלים של יין עץ ואבן:

נחמד למראה

[ז] דבר אחר למה ה׳ יחרה אפך בעמך, אמר משה לא כך אמרת לי כי שחת עמך עמך חטאו ולא עמי אם עמי חטאו לא עמך חטאו הוי למה ה׳ יחרה אפך בעמך. נראה לי דכך פירושו בהקדים הידוע שהערב רב עשו את העגל, והערב רב נקרא עם משה וישראל הם עם ה׳, על כן אמר משה לא כך אמרת לי כי שחת עמך, אתה אמרת לי עמך שהם הערב רב, ולא אמרת עמי שהם ישראל, אם עמי שהם הערב רב חטאו, לא עמך שהם ישראל חטאו, הוי למה ה׳ יחרה אפך בעמך שהם ישראל:

אשד הנחלים

ושאר הצדיקים יקיימוהו, וכי בשביל זה לא יחרה בעמו, הלא גם ה׳ אמר בעצמו למשה הניחה לי ואכלה אותם ואעשה אותך לגוי גדול, וגם אינו דומה לנמשל, שמה אם הערב משלם לו אז נפטר הלוה, אחר שנשתלם מעותיו, אבל כאן וכי בשביל שיקיימו הצדיקים יפטרו החייבים. ואשר נראה לי שטענת משה היה למה יחרה בעמו אשר הוציאם ממצרים, והם מאמינים בני מאמינים אחר שזכו לכל הגדולה וראו האותות הגדולות בעיניהם, ואם כי חטאו עתה הלא חטאם רק במקרה, והנה אם לא היו צדיקים בדור אז אבדה תקוה, כי איפה ילמדו אחר כך לעשות טוב ולקיים התורה, אבל אחר שיש צדיקים בדור והם יקיימוה, ובודאי המה ילמדו את כולם לקיום התורה, וא"כ למה יחרה אפו בעמו לכלותם כליון תמידי, אחר שיש תקוה להם, כי אין הכליון כי אם במי שאין תקומה למפלתו. והנה כמו במשל הערב משלם עבור הלוה, ואחר כך גובה מהלוה, כן זה, כי הצדיקים יכריחו וילמדו ליתר העם לקיום התורה: **עשו סיוע לך כו׳ אם כן למה אתה כועס כו׳.** לכאורה יקשה הלא ידענו כי מעשי האדם אינם נוגעים חס ושלום לעצמותו יתברך, כמו שכתוב (איוב לה, ו ז ח) אם תצדק מה תפעל לו ורבו פשעיך מה תעשה לו לאיש כמוך רשעך גו׳, ורק הכעס יכונה כביכול במה שהאדם משחית לנפשו, וא"כ יקשה מה השיב משה, ואדרבה נהפוך הוא אחר שאין בו סיוע א"כ זה הבל גדול לטעות בו, והרי החטא יותר גדול. ואשר נראה לי בזה כי עיקר הכונה במה שמסיים למה אתה כועס על בניך, והכונה כמו שפירשתי לעיל, כי הנה זרע ישראל היו בעצם טובים וישרים במזגם, ועל זה המה מכונים בשם בנים לה׳ כלומר דבוקים בו יתברך, והנה אם היה חטאם בדבר שאפשר לטעות, אז היו נשארים חס ושלום בטעותם, והיה קשה לפרוש מהם, אבל אחר שבאמת אין בו סיוע והוא הבל הבלים, א"כ למה יחרה אפך בודאי לא ישארו בטעותם, אחר שהם עמך מאמינים בני מאמינים רק שחטאו במקרה לבד, ולא ישארו בטעותם לעולם. והנה ענין הויכוח הוא בדרך ממה נפשך, אם באמת יש בו סיוע, א"כ מדוע תאסור עליהם [וזהו כמה שכתב הרמב"ם בריש הלכות עבודת כוכבים שכל מה שאסרה התורה הוא מפני שהוא הבל ואין בם מועיל, כי הכל פתיות גמור, עיין שם]. ואם אינם מועילים בודאי לא ישארו באמונתם, וא"כ למה תחרה עליהם: **[ז] אם עמי חטאו כו׳ עמך חטאו.** זהו כמו שאמרו לעיל (מב, ו) שלכן אמר ה׳ למשה רד כי שיחת עמך, מפני שהוא גרם כי קיבל הערב רב, אבל עם בני ישראל לא חטאו, כמו שכתב הכוזרי מאמר א׳, כי רק הערב רב כיוונו בזה כונת עבודת כוכבים ולא ישראל, וא"כ למה יחרה אפך בעמך בשביל הערב רב: **דלפקי.** פירוש סריס חמה, כן פירש המעריך. אבל לפי המתנות כהונה מה שייך הגיפוף לכלים: **אם היה מוליד.** לכאורה הלא על כל פנים החטא תלוי בה,

חידושי הרד"ל

[ו] אמר לו לא השלטתיך כו׳. כן צריך לומר: **עשו לך סיוע כו׳.** במדבר רבה פרשה ב יב, ודברים רבה פרשה א ב, ופסיקתא דיהודה וישראל רבים, ועיין לעיל פרשה ל, ח: **[ז] אם עמי חטאו.** הן הערב רב, כדלעיל פרשה מב, ו: **מגפפת לדלפקי.** עיין מתנות כהונה וידי משה. ועיקר הפירוש תראה בירושלמי סוף פרק ז דדמאי, שהוא צורה של עץ עשוי כמין אדם (ובו מגורות שנותנין בו כלים):

חידושי הרש"ש

[ו] אהרן ובניו יקיימוה. לקמן פרשה מד ז, בשבעה צדיקים חשב גם את פנחס. ואולי נכלל כאן בבניו של אהרן, אף על גב דבלשון תורה אינו כן, כמו שכתבתי בשם התוספות לעיל בבראשית רבה פרשה נא, ח (ד"ה בן). אך קשה מדוע לא חשיב שם יאיר ומכיר דחשבם כאן, ועיין מה שכתבתי שם (ד"ה הרי): **[ז] מגפפת לדלפקי.** עיין ידי משה. והא דאמר הכא שאינו מוליד והתם (בכורות ח, א) קאמר שהן פרין ורבין מבני אדם, עיין תוספות שם (ד"ה הדולפנין). יש לומר דהתם פירושו שאם בא אדם עליהם מתעברות הימנו כפירוש רש"י שם, אבל אשה אינה מתעברת מהם:

באור מהרי"פ

אהרן ובניו יקימוהו וכו׳. וצריך עיון דאין המשל דומה לנמשל, שם הערבים אינם חייבים כלום יכולים הם לשלם בעד הלוים, אבל בנמשל אהרן ובניו וכן שארי צדיקים הם בעצמם מחוייבים לקיים המצות, ואיך יוכלו לשלם בקיום מצותיו בעד אחרים. ואולי על דרך שכתבו הקדמונים שהצדיק בצדקתו יכול לתקן מה שקלקלו הרשעים, ודבריהם נשענים על המדרש דברים רבה ובכמה מקומות בבראשית רבה פרשה י"ד (סימן ו), האדם הגדול בענקים זה אברהם, ולמה קורא אותו גדול שהיה ראוי להבראות קודם לאדם הראשון, אלא אמר הקב"ה שמא יקלקל ואין מי שיתקן תחתיו, אלא הריני בורא אדם תחלה, אם יקלקל יבא אברהם ויתקן תחתיו, עד כאן. ובזה יבואר למבין: **[ז] עמך חטאו.** פירוש, היינו ערב רב כמבואר פרשה מ"ב (סימן יב) עיין שם: **דלפקי.** זה לשון הערוך [ערך] דלפקי, כלי עץ שנותנים בה כלים של יין כמו כוסות ואשישות עד כאן לשון הערוך, ובמתנות כהונה יש קצת שיבוש בלשון המובא בשם הערוך. וזה לשון רבי בנימין מוספיא אמר בנימין, בלשון יוני ורומי שולחן מוכן לערוך עליו הכוסות עד כאן. וזה לשון המעריך [ערך] דלפקי, פירוש סרים חמה, ומתנות כהונה כתב שבוש, [כי לשון הערוך אינו שייך לכאן], עד כאן:

מסורת המדרש

ט. לעיל פרשה מ"ב וש"נ:
י. במדבר רבה פרשה ב׳. פסיקתא רבתי פסקא י"א סימן ו׳:

ידי משה

[ז] לדלפקי. נשמט מן בעל מתנות כהונה פירוש של דלפקי, והוא בגמרא דבכורות פרק קמא (ח, א) הדולפנין פרים ורבים כבני אדם ואמר רב יהודה מאי דולפנין אדם דימא:

אמרי יושר

[ו] את מוריד בשמים והוא מגדל צמחים. זהו ויאל, ודייקו כפל ויאמר, שהוא כדמות קושיא שהקשה הקב"ה אף אתה טועה, השיב משה ואמר אם אין בו ממש למה ה׳ יחרה, והוא לשון תרגום, כי הבל תרגום ללמה, ולזה אינו דגוש: **[ז] עמך חטאו.** ערב רב, ולא ישראל, ואם כן למה יחרה אפך בעמך ישראל:

שינוי נוסחאות

(ו) **השלטתיך על שלי אלא לאבדן.** רד"ל הגיה כאן "לא השלטתיך...": **אמר לו שושבינו.** בד׳ פראג ת"נ (עם יפ"ת) איתא "...שושבינה" ונראה שנוסח זה הוא יותר נכון, אבל בשאר ספרים כתוב כלפנינו: (ז) **משל למלך שנכנס וכו׳.** בד׳ וילנא שינו "מלך" ל"טפסר" במשל זה, כנראה מחמת אימת המלכות:

אִם עַמִּי חָטְאוּ לֹא עַמְּךָ חָטְאוּ – Well, then, **if *my* people have sinned, *Your* people have not sinned."**[80] **הֱוֵי "לָמָּה ה' יֶחֱרֶה אַפְּךָ בְּעַמֶּךָ"** – **Thus** we have explained Moses' question, ***Why, HASHEM, should Your anger flare up*** *against Your people?*

דָּבָר אַחֵר, "לָמָּה ה' יֶחֱרֶה אַפְּךָ בְּעַמֶּךָ" – **Another interpretation** of ***Why, HASHEM, should Your anger flare up against Your people?*** **מָשָׁל לְמֶלֶךְ שֶׁנִּכְנַס לְבֵיתוֹ** – This may be illustrated by **a parable.** It may be compared **to a king who, upon entering his house,** **וּמָצָא אִשְׁתּוֹ מְגַפֶּפֶת לְדֶלְפְּקִי וְכָעַס** – **found his wife embracing a *delphiki*,**[81] **and became angry.** **אָמַר לוֹ שׁוֹשְׁבִינוֹ: אִם הָיָה מוֹלִיד יָפֶה הָיִיתָ כּוֹעֵס** – But **his wedding attendant said to him, "If it** (or he)[82] **could cause** a woman **to conceive, your anger would be justified,** but since it (or he) is incapable of doing such a thing, there is no reason for you to be jealous."

NOTES

personal decision to allow them to join Israel's ranks (see Midrash ibid.), God regarded them as Moses' people (*Eitz Yosef, Nechmad LeMareh*).

80. I.e., Moses said: If the people of the "mixed multitude" ("my people") are the ones responsible for the sinning, why is Your anger flared up against all of "Your people," the people of Israel? (*Nechmad LeMareh*).

81. Several explanations are offered for this word. According to *Matnos Kehunah,* it refers to a eunuch (see the parallel Midrash in *Bamidbar Rabbah* 2 §15, where the word סָרִיס is indeed used instead of דֶּלְפְּקִי). According to *Radal* it is a kind of decorative storage chest, made in the form of a human being. [See also *Yedei Moshe, Maharzu,* and *Rashash*.]

82. Depending on the two meanings of *delphiki* in the previous note.

הָלַךְ אוֹתוֹ בֶּן בַּיִת וְהִלְוָה לִבְנֵי אָדָם עַל יְדֵי עֲרֵבִים, הִלְוָה לָזֶה נ' זְהוּבִים וְלָזֶה ק' וְלָזֶה מָאתַיִם, בָּרְחוּ הַלּוֹוִים, אַחַר זְמַן שָׁמַע הַמֶּלֶךְ וְרַע לוֹ, אָמַר לוֹ: °הִשְׁלַטְתִּיךָ עַל שֶׁלִּי אֶלָּא לְאַבְּדָן, אָמַר לוֹ הַבֶּן בַּיִת: אֲנִי הִלְוֵיתִי וּבְאַחֲרָיוּתִי הֵם לְשַׁלֵּם, אֲנִי מַעֲמִידְךָ עַל הַכֹּל, הֲרֵי פְּלוֹנִי עָרֵב יֵשׁ בְּיָדוֹ ק' זְהוּבִים וּבְיַד פְּלוֹנִי נ', כָּךְ אָמַר מֹשֶׁה לְהַקָּדוֹשׁ בָּרוּךְ הוּא: לָמָּה אַתָּה כּוֹעֵס, לֹא בִּשְׁבִיל תּוֹרָתְךָ, בְּאַחֲרָיוּתִי הִיא, שֶׁאֲנִי וַחֲבֵירַי נְקַיֵּים אוֹתָהּ, אַהֲרֹן וּבָנָיו יְקַיְּימוּהָ, יְהוֹשֻׁעַ וְכָלֵב יְקַיְּימוּהָ, יָאִיר וּמָכִיר יְקַיְּימוּהָ, הַצַּדִּיקִים יְקַיְּימוּהָ, וַאֲנִי אֲקַיְּימֶנָּה, הֱוֵי "לָמָה ה' יֶחֱרֶה אַפְּךָ", וְרַבִּי נְחֶמְיָה אָמַר: בְּשָׁעָה שֶׁעָשׂוּ יִשְׂרָאֵל אוֹתוֹ מַעֲשֶׂה עָמַד לוֹ מֹשֶׁה מְפַיֵּיס אֶת הָאֱלֹהִים, אָמַר: רִבּוֹן הָעוֹלָם, עָשׂוּ לְךָ סִיּוּעַ וְאַתָּה כּוֹעֵס עֲלֵיהֶם, הָעֵגֶל הַזֶּה שֶׁעָשׂוּ יִהְיֶה מְסַיְּיעֲךָ, אַתָּה מַזְרִיחַ אֶת הַחַמָּה וְהוּא הַלְּבָנָה, אַתָּה הַכּוֹכָבִים וְהוּא הַמַּזָּלוֹת, אַתָּה מוֹרִיד אֶת הַטָּל וְהוּא מַשִּׁיב רוּחוֹת, אַתָּה מוֹרִיד גְּשָׁמִים וְהוּא מְגַדֵּל צְמָחִים, אָמַר הַקָּדוֹשׁ בָּרוּךְ הוּא: מֹשֶׁה, אַף אַתָּה טוֹעֶה כְּמוֹתָם, וַהֲלֹא אֵין בּוֹ מַמָּשׁ, אָמַר לוֹ: אִם כֵּן לָמָה אַתָּה כּוֹעֵס עַל בָּנֶיךָ, הֱוֵי [לב, יא] "לָמָה ה' יֶחֱרֶה אַפְּךָ בְּעַמֶּךָ":

ז דָּבָר אַחֵר, [לב, יא] "לָמָה ה' יֶחֱרֶה אַפְּךָ בְּעַמֶּךָ", אָמַר מֹשֶׁה: לֹא כָּךְ אָמַרְתָּ לִי [לב, ז] "כִּי שִׁחֵת עַמְּךָ", ט"עַמְּךָ" חָטְאוּ וְלֹא עַמִּי, אִם עַמִּי חָטְאוּ לֹא עַמְּךָ חָטְאוּ, הֱוֵי "לָמָה ה' יֶחֱרֶה אַפְּךָ בְּעַמֶּךָ", דָּבָר אַחֵר, "לָמָה ה' יֶחֱרֶה אַפְּךָ בְּעַמֶּךָ", יּמָשָׁל לְמֶלֶךְ שֶׁנִּכְנַס לְבֵיתוֹ וּמָצָא אִשְׁתּוֹ מְגַפֶּפֶת לְדֶלְפְּקִי וְכָעַס, אָמַר לוֹ שׁוֹשְׁבִינוֹ: אִם הָיָה מוֹלִיד יָפֶה הָיִיתָ כּוֹעֵס,

אני וחבירי נקיים אותה כו'. פירוש נקיים אותה ביד ישראל, שידריכום אל התורה ואל העבודה עד שיפרעו חובם, וזה מדין ערבות, דכל ישראל ערבים זה לזה להדריך אותם במישרים: **עשו לך סיוע כו'.** הכוונה שמשה בא להמליץ שאין חטא העגל ממש כנראה ממעשה, אלא שחשבו היות איזה שפע מושפע עליהם מכח העליונים במעשה העגל, וערב רב הוא שחשבוהו לעבודה זרה, ואף על גב שגם זה חטא, מכל מקום אינם ראויים לכליון חרון, ואמר על דרך משל אתה מזריח את החמה כו', והשיב ה' כי זה טעות ושטות בחושבם זה, ואם כן ראוי להעניש שחטאו בדבר שאין בו תועלת, והשיב משה רבינו עליו השלום דאם כן למה ה' יחרה אפך בעמך, דהשתא שעשו בחשבם לקבל תועלת אין בהם חטא, זולת הטעות שחשבו שהיה בזה תועלת: **(ז) עמך חטאו.** דהיינו הערב רב שקבל משה כדלעיל פרשה מ"ב: **לדולפקי.** פירוש סריס חמה (מעריך): **אם היה מוליד יפה היית כועס.** כלומר בדין היה שתכעוס, אבל השתא אין טעם בכעס, ומהדר ליה ידעתי שאין בו כח לדבר זה, ומכל מקום ראוי ליסרה ללמדה, וכן טענת משה שאין כאן אליל, ולכן אין ראוי לכעוס עליהם, שאינן אלא כטועים, וכהאי דמסיים רבי נחמיה לעיל, והלא אין בו ממש, אמר ליה אם כן למה אתה כועס על בניך:

יאיר ומכיר. כתובים בסוף מטות, ושם מקדים מכיר ליאיר. וצריך עיון שלא חשב בצלאל, ואהליאב, וכל חכם לב, וכן נבח שהוא מפורש, ויתכן שהיה בכלל צדיקים שזכר, וכן השבעים זקנים: **עשו לך סיוע.** במדבר רבה פרשה ב סימן י"ב, דברים רבה פרשה א סימן ב, ושם כתבתי פירוש המאמר קחנו משם: **(ז) אם עמך חטאו.** וכמו שכתוב (דברים ט, כט) והם עמך ונחלתך: **לדלפקי.** במדבר רבה שם הגירסא לסרים. וכאן אולי צריך לומר לדלפינון, עיין ערוך ערך דלפן, שהביא דברי הגמרא בכורות (דף (מ') [ח, א]) הדולפנין בני ימא, פירושו אדם של ים. ועיין שם במוסף ערוך ואין מין מוליד משאינו מינו:

מתנות כהונה

[ז] **מגפפת.** מחבקת ומנשקת: **דלפקי.** פירש הערוך (ערך דלפק) כלי עץ שנותנין בו כלים של יין עץ ואבן:

נחמד למראה

[ז] **דבר אחר למה ה' יחרה אפך בעמך, אמר משה לא כך אמרת לי כי שחת עמך עמך חטאו ולא עמי אם עמי חטאו לא עמך חטאו הוי למה ה' יחרה אפך בעמך.** נראה לי דכך פירושו בהקדים הידוע שהערב רב עשו את העגל, והערב רב נקרא עם משה וישראל הם עם ה', על כן אמר משה לא כך אמרת לי כי שחת עמך, אתה אמרת לי עמך שהם הערב רב, ולא אמרת עמי שהם ישראל, אם עמי שהם הערב רב חטאו, לא עמך שהם ישראל חטאו, הוי למה ה' יחרה אפך בעמך שהם ישראל:

אשד הנחלים

ושאר הצדיקים יקיימוה, וכי בשביל זה לא יחרה בעמו, הלא גם ה' אמר בעצמו למשה הניחה לי ואכלה אותם ואעשה אותך לגוי גדול, וגם אינו דומה לנמשל, שמה אם הערב משלם לו אז נפטר הלוה, אחר שנשתלם מעותיו, אבל כאן וכי בשביל שיקיימו הצדיקים יפטרו החייבים. ואשר נראה לי שטענת משה היה למה יחרה בעמו אשר הוציאם ממצרים, והם מאמינים בני מאמינים אחר שזכו לכל הגדולה וראו האותות הגדולות בעיניהם, ואם כי חטאו עתה הלא חטאם רק במקרה, והנה אם לא היו צדיקים בדור אז אבדה תקוה, כי איפה ילמדו אחר כך לעשות טוב ולקיים התורה, אבל אחר שיש צדיקים בדור והם יקיימוה, ובודאי המה ילמדו את כולם לקיום התורה, וא"כ למה יחרה אפו בעמו לכלותם כליון תמידי, אחר שיש תקוה להם, כי אין הכליון כי אם במי שאין תקומה למפלתו. והנה כמו במשל הערב משלם עבור הלוה, ואחר כך גובה מהלוה, כן זה, כי הצדיקים יכריחו וילמדו ליתר העם לקיום התורה: **עשו סיוע לך כו' אם כן למה אתה כועס כו'.** לכאורה יקשה הלא ידענו כי מעשי האדם אינם נוגעים חס ושלום לעצמותו יתברך, כמו שכתוב (איוב לה, ו ז ח) אם תצדק מה תפעל לו ורבו פשעיך מה תעשה לו לאיש כמוך רשעך גו', ורק הכעס יכונה כביכול במה שהאדם משחית לנפשו, וא"כ יקשה מה השיב משה, ואדרבה נהפוך הוא אחר שאין בו סיוע א"כ זה הבל גדול לטעות בו, והרי החטא יותר גדול. ואשר נראה לי בזה כי עיקר הכונה במה שמסיים למה אתה כועס על בניך, והכונה כמו שפירשתי לעיל, כי הנה זרע ישראל היו בעצם טובים וישרים במזגם, ועל זה המה מכונים בשם בנים לה' כלומר דבוקים בו יתברך, והנה אם היה חטאם בדבר שאפשר לטעות, אז היו נשארים חס ושלום בטעותם, והיה קשה לפרוש מהם, אבל אחר שבאמת אין בו סיוע והוא הבל הבלים, א"כ למה יחרה אפך בודאי לא ישארו בטעותם, אחר שהם עמך מאמינים בני מאמינים רק שחטאו במקרה לבד, ולא ישארו בטעותם לעולם. והנה ענין הויכוח הוא בדרך ממה נפשך, אם באמת יש בו סיוע, א"כ מדוע תאסור עליהם [וזהו כמה שכתב הרמב"ם בריש הלכות עבודת כוכבים שכל מה שאסרה התורה הוא מפני שהוא הבל ואין בם מועיל, כי הכל פתיות גמור, עיין שם]. ואם אינם מועילים בודאי לא ישארו באמונתם, וא"כ למה תחרה עליהם: **[ז] אם עמי חטאו כו' עמך חטאו.** זהו כמו שאמרו לעיל (מב, ו) שלכן אמר ה' למשה רד כי שיחת עמך, מפני שהוא גרם כי קיבל הערב רב, אבל עם בני ישראל לא חטאו, כמו שכתב הכוזרי מאמר א', כי רק הערב רב כיוונו בזה כונת עבודת כוכבים ולא ישראל, וא"כ למה יחרה אפך בעמך בשביל הערב רב: **דלפקי.** פירוש סריס חמה, כן פירש המעריך. אבל לפי המתנות כהונה מה שייך הגיפוף לכלים: **אם היה מוליד.** לכאורה הלא על כל פנים החטא תלוי בה,

חידושי הרד"ל

[ו] **אמר לו לא השלטתיך כו'.** כן צריך לומר: **עשו לך סיוע כו'.** במדבר רבה פרשה ב יב, ודברים רבה פרשה א ב, ופסיקתא דיהודה וישראל רבים, ועיין לעיל פרשה ל, ח: [ז] **אם עמי חטאו.** הן הערב רב, כדלעיל פרשה מב, ו: **מגפפת לדלפקי.** עיין מתנת כהונה וידי משה. ועיקר הפירוש תראה בירושלמי סוף פרק ז דדמאי, שהוא צורה של עץ עשוי כמין אדם (וכו מגורות שנותנין בו כלים):

חידושי הרש"ש

[ו] **אהרן ובניו יקיימוה.** לקמן פרשה מד ז, בשבעה צדיקים חשב גם את פנחס. ואולי נכלל כאן בבניו של אהרן, אף על גב דבלשון תורה אינו כן, כמו שכתבתי בשם התוספות לעיל בבראשית רבה פרשה נא, ח (ד"ה בן). אך קשה מדוע לא חשיב שם יאיר ומכיר דחשבם כאן, ועיין מה שכתבתי שם (ד"ה הרי): [ז] **מגפפת לדלפקי.** עיין ידי משה. והא דאמר הכא שאינו מוליד והתם (בכורות ח, א) קאמר שהן פרין ורבין מבני אדם, עיין תוספות שם (ד"ה הדולפנין). יש לומר דהתם פירושו שאם בא אדם עליהם מתעברות הימנו כפירוש רש"י שם, אבל אשה אינה מתעברת מהם:

באור מהרי"פ

אהרן ובניו יקימוהו וכו'. וצריך עיון דאין המשל דומה לנמשל, שם הערבים אינם חייבים כלום יכולים הם לשלם בעד הלוים, אבל בנמשל אהרן ובניו וכן שארי צדיקים הם בעצמם מחוייבים לקיים המצות, ואיך יוכלו לשלם בקיום מצותיו בעד אחרים. ואולי על דרך שכתבו הקדמונים שהצדיק בצדקתו יכול לתקן מה שקלקלו הרשעים, ודבריהם נשענים על המדרש דברים רבה ובכמה מקומות בבראשית רבה פרשה י"ד (סימן ו), האדם הגדול בענקים זה אברהם, ולמה קורא אותו גדול שהיה ראוי להבראות קודם לאדם הראשון, אלא אמר הקב"ה שמא יקלקל ואין מי שיתקן תחתיו, אלא הריני בורא אדם תחלה, אם יקלקל יבא אברהם ויתקן תחתיו, עד כאן. ובזה יבואר למבין: [ז] **עמך חטאו.** פירוש, היינו ערב רב כמבואר פרשה מ"ב (סימן יב) עיין שם: **דלפקי.** זה לשון הערוך [ערך] דלפקי, כלי עץ שנותנים בה כלים של יין כמו כוסות ואשישות עד כאן לשון הערוך, ובמתנות כהונה יש קצת שיבוש בלשון המובא בשם הערוך. וזה לשון רבי בנימין מוספיא אמר בנימין, בלשון יוני ורומי שולחן מוכן לערוך עליו הכוסות עד כאן. וזה לשון המעריך [ערך] דלפקי, פירוש סריס חמה, ומתנות כהונה כתב שבוש, [כי לשון הערוך אינו שייך לכאן], עד כאן:

מסורת המדרש

ט. לעיל פרשה מ"ב וש"נ:
י. במדבר רבה פרשה ב'. פסיקתא רבתי פסקא י"א סימן ו':

ידי משה

[ז] **לדלפקי.** נשמט מן בעל מתנות כהונה פירוש של דלפקי, והוא בגמרא דבכורות פרק קמא (ח, א) הדולפנין פרים ורבים כבני אדם ואמר רב יהודה מאי דולפנין אדם דימא:

אמרי יושר

[ו] **את מוריד גשמים והוא מגדל צמחים.** זהו ויחל, ודייקו כפל ויאמר, שהוא כדמות קושיא שהקשה הקב"ה אף אתה טועה, השיב משה ואמר אם אין בו ממש למה ה' יחרה, והוא לשון תרגום, כי הבל תרגום ללמה, ולזה אינו דגוש: [ז] **עמך חטאו.** ערב רב, ולא ישראל, ואם כן למה יחרה אפך בעמך ישראל:

שינוי נוסחאות

(ו) **השלטתיך על שלי אלא לאבדן.** רד"ל הגיה כאן "לא השלטתיך...": **אמר לו שושבינו.** בד' פראג ת"נ (עם יפ"ת) איתא "...שושבינה" ונראה שנוסח זה הוא יותר נכון, אבל בשאר ספרים כתוב כלפנינו: (ז) **משל למלך שנכנס וכו'.** בד' וילנא שינו "מלך" ל"טפסר" במשל זה, כנראה מחמת אימת המלכות:

אָמַר לוֹ הַמֶּלֶךְ: אֵין בּוֹ כֹּחַ לְדָבָר זֶה, אֶלָּא לְלַמְּדָהּ שֶׁלֹּא תַעֲשֶׂה כָּךְ – The king replied, "I know that [the *delphiki*] has no capacity for this sort of **thing, but** my anger is meant **to teach her** a lesson, **that she should not do such a thing** in the future."[83] **כָּךְ אָמַר הָאֱלֹהִים – God similarly said, יוֹדֵעַ אֲנִי שֶׁאֵין בּוֹ מַמָּשׁ – "I know that there is no substance to [this Calf], אֶלָּא שֶׁלֹּא יֹאמְרוּ לַעֲשׂוֹת עֲבוֹדָה זָרָה – but** I have become angry **so that they should not think** it permissible **to make an** actual **idolatrous image."**[84] **אָמַר לוֹ: וְאִם אֵין בּוֹ מַמָּשׁ לָמָּה אַתָּה כּוֹעֵס עַל בָּנֶיךָ – [Moses]** thereupon **responded to Him, "Since** You admit that **there is no substance to it, why are You angry at Your children?"**[85] **הֱוֵי "לָמָה ה' יֶחֱרֶה אַפְּךָ בְּעַמֶּךָ" – Thus** we have explained Moses' question, ***Why, HASHEM, should Your anger flare up against Your people?***

□ **אֲשֶׁר הוֹצֵאתָ מֵאֶרֶץ מִצְרַיִם** – *WHY, HASHEM, SHOULD YOUR ANGER FLARE UP AGAINST YOUR PEOPLE,* ***WHOM YOU HAVE TAKEN OUT OF THE LAND OF EGYPT?***

מָה רָאָה לְהַזְכִּיר כָּאן יְצִיאַת מִצְרַיִם – Why did [Moses] see fit **to mention the Exodus from Egypt here?**[86] **אֶלָּא אָמַר מֹשֶׁה: רִבּוֹן הָעוֹלָם, מֵהֵיכָן הוֹצֵאתָ אוֹתָם – However,** the explanation is that **Moses exclaimed, "Master of the universe! From where did You take them out? לֹא מִמִּצְרַיִם, שֶׁהָיוּ כּוּלָּם עוֹבְדֵי טְלָאִים – Was it not from Egypt, where all** the people **worshiped lambs?"**[87]

NOTES

83. I.e., that she not come to cohabit with another man (*Eitz Yosef*).

84. The people's intent in making the Golden Calf was not to worship an idol, but rather that the Calf be their guide in place of Moses (see note 76 above). Although this was not outright idolatry (i.e., the deification of something other than God), God showed anger lest their actions might lead them one day to engage in actual idolatry (*Yefeh To'ar, Eitz Yosef*).

85. Moses retorted that inasmuch as the people, at the time, had no intention of actual idol worship, why must they be held accountable for what they might do in the future? (see v. 10). God's judgment is on one's present actions, not on his future misdeeds (*Eitz Yosef,* citing *Toldos Noach*). See Insight Ⓐ.

86. That is, the mentioning of it *here* seems to be counterproductive. When God said, *"Go, descend – for your people 'that you brought up from the land of Egypt' has become corrupt"* (v. 7), the invocation of the redemption from Egypt is understandable, as God was intimating that despite all the good He had done for Israel they responded by sinning and thus desecrating His Name. But Moses, by later mentioning this fact when pleading on their behalf, would only exacerbate the issue by recalling Israel's infidelity (*Eitz Yosef,* citing *Toldos Noach*).

87. The Midrash above (16 §3) proves that the Egyptians worshiped animals (and specifically sheep) from what Moses said to Pharaoh, *"for we will offer* (as a sacrifice) *the deity of Egypt to HASHEM, our God"*

INSIGHTS

Ⓐ **The Sin of the Golden Calf** This statement of our Midrash — that God became angry with the people so that they should not think it permissible to make an [actual] idolatrous image — indicates clearly that the Golden Calf itself was *not* intended as an idolatrous image. *Ramban* (on v. 1) deduces this as well from the language of Scripture itself (see Insight above on 42 §5, "The Ox of the Chariot *Chayos*"). According to *Ramban* (as stated above in the note and the Insight just referenced), the Calf was meant rather to serve as a guide for them through the desolate Wilderness — a replacement for Moses, not for God.

Ramban (ibid.) adds that the intent was that when the people worshiped *God* in the presence of the Calf, a spirit from on high would be imparted to guide them, just as a guiding spirit had been imparted to Moses. Thus, Aaron declared to the people who beheld the Calf, *"A festival for HASHEM tomorrow"* (v. 5). The sacrifice and worship was to be for the sake of Hashem, not of the Calf. However, as *Ramban* writes in his commentary to that verse, while there were those who intended, as Aaron had declared, the worship of God and not of the Calf, there were others who acted corruptly and sacrificed to the Calf. And it was with reference to this latter group that God said to Moses (in v. 8), *they have prostrated themselves to it and sacrificed to it.*

Accordingly, Aaron had done nothing idolatrous, nor had most of the people. It was only some of the people who acted corruptly and transformed the incident into one of idolatry.

In a lengthy exposition, the *Kuzari* (1:97) explains that the people wanted some tangible object on which the Divine Presence would rest and on which they could focus their attention when worshiping God, just as they had focused their attention on the Pillar of Cloud and Pillar of Fire when they left Egypt. In fact, they were waiting for Moses to bring down from Sinai precisely such an object — the Tablets of stone made by God Himself and inscribed with the Ten Commandments spoken to them by God. When Moses delayed, the people sought some other object for this purpose. Thus, their sin was not a departure from worshiping God, but rather a transgression of the law against making such objects on their own, without specific Divine sanction. And Aaron assisted them in making the Calf in order to separate those with these sinful thoughts from among the loyal of the nation. Nevertheless, he was faulted for having brought the thoughts of the sinners from the potential to the actual. [This is also how Rav Saadiah Gaon (cited by Ibn Ezra in his commentary on this passage) explains Aaron's intent.]

Ibn Ezra (in his commentary on our passage), too, advances an explanation of the Golden Calf similar to that of the *Kuzari.* He adds (like *Ramban*) that a small portion of the people, however, did cross the line into actual worship of the Golden Calf itself, and it is because of this that God said to Moses, *Go, descend — for your people that you brought up from the land of Egypt has become corrupt. They have strayed quickly from the way that I have commanded them* (vv. 7-8).

See also *Yefeh To'ar* (cited above in note 76), who explains at length how the Golden Calf was not meant to be an object of idol worship.

Beis HaLevi (on *Ki Sisa*) further develops the idea found in the *Kuzari* regarding the original intent of those who sought to make the Golden Calf. The Tabernacle and its vessels and all their numerous details were designed in accordance with mystical wisdom to bring the *Shechinah* to rest upon it. And it was through making the Tabernacle according to the exacting instructions commanded by God that the Tabernacle in its perfect entirety indeed brought the *Shechinah* to rest upon it. But there was no Tabernacle yet. The people thought that even in the absence of a commandment from God, a person who is privy to the mystical secrets of creation would be able as well to design and construct a physical object that would bring the *Shechinah* to rest upon it. Moses had not come back, and the people desired the presence of the *Shechinah.* Knowing that they themselves were incapable of making such a physical object given their limited knowledge of the mystical secrets, they approached the holy Aaron to make it for them.

Their intentions were noble, but there was one flaw — a critical flaw — in their reasoning: The acts of man are indeed capable of bringing down the Divine Presence — but *only if those acts are commanded by God.* Those intricate acts, no matter how precisely arranged to produce mystical effects, are insufficient in themselves to do so unless God *commands* us to do them. Only then are the desired effects produced, in the merit of our obedience to God's Will, which is, after all, the primary positive effect that is accomplished by our acts.

That, *Beis HaLevi* explains, is why Moses says in his plea to God on behalf of Israel, *and see that this nation is Your people* (below, 33:13). Their sin was not motivated by a desire to depart from the service of God; on the contrary, its main impetus was their desire to be *Your people,* to bring You close to them.

That is also why we find in *Parashas Pekudei,* where the Torah details the actual construction of the Tabernacle, that the verses reiterate, on every detail, that they made it *as HASHEM had commanded Moses.* For the Tabernacle was meant to atone for the sin of the Golden Calf (see Midrash below, 48 §6 and 51 §8). That sin was that they had thought to produce the effect of bringing down the Divine Presence through their own devices. So the verses emphasize that Bezalel, who "knew how to combine the letters through which heaven and earth were created" (*Berachos* 55a), nevertheless did not make any part of the Tabernacle on his own, but rather faithfully implemented the commands exactly *as HASHEM had commanded Moses.* This is what atoned for the sin of Golden Calf. This is what caused the *Shechinah* to descend among the Jewish nation.

אָמַר לוֹ הַמֶּלֶךְ: אֵין בּוֹ כֹּחַ לְדָבָר זֶה, אֶלָּא לְלַמְּדָהּ שֶׁלֹּא תַעֲשֶׂה כָּךְ, כָּךְ אָמַר הָאֱלֹהִים: יוֹדֵעַ אֲנִי שֶׁאֵין בּוֹ מַמָּשׁ, אֶלָּא שֶׁלֹּא יֹאמְרוּ לַעֲשׂוֹת עֲבוֹדָה זָרָה, אָמַר לוֹ: וְאִם אֵין בּוֹ מַמָּשׁ לָמָּה אַתָּה כּוֹעֵס עַל בָּנֶיךָ, הֱוֵי [לב, יא] "לָמָה ה' יֶחֱרֶה אַפְּךָ בְּעַמֶּךָ". [שם] "אֲשֶׁר הוֹצֵאתָ מֵאֶרֶץ מִצְרַיִם", מָה רָאָה לְהַזְכִּיר כָּאן יְצִיאַת מִצְרַיִם, אֶלָּא אָמַר מֹשֶׁה: רִבּוֹן הָעוֹלָם, מֵהֵיכָן הוֹצֵאתָ אוֹתָם, לֹא מִמִּצְרַיִם, שֶׁהָיוּ כּוּלָּם עוֹבְדֵי טְלָאִים, אָמַר רַבִּי הוּנָא בְּשֵׁם רַבִּי יוֹחָנָן: [יא]מָשָׁל לְחָכָם שֶׁפָּתַח לִבְנוֹ חֲנוּת שֶׁל בְּשָׂמִים בְּשׁוּק שֶׁל זוֹנוֹת, הַמָּבוֹי עָשָׂה שֶׁלּוֹ וְהָאוּמָּנוּת עָשְׂתָה שֶׁלָּהּ וְהַנַּעַר כְּבָחוּר עָשָׂה שֶׁלּוֹ, יָצָא לְתַרְבּוּת רָעָה, בָּא אָבִיו וּתְפָסוֹ עִם הַזּוֹנָה, הִתְחִיל הָאָב צוֹעֵק וְאוֹמֵר: הוֹרֶגְךָ אֲנִי, הָיָה שָׁם אוֹהֲבוֹ, אָמַר לוֹ: אַתָּה אִיבַּדְתָּ הַנַּעַר וְאַתְּ צוֹעֵק כְּנֶגְדּוֹ, הִנַּחְתָּ כָּל הָאוּמָּנִיּוֹת וְלֹא לִמַּדְתּוֹ אֶלָּא בַּשָּׂם, וְהִנַּחְתָּ כָּל הַמְּבוֹאוֹת וְלֹא פָּתַחְתָּ לוֹ חֲנוּת אֶלָּא בְּשׁוּק שֶׁל זוֹנוֹת, כָּךְ אָמַר מֹשֶׁה: רִבּוֹן הָעוֹלָם, הִנַּחְתָּ כָּל הָעוֹלָם וְלֹא שִׁעְבַּדְתָּ בָּנֶיךָ אֶלָּא בְּמִצְרַיִם שֶׁהָיוּ עוֹבְדִין טְלָאִים, וְלָמְדוּ מֵהֶם בָּנֶיךָ, וְאַף הֵם עָשׂוּ הָעֵגֶל, לְפִיכָךְ אָמַר "אֲשֶׁר הוֹצֵאתָ מֵאֶרֶץ מִצְרַיִם", דַּע מֵהֵיכָן הוֹצֵאתָ אוֹתָם:

ח דָּבָר אַחֵר, [לב, יא] "אֲשֶׁר הוֹצֵאתָ מֵאֶרֶץ מִצְרַיִם", מָה רָאָה לְהַזְכִּיר כָּאן יְצִיאַת מִצְרַיִם, אָמַר רַבִּי יְהוּדָה בַּר שָׁלוֹם בְּשֵׁם רַבִּי יְהוּדָה בַּר סִימוֹן בְּשֵׁם רַבִּי לֵוִי בֶּן פַּרְטָא: לְמָה הַדָּבָר דּוֹמֶה, לְאֶחָד שֶׁבָּא לִיקַּח עֶבֶד, אָמַר לַאֲדוֹנָיו: הָעֶבֶד הַזֶּה שֶׁאַתָּה מוֹכֵר קָאקָגְרִיסִין הוּא אוֹ קָאלוֹחָסִין הוּא, אָמַר לוֹ: קָאקָגְרִיסִין הוּא, וְעַל זֶה אֲנִי מוֹכְרוֹ, לְקָחוֹ וְהוֹלִיכוֹ לְבֵיתוֹ, פַּעַם א' סָרַח אוֹתוֹ הָעֶבֶד, הִתְחִיל אֲדוֹנוֹ מַכֵּהוּ, אָמַר לוֹ: הוֹרֶגְךָ אֲנִי, מָה אֲנִי מְבַקֵּשׁ עֶבֶד רָע, הִתְחִיל הָעֶבֶד צוֹוֵחַ: בִּיָּיא מַעֲבִיר עָלַי, אָמַר לוֹ אֲדוֹנוֹ: סָרַחְתָּ כָּל הַסִּרְחוֹן הַזֶּה וְאַתָּה צוֹוֵחַ: בִּיָּיא הֶעֱבַרְתָּ לִי, אָמַר הָעֶבֶד: בֶּאֱמֶת בִּיָּיא הֶעֱבַרְתָּ עָלַי, אָמַר לוֹ: מָרִי, הֵיאַךְ לָקַחְתָּ אוֹתִי, בְּעֶבֶד טוֹב אוֹ בְּעֶבֶד רָע, אָמַר לוֹ: בְּעֶבֶד רָע, אָמַר לוֹ: °בְּעֶבֶד רַע אַתָּה לְקַחְתַּנִי°, וּתְבַקְּשֵׁנִי עֶבֶד טוֹב, כָּךְ אָמַר מֹשֶׁה: רִבּוֹן הָעוֹלָם, לֹא כָּךְ אָמַרְתָּ לִי (לעיל ג, י) "וְעַתָּה לְכָה וְאֶשְׁלָחֲךָ אֶל פַּרְעֹה", וְאָמַרְתִּי לְךָ: בְּאֵיזֶה זְכוּת אַתָּה גּוֹאֲלָן,

עץ יוסף

שלא תעשה כך. ותבא לזנות עם מי שמוליד: **שלא יאמרו לעשות עבודת כוכבים.** רולה לומר שאף על פי שבעגל לא כיוונו לעבודת כוכבים ממש רק למנהיג, מכל מקום אני כועס שמא ילמדו לעשות עבודת כוכבים ממש: **אמר ליה ואם אין בו ממש למה אתה כועס על בניך.** ואף שהקדוש ברוך הוא השיב יודע אני שאין בו ממש אלא כדי שלא ירגילו לעשות ככ"ל, מכל מקום היתה תשובת משה אם אין בו ממש למה אתה כועס כו', כלומר אחר שהעבודה של העגל דעכשיו אין בו ממש, מאי איכפת לך במה שיעשו לעתיד, כי משפט הקדוש ברוך הוא באשר הוא שם, ולא על שם העתיד (תולדות נח): **(ח) מה ראה להזכיר כאן יציאת מצרים.** מלת כאן קדייק, כלומר דבשלמא על מאמר הקדוש ברוך הוא כי שחת עמך אשר הוצאת מארץ מצרים, אין להקשות דעיקר הקפידא שהוציאם מארץ מצרים וגמלתי להם כל הטובות, והם גמלו עלי רעה, אבל במליצת משה, קשה למה זכרו, כי אדרבא הוא הגורם עיקר הכעס והקפידא ככ"ל (תולדות נח): **שהיו כולם עובדי טלאים.** כדכתיב כי תועבת מצרים נזבח לה', ומתרגמינן ארי בעירא דמצראי דחלין מיניה אנחנא נכסין, ואף שהם לא עבדו לטלה אלא לשור לעגל, מכל מקום הורגלו במצרים לעבוד לבהמה. אי נמי שראו במצרים שאין כח וממש בטלה, כי הקדוש ברוך הוא עשה בהם שפטים, ובחרו להם את השור שהוא אחר הטלה במסד המזלות, טלה שור תאומים כו' (תולדות נח): **משל לחכם כו'.** המשיל הדבר לחכם שעל ידי חכמתו הוי ליה לראות את הנולד, וכן הקדוש ברוך הוא הוי ליה לראות הנולד: **חנות של בשמים.** ובנמשל הוא השפעת רבוי כסף וזהב להם כמאמר הנביא (הושע ב, י) וכסף הרבתי להם וזהב עשו לבעל (תולדות נח): **המבוי עשה שלו.** כלומר המבוי מוכן לתרבות רעה, שהוא שוק של זונות, וכן האומנות שכל ענינו עם הנשים, כי דרך הזונות לישא וליתן בבשמים, ולולי זה אף שהיה בשוק של זונות לא היה כל כך קרוב להכשל, וכן על ידי שנשתעבדו למצרים וכל משאם ומתנם עמהם היתה, נסבה ללמוד מדרכיהם: **ולא שעבדת את בניך אלא במצרים.** וכוונת השם יתברך היה לשעבדם במצרים דוקא, לפי שהמצרים היו שולטים בכפה, ואז נחשב להם כאילו היו משועבדים תחת ידי כל האומות, וגם לכבודם של ישראל שאינם משועבדים תחת יד אומה שפילה, ויש עוד טעם בזה בנסתר: [ט] **קאקגריסין.** הוא בלשון יוני רע מעללים (מוסף הערוך): **קאלוחסין.** פירוש בלשון יוני טוב מאד, קאלו טוב, חסין גם כן טוב (מוסף הערוך): **בייא מעביר עלי.** פירוש עושה לי עול וחמס:

פירוש מהרז"ו

עובדי טלאים. והורגלו לראות עבודת צורות בהמות, עיין דברים רבה פרשה ג סימן י"ז: **האומנות עשתה שלה.** שהבשמים מקרב האדם לזנות, שהזונות מתבשמות והולכות לשם תמיד: **(ח) קאקגריסין.** פירש במוסף ערוך בלשון יוני אדם רע מעללים: **קאלוחסין.** קאלו פירושו טוב, חסין גם כן טוב, היינו טוב שבטוב: **בייא.** צעקת צרה, ועיין בראשית רבה פרשה י"ב סימן י, מה שכתבתי שם:

חידושי הרד"ל

אלא שלא ילמדו לעשות עבודת גלולים. כן צריך לומר: **שפתח לבנו חנות של בשמים בשוק כו'.** (ברכות לב, א): [ח] **קאקגריסין.** פירוש מוסף הערוך (ערך קאלוחסין וערך קקגריסין) רע מעללים: **קאלוחסין.** פירש מוסף ערוך (ערך קאלוחסין) טוב מאד:

חידושי הרש"ש

[ח] **וזהו קולו של עגל כו'.** בחנם נדחק המתנות כהונה לפרש דדריש מן ואת לעקתם שמעתי, כי פשוט דדורש מן ענוי כמו דכתיב במעשה קול ענות, וכן כתב הידי משה לעיל פרשה מב, ה (ד"ה מה ענוי): **אני יוצא בקרובין.** בכ' צריך לומר, או בקרונין:

באור מהרי"פ

אמר לו ואם בו ממש למה וכו'. אף שאמר לו הקב"ה טעם שלא ירגילו לעבוד עבודת כוכבים שיש בו ממש מכל מקום אמר לו אחר שעבודת כוכבים אין בו ממש מה איכפת לך מה שיעשו לעתיד כי משפט הקב"ה באשר הוא שם כדמצינו בישמעאל: [ח] **קאגריסן וכו'.** זה לשון רבי בנימין מוספיא ערך קאלוחסין [פירוש] בלשון יוני טוב מאד, קאלו טוב, חסין גם כן טוב. [ופירוש] קאגריסין בלשון יוני רע מעללים, עד כאן:

מסורת המדרש

יא. ברכות דף ל"ב:

אם למקרא

וְעַתָּה לְכָה וְאֶשְׁלָחֲךָ אֶל פַּרְעֹה וְהוֹצֵא אֶת עַמִּי בְנֵי יִשְׂרָאֵל מִמִּצְרָיִם: (שמות ג: י)

לקוטים

[ח] **מהרי"פ ד"ה קאגריסן כו'.** בערך קקגריסין הביא רבי בנימין מוספיא גירסא אחרת, וזה לשונו, שמות רבה פרשת ויקהל משה, העבד הזה שאתה מורה קקגריסין, פירוש בלשון יוני איש מקלל ורע מעללים, עד כאן לשונו:

שינוי נוסחאות

(ח) **בעבד רע אתה לקחתני.** בספרים הישנים היה כתוב "אתה לקחתני בעבד רע", ואיני יודע למה שינו סדר המילים בדפוסים המאוחרים:

אמרי יושר

המבוי עשה שלו. זהו דרשת מצרים שהמקום גרם: **האומנות עשתה שלה.** זהו הדרשא אחרת שהביאו (סימן ח. ופרשה מב, ה) ראה ראיתי עני עמי ראייה אחרת ראיתי והנה עם קשה עורף הוא, ואם כן זה אומנותם ועליה הסכמת: **והנער כבחור עשה שלו.** זהו דרשא אחרת (סימן ט), **כי נער ישראל ואוהבהו,** ועוד **[המתן] מעט להם,** שיצאו ממצרים נערים הם, ולמה יחרה אפך בעמך, שזה אומנותם, וזה להם מעט שהוצאתם ממצרים:

מתנות כהונה

המבוי עשה שלו כו'. כלומר המבוי מוכנת לתרבות רעה שהיא שוק של זונות. וכן האומנות שכל ענינו עם הנשים וכל אחד עשה את שדרכו לעשותו: [ח] **קאקגרסין. קאלוחסין.** לא מצאתי פירושם ולפי הענין הראשון רע והשני טוב: **בייא.** צרה ולא במשפט: הכי גרסינן **בעבד רע אמר ליה לקחתני כו':**

אשד הנחלים

שהלכה אחרי החמדה לחמוד זרים תחת אישה. והנראה כמו שפרשתי לעיל, דאף שהיא חטאה אבל חטאה במקרה, כי אחר שהוא אינו מוליד ואינו יכול להזקק לה, א"כ סופה שתמאס בו, כן חטא העגל אחר שאינו מוליד טוב ואין ביכלתו לפעול מאומה, ובודאי יכירו שהוא דבר הבל וינחמו מדעתם, א"כ למה יחרה, בודאי לא יחזיקו עוד באולת כזאת: **שלא יאמרו כו'.** כלומר אמת שאין בו תועלת מאומה, אבל הם חטאו במה שמדמים שיש בו תועלת ויפנו לעבודת כוכבים: **והיכן כו' עובדי טלאים.** כאומר באמת הם עמך מאמינים בני מאמינים, אבל סיבתם כי נתגדלו במצרים, על כן הם פונים לפעמים במקרה אחרי עבודת כוכבים, כמו שמבאר במשל. והנה משה אמר זאת כנגד מה שקרה תחלה להם עם משה במה שגייר הערב רב, אמר להיפך עמך הם, כאלו כביכול אתה גרמת במה שהחזקת אותם במצרים: [ח] **קאלוחסין קאקגריסון.** פירש המעריך בלשון גריכש קאקו רע, קאלו טוב: **שבא ליקח עבד כו'.** הענין בכללו כשראה משה דברי ה' שחפץ לכלותם כליון נצחי, התפלא מאד הלא בתחלה הודיע לו שעתידים לעשות ככה, ועם כל זה עשה להם נסים ונפלאות והוציאם ממצרים, והוא מפני שיש בם תכונות טובות גם כן, ויש להם גם כן תכונות רעות לפעמים, וכל זה הודיע למשה שלא יתפלא במה שעושה להם נסים, אף שהם עתה עובדי עבודת כוכבים כי סוף שיקבלו תורתי, והאמת שסופם גם כן לעשות העגל אבל עם כל זה ישארו אחר כך בטובם, וא"כ למה חפץ עתה לכלותם, וביאורו למה יחרה אפך עתה בעמך אשר הוצאת ממצרים, וגם אז היו עובדי כוכבים, והם עמך, כי ראית שיקבלו תורתך

The Midrash illustrates its point with a parable: אָמַר רַבִּי הוּנָא בְּשֵׁם רַבִּי יוֹחָנָן – **R' Huna said in the name of R' Yochanan:** מָשָׁל לְחָכָם שֶׁפָּתַח לִבְנוֹ חֲנוּת שֶׁל בְּשָׂמִים בְּשׁוּק שֶׁל זוֹנוֹת – **It may be compared to a wise man who opened a perfume store for his son in a marketplace frequented by harlots.** הַמָּבוֹי עָשָׂה שֶׁלּוֹ – **The** location of the **street did its part,** וְהָאוּמָנוּת עָשְׂתָה שֶׁלָּהּ – **the** son's **profession** as a perfumer **did its part,**[88] וְהַנַּעַר כְּבָחוּר עָשָׂה שֶׁלּוֹ, יָצָא לְתַרְבּוּת רָעָה – **and the youngster, being a youth, did his part; and so he left** his wholesome background **to** pursue **a bad way of life,** i.e., he succumbed to the temptations of the harlots. בָּא אָבִיו וּתְפָסוֹ עִם הַזּוֹנָה – **His father came** by once **and caught him with a harlot.** הִתְחִיל הָאָב צוֹעֵק וְאוֹמֵר: הוֹרֶגְךָ אֲנִי – **The father began to shout** at the son, **saying, "I am going to kill you!"** הָיָה שָׁם אוֹהֲבוֹ, אָמַר לוֹ: אַתָּה אִיבַּדְתָּ הַנַּעַר וְאַתְּ צוֹעֵק כְּנֶגְדוֹ – But [**the father's**] **acquaintance, who was present** at the time, **said to him, "You** yourself **ruined the youngster, and now you shout at him!** הִנַּחְתָּ כָּל הָאוּמָנִיּוֹת וְלֹא לִמַּדְתּוֹ אֶלָּא בַּשָּׂם – **You forsook all the other professions** for your son **and taught him perfumery specifically;** וְהִנַּחְתָּ כָּל הַמְּבוֹאוֹת וְלֹא פָּתַחְתָּ לוֹ חֲנוּת אֶלָּא בְּשׁוּק שֶׁל זוֹנוֹת – **you forsook all the other streets and you opened a store for him specifically in a marketplace frequented by harlots!** What did you expect?!" כָּךְ אָמַר מֹשֶׁה: רִבּוֹן הָעוֹלָם – **Similarly, Moses said** to God, **"Master of the universe!** הִנַּחְתָּ כָּל הָעוֹלָם וְלֹא שִׁעְבַּדְתָּ בָּנֶיךָ אֶלָּא בְּמִצְרַיִם – **You forsook the whole** rest of the **world and You enslaved Your children specifically in Egypt,** שֶׁהָיוּ עוֹבְדִין טְלָאִים – **where [the people] worshiped lambs,** וְלָמְדוּ מֵהֶם בָּנֶיךָ – **and Your children learned from them** to worship idols; וְאַף הֵם עָשׂוּ הָעֵגֶל – **and** this is **also** why **they made the** Golden **Calf."**[89] לְפִיכָךְ אָמַר ״אֲשֶׁר הוֹצֵאתָ מֵאֶרֶץ מִצְרַיִם״, דַּע מֵהֵיכָן הוֹצֵאתָ אוֹתָם – **Therefore, [Moses] mentioned,** ***"whom You have taken out of the land of Egypt,"*** by which he intimated, **"Remember the** morally corrupt **place from which You took them out!"**

§8 דָּבָר אַחֵר, ״אֲשֶׁר הוֹצֵאתָ מֵאֶרֶץ מִצְרַיִם״ – **Another interpretation of** the phrase, ***whom You have taken out of the land of Egypt:*** מָה רָאָה לְהַזְכִּיר כָּאן יְצִיאַת מִצְרַיִם – **Why did [Moses]** see fit **to mention the Exodus from Egypt here?**[90] אָמַר רַבִּי יְהוּדָה בַּר שָׁלוֹם בְּשֵׁם רַבִּי יְהוּדָה בַּר סִימוֹן בְּשֵׁם רַבִּי לֵוִי בֶּן פַּרְטָא – **R' Yehudah bar Shalom said in the name of R' Yehudah bar Simone,** who said **in the name of R' Levi ben Parta:** לְמָה הַדָּבָר דּוֹמֶה – This may be explained by means of a parable: **To what can this be compared?** לְאֶחָד שֶׁבָּא לִיקַּח עֶבֶד – **To someone who came** to a slaveowner **to purchase a slave** from him. אָמַר לַאֲדוֹנָיו: הָעֶבֶד הַזֶּה שֶׁאַתָּה מוֹכֵר קַאקְגְּרִיסִין הוּא אוֹ קָאלוֹחְסִין הוּא – Before purchasing him **he said to the slave's owner, "This slave that you are about to sell me – does he behave badly or is he well behaved?"** אָמַר לוֹ: קַאקְגְּרִיסִין הוּא, וְעַל זֶה אֲנִי מוֹכְרוֹ – **[The owner] replied to him, "He behaves badly, and it is for this** reason **that I am selling him!"** לְקָחוֹ וְהוֹלִיכוֹ לְבֵיתוֹ – Nevertheless, **he purchased him and brought him to his home.** פַּעַם א׳ סָרַח אוֹתוֹ הָעֶבֶד – **It once happened that this slave committed a misdeed,** הִתְחִיל אֲדוֹנוֹ מַכֵּהוּ, אָמַר לוֹ: הוֹרֶגְךָ אֲנִי – **and his master began to beat him, saying to him, "I am going to kill you!** מָה אֲנִי מְבַקֵּשׁ עֶבֶד רָע – **What need do I have for a disobedient slave?!"** הִתְחִיל הָעֶבֶד צוֹוֵחַ: בִּיָּיא מַעֲבִיר עָלַי – Hearing this, **the slave began to cry out** and say, **"You are committing an injustice against me!"** אָמַר לוֹ אֲדוֹנוֹ: סָרַחְתָּ כָּל הַסִּרְחוֹן הַזֶּה וְאַתָּה צוֹוֵחַ: בִּיָּיא הֶעֱבַרְתָּ לִי – **His master replied to him, "You have committed such great misdeeds, yet you cry out to me, 'You are committing an injustice against me'?"** אָמַר הָעֶבֶד: בֶּאֱמֶת בִּיָּיא הֶעֱבַרְתָּ עָלַי – **The slave,** however, persisted and **said,** "Yes, **in truth you are committing an injustice against me."** אָמַר לוֹ: מָרִי, הֵיאַךְ לָקַחְתָּ אוֹתִי, בְּעֶבֶד טוֹב אוֹ בְּעֶבֶד רָע – **He** elaborated and **said to him, "My master, how** (i.e., under what presumption) **did you buy me – as a good slave or as a bad slave?"** אָמַר לוֹ: בְּעֶבֶד רָע – **[The master] replied to him, "As a bad slave."** אָמַר לוֹ: אַתָּה לְקַחְתַּנִי בְּעֶבֶד רָע, וְתִבַּקְשֵׁנִי עֶבֶד טוֹב – **[The slave] answered him, "You** knowingly **purchased me as a bad slave, yet you** now **expect of me to be a good slave?"** כָּךְ אָמַר מֹשֶׁה: רִבּוֹן הָעוֹלָם – **Similarly, Moses said** to God, **"Master of the universe!** לֹא כָּךְ אָמַרְתָּ לִי ״וְעַתָּה לְכָה וְאֶשְׁלָחֲךָ אֶל פַּרְעֹה״ – **Did you not say to me thus,** ***'And now, go and I shall dispatch you to Pharaoh*** *and you shall take My people the Children of Israel out of Egypt'* (above, 3:10)? וְאָמַרְתִּי לְךָ: בְּאֵיזֶה זְכוּת אַתָּה גוֹאֲלָן – **And did I** not **ask you, 'Through what merit are you going to redeem them?**

NOTES

(above, 8:22) (see also *Yefeh To'ar* here). Since the Egyptians deified the lamb, it was only natural that the people of Israel, who were influenced by their customs, would make for themselves the image of an animal (*Eitz Yosef,* citing *Toldos Noach; Maharzu*). It is also possible that having seen firsthand the impotence of the lamb, which could do nothing to prevent the Egyptians' downfall, the people believed that a calf (ox), which follows the lamb in the zodiacal order of constellations, might be more effective (*Eitz Yosef* ibid.).

88. Perfume is an item much in demand by harlots; thus, the young man would be in constant contact with them (*Eitz Yosef*).

89. Moses argued that the combination of all these adverse circumstances is what brought Israel to sin. Like the father who opened a perfumery for his son, Israel was predisposed to the particular sin of making the Golden Calf owing to the great abundance of silver and gold they possessed, as the prophet declared, *I lavished silver and gold upon her, [but] they used it for the Baal* (*Hosea* 2:10) (*Eitz Yosef,* citing *Toldos Noach*). Similarly, their being placed in the company of the decadent Egyptians [and in a position of vulnerability (see *Imrei Yosher*)] led them to copy their ways (*Yefeh To'ar*).

90. See note 86 above.

אָמַר לוֹ הַמֶּלֶךְ: אֵין בּוֹ כֹּחַ לְדָבָר זֶה, אֶלָּא לְלַמְּדָהּ שֶׁלֹּא תַעֲשֶׂה כָּךְ, כָּךְ אָמַר הָאֱלֹהִים: יוֹדֵעַ אֲנִי שֶׁאֵין בּוֹ מַמָּשׁ, אֶלָּא שֶׁלֹּא יֹאמְרוּ לַעֲשׂוֹת עֲבוֹדָה זָרָה, אָמַר לוֹ: וְאִם אֵין בּוֹ מַמָּשׁ לָמָּה אַתָּה כּוֹעֵס עַל בָּנֶיךָ, הֱוֵי [לב, יא] "לָמָה ה' יֶחֱרֶה אַפְּךָ בְּעַמֶּךָ". [שם] "אֲשֶׁר הוֹצֵאתָ מֵאֶרֶץ מִצְרַיִם", מָה רָאָה לְהַזְכִּיר כָּאן יְצִיאַת מִצְרַיִם, אֶלָּא אָמַר מֹשֶׁה: רִבּוֹן הָעוֹלָם, מֵהֵיכָן הוֹצֵאתָ אוֹתָם, לֹא מִמִּצְרַיִם, שֶׁהָיוּ כּוּלָּם עוֹבְדֵי טְלָאִים, אָמַר רַבִּי הוּנָא בְּשֵׁם רַבִּי יוֹחָנָן: [יא] מָשָׁל לְחָכָם שֶׁפָּתַח לִבְנוֹ חֲנוּת שֶׁל בְּשָׂמִים בְּשׁוּק שֶׁל זוֹנוֹת, הַמָּבוֹי עָשָׂה שֶׁלּוֹ וְהָאוּמָּנוּת עָשְׂתָה שֶׁלָּהּ וְהַנַּעַר כְּבָחוּר עָשָׂה שֶׁלּוֹ, יָצָא לְתַרְבּוּת רָעָה, בָּא אָבִיו וּתְפָסוֹ עִם הַזּוֹנָה, הִתְחִיל הָאָב צוֹעֵק וְאוֹמֵר: הוֹרֶגְךָ אֲנִי, הָיָה שָׁם אוֹהֲבוֹ, אָמַר לוֹ: אַתָּה אִיבַּדְתָּ הַנַּעַר וְאַתְּ צוֹעֵק כְּנֶגְדּוֹ, הִנַּחְתָּ כָּל הָאוּמָנִיּוֹת וְלֹא לִמַּדְתּוֹ אֶלָּא בַּשָּׂם, וְהִנַּחְתָּ כָּל הַמְּבוֹאוֹת וְלֹא פָּתַחְתָּ לוֹ חֲנוּת אֶלָּא בְּשׁוּק שֶׁל זוֹנוֹת, כָּךְ אָמַר מֹשֶׁה: רִבּוֹן הָעוֹלָם, הִנַּחְתָּ כָּל הָעוֹלָם וְלֹא שִׁעְבַּדְתָּ בָּנֶיךָ אֶלָּא בְּמִצְרַיִם שֶׁהָיוּ עוֹבְדִין טְלָאִים, וְלָמְדוּ מֵהֶם בָּנֶיךָ, וְאַף הֵם עָשׂוּ הָעֵגֶל, לְפִיכָךְ אָמַר "אֲשֶׁר הוֹצֵאתָ מֵאֶרֶץ מִצְרַיִם", דַּע מֵהֵיכָן הוֹצֵאתָ אוֹתָם:

ח דָּבָר אַחֵר, [לב, יא] "אֲשֶׁר הוֹצֵאתָ מֵאֶרֶץ מִצְרַיִם", מָה רָאָה לְהַזְכִּיר כָּאן יְצִיאַת מִצְרַיִם, אָמַר רַבִּי יְהוּדָה בַּר שָׁלוֹם בְּשֵׁם רַבִּי יְהוּדָה בַּר סִימוֹן בְּשֵׁם רַבִּי לֵוִי בֶּן פַּרְטָא: לְמָה הַדָּבָר דּוֹמֶה, לְאֶחָד שֶׁבָּא לִיקַּח עֶבֶד, אָמַר לַאֲדוֹנָיו: הָעֶבֶד הַזֶּה שֶׁאַתָּה מוֹכֵר קָאקַגְרִיסִין הוּא אוֹ קָאלוֹחָסִין הוּא, אָמַר לוֹ: קָאקַגְרִיסִין הוּא, וְעַל זֶה אֲנִי מוֹכְרוֹ, לְקָחוֹ וְהוֹלִיכוֹ לְבֵיתוֹ, פַּעַם א' סָרַח אוֹתוֹ הָעֶבֶד, הִתְחִיל אֲדוֹנוֹ מַכֵּהוּ, אָמַר לוֹ: הוֹרֶגְךָ אֲנִי, מָה אֲנִי מְבַקֵּשׁ עֶבֶד רָע, הִתְחִיל הָעֶבֶד צוֹוֵחַ: בִּיָּיא מַעֲבִיר עָלַי, אָמַר לוֹ אֲדוֹנוֹ: סָרַחְתָּ כָּל הַסִּרְחוֹן הַזֶּה וְאַתָּה צוֹוֵחַ: בִּיָּיא הֶעֱבַרְתָּ לִי, אָמַר הָעֶבֶד: בֶּאֱמֶת בִּיָּיא הֶעֱבַרְתָּ עָלַי, אָמַר לוֹ: מָרִי, הֵיאַךְ לָקַחְתָּ אוֹתִי, בְּעֶבֶד טוֹב אוֹ בְּעֶבֶד רָע, אָמַר לוֹ: בְּעֶבֶד רָע, אָמַר לוֹ: °בְּעֶבֶד רַע אַתָּה לְקַחְתַּנִי°, וּתְבַקְּשֵׁנִי עֶבֶד טוֹב, כָּךְ אָמַר מֹשֶׁה: רִבּוֹן הָעוֹלָם, לֹא כָּךְ אָמַרְתָּ לִי (לעיל ג, י) "וְעַתָּה לְכָה וְאֶשְׁלָחֲךָ אֶל פַּרְעֹה", וְאָמַרְתִּי לְךָ: בְּאֵיזֶה זְכוּת אַתָּה גּוֹאֲלָן,

עץ יוסף

שלא תעשה כך. ותבא לזנות עם מי שמוליד: **שלא יאמרו לעשות עבודת כוכבים.** רוצה לומר שאף על פי שבעגל לא כיוונו לעבודת כוכבים ממש רק למנהיג, מכל מקום אני כועס שמא ילמדו לעשות עבודת כוכבים ממש: **אמר ליה ואם אין בו ממש למה אתה כועס על בניך.** ואף שהקדוש ברוך הוא השיב יודע אני שאין בו ממש אלא כדי שלא ירגילו לעשות כנ"ל, מכל מקום היתה תשובת משה אם אין בו ממש למה אתה כועס כו', כלומר אחר שהעבודה של העגל דעכשיו אין בו ממש, מאי איכפת לך במה שיעשו לעתיד, כי משפט הקדוש ברוך הוא באשר הוא שם, ולא על שם העתיד (תולדות נח): (ח) **מה ראה להזכיר כאן יציאת מצרים.** מלת כאן קדייק, כלומר דבשלמא על מאמר הקדוש ברוך הוא כי שחת עמך אשר הוצאת מארץ מצרים, אין להקשות דעיקר הקפידא שהוציאם מארץ מצרים וגמלתי להם כל הטובות, והם גמלו עלי רעה, אבל במליצת משה, קשה למה זכרו, כי אדרבא הוא הגורם עיקר הכעס והקפידא כנ"ל (תולדות נח): **שהיו כולם עובדי טלאים.** כדכתיב כי תועבת מצרים נזבח לה', ומתרגמינן ארי בעירא דמצראי דחלין מיניה אנחנא נסבין, ואף שהם לא עבדו לטלה אלא לשור לעגל, מכל מקום הורגלו במצרים לעבוד לבהמה. אי נמי שראו במצרים שאין כח וממש בטלה, כי הקדוש ברוך הוא עשה בהם שפטים, ובחרו להם את השור שהוא אחר הטלה במסד המזלות, טלה שור תאומים כו' (תולדות נח): **משל לחכם כו'.** המשיל הדבר לחכם שעל ידי חכמתו הוי ליה לראות את הנולד, וכן הקדוש ברוך הוא הוי ליה לראות הנולד: **חנות של בשמים.** ובנמשל הוא השפעת רבוי כסף וזהב להם כמאמר הנביא (הושע ב, י) וכסף הרבתי להם וזהב עשו לבעל (תולדות נח): **המבוי עשה שלו.** כלומר המבוי מוכן לתרבות רעה, שהוא שוק של זונות, וכן האומנות שכל ענינו עם הנשים, כי דרך הזונות לישא וליתן בבשמים, ולולי זה אף שהיה בשוק של זונות לא היה כל כך קרוב להכשל, וכן על ידי שנשתעבדו למצרים וכל משאם ומתנם עמהם היתה, נסבה ללמוד מדרכיהם: **ולא שעבדת את בניך אלא במצרים.** וכוונת השם יתברך היה לשעבדם במצרים דוקא, לפי שהמצרים היו שולטים בכפה, ואז נחשב להם כאילו היו משועבדים תחת ידי כל האומות, וגם לכבודם של ישראל שאינם משועבדים תחת יד אומה שפילה, ויש עוד טעם בזה בנסתר: [ט] **קאקגריסין.** הוא בלשון יוני רע מעללים (מוסף הערוך): **קאלוחסין.** פירוש בלשון יוני טוב מאד, קאלו טוב, חסין גם כן טוב (מוסף הערוך): **בייא מעביר עלי.** פירוש עושה לי עול וחמס:

פירוש מהרז"ו

עובדי טלאים. והורגלו לראות עבודת צורות בהמות, עיין דברים רבה פרשה ג סימן י"ז: **האומנות עשתה שלה.** שהבשמים מקרב האדם לזנות, שהזונות מתבשמות והולכות לשם תמיד: **(ח) קאקגריסין.** פירש במוסף ערוך בלשון יוני אדם רע מעללים: **קאלוחסין.** קאלו פירושו טוב, חסין גם כן טוב, היינו טוב שבטוב: **בייא.** צעקת צרה, ועיין בראשית רבה פרשה י"ב סימן י, מה שכתבתי שם:

מתנות כהונה

המבוי עשה שלו כו'. כלומר המבוי מוכנת לתרבות רעה שהיא שוק של זונות. וכן האומנות שכל ענינו עם הנשים וכל אחד עשה את שדרכו לעשותו: [ח] **קאקגרסין. קאלוחסין.** לא מצאתי פירושם ולפי הענין הראשון רע והשני טוב: **בייא.** צרה ולא במשפט: הכי גרסינן **בעבד רע אמר ליה לקחתני כו':**

אשד הנחלים

שהלכה אחרי החמדה לחמוד זרים תחת אישה. והנראה כמו שפרשתי לעיל, דאף שהיא חטאה אבל חטאה במקרה, כי אחר שהוא אינו מוליד ואינו יכול להזקק לה, א"כ סופה שתמאס בו, כן חטא העגל אחר שאינו מוליד טוב ואין ביכלתו לפעול מאומה, ובודאי יכירו שהוא דבר הבל וינחמו מדעתם, א"כ למה יחרה, בודאי לא יחזיקו עוד באולת כזאת: **שלא יאמרו כו'.** כלומר אמת שאין בו תועלת מאומה, אבל הם חטאו במה שמדמים שיש בו תועלת ויפנו לעבודת כוכבים: **והיכן כו' עובדי טלאים.** כאומר באמת הם עמך מאמינים בני מאמינים, אבל סיבתם כי נתגדלו במצרים, על כן הם פונים לפעמים במקרה אחרי עבודת כוכבים, כמו שמבאר במשל. והנה משה אמר זאת כנגד מה שקרה תחלה להם עם משה במה שגייר הערב רב, אמר להיפך עמך הם, כאלו כביכול אתה גרמת במה שהחזקת אותם במצרים: [ח] **קאלוחסין קאקגריסון.** פירש המעריך בלשון גריכש קאקו רע, קאלו טוב: **שבא ליקח עבד כו'.** הענין בכללו כשראה משה דברי ה' שחפץ לכלותם כליון נצחי, התפלא מאד הלא בתחלה הודיע לו שעתידים לעשות ככה, ועם כל זה עשה להם נסים ונפלאות והוציאם ממצרים, והוא מפני שיש בם תכונות טובות גם כן, ויש להם גם כן תכונות רעות לפעמים, וכל זה הודיע למשה שלא יתפלא במה שעושה להם נסים, אף שהם עתה עובדי עבודת כוכבים כי סוף שיקבלו תורתי, והאמת שסופם גם כן לעשות העגל אבל עם כל זה ישארו אחר כך בטובם, וא"כ למה חפץ עתה לכלותם, וביארו למה יחרה אפך עתה בעמך אשר הוצאת ממצרים, וגם אז היו עובדי כוכבים, והם עמך, כי ראית שיקבלו תורתך

חידושי הרד"ל

אלא שלא ילמדו לעשות עבודת גלולים. כן צריך לומר: **שפתח לבנו חנות של בשמים בשוק כו'.** (ברכות לב, א): [ח] **קאקריסין.** פירוש מוסף הערוך (ערך קאלוחסין וערך קקגריסין) רע מעללים: **קאלוחסין.** פירש מוסף ערוך ערך קאלוחסין) טוב מאד:

חידושי הרש"ש

[ח] **וזהו קולו של עגל כו'.** בחנם נדחק המתנות כהונה לפרש דדריש מן ואת צעקתם שמעתי, כי פשוט דדורש מן ענו כמו דכתיב במעשה קול ענות, וכן כתב הידי משה לעיל פרשה מב, ה (ד"ה מה ענו): **אני יוצא בקרובין.** בכ' צריך לומר, או בקרונין:

באור מהרי"פ

אמר לו ואם בו ממש למה וכו'. אף שאמר לו הקב"ה טעם שלא ירגילו לעבוד עבודת כוכבים שיש בו ממש מכל מקום אמר לו אחר שעבודת כוכבים אין בו ממש מה איכפת לך מה שיעשו לעתיד כי משפט הקב"ה באשר הוא שם כדמצינו בישמעאל: [ח] **קאגריסן וכו'.** זה לשון רבי בנימין מוספיא ערך קאלוחסין [פירוש] בלשון יוני טוב מאד, קאלו טוב, חסין גם כן טוב. [ופירוש] קאגריסין בלשון יוני רע מעללים, עד כאן:

מסורת המדרש

יא. ברכות דף ל"ב:

אם למקרא

וְעַתָּה לְכָה וְאֶשְׁלָחֲךָ אֶל פַּרְעֹה וְהוֹצֵא אֶת עַמִּי בְנֵי יִשְׂרָאֵל מִמִּצְרָיִם: (שמות ג: י)

לקוטים

[ח] **מהרי"פ ד"ה קאגריסן כו'.** בערך קקגריסין הביא רבי בנימין מוספיא גירסא אחרת, וזה לשונו, שמות רבה פרשת ויקהל משה, העבד הזה שאתה מוכר קקגריסין, פירוש בלשון יוני איש מקלל ורע מעללים, עד כאן לשונו:

שינוי נוסחאות

(ח) **בעבד רע אתה לקחתני.** בספרים הישנים היה כתוב "אתה לקחתני בעבד רע", ואיני יודע למה שינו סדר המילים בדפוסים המאוחרים:

אמרי יושר

המבוי עשה שלו. זהו דרשת מצרים שהמקום גרם: **האומנות עשתה שלה.** זהו הדרשה אחרת שהביאו (סימן ח. ופרשה מב, ה) ראה ראיתי עני עמי ראייה אחרת ראיתי והנה עם קשה עורף הוא, ואם כן זה אומנותם ועליה הסכמת: **והנער כבחור עשה שלו.** זהו דרשה אחרת (סימן ט), **כי נער ישראל ואוהבהו,** ועוד [המתן] **מעט להם,** שיצאו ממצרים נערים הם, ולמה יחרה אפך בעמך, שזה אומנותם, וזה להם מעט שהוצאתם ממצרים:

הֵם עוֹבְדִים עֲבוֹדָה זָרָה – For **they are idol worshipers!'**[91] וְאָמַרְתָּ לִי: אַתָּה עַכְשָׁיו רוֹאֶה אוֹתָם עוֹבְדִים עֲבוֹדָה זָרָה – **And You told me, 'You see them** only as they are now, **as idol worshipers,** וַאֲנִי עוֹמֵד וְרוֹאֶה אוֹתָם שֶׁהֵן יוֹצְאִין מִמִּצְרַיִם – **but I** (God) **stand** here looking into the future, **and I see them leaving Egypt,** וְאֶקְרַע לָהֶם אֶת הַיָּם – **and** I see that **I will split the Sea** of Reeds **for them,** וַאֲבִיאֵם אֶל הַמִּדְבָּר, וְאֶתֵּן לָהֶם אֶת הַתּוֹרָה, וְאַרְאֶה לָהֶם אֶת כְּבוֹדִי פָּנִים בְּפָנִים – **bring them to the Wilderness, give them the Torah** at Sinai, **and show them My Glory face-to-face,** וְהֵם מְקַבְּלִים מַלְכוּתִי – **and** that **they will accept My sovereignty** upon themselves at Sinai,[92] וְכוֹפְרִים בִּי בְּסוֹף אַרְבָּעִים יוֹם וְעוֹשִׂין אֶת הָעֵגֶל – though I **also** foresee that **they will deny Me forty days later and make the** Golden **Calf.' "**[93]

The Midrash digresses and shows how these ideas are alluded to in various passages:

הוּא שֶׁאוֹמֵר "רָאֹה רָאִיתִי אֶת עֳנִי עַמִּי" – **This is** the meaning of **what [Scripture] says,** ***I have indeed seen*** (lit., *seeing, I have seen*) ***the affliction of My people***[94] *that is in Egypt* (above, 3:7), וְזֶהוּ קוֹלוֹ שֶׁל עֵגֶל – **and this** "affliction"[95] is alluding to **the noise** made by the people **at** their worship of **the Calf,** "קוֹל עַנּוֹת אָנֹכִי שֹׁמֵעַ" – as it is written, *Joshua heard the sound of the people in its shouting . . . and [Moses] said,* ***". . . a sound of affliction*** [עַנּוֹת] ***do I hear"*** (below, vv. 17-18).

The Midrash resumes Moses' argument before God:

וְעַד שֶׁלֹּא גְאַלְתָּם אָמַרְתָּ לִי שֶׁהֵם עוֹשִׂים אֶת הָעֵגֶל – "Thus, even **before You redeemed them You informed me that they will** one day **make a Golden Calf** – וְעַכְשָׁיו שֶׁעָשׂוּ אוֹתוֹ אַתָּה מְבַקֵּשׁ לְהָרְגָן – **and now that they have made it, You seek to kill them?!"** לְכָךְ הִזְכִּיר יְצִיאַת מִצְרַיִם בְּסַנֵּיגוֹרְיָא שֶׁלּוֹ – **This is the reason [Moses] mentioned the Exodus from Egypt in his defense** of the people's actions.

NOTES

91. For the Israelites were idol worshipers before the Exodus (see Midrash above, end of 16 §2).

92. And that is why I want to redeem them, despite their current spiritual inadequacies.

93. That is, God had told Moses at the onset that He knew the people would commit idolatry with the Golden Calf, yet He brought them out of Egypt despite this, for He did not take future misdeeds into account. The point of Moses' argument will be clarified below. See Insight (A).

94. The double expression "seeing, I have seen" indicates that God at that time (i.e., when the people were still enslaved in Egypt) foresaw both the good (their acceptance of the Torah and God's Kingship) and the bad (the Golden Calf), as the Midrash will say below (*Matnos Kehunah, Eitz Yosef,* based on 3 §2 and 42 §5 above).

95. *Rashash* (based on *Yedei Moshe;* see above, 42 §5); cf. *Matnos Kehunah*.

INSIGHTS

(A) **The Disobedient Slave** *Beis HaLevi* (to verse; *Derashos* §2) raises several difficulties with this Midrash. Especially puzzling is God's response to Moses that although the Israelites were currently idolatrous, He would redeem them from Egypt because they would then accept the Torah and His Kingship, after which *they would worship the Golden Calf.* Their eventual worship of the Calf would seem to be a reason *not* to redeem them!

Another difficulty is the Midrash's comparison of God redeeming the Israelites from Egypt to the man buying a bad slave from the slaveowner. In the Midrash's parable, the slaveowner asserts that he is selling the slave *because* the slave is bad, clearly implying that were the slave *good* he would *not* sell him. This does not seem to parallel the circumstances of the Exodus, where had the "slaves" been "good" they *certainly* would have worthy of being redeemed by God!

Beis HaLevi (*Derush* §2) builds an ingenious interpretation of the Midrash, based on several key points.

The first point concerns how we reconcile the fact that the Israelites were freed after only 210 years when God had decreed that Abraham's descendants would be exiled to "a land not theirs," where they would be "aliens" and enslaved for 400 years (see *Rashi* on *Genesis* 15:13). One answer given by the Sages (*Seder Olam*, Ch. 3; see *Rashi* loc. cit.) is that the 400 years began with the birth of Isaac, from which time Abraham's descendants (beginning with Isaac himself) were treated as aliens, even while they lived in the land of Canaan; 210 years is the time they actually sojourned in Egypt. Another explanation given (see Midrash above, 16 §4, with commentaries, based on above, 26 §1) is that the 86 years of *intense* servitude endured by the Israelites in Egypt is reckoned as the equivalent of a full 400 years. According to either of these explanations, the 400-year period of exile and servitude is considered to have been completed before the Israelites were redeemed from Egypt.

Another view, however, asserts that God did indeed redeem the Israelites *before* the decreed 400 years had elapsed. For had they remained in Egypt any longer they would have sunk to such a low level that they would have lost their distinction as the children of the Patriarchs and would thus no longer be worthy of being saved. This appears to be the opinion of *Yalkut Shimoni* (*Lech Lecha, Genesis* §77; see also *Shir HaShirim Rabbah* 2:8 §1), which states that the people of Israel were redeemed early in the merit of the Patriarchs and Matriarchs, as it is written (*Song of Songs* 2:8), *Behold the voice of my Beloved! Behold it came suddenly to me to redeem me, as if leaping over mountains (the Patriarchs) and skipping over hills (the Matriarchs).* And because they were redeemed prematurely, they would have to complete the remaining number of decreed years in the course of subsequent exiles.

A second point concerns another apparent discrepancy, raised by *Mechilta* (to 12:40 above), regarding the time frame for the redemption from Egypt. One verse (*Genesis* 15:13) states that Abraham's descendants would be slaves for 400 years, whereas a subsequent verse (ibid., v. 16) states that they would return to *Eretz Yisrael* after only four generations. *Mechilta* answers that the time frame of four generations would apply if the Israelites were repentant, whereas the time frame of 400 years would apply if they were not repentant. *Beis HaLevi* explains this to mean that if they were repentant, they would be redeemed at the time of the Exodus (when four generations — Judah, Perez, Hezron, and Caleb [*Rashi* to *Genesis* 15:16] — had already lived in Egypt; indeed, Caleb, the fourth generation, was among those who entered the Promised Land) without having to complete the 400 years. Should they continue to sin, however, they could be redeemed then, but would have to complete the 400 years in subsequent exiles. (See also *Beis HaLevi's* citation and interpretation of *Yalkut Shimoni, Bo* §191.)

A third point is that, as seen above (32 §1; 41 §7; see also *Eruvin* 54a), had the First Tablets not been shattered, Israel would have been free from ever being exiled, as it is written, חָרוּת עַל הַלֻּחֹת, *"engraved," on the Tablets*, which is expounded to mean, *cheirus* [חֵרוּת], meaning "freedom" — that is, freedom from the exiles.

Based on the above, *Beis HaLevi* interprets our Midrash in an entirely different light. He asserts that our Midrash must follow the view that the 400-year period had not elapsed at the time of the Exodus. For had it ended, why would the nation need to possess a special merit in order to be redeemed? Moses, at the burning bush, thus asked what merit the nation had to be redeemed early. True, if they had repented, the four-generation time frame would obtain, and that had already been reached. But since they had not repented, they would have to serve the complete 400 years. They could not be redeemed early and complete the 400 years in subsequent exiles, since they were to receive the Tablets, which would preclude their being subject to any future exiles.

God replied that they were destined to commit the sin of the Golden Calf, which would cause the Tablets to be shattered. Hence, they *would* be subject to future exiles and thus *could* be redeemed early and complete the 400 years in future exiles.

This makes the situation of the Israelites exactly parallel to the slave in the parable. Had the slave been good, he would not have been sold. Similarly, were the Israelites *not* to sin with the Golden Calf, the Tablets would never be shattered; there would be no subsequent exiles during which they could complete the 400 years, and currently idolatrous Israelites would have to remain in Egypt until 400 years had elapsed.

הֵם עוֹבְדִים עֲבוֹדָה זָרָה, וְאָמַרְתָּ לִי: אַתָּה עַכְשָׁיו רוֹאֶה אוֹתָם עוֹבְדִים עֲבוֹדָה זָרָה, וַאֲנִי עוֹמֵד וְרוֹאֶה אוֹתָם שֶׁהֵן יוֹצְאִין מִמִּצְרַיִם, וְאֶקְרַע לָהֶם אֶת הַיָּם, וַאֲבִיאֵם אֶל הַמִּדְבָּר, וְאֶתֵּן לָהֶם אֶת הַתּוֹרָה, וְאַרְאֶה לָהֶם אֶת כְּבוֹדִי פָּנִים בְּפָנִים, וְהֵם מְקַבְּלִים מַלְכוּתִי, וְכוֹפְרִים בִּי בְּסוֹף אַרְבָּעִים יוֹם וְעוֹשִׂין אֶת הָעֵגֶל, הוּא שֶׁאוֹמֵר (לעיל שם ז) "רָאֹה רָאִיתִי אֶת עֳנִי עַמִּי", וְזֶהוּ קוֹלוֹ שֶׁל עֵגֶל, [לב, יח] "קוֹל עַנּוֹת אָנֹכִי שֹׁמֵעַ", וְעַד שֶׁלֹּא גְאַלְתָּם אָמַרְתָּ לִי שֶׁהֵם עוֹשִׂים אֶת הָעֵגֶל, וְעַכְשָׁיו שֶׁעָשׂוּ אוֹתוֹ אַתָּה מְבַקֵּשׁ לְהָרְגָן, לְכָךְ הִזְכִּיר יְצִיאַת מִצְרַיִם בְּסַנֵּיגוֹרְיָא שֶׁלּוֹ, אָמַר רַבִּי פִּנְחָס הַכֹּהֵן בֶּן חָמָא *בְּשֵׁם רַבִּי אֲבָהוּ* בְּשֵׁם רַבִּי יוֹסֵי בַּר חֲנִינָא: מַהוּ [יב]"רָאֹה רָאִיתִי", אָמַר הַקָּדוֹשׁ בָּרוּךְ הוּא לְמֹשֶׁה: אַתָּה רוֹאֶה אוֹתָן עַכְשָׁיו וַאֲנִי רוֹאֶה אוֹתָם הֵיאַךְ מִתְבּוֹנְנִים בִּי, אֲנִי יוֹצֵא בְּקָרוּבִין שֶׁלִּי שֶׁאֶתֵּן לָהֶם הַתּוֹרָה, שֶׁנֶּאֱמַר (תהלים סח, יח) "רֶכֶב אֱלֹהִים רִבֹּתַיִם אַלְפֵי שִׁנְאָן", וְהֵם שׁוֹמְטִין אֶחָד מִן טֶטְרָאמוּלִין שֶׁלִּי, שֶׁכָּתוּב (יחזקאל א, י) "וּפְנֵי שׁוֹר מֵהַשְּׂמֹאול", לְפִיכָךְ אָמַר מֹשֶׁה: [לב, יא] "לָמָה ה' יֶחֱרֶה אַפֶּךָ", אַתָּה הָיִיתָ יוֹדֵעַ אוֹתָם, וְעַכְשָׁיו אַתָּה כּוֹעֵס עֲלֵיהֶם עַל שֶׁעָשׂוּ הָעֵגֶל:

ט דָּבָר אַחֵר, [לב, יא] "אֲשֶׁר הוֹצֵאתָ מֵאֶרֶץ מִצְרַיִם", מָה רָאָה לְהַזְכִּיר כָּאן יְצִיאַת מִצְרַיִם, אָמַר רַבִּי אָבִין בְּשֵׁם רַבִּי שִׁמְעוֹן בֶּן יְהוֹצָדָק: מָשָׁל לְמָה הַדָּבָר דּוֹמֶה, לְמֶלֶךְ שֶׁהָיָה לוֹ שְׂדֵה בּוּר, אָמַר לָאָרִיס: לֵךְ פַּרְנְסָהּ וַעֲשֵׂה אוֹתָהּ כֶּרֶם, הָלַךְ הָאָרִיס וּפִרְנֵס אוֹתָהּ שָׂדֶה וּנְטָעָהּ כֶּרֶם, הִגְדִּיל הַכֶּרֶם וְעָשָׂה יַיִן וְהֶחֱמִיץ, כֵּיוָן שֶׁרָאָה הַמֶּלֶךְ שֶׁהֶחֱמִיץ הַיַּיִן אָמַר לָאָרִיס: לֵךְ וְקוֹץ אוֹתָהּ, מָה אֲנִי מְבַקֵּשׁ מִן כֶּרֶם עוֹשֶׂה חוֹמֶץ, אָמַר הָאָרִיס: אֲדוֹנִי הַמֶּלֶךְ, כַּמָּה יְצִיאוֹת הוֹצֵאתָ עַל הַכֶּרֶם עַד שֶׁלֹּא עָמַד, וְעַכְשָׁיו אַתָּה מְבַקֵּשׁ לְקָצְצוֹ, וְאִם תֹּאמַר בִּשְׁבִיל שֶׁהֶחֱמִיץ יֵינוֹ, בִּשְׁבִיל שֶׁהוּא נַעַר לְכָךְ הֶחֱמִיץ וְאֵינוֹ עוֹשֶׂה יַיִן יָפֶה, כָּךְ כְּשֶׁעָשׂוּ יִשְׂרָאֵל אוֹתוֹ מַעֲשֶׂה בִּקֵּשׁ הַקָּדוֹשׁ בָּרוּךְ הוּא לְכַלּוֹתָם, אָמַר מֹשֶׁה: רִבּוֹן הָעוֹלָם, [יג]לֹא מִמִּצְרַיִם הוֹצֵאתָם, מִמְּקוֹם עוֹבְדֵי עֲבוֹדָה זָרָה, וְעַכְשָׁיו נְעָרִים הֵם, שֶׁנֶּאֱמַר (הושע יא, א) "כִּי נַעַר יִשְׂרָאֵל וָאֹהֲבֵהוּ", הַמְתֵּן מְעַט לָהֶם וְלֵךְ עִמָּהֶם, וְעוֹשִׂין לְפָנֶיךָ מַעֲשִׂים טוֹבִים, הֱוֵי [לב, יא] "אֲשֶׁר הוֹצֵאתָ מֵאֶרֶץ מִצְרָיִם". [לב, יא-יב] "לָמָּה יֹאמְרוּ מִצְרַיִם וְגוֹ' וְהִנָּחֵם עַל הָרָעָה לְעַמֶּךָ", אָמַר רַבִּי חֲנִינָא בַּר אַבָּא: תְּהֵא הַתְּהוּת מְצוּיָה לְפָנֶיךָ, אָמַר לוֹ הַקָּדוֹשׁ בָּרוּךְ הוּא: מָה אָמַרְתָּ, "וְהִנָּחֵם עַל הָרָעָה לְעַמֶּךָ", חַיֶּיךָ כָּךְ אֲנִי עוֹשֶׂה, שֶׁנֶּאֱמַר [לב, יד] "וַיִּנָּחֶם ה' עַל הָרָעָה":

עץ יוסף

ואקרע להם את הים. הזכיר קריעת ים סוף יותר משאר נסים, לפי שבהטובה שעשה להם גמלו לו רעה, שהוא קרע להם את הים והם העבירו צרה בים, שהוא פסל מיכה: **ואתן להם את התורה.** הזכיר טובת נתינת התורה, לפי שעל ידי נתינת התורה נתגלה להם בטטראמולין שלו, והם שמטו את השור במרכבה, וזהו שמביא ואראה להם את כבודי כו': **והם מקבלים מלכותי.** כוונתו בזה לסתור התנצלות, אלהיכם לא נאמר אלא אלהיך, לי אמרת ולא להם כו': **ראה ראיתי.** שתי ראיות וכדלעיל פרשה ג' ופרשה מ"א: **מהו ראה ראיתי.** סיומא דמדרש דלעיל הוא: **בקרובין** (נוסח אחר בקרונין) **שלי.** פירוש במרכבה שלי: **טטראמולין.** מרכבה: (ט) [י] **למלך שהיה לו שדה בור.** ובנמשל הוא העולם שהיה העולם תהו עד שלא נתנה התורה, כמאמר חכמינו ז"ל שני אלפים תהו (תולדות נח): **פרנסה.** פירוש השתדל בכל צרכיה: **ואם תאמר בשביל שהחמיץ יינו.** לכן לא יחוס על יגיעתו, דלא ניחא ליה בכרם רע כלל, מכל מקום מאחר שזה בשביל שהוא נער, ובהמשך הזמן יעשה יין טוב, יש לו לחוס להוצאותיו ולהניחו עד שיעשה יין יפה, ומכל מקום הוצרך לטענת היגיעות, דלולא זה הוי מימר שאינו רוצה בכרם שעושה חומץ עכשיו, אף על פי שבהמשך הזמן יתוקן, אלא לקצצו ולבקש לו כרם אחר טוב מעכשיו: **שהוא נער.** כלומר חדש, ודרך הנטיעות כשהן חדשות שלא לתת פריין כהוגן: [יא] **תהא התהות** (פירוש החרטה) **מצויה לפניך.** דריש שמשה התפלל אף לדורות הבאים שתהא התהות מצויה לפניו, ואפילו לדורות הבאים שיחטאו לפניו בחטא מה, ויעלה על לבו לכלותם שיתחרט וינחם על הרעה, ונלמד זה מדכפל משה בתפלתו שוב מחרון אפך והנחם על הרעה דריש דקאי אדורות הבאים, לזה אמר לו הקדוש ברוך הוא מה אמרת והנחם על הרעה לעמך, חייך כך אני עושה שנאמר וינחם ה' על הרעה, רוצה לומר לא זה שהשיב מחרון אפו שדיבר לעם הזה בשביל חטא העגל, אף זו שקיבל תפלתו אפילו לדורות הבאים, באם שיחטאו לפניו בענין מה, שיזכיר את תפלתו וינחם על הרעה:

פירוש מהרז"ו

ראה ראיתי. לעיל פרשה ג' סימן ב וגם נסמן: **בקרוכין.** פירש במוסף ערוך מין עגלה: **טטראמולין.** שם מפורש: **(ט) לך פרנסה.** עשה לה כל מה שהיא צריכה לחרוש ולזרוע ולהשקותה וכו': **שהוא נער לכך החמיץ.** שמתחלה היה שדה בור, וזה מחדש נעשה כרם, ולא יתכן שיהיה יינו טוב מיד, אך לאחר איזה שנים יוכשר להתחלף לטוב: **כי נער ישראל.** [סיפיה דקרא] ואוהבהו וממצרים קראתי לבני, ובפסוק (הקודם) [שאחריו] קראו להם וגו' ולפסילים יקטרו, למה כי נער ישראל, כי עד עתה היה במצרים מקום עבודת כוכבים, ומשם קראתי בני בכורי, וזהו אשר הוצאתיך מארץ מצרים שנקרא בית עבדים, ודרשו במכילתא פסוק אנכי, מבית עובדי כוכבים. וענין המשל והנמשל כמו שכתוב ישעיה (ה, ז) כי כרם ה' צבאות בית ישראל ויקו לעשות ענבים ויעש באושים. ומה שאמר כמה הוצאות, הנמשל כמה נפלאות ונסים עשיתי להם: **תהא התהות מצויה לפניך.** כי איך בקש והנחם, הלא כתוב בשמואל א' ט"ו כ"ט, כי לא אדם הוא להנחם, על כן דורש להרחיק ההגשמה מהשם יתברך, ולהכריע תהא התהות מצויה לפניך, שהשינוי הוא במדות מלאכים שלוחים משמשים לפניו, מתהוים לפי מעשה אדם ותפלתו: **מה אמרת וכו'.** כוונתו לדרוש מה שכתוב וינחם ה' על הרעה אשר דבר לעשות לעמו, וכי סימן צריך ליתן על איזה רעה הנחם, וזה מיותר, ודורש שנותן טעם למה הנחם אשר דיבר, פירוש אשר דיבר משה וביקש שינחם, ושיקראו עמו ולא עמך, ככ"ל בריש סימן ח, ולעיל סוף פרשה מ"א:

באור מהרי"פ

[ט] **שהוא נער.** כלומר חדש, ודרך הנטיעות כשהן חדשים שלא לתת פריין כהוגן, כמו שכתב הרמב"ן (ויקרא יט כג. ספר החינוך מצוה רמז) טעם בערלת האילן, שאין האילן נותן טעם או ריח טוב בתוך שלשה שנים הראשונים, עד כאן:

אשד הנחלים

והכל ראית, ומדוע תעשה עתה להם ככה, כן הוא ביאור הדבר בכללו: **היאך מתבוננים בו'.** ביארתי לעיל ריש פרשה מ"א: **[ט] שדה בור כו' נער הוא כו'.** ענינו שאמר משה והתנצל עליהם, איך שבאמת המה מצד עצמם טובים ומוכנים לטוב, רק מצד הנערות יעשו לפעמים מבלי דעת, כי כן טבע הנערות טרם שנתגדלו בטוב, אבל באמת הם עמו מאמינים בו, וגם הרי הוצאתם ממצרים, ועמלת עליהם להורותם ולהיטיבם ולהשלימם, איך תכלה עתה ויהיה עמלו לריק חס ושלום: **תהא התהות מצויה.** פירש הידי משה שזהו לימוד לאדם שיתחרט ממעשיו, וילמוד כביכול מה' שניחם על הרעה. ולי נראה כפשוטו, דכל זה בקשת משה, ורק הבעל מדרש בא להוציא ממלת הגשמה שלא יתכן החרטה אצלו יתברך, שזהו שנוי בחוקו יתברך להתהפך ממדה אל מדה, לזה אמרו שתהא התהות מצויה לפניך, כלומר איני אומר שחס ושלום תתחרט ותשתנה בעצמך כי זה אי אפשר, אבל יהא החרטה מצויה ועומדת לפניך, והכונה על המדות העליונות, והכונה שיתהפך מדת הדין לרחמים:

מסורת המדרש

יב. לעיל פרשה ג' ופרשה מ"א. תנחומא כאן סימן כ"א. וסדר שמות ס"כ:
יג. דברים רבה פרשה ג':

אם למקרא

וַיֹּאמֶר ה' רָאֹה רָאִיתִי אֶת עֳנִי עַמִּי אֲשֶׁר בְּמִצְרָיִם וְאֶת צַעֲקָתָם שָׁמַעְתִּי מִפְּנֵי נֹגְשָׂיו כִּי יָדַעְתִּי אֶת מַכְאֹבָיו: (שמות שם ז)

רֶכֶב אֱלֹהִים רִבֹּתַיִם אַלְפֵי שִׁנְאָן אֲדֹנָי בָם סִינַי בַּקֹּדֶשׁ: (תהלים סח: יח)

וּדְמוּת פְּנֵיהֶם פְּנֵי אָדָם וּפְנֵי אַרְיֵה אֶל הַיָּמִין לְאַרְבַּעְתָּם וּפְנֵי שׁוֹר מֵהַשְּׂמֹאול לְאַרְבַּעְתָּן וּפְנֵי נֶשֶׁר לְאַרְבַּעְתָּן: (יחזקאל א: י)

כִּי נַעַר יִשְׂרָאֵל וָאֹהֲבֵהוּ וּמִמִּצְרַיִם קָרָאתִי לִבְנִי: (הושע יא: א)

ידי משה

[ט] תהיה התהות מצווה לפניך. פירוש, שיהיה מדת החרטה מצויה לפניך שתתחרט על עונותיך תמיד ותלמד מן הקב"ה כביכול שהתחרט על הרעה:

מתנות כהונה

ראה ראיתי. שתי ראיות וכדלעיל פרשה ג' ופרשה מ"א: **וזהו קולו של עגל.** זה שכתוב ואת צעקתם שמעתי זהו צעקת קול שצעקו על העגל והיינו קול ענות וכדלעיל ריש פרשה מ"א: **מתבוננים בי** גרסינן: **בקרובין שלי** גרסינן. ופירושו במרכבה שלי: **טטראמולין.** עיין בפירוש הרמב"ן בפרשה זו וברבינו בחיי פרשת שמות: **[ט] התהות.** החרטה כמה דאת אמר (נדרים כא, ב) כדו תהית ולשון והנחם קדריש:

After answering the opening question, the Midrash continues its exposition of the verse *I have indeed seen* [רָאֹה רָאִיתִי] *the affliction of My people,* which it mentioned above in passing: אָמַר רַבִּי פִּנְחָס הַכֹּהֵן בֶּן חָמָא בְּשֵׁם רַבִּי אַבָּהוּ בְּשֵׁם רַבִּי יוֹסֵי בַּר חֲנִינָא – **R' Pinchas ben Chama the Kohen said in the name of R' Abahu,** who in turn said **in the name of R' Yose bar Chanina:** מַהוּ "רָאֹה רָאִיתִי" – **What is** the meaning of the twofold expression, ***I have indeed seen*** (lit., *seeing, I have seen*) (above, 3:7)? אָמַר הַקָּדוֹשׁ בָּרוּךְ הוּא לְמֹשֶׁה – **The Holy One, blessed is He, said to Moses,** אַתָּה רוֹאֶה אוֹתָן עַכְשָׁיו – "**You** only **see them** as they are **now,**[96] וַאֲנִי רוֹאֶה אוֹתָם הֵיאַךְ מִתְבּוֹנְנִים בִּי, אֲנִי יוֹצֵא בְּקָרוּכִין שֶׁלִּי שֶׁאֶתֵּן לָהֶם הַתּוֹרָה – **but I can see them gazing at Me** when **I will go forth in My carriage**[97] and in all My Glory **in order to give them the Torah"** – שֶׁנֶּאֱמַר "רֶכֶב אֱלֹהִים רִבֹּתַיִם אַלְפֵי שִׁנְאָן" – **as it is stated** in a Psalm that speaks of the Giving of the Torah, ***God's entourage is twice ten thousand*** *... the Lord is among them at Sinai in holiness* (*Psalms* 68:18) – וְהֵם שׁוֹמְטִין אֶחָד מִן טֶטְרָאמוּלִין שֶׁלִּי – "**and they will remove one of My *tetramulin***[98] and use it for idolatry," שֶׁכָּתוּב "וּפְנֵי שׁוֹר מֵהַשְּׂמֹאול" – **as it is written, *and an ox's face to the left*** *for the four of them* (*Ezekiel* 1:10).[99] לְפִיכָךְ אָמַר מֹשֶׁה: "לָמָה ה' יֶחֱרֶה אַפְּךָ" – And **for this reason Moses said, "*Why, HASHEM, should Your anger flare up*** *against Your people, whom you have taken out of the land of Egypt?,"* אַתָּה הָיִיתָ יוֹדֵעַ אוֹתָם, וְעַכְשָׁיו אַתָּה כּוֹעֵס עֲלֵיהֶם עַל שֶׁעָשׂוּ הָעֵגֶל – meaning to say, "**You knew them** and their faults all along, **and now You are angry with them for making the Calf** and wish to destroy them?!"

§9 דָּבָר אַחֵר, "אֲשֶׁר הוֹצֵאתָ מֵאֶרֶץ מִצְרַיִם" – **Another interpretation** of Moses' plea, *Why, HASHEM, should Your anger flare up against Your people,* ***whom You have taken out of the land of Egypt*** (32:11): מָה רָאָה לְהַזְכִּיר כָּאן יְצִיאַת מִצְרַיִם – **Why did [Moses] see fit to mention here the Exodus from Egypt?**[100] אָמַר רַבִּי אָבִין בְּשֵׁם רַבִּי שִׁמְעוֹן בֶּן יְהוֹצָדָק – **R' Avin in the name of R' Shimon ben Yehotzadak said:**[101] מָשָׁל לְמָה הַדָּבָר דּוֹמֶה – This can be explained by means of **a parable. To what may this be compared?** לְמֶלֶךְ שֶׁהָיָה לוֹ שָׂדֶה בּוּר – **To a king who had an uncultivated field.** אָמַר לַאֲרִיס: לֵךְ פַּרְנְסָהּ וַעֲשֵׂה אוֹתָהּ כֶּרֶם – **He told a sharecropper,**[102] **"Go and tend to [the field's] needs and make it into a vineyard."** הָלַךְ הָאָרִיס וּפִרְנֵס אוֹתָהּ שָׂדֶה וּנְטָעָהּ כֶּרֶם – **The sharecropper went, tended to its needs, and planted a vineyard in it.** הִגְדִּיל הַכֶּרֶם וְעָשָׂה יַיִן וְהֶחֱמִיץ – **The vineyard grew and produced** grapes that produced **wine, which turned sour.** כֵּיוָן שֶׁרָאָה הַמֶּלֶךְ שֶׁהֶחֱמִיץ הַיַּיִן אָמַר לָאָרִיס: לֵךְ וְקוֹץ אוֹתָהּ – **When the king saw that the wine soured he said to the sharecropper, "Go, chop down [the vineyard].** מָה אֲנִי מְבַקֵּשׁ מִן כֶּרֶם עוֹשֶׂה חוֹמֶץ – **What need do I have for a vineyard that produces sour wine?"** אָמַר הָאָרִיס: אֲדוֹנִי הַמֶּלֶךְ – **The sharecropper replied, "My master the king!** כַּמָּה יְצִיאוֹת הוֹצֵאתָ עַל הַכֶּרֶם עַד שֶׁלֹּא עָמַד – Look **how many expenses you have invested in the vineyard before it was established,** וְעַכְשָׁיו אַתָּה מְבַקֵּשׁ לְקָצְצוֹ – **and now you want to cut it** all **down!** וְאִם תֹּאמַר בִּשְׁבִיל שֶׁהֶחֱמִיץ יֵינוֹ – **And if you will say** that you are doing so **on account of its wine that became sour,**[103] בִּשְׁבִיל שֶׁהוּא נַעַר לְכָךְ הֶחֱמִיץ וְאֵינוֹ עוֹשֶׂה יַיִן יָפֶה – I will tell you that it is **because [the vineyard] is young** that **[its wine] soured and it does not produce quality wine;** if you let it grow more, however, the wine will improve."[104] כָּךְ כְּשֶׁעָשׂוּ יִשְׂרָאֵל אוֹתוֹ מַעֲשֶׂה – **Similarly, when** the people of **Israel committed that** sinful **act** of worshiping the Golden Calf, בִּקֵּשׁ הַקָּדוֹשׁ בָּרוּךְ הוּא לְכַלּוֹתָם – **the Holy One, blessed is He, sought to destroy them.** אָמַר מֹשֶׁה: רִבּוֹן הָעוֹלָם – **But Moses pleaded, "Master of the universe!** לֹא מִמִּצְרַיִם הוֹצֵאתָם, מִמְּקוֹם עוֹבְדֵי עֲבוֹדָה זָרָה – **Did You not bring them out from Egypt, from a place of idol worshipers?** וְעַכְשָׁיו נְעָרִים הֵם, שֶׁנֶּאֱמַר "כִּי נַעַר יִשְׂרָאֵל וָאֹהֲבֵהוּ" – Well, **now they are** still **youngsters** as a nation,"[105] **as it is stated, *When Israel was a lad I loved him,*** *and since Egypt I have been calling out to My son . . . they sacrificed to the Baalim and burnt incense to the idols* (*Hosea* 11:1-2).[106] הַמְתֵּן מְעַט לָהֶם וְלֵךְ עִמָּהֶם, וְעוֹשִׂין לְפָנֶיךָ מַעֲשִׂים טוֹבִים – "Therefore, **be a little patient with them and accompany them, and You will see that they will** yet **perform good deeds before You."** הֱוֵי "אֲשֶׁר הוֹצֵאתָ מֵאֶרֶץ מִצְרַיִם" – **Thus** we have explained the verse, *Why, HASHEM, should Your anger flare up against Your people,* ***whom You have taken out of the land of Egypt,*** *with a great power and a strong hand?*[107]

NOTES

96. Moses foresaw that the people, upon leaving Egypt, would come to Mount Sinai and receive the Torah (see Midrash above, 3 §2, 42 §5). God was telling Moses that He Himself saw two distinct things: the acceptance of the Torah (which Moses also saw) and the sin of the Golden Calf (see Midrash ibid.).

97. A reference to God's "Divine Chariot," as described in the first chapter of *Ezekiel*.

98. *Tetramulin* (lit., *four mules* in Greek) refers to the four animals that pull a carriage. In this case the Midrash refers to the four animal-like identities (or faces) associated with the celestial beings called *Chayos,* who are the bearers of the Divine Chariot (see *Ezekiel* 1:5ff).

99. One of the four faces of the *Chayos* (on their left side) was the face of an ox. When God appeared in all His Glory on Mount Sinai, the people scrutinized the "ox" of the chariot and "removed it" (so to speak) by making an idol in its image (*Matnos Kehunah* to 3 §2 above), as it is written, *They exchanged their Glory for the likeness of a grass-eating ox* (*Psalms* 106:20) (see 42 §5 above). At any rate, the Midrash is saying that the duplicate expression רָאֹה רָאִיתִי, lit., *seeing I have seen,* alludes to the fact that God "saw" Israel both at the height of their exaltedness and at the depths of their decadence, and nevertheless saw fit to redeem them.

100. See note 86 above.

101. In section 7, the Midrash quoted R' Yochanan, who explained that Moses mentioned Egypt in his plea to intimate that Israel learned from the idol-worshiping Egyptians to act corruptly and therefore should not be held accountable. R' Shimon ben Yehotzadak's interpretation is quite similar; however, he maintains that this is not an adequate defense, for Israel should have been careful to observe the commandments they had just recently received. He therefore offers a different approach, with some additional factors (*Yefeh To'ar*).

102. A laborer who works a field and receives a percentage of the crops as compensation.

103. So that even if you invested great sums of money in the planting of the vineyard, it is still not worth keeping (*Eitz Yosef*).

104. The sharecropper's plea for keeping the vineyard was twofold. First, he noted that the king had invested a considerable amount of money into it, and if it were to be chopped down, the money would go to waste; second, some time must pass before a new vineyard can produce fine grapes, and therefore it makes no sense to chop it down at this point (see *Beur Maharif* [from *Yefeh To'ar*]). Both reasons were necessary in this petition, for if only for the second reason, the king might respond that he has no use for a vineyard that will improve only after many years, as he wants to have quality wine now (*Yefeh To'ar, Eitz Yosef*).

105. And thus their belief system, and their determination to uproot themselves from their erstwhile mindset so steeped in idol worship, is as yet undeveloped.

106. The verse suggests that even the future idolaters that emerged from Israel's ranks were influenced to some extent by their forebears, who languished in Egypt for quite some time (*Maharzu*).

107. Moses pleaded that inasmuch as God had gone through so much "trouble," as it were, to redeem Israel from Egypt, and exhibited great power and wondrous miracles in doing so — corresponding to the king's expenditures in planting the vineyard — it would seem a waste to destroy them at this point. Furthermore, the people were as yet young and undeveloped and would improve in the future.

הֵם עוֹבְדִים עֲבוֹדָה זָרָה, וְאָמַרְתָּ לִי: אַתָּה עַכְשָׁיו רוֹאֶה אוֹתָם עוֹבְדִים עֲבוֹדָה זָרָה, וַאֲנִי עוֹמֵד וְרוֹאֶה אוֹתָם שֶׁהֵן יוֹצְאִין מִמִּצְרַיִם, וְאֶקְרַע לָהֶם אֶת הַיָּם, וַאֲבִיאֵם אֶל הַמִּדְבָּר, וְאֶתֵּן לָהֶם אֶת הַתּוֹרָה, וְאַרְאֶה לָהֶם אֶת כְּבוֹדִי פָּנִים בְּפָנִים, וְהֵם מְקַבְּלִים מַלְכוּתִי, וְכוֹפְרִים בִּי בְּסוֹף אַרְבָּעִים יוֹם וְעוֹשִׂין אֶת הָעֵגֶל, הוּא שֶׁאוֹמֵר (לעיל שם ז) "רָאֹה רָאִיתִי אֶת עֳנִי עַמִּי", וְזֶהוּ קוֹלוֹ שֶׁל עֵגֶל, [לב, יח] "קוֹל עַנּוֹת אָנֹכִי שֹׁמֵעַ", וְעַד שֶׁלֹּא גְאַלְתָּם אָמַרְתָּ לִי שֶׁהֵם עוֹשִׂים אֶת הָעֵגֶל, וְעַכְשָׁיו שֶׁעָשׂוּ אוֹתוֹ אַתָּה מְבַקֵּשׁ לְהָרְגָן, לְכָךְ הִזְכִּיר יְצִיאַת מִצְרַיִם בְּסַנֵּיגוֹרְיָא שֶׁלּוֹ, אָמַר רַבִּי פִּנְחָס הַכֹּהֵן בֶּן חָמָא *בְּשֵׁם רַבִּי אֲבָהוּ* בְּשֵׁם רַבִּי יוֹסֵי בַּר חֲנִינָא: מַהוּ [יב]"רָאֹה רָאִיתִי", אָמַר הַקָּדוֹשׁ בָּרוּךְ הוּא לְמֹשֶׁה: אַתָּה רוֹאֶה אוֹתָן עַכְשָׁיו וַאֲנִי רוֹאֶה אוֹתָם הֵיאַךְ מִתְבּוֹנְנִים בִּי, אֲנִי יוֹצֵא בַּקָּרוּבִין שֶׁלִּי שֶׁאֶתֵּן לָהֶם הַתּוֹרָה, שֶׁנֶּאֱמַר (תהלים סח, יח) "רֶכֶב אֱלֹהִים רִבֹּתַיִם אַלְפֵי שִׁנְאָן", וְהֵם שׁוֹמְטִין אֶחָד מִן טֶטְרָאמוּלִין שֶׁלִּי, שֶׁכָּתוּב (יחזקאל א, י) "וּפְנֵי שׁוֹר מֵהַשְּׂמֹאול", לְפִיכָךְ אָמַר מֹשֶׁה: [לב, יא] "לָמָה ה' יֶחֱרֶה אַפְּךָ", אַתָּה הָיִיתָ יוֹדֵעַ אוֹתָם, וְעַכְשָׁיו אַתָּה כּוֹעֵס עֲלֵיהֶם עַל שֶׁעָשׂוּ הָעֵגֶל:

ט דָּבָר אַחֵר, [לב, יא] "אֲשֶׁר הוֹצֵאתָ מֵאֶרֶץ מִצְרַיִם", מָה רָאָה לְהַזְכִּיר כָּאן יְצִיאַת מִצְרַיִם, אָמַר רַבִּי אָבִין בְּשֵׁם רַבִּי שִׁמְעוֹן בֶּן יְהוֹצָדָק: מָשָׁל לְמָה הַדָּבָר דּוֹמֶה, לְמֶלֶךְ שֶׁהָיָה לוֹ שְׂדֵה בוּר, אָמַר לְאָרִיס: לֵךְ פַּרְנְסָהּ וַעֲשֵׂה אוֹתָהּ כֶּרֶם, הָלַךְ הָאָרִיס וּפִרְנֵס אוֹתָהּ שָׂדֶה וּנְטָעָהּ כֶּרֶם, הִגְדִּיל הַכֶּרֶם וְעָשָׂה יַיִן וְהֶחְמִיץ, כֵּיוָן שֶׁרָאָה הַמֶּלֶךְ שֶׁהֶחְמִיץ הַיַּיִן אָמַר לָאָרִיס: לֵךְ וְקוֹץ אוֹתָהּ, מָה אֲנִי מְבַקֵּשׁ מִן כֶּרֶם עוֹשֶׂה חוֹמֶץ, אָמַר הָאָרִיס: אֲדוֹנִי הַמֶּלֶךְ, כַּמָּה יְצִיאוֹת הוֹצֵאתָ עַל הַכֶּרֶם עַד שֶׁלֹּא עָמַד, וְעַכְשָׁיו אַתָּה מְבַקֵּשׁ לְקָצְצוֹ, וְאִם תֹּאמַר בִּשְׁבִיל שֶׁהֶחְמִיץ יֵינוֹ, בִּשְׁבִיל שֶׁהוּא נַעַר לְכָךְ הֶחְמִיץ וְאֵינוֹ עוֹשֶׂה יַיִן יָפֶה, כָּךְ כְּשֶׁעָשׂוּ יִשְׂרָאֵל אוֹתוֹ מַעֲשֶׂה בִּקֵּשׁ הַקָּדוֹשׁ בָּרוּךְ הוּא לְכַלּוֹתָם, אָמַר מֹשֶׁה: רִבּוֹן הָעוֹלָם, [יג]לֹא מִמִּצְרַיִם הוֹצֵאתָם, מִמְּקוֹם עוֹבְדֵי עֲבוֹדָה זָרָה, וְעַכְשָׁיו נְעָרִים הֵם, שֶׁנֶּאֱמַר (הושע יא, א) "כִּי נַעַר יִשְׂרָאֵל וָאֹהֲבֵהוּ", הַמְתֵּן מְעַט לָהֶם וְלֵךְ עִמָּהֶם, וְעוֹשִׂין לְפָנֶיךָ מַעֲשִׂים טוֹבִים, הֱוֵי [לב, יא] "אֲשֶׁר הוֹצֵאתָ מֵאֶרֶץ מִצְרָיִם". [לב, יא-יב] "לָמָּה יֹאמְרוּ מִצְרַיִם וְגוֹ' וְהִנָּחֵם עַל הָרָעָה לְעַמֶּךָ", אָמַר רַבִּי חֲנִינָא בַּר אַבָּא: תְּהֵא הַתְּהוּת מְצוּיָה לְפָנֶיךָ, אָמַר לוֹ הַקָּדוֹשׁ בָּרוּךְ הוּא: מָה אָמַרְתָּ, "וְהִנָּחֵם עַל הָרָעָה לְעַמֶּךָ", חַיֶּיךָ כָּךְ אֲנִי עוֹשֶׂה, שֶׁנֶּאֱמַר [לב, יד] "וַיִּנָּחֶם ה' עַל הָרָעָה":

עץ יוסף

ואקרע להם את הים. הזכיר קריעת ים סוף יותר מאשר נסים, לפי שבהטובה שעשה להם גמלו לו רעה, שהוא קרע להם את הים והם העבירו צרה בים, שהוא פסל מיכה: **ואתן להם את התורה.** הזכיר טובת נתינת התורה, לפי שעל ידי נתינת התורה נתגלה להם בטטראמולין שלו, והם שמטו את השור במרכבה, וזהו שמביא וארא להם את כבודי כו': **והם מקבלים מלכותי.** כוונתו בזה לסתור התגלות, אלהיכם לא נאמר אלא אלהיך, לי אמרת ולא להם כו': **ראה ראיתי.** שתי ראיות וכדלעיל פרשה ג' ופרשה מ"א: **מהו ראה ראיתי.** סיומא דמדרש דלעיל הוא: **בקרובין** (נוסח אחר בקרונין) **שלי.** פירוש במרכבה שלי: **טטראמולין.** מרכבה: (ט) [י] **למלך שהיה לו שדה בור.** ובנמשל הוא העולם שהיה העולם תהו עד שלא נתנה התורה, כמאמר חכמינו ז"ל שני אלפים תהו (תולדות נח): **פרנסה.** פירוש השתדל בכל צרכיה: **ואם תאמר בשביל שהחמיץ יינו.** לכן לא יחוס על יגיעתו, דלא ניחא ליה בכרם רע כלל, מכל מקום מאחר שזה בשביל שהוא נער, ובהמשך הזמן יעשה יין טוב, יש לו לחוס להוצאותיו ולהניחו עד שיעשה יין יפה, ומכל מקום הוצרך לטענת היציאות, דלולא זה מני מימר שאינו רוצה בכרם שעושה חומץ עכשיו, אף על פי שבהמשך הזמן יתוקן, אלא לקצצו ולבקש לו כרם אחר טוב מעכשיו: **שהוא נער.** כלומר חדש, ודרך הנטיעות כשהן חדשות שלא לתת פריין כהוגן: [יא] **תהא התהות** (פירוש החרטה) **מצויה לפניך.** דרש שמשה התפלל אף לדורות הבאים שתהא התהות מצויה לפניו, ואפילו לדורות הבאים שיחטאו לפניו בחטא מה, ויעלה על לבו לכלותם שיתחרט וינחם על הרעה, ונלמד זה מדכפל משה בתפלתו שוב מחרון אפך והנחם על הרעה דריש דקאי אדורות הבאים, לזה אמר לו הקדוש ברוך הוא מה אמרת והנחם על הרעה לעמך, חייך כך אני עושה שנאמר וינחם ה' על הרעה, רוצה לומר לא זה שהשיב מחרון אפו שדיבר לעש הזה בשביל חטא העגל, אף זו שקיבל תפלתו אפילו לדורות הבאים, באם שיחטאו לפניו בענין מה, שיזכיר את תפלתו וינחם על הרעה:

פירוש מהרז"ו

ראה ראיתי. לעיל פרשה ג' סימן ב ושם נסמן: **בקרובין.** פירש במוסף ערוך מין עגלה: **טטראמולין.** שם מפורש: (ט) **לך פרנסה.** עשה לה כל מה שהיא צריכה לחרוש ולזרוע ולהשקותה וכו': **שהוא נער לכך החמיץ.** שמתחלה היה שדה בור, וזה מחדש נעשה כרם, ולא יתכן שיהיה יינו טוב מיד, אך לאחר איזה שנים יוכשר להתחלף לטוב: **כי נער ישראל.** [סיפיה דקרא] ואוהבהו וממצרים קראתי לבני, ובפסוק (הקודם) [שאחריו] קראו להם וגו' ולפסילים יקטרו, למה כי נער ישראל, כי עד עתה היה במצרים מקום עבודת כוכבים, ומשם קראתי בני בכורי, וזהו אשר הוצאתיך מארץ מצרים שנקרא בית עבדים, ודרשו במכילתא פסוק אנכי, מבית עובדי כוכבים. וענין המשל והנמשל כמו שכתוב ישעיה (ה, ז) כי כרם ה' צבאות בית ישראל ויקו לעשות ענבים ויעש באושים. ומה שאמר כמה הוצאות, הנמשל כמה נפלאות ונסים עשיתי להם: **תהא התהות מצויה לפניך.** כי איך בקש והנחם, הלא כתוב בשמואל א' ט"ו כ"ט, כי לא אדם הוא להנחם, על כן דורש להרחיק ההגשמה מהשם יתברך, ולהכריע תהא התהות מצויה לפניך, שהשינוי הוא במדות מלאכים שלוחים משמשים לפניו, מתהוים לפי מעשה אדם ותפלתו: **מה אמרת וכו'.** כוונתו לדרוש מה שכתוב וינחם ה' על הרעה אשר דבר לעשות לעמו, וכי סימן צריך ליתן על איזה רעה הנחם, וזה מיותר, ודורש שנותן טעם למה הנחם אשר דיבר, פירוש אשר דיבר משה וביקש שינחם, ושיקראו עמו ולא עמך, כנ"ל בריש סימן ח, ולעיל סוף פרשה מ"ח:

באור מהרי"פ

[ט] **שהוא נער.** כלומר חדש, ודרך הנטיעות כשהן חדשים שלא לתת פרין כהוגן, כמו שכתב הרמב"ן (ויקרא יט כג. ספר החינוך מצוה רמז) טעם בערלת האילן, שאין האילן נותן טעם או ריח טוב בתוך שלשה שנים הראשונים, עד כאן:

אשד הנחלים

והכל ראית, ומדוע תעשה עתה להם ככה, כן הוא ביאור הדבר בכללו: **היאך מתבוננים כו'.** ביארתי לעיל ריש פרשה מ"א: [ט] **שדה בור כו' נער הוא כו'.** ענינו שאמר משה והתנצל עליהם, איך שבאמת המה מצד עצמם טובים ומוכנים לטוב, רק מצד הנערות יעשו לפעמים מבלי דעת, כי כן טבע הנערות טרם שנתגדלו בטוב, אבל באמת הם עמו מאמינים בו, וגם הרי הוצאתם ממצרים, ועמלת עליהם להורותם ולהיטיבם ולהשלימם, איך תכלה עתה ויהיה עמלו לריק חס ושלום: **תהא התהות מצויה.** פירש הידי משה שזהו לימוד לאדם שיתחרט ממעשיו, וילמוד כביכול מה' שניחם על הרעה. ולי נראה כפשוטו, דכל זה בקשת משה, ורק הבעל מדרש בא להוציא ממלת הגשמה שלא יתכן החרטה אצלו יתברך, שזהו שנוי בחוקו יתברך להתהפך ממדה אל מדה, לזה אמרו שתהא התהות מצויה לפניך, כלומר איני אומר שחס ושלום תתחרט ותשתנה בעצמך כי זה אי אפשר, אבל יהא החרטה מצויה ועומדת לפניך, והכונה על המדות העליונות, והכונה שיתהפך מדת הדין לרחמים:

מסורת המדרש

יב. לעיל פרשה ג' ופרשה מ"א. תנחומא כאן סימן כ"א. וסדר שמות ס"כ:

יג. דברים רבה פרשה ג':

אם למקרא

וַיֹּאמֶר ה' רָאֹה רָאִיתִי אֶת עֳנִי עַמִּי אֲשֶׁר בְּמִצְרָיִם וְאֶת צַעֲקָתָם שָׁמַעְתִּי מִפְּנֵי נֹגְשָׂיו כִּי יָדַעְתִּי אֶת מַכְאֹבָיו:
(שמות שם ז)

רֶכֶב אֱלֹהִים רִבֹּתַיִם אַלְפֵי שִׁנְאָן אֲדֹנָי בָם סִינַי בַּקֹּדֶשׁ:
(תהלים סח: יח)

וּדְמוּת פְּנֵיהֶם פְּנֵי אָדָם וּפְנֵי אַרְיֵה אֶל הַיָּמִין לְאַרְבַּעְתָּם וּפְנֵי שׁוֹר מֵהַשְּׂמֹאול לְאַרְבַּעְתָּן וּפְנֵי נֶשֶׁר לְאַרְבַּעְתָּן:
(יחזקאל א: י)

כִּי נַעַר יִשְׂרָאֵל וָאֹהֲבֵהוּ וּמִמִּצְרַיִם קָרָאתִי לִבְנִי:
(הושע יא: א)

ידי משה

[ט] **תהיה התהות מצווה לפניך.** פירוש, שיהיה מדת החרטה מצויה לפניך שתתחרט על עונותיך תמיד ותלמד מן הקב"ה כביכול שהתחרט על הרעה:

מתנות כהונה

ראה ראיתי. שתי ראיות וכדלעיל פרשה ג' ופרשה מ"א: **וזהו קולו של עגל.** זה שכתוב ואת צעקתם שמעתי זהו צעקת קול שצעקו על העגל והיינו קול ענות וכדלעיל ריש פרשה מ"א: **מתבוננים בי** גרסינן: **בקרובין שלי** גרסינן. ופירושו במרכבה שלי: **טטראמולין.** עיין בפירוש הרמב"ן בפרשה זו וברבינו בחיי פרשת שמות: [ט] **התהות.** החרטה כמה דאת אמר (נדרים כא, ב) כדו תהית ולשון והנחם קדרים:

לָמָּה יֹאמְרוּ מִצְרַיִם לֵאמֹר בְּרָעָה הוֹצִיאָם לַהֲרֹג אֹתָם בֶּהָרִים וּלְכַלֹּתָם מֵעַל פְּנֵי הָאֲדָמָה שׁוּב מֵחֲרוֹן אַפֶּךָ וְהִנָּחֵם עַל הָרָעָה לְעַמֶּךָ.
Why should Egypt say the following, "With evil intent did He take them out, to kill them in the mountains and to annihilate them from the face of the earth"? Relent from Your flaring anger and reconsider regarding the evil against Your people (32:12).

□ לָמָּה יֹאמְרוּ מִצְרַיִם וְגוֹ׳ וְהִנָּחֵם עַל הָרָעָה לְעַמֶּךָ – ***WHY SHOULD EGYPT SAY... RELENT FROM YOUR FLARING ANGER AND RECONSIDER THE EVIL AGAINST YOUR PEOPLE.***

אָמַר רַבִּי חֲנִינָא בַּר אַבָּא – **R' Chanina bar Abba said:** תְּהֵא הַתְּהוּת מְצוּיָה לְפָנֶיךָ – Moses was saying here, **"Let reconsideration be** ever-**present before You."**[108] אָמַר לוֹ הַקָּדוֹשׁ בָּרוּךְ הוּא – **The Holy One, blessed is He, said [to Moses],** מָה אָמַרְתָּ, "וְהִנָּחֵם עַל הָרָעָה לְעַמֶּךָ" – **"What did you** say to Me? ***Reconsider the evil against Your people*** (even in the future)? חַיֶּיךָ כָּךְ אֲנִי עוֹשֶׂה, – **By your life,** then, **this is what I shall do!"** שֶׁנֶּאֱמַר "וַיִּנָּחֶם ה׳ עַל הָרָעָה" – **As** indeed **it is stated, *HASHEM reconsidered*** *regarding the evil that He declared He would do to His people* (v. 14), even in future times.

NOTES

108. Moses prayed that not only on this occasion should God reconsider and relent regarding the evil that He declared He would do, but also in the future when Israel might sin and God would seek to destroy them, He should reconsider taking that course of action (*Yefeh To'ar, Toldos Noach, Eitz Yosef*; cf. *Yedei Moshe* and *Maharzu* for other approaches to R' Chanina's somewhat enigmatic statement).

R' Chanina derives that Moses had both things in mind from the two phrases that he used in his prayer: (i) *Relent from Your flaring anger and* (ii) *reconsider the evil against Your people.* If both phrases referred to the present situation only, one of them would be redundant. He therefore applies the second phrase (*and reconsider the evil against Your people*) as referring to future generations (ibid.).

הֵם עוֹבְדִים עֲבוֹדָה זָרָה, וְאָמַרְתָּ לִי: אַתָּה עַכְשָׁיו רוֹאֶה אוֹתָם עוֹבְדִים עֲבוֹדָה זָרָה, וַאֲנִי עוֹמֵד וְרוֹאֶה אוֹתָם שֶׁהֵן יוֹצְאִין מִמִּצְרַיִם, וְאֶקְרַע לָהֶם אֶת הַיָּם, וַאֲבִיאֵם אֶל הַמִּדְבָּר, וְאֶתֵּן לָהֶם אֶת הַתּוֹרָה, וְאַרְאֶה לָהֶם אֶת כְּבוֹדִי פָּנִים בְּפָנִים, וְהֵם מְקַבְּלִים מַלְכוּתִי, וְכוֹפְרִים בִּי בְּסוֹף אַרְבָּעִים יוֹם וְעוֹשִׂין אֶת הָעֵגֶל, הוּא שֶׁאוֹמֵר (לעיל שם ז) "רָאֹה רָאִיתִי אֶת עֳנִי עַמִּי", וְזֶהוּ קוֹלוֹ שֶׁל עֵגֶל, [לב, יח] "קוֹל עַנּוֹת אָנֹכִי שֹׁמֵעַ", וְעַד שֶׁלֹּא גְאַלְתָּם אָמַרְתָּ לִי שֶׁהֵם עוֹשִׂים אֶת הָעֵגֶל, וְעַכְשָׁיו שֶׁעָשׂוּ אוֹתוֹ אַתָּה מְבַקֵּשׁ לְהָרְגָן, לְכָךְ הִזְכִּיר יְצִיאַת מִצְרַיִם בְּסָנֵיגוֹרְיָא שֶׁלּוֹ, אָמַר רַבִּי פִּנְחָס הַכֹּהֵן בֶּן חָמָא *בְּשֵׁם רַבִּי אֲבָהוּ* בְּשֵׁם רַבִּי יוֹסֵי בַּר חֲנִינָא: מַהוּ [יב] "רָאֹה רָאִיתִי", אָמַר הַקָּדוֹשׁ בָּרוּךְ הוּא לְמֹשֶׁה: אַתָּה רוֹאֶה אוֹתָן עַכְשָׁיו וַאֲנִי רוֹאֶה אוֹתָם הֵיאַךְ מִתְבּוֹנְנִים בִּי, אֲנִי יוֹצֵא בַּקָּרוּבִין שֶׁלִּי שֶׁאֶתֵּן לָהֶם הַתּוֹרָה, שֶׁנֶּאֱמַר (תהלים סח, יח) "רֶכֶב אֱלֹהִים רִבֹּתַיִם אַלְפֵי שִׁנְאָן", וְהֵם שׁוֹמְטִין אֶחָד מִן טֶטְרָאמוּלִין שֶׁלִּי, שֶׁכָּתוּב (יחזקאל א, י) "וּפְנֵי שׁוֹר מֵהַשְּׂמֹאול", לְפִיכָךְ אָמַר מֹשֶׁה: [לב, יא] "לָמָה ה' יֶחֱרֶה אַפְּךָ", אַתָּה הָיִיתָ יוֹדֵעַ אוֹתָם, וְעַכְשָׁיו אַתָּה כּוֹעֵס עֲלֵיהֶם עַל שֶׁעָשׂוּ הָעֵגֶל:

ט דָּבָר אַחֵר, [לב, יא] "אֲשֶׁר הוֹצֵאתָ מֵאֶרֶץ מִצְרַיִם", מָה רָאָה לְהַזְכִּיר כָּאן יְצִיאַת מִצְרַיִם, אָמַר רַבִּי אָבִין בְּשֵׁם רַבִּי שִׁמְעוֹן בֶּן יְהוֹצָדָק: מָשָׁל לְמָה הַדָּבָר דּוֹמֶה, לְמֶלֶךְ שֶׁהָיָה לוֹ שְׂדֵה בּוּר, אָמַר לָאָרִיס: לֵךְ פַּרְנְסָהּ וַעֲשֵׂה אוֹתָהּ כֶּרֶם, הָלַךְ הָאָרִיס וּפִרְנֵס אוֹתָהּ שָׂדֶה וּנְטָעָהּ כֶּרֶם, הִגְדִּיל הַכֶּרֶם וְעָשָׂה יַיִן וְהֶחֱמִיץ, כֵּיוָן שֶׁרָאָה הַמֶּלֶךְ שֶׁהֶחֱמִיץ הַיַּיִן אָמַר לָאָרִיס: לֵךְ וְקוֹץ אוֹתָהּ, מָה אֲנִי מְבַקֵּשׁ מִן כֶּרֶם עוֹשֶׂה חוֹמֶץ, אָמַר הָאָרִיס: אֲדוֹנִי הַמֶּלֶךְ, כַּמָּה יְצִיאוֹת הוֹצֵאתָ עַל הַכֶּרֶם עַד שֶׁלֹּא עָמַד, וְעַכְשָׁיו אַתָּה מְבַקֵּשׁ לְקָצְצוֹ, וְאִם תֹּאמַר בִּשְׁבִיל שֶׁהֶחֱמִיץ יֵינוֹ, בִּשְׁבִיל שֶׁהוּא נַעַר לְכָךְ הֶחְמִיץ וְאֵינוֹ עוֹשֶׂה יַיִן יָפֶה, כָּךְ כְּשֶׁעָשׂוּ יִשְׂרָאֵל אוֹתוֹ מַעֲשֶׂה בִּקֵּשׁ הַקָּדוֹשׁ בָּרוּךְ הוּא לְכַלּוֹתָם, אָמַר מֹשֶׁה: רִבּוֹן הָעוֹלָם, [יג] לֹא מִמִּצְרַיִם הוֹצֵאתָם, מִמְּקוֹם עוֹבְדֵי עֲבוֹדָה זָרָה, וְעַכְשָׁיו נְעָרִים הֵם, שֶׁנֶּאֱמַר (הושע יא, א) "כִּי נַעַר יִשְׂרָאֵל וָאֹהֲבֵהוּ", הַמְתֵּן מְעַט לָהֶם וְלֵךְ עִמָּהֶם, וְעוֹשִׂין לְפָנֶיךָ מַעֲשִׂים טוֹבִים, הֱוֵי [לב, יא] "אֲשֶׁר הוֹצֵאתָ מֵאֶרֶץ מִצְרַיִם". [לב, יא-יב] "לָמָּה יֹאמְרוּ מִצְרַיִם וְגוֹ' וְהִנָּחֵם עַל הָרָעָה לְעַמֶּךָ", אָמַר רַבִּי חֲנִינָא בַּר אַבָּא: תְּהֵא הַתְּהוּת מְצוּיָה לְפָנֶיךָ, אָמַר לוֹ הַקָּדוֹשׁ בָּרוּךְ הוּא: מָה אָמַרְתָּ, "וְהִנָּחֵם עַל הָרָעָה לְעַמֶּךָ", חַיֶּיךָ כָּךְ אֲנִי עוֹשֶׂה, שֶׁנֶּאֱמַר [לב, יד] "וַיִּנָּחֶם ה' עַל הָרָעָה":

עץ יוסף

ואקרע להם את הים. הזכיר קריעת ים סוף יותר משאר נסים, לפי שבהטובה שעשה להם גמלו לו רעה, שהוא קרע להם את הים והם העבירו צרה בים, שהוא פסל מיכה: **ואתן להם את התורה.** הזכיר טובת נתינת התורה, לפי שעל ידי נתינת התורה נתגלה להם בטטראמולין שלו, והם שמטו את השור במרכבה, וזהו שמביא ואראה להם את כבודי כו': **והם מקבלים מלכותי.** כוונתו בזה לסתור התגללות, אלהיכם לא נאמר אלא אלהיך, לי אמרת ולא להם כו': **ראה ראיתי.** שתי ראיות וכדלעיל פרשה ג' ופרשה מ"א: **מהו ראה ראיתי.** סיומא דמדרש דלעיל הוא: **בקרובין** (נוסח אחר בקרונין) **שלי.** פירוש במרכבה שלי: **טטראמולין.** מרכבה: (ט) [י] **למלך שהיה לו שדה בור.** ובנמשל הוא העולם שהיה העולם תהו עד שלא נתנה התורה, כמאמר חכמינו ז"ל שני אלפים תהו (תולדות נח): **פרנסה.** פירוש השתדל בכל צרכיה: **ואם תאמר בשביל שהחמיץ יינו.** לכן לא יחוס על יגיעתו, דלא ניחא ליה בכרם רע כלל, מכל מקום מאחר שזה בשביל שהוא נער, ובהמשך הזמן יעשה יין טוב, יש לו לחוס להוצאותיו ולהניחו עד שיעשה יין יפה, ומכל מקום הוצרך לטענת היציאות, דלולא זה מלי מימר שאינו רוצה בכרם שעושה חומץ עכשיו, אף על פי שבהמשך הזמן יתוקן, אלא לקצצו ולבקש לו כרם אחר טוב מעכשיו: **שהוא נער.** כלומר חדש, ודרך הנטיעות כשהן חדשות שלא לתת פריין כהוגן: [יא] **תהא התהות** (פירוש החרטה) **מצויה לפניך.** דריש שמשה התפלל אף לדורות הבאים שתהא התהות מצויה לפניו, ואפילו לדורות הבאים שיחטאו לפניו בחטא מה, ויעלה על לבו לכלותם שיתחרט וינחם על הרעה, ונלמד זה מדכפל משה בתפלתו שוב מחרון אפך והנחם על הרעה דריש דקאי אדורות הבאים, לזה אמר לו הקדוש ברוך הוא מה אמרת והנחם על הרעה לעמך, חייך כך אני עושה שנאמר וינחם ה' על הרעה, רוצה לומר לא זה שהשיב מחרון אפו שדיבר לעם הזה בשביל חטא העגל, אף זו שקיבל תפלתו אפילו לדורות הבאים, באם שיחטאו לפניו בענין מה, שיזכיר את תפלתו וינחם על הרעה:

פירוש מהרז"ו

ראה ראיתי. לעיל פרשה ג' סימן ב וגם נסמן: **בקרובין.** פירש במוסף ערוך מין עגלה: **טטראמולין.** שם מפורש: (ט) **לך פרנסה.** עשה לה כל מה שהיא צריכה לחרוש ולזרוע ולהשקותה וכו': **שהוא נער לכך החמיץ.** שמתחלה היה שדה בור, וזה מחדש נעשה כרם, ולא יתכן שיהיה יינו טוב מיד, אך לאחר איזה שנים יוכשר להתחלף לטוב: **כי נער ישראל.** [סיפיה דקרא] ואוהבהו וממצרים קראתי לבני, ובפסוק (הקודם) [שאחריו] קראו להם וגו' ולפסילים יקטרו, למה כי נער ישראל, כי עד עתה היה במצרים מקום עבודת כוכבים, ומשם קראתי בני בכורי, וזהו אשר הוצאתיך מארץ מצרים שנקרא בית עבדים, ודרשו במכילתא פסוק אנכי, מבית עובדי כוכבים. וענין המשל והנמשל כמו שכתוב ישעיה (ה, ז) כי כרם ה' צבאות בית ישראל ויקו לעשות ענבים ויעש באושים. ומה שאמר כמה הוצאות, הנמשל כמה נפלאות ונסים עשיתי להם: **תהא התהות מצויה לפניך.** כי איך בקש והנחם, הלא כתוב בשמואל א' ט"ו כ"ט, כי לא אדם הוא להנחם, על כן דורש להרחיק ההגשמה מהשם יתברך, ולהכריע תהא התהות מצויה לפניך, שהשינוי הוא במדות מלאכים שלוחים משמשים לפניו, מתהוים לפי מעשה אדם ותפלתו: **מה אמרת וכו'.** כוונתו לדרוש מה שכתוב וינחם ה' על הרעה אשר דבר לעשות לעמו, וכי סימן צריך ליתן על איזה רעה הנחם, וזה מיותר, ודורש שנותן טעם למה הנחם אשר דיבר, פירוש אשר דיבר משה וביקש שינחם, ושיקראו עמו ולא עמך, כנ"ל בריש סימן ח, ולעיל סוף פרשה מ"א:

מתנות כהונה

ראה ראיתי. שתי ראיות וכדלעיל פרשה ג' ופרשה מ"א: **וזהו קולו של עגל.** זה שכתוב ואת לעקתם שמעתי זהו לעקת קול שלעקו על העגל והיינו קול ענות וכדלעיל ריש פרשה מ"א: **מתבוננים בי** גרסינן: **בקרובין שלי** גרסינן. ופירושו במרכבה שלי: **טטראמולין.** עיין בפירוש הרמב"ן בפרשה זו וברבינו בחיי פרשת שמות: [ט] **התהות.** החרטה כמה דאת אמר (נדרים כא, ב) כדו תהית ולשון והנחם קדריס:

באור מהרי"פ

[ט] **שהוא נער.** כלומר חדש, ודרך הנטיעות כשהן חדשים שלא לתת פרין כהוגן, כמו שכתב הרמב"ן (ויקרא יט כג. ספר החינוך מצוה רמז) טעם בערלת האילן, שאין האילן נותן טעם או ריח טוב בתוך שלשה שנים הראשונים, עד כאן:

אשד הנחלים

והכל ראית, ומדוע תעשה עתה להם ככה, כן הוא ביאור הדבר בכללו: **היאך מתבוננים בו'.** ביארתי לעיל ריש פרשה מ"א: [ט] **שדה בור בו' נער הוא בו'.** ענינו שאמר משה והתנצל עליהם, איך שבאמת המה מצד עצמם טובים ומוכנים לטוב, רק מצד הנערות יעשו לפעמים מבלי דעת, כי כן טבע הנערות טרם שנתגדלו בטוב, אבל באמת הם עמו מאמינים בו, וגם הרי הוצאתם ממצרים, ועמלת עליהם להורותם ולהיטיבם ולהשלימם, איך תכלה עתה ויהיה עמלו לריק חס ושלום: **תהא התהות מצויה.** פירש הידי משה שזהו לימוד לאדם שיתחרט ממעשיו, וילמוד כביכול מה' שניחם על הרעה. ולי נראה כפשוטו, דכל זה בקשת משה, ורק הבעל מדרש בא להוציא ממלת הגשמה שלא יתכן החרטה אצלו יתברך, שזהו שנוי בחוקו יתברך להתהפך ממדה אל מדה, לזה אמרו שתהא התהות מצויה לפניך, כלומר איני אומר שחס ושלום תתחרט ותשתנה בעצמך כי זה אי אפשר, אבל יהא החרטה מצויה ועומדת לפניך, והכונה על המדות העליונות, והכונה שיתהפך מדת הדין לרחמים:

מסורת המדרש

יב. לעיל פרשה ג' ופרשה מ"א. תנחומא כאן סימן כ"א. וסדר שמות ס"כ: יג. דברים רבה פרשה ג':

אם למקרא

וַיֹּאמֶר ה' רָאֹה רָאִיתִי אֶת עֳנִי עַמִּי אֲשֶׁר בְּמִצְרָיִם וְאֶת צַעֲקָתָם שָׁמַעְתִּי מִפְּנֵי נֹגְשָׂיו כִּי יָדַעְתִּי אֶת מַכְאֹבָיו:
(שמות שם ז)

רֶכֶב אֱלֹהִים רִבֹּתַיִם אַלְפֵי שִׁנְאָן אֲדֹנָי בָם סִינַי בַּקֹּדֶשׁ:
(תהלים סח: יח)

וּדְמוּת פְּנֵיהֶם פְּנֵי אָדָם וּפְנֵי אַרְיֵה אֶל הַיָּמִין לְאַרְבַּעְתָּם וּפְנֵי שׁוֹר מֵהַשְּׂמֹאול לְאַרְבַּעְתָּן וּפְנֵי נֶשֶׁר לְאַרְבַּעְתָּן:
(יחזקאל א: י)

כִּי נַעַר יִשְׂרָאֵל וָאֹהֲבֵהוּ וּמִמִּצְרַיִם קָרָאתִי לִבְנִי:
(הושע יא: א)

ידי משה

[ט] **תהיה התהות מצווה לפניך.** פירוש, שיהיה מדת החרטה מצויה לפניך שתתחרט על עוונותיך תמיד ותלמד מן הקב"ה כביכול שהתחרט על הרעה:

Chapter 44

זְכֹר לְאַבְרָהָם לְיִצְחָק וּלְיִשְׂרָאֵל עֲבָדֶיךָ אֲשֶׁר נִשְׁבַּעְתָּ לָהֶם בָּךְ וַתְּדַבֵּר אֲלֵהֶם אַרְבֶּה אֶת זַרְעֲכֶם כְּכוֹכְבֵי הַשָּׁמָיִם וְכָל הָאָרֶץ הַזֹּאת אֲשֶׁר אָמַרְתִּי אֶתֵּן לְזַרְעֲכֶם וְנָחֲלוּ לְעֹלָם. וַיִּנָּחֶם ה׳ עַל הָרָעָה אֲשֶׁר דִּבֶּר לַעֲשׂוֹת לְעַמּוֹ.

Remember for the sake of Abraham, Isaac, and Israel, Your servants, to whom You swore by Yourself, and You told them, "I shall increase your offspring like the stars of heaven, and this entire land of which I spoke, I shall give to your offspring and it shall be their heritage forever." Hashem reconsidered regarding the evil that He declared He would do to His people (*Exodus* 32:13-14).

§1 זְכֹר לְאַבְרָהָם – ***REMEMBER FOR THE SAKE OF ABRAHAM.***

The Midrash explains why Moses mentioned the Patriarchs in his prayers. It begins by citing a verse from *Psalms*, to which it gives two interpretations, the second of which is relevant to our verse:

פָּתַח רַבִּי תַּנְחוּמָא בַּר אַבָּא – R' Tanchuma bar Abba opened his discourse on our passage by citing the following verse, referring to God taking Israel out of Egypt, **"גֶּפֶן מִמִּצְרַיִם תַּסִּיעַ"** – ***You caused a grapevine to journey out of Egypt*** (*Psalms* 80:9). **לָמָּה נִמְשְׁלוּ יִשְׂרָאֵל לְגֶפֶן – Why are** the people of **Israel compared to a grapevine?**[1] **אֶלָּא מָה הַגֶּפֶן כְּשֶׁבְּעָלֶיהָ מְבַקְּשִׁין שֶׁתַּשְׁבִּיחַ מָה הֵם עוֹשִׂין – However,** the explanation is that **just as the grapevine, when its owners want it to increase in value** and quality, **what do they do? עוֹקְרִין אוֹתָהּ מִמְּקוֹמָהּ וְשׁוֹתְלִין אוֹתָהּ בְּמָקוֹם אַחֵר וְהִיא מַשְׁבַּחַת – They uproot it from its** original **location and replant it in a different location, and it** thereby **increases in value** and quality.[2] **כָּךְ כֵּיוָן שֶׁבִּקֵּשׁ הַקָּדוֹשׁ בָּרוּךְ הוּא לְהוֹדִיעַ יִשְׂרָאֵל בָּעוֹלָם מֶה עָשָׂה – Similarly, when the Holy One, blessed is He, sought to make** the people of **Israel known** and respected **in the world, what did He do? עֲקָרָן מִמִּצְרַיִם וֶהֱבִיאָן לַמִּדְבָּר – He uprooted them from Egypt and brought them to the Wilderness, וְהִתְחִילוּ מַצְלִיחִים שָׁם – and they began to flourish there, וְהִתְחִילוּ מְקַבְּלִין הַתּוֹרָה וְאוֹמְרִים: "כֹּל אֲשֶׁר דִּבֶּר ה׳ נַעֲשֶׂה וְנִשְׁמָע" – and they began to receive the Torah by saying, *"Everything that Hashem has said, we will do and we will obey!"*** (above, 24:7), **וְיָצָא לָהֶם שֵׁם בָּעוֹלָם, שֶׁנֶּאֱמַר "וַיֵּצֵא לָךְ שֵׁם בַּגּוֹיִם בְּיָפְיֵךְ" – and** consequently **their name went forth among** the nations of **the world, as it is stated, *Your fame went forth among the nations for your beauty*** (*Ezekiel* 16:14).[3]

The Midrash presents another interpretation of the *Psalms* verse, which is relevant to our passage:

דָּבָר אַחֵר – Another explanation: "גֶּפֶן מִמִּצְרַיִם" – ***You caused a grapevine*** *to journey* ***out of Egypt.*** **אַתָּה מְפַרְנֵס כָּל אוֹתָן הַדֵּעוֹת הָאֲמוּרוֹת בּוֹ – You may consider all those opinions that have been stated regarding [this matter],** i.e., regarding the comparison of Israel to the grapevine – **גַּבֵּי "וְהִנֵּה גֶפֶן לְפָנָי"** – such as those explanations that were given **concerning** the verse, ***behold, there was a grapevine in front of me*** (*Genesis* 40:9),[4] **וְגַבֵּי "גֶּפֶן מִמִּצְרַיִם תַּסִּיעַ" – and concerning** the verse, ***You caused a grapevine to journey out of Egypt*** (*Psalms* 80:9)[5] – **וּבַסּוֹף אַתָּה מְפַרְנֵס – and in the end you can provide** yet another explanation: **מָה הַגֶּפֶן הִיא חַיָּה וְנִשְׁעֶנֶת עַל עֵצִים מֵתִים – Just as a grapevine is** itself **alive but must lean on dead trees**[6] to support its own weak structure, **כָּךְ יִשְׂרָאֵל הֵם חַיִּים וְקַיָּמִים וְנִשְׁעָנִין עַל הַמֵּתִים, אֵלּוּ הָאָבוֹת – so too,** the people of **Israel live and survive by leaning on** the merit of **deceased people, those being the Patriarchs. וְכֵן אַתָּה מוֹצֵא כַּמָּה תְּפִלּוֹת הִתְפַּלֵּל אֵלִיָּהוּ בְּהַר הַכַּרְמֶל שֶׁתֵּרֵד הָאֵשׁ – And similarly you find** that **Elijah prayed many prayers on Mount Carmel that fire should descend** from the heavens and consume his offering,[7] **כְּמָה דְּאַתְּ אָמַר "עֲנֵנִי ה׳ עֲנֵנִי" – as it is stated** that he prayed, ***"Answer me, Hashem, answer me*** *And let this people know that You, Hashem, are the God"* (*I Kings* 18:37), **וְלֹא נַעֲנָה – but he was not answered. אֶלָּא כֵּיוָן שֶׁהִזְכִּיר אֶת הַמֵּתִים וְאָמַר "ה׳ אֱלֹהֵי אַבְרָהָם יִצְחָק וְיִשְׂרָאֵל" – However, once he mentioned the deceased** Patriarchs and said, ***"Hashem, God of Abraham, Isaac, and Israel,*** *today it will become known that You are God in Israel"* (ibid., v. 36), **מִיָּד נַעֲנָה – he was immediately answered. מַה כְּתִיב, "וַתִּפֹּל אֵשׁ ה׳" –** For **what is written** after that, ***A fire of Hashem descended*** *and consumed the elevation-offering* (ibid., v. 38).[8] **וְכֵן מֹשֶׁה בְּשָׁעָה שֶׁעָשׂוּ יִשְׂרָאֵל אוֹתוֹ מַעֲשֶׂה – Likewise, Moses, when** the people of **Israel committed that** sinful **act** of worshiping the Golden Calf, **עָמַד וְלִמֵּד עֲלֵיהֶם זְכוּת מ׳ יוֹם וּמ׳ לַיְלָה וְלֹא נַעֲנָה – arose and advanced arguments in their favor for forty days and forty nights, but he was not answered.**

NOTES

1. A comparison to the *fruit* of the grapevine (i.e., the grape) would be understandable, since grapes are so highly valued. But why compare them to the *grapevine*, which is the least sturdy of all trees? [see *Ezekiel* 15:2] (*Yefeh To'ar, Eitz Yosef*).

2. For the grapevine receives nourishment from the new soil in addition to the nourishment it had received from the original soil. Replanting other kinds of trees, however, is not usually done because they are too likely to die in the process (ibid.).

3. The context of the verse is a description of the great things God did for Israel after the Exodus from Egypt (*Maharzu, Eitz Yosef*).

According to this interpretation, the reason Israel's removal from Egypt is compared to a transplanted grapevine is that, like the grapevine, Israel acquired a superior quality when it was moved from one place (Egypt) to another (the Wilderness).

4. Interpretations of this verse, associating the grapevine here with Israel, are found in the Talmud (*Chullin* 92a), in *Bereishis Rabbah* 88 §5, and elsewhere.

5. Interpretations for this verse (besides the one that was just given by the Midrash here) are found in *Chullin* ibid., in *Vayikra Rabbah* 36 §2, and elsewhere.

6. Or: pieces of wood.

7. In his epic confrontation with the false prophets of Baal, Elijah proposed that each side bring an offering on an altar, and the side whose prayers would be answered by its God (or god) by sending down a fire to consume their offering would be accepted as the true God.

8. The Midrash's presentation of the facts here is perplexing, for in Scripture the sequence of events is presented differently: First Elijah prayed, *Hashem, God of Abraham, Isaac, and Israel* . . . (v. 36), and *after this* he said, *Answer me, Hashem, answer me* . . . (v. 37), and then *a fire of Hashem descended* (v. 38). *Toldos Noach* explains this as follows. Elijah's prayer of verse 37 (*Answer me, Hashem, answer me*) is not an exact quote of his words. What he actually said is not even recorded in Scripture. Only the part of his prayer that mentions the Patriarchs is recorded explicitly (v. 36). The reason that only this component of his prayer is spelled out, the Midrash asserts, is that this is the only line that was effective, and it led to God's positive response. Elijah's first prayer, then, invoked the merit of the Patriarchs (v. 36), then he went on to utter further prayers (v. 37), which are not recorded, but, as the wording of the verses implies, it was only the first prayer (mentioning the Patriarchs) that was effective, and *a fire of Hashem descended* . . . (v. 38). [See *Eitz Yosef*, citing *Yefeh To'ar*, for a different answer to this difficulty.]

פרשה מד

א [לב, יג] **״זְכֹר לְאַבְרָהָם״, פָּתַח רַבִּי תַּנְחוּמָא בַּר אַבָּא:** (תהלים פ, ט) **״גֶּפֶן מִמִּצְרַיִם תַּסִּיעַ״, לָמָּה נִמְשְׁלוּ יִשְׂרָאֵל לְגֶפֶן, אֶלָּא מָה הַגֶּפֶן כְּשֶׁבְּעָלֶיהָ מְבַקְּשִׁין שֶׁתַּשְׁבִּיחַ מָה הֵם עוֹשִׂין, עוֹקְרִין אוֹתָהּ מִמְּקוֹמָהּ וְשׁוֹתְלִין אוֹתָהּ בְּמָקוֹם אַחֵר וְהִיא מַשְׁבַּחַת, כָּךְ כֵּיוָן שֶׁבִּקֵּשׁ הַקָּדוֹשׁ בָּרוּךְ הוּא לְהוֹדִיעַ יִשְׂרָאֵל בָּעוֹלָם מֶה עָשָׂה, עֲקָרָן מִמִּצְרַיִם וֶהֱבִיאָן לַמִּדְבָּר וְהִתְחִילוּ מַצְלִיחִים שָׁם, וְהִתְחִילוּ מְקַבְּלִין הַתּוֹרָה וְאוֹמְרִים:** (לעיל כד, ז) **״כֹּל אֲשֶׁר דִּבֶּר ה׳ נַעֲשֶׂה וְנִשְׁמָע״, וְיָצָא לָהֶם שֵׁם בָּעוֹלָם, שֶׁנֶּאֱמַר** (יחזקאל טז, יד) **״וַיֵּצֵא לָךְ שֵׁם בַּגּוֹיִם בְּיָפְיֵךְ״, דָּבָר אַחֵר,** (תהלים פ, ט) **״גֶּפֶן מִמִּצְרַיִם״, אַתָּה מְפַרְנֵס כָּל אוֹתָן הַדֵּעוֹת הָאֲמוּרוֹת בּוֹ,** (בראשית מ, ט) **°״וְהִנֵּה גֶפֶן לְפָנָי״, °״גֶּפֶן מִמִּצְרַיִם תַּסִּיעַ״, וּבַסּוֹף אַתָּה מְפַרְנֵס, [א]מָה הַגֶּפֶן הִיא חַיָּה וְנִשְׁעֶנֶת עַל עֵצִים מֵתִים, כָּךְ יִשְׂרָאֵל הֵם חַיִּים וְקַיָּמִים וְנִשְׁעָנִין עַל הַמֵּתִים, אֵלּוּ הָאָבוֹת, וְכֵן אַתָּה מוֹצֵא כַּמָּה תְּפִלּוֹת הִתְפַּלֵּל אֵלִיָּהוּ בְּהַר הַכַּרְמֶל שֶׁתֵּרֵד הָאֵשׁ, כְּמָה דְּאַתְּ אָמַר** (מלכים־א יח, לז) **״עֲנֵנִי ה׳ עֲנֵנִי״, וְלֹא נַעֲנָה, אֶלָּא כֵּיוָן שֶׁהִזְכִּיר אֶת הַמֵּתִים וְאָמַר** (שם שם לו) **״ה׳ אֱלֹהֵי אַבְרָהָם יִצְחָק וְיִשְׂרָאֵל״ מִיָּד נַעֲנָה, מַה כְּתִיב,** (שם שם לח) **״וַתִּפֹּל אֵשׁ ה׳ ״, וְכֵן מֹשֶׁה בְּשָׁעָה שֶׁעָשׂוּ יִשְׂרָאֵל אוֹתוֹ מַעֲשֶׂה עָמַד וְלִמֵּד עֲלֵיהֶם זְכוּת מ׳ יוֹם וּמ׳ לַיְלָה וְלֹא נַעֲנָה, אֶלָּא כֵּיוָן שֶׁהִזְכִּיר אֶת הַמֵּתִים מִיָּד נַעֲנָה, שֶׁנֶּאֱמַר** [לב, יג] **״זְכֹר לְאַבְרָהָם לְיִצְחָק וּלְיִשְׂרָאֵל״,**

עץ יוסף

(א) פתח ר׳ תנחומא כו׳ למה נמשלו ישראל לגפן כו׳. שהיה לו להמשילם לפרי הגפן ולא סתם לגפן, דמשמע העץ גופיה שהוא חסרון כי הוא החלוש שבעצים, כמו שנאמר מה יהיה עץ הגפן מכל עץ הזמורה, לזה השיב יפה שבאמת הדמיון הוא רק בעוקרה ממקום זה לנטוע אותה במקום אחר, וכן בהצטרפות ההשענה וסמיכות על עצים אחרים, וזהו רק בעץ הגפן לא בפריה, על כן הזכיר שם העץ לבד: **עוקרין אותה ממקומה.** כי אין שבח כל כך בקרקע ראשון כמו כשנשתלה במקום חדש, שקולטת גם כן כח הקרקע השני, ושאר אילנות אין דרכם לעקור אותם משום שפעמים מתייבשים מיד, מה שאין כן הגפן: **והתחילו מקבלין התורה.** מה שהתחילו תחלה שאמרו נעשה ונשמע זהו שבחם, והזכיר כאן דברים הכתובים ביחזקאל ואתן נזם על אפך וגו׳ ועטרת תפארת בראשך, הוא העטרות שקבלו בהר סיני על מאמרם נעשה ונשמע, ואחר כך כתיב ותצלחי למלוכה ויצא לך שם בגוים: **ויצא לך שם בגוים ביפיך.** והיינו יופי שלימותם על דרך הנך יפה רעיתי: **אתה מפרנס כל אותן הדעות האמורות בו גבי והנה גפן לפני וגבי גפן מצרים תסיע.** כן צריך לומר, ומפרנס הוא לשון השלמה ומלוי, כמו פרנסת ארון לארכו פרנס אותו לרחבו, דלקמן בבמדבר רבה פרשה ד׳, ופירושו שידרוש וישלים כל אותן הדעות כו׳, שמפני שיש דעות הרבה בממשל ישראל לגפן, ויש מהם שנדרשו על והנה גפן לפני, כמו שאמרו בפרק גיד הנשה (צב, א) אומה זו כגפן נמשלה זמורות שבה אלו בעלי בתים, וגם אמר גם כן אלו ישראל, שלשה השריגים אלו שלשה רגלים, ויש שנדרשו על גפן ממצרים תסיע כדלקמן בויקרא רבה פרשה ל״ו, ובשוחר טוב, ודרך המדרש להביא כל הדעות והדרשות שנדרשו בפסוק אגב אורחיה, לכן אמר דמקמי שנדרוש הכא על הגפן הא דבעי למימר מה גפן חיה ונשענת על קנים מתים, לפי ענינו יזכיר גם כן הדורש כל הדרשות שנאמרו בהמשל ישראל לגפן: **מה הגפן הזו היא חיה כו׳.** רוצה לומר שעם היותה חיה, צריכה להשען על העצים היבשים וזה לחולשתה, כן החיים לפי שאין זכותם גדול כזכות המתים דגדולים הצדיקים במיתתם יותר מבחייהם, לכן אינם כדאים להעתר אלא בזכות המתים: **וכן אתה מוצא.** כל דבר שהוא זר לפום ריהטא, אמר וכן אתה מוצא משום דמעשה רב (תולדות נח): **כמה דאת אמר ענני ה׳ ענני כו׳.** אף על גב דברישא כתיב ויהי בעלות המנחה ויגש אליהו הנביא ויאמר ה׳ אלהי אברהם יצחק וישראל, והדר כתיב ענני ה׳ ענני, אלמא תחלת תפלתו בזכות אבות, יש לומר דעל כרחך אי אפשר שיהיו הכתובים כסדרן, דאי בזכות אבות לא יענה איך חושב שיענה בזכותו, וכי סלקא דעתך דרב גובריה מזכות אבות, הילכך על כרחך איפכא הוה המעשה, שתחלה היה תפלת עצמו בלשון ענני, ואחרי זה תפלת האבות ואז נענה, והכתובים נכתבו שלא כסדרן (יפה תואר): **וכן משה כו׳ עמד ולמד כו׳ ארבעים יום כו׳ ולא נענה אלא כיון שהזכיר כו׳ זכור לאברהם כו׳.** סבירא ליה שלא התפלל משה כל זמן שהיה העגל ביניהם, אלא כשנאמר לו ועתה הניחה לי התבונן כי הדבר תלוי בו, וירד וביער העגל, ושב להתפלל בארבעים יום ועל זה נאמר ויחל משה, ואין מוקדם ומאוחר בתורה, וכן דעת רבי יצחק בדברים רבה פרשה ג׳ עיין שם. אבל הא דגרסינן לעיל פרשה מ״ב אין אני זז מכאן עד שאבקש עליהם רחמים, פליגא אהא, וסבירא ליה שתפלה זו מיד קודם שירד מתחלה, וכדעת הרמב״ן (יפה תואר):

פירוש מהרז״ו

(א) גפן ממצרים. ויקרא רבה פרשה ל״ו סימן ב, מדרש שמואל פרשה ט״ז פסוק גפן: **ויצא לך שם בגוים.** וכל הפרשה מדבר מה שהגדיל לעשות עם ישראל במדבר בצאתם ממצרים: **מפרנס כל אותן הדעות.** פירוש כל אותן פירושים שדורש על פסוק והנה גפן, כמו שדרשו בראשית רבה פרשה פ״ח סימן ה, כן תדרוש גם כאן. ועיין פסיקתא ריש פרשה א׳, מפרנס בפתח הזה, עיין מה שכתבתי שם. ומה שאמר בסוף אתה מפרנס, פירושו ועוד תדרוש גם דמיון זה, ועל שהוא שייך לענין הפרשה אומר וכן: **אלא כיון שהזכיר.** צריך עיון שהרי כאן מפורש שהתפלל זכור לאברהם וגו׳, קודם שירד בפעם הראשונה, ואיך אומר שהיה בסוף ארבעים השניים. אך באמת שהמדרש דורש על פי מדה י״ז, בדברים ט׳ כ״ה, ואתנפל לפני ה׳ את ארבעים יום וגו׳, עד פסוק כ״ו כ״ז, זכור לעבדיך, הרי מפורש שתפלת זכור לעבדיך היה בסוף ארבעים יום שניים, והם שני כתובים מכחישים,

מתנות כהונה

[א] מפרנס כל אותן הדעות גרסינן: **מפרנס.** מסדר ומפרש הלשון ידוע כדאת אמר פרנסת הארון לארכו פרנס אותו לרחבו בפרק קמא דבבא בתרא. ודוגמתו לקמן סוף פרשה מ״ד: **כל אותן הדעות האמורות.** כל הדרשות שנדרשו על פסוק זה. ועיין בבראשית רבה פרשה מ״ח ובויקרא רבה פרשה ל״ו ובמדרש תהלים ובילקוט מזמור פ׳:

אשד הנחלים

[א] גפן גו׳ ושותלים כו׳ להודיע ישראל בעולם. אחז בלשון הזה ולא אמר בנמשל כדי להשביח לישראל, הוא מפני שאחז בלשון הכתוב ויצא לך שם בגוים ביפיך. וענינו כי משתי סיבות עשה ה׳ ברוך הוא ככה, אחד מפני ישראל עצמו, כי כיון להשלימם יותר ויותר, כי במדבר נשתלמו שהיו שמה רחוקים מישוב ולא נתעסקו בשום עניני העולם, כי אם בעבודת ה׳, והשני כדי שיצא שמם בין הגוים, וכלומר שגם העובדי כוכבים יתחילו ללמוד מהם אמונות אמיתיות: **אתה מפרנס.** כן הוא לשון הפסיקתא ודרכו. ופירושו מלשון פרנסה, ופירש להפסוק מה נקראו בשם גפן, כמו שדרש לעיל (בראשית רבה פח, ה) על גפן לפני, ובסוף מסיים הדמיון לגפן, כמו שמפרש כאן:

חידושי הרד״ל

[א] ויצא לה שם בעולם. רצה לומר זה שאמר אחר כך ותמלא ארץ, היינו שיצא לה שם בארץ:

חידושי הרש״ש

[א] ענני ה׳ ענני ולא נענה אלא כיון שהזכיר כו׳ ה׳ אלהי אברהם כו׳. הן בקרא כתיב ענני כו׳ אחר ה׳ אלהי אברהם: **וכן משה כו׳ עמד ולמד כו׳ ארבעים יום כו׳ ולא נענה אלא כיון שהזכיר כו׳ זכור לאברהם כו׳.** הוא כדעת האבן עזרא (שמות לב יא ד״ה ויחל) שהתפילה הכתובה כאן היתה אחר ירידתו ועלייתו שוב בהר ארבעים יום השנים כמו שספר משה בפרשת עקב, ואף דלעיל פרשה מב ה, איתא אמר משה אם מניח כו׳ וארד כו׳ איני זז מכאן עד שאבקש עליהם רחמים וכו׳, מכל מקום יש לומר דהא דכתיב בפרשת עקב ואתפלל גו׳ זכור לעבדיך לאברהם גו׳, קאי על הקרא דלעיל ואתנפל גו׳ את ארבעים היום כו׳, ואהתם סמך המדרש דכאן, ודלא כדעת הרמב״ן ז״ל (שם ד״ה למה) שהתפילה הכתובה בפרשת עקב קאי גם כן אטרם רדתו מההר, עיין שם:

באור מהרי״פ

[א] אתה מפרנס כל אותן הדעות. פירוש, הדרשות הנדרשים על מקרא בבראשית רבה סוף סדר וישב, ויותר הרבה בילקוט סוף סדר וישב, עיין שם: **ענני ולא נענה כיון וכו׳.** תימה, דהמקראות מפורשים להיפך (מלכים א יח, לו - לח) ויהי בעלות המנחה

ידי משה

[א] מה עשה עקרן ממצרים. ואם תאמר וכי לולי זאת היה מניחם במצרים. ויש לומר לפי שעדיין לא נשלם הזמן, כמו שאמר הכתוב (בראשית טו, טז) ודור רביעי ישובו הנה, ואם כן הוצרכו להיות ארבעים שנה במדבר כדי שישלים הזמן דור רביעי, והיינו פירוש הפסוק כי קרוב הוא, ואם כן היה להקב״ה להניחם במצרים אחר שטבע פרעה וחילו בים ולא לטלטל אותם ארבעים שנים במדבר, לזה אמר שעקרן וכו׳, להודיע שמם ובוודאי התורה היה אפשר ליתן להם אף במצרים, רק הודעת שמם היה על ידי ענני הכבוד ועל ידי הבאר והשליו והנסים שנעשה להם במדבר, והיה בלתי אפשר לעשות להם זה במצרים כשיהיו תמיד במקום אחד, לפי שאין צורך לזה במצרים שהיתה ארץ נושבת, ועקרן כדי להודיע שמם. כך נראה לי וקל להבין: **אתה מפרנס.** פירוש, כמו אתה דורש **כל אותן הדעות האמורות וכו׳,** פירוש כל אותן הדרשות שאמורות בו למה נקראו גפן, כי כאן לא הביא המדרש כולו באריכות כפי שמביא אותם (המדרש שיר השירים) [בראשית רבה (פח, ה)], אלא דרש אחד מה ששייך לענין של כאן **מה הגפן חיה וכו׳:**

מסורת המדרש

א. ויקרא רבה פרשה ל״ו. מדרש שמואל פרשה ט״ז. ילקוט תהלים רמז תתכ״ט:

אם למקרא

גֶּפֶן מִמִּצְרַיִם תַּסִּיעַ תְּגָרֵשׁ גּוֹיִם וַתִּטָּעֶהָ: (תהלים פ:ט)

וַיִּקַּח סֵפֶר הַבְּרִית וַיִּקְרָא בְּאָזְנֵי הָעָם וַיֹּאמְרוּ כֹּל אֲשֶׁר דִּבֶּר ה׳ נַעֲשֶׂה וְנִשְׁמָע: (לעיל כד:ז)

וַיֵּצֵא לָךְ שֵׁם בַּגּוֹיִם בְּיָפְיֵךְ כִּי כָּלִיל הוּא בַּהֲדָרִי אֲשֶׁר שַׂמְתִּי עָלַיִךְ נְאֻם אֲדֹנָי ה׳: (יחזקאל טז:יד)

וַיְסַפֵּר שַׂר הַמַּשְׁקִים אֶת חֲלֹמוֹ לְיוֹסֵף וַיֹּאמֶר לוֹ בַּחֲלוֹמִי וְהִנֵּה גֶפֶן לְפָנָי: (בראשית מ:ט)

וַיְהִי בַּעֲלוֹת הַמִּנְחָה וַיִּגַּשׁ אֵלִיָּהוּ הַנָּבִיא וַיֹּאמַר ה׳ אֱלֹהֵי אַבְרָהָם יִצְחָק וְיִשְׂרָאֵל הַיּוֹם יִוָּדַע כִּי אַתָּה אֱלֹהִים בְּיִשְׂרָאֵל וַאֲנִי עַבְדֶּךָ וּבִדְבָרְךָ עָשִׂיתִי אֵת כָּל הַדְּבָרִים הָאֵלֶּה: עֲנֵנִי ה׳ עֲנֵנִי וְיֵדְעוּ הָעָם הַזֶּה כִּי אַתָּה ה׳ הָאֱלֹהִים וְאַתָּה הֲסִבֹּתָ אֶת לִבָּם אֲחֹרַנִּית: וַתִּפֹּל אֵשׁ ה׳ וַתֹּאכַל אֶת הָעֹלָה וְאֶת הָעֵצִים וְאֶת הָאֲבָנִים וְאֶת הֶעָפָר וְאֶת הַמַּיִם אֲשֶׁר בַּתְּעָלָה לִחֵכָה: (מלכים א יח:לו-לח)

אמרי יושר

[א] את מפרנס כל הדרשות הנאמרות בוהנה גפן. כלומר אתה דורש כאן כל הדרשות הנזכרים במדרש (בראשית רבה פח, ה) על והנה גפן לפני בחלום שר המשקים אלו ישראל, דרוש אותם כאן:

שינוי נוסחאות

(א) אתה מפרנס כל אותן הדעות. א״א הגיה ״אתה מפרש כל...״: **״והנה גפן לפני״, ״גפן ממצרים תסיע״** . ביפ״ת ועצ״י הגיהו <גבי ״והנה גפן לפני״ וגבי ״גפן ממצרים תסיע״>:

שֶׁנֶּאֱמַר ״זְכֹר לְאַבְרָהָם לְיִצְחָק וּלְיִשְׂרָאֵל״ – **for it is stated,** ***Remember for the sake of Abraham, Isaac, and Israel,***[9] אֶלָּא כֵּיוָן שֶׁהִזְכִּיר אֶת הַמֵּתִים מִיָּד נַעֲנָה – **However, once he mentioned the deceased** Patriarchs **he was immediately answered,**

NOTES

9. The implication of the Midrash is that Moses' prayer of verses 11-13 (which includes the words *Remember for the sake of Abraham, Isaac, and Israel*) was said *after* Moses re-ascended Mount Sinai to beg God for forgiveness for forty days (as recounted in v. 30 below and in *Deuteronomy* 9:18). The Midrash above (42 §1-2), however, implies that this prayer was uttered immediately when Moses heard about the sin, before he came down from Mount Sinai the first time. The timing of this prayer is in fact a matter of dispute among Torah commentators, with *Ibn Ezra* (to 32:11) maintaining the former opinion and *Ramban* (ad loc.) stating the latter approach. See Insight above on 42 §5, "The Time of וַיְחַל מֹשֶׁה, *Moses Pleaded* ..."

פרשה מד

א [לב, יג] "זְכֹר לְאַבְרָהָם", **פָּתַח רַבִּי תַּנְחוּמָא בַּר אַבָּא:** (תהלים פ, ט) "גֶּפֶן מִמִּצְרַיִם תַּסִּיעַ", לָמָּה נִמְשְׁלוּ יִשְׂרָאֵל לְגֶפֶן, אֶלָּא מָה הַגֶּפֶן כְּשֶׁבְּעָלֶיהָ מְבַקְּשִׁין שֶׁתַּשְׁבִּיחַ מָה הֵם עוֹשִׂין, עוֹקְרִין אוֹתָהּ מִמְּקוֹמָהּ וְשׁוֹתְלִין אוֹתָהּ בְּמָקוֹם אַחֵר וְהִיא מַשְׁבַּחַת, כָּךְ כֵּיוָן שֶׁבִּקֵּשׁ הַקָּדוֹשׁ בָּרוּךְ הוּא לְהוֹדִיעַ יִשְׂרָאֵל בָּעוֹלָם מֶה עָשָׂה, עֲקָרָן מִמִּצְרַיִם וֶהֱבִיאָן לַמִּדְבָּר וְהִתְחִילוּ מַצְלִיחִים שָׁם, וְהִתְחִילוּ מְקַבְּלִין הַתּוֹרָה וְאוֹמְרִים: (לעיל כד, ז) "כֹּל אֲשֶׁר דִּבֶּר ה' נַעֲשֶׂה וְנִשְׁמָע", וְיָצָא לָהֶם שֵׁם בָּעוֹלָם, שֶׁנֶּאֱמַר (יחזקאל טז, יד) "וַיֵּצֵא לָךְ שֵׁם בַּגּוֹיִם בְּיָפְיֵךְ", דָּבָר אַחֵר, (תהלים פ, ט) "גֶּפֶן מִמִּצְרַיִם", אַתָּה מְפַרְנֵס כָּל אוֹתָן הַדֵּעוֹת הָאֲמוּרוֹת בּוֹ, (בראשית מ, ט) °"וְהִנֵּה גֶפֶן לְפָנָי", °"גֶּפֶן מִמִּצְרַיִם תַּסִּיעַ", וּבַסּוֹף אַתָּה מְפַרְנֵס, [א]מָה הַגֶּפֶן הִיא חַיָּה וְנִשְׁעֶנֶת עַל עֵצִים מֵתִים, כָּךְ יִשְׂרָאֵל הֵם חַיִּים וְקַיָּמִים וְנִשְׁעָנִין עַל הַמֵּתִים, אֵלּוּ הָאָבוֹת, וְכֵן אַתָּה מוֹצֵא כַּמָּה תְּפִלּוֹת הִתְפַּלֵּל אֵלִיָּהוּ בְּהַר הַכַּרְמֶל שֶׁתֵּרֵד הָאֵשׁ, כְּמָה דְּאַתְּ אָמַר (מלכים-א יח, לז) "עֲנֵנִי ה' עֲנֵנִי", וְלֹא נַעֲנָה, אֶלָּא כֵּיוָן שֶׁהִזְכִּיר אֶת הַמֵּתִים וְאָמַר (שם שם לו) "ה' אֱלֹהֵי אַבְרָהָם יִצְחָק וְיִשְׂרָאֵל" מִיָּד נַעֲנָה, מַה כְּתִיב, (שם שם לח) "וַתִּפֹּל אֵשׁ ה'", וְכֵן מֹשֶׁה בְּשָׁעָה שֶׁעָשׂוּ יִשְׂרָאֵל אוֹתוֹ מַעֲשֶׂה עָמַד וְלִמֵּד עֲלֵיהֶם זְכוּת מ' יוֹם וּמ' לַיְלָה וְלֹא נַעֲנָה, אֶלָּא כֵּיוָן שֶׁהִזְכִּיר אֶת הַמֵּתִים מִיָּד נַעֲנָה, שֶׁנֶּאֱמַר [לב, יג] "זְכֹר לְאַבְרָהָם לְיִצְחָק וּלְיִשְׂרָאֵל",

עץ יוסף

(א) פתח ר' תנחומא כו' למה נמשלו ישראל לגפן כו'. שהיה לו להמשילם לפרי הגפן ולא סתם לגפן, דמשמע העץ גופיה שהוא חסרון כי הוא החלוש שבעצים, כמו שנאמר מה יהיה עץ הגפן מכל עץ הזמורה, לזה השיב יפה שבאמת הדמיון הוא רק בעוקרה ממקום זה לנטוע אותה במקום אחר, וכן בהצטרפות ההשענה וסמיכות על עצים אחרים, וזהו רק בעץ הגפן לא בפריה, על כן הזכיר שם העץ לבד: **עוקרין אותה ממקומה.** כי אין שבח כל כך בקרקע ראשון כמו כשנשתלה במקום חדש, שקולטת גם כן כח הקרקע השני, ושאר אילנות אין דרכם לעקור אותם משום שפעמים מתייבשים מיד, מה שאין כן הגפן: **והתחילו מקבלין התורה.** מה שהתחילו תחלה שאמרו נעשה ונשמע זהו שבחם, והזכיר כאן דברים הכתובים ביחזקאל ואתן נזם על אפך וגו' ועטרת תפארת בראשך, הוא העטרות שקבלו בהר סיני על מאמרם נעשה ונשמע, ואחר כך כתיב ותצלחי למלוכה ויצא לך שם בגוים: **ויצא לך שם בגוים ביפיך.** והיינו יופי שלימותם על דרך הנך יפה רעיתי: **אתה מפרנס כל אותן הדעות האמורות בו גבי והנה גפן לפני וגבי גפן מצרים תסיע.** כן צריך לומר, ומפרנס הוא לשון השלמה ומלוי, כמו פרנסת ארון לארכו פרנס אותו לרחבו, דלקמן בבמדבר רבה פרשה ד', ופירושו שידרוש וישלים כל אותן הדעות כו', שמפני שיש דעות הרבה בממשל ישראל לגפן, ויש מהם שנדרשו על והנה גפן לפני, כמו שאמרו בפרק גיד הנשה (צב, א) אומה זו כגפן נמשלה זמורות שבה אלו בעלי בתים, וגם אמר גם כן אלו ישראל, שלשה השריגים אלו שלשה רגלים, ויש שנדרשו על גפן ממצרים תסיע כדלקמן בויקרא רבה פרשה ל"ו, ובשוחר טוב, ודרך המדרש להביא כל הדעות והדרשות שנדרשו בפסוק אגב אורחיה, לכן אמר דמקמי שנדרוש הכא על הגפן הא דבעי למימר מה גפן חיה ונשענת על קנים מתים, לפי ענינו יזכיר גם כן הדורש כל הדרשות שנאמרו בהמשל ישראל לגפן: **מה הגפן הזו היא חיה כו'.** רוצה לומר שעם היותה חיה, צריכה להשען על העצים היבשים וזה לחולשתה, כן החיים לפי שאין זכותם גדול כזכות המתים דגדולים הצדיקים במיתתם יותר מבחייהם, לכן אינם כדאים להעתר אלא בזכות המתים: **וכן אתה מוצא.** כל דבר שהוא זר לפום ריהטא, אמר וכן אתה מוצא משום דמעשה רב (תולדות נח): **כמה דאת אמר ענני ה' ענני כו'.** אף על גב דבקרא כתיב ויהי בעלות המנחה ויגש אליהו הנביא ויאמר ה' אלהי אברהם יצחק וישראל, והדר כתיב ענני ה' ענני, אלמא תחלת תפלתו בזכות אבות, יש לומר דעל כרחך אי אפשר שיהיו הכתובים כסדרן, דאי בזכות אבות לא יענה איך חושב שיענה בזכותו, וכי סלקא דעתך דרב גובריה מזכות אבות, הילכך על כרחך איפכא הוה המעשה, שתחלה היה תפלת עצמו בלשון ענני, ואחרי זה תפלת האבות ואז נענה, והכתובים נכתבו שלא כסדרן (יפה תואר): **וכן משה כו' עמד ולמד כו' ארבעים יום כו' ולא נענה אלא כיון שהזכיר כו' זכור לאברהם כו'.** סבירא ליה שלא התפלל משה כל זמן שהיה העגל ביניהם, אלא כשנאמר לו ועתה הניחה לי התבונן כי הדבר תלוי בו, וירד וביער העגל, ושב להתפלל בארבעים יום ועל זה נאמר ויחל משה, ואין מוקדם ומאוחר בתורה, וכן דעת רבי יצחק בדברים רבה פרשה ג' עיין שם. אבל הא דגרסינן לעיל פרשה מ"ב אין אני זז מכאן עד שאבקש עליהם רחמים, פליגא אהא, וסבירא ליה שתפלה זו מיד קודם שירד מתחלה, וכדעת הרמב"ן (יפה תואר):

פירוש מהרז"ו

(א) גפן ממצרים. ויקרא רבה פרשה ל"ו סימן ב, מדרש שמואל פרשה ט"ז פסוק גפן: **ויצא לך שם בגוים.** וכל הפרשה מדבר מה שהגדיל לעשות עם ישראל במדבר בצאתם ממצרים: **מפרנס כל אותן הדעות.** פירוש כל אותן פירושים שדורש על פסוק והנה גפן, כמו שדרשו בראשית רבה פרשה פ"ח סימן ה, כן תדרוש גם כאן. ועיין פסיקתא ריש פרשה א', מפרנס בפתח הזה, עיין מה שכתבתי שם. ומה שאמר בסוף אתה מפרנס, פירושו ועוד תדרוש גם דמיון זה, ועל שהוא שייך לענין הפרשה אומר וכן: **אלא כיון שהזכיר.** צריך עיון שהרי כאן מפורש שהתפלל זכור לאברהם וגו', קודם שירד בפעם הראשונה, ואיך אומר שהיה בסוף ארבעים השניים. אך באמת שהמדרש דורש על פי מדה י"ז, בדברים ט' כ"ה, ואתנפל לפני ה' את ארבעים יום וגו', עד פסוק כ"ו כ"ז, זכור לעבדיך, הרי מפורש שתפלת זכור לעבדיך היה בסוף ארבעים יום שניים, והם שני כתובים מכחישים,

חידושי הרד"ל

[א] ויצא לה שם בעולם. רצה לומר זה שאמר אחר כך ותצלחי למלוכה ויצא לך שם בגוים, היינו שיצא לה שם בארץ:

חידושי הרש"ש

[א] ענני ה' ענני ולא נענה אלא כיון שהזכיר כו' ה' אלהי אברהם כו'. הן בקרא כתיב ענני כו' אחר ה' אלהי אברהם: **וכן משה כו' עמד ולמד כו' ארבעים יום כו' ולא נענה אלא כיון שהזכיר כו' זכור לאברהם כו'.** הוא כדעת האבן עזרא (שמות לב יא ד"ה ויחל) שהתפילה הכתובה כאן היתה אחר ירידתו ועלייתו שוב בהר ארבעים יום השנים כמו שספר משה בפרשת עקב, ואף דלעיל פרשה מב א, איתא אמר משה אם מניח כו' וארד כו' איני זז מכאן עד שאבקש עליהם רחמים וכו', מכל מקום יש לומר דהא דכתיב בפרשת עקב ואתפלל גו' זכור לעבדיך לאברהם גו', קאי על הקרא דלעיל ואתנפל גו' את ארבעים היום כו', ואהתם סמך המדרש דכאן, ודלא כדעת הרמב"ן ז"ל (שם ד"ה למה) שהתפילה הכתובה בפרשת עקב קאי גם כן אטרם רדתו מההר, עיין שם:

באור מהרי"פ

[א] אתה מפרנס כל אותן הדעות. פירוש, הדרשות הנדרשים על מקרא בבראשית רבה סוף סדר וישב, ויותר הרבה בילקוט סוף סדר וישב, עיין שם: **ענני ולא נענה כיון וכו'.** תימה, דהמקראות מפורשים להיפך (מלכים א יח, לו - לח) ויהי בעלות המנחה

ידי משה

[א] מה עשה עקרן ממצרים. ואם תאמר וכי לולי זאת היה מניחם במצרים. ויש לומר לפי שעדיין לא נשלם הזמן, כמו שאמר הכתוב (בראשית טו, טז) ודור רביעי ישובו הנה, ואם כן הוצרכו להיות ארבעים שנה במדבר כדי שישלים הזמן דור רביעי, והיינו פירוש הפסוק כי קרוב הוא, ואם כן היה להקב"ה להניחם במצרים אחר שטבע פרעה ואילו בים ולא לטלטל אותם ארבעים שנים במדבר, לזה אמר שעקרן וכו', להודיע שמם ובוודאי התורה היה אפשר ליתן להם אף במצרים, רק הודעת שמם היה על ידי ענני הכבוד ועל ידי הבאר והשליו והנסים שנעשה להם במדבר, והיה בלתי אפשר לעשות להם זה במצרים כשיתנו תמיד במקום אחד, לפי שאין צורך לזה במצרים שהיתה ארץ נושבת, ועקרן כדי להודיע שמם. כך נראה לי וקל להבין: **אתה מפרנס.** פירוש, כמו אתה דורש **כל אותן הדעות האמורות וכו'**, פירוש כל אותן הדרשות שאמורות בו למה נקראו גפן, כי כאן לא הביא המדרש כולו באריכות כפי שמביא אותם (המדרש שיר השירים) [בראשית רבה (פח, ה)], אלא דרש אחד מה ששייך לענין של כאן **מה הגפן חיה וכו':**

מסורת המדרש

א. ויקרא רבה פרשה ל"ו. מדרש שמואל פרשה ט"ז. ילקוט תהלים רמז תתכ"ט:

אם למקרא

גֶּפֶן מִמִּצְרַיִם תַּסִּיעַ תְּגָרֵשׁ גּוֹיִם וַתִּטָּעֶהָ: (תהלים פ:ט)

וַיִּקַּח סֵפֶר הַבְּרִית וַיִּקְרָא בְּאָזְנֵי הָעָם וַיֹּאמְרוּ כֹּל אֲשֶׁר דִּבֶּר ה' נַעֲשֶׂה וְנִשְׁמָע: (לעיל כד:ז)

וַיֵּצֵא לָךְ שֵׁם בַּגּוֹיִם בְּיָפְיֵךְ כִּי כָּלִיל הוּא בַּהֲדָרִי אֲשֶׁר שַׂמְתִּי עָלַיִךְ נְאֻם אֲדֹנָי ה': (יחזקאל טז:יד)

וַיְסַפֵּר שַׂר הַמַּשְׁקִים אֶת חֲלֹמוֹ לְיוֹסֵף וַיֹּאמֶר לוֹ בַּחֲלוֹמִי וְהִנֵּה גֶפֶן לְפָנָי: (בראשית מ:ט)

וַיְהִי בַּעֲלוֹת הַמִּנְחָה וַיִּגַּשׁ אֵלִיָּהוּ הַנָּבִיא וַיֹּאמַר ה' אֱלֹהֵי אַבְרָהָם יִצְחָק וְיִשְׂרָאֵל הַיּוֹם יִוָּדַע כִּי אַתָּה אֱלֹהִים בְּיִשְׂרָאֵל וַאֲנִי עַבְדֶּךָ וּבִדְבָרְךָ עָשִׂיתִי אֵת כָּל הַדְּבָרִים הָאֵלֶּה: עֲנֵנִי ה' עֲנֵנִי וְיֵדְעוּ הָעָם הַזֶּה כִּי אַתָּה ה' הָאֱלֹהִים וְאַתָּה הֲסִבֹּתָ אֶת לִבָּם אֲחֹרַנִּית: וַתִּפֹּל אֵשׁ ה' וַתֹּאכַל אֶת הָעֹלָה וְאֶת הָעֵצִים וְאֶת הָאֲבָנִים וְאֶת הֶעָפָר וְאֶת הַמַּיִם אֲשֶׁר בַּתְּעָלָה לִחֵכָה: (מלכים א יח:לו-לח)

אמרי יושר

[א] את מפרנס כל הדרשות הנאמרות בוהנה גפן. כלומר אתה דורש כאן כל הדרשות הנזכרים במדרש (בראשית רבה פח, ה) על והנה גפן לפני בחלום שר המשקים אלו ישראל, דרוש אותם כאן:

שינוי נוסחאות

(א) אתה מפרנס כל אותן הדעות. א"א הגיה "אתה מפרש כל...": "והנה גפן לפני", "גפן ממצרים תסיע" . ביפ"ת ועצ"י הגיהו >גבי "והנה גפן לפני" וגבי "גפן ממצרים תסיע"<:

מתנות כהונה

[א] מפרנס כל אותן הדעות גרסינן: **מפרנס.** מסדר ומפרש הלשון ידוע כדאת אמר פרנסת הארון לארכו פרנס אותו לרחבו בפרק קמא דבבא בתרא. ודוגמתו לקמן סוף פרשה מ"ד: **כל אותן הדעות האמורות.** כל הדרשות שנדרשו על פסוק זה. ועיין בבראשית רבה פרשה מ"ח ובויקרא רבה פרשה ל"ו ובמדרש תהלים ובילקוט מזמור פ':

אשד הנחלים

[א] גפן גו' ושותלים כו' להודיע ישראל בעולם. אחז בלשון הזה ולא אמר בנמשל כדי להשביח לישראל, הוא מפני שאחז בלשון הכתוב ויצא לך שם בגוים ביפיך. וענינו כי משתי סיבות עשה ה' ברוך הוא ככה, אחד מפני ישראל עצמו, כי כיון להשלימם יותר ויותר, כי במדבר נשתלמו שהיו שמה רחוקים מישוב ולא נתעסקו בשום עניני העולם, כי אם בעבודת ה', והשני כדי שיצא שמם בין הגוים, וכלומר שגם העובדי כוכבים יתחילו ללמוד מהם אמונות אמיתיות: **אתה מפרנס.** כן הוא לשון הפסיקתא ודרכו. ופירושו מלשון פרנסה, ופירש להפסוק מה נקראו בשם גפן, כמו שדרש לעיל (בראשית רבה פח, ה) על גפן לפני, ובסוף מסיים הדמיון לגפן, כמו שמפרש כאן:

מַה כְּתִיב, ״וַיִּנָּחֶם ה׳ עַל הָרָעָה״ — and **what is written** immediately thereafter? ***HASHEM* reconsidered regarding the evil** *that He declared He would do to His people.* הֱוֵי כְּשֵׁם שֶׁהַגֶּפֶן הַזֹּאת חַיָּה וְנִשְׁעֶנֶת עַל עֵצִים מֵתִים — **Thus** we have shown that **just as the grapevine is alive but leans on dead trees** to support itself, כָּךְ יִשְׂרָאֵל חַיִּים וְקַיָּמִים וְנִשְׁעָנִים עַל הָאָבוֹת כְּשֶׁהֵם מֵתִים — **so too** the people of **Israel are alive and survive and** are able to do so only because **they lean on** the merit of **the Patriarchs, who are deceased.** הֱוֵי ״זְכֹר לְאַבְרָהָם לְיִצְחָק וּלְיִשְׂרָאֵל״ — **Thus** we have explained why Moses prayed, ***Remember for the sake of Abraham, Isaac, and Israel.***

§2 The Midrash gives another explanation as to why Moses mentioned the Patriarchs in his prayers. This time it cites a verse from *Ecclesiastes*, to which it gives two interpretations, the second of which is relevant to our verse:

דָּבָר אַחֵר — **Another explanation:** ״זְכֹר לְאַבְרָהָם״ — ***Remember for the sake of Abraham.*** הֲדָא הוּא דִכְתִיב ״וְשַׁבֵּחַ אֲנִי אֶת הַמֵּתִים שֶׁכְּבָר מֵתוּ״ — **This is** to be understood in light of what is **written,** ***So I consider more fortunate the dead who have already died*** *than the living who are still alive* (*Ecclesiastes* 4:2). כְּנֶגֶד מִי אָמַר שְׁלֹמֹה מִקְרָא זֶה — **In reference to whom did** King **Solomon state this verse?**[10] רַבִּי יְהוֹשֻׁעַ בֶּן לֵוִי וְרַבִּי שְׁמוּאֵל בַּר נַחְמָן — **R' Yehoshua ben Levi and R' Shmuel bar Nachman** offered opinions on this matter. רַבִּי יְהוֹשֻׁעַ אוֹמֵר — **R' Yehoshua** ben Levi **said:** לֹא אֲמָרוֹ אֶלָּא כְּנֶגֶד דָּוִד אָבִיו — **He said this** verse **specifically in reference to his father David.** כֵּיצַד — **How** did Solomon come to this conclusion regarding David? אַתָּה מוֹצֵא כְּשֶׁבָּנָה שְׁלֹמֹה בֵּית הַמִּקְדָּשׁ — **You** will **find** that **when Solomon built the Holy Temple,** הִתְפַּלֵּל לִפְנֵי הָאֱלֹהִים שֶׁתֵּרֵד הָאֵשׁ וְלֹא נַעֲנָה — **he prayed before God that a** heavenly **fire should descend** and consume his offerings in honor of the newly consecrated Temple,[11] **but he was not answered.** אֶלָּא כֵּיוָן שֶׁהִזְכִּיר אֶת הַמֵּת דָּוִד אָבִיו מִיָּד נַעֲנָה — **However, once he mentioned the deceased person, his father David, he was immediately answered,** שֶׁנֶּאֱמַר ״זָכְרָה לְחַסְדֵי דָּוִיד עַבְדֶּךָ״ — **as it is stated,** ***remember the pieties of Your servant David*** (*II Chronicles* 6:42), מִיָּד ״וּכְכַלּוֹת שְׁלֹמֹה לְהִתְפַּלֵּל וְהָאֵשׁ יָרְדָה מֵהַשָּׁמַיִם״ — and **immediately** thereafter, ***When Solomon finished praying, the fire came down from heaven*** (ibid. 7:1). כֵּיוָן שֶׁרָאָה שְׁלֹמֹה שֶׁהִזְכִּיר אוֹתָן תְּפִלּוֹת וְלֹא נַעֲנָה — **When Solomon saw that he uttered** all **those prayers but was not answered** by God, וְכֵיוָן שֶׁהִזְכִּיר דָּוִד אָבִיו מִיָּד יָרְדָה — **and** that **as soon as he mentioned** the merit of **his father David [the fire] immediately descended,** הִתְחִיל אוֹמֵר ״וְשַׁבֵּחַ אֲנִי אֶת הַמֵּתִים שֶׁכְּבָר מֵתוּ מִן הַחַיִּים אֲשֶׁר הֵמָּה חַיִּים עֲדֶנָה״, עַל עַצְמוֹ אֲמָרוֹ — **he began to say,** ***So I consider more fortunate the dead who have already died*** (i.e., my father David) ***than the living who are still alive*** **— which he said regarding himself.**[12] וְרַבִּי שְׁמוּאֵל בַּר נַחְמָן אָמַר: עַל מֹשֶׁה אֲמָרוֹ — **And R' Shmuel bar Nachman said: [Solomon] said this** verse **in reference to Moses.** כֵּיצַד — **How** did Solomon come to this conclusion with respect to Moses? כֵּיוָן שֶׁרָאָה מֹשֶׁה עוֹמֵד וּמִתְפַּלֵּל מ׳ יוֹם וּמ׳ לַיְלָה עַל יִשְׂרָאֵל — **When he saw that Moses was standing and praying for forty days and forty nights on behalf of Israel,** שֶׁיִּמְחוֹל לָהֶם הַקָּדוֹשׁ בָּרוּךְ הוּא עַל אוֹתוֹ מַעֲשֶׂה שֶׁעָשׂוּ — pleading **that the Holy One, blessed is He, forgive them for that** sinful **act that they committed** with the Golden Calf, וּמַזְכִּיר זְכוּתוֹ — **and mentioning [Israel's] merit,**[13] וְלֹא הָיָה הָאֱלֹהִים מִתְרַצֶּה לָהֶם — **yet God did not forgive them,** וְכֵיוָן שֶׁהִזְכִּיר אֶת הַמֵּתִים מִיָּד נַעֲנָה — **but as soon as he mentioned the deceased** Patriarchs, stating, *"Remember for the sake of Abraham, Isaac, and Israel,"* **he was immediately answered.** מַה כְּתִיב אַחֲרָיו, ״וַיִּנָּחֶם ה׳ ״ — For **what is written** immediately **after that?** ***HASHEM* reconsidered** *regarding the evil that He declared He would do to His people* (v. 14). הֱוֵי ״וְשַׁבֵּחַ אֲנִי אֶת הַמֵּתִים . . . מִן הַחַיִּים״, זֶה מֹשֶׁה — **Thus** we have explained Solomon's statement, ***So I consider more fortunate the dead who have already died than the living*** *who are still alive,* that **this is** a reference to **Moses.**[14]

§3 The Midrash provides a further insight into the fact that Moses invoked the merits of the Patriarchs to save Israel:

דָּבָר אַחֵר — **Another explanation:** ״זְכֹר לְאַבְרָהָם״ — ***Remember for the sake of Abraham,*** *Isaac, and Jacob.* הֲדָא הוּא דִכְתִיב ״יָד לְיָד לֹא יִנָּקֶה רָע״ — **This is** to be understood in light of **what is written,** ***Hand to hand — he will not be exonerated [from] evil,*** *but the offspring of the righteous will escape* (*Proverbs* 11:21).[15] אָמַר רַבִּי פִּנְחָס הַכֹּהֵן בֶּן חָמָא — **R' Pinchas HaKohen, son of Chama, said:** אִם עָשִׂיתָ מִצְוָה אַל תְּבַקֵּשׁ מַתַּן שְׂכָרָהּ מִיָּד לְיָד — **If you have performed a meritorious deed, do not seek the granting of its reward from** ***hand to hand,*** i.e., immediately.[16] לָמָּה, שֶׁלֹּא תִנָּקֶה, שֶׁאֵין אַתָּה מִתְנַקֶּה מֵעֲוֹנוֹתֶיךָ — **Why** is this so? **Because you** ***will not be exonerated,*** i.e., **you will not be exonerated from your sins.**[17]

NOTES

10. For the general rule, as Solomon himself states elsewhere in *Ecclesiastes* (9:4), is that *a live dog is better than a dead lion* (the contradiction between the two verses is noted in *Shabbos* 30a). He must therefore have been referring to a specific exception to this rule here (*Imrei Yosher*).

11. The verse does not mention explicitly that Solomon prayed for fire. The Midrash infers that this was the case, however, since Scripture seems to link the two, stating, *When Solomon finished praying, the fire came down from heaven* (*Eitz Yosef*). A different version of this incident is recorded elsewhere (in the Talmud [*Shabbos* 30a and elsewhere] and in the Midrash [above 8, §1, *Shocher Tov* 24:10, and elsewhere]): Solomon was unable to bring the Ark into the Holy of Holies because its doors would not open (or they were not wide enough). He offered many prayers, but was not answered until he prayed, *remember the pieties of Your servant David,* whereupon an opening was made (see *Maharzu* ad loc.).

12. Although being alive is better than being dead because of all the good that a live person can accomplish, the merits of the righteous are greater after they are deceased (as the Gemara shows in *Chullin* 7b).

13. I.e., all the arguments in their favor that the Midrash discusses above in Chapters 42 and 43 (*Maharzu*).

14. Since Moses reached greater spiritual heights than the Patriarchs (see *Devarim Rabbah* 11 §3), he presumably accrued more merits than they did. Yet it was their merits, rather than his, that caused God to forgive Israel. Thus Solomon inferred that the merits of the righteous increase after they die. Hence, they are *more fortunate,* since their merits are greater after they *already died, than* their merits were when *they were still alive* (see *Eitz Yosef*).

15. Read plainly, this verse presents numerous difficulties: (i) What is the *hand-to-hand* sin that prevents exoneration? (ii) The literal translation of לֹא יִנָּקֶה רָע is, *he will not be exonerated, evil.* In our translation of the verse we have added "from" in brackets; but if this is the verse's intent it should have stated explicitly מֵרָע, *from evil.* (iii) If the verse intends to contrast the evildoers to the righteous, it should have ended with, "but the righteous escape." Why does the verse mention instead the *offspring* of the righteous? The Midrash's interpretation seeks to address all these difficulties (*Eshed HaNechalim*; *Maharzu,* here and to *Vayikra Rabbah* 36 §3).

16. The Midrash interprets the expression "from hand to hand" as referring to immediate reward, just as one who makes a purchase pays the money *from his hand* and immediately receives the goods *to his hand* (*Eitz Yosef,* from *Yefeh To'ar*).

17. The merits for your good deeds, if you allow them to accrue, will one day stand you in good stead by canceling out punishments that you may have deserved for bad deeds. However, if you always receive your reward immediately, you will have nothing in hand to exonerate you from your demerits, and you will thus always face punishments for them

מַה כְּתִיב, "וַיִּנָּחֶם ה' עַל הָרָעָה", הֱוֵי כְּשֵׁם שֶׁהַגֶּפֶן הַזֹּאת חַיָּה וְנִשְׁעֶנֶת עַל עֵצִים מֵתִים, כָּךְ יִשְׂרָאֵל חַיִּים וְנִשְׁעָנִים עַל הָאָבוֹת כְּשֶׁהֵם מֵתִים, הֱוֵי "זְכֹר לְאַבְרָהָם לְיִצְחָק וּלְיִשְׂרָאֵל".

ב דָּבָר אַחֵר, [לב, יג] "זְכֹר לְאַבְרָהָם", הָדָא הוּא דִכְתִיב (קהלת ד, ב) "וְשַׁבֵּחַ אֲנִי אֶת הַמֵּתִים שֶׁכְּבָר מֵתוּ", כְּנֶגֶד מִי אָמַר שְׁלֹמֹה מִקְרָא זֶה, רַבִּי יְהוֹשֻׁעַ בֶּן לֵוִי וְרַבִּי שְׁמוּאֵל בַּר נַחְמָן, רַבִּי יְהוֹשֻׁעַ אוֹמֵר: לֹא אֲמָרוֹ אֶלָּא כְּנֶגֶד דָּוִד אָבִיו, כֵּיצַד, אַתָּה מוֹצֵא ב כְּשֶׁבָּנָה שְׁלֹמֹה בֵּית הַמִּקְדָּשׁ הִתְפַּלֵּל לִפְנֵי הָאֱלֹהִים שֶׁתֵּרֵד הָאֵשׁ וְלֹא נַעֲנָה, אֶלָּא כֵּיוָן שֶׁהִזְכִּיר אֶת הַמֵּת דָּוִד אָבִיו מִיָּד נַעֲנָה, שֶׁנֶּאֱמַר (דברי הימים־ב ו, מב) "זָכְרָה לְחַסְדֵי דָּוִיד עַבְדֶּךָ", מִיָּד (שם ז, א) "וּכְכַלּוֹת שְׁלֹמֹה לְהִתְפַּלֵּל וְהָאֵשׁ יָרְדָה מֵהַשָּׁמַיִם", כֵּיוָן שֶׁרָאָה שְׁלֹמֹה שֶׁהִזְכִּיר אוֹתָן תְּפִלּוֹת וְלֹא נַעֲנָה וְכֵיוָן שֶׁהִזְכִּיר דָּוִד אָבִיו מִיָּד יָרְדָה, הִתְחִיל אוֹמֵר (קהלת ד, ב) "וְשַׁבֵּחַ אֲנִי אֶת הַמֵּתִים שֶׁכְּבָר מֵתוּ מִן הַחַיִּים אֲשֶׁר הֵמָּה חַיִּים עֲדֶנָה", עַל עַצְמוֹ אֲמָרוֹ, וְרַבִּי שְׁמוּאֵל בַּר נַחְמָן אָמַר: ג עַל מֹשֶׁה אֲמָרוֹ, כֵּיצַד, כֵּיוָן שֶׁרָאָה מֹשֶׁה עוֹמֵד וּמִתְפַּלֵּל מ' יוֹם וּמ' לַיְלָה עַל יִשְׂרָאֵל שֶׁיִּמְחוֹל לָהֶם הַקָּדוֹשׁ בָּרוּךְ הוּא עַל אוֹתוֹ מַעֲשֶׂה שֶׁעָשׂוּ וּמַזְכִּיר זְכוּתוֹ וְלֹא הָיָה הָאֱלֹהִים מִתְרַצֶּה לָהֶם, *וְכֵיוָן שֶׁהִזְכִּיר אֶת הַמֵּתִים מִיָּד נַעֲנָה, מַה כְּתִיב אַחֲרָיו, [לב, יד] "וַיִּנָּחֶם ה'", הֱוֵי (קהלת ד, ב) "וְשַׁבֵּחַ אֲנִי אֶת הַמֵּתִים ... מִן הַחַיִּים", זֶה מֹשֶׁה:

ג דָּבָר אַחֵר, [לב, יג] "זְכֹר לְאַבְרָהָם", הָדָא הוּא דִכְתִיב (משלי יא, כא) "יָד לְיָד לֹא יִנָּקֶה רָע", ד אָמַר רַבִּי פִּנְחָס הַכֹּהֵן בֶּן חָמָא: אִם עָשִׂיתָ מִצְוָה אַל תְּבַקֵּשׁ מַתַּן שְׂכָרָהּ מִיָּד לְיָד, לָמָּה, שֶׁלֹּא תִנָּקֶה, שֶׁאֵין אַתָּה מִתְנַקֶּה מֵעֲוֹנוֹתֶיךָ °וְרָשָׁע אַתָּה נִקְרָא, שֶׁלֹּא בִקַּשְׁתָּ לְהַנְחִיל לְבָנֶיךָ כְּלוּם, שֶׁאִלּוּ בִקְּשׁוּ אַבְרָהָם יִצְחָק וְיַעֲקֹב מַתַּן שְׂכָרָן שֶׁל מִצְוֹת שֶׁעָשׂוּ הֵיאַךְ הָיָה (שם) "וְזֶרַע צַדִּיקִים נִמְלָט", הֵיאַךְ הָיָה מַזְכִּיר [לב, יג] "זְכֹר לְאַבְרָהָם לְיִצְחָק וּלְיִשְׂרָאֵל", מִיָּד [לב, יד] "וַיִּנָּחֶם ה'", הֱוֵי (משלי יא, כא) "יָד לְיָד לֹא יִנָּקֶה רָע":

עץ יוסף

(ב) שתרד האש. אף על פי שלא מצינו מפורש שהתפלל על זה, מכל מקום מדכתיב זכרה לחסדי דוד עבדך וככלות שלמה להתפלל והאש ירדה, לאשמועינן שבזכות דוד ירדה, שמעינן שבכלל תפלותיו היה ירידת האש גם כן: **ורבי שמואל בר נחמן אמר על משה אמרו.** לא רצה לפרש כרבי יהושע בן לוי שעל דוד אמרו מדאמר את המתים, משמע דעל מתים רבים קאמר שהם הם האבות העולם: **ארבעים יום כו'.** עיין מה שכתבתי בסימן הקודם: **הוי ושבח אני את המתים מן החיים זה משה.** פירוש דגדולים צדיקים במיתתם מבחייהם, שעל כן גדל זכות האבות עכשיו ממשה שהיה חי, אף על גב דמשה גדול מהאבות לא נענה בזכותו אלא בזכות האבות, מפני שהיו אז האבות מתים ומשה חי: **זה משה.** ואף על גב דלקמן בפירקין משמע דהאי זכות אבות לסלק שלשה מלאכי חבלה, וזכות משה גם כן לסלק אחד, מכל מקום ילפינן דהם גדולים ממנו, מכיון דמתחלה לא היה יכול משה לסלק אפילו אחד, ואחר שנסתלקו השלשה בזכותם, הוא שיכול משה לסלק לאחד מהנשארים, ובודאי שגדול הנוצח אחד בתוך חמשה, מנוצח אחד משנים: **(ג) הדא הוא דכתיב יד ליד לא ינקה רע.** מייתי סמך ממקרא זה שכן הוא דרך הצדיקים שלא לבקש זכותם לעצמם רק שיניחום לבניהם, ומטעם זה הזכירו גם כן דרשה זו בויקרא רבה פרשה ל"ו בפסוק וזכרתי את בריתי יעקב: **אמר ר' פנחס הכהן בן חמא כל מי שעושה מצוה ומבקש ליטול שכרו עליה מיד ליד לא ינקה רע רשע הוא שאינו מניח לבניו כלום, אמר רבי סימון באיניש דאמר הא סקא הא סילעא הא סאתא קום טול, כך אילו בקשו אבות הראשונים ליטול שכר מצות קלות שעשו בעולם הזה איך זרע צדיקים נמלט כו'.** כן צריך לומר, וכן איתא בויקרא רבה פרשה ל"ו סימן ג'. ופירושו רשע הוא, דרש רע כאילו כתיב רשע, כמה דאת אמר אוי לרשע רע, הא סקא כו', כלומר הנה השק והמעות והסאה (למדוד בו), קח הסאה ומדוד החטים לתוך השק וקח המעות, וזהו פירוש מיד ליד כקונה דבר ונותן מעות מידו ומקבל דבר הנקנה לידו, כן הם רוצים שכרם לקבל מיד אחר עשיית המצות (יפה תואר שם): **היאך היה זרע צדיקים נמלט.** כן הוא לשון הכתוב יד ליד לא ינקה רע וזרע צדיקים נמלט, וסוף המקרא מגלה פירוש תחלת המקרא, באיזה ענין נקרא אותו שמבקש שכר מצותיו רשע ורע, היינו במה שאינו ממלט זרעו מצרה העתידה לבא עליהם, היפך מנהג הצדיקים שממלטים זרעם: **האיך היה זרע צדיקים נמלט.** מהחרון הזה שנאמר ויחר אפי בהם:

פירוש מהרז"ו

והכריע על פי מדה ל"ב, שמקום פסוק זכור לאברהם וגו' מקומו להלן אחר פסוק ל"ב בפרשה ל"ב, ודוק, וכן בסמוך בסימן ג'. ועיין שבת (דף ל', ב): **(ב) כשבנה שלמה.** עיין לעיל ריש פרשה ח' מה שכתבתי שם, ושם נסמן ומבואר: **על עצמו.** שזכות דוד הועילה יותר מתפלתו: **ומזכיר זכותו.** פירוש הסניגוריא שלמד כמו שכתוב בפרשיות הקודמים. ומה שכתוב ארבעים יום וארבעים לילה, פירשתי לעיל סוף סימן א': **(ג) יד ליד וגו'.** וסיפיה דקרא וזרע צדיקים נמלט, איזה חטא יש ביד ליד, ואיך זרע צדיקים נמלט. ודורש שמדבר בצדיק שבזכותו נמלט זרעו מרע, אך באופן שלא יהיה יד ליד לקבל שכר מעשיו מיד בעולם הזה. ועיין ויקרא רבה פרשה ל"ו סימן ג מה שכתבתי שם:

מתנות כהונה

[ב] על עצמו אמרו. מן החיים וגו' אמר שלמה על עצמו: **[ג] שלא תנקה.** גרסינן: הכי גרסינן

אשד הנחלים

ונשענת על עצים מתים כו'. הכונה בדמיון הזה כי הנה הגפן אף שהוא עושה פירות והוא העיקר, עם כל זה הסמיכה שעל ידו יתגדל ויפרה ולא יכפף קומתו, צריך דוקא לעצים יבשים הבלתי עושים פירות, מפני שהם חזקים בטבעם כי חזקתם בפנים. והנה הדמיון, בני אדם החיים הם העושים הפירות, כי עוסקים בתורה ובמעשים טובים, אבל המתים הבלתי פועלים מאומה בבחירה, אך עם כל זה המה חזקים יותר, כי אין בם גם רצון לרע, ולכן הם חזקים עד שצדקתם עומדת להגין בעד החיים: **[ב] כנגד מי כו'.** אף שפשוטו יאמר החכם להכחיש בזה דעת הבלתי מאמינים בהשארת הנפש, דאם לא כן משבח אני את המתים, והראייה דמסיים וטוב משניהם את אשר עדן לא היה. מכל מקום דרש גם כן להמציא פשוטו על דרך האמת גם כן, ובאורו על דרך זה, עת שראה שלמה שהתפלל ולא נענה ולא שרתה השכינה [שהיא התכלית המכוון, עד שבלתה אינו כדי שתהיה התבל על מעמדה] והתמרמר על עצמו, וזכר את דורות הראשונים איך שהיו טובים, שעל ידיהם שרתה השכינה בעולם, וחס ושלום אלולי זאת טוב משניהם אשר עדן לא היה, אחר שנפרד ונחסר התכלית המכוון בעולם, והבן. והנה חשב שני דברים מענין עזר המתים להחיים, אחד בעניני הגופנית כהצלת המיתה בדור המדבר, השני עזר השפעת הרוח הקודש שהוא תועלת הנפשי: **[ג] יד ליד גו' מתנקה כו' היאך זרע כו'.** דהוקשה לו מהו היפך וזרע צדיקים, היה לו לומר וצדיקים נמלטו,

חידושי הרד"ל

[ג] שאין אתה מתנקה מעונותיך ורע אתה נקרא שלא בקשת כו'. כן צריך לומר. ודרש רע דכתיב לא ינקה רע. ועיין ילקוט ריש פרשת עקב רמז תתמז בשם ילמדנו:

חידושי הרש"ש

[ג] היאך זרע צדיקים. הוא סוף הקרא דיד ליד כו':

באור מהרי"פ

ויגש אליהו הנביא ויאמר ה' אלהי אברהם יצחק וישראל היום יודע כי אתה אלהים בישראל ואני עבדך ובדברך עשיתי את כל הדברים האלה. ענני ה' ענני וידעו העם הזה כי אתה ה' האלהים ואתה הסבות את לבם אחורנית. ותפול אש ה' ותאכל את העולה ואת העצים ואת האבנים ואת העפר ואת המים אשר בתעלה לחכה. הרי מפורש כי בתחלה הזכיר זכות אבות, ואחר כך אמר ענני וגו' ונענה. אך דברי חכמינו ז"ל מסתמא מקובלים היו בידם, גם מצד הסברא מוכרח הוא שתפלת ענני היתה קודם הזכרת זכות אבות, דאי אפשר לומר דהזכיר זכות אבות תחלה ולא נענה, ואחר כך הזכיר זכות עצמו וזכות תלמידיו כמאמר חכמינו ז"ל, אלא צריכין אנו לומר דהמקרא ענני וגו' הוא קודם להמקרא של ויהי בעלות המוזכר שם זכות, והם כתובים שלא כסדרן וכדעת חכמינו ז"ל: **[ב] ארבעים יום וגו'.** ואף שחטא עגל היה בסוף ארבעים יום ולא התפלל אלא אחי יום האחרון. ואולי קאי על מה שכתוב (דברים ט, כ, כה - כז) ואתנפל לפני ה' את ארבעים היום ואת ארבעים הלילה אשר התנפלתי כי אמר ה' להשמיד אתכם. ואתפלל אל ה' ואומר ה' אלהים אל תשחת עמך ונחלתך אשר פדית בגדלך אשר הוצאת ממצרים ביד חזקה. זכור לעבדיך לאברהם ליצחק וליעקב אל תפן אל קשי העם הזה ואל רשעו ואל חטאתו. וכן משמע בדברים רבה סדר עקב (פרשה ג, טו), עיין שם. אך צריך עיון דלא נזכר שם וינחם ה' על הרעה המובא כאן, וצריך עיון. ועיין תולדות נח האריך מה שכתב בזה:

מסורת המדרש

ב. עיין שבת דף ל'. מועד קטן דף ט'. סנהדרין דף ק"ג. לעיל פרשה ח'. במד"ר פ' י"ד וט"ו. קהלת רבה פרשה ד' פסוק ג'. תנחומא סדר וארא ס"ז. מדרש תהלים מזמור ז' ומזמור כ"ד. פסיקתא רבתי פסקא ב' סימן ה'. ילקוט תהלים רמז תרל"ח תרל"ט. ילקוט קהלת רמז תתק"ע:
ג. שבת דף ל'. קהלת רבה פ"ד פסוק ג'. תנחומא כאן סימן כ"ד. ילקוט קהלת רמז תתק"ע:
ד. ויק"ר פרשה ל"ו. ילקוט סדר בחוקותי רמז תרע"ה:

אם למקרא

וְשַׁבֵּחַ אֲנִי אֶת הַמֵּתִים שֶׁכְּבָר מֵתוּ מִן הַחַיִּים אֲשֶׁר הֵמָּה חַיִּים עֲדֶנָה: (קהלת ד:ב)

ה' אֱלֹהִים אַל תָּשֵׁב פְּנֵי מְשִׁיחֶיךָ זָכְרָה לְחַסְדֵי דָּוִיד עַבְדֶּךָ: (דברי הימים ב ו:מב)

יָד לְיָד לֹא יִנָּקֶה רָּע וְזֶרַע צַדִּיקִים נִמְלָט: (משלי יא:כא)

אמרי יושר

[ב] כנגד מי אמר שלמה הפסוק הזה. והלא כתיב הפכו, כי לכלב חי טוב מן האריה המת (קהלת ט, ד), אלא לא דיבר אלא כנגד הצדיקים המתים: **[ג] יד ליד לא ינקה מעון רע.** הוא שאינו מניח זכות לבניו, וסיפיה דקרא מוכח וזרע צדיקים נמלט:

שינוי נוסחאות

(ג) **ורשע אתה נקרא.** רד"ל הגיה "ורע אתה נקרא", ודורש הפסוק "לא ינקה רע":

שֶׁלֹּא — וְ״רָע״ אַתָּה נִקְרָא — Moreover, you will be called *evil,* בִּקַּשְׁתָּ לְהַנְחִיל לְבָנֶיךָ כְּלוּם — **because you did not seek to bequeath anything to your descendants.**[18] שֶׁאִלּוּ בִּקְּשׁוּ אַבְרָהָם יִצְחָק וְיַעֲקֹב מַתַּן שְׂכָרָן שֶׁל מִצְוֹת שֶׁעָשׂוּ — **For if Abraham, Isaac, and Jacob had requested the reward for the meritorious deeds that they performed,** הֵיאַךְ הָיָה ״וְזֶרַע צַדִּיקִים נִמְלָט״ — **how would *the offspring of the righteous escape*** the wrath of God after the Golden Calf incident? הֵיאַךְ הָיָה מַזְכִּיר ״זְכֹר לְאַבְרָהָם לְיִצְחָק וּלְיִשְׂרָאֵל״ — Since their merits would no longer be available for their descendants, **how could [Moses] have mentioned, *Remember for the sake of Abraham, Isaac, and Jacob*?** מִיָּד ״וַיִּנָּחֶם ה׳ ״ — But now that the Patriarchs did not do so, Moses was able to invoke their merits in his prayer, and **immediately, *Hashem reconsidered*** *regarding the evil that He declared He would do to His people.* הֱוֵי ״יָד לְיָד לֹא יִנָּקֶה רָע״ — **Thus** we have explained the verse, ***Hand to hand — he will not be exonerated, evil;*** *but the offspring of the righteous will escape.*[19]

NOTES

(*Toldos Noach;* see also *Yefeh To'ar, Eshed HaNechalim,* and *Maharzu* to *Vayikra Rabbah* loc. cit.).

18. By using up all your reward immediately, you will have nothing left over to help out your descendants if they sin.

The Midrash thus translates לֹא יִנָּקֶה רָע as "he will not be exonerated [and he will be considered] evil." This is because Scripture did not state לֹא יִנָּקֶה מֵרָע, "he will not be exonerated *from* evil," as noted above [see note 15, point (ii)]. The end of the verse, *but the offspring of the righteous will escape,* thus means that, in contrast to the attitude of desiring immediate reward described in the first half of the verse, the truly *righteous,* who do *not* seek immediate rewards, provide the wherewithal to their *offspring* to *escape* suffering for their own misdeeds (*Maharzu* to *Vayikra Rabbah* loc. cit.).

19. *Yefeh To'ar* explains that the Midrash's interpretation of this verse is inspired by the wording of our verse, *Remember for the sake of Abraham, Isaac, and Jacob.* God does not forget anything, so asking Him to "remember" would seem a poor choice of words. According to the Midrash's explanation, however, we can account for the term "remember" because the Patriarchs "put away" their merits in "storage," so to speak, so it was now necessary to "remember" them.

מַה כְּתִיב, "וַיִּנָּחֶם ה' עַל הָרָעָה", הֱוֵי כְּשֵׁם שֶׁהַגֶּפֶן הַזֹּאת חַיָּה וְנִשְׁעֶנֶת עַל עֵצִים מֵתִים, כָּךְ יִשְׂרָאֵל חַיִּים וְנִשְׁעָנִים עַל הָאָבוֹת כְּשֶׁהֵם מֵתִים, הֱוֵי "זְכֹר לְאַבְרָהָם לְיִצְחָק וּלְיִשְׂרָאֵל".

ב דָּבָר אַחֵר, [לב, יג] "זְכֹר לְאַבְרָהָם", הָדָא הוּא דִכְתִיב (קהלת ד, ב) "וְשַׁבֵּחַ אֲנִי אֶת הַמֵּתִים שֶׁכְּבָר מֵתוּ", כְּנֶגֶד מִי אָמַר שְׁלֹמֹה מִקְרָא זֶה, רַבִּי יְהוֹשֻׁעַ בֶּן לֵוִי וְרַבִּי שְׁמוּאֵל בַּר נַחְמָן, רַבִּי יְהוֹשֻׁעַ אוֹמֵר: לֹא אֲמָרוֹ אֶלָּא כְּנֶגֶד דָּוִד אָבִיו, כֵּיצַד, אַתָּה מוֹצֵא [ב]כְּשֶׁבָּנָה שְׁלֹמֹה בֵּית הַמִּקְדָּשׁ הִתְפַּלֵּל לִפְנֵי הָאֱלֹהִים שֶׁתֵּרֵד הָאֵשׁ וְלֹא נַעֲנָה, אֶלָּא כֵּיוָן שֶׁהִזְכִּיר אֶת הַמֵּת דָּוִד אָבִיו מִיָּד נַעֲנָה, שֶׁנֶּאֱמַר (דברי הימים-ב ו, מב) "זָכְרָה לְחַסְדֵי דָּוִיד עַבְדֶּךָ", מִיָּד (שם ז, א) "וּכְכַלּוֹת שְׁלֹמֹה לְהִתְפַּלֵּל וְהָאֵשׁ יָרְדָה מֵהַשָּׁמַיִם", כֵּיוָן שֶׁרָאָה שְׁלֹמֹה שֶׁהִזְכִּיר אוֹתָן תְּפִלּוֹת וְלֹא נַעֲנָה וְכֵיוָן שֶׁהִזְכִּיר דָּוִד אָבִיו מִיָּד יָרְדָה, הִתְחִיל אוֹמֵר (קהלת ד, ב) "וְשַׁבֵּחַ אֲנִי אֶת הַמֵּתִים שֶׁכְּבָר מֵתוּ מִן הַחַיִּים אֲשֶׁר הֵמָּה חַיִּים עֲדֶנָה", עַל עַצְמוֹ אֲמָרוֹ, וְרַבִּי שְׁמוּאֵל בַּר נַחְמָן אָמַר: [ג]עַל מֹשֶׁה אֲמָרוֹ, כֵּיצַד, כֵּיוָן שֶׁרָאָה מֹשֶׁה עוֹמֵד וּמִתְפַּלֵּל מ' יוֹם וּמ' לַיְלָה עַל יִשְׂרָאֵל שֶׁיִּמְחוֹל לָהֶם הַקָּדוֹשׁ בָּרוּךְ הוּא עַל אוֹתוֹ מַעֲשֶׂה שֶׁעָשׂוּ וּמַזְכִּיר זְכוּתוֹ וְלֹא הָיָה הָאֱלֹהִים מִתְרַצֶּה לָהֶם, *וְכֵיוָן שֶׁהִזְכִּיר אֶת הַמֵּתִים מִיָּד נַעֲנָה, מַה כְּתִיב אַחֲרָיו, [לב, יד] "וַיִּנָּחֶם ה'", הֱוֵי (קהלת ד, ב) "וְשַׁבֵּחַ אֲנִי אֶת הַמֵּתִים ... מִן הַחַיִּים", זֶה מֹשֶׁה:

ג דָּבָר אַחֵר, [לב, יג] "זְכֹר לְאַבְרָהָם", הָדָא הוּא דִכְתִיב (משלי יא, כא) "יָד לְיָד לֹא יִנָּקֶה רָּע", [ד]אָמַר רַבִּי פִּנְחָס הַכֹּהֵן בֶּן חָמָא: אִם עָשִׂיתָ מִצְוָה אַל תְּבַקֵּשׁ מַתַּן שְׂכָרָהּ מִיָּד לְיָד, לָמָּה, שֶׁלֹּא תִּנָּקֶה, שֶׁאֵין אַתָּה מִתְנַקֶּה מֵעֲוֹנוֹתֶיךָ °וְרָשָׁע אַתָּה נִקְרָא, שֶׁלֹּא בִקַּשְׁתָּ לְהַנְחִיל לְבָנֶיךָ כְּלוּם, שֶׁאִלּוּ בִקְּשׁוּ אַבְרָהָם יִצְחָק וְיַעֲקֹב מַתַּן שְׂכָרָן שֶׁל מִצְוֹת שֶׁעָשׂוּ הֵיאַךְ הָיָה (שם) "וְזֶרַע צַדִּיקִים נִמְלָט", הֵיאַךְ הָיָה מַזְכִּיר [לב, יג] "זְכֹר לְאַבְרָהָם לְיִצְחָק וּלְיִשְׂרָאֵל", מִיָּד [לב, יד] "וַיִּנָּחֶם ה'", הֱוֵי (משלי יא, כא) "יָד לְיָד לֹא יִנָּקֶה רָּע":

עץ יוסף

(ב) **שתרד האש.** אף על פי שלא מלינו מפורש שהתפלל על זה, מכל מקום מדכתיב זכרה לחסדי דוד עבדך וככלות שלמה להתפלל והאש ירדה, לאשמועינן שבזכות דוד ירדה, שמעינן שבכלל תפלותיו היה ירידת האש גם כן: **ורבי שמואל בר נחמן אמר על משה אמרו.** לא רלה לפרש כרבי יהושע בן לוי שעל דוד אמרו מדאמר את המתים, משמע דעל מתים רבים קאמר שהם הם האבות העולם: **ארבעים יום כו'.** עיין מה שכתבתי בסימן הקודם: **הוי ושבח אני את המתים מן החיים זה משה.** פירוש דגדולים לדיקים במיתתם מבחייהם, שעל כן גדל זכות האבות עכשיו ממשה שהיה חי, אף על גב דמשה גדול מהאבות לא נענה בזכותו אלא בזכות האבות, מפני שהיו אז האבות מתים ומשה חי: **זה משה.** ואף על גב דלקמן בפירקין משמע דאהני זכות אבות לסלק שלשה מלאכי חבלה, וזכות משה גם כן לסלק אחד, מכל מקום ילפינן דהם גדולים ממנו, מכיון דמתחלה לא היה יכול משה לסלק אפילו אחד, ואחר שנסתלקו השלשה בזכותם, הוא שיכול משה לסלק לאחד מהנשארים, ובודאי שגדול הנולא אחד בתוך חמשה, מנולא אחד משנים: (ג) **הדא הוא דכתיב יד ליד לא ינקה רע.** מייתי סמך ממקרא זה שכן הוא דרך הלדיקים שלא לבקש זכותם לעלמם רק שיניחום לבניהם, ומטעם זה הזכירו גם כן דרשה זו בויקרא רבה פרשה ל"ו בפסוק וזכרתי את בריתי יעקב: **אמר ר' פנחס הכהן בן חמא כל מי שעושה מצוה ומבקש ליטול שכרו עליה מיד ליד לא ינקה רע רשע הוא שאינו מניח לבניו כלום, אמר רבי סימון באיניש דאמר הא סקא הא סילעא הא סאתא קום טול, כך אילו בקשו אבות הראשונים ליטול שכר מצות קלות שעשו בעולם הזה איך זרע צדיקים נמלט כו'.** כן לריך לומר, וכן איתא בויקרא רבה פרשה ל"ו סימן ג'. ופירושו רשע הוא, דרש רע כאילו כתיב רשע, כמה דאת אמר אוי לרשע רע, הא סקא כו', כלומר הנה השק והמעות והסאה (למדוד בו), קח הסאה ומדוד החטים לתוך השק וקח המעות, וזהו פירוש מיד ליד כקונה דבר ונותן מעות מידו ומקבל דבר הנקנה לידו, כן הם רולים שכרם לקבל מיד אחר עשיית המלות (יפה תואר שם): **היאך היה זרע צדיקים נמלט.** כן הוא לשון הכתוב יד ליד לא ינקה רע וזרע לדיקים נמלט, וסוף המקרא מגלה פירוש תחלת המקרא, באיזה ענין נקרא אותו שמבקש שכר מלותיו רשע ורע, היינו במה שאינו ממלט זרעו מלרה העתידה לבא עליהם, היפך מנהג הלדיקים שממלטים זרעם: **האיך היה זרע צדיקים נמלט.** מהחרון הזה שנאמר ויחר אפי בהם:

פירוש מהרז"ו

והכריע על פי מדה ל"ב, שמקום פסוק זכור לאברהם וגו' מקומו להלן אחר פסוק ל"ב בפרשה ל"ב, ודוק, וכן בסמוך בסימן ב'. ועיין שבת (דף ל', ב): (ב) **כשבנה שלמה.** עיין לעיל ריש פרשה ח' מה שכתבתי שם, ושם נסמן ומבואר: **על עצמו.** שזכות דוד הועילה יותר מתפלתו: **ומזכיר זכותו.** פירוש הסניגוריא שלמד כמו שכתוב בפרשיות הקודמים. ומה שכתוב ארבעים יום וארבעים לילה, פירשתי לעיל סוף סימן א': (ג) **יד ליד וגו'.** וסיפיה דקרא וזרע לדיקים נמלט, איזה חטא יש ביד ליד, ואיך זרע לדיקים נמלט. ודורש שמדבר בלדיק שבזכותו נמלט זרעו מרע, אך באופן שלא יהיה יד ליד לקבל שכר מעשיו מיד בעולם הזה. ועיין ויקרא רבה פרשה ל"ו סימן ג מה שכתבתי שם:

מתנות כהונה

[ב] **על עצמו אמרו.** מן החיים וגו' אמר שלמה על עלמו: [ג] **שלא תנקה.** גרסינן: הכי גרסינן

אשד הנחלים

ונשענת על עצים מתים כו'. הכונה בדמיון הזה כי הנה הגפן אף שהוא עושה פירות והוא העיקר, עם כל זה הסמיכה שעל ידו יתגדל ויפרה ולא יכפף קומתו, צריך דוקא לעצים יבשים הבלתי עושים פירות, מפני שהם חזקים בטבעם כי חזקתם בפנים. והנה הדמיון, בני אדם החיים הם העושים הפירות, כי עוסקים בתורה ובמעשים טובים, אבל המתים הבלתי פועלים מאומה בבחירה, אך עם כל זה המה חזקים יותר, כי אין בם גם רצון לרע, ולכן הם חזקים עד שצדקתם עומדת להגין בעד החיים: [ב] **כנגד מי כו'.** אף שפשוטו יאמר החכם להכחיש בזה דעת הבלתי מאמינים בהשארת הנפש, דאם לא כן משבח אני את המתים, והראייה דמסיים וטוב משניהם את אשר עדן לא היה. מכל מקום דרש גם כן להמציא פשוטו על דרך האמת גם כן, ובאורו על דרך זה, עת שראה שלמה שהתפלל ולא נענה ולא שרתה השכינה [שהיא התכלית המכוון, עד שבלתה אינו כדי שתהיה התבל על מעמדה] והתמרמר על עצמו, וזכר את דורות הראשונים איך שהיו טובים, שעל ידיהם שרתה השכינה בעולם, וחס ושלום אלולי זאת טוב משניהם אשר עדן לא היה, אחר שנפרד ונחסר התכלית המכוון בעולם, והבן. והנה חשב שני דברים מענין עזר המתים להחיים, אחד בעניני הגופנית כהצלת המיתה בדור המדבר, השני עזר השפעת הרוח הקודש שהוא תועלת הנפשי: [ג] **יד ליד גו' מתנקה כו' היאך זרע כו'.** דהוקשה לו מהו ההיפך וזרע צדיקים, היה לו לומר וצדיקים נמלטו,

חידושי הרד"ל

[ג] **שאין אתה מתנקה מעונותיך ורע אתה נקרא שלא בקשת כו'.** כן לריך לומר. ודרש רע דכתיב לא ינקה רע. ועיין ילקוט ריש פרשת עקב רמז תתמז בשם ילמדנו:

חידושי הרש"ש

[ג] **היאך זרע צדיקים.** הוא סוף הקרא דיד ליד כו':

באור מהרי"פ

ויגש אליהו הנביא ויאמר ה' אלהי אברהם ילחק וישראל היום יִוָּדַע כי אתה אלהים בישראל ואני עבדך ובדברך עשיתי את כל הדברים האלה. ענני ה' ענני וידעו העם הזה כי אתה ה' האלהים ואתה הסבות את לבם אחורנית. ותפול אש ה' ותאכל את העולה ואת העלים ואת האבנים ואת העפר ואת המים אשר בתעלה לחכה. הרי מפורש כי בתחלה הזכיר זכות אבות, ואחר כך אמר ענני וגו' ונענה. אך דברי חכמינו ז"ל מסתמא מקובלים היו בידם, גם מלד הסברא מוכרח הוא שתפלת ענני היתה קודם הזכרת זכות אבות, דאי אפשר לומר דהזכיר זכות אבות תחלה ולא נענה, ואחר כך הזכיר זכות עלמו וזכות תלמידיו כמאמר חכמינו ז"ל, אלא לריכין אנו לומר דהמקרא ענני וגו' הוא קודם להמקרא של ויהי בעלות המוזכר שם זכות, והם כתובים שלא כסדרן וכדעת חכמינו ז"ל: [ב] **ארבעים יום וגו'.** ואף שחטא עגל היה בסוף ארבעים יום ולא התפלל אלא חצי יום האחרון. ואולי קאי על מה שכתוב (דברים ט, כ, כה - כז) ואתנפל לפני ה' את ארבעים היום ואת ארבעים הלילה אשר התנפלתי כי אמר ה' להשמיד אתכם. ואתפלל אל ה' ואומר ה' אלהים אל תשחת עמך ונחלתך אשר פדית בגדלך אשר הולאת ממלרים ביד חזקה. זכור לעבדיך לאברהם ליצחק וליעקב אל תפן אל קשי העם הזה ואל רשעו ואל חטאתו. וכן משמע בדברים רבה סדר עקב (פרשה ג, טו), עיין שם. אך לריך עיון דלא נזכר שם וינחם ה' על הרעה המובא כאן, ולריך עיון. ועיין תולדות נח האורך מה שכתב בזה:

מסורת המדרש

ב. עיין שבת דף ל'. מועד קטן דף ט'. סנהדרין דף ק"ג. לעיל פרשה ח'. במד"ר פ' י"ד וט"ו. קהלת רבה פרשה ד' פסוק ג'. תנחומא סדר וארא ס"ז. מדרש תהלים מזמור ז' ומזמור כ"ד. פסיקתא רבתי פסקא ב' סימן ה'. ילקוט תהלים רמז תרל"ח תרל"ט. ילקוט קהלת רמז תתק"ע:
ג. שבת דף ל'. קהלת רבה פ"ד פסוק ג'. תנחומא כאן סימן כ"ד. ילקוט קהלת רמז תתק"ע:
ד. ויק"ר פרשה ל"ו. ילקוט סדר בחוקותי רמז תרע"ה:

אם למקרא

וְשַׁבֵּחַ אֲנִי אֶת הַמֵּתִים שֶׁכְּבָר מֵתוּ מִן הַחַיִּים אֲשֶׁר הֵמָּה חַיִּים עֲדֶנָה: (קהלת ד:ב)
ה' אֱלֹהִים אַל תָּשֵׁב פְּנֵי מְשִׁיחֶיךָ זָכְרָה לְחַסְדֵי דָּוִיד עַבְדֶּךָ: (דברי הימים ב ו:מב)
יָד לְיָד לֹא יִנָּקֶה רָּע וְזֶרַע צַדִּיקִים נִמְלָט: (משלי יא:כא)

אמרי יושר

[ב] **כנגד מי אמר שלמה הפסוק הזה.** והלא כתיב הפכו, כי לכלב חי טוב מן האריה המת (קהלת ט, ד), אלא לא דיבר אלא כנגד הלדיקים המתים: [ג] **יד ליד לא ינקה מעון רע.** הוא שאינו מניח זכות לבניו, וסיפיה דקרא מוכח וזרע לדיקים נמלט:

שינוי נוסחאות

(ג) **ורשע אתה נקרא.** רד"ל הגיה "ורע אתה נקרא", ודורש הפסוק "לא ינקה רע":

§4 The Midrash offers another explanation for why Moses mentioned the Patriarchs' merits, specifically addressing why he told God to "remember" for their sake:[20]

דָּבָר אַחֵר – **Another explanation:** "זְכֹר לְאַבְרָהָם" – ***Remember for the sake of Abraham.*** אָמַר רַבִּי אָבִין בְּשֵׁם רַבִּי אַחָא – **R' Avin said in the name of R' Acha:** מָשָׁל לְמֶלֶךְ – Moses' intent in telling God to *remember* may be illustrated by means of **a parable.** It may be compared **to a king** שֶׁהִפְקִיד לוֹ אוֹהֲבוֹ אֶצְלוֹ עֲשָׂרָה מַרְגָּלִיּוֹת – **whose friend deposited ten pearls with him for safekeeping.** מֵת אוֹהֲבוֹ וְהִנִּיחַ בַּת אַחַת – Before taking back the pearls, **his friend died, leaving behind one daughter** as his sole heir. עָמַד הַמֶּלֶךְ וּנְטָלָהּ לְאִשָּׁה – **The king arose and took [this daughter] for a wife,** וַעֲשָׂאָהּ מַטְרוֹנָה – **and made her a matron;**[21] וְנָתַן לָהּ שַׁלְשֶׁלֶת אַחַת שֶׁל י' מַרְגָּלִיּוֹת וּנְתָנָה אוֹתָם בְּצַוָּארָהּ – **he gave her a necklace with ten pearls,**[22] **and she placed them around her neck.**[23] לְאַחַר יָמִים אִבְּדָה הַשַּׁלְשֶׁלֶת – **After** a number of **days she lost the necklace.** הִתְחִיל הַמֶּלֶךְ מְבַקֵּשׁ לְהוֹצִיאָהּ – Enraged over her failure to guard this valuable personal gift, **the king began to desire to expel her** from his home. אָמַר: מְגָרְשָׁהּ אֲנִי מִבֵּיתִי, אוֹצִיאָהּ מֵאֶצְלִי – **He declared, "I will drive her out of my home. I will expel her from being near me!"** נִכְנַס שׁוֹשְׁבִינָהּ אֵצֶל הַמֶּלֶךְ וְהָיָה מְפַיְּיסוֹ – Upon hearing this, **her wedding attendant**[24] **came in to the king and tried to appease him,** וְלֹא הָיָה הַמֶּלֶךְ נִשְׁמָע לוֹ, אֶלָּא הָיָה אוֹמֵר: מְגָרְשָׁהּ אֲנִי מֵאֶצְלִי – **but the king would not listen to him; rather, he continued to say, "I will expel her from being near me!"** אָמַר לוֹ: לָמָּה, אֲדוֹנִי הַמֶּלֶךְ – **[The wedding attendant] said to him, "Why, my master, the king?"** אָמַר: שֶׁנָּתַתִּי לָהּ י' מַרְגָּלִיּוֹת וְאִבְּדָתָן – **[The king] responded, "Because I gave her ten pearls and she lost them."** אָמַר: חֵי מָרֵי הַמֶּלֶךְ, אַף עַל פִּי כֵן צָרִיךְ אַתָּה לְהִתְפַּיֵּיס וּלְרַצּוֹתָהּ – **[The wedding attendant] said, "By the life of my master, the king! Nevertheless, you ought to be appeased and forgive her."** לֹא הָיָה הַמֶּלֶךְ שׁוֹמֵעַ לוֹ – Still, **the king did not listen to him.** כֵּיוָן שֶׁרָאָה הַשּׁוֹשְׁבִין מָה שֶׁבִּקֵּשׁ לַעֲשׂוֹת עִמָּהּ – **When the** woman's **wedding attendant saw what [the king] wanted to do to her,** וְאֵינוֹ מִתְרַצֶּה אֶלָּא מַתְרִיס וְאוֹמֵר: אֲגָרְשֶׁנָּה אֲנִי – **and that he was not being appeased** by his arguments, **but instead vigorously rebuffed him and still said, "I am going to divorce her!,"** אָמַר לוֹ: בִּשְׁבִיל י' מַרְגָּלִיּוֹת שֶׁאִבְּדָה אַתָּה מְבַקֵּשׁ לְהוֹצִיאָהּ – **he said** to the king, **"Because of the ten pearls that she lost you seek to expel her** from your house? אֵין אַתָּה יוֹדֵעַ שֶׁאֲנִי יוֹדֵעַ שֶׁהִפְקִיד אָבִיהָ אֶצְלְךָ י' מַרְגָּלִיּוֹת – **Don't you know that I am aware that her father** long ago **deposited ten pearls with you?** יֵצְאוּ י' בְּי' – **Let the ten** pearls she lost **be offset by the ten** pearls that you took from her father and now owe to her." כָּךְ כֵּיוָן שֶׁעָשׂוּ יִשְׂרָאֵל אוֹתוֹ מַעֲשֶׂה – **Similarly, as soon as** the people of **Israel committed that** sinful **act** of worshiping the Golden Calf, הָיָה הָאֱלֹהִים כּוֹעֵס עֲלֵיהֶם – **God became angry at them.** הִתְחִיל אוֹמֵר הַקָּדוֹשׁ בָּרוּךְ הוּא: "הֶרֶף מִמֶּנִּי וְאַשְׁמִידֵם" – **The Holy One, blessed is He, began to say** to Moses, ***"Release Me, and I shall destroy them"*** (*Deuteronomy* 9:14). אָמַר מֹשֶׁה: רִבּוֹן הָעוֹלָם, עַל מָה אַתָּה כּוֹעֵס עַל יִשְׂרָאֵל – But **Moses responded, "Master of the universe, on what** basis **are You angry at Israel?"** אָמַר: בִּשְׁבִיל שֶׁבִּטְּלוּ עֲשֶׂרֶת הַדִּבְּרוֹת – **[God] said, "Because they have violated the Ten Commandments."**[25] אָמַר לוֹ: יֵשׁ לָהֶן מֵהֵיכָן לִפְרוֹעַ – **[Moses] responded, "They have** reserves **from which to pay you!"** אָמַר לוֹ: מִנַּיִן – **[God] said to him, "From where** can they produce this payment?" אָמַר: הִזָּכֵר שֶׁנִּסִּיתָ אַבְרָהָם בְּי' נִסְיוֹנוֹת – **[Moses] said, "Remember that You tested** their forefather **Abraham with ten trials,** and he withstood them all.[26] וְיֵצְאוּ עֶשֶׂר בְּעֶשֶׂר – **So let the** punishment that they deserve for violating the **Ten** Commandments **be offset by** the merit of **the ten** trials, which Abraham bequeathed to them."[27] הֱוֵי "זְכֹר לְאַבְרָהָם לְיִצְחָק וּלְיִשְׂרָאֵל" – **Thus** we have explained, ***Remember for the sake of Abraham, Isaac, and Israel.***[28]

§5 The Midrash explains why Moses invoked the merit of all three Patriarchs:

דָּבָר אַחֵר – **Another explanation:** "זְכֹר לְאַבְרָהָם" – ***Remember for the sake of Abraham,*** *Isaac, and Jacob.* לָמָּה מַזְכִּיר כָּאן שְׁלֹשֶׁת אָבוֹת – **Why does [Moses] mention the three Patriarchs here?**[29] אָמְרִין רַבָּנָן – **The Sages said:** אָמַר מֹשֶׁה: אִם שְׂרֵיפָה הֵם חַיָּבִים – **Moses was saying** to God here, **"If they are liable to** death by **burning** for their sins,[30] זְכֹר לְאַבְרָהָם שֶׁנָּתַן נַפְשׁוֹ לְכִבְשַׁן הָאֵשׁ לִישָּׂרֵף עַל שְׁמֶךָ – ***remember for the sake of Abraham,*** **who offered his life in the furnace of flames,** where he was prepared **to be burned** to death **for** the sanctification of **Your Name,**[31]

NOTES

20. For "remember" does not seem an appropriate word to use in reference to God, as explained in the previous note.

21. A position of honor, such as the position of duchess or princess.

22. The necklace symbolized her exalted status, as well as the king's deep affection for her.

23. She accepted the gift and wore it proudly.

24. A שׁוֹשְׁבִין, *wedding attendant,* is a close friend of a bride or groom, who acts on behalf of his friend, especially involving marital issues.

25. The implication is that they violated all Ten Commandments. By worshiping the Golden Calf, Israel obviously violated the commandment against idolatry. Moreover, the Midrash infers above (42 §1) that they also committed murder and adultery. However, how did the other seven commandments come into play? *Anaf Yosef* answers that since worshiping idolatry is deemed equivalent to denying the entire Torah (*Sifrei, Shelach* 15:22), it is as if they violated all of the Ten Commandments. However, *Yefeh To'ar* and *Toldos Noach,* each in his own way, explain how Israel's actions in the Golden Calf incident violated each of the Ten Commandments specifically.

Like the king in the parable, God gave Israel the Ten Commandments in order to exalt them, and as a sign of His great affection for them (*Eshed HaNechalim*). Like the matron in the parable, they proudly accepted this sign of God's affection. When they violated these commandments, it was comparable to the king's wife who lost the pearl necklace, showing that her affection for the king was not so great after all.

26. The fact that Abraham was put to ten tests is stated in *Avos* 5:4. The commentators (ad loc.) differ as to the list's precise formulation.

27. Thus, "remember" does not refer to recalling something forgotten (which is not applicable to God), but to bringing up something from the past to use in settling an account (*Yefeh To'ar*).

28. The Midrash has explained why Moses mentioned Abraham, but why did he mention the other two Patriarchs? [See next section and the following note.] Having mentioned Abraham on account of the ten trials, he mentioned the other two as well because they too were indirectly involved in some of these ten tests (see *Genesis* 22:6ff and *Bereishis Rabbah* 63 §2) or similar tests, and also because they had many merits of their own besides Abraham's ten trials (*Eitz Yosef,* from *Yefeh To'ar; Toldos Noach*).

29. I.e., why did Moses mention all three of the Patriarchs? (see *Eshed HaNechalim*). [The parallel text in *Midrash Tanchuma* (*Ki Sisa* §24) appears to relate this question to the preceding interpretation in §4. That is: If Moses was alluding to the ten trials of Abraham, why did he have to mention all three of the Patriarchs (see also *Maharif,* at end of §4)?] For an alternate interpretation of this question, see *Eitz Yosef.*

30. When a "wayward city" is determined to have worshiped idolatry, its inhabitants are killed by sword, and all its possessions are burned in fire (*Deuteronomy* 13:16-17). Thus, Moses feared that perhaps in the case of the Golden Calf, God would punish *the people* by fire as well (*Yefeh To'ar*; *Imrei Yosher*). For an alternative explanation, see *Eitz Yosef.*

31. As described in *Bereishis Rabbah* 38 §13, after debating the ruler Nimrod about the fallacy of his idol worship, Nimrod stated, "I bow only to [the god of] fire; I will throw you into it, and let the God you worship come and save you from it." Abraham was thrown into the furnace, and emerged unscathed.

ד דָּבָר אַחֵר, [לב, יג] "זְכֹר לְאַבְרָהָם", אָמַר רַבִּי אָבִין בְּשֵׁם רַבִּי אַחָא: ה מָשָׁל לְמֶלֶךְ שֶׁהִפְקִיד לוֹ אוֹהֲבוֹ אֶצְלוֹ עֲשָׂרָה מַרְגָּלִיּוֹת, מֵת אוֹהֲבוֹ וְהִנִּיחַ בַּת אַחַת, עָמַד הַמֶּלֶךְ וּנְטָלָהּ לְאִשָּׁה וַעֲשָׂאָהּ מַטְרוֹנָה וְנָתַן לָהּ שַׁלְשֶׁלֶת אַחַת שֶׁל י׳ מַרְגָּלִיּוֹת וְנָתְנָה אוֹתָם בְּצַוָּארָהּ, לְאַחַר יָמִים אִבְּדָה הַשַּׁלְשֶׁלֶת, הִתְחִיל הַמֶּלֶךְ מְבַקֵּשׁ לְהוֹצִיאָהּ, אָמַר: מְגָרְשָׁהּ אֲנִי מִבֵּיתִי, אוֹצִיאָהּ מֵאֶצְלִי, נִכְנַס שׁוֹשְׁבִינָהּ אֵצֶל הַמֶּלֶךְ וְהָיָה מְפַיְּסוֹ, וְלֹא הָיָה הַמֶּלֶךְ נִשְׁמָע לוֹ, אֶלָּא הָיָה אוֹמֵר: מְגָרְשָׁהּ אֲנִי מֵאֶצְלִי, אָמַר לוֹ: לָמָּה, אֲדוֹנִי הַמֶּלֶךְ, אָמַר: שֶׁנָּתַתִּי לָהּ י׳ מַרְגָּלִיּוֹת וְאִבְּדַתָּן, אָמַר: חֵי מָרֵי הַמֶּלֶךְ, אַף עַל פִּי כֵן צָרִיךְ אַתָּה לְהִתְפַּיֵּס וְלִרְצוֹתָהּ, לֹא הָיָה הַמֶּלֶךְ שׁוֹמֵעַ לוֹ, כֵּיוָן שֶׁרָאָה הַשּׁוֹשְׁבִין מַה שֶּׁבִּקֵּשׁ לַעֲשׂוֹת עִמָּהּ וְאֵינוֹ מִתְרַצֶּה אֶלָּא מַתְרִיס וְאוֹמֵר: אֲגָרְשֶׁנָּה אֲנִי, אָמַר לוֹ: בִּשְׁבִיל י׳ מַרְגָּלִיּוֹת שֶׁאִבְּדָה אַתָּה מְבַקֵּשׁ לְהוֹצִיאָהּ, אֵין אַתָּה יוֹדֵעַ שֶׁאֲנִי יוֹדֵעַ שֶׁהִפְקִיד אָבִיהָ אֶצְלְךָ י׳ מַרְגָּלִיּוֹת, °יָצָא י׳ בִּי׳, כָּךְ כֵּיוָן שֶׁעָשׂוּ יִשְׂרָאֵל אוֹתוֹ מַעֲשֶׂה הָיָה הָאֱלֹהִים כּוֹעֵס עֲלֵיהֶם, הִתְחִיל אוֹמֵר הַקָּדוֹשׁ בָּרוּךְ הוּא: (דברים ט, יד) "הֶרֶף מִמֶּנִּי וְאַשְׁמִידֵם", אָמַר מֹשֶׁה: רִבּוֹן הָעוֹלָם, עַל מָה אַתָּה כּוֹעֵס עַל יִשְׂרָאֵל, אָמַר: בִּשְׁבִיל שֶׁבִּטְּלוּ עֲשֶׂרֶת הַדִּבְּרוֹת, אָמַר לוֹ: יֵשׁ לָהֶן מֵהֵיכָן לִפְרוֹעַ, אָמַר לוֹ: מִנַּיִן, אָמַר: הִזָּכֵר שֶׁנִּסִּיתָ אַבְרָהָם בְּי׳ נִסְיוֹנוֹת, וְיֵצְאוּ עֶשֶׂר בְּעֶשֶׂר, הֱוֵי [לב, יג] "זְכֹר לְאַבְרָהָם לְיִצְחָק וּלְיִשְׂרָאֵל":

ה דָּבָר אַחֵר, [לב, יג] "זְכֹר לְאַבְרָהָם", לָמָּה מַזְכִּיר כָּאן שְׁלֹשֶׁת אָבוֹת, אָמְרִין רַבָּנָן: אָמַר מֹשֶׁה: אִם שְׂרֵיפָה הֵם חַיָּבִים, זְכֹר לְאַבְרָהָם שֶׁנָּתַן נַפְשׁוֹ לְכִבְשַׁן הָאֵשׁ לִישָּׂרֵף עַל שְׁמֶךָ, וְתֵצֵא שְׂרֵיפָתוֹ לִשְׂרֵיפַת בָּנָיו, וְאִם הֲרֵיגָה הֵם חַיָּבִים, זְכוֹר לְיִצְחָק אֲבִיהֶם שֶׁפָּשַׁט צַוָּארוֹ עַל גַּבֵּי הַמִּזְבֵּחַ לִישָּׁחֵט עַל שְׁמֶךָ, וְתֵצֵא הֲרִיגָתוֹ לַהֲרִיגַת בָּנָיו, וְאִם גָּלוּת הֵם חַיָּבִין, זְכוֹר לְיַעֲקֹב אֲבִיהֶן שֶׁגָּלָה מִבֵּית אָבִיו לְחָרָן, וְיֵצְאוּ אֵלּוּ בְּאֵלּוּ, הֱוֵי [לב, יג] "זְכֹר לְאַבְרָהָם לְיִצְחָק וּלְיִשְׂרָאֵל":

עץ יוסף

(ד) **משל למלך כו'.** לשון זכור דריש: **אף על פי כן צריך אתה להתפייס.** רמז לו שאין לו טענה על ההפסד, כי יודע הוא שיש לאביה אצלו עשר מרגליות: **מתרים.** לשון חוזק וסירוב: **בשביל שבטלו עשרת הדברות.** דמאחר שחטאו בגילוי עריות, כמו שדרשו על יקומו לצחק, הרי עוברים על כל עשרת הדברות, כדאיתא במדבר רבה פרשה ט'. ומה שאמר לעיל לא היה להם לחטוא אלא בשלי, אלמא לא עברו רק דבור אנכי ולא יהיה לך, היינו כפי עיקר כוונתם שהיתה במעשה העגל, אבל מכל מקום הוא כעוברים על כל עשרת הדברות, כדאיתא במדבר רבה הנ"ל: **בעשרה נסיונות.** כדתנן בפרק חמישי דאבות: **הוי זכור לאברהם כו'.** שאיידי דמזכיר אברהם מזכיר גם כן יצחק וישראל, שגם הם נתנסו בצאתם ויש להם גם כן זכיות הרבה (יפה תואר): (ה) **למה מזכיר כאן.** פירוש מאי שנא הכא משאר דוכתי שהתפלל ולא הזכיר האבות, במתאוננים, ובמרגלים, ובעדת קרח. ומשני אם שריפה הם חייבים כו' דבעון זה הוה שייך שריפה והרג כמו שאפרש: **אם שריפה הם חייבים.** רוצה לומר שאם ימיתם בידי שמים יהיה בשריפה כענין סדום, ועדת קרח, ומחנה סנחריב, כי באש ה' נשפט על הרוב כשמביא דינו בפרהסיא: **שגלה מבית אביו לחרן.** ויש לו זכות בזה שקיים מצות אביו ואמו שילך עד חרן ליקח אשה מבנות לבן, דאי כדי להמלט מפני עשו, לא היה צריך להצטער עד חרן שהיה אפשר לו לעמוד במדרשו של שם ועבר, כמו שעמד שם ארבע עשרה שנה:

פירוש מהרז"ו

(ד) **שהפקיד לו.** תנחומא כאן סימן כ"ד: **צריך אתה להתפייס.** על שצריך לומר לו דבר מסטירין נגד כבודו, הצריך בדברי סירוב אולי לא יצטרך לזה: **אין אתה יודע.** פירוש וכי שכחת שאני יודע: **עשר בעשר.** על פי מדת מנגד, וזה אחד מן הכוונות שהזכיר לאברהם, לבד מה שכוון ביצחק ויעקב, וכמו שכתב בסמוך: (ה) **לכבשן האש.** כמו שכתוב (בראשית טו, ז) אני ה' אשר הוצאתיך מאור כשדים. וכמו שדרש בראשית רבה פרשה מ"ד סימן י"ג, ושם נסמן. וכמו שכתב פרקי דרבי אליעזר ריש פרק כ"ו, ובתנחומא כאן. ועיין לעיל פרשה כ"ט סימן ז:

מתנות כהונה

מתנקה מעונותיך ורשע אתה כו'. ועיין בויקרא רבה פרשה ל"ו: [ד] **חי מרי.** לשון שבועה בחיי המלך: **מתריס.** לשון חוזק ועיין בערוך ערך תרס: **שהפקיד אביה אצלך** גרסינן: [ה] **לשריפת בניו.** במקום שריפת בניו: **הריגתו להריגת בניו** גרסינן:

אשד הנחלים

וגם מהו פירושו דקרא. ומפרש שביאורו לייסר ולהוכיח האנשים התמהים במה שאינם מקבלים שכר המצות תיכף לעשייתם, וזהו מיד ליד, ולמה לא יזכרו העונות שעשו [שהן המה המעכבים להטוב לבוא], ועוד רע בטבע הוא נקרא שאינו חפץ להנחיל מטובו ומזכותו לבניו אחריו, אבל זרע צדיקים נמלטו מרע מזכות אבותיהם. ולהורות נתנו בלבנו שתי סיבות במה שהטובים לפעמים יוסרו יותר מעונותיהם, הכל למען הנחיל טוב לבניהם אחריהם. ובאור הכתוב, זכור לעבדיך לאברהם, שלא קיבלו עודנה שכרם, ולכן נשבעת לתת טוב לבניהם אחריהם למענם: [ד] **משל כו' עשר בעשר כו' בעשרה נסיונות.** דהוקשה להם שהרי הכתוב לא הזכיר מצדקת אבותיהם רק במה שנשבע הקדוש ברוך הוא להם לתת לזרעם, ואם כן אין הזכירה פועלת בזכותם, רק בעבור הבטחה לבד. ולכן מפרש שעיקר הזכירה מצדקת אברהם שנתנסה באלו עשרה הענינים, ונמצא שלם, שלכן על ידי זה נשבע הקדוש ברוך הוא לתת הארץ לאברהם, כמו שנאמר בכתוב בעת העקידה (בראשית כב, טז) בי נשבעתי גו' יען אשר עשית את הדבר הזה, וא"כ השבועה הוא מפני טובם וצדקתם. וענין המשל והנמשל הוא ציור דק, כי הנה האובד דבר שאינו שלו הוא נענש עליו, אבל אם היה לו גם כן דבר אצל חברו, אין לו זכות כי אם לנכות משל חבירו על שלו. ומה נפלא הנמשל לדוגמתו, כי הנה ישראל לא זכו שינתן להם עשרת הדברות, שבהם היו נבדלים במעלה באמונת יחוד ה' ואהבתו ושמירת מצותיו שיהיו דבוקים בה' [שזהו כמשל שנשא לאשה ונתן לה עשרה מרגליות שעל ידי זה יהיה אהבתו אליה מתפארתה ונשיאת חינה בעיניו], הוא רק מזכות אבותיהם במה שנתנסו באלו הנסיונות ונמצאו צרופים, וא"כ תכונותיהם נתעלו באלו המעלות עד שנטעו בלבות הבנים תכונה לאלו המעלות הנפלאות, שלכן זכר לזה, ואלולי לא היו אבותיהם בזו המעלה לא היו זוכים לזה, וכשחטאו אז נפלו מאלו המעלות ונשתוו לכל העולם בכלל, וזהו שהצטדק משה יוצא עשר בעשר, כלומר יהיו בעיניך כאלו אבותיהם לא קיבלו עליהם העשרה נסיונות, ואז לא היה עונש עליהם על שלא קיבלו זאת, כי אין זאת מעלתם. הבן זה, וצרף לדבריי לעיל שחטאם בעגל היה לענין אמונה במה שהוזהרו ישראל יתר מכל העובדי כוכבים: [ה] **שלשת אבות כו'.** אף דבאמת יותר טוב זכות השלשה מאחד, עם כל זה הוקשה לו אם כן הוא מדוע לא אמר וליצחק, בוא"ו העיטוף, אלא ודאי שבא ללמד זכות מכל אחד ואחד לבד, וא"כ למה הזכיר את כולם. ולכן מפרש דהזכיר כל אחד מה שבדוגמת מעשיו יועיל לבניו להנצל מעונש פרטי, כי האבות עמלו בנסיונם עבור בניהם כנודע. ולפי זה מיושב גם כן במה שכתוב אחר כך ולישראל כו', לפי שגלות סבלו כל האבות כלם:

באור מהרי"פ

[ד] **הוי זכור לאברהם ליצחק ולישראל.** וצריך עיון דלפירוש זה דמשום עשרה נסיונות, יצחק וישראל מאי עבידתייהו הכא. ואולי בשביל זה אמר עוד **דבר אחר זכור וכו', ולמה מזכיר כאן שלשה אבות.** ולשון זה ולמה מזכיר שלש אבות כאן אינו מוזכר בשארי דרשות [דלעיל] של זכור, אלא הוא מפרש הטעם דביידי מדרשה המקודמת דזכור קאי אעשרה נסיונות, על זה אמר ולמה מזכיר כאן שלשה אבות היה לו להזכיר אברהם לבד שעמד בעשרה נסיונות, לכך דורש דרשה אחרת **אם שריפה כו':**

אמרי יושר

[ה] **אם שריפה הם חייבים.** כי מצינו בעיר הנדחת את כל שללה תקבוץ ושרפת, **זכור לאברהם.** ואף על גב דעונשו פרטי דהעובד עבודה זרה הוא בסקילה, עתה ששיבר הלוחות אין להם עונש תורה, גם כי זכות סקול יסקל יגן עליהם. **אם הרג** כעיר הנדחת לפי חרב **זכור ליצחק, אם גלות** דרך שגגה, גם מצינו לדיקים שבתוכה גילולים ובהכרת גולין חוצה לה, **זכור ליעקב,** נשארו סקילה, כי יחיד עובד עבודה זרה בסקילה, גם חנק, כי מסית ומדיח ונביא השקר בחנק, קום את בחד ואנא בחד. אי נמי חשיב להו כבת כהן שזינתה. ונראה דבעל זה המאמר אזיל לשיטת רבי שמעון (סנהדרין מט, ב) דסבירא ליה שריפה סקילה חנק והרג, ובגדול החל ובקטן כלה, ועונש חנק הרי משה השקן כסוטה ונחנקו בהדרוקן, נקט וא"ו ולישראל, דהיא גלות חלוק מהנזכר, ובזה יובן מאמר (סימן ח) החמשה מלאכי חבלה שראו משה קמו נגדו:

מסורת המדרש

ה. תנחומא כאן סימן כ"ד כל הענין:

אם למקרא

הֶרֶף מִמֶּנִּי וְאַשְׁמִידֵם וְאֶמְחֶה אֶת שְׁמָם מִתַּחַת הַשָּׁמָיִם וְאֶעֱשֶׂה אוֹתְךָ לְגוֹי עָצוּם וָרָב מִמֶּנּוּ: (דברים ט:יד)

ענף יוסף

(ד) **אמר בשביל שבטלו עשרת הדברות.** אף שלפי הפשט לא עברו ישראל אלא על אנכי ולא יהיה לך, אבל כבר אמרו (חולין ה, א) כל המודה בעבודה זרה ככופר בכל התורה, נמצא כאילו בטלו כל עשרת הדברות:

שינוי נוסחאות

(ד) **יצא י' בי'.** בספרים ישנים כתוב <יצאו י' בי'>, וכצ"ל:

וְתֵצֵא שְׂרֵיפָתוֹ לִשְׂרֵיפַת בָּנָיו – **and let his 'burning' count** as punishment **in place of the burning of his descendants.** וְאִם הֲרִיגָה הֵם חַיָּיבִים – **And if they are liable to death by the sword,**[32] זְכוֹר לְיִצְחָק אֲבִיהֶם שֶׁפָּשַׁט צַוָּארוֹ עַל גַּבֵּי הַמִּזְבֵּחַ לִישָּׁחֵט עַל שְׁמֶךָ – ***remember for the sake of*** **their forefather** ***Isaac,*** **who extended his neck on the altar to be slaughtered for** the sanctification of **Your Name,**[33] וְתֵצֵא הֲרִיגָתוֹ לַהֲרִיגַת בָּנָיו – **and let his 'killing' by the knife count** as punishment **in place of the killing by sword of his descendants.**[34] וְאִם גָּלוּת הֵם חַיָּיבִין – **And if they are liable to** be punished with **exile,**[35] זְכוֹר לְיַעֲקֹב אֲבִיהֶן שֶׁגָּלָה מִבֵּית אָבִיו לְחָרָן – ***remember for the sake of*** **their forefather Jacob, who was exiled from his father's house** and fled **to Haran,** וְיֵצְאוּ אֵלּוּ בְּאֵלּוּ – **and let these** deaths and suffering that the Patriarchs experienced or were prepared to experience **count** as punishment for their descendants **in place of these** that they were liable to receive."[36] הֲוֵי "זְכֹר לְאַבְרָהָם לְיִצְחָק וּלְיִשְׂרָאֵל" – **Thus** we have explained the verse, ***Remember for the sake of Abraham, Isaac, and Israel.***

NOTES

32. Since the "wayward city" inhabitants who worship idols (see note 30) are killed by sword (*Imrei Yosher*).

33. As described in *Genesis* Ch. 22.

34. See Insight Ⓐ.

35. Since the righteous who lived in the "wayward city" had to leave the city and go into exile before it was destroyed (*Imrei Yosher*). Alternatively, because "exile comes to the world because of idolatry" (*Avos* 5:11). And although God had stated that He was going to *annihilate them,* perhaps He intended to send them into exile, where they would slowly be annihilated through deprivation and suffering. Alternatively, even if God would accept Moses' argument not to annihilate them – lest the Egyptians say that He had always intended to kill them in the mountains – He would at least require them to go into exile (*Yefeh To'ar*).

36. Moses did not mention the other two forms of halachic capital punishment, stoning and strangulation, because they apply only to individual idolaters, but not to community-wide idolatry, as was the case here (*Toldos Noach*; see, however, *Imrei Yosher*).

INSIGHTS

Ⓐ **Virtual Sacrifice** Moses prayed that Isaac's "killing" protect Israel from being slain themselves in retribution for their sin. Although Isaac was never actually killed, the Midrash — in its plain sense — means to say that Isaac's *willingness* to be slaughtered by Divine edict was a source of merit for his descendants.

Other sources, however, lend a deeper perspective to the matter. It may be true that Isaac was not slaughtered according to the reality of this world, but in heaven a different reality prevails. This heavenly version of what transpired at the *Akeidah*, the Binding of Isaac, is alluded to in Scripture, for God, when expressing His determination to preserve the Jewish people in exile, avowed that *I will remember My covenant with Jacob, and also My covenant with Isaac, and also My covenant with Abraham I will remember* (*Leviticus* 26:42). The Midrash (*Sifra* ad loc., cited by *Rashi* there) notes that the word "remember" appears before Jacob's name and is repeated after Abraham's, but it is not associated directly with Isaac. That, explains the Midrash, is because when it comes to Isaac God does more than "remember" his merit; He actually keeps his ashes before Him at all times, piled up on the Altar in front of His throne. Evidently, in God's eyes the *Akeidah* was carried through to its conclusion.

In other sources we find that this image of Isaac's post-sacrifice remains was beheld by certain mortal beings as well. The Talmud relates that when the Jews returned from the Babylonian exile and began construction on the Second Temple, they had no definitive tradition concerning where to position the Altar. Their doubts were not resolved until they found the spot marked with an apparition of Isaac's ashes on the [heavenly] Altar (*Zevachim* 62a).

Why should Isaac be considered as if he were slaughtered and consumed by a fire when the Torah itself testifies to the contrary? *R' Chaim Soloveitchik* explains that to Abraham, the word of God was an absolute reality. Once he understood that God had commanded him to take a knife and slaughter Isaac, no power in the world could stop him from carrying out his duty — save for a restraining order from God Himself. So strong was Abraham's acceptance of his task, and so unyielding his will, that from the moment he received the command, the act was as good as done, and Isaac could be reckoned as a mound of dust (*Devir Kodsho, Vayeira* 22:10).

R' David Cohen (*Masas Kappai* Vol. 2, p. 139) offers a different explanation. In various parts of our synagogue liturgy, there is a prayer in which we ask God to be as heedful to our entreaties as He was to those of Abraham before us: *He Who answered our forefather Abraham on Mount Moriah — may He answer us.* This formula (which first appears in the Mishnah [*Taanis* 2:4] among the prayers recited during a drought) is difficult to understand. What prayer did Abraham offer on Mount Moriah? And where does it say that God fulfilled his wish?

Mount Moriah was the site of the *Akeidah*. This was where Abraham, after being told to desist from sacrificing Isaac, spotted a ram caught in a thicket nearby. He took this ram, and, as the Torah tells us, *offered it as a burnt-offering in place of Isaac, his son* (*Genesis* 22:13). This last phrase seems to emphasize the obvious. Is it not self-evident that he offered the ram "in place of Isaac, his son"? *Rashi* (citing *Bereishis Rabbah* 56 §9) reveals the significance of these words: As Abraham slaughtered and sacrificed the ram, he beseeched God at every stage of the process, saying, "May this rite be considered as if it were performed on my son." He prayed that God consider it as if Isaac were slaughtered, his blood sprinkled on the Altar, and his body consumed and turned to ashes.

That his prayer was received with favor can be seen from the very next verse (v. 14), which states that it will forever be said that *on the mountain of HASHEM it will be seen.* According to *Midrash Tanchuma* (*Vayeira* §23, cited by *Rashi* ad loc.), this means that the ashes of Isaac will always be kept in view before God, piled on the Altar and ready to atone for Israel with their merit.

Thus, it was a result of Abraham's supplication — one that serves as a model of efficacious prayer until today — that Isaac is considered as if he were actually brought as a sacrifice. It is no cause for wonder, then, that Moses was able to pray, "Let his killing substitute for the killing of his descendants" (see also *Masas Kappai* Vol. 4, pp. 31-33).

ד דָּבָר אַחֵר, [לב, יג] **"זְכֹר לְאַבְרָהָם",** **אָמַר רַבִּי אָבִין בְּשֵׁם רַבִּי אַחָא:** [ה]**מָשָׁל לְמֶלֶךְ שֶׁהִפְקִיד לוֹ אוֹהֲבוֹ אֶצְלוֹ עֲשָׂרָה מַרְגָּלִיּוֹת, מֵת אוֹהֲבוֹ וְהִנִּיחַ בַּת אַחַת, עָמַד הַמֶּלֶךְ וּנְטָלָהּ לְאִשָּׁה וַעֲשָׂאָהּ מַטְרוֹנָה וְנָתַן לָהּ שַׁלְשֶׁלֶת אַחַת שֶׁל י' מַרְגָּלִיּוֹת וְנָתְנָה אוֹתָם בְּצַוָּארָהּ, לְאַחַר יָמִים אִבְּדָה הַשַּׁלְשֶׁלֶת, הִתְחִיל הַמֶּלֶךְ מְבַקֵּשׁ לְהוֹצִיאָהּ, אָמַר: מְגָרְשָׁהּ אֲנִי מִבֵּיתִי, אוֹצִיאָהּ מֵאֶצְלִי, נִכְנַס שׁוֹשְׁבִינָהּ אֵצֶל הַמֶּלֶךְ וְהָיָה מְפַיְּיסוֹ, וְלֹא הָיָה הַמֶּלֶךְ נִשְׁמָע לוֹ, אֶלָּא הָיָה אוֹמֵר: מְגָרְשָׁהּ אֲנִי מֵאֶצְלִי, אָמַר לוֹ: לָמָּה, אֲדוֹנִי הַמֶּלֶךְ, אָמַר: שֶׁנָּתַתִּי לָהּ י' מַרְגָּלִיּוֹת וְאִבְּדַתָּן, אָמַר: חֵי מָרִי הַמֶּלֶךְ, אַף עַל פִּי כֵן צָרִיךְ אַתָּה לְהִתְפַּיֵּיס וְלִרְצוֹתָהּ, לֹא הָיָה הַמֶּלֶךְ שׁוֹמֵעַ לוֹ, כֵּיוָן שֶׁרָאָה הַשּׁוֹשְׁבִין מַה שֶּׁבִּקֵּשׁ לַעֲשׂוֹת עִמָּהּ וְאֵינוֹ מִתְרַצֶּה אֶלָּא מַתְרִיס וְאוֹמֵר: אֲגָרְשֶׁנָּה אָנִי, אָמַר לוֹ: בִּשְׁבִיל י' מַרְגָּלִיּוֹת שֶׁאִבְּדָה אַתָּה מְבַקֵּשׁ לְהוֹצִיאָהּ, אֵין אַתָּה יוֹדֵעַ שֶׁאֲנִי יוֹדֵעַ שֶׁהִפְקִיד אָבִיהָ אֶצְלְךָ י' מַרְגָּלִיּוֹת, °יֵצְא י' בְּי', כָּךְ כֵּיוָן שֶׁעָשׂוּ יִשְׂרָאֵל אוֹתוֹ מַעֲשֶׂה הָיָה הָאֱלֹהִים כּוֹעֵס עֲלֵיהֶם, הִתְחִיל אוֹמֵר הַקָּדוֹשׁ בָּרוּךְ הוּא:** (דברים ט, יד) **"הֶרֶף מִמֶּנִּי וְאַשְׁמִידֵם", אָמַר מֹשֶׁה: רִבּוֹן הָעוֹלָם, עַל מָה אַתָּה כּוֹעֵס עַל יִשְׂרָאֵל, אָמַר: בִּשְׁבִיל שֶׁבִּטְּלוּ עֲשֶׂרֶת הַדִּבְּרוֹת, אָמַר לוֹ: יֵשׁ לָהֶן מֵהֵיכָן לִפְרוֹעַ, אָמַר לוֹ: מִנַּיִן, אָמַר: הִזָּכֵר שֶׁנִּסִּיתָ אַבְרָהָם בְּי' נִסְיוֹנוֹת, וְיֵצְאוּ עֶשֶׂר בְּעֶשֶׂר, הֱוֵי** [לב, יג] **"זְכֹר לְאַבְרָהָם לְיִצְחָק וּלְיִשְׂרָאֵל":**

ה דָּבָר אַחֵר, [לב, יג] **"זְכֹר לְאַבְרָהָם", לָמָּה מַזְכִּיר כָּאן שְׁלֹשֶׁת אָבוֹת, אָמְרִין רַבָּנָן: אָמַר מֹשֶׁה: אִם שְׂרֵיפָה הֵם חַיָּיבִים, זְכֹר לְאַבְרָהָם שֶׁנָּתַן נַפְשׁוֹ לְכִבְשַׁן הָאֵשׁ לִישָּׂרֵף עַל שְׁמֶךָ, וְתֵצֵא שְׂרֵיפָתוֹ לִשְׂרֵיפַת בָּנָיו, וְאִם הֲרִיגָה הֵם חַיָּיבִים, זְכוֹר לְיִצְחָק אֲבִיהֶם שֶׁפָּשַׁט צַוָּארוֹ עַל גַּבֵּי הַמִּזְבֵּחַ לִישָּׁחֵט עַל שְׁמֶךָ, וְתֵצֵא הֲרִיגָתוֹ לַהֲרִיגַת בָּנָיו, וְאִם גָּלוּת הֵם חַיָּיבִין, זְכוֹר לְיַעֲקֹב אֲבִיהֶן שֶׁגָּלָה מִבֵּית אָבִיו לְחָרָן, וְיֵצְאוּ אֵלּוּ בְּאֵלּוּ, הֱוֵי** [לב, יג] **"זְכֹר לְאַבְרָהָם לְיִצְחָק וּלְיִשְׂרָאֵל":**

עץ יוסף

(ד) **משל למלך כו'.** לשון זכור דריש: **אף על פי כן צריך אתה להתפייס.** רמז לו שאין לו טענה על ההפסד, כי יודע הוא שיש לאביה אצלו עשר מרגליות: **מתרים.** לשון חוזק וסירוב: **בשביל שבטלו עשרת הדברות.** דמאחר שחטאו בגילוי עריות, כמו שדרשו על יקומו לצחק, הרי עוברים על כל עשרת הדברות, כדאיתא במדבר רבה פרשה ט'. ומה שאמר לעיל לא היה להם לחטוא אלא בשלי, אלמא לא עברו רק דבור אנכי ולא יהיה לך, היינו כפי עיקר כוונתם שהיתה במעשה העגל, אבל מכל מקום הוא כעוברים על כל עשרת הדברות, כדאיתא במדבר רבה הנ"ל: **בעשרה נסיונות.** כדתנן בפרק חמישי דאבות: **הוי זכור לאברהם כו'.** שאיידי דמזכיר אברהם מזכיר גם כן יצחק וישראל, שגם הם נתנסו בקצתם ויש להם גם כן זכות הרבה (יפה תואר): (ה) **למה מזכיר כאן.** פירוש מאי שנא הכא משאר דוכתי שהתפלל ולא הזכיר האבות, במתאוננים, ובמרגלים, ובעדת קרח. ומשני אם שריפה הם חייבים כו' דבעון זה הוה שייך שריפה והרג כמו שאפרש: **אם שריפה הם חייבים.** רוצה לומר שאם ימיתם בידי שמים יהיה בשריפה כענין סדום, ועדת קרח, ומחנה סנחריב, כי באש ה' נשפט על הרוב כשמביא דינו בפרהסיא: **שגלה מבית אביו לחרן.** ויש לו זכות בזה שקיים מצות אביו ואמו שילך עד חרן ליקח אשה מבנות לבן, דאי כדי להמלט מפני עשו, לא היה צריך להלטער עד חרן שהיה אפשר לו לעמוד במדרשו של שם ועבר, כמו שעמד שם ארבע עשרה שנה:

פירוש מהרז"ו

(ד) **שהפקיד לו.** תנחומא כאן סימן כ"ד: **צריך אתה להתפייס.** על שצריך לומר לו דבר מסטירין נגד כבודו, הוצריך בדברי סירוב אולי לא יצטרך לזה: **אין אתה יודע.** פירוש וכי שכחת שאני יודע: **עשר בעשר.** על פי מדת מנגד, וזה אחד מן הכוונות שהזכיר לאברהם, לבד מה שכוון ביצחק ויעקב, וכמו שכתב בסמוך: (ה) **לכבשן האש.** כמו שכתוב (בראשית טו, ז) אני ה' אשר הוצאתיך מאור כשדים. וכמו שדרש בראשית רבה פרשה מ"ד סימן י"ג, ושם נסמן. וכמו שכתב פרקי דרבי אליעזר ריש פרק כ"ו, ובתנחומא כאן. ועיין לעיל פרשה כ"ט סימן ז:

מתנות כהונה

מתנקה מעונותיך ורשע אתה כו'. ועיין בויקרא רבה פרשה ל"ו: [ד] **חי מרי.** לשון שבועה בחיי המלך: **מתריס.** לשון חוזק ועיין בערוך ערך תרס: **שהפקיד אביה אצלך** גרסינן: [ה] **לשריפת בניו.** במקום שריפת בניו: **הריגתו להריגת בניו** גרסינן:

אשד הנחלים

וגם מהו פירושו דקרא. ומפרש שביאורו לייסר ולהוכיח האנשים התמהים במה שאינם מקבלים שכר המצות תיכף לעשייתם, וזהו מיד ליד, ולמה לא יזכרו העונות שעשו [שהן המה המעכבים להטוב לבוא], ועוד רע בטבע הוא נקרא שאינו חפץ להנחיל מטובו ומזכותו לבניו אחריו, אבל זרע צדיקים נמלטו מרע מזכות אבותיהם. ולהורות נתנו בלבנו שתי סיבות במה שהטובים לפעמים יוסרו יותר מעונותיהם, הכל למען הנחיל טוב לבניהם אחריהם. ובאור הכתוב, זכור לעבדיך לאברהם, שלא קיבלו עודנה שכרם, ולכן נשבעת לתת טוב לבניהם אחריהם למענם: **[ד] משל כו' עשר בעשר כו' בעשרה נסיונות.** דהוקשה להם שהרי הכתוב לא הזכיר מצדקת אבותיהם רק במה שנשבע הקדוש ברוך הוא להם לתת לזרעם, ואם כן אין הזכירה פועלת בזכותם, רק בעבור הבטחה לבד. ולכן מפרש שעיקר הזכירה מצדקת אברהם שנתנסה באלו עשרה הענינים, ונמצא שלם, שלכן על ידי זה נשבע הקדוש ברוך הוא לתת הארץ לאברהם, כמו שנאמר בכתוב בעת העקידה (בראשית כב, טז) בי נשבעתי גו' יען אשר עשית את הדבר הזה, וא"כ השבועה הוא מפני טובם וצדקתם. וענין המשל והנמשל הוא ציור דק, כי הנה האובד דבר שאינו שלו הוא נענש עליו, אבל אם היה לו גם כן דבר אצל חברו, אין לו זכות כי אם לנכות משל חבירו על שלו. ומה נפלא הנמשל לדוגמתו, כי הנה ישראל לא זכו שינתן להם עשרת הדברות, שבהם היו נבדלים במעלה באמונת יחוד ה' ואהבתו ושמירת מצותיו שיהיו דבוקים בה' [שזהו כמשל שנשא לאשה ונתן לה עשרה מרגליות שעל ידי זה יהיה אהבתו אליה מתפארתה ונשיאת חינה בעיניו], הוא רק מזכות אבותיהם במה שנתנסו באלו הנסיונות ונמצאו צרופים, וא"כ תכונותיהם נתעלו באלו המעלות עד שנטעו בלבות הבנים תכונה לאלו המעלות הנפלאות, שלכן זכר לזה, ואלולי לא היו אבותיהם בזו המעלה לא היו זוכים לזה, וכשחטאו אז נפלו מאלו המעלות ונשתוו לכל העולם בכלל, וזהו שהצטדק משה יוצא עשר בעשר, כלומר יהיו בעיניך כאלו אבותיהם לא קיבלו עליהם העשרה נסיונות, ואז לא היה עונש עליהם על שלא קיבלו זאת, כי אין זאת מעלתם. הבן זה, וצרף לדבריי לעיל שחטאם בעגל היה לענין אמונה במה שהוזהרו ישראל יתר מכל העובדי כוכבים: **[ה] שלשת אבות כו'.** אף דבאמת יותר טוב זכות השלשה מאחד, עם כל זה הוקשה לו אם כן הוא מדוע לא אמר וליצחק, בוא"ו העיטוף, אלא ודאי שבא ללמד זכות מכל אחד ואחד לבד, וא"כ למה הזכיר את כולם. ולכן מפרש דהזכיר כל אחד מה שבדוגמת מעשיו יועיל לבניו להנצל מעונש פרטי, כי האבות עמלו בנסיונם עבור בניהם כנודע. ולפי זה מיושב גם כן במה שכתוב אחר כך ולישראל כו', לפי שגלות סבלו כל האבות כלם:

באור מהרי"פ

[ד] **הוי זכור לאברהם ליצחק ולישראל.** וצריך עיון דלפירוש זה דמשום עשרה נסיונות, יצחק וישראל מאי עבידתייהו הכא. ואולי בשביל זה אמר עוד **דבר אחר זכור וכו', ולמה מזכיר כאן שלשה אבות.** ולשון זה ולמה מזכיר שלש אבות כאן אינו מוזכר בשארי דרשות [דלעיל] של זכור, אלא הוא מפרש הטעם דניידי מדרשה המקודמת דזכור קאי אעשרה נסיונות, על זה אמר ולמה מזכיר כאן שלשה אבות היה לו להזכיר אברהם לבד שעמד בעשרה נסיונות, לכך דורש דרשה אחרת **אם שריפה כו':**

אמרי יושר

[ה] **אם שריפה הם חייבים.** כי מצינו בעיר הנדחת את כל שללה תקבוץ ושרפת, **זכור לאברהם.** ואף על גב דעונשו פרטי דהעובד עבודה זרה הוא בסקילה, עתה שיבר הלוחות אין להם עונש תורה, גם כי זכות סקול יסקל יגן עליהם. **אם הרג** כעיר הנדחת לפי חרב **זכור ליצחק, אם גלות** דרך שגגה, גם מצינו לדיקים שבתוכה ניצולים ובהכרח גולין חוצה לה, **זכור ליעקב,** נשארו סקילה, כי יחיד עובד עבודה זרה בסקילה, גם חנק, כי מסית ומדיח ונביא השקר בחנק, קום אח בחד ואכא בחד. אי נמי חשיב להו כבת כהן שזינתה. ונראה דבעל זה המאמר אזיל לשיטת רבי שמעון (סנהדרין מט, ב) דסבירא ליה שריפה סקילה חנק והרג, ובגדול האל ובקטן כלה, ועונש חנק הרי משה השקן כסוטה ונחנקו בהדרוקן, נקט וא"ו ולישראל, דהיא גלות חלוק מהנזכר, ובזה יובן מאמר (סימן ח) החמשה מלאכי חבלה שראו משה קמו נגדו:

מסורת המדרש

ה. תנחומא כאן סימן כ"ד כל הענין:

אם למקרא

הֶרֶף מִמֶּנִּי וְאַשְׁמִידֵם וְאֶמְחֶה אֶת שְׁמָם מִתַּחַת הַשָּׁמָיִם וְאֶעֱשֶׂה אוֹתְךָ לְגוֹי עָצוּם וָרָב מִמֶּנּוּ: (דברים ט:יד)

ענף יוסף

(ד) **אמר בשביל שבטלו עשרת הדברות.** אף שלפי הפשט לא עברו ישראל אלא על אנכי ולא יהיה לך, אבל כבר אמרו (חולין ה, א) כל המודה בעבודה זרה ככופר בכל התורה, נמצא כאילו בטלו כל עשרת הדברות:

שינוי נוסחאות

(ד) **יצא י' בי'.** בספרים ישנים כתוב <יצאו י' בי'>, וכצ"ל:

§6 The Midrash presents another explanation of why Moses mentioned the Patriarchs in his prayer:[37]

דָּבָר אַחֵר – Another explanation: "זְכֹר לְאַבְרָהָם" – ***Remember for the sake of Abraham****, Isaac, and Israel.* לָמָּה הִזְכִּיר ג׳ אָבוֹת – **Why did [Moses] mention the three Patriarchs?** אָמַר רַבִּי לֵוִי – **R' Levi said:** אָמַר מֹשֶׁה: רִבּוֹן הָעוֹלָם, חַיִּים הֵם הַמֵּתִים – **Moses said** to God, **"Master of the world, will the deceased live** again, i.e., will there be a revivification of the dead in the Messianic era?" אָמַר לוֹ: מֹשֶׁה, נַעֲשֵׂיתָ מִין – **[God] said to him, "Moses, have you become a heretic,** that you pose this basic tenet of faith as a question?" אָמַר לוֹ מֹשֶׁה: אִם אֵין הַמֵּתִים חַיִּים לֶעָתִיד לָבֹא יָפֶה אַתָּה עוֹשֶׂה לָהֶם כָּל מַה שֶּׁתְּבַקֵּשׁ – **Moses responded,** "The intent of my question was merely that **if the deceased would not live in the future world, it would be proper for You to do to [Israel]** now **whatever You desire.** אֲבָל אִם חַיִּים הַמֵּתִים – **However, if,** as is of course true, **the deceased *will* live** again, מַה יֵּשׁ לְךָ לוֹמַר לָאָבוֹת לֶעָתִיד לָבֹא – **what will You say to the Patriarchs in the future** World to Come? כְּשֶׁיַּעַמְדוּ אֲבוֹתֵיהֶם וִיבַקְשׁוּ מִמְּךָ הַבְטָחָה שֶׁהִבְטַחְתָּם, מַה יֵּשׁ לְךָ לַהֲשִׁיבָם – **When the forefathers of [the Israelites] will rise up** from the dead **and seek from You** the fulfillment of **the promise that You promised them, what will You be able to answer them?** לֹא כָּךְ הִבְטַחְתָּם שֶׁאַתָּה מַרְבֶּה בְּנֵיהֶם כְּכוֹכְבֵי הַשָּׁמַיִם, וְעַכְשָׁיו תְּבַקֵּשׁ לְכַלּוֹתָן – **Did You not promise them thus, that You would *increase* their descendants *like the stars of heaven?* Yet now You seek to annihilate them?"**[38] הֱוֵי "זְכֹר לְאַבְרָהָם וְגוֹ׳ " – **Thus** we have explained the verse, ***Remember for the sake of Abraham****, Isaac, and Jacob,* ***etc.***[39]

§7 The Midrash presents another explanation of why Moses mentioned the Patriarchs in his prayer:

דָּבָר אַחֵר – Another explanation: "זְכֹר לְאַבְרָהָם" – ***Remember for the sake of Abraham****, etc.* לָמָּה הִזְכִּיר כָּאן מֹשֶׁה ג׳ אָבוֹת – **Why did Moses mention** the **three Patriarchs here?**[40] אָמַר רַבִּי אָבִין – **R' Avin said:** אָמַר הַקָּדוֹשׁ בָּרוּךְ הוּא לְמֹשֶׁה – **The Holy One, blessed is He, said to Moses,** אֲנִי מְבַקֵּשׁ מִיָּדְךָ כְּשֵׁם שֶׁבִּקַּשְׁתִּי מִסְּדוֹם, עֲשָׂרָה – **"I am seeking from you, just as I sought from Sodom** before I destroyed it, **ten** righteous people. הַעֲמֵיד לִי מֵהֶם עֲשָׂרָה צַדִּיקִים וְאֵינִי מְכַלֶּה אוֹתָם – **Present to me ten righteous men from among them, and I will not obliterate them."** אָמַר: רִבּוֹן הָעוֹלָם, אֲנִי מַעֲמִיד לְךָ – **[Moses] said, "Master of the world, I will present** them **to You.** הֲרֵי אֲנִי וְאַהֲרֹן וְאֶלְעָזָר וְאִיתָמָר וּפִנְחָס וִיהוֹשֻׁעַ וְכָלֵב – **Behold,** You have **me, Aaron,**[41] **Elazar, Ithamar, Phinehas, Joshua, and Caleb."**[42] אָמַר לוֹ הָאֱלֹהִים: הֲרֵי ז׳, וְהֵיכָן הַג׳ – **God said to him, "Behold, there are seven, but where are the three** additional righteous men that I requested?" לֹא הָיָה יוֹדֵעַ מַה לַּעֲשׂוֹת מֹשֶׁה – Unable to think of any additional living men whom God would certainly deem righteous, **Moses did not know what to do.**[43] אָמַר לוֹ: רִבּוֹן הָעוֹלָם, חַיִּים הֵם הַמֵּתִים – **He** then **said to [God], "Master of the world, will the deceased live** again in the Messianic era?"[44] אָמַר לוֹ הֵן – **[God] said to him, "Yes."** אָמַר: אִם חַיִּים הֵם הַמֵּתִים "זְכֹר לְאַבְרָהָם לְיִצְחָק וּלְיִשְׂרָאֵל", הֲרֵי עֲשָׂרָה – So **[Moses] said, "If the deceased will live** again in the future, we should be able to count them as living even today;[45] therefore, ***remember Abraham, Isaac, and Israel,*** and **thus** we have **ten** righteous men." לְכָךְ הִזְכִּיר ג׳ אָבוֹת – **For this reason [Moses] mentioned** the **three Patriarchs.**[46]

NOTES

37. *Yefeh To'ar* (see also *Eshed HaNechalim*) explains the question more specifically: Since Moses' point in his prayer was for God to honor His oath, he could have said simply, "Remember the oath that You swore to increase Israel like the stars of heaven, and to give them this land." Why, then, did Moses mention the Patriarchs at all?

38. *Yefeh To'ar* raises a strong question: Why was it not persuasive enough for Moses to simply ask, "How is it possible for You to contravene Your oath?" Why did he have to couch his argument in terms of the Patriarchs and their theoretical future complaint that the oath was not honored? To answer this question he explains that in truth God was not bound by the oath to the Patriarchs, for it was understood that it was contingent on their descendants' subsequent merit. If they committed idolatry, the promises made to their forebears would surely not be kept for them. (Furthermore, the terms of the oath to multiply the Patriarchs' descendants could technically be fulfilled through Moses and his descendants – as God Himself suggested in v. 10.) Moses' point was that God's oath to the Patriarchs – besides the strict terms of the oath, which would not be technically violated even if God destroyed the people (as explained above) – was an indication of God's great love for the Patriarchs. Thus, if He now annihilated all their offspring, it would indicate that He had not maintained this love for them, and would open the opportunity for them to express their disappointment with this situation.

See *Maharzu,* who shows how Moses' entire argument here is inferred from the Scriptural verses.

39. That is, in addition to mentioning God's oath to the forefathers, Moses stated, *Remember Abraham, Isaac, and Israel,* i.e., "Remember that You will have to answer to these three in the future, when they ask You what happened to the oath regarding their descendants."

40. I.e., why did Moses mention the merit of the Patriarchs here, when he did not do so in other situations in which he had to defend Israel? (*Yefeh To'ar, Eitz Yosef*). Alternatively: Why did Moses mention all three of the Patriarchs? (see *Eshed HaNechalim*).

41. *Maharzu* wonders how Aaron could count as one of the righteous men whose merit would protect Israel when, as Moses himself stated, *HASHEM became very angry with Aaron to destroy him* (*Deuteronomy* 9:20), due to his role in the Golden Calf incident. *Maharzu* suggests that Moses presumably thought that God wanted to take Aaron's life *not* because he was wicked but, to the contrary, as an atonement for the sins of the people. [This concept appears in 35 §4 above; see also *Moed Katan* 28a and *Shabbos* 33b.] (According to *Maharzu*, it would seem that the words *HASHEM became very angry* are to be understood to mean: "God expressed His anger.")

42. *Yefeh To'ar* and *Eitz Yosef* wonder why in our Midrash Moses does not mention the seventy elders of the Sanhedrin, and Aaron's sons Nadab and Abihu. (Indeed, these righteous people *are* mentioned in the parallel Midrash, *Devarim Rabbah* 3 §15; see below, note 46.) They answer that our Midrash is of the view that these men had sinned at the time of the giving of the Torah (see *Bamidbar Rabbah* 15 §24 and *Rashi* to 24:11 above), and were thus no longer deemed righteous. For further discussion of why these people, and others, were not mentioned by Moses, see *Yefeh To'ar* and *Maharzu.* See also next note.

43. The question arises: If Moses could enumerate only seven righteous men, why did he answer in the affirmative when God asked him if he could present ten men? *Eitz Yosef* explains that he had a number of others in mind. (*Eitz Yosef* mentions a number of people not mentioned in the preceding note.) However, since he was uncertain whether God would consider them righteous, he was afraid to mention them and hoped that God would include them in the account on His own. When He did not, Moses was at a loss. For a different approach, see *Yefeh To'ar.*

Toldos Noach offers a novel reading of our Midrash: Moses actually enumerated *ten* righteous men, not seven. But God *disqualified* three of them, for they had sinned in some way known only to Him.

44. This was a rhetorical question, for Moses certainly knew about and believed in the Revivification of the Dead. See above, §6.

45. Since they are destined to live again in this world, it is deemed as if they are already alive; hence, they can be combined with the living of this world (*Eitz Yosef*; cf. *Eshed HaNechalim*).

46. See above, note 40. Moses mentioned the Patriarchs here because it was in answer to God's request for ten righteous men – a request God did not make in other situations (*Yefeh To'ar*). And all three of the Patriarchs were needed to complete the count of ten.

Another version of the exchange between God and Moses appears in *Devarim Rabbah* 3 §15. See *Anaf Yosef.*

ו דָּבָר אַחֵר, [לב, יג] "זְכֹר לְאַבְרָהָם", לָמָּה הִזְכִּיר ג' אָבוֹת, אָמַר רַבִּי לֵוִי: אָמַר מֹשֶׁה: רִבּוֹן הָעוֹלָם, חַיִּים הֵם הַמֵּתִים, אָמַר לוֹ: מֹשֶׁה, נַעֲשֵׂיתָ מִין, אָמַר לוֹ מֹשֶׁה: אִם אֵין הַמֵּתִים חַיִּים לֶעָתִיד לָבֹא יָפֶה אַתָּה עוֹשֶׂה לָהֶם כָּל מַה שֶּׁתְּבַקֵּשׁ, אֲבָל אִם חַיִּים הַמֵּתִים מַה יֵּשׁ לְךָ לוֹמַר לָאָבוֹת לֶעָתִיד לָבֹא כְּשֶׁיַּעַמְדוּ אֲבוֹתֵיהֶם וִיבַקְשׁוּ מִמְּךָ הַבְטָחָה שֶׁהִבְטַחְתָּם, מַה יֵּשׁ לְךָ לַהֲשִׁיבָם, לֹא כָּךְ הִבְטַחְתָּם שֶׁאַתָּה מַרְבֶּה בְּנֵיהֶם כְּכוֹכְבֵי הַשָּׁמַיִם, וְעַכְשָׁיו תְּבַקֵּשׁ לְכַלּוֹתָן, הֱוֵי "זְכֹר לְאַבְרָהָם וְגוֹ'":

ז דָּבָר אַחֵר, [לב, יג] "זְכֹר לְאַבְרָהָם", לָמָּה הִזְכִּיר כָּאן מֹשֶׁה ג' אָבוֹת, אָמַר רַבִּי אָבִין: יאָמַר הַקָּדוֹשׁ בָּרוּךְ הוּא לְמֹשֶׁה: אֲנִי מְבַקֵּשׁ מִיָּדְךָ כְּשֵׁם שֶׁבִּקַּשְׁתִּי מִסְּדוֹם, עֲשָׂרָה, הַעֲמֵיד לִי מֵהֶם עֲשָׂרָה צַדִּיקִים וְאֵינִי מְכַלֶּה אוֹתָם, אָמַר: רִבּוֹן הָעוֹלָם, אֲנִי מַעֲמִיד לָךְ, הֲרֵי אֲנִי וְאַהֲרֹן וְאֶלְעָזָר וְאִיתָמָר וּפִנְחָס וִיהוֹשֻׁעַ וְכָלֵב, אָמַר לוֹ הָאֱלֹהִים: הֲרֵי ז', וְהֵיכָן הַג', לֹא הָיָה יוֹדֵעַ מַה לַּעֲשׂוֹת מֹשֶׁה, אָמַר לוֹ: רִבּוֹן הָעוֹלָם, חַיִּים הֵם הַמֵּתִים, אָמַר לוֹ הֵן, אָמַר: אִם חַיִּים הֵם הַמֵּתִים [לב, יג] "זְכֹר לְאַבְרָהָם לְיִצְחָק וּלְיִשְׂרָאֵל", הֲרֵי עֲשָׂרָה, לְכָךְ הִזְכִּיר ג' אָבוֹת:

ח דָּבָר אַחֵר, [לב, יג] "זְכֹר לְאַבְרָהָם", מָה רָאָה לְהַזְכִּיר ג' אָבוֹת, אָמַר רַבִּי אַלּוֹנִי בֶּן טַבְרִי בְּשֵׁם רַבִּי יִצְחָק: זכֵּיוָן שֶׁעָשׂוּ אוֹתוֹ מַעֲשֶׂה יָצְאוּ ה' מַלְאֲכֵי חַבָּלָה לְכַלּוֹתָן: אַף, וְחֵמָה, וְקֶצֶף, וְהַשְׁמֵד, וְהַשְׁחֵת, כְּמוֹ שֶׁכָּתוּב (דברים ט, יט) "כִּי יָגֹרְתִּי מִפְּנֵי הָאַף וְהַחֵמָה", אָמַר: רִבּוֹן הָעוֹלָם, אַתָּה עֲמוֹד בְּאֶחָד וַאֲנִי בְּאֶחָד, אַתָּה עֲמוֹד בְּאַף, שֶׁנֶּאֱמַר (תהלים ז, ז) "קוּמָה ה' בְּאַפֶּךָ", וַאֲנִי בְּחֵמָה, שֶׁנֶּאֱמַר (שם קו, כג) "לוּלֵי מֹשֶׁה וְגוֹ' לְהָשִׁיב חֲמָתוֹ מֵהַשְׁחִית", אָמַר לוֹ הַקָּדוֹשׁ בָּרוּךְ הוּא:

עץ יוסף

(ו) **למה הזכיר שלש אבות.** פירוש מה לורך להזכיר האבות, כיון דבא בטענת אשר נשבעת להם בך, ומשני דהיינו לומר שמה שטען אשר נשבעת להם כו' אינו מלד חיוב השבועה, אלא מלד מה יש לך להשיבם כדמפרש: **חיים הם המתים.** לעתיד, ודרך שאלה אמר כן: **נעשית מין.** בתמיה, וכי אתה לריך לשאול על זה: **יפה אתה עושה.** שאף על פי שהם חיים בגן עדן, אינו חושש מהם דלא ידעו בעניני ביניהם, דאף דמסיק בפרק מי שמתו (יח, א) שהמתים יודעים בעסקי החיים, סבירא ליה לרבי לוי כדסלקא דעתך התם לר' יונתן: **מה יש לך לומר לאבות.** שאף על פי שמלד השבועה פטור אתה לפי שחטאו, והשבועה היתה על התנאי, ואפשר להקדוש ברוך הוא לומר להם שבחטאם מתו, מכל מקום כדי שלא יהא לבם דוה על בניהם יש לך להגין עליהם, אף על פי שאינם ראוים (יפה תואר): (ז) **למה הזכיר כאן משה שלש אבות.** פירוש מאי שנא דמזכיר הכא זכות אבות טפי משאר דוכתי, ומשני דהכא על ידי שהקדוש ברוך הוא בקש ממנו עשר לדיקים השיב כך, מה שאין כן במקום אחר שלא בקש ה' זה ממשה, על כרחך לא מלא מקום להזכירן שכבר נודעה טענה זו: **הרי שבעה.** והא דלא מני נדב ואביהוא ושבעים זקנים, יש לומר דסבר שהם כבר חטאו, כמאן דאמר במדבר רבה פרשה ט"ו דאילי בני ישראל הם נדב ואביהוא, ושבעים זקנים שזנו עיניהם מן השכינה והאריך להם אז כדי שלא לערבב שמחת התורה, עיין שם. ועיין לקמן סוף פרשת עקב, דחשיב לנדב ואביהוא, ולא חשיב משה ויהושע: **לא ידע מה לעשות.** וקשה מדוע לא חשב משה גם לבצלאל ואהליאב ומכיר ויאיר אלדד ומידד, יש לומר משום שלא קים ליה בגוייהו ירא לחשוב אותם, וחשב שהקדוש ברוך הוא בעצמו ילרפם, וכיון ששמע מהקדוש ברוך הוא שאמר היכן השלשה, עמד מרעיד ולא היה יודע מה לעשות: **אם חיים המתים.** הרי הם מלטרפים עם החיים בעולם הזה, שכל העומד לחיות בעולם הזה כאילו חי כבר: (ח) **מה ראה להזכיר שלש אבות.** ואי לענין זכותם להגן בעדם מזכירם, מאי שנא הכא מכמה דוכתי שאינו מזכירם בתפלתו, ומשני דהכא אילטריך משום מלאכי חבלה כו':

פירוש מהרז"ו

(ו) **אבל אם חיים המתים.** וזהו זכור לאברהם וגו' עד ונחלו לעולם, חוזר על האבות שיחיו לעולם הבא וישאלו על שבועתם והבטחתם על השבטים ובניהם, ועל פי מדה ט', אם כן מה תענה, ואם באתי לקבל דינך שאמרת הרף ממני ואשמידם הניחה לי ויחר אפי בהם, אין לי דרך אחרת רק לומר שלא תחיה אותם. ויתכן שדורשים אשר אמרתי אתן לזרעכם, שהיה לו לומר אשר אמרת, על כן דורש על פי מדה ל"א, אשר אמרתי ונחלו לעולם, היינו לעולם הבא הנ"ל, ואם כן שוב מחרון אפך וגו', ובאופן זה כל הטענה מרומז בפסוק: (ז) **בשם שבקשתי מסדום עשרה.** פירוש שבסוף תפלת אברהם נתרלה על עשרה, כמו שכתוב ויאמר לא אשחית בעבור העשרה. ודורש מדה י"ז, וקל וחומר אם פעל אברהם על סדום כך קל וחומר על בניו, ואם נתרלה על לדיקי סדום, קל וחומר על לדיקי ישראל. ולריך עיון איך חושב את אהרן למגן, הרי מפורש (דברים ט, כ) ובאהרן התאנף ה' מאד להשמידו ואתפלל גם בעד אהרן. ויתכן שאשר רלה להשמידו הוא על דרך מה שדרשו חז"ל (לעיל לה, ד) נוטל לדיק אחד ומכפר על הדור, וכמו שכיפר מיתת נדב ואביהוא, שעל כן כתוב (ויקרא י, ו) ואחיכם כל בית ישראל יבכו את השרפה וגו', וקל וחומר באהרן. ועוד לריך עיון גדול למה אינו חושב יאיר ומכיר, וכמו שחשב לעיל פרשה מ"ג סימן ו, ושם אמר גם כן והלדיקים, עיין מה שכתבתי שם, וגם כל שבט לוי היו לדיקים. ובהכרח לומר אחר יליאת מלרים וקריעת ים סוף שאמרו זה אלי, שראו כולם יותר מכל הנביאים, וכן במתן תורה שדבר עמהם פנים בפנים, ומאחר שהם חטאו בעגל, אין די לכפרתם בסתם לדיקים, אלא בלדיקים בעלי רוח הקדש, כמשה, ואהרן, ואלעזר, ואיתמר, וכהנים משוחים מכפרים, ואלעזר נשיא וסגן, ואיתמר בדומה לו, וכן פנחס, ויהושע, וכלב, שנקראו עבדי ה' וגדולתם מפורש בתורה ובנביאים, אשר אין בדומה להם בכל אותם האחרים אלא האבות, ודוק מאד: (ח) **יצאו חמשה מלאכי חבלה.** עיין לעיל סוף פרשה מ"א, ושם נסמן ומבואר. ושם איתא שתחלה הזכיר האבות וכאן בהיפך, ולריך עיון כאן:

חידושי הרד"ל

[ח] **מה ראה להזכיר כו' אמר רבי לוליני בן טברי כו'.** כן לריך לומר, ועיין שוחר טוב מזמור ז: **ה' מלאכי חבלה.** פרקי דרבי אליעזר פרק מה:

חידושי הרש"ש

[ז] **הרי אני ואהרן כו'.** עיין לקמן סוף פרשת עקב (דברים רבה ג, טו) דחשיב לנדב ואביהוא ולא חשיב משה ויהושע, ולריך עיון, ועיין מה שכתבתי לעיל פרשה מג, ו (ד"ה אהרן): [ח] **כמו שכתוב כי יגורתי מפני האף והחמה.** וסופיה אשר קלף גו' להשמיד הרי גם קלף והשמד, ושם בלשון תפלתו אל תשחת גו', וכן עוד שם (פסוק י) ואנכי עמדתי בהר גו' לא אבה ה' השחיתך, הרי גם כן השחת, ועיין מה שכתבתי לעיל פרשה פרשה מא, ז (ד"ה חמשה):

מסורת המדרש

ו. דברים רבה פרשה ג':

ז. לעיל פרשה מ"א. דברים רבה פרשה ג'. קהלת רה פרשה ד' פסוק ג'. פרקי דרבי אליעזר פרק מ"ה. מדרש תהלים מזמור ז' ומזמור י"ח. ילקוט סדר עקב רמז תתנ"ג. ילקוט כאן רמז שנ"ב. ילקוט תהלים רמז תרל"ז. ועיין נדרים דף ל"ב:

אם למקרא

כִּי יָגֹרְתִּי מִפְּנֵי הָאַף וְהַחֵמָה אֲשֶׁר קָצַף ה' עֲלֵיכֶם לְהַשְׁמִיד אֶתְכֶם וַיִּשְׁמַע ה' אֵלַי גַּם בַּפַּעַם הַהִוא: (דברים ט:יט)

קוּמָה ה' בְּאַפֶּךָ הִנָּשֵׂא בְּעַבְרוֹת צוֹרְרָי וְעוּרָה אֵלַי מִשְׁפָּט צִוִּיתָ: (תהלים ז:ז)

וַיֹּאמֶר לְהַשְׁמִידָם לוּלֵי מֹשֶׁה בְחִירוֹ עָמַד בַּפֶּרֶץ לְפָנָיו לְהָשִׁיב חֲמָתוֹ מֵהַשְׁחִית: (שם קו:כג)

ענף יוסף

(ז) [ו] **העמד לי מהם עשרה צדיקים כו'.** בפרשת עקב איתא אמר אני מעמיד לך שמונים לדיקים, ולא מלא אלא שבעים ושבע, ולירף את השלשה אבות לשמונים. יש לומר דבעל המאמר דכאן סבירא ליה דכל ישראל איקרו קהל, ולכן די עשרה לדיקים לכל ישראל, היינו שבע לדיקים ולירוף שלשה אבות, אבל המדרש דשם סבירא ליה דכל שבט איקרי קהל, ולפי ששבט לוי לא חטא בעגל, לכן לריכין שבע לדיקים לכל שבט ושבט, ולירוף שלשה אבות לכל שבט ושבט, שהם אבות לכולם, ואחד עשר פעמים שבע הרי שבעים ושבעה, ולירוף שלשה אבות הרי שמונים, (מהרב הגאון החסיד מוהר"ר זלמן שניאור ז"ל:)

מתנות כהונה

[ו] **חיים הם המתים.** לעתיד ודרך שאלה אמר כן: **נעשית מין.** בתמיה וכי אתה לריך לשאול על זה ועיין כל זה פרשת עקב ולעיל סוף פרשה מ"א ובמדרש קהלת פסוק ושבח אני את המתים ובפסוק שבתי: **להשיב חמתו** גרסינן:

אשד הנחלים

[ו] **למה הזכיר כו' חיים כו'.** בכאן אין הקושיא למה שלשה דוקא, כי אם שאלתם אחר שכל עיקר שאלתו מפני הבטחתו, היה לו לומר זכור אשר נשבעת ואיך תפיר השבועה. ולכן מפרש שהכונה בכתוב, אחד זכור לאברהם יצחק ויעקב, ואיך תשיב את פניהם עת ישאלו על בניהם, עוד, מה תעשה בהבטחה. ומה שמציע בעל המדרש בדרך ויכוח ושאלה אם המתים חיים, הוא דרך מליצה, כאלו משה שואל על הודאי אחר שודאי שכן הוא, כי זהו עיקר השכר הנצחי והתכלית האחרון, שלכן אתה מענישם במה שהשחיתו מעשיהם ובטלו התכלית האחרון, וא"כ מה תשיב להם כשיקומו: [ז] **שלשת אבות כו'.** זהו כמו שפרשתי לעיל ששאלתו על שכתוב בלא וי"ו, שמורה שצריך לזכות כל אחד ואחד בכדי לצרפם לחשבון עשרה: **חיים הם המתים.** כלומר אם נפשם בתחיה ובהשארה אז הם כאלו המה פה בחיים בעולם, אחר שהם חיים מה לו בעולם הנשמות מה לו כאן: [ח] **חמשה מלאכי חבלה כו'.** ביארתי לעיל (מא, ז) במעט הסבר עיין שם:

§8 The Midrash presents another explanation of why Moses mentioned the Patriarchs in his prayer:

דָּבָר אַחֵר – Another explanation: "זְכֹר לְאַבְרָהָם" – ***Remember for the sake of Abraham.*** מָה רָאָה לְהַזְכִּיר ג׳ אָבוֹת – **Why did [Moses] see** a need **to mention** the **three Patriarchs?**[47] אָמַר רַבִּי אַלּוֹנִי בֶּן טַבָּרִי בְּשֵׁם רַבִּי יִצְחָק – **R' Aloni ben Tabari said in the name of R' Yitzchak:** כֵּיוָן שֶׁעָשׂוּ אוֹתוֹ מַעֲשֶׂה – **As soon as [the people of Israel] committed that act** of the Golden Calf, יָצְאוּ ה׳ מַלְאֲכֵי חַבָּלָה לְכַלּוֹתָן: אַף, וְחֵמָה, וְקֶצֶף, וְהַשְׁמֵד, וְהַשְׁחֵת – **five angels of destruction went out** on a mission **to obliterate them:** the angels named **Wrath, Blazing Anger, Rage, Annihilation, and Destruction,** כְּמוֹ שֶׁכָּתוּב "כִּי יָגֹרְתִּי מִפְּנֵי הָאַף וְהַחֵמָה" – **as it is written,** ***for I was terrified of the wrath*** [אַף] ***and blazing anger*** [חֵמָה] *with which HASHEM had been enraged* [קָצַף] *at you to annihilate* [לְהַשְׁמִיד] *you* (*Deuteronomy* 9:19).[48] אָמַר – Seeking to repel the five angels, **[Moses] said,** רִבּוֹן הָעוֹלָם, אַתָּה עֲמוֹד בְּאֶחָד וַאֲנִי בְּאֶחָד – **"Master of the world, You stand against** (i.e., contend with) **one** angel, **and I** will stand **against one;** אַתָּה עֲמוֹד בְּאַף, שֶׁנֶּאֱמַר "קוּמָה ה׳ בְּאַפֶּךָ" – **You rise up against Wrath," as it is stated,** ***Rise up, HASHEM, against Your wrath*** (*Psalms* 7:7), וַאֲנִי בְּחֵמָה, שֶׁנֶּאֱמַר "לוּלֵי מֹשֶׁה וְגוֹ׳ לְהָשִׁיב חֲמָתוֹ מֵהַשְׁחִית" – **"and I** will stand **against Blazing Anger," as it is stated,** ***had not Moses,*** *His chosen one, stood in the breach before Him* ***to turn away His burning anger from destroying*** (ibid. 106:23). אָמַר לוֹ הַקָּדוֹשׁ בָּרוּךְ הוּא – **Said the Holy One, blessed is He, to [Moses],**

NOTES

47. I.e., why did Moses mention the merit of the Patriarchs here, when he did not do so in other situations in which he had to defend Israel? (*Yefeh To'ar, Eitz Yosef*). Alternatively, here too the Midrash may be understood as asking why Moses invoked the merits of all three of the Patriarchs.

48. The use of the first four angels is inferred directly from the verse cited here, as it mentions God's *wrath* and *blazing anger*, and states that He was *enraged* and sought to *annihilate* them. And since Moses pleaded with God, *"Do not 'destroy'* [תַּשְׁחֵת] *your people"* (*Deuteronomy* 9:26), and later recounted that due to his forty days of prayer, *HASHEM did not wish to "destroy" you* [הַשְׁחִיתֶךָ] (ibid. 10:10), the Midrash infers that the angel Destruction was also sent out on this mission (*Rashash*).

Regarding the Midrash's apparent equation of God's *wrath, blazing anger, etc.,* with angels who bear those names, see 41 §7 above, note 144.

ו דָּבָר אַחֵר, [לב, יג] "זְכֹר לְאַבְרָהָם", לָמָּה הִזְכִּיר ג' אָבוֹת, אָמַר רַבִּי לֵוִי: אָמַר מֹשֶׁה: רִבּוֹן הָעוֹלָם, חַיִּים הֵם הַמֵּתִים, אָמַר לוֹ: מֹשֶׁה, נַעֲשֵׂיתָ מִין, אָמַר לוֹ מֹשֶׁה: אִם אֵין הַמֵּתִים חַיִּים לֶעָתִיד לָבֹא יָפֶה אַתָּה עוֹשֶׂה לָהֶם כָּל מַה שֶּׁתְּבַקֵּשׁ, אֲבָל אִם חַיִּים הַמֵּתִים מַה יֵּשׁ לְךָ לוֹמַר לָאָבוֹת לֶעָתִיד לָבֹא כְּשֶׁיַּעַמְדוּ אֲבוֹתֵיהֶם וִיבַקְשׁוּ מִמְּךָ הַבְטָחָה שֶׁהִבְטַחְתָּם, מַה יֵּשׁ לְךָ לַהֲשִׁיבָם, לֹא כָּךְ הִבְטַחְתָּם שֶׁאַתָּה מַרְבֶּה בְּנֵיהֶם כְּכוֹכְבֵי הַשָּׁמַיִם, וְעַכְשָׁיו תְּבַקֵּשׁ לְכַלּוֹתָן, הֱוֵי "זְכֹר לְאַבְרָהָם וְגוֹ'":

ז דָּבָר אַחֵר, [לב, יג] "זְכֹר לְאַבְרָהָם", לָמָּה הִזְכִּיר כָּאן מֹשֶׁה ג' אָבוֹת, אָמַר רַבִּי אָבִין: אָמַר הַקָּדוֹשׁ בָּרוּךְ הוּא לְמֹשֶׁה: אֲנִי מְבַקֵּשׁ מִיָּדְךָ כְּשֵׁם שֶׁבִּקַּשְׁתִּי מִסְּדוֹם, עֲשָׂרָה, הַעֲמֵיד לִי מֵהֶם עֲשָׂרָה צַדִּיקִים וְאֵינִי מְכַלֶּה אוֹתָם, אָמַר: רִבּוֹן הָעוֹלָם, אֲנִי מַעֲמִיד לָךְ, הֲרֵי אֲנִי וְאַהֲרֹן וְאֶלְעָזָר וְאִיתָמָר וּפִנְחָס וִיהוֹשֻׁעַ וְכָלֵב, אָמַר לוֹ הָאֱלֹהִים: הֲרֵי ז', וְהֵיכָן הַג', לֹא הָיָה יוֹדֵעַ מַה לַּעֲשׂוֹת מֹשֶׁה, אָמַר לוֹ: רִבּוֹן הָעוֹלָם, חַיִּים הֵם הַמֵּתִים, אָמַר לוֹ הֵן, אָמַר: אִם חַיִּים הֵם הַמֵּתִים [לב, יג] "זְכֹר לְאַבְרָהָם לְיִצְחָק וּלְיִשְׂרָאֵל", הֲרֵי עֲשָׂרָה, לְכָךְ הִזְכִּיר ג' אָבוֹת:

ח דָּבָר אַחֵר, [לב, יג] "זְכֹר לְאַבְרָהָם", מָה רָאָה לְהַזְכִּיר ג' אָבוֹת, אָמַר רַבִּי אַלּוֹנִי בֶּן טַבְרִי בְּשֵׁם רַבִּי יִצְחָק: כֵּיוָן שֶׁעָשׂוּ אוֹתוֹ מַעֲשֶׂה יָצְאוּ ה' מַלְאֲכֵי חַבָּלָה לְכַלּוֹתָן: אַף, וְחֵמָה, וְקֶצֶף, וְהַשְׁמֵד, וְהַשְׁחֵת, כְּמוֹ שֶׁכָּתוּב (דברים ט, יט) "כִּי יָגֹרְתִּי מִפְּנֵי הָאַף וְהַחֵמָה", אָמַר: רִבּוֹן הָעוֹלָם, אַתָּה עֲמוֹד בְּאֶחָד וַאֲנִי בְּאֶחָד, אַתָּה עֲמוֹד בְּאַף, שֶׁנֶּאֱמַר (תהלים ז, ז) "קוּמָה ה' בְּאַפֶּךָ", וַאֲנִי בְּחֵמָה, שֶׁנֶּאֱמַר (שם קו, כג) "לוּלֵי מֹשֶׁה וְגוֹ' לְהָשִׁיב חֲמָתוֹ מֵהַשְׁחִית", אָמַר לוֹ הַקָּדוֹשׁ בָּרוּךְ הוּא:

עץ יוסף

(ו) **למה הזכיר שלש אבות.** פירוש מה צורך להזכיר האבות, כיון דבא בטענת אשר נשבעת להם בך, ומשני דהיינו לומר שמה שטען אשר נשבעת להם כו' אינו מצד חיוב השבועה, אלא מצד מה יש לך להשיבם כדמפרש: **חיים הם המתים.** לעתיד, ודרך שאלה אמר כן: **נעשית מין.** בתמיה, וכי אתה צריך לשאול על זה: **יפה אתה עושה.** שאף על פי שהם חיים בגן עדן, אינו חושש מהם דלא ידעו בעניני ביניהם, דאף דמסיק בפרק מי שמתו (יח, א) שהמתים יודעים בעסקי החיים, סבירא ליה לרבי לוי כדסלקא דעתך התם לר' יונתן: **מה יש לך לומר לאבות.** שאף על פי שמצד השבועה פטור אתה לפי שחטאו, והשבועה היתה על התנאי, ואפשר להקדוש ברוך הוא לומר להם שבחטאם מתו, מכל מקום כדי שלא יהא לבם דוה על בניהם יש לך להגין עליהם, אף על פי שאינם ראוים (יפה תואר): (ז) **למה הזכיר כאן משה שלש אבות.** פירוש מאי שנא דמזכיר הכא זכות אבות טפי משאר דוכתי, ומשני דהכא על ידי שהקדוש ברוך הוא בקש ממנו עשר צדיקים השיב כך, מה שאין כן במקום אחר שלא בקש ה' זה ממשה, על כרחך לא מצא מקום להזכירן שכבר נודעה טענה זו: **הרי שבעה.** והא דלא מני נדב ואביהוא ושבעים זקנים, יש לומר דסבר שהם כבר חטאו, כמאן דאמר במדבר רבה פרשה ט"ו דאצילי בני ישראל הם נדב ואביהוא, ושבעים זקנים שזנו עיניהם מן השכינה והאריך להם אז כדי שלא לערבב שמחת התורה, עיין שם. ועיין לקמן סוף פרשת עקב, דחשיב לנדב ואביהוא, ולא חשיב משה ויהושע: **לא ידע מה לעשות.** וקשה מדוע לא חשב משה גם לבצלאל ואהליאב ומכיר ויאיר אלדד ומידד, יש לומר משום שלא קים ליה בגווייהו ירא לחשוב אותם, וחשב שהקדוש ברוך הוא בעצמו יצרפם, וכיון ששמע מהקדוש ברוך הוא שאמר היכן השלשה, עמד מרעיד ולא היה יודע מה לעשות: **אם חיים הם המתים.** הרי הם מצטרפים עם החיים בעולם הזה, שכל העומד לחיות בעולם הזה כאילו חי כבר: (ח) **מה ראה להזכיר שלש אבות.** ואי לענין זכותם להגן בעדם מזכירם, מאי שנא הכא מכמה דוכתי שאינו מזכירם בתפלתו, ומשני דהכא אצטריך משום מלאכי חבלה כו':

פירוש מהרז"ו

(ו) **אבל אם חיים המתים.** וזהו זכור לאברהם וגו' עד ונחלו לעולם, חוזר על האבות שיחיו לעולם הבא וישאלו על שבועתם והבטחתם על השבטים ובניהם, ועל פי מדה ט', אם כן מה תענה, ואם באתי לקבל דינך שאמרת הרף ממני ואשמידם הניחה לי ויחר אפי בהם, אין לי דרך אחרת רק לומר שלא תחיה אותם. ויתכן שדורשים אשר אמרתי אתן לזרעכם, שהיה לו לומר אשר אמרת, על כן דורש על פי מדה ל"ח, אשר אמרתי ונחלו לעולם, היינו לעולם הבא הנ"ל, ואם כן שוב מחרון אפך וגו', ובאופן זה כל הטענה מרומז בפסוק: (ז) **בשם שבקשתי מסדום עשרה.** פירוש שבסוף תפלת אברהם נתרצה על עשרה, כמו שכתוב ויאמר לא אשחית בעבור העשרה. ודורש מדה י"ז, וקל וחומר אם פעל אברהם על סדום כך קל וחומר על בניו, ואם נתרצה על צדיקי סדום, קל וחומר על צדיקי ישראל. וצריך עיון איך חושב את אהרן למגן, הרי מפורש (דברים ט, כ) ובאהרן התאנף ה' מאד להשמידו ואתפלל גם בעד אהרן. ויתכן שאשר רצה להשמידו הוא על דרך מה שדרשו חז"ל (לעיל לה, ד) נוטל צדיק אחד ומכפר על הדור, וכמו שכיפר מיתת נדב ואביהוא, שעל כן כתוב (ויקרא י, ו) ואחיכם כל בית ישראל יבכו את השרפה וגו', וקל וחומר באהרן. ועוד צריך עיון גדול למה אינו חושב יאיר ומכיר, וכמו שחשב לעיל פרשה מ"ג סימן ו, ושם אמר גם כן והצדיקים, עיין מה שכתבתי שם, וגם כל שבט לוי היו צדיקים. ובהכרח לומר אחר יציאת מצרים וקריעת ים סוף שאמרו זה אלי, שראו כולם יותר מכל הנביאים, וכן במתן תורה שדבר עמהם פנים בפנים, ומאחר שהם חטאו בעגל, אין די לכפרתם בסתם צדיקים, אלא בצדיקים בעלי רוח הקדש, כמשה, ואהרן, ואלעזר, ואיתמר, וכהנים משוחים מכפרים, ואלעזר נביא וסגן, ואיתמר בדומה לו, וכן פנחס, ויהושע, וכלב, שנקראו עבדי ה' וגדולתם מפורש בתורה ובנביאים, אשר אין בדומה להם בכל אותם האחרים אלא האבות, ודוק מאד: (ח) **יצאו חמשה מלאכי חבלה.** עיין לעיל סוף פרשה מ"א, ושם נסמן ומבואר. ושם איתא שתחלה הזכיר האבות וכאן בהיפך, וצריך עיון כאן:

חידושי הרד"ל

[ח] **מה ראה להזכיר כו' אמר רבי לוליני בן טברי כו'.** כן צריך לומר, ועיין שוחר טוב מזמור ז: **ה' מלאכי חבלה.** פרקי דרבי אליעזר פרק מה:

חידושי הרש"ש

[ז] **הרי אני ואהרן כו'.** עיין לקמן סוף פרשת עקב (דברים רבה ג, טו) דחשיב לנדב ואביהוא ולא חשיב משה ויהושע, וצריך עיון, ועיין מה שכתבתי לעיל פרשה מג, ו (ד"ה אהרן): [ח] **כמו שכתוב כי יגורתי מפני האף והחמה.** וסופיה אשר קצף גו' להשמיד הרי גם קצף והשמד, ושם בלשון תפלתו אל תשחת גו', וכן עוד שם (פסוק י) ואנכי עמדתי בהר גו' לא אבה ה' השחיתך, הרי גם כן השחת, ועיין מה שכתבתי לעיל פרשה פרשה מא, ז (ד"ה חמשה):

מסורת המדרש

ו. דברים רבה פרשה ג':
ז. לעיל פרשה מ"א. דברים רבה פרשה ג'. קהלת רבה פרשה ד' פסוק ג'. פרקי דרבי אליעזר פרק מ"ה. מדרש תהלים מזמור ז' ומזמור י"ח. ילקוט סדר עקב רמז תתנ"ג. ילקוט כאן רמז שנ"ב. ילקוט תהלים רמז תרל"ז. ועיין נדרים דף ל"ב:

אם למקרא

כִּי יָגֹרְתִּי מִפְּנֵי הָאַף וְהַחֵמָה אֲשֶׁר קָצַף ה' עֲלֵיכֶם לְהַשְׁמִיד אֶתְכֶם וַיִּשְׁמַע ה' אֵלַי גַּם בַּפַּעַם הַהִוא: (דברים ט:יט)

קוּמָה ה' בְּאַפֶּךָ הִנָּשֵׂא בְּעַבְרוֹת צוֹרְרָי וְעוּרָה אֵלַי מִשְׁפָּט צִוִּיתָ: (תהלים ז:ז)

וַיֹּאמֶר לְהַשְׁמִידָם לוּלֵי מֹשֶׁה בְחִירוֹ עָמַד בַּפֶּרֶץ לְפָנָיו לְהָשִׁיב חֲמָתוֹ מֵהַשְׁחִית: (שם קו:כג)

ענף יוסף

(ז) [ו] **העמד לי מהם עשרה צדיקים כו'.** בפרשת עקב איתא אמר אני מעמיד לך שמונים צדיקים, ולא מצא אלא שבעים ושבע, וצירף את השלשה אבות לשמונים. יש לומר דבעל המאמר דכאן סבירא ליה דכל ישראל איקרו קהל, ולכן די עשרה צדיקים לכל ישראל, היינו שבע צדיקים וצירוף שלשה אבות, אבל המדרש דשם סבירא ליה דכל שבט איקרי קהל, ולפי ששבט לוי לא חטא בעגל, לכן צריכין שבע צדיקים לכל שבט ושבט, וצירוף שלשה אבות לכל שבט ושבט, שהם אבות לכולם, ואחד עשר פעמים שבע הרי שבעים ושבעה, וצירוף שלשה אבות הרי שמונים, (מהרב הגאון החסיד מהור"ר זלמן שניאור ז"ל):

מתנות כהונה

[ו] **חיים הם המתים.** לעתיד ודרך שאלה אמר כן: **נעשית מין.** בתמיה וכי אתה צריך לשאול על זה ועיין כל זה פרשת עקב ולעיל סוף פרשה מ"א ובמדרש קהלת פסוק ושבח אני את המתים ובפסוק שבתי: **להשיב חמתו** גרסינן:

אשד הנחלים

[ו] **למה הזכיר כו' חיים כו'.** בכאן אין הקושיא למה שלשה דוקא, כי אם שאלתם אחר שכל עיקר שאלתו מפני הבטחתו, היה לו לומר זכור אשר נשבעת ואיך תפיר השבועה. ולכן מפרש שהכונה בכתוב, אחד זכור לאברהם יצחק ויעקב, ואיך תשיב את פניהם עת ישאלו על בניהם, עוד, מה תעשה בהבטחה. ומה שמציע בעל המדרש בדרך ויכוח ושאלה אם המתים חיים, הוא דרך מליצה, כאלו משה שואל על הודאי אחר שודאי שכן הוא, כי זהו עיקר השכר הנצחי והתכלית האחרון, שלכן אתה מענישם במה שהשחיתו מעשיהם ובטלו התכלית האחרון, וא"כ מה תשיב להם כשיקומו: [ז] **שלשת אבות כו'.** זהו כמו שפרשתי לעיל ששאלתו על שכתוב בלא וי"ו, שמורה שצריך לזכות כל אחד ואחד בכדי לצרפם לחשבון עשרה: **חיים הם המתים.** כלומר אם נפשם בתחיה ובהשארה אז הם כאלו המה פה בחיים בעולם, אחר שהם חיים מה לו בעולם הנשמות מה לו כאן: [ח] **חמשה מלאכי חבלה כו'.** ביארתי לעיל (מא, ז) במעט הסבר עיין שם:

הֲרֵי עָמַדְתִּי בְּאֶחָד וְאַתָּה בְּאֶחָד – **"Behold, I have stood against one** angel, **and you** have stood **against one** angel. לג׳ מַה תַּעֲשֶׂה – **What will you do to** stop **the** other **three** angels?" אָמַר לוֹ מֹשֶׁה: הֲרֵי ג׳ הָאָבוֹת עוֹמְדִין לִשְׁלָשְׁתָּן – **Moses responded, "Behold, the three Patriarchs will stand against the three of them."**[49] לְפִיכָךְ הוּא מַזְכִּירָן – **For this reason** [Moses] **mentioned the three Patriarchs.**[50]

§9 The word *Remember* seems out of place here, as God does not need to be reminded of anything. If Moses was merely invoking the merit of the Patriarchs, he should have stated, "Save them for the sake of Abraham, etc." The Midrash therefore offers a new interpretation of the word *Remember*:[51]

דָּבָר אַחֵר – **Another explanation.** "זְכֹר לְאַבְרָהָם" – ***Remember** for the sake of **Abraham, etc.***[52] אָמַר רַבִּי זְבִידָא אָמַר רַבִּי יְהוֹשֻׁעַ בֶּן לֵוִי – **R' Zevida said in the name of R' Yehoshua ben Levi:** אָמַר מֹשֶׁה: רִבּוֹן הָעוֹלָם, אֲבוֹת הָעוֹלָם הָיוּ צַדִּיקִים אוֹ רְשָׁעִים – **Moses said** to God, **"Master of the world, were the Patriarchs**[53] **righteous or wicked?**[54] הַפְרֵשׁ בֵּין אֵלּוּ לְאֵלּוּ – **Differentiate between these** (i.e., the righteous) **and these** (i.e., the wicked).[55] אִם הָיוּ רְשָׁעִים יָפֶה אַתָּה עוֹשֶׂה לִבְנֵיהֶם כָּךְ – **If they were wicked, it is proper that You** are planning to **do this to their descendants.** לָמָּה, שֶׁלֹּא הָיָה לַאֲבוֹתָם אֶצְלְךָ מַעֲשִׂים – **Why? Because their forefathers did not have** sufficient merit of good **deeds in Your account** to protect them. וְאִם צַדִּיקִים הֵם תֵּן לָהֶם מַעֲשֵׂה אֲבוֹתָם – **But if [their forefathers] were righteous, grant them** the merit **of their forefathers' good deeds** as protection." הֱוֵי "זְכֹר לְאַבְרָהָם" – **That is** what is meant by ***Remember Abraham**, Isaac, and Israel.*[56]

The Midrash cites another explanation of the term *Remember*:[57]

אָמַר רַבִּי שְׁמוּאֵל – **R' Shmuel said:** אָמַר לוֹ מֹשֶׁה: רִבּוֹן הָעוֹלָם, תֵּן לִי רְשׁוּת שֶׁאֲדַבֵּר – **Moses said to [God], "Master of the world, grant me permission to speak."**[58] אָמַר לוֹ הַקָּדוֹשׁ בָּרוּךְ הוּא: אֱמוֹר כָּל מַה שֶּׁתְּבַקֵּשׁ – **The Holy One, blessed is He, responded, "Say whatever you wish."** אָמַר: הֵם בִּטְּלוּ רֹאשׁוֹ שֶׁל דִּבּוּר, "לֹא יִהְיֶה לְךָ וְגוֹ׳" – **[Moses] said, *"They*** (Israel) **nullified the *beginning*** **of the** Second **Commandment, *You shall not recognize the gods of others in My presence*** (above, 20:3), וְעָבְרוּ עָלָיו שֶׁעָשׂוּ אֶת הָעֵגֶל – **having transgressed [that commandment] when they made the** Golden **Calf;** וְאַתָּה מְבַקֵּשׁ לְבַטֵּל סוֹפוֹ – **and *You* are seeking to annul the *end* of [that commandment],"** שֶׁנֶּאֱמַר "וְעֹשֶׂה חֶסֶד לַאֲלָפִים לְאֹהֲבַי" – **for it is stated** there, ***but Who shows kindness for thousands [of generations] to those who love Me*** (ibid., v. 6),[59] וּכְתִיב "זֶרַע אַבְרָהָם אֹהֲבִי" – **and it is written,** *But you, O Israel . . .* ***offspring of Abraham who loved Me*** (*Isaiah* 41:8). אָמַרְתָּ לְאַבְרָהָם: אֲנִי שׁוֹמֵר לְבָנֶיךָ חֶסֶד עַד ב׳ אֲלָפִים דּוֹר – **"You said to Abraham, 'I will preserve kindness for your descendants for up to two thousand generations,' "**[60] שֶׁנֶּאֱמַר "וְעֹשֶׂה חֶסֶד לַאֲלָפִים" – **as it is stated, *but Who shows kindness for thousands [of generations]*** *to those who love Me.*[61] וְכַמָּה דּוֹרוֹת מֵאַבְרָהָם עַד עַכְשָׁיו, שִׁבְעָה: אַבְרָהָם יִצְחָק וְיַעֲקֹב, לֵוִי, קְהָת, עַמְרָם, מֹשֶׁה – **"Now, how many generations are there from Abraham until now? Seven – Abraham, Isaac, Jacob, Levi, Kohath, Amram, Moses.**[62] וּלְשִׁבְעָה אִי אַתָּה עוֹשֶׂה חֶסֶד – **If for seven** generations **You do not show kindness,**[63] לְב׳ אֲלָפִים דּוֹר הֵיאַךְ אַתָּה עוֹשֶׂה חֶסֶד – **how will You show kindness for two thousand generations?**[64] הֲרֵי הֵן בִּטְּלוּ רֹאשׁוֹ שֶׁל דִּבּוּר וְאַתָּה מְבַקֵּשׁ לְבַטֵּל סוֹפוֹ – **Behold, they have nullified the beginning of the Commandment, and You are seeking to cancel its end!"** אָמַר הַקָּדוֹשׁ בָּרוּךְ הוּא לְמֹשֶׁה – **The Holy One, blessed is He, said to Moses,** וְאֵין אַתָּה מִזֶּרַע בְּנֵי בְנֵיהֶם – **"Are you not** also **among the offspring of [the Patriarchs'] grandchildren?**

NOTES

49. These three angels were less powerful than Wrath and Blazing Anger (*Maharzu* to 41 §7 above).

50. See above, note 47. Moses invoked the merits of the Patriarchs here in order to repel the angels who threatened them. And he had to invoke all three because he needed to repel three different angels. *Devarim Rabbah* 3 §11 records that the three angels immediately fled.

51. *Yefeh To'ar.*

52. Actually, as we shall see, according to the following interpretation (as well as according to other interpretations cited by the Midrash below), the words *for the sake of* do **not** form part of the translation of our verse.

53. Lit., *fathers of the world.*

54. Moses obviously knew that they were righteous. However, since he was taking issue with God's failure to consider the merits of the righteous forefathers, instead of telling God, "You know that they were righteous," he phrased it as a question out of respect (ibid.).

55. The Midrash now interprets the word זָכֹר (lit., *Remember*) to mean: *Define the memory of.* The sense of Moses' statement is thus: Determine what Abraham, Isaac, and Jacob shall be known as: righteous or wicked (ibid., second interpretation; *Eitz Yosef*; see, however, *Eshed HaNechalim*).

56. See preceding note.

Yefeh To'ar (see also *Eitz Yosef*) wonders: In the continuation of our verse Moses mentions the oath that God swore to the Patriarchs, *"I shall increase your offspring like the stars of heaven, etc."* Why does the Midrash not mention this? Is this oath a more compelling reason not to destroy Israel than the merit of the Patriarchs? *Yefeh To'ar* answers: God could argue that Israel's idolatry nullified His oath; or that He could fulfill His oath even if He were to destroy Israel, by turning Moses into a great nation (see v. 10). Moses mentioned the oath only in order to make the point that the oath proves that the Patriarchs were truly righteous and beloved by God (see preceding note), and He should therefore spare Israel because of their merit.

57. Ibid., *Eitz Yosef.*

58. The Midrash infers this from the language of verse 11 (*Moses **pleaded** before HASHEM, his God, and **said**, etc.*), which implies that before Moses began to say the prayer, he first pleaded with God for permission to do so (*Maharzu*). *Eitz Yosef* comments that Moses needed to seek permission because he was about to speak sharply to God.

59. That is, God applies to a person's credit the merits of his ancestors, going back thousands of generations. And since this principle is stated without conditions, Moses argued that God must fulfill it even if Israel committed idolatry (see *Yefeh To'ar* below, s.v. ולשבעה).

60. The minimum of the (plural) word *thousands* being *two* thousand.

61. There is no such explicit statement to Abraham in Scripture. However, since God described Abraham (in the *Isaiah* verse) as someone *who loved Me*, it is as if His promise in the Second Commandment *to those who love Me* was made explicitly to Abraham (*Eitz Yosef*).

[Although Moses mentioned also Isaac and Jacob in our verse, he did not mention them in the context of the 2,000-generations promise, for we do not find in Scripture that Isaac and Jacob are called "those who love God" (ibid.). Now, it is true that 20:6 above concludes: . . . *to those who love Me "and to those who observe My commandments"*; and as stated in *Deuteronomy* 7:9, "those who observe God's commandments" are promised that their merits will be recalled for *one* thousand generations (see *Sotah* 31a) – and Isaac and Jacob certainly fall into this latter category. But in the argument present by the Midrash here Moses spoke only of Abraham and of the *two*-thousand-generations promise, because this would make his point more forcefully; see further (*Yefeh To'ar*).]

62. Thus, Moses' intent in stating *Remember* is that God should remember that a mere seven generations have passed, and He had promised that merits would be recalled for 2,000 generations (*Yefeh To'ar* and *Eitz Yosef* above, s.v. אמר הם בטלו כו׳).

63. Although God told Moses, *"I shall annihilate them and I shall make you a great nation"* (above, v. 10), Moses nonetheless argued that the *kindness* He had promised for 2,000 generations must be for the entire generation, not just for one small part of it [viz., himself] (*Eitz Yosef*).

64. See *Yefeh To'ar* for a possible explanation of Moses' argument here (in addition to the argument explained in note 62).

הֲרֵי עָמַדְתִּי בְּאֶחָד וְאַתָּה בְּאֶחָד, לְג׳ מַה תַּעֲשֶׂה, אָמַר לוֹ מֹשֶׁה: הֲרֵי ג׳ הָאָבוֹת עוֹמְדִין לִשְׁלָשְׁתָּן, לְפִיכָךְ הוּא מַזְכִּירָן:

ט דָּבָר אַחֵר, [לב,יג] ״זְכֹר לְאַבְרָהָם״, אָמַר רַבִּי זְבִידָא אָמַר רַבִּי יְהוֹשֻׁעַ בֶּן לֵוִי: אָמַר מֹשֶׁה: רִבּוֹן הָעוֹלָם, אֲבוֹת הָעוֹלָם הָיוּ צַדִּיקִים אוֹ רְשָׁעִים, הַפְרֵשׁ בֵּין אֵלּוּ לָאֵלּוּ, אִם הָיוּ רְשָׁעִים יָפֶה אַתָּה עוֹשֶׂה לִבְנֵיהֶם כָּךְ, לָמָּה, שֶׁלֹּא הָיָה לַאֲבוֹתָם אֶצְלְךָ מַעֲשִׂים, וְאִם צַדִּיקִים הֵם תֵּן לָהֶם מַעֲשֵׂה אֲבוֹתָם, הֱוֵי ״זְכֹר לְאַבְרָהָם״, אָמַר רַבִּי שְׁמוּאֵל: אָמַר לוֹ מֹשֶׁה: רִבּוֹן הָעוֹלָם, תֵּן לִי רְשׁוּת שֶׁאֲדַבֵּר, אָמַר לוֹ הַקָּדוֹשׁ בָּרוּךְ הוּא: אֱמוֹר כָּל מַה שֶּׁתְּבַקֵּשׁ, אָמַר: הֵם בִּטְּלוּ רֹאשׁוֹ שֶׁל דִּבּוּר, (לעיל כ, ג) ״לֹא יִהְיֶה לְךָ וְגוֹ׳ ״, וְעָבְרוּ עָלָיו שֶׁעָשׂוּ אֶת הָעֵגֶל, וְאַתָּה מְבַקֵּשׁ לְבַטֵּל סוֹפוֹ, שֶׁנֶּאֱמַר (שם שם ו) ״וְעֹשֶׂה חֶסֶד לַאֲלָפִים לְאֹהֲבַי״, וּכְתִיב (ישעיה מא, ח) ״זֶרַע אַבְרָהָם אֹהֲבִי״, אָמַרְתָּ לְאַבְרָהָם: אֲנִי שׁוֹמֵר לְבָנֶיךָ חֶסֶד עַד ב׳ אֲלָפִים דּוֹר, שֶׁנֶּאֱמַר ״וְעֹשֶׂה חֶסֶד לַאֲלָפִים״, וְכַמָּה דּוֹרוֹת מֵאַבְרָהָם עַד עַכְשָׁיו, שִׁבְעָה: אַבְרָהָם יִצְחָק וְיַעֲקֹב, לֵוִי, קְהָת, עַמְרָם, מֹשֶׁה, וּלְשִׁבְעָה אִי אַתָּה עוֹשֶׂה חֶסֶד, לְב׳ אֲלָפִים דּוֹר הֵיאַךְ אַתָּה עוֹשֶׂה חֶסֶד, הֲרֵי הֵן בִּטְּלוּ רֹאשׁוֹ שֶׁל דִּבּוּר וְאַתָּה מְבַקֵּשׁ לְבַטֵּל סוֹפוֹ, אָמַר הַקָּדוֹשׁ בָּרוּךְ הוּא לְמֹשֶׁה: וְאֵין אַתָּה מִזֶּרַע בְּנֵי בְנֵיהֶם, אֲנִי הוֹרֵג אֶת אֵלּוּ וְאֶעֱשֶׂה אוֹתְךָ יוֹתֵר מֵהֶן וְנִמְצֵאת שְׁבוּעָתִי מִתְקַיֶּמֶת, אָמַר רַבִּי יִצְחָק: אָמַר מֹשֶׁה: רִבּוֹן הָעוֹלָם, אִי זֶה שְׁטָר מְקוּיָּם יָפֶה, הַנֶּחְתָּם בְּג׳ אוֹ הַנֶּחְתָּם בְּאֶחָד, הֱוֵי אוֹמֵר אוֹתוֹ שֶׁנֶּחְתָּם בְּג׳, אִי זֶה דִּין מְקוּיָּם יָפֶה, הַנִּדּוֹן בְּג׳ אוֹ בְאֶחָד, הֱוֵי אוֹמֵר זֶה שֶׁנִּדּוֹן בְּג׳, אִי זֶה עֵדוּת מְקוּיָּם, עֵדוּת שֶׁל אֶחָד אוֹ שֶׁל ג׳, הֱוֵי אוֹמֵר עֵדוּת שֶׁל ג׳, כָּךְ אָמַר מֹשֶׁה: רִבּוֹן הָעוֹלָם, הַדָּבָר שֶׁנִּשְׁבַּעְתָּ לְג׳ אֵין אַתָּה מְקַיֵּים אֶלָּא אַתָּה מְבַקֵּשׁ לְבַטְּלוֹ, שֶׁל אֶחָד הֵיאַךְ אַתָּה מְקַיֵּים, כְּשֵׁם שֶׁכָּעַסְתָּ עַל בְּנֵיהֶן וְאַתָּה מְבַקֵּשׁ לְהָרְגָם כָּךְ עַל בָּנַי, וְלֹא עוֹד אֶלָּא כְּשֵׁם שֶׁנִּשְׁבַּעְתָּ לָאָבוֹת וְקִיַּמְתָּ עִמָּהֶן בְּרִית, שֶׁנֶּאֱמַר (ויקרא כו, מב) ״וְזָכַרְתִּי אֶת בְּרִיתִי יַעֲקוֹב״ כָּךְ אַף לַשְּׁבָטִים נִשְׁבַּעְתָּ וְקִיַּמְתָּ עִמָּהֶם בְּרִית, וּמִנַּיִן שֶׁהַקָּדוֹשׁ בָּרוּךְ הוּא נִשְׁבַּע לַשְּׁבָטִים, שֶׁנֶּאֱמַר (חבקוק ג, ט) ״שְׁבֻעוֹת מַטּוֹת אֹמֶר סֶלָה״, וּמִנַּיִן שֶׁקִּיֵּים הַקָּדוֹשׁ בָּרוּךְ הוּא עִמָּהֶן בְּרִית,

עץ יוסף

(ט) [ז] **אמר משה כו׳.** מפרש זכור לאברהם כו׳, שיפרש זכרונם ושמותם אם יקראו צדיקים או רשעים, על דרך זכרו כיין לבנון דהיינו שמו, וזה שאמר הפרש בין אלו לאלו, כלומר שיפרש ההפרש הזה: **תן להם מעשה אבותם.** דאף על גב דשבועה איכא למימר דאדעתא שירשיעו הבנים לא הואי, מכל מקום זכות אבות על כרחך יועיל לבנים: **תן לי רשות.** אחרי שדיבר קשות הוזקק ליטול רשות: **אמר הם בטלו כו׳.** גם זה לתרץ מה טעם לשון זכירה, וקאמר שהוא כמו שיאמר שיזכור ואל ישכח שאינן אלא שבעה דורות, ואיה הבטחת ועושה חסד לאלפים: **אמרת לאברהם כו׳.** אף על גב דלא אשכחן הכי, מדקאמר הכא לאוהביו ואברהם נקרא אוהבו הוה ליה כאילו קאמר ליה הכי, אבל יצחק ויעקב דלא אשכחן שנקראו אוהביו לא אמרינן דקאמר להו הכי: **שנאמר ועושה חסד לאלפים.** שמאריך אפו להם שלא לכלותם בחטאתם: **ולשבעה אי אתה עושה חסד.** ואף על גב שהקדוש ברוך הוא אמר ליה תיכף בתחלה ואעשה אותך לגוי גדול, עם כל זה טען משה שצריך שיהיה החסד עם כל הדור ולא עם מקצתו: **אמר הקדוש ברוך הוא ואין אתה כו׳ ואעשה אותך יותר מהם.** ובכן הוי ליה כעושה חסד עם כל הדור, מאחר שמשה יתברך יותר מכולם, ומה להם לאבות שיהיו אלו או אלו אחר שדורותיהם מרובים, כמו שהיו אלו ואלו קיימים: **הדבר שנשבעת לשלשה אין אתה מקיים כו׳.** מיתורא דאליהם דריש זה, דכיון דכתיב אשר נשבעת להם, לא היה צריך לומר ותדבר אליהם ארבה כו׳, אלא ותדבר ארבה את זרעכם, אלא על כרחך דהכי קאמר אם להם שהם שלשה לא הועיל מה יועילני: **ולא עוד כו׳.** רוצה לומר אם תמצא לומר שאין אתה מבטל שבועת האבות מפני שאני מבניהם, אף על פי כן אין אתה יוצא ידי שבועת השבטים: **וקיימת עמהם ברית.** ואם תאמר ברית היכא רמיזא הכא בטענת משה, וי״ל מדקאמר זכור ולא קאמר עשה למען אברהם וכו׳, דלשון זכירה אשכחן בברית ואזכור את בריתי, וזכרתי את בריתי וגו׳: **ומנין שהקדוש ברוך הוא נשבע לשבטים.** אבל לשבועות האבות אינו צריך להביא ראיה דהא כתיב בפרשה שלפנינו אשר נשבעת להם בך:

פירוש מהרז״ו

(ט) **היו צדיקים וכו׳ הפרש וכו׳.** פירוש כנ״ל בסימן ו אם באתי להצדיק דינך כו׳, וכן כאן אך אם יש זכות חילול ה׳ הוא בדין זה: **תן לי רשות.** זה מרומז במה שכתוב תחלה ויחל משה את פני ה׳, שחלה פניו בבקשת רשות, ואחר כך ויאמר למה ה׳: **אמרת לאברהם.** ורמז במה שכתוב ותדבר אליהם ארבה את זרעכם וגו׳ ונחלו לעולם: **אין אתה מבניהם.** היינו מה שכתוב ואעשה אותך לגוי גדול, ואף שפסוק זה כתוב קודם פסוק זכור לאברהם, מאחר שזה באמת טענה נלאת נגד הזכרת זכות אבות, על כן דרשו על פי מדה ל״א. ועיין במדבר רבה פרשה ט״ז סימן כ״ב, מה שכתבתי שם: **איזה שטר מקוים.** ברכות (ל״ב א׳): **לשלשה אי אתה מקיים.** פירוש שאם היית אומר כן מתחלה קודם החטא והכעס, וקודם שהוצאתם ממצרים, היינו אומרים כך היה דעתך בעת השבועה, אך הרי תחלה אמרת במצרים שתגאלם ותתן להם הארץ כדי לקיים שבועת אבות, כמפורש בריש וארא, הרי כבר חלה השבועה על כולם, ועתה בעונם תבטל אותה השבועה ותחדש אותה לי, לשלשה לא נתקיים, כי חטאו לך, אולי גם בני יחטאו, יתבטל גם שבועה זו שעמדי: **שנשבע לשבטים.** עיין במדבר רבה סוף פרשה י״א בסימן ב׳, ושם נסמן:

חידושי הרש״ש

[ט] איזה שטר מקוים פה הנחתם בשלשה כו׳. אולי יכוון לחתימת בית דין על השטר לקיימו, דאלו לענין עדים הא אומר להלן איזה עדות כו׳:

באור מהרי״פ

[ט] ולא עוד אלא כשם וכו׳. פירוש, אפילו אם תאמר שאתה מקיים שבועה וברית באבות כמקדם ואני מבני בניהם, אבל היאך יתקיים ברית ושבועת השבטים:

אם למקרא

לֹא יִהְיֶה לְךָ אֱלֹהִים אֲחֵרִים עַל פָּנָי: (לעיל כ:ג)

וְעֹשֶׂה חֶסֶד לַאֲלָפִים לְאֹהֲבַי וּלְשֹׁמְרֵי מִצְוֹתָי: (שם שם ו)

וְאַתָּה יִשְׂרָאֵל עַבְדִּי יַעֲקֹב אֲשֶׁר בְּחַרְתִּיךָ זֶרַע אַבְרָהָם אֹהֲבִי: (ישעיה מא:ח)

וְזָכַרְתִּי אֶת בְּרִיתִי יַעֲקוֹב וְאַף אֶת בְּרִיתִי יִצְחָק וְאַף אֶת בְּרִיתִי אַבְרָהָם אֶזְכֹּר וְהָאָרֶץ אֶזְכֹּר: (ויקרא כו:מב)

עֶרְיָה תֵעוֹר קַשְׁתֶּךָ שְׁבֻעוֹת מַטּוֹת אֹמֶר סֶלָה נְהָרוֹת תְּבַקַּע אָרֶץ: (חבקוק ג:ט)

ענף יוסף

(ט) [ז] **ואתה מבקש לבטל סופו כו׳ אמר הקדוש ברוך הוא למשה ואין אתם מזרע בני בניהם.** יש לומר שמשה היה סבור שהברית שכרת עם האבות נתבטל, ועמו כורת ברית חדש, ועל זה השיבו הקדוש ברוך הוא ואין אתה מזרע בני בניהם, שכוונתי לקיים עמך הברית שכרתי עם אבות העולם, לכן התחכם משה לטעון טענה אחרת, הדבר שנשבעת לשלשה אין אתה מקיים כו׳, של אחד היאך אתה מקיים:

ידי משה

[ט] כשם שכעסת על בניהם ואמרת להרגם. ורוצה אתה לצאת ידי הובטך והבטחה שהבטחת לאבות על ידי שתעשה אותי לגוי גדול, כן תעשה לבני ותניח אחד מהם לעשות ממנו גוי גדול, ומה לי לצרה זאת לראות באבדין מולדתי לא כן ולא שכרן:

מתנות כהונה

[ט] הנחתם בשלשה. שלשה אבות: הכי גרסינן **איזה עדות:** **כך על בני.** תכעוס גם כן עליהם לעתיד:

אשד הנחלים

[ט] דבר אחר כו׳ הפרש בין אלו לאלו כו׳. וכלומר זכור לאברהם יצחק ויעקב והבדל בין מעשיהם למעשי בניהם, כמה היו טובים, לכן ראוי שתגמול לבניהם בעבורם: **הם בטלו כו׳ ואתה מבקש לבטל סופו כו׳.** הבאור על אלו הענינים עיין לעיל בפרשה הקודמת. והנה בעל המדרש מבאר כאן ציורי הענינים הרמוזים בפרשה זאת, ומבינים אנחנו מתוך שאלת משה ותשובת ה׳ אליו. והנה משה התפלא איך יתכן להשחית בני אברהם יצחק ויעקב שנשבע להם לזכור בריתם עד אלף דור, ועל זה השיב ה׳ לו, הניחה לי גו׳ ואעשה אותך לגוי גדול, ועל זה השיב משה שאי אפשר ככה, אם זכות השלשה אבות לא עמד בעבור בניהם, מה יעשה אם בניו יחטאו לה׳ איך יעמוד זכותו לבדו, ובזה רמז השלשה אבות ביחד להורות על זה: **כשם שנשבעת כו׳.** זהו כמו שפרשתי שאשר נשבעת הוא טענה אחרת, שנשבעת להם מוסב על השבטים, וא״כ איך תפר ברית אתם:

אֲנִי הוֹרֵג אֶת אֵלּוּ וְאֶעֱשֶׂה אוֹתְךָ יוֹתֵר מֵהֶן וְנִמְצֵאת שְׁבוּעָתִי מִתְקַיֶּימֶת – **I will kill these** (i.e., the rest of Israel) **and make you greater than them, and My oath will thus be fulfilled!"**[65] אָמַר רַבִּי יִצְחָק – **R' Yitzchak said:** אָמַר מֹשֶׁה: רִבּוֹן הָעוֹלָם – In light of God's response, **Moses said, "Master of the world,** אֵי זֶה שְׁטָר מְקוּיָּם יָפֶה, הַנֶּחְתָּם בְּג׳ אוֹ הַנֶּחְתָּם בְּאֶחָד – **what** type of **legal document is certified more properly – one that is signed by three** judges **or one that is signed by one** judge?[66] הֱוֵי אוֹמֵר אוֹתוֹ שֶׁנֶּחְתָּם בְּג׳ – Surely, **You would say the one that is signed by three** people.[67] אֵי זֶה דִּין מְקוּיָּם יָפֶה, הַנִּדּוֹן בְּג׳ אוֹ בְּאֶחָד – **What judicial decision is more certifiable – one that was adjudicated by three** judges, **or** one that was adjudicated **by one** judge? הֱוֵי אוֹמֵר זֶה שֶׁנִּדּוֹן בְּג׳ – Surely, **You would say the one that was judged by three** judges. אֵי זֶה עֵדוּת מְקוּיָּם, עֵדוּת שֶׁל אֶחָד אוֹ שֶׁל ג׳ – **What testimony is legally binding – the testimony of one** witness **or** the testimony **of three** witnesses? הֱוֵי אוֹמֵר עֵדוּת שֶׁל ג׳ – **You would say the testimony of three** witnesses." כָּךְ אָמַר מֹשֶׁה: רִבּוֹן הָעוֹלָם – **Thus Moses said, "Master of the world,** הַדָּבָר שֶׁנִּשְׁבַּעְתָּ לְג׳ אֵין אַתָּה מְקַיֵּים אֶלָּא אַתָּה מְבַקֵּשׁ לְבַטְּלוֹ – since **You are not fulfilling the matter that You swore to** the **three** Patriarchs, **but are** instead **seeking to nullify it** by wiping out their descendants, שֶׁל אֶחָד הֵיאַךְ אַתָּה מְקַיֵּים – **how will You fulfill** that which You have promised only **to one** person (namely, to me)?[68] כְּשֵׁם שֶׁכָּעַסְתָּ עַל בְּנֵיהֶן וְאַתָּה מְבַקֵּשׁ לְהָרְגָם – **Just as You became enraged at *their* descendants and are seeking to kill them,** כָּךְ עַל בָּנַי – **so too** will You become enraged **at my descendants** and seek to kill them![69] וְלֹא עוֹד אֶלָּא כְּשֵׁם שֶׁנִּשְׁבַּעְתָּ לָאָבוֹת וְקִיַּימְתָּ עִמָּהֶן בְּרִית – **Moreover, just as You swore to the Patriarchs and made a covenant with them,"**[70] – שֶׁנֶּאֱמַר "וְזָכַרְתִּי אֶת בְּרִיתִי יַעֲקוֹב" – **as it is stated, *I will remember My covenant with Jacob*** *and also My covenant with Isaac, and also My covenant with Abraham* (*Leviticus* 26:42) – כָּךְ אַף לַשְּׁבָטִים נִשְׁבַּעְתָּ וְקִיַּימְתָּ עִמָּהֶם בְּרִית – **"so too did You swear to the Tribes and make a covenant with *them*!"**[71] וּמִנַּיִן שֶׁהַקָּדוֹשׁ בָּרוּךְ הוּא נִשְׁבַּע לַשְּׁבָטִים – **And from where** do we know **that the Holy One, blessed is He,** indeed **swore to the Tribes?**[72] שֶׁנֶּאֱמַר "שְׁבֻעוֹת מַטּוֹת אֹמֶר סֶלָה" – **For it is stated, *the oaths to the Tribes, an enduring word*** (*Habakkuk* 3:9). וּמִנַּיִן שֶׁקִּיֵּים הַקָּדוֹשׁ בָּרוּךְ הוּא עִמָּהֶן בְּרִית – **And from where** do we know **that the Holy One, blessed is He,** indeed **made a covenant with them?**

NOTES

65. God responded to Moses that His *kindness* would thus indeed be extended to an *entire generation* of people (not just Moses himself; see note 63). Furthermore, His promise to the Patriarchs, *"I shall increase your offspring like the stars of heaven, etc.,"* would be fulfilled as well, for Moses was their descendant. And the Patriarchs would not lose out numbers-wise, for God would see to it that they will end up having as many descendants through Moses alone as they would have had through all of Israel (see *Eitz Yosef*; see also *Anaf Yosef*).

66. Translation follows *Yefeh To'ar* and *Rashash*, who write that the Midrash is referring here to a document that is certified by three judges attesting to its validity.

67. For discussion of the need for three separate examples and the symbolism of each, see *Yefeh To'ar* and *Tiferes Tzion*.

68. Our verse reads: זְכֹר לְאַבְרָהָם לְיִצְחָק וּלְיִשְׂרָאֵל עֲבָדֶיךָ אֲשֶׁר נִשְׁבַּעְתָּ לָהֶם בָּךְ וַתְּדַבֵּר אֲלֵהֶם אַרְבֶּה אֶת זַרְעֲכֶם כְּכוֹכְבֵי הַשָּׁמָיִם, *Remember Abraham, Isaac, and Israel, Your servants,* ***to whom You swore*** *by Yourself, and You told* ***them****, "I shall increase your offspring like the stars of heaven, etc."* Having already stated, אֲשֶׁר נִשְׁבַּעְתָּ "לָהֶם", *to whom You swore*, the word אֲלֵהֶם, *them*, is superfluous. The Midrash therefore infers that Moses added *and You told* ***them*** in order to imply: "If the oath that You swore to all three of *them* cannot save their descendants, how will *my* descendants be saved by an oath You swear to *me alone* [to make *me* a great nation]?" (*Eitz Yosef*). See further.

69. Moses argued: If killing everyone else and turning *me* into a great nation is considered a fulfillment of Your oath to the Patriarchs (see note 65), what will I gain from Your current promise to multiply my descendants? Why, if *they* will sin, You will kill all of *them*, again sparing one person from whom to create the nation anew yet again. I do not want to bear the pain of contemplating the destruction of my progeny! (*Yedei Moshe*).

70. The commentators wonder: Where in our *Exodus* passage do we see Moses referring to a covenant made with the Patriarchs? They suggest the following answer: Indeed, no covenant is mentioned here explicitly, but the Midrash sees it implied in Moses' choice of words, ***"Remember*** *for the sake of Abraham, etc."* (rather than **"Do this** for the sake of Abraham, etc."). For the term *remember* is often used in Scripture in recalling covenants; see e.g., *Genesis* 9:15, *Exodus* 6:5 (*Yefeh To'ar*, first explanation; *Eitz Yosef*).

71. Moses thus argued: Even if the annihilation of Israel will not violate the oath to the Patriarchs – since I too am their descendant and You will *make* me *a great nation* – it will violate Your oath to the Tribes (*Beur Maharif*, *Eitz Yosef*).

Here, too, the commentators wonder: Where in our passage do we see Moses mentioning God's oath or covenant with the Tribes? *Eshed HaNechalim* explains that the Midrash reads our verse as follows: *Remember Abraham, Isaac, and Israel, Your servants*, and remember also *that which You swore to them*, i.e., to the Tribes, *by Yourself, and You told them, "I shall increase your offspring, etc."* (It is still unclear, however, where God's *covenant* with the Tribes is mentioned.) See Insight Ⓐ.

72. That God swore to the Patriarchs is stated clearly in our verse (*Eitz Yosef*).

INSIGHTS

Ⓐ **God's Compact With the Tribes** Our Midrash portrays Moses as arguing, in his defense of Israel, that God did not make a covenant with the Patriarchs alone; He also made one with the Twelve Tribes. It is not clear, however, where there is any hint of this argument in Moses' words as they are recorded in the Torah (see note 71). *R' Yitzchak Zev Soloveitchik* (*Chidushei Maran Riz HaLevi al HaTorah, Vayechi* and *Chidushei HaGriz al HaTorah, Ki Sisa*) identifies the Midrash's source, and in the process enhances our understanding of the relevant verse.

After beseeching God to remember the covenant He made with our forefathers (*Remember for the sake of Abraham, Isaac, and Israel, Your servants, to whom You swore . . . "I shall increase your offspring like the stars of the heavens"*), Moses also invoked the promise God had made regarding the Holy Land, *"and this entire land of which I spoke, I shall give to your offspring and it shall be their heritage forever."* In the context of his plea for mercy, it is not apparent what he meant to add with this. In what way does this second point go further than his previous argument that destroying Israel would negate God's promise to the Patriarchs that He would multiply their descendants?

The Brisker Rav explains that this second argument is a reference to the covenant with the Tribes. This covenant guaranteed that each tribe would be given a portion of the land of Israel. We learn as much from a passage in *Sifrei* (to *Deuteronomy* 1:8). Commenting on the verse, *Come and possess the land that HASHEM swore to your forefathers, to Abraham, Isaac, and Jacob*, the Sages ask, "What could be meant by the phrase *your forefathers*? It cannot be a reference to the three Patriarchs, for they are each listed by name. Rather, it refers to the covenant God made with the Tribes." Since inheritance of the land is the subject of this verse, it is evident that the Tribes' covenant stipulated that the Holy Land would be divided among them.

Moses, then, by invoking God's promise that, *"the entire land of which I spoke, I shall give to your offspring,"* was hinting at the argument that our Midrash spells out in full: Even if Israel's destruction would not violate Your oath to the Patriarchs that You would multiply their offspring – since I, too, am descended from them – it would surely violate Your commitment to bequeath the Holy Land to all the Tribes.

הֲרֵי עָמַדְתִּי בְּאֶחָד וְאַתָּה בְּאֶחָד, לְג׳ מַה תַּעֲשֶׂה, אָמַר לוֹ מֹשֶׁה: הֲרֵי ג׳ הָאָבוֹת עוֹמְדִין לִשְׁלָשְׁתָּן, לְפִיכָךְ הוּא מַזְכִּירָן:

ט דָּבָר אַחֵר, [לב,יג] ״זְכֹר לְאַבְרָהָם״, אָמַר רַבִּי זְבִידָא אָמַר רַבִּי יְהוֹשֻׁעַ בֶּן לֵוִי: אָמַר מֹשֶׁה: רִבּוֹן הָעוֹלָם, אֲבוֹת הָעוֹלָם הָיוּ צַדִּיקִים אוֹ רְשָׁעִים, הַפְרֵשׁ בֵּין אֵלּוּ לָאֵלּוּ, אִם הָיוּ רְשָׁעִים יָפֶה אַתָּה עוֹשֶׂה לִבְנֵיהֶם כָּךְ, לָמָּה, שֶׁלֹּא הָיָה לַאֲבוֹתָם אֶצְלְךָ מַעֲשִׂים, וְאִם צַדִּיקִים הֵם תֵּן לָהֶם מַעֲשֵׂה אֲבוֹתָם, הֱוֵי ״זְכֹר לְאַבְרָהָם״, אָמַר רַבִּי שְׁמוּאֵל: אָמַר לוֹ מֹשֶׁה: רִבּוֹן הָעוֹלָם, תֵּן לִי רְשׁוּת שֶׁאֲדַבֵּר, אָמַר לוֹ הַקָּדוֹשׁ בָּרוּךְ הוּא: אֱמוֹר כָּל מַה שֶּׁתְּבַקֵּשׁ, אָמַר: הֵם בִּטְּלוּ רֹאשׁוֹ שֶׁל דִּבּוּר, (לעיל כ, ג) ״לֹא יִהְיֶה לְךָ וְגוֹ׳ ״, וְעָבְרוּ עָלָיו שֶׁעָשׂוּ אֶת הָעֵגֶל, וְאַתָּה מְבַקֵּשׁ לְבַטֵּל סוֹפוֹ, שֶׁנֶּאֱמַר (שם שם ו) ״וְעֹשֶׂה חֶסֶד לַאֲלָפִים לְאֹהֲבַי״, וּכְתִיב (ישעיה מא, ח) ״זֶרַע אַבְרָהָם אֹהֲבִי״, אָמַרְתָּ לְאַבְרָהָם: אֲנִי שׁוֹמֵר לְבָנֶיךָ חֶסֶד עַד ב׳ אֲלָפִים דּוֹר, שֶׁנֶּאֱמַר ״וְעֹשֶׂה חֶסֶד לַאֲלָפִים״, וְכַמָּה דּוֹרוֹת מֵאַבְרָהָם עַד עַכְשָׁיו, שִׁבְעָה: אַבְרָהָם יִצְחָק וְיַעֲקֹב, לֵוִי, קְהָת, עַמְרָם, מֹשֶׁה, וּלְשִׁבְעָה אִי אַתָּה עוֹשֶׂה חֶסֶד, לְב׳ אֲלָפִים דּוֹר הֵיאַךְ אַתָּה עוֹשֶׂה חֶסֶד, הֲרֵי הֵן בִּטְּלוּ רֹאשׁוֹ שֶׁל דִּבּוּר וְאַתָּה מְבַקֵּשׁ לְבַטֵּל סוֹפוֹ, אָמַר הַקָּדוֹשׁ בָּרוּךְ הוּא לְמֹשֶׁה: וְאֵין אַתָּה מִזֶּרַע בְּנֵי בְנֵיהֶם, אֲנִי הוֹרֵג אֶת אֵלּוּ וְאֶעֱשֶׂה אוֹתְךָ יוֹתֵר מֵהֶן וְנִמְצֵאת שְׁבוּעָתִי מִתְקַיֶּמֶת, אָמַר רַבִּי יִצְחָק: אָמַר מֹשֶׁה: רִבּוֹן הָעוֹלָם, אִי זֶה שְׁטָר מְקוּיָּם יָפֶה, הַנֶּחְתָּם בְּג׳ אוֹ הַנֶּחְתָּם בְּאֶחָד, הֱוֵי אוֹמֵר אוֹתוֹ שֶׁנֶּחְתָּם בְּג׳, אֵי זֶה דִּין מְקוּיָּם יָפֶה, הַנִּדּוֹן בְּג׳ אוֹ בְּאֶחָד, הֱוֵי אוֹמֵר זֶה שֶׁנִּדּוֹן בְּג׳, אֵי זֶה עֵדוּת מְקוּיֶּם, עֵדוּת שֶׁל אֶחָד אוֹ שֶׁל ג׳, הֱוֵי אוֹמֵר עֵדוּת שֶׁל ג׳, כָּךְ אָמַר מֹשֶׁה: רִבּוֹן הָעוֹלָם, הַדָּבָר שֶׁנִּשְׁבַּעְתָּ לְג׳ אֵין אַתָּה מְקַיֵּים אֶלָּא אַתָּה מְבַקֵּשׁ לְבַטְּלוֹ, שֶׁל אֶחָד הֵיאַךְ אַתָּה מְקַיֵּים, כְּשֵׁם שֶׁכָּעַסְתָּ עַל בְּנֵיהֶן וְאַתָּה מְבַקֵּשׁ לְהָרְגָם כָּךְ עַל בָּנַי, וְלֹא עוֹד אֶלָּא כְּשֵׁם שֶׁנִּשְׁבַּעְתָּ לָאָבוֹת וְקִיַּימְתָּ עִמָּהֶן בְּרִית, שֶׁנֶּאֱמַר (ויקרא כו, מב) ״וְזָכַרְתִּי אֶת בְּרִיתִי יַעֲקוֹב״ כָּךְ אַף לַשְּׁבָטִים נִשְׁבַּעְתָּ וְקִיַּימְתָּ עִמָּהֶם בְּרִית, וּמִנַּיִן שֶׁהַקָּדוֹשׁ בָּרוּךְ הוּא נִשְׁבַּע לַשְּׁבָטִים, שֶׁנֶּאֱמַר (חבקוק ג, ט) ״שְׁבֻעוֹת מַטּוֹת אֹמֶר סֶלָה״, וּמִנַּיִן שֶׁקִּיֵּים הַקָּדוֹשׁ בָּרוּךְ הוּא עִמָּהֶן בְּרִית,

עץ יוסף

(ט) [ז] **אמר משה כו׳.** מפרש זכור לאברהם כו׳, שיפרש זכרונם ושמותם אם יקראו צדיקים או רשעים, על דרך זכרו כיין לבנון דהיינו שמו, וזה שאמר הפרש בין אלו לאלו, כלומר שיפרש ההפרש הזה: **תן להם מעשה אבותם.** דאף על גב דשבועה איכא למימר דאדעתא שירשיעו הבנים לא הואי, מכל מקום זכות אבות על כרחך יועיל לבנים: **תן לי רשות.** אחרי שדיבר קשות הוזקק ליטול רשות: **אמר הם בטלו כו׳.** גם זה לתרץ מה טעם לשון זכירה, וקאמר שהוא כמו שיאמר שיזכור ואל ישכח שאינן אלא שבעה דורות, ואיה הבטחת ועושה חסד לאלפים: **אמרת לאברהם כו׳.** אף על גב דלא אשכחן הכי, מדקאמר הכא לאוהביו ואברהם נקרא אוהבו הוה ליה כאילו קאמר ליה הכי, אבל יצחק ויעקב דלא אשכחן שנקראו אוהביו לא אמרינן דקאמר להו הכי: **שנאמר ועושה חסד לאלפים.** שמאריך אפו להם שלא לכלותם בחטאתם: **ולשבעה אי אתה עושה חסד.** ואף על גב שהקדוש ברוך הוא אמר ליה תיכף בתחלה ואעשה אותך לגוי גדול, עם כל זה טען משה שצריך שיהיה החסד עם כל הדור ולא עם מקצתו: **אמר הקדוש ברוך הוא ואין אתה כו׳ ואעשה אותך יותר מהם.** ובכן הוי ליה כעושה חסד עם כל הדור, מאחר שמשה יתברך יותר מכולם, ומה להם לאבות שיהיו אלו או אלו אחר שדורותיהם מרובים, כמו שהיו אלו ואלו קיימים: **הדבר שנשבעת לשלשה אין אתה מקיים כו׳.** מיתורא דאליהם דריש זה, דכיון דכתיב אשר נשבעת להם, לא היה צריך לומר ותדבר אליהם ארבה כו׳, אלא ותדבר ארבה את זרעכם, אלא על כרחך דהכי קאמר אם להם שהם שלשה לא הועיל מה יועילני: **ולא עוד כו׳.** רוצה לומר אם תמצא לומר שאין אתה מבטל שבועת האבות מפני שאני מבניהם, אף על פי כן אין אתה יוצא ידי שבועת השבטים: **וקיימת עמהם ברית.** ואם תאמר ברית היכא רמיזא הכא בטענת משה, וי״ל מדקאמר זכור ולא קאמר עשה למען אברהם וכו׳, דלשון זכירה אשכחן בברית ואזכור את בריתי, וזכרתי את בריתי וגו׳: **ומנין שהקדוש ברוך הוא נשבע לשבטים.** אבל לשבועות האבות אינו צריך להביא ראיה דהא כתיב בפרשה שלפנינו אשר נשבעת להם בך:

פירוש מהרז״ו

(ט) **היו צדיקים וכו׳ הפרש וכו׳.** פירוש כנ״ל בסימן ו אם באתי להצדיק דיקך כו׳, וכן כאן אך אם יש זכות חילול ה׳ הוא בדין זה: **תן לי רשות.** זה מרומז במה שכתוב תחלה ויחל משה את פני ה׳, שחלה פניו בבקשת רשות, ואחר כך ויאמר למה ה׳: **אמרת לאברהם.** ורמז במה שכתוב ותדבר אליהם ארבה את זרעכם וגו׳ ונחלו לעולם: **אין אתה מבניהם.** היינו מה שכתוב ואעשה אותך לגוי גדול, ואף שפסוק זה כתוב קודם פסוק זכור לאברהם, מאחר שזה באמת טענה נלאת נגד הזכרת זכות אבות, על כן דרשו על פי מדה ל״א. ועיין במדבר רבה פרשה ט״ז סימן כ״ב, מה שכתבתי שם: **איזה שטר מקוים.** ברכות (ל״ב א׳): **לשלשה אי אתה מקיים.** פירוש שאם היית אומר כן מתחלה קודם החטא והכעס, וקודם שהוצאתם ממצרים, היינו אומרים כך היה דעתך בעת השבועה, אך הרי תחלה אמרת במצרים שתגאלם ותתן להם הארץ כדי לקיים שבועת אבות, כמפורש בריש וארא, הרי כבר חלה השבועה על כולם, ועתה בעונם תבטל אותה השבועה ותחדש אותה לי, לשלשה לא נתקיים, כי חטאו לך, אולי גם בני יחטאו, יתבטל גם שבועה זו שעמדי: **שנשבע לשבטים.** עיין במדבר רבה סוף פרשה י״א בסימן ב׳, ושם נסמן:

חידושי הרש״ש

[ט] **איזה שטר מקוים פה הנחתם בשלשה כו׳.** אולי יכוון לחתימת בית דין על השטר לקיימו, דאלו לענין עדים הא אומר להלן איזה עדות כו׳:

באור מהרי״פ

[ט] **ולא עוד אלא כשם וכו׳.** פירוש, אפילו אם תאמר שאתה מקיים שבועה וברית באבות כמקדם ואני מבני בניהם, אבל היאך יתקיים ברית ושבועת השבטים:

אם למקרא

לֹא יִהְיֶה לְךָ אֱלֹהִים אֲחֵרִים עַל פָּנָי: (לעיל כ:ג)

וְעֹשֶׂה חֶסֶד לַאֲלָפִים לְאֹהֲבַי וּלְשֹׁמְרֵי מִצְוֹתָי: (שם שם ו)

וְאַתָּה יִשְׂרָאֵל עַבְדִּי יַעֲקֹב אֲשֶׁר בְּחַרְתִּיךָ זֶרַע אַבְרָהָם אֹהֲבִי: (ישעיה מא:ח)

וְזָכַרְתִּי אֶת בְּרִיתִי יַעֲקוֹב וְאַף אֶת בְּרִיתִי יִצְחָק וְאַף אֶת בְּרִיתִי אַבְרָהָם אֶזְכֹּר וְהָאָרֶץ אֶזְכֹּר: (ויקרא כו:מב)

עֶרְיָה תֵעוֹר קַשְׁתֶּךָ שְׁבֻעוֹת מַטּוֹת אֹמֶר סֶלָה נְהָרוֹת תְּבַקַּע אָרֶץ: (חבקוק ג:ט)

ענף יוסף

(ט) [ז] **ואתה מבקש לבטל סופו כו׳ אמר הקדוש ברוך הוא למשה ואין אתם מזרע בני בניהם.** יש לומר שמשה היה סבור שהברית שכרת עם האבות נתבטל, ועמו כורת ברית חדש, ועל זה השיבו הקדוש ברוך הוא ואין אתה מזרע בני בניהם, שכוונתי לקיים עמך הברית שכרתי עם אבות העולם, לכן התחכם משה לטעון טענה אחרת, הדבר שנשבעת לשלשה אין אתה מקיים כו׳, של אחד היאך אתה מקיים:

ידי משה

[ט] **כשם שכעסת על בניהם ואמרת להרגם.** ורוצה אתה לצאת ידי חובתך והבטחה שהבטחת לאבות על ידי שתעשה אותי לגוי גדול, כן תעשה לבני ותניח אחד מהם לעשות ממנו גוי גדול, ומה לי לצרה זאת לראות באבדין מולדתי לא הן ולא שכרן:

מתנות כהונה

[ט] **הנחתם בשלשה.** שלשה אבות: הכי גרסינן **איזה עדות: כך על בני.** תכעוס גם כן עליהם לעתיד:

אשד הנחלים

[ט] **דבר אחר כו׳ הפרש בין אלו לאלו כו׳.** וכלומר זכור לאברהם יצחק ויעקב והבדל בין מעשיהם למעשי בניהם, כמה היו טובים, לכן ראוי שתגמול לבניהם בעבורם: **הם בטלו כו׳ ואתה מבקש לבטל סופו כו׳.** הבאור על אלו הענינים עיין לעיל בפרשה הקודמת. והנה בעל המדרש מבאר כאן ציורי הענינים הרמוזים בפרשה זאת, ומבינים אנחנו מתוך שאלת משה ותשובת ה׳ אליו. והנה משה התפלא איך יתכן להשחית בני אברהם יצחק ויעקב שנשבע להם לזכור בריתם עד אלף דור, ועל זה השיב ה׳ לו, הניחה לי גו׳ ואעשה אותך לגוי גדול, ועל זה השיב משה שאי אפשר ככה, אם זכות השלשה אבות לא עמד בעבור בניהם, מה יעשה אם בניו יחטאו לה׳ איך יעמוד זכותו לבדו, ובזה רמז השלשה אבות ביחד להורות על זה: **כשם שנשבעת כו׳.** זהו כמו שפרשתי שאשר נשבעת הוא טענה אחרת, שנשבעת להם מוסב על השבטים, וא״כ איך תפר ברית אתם:

שֶׁנֶּאֱמַר ״וְזָכַרְתִּי לָהֶם בְּרִית רִאשֹׁנִים״ – For it is stated, *I will remember for them the covenant of the early ones* (*Leviticus* 26:45) – זוֹ בְּרִית הַשְּׁבָטִים – this refers to the covenant with the Tribes.[73] וְלִדְבָרֶיךָ, הֲרֵי אַתָּה מַעֲמִיד מִשֵּׁבֶט לֵוִי שֶׁאֲנִי מִשִּׁבְטוֹ – **"And,"** Moses continued, **"regarding Your comments** to me, granted that by making me a great nation **You would be producing** descendants **from the Tribe of Levi, since I am from his tribe,** מַה יֵּשׁ לְךָ לוֹמַר לְשֵׁבֶט רְאוּבֵן וְלִשְׁבָטִים אֲחֵרִים – but **what do You have to say to the Tribe of Reuben and to the other Tribes** whose oath and covenant will not be fulfilled by making me a great nation?" אָמַר רַבִּי יִצְחָק – **R' Yitzchak said:** אוֹתָהּ שָׁעָה לֹא הָיָה יָכוֹל לַהֲשִׁיבוֹ – **At that moment, [God] could not answer him.** אָמַר הַקָּדוֹשׁ בָּרוּךְ הוּא: יָפֶה אָמַרְתָּ – **The Holy One, blessed is He, said** to Moses, **"You have spoken well";** מִיָּד ״וַיִּנָּחֶם ה׳״ – and **thereupon,** ***HASHEM* reconsidered** (v. 14).[74] אָמַר לוֹ הָאֱלֹהִים: אַף הָרִאשׁוֹנוֹת תְּהֵיתִי עֲלֵיהֶן – **God said to [Moses], "I even regret My first [comments]."**[75]

§10 The Midrash now moves on to the next clause in Moses' prayer invoking the Patriarchs, offering two different explanations as to its purpose:

מַהוּ ״אֲשֶׁר נִשְׁבַּעְתָּ לָהֶם בָּךְ״ – **What is** the meaning of ***to whom You swore by Yourself?*** חִזְקִיָּה בַּר רַבִּי וְרַבִּי יְהוֹשֻׁעַ בֶּן לֵוִי – **Chizkiyah bar Rebbi and R' Yehoshua ben Levi** both offered explanations of this clause.[76] חִזְקִיָּה אָמַר – **Chizkiyah said:** אָמַר מֹשֶׁה: אִלּוּ בַּשָּׁמַיִם וּבָאָרֶץ נִשְׁבַּעְתָּ לַאֲבוֹתָם יָפֶה אַתָּה עוֹשֶׂה לָהֶם שֶׁהָיִיתָ אַתָּה מְכַלֶּה אֶת בְּנֵיהֶם – **Moses said** to God, **"If** it was **by *the heavens and the earth*** that **You had sworn to their forefathers** to multiply their descendants, **You would have been acting appropriately toward them if You were to destroy their descendants.** לָמָּה – **Why?** כְּשֵׁם שֶׁהַשָּׁמַיִם וְהָאָרֶץ בְּטֵלִים אַף הַשְּׁבוּעָה שֶׁלָּהֶם עוֹבֶרֶת – Since the oath would be linked to the existence of the heavens and the earth, You could argue that **just as the heavens and the earth can** ultimately **disappear, so too the oath** that You made **with [the Patriarchs] can elapse.**[77] רִבּוֹן הָעוֹלָם, לֹא בָּךְ נִשְׁבַּעְתָּ לַאֲבוֹתָם שֶׁאֵין אַתָּה מְכַלֶּה אֶת בְּנֵיהֶם – But now, **Master of the world, did You not swear to their forefathers *by Yourself* that You would not destroy their descendants?** לֹא אָמַרְתָּ לְאַבְרָהָם ״בִּי נִשְׁבַּעְתִּי״ – **Did You not say to Abraham** after the binding of Isaac on the Altar, ***'By Myself I swear . . . that I shall surely bless you and greatly increase your offspring'*** " (*Genesis* 22:16)? מַהוּ ״בִּי נִשְׁבַּעְתִּי״ – Now, **what was** the meaning of ***By Myself I swear?*** אָמַר הַקָּדוֹשׁ בָּרוּךְ הוּא לְאַבְרָהָם – **The Holy One, blessed is He, said to Abraham,** כְּשֵׁם שֶׁאֲנִי חַי וְקַיָּים לְעוֹלָם וּלְעוֹלְמֵי עוֹלָמִים – **"Just as I live and exist forever and for all eternity,** כָּךְ שְׁבוּעָתִי קַיֶּימֶת לְעוֹלָם וּלְעוֹלְמֵי עוֹלָמִים – **so too does My oath exist forever and for all eternity."** הֱוֵי יָפֶה אָמַר מֹשֶׁה כְּשֶׁאָמַר ״אֲשֶׁר נִשְׁבַּעְתָּ לָהֶם בָּךְ״ – **Thus, Moses spoke appropriately when he stated, *to whom You swore "by Yourself,"*** בַּעֲבוּר קְדוּשַּׁת שִׁמְךָ עֲשֵׂה וְלֹא תְּחַלֵּל שִׁמְךָ – as he was implying, **"Do it for the sake of the sanctity of Your Name, and let not Your Name be desecrated."**[78]

The Midrash now cites R' Yehoshua ben Levi's explanation:[79]

וְרַבִּי יְהוֹשֻׁעַ בֶּן לֵוִי אָמַר – **R' Yehoshua ben Levi said:** בִּשְׁבִיל זְכוּת הָאָבוֹת וּבִזְכוּת הַשְּׁבָטִים עָשָׂה הַקָּדוֹשׁ בָּרוּךְ הוּא – It was **on account of the merit of the Patriarchs and the merit of the Tribes that the Holy One, blessed is He, acted** in forgiving Israel.[80] וּמֵאַיִן אַתָּה יוֹדֵעַ שֶׁהִזְכִּיר מֹשֶׁה הַשְּׁבָטִים כָּאן – **And from where do you know that Moses mentioned the Tribes here?** בָּא יְשַׁעְיָה וּפֵירְשָׁהּ – Because **Isaiah came and elaborated** the term "Your servants," שֶׁנֶּאֱמַר ״שׁוּב לְמַעַן עֲבָדֶיךָ שִׁבְטֵי נַחֲלָתֶךָ״ – **as it is stated, *Return [to us] for the sake of Your servants, the Tribes of Your heritage*** (*Isaiah* 63:17); מִכָּאן שֶׁהַשְּׁבָטִים נִקְרְאוּ עֲבָדִים – we see **from here that the Tribes are called** God's **servants.**[81] לְפִיכָךְ אַתָּה דוֹרֵשׁ – **Therefore, you may expound** our verse as follows: ״זְכֹר לְאַבְרָהָם לְיִצְחָק וּלְיִשְׂרָאֵל״, אֵלּוּ ג׳ הָאָבוֹת – ***Remember for the sake of Abraham, Isaac, and Israel*** **– these are the three Patriarchs;**[82] ״עֲבָדֶיךָ״ אֵלּוּ הַשְּׁבָטִים – ***Your servants*** **– these are the Tribes.**[83]

NOTES

73. Since God already mentioned the covenant with each of the three Patriarchs in *Leviticus* 26:42 (cited by the Midrash above), *the covenant of the early ones* must mean the covenant He made with the Tribes (*Matnos Kehunah, Yefeh To'ar*).

74. God never intended to destroy Israel. Rather — in the manner of the Rabbis of the Talmud (see *Berachos* 33b, et al.) — He wanted to sharpen Moses' mind by entering into debate with him and thus force him to come up with an incontrovertible argument (*Yefeh To'ar, Eitz Yosef*). In his comments to §10 below, *Yefeh To'ar* (s.v. כיון שראה הנביא כן) explains that in light of the fact that destroying Israel would violate His oath to the Tribes — as Moses pointed out — God *could not* have intended to destroy Israel. See further, §10 and note 87.

75. From the fact that the verse states, *God reconsidered regarding the evil that He declared He would do to His people,* rather than simply, "God listened to Moses," the Midrash infers that He reconsidered everything He had previously stated in connection with the Golden Calf (*Yefeh To'ar, Eitz Yosef*). According to *Toldos Noach* (cited also by *Eitz Yosef*), God was telling Moses that He reconsidered His comment, *"Go, descend"* (above, v. 7), interpreted by the Midrash above (42 §2-3) as indicating that Moses himself must also accept some form of decline in status.

For other interpretations see *Yefeh To'ar, Maharzu, Yedei Moshe,* and *Rashash.*

76. Each of the Sages focuses on a different aspect of this clause. Chizkiyah begins by seeking to explain why Moses added the word בָּךְ, *by Yourself* — i.e., by God's own Name (*Beur Maharif*).

77. *Eitz Yosef* explains that Moses argued as follows: God's oath to the Patriarchs, *"I shall increase your offspring like the stars of heaven,"* was indeed fulfilled already — see *Deuteronomy* 1:10, which states that the Israelites were *like the stars of heaven in abundance*. [See *Eitz Yosef* further regarding God's oath that Israel would increase like the sands of the seashore (*Genesis* 22:17); see *Bamidbar Rabbah* 2 §12.] And since God's oath was fulfilled at one point in time, God could theoretically go ahead and destroy Israel. But, Moses argued, this would be so only if God had sworn by something like the heavens and earth, which are not guaranteed to last forever (see *Isaiah* 51:6). But by swearing "by Himself" (i.e., in His own Name), He made the oath permanent. For just as He exists for all eternity, so must the oath now remain true for all eternity (*Eitz Yosef*; see also *Eshed HaNechalim*). See *Yefeh To'ar* at length.

78. All those who know that You swore "by Yourself" to the Patriarchs and will now witness Your annihilation of their descendants will say that You violated Your oath, as they will not understand that You are fulfilling it by making *me* a great nation. Thus, Your Name will be desecrated (*Eitz Yosef*; see, however, *Eshed HaNechalim,* who takes this line as an independent statement; namely, an explanation of Moses' argument in verse 12, *"Why should Egypt say the following, 'With evil intent did He take them out, to kill them, etc.' "*).

79. R' Yehoshua ben Levi will focus on the expression, *"Your servants," to whom You swore by Yourself* (*Beur Maharif*).

80. R' Yehoshua is saying that when Moses said *to whom You swore*, he must have been referring not only to God's oath to the Patriarchs but also to His oath to the Tribes, because the oath with the Patriarchs was insufficient to sway God, since it could be fulfilled by making Moses a great nation [see above, note 71] (see *Eshed HaNechalim*). See Midrash further.

81. The *Isaiah* verse explicitly refers to the Tribes as God's *servants*, and teaches us that it is worthwhile to pray to God in their merit ("for their sake"). We may thus learn that Moses was recalling their merit in his prayer as well when he mentioned *Your servants* (*Eitz Yosef*).

82. *Yefeh To'ar* explains why the Midrash adds the seemingly obvious fact that "these are the three Patriarchs."

83. The Midrash interprets עֲבָדֶיךָ as *and to Your servants*, with the prefix ו׳ (*and to*) from וּלְיִשְׂרָאֵל applying to עֲבָדֶיךָ as well (ibid., *Eitz Yosef*).

שֶׁנֶּאֱמַר (ויקרא כו, מה) "וְזָכַרְתִּי לָהֶם בְּרִית רִאשֹׁנִים", זוֹ בְּרִית הַשְּׁבָטִים, וְלִדְבָרֶיךָ, הֲרֵי אַתָּה מַעֲמִיד מִשֵּׁבֶט לֵוִי שֶׁאֲנִי מִשִּׁבְטוֹ, מַה יֵּשׁ לְךָ לוֹמַר לְשֵׁבֶט רְאוּבֵן וְלִשְׁבָטִים אֲחֵרִים, אָמַר רַבִּי יִצְחָק: אוֹתָהּ שָׁעָה לֹא הָיָה יָכוֹל לַהֲשִׁיבוֹ, אָמַר הַקָּדוֹשׁ בָּרוּךְ הוּא: יָפֶה אָמַרְתָּ, מִיָּד [לב, יד] "וַיִּנָּחֶם ה'", אָמַר לוֹ הָאֱלֹהִים: אַף הָרִאשׁוֹנוֹת תָּהִיתִי עֲלֵיהֶן:

י מַהוּ [לב, יג] "אֲשֶׁר נִשְׁבַּעְתָּ לָהֶם בָּךְ", חִזְקִיָּה בַּר רַבִּי וְרַבִּי יְהוֹשֻׁעַ בֶּן לֵוִי, חִזְקִיָּה אָמַר: אָמַר מֹשֶׁה: אִלּוּ בַּשָּׁמַיִם וּבָאָרֶץ נִשְׁבַּעְתָּ לַאֲבוֹתָם יָפֶה אַתָּה עוֹשֶׂה לָהֶם שֶׁהָיִיתָ אַתָּה מְכַלֶּה אֶת בְּנֵיהֶם לָמָּה, כְּשֵׁם שֶׁהַשָּׁמַיִם וְהָאָרֶץ בְּטֵלִים אַף הַשְּׁבוּעָה שֶׁלָּהֶם עוֹבֶרֶת, רִבּוֹן הָעוֹלָם, לֹא בְּךָ נִשְׁבַּעְתָּ לַאֲבוֹתָם שֶׁאֵין אַתָּה מְכַלֶּה אֶת בְּנֵיהֶם, לֹא אָמַרְתָּ לְאַבְרָהָם (בראשית כב, טז) "בִּי נִשְׁבַּעְתִּי", מַהוּ "בִּי נִשְׁבַּעְתִּי", אָמַר הַקָּדוֹשׁ בָּרוּךְ הוּא לְאַבְרָהָם: כְּשֵׁם שֶׁאֲנִי חַי וְקַיָּים לְעוֹלָם וּלְעוֹלְמֵי עוֹלָמִים כָּךְ שְׁבוּעָתִי קַיֶּמֶת לְעוֹלָם וּלְעוֹלְמֵי עוֹלָמִים, הֱוֵי יָפֶה אָמַר מֹשֶׁה כְּשֶׁאָמַר [לב, יג] "אֲשֶׁר נִשְׁבַּעְתָּ לָהֶם בָּךְ", בַּעֲבוּר קְדוּשַּׁת שִׁמְךָ עֲשֵׂה וְלֹא תְחַלֵּל שְׁמֶךָ, וְרַבִּי יְהוֹשֻׁעַ בֶּן לֵוִי אָמַר: בִּשְׁבִיל זְכוּת הָאָבוֹת וּבִזְכוּת הַשְּׁבָטִים עָשָׂה הַקָּדוֹשׁ בָּרוּךְ הוּא, וּמֵאַיִן אַתָּה יוֹדֵעַ שֶׁהִזְכִּיר מֹשֶׁה הַשְּׁבָטִים כָּאן, בָּא יְשַׁעְיָה וּפֵירְשָׁהּ, שֶׁנֶּאֱמַר (ישעיה סג, יז) "שׁוּב לְמַעַן עֲבָדֶיךָ שִׁבְטֵי נַחֲלָתֶךָ", מִכָּאן שֶׁהַשְּׁבָטִים נִקְרְאוּ עֲבָדִים, לְפִיכָךְ אַתָּה דוֹרֵשׁ [לב, יג] "זְכֹר לְאַבְרָהָם לְיִצְחָק וּלְיִשְׂרָאֵל", אֵלּוּ ג' הָאָבוֹת, [שם] "עֲבָדֶיךָ" אֵלּוּ הַשְּׁבָטִים, מִיָּד נִתְרַצָּה לָהֶם, שֶׁנֶּאֱמַר [לב, יד] "וַיִּנָּחֶם ה' עַל הָרָעָה", כֵּיוָן שֶׁרָאָה הַנָּבִיא כֵּן הִתְחִיל אוֹמֵר (מלכים־ב יד, כז) "וְלֹא דִבֶּר ה' לִמְחוֹת אֶת שֵׁם יִשְׂרָאֵל", אָמַר רַבִּי אַחָא בְּשֵׁם רַבִּי יוֹנָתָן דְּבֵית גֻּבְרִין: אָנוּ מוֹצְאִין דִּבֵּר ה' לִמְחוֹת אֶת יִשְׂרָאֵל בָּעֵגֶל וּמְרַגְּלִים, הוּא אוֹמֵר: "וְלֹא דִבֶּר ה' לִמְחוֹת", אָמַר רַבִּי לֵוִי: כֵּיוָן שֶׁאָמַר לְמֹשֶׁה (דברים ט, יד) "הֶרֶף מִמֶּנִּי", שֶׁפָּתַח לוֹ פֶּתַח שֶׁיְּבַקֵּשׁ עֲלֵיהֶן רַחֲמִים, הֱוֵי "וְלֹא דִבֶּר ה' לִמְחוֹת אֶת שֵׁם יִשְׂרָאֵל", וְרַבִּי תַּנְחוּמָא אָמַר: כֵּיוָן שֶׁאָמַר לוֹ [לב, י] "וְאֶעֱשֶׂה אוֹתְךָ לְגוֹי גָּדוֹל", הֱוֵי "וְלֹא דִבֶּר ה' לִמְחוֹת אֶת שֵׁם יִשְׂרָאֵל", לָמָּה, שֶׁמֹּשֶׁה מִיִּשְׂרָאֵל הוּא:

עץ יוסף

זו ברית השבטים. דאי ברית אבות הלא כבר נאמר וזכרתי את בריתי יעקב וגו': **יפה אמרת.** והקדוש ברוך הוא כמי לאחודי למשה הוא דעבד: **אף הראשונות.** פירוש אפילו על הראשונות שאמר לו לך רד מגדולתך, או לאידך לישנא שאין רד אלא לשון נדוי וזעף אפילו מזה חזר וניחם (תולדות נח). ודייק לה מדכתיב וינחם ה' על הרעה אשר דבר, ולא קאמר וישמע ה' למשה, אלא דהדר ביה לגמרי מכל דבריו: **תהיתי.** לשון זה דרך משל, ופירושו נתחרטתי: (י) [ח] **מהו אשר נשבעת להם בך.** רוצה לומר דתיבת בך נראה כמיותר: **אילו בשמים ובארץ כו'.** הכוונה מפני שלא נזכר בשבועתו המשך הדבר שייעד לעולם, שאף שנשבע להרבותם ככוכבי השמים וכחול הים, אפשר לומר שמאחר שבימי משה נתקיימה ברכת ככוכבי השמים, כדכתיב והנכם היום ככוכבי השמים, יוכל להעבירם מן העולם, וברכת החול אף על פי שעדיין לא נתקיימה עד ימי הושע כדלקמן בבמדבר רבה פרשה ב', אפשר לקיימם בבני משה, לכן אמר משה שהיה מקום לזה אילו נשבע בשמים ובארץ, אבל לא כשתלה השבועה בו בעצמו: **בעבור קדושת שמך.** שלא יתחלל לפני הרואים אשר ידעו שנשבע בשמו, ולא יבינו שתתקיים במשה ויאמרו שעובר על שבועתו: **רבי יהושע בן לוי אומר.** קאי אתחלת הפסוק כדמסיים (תולדות נח): **בא ישעיה ופירשה.** כלומר שפירש שהשבטים נקראו עבדי ה' ושיש להתפלל בזכותם, ומשם למדנו לפרש כמו כן עבדיך דהכא: **עבדיך אלו השבטים.** וכאילו כתיב ולעבדיך, כי הוי"ו והלמ"ד שבו לישראל מושכות אחרות: **כיון שראה הנביא כן כו'.** התחיל אומר ולא דבר ה' למחות את שם ישראל, רוצה לומר שגם בתחלת דבור של הקדוש ברוך הוא לא דבר למחות את ישראל, וכל מה שדבר לא היה מדבר אלא כדי לאיים עליהם שיחזרו בתשובה שלימה: **כיון שאמר למשה הרף ממני.** מכיון דגלי דעתיה בעגל דניחא ליה שיבקש עליהם רחמים, הלא ידע משה דאין הכי נמי בכל דוכתי שמגלה לו שרוצה לכלותם (יפה תואר): **שפתח לו פתח.** כדלעיל סוף פרשה מ"ב: **ואעשך לגוי גדול.** שזהו ולא דבר ה' למחות אחר שבקש לעשות אותו לגוי גדול והוא בכלל ישראל:

פירוש מהרז"ו

אף הראשונות תהיתי. שמה שכתוב אשר דבר לעשות, מיותר, ודורש על המפורש ביחזקאל כ', על מה שגזר במצרים ובמדבר, לבד העגל: (י) **אלו בשמים ובארץ.** עיין בראשית רבה פרשה לד סימן י"א, ועיין דברים רבה פרשה ג סימן ט: **עבדיך אלו השבטים.** כמו שכתוב בסוף ויחי (בראשית נ, יז) עבדי אלהי אביך, עיין במדבר רבה סוף פרשה י"ג בהדיא: **ולא דבר ה' למחות.** דורשים מדה ט"ו, ומכריע מפסוק הרף ממני, או ואעשה אותך לגוי:

מתנות כהונה

ברית הראשונים. פירוש ברית של הראשונים כלומר שכרת עם הראשונים ואלו השבטים דאלו האבות כבר כתיב וזכרתי את בריתי יעקב וגו': **תהיתי.** נתחרטתי: **לא כך נשבעת** גרסינן: **ואעשה אותך לגוי גדול** גרסינן:

אשד הנחלים

יפה אמרת מיד וינחם כו'. כי חרטה בלבד שישתנה חס ושלום ממדה למדה על ידי בקשה בלתי נצוחית זה אי אפשר, רק שמשה הצטדק בדברים כנים על כן שמע לו ה': **אף הראשונות תהיתי.** פירש הידי משה לפי שהמיפר צריך לעקור הנדר מעיקרו, ולכן כתיב אשר דיבר, שהתחרט גם על הדיבור שדיבר מתחילתו כעין התרת הנדר, עד כאן: [י] **כשם ששמים וארץ בטלים כו'.** כי השבועה הניתלת בדבר אחר מורה על הקיום, כזה כן זה, ואילו היתה השבועה בשמים וארץ שהמה נבראים וסופם להפסד, הייתי אומר שלא היתה רק זמני, אבל אחר שהשבועה בשמו הגדול א"כ השבועה הוא על זמן נצחי: **בעבור קדושת כו'.** זהו טענה אחרת במה שאמר למה יאמרו מצרים גו': **ובזכות השבטים.** דאלו בזכות האבות לבד לא היה זה תשובה על ואעשה אותך כדלעיל, והראיה כי גם ישעיה ביקש למען השבטים א"כ גם משה ביקש בעדם, ונרמזו במלת עבדיך זהו השבטים: **שפתח לו כו'.** ומזה אנחנו רואים שגם בתחלה לא כיון למחות ישראל, ולא דבר רק לפתוח למשה שיבקש בעדם ויצא זכות. ורבי תנחומא פירש אף שאלולי בקשת משה היה חס ושלום מכלן, עם כל זה לא דיבר למחותן מכל וכל, כי אם היה חפץ להשאיר מזרע משה, אבל להשחיתן מכל וכל זה אי אפשר:

חידושי הרד"ל

[ט] **תהיתי עליהן.** לשון נחמתי דרש, וכדלעיל פרשה מג (סוף סימן ט): [י] **שפתח לו פתח ובקש כו'.** (כדלעיל סוף פרשה מב (סימן ט)) אקרא דהניחה לי, עיין שם. וכיון שתלה הדבר על תנאי שיניח וירף לו משה הרי לא דבר למחות. (ומה שמביא כאן מקרא זה ריש פרשת עקב הרף לי וגו' ואינו מביא אקרא דהניחה לי הכתוב כאן, היינו משום ששם בפרשת עקב נאמר לשון זה ואמחה את שמם, ומשם הוא שקשה שאינו מוצאין שדבר למחות, לכן מתרץ ששם גופיה כתיב הרף כו'):

חידושי הרש"ש

אמר לו האלהים אף הראשונות תהית עליהן כו'. יתכן לפרש שהכוונה שאמר לו הקב"ה למשה מבקש אתה שאתחרט על השבועה, דעכשיו שנשבעתי לכלותם מפני השבועה הראשונה, מאי חזית אדרבה אתהה על הראשונות, השיבו משה אשר נשבעת להם בך, וכדמפרש ואזיל:

ידי משה

אף ראשונות תהיתי. פירוש, שיש לי חרטה על הראשונות מה שהיה בדעתי לעשות להם אני עוקר הנדר מתחלה, כי גבי נדר צריך לעקור הנדר מתחלתו, ודרש זה מדכתיב על הרעה אשר דיבר ולא כתיב סתם וינחם על הרעה, אלא שהתחרט גם על הדיבור שדיבר מתחלתו כדין התרת הנדר. וקל להבין: [י] **שפתח לו פתח וכו'.** פירוש, לפי שמצא לו פתח להנדר והוכרח הקב"ה לעקור את הנדר מעיקרו, לפיכך הוא כאילו לא דיבר כדכתיב בסמוך. ודוק:

אמרי יושר

[י] **שפתח לו פתח.** התיר לו הנדר על ידי פתח ה' אלהיו, ולא אמרת אני ה' אלהיכם, וחרטה וינחם, והנדר הוא דאשכחן כאן ויאמר הרי זמני, והן והן תרי זימני נדר:

אם למקרא

וְזָכַרְתִּי לָהֶם בְּרִית רִאשֹׁנִים אֲשֶׁר הוֹצֵאתִי אֹתָם מֵאֶרֶץ מִצְרַיִם לְעֵינֵי הַגּוֹיִם לִהְיוֹת לָהֶם לֵאלֹהִים אֲנִי ה': (ויקרא כו:מה)

וַיֹּאמֶר בִּי נִשְׁבַּעְתִּי נְאֻם ה' כִּי יַעַן אֲשֶׁר עָשִׂיתָ אֶת הַדָּבָר הַזֶּה וְלֹא חָשַׂכְתָּ אֶת בִּנְךָ אֶת יְחִידֶךָ: (בראשית כב:טז)

לָמָּה תַתְעֵנוּ ה' מִדְּרָכֶיךָ תַּקְשִׁיחַ לִבֵּנוּ מִיִּרְאָתֶךָ שׁוּב לְמַעַן עֲבָדֶיךָ שִׁבְטֵי נַחֲלָתֶךָ: (ישעיה סג:יז)

וְלֹא דִבֶּר ה' לִמְחוֹת אֶת שֵׁם יִשְׂרָאֵל מִתַּחַת הַשָּׁמָיִם וַיּוֹשִׁיעֵם בְּיַד יָרָבְעָם בֶּן יוֹאָשׁ: (מלכים ב יד:כז)

הֶרֶף מִמֶּנִּי וְאַשְׁמִידֵם וְאֶמְחֶה אֶת שְׁמָם מִתַּחַת הַשָּׁמָיִם וְאֶעֱשֶׂה אוֹתְךָ לְגוֹי עָצוּם וָרָב מִמֶּנּוּ: (דברים ט:יד)

באור מהרי"פ

[י] **ורבי יהושע בן לוי אומר וכו'.** פירוש, רבי יהושע בן לוי לא קא לפרש מלת בך, אלא קאי אתחלת המקרא לפרש מלת עבדיך, כדמסיים עבדיך אלו השבטים: **כיון שראה הנביא כן התחיל אומר וכו'.** פירוש, דלפי דרש זה שהזכיר משה בתפלתו שבועת השבטים עד שלא היה יכול כביכול הקדוש ברוך הוא להשיבו, וזה דבר קשה מאד שינצח משה את הקדוש ברוך הוא, לכך מוכרח שגם בתחלת דבורו לא דבר כדי למחות את ישראל, אלא כדי לאיים עליהם שיחזרו בתשובה שלימה: **דבר ה' למחות וגו' בעגל ומרגלים.** אמר הכותב, אליעה לפניך המקראות המתיחסים לענין זה (שמות לב, י) ועתה הניחה לי ויחר אפי בהם ואכלם ואעשה אותך לגוי גדול. (במדבר יד, יב) אכנו בדבר ואורישנו ואעשה אותך לגוי גדול ועצום ממנו, אצל המרגלים. (דברים ט, יד) הרף ממני ואשמידם ואמחה את שמם מתחת השמים ואעשה אותך לגוי עצום ורב ממנו. זה המקרא והמקרא (שמות לב, י) אצל העגל. ומזה תבין הענין המדובר כאן לפירושי דרבי אחא אינו מספיק לו הביאור של ולא דבר ה' למחות כדי למחות אלא לאיים כמו שמבואר למעלה דאם כן היה לו לומר ולא חשב ה' למחות. ומאי ולא דבר שהרי דבר דבר להשמידם ולכלותם. לזה אומר שבאמת לא דבר למחות, כיון שאמר לו הרף ממני ופתח לו פתח לבקש עליהם רחמים הוי כאלו אמר ואשמידם אם לא תבקש עליהם רחמים, אבל אם תבקש עליהם רחמים ובפרט בטענה נצחת לא אשמידם, נמצא לא דבר מעולם למחות, כי ידע הקב"ה שמשה לא ירף ממנו ויבא בטענה נצחת ויבקש רחמים, וגם שם בעגל כתיב ועתה הניחה וגו', שם גם כן פתח לו פתח שיבקש עליהם רחמים כמו כאן, והיא היא. ואם תאמר לפי זה לא תירץ כלום במרגלים, דשם לא הראה לו פתח שיבקש רחמים. ויש לומר מאחר שפתח לו בעגל שיבקש רחמים מזה למד משה בנין אב לכל החטאות ואשמות שיחטאו ישראל שיתפללו בעדם, ולכך לא הוזקק לו להראות במרגלים כיון שכבר פתח לו בעגל: **כיון שאמר לו ואעשך וגו'.** וצריך עיון לפי זה היאך יתקיים שבועת השבטים במה שיעשה את משה לגוי גדול שהוא משבט לוי לבד. ואולי רבי תנחומא אינו סובר שנשבע הקב"ה לשבטים וכרת עמהם ברית, רק להאבות לבד נשבע. וצריך עיון:

מִיָּד נִתְרַצָּה לָהֶם, שֶׁנֶּאֱמַר "וַיִּנָּחֶם ה' עַל הָרָעָה" – **Thereupon, [God] forgave [the people], as it is stated, *HASHEM reconsidered regarding the evil* *that He declared He would do to His people.***[84]

The Midrash discusses whether God truly intended initially to annihilate Israel:

כֵּיוָן שֶׁרָאָה הַנָּבִיא כֵּן הִתְחִיל אוֹמֵר "וְלֹא דִבֶּר ה' לִמְחוֹת אֶת שֵׁם יִשְׂרָאֵל" – **When the prophet**[85] **saw this,**[86] **he began to state, *"But HASHEM did not speak about erasing the name of Israel from under the heavens"*** (*II Kings* 14:27).[87] אָמַר רַבִּי אַחָא בְּשֵׁם רַבִּי יוֹנָתָן דְּבֵית גֻּבְרִין – **R' Acha said in the name of R' Yonasan of Beis Guvrin:** אָנוּ מוֹצְאִין דִּבֶּר ה' לִמְחוֹת אֶת יִשְׂרָאֵל בָּעֵגֶל וּמְרַגְּלִים – **We find that God spoke about erasing Israel in the** incident of the Golden **Calf and the** incident of the **Spies,**[88] וְהוּא אוֹמֵר: "וְלֹא דִבֶּר ה' לִמְחוֹת" – **yet [the prophet] says, *"But HASHEM did not speak about erasing"*?!** אָמַר רַבִּי לֵוִי – **R' Levi answered:** כֵּיוָן שֶׁאָמַר לְמֹשֶׁה "הֶרֶף מִמֶּנִּי" – **When [God] told Moses** (after the sin of the Golden Calf), ***"Release Me,*** *and I shall destroy them and erase their name from under the heavens"* (*Deuteronomy* 9:14), שֶׁפָּתַח לוֹ פֶּתַח שֶׁיְּבַקֵּשׁ עֲלֵיהֶן רַחֲמִים – **He** thereby **provided an opening for [Moses] to plead for mercy on their behalf**[89] – הֲוֵי "וְלֹא דִבֶּר ה' לִמְחוֹת אֶת שֵׁם יִשְׂרָאֵל" – **that is** the evidence that ***HASHEM did not speak about erasing the name of Israel.***[90]

NOTES

84. Moses' argument citing both the oath with Patriarchs *and* the oath with the Tribes was so convincing that God "reconsidered" (*Yefeh To'ar* and *Beur Maharif* below, s.v. כיון שראה הנביא כן). See further.

85. The Midrash is referring to Jeremiah, who authored the Book of *Kings* (see *Bava Basra* 15a) from which the Midrash now cites.

86. That is, when he saw our passage (vv. 13-14) — as it has just been expounded — telling us that Moses' argument about God's oath to the Tribes precluded Him from destroying Israel.

87. Although in its plain interpretation, this verse refers to the Jews in the time of Jeroboam son of Jehoash (who is mentioned in the verse), the Midrash understands it as a blanket statement: *never* did God speak about erasing Israel. The prophet came to this conclusion after seeing that Moses' argument apparently "convinced God to reconsider." Unwilling to accept that a human being could cause God to change His decision — even with a good argument — he concluded that God must never have really intended to do so in the first place (*Beur Maharif*). It was merely intended to put fear into Israel and cause them to repent, or to force Moses to learn how to argue on Israel's behalf (see *Yefeh To'ar*, *Beur Maharif, Eitz Yosef*). [See note 74. *Yefeh To'ar* here writes that it is because of the Midrash here that he interpreted the Midrash above as he did.]

88. When the Spies returned from seeing Israel and convinced the people that they would never succeed in capturing the land, God told Moses, *"I will smite them with the plague and annihilate them"* (*Numbers* 14:12).

89. God stated, *"Release Me," and I shall destroy them*, even though Moses had not yet "taken hold" of Him (i.e., he had not yet attempted to argue on Israel's behalf). From this the Midrash infers that God thus hinted to Moses: If you do *not* release Me — i.e., if you plead to save them — I will **not** destroy them. Compare 42 §9 above in connection with verse 10 here (*And now, desist from Me. Let My anger flare up against them and I shall annihilate them, etc.*).

90. For God knew that Moses would indeed offer a winning argument for why He should not destroy Israel (*Beur Maharif*). Although the Midrash cites proof of God's true intent (viz., that Moses should plead for mercy so that He would not destroy Israel) only in connection with the Sin of the Golden Calf, not regarding that of the Spies, the Midrash understands from the former what God's intent was in *all* cases where He threatened Israel's destruction (*Yefeh To'ar*, cited by *Eitz Yosef*; *Beur Maharif*, end of s.v. כיון שראה נביא).

Yedei Moshe interprets our Midrash differently, taking the word פֶּתַח, *opening*, in the halachic sense of an "opening" found to nullify a vow (see note 75), and translating the phrase שֶׁפָּתַח לוֹ פֶּתַח to mean: **that [Moses] found an opening for [God].** (The continuation of the clause, שֶׁיְּבַקֵּשׁ עֲלֵיהֶן רַחֲמִים, would seemingly be translated: **through his pleading for mercy on their behalf.**) God's decree was thus uprooted and it was indeed, as the *Isaiah* verse states, as if He had never spoken about erasing the name of Israel. See Insight Ⓐ.

INSIGHTS

Ⓐ **Turning Back the Clock** R' Levi explains that once God provided Moses with an opening to pray for Israel's salvation, it became as if *HASHEM did not speak about erasing the name of Israel*, in accordance with Jeremiah's assertion. Unlike other commentators (see note 90), the 16th-century Italian sage *R' Menachem Rabba*, in his compilation of sermons *Beis Moed* (Ch. 27), understands this "opening" to be an invitation for Israel to repent, and on that basis explains how this uprooted God's original threat to destroy Israel as if it were never expressed.

He bases his approach on an insight into the unique power of repentance, or *teshuvah*. It has often been noted that there is something mysterious about the efficacy of *teshuvah*. Granted, if the fallout of sin were to be limited to incurring God's anger and exposing oneself to Divine retribution, there would be no difficulty. It would then be perfectly logical that the sinner's regret and sincere resolve for a better future should satisfy God and remove the need for discipline or punishment. But the fact is that a sin does more than spoil one's relationship with God. Being an act that defies the Source of all life, the sin unbalances one's own existence and unleashes evil forces that inflict real damage on the sinner himself and the world around him. How is it possible for *teshuvah* to change this reality, to undo the damage and protect those at risk from the "natural" consequences of the wrongful deed?

To resolve this problem, *Beis Moed* suggests that the secret of *teshuvah* lies in the Sages' teaching that *teshuvah* is older than the universe itself. God, knowing that the world could not exist without *teshuvah*, "created" the concept even before creating the world. By so doing, He raised the *teshuvah* process above the forces that brought the world into being. He turned *teshuvah* into a creative power that, being rooted in a time that predates all other created existence, has the capacity to turn the clock back, as it were, to recreate the state of affairs that prevailed before a particular sin was committed.

With this understanding of *teshuvah*, we can answer a perplexing philosophical question about *teshuvah*. Of the few things we know about God, one is that He is completely impervious to change. Being absolutely perfect, with no deficiency, His essence has no room or reason to change, and neither does His Will, which is an integral part of His being. How, then, can it be that God decrees a punishment upon a sinner, only to change His mind when the sinner repents?

Of necessity, God does not change His mind. Rather, when a person sins and forfeits his right to exist, God decrees a punishment upon him — not in the spirit of reprisal, but, on the contrary, to protect him from a worse fate and bring about his revival (אֵין הקב"ה מַעֲנִישׁ לִנְקָמָה אֶלָּא לְתְקוּמָה). Essentially, then, Divine punishment is a means of preserving one's existence. But the sinner's revival need not come about through suffering. It can also be achieved through the regenerative power of *teshuvah*, which returns the sinner to his pre-sin condition and reestablishes his life on the basis of his former innocence and purity. Far from causing God to rescind His decree, this welcome development actually brings about the decree's fulfillment in the most desirable way.

This is what R' Levi meant to say. When God provided Moses with an opening to pray for Israel — that is, when God encouraged the Jewish people to repent — He gave them an alternative way of fulfilling His decree regarding their future. For God's intention in killing out the nation was first and foremost to perpetuate it — in the only way possible under the circumstances, by rebuilding it from Moses and his descendants (as pointed out by R' Tanchuma). But that was assuming that the nation would remain mired in its sinful state. If, on the other hand, Israel could infuse itself with new life in another manner, such as through the rehabilitative power of *teshuvah*, then God's decree — which was essentially one of preservation, rather than destruction — could be fulfilled in the optimal way. In that best-case scenario, it would be as if *HASHEM did not speak about erasing the name of Israel*, for God's words in that direction was never the primary expression of His intent, and neither would it be a factor in the decree's final implementation. In this scenario, for all intents and purposes, it would be as if the words were never said.

שֶׁנֶּאֱמַר (ויקרא כו, מה) "וְזָכַרְתִּי לָהֶם בְּרִית רִאשֹׁנִים", זוֹ בְּרִית הַשְּׁבָטִים, וְלִדְבָרֶיךָ, הֲרֵי אַתָּה מַעֲמִיד מִשֵּׁבֶט לֵוִי שֶׁאֲנִי מִשִּׁבְטוֹ, מַה יֵּשׁ לְךָ לוֹמַר לְשֵׁבֶט רְאוּבֵן וְלִשְׁבָטִים אֲחֵרִים, אָמַר רַבִּי יִצְחָק: אוֹתָהּ שָׁעָה לֹא הָיָה יָכוֹל לַהֲשִׁיבוֹ, אָמַר הַקָּדוֹשׁ בָּרוּךְ הוּא: יָפֶה אָמַרְתָּ, מִיָּד [לב, יד] "וַיִּנָּחֶם ה' ", אָמַר לוֹ הָאֱלֹהִים: אַף הָרִאשׁוֹנוֹת תָּהִיתִי עֲלֵיהֶן:

י מַהוּ [לב, יג] "אֲשֶׁר נִשְׁבַּעְתָּ לָהֶם בָּךְ", חִזְקִיָּה בַּר רַבִּי וְרַבִּי יְהוֹשֻׁעַ בֶּן לֵוִי, חִזְקִיָּה אָמַר: אָמַר מֹשֶׁה: אִלּוּ בַּשָּׁמַיִם וּבָאָרֶץ נִשְׁבַּעְתָּ לַאֲבוֹתָם יָפֶה אַתָּה עוֹשֶׂה לָהֶם שֶׁהָיִיתָ אַתָּה מְכַלֶּה אֶת בְּנֵיהֶם לָמָּה, כְּשֵׁם שֶׁהַשָּׁמַיִם וְהָאָרֶץ בְּטֵלִים אַף הַשְּׁבוּעָה שֶׁלָּהֶם עוֹבֶרֶת, רִבּוֹן הָעוֹלָם, לֹא בְּךָ נִשְׁבַּעְתָּ לַאֲבוֹתָם שֶׁאֵין אַתָּה מְכַלֶּה אֶת בְּנֵיהֶם, לֹא אָמַרְתָּ לְאַבְרָהָם (בראשית כב, טז) "בִּי נִשְׁבַּעְתִּי", מַהוּ "בִּי נִשְׁבַּעְתִּי", אָמַר הַקָּדוֹשׁ בָּרוּךְ הוּא לְאַבְרָהָם: כְּשֵׁם שֶׁאֲנִי חַי וְקַיָּם לְעוֹלָם וּלְעוֹלְמֵי עוֹלָמִים כָּךְ שְׁבוּעָתִי קַיֶּמֶת לְעוֹלָם וּלְעוֹלְמֵי עוֹלָמִים, הֱוֵי יָפֶה אָמַר מֹשֶׁה כְּשֶׁאָמַר [לב, יג] "אֲשֶׁר נִשְׁבַּעְתָּ לָהֶם בָּךְ", בַּעֲבוּר קְדוּשַּׁת שִׁמְךָ עֲשֵׂה וְלֹא תְחַלֵּל שִׁמְךָ, וְרַבִּי יְהוֹשֻׁעַ בֶּן לֵוִי אָמַר: בִּשְׁבִיל זְכוּת הָאָבוֹת וּבִזְכוּת הַשְּׁבָטִים עָשָׂה הַקָּדוֹשׁ בָּרוּךְ הוּא, וּמֵאַיִן אַתָּה יוֹדֵעַ שֶׁהִזְכִּיר מֹשֶׁה הַשְּׁבָטִים כָּאן, בָּא יְשַׁעְיָה וּפֵירְשָׁהּ, שֶׁנֶּאֱמַר (ישעיה סג, יז) "שׁוּב לְמַעַן עֲבָדֶיךָ שִׁבְטֵי נַחֲלָתֶךָ", מִכָּאן שֶׁהַשְּׁבָטִים נִקְרְאוּ עֲבָדִים, לְפִיכָךְ אַתָּה דוֹרֵשׁ [לב, יג] "זְכֹר לְאַבְרָהָם לְיִצְחָק וּלְיִשְׂרָאֵל", אֵלּוּ ג' הָאָבוֹת, [שם] "עֲבָדֶיךָ" אֵלּוּ הַשְּׁבָטִים, מִיָּד נִתְרַצָּה לָהֶם, שֶׁנֶּאֱמַר [לב, יד] "וַיִּנָּחֶם ה' עַל הָרָעָה", כֵּיוָן שֶׁרָאָה הַנָּבִיא כֵּן הִתְחִיל אוֹמֵר (מלכים־ב יד, כז) "וְלֹא דִבֶּר ה' לִמְחוֹת אֶת שֵׁם יִשְׂרָאֵל", אָמַר רַבִּי אַחָא בְּשֵׁם רַבִּי יוֹנָתָן דְּבֵית גֻּבְרִין: אָנוּ מוֹצְאִין דִּבֶּר ה' לִמְחוֹת אֶת יִשְׂרָאֵל בָּעֵגֶל וּמְרַגְּלִים, הוּא אוֹמֵר: "וְלֹא דִבֶּר ה' לִמְחוֹת", אָמַר רַבִּי לֵוִי: כֵּיוָן שֶׁאָמַר לְמֹשֶׁה (דברים ט, יד) "הֶרֶף מִמֶּנִּי", שֶׁפָּתַח לוֹ פֶּתַח שֶׁיְּבַקֵּשׁ עֲלֵיהֶן רַחֲמִים, הֱוֵי "וְלֹא דִבֶּר ה' לִמְחוֹת אֶת שֵׁם יִשְׂרָאֵל", וְרַבִּי תַּנְחוּמָא אָמַר: כֵּיוָן שֶׁאָמַר לוֹ [לב, י] "וְאֶעֱשֶׂה אוֹתְךָ לְגוֹי גָּדוֹל", הֱוֵי "וְלֹא דִבֶּר ה' לִמְחוֹת אֶת שֵׁם יִשְׂרָאֵל", לָמָּה, שֶׁמֹּשֶׁה מִיִּשְׂרָאֵל הוּא:

עץ יוסף

זו ברית השבטים. דאי ברית אבות הלא כבר נאמר וזכרתי את בריתי יעקב וגו': **יפה אמרת.** והקדוש ברוך הוא כמי לאחדודי למשה הוא דעבד: **אף הראשונות.** פירוש אפילו על הראשונות שאמר לו לך רד מגדולתך, או לאידך ליסנא שאין רד אלא לשון נדוי וזעף אפילו מזה חזר וניחם (תולדות נח). ודייק לה מדכתיב וינחם ה' על הרעה אשר דבר, ולא קאמר וישמע ה' למשה, אלא דהדר ביה לגמרי מכל דבריו: **תהיתי.** לשון זה דרך משל, ופירושו נתחרטתי: (י) [ח] **מהו אשר נשבעת להם בך.** רוצה לומר דתיבת בך נראה כמיותר: **אילו בשמים ובארץ כו'.** הכוונה מפני שלא נזכר בשבועתו המשך הדבר שייעד לעולם, שאף שנשבע להרבותם ככוכבי השמים וכחול הים, אפשר לומר שמאחר שבימי משה נתקיימה ברכת ככוכבי השמים, כדכתיב והנכם היום ככוכבי השמים, יוכל להעבירם מן העולם, וברכת החול אף על פי שעדיין לא נתקיימה עד ימי הושע כדלקמן בבמדבר רבה פרשה ב', אפשר לקיימם בבני משה, לכן אמר משה שהיה מקום לזה אילו נשבע בשמים ובארץ, אבל לא כשתלה השבועה בו בעצמו: **בעבור קדושת שמך.** שלא יתחלל לפני הרואים אשר ידעו שנשבע בשמו, ולא יבינו שתתקיים במשה ויאמרו שעובר על שבועתו: **רבי יהושע בן לוי אומר.** קאי אתחלת הפסוק כדמסיים (תולדות נח): **בא ישעיה ופירשה.** כלומר שפירש שהשבטים נקראו עבדי ה' ושיש להתפלל בזכותם, ומשם למדנו לפרש כמו כן עבדיך דהכא: **עבדיך אלו השבטים.** וכאילו כתיב ולעבדיך, כי הוי"ו והלמ"ד שבו לישראל מושכות אחרות: **כיון שראה הנביא כן כו'.** התחיל אומר ולא דבר ה' למחות את שם ישראל, רוצה לומר שגם בתחלת דבור של הקדוש ברוך הוא לא דבר למחות את ישראל, וכל מה שדבר לא היה מדבר אלא כדי לאיים עליהם שיחזרו בתשובה שלימה: **כיון שאמר למשה הרף ממני.** מכיון דגלי דעתיה בעגל דניחא ליה שיבקש עליהם רחמים, הלא ידע משה דאין הכי נמי בכל דוכתי שמגלה לו שרוצה לכלותם (יפה תואר): **שפתח לו פתח.** כדלעיל סוף פרשה מ"ב: **ואעשך לגוי גדול.** שזהו ולא דבר ה' למחות אחר שבקש לעשות אותו לגוי גדול והוא בכלל ישראל:

פירוש מהרז"ו

אף הראשונות תהיתי. שמה שכתוב אשר דבר לעשות, מיותר, ודורש על המפורש ביחזקאל כ', על מה שגזר במצרים ובמדבר, לבד העגל: (י) **אלו בשמים ובארץ.** עיין בראשית רבה פרשה לד סימן י"א, ועיין דברים רבה פרשה ג סימן ט: **עבדיך אלו השבטים.** כמו שכתוב בסוף ויחי (בראשית נ, יז) עבדי אלהי אביך, עיין במדבר רבה סוף פרשה י"ג בהדיא: **ולא דבר ה' למחות.** דורשים מדה ט"ו, ומכריע מפסוק הרף ממני, או ואעשה אותך לגוי:

מתנות כהונה

ברית הראשונים. פירוש ברית של הראשונים כלומר שכרת עם הראשונים ואלו השבטים דאלו האבות כבר כתיב וזכרתי את בריתי יעקב וגו': **תהיתי.** נתחרטתי: **לא כך נשבעת** גרסינן: **ואעשה אותך לגוי גדול** גרסינן:

אשד הנחלים

יפה אמרת מיד וינחם כו'. כי חרטה בלבד שישתנה חס ושלום ממדה למדה על ידי בקשה בלתי נצוחית זה אי אפשר, רק שמשה הצטדק בדברים כנים על כן שמע לו ה': **אף הראשונות תהיתי.** פירש הידי משה לפי שהמיפר צריך לעקור הנדר מעיקרו, ולכן כתיב אשר דיבר, שהתחרט גם על הדיבור שדיבר מתחילתו כעין התרת הנדר, עד כאן: [י] **כשם ששמים וארץ בטלים כו'.** כי השבועה הניתלת בדבר אחר מורה על הקיום, כזה כן זה, ואילו היתה השבועה בשמים וארץ שהמה נבראים וסופם להפסד, הייתי אומר שלא היתה רק זמני, אבל אחר שהשבועה בשמו הגדול א"כ השבועה הוא על זמן נצחי: **בעבור קדושת כו'.** זהו טענה אחרת במה שאמר למה יאמרו מצרים גו': **ובזכות השבטים.** דאלו בזכות האבות לבד לא היה זה תשובה על ואעשה אותך כדלעיל, והראיה כי גם ישעיה ביקש למען השבטים א"כ גם משה ביקש בעדם, ונרמזו במלת עבדיך זהו השבטים: **שפתח לו כו'.** ומזה אנחנו רואים שגם בתחלה לא כיון למחות ישראל, ולא דבר רק לפתוח למשה שיבקש בעדם ויצא זכות. ורבי תנחומא פירש אף שאלולי בקשת משה היה חס ושלום מכלן, עם כל זה לא דיבר למחותן מכל וכל, כי אם היה חפץ להשאיר מזרע משה, אבל להשחיתן מכל וכל זה אי אפשר:

חידושי הרד"ל

[ט] **תהיתי עליהן.** לשון נחמתי דרש, וכדלעיל פרשה מג (סוף סימן ט): [י] **שפתח לו פתח ובקש כו'.** (כדלעיל סוף פרשה מב (סימן ט)) אקרא דהניחה לי, עיין שם. וכיון שתלה הדבר על תנאי שיניח וירף לו משה הרי לא דבר למחות. (ומה שמביא כאן מקרא זה ריש פרשת עקב הרף לי וגו' ואינו מביא אקרא דהניחה לי הכתוב כאן, היינו משום ששם בפרשת עקב נאמר לשון זה ואמחה את שמם, ומשם הוא שקשה שאינו מוצאין שדבר למחות, לכן מתרץ ששם גופיה כתיב הרף כו'):

חידושי הרש"ש

אמר לו האלהים אף הראשונות תהית עליהן כו'. יתכן לפרש שהכוונה שאמר לו הקב"ה למשה מבקש אתה שאתחרט על השבועה, דעכשיו שנשבעתי לכלותם מפני השבועה הראשונה, אחי חזית אדרבה אתהה על הראשונות, השיבו משה אשר נשבעת להם בך, וכדמפרש ואזיל:

ידי משה

אף ראשונות תהיתי. פירוש, שיש לי חרטה על הראשונות מה שהיה בדעתי לעשות להם אני עוקר הנדר מתחלה, כי גבי נדר צריך לעקור הנדר מתחלתו, ודרש זה מדכתיב על הרעה אשר דיבר ולא כתיב סתם וינחם על הרעה, אלא שהתחרט גם על הדיבור שדיבר מתחלתו כדין התרת הנדר. וקל להבין: [י] **שפתח לו פתח וכו'.** פירוש, לפי שמצא לו פתח להנדר והוכרח הקב"ה לעקור את הנדר מעיקרו, לפיכך הוא כאילו לא דיבר כדכתיב בסמוך. ודוק:

אמרי יושר

[י] **שפתח לו פתח.** התיר לו הנדר על ידי פתח ה' אלהיו, ולא אמרת אני ה' אלהיכם, וחרטה וינחם, והנדר הוא דאשכחן כאן ויאמר הרי זימני, והן והן תרי זימני נדר:

אם למקרא

וְזָכַרְתִּי לָהֶם בְּרִית רִאשֹׁנִים אֲשֶׁר הוֹצֵאתִי אֹתָם מֵאֶרֶץ מִצְרַיִם לְעֵינֵי הַגּוֹיִם לִהְיוֹת לָהֶם לֵאלֹהִים אֲנִי ה': (ויקרא כו:מה)

וַיֹּאמֶר בִּי נִשְׁבַּעְתִּי נְאֻם ה' כִּי יַעַן אֲשֶׁר עָשִׂיתָ אֶת הַדָּבָר הַזֶּה וְלֹא חָשַׂכְתָּ אֶת בִּנְךָ אֶת יְחִידֶךָ: (בראשית כב:טז)

לָמָּה תַתְעֵנוּ ה' מִדְּרָכֶיךָ תַּקְשִׁיחַ לִבֵּנוּ מִיִּרְאָתֶךָ שׁוּב לְמַעַן עֲבָדֶיךָ שִׁבְטֵי נַחֲלָתֶךָ: (ישעיה סג:יז)

וְלֹא דִבֶּר ה' לִמְחוֹת אֶת שֵׁם יִשְׂרָאֵל מִתַּחַת הַשָּׁמָיִם וַיּוֹשִׁיעֵם בְּיַד יָרָבְעָם בֶּן יוֹאָשׁ: (מלכים ב יד:כז)

הֶרֶף מִמֶּנִּי וְאַשְׁמִידֵם וְאֶמְחֶה אֶת שְׁמָם מִתַּחַת הַשָּׁמָיִם וְאֶעֱשֶׂה אוֹתְךָ לְגוֹי עָצוּם וָרָב מִמֶּנּוּ: (דברים ט:יד)

באור מהרי"פ

[י] **ורבי יהושע בן לוי אומר וכו'.** פירוש, רבי יהושע בן לוי לא קא לפרש מלת בך, אלא קאי אתחלת המקרא לפרש מלת עבדיך, כדמסיים עבדיך אלו השבטים: **כיון שראה הנביא כן התחיל אומר וכו'.** פירוש, דלפי דרש זה שהזכיר משה בתפלתו שבועת השבטים עד שלא היה יכול כביכול הקדוש ברוך הוא להשיבו, וזה דבר קשה מאד שינצח משה את הקדוש ברוך הוא, לכך מוכרח שגם בתחלת דבורו לא דבר כדי למחות את ישראל, אלא כדי לאיים עליהם שיחזרו בתשובה שלימה: **דבר ה' למחות וגו' בעגל ומרגלים.** אמר הכותב, אליעה לפניך המקראות המתיחסים לענין זה (שמות לב, י) ועתה הניחה לי ויחר אפי בהם ואכלם ואעשה אותך לגוי גדול. (במדבר יד, יב) אכנו בדבר ואורישנו ואעשה אותך לגוי גדול ועצום ממנו, אצל המרגלים. (דברים ט, יד) הרף ממני ואשמידם ואמחה את שמם מתחת השמים ואעשה אותך לגוי עצום ורב ממנו. זה המקרא והמקרא (שמות לב, י) אצל העגל. ומזה תבין הענין המדובר כאן לפירושי דרבי אחא אינו מספיק לו הביאור של ולא דבר ה' למחות כדי למחות אלא לאיים כמו שמבואר למעלה דאם כן היה לו לומר ולא חשב ה' למחות. ומאי ולא דבר שהרי דבר להשמידם ולכלותם. לזה אומר שבאמת לא דבר למחות, כיון שאמר לו הרף ממני ופתח לו פתח לבקש עליהם רחמים הוי כאלו אמר ואשמידם אם לא תבקש עליהם רחמים, אבל אם תבקש עליהם רחמים ובפרט בטענה נכוחה לא אשמידם, נמצא לא דבר מעולם למחות, כי ידע הקב"ה שמשה לא ירף ממנו ויבא בטענה נכוחה ויבקש רחמים, וגם שם בעגל כתיב ועתה הניחה וגו', שם גם כן פתח לו פתח שיבקש עליהם רחמים כמו כאן, והיא היא. ואם תאמר לפי זה לא תירץ כלום במרגלים, דשם לא הראה לו פתח שיבקש רחמים. ויש לומר מאחר שפתח לו בעגל שיבקש רחמים מזה למד משה בנין אב לכל החטאות ואשמות שיחטאו ישראל שיתפללו בעדם, ולכך לא הוזקק לו להראות במרגלים כיון שכבר פתח לו בעגל: **כיון שאמר לו ואעשך וגו'.** וצריך עיון לפי זה היאך יתקיים שבועת השבטים במה שיעשה את משה לגוי גדול שהוא משבט לוי לבד. ואולי רבי תנחומא אינו סובר שנשבע הקב"ה לשבטים וכרת עמהם ברית, רק להאבות לבד נשבע. וצריך עיון:

וְרַבִּי תַּנְחוּמָא אָמַר – **And R' Tanchuma answered:** כֵּיוָן שֶׁאָמַר לוֹ "וְאֶעֱשֶׂה אוֹתְךָ לְגוֹי גָדוֹל" – **Since [God] said to [Moses], "...** ***and I shall make you a great nation"*** (above, v. 10), He indicated that He intended all along for Moses to survive. הֱוֵי "וְלֹא דִבֶּר ה' לִמְחוֹת אֶת שֵׁם יִשְׂרָאֵל" – **That is** the evidence that ***HASHEM did not speak about erasing the name of Israel from under the heavens.*** לָמָּה, שֶׁמֹּשֶׁה מִיִּשְׂרָאֵל הוּא – **Why? Because Moses was a part of Israel;** hence, his survival would mean the survival of Israel.[91]

NOTES

91. However, this obviously would *not* mean the survival of the Tribes. *Beur Maharif* suggests that perhaps R' Tanchuma does not hold that God ever swore an oath to the Tribes.

שֶׁנֶּאֱמַר (ויקרא כו, מה) "וְזָכַרְתִּי לָהֶם בְּרִית רִאשֹׁנִים", זוֹ בְּרִית הַשְּׁבָטִים, וְלִדְבָרֶיךָ, הֲרֵי אַתָּה מַעֲמִיד מִשֵּׁבֶט לֵוִי שֶׁאֲנִי מִשִּׁבְטוֹ, מַה יֵּשׁ לְךָ לוֹמַר לְשֵׁבֶט רְאוּבֵן וְלִשְׁבָטִים אֲחֵרִים, אָמַר רַבִּי יִצְחָק: אוֹתָהּ שָׁעָה לֹא הָיָה יָכוֹל לַהֲשִׁיבוֹ, אָמַר הַקָּדוֹשׁ בָּרוּךְ הוּא: יָפֶה אָמַרְתָּ, מִיָּד [לב, יד] "וַיִּנָּחֶם ה' ", אָמַר לוֹ הָאֱלֹהִים: אַף הָרִאשׁוֹנוֹת תָּהִיתִי עֲלֵיהֶן:

י מַהוּ [לב, יג] "אֲשֶׁר נִשְׁבַּעְתָּ לָהֶם בָּךְ", חִזְקִיָּה בַּר רַבִּי וְרַבִּי יְהוֹשֻׁעַ בֶּן לֵוִי, חִזְקִיָּה אָמַר: אָמַר מֹשֶׁה: אִלּוּ בַּשָּׁמַיִם וּבָאָרֶץ נִשְׁבַּעְתָּ לַאֲבוֹתָם יָפֶה אַתָּה עוֹשֶׂה לָהֶם שֶׁהָיִיתָ אַתָּה מְכַלֶּה אֶת בְּנֵיהֶם לָמָּה, כְּשֵׁם שֶׁהַשָּׁמַיִם וְהָאָרֶץ בְּטֵלִים אַף הַשְּׁבוּעָה שֶׁלָּהֶם עוֹבֶרֶת, רִבּוֹן הָעוֹלָם, לֹא כָּךְ נִשְׁבַּעְתָּ לַאֲבוֹתָם שֶׁאֵין אַתָּה מְכַלֶּה אֶת בְּנֵיהֶם, לֹא אָמַרְתָּ לְאַבְרָהָם (בראשית כב, טז) "בִּי נִשְׁבַּעְתִּי", מַהוּ "בִּי נִשְׁבַּעְתִּי", אָמַר הַקָּדוֹשׁ בָּרוּךְ הוּא לְאַבְרָהָם: כְּשֵׁם שֶׁאֲנִי חַי וְקַיָּם לְעוֹלָם וּלְעוֹלְמֵי עוֹלָמִים כָּךְ שְׁבוּעָתִי קַיֶּמֶת לְעוֹלָם וּלְעוֹלְמֵי עוֹלָמִים, הֱוֵי יָפֶה אָמַר מֹשֶׁה כְּשֶׁאָמַר [לב, יג] "אֲשֶׁר נִשְׁבַּעְתָּ לָהֶם בָּךְ", בַּעֲבוּר קְדֻשַּׁת שִׁמְךָ עֲשֵׂה וְלֹא תְחַלֵּל שִׁמְךָ, וְרַבִּי יְהוֹשֻׁעַ בֶּן לֵוִי אָמַר: בִּשְׁבִיל זְכוּת הָאָבוֹת וּבִזְכוּת הַשְּׁבָטִים עָשָׂה הַקָּדוֹשׁ בָּרוּךְ הוּא, וּמֵאַיִן אַתָּה יוֹדֵעַ שֶׁהִזְכִּיר מֹשֶׁה הַשְּׁבָטִים כָּאן, בָּא יְשַׁעְיָה וּפֵירְשָׁהּ, שֶׁנֶּאֱמַר (ישעיה סג, יז) "שׁוּב לְמַעַן עֲבָדֶיךָ שִׁבְטֵי נַחֲלָתֶךָ", מִכָּאן שֶׁהַשְּׁבָטִים נִקְרְאוּ עֲבָדִים, לְפִיכָךְ אַתָּה דוֹרֵשׁ [לב, יג] "זְכֹר לְאַבְרָהָם לְיִצְחָק וּלְיִשְׂרָאֵל", אֵלּוּ ג' הָאָבוֹת, [שם] "עֲבָדֶיךָ" אֵלּוּ הַשְּׁבָטִים, מִיָּד נִתְרַצָּה לָהֶם, שֶׁנֶּאֱמַר [לב, יד] "וַיִּנָּחֶם ה' עַל הָרָעָה", כֵּיוָן שֶׁרָאָה הַנָּבִיא כֵּן הִתְחִיל אוֹמֵר (מלכים-ב יד, כז) "וְלֹא דִבֶּר ה' לִמְחוֹת אֶת שֵׁם יִשְׂרָאֵל", אָמַר רַבִּי אַחָא בְּשֵׁם רַבִּי יוֹנָתָן דְּבֵית גֻּבְרִין: אָנוּ מוֹצְאִין דִּבֶּר ה' לִמְחוֹת אֶת יִשְׂרָאֵל בָּעֵגֶל וּמְרַגְּלִים, הוּא אוֹמֵר: "וְלֹא דִבֶּר ה' לִמְחוֹת", אָמַר רַבִּי לֵוִי: כֵּיוָן שֶׁאָמַר לְמֹשֶׁה (דברים ט, יד) "הֶרֶף מִמֶּנִּי", שֶׁפָּתַח לוֹ פֶּתַח שֶׁיְּבַקֵּשׁ עֲלֵיהֶן רַחֲמִים, הֱוֵי "וְלֹא דִבֶּר ה' לִמְחוֹת אֶת שֵׁם יִשְׂרָאֵל", וְרַבִּי תַּנְחוּמָא אָמַר: כֵּיוָן שֶׁאָמַר לוֹ [לב, י] "וְאֶעֱשֶׂה אוֹתְךָ לְגוֹי גָּדוֹל", הֱוֵי "וְלֹא דִבֶּר ה' לִמְחוֹת אֶת שֵׁם יִשְׂרָאֵל", לָמָּה, שֶׁמֹּשֶׁה מִיִּשְׂרָאֵל הוּא:

עץ יוסף

זו ברית השבטים. דאי ברית אבות הלא כבר נאמר וזכרתי את בריתי יעקב וגו': **יפה אמרת.** והקדוש ברוך הוא כמי לאודויי למשה הוא דעבד: **אף הראשונות.** פירוש אפילו על הראשונות שאמר לו לך רד מגדולתך, או לאידך לישנא שאין רד אלא לשון נדוי וזעף אפילו מזה חזר וניחם (תולדות נח). ודייק לה מדכתיב וינחם ה' על הרעה אשר דבר, ולא קאמר וישמע ה' למשה, אלא דהדר ביה לגמרי מכל דבריו: **תהיתי.** לשון זה דרך משל, ופירושו נתחרטתי: (י) [ח] **מהו אשר נשבעת להם בך.** רוצה לומר דתיבת בך נראה כמיותר: **אילו בשמים ובארץ כו'.** הכוונה מפני שלא נזכר בשבועתו המשך הדבר שייעד לעולם, שאף שנשבע להרבותם ככוכבי השמים וכחול הים, אפשר לומר שמאחר שבימי משה נתקיימה ברכת ככוכבי השמים, כדכתיב והנכם היום ככוכבי השמים, יוכל להעבירם מן העולם, וברכת החול אף על פי שעדיין לא נתקיימה עד ימי הושע כדלקמן בבמדבר רבה פרשה ב', אפשר לקיימם בבני משה, לכן אמר משה שהיה מקום לזה אילו נשבע בשמים ובארץ, אבל לא כשתלה השבועה בו בעצמו: **בעבור קדושת שמך.** שלא יתחלל לפני הרואים אשר ידעו שנשבע בשמו, ולא יבינו שתתקיים במשה ויאמרו שעובר על שבועתו: **רבי יהושע בן לוי אומר.** קאי אתחלת הפסוק כדמסיים (תולדות נח): **בא ישעיה ופירשה.** כלומר שפירש שהשבטים נקראו עבדי ה' ושיש להתפלל בזכותם, ומשם למדנו לפרש כמו כן עבדיך דהכא: **עבדיך אלו השבטים.** וכאילו כתיב ולעבדיך, כי הוי"ו והלמ"ד שבו לישראל מושכות אחרות: **כיון שראה הנביא כן כו'.** התחיל אומר ולא דבר ה' למחות את שם ישראל, רוצה לומר שגם בתחלת דבור של הקדוש ברוך הוא לא דבר למחות את ישראל, וכל מה שדבר לא היה מדבר אלא כדי לאיים עליהם שיחזרו בתשובה שלימה: **כיון שאמר למשה הרף ממני.** מכיון דגלי דעתיה בעגל דניחא ליה שיבקש עליהם רחמים, הלא ידע משה דאין הכי נמי בכל דוכתי שמגלה לו שרוצה לכלותם (יפה תואר): **שפתח לו פתח.** כדלעיל סוף פרשה מ"ב: **ואעשך לגוי גדול.** שזהו ולא דבר ה' למחות אחר שבקש לעשות אותו לגוי גדול והוא בכלל ישראל:

פירוש מהרז"ו

אף הראשונות תהיתי. שמה שכתוב אשר דבר לעשות, מיותר, ודורש על המפורש ביחזקאל כ', על מה שגזר במצרים ובמדבר, לבד העגל: (י) **אלו בשמים ובארץ.** עיין בראשית רבה פרשה לד סימן י"א, ועיין דברים רבה פרשה ג סימן ט: **עבדיך אלו השבטים.** כמו שכתוב בסוף ויחי (בראשית נ, יז) עבדי אלהי אביך, עיין במדבר רבה סוף פרשה י"ג בהדיא: **ולא דבר ה' למחות.** דורשים מדה ט"ו, ומכריע מפסוק הרף ממני, או ואעשה אותך לגוי:

חידושי הרד"ל

[ט] **תהיתי עליהן.** לשון נחמתי דרש, וכדלעיל פרשה מג (סוף סימן ט): [י] **שפתח לו פתח ובקש כו'.** (כדלעיל סוף פרשה מב (סימן ט)) אקרא דהניחה לי, עיין שם. וכיון שתלה הדבר על תנאי שיניח וירף לו משה הרי לא דבר למחות. (ומה שמביא כאן מקרא זה ריש פרשת עקב הרף לי וגו' ואינו מביא אקרא דהניחה לי הכתוב כאן, היינו משום ששם בפרשת עקב נאמר לשון זה ואמחה את שמם, ומשם הוא שקשה שאינו מוצאין שדבר למחות, לכן מתרץ ששם גופיה כתיב הרף כו'):

חידושי הרש"ש

אמר לו האלהים אף הראשונות תהית עליהן כו'. יתכן לפרש שהכוונה שאמר לו הקב"ה למשה מבקש אתה שאתחרט על השבועה, דעכשיו שנשבעתי לכלותם מפני השבועה הראשונה, מאי חזית אדרבה אתהה על הראשונות, השיבו משה אשר נשבעת להם בך, וכדמפרש ואזיל:

ידי משה

אף ראשונות תהיתי. פירוש, שיש לי חרטה על הראשונות מה שהיה בדעתי לעשות להם אני עוקר הנדר מתחלה, כי גבי נדר צריך לעקור הנדר מתחלתו, ודרש זה מדכתיב על הרעה אשר דיבר ולא כתיב סתם וינחם על הרעה, אלא שהתחרט גם על הדיבור שדיבר מתחלתו כדין התרת הנדר. וקל להבין: [י] **שפתח לו פתח וכו'.** פירוש, לפי שמצא לו פתח להנדר והוכרח הקב"ה לעקור את הנדר מעיקרו, לפיכך הוא כאילו לא דיבר כדכתיב בסמוך. ודוק:

אמרי יושר

[י] **שפתח לו פתח.** התיר לו הנדר על ידי פתח ה' אלהיו, ולא אמרת אני ה' אלהיכם, וחרטה וינחם, והנדר הוא דאשכחן כאן ויאמר הרי זימני, והן והן תרי זימני נדר:

אם למקרא

וְזָכַרְתִּי לָהֶם בְּרִית רִאשֹׁנִים אֲשֶׁר הוֹצֵאתִי אֹתָם מֵאֶרֶץ מִצְרַיִם לְעֵינֵי הַגּוֹיִם לִהְיוֹת לָהֶם לֵאלֹהִים אֲנִי ה': (ויקרא כו:מה)

וַיֹּאמֶר בִּי נִשְׁבַּעְתִּי נְאֻם ה' כִּי יַעַן אֲשֶׁר עָשִׂיתָ אֶת הַדָּבָר הַזֶּה וְלֹא חָשַׂכְתָּ אֶת בִּנְךָ אֶת יְחִידֶךָ: (בראשית כב:טז)

לָמָּה תַתְעֵנוּ ה' מִדְּרָכֶיךָ תַּקְשִׁיחַ לִבֵּנוּ מִיִּרְאָתֶךָ שׁוּב לְמַעַן עֲבָדֶיךָ שִׁבְטֵי נַחֲלָתֶךָ: (ישעיה סג:יז)

וְלֹא דִבֶּר ה' לִמְחוֹת אֶת שֵׁם יִשְׂרָאֵל מִתַּחַת הַשָּׁמָיִם וַיּוֹשִׁיעֵם בְּיַד יָרָבְעָם בֶּן יוֹאָשׁ: (מלכים ב יד:כז)

הֶרֶף מִמֶּנִּי וְאַשְׁמִידֵם וְאֶמְחֶה אֶת שְׁמָם מִתַּחַת הַשָּׁמָיִם וְאֶעֱשֶׂה אוֹתְךָ לְגוֹי עָצוּם וָרָב מִמֶּנּוּ: (דברים ט:יד)

באור מהרי"פ

[י] **ורבי יהושע בן לוי אומר וכו'.** פירוש, רבי יהושע בן לוי לא קא לפרש מלת בך, אלא קאי אתחלת המקרא לפרש מלת עבדיך, כדמסיים עבדיך אלו השבטים: **כיון שראה הנביא כן התחיל אומר וכו'.** פירוש, דלפי דרש זה שהזכיר משה בתפלתו שבועת השבטים עד שלא היה יכול כביכול הקדוש ברוך הוא להשיבו, וזה דבר קשה מאד שינצח משה את הקדוש ברוך הוא, לכך מוכרח שגם בתחלת דבורו לא דבר כדי למחות את ישראל, אלא כדי לאיים עליהם שיחזרו בתשובה שלימה: **דבר ה' למחות וגו' בעגל ומרגלים.** אמר הכותב, אציעה לפניך המקראות המתיחסים לענין זה (שמות לב, י) ועתה הניחה לי ויחר אפי בהם ואכלם ואעשה אותך לגוי גדול. (במדבר יד, יב) אכנו בדבר ואורישנו ואעשה אותך לגוי גדול ועצום ממנו, אצל המרגלים. (דברים ט, יד) הרף ממני ואשמידם ואמחה את שמם מתחת השמים ואעשה אותך לגוי עצום ורב ממנו. זה המקרא והמקרא (שמות לב, י) אצל העגל. ומזה תבין הענין המדובר כאן לפירושי דרכי אחא אינו מספיק לו הביאור של ולא דבר ה' למחות כדי למחות אלא לאיים כמו שמבואר למעלה דאם כן היה לו לומר ולא חשב ה' למחות. ומאי ולא דבר שהרי דבר להשמידם ולכלותם. לזה אומר שבאמת לא דבר למחות, כיון שאמר לו הרף ממני ופתח לו פתח לבקש עליהם רחמים הוי כאלו אמר ואשמידם אם לא תבקש עליהם רחמים, אבל אם תבקש עליהם רחמים ובפרט בטענה נכחת לא אשמידם, נמצא לא דבר מעולם למחות, כי ידע הקב"ה שמשה לא ירף ממנו ויבא בטענה נכחת ויבקש רחמים, וגם שם בעגל כתיב ועתה הניחה וגו', שם גם כן פתח לו פתח שיבקש עליהם רחמים כמו כאן, והיא היא. ואם תאמר לפי זה לא תירץ כלום במרגלים, דשם לא הראה לו פתח שיבקש רחמים. ויש לומר מאחר שפתח לו בעגל שיבקש רחמים מזה למד משה בנין אב לכל החטאות והאשמות שיחטאו ישראל שיתפללו בעדם, ולכך לא הוזקק לו להראות במרגלים כיון שכבר פתח לו בעגל: **כיון שאמר לו ואעשך וגו'.** וצריך עיון לפי זה היאך יתקיים שבועת השבטים במה שיעשה את משה לגוי גדול שהוא משבט לוי לבד. ואולי רבי תנחומא אינו סובר שנשבע הקב"ה לשבטים וכרת עמהם ברית, רק להאבות לבד נשבע. וצריך עיון:

מתנות כהונה

ברית הראשונים. פירוש ברית של הראשונים כלומר שכרת עם הראשונים ואלו השבטים דאלו האבות כבר כתיב וזכרתי את בריתי יעקב וגו': **תהיתי.** נתחרטתי: **לא כך נשבעת** גרסינן: **ואעשה אותך לגוי גדול** גרסינן:

אשד הנחלים

יפה אמרת מיד וינחם כו'. כי חרטה בלבד שישתנה חס ושלום ממדה למדה על ידי בקשה בלתי נצוחית זה אי אפשר, רק שמשה הצטדק בדברים כנים על כן שמע לו ה': **אף הראשונות תהיתי.** פירש הידי משה לפי שהמיפר צריך לעקור הנדר מעיקרו, ולכן כתיב אשר דיבר, שהתחרט גם על הדיבור שדיבר מתחילתו כעין התרת הנדר, עד כאן: [י] **כשם ששמים וארץ בטלים כו'.** כי השבועה הניתלת בדבר אחר מורה על הקיום, כזה כן זה, ואילו היתה השבועה בשמים וארץ שהמה נבראים וסופם להפסד, הייתי אומר שלא היתה רק זמני, אבל אחר שהשבועה בשמו הגדול א"כ השבועה הוא על זמן נצחי: **בעבור קדושת כו'.** זהו טענה אחרת במה שאמר למה יאמרו מצרים גו': **ובזכות השבטים.** דאלו בזכות האבות לבד לא היה זה תשובה על ואעשה אותך כדלעיל, והראיה כי גם ישעיה ביקש למען השבטים א"כ גם משה ביקש בעדם, ונרמזו במלת עבדיך זהו השבטים: **שפתח לו כו'.** ומזה אנחנו רואים שגם בתחלה לא כיון למחות ישראל, ולא דבר רק לפתוח למשה שיבקש בעדם ויצא זכות. ורבי תנחומא פירש אף שאלולי בקשת משה היה חס ושלום מכלן, עם כל זה לא דיבר למחותן מכל וכל, כי אם היה חפץ להשאיר מזרע משה, אבל להשחיתן מכל וכל זה אי אפשר:

Chapter 45

וַיֹּאמֶר מֹשֶׁה אֶל ה׳ רְאֵה אַתָּה אֹמֵר אֵלַי הַעַל אֶת הָעָם הַזֶּה וְאַתָּה לֹא הוֹדַעְתַּנִי אֵת אֲשֶׁר תִּשְׁלַח עִמִּי וְאַתָּה אָמַרְתָּ יְדַעְתִּיךָ בְשֵׁם וְגַם מָצָאתָ חֵן בְּעֵינָי.

Moses said to HASHEM, "See, You say to me, 'Take this people onward,' but You did not inform me whom You will send with me; and You had said, 'I shall know you by name, and you have also found favor in My eyes' " (33:12).

§1 **וַיֹּאמֶר מֹשֶׁה אֶל ה׳ רְאֵה אַתָּה אֹמֵר אֵלַי** — *MOSES SAID* ***TO HASHEM, "SEE, YOU SAY TO ME,*** *'TAKE THIS PEOPLE ONWARD,' BUT YOU DID NOT INFORM ME WHOM YOU WILL SEND WITH ME; AND YOU HAD SAID, 'I SHALL KNOW YOU BY NAME, AND YOU HAVE ALSO FOUND FAVOR IN MY EYES.' "*

The Midrash cites a passage from *Jeremiah*, connecting it to our verse at the end of this section:

הָדָא הוּא דִכְתִיב "רֶגַע אֲדַבֵּר עַל גּוֹי וְעַל מַמְלָכָה וְגוֹ׳ וְנִחַמְתִּי עַל הָרָעָה" — **Regarding this** matter **it is written, *One moment I may speak concerning a nation or a kingdom,*** *to destroy, demolish, and annihilate [it], but if that nation repents of its evil deed of which I had spoken,* ***then I relent of the evil [decree]*** *that I had planned to carry out against it* (*Jeremiah* 18:7-8). **מַהוּ "רֶגַע אֲדַבֵּר"** — **What is** meant by, ***One moment I may speak*** *. . . then I relent of the evil [decree]*?[1] **כְּהֶרֶף עַיִן אֲנִי גוֹזֵר עַל הָאָדָם שֶׁיָּמוּת, וְהוּא עוֹשֶׂה תְּשׁוּבָה וַאֲנִי מִתְנַחֵם עָלָיו, שֶׁנֶּאֱמַר "וְשָׁב הַגּוֹי הַהוּא מֵרָעָתוֹ"** — It means that for a time that is brief **like the blink of an eye, I decree upon a person that he will die, but if he repents I relent concerning him, as it is stated** in the above verse, ***But if that nation repents of its evil deed,*** *etc.*[2]

The Midrash cites a dispute regarding to whom this verse alludes:[3]

וּמִי הֵם — **And who are [the people]** spoken of here? **אֵלּוּ אַנְשֵׁי נִינְוֵה** — **These are the people of Nineveh.** **מַה כָּתוּב בָּהֶם, "קוּם לֵךְ אֶל נִינְוֵה הָעִיר הַגְּדוֹלָה"** — **What is written regarding them?** *And the word of HASHEM came to Jonah son of Amittai saying,* ***"Arise! Go to Nineveh, the great city*** *and call out against her"* (*Jonah* 1:1-2). **לָמָּה, "כִּי עָלְתָה רָעָתָם לְפָנָי"** — **Why?** Scripture continues, ***"for their wickedness has ascended before Me"*** (ibid.). **וְאוֹמֵר "וַיָּחֶל יוֹנָה לָבוֹא בָעִיר מַהֲלַךְ יוֹם אֶחָד"** — **And** further **it states, *Jonah commenced to enter the city, a distance of one day's journey,*** *then he called out and said, "Forty days more and Nineveh will be overturned!"* (ibid. 3:4). **מַה כָּתוּב שָׁם, "וַיַּאֲמִינוּ אַנְשֵׁי נִינְוֵה בֵּאלֹהִים . . . וַיִּלְבְּשׁוּ שַׂקִּים . . . הָאָדָם וְהַבְּהֵמָה"** — **What is written there? *The people of Nineveh believed in God,*** *so they proclaimed a fast* ***and donned sackcloth . . . "Both man and animal*** *should cover themselves with sackcloth"* (ibid., vv. 5-8). **אָמְרוּ לְפָנָיו: רִבּוֹן הָעוֹלָם, הַבְּהֵמָה אֵינָהּ יוֹדַעַת כְּלוּם, וְאַתָּה מְזַכֶּה אוֹתָהּ** — **[The people of Nineveh] said before [God], "Master of the universe! The animal does not know anything, and** yet **You favor it** and sustain it.[4] **אַף אָנוּ חֲשׁוֹב אוֹתָנוּ כִּבְהֵמָה** — **Also** when dealing with **us, consider us like an animal,"**[5] **שֶׁנֶּאֱמַר "הָאָדָם וְהַבְּהֵמָה הַבָּקָר וְהַצֹּאן אַל יִטְעֲמוּ מְאוּמָה"** — **as it is stated,** *By the counsel of the king and his nobles, saying,* ***"The man and the animal, the herd and the flock shall not taste anything"*** (ibid., v. 7).[6] **מִיָּד "וַיִּנָּחֶם אֱלֹהִים עַל הָרָעָה אֲשֶׁר דִּבֶּר לַעֲשׂוֹת לָהֶם וְלֹא עָשָׂה"** — **Immediately,** Scripture states, ***And God relented concerning the evil He had said He would bring upon them, and did not do it*** (ibid., v. 10).[7]

A second opinion regarding the subject of the *Jeremiah* verse:

וְרַבָּנָן אָמְרֵי: "רֶגַע אֲדַבֵּר עַל גּוֹי", אֵלּוּ יִשְׂרָאֵל, שֶׁנֶּאֱמַר "וּמִי כְעַמְּךָ כְּיִשְׂרָאֵל גּוֹי אֶחָד בָּאָרֶץ" — **The Rabbis [interpret]** the verse as follows: ***One moment I may speak concerning a nation*** — **these are** a reference to the people of **Israel,** who are called a nation, **as it is stated, *And who is like Your people, like Israel, a unique nation on earth*** (*II Samuel* 7:23); **"וְעַל מַמְלָכָה" אֵלּוּ יִשְׂרָאֵל שֶׁנִּקְרְאוּ מַמְלָכָה, שֶׁנֶּאֱמַר "וְאַתֶּם תִּהְיוּ לִי מַמְלֶכֶת כֹּהֲנִים"** — ***or a kingdom*** — **these are** a reference to the people of **Israel, who are called a kingdom, as it is stated, *You shall be to Me a kingdom of ministers*** (above, 19:6); **"לִנְתוֹשׁ וְלִנְתוֹץ וּלְהַאֲבִיד", לְפִי שֶׁעָשׂוּ אוֹתוֹ מַעֲשֶׂה** — ***to destroy, demolish, and annihilate [it]*** (*Jeremiah* 18:7) — **because [the people of Israel] committed that act,** i.e., producing and worshiping the Golden Calf, **וּבִיקֵּשׁ לְהַשְׁמִידָם, שֶׁנֶּאֱמַר "הֶרֶף מִמֶּנִּי וְאַשְׁמִידֵם"** — **and [God] sought to destroy them, as it is stated, *"Release Me, and I shall destroy them*** *and erase their name from under the heavens"* (*Deuteronomy* 9:14);[8] **וְכֵיוָן שֶׁעָמַד מֹשֶׁה וּבִיקֵּשׁ עֲלֵיהֶם רַחֲמִים, מִיָּד "וַיִּנָּחֶם ה׳ "** — **but when Moses arose and begged for mercy on their behalf, immediately** it is written, ***HASHEM relented*** *concerning the evil that He declared He would do to His people* (above, 32:14).[9]

NOTES

1. This verse troubles the Midrash, for elsewhere (*Numbers* 23:19, *I Samuel* 15:29) Scripture states that God does not relent (*Eitz Yosef,* from *Toldos Noach*).

2. The Midrash understands this to mean that if the person will indeed repent, God, Who knows the future, relents within a blink of an eye of the moment that He decrees evil against the person. Thus, there never is a change in God's Will, for He decrees and relents at the same moment (*Toldos Noach*, cited partially by *Eitz Yosef*).

Although the verse speaks of a decree against an entire nation, our Midrash gives an example of an individual, to show that an individual, too, is capable of annulling a decree issued against him through repentance. This question is actually the subject of a dispute in the Gemara [*Rosh Hashanah* 17b-18a] (*Yefeh To'ar*; see next note; see also *Eitz Yosef*).

3. Had the verse merely been making a general statement, it should have used an example of an individual rather than a nation, to teach that even an individual's repentance can overturn a decree that has already been issued against him (see the preceding note). Therefore, the Midrash understands that the verse alludes to a specific incident involving a nation that repented only out of fear of the punishment that was decreed upon it, to show that such repentance can also annul an evil decree. This is alluded to in the verse's use of the words וְשָׁב הַגּוֹי הַהוּא מֵרָעָתוֹ אֲשֶׁר דִּבַּרְתִּי עָלָיו, translated above as *but if that nation repents of its evil deed of which I had spoken*, but which literally means, *but if that nation repents because of its evil that I spoke against it*, indicating that the repentance was a result of the evil decree against it (*Yefeh To'ar*; see also *Eitz Yosef* s.v. אלו ישראל).

4. *Yefeh To'ar, Radal, Eitz Yosef.*

5. An animal lacks the proper knowledge to take care of its needs, yet God sustains it by providing it with those who coerce it in the direction of its sustenance. Similarly, pleaded the people of Nineveh, although we lack the recognition to repent out of love, spare us by accepting our repentance that we perform out of coercion (*Yefeh To'ar*).

6. This verse relates a command from the king of Nineveh that neither man nor animal shall taste anything. Why does Scripture state *the animal* if it immediately specifies *the herd and the flock*? Therefore, the Midrash explains that the verse means that the people of Nineveh prayed, *saying, "[Let] the man [be favored like] the animal"* (ibid., cited partially by *Eitz Yosef*).

7. Thus, we see that the people of Nineveh repented only out of fear, and nonetheless God repealed the decree of destruction against them (*Yefeh To'ar*).

8. Why does the Midrash cite this verse, rather than the verse in the original account (above, 32:10), *"And now, desist from Me. Let My anger flare up against them and I shall annihilate them"*? *Yefeh To'ar* explains that the repetitive wording used in the *Jeremiah* verse denotes total annihilation, as does the wording of the *Deuteronomy* verse, *I shall destroy them and erase their name*. [See also *Eitz Yosef*.]

9. This verse is written following Moses' prayer that God not wipe out

פרשה מה

א [לג, יב] "וַיֹּאמֶר מֹשֶׁה אֶל ה' רְאֵה אַתָּה אֹמֵר אֵלַי", הָדָא הוּא דִכְתִיב (ירמיה יח, ז-ח) "רֶגַע אֲדַבֵּר עַל גּוֹי וְעַל מַמְלָכָה וְגוֹ' וְנִחַמְתִּי עַל הָרָעָה", מַהוּ "רֶגַע אֲדַבֵּר", כְּהֶרֶף עַיִן אֲנִי גוֹזֵר עַל הָאָדָם שְׁמָמוֹת, וְהוּא עוֹשֶׂה תְשׁוּבָה וַאֲנִי מִתְנַחֵם עָלָיו, שֶׁנֶּאֱמַר (שם שם ח) "וְשָׁב הַגּוֹי הַהוּא מֵרָעָתוֹ", וּמִי הֵם, אֵלּוּ אַנְשֵׁי נִינְוֵה, מַה כָּתוּב בָּהֶם, (יונה א, ב) "קוּם לֵךְ אֶל נִינְוֵה הָעִיר הַגְּדוֹלָה", לָמָּה, (שם) "כִּי עָלְתָה רָעָתָם לְפָנָי", וְאוֹמֵר (שם ג, ד) "וַיָּחֶל יוֹנָה לָבוֹא בָעִיר מַהֲלַךְ יוֹם אֶחָד", מַה כָּתוּב *שָׁם, (שם שם ה-ח) "וַיַּאֲמִינוּ אַנְשֵׁי נִינְוֵה בֵּאלֹהִים ... וַיִּלְבְּשׁוּ שַׂקִּים ... הָאָדָם וְהַבְּהֵמָה", אָמְרוּ לְפָנָיו: רִבּוֹן הָעוֹלָם, הַבְּהֵמָה אֵינָהּ יוֹדַעַת כְּלוּם, וְאַתָּה מְזַכֶּה אוֹתָהּ, אַף אָנוּ חֲשׁוֹב אוֹתָנוּ כִּבְהֵמָה, שֶׁנֶּאֱמַר (שם שם ז) "הָאָדָם וְהַבְּהֵמָה הַבָּקָר וְהַצֹּאן אַל יִטְעֲמוּ מְאוּמָה", מִיָּד (שם שם י) "וַיִּנָּחֶם אֱלֹהִים עַל הָרָעָה אֲשֶׁר דִּבֶּר לַעֲשׂוֹת לָהֶם וְלֹא עָשָׂה", וְרַבָּנָן אָמְרֵי: (ירמיה יח, ז) "רֶגַע אֲדַבֵּר עַל גּוֹי", אֵלּוּ יִשְׂרָאֵל, שֶׁנֶּאֱמַר (שמואל-ב ז, כג) "וּמִי כְעַמְּךָ כְּיִשְׂרָאֵל גּוֹי אֶחָד בָּאָרֶץ", (ירמיה שם שם) "וְעַל מַמְלָכָה" אֵלּוּ יִשְׂרָאֵל שֶׁנִּקְרְאוּ מַמְלָכָה, שֶׁנֶּאֱמַר (שמות יט, ו) "וְאַתֶּם תִּהְיוּ לִי מַמְלֶכֶת כֹּהֲנִים", (ירמיה יח, ז) "לִנְתוֹשׁ וְלִנְתוֹץ וּלְהַאֲבִיד", לְפִי שֶׁעָשׂוּ אוֹתוֹ מַעֲשֶׂה וּבִיקֵּשׁ לְהַשְׁמִידָם, שֶׁנֶּאֱמַר (דברים ט, יד) "הֶרֶף מִמֶּנִּי וְאַשְׁמִידֵם", וְכֵיוָן שֶׁעָמַד מֹשֶׁה וּבִיקֵּשׁ עֲלֵיהֶם רַחֲמִים, מִיָּד (לעיל לב, יד) "וַיִּנָּחֶם ה' ", אָמַר לְפָנָיו: רִבּוֹנוֹ שֶׁל עוֹלָם, נִתְמַלֵּאתָ עֲלֵיהֶם רַחֲמִים, הַנְהִיגֵם אַתָּה שֶׁיַּעֲלוּ לָאָרֶץ וְלֹא עַל יְדֵי שָׁלִיחַ, הָדָא הוּא דִכְתִיב [לג, יב] "וַיֹּאמֶר מֹשֶׁה אֶל ה' רְאֵה אַתָּה אוֹמֵר אֵלַי וְגוֹ' ":

ב מַה כְּתִיב לְמַעְלָה, [לג, ו] "וַיִּתְנַצְּלוּ בְנֵי יִשְׂרָאֵל אֶת עֶדְיָם", רַבִּי חָנִין דְּצִיפּוֹרִין [א]אָמַר: עֲטָרָה שֶׁנָּתַן בְּרֹאשָׁם, שֶׁנֶּאֱמַר (יחזקאל טז, יב) "וַעֲטֶרֶת תִּפְאֶרֶת בְּרֹאשֵׁךְ",

עץ יוסף

(א) הדא הוא דכתיב רגע אדבר כו'. מייתי סמך מרגע אדבר כו' דמפרשי ליה רבנן בישראל, כי לפי זה מה שנחם ה' על זאת היה אחר תשובת ישראל מעונש, כדכתיב שם ושב הגוי ההוא: **מהו רגע אדבר וגו'.** ושב הגוי ההוא מרעתו אשר דברתי עליו ונחמתי על הרעה אשר חשבתי לעשות לו, והא כתיב לא איש אל ויכזב ובן אדם ויתנחם, וכן שמואל אמר כי לא אדם הוא להנחם, לכך דריש שבאותו רגע שאני אומר לנתוש וגו' בו ברגע אני מתנחם, ואם כן אין זה שינוי ברצון ואינו כמתנחם אחר זמן מה (תולדות נח): **ואני גוזר על האדם.** אשמועינן בזה דאף על גב דפשטיה דהאי קרא משמע בצבור מדנקט רגע אדבר על גוי, סבירא ליה לבעל המאמר דהא מיירי אפילו ביחיד, שאפילו ביחיד נקרע גזר דינו על ידי תשובה: **ויאמינו אנשי נינוה באלהים וילבשו שקים האדם והבהמה.** טעות סופר שהם כתיב וילבשו שקים מגדולם ועד קטנם, רק אחר זה פסוק ח' כתיב ויתכסו שקים האדם והבהמה: **אמרו לפניו רבון העולם הבהמה אינה כו'.** והכי פירושו המלך שצוה להכריז לאמר, פירוש שיאמרו כן בתפלתם לאל, האדם והבהמה, חשוב אותנו כבהמה כו', ואחר זה אמר יתר ענין התשובה היינו הבקר והצאן אל יטעמו וגו' ויתכסו שקים האדם והבהמה וגו' (תולדות נח): **ואתה מזכה אותה.** כלומר לעולם אתה מזכה וזן ומחיה אותה, ואפשר שצריך לומר מחיה במקום מזכה (רד"ל): **אלו ישראל.** דלהכי כתיב על גוי לשון רבים, משום דקרא מיירי בישראל, והודיענו הכתוב הענין הנזכר שהתשובה אף על פי שהיא מתוך הצרה, מועילה כאשר היתה לישראל שמתוך פחד ה' כשבא משה והוכיחם שבו: **לנתוש וגו'.** הנתישה היא עזיבה מעשיית טובה להם, והנתיצה היא כליון מעולם הזה, והאבידה היא השמדה הגמורה מכל וכל, וזה שאמר בחטא העגל כליון והשמדה: **הנהיגם אתה שיעלו לארץ כו'.** הדא הוא דכתיב ויאמר משה ראה אתה אומר אלי, מביא ראיה מפסוק זה שבקש כן שינהיגם הקדוש ברוך הוא בעצמו, כמו שנאמר אם אין פניך הולכים כו' ובמה יודע וגו' הלא בלכתך עמנו (בעצמך) ולא על ידי מלאך, ושזה סיים במה שפתח: **(ב) עטרה שנתן בראשם.** וכדאמר בפרק רבי עקיבא (שבת פח, א) כשהקדימו ישראל נעשה לנשמע ירדו ששים רבוא של מלאכי השרת וקשרו לכל

פירוש מהרז"ו

(א) רגע אדבר [על גוי ועל ממלכה]. לנתוש ולנתוץ ולהאביד ושב הגוי ההוא מרעתו אשר דברתי עליו ונחמתי על הרעה. ותחלה דורש על סתם אדם, כפשט המקרא, ואחר כך על פי מדה ז' וי"ג, על נינוה ועל ישראל, ועל שענין הפרשה בישראל מביאו לבסוף: **ראה אתה אומר.** עיין לעיל פרשה ל"ב, והמדרש כאן סומך על מה שכתב שם: **(ב) מה כתיב למעלה.** עיין ויקרא רבה פרשה כ"ט סימן ה, ותבין זה, והוא גם כן ענין סמוכים, וכמו שכתוב בסוף הסימן. ועיין לקמן סימן ג: **עטרה שנתן.** עיין פרקי דרבי אליעזר ריש פרק מ"ז, שיר השירים רבה פסוק משכני, ופסוק כמגדל דויד, מדרש איכה פסוק מה אעידך, פסיקתא פרשה י' סימן ו, ופרשה כא סימן ז, ופרשה ל"ג סימן י', ועיין לקמן פרשה כ"א סימן ח. ובמקומות הנ"ל איתא רבי יוחנן אומר עטרות, רבי הונא דציפורן אמר זיינות, וכאן בשיבוש, וצריך לומר גם כן רבי שמעון בר יוחאי אמר כלי זין, כמו שכתוב במקומות

מסורת המדרש

א. לקמן פרשה נ"א. במדבר רבה פרשה ט"ז. שיר השירים רבה פרשה א' פסוק ג'. ופרשה ד' פסוק י"ג. וריש פרשה ח'. פרקי דרבי אליעזר ריש פרק מ"ז. תנחומא סדר תצוה סימן י"א. וסדר שלח סי' י"ג. מדרש תהלים מזמור ק"ג. פתיחא כ"ג דאיכה רבה ופרשה ב' סימן י"ז. פסיקתא רבתי פסקא יו"ד סימן ו' ופסקא כ"א סימן ז'. ופסקא ל"ג סי' יו"ד. תנא דבי אליהו זוטא פרק ד'. פסיקתא דרב כהנא פיסקא ט"ז. ילקוט כאן רמז שנ"ג. ילקוט ישעיה רמז רפ"ט. ילקוט תהלים רמז תתכ"א. ילקוט משלי רמז תתקל"ה:

אם למקרא

רֶגַע אֲדַבֵּר עַל גּוֹי וְעַל מַמְלָכָה לִנְתוֹשׁ וְלִנְתוֹץ וּלְהַאֲבִיד: וְשָׁב הַגּוֹי הַהוּא מֵרָעָתוֹ אֲשֶׁר דִּבַּרְתִּי עָלָיו וְנִחַמְתִּי עַל הָרָעָה אֲשֶׁר חָשַׁבְתִּי לַעֲשׂוֹת לוֹ: (ירמיה יח:ז-ח)

קוּם לֵךְ אֶל נִינְוֵה הָעִיר הַגְּדוֹלָה וּקְרָא עָלֶיהָ כִּי עָלְתָה רָעָתָם לְפָנָי: (יונה א:ב)

וַיָּחֶל יוֹנָה לָבוֹא בָעִיר מַהֲלַךְ יוֹם אֶחָד וַיִּקְרָא וַיֹּאמַר עוֹד אַרְבָּעִים יוֹם וְנִינְוֵה נֶהְפָּכֶת: וַיַּאֲמִינוּ אַנְשֵׁי נִינְוֵה בֵּאלֹהִים וַיִּקְרְאוּ צוֹם וַיִּלְבְּשׁוּ שַׂקִּים מִגְּדוֹלָם וְעַד קְטַנָּם: וַיִּגַּע הַדָּבָר אֶל מֶלֶךְ נִינְוֵה וַיָּקָם מִכִּסְאוֹ וַיַּעֲבֵר אַדַּרְתּוֹ מֵעָלָיו וַיְכַס שַׂק וַיֵּשֶׁב עַל הָאֵפֶר: וַיַּזְעֵק וַיֹּאמֶר בְּנִינְוֵה מִטַּעַם הַמֶּלֶךְ וּגְדֹלָיו לֵאמֹר הָאָדָם וְהַבְּהֵמָה הַבָּקָר וְהַצֹּאן אַל יִטְעֲמוּ מְאוּמָה אַל יִרְעוּ וּמַיִם אַל יִשְׁתּוּ: וְיִתְכַּסּוּ שַׂקִּים הָאָדָם וְהַבְּהֵמָה וְיִקְרְאוּ אֶל־אֱלֹהִים בְּחָזְקָה וְיָשֻׁבוּ אִישׁ מִדַּרְכּוֹ הָרָעָה וּמִן־הֶחָמָס אֲשֶׁר בְּכַפֵּיהֶם: מִי־יוֹדֵעַ יָשׁוּב וְנִחַם הָאֱלֹהִים וְשָׁב מֵחֲרוֹן אַפּוֹ וְלֹא נֹאבֵד: וַיַּרְא הָאֱלֹהִים אֶת־מַעֲשֵׂיהֶם כִּי־שָׁבוּ מִדַּרְכָּם הָרָעָה וַיִּנָּחֶם הָאֱלֹהִים עַל־הָרָעָה אֲשֶׁר־דִּבֶּר לַעֲשׂוֹת־לָהֶם וְלֹא עָשָׂה: (שם ג:ד-י)

וּמִי כְעַמְּךָ כְּיִשְׂרָאֵל גּוֹי אֶחָד בָּאָרֶץ אֲשֶׁר הָלְכוּ־אֱלֹהִים לִפְדּוֹת־לוֹ לְעָם וְלָשׂוּם לוֹ שֵׁם וְלַעֲשׂוֹת לָכֶם הַגְּדוּלָּה וְנֹרָאוֹת לְאַרְצֶךָ מִפְּנֵי עַמְּךָ אֲשֶׁר פָּדִיתָ לְּךָ מִמִּצְרַיִם גּוֹיִם וֵאלֹהָיו: (שמואל ב ז:כג) וְאַתֶּם תִּהְיוּ־לִי מַמְלֶכֶת כֹּהֲנִים וְגוֹי קָדוֹשׁ אֵלֶּה הַדְּבָרִים אֲשֶׁר תְּדַבֵּר אֶל־בְּנֵי יִשְׂרָאֵל: (שמות יט:ו) הֶרֶף מִמֶּנִּי וְאַשְׁמִידֵם וְאֶמְחֶה אֶת שְׁמָם מִתַּחַת הַשָּׁמָיִם וְאֶעֱשֶׂה אוֹתְךָ לְגוֹי עָצוּם וָרָב מִמֶּנּוּ: (דברים ט:יד) וַיִּנָּחֶם ה' עַל הָרָעָה אֲשֶׁר דִּבֶּר לַעֲשׂוֹת לְעַמּוֹ: (לעיל לב:יד) וָאֶעְדֵּךְ עֶדִי וָאֶתְּנָה צְמִידִים עַל יָדַיִךְ וְרָבִיד עַל גְּרוֹנֵךְ: וָאֶתֵּן נֶזֶם עַל אַפֵּךְ וַעֲגִילִים עַל אָזְנָיִךְ וַעֲטֶרֶת תִּפְאֶרֶת בְּרֹאשֵׁךְ: (יחזקאל טז:יא - יב)

חידושי הרד"ל

[א] ואתה מזכה אותה. כלומר לעולם אתה מזכה וזן ומחיה אותה, (ואפשר צריך לומר מחיה במקום מזכה), וכמו שכתב בתנא דבי אליהו רבה פרשה א, שלא נבראו חיה ובהמה אלא לרפואה לבני אדם, שכשהקב"ה כועס על בני אדם ומסתכל בהם ואומר הרי הם חשובים כבהמה כו', וכן בירושלמי פרק הרואה שאליהו אמר כן לרבי נהוראי שלכן נבראו שקצים ורמשים, עיין שם: **נתמלאת עליהם רחמים.** שאמרת לי הטל את העם, וגם כתיב ראה אתם אומר אלי, פירוש בלשון אמירה שהיא רכה שנח מכעסו, וכדלעיל פרשה מב, ט: **[ב] מה כתיב למעלה ויתנצלו כו'.** כמדומה שכל מאמר זה

חידושי הרש"ש

[א] רגע אדבר על גוי ועל ממלכה וגו' ונחמתי כו'. כן צריך לומר: **לנתוש ולנתוץ כו'.** המציין לירמיה א פסוק י' טעה, כי פשוט שמכוון לקרא דשם יח פסוק ז, שבפסוק רגע אדבר שעוסק בו: **[ב] את עדים כו' עטרה כו'**

באור מהרי"פ

[א] נתמלאת וכו' הנהיגה אתה. אולי נרמז בקשת ההנהגה בעצמו במלות אשר הוצאת מארץ מצרים, אתה בעצמך: **הדא הוא דכתיב ויאמר משה וגו'.** מלאת באנפי נפשיה היא, ולא

אמרי יושר

[א] רגע אדבר על גוי. דרשוהו על אנשי נינוה, והיינו אשר דיבר לעשות לעמו, דהרי לאנשי נינוה כן עשה, וכן לאנשי סדום: **על גוי.** בבחינת הכמות, **ועל ממלכה** בבחינת האיכות: **[ב] ר' חנין דציפורין אמר עטרה ניתן בראשם.** כנגד ההשכלה (עיין לקמן נא, ח):

ידי משה

[א] ואתה מזכה אותה. פירוש, שהגזירה היתה בנינוה גם על הבהמות, ולפיכך גזרו תענית גם על הבהמה, לפי שהבהמות אינן יודעות כלום, ומן ההכרח לזכות אותן, לכן חשוב אותנו גם כן כבהמות. ודוק: **[ב] ויתנצלו בני ישראל את עדים רבי חנין אמר עטרה וכו'.** פירוש, שקשה לרבי חנין דכתיב לעיל ויתאבלו ולא שתו איש עדיו עליו, ואחר כך כתיב שאמר לו הקב"ה הורד עדיך, וגם אחר כך נאמר ויתנצלו וגו', וקשה והא לעיל משמע שלא שתו עליהם עדים, לזה אמר אמר רבי חנין עטרה, פירוש לפי שבשעה שאמרו נעשה ונשמע נקשר להם שני עטרות, וסברו ישראל כמו שאיתא לעיל שבטלו רק נעשה, אם כן לא שתו איש עדיו עליו, פירוש עטרה אחת פרקו, ואחת השאירו מכח נשמע, ואמר הקב"ה שיפרקו גם עטרה שניה.

אשד הנחלים

[א] רגע אדבר כו' והוא עושה תשובה כו'. לומר שאין הניחום אצלו יתברך השתנות חס ושלום, כי אם מצד השתנות האדם ששב מרעתו על כן הוא שב מגזירתו, ובאורו רגע אדבר גו', והמה מפחדים מזה ואז נחמתי: **האדם והבהמה כו' אינה יודעת כו' חשוב אותנו כבהמה.** דהוקשה להם מה חטאו הבהמות הלא אין להם בחירה, ומה יועיל עינויים שהוא שלא ברצון רק בהכרח. לזה אמר שלקחו ציורם הפשוט אחרי שראינו שהבהמות חיים וקיימים בעולם [וזהו הזכוי] שלא בזכות, גם אותנו תחשוב ככה, שכל חטאתינו לא היה רק מפני העדר הידיעה באמונה מפני אמונת אבותיהם, ולכן מנעו גם הבהמות מאכילה כדי שיצעקו מטבעם, וה' ירחם על כולם: **גוי אלו ושראל.** אף ששם גוי הוא על שם הקיבוץ, פרטים הרבה המתקבצים לכלל ולענין אחד, מכל מקום לעומת כלל העובדי כוכבים היו ישראל נקראים גוי ביחוד, כלומר גוי שהיה מיוחד מכל עובדי כוכבים, כמו שיש פרט המיוחד במעלה מיתר הפרטים כן יש כלל המיוחד מכל הכללים, וזהו גוי אחד: **לנתוש גו'.** הנתישה היא עזיבה מעשיות טובה להם, והנתיצה היא הכליון מעולם הזה, והאבדה היא השמדה הגמורה מכל וכל, וזה שכתוב בחטא העגל כליון והשמדה, וכאומר רגע אדבר על גוי שהיו מיוחדים במעלה הגבוה, אך בחטאם כמעט נגזר עליהם כליון הגמור, כי החטא נערך לפי הגדולה והמעלה: **נתמלאת כו'.** מפרש הסמיכות שאחר שראה משה שנתמלא עליהם רחמים ושמע תפלתו, אז מצא מקום לבקש עוד שיונהגו לא על ידי מלאך כי אם על ידי ה' בעצמו: **[ב] מה כתיב למעלה כו'.** בזה מפרש על דרך הצורה שענין הסרת העדי

Having accomplished the annulment of the decree of annihilation against Israel, Moses took the opportunity offered by God's mercy on Israel to make an additional request:[10]
אָמַר לְפָנָיו: רִבּוֹנוֹ שֶׁל עוֹלָם, נִתְמַלֵּאתָ עֲלֵיהֶם רַחֲמִים, הַנְהִיגֵם אַתָּה שֶׁיַּעֲלוּ לָאָרֶץ וְלֹא עַל יְדֵי שָׁלִיחַ – [**Moses**] then **said before** [**God**], **"Master of the universe! You have been filled with mercy over [the people of Israel];** therefore, **You lead them** Yourself [**when**] **they go up to the Land** of Israel, **and not through a messenger."**[11] **הָדָא הוּא דִכְתִיב "וַיֹּאמֶר מֹשֶׁה אֶל ה׳ רְאֵה אַתָּה אוֹמֵר אֵלַי וְגוֹ׳ "** – **Thus it is written** in our verse, ***Moses said to HASHEM, "See, You say to me,*** *'Take this people onward,' but You did not inform me whom You will send with me; and You had said, 'I shall know you by name, and you have also found favor in My eyes.' "*[12]

וַיֹּאמֶר ה׳ אֶל מֹשֶׁה אֱמֹר אֶל בְּנֵי יִשְׂרָאֵל אַתֶּם עַם קְשֵׁה עֹרֶף רֶגַע אֶחָד אֶעֱלֶה בְקִרְבְּךָ וְכִלִּיתִיךָ וְעַתָּה הוֹרֵד עֶדְיְךָ מֵעָלֶיךָ וְאֵדְעָה מָה אֶעֱשֶׂה לָּךְ. וַיִּתְנַצְּלוּ בְנֵי יִשְׂרָאֵל אֶת עֶדְיָם מֵהַר חוֹרֵב.

HASHEM said to Moses, "Say to the Children of Israel, 'You are a stiff-necked people. If I ascend among you, I may annihilate you in an instant. And now remove your ornaments from yourself, and I shall know what I shall do to you.' " So the Children of Israel were stripped of their ornaments from Mount Horeb (*Exodus* 33:5-6).

§2 The Midrash discusses the previous Scriptural passage, showing at the end of the section how it connects to the verse discussed in the previous section, *Moses said to HASHEM, etc.*:[13]

מַה כְּתִיב לְמַעְלָה – **What is written above?** **"וַיִּתְנַצְּלוּ בְנֵי יִשְׂרָאֵל אֶת עֶדְיָם"** – ***So the Children of Israel were stripped of their ornaments*** *from Mount Horeb* (ibid., v. 6).[14] **רַבִּי חָנִין דְּצִיפּוֹרִין אָמַר: עֲטָרָה שֶׁנָּתַן בְּרֹאשָׁם, שֶׁנֶּאֱמַר "וַעֲטֶרֶת תִּפְאֶרֶת בְּרֹאשֵׁךְ"** – **R' Chanin of Tzipporin said:** This refers to **a crown that [God] placed upon their heads, as it is stated,** *And I placed a ring on your nose . . .* ***and a crown of beauty on your head*** (*Ezekiel* 16:12).[15]

NOTES

Israel entirely, which is described immediately after God's decree of annihilation that was issued while the Jews were still worshiping the Calf (above, 32:7-19). It would seem, then, that God annulled the decree without repentance, in contrast to the case described in the *Jeremiah* verse. However, our Midrash follows the opinion of the Midrash in 44 §1 above (see note 9 there; see also *Devarim Rabbah* 3 §15) that both Moses' prayer described there and God's relenting took place after Moses descended, destroyed the idol, and executed the sinners (ibid., vv. 20-29). Accordingly, the *Jeremiah* verse is applicable to Israel, for since the nation looked on without protesting while the sinners were executed, it was clear that they had repented (*Yefeh To'ar* s.v. הה״ד וכו׳, and s.v. על האדם, first explanation). See Insight above on 42 §5, "The Time of וַיְחַל מֹשֶׁה, *Moses Pleaded* ..."

10. *Eshed HaNechalim*.

11. Earlier (33:2-3), Scripture states that God decreed that because of Israel's stubborn nature, He would not lead them Himself, but they would be led by an angel. Moses now requested that this decree be annulled.

12. *Rashi* to the verse (s.v. ואתה וכו׳, cited by *Beur Maharif* and *Eitz Yosef* to the end of §4 below) explains the words *but You did not inform me whom You will send with me* to mean that Moses did not accept the notification that an angel would accompany them; hence it was as though he had not been informed who would be sent. Thus, this verse contained a request that God lead Israel Himself. This is also the theme of the following verses of the passage, as the Midrash will explain at the end of §4 below (see *Eitz Yosef*; see also 32 §8 above at length).

13. *Maharzu*.

14. See 51 §8 below, where the Midrash explains that at Mount Sinai, when the Jewish people accepted the Torah, God clothed them with the splendor of His glory. The Midrash then asks: And what was the clothing?, and cites a dispute identical to that which our Midrash will cite below. The Midrash there subsequently states that this is what our passage is speaking of when it states that they were stripped of their ornaments.

15. Since the preceding verse (v. 11, which the Midrash will cite below) states, *I decked you with ornaments*, the Midrash understood that the crowns discussed in the following verse are the ornaments referred to there; hence, the reference to ornaments in the *Exodus* verse also refers to the crowns (*Rashash*).

פרשה מה

א [לג, יב] **"וַיֹּאמֶר מֹשֶׁה אֶל ה' רְאֵה אַתָּה אֹמֵר אֵלַי", הָדָא הוּא דִכְתִיב** (ירמיה יח, ז-ח) **"רֶגַע אֲדַבֵּר עַל גּוֹי וְעַל מַמְלָכָה וְגוֹ' וְנִחַמְתִּי עַל הָרָעָה", מַהוּ "רֶגַע אֲדַבֵּר", כְּהֶרֶף עַיִן אֲנִי גוֹזֵר עַל הָאָדָם שְׁיָמוּת, וְהוּא עוֹשֶׂה תְשׁוּבָה וַאֲנִי מִתְנַחֵם עָלָיו, שֶׁנֶּאֱמַר** (שם שם ח) **"וְשָׁב הַגּוֹי הַהוּא מֵרָעָתוֹ", וּמִי הֵם, אֵלּוּ אַנְשֵׁי נִינְוֵה, מַה כָּתוּב בָּהֶם,** (יונה א, ב) **"קוּם לֵךְ אֶל נִינְוֵה הָעִיר הַגְּדוֹלָה", לָמָּה,** (שם) **"כִּי עָלְתָה רָעָתָם לְפָנָי", וְאוֹמֵר** (שם ג, ד) **"וַיָּחֶל יוֹנָה לָבוֹא בָעִיר מַהֲלַךְ יוֹם אֶחָד", מַה כָּתוּב *שָׁם,** (שם שם ה-ח) **"וַיַּאֲמִינוּ אַנְשֵׁי נִינְוֵה בֵּאלֹהִים ... וַיִּלְבְּשׁוּ שַׂקִּים ... הָאָדָם וְהַבְּהֵמָה", אָמְרוּ לְפָנָיו: רִבּוֹן הָעוֹלָם, הַבְּהֵמָה אֵינָהּ יוֹדַעַת כְּלוּם, וְאַתָּה מְזַכֶּה אוֹתָהּ, אַף אָנוּ חֲשׁוֹב אוֹתָנוּ כִּבְהֵמָה, שֶׁנֶּאֱמַר** (שם שם ז) **"הָאָדָם וְהַבְּהֵמָה הַבָּקָר וְהַצֹּאן אַל יִטְעֲמוּ מְאוּמָה", מִיָּד** (שם שם י) **"וַיִּנָּחֶם אֱלֹהִים עַל הָרָעָה אֲשֶׁר דִּבֶּר לַעֲשׂוֹת לָהֶם וְלֹא עָשָׂה", וְרַבָּנָן אָמְרִי:** (ירמיה יח, ז) **"רֶגַע אֲדַבֵּר עַל גּוֹי", אֵלּוּ יִשְׂרָאֵל, שֶׁנֶּאֱמַר** (שמואל־ב ז, כג) **"וּמִי כְעַמְּךָ כְּיִשְׂרָאֵל גּוֹי אֶחָד בָּאָרֶץ",** (ירמיה שם שם) **"וְעַל מַמְלָכָה" אֵלּוּ יִשְׂרָאֵל שֶׁנִּקְרְאוּ מַמְלָכָה, שֶׁנֶּאֱמַר** (שמות יט, ו) **"וְאַתֶּם תִּהְיוּ לִי מַמְלֶכֶת כֹּהֲנִים",** (ירמיה יח, ז) **"לִנְתּוֹשׁ וְלִנְתּוֹץ וּלְהַאֲבִיד", לְפִי שֶׁעָשׂוּ אוֹתוֹ מַעֲשֶׂה וּבִיקֵּשׁ לְהַשְׁמִידָם, שֶׁנֶּאֱמַר** (דברים ט, יד) **"הֶרֶף מִמֶּנִּי וְאַשְׁמִידֵם", וְכֵיוָן שֶׁעָמַד מֹשֶׁה וּבִיקֵּשׁ עֲלֵיהֶם רַחֲמִים, מִיָּד** (לעיל לב, יד) **"וַיִּנָּחֶם ה' ", אָמַר לְפָנָיו: רִבּוֹנוֹ שֶׁל עוֹלָם, נִתְמַלֵּאתָ עֲלֵיהֶם רַחֲמִים, הַנְהִיגֵם אַתָּה שֶׁיַּעֲלוּ לָאָרֶץ וְלֹא עַל יְדֵי שָׁלִיחַ, הָדָא הוּא דִכְתִיב** [לג, יב] **"וַיֹּאמֶר מֹשֶׁה אֶל ה' רְאֵה אַתָּה אוֹמֵר אֵלַי וְגוֹ' ":**

ב מַה כְּתִיב לְמַעְלָה, [לג, ו] **"וַיִּתְנַצְּלוּ בְנֵי יִשְׂרָאֵל אֶת עֶדְיָם", רַבִּי חָנִין דְּצִיפּוֹרִין** [א]**אָמַר: עֲטָרָה שֶׁנָּתַן בְּרֹאשָׁם, שֶׁנֶּאֱמַר** (יחזקאל טז, יב) **"וַעֲטֶרֶת תִּפְאֶרֶת בְּרֹאשֵׁךְ",**

עץ יוסף

(א) **הדא הוא דכתיב רגע אדבר כו'.** מייתי סמך מרגע אדבר כו' דמפרשי ליה רבנן בישראל, כי לפי זה מה שנחם ה' על זאת היה אחר תשובת ישראל מעונם, כדכתיב שם ושב הגוי ההוא: **מהו רגע אדבר וגו'.** ושב הגוי ההוא מרעתו אשר דברתי עליו ונחמתי על הרעה אשר חשבתי לעשות לו, והא כתיב לא איש אל ויכזב ובן אדם ויתנחם, וכן שמואל אמר כי לא אדם אני ואתנחם, לכך דריש שבאותו רגע שאני אומר לנתוש וגו' בו ברגע אני מתנחם, ואם כן אין זה שינוי ברצון ואינו כמתנחם אחר זמן מה (תולדות נח): **ואני גוזר על האדם.** אשמועינן בזה בזה דאף על גב דפשטיה דהאי קרא משמע בצבור מדנקט רגע אדבר על גוי, סבירא ליה לבעל המאמר דהא מיירי אפילו ביחיד, שאפילו ביחיד נקרע גזר דינו על ידי תשובה: **ויאמינו אנשי נינוה באלהים וילבשו שקים האדם והבהמה.** טעות סופר ששם כתיב וילבשו שקים מגדולם ועד קטנם, רק אחר זה פסוק ח' כתיב ויתכסו שקים האדם והבהמה: **אמרו לפניו רבון העולם הבהמה אינה כו'.** והכי פירושו המלך צוה להכריז לאמר, פירוש שיאמרו כן בתפלתם לאל, האדם והבהמה, חשוב אותנו כבהמה כו', ואחר זה אמר יתר ענין התשובה היינו הבקר והצאן אל יטעמו וגו' ויתכסו שקים האדם והבהמה וגו' (תולדות נח): **ואתה מזכה אותה.** כלומר לעולם אתה מזכה וזן ומחיה אותה, ואפשר שצריך לומר מחיה במקום מזכה (רד"ל): **אלו ישראל.** דלהכי כתיב על גוי לשון רבים, משום דקרא מיירי בישראל, והודיענו הכתוב הענין הנזכר שהתשובה אף על פי שהיא מתוך הצרה, מועילה כאשר היתה לישראל שמתוך פחד ה' כשבא משה והוכיחם שבו: **לנתוש וגו'.** הנתישה היא עזיבה מעשיית טובה להם, והנתילה היא כליון מעולם הזה, והאבידה היא השמדה הגמורה מכל וכל, וזה שאמר בחטא העגל כליון והשמדה: **הנהיגם אתה שיעלו לארץ כו'.** הדא הוא דכתיב ויאמר משה ראה אתה אומר אלי, מביא ראיה מפסוק זה שבקש כן שינהיגם הקדוש ברוך הוא בעצמו, כמו שנאמר אם אין פניך הולכים כו' ובמה יודע וגו' הלא בלכתך עמנו (בעצמך) ולא על ידי מלאך, ובזה סיים במה שפתח: (ב) **עטרה שנתן בראשם.** וכדאמר בפרק רבי עקיבא (שבת פח, א) כשהקדימו ישראל נעשה לנשמע ירדו ששים רבוא של מלאכי השרת וקשרו לכל

פירוש מהרז"ו

(א) **רגע אדבר [על גוי ועל ממלכה].** לנתוש ולנתוץ ולהאביד ושב הגוי ההוא מרעתו אשר דברתי עליו ונחמתי על הרעה. ותחלה דורש על סתם אדם, כפשט המקרא, ואחר כך על פי מדה ז' וי"ז, על נינוה ועל ישראל, ועל שענין הפרשה בישראל מביאו לבסוף: **ראה אתה אומר.** עיין לעיל פרשה ל"ב, והמדרש כאן סומך על מה שכתב שם: (ב) **מה כתיב למעלה.** עיין ויקרא רבה פרשה כ"ט סימן ה, ותבין זה, והוא גם כן ענין סמוכים, וכמו שכתוב בסוף הסימן. ועיין לקמן סימן ג: **עטרה שנתן.** עיין פרקי דרבי אליעזר ריש פרק מ"ז, שיר השירים רבה פסוק משכני, ופסוק כמגדל דויד, מדרש איכה פסוק מה אעידך, פסיקתא פרשה י' סימן ו, ופרשה כא סימן ז, ופרשה ל"ג סימן י', ועיין לקמן פרשה נ"א סימן ח. ובמקומות הנ"ל איתא רבי יוחנן אומר עטרות, רבי הונא דציפורן אמר זיינות, וכאן בשיבוש, וצריך לומר גם כן רבי שמעון בר יוחאי אמר כלי זין, כמו שכתוב במקומות

אשד הנחלים

[א] **רגע אדבר כו' והוא עושה תשובה כו'.** לומר שאין הניחום אצלו יתברך השתנות חס ושלום, כי אם מצד השתנות האדם ששב מרעתו על כן הוא שב מגזירתו, ובאורו רגע אדבר גו', והמה מפחדים מזה ואז נחמתי: **האדם והבהמה כו' אינה יודעת כו' חשוב אותנו כבהמה.** דהוקשה להם מה חטאו הבהמות הלא אין להם בחירה, ומה יועיל עינויים שהוא שלא ברצון רק בהכרח. לזה אמר שלקחו ציורם הפשוט אחרי שראינו שהבהמות חיים וקיימים בעולם [וזהו הזכוי] שלא בזכות, גם אותנו תחשוב ככה, שכל חטאתינו לא היה רק מפני העדר הידיעה באמונה מפני אמונת אבותיהם, ולכן מנעו גם הבהמות מאכילה כדי שיצעקו מטבעם, וה' ירחם על כולם: **גוי אלו ושראל.** אף ששם גוי הוא על שם הקיבוץ, פרטים הרבה המתקבצים לכלל ולענין אחד, מכל מקום לעומת כלל העובדי כוכבים היו ישראל נקראים גוי ביחוד, כלומר גוי שהיה מיוחד מכל עובדי כוכבים, כמו שיש פרט המיוחד במעלה מיתר הפרטים כן יש כלל המיוחד מכל הכללים, וזהו גוי אחד: **לנתוש גו'.** הנתישה היא עזיבה מעשיית טובה להם, והנתיצה היא הכליון מעולם הזה, והאבדה היא השמדה הגמורה מכל וכל, וזה שכתוב בחטא העגל כליון והשמדה, וכאומר רגע אדבר על גוי שהיו מיוחדים במעלה הגבוה, אך בחטאם כמעט נגזר עליהם כליון הגמור, כי החטא נערך לפי הגדולה והמעלה: **נתמלאת כו'.** מפרש הסמיכות שאחר שראה משה שנתמלא עליהם רחמים ושמע תפלתו, אז מצא מקום לבקש עוד שינהגו לא על ידי מלאך כי אם על ידי ה' בעצמו: [ב] **מה כתיב למעלה כו'.** בזה מפרש על דרך הצורה שענין הסרת העדי

חידושי הרד"ל

[א] **ואתה מזכה אותה.** כלומר לעולם אתה מזכה וזן ומחיה אותה, (ואפשר צריך לומר מחיה במקום מזכה), וכמו שכתב בתנא דבי אליהו רבה פרשה א, שלא נבראו חיה ובהמה אלא לרפואה לבני אדם, שכשהקב"ה כועס על בני אדם ומסתכל בהם ואומר הרי הם חשובים כבהמה כו', וכן בירושלמי פרק הרואה שאליהו אמר כן לרבי נהוראי שלכן נבראו שקצים ורמשים, עיין שם: **נתמלאת עליהם רחמים.** שאמרת לי הנח את הכעס, וגם כתיב ראה אתה אומר אלי, פירוש בלשון אמירה שהיא רכה שנח מכעסו, וכדלעיל פרשה מג, ט: [ב] **מה כתיב למעלה ויתנצלו כו'.** כמדומה שכל מאמר זה

חידושי הרש"ש

[א] **רגע אדבר על גוי ועל ממלכה וגו' ונחמתי כו'.** כן צריך לומר: **לנתוש ולנתוץ כו'.** המציין לירמיה א פסוק י' טעה, כי פשוט שמכוון לקרא דשם יח פסוק ז, שבפסוק רגע אדבר שעוסק בו: [ב] **את עדים כו' עטרה כו'**

באור מהרי"פ

[א] **נתמלאת וכו' הנהיגה אתה.** אולי נרמז בקשת ההנהגה בעצמו במלות אשר הולאת מארץ מצרים, אתה בעצמך: **הדא הוא דכתיב ויאמר משה וגו'.** מלאת באנפי נפשיה היא, ולא

אמרי יושר

[א] **רגע אדבר על גוי.** דרשוהו על אנשי נינוה, והיינו אשר דיבר לעשות לעמו, דהרי לאנשי נינוה כן עשה, וכן לאנשי סדום: **על גוי.** בבחינת הכמות, **ועל ממלכה** בבחינת האיכות: [ב] **ר' חנין דציפורין אמר עטרה ניתן בראשם.** כנגד ההשכלה (עיין לקמן נא, ח):

ידי משה

[א] **ואתה מזכה אותה.** פירוש, שהגזירה היתה בנינוה גם על הבהמות, ולפיכך גזרו תענית גם על הבהמה, לפי שהבהמות אינן יודעות כלום, ומן ההכרח לזכות אותן, לכן חשוב אותנו גם כן כבהמות. ודוק: [ב] **ויתנצלו בני ישראל את עדים רבי חנין אמר עטרה וכו'.** פירוש, שקשה לרבי חנין דכתיב לעיל ויתאבלו ולא שתו איש עדיו עליו, ואחר כך כתיב שאמר לו הקב"ה הורד עדיך, וגם אחר כך נאמר ויתנצלו וגו', וקשה והא לעיל משמע שלא שתו עליהם עדים, לזה אמר אמר רבי חנין עטרה, פירוש לפי שבשעה שאמרו נעשה ונשמע נקשר להם שני עטרות, וסברו ישראל כמו שאיתא לעיל שבטלו רק נעשה, אם כן לא שתו איש עדיו עליו, פירוש עטרה אחת פרקו, ואחת השאירו מכח נשמע, ואמר הקב"ה שיפרקו גם עטרה שניה.

מסורת המדרש

א. לקמן פרשה נ"א. במדבר רבה פרשה ט"ז. שיר השירים רבה פרשה א' פסוק ג'. ופרשה ד' פסוק י"ג. וריש פרשה ח'. פרקי דרבי אליעזר ריש פרק מ"ז. תנחומא סדר תצוה סימן י"א. וסדר שלח סי' י"ג. מדרש תהלים מזמור ק"ג. פתיחתא כ"ג דאיכה רבה ופרשה ב' סימן י"ז. פסיקתא רבתי פסקא יו"ד סימן ו' ופסקא כ"א סימן ז'. ופסקא ל"ג סי' יו"ד. תנא דבי אליהו זוטא פרק ד'. פסיקתא דרב כהנא פיסקא ט"ז. ילקוט כאן רמז של"ג. ילקוט ישעיה רמז רפ"ט. ילקוט תהלים רמז תתנ"א. ילקוט משלי רמז תתקל"ה:

אם למקרא

רֶגַע אֲדַבֵּר עַל גּוֹי וְעַל מַמְלָכָה לִנְתּוֹשׁ וְלִנְתוֹץ וּלְהַאֲבִיד: וְשָׁב הַגּוֹי הַהוּא מֵרָעָתוֹ אֲשֶׁר דִּבַּרְתִּי עָלָיו וְנִחַמְתִּי עַל הָרָעָה אֲשֶׁר חָשַׁבְתִּי לַעֲשׂוֹת לוֹ: (ירמיה יח:ז-ח)

קוּם לֵךְ אֶל נִינְוֵה הָעִיר הַגְּדוֹלָה וּקְרָא עָלֶיהָ כִּי עָלְתָה רָעָתָם לְפָנָי: (יונה א:ב)

וַיָּחֶל יוֹנָה לָבוֹא בָעִיר מַהֲלַךְ יוֹם אֶחָד וַיִּקְרָא וַיֹּאמַר עוֹד אַרְבָּעִים יוֹם וְנִינְוֵה נֶהְפָּכֶת: וַיַּאֲמִינוּ אַנְשֵׁי נִינְוֵה בֵּאלֹהִים וַיִּקְרְאוּ צוֹם וַיִּלְבְּשׁוּ שַׂקִּים מִגְּדוֹלָם וְעַד קְטַנָּם: וַיִּגַּע הַדָּבָר אֶל מֶלֶךְ נִינְוֵה וַיָּקָם מִכִּסְאוֹ וַיַּעֲבֵר אַדַּרְתּוֹ מֵעָלָיו וַיְכַס שַׂק וַיֵּשֶׁב עַל הָאֵפֶר: וַיַּזְעֵק וַיֹּאמֶר בְּנִינְוֵה מִטַּעַם הַמֶּלֶךְ וּגְדֹלָיו לֵאמֹר הָאָדָם וְהַבְּהֵמָה הַבָּקָר וְהַצֹּאן אַל יִטְעֲמוּ מְאוּמָה אַל יִרְעוּ וּמַיִם אַל יִשְׁתּוּ: וְיִתְכַּסּוּ שַׂקִּים הָאָדָם וְהַבְּהֵמָה וְיִקְרְאוּ אֶל־אֱלֹהִים בְּחָזְקָה וְיָשֻׁבוּ אִישׁ מִדַּרְכּוֹ הָרָעָה וּמִן־הֶחָמָס אֲשֶׁר בְּכַפֵּיהֶם: מִי־יוֹדֵעַ יָשׁוּב וְנִחַם הָאֱלֹהִים וְשָׁב מֵחֲרוֹן אַפּוֹ וְלֹא נֹאבֵד: וַיַּרְא הָאֱלֹהִים אֶת־מַעֲשֵׂיהֶם כִּי־שָׁבוּ מִדַּרְכָּם הָרָעָה וַיִּנָּחֶם הָאֱלֹהִים עַל־הָרָעָה אֲשֶׁר־דִּבֶּר לַעֲשׂוֹת־לָהֶם וְלֹא עָשָׂה: (שם ג:ד-י)

וּמִי כְעַמְּךָ כְּיִשְׂרָאֵל גּוֹי אֶחָד בָּאָרֶץ אֲשֶׁר הָלְכוּ־אֱלֹהִים לִפְדּוֹת־לוֹ לְעָם וְלָשׂוּם לוֹ שֵׁם וְלַעֲשׂוֹת לָכֶם הַגְּדוּלָּה וְנוֹרָאוֹת לְאַרְצֶךָ מִפְּנֵי עַמְּךָ אֲשֶׁר פָּדִיתָ לְּךָ מִמִּצְרַיִם גּוֹיִם וֵאלֹהָיו: (שמואל ב ז:כג) וְאַתֶּם תִּהְיוּ־לִי מַמְלֶכֶת כֹּהֲנִים וְגוֹי קָדוֹשׁ אֵלֶּה הַדְּבָרִים אֲשֶׁר תְּדַבֵּר אֶל־בְּנֵי יִשְׂרָאֵל: (שמות יט:ו) הֶרֶף מִמֶּנִּי וְאַשְׁמִידֵם וְאֶמְחֶה אֶת שְׁמָם מִתַּחַת הַשָּׁמָיִם וְאֶעֱשֶׂה אוֹתְךָ לְגוֹי עָצוּם וָרָב מִמֶּנּוּ: (דברים ט:יד) וַיִּנָּחֶם ה' עַל הָרָעָה אֲשֶׁר דִּבֶּר לַעֲשׂוֹת לְעַמּוֹ: (לעיל לב:יד) וָאֶעְדֵּךְ עֶדִי וָאֶתְּנָה צְמִידִים עַל יָדַיִךְ וְרָבִיד עַל גְּרוֹנֵךְ: וָאֶתֵּן נֶזֶם עַל אַפֵּךְ וַעֲגִילִים עַל אָזְנָיִךְ וַעֲטֶרֶת תִּפְאֶרֶת בְּרֹאשֵׁךְ: (יחזקאל טז:יא - יב)

וְרַבִּי שִׁמְעוֹן בֶּן יוֹחָאי אוֹמֵר: כְּלֵי זַיִן שֶׁנָּתַן לָהֶם הַקָּדוֹשׁ בָּרוּךְ הוּא וְשֵׁם הַמְּפוֹרָשׁ חָקוּק עָלָיו – **R' Shimon ben Yochai says:** It refers to **a weapon that the Holy One, blessed is He, gave them upon which the Ineffable Name was engraved.**[16] **רַבִּי הוּנָא אוֹמֵר: זִינָאוֹת שֶׁחָגַר לָהֶם** – **R' Huna says:** It refers to **belts with which [God] girded them.**[17] **וְרַבִּי סִימָי אָמַר: פּוּרְפְּרִיאוֹת** – **R' Simai said:** It refers to **royal garments,**[18] **שֶׁנֶּאֱמַר "וָאֶעְדֵּךְ עֶדִי"** – **as it is stated,** ***I decked you with ornaments*** (ibid., v. 11),[19] **וְכֵן הוּא אוֹמֵר "אֶת ה' הֶאֱמַרְתָּ הַיּוֹם . . . וַה' הֶאֱמִירְךָ הַיּוֹם"** – **and it also states,** ***You "he'emarta"*** [הֶאֱמַרְתָּ] ***HASHEM today . . . And HASHEM "he'emircha"*** [הֶאֱמִירְךָ] ***today*** (*Deuteronomy* 26:17-18).[20]

וּמֹשֶׁה יִקַּח אֶת הָאֹהֶל וְנָטָה לוֹ מִחוּץ לַמַּחֲנֶה הַרְחֵק מִן הַמַּחֲנֶה וְקָרָא לוֹ אֹהֶל מוֹעֵד וְהָיָה כָּל מְבַקֵּשׁ ה' יֵצֵא אֶל אֹהֶל מוֹעֵד אֲשֶׁר מִחוּץ לַמַּחֲנֶה. וְהָיָה כְּצֵאת מֹשֶׁה אֶל הָאֹהֶל יָקוּמוּ כָּל הָעָם וְנִצְּבוּ אִישׁ פֶּתַח אָהֳלוֹ וְהִבִּיטוּ אַחֲרֵי מֹשֶׁה עַד בֹּאוֹ הָאֹהֱלָה. וְהָיָה כְּבֹא מֹשֶׁה הָאֹהֱלָה יֵרֵד עַמּוּד הֶעָנָן וְעָמַד פֶּתַח הָאֹהֶל וְדִבֶּר עִם מֹשֶׁה. וְרָאָה כָל הָעָם אֶת עַמּוּד הֶעָנָן עֹמֵד פֶּתַח הָאֹהֶל וְקָם כָּל הָעָם וְהִשְׁתַּחֲווּ אִישׁ פֶּתַח אָהֳלוֹ. וְדִבֶּר ה' אֶל מֹשֶׁה פָּנִים אֶל פָּנִים כַּאֲשֶׁר יְדַבֵּר אִישׁ אֶל רֵעֵהוּ וְשָׁב אֶל הַמַּחֲנֶה וּמְשָׁרְתוֹ יְהוֹשֻׁעַ בִּן נוּן נַעַר לֹא יָמִישׁ מִתּוֹךְ הָאֹהֶל. וַיֹּאמֶר מֹשֶׁה אֶל ה' רְאֵה אַתָּה אֹמֵר אֵלַי הַעַל אֶת הָעָם הַזֶּה וְאַתָּה לֹא הוֹדַעְתַּנִי אֵת אֲשֶׁר תִּשְׁלַח עִמִּי וְאַתָּה אָמַרְתָּ יְדַעְתִּיךָ בְשֵׁם וְגַם מָצָאתָ חֵן בְּעֵינָי. וְעַתָּה אִם נָא מָצָאתִי חֵן בְּעֵינֶיךָ הוֹדִעֵנִי נָא אֶת דְּרָכֶךָ וְאֵדָעֲךָ לְמַעַן אֶמְצָא חֵן בְּעֵינֶיךָ וּרְאֵה כִּי עַמְּךָ הַגּוֹי הַזֶּה. וַיֹּאמַר פָּנַי יֵלֵכוּ וַהֲנִחֹתִי לָךְ. וַיֹּאמֶר אֵלָיו אִם אֵין פָּנֶיךָ הֹלְכִים אַל תַּעֲלֵנוּ מִזֶּה. וּבַמֶּה יִוָּדַע אֵפוֹא כִּי מָצָאתִי חֵן בְּעֵינֶיךָ אֲנִי וְעַמֶּךָ הֲלוֹא בְּלֶכְתְּךָ עִמָּנוּ וְנִפְלֵינוּ אֲנִי וְעַמְּךָ מִכָּל הָעָם אֲשֶׁר עַל פְּנֵי הָאֲדָמָה. וַיֹּאמֶר ה' אֶל מֹשֶׁה גַּם אֶת הַדָּבָר הַזֶּה אֲשֶׁר דִּבַּרְתָּ אֶעֱשֶׂה כִּי מָצָאתָ חֵן בְּעֵינַי וָאֵדָעֲךָ בְּשֵׁם.

Moses would take the tent and pitch it outside the camp, far from the camp, and call it the Tent of Meeting. So it was that anyone who sought HASHEM would go out to the Tent of Meeting, which was outside the camp. Whenever Moses would go out to the Tent, the entire people would stand up and remain standing, everyone at the entrance of his tent, and they would gaze after Moses until he arrived at the Tent. When Moses would arrive at the Tent, a pillar of cloud would descend and stand at the entrance of the Tent, and He would speak with Moses. The entire people would see the pillar of cloud standing at the entrance of the Tent, and the entire people would rise and prostrate themselves, everyone at the entrance of his tent. HASHEM would speak to Moses face-to-face, as a man would speak to his fellow; then he would return to the camp. His servant, Joshua son of Nun, a lad, would not depart from within the Tent. Moses said to HASHEM, "See, You say to me, 'Take this people onward,' but You did not inform me whom You will send with me; and You had said, 'I shall know you by name, and you have also found favor in My eyes.' And now, if I have indeed found favor in Your eyes, make Your way known to me, so that I know You, so that I may find favor in Your eyes, and see that this nation is Your people." He said, "My Presence will go and provide you rest." He said to Him, "If Your Presence does not go along, do not bring us forward from here. How, then, will it be known that I have found favor in Your eyes — I and Your people — unless You accompany us, and I and Your people will be made distinct from every people of the face of the earth!" HASHEM said to Moses, "Even this thing of which you spoke I shall do, for you have found favor in My eyes, and I have known you by name" (33:7-17).

☐ [וּמֹשֶׁה יִקַּח אֶת הָאֹהֶל וְנָטָה לוֹ מִחוּץ לַמַּחֲנֶה הַרְחֵק מִן הַמַּחֲנֶה וְקָרָא לוֹ אֹהֶל מוֹעֵד וְהָיָה כָּל מְבַקֵּשׁ ה' יֵצֵא אֶל אֹהֶל מוֹעֵד אֲשֶׁר מִחוּץ לַמַּחֲנֶה – *MOSES WOULD TAKE THE TENT AND PITCH IT OUTSIDE THE CAMP, FAR FROM THE CAMP, AND CALL IT THE TENT OF MEETING. SO IT WAS THAT ANYONE WHO SOUGHT HASHEM WOULD GO OUT TO THE TENT OF MEETING, WHICH WAS OUTSIDE THE CAMP.*]

The Midrash continues its account by expounding the next verse:

בְּאוֹתָהּ שָׁעָה כָּעַס עֲלֵיהֶם מֹשֶׁה וְנָטַל הָאֹהֶל וְהָלַךְ לוֹ, שֶׁנֶּאֱמַר "וּמֹשֶׁה יִקַּח אֶת הָאֹהֶל וְגוֹ'" – **At that time Moses became angry at [the Jewish people] and took [his] tent and went away, as it is stated,** ***Moses would take the tent,*** *and pitch it outside the camp, far from the camp, and call it the Tent of Meeting. So it was that whoever sought HASHEM would go out to the Tent of Meeting, which was outside the camp* (above, 33:7).[21]

NOTES

16. This weapon protected them from the Angel of Death (below, 51 §8). Since the previous verse (*Exodus* 33:5) states, *HASHEM said to Moses . . . "Say to the Children of Israel . . . 'And now remove your ornaments from yourself, and I shall know what I shall do to you,' "* the implication is that while the ornaments were upon them God would not do anything to them. This proves that the ornaments were things that would make them invincible to any form of suffering (*Beur Maharif, Maharzu,* and *Eitz Yosef* to 51 §8 below). [Regarding the position on this matter of the other opinions cited here, see note 108 there.]

17. Our translation of זִינָאוֹת as belts follows *Matnos Kehunah, Yefeh To'ar,* and *Eitz Yosef*, from *Aruch* s.v. זן I. The *belt* is used in Scripture (see *Job* 38:3, 40:7) and in prayer (see the *Morning Blessings*) as a metaphor for strength because one becomes strengthened when he dons a belt (see *Metzudas David* to *Job* ibid.; *Eitz Yosef* to the *Morning Blessings*, in *Siddur Otzar HaTefillos*). Thus, the Midrash implies here that God granted the Jews a special strength at Mount Sinai (*Yefeh To'ar*).

In *Shir HaShirim Rabbah* (to 4:4) and *Eichah Rabbah* (2 §17), the Midrash provides a Scriptural source for this opinion from *Job* (12:18): *He loosens the strap of kings; and fastens a belt about their loins. Maharzu* to our Midrash, based on *Yalkut Shimoni* (*Habakkuk* §563), explains that at the time of the receiving of the Torah, when God *loosened the strap of kings* (i.e., loosened their belts, meaning, He weakened the Canaanite kings so they would not be able to withstand the people of Israel — *Eshed HaNechalim* to *Vayikra Rabbah* 13 §2), He *fastened a belt about the loins* of the Jewish people.

18. *Matnos Kehunah*. The robe with which Israel was cloaked would protect them from harm just as a garment protects from heat and cold (*Yefeh To'ar*)

19. The preceding verse (v. 10) states, וָאַלְבִּשֵׁךְ רִקְמָה וָאֶנְעֲלֵךְ תָּחַשׁ וָאֶחְבְּשֵׁךְ בַּשֵּׁשׁ וַאֲכַסֵּךְ מֶשִׁי, *I clothed you in embroidered garments, I shod you in tachash leather, I bound you with linen, I covered you with silk*. Thus, the ornament discussed in v. 11 also refers to stately garments (*Beur Maharif*; *Rashash*; *Maharzu*; see also *Eitz Yosef*).

20. The Midrash understands this verse as referring to the day of the giving of the Torah (see *Midrash Tanchuma, Ki Savo* §1 and *Abarbanel* to the verse).

The Midrash is interpreting the words הֶאֱמַרְתָּ (plainly translated as *you have distinguished*) and הֶאֱמִירְךָ (plainly translated as *has distinguished you*) as being similar to the Aramaic word אימרה, which refers to a unique royal garment (see *Aruch* s.v. אמר III, who states that the plain meaning of הֶאֱמַרְתָּ is from the same root, for royal garments are thus called because they are distinguished and unique). In other words, God and the Jewish people dressed each other in royal garments at Mount Sinai. The Jewish people, so to speak, dressed God in royal garments with their praises, and God dressed the Jewish people in royal garments called פּוּרְפְּרִיאוֹת (*Yefeh To'ar*; see also *Matnos Kehunah*, *Maharzu* and *Eitz Yosef*).

21. The Midrash in the following section (beginning after note 52) will discuss the cause of Moses' anger at the Jewish people.

וְרַבִּי שִׁמְעוֹן בֶּן יוֹחָאי אוֹמֵר: °זִינָאוֹת שֶׁחָגַר לָהֶם, וְרַבִּי סִימָי אָמַר: פּוֹרְפְּרִיאוֹת, שֶׁנֶּאֱמַר (שם שם יא) **"וָאֶעְדֵּךְ עֶדִי", וְכֵן הוּא אוֹמֵר** (דברים כו, יז-יח) **"אֶת ה' הֶאֱמַרְתָּ הַיּוֹם ... וַה' הֶאֱמִירְךָ הַיּוֹם", בְּאוֹתָהּ שָׁעָה כָּעַס עֲלֵיהֶם מֹשֶׁה וְנָטַל הָאֹהֶל וְהָלַךְ לוֹ, שֶׁנֶּאֱמַר** [לג, ז] **"וּמֹשֶׁה יִקַּח אֶת הָאֹהֶל וְגוֹ' ", רַבִּי יְהוּדָה בַּר רַבִּי אָמַר: רְאֵה כָּבוֹד שֶׁחָלַק הַקָּדוֹשׁ בָּרוּךְ הוּא לְמֹשֶׁה, שֶׁהִנִּיחַ אֶת הָעֶלְיוֹנִים וּבָא אֵצֶל מֹשֶׁה, וְהָיוּ מַלְאֲכֵי הַשָּׁרֵת בָּאִין לוֹמַר הִימְנוֹן לְפָנָיו**

עץ יוסף

אחד מישראל שני כתרים, ופירש רש"י שני כתרים של זיו שכינה: **ורבי שמעון בר יוחאי אומר זינאות שחגר להם.** כתב הרמב"ן בפירושו כלומר שחגר להם הקדוש ברוך הוא בשעת מתן תורה כלי זיין להנצל מכל פגע המות, אבל מה שאמר לקמן פרשה נ"א הא דאמר רבי שמעון בר יוחאי כלי זיין נתן להם, ובתר הכי מייתי דרב הונא אמר זינאות הלבישן, צריך לומר דאין זינאות כלי זיין אלא חגורה, כמבואר בערוך, ואם כן צריך לומר דאגדה דידן חסר, וכך צריך לומר רבי שמעון בר יוחאי אומר כלי זיין שנתן להם הקדוש ברוך הוא ושם המפורש חקוק עליו, ר' הונא אמר זינאות שחגר להם, וכן איתא לשון זה בשלימות בתנחומא פרשת תלוה עיין שם: **פורפיראות שנאמר ואעדך עדי כו'.** ומשמע ליה שהוא על הלבוש כמו שמלינו וככלה תעדה כליה, או מדכתיב בתריה ואכסך משי, אולם בחזית שם יליף רבי סימון פורפירא מואלבשך רקמה: **וכן הוא אומר את ה' האמרת היום כו'.** פירוש המלות שבני אדם עושים הם המלבושים, כידוע ליודעו חן, וזהו פירוש הכתוב את האמרת היום שעשית לו מלבוש רוחני (ופירוש האמרת לשון בגד) על ידי עשיית המלות, וגם השם יתברך האמירך היום ועשה לך מלבוש רוחני גם כן: **ראה כבוד שחלק.** אפסוק והיה כל אשר מבקש ה' יצא אל אהל מועד וגו' קאי, מדכתיב והיה כל מבקש, אתי לרבויא אף המלאכים (תולדות נח): **הימנון.** פירוש שבח (ערוך):

פירוש מהרז"ו

הנ"ל ולקמן סימן ג. ומה שכתוב עטרות, דורש ממה שכתוב כאן את עדים, כמו שכתוב יחזקאל ט"ז י"ג, ועטרת תפארת בראשך ותעדי זהב וכסף, שהעטרות של זהב וכסף, הרי שנקרא העטרות עדי: **זינאות.** כמו שכתוב איוב י"ב (פסוק יח) מוסר מלכים פתח ויאסור אזור במתניהם, במדרש איכה שם בהדיא, וכן בילקוט חבקוק. ופירושו מוסר מלכי כנען פתח ויאסור אזור במתני ישראל. וכמו שכתוב עוד בילקוט שם: **פורפראות וכו' ואעדך עדי.** כמו שכתוב בפסוק הקודם, ואלבישך רקמה וגו' ואכסך משי ואעדך עדי, על פי מדה י"א, וזהו מה שכתוב כאן את עדים. וענין הפורפירא והעטרות, כמאן דאמר (עי' לעיל לב, א; מא, ז) חירות משעבוד מצרים בעת מתן תורה, והכלי זין כמאן דאמר חירות מיצר הרע אז, והכלי זין נקרא עדי, כמו שכתוב (תהלים מה, ד) חגור חרבך על ירך גבור הודך והדרך, וכמו שאמרו במשנה שבת (סג, א) וחכמים אומרים תכשיטין הן לו: **האמירך.** כמו שדרשו איכה רבתי פסוק עשה ה' וגו' בלע אמרתו, בזע פורפירין דיליה: **כעס עליהם משה.** שאחר פסוק ויתנצלו הנ"ל כתוב, ומשה יקח את האהל ונטה לו מחוץ למחנה: **הימנון.** פירש במוסף ערוך בלשון יוני שיר של שבח: **שהניח את העליונים.** פירוש קביעות יחיד המקום שיבואו להתראות לפני כסא הכבוד, קבע באהל משה. דוק והבן:

מתנות כהונה

[ב] זינאות. פירש הערוך (ערך זן הראשון וערך זנס) חגורות: **פורפיראות.** בגדי מלכות חשובים: **האמרת.** לשון בגד כמו שדרשו חכמינו ז"ל (איכה רבה א, א) בלע אמרתו בזע פופירא דיליה. על פי מדותיו תרגום על אמרא דלבושא: **באותה שעה.** שאבדו העדי כדלקמן (סימן ג): **הימנון.** שבח כמו יחי אדוני המלך והרבה תמצא בספר זה ועיין בערוך ערך (דומינא) [דמינו]:

אשד הנחלים

במה שציוה ה' שיתנצלו את עדים הביאו למשה שיתפלל אחר כך לומר אם אין פניך הולכים, וכמו שאבאר להלאה ציורו: **עטרה כו' זינאות כו' פורפריאות כו'.** יש להבין מחלקותם ומה כיונו בזה. והנה הידי משה פירש שזה תלוי במחלוקת אם חירות מגליות זהו פורפריאות שהוא לבוש בגדי חשובים, ואם חירות ממלאך המות זהו זינאות, כמו שסבר רבי שמעון בן ייוחאי שהיה שם המפורש חקוק עליו, ועל ידי זה לא היה שליטה עליהם, עד כאן. ועל דרך הציור הוא להיות כי ההשתלמות המה על שלשה פנים, אחד בענין השגה הגדולה והרמה שזכו להשגת הנבואה הרמה, וזהו המיוחס להראש שהוא משכן השכל, והעטרה מרמז על שהוא מעוטר במלוכה הזאת כמלך הנעלה מכל, וזהו הרמז עטרת תפארת בראשך, השני בענין השגחה העליונה החופף על האדם בעת ההיא נעלה מהשגחה הטבעית כי אם נסיית, וזהו זינאות לשון חגור, זהו שם החוזק והגבורה למעלה מן הטבע, השלישי בענין יראה הגדולה הנובע מלב האהבה והדבקות בה', עד שכל אמירתו ודבוריו אינם רק מן כבוד ה' ותהלותיו ושבחיו, וזהו פורפריאות שהוא העדי המכסה כל הגוף כולו, כן היראה הגדולה מלאה כל איבריו של אדם וזהו העדי, וזהו את ה' האמרת היום וה' האמירך, כי כל מאויים ואמירתם ושבחם היו רק בה'. והנה תחלה כתיב ויתנצלו בני ישראל את עדים, שעל ידי חטאם נפלו מן המדרגות הללו, אך עם כל זה בפועל הלכו בעטרותם שהיה דוגמת הרמז הזאת בפועל, ולכן ציוה ה' אחר שנפלו ממעלתם, לכן יורידו את עדים שנעשו דוגמת זאת, ואחר שראה משה שהסירו את עדים, וא"כ נפלו ממעלתם שידבק בם השפע האלהי בלי הנהגה האמצעית, לכן ביקש על זה הנהיגם אתה, הבן זה: **באותו שעה כעס כו'.** כי ראה שנפרד הדיבוק האלקי מהם והם נפרדו מזה הדיבוק, ולכן נפרד מהם מחוץ אחר שנסתלקה השכינה מביניהם: **שהניח את העליונים ובא אצל משה כו' הימנון כו'.** הדבר הזה הוא מבהיל מאד, וכי מפני שמשה נטה את האהל ובאה השכינה אליו, לא מצאו המלאכים למעלה את הכבוד העליון, הלא כבוד ה'

לקוטים

[ב] זינאות. המפרשים התקשו מאד בזה. ונליגה כמה מדרשי חז"ל בענין זה. ז"ל התנחומא סדר תלוה א"ר אבא בר כהנא כשעמדו ישראל על הר סיני כו' מיד חבבן הקב"ה ושלח לכל אחד ואחד מהן שני מלאכים והיה אחד חוגר לו זיינו (בערוך ערך זן הראשון הגירסא זוני) ואחד נותן לו עטרה בראשו, א"ר סימון פורפראות הלבשן שנאמר ואלבישך רקמה (כן הוא במדרש איכה א, א), רבי הונא דלפורין אמר זונאיות חגר להם שנאמר ואחבשך בשש, רשב"י אומר כלי זיין חגר להם ושם המפורש חקוק עליו (כן הוא בחזית פרשה א, כה ופרשה ד, כה) עכ"ל, וכן הוא במדרש שמות רבה לקמן פרשה נא סימן ח ושם ליתא להראיה מהפסוק ביחזקאל. וז"ל מדרש איכה רבתי (ב, יז) רבי אבא בר כהנא בשם רבי יוחנן אמר מאה ועשרים רבוא ירדו, אחד מקשטו ואחד מלבישו עטרה. רבי הונא דלפורי אמר זוני, כמה דאת אמר מוסר מלכים פתח ויאסר אזור במתניהם עכ"ל. וזה לשון מדרש חזית ד ד רבי אבא בר כהנא בשם רבי יוחנן מאה ועשרין כו' ירדו עם הקב"ה לסיני, אחד מלבישו עטרה ואחד אוסרו זוני, מהו זוני, רבי הונא רבה דלפורי אמר זונס, היאך מה דאת אמר מוסר מלכים פתח ויאסר אזור במתניהם. וזה לשון הפסיקתא (פסקא אני מנחמכם סימן י) רב אבא בר כהנא בשם ר' יוחנן כו' ששים ריבוא קושרים עטרות וששים ריבוא חוגרים אותם בזוניאות, ורשב"י אמר זיין היו נותנים להם ושם המפורש חקוק עליו, ור' חנינא בר נתן דליפרין אמר זונאיות היו נותנים להם, ור"ש אומר ארגוונים הוי מלבשים אותם עכ"ל. וזה לשון הפסיקתא דעשרת הדברות הראשון (סימן ז) אמר ר' יוחנן יום שעלה הקב"ה על הר סיני ליתן התורה לישראל ירדו עמו ששים ריבוא של מלאכים, וביד כל אחד ואחד עטרה לעטר בה כל אחד ואחד מישראל, ר' אבא כו' אחד מלבישו עטרה ואחד אוסרו זונא, ר' הונא רבה דלפירין אומר זונס שנאמר מוסר מלכים פותח ויאסור אזור במותניהם. ולפי דרשות הנ"ל משמע שזינאות פירושו אבנט, אזור, וחגורה, ולא כלי זיין. א. דרשב"י אומר כלי זיין, ב. רב הונא דלפורין בתנחומא ולקמן פרשה מא אמר זוניאות הלבישן, ובשיר השירים אמר רב הונא רבה דלפורי זונס, ובאיכה רבתי אמר רב הונא דלפורי זוני, וזוני וזונס הכונה חגורה, כמו שכתבו המדרשות בפסוק מוסר מלכים פתח ויאסר אזור במתניהם כן הפירוש של זינאות שהוא אותו מאן דאמר. ג. הראיה שמביא התנחומא למאן דאמר זינאות מהפסוק ביחזקאל ואחבשך בשש, והוא אבנט העשוי משש, כדפירש רש"י ביחזקאל בשם התרגום. ועיין בערוך ערך זן הראשון ובערך זנס ובמדרשים ובפסיקתות דלעיל, ותראה שביאור הערוך זונא, זוני, זינאות, זיני, זנס, זנר, פירוש אחד להם, אזור, אבנט, חגורה. וז"ל הרד"ל (פסיקתא דעשרת הדברות) זונא הוא חגורה ואזור [של] הדיוט, וזונס הוא חגורי מלכים ואבנטין (עיין שבת נט, ב) ומביא על זה מוסר מלכים, (שהוא אבנט שאוסרין מלכים במתניהן), כו' אזור (של הדיוט) במתניהם עכ"ל וזה כסותר את הרד"ל שלפנינו. ולפי זה יפה פירש המתנות כהונה (כאן, ולקמן פרשה נא) זונאות פירש הערוך חגורות. אולם לפירוש זה קשה שרשב"י אמר כאן זינאות ולהלן פרשה נא פירש כלי זיין א"כ זינאות פירשו כלי זיין, ולכן הוכרחו המעריך והידי משה והרד"ל כאן לפרש שזינאות פירושו כלי זיין, וכן פירש הרמב"ן, וז"ל דעתו כדברי בבראשית רבה (אין זה לפנינו) זינאות חגר להם, כלומר שחגר להם הקב"ה בשעת מתן תורה כלי זיין להנצל מכל פגע ומלאך המות עכ"ל.

חידושי הרד"ל

מקומו להלן (אחר משל המטרה והים), שמתחיל שם גם כן לפנינו מאמר מה כתיב למעלה כו' רבי שמעון בן יוחאי אמר כו' עד חקוק עליו, ושם צריך לומר כל מאמר דהכא: **עטרה כו' זינאות כו'.** שיר השירים רבה פרשה ד פסוק ד, א, ולקמן פרשה נא ח, ואיכה (פרשה ב, יז). (ופירוש זינאות פירש הרמב"ן (שמות לג, י) לשון כלי זיין של שם המפורש, עיין שם):

חידושי הרש"ש

שנאמר עטרת כו'. דבקרא דלפניו (פסוק יא) כתיב ואעדך עדי כו': **ורבי שמעון בן יוחאי אומר זינאות כו'.** עיין מתנות כהונה, ולקמן בפרשה זו (סימן ד) אמר רבי שמעון בר יוחאי בעצמו כלי זיין, וכן בפרשה נא ח, ורבי הונא אמר שם זוניאות, עיין שם: **פורפיראות שנאמר ואעדך עדי.** דבקרא דלפניו (פסוק י) כתיב ואלבישך רקמה כו' ואכסך משי:

באור מהרי"פ

קאי אלמעלה, וסיום הדרשה הוא לקמן [סימן ב] קרוב לסופו, ראה שאין אתה יכול להזיז אהבתך וכו', עיין שם: **[ב] במתנות כהונה [בד"ה] זינאות פירש הערוך חגורות.** וזה לשון המעריך, הערוך לא פירש כן אלא על זונס (ערך זנס) [זוני (ערך זן הראשון). זנר (ערך זנר)] אבל זינאות הן כלי זיין וכן מוכח בסמוך (לקמן פרשה נא, ח) רבי שמעון בר יוחאי אומר כלי הזיין שנתן להם הקב"ה ושם המפורש חקוק עליו עכ"ל המעריך. אבל אני הכותב מצאתי בערוך ערך זן הראשון, (כלים פרק כו משנה ג) הזון והברכייר שמתין, פירוש אבנט וכו', והוא פירוש והזונות רחצו (מלכים א כב, לח), ויש אומרים והזונות אלו כלי זיין, ובילמדנו (סימן יב), ואתה תצוה (ובפסיקתא דנחמו (פסקא אני מנחמכם סימן י ובפסיקתא דעשרת הדברות (סימן ז), ובמגילת איכה (ב, יז), מה אעידך כשעמדו ישראל נעשה ונשמע שלח הקב"ה לכל אחד ואחד שני מלאכים אחד להלבישו עטרה ואחד לאסרו זוני, פירוש אזור, כמה דתימא מוסר מלכים פתח ויאסור אזור במתניהם עד כאן לשון הערוך. הרי מפורש בערוך על מלת זונות שהיא זינאות שני פירושים, חגורה, או כלי זיין: **פורפראות שנאמר ואעדך עדי.** (יחזקאל טז י - יא) ואלבישך רקמה ואנעלך תחש ואחבשך בשש ואכסך משי. ואעדך עדי ואתנה צמידים על ידיך ורביד על גרונך. ואולי סובר המדרש ואעדך עדי קאי אלמעלה, על מקרא שלפניו, ואלבישך רקמה וגו' ואחבשך בשש ואכסך משי: **במתנות כהונה [בד"ה הימנון כו'] עיין ערוך ערך דומינו.** זה לשון הערוך, בבראשית רבה פסוק נעשה אדם למלך (פרשה ח, י) ואפרכוס שהיו בקרונין והיו בני המדינה מבקשין לומר למלך דומינו ובמגלת איכה [פסוק] היו צריה לראש (פרשה א, לא) ביבי דומינו אמפרטור [ספרים אחרים יחי אדוני], עד כאן. וזה לשון רבי בנימין מוסיף ערך אמפרטר, ביבי דומיני אמפרטר, פירוש בלשון רומי תחיה אדון מושל, ובלשון זה היו נוהגין ליתן שלום לקיסר:

אם למקרא

וָאֶעְדֵּךְ עֶדִי וָאֶתְּנָה צְמִידִים עַל יָדַיִךְ וְרָבִיד עַל גְּרוֹנֵךְ: (יחזקאל טז:יא)

אֶת ה' הֶאֱמַרְתָּ הַיּוֹם לִהְיוֹת לְךָ לֵאלֹהִים וְלָלֶכֶת בִּדְרָכָיו וְלִשְׁמֹר חֻקָּיו וּמִצְוֹתָיו וּמִשְׁפָּטָיו וְלִשְׁמֹעַ בְּקֹלוֹ: וַה' הֶאֱמִירְךָ הַיּוֹם לִהְיוֹת לוֹ לְעַם סְגֻלָּה כַּאֲשֶׁר דִּבֶּר לָךְ וְלִשְׁמֹר כָּל מִצְוֹתָיו: (דברים כו:יז-יח)

אמרי יושר

רבי שמעון בר יוחאי אומר זינאות. פירוש כלי זיין ושם המפורש עליו, כנגד הגבורה שניתן להם חירות ממלכיות: **פרפיראות הלביש אותן.** כנגד המדות, או כנגד הכבוד:

ידי משה

ורבי שמעון בן יוחאי מיישב קושיא זו בדרך אחר, שמלבד אותם שני כתרים היה להם זינאות וכו"ל: **רבי סימי אמר פורפראות הלבישן.** פירוש, שלרבי סימי קשה גם כן קושיא שכתבתי לעיל, והלא כבר פרקו כמו שאמר הכתוב ולא שתו איש עדיו עליו, אלא על כרחך שמלבד הכתרים היה להם פורפריאות, וקל להבין. ונראה לי שפליגי רבי סימי ורבי שמעון בן יוחאי בפלוגתא דרבי יהודה ורבי נחמיה לעיל (פרשה מא, ז) שרבי יהודה שסבירא ליה חירות מן השעבוד סבירא ליה שפורפיראות הלבישן, פירוש בגדי מלכות, כדי להורות שהם בני חורין מן השעבוד, ורבי נחמיה שסבירא ליה חירות מן מלאך המות סבירא ליה כרבי שמעון בן יוחאי שסבר זינאות ושם המפורש חקוק עליו, פירוש להורות למלאך המות שחרבו בידו שאין לו

שינוי נוסחאות

(ב) ורבי שמעון בן יוחאי אומר: זינאות שחגר להם. יפ"ת ועצ"י ורז"ו מגיהים "ורשב"י אומר: כלי זיין שנתן להם הקב"ה ושם המפורש חקוק עליו. ר' הונא אמר: זינאות שחגר להם":

רַבִּי יְהוּדָה בַּר רַבִּי אָמַר: רְאֵה כָּבוֹד שֶׁחָלַק הַקָּדוֹשׁ בָּרוּךְ הוּא לְמֹשֶׁה, שֶׁהִנִּיחַ אֶת הָעֶלְיוֹנִים וּבָא אֵצֶל מֹשֶׁה – **R' Yehudah bar Rebbi said: See the honor that the Holy One, blessed is He, apportioned to Moses, that He left the upper spheres and came to Moses.**[22] וְהָיוּ מַלְאֲכֵי הַשָּׁרֵת בָּאִין לוֹמַר הִימְנוֹן לְפָנָיו – **When the ministering angels would come to say hymns**[23] **before [God],**

NOTES

22. I.e., the place to which the celestial beings would come in order to appear before the Throne of Glory was moved to Moses' tent (where he taught Torah) — see below (*Maharzu*; see also *Eitz Yosef*).

23. Translation follows *Matnos Kehunah* and *Eitz Yosef*, from *Aruch* s.v. המנון.

וְרַבִּי שִׁמְעוֹן בֶּן יוֹחָאי אוֹמֵר: °זִינָאוֹת שֶׁחָגַר לָהֶם, וְרַבִּי סִימָי אָמַר: פּוּרְפְּרִיאוֹת, שֶׁנֶּאֱמַר (שם שם יא) "וָאֶעְדֵּךְ עֶדִי", וְכֵן הוּא אוֹמֵר (דברים כו, יז-יח) "אֶת ה' הֶאֱמַרְתָּ הַיּוֹם ... וַה' הֶאֱמִירְךָ הַיּוֹם", בְּאוֹתָהּ שָׁעָה כָּעַס עֲלֵיהֶם מֹשֶׁה וְנָטַל הָאֹהֶל וְהָלַךְ לוֹ, שֶׁנֶּאֱמַר [לג, ז] "וּמֹשֶׁה יִקַּח אֶת הָאֹהֶל וְגוֹ'", רַבִּי יְהוּדָה בַּר רַבִּי אָמַר: רְאֵה כָּבוֹד שֶׁחָלַק הַקָּדוֹשׁ בָּרוּךְ הוּא לְמֹשֶׁה, שֶׁהִנִּיחַ אֶת הָעֶלְיוֹנִים וּבָא אֵצֶל מֹשֶׁה, וְהָיוּ מַלְאֲכֵי הַשָּׁרֵת בָּאִין לוֹמַר הִימְנוֹן לְפָנָיו

אחד מישראל שני כתרים, ופירש רש"י שני כתרים של זיו שכינה: **ורבי שמעון בר יוחאי אומר זינאות שחגר להם.** כתב הרמב"ן בפירושו כלומר שחגר להם הקדוש ברוך הוא בשעת מתן תורה כלי זיין להנצל מכל פגע המות, אבל מה שאמר לקמן פרשה נ"א הא דאמר רבי שמעון בר יוחאי כלי זיין נתן להם, ובתר הכי מייתי דרב הונא אמר זינאות הלבישן, צריך לומר דאין זינאות כלי זיין אלא חגורה, כמבואר בערוך, ואם כן צריך לומר דאגדה דידן חסר, וכך צריך לומר רבי שמעון בר יוחאי אומר כלי זיין שנתן להם הקדוש ברוך הוא ושם המפורש חקוק עליו, ר' הונא אמר זינאות שחגר להם, וכן איתא לשון זה בשלימות בתנחומא פרשת תצוה עיין שם: **פורפיראות שנאמר ואעדך עדי כו'.** ומשמע ליה שהוא על הלבוש כמו שמצינו וככלה תעדה כליה, או מדכתיב בתריה ואכסך משי, אולם בחזית שם יליף רבי סימון פורפירא מואלבשך רקמה: **ובן הוא אומר את ה' האמרת היום כו'.** פירוש המצות שבני אדם עושים הם המלבושים, כידוע ליודעו חן, וזהו פירוש הכתוב את האמרת היום שעשית לו מלבוש רוחני (ופירוש האמרת לשון בגד) על ידי עשיית המצות, וגם השם יתברך האמירך היום ועשה לך מלבוש רוחני גם כן: **ראה כבוד שחלק.** אפסוק והיה כל אשר מבקש ה' יצא אל אהל מועד וגו' קאי, מדכתיב והיה כל מבקש, אתי לרבויא אף המלאכים (תולדות נח): **הימנון.** פירוש שבח (ערוך):

הנ"ל ולקמן סימן ג. ומה שכתוב עטרות, דורש ממה שכתוב כאן את עדים, כמו שכתוב יחזקאל ט"ז י"ג, ועטרת תפארת בראשך ותעדי זהב וכסף, שהעטרות של זהב וכסף, הרי שנקרא העטרות עדי: **זינאות.** כמו שכתוב איוב י"ב (פסוק יח) מוסר מלכים פתח ויאסור אזור במתניהם, במדרש איכה שם בהדיא, וכן בילקוט חבקוק. ופירושו מוסר מלכי כנען פתח ויאסור אזור במתני ישראל. וכמו שכתוב עוד בילקוט שם: **פורפראות וכו' ואעדך עדי.** כמו שכתוב בפסוק הקודם, ואלבישך רקמה וגו' ואכסך משי ואעדך עדי, על פי מדה י"ח, וזהו מה שכתוב כאן את עדים. וענין הפורפירא והעטרות, כמאן דאמר (עי' לעיל לב, א; מח, ז) חירות משעבוד מצרים בעת מתן תורה, והכלי זין כמאן דאמר חירות מיצר הרע אז, והכלי זין נקרא עדי, כמו שכתוב (תהלים מה, ד) חגור חרבך על ירך גבור הודך והדרך, וכמו שאמרו במשנה שבת (סג, א) וחכמים אומרים תכשיטין הן לו: **האמירך.** כמו שדרשו איכה רבתי פסוק עשה ה' וגו' בלע אמרתו, בזע פורפירין דיליה: **כעס עליהם משה.** שאחר פסוק ויתנצלו הנ"ל כתוב, ומשה יקח את האהל ונטה לו מחוץ למחנה: **הימנון.** פירש במוסף ערוך בלשון יוני שיר של שבח: **שהניח את העליונים.** פירוש קביעות יחיד המקום שיבואו להתראות לפני כסא הכבוד, קבע באהל משה. דוק והבן:

מתנות כהונה

[ב] זינאות. פירש הערוך (ערך זן הראשון וערך זנס) חגורות: **פורפיראות.** בגדי מלכות חשובים: **האמרת.** לשון בגד כמו שדרשו חכמינו ז"ל (איכה רבה א, א) בלע אמרתו בזע פופירא דיליה. על פי מדותיו תרגום על אמרא לבושא: **באותה שעה.** שאבדו העדי כדלקמן (סימן ג): **הימנון.** שבח כמו יחי אדוני המלך והרבה תמצא בספר זה ועיין בערוך ערך (דומינא) [דמינו]:

אשד הנחלים

במה שציוה ה' שיתנצלו את עדים הביאו למשה שיתפלל אחר כך לומר אם אין פניך הולכים, וכמו שאבאר להלאה ציורו: **עטרה כו' זינאות כו' פורפריאות כו'.** יש להבין מחלוקתם ומה כיונו בזה. והנה הידי משה פירש שזה תלוי במחלוקת אם חירות מגליות זהו פורפריאות שהוא לבוש בגדי חשובים, ואם חירות ממלאך המות זהו זינאות, כמו שסבר רבי שמעון בן יוחאי שהיה שם המפורש חקוק עליו, ועל ידי זה לא היה שליטה עליהם, עד כאן. ועל דרך הציור הוא להיות כי ההשתלמות המה על שלשה פנים, אחד בענין השגה הגדולה והרמה שזכו להשגת הנבואה הרמה, וזהו המיוחס להראש שהוא משכן השכל, והעטרה מרמז על שהוא מעוטר במלוכה הזאת כמלך הנעלה מכל, וזהו הרמז עטרת תפארת בראשך, השני בענין השגחה העליונה החופף על האדם בעת ההיא נעלה מהשגחה הטבעית כי אם נסיית, וזהו זינאות לשון חגור, זהו שם החוזק והגבורה למעלה מן הטבע, השלישי בענין יראה הגדולה הנובע מלב האהבה והדבקות בה', עד שכל אמירתו ודבוריו אינם רק מן כבוד ה' ותהלותיו ושבחיו, וזהו פורפריאות שהוא העדי המכסה כל הגוף כולו, כן היראה הגדולה מלאה כל איבריו של אדם וזהו העדי, וזהו את ה' האמרת היום וה' האמירך, כי כל מאויים ואמירתם ושבחם היו רק בה'. והנה תחלה כתיב ויתנצלו בני ישראל את עדים, שעל ידי חטאם נפלו מן המדרגות הללו, אך עם כל זה בפועל הלכו בעטרותם שהיה דוגמת הרמז הזאת בפועל, ולכן ציוה ה' אחר שנפלו ממעלתם, לכן יורידו את עדים שנעשו דוגמת זאת, ואחר שראה משה שהסירו את עדים, וא"כ נפלו ממעלתם שידבק בם השפע האלהי בלי הנהגה האמצעית, לכן ביקש על זה הנהיגם אתה, הבן זה: **באותו שעה כעס כו'.** כי ראה שנפרד הדיבוק האלקי מהם והם נפרדו מזה הדיבוק, ולכן נפרד מהם מחוץ אחר שנסתלקה השכינה מביניהם: **שהניח את העליונים ובא אצל משה כו' הימנון כו'.** הדבר הזה הוא מבהיל מאד, וכי מפני שמשה נטה את האהל ובאה השכינה אליו, לא מצאו המלאכים למעלה את הכבוד העליון, הלא כבוד ה'

לקוטים

[ב] זינאות. המפרשים התקשו מאד בזה. ונליגה כמה מדרשי חז"ל בענין זה. ז"ל התנחומא סדר תצוה א"ר אבא בר כהנא כשעמדו ישראל על הר סיני כו' מיד חבבן הקב"ה ושלח לכל אחד ואחד מהן שני מלאכים והיה אחד חוגר לו זיינו (בערוך ערך זן הראשון הגירסא זוני) ואחד נותן לו עטרה בראשו, א"ר סימון פורפראות הלבשן שנאמר ואלבישך רקמה (כן הוא במדרש איכה א, א), רבי הונא דצפורין אמר זונאיות חגר להם שנאמר ואחבשך בשש, רשב"י אומר כלי זיין חגר להם ושם המפורש חקוק עליו (כן הוא בחזית פרשה א, כה ופרשה ד, כה) עכ"ל, וכן הוא במדרש שמות רבה לקמן פרשה נא סימן ח ושם ליתא להראיה מהפסוק ביחזקאל. וז"ל מדרש איכה רבתי (ב, יז) רבי אבא בר כהנא בשם רבי יוחנן אמר מאה ועשרים רבוא ירדו, אחד מקשטו ואחד מלבישו עטרה. רבי הונא דצפורי אמר זוני, כמה דאת אמר מוסר מלכים פתח ויאסר אזור במתניהם עכ"ל. וזה לשון מדרש חזית ד ד רבי אבא בר כהנא בשם רבי יוחנן מאה ועשרין כו' ירדו עם הקב"ה לסיני, אחד מלבישו עטרה ואחד אוסרו זוני, מהו זוני, רבי הונא רבה דצפורי אמר זונס, היאך מה דאת אמר מוסר מלכים פתח ויאסר אזור במתניהם. וזה לשון הפסיקתא (פסקא אני מנחמכם סימן י) רב אבא בר כהנא בשם ר' יוחנן כו' ששים ריבוא קושרים עטרות וששים ריבוא חוגרים אותם בזוניאות, ורשב"י אמר זיין היו נותנים להם ושם המפורש חקוק עליו, ור' חנינא בר נתן דציפרין אמר זונאיות היו נותנים להם, ור"ש אומר ארגוונים הוי מלבשים אותם עכ"ל. וזה לשון הפסיקתא דעשרת הדברות הראשון (סימן ז) אמר ר' יוחנן יום שעלה הקב"ה על הר סיני ליתן התורה לישראל ירדו עמו ששים ריבוא של מלאכים, וביד כל אחד ואחד עטרה לעטר בה כל אחד ואחד מישראל, ר' אבא כו' אחד מלבישו עטרה ואחד אוסרו זונא, ר' הונא רבה דצפירין אומר זונס שנאמר מוסר מלכים פותח ויאסור אזור במותניהם. ולפי דרשות הנ"ל משמע שזינאות פירושו אבנט, אזור, וחגורה, ולא כלי זיין. א. דרשב"י אומר כלי זיין, ב. רב הונא דצפורין בתנחומא ולקמן פרשה מא אמר זוניאות הלבישן, ובשיר השירים אמר רב הונא רבה דצפורי זונס, ובאיכה רבתי אמר רב הונא דצפורי זוני, וזוני וזונס הכונה חגורה, כמו שכתבו המדרשות בפסוק מוסר מלכים פתח ויאסר אזור במתניהם כן הפירוש של זינאות שהוא אותו מאן דאמר. ג. הראיה שמביא התנחומא למאן דאמר זינאות מהפסוק ביחזקאל ואחבשך בשש, והוא אבנט העשוי משש, כדפירש רש"י ביחזקאל בשם התרגום. ועיין בערוך ערך זן הראשון ובערך זנס ובמדרשים ובפסיקתות דלעיל, ותראה שביאור הערוך זונא, זוני, זינאות, זיני, זנס, זנר, פירוש אחד להם, אזור, אבנט, חגורה. וז"ל הרד"ל (פסיקתא דעשרת הדברות) זונא הוא חגורה ואזור [של] הדיוט, וזונס הוא חגורי מלכים ואבנטין (עיין שבת נט, ב) ומביא על זה מוסר מלכים, (שהוא אבנט שאוסרין מלכים במתניהן), כו' אזור (של הדיוט) במתניהם עכ"ל וזה כסותר את הרד"ל שלפנינו. ולפי זה יפה פירש המתנות כהונה (כאן, ולקמן פרשה נא) זונאות פירש הערוך חגורות. אולם לפירוש זה קשה שרשב"י אמר כאן זינאות ולהלן פרשה נא פירש כלי זיין א"כ זינאות פירשו כלי זיין, ולכן הוכרחו המעריך והידי משה והרד"ל כאן לפרש שזינאות פירושו כלי זיין, וכן פירש הרמב"ן, וז"ל דעתו כדברי בבראשית רבה (אין זה לפנינו) זינאות חגר להם, כלומר שחגר להם הקב"ה בשעת מתן תורה כלי זיין להנצל מכל פגע ומלאך המות עכ"ל.

חידושי הרד"ל

מקומו להלן (אחר משל המטרה והים), שמתחיל שם גם כן לפנינו מאמר מה כתיב למעלה כו' רבי שמעון בן יוחאי אמר כו' עד חקוק עליו, ושם צריך לומר כל מאמר דהכא: **עטרה כו' זינאות כו'.** שיר השירים רבה פרשה ד פסוק ד, א, ולקמן פרשה נא ח, ואיכה (פרשה ב, יז). (ופירוש זינאות פירש הרמב"ן (שמות לג, י) לשון כלי זיין של שם המפורש, עיין שם):

חידושי הרש"ש

שנאמר עטרת כו'. דבקרא דלפניו (פסוק יא) כתיב ואעדך עדי כו': **ורבי שמעון בן יוחאי אומר זינאות כו'.** עיין מתנות כהונה, ולקמן בפרשה זו (סימן ד) אמר רבי שמעון בר יוחאי בעצמו כלי זיין, וכן בפרשה נא ח, ורבי הונא אמר שם זוניאות, עיין שם: **פורפיראות שנאמר ואעדך עדי.** דבקרא דלפניו (פסוק י) כתיב ואלבישך רקמה כו' ואכסך משי:

באור מהרי"פ

קאי אלמעלה, וסיום הדרשה הוא לקמן [סימן ג] קרוב לסופו, ראה שאין אתה יכול להזיז אהבתך וכו', עיין שם: **[ב] במתנות כהונה [בד"ה] זינאות פירש הערוך חגורות.** וזה לשון המעריך, הערוך לא פירש כן אלא על זונס (ערך זנס) [זוני (ערך זן הראשון). זנר (ערך זנר)] אבל זינאות הן כלי זיין וכן מוכח בסמוך (לקמן פרשה נא, ח) רבי שמעון בר יוחאי אומר כלי הזיין שנתן להם הקב"ה ושם המפורש חקוק עליו עכ"ל המעריך. אבל אני הכותב מצאתי בערוך ערך זן הראשון, (כלים פרק כו משנה ג) הזון והברכייר טמאין, פירוש אבנט וכו', והוא פירוש והזונות רחצו (מלכים א כב, לח), ויש אומרים והזונות אלו כלי זיין, ובילמדנו ואתה תצוה (סימן יב), ובפסיקתא דנחמו (פסקא אנכי מנחמכם סימן י ובפסקא דעשרת הדברות א סימן ז), ובמגלת איכה (ב, יז), מה אעידך כשאמרו ישראל נעשה ונשמע שלח הקב"ה לכל אחד ואחד שני מלאכים אחד להלבישו עטרה ואחד לאסרו זוני, פירוש אזור, כמה דתימא מוסר מלכים פתח ויאסור אזור במתניהם עד כאן לשון הערוך. הרי מפורש בערוך על מלת זונות שהיא זינאות שני פירושים, חגורה, או כלי זיין: **פורפראות שנאמר ואעדך עדי.** (יחזקאל טז י־יא) ואלבישך רקמה ואנעלך תחש ואחבשך בשש ואכסך משי. ואעדך עדי ואתנה צמידים על ידיך ורביד על גרונך. ואולי סובר המדרש ואעדך עדי קאי אלמעלה, על מקרא שלפניו, ואלבישך רקמה וגו' ואחבשך בשש ואכסך משי: **במתנות כהונה [בד"ה הימנון כו'] עיין ערוך ערך דומינו.** זה לשון הערוך, בבראשית רבה פסוק נעשה אדם למלך (פרשה ח, י) ואפרכוס שהיו בקרונין והיו בני המדינה מבקשין לומר למלך דומינו ובמגלת איכה [פסוק] היו צריה לראש (פרשה א, לא) ביבי דומינו אמפרטור [ספרים אחרים יחי אדוני], עד כאן. וזה לשון רבי בנימין מוספיא ערך אמפרטור ביבי דומיני אמפרטור, פירוש בלשון רומי תחיה אדון מושל, ובלשון זה היו נוהגין ליתן שלום לקיסר:

אם למקרא

וָאֶעְדֵּךְ עֶדִי וָאֶתְּנָה צְמִידִים עַל יָדַיִךְ וְרָבִיד עַל גְּרוֹנֵךְ: (יחזקאל טז:יא)

אֶת ה' הֶאֱמַרְתָּ הַיּוֹם לִהְיוֹת לְךָ לֵאלֹהִים וְלָלֶכֶת בִּדְרָכָיו וְלִשְׁמֹר חֻקָּיו וּמִצְוֹתָיו וּמִשְׁפָּטָיו וְלִשְׁמֹעַ בְּקֹלוֹ: וַה' הֶאֱמִירְךָ הַיּוֹם לִהְיוֹת לוֹ לְעַם סְגֻלָּה כַּאֲשֶׁר דִּבֶּר לָךְ וְלִשְׁמֹר כָּל מִצְוֹתָיו: (דברים כו:יז-יח)

אמרי יושר

רבי שמעון בר יוחאי אומר זינאות. פירוש כלי זיין ושם המפורש עליו, כנגד הגבורה שניתן להם חירות ממלכיות: **פרפיראות הלביש אותן.** כנגד המדות, או כנגד הכבוד:

ידי משה

ורבי שמעון בן יוחאי מיישב קושיא זו בדרך אחר, שמלבד אותם שני כתרים היה להם זינאות וכו"ל: **רבי סימי אמר פורפראות הלבישן.** פירוש, שלרבי סימי קשה גם כן קושיא שכתבתי לעיל, והלא כבר פרקו כמו שאמר הכתוב ולא שתו איש עדיו עליו, אלא על כרחך שמלבד הכתרים היה להם פורפריאות, וקל להבין. ונראה לי שפליגי רבי סימי ורבי שמעון בן יוחאי בפלוגתא דרבי יהודה ורבי נחמיה לעיל (פרשה מח, ז) שרבי יהודה שסבירא ליה חירות מן השעבוד סבירא ליה שפורפיראות הלבישן, פירוש בגדי מלכות, כדי להורות שהם בני חורין מן השעבוד, ורבי נחמיה שסבירא ליה חירות מן מלאך המות סבירא ליה כרבי שמעון בן יוחאי שסבר זינאות ושם המפורש חקוק עליו, פירוש להורות למלאך המות שחרבו בידו שאין לו

שינוי נוסחאות

(ב) **ורבי שמעון בן יוחאי אומר: זינאות שחגר להם.** יפ"ת ועצ"י ורז"ו מגיהים "ורשב"י אומר: כלי זיין שנתן להם הקב"ה ושם המפורש חקוק עליו. ר' הונא אמר: זינאות שחגר להם":

וְהוּא נָתוּן אֵצֶל מֹשֶׁה – **He would be located at** the tent of **Moses.** וְכֵן הַשֶּׁמֶשׁ וְהַיָּרֵחַ וְהַכּוֹכָבִים בָּאִים לְהִשְׁתַּחֲווֹת לְפָנָיו וְלִיטּוֹל רְשׁוּת לָצֵאת לְהָאִיר לָעוֹלָם – **The sun, the moon, and the stars, too, would come to bow before [God] and obtain permission to go out and illuminate the world** – שֶׁאִלּוּלֵי שֶׁהֵן נוֹטְלִין רְשׁוּת וּמִשְׁתַּחֲוִים לֹא הָיוּ יוֹצְאִין, שֶׁנֶּאֱמַר "וּצְבָא הַשָּׁמַיִם לְךָ מִשְׁתַּחֲוִים" – **for if they would not obtain permission and bow, they would not** be allowed to **go out, as it is stated,** ***And the heavenly legion bows to You*** (*Nehemiah* 9:6) – שָׁאֲלוּ לַחַיּוֹת: אֵיפוֹא הוּא כִּסֵּא הַכָּבוֹד – and **they would ask the** ***Chayos,***[24] **"Where is the Throne of Glory?"** אָמְרוּ לָהֶם: לְכוּ אֵצֶל מֹשֶׁה – **They would reply to them, "Go to Moses,"** i.e., it is in his tent. מִנַּיִן שֶׁכֵּן הוּא – **From where** do we know **that it is so?** שֶׁנֶּאֱמַר "וְהָיָה כָּל מְבַקֵּשׁ ה' " – **For it is stated** further in the verse, ***So it was that anyone who sought HASHEM*** *would go out to the Tent of Meeting, which was outside the camp.* "מְבַקֵּשׁ מֹשֶׁה" אֵין כְּתִיב כָּאן אֶלָּא "מְבַקֵּשׁ ה' " – **It is not written here "who sought Moses," but rather** ***who sought HASHEM.***[25]

□ [וְדִבֶּר ה' אֶל מֹשֶׁה פָּנִים אֶל פָּנִים כַּאֲשֶׁר יְדַבֵּר אִישׁ אֶל רֵעֵהוּ וְשָׁב אֶל הַמַּחֲנֶה ... וַיֹּאמֶר מֹשֶׁה אֶל ה' רְאֵה אַתָּה אֹמֵר אֵלַי הַעַל אֶת הָעָם הַזֶּה וְאַתָּה לֹא הוֹדַעְתַּנִי אֵת אֲשֶׁר תִּשְׁלַח עִמִּי – *HASHEM WOULD SPEAK TO MOSES FACE-TO-FACE, AS A MAN WOULD SPEAK TO HIS FELLOW; THEN HE WOULD RETURN TO THE CAMP ... MOSES SAID TO HASHEM, "SEE, YOU SAY TO ME, 'TAKE THIS PEOPLE ONWARD,' BUT YOU DID NOT INFORM ME WHOM YOU WILL SEND WITH ME."*]

The Midrash expounds the last verse of the Scriptural verse as describing God's response to Moses' actions:

מַה כְּתִיב שָׁם, "וְדִבֶּר ה' אֶל מֹשֶׁה פָּנִים אֶל פָּנִים" – **What is written** further **there?** ***HASHEM would speak to Moses face-to-face*** (ibid., v. 11).[26] אָמַר לוֹ הַקָּדוֹשׁ בָּרוּךְ הוּא: לֹא כָּךְ הִתְנֵיתִי עִמְּךָ, כְּשֶׁיִּהְיוּ פָּנֶיךָ כְּעוּסוֹת יִהְיוּ פָּנַי מְרַצִּין אֶת פָּנֶיךָ – **The Holy One, blessed is He, said to [Moses], "Did I not stipulate with you** that **when your countenance will express anger, My** appeasing **countenance will appease your** angry **countenance,**[27] וּכְשֶׁיִּהְיוּ פָּנַי כְּעוּסוֹת יִהְיוּ פָּנֶיךָ מְרַצִּין אֶת פָּנַי – **and when My countenance will express anger, your** appeasing **countenance will appease My** angry **countenance?** חֲזוֹר בְּךָ וְהִכָּנֵס לַמַּחֲנֶה – **Return and enter the camp,"** שֶׁנֶּאֱמַר "וְדִבֶּר ה' אֶל מֹשֶׁה פָּנִים אֶל פָּנִים וְגוֹ' " – **as it is stated,** ***HASHEM would speak to Moses face-to-face,*** *as a man would speak with his fellow; then he would return to the camp.*[28]

NOTES

24. Lit., *living beings* (singular, *Chayah*). These are the angels who bear the Heavenly Chariot (see *Ezekiel* 1:5-26 and 23 §15 above). *Rashash* explains that since it is the *Chayos* that carry the Throne of Glory, they asked the *Chayos* where the Throne was currently.

25. And the word *anyone* is meant to include the ministering angels (*Radal; Eitz Yosef* s.v. ראה וכו' from *Toldos Noach*).

See Insight Ⓐ.

26. Simply understood, this verse describes Moses' level of prophecy. However, since Moses' level of prophecy is described elsewhere (*Numbers* 12:8), and Scripture does not use the expression *face-to-face* in reference to any other of Moses' prophecies, the Midrash understands that these words are describing a specific prophecy that Moses received at this time (*Yefeh To'ar*). [See *Berachos* 63b; for further elaboration, see Schottenstein ed. ad loc., note 63.]

27. The expression "countenance" is used in reference to anger, as in *Lamentations* 4:16, and in reference to appeasement, as in *Numbers* 6:25-26 (*Maharzu*).

28. The Midrash understands that God told Moses, "We have a

INSIGHTS

Ⓐ **The Tent Outside** Our Scriptural passage relates that Moses relocated his tent outside the camp, and that all who sought God would go out to the tent. It relates as well that God would speak to Moses in the tent, whereupon Moses would return to the camp. *Rashi* (on v. 11, s.v. ושב I) explains that the purpose of Moses' return to the camp was to teach the people that which God had taught him in the tent.

Rashi goes on to explain that all this could have transpired only from Yom Kippur (when Moses brought down the Second Tablets) until the Tabernacle was erected. For he shattered the First Tablets during the incident of the Golden Calf on the 17th of Tammuz (forty days after the Revelation at Sinai). On the 18th, he burned the Golden Calf and administered justice to those who had worshiped it. And on the morrow he went up on the mountain to pray for forgiveness, and was there for forty days, until Rosh Chodesh Elul. On that day, he was told to ascend again to receive the Second Tablets, which he brought down forty days later on Yom Kippur. There was thus no time for the events described in our passage to occur until after Yom Kippur.

Ibn Ezra, too, writes (on v. 7) that this passage relates what occurred after Yom Kippur. And he adds that we must explain the placement of this passage at this point in the Torah according to the principle אֵין מוּקְדָּם וּמְאוּחָר בַּתּוֹרָה — the Torah's narrative does not necessarily follow chronological order.

Ramban (to v. 7) finds difficulty with this explanation, especially in light of the statement of our Midrash (below, at note 27), and of *Rashi* himself later (ibid., s.v. ושב II), that God commanded Moses to return to the camp so that both He and Moses should not be in a state of anger at the people of Israel. This could not have been after Yom Kippur, for God had then forgiven them and was no longer angry with them. Furthermore, the Midrash further (§3, at note 58), also cited by *Rashi* (v. 7, s.v. יקח), states that Moses removed his tent because the people of Israel were excommunicated to God, so they were excommunicated to His student (Moses) as well. After Yom Kippur, however, they were excommunicated neither to God nor to Moses. *Ramban* therefore maintains that our Scriptural passage is indeed placed according to precise chronological sequence. The verse relates that immediately after the sin of the Golden Calf (i.e., on the 18th of Tammuz), Moses took his tent and placed it outside the camp. The passage goes on to say that he did so *so that* all who sought God would go out to the tent for this purpose — not that they actually did so at this point. For in fact, Moses ascended the mountain once again almost immediately, and what is related in the balance of the passage would not occur until Moses came down for the final time on Yom Kippur.

[Another opinion, cited in part by *Ramban* (who rejects it; see below), is that of *Pirkei DeRabbi Eliezer* (Ch. 46), according to which Moses spent forty days upon the mountain only *twice*, not three times. The first forty days ended on the 17th of Tammuz; the second forty days commenced on Rosh Chodesh Elul and ended on Yom Kippur. Hence, our passage relates what transpired during the period between the 17th of Tammuz and Rosh Chodesh Elul (and subsequently, between Yom Kippur and the erection of the Tabernacle). However, *Ramban* rejects this approach because it does not accord with that which it states in the verses in *Deuteronomy* (9:18,25), that Moses spent the middle forty days praying for forgiveness, neither eating nor drinking (presumably because he was atop the mountain, as in the first and second forty days). See also *Rosh* to *Rosh Hashanah* (4:14), who suggests, based on the above difficulty, that there is a copyist's error in *Pirkei DeRabbi Eliezer*. See, however, *Yaavetz* in his glosses to *Seder Olam* (Ch. 6 §1), who resolves this difficulty by explaining that although Moses indeed prayed for forgiveness during those forty days, he did not pray atop Mount Sinai, but rather remained below and prayed in his tent once or several times daily, and the reason he did not eat or drink is that he was fasting and praying on Israel's behalf. (See the *Gra* in his glosses to *Seder Olam* (ibid. §4) and in *Aderes Eliyahu* to 33:7 above for further discussion of how to reconcile this view with the *Deuteronomy* verses.)]

Regarding *Ramban*'s difficulty with *Rashi*, *Mizrachi* explains that when *Rashi* states that the events in our passage took place after Yom Kippur, he does not refer to Moses' removal of his tent, but only to what is related subsequently: that Moses would teach the elders that which God taught him. According to *Mizrachi*, then, *Rashi* is actually in complete agreement with the explanation of *Ramban*. [See, however, *Gur Aryeh*, who presents a different defense of *Rashi*, according to which *Rashi* means — as *Ramban* understood him to mean — that *all* the events in our passage took place only after Yom Kippur.]

וְהוּא נָתוּן אֵצֶל מֹשֶׁה, וְכֵן הַשֶּׁמֶשׁ וְהַיָּרֵחַ וְהַכּוֹכָבִים בָּאִים לְהִשְׁתַּחֲווֹת לְפָנָיו [ב]וְלִיטּוֹל רְשׁוּת לָצֵאת לְהָאִיר לָעוֹלָם, שֶׁאִלּוּלֵי שֶׁהֵן נוֹטְלִין רְשׁוּת וּמִשְׁתַּחֲוִים לֹא הָיוּ יוֹצְאִין, שֶׁנֶּאֱמַר (נחמיה ט, ו) "וּצְבָא הַשָּׁמַיִם לְךָ מִשְׁתַּחֲוִים", שָׁאֲלוּ לַחַיּוֹת: אֵיפוֹא הוּא כִּסֵּא הַכָּבוֹד, אָמְרוּ לָהֶם: לְכוּ אֵצֶל מֹשֶׁה, מִנַּיִן שֶׁכֵּן הוּא, שֶׁנֶּאֱמַר [לג, ז] "וְהָיָה כָּל מְבַקֵּשׁ ה'", [ג]"מְבַקֵּשׁ מֹשֶׁה" אֵין כְּתִיב כָּאן אֶלָּא "מְבַקֵּשׁ ה'", מַה כְּתִיב שָׁם, "וְדִבֶּר ה' אֶל מֹשֶׁה פָּנִים אֶל פָּנִים", אָמַר לוֹ הַקָּדוֹשׁ בָּרוּךְ הוּא: לֹא כָךְ הִתְנֵיתִי עִמְּךָ, [ד]כְּשֶׁיִּהְיוּ פָּנֶיךָ כְּעוּסוֹת יִהְיוּ פָּנַי מְרַצִּין אֶת פָּנֶיךָ, וּכְשֶׁיִּהְיוּ פָּנַי כְּעוּסוֹת יִהְיוּ פָּנֶיךָ מְרַצִּין אֶת פָּנַי, חֲזוֹר בְּךָ וְהִכָּנֵס לַמַּחֲנֶה, שֶׁנֶּאֱמַר "וְדִבֶּר ה' אֶל מֹשֶׁה פָּנִים אֶל פָּנִים וְגוֹ'", דָּבָר אַחֵר, "רְאֵה אַתָּה אֹמֵר אֵלַי", הָדָא הוּא דִכְתִיב (תהלים עז, ו) [ה]"חִשַּׁבְתִּי יָמִים מִקֶּדֶם שְׁנוֹת עוֹלָמִים", אָמְרָה כְּנֶסֶת יִשְׂרָאֵל לִפְנֵי הַקָּדוֹשׁ בָּרוּךְ הוּא: רִבּוֹנוֹ שֶׁל עוֹלָם, יוֹשֶׁבֶת אֲנִי וּמְחַשֶּׁבֶת לְכַמָּה שָׁנִים גְּאַלְתָּנִי מִמִּצְרַיִם, וְחוֹזֶרֶת וְאוֹמֶרֶת לְכַמָּה שָׁנִים גְּאַלְתַּנִי מִבָּבֶל, וּמְחַשֶּׁבֶת אֲנִי וְאוֹמֶרֶת: כַּמָּה שָׁנִים יֵשׁ לִי מִיָּוָן, לְכָךְ נֶאֱמַר "חִשַּׁבְתִּי יָמִים מִקֶּדֶם וְגוֹ'", (שם שם יא) "וָאֹמַר חַלּוֹתִי הִיא", אָמַר רַבִּי שִׁמְעוֹן בֶּן לָקִישׁ: אִם חֳלָאִים הֵם יְכוֹלִין לְהִתְרַפְּאוֹת, וְאִם אֵינָן חֳלָאִים אֵינִי יוֹדַעַת מַה לַּעֲשׂוֹת, לְכָךְ נֶאֱמַר "חַלּוֹתִי הִיא", אָמַר רַבִּי אֲלֶכְּסַנְדְּרִי: כָּל הַדְּבָרִים הַלָּלוּ בָּאוּ עָלֵינוּ עַל יְדֵי שֶׁלֹּא חִלִּינוּ מִלִּפְנֵי הַקָּדוֹשׁ בָּרוּךְ הוּא, וְאֵין לְשׁוֹן "חַלּוֹתִי" אֶלָּא תְּפִלָּה,

עץ יוסף

לא כך התניתי. כלומר הלא תנאי היה בינינו בענין פנים אל פנים כמבואר, שפני משה ירצו את פני ה', וכן להיפך, ופירוש כאשר ידבר איש אל רעהו כדרך שאדם מרצה את חברו: **שנאמר ודבר ה' אל משה.** משום סיפיה מייתי ליה דכתיב ושב אל המחנה: **[ב] אמרה כנסת ישראל כו' ומחשבת אני ואומרת לכמה שנים גאלתני כו'.** כלומר מה נשתנה גלות זה מכל גליות שעברו עלינו שהיה להם קצבה, ולגלות הזה אין קצבה ותכלית: **יש לי מיון.** פירוש כמה שנים יש מעת שפשטה מלכות יון עד עכשיו: **אמר רבי שמעון בן לקיש אם חלאים הם כו'.** כלומר אם אין החטא גדול אלא שכעס ה' עלינו, יש תקוה שירפא בתשובה ויסורין כחולה שיש לו תקוה, אבל אם החטא גדול עד שנדמינו למתים לגמרי, ומאס ה' בנו אין תקוה, וזה דומה ממש למה שאמר רבי שמעון בן לקיש גופיה גבי בכה תבכה בלילה, אמר רבי שמעון בן לקיש אם חלייס הן אית סבר, דכל דחשש סופיה למברי, ואם שינוי ימין עליון לית סבר: **שלא חלינו מלפני הקדוש ברוך הוא.** דרש חלותי לשון תפלה ותשובה, כלומר תפלתי גרמה לי על ידי שלא התפללתי אליו נשתנית ימין עליון: **שלא חלינו.** ואף על פי שחסר לשון השלילה, מצינו לשונות משמשים על הפך הפעולה כגון ובכל (איוב לא, יב) תבואתי תשרש:

פירוש מהרז"ו

וצבא השמים לך משתחוים. עיין סנהדרין (צ"א ב'), שהשתחויה היא ליתן שלום בכניסתם, עיין רש"י שם, ועיין בבא בתרא (כ"ה א'), וכן הוא במדרש תהלים י"ט על פסוק יום ליום יביע אומר. דבר אחר כשראה גלגל חמה בא וכורע, היה יודע שהוא לילה, כוכבים ומזלות משתחוים, יודע שהוא יום, שנאמר ולצבא השמים וגו', וכאן מפורש שההשתחויה של השמש בבוקר בילאה, חולק על הנ"ל: **מה כתיב שם.** עתה חוזר לענינו שהתחיל בריש הסימן, מה כתיב למעלה: **כשיהיה פניך בעוסות.** דורש וידבר ה' אל משה פנים אל פנים, ולא פירש מה היה הדיבור, דורש שהיה הדיבור תיבת אלו, פנים אל פנים דורש על הכעס, כמו שכתוב פני ילכו, וכמו שכתוב (איכה ד, טז) פני ה' חלקם, ועל הרצון, כמו שכתוב (תהלים פט, טז) באור פניך יהלכון, וכמו שכתוב (במדבר ו, כה - כו) יאר ה' פניו וגו', ישא ה' פניו אליך. ופירוש פנים משלים לפנים, מה שחסר בפנים זה, ישלים פנים אחר, וזהו מה שכתוב ושב אל המחנה, ופירש על פי מדה ט', שעל ידי דבור פנים אל פנים, כשאני בכעס אתה תהיה ברצון, ושוב אתה אל המחנה, ועל כן ושב אל המחנה. או שדורש אל תקרי ושב אלא שוב, וכן משמע בסוף הסימן ובסימן ד', וכן הוא בהדיא בתנחומא כאן סימן כ"ז, ובתנא דבי אליהו חלק ב פרק ד'. ובתנחומא מסיים כאן כמו שכתב בסוף הסימן, אך כאן במדרש מפסיק בדרשה של חשבתי ימים קודם החתימה: **יושבת אני ומחשבת.** עיין איכה רבתי פסוק אזכרה נגינתי: **לכמה שנים וכו'.** ועתה ארכו השנים יותר מכל אלו. וזהו מה שכתוב בפסוק הסמוך לפסוק חשבתי הנ"ל, אזכרה נגינתי וגו' הלעולמים יזנח ה' וגו', עד ואומר חלותי היא שנות ימין עליון. והנה החולי איננו שינוי ימין חלילה, כי החולה מתרפא, ושינוי ימין לא ניתן להתרפאות, והם שני כתובים מכחישים מדה ט"ו, ומכריע על פי מדה ט', שאומר דרך חקירה וספק, ואומר אם חלותי, שכל מה שמגיע לי הוא דרך חולי, הדבר ידוע שרוב החולים מתרפאים, כל זה נכלל בתיבת חלותי, ואם שנות ימין עליון, לא ניתן להתרפאות ונראה נרה בהחלט. ועיין באיכה שם ביתר ביאור, וגם מעט באופן אחר. ורבי אלכסנדרי בא להכריע על פי מדת ממעל, חלותי מלשון ויחל משה, וכן חלו נא. ועיין לעיל פרשה מ"ג סימן ג באופן אחר, פירוש חלותי, ענין התפלה גרם השינוי של ימין:

מתנות כהונה

פנים אל פנים. משמע פני הרצון יהיו נגד פני הכעס: **אם חלאים הם.** ואומר חלותי בלשון ניחותא תנחומים אלו מדבר אני על לבי שהם חלאים ויכולין להתרפאות: **ואין לשון חלותי** גרסינן:

אשד הנחלים

מלא כל העולם ולית אתר פנוי מיניה. גם יקשה הלא בעת שהיה האהל בפנים, גם שם היה השראת השכינה למטה ועם כל זה לא נמנעת מלמעלה. והנה הרב מנחם עזריה מפאנו בספרו עשרה מאמרות חקר בכיוצא בזה, ודעתו שעת שיהיה הזדקקות השפע למטה, אז כלם נבטלים לאותו השפע [כביטול העלול לעילה], ולכן אין המלאכים מקלסין כי אם אחר קילוס ישרים, ודבר הזה יש לו הסבר בציור השכל גם כן. והנה לפי דבריו יתכן גם כאן, להיות שנתהוה פה שנוי גדול כי נסתלקה השכינה למקום אחר, ולא שרתה במקומה ונתבטל הסדר ממה שהיה תחלה, אז המלאכים שמקבלים הקילוס משם לא מצאו אותה השפע שיזדקק להם. ומביא ראיה שכל צבא השמים המקבלים השפע יש להם עילה מיוחדת שמהם מקבלים הרשות לפעול פעולתם ולהשיג השגתם, ויותר לא אוכל לפרש: **מבקש משה אין כתיב כאן.** כן צריך לומר וכן הוא בילקוט, ולכן דייק שהכונה שלא מצאו כבוד העליון: **יהיו פני מרצין כו'.** הענין כי הוקשה להם הלא גם מתחלה היה מדרגת משה פנים אל פנים, ומדוע כתיב כאן, לכן הסבירו לנו שפירושו אחר שנטה האהל מחוץ וכעס על ישראל, ציוה ה' שיכניס האהל בפנים, ולא יהיה בכעס, כאילו כביכול ה' רוצה שיהיו פניו של משה מביט פנים אל פנים בדמיון שוה רצוי מול רצוי, והוא כלשון בני אדם כי מי שכועס אינו רוצה להביט בפני הזולת: **אם חלאים כו'.** כלומר ואומר חלותי היא, אם איננה נחשבת כי אם לחולי המכאיב, אז יתכן להשתנות לטובה, כי איננה כי אם חולי לצרף אותנו ולזקק חטאינו על ידי הצרות, וזהו שנות ימין עליון: **על ידי שלא חלינו.** ואומר פירושו אחר כך, שאין המניעה מצדו יתברך כי אם חלותי ותפלתי היא, שלא התפללתי ובקשתי מאתו, זאת הסבה שנות ימין עליון מרחמים לדין ולא מצידו. ומפרש שמתחלה התפלל המשורר, ואמר היתכן ששכח חנות אל את אשר הבטיח בעצמו לנהוג עמנו במדת החנינה אף שאין אנחנו כדאים, כמו שנאמר וחנותי את אשר אחון [וכמאמרם ז"ל (ברכות ז, א) אף שאינו הגון], ואחר כך אומר ומשיב המשורר לעצמו ואומר חלותי היא, דבר זה תלוי בתפלתי והמניעה מצידי, כי הן אמת שה' נוהג עמנו במדת החנינה, אבל היה לי להתפלל לפניו על זה:

חידושי הרד"ל

שהן נוטלין רשות ומשתחוים כו'. עיין בבא בתרא (כה, א): **מבקש משה אין כתיב כאן אלא כל מבקש ה'.** כן צריך לומר, (ואפשר צריך לומר מבקש ה' אין כתיב כאן אלא כל מבקש ה', ומפני שבשיר השירים רבה פרשה ב פסוק ד הגירסא מבקש משה אין כתיב כאן, כתבוהו כאן גם כן), ומן כל מרבה מלאכי השרת וכל צבא השמים, ועיין רבינו בחיי: **אמר רבי שמעון בן לקיש אם חלאים בו'.** איכה רבה שם (פרשה א, כג):

חידושי הרש"ש

שאלו לחיות איפוא הוא כסא הכבוד. שהן נושאות את הכסא, כדברים יחזקאל: **חזור בך והכנס למחנה שנאמר כו'.** הוא מדכתיב בסופיה ושב אל המחנה כדלקמן: **על ידי שלא חלינו כו'.** ואין לשון חלותי אלא תפלה, ומפרשו להיפך הפעולה, כמו ובכל תבואתי תשרש, עיין מה שכתבתי לעיל בבראשית רבה פרשה לד, ב (ד"ה דבר אחר):

באור מהרי"פ

וצבא השמים לך משתחוים. צריך עיון, היכן נרמז במקרא הלזה נטילת רשות: **יכולין להתרפאות.** דומה מאמר זה למאמרם באיכה רבתי (א, כג) אם קטופה היא אית סבר ואם מאוסה היא לית סבר: **שלא חלינו.** באיכה רבתי (א, כג) גרסינן הכי, על ידי שלא חלינו פניך בתשובה נשתנית הימין:

לקוטים

והמתנות כהונה בעצמו הרגיש בכך וכתב לקמן בפרשה נא, ועיין לעיל פרשה מה. לכן צריך לתקן את מדרש כאן ולהשות אם המדרש דלקמן פרשה נא וכמ"ש העץ יוסף עיין שם. (ומה שפירש בעץ יוסף על התנחומא זיכאות פירוש גזר דין תמוה לייזב. ולכאורה הוא טעות הדפוס וצריך לומר אפופסים פירוש גזר דין, וכן כתב הערוך בערך אופופסין):

מסורת המדרש

ב. ילקוט נחמיה רמז תל"ף ע"א:
ג. שיר השירים רבה פרשה ב' וש"נ:
ד. דברים רבה פ"ג. תנחומא כאן סי' כ"ז:
ה. ילקוט תהלים רמז תתט"ז. ועיין איכה רבתי פ"א פסוק ב'. פסיקתא דרב כהנא ריש פסקא י"ז:

אם למקרא

אַתָּה הוּא ה' לְבַדֶּךָ אַתָּה עָשִׂיתָ אֶת הַשָּׁמַיִם שְׁמֵי הַשָּׁמַיִם וְכָל צְבָאָם הָאָרֶץ וְכָל אֲשֶׁר עָלֶיהָ הַיַּמִּים וְכָל אֲשֶׁר בָּהֶם וְאַתָּה מְחַיֶּה אֶת כֻּלָּם וּצְבָא הַשָּׁמַיִם לְךָ מִשְׁתַּחֲוִים:
(נחמיה ט:ו)

חִשַּׁבְתִּי יָמִים מִקֶּדֶם שְׁנוֹת עוֹלָמִים:
(תהלים עז:ו)

הַלְעוֹלָמִים יִזְנַח אֲדֹנָי וְלֹא יֹסִיף לִרְצוֹת עוֹד: הֶאָפֵס לָנֶצַח חַסְדּוֹ גָּמַר אֹמֶר לְדֹר וָדֹר: הֲשָׁכַח חַנּוֹת אֵל אִם קָפַץ בְּאַף רַחֲמָיו סֶלָה: וָאֹמַר חַלּוֹתִי הִיא שְׁנוֹת יְמִין עֶלְיוֹן:
(שם שם ח-יא)

ידי משה

שליטה עליהם, וניתן להם לאות חרב לכל אחד עם שם המפורש, על דרך שמצינו גבי משה שהראה למלאכי השרת מטה שלו שהיה חקוק שם המפורש עליו, ונראה לי שזה הוא גם כן הפלוגתא שמצינו כמה פעמים (שבת סג, ב ועוד) שמואל סבר אין בין עולם הזה לימות המשיח אלא שעבוד גליות, ורבנן סברי שימות המשיח ועולם הבא יהיו שוים, וקשה באיזו סברא קמפלגי, ונראה לומר לפי דאיתא בגמרא דשבת פרק רבי עקיבא (פח, א) ופדויי ה' עוד ישובון, שאותן עטרות שניטלו מישראל עתידין להחזיר להם בימות משיח, ואם כן שמואל שסבירא ליה כמאן דאמר פורפריאות הלבישן והיה רק חירות מן השעבוד, ואם כן יהיה בימות משיח גם כן רק חירות מן השעבוד לבד מה שאין כן מיתה יהיה, מה שאין כן רבנן סברי כמאן דאמר זיינאות ושם מפורש היה חקוק עליו וחירות הוא מן מיתה, אם כן בימות משיח שיחזר להם העטרות על כן לא יהיה מיתה בימות משיח, ואם כן ימות משיח ועולם הבא שוים יהיו, ודוק היטב, כן נראה לי בן המחבר:

The Midrash will proceed to show how the above discussion connects v. 11 and v. 12. First, however, it cites and expounds a verse from *Psalms*, concluding with an exposition related to the above discussion:

דָּבָר אַחֵר ״רְאֵה אַתָּה אֹמֵר אֵלַי״ – Another explanation of the first verse of the next passage, ***See, You say to me,*** *etc.* (v. 12): הָדָא הוּא דִכְתִיב ״חִשַּׁבְתִּי יָמִים מִקֶּדֶם שְׁנוֹת עוֹלָמִים״ – **Regarding this it is written, *I reckon olden days, ancient years*** (*Psalms* 77:6). אָמְרָה כְּנֶסֶת יִשְׂרָאֵל לִפְנֵי הַקָּדוֹשׁ בָּרוּךְ הוּא: רִבּוֹנוֹ שֶׁל עוֹלָם, יוֹשֶׁבֶת אֲנִי וּמְחַשֶּׁבֶת לְכַמָּה שָׁנִים גְּאַלְתָּנִי מִמִּצְרַיִם – This means: **The congregation of Israel said before the Holy One, blessed is He, "Master of the universe! I sit and reckon after how many years You redeemed me from Egypt;** וְחוֹזֶרֶת וְאוֹמֶרֶת לְכַמָּה שָׁנִים גְּאַלְתַּנִי מִבָּבֶל – **and then again I recount after how many years You redeemed me from Babylonia;** וּמְחַשֶּׁבֶת אֲנִי וְאוֹמֶרֶת כַּמָּה שָׁנִים יֵשׁ לִי מִיָּוָן – **and** then **I reckon and express how many years I have** thus far experienced subjugation **from Greece."**[29] לְכָךְ נֶאֱמַר ״חִשַּׁבְתִּי יָמִים מִקֶּדֶם וְגוֹ׳ ״ – **Therefore it states, *I reckon olden days, etc.***

The Midrash expounds a verse further in the psalm:[30]

״וָאֹמַר חַלּוֹתִי הִיא״ – Scripture states, ***And I said, "It is 'challosi'*** [חַלּוֹתִי] – *the alteration of the right hand of the Supreme One"* (ibid. v. 11). אָמַר רַבִּי שִׁמְעוֹן בֶּן לָקִישׁ: אִם חֳלָאִים הֵם יְכוֹלִין לְהִתְרַפְּאוֹת – **R' Shimon ben Lakish said: If [our sins] are** only like **illnesses** (חֳלָאִים), **they can be cured,**[31] וְאִם אֵינָן חֳלָאִים אֵינִי יוֹדַעַת מַה לַּעֲשׂוֹת – **but if [our sins] are not** only like **illnesses, I do not know what to do.**[32] לְכָךְ נֶאֱמַר ״חַלּוֹתִי הִיא״ – **Therefore it is stated, *"It is 'challosi.'* "**[33]

Alternatively:

אָמַר רַבִּי אֲלֶכְּסַנְדְּרִי: כָּל הַדְּבָרִים הַלָּלוּ בָּאוּ עָלֵינוּ עַל יְדֵי שֶׁלֹּא חִלִּינוּ מִלִּפְנֵי הַקָּדוֹשׁ בָּרוּךְ הוּא – **R' Alexandri said: All these things came upon us because we did not entreat** (חִלִּינוּ) **from before the Holy One, blessed is He;** וְאֵין לְשׁוֹן ״חַלּוֹתִי״ אֶלָּא תְּפִלָּה – for the **term *"challosi"* is nothing other than** a reference to **prayer,**

NOTES

stipulation to be פָּנִים אֶל פָּנִים, *face-to-face*," i.e., one countenance will appease the other. This is further borne out by the words כַּאֲשֶׁר יְדַבֵּר אִישׁ אֶל רֵעֵהוּ, *as a man would speak with his fellow*, i.e., as a man appeases his friend (*Eitz Yosef*; see also *Matnos Kehunah* and *Maharzu*). As will be explained at the end of this section (see there with note 42), the next words of the verse, וְשָׁב אֶל הַמַּחֲנֶה, translated as *then he would return to the camp*, are instead understood as a command from God to return to the camp (*Maharzu*, second explanation; see also *Rashash* and *Eitz Yosef*).

29. The congregation of Israel compares the seeming endlessness of the present exile with the relative briefness of the previous exiles (*Maharzu*, *Eitz Yosef*).

[We have elucidated the Midrash based on *Yefeh To'ar* and *Eitz Yosef*, who understand the mention of subjugation to Greece as a reference to the current exile. It is unclear, however, why this exile is attributed to Greece. Indeed, in a parallel Midrash (*Yalkut Shimoni* II §816, based on *Midrash Tanchuma* Buber ed. *Ki Sisa* §14) it states that Israel was recalling the redemptions from Babylonia, Media, *and* Greece. Accordingly, the Midrash would be comparing the duration of the current exile with the brevity of the previous exiles, including that of the subjugation to Greece. *Maharzu* seems to understand our Midrash in the same manner, despite the difficulty reconciling that explanation with the wording of our Midrash. The way we elucidated it, however, it would appear that the reference to יָוָן here is in conformance with a common reference to Byzantium, the eastern Roman Empire and the Oriental successor to the lands once ruled by Greece (including the Land of Israel), as יָוָן. See *Tekufas HaGeonim VeSifrusah* (R' S. Asaf, Mossad HaRav Kook ed., p. 42) where a similar wording in a Midrash elsewhere is interpreted in this manner.]

30. Vv. 8-11, which the Midrash will now expound (in reverse; see note 35), read as follows: הַלְעוֹלָמִים יִזְנַח אֲדֹנָי וְלֹא יֹסִיף לִרְצוֹת עוֹד. הֶאָפֵס לָנֶצַח חַסְדּוֹ גָּמַר אֹמֶר לְדֹר וָדֹר. הֲשָׁכַח חַנּוֹת אֵל אִם קָפַץ בְּאַף רַחֲמָיו סֶלָה. וָאֹמַר חַלּוֹתִי הִיא שְׁנוֹת יְמִין עֶלְיוֹן. Plainly translated, this means: *Is it for eternity that the Lord rejects me, nevermore to be appeased? Is His kindness ended forever? Has He sealed the decree for all generations? Has God forgotten graciousness? Has He shut off His mercy in anger? Selah. And I said, "It is to make me infirm – this alteration of the right hand of the Supreme One."*

31. Meaning: If our sins are like illnesses, which are generally temporary, and accordingly, *it*, i.e., God's withdrawal of His strength and salvation, *is an illness*, i.e., temporary, there is hope of a cure (*Yefeh Anaf* to *Eichah Rabbah* 1 §23; see also *Yefeh To'ar* and *Eitz Yosef* to our Midrash).

32. I.e., if our sins are so great that it is as though we have died, i.e., God has totally rejected us, in which case God's withdrawal of His strength, too, represents *the* (permanent) *alteration of the right hand of the Supreme One*, and not merely an "illness," there is indeed no hope (*Yefeh To'ar*, based on *Eichah Rabbah* ibid.; see also *Eitz Yosef*). [The "alteration" of God's right hand is an anthropomorphic figure of speech, indicating that God does not protect someone with His strength ("right hand"; see *Exodus* 15:6, *Psalms* 118:15-16).]

33. According to this interpretation of the verse, the Psalmist is uncertain as to which of these two possibilities is correct: Either God's withholding of salvation from us is temporary ["*challosi*"] or permanent [*an alteration, etc.*] (see *Yefeh To'ar* and *Maharzu*; see also *Beur Maharif* and *Eitz Yosef*; see, however, *Matnos Kehunah*).

וְהוּא נָתוּן אֵצֶל מֹשֶׁה, וְכֵן הַשֶּׁמֶשׁ וְהַיָּרֵחַ וְהַכּוֹכָבִים בָּאִים לְהִשְׁתַּחֲווֹת לְפָנָיו [ב]וְלִיטוֹל רְשׁוּת לָצֵאת לְהָאִיר לָעוֹלָם, שֶׁאִלּוּלֵי שֶׁהֵן נוֹטְלִין רְשׁוּת וּמִשְׁתַּחֲוִים לֹא הָיוּ יוֹצְאִין, שֶׁנֶּאֱמַר (נחמיה ט, ו) "וּצְבָא הַשָּׁמַיִם לְךָ מִשְׁתַּחֲוִים", שָׁאֲלוּ לַחַיּוֹת: אֵיפוֹא הוּא כִּסֵּא הַכָּבוֹד, אָמְרוּ לָהֶם: לְכוּ אֵצֶל מֹשֶׁה, מִנַּיִן שֶׁכֵּן הוּא, שֶׁנֶּאֱמַר [לג, ז] "וְהָיָה כָּל מְבַקֵּשׁ ה'", [ג]"מְבַקֵּשׁ מֹשֶׁה" אֵין כְּתִיב כָּאן אֶלָּא "מְבַקֵּשׁ ה'", מַה כְּתִיב שָׁם, "וְדִבֶּר ה' אֶל מֹשֶׁה פָּנִים אֶל פָּנִים", אָמַר לוֹ הַקָּדוֹשׁ בָּרוּךְ הוּא: לֹא כָךְ הִתְנֵיתִי עִמְּךָ, [ד]כְּשֶׁיִּהְיוּ פָּנֶיךָ כְּעוּסוֹת יִהְיוּ פָּנַי מְרַצִּין אֶת פָּנֶיךָ, וּכְשֶׁיִּהְיוּ פָּנַי כְּעוּסוֹת יִהְיוּ פָּנֶיךָ מְרַצִּין אֶת פָּנַי, חֲזוֹר בְּךָ וְהִכָּנֵס לַמַּחֲנֶה, שֶׁנֶּאֱמַר "וְדִבֶּר ה' אֶל מֹשֶׁה פָּנִים אֶל פָּנִים וְגוֹ'", דָּבָר אַחֵר, "רְאֵה אַתָּה אֹמֵר אֵלַי", הָדָא הוּא דִכְתִיב (תהלים עז, ו) [ה]"חִשַּׁבְתִּי יָמִים מִקֶּדֶם שְׁנוֹת עוֹלָמִים", אָמְרָה כְּנֶסֶת יִשְׂרָאֵל לִפְנֵי הַקָּדוֹשׁ בָּרוּךְ הוּא: רִבּוֹנוֹ שֶׁל עוֹלָם, יוֹשֶׁבֶת אֲנִי וּמְחַשֶּׁבֶת לְכַמָּה שָׁנִים גְּאַלְתָּנִי מִמִּצְרַיִם, וְחוֹזֶרֶת וְאוֹמֶרֶת לְכַמָּה שָׁנִים גְּאַלְתַּנִי מִבָּבֶל, וּמְחַשֶּׁבֶת אֲנִי וְאוֹמֶרֶת: כַּמָּה שָׁנִים יֵשׁ לִי מִיָּוָן, לְכָךְ נֶאֱמַר "חִשַּׁבְתִּי יָמִים מִקֶּדֶם וְגוֹ'", (שם שם יא) "וָאֹמַר חַלּוֹתִי הִיא", אָמַר רַבִּי שִׁמְעוֹן בֶּן לָקִישׁ: אִם חֲלָאִים הֵם יְכוֹלִין לְהִתְרַפְּאוֹת, וְאִם אֵינָן חֲלָאִים אֵינִי יוֹדַעַת מַה לַּעֲשׂוֹת, לְכָךְ נֶאֱמַר "חַלּוֹתִי הִיא", אָמַר רַבִּי אֲלֶכְּסַנְדְּרִי: כָּל הַדְּבָרִים הַלָּלוּ בָּאוּ עָלֵינוּ עַל יְדֵי שֶׁלֹּא חִלִּינוּ מִלִּפְנֵי הַקָּדוֹשׁ בָּרוּךְ הוּא, וְאֵין לְשׁוֹן "חַלּוֹתִי" אֶלָּא תְּפִלָּה,

עץ יוסף

לא כך התניתי. כלומר הלא תנאי היה בינינו בענין פנים אל פנים כמבואר, שפני משה ירצו את פני ה', וכן להיפך, ופירוש כאשר ידבר איש אל רעהו כדרך שאדם מרצה את חברו: **שנאמר ודבר ה' אל משה.** משום סיפיה מייתי ליה דכתיב ושב אל המחנה: **[ב] אמרה כנסת ישראל כו' ומחשבת אני ואומרת לכמה שנים גאלתני כו'.** כלומר מה נשתנה גלות זה מכל גליות שעברו עלינו שהיה להם קצבה, ולגלות הזה אין קצבה ותכלית: **יש לי מיון.** פירוש כמה שנים יש מעת שפשטה מלכות יון עד עכשיו: **אמר רבי שמעון בן לקיש אם חלאים הם כו'.** כלומר אם אין החטא גדול אלא שכעס ה' עלינו, יש תקוה שירפא בתשובה ויסורין כחולה שיש לו תקוה, אבל אם החטא גדול עד שנדמינו למתים לגמרי, ומאס ה' בנו אין תקוה, וזה דומה ממש למה שאמר רבי שמעון בן לקיש גופיה גבי בכה תבכה בלילה, אמר רבי שמעון בן לקיש אם חליים הן אית סבר, דכל דחשש סופיה למברי, ואם שינוי ימין עליון לית סבר: **שלא חלינו מלפני הקדוש ברוך הוא.** דרש חלותי לשון תפלה ותשובה, כלומר תפלתי גרמה לי על ידי שלא התפללתי אליו נשתנית ימין עליון: **שלא חלינו.** ואף על פי שחסר לשון השלילה, מצינו לשונות משמשים על הפך הפעולה כגון ובכל (איוב לא, יב) תבואתי תשרש:

פירוש מהרז"ו

וצבא השמים לך משתחוים. עיין סנהדרין (נ"א ב'), שהשתחויה היא ליתן שלום בכניסתם, עיין רש"י שם, ועיין בבא בתרא (כ"ה א'), וכן הוא במדרש תהלים י"ט על פסוק יום ליום יביע אומר. דבר אחר כשרואה גלגל חמה בא וכורע, היה יודע שהוא לילה, כוכבים ומזלות משתחוים, יודע שהוא יום, שנאמר וצבא השמים וגו', וכאן מפורש שההשתחויה של השמש בבוקר ביציאה, חולק על הנ"ל: **מה כתיב שם.** עתה חוזר לענינו שהתחיל בריש הסימן, מה כתיב למעלה: **כשיהיה פניך בעוסות.** דורש ודיבר ה' אל משה פנים אל פנים, ולא פירש מה היה הדיבור, דורש שהיה הדיבור תיבת אלו, פנים אל פנים דורש על הכעס, כמו שכתוב פני ילכו, וכמו שכתוב (איכה ד, טז) פני ה' חלקם, ועל הרצון, כמו שכתוב (תהלים פט, טז) באור פניך יהלכון, וכמו שכתוב (במדבר ו, כה - כו) יאר ה' פניו וגו', ישא ה' פניו אליך. ופירוש פנים משלים לפנים, מה שחסר בפנים זה, ישלים פנים אחר, וזהו מה שכתוב ושב אל המחנה, ופירש על פי מדה ט', שעל ידי דבור פנים אל פנים, כשאני בכעס אתה תהיה ברצון, ושוב אתה אל המחנה, ועל כן ושב אל המחנה. או שדורש אל תקרי ושב אלא שוב, וכן משמע בסוף הסימן ובסימן ד', וכן הוא בהדיא בתנחומא כאן סימן כ"ז, ובתנא דבי אליהו חלק ב פרק ד'. ובתנחומא מסיים כאן כמו שכתב בסוף הסימן, אך כאן במדרש מפסיק בדרשה של חשבתי ימים קודם החתימה: **יושבת אני ומחשבת.** עיין איכה רבתי פסוק אזכרה נגינתי: **לכמה שנים וכו'.** ועתה ארכו השנים יותר מכל אלו. וזהו מה שכתוב בפסוק הסמוך לפסוק חשבתי הנ"ל, אזכרה נגינתי וגו' הלעולמים יזנח ה' וגו', עד ואומר חלותי היא שנות ימין עליון. והנה החולי אינו שינוי ימין חלילה, כי החולה מתרפא, ושינוי ימין לא ניתן להתרפאות, והם שני כתובים מכחישים מדה ט"ו, ומכריע על פי מדה ט', שאומר דרך חקירה וספק, ואומר אם חלותי, שכל מה שמגיע לי הוא דרך חולי, הדבר ידוע שרוב החולים מתרפאים, כל זה נכלל בתיבת חלותי, ואם שנות ימין עליון, לא ניתן להתרפאות ונרתי נרה בהחלט. ועיין באיכה שם ביתר ביאור, וגם מעט באופן אחר. ורבי אלכסנדרי בא להכריע על פי מדת ממעל, חלותי מלשון ויחל משה, וכן חלו נא. ועיין לעיל פרשה מ"ג סימן ג באופן אחר, פירוש חלותי, ענין התפלה גרם השינוי של ימין:

מתנות כהונה

פנים אל פנים. משמע פני הרצון יהיו נגד פני הכעס: **אם חלאים הם.** ואומר חלותי בלשון ניחותא תנחומים אלו מדבר אני על לבי שהם חלאים ויכולין להתרפאות: **ואין לשון חלותי** גרסינן:

אשד הנחלים

מלא כל העולם ולית אתר פנוי מיניה. גם יקשה הלא בעת שהיה האהל בפנים, גם שם היה השראת השכינה למטה ועם כל זה לא נמנעת מלמעלה. והנה הרב מנחם עזריה מפאנו בספרו עשרה מאמרות חקר בכיוצא בזה, ודעתו שעת שיהיה הזדקקות השפע למטה, אז כלם נבטלים לאותו השפע [כביטול העלול לעילה], ולכן אין המלאכים מקלסין כי אם אחר קילוס ישרים, ודבר הזה יש לו הסבר בציור השכל גם כן. והנה לפי דבריו יתכן גם כאן, להיות שנתהוה פה שנוי גדול כי נסתלקה השכינה למקום אחר, ולא שרתה במקומה ונתבטל הסדר ממה שהיה תחלה, אז המלאכים שמקבלים הקילוס משם לא מצאו אותה השפע שיזדקק להם. ומביא ראיה שכל צבא השמים המקבלים השפע יש להם עילה מיוחדת שמהם מקבלים הרשות לפעול פעולתם ולהשיג השגתם, ויותר לא אוכל לפרש: **מבקש משה אין כתיב כאן.** כן צריך לומר וכן הוא בילקוט, ולכן דייק שהכונה שלא מצאו כבוד העליון: **יהיו פני מרצין כו'.** הענין כי הוקשה להם הלא גם מתחלה היה מדרגת משה פנים אל פנים, ומדוע כתיב כאן, לכן הסבירו לנו שפירושו אחר שנטה האהל מחוץ וכעס על ישראל, ציוה ה' שיכניס האהל בפנים, ולא יהיה בכעס, כאילו כביכול ה' רוצה שיהיו פניו של משה מביט פנים אל פנים בדמיון שוה רצוי מול רצוי, והוא כלשון בני אדם כי מי שכועס אינו רוצה להביט בפני הזולת: **אם חלאים כו'.** כלומר ואומר חלותי היא, אם איננה נחשבת כי אם לחולי המכאיב, אז יתכן להשתנות לטובה, כי איננה כי אם חולי לצרף אותנו ולזקק חטאינו על ידי הצרות, וזהו שנות ימין עליון: **על ידי שלא חלינו.** ואומר פירושו אחר כך, שאין המניעה מצדו יתברך כי אם חלותי ותפלתי היא, שלא התפללתי ובקשתי מאתו, זאת הסבה שנות ימין עליון מרחמים לדין ולא מצידו. ומפרש שמתחלה התפלל המשורר, ואמר היתכן ששכח חנות אל את אשר הבטיח בעצמו לנהוג עמנו במדת החנינה אף שאין אנחנו כדאים, כמו שנאמר וחנותי את אשר אחון [וכמאמרם ז"ל (ברכות ז, א) אף שאינו הגון], ואחר כך אומר ומשיב המשורר לעצמו ואומר חלותי היא, דבר זה תלוי בתפלתי והמניעה מצידי, כי הן אמת שה' נוהג עמנו במדת החנינה, אבל היה לי להתפלל לפניו על זה:

חידושי הרד"ל

שהן נוטלין רשות ומשתחוים כו'. עיין בבא בתרא (כה, א): **מבקש משה אין כתיב כאן אלא כל מבקש ה'.** כן צריך לומר, (ואפשר צריך לומר מבקש ה' אין כתיב כאן אלא כל מבקש ה', ומפני שבשיר השירים רבה פרשה ב פסוק ד הגירסא מבקש משה אין כתיב כאן, כתבוהו כאן גם כן), ומן כל מרבה מלאכי השרת וכל צבא השמים, ועיין רבינו בחיי: **אמר רבי שמעון בן לקיש אם חלאים כו'.** איכה רבה שם (פרשה א, כג):

חידושי הרש"ש

שאלו לחיות איפוא הוא כסא הכבוד. שהן נושאות את הכסא, כדברים יחזקאל: **חזור בך והכנס למחנה שנאמר כו'.** הוא מדכתיב בסופיה ושב אל המחנה כדלקמן: **על ידי שלא חלינו כו'.** ואין לשון חלותי אלא תפלה, ומפרשו להיפך הפעולה, כמו ובכל תבואתי תשרש, עיין מה שכתבתי לעיל בבראשית רבה פרשה לד, ג (ד"ה דבר אחר):

באור מהרי"פ

וצבא השמים לך משתחוים. צריך עיון, היכן נרמז במקרא הלזה נטילת רשות: **יכולין להתרפאות.** דומה מאמר זה למאמרם באיכה רבתי (א, כג) אם קצופה היא אית סבר ואם מאוסה היא לית סבר: **שלא חלינו.** באיכה רבתי (א, כג) גרסינן הכי, על ידי שלא חלינו פניך בתשובה נשתנית הימין:

לקוטים

והמתנות כהונה בעצמו הרגיש בכך וכתב לקמן בפרשה נא, ועיין לעיל פרשה מה. לכן צריך לתקן את מדרש כאן ולהשות אם המדרש דלקמן פרשה נא וכמ"ש העץ יוסף עיין שם. (ומה שפירש בעץ יוסף על התנחומא זיכאות פירוש גזר דין תמוה ליישב. ולכאורה הוא טעות הדפוס וצריך לומר אפופסים פירוש גזר דין, וכן כתב הערוך בערך אופופסין):

מסורת המדרש

ב. ילקוט נחמיה רמז אלף ע"א:
ג. שיר השירים רבה פרשה ב' וש"נ:
ד. דברים רבה פ"ג. תנחומא כאן סי' כ"ז:
ה. ילקוט תהלים רמז תתט"ז. ועיין איכה רבתי פ"א פסוק ב'. פסיקתא דרב כהנא ריש פסקא י"ז:

אם למקרא

אַתָּה הוּא ה' לְבַדֶּךָ אַתָּה עָשִׂיתָ אֶת הַשָּׁמַיִם שְׁמֵי הַשָּׁמַיִם וְכָל צְבָאָם הָאָרֶץ וְכָל אֲשֶׁר עָלֶיהָ הַיַּמִּים וְכָל אֲשֶׁר בָּהֶם וְאַתָּה מְחַיֶּה אֶת כֻּלָּם וּצְבָא הַשָּׁמַיִם לְךָ מִשְׁתַּחֲוִים: (נחמיה ט:ו)

חִשַּׁבְתִּי יָמִים מִקֶּדֶם שְׁנוֹת עוֹלָמִים: (תהלים עז:ו)

הַלְעוֹלָמִים יִזְנַח אֲדֹנָי וְלֹא יֹסִיף לִרְצוֹת עוֹד: הֶאָפֵס לָנֶצַח חַסְדּוֹ גָּמַר אֹמֶר לְדֹר וָדֹר: הֲשָׁכַח חַנּוֹת אֵל אִם קָפַץ בְּאַף רַחֲמָיו סֶלָה: וָאֹמַר חַלּוֹתִי הִיא שְׁנוֹת יְמִין עֶלְיוֹן: (שם שם ח-יא)

ידי משה

שליטה עליהם, וניתן להם לאות חרב לכל אחד עם שם המפורש, על דרך שמצינו גבי משה שהראה למלאכי השרת מטה שלו שהיה חקוק שם המפורש עליו, ונראה לי שזה הוא גם כן הפלוגתא שמצינו כמה פעמים (שבת סג, ב ועוד) ששמואל סבר אין בין עולם הזה לימות המשיח אלא שעבוד גליות, ורבנן סברי שימות המשיח ועולם הבא יהיו שוים, וקשה באיזו סברא קמפלגי, ונראה לומר לפי דאיתא בגמרא דשבת פרק רבי עקיבא (פח, א) ופדויי ה' עוד ישובון, שאותן עטרות שניטלו מישראל עתידין להחזיר להם בימות משיח, ואם כן שמואל שסבירא ליה כמאן דאמר פורפריאות הלבישן והיה רק חירות מן השעבוד, ואם כן יהיה בימות משיח גם כן רק חירות מן השעבוד לבד מה שאין כן מיתה יהיה, מה שאין כן רבנן סברי כמאן דאמר זיינאות ושם מפורש היה חקוק עליו וחירות הוא מן מיתה, אם כן בימות משיח שיחזור להם העטרות על כן לא יהיה מיתה בימות משיח, ואם כן ימות משיח ועולם הבא שוים יהיו, ודוק היטב, כן נראה לי בן המחבר:

כְּמָה דְאַתְּ אָמַר "חַלּוּ נָא פְנֵי אֵל וִיחָנֵּנוּ" — as it states, *And now, **if you now entreat** [חַלּוּ] God, will He be gracious unto us?* (*Malachi* 1:9).[34]

The Midrash expounds the three previous verses in reverse order:[35]

"הֲשָׁכַח חַנּוֹת אֵל" — Scripture states, ***Has God forgotten graciousness?*** (*Psalms* 77:10). שָׁכַחְתָּ אוֹתָן הַדְּבָרִים שֶׁאָמַרְתָּ "וְחַנֹּתִי אֶת אֲשֶׁר אָחֹן" — This means: **Have You forgotten those words that You said, *"I shall be gracious when I choose to be gracious"*** (*Exodus* 33:19)?[36] "הֶאָפֵס לָנֶצַח חַסְדּוֹ" — The previous verse states, ***Is His kindness ended* [אָפֵס] *forever?*** (*Psalms* 77:9). לְשׁוֹן יְוָנִי, אָפֵס, הָנִיחַ — **"*Aphes*"** (translated here as "ended") **is a Greek word** meaning ***let go.*** לְכָךְ נֶאֱמַר "הֶאָפֵס לָנֶצַח חַסְדּוֹ" — **Therefore it is stated, *Is His kindness "afes" forever?***[37] "הַלְעוֹלָמִים יִזְנַח ה' וְלֹא יֹסִיף לִרְצוֹת עוֹד" — And the previous verse states, ***Is it for eternity that the Lord rejects me, nevermore to be appeased?*** (ibid., v. 8). בָּרִאשׁוֹנָה כְּשֶׁהָיָה מֹשֶׁה כּוֹעֵס עַל יִשְׂרָאֵל הָיָה הַקָּדוֹשׁ בָּרוּךְ הוּא מְרַצֶּה אוֹתוֹ, כְּשֶׁהָיָה הַקָּדוֹשׁ בָּרוּךְ הוּא כּוֹעֵס עַל יִשְׂרָאֵל הָיָה מֹשֶׁה מְרַצֵּהוּ — For **in the beginning, when Moses would become angry with** the people **of Israel, the Holy One, blessed is He, would appease him,** and **when the Holy One, blessed is He, would become angry at** the people of **Israel, Moses would appease Him,**[38] שֶׁנֶּאֱמַר "וְדִבֶּר ה' אֶל מֹשֶׁה פָּנִים אֶל פָּנִים" — **as it is stated, *HASHEM would speak to Moses face-to-face*** (above, 33:11). אָמַר הַקָּדוֹשׁ בָּרוּךְ הוּא: תַּרְתֵּין אַפִּין מְזַגִּין רוֹתְחִים — This means: **The Holy One, blessed is He, said** to Moses, "Should **two faces,** i.e., two people, **be mixing boiling water** into a drink? One should be mixing in hot water and the other cold water![39] לֹא כֵן אָמַרְתִּי: כְּשֶׁאֶהְיֶה בְּכַעַס אַתָּה מְרַצֶּה אוֹתִי — **Have I not said, 'When I will be angry, you appease Me,** וּכְשֶׁתִּהְיֶה בְּכַעַס אֲהְיֶה מְרַצְּךָ — **and when you will be angry, I will appease you?' "**[40] אָמַר לְפָנָיו: רִבּוֹן הָעוֹלָם, לֹא אַתָּה הוּא שֶׁכָּעַסְתָּ עֲלֵיהֶם תְּחִלָּה — Thereupon [**Moses**] **said before** [**God**], **"Master of the universe! Was it not You who became angry at** [**the Jewish people**] **first?"**[41] אָמַר לוֹ: לֵךְ וְהִתְרַצֶּה לָהֶם, שׁוּב "אֶל הַמַּחֲנֶה" — [**God**] **said to** [**Moses**], **"Go and be reconciled with** [**the Jewish people**]; **return *to the camp.*"**[42]

The Midrash concludes by connecting the above verse to the following one:

אָמַר רַבִּי אַחָא: אוֹתָהּ שָׁעָה מָצָא מֹשֶׁה יָדוֹ לְדַבֵּר לִפְנֵי הַקָּדוֹשׁ בָּרוּךְ הוּא — **R' Acha said: At that time, Moses found strength to speak before the Holy One, blessed is He.**[43] אָמַר לוֹ: רְאֵה שֶׁאֵין אַתָּה יָכוֹל לְהָזִיז אַהֲבָתְךָ מֵהֶן אֲפִילוּ שָׁעָה אַחַת — [**Moses**] **said to** [**God**], **"See that You cannot remove Your love from** [**the Jewish people**] **even** for **one moment,"**[44] שֶׁנֶּאֱמַר "וַיֹּאמֶר מֹשֶׁה אֶל ה' רְאֵה אַתָּה אֹמֵר אֵלַי" — **as it is stated, *Moses said to HASHEM, "See, You say to me,*** *'Take this people onward,' but You did not inform me whom You will send with me"* (ibid., v. 12).[45]

§3 The Midrash comments upon the opening words of our verse, *Moses said to HASHEM*:

אַתָּה מוֹצֵא "וַיְדַבֵּר ה' אֶל מֹשֶׁה", "וַיֹּאמֶר ה' אֶל מֹשֶׁה" — **You find** written, ***HASHEM spoke to Moses***[46] and ***HASHEM said to Moses,***[47] וְכֵן אַתָּה מוֹצֵא "וַיֹּאמֶר מֹשֶׁה אֶל ה' ", "וַיְדַבֵּר מֹשֶׁה אֶל ה' " — **and you also find** written, ***Moses said to HASHEM***[48] and ***Moses spoke to HASHEM.***[49] מָשָׁל לִמְעָרָה שֶׁהִיא נְתוּנָה לִשְׂפַת הַיָּם — **This is comparable to a cave that is situated at the seashore.** עָלָה הַיָּם וּמִלְּאָהּ — **The sea rose and filled** [**the cave**]. לֹא הָיָה הַיָּם זָז מִשָּׁם — Subsequently, **the sea would not move from there.** אֶלָּא מִכָּאן וְאֵילָךְ הַיָּם נוֹתֵן לַמְּעָרָה וְהַמְּעָרָה לַיָּם — **Rather, henceforth, the sea would give to the cave and the cave to the sea.**[50] כָּךְ "וַיְדַבֵּר ה' אֶל מֹשֶׁה", "וַיֹּאמֶר מֹשֶׁה אֶל ה' " — **Similarly,** in some places it is written: ***HASHEM spoke to Moses,*** and in some places it is written, ***Moses said to HASHEM.***[51]

The Midrash returns to its earlier discussion of Moses' removal of his tent from the camp:

מַה כְּתִיב לְמַעְלָה — **What is written above?** "הוֹרֵד עֶדְיְךָ" — *HASHEM said to Moses, "Say to the Children of Israel . . . 'And now **remove your ornaments**' "* (above, 33:5).

NOTES

34. According to this interpretation, the Psalmist is saying that it is the lack of prayer that brought about *the alteration of the right hand of the Supreme One*. Although the verse does not mention *lack* of חַלּוֹתִי, there are times that Hebrew verbs can be understood to mean their opposite [see *Rashi* to *Genesis* 15:2 s.v. הולך ערירי] (*Rashash*, *Eitz Yosef*; see, however, *Maharzu*).

35. Since the Midrash will conclude by connecting its exposition of v. 8 with our passage in *Exodus*, it cites vv. 8-11 in reverse (unlike the parallel Midrash in *Eichah Rabbah* ibid.), concluding with the relevant exposition (*Beur Maharif*; *Eitz Yosef*, from *Toldos Noach*).

36. Since the verse asks whether God has *forgotten*, the implication is that God did indeed promise, but has (seemingly) forgotten (*Maharzu*).

37. I.e., has He let go of His kindness forever?

38. Since the verse states *nevermore to be appeased*, the implication is that in the past, when God became angry he would subsequently be appeased (*Maharzu*). The word לִרְצוֹת, *to be appeased*, is also understood as though it were read לְרַצּוֹת, *to appease* (*Eitz Yosef*; see *Eichah Rabbah* ibid.).

39. This is a metaphor. In mixing a drink, one person would mix in hot water and another, cold water. Here both of us are, so to speak, mixing in hot water, i.e., we are both angry (*Eitz Yosef*; see also *Matnos Kehunah* and *Yedei Moshe*).

40. This is meant by the words *face-to-face*, as the Midrash explained above (see there with notes 27 and 28).

41. Moses said to God that since He was the one who became angry first, He should become reconciled to the Jewish people first and he would follow suit (*Eitz Yosef*).

[See *Devarim Rabbah* 3 §15, where the Midrash indicates that Moses deliberately displayed anger toward Israel to have this opportunity to appease God toward them; see the end of note 53 to the next section.]

42. *Exodus* 33:11 continues: וְשָׁב אֶל הַמַּחֲנֶה, *then he would return to the camp*. The Midrash reads the word וְשָׁב, *and he would return*, as וְשׁוּב, *and return* (as *Midrash Tanchuma, Ki Sisa* §27 states explicitly). Thus, the phrase is understood as a command to Moses from God to return to the camp. God told Moses that this was the beginning of the reconciliation, that Moses should become reconciled even while God was still angry (*Maharzu* here and above, s.v. כשיהיו וכו׳; see also *Matnos Kehunah* and *Eitz Yosef*).

43. I.e., he found the opportunity to use God's command as a basis for his plea for mercy on behalf of the Jewish people.

44. For even at the time that You are angry with them You appease me toward them (*Maharzu*, from *Midrash Tanchuma* ibid.).

45. Meaning: *"See* that You cannot abandon the Jewish people, yet *You say to me, 'Take this people onward, etc.'"* (see note 12 to §1 above); i.e., since You cannot remove Your love from them, lead them Yourself and not through an angel (*Eitz Yosef*; see the end of §4 below).

46. Above, 6:10 et al.

47. Ibid. 4:19 et al.

48. Such as in our verse.

49. *Numbers* 27:15. The Midrash is observing that not every dialogue between God and Moses was initiated by God; there are cases in which Scripture discusses a dialogue initiated by Moses. Although the Midrash just stated that in our verse Moses was replying to God's command to return to the camp, since this verse is separated from the previous one by a *parashah* break, the implication is that Moses did not say these words immediately, but rather opened a new dialogue later with these words (*Yefeh To'ar*; see also *Eitz Yosef*).

50. I.e., water would flow from the sea into the cave and from the cave into the sea.

51. Just as in the parable, once the cave was invested with the properties to be able to hold the water from the sea, it indeed became filled with the seawater, whereupon the sea and the cave became permanently connected, so, too, once Moses became connected with God, the connection was never broken. God would speak to him or he would speak to God (*Eitz Yosef*).

כְּמָה דְאַתְּ אָמַר (מלאכי א, ט) "חַלּוּ נָא פְנֵי אֵל וִיחָנֵּנוּ", (תהלים עז, י) "הֲשָׁכַח חַנּוֹת אֵל", שָׁכַחְתָּ אוֹתָן הַדְּבָרִים שֶׁאָמַרְתָּ [לג, יט] "וְחַנֹּתִי אֶת אֲשֶׁר אָחֹן" (תהלים שם ט) "הֶאָפֵס לָנֶצַח חַסְדּוֹ", לָשׁוֹן יְוָנִי, אָפֵס, הָנִיחַ, לְכָךְ נֶאֱמַר "הֶאָפֵס לָנֶצַח חַסְדּוֹ", (שם שם ח) "הַלְעוֹלָמִים יִזְנַח ה' וְלֹא יֹסִיף לִרְצוֹת עוֹד", בָּרִאשׁוֹנָה כְּשֶׁהָיָה מֹשֶׁה כּוֹעֵס עַל יִשְׂרָאֵל הָיָה הַקָּדוֹשׁ בָּרוּךְ הוּא מְרַצֶּה אוֹתוֹ, כְּשֶׁהָיָה הַקָּדוֹשׁ בָּרוּךְ הוּא כּוֹעֵס עַל יִשְׂרָאֵל *הָיָה מֹשֶׁה מְרַצֵּהוּ, שֶׁנֶּאֱמַר [לג, יא] "וְדִבֶּר ה' אֶל מֹשֶׁה פָּנִים אֶל פָּנִים", אָמַר הַקָּדוֹשׁ בָּרוּךְ הוּא: תַּרְתֵּין אַפִּין מָזְגִין רוֹתְחִים, לֹא כֵן אָמַרְתִּי: כְּשֶׁאֶהְיֶה בְּכַעַס אַתָּה מְרַצֶּה אוֹתִי וּכְשֶׁתִּהְיֶה בְּכַעַס אֶהְיֶה מְרַצֶּךָ, אָמַר לְפָנָיו: רִבּוֹן הָעוֹלָם, לֹא אַתָּה הוּא שֶׁכָּעַסְתָּ עֲלֵיהֶם תְּחִלָּה, אָמַר לוֹ: לֵךְ וְהִתְרַצֵּה לָהֶם, [שם] שׁוּב "אֶל הַמַּחֲנֶה", אָמַר רַבִּי אַחָא: אוֹתָהּ שָׁעָה מָצָא מֹשֶׁה יָדוֹ לְדַבֵּר לִפְנֵי הַקָּדוֹשׁ בָּרוּךְ הוּא, אָמַר לוֹ: רְאֵה שֶׁאֵין אַתָּה יָכוֹל לְהָזִיז אַהֲבָתְךָ מֵהֶן אֲפִילוּ שָׁעָה אַחַת, שֶׁנֶּאֱמַר [לג, יב] "וַיֹּאמֶר מֹשֶׁה אֶל ה' רְאֵה אַתָּה אֹמֵר אֵלַי":

ג אַתָּה מוֹצֵא "וַיְדַבֵּר ה' אֶל מֹשֶׁה", "וַיֹּאמֶר ה' אֶל מֹשֶׁה", וְכֵן אַתָּה מוֹצֵא [לג, יב; ועוד] "וַיֹּאמֶר מֹשֶׁה אֶל ה' ", (במדבר כז, טו) "וַיְדַבֵּר מֹשֶׁה אֶל ה' ", מָשָׁל לִמְעָרָה שֶׁהִיא נְתוּנָה לִשְׂפַת הַיָּם, עָלָה הַיָּם וּמְלָאָהּ לֹא הָיָה הַיָּם זָז מִשָּׁם אֶלָּא מִכָּאן וָאֵילָךְ הַיָּם נוֹתֵן לַמְּעָרָה וְהַמְּעָרָה לַיָּם, כָּךְ "וַיְדַבֵּר ה' אֶל מֹשֶׁה", "וַיֹּאמֶר מֹשֶׁה אֶל ה' ". מַה כְּתִיב לְמַעְלָה, [לג, ה] "הוֹרֵד עֶדְיְךָ",

עץ יוסף

השכח חנות אל. מה שלא פירש פסוק זה קודם, משום דדרך המדרש בכמה מקומות לסיים בענין השייך לפרש שהתחיל בו, וכל הדרושים אין להם שייכות לפסוק שלפניו אלא בדרוש הפסוק הלעולמים יזנח ה' ולא יוסיף לרצות עוד כבראשונה, כשהיה משה בכעס (תולדות נח): **שכחת אותן הדברים שאמרת וחנותי את אשר אחון.** דהיינו אף על פי שאינו הגון כמו שאמרו בגמרא: **בראשונה כשהיה משה כועס.** דריש לרצות לקבל פיוס, ולפייס לאחרים כאילו כתיב לרצות הלמ"ד בשו"א, והרי"ש בפת"ח: **מזגין רותחין.** בתמיה. והוא דרך משל כשאחד מוזג רותחין השני ימזוג צונן, וכאן כל הפנים מוזגין רותחין, והוא רמז לרתיחת הרוגז: **לא אתה הוא שכעסת עליהם תחלה.** ואחר שאחר התחלת בכעס התרצה אתה להם תחלה ואעשה כן גם אני: **שוב אל המחנה.** דמה דכתיב ושב אל המחנה, קרי ביה ושוב: **שנאמר ויאמר משה אל ה' ראה.** פירוש ראה שאין אתה יכול להניחם ואיך אתה אומר אלי העל את העם הזה: (ג) **אתה מוצא וידבר ה' אל משה כו'.** בא להורות לנו בזה ממעלת נבואת משה על כל שאר הנביאים, שהיה בכחו להאציל עליו שפע נבואתו בכל עת שירצה, ואף בלתי קדימת דבור ה' אליו, כמו דבור ה' אליו בלתי הקדמת דבורו, שגדלה מעלתו ודבקותו להדבק בשפע הנבואיי בכל עת שרוצה, וזה משל המערה שאחר שמפני הכנתה לקבל המים נתמלאה מהים, והיו לאחדים בדבקותם אחד לאחד, שוב לא יפרדו, כן אחר שנדבק משה בה' שוב לא נפרד דבקותו, והיה תמיד מקבל הדבור מה', או שהוא מדבר לפני ה' בכל עת שרוצה, ועיין לעיל ריש פרשה כ"א: [ד] **מה כתיב למעלה כו'.** הקדים לומר מה כתיב למעלה כו', דלפי מה שאמר רבי שמעון בר יוחאי ניחא שכעס עליהם מפני שאבדו המתנה טובה, אבל אם פירוש עדיך כפשוטו, דהיינו בגדי תפארתם שהורידו מעליהם על שהתאבלו על חטאם, אין טעם שיכעוס עליהם

פירוש מהרז"ו

השכח חנות. משמע שכבר הבטיח לחנות אלא ששכח. ודורש על פי מדה י"ז שמפורש וחנותי: **לשון יוני אפס הניח.** כי תיבת אפס בתנ"ך יש שמשמעו תוהו ואין, ויש שמשמעו אך ואולם, ויש שמשמעו שכלה ותם אחר שהיה, ולזה כוון כאן, והביא ראיה מלשון יוני. ועיין בראשית רבה פרשה מ"ד סימן ד, אפס הניח, וכן הוא במוסף ערוך אפס בלשון יוני עזב: **ולא יוסיף לרצות.** משמע שכבר הרצה, אלא שלא יוסיף, והיינו שכבר הרצה כאן: **תרתין אפין מזגין.** עיין דברים רבה פרשה ג סימן ט"ו: **שוב אל המחנה.** הוקשה לו מה שכתוב פנים אל פנים ושב אל המחנה, וכי מה ענין ושב אל המחנה למה שכתוב פנים אל פנים, על כן דורש על פי מדה ט', שאחר שאמר פנים אל פנים, שהיה הדיבור פנים אל פנים כנ"ל, והשיב לו הלא אתה כעסת תחלה תתרצה תחלה, והשיב לו זהו התחלת רצוי, ושב אל המחנה, אל תקרי ושב אלא שוב אל המחנה, הֱיֵה אתה ברצון כשאני בכעס עדיין: **ראה שאין אתה.** לשון התנחומא, ראה שאפילו בשעת כעסך אתה מפייסני. ודורש סמוכין שפסוק ראה אתה אומר אלי, סמוך לפסוק ושב אל המחנה: (ג) **ויאמר ה' אל משה.** זאת חקת הפסח. וכן בפרשת ציצית, וכאן וידבר משה אל ה', בסדר פינחס יפקוד ה' וגו': **משל למערה.** תנחומא ויקהל ריש סימן ז, ובפסיקתא. וענין הנמשל שגם דיבורו ואמירת משה לה' היה משפע אלהי שנשפע עליו בדיבורו ומאמרו: **מה כתוב למעלה.** לעיל ריש סימן ב. ויתכן שלעיל העתיק ממקום אחר, וכאן ממקום אחר, ועל שכבר האריך לעיל קיצר כאן. ועיין תנחומא כאן ריש סימן כ"ז:

חידושי הרד"ל

לשון אפס כו'. בראשית רבה פרשה מ ד, איכה רבה פרשה א, כג: **בראשונה כשהיה משה כועס כו'.** דברים רבה פרשה ג טו ועיין בברכות (סג, ב):

חידושי הרש"ש

[ג] **כך וידבר ה' אל משה.** אולי צריך להיות ויאמר ה' כו', שיהא נגד ויאמר משה כו' שמביא:

באור מהרי"פ

השכח וגו' האפס וגו' הלעולמים וגו'. המקראות מובאים פה בהיפוך (תהלים עז, י. ט. ח). ואולי הכוונה כדי לסיים הדרשה ולחבר המאמר ולא יוסיף לרצות עוד, למאמר בראשונה בשעה שהיה משה כועס, ולסיים **ראה שאין אתה יכול להזיז אהבתך וכו' ויאמר משה וגו':** [ג] **אתה מוצא וידבר וכו'.** מלתא באנפי נפשיה היא. [תולדות נח הארוך]:

מסורת המדרש

ו. ברכות ס"ג. דברים רבה פ"ג. מדרש תהלים מזמור כ"ה. כל הענין:

ז. עיין במד"ר פ' י"ב. שה"ש רבה פ"ג פסוק ט'. פסיקתא רבתי פסקא ה' סי' ז'. פסיקתא דרב כהנא פסקא א'. תנחומא סדר ויקהל ס"ז. ילקוט ירמיה רמז ס"ו:

אם למקרא

וְעַתָּה חַלּוּ־נָא פְנֵי־אֵל וִיחָנֵנוּ מִיֶּדְכֶם הָיְתָה זֹּאת הֲיִשָּׂא מִכֶּם פָּנִים אָמַר יְהוָה צְבָאוֹת:
(מלאכי א: ט)

הַלְעוֹלָמִים יִזְנַח אֲדֹנָי וְלֹא יֹסִיף לִרְצוֹת עוֹד:הֶאָפֵס לָנֶצַח חַסְדּוֹ גָּמַר אֹמֶר לְדֹר וָדֹר:הֲשָׁכַח חַנּוֹת אֵל אִם קָפַץ בְּאַף רַחֲמָיו סֶלָה:וָאֹמַר חַלּוֹתִי הִיא שְׁנוֹת יְמִין עֶלְיוֹן:
(תהלים עז: ח-יא)

וַיְדַבֵּר מֹשֶׁה אֶל ה' לֵאמֹר:
(במדבר כז:טו)

ידי משה

תרתין אפין מזגין רותחין. בתמיה, פירוש דרך משל כשאחד מוזג רותחין השני ימזוג צונן, וכאן כל השנים מוזגין רותחין:

מתנות כהונה

הכי גרסינן במדרש תהלים **לשון יוני אפס הניח לכך כו':** **מזגין רותחים.** בתמיה מוזגין כוס משקה רותח ורמז לרתיחת הרוגז: **שכעסת עליהם.** והרי התפללתי עליהם ולא הועיל: **שוב אל המחנה.** ושב אל המחנה קרי ביה ושוב אל המחנה הכי איתא בתנחומא: [ג] הכי גרסינן **אתה מוצא וידבר ה' אל משה ויאמר ה' אל משה. וכן אתה מוצא ויאמר משה אל ה' וידבר משה אל ה' משל כו'.** וכן הביאו בעל העקדה ז"ל בפרשה זו. ועיין מזה בתנחומא בפרשת ויקהל: הכי גרסינן **כך וידבר ה' אל משה כו'.** כדלעיל:

אשד הנחלים

אפס הניח. כי מלת אפס בלשון הקודש הונח על דבר האין ממש שלא היה מעולם, ולא שייך לומר מלת אפס על דבר מה, לכן מפרש מלשון הנחה ועזיבה, שהניח ועזב החסד שנהג עמנו עד כה: **היה הקדוש ברוך הוא מרצה כו'.** לכן כתיב לרצות בפועל, כלומר לרצות את אחרים, דאם לא כן היה לו לומר להרצות: **תרתין אפין כו'.** פירש הידי משה בתמיה. ופירושו משאחד מוזג רותחין צריך השני למזוג צונן לקרר הרתיחה, וכאן השנים מוזגים רותחין: **תחלה.** ולכן נעשיתי גם אנכי כעוס עליהם, שגרמו שתהיה בכעס עליהם: **להזיז אהבתך כו'.** וזהו מלת ראה, כאומר ראה איך שאתה דבוק באהבתם, ולכן הודיעני את אשר תשלח עמי ולא תמסור מיד ההנהגה על ידי המלאך: [ג] **משל למערה כו'.** ענינו כי היה נבואתו תמידית בלי הפסק, לא כמו יתר הנביאים שקיבלו השפע לא בתמידית, והרי זה בכנוי כמו המים המתמלאים מהים לפרקים, אבל משה כמו המערה שנתמלאה מהים והיא מלאה מים בתמידות, והן אמת שהמים שבמערה הולכת תמיד להים וא"כ הם מים אחרים תמיד המתמלאים מהים, אבל עם כל זה אינו נפסק מאומה, והנה כמו כן כי אף הדבוק לנבואה בתמידית, עם כל זה נחשב כל ידיעה לדבר חדש אצלו, אחר שהידיעה מחוץ ולא מבפנים מסיבת עצמותו, רק היא כמו הכח המתגלה לפועל פעם אחר פעם בתמידות, אבל עם כל זה הוא התגלות חדשה תמיד מן הכח לפועל. ומביא ראיה מהכתובים שאמר ויאמר משה אל ה' וכמו כן להיפך ה' לו בלי הכנה לזה, וזהו הכונה בשם פנים אל פנים, שלא נמצא עת מה שהיה פני משה נפרד מפני ה', הבן זאת:

רַבִּי שִׁמְעוֹן בֶּן יוֹחַאי אוֹמֵר: כְּלֵי הַזַּיִן שֶׁנָּתַן לָהֶם הַקָּדוֹשׁ בָּרוּךְ הוּא וְשֵׁם הַמְפוֹרָשׁ חָקוּק עָלָיו — **R' Shimon ben Yochai says:** This refers to **the weapons that the Holy One, blessed is He, gave to [the Jewish people]** at Mount Sinai **upon which the Ineffable Name was engraved.**[52] "וּמֹשֶׁה יִקַּח אֶת הָאֹהֶל" — Scripture continues, ***Moses would take the tent,*** *etc.* (above, 33:7). כֵּיוָן שֶׁרָאָה מֹשֶׁה הַמַּתָּנָה טוֹבָה שֶׁהָיְתָה בְּיָדָם וְאִבְּדוּהָ, אַף הוּא כָּעַס עֲלֵיהֶם — The Midrash explains: **When Moses saw the wonderful gift that [the Jewish people] had possessed and forfeited, he in turn became angry at them,** שֶׁנֶּאֱמַר "וּמֹשֶׁה יִקַּח אֶת הָאֹהֶל" — **as it is stated, *Moses would take the tent*** *and pitch it outside the camp, far from the camp.*[53] כַּמָּה הָיָה רָחוֹק — **How far was** [the tent] from the camp? אָמַר רַבִּי יִצְחָק: מִיל — **R' Yitzchak said: A *mil*;**[54] נֶאֱמַר כָּאן "הַרְחֵק" וְנֶאֱמַר לְהַלָּן "אַךְ רָחוֹק יִהְיֶה בֵּינֵיכֶם וּבֵינָיו כְּאַלְפַּיִם אַמָּה בַּמִּדָּה" — for **it is stated here,** ***Far*** [הַרְחֵק] *from the camp,* **and it is stated elsewhere,**[55] ***But there shall be a distance*** [רָחוֹק] ***between yourselves and it — a measure of two thousand cubits*** (*Joshua* 3:4).[56] וְלָמָּה כָּעַס עֲלֵיהֶם — **And why did [Moses] become angry at [the Jewish people]?**[57] רַבִּי יוֹחָנָן וְרַבִּי שִׁמְעוֹן בֶּן לָקִישׁ — **R' Yochanan and R' Shimon ben Lakish** presented different explanations. רַבִּי יוֹחָנָן אָמַר: כָּךְ דָּרַשׁ מֹשֶׁה: מְנוּדֶּה לָרַב מְנוּדֶּה לַתַּלְמִיד — **R' Yochanan said: Moses expounded, "One who is excommunicated to the teacher is excommunicated to the disciple."** לְפִיכָךְ "וּמֹשֶׁה יִקַּח אֶת הָאֹהֶל" — **Therefore, *Moses would take the tent*** *and pitch it outside the camp, far from the camp.*[58] רַבִּי שִׁמְעוֹן בֶּן לָקִישׁ אָמַר: מָשָׁל לְמֶלֶךְ שֶׁהָיָה לוֹ לִגְיוֹן אֶחָד וּמָרַד עָלָיו — **R' Shimon ben Lakish said: This is comparable to a king who had a legion that rebelled against him.** מֶה עָשָׂה שַׂר צְבָא שֶׁלּוֹ — **What did [the king's] general do?** נָטַל סִגְנוֹס שֶׁל מֶלֶךְ וּבָרַח — **He took the king's ensign** (i.e., the royal standard) **and ran away** with the legion.[59] כָּךְ מֹשֶׁה בְּשָׁעָה שֶׁעָשׂוּ יִשְׂרָאֵל אוֹתוֹ מַעֲשֶׂה נָטַל אֶת הָאֹהֶל וְיָצָא — **So** did **Moses** do **when the** people of **Israel committed that act,** i.e., producing and worshiping the Golden Calf; **he took the tent and left** the camp.[60] לְכָךְ נֶאֱמַר "וּמֹשֶׁה יִקַּח אֶת הָאֹהֶל" — **Therefore it is stated, *Moses would take the tent*** *and pitch it outside the camp, far from the camp.*

§4 **וְהָיָה כְּצֵאת מֹשֶׁה אֶל הָאֹהֶל יָקוּמוּ כָּל הָעָם** — ***WHENEVER MOSES WOULD GO OUT TO THE TENT, THE ENTIRE PEOPLE WOULD STAND UP*** *AND REMAIN STANDING, EVERYONE AT THE ENTRANCE OF HIS TENT, AND THEY WOULD GAZE AFTER MOSES UNTIL HE ARRIVED AT THE TENT.*

The Midrash explains the actions of the people:

עוֹמְדִין מִכָּאן וּמִכָּאן וּמְכַבְּדִין אוֹתוֹ — **[The people] were standing at [their places] and honoring [Moses],**[61] שֶׁנֶּאֱמַר "וְנִצְּבוּ אִישׁ פֶּתַח אָהֳלוֹ וְהִבִּיטוּ אַחֲרֵי מֹשֶׁה" — **as it is stated,** *The entire people would stand up* ***and remain standing, everyone at the entrance of his tent, and they would gaze after Moses*** *until he arrived at the tent* (ibid.). מֶה הָיוּ אוֹמְרִים — **What were they saying?**[62] אָמַר רַבִּי יִצְחָק: אַשְׁרֵי יוֹלַדְתּוֹ, מָה רוֹאָה בוֹ — **R' Yitzchak said:** They were saying, **"Fortunate is she who bore him! What** greatness **she** has merited to **see in him!"**[63]

□ **וְהָיָה כְּבֹא מֹשֶׁה הָאֹהֱלָה** — ***WHEN MOSES WOULD ARRIVE AT THE TENT,*** *A PILLAR OF CLOUD WOULD DESCEND AND STAND AT THE ENTRANCE OF THE TENT, AND HE WOULD SPEAK WITH MOSES. THE ENTIRE PEOPLE WOULD SEE THE PILLAR OF CLOUD STANDING AT THE ENTRANCE OF THE TENT, AND THE ENTIRE PEOPLE WOULD RISE AND PROSTRATE THEMSELVES, EVERYONE AT THE ENTRANCE OF HIS TENT.*

The Midrash explains why they bowed:

כֵּיוָן שֶׁהָיוּ יִשְׂרָאֵל רוֹאִין עַמּוּד הֶעָנָן הָיוּ יוֹדְעִין שֶׁהַשְּׁכִינָה נִגְלֵית עַל מֹשֶׁה — **When** the people of **Israel would see the pillar of cloud, they would know that the Divine Presence was revealing Itself to Moses;** "וְקָם כָּל הָעָם וְהִשְׁתַּחֲווּ אִישׁ פֶּתַח אָהֳלוֹ" — therefore it states, ***And the entire people would rise and prostrate themselves, everyone at the entrance of his tent.***

NOTES

52. See note 16 to the previous section.

53. Had *Exodus* 33:5 been understood as referring to actual jewelry, we would not be able to understand why Moses became angry. On the contrary, by removing their jewelry the Jewish people had shown remorse and this would have been a reason for them to find favor in his eyes. Now that R' Shimon ben Yochai explains that *Exodus* 33:5 refers to spiritual qualities that the Jewish people had forfeited, we understand why Moses became angry (*Eitz Yosef*).

[Above (note 41 to the previous section) we quoted *Devarim Rabbah* 3 §15, where the Midrash indicates that Moses was not actually angry at Israel, but merely displayed anger to invoke heavenly compassion. See, however, *Eitz Yosef* ad loc., who explains that this means that Moses deliberately brought himself to anger to achieve that purpose; see also *Maharzu* there at length. Indeed, our Midrash (after note 58 below), too, cites R' Shimon ben Lakish's opinion that Moses' display of anger was for the purpose of reconciling God with the Jewish people.]

54. A *mil* is 2,000 cubits.

55. With regard to the Holy Ark.

56. In *Bamidbar Rabbah* (2 §9), the Midrash explains that the Jewish people were to distance themselves no more than 2,000 cubits, which is the limit of the *techum*, the area in which one may travel on Shabbos, so they would be able to come before the Holy Ark on the Sabbath to pray there. *Eitz Yosef* explains that here, too, the tent was placed no farther than that distance so they would be able to come and pray or study there on the Sabbath.

57. Although the Midrash just stated that Moses became angry because the Jewish people had forfeited a wonderful gift, that would not have been sufficient, for, as the Midrash stated in the previous section (see there at note 27), God had stipulated with him that when He is angry with the Jewish people, Moses would appease Him, and not become angry with them (*Yefeh To'ar*, cited partially by *Eitz Yosef*).

58. See *Moed Katan* 16a. Since the people of Israel had been excommunicated by the Teacher (God), His student (Moses) was required to treat them as one who has been excommunicated. Therefore, Moses distanced himself from the Jewish people, for it is forbidden to be within four cubits of one who has been excommunicated [see *Bava Metzia* 59b and *Shulchan Aruch, Yoreh Deah* 334:2] (*Eitz Yosef*).

59. Our translation of סִגְנוֹס as *ensign* follows *Matnos Kehunah* and *Maharzu* (from *Mussaf HeAruch*, s.v. סגנס).

60. The general in the parable had tried to reconcile the king with the rebellious legion, but the king would not be appeased. Therefore, the general took the royal ensign and ran away. Now, out of love for the ensign and the general, the king would be compelled to be reconciled with the legion. So, too, Moses' intention was to bring about a reconciliation between God and the Jewish people. Out of love for Moses and his tent where Torah was studied and taught, i.e., out of His desire that Moses remain in the camp so that Torah would continue to be taught, God would make peace with the Jewish people (*Toldos Noach*, cited partially by *Beur Maharif*; see also *Eitz Yosef*).

61. I.e., they did not budge from the place where they were standing, so that it would be obvious that they were standing in honor of Moses (*Tiferes Tzion*). See 51 §6 below, where the Midrash records that it is a matter of dispute as to whether the Jewish people were honoring Moses or maligning him. Our Midrash intends to corroborate the opinion that they were honoring him (*Eitz Yosef*).

62. Since the verse states *and they would gaze* ***after Moses***, the Midrash deduces that they were speaking about Moses, rather than merely waiting to see the pillar of cloud mentioned in the following verse (*Eitz Yosef* to 51 §6 below).

63. Jochebed, Moses' mother, was alive at this time. She was one of those who descended to Egypt with Jacob, and she was among those who left Egypt as well — see *Seder Olam Rabbah* 9 (*Eitz Yosef*).

ח[רבי שמעון בן יוחאי אומר: כלי הזין] שֶׁנָּתַן לָהֶם הַקָּדוֹשׁ בָּרוּךְ הוּא וְשֵׁם הַמְפוֹרָשׁ חָקוּק עָלָיו. [לג, ז] "וּמֹשֶׁה יִקַּח אֶת הָאֹהֶל", כֵּיוָן שֶׁרָאָה מֹשֶׁה הַמַּתָּנָה טוֹבָה שֶׁהָיְתָה בְּיָדָם וְאִבְּדוּהָ, אַף הוּא כָּעַס עֲלֵיהֶם, שֶׁנֶּאֱמַר "וּמֹשֶׁה יִקַּח אֶת הָאֹהֶל", כַּמָּה הָיָה רָחוֹק, אָמַר רַבִּי יִצְחָק: מִיל, טנֶאֱמַר כָּאן [לג, ז] "הַרְחֵק" וְנֶאֱמַר לְהַלָּן (יהושע ג, ד) "אַךְ רָחוֹק יִהְיֶה בֵּינֵיכֶם וּבֵינָיו כְּאַלְפַּיִם אַמָּה בַּמִּדָּה", וְלָמָּה כָּעַס עֲלֵיהֶם, רַבִּי יוֹחָנָן וְרַבִּי שִׁמְעוֹן בֶּן לָקִישׁ, ירַבִּי יוֹחָנָן אָמַר: כָּךְ דָּרַשׁ מֹשֶׁה: מְנוּדֶּה לָרַב מְנוּדֶּה לַתַּלְמִיד, לְפִיכָךְ [לג, ז] "וּמֹשֶׁה יִקַּח אֶת הָאֹהֶל", רַבִּי שִׁמְעוֹן בֶּן לָקִישׁ אָמַר: מָשָׁל לְמֶלֶךְ שֶׁהָיָה לוֹ לִגְיוֹן אֶחָד וּמָרַד עָלָיו, מֶה עָשָׂה שַׂר צָבָא שֶׁלּוֹ, נָטַל סִגְנוֹס שֶׁל מֶלֶךְ וּבָרַח, כָּךְ מֹשֶׁה בְּשָׁעָה שֶׁעָשׂוּ יִשְׂרָאֵל אוֹתוֹ מַעֲשֶׂה נָטַל אֶת הָאֹהֶל וְיָצָא, לְכָךְ נֶאֱמַר [לג, ז] "וּמֹשֶׁה יִקַּח אֶת הָאֹהֶל":

ד [לג, ח] "וְהָיָה כְּצֵאת מֹשֶׁה אֶל הָאֹהֶל יָקוּמוּ כָּל הָעָם", עוֹמְדִין מִכָּאן וּמִכָּאן וּמְכַבְּדִין אוֹתוֹ, שֶׁנֶּאֱמַר [שם] "וְנִצְּבוּ אִישׁ פֶּתַח אָהֳלוֹ וְהִבִּיטוּ אַחֲרֵי מֹשֶׁה", מֶה הָיוּ אוֹמְרִים, אָמַר רַבִּי יִצְחָק: אַשְׁרֵי יוֹלַדְתּוֹ, מָה רוֹאָה בוֹ. [לג, ט] "וְהָיָה כְּבֹא מֹשֶׁה הָאֹהֱלָה", כֵּיוָן שֶׁהָיוּ יִשְׂרָאֵל רוֹאִין עַמּוּד הֶעָנָן הָיוּ יוֹדְעִין שֶׁהַשְּׁכִינָה נִגְלֵית עַל מֹשֶׁה, [לג, י] "וְקָם כָּל הָעָם וְהִשְׁתַּחֲווּ אִישׁ פֶּתַח אָהֳלוֹ". אָמַר לוֹ הַקָּדוֹשׁ בָּרוּךְ הוּא: שׁוּב אֶל הַמַּחֲנֶה, אָמַר לוֹ: אֵינִי חוֹזֵר, אָמַר לוֹ: אִם אֵין אַתָּה חוֹזֵר הֲרֵי יְהוֹשֻׁעַ, הֱוֵי יוֹדֵעַ שֶׁהוּא בָּאֹהֶל,

עץ יוסף

אדרבה הוה ליה לאבבן: **כלי הזיין**. שהוא תכשיט ועדי לאיש, ועיין ביאור נפלא על זה באלשיך סדר זו: **מיל**. כדי שיוכלו לבא בשבת להתפלל שם או ללמוד ולהורות, וכן מבואר שם בהדיא אך רחוק יהיה ביניכם וביני כאלפים אמה, כדאיתא בבמדבר רבה פרשה ב': **ולמה כעס עליהם**. אחר שהקדוש ברוך הוא התנה עמו שלא יהיו תרין אפין מזגין רותחין אם כן למה כעס ועבר על התנאי, לכך דריש שסבר משה מנודה לרב מנודה לתלמיד (יפה תואר): **לפיכך ומשה יקח את האהל**. כלומר לפי זה אתי שפיר שהרחיק את האהל, לפי שאסור לילך בארבע אמות של מנודה: **משל למלך כו'**. פירוש שטר לבא רצה לפייס את המלך ולא נתפייס, ונטל את הסיגנים וברח, לפי שמאהבת הסיגנוס ואת שר הצבא הוזקק בעל כרחו שלא ברצונו להתפייס ללגיון, כך מאהבת הקדוש ברוך הוא למשה ולאהלו שתוכו רצוף אהבת התורה רצה הקדוש ברוך הוא להתפייס לישראל: **סיגנוס**. פירוש משכנו ובית מנוחתו (מעריך): (ד) **ומכבדין**. לאפוקי דעת ר' חמא שאומר שהיו אומרים חמי קדל דבריה דעמרם כו': **אשרי יולדתו מה רואה בו**. כדאיתא בסדר עולם רבה שיוכבד היתה מבאי מצרים ומבאי הארץ, עיין שם בפרשת ט', ועיין בילקוט סדר חקת רמז תשס"ד, ובתנחומא סדר ואתחנן: **שוב אל המחנה**. כתיב ושב וקרי ביה ושוב: **איני חוזר**. כי לא יוכל לראות ברעתם ותקצר רוחו בעמלם, ולכן טוב לו להסתלק מהנבואה: **הרי יהושע**. שאף על גב דבכל אדם מתקנא חוץ מבנו ותלמידו, מכל מקום אם יוציאנו ממקומו ודאי יקנא ויקנא, וכהאי גוונא אמרו לקמן סדר וילך אלף מיתות ולא קנאה אחת: **הרי יהושע כו'**. דרשו ושוב אל המחנה ואם לאו ומשרתו למחנה הנזכר:

פירוש מהרז"ו

כמה היה רחוק. לפרש מה שכתוב כאן ומשה יקח את האהל וגו' הרחק מן המחנה. ועיין ברא שית רבה פרשה כ"ג סימן י"ג, במדבר רבה פרשה ב סוף סימן ט': **מנודה לרב**. שכעס עליהם להשמידם והפשיט עדים: **סיגנוס**. עיין בראשית רבה סוף פרשה ו' הביאו הערוך ערך סגנס, ופירשו דגל. וכתב במוסף ערוך שכן הוא בלשון רומי. ומשה שברח שהיה ירא שלא ישברוהו ויבזוהו. וכן האהל של משה מיוחד היה לשכינה לשרות שם ולדבר עם משה, וכמו שאמר לעיל ריש סימן ב בענין האהל של משה: (ד) **אמר רבי יצחק**. בתנחומא כאן סימן כ"ז איתא, והביטו אחרי משה, רבי אמי אמר לשבח, טבא ליניקא דהא כדין ינקין, ורבי יצחק דרש לגנאי, היו מסתכלין מאחוריו חמי צווריה, חמי שקיה, אכיל מדידן ושתי מדידן. וכן הוא בירושלמי ריש פרק ג' דבכורים, וירושלמי דשקלים פרק ה' הלכה ב', בלא שמות אמוראים. וכן הוא בקידושין (דף ל"ג, ב) שמות אמוראים, כי בתנחומא חד אמר וחד אמר הובא ילקוט כאן. ומאן דדריש לשבח, הדבר למוד מעניינו שבשבחו מדבר. ומאן דאמר לגנאי, ממה שכתב אחרי משה, והיה לו לומר וראו את משה. ולקמן פרשה נ"א סוף סימן ו' בשמות אמוראים אחרים: **כבוא משה האהלה**. ירד עמוד הענן: **שוב אל המחנה**. לעיל סימן ב שני פעמים, ושם מבואר. וכאן בא לפרש שייכות פסוק זה לפסוק שאחריו, ומשרתו יהושע בן נון. ודורש על פי מדה ט', שאחר שאמר לו שוב אל המחנה, היה מסרב מטעם מנודה לרב מנודה לתלמיד, או כדריש לקיש לעיל, והשיב לו אם לא תשוב הרי יהושע, ומשה לא נתרצה ביהושע, כי פני משה כפני חמה, שאורו מעצמו, ופני יהושע כפני לבנה שמקבל מהחמה, ובימי משה היה הקב"ה כביכול מנהיגם בעצמו, אך בימי יהושע על דימלאך, כמבואר לעיל פרשה ל"ב סימן ג:

חידושי הרד"ל

[ג] **אמר רבי יצחק מיל כו'**. שיר השירים רבה שם פרשה ג פסוק ה, ג):

באור מהרי"פ

נטל סגנים. פירוש הענין כך הוא, ששר הצבא רצה לפייס את המלך בעד חטאת העם, ולא רצה להתפייס, ונטל את הסגנים וברח, לפי שמאהבת הסגנים והשר צבא הוזקק בעל כרחו שלא בטובתו להתפייס, כך מאהבת השם יתברך למשה ולאהלו שתוכו רצוף אהבת התורה, ומתוכו תורה היתה יוצאת לכל ישראל, הוזקק הקב"ה כביכול לפייס את ישראל. תולדות נח הארוך:

מסורת המדרש

ח. עי' לעיל בריש ס"ב מה שנרשם שם:
ט. תנחומא כאן סימן כ"ז:
י. מדרש תהלים מזמור כ"ה:

אם למקרא

אַךְ רָחוֹק יִהְיֶה בֵּינֵיכֶם וּבֵינָיו כְּאַלְפַּיִם אַמָּה בַּמִּדָּה אַל תִּקְרְבוּ אֵלָיו לְמַעַן אֲשֶׁר תֵּדְעוּ אֶת הַדֶּרֶךְ אֲשֶׁר תֵּלְכוּ בָהּ כִּי לֹא עֲבַרְתֶּם בַּדֶּרֶךְ מִתְּמוֹל שִׁלְשׁוֹם:
(יהושע ג:ד)

ידי משה

[ג] **ומשה יקח את האהל וכו' רבי יוחנן אמר כך משה דרש מנודה לרב מנודה לתלמיד לפיכך משה יקח את האהל**. ולעיל (פרשה מב, ג) איתא לך רד אמר רב בשם רבי שמואל בר נחמן מלמד שנתנדה משה, אם כן קשה למה הרחיק משה את האהל מן ישראל, וצריך עיון. ונראה לומר דהכי פירושו, שאמר משה מנודה לרב, פירוש שאני מנודה להקב"ה, ואם כן מנודה אני לתלמיד, פירוש לישראל גם כן, ומכח זה לקח האהל, ודוק היטב. ולזה נראה לי פירוש המדרש, שמתחיל המדרש לדרוש ומשה יקח את האהל כמה היה רחוק אמר רבי יצחק מיל, נאמר כאן הרחק, ונאמר להלן אך רחוק יהיה, ואחר כך מביא הדרש מנודה לרב וכו', לפי דאיתא (בספרי) [במדבר רבה ט, ב] אך רחוק יהיה, אמר יהושע לישראל עתידין אתם לעשות שבת שם, על כן אל תרחיקו יותר ממיל כדי שתהיו יכולים לבוא להתפלל בשבת לפני הארון, ואם כן על כרחך הפירוש כאן כמו שכתבתי, לפי שהיה משה מנודה, דאם לא כן אלא שישראל היו מנודים, קשה היה למשה להרחיק את האהל זהו הארון כמו שאיתא בגמרא (ברכות סג א, רש"י שבת פח, א ד"ה ומשה), יותר ממיל, בכיון כדי שלא יבואו להתפלל, כדאיתא בסימן של"ד ביורה דיעה שמגרשין המנודה מבית הכנסת, אלא על כרחך מכח שלא הרחיק משה הארון מן המחנה יותר מאלפים אמה, על כן ישראל לאו מנודים היו רק הוא היה מנודה. ודוק היטב:

מתנות כהונה

לגיון. חיל: **סיגנון**. לפי הענין דגל המלך. ועיין ערך (מגנס) [סגנס]: [ד] **מה רואה כו'**. יולדתו כמה גדולה היא רואה כו': **שהוא באהל**. הוא ישאר תחתיך פרנס עליהם לא ימיש מתוכו וכן הוא בתנחומא:

אשד הנחלים

כלי זין כו' ושם המפורש. דהוקשה לו הרי בתחלה כתיב ויתנצלו בני ישראל את עדים מעליהם, א"כ מה היה הצווי אחר כך, ועוד מהו ענין העדי. ולכן מפרש שענין העדי הוא הידיעה בשם המפורש, שעל ידי זה היו נדבקים בה' ונושעים שלא כדרך טבע האנושית, והנה הידיעה הזאת אי אפשר כי אם כשהם פונים מחשבותם רק למעלה, ודבוקים בו יתברך בלי פירוד אבל בחטא העגל נפרדו, והנה אף שהתנצלו את עדיים מנפשם עם כל זה בפועל היה חקוק שם המפורש עליהם, ועל זה היה מצווה ה' שיסירו את עדים, כי עתה לא יועיל להם אחר שפנו מזה. ועיין מזה בחזית (שיר השירים רבה א, פסוק ד) שמביא שם מחלוקת כיצד ניטל מהם, ושם בארתי בעזרת השם: **כמה כו' מיל כו'**. יתכן שגם השפע יש לה מונעים אם היא קרובה לאנשים אינם מהוגנים לה, כמו שמצינו בהפכו, שהמקורבים לאנשים המקבלים השפע נאצל גם עליהם הרוח כמו שנאמר (במדבר יא, יז) ואצלתי מן הרוח, כן בהפכו, ולזה משה היה מרחיק את האהל מישראל שהיו מרוחקים באותו פעם, וחקר בעל המדרש כמה היה המרחק. **מיל**. שזהו דוקא נקרא ריחוק מקום בענין זה, כמו שמצינו בהפכו שהריחוק ממקום המקודש מיל, הבן זה: **מנודה**. שלזה צריך הרחקת מקום כפי הדין: **סגנוס**. פירוש משכנו ובית מנוחתו (מעריך). והמתנות כהונה פירש דגל: **משל כו'**. במשל הזה הסבירו לנו הסיבה בזה שלקח משה את האהל, שלא היתה כונתו חס ושלום משנאת ישראל ולהרע להם, כי אם מכבוד ה' עשה זאת, אחר שראה שהם מורדים בה' לא היה מדרך הכבוד של מעלה שמשכן כבודו יהיה ביניהם: [ד] **אשרי יולדתו**. המליצה הזאת על מי שהגיע למדרגה רמה מה שאין ביכולת אנשים להגיע, וכאילו אנו מייחסים בו מזג אחר, כאילו לא נולד כטבע הנולדים אשר יחמתהו בחטא ובחומר, וזהו אשרי יולדתו, וק"ל: **מה היו רואים כו'**. כן צריך לומר לדעתי. והענין כי ישראל אז לא היו זכאים לחזות פני השכינה בעצמם, תיכף אחרי חטאם, כי אם ראו העמוד הענן, ומשם הבינו התגלות השכינה על משה, ואף שהפסוק האחרון אמר בפירוש וראה כל העם את עמוד הענן והשתחוו, עם כל זה באו לפרש שלא ידומה כי הבטה היה ענין אחר: **הרי יהושע כו'**. שלכן כתוב אחר כך ושב אל המחנה ומשרתו יהושע בן נון נער לא ימיש מתוך האהל, לרמוז על זה הסיבה, ולכן אמר לו תיכף ראה כמו שמבואר לעיל. והנה קרא ליהושע בבחינת משה יתומה המתגדלת מעצמה בפלטין, כן יהושע היה מחונך לנבואה מעצמו כי לא זזה ידו מידי משה:

□ [וְדִבֶּר ה׳ אֶל מֹשֶׁה פָּנִים אֶל פָּנִים כַּאֲשֶׁר יְדַבֵּר אִישׁ אֶל רֵעֵהוּ וְשָׁב אֶל הַמַּחֲנֶה וּמְשָׁרְתוֹ יְהוֹשֻׁעַ בִּן נוּן נַעַר לֹא יָמִישׁ מִתּוֹךְ הָאֹהֶל. וַיֹּאמֶר מֹשֶׁה אֶל ה׳ רְאֵה אַתָּה אֹמֵר אֵלַי הַעַל אֶת הָעָם הַזֶּה וְאַתָּה לֹא הוֹדַעְתַּנִי אֵת אֲשֶׁר תִּשְׁלַח עִמִּי – *HASHEM WOULD SPEAK TO MOSES FACE-TO-FACE, AS A MAN WOULD SPEAK TO HIS FELLOW; THEN HE WOULD RETURN TO THE CAMP. HIS SERVANT, JOSHUA SON OF NUN, A LAD, WOULD NOT DEPART FROM WITHIN THE TENT. MOSES SAID TO HASHEM, "SEE, YOU SAY TO ME, 'TAKE THIS PEOPLE ONWARD,' BUT YOU DID NOT INFORM ME WHOM YOU WILL SEND WITH ME."*]

The Midrash again discusses the connection between these two verses:[64]

אָמַר לוֹ הַקָּדוֹשׁ בָּרוּךְ הוּא: שׁוּב אֶל הַמַּחֲנֶה – The Holy One, blessed is He, said to [Moses], "Return to the camp."[65] **אָמַר לוֹ: אֵינִי חוֹזֵר – [Moses] replied to [God], "I will not return."**[66] **אָמַר לוֹ: אִם אֵין אַתָּה חוֹזֵר הֲרֵי יְהוֹשֻׁעַ, הֱוֵי יוֹדֵעַ שֶׁהוּא בָּאֹהֶל – [God] replied to [Moses], "If you do not return, behold Joshua is** able to serve in your stead; **know that he will be** in your stead **inside the tent."**[67]

NOTES

64. As the Midrash will conclude at the end of this section. See also §2 above at note 43.

65. See note 42 to §2 above.

66. Moses was not refusing to obey God. Rather, he told God that if He would not return to lead the Jewish people Himself, he, Moses, would fall into a gloomy state and would not be able to receive prophecy (one cannot receive a prophecy when he is in a gloomy state – see *Shabbos* 30b). Once he was unable to serve as the prophet, God's command to return to the camp no longer applied, since there was no purpose in his returning. He thus hoped that God would agree to lead the Jewish people Himself, since there was no one to fill his post (*Yefeh To'ar*; see also *Eitz Yosef*).

67. *Matnos Kehunah*. I.e., there is indeed someone to serve in your stead, so your argument is not effective. As such, you will only lose out by not returning; it is better, then, for you to strengthen yourself to remain capable of receiving prophecy (*Yefeh To'ar*). The Midrash will soon explain how this is alluded to in the verse.

חרַבִּי שִׁמְעוֹן בֶּן יוֹחָאי אוֹמֵר: כְּלֵי הַזַּיִן שֶׁנָּתַן לָהֶם הַקָּדוֹשׁ בָּרוּךְ הוּא וְשֵׁם הַמְּפוֹרָשׁ חָקוּק עָלָיו. [לג, ז] "וּמֹשֶׁה יִקַּח אֶת הָאֹהֶל", כֵּיוָן שֶׁרָאָה מֹשֶׁה הַמַּתָּנָה טוֹבָה שֶׁהָיְתָה בְּיָדָם וְאִבְּדוּהָ, אַף הוּא כָּעַס עֲלֵיהֶם, שֶׁנֶּאֱמַר "וּמֹשֶׁה יִקַּח אֶת הָאֹהֶל", כַּמָּה הָיָה רָחוֹק, אָמַר רַבִּי יִצְחָק: מִיל, טנֶאֱמַר כָּאן [לג, ז] "הַרְחֵק" וְנֶאֱמַר לְהַלָּן (יהושע ג, ד) "אַךְ רָחוֹק יִהְיֶה בֵּינֵיכֶם וּבֵינָיו כְּאַלְפַּיִם אַמָּה בַּמִּדָּה", וְלָמָּה כָּעַס עֲלֵיהֶם, רַבִּי יוֹחָנָן וְרַבִּי שִׁמְעוֹן בֶּן לָקִישׁ, רַבִּי יוֹחָנָן אָמַר: כָּךְ דָּרַשׁ מֹשֶׁה: מְנוּדֶּה לָרַב מְנוּדֶּה לַתַּלְמִיד, לְפִיכָךְ [לג, ז] "וּמֹשֶׁה יִקַּח אֶת הָאֹהֶל", רַבִּי שִׁמְעוֹן בֶּן לָקִישׁ אָמַר: מָשָׁל לְמֶלֶךְ שֶׁהָיָה לוֹ לִגְיוֹן אֶחָד וּמָרַד עָלָיו, מֶה עָשָׂה שַׂר צְבָא שֶׁלּוֹ, נָטַל סִגְנוֹס שֶׁל מֶלֶךְ וּבָרַח, כָּךְ מֹשֶׁה בְּשָׁעָה שֶׁעָשׂוּ יִשְׂרָאֵל אוֹתוֹ מַעֲשֶׂה נָטַל אֶת הָאֹהֶל וְיָצָא, לְכָךְ נֶאֱמַר [לג, ז] "וּמֹשֶׁה יִקַּח אֶת הָאֹהֶל":

ד [לג, ח] "וְהָיָה כְּצֵאת מֹשֶׁה אֶל הָאֹהֶל יָקוּמוּ כָּל הָעָם", עוֹמְדִין מִכָּאן וּמִכָּאן וּמְכַבְּדִין אוֹתוֹ, שֶׁנֶּאֱמַר [שם] "וְנִצְּבוּ אִישׁ פֶּתַח אָהֳלוֹ וְהִבִּיטוּ אַחֲרֵי מֹשֶׁה", מֶה הָיוּ אוֹמְרִים, אָמַר רַבִּי יִצְחָק: אַשְׁרֵי יוֹלַדְתּוֹ, מָה רוֹאָה בּוֹ. [לג, ט] "וְהָיָה כְּבֹא מֹשֶׁה הָאֹהֱלָה", כֵּיוָן שֶׁהָיוּ יִשְׂרָאֵל רוֹאִין עַמּוּד הֶעָנָן הָיוּ יוֹדְעִין שֶׁהַשְּׁכִינָה נִגְלֵית עַל מֹשֶׁה, [לג, י] "וְקָם כָּל הָעָם וְהִשְׁתַּחֲווּ אִישׁ פֶּתַח אָהֳלוֹ". אָמַר לוֹ הַקָּדוֹשׁ בָּרוּךְ הוּא: שׁוּב אֶל הַמַּחֲנֶה, אָמַר לוֹ: אֵינִי חוֹזֵר, אָמַר לוֹ: אִם אֵין אַתָּה חוֹזֵר הֲרֵי יְהוֹשֻׁעַ, הֱוֵי יוֹדֵעַ שֶׁהוּא בָּאֹהֶל,

חידושי הרד"ל

[ג] אמר רבי יצחק מיל כו'. שיר השירים רבה שם פרשה ג פסוק ה, ג):

באור מהרי"פ

נטל סגנים. פירוש הענין כך הוא, שׂשר הצבא רצה לפייס את המלך בעד חטאת העם, ולא רצה להתפייס, ונטל את הסגנים וברח, לפי שמאהבת הסגנים והשר צבא הוזקק בעל כרחו שלא בטובתו להתפייס, כך מאהבת השם יתברך למשה ולאהלו שתוכו רצוף אהבת התורה, ומתוכו תורה היתה יוצאת לכל ישראל, הוזקק הקב"ה כביכול לפייס את ישראל. תולדות נח הארוך:

עץ יוסף

אדרבה הוה ליה לחבבן: **כלי הזיין.** שהוא תכשיט ועדי לאיש, ועיין ביאור נפלא על זה באלשיך סדר זו: **מיל.** כדי שיוכלו לבא בשבת להתפלל שם או ללמוד ולהורות, וכן מבואר שם בהדיא אך רחוק יהיה ביניכם ובינו כאלפים אמה, כדאיתא בבמדבר רבה פרשה ב': **ולמה כעס עליהם.** אחר שהקדוש ברוך הוא התנה עמו שלא יהיו תרין אפין מזגין רותחין אם כן למה כעס ועבר על התנאי, לכך דריש שסבר משה מנודה לרב מנודה לתלמיד (יפה תואר): **לפיכך ומשה יקח את האהל.** כלומר לפי זה אתי שפיר שהרחיק את האהל, לפי שאסור לילך בארבע אמות של מנודה: **משל למלך כו'.** פירוש שׂשר צבא רצה לפייס את המלך ולא נתפייס, ונטל את הסיגניס וברח, לפי שמאהבת הסיגנוס ואת שר הצבא הוזקק בעל כרחו שלא ברצונו להתפייס ללגיון, כך מאהבת הקדוש ברוך הוא למשה ולאהלו שתוכו רצוף אהבת התורה רצה הקדוש ברוך הוא להתפייס לישראל: **סיגנוס.** פירוש משכנו ובית מנוחתו (מעריך): **(ד) ומכבדין.** לאפוקי דעת ר' חמא שאומר שהיו אומרים חמי קדל דבריה דעמרם כו': **אשרי יולדתו מה רואה בו.** כדאיתא בסדר עולם רבה שיוכבד היתה מבאי מצרים ומבאי הארץ, עיין שם בפרשת ט', ועיין בילקוט סדר חקת רמז תשס"ד, ובתנחומא סדר ואתחנן: **שוב אל המחנה.** כתיב ושב וקרי ביה ושוב: **איני חוזר.** כי לא יוכל לראות ברעתם ותקצר רוחו בעמלם, ולכן טוב לו להסתלק מהנבואה: **הרי יהושע.** שאף על גב דבכל אדם מתקנא חוץ מבנו ותלמידו, מכל מקום אם יוציאנו ממקומו ודאי יקנא ויקנא, וכהאי גוונא אמרו לקמן סדר וילך אלף מיתות ולא קנאה אחת: **הרי יהושע כו'.** דרשו ושוב אל המחנה ואם לאו ומשרתו למחנה הנזכר:

פירוש מהרז"ו

במה היה רחוק. לפרש מה שכתוב כאן ומשה יקח את האהל וגו' הרחק מן המחנה. ועיין בראשית רבה פרשה כ"ג סימן י"ג, במדבר רבה פרשה ב סוף סימן ט': **מנודה לרב.** שכעס עליהם להשמידם והפשיט עדים: **סיגנוס.** עיין בראשית רבה סוף פרשה ו' הביאו הערוך ערך סגנס, ופירשו דגל. וכתב במוסף ערוך שכן הוא בלשון רומי. ומשה שברח שהיה ירא שלא ישברוהו ויבזוהו. וכן האהל של משה מיוחד היה לשכינה לשרות שם ולדבר עם משה, וכמו שאמר לעיל ריש סימן ב בענין האהל של משה: **(ד) אמר רבי יצחק.** בתנחומא כאן סימן כ"ז איתא, והביטו אחרי משה, רבי אמי אמר לשבח, טבא לינוקא דהא כדין ינקין, ורבי יצחק דרש לגנאי, היו מסתכלין מאחוריו אמי צווריה, חמי שקיה, אכיל מדידן ושתי מדידן. וכן הוא בירושלמי ריש פרק ג' דבכורים, וירושלמי דשקלים פרק ה' הלכה ב', בלא שמות אמוראים. וכן הוא בקידושין (דף ל"ג, ב) שמות אמוראים, כי בתנחומא חד אמר וחד אמר הובא ילקוט כאן. ומאן דדריש לשבח, הדבר למוד מעניינו שבשבחו מדבר. ומאן דאמר לגנאי, ממה שכתב אחרי משה, והיה לו לומר וראו את משה. ולקמן פרשה נ"א סוף סימן ו' בשמות אמוראים אחרים: **בבוא משה האהלה.** ירד עמוד הענן: **שוב אל המחנה.** לעיל סימן ב שני פעמים, ושם מבואר. וכאן בא לפרש שייכות פסוק זה לפסוק שאחריו, ומשרתו יהושע בן נון. ודורש על פי מדה ט', שאחר שאמר לו שוב אל המחנה, היה מסרב מטעם מנודה לרב מנודה לתלמיד, או כדריש לקיש לעיל, והשיב לו אם לא תשוב הרי יהושע, ומשה לא נתרצה ביהושע, כי פני משה כפני חמה, שאורו מעצמו, ופני יהושע כפני לבנה שמקבל מהחמה, ובימי משה היה הקב"ה כביכול מנהיגם בעצמו, אך בימי יהושע על דימלאך, כמבואר לעיל פרשה ל"ב סימן ג:

מסורת המדרש

ח. עי' לעיל בריש ס"ב מה שנרשם שם:
ט. תנחומא כאן סימן כ"ז:
י. מדרש תהלים מזמור כ"ה:

אם למקרא

אַךְ רָחוֹק יִהְיֶה בֵּינֵיכֶם וּבֵינָיו כְּאַלְפַּיִם אַמָּה בַּמִּדָּה אַל תִּקְרְבוּ אֵלָיו לְמַעַן אֲשֶׁר תֵּדְעוּ אֶת הַדֶּרֶךְ אֲשֶׁר תֵּלְכוּ בָהּ כִּי לֹא עֲבַרְתֶּם בַּדֶּרֶךְ מִתְּמוֹל שִׁלְשׁוֹם:
(יהושע ג:ד)

ידי משה

[ג] ומשה יקח את האהל וכו' רבי יוחנן אמר כך משה דרש מנודה לרב מנודה לתלמיד לפיכך משה יקח את האהל. ולעיל (פרשה מב, ב) איתא לך רד אמר רב בשם רבי שמואל בר נחמן מלמד שנתנדה משה, אם כן קשה למה הרחיק משה את האהל מן ישראל, וצריך עיון. ונראה לומר דהכי פירושו, שאמר משה מנודה לרב, פירוש שאני מנודה להקב"ה, ואם כן מנודה אני לתלמיד, פירוש לישראל גם כן, ומכח זה לקח האהל, ודוק היטב. ולזה נראה לי פירוש המדרש, שמתחיל המדרש לדרוש ומשה יקח את האהל כמה היה רחוק אמר רבי יצחק מיל, נאמר כאן הרחק, ונאמר להלן אך רחוק יהיה, ואחר כך מביא הדרש מנודה לרב וכו', לפי דאיתא (בספרי) [במדבר רבה ט, ב] אך רחוק יהיה, אמר יהושע לישראל עתידין אתם לעשות שבת שם, על כן אל תרחיקו יותר ממיל כדי שתהיו יכולים לבוא להתפלל בשבת לפני הארון, ואם כן על כרחך הפירוש כאן כמו שכתבתי, לפי שהיה משה מנודה, דאם לא כן אלא שישראל היו מנודים, קשה היה למשה להרחיק את האהל זהו הארון כמו שאיתא בגמרא (ברכות סג א, רש"י שבת פח, א ד"ה ומשה), יותר ממיל, בכיון כדי שלא יבואו להתפלל, כדאיתא בסימן של"ד ביורה דיעה שמגרשין המנודה מבית הכנסת, אלא על כרחך מכח שלא הרחיק משה הארון מן המחנה יותר מאלפים אמה, על כן ישראל לאו מנודים היו רק הוא היה מנודה. ודוק היטב:

מתנות כהונה

לגיון. חיל: **סיגנון.** לפי הענין דגל המלך. ועיין ערך (מגנס) [סגנס]: **[ד] מה רואה כו'.** יולדתו כמה גדולה היא רואה כו': **שהוא באהל.** הוא ישאר תחתיך פרנס עליהם לא ימיש מתוכו וכן הוא בתנחומא:

אשד הנחלים

כלי זין כו' ושם המפורש. דהוקשה לו הרי בתחלה כתיב ויתנצלו בני ישראל את עדים מעליהם, א"כ מה היה הצווי אחר כך, ועוד מהו ענין העדי. ולכן מפרש שענין העדי הוא הידיעה בשם המפורש, שעל ידי זה היו נדבקים בה' ונושעים שלא כדרך טבע האנושית, והנה הידיעה הזאת אי אפשר כי אם כשהם פונים מחשבותם רק למעלה, ודבוקים בו יתברך בלי פירוד אבל בחטא העגל נפרדו, והנה אף שהתנצלו את עדיים מנפשם עם כל זה בפועל היה חקוק שם המפורש עליהם, ועל זה היה מצווה ה' שיסירו את עדים, כי עתה לא יועיל להם אחר שפנו מזה. ועיין מזה בחזית (שיר השירים רבה א, פסוק ד) שמביא שם מחלוקת כיצד ניטל מהם, ושם בארתי בעזרת השם: **כמה כו' מיל כו'.** יתכן שגם השפע יש לה מונעים אם היא קרובה לאנשים אינם מהוגנים לה, כמו שמצינו בהפכו, שהמקורבים לאנשים המקבלים השפע נאצל גם עליהם הרוח כמו שנאמר (במדבר יא, יז) ואצלתי מן הרוח, כן בהפכו, ולזה משה היה מרחיק את האהל מישראל שהיו מרוחקים באותו פעם, וחקר בעל המדרש כמה היה המרחק. **מיל.** שזהו דוקא נקרא ריחוק מקום בענין זה, כמו שמצינו בהפכו שהריחוק ממקום המקודש מיל, הבן זה: **מנודה.** שלזה צריך הרחקת מקום כפי הדין: **סגנוס.** פירוש משכנו ובית מנוחתו (מעריך). והמתנות כהונה פירש דגל: **משל כו'.** במשל הזה הסבירו לנו הסיבה בזה שלקח משה את האהל, שלא היתה כונתו חס ושלום משנאת ישראל ולהרע להם, כי אם מכבוד ה' עשה זאת, אחר שראה שהם מורדים בה' לא היה מדרך הכבוד של מעלה שמשכן כבודו יהיה ביניהם: **[ד] אשרי יולדתו.** המליצה הזאת על מי שהגיע למדרגה רמה מה שאין ביכולת אנשים להגיע, וכאילו אנו מייחסים בו מזג אחר, כאילו לא נולד כטבע הנולדים אשר יחמתהו בחטא ובחומר, וזהו אשרי יולדתו, וק"ל: **מה היו רואים כו'.** כן צריך לומר לדעתי. והענין כי ישראל אז לא היו זכאים לחזות פני השכינה בעצמם, תיכף אחרי חטאם, כי אם ראו העמוד הענן, ומשם הבינו התגלות השכינה על משה, ואף שהפסוק האחרון אמר בפירוש וראה כל העם את עמוד הענן והשתחוו, עם כל זה באו לפרש שלא ידומה כי הבטה היה ענין אחר: **הרי יהושע כו'.** שלכן כתוב אחר כך ושב אל המחנה ומשרתו יהושע בן נון נער לא ימיש מתוך האהל, לרמוז על זה הסיבה, ולכן אמר לו תיכף ראה כמו שמבואר לעיל. והנה קרא ליהושע בבחינת משה יתומה המתגדלת מעצמה בפלטין, כן יהושע היה מחונך לנבואה מעצמו כי לא זזה ידו מידי משה:

The Midrash illustrates this by means of a parable:

מָשָׁל לְמַטְרוֹנָה שֶׁכָּעֲסָה עַל בַּת הַמֶּלֶךְ וְיָצְאָה חוּץ לַפַּלְטְרִין – **This is comparable to a matron who became angry at the king's daughter and left the palace.** וְהָיְתָה יְתוֹמָה אַחַת מִתְגַּדֶּלֶת עִמָּהּ בַּפַּלְטִין שֶׁל מֶלֶךְ – **Now, there was one orphan girl who was being raised with [the princess] in the king's palace.** אָמַר לָהּ: חִזְרִי לִמְקוֹמֵךְ, וְלֹא בִקְּשָׁה – **[The king] said to [the matron], "Return to your place," but she did not desire** to return. אָמַר לָהּ: אִם אֵין אַתְּ חוֹזֶרֶת הֲוֵי יוֹדַעַת שֶׁאוֹתָהּ הַיְתוֹמָה נְתוּנָה בַּפַּלְטִין – So **he said to her, "If you do not return, know that that orphan girl will be put in the palace** in your stead." כָּךְ אָמַר הַקָּדוֹשׁ בָּרוּךְ הוּא לְמֹשֶׁה: שׁוּב "אֶל הַמַּחֲנֶה", וְאִם לָאו יְהוֹשֻׁעַ בְּתוֹךְ הָאֹהֶל – **Similarly, the Holy One, blessed is He, said to Moses, "Return *to the camp*, and if not, Joshua will be** in your stead **inside the tent."**[68] מִי גָרַם לְמֹשֶׁה שֶׁשָּׁב אֶל הַמַּחֲנֶה, "מְשָׁרְתוֹ יְהוֹשֻׁעַ בִּן נוּן" – **Who caused Moses to return to the camp? *His servant, Joshua son of Nun.***[69]

The Midrash connects this narrative to the passage beginning with v. 12:

אָמַר מֹשֶׁה: רִבּוֹן הָעוֹלָם, לִכְבוֹדְךָ כָּעַסְתִּי עֲלֵיהֶן – **Moses replied, "Master of the universe! It was for Your honor that I became angry with [the Jewish people],"**[70] "רְאֵה אַתָּה אֹמֵר אֵלַי" – as Scripture continues, *Moses said to HASHEM,* ***"See, You say to me,*** *etc."*; רְאֵה שֶׁאֵין אַתָּה יָכוֹל לְהַנִּיחָם – that is, **"See that You cannot abandon them** because of Your great love for them."[71] "וְאַתָּה לֹא הוֹדַעְתַּנִי אֵת אֲשֶׁר תִּשְׁלַח עִמִּי" – Moses then continued: ***"But You did not inform me whom You will send with me."***[72] אָמַר לוֹ הַקָּדוֹשׁ בָּרוּךְ הוּא: כְּבָר אָמַרְתִּי לְךָ "וְשָׁלַחְתִּי לְפָנֶיךָ מַלְאָךְ" – **The Holy One, blessed is He, replied to him, "I have already said to you, *'I shall send an angel ahead of you'* "** (ibid., v. 2). אָמַר לְפָנָיו: רִבּוֹנוֹ שֶׁל עוֹלָם, לְמַלְאָךְ אַתָּה מוֹסְרֵנִי – **[Moses] said before Him, "Master of the universe! You are giving me over to an angel?** "אִם אֵין פָּנֶיךָ הֹלְכִים אַל תַּעֲלֵנוּ מִזֶּה" – ***If Your Presence does not go along, do not bring us forward from here"*** (ibid., v. 15).[73]

וַיֹּאמַר הַרְאֵנִי נָא אֶת כְּבֹדֶךָ. וַיֹּאמֶר אֲנִי אַעֲבִיר כָּל טוּבִי עַל פָּנֶיךָ וְקָרָאתִי בְשֵׁם ה׳ לְפָנֶיךָ וְחַנֹּתִי אֶת אֲשֶׁר אָחֹן וְרִחַמְתִּי אֶת אֲשֶׁר אֲרַחֵם. וַיֹּאמֶר לֹא תוּכַל לִרְאֹת אֶת פָּנָי כִּי לֹא יִרְאַנִי הָאָדָם וָחָי.

He said, "Show me now Your glory." He said, "I shall make all My goodness pass before you, and I shall call out with the Name HASHEM before you; I shall be gracious when I choose to be gracious, and I shall be merciful when I choose to be merciful." He said, "You will not be able to see My face, for no human shall see My Face and live" (33:18-20).

§5 וַיֹּאמַר הַרְאֵנִי נָא אֶת כְּבֹדֶךָ – ***HE SAID, "SHOW ME NOW YOUR GLORY."***

The Midrash cites and explains a verse from *Proverbs*, the second explanation of which will relate to our verse:

רַבִּי תַּנְחוּמָא בַּר אַבָּא פָּתַח – **R' Tanchuma bar Abba opened** his discourse on our verse with the following exposition:

NOTES

68. The Midrash used the analogy of the king's daughter, because the Jewish people are called God's daughter, as the Midrash expounds in *Shir HaShirim Rabbah* to 3:12 (*Matnos Kehunah*; see *Beur Maharif*).

69. Accordingly, the verse is to be interpreted as follows: *Return to the camp*, for if not, *[your] servant, Joshua son of Nun, a lad, will not depart from within the tent*, i.e., he will take your place (*Matnos Kehunah*, *Rashi* to *Berachos* 63b).

See Insight Ⓐ.

70. As R' Yochanan explained in the previous section (at note 58), that the student must comply with the ban of his teacher (*Eitz Yosef*).

71. *Matnos Kehunah*.

Moses meant to say: Since I became angry only for Your honor, and yet You appease me, it is clear that You have such great love for them that You cannot abandon them (see note 44 to §2 above).

72. See note 12 to §1 above.

73. The commentaries find difficulty with Midrash's account of the dialogue between God and Moses. Scripture states that God's response to Moses' initial request was *"My Presence will go and provide you rest"* (v. 14). To this Moses responded, *"If Your Presence does not go along, do not bring us forward from here, etc."* (vv. 15-16). In v. 17, Scripture states that God said that He would grant Moses' request because he had found favor in His eyes. *Rashi* (to v. 15 s.v. ויאמר אליו) explains Moses' response there to mean: It is indeed Your Presence that I desire, for if it will be through an angel, do not bring us forward from here. Why, then, does our Midrash state that God's response to Moses' request was that He had already stated that He would send an angel? [See *Yefeh To'ar*; *Toldos Noach*, cited by *Beur Maharif* and *Anaf Yosef*.]

According to *Eshed HaNechalim* (see there), God's response recorded here is not the response of v. 14. Rather, first God said to Moses that He would send an angel as He had said earlier. Then, after Moses did not accept this response, and said, "You are giving me over to an angel?," God granted his request, as it states in v. 14, whereupon Moses concluded by saying, as *Rashi* explains, that this is what I desire, for otherwise do not bring us forward from here. [For further discussion of this dialogue between God and Moses, see 32 §8 above, with notes 109 and 111 there.]

INSIGHTS

Ⓐ **Elderly Youth** *R' Shalom Tzvi Shapiro* (*HaMaor SheBaTorah, Shemos*, pp. 281-282) makes a remarkable observation based on this Midrash. Our Midrash makes very clear that Joshua was already worthy of being a successor to Moses and leading the Jewish people in the Wilderness. That position of leading several million people through the Wilderness surely demanded many qualities: leadership, wisdom, rectitude, responsibility, and many others. And, yet, Joshua is referred to as a נַעַר, *a youth*. The term נַעַר, as it is employed in Scripture, means "a young, impressionable person, who is continually studying and improving himself." King Solomon meant this when he wrote (*Proverbs* 22:6), חֲנֹךְ לַנַּעַר עַל פִּי דַרְכּוֹ גַּם כִּי יַזְקִין לֹא יָסוּר מִמֶּנָּה, *Train the youth* [נַעַר] *according to his way; even when he grows old, he will not swerve from it.* The *Alter of Kelm* explains that the verse surely does not mean that when one is old, the education of his youth will suffice. Rather, it means that if one is conditioned to continually study and educate himself when he is young, then even in his old age he will be accustomed to study and to continue his education as he did in his youth. Even as he ages, he will continually grow in his learning, his understanding, and his personality. But one who is not accustomed to study and educate himself as a youth will stagnate as an older person as well.

R' Yisrael Salanter employs this understanding of the word נַעַר to explain the statement of God as prophesied by Hosea, כִּי נַעַר יִשְׂרָאֵל וָאֹהֲבֵהוּ, *When Israel was a lad* [נַעַר] *I loved him ...* (*Hosea* 11:1). The Jewish people is like a נַעַר, teaching itself to study continually as a youth would, and that is why God loves us. Joshua, as well, who as *Ibn Ezra* on our verse points out, was 56 years old at the time, was still at the stage of life that he saw himself as a youthful person, willing to learn, and to grow from that education.

This, then, is one of the qualities of leadership: never to lose the youthful ability to learn from everyone and every situation. It is an awareness that such education is not a sign of immaturity, but a mature recognition of the possibility of continued growth. Even one who is not a leader must understand that education, personal growth, and bettering oneself are lifelong pursuits. The more one is able to learn, the more one is able to educate himself, the more one is able to grow and — regardless of one's age — that ability to remain eternally youthful and open to education gives a person continued potential for greatness and mature accomplishment.

The one who does not abandon the tent of his youth will find that youthfulness will not abandon him, even when he is no longer young.

מָשָׁל לְמַטְרוֹנָה שֶׁכָּעֲסָה עַל בַּת הַמֶּלֶךְ וְיָצְאָה חוּץ לַפַּלְטְרִין, וְהָיְתָה יְתוֹמָה אַחַת מִתְגַּדֶּלֶת עִמָּהּ בַּפָּלָטִין שֶׁל מֶלֶךְ, אָמַר לָהּ: חִזְרִי לִמְקוֹמֵךְ, וְלֹא בִקְּשָׁה, אָמַר לָהּ: אִם אֵין אַתְּ חוֹזֶרֶת הֱוֵי יוֹדַעַת שֶׁאוֹתָהּ הַיְתוֹמָה נְתוּנָה בַּפָּלָטִין, כָּךְ אָמַר הַקָּדוֹשׁ בָּרוּךְ הוּא לְמֹשֶׁה: [לג, יא] שׁוּב "אֶל הַמַּחֲנֶה", וְאִם לָאו יְהוֹשֻׁעַ בְּתוֹךְ הָאֹהֶל, מִי גָּרַם לְמֹשֶׁה שֶׁשָּׁב אֶל הַמַּחֲנֶה, [שם] "מְשָׁרְתוֹ יְהוֹשֻׁעַ בִּן נוּן", אָמַר מֹשֶׁה: רִבּוֹן הָעוֹלָם, לִכְבוֹדְךָ כָּעַסְתִּי עֲלֵיהֶן. [לג, יב] "רְאֵה אַתָּה אֹמֵר אֵלַי", רְאֵה שֶׁאֵין אַתָּה יָכוֹל לְהִנָּחֵם. [שם] "וְאַתָּה לֹא הוֹדַעְתַּנִי אֵת אֲשֶׁר תִּשְׁלַח עִמִּי", אָמַר לוֹ הַקָּדוֹשׁ בָּרוּךְ הוּא: כְּבָר אָמַרְתִּי לְךָ [לג, טו] "וְשָׁלַחְתִּי לְפָנֶיךָ מַלְאָךְ", אָמַר לְפָנָיו: רִבּוֹנוֹ שֶׁל עוֹלָם, לְמַלְאָךְ אַתָּה מוֹסְרֵנִי, [לג, טו] "אִם אֵין פָּנֶיךָ הֹלְכִים אַל תַּעֲלֵנוּ מִזֶּה":

ה [לג, יח] "וַיֹּאמַר הַרְאֵנִי נָא אֶת כְּבֹדֶךָ", רַבִּי תַּנְחוּמָא בַּר אַבָּא פָּתַח: (משלי כה, ז) [יא] "כִּי טוֹב אֲמָר לְךָ עֲלֵה הֵנָּה מֵהַשְׁפִּילְךָ וְגוֹ'", הִלֵּל אוֹמֵר: הַשְׁפָּלָתִי זוֹ הַגְבָּהָתִי וְהַגְבָּהָתִי הִיא הַשְׁפָּלָתִי, מוּטָב לָאָדָם שֶׁיֹּאמְרוּ לוֹ: עֲלֵה לְמַעְלָן, וְלֹא יֹאמְרוּ לוֹ: רֵד לְמַטָּן, אָמַר דָּוִד (תהלים קיג, ה) "הַמַּגְבִּיהִי לָשָׁבֶת", כְּשֶׁאֲנִי מַגְבִּיהַּ אֶת עַצְמִי הֵם מַשְׁפִּילִים יְשִׁיבָתִי, הֱוֵי "הַמַּגְבִּיהִי לָשָׁבֶת", וּכְשֶׁאֲנִי מַשְׁפִּיל אֶת עַצְמִי הֵם מַגְבִּיהִין אוֹתִי, שֶׁנֶּאֱמַר (שם) "הַמַּשְׁפִּילִי לִרְאוֹת", מִי גָּרַם לִי לִרְאוֹת כָּל הָאֲרָצוֹת, שֶׁכָּתַב (דברי הימים-א יד, יז) "וַיֵּצֵא שֵׁם דָּוִיד בְּכָל הָאֲרָצוֹת", עַל שֶׁהִשְׁפַּלְתִּי אֶת עַצְמִי, דָּבָר אַחֵר, (משלי כה, ז) "כִּי טוֹב אֲמָר לְךָ עֲלֵה הֵנָּה", זֶה מֹשֶׁה כְּשֶׁנִּגְלָה עָלָיו הַקָּדוֹשׁ בָּרוּךְ הוּא בַּסְּנֶה, כְּמָה דְתֵימָא (לעיל ג, ב) "וַיֵּרָא מַלְאַךְ ה' וְגוֹ'", אָמַר רַבִּי יְהוּדָה בַּר נְחֶמְיָה: [יב] טִירוֹן הָיָה מֹשֶׁה לַנְּבוּאָה, אָמַר הַקָּדוֹשׁ בָּרוּךְ הוּא: אִם נִגְלָה אֲנִי עָלָיו בְּקוֹל גָּבוֹהַּ אֲנִי מְבַעֲתוֹ, וְאִם בְּקוֹל נָמוּךְ בּוֹסֵר הוּא עַל הַנְּבוּאָה,

עץ יוסף

לכבודך כעסתי. דמנודה לרב מנודה לתלמיד: **אמר ליה הקדוש ברוך הוא כבר אמרתי לך.** והא דכתיב ואתה לא הודעתני, פירש רש"י ואשר אמרת לי הנה אנכי שולח מלאך לפניך, אין זה הודעה שאין אני חפץ בו: (ה) **פתח כי טוב אמר לך כו'.** ופירושו כמו שמפרש אחר כך, מוטב לאדם כו' ומביא ראיה מדברי הילל, והילל לא אמר דבריו אקרא, אלא מימרא בעלמא הוא דקאמר: **השפלתי זו היא הגבהתי כו'.** רמז למה דאיתא בפסחים פרק אלו דברים (סו, א), שעל ידי שהשפיל והכניע עצמו ללמוד בעניותו, זכה לגדולה שנסתלקו בני בתירה מנשיאותם ומינוהו תחתם, ועל ידי שאחר כך נתגאה והתחיל מקנתרן בדברים הוספל קנת שנתעלמה ממנו הלכה, כדאיתא התם: **מוטב לאדם כו'.** כלומר שישפיל עצמו כדי שיהיה מוכן לגדולה, ולא בהפך וכדאמר לקמן בויקרא רבה פרשה א' רחק ממקומך שנים ושלש מושבות עד שיאמרו לך עלה, ואל תתעלם שיאמרו לך רד, מוטב שיאמרו לך עלה כו': **אמר דוד המגביהי לשבת כו'.** דורשו על דרך אסמכתא לענין מוסר נפלא, המגביה לשבת הם הם המשפילים את ישיבתם, והמשפילים את ישיבתם זוכים לראות מה שבשמים ובארץ, כענין דוד שאמר מי גרם לי לראות כל הארץ (כמו שיפורש בסמוך) ומפרש המגביה את עצמו לשבת, רוצה לומר שמשפילין אותו: **מי גרם לי לראות כל הארצות שכתוב ויצא שם דוד בכל הארצות.** כנ"ל, ורוצה לומר וכתיב בסיפא דקרא וה' נתן את פחדו על כל הגוים (דברי הימים א יד, יז), ופירושו לראות ברעתם, שכולם פחדו ממנו ונכנעים אליו במנחה שלוחה לו, אבל לא ראייה ממש כי לא הלך לראות כל הארצות: **טירון היה משה לנבואה כו'.** לעיל פרשה ג' סימן א'. והמעריך פירוש טירון היה, חדש היה: **מבעתו.** מפחידו: **בוסר.** פירוש מזלזל, כי דבר ה' בזה, מתרגמינן פתגמא דה' בסר, פירוש שלא יחשוב שהוא קול נבואיי, כי זה ראוי שיהיה נורא מאד ולכן יחשוב שהוא קול איזה אדם ולא יחשוב להשיב, ולכן הוצרך להיות קולו של אביו, שאף על פי שאינו קול גדול מפני כבוד אביו הוצרך להשיב:

פירוש מהרז"ו

לכבודך. כדלעיל סימן ג: **כבר אמרתי לך.** היינו ממה שכתוב אם אין פניך הולכים, הרי שאמר לו שלא ילך בעצמו כו', שעל זה השיב לו אם אין פניך וגו', והיינו מה שכתוב בסוף משפטים (שמות כג, כ) הנה אנכי שולח מלאך, וכן בסדר תשא, קודם פרשת ראה אתה אומר אלי הנה מלאכי ילך לפניך ושלחתי לפניך מלאך, וצריך עיון גדול מאחר שכבר אמר לו, כמבואר בכל הפסוקים הנ"ל, איך אמר משה ואתה לא הודעתני את אשר תשלח עמי, ואם פירושו שלא הודיעו איזה מלאך, הרי משה לא התרצה בשום מלאך, כמו שכתוב אם אין פניך הולכים, ואיך אמר את אשר תשלח עמי. ועיין רש"י בחומש ואין לי לב להבין דבריו: (ה) **כי טוב אמר.** משלי כ"ה, וילקוט שם: **הלל אומר.** ויקרא רבה פרשה א' סימן ה: **המגביהי לשבת.** שלפי פשוטו דקאי על השם יתברך, היודי"ן של המגביהי ושל המשפילי מיותרים, על כן דורש על דוד עצמו: **המשפילי לראות.** בשמים ובארץ, זכה לראות בשמים שהיה נביא, כמו שכתוב (שמואל ב כג, ב) רוח ה' דבר בי, וזכה לראות גדולתו בארץ: **זה משה.** לעיל ריש פרשה ג':

מתנות כהונה

בת המלך. רמז לישראל שהם בת להקב"ה כמה דלא אמר לא זז משם עד שקראה בתי שנאמר (תהלים מה, יא) שמעי בת וראי: **שאין אתה יכול להניחם.** מפני רוב החטא ובתנחומא מפרש יותר: [ה] **מוטב שיאמרו עלה כו'.** וזהו על ידי שהרחיק ישיבתו ממקום הראוי לו מפני הענוה ועיין בויקרא רבה פרשה א: **כשנגלה עלו** גרסינן: **טירון.** עיין לעיל בפרשת שמות ריש פרשה ג':

אשד הנחלים

להניחם ואתה לא כו'. רצו לתרץ בזה כי מתחלה אמר לו ה' לך עלה את העם ושלחתי לפניך מלאך, ופה משמע שהיה מרוצה בזה, רק שהיה חפץ לדעת מי הוא המלאך אשר ישלח עמו, ואחר כך אמר אם אין פניך הולכים אל תעלנו מזה, דמשמע שלא היה חפץ במלאך. לכן מפרשים שהבקשה היה פה שלא ימסרם למלאך, וכלומר ראה שאין אתה יכול להניחם תחת הטבע כי אם בהשגחה נסיית, ואיך אמרת שתשלח מלאך ולא תודיעני את אשר חפצתי שתשלח עמי, היינו פניך. ואחר שהשיב לו ה' פני ילכו והניחותי לך, לעשות בקשתך, אמר לו משה שבאמת אי אפשר בענין אחר, כי אם אין פניך הולכים אל תעלינו מזה [עיין רש"י על הפסוק אם אין פניך]: [ה] **השפלתי זו הגבהתי כו'.** הלל כיון בזה מוסר כללי בענין ענוה, שאין הכונה שמתוך השפלה יבוא לידי הגבהה וכבוד, כי גם זה אינו מאומה כי שוא כבוד המדומה, רק הכונה כי השפלה הוא הגבהת הנפש, שהנפש מתרוממת במעלתה אם היא משפלת עצמה לבקש חכמה. ומביא ראיה מדרך בני אדם שהמשפיל מעצמו זכה לכבוד, כי הכל יאהבו את האיש העניו. ואמר למעלן ולמטן כלומר מאיגרא רמא לבירא עמיקתא ממעלה למטה ממש: **הם מגביהים אותי כו'.** הכונה כי הכניע עצמו מול בית יהודה אחרי מלחמת אבשלום, כמו שנאמר (שמואל ב' יט, יב) ששלח אליהם למה תהיו אחרונים להשיב את המלך: **זה משה כו'.** כלומר מרמז לענין מעלת הנבואה, על ידי שהקטין עצמו בתחלה זכה לנבואה גדולה מאד, וזהו כמו שאמרו (ברכות ז, א) בשכר ויסתר, זכה לקלסתר פנים: **טירון היה משה.** פירשתי לעיל בפרשת שמות (ג, א) ענינו על דרך ציור עיין שם:

חידושי הרד"ל

[ה] **מי גרם לי לייראות את כל הארצות.** כן צריך לומר. פירוש, להיות כל הארצות יראים ממני, וכדכתיב בסיפיה דקרא דדברי הימים דמייתי, וה' נתן פחדו על כל וגו':

חידושי הרש"ש

[ה] **המגביהי לשבת כשאני מגביה כו'.** כאן משמע כפירוש המתנות כהונה לקמן בויקרא רבה פרשה א ה, ודלא כמו שהגהתי עליו שם (ד"ה וכן):

באור מהרי"פ

במתנות כהונה [בד"ה] בת המלך רמז לישראל. צריך עיון, דיותר נראה דבת המלך רומזת למשה כמובן מענין המשל והנמשל: **כבר אמרתי לך ושלחתי וגו'.** אציע לפניך מקראות המתיחסים לזה (שמות לג, יב - טו). ויאמר משה אל ה' ראה אתה אומר אלי העל את העם הזה ואתה לא הודעתני את אשר תשלח עמי ואתה אמרת ידעתיך בשם וגם מצאת חן בעיני. ועתה אם נא מצאתי חן בעיניך הודיעני נא את דרכיך ואדעך למען אמצא חן בעיניך וראה כי עמך הגוי הזה. ויאמר פני ילכו והניחותי לך. ויאמר אליו אם אין פניך הולכים אל תעלנו מזה. וצריך עיון, אחר שמלשון המדרש משמע שמאמר ושלחתי מלאך לפניך היה מוקדם למאמר משה ראה אתה אומר אלי, אם כן איך אמר משה ואתה לא הודעתני את אשר תשלח עמי, והוא כבר הודיע לו. ורש"י בחומש פירש לא הודעתני, אין זו הודעה שאין אני חפץ בו. ואולי יש לומר עוד, דמלת לא הודעתני פירושו לא חבבתני, על דרך כי ידעתיו למען אשר יצוה וגו', דפירושו כי חבבתיו, כלומר אין אני חפץ במלאך, ואף על פי כן השיבו הקב"ה כבר אמרתי לך ושלחתי מלאך לפניך. אך צריך עיון, דהא התשובה על ואתה לא הודעתני היתה פני ילכו, ואיך אמר המדרש דהתשובה היתה כבר אמרתי ושלחתי מלאך, היפך המפורש בתורה. וכתב בעל תולדות נח הארוך דעל צד הדוחק מוכרחין אנו לומר, דהאי פני ילכו הוא מלאך מטטרון הנקרא שר הפנים, ושמי בקרבו, ועל זה השיב משה למלאך אתה מוסרני אפילו למטטרון איני רוצה, אם אין פניך הולכים היינו עצמות השכינה, אל תעלנו מזה: [ה] **עלה הנה זה משה.** כוונתו לפרש בשביל ענוה שלו זכה לשלש, לא כמו נדב ואביהוא:

מסורת המדרש

יא. אבות דרבי נתן ריש פרק כ"ה. ויקרא רבה פ"א. תנחומא סדר ויקרא ס"א. ילקוט משלי רמז תתקס"א. ועיין ילקוט ויקרא רמז תכ"ז:
יב. שמות רבה פ"ג. כל הענין:

אם למקרא

כִּי טוֹב אֲמָר לְךָ עֲלֵה הֵנָּה מֵהַשְׁפִּילְךָ לִפְנֵי נָדִיב אֲשֶׁר רָאוּ עֵינֶיךָ:
(משלי כה:ז)

מִי כַּה' אֱלֹהֵינוּ הַמַּגְבִּיהִי לָשָׁבֶת:
(תהלים קיג:ה)

וַיֵּצֵא שֵׁם דָּוִיד בְּכָל הָאֲרָצוֹת וַה' נָתַן אֶת פַּחְדּוֹ עַל כָּל הַגּוֹיִם:
(דברי הימים א יד:יז)

וַיֵּרָא מַלְאַךְ ה' אֵלָיו בְּלַבַּת אֵשׁ מִתּוֹךְ הַסְּנֶה וַיַּרְא וְהִנֵּה הַסְּנֶה בֹּעֵר בָּאֵשׁ וְהַסְּנֶה אֵינֶנּוּ אֻכָּל:
(לעיל ג:ב)

ענף יוסף

(ד) **כבר אמרתי לך ושלחתי לפניך מלאך.** תימא והא אדרבה לשאלת ועתה לא הודעתני השיבו פני ילכו, ואפשר שהמדרש מפרש מאמר פני ילכו הוא מלאך מטטרון, ונקרא פני על שהוא שר הפנים ושמי בקרבו, ולזה השיב משה אם אין פניך הולכים, רצה לומר עצמות השכינה, אל תעלנו מזה, וזה שאמר אם למלאך אתה מוסרני אל תעלנו מזה, רצה לומר אפי למלאך מטטרון אל תעלנו (תולדות נח):

ידי משה

[ה] **טירון היה משה לנבואה.** פירש (רש"י) [של"ה (פרשת ואתא תורה אור)] שהיה עוד נער לנבואה ולא היה רגיל בנביאות בעת הזאת עד כאן לשונו:

אמרי יושר

[ד] **אמר משה לא לכבודך כעסתי עליהם.** בתמיה, ראה אתה אומר אלי, שאתה מוותר כבודך, ואין לי אשם אם אשוב למחנה: **דבר אחר ראה אתה אומר אלי.** שאינך יכול להניחם:

"כִּי טוֹב אֲמָר לְךָ עֲלֵה הֵנָּה מֵהַשְׁפִּילְךָ וגו׳" — Scripture states, ***For it is better that it should be said to you, "Come up here," than that you be demoted*** *before the prince, as your eyes have seen [happen to others]* (*Proverbs* 25:7). הִלֵּל אוֹמֵר: הַשְׁפָּלָתִי זוֹ הַגְבָּהָתִי וְהַגְבָּהָתִי הִיא הַשְׁפָּלָתִי — **Hillel says: My self-abasement is my exaltation, while my self-exaltation is my abasement.**[74] מוּטָב לְאָדָם שֶׁיֹּאמְרוּ לוֹ: עֲלֵה לְמַעְלָן, וְלֹא יֹאמְרוּ לוֹ: רֵד לְמַטָּן — **It is better for a person** to lower himself so **that they should say to him, "Ascend upward," and** not exalt himself, so **they should not say to him "Descend downward."**[75] אָמַר דָּוִד "הַמַּגְבִּיהִי לָשָׁבֶת" — Regarding this **David said, *"Hamagbihi lashaves"*** [הַמַּגְבִּיהִי לָשָׁבֶת] (*Psalms* 113:5),[76] כְּשֶׁאֲנִי מַגְבִּיהַּ אֶת עַצְמִי הֵם מַשְׁפִּילִים יְשִׁיבָתִי — meaning: **When I exalt** (מַגְבִּיהַּ) **myself, they lower my place of sitting** (יְשִׁיבָתִי). הֲוֵי "הַמַּגְבִּיהִי לָשָׁבֶת" — **This is** what is meant by ***"Hamagbihi lashaves."***[77] וּכְשֶׁאֲנִי מַשְׁפִּיל אֶת עַצְמִי הֵם מַגְבִּיהִין אוֹתִי — **And when I abase** (מַשְׁפִּיל) **myself, they exalt me,** שֶׁנֶּאֱמַר "הַמַּשְׁפִּילִי לִרְאוֹת" — **as it is stated, *"Hamashpili lir'os"*** [הַמַּשְׁפִּילִי לִרְאוֹת] (ibid., v. 6).[78] שֶׁכָּתַב, מִי גָרַם לִי לִרְאוֹת כָּל הָאֲרָצוֹת "וַיֵּצֵא שֵׁם דָּוִיד בְּכָל הָאֲרָצוֹת" — Meaning: David said, **"Who caused me to *see* all the lands** fall before me and send me tribute?" — **for it was written, *David's fame spread throughout all the lands,*** *and HASHEM placed his fear upon all the nations* (*I Chronicles* 14:17) —[79] עַל שֶׁהִשְׁפַּלְתִּי אֶת עַצְמִי — "This happened **because I abased myself."**[80]

The Midrash now offers an alternative explanation of the *Proverbs* verse, which is related to our passage in *Exodus*:[81]

דָּבָר אַחֵר — **Another explanation:** "כִּי טוֹב אֲמָר לְךָ עֲלֵה הֵנָּה", זֶה מֹשֶׁה כְּשֶׁנִּגְלָה עָלָיו הַקָּדוֹשׁ בָּרוּךְ הוּא בַּסְּנֶה — ***For it is better that it should be said to you, "Come up here"*** — **this is** a reference to **Moses when the Holy One, blessed is He, appeared to him in the** Burning **Bush,** כְּמָה דְתֵימָא "וַיֵּרָא מַלְאַךְ ה׳ וגו׳" — **as is states, *An angel of HASHEM appeared, etc.*** (above, 3:2). אָמַר רַבִּי יְהוּדָה בַּר נְחֶמְיָה: טִירוֹן הָיָה מֹשֶׁה לַנְּבוּאָה — **R' Yehudah bar Nechemyah said: Moses was a novice**[82] **to prophecy.** אָמַר הַקָּדוֹשׁ בָּרוּךְ הוּא: אִם נִגְלָה אֲנִי עָלָיו בְּקוֹל גָּבוֹהַּ אֲנִי מְבַעֲתוֹ — Therefore **the Holy One, blessed is He, said, "If I reveal Myself to [Moses] with a raised voice, I will frighten him,** וְאִם בְּקוֹל נָמוּךְ בּוֹסֵר הוּא עַל הַנְּבוּאָה — **and if** I reveal Myself **with a low voice, he will disregard the prophecy."**[83]

NOTES

74. As the Midrash will continue to explain, this means that one's self-abasement leads to his exaltation, while one's self-exaltation leads to his abasement. Hillel made this statement in the first person to allude to his own experience with regard to both situations. For the Gemara (*Yoma* 35b) relates that once, lacking the entrance fee to the study hall on a winter day, Hillel went up to the roof in order to hear the Torah being taught. He was later found by his colleagues covered in snow. In reward for his humiliation for the sake of Torah, eventually the sons of Beseirah surrendered their positions as leaders of the Sanhedrin to him and appointed him as *Nasi*, as related in *Pesachim* (66a). However, as the Gemara there (66a-b) relates, he subsequently rebuked the sons of Beseirah for not studying Torah more diligently. This was considered an act of self-exaltation on his part, and he was punished by being made to forget a law and thus being somewhat humiliated (*Eitz Yosef*).

75. Elucidation follows *Matnos Kehunah* and *Eitz Yosef*, based on *Vayikra Rabbah* 1 §5.

See Insight Ⓐ for a completely different understanding of Hillel's teaching.

76. Scripture there (vv. 5-6) states, מִי כַּה׳ אֱלֹהֵינוּ הַמַּגְבִּיהִי לָשָׁבֶת הַמַּשְׁפִּילִי לִרְאוֹת בַּשָּׁמַיִם וּבָאָרֶץ. Simply understood, this is translated: *Who is like HASHEM, our God, Who is enthroned on high — yet deigns to look upon the heavens and the earth?* However, the Midrash expounds הַמַּגְבִּיהִי לָשָׁבֶת הַמַּשְׁפִּילִי לִרְאוֹת בַּשָּׁמַיִם וּבָאָרֶץ as alluding to the above concept.

77. The words הַמַּגְבִּיהִי לָשָׁבֶת allude to the following: *One who exalts himself will be seated*, i.e., lowered (*Eitz Yosef*).

78. I.e., *One who lowers himself will see* [לִרְאוֹת] *in heaven and in earth*, as will be explained below with regard to David himself (ibid.; see the next note).

Alternatively, the Midrash understands the verse as speaking in the first person: *When I exalt myself, they seat* (lower) *me, and when I abase myself, they exalt me* (*Maharzu*; see also ibid. to *Vayikra Rabbah* ibid.).

79. The implication of this verse is that all the nations feared King David and would send him tribute. Thus David saw all the lands, i.e., he saw them lowered before him (*Eitz Yosef*). He also merited prophecy, as Scripture indicates elsewhere (*II Samuel* 23:2). Thus he saw his greatness *in heaven and in earth* (*Maharzu*).

80. As indicated in *Psalms* 131:1 (*Toldos Noach*).

81. As will be explained at the end of notes 86, 90, and 98 below.

82. *Eitz Yosef*, from *Mussaf HeAruch* s.v. טרן II. [In English, too, a novice is called a "tyro."]

83. Imagining that the voice of prophecy would be awesome, Moses would conclude that the voice he hears is merely the voice of a person and would not respond (*Eitz Yosef*).

INSIGHTS

Ⓐ **For the Wise to Rise** *Divrei Shaarei Chaim* [new edition with additions from manuscript; New York 5745] on our passage offers two explanations of this Midrashic passage, each one imparting a lesson of its own. [According to these explanations, the current understanding of the *Proverbs* verse *differs* from that of the Midrash's following statement, which connects the verse to a teaching from *Psalms*.] The first is that it is better for a person to be told that he is morally deficient than to be told that he is excessively righteous. For when a person hears that his piety is wanting, that his fear of God is less than fully developed, or that His interpersonal behavior is not as refined as it should be, he will likely take the reproof to heart and begin to make the necessary adjustments. But when one is told that he is overly zealous in religious matters, he is prone to overlook the corrective intent of these words and take them instead as confirmation that he is exceptionally righteous, with the result that he will become conceited. Thus, Hillel said, "It is better when they say to a person, 'Ascend higher on the ladder of moral achievement,' than when they say, 'Step down from the heights to which you have climbed.'"

The second approach is that Hillel comes to disabuse us of the notion that it is better for a person to become a leader of the unworthy than to be a follower of the great. It may be true that one can distinguish himself more easily that way, but the less rarefied environment is bound to work to his spiritual detriment. As the Mishnaic proverb teaches, one should "be a tail to lions rather than a head to foxes" (*Avos* 4:15). When a person associates with those greater than he, their noble deportment cannot fail to inspire him to rise to their standards, whereas if he were to rub elbows with his spiritual inferiors, their worldly attitude and conduct would inevitably pressure him to descend to their level.

It was for this reason that R' Yose ben Kisma turned down a lucrative offer to leave his Torah-rich hometown to settle in an area inhabited by simple laymen, saying, "Even if you were to give me all the silver and gold, precious stones and pearls in the world, I would dwell nowhere but in a place of Torah" (*Avos* 6:9).

מָשָׁל לְמַטְרוֹנָה שֶׁכָּעֲסָה עַל בַּת הַמֶּלֶךְ וְיָצְאָה חוּץ לַפַּלְטְרִין, וְהָיְתָה יְתוֹמָה אַחַת מִתְגַּדֶּלֶת עִמָּהּ בַּפָּלָטִין שֶׁל מֶלֶךְ, אָמַר לָהּ: חִזְרִי לִמְקוֹמֵךְ, וְלֹא בִקְּשָׁה, אָמַר לָהּ: אִם אֵין אַתְּ חוֹזֶרֶת הֱוֵי יוֹדַעַת שֶׁאוֹתָהּ הַיְתוֹמָה נְתוּנָה בַּפָּלָטִין, כָּךְ אָמַר הַקָּדוֹשׁ בָּרוּךְ הוּא לְמֹשֶׁה: [לג, יא] **שׁוּב "אֶל הַמַּחֲנֶה", וְאִם לָאו יְהוֹשֻׁעַ בְּתוֹךְ הָאֹהֶל, מִי גָרַם לְמֹשֶׁה שֶׁשָּׁב אֶל הַמַּחֲנֶה,** [שם] **"מְשָׁרְתוֹ יְהוֹשֻׁעַ בִּן נוּן", אָמַר מֹשֶׁה: רִבּוֹן הָעוֹלָם, לִכְבוֹדְךָ כָּעַסְתִּי עֲלֵיהֶן.** [לג, יב] **"רְאֵה אַתָּה אֹמֵר אֵלַי", רְאֵה שֶׁאֵין אַתָּה יָכוֹל לְהִנָּחֵם.** [שם] **"וְאַתָּה לֹא הוֹדַעְתַּנִי אֵת אֲשֶׁר תִּשְׁלַח עִמִּי", אָמַר לוֹ הַקָּדוֹשׁ בָּרוּךְ הוּא: כְּבָר אָמַרְתִּי לְךָ** [לג, טו] **"וְשָׁלַחְתִּי לְפָנֶיךָ מַלְאָךְ", אָמַר לְפָנָיו: רִבּוֹנוֹ שֶׁל עוֹלָם, לְמַלְאָךְ אַתָּה מוֹסְרֵנִי,** [לג, טו] **"אִם אֵין פָּנֶיךָ הֹלְכִים אַל תַּעֲלֵנוּ מִזֶּה":**

ה [לג, יח] **"וַיֹּאמַר הַרְאֵנִי נָא אֶת כְּבֹדֶךָ", רַבִּי תַּנְחוּמָא בַּר אַבָּא פָּתַח:** (משלי כה, ז) [יא] **"כִּי טוֹב אֲמָר לְךָ עֲלֵה הֵנָּה מֵהַשְׁפִּילְךָ וְגוֹ'", הִלֵּל אוֹמֵר: הַשְׁפָּלָתִי זוֹ הַגְבָּהָתִי וְהַגְבָּהָתִי הִיא הַשְׁפָּלָתִי, מוּטָב לְאָדָם שֶׁיֹּאמְרוּ לוֹ: עֲלֵה לְמַעְלָן, וְלֹא יֹאמְרוּ לוֹ: רֵד לְמַטָּן, אָמַר דָּוִד** (תהלים קיג, ה) **"הַמַּגְבִּיהִי לָשָׁבֶת", כְּשֶׁאֲנִי מַגְבִּיהַּ אֶת עַצְמִי הֵם מַשְׁפִּילִים יְשִׁיבָתִי, הֱוֵי "הַמַּגְבִּיהִי לָשָׁבֶת", וּכְשֶׁאֲנִי מַשְׁפִּיל אֶת עַצְמִי הֵם מַגְבִּיהִין אוֹתִי, שֶׁנֶּאֱמַר** (שם) **"הַמַּשְׁפִּילִי לִרְאוֹת", מִי גָרַם לִי לִרְאוֹת כָּל הָאֲרָצוֹת, שֶׁכָּתַב** (דברי הימים-א יד, יז) **"וַיֵּצֵא שֵׁם דָּוִיד בְּכָל הָאֲרָצוֹת", עַל שֶׁהִשְׁפַּלְתִּי אֶת עַצְמִי, דָּבָר אַחֵר,** (משלי כה, ז) **"כִּי טוֹב אֲמָר לְךָ עֲלֵה הֵנָּה", זֶה מֹשֶׁה כְּשֶׁנִּגְלָה עָלָיו הַקָּדוֹשׁ בָּרוּךְ הוּא בַּסְּנֶה, כְּמָה דְתֵימָא** (לעיל ג, ב) **"וַיֵּרָא מַלְאַךְ ה' וְגוֹ'", אָמַר רַבִּי יְהוּדָה בַּר נְחֶמְיָה:** [יב] **טִירוֹן הָיָה מֹשֶׁה לַנְּבוּאָה, אָמַר הַקָּדוֹשׁ בָּרוּךְ הוּא: אִם נִגְלָה אֲנִי עָלָיו בְּקוֹל גָּבוֹהַּ אֲנִי מְבַעֲתוֹ, וְאִם בְּקוֹל נָמוּךְ בּוֹסֵר הוּא עַל הַנְּבוּאָה,**

עץ יוסף

לכבודך בעסתי. דמנודה לרב מנודה לתלמיד: **אמר ליה הקדוש ברוך הוא כבר אמרתי לך.** והא דכתיב ואתה לא הודעתני, פירש רש"י ואשר אמרת לי הנה אנכי שולח מלאך לפניך, אין זה הודעה שאין אני חפץ בו: (ה) **פתח כי טוב אמר לך כו'.** ופירושו כמו שמפרש אחר כך, מוטב לאדם כו' ומביא ראיה מדברי הילל, והילל לא אמר דבריו אקרא, אלא מימרא בעלמא הוא דקאמר: **השפלתי זו היא הגבהתי כו'.** רמז למה דאיתא בפסחים פרק אלו דברים (סו, א), שעל ידי שהשפיל והכניע עצמו ללמוד בעניותו, זכה לגדולה שנסתלקו בני בתירה מנשיאותם ומינוהו תחתם, ועל ידי שאחר כך נתגאה והתחיל מקנתרן בדברים הושפל קצת שנתעלמה ממנו הלכה, כדאיתא התם: **מוטב לאדם כו'.** כלומר שישפיל עצמו כדי שיהיה מוכן לגדולה, ולא בהפך וכדאמר לקמן בויקרא רבה פרשה א' רחק ממקומך שנים ושלש מושבות עד שיאמרו לך עלה, ואל תתעלם שיאמרו לך רד, מוטב שיאמרו לך עלה כו': **אמר דוד המגביהי לשבת כו'.** דורשו על דרך אסמכתא לענין מוסר נפלא, המגביה לשבת הם הם המשפילים את ישיבתם, והמשפילים את ישיבתם זוכים לראות מה שבשמים ובארץ, כענין דוד שאמר מי גרם לי לראות כל הארץ (כמו שיפורש בסמוך) ומפרש המגביה את עצמו לשבת, רוצה לומר שמשפילין אותו: **מי גרם לי לראות כל הארצות שכתוב ויצא שם דוד בכל הארצות.** כצ"ל, ורוצה לומר וכתיב בסיפא דקרא וה' נתן את פחדו על כל הגוים (דברי הימים א יד, יז), ופירושו לראות ברעתם, שכולם פחדו ממנו ונכנעים אליו במנחה שלוחה לו, אבל לא ראייה ממש כי לא הלך לראות כל הארצות: **טירון היה משה לנבואה כו'.** לעיל פרשה ג' סימן א'. והמעריך פירוש טירון היה, חדש היה: **מבעתו.** מפחידו: **בוסר.** פירוש מזלזל, כי דבר ה' בזה, מתרגמינן פתגמא דה' בסר, פירוש שלא יחשוב שהוא קול נבואיי, כי זה ראוי שיהיה נורא מאד ולכן יחשוב שהוא קול איזה אדם ולא יחשוב להשיב, ולכן הוצרך להיות קולו של אביו, שאף על פי שאינו קול גדול מפני כבוד אביו הוצרך להשיב:

פירוש מהרז"ו

לכבודך. כדלעיל סימן ג: **כבר אמרתי לך.** היינו ממה שכתוב אם אין פניך הולכים, הרי שאמר לו שלא ילך בעצמו כו', שעל זה השיב לו אם אין פניך וגו', והיינו מה שכתוב בסוף משפטים (שמות כג, כ) הנה אנכי שולח מלאך, וכן בסדר תשא, קודם פרשת ראה אתה אומר אלי הנה מלאכי ילך לפניך ושלחתי לפניך מלאך, וצריך עיון גדול מאחר שכבר אמר לו, כמבואר בכל הפסוקים הנ"ל, איך אמר משה ואתה לא הודעתני את אשר תשלח עמי, ואם פירושו שלא הודיעו איזה מלאך, הרי משה לא התרצה בשום מלאך, כמו שכתוב אם אין פניך הולכים, ואיך אמר את אשר תשלח עמי. ועיין רש"י בחומש ואין לי לב להבין דבריו: (ה) **כי טוב אמר.** משלי כ"ה, וילקוט שם: **הלל אומר.** ויקרא רבה פרשה א' סימן ה: **המגביהי לשבת.** שלפי פשוטו דקאי על השם יתברך, היודי"ן של המגביהי ושל המשפילי מיותרים, על כן דורש על דוד עצמו: **המשפילי לראות.** בשמים ובארץ, זכה לראות בשמים שהיה נביא, כמו שכתוב (שמואל ב כג, ב) רוח ה' דבר בי, וזכה לראות גדולתו בארץ: **זה משה.** לעיל ריש פרשה ג':

מתנות כהונה

בת המלך. רמז לישראל שהם בת להקב"ה כמה דאת אמר לא זז מחבבם עד שקראם בתי שנאמר (תהלים מה, יא) שמעי בת וראי: **שאין אתה יכול להניחם.** מפני רוב החבה ובתנחומא מפרש יותר: [ה] **מוטב שיאמרו עלה כו'.** וזהו על ידי שהרחיק ישיבתו ממקום הראוי לו מפני הענוה ועיין בויקרא רבה פרשה א: **כשנגלה עלו** גרסינן: **טירון.** עיין לעיל בפרשת שמות ריש פרשה ג':

אשר הנחלים

להניחם ואתה לא כו'. רצו לתרץ בזה כי מתחלה אמר לו ה' לך עלה את העם ושלחתי לפניך מלאך, ופה משמע שהיה מרוצה בזה, רק שהיה חפץ לדעת מי הוא המלאך אשר ישלח עמו, ואחר כך אמר אם אין פניך הולכים אל תעלנו מזה, דמשמע שלא היה חפץ במלאך. לכן מפרשים שהבקשה היה פה שלא ימסרם למלאך, וכלומר ראה שאין אתה יכול להניחם תחת הטבע כי אם בהשגחה נסיית, ואיך אמרת שתשלח מלאך ולא תודיעני את אשר חפצתי שתשלח עמי, היינו פניך. ואחר שהשיב לו ה' פני ילכו והניחותי לך, לעשות בקשתך, אמר לו משה שבאמת אי אפשר בענין אחר, כי אם אין פניך הולכים אל תעלינו מזה [עיין רש"י על הפסוק אם אין פניך]: [ה] **השפלתי זו הגבהתי כו'.** הלל כיון בזה מוסר כללי בענין ענוה, שאין הכונה שמתוך השפלה יבוא לידי הגבהה וכבוד, כי גם זה אינו מאומה כי שוא כבוד המדומה, רק הכונה כי השפלה הוא הגבהת הנפש, שהנפש מתרוממת במעלתה אם היא משפלת עצמה לבקש חכמה. ומביא ראיה מדרך בני אדם שהמשפיל מעצמו זכה לכבוד, כי הכל יאהבו את האיש העניו. ואמר למעלן ולמטן כלומר מאיגרא רמא לבירא עמיקתא ממעלה למטה ממש: **הם מגביהים אותי כו'.** הכונה כי הכניע עצמו מול בית יהודה אחרי מלחמת אבשלום, כמו שנאמר (שמואל ב' יט, יב) ששלח אליהם למה תהיו אחרונים להשיב את המלך: **זה משה כו'.** כלומר מרמז לענין מעלת הנבואה, על ידי שהקטין עצמו בתחלה זכה לנבואה גדולה מאד, וזהו כמו שאמרו (ברכות ז, א) בשכר ויסתר, זכה לקלסתר פנים: **טירון היה משה.** פירשתי לעיל בפרשת שמות (ג, א) ענינו על דרך ציור עיין שם:

חידושי הרד"ל

[ה] **מי גרם לי לייראות את כל הארצות.** כן צריך לומר. פירוש, להיות כל הארצות יראים ממני, וכדכתיב בסיפיה דקרא דדברי הימים דמייתי, וה' נתן פחדו על כל וגו':

חידושי הרש"ש

[ה] **המגביהי לשבת כשאני מגביה כו'.** כאן משמע כפירוש המתנות כהונה לקמן בויקרא רבה פרשה א ה, ודלא כמו שהגהתי עליו שם (ד"ה וכן):

באור מהרי"פ

במתנות כהונה [בד"ה] בת המלך רמז לישראל. צריך עיון, דיותר נראה דבת המלך רומזת למשה כמובן מענין המשל והנמשל: **כבר אמרתי לך ושלחתי וגו'.** אציע לפניך מקראות המתיחסים לזה (שמות לג, יב - טו). ויאמר משה אל ה' ראה אתה אומר אלי העל את העם הזה ואתה לא הודעתני את אשר תשלח עמי ואתה אמרת ידעתיך בשם וגם מצאת חן בעיני. ועתה אם נא מצאתי חן בעיניך הודיעני נא את דרכיך ואדעך למען אמצא חן בעיניך וראה כי עמך הגוי הזה. ויאמר פני ילכו והניחותי לך. ויאמר אליו אם אין פניך הולכים אל תעלנו מזה. וצריך עיון, אחר שמלשון המדרש משמע שמאמר ושלחתי מלאך לפניך היה מוקדם למאמר משה ראה אתה אומר אלי, אם כן איך אמר משה ואתה לא הודעתני את אשר תשלח עמי, והוא כבר הודיע לו. ורש"י בחומש פירש לא הודעתני, אין זו הודעה שאין אני חפץ בו. ואולי יש לומר עוד, דמלת לא הודעתני פירושו לא חבבתני, על דרך כי ידעתיו למען אשר יצוה וגו', דפירושו כי חבבתיו, כלומר אין אני חפץ במלאך, ואף על פי כן השיבו הקב"ה כבר אמרתי לך ושלחתי מלאך לפניך. אך צריך עיון, דהא התשובה על ואתה לא הודעתני היתה פני ילכו, ואיך אמר המדרש דהתשובה היתה כבר אמרתי ושלחתי מלאך, היפך המפורש בתורה. וכתב בעל תולדות נח הארוך דעל צד הדוחק מוכרחין אנו לומר, דהאי פני ילכו הוא מלאך מטטרון הנקרא שר הפנים, ושמי בקרבו, ועל זה השיב משה למלאך אתה מוסרני אפילו למטטרון איני רוצה, אם אין פניך הולכים היינו עצמות השכינה, אל תעלנו מזה: [ה] **עלה הנה זה משה.** כוונתו לפרש בשביל ענוה שלו זכה לשלש, לא כמו נדב ואביהוא:

מסורת המדרש

יא. אבות דרבי נתן ריש פרק כ"ה. ויקרא רבה פ"א. תנחומא סדר ויקרא ס"א. ילקוט משלי רמז תתקס"א. ועיין ילקוט ויקרא רמז תכ"ז:
יב. שמות רבה פ"ג. כל הענין:

אם למקרא

כִּי טוֹב אֲמָר לְךָ עֲלֵה הֵנָּה מֵהַשְׁפִּילְךָ לִפְנֵי נָדִיב אֲשֶׁר רָאוּ עֵינֶיךָ: (משלי כה:ז)

מִי כַּה' אֱלֹהֵינוּ הַמַּגְבִּיהִי לָשָׁבֶת: (תהלים קיג:ה)

וַיֵּצֵא שֵׁם דָּוִיד בְּכָל הָאֲרָצוֹת וַה' נָתַן אֶת פַּחְדּוֹ עַל כָּל הַגּוֹיִם: (דברי הימים א יד:יז)

וַיֵּרָא מַלְאַךְ ה' אֵלָיו בְּלַבַּת אֵשׁ מִתּוֹךְ הַסְּנֶה וַיַּרְא וְהִנֵּה הַסְּנֶה בֹּעֵר בָּאֵשׁ וְהַסְּנֶה אֵינֶנּוּ אֻכָּל: (לעיל ג:ב)

ענף יוסף

(ד) **כבר אמרתי לך ושלחתי לפניך מלאך.** תימא והא אדרבה לשאלת ועתה לא הודעתני השיבו פני ילכו, ואפשר שהמדרש מפרש מאמר פני ילכו הוא מלאך מטטרון, ונקרא פני על שהוא שר הפנים ושמי בקרבו, ולזה השיב משה אם אין פניך הולכים, רצה לומר עצמות השכינה, אל תעלנו מזה, וזה שאמר אם למלאך אתה מוסרני אל תעלנו מזה, רצה לומר אפי למלאך מטטרון אל תעלנו (תולדות נח):

ידי משה

[ה] **טירון היה משה לנבואה.** פירש (רש"י) [של"ה (פרשת וארא תורה אור)] שהיה עוד נער לנבואה ולא היה רגיל בנביאות בעת הזאת עד כאן לשונו:

אמרי יושר

[ד] **אמר משה לא לכבודך בעסתי עליהם.** בתמיה, ראה אתה אומר אלי, שאתה מוותר כבודך, ואין לי אשם אם אשוב למחנה: **דבר אחר ראה אתה אומר אלי.** שאינך יכול להניחם:

מֶה עָשָׂה הַקָּדוֹשׁ בָּרוּךְ הוּא – What did the Holy One, blessed is He, do? **נִגְלָה עָלָיו בְּקוֹלוֹ שֶׁל אָבִיו – He appeared to [Moses] with the voice of his father.**[84] **אָמַר: בָּא אָבִי מִמִּצְרַיִם – [Moses] said, "My father has come from Egypt!"**[85] **אָמַר לוֹ: אֵינִי אָבִיךָ אֶלָּא "אֱלֹהֵי אָבִיךָ" – [God] said to him, "I am not your father, but *the God of your father*"** (ibid., v. 6).[86]

The Midrash cites a disagreement with regard to the end of the verse:[87]

"וַיַּסְתֵּר מֹשֶׁה פָּנָיו" – Scripture states, ***Moses hid his face,*** *for he was afraid to gaze toward God* (ibid.). **רַבִּי יְהוֹשֻׁעַ בֶּן קָרְחָה אָמַר: לֹא עָשָׂה מֹשֶׁה יָפֶה שֶׁהִסְתִּיר פָּנָיו – R' Yehoshua ben Korchah said: Moses did not act properly** in **that he hid his face,** **שֶׁאִלּוּלֵא שֶׁהִסְתִּיר פָּנָיו הָיָה מְגַלֶּה לוֹ הַקָּדוֹשׁ בָּרוּךְ הוּא מַה לְמַעְלָה וּמַה לְמַטָּה וּמֶה הָיָה וּמֶה עָתִיד לִהְיוֹת – for had he not hidden his face, the Holy One, blessed is He, would have revealed to him what is above, what is below, what was, and what will be in the future.**[88] **וּבָאַחֲרוֹנָה בִּקֵּשׁ לִרְאוֹת, שֶׁנֶּאֱמַר "הַרְאֵנִי נָא אֶת כְּבֹדֶךָ" – Later, [Moses] wished to see,** i.e., to comprehend those matters, **as it is stated** in our verse, ***"Show me now Your glory."***[89] **אָמַר לוֹ הַקָּדוֹשׁ בָּרוּךְ הוּא: כְּשֶׁבִּקַּשְׁתִּי לֹא בִקַּשְׁתָּ, עַכְשָׁיו שֶׁבִּקַּשְׁתָּ אֵינִי מְבַקֵּשׁ – The Holy One, blessed is He, said to [Moses], "When I wished** to reveal My glory to you, **you did not wish** to see it. **Now that you wish** to see it, **I do not wish** to reveal it to you."[90]

Before citing the dissenting opinion, the Midrash cites a comment regarding the consequences of Moses' actions:[91]

אָמַר רַבִּי יְהוֹשֻׁעַ דְּסִכְנִין בְּשֵׁם רַבִּי לֵוִי: אַף עַל פִּי כֵן הֶרְאָה לוֹ שָׁלֹשׁ – R' Yehoshua of Sichnin said in the name of R' Levi: Nevertheless, [God] did show [Moses] three things that he merited as a reward.[92] **בִּשְׂכַר שָׁלֹשׁ זָכָה לְשָׁלֹשׁ – In reward for three** things that Moses did at that time, **he merited three** things:[93] **בִּשְׂכַר "וַיַּסְתֵּר" – In reward for** that which it states, *Moses **hid** his face,* **"וְדִבֶּר ה' אֶל מֹשֶׁה וְגוֹ'"** – he merited that which it states, ***HASHEM would speak to Moses*** *face-to-face as a man would speak with his fellow* (ibid. 33:11).[94] **בִּשְׂכַר "כִּי יָרֵא" – In reward for** that which it states, ***for he was afraid,*** **"וַיִּירְאוּ מִגֶּשֶׁת אֵלָיו"** – he merited that which it states, *Aaron and all the Children of Israel saw Moses, and behold! – the skin of his face had become radiant;* ***and they feared to approach him*** (ibid. 34:30).[95]

NOTES

84. This way Moses would respond even to a low voice out of honor for his father (ibid.).

85. See *Rashash* and *Eitz Yosef*; see, however, *Matnos Kehunah*.

86. As it states there, *And He said, "I am the God of your father, the God of Abraham, the God of Isaac, and the God of Jacob."* Why did He mention Moses' father before the Patriarchs? The Midrash deduces from there that the mention of Moses' father must have been due to the fact that initially Moses thought that it was his father speaking (*Yefeh To'ar* to 3 §1 above, s.v. איני וכו').

Yefeh To'ar (to our Midrash, first explanation) explains that the Midrash cited this teaching to explain the *Proverbs* verse cited above. The Midrash understands the verse as addressing Moses, and saying, *For it is better that it should be said to you, "Come up here,"* i.e., it is better to begin with a lesser level of prophecy and gradually rise from there, *than that you should be demoted*, i.e., than beginning with a level of prophecy that you will be unable to withstand and thereby be cast down, and it is for that reason that you were introduced to prophecy by hearing God's voice as though you were standing *before the prince whom your eyes have seen*, i.e., your father.

87. Which will lead to other explanations of the *Proverbs* verse (see the end of notes 90 and 98).

88. The Mishnah (*Chagigah* 11b) forbids delving into what is above, what is below, what is before, and what is after. The *Yerushalmi* (ibid. 2:1) explains that "what is above and what is below" refers to what is above the heavens and what is below the depths, and "what is before" refers to what was prior to Creation. *Tosefta* (ibid. 2:3), cited by *Tosafos* to the Mishnah ibid., likewise states that "what is before and what is after" refers to what was and what will be in the future (subsequent to the end of the world – see *Rabbeinu Yehonasan MiLunel* ad loc.). [For further elaboration regarding the meaning of these concepts, see Schottenstein ed. of *Chagigah* ibid. notes 7-8.] Our Midrash supports this understanding of the Mishnah (*Yefeh To'ar* ibid. s.v. ומה וכו').

One is forbidden to delve into these matters because since they are beyond the perception of most humans, one who delves into them, instead of comprehending them, will lose his ability to properly comprehend the truth and will err in matters of faith (*Moreh Nevuchim* 1:32). [See Schottenstein ed. loc. cit. note 7.] However, as *Yefeh To'ar* (ibid., s.v. עכשיו וכו') explains, they are not categorically impossible for man to understand; rather, God does not wish that man should comprehend them. However, Moses would have been permitted to do so had he seized the opportunity.

89. At first, Moses was not accustomed to prophecy, and therefore he hid his face and did not wish to see. Later, when he had become accustomed to prophecy, he asked God to show him His glory (*Eitz Yosef* to 3 §1 above, from *Toldos Noach*).

Our Midrash is of the opinion that when Moses requested to see God's glory, he was not actually requesting to perceive God's essence, for it is inconceivable that Moses would ask for the impossible. Rather, he was requesting to perceive that which God had intended to show him earlier, that is, what is above, etc. (*Yefeh To'ar* at the beginning of this section). [For further discussion of exactly what it was that Moses wished to see, see *Rambam, Hil. Yesodei HaTorah* 1:10 and *Derashos HaRan* §4; see also *Yefeh To'ar* to 3 §1 above, s.v. לא יפה וכו' and s.v. יפה וכו'.]

90. As is states, *"You will not be able to see My face."* Initially, Moses could have seen God's glory because the Jews were then on a lofty spiritual level and all the gates of mercy and favor were open. After the Jews sinned, however, the gates were closed and Moses was prevented from having this perception (*Toldos Noach* to 3 §1 above, s.v. עכשיו וכו').

Accordingly, God's reply, *"You will not be able to see My face, for no human shall see Me and live,"* does not mean that it is impossible to do so. Rather it means that God will no longer allow Moses (or any man) to do so. From the fact that it states *for no man **shall** see Me*, in the future tense, the Midrash deduces that at one time God would have allowed Moses to have this perception (*Eitz Yosef* to 3 §1 above).

According to this opinion, the *Proverbs* verse cited above is understood as follows: *For it is better that it should be said to you, "Come up here,"* i.e., it would have been better to allow yourself to be promoted to the level of seeing what is above, etc., *than that you demote yourself before the prince*, i.e., that you demote yourself before the Divine Presence, *which your eyes saw*, i.e., you hid your face when you saw the Divine Presence and consequently were not promoted when you wished to be (*Eitz Yosef*, from *Yefeh To'ar*).

91. See the following note.

92. The Gemara (*Berachos* 7a) states that this statement is conflicting with that of R' Yehoshua ben Korchah, who stated that Moses acted improperly. The commentaries to 3 §1 above argue as to whether our Midrash agrees with this statement. *Yefeh To'ar*, cited by *Eitz Yosef*, states that the Midrash agrees that R' Yehoshua of Sichnin means that Moses acted properly. Accordingly, the expression "nevertheless" means that although Moses did not merit having his request granted, he nevertheless merited to see three things, because he indeed acted properly, as the Midrash will soon quote in the second opinion. However, *Toldos Noach*, cited by *Beur Maharif*, *Eshed HaNechalim*, *Maharzu*, and *Eitz Yosef* (first explanation), explains that the expression "nevertheless" means that although Moses had not acted properly, since he acted with good intent God rewarded him. Accordingly, our Midrash disagrees with the Gemara.

93. As the Midrash will explain, the verse cited above, *Moses hid his face, for he was afraid to gaze toward God*, contains three things that Moses did.

94. I.e., there were no intermediaries involved in Moses' prophecy (*Yefeh To'ar* to 3 §1 above, based on *Targum* to the verse).

The Gemara (*Berachos* ibid.) cites the first thing that Moses merited differently; see *Yefeh To'ar* ibid. for a discussion of the difference between the Gemara and the Midrash.

95. In addition to meriting a reward for hiding his face, Moses merited a reward for the fear of God that prompted him to do so (ibid.).

מֶה עָשָׂה הַקָּדוֹשׁ בָּרוּךְ הוּא, נִגְלָה [יג]עָלָיו בְּקוֹלוֹ שֶׁל אָבִיו, אָמַר: בָּא אָבִי מִמִּצְרַיִם, אָמַר לוֹ: אֵינִי אָבִיךָ אֶלָּא (שם שם ו) "אֱלֹהֵי אָבִיךָ", (שם) "וַיַּסְתֵּר מֹשֶׁה פָּנָיו", רַבִּי יְהוֹשֻׁעַ בֶּן קָרְחָה אָמַר: לֹא עָשָׂה מֹשֶׁה יָפֶה שֶׁהִסְתִּיר פָּנָיו, שֶׁאִלּוּלֵא שֶׁהִסְתִּיר פָּנָיו הָיָה מְגַלֶּה לוֹ הַקָּדוֹשׁ בָּרוּךְ הוּא מַה לְּמַעְלָה וּמַה לְּמַטָּה וּמֶה הָיָה וּמֶה עָתִיד לִהְיוֹת, וּבָאַחֲרוֹנָה בִּקֵּשׁ לִרְאוֹת, שֶׁנֶּאֱמַר [לג, יח] "הַרְאֵנִי נָא אֶת כְּבֹדֶךָ", [יד]אָמַר לוֹ הַקָּדוֹשׁ בָּרוּךְ הוּא: כְּשֶׁבִּקַּשְׁתִּי לֹא בִקַּשְׁתָּ, עַכְשָׁיו שֶׁבִּקַּשְׁתָּ אֵינִי מְבַקֵּשׁ, אָמַר רַבִּי יְהוֹשֻׁעַ דְּסִכְנִין בְּשֵׁם רַבִּי לֵוִי: אַף עַל פִּי כֵן הֶרְאָה לוֹ שָׁלֹשׁ, [טו]בִּשְׂכַר שָׁלֹשׁ זָכָה לְשָׁלֹשׁ, בִּשְׂכַר (לעיל ג, ו) "וַיַּסְתֵּר", [לג, יא] "וְדִבֶּר ה' אֶל מֹשֶׁה וְגוֹ'", בִּשְׂכַר (לעיל ג, ו) "כִּי יָרֵא", [לד, ל] "וַיִּירְאוּ מִגֶּשֶׁת אֵלָיו", בִּשְׂכַר (לעיל ג, ו) "מֵהַבִּיט", (במדבר יב, ח) "וּתְמֻנַת ה' יַבִּיט", רַבִּי הוֹשַׁעְיָא רַבָּה אָמַר: כָּבוֹד גָּדוֹל עָשָׂה מֹשֶׁה שֶׁהִסְתִּיר פָּנָיו, אֲבָל נָדָב וַאֲבִיהוּא פָּרְעוּ רָאשֵׁיהֶן וְזָנוּ עֵינֵיהֶן מִן הַשְּׁכִינָה, שֶׁנֶּאֱמַר (לעיל כד, יא) "וְאֶל אֲצִילֵי בְּנֵי יִשְׂרָאֵל לֹא שָׁלַח יָדוֹ", דָּבָר אַחֵר, [לג, יח] "וַיֹּאמַר הַרְאֵנִי נָא אֶת כְּבֹדֶךָ", נִתְאַוָּה לַעֲמוֹד עַל מַתַּן שְׂכָרָן שֶׁל צַדִּיקִים וְשַׁלְוָתָן שֶׁל רְשָׁעִים, וּמִנַּיִן שֶׁמַּתַּן שְׂכָרָן שֶׁל צַדִּיקִים נִקְרָא כָּבוֹד, שֶׁנֶּאֱמַר (משלי ג, לה) "כָּבוֹד חֲכָמִים יִנְחָלוּ", וְכֵן הוּא אוֹמֵר (ישעיה כד, כג) "וְנֶגֶד זְקֵנָיו כָּבוֹד", וּמִנַּיִן שֶׁשַּׁלְוָתָן שֶׁל רְשָׁעִים נִקְרָא כָּבוֹד, שֶׁנֶּאֱמַר (תהלים עג, כד) "וְאַחַר כָּבוֹד תִּקָּחֵנִי",

עץ יוסף

בא אבי ממצרים. לעיל פרשה ג' משמע שסבור שאמת שהיה אביו, וכן בתנחומא באותה שעה שמח משה ואמר עוד אבי עמרם חי: **לא עשה משה יפה כו'.** ולפי זה יהיה פירוש כי טוב אמר לך כו', טוב היה לך יותר שיאמר לך עלה, והיינו לראות מה למעלה ומה למטה, (וזה מרומז במלת עלה), ממה שהשפלת עצמך לפני נדיב אשר ראו עיניך, והיינו מראה השכינה שהסתרת פניך ממנו, והשפלת עצמך מראות, ועל כן לא נתעלית לדעת מה למעלה ומה למטה (יפה תואר): **כבוד גדול עשה משה שהסתיר פניו.** מפרש כי הטוב והוא מה שנאמר לך עלה הנה (הוא בא לך) מהשפילך כלומר שהשפלת עצמך, ופירוש מה העליה שנאמר לו, ואמר אשר ראו עיניך, והיינו שתמונת ה' יביט (יפה תואר): **בשכר שלש זכה לשלשה.** עיין לעיל פרשה ג': **אבל נדב ואביהוא הלשון קצר.** ולעיל פרשה ג' איתא כתקונו עיין שם: **לא שלח ידו.** ומסיים בויקרא רבה פרשה כ', מכאן שהיו ראויים להשלחת יד על מה שזנו עיניהם מן השכינה עיין שם: [ו] **נתאוה לעמוד על מתן שכרן של צדיקים ושלותן של רשעים.** הוא מאמר דמסכת ברכות (ז, א) מפני מה יש צדיק וטוב לו צדיק ורע לו רשע וטוב לו רשע ורע לו, והמדרש תפס לשון קצר, ועיין ביפה תואר שמאריך בזה: **נקרא כבוד.** וכנוי ככבוד להורות על הפועל כי ה' משפיע להם הכבוד: **שנאמר כבוד חכמים ינחלו.** ומשמע ליה דהיינו שכר הצדיקים דלעתיד, שהוא נחלת עולם ודבר המתקיים, מה שאין כן כבוד עולם הזה, שאינו דבר המתקיים רק כבוד מדומה לפי שעה, ומסבות מתהפך רואיו יאמרו איו, וכן ונגד זקניו כבוד מיירי בכבוד לעתיד:

פירוש מהרז"ו

רבי יהושע בן קרחה אמר. גם כן לעיל שם. ועיין עוד ויקרא רבה פרשה כ סוף סימן י"א. והדרשה שפתח רבי תנחומא כי טוב, הוא לדברי רבי יהושע דסכנין בסמוך, שזכה לשלש, וכן הוא בהדיא ויקרא רבה פרשה א' שם: **בשכר ויסתר.** משה פניו, זכה ודיבר ה' אל משה פנים אל פנים, על פי מדת מנגד וממעל: **פרעו ראשיהן.** פירוש שלא התנהגו בצניעות כראוי, כמו שכתוב (שמות כד, יא) ויחזו את האלהים ויאכלו וישתו. ויתכן שמה שאמר פרעו ראשיהן, מדכתיב מיד אחר מיתתם (ויקרא י, ו) ראשיכם אל תפרעו וגו' ולא תמותו, הרי שהם פרעו ראשיהם, היינו בעת ויחזו הנ"ל, שהקלו ראשם: **לא שלח ידו.** ויחזו את האלהים וגו', על שחזו היו ראויים שישלח בהם יד: **ואחר כבוד תקחני.** אחר שיכלה כבוד של שונאי אז תקחני, וכמו שדרשו פסיקתא סוף פרשה כ"ג, הובא ילקוט תהלים ע"ג, עיין שם ותבין כאן, וכתוב אחריו מי לי בשמים. וכמו שאמרו ויקרא רבה סוף פרשה ג, עיין מה שכתבתי שם. ועיין זכריה ב' י"ב ודו"ק. ולדרשה זו לא ביקש משה כלל לראות מראה כבודו, ומה זה שהשיב לו לא תוכל לראות את פני, היה לו לומר את כבודי, כמו שביקש, על כן דורש שמה שכתוב את פני, היינו פני כבודו, שדרש כבודך על שלות רשעים בעולם הזה, ושכר לצדיקים בעולם הבא, והשיב לו וראית אחורי, היינו מתן שכרן של צדיקים בעולם הבא, שיהיה באחור וסוף הזמן, לא את שכר שלותן של רשעים בעולם הזה, וזהו ופני לא יראו בעולם הזה, בקדימת הזמן ופניה, וכמו שכתוב בסימן הסמוך בהדיא:

מתנות כהונה

בא אבי. לשון תמיה וכי בא אבי ממצרים: **בשכר ויסתר וידבר כו'.** סיפיה דקרא פנים אל פנים נגד ויסתר משה פניו ועיין לעיל פרשה ג': **וייראו מגשת.** עיין לקמן בויקרא רבה פרשה כ': **כבוד גדול עשה משה כו'.** עיין לעיל פרשה ג' מהו הכבוד: **ואביהוא** גרסינן:

אשד הנחלים

לא עשה משה יפה שהסתיר פניו שאלולי כו' הראה לו. הדבר הזה לכאורה דברים סותרים, בתחלה אמר שלא יפה עשה, ואחר כך אמר הראה לו שלש בשכר שלש, ובאמת בברכות (שם) הוא מחלוקת בדבר. וגם יקשה שבתחלה חשב למעלה שבזכות השפלה זכה להגבהה, ואחר כך הביא דעת רבי יהושע בן קרחה להיפך. ואשר נראה לי על דרך ההתבוננות האמיתי, כי הנה מטבע האדם בעת שמגיע למדרגת הנבואה תאחזהו תשוקה נפלאה לראות בהמחזה, כי היא נעימה מאד ואין תענוג למעלה ממנה, אך לעומת זה ימצא שפלות והכנעה בלב האדם, כי מי הוא שיזכה לזה, והנה אצילי בני ישראל מרוב תשוקתם הבוערת בקרבם, פרעו ראשיהם והסירו היראה מלבם, כי התשוקה העבירה היראה, אך משה אבי הענוים ענותו ויראתו הטהורה מנעו מהתשוקה הזאת, וזה נחשב למעלה, וזהו בשכר ויסתר זכה לקלסתר פנים, כי זכה מה שלא זכה שום אדם אליה, אך עם כל זה יש מדרגה עוד רמה ממנה שלא ייראו מאומה מהבטת המחזה, והוא כי עיקר היראה באה מעטיפת הנפש האחוזה בחומר, כי הנפש לבדה לא שייך בה יראה, כי אם לדבר נעלה ממדרגתה, ולולי היה משה במדרגה הזאת, אז היה זוכה גם לראיית פנים, וזהו **כשבקשתי לא בקשת**, כלומר מפני שלא היה זאת בכחך, ולכן גם עתה אין זאת בכחך ולכן לא בקשתי, אבל אין לפרש שהוא דרך עונש לבד דהרי נחשב לשכר, והבן זה מאד, ובספרי הדרשות הארכתי בזה בגדרו האמיתי: **שלח ידו.** וכתיב בסוף ויחזו את האלהים ויאכלו גו', ומתרגמינן כאלו אכלו ושתו, והכונה בלי יראה והכנעה, כי נפרצה בלבם התשוקה הזאת עד שהעביר הפחד והמורא מלבם: **לעמוד על מתן שכרן כו'.** לא יתכן כפשוטו ראית הכבוד והשגת עצמותו יתברך, כי זה מהנמנעות ואיך יבקש דבר הנמנע, וגם מה שייך הבקשה הזאת לפה. ולכן מפרשים על מתן שכרן של צדיקים ושלותן של רשעים, שזהו לדעת ההנהגה העליונה וסתרה, וזהו אחר שראה הנהגת ה' עם ישראל עם קרובו, ונשיאת העון מהר, ביקש לדעת כל פרטי סדרי ההנהגה העליונה. והנה ארמוז מעט על ראשי הדברים בקצרה בכדי שיבוארו דברי המדרש עד סוף הפרשה בבחינת פשט דברי הכתוב, הנה הנפש הזכה שכרה הנצחית שתתענג מנועם ה' והשגתו יתברך, ובכל עת שהנפש מעוטפת בחמרה, אי אפשר לה לצייר איכות התענוג ההוא, כמו שכתב הרמב"ם ז"ל, והנה הנביאים מפני היותם מתבודדים ומופשטים מחמרם, יש להם קצת ציור והרגשה מזה אך לא בשלימות, ולכן אי אפשר להם להרגיש פרטי הבדלי מעשי המצות במה יבדל שכר הנפש והזדככותה, וזה אשר ביקש משה אבי הנביאים בעת ההיא, ועוד בקש לדעת סיבת שלותן של רשעים, המכונה במלת פנים [שהוא רחמים כטעם ישא ה' פניו אליך], כמו נשיאת פנים אף למי שאינו ראוי, שזה מן מניעת הידיעה לדעת פרטי ההשגחה העליונה, וזה לא נתגלה לו איך הוא מתנת חנם אחר שההנהגה העליונה שופטת כפי המעשה. והנה הסעודה הוא שֵם מכונה על התענוג בכלל מה שהכינו ממעשי המצות בעולם הזה זה השיג משה, אבל מתן השכר מה שניתוסף שמה השגה וזהר לנפש, זה לא ישיג משה, ודי בזה, ועיין מדרש קהלת שמה ביארתי:

חידושי הרש"ש

אמר בא אבי ממצרים. לעיל פרשה ג א, משמע שהיה סבור באמת שהיה אביו שנאמר שם הנני מה אבי מבקש, וכן בתנחומא שם מבואר יותר, וזה לשונו באותה שעה שמח משה ואמר עוד אבי עמרם חי, וזה דלא כמתנות כהונה. ועיין בבבא בתרא (קכא, ב) דאיתא שם דעמרם ראה את יעקב, ואם כן בשנת עשרים וארבע למשה ודאי כבר מת, ולפי זה פליגא על הא דאיתא לעיל סוף סדר ויחי דמשה עשה בפלטין של פרעה ארבעים שנה, וסבירא ליה כמאן דאמר לעיל פרשה א (סימן כז) בפסוק ויגדל משה, ובפסוק מי שמך (סימן ל) דבן עשרים שנה היה, או כרבי חמא בריש פרשה ה ב, דבן שנים עשרה שנה היה: **ודבר ה' אל משה** כן צריך לומר: **ומנין ששלותן של רשעים נקרא כבוד שנאמר ואחר כבוד תקחני.** מפרשו כפי הפירוש שמאנו רש"י שם (תהלים עג, כד) מחמת נגינת הטעם, עיין שם:

באור מהרי"פ

הכי גרסינן **בשכר ויסתר ודבר ה' אל משה פנים אל פנים: ואחר כבוד תקחני.** אולי כוונתו מפני שכל המזמור מדבר בשלות הרשעים, ולזה אמר דוד בעצתך תנחני ואחר כבוד, פירוש אחר תשלום כבוד של הרשעים תקחני אליך:

אמרי יושר

[ה] **לא הוכל לראות פני שלותן של רשעים.** אבל תראה אחורי דהיינו מתן שכרן. **רבי יוסי** (סימן ו) פליג ואמר, הסעודה הראהו הנועם הכולל לכולם, אבל מתן שכרן הנפרט מתנה מיוחדת לכל אחד לא הראה לו. ובמדרש אחר אמרו (ברכות לד, ב) דיין המשומר בענביו לא הראה לו, ואם כן חלק פרטי מהסעודה גם כן לא הראה לו, ורבי יוסי הרגיש כי כתיב וראית את אחורי, וכתיב אשר צפנת ליראיך, אלא כאן לסעודה כאן למתן שכרן:

מסורת המדרש

יג. תנחומא סדר שמות סימן י"ט כל הענין:

יד. ברכות דף ז'. ילקוט סדר שמות רמז קע"א:

טו. ויקרא רבה פרשה כ'. במדבר רבה פרשה ב'. תנחומא סדר אחרי סימן ו'. פסיקתא דרב כהנא פסקא כ"ז. ילקוט סדר שמיני רמז תקכ"ד:

אם למקרא

וַיֹּאמֶר אָנֹכִי אֱלֹהֵי אָבִיךָ אֱלֹהֵי אַבְרָהָם אֱלֹהֵי יִצְחָק וֵאלֹהֵי יַעֲקֹב וַיַּסְתֵּר מֹשֶׁה פָּנָיו כִּי יָרֵא מֵהַבִּיט אֶל הָאֱלֹהִים: (שם שם ו)

פֶּה אֶל פֶּה אֲדַבֶּר בּוֹ וּמַרְאֶה וְלֹא בְחִידֹת וּתְמֻנַת ה' יַבִּיט וּמַדּוּעַ לֹא יְרֵאתֶם לְדַבֵּר בְּעַבְדִּי בְמֹשֶׁה: (במדבר יב:ח)

כָּבוֹד חֲכָמִים יִנְחָלוּ וּכְסִילִים מֵרִים קָלוֹן: (משלי ג:לה)

וְחָפְרָה הַלְּבָנָה וּבוֹשָׁה הַחַמָּה כִּי מָלַךְ ה' צְבָאוֹת בְּהַר צִיּוֹן וּבִירוּשָׁלַם וְנֶגֶד זְקֵנָיו כָּבוֹד: (ישעיה כד:כג)

בַּעֲצָתְךָ תַנְחֵנִי וְאַחַר כָּבוֹד תִּקָּחֵנִי: (תהלים עג:כד)

ענף יוסף

(ה) **כבוד גדול עשה משה כו'.** לעיל ריש פרשה ג' איתא רבי הושעיא רבה אמר יפה עשה משה שהסתיר פניו, ואולי גם כאן טוב היה להגיה כבוד גדול נחל משה, או עשה (הקב"ה) למשה וכדמסיים שם רבי הושעיא אני באתי להראות לך פנים כו', חייך שאתה עתיד להיות אצלי ארבעים יום כו', וליהנות מזיו השכינה:

שינוי נוסחאות

(ה) **בשכר "ויסתר", "ודבר ה' אל משה וגו' ".** בכל הספרים כתוב בפסוק השני "וידבר ה' אל משה וגו'", אבל ברור שכוונת המדרש לפסוק שכתוב בו "פנים אל פנים" (ע' מ"כ), והוא מתחיל "ודבר ה' אל משה":

בִּשְׂכַר "מֵהַבִּיט" – **In reward for** that which it states, ***to gaze toward God,***[96] "וּתְמֻנַת ה' יַבִּיט" – he merited that which it states, ***At the image of HASHEM does he gaze*** (*Numbers* 12:8).[97]

The Midrash cites the second opinion:

רַבִּי הוֹשַׁעְיָא רַבָּה אָמַר: כָּבוֹד גָּדוֹל עָשָׂה מֹשֶׁה שֶׁהִסְתִּיר פָּנָיו – **R' Hoshaya the Great said: Moses attained a great honor** for himself in **that he hid his face.**[98] אֲבָל נָדָב וַאֲבִיהוּא פָּרְעוּ רָאשֵׁיהֶן וְזָנוּ עֵינֵיהֶן מִן הַשְּׁכִינָה – **By contrast, Nadab and Abihu,** upon seeing the Divine Presence, **uncovered their heads and feasted their eyes on the Divine Presence,**[99] שֶׁנֶּאֱמַר "וְאֶל אֲצִילֵי בְּנֵי יִשְׂרָאֵל לֹא שָׁלַח יָדוֹ" – **as it is stated, *Against the great men of the Children of Israel, He did not stretch out His hand*** – *they gazed at God, yet they ate and drank* (above, 24:11).[100]

The Midrash now presents an alternative explanation for what it was that Moses asked God to show him:

דָּבָר אַחֵר – **Another explanation:** "וַיֹּאמַר הַרְאֵנִי נָא אֶת כְּבֹדֶךָ" – The verse states, ***He said, "Show me now Your glory."*** נִתְאַוָּה לַעֲמוֹד עַל מַתַּן שְׂכָרָן שֶׁל צַדִּיקִים וְשַׁלְוָתָן שֶׁל רְשָׁעִים – Meaning: **[Moses] desired to understand the reward given to the righteous and the tranquility of the wicked.**[101] וּמִנַּיִן שֶׁמַּתַּן שְׂכָרָן שֶׁל צַדִּיקִים נִקְרָא כָּבוֹד – **And from where** do we know **that the reward given to the righteous is called "glory"?** שֶׁנֶּאֱמַר "כָּבוֹד חֲכָמִים יִנְחָלוּ" – **For it is stated, *The wise inherit glory*** (*Proverbs* 3:35),[102] וְכֵן הוּא אוֹמֵר "וְנֶגֶד זְקֵנָיו כָּבוֹד" – **and it also states, *And there will be glory for His elders*** (*Isaiah* 24:23).[103] וּמִנַּיִן שֶׁשַּׁלְוָתָן שֶׁל רְשָׁעִים נִקְרָא כָּבוֹד – **And from where** do we know **that the tranquility of the wicked is called "glory"?** שֶׁנֶּאֱמַר "וְאַחַר כָּבוֹד תִּקָּחֵנִי" – **For it is stated, *And after [their] glory, You shall take me*** (*Psalms* 73:24).[104]

NOTES

96. I.e., not only did Moses not gaze directly at the Divine Presence, he even restrained himself from gazing at the surrounding area lest he be brought to gaze at the Divine Presence. This is alluded to in Scripture's use of the phrase מֵהַבִּיט אֶל הָאֱלֹהִים, *to gaze toward God*, rather than בָּאֱלֹהִים, at God (ibid.).

97. This verse refers to that which God said to Moses at the end of our Scriptural passage (33:23): *And you will see My back* (*Eitz Yosef* to 3 §1 above, citing *Rashi* to *Berachos* 7a s.v. ותמונת וכו' from *Sifrei* to the *Numbers* verse).

98. See 3 §1 above, where the Midrash cites R' Hoshaya as stating explicitly that Moses acted properly. The Midrash there (cited partially by *Anaf Yosef*) also explains the honor that Moses merited; that is, first, he merited being on Mount Sinai for forty days and forty nights without food or drink, and second, he benefited from the Divine Presence, as it states (below, 34:29), *Moses did not know that the skin of his face had become radiant when He had spoken to him* (see *Matnos Kehunah*).

According to this opinion, the *Proverbs* verse is understood as follows: *For the good* that you attained, *that it was said to you, "Come up here,"* i.e., that which God promoted you, came *from your humbling yourself before the prince*. What was this promotion? It was *that your eyes saw*, i.e., that which is written in the verse cited above (*Numbers* 12:8), *At the image of HASHEM does he gaze* (*Eitz Yosef,* from *Yefeh To'ar*).

99. This means that Nadab and Abihu raised their heads in order to see as much as possible (*Eitz Yosef* to 3 §1 above, from *Yefeh To'ar*). Alternatively, "they uncovered their heads" is understood literally, i.e., they did not show the proper awe and respect (*Maharzu*).

100. This verse refers to Nadab and Abihu at Mount Sinai. The conclusion of the verse does not mean that they were actually eating, but rather refers to their feasting their eyes on the Divine Presence. Scripture states that God *did not stretch out His hand* against them, for they were indeed deserving of punishment (*Vayikra Rabbah* 20 §10, cited partially by *Eitz Yosef*; see the Midrash there).

R' Hoshaya cites this contrast to corroborate his opinion that Moses acted properly, for we see that he merited a reward for his actions, while Nadab and Abihu, who behaved in the opposite manner, did not merit anything for their actions, as the Midrash in 3 §1 above concludes (*Eitz Yosef* ad loc.).

101. Moses wished to understand the reason for the tranquility of the wicked and the suffering of the righteous in this world, and he wished to see the reward of the righteous and the punishment of the wicked in the Next World (*Radal*, based on *Sifrei* to *Numbers* 12:8 and *Avos DeRabbi Nassan* 25:1; see the next section at note 107).

According to the Gemara (*Berachos* 7a), Moses' earlier request (v. 13), *"Make Your way known to me,"* in this world was a request to understand why some righteous people enjoy tranquility while others suffer, and why some wicked people suffer while others enjoy tranquility. Our Midrash is of the opinion that *this* verse also contains this request (*Yefeh To'ar*; see there for a discussion of the repetition of the request and the difference between the way the Gemara and the Midrash cite this request).

102. The Midrash understands that this refers to glory in the World to Come, for honor in this world does not last (*Eitz Yosef*).

103. This verse, too, speaks of the future (ibid.).

Moses referred to this glory as *Your glory* since it is God Who bestows it upon the righteous (ibid.).

104. *Psalms* Ch. 73 until this point speaks of the tranquility of the wicked. In this vein, the Midrash understands this verse to mean that after the wicked have finished receiving their glory, i.e., their tranquility, in this world, God will bring Israel close to Him [see first explanation cited by *Rashi* to the verse] (*Beur Maharif*; *Maharzu*; see *Rashash*, and *Eitz Yosef,* from *Yefeh To'ar*).

מֶה עָשָׂה הַקָּדוֹשׁ בָּרוּךְ הוּא, נִגְלָה [יג] עָלָיו בְּקוֹלוֹ שֶׁל אָבִיו, אָמַר: בָּא אָבִי מִמִּצְרַיִם, אָמַר לוֹ: אֵינִי אָבִיךָ אֶלָּא (שם שם ו) "אֱלֹהֵי אָבִיךָ", (שם) "וַיַּסְתֵּר מֹשֶׁה פָּנָיו", רַבִּי יְהוֹשֻׁעַ בֶּן קָרְחָה אָמַר: לֹא עָשָׂה מֹשֶׁה יָפֶה שֶׁהִסְתִּיר פָּנָיו, שֶׁאִלּוּלֵא שֶׁהִסְתִּיר פָּנָיו הָיָה מְגַלֶּה לוֹ הַקָּדוֹשׁ בָּרוּךְ הוּא מַה לְּמַעְלָה וּמַה לְּמַטָּה וּמֶה הָיָה וּמֶה עָתִיד לִהְיוֹת, וּבָאַחֲרוֹנָה בִּקֵּשׁ לִרְאוֹת, שֶׁנֶּאֱמַר [לג, יח] "הַרְאֵנִי נָא אֶת כְּבֹדֶךָ", [יד] אָמַר לוֹ הַקָּדוֹשׁ בָּרוּךְ הוּא: כְּשֶׁבִּקַּשְׁתִּי לֹא בִקַּשְׁתָּ, עַכְשָׁיו שֶׁבִּקַּשְׁתָּ אֵינִי מְבַקֵּשׁ, אָמַר רַבִּי יְהוֹשֻׁעַ דְּסִכְנִין בְּשֵׁם רַבִּי לֵוִי: אַף עַל פִּי כֵן הֶרְאָה לוֹ שָׁלֹשׁ, [טו] בִּשְׂכַר שָׁלֹשׁ זָכָה לְשָׁלֹשׁ, בִּשְׂכַר (לעיל ג, ו) "וַיַּסְתֵּר", [לג, יא] "וְדִבֶּר ה' אֶל מֹשֶׁה וְגוֹ'", בִּשְׂכַר (לעיל ג, ו) "כִּי יָרֵא", [לד, ל] "וַיִּירְאוּ מִגֶּשֶׁת אֵלָיו", בִּשְׂכַר (לעיל ג, ו) "מֵהַבִּיט", (במדבר יב, ח) "וּתְמֻנַת ה' יַבִּיט", רַבִּי הוֹשַׁעְיָא רַבָּה אָמַר: כָּבוֹד גָּדוֹל עָשָׂה מֹשֶׁה שֶׁהִסְתִּיר פָּנָיו, אֲבָל נָדָב וַאֲבִיהוּא פָּרְעוּ רָאשֵׁיהֶן וְזָנוּ עֵינֵיהֶן מִן הַשְּׁכִינָה, שֶׁנֶּאֱמַר (לעיל כד, יא) "וְאֶל אֲצִילֵי בְּנֵי יִשְׂרָאֵל לֹא שָׁלַח יָדוֹ", דָּבָר אַחֵר, [לג, יח] "וַיֹּאמַר הַרְאֵנִי נָא אֶת כְּבֹדֶךָ", נִתְאַוָּה לַעֲמוֹד עַל מַתַּן שְׂכָרָן שֶׁל צַדִּיקִים וְשַׁלְוָתָן שֶׁל רְשָׁעִים, וּמִנַּיִן שֶׁמַּתַּן שְׂכָרָן שֶׁל צַדִּיקִים נִקְרָא כָּבוֹד, שֶׁנֶּאֱמַר (משלי ג, לה) "כָּבוֹד חֲכָמִים יִנְחָלוּ", וְכֵן הוּא אוֹמֵר (ישעיה כד, כג) "וְנֶגֶד זְקֵנָיו כָּבוֹד", וּמִנַּיִן שֶׁשַּׁלְוָתָן שֶׁל רְשָׁעִים נִקְרָא כָּבוֹד, שֶׁנֶּאֱמַר (תהלים עג, כד) "וְאַחַר כָּבוֹד תִּקָּחֵנִי",

עץ יוסף

בא אבי ממצרים. לעיל פרשה ג' משמע שסבור באמת שהיה אביו, וכן בתנחומא באותה שעה שמח משה ואמר עוד אבי עמרם חי: **לא עשה משה יפה כו'.** ולפי זה יהיה פירוש כי טוב אמר לך כו', טוב היה לך יותר שיאמר לך עלה, והיינו לראות מה למעלה ומה למטה, (וזה מרומז במלת עלה), ממה שהשפלת עצמך לפני נדיב אשר ראו עיניך, והיינו מראה השכינה שהסתרת פניך ממנו, והשפלת עצמך מראות, ועל כן לא נתעלית לדעת מה למעלה ומה למטה (יפה תואר): **כבוד גדול עשה משה שהסתיר פניו.** מפרש כי הטוב והוא מה שנאמר לך עלה הנה (הוא בא לך) מהשפילך כלומר שהשפלת עצמך, ופירוש מה העליה שנאמר לו, ואמר אשר ראו עיניך, והיינו שתמונת ה' יביט (יפה תואר): **בשכר שלש זכה לשלשה.** עיין לעיל פרשה ג': **אבל נדב ואביהוא הלשון קצר.** ולעיל פרשה ג' איתא כתקונו עיין שם: **לא שלח ידו.** ומסיים בויקרא רבה פרשה כ', מכאן שהיו ראויים להשלחת יד על מה שזנו עיניהם מן השכינה עיין שם: [ו] **נתאוה לעמוד על מתן שכרן של צדיקים ושלותן של רשעים.** הוא מאמר דמסכת ברכות (ז, א) מפני מה יש צדיק וטוב לו צדיק ורע לו רשע וטוב לו רשע ורע לו, והמדרש תפס לשון קצר, ועיין ביפה תואר שמאריך בזה: **נקרא כבוד.** וכנוי כבודך להורות על הפועל כי ה' משפיע להם הכבוד: **שנאמר כבוד חכמים ינחלו.** ומשמע ליה דהיינו שכר הצדיקים דלעתיד, שהוא נחלת עולם ודבר המתקיים, מה שאין כן כבוד עולם הזה, שאינו דבר המתקיים רק כבוד מדומה לפי שעה, ומסבות מתהפך רואיו יאמרו איו, וכן ונגד זקניו כבוד מיירי בכבוד דלעתיד:

פירוש מהרז"ו

רבי יהושע בן קרחה אמר. גם כן לעיל שם. ועיין עוד ויקרא רבה פרשה כ סוף סימן י"א. והדרשה שפתח רבי תנחומא כי טוב, הוא לדברי רבי יהושע דסכנין בסמוך, שזכה לשלש, וכן הוא בהדיא ויקרא רבה פרשה א' שם: **בשכר ויסתר.** משה פניו, זכה ודיבר ה' אל משה פנים אל פנים, על פי מדת מנגד וממעל: **פרעו ראשיהן.** פירוש שלא התנהגו בצניעות כראוי, כמו שכתוב (שמות כד, יא) ויחזו את האלהים ויאכלו וישתו. ויתכן שמה שאמר פרעו ראשיהן, מדכתיב מיד אחר מיתתם (ויקרא י, ו) ראשיכם אל תפרעו וגו' ולא תמותו, הרי שהם פרעו ראשיהם, היינו בעת ויחזו הנ"ל, שהקלו ראשם: **לא שלח ידו.** ויחזו את האלהים וגו', על שחזו היו ראוים שישלח בהם יד: **ואחר כבוד תקחני.** אחר שיכלה כבוד של שונאי אז תקחני, וכמו שדרשו פסיקתא סוף פרשה כ"ג, הובא ילקוט תהלים ע"ג, עיין שם ותבין כאן, וכתוב אחריו מי לי בשמים. וכמו שאמרו ויקרא רבה סוף פרשה ג, עיין מה שכתבתי שם. ועיין זכריה ב' י"ב ודו"ק. ולדרשה זו לא ביקש משה כלל לראות מראה כבודו, ומה זה שהשיב לו לא תוכל לראות את פני, היה לו לומר את כבודי, כמו שביקש, על כן דורש שמה שכתוב את פני, היינו פני כבודו, שדרש כבודך על שלות רשעים בעולם הזה, ושכר לדיקים בעולם הבא, והשיב לו וראית אחורי, היינו מתן שכרן של לדיקים בעולם הבא, שיהיה באחור וסוף הזמן, לא את שכר שלותן של רשעים בעולם הזה, וזהו ופני לא יראו בעולם הזה, בקדימת הזמן ופניה, וכמו שכתוב בסימן הסמוך בהדיא:

חידושי הרש"ש

אמר בא אבי ממצרים. לעיל פרשה ג א, משמע שהיה סבור באמת שהיה אביו שנאמר שם הנני מה אבי מבקש, וכן בתנחומא שם מבואר יותר, וזה לשונו באותה שעה שמח משה ואמר עוד אבי עמרם חי, וזה דלא כמתנות כהונה. ועיין בבבא בתרא (קכא, ב) דאיתא שם דעמרם ראה את יעקב, ואם כן בשנת עשרים וארבע למשה ודאי כבר מת, ולפי זה פליגא על הא דאיתא לעיל סוף סדר ויחי דמשה עשה בפלטין של פרעה ארבעים שנה, וסבירא ליה כמאן דאמר לעיל פרשה א (סימן כז) בפסוק ויגדל משה, ובפסוק מי שמך (סימן ל) דבן עשרים שנה היה, או כרבי חמא בריש פרשה ה ב, דבן שנים עשרה שנה היה: **ודבר ה' אל משה** כן צריך לומר: **ומנין ששלותן של רשעים נקרא כבוד שנאמר ואחר כבוד תקחני.** מפרשו כפי הפירוש שאמנו רש"י שם (תהלים עג, כד) מחמת נגינת הטעם, עיין שם:

באור מהרי"פ

הכי גרסינן **בשכר ויסתר ודבר ה' אל משה פנים אל פנים: ואחר כבוד תקחני.** אולי כוונתו מפני שכל המזמור מדבר בשלות הרשעים, ולזה אמר דוד בעצתך תנחני ואחר כבוד, פירוש אחר תשלום כבוד של הרשעים תקחני אליך:

מסורת המדרש

יג. תנחומא סדר שמות סימן י"ט כל הענין:
יד. ברכות דף ז'. ילקוט סדר שמות רמז קע"א:
טו. ויקרא רבה פרשה כ'. במדבר רבה פרשה ב'. תנחומא סדר אחרי סימן ו'. פסיקתא דרב כהנא פסקא כ"ז. ילקוט סדר שמיני רמז תקכ"ד:

אם למקרא

וַיֹּאמֶר אָנֹכִי אֱלֹהֵי אָבִיךָ אֱלֹהֵי אַבְרָהָם אֱלֹהֵי יִצְחָק וֵאלֹהֵי יַעֲקֹב וַיַּסְתֵּר מֹשֶׁה פָּנָיו כִּי יָרֵא מֵהַבִּיט אֶל הָאֱלֹהִים:
(שם שם ו)

פֶּה אֶל פֶּה אֲדַבֶּר בּוֹ וּמַרְאֶה וְלֹא בְחִידֹת וּתְמֻנַת ה' יַבִּיט וּמַדּוּעַ לֹא יְרֵאתֶם לְדַבֵּר בְּעַבְדִּי בְמֹשֶׁה:
(במדבר יב:ח)

כָּבוֹד חֲכָמִים יִנְחָלוּ וּכְסִילִים מֵרִים קָלוֹן:
(משלי ג:לה)

וְחָפְרָה הַלְּבָנָה וּבוֹשָׁה הַחַמָּה כִּי מָלַךְ ה' צְבָאוֹת בְּהַר צִיּוֹן וּבִירוּשָׁלַ͏ִם וְנֶגֶד זְקֵנָיו כָּבוֹד:
(ישעיה כד:כג)

בַּעֲצָתְךָ תַנְחֵנִי וְאַחַר כָּבוֹד תִּקָּחֵנִי:
(תהלים עג:כד)

ענף יוסף

(ה) **כבוד גדול עשה משה כו'.** לעיל ריש פרשה ג' איתא רבי הושעיא רבה אמר יפה עשה משה שהסתיר פניו, ואולי גם כאן טוב היה להגיה כבוד גדול נחל משה, או עשה (הקב"ה) למשה וכדמסיים שם רבי הושעיא אני באתי להראות לך פנים כו', חייך שאתה עתיד להיות אצלי ארבעים יום כו', וליהנות מזיו השכינה:

שינוי נוסחאות

(ה) **בשכר "ויסתר", "ודבר ה' אל משה וגו'".** בכל הספרים כתוב בפסוק השני "וידבר ה' אל משה וגו'", אבל ברור שכוונת המדרש לפסוק שכתוב בו "פנים אל פנים" (ע' מ"כ), והוא מתחיל "ודבר ה' אל משה":

מתנות כהונה

בא אבי. לשון תמיה וכי בא אבי ממצרים: **בשכר ויסתר וידבר כו'.** סיפיה דקרא פנים אל פנים נגד ויסתר משה פניו ועיין לעיל פרשה ג': **וייראו מגשת.** עיין לקמן בויקרא רבה פרשה כ': **כבוד גדול עשה משה כו'.** עיין לעיל פרשה ג' מהו הכבוד: **ואביהוא** גרסינן:

אשד הנחלים

לא עשה משה יפה שהסתיר פניו שאלולי כו' הראה לו. הדבר הזה לכאורה דברים סותרים, בתחלה אמר שלא יפה עשה, ואחר כך אמר הראה לו שלש בשכר שלש, ובאמת בברכות (שם) הוא מחלוקת בדבר. וגם יקשה שבתחלה חשב למעלה שבזכות השפלה זכה להגבהה, ואחר כך הביא דעת רבי יהושע בן קרחה להיפך. ואשר נראה לי על דרך ההתבוננות האמיתי, כי הנה מטבע האדם בעת שמגיע למדרגת הנבואה תאחזהו תשוקה נפלאה לראות בהמחזה, כי היא נעימה מאד ואין תענוג למעלה ממנה, אך לעומת זה ימצא שפלות והכנעה בלב האדם, כי מי הוא שיזכה לזה, והנה אצילי בני ישראל מרוב תשוקתם הבוערת בקרבם, פרעו ראשיהם והסירו היראה מלבם, כי התשוקה העבירה היראה, אך משה אבי הענוים ענותו ויראתו הטהורה מנעו מהתשוקה הזאת, וזה נחשב למעלה, וזהו בשכר ויסתר זכה לקלסתר פנים, כי זכה מה שלא זכה שום אדם אליה, אך עם כל זה יש מדרגה עוד רמה ממנה שלא ייראו מאומה מהבטת המחזה, והוא כי עיקר היראה באה מעטיפת הנפש האחוזה בחומר, כי הנפש לבדה לא שייך בה יראה, כי אם לדבר נעלה ממדרגתה, ולולי היה משה במדרגה הזאת, אז היה זוכה גם לראיית פנים, וזהו **כשבקשתי לא בקשת**, כלומר מפני שלא היה זאת בכחך, ולכן גם עתה אין זאת בכחך ולכן לא בקשתי, אבל אין לפרש שהוא דרך עונש לבד דהרי נחשב לשכר, והבן זה מאד, ובספרי הדרשות הארכתי בזה בגדרו האמיתי: **שלח ידו.** וכתיב בסוף ויחזו את האלהים ויאכלו גו', ומתרגמינן כאלו אכלו ושתו, והכונה בלי יראה והכנעה, כי נפרצה בלבם התשוקה הזאת עד שהעביר הפחד והמורא מלבם: **לעמוד על מתן שכרן כו'.** לא יתכן כפשוטו ראית הכבוד והשגת עצמותו יתברך, כי זה מהנמנעות ואיך יבקש דבר הנמנע, וגם מה שייך הבקשה הזאת לפה. ולכן מפרשים על מתן שכרן של צדיקים ושלותן של רשעים, שזהו לדעת ההנהגה העליונה וסתרה, וזהו אחר שראה הנהגת ה' עם ישראל עם קרובו, ונשיאת העון מהר, ביקש לדעת כל פרטי סדרי ההנהגה העליונה. והנה ארמוז מעט על ראשי הדברים בקצרה בכדי שיבוארו דברי המדרש עד סוף הפרשה בבחינת פשט דברי הכתוב, הנה הנפש הזכה שכרה הנצחית שתתענג מנועם ה' והשגתו יתברך, ובכל עת שהנפש מעוטפת בחמרה, אי אפשר לה לצייר איכות התענוג ההוא, כמו שכתב הרמב"ם ז"ל, והנה הנביאים מפני היותם מתבודדים ומופשטים מחמרם, יש להם קצת ציור והרגשה מזה אך לא בשלימות, ולכן אי אפשר להם להרגיש פרטי הבדלי מעשי המצות במה יבדל שכר הנפש והזדככותה, וזה אשר ביקש משה אבי הנביאים בעת ההיא, ועוד בקש לדעת סיבת שלותן של רשעים, המכונה במלת פנים [שהוא רחמים כטעם ישא ה' פניו אליך], כמו נשיאת פנים אף למי שאינו ראוי, שזה מן מניעת הידיעה לדעת פרטי ההשגחה העליונה, וזה לא נתגלה לו איך הוא מתנת חנם אחר שההנהגה העליונה שופטת כפי המעשה. והנה הסעודה הוא שֵׁם מכונה על התענוג בכלל מה שהכינו ממעשי המצות בעולם הזה זה השיג משה, אבל מתן השכר מה שניתוסף שמה השגה וזהר לנפש, זה לא ישיג משה, ודי בזה, ועיין מדרש קהלת שמה ביארתי:

אמרי יושר

[ה] **לא הוכל לראות פני שלותן של רשעים.** אבל תראה אחורי דהיינו מתן שכרן. **רבי יוסי** (סימן ו) פליג ואמר, הסעודה הראהו הנועם הכולל לכולם, אבל מתן שכרן הנפרט מתנה מיוחדת לכל אחד לא הראה לו. ובמדרש אחר אמרו (ברכות לד, ב) דיין המשומר בענביו לא הראה לו, ואם כן חלק פרטי מהסעודה גם כן לא הראה לו, ורבי יוסי הרגיש כי כתיב וראית את אחורי, וכתיב אשר צפנת ליראיך, אלא כאן לסעודה כאן למתן שכרן:

מָה הַקָּדוֹשׁ בָּרוּךְ הוּא מְשִׁיבוֹ – **What did the Holy One, blessed is He, answer [Moses]?** "וַיֹּאמֶר לֹא תוּכַל לִרְאֹת אֶת פָּנָי" – Scripture states, ***He said, "You will not be able to see 'panai'*** [פָּנָי]." אֵין לָשׁוֹן "פָּנָי" הָאָמוּר כָּאן אֶלָּא שַׁלְוָתָן שֶׁל רְשָׁעִים – **The expression "*panai*" stated here is** a reference to **none other than the tranquility of the wicked,** כִּדְכְתִיב "וּמְשַׁלֵּם לְשֹׂנְאָיו אֶל פָּנָיו לְהַאֲבִידוֹ" – **as it is written, *And He repays His enemies to "panav"*** [פָּנָיו] ***to make him perish*** (*Deuteronomy* 7:10).[105]

וַיֹּאמֶר ה׳ הִנֵּה מָקוֹם אִתִּי וְנִצַּבְתָּ עַל הַצּוּר. וְהָיָה בַּעֲבֹר כְּבֹדִי וְשַׂמְתִּיךָ בְּנִקְרַת הַצּוּר וְשַׂכֹּתִי כַפִּי עָלֶיךָ עַד עָבְרִי. וַהֲסִרֹתִי אֶת כַּפִּי וְרָאִיתָ אֶת אֲחֹרָי וּפָנַי לֹא יֵרָאוּ.

HASHEM said, "Behold! there is a place near Me; you may stand on the rock. When My glory passes by, I shall place you in a cleft of the rock; I shall shield you with My hand until I have passed. Then I shall remove My hand and you will see My back, but My face may not be seen" (33:21-23).

§6 וַיֹּאמֶר ה׳ הִנֵּה מָקוֹם אִתִּי וְנִצַּבְתָּ עַל הַצּוּר – ***HASHEM SAID, "BEHOLD! THERE IS A PLACE NEAR ME; YOU MAY STAND ON THE ROCK."***

The Midrash explains what is meant by the words, *Behold! there is a place near Me*:

אָמַר רַבִּי יוֹסֵי בַּר רַבִּי חֲנִינָא: "הִנֵּה אָנֹכִי בַּמָּקוֹם הַזֶּה" אֵין כְּתִיב כָּאן אֶלָּא "הִנֵּה מָקוֹם אִתִּי" – **R' Yose the son of R' Chanina said: It is not written here, "Behold! I am in this place," but rather, *"Behold! there is a place near Me."*** אַתְרִי טְפֵלָה לִי וְאֵין אֲנִי טָפֵל לְאַתְרִי – This means: **"My place is secondary to Me, and I am not secondary to My place."**[106]

□ וַהֲסִרֹתִי אֶת כַּפִּי – ***THEN I SHALL REMOVE MY HAND*** *AND YOU WILL SEE MY BACK, BUT MY FACE MAY NOT BE SEEN.*

The Midrash explains what is meant by *and you will see My back*:

אָמַר לוֹ הַקָּדוֹשׁ בָּרוּךְ הוּא: אֲנִי מַרְאֶה לְךָ מַתַּן שְׂכָרָן שֶׁל צַדִּיקִים שֶׁאֲנִי עָתִיד לִיתֵּן לָהֶם בְּאַחֲרִית הַיָּמִים – **The Holy One, blessed is He, said to [Moses], "I will show you the reward that I will give to the righteous in the end of days."**[107] אָמַר רַבִּי אַסִּי: הַסְּעוּדָה שֶׁל גַּן עֵדֶן רָאוּ נְבִיאִים – **R' Assi said: The prophets saw the feast of Gan Eden,**[108] וּמַתַּן שְׂכָרָן לֹא רָאוּ, שֶׁנֶּאֱמַר "עַיִן לֹא רָאָתָה אֱלֹהִים זוּלָתְךָ יַעֲשֶׂה לִמְחַכֵּה לוֹ" – **but the reward given to [the righteous] they did not see, as it is stated, *No eye has seen, O God, except You, that which He will do for one who waits for Him*** (*Isaiah* 64:3); וְכֵן דָּוִד אָמַר "מָה רַב טוּבְךָ אֲשֶׁר צָפַנְתָּ לִּירֵאֶיךָ" – **and David also said, *How abundant is Your goodness that You have hidden away for those who fear You*** (*Psalms* 31:20).[109]

The Midrash expounds v. 19 as alluding to what it was that Moses was shown:

מָה כָּתוּב לְמַעְלָה – **What is written above?** "וַיֹּאמֶר אֲנִי אַעֲבִיר כָּל טוּבִי עַל פָּנֶיךָ" – ***He said, "I shall make all My goodness pass before you";*** מִדַּת הַטּוֹב וּמִדַּת הַפּוּרְעָנוּת – this alludes to **the Attribute of Beneficence and the Attribute of Retribution.**[110] "וְחַנֹּתִי אֶת אֲשֶׁר אָחֹן" – The verse continues, ***"I shall be gracious when I choose to be gracious."*** בְּאוֹתָהּ שָׁעָה הֶרְאָה לוֹ הַקָּדוֹשׁ בָּרוּךְ הוּא אֶת כָּל הָאוֹצָרוֹת שֶׁל מַתַּן שָׂכָר שֶׁהֵן מְתוּקָּנִין לַצַּדִּיקִים – This alludes to the following: **At that time the Holy One, blessed is He, showed [Moses] all the stores of reward that are designated for the righteous.** וְהוּא אוֹמֵר: הָאוֹצָר הַזֶּה שֶׁל מִי הוּא – **[Moses] said** regarding one storehouse, **"For whom is this storehouse?"** וְהוּא אוֹמֵר: שֶׁל עוֹשֵׂי מִצְוֹת – **And [God] replied,** "It is **for those who perform commandments."**[111] וְהָאוֹצָר הַזֶּה שֶׁל מִי הוּא – Moses then asked regarding another storehouse, **"And for whom is this storehouse?"** שֶׁל מְגַדְּלֵי יְתוֹמִים – God replied, "It is **for those who raise orphans."** וְכָל אוֹצָר וְאוֹצָר – **And** so Moses asked and God explained the purpose of **each and every storehouse.** וְאַחַר כָּךְ רָאָה אוֹצָר גָּדוֹל – **Afterward, [Moses] saw a great storehouse.**[112] אָמַר: הָאוֹצָר הַזֶּה שֶׁל מִי הוּא – **He said, "For whom is this storehouse?"** אָמַר לוֹ: מִי שֶׁיֵּשׁ לוֹ אֲנִי נוֹתֵן לוֹ מִשְּׂכָרוֹ, וּמִי שֶׁאֵין לוֹ אֲנִי עוֹשֶׂה לוֹ חִנָּם וְנוֹתֵן לוֹ מִזֶּה – **[God] answered him, "He who has** good deeds to his credit, **I give to him from his** own **reward, but he who does not have** good deeds to his credit, **I perform for him gratis and give to him from this** storehouse,"[113]

NOTES

105. I.e., God repays the wicked during their lifetime for the good deeds they perform, so that they should receive their punishment in the World to Come. The word פָּנָיו is thus understood as referring to an earlier time, i.e., in this world, and likewise the word פָּנָי in our verse means "that which I grant early" (*Eitz Yosef*). Previously, the Midrash stated that כְּבֹדֶךָ alludes to both the reward given to the righteous and the tranquility of the wicked. In His response, God used the word פָּנָי instead, to allude specifically to the tranquility of the wicked, which He would not allow Moses to understand. However, God concluded (v. 23), *You will see* אֲחֹרָי, i.e., that which I grant later, meaning the reward of the righteous that comes later, as the Midrash will explain in the following section (at note 107). For although Moses was not allowed to comprehend the justification for the tranquility of the wicked, he *was* allowed to comprehend the future reward of the righteous (*Maharzu*; see also *Imrei Yosher*; *Beur Maharif* to the following section, s.v. באחרית הימים; *Radal*; *Rashash,* at the beginning of the following section; and *Eitz Yosef*).

[The Gemara (*Berachos* ibid.) cites a dispute as to whether Moses was indeed allowed to comprehend the reason for the seemingly disproportionate treatment of the righteous and the wicked (see above, note 101); see the Gemara there. For further sources on this topic, see Schottenstein ed. ad loc., note 50, at length.]

106. The place of any given thing holds and supports that object. God, however, is the One Who supports and maintains the existence of the world, as opposed to vice versa; hence, His "place" is considered to be "near Him," rather than He being in His place (*Eitz Yosef*, from *Nefesh HaChaim* 3:1).

107. God granted Moses only his request to understand the reward given to the righteous, and not his request to explain to him the reason for the tranquility of the wicked in this world; see the previous section with note 105.

108. The Sages speak in many places of a feast that God will prepare for the righteous in the future (see, for example, *Vayikra Rabbah* 13 §3). Since this will be a physical feast, the prophets were able to comprehend it. However, an image of the actual reward of the World to Come, which would entail the conceptualization of something spiritual, the prophets never saw, for one is impeded in the perception of something spiritual by the physicality of his body (*Yefeh To'ar*; see also *Eitz Yosef*). [There is a dispute as to whether the above feast will indeed be a physical one; see *Rambam and Raavad, Hil. Teshuvah* 8:4. For further discussion of this question, see Kleinman ed. of *Vayikra Rabbah* ibid. 42, Insight A, "The Future Feast of the Leviathan."]

109. I.e., You have hidden this goodness even from the eyes of the prophets. The verse concludes, *that You have performed for those who seek refuge in You in the presence of men*. According to the Midrash, this part of the verse refers to the feast of Gan Eden, which God revealed *in the presence of men*, i.e., the Prophets (*Eitz Yosef*).

110. God showed Moses both the reward of the righteous and the punishment of the wicked. As *Midrash Tanchuma* (*Ki Sisa* §27) explains, this is derived from the extraneous word "*all*." Although the verse is discussing God's goodness, the word *all* includes punishment, which is also referred to elsewhere as goodness [because even when administering punishment, God does so in a merciful way – *Bereishis Rabbah* 9 §11 with *Yefeh To'ar* ad loc.] (*Yefeh To'ar*; see also *Beur Maharif*, *Rashash,* and *Eitz Yosef*; see *Imrei Yosher*).

111. In general, when the Midrash uses the word מִצְוֹת, it refers to charity (*Rashash*).

112. This storehouse was larger than all the rest (*Midrash Tanchuma Ki Sisa* §27).

113. Most people need to benefit from this storehouse; that is why it

מָה הַקָּדוֹשׁ בָּרוּךְ הוּא מְשִׁיבוֹ, [לג, כ] "וַיֹּאמֶר לֹא תוּכַל לִרְאֹת אֶת פָּנָי", אֵין לְשׁוֹן "פָּנַי" הָאָמוּר כָּאן אֶלָּא שַׁלְוָתָן שֶׁל רְשָׁעִים, כְּדִכְתִיב (דברים ז, י) "וּמְשַׁלֵּם לְשֹׂנְאָיו אֶל פָּנָיו לְהַאֲבִידוֹ":

ו [לג, כא] "וַיֹּאמֶר ה' הִנֵּה מָקוֹם אִתִּי וְנִצַּבְתָּ עַל הַצּוּר", אָמַר רַבִּי יוֹסֵי בַּר רַבִּי חֲנִינָא: טז"הִנֵּה אָנֹכִי בַּמָּקוֹם הַזֶּה" אֵין כְּתִיב כָּאן אֶלָּא "הִנֵּה מָקוֹם אִתִּי", אַתְרִי טְפֵלָה לִי וְאֵין אֲנִי טָפֵל לְאַתְרִי. [לג, כג] "וַהֲסִרֹתִי אֶת כַּפִּי", אָמַר לוֹ הַקָּדוֹשׁ בָּרוּךְ הוּא: אֲנִי מַרְאֶה לְךָ מַתַּן שְׂכָרָן שֶׁל צַדִּיקִים שֶׁאֲנִי עָתִיד לִיתֵּן לָהֶם בְּאַחֲרִית הַיָּמִים, אָמַר רַבִּי אַסִּי: הַסְּעוּדָה שֶׁל גַּן עֵדֶן רָאוּ נְבִיאִים, וּמַתַּן שְׂכָרָן לֹא רָאוּ, שֶׁנֶּאֱמַר (ישעיה סד, ג) "עַיִן לֹא רָאָתָה אֱלֹהִים זוּלָתְךָ יַעֲשֶׂה לִמְחַכֵּה לוֹ", וְכֵן דָּוִד אָמַר (תהלים לא, כ) "מָה רַב טוּבְךָ אֲשֶׁר צָפַנְתָּ לִּירֵאֶיךָ", מַה כָּתוּב לְמַעְלָה, [לג, יט] "וַיֹּאמֶר אֲנִי אַעֲבִיר כָּל טוּבִי עַל פָּנֶיךָ", מִדַּת הַטּוֹב וּמִדַּת הַפּוּרְעָנוּת, [שם] "וְחַנֹּתִי אֶת אֲשֶׁר אָחֹן", יזבְּאוֹתָהּ שָׁעָה הֶרְאָה לוֹ הַקָּדוֹשׁ בָּרוּךְ הוּא אֶת כָּל הָאוֹצָרוֹת שֶׁל מַתַּן שָׂכָר שֶׁהֵן מְתוּקָּנִין לַצַּדִּיקִים, וְהוּא אוֹמֵר: הָאוֹצָר הַזֶּה שֶׁל מִי הוּא, וְהוּא אוֹמֵר: שֶׁל עוֹשֵׂי מִצְוֹת, וְהָאוֹצָר הַזֶּה שֶׁל מִי הוּא, שֶׁל מְגַדְּלֵי יְתוֹמִים, וְכָל אוֹצָר וְאוֹצָר, וְאַחַר כָּךְ רָאָה אוֹצָר גָּדוֹל, אָמַר: הָאוֹצָר הַזֶּה שֶׁל מִי הוּא, אָמַר לוֹ: מִי שֶׁיֵּשׁ לוֹ אֲנִי נוֹתֵן לוֹ מִשְּׂכָרוֹ, וּמִי שֶׁאֵין לוֹ אֲנִי עוֹשֶׂה לוֹ חִנָּם וְנוֹתֵן לוֹ מִזֶּה, שֶׁנֶּאֱמַר [לג, יט] "וְחַנֹּתִי אֶת אֲשֶׁר אָחֹן", "וְחַנֹּתִי אֶת אֲשֶׁר אָחֹן" לְמִי שֶׁאֲנִי מְבַקֵּשׁ לָחוֹן, וְכֵן [שם] "וְרִחַמְתִּי אֶת אֲשֶׁר אֲרַחֵם":

ומנין ששלותן של רשעים נקרא כבוד שנאמר ואחר כבוד תקחני. כי כל המזמור שם מדבר בענין שלות רשעים עד ואחר כבוד תקחני, ופירש רש"י שם לאחר שהשלמת לסנחריב כל הכבוד שפסקת לו, (והיינו שלותו בהצלחת עולם הזה) תקחני אליך, הפלאת נסיך לישראל והחרבת את סנחריב עד כאן לשונו. הרי מבואר איך קרא לשלות רשעים בלשון כבוד (יפה תואר): **אין לשון פני אלא שלותן של רשעים כו'.** ומכונה בלשון פנים להיותו בעולם הזה שהוא לפנים ומוקדם, לעומת עולם הבא שהוא באחרית הימים, וכינוי פני מורה על הפועל כלומר הפנים שאני נותן לרשעים, וכן אחורי על השכר שאני נותן, וכן כינוי אל פניו רומז למהירות וקדימת הפרעון בחייו של רשע, וכפירוש רש"י שם בחייו משלם לו גמולו, וכמפורש בקרא לא יאחר לשונאו אל פניו ישלם לו (דברים ז, י): **(ו) הנה אנכי במקום אין כתיב כאן כו'.** וכדאיתא בבראשית רבה פרשה ס"ח אין אנו יודעים אם הקדוש ברוך הוא מקומו של עולם או העולם מקומו, מן מה דכתיב הנה מקום אתי, הוא מקומו של עולם ואין העולם מקומו, וזה שאמר כאן המדרש אתר טפלה לי כו', פירוש מקומי טפל לי, והכוונה הפשוטה רוצה לומר כמו שהמקום סובל ומחזיק כל דבר המונח עליו, כן הבורא אדון כל יתברך שמו הוא המקום האמתי הסובל ומקיים העולם והבריות כולם, שאם חס ושלום יסלק כחו מהם רגע אחת אפס מקום קיום וחיות כל העולמות, וכמו שנאמר ואתה מחיה את כולם, והוא פנת יסוד אמונת ישראל (נפש החיים): **ואין אני טפל לאתרי.** וממה שכתוב והנה ה' נצב עליו והנני עומד לפניך שם על הצור, דיברה תורה בלשון בני אדם: **והסירותי את כפי וגו' וראית את אחורי.** ומפרש דהיינו מתן שכר של צדיקים שיתן להם באחרית הימים בעולם הבא: **הסעודה של גן עדן.** שהוא ציור תענוג גשמי, מרמז אל הרוחני יושג ענינו לנביאים שיציירו מדרגת התענוג ההוא, אבל מתן שכרן שהוא ציור תענוג רוחני לא ראו, כי מי שהוא בגוף לא יוכל לצייר ציור תענוג רוחני: **עין לא ראתה כו'.** פירוש עין לא ראתה זולת ה' המתן שכר שיתן למחכה לו לעולם הבא: **מה רב טובך אשר צפנת כו'.** משמע שהוא צפון ונעלם מעין כל, והכי קאמר מה רב טובך הצפון ונעלם מעין כל, דהיינו שכר הרוחני, ומה רב טובך אשר פעלת לחוסים בך והראית אותו לנביאים, והיינו סעודת גן עדן, ולכן אמר נגד בני אדם כלומר שהראית אותה להם: **כל טובי על פניך.** וכדדייק בתנחומא דהוי ליה לכתוב אני אעביר טובי, וכתיב כל טובי, לרבות גם מדת הפורעניות שהיא נמי טובה היא כדאמר בבראשית רבה פרשה ט' טוב זו מדה טובה, מאד זו מדת פורענות כו': **ראה אוצר גדול** כלומר כי רבים הצריכים ליהנות מאוצר זה, דרובא דעלמא לית להו זכות, דבני עליה המה מועטים, ועם כן קורא אותו גדול:

פירוש מהרז"ו

(ו) אתרי טפלה. עיין בראשית רבה פרשה ס"ח סימן ח, ושם נסמן ומבואר: **והסירותי את כפי.** וראית את אחורי ופני לא יראו, וכי יש פנים ואחור למעלה חלילה. על כן דורש שמה שכתוב אחורי, על מתן שכר של צדיקים שיהיה באחרית הימים. ועיין ספרי סוף סדר ברכה. וכמו שכתוב בראשית רבה ריש פרשה ח, אחור וקדם (תהלים קלט, ה), אחור זה העולם הבא: **שנאמר עין לא ראתה.** עיין לעיל סוף פרשה ל' ושם מבואר. וסעודה של צדיקים עיין ויקרא רבה פרשה י"ג סימן ג באריכות: **מה כתיב למעלה.** בסימן זה דורש מפסוק ב' עד כ"ד, ולמעלה בפסוק י"ט כתוב אני אעביר כל טובי, טובי הוא מדת הטוב, כל טובי מרבה מדת פורענות, כן הוא בתנחומא סימן כ"ז, וכמו שאמרו בראשית רבה פרשה ט' סימן י"א. ודעת המדרש שמה שכתוב וראית את אחורי ופני וגו', הוא פירושו של כל טובי כנ"ל: **אוצר גדול וכו' ומי שאין לו.** שמי שאין לו הם רבים מאד ממי שיש לו, ולזה צריך רחמים מרובים וחסדים גדולים, וזהו אוצר גדול:

מתנות כהונה

[ו] **לאתרי.** למקומי:

חידושי הרד"ל

אין לשון פני כו'. שלותן של רשעים. שעל זה אמר לו לא תוכל לראות טעמו של דבר, וכן להלן בצדיקים שאמר לו אני מראה לך מתן שכרן באחרית הימים, וטעם רעתם בעולם הזה לא גילה לו, וכן דרשו בספרי בהעלותך פיסקא פג, ואבות דרבי נתן פרק כה, עיין שם: [ו] **אתרי טפילה לי בו'.** (עיין בראשית רבה פרשה סח, ח): **הסעודה של גן עדן ראו בו' עין לא ראתה בו'.** אפשר רצה לומר הסעודה וההשגה שבגן של עדן, אבל מתן שכר שהוא עדן עצמו לא ראתה עין, וכמאן דאמר הכי סוף פרק ה דברכות (לד, ב):

חידושי הרש"ש

[ו] **אני מראה לך כו' באחרית הימים.** הוא מדכתיב וראית את אחורי: **כל טובי כו' ומדת הפורענות.** הוא כמו שדרשו לעיל בבראשית רבה פרשה ט בסופה (סימן ח) והנה טוב מאד זו מדת הפורענות, עיין שם. **של עושי מצות כו'.** (תואר זה בכמה מקומות במדרש הוא לעושי צדקה) של מגדלי יתומים, הוא משום דחנינה מצינו אצל עניים, לחונן דלים (משלי כח, ח), ורחמנות אצל יתומים, ירוחם יתום (הושע יד, ד):

באור מהרי"פ

[ו] **הנה מקום אתי וכו'.** צריך עיון, דאין הדרש של אחורי טפלה לו, שייך כלל לענין מה שבקש משה לדעת מתן שכרן של צדיקים וכו', ולענין מאי הודיע לו הקב"ה עכשיו: **באחרית הימים.** נרמז בכלל וראית את אחורי, ונרמז כאן גם שלות רשעים שלא יוכל לראות במאמר ופני לא יראו: **מה כתיב למעלה ויאמר אני אעביר וגו'.** צריך עיון, למה מקדים הדרשה על הנה מקום אתי המאוחר, לויאמר אני אעביר, ומאחר המוקדם: **מדת הטוב ומדת הפורענות.** פירוש, ממלות כל טובי מרבה גם מדת הפורענות, כדאיתא בתנחומא מפורש. אך צריך עיון, דמלת כל דרכו לרבות דבר הדומה לענין המפורש בו ולא הפוכו. ואלי גם הרעה בכלל הטובה היא:

מסורת המדרש

טז. בראשית רבה פרשה ס"ח. מדרש תהלים מזמור צ'. תנחומא כאן סימן כ"ז. פסיקתא רבתי פסקא כ"א. סימן יו"ד. ילקוט כאן רמז שנ"ה. ילקוט סדר וילך רמז קי"ז. ילקוט חבקוק רמז תקס"ג. ילקוט תהלים רמז תתמ"א:
יז. תנחומא כאן סימן כ"ז:

אם למקרא

וּמְשַׁלֵּם לְשֹׂנְאָיו אֶל פָּנָיו לְהַאֲבִידוֹ לֹא יְאַחֵר לְשֹׂנְאוֹ אֶל פָּנָיו יְשַׁלֶּם לוֹ:
(דברים ז:י)

וּמֵעוֹלָם לֹא שָׁמְעוּ לֹא הֶאֱזִינוּ עַיִן לֹא רָאָתָה אֱלֹהִים זוּלָתְךָ יַעֲשֶׂה לִמְחַכֵּה לוֹ:
(ישעיה סד:ג)

מָה רַב טוּבְךָ אֲשֶׁר צָפַנְתָּ לִּירֵאֶיךָ פָּעַלְתָּ לַחוֹסִים בָּךְ נֶגֶד בְּנֵי אָדָם:
(תהלים לא:כ)

אמרי יושר

[ו] **אני אעביר כל טובי זו מדת הטוב ומדת הפורענות.** ריבוי כל על דרך אמרם (בראשית רבה ט, יא) והנה טוב זה מדת הטוב מאד זו מדת הפורענות פירוש שעם קצת הצדיקים מתנהג במדת הטוב, ועם קצתם במדת יסורין ופורענות: **האוצר הזה של מי הוא כו' של עושי מצוה.** אף על גב דכתיב אשר צפנת וסבר רבי יוסי דמתן שכרן לא הראה לו, איירי הכא בכולל אוצר זה למי דרך כלל, אבל לאיש איש לא הראה לו:

ענף יוסף

(ו) ויאמר ה' הנה מקום אתי כו' אתרי טפלה לי כו'. כוונת המאמר כמו שפירש הרמב"ם זה שביקש משה כשאמר לו הראני נא את כבודך, בקש לידע אמתת המצאו של הקדוש ברוך הוא, עד שיהא ידוע בלבו כידיעת אחד מן האנשים שראה פניו ונחקקה צורתו בלבו, שנמצא אותו האיש שנפרד בלבו ובדעתו משאר האנשים, כך ביקש משה רבינו להיות צורת הקדוש ברוך הוא נפרדת בלבו משאר מציאות הנמצאות, עד שידע אמיתת המצאו כמו שהוא, והשיבו הקדוש ברוך הוא שאין כח באיש שהוא מחובר מגוף ונפש, להשיג אמתת זה על בוריו, ועל ראיה כזו נאמר כי לא יראני האדם וחי, ולפי דרך זה ולפי דרכי השיב לו בתשובה אחרת, הנה מקום אתי, מה שאתה יכול לחקוק צורה כל כך בדמיון, הוא מה שאתה יכול לראות לראית העין, אבל מה שאין אתה יכול לכבוש תחת ראיית עיניך, אין אתה יכול לחקוק צורתו בדמיון, אף הכא כן הנה מקום אתי שאני מקומו של עולם, וכיון שאין אתה יכול לכבוש כל העולם בראיית העין, ואם בראייה אין אתה יכול היאך תהיה יכול בדמיון לחקוק מה שלא ראו עיניך, ולהכי דייק קרא דאמר תרי זימני ויאמר, דכתיב ברישא ויאמר לא תוכל לראות פני כי לא יראני אדם וחי, והדר כתיב ויאמר הנה מקום אתי, ואמאי איצטריך למהדר למימר ויאמר זימנא אחריתי, לכתוב הכי ויאמר לא תוכל לראות את פני כי לא יראני האדם וחי הנה מקום אתי כו', אלא מדהדר כתב ויאמר אחרינא לאשמועינן דהאי ויאמר תשובה אחרת, כהא דלעיל מינה כדפרישית, ושמעינן מהכא שהוא מקומו של עולם והמקום טפל לו, ומסברא היה לך לידע האי מילתא, לפי שעל כרחך אית לך למימר שאין אני טפל לאחרי, וכיצד יהיה זאת שאני מקומו של עולם (חקת הפסח):

שֶׁנֶּאֱמַר "וְחַנֹּתִי אֶת אֲשֶׁר אָחֹן" – as it is stated, ***"I shall be gracious when I choose to be gracious."*** "וְחַנֹּתִי אֶת אֲשֶׁר אָחֹן" לְמִי שֶׁאֲנִי מְבַקֵּשׁ לָחוֹן – ***"I shall be gracious when I choose to be gracious"*** means **to one to whom I desire to be gracious,** i.e., I wish to be gracious even to one who does not have good deeds to his credit;[114] וְכֵן "וְרִחַמְתִּי אֶת אֲשֶׁר אֲרַחֵם" – **and so** is the meaning of the end of the verse, ***"and I shall be merciful when I choose to be merciful."***

NOTES

was greater than all the rest (*Maharzu, Eitz Yosef*).

The Midrash is not referring to one who is wicked, for such a person will be destroyed. Rather, it refers to one who does not have sins or merits, or has used up his merits in this world. Such a person will receive reward in the World to Come from this storehouse, while those who deserve reward will be rewarded according to their good deeds in addition to receiving reward from this storehouse (*Yefeh To'ar*).

See Insight Ⓐ for an additional explanation of this statement of the Midrash.

114. Had God meant that He is gracious only to one who is deserving, the verse should have used the word נָחוֹן, meaning one who deserves graciousness. The word אָחֹן indicates that God is gracious to one to whom He so desires, although he is not deserving (*Midrash Tanchuma* loc. cit., with *Eitz Yosef,* based on *Zayis Raanan* to *Yalkut Shimoni* I §395).

INSIGHTS

Ⓐ **Unrealized Virtue** Contrary to what one would expect, the Midrash here implies that the storehouse designated for those who leave this world empty-handed is *greater* than the ones reserved for those who have accumulated a wealth of good deeds. *R' Yaakov ibn Habib,* writing in *HaKoseiv* in his classic Aggadic compilation *Ein Yaakov* (*Berachos* 7a §30), explains this anomaly with an original interpretation of the passage.

People of great spiritual accomplishment, he observes, sometimes imagine themselves as supremely worthy individuals, but the truth may be somewhat different. People of this type are often amply endowed with talent, wealth, or favorable personality traits, and are so well suited for the endeavors in which they excelled that they could have achieved even more had they been more eager and attentive, or more generous with their time or resources. As a result, when they are judged in the Next World, they may be found deficient in light of God's high expectations for them. They will be rewarded, of course, from the storehouses earmarked for the mitzvos they performed, but not as lavishly as they may have anticipated.

There are others, on the other hand, whose achievements pale beside those of the first group, but who are nevertheless more highly regarded in heaven. These people yearn to serve God with all their hearts, to increase His honor in the world and shower goodness on the people around them — and indeed do so to the extent that they can. But owing to their personal, financial, or situational limitations, they are mostly held back from carrying through their intentions, and their achievements remain insignificant compared to those of their more capable, if less earnest and dedicated, peers. When these worthy souls arrive in the Next World, they have a relatively meager supply of good deeds to their credit. But God takes their noble ambitions into account, and He generously rewards them — from a special storehouse set aside for this purpose — for all the good deeds that they aspired to perform.

מָה הַקָּדוֹשׁ בָּרוּךְ הוּא מְשִׁיבוֹ, [לג, כ] "וַיֹּאמֶר לֹא תוּכַל לִרְאֹת אֶת פָּנָי", אֵין לְשׁוֹן "פָּנַי" הָאָמוּר כָּאן אֶלָּא שַׁלְוָתָן שֶׁל רְשָׁעִים, כְּדִכְתִיב (דברים ז, י) "וּמְשַׁלֵּם לְשֹׂנְאָיו אֶל פָּנָיו לְהַאֲבִידוֹ":

ו [לג, כא] "וַיֹּאמֶר ה' הִנֵּה מָקוֹם אִתִּי וְנִצַּבְתָּ עַל הַצּוּר", אָמַר רַבִּי יוֹסֵי בַּר רַבִּי חֲנִינָא: טז"הִנֵּה אָנֹכִי בַּמָּקוֹם הַזֶּה" אֵין כְּתִיב כָּאן אֶלָּא "הִנֵּה מָקוֹם אִתִּי", אַתְרִי טְפֵלָה לִי וְאֵין אֲנִי טָפֵל לְאַתְרִי. [לג, כג] "וַהֲסִרֹתִי אֶת כַּפִּי", אָמַר לוֹ הַקָּדוֹשׁ בָּרוּךְ הוּא: אֲנִי מַרְאֶה לְךָ מַתַּן שְׂכָרָן שֶׁל צַדִּיקִים שֶׁאֲנִי עָתִיד לִיתֵּן לָהֶם בְּאַחֲרִית הַיָּמִים, אָמַר רַבִּי אַסִּי: הַסְּעוּדָה שֶׁל גַּן עֵדֶן רָאוּ נְבִיאִים, וּמַתַּן שְׂכָרָן לֹא רָאוּ, שֶׁנֶּאֱמַר (ישעיה סד, ג) "עַיִן לֹא רָאָתָה אֱלֹהִים זוּלָתְךָ יַעֲשֶׂה לִמְחַכֵּה לוֹ", וְכֵן דָּוִד אָמַר (תהלים לא, כ) "מָה רַב טוּבְךָ אֲשֶׁר צָפַנְתָּ לִּירֵאֶיךָ", מַה כָּתוּב לְמַעְלָה, [לג, יט] "וַיֹּאמֶר אֲנִי אַעֲבִיר כָּל טוּבִי עַל פָּנֶיךָ", מִדַּת הַטּוֹב וּמִדַּת הַפּוּרְעָנוּת, [שם] "וְחַנֹּתִי אֶת אֲשֶׁר אָחֹן", יזבְּאוֹתָהּ שָׁעָה הֶרְאָה לוֹ הַקָּדוֹשׁ בָּרוּךְ הוּא אֶת כָּל הָאוֹצָרוֹת שֶׁל מַתַּן שָׂכָר שֶׁהֵן מְתוּקָּנִין לַצַּדִּיקִים, וְהוּא אוֹמֵר: הָאוֹצָר הַזֶּה שֶׁל מִי הוּא, וְהוּא אוֹמֵר: שֶׁל עוֹשֵׂי מִצְוֹת, וְהָאוֹצָר הַזֶּה שֶׁל מִי הוּא, שֶׁל מְגַדְּלֵי יְתוֹמִים, וְכָל אוֹצָר וְאוֹצָר, וְאַחַר כָּךְ רָאָה אוֹצָר גָּדוֹל, אָמַר: הָאוֹצָר הַזֶּה שֶׁל מִי הוּא, אָמַר לוֹ: מִי שֶׁיֵּשׁ לוֹ אֲנִי נוֹתֵן לוֹ מִשְּׂכָרוֹ, וּמִי שֶׁאֵין לוֹ אֲנִי עוֹשֶׂה לוֹ חִנָּם וְנוֹתֵן לוֹ מִזֶּה, שֶׁנֶּאֱמַר [לג, יט] "וְחַנֹּתִי אֶת אֲשֶׁר אָחֹן" לְמִי שֶׁאֲנִי מְבַקֵּשׁ לָחוֹן, וְכֵן [שם] "וְרִחַמְתִּי אֶת אֲשֶׁר אֲרַחֵם":

ומנין ששלותן של רשעים נקרא כבוד שנאמר ואחר כבוד תקחני. כי כל המזמור שם מדבר בענין שלות רשעים עד ואחר כבוד תקחני, ופירש רש"י שם לאחר שהשלמת לסנחריב כל הכבוד שפסקת לו, (והיינו שלותו בהצלחת עולם הזה) תקחני אליך, הפלאת נסיך לישראל והחרבת את סנחריב עד כאן לשונו. הרי מבואר איך קרא לשלות רשעים בלשון כבוד (יפה תואר): **אין לשון פני אלא שלותן של רשעים כו'.** ומכונה בלשון פנים להיותו בעולם הזה שהוא לפנים ומוקדם, לעומת עולם הבא שהוא באחרית הימים, וכינוי פני מורה על הפועל כלומר הפנים שאני נותן לרשעים, וכן אחורי על השכר שאני נותן, וכן כינוי אל פניו רומז למהירות וקדימת הפרעון בחייו של רשע, וכפירוש רש"י שם בחייו משלם לו גמולו, וכמפורש בקרא לא יאחר לשונאו אל פניו ישלם לו (דברים ו, י): **(ו) הנה אנכי במקום אין כתיב כאן כו'.** וכדאיתא בבראשית רבה פרשה ס"ח אין אנו יודעים אם הקדוש ברוך הוא מקומו של עולם או העולם מקומו, מן מה דכתיב הנה מקום אתי, הוא מקומו של עולם ואין העולם מקומו, וזה שאמר כאן המדרש אתר טפלה לי כו', פירוש מקומי טפל לי, והכוונה הפשוטה רוצה לומר כמו שהמקום סובל ומחזיק כל דבר המונח עליו, כן הבורא אדון כל יתברך שמו הוא המקום האמתי הסובל ומקיים העולם והבריות כולם, שאם חס ושלום יסלק כחו מהם רגע אחת אפס מקום קיום וחיות כל העולמות, וכמו שנאמר ואתה מחיה את כולם, והוא פנת יסוד אמונת ישראל (נפש החיים): **ואין אני טפל לאתרי.** וממה שכתוב והנה ה' נצב עליו והנני עומד לפניך שם על הצור, דיברה תורה בלשון בני אדם: **והסירותי את כפי וגו' וראית את אחורי.** ומפרש דהיינו מתן שכר של צדיקים שיתן להם באחרית הימים בעולם הבא: **הסעודה של גן עדן.** שהוא ציור תענוג גשמי, מרמז אל הרוחני יושג ענינו לנביאים שיציירו מדרגת התענוג ההוא, אבל מתן שכרן שהוא ציור תענוג רוחני לא ראו, כי מי שהוא בגוף לא יוכל לצייר ציור תענוג רוחני: **עין לא ראתה כו'.** פירוש עין לא ראתה זולת ה' המתן שכר שיתן למחכה לו לעולם הבא: **מה רב טובך אשר צפנת כו'.** משמע שהוא צפון ונעלם מעין כל, והכי קאמר מה רב טובך הצפון ונעלם מעין כל, דהיינו שכר הרוחני, ומה רב טובך אשר פעלת לחוסים בך והראית אותו לנביאים, והיינו סעודת גן עדן, ולכן אמר נגד בני אדם כלומר שהראית אותה להם: **כל טובי על פניך.** וכדדייק בתנחומא דהוי ליה לכתוב אני אעביר טובי, וכתיב כל טובי, לרבות גם מדת הפורעניות שהיא נמי טובה היא כדאמר בבראשית רבה פרשה ט' טוב זו מדה טובה, מאד זו מדת פורענות כו': **ראה אוצר גדול** כלומר כי רבים הצריכים ליהנות מאוצר זה, דרובא דעלמא לית להו זכות, דבני עליה המה מועטים, ועם כן קורא אותו גדול:

(ו) אתרי טפלה. עיין בראשית רבה פרשה ס"ח סימן ח, ושם נסמן ומבואר: **והסירותי את כפי.** וראית את אחורי ופני לא יראו, וכי יש פנים ואחור למעלה חלילה. על כן דורש שמה שכתוב אחורי, על מתן שכר של צדיקים שיהיה באחרית הימים. ועיין ספרי סוף סדר ברכה. וכמו שכתוב בראשית רבה ריש פרשה ח, אחור וקדם (תהלים קלט, ה), אחור זה העולם הבא: **שנאמר עין לא ראתה.** עיין לעיל סוף פרשה ל' ושם מבואר. וסעודה של צדיקים עיין ויקרא רבה פרשה י"ג סימן ג באריכות: **מה כתיב למעלה.** בסימן זה דורש מפסוק ב' עד כ"ד, ולמעלה בפסוק י"ט כתוב אני אעביר כל טובי, טובי הוא מדת הטוב, כל טובי מרבה מדת פורענות, כן הוא בתנחומא סימן כ"ז, וכמו שאמרו בראשית רבה פרשה ט' סימן י"א. ודעת המדרש שמה שכתוב וראית את אחורי ופני וגו', הוא פירושו של כל טובי כנ"ל: **אוצר גדול וכו' ומי שאין לו.** שמי שאין לו הם רבים מאד ממי שיש לו, ולזה צריך רחמים מרובים וחסדים גדולים, וזהו אוצר גדול:

מתנות כהונה

[ו] לאתרי. למקומי:

חידושי הרד"ל

אין לשון פני כו'. שלותן של רשעים. שעל זה אמר לו לא תוכל לראות טעמו של דבר, וכן להלן בצדיקים שאמר לו אני מראה לך מתן שכרן באחרית הימים, וטעם רעתם בעולם הזה לא גילה לו, וכן דרשו בספרי בהעלותך פיסקא פג, ואבות דרבי נתן פרק כה, עיין שם: **[ו] אתרי טפילה לי כו'.** (עיין בראשית רבה פרשה סח, ח): **הסעודה של גן עדן ראו כו' עין לא ראתה כו'.** אפשר רצה לומר הסעודה וההשגה שבגן של עדן, אבל מתן שכר שהוא עדן עצמו לא ראתה עין, וכמאן דאמר הכי סוף פרק ה דברכות (לד, ב):

חידושי הרש"ש

[ו] אני מראה לך כו' באחרית הימים. הוא מדכתיב וראית את אחורי: **כל טובי כו' ומדת הפורענות.** הוא כמו שדרשו לעיל בבראשית רבה פרשה ט בסופה (סימן ח) והנה טוב מאד זו מדת הפורענות, עיין שם. **של עושי מצות כו'.** (תואר זה בכמה מקומות במדרש הוא לעושי צדקה) של מגדלי יתומים, הוא משום דחנינה מצינו אצל עניים, לחונן דלים (משלי כח, ח), ורחמנות אצל יתומים, ירוחם יתום (הושע יד, ד):

באור מהרי"פ

[ו] הנה מקום אתי וכו'. צריך עיון, דאין הדרש של אחורי טפלה לו, שייך כלל לענין מה שבקש משה לדעת מתן שכרן של צדיקים וכו', ולענין מאי הודיע לו הקב"ה עכשיו: **באחרית הימים.** נרמז בכלל וראית את אחורי, ונרמז כאן גם שלות רשעים שלא יוכל לראות במאמר ופני לא יראו: **מה כתיב למעלה ויאמר אני אעביר וגו'.** צריך עיון, למה מקדים הדרשה על הנה מקום אתי המאוחר, לויאמר אני אעביר, ומאחר המוקדם: **מדת הטוב ומדת הפורענות.** פירוש, ממלות כל טובי מרבה גם מדת הפורענות, כדאיתא בתנחומא מפורש. אך צריך עיון, דמלת כל דרכו לרבות דבר הדומה לענין המפורש בו ולא הפוכו. ואלי גם הרעה בכלל הטובה היא:

מסורת המדרש

טז. בראשית רבה פרשה ס"ח. מדרש תהלים מזמור צ'. תנחומא כאן סימן כ"ז. פסיקתא רבתי פסקא כ"א. סימן יו"ד. ילקוט כאן רמז שנ"ה. ילקוט סדר וילא רמז קי"ז. ילקוט חבקוק רמז תקס"ג. ילקוט תהלים רמז תתמ"א:

יז. תנחומא כאן סימן כ"ז:

אם למקרא

וּמְשַׁלֵּם לְשֹׂנְאָיו אֶל פָּנָיו לְהַאֲבִידוֹ לֹא יְאַחֵר לְשֹׂנְאוֹ אֶל פָּנָיו יְשַׁלֶּם לוֹ:
(דברים ז:י)

וּמֵעוֹלָם לֹא שָׁמְעוּ לֹא הֶאֱזִינוּ עַיִן לֹא רָאָתָה אֱלֹהִים זוּלָתְךָ יַעֲשֶׂה לִמְחַכֵּה לוֹ:
(ישעיה סד:ג)

מָה רַב טוּבְךָ אֲשֶׁר צָפַנְתָּ לִּירֵאֶיךָ פָּעַלְתָּ לַחוֹסִים בָּךְ נֶגֶד בְּנֵי אָדָם:
(תהלים לא:כ)

אמרי יושר

[ו] אני אעביר כל טובי זו מדת הטוב ומדת הפורענות. ריבוי כל על דרך אמרם (בראשית רבה ט, יא) והנה טוב זה מדת הטוב מאד זו מדת הפורענות פירוש שעם קצת הצדיקים מתנהג במדת הטוב, ועם קצתם במדת יסורין ופורענות: **האוצר הזה של מי הוא כו' של עושי מצוה.** אף על גב דכתיב אשר לפנת וסבר רבי יוסי דמתן שכרן לא הראה לו, איירי הכא בכולל אוצר זה למי דרך כלל, אבל לאיש איש לא הראה לו:

ענף יוסף

(ו) ויאמר ה' הנה מקום אתי כו' אתרי טפלה לי כו'. כוונת המאמר כמו שפירש הרמב"ם זה שביקש משה כשאמר לו הראני נא את כבודך, בקש לידע אמתת המצאו של הקדוש ברוך הוא, עד שיהא ידוע בלבו כידיעת אחד מן האנשים שראה פניו ונחקקה צורתו בלבו, שנמצא אותו האיש שנפרד בלבו ובדעתו משאר האנשים, כך ביקש משה רבינו להיות צורת הקדוש ברוך הוא נפרדת בלבו משאר מציאות הנמצאות, עד שידע אמיתת המצאו כמו שהוא, והשיבו הקדוש ברוך הוא שאין כח באיש שהוא מחובר מגוף ונפש, להשיג אמתת זה על בוריו, ועל ראיה כזו נאמר כי לא יראני האדם וחי, ולפי דרך זה ולפי דרכי השיב לו בתשובה אחרת, הנה מקום אתי, מה שאתה יכול לחקוק צורה כל כך בדמיון, הוא מה שאתה יכול לראות לראית העין, אבל מה שאין אתה יכול לכבוש תחת ראיית עיניך, אין אתה יכול לחקוק צורתו בדמיון, אף הכא כן הנה מקום אתי שאני מקומו של עולם, וכיון שאין אתה יכול לכבוש כל העולם בראיית העין, ואם בראייה אין אתה יכול היאך תהיה יכול בדמיון לחקוק מה שלא ראו עיניך, ולהכי דייק קרא דאמר תרי זימני ויאמר, דכתיב ברישא ויאמר לא תוכל לראות פני כי לא יראני אדם וחי, והדר כתיב ויאמר הנה מקום אתי, ואמאי איצטריך למהדר למימר ויאמר זימנא אחריתי, לכתוב הכי ויאמר לא תוכל לראות את פני כי לא יראני האדם וחי והנה מקום אתי כו', אלא מדהדר כתב ויאמר אחרינא לאשמועינן דהאי ויאמר תשובה אחרת, כהא דלעיל מינה כדפרישית, ושמעינן מהכא שהוא מקומו של עולם והמקום טפל לו, ומסברא היה לך לידע האי מילתא, לפי שעל כרחך אית לך למימר שאין אני טפל לאחרי, וכיצד יהיה זאת שאני מקומו של עולם (חקת הפסח):

Chapter 46

וַיֹּאמֶר ה׳ אֶל מֹשֶׁה פְּסָל לְךָ שְׁנֵי לֻחֹת אֲבָנִים כָּרִאשֹׁנִים וְכָתַבְתִּי עַל הַלֻּחֹת אֶת הַדְּבָרִים אֲשֶׁר הָיוּ עַל הַלֻּחֹת הָרִאשֹׁנִים אֲשֶׁר שִׁבַּרְתָּ.

HASHEM said to Moses, "Carve for yourself two stone Tablets like the first ones, and I shall inscribe on the Tablets the words that were on the First Tablets, which you shattered" (34:1).

§1 וַיֹּאמֶר ה׳ אֶל מֹשֶׁה פְּסָל לְךָ — ***HASHEM SAID TO MOSES, "CARVE FOR YOURSELF*** *TWO STONE TABLETS LIKE THE FIRST ONES."*

The Midrash begins by citing a verse from *Job,* which it eventually expounds in connection with the second set of Tablets described in our verse, and then proceeds to discuss the breaking of the first set of Tablets:

הֲדָא הוּא דִכְתִיב "וְיַגֶּד לְךָ תַּעֲלֻמוֹת חָכְמָה" — **Thus it is written,** ***He will relate to you hidden recesses of wisdom,*** *for it shall be twofold Torah knowledge, and know that God will reduce your iniquities for you* (*Job* 11:6). אַתָּה מוֹצֵא בְּשָׁעָה שֶׁאָמַר לוֹ הַקָּדוֹשׁ בָּרוּךְ הוּא "לֵךְ רֵד כִּי שִׁחֵת עַמְּךָ" הָיָה תּוֹפֵס בַּלּוּחוֹת וְלֹא הָיָה מַאֲמִין שֶׁחָטְאוּ יִשְׂרָאֵל — **You find** that **when the Holy One, blessed is He, said to [Moses],** ***"Go, descend, for your people*** *that you brought up from the land of Egypt* ***has become corrupt*** (above, 32:7)," **[Moses] was still holding on to the Tablets, and did not believe that Israel had sinned.**[1] אָמַר: אִם אֵינִי רוֹאֶה אֵינִי מַאֲמִין — **[Moses] said, "If I do not see** myself that Israel sinned, **I do not believe** it."[2] שֶׁנֶּאֱמַר "וַיְהִי כַּאֲשֶׁר קָרַב אֶל הַמַּחֲנֶה וגו׳ " — **As [Scripture] states,** ***It happened as he drew near the camp*** *and saw the Calf and the dances, that Moses' anger flared up. He threw down the Tablets from his hands and shattered them at the foot of the mountain* (above, 32:19), שֶׁלֹּא שִׁבְּרָן עַד שֶׁרָאָה בְּעֵינָיו — **that** is, **[Moses] did not break [the Tablets] until he saw** the worshiping of the Golden Calf **with his own eyes.**[3] אִי לָהֶם לִבְנֵי אָדָם שֶׁהֵם מְעִידִים מַה שֶּׁאֵינָם רוֹאִים — **Woe,** then, **to those people who testify** to **that which they have not** themselves **seen!**[4]

The Midrash suggests an alternative understanding of why Moses did not break the Tablets when God first told him that Israel had sinned:[5]

אֶפְשָׁר שֶׁלֹּא הָיָה מֹשֶׁה מַאֲמִין בְּהַקָּדוֹשׁ בָּרוּךְ הוּא שֶׁאָמַר לוֹ "כִּי שִׁחֵת עַמְּךָ" — **Can it be that Moses did not believe the Holy One, blessed is He, Who had said to him,** *"Go, descend,* ***for your people*** *that you brought up from the land of Egypt* ***has become corrupt"?***[6] Surely not! אֶלָּא הוֹדִיעַ מֹשֶׁה דֶּרֶךְ אֶרֶץ לְיִשְׂרָאֵל — **Rather,** by not breaking the Tablets until he himself had seen the sin, **Moses was teaching Israel proper behavior,** אֲפִילוּ שֶׁיְּהֵא אָדָם שׁוֹמֵעַ דָּבָר מִן יְחִידִי נֶאֱמָן — viz., that **even if a person hears a** negative **report from a reliable individual,** אָסוּר לְקַבֵּל עֵדוּתוֹ לַעֲשׂוֹת דָּבָר עַל פִּיו — **it is prohibited** for him **to accept [the individual's] testimony** as fact **to** the extent that he would **take action based upon his word,**[7] אִם אֵינוֹ רוֹאֶה — **if he,** the recipient of the report, **has not seen [the matter]** himself.[8]

A third explanation as to why Moses broke the Tablets specifically as he approached the Israelite camp:

דָּבָר אַחֵר — **Another interpretation:** שֶׁפָּרְחוּ הַכְּתוּבִים מִן הַלּוּחוֹת — It was **that the** engraved **letters flew off the Tablets** when Moses came close to the Calf,[9] לְכָךְ שִׁבְּרָן — **and therefore he** then **broke [the Tablets],**[10] שֶׁנֶּאֱמַר "וָאֵרֶא וְהִנֵּה חֲטָאתֶם לַה׳ אֱלֹהֵיכֶם" — **as [Scripture] states,** ***Then I saw and behold! you had sinned to HASHEM, your God; you made yourselves a molten Calf...*** *I grasped the two Tablets and threw them from my two hands, and I smashed them before your eyes* (*Deuteronomy* 9:16-17).[11]

NOTES

1. I.e., the fact that Moses was carrying the Tablets, bringing them down to the Israelites, would indicate that he did not at that time believe that they were guilty of idolatry; see further in the Midrash.

2. Despite God having said that they had sinned. *Yefeh To'ar* and *Eitz Yosef* argue that of course Moses did not doubt God's word. However, Moses thought that the Israelites had not in reality performed idolatry but rather had merely contemplated it and that God deemed such thoughts to be themselves sinful (see *Chullin* 142a). Assuming that these were the circumstances, Moses considered the Israelites still worthy of receiving the Tablets.

3. However, when Moses confronted the evidence of their idol worship he recognized that the Israelites did not deserve to receive the Torah and he therefore broke the Tablets. It follows then that until that moment he had not believed that they were guilty of actual idolatry.

4. Assuming the accused to be guilty based on incomplete or hearsay evidence. If Moses had judged the Israelites favorably even though God had told him explicitly that they had sinned, certainly the "witness" in such a case should judge the defendant favorably and not condemn him unless he had clearly seen him commit the crime (see *Yefeh To'ar*).

5. *Yefeh To'ar* and *Eitz Yosef* suggest that the coming paragraph should be prefaced by the phrase, דבר אחר, "another interpretation."

6. I.e., is it conceivable that the reason Moses did not break the Tablets immediately was because at that point he did not believe God that the Israelites were committing idolatry?

7. That is, it is prohibited for one to act upon the assumption that the testimony is correct. However, it would be permissible for one to suspect that the negative report might be true and to take appropriate precautionary measures to protect himself or others from potential harm (*Maharzu;* see also *Toldos Noach*); see *Niddah* 61a.

8. So as to demonstrate this lesson by his own example, although Moses had fully believed God when He had told him of the Israelites' sin he did not break the Tablets until he saw the idolatrous Calf for himself.

We have followed the approach of *Yefeh To'ar* and *Eitz Yosef* that this second paragraph, beginning with the words אֶפְשָׁר שֶׁלֹּא הָיָה מֹשֶׁה מַאֲמִין, "can it be that Moses did not believe," represents a new interpretation, but that according to the Midrash's first interpretation Moses had in fact questioned whether what God had told him had been meant literally. However, *Maharzu* understands that when the Midrash originally stated that Moses did not believe that Israel had sinned, it meant that Moses pretended that he did not believe, he did not act in accordance with his true convictions and continued to carry the Tablets until he actually saw the Golden Calf. The second paragraph then explains the reason for this pretense: Moses was giving a living lesson in ethics, teaching others not to act upon the say-so of a lone individual no matter how trustworthy.

9. Engraved letters cannot conceivably fly off the surface into which they have been cut. Rather the physical letters contained spiritual elements comparable to the soul in the human body and it was these elements of holiness that departed the Tablets, unable to remain in an area defiled by the presence of the idol (*Eitz Yosef,* citing *Yefeh To'ar* and *Alschich;* see *Toras Moshe, Eikev* [p. 119 in Vagshal ed.]).

10. While Moses completely believed God that the Israelites were guilty of idolatry, he refrained from breaking the Tablets as long as they contained the holiness of the letters. Once that holiness had departed (see previous note), he proceeded to break the Tablets in response to the enormity of the Israelites' sin (*Yefeh To'ar;* see also *Eshed HaNechalim*). Alternatively, beforehand the Tablets had supported themselves and Moses did not feel their weight (see 47 §6 below). But once the letters flew off, the Tablets became too heavy for Moses and he was therefore forced to throw them down (*Matnos Kehunah, Maharzu,* from *Tanchuma, Ki Sisa* §30).

11. The phrase, *You had sinned to HASHEM, your God,* appears unnecessary since the verse proceeds to mention the molten Calf explicitly. Accordingly, the Midrash interprets it as meaning that Moses was saying that he had seen the severity of the sin for he had seen (or sensed)

פרשה מו

א [לד, א] "וַיֹּאמֶר ה' אֶל מֹשֶׁה פְּסָל לְךָ", הָדָא הוּא דִכְתִיב (איוב יא, ו) "וְיַגֶּד לְךָ תַּעֲלֻמוֹת חָכְמָה", אַתָּה מוֹצֵא בְשָׁעָה שֶׁאָמַר לוֹ הַקָּדוֹשׁ בָּרוּךְ הוּא [לב, ז] "לֶךְ רֵד כִּי שִׁחֵת עַמְּךָ" הָיָה תוֹפֵס בַּלּוּחוֹת וְלֹא הָיָה מַאֲמִין שֶׁחָטְאוּ יִשְׂרָאֵל, אָמַר: אִם אֵינִי רוֹאֶה אֵינִי מַאֲמִין, שֶׁנֶּאֱמַר [לב, יט] "וַיְהִי כַּאֲשֶׁר קָרַב אֶל הַמַּחֲנֶה וְגוֹ'", [א]שֶׁלֹּא שִׁבְּרָן עַד שֶׁרָאָה בְעֵינָיו, אִי לָהֶם לִבְנֵי אָדָם שֶׁהֵם מְעִידִים מַה שֶּׁאֵינָם רוֹאִים, אֶפְשָׁר שֶׁלֹּא הָיָה מֹשֶׁה מַאֲמִין בְּהַקָּדוֹשׁ בָּרוּךְ הוּא שֶׁאָמַר לוֹ [לב, ז] "כִּי שִׁחֵת עַמְּךָ", אֶלָּא הוֹדִיעַ מֹשֶׁה דֶּרֶךְ אֶרֶץ לְיִשְׂרָאֵל, אֲפִילוּ שֶׁיְּהֵא אָדָם שׁוֹמֵעַ דָּבָר מִן יְחִידִי נֶאֱמָן אָסוּר לְקַבֵּל עֵדוּתוֹ לַעֲשׂוֹת דָּבָר עַל פִּיו אִם אֵינוֹ רוֹאֶה, דָּבָר אַחֵר, [ב]שֶׁפָּרְחוּ הַכְּתוּבִים מִן הַלּוּחוֹת, לְכָךְ שִׁבְּרָן, שֶׁנֶּאֱמַר (דברים ט, טז) "וָאֵרֶא וְהִנֵּה חֲטָאתֶם לַה' אֱלֹהֵיכֶם", רָאָה מֹשֶׁה שֶׁחָטְאוּ וְשִׁבֵּר אֶת הַלּוּחוֹת, [ג]מָשָׁל לְמֶלֶךְ שֶׁנָּטַל אִשָּׁה וְכָתַב לָהּ כְּתוּבָּה וּנְתָנָהּ בְּיַד הַשּׁוֹשְׁבִין, לְאַחַר יָמִים יָצָא עָלֶיהָ שֵׁם רַע, מֶה עָשָׂה הַשּׁוֹשְׁבִין, קָרַע אֶת הַכְּתוּבָּה, אָמַר: מוּטָב שֶׁתְּהֵא נִדּוֹנֶת כִּפְנוּיָה וְלֹא כְּאֵשֶׁת אִישׁ, כָּךְ עָשָׂה מֹשֶׁה, אָמַר: אִם אֵין אֲנִי מְשַׁבֵּר אֶת הַלּוּחוֹת אֵין לְיִשְׂרָאֵל עֲמִידָה, שֶׁנֶּאֱמַר (לעיל כב, יט) "זֹבֵחַ לָאֱלֹהִים יָחֳרָם", מֶה עָשָׂה, שִׁבְּרָם, אָמַר לוֹ לְהַקָּדוֹשׁ בָּרוּךְ הוּא: לֹא הָיוּ יוֹדְעִין מֶה הָיָה כָּתוּב בָּהֶם, דָּבָר אַחֵר, (דברים ט, טז) "וָאֵרֶא וְהִנֵּה חֲטָאתֶם לַה' אֱלֹהֵיכֶם", רָאָה שֶׁאֵין לְיִשְׂרָאֵל עֲמִידָה וְחִבֵּר נַפְשׁוֹ עִמָּהֶם וְשִׁבֵּר אֶת הַלּוּחוֹת, וְאָמַר לְהַקָּדוֹשׁ בָּרוּךְ הוּא: הֵם חָטְאוּ וַאֲנִי חָטָאתִי שֶׁשִּׁבַּרְתִּי הַלּוּחוֹת, אִם מוֹחֵל אַתָּה לָהֶם אַף לִי מְחוֹל, שֶׁנֶּאֱמַר [לב, לב] "וְעַתָּה אִם תִּשָּׂא חַטָּאתָם" כֵּן לְחַטָּאתִי מְחוֹל,

עץ יוסף

(א) **הדא הוא דכתיב ויגד לך תעלומות חכמה.** מביא מקרא זה על דרך אסמכתא, על השגת החכמה לו יותר מהראשונים, וכן נתבשר בהם על מחילת חטאו כדמסיים: **ולא היה מאמין.** שחשב שאיזה הרהור עבירה היה והחמיר ה' בדבר כאילו עשו עגל מסכה, ולזה לא שבר הלוחות: **אפשר שלא היה משה מאמין.** צריך לומר דבר אחר אפשר כו' (יפה תואר): **דבר אחר שפרחו הכתובים כו'.** כלומר שהיה מאמין במאמר הקדוש ברוך הוא כי שחת עמך כו', ומה שלא שברן עד שראה את העגל ומחולות, שלא פרחו הכתובים עד ביאתו הנה, והכוונה כי כנשמה שבאדם כן היה רוח קדוש עליון נורא מאד בקרב כל אות ואות, ואורות נשמת רוח חיים שבכל אות ואות הם הם אשר פרחו למקורן ונסתלקו כאשר קרב אל המחנה, כי אין קדושה ראויה ליכנס למקום טומאה (יפה תואר ואלשיך): **שנאמר וארא והנה חטאתם לה' כו'.** רוצה לומר שקודם פסוק זה כתוב ואפן וארד מן ההר וגו' ושני הלוחות על שתי ידי, וארא והנה חטאתם וגו', ורצה לומר כי בעוד שהיה הכתב בלוחות היו הלוחות נושאים את עצמם, ובהסתלקות מהם נעשו כבידים, הוצרך משה לתפוס אותו בשתי ידיו, וארא והנה חטאתם כו', כלומר שעל ידי שנעשו הלוחות כבידים על שתי ידי, בזה ראיתי את חטאתכם כי כבדה מאד ואשברם לעיניכם (תולדות נח): **משל למלך כו'.** זה המשל קאי על הלמ"ד דלעיל, והוא דעת רבי יוסי הגלילי: **משל למלך כו'.** ששברם להצילם מהעונש כו':

פירוש מהרז"ו

(א) **לא היה מאמין.** פירוש שלא עשה בידיו כפי אמונת לבו, עד שראה המעשה, ואין זה אלא ללמד לדורות: **ויהי כאשר קרב [אל המחנה].** וירא את העגל ואת המחולות ויחר אף משה וישלך מידיו את הלוחות וישבר אותם: **לעשות דבר על פיו.** שאינו רשאי להאמין ליחיד לעשות מעשה, אבל מותר להאמין לשום אל לבו: **שפרחו הכתובים.** עיין תנא דבי אליהו חלק ב ריש פרק ד', וכמו שכתב תנחומא כאן סוף סימן ל', כל ימים שהיה הכתב על הלוחות לא היה משה מרגיש בהם, כשפרח הכתב נמצאו כבדים על ידיו, והשליכן ונשתברו. וכמו שאמר לקמן פרשה מ"ז סימן ו, וזהו מה שאמר לעיל סוף פרשה ל"ו, הארון סבל את סובליו הוא גם כן מקדושת לוחות שניים: **ראה משה שחטאו.** כמה דאת אמר וארא, שאחר שראה עשה מעשה השבירה: **מוטב תידון כפנויה.** וכמו שהתחיל לעיל פרשה מ"ג בסימן א': **זובח לאלהים יחרם.** עיין לעיל פרשה מ"ג שם מה שכתבתי: **ועתה אם תשא חטאתם.** ואם אין מחני נא מספרך, ולא פירש מה יהיה אם תשא חטאתם, ועוד שאם לא ישא למה ימחה אותו מספרו, הרי לא חטא. על כן דורש כל המקרא על שבירת הלוחות, שהם חטאו באנכי ה', והוא חטא בעונשו שאללו זובח וגו', הרי שיש לו חלק בעון העגל, ואם אין ותרצה לקיים מה שכתוב ואמחה את שמם, גם אני בחטאי שאיני מתרצה במה שאמרת ואעשה אותך לגוי גדול, שמתיירא אני שתפקוד עלי חטאי, וזה לא יתכן כמו שכתב לעיל פרשה מ"ד בסימן ט, שבזה שיעשה אותו לגוי גדול, רצה הקב"ה לקיים שבועות אבות, ובהכרח שתשא לעוני, כן תשא לעונם גם כן, ודוק מאד:

מתנות כהונה

[א] **אי להם.** אוי להם: **שנאמר וארא וכו'.** אדלעיל קאי רק שהפסיק בנתינת טעם לשבירת הלוחות שלא מרצונו נעשה רק שהיו כבדים עליו. ועיין בפרשת עקב ובתנחומא פרשה זו: **לישראל עמידה** גרסינן:

אשד הנחלים

[א] **אתה מוצא כו' אוי להם כו' אפשר כו'.** ניתוח המאמר הוא כך, בתחלה מפרש שלפי הראות לא האמין משה עליהם ככה, עד שראה בעיניו אף ששמע מפי ה', ויוצא מזה מוסר כולל להוכיח מזה לבני אדם שמעידים על מה שאינם רואים רק שומעים מפי אחרים. ואחר כך מפרש אמיתת הטעם שבאמת לא שייך זה כאן, כי איך לא נתפעל משה אחר שה' בעצמו אמר לו ככה. ומפרש שהודיע משה בזה דבר אחר, וכלומר אף שנתפעל משה מהר מדברי ה', ומצא בנפשו הכעס אז לשברם, עם כל זה עצר את נפשו עד שיראה בעיניו: **שפרחו.** כי המכתב היה מכתב אלהים עומדת רק בנס, וא"כ החטא גרם ממילא שנפרחו ואינם, וזהו מלת ראיה שהיא על ידי ראייה חושית, שאינה נופלת על החטא, כי החטא לא יראה בעין, רק הכונה שראה בחוש מפריחת האותיות מהלוחות שבודאי חטאו: **לכך שברן.** דאם לא כן לא היה מהראוי לשבר הלוחות הקדושים, אם לא שראה שאין עוד בם הקדושה: **משל למלך.** מבאר בזה סיבת השבירה והתועלת שהיה מכוין בזה, כי לא יתכן שעושה זאת מחמת כעס לבד, כי זה לא יתכן אצל אבי הנביאים. והענין כי קודם מתן תורה אף שהיה איסור עבודת כוכבים מהשבע מצות, עם כל זה לא נגזר הכליון בעבור זה, ולכן ביטל משה את הלוחות, כי אחר הנתינה לא היה יכול לבטל הכתוב בה, כי ממנה יצא ההוראה לעולם וניתנה תורה ונתחדשה ההנהגה חדשה בעולם: **ואני חטאתי כו' מחני כו'.** יש להבין מה מועיל בזה שגם הוא חטא, האם בזה יקל חטאם. והנראה

חידושי הרד"ל

[א] **מן יחידי נאמן אסור כו'.** עיין ראש השנה (כה, א):

חידושי הרש"ש

[א] **אמר לו להקדוש ברוך הוא לא היו יודעין כו'.** עיין לעיל ריש פרשה מ"ג א, ובמה שכתבתי שם (ד"ה כלומר):

באור מהרי"פ

[א] **דבר אחר שפרחו וכו'.** כלומר, שהיה מאמין בדברי הקב"ה. ומה שלא שברן עד שראה העגל והמחולות, מפני שלא פרחו הכתובים עד ביאתו שמה. והטעם שלא פרחו הכתובים עד הנה, משום כשקרב אל המחנה מקום הטומאה לא יכלה הקדושה לסבול הטומאה ונעשו הלוחות כבדים, כי בתחלה בעוד שהיה הכתב בלוחות, היו הלוחות נושאים את עצמן על ידי קדושת הכתב, כמו הארון שהיה נושא את נושאיו, וכמו הנפש בגוף כמאמר חכמינו ז"ל החי נושא את עצמו, וכן חתיכת הברזל כשיוצאה מן האור והיא מלהטת, היא קלה, מפני האור שהיא הנפש שבה, ונושא אותה, מה שאין כן כשיוצאת הנפש מן הגוף, נעשה הגוף כבד, וכן הברזל כשהצטנן ויצא האור ממנה, היא כאלת נפשה כי מתה, היא כבדה כבראשונה, וכיון שפרחו הכתובים מן הלוחות, נעשו כבדים מאד, עד שלא יכול לסבלן בשתי ידיו, ולכך שברם. וראיה לזה שפרחו הכתובים מעל הלוחות, ממה שדרשו חכמינו ז"ל (ברכות ח, א) הזהרו בזקן ששכח תלמודו מחמת אונסו, דאמר (רבי אמי) [רב יוסף] לוחות ושברי לוחות מונחים בארון (בבא בתרא יד, ב), כלומר שברי לוחות שפרחו ממנו הכתובים, ועל כן מביא ראיה מהם לכבוד הזקן ששכח תלמודו שפרחה ממנו התורה: **וארא.** (דברים ט' ט"ו ט"ז) ואפן וארד מן ההר וההר בוער באש ושני לוחות הברית על שתי ידי. וארא והנה חטאתם לה' אלהיכם עשיתם לכם עגל מסכה סרתם מהר מן הדרך אשר צוה ה' אתכם. ודרש המדרש דמתחלה שהיו הכתובים בלוחות היו קלים מאד שהכתובים נשאו אותם ולא היו צריכין רק לאחיזת יד של משה כמו שנאמר (שמות ל"ב ט"ו) ויפן וירד משה מן ההר ושני לוחות העדות בידו לוחות כתובים משני עבריהם מזה ומזה הם כתובים. ופירושו שני לוחות העדות בידו אחת היו אחוזים שהיו קלים מאד והטעם כתובים משני עבריהם והיו הכתובים נושאים אותם. אולם אחר כך כאשר פרחו הכתובים נעשו כבדים עד שנאמר עליהם ושני לוחות הברית על שתי ידי מפני כובדן ולזה אמר וארא על ידי כך והנה חטאתם לה' אלהיכם. ואף שהענין על דרך דרש קצת מכל מקום הוא כענינו תולדות נח הארוך: **משל למלך וכו'.** הוא כמו דבר אחר, ואולי המדרש נותן טעם איך משה עבד ה' ערב לבו לשבר את הלוחות, ואם ישראל חטאו ואינם ראוים לקבל אותם היה לו להחזירם לאכסניא שלהם ולבקש מאת הקב"ה מה יעשה בהם, לכן אמר משל וכו', ובשביל זה שבר את הלוחות:

מסורת המדרש

א. ירושלמי תענית פרק ד':
ב. אבות דרבי נתן פרק ב'. פרקי דרבי אליעזר פרק מ"ה. תנחומא כאן סימן ל'. וסדר עקב סימן י"א. תנא דבי אליהו רבה פרק כ"א. תדא"ז פרק ד':
ג. לעיל פרשה מ"ג וש"נ:

אם למקרא

וְיַגֶּד לְךָ תַּעֲלֻמוֹת חָכְמָה כִּי כִפְלַיִם לְתוּשִׁיָּה וְדַע כִּי יַשֶּׁה לְךָ אֱלוֹהַּ מֵעֲוֹנֶךָ: (איוב יא:ו)

וָאֵרֶא וְהִנֵּה חֲטָאתֶם לַה' אֱלֹהֵיכֶם עֲשִׂיתֶם לָכֶם עֵגֶל מַסֵּכָה סַרְתֶּם מַהֵר מִן הַדֶּרֶךְ אֲשֶׁר צִוָּה ה' אֶתְכֶם: (דברים ט:טז)

אמרי יושר

[א] **דכתיב זובח לאלהים יחרם.** וחרמו של עכן שרפו: **מחני מעון ספרך.** שהם הלוחות שכתבת, ואנכי שברתם:

The Midrash offers another interpretation of the verse from *Deuteronomy* cited above:[12]

רָאָה מֹשֶׁה שֶׁחָטְאוּ וְשִׁבֵּר אֶת הַלּוּחוֹת – **Moses saw that [the Israelites] had sinned** against God **and** therefore **he broke the Tablets.** מָשָׁל לְמֶלֶךְ שֶׁנָּטַל אִשָּׁה – **It is comparable to a king who took a wife,** וְכָתַב לָהּ כְּתוּבָּה וּנְתָנָהּ בְּיַד הַשּׁוֹשְׁבִין – **and he wrote her a *kesubah*** (marriage contract), **and gave it to the wedding attendant** to deliver to her.[13] לְאַחַר יָמִים יָצָא עָלֶיהָ שֵׁם רַע – **A few days afterward, a bad report circulated regarding [the bride].**[14] מֶה עָשָׂה הַשּׁוֹשְׁבִין, קָרַע אֶת הַכְּתוּבָּה – **What did the wedding attendant do? He tore up the *kesubah*,** destroying the evidence that the king had wed her, אָמַר: מוּטָב שֶׁתִּהְיֶה נִדּוֹנֶת כִּפְנוּיָה וְלֹא כְּאֵשֶׁת אִישׁ – for **he said** to himself, **"It is better that she be judged** for her misdeed **as a single woman than as a married woman."** כָּךְ עָשָׂה מֹשֶׁה – **Moses did likewise** regarding the Tablets. אָמַר: אִם אֵין אֲנִי מְשַׁבֵּר אֶת הַלּוּחוֹת אֵין לְיִשְׂרָאֵל עֲמִידָה – **He said** to himself: **If I do not break the Tablets, Israel will not have any** future **survival,** שֶׁנֶּאֱמַר "זֹבֵחַ לָאֱלֹהִים יָחֳרָם" – **as [Scripture] states,** ***One who brings offerings to the gods shall be destroyed*** – *only to HASHEM alone* (above, 22:19).[15] מֶה עָשָׂה, שִׁבְּרָם – **What did [Moses] do? He broke the Tablets.** אָמַר לוֹ לְהַקָּדוֹשׁ בָּרוּךְ הוּא: לֹא הָיוּ יוֹדְעִין מֶה הָיָה כָּתוּב בָּהֶם – **He** then **said to the Holy One, blessed is He, "[The Israelites] did not know what was written in [the Tablets]."**[16]

An alternative understanding of what it was that Moses saw that caused him to break the Tablets:

דָּבָר אַחֵר – **Another interpretation:** "וָאֵרֶא וְהִנֵּה חֲטָאתֶם לַה' אֱלֹהֵיכֶם" – ***Then I saw and behold! you had sinned to HASHEM, your God.*** רָאָה שֶׁאֵין לְיִשְׂרָאֵל עֲמִידָה – **[Moses] saw that** as a result of their sin **Israel will not have any** future **survival,** וְחִבֵּר נַפְשׁוֹ עִמָּהֶם וְשִׁבֵּר אֶת הַלּוּחוֹת – **and** so **[Moses] joined himself to them and,** similarly sinning, **he broke the Tablets.**[17] וְאָמַר לְהַקָּדוֹשׁ בָּרוּךְ הוּא: הֵם חָטְאוּ וַאֲנִי חָטָאתִי שֶׁשִּׁבַּרְתִּי הַלּוּחוֹת – **[Moses]** then **said to the Holy One, blessed is He, "[The Israelites] have sinned and I** too **have sinned, for I have broken the Tablets.** אִם מוֹחֵל אַתָּה לָהֶם אַף לִי מְחוֹל – **If You pardon them, pardon me too,"** שֶׁנֶּאֱמַר "וְעַתָּה אִם תִּשָּׂא חַטָּאתָם" כֵּן לְחַטָּאתִי מְחוֹל – **as [Scripture] states,** ***And now if You shall forgive their sin*** (above, 32:32), "then **so too** You should **pardon my sin.**[18]

NOTES

the letters flying off the Tablets, unable to remain in a place contaminated by the sin of the Golden Calf (see *Toldos Noach* and *Eitz Yosef;* see also *Tanchuma, Eikev* §11). Alternatively, the Midrash is interpreting וָאֵרֶא וְהִנֵּה חֲטָאתֶם as, *I saw and behold! you were lacking,* [as in the phrase, אָנֹכִי אֲחַטֶּנָּה, *I myself would bear the loss* (*Genesis* 31:39)] referring to the fact that they were now lacking the writing on the Tablets since it had departed due to their sin (*Yefeh To'ar,* final explanation).

12. See *Maharzu.*

13. The one responsible for facilitating their marriage (see *Berachos* 61a and *Rashi* ad loc. s.v. שושבין).

14. I.e., it became known that she had been unfaithful to the king.

15. The verse thus condemns the Israelites for they had brought offerings to the Golden Calf (see 32:6 above).

16. The punishments prescribed for transgressing the various commandments had been written in the Tablets along with the commandments themselves. All that was written in the Tablets had been presented orally to the Israelites at the time of the Giving of the Torah (see *Shir HaShirim Rabbah* 1 §13 [in Vagshal ed.]) and thus when they made the Golden Calf they were in fact aware of the penalty for their sin. But now with the Tablets destroyed Moses was able to argue that the Israelites were unaware of the punishment for idolatry and that had they been aware of the severity of the punishment they would not have sinned. See 43 §1 above and notes 13 and 20 there.

17. Aside from the inherent sin involved with breaking the holy Tablets, a comment in *Eitz Yosef* (Vagshal ed.) notes that the Gemara (*Shabbos* 105b) equates one who deliberately breaks any article in anger to one who worships idols. Thus, by breaking the Tablets in his anger Moses was in effect joining the other Israelites in the sin of idolatry. For a somewhat similar interpretation, see *Maharzu* s.v. ועתה אם תשא חטאתם.

18. Moses did not explicitly state what would follow if God forgives the Israelites' sin (see *Rashi* ad loc.); according to the Midrash here he was implying that God should then similarly forgive his own sin of breaking the Tablets (*Maharzu*). The Midrash proceeds to interpret the rest of the verse similarly in terms of Moses' argument equating his own sin with that of the Israelites. See further in the Midrash.

פרשה מו

א [לד, א] "וַיֹּאמֶר ה' אֶל מֹשֶׁה פְּסָל לְךָ", הֲדָא הוּא דִכְתִיב (איוב יא, ו) "וְיַגֶּד לְךָ תַּעֲלֻמוֹת חָכְמָה", אַתָּה מוֹצֵא בְּשָׁעָה שֶׁאָמַר לוֹ הַקָּדוֹשׁ בָּרוּךְ הוּא [לב, ז] "לֶךְ רֵד כִּי שִׁחֵת עַמְּךָ" הָיָה תוֹפֵס בַּלּוּחוֹת וְלֹא הָיָה מַאֲמִין שֶׁחָטְאוּ יִשְׂרָאֵל, אָמַר: אִם אֵינִי רוֹאֶה אֵינִי מַאֲמִין, שֶׁנֶּאֱמַר [לב, יט] "וַיְהִי כַּאֲשֶׁר קָרַב אֶל הַמַּחֲנֶה וְגוֹ'", [א]שֶׁלֹּא שִׁבְּרָן עַד שֶׁרָאָה בְּעֵינָיו, אִי לָהֶם לִבְנֵי אָדָם שֶׁהֵם מְעִידִים מַה שֶּׁאֵינָם רוֹאִים, אֶפְשָׁר שֶׁלֹּא הָיָה מֹשֶׁה מַאֲמִין בְּהַקָּדוֹשׁ בָּרוּךְ הוּא שֶׁאָמַר לוֹ [לב, ז] "כִּי שִׁחֵת עַמְּךָ", אֶלָּא הוֹדִיעַ מֹשֶׁה דֶּרֶךְ אֶרֶץ לְיִשְׂרָאֵל, אֲפִילּוּ שֶׁיְּהֵא אָדָם שׁוֹמֵעַ דָּבָר מִן יְחִידִי נֶאֱמָן אָסוּר לְקַבֵּל עֵדוּתוֹ לַעֲשׂוֹת דָּבָר עַל פִּיו אִם אֵינוֹ רוֹאֶה, דָּבָר אַחֵר, [ב]שֶׁפָּרְחוּ הַכְּתוּבִים מִן הַלּוּחוֹת, לְכָךְ שִׁבְּרָן, שֶׁנֶּאֱמַר (דברים ט, טז) "וָאֵרֶא וְהִנֵּה חֲטָאתֶם לַה' אֱלֹהֵיכֶם", רָאָה מֹשֶׁה שֶׁחָטְאוּ וְשִׁבֵּר אֶת הַלּוּחוֹת, [ג]מָשָׁל לְמֶלֶךְ שֶׁנָּטַל אִשָּׁה וְכָתַב לָהּ כְּתוּבָּה וּנְתָנָהּ בְּיַד הַשּׁוֹשְׁבִין, לְאַחַר יָמִים יָצָא עָלֶיהָ שֵׁם רַע, מֶה עָשָׂה הַשּׁוֹשְׁבִין, קָרַע אֶת הַכְּתוּבָּה, אָמַר: מוּטָב שֶׁתְּהֵא נִדּוֹנֶת כִּפְנוּיָה וְלֹא כְּאֵשֶׁת אִישׁ, כָּךְ עָשָׂה מֹשֶׁה, אָמַר: אִם אֵין אֲנִי מְשַׁבֵּר אֶת הַלּוּחוֹת אֵין לְיִשְׂרָאֵל עֲמִידָה, שֶׁנֶּאֱמַר (לעיל כב, יט) "זֹבֵחַ לָאֱלֹהִים יָחֳרָם", מֶה עָשָׂה, שִׁבְּרָם, אָמַר לוֹ לְהַקָּדוֹשׁ בָּרוּךְ הוּא: לֹא הָיוּ יוֹדְעִין מֶה הָיָה כָּתוּב בָּהֶם, דָּבָר אַחֵר, (דברים ט, טז) "וָאֵרֶא וְהִנֵּה חֲטָאתֶם לַה' אֱלֹהֵיכֶם", רָאָה שֶׁאֵין לְיִשְׂרָאֵל עֲמִידָה וְחִבֵּר נַפְשׁוֹ עִמָּהֶם וְשִׁבֵּר אֶת הַלּוּחוֹת, וְאָמַר לְהַקָּדוֹשׁ בָּרוּךְ הוּא: הֵם חָטְאוּ וַאֲנִי חָטָאתִי שֶׁשִּׁבַּרְתִּי הַלּוּחוֹת, אִם מוֹחֵל אַתָּה לָהֶם אַף לִי מְחוֹל, שֶׁנֶּאֱמַר [לב, לב] "וְעַתָּה אִם תִּשָּׂא חַטָּאתָם" כֵּן לְחַטָּאתִי מְחוֹל,

עץ יוסף

(א) **הדא הוא דכתיב ויגד לך תעלומות חכמה.** מביא מקרא זה על דרך אסמכתא, על השגת החכמה לו יותר מהראשונים, וכן נתבשר בהם על מחילת חטאו כדמסיים: **ולא היה מאמין.** שחשב שאיזה הרהור עבירה היה והחמיר ה' בדבר כאילו עשו עגל מסכה, ולזה לא שבר הלוחות: **אפשר שלא היה משה מאמין.** לריך לומר דבר אחר אפשר כו' (יפה תואר): **דבר אחר שפרחו הכתובים כו'.** כלומר שהיה מאמין במאמר הקדוש ברוך הוא כי שחת עמך כו', ומה שלא שברן עד שראה את העגל ומחולות, שלא פרחו הכתובים עד ביאתו הנה, והכוונה כי כנשמה שבאדם כן היה רוח קדוש עליון נורא מאד בקרב כל אות ואות, ואורות נשמת רוח חיים שבכל אות ואות הם הם אשר פרחו למקורן ונסתלקו כאשר קרב אל המחנה, כי אין קדושה ראויה ליכנס למקום טומאה (יפה תואר ואלשיך): **שנאמר וארא והנה חטאתם לה' כו'.** רולה לומר שקודם פסוק זה כתוב ואפן וארד מן ההר וגו' ושני הלוחות על שתי ידי, וארא והנה חטאתם וגו', ורלה לומר כי בעוד שהיה הכתב בלוחות היו הלוחות נושאים את עלמם, ובהסתלקות מהם נעשו כבידים, הוצרך משה לתפוס אותו בשתי ידיו, וארא והנה חטאתם כו', כלומר שעל ידי שנעשו הלוחות כבידים על שתי ידי, בזה ראיתי את חטאתכם כי כבדה מאד ואשברם לעיניכם (תולדות נח): **משל למלך כו'.** זה המשל קאי על הלמ"ד דלעיל, והוא דעת רבי יוסי הגלילי: **משל למלך כו'.** ששברם להצילם מהעונש כו':

פירוש מהרז"ו

(א) **לא היה מאמין.** פירוש שלא עשה בידיו כפי אמונת לבו, עד שראה המעשה, ואין זה אלא ללמד לדורות: **ויהי כאשר קרב [אל המחנה].** וירא את העגל ואת המחולות ויחר אף משה וישלך מידיו את הלוחות וישבר אותם: **לעשות דבר על פיו.** שאינו רשאי להאמין ליחיד לעשות מעשה, אבל מותר להאמין לשום אל לבו: **שפרחו הכתובים.** עיין תנא דבי אליהו חלק ב ריש פרק ד', וכמו שכתב תנחומא כאן סוף סימן ל', כל ימים שהיה הכתב על הלוחות לא היה משה מרגיש בהם, כשפרח הכתב נמלאו כבדים על ידיו, והשליכן ונשתברו. וכמו שאמר לקמן פרשה מ"ז סימן ו, וזהו מה שאמר לעיל סוף פרשה ל"ו, הארון סבל את סובליו הוא גם כן מקדושת לוחות שניים: **ראה משה שחטאו.** כמה דאת אמר וארא, שאחר שראה עשה מעשה השבירה: **מוטב תידון כפנויה.** וכמו שהתחיל לעיל פרשה מ"ג בסימן א': **זובח לאלהים יחרם.** עיין לעיל פרשה מ"ג שם מה שכתבתי: **ועתה אם תשא חטאתם.** ואם אין מחני נא מספרך, ולא פירש מה יהיה אם תשא חטאתם, ועוד שאם לא ישא למה ימחה אותו מספרו, הרי לא חטא. על כן דורש כל המקרא על שבירת הלוחות, שהם חטאו באנכי ה', והוא חטא בעונשו שאללו זובח וגו', הרי שיש לו חלק בעון העגל, ואם אין ותרלה לקיים מה שכתוב ואמחה את שמם, גם אני בחטאי שאיני מתרלה במה שאמרת ואעשה אותך לגוי גדול, שמתיירא אני שתפקוד עלי חטאי, וזה לא יתכן כמו שכתב לעיל פרשה מ"ד בסימן ט, שבזה שיעשה אותו לגוי גדול, רלה הקב"ה לקיים שבועות אבות, ובהכרח שתשא לעוני, כן תשא לעונם גם כן, ודוק מאד:

מתנות כהונה

[א] **אי להם.** אוי להם: **שנאמר וארא וכו'.** אדלעיל קאי רק שהפסיק בנתינת טעם לשבירת הלוחות שלא מרלונו נעשה רק שהיו כבדים עליו. ועיין בפרשת עקב ובתנחומא פרשה זו: **לישראל עמידה** גרסינן:

אשד הנחלים

[א] **אתה מוצא כו' אוי להם כו' אפשר כו'.** ניתוח המאמר הוא כך, בתחלה מפרש שלפי הראות לא האמין משה עליהם ככה, עד שראה בעיניו אף ששמע מפי ה', ויוצא מזה מוסר כולל להוכיח מזה לבני אדם שמעידים על מה שאינם רואים רק שומעים מפי אחרים. ואחר כך מפרש אמיתת הטעם שבאמת לא שייך זה כאן, כי איך לא נתפעל משה אחר שה' בעצמו אמר לו ככה. ומפרש שהודיע משה בזה דבר אחר, וכלומר אף שנתפעל משה מהר מדברי ה', ומצא בנפשו הכעס אז לשברם, עם כל זה עצר את נפשו עד שיראה בעיניו: **שפרחו.** כי המכתב היה מכתב אלהים עומדת רק בנס, וא"כ החטא גרם ממילא שנפרחו ואינם, וזהו מלת ראיה שהיא על ידי ראייה חושית, שאינה נופלת על החטא, כי החטא לא יראה בעין, רק הכונה שראה בחוש מפריחת האותיות מהלוחות שבודאי חטאו: **לכך שברן.** דאם לא כן לא היה מהראוי לשבר הלוחות הקדושים, אם לא שראה שאין עוד בם הקדושה: **משל למלך.** מבאר בזה סיבת השבירה והתועלת שהיה מכוין בזה, כי לא יתכן שעושה זאת מחמת כעס לבד, כי זה לא יתכן אצל אבי הנביאים. והענין כי קודם מתן תורה אף שהיה איסור עבודת כוכבים מהשבע מצות, עם כל זה לא נגזר הכליון בעבור זה, ולכן ביטל משה את הלוחות, כי אחר הנתינה לא היה יכול לבטל הכתוב בה, כי ממנה יצא ההוראה לעולם וניתנה תורה ונתחדשה ההנהגה חדשה בעולם: **ואני חטאתי כו' מחני כו'.** יש להבין מה מועיל בזה שגם הוא חטא, האם בזה יקל חטאם. והנראה

חידושי הרד"ל

[א] **מן יחידי נאמן אסור כו'.** עיין ראש השנה (כה, א):

חידושי הרש"ש

[א] **אמר לו להקדוש ברוך הוא לא היו יודעין כו'.** עיין לעיל ריש פרשה מ"ג א, ובמה שכתבתי שם (ד"ה כלומר):

באור מהרי"פ

[א] **דבר אחר שפרחו וכו'.** כלומר, שהיה מאמין בדברי הקב"ה. ומה שלא שברן עד שראה העגל והמחולות, מפני שלא פרחו הכתובים עד ביאתו שמה. והטעם שלא פרחו הכתובים עד הנה, משום כשקרב אל המחנה מקום הטומאה לא יכלה הקדושה לסבול הטומאה ונעשו הלוחות כבדים, כי בתחלה בעוד שהיה הכתב בלוחות, היו הלוחות נושאים את עצמן על ידי קדושת הכתב, כמו הארון שהיה נושא את נושאיו, וכמו הנפש בגוף כמאמר חכמינו ז"ל החי נושא את עצמו, וכן חתיכת הברזל כשיוצאה מן האור והיא מלהטת, היא קלה, מפני האור שהיא הנפש שבה, ונושא אותה, מה שאין כן כשיוצאת הנפש מן הגוף, נעשה הגוף כבד, וכן הברזל כשהצטנן ויצא האור ממנה, היא כצאת נפשה כי מתה, היא כבדה כבראשונה, וכיון שפרחו הכתובים מן הלוחות, נעשו כבדים מאד, עד שלא יכול לסבלן בשתי ידיו, ולכך שברם. וראיה לזה שפרחו הכתובים מעל הלוחות, ממה שדרשו חכמינו ז"ל (ברכות ח, א) הזהרו בזקן ששכח תלמודו מחמת אונסו, דאמר (רבי אמי) [רב יוסף] לוחות ושברי לוחות מונחים בארון (בבא בתרא יד, ב), כלומר שברי לוחות שפרחו ממנו הכתובים, ועל כן מביא ראיה מהם לכבוד הזקן ששכח תלמודו שפרחה ממנו התורה: **וארא.** (דברים ט' ט"ו ט"ז) ואפן וארד מן ההר וההר בוער באש ושני לוחות הברית על שתי ידי. וארא והנה חטאתם לה' אלהיכם עשיתם לכם עגל מסכה סרתם מהר מן הדרך אשר צוה ה' אתכם. ודרש המדרש דמתחלה שהיו הכתובים בלוחות היו קלים מאד שהכתובים נשאו אותם ולא היו צריכין רק לאחיזת יד של משה כמו שנאמר (שמות ל"ב ט"ו) ויפן וירד משה מן ההר ושני לוחות העדות בידו לוחות כתובים משני עבריהם מזה ומזה הם כתובים. ופירושו שני לוחות העדות בידו אחת היו אחוזים שהיו קלים מאד והטעם כתובים משני עבריהם והיו הכתובים נושאים אותם. אולם אחר כך כאשר פרחו הכתובים נעשו כבדים עד שנאמר עליהם ושני לוחות הברית על שתי ידי מפני כובדן ולזה אמר וארא על ידי כך והנה חטאתם לה' אלהיכם. ואף שהענין על דרך דרש קצת מכל מקום הוא כפשוטו עיינו תולדות נח הארוך: **משל למלך וכו'.** הוא כמו דבר אחר, ואולי המדרש נותן טעם איך משה עבד ה' ערב לבו לשבר את הלוחות, ואם ישראל חטאו ואינם ראוים לקבל אותם היה לו להחזירם לאכסניא שלהם ולבקש מאת הקב"ה מה יעשה בהם, לכן אמר משל וכו', ובשביל זה שבר את הלוחות:

מסורת המדרש

א. ירושלמי תענית פרק ד':
ב. אבות דרבי נתן פרק ב'. פרקי דרבי אליעזר פרק מ"ה. תנחומא כאן סימן ל'. וסדר עקב סימן י"א. תנא דבי אליהו רבה פרק כ"א. תדא"ז פרק ד':
ג. לעיל פרשה מ"ג וש"נ:

אם למקרא

וְיַגֶּד לְךָ תַּעֲלֻמוֹת חָכְמָה כִּי כִפְלַיִם לְתוּשִׁיָּה וְדַע כִּי יַשֶּׁה לְךָ אֱלוֹהַּ מֵעֲוֺנֶךָ: (איוב יא:ו)

וָאֵרֶא וְהִנֵּה חֲטָאתֶם לַה' אֱלֹהֵיכֶם עֲשִׂיתֶם לָכֶם עֵגֶל מַסֵּכָה סַרְתֶּם מַהֵר מִן הַדֶּרֶךְ אֲשֶׁר צִוָּה ה' אֶתְכֶם: (דברים ט:טז)

אמרי יושר

[א] **דכתיב זובח לאלהים יחרם.** וחרמו של עכן שרפו: **מחני מעון ספרך.** שהם הלוחות שכתבת, ואנכי שברתם:

"וְאִם אַיִן" אַתָּה מוֹחֵל לָהֶם אַל תִּמְחוֹל לִי – ***But if* You do *not* pardon them,** then **do not pardon me** either, אֶלָּא "מְחֵנִי נָא מִסִּפְרְךָ אֲשֶׁר כָּתָבְתָּ" – **rather, *erase me now from Your book that You have written"*** (ibid.).[19]

The Midrash discusses God's response to Moses' prayer, relating it to the verse from *Job* cited at the beginning of this section: אָמַר רַבִּי אַחָא: לֹא זָז מִשָּׁם עַד שֶׁפִּנָּה חֲטָיָיה שֶׁלָּהֶם – **R' Acha said: [Moses] did not move from there until [God] had removed** [פִּנָּה], i.e., forgiven, **[Israel's] sin,** שֶׁנֶּאֱמַר "וַיִּפֶן וַיֵּרֶד מֹשֶׁה" – **as [Scripture] states, *"Va'yifen"*** [וַיִּפֶן] *(and He removed)* ***and Moses descended*** *from the mountain* (above, 32:15).[20] כֵּיוָן שֶׁפִּנָּה חֲטָיָיה שֶׁלָּהֶם אָמַר מֹשֶׁה – **When [God] had removed [Israel's] sin, Moses said** to himself, הֲרֵי הָיָה לְיִשְׂרָאֵל מִי שֶׁיְּבַקֵּשׁ עֲלֵיהֶם, אֲנִי מִי יְבַקֵּשׁ עָלַי – **"Israel had whom to request** God's forgiveness **on their behalf,** i.e., myself, but **who will request** God's forgiveness **on my behalf?"**[21] הִתְחִיל מִצְטַעֵר עַל שִׁבּוּר הַלּוּחוֹת – [Moses] then **began to be distressed over the breaking of the Tablets.** אָמַר לוֹ הַקָּדוֹשׁ בָּרוּךְ הוּא: אַל תִּצְטַעֵר בַּלּוּחוֹת הָרִאשׁוֹנוֹת – **The Holy One, blessed is He, said to [Moses], "Do not be distressed over the First Tablets,** שֶׁלֹּא הָיוּ אֶלָּא עֲשֶׂרֶת הַדִּבְּרוֹת לְבַד – **which contained only the Ten Commandments,** וּבַלּוּחוֹת הַשְּׁנִיִּים אֲנִי נוֹתֵן לָךְ שֶׁיְּהֵא בָהֶם הֲלָכוֹת מִדְרָשׁ וְאַגָּדוֹת – **but with** regard to **the Second Tablets** that **I am giving you, they shall** also **contain** (lit., *that there should be in them*) **Halachos, Midrash, and Aggados."**[22]

NOTES

19. For I too have sinned just like they have. With this argument Moses sought to counter God's proposal to him, וַאֲכַלֵּם וְאֶעֱשֶׂה אוֹתְךָ לְגוֹי גָּדוֹל, *And I shall annihilate them; and I shall make you a great nation* (above, 32:10), that He would destroy the Jewish nation and make a new nation out of Moses and his children, thereby fulfilling His pledge to the Patriarchs that their descendants would be His nation (see 43 §9 above). If Moses, though, was no better than the rest of Israel, God would not have the option of fulfilling His promise through Moses and His descendants, and He would perforce have to forgive Israel (*Eitz Yosef;* see also *Maharzu* and *Eshed HaNechalim;* however, see *Yefeh To'ar*).

For alternative approaches to the question posed by the Midrash as to why Moses waited until he had seen the worship of the Golden Calf before breaking the Tablets, see Insight Ⓐ.

20. In the context of the verse, וַיִּפֶן literally means, *And he turned,* with Moses being the subject; however, the Midrash is interpreting it in the other sense of the root פנה as "to remove." In Scripture this verse is actually found at the time of Moses' original descent from Mount Sinai, before he broke the Tablets. But according to the Midrash it belongs later, after Moses' subsequent prayer, וְעַתָּה אִם תִּשָּׂא חַטָּאתָם, *And now if You shall forgive their sin* (above, 32:32) [*Maharzu;* see also *Yefeh To'ar*].

21. Although in his prayer Moses had said to God that if You forgive the Israelites' sin You should also forgive my sin (see above in the Midrash), Moses was afraid that God had not accepted his prayer in full (*Toldos Noach*).

22. Halachos apparently refer to הֲלָכָה לְמֹשֶׁה מִסִּינַי, laws that were transmitted to Moses orally; Midrash then refers to the Midrashei Halachah, such as, *Mechilta, Sifra, and Sifrei,* where laws are derived from the exposition of Scriptural text (see *Rashi* to *Kiddushin* 49a and *Bartenura* to *Nedarim* 4:3). Aggados are the non-halachic part of Torah learning: allegorical teachings, homiletic interpretations of verses, ethical teachings, etc. (however, see *Bartenura* loc. cit.). The Midrash, though, does not mean that these were written explicitly on the Second Tablets, for the Oral Torah is not to be written; see *Gittin* 60b and 47 §1 below. Rather, it means that in the Second Tablets there were allusions to these matters in decorative "crowns" found on top of various letters (similar to those in a Torah Scroll) and in the cantillation marks placed above or below the words (*Yefeh To'ar, Eitz Yosef*). For an alternative understanding of the idea that the Tablets contained these various aspects of the Oral Torah, see Insight Ⓑ.

INSIGHTS

Ⓐ Why Moses Delayed in Breaking the Tablets The Midrash wonders why Moses delayed breaking the Tablets of the Law until after he descended the mountain and saw the Golden Calf. Once God informed him of Israel's sin, why did he not act immediately? The Midrash offers several explanations; many more are suggested by later commentators. We present below a sampling of the various approaches.

Sforno (above, 32:15,19) explains that Moses harbored the hope that upon his return, he would inspire Israel to full repentance, so that they would be cleansed of sin, and rendered worthy again to receive the Tablets. In the event they would not repent, he would destroy the Tablets before their very eyes, and thereby spur them to repent. When he descended the mountain, and witnessed the joy with which they danced in celebration of the Golden Calf (see ibid.), he knew at once that they could not possibly, in their frivolous and unheeding mood of the moment, recover their earlier purity of heart. Only the most severe action could bring them to repent truly and become deserving of the sacred Tablets. With only one course remaining to him, Moses destroyed the Tablets of Sinai, to bring home to Israel the seriousness of their sin and thereby to compel their repentance (see also *Sforno* to 24:12 above).

Alternatively, Moses refrained from destroying the Tablets until after his descent because he intended to pray for Israel and hoped that his prayer would be accepted and their sin forgiven. Upon witnessing their celebration, he realized that his hopes were in vain. Consider: The reason offered for creating the Golden Calf was the imagined death of Moses (see above, 32:1). Given this rationale, Moses expected to find a nation in mourning, a people devastated by the loss of the great leader who brought them forth from Egypt, who split the sea, who brought down the manna, and brought forth water from the rock. But instead of sorrow, there was rejoicing; instead of eulogy, a dance. Having thus sinned against Moses himself, they could no longer benefit from his prayers on their behalf, and so he was compelled to break the Tablets (*Minchas Ani,* beginning of *Ki Sisa*). [This is similar, says *Minchas Ani,* to the law of one who inadvertently killed a Kohen Gadol and was sentenced to exile. Whereas others who kill inadvertently go free with the death of the Kohen Gadol, one who kills the Kohen Gadol himself does not go free (*Makkos* 11b), for he sinned against the very person who would atone for him, and so is not included in the atonement. The same is true here: Since the people showed no regard for Moses, they could not benefit from the power of his prayer.]

Another approach is suggested by *Maharsha* (*Yevamos* 62a), who discusses the *kal vachomer* that Moses expounded to break the Tablets (see below, §3). *Maharsha* wonders why Moses did not expound the *kal vachomer* while still upon the mountain, and break the Tablets then. He bases his response upon *Sefer HaIkkarim* (4:15), which states that although Moses accepted without question God's words regarding Israel's sin, the full emotional impact was not felt until Moses actually witnessed the sin, and saw the Golden Calf with his own eyes. [This idea is articulated in a well-known rule: אֵינוֹ דוֹמֶה שְׁמִיעָה לִרְאִיָּה, *Hearing is not comparable to seeing* (*Mechilta, Yisro* 19:9).] At that fraught moment, Moses was overtaken by a deep anguish and a towering anger more intense than what he had experienced when given the news upon the mountain, and he responded, *viscerally,* by casting down the sacred Tablets and shattering them before the eyes of the nation. The same, *Maharsha* maintains, applies with respect to the *kal vachomer.* Moses certainly expounded the *kal vachomer* while still upon the mountain, but it was merely an intellectual exercise, which did not excite the emotions, and so could not bring Moses to the drastic step of breaking the Tablets. Once he descended the mountain and caught sight of the Golden Calf, his anger flared and he broke the Tablets at once. [Note that *R' Moshe Feinstein,* in several places, takes sharp exception to the notion that Moses would be affected *less* by the word of God Himself than by that which he witnessed with his own eyes (see *Igros Moshe, Yoreh Deah* Vol. 1, §223; *Orach Chaim* Vol. 3, §50; see, however, *Darash Moshe, Exodus* 18:1).]

Ⓑ Recovering the Broken Tablets *R' Gedaliah Schorr* (*Ohr Gedalyahu,* beginning of *Ki Sisa*) points out that in contrast to our Midrash, which implies that the First Tablets contained nothing but the Ten Commandments, *Yerushalmi* (*Shekalim* 6:1) compares the First Tablets to a rolling sea: Just as the large waves of a sea are interspersed by smaller waves, so, too, the major commandments of the Decalogue are interspersed with all the Torah's intricacies.

Rav Schorr not only resolves this contradiction, but also shows

[שם] "וְאִם אַיִן" אַתָּה מוֹחֵל לָהֶם אַל תִּמְחוֹל לִי, אֶלָּא [שם] "מְחֵנִי נָא מִסִּפְרְךָ אֲשֶׁר כָּתָבְתָּ", אָמַר רַבִּי אַחָא: לֹא זָז מִשָּׁם עַד שֶׁפִּנָּה חֲטָיָיה שֶׁלָּהֶם, שֶׁנֶּאֱמַר [לב, טו] "וַיִּפֶן וַיֵּרֶד מֹשֶׁה", כֵּיוָן שֶׁפִּנָּה חֲטָיָיה שֶׁלָּהֶם אָמַר מֹשֶׁה: הֲרֵי הָיָה לְיִשְׂרָאֵל מִי שֶׁיְּבַקֵּשׁ עֲלֵיהֶם, אֲנִי מִי יְבַקֵּשׁ עָלַי, הִתְחִיל מִצְטַעֵר עַל שִׁבּוּר הַלּוּחוֹת, וְאָמַר לוֹ הַקָּדוֹשׁ בָּרוּךְ הוּא: אַל תִּצְטַעֵר בַּלּוּחוֹת הָרִאשׁוֹנוֹת, שֶׁלֹּא הָיוּ אֶלָּא עֲשֶׂרֶת הַדִּבְּרוֹת לְבָד, וּבַלּוּחוֹת הַשְּׁנִיִּים אֲנִי נוֹתֵן לְךָ שֶׁיְּהֵא בָהֶם הֲלָכוֹת מִדְרָשׁ וְאַגָּדוֹת, הָדָא הוּא דִכְתִיב (איוב יא, ו) "וְיַגֶּד לְךָ תַּעֲלֻמוֹת חָכְמָה כִּי כִפְלַיִם לְתוּשִׁיָּה", וְלֹא עוֹד אֶלָּא שֶׁאַתָּה מְבוּשָּׂר שֶׁמָּחַלְתִּי לְךָ עַל חֲטָיָיה שֶׁלְּךָ, שֶׁנֶּאֱמַר (שם) "וְדַע כִּי יַשֶּׁה לְךָ אֱלוֹהַּ מֵעֲוֹנֶךָ":

ב דָּבָר אַחֵר, [לד, א] "פְּסָל לְךָ", הָדָא הוּא דִכְתִיב (קהלת ג, א-ב) "לַכֹּל זְמָן וְעֵת לְכָל חֵפֶץ ... עֵת לָלֶדֶת וְעֵת לָמוּת", מִכָּאן אָמְרוּ רַבּוֹתֵינוּ זִכְרוֹנָם לִבְרָכָה: [ד]יָשְׁבָה אִשָּׁה עַל הַמַּשְׁבֵּר תִּשְׁעָה וְתִשְׁעִים חֲלָקִים לַמָּוֶת וְאֶחָד לַחַיִּים, שֶׁנֶּאֱמַר "עֵת לָלֶדֶת" שֶׁהוּא "עֵת לָמוּת", וְכוּלְּהוּ, עַד שֶׁאַתָּה מַגִּיעַ (שם שם ה) "עֵת לְהַשְׁלִיךְ אֲבָנִים", (איכה ד, א) "תִּשְׁתַּפֵּכְנָה אַבְנֵי קֹדֶשׁ", (קהלת שם שם) "וְעֵת כְּנוֹס אֲבָנִים" (תהלים קמז, ב) "בּוֹנֵה יְרוּשָׁלַיִם ה'", (זכריה ט, טז) "כִּי אַבְנֵי נֵזֶר מִתְנוֹסְסוֹת עַל אַדְמָתוֹ",

עץ יוסף

אל תמחול לי. שזהו תשובה למאמר הקדוש ברוך הוא ויחר אפי בהם ואעשה אותך לגוי גדול, ולפי שהקדוש ברוך הוא מוכרח לקיים השבועה שנשבע לאבות העולם, ואם כן בהכרח יוכרח למחול לאחד מהם, ונדר שהותר מקצתו הותר כולו: **שפנה** כלומר הפנה והסיר חטא שלהם, ולשון ויפן קדרים: **שיהא בהם הלכות.** לאו דוקא שהרי דברים שבעל פה לא ניתנו ליכתב, אלא כלומר שיהיה רמז בהן מתוך הכתב בטעמים ובכתרי האותיות ומלא שרשומן היה ניכר מתוך כתיבת הלוחות אלו השניים: **הדא הוא דכתיב ויגד לך תעלומות חכמה.** דברי צופר לאיוב הן, ודרשו כאילו מדבר במשה: (ב) **הדא הוא דכתיב לכל זמן כו'.** כדמסיים בסוף: **תשעים ותשע חלקים כו'.** שהוא עת למות, דאם כפשוטו הוי ליה למימר עת לחיות ועת למות, ואין הלידה הפך המיתה, אם לא לרמוז שהלידה היא סבת המיתה ונמשך ממנה: **וכולהו.** פירוש כל העתים שנאמר שם שנדרשים במדרש קהלת:

פירוש מהרז"ו

ויפן וירד משה. תיבת ויפן מיותר, על כן דורש על שפנה החטא בלשון משנה (שבת קכז, ב) מפנין ארבע וחמש קופות, (תמיד פ"א מ"ד) (מ)פנה את הגחלים, וכדומה, שפירושו מעבירים ומסלקים, וכמו שאמרו שבת (דף נ"ז, א) ויפן (במדבר יב, י), שפנה מצרעתו, ובלשון מקרא פירושו על הסבת פנים לאיזה צד, וקרובים במשמעותם. וסובר המדרש שמה שכתוב ויפן, היה אחר מה שכתוב מחני נא, שלא כסדר שכתוב כאן. ועיין מה שכתב לעיל פרשה מ"ד סימן א, שעל פי מדה י"ז שכתוב דברים ט', דורש כאן מדה ל"ב. וענין פנית חטא כמו שאמר לעיל סוף פרשה מ"א, שהיה מתיירא לירד מפני מלאכי חבלה, בתפלת משה פנה החטא והעביר מלאכי חבלה: **הלכות מדרש ואגדות.** לקמן פרשה מ"ז סימן ז. ועיין שיר השירים רבה פסוק ידיו גלילי זהב באריכות. ומרומז במה שכתוב פסל לך וגו' את הדברים, שתיבת את מרבה דברים אלו: **ויגד לך תעלומות וגו'.** וסיפיה דקרא ודע כי ישה לך אלוה מעוניך, וכל הפסוקים שם מדברים במשה, (פסוק ז) החקר אלוה תמצא וגו', (פסוק ח) גבהי שמים, (פסוק ט) וגם ארוכה מארץ מדה, וכל הענין שידוע שדרשו על התורה שנתן למשה עד פסוק י"ב, ואיש נבוב, זה משה שכתוב אללו נבוב לוחות תעשה אותו. ובפסוק י"א שם כי הוא ידע מתי שוא וירא און ולא יתבונן, שדרשו לעיל פרשה ג סימן ב על חטא העגל, הרי שהכל מרומז בפסוקים אלו, ואומר צופר לאיוב שאם היית צדיק כאשר אתה סובר, היה עושה לך כמו למשה: (ב) **עת ללדת.** עיין קהלת רבה פסוק זה. ועיין דברים רבה פרשה ז סימן ה, ופרשה ג סימן י"ג: **כי אבני נזר מתנוססות.** שם ושם הגירסא מפסוק (ישעיה כח, טז) הנני יסד בציון אבן, וכאן פירושו כי אבני נזר, אבנים שראוים לנזר יתרוממו על אדמתו, כמו שכתוב (ישעיה נד, יב) ושמתי כדכוד שמשותיך וגו':

מסורת המדרש

ד. ויקרא רבה פרשה כ"ז. קהלת רבה פרשה ג'. תנחומא סדר אמור סימן י"א. ילקוט סדר אמור רמז תרמ"ז. ילקוט ישעיה רמז ש"ד:

אם למקרא

לַכֹּל זְמָן וְעֵת לְכָל חֵפֶץ תַּחַת הַשָּׁמָיִם: עֵת לָלֶדֶת וְעֵת לָמוּת עֵת לָטַעַת וְעֵת לַעֲקוֹר נָטוּעַ:
(קהלת ג:א-ב)

עֵת לְהַשְׁלִיךְ אֲבָנִים וְעֵת כְּנוֹס אֲבָנִים עֵת לַחֲבוֹק וְעֵת לִרְחֹק מֵחַבֵּק:
(שם שם ה)

בּוֹנֵה יְרוּשָׁלַםִ ה' נִדְחֵי יִשְׂרָאֵל יְכַנֵּס:
(תהלים קמז:ב)

וְהוֹשִׁיעָם ה' אֱלֹהֵיהֶם בַּיּוֹם הַהוּא כְּצֹאן עַמּוֹ כִּי אַבְנֵי נֵזֶר מִתְנוֹסְסוֹת עַל אַדְמָתוֹ:
(זכריה ט:טז)

חידושי הרד"ל

[ב] **וכולהו עד שאתה מגיע כו'.** עיין מתנות כהונה, ועיין בתנחומא כי תשא סימן כט:

באור מהרי"פ

שפנה חטייה שלהם שנאמר ויפן וירד. אולי צריך לומר ואפן וארד שהוא מקרא דלקמיה המקרא וארא והנה חטאתם לה' אלהיכם:

אמרי יושר

ויגד לך תעלומות חכמה. לוחות שניות שיש בהם מדרש הלכות, כי יש בהם תיבות משונות, דאתו לדרשא. או שגילה לו כאן יותר מהראשונות, אף על פי שלא היה כתוב בהן, ודייק וכתבתי על הלוחות את הדברים אשר היו, ריבוי את:

ידי משה

[ב] **דבר אחר פסל לך הדא הוא דכתיב לכל זמן ועת לכל חפץ עת ללדת ועת למות כו'.** נראה לומר על דרך דאיתא פלוגתא בגמרא דיבמות סוף פרק החולץ (נ, א) וזה לשונו, את מספר ימיך אמלא אלו שני דורות, פירש רש"י שנים שפוסקין לאדם בשעת לידתו, רבי עקיבא סבירא ליה זכה משלימין לא זכה פוחתין לו, וחכמים סבירא להו זכה מוסיפין לו לא זכה פוחתין לו, אמר לו לרבי עקיבא הרי הוא אומר והוספתי וגו' חמש עשרה שנה, אמר לו משלו הוסיפו לו, תדע שהנביא מתנבא שיאשיהו נולד ועדיין לא נולד מנשה שיצא ממנו יאשיהו וכו'. והקשה התוספות (ד"ה תדע) ואם תאמר והלא אם לא התפלל חזקיהו היה מת והיה נבואה בטילה, אלא על כן הנביא מתנבא אלא מה שראוי להיות אם לא היה חוטא, אם כן היאך מוכח מכאן דמשלו הוסיפו אפילו לא הוסיפו משלו וחיה כל שנותיו כו', מה שלא נתקיימה הנבואה לפי שחטא ואלו נשא אשה בשנים ראשונים היה מוליד. ואומר ר"י דהדורות נגזרו להוולד באותו זמן ופרק שהם נולדים ובשני תוספת נגזר לו להוליד מנשה עד כאן התוספות. ונראה לפי עניות דעתי לומר עוד, דלרבי עקיבא דאמר זכה רק משלימין סבירא ליה דיש מיתה בלא חטא באשר שלאחר שכלו ימיו הנגזרים לו אז בהכרח ימות אף שהוא צדיק גמור, ולחכמים דאמרי מוסיפין סבירא להו דאין מיתה בלא חטא לכך מוסיפין לו כל זמן שלא חטא וקל להבין. תו איתא במדרש מחני נא כו' אמר הקב"ה מי אשר חטא לי אמחה, אמר משה אף אני חטאתי ששברתי הלוחות וכו'. ואיתא בגמרא דשבת פרק רבי עקיבא (פח, א) שיפה עשה משה בשבירת הלוחות מכח קל וחומר עיין שם, ואתיא על נכון פסל לך הדא הוא דכתיב לכל זמן ועת לכל חפץ, פירוש כדמסיים המדרש עת להשליך אבנים זו הלוחות ועת כנוס אבנים פסל לך, נמצא מוכח דיפה עשה משה בשבירת הלוחות, על זה קשה אם כן למה אמר משה מחני נא הרי לא חטא, אלא על כרחך צריך לומר דסבירא ליה כרבי עקיבא דאמר יש מיתה בלא חטא, ואם כן אז צריך לומר דסבירא ליה נמי זכה משלימין לו ולא מוסיפין, ועל זה קשה מחזקיהו דכתיב והוספתי צריך לומר דמשלו הוסיפו לו תדע וכו', אך על זה קשה קושית התוספות והלא אם לא התפלל חזקיהו וכו', אלא על כרחך צריך לומר כתירוץ ר"י דהדורות נגזרו להוולד באותו זמן ופרק שהם נולדים וכו', לזה אמר המדרש עת ללדת עת דייקא, רצה לומר באשר שהוא עת קבוע לזה, כמו שכתבו התוספות בשם ר"י, ואז יש לומר כדעת רבי עקיבא דלעולם אין מוסיפין רק משלימין אפילו אם הוא זוכה, ואם כן שפיר יכול משה לומר מחני נא בשגם שלא חטא כלל, ועתה מדוייק נמי עת למות, בלא זה הוה אמרינן דאינו עת למות, ואז אם זכה מוסיפין לו ממש עד אין סוף, משום דיש לומר דסבירא ליה כחכמים דאם זכה מוסיפין לו ואין מיתה בלא חטא, אבל השתא דמוכח דאתיא כרבי עקיבא, ואז לא מצינו הוספה בשום אדם אף אם הוא זוכה, רק השלמה בעלמא שמשלימין לו ימיו הנגזרים לו בשעת לידתו, ואם כן שפיר יש לומר עת למות. ודוק. ועל דרך זה יתורץ נמי מדרש רבה פרשת כי תבא וזה לשונו, ברוך אתה בבואך וברוך אתה בצאתך וגו', כשם שביאתך לעולם בלא חטא כך יהיה יציאתך מן העולם וכו', הדא הוא דכתיב עת ללדת ועת למות. עיין שם בקצת שינוי לשון, וסיגנון אחד עולה לכאן ולכאן, באשר דאם יציאתו מן העולם יכול להיות אף בלא חטא, נמצא דיש מיתה בלא חטא, ולזה מסיים המדרש הדא הוא דכתיב עת ללדת ועת למות דעתה מוכח דיש עת למות, משום דאף אם הוא זכה אין מוסיפין לו רק משלימין לו, ואז גם כן מוכח דעת ללדת כן נראה לי וקל להבין. מפי האלוף התורני מהור"ר ישראל במהור"ר יעקב קאפיל ז"ל לוי הענליר מפראג. בעל המגיה והמלקט:

מתנות כהונה

שפנה. כלומר הפנה והסיר ולשון ויפן קדרים: **חטייה.** חטא שלהם: [ב] הכי גרסינן לקמן [בויקרא רבה] פרשה כ"ז (סימן ז) ובתנחומא פרשת אמור **תשעים ותשעה חלקים.** ועיין זה במדרש קהלת בפסוק עת ללדת: **וכולהו.** כמו שהם נדרשים במדרש קהלת: **אבני קדש.** אלו ישראל:

אשד הנחלים

לפי שבאמת ידע משה שאי אפשר שלא יהיה נתינת התורה בעולם, ואי אפשר שיתבטלו מקבלי התורה, כי הם קדמו במחשבת בריאת העולם, התורה ומקבליה, ותכלית הבריאה בשביל זה, רק שה' אמר הניחה לי ואעשה אותך לגוי גדול, וממנו ומזרעו תצא התורה והתכלית הנכסף מהבריאה, ולכן אחר שמצא כעס בנפשו לשבר הלוחות, יאמר גם על עצמו אם לא תעבור על פשעם בודאי לא תמחול גם לי, וא"כ מחני נא מספרך אשר כתבת אותו בתורה [שהתורה נקראת על שמו על ידי ציוויו] וזה אי אפשר, א"כ ימחול גם להם אחר שמוכרח הסליחה כי אם לא זאת יבטל כל הכונה, וק"ל: **שפנה כו'.** דאם לא כן מה לנו לומר שפנה ומאין פנה אם לא להורות שפנה חטאם. ומלת ויפן אינו מוסב על הפנאת משה למטה, כי אם על הפנאת החטא: **אני מי יבקש כו'.** אף שעשה זאת למען ישראל כדלעיל עם כל זה נשאר הרושם כי אין דבר נאבד, כי אף שטובה עשה לישראל עם כל זה קצת חטא לעצמו: **אלא הלכות כו'.** א"כ מעלות הלוחות האחרונות גדולות מהראשונות אחר שכלול בה השגת כל התורה. אך יש להבין מאין לקחו חז"ל זה הציור וההבדל שבין הלוחות הראשונות והאחרונות. אך נעזוב זה הנה כי נוגע זה לדרכי דרוש הארוך: **הדא הוא דכתיב ויגד לך.** אף שרעיו אמרו זאת על איוב שאם יקבל באהבה יסוריו אז יתגלה לו חכמה בכפלים, ויוסר חטאו מכל וכל, דייק על משה ככה, אחרי סבלו הצער והמכאוב מחטא ישראל מסתמא נגבהה מעלתו והשגתו יותר יותר. ונמשך כל הדרוש על הפסוק פסל לך, למענך, כי תגביה במעלת השגתך: **[ב] תשעים ותשעה כו' שהוא עת למות.** דאם כפשוטו היה לו לומר עת לחיות ועת למות, ואין הלידה היפך המיתה, אם לא לרמוז שהלידה אף שהוא קרוב למיתה יותר מהחיים, עם כל זה עת ללדת ולחיות, ועת למות מן הלידה או למות מיתה טבעית: **כולה.** כמו שמפורש במדרש קהלת כל העתים: **תשתפכנה כו'.** כי כפשוטו לא יתכן שיאחזו החכמים מקרה קטנה מכינוס

הָדָא הוּא דִכְתִיב ״וְיַגֶּד לְךָ תַּעֲלֻמוֹת חָכְמָה כִּי כִפְלַיִם לְתוּשִׁיָּה״ – **Thus it is written,** ***He will relate to you hidden recesses of wisdom, for it shall be twofold Torah knowledge*** (*Job* 11:6). וְלֹא עוֹד – **And what is more,** אֶלָּא שֶׁאַתָּה מְבוּשָׂר שֶׁמָּחַלְתִּי לְךָ עַל חֲטָיָיה שֶׁלְּךָ – **you are** hereby **informed that I have pardoned you for your sin** of breaking the Tablets, שֶׁנֶּאֱמַר ״וְדַע כִּי יַשֶּׁה לְךָ אֱלוֹהַּ מֵעֲוֹנֶךָ״ – **as [the verse] states,** ***And know that God will reduce your iniquities for you*** (ibid.).[23]

§2 The Midrash presents several expositions based on a passage in *Ecclesiastes,* the last of which concerns our verse:

דָּבָר אַחֵר, ״פְּסָל לְךָ״ – **Another interpretation:** ***Carve for yourself*** *two stone Tablets.* הָדָא הוּא דִכְתִיב ״לַכֹּל זְמָן וְעֵת לְכָל חֵפֶץ . . . עֵת לָלֶדֶת וְעֵת לָמוּת״ – **Thus it is written,** ***Everything has its season, and there is a time for everything*** *under the heaven:* ***A time to give birth and a time to die*** (*Ecclesiastes* 3:1-2). מִכָּאן אָמְרוּ רַבּוֹתֵינוּ זִכְרוֹנָם לִבְרָכָה – **From** the verse cited **here, our Sages of blessed memory said:** יָשְׁבָה אִשָּׁה עַל הַמַּשְׁבֵּר תִּשְׁעָה וְתִשְׁעִים חֲלָקִים לַמָּוֶת וְאֶחָד לַחַיִּים – Once **a woman sits on the birthing stool,** i.e., she has begun labor, she is leaning **ninety-nine parts toward death, and** only **one part toward** continued **life,**[24] שֶׁנֶּאֱמַר ״עֵת לָלֶדֶת״ שֶׁהוּא ״עֵת לָמוּת״ – **as [the verse] states,** ***A time to give birth*** **which is** ***a time to die,***[25] וְכוּלְהוּ, עַד שֶׁאַתָּה מַגִּיעַ – [**. . . and** so forth through **all** the expositions **of {the subsequent verses}** in the Midrash on *Ecclesiastes,*[26] **until you reach** the exposition of the verse:] ״עֵת לְהַשְׁלִיךְ אֲבָנִים״, ״תִּשְׁתַּפֵּכְנָה אַבְנֵי קֹדֶשׁ״ – ***A time to scatter stones*** (ibid., v. 5) – this alludes to the destruction of Jerusalem, regarding which Scripture states, ***Sacred stones are scattered at the head of every street!*** (*Lamentations* 4:1).[27]

NOTES

23. While this verse was addressed to Job, the Midrash interprets it in reference to Moses (*Yefeh To'ar, Eitz Yosef;* see also *Maharzu*).

24. [That is, she is in an inherently dangerous situation where, if not for God's Providential care, she would almost certainly die.]

25. I.e., the connotation of the verse is that it is both *a time to give birth and* simultaneously *a time to die.* The Midrash does not view the verse as presenting a contrast between two different times since giving birth is not the opposite of dying (see, similarly, *Eitz Yosef*). Alternatively, if understood as referring to two distinct times, the verse would be stating a truism, obviously in each person's life there is a time when he is born and a time he dies; see *Koheles Rabbah* on the verse. Hence, the Midrash interprets the verse homiletically, that the time of birth is itself a time of death (*Toldos Noach*).

26. *Matnos Kehunah, Eitz Yosef.* [It should be noted, though, that the expositions cited here are either not found at all in our editions of *Koheles Rabbah* or they are found there with substantial differences from their presentation here.]

27. The term, אַבְנֵי קֹדֶשׁ, *sacred stones,* is a metaphor for the Jewish nation (*Matnos Kehunah;* see also *Rashi* ad loc. and to *Ecclesiastes* loc. cit.).

INSIGHTS

how the conflicting passages shed important light on the relationship between the First and Second Tablets.

He suggests that the question of what the Tablets did or did not contain does not relate to their actual contents, but to the learning process associated with them. When our Midrash describes the First Tablets as being limited to the Ten Commandments, it is referring to the focus of Israel's study, the primary medium through which they would comprehend everything else. With the spiritual insight granted to Israel along with the First Tablets, the Torah student had access to the luminous inner core of the Torah, represented by the Ten Commandments. Once positioned, so to speak, at the trunk of the great tree, a Jew would be able to gaze outward and behold the branches stretching out in every direction — that is, to instinctively comprehend all the details spelled out in the Oral Torah. In that sense, these Tablets encompassed not only the Ten Commandments but the entire Oral Torah, as *Yerushalmi* asserts.

After Israel's degradation due to the sin of the Golden Calf, this direct path to the Torah's inner radiance was closed. A new set of Tablets replaced the first and ushered in a new approach to Torah study, one that concentrates first and foremost on the Oral Torah. According to this model, the Torah student is positioned on the outside, far from the tree trunk, and must laboriously make his way inward, examining the branches — the multifarious teachings of the Oral Torah — to grasp and absorb every detail, and from there to proceed, slowly and with great difficulty, to the Torah's inner core. It was this process that God had in mind when He told Moses, as our Midrash records, that the Second Tablets would "contain" not just the Ten Commandments, but all the Halachos, Midrash, and Aggados, for now the entire gamut of the Oral Torah came within the immediate purview of the Torah student.

Notwithstanding the spiritual downfall that led to this change, God assured Moses that the new approach would be advantageous to Israel, because although it would make the learning process far longer and more arduous, it would enable them to conquer the Torah with their own sweat and toil, thus magnifying the achievement and increasing the reward. Indeed, the Sages teach that while the First Tablets were easily broken, the second set is less vulnerable to breakage. Rav Schorr cites *R' Yisrael Salanter* as explaining why that should be: The Torah of the First Tablets was relatively easy to acquire, and was thus just as easy to lose. The Second Tablets, on the other hand, can be obtained only through hard work, and a hard-won attainment is not easily lost.

Now, Scripture tells us that when Moses ascended the mountain to receive the Second Tablets, he was treated to a shielded but intimate view of the Divine Presence. Inasmuch as this vision occurred precisely at this time, it evidently reflects what the second set of Tablets meant to Israel — the level of inspiration it granted to Israel, and the nature of the task it laid out before them. Before this revelation occurred, God described to Moses what would transpire, and concluded with the statement *"Then I shall remove My hand, and you will see My back, and My face will not be seen."* According to the Sages, the phrase "you will see My back" refers to the Oral Torah, while "and my face will not be seen" refers to the Written Torah. For, as we have seen, the Oral Torah is positioned outside the Torah's spiritual core, in the darkness that reigns behind God's back, as it were. Yet despite the Oral Torah's position in the shadows, its study, when conducted with diligence and toil, imparts the power to break though the darkness and approach the brightly illuminated core, represented by the Written Torah.

An allusion to this reality is found in the above-mentioned verse. Although the plain sense of the verse is that God's "front side" may not be seen, *Chidushei HaRim* points out that combining the words in different ways yields two alternative readings: (1) *My back and My face will not be seen;* (2) *and you will see My back and My face.* The first of these readings, the more "negative" one, alludes to the reduced clarity and capabilities afforded by the Second Tablets in comparison to the first. The second reading reveals the positive side — that even in these conditions it is possible to push through the obstacles and advance, from "back" to "front," toward the level of comprehension facilitated by the First Tablets. Yet the advancement from darkness to light is not a one-time achievement, for every time one steps into the light he will face another barrier of darkness that he must overcome. Thus, as a person rises step by step in his understanding of God and the Torah, he will alternate between "You will see My back and face" (during times of revelation) and "My back and face will not be seen" (when encountering yet another zone of darkness).

Having learned that the illumination provided by the First Tablets is not completely lost to us, we can well understand why its shards were collected and placed in the Ark alongside the Second Tablets. Heavenly policy, states the Talmud, is to give and not take back (*Taanis* 25a). Once God had granted us the First Tablets, He would not take them away. The door is still open to those willing to undertake the difficult but incomparably rewarding task of putting them back together again.

אל תמחול לי. שזהו תשובה למאמר הקדוש ברוך הוא ויחר אפי בהם ואעשה אותך לגוי גדול, ולפי שהקדוש ברוך הוא מוכרח לקיים השבועה שנשבע לאבות העולם, ואם כן בהכרח יוכרח למחול לאחד מהם, ונדר שהותר מקצתו הותר כולו: **שפנה** כלומר הפנה והסיר חטא שלהם, ולשון ויפן קדריש: **שיהא בהם הלכות.** לאו דוקא שהרי דברים שבעל פה לא ניתנו ליכתב, אלא כלומר שיהיה רמז בהן מתוך הכתב בטעמים ובכתרי האותיות ונמצא שרשומן היה ניכר מתוך כתיבת הלוחות אלו השניים: **הדא הוא דכתיב ויגד לך תעלומות חכמה.** דברי צופר לאיוב הן, ודרשו כאילו מדבר במשה: **(ב) הדא הוא דכתיב לכל זמן כו'.** כדמסיים בסוף: **תשעים ותשע חלקים כו'.** שהוא עת למות, דאם כפשוטו הוי ליה למימר עת לחיות ועת למות, ואין הלידה הפך המיתה, אם לא לרמוז שהלידה היא סבת המיתה ונמשך ממנה: **וכולהו.** פירוש כל העתים שנאמר שם שנדרשים במדרש קהלת:

[שם] "וְאִם אַיִן" אַתָּה מוֹחֵל לָהֶם אַל תִּמְחוֹל לִי, אֶלָּא [שם] "מְחֵנִי נָא מִסִּפְרְךָ אֲשֶׁר כָּתָבְתָּ", אָמַר רַבִּי אַחָא: לֹא זָז מִשָּׁם עַד שֶׁפִּנָּה חֲטָיָיה שֶׁלָּהֶם, שֶׁנֶּאֱמַר [לב, טו] "וַיִּפֶן וַיֵּרֶד מֹשֶׁה", כֵּיוָן שֶׁפִּנָּה חֲטָיָיה שֶׁלָּהֶם אָמַר מֹשֶׁה: הֲרֵי הָיָה לְיִשְׂרָאֵל מִי שֶׁיְּבַקֵּשׁ עֲלֵיהֶם, אֲנִי מִי יְבַקֵּשׁ עָלָי, הִתְחִיל מִצְטַעֵר עַל שִׁבּוּר הַלּוּחוֹת, וְאָמַר לוֹ הַקָּדוֹשׁ בָּרוּךְ הוּא: אַל תִּצְטַעֵר בַּלּוּחוֹת הָרִאשׁוֹנוֹת, שֶׁלֹּא הָיוּ אֶלָּא עֲשֶׂרֶת הַדִּבְּרוֹת לְבָד, וּבַלּוּחוֹת הַשְּׁנִיִּים אֲנִי נוֹתֵן לְךָ שֶׁיְּהֵא בָהֶם הֲלָכוֹת מִדְרָשׁ וְאַגָּדוֹת, הָדָא הוּא דִכְתִיב (איוב יא, ו) "וְיַגֶּד לְךָ תַּעֲלֻמוֹת חָכְמָה כִּי כִפְלַיִם לְתוּשִׁיָּה", וְלֹא עוֹד אֶלָּא שֶׁאַתָּה מְבוּשָּׂר שֶׁמָּחַלְתִּי לְךָ עַל חֲטָיָיה שֶׁלְּךָ, שֶׁנֶּאֱמַר (שם) "וְדַע כִּי יַשֶּׁה לְךָ אֱלוֹהַּ מֵעֲוֹנֶךָ":

ב דָּבָר אַחֵר, [לד, א] "פְּסָל לְךָ", הָדָא הוּא דִכְתִיב (קהלת ג, א-ב) "לַכֹּל זְמָן וְעֵת לְכָל חֵפֶץ ... עֵת לָלֶדֶת וְעֵת לָמוּת", מִכָּאן אָמְרוּ רַבּוֹתֵינוּ זִכְרוֹנָם לִבְרָכָה: יוֹשְׁבָה אִשָּׁה עַל הַמַּשְׁבֵּר תִּשְׁעָה וְתִשְׁעִים חֲלָקִים לַמָּוֶת וְאֶחָד לַחַיִּים, שֶׁנֶּאֱמַר "עֵת לָלֶדֶת" שֶׁהוּא "עֵת לָמוּת", וְכוּלְּהוּ, עַד שֶׁאַתָּה מַגִּיעַ (שם שם ה) "עֵת לְהַשְׁלִיךְ אֲבָנִים", (איכה ד, א) "תִּשְׁתַּפֵּכְנָה אַבְנֵי קֹדֶשׁ", (קהלת שם שם) "וְעֵת כְּנוֹס אֲבָנִים" (תהלים קמז, ב) "בּוֹנֵה יְרוּשָׁלַיִם ה'", (זכריה ט, טז) "כִּי אַבְנֵי נֵזֶר מִתְנוֹסְסוֹת עַל אַדְמָתוֹ",

ויפן וירד משה. תיבת ויפן מיותר, על כן דורש על שפנה החטא בלשון משנה (שבת קכז, ב) מפנין ארבע וחמש קופות, (תמיד פ"א מ"ד) (מ)פנה את הגחלים, וכדומה, שפירושו מעבירים ומסלקים, וכמו שאמרו שבת (דף ל"ז, א) ויפן (במדבר יב, י), שפנה מצרעתו, ובלשון מקרא פירושו על הסבת פנים לאיזה צד, וקרובים במשמעותם. וסובר המדרש שמה שכתוב ויפן, היה אחר מה שכתוב מחני נא, שלא כסדר שכתוב כאן. ועיין מה שכתב לעיל פרשה מ"ד סימן א, שעל פי מדה י"ז שכתוב דברים ט', דורש כאן מדה ל"ב. וענין פנית חטא כמו שאמר לעיל סוף פרשה מ"א, שהיה מתיירא לירד מפני מלאכי חבלה, בתפלת משה פנה החטא והעביר מלאכי חבלה: **הלכות מדרש ואגדות.** לקמן פרשה מ"ז סימן ז. ועיין שיר השירים רבה פסוק ידיו גלילי זהב באריכות. ומרומז במה שכתוב פסל לך וגו' את הדברים, שתיבת את מרבה דברים אלו: **ויגד לך תעלומות וגו'.** וסיפיה דקרא ודע כי ישה לך אלוה מעוניך, וכל הפסוקים שם מדברים במשה, (פסוק ז) החקר אלוה תמצא וגו', (פסוק ח) גבהי שמים, (פסוק ט) וגם ארוכה מארץ מדה, וכל הענין שידוע שדרשו על התורה שנתן למשה עד פסוק י"ב, ואיש נבוב, זה משה שכתוב אלו נבוב לוחות תעשה אותו. ובפסוק י"א שם כי הוא ידע מתי שוא וירא און ולא יתבונן, שדרשו לעיל פרשה ג סימן ב על חטא העגל, הרי שהכל מרומז בפסוקים אלו, ואומר צופר לאיוב שאם היית צדיק כאשר אתה סובר, היה עושה לך כמו למשה: **(ב) עת ללדת.** עיין קהלת רבה פסוק זה. ועיין דברים רבה פרשה ז סימן ה, ופרשה ג סימן י"ג: **כי אבני נזר מתנוססות.** שם ושם הגירסא מפסוק (ישעיה כח, טז) הנני יסד בציון אבן, וכאן פירושו כי אבני נזר, אבנים שראוים לנזר יתרוממו על אדמתו, כמו שכתוב (ישעיה נד, יב) ושמתי כדכוד שמשותיך וגו':

מתנות כהונה

שפנה. כלומר הפנה והסיר ולשון ויפן קדריש: **חטייה.** חטא שלהם: **[ב]** הכי גרסינן לקמן [בויקרא רבה] פרשה כ"ז (סימן ז) ובתנחומא פרשת אמור **תשעים ותשעה חלקים.** ועיין זה במדרש קהלת בפסוק עת ללדת: **וכולהו.** כמו שהם נדרשים במדרש קהלת: **אבני קדש.** אלו ישראל:

אשד הנחלים

לפי שבאמת ידע משה שאי אפשר שלא יהיה נתינת התורה בעולם, ואי אפשר שיתבטלו מקבלי התורה, כי הם קדמו במחשבת בריאת העולם, התורה ומקבליה, ותכלית הבריאה בשביל זה, רק שה' אמר הניחה לי ואעשה אותך לגוי גדול, וממנו ומזרעו תצא התורה והתכלית הנכסף מהבריאה, ולכן אחר שמצא כעס בנפשו לשבר הלוחות, יאמר גם על עצמו אם לא תעבור על פשעם בודאי לא תמחול גם לי, וא"כ מחני נא מספרך אשר כתבת אותו בתורה [שהתורה נקראת על שמו על ידי ציוויו] וזה אי אפשר, א"כ ימחול גם להם אחר שמוכרח הסליחה כי אם לא זאת יבטל כל הכונה, וק"ל: **שפנה כו'.** דאם לא כן מה לנו לומר שפנה ומאין פנה אם לא להורות שפנה חטאם. ומלת ויפן אינו מוסב על הפנאת משה למטה, כי אם על הפנאת החטא: **אני מי יבקש כו'.** אף שעשה זאת למען ישראל כדלעיל עם כל זה נשאר הרושם כי אין דבר נאבד, כי אף שטובה עשה לישראל עם כל זה קצת חטא לעצמו: **אלא הלכות כו'.** א"כ מעלות הלוחות האחרונות גדולות מהראשונות אחר שכלול בה השגת כל התורה. אך יש להבין מאין לקחו חז"ל זה הציור וההבדל שבין הלוחות הראשונות והאחרונות. אך נעזוב זה הנה כי נוגע זה לדרכי דרוש הארוך: **הדא הוא דכתיב ויגד לך.** אף שרעיו אמרו זאת על איוב שאם יקבל באהבה יסוריו אז יתגלה לו חכמה בכפלים, ויוסר חטאו מכל וכל, דייק על משה ככה, אחרי סבלו הצער והמכאוב מחטא ישראל מסתמא נגבהה מעלתו והשגתו יותר יותר. ונמשך כל הדרוש על הפסוק פסל לך, למענך, כי תגביה במעלת השגתך: **[ב] תשעים ותשעה כו' שהוא עת למות.** דאם כפשוטו היה לו לומר עת לחיות ועת למות, ואין הלידה היפך המיתה, אם לא לרמוז שהלידה אף שהוא קרוב למיתה יותר מהחיים, עם כל זה עת ללדת ולחיות, ועת למות מן הלידה או למות מיתה טבעית: **כולה.** כמו שמפורש במדרש קהלת כל העתים: **תשתפכנה כו'.** כי כפשוטו לא יתכן שיאחזו החכמים מקרה קטנה מכינוס

חידושי הרד"ל

[ב] וכולהו עד שאתה מגיע כו'. עיין מתנות כהונה, ועיין בתנחומא כי תשא סימן כט:

באור מהרי"פ

שפנה חטייה שלהם שנאמר ויפן וירד. אולי צריך לומר ואפן וארד שהוא מקרא דלקמיה המקרא וארא והנה חטאתם לה' אלהיכם:

אמרי יושר

ויגד לך תעלומות חכמה. לוחות שניות שיש בהם מדרש הלכות, כי יש בהם תיבות משונות, דאתו לדרשא. או שגילה לו כאן יותר מהראשונות, אף על פי שלא היה כתוב בהן, ודייק וכתבתי על הלוחות את הדברים אשר היו, ריבוי את:

מסורת המדרש

ד. ויקרא רבה פרשה כ"ז. קהלת רבה פרשה ג'. תנחומא סדר אמור סימן י"א. ילקוט סדר אמור רמז תרמ"ז. ילקוט ישעיה רמז ש"ד:

אם למקרא

לַכֹּל זְמָן וְעֵת לְכָל חֵפֶץ תַּחַת הַשָּׁמָיִם: עֵת לָלֶדֶת וְעֵת לָמוּת עֵת לָטַעַת וְעֵת לַעֲקוֹר נָטוּעַ:
(קהלת ג:א-ב)

עֵת לְהַשְׁלִיךְ אֲבָנִים וְעֵת כְּנוֹס אֲבָנִים עֵת לַחֲבוֹק וְעֵת לִרְחֹק מֵחַבֵּק:
(שם שם ה)

בּוֹנֵה יְרוּשָׁלַםִ ה' נִדְחֵי יִשְׂרָאֵל יְכַנֵּס:
(תהלים קמז:ב)

וְהוֹשִׁיעָם ה' אֱלֹהֵיהֶם בַּיּוֹם הַהוּא כְּצֹאן עַמּוֹ כִּי אַבְנֵי נֵזֶר מִתְנוֹסְסוֹת עַל אַדְמָתוֹ:
(זכריה ט:טז)

ידי משה

[ב] דבר אחר פסל לך הדא הוא דכתיב לכל זמן ועת לכל חפץ עת ללדת ועת למות כו'. נראה לומר על דרך דאיתא פלוגתא בגמרא דיבמות סוף פרק החולץ (נ, א) וזה לשונו, את מספר ימיך אמלא אלו שני דורות, פירש רש"י שנים שפוסקין לאדם בשעת לידתו, רבי עקיבא סבירא ליה זכה משלימין לא זכה פוחתין לו, וחכמים סבירא להו זכה מוסיפין לו לא זכה פוחתין לו, אמר לו לרבי עקיבא הרי הוא אומר והוספתי וגו' חמש עשרה שנה, אמר לו משלו הוסיפו לו, תדע שהנביא מתנבא שיאשיהו נולד ועדיין לא נולד מנשה שילא ממנו יאשיהו וכו'. והקשה התוספות (ד"ה תדע) ואם תאמר והלא אם לא התפלל חזקיהו היה מת והיה נבואה בטילה, אלא על כן הנביא מתנבא אלא מה שראוי להיות אם לא היה חוטא, אם כן היאך מוכח מכאן דמשלו הוסיפו אפילו לא הוסיפו משלו וחיה כל שנותיו כו', מה שלא נתקיימה הנבואה לפי שחטא ואלו נשא אשה בשנים ראשונים היה מוליד. ואומר ר"י דהדורות נגזרו להוולד באותו זמן ופרק שהם נולדים ובשני תוספת נגזר לו להוליד מנשה עד כאן התוספות. ונראה לפי עניות דעתי לומר עוד, דלרבי עקיבא דאמר זכה רק משלימין סבירא ליה דיש מיתה בלא חטא באשר שלאחר שכלו ימיו הנגזרים לו אז בהכרח ימות אף שהוא צדיק גמור, ולחכמים דאמרי מוסיפין סבירא להו דאין מיתה בלא חטא לכך מוסיפין לו כל זמן שלא חטא וקל להבין. תו איתא במדרש מחני נא כו' אמר הקב"ה מי אשר חטא לי אמחה, אמר משה אף אני חטאתי ששברתי הלוחות וכו'. ואיתא בגמרא דשבת פרק רבי עקיבא (פח, א) שיפה עשה משה בשבירת הלוחות מכח קל וחומר עיין שם, ואתיא על נכון פסל לך הדא הוא דכתיב לכל זמן ועת לכל חפץ, פירוש כדמסיים המדרש עת להשליך אבנים זו הלוחות ועת כנוס אבנים פסל לך, נמצא מוכח דיפה עשה משה בשבירת הלוחות, על זה קשה אם כן למה אמר משה מחני נא הרי לא חטא, אלא על כרחך צריך לומר דסבירא ליה כרבי עקיבא דאמר יש מיתה בלא חטא, ואם כן אז צריך לומר דסבירא ליה נמי זכה משלימין לו ולא מוסיפין, ועל זה קשה מחזקיהו דכתיב והוספתי צריך לומר דמשלו הוסיפו לו תדע וכו', אך על זה קשה קושית התוספות והלא אם לא התפלל חזקיהו וכו', אלא על כרחך צריך לומר כתירוץ ר"י דהדורות נגזרו להוולד באותו זמן ופרק שהם נולדים וכו', לזה אמר המדרש עת ללדת עת דייקא, רצה לומר באשר שהוא עת קבוע לזה, כמו שכתבו התוספות בשם ר"י, ואז יש לומר כדעת רבי עקיבא דלעולם אין מוסיפין רק משלימין אפילו אם הוא זוכה, ואם כן שפיר יכול משה לומר מחני נא בשגם שלא חטא כלל, ועתה מדוייק נמי עת למות, בלא זה הוה אמרינן דאינו עת למות, ואז אם זכה מוסיפין לו ממש עד אין סוף, משום דיש לומר דסבירא ליה כחכמים דאם זכה מוסיפין לו ואין מיתה בלא חטא, אבל השתא דמוכח דאתיא כרבי עקיבא, ואז לא מצינו הוספה בשום אדם אף אם הוא זכה, רק השלמה בעלמא שמשלימין לו ימיו הנגזרים לו בשעת לידתו, ואם כן שפיר יש לומר עת למות. ודוק. ועל דרך זה יתורץ נמי מדרש רבה פרשת כי תבא וזה לשונו, ברוך אתה בבואך וברוך אתה בצאתך וגו', כשם שביאתך לעולם בלא חטא כך יהיה יציאתך מן העולם וכו', הדא הוא דכתיב עת ללדת ועת למות. עיין שם בקצת שינוי לשון, וסיגנון אחד עולה לכאן ולכאן, באשר דאם יציאתו מן העולם יכול להיות אף בלא חטא, נמצא דיש מיתה בלא חטא, ולזה מסיים המדרש הדא הוא דכתיב עת ללדת ועת למות דעתה מוכח דיש עת למות, משום דאף אם הוא זכה אין מוסיפין לו רק משלימין לו, ואז גם כן מוכח דעת ללדת כן נראה לי וקל להבין. מפי האלוף התורני מהור"ר ישראל במהור"ר יעקב קאפיל ז"ל לוי העליר מפראג. בעל המגיה והמלקט:

"וְעֵת כְּנוֹס אֲבָנִים" – ***And a time to gather stones*** (ibid.) – this alludes to the rebuilding of Jerusalem, regarding which Scripture states, ***The Builder of Jerusalem is HASHEM;*** *the outcast of Israel He will gather in* (*Psalms* 147:2), **"בּוֹנֵה יְרוּשָׁלַיִם ה׳"** **"כִּי אַבְנֵי נֵזֶר מִתְנוֹסְסוֹת עַל אַדְמָתוֹ"** – and as Scripture states elsewhere, *HASHEM their God will save His people like sheep on that day,* ***for "the stones of the crown" will be exalted on His land*** (*Zechariah* 9:16).[28]

NOTES

28. [Similarly, the phrase, אַבְנֵי נֵזֶר, *the stones of the crown*, is a metaphor for the people of Israel; see *Radak* ad loc. and *Rashi* to *Ecclesiastes* loc. cit. Hence, when God will gather *the outcast of Israel* one could say that he will be gathering "stones." Alternatively, *the stones of the crown* refer to the physical stones of Jerusalem. The verse from *Zechariah* thus indicates that when God will rebuild Jerusalem (as per the verse from *Psalms*), He will rebuild it with stone (*Yefeh To'ar*).]

[שם] "וְאִם אַיִן" אַתָּה מוֹחֵל לָהֶם אַל תִּמְחוֹל לִי, אֶלָּא [שם] "מְחֵנִי נָא מִסִּפְרְךָ אֲשֶׁר כָּתָבְתָּ", אָמַר רַבִּי אַחָא: לֹא זָז מִשָּׁם עַד שֶׁפִּנָּה חֲטָיָיה שֶׁלָּהֶם, שֶׁנֶּאֱמַר [לב, טו] "וַיִּפֶן וַיֵּרֶד מֹשֶׁה", כֵּיוָן שֶׁפִּנָּה חֲטָיָיה שֶׁלָּהֶם אָמַר מֹשֶׁה: הֲרֵי הָיָה לְיִשְׂרָאֵל מִי שֶׁיְּבַקֵּשׁ עֲלֵיהֶם, אֲנִי מִי יְבַקֵּשׁ עָלַי, הִתְחִיל מִצְטַעֵר עַל שִׁבּוּר הַלּוּחוֹת, וְאָמַר לוֹ הַקָּדוֹשׁ בָּרוּךְ הוּא: אַל תִּצְטַעֵר בַּלּוּחוֹת הָרִאשׁוֹנוֹת, שֶׁלֹּא הָיוּ אֶלָּא עֲשֶׂרֶת הַדִּבְּרוֹת לְבָד, וּבַלּוּחוֹת הַשְּׁנִיִּים אֲנִי נוֹתֵן לְךָ שֶׁיְּהֵא בָהֶם הֲלָכוֹת מִדְרָשׁ וְאַגָּדוֹת, הָדָא הוּא דִכְתִיב (איוב יא, ו) "וְיַגֶּד לְךָ תַּעֲלֻמוֹת חָכְמָה כִּי כִפְלַיִם לְתוּשִׁיָּה", וְלֹא עוֹד אֶלָּא שֶׁאַתָּה מְבוּשָּׂר שֶׁמָּחַלְתִּי לְךָ עַל חֲטָיָיה שֶׁלְּךָ, שֶׁנֶּאֱמַר (שם) "וְדַע כִּי יַשֶּׁה לְךָ אֱלוֹהַּ מֵעֲוֹנֶךָ":

ב דָּבָר אַחֵר, [לד, א] " פְּסָל לְךָ", הָדָא הוּא דִכְתִיב (קהלת ג, א-ב) "לַכֹּל זְמָן וְעֵת לְכָל חֵפֶץ ... עֵת לָלֶדֶת וְעֵת לָמוּת", מִכָּאן אָמְרוּ רַבּוֹתֵינוּ זִכְרוֹנָם לִבְרָכָה: דיָשְׁבָה אִשָּׁה עַל הַמַּשְׁבֵּר תִּשְׁעָה וְתִשְׁעִים חֲלָקִים לַמָּוֶת וְאֶחָד לַחַיִּים, שֶׁנֶּאֱמַר "עֵת לָלֶדֶת" שֶׁהוּא "עֵת לָמוּת", וְכוּלְּהוּ, עַד שֶׁאַתָּה מַגִּיעַ (שם שם ה) "עֵת לְהַשְׁלִיךְ אֲבָנִים", (איכה ד, א) "תִּשְׁתַּפֵּכְנָה אַבְנֵי קֹדֶשׁ", (קהלת שם שם) "וְעֵת כְּנוֹס אֲבָנִים" (תהלים קמז, ב) "בּוֹנֵה יְרוּשָׁלַיִם ה'", (זכריה ט, טז) "כִּי אַבְנֵי נֵזֶר מִתְנוֹסְסוֹת עַל אַדְמָתוֹ",

עץ יוסף

אל תמחול לי. שזהו תשובה למאמר הקדוש ברוך הוא ויחר אפי בהם ואעשה אותך לגוי גדול, ולפי שהקדוש ברוך הוא מוכרח לקיים השבועה שנשבע לאבות העולם, ואם כן בהכרח יוכרח למחול לאחד מהם, וכדר שהותר מקצתו הותר כולו: **שפנה** כלומר הפנה והסיר חטא שלהם, ולשון ויפן קדריס: **שיהא בהם הלכות.** לאו דוקא שהרי דברים שבעל פה לא ניתנו ליכתב, אלא כלומר שיהיה רמז בהן מתוך הכתב בטעמים ובכתרי האותיות וכמלא שרשומן היה ניכר מתוך כתיבת הלוחות אלו השניים: **הדא הוא דכתיב ויגד לך תעלומות חכמה.** דברי צופר לאיוב הן, ודרשו כאילו מדבר במשה: **(ב) הדא הוא דכתיב לכל זמן כו'.** כדמסיים בסוף: **תשעים ותשע חלקים כו'.** שהוא עת למות, דאם כפשוטו הוי ליה למימר עת לחיות ועת למות, ואין הלידה הפך המיתה, אם לא לרמוז שהלידה היא סבת המיתה ונמשך ממנה: **וכולהו.** פירוש כל העתים שנאמר שם שנדרשים במדרש קהלת:

פירוש מהרז"ו

ויפן וירד משה. תיבת ויפן מיותר, על כן דורש על שפנה החטא בלשון משנה (שבת קכז, ב) מפנין ארבע וחמש קופות, (תמיד פ"א מ"ד) (מ)פנה את הגחלים, וכדומה, שפירושו מעבירים ומסלקים, וכמו שאמרו שבת (דף ל"ז, א) ויפן (במדבר יב, י), שפנה מצרעתו, ובלשון מקרא פירושו על הסבת פנים לאיזה צד, וקרובים במשמעותם. וסובר המדרש שמה שכתוב ויפן, היה אחר מה שכתוב מחני נא, שלא כסדר שכתוב כאן. ועיין מה שכתב לעיל פרשה מ"ד סימן א, שעל פי מדה י"ז שכתוב דברים ט', דורש כאן מדה ל"ב. ועניין פנית חטא כמו שאמר לעיל סוף פרשה מ"א, שהיה מתיירא לירד מפני מלאכי חבלה, בתפלת משה פנה החטא והעביר מלאכי חבלה: **הלכות מדרש ואגדות.** לקמן פרשה מ"ז סימן ז. ועיין שיר השירים רבה פסוק ידיו גלילי זהב באריכות. ומרומז במה שכתוב פסל לך וגו' את הדברים, שתיבת את מרבה דברים אלו: **ויגד לך תעלומות וגו'.** וסיפיה דקרא ודע כי ישה לך אלוה מעונך, וכל הפסוקים שם מדברים במשה, (פסוק ז) החקר אלוה תמצא וגו', (פסוק ח) גבהי שמים, (פסוק ט) וגם ארוכה מארץ מדה, וכל הענין שידוע שדרשו על התורה שנתן למשה עד פסוק י"ב, ואיש נבוב, זה משה שכתוב אלו נבוב לוחות תעשה אותו. ובפסוק י"א שם כי הוא ידע מתי שוא וירא און ולא יתבונן, שדרשו לעיל פרשה ג סימן ב על חטא העגל, הרי שהכל מרומז בפסוקים אלו, ואומר צופר לאיוב שאם היית צדיק כאשר אתה סובר, היה עושה לך כמו למשה: **(ב) עת ללדת.** עיין קהלת רבה פסוק זה. ועיין דברים רבה פרשה ז סימן ה, ופרשה ג סימן י"ג: **כי אבני נזר מתנוססות.** שם ושם הגירסא מפסוק (ישעיה כח, טז) הנני יסד בציון אבן, וכאן פירושו כי אבני נזר, אבנים שראוים לנזר יתרוממו על אדמתו, כמו שכתוב (ישעיה נד, יב) ושמתי כדכוד שמשותיך וגו':

חידושי הרד"ל

[ב] וכולהו עד שאתה מגיע כו'. עיין מתנות כהונה, ועיין בתנחומא כי תשא סימן כט:

באור מהרי"פ

שפנה חטייה שלהם שנאמר ויפן וירד. אולי צריך לומר ואפן וארד שהוא מקרא דלקמיה המקרא וארא והנה חטאתם לה' אלהיכם:

אמרי יושר

ויגד לך תעלומות חכמה. לוחות שניות שיש בהם מדרש הלכות, כי יש בהם תיבות משונות, דאתו לדרשא. או שגילה לו כאן יותר מהראשונות, אף על פי שלא היה כתוב בהן, ודייק וכתבתי על הלוחות את הדברים אשר היו, ריבוי את:

מסורת המדרש

ד. ויקרא רבה פרשה כ"ז. קהלת רבה פרשה ג'. תנחומא סדר אמור סימן י"א. ילקוט סדר אמור רמז תרמ"ז. ילקוט ישעיה רמז שי"ד:

אם למקרא

לַכֹּל זְמָן וְעֵת לְכָל חֵפֶץ תַּחַת הַשָּׁמָיִם: עֵת לָלֶדֶת וְעֵת לָמוּת עֵת לָטַעַת וְעֵת לַעֲקוֹר נָטוּעַ:
(קהלת ג:א-ב)

עֵת לְהַשְׁלִיךְ אֲבָנִים וְעֵת כְּנוֹס אֲבָנִים עֵת לַחֲבוֹק וְעֵת לִרְחֹק מֵחַבֵּק:
(שם שם ה)

בּוֹנֵה יְרוּשָׁלַםִ ה' נִדְחֵי יִשְׂרָאֵל יְכַנֵּס:
(תהלים קמז:ב)

וְהוֹשִׁיעָם ה' אֱלֹהֵיהֶם בַּיּוֹם הַהוּא כְּצֹאן עַמּוֹ כִּי אַבְנֵי נֵזֶר מִתְנוֹסְסוֹת עַל אַדְמָתוֹ:
(זכריה ט:טז)

מתנות כהונה

שפנה. כלומר הפנה והסיר ולשון ויפן קדריס: **חטייה.** חטא שלהם: **[ב]** הכי גרסינן לקמן [בויקרא רבה] פרשה כ"ז (סימן ז) ובתנחומא פרשת אמור **תשעים ותשעה חלקים.** ועיין זה במדרש קהלת בפסוק עת ללדת: **וכולהו.** כמו שהם נדרשים במדרש קהלת: **אבני קדש.** אלו ישראל:

אשד הנחלים

לפי שבאמת ידע משה שאי אפשר שלא יהיה נתינת התורה בעולם, ואי אפשר שיתבטלו מקבלי התורה, כי הם קדמו במחשבת בריאת העולם, התורה ומקבליה, ותכלית הבריאה בשביל זה, רק שה' אמר הניחה לי ואעשה אותך לגוי גדול, וממנו ומזרעו תצא התורה והתכלית הנכסף מהבריאה, ולכן אחר שמצא כעס בנפשו לשבר הלוחות, יאמר גם על עצמו אם לא תעבור על פשעם בודאי לא תמחול גם לי, וא"כ מחני נא מספרך אשר כתבת אותו בתורה [שהתורה נקראת על שמו על ידי ציוריו] וזה אי אפשר, א"כ ימחול גם להם אחר שמוכרח הסליחה כי אם לא זאת יבטל כל הכונה, וק"ל: **שפנה כו'.** דאם לא כן מה לנו לומר שפנה ומאין פנה אם לא להורות שפנה חטאם. ומלת ויפן אינו מוסב על הפנאת משה למטה, כי אם על הפנאת החטא: **אני מי יבקש כו'.** אף שעשה זאת למען ישראל כדלעיל עם כל זה נשאר הרושם כי אין דבר נאבד, כי אף שטובה עשה לישראל עם כל זה קצת חטא לעצמו: **אלא הלכות כו'.** א"כ מעלות הלוחות האחרונות גדולות מהראשונות אחר שכלול בה השגת כל התורה. אך יש להבין מאין לקחו חז"ל זה הציור וההבדל שבין הלוחות הראשונות והאחרונות. אך נעזוב זה הנה כי נוגע זה לדרכי דרוש הארוך: **הדא הוא דכתיב ויגד לך.** אף שרעיו אמרו זאת על איוב שאם יקבל באהבה יסוריו אז יתגלה לו חכמה בכפלים, ויוסר חטאו מכל וכל, דייק על משה ככה, אחרי סבלו הצער והמכאוב מחטא ישראל מסתמא נגבהה מעלתו והשגתו יותר יותר. ונמשך כל הדרוש על הפסוק פסל לך, למענך, כי תגביה במעלת השגתך: **[ב] תשעים ותשעה כו' שהוא עת למות.** דאם כפשוטו היה לו לומר עת לחיות ועת למות, ואין הלידה היפך המיתה, אם לא לרמוז שהלידה אף שהוא קרוב למיתה יותר מהחיים, עם כל זה עת ללדת ולחיות, ועת למות מן הלידה או למות מיתה טבעית: **כולה.** כמו שמפורש במדרש קהלת כל העתים: **תשתפכנה כו'.** כי כפשוטו לא יתכן שיאחזו החכמים מקרה קטנה מכינוס

ידי משה

[ב] דבר אחר פסל לך הדא הוא דכתיב לכל זמן ועת לכל חפץ עת ללדת ועת למות כו'. נראה לומר על דרך דאיתא פלוגתא בגמרא דיבמות סוף פרק החולץ (נ, א) וזה לשונו, את מספר ימיך אמלא אלו שני דורות, פירש רש"י שנים שפוסקין לאדם בשעת לידתו, רבי עקיבא סבירא ליה זכה משלימין לא זכה פוחתין לו, וחכמים סבירא להו זכה מוסיפין לו לא זכה פוחתין לו, אמר לו לרבי עקיבא הרי הוא אומר והוספתי וגו' חמש עשרה שנה, אמר לו משלו הוסיפו לו, תדע שהנביא מתנבא שיאשיהו נולד ועדיין לא נולד מנשה שילא ממנו יאשיהו וכו'. והקשה התוספות (ד"ה תדע) ואם תאמר והלא אם לא התפלל חזקיהו היה מת והיה נבואה בטילה, אלא על כן הנביא מתנבא אלא מה שראוי להיות אם לא היה חוטא, אם כן היאך מוכח מכאן דמשלו הוסיפו אפילו לא הוסיפו משלו והיה כל שנותיו כו', מה שלא נתקיימה הנבואה לפי שחטא ואלו נשא אשה בשנים ראשונים היה מוליד. ואומר ר"י דהדורות נגזרו להוולד באותו זמן ופרק שהם נולדים ובשני תוספת נגזר לו להוליד מנשה עד כאן התוספות. ונראה לפי עניות דעתי לומר עוד, דלרבי עקיבא דאמר זכה רק משלימין סבירא ליה דיש מיתה בלא חטא באשר שלאחר שכלו ימיו הנגזרים לו אז בהכרח ימות אף שהוא צדיק גמור, ולחכמים דאמרי מוסיפין סבירא להו דאין מיתה בלא חטא לכך מוסיפין לו כל זמן שלא חטא וקל להבין. תו איתא במדרש מחני נא כו' אמר הקב"ה מי אשר חטא לי אמחה, אמר משה אף אני חטאתי ששברתי הלוחות וכו'. ואיתא בגמרא דשבת פרק רבי עקיבא (פח, א) שיפה עשה משה בשבירת הלוחות מכח קל וחומר עיין שם, ואתיא על נכון פסל לך הדא הוא דכתיב לכל זמן ועת לכל חפץ, פירוש כדמסיים המדרש עת להשליך אבנים זו הלוחות ועת כנוס אבנים פסל לך, נמצא מוכח דיפה עשה משה בשבירת הלוחות, על זה קשה אם כן למה אמר משה מחני נא הרי לא חטא, אלא על כרחך צריך לומר דסבירא ליה כרבי עקיבא דאמר יש מיתה בלא חטא, ואם כן אז צריך לומר דסבירא ליה נמי זכה משלימין לו ולא מוסיפין, ועל זה קשה מחזקיהו דכתיב והוספתי צריך לומר דמשלו הוסיפו לו תדע וכו', אך על זה קשה קושית התוספות והלא אם לא התפלל חזקיהו וכו', אלא על כרחך צריך לומר כתירוץ ר"י דהדורות נגזרו להוולד באותו זמן ופרק שהם נולדים וכו', לזה אמר המדרש עת ללדת עת דייקא, רצה לומר באשר שהוא עת קבוע לזה, כמו שכתבו התוספות בשם ר"י, ואז יש לומר כדעת רבי עקיבא דלעולם אין מוסיפין רק משלימין אפילו אם הוא זוכה, ואם כן שפיר יכול משה לומר מחני נא בשגם שלא חטא כלל, ועתה מדוייק נמי עת למות, בלא זה הוה אמרינן דאינו עת למות, ואז אם זכה מוסיפין לו ממש עד אין סוף, משום דיש לומר דסבירא ליה כחכמים דאם זכה מוסיפין לו ואין מיתה בלא חטא, אבל השתא דמוכח דאתיא כרבי עקיבא, ואז לא מצינו הוספה בשום אדם אף אם הוא זכה, רק השלמה בעלמא שמשלימין לו ימיו הנגזרים לו בשעת לידתו, ואם כן שפיר יש לומר עת למות. ודוק. ועל דרך זה יתורץ נמי מדרש רבה פרשת כי תבא וזה לשונו, ברוך אתה בבואך וברוך אתה בצאתך וגו', כשם שביאתך לעולם בלא חטא כך יהיה יציאתך מן העולם וכו', הדא הוא דכתיב עת ללדת ועת למות. עיין שם בקצת שינוי לשון, וסיגנון אחד עולה לכאן ולכאן, באשר דאם יציאתו מן העולם יכול להיות אף בלא חטא, נמצא דיש מיתה בלא חטא, ולזה מסיים המדרש הדא הוא דכתיב עת ללדת ועת למות דעתה מוכח דיש עת למות, משום דאף אם הוא זכה אין מוסיפין לו רק משלימין לו, ואז גם כן מוכח דעת ללדת כן נראה לי וקל להבין. מפי האלוף התורני מהור"ר ישראל במהור"ר יעקב קאפיל ז"ל לוי העליר מפראג. בעל המגיה והמלקט:

The Midrash now interprets the last verse from *Ecclesiastes* cited above in terms of the stone Tablets discussed in our verse:
דָּבָר אַחֵר — Another interpretation: "עֵת לְהַשְׁלִיךְ אֲבָנִים", "וַיִּחַר אַף מֹשֶׁה וַיַּשְׁלֵךְ מִיָּדָיו" — ***A time to cast away stones*** — this alludes to that which the verse states, ***Moses' anger flared up. He threw*** *down the Tablets* ***from his hands*** *and shattered them at the foot of the mountain* (above, 32:19); "וְעֵת כְּנוֹס אֲבָנִים", "פְּסָל לְךָ" — ***and a time to gather stones*** — this alludes to that which is stated in our present verse, ***Carve for yourself*** *two stone Tablets like the first ones.*[29]

The Midrash offers a homiletical interpretation of the phrase פְּסָל לְךָ, *carve for yourself,* explaining the connotation of the apparently superfluous word לְךָ, *for yourself:*[30]

דָּבָר אַחֵר — Another interpretation: פְּסָל לְךָ הַפְּסוֹלֶת שֶׁלְּךָ — **"P'sal"** [פְּסָל] ***for you,*** means, **the chips** [פְּסוֹלֶת] of stone carved out of the Tablets **are** to be **yours,**[31] מִשָּׁם הֶעֱשִׁיר מֹשֶׁה — and so **from there,** from the carving of the two Tablets, **Moses became** very **wealthy.**[32] אָמַר הַקָּדוֹשׁ בָּרוּךְ הוּא: דִּין הוּא שֶׁיִּטּוֹל אוֹתָן פְּסוֹלֶת מֹשֶׁה — **The Holy One, blessed is He, said, "It is befitting that Moses should take the** precious **chips** of stone for himself. לָמָּה — **Why** is that? אֶלָּא יִשְׂרָאֵל שֶׁלֹּא נִתְעַסְּקוּ בְּמִצְוֹת — For is it **rather** to be that regarding the people of **Israel, who did not involve themselves with performing commandments,** נָתַתִּי לָהֶן כָּל טוּב אֶרֶץ מִצְרַיִם — **I gave them the all *the best of the land of Egypt***[33] at the time of the Exodus," שֶׁנֶּאֱמַר "וַה׳ נָתַן אֶת חֵן הָעָם" — **as [Scripture] states,** *The Children of Israel . . . requested from the Egyptians silver vessels, gold vessels, and garments.* ***HASHEM gave the people favor*** *in the eyes of the Egyptians and they granted their request — so they emptied Egypt* (above, 12:35-36), וְהֶעֱשִׁירוּ — "**and** as a result **[the Israelites] became wealthy,**[34] וּמֹשֶׁה שֶׁעָסַק בְּעַצְמוֹתָיו שֶׁל יוֹסֵף יְהֵא עָנִי — **but Moses, who involved himself with** retrieving **the bones of Joseph, should be poor?**[35] אֶתֵּן לוֹ אֶת הַפְּסוֹלֶת שֶׁיַּעֲשִׁיר — Hence, **I shall give him the chips** of the Second Tablets **in order that he will become rich."**[36]

§3 The Midrash returns to its discussion of the breaking of the Tablets, comparing that action to other actions taken by Moses:
זֶה אֶחָד מג׳ דְּבָרִים שֶׁעָשָׂה מֹשֶׁה מִדַּעְתּוֹ — **This,** the breaking of the Tablets, **is one of three things that Moses did based on his own reasoning,** וְהִסְכִּימָה דַּעְתּוֹ לְדַעַת הַקָּדוֹשׁ בָּרוּךְ הוּא — **and** which, in each of those instances, **his thinking was in accord with the thinking of the Holy One, blessed is He.** פָּרַשׁ מִן הָאִשָּׁה — **[Moses] separated** permanently **from** his **wife.**[37] רַבִּי שִׁמְעוֹן בֶּן יוֹחָאי אוֹמֵר: דָּרַשׁ וְאָמַר — **R' Shimon ben Yochai says: [Moses] expounded** as follows, **saying:** מָה אִם הַר סִינַי שֶׁקְּדוּשָּׁתוֹ לְשָׁעָה נֶאֱמַר בּוֹ "אַל תִּגְּשׁוּ אֶל אִשָּׁה" — **Now, if regarding** the revelation on **Mount Sinai, whose sanctity was but momentary, [the verse] states, *Do not draw near to a woman*** (above, 19:15), אֲנִי שֶׁבְּכָל שָׁעָה הוּא מְדַבֵּר עִמִּי — then regarding **myself, that [God] speaks to me at all times,** אֵינוֹ דִּין שֶׁאֶהְיֶה פָּרוּשׁ מֵהָאִשָּׁה — **is it not proper that I should separate** myself **from my wife!**[38]

The Midrash cites the opinions of two other Sages regarding Moses' separation from his wife:
רַבִּי עֲקִיבָא אוֹמֵר: מִפִּי הַקָּדוֹשׁ בָּרוּךְ הוּא נֶאֱמַר לוֹ — **R' Akiva says: From the mouth of the Holy One, blessed is He, it was** directly **told to [Moses]** to separate from his wife, "פֶּה אֶל פֶּה אֲדַבֶּר בּוֹ" — as indicated by God's words to Aaron and Miriam, ***Mouth to mouth do I speak to him*** (*Numbers* 12:8).[39] רַבִּי יְהוּדָה אָמַר: מִפִּי הַקָּדוֹשׁ בָּרוּךְ הוּא נֶאֱמַר לוֹ — **R' Yehudah said: From the mouth of the Holy One, blessed is He, it was** directly **told to [Moses]** to separate from his wife. "אַל תִּגְּשׁוּ אֶל אִשָּׁה", אַף מֹשֶׁה בִּכְלָל עִמָּהֶם — For the verse states, ***Do not draw near to a woman*** (above, 19:15), and **Moses was also included** here along **with** the rest of **[the Israelites];**[40] הֲרֵי נֶאֶסְרוּ כּוּלָּם — **thus, everyone was prohibited** at that time from having relations with their wives. וּכְשֶׁהוּא אוֹמֵר "שׁוּבוּ לָכֶם לְאָהֳלֵיכֶם" הֲרֵי הִתִּירָן — **And when,** after the giving of the Torah, **[the verse] states,** *Go say to them,* ***"Return to your tents"*** (*Deuteronomy* 5:27), **it was** thereby **permitting [the Israelites]** to return to their wives.[41]

NOTES

29. For Moses would thereby re-collect the stones that he had thrown, figuratively speaking, restoring the Tablets to their rightful owners, the nation of Israel. See *Devarim Rabbah* 3 §13.

30. See *Yefeh To'ar* s.v. הדא הוא דכתיב לכל זמן; however, see *Maharzu* for an alternative understanding of this exposition.

31. Interpreting פְּסָל, lit., *carve*, in the sense of פְּסוֹלֶת, waste product, referring here to the pieces chipped from the stones when Moses carved them into square tablets. God then was telling Moses, פְּסָל, those stone chips are, לְךָ, *yours.*

32. For the Tablets were made from the extremely precious *sanphirinon* stone; see *Vayikra Rabbah* 32 §2 et al. (*Yefeh To'ar, Eitz Yosef*).

33. Stylistic citation of *Genesis* 45:18.

34. That is, each and every individual among the Israelites became wealthy from the treasures of Egypt; see *Bechoros* 5b (see *Eitz Yosef*).

35. At the time of the Exodus, while the rest of the Israelites were busy collecting booty from the Egyptians Moses busied himself with finding Joseph's remains so that he could take them out of Egypt for reburial in the land of Canaan. See 20 §19 above.

36. That is, worldly wealth is clearly not an appropriate reward for something so sublime and sacred as Moses' involvement with the Tablets. Furthermore, it would not be fitting for Moses to receive a reward for carving the Second Tablets, since he bore responsibility for the breaking of the First Tablets. Accordingly, the Midrash explains that God gave Moses the chips of the Second Tablets as compensation for the wealth he forfeited through his involvement with Joseph's bones. It follows then that were Moses not to have broken the First Tablets, God would have ensured that he would have become rich through some other means (*Yefeh To'ar;* see also *Eitz Yosef*).

The Midrash is not implying that Moses was himself at all concerned about his wealth. However, God granted him wealth for it was not right that Moses should suffer any loss due to his being occupied with locating Joseph's remains (see *Yefeh To'ar*). Furthermore, although he personally had no need for earthly riches, it was necessary that Moses be wealthy in order that he be respected and obeyed by the masses (*Eshed HaNechalim* and *Eitz Yosef*). See also *Shabbos* 92a and *Nedarim* 38a.

37. That Moses permanently separated from his wife is implicit in criticism of Moses that Miriam and Aaron expressed over his marital situation in *Numbers* 12:1-2; see *Rashi* there.

38. [Thus, when God gave Moses these instructions for all of Israel in preparation for the giving of the Torah, Moses decided that he should separate from his wife on a permanent basis. *Maharzu* to 19 §3 above, s.v. ואתה פה עמוד עמדי, cites *Devarim Rabbah* 11 §10 that Moses actually separated from his wife after God first revealed Himself to him at the burning bush. Although he had not received any such indication from God, he sensed on his own that as God's prophet who was to experience revelations from God on a constant basis, it was improper for him to continue having relations with his wife.]

The Midrash does not explain how it is known that God agreed with Moses' thinking. According to the Gemara (*Shabbos* 87a et al.) it is derived from the verses cited by the Midrash below (see also 19 §3 above). *Yefeh To'ar* and *Matnos Kehunah* suggest that that is the implication of our Midrash as well.

39. God spoke these words in response to their criticism of Moses for separating himself from his wife. Since God did not otherwise address this issue there, R' Akiva understands that with these words God was implying that He had directly commanded Moses to refrain from relations with his wife (*Eitz Yosef,* citing *Yefeh To'ar* to 19 §3 s.v. שנאמר ואתה פה עמוד עמדי; see also *Matnos Kehunah* and *Maharzu*).

40. For this commandment was addressed to the nation as a whole in preparation for God's revelation on Mount Sinai.

41. [I.e., return to your normal domestic situation.] Although the decree prohibiting marital relations was given specifically in preparation for the giving of the Torah on Sinai, once a decree has been issued it remains in force until it is explicitly abrogated. See *Beitzah* 5a-b (*Yefeh To'ar, Eitz Yosef*).

דָּבָר אַחֵר, (קהלת ג, ה) "עֵת לְהַשְׁלִיךְ אֲבָנִים", (לב, יט) "וַיִּחַר אַף מֹשֶׁה וַיַּשְׁלֵךְ מִיָּדָיו", (קהלת שם שם) "וְעֵת כְּנוֹס אֲבָנִים", (לד, א) "פְּסָל לְךָ", ° הַפְּסוֹלֶת שֶׁלְּךָ, מִשָּׁם הֶעֱשִׁיר מֹשֶׁה, אָמַר הַקָּדוֹשׁ בָּרוּךְ הוּא: דִּין הוּא שֶׁיִּטּוֹל אוֹתָן פְּסוֹלֶת מֹשֶׁה, לָמָּה, אֶלָּא יִשְׂרָאֵל שֶׁלֹּא נִתְעַסְּקוּ בְּמִצְוֹת נָתַתִּי לָהֶן כָּל טוּב אֶרֶץ מִצְרַיִם, שֶׁנֶּאֱמַר (לעיל יב, לו) "וַה' נָתַן אֶת חֵן הָעָם" וְהֶעֱשִׁירוּ, וּמֹשֶׁה שֶׁעָסַק בְּעַצְמוֹתָיו שֶׁל יוֹסֵף יְהֵא עָנִי, אֶתֵּן לוֹ אֶת הַפְּסוֹלֶת שֶׁיַּעֲשִׁיר:

ג זֶה אֶחָד מִג' דְּבָרִים שֶׁעָשָׂה מֹשֶׁה מִדַּעְתּוֹ וְהִסְכִּימָה דַּעְתּוֹ לְדַעַת הַקָּדוֹשׁ בָּרוּךְ הוּא, פָּרַשׁ מִן הָאִשָּׁה, רַבִּי שִׁמְעוֹן בֶּן יוֹחָאי אוֹמֵר: דָּרַשׁ וְאָמַר: מָה אִם הַר סִינַי שֶׁקְּדוּשָּׁתוֹ לְשָׁעָה נֶאֱמַר בּוֹ (לעיל יט, טו) "אַל תִּגְּשׁוּ אֶל אִשָּׁה", אֲנִי שֶׁבְּכָל שָׁעָה הוּא מְדַבֵּר עִמִּי אֵינוֹ דִּין שֶׁאֶהְיֶה פָּרוּשׁ מֵהָאִשָּׁה, רַבִּי עֲקִיבָא אוֹמֵר: מִפִּי הַקָּדוֹשׁ בָּרוּךְ הוּא נֶאֱמַר לוֹ, (במדבר יב, ח) "פֶּה אֶל פֶּה אֲדַבֶּר בּוֹ", רַבִּי יְהוּדָה אָמַר: מִפִּי הַקָּדוֹשׁ בָּרוּךְ הוּא נֶאֱמַר לוֹ, (לעיל יט, טו) "אַל תִּגְּשׁוּ אֶל אִשָּׁה", אַף מֹשֶׁה בִּכְלַל עִמָּהֶם, הֲרֵי נֶאֶסְרוּ כּוּלָּם, וּכְשֶׁהוּא אוֹמֵר (דברים ה, כו) "שׁוּבוּ לָכֶם לְאָהֳלֵיכֶם" הֲרֵי הִתִּירָן, אָמַר לוֹ מֹשֶׁה אַף אֲנִי עִמָּהֶם, אָמַר לוֹ: לָאו, אֶלָּא (שם שם כח) "וְאַתָּה פֹּה עֲמֹד עִמָּדִי", וְעוֹד דָּרַשׁ וְאָמַר: מָה אִם הַר סִינַי שֶׁהָיָה לְשָׁעָה לֹא הָיָה מְדַבֵּר עִמִּי עַד שֶׁקְּרָאַנִי, שֶׁנֶּאֱמַר (לעיל יט, ג) "וַיִּקְרָא אֵלָיו ה' מִן הָהָר לֵאמֹר", אֹהֶל מוֹעֵד עַל אַחַת כַּמָּה וְכַמָּה, יָדַע הַקָּדוֹשׁ בָּרוּךְ הוּא וְקָרָא לוֹ, שֶׁנֶּאֱמַר (ויקרא א, א) "וַיִּקְרָא אֶל מֹשֶׁה", וְעוֹד דָּרַשׁ (ח)וְאָמַר: וּמָה הַפֶּסַח שֶׁהוּא קָדָשִׁים קַלִּים נֶאֱמַר (לעיל יב, מג) "כָּל בֶּן נֵכָר לֹא יֹאכַל בּוֹ", לוּחוֹת מַעֲשֵׂה אֱלֹהִים יְהוּ עוֹבְדֵי °כּוֹכָבִים מִשְׁתַּמְּשִׁים בָּהֶם, לְכָךְ שִׁבְּרָם,

עץ יוסף

ועת כנוס אבנים פסל לך, הפסולת שלך כו', מלת פסל לך משמש כאן למעלה ולמטה, וכאילו אמר דבר אחר פסל לך הפסולת שלך, וכן הוא דרך המדרש ברוב המקומות, ופירוש הפסולת שלך מה שתחתוך סביב סביב כדי לעשות מרובע אותן החתיכות יהיו שלך: **משם העשיר משה.** כדאיתא בויקרא רבה פרשה ל"ב מחצב של סנפירינון ברא לו הקדוש ברוך הוא בתוך אהלו, ומהם העשיר הדא הוא דכתיב פסל לך הפסולת שלך, ועיין בפרק אין בין המודר, ובירושלמי דשקלים פרק ה', ובתנחומא: **דין הוא שיטול.** כי העושר היה ראוי לו, ואין הכי נמי שאילו לא היו הלוחות משברות שהיה ה' נותן לו עושר ממקום אחר: **וה' נתן את חן העם וגו'.** והעשירו, כדאיתא בילקוט אסתר שהשאילום כלי כסף וזהב ומרגליות ובגדים, וטענו כל אחד ואחד מהם תשעה חמורים: **אתן לו הפסולת שיעשיר.** כדי שיהיו דבריו נשמעין ויכבדוהו כשלא יצטרך לבריות, וכדי שעל ידי העושר יוכל לקיים תורה ומצות: **(ג) מפי הקדוש ברוך הוא נאמר לו פה אל פה אדבר בו.** משום דאהרן ומרים דברו רע על משה שפירש מן צפורה אשתו, ולא מצינו שהשיב ה' על זה, שמע מינה דבאומרו פה אל פה אדבר בו רמז להם התשובה בזה, ופירושו מפי אל פיו אמרתי לו מפורש לפרוש מן האשה (יפה תואר): **הרי התירן.** אבל בלאו הכי אף על פי שמפני קדושת הקבלת שכינה אסרו וכבר נסתלקה השכינה, עדיין היו באיסור, דכל דבר שבמנין צריך מנין אחר להתירו:

פירוש מהרז"ו

פסל לך. היה לו לומר חצב לך, כמו שכתוב חוצבי אבן, על כן דורש על פי מדת ממעל, על הפסולת, וכמו שכתב במתנות כהונה, וכמפורש עוד ויקרא רבה פרשה ל"ב סוף סימן ב': **וה' נתן את חן.** באותו זמן שנתעסקו העם לשאול ממצרים כלי כסף וזהב, ואז עסק משה בעצמות יוסף, כמו שאמר שמות רבה פרשה כ סימן י"ט: **(ג) אחד משלשה דברים.** לעיל פרשה י"ט סימן ג, ושם נסמן ומבואר: **פה אל פה אדבר בו.** כשדברה מרים ואהרן במשה על שפירש מאשתו, אז אמר להם ה' פה אל פה אדבר בו, ולא פירש מה דיבר, על כן דורש על פי מדה ט' ודבר הלמד מענינו, פה אל פה אדבר בו לפרוש מאשתו: **אל תגשו.** שמות י"ט, כשהוא אומר דברים ה' שובו לכם לאהליכם, הרי התירן לנשותיהם, וסיפיה דקרא ואתה פה עמוד עמדי, ומדקאמר ואתה, הרי ששאל מה אני לשוב לאהלי, והשיב לו ואתה פה עמוד עמדי. ועיין פרקי דרבי אליעזר ריש פרק מ"ו בשם רבי אלעזר בן ערך.

חידושי הרד"ל

כנוס אבנים פסל לך דבר אחר פסל לך הפסולת כו'. כן צריך לומר: **משם העשיר כו'.** נדרים (לח, א): **[ג] משלשה דברים שעשה כו'.** לעיל פרשה יט, ג:

חידושי הרש"ש

[ג] אהל מועד על אחת כמה וכמה. מה שכתב המתנות כהונה קדושתו היתה כל ארבעים שנה, הן גם ארבע עשרה שנה של גלגל היה קדושתו, ומנוב ובגבעון אף דמשמע בזבחים פרק יד דלא היה שם גם כן אלא אוהל מועד דמדבר כמו שהוא, ובגבעון מפורש בדברי הימים (ב א, ג) כי שם היה אהל מועד לאלהים אשר עשה משה עבד ה' במדבר, ורש"י שכתב בפסחים (לח, ב) דבנוב היה בית של אבנים, וכן לשון הרמב"ם בפרק א' מהלכות בית הבחירה והלא לנוב ובנו שם מקדש כו' ובאו לגבעון ובנו שם מקדש, תמוהים בעיני, שוב מצאתי בתוספות ישנים יומא (מד, א) כדברי, לא קשיא לי, משום דאהרן לא היה שם (וכן כתב התוספות ישנים שם), ואולי מפני שלא הותרו הבמות לא חשיב להו:

באור מהרי"פ

[ג] פה אל פה וגו'. וזה לשון הספרי (בהעלותך פיסקא קג) פה אל פה אמרתי לו לפרוש מן האשה, עד כאן. וזו היא תשובתו של מרים ואהרן שדברו במשה. הכוונה לעמוד על בוריה של הענין עיין בשבת דף פ"ז (ע"א) יבמות דף ס"ב (ע"א) ובתוספות יום טוב במשנה (פרק ו, ו) ובמהרש"א בחידושי אגדות בשבת שם:

שינויי נוסחאות

(ב) **"ועת כנוס אבנים", "פסל לך", הפסולת שלך.** מ"כ הגיה שצריך לכתוב עוד פעם "פסל לך" לפני "הפסולת שלך", שהיא דרשה חדשה אל אותן מילים, אבל המדפיסים לא עשו כדבריו, וכן הגיה רד"ל, והוא אף הוסיף תבות "דבר אחר" בהדיא:

מסורת המדרש

ה. דברים רבה פרשה ג'. תנחומא סדר עקב סימן ט':

ו. נדרים דף ל"ח. ירושלמי שקלים פרק ה'. ויקרא רבה פרשה ל"ב. קהלת רבה פרשה ט' פסוק י"א וסוף פרשה יו"ד. פרקי דרבי אליעזר פרק מ"ו. ספרי סדר בהעלותך פסקא ק"ח. תנחומא כאן סימן כ"ט. וסדר עקב סימן ט'. ילקוט כאן רמז שצ"ב:

ז. שבת דף פ"ז. יבמות דף ס"ב. אבות דרבי נתן פרק ב'. לעיל פרשה י"ט. כל הענין ספרי סדר בהעלותך פסקא ק"ג. ילקוט כאן רמז שנ"ג. ילקוט סדר בהעלותך רמז תש"מ. ילקוט סדר ואתחנן רמז תתל"ב:

ח. ירושלמי תענית פרק ד'. דברים רבה פרשה ה'. תנחומא כאן סי' ל':

אם למקרא

וַה' נָתַן אֶת חֵן הָעָם בְּעֵינֵי מִצְרַיִם וַיַּשְׁאִלוּם וַיְנַצְּלוּ אֶת מִצְרָיִם: (שמות יב:לו)

וַיֹּאמֶר אֶל הָעָם הֱיוּ נְכֹנִים לִשְׁלֹשֶׁת יָמִים אַל תִּגְּשׁוּ אֶל אִשָּׁה: (שמות יט:טו)

פֶּה אֶל פֶּה אֲדַבֶּר בּוֹ וּמַרְאֶה וְלֹא בְחִידֹת וּתְמֻנַת ה' יַבִּיט וּמַדּוּעַ לֹא יְרֵאתֶם לְדַבֵּר בְּעַבְדִּי בְמֹשֶׁה: (במדבר יב:ח)

לֵךְ אֱמֹר לָהֶם שׁוּבוּ לָכֶם לְאָהֳלֵיכֶם: (דברים ה:כו)

וְאַתָּה פֹּה עֲמֹד עִמָּדִי וַאֲדַבְּרָה אֵלֶיךָ אֵת כָּל הַמִּצְוָה וְהַחֻקִּים וְהַמִּשְׁפָּטִים אֲשֶׁר תְּלַמְּדֵם וְעָשׂוּ בָאָרֶץ אֲשֶׁר אָנֹכִי נֹתֵן לָהֶם לְרִשְׁתָּהּ: (שם שם כח)

וּמֹשֶׁה עָלָה אֶל הָאֱלֹהִים וַיִּקְרָא אֵלָיו ה' מִן הָהָר לֵאמֹר כֹּה תֹאמַר לְבֵית יַעֲקֹב וְתַגֵּיד לִבְנֵי יִשְׂרָאֵל: (שמות יט:ג)

וַיִּקְרָא אֶל מֹשֶׁה וַיְדַבֵּר ה' אֵלָיו מֵאֹהֶל מוֹעֵד לֵאמֹר: (ויקרא א:א)

וַיֹּאמֶר ה' אֶל מֹשֶׁה וְאַהֲרֹן זֹאת חֻקַּת הַפָּסַח כָּל בֶּן נֵכָר לֹא יֹאכַל בּוֹ: (שמות יב:מג)

מתנות כהונה

הכי גרסינן **כנוס אבנים פסל לך הפסולת כו': הפסולת כו'.** שהלוחות נחצבו ממחצב של סנפירינון שהראהו לו הקב"ה בתוך אהלו כדאיתא בתנחומא ובפרק אין בין המודר והפסולת שפסל עכב לעצמו. ועיין בקהלת בפסוק שבתי וראה: **שיטול כו'.** כלומר שמשה יטול אותן פסולת: **למה.** למה נטל משה אותן פסולת: **הפסולת.** מה שנכתת ונפסל מהן וכן משמע במדרש קהלת בפסוק שבתי וראה ובפסוק גם במדעך: **[ג] זה אחד משלשה דברים.** בפרק רבי עקיבא לא חשב שפירש מאהל מועד ומונה שהוסיף יום אחד מדעתו בשלשה ימי ההגבלה ובאבות דרבי נתן חשב ארבע דברים שלשה אלו המנויין פה והרביעית שהוסיף יום אחד מדעתו: **פה אל פה בו'.** ורבי שמעון בר יוחאי למד מכאן שהקב"ה הסכים על ידו כדאיתא בפרק רבי עקיבא. ואם תאמר אם כן מנא ליה שעשה כן מדעתו דלמא משום צווי ואתה פה עמוד עמדי עיין בתוספות פרק רבי עקיבא: הכי גרסינן **נאמר לו פה:פה אל פה.** כלומר שנאמר פה אל פה אדבר בו והתם קאי על פרישתו מן האשה ובמדרש תנחומא לא הביא פסוק זה: הכי גרסינן **לא היה מדבר עמי עד שקראני: אהל מועד.** קדושתו היתה כל ארבעים שנה.

אשר הנחלים

ופיזור אבנים, שזה ענין ומקרה פחותה מלדבר עליו לומר שיש עת לזה, ורק מרמז על ענין היסוד והעיקר הנקרא בפי הנביאים בשם אבן כו' (בראשית מט, כד) משם רועה אבן ישראל, (תהלים קיח, כב) אבן מאסו הבונים וכדומה, ומוצא המדרש הדמוי על ירושלים עיר הקודש שהוא היסוד והעיקר, שגלותה וגאולתה הכל יש לה זמן מעותד, וכן בענין שבירת הלוחות ועשיית אחרים תחתיהם: **הפסולת שלך כו'.** כי אין הנבואה שורה אלא על חכם גבור ועשיר, ואף שלא נחשב זה בעיני משה למאומה, על כל זה צריך הקנינים החיצונים להנהגת הכנסיה וההמון: **בעצמותיו.** ולא פנה אל לבו להתעשר: **[ג] מדעתו.** טרם נתגלה לו בנבואה: **שקדושתו לשעה כו'.** כלומר העם הנגשים אל הר סיני אין קדושתם תמידית, ועם כל זה נאסרה עליהם בעת ההיא ההגשה לאשה, והוא שהוא מודבק בנבואה בכל זמן ועת לא כל שכן. ודעת רבי עקיבא אחר שאמר ה' פנים אל פנים אדבר בו, וא"כ נבואתו רמה כל כך עד שהתפשט מן עניני הגוף לגמרי מכל וכל, וא"כ אי אפשר לו להתחבר עם אשה, וא"כ הרי זה כצווי מאת ה', ולא כדעת הראשון שפירש שהיה יכול להתחבר. ודעת ר' יהודה שהיה ציווי עליו, אחר שלא הותר לו ונאמר עליו בפירוש ואתה פה עמוד עמדי. ודע היטב כי דעת הראשון, שבתחלה עשה מדעתו אף שהיה יכול להתחבר, ואחר כך הסכים הקדוש ברוך הוא עמו שהראה לו אחר כך שזה מדרגתו, ודעת רבי עקיבא שמדרגתו היה באופן זה, וא"כ זה כצווי מאת ה' כפי מדרגתו, והבן זה: **עד שיקראני.** כי אף שהיה מדרגתו בנבואתו תמידית כי היה מוכן להתבודדות תמיד, עם כל זה לא הזדקק עצמו לקבל הנבואה עד שקרא לו, כי לא היה עושה בזה שום התפעלות נפשי, על דרך מה תעירו ומה תעוררו את האהבה עד שתחפץ מאליו. והנה הקל וחומר מהר סיני שאף שקדושה מעטה לשעה לא עלה עד שקרא, על אחת כמה וכמה בתמידות.

אָמַר לוֹ מֹשֶׁה אַף אֲנִי עִמָּהֶם – Moses then **said to [God], "Am I also** so permitted **along with them?"** **אָמַר לוֹ: לָאו, אֶלָּא "וְאַתָּה פֹּה עֲמֹד עִמָּדִי" – [God] responded, "No. Rather, *But as for you, stand here with Me*"** (ibid., v. 28).[42]

The Midrash proceeds to Moses' second action:

וְעוֹד דָּרַשׁ וְאָמַר – And [Moses] further expounded as follows, **saying:** **מָה אִם הַר סִינַי שֶׁהָיָה לְשָׁעָה לֹא הָיָה מְדַבֵּר עִמִּי עַד שֶׁקְּרָאַנִי – Now, if** on **Mount Sinai, which was** the site of the Divine Presence only **for a brief time,** nevertheless **[God] did not speak with me until He** had first **called me,** **שֶׁנֶּאֱמַר "וַיִּקְרָא אֵלָיו ה׳ מִן הָהָר לֵאמֹר" – as [Scripture] states, *Moses ascended to God, and HASHEM called to him from the mountain, saying*** (above, 19:3),[43] **אֹהֶל מוֹעֵד עַל אַחַת כַּמָּה וְכַמָּה** – then, with regard to the **Tent of Meeting,** where the Divine Presence resides more permanently, **how much more so** should I not enter to speak with God unless He summons me.[44] **יָדַע הַקָּדוֹשׁ בָּרוּךְ הוּא וְקָרָא לוֹ – The Holy One, blessed is He, knew** Moses' thinking, **and He called out to [Moses]** first, summoning him to the Tent of Meeting, **שֶׁנֶּאֱמַר "וַיִּקְרָא אֶל מֹשֶׁה" – as [Scripture] states, *He called to Moses*** *and HASHEM spoke to him from the Tent of Meeting* (*Leviticus* 1:1).[45]

Moses' third action, the breaking of the Tablets:

וְעוֹד דָּרַשׁ וְאָמַר – And [Moses] further expounded as follows, **saying:** **וּמָה הַפֶּסַח שֶׁהוּא קָדָשִׁים קַלִּים נֶאֱמַר "כָּל בֶּן נֵכָר לֹא יֹאכַל בּוֹ" – And now,** if regarding **the *pesach*-offering, which is** among the **less-holy offerings,** nevertheless **[Scripture] states, *This is the decree of the pesach-offering: no alienated person may eat from it*** (above, 12:43),[46] **לוּחוֹת מַעֲשֵׂה אֱלֹהִים יְהוּ עוֹבְדֵי עֲבוֹדָה זָרָה מִשְׁתַּמְּשִׁים בָּהֶם** – then, regarding the **Tablets, God's handiwork,** is it proper that **idol worshipers shall make use of them?** Certainly not! **לְכָךְ שִׁבְּרָם – Therefore, [Moses] broke [the Tablets].**[47]

NOTES

42. Thus, in contrast to the position of R' Shimon ben Yochai quoted above, according to both R' Akiva and R' Yehudah, Moses separated from his wife as a result of an explicit Divine command (*Yefeh To'ar, Toldos Noach*). See also *Avos DeRabbi Nassan* 2:3.

43. That is, God first summoned Moses to ascend the mountain before He spoke to him; see *Ibn Ezra* ad loc.

44. Even though God had previously told him that He would speak to him from atop of the Ark, which was within the Holy of Holies; see above, 25:22 (*Maharzu* to 19 §3 above, s.v. והשניה דרש). For the precedent of Mount Sinai indicated that it would be improper for Moses to enter God's domain without an explicit invitation.

45. That is, God first *called to Moses,* summoning him, and only then *spoke to him.* See *Ramban* ad loc., first explanation. God thus indicated that He agreed that Moses should not enter the Tabernacle unless he had been summoned; see *Yefeh To'ar* to 19 §3 above, s.v. שנאמר ויקרא אליו מן ההר.

46. I.e., no one alienated from God, such as an idol worshiper, whether Jew or non-Jew, may eat from it; see *Rashi* ad loc. (*Eitz Yosef* and *Maharzu* to 19 §3 above).

47. It should be noted that in all three of these instances that the Midrash describes as Moses acting מִדַּעְתּוֹ, *on his own,* he was not following his own thoughts and feelings. Rather, he was basing himself on some Divine command, which he was then logically applying to his own situation. For further discussion, see Insight Ⓐ. [See *Shabbos* 87a, where the list of three things that Moses did on his own is somewhat different.]

INSIGHTS

Ⓐ **Independent Thinking** In each of the three decisions cited by our Midrash, Moses' thinking follows the pattern of *kal vachomer,* an argument that reasons from a weaker proposition to a stronger one (e.g., if *a* is subject to a given rule, and *b* has a stronger reason to be subject to that rule, then we may conclude that the rule certainly extends to *b*). This form of argument is one of the thirteen methods prescribed by God for interpreting the Torah (see Introduction to *Toras Kohanim,* which appears in the Siddur right before the *Pesukei DeZimrah*). It is well established that conclusions based on these thirteen "hermeneutic principles" have the force of Biblical laws, as though they were communicated directly by God Himself.

If so, ask *Tosafos* (to *Shabbos* 88a and *Yevamos* 62a), why do the Sages characterize these decisions as having been made by Moses on his own accord? In what way are they different from numerous other Torah laws derived through a similar line of reasoning?

Tosafos answer that in each case Moses' reasoning fell short of qualifying as a genuine *kal vachomer* argument due to a flaw in his logic. In the first instance, Moses reasoned that if the Jews were required to separate from their wives in preparation for a one-time revelation, then he, who was constantly communing with God, should certainly distance himself from his wife. Now, this conclusion was based on the premise that Moses had more reason to remain celibate in his situation than the nation had in theirs. But this assumption is debatable. Perhaps the Ten Commandments, which were conveyed to the people by the revelation they experienced, are so important and holy that they demanded more purity than the other parts of the Torah, which were the subject of Moses' subsequent prophecies. Alternatively, one could argue that God commanded the Jews to separate from their wives only because the three-day separation would not undermine their marriages or interfere with their fulfillment of the mitzvah to bear children. God never envisioned extending this rule to a permanent separation of a man from his wife.

In the second instance, Moses reasoned that if he needed an invitation to approach God on the temporarily sacred Mount Sinai, he surely needed an invitation to commune with Him in the Tabernacle, which was a permanent shrine. *Tosafos* do not discuss this case, because in the Talmud a different incident is cited in its place, but *Yefeh To'ar* and *Maharzu* (above, 19 §3) step in to explain that here, too, Moses' logic is not entirely compelling. God had already told Moses, amid His instructions for building the Tabernacle, that He would be speaking to him from atop the Ark: *It is there that I will set My meetings with you, and I shall speak with you . . . from between the two Cherubim that are on the Ark* (above, 25:22). That message, it could be argued, obviated the need for any subsequent invitation.

In the third instance, Moses reckoned that if a moderately sacred offering such as the *pesach* is forbidden to apostates, then the incomparably holy Tablets, which were carved and inscribed by God Himself, surely may not be given to the idol worshipers among the Jewish people. To this argument *Tosafos* counter that there is a difference: The *pesach* is a sacrificial offering, which is understandably not suitable for an apostate, while the Tablets had the power to impart the Torah to Israel, and could possibly inspire them to repent of their sin. [Elaborating on this answer, *R' Aharon Leib Shteinman* (*Yimalei Pi Tehillasecha,* Vol. 2, pp. 560-561) clarifies that Moses was well aware of this difference, but dismissed it for the following reason. He understood that the reason an apostate may not participate in a *pesach*-offering is not that the mitzvah does not apply to him, for in reality it does, no less than any other mitzvah; rather, he simply cannot be allowed to perform his obligation in this case, because it would be sacrilegious for a holy object like the meat of an offering to be ingested by a non-believer. In the same way, Moses reasoned, the Torah must be "ingested" by a person if he is to be transformed by it, and it is unthinkable that the holy Torah should be absorbed by an idolater's sullied being.]

Other sources (*Beis Meir* to *Even HaEzer,* Introduction) suggest a completely different approach to explaining the innovative nature of Moses' decisions. They note that the validity of *kal vachomer* as a means of halachic inference is derived by *Toras Kohanim* (ibid.) from an incident that occurred later, well after the Giving of the Torah. Miriam had spoken disparagingly about Moses, and God had rebuked her and stricken her with leprosy. Moses pleaded for a reprieve, and God relented, but nevertheless ordered that she be ostracized for seven days. He reasoned as follows, *"Were her father to spit in her face, would she not be humiliated for seven days?"* (*Numbers* 12:14). In other words, if a seven-day humiliation is an appropriate consequence of a fatherly reprimand, it is all the more so in the case of a Divine reprimand (see *Rashi* ad loc.). This line of reasoning introduced the *kal vachomer* as a Divinely approved hermeneutic device. Moses, however, employed this form of logic before it was formally sanctioned by God, and therefore the Sages describe him as having made these decisions on his own accord.

דָּבָר אַחֵר, (קהלת ג, ה) ה"עֵת לְהַשְׁלִיךְ אֲבָנִים", [לב, יט] "וַיִּחַר אַף מֹשֶׁה וַיַּשְׁלֵךְ מִיָּדָיו", (קהלת שם שם) "וְעֵת כְּנוֹס אֲבָנִים", [לד, א] "פְּסָל לְךָ", ° יהַפְּסוֹלֶת שֶׁלְּךָ, מִשָּׁם הֶעֱשִׁיר מֹשֶׁה, אָמַר הַקָּדוֹשׁ בָּרוּךְ הוּא: דִּין הוּא שֶׁיִּטּוֹל אוֹתָן פְּסוֹלֶת מֹשֶׁה, לָמָּה, אֶלָּא יִשְׂרָאֵל שֶׁלֹּא נִתְעַסְּקוּ בְּמִצְוֹת נָתַתִּי לָהֶן כָּל טוּב אֶרֶץ מִצְרַיִם, שֶׁנֶּאֱמַר (לעיל יב, לו) "וַה' נָתַן אֶת חֵן הָעָם" וְהֶעֱשִׁירוּ, וּמֹשֶׁה שֶׁעָסַק בְּעַצְמוֹתָיו שֶׁל יוֹסֵף יְהֵא עָנִי, אֶתֵּן לוֹ אֶת הַפְּסוֹלֶת שֶׁיַּעֲשִׁיר:

ג יזֶה אֶחָד מִג' דְּבָרִים שֶׁעָשָׂה מֹשֶׁה מִדַּעְתּוֹ וְהִסְכִּימָה דַעְתּוֹ לְדַעַת הַקָּדוֹשׁ בָּרוּךְ הוּא, פָּרַשׁ מִן הָאִשָּׁה, רַבִּי שִׁמְעוֹן בֶּן יוֹחָאי אוֹמֵר: דָּרַשׁ וְאָמַר: מָה אִם הַר סִינַי שֶׁקְּדוּשָּׁתוֹ לְשָׁעָה נֶאֱמַר בּוֹ (לעיל יט, טו) "אַל תִּגְּשׁוּ אֶל אִשָּׁה", אֲנִי שֶׁבְּכָל שָׁעָה הוּא מְדַבֵּר עִמִּי אֵינוֹ דִּין שֶׁאֶהְיֶה פָּרוּשׁ מֵהָאִשָּׁה, רַבִּי עֲקִיבָא אוֹמֵר: מִפִּי הַקָּדוֹשׁ בָּרוּךְ הוּא נֶאֱמַר לוֹ, (במדבר יב, ח) "פֶּה אֶל פֶּה אֲדַבֶּר בּוֹ", רַבִּי יְהוּדָה אָמַר: מִפִּי הַקָּדוֹשׁ בָּרוּךְ הוּא נֶאֱמַר לוֹ, (לעיל יט, טו) "אַל תִּגְּשׁוּ אֶל אִשָּׁה", אַף מֹשֶׁה בִּכְלַל עִמָּהֶם, הֲרֵי נֶאֶסְרוּ כּוּלָּם, וּכְשֶׁהוּא אוֹמֵר (דברים ה, כו) "שׁוּבוּ לָכֶם לְאָהֳלֵיכֶם" הֲרֵי הִתִּירָן, אָמַר לוֹ מֹשֶׁה אַף אֲנִי עִמָּהֶם, אָמַר לוֹ: לָאו, אֶלָּא (שם שם כח) "וְאַתָּה פֹּה עֲמֹד עִמָּדִי", וְעוֹד דָּרַשׁ וְאָמַר: מָה אִם הַר סִינַי שֶׁהָיָה לְשָׁעָה לֹא הָיָה מְדַבֵּר עִמִּי עַד שֶׁקְּרָאַנִי, שֶׁנֶּאֱמַר (לעיל יט, ג) "וַיִּקְרָא אֵלָיו ה' מִן הָהָר לֵאמֹר", אֹהֶל מוֹעֵד עַל אַחַת כַּמָּה וְכַמָּה, יָדַע הַקָּדוֹשׁ בָּרוּךְ הוּא וְקָרָא לוֹ, שֶׁנֶּאֱמַר (ויקרא א, א) "וַיִּקְרָא אֶל מֹשֶׁה", וְעוֹד דָּרַשׁ חוְאָמַר: וּמָה הַפֶּסַח שֶׁהוּא קָדָשִׁים קַלִּים נֶאֱמַר (לעיל יב, מג) "כָּל בֶּן נֵכָר לֹא יֹאכַל בּוֹ", לוּחוֹת מַעֲשֵׂה אֱלֹהִים יְהוּ עוֹבְדֵי °כּוֹכָבִים° מִשְׁתַּמְּשִׁים בָּהֶם, לְכָךְ שִׁבְּרָם,

עץ יוסף

ועת כנוס אבנים פסל לך, הפסולת שלך כו', מלת פסל לך משמש כאן למעלה ולמטה, וכאילו אמר דבר אחר פסל לך הפסולת שלך, וכן הוא דרך המדרש ברוב המקומות, ופירוש הפסולת שלך מה שתחתוך סביב סביב כדי לעשות מרובע אותן החתיכות יהיו שלך: **משם העשיר משה.** כדאיתא בויקרא רבה פרשה ל"ב מחצב של סנפירינון ברא לו הקדוש ברוך הוא בתוך אהלו, ומהם העשיר הדא הוא דכתיב פסל לך הפסולת שלך, ועיין בפרק אין בין המודר, ובירושלמי דשקלים פרק ה', ובתנחומא: **דין הוא שיטול.** כי העושר היה ראוי לו, ואין הכי נמי שאילו לא היו הלוחות משברות שהיה ה' נותן לו עושר ממקום אחר: **וה' נתן את חן העם וגו'.** והעשירו, כדאיתא בילקוט אסתר שהשאילום כלי כסף וזהב ומרגליות ובגדים, וטענו כל אחד ואחד מהם תשעה חמורים: **אתן לו הפסולת שיעשיר.** כדי שיהיו דבריו נשמעין ויכבדוהו כשלא יצטרך לבריות, וכדי שעל ידי העושר יוכל לקיים תורה ומצות: (ג) **מפי הקדוש ברוך הוא נאמר לו פה אל פה אדבר בו.** משום דאהרן ומרים דברו רע על משה שפירש מן לפורה אשתו, ולא מצינו שהשיב ה' על זה, שמע מינה דאומרו פה אל פה אדבר בו רמז להם התשובה בזה, ופירושו מפי אל פיו אמרתי לו מפורש לפרוש מן האשה (יפה תואר): **הרי התירן.** אבל בלאו הכי אף על פי שמפני קדושת הקבלת שכינה אסרו וכבר נסתלקה השכינה, עדיין היו באיסור, דכל דבר שבמנין צריך מנין אחר להתירו:

פירוש מהרז"ו

פסל לך. היה לו לומר חצב לך, כמו שכתוב חוצבי אבן, על כן דורש על פי מדת ממעל, על הפסולת, וכמו שכתב במתנות כהונה, וכמפורש עוד ויקרא רבה פרשה ל"ב סוף סימן ב': **וה' נתן את חן.** באותו זמן שנתעסקו העם לשאול ממצרים כלי כסף וזהב, ואז עסק משה בעצמות יוסף, כמו שאמר שמות רבה פרשה כ סימן י"ט: (ג) **אחד משלשה דברים.** לעיל פרשה י"ט סימן ג, ושם נסמן ומבואר: **פה אל פה אדבר בו.** כשדברה מרים ואהרן במשה על שפירש מאשתו, אז אמר להם ה' פה אל פה אדבר בו, ולא פירש מה דיבר, על כן דורש על פי מדה ט' ודבר הלמד מענינו, פה אל פה אדבר בו לפרוש מאשתו: **אל תגשו.** שמות י"ט, כשהוא אומר דברים ט' שובו לכם לאהליכם, הרי התירן לנשותיהם, וסיפיה דקרא ואתה פה עמוד עמדי, ומדקאמר ואתה, הרי ששאל מה אני לשוב לאהלי, והשיב לו ואתה פה עמוד עמדי. ועיין פרקי דרבי אליעזר ריש פרק מ"ו בשם רבי אלעזר בן ערך:

חידושי הרד"ל

כנוס אבנים פסל לך דבר אחר פסל לך הפסולת כו'. כן צריך לומר: **משם העשיר כו'.** נדרים (לח, א): [ג] **משלשה דברים שעשה כו'.** לעיל פרשה יט, ג:

חידושי הרש"ש

[ג] **אהל מועד על אחת כמה וכמה.** מה שכתב המתנות כהונה קדושתו היתה כל ארבעים שנה, הן גם ארבע עשרה שנה של גלגל היה קדושתו, ומנוב וגבעון אף דמשמע בזבחים פרק י"ד דלא היה שם גם כן אלא אוהל מועד דמדבר כמו שהוא, (ובגבעון מפורש בדברי הימים (ב א, ג) כי שם היה אהל מועד כו' אשר עשה משה גו' במדבר, ורש"י שכתב בפסחים (לח, ב) דבנוב היה בית של אבנים, וכן לשון הרמב"ם בפרק א' מהלכות בית הבחירה ובאו לנוב ובנו שם מקדש כו' ובאו לגבעון ובנו שם מקדש, תמוהים בעיני, שוב מצאתי בתוספות ישנים יומא (מד, א) כדברי) לא קשיא לי, משום דהארון לא היה שם (וכן כתב התספות ישנים שם), ואולי מפני שאז הותרו הבמות לא חשיב להו:

באור מהרי"פ

[ג] **פה אל פה וגו'.** וזה לשון הספרי (בהעלותך פיסקא קג) פה אל פה אמרתי לו לפרוש מן האשה, עד כאן. וזו היא תשובתן של מרים ואהרן שדברו במשה. הרוצה לעמוד על בוריה של הענין יעיין בשבת דף פ"ז (ע"א) יבמות דף ס"ב (ע"א) ובתוספות יום טוב שם במשנה (פרק ו, ו) ובמהרש"א בחידושי אגדות בשבת שם:

שינוי נוסחאות

(ב) "ועת כנוס אבנים", "פסל לך", **הפסולת שלך.** מ"כ הגיה שצריך לכתוב עוד פעם "פסל לך" לפני "הפסולת שלך", שהיא דרשה חדשה אל אותן מילים, אבל המדפיסים לא עשו כדבריו, וכן הגיה רד"ל, והוא אף הוסיף תבות "דבר אחר" בהדיא:

מסורת המדרש

ה. דברים רבה פרשה ג'. תנחומא סדר עקב סימן ט':

ו. נדרים דף ל"ח. ירושלמי שקלים פרק ה'. ויקרא רבה פרשה ל"ב. קהלת רבה פרשה ט' פסוק י"א וסוף פרשה יו"ד. פרקי דרבי אליעזר פרק מ"ו. ספרי סדר בהעלותך פסקא ק"א. תנחומא כאן סימן כ"ט. וסדר עקב סימן ט'. ילקוט כאן רמז של"ב:

ז. שבת דף פ"ז. יבמות דף ס"ב. אבות דרבי נתן פרק ב'. לעיל פרשה י"ט. כל הענין. ספרי סדר בהעלותך פסקא ק"ג. ילקוט כאן רמז של"ג. ילקוט סדר בהעלותך רמז תש"מ. ילקוט סדר ואתחנן רמז תתל"ב:

ח. ירושלמי תענית פרק ד'. דברים רבה פרשה ה'. תנחומא כאן סי' ל':

אם למקרא

וַה' נָתַן אֶת חֵן הָעָם בְּעֵינֵי מִצְרַיִם וַיַּשְׁאִלוּם וַיְנַצְּלוּ אֶת מִצְרָיִם: (שמות יב:לו)

וַיֹּאמֶר אֶל הָעָם הֱיוּ נְכֹנִים לִשְׁלֹשֶׁת יָמִים אַל תִּגְּשׁוּ אֶל אִשָּׁה: (שמות יט:טו)

פֶּה אֶל פֶּה אֲדַבֶּר בּוֹ וּמַרְאֶה וְלֹא בְחִידֹת וּתְמֻנַת ה' יַבִּיט וּמַדּוּעַ לֹא יְרֵאתֶם לְדַבֵּר בְּעַבְדִּי בְמֹשֶׁה: (במדבר יב:ח)

לֵךְ אֱמֹר לָהֶם שׁוּבוּ לָכֶם לְאָהֳלֵיכֶם: (דברים ה:כו)

וְאַתָּה פֹּה עֲמֹד עִמָּדִי וַאֲדַבְּרָה אֵלֶיךָ אֵת כָּל הַמִּצְוָה וְהַחֻקִּים וְהַמִּשְׁפָּטִים אֲשֶׁר תְּלַמְּדֵם וְעָשׂוּ בָאָרֶץ אֲשֶׁר אָנֹכִי נֹתֵן לָהֶם לְרִשְׁתָּהּ: (שם שם כח)

וּמֹשֶׁה עָלָה אֶל הָאֱלֹהִים וַיִּקְרָא אֵלָיו ה' מִן הָהָר לֵאמֹר כֹּה תֹאמַר לְבֵית יַעֲקֹב וְתַגֵּיד לִבְנֵי יִשְׂרָאֵל: (שמות יט:ג)

וַיִּקְרָא אֶל מֹשֶׁה וַיְדַבֵּר ה' אֵלָיו מֵאֹהֶל מוֹעֵד לֵאמֹר: (ויקרא א:א)

וַיֹּאמֶר ה' אֶל מֹשֶׁה וְאַהֲרֹן זֹאת חֻקַּת הַפָּסַח כָּל בֶּן נֵכָר לֹא יֹאכַל בּוֹ: (שמות יב:מג)

מתנות כהונה

הכי גרסינן **כנוס אבנים פסל לך הפסולת כו':** **הפסולת כו'.** שהלוחות נחצבו ממחצב של סנפירינים שהראה לו הקב"ה בתוך אהלו כדאיתא בתנחומא ובפרק אין בין המודר והפסולת שפסל עכב לעצמו. ועיין בקהלת בפסוק שבתי וראה: **שיטול כו'.** כלומר שמשה יטול אותן פסולת: **למה.** למה נטל משה אותן פסולת: **הפסולת.** מה שנסתת ונפסל מהן וכן משמע במדרש קהלת בפסוק שבתי וראה ובפסוק גם במדעך: [ג] **זה אחד משלשה דברים.** בפרק רבי עקיבא לא חשב שפירש מאהל מועד ומונה שהוסיף יום אחד מדעתו בשלשה ימי ההגבלה ובאבות דרבי נתן חשב ארבע דברים שלשה אלו המנויין פה והרביעית שהוסיף יום אחד מדעתו: **פה אל פה כו'.** ורבי שמעון בר יוחאי למד מכאן שהקב"ה הסכים על ידו כדאיתא בפרק רבי עקיבא. ואם תאמר אם כן מנא ליה שעשה כן מדעתו דלמא משום צווי ואתה פה עמוד עמדי עיין בתוספות פרק רבי עקיבא: הכי גרסינן **נאמר לו פה:פה אל פה.** כלומר שנאמר פה אל פה אדבר בו והתם קאי על פרישתו מן האשה ובמדרש תנחומא לא הביא פסוק זה: הכי גרסינן **לא היה מדבר עמי עד שקראני: אהל מועד.** קדושתו היתה כל ארבעים שנה:

אשד הנחלים

ופיזור אבנים, שזה ענין ומקרה פחותה מלדבר עליו לומר שיש עת לזה, ורק מרמז על ענין היסוד והעיקר הנקרא בפי הנביאים בשם אבן כו' (בראשית מט, כד) משם רועה אבן ישראל, (תהילים קיח, כב) אבן מאסו הבונים וכדומה, ומוצא המדרש הדמוי על ירושלים עיר הקודש שהוא היסוד והעיקר, שגלותה וגאולתה הכל יש לה זמן מעותד, וכן בענין שבירת הלוחות ועשיית אחרים תחתיהם: **הפסולת שלך כו'.** כי אין הנבואה שורה אלא על חכם גבור ועשיר, ואף שלא נחשב זה בעיני משה למאומה, על כל זה צריך הקנינים החיצונים להנהגת הכנסיה וההמון: **בעצמותיו.** ולא פנה אז לבו להתעשר: [ג] **מדעתו.** טרם נתגלה לו בנבואה: **שקדושתו לשעה כו'.** כלומר העם הנגשים אל הר סיני אין קדושתם תמידית, ועם כל זה נאסרה עליהם בעת ההיא ההגשה לאשה, והוא שהוא מודבק בנבואה בכל זמן ועת לא כל שכן. ודעת רבי עקיבא אחר שאמר ה' פנים אל פנים אדבר בו, וא"כ נבואתו רמה כל כך עד שהתפשט מן עניני הגוף לגמרי מכל וכל, וא"כ אי אפשר לו להתחבר עם אשה, וא"כ הרי זה כצווי מאת ה', ולא כדעת הראשון שפירש שהיה יכול להתחבר. ודעת ר' יהודה שהיה ציווי עליו, אחר שלא הותר לו ונאמר עליו בפירוש ואתה פה עמוד עמדי. ודע היטב כי דעת הראשון, שבתחלה עשה מדעתו אף שהיה יכול להתחבר, ואחר כך הסכים הקדוש ברוך הוא עמו שהראה לו אחר כך שזה מדרגתו, ודעת רבי עקיבא שמדרגתו היה באופן זה, וא"כ זה כצווי מאת ה' כפי מדרגתו, הבן זה: **עד שיקראני.** כי אף שהיה מדרגתו בנבואתו תמידית כי היה מוכן להתבודדות תמיד, עם כל זה לא הזדקק עצמו לקבל הנבואה עד שקרא לו, כי לא היה עושה בזה שום התפעלות נפשי, על דרך מה תעירו ומה תעוררו את האהבה עד שתחפץ מאליו. והנה הקל וחומר מהר סיני שאף לשעה מעטה לא עלה עד שקרא, על אחת כמה וכמה בתמידות:

The Midrash elaborates, adducing Scriptural evidence that God supported Moses' action:

רְאֵה שִׁבְחוֹ שֶׁל מֹשֶׁה – Now, **see the praise of Moses.** אַהֲרֹן וְשִׁבְעִים זְקֵנִים אֲחוּזִים בְּיָדָיו שֶׁל מֹשֶׁה וְלֹא יָכְלוּ לוֹ – **Aaron and** the **seventy elders were holding onto the hands of [Moses]** to prevent him from breaking the Tablets, **but they could not overcome him.**[48] וְלֹא אֵלּוּ בִּלְבָד – **And** it was **not only these** individuals who opposed Moses' breaking the Tablets, אֶלָּא אַף רְצוֹנוֹ שֶׁל הַקָּדוֹשׁ בָּרוּךְ הוּא הָיָה שֶׁלֹּא יְשַׁבְּרֵם – **but also the Will of the Holy One, blessed is He, was that he not break them.**[49] שֶׁנֶּאֱמַר "לְכָל הָאֹתֹת וְהַמּוֹפְתִים וגו'" – **As** [Scripture] **states,** ***By all the signs and wonders** that HASHEM sent him to perform in the land of Egypt . . . and by all the strong hand and awesome power that Moses performed before the eyes of all Israel* (*Deuteronomy* 34:11-12).[50] אָמַר לוֹ הַקָּדוֹשׁ בָּרוּךְ הוּא: יְהֵא שָׁלוֹם בְּאוֹתוֹ הַיָּד – However, **the Holy One, blessed is He, said to [Moses], "Let there be peace with the hand** that broke the Tablets," שֶׁנֶּאֱמַר "וּלְכֹל הַיָּד הַחֲזָקָה" – **as [the verse] states,** ***and by all the strong hand.***[51]

§4 The Midrash cites several expositions of a verse in *Isaiah,* one of which relates to our verse:

דָּבָר אַחֵר, "פְּסָל לְךָ" – **Another interpretation:** ***Carve for yourself*** *two stone Tablets.* הֲדָא הוּא דִכְתִיב "וְעַתָּה ה' אָבִינוּ אָתָּה אֲנַחְנוּ הַחֹמֶר וְאַתָּה יֹצְרֵנוּ" – **Thus it is written,** ***So now, HASHEM, You are our Father. We are the clay and You are our Potter,*** *and we are all Your handiwork* (*Isaiah* 64:7). אָמַר הַקָּדוֹשׁ בָּרוּךְ הוּא לְיִשְׂרָאֵל: עַכְשָׁיו אֲנִי אֲבִיכֶם – **The Holy One, blessed is He, said** accusingly **to Israel, "Now I am your Father?** כְּשֶׁרְאִיתֶם עַצְמְכֶם בְּצָרָה קְרָאתֶם אוֹתִי "אָבִינוּ" – Now, **when** it is **that you have found yourselves in distress, you have called Me,** ***our Father!*****"**[52] אָמְרוּ לוֹ: הֵן – **[Israel] responded to [God], "Yes,** it is true," שֶׁנֶּאֱמַר "בְּיוֹם צָרָתִי ה' דָּרָשְׁתִּי" – **as [Scripture] states,** ***On the day of my distress, I sought the Lord*** (*Psalms* 77:3).[53]

The Midrash offers a parable illustrating Israel's behavior:

מָשָׁל לְבֶן אַרְכִיאָטוֹס שֶׁפָּגַע בִּסְמַדְרְקוֹס וְהִתְחִיל לִשְׁאוֹל בִּשְׁלוֹמוֹ – It is **comparable to the son of a leading doctor who encountered an trickster,**[54] **and [the son] began to inquire of his welfare,** i.e., he greeted him. אָמַר לוֹ: קִירִי מָרִי אָבִי – **He addressed [the trickster], "My lord, my master, my father!"** שָׁמַע אָבִיו וְכָעַס עָלָיו – **His father heard** of this, **and he became angry with [his son].** אָמַר: לֹא יִרְאֶה פָּנַי הוֹאִיל וְקָרָאוֹ לִסְמַדְרְקוֹס אָבִי – **He said, "[My son] shall not see my face** again **because he called the trickster, 'my father'!"** אַחַר יָמִים חָלָה הַבֵּן – **After several days the** doctor's **son became ill.** אָמַר: בְּבַקָּשָׁה קִרְאוּ לְאָבִי שֶׁיִּרְאֵנִי – **He said** to those around him, **"Please summon my father, so that he shall** come and **see me."** בָּאוּ וְאָמְרוּ לְאָבִיו – **They went and told his father** of his condition. מִיָּד נִכְמְרוּ רַחֲמָיו עָלָיו וְעָלָה אֶצְלוֹ – **Immediately, he was moved to compassion over [his son], and he visited him.** אָמַר לוֹ: עַתָּה בְּבַקָּשָׁה מִמְּךָ אָבִי הִסְתַּכֵּל בִּי – **[His son]** then **said to him, "Now, I beg of you, Father, look at me."**[55]

NOTES

48. The Midrash refers to this as a praise of Moses, for clearly under normal circumstances Moses would not have been able to overpower Aaron and all the elders. Rather, it was that his zealousness for God's honor gave him superhuman strength, enabling him to break the Tablets despite their opposition (*Yefeh To'ar*). Alternatively, the "praise" that the Midrash speaks of here is the praise of his physical prowess (*Eshed HaNechalim,* first explanation). However, *Eitz Yosef,* citing *Toldos Noach,* emends שִׁבְחוֹ שֶׁל מֹשֶׁה to כּוֹחוֹ שֶׁל מֹשֶׁה, "the strength of Moses."

49. I.e., God had not indicated that it was now His Will that the Tablets be broken. The Midrash is praising Moses' zealousness in breaking the Tablets despite God's silence and the active opposition of Aaron and the elders (see *Toldos Noach* and *Beur Maharif;* see *Eitz Yosef* for an alternative understanding). *Yefeh To'ar* suggests that the Midrash is implying that God did not in any way miraculously assist Moses in breaking the Tablets and that thus it was purely through natural means that Moses overcame the efforts of Aaron and the elders to prevent him from breaking them.

50. The expression, *before the eyes of all Israel* (לְעֵינֵי כָּל יִשְׂרָאֵל), alludes to the breaking of the Tablets regarding which Scripture says that Moses broke them לְעֵינֵיכֶם, *before your* (the Israelites') *eyes* (*Deuteronomy* 9:17); see *Sifrei, Devarim* §357 (*Eitz Yosef*). Furthermore, *the eyes* (עֵינֵי), alludes to the seventy elders, as in the phrase, עֵינֵי הָעֵדָה, *the eyes of the assembly* (*Numbers* 15:24); see *Bamidbar Rabbah* 15 §24. The verse then, which states that Moses acted with a יָד הַחֲזָקָה . . . לְעֵינֵי כָּל יִשְׂרָאֵל, *strong hand . . . before the eyes of all Israel,* implies that Moses employed fortitude and broke the Tablets against the opposition of the seventy elders (*Maharzu;* for an alternative understanding of this exposition, see Insight Ⓐ).

51. Interpreting הַיָּד הַחֲזָקָה as a blessing, *let the hand be strong,* similar to the expression, חֲזַק וֶאֱמָץ, *Be strong and courageous* (*Deuteronomy* 31:7 et al.) [*Yefeh To'ar, Eitz Yosef*]. The verse thus indicates that God agreed with Moses' decision to break the Tablets, as the Midrash had stated above (*Rashash*).

52. For the context of the verse from *Isaiah* deals with Israel's suffering; see previous verse there, כִּי הִסְתַּרְתָּ פָנֶיךָ מִמֶּנּוּ וַתְּמוּגֵנוּ בְּיַד עֲוֹנֵנוּ, *When You hide Your face from us and melt us away because of our iniquities* (*Isaiah* 64:6) [*Eitz Yosef*].

53. That is, the people of Israel admitted that they sought out God only in the time of distress, as the verse from *Psalms* indicates (*Yefeh To'ar*). [The speaker in this Psalm is the Jewish nation personified; see *Rashi* to v. 1 there.]

54. I.e., one who performs tricks to amuse his audience; see *Eitz Yosef.* In contrast to the boy's father, a master physician who had real healing skills, the trickster could create illusions but not really heal anything.

[Our translation of אַרְכִיאָטוֹס as "leading doctor" follows *Radal* and *Eitz Yosef,* citing *Mussaf HeAruch.* It should be noted though that *Mussaf HeAruch* cites the word as אַרְכִיאַטְרוֹס and *Radal* and *Eitz Yosef* emend our text accordingly. It should also be noted that *Eitz Yosef* suggests emending סְמַדְרְקוֹס to סְמַארְדְקוֹס; see *Mussaf HeAruch,* cited by *Maharzu* and *Radal* for an alternative reading and interpretation; see also *Matnos Kehunah* and *HaMaarich,*cited by *Beur Maharif.*]

55. I.e., examine me. Since the father was a leading doctor, he would be able to correctly diagnose his son's condition and prescribe proper treatment (*Radal*).

INSIGHTS

Ⓐ **The Plagues of Egypt and the Two Tablets** In our notes we have followed the explanation of *Maharzu* that the Midrash cites the passage from *Deuteronomy* as evidence of its assertion that Moses broke the Tablets against the opposition of Aaron and the elders. *Toldos Noach* and *Beur Maharif* offer a different approach. They suggest that the Midrash is quoting this passage because it supports the idea mentioned above that Moses broke the Tablets on his own initiative, without any explicit Divine command. For when referring to the various deeds and miracles that Moses had performed in Egypt the verse says, לְכָל הָאֹתֹת וְהַמּוֹפְתִים אֲשֶׁר שְׁלָחוֹ ה' לַעֲשׂוֹת בְּאֶרֶץ מִצְרָיִם, *By all the signs and wonders that HASHEM sent him to perform in the land of Egypt* (*Deuteronomy* 34:11), indicating that they had all been done at God's specific behest. But the next verse, וּלְכֹל הַיָּד הַחֲזָקָה וּלְכֹל הַמּוֹרָא הַגָּדוֹל אֲשֶׁר עָשָׂה מֹשֶׁה לְעֵינֵי כָּל יִשְׂרָאֵל, *and by all the strong hand and awesome power that Moses performed before the eyes of all Israel* (ibid., v. 12), which as explained above alludes to the breaking of the Tablets, does not contain any similar reference to his having been sent by God. Thus, the clear implication is that unlike *the signs and wonders* that Moses did in Egypt, he broke the Tablets on his own accord without having been Divinely instructed to do so. Since one could then mistakenly think that Moses acted improperly in breaking the holy Tablets and that Scripture here is criticizing him, the Midrash here concludes that the wording of the verse indicates that God approved of Moses' action, for the phrase לְכֹל הַיָּד הַחֲזָקָה implies that God was giving Moses His blessing for having broken the Tablets (see note 51).

רְאֵה שִׁבְחוֹ שֶׁל מֹשֶׁה, ט אַהֲרֹן וְשִׁבְעִים זְקֵנִים אֲחוּזִים בְּיָדָיו שֶׁל מֹשֶׁה וְלֹא יָכְלוּ לוֹ, וְלֹא אֵלּוּ בִּלְבָד אֶלָּא אַף רְצוֹנוֹ שֶׁל הַקָּדוֹשׁ בָּרוּךְ הוּא הָיָה שֶׁלֹּא יְשַׁבְּרֵם, שֶׁנֶּאֱמַר (דברים לד, יא) "לְכָל הָאֹתֹת וְהַמּוֹפְתִים וְגוֹ'", אָמַר לוֹ הַקָּדוֹשׁ בָּרוּךְ הוּא: יְהֵא שָׁלוֹם בְּאוֹתוֹ הַיָּד, שֶׁנֶּאֱמַר (שם שם יב) "וּלְכֹל הַיָּד הַחֲזָקָה":

ד דָּבָר אַחֵר, [לד, א] "פְּסָל לְךָ", הָדָא הוּא דִכְתִיב (ישעיה סד, ז) "וְעַתָּה ה' אָבִינוּ אָתָּה אֲנַחְנוּ הַחֹמֶר וְאַתָּה יֹצְרֵנוּ", אָמַר הַקָּדוֹשׁ בָּרוּךְ הוּא לְיִשְׂרָאֵל: עַכְשָׁיו אֲנִי אֲבִיכֶם, כְּשֶׁרְאִיתֶם עַצְמְכֶם בְּצָרָה קְרָאתֶם אוֹתִי "אָבִינוּ", אָמְרוּ לוֹ: הֵן, שֶׁנֶּאֱמַר (תהלים עז, ג) "בְּיוֹם צָרָתִי ה' דָּרָשְׁתִּי", מָשָׁל לְבֶן אַרְכִיאָטוּס שֶׁפָּגַע בְּסַמְדְּרָקוֹס וְהִתְחִיל לִשְׁאוֹל בִּשְׁלוֹמוֹ, אָמַר לוֹ: קִירִי מָרִי אָבִי, שָׁמַע אָבִיו וְכָעַס עָלָיו, אָמַר: לֹא יִרְאֶה פָּנַי הוֹאִיל וּקְרָאוֹ לְסַמְדְּרָקוֹס אָבִי, אַחַר יָמִים חָלָה הַבֵּן, אָמַר: בְּבַקָּשָׁה קִרְאוּ לְאָבִי שֶׁיִּרְאֵנִי, בָּאוּ וְאָמְרוּ לְאָבִיו, מִיָּד נִכְמְרוּ רַחֲמָיו עָלָיו וְעָלָה אֶצְלוֹ, אָמַר לוֹ: עַתָּה בְּבַקָּשָׁה מִמְּךָ אָבִי הִסְתַּכֵּל בִּי, אָמַר לוֹ: עַתָּה אֲנִי אָבִיךָ, אֶתְמוֹל הָיִיתָ קוֹרֵא לְסַמְדְּרָקוֹס אָבִי, עַכְשָׁיו שֶׁנִּכְנַסְתָּ לְצָרָה אַתָּה קוֹרְאֵנִי אָבִי, כָּךְ אָמַר הַקָּדוֹשׁ בָּרוּךְ הוּא לְיִשְׂרָאֵל: עַתָּה אַתֶּם קוֹרְאִים אוֹתִי אָבִי, אֶתְמוֹל הֱיִיתֶם עוֹבְדִים עֲבוֹדָה זָרָה וְקוֹרְאִים אוֹתָהּ אָבִי, שֶׁנֶּאֱמַר (ירמיה ב, כז) "אֹמְרִים לָעֵץ אָבִי אַתָּה וְגוֹ' וּבְעֵת רָעָתָם יֹאמְרוּ וְגוֹ'", לְכָךְ נֶאֱמַר (ישעיה סד, ז) "וְעַתָּה ה' אָבִינוּ אָתָּה", דָּבָר אַחֵר, "וְעַתָּה ה' אָבִינוּ אָתָּה וְגוֹ'", הָדָא הוּא דִכְתִיב (מלאכי א, ו) "בֵּן יְכַבֵּד אָב", זֶה עֵשָׂו שֶׁכִּבֵּד אָבִיו הַרְבֵּה, שֶׁהָיָה יוֹצֵא לַשָּׂדוֹת וְצָד צַיִד וּמֵבִיא וּמְבַשֵּׁל וּמַכְנִיס וּמַאֲכִיל לְאָבִיו בְּכָל יוֹם,

עץ יוסף

אלא אף רצונו של הקדוש ברוך הוא כו'. אף על גב דאיתא במסכת שבת דף (פ"ו) [פז, א] שהסכימה דעתו לדעת ה', יש לומר שההסכמה לא היתה רק במה שלא יתגס לישראל כהקל וחומר דדרש, מכל מקום לא היה רצונו שישברם אלא שיגנזם עד שיהיו עושים תשובה, או שיגנזם לעולם: **ראה שבחו של משה.** צריך לומר כחו של משה, ופשטות לשון המאמר יוכיח זה, וכן הגיה בעל תולדות נח, ובלשון זה תמצא במדרש תנחומא סדר זה עיין שם: **שנאמר לכל האותות וגו' ולכל היד החזקה וגו'.** אמר לו הקדוש ברוך הוא יהא שלום באותו היד, והסכימה דעתו יתברך עמו, ודריש ולכל היד החזקה כמו חזק ואמץ, והרמז דבענין הלוחות איירי, וכדאיתא בספרי לעיני כל ישראל שנשאו לבו לשבור הלוחות לעיניהם, שנאמר ואשברם לעיניכם: (ד) [ג] **הדא הוא דכתיב ועתה ה' אבינו אתה.** שזה שצוה לו עכשיו על הלוחות הוא כדי להיות לו למשה אות שנעתר לתפלתו כדמסיק, ומייתי האי קרא דמפרש ליה על בקשת משה על ישראל שהם עמו לעולם: **כשראיתם עצמכם בצרה.** כדכתיב לעיל מיניה, כי הסתרת פניך ממנו (ותמוגגינו) [ותמוגגנו] ביד עונינו: **אמר ליה הן.** בדרך וידוי שחטאנו שלא דרשנוך אלא ביום צרה: **שנאמר ביום צרתי ה' דרשתי.** מביא ראיה גם כן מפסוק ביום צרה, שמבואר יותר: **משל לבן ארכיאטוס כו'.** מלת עתה קדייק שמתחלה היו אומרים לעץ אבי אתה: **ארכיאטוס.** ובערוך הנוסחא ארכיטרוס, ופירושו בלשון יוני ראש הרופאים (מוסיף הערוך): **שפגע בסמדרקוס.** המתנות כהונה פירשו לפי הענין איש שפל, וכן הוא באמת רק שצריך לומר המלה סמארדקוס, ופירושו בלשון יוני איש מרמה המרמה אנשים, וכן קוראין בלשון זה בעל מלאכת אחיזת עינים, ואיש כזה ודאי הוא פחות ונבזה בין אנשים: **קירי.** פירוש אדון שלי, אדון תרגומו קירים: **ובעת רעתם יאמרו וגו'.** קומה והושיענו ואיה אלהיך אשר עשית לך יקומו אם יושיעוך בעת רעתך (ירמיה ב, כז - כח): **בן יכבד אב זה עשו כו' זה נבוזראדן.** והכי קאמר בן זה עשו גורם שכל בן יכבד אב, וכן כל עבדים ילמדו מנבוזראדן לשמש את רבן באימה וביראה: **ומאכיל לאביו בכל יום כו'.** כדאיתא בפרק קמא דקידושין (לא, ב) איזהו כיבוד מאכל ומשקה מלביש ומכסה, ואיזה מורא לא עומד במקומו ולא יושב במקומו, ופירש ועבד אדוניו על נבוזראדן, וזה שאמר אם אב אני איה כבודי, דייקא ואם אדונים אני איה מוראי, ונגד שתי חלוקות אלו אמר שם מגישים על מזבחי לחם מגואל, וזה הפך כבוד אב שהוא במאכל, ועל שלילת היראה מאדון שהזכיר אמר שם הכהנים בוזי שמי וגו': **בכל יום.** ברוב ימים קאמר, דאם לא כן למה הוזקק יצחק לצוות ועתה שא נא כליך וגו':

פירוש מהרז"ו

לכל האותות. ובפסוק הקודם ולא קם נביא עוד בישראל כמשה, ואחר כך כתוב ולכל היד החזקה אשר עשה משה, מלשון מאושר, כמו (תהלים א, א) אשרי האיש, וכמו שדרשו על מה שכתוב אשר שברת, ועל פי גזירה שוה, שמה שכתוב אשר עשה משה, היינו אשר שברת, וכתוב שם לעיני כל ישראל, ועיני ישראל הם השבעים זקנים שנקראו עיני העדה, ופירוש שכתוב בסוף משפטים (שמות כד, ט) ויעל משה ואהרן נדב ואביהוא ושבעים מזקני ישראל, (שם יד) ואל הזקנים אמר שבו לנו בזה עד אשר נשוב אליכם, הרי שהיו כולם בהר, וכשירד משה מן ההר פגע בזקנים ובאהרן, ועשה לעיניהם שלא כרצון כולם, אלא ביד חזקה, שפירושו על כרחם: (ד) **ועתה ה' אבינו אתה.** משמע עתה ולא מקודם: **לבן ארכיאטוס.** במוסף ערוך הביא הגירסא ארכיאנטוס, פירושו בלשון יוני ראש הרופאים: **סמידרקוס.** בלשון יוני אדם נוטה לחולי הדרוקן ונפוח בטן. בן ראש הרופאים קורא לחולה שצריך רופא אבי אתה, כך ישראל בני אל חי, קורא לעגל אבי אתה: **בן יכבד אב.** ודורש על פי מדה י"ז, שמפורש במקום אחר מי הוא הבן ומי הוא העבד:

מתנות כהונה

אחוזים בידיו. לעכבו שלא לשברם: [ד] **ועתה ה' אבינו** גרסינן: **ארביאטוס.** ראש השרים: **סאדרקוס.** לא מצאתיו ופירושו לפי הענין הוא שפל אנשים כמו סרדיוט: **קירי.** אדון: הכי גרסינן קירי מרי:

אשד הנחלים

שבחו כו' אהרן כו'. לכאורה פירושו ראה שבח כחו וגבורתו עד שנלאו כלם לעצרו, אבל פירושו כפשוטו גם כן, ראו שבחו שכל כך מצא התפעלות בנפשו, כי ירע לו מחטאת ישראל עד שנמצא בו כח כנגד כלם: **רצונו כו'.** כלומר מצד הטבע האלקי שהיו בלוחות לא היה מדרך הטבע שיוכל לשברם, וזהו כנוי רצון ה', ועם כל זה התגבר כביכול נגד הרצון: **לכל האותות כו' יד החזקה אמר הקדוש ברוך הוא.** כן צריך לומר (ידי משה). ופירושו שלכן מכנה פה יד החזקה, שנתחזק כביכול על רצון ה' לשבר הלוחות. ויען כי ראינו כי פה משבח הכתוב את משה בזה, א"כ ראינו כי לא נחשב זאת רק למעלה, וזהו יהיה שלום ביד החזקה, כלומר שאין בו שום חטא ואשמה כי אם שלום ונקי מכל: [ד] **עכשיו אני כו'.** מלת עתה קדריש, שעתה אנחנו מבינים כי רק אתה אבינו ומשגיחנו ומצילנו מכל צרה, כי מרוב השלוה ישכח כבוד ה', ובעת צרה אז יזכרו באמת את עושם, וזהו המשל **הסתכל בי כו'**, כלומר ראה שאנחנו מכירים עתה איך שרק אתה אבינו. ואחז בזה הפסוק על פסל לך לראות מזה רחמי ה', איך כי פתאום נכמרו רחמי ה' עליהם כרחם אב על הבן: **דבר אחר כו' זה עשו כו'.** כלומר הלא כולם

חידושי הרד"ל

יהא שלום באותו היד כו'. ירושלמי פרק ד דתענית, ועיין ריש פרשה כח (סימן א): [ד] **לבן ארכייאטרוס.** כן הוא הגירסא, ופירושו ראש הרופאים, וזה שאמר כשחלה הבן קראו לאביו כו' הסתכל בי כו': **סמדרקוס.** פירש מוסף ערוך (ערך סמדרקוס) בעל הדרוקן, והכוונה מכוער בפניו מחמת חולי: **לכך נאמר ועתה ה' אבינו אתה.** אפשר רצה לומר שזה שאמר בסיפיה אל תקצוף ה' עד מאד, אף על פי שתחלה עבדו עבודת כוכבים ובעת צרה באו אליך כו' הבט נא עמך כולנו ואל תקצוף גו', וכדמסיים בסוף המאמר בקרא דלמה ה' יחרה אפך בעמך, שאי אתה יכול לכפור בהם:

חידושי הרש"ש

[ג] **אמר לו הקדוש ברוך הוא יהא שלום כו' שנאמר ולכל כו'.** הוא לראיה שהסכים הקב"ה על ידו שנאמר בריש הענין:

באור מהרי"פ

ראה שבחו של משה. אולי צריך לומר הגירסא במקום שבחו של משה, כחו של משה: **שנאמר לכל האותות.** (דברים לד, י - יב) ולא קם נביא עוד בישראל כמשה אשר ידעו ה' פנים אל פנים. לכל האותות והמופתים אשר שלחו ה' לעשות בארץ מצרים לפרעה ולכל עבדיו ולכל ארצו. ולכל היד החזקה ולכל המורא הגדול אשר עשה משה לעיני כל ישראל ומדכתיב אצלו לכל האותות אשר שלחו ה'. ואצל לכל היד החזקה וגו' אשר עשה משה לא כתוב על פי ה', משמע שמעצמו עשה בלי רצון השם יתברך. אך מדחזינן שמנה הכתוב האי ולכל היד החזקה וגו' אשר עשה משה אצל השבחים היותר גדולים עד שנאמר אצלם ולא קם נביא וגו' שמע מינה שהסכים הקב"ה על ידו. ואולי אשר עשה משה דורש, כמו אשר שברת שדרשו חכמינו ז"ל (שבת פז, א) יישר כחך ששברת, וכן ולכל היד החזקה שהחזיק את ידו ואמר לו חזק ואמץ. [ד] **ארבאיטוס.** אמר הכותב, עיין ערוך ערך ארך הרביעי, ואינו מביא ארכיאטוס

מסורת המדרש

ט. אבות דרבי נתן פרק ב':

אם למקרא

לְכָל הָאֹתֹת וְהַמּוֹפְתִים אֲשֶׁר שְׁלָחוֹ ה' לַעֲשׂוֹת בְּאֶרֶץ מִצְרָיִם לְפַרְעֹה וּלְכָל עֲבָדָיו וּלְכָל אַרְצוֹ: וּלְכֹל הַיָּד הַחֲזָקָה וּלְכֹל הַמּוֹרָא הַגָּדוֹל אֲשֶׁר עָשָׂה מֹשֶׁה לְעֵינֵי כָּל יִשְׂרָאֵל: (דברים לד:יא-יב)

וְעַתָּה ה' אָבִינוּ אָתָּה אֲנַחְנוּ הַחֹמֶר וְאַתָּה יֹצְרֵנוּ וּמַעֲשֵׂה יָדְךָ כֻּלָּנוּ: (ישעיה סד:ז)

בְּיוֹם צָרָתִי אֲדֹנָי דָּרָשְׁתִּי יָדִי לַיְלָה נִגְּרָה וְלֹא תָפוּג מֵאֲנָה הִנָּחֵם נַפְשִׁי: (תהלים עז:ג)

אֹמְרִים לָעֵץ אָבִי אַתָּה וְלָאֶבֶן אַתְּ יְלִדְתָּנוּ כִּי פָנוּ אֵלַי עֹרֶף וְלֹא פָנִים וּבְעֵת רָעָתָם יֹאמְרוּ קוּמָה וְהוֹשִׁיעֵנוּ: (ירמיה ב:כז)

בֵּן יְכַבֵּד אָב וְעֶבֶד אֲדֹנָיו וְאִם אָב אָנִי אַיֵּה כְבוֹדִי וְאִם אֲדוֹנִים אָנִי אַיֵּה מוֹרָאִי אָמַר ה' צְבָאוֹת לָכֶם הַכֹּהֲנִים בּוֹזֵי שְׁמִי וַאֲמַרְתֶּם בַּמֶּה בָזִינוּ אֶת שְׁמֶךָ: (מלאכי א:ו)

ידי משה

[ג] **שנאמר לכל האותות והמופתים ולכל היד החזקה.** כן צריך לומר, ואחר כך צריך לומר **אמר הקב"ה.** ודוק:

רק ארכונטוס איה בית נדיב (איוב כא כח) תרגום אן בית ארכונא. וזה לשון רבי בנימין מוספיא שם, ארכי פירוש בלשון יוני נגידות ושררות, וארכליסטים ראש השודדים, ארכיסטרטגוס ראש ושר צבא, ארכיטיקטין ראש הבונים, והאומנים ארכונטים, וארכון שר, אבל ארכי וארכיון פירושו מקום וועד השרים והשופטים, ושם נשמרים כתבי העיר, עד כאן לשונו. וצריך עיון דבריו במלת ארכי: **סמדריקוס.** זה לשון המעריך [ערך] סמדריקס, פירוש מריק בתי כסאות, ולשון לע"ז הוא, ולפי שהוא משל לעבודת כוכבים קרא לו כן, וכמו שנאמר לא תאמר לו, ומכל זה כדי שלא להוציא דבר מגונה מפיו, החליף סדר האותיות והקדים דל"ת לרי"ש, עד כאן לשון המעריך. וזה לשון רבי בנימין מוספיא ערך סמדרקוס, פירוש אדם נוטה לחולי הדרקון ונפוח בטן. פירוש סמי בלשון רומי חצי, פירוש הדרקוס בלשון יוני בעל הדרקון, עד כאן:

אָמַר לוֹ: עַתָּה אֲנִי אָבִיךָ — [His father] said to him, "Now I am your father? אֶתְמוֹל הָיִיתָ קוֹרֵא לַסְּמַדְרְקוֹס אָבִי — Yesterday you called the trickster, 'my father,' עַכְשָׁיו שֶׁנִּכְנַסְתָּ לְצָרָה אַתָּה קוֹרְאֵנִי אָבִי — and now that you have encountered distress you call me, 'my father'?"[56] כָּךְ אָמַר הַקָּדוֹשׁ בָּרוּךְ הוּא לְיִשְׂרָאֵל — Similarly, the Holy One, blessed is He, said to Israel, עַתָּה אַתֶּם קוֹרְאִים אוֹתִי אָבִי — "Now you call me, 'my father,' אֶתְמוֹל הֱיִיתֶם עוֹבְדִים עֲבוֹדָה זָרָה וְקוֹרְאִים אוֹתָהּ אָבִי — but yesterday you worshiped idolatry and called it, 'my father,'" שֶׁנֶּאֱמַר "אֹמְרִים לָעֵץ אָבִי אַתָּה וגו׳ וּבְעֵת רָעָתָם יֹאמְרוּ וגו׳" — as [Scripture] states, *They say to the wood, "You are my father," and to the stone, "You have borne us." To Me they turned their backs and not their faces;* ***but in their time of distress they will say,*** *"Arise and save us!"* (*Jeremiah* 2:27). לְכָךְ נֶאֱמַר "וְעַתָּה ה׳ אָבִינוּ אָתָּה" — Therefore, [Scripture] states, ***So now, HASHEM, You are our Father.***[57]

The Midrash presents another exposition of the verse from *Isaiah* with a similar theme:

דָּבָר אַחֵר, "וְעַתָּה ה׳ אָבִינוּ אָתָּה וגו׳" — **Another interpretation:** ***So now, HASHEM, You are our Father.*** הֲדָא הוּא דִכְתִיב "בֵּן יְכַבֵּד אָב" — **Thus it is written,** ***A son will honor his father*** (*Malachi* 1:6) — זֶה עֵשָׂו שֶׁכִּבֵּד אָבִיו הַרְבֵּה — **this refers to Esau, who honored his father greatly,**[58] שֶׁהָיָה יוֹצֵא לַשָּׂדוֹת וְצָד צַיִד וּמֵבִיא וּמְבַשֵּׁל וּמַכְנִיס וּמַאֲכִיל לְאָבִיו — **for he would go out to the fields and catch game and bring** his catch back with him, **and** then **he would cook** it **and bring** it before his father, **and give** it **to his father to eat,** בְּכָל יוֹם — **each** and **every day.**[59]

NOTES

56. With his words of reproach the father intended to bring about his son's complete repentance and to have his son reestablish a proper filial relationship with him (*Yefeh To'ar*).

57. Indicating that, as with the doctor's son in the parable, it was only, עַתָּה, *now,* in their time of distress, that Israel acknowledged God as their father (see *Yefeh To'ar* and *Eitz Yosef;* however, see *Radal*).

58. I.e., Esau, who was otherwise wicked, serves as a paradigm illustrating the rule that a son naturally honors his father (*Yefeh To'ar;* however, see *Maharzu*).

59. See *Genesis* 25:27-28. Preparing food for one's father is considered part of כִּיבּוּד, honoring him; see *Kiddushin* 31b.

ראה שבחו של משה, [ט]אהרן ושבעים זקנים אחוזים בידיו של משה ולא יכלו לו, ולא אלו בלבד אלא אף רצונו של הקדוש ברוך הוא היה שלא ישברם, שנאמר (דברים לד, יא) "לכל האתת והמופתים וגו'", אמר לו הקדוש ברוך הוא: יהא שלום באותו היד, שנאמר (שם שם יב) "ולכל היד החזקה":

ד דבר אחר, [לד, א] "פסל לך", הדא הוא דכתיב (ישעיה סד, ז) "ועתה ה' אבינו אתה אנחנו החמר ואתה יצרנו", אמר הקדוש ברוך הוא לישראל: עכשיו אני אביכם, כשראיתם עצמכם בצרה קראתם אותי "אבינו", אמרו לו: הן, שנאמר (תהלים עז, ג) "ביום צרתי ה' דרשתי", משל לבן ארכיאטוס שפגע בסמדרקוס והתחיל לשאול בשלומו, אמר לו: קירי מרי אבי, שמע אביו וכעס עליו, אמר: לא יראה פני הואיל וקראו לסמדרקוס אבי, אחר ימים חלה הבן, אמר: בבקשה קראו לאבי שיראני, באו ואמרו לאביו, מיד נכמרו רחמיו עליו ועלה אצלו, אמר לו: עתה בבקשה ממך אבי הסתכל בי, אמר לו: עתה אני אביך, אתמול היית קורא לסמדרקוס אבי, עכשיו שנכנסת לצרה אתה קוראני אבי, כך אמר הקדוש ברוך הוא לישראל: עתה אתם קוראים אותי אבי, אתמול הייתם עובדים עבודה זרה וקוראים אותה אבי, שנאמר (ירמיה ב, כז) "אמרים לעץ אבי אתה וגו'" ובעת רעתם יאמרו וגו'", לכך נאמר (ישעיה סד, ז) "ועתה ה' אבינו אתה", דבר אחר, "ועתה ה' אבינו אתה וגו'", הדא הוא דכתיב (מלאכי א, ו) "בן יכבד אב", זה עשו שכבד אביו הרבה, שהיה יוצא לשדות וצד ציד ומביא ומבשל ומכניס ומאכיל לאביו בכל יום,

עץ יוסף

אלא אף רצונו של הקדוש ברוך הוא כו'. אף על גב דאיתא במסכת שבת דף (פ"ו) [פז, א] שהסכימה דעתו לדעת ה', יש לומר שההסכמה לא היתה רק במה שלא יתנס לישראל כהקל וחומר דדרש, מכל מקום לא היה רלונו שישברם אלא שיגנזם עד שיהיו עושים תשובה, או שיגנזם לעולם: **ראה שבחו של משה.** לריך לומר כחו של משה, ופשטות לשון המאמר יוכיח זה, וכן הגיה בעל תולדות נח, ובלשון זה תמלא במדרש תנחומא סדר זה עיין שם: **שנאמר לכל האותות וגו' ולכל היד החזקה וגו'.** אמר לו הקדוש ברוך הוא יהא שלום באותו היד, והסכימה דעתו יתברך עמו, ודריש ולכל היד החזקה כמו חזק ואמץ, והרמז דבענין הלוחות מיירי, וכדאיתא בספרי לעיני כל ישראל שנשאו לבו לשבור הלוחות לעיניהם, שנאמר ואשברם לעיניכם: (ד) [ג] **הדא הוא דכתיב ועתה ה' אבינו אתה.** שזה שלוה לו עכשיו על הלוחות הוא כדי להיות לו למשה אות שנעתר לתפלתו כדמסיק, ומייתי האי קרא דמפרש ליה על בקשת משה על ישראל שהם עמו לעולם: **כשראיתם עצמכם בצרה.** כדכתיב לעיל מיניה, כי הסתרת פניך ממנו (ותמוגגינו) [ותמוגגנו] ביד עונינו: **אמר ליה הן.** בדרך וידוי שחטאנו שלא דרשנוך אלא ביום לרה: **שנאמר ביום צרתי ה' דרשתי.** מביא ראיה גם כן מפסוק ביום לרה, שמבואר יותר: **משל לבן ארביאטוס כו'.** מלת עתה קדייק שמתחלה היו אומרים לעץ אבי אתה: **ארביאטוס.** ובערוך הנוסחא ארכיטרוס, ופירושו בלשון יוני ראש הרופאים (מוסיף הערוך): **שפגע בסמדרקוס.** המתנות כהונה פירשו לפי הענין איש שפל, וכן הוא באמת רק שלריך לומר המלה סמארדקוס, ופירושו בלשון יוני איש מרמה המרמה אנשים, וכן קוראין בלשון זה בעל מלאכת אחיזת עינים, ואיש כזה ודאי הוא פחות ונבזה בין אנשים: **קירי.** פירוש אדון שלי, אדון תרגומו קירים: **ובעת רעתם יאמרו וגו'.** קומה והושיענו ואיה אלהיך אשר עשית לך יקומו אם יושיעוך בעת רעתך (ירמיה ב, כז - כח): **בן יכבד אב זה עשו כו' זה נבוזראדן.** והכי קאמר בן זה עשו גורם שכל בן יכבד אב, וכן כל עבדים ילמדו מנבוזראדן לשמש את רבן באימה וביראה: **ומאביל לאביו בכל יום כו'.** כדאיתא בפרק קמא דקידושין (לא, ב) איזהו כיבוד מאכל ומשקה מלביש ומכסה, ואיזה מורא לא עומד במקומו ולא יושב במקומו, ופירש ועבד אדוניו על נבוזראדן, וזה שאמר אם אב אני איה כבודי, דייקא ואם אדונים אני איה מוראי, וכנגד שתי חלוקות אלו אמר שם מגישים על מזבחי לחם מגואל, וזה הפך כבוד אב שהוא במאכל, ועל שלילת היראה מאדון שהזכיר אמר שם הכהנים בוזי שמי וגו': **בבל יום.** ברוב ימים קאמר, דאם לא כן למה הוזקק ילחק לצוות ועתה שא נא כליך וגו':

פירוש מהרז"ו

לכל האותות. ובפסוק הקודם ולא קם נביא עוד בישראל כמשה, ואחר כך כתוב ולכל היד החזקה אשר עשה משה, מלשון מאושר, כמו (תהלים א, א) אשרי האיש, וכמו שדרשו על מה שכתוב אשר שברת, ועל פי גזירה שוה, שמה שכתוב אשר עשה משה, היינו אשר שברת, וכתוב שם לעיני כל ישראל, ועיני ישראל הם השבעים זקנים שנקראו עיני העדה, ופירוש שכתוב בסוף משפטים (שמות כד, ט) ויעל משה ואהרן נדב ואביהוא ושבעים מזקני ישראל, (שם יד) ואל הזקנים אמר שבו לנו בזה עד אשר נשוב אליכם, הרי שהיו כולם בהר, וכשירד משה מן ההר פגע בזקנים ובאהרן, ועשה לעיניהם שלא כרצון כולם, אלא ביד חזקה, שפירושו על כרחם: (ד) **ועתה ה' אבינו אתה.** משמע עתה ולא מקודם: **לבן ארביאטוס.** במוסף ערוך הביא הגירסא ארכיאנטוס, פירושו בלשון יוני ראש הרופאים: **סמידרקוס.** בלשון יוני אדם נוטה לחולי הדרוקן ונפוח בטן. בן ראש הרופאים קורא לחולה שלריך רופא אבי אתה, כך ישראל בני אל חי, קורא לעגל אבי אתה: **בן יכבד אב.** ודורש על פי מדה י"ז, שמפורש במקום אחר מי הוא הבן ומי הוא העבד:

מתנות כהונה

אחוזים בידיו. לעכבו שלא לשברם: [ד] **ועתה ה' אבינו** גרסינן: **ארביאטוס.** ראש השרים: **סאדרקוס.** לא מלאתיו ופירושו לפי הענין הוא שפל אנשים כמו סרדיוט: **קירי.** אדון: הכי גרסינן קירי מרי:

אשד הנחלים

שבחו כו' אהרן כו'. לכאורה פירושו ראה שבח כחו וגבורתו עד שנלאו כלם לעצרו, אבל פירושו כפשוטו גם כן, ראו שבחו שכל כך מצא התפעלות בנפשו, כי ירע לו מחטאת ישראל עד שנמצא בו כח כנגד כלם: **רצונו כו'.** כלומר מצד הטבע האלקי שהיו בלוחות לא היה מדרך הטבע שיוכל לשברם, וזהו כנוי רצון ה', ועם כל זה התגבר כביכול נגד הרצון: **לכל האותות כו' יד החזקה אמר הקדוש ברוך הוא.** כן צריך לומר (ידי משה). ופירושו שלכן מכנה פה יד החזקה, שנתחזק כביכול על רצון ה' לשבר הלוחות. ויען כי ראינו כי פה משבח הכתוב את משה בזה, א"כ ראינו כי לא נחשב זאת רק למעלה, וזהו יהיה שלום ביד החזקה, כלומר שאין בו שום חטא ואשמה כי אם שלום ונקי מכל: [ד] **עכשיו אני כו'.** מלת עתה קדריש, שעתה אנחנו מבינים כי רק אתה אבינו ומשגיחנו ומצילנו מכל צרה, כי מרוב השלוה ישכח כבוד ה', ובעת צרה אז יזכרו באמת את עושם, וזהו המשל **הסתכל בי כו'**, כלומר ראה שאנחנו מכירים עתה איך שרק אתה אבינו. ואחז בזה הפסוק על פסל לך לראות מזה רחמי ה', איך כי פתאום נכמרו רחמי ה' עליהם כרחם אב על הבן: **דבר אחר כו' זה עשו כו'.** כלומר הלא כולם

חידושי הרד"ל

יהא שלום באותו היד כו'. ירושלמי פרק ד דתענית, ועיין ריש פרשה כח (סימן א): [ד] **לבן ארבייאטרוס.** כן הוא הגירסא, ופירושו ראש הרופאים, וזה שאמר כשחלה הבן קראו לאביו כו' הסתכל בי כו': **סמדרקוס.** פירש מוסף ערוך (ערך סמדרקוס) בעל הדרוקן, והכוונה מכוער בפניו מחמת חולי: **לכך נאמר ועתה ה' אבינו אתה.** אפשר רלה לומר שזה שאמר בסיפיה אל תקצוף ה' עד מאד, אף על פי שתחלה עבדו עבודת כוכבים ובעת לרה באו אליך כו' הבט נא עמך כולנו ואל תקצוף גו', וכדמסיים בסוף המאמר בקרא דלמה ה' יחרה אפך בעמך, שאי אתה יכול לכפור בהם:

חידושי הרש"ש

[ג] **אמר לו הקדוש ברוך הוא יהא שלום כו' שנאמר ולכל כו'.** הוא לראיה שהסכים הקב"ה על ידו שנאמר בריש הענין:

באור מהרי"פ

ראה שבחו של משה. אולי לריך לומר הגירסא במקום שבחו של משה, כחו של משה: **שנאמר לכל האותות.** (דברים לד, י - יב) ולא קם נביא עוד בישראל כמשה אשר ידעו ה' פנים אל פנים. לכל האותות והמופתים אשר שלחו ה' לעשות בארץ מלרים לפרעה ולכל עבדיו ולכל ארלו. ולכל היד החזקה ולכל המורא הגדול אשר עשה משה לעיני כל ישראל ומדכתיב אלו לכל האותות אשר שלחו ה'. ואלו לכל היד החזקה וגו' אשר עשה משה לא כתוב על פי ה', משמע שמעלמו עשה בלי רלון השם יתברך. אך מדאזיקן שמנה הכתוב האי ולכל היד החזקה וגו' אשר עשה משה אלל השבחים היותר גדולים עד שנאמר אללם ולא קם נביא וגו' שמע מינה שהסכים הקב"ה על ידו. ואולי אשר עשה משה דורש, כמו אשר שברת שדרשו חכמינו ז"ל (שבת פז, א) יישר כחך ששברת, וכן ולכל היד החזקה שהחזיק את ידו ואמר לו חזק ואמץ: [ד] **ארביאטוס.** אמר הכותב, עיין ערוך ערך ארכי, ולא מביא ארכיאטוס.

מסורת המדרש

ט. אבות דרבי נתן פרק ב':

אם למקרא

לכל האתת והמופתים אשר שלחו ה' לעשות בארץ מצרים לפרעה ולכל עבדיו ולכל ארצו: ולכל היד החזקה ולכל המורא הגדול אשר עשה משה לעיני כל ישראל:
(דברים לד:יא-יב)

ועתה ה' אבינו אתה אנחנו החמר ואתה יצרנו ומעשה ידך כלנו:
(ישעיה סד:ז)

ביום צרתי אדני דרשתי ידי לילה נגרה ולא תפוג מאנה הנחם נפשי:
(תהלים עז:ג)

אמרים לעץ אבי אתה ולאבן את ילדתנו כי פנו אלי ערף ולא פנים ובעת רעתם יאמרו קומה והושיענו:
(ירמיה ב:כז)

בן יכבד אב ועבד אדניו ואם אב אני איה כבודי ואם אדונים אני איה מוראי אמר ה' צבאות לכם הכהנים בוזי שמי ואמרתם במה בזינו את שמך:
(מלאכי א:ו)

ידי משה

[ג] **שנאמר לכל האותות והמופתים ולכל היד החזקה.** כן לריך לומר, ואחר כך לריך לומר **אמר הקב"ה.** ודוק:

רק ארכונטים היא בית נדיב (איוב כא כח) תרגום אן בית ארכונא. וזה לשון רבי בנימין מוספיא שם, ארכי פירוש בלשון יוני נגידות ושררות, וארכליסטים ראש השודדים, ארכיסטרטגוס ראש ושר לבא, ארכיפיקון ראש הבונים, והאומנים ארכונטים, וארכון שר, אבל ארכי וארכיון פירושו מקום וועד השרים והשופטים, ושם נשמרים כתבי העיר, עד כאן לשונו. ולריך עיון דבריו במלת ארכי: **סמדריקוס.** זה לשון המעריך [ערך] סמדריקס, פירוש מריק בתי כסאות, ולשון לע"ז הוא, ולפי שהוא משל לעבודת כוכבים קרא לו כן, וכמו שנאמר לא תאמר לו, ומכל זה כדי שלא להוליא דבר מגונה מפיו, החליף סדר האותיות והקדים דל"ת לרי"ש, עד כאן לשון המעריך. וזה לשון רבי בנימין מוספיא ערך סמדרקוס, פירוש אדם נוטה לחולי הדרקון ונפוח בטן. פירוש סמי בלשון רומי חלי, פירוש הדרקוס בלשון יוני בעל הדרקון, עד כאן:

"וְעֶבֶד אֲדֹנָיו", זֶה נְבוּזַרְאֲדָן שֶׁנִּקְרָא עֶבֶד — The verse there continues, *and a slave his master* (ibid.) — **this refers to Nebuzaradan, who is called a slave,** שֶׁנֶּאֱמַר "בָּא נְבוּזַרְאֲדָן רַב טַבָּחִים עֶבֶד מֶלֶךְ בָּבֶל" — **as [Scripture] states,** ***Nebuzaradan, the chief executioner, servant*** (lit., *slave*) ***of the king of Babylonia, came to Jerusalem*** (*II Kings* 25:8). שֶׁבְּשָׁעָה שֶׁבָּא לִירוּשָׁלַיִם הֵבִיא עִמּוֹ אִיקוֹנִין שֶׁל נְבוּכַדְנֶצַּר — **When [Nebuzaradan] came to Jerusalem, he brought with him an image of Nebuchadnezzar,** וְהָיָה עוֹמֵד לְפָנָיו בְּאֵימָה וּבְיִרְאָה כְּעֶבֶד — **and he would stand before it like a slave, with awe and with fear.**[60] וְאַתֶּם לֹא כִּבַּדְתֶּם אוֹתִי כְּאָב וְלֹא כְּאָדוֹן יְרֵאתֶם מִפָּנַי — **And yet, you** Israel **did not honor Me** as one would **a father, nor** as one would **a master did you fear Me.**[61] הֱוֵי "וְאִם אָב אָנִי אַיֵּה כְבוֹדִי וְאִם אֲדוֹנִים אָנִי אַיֵּה מוֹרָאִי" — **It is** thus that the verse concludes, ***If I am a Father, where is My honor? And if I am a Master, where is My fear?*** (*Malachi* ibid.). אֶלָּא בְּשָׁעָה שֶׁאַתֶּם רוֹאִים עַצְמְכֶם בְּצָרָה אַתֶּם קוֹרְאִים לִי אֲבִיכֶם — **However, at the time that you find yourselves in distress,** then **you call Me your Father.** לְכָךְ נֶאֱמַר "וְעַתָּה ה' אָבִינוּ אָתָּה" — **Therefore [Scripture] states,** ***So now, HASHEM, You are our Father.***[62]

The Midrash continues with its exposition of the above verse from *Isaiah*:

מַהוּ "אֲנַחְנוּ הַחֹמֶר וְאַתָּה יֹצְרֵנוּ" — **What is** the connotation of, ***We are the clay and You are our Potter?*** אָמְרוּ יִשְׂרָאֵל: רִבּוֹן הָעוֹלָם, אַתָּה הִכְתַּבְתָּ לָנוּ — **Israel said** to God: **Master of the world! You have had written regarding us:** "הִנֵּה כַחֹמֶר בְּיַד הַיּוֹצֵר כֵּן אַתֶּם בְּיָדִי בֵּית יִשְׂרָאֵל" — ***Behold, just as clay is in the hand of the potter, so are you in My hand, O House of Israel*** (*Jeremiah* 18:6). לְכָךְ אַף עַל פִּי שֶׁאָנוּ חוֹטְאִים וּמַכְעִיסִים לְפָנֶיךָ אַל תִּסְתַּלֵּק מֵעָלֵינוּ — **Therefore,** Israel said, **even though we are sinners and anger You, do not depart from us.** לָמָּה — **Why?** שֶׁ"אֲנַחְנוּ הַחֹמֶר וְאַתָּה יֹצְרֵנוּ" — **Because,** ***We are the clay and You are our Potter.***[63] בֹּא וּרְאֵה — **Come and see,** הַיּוֹצֵר הַזֶּה אִם יַעֲשֶׂה חָבִית וְיַנִּיחַ בָּהּ צְרוֹר — **if this potter were to make an** earthen **barrel and place a pebble in** the clay of **[the barrel],** כֵּיוָן שֶׁיּוֹצֵאת מִן הַכִּבְשָׁן — **when [the barrel] emerges from** being fired in **the kiln,** אִם יִתֵּן אָדָם בָּהּ מַשְׁקֶה מְנַטֶּפֶת הִיא מִמְּקוֹם הַצְּרוֹר — **if a person were** then **to put a beverage** in the barrel, **it would drip out from the place of the pebble,**[64] וּמְאַבֶּדֶת אֶת הַמַּשְׁקֶה שֶׁבְּתוֹכָהּ — **and [the barrel] would lose the beverage that was** held **inside it.** מִי גָרַם לֶחָבִית לְנַטֵּף וּלְאַבֵּד מַה שֶּׁבְּתוֹכָהּ — **Who caused the barrel to leak, and to lose its contents?** הַיּוֹצֵר שֶׁהִנִּיחַ בּוֹ אֶת הַצְּרוֹר — It was **the potter who had placed the pebble in** the clay of **[the barrel].** כָּךְ אָמְרוּ יִשְׂרָאֵל לִפְנֵי הַקָּדוֹשׁ בָּרוּךְ הוּא: רִבּוֹן הָעוֹלָם — **So Israel said before the Holy One, blessed is He: Master of the universe!** בָּרָאתָ בָּנוּ יֵצֶר הָרָע מִנְּעוּרֵינוּ — **You** are the One Who **created an evil inclination in us from our youth,** שֶׁנֶּאֱמַר "כִּי יֵצֶר לֵב הָאָדָם רַע מִנְּעֻרָיו" — **as [Scripture] states,** ***Since the inclination of man's heart is evil from his youth*** (*Genesis* 8:21), וְהוּא גוֹרֵם לַחֲטוֹא לְפָנֶיךָ — **and it causes us to sin before You.**[65] וְאֵין אַתָּה מְסַלֵּק מִמֶּנּוּ אֶת הַחֲטִיָּיא — **And yet You do not remove the** inclination to **sin?**[66] אֶלָּא בְּבַקָּשָׁה מִמְּךָ הַעֲבִירֵהוּ מִמֶּנּוּ כְּדֵי שֶׁנְּהֵא עוֹשִׂים רְצוֹנְךָ — **Rather, we beseech You: Remove [the evil inclination] from us so that we shall** be able to **do Your Will.** אָמַר לָהֶם: כָּךְ אֲנִי עוֹשֶׂה לֶעָתִיד לָבֹא — **[God] said to them: So shall I do in the future time** yet **to come,**[67] שֶׁנֶּאֱמַר "בַּיּוֹם הַהוּא נְאֻם ה' אֹסְפָה הַצֹּלֵעָה וְהַנִּדָּחָה אֲקַבֵּצָה וַאֲשֶׁר הֲרֵעֹתִי" — **as [Scripture] states,** ***On that day — the word of HASHEM — I will cure the lame one and gather in the one driven away, and the bad that I have done*** (*Micah* 4:6).[68] מַהוּ "אֲשֶׁר הֲרֵעֹתִי" — **What** is the connotation of, ***and the bad that I have done?*** זֶה יֵצֶר הָרָע — **That refers to the evil inclination,** שֶׁנֶּאֱמַר "כִּי יֵצֶר לֵב הָאָדָם רַע מִנְּעֻרָיו" — **as [Scripture] states,** ***Since the inclination of man's heart is evil from his youth.***[69]

The Midrash now returns to the first half of the verse from *Isaiah,* presenting a third exposition:

דָּבָר אַחֵר, "וְעַתָּה ה' אָבִינוּ אָתָּה" — **Another interpretation:** ***So now, HASHEM, You are our Father.*** הֲדָא הוּא דִכְתִיב "ה' בַּצַּר פְּקָדוּךָ" — **Thus it is written,** ***HASHEM, in their trouble they turned to You*** (*Isaiah* 26:16). אֶלָּא כֵּיוָן שֶׁהֵם נִכְנָסִים לְצָרָה הֵן מְבַקְּשִׁים אוֹתְךָ — When things are going well for the Jewish people they do not turn to You as their Father; **rather,** it is only **when [the Jews] enter into a** situation of **distress that they seek You,** שֶׁנֶּאֱמַר "ה' בַּצַּר פְּקָדוּךָ" — **as [Scripture] states,** ***HASHEM, in their trouble they turned to You.***[70]

The Midrash presents a parable illustrating an alternative understanding of the verse from *Isaiah*:[71]

NOTES

60. See *Sanhedrin* 96b. I.e., just as the wicked Esau illustrates the way that a son properly honors his father, so too the wicked Nebuzaradan illustrates the way that a slave must inherently treat his master with respect and awe (*Yefeh To'ar*).

61. [That is, you did not learn from Esau and Nebuzardan how to treat Me properly.]

62. I.e., as in the previous exposition the Midrash here interprets the word עַתָּה, *now,* in the verse as alluding to the idea that it is only now, in their time of distress, that Israel acknowledges God as their Father. However, while in the exposition above the implied criticism was that when things were well the Israelites had worshiped idols instead of God, here the criticism is that they had not truly acknowledged God as their Father, treating Him with the appropriate respect and fear (*Yefeh To'ar* above, s.v. אמר ישראל להקב"ה).

63. That is, You are the One Who made us as we are with the inclination to sin. See further in the Midrash (see also *Berachos* 32a).

64. For the pebble would become separated from the clay during the baking (see *Eshed HaNechalim*), creating a hole through which the liquid could leak out.

65. [It is thus like the pebble that was in the material of the barrel, which causes the barrel to leak from the start, from the moment it is removed from the kiln. By comparing Israel to *the clay* and Himself to *the potter* in the verse from *Jeremiah,* God was acknowledging that it is He Who is responsible for the evil inclination; see *Yefeh To'ar* and *Eitz Yosef.*]

66. *Yefeh To'ar* and *Eitz Yosef* suggest that this is not meant as a request that God remove the evil inclination altogether, for Israel is aware that the evil inclination plays a positive role in the world (see below) as well as being necessary for man to have free choice. Rather, it is a request that the power of the evil inclination be moderated, so that man would not find the pull to sin overwhelming.

67. I.e., in the post-Messianic era. However, in the present-day world the evil inclination is necessary, for it provides the incentive for productive behavior, motivating man to build homes, to marry, and to procreate; see *Bereishis Rabbah* 9 §7 (*Toldos Noach,* cited by *Eitz Yosef*). However, in accordance with *Yefeh To'ar* cited in the previous note, the Midrash does not mean that the evil inclination per se will ever be abolished, but rather that the overwhelming pull of sin that man presently experiences will ultimately be tempered. Nevertheless, in his view even in the post-Messianic era man will continue to have free will and will still be capable of sin. See *Yefeh To'ar* s.v. אתה הכתבת לנו.

68. That is, *I will cure the lame one and* I will also cure *the bad that I have done.* Our translation of אֹסְפָה as "cure" follows *Rashi*'s second explanation; see *II Kings* 5:6 (*Yefeh To'ar,* cited by *Eitz Yosef*).

69. I.e., God has imbued man with a powerful evil inclination, which causes him to do bad and that bad can thus be indirectly attributed to God (*Eshed HaNechalim*). However, the verse in *Micah* is promising that God shall ultimately cure that "bad" through the removal of the evil inclination.

70. Thus, according to this exposition as well the implication of the word וְעַתָּה, *now,* in the verse from *Isaiah,* is that it is only now, in their time of trouble, that Israel turns to God, acknowledging Him as their Father (*Yefeh To'ar, Eitz Yosef*).

71. *Eitz Yosef* emends the text here, prefacing the parable with the words דָּבָר אַחֵר, *another interpretation;* see, similarly, *Yefeh To'ar.*

(שם) "וְעֶבֶד אֲדֹנָיו", זֶה נְבוּזַרְאֲדָן שֶׁנִּקְרָא עֶבֶד, שֶׁנֶּאֱמַר (מלכים-ב כה, ח) "בָּא נְבוּזַרְאֲדָן רַב טַבָּחִים עֶבֶד מֶלֶךְ בָּבֶל", שֶׁבְּשָׁעָה שֶׁבָּא לִירוּשָׁלַיִם הֵבִיא עִמּוֹ אִיקוֹנִין שֶׁל נְבוּכַדְנֶצַּר, וְהָיָה עוֹמֵד לְפָנָיו בְּאֵימָה וּבְיִרְאָה כְּעֶבֶד, וְאַתֶּם לֹא כִּבַּדְתֶּם אוֹתִי כְּאָב וְלֹא כְּאָדוֹן יְרֵאתֶם מִפָּנַי, הֱוֵי (מלאכי שם שם) "וְאִם אָב אָנִי אַיֵּה כְבוֹדִי וְאִם אֲדוֹנִים אָנִי אַיֵּה מוֹרָאִי", אֶלָּא בְּשָׁעָה שֶׁאַתֶּם רוֹאִים עַצְמְכֶם בְּצָרָה אַתֶּם קוֹרְאִים לִי אֲבִיכֶם, לְכָךְ נֶאֱמַר (ישעיה סד, ז) "וְעַתָּה ה' אָבִינוּ אָתָּה", מַהוּ (שם) "אֲנַחְנוּ הַחֹמֶר וְאַתָּה יֹצְרֵנוּ", אָמְרוּ יִשְׂרָאֵל: רִבּוֹן הָעוֹלָם, אַתָּה הִכְתַּבְתָּ לָנוּ (ירמיה יח, ו) "הִנֵּה כַחֹמֶר בְּיַד הַיּוֹצֵר כֵּן אַתֶּם בְּיָדִי בֵּית יִשְׂרָאֵל", לְכָךְ אַף עַל פִּי שֶׁאָנוּ חוֹטְאִים וּמַכְעִיסִים לְפָנֶיךָ אַל תִּסְתַּלֵּק מֵעָלֵינוּ, לָמָּה, שֶׁ"אֲנַחְנוּ הַחֹמֶר וְאַתָּה יֹצְרֵנוּ", בֹּא וּרְאֵה, הַיּוֹצֵר הַזֶּה אִם יַעֲשֶׂה חָבִית וְיַנִּיחַ בָּהּ צְרוֹר, כֵּיוָן שֶׁיּוֹצֵאת מִן הַכִּבְשָׁן אִם יִתֵּן אָדָם בָּהּ מַשְׁקֶה מְנַטֶּפֶת הִיא מִמְּקוֹם הַצְּרוֹר וּמְאַבֶּדֶת אֶת הַמַּשְׁקֶה שֶׁבְּתוֹכָהּ, מִי גָּרַם לֶחָבִית לְנַטֵּף וּלְאַבֵּד מַה שֶּׁבְּתוֹכָהּ, הַיּוֹצֵר שֶׁהִנִּיחַ בּוֹ אֶת הַצְּרוֹר, כָּךְ אָמְרוּ יִשְׂרָאֵל לִפְנֵי הַקָּדוֹשׁ בָּרוּךְ הוּא: רִבּוֹן הָעוֹלָם, בָּרָאתָ בָּנוּ יֵצֶר הָרָע מִנְּעוּרֵינוּ, שֶׁנֶּאֱמַר (בראשית ח, כא) "כִּי יֵצֶר לֵב הָאָדָם רַע מִנְּעֻרָיו", וְהוּא גּוֹרֵם לַחֲטוֹא לְפָנֶיךָ, וְאֵין אַתָּה מְסַלֵּק מִמֶּנּוּ אֶת הַחֲטָיָיא, אֶלָּא בְּבַקָּשָׁה מִמְּךָ הַעֲבִירֵהוּ מִמֶּנּוּ כְּדֵי שֶׁנְּהֵא עוֹשִׂים רְצוֹנֶךָ, אָמַר לָהֶם: כָּךְ אֲנִי עוֹשֶׂה לֶעָתִיד לָבֹא, שֶׁנֶּאֱמַר (מיכה ד, ו) "בַּיּוֹם הַהוּא נְאֻם ה' אֹסְפָה הַצֹּלֵעָה וְהַנִּדָּחָה אֲקַבֵּצָה וַאֲשֶׁר הֲרֵעֹתִי", מַהוּ "אֲשֶׁר הֲרֵעֹתִי", זֶה יֵצֶר הָרָע, שֶׁנֶּאֱמַר "כִּי יֵצֶר לֵב הָאָדָם רַע מִנְּעֻרָיו", דָּבָר אַחֵר, (ישעיה סד, ז) "וְעַתָּה ה' אָבִינוּ אָתָּה", הָדָא הוּא דִכְתִיב (שם כו, טז) "ה' בַּצַּר פְּקָדוּךָ", אֶלָּא כֵּיוָן שֶׁהֵם נִכְנָסִים לְצָרָה הֵן מְבַקְּשִׁים אוֹתְךָ, שֶׁנֶּאֱמַר "ה' בַּצַּר פְּקָדוּךָ", מָשָׁל לְסַנְקְלִיטוֹס שֶׁהָיוּ לוֹ בָּנִים, נִדְבְּקוּ לִבְנֵי אָדָם רָעִים וְיָצְאוּ לְתַרְבּוּת רָעָה, הִפְשִׁיטָן וְהִשְׁלִיכָן, כֵּיוָן שֶׁרָאוּ עַצְמָם בְּצָרָה בִּקְשׁוּ מִבְּנֵי אָדָם גְּדוֹלִים שֶׁיְּבַקְשׁוּ עֲלֵיהֶם רַחֲמִים, אָמַר לָהֶם אֲבִיהֶם: עַל מָה אַתֶּם מְבַקְּשִׁים, אָמְרוּ לוֹ: עַל בָּנֶיךָ שֶׁתִּתְרַצֶּה לָהֶם,

נבוזראדן כו' איקונין של נבוכדנצר. בסנהדרין דף נ"ו עיין שם: לבך נאמר ועתה ה' אבינו אתה. כלומר שישראל אומרים אמת שעתה בעת הצרה לבד הוא שקראנוך אבינו, אך עם כל זה תקבלנו על ידי הטענה שאנחנו החומר ואתה יוצרנו, דהיינו שיצר הרע גרם לנו לחטוא, ואתה ה' היית הסבה לנו, כדדריש בסמוך: אתה הכתבת לנו כהנה כחומר ביד היוצר. רוצה לומר אלמלא שאתה בעצמך כתבת שאתה הוא הגורם לחטוא, לא היה לנו רשות לאמר שהיצר הרע גורס לנו לחטוא לכך העבירהו ממנו, כי הבחירה הוא ביד האדם להרע ולהטיב, אבל אחר שהעדותה שיש בידך לתקן אותו ואותנו כחומר ביד היוצר, בבקשה ממך העבירהו ממנו כו', וכן אמרו ז"ל (ברכות לב, א) אלמלא שלש מקראות הללו נתמוטטו רגלי ישראל, ואחד מהם הנה כחומר ביד היוצר ועיין שם בפירוש רש"י: את החטייא. לא קאמר את יצר הרע, כי סלוקו לגמרי לא יאות, דאם כן תבטל הבחירה, אלא בקשתם הסרת הנטיה הגדולה שמביאה האדם אל החטא: העבירהו ממנו כו'. רומז לקרא דוהסירותי את לב האבן וגו' (יחזקאל ל"ו), דהוא מקרא שלישי משלש מקראות דאמרינן שאלמלא הן נתמוטטו רגליהן של ישראל: כך אני עושה לעתיד לבוא. אבל עכשיו הנה טוב מאד זה יצר הרע, דאלמלא יצר הרער לא בנה אדם בית כו': אוספה הצולעה. מפרש אוספה לשון מרפא כמו ואספתו מצרעתו, ואשר הרעותי דבק עם אוספה כלומר שארפא ענין יצר הרע (יפה תואר): [ד] הדא הוא דכתיב ה' בצר פקדוך כשישראל אינן בצרה אינן אומרים אבינו אתה כיון שהן נכנסין לצרה הם מבקשים אותך. כן צריך לומר (יפה תואר). שעל זה הדרך נפרש ועתה ה' אבינו אתה, שפירושו שישראל קורין לו אבינו עכשיו בעת צרתם, ולא בתחלה: דבר אחר משל לסנקליטוס. כן צריך לומר. והשתא מפרש ועתה ה' אבינו אתה, שכלפי מה שהקדוש ברוך הוא אומר שאינם בניו, אומר הנביא אפילו עכשיו אבינו אתה, כי כל רואיהם יכירום שהם בניך וצריך שתרחם עליהו וכדמסיים: לסנקליטוס. פירוש יועץ מבית דין (מוסף הערוך): על מה אתם מבקשים. עשה עצמו כאילו אינו מבין שעל בניו הם מדברים כאילו אינם ניכרים לפניו שהם בניו, וכן מה שאמר בנמשל אמר הקדוש ברוך הוא על מי אתם מבקשים:

הביא עמו איקונין. כמו שאמרו (סנהדרין נ"ו,) בביאור וע"ש כתוב אחד (דברי הימים ב לו, ו) אומר, עלה נבוכדנצר, וכתוב אחד אומר עלה נבוזראדן, שני כתובים מכחישים מדה ט"ו, והכריע, דמות דיוקנו היתה חקוקה במרכבתו, וכן בירמיה נ"ב פסוק י"ב, ובפסוק כ"ו ההכרעה כנ"ל: אל תסתלק מעלינו. כמו שכתוב שם בישעיה בפסוק הקודם, כי הסתרת פניך ממנו. ואגב שדורש רישא דקרא ועתה ה', דורש גם סיפא דקרא:

מתנות כהונה

איקונין. צורת דמותו: ואין אתה. מסלק ממנו החטייה. החטא כלומר יצר הרע המחטיא את הבריות: ואשר הרעותי. עיין עוד מזה במסכת סוכה בפרק החליל (נב, ב): העבירהו. יצר הרע: סנקליטוס. חכמים היושבים על הדין:

אשד הנחלים

מכירים כבוד אביהם ואדוניהם, כי רק טבע האנושית מכריח לזה ההכרה, ולזה הוכיח הנביא אותם אם אב אני גו', וכלומר שאין להם אהבה כאב לבן, ולא יראה כעבד מהאדון, אך כשהם בצרה הם באים לידי מעלה גדולה לקרותו אביו, לעבוד אותו מאהבה ולהרגיש טובו וחסדו כהרגשת הבן על האב, וזהו ועתה ה' אבינו אתה, עתה אנחנו מבינים כי אתה אבינו: אתה הכתבת כו'. כי לכאורה הלא הקדוש ברוך הוא עושה גם החומר והצורה, והכל מאתו יתברך ומהו אנחנו החומר, ולכן מפרש שזה כמליצת הכתוב הנה כחומר ביד היוצר כו', ופירושו כמו שמפרש להלן: היוצר הזה כו' הצרור כו'. וכלומר שלענין הבחירה שניתנה ביד האדם לעשות כפי חפצו, וא"כ הוא בענין הזה לפי הראות האדם בעצמו החומר והיוצר, כי הוא צר בנפשו הרעיונות כפי חפצו ורצונו, לזה אנחנו מצטדקים שלא כן, כי אם אנחנו החומר לבד ורק אתה יוצרנו בזה, כי היצר שנברא בנו [מצד החומר ויצוריו] שאין אנחנו סיבתו, כי אם הוא הסיבה להחטיאנו ולעורר אותנו, כאילו אנחנו החומר לקבל כל צורה מפתוי היצר העולה בלבנו ומהרגילנו מנעורינו, בעוד שאין השכל חזק להשביחו. ואחזו במשל החומר ביד היוצר ובצרור, כאילו בא לומר שהחומר מצד עצמו הוא מדובק יחד בלי פירוד, ואין דבר אחר נכנס בתוכו, רק אם יכנס בו צרור המפריד החומר אז יתכן להכנס בו משקה לח, כן אלולי היצר היו הרעיונות הטובות נקשרות יחד, בלי יכנס בו שום רעיון חטא ועון. וזהו פירושו, כי עתה אנחנו מכירים באמת כי אתה אבינו וראוי לעבדך באהבה, רק מה נעשה כי אנחנו החומר ואתה יוצר בנו הרע, על כן אנחנו חוטאים לפניך, ולכן הסר ממנו זאת ואז נכירך באמת: מהו אשר הרעותי. כי ה' פעל הטוב באין רע יוצא ממנו, ורק מרמז על היצר הרע, כי ה' ברוך הוא סיבב לאדם שיהיה בו דבר המריע ומחטיאו מנעוריו, ולכן קשה לפרוש ממנו:

חידושי הרד"ל

זה נבוזראדן כו' איקונין של נבוכדנצר כו'. סנהדרין (נו, ב): ואין אתה מסלק ממנו כו' העבירוהו ממנו כו'. רומז בלשונו לקרא דוהסירותי את לב האבן וגו' (יחזקאל לו, כו), דהוא מקרא שלישי משלשה מקראות דאמרינן בברכות (לג, א) שאלמלא הן נתמוטטו רגליהן של ישראל, ומייתי ליה לפרושי קרא דאשר הרעותי שהוא מקרא קצר, והכוונה אשר הרעותי אסלק. (ואפשר מלת אוספה שבראש המקרא נמשך גם כן על אשר הרעותי, שאאסוף אותו גם כן מלהרע עוד לעולם):

חידושי הרש"ש

[ד] בבקשה ממך העבירהו ממנו כו'. כן צריך לומר, בלשון יחיד:

מסורת המדרש

י. סנהדרין נ"ו. ילקוט מלכים רמז רנ"א. ועיין ילקוט מלאכי רמז תקפ"ז:

אם למקרא

וּבַחֹדֶשׁ הַחֲמִישִׁי בְּשִׁבְעָה לַחֹדֶשׁ הִיא שְׁנַת תְּשַׁע עֶשְׂרֵה שָׁנָה לַמֶּלֶךְ נְבֻכַדְנֶאצַּר מֶלֶךְ בָּבֶל בָּא נְבוּזַרְאֲדָן רַב טַבָּחִים עֶבֶד מֶלֶךְ בָּבֶל יְרוּשָׁלָם: (מלכים ב כה:ח)

הֲכַיּוֹצֵר הַזֶּה לֹא אוּכַל לַעֲשׂוֹת לָכֶם בֵּית יִשְׂרָאֵל נְאֻם ה' הִנֵּה כַחֹמֶר בְּיַד הַיּוֹצֵר כֵּן אַתֶּם בְּיָדִי בֵּית יִשְׂרָאֵל: (ירמיה יח:ו)

וַיָּרַח ה' אֶת רֵיחַ הַנִּיחֹחַ וַיֹּאמֶר ה' אֶל לִבּוֹ לֹא אֹסִף לְקַלֵּל עוֹד אֶת הָאֲדָמָה בַּעֲבוּר הָאָדָם כִּי יֵצֶר לֵב הָאָדָם רַע מִנְּעֻרָיו וְלֹא אֹסִף עוֹד לְהַכּוֹת אֶת כָּל חַי כַּאֲשֶׁר עָשִׂיתִי: (בראשית ח:כא)

בַּיּוֹם הַהוּא נְאֻם ה' אֹסְפָה הַצֹּלֵעָה וְהַנִּדָּחָה אֲקַבֵּצָה וַאֲשֶׁר הֲרֵעֹתִי: (מיכה ד:ו)

ה' בַּצַּר פְּקָדוּךָ צָקוּן לַחַשׁ מוּסָרְךָ לָמוֹ: (ישעיה כו:טז)

ידי משה

[ד] כי יצר לב האדם רע מנעוריו. אין זה ראייה שהקב"ה ברא את יצר הרע, רק שהוא טענה הואיל והורגלו ביצר הרע מנעוריו קשה לפרוש ממנו: את החטייא. ולא אמר את יצר הרע, על דרך שאמרו חכמינו ז"ל ביומא (סט, ב) שכשנמסר יצרא דעבירה בידם היה העולם חרב, ואלמלא יצר הרע לא היה אדם בונה בית, ולא היה נושא אשה, אם כן הוא לתקונו של עולם קצת, לכך אמר לשון חטייא. וקל להבין:

מָשָׁל לְסַנְקְלִיטוֹס שֶׁהָיוּ לוֹ בָּנִים – It is **comparable to a** royal **minister who had sons,** **נִדְבְּקוּ לִבְנֵי אָדָם רָעִים וְיָצְאוּ לְתַרְבּוּת רָעָה** – [the **sons] attached themselves to** certain **bad individuals, and** as a result **they strayed into bad conduct.** **הִפְשִׁיטָן וְהִשְׁלִיכָן** – [**The minister]** then **stripped them** of their clothes[72] **and threw them out** of his house. **כֵּיוָן שֶׁרָאוּ עַצְמָם בְּצָרָה בִּקְשׁוּ מִבְּנֵי אָדָם גְּדוֹלִים שֶׁיְּבַקְּשׁוּ עֲלֵיהֶם רַחֲמִים** – **When [the sons] saw themselves in distress, they asked** some **prominent people to entreat** their father **to have mercy on them.** **אָמַר לָהֶם אֲבִיהֶם: עַל מָה אַתֶּם מְבַקְּשִׁים** – When the prominent people approached the minister **he said to them, "What** is it that **you are asking for?"**[73] **אָמְרוּ לוֹ: עַל בָּנֶיךָ שֶׁתִּתְרַצֶּה לָהֶם** – **They said to [the minister],** "We are asking for mercy **for your sons, that you should be reconciled with them."**

NOTES

72. Removing the elegant garments that testified to their rank as the children of a government minister (*Yefeh To'ar*).

73. I.e., when the prominent people first began to speak to the ministers about his sons, the minister pretended that he did not know to whom they were referring (*Eitz Yosef;* however, see *Yefeh To'ar*).

(שם) "וְעֶבֶד אֲדֹנָיו", זֶה נְבוּזַרְאֲדָן שֶׁנִּקְרָא עֶבֶד, שֶׁנֶּאֱמַר (מלכים־ב כה, ח) "בָּא נְבוּזַרְאֲדָן רַב טַבָּחִים עֶבֶד מֶלֶךְ בָּבֶל", שֶׁבְּשָׁעָה שֶׁבָּא לִירוּשָׁלַיִם הֵבִיא עִמּוֹ אִיקוֹנִין שֶׁל נְבוּכַדְנֶצַּר, וְהָיָה עוֹמֵד לְפָנָיו בְּאֵימָה וּבְיִרְאָה כְּעֶבֶד, וְאַתֶּם לֹא כִבַּדְתֶּם אוֹתִי כְּאָב וְלֹא כְאָדוֹן יְרֵאתֶם מִפָּנַי, הֱוֵי (מלאכי שם שם) "וְאִם אָב אָנִי אַיֵּה כְבוֹדִי וְאִם אֲדוֹנִים אָנִי אַיֵּה מוֹרָאִי", אֶלָּא בְּשָׁעָה שֶׁאַתֶּם רוֹאִים עַצְמְכֶם בְּצָרָה אַתֶּם קוֹרְאִים לִי אֲבִיכֶם, לְכָךְ נֶאֱמַר (ישעיה סד, ז) "וְעַתָּה ה' אָבִינוּ אָתָּה", מַהוּ (שם) "אֲנַחְנוּ הַחֹמֶר וְאַתָּה יֹצְרֵנוּ", אָמְרוּ יִשְׂרָאֵל: רִבּוֹן הָעוֹלָם, אַתָּה הִכְתַּבְתָּ לָנוּ (ירמיה יח, ו) "הִנֵּה כַחֹמֶר בְּיַד הַיּוֹצֵר כֵּן אַתֶּם בְּיָדִי בֵּית יִשְׂרָאֵל", לְכָךְ אַף עַל פִּי שֶׁאָנוּ חוֹטְאִים וּמַכְעִיסִים לְפָנֶיךָ אַל תִּסְתַּלֵּק מֵעָלֵינוּ, לָמָּה, שֶׁ"אֲנַחְנוּ הַחֹמֶר וְאַתָּה יֹצְרֵנוּ", בֹּא וּרְאֵה, הַיּוֹצֵר הַזֶּה אִם יַעֲשֶׂה חָבִית וְיַנִּיחַ בָּהּ צְרוֹר, כֵּיוָן שֶׁיּוֹצֵאת מִן הַכִּבְשָׁן אִם יִתֵּן אָדָם בָּהּ מַשְׁקֶה מְנַטֶּפֶת הִיא מִמְּקוֹם הַצְּרוֹר וּמְאַבֶּדֶת אֶת הַמַּשְׁקֶה שֶׁבְּתוֹכָהּ, מִי גָּרַם לֶחָבִית לְנַטֵּף וּלְאַבֵּד מַה שֶּׁבְּתוֹכָהּ, הַיּוֹצֵר שֶׁהִנִּיחַ בּוֹ אֶת הַצְּרוֹר, כָּךְ אָמְרוּ יִשְׂרָאֵל לִפְנֵי הַקָּדוֹשׁ בָּרוּךְ הוּא: רִבּוֹן הָעוֹלָם, בָּרָאתָ בָּנוּ יֵצֶר הָרָע מִנְּעוּרֵינוּ, שֶׁנֶּאֱמַר (בראשית ח, כא) "כִּי יֵצֶר לֵב הָאָדָם רַע מִנְּעֻרָיו", וְהוּא גּוֹרֵם לַחֲטוֹא לְפָנֶיךָ, וְאֵין אַתָּה מְסַלֵּק מִמֶּנּוּ אֶת הַחֲטָיָיא, אֶלָּא בְּבַקָּשָׁה מִמְּךָ הַעֲבִירֵהוּ מִמֶּנּוּ כְּדֵי שֶׁנְּהֵא עוֹשִׂים רְצוֹנֶךָ, אָמַר לָהֶם: כָּךְ אֲנִי עוֹשֶׂה לֶעָתִיד לָבֹא, שֶׁנֶּאֱמַר (מיכה ד, ו) "בַּיּוֹם הַהוּא נְאֻם ה' אֹסְפָה הַצֹּלֵעָה וְהַנִּדָּחָה אֲקַבֵּצָה וַאֲשֶׁר הֲרֵעֹתִי", מַהוּ "אֲשֶׁר הֲרֵעֹתִי", זֶה יֵצֶר הָרָע, שֶׁנֶּאֱמַר "כִּי יֵצֶר לֵב הָאָדָם רַע מִנְּעֻרָיו", דָּבָר אַחֵר, (ישעיה סד, ז) "וְעַתָּה ה' אָבִינוּ אָתָּה", הֲדָא הוּא דִכְתִיב (שם כו, טז) "ה' בַּצַּר פְּקָדוּךָ", אֶלָּא כֵּיוָן שֶׁהֵם נִכְנָסִים לְצָרָה הֵן מְבַקְשִׁים אוֹתְךָ, שֶׁנֶּאֱמַר "ה' בַּצַּר פְּקָדוּךָ", מָשָׁל לְסַנְקְלִיטוֹס שֶׁהָיוּ לוֹ בָּנִים, נִדְבְּקוּ לִבְנֵי אָדָם רָעִים וְיָצְאוּ לְתַרְבּוּת רָעָה, הִפְשִׁיטָן וְהִשְׁלִיכָן, כֵּיוָן שֶׁרָאוּ עַצְמָם בְּצָרָה בִּקְשׁוּ מִבְּנֵי אָדָם גְּדוֹלִים שֶׁיְּבַקְשׁוּ עֲלֵיהֶם רַחֲמִים, אָמַר לָהֶם אֲבִיהֶם: עַל מָה אַתֶּם מְבַקְשִׁים, אָמְרוּ לוֹ: עַל בָּנֶיךָ שֶׁתִּתְרַצֶּה לָהֶם,

עץ יוסף

נבוזראדן כו' איקונין של נבוכדנצר. בסנהדרין דף צ"ו עיין שם: **לכך נאמר ועתה ה' אבינו אתה.** כלומר שישראל אומרים אמת שעתה בעת הצרה לבד הוא שקראנוך אבינו, אך עם כל זה תקבלנו על ידי הטענה שאנחנו החומר ואתה יוצרנו, דהיינו שיצר הרע גרם לנו לחטוא, ואתה ה' היית הסבה לנו, כדדריש בסמוך: **אתה הכתבת לנו כהנה כחומר ביד היוצר.** רוצה לומר אלמלא שאתה בעצמך כתבת שאתה הוא הגורם לחטוא, לא היה לנו רשות לאמר שהיצר הרע גורם לנו לחטוא לכך העבירהו ממנו, כי הבחירה הוא ביד האדם להרע ולהטיב, אבל אחר שהעדותה שיש בידך לתקן אותו ואותנו כחומר ביד היוצר, בבקשה ממך העבירהו ממנו כו', וכן אמרו ז"ל (ברכות לב, א) אלמלא שלש מקראות הללו נתמוטטו רגלי ישראל, ואחד מהם הנה כחומר ביד היוצר ועיין שם בפירוש רש"י: **את החטייא.** לא קאמר את יצר הרע, כי סלוקו לגמרי לא יתות, דאם כן תבטל הבחירה, אלא בקשתם הסרת הנטיה הגדולה שמביאה האדם אל החטא: **העבירהו ממנו כו'.** רומז לקרא דוהסירותי את לב האבן וגו' (יחזקאל ל"ו), דהוא מקרא שלישי משלש מקראות דאמרינן שאלמלא הן נתמוטטו רגליהן של ישראל: **כך אני עושה לעתיד לבוא.** אבל עכשיו הנה טוב מאד זה יצר הרע, דאלמלא יצר הרער לא בנה אדם בית כו': **אוספה הצולעה.** מפרש אוספה לשון מרפא כמו ואספתו מצרעתו, ואשר הרעותי דבק עם אוספה כלומר שארפא ענין יצר הרע (יפה תואר): **[ד] הדא הוא דכתיב ה' בצר פקדוך כשישראל אינן בצרה אינן אומרים אבינו אתה כיון שהן נכנסין לצרה הם מבקשים אותך.** כן צריך לומר (יפה תואר). שעל זה הדרך נפרש ועתה ה' אבינו אתה, שפירושו שישראל קורין לו אבינו עכשיו בעת צרתם, ולא בתחלה: **דבר אחר משל לסנקליטוס.** כן צריך לומר. והשתא מפרש ועתה ה' אבינו אתה, שכלפי מה שהקדוש ברוך הוא אומר שאינם בניו, אומר הנביא אפילו עכשיו אבינו אתה, כי כל רואיהם יכירום שהם בניך וצריך שתרחם עליהו וכדמסיים: **לסנקליטוס.** פירוש יועץ מבית דין (מוסף הערוך): **על מה אתם מבקשים.** עשה עצמו כאילו אינו מבין שעל בניו הם מדברים כאילו אינם ניכרים לפניו שהם בניו, וכן מה שאמר בנמשל אמר הקדוש ברוך הוא על מי אתם מבקשים:

פירוש מהרז"ו

הביא עמו איקונין. כמו שאמרו (סנהדרין צ"ו,) בביאור וע"ש כתוב אחד (דברי הימים ב לו, ו) אומר, עלה נבוכדנצר, וכתוב אחד אומר עלה נבוזראדן, שני כתובים מכחישים מדה ט"ו, והכריע, דמות דיוקנו היתה חקוקה במרכבתו, וכן בירמיה נ"ב פסוק י"ב, ובפסוק כ"ו ההכרעה כנ"ל: **אל תסתלק מעלינו.** כמו שכתוב שם בישעיה בפסוק הקודם, כי הסתרת פניך ממנו. ואגב שדורש רישא דקרא ועתה ה', דורש גם סיפא דקרא:

חידושי הרד"ל

זה נבוזראדן כו' איקונין של נבוכדנצר כו'. סנהדרין (צו, ב): **ואין אתה מסלק ממנו כו' העבירהו ממנו כו'.** רומז בלשונו לקרא דוהסירותי את לב האבן וגו' (יחזקאל לו, כו), דהוא מקרא שלישי משלשה מקראות דאמרינן בברכות (לב, א) שאלמלא הן נתמוטטו רגליהן של ישראל, ומייתי ליה לפרושי קרא דאשר הרעותי שהוא מקרא קצר, והכוונה אשר הרעותי אסלק. (ואפשר מלת אוספה שברא המקרא נמשך גם כן על אשר הרעותי, שאאסוף אותו גם כן מלהרע עוד לעולם):

חידושי הרש"ש

[ד] בבקשה ממך העבירהו ממנו כו'. כן צריך לומר, בלשון יחיד:

מסורת המדרש

י. סנהדרין צ"ו. ילקוט מלכים רמז רכ"א. ועיין ילקוט מלאכי רמז תקפ"ז:

אם למקרא

וּבַחֹדֶשׁ הַחֲמִישִׁי בְּשִׁבְעָה לַחֹדֶשׁ הִיא שְׁנַת תְּשַׁע עֶשְׂרֵה שָׁנָה לַמֶּלֶךְ נְבֻכַדְנֶאצַּר מֶלֶךְ בָּבֶל בָּא נְבוּזַרְאֲדָן רַב טַבָּחִים עֶבֶד מֶלֶךְ בָּבֶל יְרוּשָׁלָם: (מלכים ב כה:ח)

הֲכַיּוֹצֵר הַזֶּה לֹא אוּכַל לַעֲשׂוֹת לָכֶם בֵּית יִשְׂרָאֵל נְאֻם ה' הִנֵּה כַחֹמֶר בְּיַד הַיּוֹצֵר כֵּן אַתֶּם בְּיָדִי בֵּית יִשְׂרָאֵל: (ירמיה יח:ו)

וַיָּרַח ה' אֶת רֵיחַ הַנִּיחֹחַ וַיֹּאמֶר ה' אֶל לִבּוֹ לֹא אֹסִף לְקַלֵּל עוֹד אֶת הָאֲדָמָה בַּעֲבוּר הָאָדָם כִּי יֵצֶר לֵב הָאָדָם רַע מִנְּעֻרָיו וְלֹא אֹסִף עוֹד לְהַכּוֹת אֶת כָּל חַי כַּאֲשֶׁר עָשִׂיתִי: (בראשית ח:כא)

בַּיּוֹם הַהוּא נְאֻם ה' אֹסְפָה הַצֹּלֵעָה וְהַנִּדָּחָה אֲקַבֵּצָה וַאֲשֶׁר הֲרֵעֹתִי: (מיכה ד:ו)

ה' בַּצַּר פְּקָדוּךָ צָקוּן לַחַשׁ מוּסָרְךָ לָמוֹ: (ישעיה כו:טז)

ידי משה

[ד] כי יצר לב האדם רע מנעוריו. אין זה ראייה שהקב"ה ברא את יצר הרע, רק שהוא טענה הואיל והורגלו ביצר הרע מנעוריו קשה לפרוש ממנו: **את החטייא.** ולא אמר את יצר הרע, על דרך שאמרו חכמינו ז"ל ביומא (סט, ב) שכשנמסר יצרא דעבירה בידם היה העולם חרב, ואלמלא יצר הרע לא היה אדם בונה בית, ולא היה נושא אשה, אם כן הוא לתקונו של עולם קצת, לכך אמר לשון חטייא. וקל להבין:

מתנות כהונה

איקונין. צורת דמותו: **ואין אתה.** מסלק ממנו החטייה. החטא כלומר יצר הרע המחטיא את הבריות: **ואשר הרעותי.** עיין עוד מזה במסכת סוכה בפרק החליל (נב, ב): **העבירהו.** יצר הרע: **סנקליטוס.** חכמים היושבים על הדין:

אשד הנחלים

מכירים כבוד אביהם ואדוניהם, כי רק טבע האנושית מכריח לזה ההכרה, ולזה הוכיח הנביא אותם אם אב אני גו', וכלומר שאין להם אהבה כאב לבן, ולא יראה כעבד מהאדון, אך כשהם בצרה הם באים לידי מעלה גדולה לקרותו אביו, לעבוד אותו מאהבה ולהרגיש טובו וחסדו כהרגשת הבן על האב, וזהו ועתה ה' אבינו אתה, עתה אנחנו מבינים כי אתה אבינו: **אתה הכתבת כו'.** כי לכאורה הלא הקדוש ברוך הוא עושה גם החומר והצורה, והכל מאתו יתברך ומהו אנחנו החומר, ולכן מפרש שזה כמליצת הכתוב הנה כחומר ביד היוצר כו', ופירושו כמו שמפרש להלן: **היוצר הזה כו' הצרור כו'.** וכלומר שלענין הבחירה שניתנה ביד האדם לעשות כפי חפצו, וא"כ הוא בענין הזה לפי הראות האדם בעצמו החומר והיוצר, כי הוא צר בנפשו הרעיונות כפי חפצו ורצונו, לזה אנחנו מצטדקים שלא כן, כי אם אנחנו החומר לבד ורק אתה יוצרנו בזה, כי היצר שנברא בנו [מצד החומר ויצוריו] שאין אנחנו סיבתו, כי אם הוא הסיבה להחטיאנו ולעורר אותנו, כאילו אנחנו החומר לקבל כל צורה מפתוי היצר העולה בלבנו ומהרגילנו מנעורינו, בעוד שאין השכל חזק להשביחו. ואחזו במשל החומר ביד היוצר ובצרור, כאילו בא לומר שהחומר מצד עצמו הוא מדובק יחד בלי פירוד, ואין דבר אחר נכנס בתוכו, רק אם יכנס בו צרור המפריד החומר אז יתכן להכנס בו משקה לח, כן אלולי היצר היו הרעיונות הטובות נקשרות יחד, בלי יכנס בו שום רעיון חטא ועון. וזהו פירושו, כי עתה אנחנו מכירים באמת כי אתה אבינו וראוי לעבדך באהבה, רק מה נעשה כי אנחנו החומר ואתה יוצר בנו הרע, על כן אנחנו חוטאים לפניך, ולכן הסר ממנו זאת ואז נכירך באמת: **מהו אשר הרעותי.** כי ה' פעל הטוב באין רע יוצא ממנו, ורק מרמז על היצר הרע, כי ה' ברוך הוא סיבב לאדם שיהיה בו דבר המריע ומחטיאו מנעוריו, ולכן קשה לפרוש ממנו:

אָמַר: אֵינָם בָּנַי וְאֵינִי מַכִּירָם – [The minister] said to [the people] interceding on behalf of the sons, **"They are not my sons, and I do not recognize them** as such, זָנְתָה אִמָּם וְיָלְדָה אוֹתָם – **their mother committed harlotry and** then **bore them."** אָמְרוּ לוֹ: אֵין אַתָּה יָכוֹל לְכַחֵשׁ אוֹתָם – **[The prominent people]** then **said to [the minister], "You cannot deny** your relationship with **them.** לָמָּה – **Why?** שֶׁהַכֹּל יוֹדְעִים שֶׁהֵם בָּנֶיךָ שֶׁהֵם דּוֹמִים לְךָ – **Because everyone knows,** i.e., it is obvious to all, **they are** truly **your sons, for they resemble you."**

The Midrash explains the parable:

כָּךְ – **Such** was what occurred between God and Israel: סַנְקְלִיטוֹס זֶה הַקָּדוֹשׁ בָּרוּךְ הוּא – **The minister is** analogous to **the Holy One, blessed is He,** בָּנָיו אֵלּוּ יִשְׂרָאֵל, שֶׁנֶּאֱמַר "בָּנִים אַתֶּם לַה' אֱלֹהֵיכֶם" – and **[the minister's] sons are** analogous to **Israel, as [Scripture] states,** ***You are children to HASHEM, your God*** (*Deuteronomy* 14:1). נִתְעָרְבוּ בָּאוּמּוֹת וְיָצְאוּ לְתַרְבּוּת רָעָה – **[The Israelites] mingled with the idolatrous nations and strayed into bad conduct,** שֶׁנֶּאֱמַר "וַיִּתְעָרְבוּ בַגּוֹיִם וַיִּלְמְדוּ מַעֲשֵׂיהֶם" – **as [Scripture] states,** ***But they mingled with the nations and learned their deeds,*** *and serve their idols* (*Psalms* 106:35-6). מֶה עָשָׂה לָהֶם, הִפְשִׁיטָן וְהִשְׁלִיכָן – **What did [God] do to them? He stripped them** of their clothes **and threw them out,** שֶׁנֶּאֱמַר "וְהִפְשִׁיטוּךְ אֶת בְּגָדַיִךְ" – **as [Scripture] states,** ***They will strip you of your clothes***[74] *and take your splendid articles* (*Ezekiel* 23:26), וּכְתִיב "שַׁלַּח מֵעַל פָּנַי וְיֵצֵאוּ" – **and** furthermore **it is written,** ***Send [them] away from My Presence and let them go!*** (*Jeremiah* 15:1).[75] כֵּיוָן שֶׁרָאוּ עַצְמָן בְּצָרָה הִתְחִילוּ מְבַקְּשִׁים מֵהַנְּבִיאִים שֶׁיְּבַקְּשׁוּ עֲלֵיהֶם רַחֲמִים מִן הַקָּדוֹשׁ בָּרוּךְ הוּא – **When [the Israelites] saw themselves in distress, they began asking the prophets to entreat the Holy One, blessed is He, to have mercy on them.**[76] הִתְחִילוּ מְבַקְּשִׁים עֲלֵיהֶם רַחֲמִים – **[The prophets]** then **began entreating** God **to have mercy on [Israel],** שֶׁנֶּאֱמַר "חוּסָה ה' עַל עַמֶּךָ" – **as [the verse] states,** ***Have pity, HASHEM, upon Your people*** (*Joel* 2:17).[77] אָמַר הַקָּדוֹשׁ בָּרוּךְ הוּא: עַל מִי אַתֶּם מְבַקְּשִׁים – **The Holy One, blessed is He, said** to the prophets, **"For whom are you entreating** Me?"[78] אָמְרוּ לוֹ: עַל בָּנֶיךָ – **[The prophets] said to [God], "For Your sons."** אָמַר לָהֶם: אֵינָן בָּנַי – **[God] said to [the prophets], "They are not My sons!** אִם עוֹשִׂין רְצוֹנִי הֵם בָּנַי וְאִם לָאו אֵינָן בָּנַי, – **Only if they perform My Will are they My sons, but if not, they are not My sons,"**[79] שֶׁנֶּאֱמַר "זָנְתָה אִמָּם הֹבִישָׁה הוֹרָתָם" – **as [Scripture] states,** *Upon her children I will not have mercy, for they are children of harlotry.* ***For their mother has committed harlotry; she who conceived them has shamed herself*** (*Hosea* 2:6-7).[80]

The Midrash digresses to discuss the nature of Israel's harlotry and shame:

לָמָּה – **Why,** i.e., how is it that she has brought shame upon herself? "כִּי אָמְרָה אֵלְכָה אַחֲרֵי מְאַהֲבַי" זוֹ עֲבוֹדָה זָרָה – ***For she said, "I will go after my paramours"*** (ibid.) – **this is** referring to **idolatry.**[81] לְפִיכָךְ אָמַר הַקָּדוֹשׁ בָּרוּךְ הוּא – **Therefore, the Holy One, blessed is He, said,** "וְעַתָּה אֲגַלֶּה אֶת נַבְלֻתָהּ לְעֵינֵי מְאַהֲבֶיהָ" – ***And now I will reveal her baseness before the eyes of her paramours*** (ibid., v. 12); זוֹ עֲבוֹדָה זָרָה שֶׁהוּא אוֹמֵר עָלֶיהָ "נֹתְנֵי לַחְמִי וּמֵימַי" – **this is** referring to **idolatry, regarding which [Israel] says,** ***Those who provide my bread and my water,*** *my wool and my linen, my oil and my drink* (ibid., v. 7). וְהִיא יֵשׁ לָהּ עֵינַיִם וְאֵינָהּ רוֹאָה, אָזְנַיִם וְאֵינָהּ שׁוֹמַעַת וְלֹא זָנָה אֶת עַצְמָהּ – **But [the idol] has eyes, but does not see,** and it has **ears, but does not hear, and it does not nourish itself,** ie., the idol is totally inanimate. הֵיאַךְ זָנָה לַאֲחֵרִים – **How** then **can** it possibly **nourish others?**[82] וְהִפְשִׁיטָהּ הַקָּדוֹשׁ בָּרוּךְ הוּא, שֶׁנֶּאֱמַר "פֶּן אַפְשִׁיטֶנָּה עֲרֻמָּה" – **The Holy One, blessed is He,** thus **stripped** Israel bare, **as [Scripture] states,** ***Lest I strip her bare*** (*Hosea* 2:5).[83]

The Midrash returns to the dialogue between God and the prophets pleading on Israel's behalf:

אָמְרוּ הַנְּבִיאִים לְהַקָּדוֹשׁ בָּרוּךְ הוּא – **The prophets said to the Holy One, blessed is He,** הֲרֵי אַתָּה אוֹמֵר שֶׁאֵינָן בָּנֶיךָ וּבִפְנֵיהֶם הֵם נִיכָּרִים – **"You say that [the Israelites] are not Your sons, but they can be recognized** as Your sons **by their faces,"** שֶׁנֶּאֱמַר "כָּל רֹאֵיהֶם יַכִּירוּם כִּי הֵם זֶרַע בֵּרַךְ ה' " – **as [the verse] states,** ***All who see them will recognize them, that they are the seed that HASHEM has blessed*** (*Isaiah* 61:9).[84] מַה דַּרְכּוֹ שֶׁל אָב – **"What is the way of a father?** שֶׁמְּרַחֵם עַל בָּנָיו אַף עַל פִּי שֶׁסָּרְחוּ – **That he has mercy on his sons even though they behave improperly.** כָּךְ אַתָּה צָרִיךְ לְרַחֵם עֲלֵיהֶם – **So, You must have mercy on [the Israelites],** Your sons." הֱוֵי "וְעַתָּה ה' אָבִינוּ אָתָּה" – **It is** thus that the verse states, ***So now, HASHEM, You are our Father.***[85]

The Midrash notes that a similar phenomenon occurred regarding the sin of the Golden Calf and thereby explains the significance of our verse:

וְכֵן אַתָּה מוֹצֵא כְּשֶׁעָשׂוּ הָעֵגֶל – **And you** also **find** that **such** is also what had happened **when [the Israelites] made the** Golden **Calf.**

NOTES

74. Referring to the loss of the priestly vestments with the destruction of the Temple (*Rashi* and *Radak* ad loc.).

75. That is, they are to leave the Holy Land and go into exile (*Metzudas David* ad loc.).

76. As in the verse, וַיֹּאמְרוּ אֶל יִרְמְיָהוּ הַנָּבִיא תִּפָּל נָא תְחִנָּתֵנוּ לְפָנֶיךָ וְהִתְפַּלֵּל בַּעֲדֵנוּ אֶל ה' אֱלֹהֶיךָ, *And they said to Jeremiah the prophet, "May our supplication please be acceptable to you, and may you pray on our behalf to HASHEM your God* (*Jeremiah* 42:2) [*Yefeh To'ar*]. The prophets are thus analogous to the prominent people in the parable, who entreated the minister on behalf of his sons.

77. Although there are numerous verses that depict various prophets beseeching God on Israel's behalf, the Midrash chose this particular verse because the expression, *Your people,* contained in this verse serves as a subtle rebuttal to God's forthcoming argument that the people of Israel are not His people (*Eitz Yosef*).

78. I.e., God was pretending, so to speak, as if He did not know to whom the prophets were referring (ibid.); see note 73 above.

79. In accordance with the position of R' Yehudah in *Kiddushin* 36a (*Yefeh To'ar*). It should be noted that God did not give this response to the prayer from *Joel* cited above, for there Scripture continues, וַיְקַנֵּא ה' לְאַרְצוֹ וַיַּחְמֹל עַל עַמּוֹ, *Then HASHEM will take up the cause of His land and take pity on His people* (*Joel* 2:18). Rather, the Midrash means that God responded in this manner later in history when other prophets sought similarly to pray on Israel's behalf (*Toldos Noach*).

80. The prophet metaphorically describes the nation of Israel personified as God's unfaithful wife and the individual Israelites as her children; see *Radak* on verse 4 there.

81. I.e., the *paramours* of the verse are the various idols and pagan deities that Israel had worshiped.

82. That is, the Midrash is interpreting לְעֵינֵי מְאַהֲבֶיהָ as, ***through*** *the eyes of her paramours,* meaning that the useless, non-functioning eyes of the idols clearly demonstrate the Israelites' foolishness in worshiping them and in attributing their material success to the idols' beneficence (*Yefeh To'ar, Eitz Yosef*).

83. That is, God disgraced the Israelites, as if He had publicly stripped them of their clothing (*Toldos Noach;* see also *Eitz Yosef*).

84. Their faces attest to their intelligence and wisdom (see *Ecclesiastes* 8:1), traits that are characteristic of God Himself (*Yefeh To'ar*). Alternatively, "face" is used here as a metaphor for essence or nature; similar to Scripture's use of the terms *image* and *likeness* (see *Genesis* 1:26), i.e., their nature demonstrates that they possess Godlike traits (*Eitz Yosef*).

85. I.e., the connotation of the verse is that even *now,* although they have sinned, the Israelites are still God's children and He remains their Father (*Yefeh To'ar, Eitz Yosef* s.v. ד"א משל לסנקליטוס).

אָמַר: אֵינָם בָּנַי וְאֵינִי מַכִּירָם, זָנְתָה אִמָּם וְיָלְדָה אוֹתָם, אָמְרוּ לוֹ: אֵין אַתָּה יָכוֹל לְכַחֵשׁ אוֹתָם, לָמָּה, שֶׁהַכֹּל יוֹדְעִים שֶׁהֵם בָּנֶיךָ שֶׁהֵם דּוֹמִים לָךְ, כָּךְ סַנְקְלִיטוֹס זֶה הַקָּדוֹשׁ בָּרוּךְ הוּא, בָּנָיו אֵלּוּ יִשְׂרָאֵל, שֶׁנֶּאֱמַר (דברים יד, א) "בָּנִים אַתֶּם לַה' אֱלֹהֵיכֶם", נִתְעָרְבוּ °בְּעוֹבְדֵי כוֹכָבִים° וְיָצְאוּ לְתַרְבּוּת רָעָה, שֶׁנֶּאֱמַר (תהלים קו, לה) "וַיִּתְעָרְבוּ בַגּוֹיִם וַיִּלְמְדוּ מַעֲשֵׂיהֶם", מֶה עָשָׂה לָהֶם, הִפְשִׁיטָן וְהִשְׁלִיכָן, שֶׁנֶּאֱמַר (יחזקאל כג, כו) "וְהִפְשִׁיטוּךְ אֶת בְּגָדָיִךְ", וּכְתִיב (ירמיה טו, א) "שַׁלַּח מֵעַל פָּנַי וְיֵצֵאוּ", כֵּיוָן שֶׁרָאוּ עַצְמָן בְּצָרָה הִתְחִילוּ מְבַקְשִׁים מֵהַנְּבִיאִים שֶׁיְּבַקְּשׁוּ עֲלֵיהֶם רַחֲמִים מִן הַקָּדוֹשׁ בָּרוּךְ הוּא, הִתְחִילוּ מְבַקְשִׁים עֲלֵיהֶם רַחֲמִים, שֶׁנֶּאֱמַר (יואל ב, יז) "חוּסָה ה' עַל עַמֶּךָ", אָמַר הַקָּדוֹשׁ בָּרוּךְ הוּא: עַל מִי אַתֶּם מְבַקְשִׁים, אָמְרוּ לוֹ: עַל בָּנֶיךָ, אָמַר לָהֶם: אֵינָן בָּנַי, אִם עוֹשִׂין רְצוֹנִי הֵם בָּנַי וְאִם לָאו אֵינָן בָּנַי, שֶׁנֶּאֱמַר (הושע ב, ז) "זָנְתָה אִמָּם הֹבִישָׁה הוֹרָתָם", לָמָּה, (שם) "כִּי אָמְרָה אֵלְכָה אַחֲרֵי מְאַהֲבַי" זוֹ עֲבוֹדָה זָרָה, לְפִיכָךְ אָמַר הַקָּדוֹשׁ בָּרוּךְ הוּא: (שם שם יב) "וְעַתָּה אֲגַלֶּה אֶת נַבְלֻתָהּ לְעֵינֵי מְאַהֲבֶיהָ", זוֹ עֲבוֹדָה זָרָה, שֶׁהוּא אוֹמֵר עָלֶיהָ (שם שם ז) "נֹתְנֵי לַחְמִי וּמֵימַי", וְהִיא יֵשׁ לָהּ עֵינַיִם וְאֵינָהּ רוֹאָה, אָזְנַיִם וְאֵינָהּ שׁוֹמַעַת, וְלֹא זָנָה אֶת עַצְמָהּ, הֵיאַךְ זָנָה לַאֲחֵרִים, וְהִפְשִׁיטָהּ הַקָּדוֹשׁ בָּרוּךְ הוּא, שֶׁנֶּאֱמַר (שם שם ה) "פֶּן אַפְשִׁיטֶנָּה עֲרֻמָּה", אָמְרוּ הַנְּבִיאִים לְהַקָּדוֹשׁ בָּרוּךְ הוּא: הֲרֵי אַתָּה אוֹמֵר שֶׁאֵינָן בָּנֶיךָ וּבִפְנֵיהֶם הֵם נִיכָּרִים, שֶׁנֶּאֱמַר (ישעיה סא, ט) "כָּל רֹאֵיהֶם יַכִּירוּם כִּי הֵם זֶרַע בֵּרַךְ ה'", מַה דַּרְכּוֹ שֶׁל אָב שֶׁמְּרַחֵם עַל בָּנָיו אַף עַל פִּי שֶׁסָּרְחוּ, כָּךְ אַתָּה צָרִיךְ לְרַחֵם עֲלֵיהֶם, הֱוֵי (ישעיה סד, ז) "וְעַתָּה ה' אָבִינוּ אָתָּה", וְכֵן אַתָּה מוֹצֵא כְּשֶׁעָשׂוּ הָעֵגֶל כָּעַס עֲלֵיהֶם הַקָּדוֹשׁ בָּרוּךְ הוּא, בָּא מֹשֶׁה לִרְצוֹתוֹ וְקָרָא אוֹתָם אֵינָן עַמִּי, שֶׁנֶּאֱמַר [לב, ז] "כִּי שִׁחֵת עַמְּךָ", וְהִפְשִׁיטָן הַקָּדוֹשׁ בָּרוּךְ הוּא, שֶׁנֶּאֱמַר [לג, ו] "וַיִּתְנַצְּלוּ בְנֵי יִשְׂרָאֵל אֶת עֶדְיָם מֵהַר חוֹרֵב", אָמַר מֹשֶׁה: עַמְּךָ הֵם, וְאִי אַתָּה יָכוֹל לִכְפּוֹר בָּהֶם, שֶׁנֶּאֱמַר [לב, יא] "לָמָה ה' יֶחֱרֶה אַפְּךָ בְּעַמֶּךָ", הִתְרַצֵּה לָהֶם שֶׁהֵם בָּנֶיךָ, מִיָּד נִתְרַצָּה לָהֶם, שֶׁנֶּאֱמַר [לב, יד] "וַיִּנָּחֶם ה'", וְהֶרְאָה לְמֹשֶׁה שֶׁנִּתְרַצָּה לָהֶם, שֶׁהֶחֱזִיר לָהֶם הַדִּבְּרוֹת, שֶׁנֶּאֱמַר [לד, א] "פְּסָל לְךָ":

ה דָּבָר אַחֵר, (ישעיה סד, ז) "וְעַתָּה ה' אָבִינוּ אָתָּה", אָמַר לָהֶם הַקָּדוֹשׁ בָּרוּךְ הוּא: מָה רְאִיתֶם עַכְשָׁיו לְדָרְשֵׁנִי, לְמַעְלָן כְּתִיב (שם שם ו) "וְאֵין קוֹרֵא בְשִׁמְךָ מִתְעוֹרֵר לְהַחֲזִיק בָּךְ כִּי הִסְתַּרְתָּ פָנֶיךָ מִמֶּנּוּ וַתְּמוּגֵנוּ בְּיַד עֲוֹנֵנוּ", כֵּיוָן שֶׁרְאִיתֶם עַצְמְכֶם בְּצָרָה אַתֶּם בָּאִים וְאוֹמְרִים "אָבִינוּ אָתָּה", אֶלָּא אַף עַל פִּי שֶׁהַכֹּל מַעֲשֵׂי יָדַי הֵן אֵינִי מְבַקֵּשׁ לְהֵרָאוֹת אָב וְיוֹצֵר אֶלָּא לְמִי שֶׁהוּא עוֹשֶׂה רְצוֹנִי, שֶׁנֶּאֱמַר (שם מג, ז) "כֹּל הַנִּקְרָא בִשְׁמִי וְלִכְבוֹדִי בְּרָאתִיו יְצַרְתִּיו אַף עֲשִׂיתִיו",

עץ יוסף

התחילו מבקשים מהנשיאים. מסוף המאמר אמרו הנביאים כו' משמע שצריך לומר התחילו מבקשים מהנביאים, וכן גרס היפה תואר, וכתב היפה תואר שאפשר שהכהנים היו נביאים, כגון ירמיה וזכריהו ויחזקאל: **התחילו מבקשים מן כו'.** כמאמר הכתוב בשמואל א' (י"ז) [ז, ח] שאמרו לשמואל אל תחרש (ממני) [ממנו] מזעוק אל ה' אלהינו ויושיענו מיד פלשתים: **שנאמר חוסה ה' על עמך.** מביא תפלה זו יותר משאר תפלות שהתפללו נביאים, לפי שבתפלה זו נאמר על עמך, שהכנים הפירכא באם שיאמר הקדוש ברוך הוא אינם בני, הוא אומר לו עמך ונחלתך הם ואיך יכול לכפור בהם: **זו עבודת כוכבים שהיא אומרת כו'.** והכי פירושו דקרא, אגלה את נבלותה של כנסת ישראל אשר טעתה במאהביה באמרה שהיא נותנת לחמי ומימי, [ובמה אני מגלה לה זאת] מעיני מאהביה, היינו ממה שיש לה עינים ואינה רואה: **פן אפשיטנה ערומה.** ואין לך בושה וכלימה גדולה מזו, כמו שאמרו חכמינו ז"ל (יבמות סג, ב) אין לך משוקץ ומתועב ממי שהוא מהלך ערום בשוק: **ובפניהם הם ניכרים.** היינו בצלמם ודמותם והיא ההשכלה שעליה נאמר בצלמנו כדמותינו, וזה דבר ניכר בישראל, גם בסלסול מדותיהם ומנהגיהם הם ניכרים שהם שומרי משמרת ה': **שנאמר כי שחת עמך.** לא סבירא ליה דקאמר על ערב רב מדכתיב האומר לאביו ולאמו לא ראיתיו: **שנאמר ויתנצלו בני ישראל.** סבירא ליה שתפלת למה ה' יחרה אפך בעמך היא תפלת הארבעים יום אשר התנפל לפני ה' כשעלה שנית, ולהכי הוי ענין ויתנצלו בני ישראל מקמי וינחם ה' על הרעה: **שנאמר פסל לך.** דמשמע בגללך, אבל לולי שנתרצה להם לא היו ראוים להחזיר להם הלוחות, וקל וחומר מפסח כדלעיל: **(ה) אמר להם הקדוש ברוך הוא.** אגדה זו מוספת להביא רמז לדרשא דלעיל, מדכתיב לעיל מיניה ואין קורא בשמך, אלמא שה' מקנתרן על זה, ועל כן אמר שאף שאין קורא בשמך בעת הרווחה, רק עתה בעת צרה אנו קוראים לך אבינו אתה מכל מקום עננו: **אלא אף על פי.** טעות סופר וצריך לומר הלא אף על פי (יפה תואר): **איני מבקש להראות אב כו'.** פירוש להיות נראה כמו אב (מתנות כהונה). אבל יותר נראה שצריך לומר להקראות אב (יפה תואר): **בראתיו יצרתיו כו'.** והכי פירושו

פירוש מהרז"ו

זנתה אמם וכו'. וסיפא דקרא ואת בניהם לא ארחם כי בני זנונים המה: **וינחם ה' על הרעה.** אשר דבר לעשות לעמו. וכמו שכתוב לעיל סוף פרשה מ"א. ודברי דרשה זו שגבו ממני לבא לתכונת כוונתם באורך דבריהם בפסוקים רבים ממקומות הרבה:(ה) **הנקרא בשמי.** שעובד אותי ושמי נקרא עליו, אני אומר שאני בראתיו לכבודי:

חידושי הרד"ל

[ה] אף על פי שהכל מעשי ידי כו' כל הנקרא כו' אף עשיתי כו'. כלפי מה שאמרו ומעשה ידך כולנו, על זה אמר שאין שמו נקרא בורא יוצר ועושה אלא לחושבי שמו להקרא עליהם. (ואפשר רומז למה שכתוב (ירמיה ג, יט) אבי תקראי לי ומאחרי לא תשובי):

חידושי הרש"ש

אמרו לו אין אתם כו' כן צריך לומר, בלשון רבים: **[ה] איני מבקש לקראות אב (יותר) וכו'.** הן בדפוסים אחרים ויוצר והוא יותר נכון, והוא נגד אמרם ואתה יוצרנו. ודע שלפני המתנות כהונה היתה הגירסא להראות תחת לקראות:

באור מהרי"פ

אמר להם אינם בני וכו'. אמירה זו אינה תשובה לתפלת חוסה ה' על עמך, אדרבה נאמר שם להיפך (יואל ב, יז - יט) בין האולם ולמזבח יבכו הכהנים משרתי ה' ויאמרו חוסה ה' על עמך ואל תתן נחלתך לחרפה למשל בם גוים למה יאמרו בעמים איה אלהיהם. ויקנא ה' לארצו ויחמול על עמו. ויען ה' ויאמר לעמו הנני שולח לכם את הדגן והתירוש והיצהר ושבעתם אותו ולא אתן אתכם עוד חרפה בגוים. הרי לך מפורש שעל בקשת הכהנים השיב הקדוש ברוך הוא דברי נחומים, ולא תשובת אינם בני, אולם התשובה של אינם בני קאי על שארי נביאים שהתפללו בסגנון חוסה ה' על עמך:

לקוטים

[ה] ברש"ש בד"ה איני מבקש לקראות אב (יותר) וכו' הן בדפוסים אחרים ויוצר כו'. בדפוסי אמשטרדם הגירסא יותר, ובדפוס ונציאה הגירסא יוצר. ומה שכתב **ודע כו',** כן הוא בדפוס ונציאה שנת שה (הדפוס שהיה בפני המתנות כהונה):

אם למקרא

בָּנִים אַתֶּם לַה' אֱלֹהֵיכֶם לֹא תִתְגֹּדְדוּ וְלֹא תָשִׂימוּ קָרְחָה בֵּין עֵינֵיכֶם לָמֵת:
(דברים יד:א)

וַיִּתְעָרְבוּ בַגּוֹיִם וַיִּלְמְדוּ מַעֲשֵׂיהֶם:
(תהלים קו:לה)

וְהִפְשִׁיטוּךְ אֶת בְּגָדַיִךְ וְלָקְחוּ כְּלֵי תִפְאַרְתֵּךְ:
(יחזקאל כג:כו)

וַיֹּאמֶר ה' אֵלַי אִם יַעֲמֹד מֹשֶׁה וּשְׁמוּאֵל לְפָנַי אֵין נַפְשִׁי אֶל הָעָם הַזֶּה שַׁלַּח מֵעַל פָּנַי וְיֵצֵאוּ:
(ירמיה טו:א)

בֵּין הָאוּלָם וְלַמִּזְבֵּחַ יִבְכּוּ הַכֹּהֲנִים מְשָׁרְתֵי ה' וְיֹאמְרוּ חוּסָה ה' עַל עַמֶּךָ וְאַל תִּתֵּן נַחֲלָתְךָ לְחֶרְפָּה לִמְשָׁל בָּם גּוֹיִם לָמָּה יֹאמְרוּ בָעַמִּים אַיֵּה אֱלֹהֵיהֶם:
(יואל ב:יז)

כִּי זָנְתָה אִמָּם הֹבִישָׁה הוֹרָתָם כִּי אָמְרָה אֵלְכָה אַחֲרֵי מְאַהֲבַי נֹתְנֵי לַחְמִי וּמֵימַי צַמְרִי וּפִשְׁתִּי שַׁמְנִי וְשִׁקּוּיָי:
(הושע ב:ז)

וְעַתָּה אֲגַלֶּה אֶת נַבְלֻתָהּ לְעֵינֵי מְאַהֲבֶיהָ וְאִישׁ לֹא יַצִּילֶנָּה מִיָּדִי:
(שם שם יב)

פֶּן אַפְשִׁיטֶנָּה עֲרֻמָּה וְהִצַּגְתִּיהָ כְּיוֹם הִוָּלְדָהּ וְשַׂמְתִּיהָ כַמִּדְבָּר וְשַׁתִּהָ כְּאֶרֶץ צִיָּה וַהֲמִתִּיהָ בַּצָּמָא:
(שם שם ה)

וְנוֹדַע בַּגּוֹיִם זַרְעָם וְצֶאֱצָאֵיהֶם בְּתוֹךְ הָעַמִּים כָּל רֹאֵיהֶם יַכִּירוּם כִּי הֵם זֶרַע בֵּרַךְ ה':
(ישעיה סא:ט)

וְעַתָּה ה' אָבִינוּ אָתָּה אֲנַחְנוּ הַחֹמֶר וְאַתָּה יֹצְרֵנוּ וּמַעֲשֵׂה יָדְךָ כֻּלָּנוּ:
(ישעיה סד:ז)

וְאֵין קוֹרֵא בְשִׁמְךָ מִתְעוֹרֵר לְהַחֲזִיק בָּךְ כִּי הִסְתַּרְתָּ פָנֶיךָ מִמֶּנּוּ וַתְּמוּגֵנוּ בְּיַד עֲוֹנֵנוּ:
(שם שם ו)

כֹּל הַנִּקְרָא בִשְׁמִי וְלִכְבוֹדִי בְּרָאתִיו יְצַרְתִּיו אַף עֲשִׂיתִיו:
(שם מג:ז)

שינוי נוסחאות

(ה) איני מבקש להראות אב. בד' אמשט' תקל"ז לבד איתא "...להקראות אב" אבל אח"כ חזרו לנוסח הקדום. ועפ"ז תבין דברי רד"ל כאן: **אב ויוצר.** בד' אמשט' תמ"ה כתבו "ויותר", ובאמשט' תקל"ז "יותר", אבל אח"כ חזרו המדפיסים לנוסח הקדום. ועפ"ז תבין דברי רש"ש כאן:

מתנות כהונה

שהוא אומר. ישראל אומרים ויש גרסינן שהם: **ולא זנה.** העבודה זרה אינה זנה ומפרנסת את עצמה והיאך היא מפרנסת את אחרים לפי דבריהם: **עמך.** ולא עמי: הכי גרסינן **שנאמר למה ה' יחרה:** **[ה] להראות אב.** להיות נראה כמו אב:

אשד הנחלים

דבר אחר כו' משל כו' אי אתה יכול לכחש כו'. לכאורה מה חידש בדבר אחר יותר מפירוש הראשון. והנראה לפי שבתחלה מפרש שאתה אבינו, שאנחנו מכירים אותך שאתה אבינו ולכן ראוי לרחם עלינו, ועתה מפרש בהיפך שאתה אבינו וראוי לך לרחם עלינו, וזהו אין אתה יכול לכחש אותם כי אתה דבוק בהם כאהבת אב לבן. והענין בכללו לפי המשל שהישרים מצד עצמם היו טובים ומזגם היה טוב, רק חטאם במקרה היה מהתערבותם עם העובדי כוכבים, והראיה כי תיכף כשהם בצרה אז מרגישים כבודו יתברך, וזהו הכנוי בהפשטה, אם ה' מסבב להם צרות רבות ורעות ויפשיטם מטובתם, אז מהר ישובו אליו כי טבעם מוכן לזה, ולכן בהיפך ה' אביהם כביכול מרחם תיכף עליהם, וזהו בפניהם הם ניכרים. וכל זה פתיחה להכתוב פסל לך, לראות מזה איך תיכף נכמרו רחמי ה' עליהם כי הם בעצמם טובים:

כָּעַס עֲלֵיהֶם הַקָּדוֹשׁ בָּרוּךְ הוּא, בָּא מֹשֶׁה לְרַצּוֹתוֹ – The Holy One, blessed is He, was angered with them, and Moses sought to appease Him. וְקָרָא אוֹתָם אֵינָן עַמִּי שֶׁנֶּאֱמַר ״כִּי שִׁחֵת עַמְּךָ״ – **And** there too, [God] had **called [the Israelites], "Not My nation," as [the verse] states,** ***For your people***[86] *that you brought up from the land of Egypt* ***has become corrupt*** (above, 32:7). וְהִפְשִׁיטָן הַקָּדוֹשׁ בָּרוּךְ הוּא, שֶׁנֶּאֱמַר ״וַיִּתְנַצְּלוּ בְנֵי יִשְׂרָאֵל אֶת עֶדְיָם מֵהַר חוֹרֵב״, – **And** similarly, **[God] stripped them** of their adornments, **as [Scripture] states,** ***So the Children of Israel were stripped of their adornments from Mount Horeb*** (above, 33:6).[87] אָמַר מֹשֶׁה: עַמְּךָ הֵם, וְאִי אַתָּה יָכוֹל לִכְפּוֹר בָּהֶם – In response **Moses said** to God, **"They are** indeed **Your nation, and You cannot deny** Your connection to **them,"** שֶׁנֶּאֱמַר ״לָמָה ה׳ יֶחֱרֶה אַפְּךָ בְּעַמֶּךָ״ – **as [Scripture] states,** *Moses pleaded before HASHEM, his God, and said,* ***"Why, HASHEM, should Your anger flare up against Your people?"*** (above, 32:11).[88] הִתְרַצֵּה לָהֶם שֶׁהֵם בָּנֶיךָ – Therefore, Moses concluded, "You should **become reconciled with them because they are** indeed **Your sons."** מִיָּד נִתְרַצָּה לָהֶם, שֶׁנֶּאֱמַר ״וַיִּנָּחֶם ה׳ ״ – **Immediately, [God] became reconciled with them, as [Scripture] states,** ***HASHEM reconsidered*** *regarding the evil that He declared He would do to His people* (above, 32:14).[89] וְהֶרְאָה לְמֹשֶׁה שֶׁנִּתְרַצָּה לָהֶם, שֶׁהֶחֱזִיר לָהֶם הַדִּבְּרוֹת – **And [God] demonstrated to Moses that He had become reconciled with [the Israelites], for He returned the** Ten **Commandments to them,** שֶׁנֶּאֱמַר ״פְּסָל לְךָ״ – **as [the verse] states,** ***Carve for yourself*** *two stone Tablets like the first ones, and I shall inscribe on the Tablets the words that were on the First Tablets.*[90]

§5 The Midrash offers another exposition of the verse from *Isaiah,* one that follows the original understanding of עַתָּה as, **only** *now*:

דָּבָר אַחֵר, ״וְעַתָּה ה׳ אָבִינוּ אָתָּה״ – **Another interpretation:** ***So now, HASHEM, You are our Father.*** *We are the clay and You are our Potter* [יֹצְרֵנוּ], *and we are all Your handiwork* (*Isaiah* 64:7). אָמַר לָהֶם הַקָּדוֹשׁ בָּרוּךְ הוּא: מָה רְאִיתֶם עַכְשָׁיו לְדָרְשֵׁנִי – **The Holy One, blessed is He, said to [Israel]: Why do you see fit to seek Me** specifically **now?** לְמַעְלָן כְּתִיב ״וְאֵין קוֹרֵא בְשִׁמְךָ מִתְעוֹרֵר לְהַחֲזִיק בָּךְ כִּי הִסְתַּרְתָּ פָנֶיךָ מִמֶּנּוּ וַתְּמוּגֵנוּ בְּיַד עֲוֹנֵנוּ״ – **Above,** in the previous verse, **it is written,** ***There is no one to call out in Your Name, who arouses himself to hold fast to You,***[91] ***that You hide Your face from us and melt us away because of our iniquities*** (ibid., v. 6), כֵּיוָן שֶׁרְאִיתֶם עַצְמְכֶם בְּצָרָה אַתֶּם בָּאִים וְאוֹמְרִים ״אָבִינוּ אָתָּה״ – and yet now, **when you see yourselves in distress,**[92] **you come and say,** ***You are our Father!*** אֶלָּא אַף עַל פִּי שֶׁהַכֹּל מַעֲשֵׂי יָדַי הֵן – **Rather, even though everything** in the world **is My handiwork,**[93] אֵינִי מְבַקֵּשׁ לְהֵרָאוֹת אָב וְיוֹצֵר אֶלָּא לְמִי שֶׁהוּא עוֹשֶׂה רְצוֹנִי – **I only seek to appear as the Father and as the Fashioner** [יוֹצֵר] **to those who fulfill My Will,**[94] שֶׁנֶּאֱמַר ״כֹּל הַנִּקְרָא בִשְׁמִי וְלִכְבוֹדִי בְּרָאתִיו יְצַרְתִּיו אַף עֲשִׂיתִיו״ – **as [Scripture] states,** ***Everyone who is called by My Name and whom I have created for My glory, whom I have fashioned, even prepared*** (ibid. 43:7).[95]

NOTES

86. Indicating that they were Moses' people, not His people (*Matnos Kehunah*); see 41 §5 above. [The Midrash here disagrees with the Midrash in 42 §6 above that interpreted God's reference to *your people* as alluding to the עֵרֶב רַב, the *mixed multitude* of converts accepted by Moses at the time of the Exodus from Egypt; see *Eitz Yosef*.]

87. The adornments that they had received with the giving of the Torah, which identified them as God's people. See 51 §8 below.

88. That is, in his prayer on behalf of Israel, Moses stressed that they are in truth God's people. See, similarly, 41 §7 above.

89. Acknowledging Israel as עַמּוֹ, *His people;* see 41 §7 above (*Maharzu*). Although this verse is found before the reference to the Israelites being stripped of their adornments (33:6), the Midrash here is following the position of the Midrash in 44 §1 above that Moses' prayer on Israel's behalf and God's response to it, recorded in 32:11-14 above, actually occurred later, during Moses' second forty-day stay on Mount Sinai [see note 9 there] (*Yefeh To'ar, Eitz Yosef*). See Insight above on 42 §1, "The Time of וַיְחַל מֹשֶׁה, *Moses Pleaded ...*"

90. Nowhere in Scripture does God explicitly state that He forgave Israel for the sin of the Golden Calf. Instead, He gave them the Ten Commandments to show that He was reconciled with them (*Yefeh To'ar*). *Yefeh To'ar* and *Eitz Yosef* suggest that the word לְךָ, lit., *for you,* implies that God was saying that it was only because of your (Moses') argument above that He was returning the Ten Commandments to Israel.
See Insight Ⓐ.

91. Indicating that before this no one had called to God.

92. [As the conclusion of the previous verse implies.]

93. [Thus, in that sense you are correct in calling Me *Father* and in saying that *we are all Your handiwork,* for I am the One Who made you. *Yefeh To'ar,* cited by *Eitz Yosef,* suggests emending the word אֶלָּא (rather) to וַהֲלֹא (*but is it not ...*).]

94. That is, I act with compassion and love like a father to his children or like a fashioner to that which he has formed only toward those who fulfill My Will. The reference to a יוֹצֵר, fashioner, is a response to Israel's claim that אַתָּה יֹצְרֵנוּ (*You are our Potter*), which could be translated literally as, *You are our Fashioner* (*Yefeh To'ar;* see also *Rashash*).

95. I.e., it is only those who are *called by My Name,* the righteous who perform God's Will (see *Rashi* ad loc.), whom God acknowledges as having fashioned and prepared them. Thus it is only the righteous for whom God is considered to be their Father, and it is only toward the righteous that God acts with mercy and compassion like a father (*Yefeh To'ar, Eitz Yosef*). [The phrase, אַף עֲשִׂיתִיו, *even prepared,* is a response to Israel's claim that וּמַעֲשֵׂה יָדְךָ כֻּלָּנוּ, *We are all Your handiwork;* see *Radal.*]

INSIGHTS

Ⓐ **We Are the Clay** On a simple level, the various expositions of this section in our Midrash on the verse, *So now, HASHEM, You are our Father. We are the clay and You are our Potter,* have been introduced incidentally because this final exposition relates that verse to ours, *Carve for yourself two stone Tablets like the first ones, and I shall inscribe on the Tablets the words that were on the First Tablets,* and indicates that God had become reconciled to Israel.

On a deeper level, though, it might be that Midrash means to relate the *Isaiah* verse and *all* the expositions in this section to our verse. All the expositions essentially deal with errant children who, when beset with difficulty, seek their father's good graces once more, declaring, "You are my father," pledging themselves once more to filial loyalty.

This is precisely the situation in which Israel found itself in the wake of the sin of the Golden Calf. Faced with annihilation and a profound awareness of the enormity of their sin, they wished to be God's people once more. And God was willing to receive them, prescribing for them the way to return. And He said, *"Carve for yourself two stone Tablets . . . and I shall inscribe on the Tablets the words that were on the First Tablets . . .* Make *yourselves* into Tablets of stone onto which I can inscribe the words that were on the first ones. Make *yourselves* into the clay that is ready to be shaped by the Divine word and become its receptacle. Say to Me once and for all time: *now, HASHEM, You are our Father. We are the clay and You are our Potter."*

אָמַר: אֵינָם בָּנַי וְאֵינִי מַכִּירָם, זָנְתָה אִמָּם וְיָלְדָה אוֹתָם, אָמְרוּ לוֹ: אֵין אַתָּה יָכוֹל לְכַחֵשׁ אוֹתָם, לָמָּה, שֶׁהַכֹּל יוֹדְעִים שֶׁהֵם בָּנֶיךָ שֶׁהֵם דּוֹמִים לָךְ, כָּךְ סַנְקְלִיטוֹס זֶה הַקָּדוֹשׁ בָּרוּךְ הוּא, בָּנָיו אֵלּוּ יִשְׂרָאֵל, שֶׁנֶּאֱמַר (דברים יד, א) "בָּנִים אַתֶּם לַה' אֱלֹהֵיכֶם", נִתְעָרְבוּ °בְּעוֹבְדֵי כּוֹכָבִים וְיָצְאוּ לְתַרְבּוּת רָעָה, שֶׁנֶּאֱמַר (תהלים קו, לה) "וַיִּתְעָרְבוּ בַגּוֹיִם וַיִּלְמְדוּ מַעֲשֵׂיהֶם", מֶה עָשָׂה לָהֶם, הִפְשִׁיטָן וְהִשְׁלִיכָן, שֶׁנֶּאֱמַר (יחזקאל כג, כו) "וְהִפְשִׁיטוּךְ אֶת בְּגָדַיִךְ", וּכְתִיב (ירמיה טו, א) "שַׁלַּח מֵעַל פָּנַי וְיֵצֵאוּ", כֵּיוָן שֶׁרָאוּ עַצְמָן בְּצָרָה הִתְחִילוּ מְבַקְּשִׁים מֵהַנְּבִיאִים שֶׁיְּבַקְּשׁוּ עֲלֵיהֶם רַחֲמִים מִן הַקָּדוֹשׁ בָּרוּךְ הוּא, הִתְחִילוּ מְבַקְּשִׁים עֲלֵיהֶם רַחֲמִים, שֶׁנֶּאֱמַר (יואל ב, יז) "חוּסָה ה' עַל עַמֶּךָ", אָמַר הַקָּדוֹשׁ בָּרוּךְ הוּא: עַל מִי אַתֶּם מְבַקְּשִׁים, אָמְרוּ לוֹ: עַל בָּנֶיךָ, אָמַר לָהֶם: אֵינָן בָּנַי, אִם עוֹשִׂין רְצוֹנִי הֵם בָּנַי וְאִם לָאו אֵינָן בָּנַי, שֶׁנֶּאֱמַר (הושע ב, ז) "זָנְתָה אִמָּם הֹבִישָׁה הוֹרָתָם", לָמָּה, (שם) "כִּי אָמְרָה אֵלְכָה אַחֲרֵי מְאַהֲבַי" זוֹ עֲבוֹדָה זָרָה, לְפִיכָךְ אָמַר הַקָּדוֹשׁ בָּרוּךְ הוּא: (שם שם יב) "וְעַתָּה אֲגַלֶּה אֶת נַבְלֻתָהּ לְעֵינֵי מְאַהֲבֶיהָ", זוֹ עֲבוֹדָה זָרָה, שֶׁהוּא אוֹמֵר עָלֶיהָ (שם שם ז) "נֹתְנֵי לַחְמִי וּמֵימַי", וְהִיא יֵשׁ לָהּ עֵינַיִם וְאֵינָהּ רוֹאָה, אָזְנַיִם וְאֵינָהּ שׁוֹמַעַת, וְלֹא זָנָה אֶת עַצְמָהּ, הֵיאַךְ זָנָה לַאֲחֵרִים, וְהִפְשִׁיטָהּ הַקָּדוֹשׁ בָּרוּךְ הוּא, שֶׁנֶּאֱמַר (שם שם ה) "פֶּן אַפְשִׁיטֶנָּה עֲרֻמָּה", אָמְרוּ הַנְּבִיאִים לְהַקָּדוֹשׁ בָּרוּךְ הוּא: הֲרֵי אַתָּה אוֹמֵר שֶׁאֵינָן בָּנֶיךָ וּבִפְנֵיהֶם הֵם נִיכָּרִים, שֶׁנֶּאֱמַר (ישעיה סא, ט) "כָּל רֹאֵיהֶם יַכִּירוּם כִּי הֵם זֶרַע בֵּרַךְ ה'", מַה דַּרְכּוֹ שֶׁל אָב שֶׁמְּרַחֵם עַל בָּנָיו אַף עַל פִּי שֶׁסָּרְחוּ, כָּךְ אַתָּה צָרִיךְ לְרַחֵם עֲלֵיהֶם, הֱוֵי (ישעיה סד, ז) "וְעַתָּה ה' אָבִינוּ אָתָּה", וְכֵן אַתָּה מוֹצֵא כְּשֶׁעָשׂוּ הָעֵגֶל כָּעַס עֲלֵיהֶם הַקָּדוֹשׁ בָּרוּךְ הוּא, בָּא מֹשֶׁה לְרַצּוֹתוֹ וְקָרָא אוֹתָם אֵינָן עַמִּי, שֶׁנֶּאֱמַר [לב, ז] "כִּי שִׁחֵת עַמְּךָ", וְהִפְשִׁיטָן הַקָּדוֹשׁ בָּרוּךְ הוּא, שֶׁנֶּאֱמַר [לג, ו] "וַיִּתְנַצְּלוּ בְנֵי יִשְׂרָאֵל אֶת עֶדְיָם מֵהַר חוֹרֵב", אָמַר מֹשֶׁה: עַמְּךָ הֵם, וְאִי אַתָּה יָכוֹל לְכַפּוֹר בָּהֶם, שֶׁנֶּאֱמַר [לב, יא] "לָמָה ה' יֶחֱרֶה אַפְּךָ בְּעַמֶּךָ", הִתְרַצֵּה לָהֶם שֶׁהֵם בָּנֶיךָ, מִיָּד נִתְרַצָּה לָהֶם, שֶׁנֶּאֱמַר [לב, יד] "וַיִּנָּחֶם ה'", וְהֶרְאָה לְמֹשֶׁה שֶׁנִּתְרַצָּה לָהֶם, שֶׁהֶחֱזִיר לָהֶם הַדִּבְּרוֹת, שֶׁנֶּאֱמַר [לד, א] "פְּסָל לְךָ":

ה דָּבָר אַחֵר, (ישעיה סד, ז) "וְעַתָּה ה' אָבִינוּ אָתָּה", אָמַר לָהֶם הַקָּדוֹשׁ בָּרוּךְ הוּא: מָה רְאִיתֶם עַכְשָׁיו לְדָרְשֵׁנִי, לְמַעְלָן כְּתִיב (שם שם ו) "וְאֵין קוֹרֵא בְשִׁמְךָ מִתְעוֹרֵר לְהַחֲזִיק בָּךְ כִּי הִסְתַּרְתָּ פָנֶיךָ מִמֶּנּוּ וַתְּמוּגֵנוּ בְּיַד עֲוֹנֵנוּ", כֵּיוָן שֶׁרְאִיתֶם עַצְמְכֶם בְּצָרָה אַתֶּם בָּאִים וְאוֹמְרִים "אָבִינוּ אָתָּה", אֶלָּא אַף עַל פִּי שֶׁהַכֹּל מַעֲשֵׂי יָדַי הֵן אֵינִי מְבַקֵּשׁ לְהֵרָאוֹת אָב וְיוֹצֵר אֶלָּא לְמִי שֶׁהוּא עוֹשֶׂה רְצוֹנִי, שֶׁנֶּאֱמַר (שם מג, ז) "כֹּל הַנִּקְרָא בִשְׁמִי וְלִכְבוֹדִי בְּרָאתִיו יְצַרְתִּיו אַף עֲשִׂיתִיו",

עץ יוסף

התחילו מבקשים מהנשיאים. מסוף המאמר אמרו הנביאים כו' משמע שצריך לומר התחילו מבקשים מהנביאים, וכן גרס היפה תואר, וכתב היפה תואר שאפשר שהכהנים היו נביאים, כגון ירמיה וזכריהו ויחזקאל: **התחילו מבקשים מן כו'.** כמאמר הכתוב בשמואל א' (י"ז) [ז, ח] שאמרו לשמואל אל תחרש (ממי) [ממנו] מזעוק אל ה' אלהינו ויושיענו מיד פלשתים: **שנאמר חוסה ה' על עמך.** מביא תפלה זו יותר מאשר תפלות שהתפללו נביאים, לפי שבתפלה זו נאמר על עמך, שהכנים הפירכא באם שיאמר הקדוש ברוך הוא אינם בני, הוא אומר לו עמך ונחלתך הם ואינך יכול לכפור בהם: **זו עבודת כוכבים שהיא אומרת כו'.** והכי פירושו דקרא, אגלה את נבלותה של כנסת ישראל אשר טעתה במאהביה באמרה שהיא נותנת לחמי ומימי, [ובמה אני מגלה לה זאת] מעיני מאהביה, היינו ממה שיש לה עינים ואינה רואה: **פן אפשיטנה ערומה.** ואין לך בושה וכלימה גדולה מזו, כמו שאמרו חכמינו ז"ל (יבמות סג, ב) אין לך משוקץ ומתועב ממי שהוא מהלך ערום בשוק: **ובפניהם הם ניכרים.** היינו בצלמם ודמותם והיא ההשכלה שעליה נאמר בצלמנו כדמותינו, וזה דבר ניכר בישראל, גם בסלסול מדותיהם ומנהגיהם הם ניכרים שהם שומרי משמרת ה': **שנאמר כי שחת עמך.** לא סבירא ליה דקאמר על ערב רב מדכתיב האומר לאביו ולאמו לא ראיתיו: **שנאמר ויתנצלו בני ישראל.** סבירא ליה שתפלת למה ה' יחרה אפך בעמך היא תפלת הארבעים יום אשר התנפל לפני ה' כשעלה שנית, ולהכי הוי ענין ויתנצלו בני ישראל מקמי וינחם ה' על הרעה: **שנאמר פסל לך.** דמשמע בגללך, אבל לולי שנתרצה להם לא היו ראוים להחזיר להם הלוחות, וקל וחומר מפסח כדלעיל: **(ה) אמר להם הקדוש ברוך הוא.** אגדה זו מוספת להביא רמז לדרשא דלעיל, מדכתיב לעיל מיניה ואין קורא בשמך, אלמא שה' מקנתרן על זה, ועל כן אמר שאף שאין קורא בשמך בעת הרווחה, רק עתה בעת צרה אנו קוראים לך אבינו אתה מכל מקום עננו: **אלא אף על פי.** טעות סופר וצריך לומר הלא אף על פי (יפה תואר): **איני מבקש להראות אב כו'.** פירוש להיות נראה כמו אב (מתנות כהונה). אבל יותר נראה שצריך לומר להקראות אב (יפה תואר): **בראתיו יצרתיו כו'.** והכי פירושו

פירוש מהרז"ו

זנתה אמם וכו'. וסיפא דקרא ואת בניהם לא ארחם כי בני זנונים המה: **וינחם ה' על הרעה.** אשר דבר לעשות לעמו. וכמו שכתוב לעיל סוף פרשה מ"א. ודברי דרשה זו שגבו ממני לבא לתכונת כוונתם באורך דבריהם בפסוקים רבים ממקומות הרבה: **(ה) הנקרא בשמי.** שעובד אותי ושמי נקרא עליו, אני אומר שאני בראתיו לכבודי:

חידושי הרד"ל

[ה] אף על פי שהכל מעשי ידי כו' כל הנקרא כו' אף עשיתי כו'. כלפי מה שאמרו ומעשה ידך כולנו, על זה אמר שאין שמו נקרא בורא יוצר ועושה אלא לחושבי שמו להקרא עליהם. (ואפשר רומז למה שכתוב (ירמיה ג, יט) אבי תקראי לי ומאחרי לא תשובי):

חידושי הרש"ש

אמרו לו אין אתם כו' כן צריך לומר, בלשון רבים: **[ה] איני מבקש לקראות אב (יותר) וכו'.** הן בדפוסים אחרים ויוצר והוא יותר נכון, והוא נגד אמרם ואתה יוצרנו. ודע שלפני המתנות כהונה היתה הגירסא להראות תחת לקראות:

באור מהרי"פ

אמר להם אינם בני וכו'. אמירה זו אינה תשובה לתפלת חוסה ה' על עמך, אדרבה נאמר שם להיפך (יואל ב, יז - יט) בין האולם ולמזבח יבכו הכהנים משרתי ה' ויאמרו חוסה ה' על עמך ואל תתן נחלתך לחרפה למשל בם גוים למה יאמרו בעמים איה אלהיהם. ויקנא ה' לארצו ויחמול על עמו. ויען ה' ויאמר לעמו הנני שולח לכם את הדגן והתירוש והיצהר ושבעתם אותו ולא אתן אתכם עוד חרפה בגוים. הרי לך מפורש שעל בקשת הכהנים השיב הקדוש ברוך הוא דברי נחומים, ולא תשובת אינם בני, אולם התשובה של אינם בני קאי על שארי נביאים שהתפללו בסגנון חוסה ה' על עמך:

לקוטים

[ה] ברש"ש בד"ה איני מבקש לקראות אב (יותר) וכו' הן בדפוסים אחרים ויוצר כו'. בדפוסי אמשטרדם הגירסא יותר, ובדפוס ונציאה הגירסא יוצר. ומה שכתב **ודע כו',** כן הוא בדפוס ונציאה שנת שה (הדפוס שהיה בפני המתנות כהונה):

אם למקרא

בָּנִים אַתֶּם לַה' אֱלֹהֵיכֶם לֹא תִתְגֹּדְדוּ וְלֹא תָשִׂימוּ קָרְחָה בֵּין עֵינֵיכֶם לָמֵת: (דברים יד:א)

וַיִּתְעָרְבוּ בַגּוֹיִם וַיִּלְמְדוּ מַעֲשֵׂיהֶם: (תהלים קו:לה)

וְהִפְשִׁיטוּךְ אֶת בְּגָדַיִךְ וְלָקְחוּ כְּלֵי תִפְאַרְתֵּךְ: (יחזקאל כג:כו)

וַיֹּאמֶר ה' אֵלַי אִם יַעֲמֹד מֹשֶׁה וּשְׁמוּאֵל לְפָנַי אֵין נַפְשִׁי אֶל הָעָם הַזֶּה שַׁלַּח מֵעַל פָּנַי וְיֵצֵאוּ: (ירמיה טו:א)

בֵּין הָאוּלָם וְלַמִּזְבֵּחַ יִבְכּוּ הַכֹּהֲנִים מְשָׁרְתֵי ה' וְיֹאמְרוּ חוּסָה ה' עַל עַמֶּךָ וְאַל תִּתֵּן נַחֲלָתְךָ לְחֶרְפָּה לִמְשָׁל בָּם גּוֹיִם לָמָּה יֹאמְרוּ בָעַמִּים אַיֵּה אֱלֹהֵיהֶם: (יואל ב:יז)

כִּי זָנְתָה אִמָּם הֹבִישָׁה הוֹרָתָם כִּי אָמְרָה אֵלְכָה אַחֲרֵי מְאַהֲבַי נֹתְנֵי לַחְמִי וּמֵימַי צַמְרִי וּפִשְׁתִּי שַׁמְנִי וְשִׁקּוּיָי: (הושע ב:ז)

וְעַתָּה אֲגַלֶּה אֶת נַבְלֻתָהּ לְעֵינֵי מְאַהֲבֶיהָ וְאִישׁ לֹא יַצִּילֶנָּה מִיָּדִי: (שם שם יב)

פֶּן אַפְשִׁיטֶנָּה עֲרֻמָּה וְהִצַּגְתִּיהָ כְּיוֹם הִוָּלְדָהּ וְשַׂמְתִּיהָ כַמִּדְבָּר וְשַׁתִּהָ כְּאֶרֶץ צִיָּה וַהֲמִתִּיהָ בַּצָּמָא: (שם שם ה)

וְנוֹדַע בַּגּוֹיִם זַרְעָם וְצֶאֱצָאֵיהֶם בְּתוֹךְ הָעַמִּים כָּל רֹאֵיהֶם יַכִּירוּם כִּי הֵם זֶרַע בֵּרַךְ ה': (ישעיה סא:ט)

וְעַתָּה ה' אָבִינוּ אָתָּה אֲנַחְנוּ הַחֹמֶר וְאַתָּה יֹצְרֵנוּ וּמַעֲשֵׂה יָדְךָ כֻּלָּנוּ: (ישעיה סד:ז)

וְאֵין קוֹרֵא בְשִׁמְךָ מִתְעוֹרֵר לְהַחֲזִיק בָּךְ כִּי הִסְתַּרְתָּ פָנֶיךָ מִמֶּנּוּ וַתְּמוּגֵנוּ בְּיַד עֲוֹנֵנוּ: (שם שם ו)

כֹּל הַנִּקְרָא בִשְׁמִי וְלִכְבוֹדִי בְּרָאתִיו יְצַרְתִּיו אַף עֲשִׂיתִיו: (שם מג:ז)

שינוי נוסחאות

(ה) איני מבקש להראות אב. בד' אמשט' תקל"ז לבד איתא "...להקראות אב" אבל אח"כ חזרו לנוסח הקדום. ועפ"ז תבין דברי רד"ל כאן: אב ויוצר. בד' אמשט' תמ"ה כתבו "ויותר", ובאמשט' תקל"ז "יותר", אבל אח"כ חזרו המדפיסים לנוסח הקדום. ועפ"ז תבין דברי רש"ש כאן:

מתנות כהונה

שהוא אומר. ישראל אומרים ויש גרסין שהם: **ולא זנה.** העבודה זרה אינה זנה ומפרנסת את עצמה והיאך היא מפרנסת את אחרים לפי דבריהם: **עמך.** ולא עמי: הכי גרסינן **שנאמר למה ה' יחרה:** **[ה] להראות אב.** להיות נראה כמו אב:

אשד הנחלים

דבר אחר כו' משל כו' אי אתה יכול לכחש כו'. לכאורה מה חידש בדבר אחר יותר מפירוש הראשון. והנראה לפי שבתחלה מפרש שאתה אבינו, שאנחנו מכירים אותך שאתה אבינו ולכן ראוי לרחם עלינו, ועתה מפרש בהיפך שאתה אבינו וראוי לך לרחם עלינו, וזהו אין אתה יכול לכחש אותם כי אתה דבוק בהם כאהבת אב לבן. והענין בכללו לפי המשל שהישרים מצד עצמם היו טובים ומזגם היה טוב, רק חטאם במקרה היה מהתערבותם עם העובדי כוכבים, והראיה כי תיכף כשהם בצרה אז מרגישים כבודו יתברך, וזהו הכנוי בהפשטה, אם ה' מסבב להם צרות רבות ורעות ויפשיטם מטובתם, אז מהר ישובו אליו כי טבעם מוכן לזה, ולכן בהיפך ה' אביהם כביכול מרחם תיכף עליהם, וזהו בפניהם הם ניכרים. וכל זה פתיחה להכתוב פסל לך, לראות מזה איך תיכף נכמרו רחמי ה' עליהם כי הם בעצמם טובים:

The Midrash presents a final exposition of the verse from *Isaiah*:

דָּבָר אַחֵר, "וְעַתָּה ה' אָבִינוּ אָתָּה" — **Another interpretation:** ***So now, HASHEM, You are our Father.*** *We are the clay and You are our Potter, and we are all Your handiwork* (*Isaiah* 64:7). אָמַר לָהֶם הַקָּדוֹשׁ בָּרוּךְ הוּא: הִנַּחְתֶּם אֲבוֹתֵיכֶם אַבְרָהָם יִצְחָק וְיַעֲקֹב וְלִי אַתֶּם קוֹרְאִים אָב — **The Holy One, blessed is He, said to [the Israelites], "You have neglected your** true **fathers, Abraham, Isaac, and Jacob, and** instead **you are calling Me,** ***Father!*****"**[96] אָמְרוּ לוֹ: לְךָ אָנוּ מַכִּירִים כְּאָב — **[The Israelites] said** back **to [God], "It is You Whom we recognize as** our **Father."** מָשָׁל לִיתוֹמָה שֶׁהָיְתָה מִתְגַּדֶּלֶת אֵצֶל אַפּוֹטְרוֹפּוֹס — It is **comparable to an orphan girl who was raised by a guardian,** וְהָיָה אָדָם טוֹב וְנֶאֱמָן, וְגִדְּלָהּ וּשְׁמָרָהּ כָּרָאוּי — **and the guardian was a benevolent and trustworthy person,**[97] **who raised her and protected her properly.** בִּקֵּשׁ לְהַשִּׂיאָהּ — At a certain point **he sought to marry her off.** עָלָה הַלַּבְלָר לִכְתּוֹב הַכְּתוּבָּה — **The scribe came to write the marriage contract,** אָמַר לָהּ: מַה שְּׁמֵךְ — **he said to [the orphan], "What is your name?"** אָמְרָה: פְּלוֹנִית — **She answered, "So-and-so."** אָמַר לָהּ: וּמַה שֵּׁם אָבִיךְ — **[The scribe]** then **said to her, "What is your father's name?"**[98] הִתְחִילָה שׁוֹתֶקֶת — **She became silent.** אָמַר לָהּ אַפּוֹטְרוֹפּוֹס שֶׁלָּהּ: לָמָּה אַתְּ שׁוֹתֶקֶת — **Her guardian said to her, "Why are you silent?"** אָמְרָה לוֹ: מִפְּנֵי שֶׁאֵינִי יוֹדַעַת לִי אָב אֶלָּא אוֹתְךָ — **She said to [her guardian], "Because I do not know of any father other than you,**[99] שֶׁהַמְגַדֵּל נִקְרָא אָב וְלֹא הַמּוֹלִיד — **for the one who raises** the child **is called the father and not the one who** merely **sires** the child physically."

The Midrash explains the the parable:

כָּךְ — **So** too, here. הַיְתוֹמָה אֵלּוּ יִשְׂרָאֵל — **The orphan** in the story — **this is** analogous to **Israel,** שֶׁנֶּאֱמַר "יְתוֹמִים הָיִינוּ וְאֵין אָב" — **as [Scripture] states,** ***We have become orphans, and there is no father*** (*Lamentations* 5:3),[100] אַפּוֹטְרוֹפּוֹס שֶׁלָּהֶם הַטּוֹב וְהַנֶּאֱמָן זֶה הַקָּדוֹשׁ בָּרוּךְ הוּא — **Their "benevolent and faithful guardian" — this represents the Holy One, blessed is He.**[101] הִתְחִילוּ יִשְׂרָאֵל קוֹרִין אוֹתוֹ אָבִינוּ — **Israel began calling [God],** ***our Father,*** שֶׁנֶּאֱמַר "וְעַתָּה ה' אָבִינוּ אָתָּה" — **as [the verse] states,** ***So now, HASHEM, You are our Father.*** אָמַר הַקָּדוֹשׁ בָּרוּךְ הוּא: הִנַּחְתֶּם אֶת אֲבוֹתֵיכֶם וְלִי אַתֶּם קוֹרְאִים אָבִינוּ — **The Holy One, blessed is He,** said to them: **You abandoned your** true **fathers and** instead **you are calling Me,** ***our Father,*** שֶׁנֶּאֱמַר "הַבִּיטוּ אֶל אַבְרָהָם אֲבִיכֶם" — **as [Scripture] states,** ***Look to Abraham your father*** (*Isaiah* 51:2).[102] אָמְרוּ לוֹ: רִבּוֹן הָעוֹלָם — **[The Israelites] said to [God], "Master of the universe!"** הַמְגַדֵּל אָב וְלֹא הַמּוֹלִיד — **The one who raises** the child **is called the father and not the one who** merely **sires** the child physically." שֶׁנֶּאֱמַר "כִּי אַתָּה אָבִינוּ כִּי אַבְרָהָם לֹא יְדָעָנוּ" — **As [Scripture] states,** ***For You are our Father; for Abraham does not know us*** . . . *You, HASHEM, are our Father, our Eternal Redeemer* (ibid. 63:16).[103]

NOTES

96. The word אָתָּה, *You,* is seemingly unnecessary; hence, the Midrash interprets it as meaning that *You* God alone are our Father, to the exclusion of the three Patriarchs (*Yefeh To'ar;* see *Eitz Yosef* for an alternative understanding).

97. He was benevolent and provided for her with his own money as needed and he was faithful with her inheritance, which had been entrusted to his care, refraining from using it for his personal needs (*Yefeh To'ar, Eitz Yosef*).

98. For the norm would have been to identify her in the marriage contract as, "So-and-so, the daughter of So-and-so."

99. Unable to name her guardian as her father on a legal document since he was not biologically her father (see *Yefeh To'ar*), yet unwilling to acknowledge her true father since she viewed her guardian as her father, as the Midrash explains below (see *Eitz Yosef*).

100. The verse indicates that at the time of the Temple's destruction Israel could no longer rely on the merit of the three Patriarchs (*Yefeh To'ar*); see *Shabbos* 55a.

101. For God faithfully provides for the Israelites out of their inheritance, the merit earned by the three forefathers. When that merit is not available, He benevolently provides for them out of His own goodness (*Yefeh To'ar, Eitz Yosef*).

102. The word אֲבִיכֶם, *your father,* appears superfluous, the Midrash therefore interprets the verse as meaning that they should look to Abraham as their father (*Maharzu*). *Yefeh To'ar* suggests that according to the Midrash the verse means that they should invoke Abraham's merit when asking God to provide for their needs.

103. [That is, in this verse the Jewish people assert that Abraham is not to be considered their father since he did not know them, i.e., he did not care for them. Rather it is God, Who has constantly provided for them and saved them from their enemies, Who is to be considered their true Father.]

דָּבָר אַחֵר, (שם סד, ז) "**וְעַתָּה ה' אָבִינוּ אָתָּה", אָמַר לָהֶם הַקָּדוֹשׁ בָּרוּךְ הוּא: הִנַּחְתֶּם אֲבוֹתֵיכֶם אַבְרָהָם יִצְחָק וְיַעֲקֹב וְלִי אַתֶּם קוֹרְאִים אָב, אָמְרוּ לוֹ: לְךָ אָנוּ מַכִּירִים כְּאָב, מָשָׁל לִיתוֹמָה שֶׁהָיְתָה מִתְגַּדֶּלֶת אֵצֶל אַפּוֹטְרוֹפּוֹס, וְהָיָה אָדָם טוֹב וְנֶאֱמָן, וְגִדְּלָהּ וּשְׁמָרָהּ כָּרָאוּי, בִּקֵּשׁ לְהַשִּׂיאָהּ, עָלָה הַלַּבְלָר לִכְתּוֹב הַכְּתוּבָּה, אָמַר לָהּ: מַה שְּׁמֵךְ, אָמְרָה: פְּלוֹנִית, אָמַר לָהּ: וּמַה שֵּׁם אָבִיךְ, הִתְחִילָה שׁוֹתֶקֶת, אָמַר לָהּ אַפּוֹטְרוֹפּוֹס שֶׁלָּהּ: לָמָּה *אַתְּ שׁוֹתֶקֶת, אָמְרָה לוֹ: מִפְּנֵי שֶׁאֵינִי יוֹדַעַת לִי אָב אֶלָּא אוֹתְךָ, שֶׁהַמְגַדֵּל נִקְרָא אָב וְלֹא הַמּוֹלִיד, כָּךְ הַיְתוֹמָה אֵלּוּ יִשְׂרָאֵל, שֶׁנֶּאֱמַר** (איכה ה, ג) **"יְתוֹמִים הָיִינוּ וְאֵין אָב", אַפּוֹטְרוֹפּוֹס שֶׁלָּהֶם הַטּוֹב וְהַנֶּאֱמָן זֶה הַקָּדוֹשׁ בָּרוּךְ הוּא, הִתְחִילוּ יִשְׂרָאֵל קוֹרִין אוֹתוֹ אָבִינוּ, שֶׁנֶּאֱמַר** (ישעיה סד, ז) **"וְעַתָּה ה' אָבִינוּ אָתָּה", אָמַר הַקָּדוֹשׁ בָּרוּךְ הוּא: הִנַּחְתֶּם אֶת אֲבוֹתֵיכֶם וְלִי אַתֶּם קוֹרְאִים אָבִינוּ, שֶׁנֶּאֱמַר** (שם נא, ב) **"הַבִּיטוּ אֶל אַבְרָהָם אֲבִיכֶם", אָמְרוּ לוֹ: רִבּוֹן הָעוֹלָם, הַמְגַדֵּל אָב וְלֹא הַמּוֹלִיד, שֶׁנֶּאֱמַר** (שם סג, טז) **"כִּי אַתָּה אָבִינוּ כִּי אַבְרָהָם לֹא יְדָעָנוּ":**

עץ יוסף

כל הנקרא בשמי ולכבודי, רוצה לומר שהוא עושה רצוני וזה הוא לי לכבודי מודה אני לו שאני בראתיו ויצרתיו וצריך אני לנהוג עמו כאב וכיוצר, מה שאין כן כשאין עושין רצוני: [ו] **הנחתם אבותיכם כו' ולי אתם קוראים כו'.** עיקר דרוש זה מפסוק כי אתה אבינו, כי אברהם לא ידענו וישראל לא יכירנו אתה ה' אבינו וגו' (ישעיה סג טז). והכי פרושו ישראל אמרו תחלה כי אתה אבינו, ושאל להם הקדוש ברוך הוא תוך כדי דיבור הנחתם אבותיכם ולי אתם קוראים אבינו, הלא אברהם יצחק יעקב המה אביכם מעולם ולמה אתם מכנים אותי כשם אבותיכם, והשיבו כי אברהם לא ידענו וגו' אתה ה' אבינו, וכמו שאם דרש מיתור לשון, כן גם בפסוק ועתה ה' אבינו אתה דורש יתור מלת אתה, שבא למעט בה האבות (תולדות נח ויפה תואר): **אפוטרופוס.** ממונה ופקיד (מוסף הערוך): **טוב ונאמן.** טוב שמטיב ממונו ונאמן בשלה ששמר מה שנשאר לה מאביה כהוגן, ולא נהנה ממנה: **התחילה שותקת.** ולא אמרה שם אביה מפני כבוד אפוטרופוס אחר שהוא נקרא אב טפי: **ולא המוליד.** היינו כשאינו מגדלה: **הטוב הנאמן.** זה הקדוש ברוך הוא הטוב שמטיב משלו, והנאמן לשלם שכר טוב בזכות האבות כי שומר הברית והחסד לאוהביו: **רבון העולם המגדל אב ולא המוליד.** וזהו גם כן אנחנו החומר כי אף שהאדם נולד מאדם, אבל אתה יוצרנו האמתי מחדש תמיד הקיום התמידי, ולכן המגדל הוא הנקרא אב ולא המוליד:

פירוש מהרז"ו

הנחתם אבותיכם. כמו שכתוב עוד שם ישעיה באותה פרשה המתחלת חסדי ה' אזכיר, עד נדרשתי ללא שאלו וכו', עד כי אתה אבינו כי אברהם לא ידענו וישראל לא יכירנו אתה ה' אבינו, וכדלקמן בסוף הסימן: **הביטו אל אברהם אביכם.** רישא דקרא הביטו אל צור חוצבתם, היה די שיאמר אל אברהם, ותיבת אביכם, ותיבת הביטו, מיותרים, על כן דורש שהוא תשובה על מה שכתוב ועתה ה' אבינו אתה הביטו אל אברהם, שהוא אביכם, ועל זה השיבו כי אתה אבינו כי אברהם וכו':

אם למקרא

יְתוֹמִים הָיִינוּ אֵין [וְאֵין] אָב אִמֹּתֵינוּ כְּאַלְמָנוֹת:
(איכה ה:ג)

הַבִּיטוּ אֶל אַבְרָהָם אֲבִיכֶם וְאֶל שָׂרָה תְּחוֹלֶלְכֶם כִּי אֶחָד קְרָאתִיו וַאֲבָרְכֵהוּ וְאַרְבֵּהוּ:
(ישעיה נא:ב)

כִּי אַתָּה אָבִינוּ כִּי אַבְרָהָם לֹא יְדָעָנוּ וְיִשְׂרָאֵל לֹא יַכִּירָנוּ אַתָּה ה' אָבִינוּ גֹּאֲלֵנוּ מֵעוֹלָם שְׁמֶךָ:
(שם סג:טז)

מתנות כהונה

אמרו לו לך אני מכירים גרסינן:

אשד הנחלים

[ה] **דבר אחר כו' למעלן כו' אב ויוצר אלא למי שהוא עושה רצוני.** לכאורה יקשה היאך הם עושים רצונו, אחר שמתחלה הוכיחם הכתוב ואין איש מתעורר להחזיק בך, שזה היה קושיתו, גם מה הוסיף לומר אב ויוצר. והנראה שהכונה שבעת שהם בצרה אז תיכף הם מהפכים דרכם לטובה, ועושים רצונו יתברך באהבה כאהבת הבן לאב, לא כמו העובדי כוכבים אף שבצר להם יבקשו פניו רק מיראה ולא מהכרה אמיתית, וזהו שמתחלה הוכיחם הנביא שאין איש מתעורר להחזיק בך מאהבה, ועל ידי זה היה הסתרת פנים עליהם, והניחם למוג מרוב עונם, ועל ידי זה נתהפך לבם, ומהר קראו אותו אבי אתה וקראו אותו יוצר, וזהו הכרה השלימה להרגיש איך שה' ברוך הוא הוא אבי כל, כי ממנו כל נובע והוא סיבת כל, ואף שאנחנו מתראים לישיים נפרדים כאלו אנחנו החומר, אבל אתה יוצרנו ועושנו בכל עת ורגע מחדש צורה, להיות פושט ולובש צורה בכל עת, ולכן גם ה' אתנו להיות עלינו לאב רחמן וליוצר. וזהו כל הנקרא בשמי [להרגיש ולהכיר שמי], ולכבודי [להרגיש כבודי כהכרת הבן לאביו], בראתיו ועשיתיו מאין, יצרתיו [לחדש לו צורה תמיד] אף עשיתיו על תיקונו בשלימות: **אבינו אתה כו'.** וסוף הפסוק כי אברהם לא ידענו: **משל כו'.** שהמגדל נקרא אב, וזהו גם כן אנחנו החומר, כי אף שהאדם נולד מאדם יש מיש, ואם כן החומר הוא כאלו הוא יש נפרד במציאות, אבל אתה יוצרנו האמיתי מחדש תמיד הקיום התמידי להלביש צורה וקיום תמיד, ולכן המגדל הוא הנקרא אב ולא המוליד:

Chapter 47

וַיֹּאמֶר ה׳ אֶל מֹשֶׁה כְּתָב לְךָ אֶת הַדְּבָרִים הָאֵלֶּה כִּי עַל פִּי הַדְּבָרִים הָאֵלֶּה כָּרַתִּי אִתְּךָ בְּרִית וְאֶת יִשְׂרָאֵל. וַיְהִי שָׁם עִם ה׳ אַרְבָּעִים יוֹם וְאַרְבָּעִים לַיְלָה לֶחֶם לֹא אָכַל וּמַיִם לֹא שָׁתָה וַיִּכְתֹּב עַל הַלֻּחֹת אֵת דִּבְרֵי הַבְּרִית עֲשֶׂרֶת הַדְּבָרִים. וַיְהִי בְּרֶדֶת מֹשֶׁה מֵהַר סִינַי וּשְׁנֵי לֻחֹת הָעֵדֻת בְּיַד מֹשֶׁה בְּרִדְתּוֹ מִן הָהָר וּמֹשֶׁה לֹא יָדַע כִּי קָרַן עוֹר פָּנָיו בְּדַבְּרוֹ אִתּוֹ.

HASHEM said to Moses, "Write these words for yourself, for according to these words have I sealed a covenant with you and Israel." He remained there with HASHEM for forty days and forty nights — he did not eat bread and he did not drink water — and He wrote on the Tablets the words of the covenant, the Ten Commandments. When Moses descended from Mount Sinai — with the two Tablets of the Testimony in the hand of Moses as he descended from the mountain — Moses did not know that the skin of his face had become radiant when He had spoken to him (34:27-29).

§1 כְּתָב לְךָ אֶת הַדְּבָרִים הָאֵלֶּה — ***WRITE THESE WORDS FOR YOURSELF,*** *FOR ACCORDING TO THESE WORDS HAVE I SEALED A COVENANT WITH YOU AND ISRAEL.*

The Sages teach us that when God sealed this covenant with Israel, He sealed it only on the basis of the *oral* teachings of the Torah.[1] The Midrash will explain why:[2]

הָדָא הוּא דִכְתִיב ״אֶכְתָּב לוֹ רֻבֵּי תּוֹרָתִי כְּמוֹ זָר נֶחְשָׁבוּ״ — **Thus it is written, *I wrote for them the great principles of My Torah but they were regarded as something alien*** (*Hosea* 8:12).[3] בְּשָׁעָה שֶׁנִּגְלָה הַקָּדוֹשׁ בָּרוּךְ הוּא בְּסִינַי לִיתֵּן תּוֹרָה לְיִשְׂרָאֵל — **At the time that the Holy One, blessed is He, revealed Himself at Sinai to give the Torah to Israel,** אֲמָרָהּ לְמֹשֶׁה עַל הַסֵּדֶר — **He told it to Moses in** a clear **sequence:** מִקְרָא וּמִשְׁנָה תַּלְמוּד וְאַגָּדָה — He first taught him **Scripture,** then **Mishnah,** then **Talmud,**[4] **and** then **Aggadah,**[5] שֶׁנֶּאֱמַר ״וַיְדַבֵּר אֱלֹהִים אֵת כָּל הַדְּבָרִים הָאֵלֶּה״ — **as it is stated, *God spoke all these statements*** (above, 20:1).[6] אֲפִילוּ מַה שֶּׁהַתַּלְמִיד שׁוֹאֵל לָרַב אָמַר הַקָּדוֹשׁ בָּרוּךְ הוּא לְמֹשֶׁה בְּאוֹתָהּ שָׁעָה — In fact, **even that which a pupil asks his teacher** during a Talmudic discussion[7] **the Holy One, blessed is He, told Moses at that time.**[8] מֵאַחַר שֶׁלְּמָדָהּ מִפִּי הַקָּדוֹשׁ בָּרוּךְ הוּא אָמַר לוֹ: לַמְּדָהּ לְיִשְׂרָאֵל — **After [Moses] learned [the Torah] from the mouth of the Holy One, blessed is He, He said to [Moses], "Teach it to Israel."** אָמַר לְפָנָיו: רִבּוֹנוֹ שֶׁל עוֹלָם, אֶכְתּוֹב אוֹתָהּ לָהֶם — **[Moses]** then **asked [God], "Master of the World, shall I record it** all **for them?"** אָמַר לוֹ: אֵינִי מְבַקֵּשׁ לִיתְּנָהּ לָהֶם בִּכְתָב — **[God] replied, "I do not want to give it** all **to them in writing** מִפְּנֵי שֶׁגָּלוּי לְפָנַי שֶׁאוּמּוֹת הָעוֹלָם עֲתִידִים לִשְׁלוֹט בָּהֶם וְלִיטּוֹל אוֹתָהּ מֵהֶם — **because it is revealed before Me that the nations of the world are destined to dominate them and take [the Torah] from them,** וְיִהְיוּ בְּזוּיִם בָּאוּמּוֹת — **and [Israel] will** then **be degraded by the nations.**[9] אֶלָּא הַמִּקְרָא אֲנִי נוֹתֵן לָהֶם בִּכְתָב — **Rather,** only **Scripture will I give them in writing;** וְהַמִּשְׁנָה וְהַתַּלְמוּד וְהָאַגָּדָה אֲנִי נוֹתֵן לָהֶם עַל פֶּה — **but the Mishnah, the Talmud, and the Aggadah I will transmit to them orally,** שֶׁאִם יָבוֹאוּ אוּמּוֹת הָעוֹלָם וְיִשְׁתַּעְבְּדוּ בָּהֶם יִהְיוּ מוּבְדָּלִים מֵהֶם — **for** this way **if the nations of the world will come and subjugate them, they will** still **remain singular** and distinct **from them."**[10]

The Midrash will now interpret the verse from *Hosea* in a manner that will explain why God sealed His covenant with Israel on the basis of the *oral* teachings of the Torah:

אָמַר לַנָּבִיא — **[God] said to the prophet,** אִם ״אֶכְתָּב לוֹ רֻבֵּי תּוֹרָתִי כְּמוֹ זָר נֶחְשָׁבוּ״ — **"If *I will write for them*** (Israel) ***My many teachings,***[11] then ***they will be considered no better than strangers.***[12] וּמָה אֲנִי עוֹשֶׂה לָהֶם — **What then should I do for them?** נוֹתֵן אֶת הַמִּקְרָא בִּכְתָב — I will **give them Scripture** alone **in writing,** וְהַמִּשְׁנָה וְהַתַּלְמוּד וְהַהַגָּדָה בְּעַל פֶּה — **while the Mishnah, the Talmud, and Aggadah** I will transmit to them **orally."** ״כְּתָב לְךָ״ זֶה הַמִּקְרָא — Accordingly, the phrase ***write*** *these words* ***for yourself*** in our verse **is** referring to **Scripture,** which God gave Moses in writing; ״כִּי עַל פִּי הַדְּבָרִים הָאֵלֶּה כָּרַתִּי אִתְּךָ בְּרִית״ זוֹ הַמִּשְׁנָה וְהַתַּלְמוּד — while the phrase ***for according to*** [עַל פִּי] ***these words have I sealed a covenant with you*** *and Israel* **is** referring to **Mishnah and Talmud,** which God transmitted to Moses only "by word," orally, שֶׁהֵם מַבְדִּילִים בֵּין יִשְׂרָאֵל לְבֵין הָאוּמּוֹת — and **which** thus **keep Israel distinct from the nations.**[13]

NOTES

1. *Gittin* 60b. See also the Midrash at the end of this section.

2. *Eitz Yosef.*

3. We have translated this verse according to its plain meaning. It reflects God's complaint that although He sent many prophets to admonish Israel and proclaim the greatness of the Torah, the Jews did not heed the admonitions, and viewed the laws of the Torah as something alien. The Midrash below will interpret the verse differently, in a way that will shed light on the issue discussed in our section.

4. *Eitz Yosef* explains "Talmud" here to mean *halachos* — apparently referring to the body of literature known as *Midrash Halachah* (i.e., the material found in *Mechilta, Sifra, and Sifrei*), where laws are derived from the Scriptural text. See, however, §7 below (with note 112), where the Midrash uses the two terms *Halachos* and *Midrashos* separately. Accordingly, by *"halachos"* it is possible that *Eitz Yosef* is referring to purely oral traditions (הֲלָכָה לְמֹשֶׁה מִסִּינַי).

5. The term Aggadah is a general term for the non-halachic branch of Torah literature. It includes Jewish lore, Scriptural interpretations, and ethical teachings. [In the present context, however, *Eshed HaNechalim* defines it as the teachings of Divine wisdom and supernal secrets.]

Thus: God would teach Moses a portion of Scripture. He would then teach him the teachings of the Mishnah, Talmud, and Aggadah on that portion (*Eitz Yosef*, from *Yefeh To'ar*). Alternatively, God taught him the entire Scripture, then the entire Mishnah, etc. (*Yefeh To'ar*). Either way, the Midrash's point is although God related everything to Moses orally, He made clear to him what was to be Scripture, what was to be Mishnah, etc. In that way, when God told him to write only the Scriptural portion of what he had been taught, Moses knew which portion was meant (ibid.).

6. The word *all* is superfluous for the verse could have simply stated, "God spoke these statements." It thus comes to include the Mishnah, Talmud, and Aggadah (ibid.).

7. Ibid.

8. Compare *Vayikra Rabbah* 22 §1, cited by *Eitz Yosef.*

9. If the nations of the world will have the text of the entire Torah, i.e., Scripture, Mishnah, Talmud, and Aggadah, Israel would be degraded because the nations would then claim that *they* have supplanted the Jews and are now the true Israel; see *Bamidbar Rabbah* 14 §10 (*Eitz Yosef,* from *Yefeh To'ar*). *Midrash Tanchuma* (*Ki Sisa* §34) states that God foresaw that the nations would translate the Torah into Greek [the Septuagint]; had the Oral Torah been written down, they would have translated that as well (*Yefeh To'ar*).

10. The Oral Torah will belong to Israel alone, and this will maintain Israel's distinctiveness.

Since the Oral Torah — the obviously true interpretation of the Written Torah — remains in the hands of the Jews alone, it will be evident to the discerning ones that God's true Torah has never been given to any other nation (see *Yefeh To'ar*).

11. A reference to the Oral Torah, whose teachings are more numerous than those of the Written Torah (*Eitz Yosef*, citing *Bamidbar Rabbah* loc. cit.; see *Gittin* 60b).

12. I.e., they will be no different from the nations of the world (see note 10; for a different interpretation see *Eshed HaNechalim*).

13. [The words עַל פִּי literally mean "by the mouth of" and allude to the Oral Law.] It is for this reason, then, that God sealed His covenant with

פרשה מז

א [לד, כז] "כְּתָב לְךָ אֶת הַדְּבָרִים הָאֵלֶּה", הָדָא הוּא דִכְתִיב (הושע ח, יב) "אֶכְתָּב לוֹ רֻבֵּי תוֹרָתִי כְּמוֹ זָר נֶחְשָׁבוּ", בְּשָׁעָה שֶׁנִּגְלָה הַקָּדוֹשׁ בָּרוּךְ הוּא בְּסִינַי לִיתֵּן תּוֹרָה לְיִשְׂרָאֵל אֲמָרָהּ לְמֹשֶׁה עַל הַסֵּדֶר, מִקְרָא וּמִשְׁנָה תַּלְמוּד וְאַגָּדָה, שֶׁנֶּאֱמַר (שמות כ, א) "וַיְדַבֵּר אֱלֹהִים אֵת כָּל הַדְּבָרִים הָאֵלֶּה", אֲאֲפִילוּ מַה שֶּׁהַתַּלְמִיד שׁוֹאֵל לָרַב אָמַר הַקָּדוֹשׁ בָּרוּךְ הוּא לְמֹשֶׁה בְּאוֹתָהּ שָׁעָה, מֵאַחַר שֶׁלְּמָדָהּ מִפִּי הַקָּדוֹשׁ בָּרוּךְ הוּא אָמַר לוֹ: לַמְּדָהּ לְיִשְׂרָאֵל, באָמַר לְפָנָיו: רִבּוֹנוֹ שֶׁל עוֹלָם, אֶכְתֹּב אוֹתָהּ לָהֶם, אָמַר לוֹ: אֵינִי מְבַקֵּשׁ לִיתְּנָהּ לָהֶם בִּכְתָב, מִפְּנֵי שֶׁגָּלוּי לְפָנַי שֶׁאוּמּוֹת הָעוֹלָם עֲתִידִים לִשְׁלוֹט בָּהֶם וְלִיטּוֹל אוֹתָהּ מֵהֶם, וְיִהְיוּ בְּזוּיִים בָּאוּמּוֹת, אֶלָּא הַמִּקְרָא אֲנִי נוֹתֵן לָהֶם בִּכְתָב, וְהַמִּשְׁנָה וְהַתַּלְמוּד וְהָאַגָּדָה אֲנִי נוֹתֵן לָהֶם עַל פֶּה, שֶׁאִם יָבוֹאוּ אוּמּוֹת הָעוֹלָם וְיִשְׁתַּעְבְּדוּ בָהֶם יִהְיוּ מוּבְדָּלִים מֵהֶם, אָמַר לַנָּבִיא: אִם "אֶכְתָּב לוֹ רֻבֵּי תוֹרָתִי כְּמוֹ זָר נֶחְשָׁבוּ", וּמָה אֲנִי עוֹשֶׂה לָהֶם, נוֹתֵן אֶת הַמִּקְרָא בִּכְתָב וְהַמִּשְׁנָה וְהַתַּלְמוּד וְהַהַגָּדָה בְּעַל פֶּה, [לד, כז] "כְּתָב לְךָ" זֶה הַמִּקְרָא, [שם] "כִּי עַל פִּי הַדְּבָרִים הָאֵלֶּה" זוֹ הַמִּשְׁנָה וְהַתַּלְמוּד, שֶׁהֵם מַבְדִּילִים בֵּין יִשְׂרָאֵל לְבֵין °הָעוֹבְדֵי כוֹכָבִים°:

ב דָּבָר אַחֵר, [לד, כז] "כְּתָב לְךָ", אָמַר הַקָּדוֹשׁ בָּרוּךְ הוּא לְמֹשֶׁה: הַלּוּחוֹת הָרִאשׁוֹנוֹת אֲנִי כְּתַבְתִּי אוֹתָם, כְּדִכְתִיב [לא, יח] "כְּתֻבִים בְּאֶצְבַּע אֱלֹהִים", אֲבָל הַשְּׁנִיִּים כְּתוֹב אַתָּה, וְלוּאַי אֶתֵּן בּוֹ יָדִי, מָשָׁל לְמֶלֶךְ שֶׁנָּשָׂא אֶת הָאִשָּׁה וְכָתַב לָהּ גָּמִיסְקוֹס מִשֶּׁלּוֹ, לְאַחַר יָמִים קִלְקְלָה וּטְרָדָהּ מִבֵּיתוֹ, בָּא שׁוֹשְׁבִינָהּ וְרִיצָּה אוֹתָהּ לַמֶּלֶךְ, אָמַר הַמֶּלֶךְ לְשׁוֹשְׁבִין: הֲרֵי נִתְרַצֵּיתִי לָהּ, אֶלָּא עֲשֵׂה לָהּ גָּמִיסְקוֹס וּלְוַאי אֶתֵּן בּוֹ יָדִי, הָדָא הוּא דִכְתִיב (דברים י, ב) "וְאֶכְתֹּב עַל הַלֻּחֹת":

עץ יוסף

(א) **הדא הוא דכתיב אכתב לו רובי תורתי וגו'.** דאיתא בפרק הנזקין (גיטין ס, ב) לא כרת הקדוש ברוך הוא ברית עם ישראל אלא בשביל דברים שבעל פה שנאמר כי על פי הדברים האלה וגו' ורצה כאן ליתן טעם על זה מפני שהם מבדילים וכו', ולזה מייתי מקרא דאכתב לו וגו' כדמפרש: **על הסדר.** פירוש על כל פרשה ופרשה היה מלמדו המקרא שלה, ושוב מלמדו משנה של אותו דבר, ושוב מלמדו הלכות של אותו דבר, ושוב מלמדו אגדה של אותו דבר: **שנאמר וידבר אלהים את כל הדברים.** רבוי דכל קדריש כדלעיל פרק כ"ח: **שואל לרב.** פירוש שמקשה בכח פלפולו, ובויקרא רבה פרשה כ"ב איתא אפילו מה שתלמיד ותיק עתיד לומר לפני רבו: **ויהיו בזויים ישראל.** שעל ידי שתהיה התורה ביד כולם בשוה יתגאו העובדי כוכבים לומר שהם ישראל, כדלקמן בבמדבר רבה פרשה י"ד: **אם אכתוב לו רובי תורתי.** דהיינו המשנה שהיא גדולה מן המקרא, כדאמר בבמדבר רבה שם: **כמו זר נחשבו.** שהיו משוים עצמם לישראל: **זו המשנה.** שניתנה על פה כדדרש לקמן: (ב) **אמר הקדוש ברוך הוא למשה בו'.** מפני שכתוב אחר כתב לך ויהי שם עם ה' ארבעים יום ויכתוב על הלוחות, משמע ליה דכתב לך היינו כתיבת הלוחות, ופירוש ויכתוב, שמשה כתב: **ולואי אתן בו יד.** נתינת היד הן במשל הן בנמשל, הוא שהאחד כותב והשני מיישבו איך לכתוב הדבר, והנה במשל הכותב הגמיסקום (הוא שטר הנשואין), בתחלה היה המלך בעצמו והנייר נתן גם כן משלו, ואחר כך כשכעס עליה ונתרצה לה צוה להשושבין לעשות גמיסקום וגם הוא יכתוב, רק שהמלך יתן בו ידו לישבו מה שיכתוב, וכן בלוחות הראשונות הקדוש ברוך הוא בעצמו כתבם והשניות משה כתבם והקדוש ברוך הוא נתן ידו בשעת הכתיבה, וכאמור, ולפי זה הכתובים אינם מכחישים זה את זה, וזה שדייק כאן הלוחות הראשונות אני כתבתים כדכתיב כתובים באצבע אלהים, מה שאין כן השניות לא היו כתובים רק בעזר ידיו על ידיו של משה:

פירוש מהרז"ו

(א) **אכתוב לך רובי תורתי.** במדבר רבה פרשה י"ד סוף סימן י'. תנחומא וירא ריש סימן ה. ותנחומא כאן סימן ל"ד. ועיין תנחומא נח סימן ג ותרומה נפלאות. ירושלמי פאה פרק ב' קרוב לסופו: **מה שהתלמיד.** עיין לעיל סוף פרשה כ"ח ובירושלמי שם: **כמו זר.** כמו הזרים והעובדי כוכבים, ועיין פסיקתא ריש פרשה ה': (ב) **הלוחות הראשונות.** בסימן הא' פירש כתב לך, על כתב התורה כולה, וכאן מפרש על כתב הלוחות: **כתוב והלואי אתן ידי.** דורש מדה ט"ו תחלה אמר פסל לך וכו' וכתבתי על הלוחות, שהשם יתברך יכתוב, ואחר כך כתוב כתב לך, ובפסוק ב' ויכתוב, שמשה כתב, וכן בדברים י' גם כן, ואכתוב, וכתוב ויכתוב, שהשם יתברך כתב, הרי שני כתובים מכחישים, והכריע שמשה כתב והשם יתברך נתן ידו. ומשל הכתובה לעיל פרשה מ"ג סוף סימן א':

חידושי הרד"ל

[א] **רבונו של עולם אכתוב אותה להם.** רמז לדבר לכן נכתב אכתוב יתיר ו', לרמוז על שתא סדרי משנה שרצה לכתוב: **האלה כרתי אתך ברית זו המשנה בו'.** כן צריך לומר: [ב] **השניים כתוב אתה בו' ולואי אתן בו ידי הדא הוא דכתיב ואכתוב על הלוחות.** (ונכון יותר לגרוס מקרא דוכתבתי על הלוחות הכתוב בפרשה כאן, וכן להלן בסוף פרשה זו רמי קרא דכתב לך על מקרא זה דוכתבתי). ואף על גב דכתיב כמכתב הראשון, היינו על הדברים שכתוב בשניהם בשוה, ולא שאופן הכתיבה שלהן שוה, ועיין רמב"ן ובחיי בזה שלא הזכירו המדרש. (וקצת משמע ממה שאמר בעירובין (נד, א) אלמלא לא נשתברו הלוחות לא נשתכחה תורה מישראל, דכתיב חרות על הלוחות, דלוחות השניות היו משונין בכתיבתן מהראשונים):

חידושי הרש"ש

[א] **אם אכתוב לו רובי תורתי בו'.** ואתיא כמאן דאמר בגיטין (ס, ב) רוב על פה, ועיין שם בתספות ד"ה אתמוהי. או יש לומר דרובי שבכאן אינו מלשון רוב ומיעוט, וכמו ורצוי לרוב אחיו דדרשו במגילה (טז, ב) ולא לכל אחיו, אלא לשון רבוי כמו ברב עם הדרת מלך (משלי יד, כח), ועיין רש"י תענית ריש דף ז א (ד"ה למימרינהו) ובר"ן שם בשם הרמב"ן:

אמרי יושר

[ב] **כתוב אתה השניים ולואי שאתן בו ידי.** בזה יתורץ קושית כתב לך, והרי אומר בפרשת עקב ואכתוב על הלוחות, אלא שיישב ידו שם:

מסורת המדרש

א. ירושלמי פאה פ"ב. ויק"ר פ' כ"ב. קהלת רבה פ"א ופרשה ה':
ב. ירושלמי פאה פ"ב. במד"ר פ' י"ד. פסיקתא רבתי פ' ה'. תנחומא כאן סי' ל"ד. וסדר נח ס"ג. וסדר וירא ריש ס"ה. ילקוט הושע רמז תקכ"ה:

אם למקרא

אֶכְתָּב לוֹ רֻבֵּי תּוֹרָתִי כְּמוֹ זָר נֶחְשָׁבוּ: (הושע ח:יב)

וַיְדַבֵּר אֱלֹהִים אֵת כָּל הַדְּבָרִים הָאֵלֶּה לֵאמֹר: (שמות כ:א)

וְאֶכְתֹּב עַל הַלֻּחֹת אֶת הַדְּבָרִים אֲשֶׁר הָיוּ עַל הַלֻּחֹת הָרִאשֹׁנִים אֲשֶׁר שִׁבַּרְתָּ וְשַׂמְתָּם בָּאָרוֹן: (דברים י:ב)

ענף יוסף

(א) **ויהיו בזויים באומות בו'.** המדרש כאן הוא בקיצור לשון, ובתנחומא זה לשונו שם כתב לך את הדברים האלה וגו', זה שאמר הכתוב אכתב לו רובי תורתי כמו זר נחשבו, אמר ר' יהודה בר שלום כשאמר הקדוש ברוך הוא למשה כתב לך בקש משה שתהא גם המשנה בכתב, ולפי שצפה הקדוש ברוך הוא שהעובדי כוכבים עתידין לתרגם את התורה ולהיות קוראין בה, והם אומרים אנו ישראל כו', אמר להם הקדוש ברוך הוא אתם אומרים שאתם בני, איני יודע אלא מי שמסטורין שלי (פירושו ענין סוד והסתר) הם בני, ואי זו היא זו המשנה שניתנה על פה כו', שנאמר אכתוב לו רובי תורתי, ואם כן כמו זר נחשבו, אלא אתן להם מקרא בכתב ומשנה על פה, עד כאן לשון התנחומא:

ידי משה

[ב] **ולואי שאתן ידי.** פירוש, שלא אתן רק ידי עליהם פעם אחת כמו גבי מעשה דרבי חנינא במדרש שיר השירים (פרשה א, פסוק חזית) שאמרו שתתן רק ידך עמנו, ודייק מדכתיב גבי לוחות הראשונים כתובים באצבע אלהים, ובלוחות שניים כתיב ואכתוב על הלוחות, רק כתיבה פעם אחת. וקל להבין:

מתנות כהונה

[א] **אמרה.** הקדוש ברוך הוא אמר את התורה: [ב] **ולואי.** הלואי ומי יתן שאתרצה שאתן בו ידי: **וכתב לה גמיסקוס.** ועיין בערוך ערך גמס ופירושו כתובה:

אשד הנחלים

[א] **על הסדר כו' התלמיד שואל כו'.** כי התורה העליונה כוללת כל פרטי הענינים מה שיכול ליפול על הרעיון לשאול, יש בה רמז להבין על ידה, ופי שנים לה, אחד במצות המעשיות ופרטיהם וכלליהם, שזהו המשנה בכלל והתלמוד בפרט, השני מידיעת החכמות האלהיות וסודות העליונות שזהו אגדות, וכמו שאמרו (ספרי עקב סימן מט) רצונך להכיר את מי שאמר והיה העולם למוד אגדה, ובתורה רמוזה הכל: **באותה שעה מאחר כו'.** כלומר אחר שלמדה אותה משה בשלימות, אמר לו הקדוש ברוך הוא שילמדה זאת לישראל, ומלת אמר לו השני נמחק שהוא מיותר: **איני מבקש.** מפני שיסמכו על הכתיבה ולא יהיה שגור בפיהם, ואז כשישלטו העובדי כוכבים כששלטו הרומיים הקדמונים ולא יניחום ללמוד אז ישכחו הכל ויהו בזוים מהם, אבל עתה יחנכו להיות שגור על פיהם ובזה יהיו מובדלים במעשי התורה מהם, ואז הכל יכירו כי הם זרע ברך ה' במעשיהם הנאים. וזהו אם אכתוב לו רובי תורתי אז כמו זר נחשבו, כי היו שוכחים התורה ומצותיה, והיו נחשבים כמו זרים מהתורה ולימודה, וכאילו הנביא הוכיחם עתה ששכחו התורה, והיאך היה אם התורה כולה בכתב אז היה יותר גרוע, כי היו נחשבים כזרים בהעדר הידיעה כמוהם: **זה המשנה.** שלומדים בעל פה וזהו על פי, וזה שהם מבדילים ביניהם לבין העובדי כוכבים. וזהו על פי הדברים כרתי אתך ברית, להיות אתה לעם נבדל במעשיך להיותך דבוק עמדי. ולכן בדבור כתיב כל הדברים, אבל בכתיבה את הדברים האלה בלא מלת כל: [ב] **כתוב אתה.** וזהו כתב לך אתה בעצמך: **ולואי אתן בו ידי.** כלומר להיות עזרי מקדש עמך לעזרך. והענין על דרך הציור מלבד הפשוט, שהלוחות עצמן בראשונה היו לוחות אלהית שמיימים, מה שאינו בנמצא בטבע המציאות [ועיין מורה (ח"א פס"ו) במלת והלוחות], והשניים היו מעשי ידי משה. עוד יש בו ציור דק בענין ההשגה והשפעה מלמעלה מה שנבדלו הראשונות מהאחרונות, וזהו הלואי אתן בו ידי, כלומר יד השפעתי הרבה והגדולה לבלי תכלית: **משל למלך.** מבאר בזה סיבת הטעם, שבאמת על ידי חטאה אינו כדאי להתחבר עמה, ורק שעושה זאת למען השושבין, על כל פנים הכתובה אינו מחוייב ליתן לה, כן הקדוש ברוך הוא נתרצה בשביל משה, אבל לא שיופיע ה' בהופעה גדולה עליהם מעצמו כי אם על ידי משה שהוא האמצעי:

§2 In the previous section, the Midrash understood the phrase, *Write these words for yourself, etc.*, as referring to the words of the Written Torah as a whole. The Midrash now takes the same phrase as referring specifically to the words of the Ten Commandments that were written on the Second Tablets:[14]

דָּבָר אַחֵר, "כְּתָב לְךָ" – Another interpretation: *Write* these words *for yourself.*[15]

NOTES

Israel on the basis of the Oral Law: It is specifically the Oral Law, the Mishnah and Talmud, which distinguishes between Israel and the other nations, for *all* nations have access to the Written Torah (*Eitz Yosef*, beginning of section).

[It may be noted that while the Midrash earlier in this section quoted 20:1 above, which appears in the context of the Giving of the Torah (and introduces the Ten Commandments written on the First Tablets), the section concludes by citing and explaining our passage in Ch. 34, which discusses the writing of the *Second* Tablets. The Midrash apparently equates the two times that Torah was given to Israel; on both occasions, Scripture was accompanied by the Oral Law that was not written down.]

See Insight Ⓐ.

14. *Maharzu*. Moses brought down the First Tablets from Mount Sinai on the 17th of Tammuz. When he saw the people dancing around the Golden Calf he threw them down and shattered them (see above, 32:19). He then spent eighty days beseeching God to forgive Israel's sin. Then, on Yom Kippur, he brought down the Second Tablets (see *Rashi* to 18:13 above; cf. *Rashi* to 33:11 above and to *Deuteronomy* 9:18, where *Rashi* divides the eighty days into two sets of forty; see also note 96 below).

15. The Midrash here will be reconciling a seeming contradiction in Scripture: Regarding the Second Tablets the Torah states, *HASHEM said to Moses, "Carve for yourself two stone Tablets like the first ones and **I shall inscribe** on the Tablets the words that were on the First Tablets, which you shattered"* (above, v. 1), indicating that God would write the Second Tablets. *Deuteronomy* 10:1-2 states similarly, and verse 4 there adds that indeed, ***He* (God) *inscribed*** *on the Tablets according to the*

INSIGHTS

Ⓐ The Oral Law and the Tablets *Beis HaLevi* (*Derush* §18) presents an explanation of our Midrash that also sheds light on several statements elsewhere in *Shemos Rabbah*, as well as other Midrashim.

Our Midrash states that the need to keep the Oral Torah unwritten resulted from the fact that the people of Israel were destined to fall under foreign domination. Now, the Midrash elsewhere (32 §1 above, et al.) states that had Israel received the First Tablets, they would never have fallen under foreign domination. Thus, argues *Beis HaLevi*, it follows that before the First Tablets were broken, the Law that eventually became known as the Oral Torah was indeed *meant* to be written. [Accordingly, we must say that although our Midrash first cites the verse *God spoke all these statements . . .*, which refers to the initial Giving of the Torah, when our Midrash goes on to state that Moses asked God whether he should record it for them and God replied that he should not because the nations of the world are destined to dominate them, the reference is to the time of the *Second* Tablets.] Indeed, the Gemara (*Gittin* 60b) derives the prohibition against writing the Oral Law from the end of *our* verse, which refers specifically to the time when the *Second* Tablets were given. This is a basis for the teaching of *Yerushalmi* (*Shekalim* 16b) [and *Shir HaShirim Rabbah* 5:14 §2] that between the lines of the First Tablets were all the passages and intricacies of the Torah. For since there was no reason to preclude the writing of the Oral Torah in the First Tablets, it was indeed written into them miraculously, just as other aspects of the writing of the Tablets were miraculous (see *Shabbos* 104a).

[It might be that *other* Midrashic sources, however, indicate that the First Tablets did not contain anything other than the Ten Commandments (see 46 §1 above and §7 below) and this is indeed asserted by *Yefeh To'ar* (on 46 §1), who maintains that those Midrashim are in disagreement with *Yerushalmi* in *Shekalim* [and *Shir HaShirim Rabbah*]. (But see further in regard to 46 §1. See also Insight ibid., "Recovering the Broken Tablets.")]

Elsewhere the Midrash states that when Moses descended from Mount Sinai and saw the people dancing around the Golden Calf, the letters of the Tablets flew off (above, 46 §1), whereupon the Tablets became too heavy for him to hold and he threw them down (*Yalkut Shimoni, Ki Sisa* §393). Why did the letters fly off? *Beis HaLevi* explains that it was the letters of the "Oral Law" written into the First Tablets that flew off. For since it was now decreed that the people of Israel would one day fall under foreign domination, the "Oral Law" could no longer be written for the reason given by our Midrash. [As to the statement of the Midrash on 46 §1 that God told Moses not to be "distressed over the (broken) First Tablets, which contained only the Ten Commandments," and not the Halachos, Midrash, and Aggados that would be indicated in the Second Tablets, that Midrash might refer (according to *Beis HaLevi*) to the First Tablets *at the time that Moses broke them,* which was *after* the letters of the "Oral Law" had flown off.]

But if the letters of the "Oral Law" had departed from the First Tablets, then this effectively invalidated the entire receiving of the Torah. For without the Oral Law it is impossible to observe the Torah. The Tablets then became too "heavy," i.e., it became impossible to observe the Torah, and there was no longer any purpose in giving the Tablets to the Jewish people.

The Second Tablets, therefore, did not contain anything other than the actual Ten Commandments. Regarding them God said to Moses, *"Carve for yourself two stone Tablets like the first ones, and I shall inscribe on the Tablets the words that were on the First Tablets, that you shattered"* (above, 34:1). Only the Ten Commandments, which were what remained on the First Tablets *that you shattered*, i.e., at the time that Moses shattered them, were written on the Second Tablets. [See *Beis HaLevi* further for a discussion of the various Scriptural expressions used with regard to the First and Second Tablets.] It is with regard to that time that our Midrash states that Moses wished to write the Oral Law that God had transmitted to him, in addition to the Written Law (see Insight to §2 below). But God responded that since the people of Israel must now undergo foreign subjugation, the Oral Law must remain just that — oral — so that it not fall into the wrong hands.

With this loss, however, came a great advantage. For now that the Oral Law would not be written, it was instead taught orally to the Jewish people, such that they became the "parchment," so to speak, of the Oral Law, with each individual meriting to understand it according to his spiritual level and the effort he would put into understanding it. This grants those who study Torah a much greater level of sanctity. The one person who merited knowledge of the Torah to the *fullest* extent possible for a human being was Moses, who attained an understanding of the Torah at the level that the entire nation would have merited had they received the First Tablets. For the Gemara (*Eruvin* 54a) teaches that had the Jews received the First Tablets, they would have studied Torah and never forgotten it. And with regard to Moses the Midrash states earlier (41 §6) that throughout the forty days that he was atop Mount Sinai he would study the Torah and forget it until God gave it to him as a gift. Moses would now retain the Torah forever. This is alluded to in the statement of the Midrash (below, §6) that (according to one opinion) Moses acquired facial radiance when he was writing the Torah, whereupon a bit of ink remained on the quill, and he passed the quill through [the hair of] his head. This is an allusion to the fact that he was not permitted to write all that there was to write. The Oral Law was "left over on the quill," and Moses, who had become purified and perfected to the highest degree humanly possible, merited the knowledge of that law in its entirety.

With this, *Beis HaLevi* explains a statement of the *Yalkut Shimoni* (*Ki Sisa* §407), which, after citing the above teaching that Moses acquired facial radiance from the ink left over on the quill, states that this did not diminish his heavenly reward, and when the righteous receive their reward he will be rewarded among them. *Beis HaLevi* explains this to mean that one would have thought that since Moses was given the Torah as a gift, his reward for studying the Torah would be diminished because he did not need to toil as much as others. Therefore, we are taught that since Moses had toiled during the forty days atop Mount Sinai to the fullest extent possible, all the knowledge of Torah that he received was rightfully his, and he is entitled to his full reward.

[See the related Insight below on §7, "Preservation of the Nation" (based on the premise of the Midrash there that the "Oral Law" was *not* written on the First Tablets).]

פרשה מז

א [לד, כז] "כְּתָב לְךָ אֶת הַדְּבָרִים הָאֵלֶּה", הֲדָא הוּא דִכְתִיב (הושע ח, יב) "אֶכְתָּב לוֹ רֻבֵּי תּוֹרָתִי כְּמוֹ זָר נֶחְשָׁבוּ", בְּשָׁעָה שֶׁנִּגְלָה הַקָּדוֹשׁ בָּרוּךְ הוּא בְּסִינַי לִיתֵּן תּוֹרָה לְיִשְׂרָאֵל אֲמָרָהּ לְמֹשֶׁה עַל הַסֵּדֶר, מִקְרָא וּמִשְׁנָה תַּלְמוּד וְאַגָּדָה, שֶׁנֶּאֱמַר (שמות כ, א) "וַיְדַבֵּר אֱלֹהִים אֵת כָּל הַדְּבָרִים הָאֵלֶּה", [א]אֲפִילוּ מַה שֶּׁהַתַּלְמִיד שׁוֹאֵל לָרַב אָמַר הַקָּדוֹשׁ בָּרוּךְ הוּא לְמֹשֶׁה בְּאוֹתָהּ שָׁעָה, מֵאַחַר שֶׁלְּמָדָהּ מִפִּי הַקָּדוֹשׁ בָּרוּךְ הוּא אָמַר לוֹ: לַמְּדָהּ לְיִשְׂרָאֵל, [ב]אָמַר לְפָנָיו: רִבּוֹנוֹ שֶׁל עוֹלָם, אֶכְתּוֹב אוֹתָהּ לָהֶם, אָמַר לוֹ: אֵינִי מְבַקֵּשׁ לִיתְּנָהּ לָהֶם בִּכְתָב, מִפְּנֵי שֶׁגָּלוּי לְפָנַי שֶׁאוּמּוֹת הָעוֹלָם עֲתִידִים לִשְׁלוֹט בָּהֶם וְלִיטּוֹל אוֹתָהּ מֵהֶם, וְיִהְיוּ בְּזוּיִם בָּאוּמּוֹת, אֶלָּא הַמִּקְרָא אֲנִי נוֹתֵן לָהֶם בִּכְתָב, וְהַמִּשְׁנָה וְהַתַּלְמוּד וְהָאַגָּדָה אֲנִי נוֹתֵן לָהֶם עַל פֶּה, שֶׁאִם יָבוֹאוּ אוּמּוֹת הָעוֹלָם וְיִשְׁתַּעְבְּדוּ בָּהֶם יִהְיוּ מוּבְדָּלִים מֵהֶם, אָמַר לַנָּבִיא: אִם "אֶכְתָּב לוֹ רֻבֵּי תּוֹרָתִי כְּמוֹ זָר נֶחְשָׁבוּ", וּמָה אֲנִי עוֹשֶׂה לָהֶם, נוֹתֵן אֶת הַמִּקְרָא בִּכְתָב וְהַמִּשְׁנָה וְהַתַּלְמוּד וְהָהַגָּדָה בְּעַל פֶּה, [לד, כז] "כְּתָב לְךָ" זֶה הַמִּקְרָא, [שם] "כִּי עַל פִּי הַדְּבָרִים הָאֵלֶּה" זוֹ הַמִּשְׁנָה וְהַתַּלְמוּד, שֶׁהֵם מַבְדִּילִים בֵּין יִשְׂרָאֵל לְבֵין °הָעוֹבְדֵי כוֹכָבִים:

ב דָּבָר אַחֵר, [לד, כז] "כְּתָב לְךָ", אָמַר הַקָּדוֹשׁ בָּרוּךְ הוּא לְמֹשֶׁה: הַלּוּחוֹת הָרִאשׁוֹנוֹת אֲנִי כְּתַבְתִּי אוֹתָם, כְּדִכְתִיב [לא, יח] "כְּתֻבִים בְּאֶצְבַּע אֱלֹהִים", אֲבָל הַשְּׁנִיִּים כְּתוֹב אַתָּה, וְלוּאַי אֶתֵּן בּוֹ יָדִי, מָשָׁל לְמֶלֶךְ שֶׁנָּשָׂא אֶת הָאִשָּׁה וְכָתַב לָהּ גָּמִיסְקוֹס מִשֶּׁלּוֹ, לְאַחַר יָמִים קִלְקְלָה וּטְרָדָהּ מִבֵּיתוֹ, בָּא שׁוֹשְׁבִינָהּ וְרִיצָּה אוֹתָהּ לַמֶּלֶךְ, אָמַר הַמֶּלֶךְ לַשּׁוֹשְׁבִין: הֲרֵי נִתְרַצֵּיתִי לָהּ, אֶלָּא עֲשֵׂה לָהּ גָּמִיסְקוֹס וְלוּאַי אֶתֵּן בּוֹ יָדִי, הֲדָא הוּא דִכְתִיב (דברים י, ב) "וְאֶכְתֹּב עַל הַלֻּחֹת":

עץ יוסף

(א) **הדא הוא דכתיב אכתב לו רובי תורתי וגו'.** דאיתא בפרק הנזקין (גיטין ס, ב) לא כרת הקדוש ברוך הוא ברית עם ישראל אלא בשביל דברים שבעל פה שנאמר כי על פי הדברים האלה וגו' ורצה כאן ליתן טעם על זה מפני שהם מבדילים וכו', ולזה מייתי מקרא דאכתב לו וגו' כדמפרש: **על הסדר.** פירוש על כל פרשה ופרשה היה מלמדו המקרא שלה, ושוב מלמדו משנה של אותו דבר, ושוב מלמדו הלכות של אותו דבר, ושוב מלמדו אגדה של אותו דבר: **שנאמר וידבר אלהים את כל הדברים.** רבוי דכל קדריש כדלעיל פרק כ"ח: **שואל לרב.** פירוש שמקשה בכח פלפולו, ובויקרא רבה פרשה כ"ב איתא אפילו מה שתלמיד ותיק עתיד לומר לפני רבו: **ויהיו בזויים ישראל.** שעל ידי שתהיה התורה ביד כולם בשוה יתגאו העובדי כוכבים לומר שהם ישראל, כדלקמן במדבר רבה פרשה י"ד: **אם אכתוב לו רובי תורתי.** דהיינו המשנה שהיא גדולה מן המקרא, כדאמר במדבר רבה שם: **כמו זר נחשבו.** שהיו משוים עצמם לישראל: **זו המשנה.** שניתנה על פה כדדרש לקמן: (ב) **אמר הקדוש ברוך הוא למשה כו'.** מפני שכתוב אחר כתב לך ויהי שם עם ה' ארבעים יום ויכתוב על הלוחות, משמע ליה דכתב לך היינו כתיבת הלוחות, ופירוש ויכתוב, שמשה כתב: **ולואי אתן בו יד.** נתינת היד הן במשל הן בנמשל, הוא שהאחד כותב והשני מיישבו איך לכתוב הדבר, והנה במשל הכותב הגמיסקוס (הוא שטר הנשואין), בתחלה היה המלך בעצמו והנייר נתן גם כן משלו, ואחר כך כשכעס עליה ונתרצה לה צוה להשושבין לעשות גמיסקוס וגם הוא יכתוב, רק שהמלך יתן בו ידו ליישבו מה שיכתוב, וכן בלוחות הראשונות הקדוש ברוך הוא בעצמו כתבם והשניות משה כתבם והקדוש ברוך הוא נתן ידו בשעת הכתיבה, וכאמור, ולפי זה הכתובים אינם מכחישים זה את זה, וזה שדייק כאן הלוחות הראשונות אני כתבתים כדכתיב כתובים באצבע אלהים, מה שאין כן השניות לא היו כתובים רק בעזר ידיו על ידיו של משה:

פירוש מהרז"ו

(א) **אכתוב לך רובי תורתי.** במדבר רבה פרשה י"ד סוף סימן י'. תנחומא וירא ריש סימן ה. ותנחומא כאן סימן ל"ד. ועיין תנחומא נח סימן ג ותרומה נפלאות. ירושלמי פאה פרק ב' קרוב לסופו: **מה שהתלמיד.** עיין לעיל סוף פרשה כ"ח ובירושלמי שם: **כמו זר.** כמו הזרים והעובדי כוכבים, ועיין פסיקתא ריש פרשה ה': (ב) **הלוחות הראשונות.** בסימן הא' פירש כתב לך, על כתב התורה כולה, וכאן מפרש על כתב הלוחות: **כתוב והלואי אתן ידי.** דורש מדה ט"ו תחלה אמר פסל לך וכו' וכתבתי על הלוחות, שהשם יתברך יכתוב, ואחר כך כתוב כתב לך, ובפסוק ב' ויכתוב, שמשה כתב, וכן בדברים י' גם כן, ואכתוב, וכתוב ויכתוב, שהשם יתברך כתב, הרי שני כתובים מכחישים, והכריע שמשה כתב והשם יתברך נתן ידו. ומשל הכתובה לעיל פרשה מ"ג סוף סימן א':

חידושי הרד"ל

[א] **רבונו של עולם אכתוב אותה להם.** רמז לדבר לכן נכתב אכתוב יתיר ו', לרמוז על ששה סדרי משנה שרצה לכתוב: **האלה כרתי אתך ברית זו המשנה כו'.** כן צריך לומר: [ב] **השנים כתוב אתה כו' ולואי אתן בו ידי הדא הוא דכתיב ואכתוב על הלוחות.** (ונכון יותר לגרוס מקרא דוכתבתי על הלוחות הכתוב בפרשה כאן, וכן להלן בסוף פרשה זו רמי קרא דכתב לך על מקרא זה דוכתבתי). ואף על גב דכתיב כמכתב הראשון, היינו על הדברים שכתוב בשניהם בשוה, ולא שאופן הכתיבה שלהן שוה, ועיין רמב"ן ובחיי בזה שלא הזכירו המדרש. (וקצת משמע ממה שאמר בעירובין (נד, א) אלמלא לא נשתברו הלוחות לא נשתכחה תורה מישראל, דכתיב חרות על הלוחות, דלוחות השניות היו משונין בכתיבתן מהראשונים):

חידושי הרש"ש

[א] **אם אכתוב לו רובי תורתי כו'.** ואתיא כמאן דאמר בגיטין (ס, ב) רוב על פה, ועיין שם בתוספות ד"ה אתמוהי. או יש לומר דרובי שבכאן אינו מלשון רוב ומיעוט, וכמו ורצוי לרוב אחיו דדרשו במגילה (טז, ב) ולא לכל אחיו, אלא לשון רבוי כמו ברב עם הדרת מלך (משלי יד, כח), ועיין רש"י תענית ריש דף ז א (ד"ה למימריכהו) ובר"ן שם בשם הרמב"ן:

אמרי יושר

[ב] **כתוב אתה השניים ולואי שאתן בו ידי.** בזה יתורץ קושית כתב לך, והרי אומר בפרשת עקב ואכתוב על הלוחות, אלא שיישב ידו שם:

מסורת המדרש

א. ירושלמי פאה פ"ב. ויק"ר פ' כ"ב. קהלת רבה פ"א ופרשה ה':
ב. ירושלמי פאה פ"ב. במד"ר פ' י"ד. פסיקתא רבתי פ' ה'. תנחומא כאן סי' ל"ד. וסדר נח ס"ג. וסדר וירא ריש ס"ה. ילקוט הושע רמז תקכ"ה:

אם למקרא

אֶכְתָּב לוֹ רֻבֵּי תּוֹרָתִי כְּמוֹ זָר נֶחְשָׁבוּ: (הושע ח:יב)

וַיְדַבֵּר אֱלֹהִים אֵת כָּל הַדְּבָרִים הָאֵלֶּה לֵאמֹר: (שמות כ:א)

וְאֶכְתֹּב עַל הַלֻּחֹת אֶת הַדְּבָרִים אֲשֶׁר הָיוּ עַל הַלֻּחֹת הָרִאשֹׁנִים אֲשֶׁר שִׁבַּרְתָּ וְשַׂמְתָּם בָּאָרוֹן: (דברים י:ב)

ענף יוסף

(א) **ויהיו בזויים באומות כו'.** המדרש כאן הוא בקיצור לשון, ובתנחומא זה לשונו שם כתב לך את הדברים האלה וגו', זה שאמר הכתוב אכתב לו רובי תורתי כמו זר נחשבו, אמר ר' יהודה בר שלום כשאמר הקדוש ברוך הוא למשה כתב לך בקש משה שתהא גם המשנה בכתב, ולפי שצפה הקדוש ברוך הוא שהעובדי כוכבים עתידין לתרגם את התורה ולהיות קוראין בה, והם אומרים אנו ישראל כו', אמר להם הקדוש ברוך הוא אתם אומרים שאתם בני, איני יודע אלא מי שמסטורין שלי (פירושו ענין סוד והסתר) הם בני, ואי זו היא זו המשנה שניתנה על פה כו', שנאמר אכתוב לו רובי תורתי, ואם כן כמו זר נחשבו, אלא אתן להם מקרא בכתב ומשנה על פה, עד כאן לשון התנחומא:

ידי משה

[ב] **ולואי שאתן ידי.** פירוש, שלא אתן רק ידי עליהם פעם אחת כמו גבי מעשה דרבי חנינא במדרש שיר השירים (פרשה א, פסוק חזית) שאמרו שתתן רק ידך עמנו, ודייק מדכתיב גבי לוחות הראשונים כתובים באצבע אלהים, ובלוחות שניים כתיב ואכתוב על הלוחות, רק כתיבה פעם אחת. וקל להבין:

מתנות כהונה

[א] **אמרה.** הקדוש ברוך הוא אמר את התורה: [ב] **ולואי.** הלואי ומי יתן שאתרצה שאתן בו ידי: **וכתב לה גמיסקוס.** ועיין בערוך ערך גמס ופירושו כתובה:

אשד הנחלים

[א] **על הסדר כו' התלמיד שואל כו'.** כי התורה העליונה כוללת כל פרטי הענינים מה שיכול ליפול על הרעיון לשאול, יש בה רמז להבין על ידה, ופי שנים לה, אחד במצות המעשיות ופרטיהם וכלליהם, שזהו המשנה בכלל והתלמוד בפרט, השני מידיעת החכמות האלהיות וסודות העליונות שזהו אגדות, וכמו שאמרו (ספרי עקב סימן מט) רצונך להכיר את מי שאמר והיה העולם למוד אגדה, ובתורה רמוזה הכל: **באותה שעה מאחר כו'.** כלומר אחר שלמדה אותה משה בשלימות, אמר לו הקדוש ברוך הוא שילמדה זאת לישראל, ומלת אמר לו השני נמחק שהוא מיותר: **איני מבקש.** מפני שיסמכו על הכתיבה ולא יהיה שגור בפיהם, ואז כשישלטו העובדי כוכבים כששלטו הרומיים הקדמונים ולא יניחום ללמוד אז ישכחו הכל ויהו בזוים מהם, אבל עתה יחנכו להיות שגור על פיהם ובזה יהיו מובדלים במעשי התורה מהם, ואז הכל יכירו כי הם זרע ברך ה' במעשיהם הנאים. וזהו אם אכתוב לו רובי תורתי אז כמו זר נחשבו, כי היו שוכחים התורה ומצותיה, והיו נחשבים כמו זרים מהתורה ולימודה, וכאילו הנביא הוכיחם עתה ששכחו התורה, והיאך היה אם התורה כולה בכתב אז היה יותר גרוע, כי היו נחשבים כזרים בהעדר הידיעה כמוהם: **זה המשנה.** שלומדים בעל פה וזהו על פי, וזה שהם מבדילים ביניהם לבין העובדי כוכבים. וזהו על פי הדברים כרתי אתך ברית, להיות אתה לעם נבדל במעשיך להיותך דבוק עמדי. ולכן בדבור כתיב כל הדברים, אבל בכתיבה את הדברים האלה בלא מלת כל: [ב] **כתוב אתה.** וזהו כתב לך אתה בעצמך: **ולואי אתן בו ידי.** כלומר להיות עזרי מקדש עמך לעזרך. והענין על דרך הציור מלבד הפשוט, שהלוחות עצמן בראשונה היו לוחות אלהית שמיימים, מה שאינו בנמצא בטבע המציאות [ועיין מורה (ח"א פס"ו) במלת והלוחות], והשניים היו מעשי ידי משה. עוד יש בו ציור דק בענין ההשגה והשפעה מלמעלה מה שנבדלו הראשונות מהאחרונות, וזהו הלואי אתן בו ידי, כלומר יד השפעתי הרבה והגדולה לבלי תכלית: **משל למלך.** מבאר בזה סיבת הטעם, שבאמת על ידי חטאה אינו כדאי להתחבר עמה, ורק שעושה זאת למען השושבין, על כל פנים הכתובה אינו מחוייב ליתן לה, כן הקדוש ברוך הוא נתרצה בשביל משה, אבל לא שיופיע ה' בהופעה גדולה עליהם מעצמו כי אם על ידי משה שהוא האמצעי:

אָמַר הַקָּדוֹשׁ בָּרוּךְ הוּא לְמֹשֶׁה – The Holy One, blessed is He, said to Moses, **הַלּוּחוֹת הָרִאשׁוֹנוֹת אֲנִי כְּתַבְתִּי אוֹתָם – "The First Tablets – it is I Who inscribed them,"** **כִּדְכְתִיב "כְּתֻבִים בְּאֶצְבַּע אֱלֹהִים" – as it is written,** *He gave Moses the two Tablets of Testimony, stone Tablets* ***inscribed by the finger of God*** (above, 31:18). **אֲבָל הַשְּׁנִיִּים כְּתוֹב אַתָּה – "But as for the Second** Tablets **– you must inscribe them,**[16] **וּלְוַאי אֶתֵּן בּוֹ יָדִי – and would it were so that I would place My hand upon it** as well."[17] **מָשָׁל לְמֶלֶךְ שֶׁנָּשָׂא אֶת הָאִשָּׁה –** This can be illustrated by means of **a parable.** It may be compared **to a king who married a woman** **וְכָתַב לָהּ גָּמִיסְקוֹס מִשֶּׁלּוֹ – and wrote her a marriage contract with his own** materials.[18] **לְאַחַר יָמִים קִלְקְלָה וּטְרָדָהּ מִבֵּיתוֹ – After a period of time she corrupted her ways, so he drove her from his house.**[19] **בָּא שׁוֹשְׁבִינָהּ וְרִיצָּה אוֹתָהּ לַמֶּלֶךְ – Her wedding attendant** then **came and reconciled her to the king.** **אָמַר הַמֶּלֶךְ לְשׁוֹשְׁבִין: הֲרֵי נִתְרַצִּיתִי לָהּ – The king** then **said to the wedding attendant, "Behold, I have been reconciled with her** as you wished; **אֶלָּא עֲשֵׂה לָהּ גָּמִיסְקוֹס – however,** ***you*** **prepare the marriage contract,** **וּלְוַאי אֶתֵּן בּוֹ יָדִי – and would it were so that I shall place My hand upon it** as well." **הֲדָא הוּא דִכְתִיב "וְאֶכְתֹּב עַל הַלֻּחֹת" – Thus it is written,** ***And I*** (God) ***shall inscribe on the Tablets*** *the words that were on the First Tablets that you smashed* (*Deuteronomy* 10:2).[20]

NOTES

first script. But our passage (vv. 27-28) states that it was Moses who wrote the Second Tablets: *HASHEM said to Moses, "Write these words for yourself" . . .* ***and he wrote*** *on the Tablets the words of the covenant, the Ten Commandments* (*Maharzu*). See Insight following note 20 below.

16. The Midrash is interpreting the words "כְּתָב לְךָ" to mean *Write "by yourself"* (*Eshed HaNechalim*).

17. I.e., "would that I should be reconciled with Israel to the extent that I shall be willing to assist you." Because of the sin of the Golden Calf, Israel no longer merited Tablets that were carved and inscribed by God Himself; Moses had to carve and inscribe them. However, God was willing to assist Moses and guide his hand as he inscribed them. Thus, both God and Moses *together* wrote the Second Tablets (see *Eitz Yosef*).

18. To express his endearment to his new wife, the king wrote the marriage contract himself, on his own paper [and with his own ink] (ibid.).

19. Similarly, God chose Israel and expressed His endearment by giving them a set of Tablets that He carved Himself and inscribed Himself. But they corrupted their ways by creating the Golden Calf.

20. Similarly, God told Moses to inscribe the new set of Tablets; God would guide Moses' hand as he did so (ibid.). See Insight Ⓐ.

INSIGHTS

Ⓐ The Writing of the Second Tablets Our Midrash expounds that the words *"Write these words for yourself"* refer to the writing of the Ten Commandments on the Second Tablets, and accordingly that it was Moses who wrote them. We have explained the Midrash's citation of *Deuteronomy* 10:2, which indicates that it was *God* Who wrote them, to mean that the Midrash understood from this verse that God guided Moses' hand in doing so.

Elsewhere, however, there are several statements of the Midrash that appear to contradict our Midrash. In §7 below, the Midrash assumes that it was God Who wrote the Ten Commandments, explaining our verse to be referring to the rest of *Tanach*. Likewise, in *Devarim Rabbah* (3 §17), cited by *Yefeh To'ar* to our Midrash, the Midrash differentiates between the First and Second Tablets in that the First were carved by God while the Second were carved by Moses, citing a similar parable to the one cited here; but regarding the *writing* on the Tablets the Midrash there assumes that it was God Who wrote on both Tablets.

The later commentaries observe that this matter is actually the subject of a dispute among the *Rishonim*, with several Midrashim supporting each view. [Most of the following is collected in *Torah Sheleimah, Ki Sisa, Miluim* §4:1.]

Ibn Ezra and *Ramban* to v. 28 both explain that which Scripture states there, *And He wrote on the Tablets the words of the covenant, the Ten Commandments*, as referring to God. (Regarding that which v. 27 states, *"Write these words, etc.," Ibn Ezra* explains that it refers to the entire Torah, while *Ramban* explains that it refers to the Book of the Covenant mentioned in 24:7, which Moses wrote at the time of the Receiving of the Torah, and, according to *Ramban*, he rewrote at this time.) This view is corroborated by the Midrashic sources cited above, as well as by *Midrash Tanchuma* (*Ki Sisa* §30, cited by *Rashi* to 34:1).

However, *Moshav Zekeinim* (from the *Baalei HaTosafos*) cites two opinions on this matter. Above on v. 1, *Moshav Zekeinim* cites the view of R' Yeshayah that it was Moses who wrote on the Second Tablets, based on our verse (*Write these words for yourself*), and interpreting the word וְכָתַבְתִּי written there as *I will have [you] write.* To support his view, he cites the statement made by the Midrash above (32 §1 et al.) that had the people of Israel received the First Tablets, they would have permanently attained freedom from death and from foreign subjugation. Since the Midrash indicates that the Second Tablets were inferior to the first, it must be that they were not written on by God, for otherwise there would be no difference between the first and the second (see *Radal* to our Midrash for a similar proof). [See, however, our Insight to note 6 there, "Freedom From the Angel of Death," for an explanation of why the mere fact that the First Tablets were *carved* by God gave them this advantage.] This opinion is corroborated by our Midrash, as well as by the *Midrash Tanchuma* (Buber, *Ki Sisa* §17), which states that God said that although He wrote on the First Tablets, Moses would write on the Second.

On our verse, however, *Moshav Zekeinim* cites *Rosh*, who explains the words, *"Write these words, etc.,"* as referring to the Book of the Covenant, as *Ramban* (cited above) explains. [See further in *Torah Sheleimah* loc. cit. for additional sources with regard to this dispute.]

Why, according to our Midrash, did Moses require God's assistance in writing the Commandments on the Tablets? *Yefeh To'ar* explains that Moses was unable to duplicate God's writing precisely. Furthermore, the Gemara (*Shabbos* 104a) teaches that the letters were engraved into the Tablets in a way that they penetrated from one end to the other. As such, the letters *mem* and *samech*, which are closed, could stand only miraculously. Therefore, although Moses wrote the Commandments, he required Divine assistance in doing so.

Meshech Chochmah (on our verse) explains similarly that Moses wrote the letters, and it was only the *engraving* of the letters that was done by God Himself, due to its miraculous nature. *Meshech Chochmah* adds that this is the reason for that which the Gemara (*Eruvin* 54a) states, that had the people of Israel received the First Tablets, Torah would not be forgotten, and no foreign nation would have been able to subjugate them. For since the making and the writing of the First Tablets was by God Himself, by receiving them the Jewish people would have been perfected completely, and they would not have had to purify themselves to be worthy of attaining knowledge of the Torah, nor to toil in order to comprehend and retain the Torah. The Second Tablets, however, were made and written by man, indicating that man has to prepare and purify himself in order to absorb the Torah. And upon doing so, he merits Divine assistance to *engrave* the Torah on himself, an engraving that penetrates him through and through.

פרשה מז

א [לד, כז] **"כְּתָב לְךָ אֶת הַדְּבָרִים הָאֵלֶּה", הֲדָא הוּא דִכְתִיב** (הושע ח, יב) **"אֶכְתָּב לוֹ רֻבֵּי תּוֹרָתִי כְּמוֹ זָר נֶחְשָׁבוּ", בְּשָׁעָה שֶׁנִּגְלָה הַקָּדוֹשׁ בָּרוּךְ הוּא בְּסִינַי לִיתֵּן תּוֹרָה לְיִשְׂרָאֵל אֲמָרָהּ לְמֹשֶׁה עַל הַסֵּדֶר, מִקְרָא וּמִשְׁנָה תַּלְמוּד וְאַגָּדָה, שֶׁנֶּאֱמַר** (שמות כ, א) **"וַיְדַבֵּר אֱלֹהִים אֵת כָּל הַדְּבָרִים הָאֵלֶּה", [א]אֲפִילוּ מַה שֶּׁהַתַּלְמִיד שׁוֹאֵל לָרַב אָמַר הַקָּדוֹשׁ בָּרוּךְ הוּא לְמֹשֶׁה בְּאוֹתָהּ שָׁעָה, מֵאַחַר שֶׁלְּמָדָהּ מִפִּי הַקָּדוֹשׁ בָּרוּךְ הוּא אָמַר לוֹ: לַמְּדָהּ לְיִשְׂרָאֵל, [ב]אָמַר לְפָנָיו: רִבּוֹנוֹ שֶׁל עוֹלָם, אֶכְתּוֹב אוֹתָהּ לָהֶם, אָמַר לוֹ: אֵינִי מְבַקֵּשׁ לִיתְּנָהּ לָהֶם בִּכְתָב, מִפְּנֵי שֶׁגָּלוּי לְפָנַי שֶׁאוּמּוֹת הָעוֹלָם עֲתִידִים לִשְׁלוֹט בָּהֶם וְלִיטּוֹל אוֹתָהּ מֵהֶם, וְיִהְיוּ בְּזוּיִם בָּאוּמּוֹת, אֶלָּא הַמִּקְרָא אֲנִי נוֹתֵן לָהֶם בִּכְתָב, וְהַמִּשְׁנָה וְהַתַּלְמוּד וְהָאַגָּדָה אֲנִי נוֹתֵן לָהֶם עַל פֶּה, שֶׁאִם יָבוֹאוּ אוּמּוֹת הָעוֹלָם וְיִשְׁתַּעְבְּדוּ בָהֶם יִהְיוּ מוּבְדָּלִים מֵהֶם, אָמַר לַנָּבִיא: אִם "אֶכְתָּב לוֹ רֻבֵּי תּוֹרָתִי כְּמוֹ זָר נֶחְשָׁבוּ", וּמָה אֲנִי עוֹשֶׂה לָהֶם, נוֹתֵן אֶת הַמִּקְרָא בִּכְתָב וְהַמִּשְׁנָה וְהַתַּלְמוּד וְהַהַגָּדָה בְּעַל פֶּה,** [לד, כז] **"כְּתָב לְךָ" זֶה הַמִּקְרָא,** [שם] **"כִּי עַל פִּי הַדְּבָרִים הָאֵלֶּה" זוֹ הַמִּשְׁנָה וְהַתַּלְמוּד, שֶׁהֵם מַבְדִּילִים בֵּין יִשְׂרָאֵל לְבֵין °הָעוֹבְדֵי כוֹכָבִים:**

ב דָּבָר אַחֵר, [לד, כז] **"כְּתָב לְךָ", אָמַר הַקָּדוֹשׁ בָּרוּךְ הוּא לְמֹשֶׁה: הַלּוּחוֹת הָרִאשׁוֹנוֹת אֲנִי כְּתַבְתִּי אוֹתָם, כְּדִכְתִיב** [לא, יח] **"כְּתֻבִים בְּאֶצְבַּע אֱלֹהִים", אֲבָל הַשְּׁנִיִּים כְּתוֹב אַתָּה, וּלְוַאי אֶתֵּן בּוֹ יָדִי, מָשָׁל לְמֶלֶךְ שֶׁנָּשָׂא אֶת הָאִשָּׁה וְכָתַב לָהּ גָּמִיסְקוֹס מִשֶּׁלּוֹ, לְאַחַר יָמִים קִלְקְלָה וּטְרָדָהּ מִבֵּיתוֹ, בָּא שׁוֹשְׁבִינָהּ וְרִיצָּה אוֹתָהּ לַמֶּלֶךְ, אָמַר הַמֶּלֶךְ לַשּׁוֹשְׁבִין: הֲרֵי נִתְרַצֵּיתִי לָהּ, אֶלָּא עֲשֵׂה לָהּ גָּמִיסְקוֹס וּלְוַאי אֶתֵּן בּוֹ יָדִי, הֲדָא הוּא דִכְתִיב** (דברים י, ב) **"וְאֶכְתֹּב עַל הַלֻּחֹת":**

עץ יוסף

(א) **הדא הוא דכתיב אכתב לו רובי תורתי וגו'.** דאיתא בפרק הנזקין (גיטין ס, ב) לא כרת הקדוש ברוך הוא ברית עם ישראל אלא בשביל דברים שבעל פה שנאמר כי על פי הדברים האלה וגו' ורצה כאן ליתן טעם על זה מפני שהם מבדילים וכו', ולזה מייתי מקרא דאכתב לו וגו' כדמפרש: **על הסדר.** פירוש על כל פרשה ופרשה היה מלמדו המקרא שלה, ושוב מלמדו משנה של אותו דבר, ושוב מלמדו הלכות של אותו דבר, ושוב מלמדו אגדה של אותו דבר: **שנאמר וידבר אלהים את כל הדברים.** רבוי דכל קדריש כדלעיל פרק כ"ח: **שואל לרב.** פירוש שמקשה בכח פלפולו, ובויקרא רבה פרשה כ"ב איתא אפילו מה שתלמיד ותיק עתיד לומר לפני רבו: **ויהיו בזויים ישראל.** שעל ידי שתהיה התורה ביד כולם בשוה יתגאו העובדי כוכבים לומר שהם ישראל, כדלקמן בבמדבר רבה פרשה י"ד: **אם אכתוב לו רובי תורתי.** דהיינו המשנה שהיא גדולה מן המקרא, כדאמר בבמדבר רבה שם: **כמו זר נחשבו.** שהיו משוים עצמם לישראל: **זו המשנה.** שניתנה על פה כדדרש לקמן: (ב) **אמר הקדוש ברוך הוא למשה כו'.** מפני שכתוב אחר כתב לך ויהי שם עם ה' ארבעים יום ויכתוב על הלוחות, משמע ליה דכתב לך היינו כתיבת הלוחות, ופירוש ויכתוב, שמשה כתב: **ולואי אתן בו יד.** נתינת היד הן במשל הן בנמשל, הוא שהאחד כותב והשני מיישבו איך לכתוב הדבר, והנה במשל הכותב הגמיסקוס (הוא שטר הנשואין), בתחלה היה המלך בעצמו והנייר נתן גם כן משלו, ואחר כך כשכעס עליה ונתרצה לה צוה להשושבין לעשות גמיסקוס וגם הוא יכתוב, רק שהמלך יתן בו ידו ליישבו מה שיכתוב, וכן בלוחות הראשונות הקדוש ברוך הוא בעצמו כתבם והשניות משה כתבם והקדוש ברוך הוא נתן ידו בשעת הכתיבה, וכאמור, ולפי זה הכתובים אינם מכחישים זה את זה, וזה שדייק כאן הלוחות הראשונות אני כתבתים כדכתיב כתובים באצבע אלהים, מה שאין כן השניות לא היו כתובים רק בעזר ידיו על ידיו של משה:

פירוש מהרז"ו

(א) **אכתוב לך רובי תורתי.** במדבר רבה פרשה י"ד סוף סימן י'. תנחומא וירא ריש סימן ה. ותנחומא כאן סימן ל"ד. ועיין תנחומא נח סימן ג ותרא נפלאות. ירושלמי פאה פרק ב' קרוב לסופו: **מה שהתלמיד.** עיין לעיל סוף פרשה כ"ח ובירושלמי שם: **כמו זר.** כמו הזרים והעובדי כוכבים, ועיין פסיקתא ריש פרשה ה': (ב) **הלוחות הראשונות.** בסימן הא' פירש כתב לך, על כתב התורה כולה, וכאן מפרש על כתב הלוחות: **כתוב והלואי אתן ידי.** דורש מדה ט"ו תחלה אמר פסל לך וכו' וכתבתי על הלוחות, שהשם יתברך יכתוב, ואחר כך כתוב כתב לך, ובפסוק כ' ויכתוב, שמשה כתב, וכן בדברים י' גם כן, ואכתוב, וכתוב ויכתוב, שהשם יתברך כתב, הרי שני כתובים מכחישים, והכריע שמשה כתב והשם יתברך נתן ידו. ומשל הכתובה לעיל פרשה מ"ג סוף סימן א':

מתנות כהונה

[א] **אמרה.** הקדוש ברוך הוא אמר את התורה: [ב] **ולואי.** הלואי ומי יתן שאתרצה שאתן בו ידי: **וכתב לה גמיסקוס.** ועיין בערוך ערך גמס ופירושו כתובה:

אשד הנחלים

[א] **על הסדר כו' התלמיד שואל כו'.** כי התורה העליונה כוללת כל פרטי הענינים מה שיכול ליפול על הרעיון לשאול, יש בה רמז להבין על ידה, ופי שנים לה, אחד במצות המעשיות ופרטיהם וכלליהם, שזהו המשנה בכלל והתלמוד בפרט, השני מידיעת החכמות האלהיות וסודות העליונות שזהו אגדות, וכמו שאמרו (ספרי עקב סימן מט) רצונך להכיר את מי שאמר והיה העולם למוד אגדה, ובתורה רמוזה הכל: **באותה שעה מאחר כו'.** כלומר אחר שלמדה אותה משה בשלימות, אמר לו הקדוש ברוך הוא שילמדה זאת לישראל, ומלת אמר לו השני נמחק שהוא מיותר: **איני מבקש.** מפני שיסמכו על הכתיבה ולא יהיה שגור בפיהם, ואז כשישלטו העובדי כוכבים כששלטו הרומיים הקדמונים ולא יניחום ללמוד אז ישכחו הכל ויהו בזוים מהם, אבל עתה יחנכו להיות שגור על פיהם ובזה יהיו מובדלים במעשי התורה מהם, ואז הכל יכירו כי הם זרע ברך ה' במעשיהם הנאים. וזהו אם אכתוב לו רובי תורתי אז כמו זר נחשבו, כי היו שוכחים התורה ומצותיה, והיו נחשבים כמו זרים מהתורה ולימודה, וכאילו הנביא הוכיחם עתה ששכחו התורה, והיאך היה אם התורה כולה בכתב אז היה יותר גרוע, כי היו נחשבים כזרים בהעדר הידיעה כמוהם: **זה המשנה.** שלומדים בעל פה וזהו על פי, וזה שהם מבדילים ביניהם לבין העובדי כוכבים. וזהו על פי הדברים כרתי אתך ברית, להיות אתה לעם נבדל במעשיך להיותך דבוק עמדי. ולכן בדבור כתיב כל הדברים, אבל בכתיבה את הדברים האלה בלא מלת כל: [ב] **כתוב אתה.** וזהו כתב לך אתה בעצמך: **ולואי אתן בו ידי.** כלומר להיות עזרי מקדש עמך לעזרך. והענין על דרך הציור מלבד הפשוט, שהלוחות עצמן בראשונה היו לוחות אלהית שמיימים, מה שאינו בנמצא בטבע המציאות [ועיין מורה (ח"א פס"ו) במלת והלוחות], והשניים היו מעשי ידי משה. עוד יש בו ציור דק בענין ההשגה והשפעה מלמעלה מה שנבדלו הראשונות מהאחרונות, וזהו הלואי אתן בו ידי, כלומר יד השפעתי הרבה והגדולה לבלי תכלית: **משל למלך.** מבאר בזה סיבת הטעם, שבאמת על ידי חטאה אינו כדאי להתחבר עמה, ורק שעושה זאת למען השושבין, על כל פנים הכתובה אינו מחוייב ליתן לה, כן הקדוש ברוך הוא נתרצה בשביל משה, אבל לא שיופיע ה' בהופעה גדולה עליהם מעצמו כי אם על ידי משה שהוא האמצעי:

חידושי הרד"ל

[א] **רבונו של עולם אכתוב אותה להם.** רמז לדבר לכן נכתב אכתוב יתיר ו', לרמוז על שתא סדרי משנה שרצה לכתוב: **האלה כרתי אתך ברית זו המשנה כו'.** כן צריך לומר: [ב] **השניים כתוב אתה כו' ולואי אתן בו ידי הדא הוא דכתיב ואכתוב על הלוחות.** (ונכון יותר לגרוס מקרא דוכתבתי על הלוחות הכתוב בפרשה כאן, וכן להלן בסוף פרשה זו רמי קרא דכתב לך על מקרא זה דוכתבתי). ואף על גב דכתיב כמכתב הראשון, היינו על הדברים שכתוב בשניהם בשוה, ולא שאופן הכתיבה שלהן שוה, ועיין רמב"ן ובחיי בזה שלא הזכירו המדרש. (וקצת משמע ממה שאמר בעירובין (נד, א) אלמלא לא נשתברו הלוחות לא נשתכחה תורה מישראל, דכתיב חרות על הלוחות, דלוחות השניות היו משונין בכתיבתן מהראשונים):

חידושי הרש"ש

[א] **אם אכתוב לו רובי תורתי כו'.** ואתיא כמאן דאמר בגיטין (ס, ב) רוב על פה, ועיין שם בתספות ד"ה אתמוהי. או יש לומר דרובי שבכאן אינו מלשון רוב ומיעוט, וכמו ורצוי לרוב אחיו דדרשו במגילה (טז, ב) ולא לכל אחיו, אלא לשון רבוי כמו ברב עם הדרת מלך (משלי יד, כח), ועיין רש"י תענית ריש דף ז א (ד"ה למימרינהו) ובר"ן שם בשם הרמב"ן:

אמרי יושר

[ב] **כתוב אתה השניים ולואי שאתן בו ידי.** בזה יתורץ קושית כתב לך, והרי אומר בפרשת עקב ואכתוב על הלוחות, אלא שיישב ידו שם:

מסורת המדרש

א. ירושלמי פאה פ"ב. ויק"ר פ' כ"ב. קהלת רבה פ"א ופרשה ה': ב. ירושלמי פאה פ"ב. במד"ר פ' י"ד. פסיקתא רבתי פ' ה'. תנחומא כאן סי' ל"ד. וסדר נח ס"ג. וסדר וירא ריש ס"ה. ילקוט הושע רמז תקכ"ה:

אם למקרא

אֶכְתָּב לוֹ רֻבֵּי תּוֹרָתִי כְּמוֹ זָר נֶחְשָׁבוּ: (הושע ח:יב)

וַיְדַבֵּר אֱלֹהִים אֵת כָּל הַדְּבָרִים הָאֵלֶּה לֵאמֹר: (שמות כ:א)

וְאֶכְתֹּב עַל הַלֻּחֹת אֶת הַדְּבָרִים אֲשֶׁר הָיוּ עַל הַלֻּחֹת הָרִאשֹׁנִים אֲשֶׁר שִׁבַּרְתָּ וְשַׂמְתָּם בָּאָרוֹן: (דברים י:ב)

ענף יוסף

(א) **ויהיו בזויים באומות כו'.** המדרש כאן הוא בקיצור לשון, ובתנחומא זה לשונו שם כתב לך את הדברים האלה וגו', זה שאמר הכתוב אכתב לו רובי תורתי כמו זר נחשבו, אמר ר' יהודה בר שלום כשאמר הקדוש ברוך הוא למשה כתב לך בקש משה שתהא גם המשנה בכתב, ולפי שצפה הקדוש ברוך הוא שהעובדי כוכבים עתידין לתרגם את התורה ולהיות קוראין בה, והם אומרים אנו ישראל כו', אמר להם הקדוש ברוך הוא אתם אומרים שאתם בני, איני יודע אלא מי שמסטורין שלי (פירושו ענין סוד והסתר) הם בני, ואי זו היא זו המשנה שניתנה על פה כו', שנאמר אכתוב לו רובי תורתי, ואם כן כמו זר נחשבו, אלא אתן להם מקרא בכתב ומשנה על פה, עד כאן לשון התנחומא:

ידי משה

[ב] **ולואי שאתן ידי.** פירוש, שלא אתן רק ידי עליהם פעם אחת כמו גבי מעשה דרבי חנינא במדרש שיר השירים (פרשה א, פסוק חזית) שאמרו שתתן רק ידך עמנו, ודייק מדכתיב גבי לוחות הראשונים כתובים באצבע אלהים, ובלוחות שניים כתיב ואכתוב על הלוחות, רק כתיבה פעם אחת. וקל להבין:

§3 The Midrash gives a different interpretation of the phrase, *Write "lecha"* (translated heretofore as *for yourself*):

"דָּבָר אַחֵר, "כְּתָב לְךָ — **Another interpretation:** ***Write*** *these words* ***"lecha."*** בִּזְכוּתְךָ אֲנִי נוֹתֵן לָהֶם אֶת הַתּוֹרָה — God said to Moses, **"In your merit I am giving the Torah**[21] **to [Israel]."**[22] אָמַר רַבִּי שִׁמְעוֹן בֶּן חֲלַפְתָּא — **R' Shimon ben Chalafta said:** הוּא שֶׁמֹּשֶׁה אוֹמֵר לָהֶן לְיִשְׂרָאֵל — **This is** the meaning of **what Moses recounted to Israel,** "וַיִּכְתֹּב עַל הַלֻּחֹת כַּמִּכְתָּב הָרִאשׁוֹן . . . וַיִּתְּנֵם ה' אֵלָי" — ***He inscribed on the Tablets according to the first script . . . and HASHEM gave them to me*** (*Deuteronomy* 10:4). לִי נְתָנָם, וַאֲנִי נָהַגְתִּי עִמָּכֶם עַיִן טוֹבָה וְנָתַתִּי אוֹתָם לָכֶם — Although **He gave them to me, I acted generously with you and gave them to you.**[23] לְכָךְ נֶאֱמַר "כְּתָב לְךָ", בִּזְכוּתְךָ — **Therefore, it is stated** that God said to Moses, ***"Write these words for your sake,"*** i.e., **in your merit.**

The Midrash continues to expound our verse:

"אֶת הַדְּבָרִים הָאֵלֶּה" — ***These words.*** כָּל מָקוֹם שֶׁכָּתוּב "דָּבָר" "דְּבָרִים" "הַדְּבָרִים" אָלוֹת וְתוֹכָחוֹת הֵם — **Whenever** the terms ***davar*** [דָּבָר, *word*], or ***devarim*** [דְּבָרִים, *words*], or ***hadevarim*** [הַדְּבָרִים, *the words*] are written in Scripture, **they are** indicative of **imprecation and rebuke.**[24] רַבִּי יוֹחָנָן וְרַבִּי יְהוּדָה בַּר רַבִּי שִׁמְעוֹן — **R' Yochanan and R' Yehudah bar R' Shimon** discuss the "rebuke" of our verse.[25] רַבִּי יוֹחָנָן אָמַר: "כְּתָב לְךָ אֶת הַדְּבָרִים הָאֵלֶּה כִּי עַל פִּי הַדְּבָרִים הָאֵלֶּה" — **R' Yochanan said:** ***Write these words for yourself, for according to these words . . .*** תּוֹרָה שֶׁבִּכְתָב וְתוֹרָה שֶׁבְּעַל פֶּה — The repetition of the expression *these words* implies that there are two sets of "words": **the Written Law and the Oral Law.** "כָּרַתִּי אִתְּךָ בְּרִית" — ***I have sealed a covenant with you*** in regard to these two sets of "words," וְאִם הֵמַרְתָּ אוֹתָהּ וְעָשִׂיתָ מַה שֶּׁבְּעַל פֶּה בִּכְתָב וּמַה שֶּׁבִּכְתָב בְּעַל פֶּה — **and if you exchange [one]** for the other, **putting into writing that which is** to meant to be **oral, or** transmitting **orally that which is** meant to be **in writing,** אֵינְךָ מְקַבֵּל שָׂכָר — **you will not merit any reward** for this Torah study. לָמָּה — **Why is this so?** שֶׁכָּךְ נְתַתִּיהָ תּוֹרָה בִּכְתָב וְתוֹרָה בְּעַל פֶּה — **Because thus did I give [the Torah]: a Law** that is to remain **written and a Law** that is to remain **oral.**[26]

NOTES

21. I.e., the Tablets; see further (*Eitz Yosef*).

22. The Midrash translates the word לְךָ as "for your sake" (cf. the word לִי in *Genesis* 20:13). Translated this way, it can be understood in the sense of "in your merit" (*Matnos Kehunah*).

23. Even though I could have kept the Torah for myself and my descendants, accepting God's offer (above, 32:10) to annihilate you and make a new nation out of me (*Eshed HaNechalim*).

24. See examples in *Sifrei*, *Deuteronomy* §1, cited by *Eitz Yosef.*

25. *Eitz Yosef.*

26. The Written Torah may not be transmitted orally (by heart) because [things might be forgotten and] mistakes might be made. The Oral Torah may not be transmitted in writing so that the other nations should not have the ability to translate it, as explained in §1 (*Eitz Yosef*). Alternatively: The Written Torah conveys hidden meanings through the use of variant spellings and symbols (e.g., חָסֵר וּמָלֵא). These allusions cannot be preserved with oral transmission. The Oral Torah cannot be written because the subtle concepts contained therein must be conveyed orally so that they may be fully explained. When a profound thought is set down in writing it is often difficult for a student to fathom the writer's true intention (*Ritva* to *Gittin* 60b). For other explanations, see Insight Ⓐ.

INSIGHTS

Ⓐ **Two Modes of Transmission** The idea that the two parts of the Torah — Written and Oral — are to be transmitted and studied by two different means has been explored by many exponents of Jewish thought.

Maharal (*Chidushei Aggados, Gittin* 60b, and *Tiferes Yisrael* Ch. 68) contends that the consideration underlying both methods is the same: Since the Torah is all inclusive and complete — as it states, תּוֹרַת ה' תְּמִימָה מְשִׁיבַת נָפֶשׁ, *HASHEM's Torah is whole and satisfying to the soul* (*Psalms* 19:8) — the instrument by which it is transmitted should also be complete. For the fixed and finite Written Law, this instrument is the Torah scroll, which does justice to the Torah's wholeness by containing the Law in its entirety. Oral study, on the other hand, could not achieve this aim, for a human speaker is limited to presenting each idea in turn, and thus, even if he goes on to repeat the entire Torah, the fact remains that only one part of the Torah is "present" at any one time. In the case of the Oral Law, however, there is no possibility of collecting all its parts into one complete work. The Oral Law's purpose is to elaborate on the commandments set forth in general terms by the Written Law, and to provide all the details concerning their application in practice. This is a task that has no end, for the circumstances in which human beings conduct their lives are infinitely variable. Thus, any written compilation of the Oral Law would by definition be incomplete, a deficiency made all the more glaring by the fact that written works generally purport to treat their subjects exhaustively. For this reason, the method of choice for this aspect of the Torah is oral study and transmission, which, as noted, is in any case limited to piecemeal, and hence incomplete, presentations of a subject.

Maharal further points out that the two divisions of the Torah differ in another way as well. The Written Law is entirely the Word of God; it is a higher body of wisdom that leaves no room for human contribution. For transmitting this part of the Torah, an impersonal written work, which minimizes the human role in its transmission and study, is the appropriate vehicle. The Oral Law, on the other hand, while in its essence Divine as well, incorporates many teachings, interpretations, and decrees promulgated by the Sages themselves. With its much closer ties to the human beings involved in its study, this aspect of the Torah must be left unwritten, so that it exists solely in the mouths and minds of its students (*Chidushei Aggados* ibid.).

Other commentators delve more deeply into the spiritual origins of the two parts of the Torah. *R' Moshe of Trani*, known as *Mabit*, writing in his introduction to *Kiryas Sefer*, cites the Kabbalistic teaching that whereas God created the Written Torah on a plane far above the rest of the world, He introduced the Oral Law on a lower spiritual plane, with the intent that it would "reside in the souls of the righteous." In other words, this part of the Torah would reach its fulfillment and exert the most influence when it is firmly ensconced in the hearts and minds of those who study it (see *Ohr Gedalyahu, Chanukah*, pp. 40-42). For this reason, it must be studied by heart, for the fear of forgetting information that cannot be recovered by simply referring to a written text forces the Torah student to fix the Oral Law in his memory more securely than he might have otherwise done. As for the Written Law, not only does this consideration not apply, but on the contrary, this aspect of the Torah must be studied only from a written text, because many of its secrets are hidden in the special shape of the Hebrew letters, which would go unnoticed by someone studying from memory without the words and letters laid out before him.

R' Tzadok HaKohen (*Resisei Lailah* §56) propounds that in order to learn Torah properly, one must be able to tap into the spiritual life force that inheres in its teachings. In the case of the Written Law, all of which comes directly from God, this vitality can be accessed through a properly written Torah scroll, for God's word has the power to invest a written text with the full measure of its spirit. The opposite is true of the Oral Law, which contains in large measure the Sages' wisdom. Given this portion of its source in human wisdom and scholarship, the vitality of this part of the Torah is present in the spoken word of the Torah scholar, and through that medium it is conveyed to his students. The life force of such wisdom cannot, however, be invested in a written text, and therefore books cannot be used in transmitting this portion of the Torah.

[There came a time, however, when the Sages observed that the Torah was in danger of being forgotten. Relying on a special Biblical dispensation for such crises, they annulled the prohibition against studying the Oral Law from written texts. At the same time, they used their emergency powers to annul the "law" governing the transmission of the Torah's vitality; from then on, the teachings of the Sages would also have the ability to convey its life force in writing — though to a lesser extent than the Word of God, which is why books of the Oral Law are not

ג דָּבָר אַחֵר, [לד, כז] **"כְּתָב לְךָ" בִּזְכוּתְךָ אֲנִי נוֹתֵן לָהֶם אֶת הַתּוֹרָה, אָמַר רַבִּי שִׁמְעוֹן בֶּן חֲלַפְתָּא: הוּא שֶׁמֹּשֶׁה אוֹמֵר לָהֶן לְיִשְׂרָאֵל:** (דברים י, ד) **"וַיִּכְתֹּב עַל הַלֻּחֹת כַּמִּכְתָּב הָרִאשׁוֹן ... וַיִּתְּנֵם ה' אֵלָי", לִי נְתָנָם, וַאֲנִי נָהַגְתִּי עִמָּכֶם עַיִן טוֹבָה וְנָתַתִּי אוֹתָם לָכֶם, לְכָךְ נֶאֱמַר "כְּתָב לְךָ", בִּזְכוּתְךָ.** [לד, כז] **"אֶת הַדְּבָרִים הָאֵלֶּה", כָּל מָקוֹם שֶׁכָּתוּב "דָּבָר" "דְּבָרִים" "הַדְּבָרִים" אָלוֹת וְתוֹכָחוֹת הֵם. רַבִּי יוֹחָנָן וְרַבִּי יְהוּדָה בַּר רַבִּי שִׁמְעוֹן, רַבִּי יוֹחָנָן אָמַר:** [ג][לד, כז] **"כְּתָב לְךָ אֶת הַדְּבָרִים הָאֵלֶּה כִּי עַל פִּי הַדְּבָרִים הָאֵלֶּה" תּוֹרָה שֶׁבִּכְתָב וְתוֹרָה שֶׁבְּעַל פֶּה,** [שם] **"כָּרַתִּי אִתְּךָ בְּרִית", וְאִם הֵמַרְתָּ אוֹתָהּ, וְעָשִׂיתָ מַה שֶּׁבְּעַל פֶּה בִּכְתָב וּמַה שֶּׁבִּכְתָב בְּעַל פֶּה, אֵינְךָ מְקַבֵּל שָׂכָר, לָמָּה, שֶׁכָּךְ נְתַתִּיהָ תּוֹרָה בִּכְתָב וְתוֹרָה בְּעַל פֶּה, וְרַבִּי יְהוּדָה בַּר רַבִּי שִׁמְעוֹן אוֹמֵר: "כְּתָב לְךָ וְגוֹ', [ד]כִּי עַל פִּי וְגוֹ' ", תּוֹרָה בִּכְתָב וְתוֹרָה עַל פֶּה, "כָּרַתִּי אִתְּךָ בְּרִית" עַל מְנָת שֶׁתְּהֵא קוֹרֵא בָהֶם כָּךְ, אֲבָל אִם הֵמַרְתָּ אוֹתָם הֱוֵי יוֹדֵעַ שֶׁאַתָּה מְבַטֵּל הַבְּרִית, לְכָךְ נֶאֱמַר "כְּתָב לְךָ אֶת הַדְּבָרִים הָאֵלֶּה", וְכֵן מֹשֶׁה אוֹמֵר לְיִשְׂרָאֵל** (שם ד, ט) **"רַק הִשָּׁמֶר לְךָ וּשְׁמֹר נַפְשְׁךָ מְאֹד פֶּן תִּשְׁכַּח אֶת הַדְּבָרִים", מַהוּ "אֶת הַדְּבָרִים", אֵלּוּ דְּבָרִים שֶׁאַתָּה רוֹאֶה אוֹתָן שֶׁהֵם כְּתוּבִים בִּכְתָב,** (שם) **"וּפֶן יָסוּרוּ מִלְּבָבְךָ", אֵלּוּ הַדְּבָרִים שֶׁנָּתַתִּי לְךָ עַל פֶּה, לְכָךְ נֶאֱמַר** [לד, כז] **"כְּתָב לְךָ אֶת הַדְּבָרִים הָאֵלֶּה כִּי עַל פִּי הַדְּבָרִים הָאֵלֶּה", שֶׁאִלּוּלֵא תּוֹרָתִי שֶׁקִּבַּלְתֶּם לֹא הָיִיתִי מַכִּיר אֶתְכֶם וְלֹא הָיִיתִי מַבִּיט בָּכֶם מִשְּׁאָר אוּמּוֹת, לְפִיכָךְ** [שם] **"כָּרַתִּי אִתְּךָ בְּרִית וְאֶת יִשְׂרָאֵל",**

עץ יוסף

(ג) **כתב לך בזכותך.** דלך דרש בזכותך: **אני נותן להם את התורה.** רולה לומר הלוחות, וכן משמע ממה שהביא ויכתוב על הלוחות וגו' ויתנם ה' אלי שחוזר על הלוחות שהזכיר: **לי נתנם.** רולה לומר מדכתיב אלי ולא לי, דאתא למעוטי אחרים כדדרשינן קול לו קול אליו בפרק קמא דיומא (ד, ב): **ואני נהגתי עמכם עין טובה.** פירוש מעיקרא כשאמר ה' ליתנם לו נהג עין טובה ובקש בעדם, עד שנתרלה ונתנם בזכותו לישראל: [ד] **אלות ותוכחות.** כדשנו בספרי דאלה הדברים אשר דבר משה, ואלה הדברים אשר דבר ירמיהו, דברי עמוס, ודברי דוד האחרונים, ודברי קהלת, כלן תוכחות הן, ותוכחות דהכא היינו דרבי יוחנן ורבי יהודה שלא ימירו שבכתב על פה, ובעל פה על שבכתב: **אינך מקבל שכר.** על לימוד מה שבכתב בעל פה או איפכא: **למה שכך נתתיה.** שתהיה כן לעולם תורה שבכתב בכתב, ותורה שבעל פה בעל פה, ולא יהיו רשאים לשנות, והטעם שלא לומר דברים שבכתב בעל פה מבואר שלא יטעו, והטעם שלא לומר דברים שבעל פה בכתב, כדאמר לעיל מפני עובדי כוכבים שלא יעתיקום. אבל קשה הא כשם שהיה גלוי לפני הקדוש ברוך הוא שעתידים העובדי כוכבים לשלוט בהם וליטול אותה מהם ויעתיקום ויהיו בזויים ביניהם, כנזכר לעיל, הא כן היה גלוי לפני הקדוש ברוך הוא תגבורת השכחה ויהיו מוכרחים לכתוב גם תורה שבעל פה, ואפשר לתרץ בדוחק שעיקר קפידא היה אגלות בבל ומדי ויון שהקשו לישראל בעול שעבודם, אבל לא על האומות של עכשיו שאנו שרוים ביניהם שהם עושים חסד עמנו, ה' ירום קרנם (תולדות נח): **וכן משה אומר לישראל.** רולה לומר דכמו שמה שאמר השם כאן למשה בלשון נוכח כתב לך, מן הסתם לא נאמרה אזהרה זו דוקא למשה לבדו, אלא שיזהיר את זאת לכל ישראל, כן מלינו באמת שהזהירם על זה במקום אחר על חילוף הכתב לבעל פה וחלוף בעל פה לכתב, והיינו במקרא זה דהשמר לך פן תשכח את הדברים אשר ראו עיניך וכדמפרש המדרש אלו דברים שאתה רואה אותן שהם כתובים בכתב, שאם תדבר אותם בעל פה תוכל לשכחם ותבא לידי טעות, ומאמר פן יסורו מלבבך היא האזהרה על חלוקה השניה והיינו העתקת תורה שבעל פה על הכתב כי מלותה רק שתהיה שמורה בלב, וזהו שאמר ופן יסורו מלבבך, רלה לומר שתסירם ותעתיקם מן הלב על מקום הכתיבה, וזה אסור לך לעשות כן, כי השמר פן ואל הוא אזהרה ולא תעשה: **לכך נאמר כתב לך את הדברים האלה כי על פי הדברים האלה.** רולה לומר כיון דיש תורה שבכתב ושבעל פה הכפיל הכתוב לומר את הדברים כי על פי הדברים, ומה שאמר עוד שאלולי תורתי שקבלתם כו', הוא ענין אחר שדרש עוד על כי על פי וגו' כרתי אתך ברית, והספיק לו במה שסיים כי על פי, לדורשו למעלה ולמטה בהמשך שאר דרשות, וכן יש הרבה: **לא הייתי מכיר אתכם ולא הייתי מביט בכם.** ההכרה היינו הכר פנים להעביר על עונם לפעמים כאומרו ישא ה' פניו אליך, ואמרו ז"ל שנושא פנים לישראל, והבטה הוא שמביט ה' להגליאם, על דרך ופניתי אליכם, ולפי ששני הענינים נכללים בברית, כי הברית בין שני אוהבים סבה לבקש טובתו ולהעביר על פשעיו לפעמים, כי על כל פשעים תכסה אהבה, על כן אמר שניהם:

פירוש מהרז"ו

(ג) **אלות ותוכחות.** עיין דברים רבה פרשה א' ספרי ריש דברים: **רבי יוחנן ורבי יהודה בן רבי שמעון.** ירושלמי פאה פרק ב' ככ"ל בסימן א, ושם איתא חד אמר וחד אמר, ועיין גיטין דף ס' (ע"ב): **פן תשכח את הדברים.** אשר ראו עיניך, אם כן מה שכתוב ופן יסורו מלבבך, שהיא גם כן שכחה מיותר, על כן דורש ראו עיניך בכתב, ומלבבך על שלא ראו עיניך:

מתנות כהונה

[ג] **בזכותך.** לך פירוש בשבילך כמו אמרי לי אחי (בראשית כ, יג): **דבר דברי כו'.** לשון חוזק הוא כמה דאת אמר (בראשית מב, ל) דבר האיש אדוני הארץ אתנו קשות:

אשד הנחלים

[ג] **בזכותך.** אולי דעתו שהכתיבה היה מכתב אלהים כראשונים כמו שנאמר (שם) וכתבתי, ורק הכונה כתב לך למען יכתב על הלוחות, אבל לא על ידו ממש, רק כיון שבזכותו מעלה עליו כאילו כתבו, ולכן כתיב עוד הפעם ויכתוב גו' כמכתב הראשון שהיה מכתב אלהים: **לי נתנם כו'.** שאלולי לא היה בי עין טובה ונתרציתי במה שאמר ואעשה אותך לגוי גדול, אז לא היו נותנים רק לי בזכותי, ועל ידי בקשתי פעלתי למענכם: **אלות ותוכחות.** כי הבדל בין אמירה ודבור שהוא רק על הנאמר בפה, ולכן היא רכה, ודיבור הוא היוצא מן הלב העמוק, כאלו הלב בעצמו מדבר דבריו באין מבטא שפתים, לפי שעל ידי המבטא נתקרר הדבר היוצא מהלב, [ולכן כתיב תמיד וידבר ה' אל משה לאמר, שהדיבור מה' מכונה בעצם דיבור, ומשה שהוא אמצעי לישראל בשם אמירה, על ידי אומר שפתים, ולפעמים כתיב דבר אל בני ישראל שידבר כדמות דברי ה' ממש], ולכן המה אלות ותוכחות, וכל זה מפני שהיו רק בזכות משה ולא מזכותם, על כן היו דברי כעס ותוכחה: **ואם המרת כו'.** כי דברים שבכתב אי אתה רשאי לומר בפה, ודברים שבעל פה אי אתה רשאי לאמרם בכתב, וכאלו נכרת ברית על זה שלא ישונה, ואם לאו אף על פי שלמד ויגע בזה, עם כל זה אינו מקבל שכר אחר שעשה שלא כדת. ודעת רבי יהודה בר רבי שמעון שלא די שאינו מקבל שכר, אלא אף מבטל הברית והקשר שבינו לבין אלהיו, והכונה כמו שביארתי לעיל (סימן א) שסוף שיבטלו ברית התורה וידיעתה בעת שיגזרו עליהם לבטל הלימוד ולא יהיה שגור על פיהם: **רואה אותן.** כי הדבר שבכתב נזכר על ידי הראיה תמיד, והדברים שבעל פה על ידי שימת הלב לזוכרן, לבלי יעלמו ולבלי ישלוט השכחה הטבעית עליהם אם לא ישים לבו עליהם היטב: **שאלולי תורתי כו'.** ובהבטל לימוד בעל פה כי אם בכתב, יבוא מזה חס ושלום לביטול התורה, ולא היו נבדלים משאר אומות הכנענים ויתבטל הקשר שבינם לאלהים:

חידושי הרד"ל

[ג] **אלות ותוכחות הם.** לומר שעתה שחטאו יכתוב להם תוכחות ואלות, ועל פיהם יכרת הברית, וכמו שכתוב בסוף קללות שבמשנה תורה (דברים כח, סט) אלה דברי הברית, אבל בלוחות הראשונות שנתנו על דעת חרות מילר הרע לא היו לריכים לאלות ותוכחות: **רבי יוחנן ורבי יהודה בר שמעון כו'.** ירושלמי פיאה (פרק ב) ומגילה שם (פרק ג). ובפיאה הנוסחא משונה, אבל במגילה הנוסחא כדהכא, דפליגי בה למר אם לא שמרתם שבכתב בכתב ושבפה בפה אינכם מקבלים שכר עליהם, ולאידך מאן דאמר אינו כורת ברית עמכם, אלא שבירושלמי מגילה שם דברי רבי ורבי יהודה בר שמעון איפכא שנויים מדהכא, אבל בש"ס דילן (בתמורה יד, ב) אמרינן נמי משמיה דרבי יוחנן הלכות הכותבן כו' הלומד מהן אינו מקבל שכר, וכן בתנחומא פרשה זו תני משמיה דרבי יהודה בר שמעון (ושם כתוב בר שלום) כדהכא, והביאו רבינו בחיי, עיין שם: **לא הייתי מכיר אותך.** (כענין מה שכתוב ידעתיך בשם) **ולא הייתי מביט בו'.** כן לריך לומר. וכדמסיים אף אתה מלכם כו':

חידושי הרש"ש

[ג] **מהו את הדברים אשר ראו עיניך אלו כו'.** כן לריך לומר:

באור מהרי"פ

[ג] **הדברים אלות ותוכחות.** ופירושו כי על פי הדברים היינו האלות והתוכחות האלה תהיה יראתי תקועה בלבבכם ויתקיים הברית שבינינו, וזהו **כרתי אתך ברית וגו': שאתה מבטל הברית.** פירוש, אבל רבי יוחנן סבר שאין הברית בטל בשביל זה רק שאינו מקבל שכר, וזהו פלוגתתן: **וכן משה.** לא מייתי ראיה לעיקר הענין שתורה שבעל פה גם כן נתונה בסיני, אבל לענין שלא ישנה מתורה שבכתב לתורה שבעל פה או להיפוך, ליכא רמז בזה:

מסורת המדרש

ג. גיטין ס'. תמורה דף י"ד. ירושלמי פאה פ"ב. ירושלמי מגילה פ"ג:
ד. פסיקתא רבתי פסקא ה':

אם למקרא

וַיִּכְתֹּב עַל הַלֻּחֹת כַּמִּכְתָּב הָרִאשׁוֹן אֵת עֲשֶׂרֶת הַדְּבָרִים אֲשֶׁר דִּבֶּר ה' אֲלֵיכֶם בָּהָר מִתּוֹךְ הָאֵשׁ בְּיוֹם הַקָּהָל וַיִּתְּנֵם ה' אֵלָי: (דברים י:ד)

רַק הִשָּׁמֶר לְךָ וּשְׁמֹר נַפְשְׁךָ מְאֹד פֶּן תִּשְׁכַּח אֶת הַדְּבָרִים אֲשֶׁר רָאוּ עֵינֶיךָ וּפֶן יָסוּרוּ מִלְּבָבְךָ כֹּל יְמֵי חַיֶּיךָ וְהוֹדַעְתָּם לְבָנֶיךָ וְלִבְנֵי בָנֶיךָ: (שם ד:ט)

ענף יוסף

(ד) [ד] **רבי יוחנן ורבי יהודה ברבי שמעון כו' כרתי אתך ברית ואם המרת כו' עד וכן משה אומר.** כתב היפה תואר, קשה דהכא תרווייהו מודו דכרתי אתך ברית קאי אתורה שבכתב ואתורה שבעל פה, ואילו בפרק הנזקין (גיטין ס, ב) משמע דלכולי עלמא לא קאי אלא אתורה שבעל פה, ורבי יוחנן גופיה אמר שם לא כרת הקדוש ברוך הוא ברית עם ישראל אלא בשביל דברים שבעל פה, שנאמר כי על פי הדברים האלה כרתי אתך ברית:

וְרַבִּי יְהוּדָה בַּר רַבִּי שִׁמְעוֹן אוֹמֵר: "כְּתָב לְךָ וְגו׳, כִּי עַל פִּי וְגו׳" — **R' Yehudah bar R' Shimon says:** ***Write*** *these words for yourself,* ***for according*** *to these words* — תּוֹרָה בִּכְתָב וְתוֹרָה עַל פֶּה — the repetition of the expression *these words* implies that there are two sets of "words," a **Written Law and an Oral Law.**[27] "כָּרַתִּי אִתְּךָ בְּרִית" עַל מְנָת שֶׁתְּהֵא קוֹרֵא בָּהֶם כָּךְ — ***I have sealed a covenant with you*** **on condition that you read them in this manner;** אֲבָל אִם הֵמַרְתָּ אוֹתָם הֱוֵי יוֹדֵעַ שֶׁאַתָּה מְבַטֵּל הַבְּרִית — **however, if you should exchange them you should know that you are nullifying the covenant.**[28] לְכָךְ נֶאֱמַר "כְּתָב לְךָ אֶת הַדְּבָרִים הָאֵלֶּה" — **Therefore it is stated,** ***Write these words for yourself,*** *for according to these words have I sealed a covenant with you and Israel.* וְכֵן מֹשֶׁה אוֹמֵר לְיִשְׂרָאֵל — **And thus did Moses say to Israel:**[29] "רַק הִשָּׁמֶר לְךָ וּשְׁמֹר נַפְשְׁךָ מְאֹד פֶּן תִּשְׁכַּח אֶת הַדְּבָרִים" — ***Only beware for yourself and greatly beware for your soul lest you forget the things that your eyes have beheld*** *and you remove them from your heart* (*Deuteronomy* 4:9). מַהוּ "אֶת הַדְּבָרִים אֲשֶׁר רָאוּ עֵינֶיךָ" — **What is** the meaning of ***the things that your eyes have beheld?*** אֵלּוּ דְּבָרִים שֶׁאַתָּה רוֹאֶה אוֹתָן שֶׁהֵם כְּתוּבִים בִּכְתָב — **These are the things that you** are able to **behold, for they are written down** — i.e., Scripture.[30] "וּפֶן יָסוּרוּ מִלְּבָבְךָ" — ***And lest you remove them from your heart***[31] — אֵלּוּ הַדְּבָרִים שֶׁנָּתַתִּי לְךָ עַל פֶּה — **these are the things that I have given to you orally.**[32] לְכָךְ נֶאֱמַר "כְּתָב לְךָ אֶת הַדְּבָרִים הָאֵלֶּה כִּי עַל פִּי הַדְּבָרִים הָאֵלֶּה" — **Therefore it is stated,** ***Write these words for yourself, for according to these words,*** *etc.*[33]

The Midrash presents an additional exposition of the words *for according to these words have I sealed a covenant with you and Israel:*[34]

שֶׁאִלּוּלָא תּוֹרָתִי שֶׁקִּבַּלְתֶּם — These words may be explained as saying: **"For if it were not for My Torah that you accepted,** לֹא הָיִיתִי מַכִּיר אֶתְכֶם — **I would not have recognized you** as My nation[35] וְלֹא הָיִיתִי מַבִּיט בָּכֶם מִשְּׁאָר אוּמּוֹת — **and I would not have looked upon you** differently **than** I look upon **other nations."**[36] לְפִיכָךְ "כָּרַתִּי אִתְּךָ בְּרִית וְאֶת יִשְׂרָאֵל" — **Therefore** Scripture states, ***I have sealed a covenant with you and Israel.***[37]

NOTES

27. *Eitz Yosef* below, s.v. לכך נאמר וכו׳.

28. According to R' Yochanan, if he exchanges one for the other, he will not merit any reward but does not nullify the covenant. According to R' Yehudah bar R' Shimon, he nullifies the covenant (*Eshed HaNechalim*; see there further).

29. That is: The above lesson, which God conveyed to Moses through our verse (as just expounded), Moses then conveyed to the people — as God intended (*Eitz Yosef*).

30. According to its plain meaning, the verse is teaching that we should not forget any of the miraculous events that we witnessed at the revelation at Sinai. However, the Midrash expounds the verse to be teaching that the Written Torah may be forgotten (*lest you forget*), and errors made, if it is transmitted orally (ibid.).

31. This phrase is seemingly redundant (*Maharzu*).

32. The things that are in *your heart* are things that *your eyes* **cannot** see — i.e., the Oral Torah (*Maharzu*); and the Oral Torah must be kept in *your heart* and mind, and not *removed* and written down (*Eitz Yosef*).

The word *lest* [פֶּן] that appears in the expressions פֶּן תִּשְׁכַּח, *lest you forget*, and וּפֶן יָסוּרוּ, *lest you remove them*, serves as a negative commandment [like the words לא and אל; see *Makkos* 13b] (*Eitz Yosef*).

33. That is: Therefore the verse repeats the expression *these words* — to refer to both the Written Torah and the Oral Torah (*Eitz Yosef*).

34. Ibid.

35. I.e., I would not have shown you favor and special consideration ("recognition") when you sinned, but rather I would have punished you. See *Berachos* 20b, which states that God shows favor to Israel (ibid.).

36. I.e., I would not have looked after you and seen to your success; see *Leviticus* 26:9, where God tells Israel, *"I will turn My attention to you, I will make you fruitful and increase you; and I will establish My covenant with you"* (ibid.).

37. A covenant between two people includes a mutual commitment to overlook the other's wrongdoings *and* to seek the other's welfare. God's covenant with Israel likewise included both these elements (ibid.).

INSIGHTS

subject to the same regulations as a Torah scroll — *Resisei Lailah* ibid.]

R' Gedalyah Schorr (*Ohr Gedalyahu* ibid.) cites a principle set forth by *Maharal* (see *Ohr Chadash*, Introduction): that the higher the spiritual source of something is, the more coarse and material a form it can take without compromising its holiness amid the darkness of this world. This principle explains why the Written Law (which is entirely from God) can be concretized in the form of a written text, while the Oral Law (whose source, in part, is from human wisdom) must retain its abstract character, existing only in thought and speech and being transmitted from the soul of one scholar to another.

ג דָּבָר אַחֵר, [לד, כז] "כְּתָב לְךָ" בִּזְכוּתְךָ אֲנִי נוֹתֵן לָהֶם אֶת הַתּוֹרָה, אָמַר רַבִּי שִׁמְעוֹן בֶּן חֲלַפְתָּא: הוּא שֶׁמֹּשֶׁה אוֹמֵר לָהֶן לְיִשְׂרָאֵל: (דברים י, ד) "וַיִּכְתֹּב עַל הַלֻּחֹת כַּמִּכְתָּב הָרִאשׁוֹן ... וַיִּתְּנֵם ה' אֵלָי", לִי נְתָנָם, וַאֲנִי נָהַגְתִּי עִמָּכֶם עַיִן טוֹבָה וְנָתַתִּי אוֹתָם לָכֶם, לְכָךְ נֶאֱמַר "כְּתָב לְךָ", בִּזְכוּתְךָ. [לד, כז] "אֶת הַדְּבָרִים הָאֵלֶּה", כָּל מָקוֹם שֶׁכָּתוּב "דָּבָר" "דְּבָרִים" "הַדְּבָרִים" אָלוֹת וְתוֹכָחוֹת הֵם. רַבִּי יוֹחָנָן וְרַבִּי יְהוּדָה בַּר רַבִּי שִׁמְעוֹן, רַבִּי יוֹחָנָן אָמַר: [ג] [לד, כז] "כְּתָב לְךָ אֶת הַדְּבָרִים הָאֵלֶּה כִּי עַל פִּי הַדְּבָרִים הָאֵלֶּה" תּוֹרָה שֶׁבִּכְתָב וְתוֹרָה שֶׁבְּעַל פֶּה, [שם] "כָּרַתִּי אִתְּךָ בְּרִית", וְאִם הֵמַרְתָּ אוֹתָהּ, וְעָשִׂיתָ מַה שֶּׁבְּעַל פֶּה בִּכְתָב וּמַה שֶּׁבִּכְתָב בְּעַל פֶּה, אֵינְךָ מְקַבֵּל שָׂכָר, לָמָּה, שֶׁכָּךְ נְתַתִּיהָ תּוֹרָה בִּכְתָב וְתוֹרָה בְּעַל פֶּה, וְרַבִּי יְהוּדָה בַּר רַבִּי שִׁמְעוֹן אוֹמֵר: "כְּתָב לְךָ וְגוֹ', [ד] כִּי עַל פִּי וְגוֹ'", תּוֹרָה בִּכְתָב וְתוֹרָה עַל פֶּה, "כָּרַתִּי אִתְּךָ בְּרִית" עַל מְנָת שֶׁתְּהֵא קוֹרֵא בָּהֶם כָּךְ, אֲבָל אִם הֵמַרְתָּ אוֹתָם הֱוֵי יוֹדֵעַ שֶׁאַתָּה מְבַטֵּל הַבְּרִית, לְכָךְ נֶאֱמַר "כְּתָב לְךָ אֶת הַדְּבָרִים הָאֵלֶּה", וְכֵן מֹשֶׁה אוֹמֵר לְיִשְׂרָאֵל (שם ד, ט) "רַק הִשָּׁמֶר לְךָ וּשְׁמֹר נַפְשְׁךָ מְאֹד פֶּן תִּשְׁכַּח אֶת הַדְּבָרִים", מַהוּ "אֶת הַדְּבָרִים", אֵלּוּ דְּבָרִים שֶׁאַתָּה רוֹאֶה אוֹתָן שֶׁהֵם כְּתוּבִים בִּכְתָב, (שם) "וּפֶן יָסוּרוּ מִלְּבָבְךָ", אֵלּוּ הַדְּבָרִים שֶׁנָּתַתִּי לְךָ עַל פֶּה, לְכָךְ נֶאֱמַר [לד, כז] "כְּתָב לְךָ אֶת הַדְּבָרִים הָאֵלֶּה כִּי עַל פִּי הַדְּבָרִים הָאֵלֶּה", שֶׁאִלּוּלֵא תוֹרָתִי שֶׁקִּבַּלְתֶּם לֹא הָיִיתִי מַכִּיר אֶתְכֶם וְלֹא הָיִיתִי מַבִּיט בָּכֶם מִשְּׁאָר אוּמּוֹת, לְפִיכָךְ [שם] "כָּרַתִּי אִתְּךָ בְּרִית וְאֶת יִשְׂרָאֵל",

עץ יוסף

(ג) **כתב לך בזוכתך.** דלך דרש בזוכתך: **אני נותן להם את התורה.** רולה לומר הלוחות, וכן משמע ממה שהביא ויכתוב על הלוחות וגו' ויתנם ה' אלי שחוזר על הלוחות שהזכיר: **לי נתנם.** רולה לומר מדכתיב אלי ולא לי, דאתא למעוטי אחרים כדדרשינן קול לו קול אליו בפרק קמא דיומא (ד, ב): **ואני נהגתי עמכם עין טובה.** פירוש מעיקרא כשאמר ה' ליתנם לו נהג עין טובה ובקש בעדם, עד שנתרלה ונתנם בזכותו לישראל: [ד] **אלות ותוכחות.** כדשנו בספרי דאלה הדברים אשר דבר משה, ואלה הדברים אשר דבר ירמיהו, דברי עמוס, ודברי דוד האחרונים, ודברי קהלת, כלן תוכחות הן, ותוכחות דהכא היינו דרבי יוחנן ורבי יהודה שלא ימירו שבכתב על פה, ובעל פה על שבכתב: **אינך מקבל שכר.** על לימוד מה שבכתב בעל פה או איפכא: **למה שכך נתתיה.** שתהיה כן לעולם תורה שבכתב בכתב, ותורה שבעל פה בעל פה, ולא יהיו רשאים לשנות, והטעם שלא לומר דברים שבכתב בעל פה מבואר שלא יטעו, והטעם שלא לומר דברים שבעל פה בכתב, כדאמר לעיל מפני עודדי כוכבים שלא יעתיקום. אבל קשה הא כשם שהיה גלוי לפני הקדוש ברוך הוא שעתידים העודדי כוכבים לשלוט בהם וליטול אותה מהם ויעתיקום ויהיו בזויים ביניהם, כנזכר לעיל, הא כן היה גלוי לפני הקדוש ברוך הוא תגבורת השכחה ויהיו מוכרחים לכתוב גם תורה שבעל פה, ואפשר לתרץ בדוחק שעיקר קפידא היה אגלות בבל ומדי ויון שהקשו לישראל בעול שעבודם, אבל לא על האומות של עכשיו שאנו שרוים ביניהם שהם עושים חסד עמנו, ה' ירום קרנם (תולדות נח): **וכן משה אומר לישראל.** רולה לומר דכמו שמה שאמר השם כאן למשה בלשון נוכח כתב לך, מן הסתם לא נאמרה אזהרה זו דוקא למשה לבדו, אלא שיזהיר את זאת לכל ישראל, כן מלינו באמת שהזהירם על זה במקום אחר על חילוף הכתב לבעל פה וחלוף בעל פה לכתב, והיינו במקרא זה דהשמר לך פן תשכח את הדברים אשר ראו עיניך וכדמפרש המדרש אלו דברים שאתה רואה אותן שהם כתובים בכתב, שאם תדבר אותם בעל פה תוכל לשכחם ותבא לידי טעות, ומאמר פן יסורו מלבבך היא האזהרה על חלוקה השניה והיינו העתקת תורה שבעל פה על הכתב כי מלותה רק שתהיה שמורה בלב, וזהו שאמר ופן יסורו מלבבך, רלה לומר שתסירם ותעתיקם מן הלב על מקום הכתיבה, וזה אסור לך לעשות כן, כי השמר פן ואל הוא אזהרה ולא תעשה: **לכך נאמר כתב לך את הדברים האלה כי על פי הדברים האלה.** רולה לומר כיון דיש תורה שבכתב ושבעל פה הכפיל הכתוב לומר את הדברים כי על פי הדברים, ומה שאמר עוד שאלולי תורתי שקבלתם כו', הוא ענין אחר שדרש עוד על כי על פי וגו' כרתי אתך ברית, והספיק לו במה שסיים כי על פי, לדורשו למעלה ולמטה בהמשך שאר דרשות, וכן יש הרבה: **לא הייתי מכיר אתכם ולא הייתי מביט בכם.** ההכרה היינו הכר פנים להעביר על עונם לפעמים כאומרו ישא ה' פניו אליך, ואמרו ז"ל שנושא פנים לישראל, והבטה הוא שמביט ה' להגליהם, על דרך ופניתי אליכם, ולפי ששני הענינים נכללים בברית, כי הברית בין שני אוהבים סבה לבקש טובתו ולהעביר על פשעיו לפעמים, כי על כל פשעים תכסה אהבה, על כן אמר שניהם:

פירוש מהרז"ו

(ג) **אלות ותוכחות.** עיין דברים רבה פרשה א' ספרי ריש דברים: **רבי יוחנן ורבי יהודה בן רבי שמעון.** ירושלמי פאה פרק ב' ככ"ל בסימן א, ושם איתא חד אמר וחד אמר, ועיין גיטין דף ס' (ע"ב): **פן תשכח את הדברים.** אשר ראו עיניך, אם כן מה שכתוב ופן יסורו מלבבך, שהיא גם כן שכחה מיותר, על כן דורש ראו עיניך בכתב, ומלבבך על שלא ראו עיניך:

מתנות כהונה

[ג] **בזוכתך.** לך פירוש בשבילך כמו אמרי לי אחי (בראשית כ, יג): **דבר דברי כו'.** לשון חוזק הוא כמה דאת אמר (בראשית מב, ל) דבר האיש אדוני הארץ אתנו קשות:

אשד הנחלים

[ג] **בזוכתך.** אולי דעתו שהכתיבה היה מכתב אלהים כראשונים כמו שנאמר (שם) וכתבתי, ורק הכונה כתב לך למען יכתב על הלוחות, אבל לא על ידו ממש, רק כיון שבזכותו מעלה עליו כאילו כתבו, ולכן כתיב עוד הפעם ויכתוב גו' כמכתב הראשון שהיה מכתב אלהים: **לי נתנם כו'.** שאלולי לא היה בי עין טובה ונתרציתי במה שאמר ואעשה אותך לגוי גדול, אז לא היו נותנים רק לי בזכותי, ועל ידי בקשתי פעלתי למענכם: **אלות ותוכחות.** כי הבדל בין אמירה ודבור שהוא רק על הנאמר בפה, ולכן היא רכה, ודיבור הוא היוצא מן הלב העמוק, כאלו הלב בעצמו מדבר דבריו באין מבטא שפתים, לפי שעל ידי המבטא נתקרר הדבר היוצא מהלב, [ולכן כתיב תמיד וידבר ה' אל משה לאמר, שהדיבור מה' מכונה בעצם דיבור, ומשה שהוא אמצעי לישראל בשם אמירה, על ידי אומר שפתים, ולפעמים כתיב דבר אל בני ישראל שידבר כדמות דברי ה' ממש], ולכן המה אלות ותוכחות, וכל זה מפני שהיו רק בזכות משה ולא מזכותם, על כן היו דברי כעס ותוכחה: **ואם המרת כו'.** כי דברים שבכתב אי אתה רשאי לומר בפה, ודברים שבעל פה אי אתה רשאי לאמרם בכתב, וכאלו נכרת ברית על זה שלא ישונה, ואם לאו אף על פי שלמד ויגע בזה, עם כל זה אינו מקבל שכר אחר שעשה שלא כדת. ודעת רבי יהודה בר רבי שמעון שלא די שאינו מקבל שכר, אלא אף מבטל הברית והקשר שבינו לבין אלהיו, והכונה כמו שביארתי לעיל (סימן א) שסוף סוף שיבטלו ברית התורה וידיעתה בעת שיגזרו עליהם לבטל הלימוד ולא יהיה שגור על פיהם: **רואה אותן.** כי הדבר שבכתב נזכר על ידי הראיה תמיד, והדברים שבעל פה על ידי שימת הלב לזוכרן, לבלי יעלמו ולבלי ישלוט השכחה הטבעית עליהם אם לא ישים לבו עליהם היטב: **שאלולי תורתי כו'.** ובהבטל לימוד בעל פה כי אם בכתב, יבוא מזה חס ושלום לביטול התורה, ולא היו נבדלים משאר אומות הכנענים ויתבטל הקשר שבינם לאלהים:

חידושי הרד"ל

[ג] **אלות ותוכחות הם.** לומר שעתה שחטאו יכתוב להם תוכחות ואלות, ועל פיהם יכרת הברית, וכמו שכתוב בסוף קללות שבמשנה תורה (דברים כח, סט) אלה דברי הברית, אבל בלוחות הראשונות שנתנו על דעת חרות מילר הרע לא היו לריכים לאלות ותוכחות: **רבי יוחנן ורבי יהודה בר שמעון כו'.** ירושלמי פיאה (פרק ב) ומגילה שם (פרק ג). ובפיאה הנוסחא משובה, אבל במגילה הנוסחא כדהכא, דפליגי בה למר אם לא שמרתם שבכתב בכתב ושבפה בפה אינכם מקבלים שכר עליהם, ולאידך מאן דאמר אינו כורת ברית עמכם, אלא שבירושלמי מגילה שם דברי רבי ורבי יהודה בר שמעון איפכא שנויים מדהכא, אבל בש"ס דילן (בתמורה יד, ב) אמרינן כמי משמיה דרבי יוחנן הלכות הכותבן כו' הלומד מהן אינו מקבל שכר, וכן בתנחומא פרשה זו תני משמיה דרבי יהודה בר שמעון (ושם כתוב בר שלום) כדהכא, והביאו רבינו בחיי, עיין שם: **לא הייתי מכיר אותך.** (כענין מה שכתוב ידעתיך בשם) **ולא הייתי מביט כו'.** כן לריך לומר. וכדמסיים אף אתה מלכם כו':

חידושי הרש"ש

[ג] **מהו את הדברים אשר ראו עיניך אלו כו'.** כן לריך לומר:

באור מהרי"פ

[ג] **הדברים אלות ותוכחות.** ופירושו כי על פי הדברים היינו האלות והתוכחות האלה תהיה יראתי תקועה בלבבכם ויתקיים הברית שבינינו, וזהו **כרתי אתך ברית וגו': שאתה מבטל הברית.** פירוש, אבל רבי יוחנן סבר שאין הברית בטל בשביל זה רק שאינו מקבל שכר, וזהו פלוגתתן: **וכן משה.** לא מייתי ראיה לעיקר הענין שתורה שבעל פה גם כן נתונה בסיני, אבל לענין שלא ישנה מתורה שבכתב לתורה שבעל פה או להיפוך, ליכא רמז בזה:

מסורת המדרש

ג. גיטין ס'. תמורה דף י"ד. ירושלמי פאה פ"ב. ירושלמי מגילה פ"ג:
ד. פסיקתא רבתי פסקא ה':

אם למקרא

וַיִּכְתֹּב עַל הַלֻּחֹת כַּמִּכְתָּב הָרִאשׁוֹן אֵת עֲשֶׂרֶת הַדְּבָרִים אֲשֶׁר דִּבֶּר ה' אֲלֵיכֶם בָּהָר מִתּוֹךְ הָאֵשׁ בְּיוֹם הַקָּהָל וַיִּתְּנֵם ה' אֵלָי: (דברים י:ד)

רַק הִשָּׁמֶר לְךָ וּשְׁמֹר נַפְשְׁךָ מְאֹד פֶּן תִּשְׁכַּח אֶת הַדְּבָרִים אֲשֶׁר רָאוּ עֵינֶיךָ וּפֶן יָסוּרוּ מִלְּבָבְךָ כֹּל יְמֵי חַיֶּיךָ וְהוֹדַעְתָּם לְבָנֶיךָ וְלִבְנֵי בָנֶיךָ: (שם ד:ט)

ענף יוסף

(ד) [ד] **רבי יוחנן ורבי יהודה ברבי שמעון כו' כרתי אתך ברית ואם המרת כו' עד וכן משה אומר.** כתב היפה תואר, קשה דהכא תרווייהו מודו דכרתי אתך ברית קאי אתורה שבכתב ואתורה שבעל פה, ואילו בפרק הנזקין (גיטין ס, ב) משמע דלכולי עלמא לא קאי אלא אתורה שבעל פה, ורבי יוחנן גופיה אמר שם לא כרת הקדוש ברוך הוא ברית עם ישראל אלא בשביל דברים שבעל פה, שנאמר כי על פי הדברים האלה כרתי אתך ברית:

The Midrash cites another exposition regarding the effects of the covenant God sealed with Israel after they accepted the Torah: רַבִּי יְהוּדָה בַּר רַבִּי סִימוֹן אָמַר בְּשֵׁם רַבִּי יְהוֹשֻׁעַ בֶּן לֵוִי – **R' Yehudah bar R' Simone said in the name of R' Yehoshua ben Levi:** אָמַר לָהֶם הַקָּדוֹשׁ בָּרוּךְ הוּא – **The Holy One, blessed is He, said to [the Israelites],** לְשֶׁעָבַר הֱיִיתֶם נִקְרָאִין כִּשְׁאָר אוּמּוֹת כְּמוֹ "סַבְתָּה וְרַעְמָה וְסַבְתְּכָא" – **"In the past,** before you accepted the Torah, **you were called** Israel, after the name of your progenitor, **just as other nations like Sabtah, Raamah, and Sabteca** are called after the name of their progenitors.[38] וּמִשֶּׁקִּבַּלְתֶּם תּוֹרָתִי כָּרַתִּי בְּרִית עִמָּכֶם וְעִלֵּיתִי אֶתְכֶם – **But when you accepted My Torah I sealed a covenant with you and I elevated you;**[39] וְלֹא יִשְׂרָאֵל בִּלְבָד, אֶלָּא אַף אַתָּה מַלְכָּם – **and not only Israel alone** have I elevated **but also you,** Moses, **their king**[40] – לֹא גִּדַּלְתִּיךָ בָּעוֹלָם אֶלָּא בִּזְכוּת הַתּוֹרָה – **I did not promote you in the world but for the merit of the Torah."**[41] וּמַה גִּדְּלוֹ הַקָּדוֹשׁ בָּרוּךְ הוּא – **In which way did the Holy One, blessed is He, promote [Moses]?**[42] אָמַר רַבִּי יִרְמְיָה בְּשֵׁם רַבִּי שְׁמוּאֵל בַּר רַב יִצְחָק – **R' Yirmiyah said in the name of R' Shmuel bar R' Yitzchak:** כָּל הַכָּבוֹד שֶׁרָאָה מֹשֶׁה בָּעוֹלָם הַזֶּה – **All the honor that Moses experienced in this world**[43] אֵינוֹ אֶלָּא מִן הַפֵּירוֹת – **is only** the reward **from the fruits** of his actions, אֲבָל הַקֶּרֶן קַיֶּמֶת לוֹ לָעוֹלָם הַבָּא – **but the principal remains intact for him in the World to Come.**[44]

§4 דָּבָר אַחֵר, "כִּי עַל פִּי הַדְּבָרִים הָאֵלֶּה" – **Another interpretation:** ***For according to these words.*** שֶׁתְּהֵא יָגֵעַ בָּהֶם בְּפִיךָ – Scripture's use of the words *al pi* [עַל פִּי, lit., *according to the mouth*] teaches **that you should toil in [the words of the Torah] with your mouth.**[45] וְכֵן הוּא אוֹמֵר "בְּפִיךָ וּבִלְבָבְךָ לַעֲשֹׂתוֹ" – **And thus does [Scripture] state,** ***In your mouth and in your heart – to perform it*** (*Deuteronomy* 30:14).[46]

The Midrash proceeds to expound the remainder of the verse: וּמַהוּ "כָּרַתִּי אִתְּךָ בְּרִית וְאֶת יִשְׂרָאֵל" – **And what is** the meaning of ***I have sealed a covenant with you and Israel?***[47] שֶׁאִלּוּלֵי שֶׁקִּבַּלְתֶּם תּוֹרָתִי הָיִיתִי מַחֲזִיר עוֹלָם לְתוֹהוּ וָבוֹהוּ – God said, **"For had you** (Israel) **not accepted My Torah I would have turned the world back to its** original state of **emptiness and nothingness,"** שֶׁנֶּאֱמַר "אִם לֹא בְרִיתִי יוֹמָם וָלַיְלָה וְגוֹ'" – **as it is stated,** ***If not for My covenant [of] day and night,*** *I would not have established the statutes of heaven and earth* (*Jeremiah* 33:25).[48] לָמָּה – **Why?** שֶׁבַּתּוֹרָה בָּרָאתִי שָׁמַיִם וָאָרֶץ – **Because** it was **through** the wisdom found in **the Torah** that **I created the heavens and earth,**[49] שֶׁנֶּאֱמַר "ה' בְּחָכְמָה יָסַד אָרֶץ" – **as it is stated,** ***HASHEM founded the earth with wisdom,*** *He established the heavens with understanding* (*Proverbs* 3:19), "בְּדַעְתּוֹ תְּהוֹמוֹת נִבְקָעוּ" – ***through His knowledge the depths were cleaved*** *and the heavens dripped dew* (ibid., v. 20).[50] אִם בִּטַּלְתָּ הַבְּרִית אַתְּ גּוֹרֵם לִי לְהַחֲזִיר אֶת הָעֶלְיוֹנִים וְהַתַּחְתּוֹנִים לְתוֹהוּ וָבוֹהוּ – Therefore, **if you annul the covenant** by not fulfilling the Torah properly,[51] **you cause Me to return the upper and lower [worlds] to** their original state of **emptiness and nothingness.**[52] לְפִיכָךְ "כִּי עַל פִּי הַדְּבָרִים הָאֵלֶּה" – **Therefore,** Scripture writes, ***For according to these words,*** *etc.*[53]

NOTES

38. See *Genesis* 10:7. It is unclear why the Midrash chose these nations as its examples (*Eshed HaNechalim*).

39. Although the nation was always called Israel, until the time they accepted the Torah they were called this name only because they descended from the Patriarch Jacob (Israel). After they accepted the Torah they were called Israel because they had become elevated and closer to God, Whose name "El" became part of their name (*Eitz Yosef*). Alternatively: Before they accepted the Torah, they were called *Jacob* (see *Chullin* 101b); it was only after they accepted the Torah that they were called Israel and "El" became part of their name (*Yedei Moshe*).

40. *Deuteronomy* 33:5 states, *He became king over Jeshurun.* The Midrash in 48 §4 below understands this to mean that Moses was king of Israel. Despite the fact that our verse mentions Moses before Israel (*"I sealed a covenant with you and Israel"*), the Midrash makes Israel primary and Moses secondary ("not only Israel alone but also you, Moses"). This is because, as the Midrash states above (42 §2), Moses' exalted position was granted to him for the sake of Israel (see *Maharzu*).

41. See end of preceding note. The Midrash here means that were it not for the Torah, Israel would never have been exalted and Moses, too, would not have been promoted to his exalted position as their king (*Yefeh To'ar*).

42. I.e., did not Moses deserve a far greater reward than merely receiving the earthly honor of being king of Israel? (*Eitz Yosef*).

43. The Midrash is referring to Moses' exalted level of prophecy, the radiant glow of his skin (see 34:29ff), and all the honor that Israel displayed toward him [because he was their king and leader] (*Maharzu*; see also *Eshed HaNechalim*).

44. The actual reward for spiritual achievements cannot be granted in this physical world. It can be granted only in the World to Come [see *Kiddushin* 39a] (*Maharzu*).

45. That is, you should verbalize the words as you study. Indeed, the Sages teach (*Devarim Rabbah* 8 §4; *Eruvin* 54a) that the words of the Torah are a source of life to those who express them with their mouths (*Maharzu*). By toiling in Torah in this manner, the words of Torah become "sharply honed in one's mouth," in keeping with the Sages' interpretation of Scripture's directive, "וְשִׁנַּנְתָּם לְבָנֶיךָ" [*Deuteronomy* 6:7; see *Rashi* ad loc., from *Kiddushin* 30a] (*Eitz Yosef*; see further, *Eshed HaNechalim*).

46. I.e., the words of the Torah must not be understood only in your heart but must be fluent in your mouth as well (ibid.).

47. It is obvious that it is the Torah that creates the bond between Israel and God, so the verse must be saying something deeper. But it cannot be taken to mean that God made His covenant with Israel dependent on their toiling in Torah until it becomes fluent in their mouths (see above), for while that is certainly the ideal, it is not logical to posit that it is an essential condition of a covenant with God. The Midrash will therefore take the *covenant* of our verse not as referring to God's covenant *with Israel* but rather to a different covenant that God made *to sustain the world* — a covenant for which Israel is responsible (*Yefeh To'ar*; see also *Eitz Yosef*).

48. According to the plain meaning of the verse, God comforts the Jewish people by telling them that His covenant with the Jews is like His covenant with day and night: Just as the cycle of day and night shall never cease, so too, shall God never completely forsake the Jewish people (*Radak* ad loc.). The Midrash, however, interprets the phrase homiletically, seeing the words יוֹמָם וָלַיְלָה, *day and night*, as a reference to Torah. [*Pesikta Zutresa* to *Genesis* 26:4 explains that this interpretation, which is commonly assumed by the Sages (see *Maharzu*), is based on the fact that *Joshua* 1:8 uses the same terminology in stating that Torah must be studied *day and night.*] The verse thus means: "If not for the covenant of keeping the Torah that I made with Israel, I would never have created the world."

49. And this shows how beloved the Torah is to God, for He used it as the blueprint for all of Creation (see *Bereishis Rabbah* 1 §1, referenced by *Eshed HaNechalim*). Therefore, if Israel does not accept to keep the laws of the Torah, God has no desire to allow the world to exist (*Eitz Yosef*).

[A related aside: *Nefesh HaChaim, Shaar* 4 Ch. 11 famously writes that if the world were completely devoid of Torah study for a single instant, the entire universe, including all the upper and lower worlds, would revert immediately to nothingness.]

50. The *wisdom, understanding,* and *knowledge* mentioned in these verses all refer to the Torah (*Maharzu*).

51. *Eitz Yosef* above, s.v. ומהו כרתי. See next notes.

52. I.e., by annulling the covenant, you will bear full responsibility for the destruction of the universe (see *Eitz Yosef*). [Note that our passage, as interpreted in the preceding notes, speaks of the continued existence of the world being dependent *both* on Israel's *initial acceptance* of the Torah *and* on Israel's *continuing observance* of the Torah.]

53. The Midrash now interprets כִּי עַל פִּי הַדְּבָרִים הָאֵלֶּה כָּרַתִּי אִתְּךָ בְּרִית וְאֶת יִשְׂרָאֵל as follows: *for because of these words* of Torah (in general) that Israel agreed to follow, *I have sealed a covenant with you and Israel*

רַבִּי יְהוּדָה בַּר רַבִּי סִימוֹן אָמַר בְּשֵׁם רַבִּי יְהוֹשֻׁעַ בֶּן לֵוִי: אָמַר לָהֶם הַקָּדוֹשׁ בָּרוּךְ הוּא: [ה]לְשֶׁעָבַר הֱיִיתֶם נִקְרָאִין כִּשְׁאָר אוּמּוֹת כְּמוֹ (בראשית י, ז) "סַבְתָּה וְרַעְמָה וְסַבְתְּכָא", וּמִשֶּׁקִּבַּלְתֶּם תּוֹרָתִי כָּרַתִּי בְּרִית עִמָּכֶם וְעִלִּיתִי אֶתְכֶם, וְלֹא יִשְׂרָאֵל בִּלְבָד, אֶלָּא אַף אַתָּה מַלְכָּם לֹא גִּדַּלְתִּיךָ בָּעוֹלָם אֶלָּא בִּזְכוּת הַתּוֹרָה, וּמַה גִּדְּלוֹ הַקָּדוֹשׁ בָּרוּךְ הוּא, אָמַר רַבִּי יִרְמְיָה בְּשֵׁם רַבִּי שְׁמוּאֵל בַּר רַב יִצְחָק: כָּל הַכָּבוֹד שֶׁרָאָה מֹשֶׁה בָּעוֹלָם הַזֶּה אֵינוֹ אֶלָּא מִן הַפֵּירוֹת, אֲבָל הַקֶּרֶן קַיֶּימֶת לוֹ לָעוֹלָם הַבָּא:

ד דָּבָר אַחֵר, [לד, כז] "כִּי עַל פִּי הַדְּבָרִים הָאֵלֶּה", שֶׁתְּהֵא יָגֵעַ בָּהֶם בְּפִיךָ, וְכֵן הוּא אוֹמֵר (דברים ל, יד) "בְּפִיךָ וּבִלְבָבְךָ לַעֲשׂתוֹ", וּמַהוּ [לד, כז] "כָּרַתִּי אִתְּךָ בְּרִית וְאֶת יִשְׂרָאֵל", [ו]שֶׁאִלּוּלֵי שֶׁקִּבַּלְתֶּם תּוֹרָתִי הָיִיתִי מַחֲזִיר עוֹלָם לְתוֹהוּ וָבוֹהוּ, שֶׁנֶּאֱמַר (ירמיה לג, כה) "אִם לֹא בְרִיתִי יוֹמָם וָלַיְלָה וְגוֹ'", לָמָּה, שֶׁבַּתּוֹרָה בָּרָאתִי שָׁמַיִם וָאָרֶץ, שֶׁנֶּאֱמַר (משלי ג, יט-כ) "ה' בְּחָכְמָה יָסַד אָרֶץ ... בְּדַעְתּוֹ תְּהוֹמוֹת נִבְקָעוּ", אִם בִּטַּלְתָּ הַבְּרִית אַתְּ גּוֹרֵם לִי לְהַחֲזִיר אֶת הָעֶלְיוֹנִים וְהַתַּחְתּוֹנִים לְתוֹהוּ וָבוֹהוּ, לְפִיכָךְ [לד, כז] "כִּי עַל פִּי הַדְּבָרִים הָאֵלֶּה":

ה [לד, כח] "וַיְהִי שָׁם עִם ה' ", [ז]וְכִי אֶפְשָׁר לוֹ לְאָדָם לִהְיוֹת מ' יוֹם בְּלֹא מַאֲכָל וּבְלֹא מִשְׁתֶּה, רַבִּי תַּנְחוּמָא בְּשֵׁם רַבִּי אֶלְעָזָר בַּר רַבִּי אָבִין בְּשֵׁם רַבִּי מֵאִיר אוֹמֵר: [ח]הַמָּשָׁל אוֹמֵר: אֲזַלְתְּ לְקַרְתָּא הַלֵּךְ בְּנִימוּסֶיהָ,

עץ יוסף

כמו סבתה ורעמה וסבתבא. רוצה לומר שמתחלה אף על פי שנקראו ישראל לא היו נקראים בשם זה, רק מצד שמורה על שם אביהם שיצאו ממנו וכמו שיקראו בני כוש כושיים, וכן השאר על שם ראש משפחתם, אבל אחר קבלת התורה נתוודעו בשם זה היותם נקראים כן מצד שה' כרת עמהם ברית ונעשו קרובים לאל ושמו בקרבם, וכענין שם המלאכים מיכאל גבריאל הנקראים כן על שם קורבתם לאל, ואסמכתא דרוש זה הוא מדיוק מלת ואת ישראל, שמצד כריתת הברית על התורה נקראים הם בשם זה, ועיין רות רבה ששם גם כן איתא זה רק על פסוק אחר, ועיין שם מה שכתבתי: **ומה גדלו הקדוש ברוך הוא.** הלא לפי זכותו היה ראוי שיתגדל יותר מאד ומשני שלא היה בעולם הזה שכר ממש אלא פירות: (ד) [ה] **שתהא יגע בהם בפיך.** שרמז שייגעו בהם בפה, דהיינו שיהיו דברי תורה מחודדים בפה, כמו שנאמר גבי כי חיים הם למוצאיהם, למוציאהם בפה, ולא יספיק מה שייגעו בעיון, והיינו בפיך ובלבבך שצריך שיהיו שגורים בפה ומובנים בלב, ולא הזכיר כאן רק הפה דפשיטא שיצטרכו להבין בלב דלא סגי בלאו הכי: **ומהו כרתי אתך ברית ואת ישראל.** שאיך יתכן לומר שאם לא ייגעו בפה לא היה ה' כורת ברית עם ישראל, ולא זה, ומשני דקרא לא אתא לאשמועינן ברית ה' עם ישראל, אלא שהם היו סיבת קיום העולם על ידי קבלת התורה, ומלת ברית רומז למלת בריתי הנזכר שם, אם לא בריתי וגו', ופירושו כי על פי הדברים האלה היינו התורה בכללה, כרתי אתך ברית במקום אחר שאם לא תשמרנה יפה יחרב העולם, וזה שכתוב אם לא בריתי יומם ולילה וגו', ועיין בתנחומא סדר נח סימן ג': **שבתורה בראתי שמים וארץ.** הרי שהתורה חביבה מאד בעיני הקדוש ברוך הוא שהרי כל מה שנברא היה על ידה, ולכן אין לו להקדוש ברוך הוא חפץ בעולם אם לא יקבלוה לשמור ולעשות: **בחכמה יסד ארץ.** רוצה לומר בחכמת התורה יסד ארץ, ועיין ריש תנחומא ומה שכתבתי שם: **אתה גורם לי כו'.** רוצה לומר דלא מיבעי שיחרב העולם, אלא שיחשב כאילו הוא גורם הדבר בקום עשה ויענש כאילו החריבו ממש, כההיא דתנן להפרע מן הרשעים שמאבדין את העולם כו': (ה) [ו] **וכי אפשר לו לאדם בטבעו.** ומאחר שהוצרך ה' לעשות לו נס שיהיה נזון מזיו השכינה, יותר טוב שימציא לו ה' מזון שבשם שיתפרנס בטבעו, כי השתנות סדר הטבע באדם אינו שבח אלא גריעות, כדאיתא בפרק במה בהמה (שבת נג, ב), ומשני משום שדרך ארץ שלא ישנה אדם ממנהג המדינה, וכמו שהיה למלאכים כשירדו למטה (יפה תואר): **אזלת לקרתא כו'.** אם באת לעיר צריך אתה לילך במנהגה:

פירוש מהרז"ו

סבתא ורעמא וסבתכא. בראשית י', והם מבני כוש. וכן הוא בבראשית רבה פרשה ס"ג סוף סימן ז, ובריש רות, וצריך עיון למה תפש דווקא אלו: **אלא אף אתה.** וזהו כרתי אתך ברית, וצריך עיון שכתוב תחלה אתך, ואחר כך את ישראל. ויש לומר שכוונת המדרש כמו שאמר לעיל פרשה מ"ב סימן ב, שעיקר גדולת משה בשביל ישראל, ומאחר שעיקר גדולת ישראל בשביל התורה, אם כן גם הכריתות ברית העיקר היה עם ישראל, ואם כן למה כתוב כאן אתך ואת ישראל, על כן דורש ומכריע על פי מדה ל"א, תחלה ישראל ואחר כך משה: **כל הכבוד שראה.** הן מה שהשיג במראה הנבואה יותר מכל הנביאים, וקרני הוד שזכה, וגם הכבוד שהיה לו מישראל, הכל מהפירות, כי שכר עלמו בהאי עלמא ליכא: (ד) **יגע בהם בפיך.** ולא במחשבה לבד. ועיין דברים רבה פרשה ח' ריש סימן ד, כי חיים הם למוציאהם (משלי ד, כב), ובעירובין נ"ד (ע"א): **אם לא בריתי.** חוקות שמים וארץ לא שמתי, ובריתי היא התורה כמו שמבואר שבת ל"ג א', נדרים ל"ב א'. ועיין בראשית רבה פרשה א' סימן א, דברים רבה פרשה ח' סימן ה: **ה' בחכמה יסד ארץ.** היינו בתורה. שהחכמה והתבונה והדעת, שבהם נברא שמים וארץ וימים, היא התורה שנתנה לנו, וכמו שבארנו בהקדמה שנייה באריכות, השם יתברך יזכני שאדפסנה: (ה) **אזלת לקרתא.** בראשית רבה פרשה מ"ח סימן ד, וכשעלה השיג טבע של עליונים ומנהגם:

מתנות כהונה

ועליתי. לשון עילוי פירוש הגבהתי אתכם: **אתה מלכם.** עם משה היה מדבר שהיה מלכם של ישראל: [ה] **אזלת לקרתא כו'.** אם אתה באת לתוך עיר צריך אתה לילך במנהגה:

אשד הנחלים

כמו סבתא כו'. פירש הידי משה כי נשתתף שם אל בישראל כמו שדרשו ישראל, וזהו ממתן תורה ואילך. אך לא ידעתי מדוע אחז בסבתא דוקא, ולא חשב הראשונים, ודוקא מבני כוש: **ומה גדלו כו' מן הפירות כו'.** לדעתי חסר כאן, ואולי צריך לומר גדלו בקירון עור פניו, ועליו אמר ר' ירמיה שכל זה רק הפירות, אבל עיקר הקרן מהשגה הגבוה והרוממה מאד, זה אי אפשר רק בעולם הבא ששם הנפש נפרדת מן החומר לגמרי, ואז תתעלה יותר בהשגתה, ואף שמשה אבי הנביאים נזדכך גם בחייו כמו שאמרו (יומא ד, ב) שנתמרק אכילה ושתיה שבמעיו ונעשה כמלאכי השרת, עם כל זה אמרו במדרש ברכה (יא, ט) שאמר הקדוש ברוך הוא לנפשו בתי כו' ואעלך למרום כו', הכונה כי זהו עיקר הברית שנדבק בה': **[ד] בפיך.** ולא בהרהור הלב לבד, וגם לא העשייה לבד בלא לימוד, וזהו בפיך ובלבבך, שעל ידי הגיון הפה נשאר תמיד בלבו לא ימוש ממנו, וזהו הברית והקשר שבין ישראל לאלהיו על ידי ידיעת התורה ושמירתה: **ומהו כו' שאלולי כו'.** רצה לומר שלא תדמה כי הברית הוא רק שיושגחו בהשגחה יותר טובה, ובלא זאת יהיו חס ושלום ככנענים, אבל העולם תהיה על עמדה, לזה אמר שלא כן, כי אם התורה היא הברית מכל מציאת העולם, כמו שכתוב (ירמיה לג, כה) אם לא בריתי [זהו התורה] יום ולילה [להיות שקוד בה תמיד] אז חקות שמים לא שמתי: **שבתורה בראתי.** כמו שמבואר בריש בראשית רבה: **בחכמה.** זהו התורה וחכמה העליונה: **[ה] וכי אפשר כו' אזלת לקרתא.** לכאורה אם קושיתם שאי אפשר להיות בלי מאכל, א"כ מהו התשובה אזלת לקרתא אחר שאי אפשר בלא זה. ואשר נראה לי בזה כי הכונה כי על פי דרך הטבע האנושית, אי אפשר בשום אופן לחיות זמן רב כזה בלי מאכל, אבל משה התחזק מאד כי מוכרח לילך בנימוסם ונתמרק כמלאכי השרת, וכן המלאכים העליונים אף שהם בלי גוף, עם כל זה הוכרחו להעשות כאלו הם אוכלים מחמת זה:

חידושי הרד"ל

לשעבר כו' סבתא ורעמא כו'. פירשתי בסייעתא דשמיא בהגהות בראשית רבה פרשה סג, ז (ד"ה סבתא ופתיחתא דרות א ד"ה כשאר) עיין שם: **ועליתי אתכם.** היינו שקראתים עמי, ועיין ריש רות רבה (פתיחתא א): **מן הפירות אבל הקרן כו'.** כמו ששנינו שתלמוד תורה מהדברים שאוכל פירותיהם בעולם הזה והקרן קיימת לעולם הבא, ורבינו בחיי הביא מהמדרש דמסיים בה שנאמר (חבקוק ג, ד) קרנים מידו לו, ונראה מדבריו שמפרש קרנים לשון קרן דרש, ואפשר עיקר הדרשא מסיפא ושם חביון עוזו, לומר שלקרנים זכה בעולם הזה קרני הוד אבל עיקרו חבוי לעולם הבא: **[ד] שתהא יגע בהן בפיך.** להוציאם בפה כמו שנאמר (בעירובין נד, א) ובכמה מקומות (מתנות כהונה):

באור מהרי"פ

[ה] וכי אפשר לאדם וכו'. פירוש, ולמה עשה הקב"ה נס נפלא כזה, ומתרץ כדי ללמוד דרך ארץ. ואם תאמר, הלא גבי אליהו כתיב (מלכים א יט, ח), ויקם ויאכל וישתה וילך בכח האכילה ההיא ארבעים יום וארבעים לילה עד הר האלהים חורבה. ויש לומר כמו שביאר הרד"ק, כי לא היה זה כנס משה רבינו עליו השלום, כי בו נאמר ארבעים יום לחם לא אכל וגו', ולא אמר שעמד בכח האכילה, ובאליהו אמר בכח האכילה, כלומר שנשתהה האוכל באצטומכא ולא בשלה אותה כח המבשל ולא משכם אותה כח המושך, מה שאין כן במשה:

ידי משה

[ג] כמו סבתא ורעמא וסבתכא אבל וכו' עליתי אתכם. כן צריך לומר. נראה לי שפירושו, כי מתחלה הייתם נקראים כמו סבתכא וכו' ואין שמי מעורב, אבל עכשיו שמי של אל מעורב בכם, כן הוא הגירסא במ"ת, רצה לומר שנקראו ישראל כדאיתא בגמרא דחולין (קלח, ב) שנקראו ישראל ממתן תורה ואילך:

מסורת המדרש

ה. רות רבה ריש פרשה א'. ילקוט תהלים רמז תש"ס:
ו. שבת פ"ח. פסחים ס"ח. נדרים ל"ב. עבודה זרה ג'. בראשית רבה פ' ס"ו. דב"ר פ"ח. שה"ש רבה פ"א ופרשה ז'. פתיחתא דרות רבה. תנחומא סדר בראשית ס"א. פסיקתא רבתי פסקא כ"א. מדרש תהלים מזמור ע"ה. ילקוט ירמיה רמז שכ"ב. ילקוט תהלים רמז תתי"א:
ז. ילקוט כאן רמז ת"ו:
ח. בבא מציעא פ"ז. בראשית רבה פ' מ"ח. תנחומא סדר וירא סי' י"א. ילקוט סדר וירא רמז פ"ב. כל הענין:

אם למקרא

וּבְנֵי כוּשׁ סְבָא וַחֲוִילָה וְסַבְתָּה וְרַעְמָה וְסַבְתְּכָא וּבְנֵי רַעְמָה שְׁבָא וּדְדָן: (בראשית י:ז)

כִּי קָרוֹב אֵלֶיךָ הַדָּבָר מְאֹד בְּפִיךָ וּבִלְבָבְךָ לַעֲשׂתוֹ: (דברים ל:יד)

כֹּה אָמַר ה' אִם לֹא בְרִיתִי יוֹמָם וָלָיְלָה חֻקּוֹת שָׁמַיִם וָאָרֶץ לֹא שָׂמְתִּי: (ירמיה לג:כה)

ה' בְּחָכְמָה יָסַד אָרֶץ כּוֹנֵן שָׁמַיִם בִּתְבוּנָה: בְּדַעְתּוֹ תְּהוֹמוֹת נִבְקָעוּ וּשְׁחָקִים יִרְעֲפוּ טָל: (משלי ג:יט-כ)

§5 **וַיְהִי שָׁם עִם ה׳** — *HE REMAINED THERE WITH HASHEM FOR FORTY DAYS AND FORTY NIGHTS — HE DID NOT EAT BREAD AND HE DID NOT DRINK WATER.*

וְכִי אֶפְשָׁר לוֹ לְאָדָם לִהְיוֹת מ׳ יוֹם בְּלֹא מַאֲכָל וּבְלֹא מִשְׁתֶּה — **Now is it possible for a human being to be forty days without food or drink?**[54]

רַבִּי תַנְחוּמָא בְּשֵׁם רַבִּי אֶלְעָזָר בַּר רַבִּי אָבִין בְּשֵׁם רַבִּי מֵאִיר אוֹמֵר — **R' Tanchuma says in the name of R' Elazar bar R' Avin** who said **in the name of R' Meir:** **הַמָּשָׁל אוֹמֵר: אֲזַלְתְּ לְקַרְתָּא הֲלָךְ בְּנִימוּסֵיהּ** — **The popular adage goes** as follows: **When you enter a town, follow its customs.**

NOTES

elsewhere; namely, that if you fail to observe the Torah the world will be destroyed (*Eitz Yosef* above, s.v. ומהו כרתי). Alternatively, the Midrash is interpreting the end of the verse as follows: *I have sealed a covenant* to sustain the universe, ***through** you and **through** Israel* (*Yefeh To'ar* ibid.).

54. If Moses did not eat or drink for forty days and forty nights, he was obviously sustained through a miracle. [The Midrash at the end of this section says he was sustained through the Divine Presence.] Why did God change the natural order on his behalf rather than provide him with bread and water? Indeed, the Gemara (*Shabbos* 53b) tells us that it is a negative thing, not a positive one, if God must change the laws of nature in order to help someone (*Eitz Yosef*, citing *Yefeh To'ar*; *Toldos Noach*; see, however, *Eshed HaNechalim*).

רַבִּי יְהוּדָה בַּר רַבִּי סִימוֹן אָמַר בְּשֵׁם רַבִּי יְהוֹשֻׁעַ בֶּן לֵוִי: אָמַר לָהֶם הַקָּדוֹשׁ בָּרוּךְ הוּא: ה"לְשֶׁעָבַר הֱיִיתֶם נִקְרָאִין כִּשְׁאָר אוּמּוֹת כְּמוֹ (בראשית י, ז) "סַבְתָּה וְרַעְמָה וְסַבְתְּכָא", וּמִשֶּׁקִּבַּלְתֶּם תּוֹרָתִי כָּרַתִּי בְּרִית עִמָּכֶם וְעִלֵּיתִי אֶתְכֶם, וְלֹא יִשְׂרָאֵל בִּלְבָד, אֶלָּא אַף אַתָּה מַלְכָּם לֹא גִּדַּלְתִּיךָ בָּעוֹלָם אֶלָּא בִּזְכוּת הַתּוֹרָה, וּמַה גִּדְּלוֹ הַקָּדוֹשׁ בָּרוּךְ הוּא, אָמַר רַבִּי יִרְמְיָה בְּשֵׁם רַבִּי שְׁמוּאֵל בַּר רַב יִצְחָק: כָּל הַכָּבוֹד שֶׁרָאָה מֹשֶׁה בָּעוֹלָם הַזֶּה אֵינוֹ אֶלָּא מִן הַפֵּירוֹת, אֲבָל הַקֶּרֶן קַיֶּימֶת לוֹ לָעוֹלָם הַבָּא:

ד דָּבָר אַחֵר, [לד, כז] "כִּי עַל פִּי הַדְּבָרִים הָאֵלֶּה", שֶׁתְּהֵא יָגֵעַ בָּהֶם בְּפִיךָ, וְכֵן הוּא אוֹמֵר (דברים ל, יד) "בְּפִיךָ וּבִלְבָבְךָ לַעֲשֹׂתוֹ", וּמַהוּ [לד, כז] "כָּרַתִּי אִתְּךָ בְּרִית וְאֶת יִשְׂרָאֵל", ושֶׁאִלּוּלֵי שֶׁקִּבַּלְתֶּם תּוֹרָתִי הָיִיתִי מַחֲזִיר עוֹלָם לְתוֹהוּ וָבוֹהוּ, שֶׁנֶּאֱמַר (ירמיה לג, כה) "אִם לֹא בְרִיתִי יוֹמָם וָלַיְלָה וְגוֹ' ", לָמָּה, שֶׁבַּתּוֹרָה בָּרָאתִי שָׁמַיִם וָאָרֶץ, שֶׁנֶּאֱמַר (משלי ג, יט-כ) "ה' בְּחָכְמָה יָסַד אָרֶץ ... בְּדַעְתּוֹ תְּהוֹמוֹת נִבְקָעוּ", אִם בִּטַּלְתָּ הַבְּרִית אַתְּ גּוֹרֵם לִי לְהַחֲזִיר אֶת הָעֶלְיוֹנִים וְהַתַּחְתּוֹנִים לְתוֹהוּ וָבוֹהוּ, לְפִיכָךְ [לד, כז] "כִּי עַל פִּי הַדְּבָרִים הָאֵלֶּה":

ה [לד, כח] "וַיְהִי שָׁם עִם ה' ", זוְכִי אֶפְשָׁר לוֹ לְאָדָם לִהְיוֹת מ' יוֹם בְּלֹא מַאֲכָל וּבְלֹא מִשְׁתֶּה, רַבִּי תַּנְחוּמָא בְּשֵׁם רַבִּי אֶלְעָזָר בַּר רַבִּי אָבִין בְּשֵׁם רַבִּי מֵאִיר אוֹמֵר: חהַמָּשָׁל אוֹמֵר: אֲזַלְתְּ לְקַרְתָּא הַלֵּךְ בְּנִימוּסֶיהָ,

עץ יוסף

כמו סבתה ורעמה וסבתכא. רולה לומר שמתחלה אף על פי שנקראו ישראל לא היו נקראים בשם זה, רק מלד שמורה על שם אביהם שילאו ממנו וכמו שיקראו בני כוש כושיים, וכן השאר על שם ראש משפחתם, אבל אחר קבלת התורה נתוודעו בשם זה היותם נקראים כן מלד שה' כרת עמהם ברית ונעשו קרובים לאל ושמו בקרבם, וכענין שם המלאכים מיכאל גבריאל הנקראים כן על שם קורבתם לאל, ואסמכתא דרוש זה הוא מדיוק מלת ואת ישראל, שמלד כריתת הברית על התורה נקראים הם בשם זה, ועיין רות רבה ששם גם כן איתא זה רק על פסוק אחר, ועיין שם מה שכתבתי: **ומה גדלו הקדוש ברוך הוא.** הלא לפי זכותו היה ראוי שיתגדל יותר מאד ומשני שלא היה בעולם הזה שכר ממש אלא פירות: (ד) [ה] **שתהא יגע בהם בפיך.** שרמז שייגעו בהם בפה, דהיינו שיהיו דברי תורה מחודדים בפה, כמו שנאמר גבי כי חיים הם למולאיהם, למוליאהם בפה, ולא יספיק מה שייגעו בעיון, והיינו בפיך ובלבבך שלריך שיהיו שגורים בפה ומובנים בלב, ולא הזכיר כאן רק הפה דפשיטא שילטרכו להבין בלב דלא סגי בלאו הכי: **ומהו כרתי אתך ברית ואת ישראל.** שאיך יתכן לומר שאם לא ייגעו בפה לא היה ה' כורת ברית עם ישראל, לולא זה, ומשני דקרא לא אתא לאשמועינן ברית ה' עם ישראל, אלא שהם היו סיבת קיום העולם על ידי קבלת התורה, ומלת ברית רומז למלת בריתי הנזכר שם, אם לא בריתי וגו', ופירושו כי על פי הדברים האלה היינו התורה בכללה, כרתי אתך ברית במקום אחר שאם לא תשמרנה יפה יחרב העולם, וזה שכתוב אם לא בריתי יומם ולילה וגו', ועיין בתנחומא סדר נח סימן ג': **שבתורה בראתי שמים וארץ.** הרי שהתורה חביבה מאד בעיני הקדוש ברוך הוא שהרי כל מה שנברא היה על ידה, ולכן אין לו להקדוש ברוך הוא חפץ בעולם אם לא יקבלוה לשמור ולעשות: **בחכמה יסד ארץ.** רולה לומר בחכמת התורה יסד ארץ, ועיין ריש תנחומא ומה שכתבתי שם: **אתה גורם לי כו'.** רולה לומר דלא מיבעי שיחרב העולם, אלא שיחשב כאילו הוא גורם הדבר בקום עשה ויענש כאילו החריבו ממש, כההיא דתנן להפרע מן הרשעים שמאבדין את העולם כו': (ה) [ו] **וכי אפשר לו לאדם בטבעו.** ומאחר שהולרך ה' לעשות לו נס שיהיה נזון מזיו השכינה, יותר טוב שימליא לו ה' מזון ששם שיתפרנס בטבעו, כי השתנות סדר הטבע באדם אינו שבח אלא גריעות, כדאיתא בפרק במה בהמה (שבת נג, ב), ומשני משום שדרך ארץ שלא ישנה אדם ממנהג המדינה, וכמו שהיה למלאכים כשירדו למטה (יפה תואר): **אזלת לקרתא כו'.** אם באת לעיר לריך אתה לילך במנהגה:

פירוש מהרז"ו

סבתא ורעמא וסבתכא. בראשית י', והם מבני כוש. וכן הוא בבראשית רבה פרשה ס"ג סוף סימן ז, ובריש רות, ולריך עיון למה תפש דווקא אלו: **אלא אף אתה.** וזהו כרתי אתך ברית, ולריך עיון שכתוב תחלה אתך, ואחר כך את ישראל. ויש לומר שכוונת המדרש כמו שאמר לעיל פרשה מ"ב סימן ב, שעיקר גדולת משה בשביל ישראל, ומאחר שעיקר גדולת ישראל בשביל התורה, אם כן גם הכריתות ברית העיקר היה עם ישראל, ואם כן למה כתוב כאן אתך ואת ישראל, על כן דורש ומכריע על פי מדה ל"א, תחלה ישראל ואחר כך משה: **כל הכבוד שראה.** הן מה שהשיג במראה הנבואה יותר מכל הנביאים, וקרני הוד שזכה, וגם הכבוד שהיה לו מישראל, הכל מהפירות, כי שכר עלמו בהאי עלמא ליכא: (ד) **יגע בהם בפיך.** ולא במחשבה לבד. ועיין דברים רבה פרשה ח' ריש סימן ד, כי חיים הם למולאיהם (משלי ד, כב), ובעירובין נ"ד (ע"א): **אם לא בריתי.** חוקות שמים וארץ לא שמתי, ובריתי היא התורה כמו שמבואר שבת ל"ג א', נדרים ל"ב א'. ועיין בראשית רבה פרשה א' סימן א, דברים רבה פרשה ח' סימן ה: **ה' בחכמה יסד ארץ.** היינו בתורה. שהחכמה והתבונה והדעת, שבהם נברא שמים וארץ וימים, היא התורה שנתנה לנו, וכמו שבארנו בהקדמה שנייה באריכות, השם יתברך יזכני שאדפסנה: (ה) **אזלת לקרתא.** בראשית רבה פרשה מ"ח סימן ד, וכשעלה השיג טבע של עליונים ומנהגם:

מתנות כהונה

ועליתי. לשון עילוי פירוש הגבהתי אתכם: **אתה מלכם.** עם משה היה מדבר שהיה מלכם של ישראל: [ה] **אזלת לקרתא כו'.** אם אתה באת לתוך עיר לריך אתה לילך במנהגה:

אשד הנחלים

כמו סבתא כו'. פירש הידי משה כי נשתתף שם אל בישראל כמו שדרשו ישראל, וזהו ממתן תורה ואילך. אך לא ידעתי מדוע אחז בסבתא דוקא, ולא חשב הראשונים, ודוקא מבני כוש: **ומה גדלו כו' מן הפירות כו'.** לדעתי חסר כאן, ואולי צריך לומר גדלו בקירון עור פניו, ועליו אמר ר' ירמיה שכל זה רק הפירות, אבל עיקר הקרן מהשגה הגבוה והרוממה מאד, זה אי אפשר רק בעולם הבא ששם הנפש נפרדת מן החומר לגמרי, ואז תתעלה יותר בהשגתה, ואף שמשה אבי הנביאים נזדכך גם בחייו כמו שאמרו (יומא ד, ב) שנתמרק אכילה ושתיה שבמעיו ונעשה כמלאכי השרת, עם כל זה אמרו במדרש ברכה (יא, ט) שאמר הקדוש ברוך הוא לנפשו בתי כו' ואעלך למרום כו', הכונה כי זהו עיקר הברית שנדבק בה': [ד] **בפיך.** ולא בהרהור הלב לבד, וגם לא העשייה לבד בלא לימוד, וזהו בפיך ובלבבך, שעל ידי הגיון הפה נשאר תמיד בלבו לא ימוש ממנו, וזהו הברית והקשר שבין ישראל לאלהיו על ידי ידיעת התורה ושמירתה: **ומהו כו' שאלולי כו'.** רצה לומר שלא תדמה כי הברית הוא רק שיושגחו בהשגחה יותר טובה, ובלא זאת יהיו חס ושלום ככנענים, אבל העולם תהיה על עמדה, לזה אמר שלא כן, כי אם התורה היא הברית מכל מציאת העולם, כמו שכתוב (ירמיה לג, כה) אם לא בריתי [זהו התורה] יום ולילה [להיות שקוד בה תמיד] אז חקות שמים לא שמתי: **שבתורה בראתי.** כמו שמבואר בריש בראשית רבה: **בחכמה.** זהו התורה וחכמה העליונה: [ה] **וכי אפשר כו' אזלת לקרתא.** לכאורה אם קושיתם שאי אפשר להיות בלי מאכל, א"כ מהו התשובה אזלת לקרתא אחר שאי אפשר בלא זה. ואשר נראה לי בזה כי הכונה כי על פי דרך הטבע האנושית, אי אפשר בשום אופן לחיות זמן רב כזה בלי מאכל, אבל משה התחזק מאד כי מוכרח ליילך בנימוסם ונתמרק כמלאכי השרת, וכן המלאכים העליונים אף שהם בלי גוף, עם כל זה הוכרחו להעשות כאלו הם אוכלים מחמת זה:

חידושי הרד"ל

לשעבר כו' סבתא ורעמא כו'. פירשתי בסייעתא דשמיא בהגהות בראשית רבה פרשה סג, ז (ד"ה סבתא ופתיחתא דרות א ד"ה כשאר) עיין שם: **ועליתי אתכם.** היינו שקראתים עמי, ועיין ריש רות רבה (פתיחתא א): **מן הפירות אבל הקרן כו'.** כמו ששנינו שתלמוד תורה מהדברים שאוכל פירותיהם בעולם הזה והקרן קיימת לעולם הבא, ורבינו בחיי הביא מהמדרש דמסיים בה שנאמר (חבקוק ג, ד) קרנים מידו לו, ונראה מדבריו שמפרש קרנים לשון קרן דרש, ואפשר עיקר הדרשא מסיפא ושם חביון עוזו, לומר שלקרנים זכה בעולם הזה קרני הוד אבל עיקרו חבוי לעולם הבא: [ד] **שתהא יגע בהן בפיך.** להוליאם בפה כמו שנאמר (בעירובין נד, א) ובכמה מקומות (מתנות כהונה):

באור מהרי"פ

[ה] **וכי אפשר לאדם וכו'.** פירוש, ולמה עשה הקב"ה נס נפלא כזה, ומתרץ כדי ללמוד דרך ארץ. ואם תאמר, הלא גבי אליהו כתיב (מלכים א יט, ח), ויקם ויאכל וישתה וילך בכח האכילה ההיא ארבעים יום וארבעים לילה עד הר האלהים חורבה. ויש לומר כמו שביאר הרד"ק, כי לא היה זה כנס משה רבינו עליו השלום, כי בו נאמר ארבעים יום לחם לא אכל וגו', ולא אמר שעמד בכח האכילה, ובאליהו אמר בכח האכילה, כלומר שנשתהה האוכל באצטומכא ולא בשלה אותה כח המבשל ולא משכם אותה כח המושך, מה שאין כן במשה:

ידי משה

[ג] **כמו סבתא ורעמא וסבתכא אבל וכו' עליתי אתכם.** כן לריך לומר. נראה לי שפירושו, כי מתחלה הייתם נקראים כמו סבתכא וכו' ואין שמי מעורב, אבל עכשיו שמי של אל מעורב בכם, כן הוא הגירסא במ"ת, רלה לומר שנקראו ישראל כדאיתא בגמרא דחולין (קא, ב) שנקראו ישראל ממתן תורה ואילך:

מסורת המדרש

ה. רות רבה ריש פרשה א'. ילקוט תהלים רמז תש"ס:
ו. שבת פ"א. פסחים ס"א. נדרים ל"ב. עבודה זרה ג'. בראשית רבה פ' ס"ו. דב"ר פ"א. שה"ש רבה פ"א ופרשה ז'. פתיחתא דרות רבה. תנחומא סדר בראשית ס"א. פסיקתא רבתי פסקא כ"א. מדרש תהלים מזמור ע"ה. ילקוט ירמיה רמז שכ"ב. ילקוט תהלים רמז תתי"א:
ז. ילקוט כאן רמז ת"ו:
ח. בבא מציעא פ"ו. בראשית רבה פ' מ"א. תנחומא סדר וירא סי' י"א. ילקוט סדר וירא רמז פ"ב. כל הענין:

אם למקרא

וּבְנֵי כּוּשׁ סְבָא וַחֲוִילָה וְסַבְתָּה וְרַעְמָה וְסַבְתְּכָא וּבְנֵי רַעְמָה שְׁבָא וּדְדָן: (בראשית י:ז)

כִּי קָרוֹב אֵלֶיךָ הַדָּבָר מְאֹד בְּפִיךָ וּבִלְבָבְךָ לַעֲשֹׂתוֹ: (דברים ל:יד)

כֹּה אָמַר ה' אִם לֹא בְרִיתִי יוֹמָם וָלָיְלָה חֻקּוֹת שָׁמַיִם וָאָרֶץ לֹא שָׂמְתִּי: (ירמיה לג:כה)

ה' בְּחָכְמָה יָסַד אָרֶץ כּוֹנֵן שָׁמַיִם בִּתְבוּנָה: בְּדַעְתּוֹ תְּהוֹמוֹת נִבְקָעוּ וּשְׁחָקִים יִרְעֲפוּ טָל: (משלי ג:יט-כ)

לְמַעְלָה שֶׁאֵין אֲכִילָה וּשְׁתִיָּה — Since **there is no eating or drinking above,** עָלָה מֹשֶׁה וְנִדְמָה לָהֶם — **Moses ascended** to the heavens, the domain of the angels, **and acted like them** and did not eat or drink.[55] לְמַטָּה שֶׁיֵּשׁ אֲכִילָה וּשְׁתִיָּה — Conversely: On the earth **below where there is eating and drinking,** יָרְדוּ מַלְאֲכֵי הַשָּׁרֵת וְאָכְלוּ וְשָׁתוּ — **the ministering angels descended and ate and drank,** שֶׁנֶּאֱמַר "וְהוּא עֹמֵד עֲלֵיהֶם תַּחַת הָעֵץ וַיֹּאכֵלוּ" — **as it is stated,** ***He stood over them beneath the tree and they ate*** (*Genesis* 18:8).[56]

A dissenting view:

אָמַר רַבִּי יוֹחָנָן: נִרְאִין כְּאוֹכְלִין, רִאשׁוֹן רִאשׁוֹן מִסְתַּלֵּק — **R' Yochanan said:** The angels did not actually eat. **It** merely ***appeared*** **as though they were eating, each consecutive [course] being removed from the table** by the angels.[57]

The Midrash expounds the verse further, this time focusing on the words *with HASHEM*:[58]

דָּבָר אַחֵר, "וַיְהִי שָׁם עִם ה'" — **Another interpretation:** ***He remained there with HASHEM.*** מַעֲשֶׂה בְּרַבִּי יוֹחָנָן שֶׁהָיָה עוֹלֶה מִטְּבֶרְיָא לְצִיפּוֹרִי — **It once happened that R' Yochanan was going up from Tiberias to Sepphoris.**[59] הָיָה רַבִּי חִיָּיא תַּלְמִידוֹ אֶצְלוֹ וְהָיָה רַבִּי יוֹחָנָן רוֹאֶה כֶּרֶם — **His disciple R' Chiya was with him when R' Yochanan saw a** certain **vineyard.** אָמַר לְרַבִּי חִיָּיא: אֵין אַתָּה רוֹאֶה כֶּרֶם זֶה שֶׁהָיָה שֶׁלִּי וּמְכַרְתִּי אוֹתוֹ בְּכָךְ וְכָךְ — **He said to R' Chiya, "Do you not see this vineyard that was once mine and I sold it for such and such** an amount?" אוֹתָהּ שָׁעָה בָּכָה רַבִּי חִיָּיא בַּר אַבָּא וְאָמַר לוֹ — **At that time R' Chiya bar Abba wept and said to [R' Yochanan],** לֹא הִנַּחְתָּ לְעֵת זִקְנוּתְךָ כְּלוּם — **"You did not leave anything for your old age!"**[60] אָמַר לוֹ: וְכִי קַלָּה הִיא בְּעֵינֶיךָ — **[R' Yochanan] replied, "Is it a light** thing **in your eyes** שֶׁמָּכַרְתִּי דָּבָר שֶׁנִּבְרָא בְּשִׁשָּׁה יָמִים — **that I sold something that was created in six days** וְקָנִיתִי דָּבָר שֶׁנִּיתַּן לְאַרְבָּעִים יוֹם — **and I purchased something that was given** after **forty days?**[61] עוֹלָם כּוּלוֹ וּמְלוֹאוֹ נִבְרָא בּוֹ' יָמִים — **The entire universe and all that fills it was created in six days,**[62] אֲבָל הַתּוֹרָה נִיתְּנָה לְאַרְבָּעִים יוֹם — **but the Torah was given** only **after forty days."**[63]

The Midrash proceeds to expound the seemingly superfluous words *bread* and *water*:[64]

"לֶחֶם לֹא אָכַל" — ***He did not eat bread*** — אֲבָל מִלַּחְמָהּ שֶׁל תּוֹרָה אָכַל — i.e., he did not eat physical bread, **but he ate from the bread of the Torah;** "וּמַיִם לֹא שָׁתָה" — ***and he did not drink water*** — אֲבָל מִמַּיִם שֶׁל תּוֹרָה שָׁתָה — i.e., he did not drink physical water **but he drank from the water of the Torah.**[65] וְהָיָה לָמֵד תּוֹרָה בַּיּוֹם — **He would learn Torah** directly from God[66] **by day** וּפוֹשֵׁט אוֹתָהּ בֵּינוֹ לְבֵין עַצְמוֹ בַּלַּיְלָה — **and would explain it to himself at night.**[67] וְלָמָּה הָיָה עוֹשֶׂה כָּךְ — **Why did [Moses] act in this manner?**[68] אֶלָּא לְלַמֵּד אֶת יִשְׂרָאֵל שֶׁיְּהוּ יְגֵעִים בַּתּוֹרָה בַּיּוֹם וּבַלַּיְלָה — **Only to teach Israel that they must toil in the Torah** both **by day and by night.**[69]

NOTES

55. That is, God acted in a manner consistent with *derech eretz* and did not provide Moses with food in heaven (ibid.; see also *Beur Maharif*, who writes that God acted as He did in order to teach us *derech eretz*).

56. The angels who came to visit Abraham, finding themselves in the domain of mortal man, adapted and assumed the behavior of mortals.

57. R' Yochanan maintains that the angels only *pretended* to eat. So that Abraham and Sarah would not realize that they were not eating, they caused each course to disappear as it was served (*Eshed HaNechalim*). Alternatively, they removed the food some distance from the table, or burned it (*Yefeh To'ar* to *Bereishis Rabbah* 48 §14).

58. Moses did not move from God's side, as it were, for forty days and nights in order to learn and review the Torah with Him. The Midrash recounts another story of dedication and self-sacrifice for the sake of learning Torah (*Eitz Yosef*).

59. The city of Tiberias is situated in a valley, while Sepphoris was situated on a mountain nearby (*Shabbos* 118b). Hence, R' Yochanan was "going up."

60. R' Chiya wept because R' Yochanan had stopped several times and pointed to several fields and vineyards that he had sold only so that he would have the means to study Torah; see *Vayikra Rabbah* 30 §1 and *Shir HaShirim Rabbah* to *Song of Songs* 8:7 (*Eitz Yosef*). R' Chiya felt it would be more appropriate for R' Yochanan to leave something for himself so that he would not have to be sustained by charity in his old age (*Yefeh To'ar*).

61. Or: **"that was transmitted over forty days,"** i.e., that took forty days of labor to master, even for someone of Moses' abilities. By contrast, the world was able to achieve its form in a mere six days (*Eshed HaNechalim*).

62. Including fields and vineyards. See *Eitz Yosef*.

63. Thus, I sold things that were *less* valuable (for they requiring less effort, as it were, to attain), and acquired something that is *more* valuable (for it required more effort to attain). See Insight Ⓐ.

64. The Torah could have written just: *he did not eat and he did not drink* (*Eitz Yosef*).

65. Scripture refers to the Torah as *bread* and as *water* (see *Proverbs* 9:5 and *Isaiah* 55:1, respectively, as interpreted in *Bereishis Rabbah* 54 §1 et al.; see also §7 below). Although Moses did not actually eat physical bread or drink physical water, he was sustained by the spiritual qualities of the Torah (*Eitz Yosef*; see further, *Eshed HaNechalim*).

66. Ibid.

67. From the fact that Scripture wrote *forty days and forty nights* (separating the *days* from the *nights*) rather than writing "forty days and nights," the Midrash derives that Moses' method of study was different by night than it was by day (ibid.). Alternatively, the derivation is from the fact that *nights* are mentioned altogether, for the word *days* includes the nights as well (*Maharzu*).

68. *Eshed HaNechalim* explains that since Moses was in a state of constant prophecy, he should not really have had to review his studies (cf. *Shir HaShirim Rabbah* to *Song of Songs* 1:2 §4). The Midrash therefore asks why he did so.

69. When God taught Moses, He gave Moses intervals of time to contemplate and clarify each section of Torah that He taught him (see *Rashi*

INSIGHTS

Ⓐ **An Incomparable Treasure** Although R' Yochanan undoubtedly gained by trading his worldly possessions for the eternal Torah, how did this consideration address R' Chiya's concern that he would be left destitute in his old age?

R' Tzvi Shraga Grossbard (*Daas Shraga*, pp. 187-188) explains that R' Yochanan was cutting to the very heart of R' Chiya's question, exposing within it a mistaken premise. This answer contains a fundamental lesson for life. R' Yochanan was teaching R' Chiya that by definition one can never make a "trade" for Torah. A trade implies giving and receiving; however, regarding the inestimable worth of Torah, one does not give — he only receives. R' Yochanan's outlook counters the perspective of many people, among them even those who devote their lives to Torah, that there is such a thing as *mesiras nefesh* for Torah. In their view, R' Yochanan's actions were inexplicable: how could he leave himself without support in his old age? However, R' Yochanan felt very deeply, and imparted to his student, that he in fact gave *nothing* and only received. There is no scale that can measure the eternal and the Divine against the fleeting and the mundane. To trade something rooted in six days for one rooted in forty is simply no trade at all. The world and its fullness were created in six days. It is comparable to exchanging one's meager possessions for a kingly bounty.

Such is the character of true *limud haTorah*. Torah study born of calculations, of weighing pros and cons, even of well-intentioned sacrifice, is not an expression of the truest form of appreciation for our Divine gift. One who learns with thirst, joy, and even *ecstasy*, with profound awareness that he is single-mindedly devoted to God's Torah, is the one who feels forever indebted for receiving it. By this yardstick, any worldly consideration is not simply overshadowed; it is of no consequence.

לְמַעְלָה שֶׁאֵין אֲכִילָה וּשְׁתִיָּה עָלָה מֹשֶׁה וְנִדְמָה לָהֶם, לְמַטָּה שֶׁיֵּשׁ אֲכִילָה וּשְׁתִיָּה יָרְדוּ מַלְאֲכֵי הַשָּׁרֵת וְאָכְלוּ וְשָׁתוּ, שֶׁנֶּאֱמַר (בראשית יח, ח) "וְהוּא עֹמֵד עֲלֵיהֶם תַּחַת הָעֵץ וַיֹּאכֵלוּ", אָמַר רַבִּי יוֹחָנָן: [ט]נִרְאִין כְּאוֹכְלִין, רִאשׁוֹן רִאשׁוֹן מִסְתַּלֵּק, דָּבָר אַחֵר, [לד, כח] "וַיְהִי שָׁם עִם ה'", [י]מַעֲשֶׂה בְּרַבִּי יוֹחָנָן שֶׁהָיָה עוֹלֶה מִטְּבֶרְיָא לְצִיפּוֹרִי, הָיָה רַבִּי חִיָּיא תַּלְמִידוֹ אֶצְלוֹ, וְהָיָה רַבִּי יוֹחָנָן רוֹאֶה כֶּרֶם, אָמַר לְרַבִּי חִיָּיא: אֵין אַתָּה רוֹאֶה כֶּרֶם זֶה שֶׁהָיָה שֶׁלִּי וּמָכַרְתִּי אוֹתוֹ בְּכָךְ וְכָךְ, אוֹתָהּ שָׁעָה בָּכָה רַבִּי חִיָּיא בַּר אַבָּא וְאָמַר לוֹ: לֹא הִנַּחְתָּ לְעֵת זִקְנוּתְךָ כְּלוּם, אָמַר לוֹ: וְכִי קַלָּה הִיא בְּעֵינֶיךָ שֶׁמָּכַרְתִּי דָּבָר שֶׁנִּבְרָא בְּשִׁשָּׁה יָמִים וְקָנִיתִי דָּבָר שֶׁנִּיתַּן לְאַרְבָּעִים יוֹם, עוֹלָם כּוּלּוֹ וּמְלוֹאוֹ נִבְרָא בְּו' יָמִים, אֲבָל הַתּוֹרָה נִיתְּנָה לְאַרְבָּעִים יוֹם. [לד, כח] [יא]"לֶחֶם לֹא אָכַל" אֲבָל מִלְחָמָהּ שֶׁל תּוֹרָה אָכַל, [שם] "וּמַיִם לֹא שָׁתָה" אֲבָל מִמֵּימָיו שֶׁל תּוֹרָה שָׁתָה וְהָיָה לָמֵד תּוֹרָה בַּיּוֹם וּפוֹשֵׁט אוֹתָהּ בֵּינוֹ לְבֵין עַצְמוֹ בַּלַּיְלָה, וְלָמָּה הָיָה עוֹשֶׂה כָּךְ, אֶלָּא לְלַמֵּד אֶת יִשְׂרָאֵל שֶׁיְּהוּ יְגֵעִים בַּתּוֹרָה בַּיּוֹם וּבַלַּיְלָה, [יב]רַבִּי °שִׁמְעוֹן בֶּן לָקִישׁ הָיָה אוֹמֵר לְתַלְמִידָיו: בּוֹאוּ וְלִמְדוּ תּוֹרָה דִּשְׁחִירִין וּדְקָרִין בַּלַּיְלָה,

עץ יוסף

ואכלו ושתו. וכן הוא בתנא דבי אליהו שאכלו ממש: **אמר רבי יוחנן כו'.** וסבירא ליה שלא אכלו ממש, אלא היו נראים כאוכלים שמאכל ראשון ראשון שהובא לפניהם היה מסתלק: **[ז] מעשה בר' יוחנן כו'.** כוונתו לתרץ יתור מלת עם ה', ולפי הדרוש הוא מבואר שלהורות בא שלא זז משה מכותלי השכינה תמיד כל ארבעים יום וארבעים לילה, אלא חוזר ומסדר תלמודו עם ה', לפי שהתורה ארוכה מארץ מדה ומני ים עמוקה, ועיין בויקרא רבה (ל, א), ובחזית (שיהש"ר ח ז, א) פסוק אם יתן איש, שכך אמר רבי יוחנן על שלשה וארבע שדות וכרמים שמכר לצורך תלמוד תורה ולכך בכה: **שמכרתי דבר שנברא בששה ימים.** אף על גב דלארץ לא הוצרך אלא יום אחד שנאמר בו יקוו המים ותראה היבשה, יש לומר מכיון דכל העולם מקושר קצתו בקצתו וכל חלק צריך לאחרים, שהארץ צריכה למאורות להצמיח דשאיה, וכן לגשמים הבאים על ידי הרקיע, והוקש אל זה בכל הדברים, לכן שפיר אמר על כל דבר שנמצאים עכשיו שנבראו בששה ימים (יפה תואר ותולדות נח): **[ח] אבל מלחמה של תורה אכל כו'.** יתורא דלחם ומים קא דייק, דלא הוי ליה לכתוב אלא ויהי שם עם ה' ארבעים יום וארבעים לילה לא אכל ולא שתה, להכי קאמר דאתא למימר לחם ומים טבעי לא אכל ולא שתה, אבל לחם ומים של תורה אכל ושתה, שהתורה נקראת לחם ומים כדכתיב לכו לחמי בלחמי, וכתיב הוי כל צמא לכו למים: **והיה לומד תורה ביום ופושט כו'.** מדאיצטריך למימר ארבעים תרי זימני דהוי ליה למימר עם ה' ארבעים יום ולילה, אלא לחלק אתא שביום היה למד מפי הקדוש ברוך הוא, ובלילה היה פושט בינו ובין עצמו: **ולמה היה עושה כך.** והלא כשהיה הקדוש ברוך הוא מלמדו היה נותן לו ריוח להתבונן יפה, כי על זה ההפסקות משמשות כדאיתא בתורת כהנים, ומשני ללמד את ישראל שלא יסתפקו בלמוד היום שלומדים בכנופיא זה עם זה, אלא גם בלילה שכל אחד לבדו יהיה הוגה בתורה ומעיין בהם: **רבי שמעון בן לקיש היה אומר לתלמידיו כו'.** נתחלף רבי יוחנן לריש לקיש וריש לקיש לרבי יוחנן, וצריך לומר רבי יוחנן היה אומר לתלמידיו באו ולמדו תורה דשחרין כו', ורוצה לומר שרבי יוחנן סבירא ליה שעיקר לימוד התורה הוא בלילה והלילה טוב לעיין ולפלפל יותר מהיום, ודרך התורה הוא מתחלה לגמור מרבו, והדר לעיין ולפלפל בה, לכן אמר לתלמידיו באו ולמדו ממני תורה דשחורין, פירוש בואו ולמדו ממני תורה של יום (ושחירי פירושו לשון שחרית). ודקרין פירוש ומנהרין לה (מלשון כי קרן עור פניו) בלילה,

פירוש מהרז"ו

מעשה ברבי יוחנן. עיין ויקרא רבה ריש פרשה ל' באריכות, שיר השירים רבה פסוק מים רבים ל"ח א', וכאן קיצר: **למד תורה ביום.** ממה שכתוב כאן ויהי שם עם ה' ארבעים יום וארבעים לילה, והרי הלילות בכלל הימים, ולמה חשבם בפני עצמם, אלא שהיה בהם מעשה אחר, שהיום מיוחד ללמוד תורה ולהתיגע, והלילה לחזור בלא יגיעה, ובקול ונעימה וניגון, וזהו רוני בלילה, וכמו שדרש לקמן סימן ח מפסוק יום ליום כו': **דשחרין ודקרין.** עיין ויקרא רבה פרשה י"ט בסימן א' בשינוי, מדרש שמואל פרשה ה' פסוק לפנים הארץ יסדת. ומה שכתב דשחרין ודקרין בלילה, פירושו דשחרין בלילה שהוא שחור וחושך, ודקרין הוא בבוקר וביום, וכמו שאמר בראשית רבה פרשה נ' סימן י', כמו תרתין קרנין דנהור סלקין ומנהרין עלמא, ותיבת בלילה טעות, וצריך למחוק. וריש לקיש סובר כרבנן שעיקר התורה ביום ובלילה, וכן הוא שם ושם. ובשיר השירים רבה פסוק ראשו כתם פז. וכן דברי רבי יוחנן כאן בטעות, ובכל מקומות הנ"ל כתוב דסובר רבי יוחנן דאין רינה של תורה אלא בלילה. וכן הוא בילקוט סוף משלי, וסמי חדא מקמי תלת וארבע:

מתנות כהונה

ראשון ראשון. מאכל ראשון ראשון היה מסתלק: **בכה רבי חייא כו'.** עיין בויקרא רבה ובמדרש חזית בפסוק אם יתן איש שכך אמר לו רבי יוחנן על שלש וארבע שדות וכרמים ועל כן בכה: **מלחמה של תורה** גרסינן: **ופושט.** וחוזר עליה עד שהיה פשוט ורגיל בפיו וכן הוה במעשה דרבי עקיבא שקראוהו לברך בתורה ולא רצה וזה לשונו אין אדם רשאי לומר דבר בצבור עד שיפשוט אותו שנים או שלשה פעמים בינו לבין עצמו עד כאן כך הביא התניא: **ביום ובלילה.** כדרבנן דלקמן. ומאמר זה צריך עיון נגד הגירסא שבויקרא רבה פרשה י"ט ובמדרש חזית בפסוק ראשו כתם ובילקוט סוף משלי: **דשחירין.** יש לפרש לשון שחרות כלומר בתחלת הלילה: **ודקרין.** נגד אור היום לשון כי קרן עור פניו (שמות לד, כט). עיין בערוך ערך דקרן והכל הוא בלילה. ומאמר זה הוא בויקרא רבה פרשה י"ט. ובמדרש חזית בפסוק ראשו כתם ולא גרס ליה:

אשד הנחלים

ראשון ראשון מסתלק. כלומר כל מה שהעמיד נעדר משלחנו כאלו נאכל: **קלה בעיניך כו' לארבעים יום.** הענין על דרך הציור בזה, כי אחר שמשה זכה לנבואה הגדולה והרמה מאד, עד שהיה בכחו לקבל התורה העליונה, ועם כל זה הוכרח לעמול ארבעים יום בכדי שיגיע להשגתה עת אחר עת, עד שהשיגה בשלימות כפי כחו, אכן הסתדרות הבריאה היה די בששה ימים, והיתה בכח הבריאה לקבל צורת הבריאה במעט זמן. ועל דרך היותר עמוק, כי להיות הסתדרות הבריאה והשתלשלותה מכוין ממש להשתלשלות התורה העליונה, כי העולם נעשה על ידי חכמה העליונה, ולכן הם אחוזים זה בזה העולם בתורה, והשתלשלות הבריאה ראינו שנמשכה רק ששה ימים, אבל השתלשלות התורה הוכרחה להיות לארבעים יום, עד שישיג משה סדר התקשרותה, ודי בזה. ומביא זה להיות כי לקח מוסרו ממשה שלא אכל מאומה, בכדי שיוכל לקבל התורה העליונה: **של תורה אכל.** כי כתיב לחם דייקא, לא אכל, אבל נתקיים באכילת הנפש: **מימיה של תורה.** הכנוי באכילה ושתיה הנאמרת אצל החכמה, כי אכילה הוא מזון המקיים הגוף, והמים הוא לקרר ולכלות כח ההפסד הבא מחמימות הטבעי המכלה הגוף כנודע, וכן האכילה הוא דבר ממשי ומקשי, והמשקה הוא דבר נגר וצלולו, ועל זה מכנה מעשה המצות בשם מאכל, וסודות התורה בשם משקה ודבר קל ומחזק את הנפש: **ופושט אותה כו' בלילה.** עיין במשפטים שם פירשתי הענין על דרך הציור, והבאתי ראיה מאין להם זאת: **ולמה הי' עושה כו'.** כי באמת אחר שהיה משה דבוק לנבואה בתמידית, לא היתה חל עליו שכחה, ולא היה צריך לחזור וכמו שאמרו בחזית עיין שם, אך עם כל זה חזר משה בינו לבין עצמו, בשביל שילמדו ישראל ממנו להגות יום ולילה: **דשחרין ודקרין.** הידי משה פירש תורה שבכתב ביום, ודקרין זהו תורה שקורין בעל פה בלילה, ור' יוחנן לא היה מקפיד על זה רק שילמדו קמא קמא דמטי לידם. והמתנות כהונה פירש מלשון דשחרותא הוא בתחלת הלילה, ודקרין הוא נגד אור היום. ואולי הוא מלשון דוקרנין דנהור האמור בירושלמי ריש ברכות:

חידושי הרד"ל

[ה] דשחרין ודקרין בלילה וביום ורבי יוחנן כו' ולמדו תורה דאימימין אלא כו'. כן צריך לומר ופירושו דרבי יוחנן אמר דתורה דיממא עיקר, וכמאן דאמר בעירובין לא איברי לילה אלא לשינתא, ורבי שמעון בן לקיש אמר דשחרין ודקרין פירוש של ערב ובוקר, ושחר הוא ערב ולילה. עיין מתנות כהונה, וכן כתב בתנא דבי אליהו רבה סוף פרק כז תשכים ותשחיר בדברי תורה, ונקטיה בלשון שחר אפשר לרמז על קרא דשחורות כעורב דמייתי עלה בויקרא רבה פרשה יט א שציין המתנות כהונה, רק דשם נקט השחרה והערבה ומשמע דשחר הוא יום כפשטיה, ובלילה וביום דנקט הוא פירוש על דשחרין ודקרין:

באור מהרי"פ

במתנות כהונה [בד"ה ודקרין כו'] ועיין בערוך ערך דקרן. עד כאן. וזה לשון הערוך ערך דקרן הראשון, בבראשית רבה (נ, י) כמין תוריין דקרנין סלקין ומנהרין לעלמא, מלשון כי קרן עור פניו, עד כאן. והנה הענין מסכים לפירוש של הערוך, אבל הלשון אינו מסכים, דהוה ליה למימר לפי זה דשחירן ודקרין בשני דלי"ת. לכך נראה דלשון המדרש נסמך על לשון הערוך ערך קרן רביעי, וזה לשונו (פסחים ח, א)

אמרי יושר

[ה] לחם לא אכל כו' בעולם הזה כו' אלא מזיו השכינה. זהו עם ה' מזה נהנה וניזון, ודכוותיה ויחזו את האלהים ויאכלו וישתו, אבל לעולם הבא הוא אוכל מלחמה של תורה, והיינו ויהי שם, שם היה זה אבל לעולם הבא מלחמה של תורה, שהיא מדרגה אחרת:

ידי משה

[ה] דשחירין ודקרין בלילה. עיין מתנות כהונה, ולא מצאתי טעם בפירושו. ואני אומר דהכי פירושו, שרמז לו ללמוד שחרית וערבית כמה שנאמר והגית בה יומם ולילה, לזה אמר דשחירן הוא שחרית והוא תורה שבכתב, ודקרין בלילה פירוש מה שקורין בלילה דהיינו תורה שבעל פה, שאפשר ללמוד אף בחושך לילה:

מסורת המדרש

ט. ויק"ר פרשה ל"ד. קהלת רבה פ"ג פסוק י"ד:

י. ויק"ר פרשה ל'. שיר השירים רבה פרשה ח' פסוק ט'. פסיקתא דרב כהנא פסקא כ"ח. ילקוט משפטים רמז שס"ג. ילקוט שיר השירים רמז תתקל"ב:

יא. ילקוט כאן רמז ת"ו:

יב. ויק"ר פרשה י"ט. שה"ש רבה פרשה ה' פסוק י"א. מדרש שמואל פרשה ה'. ילקוט משלי רמז תתקס"ד:

אם למקרא

וַיִּקַּח חֶמְאָה וְחָלָב וּבֶן הַבָּקָר אֲשֶׁר עָשָׂה וַיִּתֵּן לִפְנֵיהֶם וְהוּא עֹמֵד עֲלֵיהֶם תַּחַת הָעֵץ וַיֹּאכֵלוּ: (בראשית יח:ח)

ענף יוסף

(ה) [ח] **רבי שמעון בן לקיש היה אומר לתלמידיו כו' ורבי יוחנן היה אומר לתלמידיו כו'.** עיין מה שכתבתי בעץ יוסף. ואעתיק ארבעה מקומות בסגנון אחד בכולם, ורק כאן הוא בא בהיפך מכולם. (א) ויקרא רבה פרשה י"ט, רבי יוחנן וריש לקיש, רבי יוחנן אמר אין רינה של תורה אלא בלילה, שנאמר קומי רוני בלילה, ריש לקיש אמר ביום ובלילה שנאמר (יהושע א, ח) והגית בו יומם ולילה, ריש לקיש היה פשוט קראי (פירוש חזר על למודו במקרא), וכד הוה מטי באילין קרא ותקם בעוד לילה קומי רוני בלילה, היה אומר יפה למדני רבי יוחנן, חזר ואמר לית אתון חמון אולפני מה נהיר באפי, ולמה דהוא דלילי ויממא. (ב) לשון זה ממש במדרש שמואל פרשה ה'. (ג) במדרש שיר רבה פיסקא ראשו כתם פז. (ד) בילקוט משלי (פסוק ותקם בעוד לילה):

שינוי נוסחאות

(ה) **רבי שמעון בן לקיש היה אומר.** עצ"י מחליף "רשב"ל" עם "ר' יוחנן" בכל הקטע:

The Midrash records a dispute regarding the time that is proper to devote to Torah study:[70]

רַבִּי יוֹחָנָן הָיָה אוֹמֵר לְתַלְמִידָיו: בּוֹאוּ וְלִמְדוּ תּוֹרָה דִּשְׁחִירִין וּדְקָרִין בַּלַּיְלָה – **R' Yochanan would say to his disciples, "Come and study Torah** with me **by day and make it shine** (i.e., clarify it) **by night."**[71]

NOTES

to *Leviticus* 1:1, citing *Toras Kohanim*). It may thus be assumed that Moses properly absorbed his daytime lessons. Nevertheless, Moses reviewed the material, on his own, each night – thus teaching Israel that it is not sufficient to study by day, when one studies with others; one must also study at night, when one is alone (*Eitz Yosef*).

70. Our text in the following segment follows *Eitz Yosef*, who emends the Midrash to comport with parallel Midrash discussions; see *Anaf Yosef*. See, however, other commentators for other versions of the text and varying interpretations.

71. R' Yochanan holds that while one's initial study of a Torah topic should be by day, one's most intense involvement in Torah study, when one clarifies the topic in depth, should be at night, for it is then that one is free of other distractions (*Eitz Yosef*; but see note 73 below).

See Insight Ⓐ for an alternative explanation.

INSIGHTS

Ⓐ Studying Scripture at Night Alternatively, *Yedei Moshe* (see his comments here and on §8 below) explains that R' Yochanan was exhorting his disciples to study the *Written* Torah, i.e., Scripture, during the day and the Oral Law at night. And he interprets the Midrash below (§8), to mean that "when God would speak with Moses" — i.e., teach him the Written Law — "Moses would know that it was day, and when He would say to him, 'Study *your* Torah,' " — i.e., the Oral Law — "Moses would know that it was night." The Oral Law is referred to as "Moses' Torah" since it was initially transmitted to Moses exclusively (see *Nedarim* 38a). This approach corresponds to parallel Midrashim (*Midrash Shocher Tov* to *Psalm* 19:3; *Pirkei DeRabbi Eliezer* §46; *Tanchuma, Ki Sisa* §36; *Tanna DeVei Eliyahu* §2), which state explicitly that while in Heaven Moses was able to differentiate between night and day based on whether God learned with him the Written Law or the Oral Law.

Many regard these Midrashim as the source for the well-known tradition to refrain from studying the Written Law at night (for other sources, see *Targum* to *Song of Songs* 5:10 and *Lamentations* 2:19; *Ohr HaChaim, Deuteronomy* 32:2). This tradition is cited in the name of the *Arizal* by *Ba'er Heiteiv* (*Orach Chaim* 238:2). *Pri Megadim* (ad loc., *Mishbetzos Zahav* §1), however, seems to disregard this and sanction the study of Scripture at night. Moreover, *Mishnah Berurah* (ad loc., *Shaar HaTziyun* §1) adds that even those who uphold this practice agree that according to the letter of the law one is permitted to study Scripture at night; it is but a stringency to refrain from doing so.

The general consensus is that the basis for restricting study of Scripture at night is Kabbalistic in nature. Explained very simply, daytime is considered a time of Divine Kindness, while night represents a time of Divine Justice. Scripture signifies the Attribute of Justice and the Talmud represents the Attribute of Kindness. Therefore, daytime is designated as a time for studying Scripture since studying it at night would arouse Heavenly justice. Nighttime is deemed an opportune time for studying the Oral Law, whose study serves to mitigate the Attribute of Justice that prevails during the night (*Arizal, Shaar HaMitzvos, Va'eschanan*, p. 35b, cited by *Birkei Yosef, Orach Chaim*, ad loc. §2). [*Radal* (*Pirkei DeRabbi Eliezer* loc. cit.), however, provides a very pragmatic reason for limiting the study of Scripture to the daytime hours and designating the night for study of the Oral Law: Scripture cannot be studied by heart; one must read it from a text. Since it is too dark at night to read Scripture, the Sages designated the daytime hours for such study. (See also *Yedei Moshe* here.)]

The authorities suggest various leniencies and exceptions to this practice. The following digest is based primarily on *BeTzeil HaChochmah* IV §44-46, *Be'er Moshe* IV §22, as well as the introduction of *Tehillim HaMeforash*, Ch. 7:

1. The prohibition begins only at nightfall, and not sunset. Furthermore, one who began studying Scripture before nightfall may continue to do so even after nightfall (*BeTzeil HaChochmah*).
2. There is a controversy concerning the duration of this restriction. *Likkutei Maharich* (Vol. 1, p. 144a) cites an opinion that it applies only until midnight, but concludes that the general consensus is that the restriction remains in effect even after midnight. Nevertheless, some permit the recitation of Scripture before daybreak, which is considered an auspicious time (see *Magen Avraham* 581:1). Still others restrict the study of Scripture until dawn.
3. The restriction against studying the Written Law applies only to the study of the Scriptural verses alone (and to *Targum*). One may, however, study Scripture together with a commentary such as that of *Rashi*. For such study is comparable to the study of the Oral law.
4. Some permit the study of Scripture if it is done with a *minyan*. When ten people gather in prayer (or study), it is considered an עֵת רָצוֹן, *a favorable time*, as stated in *Berachos* 8a. Hence there is no concern that such study will arouse the Attribute of Justice (*Avnei Tzedek, Yoreh Deah* §102).
5. One may study Scripture at night on the Sabbath and Festivals, since the Attribute of Mercy prevails on these days. Moreover, one may even study Scripture on Thursday night. For since it is a time to prepare for the Sabbath, it too is considered a time of mercy (Responsa *Chida, Yosef Ometz* §54; *Yesod VeShoresh HaAvodah* 6:2). [This would resolve two Talmudic sources that imply that it is permitted to study Scripture at night: The Mishnah in *Yoma* (18b) states that the Kohen Gadol would stay awake the night of Yom Kippur and would recite passages from Scripture. Similarly, the Mishnah states in *Shabbos* (11a) that on Friday night children would recite Scripture before their teacher by candlelight. The resolution would be that they studied Scripture on the night of Yom Kippur and on Friday night, when there is no restriction against such study (*Malbim, Artzos HaChaim* 1:36). (See below for another explanation of why these young students were allowed to study Scripture at night.)] Some hold that this leniency applies to the night following the Sabbath as well, as the radiance of the Sabbath still remains. Others, however, argue that the *Arizal* permits the study of Scripture only on Thursday night and Friday night, but not on Saturday night after the conclusion of the Sabbath.
6. The restriction against learning the Written Law applies only to those who are able to study the Oral Law. One who is not well versed in the Talmud, however, may study Scripture at night. *BeTzeil HaChochmah* explains that since it is only a stringency to refrain from studying Scripture at night, one who cannot study the Talmud obviously should not idle away his time, when he can fulfill the obligation to study Torah by learning Scripture. [As proof he cites the above incident recorded in *Shabbos* of the children studying Scripture by candlelight. *Rashi* (ad loc. 13a) implies that they would study Scripture even on weeknights. Nonetheless, since they had not yet learned the Oral Law, they were permitted to study Scripture at night.]
7. Thus far we discussed the study of Scripture in general. Many, however, hold that no restriction was placed on the recitation of the Book of *Psalms* at night (although some have the custom not to do so). Support for this may be found in *Bereishis Rabbah* 68 §11, which states that Jacob would recite *Psalms* at night while standing guard over Laban's flocks. It is also recorded in *Orchos Rabbeinu* (Vol. 1, p. 97) that the *Steipler Gaon*, R' Yaakov Yisrael Kanievski, would recite *Psalms* at night. [Some, however, permit the recitation of *Psalms* only after midnight, when King David himself would recite *Psalms*, as he declared (*Psalms* 119:62), חֲצוֹת לַיְלָה אָקוּם לְהוֹדוֹת לָךְ עַל מִשְׁפְּטֵי צִדְקֶךָ, *At midnight I will arise to thank You for Your righteous judgments* (see *Kaf HaChaim* 237:9).] There are two reasons why *Psalms* might not be included in this restriction. The prohibition applies to the *study* of Scripture, not to the *recitation* of verses as one beseeches God. [This is true also of the recitation of passages from other parts of *Tanach*, such as those recited along with *Shema* before retiring for the night.] Moreover, David asked God to equate the recitation of *Psalms* with the study of the Tractates of *Oholos* and *Negaim*. Thus, it is regarded as if one studied the Oral Law, which may be done even at night (*Eishel Avraham* [*Butchatch*], *Orach Chaim* §238). *Be'er Moshe* (IV §22) concludes that one who wishes to recite *Psalms* for a sick person certainly has no reason to be stringent and may do so any time of night.

לְמַעְלָה שֶׁאֵין אֲכִילָה וּשְׁתִיָּה עָלָה מֹשֶׁה וְנִדְמָה לָהֶם, לְמַטָּה שֶׁיֵּשׁ אֲכִילָה וּשְׁתִיָּה יָרְדוּ מַלְאֲכֵי הַשָּׁרֵת וְאָכְלוּ וְשָׁתוּ, שֶׁנֶּאֱמַר (בראשית יח, ח) "וְהוּא עֹמֵד עֲלֵיהֶם תַּחַת הָעֵץ וַיֹּאכֵלוּ", אָמַר רַבִּי יוֹחָנָן: [ט]נִרְאִין כְּאוֹכְלִין, רִאשׁוֹן רִאשׁוֹן מִסְתַּלֵּק, דָּבָר אַחֵר, [לד, כח] "וַיְהִי שָׁם עִם ה' ", [י]מַעֲשֶׂה בְּרַבִּי יוֹחָנָן שֶׁהָיָה עוֹלֶה מִטְּבֶרְיָא לְצִיפּוֹרִי, הָיָה רַבִּי חִיָּיא תַּלְמִידוֹ אֶצְלוֹ, וְהָיָה רַבִּי יוֹחָנָן רוֹאֶה כֶּרֶם, אָמַר לְרַבִּי חִיָּיא: אֵין אַתָּה רוֹאֶה כֶּרֶם זֶה שֶׁהָיָה שֶׁלִּי וּמָכַרְתִּי אוֹתוֹ בְּכָךְ וְכָךְ, אוֹתָהּ שָׁעָה בָּכָה רַבִּי חִיָּיא בַּר אַבָּא וְאָמַר לוֹ: לֹא הִנַּחְתָּ לְעֵת זִקְנוּתְךָ כְּלוּם, אָמַר לוֹ: וְכִי קַלָּה הִיא בְּעֵינֶיךָ שֶׁמָּכַרְתִּי דָּבָר שֶׁנִּבְרָא בְּשִׁשָּׁה יָמִים וְקָנִיתִי דָּבָר שֶׁנִּיתַּן לְאַרְבָּעִים יוֹם, עוֹלָם כּוּלוֹ וּמְלוֹאוֹ נִבְרָא בְּו' יָמִים, אֲבָל הַתּוֹרָה נִיתְּנָה לְאַרְבָּעִים יוֹם. [לד, כח] [יא]"לֶחֶם לֹא אָכַל" אֲבָל מִלְחָמָהּ שֶׁל תּוֹרָה אָכַל, [שם] "וּמַיִם לֹא שָׁתָה" אֲבָל מִמֵּימָיו שֶׁל תּוֹרָה שָׁתָה וְהָיָה לָמֵד תּוֹרָה בַּיּוֹם וּפוֹשֵׁט אוֹתָהּ בֵּינוֹ לְבֵין עַצְמוֹ בַּלַּיְלָה, וְלָמָּה הָיָה עוֹשֶׂה כָּךְ, אֶלָּא לְלַמֵּד אֶת יִשְׂרָאֵל שֶׁיְּהוּ יְגֵעִים בַּתּוֹרָה בַּיּוֹם וּבַלַּיְלָה, [יב]רַבִּי °שִׁמְעוֹן בֶּן לָקִישׁ הָיָה אוֹמֵר לְתַלְמִידָיו: בּוֹאוּ וְלִמְדוּ תּוֹרָה דִּשְׁחִירִין וּדְקָרִין בַּלַּיְלָה,

עץ יוסף

ואבלו ושתו. וכן הוא בתנא דבי אליהו שאכלו ממש: **אמר רבי יוחנן כו'.** וסבריא ליה שלא אכלו ממש, אלא היו נראים כאוכלים שמאכל ראשון שהובא לפניהם היה מסתלק: **[ז] מעשה בר' יוחנן כו'.** כוונתו לתרץ יתור מלת עם ה', ולפי הדרוש הוא מבואר שלהורות בא שלא זז משה מכותלי השכינה תמיד כל ארבעים יום וארבעים לילה, אלא חוזר ומסדר תלמודו עם ה', לפי שהתורה ארוכה מארץ מדה ומני ים עמוקה, ועיין בויקרא רבה (ל, א), ובחזית (שיהש"ר ח ז, א) פסוק אם יתן איש, שכך אמר רבי יוחנן על שלשה וארבע שדות וכרמים שמכר לצורך תלמוד תורה ולכך בכה: **שמכרתי דבר שנברא בששה ימים.** אף על גב דלארץ לא הוצרך אלא יום אחד שנאמר בו יקוו המים ותראה היבשה, יש לומר מכיון דכל העולם מקושר קצתו בקצתו וכל חלק צריך לאחרים, שהארץ צריכה למאורות להצמיח דשאיה, וכן לגשמים הבאים על ידי הרקיע, והקש אל זה בכל הדברים, לכן שפיר אמר על כל דבר שנמצאים עכשיו שנבראו בששה ימים (יפה תואר ותולדות נח): **[ח] אבל מלחמה של תורה אבל כו'.** יתורא דלחם ומים קא דייק, דלא הוי ליה לכתוב אלא ויהי שם עם ה' ארבעים יום וארבעים לילה לא אכל ולא שתה, להכי קאמר דאתא למימר לחם ומים טבעי לא אכל ולא שתה, אבל לחם ומים של תורה אכל ושתה, שהתורה נקראת לחם ומים כדכתיב לכו לחמי בלחמי, וכתיב הוי כל צמא לכו למים: **והיה לומד תורה ביום ופושט כו'.** מדאיצטריך למימר ארבעים תרי זימני דהוי ליה למימר עם ה' ארבעים יום ולילה, אלא לחלק אתא שביום היה למד מפי הקדוש ברוך הוא, ובלילה היה פושט בינו ובין עצמו: **ולמה היה עושה כך.** והלא כשהיה הקדוש ברוך הוא מלמדו היה נותן לו ריוח להתבונן יפה, כי על זה ההפסקות משמשות כדאיתא בתורת כהנים, ומשני ללמד את ישראל שלא יסתפקו בלמוד היום שלומדים בכנופיא זה עם זה, אלא גם בלילה שכל אחד לבדו יהיה הוגה בתורה ומעיין בהם: **רבי שמעון בן לקיש היה אומר לתלמידיו כו'.** נתחלף רבי יוחנן לריש לקיש וריש לקיש לרבי יוחנן, וצריך לומר רבי יוחנן היה אומר לתלמידיו באו ולמדו תורה דשחרין כו', ורוצה לומר שרבי יוחנן סבירא ליה שעיקר לימוד התורה הוא בלילה והלילה טוב לעיין ולפלפל יותר מהיום, ודרך התורה הוא מתחלה לגמור מרבו, והדר לעיין ולפלפל בה, לכן אמר לתלמידיו באו ולמדו ממני תורה דשחורין, פירוש בואו ולמדו ממני תורה של יום (ששחירי פירושו לשון שחרית). ודקרין פירוש ומנהרין לה (מלשון כי קרן עור פניו) בלילה,

פירוש מהרז"ו

מעשה ברבי יוחנן. עיין ויקרא רבה ריש פרשה ל' באריכות, שיר השירים רבה פסוק מים רבים ל"ח א', וכאן קיצר: **למד תורה ביום.** ממה שכתוב כאן ויהי שם עם ה' ארבעים יום וארבעים לילה, והרי הלילות בכלל הימים, ולמה חשבם בפני עצמם, אלא שהיה בהם מעשה אחר, שהיום מיוחד ללמוד תורה ולהתיגע, והלילה לחזור בלא יגיעה, ובקול ונעימה וניגון, וזהו רוני בלילה, וכמו שדרש לקמן סימן ח מפסוק יום ליום כו': **דשחרין ודקרין.** עיין ויקרא רבה פרשה י"ט בסימן א' בשינוי, מדרש שמואל פרשה ה' פסוק לפנים הארץ יסדת. ומה שכתב דשחרין ודקרין בלילה, פירושו דשחרין בלילה שהוא שחור וחושך, ודקרין הוא בבוקר וביום, וכמו שאמר בראשית רבה פרשה כ' סימן י', כמו תרתין קרנין דנהור סלקין ומנהרין עלמא, ותיבת בלילה טעות, וצריך למחוק. וריש לקיש סובר כרבנן שעיקר התורה ביום ובלילה, וכן הוא שם ושם. ובשיר השירים רבה פסוק ראשו כתם פז. וכן דברי רבי יוחנן כאן בטעות, ובכל מקומות הנ"ל כתוב דסובר רבי יוחנן דאין רינה של תורה אלא בלילה. וכן הוא בילקוט סוף משלי, וסמי חדא מקמי תלת וארבע:

מתנות כהונה

ראשון ראשון. מאכל ראשון ראשון היה מסתלק: **בכה רבי חייא כו'.** עיין בויקרא רבה ובמדרש חזית בפסוק אם יתן איש שכך אמר לו רבי יוחנן על שלש וארבע שדות וכרמים ועל כן בכה: **מלחמה של תורה** גרסינן: **ופושט.** וחוזר עליה עד שהיה פשוט ורגיל בפיו וכן הוה במעשה דרבי עקיבא שקראוהו לברך בתורה ולא רצה וזה לשונו אין אדם רשאי לומר דבר בצבור עד שיפשוט אותו שנים או שלשה פעמים בינו לבין עצמו עד כאן כך הביא התניא: **ביום ובלילה.** כדרבנן דלקמן. ומאמר זה צריך עיון נגד הגירסא שבויקרא רבה פרשה י"ט ובמדרש חזית בפסוק ראשו כתם ובילקוט סוף משלי: **דשחירין.** יש לפרש לשון שחרות כלומר בתחלת הלילה: **ודקרין.** נגד אור היום לשון כי קרן עור פניו (שמות לד, כט). עיין בערוך ערך דקרן והכל הוא בלילה. ומאמר זה הוא בויקרא רבה פרשה י"ט. ובמדרש חזית בפסוק ראשו כתם ולא גרס ליה:

אשד הנחלים

ראשון ראשון מסתלק. כלומר כל מה שהעמיד נעדר משלחנו כאלו נאכל: **קלה בעיניך כו' לארבעים יום.** הענין על דרך הציור בזה, כי אחר שמשה זכה לנבואה הגדולה והרמה מאד, עד שהיה בכחו לקבל התורה העליונה, ועם כל זה הוכרח לעמול ארבעים יום בכדי שיגיע להשגתה עת אחר עת, עד שהשיגה בשלימות כפי כחו, אכן הסתדרות הבריאה היה די בששה ימים, והיתה בכח הבריאה לקבל צורת הבריאה במעט זמן. ועל דרך היותר עמוק, כי להיות הסתדרות הבריאה והשתלשלותה מכוין ממש להשתלשלות התורה העליונה, כי העולם נעשה על ידי חכמה העליונה, ולכן הם אחוזים זה בזה העולם בתורה, והשתלשלות הבריאה ראינו שנמשכה רק ששה ימים, אבל השתלשלות התורה הוכרחה להיות לארבעים יום, עד שישיג משה סדר התקשרותה, ודי בזה. ומביא זה להיות כי לקח מוסרו ממשה שלא אכל מאומה, בכדי שיוכל לקבל התורה העליונה: **של תורה אכל.** כי כתיב לחם דייקא, לא אכל, אבל נתקיים באכילת הנפש: **מימיה של תורה.** הכנוי באכילה ושתיה הנאמרת אצל החכמה, כי אכילה הוא מזון המקיים הגוף, והמים הוא לקרר ולכלות כח ההפסד הבא מחמימות הטבעי המכלה הגוף כנודע, וכן האכילה הוא דבר ממשי ומקשי, והמשקה הוא דבר נגר וצלולו, ועל זה מכנה מעשה המצות בשם מאכל, וסודות התורה בשם משקה ודבר קל ומחזק את הנפש: **ופושט אותה כו' בלילה.** עיין במשפטים שם פירשתי הענין על דרך הציור, והבאתי ראיה מאין להם זאת: **ולמה הי' עושה כו'.** כי באמת אחר שהיה משה דבוק לנבואה בתמידית, לא היתה חל עליו שכחה, ולא היה צריך לחזור וכמו שאמרו בחזית עיין שם, אך עם כל זה חזר משה בינו לבין עצמו, בשביל שילמדו ישראל ממנו להגות יום ולילה: **דשחרין ודקרין.** הידי משה פירש תורה שבכתב ביום, ודקרין זהו תורה שקורין בעל פה בלילה, ור' יוחנן לא היה מקפיד על זה רק שילמדו קמא קמא דמטי לידם. והמתנות כהונה פירש מלשון דשחרותא הוא בתחלת הלילה, ודקרין הוא נגד אור היום. ואולי הוא מלשון דוקרנין דנהור האמור בירושלמי ריש ברכות:

חידושי הרד"ל

[ה] **דשחרין ודקרין בלילה וביום ורבי יוחנן כו' ולמדו תורה דאימימין אלא כו'.** כן צריך לומר ופירושו דרבי יוחנן אמר דתורה דיממא עיקר, וכמאן דאמר בעירובין לא איברי לילה אלא לשינתא, ורבי שמעון בן לקיש אמר דשחרין ודקרין פירוש של ערב ובוקר, ושחר הוא ערב ולילה. עיין מתנות כהונה, וכן כתב בתנא דבי אליהו רבה סוף פרק כז תשכים ותשחיר בדברי תורה, ונקטיה בלשון שחר אפשר לרמז על קרא דשחורות כעורב דמייתי עלה בויקרא רבה פרשה יט א שציין המתנות כהונה, רק דשם נקט השחרה והערבה ומשמע דשחר הוא יום כפשטיה, ובלילה וביום דנקט הוא פירוש על דשחרין ודקרין:

באור מהרי"פ

במתנות כהונה [בד"ה ודקרין כו'] ועיין בערוך ערך דקרן. עד כאן. וזה לשון הערוך ערך דקרן הראשון, בבראשית רבה (ג, י) כמין תורין דקרנין סלקין ומנהרין לעלמא, מלשון כי קרן עור פניו, עד כאן. והנה הענין מסכים לפירוש של הערוך, אבל הלשון אינו מסכים, דהוה ליה למימר לפי זה דשחירן ודדקרין בשני דלי"ת. לכך נראה דלשון המדרש נסמך על לשון הערוך ערך קרן רביעי, וזה לשונו (פסחים ח, א)

אמרי יושר

[ה] **לחם לא אכל כו' בעולם הזה כו' אלא מזיו השכינה.** זהו עם ה' מזה נהנה וניזון, ודכוותיה ויחזו את האלהים ויאכלו וישתו, אבל לעולם הבא הוא אוכל מלחמה של תורה, והיינו ויהי שם, שם היה זה אבל לעולם הבא מלחמה של תורה, שהיא מדרגה אחרת:

ידי משה

[ה] **דשחירן ודקרין בלילה.** עיין מתנות כהונה, ולא מצאתי טעם בפירושו. ואני אומר דהכי פירושו, שרמז לו ללמוד שחרית וערבית כמה שנאמר והגית בה יומם ולילה, לזה אמר דשחירן הוא שחרית והוא תורה שבכתב, ודקרין בלילה פירוש מה שקורין בלילה דהיינו תורה שבעל פה, שאפשר ללמוד אף בחושך לילה:

מסורת המדרש

ט. ויק"ר פרשה ל"ד. קהלת רבה פ"ג פסוק י"ד:
י. ויק"ר פרשה ל'. שיר השירים רבה פרשה ח' פסוק ט'. פסיקתא דרב כהנא פסקא כ"ח. ילקוט משפטים רמז שס"ג. ילקוט שיר השירים רמז תתקצ"ב:
יא. ילקוט כאן רמז ת"ו:
יב. ויק"ר פרשה י"ט. שה"ש רבה פרשה ה' פסוק י"א. מדרש שמואל פרשה ה'. ילקוט משלי רמז תתקס"ד:

אם למקרא

וַיִּקַּח חֶמְאָה וְחָלָב וּבֶן הַבָּקָר אֲשֶׁר עָשָׂה וַיִּתֵּן לִפְנֵיהֶם וְהוּא עֹמֵד עֲלֵיהֶם תַּחַת הָעֵץ וַיֹּאכֵלוּ: (בראשית יח:ח)

ענף יוסף

(ה) [ח] **רבי שמעון בן לקיש היה אומר לתלמידיו כו' ורבי יוחנן היה אומר לתלמידיו כו'.** עיין מה שכתבתי בעץ יוסף. ואעתיק ארבעה מקומות בסגנון אחד בכולם, ורק כאן הוא בא בהיפך מכולם. (א) ויקרא רבה פרשה י"ט, רבי יוחנן וריש לקיש, רבי יוחנן אמר אין רינה של תורה אלא בלילה, שנאמר קומי רוני בלילה, ריש לקיש אמר ביום ובלילה שנאמר (יהושע א, ח) והגית בו יומם ולילה, ריש לקיש היה פשוט קראי (פירוש חזר על למודו במקרא), וכד הוה מטי באילין קרא ותקס בעוד לילה קומי רוני בלילה, היה אומר יפה למדני רבי יוחנן, חזר ואמר לית אתון חמון אולפני מה נהיר באפי, ולמה דהוא דלילי ויממא. (ב) לשון זה ממש במדרש שמואל פרשה ה'. (ג) במדרש שיר רבה פיסקא ראשו כתם פז. (ד) בילקוט משלי (פסוק ותקם בעוד לילה):

שינוי נוסחאות

(ה) **רבי שמעון בן לקיש היה אומר.** עצ"י מחליף "רשב"ל" עם "ר' יוחנן" בכל הקטע:

רַבִּי שִׁמְעוֹן בֶּן לָקִישׁ הָיָה אוֹמֵר לְתַלְמִידָיו: בּוֹאוּ וְלִמְדוּ תוֹרָה דְּאִימְטִין – But **R' Shimon ben Lakish would say to his disciples, "Come and study Torah** with me **whenever you wish."**[72] **אֶלָּא אַף עַל פִּי כֵן מוֹדֶה הָיָה רַבִּי שִׁמְעוֹן בֶּן לָקִישׁ שֶׁאֵין רִנָּה שֶׁל תּוֹרָה אֶלָּא בַּלַּיְלָה** – **But nevertheless, R' Shimon ben Lakish** ultimately **conceded that the song of Torah is only at night,**[73] **שֶׁנֶּאֱמַר "קוּמִי רֹנִּי בַלַּיְלָה"** – **as it is stated,** ***Arise, sing out at night*** (*Lamentations* 2:19), **וְכֵן הוּא אוֹמֵר "וַתָּקָם בְּעוֹד לַיְלָה"** – **and thus it states,** ***She arises while it is still night*** (*Proverbs* 31:15).[74] **רַבָּנִין אָמְרִי: בַּיּוֹם וּבַלַּיְלָה** – **The Sages,** however, **say** that the time for Torah study is both **by day and by night,**[75] **שֶׁנֶּאֱמַר "וַיְהִי שָׁם עִם ה' אַרְבָּעִים יוֹם וְאַרְבָּעִים לַיְלָה"** – **as it is stated,** ***He remained there with HASHEM for forty days and forty nights.***[76] **לְכָךְ הִתְקִינוּ חֲכָמִים שֶׁיְּהוּ הַמַּשְׁנִין יוֹשְׁבִין בַּבֹּקֶר וּבָעֶרֶב** – **For this reason, the Sages instituted that those who teach Mishnah**[77] **should sit** and teach their classes both **in the morning and evening,**[78] **לְקַיֵּים מַה שֶּׁנֶּאֱמַר "לֹא יָמוּשׁ סֵפֶר הַתּוֹרָה הַזֶּה וְגוֹ'"** – **to fulfill that which is stated,** ***This Book of the Torah shall not depart*** *from your mouth; rather you should contemplate it day and night* (*Joshua* 1:8).

The Midrash records an alternative explanation of *He did not eat bread and he did not drink water*:

דָּבָר אַחֵר, "וַיְהִי שָׁם עִם ה' . . . לֶחֶם לֹא אָכַל וּמַיִם לֹא שָׁתָה" – **Another interpretation:** ***He remained there with HASHEM . . . he did not eat bread and he did not drink water.***[79] **בָּעוֹלָם הַזֶּה** – That is: **In this world** he did not eat or drink even the bread and water of Torah,[80] **אֲבָל לָעוֹלָם הַבָּא הוּא אוֹכֵל מִלַּחְמָהּ שֶׁל תּוֹרָה וְהוּא שׁוֹתֶה מֵימֶיהָ** – **but in the World to Come he will eat of the bread of Torah and drink its waters.** **לְפִיכָךְ "לֶחֶם לֹא אָכַל"** – **Therefore** our verse states, ***He did not eat bread*** *and he did not drink water.*[81] **אֶלָּא מֵאַיִן הָיָה אוֹכֵל** – **But from where then did he eat?** **מִזִּיו הַשְּׁכִינָה הָיָה נִיזּוֹן** – **He was sustained from the radiance of the Divine Presence.**[82] **וְאַל תִּתְמַהּ** – **And do not be surprised,** **הַחַיּוֹת שֶׁנּוֹשְׂאוֹת אֶת הַכִּסֵּא מִזִּיו הַשְּׁכִינָה הֵן נִיזּוֹנוֹת** – for the ***Chayos***[83] **that carry the Divine throne are** also **sustained from the radiance of the Divine Presence.**[84]

§6 וַיִּכְתֹּב עַל הַלֻּחֹת – ***AND HE WROTE ON THE TABLETS*** *THE WORDS OF THE COVENANT, THE TEN COMMANDMENTS.*

מְלַמֵּד שֶׁהָרִאשׁוֹנִים וְהָאַחֲרוֹנִים הָיוּ שׁוֹנִים – **This teaches that the First and Second** Tablets each **repeated** the text of the Ten Commandments.[85] **עֲשֶׂרֶת הַדִּבְּרוֹת כֵּיצַד הָיוּ עֲשׂוּיִין** – Accordingly, **how** must **the Ten Commandments** have been **arranged?** **ה' עַל לוּחַ זֶה וְה' עַל לוּחַ זֶה כְּדִבְרֵי רַבִּי יְהוּדָה** – **Five** commandments were inscribed **on [one] Tablet and five** commandments were inscribed **on the other Tablet, in accord with the opinion of R' Yehudah.**[86] **וְרַבִּי נְחֶמְיָה אוֹמֵר: י' עַל לוּחַ זֶה וְי' עַל לוּחַ זֶה** – **But R' Nechemyah says: Ten** commandments were inscribed **on this Tablet** and **ten** commandments **on the other Tablet,** **שֶׁנֶּאֱמַר "וַיְהִי בְּרֶדֶת מֹשֶׁה מֵהַר סִינַי וְגוֹ'"** – **as it is stated,** ***When Moses descended from Mount Sinai*** – *with the two Tablets of the Testimony in the hand of Moses as he descended from the mountain* (v. 29).[87]

The Midrash describes how Moses carried the heavy stone Tablets:

וְהַכְּתוּבִים הֵם טוֹעֲנִים אוֹתָן – **The letters** that were engraved into the Tablets[88] miraculously **carried [the Tablets],**

NOTES

72. [See *Eitz Yosef* for the etymology of the word דְּאִימְטִין.] R' Shimon ben Lakish was of the opinion that the obligation to intensely study Torah applies equally by day and by night. He therefore instructed his disciples to come and study Torah whenever they wished to do so (ibid.).

73. I.e., R' Shimon ben Lakish changed his mind and conceded to R' Yochanan that the primary time for intense Torah study is at night (see *Eitz Yosef* below, s.v. רבנן אמרי).

Eshed HaNechalim writes that this view holds that the obligation to learn Torah applies primarily at night because during the day one is occupied in making a living. By contrast, the view that the obligation to learn Torah applies equally by day and by night accords with R' Shimon bar Yochai in *Berachos* 35b, that one is supposed to learn all the time and trust in God to provide for one's needs (ibid., second interpretation).

74. This verse is interpreted in *Midrash Mishlei* ad loc. as referring to the Torah scholar (ibid.). [The *Lamentations* verse is interpreted that way in *our* Midrash and in the Midrashim that parallel ours.] See Insight to *Vayikra Rabbah* 19 §1, "The Joyous Song of Nighttime Study."

75. As R' Shimon *initially* held. The Sages take *Proverbs* 31:15 literally, as referring to a woman of valor (ibid.). [They take the *Lamentations* verse literally as well, as referring to songs of lamentations.]

76. I.e., Moses learned Torah from God both by night and by day – equally. The Sages disagree with R' Yochanan's interpretation of this verse presented above [at note 67] (ibid.).

77. I.e., those who teach Mishnah to young children (ibid.).

78. *Radal* writes that it is specifically Mishnah (Oral Law) that was taught by night as well as by day. For the study of the Written Law involved utilizing a written text and was hard to read at night.

79. The word *there* is seemingly superfluous, as are the words *bread* and *water* (*Eitz Yosef*).

80. The Midrash interprets the seemingly superfluous words *bread* and *water* to refer to Torah (see above, notes 64-65). However, in disagreement with the Midrash above, the Midrash here holds that even when Moses was *there with HASHEM* ("in this world"), he did not receive sustenance from the spiritual qualities of the Torah – for the reward for fulfilling mitzvos is not given during one's lifetime [see *Kiddushin* 39b] (*Beur Maharif, Eitz Yosef*; see, however, *Maharzu,* who attempts to reconcile our Midrash with the Midrash above; for a different interpretation that accomplishes the same, see *Eshed HaNechalim*).

81. See preceding note and *Beur Maharif.* See, however, *Eitz Yosef,* who deletes the word לְפִיכָךְ, *therefore*, from the text of the Midrash and understands this citation as introducing the question that follows.

82. The Midrash below (§7) cites a verse in support of this assertion. See note 98. [See Insight on 30 §4 above, "Labor of Love."]

83. *Chayos* are a type of angels.

84. Cf. 32 §4 above, which states that this is true of all other angels as well.

85. [We are following the text of *Yefeh To'ar* (which is unlike that of *Eitz Yosef* and various other commentators), as it is consistent with the earliest texts of the Midrash.] The words *the Ten Commandments* are redundant, for the verse has already stated *the words of the covenant.* This leads the Midrash to conclude that the Ten Commandments in fact appeared *twice* on each set of Tablets. For the engraved text went all the way through to the opposite side (see 32:15) and, miraculously, could be read properly from the back as well as from the front. (In this last regard our Midrash differs from R' Chisda in *Shabbos* 106a.) The point of the Midrash is to support the view of R' Yehudah cited next; see next note (*Yefeh To'ar*, preferred explanation).

86. According to R' Yehudah, each set of Tablets contained the Ten Commandments. And since the words could be read from the back of the Tablets as well, the Ten Commandments were indeed "repeated" (i.e., appeared twice) on each set.

87. The testimony is the Ten Commandments. R' Nechemyah understands that each Tablet separately was a testimony, i.e., each Tablet had all Ten Commandments written on it (*Eshed HaNechalim*), for if not, each would only be one-half of a testimony (*Matnos Kehunah, Eitz Yosef*). The Midrash is saying that our verse (as expounded above) serves to disprove the view of R' Nechemyah, for according to him, the Ten Commandments appeared not twice on each set of Tablets but four times: in the front and back of *each* of the two Tablets (*Yefeh To'ar*). [R' Nechemyah, however, can answer that our verse, which indicates that the Ten Commandments appeared twice, is speaking only of the front of the Tablets (ibid.).]

88. *Matnos Kehunah,* followed by *Eitz Yosef.* See above, 32:16.

°וְרַבִּי יוֹחָנָן הָיָה אוֹמֵר לְתַלְמִידָיו: בּוֹאוּ וְלִמְדוּ תוֹרָה דְּאִימְטִין, אֶלָּא אַף עַל פִּי כֵן מוֹדֶה הָיָה °רַבִּי יוֹחָנָן שֶׁאֵין רִנָּה שֶׁל תּוֹרָה אֶלָּא בַּלַּיְלָה, שֶׁנֶּאֱמַר (איכה ב, יט) "קוּמִי רֹנִּי בַלַּיְלָה", וְכֵן הוּא אוֹמֵר (משלי לא, טו) "וַתָּקָם בְּעוֹד לַיְלָה", רַבָּנִין אָמְרֵי: בַּיּוֹם וּבַלַּיְלָה, שֶׁנֶּאֱמַר [לד, כח] "וַיְהִי שָׁם עִם ה' אַרְבָּעִים יוֹם וְאַרְבָּעִים לָיְלָה", לְכָךְ הִתְקִינוּ חֲכָמִים שֶׁיְּהוּ הַמַּשְׁנִין יוֹשְׁבִין בַּבֹּקֶר וּבָעֶרֶב, לְקַיֵּים מַה שֶּׁנֶּאֱמַר (יהושע א, ח) "לֹא יָמוּשׁ סֵפֶר הַתּוֹרָה הַזֶּה וְגוֹ'", דָּבָר אַחֵר, [לד, כח] "וַיְהִי שָׁם עִם ה' ... לֶחֶם לֹא אָכַל וּמַיִם לֹא שָׁתָה" בָּעוֹלָם הַזֶּה, אֲבָל לָעוֹלָם הַבָּא הוּא אוֹכֵל מִלַּחְמָהּ שֶׁל תּוֹרָה וְהוּא שׁוֹתֶה מֵימֶיהָ, לְפִיכָךְ "לֶחֶם לֹא אָכַל" אֶלָּא מֵאַיִן הָיָה אוֹכֵל, מִזִּיו הַשְּׁכִינָה הָיָה נִיזּוֹן, וְאַל תִּתְמַהּ, הַחַיּוֹת שֶׁנּוֹשְׂאוֹת אֶת הַכִּסֵּא מִזִּיו הַשְּׁכִינָה הֵן נִיזּוֹנוֹת:

ו [לד, כח] "וַיִּכְתֹּב עַל הַלֻּחֹת", מְלַמֵּד שֶׁהָרִאשׁוֹנִים וְהָאַחֲרוֹנִים הָיוּ °שָׁוִים, עֲשֶׂרֶת הַדִּבְּרוֹת כֵּיצַד הָיוּ עֲשׂוּיִין, ה' עַל לוּחַ זֶה וְה' עַל לוּחַ זֶה כְּדִבְרֵי רַבִּי יְהוּדָה, וְרַבִּי נְחֶמְיָה אוֹמֵר: י' עַל לוּחַ זֶה וְי' עַל לוּחַ זֶה, שֶׁנֶּאֱמַר [לד, כט] "וַיְהִי בְּרֶדֶת מֹשֶׁה מֵהַר סִינַי וְגוֹ'", וְהַכְּתוּבִים הֵם טוֹעֲנִים אוֹתָן,

עץ יוסף

רוצה לומר ותעיינו בה לעצמכם בלילה לעשות אותם זך ונקי, משום שהלילה טוב לעיון יותר מהיום, וזהו שאיתא בחזית רבי יוחנן אמר אין גרנה של תורה אלא בלילה, וכן הוא בשמואל רבתי, ופירש המתנות כהונה גרנה, אסיפה וקיומה. אמנם ריש לקיש לפי שדעתו שהיום והלילה שוים, היה אומר לתלמידיו באו ולמדו תורה דאימטין בכל עת שיגיע לידכם (והוא מלשון קמא קמא דמטיה) בין ביום ובין בלילה, וזהו שקאמר אף על פי כן מודה היה ריש לקיש דאין רנה של תורה כו': **שנאמר ותקם בעוד לילה.** והיא פרשתא בתלמוד תורה מידרש במדרשות: **רבנן אמרי ביום ובלילה.** סבירא ליה כריש לקיש קודם החזרה, וסבירא ליה דאשת חיל ממש מיירי כפשטיה דקרא: **שנאמר ויהי שם עם ה' כו'.** משמע דבין ביום ובין בלילה היה למד מה', אלמא דכהדדי נינהו, ולא סבירא ליה שהיה לומד תורה מהקדוש ברוך הוא ביום ופושט אותה בלילה, ועיין מה שכתבתי בויקרא רבה פרשה י"ט, ויתורץ לך מה שלא הביאו רבנן מקרא דוהגית בו יום ולילה: **המשנים.** הלומדים משניות לדרדקי דבי רב: **יושבין בבקר ובערב.** דכיון דיום ולילה שוים לעיון כי היכי דמושיבין מלמדים ביום מושיבין בלילה: [ט] **דבר אחר ויהי שם כו' בעולם הזה כו'.** דייק יתור מלת שם, וגם לחם ומים למעוטי מאי, לכן מפרש דלחם ומים היינו תורה, ואתא לדיוקא דשם שעודנו בחייו אף שהוא ברקיע לא אכל משכר תורה כלום, כי שכר מצות בהאי עלמא ליכא, ולא נגד משה לבד אמר זה, אבל גם נגד כל בני אדם העמלים בתורה רמז זה במלת שם: **לפיכך לחם לא אבל אלא כו'.** מלת לפיכך מיותר, כי הולך ודורש יתור מלת הכתוב, ולעיל דרש מלת שם ועתה דורש מלת לחם לא אכל, ומתמה אלא מאין היה אוכל, והשיב מזיו השכינה כו': **הן ניזונות.** כדילפינן לקמן מואתה מחיה את כולם: (ו) [י] **היו שוים.** פירוש שהלוחות הראשונים והאחרונים היו שוים, דמדכתיב בשניות כמכתב הראשון, משמע שבענין אחד היו כתובים: **חמשה על לוח זה כו'.** עיין בירושלמי דשקלים, ובחזית פסוק ידיו גלילי זהב: **שנאמר ויהי ברדת משה מהר סיני ושני לוחות העדות ביד משה.** משמע שכל אחד ואחד היה עדות בפני עצמה, ואם היה חמשה על לוח זה, לא הוי ליה למימר שני לוחות העדות, שׁשניהם יחד היו עדות אחת (מתנות כהונה): **והכתובים.** פירוש הכתב שהיה בתוך הלוחות, ועיין לעיל ריש פרשה מ"ו:

פירוש מהרז"ו

לכך התקינו חכמים. עיין מדרש תהלים מזמור א', וזה לשונו אמר רבי ברכיה אף אבות הראשונים קבעו את המשנה שהיו יושבים ביום שנוטל מן הלילה, ובלילה שנוטל מן היום, פירוש שיהיו מחברים יום ולילה בתורה: **ולא ימוש ספר התורה.** וסיפא דקרא והגית בו יום ולילה, ובזה שלומד בבקר ובערב יצא ידי חוב יום ולילה: **אבל לעולם הבא.** פירוש שבעולם הזה אכל לחמה של תורה ושתה מימיה, כמו שכתוב לכו לחמו בלחמי ושתו וכו', ומזה נוכל להתבונן על הקרן בעולם הבא, וכדלעיל סימן ג בהדיא בסוף הסימן, והלשון דחוק: **מזיו השכינה.** יתכן שהוא ענין אחד עם ידיעת פנימיות התורה, כמו שכתוב (משלי ו, כג) ותורה אור, אור פני מלך מלכי המלכים, הוא זיו השכינה: **החיות הנושאות.** לעיל פרשה ל"ב סימן ד, ושם נסמן, וכמו שכתוב בסמוך בסימן ז: (ו) **הראשונים והאחרונים.** צריך עיון מאי קא משמע לן, הרי מפורש בריש הענין פסל לך וכו' כראשונים, וכתבתם וכו' על הלוחות הראשונים. ויתכן שאלל הלוחות הראשונות אינו מפורש עשרת הדברים, רק בלוחות האחרונות מפורש כאן עשרת הדברים, והרי זה בא ללמוד האחרונים מהראשונים ונמצא למד ראשונים מאחרונים, שהיו גם כן עשרת הדברים, וכן הוא בדברים ט' שלא פירש בלוחות ראשונים ופירש בלוחות אחרונים, וזה מה שאמר המדרש עשרת הדברים, פירוש שבזה היו שוים, על פי מדה י"ב: **ביצד היו עשוים.** שיר השירים רבה פסוק ידיו גלילי זהב. ירושלמי שקלים פרק ו', ושם המאמר בשלימות: **היו טוענים אותם.** כמו שאמר לעיל ריש פרשה מ"ו, ושם נסמן. עיין שם בביאור ומשה נושא הלוחות בידיו, ולשון ושני הלוחות ביד משה, שהיו על ידו אחת. ועיין עוד במתנות כהונה:

חידושי הרד"ל

המשנין יושבין בבקר ובערב. עיין מתנות כהונה שהם מלמדי המשנה תורה שבעל פה, אבל הסופרים שהן מלמדין תורה שבכתב מתוך הספרים לא היו רגילין ללמד תינוקות של בית רבן בלילה המקרא: **בעולם הזה אבל לעולם הבא כו'.** דרש ויהי שם כו' לחם לא אכל כו', אבל לעולם הבא יאכל, ובא ללמד לדורות שיש שאין נזונין מלחמה של תורה בעולם הזה, ולפון להם לעולם הבא: **מזיו השכינה.** דרש עם ה' לחם לא אכל שבת היותו עם ה' ודביקותו בו היה שלא הוצרך לאכול וחי בהשגת כבוד ה', וכמו החיות דיליף להלן מן ואתה מחיה את כלם. ועיין לעיל פרשה לב, ד: [ו] **על הלוחות עשרת הדברים מלמד שהראשונים כו': ביצד היו עשויין כו'.** שיר השירים רבה פרשה ה (פסוק יד, א):

חידושי הרש"ש

[ו] **עשרה על לוח כו' שנאמר ויהי כו'.** עיין מתנות כהונה, ולפי פירושו נראה דרבי יהודה ורבי נחמיה פליגי בפלוגתת רבי יוסי וחכמים

באור מהרי"פ

וקרנים מידו לו (חבקוק ג, ד) פירוש, אורה מידו של הקב"ה, לו לצדיק, [כמו] כי קרן עור פני משה ושם חביון עזו, [אף על פי כן שם אצל המקום עוזו] (פירוש) [כלומר] תוקף האור הגדול אצל הקב"ה יותר מאצל הצדיקים, עד כאן. לכן אמר דקרין, דהשופר הוא קרן: **דאיטמין.** צריך לומר דיממין. פירוש, תורה של יום: **לא שתה בעולם הזה ובו'.** פירוש, לא אכל מלחמה של תורה בעולם הזה, משום דשכר מצוה בהאי עלמא ליכא, אבל לעתיד יאכל מלחמה של תורה, ומסיים **לפיכך לחם לא אבל ובו'**, פירוש, לא אכל מלחמה של תורה אפילו בעת שהיה ברקיע לא אכל מלחמה, ודייק מויהי שם וגו' לחם לא אכל פירוש, אפילו בעת שהיה שם ברקיע לחם מלחמה של תורה לא אכל, כן נראה לי הכותב, וכן משמע קצת בתולדות נח עיין שם: [ו] **שהראשונים והאחרונים היו שוים.** כתב תולדות נח האריך, לא ידעתי אם כוונתם על הלוחות עצמם שלא היו אחרונים יותר גדולים ממדת הראשונים אף שנכללו בהם מדרש הלכות ואגדות כמפורש למעלה, או כוונתו על מכתב הלוחות השניים שהיו כראשונים ככתבם וכלשונם ואף שעצמות הדברות שבואתחנן נשתנו קצת מהדברות שבסדר יתרו: **ויהי ברדת משה מהר סיני** (שמות לד, כט) ושני לוחות העדות ביד משה ברדתו מן ההר ומשה לא ידע כי קרן דעור פניו בדברו אתו. ופירש המתנות כהונה דמפיק ליה מדכתיב ושני לוחות העדות. ובמדרש חזית (שיר השירים רבה ה, יב) על מקרא ידיו גלילי זהב גרסינן עשרה על לוח זה ועשרה על לוח זה שנאמר ידיו גלילי זהב, עיין שם: **והכתובים היו טוענים וכו'.** עיין מתנות כהונה. ותולדות נח האריך פירש, מדכתיב ושני לוחות העדות בידו ברדתו מן ההר, והאי ברדתו מן ההר למה לי, הלא כתיב מלפניו ויהי ברדת משה מהר סיני, אלא הכי פירושו,

אם למקרא

קוּמִי רֹנִּי בַלַּיְלָה לְרֹאשׁ אַשְׁמֻרוֹת שִׁפְכִי כַמַּיִם לִבֵּךְ נֹכַח פְּנֵי אֲדֹנָי שְׂאִי אֵלָיו כַּפַּיִךְ עַל נֶפֶשׁ עוֹלָלַיִךְ הָעֲטוּפִים בְּרָעָב בְּרֹאשׁ כָּל חוּצוֹת: (איכה ב:יט)

וַתָּקָם בְּעוֹד לַיְלָה וַתִּתֵּן טֶרֶף לְבֵיתָהּ וְחֹק לְנַעֲרֹתֶיהָ: (משלי לא:טו)

לֹא יָמוּשׁ סֵפֶר הַתּוֹרָה הַזֶּה מִפִּיךָ וְהָגִיתָ בּוֹ יוֹמָם וָלַיְלָה לְמַעַן תִּשְׁמֹר לַעֲשׂוֹת כְּכָל הַכָּתוּב בּוֹ כִּי אָז תַּצְלִיחַ אֶת דְּרָכֶךָ וְאָז תַּשְׂכִּיל: (יהושע א:ח)

ידי משה

ולמדו תורה דאמטין. פירוש, שילמדו מה שיגיע לאדם ראשון ראשון הן תורה [ש]בעל פה והן תורה שבכתב לשון קמא קמא דמטיא (בבא מציעא פו, ב), פירוש שלא חש לדברי רבי שמעון בן לקיש שיהיה דוקא תורה שבכתב ביום ושבעל פה דוקא בלילה, ואף על פי שהוא פליג ארבי שמעון בן לקיש, מכל מקום בזה מודה שעיקר תורה בלילה פירוש, לכתחלה. ודוק:

שינוי נוסחאות

(ו) **מלמד שהראשונים והאחרונים היו שוים.** בכל הספרים הישנים היה כתוב "...היו שונים", וכן הוא בד' קראקא הראשון שמ"ז, ולא הגיה מ"כ כלום, אבל בד' קראקא השני (שס"ט) פתאום כתבו "שווים" ומשם ואילך כולם (חוץ מד' פראג תמ"ט עם פי' יפ"ת) העתיקו משם, אבל הנוסח המקורי בלי ספק היה "שונים", ויפ"ת פירש "שונים" = כתוב שני פעמים:

אמרי יושר

[ו] **רבי נחמיה אומר עשרה על לוח אחד ועשרה על לוח אחד.** זהו ויכתוב את דברי הברית עשרת הדברים, את דברי היינו עשרה אחרים, וזהו מזה ומזה הם כתובים, ויש סברות אחרות בזה בירושלמי (שקלים פ"ו ה"א): **ויהי ברדת משה.** כך צריך לומר, ולא גרסינן שנאמר: **ויהי ברדת משה מהר סיני** פרח הכתב ונראו

מתנות כהונה

המשנין. הלומדין משניות לדרדקי דבי רב: **מלחמה של תורה** גרסינן: [ו] **שהראשונים והאחרונים.** וכמו שציירם הרב יעקב בן חביב בספר עין יעקב במסכת שקלים ועיין שם כל המאמר הזה. ובירושלמי פרק ששי דשקלים: **ושני לוחות העדות.** משמע שכל אחד ואחד היה עדות בפני עצמו ואם היו חמשה על לוח זה וחמשה על לוח זה לא הוה ליה לומר שני לוחות העדות ששניהם יחד היו עדות אחת: **והכתובים.** הכתב שהיה בתוך הלוחות היה טוען הלוחות.

אשד הנחלים

אלא בלילה. כי ביום הותר לו לעסוק בפרנסת ביתו ובהבאת טרפו. ודעת רבנן שהחיוב הוא תמיד בעת שהוא פנוי, או כדעת רשב"י בברכות (לה, ב) שאמר אפשר זורע בשעת זריעה תורה מה תהא עליה, עיין שם: **אבל לעולם הבא כו'.** לכאורה מאי אבל, דמשמע דבעולם הזה משה לא היה אוכל מלחמה של תורה. והנראה דהכונה בעת שהאדם במדרגת העולם הבא כמשה שהיה בחייו במדרגת העולם הבא שנזדכך גופו, וכאומר שממנו נקח ציור איך שיתכן שיהיה חיות הנפש בלי גוף, [לא כמו המתפקרים החושבים זאת לדבר נמנע], כי הנפש יש לה מזון מיוחד והיא התורה והחכמה, והראיה ממשה, וזה שאמר הכתוב כי רק לחם כפשוטו לא אכל, ומזה אנו למדים שבעניני עולם הבא יש מאכל מיוחד לחיות הנפש, והוא הנאת זיו השכינה הנותנת כח לנפש המשכלת, ואגבה משפעת גם על הגוף: **ואל תתמה החיות.** כלומר וממנו נקח ראיה איך יתכן חיות הנפש המשכלת מבלעדי הגוף גם כן, שזה רק לנמנע בטבע המציאות השפל ולא במציאת הרוחנים: [ו] **היו שוין.** כיון דגם כאן נכתב עשרת הדברים כאופן לוחות הראשונות: **מהר סיני.** וסופו ושני לוחות העדות, משמע כל אחד ואחד עדות בפני עצמו:

וְהָיוּ נִרְאִין כְּאִלּוּ הֵם בְּיַד מֹשֶׁה – **but [the Tablets] appeared as if they were** being carried **in the hand of Moses,** שֶׁנֶּאֱמַר "וּשְׁנֵי לֻחֹת הָעֵדֻת בְּיַד מֹשֶׁה וְגוֹ'" – **as it is stated,** ***With the two Tablets of the Testimony in the hand of Moses*** *as he descended from the mountain* (ibid.).[89]

The Midrash proceeds to expound the remainder of the verse:

"וּמֹשֶׁה לֹא יָדַע כִּי קָרַן עוֹר פָּנָיו" – ***And Moses did not know that the skin of his face had become radiant*** *when He had spoken to him.* וּמֵהֵיכָן נָטַל מֹשֶׁה קַרְנֵי הַהוֹד – **From where did Moses acquire rays of splendor?** רַבָּנָן אָמְרֵי: מִן הַמְּעָרָה – (i) **The Sages say: From the cave,**[90] שֶׁנֶּאֱמַר "וְהָיָה בַּעֲבֹר כְּבֹדִי וְגוֹ'" – **as it is stated,** ***When My glory passes by,*** *I shall place you in a cleft of the rock; I shall shield you with My hand until I have passed* (above, 33:22). רַבִּי בֶּרֶכְיָה הַכֹּהֵן בְּשֵׁם רַבִּי שְׁמוּאֵל אָמַר – (ii) **R' Berechyah the Kohen said in the name of R' Shmuel:** הַלּוּחוֹת הָיוּ אָרְכָּן ו' טְפָחִים וְרָחְבָּן ו' – **The Tablets, their length was six** ***tefachim*** **and their width was six** *tefachim.*[91] וְהָיָה מֹשֶׁה אוֹחֵז בִּטְפָחַיִים – When God handed Moses the Tablets, **Moses held two** ***tefachim*** at one end וְהַשְּׁכִינָה בִּטְפָחַיִים – **and,** as it were,[92] **the** ***Shechinah*** held **two** ***tefachim,*** וְטִפְחַיִים בָּאֶמְצַע – **with two** ***tefachim*** remaining **in the center;** וּמִשָּׁם נָטַל מֹשֶׁה קַרְנֵי הַהוֹד – **and** it was **from there** that **Moses acquired the rays of splendor.**[93] רַבִּי יְהוּדָה בַּר נַחְמָן בְּשֵׁם רַבִּי שִׁמְעוֹן בֶּן לָקִישׁ אוֹמֵר – (iii) **R' Yehudah bar Nachman said in the name of R' Shimon ben Lakish:** עַד שֶׁהָיָה כּוֹתֵב בַּקּוּלְמוּס – **While Moses was writing** the Torah **with a quill,** נִשְׁתַּיֵּיר קִימְעָא וְהֶעֱבִירוֹ עַל רֹאשׁוֹ – **a bit of** ink **remained** on the quill, **and he passed [the quill] through** the hair of **his head;** וּמִמֶּנּוּ נַעֲשׂוּ לוֹ קַרְנֵי הַהוֹד – **and it was from that** ink **that his rays of splendor were made,**[94] שֶׁנֶּאֱמַר "וּמֹשֶׁה לֹא יָדַע כִּי קָרַן עוֹר פָּנָיו" – **as it is stated,** ***Moses did not know that the skin of his face had become radiant*** *when He had spoken to him.*[95]

NOTES

89. The words *as he descended from the mountain* seem superfluous, for the passage begins *When Moses descended from Mount Sinai.* The Midrash therefore explains that it was only when Moses descended from the mountain that he felt the weight of the Tablets in his hand. [See, however, *Matnos Kehunah.*] When he had been standing atop the mountain, near heaven, the Tablets had been invested with great spirituality, and this enabled them to carry themselves. But when he came closer to the mundane earth, that spirituality departed somewhat and he felt their weight (*Eitz Yosef*, citing *Toldos Noach*). [Cf. *Sotah* 35a and *Yalkut Shimoni* to *II Samuel* Ch. 6 with respect to the Ark.] See further, 46 §1 above.

90. I.e., from the Revelation of God's *Shechinah* that he experienced while in the cave. See *Tanchuma* here, §37 (*Matnos Kehunah, Eitz Yosef*).

91. *Bava Basra* 14a adds "and their thickness was three *tefachim.*" (*Yerushalmi, Taanis* 4:5 and *Sotah* 8:3, states that each of the Tablets was only three *tefachim* wide.)

92. In 28 §1 above the word כִּבְיָכוֹל, *as it were*, is added because of the anthropomorphic nature of the Midrash.

93. The six-*tefachim* length of the Tablets represents all spiritual knowledge. The two *tefachim* that were in God's hands represent knowledge that will never be attained by man. The two *tefachim* in the middle represent knowledge Moses attained *partially.* And the two *tefachim* that were in Moses' hands represent knowledge that God gave over to him completely. Moses' face became illuminated from the spiritual knowledge he attained (*Eshed HaNechalim*; *Eitz Yosef*, citing *Nezer HaKodesh*).

Moses' acquiring the rays of splendor from the Tablets is also alluded to in *Habakkuk* 3:4, which states, קַרְנַיִם מִיָּדוֹ לוֹ, which may be understood: *rays of light [came] from* that which was in *his hand* – namely, from the Tablets – *to him* [Moses] (*Maharzu*; see *Tanchuma* here, §37).

94. *Devarim Rabbah* 3 §12 teaches that the Torah that was given to Moses was written on a parchment of [white] fire with ink of [black] fire. Moses' face became illuminated from the fiery ink that he wiped through his hair (*Eitz Yosef*; see next note).

95. The immediately preceding verse tells us that Moses *wrote on the Tablets the words of the covenant, the Ten Commandments.* R' Shimon ben Lakish sees this verse as supplying the source for Moses' *radiance* (*Eshed HaNechalim*).

Eitz Yosef suggests (see also *Eshed HaNechalim*) that the "leftover" ink in the quill represents the hidden parts of Torah that are too lofty to be written down. However, they were revealed to Moses, who contemplated them in depth until they entered his head (thus: "he passed the quill through [the hair of] his head"). It was this knowledge that caused Moses' face to become illuminated, as *Ecclesiastes* 8:1 teaches, *A man's wisdom lights up his fact.* Our verse alludes to this by saying that *the skin of his face had become radiant "when He had spoken to him"* – i.e., when God transmitted to him *orally* that which was too esoteric to be put in writing.

See Insight Ⓐ for further discussion.

INSIGHTS

Ⓐ **Ink Aglow** A sense of mystery surrounds Reish Lakish's statement that a surplus of writing ink was responsible for the otherworldly radiance of Moses' face. What is the connection? Why should a little extra ink produce such an effect, and if it could, what entitled Moses to benefit therefrom? And why, indeed, was there ink left over to begin with? Could not God have calculated the amount needed for the task?

Two leading commentators, *Chanukas HaTorah* (*Ki Sisa* §98) and *Ohr HaChaim* (on 34:29), propose the same explanation. We have learned from the Sages that humility is the supreme human trait, even more meritorious than fear of God. As the Sages powerfully express it, "That which Wisdom chose as a crown for its head — i.e., fear of God, as it says (*Psalms* 111:10), *The beginning* [or *head*] *of wisdom is the fear of HASHEM* — was employed by Humility to be the heel for its shoe, as it says (*Mishlei* 22:4), *The result* [lit., *heel*] *of humility is the fear of HASHEM*" (*Shir HaShirim Rabbah* 1:9).

Now, Moses was history's greatest exemplar of this trait, as the Torah testifies, וְהָאִישׁ מֹשֶׁה עָנָו מְאֹד מִכֹּל הָאָדָם אֲשֶׁר עַל פְּנֵי הָאֲדָמָה, *The man Moses was exceedingly humble, more than any person on the face of the earth* (*Numbers* 12:3). Ironically, Moses himself was obliged to record this fact in the Torah, but he tried to minimize the compliment by spelling the word עָנִיו (*anav*, "humble") deficiently, without the *yud* (עָנָו). Since this omission saved a drop of ink, an extra drop remained when his task of transcribing the Torah was complete. It was the marvelous humility symbolized by this leftover ink, and the great merit it aroused, that moved God to honor Moses and set his face aglow.

Chanukas HaTorah (ibid.) also offers a second explanation. When pleading desperately for his people after the sin of the Golden Calf, Moses said to God that if Israel could not be forgiven, he would no longer value his existence. *If not, erase me now from the Book that You have written* (above, 32:32). As it turned out, Israel *was* forgiven, but there is a principle that the curse of a Torah scholar must come to fruition, even if the condition stipulated for its implementation is never met. Therefore, as a result of Moses' self-imprecation, an entire Torah portion, *Parashas Tetzaveh*, is devoid of his name (see *Zohar, Pinchas* 246a; *Baal HaTurim* above, 27:20). From this it follows that at least one word destined to appear in the Torah, "Moses," was omitted in practice, with the ink set aside for it going unused. This remnant, which represented Moses' incredibly selfless dedication to his people, earned him the splendor of a radiant visage.

In a wide-ranging piece explaining the nature of the Torah scholar and the transmission of his wisdom, *R' Yosef Leib Bloch*, Telzer Rosh Yeshivah, places our Midrash's dispute between R' Berechyah the Kohen and R' Yehudah bar Nachman in a larger context.

Not only Man, but all that exists in Creation, is of dual nature, a joining of the physical and the spiritual, of body and soul. Prominent among these unions is that of Man, who stands at the apex of Creation. However, a rudimentary soul is possessed even by beasts, and inanimate objects too boast a "soul" of sorts, in the form of the creative force that binds and gives shape to the molecules of raw matter of which they are made.

The duality of Creation extends to the spiritual realm; Torah knowledge too has its union of body and soul. The "body" of Torah is the

וְהָיוּ נִרְאִין כְּאִלּוּ הֵם בְּיַד מֹשֶׁה, שֶׁנֶּאֱמַר [שם] ״וּשְׁנֵי לֻחֹת הָעֵדֻת בְּיַד מֹשֶׁה וְגוֹ׳ ״, [שם] ״וּמֹשֶׁה לֹא יָדַע כִּי קָרַן עוֹר פָּנָיו״, וּמֵהֵיכָן נָטַל מֹשֶׁה קַרְנֵי הַהוֹד, רַבָּנָן אָמְרִי: מִן הַמְּעָרָה, שֶׁנֶּאֱמַר (לעיל לג, כב) ״וְהָיָה בַּעֲבֹר כְּבֹדִי וְגוֹ׳ ״, רַבִּי בֶּרֶכְיָה הַכֹּהֵן בְּשֵׁם רַבִּי שְׁמוּאֵל אָמַר: הַלּוּחוֹת הָיוּ אָרְכָּן ‍יגו׳ טְפָחִים וְרָחְבָּן ו׳, וְהָיָה מֹשֶׁה אוֹחֵז בִּטְפָחַיִם וְהַשְּׁכִינָה בִּטְפָחַיִם וּטְפָחַיִם בָּאֶמְצַע, ‍ידוּמִשָּׁם נָטַל מֹשֶׁה קַרְנֵי הַהוֹד, רַבִּי יְהוּדָה בַּר נַחְמָן בְּשֵׁם רַבִּי שִׁמְעוֹן בֶּן לָקִישׁ אוֹמֵר: עַד שֶׁהָיָה כּוֹתֵב בַּקּוּלְמוֹס נִשְׁתַּיֵּר קִימְעָא וְהֶעֱבִירוֹ עַל רֹאשׁוֹ, וּמִמֶּנּוּ נַעֲשׂוּ לוֹ קַרְנֵי הַהוֹד, שֶׁנֶּאֱמַר [לד, כט] ״וּמֹשֶׁה לֹא יָדַע כִּי קָרַן עוֹר פָּנָיו״:

ז דָּבָר אַחֵר, [לד, כז] ״וַיֹּאמֶר ה׳ אֶל מֹשֶׁה כְּתָב לְךָ אֶת הַדְּבָרִים הָאֵלֶּה״, הָדָא הוּא דִכְתִיב (תהלים קיט, עא) ״טוֹב לִי כִי עֻנֵּיתִי לְמַעַן אֶלְמַד חֻקֶּיךָ״, לְטוֹבָתוֹ שֶׁל מֹשֶׁה נִתְעַנָּה ק״כ יוֹם שֶׁקִּבֵּל אֶת הַתּוֹרָה, וּמֵאַיִן הָיָה מֹשֶׁה אוֹכֵל, מִזִּיו הַשְּׁכִינָה, שֶׁנֶּאֱמַר (נחמיה ט, ו) ״וְאַתָּה מְחַיֶּה אֶת כֻּלָּם״,

עץ יוסף

שנאמר לוחות העדות ביד משה ברדתו מן ההר. דהכי תיבות ברדתו מן ההר מיותר, שהרי נאמר ויהי ברדת משה מהר סיני, אלא שמע מינה דהכי פירושו, ושני לוחות העדות ביד משה ברדתו מן ההר, רוצה לומר ברדתו מן ההר אז הרגיש משה שהלוחות בידו הם, כי בהתקרב משה לארץ אז הוסר הקדושה והרוחניות שהיו בהלוחות, והרגיש במשוי יותר מקודם כשהיה הרוחניות בהם, שאחי נושא את עצמו (תולדות נח): **[יא] מהיכן נטל משה קרני ההוד.** זה פליג אתלמוד שלנו פרק רבי עקיבא (שבת פח, א [עי״ש וברש״י]) עיין שם: **מן המערה.** פירוש על ידי גילוי שכינה שנגלתה עליו, וכמו שאמרו בתנחומא בהדיא, ששם הקדוש ברוך הוא כפו עליו שנאמר ושכותי כפי עליך: **ורחבן ששה.** וכן הוא בבמדבר רבה פרשה ד׳ ובבבא בתרא פרק קמא, אבל בתנחומא סדר זו, ובילקוט סדר זו, ובירושלמי תענית פרק ד׳, איתא ורחבן שלשה: **והיה משה מחזיק בטפחיים כו׳.** והכונה שהתורה העליונה כפי מה שהיא, עודנה לא נתגלתה בשלמותה, וזה הכנוי טפחיים שביד הקדוש ברוך הוא שאי אפשר להתגלות לבן אדם, גם יש בתורה סודות עליונות שהאדם יש לו השגה והארה קצת ממנה, אך לא ישיג עצמות ההשגה רק אור מעט, וזהו טפחיים האמצעים שבין ה׳ ובין הטפחיים האחרונים שניתנו למשה להגלות ממש, ואחר שהשיג משה הארה מלמעלה ממה שבכחו זכה גם כן להארת פנים (נזר הקודש): **בקולמוס נשתייר קימעא כו׳** לקמן בסדר עקב איתא התורה שניתנה למשה עורה של אש, כתובה באש, ועם שכותב קינח הקולמוס בשערו, ומזה נטל זיו הפנים. ואפשר שהכוונה בזה כי העניינים הנפלאים הכמוסים ורמוזים בתורה שלא באו בכתב מפורש ונשארו בקולמסו, זה נגלה אל משה, ולקחו בראשו והעמיק בו עד כי מלא, ומזה בא לו קרני ההוד כי חכמת אדם תאיר פניו, ומסיים המדרש שנאמר ומשה לא ידע כו׳, רוצה לומר וסיפיה דקרא בדברו אתו, דהיינו ממה שנמסר לו בעל פה, ונשתייר בקולמס שלא ניתן לכתוב: **(ז) [יב] הדא הוא דכתיב טוב לי כי עניתי.** בעי לפרש שהכתיבה הוא תורה נביאים וכתובים כדמסיים נמלא שהרויח בצערו במאה ועשרים, ואתי שפיר דכתיב כתב לך דמשמע בזכותך, להכי פתח בטוב לי כי עניתי כו׳: **נתענה מאה ועשרים יום שקבל את התורה.** רוצה לומר כל התורה בשלימות, דהיינו הלכות ומדרש ואגדות ותורה נביאים וכתובים, כדמסיים מה שאין כן בראשונות שלא קבל כל התורה, והמאה ועשרים יום היינו ארבעים הראשונים לקבל לוחות ראשונות, וארבעים דתפלה, שגם כן היה עוסק בתורה בהם, וארבעים לוחות אחרונות: **שנאמר ואתה מחיה את כולם.** שפירושו לשון מחיה וכלכלה, ורוצה לומר אתה הוא מחיה ומפרנס לכולם,

פירוש מהרז״ו

והיה בעבור כבודי. שמות ל״ג כ״ב, וכמו שכתוב בתנחומא כאן סימן ל״ז, מפסוק קרנים מידו לו ושם חביון עוזו, כשנחבא במערה השיג קרני ההוד: **הלוחות היו ארכן וכו׳ ומשם נטל.** ומרומז גם כן במה שכתב קרנים מידו, היו לו קרני הוד מזה שהיה בידו הם הלוחות: **ארכו ששה טפחים.** במדבר רבה פרשה ד׳ בסימן כ׳, ושם נסמן: **אוחז בטפחיים.** עיין לעיל ריש פרשה כ״ח, ושם נסמן: **כותב בקולמוס.** דברים רבה פרשה ג׳ סימן י״ב, ושם מבואר: **(ז) כתב לך וכו׳.** וכתוב שם ויהי שם עם ה׳ ארבעים יום וארבעים לילה: **נתענה מאה ועשרים יום.** סובר שהיה משה בהר מאה ועשרים יום, וכן הוא בתנחומא כאן סימן ל״א, וכן הוא בסדר עולם פרק ששי באריכות, אך בפרקי דרבי אליעזר פרק מ״ו, ובתנא דבי אליהו פרק ד׳ בחלק ב׳, סוברים שארבעים יום אמצעים היה במחנה, ולקח האהל ונטה לו מחוץ למחנה: **מזיו השכינה.** לעיל סוף סימן ה׳ ושם נסמן:

מתנות כהונה

ונראה דדרש **ומשה לא ידע** על ראש הפסוק ושני לוחות העדות בידו ומשה לא ידע כלומר לא הרגיש משאן: **מן המערה.** שנתן הקדוש ברוך הוא ידו עליו כן פירש רש״י בסדר זה: **עד שהיה כותב.** את התורה. שנאמר כתב לך וגו׳:

אשד הנחלים

ומהיכן כו׳ מן המערה כו׳. והענין כי מן קרני ההוד שראינו במשה היה אור גדול, שנתוסף אור גדול בנפשו והשגה עצומה מה שלא היה לו קודם ונתוסף לו עתה מדרגה חדשה, ולכן חקרו מאין לו זאת, הלא גם בתחלה היה גם כן במדרגת הנבואה הרמה, ועם כל זה לא נתפשט האור על פניו, ולכן אמרו רבנן שזה נתוסף לו מהמערה, ששם נתוסף לו השגה בראיית אחוריים שזהו השגת כל המציאות הנמשך מאתו יתברך, כפירוש הרב בדרכו, וחכמי אמת בדרכם. ודעת ר׳ ברכיה שמהלוחות ניתוסף לו זאת, מהטפחיים האמצעיים שלא היו בידו. והכונה שהתורה העליונה כפי מה שהיא עודנה לא נתגלתה בשלימותה, כמו שאמרו (נדרים לח, א) חמשים שערי בינה יש בעולם, וכלן נתגלו למשה לבד שער נו״ן, וזהו הכנוי טפחים שביד הקדוש ברוך הוא שאי אפשר להתגלות לבני אדם, גם יש בתורה סודות עליונות שהאדם יש לו השגה והארה קצת ממנה, אך לא ישיג עצמת ההשגה רק אור מעט, וזהו הטפחיים האמצעים שבין [הטפחיים שביד] ה׳ ובין הטפחיים האחרונים שניתנו למשה להגלות ממש, ואחר שהשיג משה הארה מלמעלה ממה שבכחו, זכה גם כן להארת פנים, ודי בזה קצת ציור למתבונן: **בקולמס נשתייר כו׳.** ריש לקיש אחז משל אחר בזה, הדיו הנכתב בפועל הוא השגה הניתן בפועל ממש, והדיו הנשאר בקולמוס מה שלא נכתבו עדיין, הוא הדבר הנסתר הבלתי ניתן להגלות ולהכתב בפועל, וזכה משה להארת השגה וקירון אור פניו להשגה הזאת, כי אם מה שלא נשתייר בקולמוס בזה לא היה לו השגה אחרת, כי אינו במציאות לפניו. ואחר שנשתייר מעט א״כ ניתנה להכתב, אך עם כל זה נשארה ולא נכתבה, א״כ היא במציאת השגה אך לא בפועל ודי בזה. ומביא ראיה מהכתוב שבתחלה מדבר מן כתיבת הלוחות ואחר כך כתיב ומשה לא ידע כי קרן עור פניו, משמע שמכתיבת הלוחות באה לו זאת: **[ז] לטובתו של משה.** כי דוד המלך לקח הציור מאדונינו משה, איך כי טוב ענויי הגוף והזדככות החומר להשגת הנפש,

חידושי הרד״ל

עד שהיה כותב בקולמוס כו׳. דברים רבה פרשה ג יב. (ושם עוד דעה שלישית שכשנתנה לו תורה מכף לכף נטל זיו הפנים ויש לסמוך זה ממה שכתוב וקרנים מידו לו ואפשר היה כתוב זה כאן ועל זה מסיים שנאמר ומשה לא ידע (עיין ידי משה) וגו׳ בדברו אתו שמן הדברות זכה לקרון הפנים):

חידושי הרש״ש

בירושלמי חגיגה הביאוהו התוספות שם (ג, א) בד״ה חרש בקרא דולבני אהרן תעשה כתנות, אם שתים לכל אחד או אחת לכל אחד, עיין שם. ולי נראה דרבי נחמיה יליף מדכתיב לחת חסר. אבל בין לדידיה ובין לדידי קשה דכמו כן היה יכול לילף מן הכתוב דויכתוב על הלחת כו׳ אשר עסוקין בו. אשר על כן נראה לי דמתיבת ושני קדריס, דמיותר, מלמד שהיו שניהן שוין, וכמו שדרשו כהאי גוונא בגמרא ריש פרק שני שעירי (יומא סב, ב), ונכון בסייעתא דשמיא:

באור מהרי״פ

ושני לוחות העדות ביד משה, פירוש שהרגיש כבדותן, והרגיש שהם בידו, זה היה ברדתו מן ההר, כי בהקריבו למשה לארץ, אז פרחה מהם הקדושה ונעשו כבדים, אבל קודם זה לא הרגיש משה כלל שהם בידו: **ומשם זכה לקרני הוד.** פירוש, מפני שהיה אז קרוב מאד לשכינה: **שנאמר ומשה לא ידע וגו׳.** פירוש, דבא הכתוב להתגלל בשביל משה רבינו עליו השלום, שלא יאמרו שכוונתו של משה היה בענין העברת הקולמוס על ראשו כדי שיהנה מן הקודש בקבלת ההוד וקרן עור הפנים, ועל כן מעיד עליו הכתוב ומשה לא ידע וגו׳, כלומר כשמעולם לא היתה לו ידיעה מקירון עור פניו ,וכל שכן שלא כוון לקבלת ההוד והקרן. תולדות נח הארוך:

מסורת המדרש

יג. בבא בתרא י״ד. מנחות צ״ט. ירושלמי שקלים פרק ו׳ הלכה א׳. וירושלמי תענית פרק ד׳. לעיל ריש פרשה כ״ח. במדבר רבה פ״ד. תנחומא כאן סימן ל״ז. וסדר עקב סימן י״א. ילקוט כאן רמז ת״ו: **יד.** דברים רבה פרשה ג׳:

אם למקרא

וְהָיָה בַּעֲבֹר כְּבֹדִי וְשַׂמְתִּיךָ בְּנִקְרַת הַצּוּר וְשַׂכֹּתִי כַפִּי עָלֶיךָ עַד עָבְרִי: (לעיל לג:כב)

טוֹב לִי כִי עֻנֵּיתִי לְמַעַן אֶלְמַד חֻקֶּיךָ: (תהלים קיט:עא)

אַתָּה הוּא ה׳ לְבַדֶּךָ אַתָּה עָשִׂיתָ אֶת הַשָּׁמַיִם שְׁמֵי הַשָּׁמַיִם וְכָל צְבָאָם הָאָרֶץ וְכָל אֲשֶׁר עָלֶיהָ הַיַּמִּים וְכָל אֲשֶׁר בָּהֶם וְאַתָּה מְחַיֶּה אֶת כֻּלָּם וּצְבָא הַשָּׁמַיִם לְךָ מִשְׁתַּחֲוִים: (נחמיה ט:ו)

ידי משה

[ו] עד שהיה כותב בו׳. פירוש, מן דיו שנשתייר בקולמוס, דכתיב ומשה לא ידע, אבל אם היה מן הלוחות היה לו לידע. ודוק:

אמרי יושר

באילו הם על ידי משה. אולי הוליאו זה שנאמר ביד משה ברדתו מן ההר כפול: **מן המערה זכה.** שנאמר ושכותי כפי עליך לרשום, כך זיו ההוד, וזהו בדברו אתו בנקרת הצור, ויש הכרח לזה כי מדוע לא זכה לקירון בלוחות הראשונה, אלא מהמערה. **רבי ברכיה אמר מהלוחות זכה,** לסברתו יקשה זה ונתרץ שבראשונים הורעה השעה, שנאמר לך רד מגדולתך, אבל אפשר שיותר היה זיוו, אי נמי עתה בהכפל הזדככות שני פעמים קרן הזיו, וקשה והלא אחז כל הלוחות אחר כך בידו ולמה תלאוהו בטפחיים. יש לומר שמאז התחיל כאמרו כי קרן עור פני משה בדברו אתו, או דוקא בעת שאחז התחיל הקירון מהשיתוף האלהי, על דרך (אבות ד, טו) הוי זנב לאריות ולא ראש לשועלים. ולסברת מי שאומר דיו, נראה שסובר שאלו לוחות שניות לא היו חרות רק כתוב ביד משה, והיינו ויהי שם עם ה׳ ארבעים יום לחם לא אכל ומים לא שתה ויכתוב על הלוחות את דברי הברית עשרת הדברים, וכן נאמר למשה כתב לך את הדברים אבל מה שאמר האל וכתבתי היינו בשליחותי. או הייסוד על ידי משה שסייעו באחזתם לכתוב, והיינו תכתוב ואכתוב, ולזה אמר טפחיים וטפחיים, ומזה השיתוף גמור זכה, לא כסברת רמב״ן (שמות לד, כח) שויכתוב חוזר לאל. או עוד תירלו דכתוב לך קאי אתורה נביאים וכתובים, ואם כן יהיה פירוש הכתוב ויכתוב משה את דברי הברית של עשרת הדברים, ואליביה בהשתתפות השיתוף האלהי ביסוד על ידי משה זכה לקרני ההוד, אף על פי שלא היו ברצון כראשונות אלא כמשל דלעיל (סימן ב) אותה שקלקלה אמר הקב״ה הלואי אתן ידי, אבל בראשונות אף על פי שהיו מעולות היתה מסירתם ברגע מיד ליד: **רבי ברכיה אמר הלוחות ארכן שש.** ומפגישת משה לשכינה בקבלת הלוחות זכה להוד, ואלו היה האורך יותר מזה לא היה נכנס האור בו כל כך, גם **משה היה אוחז בטפחיים,** שאלו היה אוחז בקצה הלוח היה המרחק יותר. ויש מפרשים שזה רמז שהתורה יש בה מלות ועדות וחוקים, או יש נסתר לגמרי בה שאין משיג אותו רק הקב״ה ומלאכיו, ויש דברים נגלים ופשוטים, ויש חלק מה שבין: **נשתייר קימעא.** יובן במה שאמר לעיל (סימן ג) אמר רבי ירמיה כל הכבוד שראה משה אינו אלא מהפירות והקרן קיימת לעולם הבא, זהו שנשתייר בקולמוס שלא בכונה, או הסודות שהם נשמת התורה, או הדקדוקים שאי אפשר ליכתב, אבל הקרן קיימת לו:

§7 The Midrash cites and expounds a verse from *Psalms* in order to shed new light on our verse:

דָּבָר אַחֵר, "וַיֹּאמֶר ה׳ אֶל מֹשֶׁה כְּתָב לְךָ אֶת הַדְּבָרִים הָאֵלֶּה" – **Another interpretation: *HASHEM said to Moses, "Write these words for yourself."*** הֲדָא הוּא דִכְתִיב "טוֹב לִי כִי עֻנֵּיתִי לְמַעַן אֶלְמַד חֻקֶּיךָ" – **Thus it is written, *It is good for me that I was afflicted, so that I might learn Your statutes*** (*Psalms* 119:71) – לְטוֹבָתוֹ שֶׁל מֹשֶׁה נִתְעַנָּה ק״כ יוֹם שֶׁקִּבֵּל אֶת הַתּוֹרָה – i.e., **it was for Moses' own benefit that he fasted one hundred and twenty days**[96] **when he received the Torah.**[97]

The Midrash addresses the question of how Moses was sustained during those hundred and twenty days:

וּמֵאַיִן הָיָה מֹשֶׁה אוֹכֵל – Now, **from where did Moses eat** to sustain himself during all those time? מִזִּיו הַשְּׁכִינָה – He was sustained **from the radiance of the Divine Presence,** שֶׁנֶּאֱמַר "וְאַתָּה מְחַיֶּה אֶת כֻּלָּם" – **as it is stated, *You give them all life*** (*Nehemiah* 9:6).[98]

NOTES

96. The Midrash understands that Moses spent three sets of forty days on Mount Sinai: the first forty to receive the First Tablets, the second forty to pray that God have mercy on the people after they sinned with the Golden Calf, and the third forty to receive the Second Tablets. See *Midrash Tanchuma* §31 and *Seder Olam* §6 (see also note 14 above). *Pirkei DeRabbi Eliezer* §46, however, maintains that the middle forty days of prayer were spent on the outskirts of the Israelites' camp, and not on Mount Sinai (*Maharzu, Eitz Yosef*).

97. The words, *Write these words "for yourself"* are thus interpreted to mean "for your benefit." The Midrash is saying that it was for Moses' benefit that he fasted, for he thereby received the Torah in a far more comprehensive manner than he would have otherwise. The Midrash at the end of this section will cite the *Psalms* verse quoted here and will explain that along with the Second Tablets, Moses received the Torah in its *entirety*: Torah, Prophets, and Writings, as well as Halachos, Midrash, and Aggadah. By contrast, when he received the First Tablets, he was given only the Ten Commandments (*Eitz Yosef*). [See, however, *Eshed HaNechalim* for a completely different interpretation.]

98. Indeed, he did not eat physical food; however, any being that merits to see the Divine Presence is sustained from its radiance. As 24:11 above says, *They gazed at God and it was as if they ate and drank* (see *Eitz Yosef*).

INSIGHTS

knowledge of Torah teachings, insofar as they can be expressed in writing and speech. The "soul" of Torah wisdom, the spiritual essence of that which is itself otherworldly, does not take form as knowledge that can be expressed in words, but is rather a direct infusion of the holy into the heart of Man, a spreading of sanctity throughout one's being.

The possession of this inner wisdom is the *essence* of greatness in Torah. One cannot attain the rank of Torah scholar merely through knowledge of Torah, whose words may enter the mind without ever penetrating to the soul. Only if one has prepared for the sanctity of Torah, only if its holiness fills and surrounds him, will it take root in his heart and reshape his very existence.

The inner light of Torah is not communicated through words. When a great sage transmits his Torah teachings to his disciples, the sentences he speaks are only an outer manifestation of the Torah he imparts. They represent the concrete and unchanging base of Torah knowledge, but they give no access to the essence, to the sublime substance of the Torah itself, given sanctuary and expression in a refined and elevated soul. "The soul of the Torah" makes its way from sage to disciple not through any rational process, but through a joining of souls. The entire being of the sage is suffused with the Torah that surges in his heart, with the sacred feeling that stirs his soul. His deep and holy wisdom is implicit in the tilt of his head, it announces itself in his every gesture and expression, it shines from the lines of his face. As the verse states (*Ecclesiastes* 8:1), חָכְמַת אָדָם תָּאִיר פָּנָיו, *a man's wisdom illuminates his face*. The devoted disciple hears the words of the sage and gazes upon his luminous visage. His heart opens to that of his teacher, and along the immaterial strands that bind them flows the essential wisdom, the soul of the Torah.

The Gemara teaches that Rebbi attributed his greatness in Torah to his having seen R' Meir from the back. He added that had he seen R' Meir's face, he would have reached greater heights still (see *Eruvin* 13b). Clearly, his attainments were due not merely to the words of Torah that R' Meir imparted, but to the light of Torah that shone from his very being.

The dispute between R' Berechyah the Kohen and R' Yehudah bar Nachman is informed by the above discussion. Both agree that "the rays of splendor" were a product of the essential Torah that is found in every true sage. In the case of our teacher Moses, however, the inner light was of such intensity and concentration that it could not be contained, but burst forth from him, the radiance erupting outward in a great and holy light. They disagree only as to the exact source of this glory, the particular Torah wisdom that elicited such uncommon splendor.

According to R' Berechyah the Kohen, the rays derived from the two *tefachim* that lay between God and Moses. R' Yosef Leib explains: The Torah is divided into three parts. One is given to Israel. This refers to the two *tefachim* taken hold of by Moses, which symbolize the part of Torah that can be understood by Man, the Torah that lies within human powers of comprehension. Another part of the Torah is entirely outside the understanding of any person, even one so saintly and wise as Moses. These two *tefachim* of Torah, elevated beyond all human conception, are reserved for God Himself. Finally, there are two *tefachim* of Torah that lie between these extremes. These represent an area of Torah not vouchsafed to Man. Its concepts cannot be expressed in words or even grasped in thought. Man is granted only the ability to see the light of this Torah from afar, a distant ray illuminating the heart. Moses gave Israel only the two *tefachim* of Torah that he held in his hand, the part that could be expressed in words, whether oral or written. Unto himself, however, Moses gathered also the Torah of the middle two *tefachim,* which could neither be spoken nor transcribed, but which filled him, body and soul, with a vast and sacred light too bright to be concealed, rays of splendor shining on the face of a sage.

According to R' Yehudah bar Nachman, the Torah from which the rays derived was indeed that which Moses transmitted to Israel, the two *tefachim* that lay within his grasp. However, the source of the rays was not the *words* of the Torah, which Moses wrote down and taught to Israel. Rather, their source was "the drop of ink that remained in his quill." This refers to the "soul" of the Torah, whose ink remained unused because this part of Torah *cannot* be written down or expressed in words. Where then was this non-verbal Torah written? Says the Midrash: הֶעֱבִירוֹ עַל רֹאשׁוֹ, *he passed it above his head.* The essence of Torah was written not upon rolls of parchment, but in the mind and thought of Moses. Such was his purity, so deep his understanding, so glorious the splendor of the Torah within him, and so fervent his desire to share it with Israel, that it could not possibly be contained. Rays of splendor! An otherworldly light bearing the wisdom of the Divine to God's chosen people, illuminating the face of our great shepherd and teacher. חָכְמַת אָדָם תָּאִיר פָּנָיו, *a man's wisdom illuminates his face* (*Shiurei Daas*, Vol. 1, חומר וצורה).

וְהָיוּ נִרְאִין כְּאִלּוּ הֵם בְּיַד מֹשֶׁה, שֶׁנֶּאֱמַר [שם] "וּשְׁנֵי לֻחֹת הָעֵדֻת בְּיַד מֹשֶׁה וְגוֹ'", [שם] "וּמֹשֶׁה לֹא יָדַע כִּי קָרַן עוֹר פָּנָיו", וּמֵהֵיכָן נָטַל מֹשֶׁה קַרְנֵי הַהוֹד, רַבָּנָן אָמְרִי: מִן הַמְּעָרָה, שֶׁנֶּאֱמַר (לעיל לג, כב) "וְהָיָה בַּעֲבֹר כְּבֹדִי וְגוֹ'", רַבִּי בֶּרֶכְיָה הַכֹּהֵן בְּשֵׁם רַבִּי שְׁמוּאֵל אָמַר: הַלּוּחוֹת הָיוּ אָרְכָּן [יג] ו' טְפָחִים וְרָחְבָּן ו', וְהָיָה מֹשֶׁה אוֹחֵז בִּטְפָחַיִים וְהַשְּׁכִינָה בִּטְפָחַיִים וּטְפָחַיִים בָּאֶמְצַע, [יד] וּמִשָּׁם נָטַל מֹשֶׁה קַרְנֵי הַהוֹד, רַבִּי יְהוּדָה בַּר נַחְמָן בְּשֵׁם רַבִּי שִׁמְעוֹן בֶּן לָקִישׁ אוֹמֵר: עַד שֶׁהָיָה כּוֹתֵב בַּקּוּלְמוֹס נִשְׁתַּיֵּיר קִימְעָא וְהֶעֱבִירוֹ עַל רֹאשׁוֹ, וּמִמֶּנּוּ נַעֲשׂוּ לוֹ קַרְנֵי הַהוֹד, שֶׁנֶּאֱמַר [לד, כט] "וּמֹשֶׁה לֹא יָדַע כִּי קָרַן עוֹר פָּנָיו":

ז דָּבָר אַחֵר, [לד, כז] "וַיֹּאמֶר ה' אֶל מֹשֶׁה כְּתָב לְךָ אֶת הַדְּבָרִים הָאֵלֶּה", הָדָא הוּא דִכְתִיב (תהלים קיט, עא) "טוֹב לִי כִי עֻנֵּיתִי לְמַעַן אֶלְמַד חֻקֶּיךָ", לְטוֹבָתוֹ שֶׁל מֹשֶׁה נִתְעַנָּה ק"כ יוֹם שֶׁקִּבֵּל אֶת הַתּוֹרָה, וּמֵאַיִן הָיָה מֹשֶׁה אוֹכֵל, מִזִּיו הַשְּׁכִינָה, שֶׁנֶּאֱמַר (נחמיה ט, ו) "וְאַתָּה מְחַיֶּה אֶת כֻּלָּם",

עץ יוסף

שנאמר לוחות העדות ביד משה ברדתו מן ההר. דהכי תיבות ברדתו מן ההר מיותר, שהרי נאמר ויהי ברדת משה מהר סיני, אלא שמע מינה דהכי פירושו, ושני לוחות העדות ביד משה ברדתו מן ההר, רוצה לומר ברדתו מן ההר אז הרגיש משה שהלוחות בידו הם, כי בהתקרב משה לארץ אז הוסר הקדושה והרוחניות שהיו בהלוחות, והרגיש במשוי יותר מקודם כשהיה הרוחניות בהם, שהאי נושא את עצמו (תולדות נח): **[יא] מהיכן נטל משה קרני ההוד.** זה פליג אתלמוד שלנו פרק רבי עקיבא (שבת פח, א [עי"ש וברש"י]) עיין שם: **מן המערה.** פירוש על ידי גילוי שכינה שנגלתה עליו, וכמו שאמרו בתנחומא בהדיא, ששם הקדוש ברוך הוא כפו עליו שנאמר ושכותי כפי עליך: **ורחבן ששה.** וכן הוא בבמדבר רבה פרשה ד' ובבבא בתרא פרק קמא, אבל בתנחומא סדר זו, ובילקוט סדר זו, ובירושלמי תענית פרק ד', איתא ורחבן שלשה: **והיה משה מחזיק בטפחיים כו'.** והכונה שהתורה העליונה כפי מה שהיא, עודנה לא נתגלתה בשלמותה, וזה הכנוי טפחיים שביד הקדוש ברוך הוא שאי אפשר להתגלות לבן אדם, גם יש בתורה סודות עליונות שהאדם יש לו השגה והארה קצת ממנה, אך לא ישיג עצמות ההשגה רק אור מעט, וזהו טפחיים האמצעים שבין ה' ובין הטפחיים האחרונים שניתנו למשה להגלות ממש, ואחר שהשיג משה הארה מלמעלה ממה שבכחו זכה גם כן להארת פנים (נזר הקודש): **בקולמוס נשתייר קימעא כו'** לקמן בסדר עקב איתא התורה שניתנה למשה עורה של אש, כתובה באש, ועם שכותב קינח הקולמוס בשערו, ומזה נטל זיו הפנים. ואפשר שהכוונה בזה כי הענינים הנפלאים הכמוסים ורמוזים בתורה שלא באו בכתב מפורש ונשארו בקולמסו, זה נגלה אל משה, ולקחו בראשו והעמיק בו עד כי מלא, ומזה בא לו קרני ההוד כי חכמת אדם תאיר פניו, ומסיים המדרש שנאמר ומשה לא ידע כו', רוצה לומר וסיפיה דקרא בדברו אתו, דהיינו ממה שנמסר לו בעל פה, ונשתייר בקולמס שלא ניתן לכתוב: **(ז) [יב] הדא הוא דכתיב טוב לי כי עניתי.** בעי לפרש שהכתיבה הוא תורה נביאים וכתובים כדמסיים נמלא שהרויח בלערו במאה ועשרים, ואתי שפיר דכתיב כתב לך דמשמע בזכותך, להכי פתח בטוב לי כי עניתי כו': **נתענה מאה ועשרים יום שקבל את התורה.** רוצה לומר כל התורה בשלימות, דהיינו הלכות ומדרש ואגדות ותורה נביאים וכתובים, כדמסיים מה שאין כן בראשונות שלא קבל כל התורה, והמאה ועשרים יום היינו ארבעים הראשונים לקבל לוחות ראשונות, וארבעים דתפלה, שגם כן היה עוסק בתורה בהם, וארבעים לוחות אחרונות: **שנאמר ואתה מחיה את כולם.** שפירושו לשון מחיה וכלכלה, ורוצה לומר אתה הוא מחיה ומפרנס לכולם,

פירוש מהרז"ו

והיה בעבור כבודי. שמות ל"ג כ"ב, וכמו שכתוב בתנחומא כאן סימן ל"ז, מפסוק קרנים מידו לו ושם חביון עוזו, כשנחבא במערה השיג קרני ההוד: **הלוחות היו ארכן וכו' ומשם נטל.** ומרומז גם כן במה שכתב קרנים מידו, היו לו קרני הוד מזה שהיה בידו הם הלוחות: **ארכו ששה טפחים.** במדבר רבה פרשה ד' בסימן כ', ושם נסמן: **אוחז בטפחיים.** עיין לעיל ריש פרשה כ"ח, ושם נסמן: **כותב בקולמוס.** דברים רבה פרשה ג' סימן י"ב, ושם מבואר: **(ז) כתב לך וכו'.** וכתוב שם ויהי שם עם ה' ארבעים יום וארבעים לילה: **נתענה מאה ועשרים יום.** סובר שהיה משה בהר מאה ועשרים יום, וכן הוא בתנחומא כאן סימן ל"א, וכן הוא בסדר עולם פרק ששי באריכות, אך בפרקי דרבי אליעזר פרק מ"ו, ובתנא דבי אליהו פרק ד' בחלק ב', סוברים שארבעים יום אמלעים היה במחנה, ולקח האהל ונטה לו מחוץ למחנה: **מזיו השכינה.** לעיל סוף סימן ה' ושם נסמן:

מתנות כהונה

ונראה דדרש **ומשה לא ידע** על ראש הפסוק ושני לוחות העדות בידו ומשה לא ידע כלומר לא הרגיש משאן: **מן המערה.** שנתן הקדוש ברוך הוא ידו עליו כן פירש רש"י בסדר זה: **עד שהיה כותב.** את התורה. שנאמר כתב לך וגו':

אשד הנחלים

ומהיכן כו' מן המערה כו'. והענין כי מן קרני ההוד שראינו במשה היה אור גדול, שנתוסף אור גדול בנפשו והשגה עצומה מה שלא היה לו קודם ונתוסף לו עתה מדרגה חדשה, ולכן חקרו מאין לו זאת, הלא גם בתחלה היה גם כן במדרגת הנבואה הרמה, ועם כל זה לא נתפשט האור על פניו, ולכן אמרו רבנן שזה נתוסף לו מהמערה, ששם נתוסף לו השגה בראיית אחוריים שזהו השגת כל המציאות הנמשך מאתו יתברך, כפירוש הרב בדרכו, וחכמי אמת בדרכם. ודעת ר' ברכיה שמהלוחות ניתוסף לו זאת, מהטפחיים האמצעיים שלא היו בידו. והכונה שהתורה העליונה כפי מה שהיא עודנה לא נתגלתה בשלימותה, כמו שאמרו (נדרים לח, א) חמשים שערי בינה יש בעולם, וכלן נתגלו למשה לבד שער נו"ן, וזהו הכנוי טפחיים שביד הקדוש ברוך הוא שאי אפשר להתגלות לבני אדם, גם יש בתורה סודות עליונות שהאדם יש לו השגה והארה קצת ממנה, אך לא ישיג עצמת ההשגה רק אור מעט, וזהו הטפחיים האמצעים שבין [הטפחיים שביד] ה' ובין הטפחיים האחרונים שניתנו למשה להגלות ממש, ואחר שהשיג משה הארה מלמעלה ממה שבכחו, זכה גם כן להארת פנים, ודי בזה קצת ציור למתבונן: **בקולמס נשתייר כו'.** ריש לקיש אחז משל אחר בזה, הדיו הנכתב בפועל הוא השגה הניתן בפועל ממש, והדיו הנשאר בקולמוס מה שלא נכתבו עדיין, הוא הדבר הנסתר הבלתי ניתן להגלות ולהכתב בפועל, וזכה משה להארת השגה וקירון אור פניו להשגה הזאת, כי אם מה שלא נשתייר בקולמוס בזה לא היה לו השגה אחרת, כי אינו במציאות לפניו. ואחר שנשתייר מעט א"כ ניתנה להכתב, אך עם כל זה נשארה ולא נכתבה, א"כ היא במציאת השגה אך לא בפועל ודי בזה. ומביא ראיה מהכתוב שבתחלה מדבר מן כתיבת הלוחות ואחר כך כתיב ומשה לא ידע כי קרן עור פניו, משמע שמכתיבת הלוחות באה לו זאת: **[ז] לטובתו של משה.** כי דוד המלך לקח הציור מאדונינו משה, איך כי טוב ענויי הגוף והזדככות החומר להשגת הנפש,

חידושי הרד"ל

עד שהיה כותב בקולמוס כו'. דברים רבה פרשה ג יב. (ושם עוד דעה שלישית שכשנתנה לו תורה מכף לכף נטל זיו הפנים ויש לסמוך זה ממה שכתוב וקרנים מידו לו ואפשר היה כתוב זה כאן ועל זה מסיים שנאמר ומשה לא ידע (עיין ידי משה) וגו' בדברו אתו שמן הדברות זכה לקרון הפנים):

חידושי הרש"ש

בירושלמי חגיגה הביאוהו התוספות שם (ג, א) בד"ה חרש בקרא דולבני אהרן תעשה כתנות, אם שתים לכל אחד או אחת לכל אחד, עיין שם. ולי נראה דרבי נחמיה יליף מדכתיב לחת חסר. אבל בין לדידיה ובין לדידי קשה דכמו כן היה יכול לילף מן הכתוב דויכתוב על הלחת כו' אשר עסוקין בו. אשר על כן נראה לי דמתיבת ושני קדרים, דמיותר, מלמד שהיו שניהן שוין, וכמו שדרשו כהאי גוונא בגמרא ריש פרק שני שעירי (יומא סב, ב), ונכון בסייעתא דשמיא:

באור מהרי"פ

ושני לוחות העדות ביד משה, פירוש שהרגיש כבדותן, והרגיש שהם בידו, זה היה ברדתו מן ההר, כי בהקריבו למשה לארץ, אז פרחה מהם הקדושה ונעשו כבדים, אבל קודם זה לא הרגיש משה כלל שהם בידו: **ומשם זכה לקרני הוד.** פירוש, מפני שהיה אז קרוב מאד לשכינה: **שנאמר ומשה לא ידע וגו'.** פירוש, דבא הכתוב להתגלל בשביל משה רבינו עליו השלום, שלא יאמרו שכוונתו של משה היה בענין העברת הקולמוס על ראשו כדי שיהנה מן הקודש בקבלת ההוד וקרן עור הפנים, ועל כן מעיד עליו הכתוב ומשה לא ידע וגו', כלומר כשמעולם לא היתה לו ידיעה מקירון עור פניו, וכל שכן שלא כוון לקבלת ההוד והקרן. תולדות נח הארוך:

מסורת המדרש

יג. בבא בתרא י"ד. מנחות נ"ט. ירושלמי שקלים פרק ו' הלכה א'. וירושלמי תענית פרק ד'. לעיל ריש פרשה כ"ח. במדבר רבה פ"ד. תנחומא כאן סימן ל"ז. וסדר עקב סימן י"א. ילקוט כאן רמז ת"ו: **יד.** דברים רבה פרשה ג':

אם למקרא

וְהָיָה בַּעֲבֹר כְּבֹדִי וְשַׂמְתִּיךָ בְּנִקְרַת הַצּוּר וְשַׂכֹּתִי כַפִּי עָלֶיךָ עַד עָבְרִי: (לעיל לג:כב)

טוֹב לִי כִי עֻנֵּיתִי לְמַעַן אֶלְמַד חֻקֶּיךָ: (תהלים קיט:עא)

אַתָּה הוּא ה' לְבַדֶּךָ אַתָּה עָשִׂיתָ אֶת הַשָּׁמַיִם שְׁמֵי הַשָּׁמַיִם וְכָל צְבָאָם הָאָרֶץ וְכָל אֲשֶׁר עָלֶיהָ הַיַּמִּים וְכָל אֲשֶׁר בָּהֶם וְאַתָּה מְחַיֶּה אֶת כֻּלָּם וּצְבָא הַשָּׁמַיִם לְךָ מִשְׁתַּחֲוִים: (נחמיה ט:ו)

ידי משה

[ו] עד שהיה כותב בו'. פירוש, מן דיו שנשתייר בקולמוס, דכתיב ומשה לא ידע, אבל אם היה מן הלוחות היה לו לידע. ודוק:

אמרי יושר

באילו הם על ידי משה. אולי הוליאו זה שנאמר ביד משה ברדתו מן ההר כפול: **מן המערה זכה.** שנאמר ושכותי כפי עליך לרשום, כך זיו ההוד, וזהו בדברו אתו בנקרת הצור, ויש הכרח לזה כי מדוע לא זכה לקירון בלוחות הראשונה, אלא מהמערה. **רבי ברכיה אמר מהלוחות זכה,** לסברתו יקשה זה ונתרץ שבראשונים הורעה השעה, שנאמר לך רד מגדולתך, אבל אפשר שיותר היה זיוו, אי נמי עתה בהכפל הזדככות שני פעמים קרן הזיו, וקשה והלא אחז כל הלוחות אחר כך בידו ולמה תלאוהו בטפחיים. יש לומר שמאז התחיל כאמרו כי קרן עור פני משה בדברו אתו, או דוקא בעת שאחז התחיל הקירון מהשיתוף האלהי, על דרך (אבות ד, טו) הוי זנב לאריות ואל ראש לשועלים. ולסברת מי שאומר דיו, נראה שסובר שאלו לוחות שניות לא היו חרות רק כתוב ביד משה, והיינו ויהי שם עם ה' ארבעים יום לחם לא אכל ומים לא שתה ויכתוב על הלוחות את דברי הברית עשרת הדברים, וכן נאמר למשה כתב לך את הדברים אבל מה שאמר האל וכתבתי היינו בשליחותי. או הייסוב על ידי משה שסייעו באחזתם לכתוב, והיינו תכתוב ואכתוב, ולזה אמר טפחיים וטפחיים, ומזה השיתוף גמור זכה, לא כסברת רמב"ן (שמות לד, כח) שויכתוב חוזר לאל. או עוד תירצו דכתוב לך קאי אתורה נביאים וכתובים, ואם כן יהיה פירוש הכתוב ויכתוב משה את דברי הברית של עשרת הדברים, ואליביה בהשתהות השיתוף האלהי בייסוב על ידי משה זכה לקרני ההוד, אף על פי שלא היו ברצון כראשונות אלא כמשל דלעיל (סימן ב) אותה שקלקלה אמר הקב"ה הלואי אתן ידי, אבל בראשונות אף על פי שהיו מעולות היתה מסירתם ברגע מיד ליד: **רבי ברכיה אמר הלוחות ארכן שש.** ומפגישת משה לשכינה בקבלת הלוחות זכה להוד, ואלו היה האורך יותר מזה לא היה נרשם האור בו כל כך, גם **משה היה אוחז בטפחיים,** שאלו היה אוחז בקצה הלוח היה המרחק יותר. ויש מפרשים שזה רמז שהתורה יש בה מצות ועדות וחוקים, או יש נסתר לגמרי בה שאין משיג אותו רק הקב"ה ומלאכיו, ויש דברים נגלים ופשוטים, ויש חלק מה שבין: **נשתייר קימעא.** יובן במה שאמר לעיל (סימן ג) אמר רבי ירמיה כל הכבוד שראה משה אינו אלא מהפירות והקרן קיימת לעולם הבא, זהו שנשתייר בקולמוס שלא בכונה, או הסודות שהם נשמת התורה, או הדקדוקים שאי אפשר ליכתב, אבל הקרן קיימת לו:

A different view:

דָּבָר אַחֵר, מֵאַיִן הָיָה אוֹכֵל – Another interpretation: From where did [Moses] eat to sustain himself during those one hundred and twenty days? **מִן הַתּוֹרָה** – He was sustained **from the Torah** itself,[99] **שֶׁנֶּאֱמַר ״בֶּן אָדָם אֵת אֲשֶׁר תִּמְצָא אֱכוֹל . . . וָאֹכְלָה וַתְּהִי בְּפִי כִּדְבַשׁ לְמָתוֹק״ – as it is stated,** ***He said to me, "Son of man, that which you find, eat . . . so I ate, and it*** (the scroll) ***was as sweet as honey in my mouth*** (*Ezekiel* 3:1,3).[100] **לָמָּה – Why** does Ezekiel say that the scroll was *as sweet as honey*? **שֶׁהַתּוֹרָה מְתוּקָה, שֶׁנֶּאֱמַר ״וּמְתוּקִים מִדְּבַשׁ וְנֹפֶת צוּפִים״ – Because the Torah is sweet;** in fact it is *sweeter* than honey, **as it is stated,** ***And sweeter than honey – than drippings from the combs*** (*Psalms* 19:11).

A third view:

דָּבָר אַחֵר, מִלַּחְמָהּ שֶׁל תּוֹרָה – Another interpretation: He ate **from the bread of Torah** to sustain himself, **כְּדִכְתִיב ״לְכוּ לַחֲמוּ בְלַחֲמִי״ – as it is written,** ***Come, eat of My bread*** (*Proverbs* 9:5).[101]

The Midrash proceeds to describe Moses' miraculous stay on Mount Sinai:

מִנַּיִן שֶׁלֹּא יָשַׁן וְלֹא נִתְנַמְנֵם – Why[102] **did Moses not sleep or** even **doze** the entire time that he was on Mount Sinai? **מָשָׁל לְמֶלֶךְ שֶׁהָיָה אוֹהֵב לְתִיסוֹמָן** – This can be explained by means of **a parable.** It may be compared **to a king who loved his officer.**[103] **אָמַר לוֹ: מְדוֹד לְךָ דִּינָרֵי זָהָב – He said to him, "Measure out for yourself golden** ***dinars.*****"** **מִשִּׂמְחָתוֹ לֹא בִקֵּשׁ לֹא לֶאֱכוֹל וְלֹא לִשְׁתּוֹת – Because of his great joy he did not wish to eat or to drink;** **בִּיקֵּשׁ לִישַׁן, אָמַר: אִם אִישַׁן אֲנִי מַפְסִיד אֵלּוּ – when he** became weary and **wished to sleep he said** to himself, **"If I fall asleep I will lose all of these** *dinars.*"[104] **כָּךְ מֹשֶׁה מוֹדֵד הַתּוֹרָה – So,** too, **did Moses measure the Torah:**[105] **שָׁכַח וְלֹא אָכַל וְלֹא שָׁתָה** – In his enthusiasm, **he forgot**[106] **and he did not eat nor drink.** **בִּיקֵּשׁ לִישַׁן, אָמַר: אִם אִישַׁן אֲנִי מַפְסִיד** – When **he** became weary and **wished to sleep he said, "If I fall asleep I will lose** my opportunity to receive the teachings of the Torah from God, **שֶׁלֹּא אָמַר לִי אֶלָּא מ׳ יוֹם בִּלְבָד – for [God] said to me** that I may be with Him for **only forty days."**[107] **אָמַר הַקָּדוֹשׁ בָּרוּךְ הוּא: נִצְטַעַרְתָּ – The Holy One, blessed is He,** then **said** to Moses, "Because **you suffered privation,**[108] **חַיֶּיךָ אֵין אַתָּה מַפְסִיד – by your life,**[109] **you will not lose** anything but, in fact, you will gain much.[110] **בַּלּוּחוֹת הָרִאשׁוֹנוֹת לֹא הָיוּ אֶלָּא י׳ הַדִּבְּרוֹת בִּלְבָד** – For **together with the First Tablets there were no** other teachings, **only the Ten Commandments,** **עַכְשָׁיו שֶׁנִּצְטַעַרְתָּ** – but **now that you suffered privation,** **אֲנִי נוֹתֵן לְךָ הֲלָכוֹת מִדְרָשׁוֹת וְאַגָּדוֹת** – together with the Second Tablets **I am giving you Halachos, Midrashos,**[111] **and Aggados."**[112]

NOTES

99. When one perceives the depth of the Torah, he is sustained by the pleasure he derives as if he were eating physical food (ibid.).

100. The passage in its entirety reads: *He then said to me, "Son of Man, that which you find, eat; eat this scroll then go speak to the House of Israel!" So I opened my mouth and He fed me that scroll. And He said to me, "Son of Man, feed your stomach and fill your innards with this scroll that I give to you." So I ate; and it was as sweet as honey in my mouth* (*Ezekiel* 3:1-3). The Midrash takes the *scroll* to refer to Torah (*Maharzu*).

101. The *bread* of this verse refers to Torah (see note 65 above). According to *Maharzu* this exposition, which speaks of "the bread of Torah," is to be understood as a continuation of the preceding one according to which Moses was sustained "from the Torah itself." The Midrash uses the phrase "another interpretation" only because it is citing a new verse. However, *Eshed HaNechalim* distinguishes between "the Torah" and "the bread of Torah"; see there. *Eitz Yosef*, too, distinguishes between the two expositions, writing that according to the current exposition Moses was sustained in the merit of the study of Torah.

102. Translation follows *Eitz Yosef*.

103. The reference is to an officer who was in charge of the treasury. See *Mussaf HeAruch*, cited by *Maharzu*, *Radal*, and *Eitz Yosef*.

104. The king set a time limit for him to collect these coins. The treasurer, therefore, did not wish to spend his time eating or sleeping (*Eitz Yosef*).

105. The phrase "measure the Torah" is appropriately used in this manner, for *Vayikra Rabbah* 15 §2 states that words of Torah are granted with a measure. Moses knew that his days for the study of Torah with God were measured, for God told him that he would be on the mountain for forty days (*Eitz Yosef*). Alternatively, the word מוֹדֵד, *measure*, is related to the word מִדּוֹת, *principles* – and thus alludes to the י״ג מִדּוֹת, the Thirteen Principles of Biblical Hermeneutics through which the Written Torah is expounded ("measured") and understood; see above, 41 §6 (*Maharzu*). For other interpretations see *Eshed HaNechalim*.

106. *Eitz Yosef* suggests emending the text to read שָׂמַח, *he rejoiced*, in place of שָׁכַח, *he forgot* – thus making the description of Moses' actions more similar to those of the officer in the parable.

107. Moses therefore made great and conscious efforts not to fall asleep (see *Eshed HaNechalim*).

108. In not eating, drinking or sleeping – and not only during those first forty days, but during the additional eighty days that you spent on the mountain as well (see *Imrei Yosher*).

109. This is an expression used in Scripture for taking an oath.

110. *Yefeh To'ar* asks what God meant by telling Moses that he would not lose anything. Of course he would not, for he did not go to sleep! *Yefeh To'ar* therefore explains that God was not saying that Moses would not lose anything he might have gained during his forty days on Mount Sinai. Rather, He was saying that Moses would not lose anything *of all the Torah that would ever be known to mankind.* He would thus be given *more* than he would have otherwise.

111. It seems that Halachos are purely oral laws (הֲלָכָה לְמֹשֶׁה מִסִּינַי), while Midrashos are the *Midreshei Halachah.* See above, note 4.

112. See above, note 5. The plain meaning of the Midrash would appear to be that the Halachos and Midrashos were given orally (see below). However, this would imply that the *First* Tablets were not accompanied by an Oral Law altogether – a difficult proposition, for how can the Written Torah be understood without accompanying explanation?! It seems rather that our Midrash is to be understood like the Midrash in 46 §1, which states: **וּבַלּוּחוֹת הַשְּׁנִיִּים אֲנִי נוֹתֵן לְךָ שֶׁיְּהֵא ״בָהֶם״ הֲלָכוֹת מִדְרָשׁ וְאַגָּדוֹת – I am giving** them **to you** in such a way **that they shall** also **contain** (lit., that there should be *in them*) **Halachos, Midrashos, and Aggados.** As explained in note 22 there, this means that there will be allusions to the Halachos, Midrashos, and Aggados embedded within the Written Torah itself, via the decorative "crowns" found on top of various letters and in the cantillation marks placed above or below the words. This is in contrast to the First Tablets, that contained no such allusions. See also *Eshed HaNechalim* here.

For another approach, see Insight Ⓐ.

INSIGHTS

Ⓐ **Preservation of the Nation** *Netziv* (in *Haamek Davar* on v. 1) explains the statement of the Midrash here that the First Tablets contained only the Ten Commandments while the Second Tablets contained the Halachos, Midrashos, and Aggados as well, as follows: When Moses was given the First Tablets, the Oral Torah was taught to him in the form of a collection of laws. The concept of deriving laws through the hermeneutic principles and the halachic give-and-take typically found in the Gemara did not exist at that time, for all the details of the laws were to be transmitted orally by Moses to the Jewish people. However, after the sin of the Golden Calf, it was decreed that the Temple would be destroyed and they would be subjected to foreign domination (above, 32 §1, et al.). To be able to survive the travails of exile, they would need a unique merit that would protect them. Moreover, without the Temple, which served as the conduit through which God granted knowledge of the Torah to the Jewish people, the oral transmission of Torah in its original form would not suffice to ensure that the Torah not be lost to them. Therefore, God instituted the system of the Oral Torah as we know it, in which the laws and details of the Torah are inferred through

דָּבָר אַחֵר, מֵאַיִן הָיָה אוֹכֵל, מִן הַתּוֹרָה, שֶׁנֶּאֱמַר (יחזקאל ג, א-ג) **"בֶּן אָדָם אֵת אֲשֶׁר תִּמְצָא אֱכוֹל ... וָאֹכְלָה", לָמָּה, שֶׁהַתּוֹרָה מְתוּקָה, שֶׁנֶּאֱמַר** (תהלים יט, יא) **"וּמְתוּקִים מִדְּבַשׁ וְנֹפֶת צוּפִים", דָּבָר אַחֵר, מִלְחָמָה שֶׁל תּוֹרָה, כִּדְכְתִיב** (משלי ט, ה) **"לְכוּ לַחֲמוּ בְלַחֲמִי", מִנַּיִן שֶׁלֹּא יָשַׁן וְלֹא נִתְנַמְנֵם, מָשָׁל לְמֶלֶךְ שֶׁהָיָה אוֹהֵב לְתִיסוֹמָן, אָמַר לוֹ: מְדוֹד לְךָ *דִּינָרֵי זָהָב, מִשִּׂמְחָתוֹ לֹא בִקֵּשׁ לֹא לֶאֱכוֹל *וְלֹא לִשְׁתּוֹת, בִּיקֵּשׁ לִישׁוֹן, אָמַר: אִם אִישַׁן אֲנִי מַפְסִיד אֵלּוּ, כָּךְ מֹשֶׁה מוֹדֵד הַתּוֹרָה, שָׁכַח וְלֹא אָכַל וְלֹא שָׁתָה, בִּיקֵּשׁ לִישַׁן, אָמַר: אִם אִישַׁן אֲנִי מַפְסִיד, שֶׁלֹּא אָמַר לִי אֶלָּא מ' יוֹם בִּלְבָד, אָמַר הַקָּדוֹשׁ בָּרוּךְ הוּא: נִצְטַעַרְתָּ, חַיֶּיךָ אֵין אַתָּה מַפְסִיד, בַּלּוּחוֹת הָרִאשׁוֹנוֹת לֹא הָיוּ אֶלָּא י' הַדִּבְּרוֹת בִּלְבָד, עַכְשָׁיו שֶׁנִּצְטַעַרְתָּ אֲנִי נוֹתֵן לְךָ הֲלָכוֹת מִדְרָשׁוֹת וַאֲגָדוֹת, שֶׁנֶּאֱמַר** [לד, כז] **"כְּתָב לְךָ אֶת הַדְּבָרִים הָאֵלֶּה", לָמָּה אָמַר הַקָּדוֹשׁ בָּרוּךְ הוּא "כְּתָב לְךָ", וְהָכְתִיב** (לעיל לב, טז) **"וְהַמִּכְתָּב מִכְתַּב אֱלֹהִים הוּא חָרוּת עַל הַלֻּחֹת", וּכְתִיב** (דברים י, ד) **"וַיִּכְתֹּב עַל הַלֻּחֹת כַּמִּכְתָּב הָרִאשׁוֹן", אֶלָּא כָּךְ אָמַר לוֹ הַקָּדוֹשׁ בָּרוּךְ הוּא: "כְּתָב לְךָ" תּוֹרָה נְבִיאִים וּכְתוּבִים, *שֶׁיִּהְיוּ בִּכְתָב, אֲבָל הֲלָכוֹת וּמִדְרָשׁ וַאֲגָדוֹת וְתַלְמוּד *יִהְיוּ עַל פֶּה, כֵּיוָן שֶׁיָּדַע מֹשֶׁה הִתְחִיל אוֹמֵר** (תהלים קיט, עא) **"טוֹב לִי כִי עֻנֵּיתִי וְגוֹ'",** (שם שם עב) **"טוֹב לִי תוֹרַת פִּיךָ":**

עץ יוסף

כדאיתא בתנחומא סדר פנחס סימן י"ב עיין שם, והענין הוא כי דרך הזוכה לראות השכינה להיות ניזון מזיוה, כאומר ויחזו את האלהים ויאכלו וישתו, שעל ידי השפע ההוא מתקיימים הדברים ולא ישתנו מאשר הן עליו וכן כוחות הגוף בעמדם יעמודו: **מן התורה שנאמר וכו'.** פירוש שעל ידי השגת התורה יסעוד לבו ויזון בהנאה ההיא כאוכל לחם, ומייתי ממה שנאמר התם בטנך תאכל ומעיך תמלא, הרי נראה שעל ידי השגת התורה תשבע בטנו ומעיו כאוכל מזון: **את אשר תמצא אכול וגו'.** ואכלה ותהי בפי כדבש למתוק: **מלחמה של תורה.** פירוש שכמו שזכות התורה מועילה להביא לחם לעוסק בה, על דרך ממרחק תביא לחמה, והיינו לחמו בלחמי, כן בזכותה ניזון משה כאילו היה לו לחם, והיה זה להראות לעולם כי העוסק בתורה לא יחסר לחמו: **מנין שלא ישן.** הכי פירושו מאחר דכתיב ויהי שם עם ה' ארבעים יום וארבעים לילה, אם כן לא היה שינה לפני משה כל הארבעים יום וארבעים לילה, ולמה לא היה ישן באמת, ומנין הוא כמו מה ראה, ואף שאין שייך שינה בעולם העליון, מכל מקום היה לו גם כן לעשות דוגמת שינה לנוח קצת גם כן (תולדות נח): **לתיסומן.** כתב המוסיף הערוך לפי דעתי צריך לומר לתיסוומן, ופירושו פקיד על האוצרות: **מדוד לך דינרי זהב.** וקבע לו זמן עד מתי ימדוד לו, ולפיכך לא רצה לאכול ולישן: **מודד התורה.** לפי שדברי תורה במדה נתנו, כדלקמן בויקרא רבה פרשה ט"ו אתא שפיר דקאמר מודד התורה: **שכח ולא אכל.** נראה דצריך לומר שמח ולא אכל, דוגמת המשל: **התחיל אומר טוב לי כי עניתי.** שבשבתו היה לי טובה למען אלמד חקיך, היינו תורה שבכתב שיש בה, וגם טובה אחרת דהיינו כל תורה שבעל פה, וזהו שאמר טוב לי תורת פיך היינו תורה שבעל פה, ומפני שאירע למשה רבינו כמו שנותנין לו דינרי זהב למדוד שמתענה שלא להפסידן כמשל הנ"ל, לכן אמר מאלפי זהב וכסף:

פירוש מהרז"ו

את אשר תמצא אכול. וסיפא דקרא אכול את המגילה הזאת וגו' עד ואוכלה ותהי בפי כדבש למתוק, ודרשו שהמגילה היא התורה: **דבר אחר מלחמה של תורה.** על שמביא מפסוק אחר, אומר דבר אחר, והוא עצמו מה שאמר תחלה אוכל מן התורה. ועיין מה שכתב בזה בסימן ה: **ביקש לישן.** שהשינה קשה לסבול יותר מאכילה ושתיה, שהנודר שלא לישן שלשה ימים מלקים אותו ויש, ולא כן באכילה: **לתיסומן.** כתב במוסף ערוך שלדעתו צריך לומר לתסור, הוא הממונה על האוצרות, ומשה היה נאמן ביתו, היינו בית התורה, כמו שאמר בסוף פרשה זו: **מודד תורה.** כי ניתן לו התורה בכללים, כדלעיל פרשה מ"א סימן ו, היינו דרכי המדות שבהם מודדים התורה, ועיין מה שכתבתי בזה בריש ספרי מדרש תנאים, בטעם שם מדות: **אלא ארבעים יום.** בלבד, היינו בארבעים יום הראשונים על לוחות הראשונות, וכן בלוחות אחרונות ארבעים יום, ועל התפלות ארבעים יום, וכמו שאמר בריש הסימן נתענה מאה ועשרים יום. ודורש המדרש שמה שכתוב לא אכל ולא שתה, אין פירושו שלא הרגיש כלל על ענין אכילה ושתיה ולא נתענה, לא כן הוא אלא פירושו שבתחלה לא הרגיש וסבל יותר ממה שיוכל כל אדם לסבול, ואחר כך הרגיש בעינוי, ובכל רגע קיים וזאת התורה אדם כי ימות באהל, והתחזק בתורה ובזיו השכינה כנ"ל. ועיין תוספות בבא קמא דף פ"ב א' ד"ה כדי, ותוספות שבת פ"ט א' ד"ה לסוף [ארבעים] יום: **בלוחות הראשונות.** עיין לעיל פרשה מ"ו סימן ב: **שנאמר כתב לך את הדברים.** וסיפא דקרא כי על פי הדברים האלה, הם תורה בעל פה, הלכות, ואגדות, ומדרש, הכל בלוחות שניים: **למה אמר הקדוש ברוך הוא.** ומשמע על הלוחות, כדלעיל ריש סימן ב, שני כתובים מכחישים ולעיל הכריע באופן אחר, וכאן הכריע דמה שכתוב כתב לך על תורה נביאים כתובים: **טוב לי כי עניתי.** למען אלמד חוקיך:

אם למקרא

וַיֹּאמֶר אֵלַי בֶּן אָדָם אֵת אֲשֶׁר תִּמְצָא אֱכוֹל אֱכוֹל אֶת הַמְּגִלָּה הַזֹּאת וְלֵךְ דַּבֵּר אֶל בֵּית יִשְׂרָאֵל: וָאֶפְתַּח אֶת פִּי וַיַּאֲכִלֵנִי אֵת הַמְּגִלָּה הַזֹּאת: וַיֹּאמֶר אֵלַי בֶּן אָדָם בִּטְנְךָ תַאֲכֵל וּמֵעֶיךָ תְמַלֵּא אֵת הַמְּגִלָּה הַזֹּאת אֲשֶׁר אֲנִי נֹתֵן אֵלֶיךָ וָאֹכְלָה וַתְּהִי בְּפִי כִּדְבַשׁ לְמָתוֹק:
(יחזקאל ג:א-ג)

הַנֶּחֱמָדִים מִזָּהָב וּמִפַּז רָב וּמְתוּקִים מִדְּבַשׁ וְנֹפֶת צוּפִים:
(תהלים יט:יא)

לְכוּ לַחֲמוּ בְלַחֲמִי וּשְׁתוּ בְּיַיִן מָסָכְתִּי:
(משלי ט:ה)

וְהַלֻּחֹת מַעֲשֵׂה אֱלֹהִים הֵמָּה וְהַמִּכְתָּב מִכְתַּב אֱלֹהִים הוּא חָרוּת עַל הַלֻּחֹת:
(לעיל לב:טז)

וַיִּכְתֹּב עַל הַלֻּחֹת כַּמִּכְתָּב הָרִאשׁוֹן אֵת עֲשֶׂרֶת הַדְּבָרִים אֲשֶׁר דִּבֶּר ה' אֲלֵיכֶם בָּהָר מִתּוֹךְ הָאֵשׁ בְּיוֹם הַקָּהָל וַיִּתְּנֵם ה' אֵלָי:
(דברים י:ד)

טוֹב לִי תוֹרַת פִּיךָ מֵאַלְפֵי זָהָב וָכָסֶף:
(תהלים קיט:עב)

חידושי הרד"ל

[ז] **ואוכלה ותהי בפי כדבש למתוק למה שהתורה כו'.** וכן צריך לומר: **לתיסומן.** במוסף ערוך (ערך תיסומן) כתב שצריך לומר לתסוורן, ופירושו לפקיד האוצרות: **אלא כו' כתוב לך תורה נביאים כתובים.** ולאזהרה שיותר מזה לא יכתוב תורה, שבעל פה שניתן לו: **טוב לי תורת פיך תורה שבעל פה ומנין היה יודע שאמר ואנכי עמדתי כו'.** כן צריך לומר. ומקרא ראשון דויהי שם התורה כתבה כן, אבל זה אמר משה על עצמו, לכן שואל מניין היה יודע:

באור מהרי"פ

[ז] **לתיסומן.** הכי גרסינן לתסוורן, פירוש פקיד על האוצרות. אות אמת ורבי בנימין מוספיא (ערוך ערך תיסומן): **על פה.** פירוש, שנאמר כי על פי הדברים האלה:

אמרי יושר

[ז] **למה שהתורה היתה מתוקה כדבש.** ואם כן ההזנה היה כהזנת מיני תרגימא לגוף. דבר אחר מלחמה של תורה, והיה סועד הלב כלחם. או רצה לומר התורה מתוקה, כי החשק לדבר וההתלהבות בו ישכיח כל עסק הגוף. דבר אחר שהתורה בפרט הוא הגורם או בדברים הקרובים לגוף, על דרך אגדה המושכת לבו של אדם: **נצטערת.** בכתיבה, או בענוי, שהארבעים יום האחרונים חמור וקשה תעניתם שכבר נחלש: **טוב לי כי עונתי.** למען אלמד חקיך תורה שבכתב, **טוב לי תורת פיך** זו תורה שבעל פה:

מתנות כהונה

[ז] **לתיסומן.** נראה פירושו שומר וממונה על אוצר המלך וסימא ידוע שהוא אוצר: הכי גרסינן **מדוד לך דינר וכו'.** וקבע לו זמן עד מתי שימדוד לו ולפיכך הרע לו לאכול ולישן: הכי גרסינן **שהיו בכתב אבל כו'.** והא דכתיב כתוב לך הוא היתר שרשאי לכתבו לא צווי: **כיון שידע משה.** שניתוסף לו על הדברים הראשונים:

אשד הנחלים

וכל חיותו היה מזיו השכינה. וזהו כתב לך גו' כי על פי הדברים האלה, ובאמצעותן כרתי אתך ברית שתדבק בי, ותחיה על ידי זה כדכתיב ואתה מחיה את כולם, כי אף שבעולם הזה המזון הוא האמצעי וחיות הגוף עם כל זה עיקר החיות הפנימי נובע ממנו יתברך, והאדם הדבק בשכינה אין לו צורך לקיום חיצוני כי אם זוכה לעצם החיות מזיו השכינה, וזהו הברית והקשר שבינו לבין ה': **מן התורה כו' דבר אחר מלחמה של תורה כו'.** ההבדל בין התורה לבין לחמה של תורה, הוא לפי שהלחם הוא כנוי למזון העיקרי ועיקר המחיה לאדם, מה שאין כן בשאר האכילות אף שנותנים חיות ותענוג לגוף, עם כל זה אינו מחזק כל כך הגוף, כן בתורה העליונה יש פנימיות וסודות עריבות המכונים בשאר מיני אכילות המתוקים, אך עיקר המזון לנפש המה המצות שהמה פשוטים ומעשיים ממשים, אך אינם ערבים כל כך. ודעת הראשון שאכל מהתורה שהיא מתוקה, ודעת השני מלחמה של תורה ממש: **משל כו' שכח כו' ביקש לישן כו'.** מכאן משמע שאכילה לא היה מבקש רק שכח מעצמו, אך השינה היה מבקש רק שהתחזק עצמו מבלי יישן שלא יפסיד. והסיבה הוא לפי שהשינה היא טבעית בא לו מעצמו מעטיפת החומר על הנפש, ולכן צריך התחזקות מבלי ינוח לשלוט עליו, אבל האכילה והמזון הנעשה בידים, א"כ מפאת השכחה היה, כי מבלעדי זכירת האדם לא יאכל מעצמו. ודע דמרומז בכתוב במה שאמר ארבעים יום וארבעים לילה, כלומר שהיה שם ארבעים לילה בלי שינה מאומה: **מודד התורה.** מה שאמר לשון מדידה, פירש היפה תואר לפי שכמה מצוות צריך מדה ושיעור, כגון שיעורין דסוכה וציצית. והנכון דשייך לשון מדידה על כל המצות, שכלם יש להם שיעור קצוב הן בכמות, והן באיכות, והן בזמן, ובמקום, ובאדם: **הלכות.** כלומר שתשיג את כולם באמצעות עשרת הדברים, שהמה העיקרים הכוללים המסתעפים לכל הפרטים שתחתיהם: **כתוב לך.** ובאמת היה מכתב אלהים שיכתב בעצמו מבלי משה, רק הכונה זה הותר לך לכתוב אחר כך תורה נביאים וכתובים, אבל על פי הדברים זהו תורה שבעל פה שלא הותר לך לכתוב:

שֶׁנֶּאֱמַר "כְּתָב לְךָ אֶת הַדְּבָרִים הָאֵלֶּה" — **For it is stated** in connection with the Second Tablets, ***Write these words for yourself.*** לָמָּה אָמַר הַקָּדוֹשׁ בָּרוּךְ הוּא "כְּתָב לְךָ" — Now, **why did the Holy One, blessed is He, say** to Moses, ***"Write for yourself"?***[113] וְהַכְתִיב "וְהַמִּכְתָּב מִכְתַּב אֱלֹהִים הוּא חָרוּת עַל הַלֻּחֹת" — **Why, it is written** regarding the First Tablets, ***and the script was the script of God, engraved on the Tablets*** (above, 32:16), וּכְתִיב "וַיִּכְתֹּב עַל הַלֻּחֹת כַּמִּכְתָּב הָרִאשׁוֹן" — **and it is written** regarding the Second Tablets, ***He inscribed on the Tablets according to the first script*** (*Deuteronomy* 10:4), — which indicates that God wrote the Second Tablets, not Moses! אֶלָּא כָּךְ אָמַר לוֹ הַקָּדוֹשׁ בָּרוּךְ הוּא — **But** the explanation is as follows: **This is what the Holy One, blessed is He, said to [Moses],** "כְּתָב לְךָ" תּוֹרָה נְבִיאִים וּכְתוּבִים, שֶׁיִּהְיוּ בִּכְתָב — ***"Write for yourself*** **Torah, Prophets, and Writings, for [*these words*] may be written down;**[114] אֲבָל הֲלָכוֹת וּמִדְרָשׁ וְאַגָּדוֹת וְתַלְמוּד יִהְיוּ עַל פֶּה — **but Halachos, Midrash, Aggados, and Talmud must be** transmitted **orally."**[115] כֵּיוָן שֶׁיָּדַע מֹשֶׁה — **When Moses knew** what was added with the Second Tablets, הִתְחִיל אוֹמֵר "טוֹב לִי כִי עֻנֵּיתִי וְגוֹ'" — **he started to say, *"It is good for me that I was afflicted*** *so that I might learn Your statutes"* (*Psalms* 119:71).[116] "טוֹב לִי תוֹרַת פִּיךָ" — Indeed, ***"the Torah of Your mouth***[117] ***is better for me*** *than thousands in gold and silver"* (ibid., v. 72).

NOTES

113. The Midrash presently understands this phrase to indicate that *Moses* was to write the Second Tablets. See note 15 above.

114. That is: The Second Tablets were written by God, not by Moses. The words *Write for yourself these words* mean that Moses has permission to write down the *rest* of *Tanach* — Torah, Prophets, and Writings (*Eshed HaNechalim*).

115. The verse in its entirety states, *HASHEM said to Moses, "Write these words for yourself, for according to* [עַל פִּי] *these words have I sealed a covenant with you and Israel."* The words עַל פִּי literally mean "by the mouth of" and allude to the Oral Law. See above, §1.

116. See above, note 97. In the merit of his being *afflicted* — not sleeping or eating — for 120 days, Moses *learned* more of *[God's] statutes.*

117. This alludes to the Oral Torah (*Eitz Yosef*). See Insight Ⓐ.

INSIGHTS

complex derivations and deep analysis, which can be mastered only through intense study. It is the teachers and students of the Torah whose merit would preserve the nation through the bitter exile, and who would ensure the correct transmission of the Oral tradition.

This system was implemented at the time that Moses received the Second Tablets, following the sin of the Golden Calf. Although occasioned by sin, in a way the Second Tablets were superior to the First. True, the First were holier in that had they endured, the Torah could have been mastered completely without any inferences or analysis. Nevertheless, the Second contained the power of Torah needed to carry the Jewish people through the exile.

We can thus understand why the First Tablets were hewn by God, while the Second were hewn by Moses. For the Torah that came with the First Tablets was a Torah that was transmitted from God in its entirety, while the Second Tablets brought with them a Torah that would require both toil on the part of those studying it and Divine assistance. [See, however, Insight to 32 §1 above, "Freedom From the Angel of Death."]

The Gemara (*Nedarim* 38a) states that the *pilpul* [detailed analysis] of Torah was originally given only to Moses and his descendants, but Moses acted generously and gave it to all of Israel. This refers to the aforementioned methodology of deriving laws from the Torah. Initially, when God taught Moses this methodology, it was intended only for Moses and his descendants. However, before Moses' passing, he taught this methodology to the entire nation, thus enabling every individual of Israel to become a Torah scholar, and exhorted them to adhere to it. This is what is meant by the statement of the Midrash earlier (40 §1) that the Torah was taught to the people of Israel in the Tabernacle and then again in the Plains of Moab. This means that although the Torah was indeed taught to them completely when they initially received it, it was in the plains of Moab, where Moses reviewed the entire Torah (as we are taught in the Book of *Deuteronomy*), that they were taught the methodology of *pilpul.*

The foregoing helps us understand a comment of Rav Saadiah Gaon that the Second Tablets were superior to the First. This comment is cited by *Ibn Ezra* to 34:1 above, who emphatically rejects it, for on the contrary, the First Tablets were hewn by God while the Second Tablets were hewn by Moses. According to the above, however, the Second Tablets were indeed superior, in a way, to the First, in that they came with that form of Torah that is needed to preserve both the nation and the correct transmission of Torah throughout the long and dark period of Israel's exile.

Ⓐ **The Gift of Torah Knowledge** Our Midrash speaks of the vast storehouse of Torah knowledge that Moses acquired "because he suffered privation." Not because of his surpassing intellect or prophetic powers or diligent study, but "because he suffered privation."

In many places, our Sages exhort one to toil day and night in the study of Torah. God promises great rewards אִם בְּחֻקֹּתַי תֵּלֵכוּ, *If you will go in My statutes* (*Leviticus* 26:3ff), which the Sages (*Toras Kohanim*, cited by *Rashi* ad loc.) interpret to mean "that you toil in Torah study." This includes poring over the texts and exerting oneself to resolve any difficulties that arise in the course of one's studies. Likewise, one must constantly review one's learning. All this must be done even at the expense of personal comfort and curtailing one's food and sleep, following the paradigm of Moses, who remained on Mount Sinai for days on end without food or sleep.

Daliyos Yechezkel (Vol. I, pp. 426-427) finds in our Midrash an important insight regarding the correct understanding of this requirement for the attainment of Torah knowledge.

As our Midrash makes clear, even Moses, our greatest leader and teacher, had to devote all his energy for a full forty days and then another eighty days to grasp the Torah. Indeed, the Midrash above (41 §6; see also *Nedarim* 38a) states that although Moses constantly reviewed what God had taught him, he could not recall what he had learned, until God gave him Torah knowledge as a gift.

Unlike success in other intellectual endeavors, success in Torah study is not achieved in the natural manner, as a direct result of one's studies. For just as it is beyond human comprehension to perceive the Almighty, so too is it beyond the human mind to grasp the Torah, which is His wisdom. Rather, by exerting oneself to study Torah, one becomes worthy to be granted the Torah as a gift. Torah knowledge is a *gift* from God. Diligent study is not what *creates* that knowledge; it is what makes the person fit to receive the gift.

Thus, it makes no difference whether one is blessed with a keen intellect or only average intelligence. Either way, he must devote his time and energy to intense Torah study. Nor does it matter whether or not one has a strong memory; in either case one must constantly review his learning.

In *Proverbs* (2:4), Solomon aptly compares the pursuit of Torah knowledge to the search for hidden treasures: *if you seek it as [you seek] money, and search for it [as you search for] hidden treasures.* One who sets out to discover a buried treasure has no idea how long his search will take. He does not take hold of the treasure incrementally. He digs here and digs there and after years of toil may have nothing to show for his efforts. And then, suddenly, his shovel strikes a chest, and he uncovers the entire trove in an instant.

It is the same with Torah study. One may spend an enormous amount of time trying to grasp a difficult topic and come up empty-handed, until he unexpectedly grasps the entire matter and resolves all his difficulties in a flash. For one does not acquire the Torah on his own. It is rather, God Who enlightens him, revealing the Torah's hidden gems, as a reward for one's intense desire and perseverance in seeking them.

See also Insight to 28 §1 above, "The Ladder of Torah."

דָּבָר אַחֵר, מֵאַיִן הָיָה אוֹכֵל, מִן הַתּוֹרָה, שֶׁנֶּאֱמַר (יחזקאל ג, א-ג) "בֶּן אָדָם אֵת אֲשֶׁר תִּמְצָא אֱכוֹל ... וָאֹכְלָה", לָמָּה, שֶׁהַתּוֹרָה מְתוּקָה, שֶׁנֶּאֱמַר (תהלים יט, יא) "וּמְתוּקִים מִדְּבַשׁ וְנֹפֶת צוּפִים", דָּבָר אַחֵר, מִלְחָמָהּ שֶׁל תּוֹרָה, כִּדְכְתִיב (משלי ט, ה) "לְכוּ לַחֲמוּ בְלַחֲמִי", מִנַּיִן שֶׁלֹּא יָשַׁן וְלֹא נִתְנַמְנֵם, מָשָׁל לְמֶלֶךְ שֶׁהָיָה אוֹהֵב לְתִיסוֹמָן, אָמַר לוֹ: מְדוֹד לְךָ *דִּינָרֵי זָהָב, מִשִּׂמְחָתוֹ לֹא בִקֵּשׁ לֹא לֶאֱכוֹל *וְלֹא לִשְׁתּוֹת, בִּיקֵּשׁ לִישָׁן, אָמַר: אִם אִישַׁן אֲנִי מַפְסִיד אֵלּוּ, כָּךְ מֹשֶׁה מוֹדֵד הַתּוֹרָה, שָׁכַח וְלֹא אָכַל וְלֹא שָׁתָה, בִּיקֵּשׁ לִישָׁן, אָמַר: אִם אִישַׁן אֲנִי מַפְסִיד, שֶׁלֹּא אָמַר לִי אֶלָּא מ' יוֹם בִּלְבָד, אָמַר הַקָּדוֹשׁ בָּרוּךְ הוּא: נִצְטַעַרְתָּ, חַיֶּיךָ אֵין אַתָּה מַפְסִיד, בַּלּוּחוֹת הָרִאשׁוֹנוֹת לֹא הָיוּ אֶלָּא י' הַדִּבְּרוֹת בִּלְבָד, עַכְשָׁיו שֶׁנִּצְטַעַרְתָּ אֲנִי נוֹתֵן לְךָ הֲלָכוֹת מִדְרָשׁוֹת וַאֲגָדוֹת, שֶׁנֶּאֱמַר [לד, כז] "כְּתָב לְךָ אֶת הַדְּבָרִים הָאֵלֶּה", לָמָּה אָמַר הַקָּדוֹשׁ בָּרוּךְ הוּא "כְּתָב לְךָ", וְהָכְתִיב (לעיל לב, טז) "וְהַמִּכְתָּב מִכְתַּב אֱלֹהִים הוּא חָרוּת עַל הַלֻּחֹת", וּכְתִיב (דברים י, ד) "וַיִּכְתֹּב עַל הַלֻּחֹת כַּמִּכְתָּב הָרִאשׁוֹן", אֶלָּא כָּךְ אָמַר לוֹ הַקָּדוֹשׁ בָּרוּךְ הוּא: "כְּתָב לְךָ" תּוֹרָה נְבִיאִים וּכְתוּבִים, *שֶׁיִּהְיוּ בִּכְתָב, אֲבָל הֲלָכוֹת וּמִדְרָשׁ וַאֲגָדוֹת וְתַלְמוּד *יִהְיוּ עַל פֶּה, כֵּיוָן שֶׁיָּדַע מֹשֶׁה הִתְחִיל אוֹמֵר (תהלים קיט, עא) "טוֹב לִי כִּי עֻנֵּיתִי וְגוֹ'", (שם שם עב) "טוֹב לִי תּוֹרַת פִּיךָ":

עץ יוסף

כדאיתא בתנחומא סדר פנחס סימן י"ב עיין שם, והענין הוא כי דרך הזוכה לראות השכינה להיות ניזון מזיוה, כאומר ויחזו את האלהים ויאכלו וישתו, שעל ידי השפע ההוא מתקיימים הדברים ולא ישתנו מאשר הן עליו וכן כוחות הגוף בעמדם יעמודו: **מן התורה שנאמר וכו'.** פירוש שעל ידי השגת התורה יסעוד לבו ויזון בהנאה ההיא כאוכל לחם, ומייתי ממה שנאמר התם בטנך תאכל ומעיך תמלא, הרי נראה שעל ידי השגת התורה תשבע בטנו ומעיו כאוכל מזון: **את אשר תמצא אכול וגו'.** ואכלה ותהי בפי כדבש למתוק: **מלחמה של תורה.** פירוש שכמו שזכות התורה מועילה להביא לחם לעוסק בה, על דרך ממרחק תביא לחמה, והיינו לחמו בלחמי, כן בזכותה ניזון משה כאילו היה לו לחם, והיה זה להראות לעולם כי העוסק בתורה לא יחסר לחמו: **מנין שלא ישן.** הכי פירושו מאחר דכתיב ויהי שם עם ה' ארבעים יום וארבעים לילה, אם כן לא היה שינה לפני משם כל הארבעים יום וארבעים לילה, ולמה לא היה ישן באמת, ומנין הוא כמו מה ראה, ואף שאין שייך שינה בעולם העליון, מכל מקום היה לו גם כן לעשות דוגמת שינה לנוח קצת גם כן (תולדות נח): **לתיסומן.** כתב המוסיף הערוך לפי דעתי צריך לומר לתיסוומן, ופירושו פקיד על האוצרות: **מדוד לך דינרי זהב.** וקבע לו זמן עד מתי ימדוד לו, ולפיכך לא רצה לאכול ולישן: **מודד התורה.** לפי שדברי תורה במדה נתנו, כדלקמן בויקרא רבה פרשה ט"ו אתא שפיר דקאמר מודד התורה: **שכח ולא אכל.** נראה דצריך לומר שמח ולא אכל, דוגמת המשל: **התחיל אומר טוב לי כי עניתי.** שבשבתו היה לי טובה למען אלמד חקיך, היינו תורה שבכתב שיש בה, וגם טובה אחרת דהיינו כל תורה שבעל פה, וזהו שאמר טוב לי תורת פיך היינו תורה שבעל פה, ומפני שאירע למשה רבינו כמו שנותנין לו דינרי זהב למדוד שמתענה שלא להפסידן כמשל הנ"ל, לכן אמר מאלפי זהב וכסף:

פירוש מהרז"ו

את אשר תמצא אכול. וסיפא דקרא אכול את המגילה הזאת וגו' עד ואוכלה ותהי בפי כדבש למתוק, ודרשו שהמגילה היא התורה: **דבר אחר מלחמה של תורה.** על שמביא מפסוק אחר, אומר דבר אחר, והוא עצמו מה שאמר תחלה אוכל מן התורה. ועיין מה שכתב בזה בסימן ה: **ביקש לישן.** שהשינה קשה לסבול יותר מאכילה ושתיה, שהנודר שלא לישן שלשה ימים מלקים אותו ויישן, ולא כן באכילה: **לתיסומן.** כתב במוסף ערוך שלדעתו צריך לומר לתסור, הוא הממונה על האוצרות, ומשה היה נאמן ביתו, היינו בית התורה, כמו שאמר בסוף פרשה זו: **מודד תורה.** כי ניתן לו התורה בכללים, כדלעיל פרשה מ"א סימן ו, היינו דרכי המדות שבהם מודדים התורה, ועיין מה שכתבתי בזה בריש ספרי מדרש תנאים, בטעם שם מדות: **אלא ארבעים יום.** בלבד, היינו בארבעים יום הראשונים על לוחות הראשונות, וכן בלוחות אחרונות ארבעים יום, ועל התפלות ארבעים יום, וכמו שאמר בריש הסימן נתענה מאה ועשרים יום. ודורש המדרש שמה שכתוב לא אכל ולא שתה, אין פירושו שלא הרגיש כלל על ענין אכילה ושתיה ולא נתענה, לא כן הוא אלא פירושו שבתחלה לא הרגיש וסבל יותר ממה שיוכל כל אדם לסבול, ואחר כך הרגיש בעינוי, ובכל רגע קיים וזאת התורה אדם כי ימות באהל, והתחזק בתורה ובזיו השכינה כנ"ל. ועיין תוספות בבא קמא דף פ"ב א' ד"ה כדי, ותוספות שבת פ"ט א' ד"ה לסוף [ארבעים] יום: **בלוחות הראשונות.** עיין לעיל פרשה מ"ו סימן ב: **שנאמר כתב לך את הדברים.** וסיפא דקרא כי על פי הדברים האלה, הם תורה בעל פה, הלכות, ואגדות, ומדרש, הכל בלוחות שניים: **למה אמר הקדוש ברוך הוא.** ומשמע על הלוחות, כדלעיל ריש סימן ב, שני כתובים מכחישים ולעיל הכריע באופן אחר, וכאן הכריע דמה שכתוב כתב לך על תורה נביאים כתובים: **טוב לי כי עניתי.** למען אלמד חוקיך:

חידושי הרד"ל

[ז] **ואוכלה ותהי בפי כדבש למתוק למה שהתורה כו'.** וכן צריך לומר: **לתיסומן.** במוסף ערוך (ערך תיסומן) כתב שצריך לומר לתסוורן, ופירושו לפקיד האוצרות: **אלא כו' כתוב לך תורה נביאים כתובים.** ולאזהרה שיותר מזה לא יכתוב תורה, שבעל פה שניתן לו: **טוב לי תורת פיך תורה שבעל פה ומנין היה יודע שאמר ואנכי עמדתי כו'.** כן צריך לומר. ומקרא ראשון דויהי שם התורה כתבה כן, אבל זה אמר משה על עצמו, לכן שואל מניין היה יודע:

באור מהרי"פ

[ז] **לתיסומן.** הכי גרסינן לתסוורן, פירוש פקיד על האוצרות. אות אמת ורבי בנימין מוספיא (ערוך ערך תיסומן): **על פה.** פירוש, שנאמר כי על פי הדברים האלה:

אמרי יושר

[ז] **למה שהתורה היתה מתוקה כדבש.** ואם כן ההזנה היה כהזנת מיני תרגימא לגוף. דבר אחר מלחמה של תורה, והיה סועד הלב כלחם. או רצה לומר התורה מתוקה, כי החשק לדבר וההתלהבות בו ישכיח כל עסק הגוף. דבר אחר שהתורה בפרט הוא הגורם או בדברים הקרובים לגוף, על דרך אגדה המושכת לבו של אדם: **נצטערת.** בכתיבה, או בענוי, שהארבעים יום האחרונים חמור וקשה תעניתם שכבר נחלש: **טוב לי כי עונתי.** למען אלמד חקיך תורה שבכתב, טוב לי תורת פיך זו תורה שבעל פה:

אם למקרא

וַיֹּאמֶר אֵלַי בֶּן אָדָם אֵת אֲשֶׁר תִּמְצָא אֱכוֹל אֱכוֹל אֶת הַמְּגִלָּה הַזֹּאת וְלֵךְ דַּבֵּר אֶל בֵּית יִשְׂרָאֵל: וָאֶפְתַּח אֶת פִּי וַיַּאֲכִלֵנִי אֵת הַמְּגִלָּה הַזֹּאת: וַיֹּאמֶר אֵלַי בֶּן אָדָם בִּטְנְךָ תַאֲכֵל וּמֵעֶיךָ תְמַלֵּא אֵת הַמְּגִלָּה הַזֹּאת אֲשֶׁר אֲנִי נֹתֵן אֵלֶיךָ וָאֹכְלָה וַתְּהִי בְּפִי כִּדְבַשׁ לְמָתוֹק: (יחזקאל ג:א-ג)

הַנֶּחֱמָדִים מִזָּהָב וּמִפַּז רָב וּמְתוּקִים מִדְּבַשׁ וְנֹפֶת צוּפִים: (תהלים יט:יא)

לְכוּ לַחֲמוּ בְלַחֲמִי וּשְׁתוּ בְּיַיִן מָסָכְתִּי: (משלי ט:ה)

וְהַלֻּחֹת מַעֲשֵׂה אֱלֹהִים הֵמָּה וְהַמִּכְתָּב מִכְתַּב אֱלֹהִים הוּא חָרוּת עַל הַלֻּחֹת: (לעיל לב:טז)

וַיִּכְתֹּב עַל הַלֻּחֹת כַּמִּכְתָּב הָרִאשׁוֹן אֵת עֲשֶׂרֶת הַדְּבָרִים אֲשֶׁר דִּבֶּר ה' אֲלֵיכֶם בָּהָר מִתּוֹךְ הָאֵשׁ בְּיוֹם הַקָּהָל וַיִּתְּנֵם ה' אֵלָי: (דברים י:ד)

טוֹב לִי תוֹרַת פִּיךָ מֵאַלְפֵי זָהָב וָכָסֶף: (תהלים קיט:עב)

מתנות כהונה

[ז] **לתיסומן.** נראה פירושו שומר וממונה על אוצר המלך וסימא ידוע שהוא אוצר: הכי גרסינן **מדוד לך דינר וכו'.** וקבע לו זמן עד מתי שימדוד לו ולפיכך הרע לו לאכול ולישן: הכי גרסינן **שהיו בכתב אבל כו'.** והא דכתיב כתוב לך הוא היתר שרשאי לכתבו לא צווי: **כיון שידע משה.** שניתוסף לו על הדברים הראשונים:

אשד הנחלים

וכל חיותו היה מזיו השכינה. וזהו כתב לך גו' כי על פי הדברים האלה, ובאמצעותן כרתי אתך ברית שתדבק בי, ותחיה על ידי זה כדכתיב ואתה מחיה את כולם, כי אף שבעולם הזה המזון הוא האמצעי וחיות הגוף עם כל זה עיקר החיות הפנימי נובע ממנו יתברך, והאדם הדבק בשכינה אין לו צורך לקיום חיצוני כי אם זוכה לעצם החיות מזיו השכינה, וזהו הברית והקשר שבינו לבין ה': **מן התורה כו' דבר אחר מלחמה של תורה כו'.** ההבדל בין התורה לבין לחמה של תורה, הוא לפי שהלחם הוא כנוי למזון העיקרי ועיקר המחיה לאדם, מה שאין כן בשאר האכילות אף שנותנים חיות ותענוג לגוף, עם כל זה אינו מחזק כל כך הגוף, כן בתורה העליונה יש פנימיות וסודות עריבות המכונים בשאר מיני אכילות המתוקים, אך עיקר המזון לנפש המה המצות שהמה פשוטים ומעשיים ממשים, אך אינם ערבים כל כך. ודעת הראשון שאכל מהתורה שהיא מתוקה, ודעת השני מלחמה של תורה ממש: **משל כו' שכח כו' ביקש לישן כו'.** מכאן משמע שאכילה לא היה מבקש רק שכח מעצמו, אך השינה היה מבקש רק שהתחזק עצמו מבלי יישן שלא יפסיד. והסיבה הוא לפי שהשינה היא טבעית בא לו מעצמו מעטיפת החומר על הנפש, ולכן צריך התחזקות מבלי ינוח לשלוט עליו, אבל האכילה והמזון הנעשה בידים, א"כ מפאת השכחה היה, כי מבלעדי זכירת האדם לא יאכל מעצמו. ודע דמרומז בכתוב במה שאמר ארבעים יום וארבעים לילה, כלומר שהיה שם ארבעים לילה בלי שינה מאומה: **מודד התורה.** מה שאמר לשון מדידה, פירש היפה תואר לפי שכמה מצוות צריך מדה ושיעור, כגון שיעורין דסוכה וציצית. והנכון דשייך לשון מדידה על כל המצות, שכלם יש להם שיעור קצוב הן בכמות, והן באיכות, והן בזמן, ובמקום, ובאדם: **הלכות.** כלומר שתשיג את כולם באמצעות עשרת הדברים, שהמה העיקרים הכוללים המסתעפים לכל הפרטים שתחתיהם: **כתוב לך.** ובאמת היה מכתב אלהים שיכתב בעצמו מבלי משה, רק הכונה זה הותר לך לכתוב אחר כך תורה נביאים וכתובים, אבל על פי הדברים זהו תורה שבעל פה שלא הותר לך לכתוב:

§8 The Midrash continues to expound the verse, *He remained there with HASHEM for forty days and forty nights*:

דָּבָר אַחֵר, כְּתִיב "וַיְהִי שָׁם עִם ה' אַרְבָּעִים יוֹם וְאַרְבָּעִים לַיְלָה" — **Another interpretation: It is written, *He remained there with HASHEM for forty days and forty nights.*** מִנַּיִן הָיָה מֹשֶׁה יוֹדֵעַ כַּמָּה יָמִים עָשָׂה — **How did [Moses] know how many days he spent** on the mountain?[118] וּמִנַּיִן שֶׁאֵין לְמַעְלָה לַיְלָה — **And from where** do we know **that there is no night up above** (i.e., in heaven)?[119] שֶׁנֶּאֱמַר "גַּם חֹשֶׁךְ לֹא יַחְשִׁיךְ מִמֶּךָ וְלַיְלָה כַּיּוֹם יָאִיר כַּחֲשֵׁיכָה כָּאוֹרָה" — **For it is stated, *Even darkness obscures not from You; and night is as luminous as the day, darkness and light are the same*** (*Psalms* 139:12).[120] וּמִנַּיִן הָיָה יוֹדֵעַ — Our question therefore stands: **How did [Moses] know** how many days he spent on the mountain? שֶׁנֶּאֱמַר "וְאָנֹכִי עָמַדְתִּי בָהָר כַּיָּמִים הָרִאשֹׁנִים" — The answer may be derived by resolving a contradiction between two verses. **For** on the one hand **it is stated, *I "stood" on the mountain as on the first days*** — *forty days and forty nights* (*Deuteronomy* 10:10), וּכְתִיב "וָאֵשֵׁב בָּהָר" — **and** on the other hand **it is written, *And "I sat" on the mountain*** *for forty days and forty nights* (ibid. 9:9). Did Moses stand or did he sit?! אֱמוֹר מֵעַתָּה בְּשָׁעָה שֶׁמְּדַבֵּר עִמּוֹ הָיָה עוֹמֵד — We must **say then** that he did both: **When [God] spoke with him [Moses] would stand,**[121] וּבְשָׁעָה שֶׁמִּסְתַּלֵּק מִמֶּנּוּ הָיָה יוֹשֵׁב וְשׁוֹנֶה מַה שֶּׁלָּמַד — **and when He would depart from him**[122] **[Moses] would sit and review what he had learned.**[123] נִמְצֵאתָ מְקַיֵּים "וְאָנֹכִי עָמַדְתִּי בָהָר" "וָאֵשֵׁב בָּהָר" — **You find,** then, that the contradictory verses, ***I stood on the mountain*** and ***I sat on the mountain*, have been reconciled.** בְּשָׁעָה שֶׁהָיָה מְדַבֵּר עִמּוֹ הָיָה יוֹדֵעַ שֶׁהוּא יוֹם — And in answer to our question: **When [God] would speak with him, [Moses] would know that it was day,** וּבְשָׁעָה שֶׁהָיָה אוֹמֵר לוֹ: לְמוֹד תּוֹרָתְךָ, הָיָה יוֹדֵעַ שֶׁהוּא לַיְלָה — **and when He would say to him, "Study your Torah,"**[124] **[Moses] would know that it was night.**[125] וְכֵן דָּוִד הוּא אוֹמֵר "יוֹם לְיוֹם יַבִּיעַ אֹמֶר" — **And thus also did David say, *Day following day utters speech,*** *and night following night declares knowledge* (*Psalms* 19:3).[126]

§9 The Midrash will offer a different interpretation of the phrase, *Write "lecha"* (lit., *for yourself*). But first it explains how Moses, like other righteous people in Scripture, demonstrated wisdom in his prayers:

דָּבָר אַחֵר, "כְּתָב לְךָ" — **Another interpretation: *Write "lecha."*** כָּל הַצַּדִּיקִים בָּאוּ בְּאוּמָּנִיּוֹת עַל הַקָּדוֹשׁ בָּרוּךְ הוּא — **All the righteous approached the Holy One, blessed is He, with wisdom**[127] when they came to plead on behalf of others. בְּאַבְרָהָם כְּתִיב "מַה יָּפוּ פְעָמַיִךְ בַּנְּעָלִים וגו' מַעֲשֵׂה יְדֵי אָמָּן" — **Regarding Abraham it is written, *How lovely were your footsteps in sandals,*** *O daughter of nobles; the roundness of your flanks are like jewels,* ***the work of a craftsman*** (*Song of Songs* 7:2).[128] בָּא בְּאוּמָּנִיּוֹת, "וַיִּגַּשׁ אַבְרָהָם וגו'" — **[Abraham] approached God with wisdom,** as it is stated, ***Abraham came forward*** *and said, "Will You also stamp out the righteous with the wicked?"* (*Genesis* 18:23).[129] וְכֵן דָּוִד אוֹמֵר "חַטָּאתִי אוֹדִיעֲךָ וגו'" — **And similarly David** approached God with wisdom when he **pleaded, *My sin I make known to You,*** *my iniquity I do not hide* (*Psalms* 32:5). בַּתְּחִלָּה עָשָׂה אוֹתוֹ חֵטְא אֶחָד וְעָוֹן אֶחָד — **At first, he spoke about**[130] **one sin and one iniquity,** וּלְבַסּוֹף אָמַר "וְאַתָּה נָשָׂאתָ עֲוֹן חַטָּאתִי סֶלָה" — and only **subsequently he said, *And You will always forgive my iniquitous sin, selah,*** asking God to forgive him whenever he may sin in the future ("always").[131] וְכֵן מֹשֶׁה קִטְרֵג עַל יִשְׂרָאֵל — **And similarly Moses** approached God with wisdom when **he indicted Israel** for making the Golden Calf, שֶׁנֶּאֱמַר "אָנָּא חָטָא הָעָם הַזֶּה חֲטָאָה גְדֹלָה" — **as it is stated,** *Moses returned to HASHEM and said,* ***"I implore! This people has committed a grievous sin*** *and made themselves a god of gold* (above, 32:31).[132] כְּשֶׁרָאוּ מַלְאֲכֵי חַבָּלָה שֶׁהוּא מְקַטְרֵג אוֹתָן — **When the angels of destruction saw that [Moses] was indicting [Israel],** אָמְרוּ: לֹא יְהֵיהּ לָנוּ עֵסֶק לְקַטְרֵג — **they said, "It shall not be our concern to indict** them, כָּל יָמִים שֶׁזֶּה מְקַטְרֵג יִפְּלוּ בְּיַד זֶה — for **as long as [Moses] indicts them they will fall by [his] hand,** שֶׁלֹּא יַעַמְדוּ אֲבוֹתֵיהֶם עָלֵינוּ לָמָּה קִטְרַגְתֶּם אֶת בָּנֵינוּ — **and their ancestors** (the Patriarchs) **will not rise up against us** here in heaven and say, **'Why have you indicted our children?' "**[133]

NOTES

118. The extraneous words *with HASHEM* come to tell us that even while Moses was still on the mountain *with HASHEM*, he was aware of the passage of time and knew the number of days that he had spent on the mountain (ibid.).

119. The answer to the question, "How did Moses know how many days he spent on the mountain?" would be obvious if the phenomenon of "night" existed in heaven. The Midrash must therefore prove that there is no "night" up above.

120. The actual intent of this passage is that one cannot hide from God because He sees everything, whether it is dark or light (see *Metzudas David* and *Radak* ad loc.). However, the verse also indicates that there is no darkness, no night or day, before God.

121. I.e., when God was teaching Moses, he would stand out of respect (*Eitz Yosef*).

122. After concluding the day's lessons.

123. When God would finish teaching Moses and would depart, Moses would sit and review what he had just learned (ibid.).

124. I.e., review what you have learned. God referred to the sections of the Torah that He had already taught Moses as "your (Moses') Torah" [cf. *Kiddushin*, top of 32b] (*Matnos Kehunah*).

125. The Midrash has explained that the verse *[Moses] remained there with HASHEM for forty days and forty nights* does not mean (as it would seem according to its plain sense) that Moses remained in God's presence continually for all forty days and nights; rather, there were times that God spoke to Moses and taught him Torah, and other times that He departed from him and gave him time to review what he had learned. The Midrash now says that it follows that Moses would know when it was day and when it was night from simple logic, for logic dictates that new teaching and learning takes place during the day, while the night is used for contemplation and review (*Eitz Yosef*).

126. The teacher utters each day's teachings to his student during the day, and the student studies and reviews these teachings each night; and thus he can declare his knowledge (see *Matnos Kehunah* and *Eitz Yosef*).

127. Lit., *with craftsmanship.* Just as a craftsman creates and forms his vessels with wisdom and skill, similarly these righteous people expressed their requests of God in a wise and skillful manner (*Eitz Yosef*).

128. The Sages expound this verse as referring to the Patriarch Abraham. The *daughter of nobles* is understood as referring to the people of Israel (Abraham's children), and the *craftsman* is Abraham who pleaded before God on behalf of the people of Sodom with the skill of the craftsman; see further (*Eitz Yosef*).

129. When Abraham interceded on behalf of the Sodomites, he did so in a wise manner, pleading first that God should spare them if fifty righteous people would be found, and then reducing the number to forty-five, forty, thirty, twenty, and ten (ibid.).

130. Lit., *he made it.*

131. *Eitz Yosef.* David's prayer demonstrated wisdom, for he began with the small request that God forgive a single sin, and only afterward did he progress to the larger request that God should forgive all the sins he may be guilty of transgressing in the future (*Eshed HaNechalim*; for a different approach see *Maharzu*).

132. When God wanted to destroy Israel for making the Golden Calf, Moses interceded on their behalf. However, before he actually began his prayer, he first admitted that the people had indeed committed *a grievous sin.* This left the angels with the impression that Moses was ready to indict the people, and caused *them* to leave Israel alone; see further (ibid.).

133. The confrontation between the Patriarchs and the angels of destruction who threatened Israel at that time is described in 41 §7 and 44 §8 (*Maharzu*).

ח דָּבָר אַחֵר, טו°מִנַּיִן הָיָה מֹשֶׁה יוֹדֵעַ כַּמָּה יָמִים עָשָׂה, כְּתִיב [לד, כח] "וַיְהִי שָׁם עִם ה' אַרְבָּעִים יוֹם וְאַרְבָּעִים לַיְלָה"°, וּמִנַּיִן שֶׁאֵין לְמַעְלָה לַיְלָה, שֶׁנֶּאֱמַר (שם קלט, יב) "גַּם חֹשֶׁךְ לֹא יַחְשִׁיךְ מִמֶּךָּ וְלַיְלָה כַּיּוֹם יָאִיר כַּחֲשֵׁיכָה כָּאוֹרָה", וּמִנַּיִן הָיָה יוֹדֵעַ, שֶׁנֶּאֱמַר (דברים י, י) "וְאָנֹכִי עָמַדְתִּי בָהָר כַּיָּמִים הָרִאשֹׁנִים", וּכְתִיב (שם ט, ט) "וָאֵשֵׁב בָּהָר", אֱמוֹר מֵעַתָּה בְּשָׁעָה שֶׁמְּדַבֵּר עִמּוֹ הָיָה עוֹמֵד, וּבְשָׁעָה שֶׁמִּסְתַּלֵּק מִמֶּנּוּ הָיָה יוֹשֵׁב וְשׁוֹנֶה מַה שֶּׁלָּמַד, נִמְצֵאתָ מְקַיֵּים "וְאָנֹכִי עָמַדְתִּי בָהָר" "וָאֵשֵׁב בָּהָר", בְּשָׁעָה שֶׁהָיָה מְדַבֵּר עִמּוֹ הָיָה יוֹדֵעַ שֶׁהוּא יוֹם וּבְשָׁעָה שֶׁהָיָה אוֹמֵר לוֹ: לְמוֹד תּוֹרָתְךָ, הָיָה יוֹדֵעַ שֶׁהוּא לַיְלָה, וְכֵן דָּוִד הוּא אוֹמֵר (תהלים יט, ג) "יוֹם לְיוֹם יַבִּיעַ אֹמֶר":

ט דָּבָר אַחֵר, [לד, כז] "כְּתָב לְךָ", כָּל הַצַּדִּיקִים בָּאוּ בְּאוּמָנִיּוּת עַל הַקָּדוֹשׁ בָּרוּךְ הוּא, בְּאַבְרָהָם כְּתִיב (שיר השירים ז, ב) "מַה יָּפוּ פְעָמַיִךְ בַּנְּעָלִים וְגוֹ' מַעֲשֵׂה יְדֵי אָמָּן", בָּא בְּאוּמָנִיּוּת, (בראשית יח, כג) "וַיִּגַּשׁ אַבְרָהָם וְגוֹ' ", וְכֵן דָּוִד אוֹמֵר (תהלים לב, ה) "חַטָּאתִי אוֹדִיעֲךָ וְגוֹ' ", בַּתְּחִלָּה עָשָׂה אוֹתוֹ חֵטְא אֶחָד וְעָוֹן אֶחָד וּלְבַסּוֹף אָמַר (שם) "וְאַתָּה נָשָׂאתָ עֲוֹן חַטָּאתִי סֶלָה", וְכֵן מֹשֶׁה קִטְרֵג עַל יִשְׂרָאֵל, שֶׁנֶּאֱמַר [לב, לא] "אָנָּא חָטָא הָעָם הַזֶּה חֲטָאָה גְדֹלָה", כְּשֶׁרָאוּ מַלְאֲכֵי חַבָּלָה שֶׁהוּא מְקַטְרֵג אוֹתָן, אָמְרוּ: לֹא יְהְיֶה לָנוּ עֵסֶק לְקַטְרֵג, כָּל יָמִים שֶׁזֶּה מְקַטְרֵג יִפְּלוּ בְּיַד זֶה, שֶׁלֹּא יַעַמְדוּ אֲבוֹתֵיהֶם עָלֵינוּ: לָמָּה קִטְרַגְתֶּם אֶת בָּנֵינוּ,

עץ יוסף

(ח) [יג] **כתיב ויהי שם עם ה' ארבעים יום וארבעים לילה מנין היה משה יודע כמה ימים עשה ומנין שאין למעלה לילה.** כן צריך לומר (יפה תואר). ורוצה לומר מדכתיב כפל שם, ועם ה' משמע דאתא לומר שאף כשהיה עם ה', ואין שם הפרש בזמן היום והלילה, ידע משה בארבעים היום ובארבעים הלילה, להכי קשה ליה מנין היה יודע שם: **ואנכי עמדתי בהר כו'.** כן צריך לומר. והכי פירושו מכיון דקראי סתרן אהדדי, דחד כתיב עמדתי, וחד כתיב ואשב, צריכין אנו לומר שהעמידה היתה כשהקדוש ברוך הוא מדבר עמו, מפני כבודו, והישיבה כשהקדוש ברוך הוא היה מסתלק ממנו, והיה יושב ושונה לעצמו, ומכיון דבעינן למימר שלא היה בכל הארבעים יום ולילה לפני ה', כפשטיה דויהי שם עם ה' ארבעים יום וארבעים לילה, אלא שבתוך זה הזמן מקצתו היה ה' מסתלק ממנו ונשאר שונה משנתו לבדו, ומה שאמר ויהי שם עם ה' ארבעים יום וארבעים לילה, פירושו היותו למעלה במחנה שכינה, אם כן נאמר מסברא שבשעה שהיה ה' מדבר עמו היה יודע שהוא יום, שכן הוא דרך הלימוד שביום התלמיד לומד לפני רבו ועמו, ובלילה הוא מתבודד להגות בגרסתו לבדו שהוא זמן העיון והחזרה במה ששמע מרבו ביום: **וכן דוד היה אומר יום ליום יביע אומר.** ולילה ללילה יחוה דעת שלימוד דבר יום ביומו הגיד האומר, והוא הרב לתלמיד, וכדלעיל שדרך הרב ללמד לתלמידיו ביום, ולילה ללילה יחוה דעת, שבלילה יחוה ויכון דעת להרגיל היטיב על מתכונתה (מתנות כהונה): (ט) [יד] **כל הצדיקים באו באומניות.** פירוש במחשבת חכמה כמעשה אומן בכלי, שאינם הורסים לתבוע מיד שאלתם אלא מתחילים מעט מעט, כענין ויגש אברהם, שבתחלה שאל על חמשים לדיקים, ושוב אמר אולי יחסרון וגו' והיה פוחת והולך, וכן ענין דוד דבסמוך, ודברו חכמינו בזה על דרך מנהג העולם, ועל דרשות כאלו כבר התנצל באמרם מקרא אני דורש: **באו באומניות ויגש אברהם.** לשון המקרא מה יפו פעמיך בנעלים בת נדיב וגו' מעשה ידי אמן, ודרשו חכמינו ז"ל מקרא זה על אברהם, ונדיב הוא אברהם ואמר מעשה ידי אמן הוא אברהם על שם האומניות: **בתחלה עשה אותו חטא אחר ועון אחד.** רוצה לומר בתחלה לא ביקש אלא על חטא אחד ועון אחד, ולבסוף אמר ואתה נשאת עון חטאתי סלה, שפירוש בכל פעם שאחטא תמחול לי: **וכן משה כו'** רוצה לומר שכוונת משה רבינו עליו השלום היה תחלה לומר מודה אני שחטא העם הזה חטאה גדולה, ומכל מקום מבקש אני לפניך עליהם, והמקטריגים חשבו דבריו לקטרוג, שאחר שהוא מודה שחטאו חטאה גדולה, ועל כן אינו מבקש סליחה כאילו מודה שאינם ראוים לסליחה הרי הוא כאילו מקטרג, ועל כן נסתלקו המקטריגים:

פירוש מהרז"ו

(ח) **דבר אחר מנין.** פירוש שבסימן הקודם דרש על פסוק ארבעים יום וארבעים לילה, וכאן דורש דרשה אחרת באותו פסוק, אמר דבר אחר. ופירושו מאחר שאין לילה למעלה, ואיך ימנה כמה היה שם. ותירץ ומנין היה יודע, שעוד יש להקשות שני כתובים מכחישים מדה ט"ו, שפעם כתוב ואנכי עמדתי, ופעם כתוב ואשב בהר. והכריע שמה שכתוב ואנכי עמדתי, ממורא השם יתברך שלימד אותו תורה ביום, וכשמניחו שיחזור מה שלמד ישב, בלילה. וכדלעיל סימן ה רנה של תורה בלילה: **יום ליום יביע אומר.** ולילה ללילה יחוה דעת, ואחר כך אמר אין אומר ואין דברים בלי נשמע קולם, והם שני כתובים מכחישים, על כן דורש שבאמת בשמים אין אומר ודברים, ומה שכתוב יום ליום יביע אומר, אם אינו ענין לשמים עצמו, תנהו ענין למשה, שיש בו אומר, והיה בשמים, וכתוב בו יום ולילה, וזהו יום ליום יביע אומר, שאמר לו ביום, ולילה ללילה יחוה דעת, שיחוה לו שיתבונן. ועיין תנחומא כאן סימן ל"ו: (ט) **באומניות.** במחשבת חכמה, כמעשה אומן בכלי: **מה יפו פעמיך.** וסיפא דקרא בת נדיב חמוקי ירכיך כמו חלאים מעשה ידי אמן. ודרש שם בשיר השירים רבה פסוק זה, בת נדיב, בתו של אברהם שנקרא נדיב, היך מה דאת אמר נדיבי עמים וגו' עם אלהי אברהם, ואברהם בא באומניות: **ויגש אברהם.** שהתחיל לבקש מחמשים, עד שהגיע לבקש על עשרה: **וכן דוד.** שאמר חטאתי אודיעך ועוני לא כסיתי, על המזיד, אמרתי אודה עלי פשעי לה', על המרד, ואתה נשאת עון חטאתי סלה, כולם יחד, וזהו האומניות שהתחילו בדבר קל: **וכן משה.** שתחלה אמר חטא העם הזה חטאה גדולה, ואחר כך אמר ועתה אם תשא חטאתם, והיה לו לומר בהיפך, כמו דוד, על כן דורש שגם משה בא באומניות, שמה שאמר חטאה גדולה היה בפני המקטרגים, ובעת בקשת המחילה הקטין החטא, ואמר אם תשא חטאתם: **שלא יעמדו אבותיהם.** כמו שאמר לעיל סוף פרשה מ"ד, שעמדו כנגדם זכות שלשה אבות ונסתלקו:

מתנות כהונה

[ח] הכי גרסינן **בימים הראשונים וכתיב ואשב בהר כו'** עד **ואשב בהר בשעה כו': למוד תורתך.** כלומר על התורה שכבר למדתיך שכבר נקראת תורתך: **יביע אומר.** וסיפיה דקרא ולילה ללילה יחוה דעת. שבלילה יחוה ויכון דעתו להרגילה היטב על מתכונתה. ועיין מזה בשוחר טוב מזמור י"ט: [ט] **יעמדו אבותיהם עלינו** גרסינן:

אשד הנחלים

[ח] **מנין היה יודע משה כמה ימים כו'.** הדבר הזה בארתי בטוב טעם בפרשת משפטים בציור נכון: [ט] **באו באומניות.** הוא לשון בני אדם על מי שבא בהתחכמות, למען סבב הדבר מעט מעט מאוויו, והנה הכתוב מה יפו מדבר באברהם, כמו שדרשו (שיר השירים רבה ז, פסוק ב) מה יפו גו' בתו של אברהם, וסופו של פסוק כמו חלאים מעשי ידי אמן. והענין שאברהם בתפלתו הלך עם התחכמות אומנות לבקש

חידושי הרד"ל

[ח] **היה עומד כו' יושב ושונה** כדברי רב ריש פרק ג דמגילה (כא, א): מאמר המדרש מן **אמר להם הקדוש ברוך הוא** עד סוף הפרשה אינו מובן כלל, ואין ענינו ופירושו כמתמה ומסתפק על אמרו חס ושלום, כי מה ענין ואפילו עושה נאמן הוא אחרי שאין זה להשלמת התנאי הנזכר, ומורה אך ההפוך, ומה זו ראיה שמביא מהכתוב לא כן עבדי משה כו'. ופירושו לדעתי על דרך אשר הורגל האדם להיות נקשר באמצעית זולתו באיזה ענין מעסקיו אשר יעשה לפעמים מאדם זולת אדם ויהיה נאות לתכלית מבוקשו על ידי ערך ויחס אשר ביניהם מלד סימנים מורגשים (דורך שריפטליכע אנלייגע), שיודיע מלפנים טרם עשות עסקיו או נרכיו על ידי זולתו, אשר לסיבת החשיבות אשר יתעלם בו יתואר בשם נאמן וישיג קנין החשיבות ההסכמי על ידי הואלת כחותיו אל הפועל הנרגש על ידו מן המביאו לכך. ויהיה לפי זה שיעור המאמרמן כנראה הקב"ה וכו', כנושא ונותן עמהם שחשבו מלאכי השרת שהניח למשה מקום להתגדר על אמרו כתב לך והראה להם שאינם יודעים דרך השלמתו, כאמרו ואפילו עושה נאמן הוא, רלה לומר שאין הפרש אם על ידי עצמו או על ידי נאמנו

ידי משה

[ח] **ומניין היה משה יודע במה ימים עשה בהר.** מקשים פה דלמא באמת בשמים לא ידע רק שאחר כך כשבא למטה ידע כמה ימים היה בשמים. ויש לומר, ונראה דקאי אדלעיל (סימן ה) שאמר רבי שמעון בן לקיש שצריך ללמוד תורה שבכתב דוקא ביום ותורה שבעל פה בלילה, ומסתמא היה משה עושה גם כן כדין זה, ומקשה והיאך היה יודע משה זמן לילה, ומשני **בשעה שהיה מדבר עמו,** פירוש תורה שבכתב היה יודע שהוא יום, **ובשעה שאמר לו למוד תורתך** פירוש תורה שבעל פה היה יודע שהוא לילה, ונקרא תורה שבעל פה תורתך על שם דאיתא בנדרים בפרק אין בין המודר (לח, א) שנתנה תורה שבעל פה למשה לבד, ודוק. כן נראה לי: [ט] **באו באומניות.** פירוש, שבקשתם היתה באומנות ובחכמה שהיו יודעים איך יתפללו, כמו גבי סדום דכתיב (בראשית יח, כג) ויגש אברהם והתפלל מעט מעט, שמתחלה בקש על חמשים ואחר כך היה פוחת והולך וכן דוד, וכן משה בא בחכמה ואומנות נגד המלאכים כדמפרש ואזיל:

מסורת המדרש

טו. תנחומא כאן סימן ל"ו. מדרש תהלים מזמור י"ט. וע' פדר"א פ' מ"ו:

אם למקרא

גַּם חֹשֶׁךְ לֹא יַחְשִׁיךְ מִמֶּךָּ וְלַיְלָה כַּיּוֹם יָאִיר כַּחֲשֵׁיכָה כָּאוֹרָה: (תהלים קלט:יב)

וְאָנֹכִי עָמַדְתִּי בָהָר כַּיָּמִים הָרִאשֹׁנִים אַרְבָּעִים יוֹם וְאַרְבָּעִים לָיְלָה וַיִּשְׁמַע ה' אֵלַי גַּם בַּפַּעַם הַהִוא לֹא אָבָה ה' הַשְׁחִיתֶךָ: (דברים י:י)

בַּעֲלֹתִי הָהָרָה לָקַחַת לוּחֹת הָאֲבָנִים לוּחֹת הַבְּרִית אֲשֶׁר כָּרַת ה' עִמָּכֶם וָאֵשֵׁב בָּהָר אַרְבָּעִים יוֹם וְאַרְבָּעִים לַיְלָה לֶחֶם לֹא אָכַלְתִּי וּמַיִם לֹא שָׁתִיתִי: (שם ט:ט)

יוֹם לְיוֹם יַבִּיעַ אֹמֶר וְלַיְלָה לְּלַיְלָה יְחַוֶּה דָּעַת: (תהלים יט:ג)

מַה יָּפוּ פְעָמַיִךְ בַּנְּעָלִים בַּת נָדִיב חַמּוּקֵי יְרֵכַיִךְ כְּמוֹ חֲלָאִים מַעֲשֵׂה יְדֵי אָמָּן: (שיר השירים ז:ב)

וַיִּגַּשׁ אַבְרָהָם וַיֹּאמַר הַאַף תִּסְפֶּה צַדִּיק עִם רָשָׁע: (בראשית יח:כג)

חַטָּאתִי אוֹדִיעֲךָ וַעֲוֹנִי לֹא כִסִּיתִי אָמַרְתִּי אוֹדֶה עֲלֵי פְשָׁעַי לַה' וְאַתָּה נָשָׂאתָ עֲוֹן חַטָּאתִי סֶלָה: (תהלים לב:ה)

לֹא יִהְיֶה לְךָ אֱלֹהִים אֲחֵרִים עַל פָּנָי: (לעיל כ:ג)

אמרי יושר

[ח] **מניין היה יודע.** ובמדרש תהלים (שחור טוב מזמור יט) יש סברות אחרות: [ט] **ולבסוף כו' נשאתי עון חטאתי אשר מתמיד סלה.** כמו שאמרו (מדרש תהלים יט, יז) כנותיים הללו הסובבים על הפתחים:

שינוי נוסחאות

(ח) **דבר אחר, מנין היה משה יודע כמה ימים עשה, כתיב "ויהי שם עם ה' ארבעים יום וארבעים לילה".** יפ"ת (וכן עצ"י) הגיה <דבר אחר, כתיב "ויהי שם עם ה' ארבעים יום וארבעים לילה", מנין היה משה יודע כמה ימים עשה>:

נִסְתַּלְּקוּ מַלְאֲכֵי חַבָּלָה — So the **angels of destruction departed.** כְּשֶׁרָאָה מֹשֶׁה שֶׁנִּסְתַּלְּקוּ — **When Moses saw that they departed** אָמַר לְהַקָּדוֹשׁ בָּרוּךְ הוּא: ״וְעַתָּה אִם תִּשָּׂא חַטָּאתָם״ — **he said to the Holy One, blessed is He, *And now if You would but forgive their sin*** (ibid., v. 32).[134]

The Midrash elaborates the continuation of Moses' prayer, *But if not, erase me now from Your Book that You have written* (ibid.):

אָמַר לִפְנֵי הַקָּדוֹשׁ בָּרוּךְ הוּא — **[Moses] stated before the Holy One, blessed is He,** כָּל הַתּוֹרָה שֶׁנָּתַתָּ לִי הִיא — **"The entire Torah that You gave** Israel **was** first told **to me,**[135] and through me it was transmitted to them." ״וַיְדַבֵּר ה׳ אֶל מֹשֶׁה״ — We see that this is so from the fact that the Torah so often states, ***HASHEM spoke to Moses,*** ״דַּבֵּר אֶל בְּנֵי יִשְׂרָאֵל״, ״צַו אֶת בְּנֵי יִשְׂרָאֵל״, ״אֱמֹר אֶל בְּנֵי יִשְׂרָאֵל״ — followed by the statements, ***Speak to the Children of Israel, Command the Children of Israel,*** and ***Say to the Children of Israel.***[136] אִם הֵם כָּלִים מָה אֲנִי עוֹשֶׂה בְּתוֹרָתְךָ — **"If they are destroyed, what will I do with Your Torah?"**[137] לְכָךְ אָמַר: ״אִם אַיִן מְחֵנִי נָא מִסִּפְרְךָ״ — **Therefore Moses said, *But if not, erase me now from Your Book*** *that You have written* (ibid.).[138]

The Midrash presents another interpretation of the statement, *erase me now from Your Book*, and based on this interpretation proceeds to explain the phrase, *Write "lecha"*:

דָּבָר אַחֵר — **Another interpretation:** אָמַר מֹשֶׁה לִפְנֵי הַקָּדוֹשׁ בָּרוּךְ הוּא: לָמָּה אַתָּה כּוֹעֵס עֲלֵיהֶם — **Moses said before the Holy One, blessed is He, "Why are You angry with them?** לֹא שֶׁעָשׂוּ עֲבוֹדָה זָרָה, לֹא צִוִּיתָם — **It cannot be because they made an idol,** for **You did not command them** not to do so." אָמַר לוֹ הַקָּדוֹשׁ בָּרוּךְ הוּא: בְּדִיבּוּר שֵׁנִי לֹא אָמַרְתִּי ״לֹא יִהְיֶה לְךָ״ — **The Holy One, blessed is He,** replied, "What do you mean? **Did I not say to them in the second Commandment: *You shall not recognize*** *the gods of others in My presence*" (above, 20:3)?! אָמַר לְפָנָיו: לֹא צִוִּיתָ אוֹתָם, לִי צִוִּיתָ — [Moses] then **said to [God], "You never commanded them;** it was **I whom You commanded.** שֶׁמָּא אָמַרְתָּ לָהֶם ״לֹא יִהְיֶה לָכֶם״, לִי צִוִּיתָ — For **did You perhaps say to them, *Lo yihyeh "lachem"*** (*You* [in the plural] *shall not recognize*)? No! You said *Lo yihyeh "l'cha"* (which means *You* — [in the singular] *shall not recognize*)! **It was,** therefore, only **me whom You commanded.** אִם עָשִׂיתִי עֲבוֹדָה זָרָה ״מְחֵנִי נָא מִסִּפְרְךָ״ — **If I made the idol, then *erase me now from Your Book.*"**[139] כְּשֶׁרָאָה הַקָּדוֹשׁ בָּרוּךְ הוּא שֶׁנָּתַן נַפְשׁוֹ עֲלֵיהֶם — **When the Holy One, blessed is He, saw that [Moses] placed his life in danger**[140] **on [Israel's] behalf,** אָמַר: בִּשְׁבִילְךָ אֲנִי נוֹתֵן לָהֶם אֶת הַתּוֹרָה — **He said, "It is for your sake that I am giving them the Torah."** שֶׁנֶּאֱמַר ״כְּתָב לְךָ אֶת הַדְּבָרִים הָאֵלֶּה״ — **For it is stated, *Write these words "lecha,"*** i.e., for your sake and in your merit.[141]

The Midrash presents yet another interpretation of the phrase, *Write for yourself*:

דָּבָר אַחֵר, ״כְּתָב לְךָ״ — **Another interpretation: *Write for yourself.***[142] הִתְחִילוּ מַלְאֲכֵי הַשָּׁרֵת אוֹמְרִים לִפְנֵי הַקָּדוֹשׁ בָּרוּךְ הוּא — **The ministering angels started to say before the Holy One, blessed is He,** אַתָּה נוֹתֵן רְשׁוּת לְמֹשֶׁה שֶׁיִּכְתּוֹב מַה שֶּׁהוּא מְבַקֵּשׁ — **"Did You grant Moses permission to write whatever he wishes** שֶׁיֹּאמַר לְיִשְׂרָאֵל: אֲנִי נָתַתִּי לָכֶם אֶת הַתּוֹרָה אֲנִי הוּא שֶׁכָּתַבְתִּי וְנָתַתִּי לָכֶם — such **that he will** be able to **claim to Israel, 'I gave you the Torah; it is I who wrote it and I gave it to you' "?** אָמַר לָהֶם הַקָּדוֹשׁ בָּרוּךְ הוּא: חַס וְשָׁלוֹם שֶׁמֹּשֶׁה עוֹשֶׂה אֶת הַדָּבָר הַזֶּה — **The Holy One, blessed is He, replied to them, "Heaven forbid that Moses would do such a thing;**[143] וַאֲפִילּוּ עוֹשֶׂה נֶאֱמָן הוּא — **and even if he does** write something that I did not explicitly tell him, **he is to be trusted,"**[144] שֶׁנֶּאֱמַר ״לֹא כֵן עַבְדִּי מֹשֶׁה בְּכָל בֵּיתִי נֶאֱמָן הוּא״ — as **it is stated, *Not so is My servant Moses, in My entire house he is the trusted one*** (*Numbers* 12:7).

NOTES

134. I.e., *now* that the angels have departed, I can make my request for forgiveness; until now I was afraid to do so (ibid.). In this incident we see that Moses approached God with wisdom, tricking the angels into enabling him to proceed with his prayer (ibid.).

135. See *Eitz Yosef.* See, however, *Beur Maharif.*

136. Each of these three phrases (*"Speak to the Children of Israel," "Command the Children of Israel,"* and *"Say to the Children of Israel"*) is almost always preceded in Scripture by the phrase *HASHEM spoke to Moses* (*Maharzu*).

137. Even though God had told Moses, *"I shall make you a great nation"* (above, 32:10), and the laws of the Torah could be fulfilled through Moses' children [and descendants] — and this would answer Moses' rhetorical question — we do not find that God ever said to Moses, "Speak to your children." The clear implication is that He expected that the laws of the Torah would be fulfilled by others [i.e., by the rest of Israel] (*Eitz Yosef*).

138. If You will destroy them You will surely erase their name from the Torah. But if You do so, my name should be erased as well, because You spoke to me [and wrote my name throughout the Torah] only because of them (*Maharzu*).

139. That is: I am arguing that the second Commandment was never violated, for You did not address it to all of Israel but only to me — and I did not make an idol. But if You disagree, then the fact that You addressed the commandment to me makes me liable, too, and You should destroy me and erase my name from the Torah just as you do to them (*Maharzu*).

140. Lit., *gave his life.* Moses put his life on the line for the Jewish people, for he could easily have been deemed worthy of punishment for arguing so strongly with God (*Eitz Yosef*).

141. *Eitz Yosef.* See also §3 above.

142. The Midrash expounds the phrase to mean: *Write whatever you wish.*

143. I.e., Moses would never write in the Torah something that I did not instruct him to write.

144. He is trustworthy not to make up ideas on his own but to write only that which he legitimately infers (via principles of hermeneutics — see note 105) from that which I *did* state explicitly (*Maharzu*; see there for a list of Midrashim that give examples of Moses inferring God's Will and acting accordingly; see e.g., 46 §3 above; see also *Radal*).

נִסְתַּלְּקוּ מַלְאֲכֵי חַבָּלָה, כְּשֶׁרָאָה מֹשֶׁה שֶׁנִּסְתַּלְּקוּ אָמַר לְהַקָּדוֹשׁ בָּרוּךְ הוּא: [לב, לב] "וְעַתָּה אִם תִּשָּׂא חַטָּאתָם", אָמַר לִפְנֵי הַקָּדוֹשׁ בָּרוּךְ הוּא: כָּל הַתּוֹרָה שֶׁנָּתַתָּ לִי הִיא "וַיְדַבֵּר ה' אֶל מֹשֶׁה", "דַּבֵּר אֶל בְּנֵי יִשְׂרָאֵל", "צַו אֶת בְּנֵי יִשְׂרָאֵל", "אֱמֹר אֶל בְּנֵי יִשְׂרָאֵל", אִם הֵם כָּלִים מָה אֲנִי עוֹשֶׂה בְּתוֹרָתֶךָ, לְכָךְ אָמַר: [לב, לב] "אִם אַיִן מְחֵנִי נָא מִסִּפְרְךָ", דָּבָר אַחֵר, אָמַר מֹשֶׁה לִפְנֵי הַקָּדוֹשׁ בָּרוּךְ הוּא: לָמָּה אַתָּה כּוֹעֵס עֲלֵיהֶם, לֹא שֶׁעָשׂוּ עֲבוֹדָה זָרָה, לֹא *צִוִּיתָם, אָמַר לוֹ הַקָּדוֹשׁ בָּרוּךְ הוּא: בְּדִיבּוּר שֵׁנִי לֹא אָמַרְתִּי (לעיל כ, ג) "לֹא יִהְיֶה לְךָ", אָמַר לְפָנָיו: לֹא צִוִּיתָ אוֹתָם, לִי צִוִּיתָ, שֶׁמָּא אָמַרְתָּ לָהֶם "לֹא יִהְיֶה לָכֶם", לִי צִוִּיתָ, אִם עָשִׂיתִי עֲבוֹדָה זָרָה [לב, לב] "מְחֵנִי נָא מִסִּפְרְךָ", כְּשֶׁרָאָה הַקָּדוֹשׁ בָּרוּךְ הוּא שֶׁנָּתַן נַפְשׁוֹ עֲלֵיהֶם אָמַר: בִּשְׁבִילְךָ אֲנִי נוֹתֵן לָהֶם אֶת הַתּוֹרָה, שֶׁנֶּאֱמַר [לד, כז] "כְּתָב לְךָ אֶת הַדְּבָרִים הָאֵלֶּה", דָּבָר אַחֵר, "כְּתָב לְךָ", הִתְחִילוּ מַלְאֲכֵי הַשָּׁרֵת אוֹמְרִים לִפְנֵי הַקָּדוֹשׁ בָּרוּךְ הוּא: אַתָּה נוֹתֵן רְשׁוּת לְמֹשֶׁה שֶׁיִּכְתּוֹב מַה שֶּׁהוּא מְבַקֵּשׁ, שֶׁיֹּאמַר לְיִשְׂרָאֵל: אֲנִי נָתַתִּי לָכֶם אֶת הַתּוֹרָה, אֲנִי הוּא שֶׁכָּתַבְתִּי וְנָתַתִּי לָכֶם, אָמַר לָהֶם הַקָּדוֹשׁ בָּרוּךְ הוּא: חַס וְשָׁלוֹם שֶׁמֹּשֶׁה עוֹשֶׂה אֶת הַדָּבָר הַזֶּה, וַאֲפִילוּ עוֹשֶׂה נֶאֱמָן הוּא, שֶׁנֶּאֱמַר (במדבר יב, ז) "לֹא כֵן עַבְדִּי מֹשֶׁה בְּכָל בֵּיתִי נֶאֱמָן הוּא":

עץ יוסף

כשראה משה שנסלקו אמר להקדוש ברוך הוא ועתה אם תשא חטאתם. פירוש ועתה נסתלקו המקטריגים מלאכי לבי לומר אם תשא חטאתם וגו', אבל קודם זה יראתי לבקש כפרה עליהם מפני המקטריגים, וזהו אומנותו של משה שהעריס ונתחכם איך ישיג מבוקשו בכפרת חטא ישראל: **כל התורה שנתת לי.** היא (כתובה כן) וידבר ה' כו': **מה אני עושה בתורתך.** דאף על גב דקאמר ואעשה אותך לגוי גדול ובניו היו יכולים לקיים את התורה, מכל מקום מדלא קאמר דבר אל בניך משמע לאחרים: **לא צויתים.** ואף על גב דעבודה זרה משבע מצות בני נח, יש לומר לפי שאמר לו הקדוש ברוך הוא סרו מהר מן הדרך אשר צויתים, דמשמע דלא בא ליפרע אלא על מה שצוה להם עצמם, על זה דקדק משה ללמד עליהם זכות שלא צוה להם רק לו לכן אין יכול להעניסם: **שנותן נפשו עליהם.** לפי שהיה כמקנתר כנגד ה', וקרוב שיענש מה', קאמר שמסר נפשו עליהם: **בשבילך.** שאחר שאתה חפץ כל כך בטובתן אני נותן להם התורה כרצונך: **שנאמר כתב לך.** פירוש בשבילך ובזכותך:

פירוש מהרז"ו

ועתה אם תשא חטאתם. ואם אין מחני נא מספרך אשר כתבת, היינו מספר התורה: **צו את כו' אמור וכו'.** פירוש שכל אלו כתוב אל משה, וכשתשמיד אותם בהכרח שתמחה גם שמם מן התורה, מחה גם שמי שלא דברת עמי רק בשבילם, ועיין לעיל פרשה מ"ו סימן ב: **לא יהיה לך.** לעיל פרשה מ"ג סימן ה: **אם עשיתי מחני נא.** אם על ביטול דיבור אתה מעניסם, לי אמרת ולא ביטלתי, ואם אתה חושב זה לביטול הדיבור, תמחה גם אותי שהרי לי אמרת: **שכתבתי ונתתי.** פירוש שיכול לומר אני נתתי והראיה על זה שהרי אני כתבתי אותה: **ואפילו עושה נאמן הוא.** פירוש שאפילו אם יכתוב בתורה דבר מדעתו לא על דעת שיאמר חלילה הוא בעצמו כתב וחידש הדבר הזה, אלא כי נאמן הוא בכל בית התורה, ולו מסרתי כל כללי ודרכי התורה, וכדלעיל סימן ז, מודד תורה, וכל מה שידרוש יוכל לומר כמו אמר ה', כמפורש לעיל פרשה י"ח בסימן א באריכות, שאמר כה אמר ה' כחצות לילה, שדרש ואמר כן, וכמו שאמרו לעיל פרשה י"ט בסימן ג. ועיין לעיל פרשה מ"ו סימן ג, ולעיל פרשה מ"ב סימן ה בביאורי, ושם בשם התנא דבי אליהו. ובדומה לזה לעיל פרשה ה ריש סימן ט"ו, וכמו שכתוב כל זה בפסיקתא פרשה י"ז סוף סימן ב'. ובאמת שכל מה שאמר משה, שכינה מדברת מתוך גרונו, כשאמר כה אמר ה' כחצות הלילה, כה אמר ה' שימו איש חרבו, וכמו שאמרו מפורש בסנהדרין (דף פ"ט א') שהנביא יכול לדרוש קל וחומר מנבואתו, ולומר כה אמר ה' על פי דרכי הנבואה ושליחותו של השם יתברך. ודוק מאד בכל המקומות שציינתי, ושם ציינתי למקומות אחרים, שמכולם יחד יובן דבר לאשוריו אחר העיון בעומק היטב:

חידושי הרד"ל

בבחינת היותו בשלילת הגבול, וכך הורה מלפנים על ידי הכתוב לא כן עבדי משה בכל ביתי נאמן הוא, וזה נאות למה שאמרו חז"ל שכינה מדברת מתוך גרונו של משה. בשם ידידי הרב השנון החכם הכולל הגביר מוה' אברהם זקהיים ז"ל: **[ט] ואפילו עושה נאמן הוא.** אפשר רצה לומר אפילו עושה דבר שלא אמרתי לו בפירוש מסתמא כהוגן ולכבוד שמי אמר ואני מסכים על זה רמזתיה לו ברמז והוא חכם הבין מדעתו, וכמו שכתב בפרשה מו ג שלשה דברים שעשה מדעתו והסכים הקב"ה על ידו, וכן ההיא דכה אמר ה' שימו איש חרבו שאמרו בתנא דבי אליהו רבה שמשה הבין זה מדעתו, וכמו שכתבתי לעיל פרשה מב ה (ד"ה והיכן) בסייעתא דשמיא:

באור מהרי"פ

[ט] לי היא. פירוש, תמיד כתוב שמי בה, וידבר ה' אל משה, ויאמר ה' אל משה:

אמרי יושר

כתב לך. או לתועלתך כמו שכתוב טוב לי כי עונתי, או בזכותך, או אתה נאמן לי:

אם למקרא

לֹא כֵן עַבְדִּי מֹשֶׁה בְּכָל בֵּיתִי נֶאֱמָן הוּא: (במדבר יב:ז)

ענף יוסף

(ט) [טו] אפילו עושה נאמן הוא. יבואר על פי דאיתא לקמן פרשה כ"א, ובילקוט בהעלותך, דמה שאמר הכתוב בכל ביתי נאמן הוא, לשון גזבר שעשאו גזבר על כל חכמה ומדע, עד שידע מה שהיה ומה שעתיד להיות, עיין שם בילקוט. וזה שאמר אפילו עושה נאמן כלומר שאין קפידא בדבר, באשר כבר העדתי (אליו) [עליו] בתורה שהוא נאמן בית וגזבר על כל גנזי חכמת רוח הקודש, וממילא כבר נודע מן הסתם שהכל מאת ה' מן החכמה העליונה (נזר הקודש):

ידי משה

אמר ליה הקדוש ברוך הוא בדבור שני וכו'. מקשים העולם מה אמר הקב"ה בדיבור שני, הלא גם כן יכול לומר לי צוית. ונראה לומר, שצריך לדקדק, שמתחלה השיב לו לי צוית מאחר שלא כתיב אלהיכם, אבל מלת לך יכול להיות גם כן על רבים, וכדדרשו חכמינו ז"ל (רש"י ויקרא יט, ד ד"ה לא) לא שלך ולא של אחרים, וגם נופל הלשון לך גם על רבים, וכשראה משה שהתשובה זאת אינה מספקת אמר לא צוית אותם, פירוש שלא היה עדיין מצווים כי שברתי הלוחות ולא היו יודעים שאסור לעשות עבודת כוכבים אלא לי צוית ואני לא עברתי, וכן הוא משמעות לשון התנחומא. וקל להבין:

מתנות כהונה

לי צוית. עיין עוד לעיל פרשה מ"ג: **כתב לך וגו'.** לך פירוש בשבילך וכדלעיל (סימן ג):

אשד הנחלים

מלפניו יתברך מעט מעט יותר ויותר, אולי יש חמשים, ואחר כך ארבעים, ואחר כך שלשים, עד עשרה, וכן דוד מתחלה ביקש על החטא שהוא קל, וכן עון אחד, ואחר כך על כל: **לי צוית אם עשית כו'.** אף שבכמה מקומות הזהיר הכתוב על עון עבודת כוכבים, כבר ביאר הכוזרי שחטא העגל לא היה עבודת כוכבים ממש, כי אם שהכניסו אמצעי לזכור מזה לה', והיה החטא במצוה פרטית במה שאמר לא יהיה לך אלהים אחרים על פני, כלומר עם האמנת מציאותי (ועיין ברמב"ן פירש הפסוק לא יהיה לך), ולכן משה התנצל אולי דימו שלא היה הצווי רק לי, מפני דביקותי בה' תמיד, אבל לא להם שהם מונהגים מעט תחת אמצעיים ברצון ה', כמו שהיה משה האמצעי ביניהם ובין ה'. ופירושו ואם אין, שתחשוב זאת לחטא בלי התנצלות, א"כ מסתמא אני חטאתי בזה, כי להם יש התנצלות, א"כ מחני נא כי אנכי חטאתי, ואולי החטא במה שלא הודיעם כי המצוה והאזהרה גם עליהם, הבן זה:

ויקהל
VAYAKHEL

Chapter 48

וַיֹּאמֶר מֹשֶׁה אֶל בְּנֵי יִשְׂרָאֵל רְאוּ קָרָא ה׳ בְּשֵׁם בְּצַלְאֵל בֶּן אוּרִי בֶן חוּר לְמַטֵּה יְהוּדָה.

Moses said to the Children of Israel, "See, HASHEM has proclaimed by name, Bezalel son of Uri son of Hur, of the tribe of Judah" (35:30).

§1 וַיַּקְהֵל – *VAYAKHEL*

☐ רְאוּ קָרָא ה׳ בְּשֵׁם בְּצַלְאֵל – *SEE, HASHEM HAS PROCLAIMED BY NAME, BEZALEL.*

The expression "proclaimed by name" requires explanation. The Midrash cites a verse in *Ecclesiastes* and offers several interpretations of it, the last of which is relevant to this issue:

הֲדָא הוּא דִכְתִיב – **This is** to be understood in light of **what is written,** "טוֹב שֵׁם מִשֶּׁמֶן טוֹב" – ***A good name is better than fine oil,*** *and the day of death [is better] than the day of birth* (*Ecclesiastes* 7:1). כַּמָּה הוֹלֵךְ שֶׁמֶן טוֹב, מִקִּיטוֹן לְטְרַקְלִין – The comparison between a good name and fine oil may be understood as follows:[1] **How far does** the scent of **fine oil travel?** Only **from the inner chamber to the** adjacent **antechamber.**[2] וְשֵׁם טוֹב הוֹלֵךְ מִסּוֹף הָעוֹלָם וְעַד סוֹפוֹ – **A good name, however, travels from one end of the world to the other end,** שֶׁנֶּאֱמַר "וַיֵּצֵא שֵׁם דָּוִיד בְּכָל הָאֲרָצוֹת" – **as it is stated,** ***David's name spread throughout all the lands*** (*I Chronicles* 14:17). שֶׁמֶן טוֹב נוֹפֵל עַל הַמֵּת וְהוּא מַבְאִישׁ – Additionally, if **fine oil falls on a deceased person it becomes malodorous,** שֶׁנֶּאֱמַר "זְבוּבֵי מָוֶת יַבְאִישׁ יַבִּיעַ שֶׁמֶן רוֹקֵחַ" – **as it is stated,** ***Dead flies putrefy the perfumer's oil*** (*Ecclesiastes* 10:1).[3] שֵׁם טוֹב נוֹפֵל עַל הַמֵּת וְאֵינוֹ מַבְאִישׁ – By contrast, **a person with a good name**[4] **falls on a dead person and does not become malodorous,**[5] שֶׁנֶּאֱמַר "וַיַּעַל וַיִּשְׁכַּב עַל הַיֶּלֶד וְגוֹ׳ " – **as it is stated,** ***Then he went up and lay upon the boy*** . . . *and the lad opened his eyes* (*II Kings* 4:34-35).[6]

The Midrash expounds the second half of the verse in *Ecclesiastes*:

"וְיוֹם הַמָּוֶת מִיּוֹם הִוָּלְדוֹ" – The verse continues, ***and the day of death than the day of birth,*** – יוֹם מִיתָתוֹ שֶׁל אָדָם גָּדוֹל מִיּוֹם לֵידָתוֹ – meaning that **the day of a** righteous **person's death is greater than the day of his birth.**[7] לָמָּה, שֶׁבַּיּוֹם שֶׁנּוֹלָד בּוֹ אֵין אָדָם יוֹדֵעַ מַה מַּעֲשָׂיו – And **why** is this so? **Because on the day that he is born, no person knows what his deeds** will be. אֲבָל בְּשָׁמֵת מוֹדִיעַ מַעֲשָׂיו לַבְּרִיּוֹת – **However, when he** (the righteous person)[8] **dies he "announces"** his good **deeds to the people.**[9] הֱוֵי "יוֹם הַמָּוֶת מִיּוֹם הִוָּלְדוֹ" – **Thus** we have explained what is meant by, ***the day of death [is better] than the day of his birth.***[10]

The Midrash illustrates this concept with a parable:

אָמַר רַבִּי לֵוִי – **R' Levi said:** מָשָׁל לִשְׁתֵּי סְפִינוֹת שֶׁהָיוּ פּוֹרְשׁוֹת לַיָּם הַגָּדוֹל – This notion may be understood by means of **a parable.** It is comparable **to two ships that set sail in the Great Sea;**[11] אַחַת יוֹצֵאת מִן הַלִּמֵין וְאַחַת נִכְנֶסֶת לַלִּמֵין – **one was departing from the seaport** and heading out to sea, **and one was entering the seaport** after having completed its voyage. זוֹ שֶׁיּוֹצֵאת הָיוּ הַכֹּל שְׂמֵחִין בָּהּ – Whereas **all** those gathered there **were rejoicing over the one that was departing,**[12] זוֹ שֶׁנִּכְנֶסֶת לֹא הָיוּ הַכֹּל שְׂמֵחִין בָּהּ – **they were not all rejoicing over the one that was entering** the seaport. פִּקֵּחַ אֶחָד הָיָה שָׁם – **There was a wise man there,** אָמַר: חִלּוּפֵי הַדְּבָרִים אֲנִי רוֹאֶה כָּאן – and **he said** to those present, **"I see an inversion of matters here!** זוֹ שֶׁהִיא יוֹצֵאת מִן הַלִּמֵין לֹא הָיוּ הַכֹּל צְרִיכִים לִשְׂמוֹחַ – **Everyone should not be rejoicing over that** ship **that is departing from the seaport,** שֶׁאֵינָן יוֹדְעִין בְּאֵיזֶה פֶּרֶק הִיא עוֹמֶדֶת וּמָה יַמִּים מִזְדַּוְּגִין לָהּ וּמָה רוּחוֹת מִזְדַּוְּגוֹת לָהּ – **for they do not know in what** hazardous **situations it will** yet **find itself and what** type of **seas will encounter it and what** sort of **winds will encounter it.** וְזוֹ שֶׁנִּכְנֶסֶת לַלִּמֵין הָיוּ הַכֹּל צְרִיכִין לִשְׂמוֹחַ – **And,** by contrast, **everyone should be rejoicing over that** ship **that is entering the seaport,** לְפִי שֶׁהֵם יוֹדְעִים שֶׁנִּכְנֶסֶת בְּשָׁלוֹם וְיָצְאָה בְּשָׁלוֹם מִן הַיָּם – **for they** already **know that it is entering** the seaport **in peace and has emerged from** all the dangers of **the sea in peace."** כָּךְ אָדָם נוֹלָד, מוֹנִין לוֹ לְמִיתָה – **Similarly,**[13] when **a person is born, [people] count** the years left **to his death;**

NOTES

1. Since a good name and a fine oil are inherently dissimilar, the Midrash explains the verse's comparison of the two in terms of how they affect, and are affected by, their environment (see *Yefeh To'ar, Imrei Yosher, Eshed HaNechalim*).

2. I.e., its scent travels only a short distance, from one room to another.

3. Even a dead fly spoils the oil, all the more so if the oil comes into contact with a corpse.

4. I.e., one who is extraordinarily righteous and saintly. Many times throughout the remainder of the section, "good name" is taken to refer to someone who is exceptionally righteous, not simply someone with a good reputation. [*Yefeh To'ar* elaborates on why the Midrash stresses the "good name" aspect of the righteous person rather than his righteousness per se.]

5. When a righteous man with a good name "falls upon a dead person," he is not affected by the bad odor; on the contrary, he can sometimes remove it by returning the dead person to life. [Since the second half of the *Ecclesiastes* verse speaks about death, the Midrash also interprets its first half in reference to death (*Maharzu*).]

6. The verse speaks of the prophet Elisha, who was able to bring a dead child back to life by lying on him. Elisha was not negatively affected by the odor of the dead child; on the contrary, his "good name" (righteousness) overpowered death itself by returning the child to life. [*Beur Maharif* adds: And by doing so, his good name spread throughout the world, as people learned of his miraculous act.]

7. In the phrase, *and the day of death than the day of birth,* the adjective (that should precede "than") is missing. The Midrash explains that the adjective "better," found in the first half of the verse (*A good name is better than fine oil*) is meant to extend to the second half of the verse, so that it is saying that the day of death is *better* (or greater) than the day of birth (*Maharzu*).

8. The Midrash understands that the second half of the verse (*and the day of death [is better] than the day of birth*) is referring to a righteous person, like the first half (*A good name is better than fine oil*), which the Midrash has explained as dealing with a righteous person (see note 4).

9. As explained in the parallel texts in *Koheles Rabbah* (7 §1) and *Midrash Tanchuma* (*Vayakhel* §1), the many good deeds that he performed during his lifetime (and in exceptional cases, the miracles that occurred in his merit) are noted by people especially when he dies, since his loss will now be felt by them. People also seek to repay all the good deeds he performed by assisting in his funeral and singing his praises. By contrast, at the time he is born, it is not yet known if he will be a good or bad person.

10. [According to *Eshed HaNechalim* (and others), this interpretation of *the day of death [is better] than the day of his birth* should be seen as a continuation of the explanation that the Midrash gave just previously to the first half of the verse (*A good name is better than fine oil*). Both comments deal with the power of the "good name" to overcome death, and even be enhanced by it.]

11. "Great Sea" generally refers to the Mediterranean Sea or to the Atlantic Ocean, or perhaps to any great sea (see *Beis Yosef* on *Tur Orach Chaim* 228:1).

12. I.e., they celebrated its departure with excitement and fanfare.

13. *Imrei Yosher* and *Maharzu* write that despite the use of the word "similarly," what follows now is not related to the preceding parable. The moral of the parable is actually missing here, and appears in the parallel texts in *Koheles Rabbah* (7 §1) and *Midrash Shmuel* (23:6), where the

סֵדֶר וַיַּקְהֵל

פרשה מח

א וַיַּקְהֵל וְגוֹ'. [לה, ל] "רְאוּ קָרָא ה' בְּשֵׁם בְּצַלְאֵל", [א]הָדָא הוּא דִכְתִיב (קהלת ז, א) "טוֹב שֵׁם מִשֶּׁמֶן טוֹב", כַּמָּה הוֹלֵךְ שֶׁמֶן טוֹב, מִקִּיטוֹן לִטְרַקְלִין, וְשֵׁם טוֹב הוֹלֵךְ מִסּוֹף הָעוֹלָם וְעַד סוֹפוֹ, שֶׁנֶּאֱמַר (דברי הימים-א יד, יז) "וַיֵּצֵא שֵׁם דָּוִיד בְּכָל הָאֲרָצוֹת", שֶׁמֶן טוֹב נוֹפֵל עַל הַמֵּת וְהוּא מַבְאִישׁ, שֶׁנֶּאֱמַר (קהלת י, א) "זְבוּבֵי מָוֶת יַבְאִישׁ יַבִּיעַ שֶׁמֶן רוֹקֵחַ", שֵׁם טוֹב נוֹפֵל עַל הַמֵּת וְאֵינוֹ מַבְאִישׁ, שֶׁנֶּאֱמַר (מלכים-ב ד, לד) "וַיַּעַל וַיִּשְׁכַּב עַל הַיֶּלֶד וְגוֹ' ", (קהלת ז שם) "וְיוֹם הַמָּוֶת מִיּוֹם הִוָּלְדוֹ", יוֹם מִיתָתוֹ שֶׁל אָדָם גָּדוֹל מִיּוֹם לֵידָתוֹ, לָמָּה, שֶׁבַּיּוֹם שֶׁנּוֹלָד בּוֹ אֵין אָדָם יוֹדֵעַ מַה מַּעֲשָׂיו, אֲבָל כְּשֶׁמֵּת מוֹדִיעַ מַעֲשָׂיו לַבְּרִיּוֹת, הֱוֵי "יוֹם הַמָּוֶת מִיּוֹם הִוָּלְדוֹ", אָמַר רַבִּי לֵוִי: מָשָׁל לִשְׁתֵּי סְפִינוֹת שֶׁהָיוּ פּוֹרְשׁוֹת לַיָּם הַגָּדוֹל, אַחַת יוֹצֵאת מִן הַלָּמִין וְאַחַת נִכְנֶסֶת לַלָּמִין, זוֹ שֶׁיּוֹצֵאת הָיוּ הַכֹּל שְׂמֵחִין בָּהּ, זוֹ שֶׁנִּכְנֶסֶת לֹא הָיוּ הַכֹּל שְׂמֵחִין בָּהּ, פִּקֵּחַ אֶחָד הָיָה שָׁם, אָמַר: חִלּוּפֵי הַדְּבָרִים אֲנִי רוֹאֶה כָּאן, זוֹ שֶׁהִיא יוֹצֵאת מִן הַלָּמִין לֹא הָיוּ הַכֹּל צְרִיכִים לִשְׂמוֹחַ, שֶׁאֵינָן יוֹדְעִין בְּאֵיזֶה פֶּרֶק הִיא עוֹמֶדֶת וּמַה יַּמִּים מִזְדַּוְּגִין לָהּ וּמָה רוּחוֹת מִזְדַּוְּגוֹת לָהּ, וְזוֹ שֶׁנִּכְנֶסֶת לַלָּמִין הָיוּ הַכֹּל צְרִיכִין לִשְׂמוֹחַ, לְפִי שֶׁהֵם יוֹדְעִים שֶׁנִּכְנֶסֶת בְּשָׁלוֹם וְיָצְאָה בְּשָׁלוֹם מִן הַיָּם, כָּךְ אָדָם נוֹלָד, מוֹנִין לוֹ לַמִּיתָה, מֵת, מוֹנִין לוֹ לַחַיִּים, וְעָלָיו אָמַר שְׁלֹמֹה (שם שם) "וְיוֹם הַמָּוֶת מִיּוֹם הִוָּלְדוֹ", (שם) "טוֹב שֵׁם מִשֶּׁמֶן טוֹב", טוֹב הָיָה שְׁמוֹתָן שֶׁל חֲנַנְיָה מִישָׁאֵל וַעֲזַרְיָה מִשֶּׁמֶן הַמִּשְׁחָה שֶׁנִּמְשְׁחוּ נָדָב וַאֲבִיהוּא, לָמָּה, שֶׁאֵלּוּ נִכְנְסוּ לְהַקְרִיב וְיָצְאוּ שְׂרוּפִין, וְאֵלּוּ נִכְנְסוּ לְכִבְשַׁן הָאֵשׁ וְיָצְאוּ בְּשָׁלוֹם, הֱוֵי "טוֹב שֵׁם מִשֶּׁמֶן טוֹב", דָּבָר אַחֵר, [ב]"טוֹב שֵׁם מִשֶּׁמֶן טוֹב", טוֹב הָיָה שְׁמוֹ שֶׁל בְּצַלְאֵל מִשֶּׁמֶן הַטּוֹב, לָמָּה, שֶׁפִּרְסְמוֹ הַכָּתוּב, שֶׁנֶּאֱמַר [לה, ל] "רְאוּ קָרָא ה' בְּשֵׁם בְּצַלְאֵל":

עץ יוסף

(א) **הדא הוא דכתיב טוב שם משמן טוב.** כדמסיק בסוף הסימן לענין בצלאל, שפרסם ה' שמו ברבים: **מקיטון.** חדר קטן לפנים מן הטרקלין שהוא חדר גדול: **גדול מיום לידתו.** גדול בחשיבות ומעלה מיום הלידה, שלא נודע ענינו ואפשר שיהיה רע, ובא רבי לוי ומפרש זה על פי משל: **הלמין.** פירוש בלשון יוני חוף הים ומושב הספינות (מוסף הערוך): **זו שיוצאת.** מן הלמין לים: **זו שנכנסה.** מן הים ללמין: **ומה ימים.** איך יהיו הימים אם בהשקט בלי נחשולים או בנחשולים: **כך אדם נולד.** מונין לו למיתה, שבודאי הילודים למות, והוא בספק שירשע ובמותו יהיה נאבד, וכשמת בשם טוב מונין לו לחיי העולם הבא, לכן גדול יום המיתה בחשיבות ומעלה מיום הלידה: **ועליו אמר שלמה ויום המות מיום הולדו.** רוצה לומר שיום המות מיום הולדו, קאי על רישא דקרא, אבעל שם טוב, שבזה טוב יום המות מיום הולדו: **טוב היה שמותן של חנניה מישאל ועזריה כו'.** לזה הפירוש הדמותם זה לזה בכניסתם במקום סכנה, וקאמר שזה נסתכן וזה ניצול: **משמן המשחה שנמשחו נדב ואביהוא.** הכוונה שעל ידי השמן המשחה יתקדש הנפש בקדושה אלהית, כמו שהיו הכהנים המשוחים, אך זה אינו בערך השם הטוב שהוא טובה עצמית, שהאדם מתקדש בעצמו. ולקח ציורו מנדב ואביהוא שנמשחו ונתקדשו בשמן המשחה, אך לא נזהרו בקדושתם, וחנניה מישאל ועזריה שלא נמשחו, רק שהלכו על קידוש השם, ולכן יצאו בשלום: **למה שפרסמו הכתוב שנאמר כו'.** כי אין הכוונה בהשם טוב הגופני שזה כאין, כי אם הכבוד הנפשי, שזהו השם האמתי, שנקרא בשם להורות על תכונתו הנפשית, וזה שאמר, שנאמר ראו קרא ה' בשם בצלאל, ששמו זה מורה על תכונת נפשו, בצלאל, בצל אל:

פירוש מהרז"ו

(א) **טוב שם.** תנחומא כאן ריש ויקהל, קהלת רבה פסוק זה, ועוד כמה אופנים, ובמדרש שמואל פרשה כג באריכות: **שם טוב נופל על המת.** הצדיק בעל שם טוב, כשעולה על המת מחיה אותו, כמו שכתוב (מלכים ב ד, לה) ויעל ויגהר עליו, [וכן (שם א יז, כא) ויתמודד על הילד וגו'], עד (פסוק כג) ראי חי בנך. ולמוד מסופו ויום המות, הרי שגם רישא דקרא מדבר במות: **גדול מיום לידתו.** שתיבת טוב נמשך גם לסיפיה דקרא, כאלו כתוב ויום המות טוב מיום הולדו, ותשוב כמפורש, בכא הוי"ו של ויום המות, ולמוד סיפא דקרא שמדבר בצדיק, מרישא דקרא טוב שם: **יוצאת מן הלמין.** למין פירש במוסף ערוך, בלשון יוני חוף הים, ומקום מושב הספינות יוצאות מן הלמין, לילך בים: **נולד מונין לו למיתה.** כמו שאמרו אבות סוף פרק ד', הילודים למות, והמתים לחיות, והוא פירוש אחר על הפסוק. וכן הוא בהדיא בקהלת רבה, (ובמ"ש פר' כ"ג) שם וכאן חסר בפירוש הראשון, כשנולד אין יודעים מה יהיו מעשיו, וכשמת הצדיק הכל יודעים מעשיו, דבר אחר כשנולד מונים לו למיתה וכו': **של חנניה מישאל ועזריה.** עוד פירוש אחר על מי שנמשח בשמן הטוב, על פי מדה י"ז, וכמו שכתוב כשמן הטוב יורד על הראש, תהלים קל"ג (פסוק ב), שמפורש בתורה שאהרן ובניו נמשחו בשמן המשחה: **שפרסמו הכתוב.** וכמו שאמרו בתנחומא טוב שמו של בצלאל, מבני אהרן שנמשחו בשמן המשחה, שבצלאל הקב"ה מעיד עליו ראו קרא ה' בשם בצלאל:

חידושי הרד"ל

[א] **בשמת מודיע מעשיו.** עיין בקהלת רבה שם (פרשה ז פסוק א). ובתנחומא ריש פרשה זו הלשון מכריזים שבחו ואומרים כמה לדקות ותורה ומצות עשה, וכמו שכתוב בסוף פרק כ"ג דשבת (קנג, א) ואזיל תשמענה דבר מאחריך כו', עיין שם: **מת מונין לו לחיים.** אפשר רוצה לומר מונין ומספרין ימי חייו מה עשה בהן טוב: **שמו של בצלאל משמן הטוב.** היינו נמי מבני אהרן שנמשחו בשמן המשחה, (ולא זכו לפרסמן בשם מפי ה' כבצלאל), כן הובא בתנחומא:

חידושי הרש"ש

[א] **ומה ימים מזדווגין לה.** כי יש מקומות בים אשר המים סובבים שמה בעגול, ואם תבא שם ספינה אבדה תקותה מלהנצל, עיין סה"ב מאמר ח' פרק ד. ועיין לעיל בבראשית רבה פרשה יג סימן ט במעשה דרבי אליעזר ורבי יהושע שנכנסה ספינתן בים למקום שאין המים מהלכין, ובקהלת רבה בפסוק שלח לחמך על פני המים (פרשה יא פסוק א, א) איתא תחבולה נפלאה להמלט ממקום כזה:

באור מהרי"פ

[א] **ויגהר על הילד.** (מלכים ב, ד) ויעל וישכב על הילד וישם פיו על פיו ועיניו על עיניו וכפיו על כפיו ויגהר עליו ויחם בשר הילד. הרי נגע במת ולא קבל ממנו שום ריח רע, ואדרבה היה ריחו ושמו הטוב והלך מסוף העולם ועד סופו, שהחיה את המת: **שמו של בצלאל וכו'.** גם כאן נדרש כמו למעלה, שמן הטוב הולך מקיטון לטרקלין וכו', ולמעלה אמר דרך כלל כדי להדרש על פרטים רבים:

מסורת המדרש

א. קהלת רבה פ' ז' פסוק א'. תנחומא כאן סי' א'. מדרש שמואל פ' כ"ג. ילקוט קהלת רמז תתקע"ג. כל הענין:
ב. ילקוט כאן רמז תי"א כל הענין:

אם למקרא

טוֹב שֵׁם מִשֶּׁמֶן טוֹב וְיוֹם הַמָּוֶת מִיּוֹם הִוָּלְדוֹ: (קהלת ז:א)

וַיֵּצֵא שֵׁם דָּוִיד בְּכָל הָאֲרָצוֹת וַה' נָתַן אֶת פַּחְדּוֹ עַל כָּל הַגּוֹיִם: (דברי הימים א יד:יז)

זְבוּבֵי מָוֶת יַבְאִישׁ יַבִּיעַ שֶׁמֶן רוֹקֵחַ יָקָר מֵחָכְמָה מִכָּבוֹד סִכְלוּת מְעָט: (קהלת י:א)

וַיַּעַל וַיִּשְׁכַּב עַל הַיֶּלֶד וַיָּשֶׂם פִּיו עַל פִּיו וְעֵינָיו עַל עֵינָיו וְכַפָּיו עַל כַּפָּיו וַיִּגְהַר עָלָיו וַיָּחָם בְּשַׂר הַיָּלֶד: (מלכים ב ד:לד)

אמרי יושר

[א] **טוב שם משמן טוב.** לפי שלא יכנסו תחת גדר אחד אמר שהטוביות הוא בהתפשטותו שכוללת ומועיל, אבל השמן טוב כמלך לאוהבו, אם ילא מאללו ופגעוהו לסטים וכבשוהו להריגה לא יוכל הצילו, גם בבחינה אחרת ששם טוב לא יפסד בעת המות, אדרבה ביום מותו מודיע מעשיו לבריות כי הוא לדיק, דקאי אשמן הטוב, דרישא דקרא דאיירי בלדיק: **לשתי ספינות אחד יוצאת מהנמל.** זה משל לאדם הנפטר, **ואחד נכנסת לנמל** זה משל לבא לעולם הזה שהוא ים זועף, זה הים גדול (תהלים קד, כה), ואין יודעין מה סופו, ואין לריכין לשמוח, כי היפך הוא, כי עם המות טוב שנדע מה הוא אדם, אם לדיק ואם נראה לך היפך כפי המפורסם, כמו שהיה טועים באותם הספינות היפך האמת: **אדם נולד מונין לו למיתה.** נראה שהוא טעם ודבר אחד, כי כשנולד אדם מונין למיתה, אבל מת נולד לחיים, כי הוא מועד ומזומן לתחיית המתים מכאן לסך שנים בבוא המשיח, לזה טוב יום המות מיום הלידה, כפי התכלית אשר אליו יקווה: **ועליו אמר שלמה.** על הלדיק, יום המות טוב: **דבר אחר טוב כו' שמו של בצלאל משמן.** המשחה שנמשח אהרן בכהונה, ולא נאמר כלשון הזה בו ראו קרא בשם אהרן:

מתנות כהונה

[א] **מקיטון.** חדר קטן לפנים מן הטרקלין שם יושב המלך ומשתמש בשמן ערב ובמדרש קהלת יש תוספת ועיין שם: **הלמין.** חוף הים נקרא למן מקום שהספינות פורשות שם לים: **באיזה פרק** גרסינן: **ומה ימים.** איך יהיה הימים אם בהשקט בלי נחשולים או בנחשולים. ובמדרש קהלת גרס כמה ימים וכמה רוחות: **מונין לו למיתה.** מונין כמה שנים הוא משנולד ושנתקרב ליום המיתה ומשמת מונין כמה שנים הוא שמת ושנתקרב ליום התחיה לעולם הבא. ועיין לקמן במדרש קהלת הגירסא יותר ארוכה:

אשד הנחלים

[א] **כמה הולך כו' מבאיש כו'.** חשב הן ריחוק המקום המבדיל ומפיג הרוח, והן דבר המנגד לו, והוא ריח רע המבאיש ריח הטוב, אך השם הטוב הולך למרחוק ואין זה מנגדו. והכוונה שהמיתה הוא לפי הראות הניגוד להשם הטוב, אך לא כן הוא כי נהפוך הוא, שיום מיתתו **מודיע מעשיו לבריות**, כי בחייו אין להאמין בו אולי יחטא, אבל במיתתו יודע קיצו וחייתו הטוב, כי כיון **שמת מונים לו לחיים**, כי אז יתחיל החיים הנצחיים אבל בחייו מונים לו למיתתו, והכל הולך אחרי הגמר: **של חנניה מישאל ועזריה כו' נכנסו להקריב כו'.** מפרש הנמשל מהו הטוב הנוגע להנפש וקדושתה, והוא שמן המשחה שעל ידו יתקדש הנפש בקדושה אלהית, כמו שהיו הכהנים המשוחים, אך זה אינו בערך השם הטוב שהוא טובה עצמית שהאדם מתקדש בעצמו. ולקח ציורו מנדב ואביהו שנמשחו ונתקדשו בשמן המשחה, אך לא נזהרו בקדושתן, וחנניה מישאל ועזריה שלא נמשחו רק שהלכו על קדוש השם, ולכן יצאו בשלום: **זה בצלאל כו' למה שפרסמו הכתוב.** כי אין הכוונה בהשם טוב הגופני מכבוד וכדומה, שזה כאין, כי אם הכבוד הנפשי שזהו השם האמיתי, שנקרא בשם להורות על תכונתו הנפשית, כי אם שנקרא בשם בתחילת לידתו שיהיה מוכן לאלה המלאכות הקדושות:

מֵת, מוֹנִין לוֹ לַחַיִּים – **when he dies, they count** the years left **to** his coming back to **life** in the World to Come.[14] **וְעָלָיו אָמַר שְׁלֹמֹה "וְיוֹם הַמָּוֶת מִיּוֹם הִוָּלְדוֹ"** – **And it is in regard to this that** King **Solomon stated,** ***and the day of death [is better] than the day of his birth.***

The Midrash presents another interpretation of the *Ecclesiastes* verse, this time interpreting *fine oil* not as fragrant oil, but as an oil that is "fine" in a spiritual sense:[15]

"טוֹב שֵׁם מִשֶּׁמֶן טוֹב" – Another interpretation of ***A good name is better than fine oil:*** **טוֹב הָיָה שְׁמוֹתָן שֶׁל חֲנַנְיָה מִישָׁאֵל וַעֲזַרְיָה מִשֶּׁמֶן הַמִּשְׁחָה שֶׁנִּמְשְׁחוּ נָדָב וַאֲבִיהוּא** – **The good names of Hananiah, Mishael, and Azariah**[16] **were better** for them **than the anointment oil, with which Nadab and Abihu were anointed,** was for them.[17] **לָמָּה** – **Why** do we say this? **שֶׁאֵלּוּ נִכְנְסוּ לְהַקְרִיב וְיָצְאוּ שְׂרוּפִין** – **Because these** two men, Nadab and Abihu, **entered** the Tabernacle **to bring an** incense **offering and emerged burnt** to death, **וְאֵלּוּ נִכְנְסוּ לְכִבְשַׁן הָאֵשׁ וְיָצְאוּ בְּשָׁלוֹם** – **whereas those** three – Hananiah, Mishael, and Azariah – actually **entered a flaming furnace, and they emerged in peace.**[18] **הֱוֵי "טוֹב שֵׁם מִשֶּׁמֶן טוֹב"** – **Thus** we have explained the verse, ***A good name is better than fine oil.***

The Midrash's final interpretation of the verse in *Ecclesiastes* is the one that is relevant to our passage in *Exodus:*

דָּבָר אַחֵר, "טוֹב שֵׁם מִשֶּׁמֶן טוֹב" – **Another interpretation** of ***A good name is better than fine oil***: **טוֹב הָיָה שְׁמוֹ שֶׁל בְּצַלְאֵל מִשֶּׁמֶן הַטּוֹב** – This alludes to us that **the name of Bezalel was better than fine oil.**[19] **לָמָּה, שֶׁפִּרְסְמוֹ הַכָּתוּב** – **Why? Because Scripture** itself **publicized [his good name],** **שֶׁנֶּאֱמַר "רְאוּ קָרָא ה' בְּשֵׁם בְּצַלְאֵל"** – **as it is stated,** ***See, HASHEM has proclaimed by name, Bezalel*** (v. 30).

NOTES

Midrash concludes: Likewise, whereas one's friends and relatives generally rejoice when he is born and mourn his death, the exact opposite should occur. When he is born they should be wary that he may stray from the righteous path; when he dies with a good name, they should rejoice that he has passed life's tests successfully. [See Insight Ⓐ.] What follows now in the Midrash is a new interpretation of the verse, *and the day of death [is better] than the day of his birth.*

14. A person has a finite number of years to live in this world. Thus, when people count how old an individual is, in reality they are also measuring how much closer he is to death. By contrast, when recalling a deceased person, one counts how many years have gone by since he died, or equivalently how many years closer he is to being revivified in the World to Come. Thus, the day of death is better than the day of birth, in terms of what one has to look forward to in the future (*Matnos Kehunah, Imrei Yosher*).

15. Specifically, the "anointment oil" described above, 30:23ff. This oil was used to anoint the Tabernacle and its vessels, as well as the Kohanim (Aaron and his sons), thereby endowing them with a status of sanctity and enabling them to be part of the Divine service (*Eshed HaNechalim, Eitz Yosef*).

16. I.e., their righteousness (see above, note 4).

17. Aaron and his four sons – Nadab, Abihu, Elazar, and Ithamar – were anointed with the "anointing oil," and were thereby imbued with the sanctity of priesthood. Hananiah, Mishael, and Azariah were never anointed, but they attained sanctity through their tremendous righteous deeds ("good name" – see note 4). The sanctity that these three men had – which they had earned through righteous deeds ("good name"), such as their willingness to face death rather than bow to Nebuchadnezzar's idol (see *Daniel* Ch. 3) – was more potent than that attained by Aaron's sons through the ceremony of anointment, as the Midrash goes on to explain.

18. As recounted in *Daniel* Ch. 3. Despite being sanctified by anointing oil, Nadab and Abihu could not even survive in an area that was not meant to kill (see *Leviticus* 10:1-3). By contrast, the "good name" (righteousness) of Hananiah, Mishael, and Azariah so elevated their level of spirituality that they were even protected from the raging fires of the furnace (*Eitz Yosef*).

19. Like the interpretation above that spoke of the oil's scent wafting to the adjacent room, this interpretation explains the advantage of a good name over fine oil in terms of its far-reaching effect. Here, however, instead of focusing on a good name's ability to travel far and wide, the Midrash notes that a good name is something that is given recognition by God Himself, which is a great honor and is moreover everlasting. Bezalel's great righteousness and spirituality was vouched for and proclaimed by God, and in that sense it was better than the sweet scent of fine oil (*Yefeh To'ar*). According to this interpretation, רְאֵה קָרָאתִי בְשֵׁם בְּצַלְאֵל would be translated, "See that Hashem has proclaimed the good name of Bezalel" (see *Midrash Tanchuma* here). See Insight Ⓑ.

INSIGHTS

Ⓐ **Of Seas and Souls** The idea that life in this world can be compared to a sea voyage is a common theme in Torah literature. The medieval work *Bechinos Olam* writes in a widely quoted passage that the world is like a raging sea, full of the hazards and hardships that make life such a challenge to navigate. In his commentary to *Jonah* (1:3), the *Vilna Gaon* sees the ship in which Jonah set out to sea as a metaphor for the human body, which carries the soul and travels from the shore of birth to the opposite shore of death and the Afterlife (see ArtScroll *Jonah* 1:3-4).

Citing *Bechinos Olam* and later works, *R' Dovid Shlomo Eibeshitz* (*Arvei Nachal, Ki Seitzei* 85b-86a) explains the symbolism in greater detail.

The chief pitfalls of this world are lust, honor-seeking, and jealousy (see *Avos* 4:21), each of which is symbolized in some way by the sea. With respect to lust the Sages observed that "no human being ends his life with even half of his desires in hand" (*Koheles Rabbah* 1 §32; 3 §13). No matter how much a person indulges in sensual pleasures or succeeds in accumulating material wealth, he will never feel satisfied. "If a person has one hundred, he will want two hundred; and when he has two hundred, he will want four hundred." The elusive nature of worldly fulfillment is reflected by the sea, for *All the rivers flow into the sea, yet the sea is never full* (*Koheles* 1:7).

The second major pitfall is honor-seeking. This weakness stems from arrogance, a trait that is symbolized by the waves of the sea. Just as each wave tries to rise as high it can, and yet inevitably crashes down, so the arrogant build themselves up as much as possible, only to fall in the end, whether in this world or the next.

Jealousy is the third snare of this world. Those caught up in it are constantly striving to outdo their neighbors, just as the waves of the sea seem determined to overtake the ones that came before them.

There are other parallels between the sea and the challenges of human life: The sea's waves have no staying power – they endlessly come and go; as one disappears another rises up to take its place. This represents the way the temptations and thoughts aroused by the evil inclination constantly shift from one thing to another, without any coherence or consistency.

There is another aspect to the waves of the sea. Despite their constant forward thrust, they do not cross the boundaries that God established for them. They will crash upon the shore and seem poised to overrun the land, only to reach their limit and slip back into the sea. In a similar way, it is true that the evil inclination relentlessly goads a person to sin, and, never satisfied with any degree of success, can lead him inexorably from one sin to another (in accordance with the adage "one sin brings another in its wake" — *Avos* 4:2). But even when it seems poised to overrun the person, God has provided its limits. For the forward drive of the evil inclination can be checked — and even rolled back — by the sanctifying force of repentance.

Ⓑ **Earning a Good Name** *A good name is better than fine oil.* It seems odd for Scripture to judge the relative merits of two completely unrelated items: an abstract descriptive term and a concrete [food] item. To bring the second item into closer equivalence with the first, our Midrash interprets "fine oil" as the anointing oil, which confers an abstract spiritual quality — priestliness — upon its recipient (see *Yefeh To'ar*).

But why is a good name better than the anointing oil? Several

סֵדֶר וַיַּקְהֵל

פרשה מח

א וַיַּקְהֵל וְגוֹ'. [לה, ל] "רְאוּ קָרָא ה' בְּשֵׁם בְּצַלְאֵל", [א]הָדָא הוּא דִכְתִיב (קהלת ז, א) "טוֹב שֵׁם מִשֶּׁמֶן טוֹב", כַּמָּה הוֹלֵךְ שֶׁמֶן טוֹב, מִקִּיטוֹן לִטְרַקְלִין, וְשֵׁם טוֹב הוֹלֵךְ מִסּוֹף הָעוֹלָם וְעַד סוֹפוֹ, שֶׁנֶּאֱמַר (דברי הימים־א יד, יז) "וַיֵּצֵא שֵׁם דָּוִיד בְּכָל הָאֲרָצוֹת", שֶׁמֶן טוֹב נוֹפֵל עַל הַמֵּת וְהוּא מַבְאִישׁ, שֶׁנֶּאֱמַר (קהלת י, א) "זְבוּבֵי מָוֶת יַבְאִישׁ יַבִּיעַ שֶׁמֶן רוֹקֵחַ", שֵׁם טוֹב נוֹפֵל עַל הַמֵּת וְאֵינוֹ מַבְאִישׁ, שֶׁנֶּאֱמַר (מלכים־ב ד, לד) "וַיַּעַל וַיִּשְׁכַּב עַל הַיֶּלֶד וְגוֹ'", (קהלת ז שם) "וְיוֹם הַמָּוֶת מִיּוֹם הִוָּלְדוֹ", יוֹם מִיתָתוֹ שֶׁל אָדָם גָּדוֹל מִיּוֹם לֵידָתוֹ, לָמָּה, שֶׁבַּיּוֹם שֶׁנּוֹלָד בּוֹ אֵין אָדָם יוֹדֵעַ מַה מַּעֲשָׂיו, אֲבָל בִּשְׁמֵת מוֹדִיעַ מַעֲשָׂיו לַבְּרִיּוֹת, הֱוֵי "יוֹם הַמָּוֶת מִיּוֹם הִוָּלְדוֹ", אָמַר רַבִּי לֵוִי: מָשָׁל לִשְׁתֵּי סְפִינוֹת שֶׁהָיוּ פּוֹרְשׁוֹת לַיָּם הַגָּדוֹל, אַחַת יוֹצֵאת מִן הַלָּמִין וְאַחַת נִכְנֶסֶת לַלָּמִין, זוֹ שֶׁיּוֹצֵאת הָיוּ הַכֹּל שְׂמֵחִין בָּהּ, זוֹ שֶׁנִּכְנֶסֶת לֹא הָיוּ הַכֹּל שְׂמֵחִין בָּהּ, פִּקֵּחַ אֶחָד הָיָה שָׁם, אָמַר: חִלּוּפֵי הַדְּבָרִים אֲנִי רוֹאֶה כָּאן, זוֹ שֶׁהִיא יוֹצֵאת מִן הַלָּמִין לֹא הָיוּ הַכֹּל צְרִיכִים לִשְׂמוֹחַ, שֶׁאֵינָן יוֹדְעִין בְּאֵיזֶה פֶּרֶק הִיא עוֹמֶדֶת וּמַה יַּמִּים מִזְדַּוְּגִין לָהּ וּמָה רוּחוֹת מִזְדַּוְּגוֹת לָהּ, וְזוֹ שֶׁנִּכְנֶסֶת לַלָּמִין הָיוּ הַכֹּל צְרִיכִין לִשְׂמוֹחַ, לְפִי שֶׁהֵם יוֹדְעִים שֶׁנִּכְנֶסֶת בְּשָׁלוֹם וְיָצְאָה בְּשָׁלוֹם מִן הַיָּם, כָּךְ אָדָם נוֹלָד, מוֹנִין לוֹ לַמִּיתָה, מֵת, מוֹנִין לוֹ לַחַיִּים, וְעָלָיו אָמַר שְׁלֹמֹה (שם שם) "וְיוֹם הַמָּוֶת מִיּוֹם הִוָּלְדוֹ", (שם) "טוֹב שֵׁם מִשֶּׁמֶן טוֹב", טוֹב הָיָה שְׁמוֹתָן שֶׁל חֲנַנְיָה מִישָׁאֵל וַעֲזַרְיָה מִשֶּׁמֶן הַמִּשְׁחָה שֶׁנִּמְשְׁחוּ נָדָב וַאֲבִיהוּא, לָמָּה, שֶׁאֵלּוּ נִכְנְסוּ לְהַקְרִיב וְיָצְאוּ שְׂרוּפִין, וְאֵלּוּ נִכְנְסוּ לְכִבְשַׁן הָאֵשׁ וְיָצְאוּ בְּשָׁלוֹם, הֱוֵי "טוֹב שֵׁם מִשֶּׁמֶן טוֹב", דָּבָר אַחֵר, [ב]"טוֹב שֵׁם מִשֶּׁמֶן טוֹב", טוֹב הָיָה שְׁמוֹ שֶׁל בְּצַלְאֵל מִשֶּׁמֶן הַטּוֹב, לָמָּה, שֶׁפִּרְסְמוֹ הַכָּתוּב, שֶׁנֶּאֱמַר [לה, ל] "רְאוּ קָרָא ה' בְּשֵׁם בְּצַלְאֵל":

עץ יוסף

(א) הדא הוא דכתיב טוב שם משמן טוב. כדמסיק בסוף הסימן לענין בצלאל, שפרסם ה' שמו ברבים: **מקיטון.** חדר קטן לפנים מן הטרקלין שהוא חדר גדול: **גדול מיום לידתו.** גדול בחשיבות ומעלה מיום הלידה, שלא נודע ענינו ואפשר שיהיה רע, ובא רבי לוי ומפרש זה על פי משל: **הלמין.** פירוש בלשון יוני חוף הים ומושב הספינות (מוסף הערוך): **זו שיוצאת.** מן הלמין לים: **זו שנכנסה.** מן הים ללמין: **ומה ימים.** איך יהיו הימים אם בהשקט בלי נחשולים או בנחשולים: **כך אדם נולד.** מונין לו למיתה, שבודאי הילודים למות, והוא בספק שירשע ובמותו יהיה נאבד, וכשמת בשם טוב מונין לו לחיי העולם הבא, לכן גדול יום המיתה בחשיבות ומעלה מיום הלידה: **ועליו אמר שלמה ויום המות מיום הולדו.** רוצה לומר שיום המות מיום הולדו, קאי על רישא דקרא, אבעל שם טוב, שבזה טוב יום המות מיום הולדו: **טוב היה שמותן של חנניה מישאל ועזריה כו'.** לזה הפירוש הדמותם זה לזה בכניסתם במקום סכנה, וקאמר שזה נסתכן וזה ניצול: **משמן המשחה שנמשחו נדב ואביהוא.** הכוונה שעל ידי השמן המשחה יתקדש הנפש בקדושה אלהית, כמו שהיו הכהנים המשוחים, אך זה אינו בערך השם הטוב שהוא טובה עצמית, שהאדם מתקדש בעצמו. ולקח ציורו מנדב ואביהוא שנמשחו ונתקדשו בשמן המשחה, אך לא נזהרו בקדושתם, וחנניה מישאל ועזריה שלא נמשחו, רק שהלכו על קידוש השם, ולכן יצאו בשלום: **למה שפרסמו הכתוב שנאמר כו'.** כי אין הכוונה בהשם טוב הגופני שזה כאין, כי אם הכבוד הנפשי, שזהו השם האמתי, שנקרא בשם להורות על תכונתו הנפשית, וזה שאמר, שנאמר ראו קרא ה' בשם בצלאל, ששמו זה מורה על תכונת נפשו, בצלאל, בצל אל:

פירוש מהרז"ו

(א) טוב שם. תנחומא כאן ריש ויקהל, קהלת רבה פסוק זה, ועוד כמה אופנים, ובמדרש שמואל פרשה כג באריכות: **שם טוב נופל על המת.** הצדיק בעל שם טוב, כשעולה על המת מחיה אותו, כמו שכתוב (מלכים ב ד, לה) ויעל ויגהר עליו, [וכן (שם א יז, כא) ויתמודד על הילד וגו'], עד (פסוק כג) ראי חי בנך. ולמוד מסופו ויום המות, הרי שגם רישא דקרא מדבר במת: **גדול מיום לידתו.** שתיבת טוב נמשך גם לסיפיה דקרא, כאלו כתוב ויום המות טוב מיום הולדו, וחשוב כמפורש, בכח הוי"ו של ויום המות, ולמוד סיפא דקרא שמדבר בצדיק, מרישא דקרא טוב שם: **יוצאת מן הלמין.** למין פירש במוסף ערוך, בלשון יוני חוף הים, ומקום מושב הספינות יוצאות מן הלמין, לילך בים: **נולד מונין לו למיתה.** כמו שאמרו אבות סוף פרק ד', הילודים למות, והמתים לחיות, והוא פירוש אחר על הפסוק. וכן הוא בהדיא בקהלת רבה, (ובמ"ש פר' כ"ג) שם וכאן חסר בפירוש הראשון, כשנולד אין יודעים מה יהיו מעשיו, וכשמת הצדיק הכל יודעים מעשיו, דבר אחר כשנולד מונים לו למיתה וכו': **של חנניה מישאל ועזריה.** עוד פירוש אחר על מי שנמשח בשמן הטוב, על פי מדה י"ז, וכמו שכתוב כשמן הטוב יורד על הראש, תהלים קל"ג (פסוק ב), שמפורש בתורה שאהרן ובניו נמשחו בשמן המשחה: **שפרסמו הכתוב.** וכמו שאמרו בתנחומא טוב שמו של בצלאל, מבני אהרן שנמשחו בשמן המשחה, שבצלאל הקב"ה מעיד עליו ראו קרא ה' בשם בצלאל:

חידושי הרד"ל

[א] בשמת מודיע מעשיו. עיין בקהלת רבה שם (פרשה ז פסוק א). ובתנחומא ריש פרשה זו הלשון מכריזים שבחו ואומרים כמה צדקות ותורה ומצות עשה, וכמו שכתוב בסוף פרק כ"ג דשבת (קנג, א) ואזניך תשמענה דבר מאחריך כו', עיין שם: **מת מונין לו לחיים.** אפשר רוצה לומר מונין ומספרין ימי חייו מה עשה בהן טוב: **שמו של בצלאל משמן הטוב.** היינו נמי מבני אהרן שנמשחו בשמן המשחה, (ולא זכו לפרסמן בשם מפי ה' כבצלאל), כן הובא בתנחומא:

חידושי הרש"ש

[א] ומה ימים מזדווגין לה. כי יש מקומות בים אשר המים סובבים שמה בעגול, ואם תבא שם ספינה אבדה תקותה מלהנצל, עיין סה"ב מאמר ח' פרק ד. ועיין לעיל בבראשית רבה פרשה יג סימן ט במעשה דרבי אליעזר ורבי יהושע שנכנסה ספינתן בים למקום שאין המים מהלכין, ובקהלת רבה בפסוק שלח לחמך על פני המים (פרשה יא פסוק א, א) איתא תחבולה נפלאה להמלט ממקום כזה:

באור מהרי"פ

[א] ויגהר על הילד. (מלכים ב, ד) ויעל וישכב על הילד וישם פיו על פיו ועיניו על עיניו וכפיו על כפיו ויגהר עליו ויחם בשר הילד. הרי נגע במת ולא קבל ממנו שום ריח רע, ואדרבה היה ריחו ושמו הטוב והלך מסוף העולם ועד סופו, שהחיה את המת: **שמו של בצלאל וכו'.** גם כאן נדרש כמו למעלה, שמן הטוב הולך מקיטון לטרקלין וכו', ולמעלה אמר דרך כלל כדי להדרש על פרטים רבים:

מסורת המדרש

א. קהלת רבה פ' ז' פסוק א'. תנחומא כאן סי' א'. מדרש שמואל פ' כ"ג. ילקוט קהלת רמז תתקע"ג. כל הענין:
ב. ילקוט כאן רמז ת"א כל הענין:

אם למקרא

טוֹב שֵׁם מִשֶּׁמֶן טוֹב וְיוֹם הַמָּוֶת מִיּוֹם הִוָּלְדוֹ: (קהלת ז:א)

וַיֵּצֵא שֵׁם דָּוִיד בְּכָל הָאֲרָצוֹת וַה' נָתַן אֶת פַּחְדּוֹ עַל כָּל הַגּוֹיִם: (דברי הימים א יד:יז)

זְבוּבֵי מָוֶת יַבְאִישׁ יַבִּיעַ שֶׁמֶן רוֹקֵחַ יָקָר מֵחָכְמָה מִכָּבוֹד סִכְלוּת מְעָט: (קהלת י:א)

וַיַּעַל וַיִּשְׁכַּב עַל הַיֶּלֶד וַיָּשֶׂם פִּיו עַל פִּיו וְעֵינָיו עַל עֵינָיו וְכַפָּיו עַל כַּפָּו וַיִּגְהַר עָלָיו וַיָּחָם בְּשַׂר הַיָּלֶד: (מלכים ב ד:לד)

אמרי יושר

[א] טוב שם משמן טוב. לפי שלא יכנסו תחת גדר אחד אמר שהטוביות הוא בהתפשטותו שכוללת ומועיל, אבל השמן טוב כמלך לאוהבו, אם יצא מאצלו ופגעוהו לסטים וכבשוהו להריגה לא יוכל הצילו, גם בבחינה אחרת שהשם טוב לא יפסד בעת המות, אדרבה ביום מותו מודיע מעשיו לבריות כי הוא צדיק, דקאי אשמן הטוב, דרישא דקרא דאיירי בצדיק: **לשתי ספינות אחד יוצאת מהנמל.** זה משל לאדם הנפטר, **ואחד נכנסת לנמל** זה משל לבא לעולם הזה שהוא ים זועף, זה הים גדול (תהלים קד, כה), ואינן יודעין מה סופו, ואין צריכין לשמוח, כי היפך הוא, כי עם המות טוב שנדע מה הוא אדם, אם צדיק ואם נראה לך היפך כפי המפורסם, כמו שהיה טועים באותם הספינות היפך האמת: **אדם נולד מונין לו למיתה.** נראה שהוא טעם ודבר אחד, כי כשנולד אדם מונין למיתה, אבל מת נולד לחיים, כי הוא מועד ומזומן לתחיית המתים מכאן לסך שנים בבוא המשיח, לזה טוב יום המות מיום הלידה, כפי התכלית אשר אליו יקווה: **ועליו אמר שלמה.** על הצדיק, יום המות טוב: **דבר אחר טוב כו' שמו של בצלאל משמן.** המשחה שנמשח אהרן בכהונה, ולא נאמר כלשון הזה בו ראו קרא בשם אהרן:

מתנות כהונה

[א] מקיטון. חדר קטן לפנים מן הטרקלין שם יושב המלך ומשתמש בשמן ערב ובמדרש קהלת יש תוספת ועיין שם: **הלמין.** חוף הים נקרא למן מקום שהספינות פורשות שם לים: **באיזה פרק** גרסינן: **ומה ימים.** איך יהיה הימים אם בהשקט בלי נחשולים או בנחשולים. ובמדרש קהלת גרס כמה ימים וכמה רוחות: **מונין לו למיתה.** מונין כמה שנים הוא משנולד ושנתקרב ליום המיתה ומשמת מונין כמה שנים הוא שמת ושנתקרב ליום התחיה לעולם הבא. ועיין לקמן במדרש קהלת הגירסא יותר ארוכה:

אשד הנחלים

[א] כמה הולך כו' מבאיש כו'. חשב הן ריחוק המקום המבדיל ומפיג הרוח, והן דבר המנגד לו, והוא ריח רע המבאיש ריח הטוב, אך השם הטוב הולך למרחוק ואין זה מנגדו. והכוונה שהמיתה הוא לפי הראות הניגוד להשם הטוב, אך לא כן הוא כי נהפוך הוא, שיום מיתתו **מודיע מעשיו לבריות**, כי בחייו אין להאמין בו אולי יחטא, אבל במיתתו יודע קיצו וחייתו הטוב, כי כיון **שמת מונים לו לחיים**, כי אז יתחיל החיים הנצחיים אבל בחייו מונים לו למיתתו, והכל הולך אחרי הגמר: **של חנניה מישאל ועזריה כו' נכנסו להקריב כו'.** מפרש הנמשל מהו הטוב הנוגע להנפש וקדושתה, והוא שמן המשחה שעל ידו יתקדש הנפש בקדושה אלהית, כמו שהיו הכהנים המשוחים, אך זה אינו בערך השם הטוב שהוא טובה עצמית שהאדם מתקדש בעצמו. ולקח ציורו מנדב ואביהו שנמשחו ונתקדשו בשמן המשחה, אך לא נזהרו בקדושתן, וחנניה מישאל ועזריה שלא נמשחו רק שהלכו על קדוש השם, ולכן יצאו בשלום: **זה בצלאל כו' למה שפרסמו הכתוב.** כי אין הכוונה בהשם טוב הגופני מכבוד וכדומה, שזה כאין, כי אם הכבוד הנפשי שזהו השם האמיתי, שנקרא בשם להורות על תכונתו הנפשית, כי אם שנקרא בשם בתחילת לידתו שיהיה מוכן לאלה המלאכות הקדושות:

INSIGHTS

commentators (see *Maharal, Nesivos Olam, Nesiv Shem Tov* §1; *Sfas Emes, Shemos* 5631, quoting *Chidushei HaRim*; *Tiferes Shimshon, Maamarim*, pp. 174-176) explain that there are two kinds of personal eminence. The "fine oil" variety consists of those who received their status from without, by inheritance or as a gift, just as a Kohen inherits the right to be a member of the priesthood. Those of "good name" distinction, on the other hand, are those whose status comes from within, built up through their dedication, hard work, and good deeds. Like a given name, their eminence is individualistic and personal.

Nachalas Eliezer (cited in *Chochmas HaMatzpun, Vayakhel* §946) elaborates on this idea. On the surface, the two groups may seem equal, both of them lofty and distinguished. It is only when they are put to the test that the differences between them become apparent. An illustration of this point is found in the very first chapter of *Psalms*, which draws a contrast between the righteous and the wicked: *He [the righteous person] shall be like a tree deeply rooted alongside brooks of water... Not so the wicked; rather [they are] like the chaff that the wind drives away.* As long as the air is calm and the chaff is lying still, one could believe that the plant material is attached to the ground. In a similar way, the "wicked" of which King David speaks actually appear to be firm in their faith and reliably loyal to God and the Torah. But then the winds of godlessness begin blowing, and the rootless "chaff" is easily swept up and propelled in whatever direction the wind blows. The righteous, on the other hand, who are truly steadfast in their devotion to God, are as impervious to the wind as deeply rooted trees.

Along these lines, our Midrash explores the difference between the two groups from three different angles. The first examines the "range" of their righteousness: how far they can wander without losing their spiritual focus. The fragrance of fine oil, as good as it may be, can travel only from one chamber to the next. In other words, people who depend on external factors for their spiritual status are able to maintain their integrity only in the most supportive surroundings, among family, friends, and like-minded acquaintances. Once they venture out of this inner circle, they become disoriented by the stray winds blowing in every direction. By contrast, those who earned a good name for themselves by drawing their spiritual fortitude from within can travel "from one end of the world to the other" without being affected by the atmosphere around them. The exemplar of this admirable quality is Joseph, the righteous son of our forefather Jacob, who was driven away from his family to Egypt, where he guarded his purity despite the decadence that surrounded him on all sides.

The Midrash's second comparison teaches that there are those who have internalized their spiritual attainments to a great extent but still must be characterized as fine oil, for, like fine oil, when they "fall on a dead person, they become malodorous." That is, when they come into contact with the wicked — who, in terms of their contribution to the Divine cause, are likened to the dead even as they live — they cannot help but absorb some of the negative influence and carry off a measure of the bad odor that comes with it. A "good name," however, remains immune. People with this quality even manage to exert a positive influence on the unholy people with whom they are forced to associate.

Third, those of the "fine oil" category, including Aaron's sons Nadab and Abihu, who achieved their priestly status by virture of the anointing oil, can enter a holy site like the Tabernacle and nonetheless stumble — such as by bringing an unauthorized offering or by issuing halachic decisions without due consultation — and be burned to death. At the same time, those with a "good name," exemplified by the "self-made" righteous men Hananiah, Mishael, and Azariah, can be thrown into a flaming furnace and emerge unscathed.

The quality of having a good name was what recommended Bezalel for his position as the principal builder of the Tabernacle. *"See, HASHEM has proclaimed by name, Bezalel son of Uri ... "* According to *Daas Zekeinim* (ad loc.), this announcement was necessary because the people had originally thought otherwise. Seeing that Bezalel was descended from Moses' sister, Miriam, they accused Moses of favoring his relatives, since several other positions had already been awarded to other members of the family. In light of what we have seen, Moses' response is alluded to in the verse, *HASHEM has proclaimed Bezalel by name;* He has chosen him based on his good name, on the effort he has invested in developing his own spiritual potential, without relying on his distinguished lineage. This is not something to jealously oppose, for anyone can reach the same lofty level with the same degree of discipline and dedication.

[See *Maharal* ibid. for a somewhat similar approach.]

סֵדֶר וַיַּקְהֵל

פרשה מח

א וַיַּקְהֵל וְגוֹ'. [לה, ל] "רְאוּ קָרָא ה' בְּשֵׁם בְּצַלְאֵל", [א]הָדָא הוּא דִכְתִיב (קהלת ז, א) "טוֹב שֵׁם מִשֶּׁמֶן טוֹב", כַּמָּה הוֹלֵךְ שֶׁמֶן טוֹב, מִקִּיטוֹן לִטְרַקְלִין, וְשֵׁם טוֹב הוֹלֵךְ מִסּוֹף הָעוֹלָם וְעַד סוֹפוֹ, שֶׁנֶּאֱמַר (דברי הימים־א יד, יז) "וַיֵּצֵא שֵׁם דָּוִיד בְּכָל הָאֲרָצוֹת", שֶׁמֶן טוֹב נוֹפֵל עַל הַמֵּת וְהוּא מַבְאִישׁ, שֶׁנֶּאֱמַר (קהלת י, א) "זְבוּבֵי מָוֶת יַבְאִישׁ יַבִּיעַ שֶׁמֶן רוֹקֵחַ", שֵׁם טוֹב נוֹפֵל עַל הַמֵּת וְאֵינוֹ מַבְאִישׁ, שֶׁנֶּאֱמַר (מלכים־ב ד, לד) "וַיַּעַל וַיִּשְׁכַּב עַל הַיֶּלֶד וְגוֹ'", (קהלת ז שם) "וְיוֹם הַמָּוֶת מִיּוֹם הִוָּלְדוֹ", יוֹם מִיתָתוֹ שֶׁל אָדָם גָּדוֹל מִיּוֹם לֵידָתוֹ, לָמָּה, שֶׁבַּיּוֹם שֶׁנּוֹלָד בּוֹ אֵין אָדָם יוֹדֵעַ מַה מַּעֲשָׂיו, אֲבָל כְּשֶׁמֵּת מוֹדִיעַ מַעֲשָׂיו לַבְּרִיּוֹת, הֱוֵי "יוֹם הַמָּוֶת מִיּוֹם הִוָּלְדוֹ", אָמַר רַבִּי לֵוִי: מָשָׁל לִשְׁתֵּי סְפִינוֹת שֶׁהָיוּ פּוֹרְשׁוֹת לַיָּם הַגָּדוֹל, אַחַת יוֹצֵאת מִן הַלָּמִין וְאַחַת נִכְנֶסֶת לַלָּמִין, זוֹ שֶׁיּוֹצֵאת הָיוּ הַכֹּל שְׂמֵחִין בָּהּ, זוֹ שֶׁנִּכְנֶסֶת לֹא הָיוּ הַכֹּל שְׂמֵחִין בָּהּ, פִּקֵּחַ אֶחָד הָיָה שָׁם, אָמַר: חִלּוּפֵי הַדְּבָרִים אֲנִי רוֹאֶה כָּאן, זוֹ שֶׁהִיא יוֹצֵאת מִן הַלָּמִין לֹא הָיוּ הַכֹּל צְרִיכִים לִשְׂמוֹחַ, שֶׁאֵינָן יוֹדְעִין בְּאֵיזֶה פֶּרֶק הִיא עוֹמֶדֶת וּמַה יַּמִּים מִזְדַּוְּוגִין לָהּ וּמָה רוּחוֹת מִזְדַּוְּוגוֹת לָהּ, וְזוֹ שֶׁנִּכְנֶסֶת לַלָּמִין הָיוּ הַכֹּל צְרִיכִין לִשְׂמוֹחַ, לְפִי שֶׁהֵם יוֹדְעִים שֶׁנִּכְנֶסֶת בְּשָׁלוֹם וְיָצְאָה בְּשָׁלוֹם מִן הַיָּם, כָּךְ אָדָם נוֹלָד, מוֹנִין לוֹ לַמִּיתָה, מֵת, מוֹנִין לוֹ לַחַיִּים, וְעָלָיו אָמַר שְׁלֹמֹה (שם שם) "וְיוֹם הַמָּוֶת מִיּוֹם הִוָּלְדוֹ", (שם) "טוֹב שֵׁם מִשֶּׁמֶן טוֹב", טוֹב הָיָה שְׁמוֹתָן שֶׁל חֲנַנְיָה מִישָׁאֵל וַעֲזַרְיָה מִשֶּׁמֶן הַמִּשְׁחָה שֶׁנִּמְשְׁחוּ נָדָב וַאֲבִיהוּא, לָמָּה, שֶׁאֵלּוּ נִכְנְסוּ לְהַקְרִיב וְיָצְאוּ שְׂרוּפִין, וְאֵלּוּ נִכְנְסוּ לְכִבְשַׁן הָאֵשׁ וְיָצְאוּ בְּשָׁלוֹם, הֱוֵי "טוֹב שֵׁם מִשֶּׁמֶן טוֹב", דָּבָר אַחֵר, [ב]"טוֹב שֵׁם מִשֶּׁמֶן טוֹב", טוֹב הָיָה שְׁמוֹ שֶׁל בְּצַלְאֵל מִשֶּׁמֶן הַטּוֹב, לָמָּה, שֶׁפִּרְסְמוֹ הַכָּתוּב, שֶׁנֶּאֱמַר [לה, ל] "רְאוּ קָרָא ה' בְּשֵׁם בְּצַלְאֵל":

עץ יוסף

(א) הדא הוא דכתיב טוב שם משמן טוב. כדמסיק בסוף הסימן לענין בצלאל, שפרסם ה' שמו ברבים: **מקיטון.** חדר קטן לפנים מן הטרקלין שהוא חדר גדול: **גדול מיום לידתו.** גדול בחשיבות ומעלה מיום הלידה, שלא נודע ענינו ואפשר שיהיה רע, ובא רבי לוי ומפרש זה על פי משל: **הלמין.** פירוש בלשון יוני חוף הים ומושב הספינות (מוסף הערוך): **זו שיוצאת.** מן הלמין לים: **זו שנכנסה.** מן הים ללמין: **ומה ימים.** איך יהיו הימים אם בהשקט בלי נחשולים או בנחשולים: **כך אדם נולד.** מונין לו למיתה, שבודאי הילודים למות, והוא בספק שירשע ובמותו יהיה נאבד, וכשמת בשם טוב מונין לו לחיי העולם הבא, לכן גדול יום המיתה בחשיבות ומעלה מיום הלידה: **ועליו אמר שלמה ויום המות מיום הולדו.** רוצה לומר שיום המות מיום הולדו, קאי על רישא דקרא, אבעל שם טוב, שבזה טוב יום המות מיום הולדו: **טוב היה שמותן של חנניה מישאל ועזריה כו'.** לזה הפירוש הדמותם זה לזה בכניסתם במקום סכנה, וקאמר שזה נסתכן וזה ניצול: **משמן המשחה שנמשחו נדב ואביהוא.** הכוונה שעל ידי השמן המשחה יתקדש הנפש בקדושה אלהית, כמו שהיו הכהנים המשוחים, אך זה אינו בערך השם הטוב שהוא טובה עצמית, שהאדם מתקדש בעצמו. ולקח ציורו מנדב ואביהוא שנמשחו ונתקדשו בשמן המשחה, אך לא נזהרו בקדושתם, וחנניה מישאל ועזריה שלא נמשחו, רק שהלכו על קידוש השם, ולכן יצאו בשלום: **למה שפרסמו הכתוב שנאמר כו'.** כי אין הכוונה בהשם טוב הגופני שזה כאין, כי אם הכבוד הנפשי, שזהו השם האמתי, שנקרא בשם להורות על תכונתו הנפשית, וזה שאמר, שנאמר ראו קרא ה' בשם בצלאל, ששמו זה מורה על תכונת נפשו, בצלאל, בצל אל:

פירוש מהרז"ו

(א) טוב שם. תנחומא כאן ריש ויקהל, קהלת רבה פסוק זה, ועוד כמה אופנים, ובמדרש שמואל פרשה כג באריכות: **שם טוב נופל על המת.** הצדיק בעל שם טוב, כשעולה על המת מחיה אותו, כמו שכתוב (מלכים ב ד, לה) ויעל ויגהר עליו, [וכן (שם א יז, כא) ויתמודד על הילד וגו'], עד (פסוק כג) ראי חי בנך. ולמוד מסופו ויום המות, הרי שגם רישא דקרא מדבר במות: **גדול מיום לידתו.** שחיבת טוב נמשך גם לסיפיה דקרא, כאלו כתוב ויום המות טוב מיום הולדו, וחשוב כמפורש, בכח הוי"ו של ויום המות, ולמוד סיפא דקרא שמדבר בצדיק, מרישא דקרא טוב שם: **יוצאת מן הלמין.** למין פירש במוסף ערוך, בלשון יוני חוף הים, ומקום מושב הספינות יוצאות מן הלמין, לילך בים: **נולד מונין לו למיתה.** כמו שאמרו אבות סוף פרק ד', הילודים למות, והמתים לחיות, והוא פירוש אחר על הפסוק. וכן הוא בהדיא בקהלת רבה, (ובמ"ש פר' כ"ג) שם וכאן חסר בפירוש הראשון, כשנולד אין יודעים מה יהיו מעשיו, וכשמת הצדיק הכל יודעים מעשיו, דבר אחר כשנולד מונים לו למיתה וכו': **של חנניה מישאל ועזריה.** עוד פירוש אחר על מי שנמשח בשמן הטוב, על פי מדה י"ג, וכמו שכתוב כשמן הטוב יורד על הראש, תהלים קל"ג (פסוק ב), שמפורש בתורה שאהרן ובניו נמשחו בשמן המשחה: **שפרסמו הכתוב.** וכמו שאמרו בתנחומא טוב שמו של בצלאל, מבני אהרן שנמשחו בשמן המשחה, שבצלאל הקב"ה מעיד עליו ראו קרא ה' בשם בצלאל:

חידושי הרד"ל

[א] כשמת מודיע מעשיו. עיין בקהלת רבה שם (פרשה ז פסוק א). ובתנחומא ריש פרשה זו הלשון מכריזים שבתו ואומרים כמה לדקות ותורה ומצות עשה, וכמו שכתוב בסוף פרק כ"ג דשבת (קנג, א) ואזכיך תשמענה דבר מאחריך כו', עיין שם: **מת מונין לו לחיים.** אפשר רוצה לומר מונין ומספרין ימי חייו מה עשה בהן טוב: **שמו של בצלאל משמן הטוב.** היינו נמי מבני אהרן שנמשחו בשמן המשחה, (ולא זכו לפרסמן בשם מפי ה' כבצלאל), כן הוא בתנחומא:

חידושי הרש"ש

[א] ומה ימים מזדווגין לה. כי יש מקומות בים אשר המים סובבים שמה בעגול, ואם תבא שם ספינה אבדה תקותה מלהנצל, עיין סה"ב מאמר א' פרק ד. ועיין לעיל בבראשית רבה פרשה יג סימן ט במעשה דרבי אליעזר ורבי יהושע שנכנסה ספינתן בים למקום שאין המים מהלכין, ובקהלת רבה בפסוק שלח לחמך על פני המים (פרשה יא פסוק א, א) איתא תחבולה נפלאה להמלט ממקום כזה:

באור מהרי"פ

[א] ויגהר על הילד. (מלכים ב, ד) ויעל וישכב על הילד וישם פיו על פיו ועיניו על עיניו וכפיו על כפיו ויגהר עליו ויחם בשר הילד. הרי נגע במת ולא קבל ממנו שום ריח רע, ואדרבה היה ריחו ושמו הטוב והלך מסוף העולם ועד סופו, שהחיה את המת: **שמו של בצלאל וכו'.** גם כאן נדרש כמו למעלה, שמן הטוב הולך מקיטון לטרקלין וכו', ולמעלה אמר דרך כלל כדי להדרש על פרטים רבים:

מסורת המדרש

א. קהלת רבה פ' ז' פסוק א'. תנחומא כאן סי' א'. מדרש שמואל פ' כ"ג. ילקוט קהלת רמז תתקע"ג. כל הענין:
ב. ילקוט כאן רמז תי"א כל הענין:

אם למקרא

טוֹב שֵׁם מִשֶּׁמֶן טוֹב וְיוֹם הַמָּוֶת מִיּוֹם הִוָּלְדוֹ:
(קהלת ז:א)

וַיֵּצֵא שֵׁם דָּוִיד בְּכָל הָאֲרָצוֹת וַה' נָתַן אֶת פַּחְדּוֹ עַל כָּל הַגּוֹיִם:
(דברי הימים א יד:יז)

זְבוּבֵי מָוֶת יַבְאִישׁ יַבִּיעַ שֶׁמֶן רוֹקֵחַ יָקָר מֵחָכְמָה מִכָּבוֹד סִכְלוּת מְעָט:
(קהלת י:א)

וַיַּעַל וַיִּשְׁכַּב עַל הַיֶּלֶד וַיָּשֶׂם פִּיו עַל פִּיו וְעֵינָיו עַל עֵינָיו וְכַפָּיו עַל כַּפָּיו וַיִּגְהַר עָלָיו וַיָּחָם בְּשַׂר הַיָּלֶד:
(מלכים ב ד:לד)

אמרי יושר

[א] טוב שם משמן טוב. לפי שלא יכנסו תחת גדר אחד אמר שהטוביות הוא בהתפשטותו שכוללת ומועיל, אבל השמן טוב כמלך לאוהבו, אם יצא מאצלו ופגעוהו לסטים וכבשוהו להריגה לא יוכל הצילו, גם בבחינה אחרת שאם טוב לא יפסד בעת המות, אדרבה ביום מותו מודיע מעשיו לבריות כי הוא צדיק, דקאי אשמן הטוב, דרישא דקרא דאיירי בצדיק: **לשתי ספינות אחד יוצאת מהנמל.** זה משל לאדם הנפטר, **ואחד נכנסת לנמל** זה משל לבא לעולם הזה שהוא ים זועף, זה הים גדול (תהלים קד, כה), ואינן יודעין מה סופו, ואין צריכין לשמוח, כי היפך הוא, כי עם המות טוב שנדע מה הוא אדם, אם צדיק ואם נראה לך היפך כפי המפורסם, כמו שהיה טועים באותם הספינות היפך האמת: **אדם נולד מונין לו למיתה.** נראה שהוא טעם ודבר אחד, כי כשנולד אדם מוכן למיתה, אבל מת נולד לחיים, כי הוא מועד ומזומן לתחיית המתים מכאן לסך שנים בבוא המשיח, לזה טוב יום המות מיום הלידה, כפי התכלית אשר אליו יקווה: **ועליו אמר שלמה.** על הצדיק, יום המות טוב: **דבר אחר טוב כו' שמו של בצלאל משמן.** המשחה שנמשח אהרן בכהונה, ולא נאמר כלשון הזה בו ראו קרא בשם אהרן:

מתנות כהונה

[א] מקיטון. חדר קטן לפנים מן הטרקלין שם יושב המלך ומשתמש בשמן ערב ובמדרש קהלת יש תוספת ועיין שם: **הלמין.** חוף הים נקרא למן מקום שהספינות פורשות שם לים: **באיזה פרק** גרסינן: **ומה ימים.** איך יהיה הימים אם בהשקט בלי נחשולים או בנחשולים. ובמדרש קהלת גרס כמה ימים וכמה רוחות: **מונין לו למיתה.** מונין כמה שנים הוא משנולד ושנתקרב ליום המיתה ומשמת מונין כמה שנים הוא שמת ושנתקרב ליום התחיה לעולם הבא. ועיין לקמן במדרש קהלת הגירסא יותר ארוכה:

אשד הנחלים

[א] כמה הולך כו' מבאיש כו'. חשב הן ריחוק המקום המבדיל ומפיג הרוח, והן דבר המנגד לו, והוא ריח רע המבאיש ריח הטוב, אך השם הטוב הולך למרחוק ואין זה מנגדו. והכוונה שהמיתה הוא לפי הראות הניגוד להשם הטוב, אך לא כן הוא כי נהפוך הוא, שיום מיתתו **מודיע מעשיו לבריות**, כי בחייו אין להאמין בו אולי יחטא, אבל במיתתו יודע קיצו וחייתו הטוב, כי כיון **שמת מונים לו לחיים**, כי אז יתחיל החיים הנצחיים אבל בחייו מונים לו למיתתו, והכל הולך אחרי הגמר: **של חנניה מישאל ועזריה כו' נכנסו להקריב כו'.** מפרש הנמשל מהו הטוב הנוגע להנפש וקדושתה, והוא שמן המשחה שעל ידו יתקדש הנפש בקדושה אלהית, כמו שהיו הכהנים המשוחים, אך זה אינו בערך השם הטוב שהוא טובה עצמית שהאדם מתקדש בעצמו. ולקח ציורו מנדב ואביהו שנמשחו ונתקדשו בשמן המשחה, אך לא נזהרו בקדושתן, וחנניה מישאל ועזריה שלא נמשחו רק שהלכו על קדוש השם, ולכן יצאו בשלום: **זה בצלאל כו' למה שפרסמו הכתוב.** כי אין הכוונה בהשם טוב הגופני מכבוד וכדומה, שזה כאין, כי אם הכבוד הנפשי שזהו השם האמיתי, שנקרא בשם להורות על תכונתו הנפשית, כי אם שנקרא בשם בתחילת לידתו שיהיה מוכן לאלה המלאכות הקדושות:

§2 The Midrash cites a passage from *Isaiah* and gives several interpretations, the last of which is relevant to our passage:

דָּבָר אַחֵר, "רְאוּ קָרָא ה' בְּשֵׁם" — **Another interpretation** of *See, HASHEM has proclaimed by name:* **הֲדָא הוּא דִכְתִיב "וְאֶל מִי תְדַמְּיוּנִי וְאֶשְׁוֶה"** — **This is** to be understood in light of **what is written, *"To whom can you liken Me that I should be his equal?"*** *says the Holy One. Raise your eyes on high and see Who created these [things]! He brings forth their legions by number; He calls all of them with a name* (*Isaiah* 40:25-26).[20] **בָּשָׂר וָדָם אִם מְהַלֵּךְ בַּאֲפֵילָה** — God is saying[21] in this verse, **"If a human being were walking in the darkness וּבָא אָדָם וְהִדְלִיק לוֹ אֶת הַנֵּר** — **and a person would come along and light a candle for him** so he could see where he was going, **אֵינוֹ צָרִיךְ לְהַחֲזִיק לוֹ טוֹבָה** — **would he not be required to feel** a sense of **gratitude toward him? אֲבָל הַבְּרִיּוֹת יְשֵׁנִים וַאֲנִי מַעֲלֶה לָהֶם אֶת הָאוֹרָה וְאֵינָן צְרִיכִין לְהַחֲזִיק לִי טוֹבָה** — **But** I do even more than this for mankind! **People sleep** every night **and** while they are asleep **I bring up the light** of the sun **for them**[22] — **and they are *not* required to feel** a sense of **gratitude toward Me?!"** [23] **הֱוֵי "וְאֶל מִי תְדַמְּיוּנִי וְאֶשְׁוֶה"** — **Thus** we have explained what is meant by, ***To whom can you liken Me that I should be his equal?*** *says the Holy One. Raise your eyes on high, etc.*[24]

The Midrash offers an alternative interpretation of the verse:

דָּבָר אַחֵר, "וְאֶל מִי תְדַמְּיוּנִי וְאֶשְׁוֶה" — **Another interpretation:** The verse states, ***To whom can you liken Me regarding what I benefit you?*** **אִם כֵּן "יֹאמַר קָדוֹשׁ"** — **And if** (i.e., since) this is **so,** that there is no one comparable to Me, ***let [every person] say, "[God is] holy!"***[25]

The Midrash continues to expound the *Isaiah* passage:

"שְׂאוּ מָרוֹם עֵינֵיכֶם וּרְאוּ מִי בָרָא אֵלֶּה" — The following verse there continues, ***Raise your eyes on high and see Who created these!***[26] (ibid., v. 26). **בִּזְכוּת מִי נִבְרְאוּ "אֵלֶּה תוֹלְדוֹת הַשָּׁמַיִם וְהָאָרֶץ"** — Its meaning is: **In whose merit were created** those things referred to in the verse, ***"These" are the products of the heaven and the earth*** (*Genesis* 2:4),[27] **וּבִזְכוּת מִי הֵם עוֹמְדִים** — **and in whose merit do they** continue to **exist? בִּזְכוּת "אֵלֶּה שְׁמוֹת בְּנֵי יִשְׂרָאֵל"** — **In the merit of** the people who are referred to in the verse, ***"these" are the names of the Children of Israel*** (above, 1:1).[28] **וְאֵלֶּה בִּזְכוּת מִי הֵם עוֹמְדִים** — **And *these*** Children of Israel themselves, **in whose merit do *they* exist? בִּזְכוּת "אֵלֶּה הָעֵדֹת וְהַחֻקִּים וְהַמִּשְׁפָּטִים"** — **In the merit of** their fulfillment of the mitzvos, referred to in the verse, ***"These" are the testimonies, the decrees, and the ordinances*** *that Moses spoke to the Children of Israel* (*Deuteronomy* 4:45).[29]

The Midrash now moves to the next phrase in the *Isaiah* passage, which it interprets in a manner that is relevant to our verse:

כָּתוּב אֶחָד אוֹמֵר "הַמּוֹצִיא בְמִסְפָּר צְבָאָם לְכֻלָּם בְּשֵׁם יִקְרָא" — **One verse states** (*Isaiah* 40:26), ***He brings forth their legions***[30] ***by number; He calls all of them by a name*** (i.e., by a single name), **וְכָתוּב אֶחָד אוֹמֵר "לְכֻלָּם שֵׁמוֹת יִקְרָא"** — **but another verse states,** *He counts the number of the stars,* ***to all of them He assigns names*** (i.e., many names, one for each star) (*Psalms* 147:4). **כֵּיצַד יִתְקַיְּמוּ שְׁנֵי כְתוּבִים אֵלּוּ** — **How can these two** seemingly contradictory **verses co-exist? אֶלָּא כְּשֶׁהַקָּדוֹשׁ בָּרוּךְ הוּא מְבַקֵּשׁ לִקְרוֹתָם כְּאֶחָד הוּא קוֹרֵא לְכֻלָּם שֵׁם אֶחָד** — **However,** the explanation is as follows: **When the Holy One, blessed is He, wants to call them in unison** to perform a joint task,[31] **He calls all of them** by **one** single **name,**[32] **וּכְשֶׁהוּא קוֹרֵא לְכָל אֶחָד וְאֶחָד** — **but when He calls** upon **each one** individually to perform a specific earthly task assigned to it,[33] **בִּשְׁמוֹ הוּא קוֹרֵא אוֹתוֹ** — **He calls it by its** specific **name, מִיכָאֵל גַּבְרִיאֵל** — such as **Michael, Gabriel,** etc.[34]

NOTES

20. According to the Midrash the two verses are connected: If you raise your eyes and contemplate the sun and the other heavenly bodies, you will realize that no one can compare to Me in the magnitude of benefits that I provide — as the Midrash goes on to elaborate (*Eshed HaNechalim, Maharzu*).

21. As indicated by the words, *says the Holy One*.

22. They do not have to first fumble in the darkness (as in the parable); the sun rises for them while they are asleep in bed, and is already shining when they go out in the morning! (*Yefeh To'ar, Eitz Yosef*).

23. And it goes without saying that God is due a sense of gratitude for the truly great benefits He provides, such as creating us and sustaining us (*Yefeh To'ar*). [According to *Toldos Noach* (see also *Eitz Yosef*), the words וְאֵינָן צְרִיכִין לְהַחֲזִיק לִי טוֹבָה are not meant as a rhetorical question, but as a true statement: God does not expect us to show Him gratitude for causing the sun to rise every day, and in this He is different from human beings who do expect gratitude for their acts.]

24. That is: My kindness to you is incomparably greater than anything you receive from a human being, as you can realize by just looking at (i.e., contemplating) the sun and other heavenly bodies.

25. According to this interpretation the words יֹאמַר קָדוֹשׁ do not mean "says the Holy One," but "Let him exclaim, '[He is] Holy!' " (*Matnos Kehunah*). [*Radal,* however, translates this line differently **אִם כֵּן "יֹאמַר קָדוֹשׁ"** — **If so,** i.e., if a person can indeed find someone who is comparable to Me, **let him declare, "He is holy!"** But since this is of course impossible, no one should pay homage to anything else but Me.]

26. In referring to the sun and the stars mentioned previously, it would have been more appropriate to ask "who created *them*" (*Yefeh To'ar*). Therefore, the Midrash concludes that Scripture specifically chose this term in order to allow for various inferences that are alluded to by the word "these."

27. I.e., all of creation.

28. I.e., it is in Israel's merit that God created the world (see also *Tanchuma Yashan, Bereishis* #3; and *Vayikra Rabbah* 36:4, cited by *Rashi* on *Bereishis* 1:1). The words מִי בָרָא אֵלֶּה should thus be translated, "Who created [everything]? [The merit of] these!" (*Matnos Kehunah*).

29. This is a second meaning given for the words מִי בָרָא אֵלֶּה, in which the word אֵלֶּה (*these*) is interpreted doubly, as if it were written מִי בָרָא אֵלֶּה אֵלֶּה: "*Who created these* (Israel)? [The merit of] *these* (the mitzvos)."

Our translation and elucidation of the Midrash in this paragraph have followed *Matnos Kehunah*. An alternative explanation is given by *Yefeh To'ar* and *Eitz Yosef*: The Midrash had posed two questions above: (i) In whose merit were the heavens, etc. *created*? (ii) In whose merit do they *continue to exist*? The Midrash then answers the first question first: The heavens, etc. were created in the merit of Israel. Then it addresses the second question with the words וְאֵלֶּה בִּזְכוּת מִי הֵם עוֹמְדִים, meaning, "In whose merit do they (i.e., the heavens, etc. — *not* Israel as above) continue to exist? And the Midrash answers: The entire creation continues to exist in the merit of the Torah's laws. That is, as explained in *Tur* (*Choshen Mishpat* §1), life in this world continues to exist and function thanks to the laws of the Torah, whose justice allows people to live in harmony and prevents them from destroying one another (*Yefeh To'ar, Eitz Yosef*).

30. I.e., "the legions" of the heavens — the stars, etc. — as it is written prior to this phrase: *Raise your eyes on high and see Who created these [things].*

31. Such as moving in their set heavenly paths or standing still (as described in *Joshua* 10:12-13), which require the "cooperation" of all the heavenly bodies in unison. [For other explanations of this line, see *Eshed HaNechalim* and *Radal*.]

32. Such as "stars."

33. For each star is "in charge" of a specific earthly action, as taught in *Bereishis Rabbah* 10 §6.

34. Until now the Midrash has been speaking about stars. Why does it suddenly give an example that involves the names of *angels*? *Yefeh To'ar* explains that the Midrash means to say that just as angels are called individually and by name to fulfill their specific tasks, so does God call upon each star by name to fulfill its specific task. Alternatively (also from *Yefeh To'ar*), the Midrash has in fact been speaking about angels all along: The "legions" in the verse, *He brings forth their legions by number; He calls all of them by a name* refers to angels, not stars. Even

ב דָּבָר אַחֵר, [לה, ל] **"רְאוּ קָרָא ה' בְּשֵׁם", הָדָא הוּא דִכְתִיב** (ישעיה מ, כה) [ג]**"וְאֶל מִי תְדַמְּיוּנִי וְאֶשְׁוֶה", בָּשָׂר וָדָם אִם מְהַלֵּךְ בָּאֲפֵילָה וּבָא אָדָם וְהִדְלִיק לוֹ אֶת הַנֵּר אֵינוֹ צָרִיךְ לְהַחֲזִיק לוֹ טוֹבָה, אֲבָל הַבְּרִיּוֹת יְשֵׁנִים וַאֲנִי מַעֲלֶה לָהֶם אֶת הָאוֹרָה וְאֵינָן צְרִיכִין לְהַחֲזִיק לִי טוֹבָה, הֱוֵי "וְאֶל מִי תְדַמְּיוּנִי וְאֶשְׁוֶה", דָּבָר אַחֵר, "וְאֶל מִי תְדַמְּיוּנִי וְאֶשְׁוֶה", אִם כֵּן** (שם) **"יֹאמַר קָדוֹשׁ",** (שם שם כו) **"שְׂאוּ מָרוֹם עֵינֵיכֶם וּרְאוּ מִי בָרָא אֵלֶּה", בִּזְכוּת מִי נִבְרְאוּ** (בראשית ב, ד) **"אֵלֶּה תוֹלְדוֹת הַשָּׁמַיִם וְהָאָרֶץ" וּבִזְכוּת מִי הֵם עוֹמְדִים, בִּזְכוּת** (שמות א, א) **"אֵלֶּה שְׁמוֹת בְּנֵי יִשְׂרָאֵל", וְאֵלֶּה בִּזְכוּת מִי הֵם עוֹמְדִים, בִּזְכוּת** (דברים ד, מה) **"אֵלֶּה הָעֵדֹת וְהַחֻקִּים וְהַמִּשְׁפָּטִים",** (ישעיה שם שם) [ד°]**כְּתִיב "הַמּוֹצִיא בְמִסְפַּר צְבָאָם לְכֻלָּם בְּשֵׁם יִקְרָא", וְכָתוּב אֶחָד אוֹמֵר** (תהלים קמז, ד) **"לְכֻלָּם שֵׁמוֹת יִקְרָא", כֵּיצַד יִתְקַיְּמוּ שְׁנֵי כְתוּבִים אֵלּוּ, אֶלָּא כְּשֶׁהַקָּדוֹשׁ בָּרוּךְ הוּא מְבַקֵּשׁ לִקְרוֹתָם כְּאֶחָד הוּא קוֹרֵא לְכֻלָּם שֵׁם אֶחָד, וּכְשֶׁהוּא קוֹרֵא לְכָל אֶחָד וְאֶחָד בִּשְׁמוֹ הוּא קוֹרֵא אוֹתוֹ, מִיכָאֵל גַּבְרִיאֵל, לְכָךְ נֶאֱמַר "לְכֻלָּם שֵׁמוֹת יִקְרָא", אֵין לִי אֶלָּא לְמַעְלָן, מִנַּיִן אַף לְמַטָּן, שֶׁנֶּאֱמַר** [לה, ל] **"רְאוּ קָרָא ה' בְּשֵׁם בְּצַלְאֵל", דָּבָר אַחֵר, "רְאוּ קָרָא ה'", [ה]הַמְדַבְּרִין וּמְנִיחִין,**

עץ יוסף

(ב) **הדא הוא דכתיב ואל מי תדמיוני כו'.** וסוף המקרא שאו מרום וגו' לכולם בשם יקרא, וכמו שמסיים ומנין אף למטן שנאמר ראו קרא וגו': **בשר ודם אם מהלך באפילה כו'.** כלומר שגם בני אדם גומלין חסד זה עם זה ומדליק לו הנר למהלך באפילה, כמו שאני מעלה את האורה לישנים על מטותיהם, מכל מקום אינם בשווי ממש, שבן אדם מצפה לתשלום גמול אף על טובה מועטת כזו, וכל שכן שצריכין להחזיק לי טובה, שאני מעלה להם האור בעודם ישנים מבלי שיצטערו כלל, וזה שאמר הכתוב שאו מרום עיניכם וראו מי ברא אלה המוציא במספר צבאם, דקאי על המאורות והכוכבים, ומכל מקום איני רוצה שתחזיקו לי טובה בעד זה, וזה שמסיים אבל הבריות כו', שרוצה לומר אבל אני עושה לכם טובה והנאה יותר מבשר ודם שהבריות ישנים כו', ומכל מקום איני מבקש מכם החזקת טובה, אבל האות אמת גורם כך הבריות כו': **הוי ואל מי תדמיוני ואשוה.** פירוש מלת ואשוה, הוא מענין תועלת והנאה (כמו (אסתר ג, ח) ולמלך אין שוה להניחם), וכך אמר ואל מי תדמיוני בטובתי שאני עושה לכם תמיד, שאשוה גם אני עמכם, כלומר שתעשו לי גם כן נגד זה תועלת והנאה, כי איני צריך לטובתכם כלל באמת, ומה תיהנו לי שאני מקור כל טובות שבעולם: **דבר אחר ואל מי תדמיוני ואשוה אם כן יאמר קדוש כו'.** מבואר בתנחומא בחקתי פירושו, אם כן שיוכל אחר להשתחוות אלי, אז יפה אתם אומרים לומר לפניו קדוש, ואחרי שאינו כן, אם כן הבל הם אין בהם מועיל, עיין שם (הרד"ל): **בזכות מי נבראו אלה כו' ובזכות מי הם עומדים.** פירוש אף אחר שנבראו בזכות מה, צריך גם כן סמיכה וקיום בזכות מה, כדכתב הטור חושן משפט בסימן א' עיין שם: **בזכות אלה שמות בני ישראל.** ולפי זה יהיה מלת אלה שאלה ותשובה: **בזכות אלה שמות כו'.** וזהו תשובה על בזכות מי נבראו אלה תולדות השמים והארץ, וקאמר ואלה בזכות מי הם עומדים, פירוש בזכות מה יש לעולם מצב וקיום, בזכות העדות והחקים והמשפטים, שאלולי המשפט איש את רעהו חיים בלעו, ומלך במשפט יעמיד ארץ, כמאמר שעל ידי דין אמת לאמיתו נתקיים העולם כדכתב הטור בסימן הנ"ל (תולדות נח): **לכולם בשם יקרא.** משמע לכולם בשם אחד קאמר: **מבקש לקרותם באחד.** פירוש שיעמדו כלם כאחד לפניו, והיינו מה שיעשו כולם יחד במצות ה', אז יקרא כלם בשם משותף לכולם, כאילו תאמר כוכבים או שמים או מלאכים וכיוצא, אבל כשהוא קורא לכל אחד בשמו, היינו להוציא לפועל כחו אשר נתן בכל אחד להשפיע בילורי מטה, שאין לך דבר שאין לו מזל למעלה, אז קורא לכל אחד בשמו המיוחד: **מיכאל וגבריאל.** לדוגמא בעלמא נקטינהו: **אין לי אלא למעלן.** כלומר מן הסברא אין לומר אלא שהקדוש ברוך הוא ייחד וקרא שם לכל אחד על עבודתו אלא במלאכים העליונים, שכל אחד יש לו כח מיוחד על דבר מה מזולתו, אבל למטה שכח האנשים דמיין אהדדי, לא הוה מסתבר שהקדוש ברוך הוא התקין וקרא שם מיוחד לאיש מיוחד מזולתו לעשות דבר, כמו שהיה בבצלאל שהתקינו הקדוש ברוך הוא מתחלה לכך כדלעיל, להכי קאמר ראו קרא ה' בשם: [ג] **מדברין ומניחין.** המדרש מוסיף שהפרסום לא לו בלבד כי גם לאבותיו ולמשפחתו:

פירוש מהרז"ו

(ב) **הדא הוא דכתיב ואל מי תדמיוני.** וסיפא דקרא יאמר קדוש שאו מרום עיניכם המוציא במספר וגו', תנחומא כאן סימן ד, ופירושו שכאשר תשאו עיניכם למרום ותתבוננו בזריחת השמש, אז תדעו למי תדמיוני ואשוה: **דבר אחר ואל מי תדמיוני.** אם תרצו לידע שאין לדמות אלי, שאו מרום עיניכם והתבוננו בצבא מרום, וכמו שכתוב תהלים ח' ט כי אראה שמיך וגו'. ובתנחומא ליתא דרשה זו, ועיין תנחומא בחוקותי סימן ד: **מי ברא אלה.** משמע אלה ולא אחרים חלילה, על כן דורש גזירה שוה, שנקראו כל תולדות שמים וארץ היינו כל הבריאה כולה בשם אלה, ונבראו באלה ועומדים באלה. עיין בראשית רבה פרשה י"ב סימן ב, שמות רבה פרשה ל ריש סימן כ"ד: **לכולם בשם יקרא.** משמע בשם אחד לכולם, וכתיב שמות, שיש לכל אחד שם בפני עצמו, והם שני כתובים מכחישים, והכריע כאן כשקורא לכולם כאחד, שיש להם שם כללי, ושם פרטי. ועיין במדבר רבה פרשה י"א בסימן ז באופן אחר, ובתנחומא הנ"ל כמו כאן. וענין השמות להודיע חשיבותם ומעלתם, וכן למטה בעבור חשיבות ומעלה, קורא לאדם בשם פרטי, כמו למלאכים, ואגב זה הובא כל הדרשה לכאן:

מתנות כהונה

[ב] **אם כן יאמר קדוש.** אם כן מאחר שאין לו דמיון יאמר האומר בעל כרחו קדוש הוא אלהינו: **בזכות מי כו'.** והכי קאמר קרא מי ברא הכל בזכות אלה: **ואלה בזכות מי.** ואלה שמות בני ישראל **בזכות מי כו': מדברין ומניחין.** לפעמים מזכירין את האדם והוא נחת רוח לו שאומרים ינוח בשלום על משכבותיו ונחת רוח הוא לכל בני משפחתו. ובמדרש שמואל גרס מדברין ומשבחין. ועיין לקמן סוף פרשת אמור:

אשד הנחלים

[ב] **אם מהלך באפילה.** מסמיך בזה שני הפסוקים ואל מי גו', עם שאו מרום עיניכם, לראות בטובות המאורות הגדולות, וא"כ למי תדמיוני טובתי עמכם: **אם כן יאמר קדוש.** דאם כפשוטו שה' שהוא קדוש אומר [ואל] (ל)מי גו', אחר ששם קדוש פירושו נבדל הקדושה באין דומה לו, וא"כ איך יאמר להבלתי מאמינים ככה. ולכן דרש שזהו מאמר המוסגר שאומר הכתוב למי תדמיוני, התבוננו היטב בזה [כמ"ש לעיל שאו מרום גו'], וא"כ תאמרו מנפשיכם כי הוא קדוש ונבדל באין דומה לו: **נבראו אלה כו'.** חשב את תכלית הבריאה בכללה, שהוא למען התורה העליונה ומקיימיה, שהמה התכליות בהמציאות וכל המציאות למענם, כי התכלית האחרון הוא הכרת כבוד ה' יתברך ודביקותו בו, וזה אי אפשר כי אם באמצעות התורה העליונה: **בשהקדוש ברוך הוא מבקש כו' שם אחד כו' לכל אחד ואחד כו'.** ענין קריאת השם הוא שם הגדרי המורה על מהותו ואיכותו, ויען כי העליונים המה כחות מחולקות איש איש בכח מיוחד, כפי שנתייסד מרצונו יתברך, ולכן נקרא כל אחד בשמו המיוחד המורה על מהותו, ולפעמים מהפך מדתם, למשל מרחמים לדין ולהיפך, ואז המה כולם בשם אחד, וכן בכוכבים כדומה. וכן למטה בבני אדם, אם ימצא אדם גדול המעלה שכלול בו כל הכחות הטובות אז נקרא בשם אחד כללי, וזהו קרא ה' בשם בצלאל, כי נקרא בשם כולל בו השלימות מחכמה ובינה ודעת, כי כולם נקבצו בו: **מדברין ומניחין.** פרשתי בפרשת אמור, באורו עיין שם (לב, ו):

חידושי הרד"ל

[ב] **טובה וכל הבריות ישנים.** כן צריך לומר: **ואני מעלה להן את האורה כו' תדמיוני ואשוה.** וכתיב בתריה שאו מרום עיניכם וראו מי ברא אלה המוציא במספר צבאם (כדמייתי ליה להלן), דקאי על המאורות והכוכבים (כמו שכתוב מונה מספר לכוכבים וגו'), וכן בתנחומא כאן ובפרשת בחוקותי מבואר כן, עיין שם: **אם כן יאמר קדוש.** מבואר בתנחומא בחוקותי פירושו, אם כן שיוכל אחד להשתחוות אלי אז יפה אתם אומרים לומר לפניו קדוש כמו לפני, ואחרי שאינו כן, אם כן הם הבל אין בם מועיל, עיין שם: **המוציא כו' בשם יקרא וכתוב אחד אומר.** ספרי נשא, ומייתי לה ברבה שם פרשה יא, ט: **מבקש לקרותם באחד.** שאז כתיב קורא אני אליהם יעמדו יחד, וקוראן בשם אחד (הוא שם הוי"ה בשרשו אשר ממנו תלויין השתלשלות כחותיהן, וכשקוראה בשמו ממילא באים כולם כאחד): **וכשהוא קורא לכל אחד ואחד אז בשמו הוא קורא אותו.** מפרש באבות דרבי נתן פרק יב, עושה שלום במרומיו שלא קרא עשרה מיכאל או גבריאל, שאם היה קורא לאחד היו באין לפניו ומתקנאין זה בזה: **מדברין ומניחין וגו'.** ויקרא רבה פרשה לב, ו:

חידושי הרש"ש

[ב] **מי ברא אלה בזכות מי נבראו אלה כו' בזכות אלה שמות כו'.** מלת אלה דורש לנושא ולנשוא:

באור מהרי"פ

[ב] **להחזיק לי טובה.** עיין (שמות רבה) סדר תצוה (פרשה לו ב) במשל לפקח וסומא, משם יתברר לך היטב ענין החזקת טובה בהדלקת הנר: **לכולם שם אחד.** כמו מלאכים שרפים אופנים, שהוא שם הכולל שלהם:

מסורת המדרש

ג. תנחומא כאן סימן ד' כל הענין ילקוט ישעיה רמז ש"י:
ד. בראשית רבה פרשה ע"ח. במדבר רבה פרשה י"א. תנחומא כאן סימן ד'. ספרי סדר נשא פסקא מ"ב. ילקוט ישעיה רמז ש"י:
ה. ויקרא רבה פרשה ל"ב. תנחומא כאן סימן ד' כל הענין. מדרש שמואל פרשה א'. ילקוט כאן רמז תי"א:

אם למקרא

וְאֶל מִי תְדַמְּיוּנִי וְאֶשְׁוֶה יֹאמַר קָדוֹשׁ: שְׂאוּ מָרוֹם עֵינֵיכֶם וּרְאוּ מִי בָרָא אֵלֶּה הַמּוֹצִיא בְמִסְפָּר צְבָאָם לְכֻלָּם בְּשֵׁם יִקְרָא מֵרֹב אוֹנִים וְאַמִּיץ כֹּחַ אִישׁ לֹא נֶעְדָּר:
(ישעיה מ:כה-כו)

אֵלֶּה תוֹלְדוֹת הַשָּׁמַיִם וְהָאָרֶץ בְּהִבָּרְאָם בְּיוֹם עֲשׂוֹת ה' אֱלֹהִים אֶרֶץ וְשָׁמָיִם:
(בראשית ב:ד)

וְאֵלֶּה שְׁמוֹת בְּנֵי יִשְׂרָאֵל הַבָּאִים מִצְרָיְמָה אֵת יַעֲקֹב אִישׁ וּבֵיתוֹ בָּאוּ:
(שמות א:א)

אֵלֶּה הָעֵדֹת וְהַחֻקִּים וְהַמִּשְׁפָּטִים אֲשֶׁר דִּבֶּר מֹשֶׁה אֶל בְּנֵי יִשְׂרָאֵל בְּצֵאתָם מִמִּצְרָיִם:
(דברים ד:מה)

מוֹנֶה מִסְפָּר לַכּוֹכָבִים לְכֻלָּם שֵׁמוֹת יִקְרָא:
(תהלים קמז:ד)

ידי משה

[ב] **ישנים.** פירוש שישינים בלילה שהוא חושך, ואני מעלה עליהם את האורה:

שינוי נוסחאות

(ב) **כתיב "המוציא במספר צבאם לכלם בשם יקרא".** ברוב הספרים תיבת "כתיב" ליתא, והגיה א"א שצ"ל כאן "כתוב אחד אומר", וכן הגיה רד"ל, ועפ"ז כנראה הוסיפו בד' וארשא תיבת "כתיב":

אמרי יושר

[ב] **בזכות אלה שמות.** זהו אלה ברא, וזהו לכולם בזכות שם בני ישראל יקרא, והרי זה חסד שברא העולם בזכות הדבר שלא היה עדיין בפועל, ואם כן אל תדמיוני, ויאמר הכתוב ראו קרא בשם בצלאל, ושקלו הכתוב בהם לכולם בשם יקרא:

לְכָךְ נֶאֱמַר ״לְכֻלָּם שֵׁמוֹת יִקְרָא״ – **Therefore it is stated,** ***to all of them He assigns names,*** i.e., a separate one for each one of them.

The Midrash continues to elaborate on this concept:

אֵין לִי אֶלָּא לְמַעְלָן – **I do not know** from here that this is true **except for the** stars and angels **above;** מִנַּיִן אַף לְמַטָּן – **from where** can I learn that this is **also** true for people on earth **below?**[35] שֶׁנֶּאֱמַר ״רְאוּ קָרָא ה׳ בְּשֵׁם בְּצַלְאֵל״ – **For it is stated,** ***See, HASHEM has proclaimed by name, Bezalel.***[36]

The Midrash addresses the fact that Bezalel is identified here with such detail:

דָּבָר אַחֵר, ״רְאוּ קָרָא ה׳ ״ – **Another explanation** of ***See, HASHEM has proclaimed*** *by name, Bezalel, son of Uri, etc.:* מַדְכְּרִין וּמְנִיחִין – Sometimes **[Scripture] mentions** the names of a person's forebears **and brings satisfaction** to them in doing so,[37]

NOTES

the verse that states, *He counts the number of the "stars," to all of them He assigns names,* is referring to angels, for the word כּוֹכָבִים (translated here as "stars") can actually mean "angels." [Perhaps the Midrash can also be understood in light of *Ramban's* teaching (on *Deuteronomy* 18:9 and elsewhere) that not only is a specific task associated with each star, but that star is associated and "supervised" by a particular angel.]

35. Since God empowers each celestial being (angel or star; see above) to perform a unique set of tasks, it is understandable that He refers to each of them by a unique name that reflects its particular role. However, since all humans are equally empowered to perform all earthly tasks, it does not, at first glance, seem appropriate that God should similarly assign a name to a person that uniquely empowers him to perform a certain Divine task (*Eitz Yosef*).

36. Just as the celestial beings are addressed by their unique names to perform the exclusive tasks for which they were initially empowered, so too when God *proclaimed by name, Bezalel,* He was calling upon him to perform the unique task that had long ago been assigned to Bezalel, as the Midrash teaches above, 40 §2 (*Yefeh To'ar*). See Insight Ⓐ.

37. I.e., it is a source of pride and praise for those ancestors (whether living or not).

INSIGHTS

Ⓐ A Force for Unity According to the plain sense of the Midrash, only the last part of the *Isaiah* passage is relevant to the current verse about Bezalel. *Sfas Emes* (*Vayakhel* 5643, 5644, 5649), however, ties the different parts of the passage together and then connects them to the Tabernacle and to Bezalel, its principal builder.

Isaiah begins by emphasizing that the nature of God's existence is not something that we can hope to understand. Since our experience is limited to the finite and physical, we have nothing to compare Him to, no frame of reference with which to comprehend His transcendent attributes (*To whom can you liken Me . . .*). However, we can, and indeed must, gain indirect knowledge of God by contemplating the universe He created and that He continues to maintain — as Isaiah exhorts, *Raise your eyes on high and see Who created these.* The last word, "these," was carefully chosen, for it signifies the multiplicity of forces that operate in the created world. Israel's task as God's chosen people is to recognize, and to help all others recognize, "Who created these" — that all the diverse forms of existence in the world have one Source and are expressions of one Divine Will. [Indeed, the word שְׁמַע, *Hear,* with which we begin our twice-daily avowal of faith in God's Oneness, is an acronym for שְׂאוּ מָרוֹם עֵינֵיכֶם, *Raise your eyes on high.*]

When the Jewish people gain this recognition and succeed in spreading it throughout the world, they will achieve an important goal of creation — to bind the terrestrial world to the heavens above, where God's unity is clearly manifest, and ultimately to God Himself. Our Midrash, expounding the common expression "these" used in three other verses, maps out the process by which this goal can be achieved. The elements of Creation at large (*"these" are the products of heaven and earth*) become bound to the Jewish people (*"these" are the names of the Children of Israel*); the Jews latch on to the Torah (*"these" are the testimonies, the decrees, and the ordinances*); and the Torah completes the connection to God.

Now, before the sin of the Golden Calf, the people of Israel were at one with the Torah and were sufficiently imbued with the Torah's power to achieve this goal on their own. After the sin, however, they were spiritually weakened, and would henceforth need the help of a supplemental force, that of the Tabernacle. As a microcosm of the universe and focal point for the Divine Presence on earth, the Tabernacle would help them reveal God's unity in this world and join the lower and upper realms under the One God. That is why the donations for the Tabernacle's construction consisted of 13 items, for 13 is the numerical value (*gematria*) of אֶחָד, *one,* symbolizing that the combination of these items would create a force for promoting God's Oneness in the world.

In light of the above, we may gain a new insight into the significance of "calling Bezalel by name." As the Midrash explains, God uses the singular "name" when He summons His servants to work together in unison. Here, too, in appointing Bezalel to build the Tabernacle, He was calling upon him to restore Israel's power to carry out their destiny and unite the disparate elements of the universe.

ב דָּבָר אַחֵר, [לה, ל] **"רְאוּ קָרָא ה' בְּשֵׁם", הָדָא הוּא דִכְתִיב** (ישעיה מ, כה) **ג"וְאֶל מִי תְדַמְּיוּנִי וְאֶשְׁוֶה", בָּשָׂר וָדָם אִם מְהַלֵּךְ בָּאֲפֵילָה וּבָא אָדָם וְהִדְלִיק לוֹ אֶת הַנֵּר אֵינוֹ צָרִיךְ לְהַחֲזִיק לוֹ טוֹבָה, אֲבָל הַבְּרִיּוֹת יְשֵׁינִים וַאֲנִי מַעֲלֶה לָהֶם אֶת הָאוֹרָה וְאֵינָן צְרִיכִין לְהַחֲזִיק לִי טוֹבָה, הֱוֵי "וְאֶל מִי תְדַמְּיוּנִי וְאֶשְׁוֶה", דָּבָר אַחֵר, "וְאֶל מִי תְדַמְּיוּנִי וְאֶשְׁוֶה", אִם כֵּן** (שם) **"יֹאמַר קָדוֹשׁ",** (שם שם כו) **"שְׂאוּ מָרוֹם עֵינֵיכֶם וּרְאוּ מִי בָרָא אֵלֶּה", בִּזְכוּת מִי נִבְרְאוּ** (בראשית ב, ד) **"אֵלֶּה תוֹלְדוֹת הַשָּׁמַיִם וְהָאָרֶץ" וּבִזְכוּת מִי הֵם עוֹמְדִים, בִּזְכוּת** (שמות א, א) **"אֵלֶּה שְׁמוֹת בְּנֵי יִשְׂרָאֵל", וְאֵלֶּה בִּזְכוּת מִי הֵם עוֹמְדִים, בִּזְכוּת** (דברים ד, מה) **"אֵלֶּה הָעֵדֹת וְהַחֻקִּים וְהַמִּשְׁפָּטִים",** (ישעיה שם שם) **ד°כְּתִיב "הַמּוֹצִיא בְמִסְפַּר צְבָאָם לְכֻלָּם בְּשֵׁם יִקְרָא", וְכָתוּב אֶחָד אוֹמֵר** (תהלים קמז, ד) **"לְכֻלָּם שֵׁמוֹת יִקְרָא", כֵּיצַד יִתְקַיְּמוּ שְׁנֵי כְתוּבִים אֵלּוּ, אֶלָּא כְּשֶׁהַקָּדוֹשׁ בָּרוּךְ הוּא מְבַקֵּשׁ לִקְרוֹתָם כְּאֶחָד הוּא קוֹרֵא לְכֻלָּם שֵׁם אֶחָד, וּכְשֶׁהוּא קוֹרֵא לְכָל אֶחָד וְאֶחָד בִּשְׁמוֹ הוּא קוֹרֵא אוֹתוֹ, מִיכָאֵל גַּבְרִיאֵל, לְכָךְ נֶאֱמַר "לְכֻלָּם שֵׁמוֹת יִקְרָא", אֵין לִי אֶלָּא לְמַעְלָן, מִנַּיִן אַף לְמַטָּן, שֶׁנֶּאֱמַר** [לה, ל] **"רְאוּ קָרָא ה' בְּשֵׁם בְּצַלְאֵל", דָּבָר אַחֵר, "רְאוּ קָרָא ה' ", הַמַּדְכְּרִין וּמְנִיחִין,**

עץ יוסף

(ב) הדא הוא דכתיב ואל מי תדמיוני כו'. וסוף המקרא שאו מרום וגו' לכולם בשם יקרא, וכמו שמסיים ומנין אף למטן שנאמר ראו קרא וגו': **בשר ודם אם מהלך באפילה כו'.** כלומר שגם בני אדם גומלין חסד זה עם זה ומדליק לו הנר למהלך באפילה, כמו שאני מעלה את האורה לישנים על מטותיהם, מכל מקום אינם בשיווי ממש, שבן אדם מצפה לתשלום גמול אף על טובה מועטת כזו, וכל שכן שצריכין להחזיק לי טובה, שאני מעלה להם האור בעודם ישנים מבלי שיצטערו כלל, וזה שאמר הכתוב שאו מרום עיניכם וראו מי ברא אלה המוציא במספר צבאם, דקאי על המאורות והכוכבים, ומכל מקום איני רוצה שתחזיקו לי טובה בעד זה, וזה שמסיים אבל הבריות כו', שרוצה לומר אבל אני עושה לכם טובה והנאה יותר מבשר ודם שהבריות ישנים כו', ומכל מקום איני מבקש מכם החזקת טובה, אבל האות אמת גורם כך הבריות כו': **הוי ואל מי תדמיוני ואשוה.** פירוש מלת ואשוה, הוא מענין תועלת והנאה (כמו (אסתר ג, ח) ולמלך אין שוה להניחם), וכך אמר ואל מי תדמיוני בטובתי שאני עושה לכם תמיד, שאשוה גם אני עמכם, כלומר שתעשו לי גם כן נגד זה תועלת והנאה, כי איני צריך לטובתכם כלל באמת, ומה תיהנו לי שאני מקור כל טובות שבעולם: **דבר אחר ואל מי תדמיוני ואשוה אם כן יאמר קדוש כו'.** מבואר בתנחומא בחקתי פירושו, אם כן שיוכל אחר להשתוות אלי, אז יפה אתם אומרים לומר לפניו קדוש, ואחרי שאינו כן, אם כן הבל הם אין בהם מועיל, עיין שם (הרד"ל): **בזכות מי נבראו אלה כו' ובזכות מי הם עומדים.** פירוש אף אחר שנבראו בזכות מה, צריך גם כן סמיכה וקיום בזכות מה, כדכתב הטור חושן משפט בסימן א' עיין שם: **בזכות אלה שמות בני ישראל.** ולפי זה יהיה מלת אלה שאלה ותשובה: **בזכות אלה שמות כו'.** וזהו תשובה על בזכות מי נבראו אלה תולדות השמים והארץ, וקאמר ואלה בזכות מי הם עומדים, פירוש בזכות מה יש לעולם מצב וקיום, בזכות העדות והחקים והמשפטים, שאלולי המשפט איש את רעהו חיים בלעו, ומלך במשפט יעמיד ארץ, נמצא שעל ידי דין אמת לאמיתו נתקיים העולם כדכתב הטור בסימן הנ"ל (תולדות נח): **לכולם בשם יקרא.** משמע לכולם בשם אחד קאמר: **מבקש לקרותם באחד.** פירוש שיעמדו כלם כאחד לפניו, והיינו מה שיעשו כולם יחד במצות ה', אז יקרא כלם בשם משותף לכולם, כאילו תאמר כוכבים או שמים או מלאכים וכיוצא, אבל כשהוא קורא לכל אחד בשמו, היינו להוציא לפועל כחו אשר נתן בכל אחד להשפיע בילורי מטה, שאין לך דבר שאין לו מזל למעלה, אז קורא לכל אחד בשמו המיוחד: **מיכאל וגבריאל.** לדוגמא בעלמא נקטינהו: **אין לי אלא למעלן.** כלומר מן הסברא אין לומר אלא שהקדוש ברוך הוא ייחד וקרא שם לכל אחד על עבודתו אלא בנמצאים העליונים, שכל אחד יש לו כח מיוחד על דבר מה מזולתו, אבל למטה שכח האנשים דמיין אהדדי, לא הוה מסתבר שהקדוש ברוך הוא התקין וקרא שם מיוחד לאיש מיוחד מזולתו לעשות דבר, כמו שהיה בבצלאל שהתקינו הקדוש ברוך הוא מתחלה לכך כדלעיל, להכי קאמר ראו קרא ה' בשם: [ג] **מדכרין ומניחין.** המדרש מוסיף שהפרסום לא לו בלבד כי גם לאבותיו ולמשפחתו:

פירוש מהרז"ו

(ב) הדא הוא דכתיב ואל מי תדמיוני. וסיפא דקרא יאמר קדוש שאו מרום עיניכם המוציא במספר וגו', תנחומא כאן סימן ד, ופירושו שכאשר תשאו עיניכם למרום ותתבוננו בזריחת השמש, אז תדעו למי תדמיוני ואשוה: **דבר אחר ואל מי תדמיוני.** אם תרצו לידע שאין לדמות אלי, שאו מרום עיניכם והתבוננו בצבא מרום, וכמו שכתוב תהלים ח' ט כי אראה שמיך וגו'. ובתנחומא ליתא דרשה זו, ועיין תנחומא בחוקותי סימן ד: **מי ברא אלה.** משמע אלה ולא אחרים חלילה, על כן דורש גזירה שוה, שנקראו כל תולדות שמים וארץ היינו כל הבריאה כולה בשם אלה, ונבראו באלה ועומדים באלה. עיין בראשית רבה פרשה י"ב סימן ב, שמות רבה פרשה ל ריש סימן כ"ד: **לכולם בשם יקרא.** משמע בשם אחד לכולם, וכתיב שמות, שיש לכל אחד שם בפני עצמו, והם שני כתובים מכחישים, והכריע כאן כשקורא לכולם כאחד, שיש להם שם כללי, ושם פרטי. ועיין במדבר רבה פרשה י"א בסימן ז באופן אחר, ובתנחומא הנ"ל כמו כאן. וענין השמות להודיע חשיבותם ומעלתם, וכן למטה בעבור חשיבות ומעלה, קורא לאדם בשם פרטי, כמו למלאכים, ואגב זה הובא כל הדרשה לכאן:

מתנות כהונה

[ב] **אם כן יאמר קדוש.** אם כן מאחר שאין לו דמיון יאמר האומר בעל כרחו קדוש הוא אלהינו: **בזכות מי כו'.** והכי קאמר קרא מי ברא הכל בזכות אלה: **ואלה בזכות מי.** ואלה שמות בני ישראל **בזכות מי כו': מדכרין ומניחין.** לפעמים מזכירין את האדם והוא נחת רוח לו שאומרים ינוח בשלום על משכבותיו ונחת רוח הוא לכל בני משפחתו. ובמדרש שמואל גרס מדכרין ומשבחין. ועיין לקמן סוף פרשת אמור:

אשד הנחלים

[ב] **אם מהלך באפילה.** מסמיך בזה שני הפסוקים ואל מי גו', עם שאו מרום עיניכם, לראות בטובות המאורות הגדולות, וא"כ למי תדמיוני טובתי עמכם: **אם כן יאמר קדוש.** דאם כפשוטו שה' שהוא קדוש אומר [ואל] (ל)מי גו', אחר ששם קדוש פירושו נבדל הקדושה באין דומה לו, וא"כ איך יאמר להבלתי מאמינים ככה. ולכן דרש שזהו מאמר המוסגר שאומר הכתוב למי תדמיוני, התבוננו היטב בזה [כמ"ש לעיל שאו מרום גו'], וא"כ תאמרו מנפשיכם כי הוא קדוש ונבדל באין דומה לו: **נבראו אלה כו'.** חשב את תכלית הבריאה בכללה, שהוא למען התורה העליונה ומקיימיה, שהמה התכליות בהמציאות וכל המציאות למענם, כי התכלית האחרון הוא הכרת כבוד ה' יתברך ודביקותו בו, וזה אי אפשר כי אם באמצעות התורה העליונה: **כשהקדוש ברוך הוא מבקש כו' שם אחד כו' לכל אחד ואחד כו'.** ענין קריאת השם הוא שם הגדרי המורה על מהותו ואיכותו, ויען כי העליונים המה כחות מחולקות איש איש בכח מיוחד, כפי שנתייסד מרצונו יתברך, ולכן נקרא כל אחד בשמו המיוחד המורה על מהותו, ולפעמים מהפך מדתם, למשל מרחמים לדין ולהיפך, ואז המה כולם בשם אחד, וכן בכוכבים כדומה. וכן למטה בבני אדם, אם ימצא אדם גדול המעלה שכלול בו כל הכחות הטובות אז נקרא בשם אחד כללי, וזהו קרא ה' בשם בצלאל, כי נקרא בשם כולל בו השלימות מחכמה ובינה ודעת, כי כולם נקבצו בו: **מדכרין ומניחין.** פרשתי בפרשת אמור, באורו עיין שם (לב, ו):

חידושי הרד"ל

[ב] **טובה וכל הבריות ישנים.** כן צריך לומר: **ואני מעלה להן את האורה כו' תדמיוני ואשוה.** וכתיב בתריה שאו מרום עיניכם וראו מי ברא אלה המוציא במספר צבאם (כדמייתי ליה להלן), דקאי על המאורות והכוכבים (כמו שכתוב מונה מספר לכוכבים וגו'), וכן בתנחומא כאן ובפרשת בחוקותי מבואר כן, עיין שם: **אם כן יאמר קדוש.** מבואר בתנחומא בחוקותי פירושו, אם כן שיוכל אחד להשתוות אלי אז יפה אתם אומרים לומר לפניו קדוש כמו לפני, ואחרי שאינו כן, אם כן הם הבל אין בם מועיל, עיין שם: **המוציא כו' בשם יקרא וכתוב אחד אומר.** ספרי נשא, ומייתי לה ברבה שם פרשה יא, ט: **מבקש לקרותם באחד.** שאז כתיב קורא אני אליהם יעמדו יחד, וקוראן בשם אחד (הוא שם הוי"ה בשרשו אשר ממנו תלויין השתלשלות כחותיהן, וכשקוראה בשמו ממילא באים כולם כאחד): **וכשהוא קורא לכל אחד ואחד אז בשמו הוא קורא אותו.** מפרש באבות דרבי נתן פרק יב, עושה שלום במרומיו שלא קרא עשרה מיכאל או גבריאל, שאם היה קורא לאחד היו באין לפניו ומתקנאין זה בזה: **מדכרין ומניחין וגו'.** ויקרא רבה פרשה לב, ו:

חידושי הרש"ש

[ב] **מי ברא אלה בזכות מי נבראו אלה כו' בזכות אלה שמות כו'.** מלת אלה דורש לנושא ולנשוא:

באור מהרי"פ

[ב] **להחזיק לי טובה.** עיין [שמות רבה] סדר תצוה (פרשה לו ב) במשל לפקח וסומא, משם יתברר לך היטב ענין החזקת טובה בהדלקת הנר: **לכולם שם אחד.** כמו מלאכים שרפים אופנים, שהוא שם הכולל שלהם:

מסורת המדרש

ג. תנחומא כאן סימן ד' כל הענין ילקוט ישעיה רמז ש"י:
ד. בראשית רבה פרשה ע"א. במדבר רבה פרשה י"א. תנחומא כאן סימן ד'. ספרי סדר נשא פסקא מ"ב. ילקוט ישעיה רמז ש"י:
ה. ויקרא רבה פרשה ל"ב. תנחומא כאן סימן ד' כל הענין. מדרש שמואל פרשה א'. ילקוט כאן רמז תי"א:

אם למקרא

וְאֶל מִי תְדַמְּיוּנִי וְאֶשְׁוֶה יֹאמַר קָדוֹשׁ: שְׂאוּ מָרוֹם עֵינֵיכֶם וּרְאוּ מִי בָרָא אֵלֶּה הַמּוֹצִיא בְמִסְפָּר צְבָאָם לְכֻלָּם בְּשֵׁם יִקְרָא מֵרֹב אוֹנִים וְאַמִּיץ כֹּחַ אִישׁ לֹא נֶעְדָּר:
(ישעיה מ:כה-כו)
אֵלֶּה תוֹלְדוֹת הַשָּׁמַיִם וְהָאָרֶץ בְּהִבָּרְאָם בְּיוֹם עֲשׂוֹת ה' אֱלֹהִים אֶרֶץ וְשָׁמָיִם:
(בראשית ב:ד)
וְאֵלֶּה שְׁמוֹת בְּנֵי יִשְׂרָאֵל הַבָּאִים מִצְרָיְמָה אֵת יַעֲקֹב אִישׁ וּבֵיתוֹ בָּאוּ:
(שמות א:א)
אֵלֶּה הָעֵדֹת וְהַחֻקִּים וְהַמִּשְׁפָּטִים אֲשֶׁר דִּבֶּר מֹשֶׁה אֶל בְּנֵי יִשְׂרָאֵל בְּצֵאתָם מִמִּצְרָיִם:
(דברים ד:מה)
מוֹנֶה מִסְפָּר לַכּוֹכָבִים לְכֻלָּם שֵׁמוֹת יִקְרָא:
(תהלים קמז:ד)

ידי משה

[ב] **ישינים.** פירוש שישנים בלילה שהוא חושך, ואני מעלה עליהם את האורה:

שינוי נוסחאות

(ב) **כתיב "המוציא במספר צבאם לכלם בשם יקרא".** ברוב הספרים תיבת "כתיב" ליתא, והגיה א"א שצ"ל כאן "כתוב אחד אומר", וכן הגיה רד"ל, ועפ"ז כנראה הוסיפו בד' וארשא תיבת "כתיב":

אמרי יושר

[ב] **בזכות אלה שמות.** זהו אלה ברא, וזהו לכולם בזכות שם בני ישראל יקרא, והרי זה חסד שברא העולם בזכות הדבר שלא היה עדיין בפועל, ואם כן אל תדמיוני, ויאמר הכתוב ראו קרא בשם בצלאל, ושקלו הכתוב בהם לכולם בשם יקרא:

״וְאִתּוֹ אָהֳלִיאָב בֶּן אֲחִיסָמָךְ וְגוֹ׳״ – as when it states, ***With him was Oholiab, son of Ahisamach,*** *of the tribe of Dan* (below, 38:23; see also here, v. 34),[38] שֶׁבַח לוֹ שֶׁבַח לְאָבִיו שֶׁבַח לְמִשְׁפַּחְתּוֹ שֶׁבַח לַשֵּׁבֶט שֶׁיָּצָא מִמֶּנּוּ – thus serving as **a praise for him, a praise for his father, a praise for his family,** and **a praise for the tribe from which he came.** וּמַדְכְּרִין וּמְשַׁחֲקִים – **And** sometimes **[Scripture] mentions** the names of a person and his forebears, **and "grinds** them **up"** in doing so,[39] ״וְשֵׁם אִמּוֹ שְׁלֹמִית בַּת דִּבְרִי לְמַטֵּה דָן״ – as when it states, ***the name of his mother***[40] ***was Shelomith daughter of Divri, of the tribe of Dan*** (*Leviticus* 24:11), גְּנַאי לָהּ וּלְאָבִיהָ וּלְמִשְׁפַּחְתָּהּ וְלַשֵּׁבֶט שֶׁיָּצְתָה מִמֶּנּוּ – thus serving as **a disgrace for her, for her father, for her family, and for the tribe from which she came.**[41] מַדְכְּרִין וּמְנִיחִין, ״בְּצַלְאֵל בֶּן אוּרִי בֶּן חוּר לְמַטֵּה יְהוּדָה״ – Similarly, **[Scripture] mentions** the names of a person's forebears **and brings satisfaction** to them in doing so when it states, *See,* HASHEM *has proclaimed by name,* ***Bezalel, son of Uri son of Hur, of the tribe of Judah*** (v. 30).[42] מַדְכְּרִין וּמְשַׁחֲקִים, ״עָכָן בֶּן כַּרְמִי בֶּן זַבְדִּי בֶּן זֶרַח לְמַטֵּה יְהוּדָה״ – And **it mentions** the names of a person and his forebears, **and "grinds** them **up"** in doing so, when it states, ***Achan, son of Carmi, son of Zabdi, son of Zerah of the tribe of Judah,*** *took of the consecrated property, and the wrath of* HASHEM *flared against the Children of Israel* (*Joshua* 7:1), גְּנַאי לוֹ גְּנַאי לְאָבִיו וּלְמִשְׁפַּחְתּוֹ גְּנַאי לַשֵּׁבֶט שֶׁיָּצָא מִמֶּנּוּ – thus serving as **a disgrace to himself, a disgrace to his father and to his family,** and **a disgrace to the tribe from which he came.**[43]

§3 The Midrash continues to discuss the manner in which Scripture identifies Bezalel:

דָּבָר אַחֵר, ״רְאוּ קָרָא ה׳ בְּשֵׁם בְּצַלְאֵל בֶּן אוּרִי בֶּן חוּר״ – **Another explanation** of ***See, HASHEM has proclaimed by name, Bezalel son of Uri son of Hur***: מָה רָאָה לְהַזְכִּיר כָּאן חוּר – **Why did [Scripture] see** fit **to mention** Bezalel's grandfather **Hur here?**[44] אֶלָּא בְּשָׁעָה שֶׁבִּיקְשׁוּ יִשְׂרָאֵל לַעֲבוֹד עֲבוֹדָה זָרָה – **However,** the explanation is that **when** the people of **Israel sought to worship idolatry** by making the Golden Calf, נָתַן נַפְשׁוֹ עַל הַקָּדוֹשׁ בָּרוּךְ הוּא וְלֹא הִנִּיחָן – **[Hur] gave his life for** the sake of **the Holy One, blessed is He, and did not allow them** to proceed with their plan,[45] עָמְדוּ וַהֲרָגוּהוּ – whereupon **[the people] rose up and killed him.** אָמַר לוֹ הַקָּדוֹשׁ בָּרוּךְ הוּא: חַיֶּיךָ שֶׁאֲנִי פּוֹרֵעַ לָךְ – **The Holy One, blessed is He, said to him, "By your life!**[46] **I will pay you back** for your sacrifice!" מָשָׁל לְמֶלֶךְ שֶׁמָּרְדוּ עָלָיו לְגִיוֹנוֹתָיו – This may be illustrated by means of **a parable.** It is comparable **to a king whose legions** (i.e., soldiers) **rebelled against him.** עָמַד שַׂר הַצָּבָא שֶׁלּוֹ וְנִלְחַם עִמָּהֶם – **His chief of staff rose up and went to battle against them,** אָמַר לָהֶם: עַל הַמֶּלֶךְ אַתֶּם מוֹרְדִים – **saying to them, "You** dare to **rebel against the king?!"** עָמְדוּ וְהָרְגוּ אוֹתוֹ – So **they rose up and killed him.** אָמַר הַמֶּלֶךְ: אִילּוּ מָמוֹן נָתַן לִי לֹא הָיִיתִי צָרִיךְ לִפְרוֹעַ לוֹ – Upon learning of his death, **the king said, "If he had given me** just **money, would I not have been obligated to repay him?** עַל אַחַת כַּמָּה וְכַמָּה שֶׁנַּפְשׁוֹ נָתַן עָלַי – **How much more so** am I obligated to repay him now **that he has given his** very **life for me!** מָה אֲנִי עוֹשֶׂה לוֹ – But **what can I do for him?** He is already dead! אֶלָּא כָּל בָּנִים שֶׁיֵּצְאוּ מִמֶּנּוּ אֲנִי מַעֲמִידָם דּוּכָּסִים וְאִפַּרְכִים – **However,** I can still benefit him posthumously, for I shall see to it that **all the offspring that descend from him I shall appoint as dukes and governors."** כָּךְ בְּשָׁעָה שֶׁעָשׂוּ יִשְׂרָאֵל הָעֵגֶל – **Similarly, when** the people of **Israel made the** Golden **Calf,** עָמַד חוּר וְנָתַן נַפְשׁוֹ עַל הַקָּדוֹשׁ בָּרוּךְ הוּא – **Hur rose up and gave his life for** the sake of **the Holy One, blessed is He.** אָמַר לוֹ: חַיֶּיךָ, כָּל בָּנִים הַיּוֹצְאִים מִמְּךָ אֲנִי מְגַדְּלָם שֵׁם טוֹב בָּעוֹלָם – So **[God] said to him, "By your life! All the offspring who descend from you, I shall exalt them** by granting them **a good name in the world,"**[47] שֶׁנֶּאֱמַר ״רְאוּ קָרָא ה׳ בְּשֵׁם בְּצַלְאֵל וְגוֹ׳״ – **as it is stated,** ***See, HASHEM has proclaimed by name, Bezalel*** *son of Uri son of Hur,* ***etc.***[48]

NOTES

38. Oholiab assisted Bezalel in the building of the Tabernacle.

39. I.e., it is a source of chagrin and shame for them. If they are dead, it causes their bones to be "ground up," as it were; i.e., it causes consternation to their souls.

40. I.e., the mother of the unnamed man who committed blasphemy, as related in *Leviticus* 24:10.

41. Thus the same tribe (Dan) has one verse associated with it that brings it pride and another that brings it disgrace.

42. [Most Midrash versions cite a different verse here; we have followed the emendation of *Radal* and others, based on parallel Midrash texts found in *Midrash Shmuel* (1 §4) and *Yalkut Shimoni* (§390) and *Vayikra Rabbah* (32 §6) and elsewhere. See those Midrashim for a fuller version of this dictum.]

43. Thus the same tribe (Judah) has one verse associated with it that brings it pride and another that brings it disgrace.

44. For usually people are identified through mentioning their father, without going back to their grandfather.

45. Before asking Aaron to make them an idol, the people first turned to Hur, but he rebuked them and sought to prevent them from doing so (as related above, 41 §7; *Vayikra Rabbah* 10 §3).

46. It is as if God were speaking to the slain Hur.

47. According to *Maharzu* "the offspring who descend from you" refers to his immediate offspring, for in addition to his grandson Bezalel, Hur had three distinguished sons, each of whom founded a city (see *I Chronicles* 2:50-51 and *Rashi* ad loc.). *Eitz Yosef* explains that in addition to Bezalel, the entire Davidic dynasty descended from Hur (see Midrash below, §4). See Insight Ⓐ.

48. Thus, Scripture mentioned Bezalel's grandfather Hur in order to allude to the fact that that it was in the latter's merit that God chose Bezalel to build the Tabernacle. See Insight Ⓑ.

INSIGHTS

Ⓐ **Repaying the Children** *Yefeh To'ar* explains that the purpose of this parable is to answer the following question: Since Hur would receive the reward for his sacrifice in the World to Come, why was there a need to repay his descendants in *this* world? The Midrash therefore cites the parable of the king, who could have argued that he was under no obligation to make restitution. For the dead chief of staff could not enjoy the honors given to his children, and they themselves were not entitled to any honors. Nonetheless, he reasoned that if he had received a monetary loan from their father, the laws of inheritance would obligate him to pay them, even though their father would not benefit from the money being repaid to them. Therefore, now that he owed the father a far greater debt, he certainly must repay it to them. Likewise, since God seeks every possible reason to benefit us, He sought to repay Hur's descendants for his sacrifice even though Hur himself would receive his reward in the World to Come. For his descendants should not receive less for the sacrifice of their ancestor than they would have been entitled to receive if he had given a monetary gift.

Ⓑ **The Reward for Sacrifice** *R' Yaakov Aharon Yanowski* (*Beis Yaakov,* pp. 62-63) maintains that the Midrash expounds the verse as intending more than a mere allusion here. Rather, by mentioning to the nation that Bezalel was Hur's grandson, Moses meant to impart a lesson to them — and to all of us as well.

There are times when a man will devote his all, even sacrifice his life, for a vital matter or a mitzvah, to fulfill the Will of his Father in Heaven, yet he will see no tangible accomplishment. And at the end of his life, he might look back at a life of great effort and sacrifice and think, "What have I really accomplished? All my efforts seem to have been in vain!" To address this misconception, Moses assembled the entire people of Israel and declared to them unequivocally, *"See,* HASHEM *has proclaimed by name, Bezalel, son of Uri, son of Hur,* and has chosen him to build the Tabernacle."

See that he is *the grandson of Hur.* Hur who gave his life in the

(לקמן לח, כג) "וְאִתּוֹ אָהֳלִיאָב בֶּן אֲחִיסָמָךְ וְגוֹ' ", שֶׁבַח לוֹ שֶׁבַח לְאָבִיו שֶׁבַח לְמִשְׁפַּחְתּוֹ שֶׁבַח לַשֵּׁבֶט שֶׁיָּצָא מִמֶּנּוּ, וּמַדְכְּרִין וּמְשַׁחֲקִים, (ויקרא כד, יא) "וְשֵׁם אִמּוֹ שְׁלֹמִית בַּת דִּבְרִי לְמַטֵּה דָן", גְּנַאי לָהּ וּלְאָבִיהָ וּלְמִשְׁפַּחְתָּהּ וְלַשֵּׁבֶט שֶׁיָּצְתָה מִמֶּנּוּ, מַדְכְּרִין וּמְנִיחִין, (במדבר ג, טו) "°פְּקֹד אֶת בְּנֵי לֵוִי°", מַדְכְּרִין וּמְשַׁחֲקִים, (יהושע ז, א) "עָכָן בֶּן כַּרְמִי בֶּן זַבְדִּי בֶּן זֶרַח לְמַטֵּה יְהוּדָה", גְּנַאי לוֹ גְּנַאי לְאָבִיו וּלְמִשְׁפַּחְתּוֹ גְּנַאי לַשֵּׁבֶט שֶׁיָּצָא מִמֶּנּוּ:

ג דָּבָר אַחֵר, [לה, ל] "רְאוּ קָרָא ה' בְּשֵׁם בְּצַלְאֵל בֶּן אוּרִי בֶן חוּר", וּמָה רָאָה לְהַזְכִּיר כָּאן חוּר, אֶלָּא בְּשָׁעָה שֶׁבִּיקְּשׁוּ יִשְׂרָאֵל לַעֲבוֹד עֲבוֹדָה זָרָה נָתַן נַפְשׁוֹ עַל הַקָּדוֹשׁ בָּרוּךְ הוּא וְלֹא הִנִּיחָן, עָמְדוּ וַהֲרָגוּהוּ, אָמַר לוֹ הַקָּדוֹשׁ בָּרוּךְ הוּא: חַיֶּיךָ שֶׁאֲנִי פּוֹרֵעַ לְךָ, מָשָׁל לְמֶלֶךְ שֶׁמָּרְדוּ עָלָיו לִגְיוֹנוֹתָיו, עָמַד שַׂר הַצָּבָא שֶׁלּוֹ וְנִלְחַם עִמָּהֶם, אָמַר לָהֶם: עַל הַמֶּלֶךְ אַתֶּם מוֹרְדִים, עָמְדוּ וְהָרְגוּ אוֹתוֹ, אָמַר הַמֶּלֶךְ: אִילּוּ מָמוֹן נָתַן לִי לֹא הָיִיתִי צָרִיךְ לִפְרוֹעַ לוֹ, עַל אַחַת כַּמָּה וְכַמָּה שֶׁנַּפְשׁוֹ נָתַן עָלַי, מָה אֲנִי עוֹשֶׂה לוֹ, אֶלָּא כָּל בָּנִים שֶׁיֵּצְאוּ מִמֶּנּוּ אֲנִי מַעֲמִידָם דּוּכָּסִים וְאִפַּרְכִים, כָּךְ בְּשָׁעָה שֶׁעָשׂוּ יִשְׂרָאֵל הָעֵגֶל יָעֲמַד חוּר וְנָתַן נַפְשׁוֹ עַל הַקָּדוֹשׁ בָּרוּךְ הוּא, אָמַר לוֹ: חַיֶּיךָ, כָּל בָּנִים הַיּוֹצְאִים מִמְּךָ אֲנִי מְגַדְּלָם שֵׁם טוֹב בָּעוֹלָם, שֶׁנֶּאֱמַר [לה, א] "רְאוּ קָרָא ה' בְּשֵׁם בְּצַלְאֵל וְגוֹ' ". [לה, לא] "וַיְמַלֵּא אֹתוֹ רוּחַ אֱלֹהִים", וְלֹא זֶה בִּלְבָד, אֶלָּא כָּל מִי שֶׁנִּתְעַסֵּק בִּמְלֶאכֶת הַמִּשְׁכָּן נָתַן בּוֹ הַקָּדוֹשׁ בָּרוּךְ הוּא חָכְמָה וּבִינָה וָדַעַת, שֶׁנֶּאֱמַר [לו, ח] "°וַיַּעֲשׂוּ כָל חֲכַם לֵב°", וְלֹא בִּבְנֵי אָדָם אֶלָּא אֲפִילּוּ בִּבְהֵמָה וּבְחַיָּה, שֶׁנֶּאֱמַר [לו, א] "חָכְמָה וּתְבוּנָה בָּהֵמָּה", "בְּהֵמָה" כְּתִיב, שֶׁנִּתְּנָה חָכְמָה בָּאָדָם וּבִבְהֵמָה, וְלֹא נִתְפַּרְסֵם מִכֻּלָּם אֶלָּא בְּצַלְאֵל, הֱוֵי [לה, ל] "רְאוּ קָרָא ה' בְּשֵׁם בְּצַלְאֵל":

עץ יוסף

ואתו אהליאב בן אחיסמך וגו' למטה דן. דמה צורך לומר למטה דן, דהא לא אשכחן אהליאב בן אחיסמך אחר, אלא מזכיר שבטו לומר שהוא שבח גם לשבטו כדמפרש, ומכיון דדרשינן הזכרת שבטו לשבח דרשינן נמי הזכרת האב בהכי: **ומדברין ומשחקין.** פירושו ויש שמזכירים אותם לקללה ואומרים ישחקו עצמותיהם, והיינו רשעים שמחרפים אותם ואת אבותיהם כדמפרש: **למטה דן.** דמה צורך לומר למטה דן, דהא לא אשכחן שלומית בת דברי אחרת, אלא מזכיר שבטה לומר שהוא גנאי לשבטה, ומכיון דדרשינן הזכרת שבטה לגנאי דרשינן נמי הזכרת האם גם כן לגנאי: **גנאי לה.** שהיתה זונה, כדלקמן בויקרא רבה פרשה ל"ב, ואפילו למאן דאמר שמוטעת היתה, מכל מקום הוא זלזול לה: **ולאביה ולמשפחתה.** ואף על גב דאין רמז למשפחה במקרא, מכיון דילפינן גנאי לשבטה שהוא יותר רחוק, פשיטא שהוא גנאי למשפחה: **מדברין ומניחין פקוד את בני לוי.** ודייק מסיפא דקרא לבית אבותם למשפחותם, ומשמע שמנין של בני לוי שנמנין לעצמן על שהיו לגיון של מלך, כדאיתא במדרש אותו שבח היה לאבותיהם ולמשפחותיהם, ודייק מדאמר לבית אבותם למשפחותם ולמה לא אמר איפכא למשפחותם לבית אבותם, כדנקיט גבי ישראל, אלא מחוורתא כדפרשינן (תולדות נח): (ג) [ד] **מה ראה להזכיר כאן חור.** כלומר בשלמא מה שנזכר בפרשת כי תשא ראה קראתי בשם בצלאל בן אורי בן חור, לא קשה מידי, משום דיש לומר שהיו בין בני ישראל אנשים אחרים שנקראו גם כן בשם בצלאל בן אורי, ואם כן אם לא היה משלשו עד זקינו, לא היה יודע משה באיזה בצלאל מדבר, אבל כאן במאמר משה לישראל קשה למה היה צריך לשלשו, וכי לא היה יכול להראות לישראל כי הוא זה (תולדות נח): **נתן נפשו.** כדלעיל פרשה מ"א: **דוכסין.** בלשון רומיי שר צבא, ואיפרכוס בלשון יוני שר הפרשים: **וכל בנים היוצאים ממך.** היינו בצלאל וכל מלכי בית דוד דמחור קאתי: **שנאמר ראו קרא ה' בשם בצלאל.** דכיון דכל שנתעסק במלאכת המשכן ניתן בו חכמה ובינה, כדבסמוך, ועל כל זה לא פרסם הכתוב אלא בצלאל, וטעמא משום זכות חור, ולא סבירא ליה כמאן דאמר בסמוך וכל השבח הזה מגין לו משבט יהודה: [ה] **ולא זה בלבד.** לא בצלאל בלבד נתמלא רוח אלהים: **שנאמר ויעשו כל חכם לב בעושי המלאכה.** צריך לומר וכל איש חכם לב אשר נתן ה' חכמה ותבונה בהמה לדעת לעשות, וזה שמסיים המדרש חכמה ותבונה בהמה כו': **בהמה כתיב.** דמדלא קאמר בהם, דרשינן בהמה, וחיה בכלל בהמה, ויתכן דבהמה וחיה לאו דוקא אלא כלומר בני אדם ריקנים מחכמה כבהמה, וכדתניא בתורת כהנים מן הבהמה אלו בני אדם הדומים לבהמה, והכי פירושו שאפילו מי שלא היה בו שום דעת, על ידי שהתנדב לעשות במלאכה ניתנה בו חכמה: **ולא נתפרסם מכולם קושיא הוא.** כלומר למה לא נתפרסם מכל חכם לב אלא בצלאל (ואף על גב דאף אהליאב נתפרסם שמו לא כתיב ביה ראו קרא ה' בשם, כמו שנאמר אצל בצלאל), ומשני דכל השבח הזה לבצלאל על שהיה משבט יהודה, ודייק מדכתיב למטה יהודה, ואף שהזכיר גם כן אהליאב בן אחיסמך למטה דן, יש לומר דאהליאב דלא הוה ידענו מסדר תולדותיו

פירוש מהרז"ו

אהליאב בן אחיסמך. למטה דן, וכן שלומית בת דברי גם כן למטה דן. ועיין ויקרא רבה פרשה ל"ב סימן ה: **פקוד את בני לוי.** כאן חסר, ותשלומו בריש מדרש שמואל, שחושב בצלאל מיהודה לשבח, ועכן מיהודה לגנאי. ואהליאב וכו', כמו כאן פקידת שרה לשבח, פקידת עמלק לגנאי, וכאן חושב פקידת הלוי לשבח, חסר פקידת עמלק לגנאי, עיין תנחומא כאן: (ג) **נתן נפשו.** לעיל פרשה מ"א סימן ו, ובריש פרשה מ"ב: **והרגוהו.** דכתיב והנה אהרן וחור עמכם, ולא נזכר עוד שמו בתורה, מכאן שהרגוהו, תנחומא תצוה סימן י'. ומביא עוד מפסוק מה עשה לך העם הזה, לאחר עשו ולא לך, היינו האחר שהיה עמו זה חור. ומה שכתוב בדברי הימים א' ד', אלה בני חור אפרתה אבי בית לחם שחור הוא אבי בית לחם, בהכרח הכוון על שלמה בנו, כמו שאמר בסמוך: **כל בנים היוצאים ממך.** כמו שכתוב בהדיא בדברי הימים א' ב', אלה היו בני חור אפרתה אבי קרית יערים שלמה אבי בית לחם, עיין עוד שם, ובצלאל בן בנו. הרי כולם שרים: **ויעשו כל חכם לב.** בעושי המלאכה את המשכן: **חכמה ותבונה בהמה.** היה לו לומר אשר נתן לו חכמה או להם, אלא אל תקרי בָּהֵמָּה אלא בְּהֵמָה, וחיה בכלל בהמה, והם החיות והבהמות שהיה בהם צורך למשכן, כמו התחש, והחלזון, והעזים, ואילים מאדמים:

מתנות כהונה

מדברין ומשחקין. לפעמים מזכיר הכתוב את האדם ואומרים עליו ימח שמו וישתחקו עצמותיו: הכי גרסינן **מדברין ומניחין פקוד את בני לוי מדברין ומשחקין עכן וכו'.** ועיין לקמן סוף פרשת אמור]: [ג] **דוכסים כו'.** מיני שררות חשובות: **והרגוהו.** עיין לעיל פרשה מ"א: **ולא זה בלבד.** לא בצלאל בלבד נתמלא רוח אלהים: **ולא בבני אדם** גרסינן. ופירוש לא בבני אדם בלבד: **בהמה בהמה כתיב:**

אשד הנחלים

[ג] **אלא אפילו בבהמה ובחיה.** הדבר הזה סתום מאוד, כי מהו החכמה הניתן להם ומה צורך היה להם ליתן חכמה. ואולי על צד הרמז הכוונה על הכח הבהמי שבאדם, והוא כח המלאכה הנמשך מפעולת הגוף שהוא שלימות המלאכה המעשית. ואולי כפשוטו כמו שנאמר בארון שדרשו (עבודה זרה כד, ב) על וישרנה הפרות גו' הלכו הלוך וגעו (שמואל א' ו, יב), שאמרו שירה. וכבר בארתי בסדר בראשית (עיין בראשית רבה נד, ד) עניינו על פי ציור דק הקרוב לאמת: **ולא נתפרסם מכולם כו'.** וזהו ראו קרא ה' בשם רק בצלאל, כי הוא היה גדול מכולם ונעלה מעל כל:

חידושי הרד"ל

מדברין ומניחין פקוד את בני לוי. עיין הגירסא שם בויקרא רבה דמייתי נגד זה מדכרין ומשחקין זכור אשר עשה עמלק. וכאן לענין המאמר נראה נכון לגרוס במקום פקוד את בני לוי, קרא דהכא קראתי בשם בצלאל בן אורי בן חור למטה יהודה, ועליו מייתי מדכרין ומשחקין גם כן בשבט יהודה עכן, וכמו בתחלה בשבט דן דמייתי מניחין אהליאב ומשחקין שלומית:

חידושי הרש"ש

ואתו אהליאב כו'. כאן הלשון הוא ואהליאב בן אחיסמך למטה דן, ולשון ואתו כו' הוא בריש פרשת פקוד (שמות לח, כג): [ג] **כל מי שנתעסק כו' שנאמר ויעש כו'.** במקרא זה לא נזכרו בינה ודעת, לכן נראה לגרוס קרא (שמות לו, א) דוכל איש חכם לב דכתיב שם חכמה ותבונה כו' לדעת כו':

באור מהרי"פ

ואתו אהליאב וגו'. כאן לא חשיב אלא אהליאב, ובסדר אמור (ויקרא רבה לב, ו) חשיב גם בצלאל, ועוד רבים כאלה, וכאן חדא מינייהו נקט. ואולי הוא פורט אהליאב לרבותא, דאפילו אהליאב דלא יחסו הכתוב אלא אחר אביו לחוד גם הוא בכלל מדכירן ומניחן. תולדות נח הארוך: [ג] **אלא בצלאל.** פירוש, מדכתיב אלו ראה וגו' בשם בצלאל, מה שאין כן באהליאב, אף שהזכירו הכתוב לא נאמר אצלו כן:

מסורת המדרש

ו. תנחומא כאן סימן ד':
ז. לעיל פרשה מ"א וש"נ. ילקוט כאן רמז תי"א:

אם למקרא

וְאִתּוֹ אָהֳלִיאָב בֶּן אֲחִיסָמָךְ לְמַטֵּה דָן חָרָשׁ וְחֹשֵׁב וְרֹקֵם בַּתְּכֵלֶת וּבָאַרְגָּמָן וּבְתוֹלַעַת הַשָּׁנִי וּבַשֵּׁשׁ:
(לקמן לח:כג)

וַיִּקֹּב בֶּן הָאִשָּׁה הַיִּשְׂרְאֵלִית אֶת הַשֵּׁם וַיְקַלֵּל וַיָּבִיאוּ אֹתוֹ אֶל מֹשֶׁה וְשֵׁם אִמּוֹ שְׁלֹמִית בַּת דִּבְרִי לְמַטֵּה דָן:
(ויקרא כד:יא)

פְּקֹד אֶת בְּנֵי לֵוִי לְבֵית אֲבֹתָם לְמִשְׁפְּחֹתָם כָּל זָכָר מִבֶּן חֹדֶשׁ וָמַעְלָה תִּפְקְדֵם:
(במדבר ג:טו)

וַיִּמְעֲלוּ בְנֵי יִשְׂרָאֵל מַעַל בַּחֵרֶם וַיִּקַּח עָכָן בֶּן כַּרְמִי בֶן זַבְדִּי בֶן זֶרַח לְמַטֵּה יְהוּדָה מִן הַחֵרֶם וַיִּחַר אַף ה' בִּבְנֵי יִשְׂרָאֵל:
(יהושע ז:א)

ידי משה

[ג] **בהמה בהמה כתיב.** והכי"ת הוא שורש ולא פעולה:

אמרי יושר

מדברין ומניחין ומדברין ומשחקין. ותמלא בשבט דן הירוד שניהם, גם בשבט יהודה המעולה, ואם כן אין השבט גורם אלא כל אחד מעצמו. אחר כך אמר שהפרסום לו היה זה בזכות שבט יהודה אף על פי שהמעלה באה לו בזכות חור: [ג] **דבר אחר כו'.** שהושפע מהקב"ה זהו בזכות **ראו קרא ה' בשם,** והראיה (סימן ד) דהרי ביהושע כתיב ותהי רוח אלהים הבא מיוסף, ובעתניאל כתיב ותהי עליו רוח ה', ואם כן לאו שבטו גרם, רק השפעה האל למי שירצה בזכות ברכת יעקב, זהו ותהי עליו רוח אלהים, וכן הוא אומר (ישעיה נד, טז) הנה אנכי בראתי חרש למשחית:

וַיְמַלֵּא אֹתוֹ רוּחַ אֱלֹהִים בְּחָכְמָה בִּתְבוּנָה וּבְדַעַת וּבְכָל מְלָאכָה.

He filled him with Godly spirit, with wisdom, with insight, and with knowledge, and with every craft (35:31).

□ וַיְמַלֵּא אֹתוֹ רוּחַ אֱלֹהִים – *HE FILLED HIM WITH GODLY SPIRIT, WITH WISDOM, WITH INSIGHT, AND WITH KNOWLEDGE.*

The Midrash discusses the extent of this "Godly spirit":

וְלֹא זֶה בִּלְבַד – **And** it was **not only this** man, Bezalel, who was filled with Divine wisdom; **אֶלָּא כָּל מִי שֶׁנִּתְעַסֵּק בִּמְלֶאכֶת הַמִּשְׁכָּן נָתַן בּוֹ הַקָּדוֹשׁ בָּרוּךְ הוּא חָכְמָה וּבִינָה וָדַעַת** – **rather, everyone who was involved with the work of the Tabernacle, the Holy One, blessed is He, instilled wisdom, insight, and knowledge in him,** **שֶׁנֶּאֱמַר "וְעָשָׂה בְצַלְאֵל וְאָהֳלִיאָב וְכֹל אִישׁ חֲכַם לֵב אֲשֶׁר נָתַן ה' חָכְמָה וּתְבוּנָה בָּהֵמָּה לָדַעַת וְגוֹ'"** – **for it is stated,** ***Bezalel shall carry out – with Oholiab and "every wise-hearted man" within whom HASHEM had endowed wisdom and insight to know, etc.*** (below, 36:1). **וְלֹא בִּבְנֵי אָדָם אֶלָּא אֲפִילוּ בִּבְהֵמָה וּבְחַיָּה** – **Moreover, not** only did He instill wisdom **in the people** who worked on the Tabernacle, **but even in the animals and beasts** that were used in the Tabernacle,[49] **שֶׁנֶּאֱמַר "חָכְמָה וּתְבוּנָה בָּהֵמָּה"** – **as it is stated,** *and every wise-hearted man within whom* [בָּהֵמָּה] *HASHEM had endowed* ***wisdom and insight in them*** (ibid.), **"בָּהֵמָּה" כְּתִיב, שֶׁנִּתְּנָה חָכְמָה בָּאָדָם וּבִבְהֵמָה** – where **[the word]** for "within whom" **is written** in such a manner that it can also be read בְּהֵמָה, meaning **"animal."**[50] **וְלֹא נִתְפַּרְסֵם מִכֻּלָּם אֶלָּא בְּצַלְאֵל** – **Yet from all those** who received this influx of wisdom, **only** the name of **Bezalel was publicized** and proclaimed by God.[51] **הֱוֵי "רְאוּ קָרָא ה' בְּשֵׁם בְּצַלְאֵל"** – **Thus** we have explained, ***See, HASHEM has proclaimed by name, Bezalel.***

NOTES

49. The assertion that animals were endowed with special wisdom is puzzling. What role did animals play in the building of the Tabernacle, and how did this Divinely ordained "wisdom" express itself? One explanation offered is that those animals whose furs and hides were needed for the Tabernacle came to Bezalel on their own (*Beur HaAmarim* to *Midrash Tanchuma, Vayakhel* §7; see also *Likkudei Yehudah,* citing *Chidushei HaRim*). Alternatively, the Midrash does not mean this term in the literal sense, but rather refers to lowly, unlearned, and unskilled people (see *Yalkut Shimoni* on *Tehillim* 36:7 and *Midrash Shocher Tov* 9:21 for similar usages of this term). I.e., even those men who were utterly lacking in knowledge were blessed with wisdom as soon as they began working on the Tabernacle (*Yefeh To'ar, Eitz Yosef*). Alternatively, our Midrash does not refer to the animals at all, but means that the *people* who worked on the Tabernacle were endowed with the instinctive abilities of craftsmanship, much like the instincts by which animals are capable of the feats they perform (*R' Simchah Bunim MiPeshis'cha* in *Kol Simchah* on our passage).

50. Ordinarily the Hebrew word for "within them" (or "within whom") is בָּהֶם. Since Scripture here uses the rare form בָּהֵמָּה instead, the Midrash sees this as an allusion to the similarly spelled word בְּהֵמָה ("animal"), with the verse being understood as, *HASHEM had endowed wisdom and insight in the animals.*

51. For the reason the Midrash gives in the following section.

INSIGHTS

apparently fruitless attempt to save his fellow Jews from sin. Do not think that his efforts were in vain. It is his descendant who is chosen by God to build the Holy Tabernacle. No sacrifice, no good deed goes unnoticed. Every action has an effect and, with the fullness of time, will bear fruit and leave a lasting imprint. You might not see it in your lifetime. But God sees it. And in the course of time, the world will see it as well.

(לקמן לח, כג) "וְאִתּוֹ אָהֳלִיאָב בֶּן אֲחִיסָמָךְ וְגוֹ'", שֶׁבַח לוֹ שֶׁבַח לְאָבִיו שֶׁבַח לְמִשְׁפַּחְתּוֹ שֶׁבַח לַשֵּׁבֶט שֶׁיָּצָא מִמֶּנּוּ, וּמַדְכְּרִין וּמְשַׁחֲקִים, (ויקרא כד, יא) "וְשֵׁם אִמּוֹ שְׁלֹמִית בַּת דִּבְרִי לְמַטֵּה דָן", גְּנַאי לָהּ וּלְאָבִיהָ וּלְמִשְׁפַּחְתָּהּ וְלַשֵּׁבֶט שֶׁיָּצְתָה מִמֶּנּוּ, מַדְכְּרִין וּמְנִיחִין, (במדבר ג, טו) "°פְּקֹד אֶת בְּנֵי לֵוִי°", מַדְכְּרִין וּמְשַׁחֲקִים, (יהושע ז, א) "עָכָן בֶּן כַּרְמִי בֶּן זַבְדִּי בֶּן זֶרַח לְמַטֵּה יְהוּדָה", גְּנַאי לוֹ גְּנַאי לְאָבִיו וּלְמִשְׁפַּחְתּוֹ גְּנַאי לַשֵּׁבֶט שֶׁיָּצָא מִמֶּנּוּ:

ג דָּבָר אַחֵר, [לה, ל] "רְאוּ קָרָא ה' בְּשֵׁם בְּצַלְאֵל בֶּן אוּרִי בֶן חוּר", וּמָה רָאָה לְהַזְכִּיר כָּאן חוּר, אֶלָּא בְּשָׁעָה שֶׁבִּיקְּשׁוּ יִשְׂרָאֵל לַעֲבוֹד עֲבוֹדָה זָרָה נָתַן נַפְשׁוֹ עַל הַקָּדוֹשׁ בָּרוּךְ הוּא וְלֹא הִנִּיחָן, עָמְדוּ וַהֲרָגוּהוּ, אָמַר לוֹ הַקָּדוֹשׁ בָּרוּךְ הוּא: חַיֶּיךָ שֶׁאֲנִי פּוֹרֵעַ לְךָ, מָשָׁל לְמֶלֶךְ שֶׁמָּרְדוּ עָלָיו לִגְיוֹנוֹתָיו, עָמַד שַׂר הַצָּבָא שֶׁלּוֹ וְנִלְחַם עִמָּהֶם, אָמַר לָהֶם: עַל הַמֶּלֶךְ אַתֶּם מוֹרְדִים, עָמְדוּ וְהָרְגוּ אוֹתוֹ, אָמַר הַמֶּלֶךְ: אִילּוּ מָמוֹן נָתַן לִי לֹא הָיִיתִי צָרִיךְ לִפְרוֹעַ לוֹ, עַל אַחַת כַּמָּה וְכַמָּה שֶׁנַּפְשׁוֹ נָתַן עָלַי, מָה אֲנִי עוֹשֶׂה לוֹ, אֶלָּא כָּל בָּנִים שֶׁיֵּצְאוּ מִמֶּנּוּ אֲנִי מַעֲמִידָם דוּכָּסִים וְאִפַּרְכִּים, כָּךְ בְּשָׁעָה שֶׁעָשׂוּ יִשְׂרָאֵל הָעֵגֶל יָעֲמַד חוּר וְנָתַן נַפְשׁוֹ עַל הַקָּדוֹשׁ בָּרוּךְ הוּא, אָמַר לוֹ: חַיֶּיךָ, כָּל בָּנִים הַיּוֹצְאִים מִמְּךָ אֲנִי מְגַדְּלָם שֵׁם טוֹב בָּעוֹלָם, שֶׁנֶּאֱמַר [לה, א] "רְאוּ קָרָא ה' בְּשֵׁם בְּצַלְאֵל וְגוֹ'". [לה, לא] "וַיְמַלֵּא אֹתוֹ רוּחַ אֱלֹהִים", וְלֹא זֶה בִּלְבָד, אֶלָּא כָּל מִי שֶׁנִּתְעַסֵּק בִּמְלֶאכֶת הַמִּשְׁכָּן נָתַן בּוֹ הַקָּדוֹשׁ בָּרוּךְ הוּא חָכְמָה וּבִינָה וָדַעַת, שֶׁנֶּאֱמַר [לו, ח] "°וַיַּעֲשׂוּ כָל חֲכַם לֵב°", וְלֹא בִּבְנֵי אָדָם אֶלָּא אֲפִילּוּ בִּבְהֵמָה וּבְחַיָּה, שֶׁנֶּאֱמַר [לו, א] "חָכְמָה וּתְבוּנָה בָּהֵמָּה", "בְּהֵמָה" כְּתִיב, שֶׁנִּתְּנָה חָכְמָה בָּאָדָם וּבַבְּהֵמָה, וְלֹא נִתְפַּרְסֵם מִכֻּלָּם אֶלָּא בְּצַלְאֵל, הֱוֵי [לה, ל] "רְאוּ קָרָא ה' בְּשֵׁם בְּצַלְאֵל":

עץ יוסף

ואתו אהליאב בן אחיסמך וגו' למטה דן. דמה לורך לומר למטה דן, דהא לא אשכחן אהליאב בן אחיסמך אחר, אלא מזכיר שבטו לומר שהוא שבח גם לשבטו כדמפרש, ומכיון דדרשינן הזכרת שבטו לשבח דרשינן נמי הזכרת האב בהכי: **ומדברין ומשחקין.** פירושו ויש שמזכירים אותם לקללה ואומרים ישחקו עצמותיהם, והיינו רשעים שמחרפים אותם ואת אבותיהם כדמפרש: **למטה דן.** דמה לורך לומר למטה דן, דהא לא אשכחן שלומית בת דברי אחרת, אלא מזכיר שבטה לומר שהוא גנאי לשבטה, ומכיון דדרשינן הזכרת שבטה לגנאי דרשינן נמי הזכרת האם גם כן לגנאי: **גנאי לה.** שהיתה זונה, כדלקמן בויקרא רבה פרשה ל"ב, ואפילו למאן דאמר שמוטעת היתה, מכל מקום הוא זלזול לה: **ולאביה ולמשפחתה.** ואף על גב דאין רמז למשפחה במקרא, מכיון דילפינן גנאי לשבטה שהוא יותר רחוק, פשיטא שהוא גנאי למשפחה: **מדכרין ומניחין פקוד את בני לוי.** ודייק מסיפא דקרא לבית אבותם למשפחותם, ומשמע שמנין של בני לוי שנמנין לעצמן על שהיו לגיון של מלך, כדאיתא במדרש אותו שבח היה לאבותיהם ולמשפחותיהם, ודייק מדאמר לבית אבותם למשפחותם ולמה לא אמר איפכא למשפחותם לבית אבותם, כדנקיט גבי ישראל, אלא מחוורתא כדפרשינן (תולדות נח): (ג) **[ד] מה ראה להזכיר כאן חור.** כלומר בשלמא מה שנזכר בפרשת כי תשא ראה קראתי בשם בצלאל בן אורי בן חור, לא קשה מידי, משום דיש לומר שהיו בין בני ישראל אנשים אחרים שנקראו גם כן בשם בצלאל בן אורי, ואם כן אם לא היה משלשו עד זקינו, לא היה יודע משה באיזה בצלאל מדבר, אבל כאן במאמר משה לישראל קשה למה היה צריך לשלשו, וכי לא היה יכול להראות לישראל כי הוא זה (תולדות נח): **נתן נפשו.** כדלעיל פרשה מ"א: **דוכסין.** בלשון רומיי שר לבא, ואיפרכוס בלשון יוני שר הפרשים: **וכל בנים היוצאים ממך.** היינו בצלאל וכל מלכי בית דוד דמחור קאתי: **שנאמר ראו קרא ה' בשם בצלאל.** דכיון דכל שנתעסק במלאכת המשכן ניתן בו חכמה ובינה, כדבסמוך, ועל כל זה לא פרסם הכתוב אלא בצלאל, וטעמא משום זכות חור, ולא סבירא ליה כמאן דאמר בסמוך וכל השבח הזה מגין לו משבט יהודה: [ה] **ולא זה בלבד.** לא בצלאל בלבד נתמלא רוח אלהים: **שנאמר ויעשו כל חכם לב בעושי המלאכה.** צריך לומר וכל איש חכם לב אשר נתן ה' חכמה ותבונה בהמה לדעת לעשות, וזה שמסיים המדרש חכמה ותבונה בהמה כו': **בהמה כתיב.** דמדלא קאמר בהם, דרשינן בהמה, וחיה בכלל בהמה, ויתכן דבהמה וחיה לאו דוקא אלא כלומר בני אדם ריקנים מחכמה כבהמה, וכדתניא בתורת כהנים מן הבהמה אלו בני אדם הדומים לבהמה, והכי פירושו שאפילו מי שלא היה בו שום דעת, על ידי שהתנדב לעשות במלאכה ניתנה בו חכמה: **ולא נתפרסם מכולם קושיא הוא.** כלומר למה לא נתפרסם מכל חכם לב אלא בצלאל (ואף על גב דאף אהליאב נתפרסם שמו לא כתיב ביה ראו קרא ה' בשם, כמו שנאמר אצל בצלאל), ומשני דכל השבח הזה לבצלאל על שהיה משבט יהודה, ודייק מדכתיב למטה יהודה, ואף שהזכיר גם כן אהליאב בן אחיסמך למטה דן, יש לומר דאהליאב דלא הוה ידענו מסדר תולדותיו

פירוש מהרז"ו

אהליאב בן אחיסמך. למטה דן, וכן שלומית בת דברי גם כן למטה דן. ועיין ויקרא רבה פרשה ל"ב סימן ה: **פקוד את בני לוי.** כאן חסר, ותשלומו בריש מדרש שמואל, שחושב בצלאל מיהודה לשבח, ועכן מיהודה לגנאי. ואהליאב וכו', כמו כאן פקידת שרה לשבח, פקידת עמלק לגנאי, וכאן חושב פקידת הלוי לשבח, חסר פקידת עמלק לגנאי, עיין תנחומא כאן: (ג) **נתן נפשו.** לעיל פרשה מ"א סימן ו, ובריש פרשה מ"ב: **והרגוהו.** דכתיב והנה אהרן וחור עמכם, ולא נזכר עוד שמו בתורה, מכאן שהרגוהו, תנחומא תלוה סימן י'. ומביא עוד מפסוק מה עשה לך העם הזה, לאחר עשו ולא לך, היינו האחר שהיה עמו זה חור. ומה שכתוב בדברי הימים א' ד', אלה בני חור אפרתה אבי בית לחם שחור הוא אבי בית לחם, בהכרח הכוון על שלמה בנו, כמו שאמר בסמוך: **כל בנים היוצאים ממך.** כמו שכתוב בהדיא בדברי הימים א' ב', אלה היו בני חור אפרתה אבי קרית יערים שלמה אבי בית לחם, עיין עוד שם, ובצלאל בן בנו. הרי כולם שרים: **ויעשו כל חכם לב.** בעושי המלאכה את המשכן: **חכמה ותבונה בהמה.** היה לו לומר אשר נתן לו חכמה או להם, אלא אל תקרי בָּהֵמָּה אלא בְּהֵמָה, וחיה בכלל בהמה, והם החיות והבהמות שהיה בהם צורך למשכן, כמו התחש, והחלזון, והעזים, ואילים מאדמים:

חידושי הרד"ל

מדכרין ומניחין פקוד את בני לוי. עיין הגירסא שם בויקרא רבה דמייתי נגד זה מדכרין ומשחקין זכור אשר עשה עמלק. וכאן לענין המאמר נראה נכון לגרום במקום פקוד את בני לוי, קרא דהכא קראתי בשם בצלאל בן אורי בן חור למטה יהודה, ועליו מייתי מדכרין ומשחקין גם כן בשבט יהודה עכן, וכמו בתחלה בשבט דן דמייתי מניחין אהליאב ומשחקין שלומית:

חידושי הרש"ש

ואתו אהליאב כו'. כאן הלשון הוא ואהליאב בן אחיסמך למטה דן, ולשון ואתו כו' הוא בריש פרשת פקוד (שמות לח, כג): [ג] **כל מי שנתעסק כו' שנאמר ויעש כו'.** במקרא זה לא נזכרו בינה ודעת, לכן נראה לגרום קרא (שמות לו, א) דוכל איש חכם לב דכתיב שם חכמה ותבונה כו' לדעת כו':

באור מהרי"פ

ואתו אהליאב וגו'. כאן לא חשיב אלא אהליאב, ובסדר אמור (ויקרא רבה לב, ו) חשיב גם בצלאל, ועוד רבים כאלה, וכאן חדא מינייהו נקט. ואולי הוא פורט אהליאב לרבותא, דאפילו אהליאב דלא יחסו הכתוב אלא אחר אביו לחוד גם הוא בכלל מדכירן ומניחן. תולדות נח הארוך: [ג] **אלא בצלאל.** פירוש, מדכתיב אללו ראה וגו' בשם בצלאל, מה שאין כן באהליאב, אף שהזכירו הכתוב לא נאמר אללו כן:

מסורת המדרש

ו. תנחומא כאן סימן ד':

ז. לעיל פרשה מ"א וש"כ. ילקוט כאן רמז תי"א:

אם למקרא

וְאִתּוֹ אָהֳלִיאָב בֶּן אֲחִיסָמָךְ לְמַטֵּה דָן חָרָשׁ וְחֹשֵׁב וְרֹקֵם בַּתְּכֵלֶת וּבָאַרְגָּמָן וּבְתוֹלַעַת הַשָּׁנִי וּבַשֵּׁשׁ: (לקמן לח:כג)

וַיִּקֹּב בֶּן הָאִשָּׁה הַיִּשְׂרְאֵלִית אֶת הַשֵּׁם וַיְקַלֵּל וַיָּבִיאוּ אֹתוֹ אֶל מֹשֶׁה וְשֵׁם אִמּוֹ שְׁלֹמִית בַּת דִּבְרִי לְמַטֵּה דָן: (ויקרא כד:יא)

פְּקֹד אֶת בְּנֵי לֵוִי לְבֵית אֲבֹתָם לְמִשְׁפְּחֹתָם כָּל זָכָר מִבֶּן חֹדֶשׁ וָמַעְלָה תִּפְקְדֵם: (במדבר ג:טו)

וַיִּמְעֲלוּ בְנֵי יִשְׂרָאֵל מַעַל בַּחֵרֶם וַיִּקַּח עָכָן בֶּן כַּרְמִי בֶן זַבְדִּי בֶן זֶרַח לְמַטֵּה יְהוּדָה מִן הַחֵרֶם וַיִּחַר אַף ה' בִּבְנֵי יִשְׂרָאֵל: (יהושע ז:א)

ידי משה

[ג] **בהמה בהמה כתיב.** והכי"ת הוא שורש ולא פעולה:

אמרי יושר

מדכרין ומניחין ומדכרין ומשחקין. ותמלא בשבט דן הירוד שניהם, גם בשבט יהודה המעולה, ואם כן אין השבט גורם אלא כל אחד מעצמו. אחר כך אמר שהפרסום לו היה זה בזכות שבט יהודה אף על פי שהמעלה באה לו בזכות חור: [ג] **דבר אחר כו'.** שהושפע מהקב"ה זהו בזכות **ראו קרא ה' בשם,** והראיה (סימן ד) דהרי ביהושע כתיב ותהי רוח אלהים הבא מיוסף, ובעתניאל כתיב ותהי עליו רוח ה', ואם כן לאו שבטו גרם, רק השפעה האל למי שירצה בזכות ברכת יעקב, זהו ותהי עליו רוח אלהים, וכן הוא אומר (ישעיה נד, טז) הנה אנכי בראתי חרש למשחית:

מתנות כהונה

מדברין ומשחקין. לפעמים מזכיר הכתוב את האדם ואומרים עליו ימח שמו וישחקו עצמותיו: הכי גרסינן **מדברין ומניחין פקוד את בני לוי מדברין ומשחקין עכן וכו'.** ועיין לקמן סוף פרשת אמור]: [ג] **דוכסים כו'.** מיני שררות חשובות: **והרגוהו.** עיין לעיל פרשה מ"א: **ולא זה בלבד.** לא בצלאל בלבד נתמלא רוח אלהים: **ולא בבני אדם** גרסינן. ופירוש לא בבני אדם בלבד: **בהמה בהמה** כתיב:

אשד הנחלים

[ג] **אלא אפילו בבהמה ובחיה.** הדבר הזה סתום מאוד, כי מהו החכמה הניתן להם ומה צורך היה להם ליתן חכמה. ואולי על צד הרמז הכוונה על הכח הבהמי שבאדם, והוא כח המלאכה הנמשך מפעולת הגוף שהוא שלימות המלאכה המעשית. ואולי כפשוטו כמו שנאמר בארון שדרשו (עבודה זרה כד, ב) על וישרנה הפרות גו' הלכו הלוך וגעו (שמואל א' ו, יב), שאמרו שירה. וכבר בארתי בסדר בראשית (עיין בראשית רבה נד, ד) עניינו על פי ציור דק הקרוב לאמת: **ולא נתפרסם מכולם כו'.** וזהו ראו קרא ה' בשם רק בצלאל, כי הוא היה גדול מכולם ונעלה מעל כל:

§4 This Midrash is a continuation of the previous section, which ended by noting that of all those who worked on the Tabernacle, only Bezalel received unique recognition from God: וְכָל הַשֶּׁבַח הַזֶּה מִנַּיִן לוֹ – **And from where** did **all this praise for [Bezalel]** originate? מִשֵּׁבֶט יְהוּדָה – **From** the fact that he was a member of **the tribe of Judah.**[52] וּמֵהֵיכָן זָכָה לְכָל הַחָכְמָה הַזֹּאת – **And from where did he merit all this** Divinely inspired **wisdom?**[53] בִּזְכוּת מִרְיָם, שֶׁנֶּאֱמַר ״וַיַּעַשׂ לָהֶם בָּתִּים״ – **In the merit of** his ancestress **Miriam,**[54] **as it is stated,** *And it was because the midwives feared God that* ***He made them houses*** (above, 1:21).[55] וּמָה הָיוּ הַבָּתִּים – **And what were these** ***houses*** that God gave them as a reward? בֵּית הַכְּהוּנָּה וּבֵית הַמַּלְכוּת – **The "house"** (i.e., dynasty) **of the priesthood and the "house" of royalty,** which both came from their descendants. יוֹכֶבֶד נָטְלָה כְּהוּנָּה וּמַלְכוּת – **Jochebed received** both houses, that of **priesthood and** that of **royalty,** אַהֲרֹן כֹּהֵן גָּדוֹל – for her son **Aaron** became the **Kohen Gadol,** מֹשֶׁה מֶלֶךְ – and her other son **Moses** became **king** over Israel, שֶׁנֶּאֱמַר ״וַיְהִי בִישֻׁרוּן מֶלֶךְ״ – **as it is stated,** ***He became king over Jeshurun*** (*Deuteronomy* 33:5).[56] וּמִרְיָם נָטְלָה חָכְמָה, שֶׁהֶעֱמִידָה בְּצַלְאֵל – **And Miriam received** as her reward **wisdom, as she produced** a descendant, **Bezalel,** whose wisdom is attested to here in Scripture,[57] וְיָצָא מִמֶּנָּה דָּוִד שֶׁהָיָה מֶלֶךְ – and also royalty, as **David, who was a king, descended from her.**[58] שֶׁנֶּאֱמַר ״וַתֵּלֶד לוֹ אֶת חוּר״ – And how do we know that Bezalel and David were descendants of Miriam? **For it is stated,** *Caleb married Ephrath,* ***and she bore him Hur*** (*I Chronicles* 2:19);[59] וּכְתִיב ״וְדָוִד בֶּן אִישׁ אֶפְרָתִי״ – **and it is written,** ***David was the son of a certain Ephrathite*** (*I Samuel* 17:12), שֶׁבָּא מִן מִרְיָם שֶׁנִּקְרֵאת אֶפְרָת – so David's father Jesse was called "an Ephrathite," meaning **that he descended from Miriam, who was called Ephrath.**[60]

□ [וַיְמַלֵּא אֹתוֹ רוּחַ אֱלֹהִים בְּחָכְמָה בִּתְבוּנָה וּבְדַעַת – *HE FILLED HIM WITH GODLY SPIRIT, WITH WISDOM, WITH INSIGHT, AND WITH KNOWLEDGE*.]

The Midrash highlights the unique significance of Bezalel's being blessed with these three specific attributes:

בְּג׳ דְּבָרִים הַלָּלוּ נִבְרָא הָעוֹלָם – **With these three things** with which Bezalel was blessed – *wisdom, insight, and knowledge* – **the world was created,** שֶׁנֶּאֱמַר ״ה׳ בְּחָכְמָה יָסַד אָרֶץ כּוֹנֵן שָׁמַיִם בִּתְבוּנָה, בְּדַעְתּוֹ תְּהוֹמוֹת נִבְקָעוּ״ – **as it is stated,** ***HASHEM founded the earth with wisdom; He established the heavens with insight; through His knowledge the depths were cleaved*** (*Ecclesiastes* 3:19-20);[61] וּבְג׳ דְּבָרִים הַלָּלוּ נַעֲשָׂה הַמִּשְׁכָּן – **with these three things the Tabernacle was made,** שֶׁנֶּאֱמַר ״וָאֲמַלֵּא אֹתוֹ רוּחַ אֱלֹהִים בְּחָכְמָה וּבִתְבוּנָה וּבְדַעַת״ – **as it is stated,** ***I have filled him with a Godly spirit, with wisdom and with insight and with knowledge*** (above, 31:3); וּבְג׳ דְּבָרִים הַלָּלוּ נִבְנָה בֵּית הַמִּקְדָּשׁ – **and with these three attributes the Holy Temple was built,** שֶׁנֶּאֱמַר ״בֶּן אִשָּׁה אַלְמָנָה הוּא מִמַּטֵּה נַפְתָּלִי . . . וַיִּמָּלֵא אֶת הַחָכְמָה וְאֶת הַתְּבוּנָה וְאֶת הַדַּעַת״ – **as it is stated** concerning Hiram, the artisan in charge of building Solomon's Temple, ***He was the son of a widowed woman, from the tribe of Naphtali . . . He was filled with wisdom, insight, and knowledge*** (*I Kings* 7:14); וְכֵן כְּשֶׁיַּעֲמוֹד הַקָּדוֹשׁ בָּרוּךְ הוּא לִבְנוֹתוֹ לֶעָתִיד לָבֹא בְּג׳ דְּבָרִים הַלָּלוּ נִבְנֶה – **and likewise, when the Holy One, blessed is He, will arise to rebuild [the Temple] in the future, it will be built with these three attributes,** שֶׁנֶּאֱמַר ״בְּחָכְמָה יִבָּנֶה בָּיִת וּבִתְבוּנָה יִתְכּוֹנָן וּבְדַעַת חֲדָרִים יִמָּלְאוּ״ – **as it is stated,** ***Through wisdom a house will be built, and through insight it will be established, and through knowledge its chambers will become filled*** (*Proverbs* 24:3-4).[62]

The Midrash again discusses the source of Bezalel's wisdom:

דָּבָר אַחֵר, ״וָאֲמַלֵּא אֹתוֹ״ – **Another explanation** of ***I have filled him*** *with a Godly spirit, with wisdom and with insight and with knowledge* (above, 31:3): כָּל הַחָכְמָה הַזּוֹ מִנַּיִן – **From where** did Bezalel get **all this wisdom?** מִן הַקָּדוֹשׁ בָּרוּךְ הוּא, ״רוּחַ אֱלֹהִים״ – **From the Holy One, blessed is He,** as it is written, *I have filled him with* ***a Godly spirit***.[63]

The Midrash cites two other similar examples:

וְכֵן אַתָּה מוֹצֵא בִּיהוֹשֻׁעַ שֶׁהוּא בָּא מִיּוֹסֵף – **And you find** a **similar** situation **concerning Joshua, who descended from Joseph,**[64] וּמָה כְּתִיב בּוֹ, ״וִיהוֹשֻׁעַ בִּן נוּן מָלֵא רוּחַ חָכְמָה״ – **and what is written concerning him?** ***Joshua son of Nun was filled with the spirit of wisdom,*** *because Moses had laid his hands upon him* (*Deuteronomy* 34:9).[65]

NOTES

52. As *Yalkut Shimoni* (§159) expounds on the verse *Judah – you, your brothers shall praise* (*Genesis* 49:8), by confessing his role in the incident with Tamar, Judah merited constant praise for his tribe, as his descendants included kings, princes, and other men of great distinction. Bezalel's good name and the fame he attained by having his name publicized by God Himself was also in this merit (*Yefeh To'ar*; see also *Maharzu;* for an alternative explanation, see *Toldos Noach*). The Midrash derives this from the fact that Bezalel's tribal affiliation is mentioned here (*of the tribe of Judah*) even though he is already sufficiently identified as the grandson of Hur (*Eitz Yosef*).

53. The trait of "wisdom" is not a hallmark of the tribe of Judah, as "praise" is [see previous note] (*Yefeh To'ar, Eitz Yosef*).

54. The Midrash below explains how Bezalel was descended from Miriam.

55. The *midwives* referred to in this verse are identified in the Midrash above (1 §13) as Jochebed and Miriam, the mother and sister of Moses and Aaron. Because of their great righteousness and fear of God, they defied Pharaoh's orders to kill all Israelite newborn males (above, 1:15), and were rewarded by God by being granted "houses," which the Midrash goes on to explain.

56. The Midrash interprets the pronoun "He" (in *He became king over Jeshurun*) as a reference to Moses. [*Rashash* notes that this differs with several Talmudic sources, which interpret the *king* in this verse as referring to God.]

57. And Bezalel, with this wisdom, built a "house for Kohanim," i.e., the Tabernacle (*Toldos Noach*).

58. [Our Midrash appears to be at odds with the Midrash above (1 §17), which indicates that Jochebed received only the house of priesthood, and Miriam received only the house of royalty. See *Maharif, Yefeh To'ar, Eshed HaNechalim,* and *Rashash*.]

59. Hur's mother (and hence Bezalel's great-grandmother) was thus Ephrath.

60. See Midrash above, 1 §17, where it is explained why Caleb's wife Ephrath is identified with Miriam.

61. Thus indicating that the Tabernacle (as well as the Temples that replaced it; see below) was a reflection of the essence of the universe; see above, 33 §4 (*Maharzu*).

62. The Midrash interprets this verse as referring to the future "house" of Hashem (the Temple), because of the use of the passive form (*will be built*) of the verb, which implies this *house* will be built by itself, as it were, not by human hands (*Maharzu*). For, as the Sages teach, the future Temple will be built by God Himself, as it were (see *Midrash Vayosha; Rashi* on *Succah* 41a s.v. אי נמי).

63. Bezalel was of the tribe of Judah, the tribe that had "prevailed over its brothers" (*I Chronicles* 5:2). But his great wisdom and skill were not due to his membership in this exalted tribe; rather, it was a gift from God (*Yefeh Toar*).

64. He was a member of the tribe of Joseph's son Manasseh (*Numbers* 13:8).

65. Joseph was known for his wisdom, as it is written concerning him, *he was [Jacob's] wise child* (*Genesis* 37:3, following the interpretation of *Onkelos*), and *there is no one so insightful and wise as you* (ibid. 41:39). Nevertheless, Scripture informs us, his descendant Joshua did not "inherit" his wisdom from him; rather, he was filled with the spirit of Divine wisdom (*Yefeh To'ar, Toldos Noach, Eitz Yosef*).

ד ח**וְכָל הַשֶּׁבַח הַזֶּה מִנַּיִן לוֹ, מִשֵּׁבֶט יְהוּדָה, וּמֵהֵיכָן זָכָה לְכָל הַחָכְמָה הַזֹּאת, בִּזְכוּת מִרְיָם, שֶׁנֶּאֱמַר** (לעיל א, כא) **"וַיַּעַשׂ לָהֶם בָּתִּים", ט וּמָה הָיוּ הַבָּתִּים, בֵּית הַכְּהוּנָּה וּבֵית הַמַּלְכוּת, יוֹכֶבֶד נָטְלָה כְּהוּנָּה וּמַלְכוּת, אַהֲרֹן כֹּהֵן גָּדוֹל, מֹשֶׁה מֶלֶךְ, שֶׁנֶּאֱמַר** (דברים לג, ה) **"וַיְהִי בִישֻׁרוּן מֶלֶךְ", וּמִרְיָם נָטְלָה חָכְמָה, שֶׁהֶעֱמִידָה בְּצַלְאֵל, וְיָצָא °מִמֶּנּוּ דָּוִד שֶׁהָיָה מֶלֶךְ, שֶׁנֶּאֱמַר** (דברי הימים-א ב, יט) **"וַתֵּלֶד לוֹ אֶת חוּר", וּכְתִיב** (שמואל-א יז, יב) **"וְדָוִד בֶּן אִישׁ אֶפְרָתִי", שֶׁבָּא מִן מִרְיָם שֶׁנִּקְרֵאת אֶפְרָת, יבְּג' דְּבָרִים הַלָּלוּ נִבְרָא הָעוֹלָם, שֶׁנֶּאֱמַר** (משלי ג, יט-כ) **"ה' בְּחָכְמָה יָסַד אָרֶץ כּוֹנֵן שָׁמַיִם בִּתְבוּנָה, בְּדַעְתּוֹ תְּהוֹמוֹת נִבְקָעוּ", וּבְג' דְּבָרִים הַלָּלוּ נַעֲשָׂה הַמִּשְׁכָּן, שֶׁנֶּאֱמַר** [לא, ג] **"וָאֲמַלֵּא אֹתוֹ רוּחַ אֱלֹהִים בְּחָכְמָה בִּתְבוּנָה וּבְדַעַת", וּבְג' דְּבָרִים הַלָּלוּ נִבְנָה בֵּית הַמִּקְדָּשׁ, שֶׁנֶּאֱמַר** (מלכים-א ז, יד) **"בֶּן אִשָּׁה אַלְמָנָה הוּא מִמַּטֵּה נַפְתָּלִי ... וַיִּמָּלֵא אֶת הַחָכְמָה וְאֶת הַתְּבוּנָה וְאֶת הַדַּעַת", וְכֵן כְּשֶׁיַּעֲמוֹד הַקָּדוֹשׁ בָּרוּךְ הוּא לִבְנוֹתוֹ לֶעָתִיד לָבֹא בְּג' דְּבָרִים הַלָּלוּ נִבְנֶה, שֶׁנֶּאֱמַר** (משלי כד, ג) **"בְּחָכְמָה יִבָּנֶה בָּיִת וּבִתְבוּנָה יִתְכּוֹנָן", °וּכְתִיב** (שם שם ד) **"וּבְדַעַת חֲדָרִים יִמָּלְאוּ", דָּבָר אַחֵר,** [לא, ג] **"וָאֲמַלֵּא אֹתוֹ", כָּל הַחָכְמָה הַזּוֹ מִנַּיִן, מִן הַקָּדוֹשׁ בָּרוּךְ הוּא,** [שם] **"רוּחַ אֱלֹהִים", וְכֵן אַתָּה מוֹצֵא בִּיהוֹשֻׁעַ שֶׁהוּא בָּא מִיּוֹסֵף, וּמַה כְּתִיב בּוֹ,** (דברים לד, ט) **"וִיהוֹשֻׁעַ בִּן נוּן מָלֵא רוּחַ חָכְמָה", וְכֵן אַתָּה מוֹצֵא בְּעָתְנִיאֵל בֶּן קְנַז שֶׁבָּא מִיהוּדָה, מַה כְּתִיב בּוֹ,** (שופטים ג, י) **"וַתְּהִי עָלָיו רוּחַ ה'", וְכָל הַנִּסִּים שֶׁנַּעֲשׂוּ לָהֶם בִּזְכוּת הַבְּרָכָה שֶׁבֵּרַךְ מֹשֶׁה אֶת °הַשְּׁבָטִים, שֶׁנֶּאֱמַר** (דברים לג, ז) **"וְזֹאת לִיהוּדָה וַיֹּאמַר", בְּשָׁעָה שֶׁנִּכְנָסִים בְּצָרָה** (שם) **"וְעֵזֶר מִצָּרָיו תִּהְיֶה", דָּבָר אַחֵר,** (שם) **"שְׁמַע ה' קוֹל יְהוּדָה", שֶׁנָּתַן בּוֹ רוּחַ הַקֹּדֶשׁ לִגְדוּלָּה וּמִתְגַּבֵּר בָּהּ,**

עץ יוסף

מאיזה שבט הוא, הוצרך לפרסם שמו ושם שבטו, אבל בצלאל שהוצרך הכתוב לשלש אותו להזכיר שמו ושם אביו ושם זקינו, ממילא ידעינן שהוא משבט יהודה כנזכר בדברי הימים, אלא להורות בא שבשביל יהודה זכה לכל הכבוד הזה: **(ד) ומהיכן זכה לכל החכמה הזאת.** דלא סבירא ליה שיהיה בשביל היות משבט יהודה, רק הכבוד שנתפרסם יותר משאר החכמים, כי זה בכלל יודוך אחיך, שיהיה מפואר ומשובח מכלם, אבל לא לזכות לחכמה כל כך גדולה יותר מחביריו, דהיינו שנאמר בו ואמלא אותו מה שלא נאמר באחרים: **שנאמר ויעש להם בתים.** דביוכבד ומרים מיירי, כמאן דאמר שהם היו המילדות כדלעיל פרשה א': **שנאמר ותלד לו אפרת את חור.** ואפרת היא מרים, כדלעיל פרשה א': **[ו] בשלשה דברים הללו כו'.** יתורא דבי"ת של בחכמה בתבונה ובדעת, קדייק: **כל החכמה הזו מנין מן הקדוש ברוך הוא.** שנאמר ואמלא אותו רוח אלהים, הוא רוח הקודש, ועל ידי רוח הקודש מלא חכמה ותבונה ודעת: **וכן אתה מוצא ביהושע.** שעם היותו משבט יוסף אשר היה מסוגל בחכמה, כאומר כי בן זקונים הוא לו, אמר בו מלא רוח חכמה, שכל חכמתו לגמרי היתה מפני שסמך משה את ידו עליו: **וכן אתה מוצא בעתניאל.** עם שהיה משבט יהודה, ובזכותו, נעזרו מצריהם, עם כל זה אמר בו ותהי עליו רוח ה', לומר שהרצון האלהי היתה לו ולא זולת: **בשעה שנכנסים בצרה ועזר מצריו תהיה.** רוצה לומר כשיהיו נכנסין לצרה תהא מגוי להם לעזור אותם מצריהם כמו שנאמר ועזר מצריו תהיה: **שנתן בו רוח הקודש.** שתיבת קול מרמז על רוח הקודש, כמו שדרשו חכמינו ז"ל על פסוק כל אשר תאמר אליך שרה שמע בקולה לקול רוח הקודש שבה:

פירוש מהרז"ו

(ד) וכל השבח הזה מנין לו. היינו מה שכתוב ואמלא אותו רוח אלהים בחכמה ובתבונה ובדעת. וגם השם הטוב והפרסום שפרסמו השם יתברך, בא לו על שהיה משבט יהודה שבט המלוכה. כי מי שהוא ממשפחה פחותה, אף שהוא בעל מעלה אינו מתפרסם, כמו מי שבא ממשפחה מיוחסת וגדולה. והחכמה בא לו על שבא ממרים, וכמו שאמרו ספרי סדר בהעלותך, לעיל פרשה א' סימן ט"ז, וי"ז, ופרשה מ סוף סימן א'. ותנחומא כאן סימן ד: **נעשה המשכן.** ששקול ככל העולם, כמו שאמר לעיל פרשה ל"ג סימן ד, וכן בית המקדש: **בחכמה יבנה בית.** יבנה משמע מעצמו שלא על ידי אדם, והיינו בית המקדש שלעתיד שיבנה על ידי הקב"ה בעצמו. ומה שאמר וכתיב ובדעת חדרים ימלאו, היינו אגב פסוק בחכמה יבנה בית ובתבונה יתכונן ובדעת חדרים ימלאו, על כרחך תיבת וכתיב מיותר, ובתנחומא כאן ליתא: **יהושע שבא מיוסף וכו'.** שיהודה ויוסף שבטי המלוכה מקדם, זכו לרוח ה', כמו שכתוב במשיח (ישעיה יא, ב) ונחה עליו רוח ה' רוח חכמה ובינה וגו', ובלי ספק שהמדרש כוון לזו: **וכל הנסים.** שיעשה על ידם לדורות. ועיין ויקרא רבה פרשה כ"א סוף סימן א', וספרי ברכה:

מתנות כהונה

[ד] שנקראת אפרת. ככתוב בדברי הימים א' ב' והביאו למעלה פרשה מ': **ובשלשה דברים הללו נבנה** גרסינן]: **רוח חכמה.** כלומר החכמה באת לו מן רוח, רוח אלהים וכדלקמן: הכי גרסינן **ותהי עליו רוח ה'.** ופסוק הוא בספר שופטים סימן ג':

אשד הנחלים

[ד] בזכות מרים כו' בתים. כי התכונות הטובות והחכמה המה ממזגי ההורים, ורק אחרי שהיה זה מעלות אלהית הבאה מלמעלה, כמו שנאמר ואמלא אותו רוח אלהים, לכן היה זה מצד הזכות, וכל זה מזכות מרים שעשה ה' להם בתים, שנכלל בזה בתי כהונה ובתי מלכות ובתי חכמה, והן המה הסגולות האלהית: **בשלשה דברים נברא כו' בחכמה כו'.** עיין בזה בספרי חכמי אמת לפי דרכם, ובספרי חכמי המחקר בגדר חכמה ובינה ודעת לפי דעתם. והנה הבית המקדש היה עזר להשראת השכינה למטה נעשה דוגמת העולם כולו, וכמו שהאריך הגאון הרמ"א בספר תורת העולה, וכמו שהאריכו החכמים בספריהם, ובצלאל ידע הסודות הגדולות מכל המציאות כמו שאמרו (ברכות נה, א) יודע היה בצלאל לצרף אותיות התורה שבהם נבראו שמים וארץ, ועל פי ידיעתו כיון במלאכת המשכן, וא"כ מלאכת המשכן היה גם כן בחכמה בינה ודעת דוגמת המציאות כו', ולכן כתיב ואמלא אותו רוח אלהים, כי ניתן לו החכמה בינה ודעת מלמעלה: **בשעה שנכנסים בצרה.** כי לעיל מיניה כתיב ידיו רב לו, שיהיה ממולא בכל טוב בחכמה ובתבונה ובדעת, גם יהיה מוצלח למלחמה, כי בשעה שנכנסים בצרה אז עזר מצריו תהיה, ודרש זאת באגב ועיקר כוונתם כמו שאמרו לעיל מנין לו משבט יהודה וכו': **רוח הקודש לגדולה ומתגבר בה כו'.** פירש הידי משה שהברכה היה לבצלאל שבא מיהודה לא היה אלא ברוח הקודש, ומפני זה זכה אף לבינה שהוא הבנת דבר מתוך

באור מהרי"פ

[ד] נטלה כהונה ומלכות. ולעיל (א, יז) יוכבד נטלה כהונה ולויה, ומרים מלכות. ויש לומר שהמדרש הזה סובר ויעש להם בתים שוים זכו יוכבד ומרים, ומתחלה חשיב יוכבד זכה וכו', ומרים זכה שהעמידה בצלאל שבנה בחכמתו בית הכהונה, היינו המשכן, והמזבח מקום הקרבנות, מלכות בית דוד: **מוצא ביהושע.** פירוש, דלא תאמר שבא לו מחמת שבט יהודה, שהרי יהושע שבא משבט אפרים וגם הוא מלא רוח חכמה, וכן עתניאל שבא מיהודה כתוב אללו בפירוש ותהי עליו רוח ה': **וזאת ליהודה.** נראה דפירוש מלת יהודה על כל היהודים שבאו מכל השבטים:

ידי משה

[ד] ומתגבר בה. פירוש, שהברכה של בצלאל שבא מיהודה לא היה אלא רוח הקודש, ומפני מה זכה אף לבינה, לזה אמר ומתגבר בה, כי בינה הוא מה שמבין דבר מתוך דבר, נמצא שמעצמו היה נתגבר בבינה, אבל רבי חנינא אמר שבינה היה לבצלאל משל שדי, דכתיב אכן רוח היא באנוש וגו', ונשמת שדי הוי בחכמה בתורה בתבונה בהלכה ובדעת בתלמוד, אבל לפי דבר אחר שהיה בצלאל מתגבר מעצמו פירוש של תבונה הוא שהיה מבין דבר מתוך דבר, לכך אמר לשון הוי, פירוש דאזיל לדברי רבי חנינא, מה שאין כן לדברי תנא קמא שסבירא ליה שתבונה היה מתגבר בעצמו. ודוק:

חידושי הרד"ל

[ד] ויצא ממנה דוד שהיה מלך כן צריך לומר. ועיין לעיל פרשה א, טז - יז: **משלשה דברים הללו נברא כו'.** כל המאמר בפרקי דרבי אליעזר, עיין מה שכתבתי בביאורי בסייעתא דשמיא: **מלא רוח חכמה מכי סמך משה ידיו עליו וכן אתה מוצא בעתניאל.** כן צריך לומר. ומכי סמך משה ידיו עליו דרש, שזה היה בלווי ה', כמו שכתוב (במדבר כז, יח - כ) וסמכת את ידך עליו וגו' ונתתה מהודך עליו: **שנתן בו רוח הקודש לגדולה ומתגבר בה.** לשון מתגבר דנקט ביהודה הוא כדכתיב (דברי הימים א ה, ב) כי יהודה גבר באחיו. אך כמדומה שעיקר הגירסא צריך לומר רוח הקודש לתפלה, וזה שאמר ומתגבר בה כמו שכתוב בספרי הברכה שם שברכו משה לשבט יהודה כשיהיה נכנס לצרה ומתפלל להקב"ה ישמע קולו ויהיה לו עזר מצריו ויעלהו מתוכה:

חידושי הרש"ש

[ד] משה מלך שנאמר ויהי בישורון מלך. וכן כתב הרמב"ם בפירוש המשניות לשבועות פרק ב וזה לשונו, וכבר ידעת שמשה מלך היה כו' ועליו נאמר ויהי בישורון מלך, עד כאן. וקשה לי מהא דאמרינן בראש השנה (לב, ב) אלא מלכיות תלת הוא דהווין כו' ויהי בישורון מלך, הרי דעל כרחך דמלך קאי אקב"ה, וכן בספרי שם מפרש דקאי אקב"ה, וכן פירש"י שם בחומש (דברים לג ה). ונראה לי דהך דהכא פליג, ונראה לי דלכן הוסיפו מתקני התפלה לבד שלש מלכיות אלו שהוזכרו בגמרא שם, ולבד פסוק שמע ישראל, שמסיימין בו עוד פסוק וידעת היום גו', דרבי יוסי לקמן שם בגמרא דהלכה כוותיה הוה מלכות, כדי לצאת אף לדעת המדרש דכאן: **ומרים נטלה חכמה כו'.** וכתיב (משלי ח, טו) בי מלכים ימלוכו, עיין גיטין סוף פרק הניזקין (סב, א): **ויצא (ממנו) דוד שהיה מלך כו'.** נראה שצריך לומר ממנה, ועיין לעיל פרשה א, טז - יז: **שברך משה את השבטים.** בתנחומא הגירסא השבט, ונכון:

אמרי יושר

[ד] דבר אחר [שמע כו']. ותהי עליו רוח אלהים הוא התעוררת אלהי, שהיה מתגבר ברוח הקדש:

מסורת המדרש

ח. ילקוט כאן רמז תי"ב:
ט. לעיל פרשה א' וש"נ:
י. פדר"א פרק ג'. מדרש תהלים מזמור כ'. תנחומא כאן סימן ה'. ילקוט משלי רמז תתקל"ה. ועיין חגיגה דף י"ב:

אם למקרא

וַיְהִי כִּי יָרְאוּ הַמְיַלְּדֹת אֶת הָאֱלֹהִים וַיַּעַשׂ לָהֶם בָּתִּים:
(לעיל א:כא)

וַיְהִי בִישֻׁרוּן מֶלֶךְ בְּהִתְאַסֵּף רָאשֵׁי עָם יַחַד שִׁבְטֵי יִשְׂרָאֵל:
(דברים לג:ה)

וַתָּמָת עֲזוּבָה וַיִּקַּח לוֹ כָלֵב אֶת אֶפְרָת וַתֵּלֶד לוֹ אֶת חוּר:
(דברי הימים א ב:יט)

וְדָוִד בֶּן אִישׁ אֶפְרָתִי הַזֶּה מִבֵּית לֶחֶם יְהוּדָה וּשְׁמוֹ יִשַׁי וְלוֹ שְׁמֹנָה בָנִים וְהָאִישׁ בִּימֵי שָׁאוּל זָקֵן בָּא בַאֲנָשִׁים:
(שמואל א יז:יב)

ה' בְּחָכְמָה יָסַד אָרֶץ כּוֹנֵן שָׁמַיִם בִּתְבוּנָה:
(משלי ג:יט-כ)

בֶּן אִשָּׁה אַלְמָנָה הוּא מִמַּטֵּה נַפְתָּלִי וְאָבִיו אִישׁ צֹרִי חֹרֵשׁ נְחֹשֶׁת וַיִּמָּלֵא אֶת הַחָכְמָה וְאֶת הַתְּבוּנָה וְאֶת הַדַּעַת לַעֲשׂוֹת כָּל מְלָאכָה בַּנְּחֹשֶׁת וַיָּבוֹא אֶל הַמֶּלֶךְ שְׁלֹמֹה וַיַּעַשׂ אֶת כָּל מְלַאכְתּוֹ:
(מלכים א ז:יד)

בְּחָכְמָה יִבָּנֶה בָּיִת וּבִתְבוּנָה יִתְכּוֹנָן: וּבְדַעַת חֲדָרִים יִמָּלְאוּ כָּל הוֹן יָקָר וְנָעִים:
(משלי כד:ג-ד)

וִיהוֹשֻׁעַ בִּן נוּן מָלֵא רוּחַ חָכְמָה כִּי סָמַךְ מֹשֶׁה אֶת יָדָיו עָלָיו וַיִּשְׁמְעוּ אֵלָיו בְּנֵי יִשְׂרָאֵל וַיַּעֲשׂוּ כַּאֲשֶׁר צִוָּה ה' אֶת מֹשֶׁה:
(דברים לד:ט)

וַתְּהִי עָלָיו רוּחַ ה' וַיִּשְׁפֹּט אֶת יִשְׂרָאֵל וַיֵּצֵא לַמִּלְחָמָה וַיִּתֵּן ה' בְּיָדוֹ אֶת כּוּשַׁן רִשְׁעָתַיִם מֶלֶךְ אֲרָם וַתָּעָז יָדוֹ עַל כּוּשַׁן רִשְׁעָתָיִם:
(שופטים ג:י)

וְזֹאת לִיהוּדָה וַיֹּאמַר שְׁמַע ה' קוֹל יְהוּדָה וְאֶל עַמּוֹ תְּבִיאֶנּוּ יָדָיו רָב לוֹ וְעֵזֶר מִצָּרָיו תִּהְיֶה:
(דברים לג:ז)

לקוטים

[ד] ברש"ש ד"ה משה מלך כו' עד ונראה. כל דבריו הם דברי הרמב"ן בדברים (לג, ה) ולפלא שלא הזכירו, ועיין באבן עזרא ובספורנו:

שינוי נוסחאות

(ד) ויצא ממנו דוד. גם רש"ש וגם רד"ל הגיהו שצ"ל "ממנה" (וקאי על מרים), שהרי דוד לא יצא מבצלאל:

וְכֵן אַתָּה מוֹצֵא בְּעָתְנִיאֵל בֶּן קְנַז שֶׁבָּא מִיהוּדָה – And you find a **similar** situation **regarding Othniel son of Kenaz,**[66] **who descended from Judah,** מַה כְּתִיב בּוֹ, "וַתְּהִי עָלָיו רוּחַ ה' " – and **what is written concerning him?** ***The spirit of HASHEM was upon him*** (*Judges* 3:10).[67] וְכָל הַנִּסִּים שֶׁנַּעֲשׂוּ לָהֶם בִּזְכוּת הַבְּרָכָה שֶׁבֵּרַךְ מֹשֶׁה אֶת הַשֵּׁבֶט – **And** this was despite the fact that **all the miracles that were** ever **performed for [the people of Israel] were in the merit of the blessing with which Moses blessed the tribe** of Judah,[68] שֶׁנֶּאֱמַר "וְזֹאת לִיהוּדָה וַיֹּאמַר" – **as it is stated,** ***And this to Judah, and he said,*** *Hearken, O HASHEM, to Judah's voice, and return him to his people . . . and may You be a Helper [to rescue him] from his troubles* (*Deuteronomy* 33:7),[69] בְּשָׁעָה שֶׁנִּכְנָסִים בְּצָרָה "וְעֵזֶר מִצָּרָיו תִּהְיֶה" – meaning that **whenever [the people of Israel] enter into** a situation of **trouble,** ***may You be a Helper [to rescue him] from his troubles.***[70] דָּבָר אַחֵר, "שְׁמַע ה' קוֹל יְהוּדָה" – **Another explanation** of the verse, ***Hearken, O HASHEM, to Judah's voice:*** שֶׁנָּתַן בּוֹ רוּחַ הַקּוֹדֶשׁ לִגְדוּלָּה וּמִתְגַּבֵּר בָּהּ – This means **that [God] instilled in [the tribe of Judah] a Divine spirit for greatness,**[71] **through which it would become greater** than its brother tribes.[72]

NOTES

66. Caleb's brother, who was selected by God as the first Judge to rule Israel after Joshua, and who liberated them from the oppressive rule of the Aramean Kingdom (*Judges* 3:9-11).

67. He, too, though a member of the tribe of Judah, did not come by his greatness as a tribal legacy, but possessed it only through *the spirit of HASHEM* (*Yefeh To'ar, Eitz Yosef*).

68. I.e., the blessing that God should always hearken to Judah's prayers, as the Midrash goes on to cite.

69. As *Ramban* explains in his comments to this verse, Moses asked that God hear Judah's supplications as he goes out to war – since this tribe would always lead Israel into battle – and return him in peace from the battlefront.

70. Thus, it is through heeding Moses' blessings to Judah that God saves the entire people of Israel from their troubles (see *Beur Maharif*). And despite this important role played by the tribe of Judah, Bezalel and Othniel, both Judahites, received their unique qualities not because of their tribal affiliation but as gifts of God.

[We have explained this teaching according to the interpretation of *Yefeh To'ar,* cited in *Eitz Yosef. Beur Maharif* interprets it similarly, except that he explains that the Midrash brings the example of Joshua in order to show that Bezalel's Godly spirit was not due to his Judahite heritage, since Joshua also received this Divine gift even though he was from a different tribe.

However, *Maharzu* offers an entirely different interpretation. Noting that the same Godly spirit of wisdom, insight, and knowledge that was granted to Bezalel fits Scripture's description of the Messiah (*Isaiah* 11:2), he argues that the Midrash actually seeks to show that this was reserved exclusively for descendants of the royal tribes of Judah and Joseph. Thus, the Midrash notes that Joshua and Othniel were also granted this spirit, and that the miracles in all generations will occur through the tribe of Judah. (See also *Eshed HaNechalim.*)]

71. I.e., Moses prayed that God should instill within the tribe of Judah a special Divine spirit (the *spirit of God,* which we have been discussing in this section) by which they would achieve greatness and superiority over the other tribes (see *Midrash Tanchuma* here).

72. See *Radal.*

ד ^חוְכָל הַשֶּׁבַח הַזֶּה מִנַּיִן לוֹ, מִשֵּׁבֶט יְהוּדָה, וּמֵהֵיכָן זָכָה לְכָל הַחָכְמָה הַזֹּאת, בִּזְכוּת מִרְיָם, שֶׁנֶּאֱמַר (לעיל א, כא) "וַיַּעַשׂ לָהֶם בָּתִּים", ^טוּמָה הָיוּ הַבָּתִּים, בֵּית הַכְּהוּנָּה וּבֵית הַמַּלְכוּת, יוֹכֶבֶד נָטְלָה כְּהוּנָּה וּמַלְכוּת, אַהֲרֹן כֹּהֵן גָּדוֹל, מֹשֶׁה מֶלֶךְ, שֶׁנֶּאֱמַר (דברים לג, ה) "וַיְהִי בִישֻׁרוּן מֶלֶךְ", וּמִרְיָם נָטְלָה חָכְמָה, שֶׁהֶעֱמִידָה בְּצַלְאֵל, וְיָצָא °מִמֶּנּוּ דָּוִד שֶׁהָיָה מֶלֶךְ, שֶׁנֶּאֱמַר (דברי הימים-א ב, יט) "וַתֵּלֶד לוֹ אֶת חוּר", וּכְתִיב (שמואל-א יז, יב) "וְדָוִד בֶּן אִישׁ אֶפְרָתִי", שֶׁבָּא מִן מִרְיָם שֶׁנִּקְרֵאת אֶפְרָת, ^יבְּג' דְּבָרִים הַלָּלוּ נִבְרָא הָעוֹלָם, שֶׁנֶּאֱמַר (משלי ג, יט-כ) "ה' בְּחָכְמָה יָסַד אָרֶץ כּוֹנֵן שָׁמַיִם בִּתְבוּנָה, בְּדַעְתּוֹ תְּהוֹמוֹת נִבְקָעוּ", וּבְג' דְּבָרִים הַלָּלוּ נַעֲשָׂה הַמִּשְׁכָּן, שֶׁנֶּאֱמַר [לא, ג] "וָאֲמַלֵּא אֹתוֹ רוּחַ אֱלֹהִים בְּחָכְמָה בִּתְבוּנָה וּבְדַעַת", וּבְג' דְּבָרִים הַלָּלוּ נִבְנָה בֵּית הַמִּקְדָּשׁ, שֶׁנֶּאֱמַר (מלכים-א ז, יד) "בֶּן אִשָּׁה אַלְמָנָה הוּא מִמַּטֵּה נַפְתָּלִי ... וַיִּמָּלֵא אֶת הַחָכְמָה וְאֶת הַתְּבוּנָה וְאֶת הַדַּעַת", וְכֵן כְּשֶׁיַּעֲמוֹד הַקָּדוֹשׁ בָּרוּךְ הוּא לִבְנוֹתוֹ לֶעָתִיד לָבֹא בְּג' דְּבָרִים הַלָּלוּ נִבְנֶה, שֶׁנֶּאֱמַר (משלי כד, ג) "בְּחָכְמָה יִבָּנֶה בָּיִת וּבִתְבוּנָה יִתְכּוֹנָן", °וּכְתִיב (שם שם ד) "וּבְדַעַת חֲדָרִים יִמָּלְאוּ", דָּבָר אַחֵר, [לא, ג] "וָאֲמַלֵּא אֹתוֹ", כָּל הַחָכְמָה הַזּוֹ מִנַּיִן, מִן הַקָּדוֹשׁ בָּרוּךְ הוּא, [שם] "רוּחַ אֱלֹהִים", וְכֵן אַתָּה מוֹצֵא בִּיהוֹשֻׁעַ שֶׁהוּא בָּא מִיּוֹסֵף, וּמַה כְּתִיב בּוֹ, (דברים לד, ט) "וִיהוֹשֻׁעַ בִּן נוּן מָלֵא רוּחַ חָכְמָה", וְכֵן אַתָּה מוֹצֵא בְּעָתְנִיאֵל בֶּן קְנַז שֶׁבָּא מִיהוּדָה, מַה כְּתִיב בּוֹ, (שופטים ג, י) "וַתְּהִי עָלָיו רוּחַ ה' ", וְכָל הַנִּסִּים שֶׁנַּעֲשׂוּ לָהֶם בִּזְכוּת הַבְּרָכָה שֶׁבֵּרַךְ מֹשֶׁה אֶת °הַשְּׁבָטִים, שֶׁנֶּאֱמַר (דברים לג, ז) "וְזֹאת לִיהוּדָה וַיֹּאמַר", בְּשָׁעָה שֶׁנִּכְנָסִים בְּצָרָה (שם) "וְעֵזֶר מִצָּרָיו תִּהְיֶה", דָּבָר אַחֵר, (שם) "שְׁמַע ה' קוֹל יְהוּדָה", שֶׁנָּתַן בּוֹ רוּחַ הַקּוֹדֶשׁ לִגְדוּלָּה וּמִתְגַּבֵּר בָּהּ,

עץ יוסף

מאיזה שבט הוא, הוצרך לפרסם שמו ושם שבטו, אבל בבצלאל שהוצרך הכתוב לשלש אותו להזכיר שמו ושם אביו ושם זקינו, ממילא ידעינן שהוא משבט יהודה כנזכר בדברי הימים, אלא להורות בא שבשביל יהודה זכה לכל הכבוד הזה: (ד) **ומהיכן זכה לכל החכמה הזאת.** דלא סבירא ליה שיהיה בשביל היות משבט יהודה, רק הכבוד שנתפרסם יותר משאר החכמים, כי זה בכלל יודוך אחיך, שיהיה מפואר ומשובח מכלם, אבל לא לזכות לחכמה כל כך גדולה יותר מחביריו, דהיינו שנאמר בו ואמלא אותו מה שלא נאמר באחרים: **שנאמר ויעש להם בתים.** וביוכבד ומרים איירי, כמאן דאמר שהם היו המילדות כדלעיל פרשה א': **שנאמר ותלד לו אפרת את חור.** ואפרת היא מרים, כדלעיל פרשה א': [ו] **בשלשה דברים הללו כו'.** יתורא דבי"ת של בחכמה בתבונה ובדעת, קדייק: **כל החכמה הזו מנין מן הקדוש ברוך הוא.** שנאמר ואמלא אותו רוח אלהים, הוא רוח הקודש, ועל ידי רוח הקודש מלא חכמה ותבונה ודעת: **וכן אתה מוצא ביהושע.** שעם היותו משבט יוסף אשר היה מסוגל בחכמה, כאומר כי בן זקונים הוא לו, אמר בו מלא רוח חכמה, שכל חכמתו לגמרי היתה מפני שסמך משה את ידו עליו: **וכן אתה מוצא בעתניאל.** עם שהיה משבט יהודה, ובזכותו, נעזרו מצריהם, עם כל זה אמר בו ותהי עליו רוח ה', לומר שהרצון האלהי היתה לו ולא זולת: **בשעה שנכנסים בצרה ועזר מצריו תהיה.** רוצה לומר כשיהיו נכנסין לצרה תהא מצוי להם לעזור אותם מצריהם כמו שנאמר ועזר מצריו תהיה: **שנתן בו רוח הקודש.** שתיבת קול מרמז על רוח הקודש, כמו שדרשו חכמינו ז"ל על פסוק כל אשר תאמר אליך שרה שמע בקולה לקול רוח הקודש שבה:

פירוש מהרז"ו

(ד) **וכל השבח הזה מנין לו.** היינו מה שכתוב ואמלא אותו רוח אלהים בחכמה ובתבונה ובדעת. וגם השם הטוב והפרסום שפרסמו השם יתברך, בא לו על שהיה משבט יהודה שבט המלוכה. כי מי שהוא ממשפחה פחותה, אף שהוא בעל מעלה אינו מתפרסם, כמו מי שבא ממשפחה מיוחסת וגדולה. והחכמה בא לו על שבא ממרים, וכמו שאמרו ספרי סדר בהעלותך, לעיל פרשה א' סימן ט"ז, וי"ז, ופרשה מ סוף סימן א'. ותנחומא כאן סימן ד: **נעשה המשכן.** ששקול ככל העולם, כמו שאמר לעיל פרשה ל"ג סימן ד, וכן בית המקדש: **בחכמה יבנה בית.** יבנה משמע מעצמו שלא על ידי אדם, והיינו בית המקדש שלעתיד שיבנה על ידי הקב"ה בעצמו. ומה שאמר וכתיב ובדעת חדרים ימלאו, היינו אגב פסוק בחכמה יבנה בית ובתבונה יתכונן ובדעת חדרים ימלאו, על כרחך תיבת וכתיב מיותר, ובתנחומא כאן ליתא: **יהושע שבא מיוסף וכו'.** שיהודה ויוסף שבטי המלוכה מקדם, זכו לרוח ה', כמו שכתוב במשיח (ישעיה יא, ב) ונחה עליו רוח ה' רוח חכמה ובינה וגו', ובלי ספק שהמדרש כוון לזו: **וכל הנסים.** שיעשה על ידם לדורות. ועיין ויקרא רבה פרשה כ"א סוף סימן א', וספרי ברכה:

מתנות כהונה

[ד] **שנקראת אפרת.** ככתוב בדברי הימים א' ב' והביאו למעלה פרשה מ': **ובשלשה דברים הללו נבנה** גרסינן]: **רוח חכמה.** כלומר החכמה באת לו מן רוח, רוח אלהים וכדלקמן: הכי גרסינן **ותהי עליו רוח ה'.** ופסוק הוא בספר שופטים סימן ג':

אשד הנחלים

[ד] **בזכות מרים כו' בתים.** כי התכונות הטובות והחכמה המה ממזגי ההורים, ורק אחרי שהיה זה מעלות אלהית הבאה מלמעלה, כמו שנאמר ואמלא אותו רוח אלהים, לכן היה זה מצד הזכות, וכל זה מזכות מרים שעשה ה' להם בתים, שנכלל בזה בתי כהונה ובתי מלכות ובתי חכמה, והן המה הסגולות האלהית: **בשלשה דברים נברא כו' בחכמה כו'.** עיין בזה בספרי חכמי אמת לפי דרכם, ובספרי חכמי המחקר בגדר חכמה ובינה ודעת לפי דעתם. והנה הבית המקדש היה עזר להשראת השכינה למטה נעשה דוגמת העולם כולו, וכמו שהאריך הגאון הרמ"א בספר תורת העולה, וכמו שהאריכו החכמים בספריהם, ובצלאל ידע הסודות הגדולות מכל המציאות כמו שאמרו (ברכות נה, א) יודע היה בצלאל לצרף אותיות התורה שבהם נבראו שמים וארץ, ועל פי ידיעתו כיון במלאכת המשכן, וא"כ מלאכת המשכן היה גם כן בחכמה בינה ודעת דוגמת המציאות כו', ולכן כתיב ואמלא אותו רוח אלהים, כי ניתן לו החכמה בינה ודעת מלמעלה: **בשעה שנכנסים בצרה.** כי לעיל מיניה כתיב ידיו רב לו, שיהיה ממולא בכל טוב בחכמה ובתבונה ובדעת, גם יהיה מוצלח למלחמה, כי בשעה שנכנסים בצרה אז עזר מצריו תהיה, ודרש זאת באגב ועיקר כוונתם כמו שאמרו לעיל מנין לו משבט יהודה וכו': **רוח הקודש לגדולה ומתגבר בה כו'.** פירש הידי משה שהברכה היה לבצלאל שבא מיהודה לא היה אלא ברוח הקודש, ומפני זה זכה אף לבינה שהוא הבנת דבר מתוך

באור מהרי"פ

[ד] **נטלה כהונה ומלכות.** ולעיל (א, יז) יוכבד נטלה כהונה ולויה, ומרים מלכות. ויש לומר שהמדרש הזה סובר ויעש להם בתים שוים זכו יוכבד ומרים, ומתחלה חשיב יוכבד זכה וכו', ומרים זכה שהעמידה בצלאל שבנה בחכמתו בית הכהונה, היינו המשכן, והמזבח מקום הקרבנות, מלכות בית דוד: **מוצא ביהושע.** פירוש, דלא תאמר שבא לו מחמת שבט יהודה, שהרי יהושע שבא משבט אפרים וגם הוא מלא רוח חכמה, וכן עתניאל שבא מיהודה כתוב אצלו בפירוש ותהי עליו רוח ה': **וזאת ליהודה.** נראה דפירוש מלת יהודה על כל היהודים שבאו מכל השבטים:

ידי משה

[ד] **ומתגבר בה.** פירוש, שהברכה של בצלאל שבא מיהודה לא היה אלא רוח הקודש, ומפני מה זכה אף לבינה, לזה אמר ומתגבר בה, כי בינה הוא מה שמבין דבר מתוך דבר, נמצא שמעצמו היה נתגבר בבינה, אבל רבי חנינא אמר שבינה היה לבצלאל משל שדי, דכתיב אכן רוח היא באנוש וגו', ונשמת שדי הוי בחכמה בתורה בתבונה בהלכה ובדעת בתלמוד, אבל לפי דבר אחר שהיה בצלאל מתגבר מעצמו פירוש של תבונה הוא שהיה מבין דבר מתוך דבר, לכך אמר לשון הוי, פירוש דאזיל לדברי רבי חנינא, מה שאין כן לדברי תנא קמא שסבירא ליה שתבונה היה מתגבר בעצמו. ודוק:

חידושי הרד"ל

[ד] **ויצא ממנה דוד שהיה מלך** כן צריך לומר. ועיין לעיל פרשה א, טז - יז: **משלשה דברים הללו נברא כו'.** כל המאמר בפרקי דרבי אליעזר, עיין מה שכתבתי בביאורי בסייעתא דשמיא: **מלא רוח חכמה מכי סמך משה ידיו עליו וכן אתה מוצא בעתניאל.** כן צריך לומר. ומכי סמך משה ידיו עליו דרש, שזה היה בצווי ה', כמו שכתוב (במדבר כז, יח - כ) וסמכת את ידך עליו וגו' ונתתה מהודך עליו: **שנתן בו רוח הקודש לגדולה ומתגבר בה.** לשון מתגבר דנקט ביהודה הוא כדכתיב (דברי הימים א ה, ב) כי יהודה גבר באחיו. אך כמדומה שעיקר הגירסא צריך לומר רוח הקודש לתפלה, וזה שאמר ומתגבר בה כמו שכתוב בספרי הברכה שם שברכו משה לשבט יהודה כשיהיה נכנס לצרה ומתפלל להקב"ה ישמע קולו ויהיה לו עזר מצריו ויעלהו מתוכה:

חידושי הרש"ש

[ד] **משה מלך שנאמר ויהי בישורון מלך.** וכן כתב הרמב"ם בפירוש המשניות לשבועות פרק ב וזה לשונו, וכבר ידעת שמשה מלך היה כו' ועליו נאמר ויהי בישורון מלך, עד כאן. וקשה לי מהא דאמרינן בראש השנה (לב, ב) אלא מלכיות תלת הוא דהויין כו' ויהי בישורון מלך, הרי דעל כרחך דמלך קאי אקב"ה, וכן בספרי שם מפרש דקאי אקב"ה, וכן פירש"י שם בחומש (דברים לג ה). ונראה לי דהך דהכא פליג, ונראה לי דלכן הוסיפו מתקני התפלה לבד שלש מלכיות אלו שהוזכרו בגמרא שם, ולבד פסוק שמע ישראל, שמסיימין בו עוד פסוק וידעת היום גו', דרבי יוסי לקמן שם בגמרא דהלכה כוותיה הוה מלכות, כדי לצאת אף לדעת המדרש דכאן: **ומרים נטלה חכמה כו'.** וכתיב (משלי ח, טו) בי מלכים ימלוכו, עיין גיטין סוף פרק הניזקין (סב, א): **ויצא (ממנו) דוד שהיה מלך כו'.** נראה שצריך לומר ממנה, ועיין לעיל פרשה א, טז - יז: **שברך משה את השבטים.** בתנחומא הגירסא השבט, ונכון:

אמרי יושר

[ד] **דבר אחר [שמע כו'].** ותהי עליו רוח אלהים הוא התעוררות אלהי, שהיה מתגבר ברוח הקדש:

מסורת המדרש

ח. ילקוט כאן רמז תי"ב: ט. לעיל פרשה א' וש"נ: י. פדר"א פרק ג'. מדרש תהלים מזמור כ'. תנחומא כאן סימן ה'. ילקוט משלי רמז תתקל"ה. ועיין חגיגה דף י"ב:

אם למקרא

וַיְהִי כִּי יָרְאוּ הַמְיַלְּדֹת אֶת הָאֱלֹהִים וַיַּעַשׂ לָהֶם בָּתִּים: (לעיל א:כא)

וַיְהִי בִישֻׁרוּן מֶלֶךְ בְּהִתְאַסֵּף רָאשֵׁי עָם יַחַד שִׁבְטֵי יִשְׂרָאֵל: (דברים לג:ה)

וַתָּמָת עֲזוּבָה וַיִּקַּח לוֹ כָלֵב אֶת אֶפְרָת וַתֵּלֶד לוֹ אֶת חוּר: (דברי הימים א ב:יט)

וְדָוִד בֶּן אִישׁ אֶפְרָתִי הַזֶּה מִבֵּית לֶחֶם יְהוּדָה וּשְׁמוֹ יִשַׁי וְלוֹ שְׁמֹנָה בָנִים וְהָאִישׁ בִּימֵי שָׁאוּל זָקֵן בָּא בַאֲנָשִׁים: (שמואל א יז:יב)

ה' בְּחָכְמָה יָסַד אָרֶץ כּוֹנֵן שָׁמַיִם בִּתְבוּנָה: (משלי ג:יט-כ)

בֶּן אִשָּׁה אַלְמָנָה הוּא מִמַּטֵּה נַפְתָּלִי וְאָבִיו אִישׁ צֹרִי חֹרֵשׁ נְחֹשֶׁת וַיִּמָּלֵא אֶת הַחָכְמָה וְאֶת הַתְּבוּנָה וְאֶת הַדַּעַת לַעֲשׂוֹת כָּל מְלָאכָה בַּנְּחֹשֶׁת וַיָּבוֹא אֶל הַמֶּלֶךְ שְׁלֹמֹה וַיַּעַשׂ אֶת כָּל מְלַאכְתּוֹ: (מלכים א ז:יד)

בְּחָכְמָה יִבָּנֶה בָּיִת וּבִתְבוּנָה יִתְכּוֹנָן: וּבְדַעַת חֲדָרִים יִמָּלְאוּ כָּל הוֹן יָקָר וְנָעִים: (משלי כד:ג-ד)

וִיהוֹשֻׁעַ בִּן נוּן מָלֵא רוּחַ חָכְמָה כִּי סָמַךְ מֹשֶׁה אֶת יָדָיו עָלָיו וַיִּשְׁמְעוּ אֵלָיו בְּנֵי יִשְׂרָאֵל וַיַּעֲשׂוּ כַּאֲשֶׁר צִוָּה ה' אֶת מֹשֶׁה: (דברים לד:ט)

וַתְּהִי עָלָיו רוּחַ ה' וַיִּשְׁפֹּט אֶת יִשְׂרָאֵל וַיֵּצֵא לַמִּלְחָמָה וַיִּתֵּן ה' בְּיָדוֹ אֶת כּוּשַׁן רִשְׁעָתַיִם מֶלֶךְ אֲרָם וַתָּעָז יָדוֹ עַל כּוּשַׁן רִשְׁעָתָיִם: (שופטים ג:י)

וְזֹאת לִיהוּדָה וַיֹּאמַר שְׁמַע ה' קוֹל יְהוּדָה וְאֶל עַמּוֹ תְּבִיאֶנּוּ יָדָיו רָב לוֹ וְעֵזֶר מִצָּרָיו תִּהְיֶה: (דברים לג:ז)

לקוטים

[ד] **ברש"ש ד"ה משה מלך כו' עד ונראה.** כל דבריו הם דברי הרמב"ן בדברים (לג, ה) ולפלא שלא הזכירו, ועיין באבן עזרא ובספורנו:

שינוי נוסחאות

(ד) **ויצא ממנו דוד.** גם רש"ש וגם רד"ל הגיהו שצ"ל "ממנה" (וקאי על מרים), שהרי דוד לא יצא מבצלאל:

The Midrash continues to discuss the idea that Bezalel's wisdom and accomplishments were achieved through Divine inspiration:

אָמַר רַבִּי חֲנִינָא – **R' Chanina said:** הָדָא הוּא דִכְתִיב "אָכֵן רוּחַ הִיא בֶאֱנוֹשׁ" – **And so it is written,** *I had thought, "Let days* (i.e., age) *speak out; let abundant years teach wisdom." **In truth, it is a spirit in man,** and it is the soul from Shaddai*[73] *that gives them insight* (*Job* 32:7-8).[74] וְכָל הַבִּינָה שֶׁהָיְתָה בִּבְצַלְאֵל מִשֶּׁל שַׁדַּי הִיא – **Thus, all the insight that was** found **in Bezalel was from Shaddai.**[75] הֱוֵי "וָאֲמַלֵּא אוֹתוֹ רוּחַ אֱלֹהִים" – **Thus** we have explained the verse, ***I have filled him with a Godly spirit.*** "בְּחָכְמָה", שֶׁהָיָה חָכָם בַּתּוֹרָה – The verse continues, *with wisdom, with insight, and with knowledge.* ***With wisdom*** – this means **that he was wise in Torah** knowledge; "וּבִתְבוּנָה", שֶׁהָיָה מֵבִין בַּהֲלָכָה – ***and with insight*** – meaning **that he was insightful in** deriving **halachah** from the Scriptural laws;[76] "וּבְדַעַת", שֶׁהָיָה מָלֵא דַעַת בְּתַלְמוּד – ***and with knowledge*** – meaning **that he was full of knowledge in Talmud.**[77]

The Midrash concludes its discussion of man's Divinely inspired wisdom:

אָמַר הַקָּדוֹשׁ בָּרוּךְ הוּא לְיִשְׂרָאֵל – **The Holy One, blessed is He, said to Israel,** בָּעוֹלָם הַזֶּה הָיְתָה רוּחִי נוֹתֶנֶת בָּכֶם חָכְמָה – **"In this world, My spirit has provided you** merely **with wisdom.** אֲבָל לֶעָתִיד לָבֹא רוּחִי מְחַיָּה אֶתְכֶם – **However, in the future** time **to come,** i.e., in the Messianic End of Days, **My spirit will provide you with life** itself, שֶׁנֶּאֱמַר "וְנָתַתִּי רוּחִי בָכֶם וִחְיִיתֶם" – **as it is stated,** ***And I shall put My spirit into you, and you shall come to life"*** (*Ezekiel* 37:14).[78]

§5 The Midrash returns to offer another interpretation of Moses' opening statement:

"דָּבָר אַחֵר, "רְאוּ קָרָא ה' בְשֵׁם" – **Another interpretation** of ***See, HASHEM has proclaimed by name:*** הָדָא הוּא דִכְתִיב "הִנֵּה אָנֹכִי בָּרָאתִי חָרָשׁ" – **This is** to be understood in light of **what is written, *Behold, I created the artisan*** *who blows at the charcoal fire* (*Isaiah* 54:16). זֶה בְּצַלְאֵל – *Behold, I created the artisan* – **this** is an allusion to **Bezalel.**[79] "נֹפֵחַ בְּאֵשׁ פֶּחָם" – ***Who blows at the charcoal fire*** *and produces a utensil for their deed* – this too refers to Bezalel, חָטְאוּ יִשְׂרָאֵל בָּאֵשׁ – for when the people of **Israel sinned through fire,** i.e., by making the Golden Calf, which was fashioned through **fire,** שֶׁנֶּאֱמַר "וָאַשְׁלִכֵהוּ בָאֵשׁ וַיֵּצֵא הָעֵגֶל הַזֶּה" – **as it is stated, *I threw it into the fire, and this calf emerged*** (above, 32:24), בָּא בְצַלְאֵל וְרִפֵּא אֶת הַמַּכָּה – **Bezalel came along and "healed the wound,"** i.e., effected atonement for their sin.[80] מָשָׁל לְתַלְמִידוֹ שֶׁל רוֹפֵא – This may be illustrated by means of **a parable.** It is comparable **to a disciple of a physician,** שֶׁנָּתַן רְטִיָּיה עַל מַכָּה אַחַת וְנִתְרַפְּאַת – **who applied a poultice on a certain wound and it was healed,** וְהָיוּ מְקַלְּסִין אוֹתוֹ – **and** [everyone] **was praising him** for it. אָמַר לָהֶם רַבּוֹ: קַלְּסוּ לִי שֶׁלִּמַּדְתִּיו – But **his teacher,** the physician, **said to them, "Praise *me*, for *I*** am the one who **taught him** how to do this!" כָּךְ הָיוּ הַכֹּל אוֹמְרִים: בְּצַלְאֵל בְּחָכְמָתוֹ וּבִתְבוּנָתוֹ עָשָׂה אֶת הַמִּשְׁכָּן – **Similarly, everyone was saying, "Bezalel, through his** own **wisdom and his insight, made the Tabernacle."** אָמַר הַקָּדוֹשׁ בָּרוּךְ הוּא: אֲנִי הוּא שֶׁבְּרָאתִיו וְלִמַּדְתִּיו – **Said the Holy One, blessed is He, "I am the One Who created** [Bezalel] **and taught him** how to build!"

NOTES

73. One of the Names of God, often translated as "Almighty."

74. That is, it was not on account of years of previous study or experience that Bezalel attained his wisdom; it was entirely due to his being imbued with the Holy Spirit that he attained all this wisdom, as implied by the words of these verses (*Yefeh To'ar, Eitz Yosef*).

75. The Midrash paraphrases the verse's use of the terms "Shaddai" and "insight."

[*Maharzu* states that the Midrash stresses this specific Name of God, *Shaddai,* which is sometimes explained to mean "that is enough" (i.e., an expression of limitation), for good reason. As the Midrash explains above (34 §1), Moses found it difficult to fathom how the limitless Glory of God, which fills the entire universe, could be confined to "reside" between the walls of the Tabernacle. Thus, in stating that Bezalel attained his *wisdom, insight, and knowledge* from Shaddai, the Midrash means that God revealed to him how to create the Tabernacle in such a manner that would enable it to contain His Glory. For alternate explanation, see *Toldos Noach*.]

76. I.e., in his ability to take the principles of the Written and Oral Law and derive the proper conclusion to apply in practice. "Insight" is interpreted in reference to halachah because the proper derivation of halachah from primary sources requires a great deal of insight.

77. The term "Talmud" refers to understanding and analyzing the reasons and sources for oral teachings and dicta heard from one's teacher (*Rashi* on *Sotah* 20a, *Niddah* 7b, etc.). [*Maharzu* (cited in *Eitz Yosef*) writes that the word "knowledge" is interpreted as a reference to *Talmudic* knowledge in particular because the word וּבְדַעַת, *and with knowledge*, has the same numerical value as בְּתַלְמוּד, "in Talmud" (cf. *Eshed HaNechalim*).] These three forms of Torah knowledge (Torah, halachah, Talmud) were important tools to have in implementing God's instructions for the Tabernacle.

78. This verse speaks of the revivification of the dead. See Insight Ⓐ.

79. God created everyone in the world; why does He specifically mention this fact regarding "the artisan"? The Midrash therefore sees an allusion to Bezalel, who was specifically created for the purpose of building the Tabernacle [as the Midrash teaches above, 40 §3] (*Yefeh To'ar*). The context of this verse is Isaiah's prophecy of comfort for Israel, assuring them that God would return them from exile and rebuild Jerusalem. The message about Bezalel is relevant to this context because Isaiah wanted to prevent despair among the Jews over their past sins, reminding them that even the sin of the Golden Calf was atoned for (ibid.).

80. This is alluded to in the verse, in the words נֹפֵחַ בְּאֵשׁ פֶּחָם, which the Midrash interprets to mean that the artisan (blacksmith) blows *out* the fire (rather than blowing on it to fan it up, as is the plain meaning of the verse), the "fire" referring to the sin of the Golden Calf, which was "extinguished" by Bezalel (*Yefeh To'ar, Eitz Yosef; cf. Matnos Kehunah* and *Radal*).

The Midrash here teaches that the building of the Tabernacle, carried out by Bezalel, effected atonement for the sin of the Golden Calf. How was this so? It was Israel's doubt about God's active supervision that led them to seek one *who shall go before us* and serve as their day-to-day guide. [See Insights below on 42 §5, "The Ox of the Chariot *Chayos*," and on 43 §7, "The Sin of the Golden Calf."] Thus, by building a residence for God's Presence and demonstrating that we are under His constant supervision and guidance, Bezalel caused the people to repent for this sin (*Eitz Yosef*). Alternatively, by using their gold for the Tabernacle, they atoned for the gold that they had donated for the Golden Calf (see below, §6).

INSIGHTS

Ⓐ **The Spirit in Man** In this world, knowledge is a mixture of the good and the bad. Therefore, the spirit of God provides us with the true wisdom of His Torah, in order to steer us toward the good. And since our every breath is influenced by our evil inclination, the Godly spirit is vital to protect us and ensure that the wisdom of the Torah shall make us righteous. However, in the Future World, the primary source of life will emanate from the spirit of God. Thus, one will strive to do good by nature, the spirit of impurity will be removed from the world, and it will be filled with the knowledge of God. Indeed, this is what Elihu alluded to Job and his friends in the verses cited by the Midrash. He told Job and his friends that they did not succeed because *it is a spirit in man* (*Job* 32:8), i.e., because they are victims of the human spirit in this world, which is suffused with an evil inclination. By contrast, in speaking about himself, he attributed his success to the fact that *The spirit of God has made me, and a soul from the Almighty gives me life* (33:4). That is, he was one of the few elite individuals in the history of this world who was blessed to have the type of Godly spirit that the rest of us will obtain only in the Future World (*Maharzu*).

אָמַר רַבִּי חֲנִינָא: הָדָא הוּא דִכְתִיב (איוב לב, ח) "אָכֵן רוּחַ הִיא בֶאֱנוֹשׁ", וְכָל הַבִּינָה שֶׁהָיְתָה בִּבְצַלְאֵל מִשֶּׁל שַׁדַּי הִיא, הֱוֵי [לא, ג] "וָאֲמַלֵּא אוֹתוֹ רוּחַ אֱלֹהִים". [שם] "בְּחָכְמָה", שֶׁהָיָה חָכָם בַּתּוֹרָה, [שם] "וּבִתְבוּנָה", שֶׁהָיָה מֵבִין בַּהֲלָכָה, [שם] "וּבְדַעַת", שֶׁהָיָה מָלֵא דַעַת בְּתַלְמוּד, אָמַר הַקָּדוֹשׁ בָּרוּךְ הוּא לְיִשְׂרָאֵל: בָּעוֹלָם הַזֶּה הָיְתָה רוּחִי נוֹתֶנֶת בָּכֶם חָכְמָה, אֲבָל לֶעָתִיד לָבֹא רוּחִי מְחַיָּה אֶתְכֶם, שֶׁנֶּאֱמַר (יחזקאל לז, יד) "וְנָתַתִּי רוּחִי בָכֶם וִחְיִיתֶם":

ה דָּבָר אַחֵר, [לה, ל] "רְאוּ קָרָא ה' בְּשֵׁם", הָדָא הוּא דִכְתִיב (ישעיה נד, טז) "הִנֵּה אָנֹכִי בָּרָאתִי חָרָשׁ", זֶה בְּצַלְאֵל, (שם) "נֹפֵחַ בְּאֵשׁ פֶּחָם", חָטְאוּ יִשְׂרָאֵל בָּאֵשׁ, שֶׁנֶּאֱמַר (לעיל לב, כד) "וָאַשְׁלִכֵהוּ בָאֵשׁ וַיֵּצֵא הָעֵגֶל הַזֶּה", בָּא בְצַלְאֵל וְרִפֵּא אֶת הַמַּכָּה, מָשָׁל לְתַלְמִידוֹ שֶׁל רוֹפֵא שֶׁנָּתַן רְטִיָּה עַל מַכָּה אַחַת וְנִתְרַפֵּאת וְהָיוּ מְקַלְּסִין אוֹתוֹ, אָמַר לָהֶם רַבּוֹ: קַלְּסוּ לִי שֶׁלִּמַּדְתִּיו, כָּךְ הָיוּ הַכֹּל אוֹמְרִים: בְּצַלְאֵל בְּחָכְמָתוֹ וּבִתְבוּנָתוֹ עָשָׂה אֶת הַמִּשְׁכָּן, אָמַר הַקָּדוֹשׁ בָּרוּךְ הוּא: אֲנִי הוּא שֶׁבְּרָאתִיו וְלִמַּדְתִּיו, שֶׁנֶּאֱמַר (ישעיה יד, טז) "הִנֵּה אָנֹכִי בָּרָאתִי חָרָשׁ", לְפִיכָךְ אָמַר מֹשֶׁה [לה, ל] "רְאוּ קָרָא ה' בְּשֵׁם":

ו דָּבָר אַחֵר, [לה, ל] "רְאוּ קָרָא ה' בְּשֵׁם בְּצַלְאֵל", הָדָא הוּא דִכְתִיב (הושע יד, ה) "אֶרְפָּא מְשׁוּבָתָם אֹהֲבֵם נְדָבָה", מַה כְּתִיב לְמַעְלָה,

עץ יוסף

אמר רבי חנינא כו'. שלא היתה החכמה בבצלאל מפני קדימת הכנתו אליה מעצמו, וזה שאמר אכן רוח היא באנוש וגו': **ובדעת שהיה מלא דעת בתלמוד.** ובדעת גימטריא בתלמוד: (ה) [ז] **הדא הוא דכתיב הנה אנכי בראתי חדש.** דהכוונה שברא את בצלאל והתקינו מתחלה למלאכת המשכן, ופירוש נופח באש פחם, במה שסילק עון העגל שנעשה באש, כלומר שהעבירו כנופח באבק שמתפוללים ופורחים אנה ואנה בקלות, כן העביר הוא עון העגל שהיה כאש ומגרה מדון בין ישראל להשם ברוך הוא: **בא בצלאל ורפא את המכה.** הכוונה לפי שמעשה המשכן להראות השגחת ה' בעולם השפל, ובכן ישובו מעון העגל, שהיה לפקפוקם בהשגחה הפרטית ולכן היו מבקשים מנהיג להם: **כך היו הכל אומרים בצלאל בחכמתו כו'.** רוצה לומר שהיו סוברים שחכמת בצלאל כחכמת האנשים במלאכות המושגות בלמוד והרגל, ולכן שבחוהו שבטרחו ויגיעו השיג מה שהשיג, והודיעם ה' שחכמתו מיוחדת מאתו יתברך, ושהתקינו מתחלה לכך, והושפע בו חכמה מיוחדת שאינה בחק טבע אנושי, ולכן אמר אני הוא שבראתיו, שמעת שבראו, בראו בענין מחודש משאר האנשים, לכן אין לשבחו לבצלאל בזה שאין זה מושג מיגיעו, וכן אמר בסימן הקודם כל החכמה הזו מן הקדוש ברוך הוא: (ו) **הדא הוא דכתיב ארפא משובתם.** מייתי סמך מארפא משובתם שיהיה פירושו ארפא משובת חטא העגל שלהם על ידי נדבה שהתנדבו למשכן:

פירוש מהרז"ו

אכן רוח היא באנוש. וסיפא דקרא ונשמת שדי תבינם, וכן מה שכתב כאן רוח אלהים, היינו שהיה גם כן מנשמת שדי, על פי גזירה שוה, וכמו שאמר לעיל פרשה ל"ד סוף סימן א', בצל שדי, ושם מבואר: **מלא דעת בתלמוד.** ובדעת גמטריא בתלמוד מכוון: **בעולם הזה וכו' רוחי מחיה וכו'.** דבר עמוק הוא מאד, שבעולם הזה שמעורב בדעת טוב ורע רוחי נותנת בהם חכמה, והחכמה העליונה היא התורה, עוזרת להטות לטוב, וצריך לשמירה גדולה ועזר מאלהים, שיפעל בו החכמה להיות צדיק בתום, על כי בתחלה עיקר כח החיים ביצר הרע. אך לעתיד יהיה עיקר כח החיים מרוח ה', ויהי בטבעו נוטה לטוב, ויבוער רוח הטומאה מן העולם, ובכן מלאה הארץ דעה את ה'. והנה פסוק אכן רוח היא באנוש, באיוב ל"ב ח', אמר אליהוא נגד איוב ורעיו, שעל כן לא הצליחו. ושם ל"ג ד', אמר אליהוא על עצמו, רוח אל עשתני ונשמת שדי תחייני, כמו שכתוב ונתתי רוחי בכם וחייתם, והבן זה מאד כי הוא פלאי, ובעולם הזה זכו בו האבות, ומשה, ודוד, ואליהו הנביא, ואליהוא ודומיהם: (ה) **הנה אנכי בראתי חרש.** וסיפא דקרא נופח באש פחם ומוציא כלי למעשהו, משמע חרש אחד, הלא כל החרשים ברא ואת הכל ברא. על כן דורש על פי מדה י"ז, על בצלאל שהתפאר בו בתורה על גודל חכמתו, וכן כאן: **נופח באש פחם.** כמו שאמר לעיל פרשה מ"ג סימן ב, יפיחו קריה וגו' שנתנו פיחה, עיין שם. ובצלאל נפח והפריח אש, שנתן הפיחה ותיקן וריפא בזה, שעשה המשכן והכלים כלי למעשהו: **והיו מקלסין אותו.** את התלמיד שלמד מרבו החכמה הכללית, אך החכים בעצמו לידע חולי המכה בפרט ורפואתו. ורבו הודיע להם שגם המכה והרפואה לימד אותו בפרט. ובנמשל שהשם יתברך נתן חכמה בבצלאל דרך כלל, אך המשכן וכליו עשה על פי חכמתו בעצמו, ואמר השם יתברך כי לא כן הוא, כמפורש לעיל פרשה מ' סימן ג, מי שהתקנתיו מראש שיעשה המשכן, עיין שם: (ו) **ארפא משובתם אוהבם נדבה.** ובפסוק הקודם ולא נאמר עוד אלהינו למעשה ידינו אשר בך ירוחם יתום ארפא משובתם אוהבם נדבה, כי בעגל הרגו לחור וכשנתרצה להם על ידי נדבת המשכן, אז ירוחם יתום אורי בן חור על ידי בצלאל בנו, שעל ידי נדבת המשכן שהיה בהם נזמים, הראה להם שנתקנו על נזמי העגל. ועל שנעשה המשכן על ידי בצלאל שבא מחור, הראה להם שנתקנו על הריגת חור, ודורש סמוכים, הביאו בני ישראל נדבה לה', ראו קרא ה' בשם בצלאל:

חידושי הרד"ל

רוח היא באנוש ונשמת שדי תבינם כל הבינה כו' בצלאל. ולקמיה כתיב (פסוק ז) אמרתי ימים ידברו ושנים יודיעו חכמה אכן רוח כו', וזה שאמר למנין דהכא כי החכמה מלפני ה': **בבצלאל משל שדי הוא.** זה מכוון למה שנאמר בזוהר שלח (קפב, ב) בצלאל רביעאה אתה לנהורין שהוא בשם שדי: [ה] **נופח באש פחם ומוציא כלי למעשהו חטאו ישראל כו'.** כן צריך לומר. ודרש מוציא כלי למעשהו נגד מעשה חטא ישראל בעגל הוציא בצלאל בחכמתו כלי לעשות כלי המשכן לכפרה עליהם וכדמפרש כאן להלן בדבר אחר, וכן לקמן סוף פרשה נ"א, (וכן נופח באש פחם אולי יש לדרשו על זה שבצלאל שהיה חרש נפח באש קדש, לחזור ולהוציאו מן הפחם שכבו ישראל את אש הקדושה שהיו בם ונעשו כפחם):

באור מהרי"פ

[ה] הנה אנכי בראתי חרש. (ישעיה נד, טז) נופח באש פחם ומוציא כלי למעשהו ואנכי בראתי משחית לחבל. ופירושו, נופח באש פחם שסלק עון העגל שנעשה באש פחם, ומגרה ריב ומדון בין ישראל לאביהם שבשמים, על דרך (משלי כו, כא) פחם לגחלים ועצים לאש ואיש מדינים לחרחר ריב, והוא היה מעביר אותו העון על ידי מלאכת המשכן, וזהו ומוציא כלי למעשהו: **[ו] ואהבם נדבה.** פירוש, אני אוהב אותם על ידי נדבה שהתנדבו למשכן במה שהתנדבו לעגל, והיא תשובה גמורה:

אם למקרא

אָכֵן רוּחַ הִיא בֶאֱנוֹשׁ וְנִשְׁמַת שַׁדַּי תְּבִינֵם: (איוב לב:ח)

וְנָתַתִּי רוּחִי בָכֶם וִחְיִיתֶם וְהִנַּחְתִּי אֶתְכֶם עַל אַדְמַתְכֶם וִידַעְתֶּם כִּי אֲנִי ה' דִּבַּרְתִּי וְעָשִׂיתִי נְאֻם ה': (יחזקאל לז:יד)

הִנֵּה אָנֹכִי בָּרָאתִי חָרָשׁ נֹפֵחַ בְּאֵשׁ פֶּחָם וּמוֹצִיא כְלִי לְמַעֲשֵׂהוּ וְאָנֹכִי בָּרָאתִי מַשְׁחִית לְחַבֵּל: (ישעיה נד:טז)

וָאֹמַר לָהֶם לְמִי זָהָב הִתְפָּרָקוּ וַיִּתְּנוּ לִי וָאַשְׁלִכֵהוּ בָאֵשׁ וַיֵּצֵא הָעֵגֶל הַזֶּה: (לעיל לב:כד)

אֶרְפָּא מְשׁוּבָתָם אֹהֲבֵם נְדָבָה כִּי שָׁב אַפִּי מִמֶּנּוּ: (הושע יד:ה)

מתנות כהונה

רוח היא באנוש. סיפיה דקרא ונשמת שדי תבינם: [ה] **ואשליכהו באש.** ונתפחמו כדלעיל פרשה מ"ג וזהו פחם: **ורפא את המכה.** סיפיה דקרא ואני בראתי משחית לחבל זהו בצלאל שרפא אותם וחבל עון העגל בעשיית המשכן:

אשד הנחלים

דבר, שמעצמו התגבר בה. ודעת רבי חנינא שגם בינה היה לבצלאל משל שדי, דכתיב ונשמת שדי תבינם עד כאן. אך ממשמעות המדרש שלא אמר רבי חנינא אומר, משמע שלא פליגי כי אם מביא לראיה, וכן משמע הלשון של רבי חנינא שאמר הדא הוא דכתיב שהוא ראיה ממש. והיותר נראה דדעת רבי חנינא גם כן ככה, שעל ידי התגברות האדם ויגיעתו יתוסף לו משמים, וזה אכן רוח היא באנוש להפיח בנפשו על ידי יגיעתו. והרב מורנו הרב זלמן מהוראדנא פירש שבדעת גימטריא בתלמוד, והוא מן מדה כ"ט [כמו שידוע משם רוח], ואז ונשמת שדי שהיא ממרומים תבינם: **חכם בתורה כו'.** זהו כפי הגדר שהחכמה היא הידיעה האמיתית מה שלומד מרבו, והתבונה הוא להבין דבר מתוך דבר, ועל ידי זה יבין הלכה הפרטית על בוריו, והדעת המה הרגשות הזכות הנמלאות בלב כהמושכלות הראשונות הניטעות בלב האדם, וזהו שהיה מלא בתלמוד, שהיה ידיעת התורה ממלאתו את כל לבו ודבוקה בו: **רוחי נותנת בכם כו' רוחי מחיה אתכם כו'.** הדבר הזה מובן על פי דעת אפלטונים, גם חכמי אמת, שהנשמה השכלית היא הופעה מלמעלה להוציא שכל האדם מן הכח לפועל, וזהו **שרוחי נותנת בכם חכמה**, ולכן אינו לאדם בתמידות, אבל אינה כהחיות הדבוקה באדם תמיד, אבל לעתיד לבא יהיה הרוח העליונה דבוקה בהם תמיד ככח החיות, וזהו רוחי מחיה אתכם גו' וחייתם: **[ה] חרש זה בצלאל חטאו ישראל.** דרש על צד הסמך, שהנביא מנחמם ואומר להם הן גור יגור גו', אבל מי גר אתך עליך יפול. ומביא לראיה שאף שחטאו ישראל והבעירו באש פחם הדין עליהם, עם כל זה בראתי חרש למלאכת המשכן לכפר עליכם, ולכן אל תיראו מאומה כי כלי יוצר עליך לא יצלח:

דָּבָר אַחֵר, "רְאוּ קָרָא ה' בְּשֵׁם בְּצַלְאֵל" – **Another interpretation of** ***See, HASHEM has proclaimed by name, Bezalel:*** הָדָא הוּא דִכְתִיב "אֶרְפָּא מְשׁוּבָתָם אֹהֲבֵם נְדָבָה" – **This is** to be understood in light of **what is written,** ***I will rectify their waywardness; I will love them gratuitously*** (or: *I will love them for their free-willed offering*) (*Hosea* 14:5).[83] מַה כְּתִיב לְמַעְלָה – **What is written** here **earlier?**

שֶׁנֶּאֱמַר "הִנֵּה אָנֹכִי בָּרָאתִי חָרָשׁ" – **as it is stated,** ***Behold, I created the artisan.***[81] לְפִיכָךְ אָמַר מֹשֶׁה "רְאוּ קָרָא ה' בְּשֵׁם" – **Therefore, Moses stated,** ***See, HASHEM has proclaimed by name,*** *Bezalel.*[82]

§6 The Midrash continues to discuss Bezalel's role as the agent in securing atonement for the sin of the Golden Calf:

NOTES

81. The people thought that Bezalel obtained his wisdom naturally, through study and experience; hence, they praised him for what he accomplished. God therefore informed them that Bezalel's wisdom and insight were not natural phenomena; rather it was God Who had expressly instilled this knowledge in Bezalel. That is the meaning of *I created a artisan* – I created Bezalel from the outset as the designated builder of the Tabernacle and bestowed upon him the necessary tools to do so (*Eitz Yosef;* see also *Maharzu*).

82. Moses told the people: Do not think that God selected him now because of his general wisdom, for He was actually *proclaimed by name Bezalel,* even before he was born (as above, 40 §3), designating him as the one who would build the Tabernacle and creating him with the unique wisdom to do so (*Yefeh To'ar*).

83. The plain meaning of אוֹהֲבֵם נְדָבָה is *I will love them gratuitously,* i.e., although they are undeserving. The Midrash interprets the verse as follows: *I will rectify their waywardness* in the Golden Calf incident; *I will love them* once again *because of their donation* of valuables for the Tabernacle, as the Midrash goes on to explain (*Eitz Yosef*).

אָמַר רַבִּי חֲנִינָא: הָדָא הוּא דִכְתִיב (איוב לב, ח) **"אָכֵן רוּחַ הִיא בֶאֱנוֹשׁ", וְכָל הַבִּינָה שֶׁהָיְתָה בִּבְצַלְאֵל מִשֶּׁל שַׁדַּי הִיא, הֱוֵי** [לא, ג] **"וָאֲמַלֵּא אוֹתוֹ רוּחַ אֱלֹהִים".** [שם] **"בְּחָכְמָה", שֶׁהָיָה חָכָם בַּתּוֹרָה,** [שם] **"וּבִתְבוּנָה", שֶׁהָיָה מֵבִין בַּהֲלָכָה,** [שם] **"וּבְדַעַת", שֶׁהָיָה מָלֵא דַעַת בְּתַלְמוּד, אָמַר הַקָּדוֹשׁ בָּרוּךְ הוּא לְיִשְׂרָאֵל: בָּעוֹלָם הַזֶּה הָיְתָה רוּחִי נוֹתֶנֶת בָּכֶם חָכְמָה, אֲבָל לֶעָתִיד לָבֹא רוּחִי מְחַיָּה אֶתְכֶם, שֶׁנֶּאֱמַר** (יחזקאל לז, יד) **"וְנָתַתִּי רוּחִי בָכֶם וִחְיִיתֶם":**

ה דָּבָר אַחֵר, [לה, ל] **"רְאוּ קָרָא ה' בְּשֵׁם", הָדָא הוּא דִכְתִיב** (ישעיה נד, טז) **"הִנֵּה אָנֹכִי בָּרָאתִי חָרָשׁ", זֶה בְּצַלְאֵל,** (שם) **"נֹפֵחַ בְּאֵשׁ פֶּחָם", חָטְאוּ יִשְׂרָאֵל בָּאֵשׁ, שֶׁנֶּאֱמַר** (לעיל לב, כד) **"וָאַשְׁלִכֵהוּ בָאֵשׁ וַיֵּצֵא הָעֵגֶל הַזֶּה", בָּא בְצַלְאֵל וְרִפֵּא אֶת הַמַּכָּה, מָשָׁל לְתַלְמִידוֹ שֶׁל רוֹפֵא שֶׁנָּתַן רְטִיָּיה עַל מַכָּה אַחַת וְנִתְרַפֵּאת וְהָיוּ מְקַלְּסִין אוֹתוֹ, אָמַר לָהֶם רַבּוֹ: קַלְּסוּ לִי שֶׁלִּמַּדְתִּיו, כָּךְ הָיוּ הַכֹּל אוֹמְרִים: בְּצַלְאֵל בְּחָכְמָתוֹ וּבִתְבוּנָתוֹ עָשָׂה אֶת הַמִּשְׁכָּן, אָמַר הַקָּדוֹשׁ בָּרוּךְ הוּא: אֲנִי הוּא שֶׁבְּרָאתִיו וְלִמַּדְתִּיו, שֶׁנֶּאֱמַר** (ישעיה יד, טז) **"הִנֵּה אָנֹכִי בָּרָאתִי חָרָשׁ", לְפִיכָךְ אָמַר מֹשֶׁה** [לה, ל] **"רְאוּ קָרָא ה' בְּשֵׁם":**

ו דָּבָר אַחֵר, [לה, ל] **"רְאוּ קָרָא ה' בְּשֵׁם בְּצַלְאֵל", הָדָא הוּא דִכְתִיב** (הושע יד, ה) **"אֶרְפָּא מְשׁוּבָתָם אֹהֲבֵם נְדָבָה", מַה כְּתִיב לְמַעְלָה,**

עץ יוסף

אמר רבי חנינא כו'. שלא היתה החכמה בבצלאל מפני קדימת הכנתו אליה מעצמו, וזה שאמר אכן רוח היא באנוש וגו': **ובדעת שהיה מלא דעת בתלמוד.** ובדעת גימטריא בתלמוד: (ה) **[ז] הדא הוא דכתיב הנה אנכי בראתי חדש.** דהכוונה שברא את בצלאל והתקינו מתחלה למלאכת המשכן, ופירוש נופח באש פחם, במה שסילק עון העגל שנעשה באש, כלומר שהעבירו כנופח באבק שמתפוללים ופורחים אנה ואנה בקלות, כן העביר הוא עון העגל שהיה כאש ומגרה מדון בין ישראל להשם ברוך הוא: **בא בצלאל ורפא את המכה.** הכוונה לפי שמעשה המשכן להראות השגחת ה' בעולם השפל, ובכן ישובו מעון העגל, שהיה לפקפוקס בהשגחה הפרטית ולכן היו מבקשים מנהיג להם: **כך היו הכל אומרים בצלאל בחכמתו כו'.** רוצה לומר שהיו סוברים שחכמת בצלאל כחכמת האנשים במלאכות המושגות בלמוד והרגל, ולכן שבחוהו שבטרחו ויגיעו השיג מה שהשיג, והודיעם ה' שחכמתו מיוחדת מאתו יתברך, ושהתקינו מתחלה לכך, והושפע בו חכמה מיוחדת שאינה בחק טבע אנושי, ולכן אמר אני הוא שבראתיו, שמעת שבראו, בראו בענין מחודש משאר האנשים, לכן אין לשבחו לבצלאל בזה שאין זה מושג מיגיעו, וכן אמר בסימן הקודם כל החכמה הזו מן הקדוש ברוך הוא: **(ו) הדא הוא דכתיב ארפא משובתם.** מייתי סמך מארפא משובתם שיהיה פירושו ארפא משובת חטא העגל שלהם על ידי נדבה שהתנדבו למשכן:

פירוש מהרז"ו

אכן רוח היא באנוש. וסיפא דקרא ונשמת שדי תבינם, וכן מה שכתב כאן רוח אלהים, היינו שהיה גם כן מנשמת שדי, על פי גזירה שוה, וכמו שאמר לעיל פרשה ל"ד סוף סימן א', בצל שדי, ושם מבואר: **מלא דעת בתלמוד.** ובדעת גמטריא בתלמוד מכוון: **בעולם הזה וכו' רוחי מחיה וכו'.** דבר עמוק הוא מאד, שבעולם הזה שמעורב בדעת טוב ורע רוחי נותנת בהם חכמה, והחכמה העליונה היא התורה, עוזרת להטות לטוב, וצריך לשמירה גדולה ועזר מאלהים, שיפעל בו החכמה להיות צדיק בתום, על כי בתחלה עיקר כח החיים ביצר הרע. אך לעתיד יהיה עיקר כח החיים מרוח ה', ויהי בטבעו נוטה לטוב, ויבוער רוח הטומאה מן העולם, ובכן מלאה הארץ דעה את ה'. והנה פסוק אכן רוח היא באנוש, באיוב ל"ב ח', אמר אליהוא נגד איוב ורעיו, שעל כן לא הצליחו. ושם ל"ג ד', אמר אליהוא על עצמו, רוח אל עשיתני ונשמת שדי תחייני, כמו שכתוב ונתתי רוחי בכם וחייתם, והבן זה מאד כי הוא פלאי, ובעולם הזה זכו בו האבות, ומשה, ודוד, ואליהו הנביא, ואליהוא ודומיהם: **(ה) הנה אנכי בראתי חרש.** וסיפא דקרא נופח באש פחם ומוציא כלי למעשהו, משמע חרש אחד, הלא כל החרשים ברא ואת הכל ברא. על כן דורש על פי מדה י"ז, על בצלאל שהתפאר בו בתורה על גודל חכמתו, וכן כאן: **נופח באש פחם.** כמו שאמר לעיל פרשה מ"ג סימן ב, יפיחו קריה וגו' שנתנו פיחה, עיין שם. ובצלאל נפח והפריח אש, שנתן הפיחה ותיקן וריפא בזה, שעשה המשכן והכלים כלי למעשהו: **והיו מקלסין אותו.** את התלמיד שלמד מרבו החכמה הכללית, אך החכים בעצמו לידע חולי המכה בפרט ורפואתו. ורבו הודיע להם שגם המכה והרפואה לימד אותו בפרט. ובנמשל שהשם יתברך נתן חכמה בבצלאל דרך כלל, אך המשכן וכליו עשה על פי חכמתו בעצמו, ואמר השם יתברך כי לא כן הוא, כמפורש לעיל פרשה מ' סימן ג, מי שהתקנתיו מראש שיעשה המשכן, עיין שם: **(ו) ארפא משובתם אוהבם נדבה.** ובפסוק הקודם ולא נאמר עוד אלהינו למעשה ידינו אשר בך ירוחם יתום ארפא משובתם אוהבם נדבה, כי בעגל הרגו לחור וכשנתרצה להם על ידי נדבת המשכן, אז ירוחם יתום אורי בן חור על ידי בצלאל בנו, שעל ידי נדבת המשכן שהיה בהם נזמים, הראה להם שנתקנו על נזמי העגל. ועל שנעשה המשכן על ידי בצלאל שבא מחור, הראה להם שנתקנו על הריגת חור, ודורש סמוכים, הביאו בני ישראל נדבה לה', ראו קרא ה' בשם בצלאל:

חידושי הרד"ל

רוח היא באנוש ונשמת שדי תבינם כל הבינה כו' בצלאל. ולקמיה כתיב (פסוק ז) אמרתי ימים ידברו ושנים יודיעו חכמה אכן רוח כו', וזה שאמר למנין דהכא כי החכמה מלפני ה': **בבצלאל משל שדי הוא.** זה מכוין למה שנאמר בזוהר שלח (קפב, ב) בצלאל רביעאה אתה לנהורין שהוא בשם שדי: **[ה] נופח באש פחם ומוציא כלי למעשהו חטאו ישראל כו'.** כן צריך לומר. ודרש מוציא כלי למעשהו נגד מעשה חטא ישראל בעגל הוציא בצלאל בחכמתו כלי לעשות כלי המשכן לכפרה עליהם וכדמפרש כאן להלן בדבר אחר, וכן לקמן סוף פרשה נ"א, (וכן נופח באש פחם אולי יש לדרשו על זה שבצלאל שהיה חרש נפח באש קדש, לחזור ולהוציאו מן הפחם שכבו ישראל את אש הקדושה שהיו בם ונעשו כפחם):

באור מהרי"פ

[ה] הנה אנכי בראתי חרש. (ישעיה נד, טו) נופח באש פחם ומוציא כלי למעשהו ואנכי בראתי משחית לחבל. ופירושו, נופח באש פחם שסלק עון העגל שנעשה באש פחם, ומגרה ריב ומדון בין ישראל לאביהם שבשמים, על דרך (משלי כו, כא) פחם לגחלים ועצים לאש ואיש מדינים לחרחר ריב, והוא היה מעביר אותו העון על ידי מלאכת המשכן, וזהו ומוציא כלי למעשהו: **[ו] ואהבם נדבה.** פירוש, אני אוהב אותם על ידי נדבה שהתנדבו למשכן במה שהתנדבו לעגל, והיא תשובה גמורה:

אם למקרא

אָכֵן רוּחַ הִיא בֶאֱנוֹשׁ וְנִשְׁמַת שַׁדַּי תְּבִינֵם: (איוב לב:ח)

וְנָתַתִּי רוּחִי בָכֶם וִחְיִיתֶם וְהִנַּחְתִּי אֶתְכֶם עַל אַדְמַתְכֶם וִידַעְתֶּם כִּי אֲנִי ה' דִּבַּרְתִּי וְעָשִׂיתִי נְאֻם ה': (יחזקאל לז:יד)

הִנֵּה אָנֹכִי בָּרָאתִי חָרָשׁ נֹפֵחַ בְּאֵשׁ פֶּחָם וּמוֹצִיא כְלִי לְמַעֲשֵׂהוּ וְאָנֹכִי בָּרָאתִי מַשְׁחִית לְחַבֵּל: (ישעיה נד:טז)

וָאֹמַר לָהֶם לְמִי זָהָב הִתְפָּרָקוּ וַיִּתְּנוּ לִי וָאַשְׁלִכֵהוּ בָאֵשׁ וַיֵּצֵא הָעֵגֶל הַזֶּה: (לעיל לב:כד)

אֶרְפָּא מְשׁוּבָתָם אֹהֲבֵם נְדָבָה כִּי שָׁב אַפִּי מִמֶּנּוּ: (הושע יד:ה)

מתנות כהונה

רוח היא באנוש. סיפיה דקרא ונשמת שדי תבינם: **[ה] ואשליכהו באש.** ונתפחמו כדלעיל פרשה מ"ג וזהו פחם: **ורפא את המכה.** סיפיה דקרא ואני בראתי משחית לחבל זהו בצלאל שרפא אותם וחבל עון העגל בעשיית המשכן:

אשד הנחלים

דבר, שמעצמו התגבר בה. ודעת רבי חנינא שגם בינה היה לבצלאל משל שדי, דכתיב ונשמת שדי תבינם עד כאן. אך ממשמעות המדרש שלא אמר רבי חנינא אומר, משמע שלא פליגי כי אם מביא לראיה, וכן משמע הלשון של רבי חנינא שאמר הדא הוא דכתיב שהוא ראיה ממש. והיותר נראה דדעת רבי חנינא גם כן ככה, שעל ידי התגברות האדם ויגיעתו יתוסף לו משמים, וזה אכן רוח היא באנוש להפיח בנפשו על ידי יגיעתו. והרב מורנו הרב זלמן מהוראדנא פירש שבדעת גימטריא בתלמוד, והוא מן מדה כ"ט [כמו שידוע משם רוח], ואז ונשמת שדי שהיא ממרומים תבינם: **חכם בתורה כו'.** זהו כפי הגדר שהחכמה היא הידיעה האמיתית מה שלומד מרבו, והתבונה הוא להבין דבר מתוך דבר, ועל ידי זה יבין הלכה הפרטית על בוריו, והדעת המה הרגשות הזכות הנמלאות בלב כהמושכלות הראשונות הניטעות בלב האדם, וזהו שהיה מלא בתלמוד, שהיה ידיעת התורה ממלאתו את כל לבו ודבוקה בו: **רוחי נותנת בכם כו' רוחי מחיה אתכם כו'.** הדבר הזה מובן על פי דעת אפלטונים, גם חכמי אמת, שהנשמה השכלית היא הופעה מלמעלה להוציא שכל האדם מן הכח לפועל, וזהו **שרוחי נותנת בכם חכמה,** ולכן אינו לאדם בתמידות, אבל אינה כהחיות הדבוקה באדם תמיד, אבל לעתיד לבא יהיה הרוח העליונה דבוקה בהם תמיד ככח החיות, וזהו רוחי מחיה אתכם גו' וחייתם: **[ה] חרש זה בצלאל חטאו ישראל.** דרש על צד הסמך, שהנביא מנחמם ואומר להם הן גור יגור גו', אבל מי גר אתך עליך יפול. ומביא לראיה שאף שחטאו ישראל והבעירו באש פחם הדין עליהם, עם כל זה בראתי חרש למלאכת המשכן לכפר עליכם, ולכן אל תיראו מאומה כי כלי יוצר עליך לא יצלח:

"הֵבִיאוּ בְנֵי יִשְׂרָאֵל נְדָבָה לַה'" – ***The Children of Israel brought a free-willed offering to HASHEM*** (above, v. 29).[84] וְאַחַר כָּךְ "רְאוּ קָרָא ה' בְּשֵׁם בְּצַלְאֵל" – **And** only **after this** it is stated, ***See, HASHEM has proclaimed by name, Bezalel?***[85] אֶלָּא כְּשֶׁעָשׂוּ הָעֵגֶל, אָמַר הַקָּדוֹשׁ בָּרוּךְ הוּא לְמֹשֶׁה: "וְעַתָּה הַנִּיחָה לִי וְגוֹ'" – **However,** the explanation is this: **When [Israel] made the** Golden **Calf, the Holy One, blessed is He, said to Moses, *"And now, desist from Me.*** *Let My anger flare up against them and I shall annihilate them, etc."*[86] (above, 32:10). אָמַר לוֹ: בְּדוֹק אוֹתָן, שֶׁיַּעֲשׂוּ אֶת הַמִּשְׁכָּן – Thereupon **[Moses] responded to Him], "Test them** by telling them **that they should make the Tabernacle."**[87]

מַה כְּתִיב בְּאוֹתָהּ קַלְקָלָה, "פָּרְקוּ נִזְמֵי הַזָּהָב" – Now, **what is written concerning that** episode of **disgrace,** the Golden Calf? Aaron told them, ***"Remove the rings of gold*** *that are in the ears of your wives, sons, and daughters, and bring them to me"* (above, 32:2). וּמָה הֵבִיאוּ, נְזָמִים – **And what did they bring** to him? **Earrings,** as they were told.[88] וּכְשֶׁעָשׂוּ הַמִּשְׁכָּן עָשׂוּ אוֹתוֹ נְדָבָה – **And when they made the Tabernacle, they made it with voluntarily offerings** as well, וּמָה כְּתִיב, "כֹּל נְדִיב לֵב הֵבִיאוּ חָח וָנֶזֶם וְטַבַּעַת וְכוּמָז" – **for what is written** there? ***Everyone whose heart motivated him brought bracelets, earrings, rings, and body ornaments*** – *all sorts of gold ornaments* (above, 35:22). בִּנְזָמִים חָטְאוּ וּבִנְזָמִים נִתְרַצָּה לָהֶם – **Through earrings they sinned, and through earrings they received atonement from [God].**[89] וְרוּחַ הַקֹּדֶשׁ צוֹוַחַת עַל יְדֵי הוֹשֵׁעַ – **And** the acceptance of this atonement was confirmed, as **the Holy Spirit** of prophecy **cries out through Hosea,** "וְהָיָה בִּמְקוֹם אֲשֶׁר יֵאָמֵר לָהֶם לֹא עַמִּי אַתֶּם יֵאָמֵר לָהֶם בְּנֵי אֵל חָי" – ***And it will be that instead of what was said to them, "You are not My people," it will be said to them, "Children of the living God"*** (*Hosea* 2:1).[90]

The Midrash continues to compare the people's donation of valuables for the Golden Calf and for the Tabernacle:

אָמַר מֹשֶׁה לִפְנֵי הַקָּדוֹשׁ בָּרוּךְ הוּא – Following Israel's free-willed offering to the Tabernacle, **Moses said before the Holy One, blessed is He,** כָּתַבְתָּ "כִּי יִגְנֹב אִישׁ שׁוֹר אוֹ שֶׂה וּטְבָחוֹ אוֹ מְכָרוֹ חֲמִשָּׁה בָקָר יְשַׁלֵּם תַּחַת הַשּׁוֹר" – **"You wrote** in the Torah, ***If a man shall steal an ox, or a sheep or goat, and slaughter it or sell it, he shall pay five cattle in place of the ox,*** *and four sheep in place of the sheep* (above, 21:37).[91] הֲרֵי הֵבִיאוּ ה', חָח וָנֶזֶם טַבַּעַת עָגִיל וְכוּמָז – **Behold,** in place of the single type of jewelry that they donated for the Golden Calf (i.e., earrings), **they have brought five** types for the Tabernacle – **bracelets, nose-rings,**[92] **rings, earrings, and body ornaments."**[93]

NOTES

84. The "free-willed offering" consisted of donations of gold and other valuables for the construction of the Tabernacle and its furnishings, as described in the preceding verses.

85. Only after the people had brought their donations did Moses make known that Bezalel would head the project. The Midrash thus wonders why Moses did not first announce the choice of Bezalel, so that in his request for donations he could tell the people to bring them directly to Bezalel (*Yefeh To'ar, Eitz Yosef*).

86. Since Moses had not yet uttered a word in Israel's defense, why did God tell him to *desist from* praying on their behalf? The Midrash explains above (42 §9) that by saying to Moses, "if you will *desist from Me, I shall annihilate them,*" God hinted to him that "if you will *not* desist, but will pray for them, I shall *not* annihilate them." Here the Midrash states that after hearing this allusion from God (32:10), and after offering his prayers for forgiveness (ibid. vv. 11-13), Moses sought to have their sin atoned for by asking for permission to build the Tabernacle (*Yefeh to'ar*). The Midrash sees an allusion to such a request in Moses' words to God (ibid. vv. 31-32), *I implore! This people has committed a grievous sin and made themselves a god of gold. And now if You would but forgive their sin!* (ibid.).

87. "And see if their behavior during the construction of the Tabernacle does not counteract the sin of the Golden Calf," as the Midrash goes on to elaborate (see note 89).

88. As stated in Scripture, *The entire people removed the gold rings that were in their ears* (above, 32:3).

89. As *Yefeh To'ar* explains (here, and in his comments to 51 §4 below), donating their most expensive and best-loved jewelry to the Golden Calf was perhaps the most damning aspect of their actions, since one ordinarily gives away his most desirable possessions only for something that he truly loves. Therefore, Moses successfully removed this stain by asking God to test them with the Tabernacle, whereupon they showed their true natures and donated their jewelry even more generously (see below) for this lofty purpose.

This accounts for the sequence of verses here as well. The people's ardent response to the call for donations (vv. 21-29), which atoned for the sin of the Golden Calf, is juxtaposed to God's "proclamation" of Bezalel's name, which indicates that he had been chosen to be the agent of atonement for this sin [as explained in the previous section] (*Yefeh To'ar*).

90. The verse is interpreted as follows: *Instead of what was said to them* (after the Golden Calf incident), *"You are not My people"* – as God told Moses, *"Go, descend, for 'your' people . . . has become corrupt"* (see Midrash above, 41 §7) – *it will* [now] *be said to them, "Children of the living God."* For as discussed in the Midrash above (34 §3), the Tabernacle symbolized that the people of Israel were the children of a living God Who watches them at all times (*Maharzu*). Hosea cited this historical turn of events to his contemporary countrymen as proof that God will allow the unfaithful Israel to repent and return to Him.

91. See above (3 §2 and 43 §8), where the worship of the Golden Calf is described as a sort of "theft" of the ox-figure of the *Chayos* angels that carry God's Chariot (as it were), as described in *Ezekiel* Ch. 1 (*Yefeh To'ar*).

92. The word נֶזֶם can mean either "nose-ring" (see *Genesis* 24:47) or "earring" (see ibid. 35:4). Although throughout this paragraph we have translated it as "earrings," as the context makes clear, in this line it must be translated "nose-rings," because of the presence of the word עָגִיל (which always means "earring") on the list.

93. The list of ornaments for the Tabernacle states: *bracelets, nose-rings, rings, body ornaments – all sorts of gold ornaments* (v. 22), with no mention of "earrings" (עָגִיל). [The עָגִיל item is found, however, on a different, unrelated list of ornaments in *Numbers* 31:50.] The reason the Midrash mentions this fifth item in connection with the Tabernacle is apparently due to the extra phrase *all sorts of gold ornaments* in the verse, which implies that there was at least one other kind of ornament in addition to the four listed explicitly (*Maharzu, Eitz Yosef*). Alternatively, the term נֶזֶם, as explained above (previous note), can refer to both earrings and nose-rings. The Midrash therefore expands the Torah's list of four items into five, counting נֶזֶם as two kinds of ornaments, one a nose-ring and the other an earring (*Melo HaOmer*, cited in a comment in *Eitz Yosef*, Vagshal ed.).

[לה, כט] "הֵבִיאוּ בְנֵי יִשְׂרָאֵל נְדָבָה לַה'", וְאַחַר כָּךְ [לה, ל] "רְאוּ קָרָא ה' בְּשֵׁם בְּצַלְאֵל", אֶלָּא כְּשֶׁעָשׂוּ הָעֵגֶל, אָמַר הַקָּדוֹשׁ בָּרוּךְ הוּא לְמֹשֶׁה: (לעיל לב, י) "וְעַתָּה הַנִּיחָה לִי וְגוֹ'", אָמַר לוֹ: בְּדוֹק אוֹתָן, שֶׁיַּעֲשׂוּ אֶת הַמִּשְׁכָּן, מַה כְּתִיב בְּאוֹתָהּ קַלְקָלָה, (שם שם ב) "פָּרְקוּ נִזְמֵי הַזָּהָב", וּמָה הֵבִיאוּ, נְזָמִים, וּכְשֶׁעָשׂוּ הַמִּשְׁכָּן עָשׂוּ אוֹתוֹ נְדָבָה, וּמַה כְּתִיב, [לה, כב] "כֹּל נְדִיב לֵב הֵבִיאוּ חָח וָנֶזֶם וְטַבַּעַת וְכוּמָז", בִּנְזָמִים חָטְאוּ וּבִנְזָמִים נִתְרַצָּה לָהֶם, וְרוּחַ הַקֹּדֶשׁ צוֹוַחַת עַל יְדֵי הוֹשֵׁעַ (הושע ב, א) "וְהָיָה בִּמְקוֹם אֲשֶׁר יֵאָמֵר לָהֶם לֹא עַמִּי אַתֶּם יֵאָמֵר לָהֶם בְּנֵי אֵל חָי", אָמַר מֹשֶׁה לִפְנֵי הַקָּדוֹשׁ בָּרוּךְ הוּא: כָּתַבְתָּ (לעיל כא, לז) "כִּי יִגְנֹב אִישׁ שׁוֹר אוֹ שֶׂה וּטְבָחוֹ אוֹ מְכָרוֹ חֲמִשָּׁה בָקָר יְשַׁלֵּם תַּחַת הַשּׁוֹר", הֲרֵי הֵבִיאוּ ה', חָח וָנֶזֶם טַבַּעַת עָגִיל וְכוּמָז:

עץ יוסף

ואחר כך ראו קרא כו'. לשון קושיא הוא דהיה לו להקדים מאמר ראו קרא ה' להבאת הנדבה, ומיד כאשר צוה לישראל על מלאכת המשכן תיכף הוה ליה למימר ראו קרא כו', שיהיה מאז ממונה על המלאכה, וכל מביא תרומתו יביאה לידו, ועל זה משני שלהיות הנדבה רפואה לענין העגל, לכן אמר דוקא אחר הבאתם ראו קרא ה', שפירושו שה' התקינו מתחלה לעשות המשכן כדי לרפאות על ידו מעשה העגל בנדבתם וכדלעיל: **ובנזמים נתרצה להם.** וכדאמרם לקמן פרשה נ"א יבא זהב שבמשכן ויכפר על זהב שבעגל: **אמר משה לפני הקדוש ברוך הוא כתבת כו'.** כוונת המדרש ליישב בזה אחר שהביאו הנזמים כדי לכפר על נזמי הזהב שבעגל, אם כן למה הביאו עוד חח וטבעת וגו' (כמו שכתוב ל"ה כ"ב), אלא כדי להשלים ה' מול ה' (תולדות נח): **כתבת כי יגנוב איש שור כו'.** רומז למה שאמר לעיל פרשה ג' שבמעשה העגל גנבו ישראל פני שור מפני המרכבה ועשו העגל, ועיין שם היטיב, ולפי שעל ידי זה הוחלש כחו למעלה, דכשם שנפרעים מן העובדים כך נפרעים מן הנעבדים, והיינו כטביחה, ולפי שמהם למדו גם העכו"ם לעשות כזאת חשיב ליה כמכירה בזה (יפה תואר): **עגיל וכומז.** לא כתיב הכא עגיל אלא בשלל מדין הוא דכתיב, וצריך לומר דמתרבה מן וכל כלי זהב:

פירוש מהרז"ו

שיעשו המשכן. אם יעמדו בנסיון בנדבת המשכן: **הביאו נזמים.** ממשובתם עשו נדבה, ועל כן ארפא משובתם, שאוהבם על ידי נדבה: **לא עמי אתם.** כמו שכתוב כי שחת עמך, כדלעיל סוף פרשה מ"א, יאמר להם בני אל חי על ידי המשכן בנדבת נזמים, וכמו שאמר לעיל סוף פרשה ל"ד בהדיא: **חמשה בקר ישלם תחת השור.** שהעגל נקרא שור, כמו שכתוב (תהלים קו, כ) וימירו את כבודם בתבנית שור, ומה שכתוב בקר, מלשון יבקר, שהוא ענין בדיקה, שיבדוק ויבקר אותם בחמשה דברים. ועיין לעיל פרשה ל סימן ז: **חמשה.** חח, ונזם, טבעת, עגיל, וכומז. היינו מה שכתוב כאן שמות ל"ה כ"ב הביאו חח, ונזם, טבעת, וכומז, כל כלי זהב. וצריך עיון שאינו חושב אלא ארבע, ולא חשיב עגיל, ובהכרח לומר שבמה שכתוב כל כלי זהב, מרבה עוד אחד והיינו עגיל. ודורש כן ממה שכתוב אצל מדין בסדר מטות (במדבר לא, נ) איש אשר מצא כלי זהב, אצעדה, וצמיד, טבעת, עגיל, וכומז. ושם בתרגום אונקלוס שירין, ושבכין, עזקין, קדשין, ומחוך. וכן תרגם אונקלוס כאן שירין, ושבכין, ועזקין, ומחוך. ואינו חסר רק עגיל, שהוא קדשין, וכמו שם שבאו לכפרה הביאו חמשה אלו, וכן כאן שהביאו לכפרה הביאו חמשה אלו. וזהו אוהבם נדבה, ואהבת נדבה שייך בבן, וזהו בני אל חי, ועיין לקמן סוף פרשה נ"א:

חידושי הרד"ל

[ו] **אמר לו בדוק אותן כו'.** משמע שמשה אמר זה לפני הקב"ה כשנתן לו רשות (עיין מאמר ועתה הניחה לי) לבקש רחמים עליהם אז אמר שירפא משובתה על ידי הבאתם לנדבת המשכן לתקן במה שקלקלו כדמפרש, לכן אחר הביאו בני ישראל נדבה לה' כתיב ראו קרא ה' בשם בצלאל וגו' וימלא אותו רוח אלהים בחכמה ובתבונה ובדעת, שהיה יודע לצרף אותיות שבהם נבראו שמים וארץ ועל ידי החזיר לתיקונו מה שקלקלו ישראל, והחזיר לשרות שכינה ביניהם: **הרי הביאו כו' עגיל וכומז.** כאן אין כתיב עגיל, וצריך לומר דמתרבה מן וכל כלי זהב וכמו שכתוב הרמב"ן שהם עגיל וצמיד. (ובאמת נראה שצמיד נכלל בטבעות). ונראה לי מפני שעגיל הוא על אזנים כמו שכתוב (יחזקאל טז, יב) ועגילים על אזניך לכן תכשיט הזה שנתנוהו לעגל שפרקו נזמי הזהב שבאזניהם כתבו הכלי בסתם וכללו בכלי מעשה ולא הזכירו בפירוש, ונזם דכתיב היינו נזמי האף כמו שכתוב ביחזקאל שם נזם על אפך. (ועיין בשבת (נט, ב) ששניהם נקראים נזמים):

באור מהרי"פ

אמר לו בדוק. פירוש, אמר משה להקב"ה:

אם למקרא

וְעַתָּה הַנִּיחָה לִּי וְיִחַר אַפִּי בָהֶם וַאֲכַלֵּם וְאֶעֱשֶׂה אוֹתְךָ לְגוֹי גָּדוֹל:
(לעיל לב:י)

וַיֹּאמֶר אֲלֵהֶם אַהֲרֹן פָּרְקוּ נִזְמֵי הַזָּהָב אֲשֶׁר בְּאָזְנֵי נְשֵׁיכֶם בְּנֵיכֶם וּבְנֹתֵיכֶם וְהָבִיאוּ אֵלָי:
(שם שם ב)

וְהָיָה מִסְפַּר בְּנֵי יִשְׂרָאֵל כְּחוֹל הַיָּם אֲשֶׁר לֹא יִמַּד וְלֹא יִסָּפֵר וְהָיָה בִּמְקוֹם אֲשֶׁר יֵאָמֵר לָהֶם לֹא עַמִּי אַתֶּם יֵאָמֵר לָהֶם בְּנֵי אֵל חָי:
(הושע ב:א)

כִּי יִגְנֹב אִישׁ שׁוֹר אוֹ שֶׂה וּטְבָחוֹ אוֹ מְכָרוֹ חֲמִשָּׁה בָקָר יְשַׁלֵּם תַּחַת הַשּׁוֹר וְאַרְבַּע צֹאן תַּחַת הַשֶּׂה:
(לעיל כא:לז)

אמרי יושר

[ו] **בדוק אותם שיעשו משכן.** ראו חסד שעשה ה' לכפרה, שקרא ה' בשם בצלאל: **בקלקלה פרקו.** בלי בחינה, אבל הכא בבחירה והמתנה נדבו גם כלים יותר שהביאו ה', וכתיב כי יגנוב איש שור, והם שמטוהו מהמרכבה שור, חמשה בקר ישלם, כמו דאת אמר כל נדיב לב הביאו חח ונזם וטבעת וכומז. ואף על גב דהכא לא כתיב רק ארבעה, אייתינן עגיל מהתם ממדין, וזהו כל כלי זהב שכתוב כאן לרבות עגיל:

מתנות כהונה

הניחה לי וגו' גרסינן:

אשד הנחלים

[ו] **ואחר כך ראו כו'.** כלומר מפני שהיה זה לכפרה על מעשי העגל דומה בדומה, וזה ראו, כאומר ראו כי אנכי קדמתי רפואה לזה: **חח ונזם.** שנתנו חמשה תחת נזמי הזהב, ובזה נתקן חטאם כי שבו מדרכם והתנדבו ליתן רק לה':

חידושי הרש"ש

[ו] **כתבת כי יגנוב איש שור כו'.** מתפרש על פי שנאמר לעיל פרשה ל ז לפי ששור גנבו ועשיו עגל ועיין מה שכתבתי שם (ד"ה לפי): **וטבחו כו' חמשה בקר כו' הרי כו'.** כינוי דטבחו לפי הדרשה לשמוש אליו, כמו דברו לשלום (בראשית לז, ד) עיין פירוש רש"י ביהושע (טו, יט ד"ה נתתני), והכא כתיב ויזבחו לי: **טבעת עגיל כו'.** אף שעגיל אינו מוזכר כאן רק במלחמת מדין בפרשת מטות (במדבר לא, נ), מרבוי דכל כלי זהב מרבינן ליה:

Chapter 49

וַיַּעֲשׂוּ כָל חֲכַם לֵב בְּעֹשֵׂי הַמְּלָאכָה אֶת הַמִּשְׁכָּן עֶשֶׂר יְרִיעֹת שֵׁשׁ מָשְׁזָר וּתְכֵלֶת וְאַרְגָּמָן וְתוֹלַעַת שָׁנִי כְּרֻבִים מַעֲשֵׂה חֹשֵׁב עָשָׂה אֹתָם.

All the wise-hearted among those doing the work made the Tabernacle: ten curtains of linen, twisted with techeiles, purple wool, and scarlet wool; they made them with a woven design of cherubs (36:8).

§1 "וַיַּעֲשׂוּ כָל חֲכַם לֵב" — *ALL THE WISE-HEARTED AMONG THOSE DOING THE WORK* **MADE** *THE TABERNACLE: TEN CURTAINS . . .*

The Midrash cites and expounds a verse from *Song of Songs,* connecting it to the idea that the Tabernacle was constructed out of curtains:[1]

הֲדָא הוּא דִכְתִיב "מַיִם רַבִּים לֹא יוּכְלוּ לְכַבּוֹת אֶת הָאַהֲבָה" — **Thus it is written,** ***Many waters cannot extinguish the love*** *and rivers cannot wash it away; if a man would give all the substance of his house in exchange for love, he would be laughed to scorn* (*Song of Songs* 8:7). "מַיִם רַבִּים" אֵלּוּ אוּמּוֹת הָעוֹלָם — ***Many waters*** — **these are referring to the** idolatrous **nations of the world,** שֶׁנֶּאֱמַר "כַּהֲמוֹת יַמִּים יֶהֱמָיוּן" — **as [Scripture] states,** *Woe to the tumult of the many nations,* ***who are as tumultuous as the tumult of the seas*** (*Isaiah* 17:12).[2] וְאִם מִתְכַּנְּסִין כָּל הָאוּמּוֹת לְבַטֵּל אֶת הָאַהֲבָה שֶׁבֵּין הַקָּדוֹשׁ בָּרוּךְ הוּא לְיִשְׂרָאֵל — **And if all of the** idolatrous **nations assemble** in a joint effort **to annul the love** that exists **between the Holy One, blessed is He, and Israel,**[3] אֵינָם יְכוֹלִים — **they would not be able** to do so;[4] הֱוֵי "מַיִם רַבִּים לֹא יוּכְלוּ לְכַבּוֹת אֶת הָאַהֲבָה" — **it is thus that** ***many waters cannot extinguish the love.*** שֶׁנֶּאֱמַר "וָאֹהַב אֶת יַעֲקֹב" — **As [Scripture] states,** ***I loved Jacob*** (*Malachi* 1:2).[5] "וּנְהָרוֹת לֹא יִשְׁטְפוּהָ", אֵלּוּ הַמַּלְכֻיּוֹת — ***And rivers cannot wash it away*** — **these are** referring to **the** oppressive **kingdoms,**[6] שֶׁנֶּאֱמַר "אֶת מֵי הַנָּהָר הָעֲצוּמִים וְהָרַבִּים אֶת מֶלֶךְ אַשּׁוּר" — **as [Scripture] states,** *Therefore, behold, the Lord is bringing upon them* ***the mighty and abundant waters of the river, the king of Assyria*** (*Isaiah* 8:7).[7] "אִם יִתֵּן אִישׁ אֶת כָּל הוֹן בֵּיתוֹ בָּאַהֲבָה בּוֹז יָבוּזוּ לוֹ" — ***If a man would give all the substance of his house in exchange for love, he would be laughed to scorn.***[8]

NOTES

1. Although the curtains of the Tabernacle were supported by walls made of wooden planks (see v. 20 below), it is the curtains that the verse terms, *the Tabernacle.* In contrast, the planks are described as הַקְּרָשִׁים לַמִּשְׁכָּן, *the planks for the Tabernacle* (ibid.), implying that they are merely adjunct to the Tabernacle itself (see, similarly, 35 §4 above) [*Yefeh To'ar*].

2. Comparing the idolatrous nations to the seas. Hence, in the verse from *Song of Songs,* the similar term *waters* is likewise to be understood as a metaphor for the idolatrous nations of the world.

3. That is, if the idolatrous nations will attempt to argue before God that Israel, too, has been sinful like themselves and is therefore not deserving of His special love (*Yefeh To'ar,* second explanation; *Toldos Noach;* see *Bamidbar Rabbah* 2 §16). Alternatively, if the nations attempt to sway the Jewish people away from the service of God and the observance of His Torah and thus to annul His love for them (*Yefeh To'ar,* final explanation; *Eitz Yosef*).

4. For God has love for the Jewish people even if they have been sinful; see *Bamidbar Rabbah* 2 §16. According to the second explanation in the previous note, the Midrash means that idolatrous nations will not succeed in their attempts to convince Israel to abandon the service of God (see *Eitz Yosef*).

5. [I.e., the verse from *Malachi* indicates that God's relationship with Jacob, the Jewish people, is one of love. It therefore follows that the idolatrous nations will be unable to alter that relationship, for *many waters cannot extinguish the love.*]

6. The various idolatrous kingdoms that have oppressed the people of Israel throughout history and that have attempted to coerce the Jews to forsake the Torah and to abandon their unique relationship with God (*Yefeh To'ar, Eitz Yosef*).

7. "Assyria" represents all the idolatrous kingdoms that have oppressed Israel; see *Bereishis Rabbah* 16 §4 (*Maharzu*).

For an explanation as to why the oppressive kingdoms are symbolized by *rivers* while *many waters* symbolize the idolatrous nations as a whole, see Insight Ⓐ.

8. Referring to the idolatrous nations alluded to above. That is, even if in the future they will expend large sums of money on animal offerings or on the fulfillment of other commandments, they will be unable to thereby earn God's love; see *Shir HaShirim Rabbah* 8 §7 [Vagshal ed.] (*Yefeh To'ar, Eitz Yosef*).

INSIGHTS

Ⓐ **Everlasting Love** The verse in *Song of Songs* employs two seemingly similar metaphors, that of the many waters attempting to extinguish the love between Israel and God, and that of the rivers seeking to wash it away. The *Brisker Rav, R' Yitzchak Zev Soloveitchik,* notes that there is a significant difference between them. It is the nature of water to extinguish fire, so if a fire is exposed to a sufficient amount of water the fire will go out. But the river's ability to wash away that which is in its path is not an inherent quality of its water. Still water can be quite gentle; it is the mighty force of the river's flow that makes it destructive. Hence, מַיִם רַבִּים, *many waters,* represents the idolatrous nations, for as it is a rule of nature that water extinguishes fire it is also a rule of nature that man is influenced by his environment. When the Jews are in exile, living among idolaters, it would only be natural that they be affected by the behavior of their neighbors. One would expect that in the course of time their devotion to God would dampen and that eventually they would abandon their faith. But the verse tells us otherwise: מַיִם רַבִּים לֹא יוּכְלוּ לְכַבּוֹת אֶת הָאַהֲבָה, the love between Israel and God is so powerful and so intense that despite centuries of exile among the *many waters* of the nations that love will not be extinguished and Israel will remain steadfast in her faith.

The oppressive kingdoms, *the rivers,* present a different kind of threat. They do not rely on natural processes taking their toll on the Jewish people's loyalty to God and His Torah. Rather they seek to use their overpowering force to coerce Israel to forsake God. They employ persecutions and pogroms, threats of imprisonment and of death in their attempts to convince the Jews to give up their religion. Yet the verse tells us that they too will prove unsuccessful. Israel's love of God is so strong that וּנְהָרוֹת לֹא יִשְׁטְפוּהָ, the mighty *rivers* with all their persecutions will not be able to wash it away, for Israel would rather face death than be disloyal to God.

Accordingly, the *Brisker Rav* argues, the three clauses in the verse from *Song of Songs* correspond to the characterizations of the love one should have for God as delineated in the first passage of *Shema:* וְאָהַבְתָּ אֵת ה' אֱלֹהֶיךָ בְּכָל לְבָבְךָ וּבְכָל נַפְשְׁךָ וּבְכָל מְאֹדֶךָ, *You shall love* HASHEM, *your God, with all your heart, with all your soul, and with all your resources* (*Deuteronomy* 6:5). Loving God *with all your heart* means with an intense and overwhelming love (see *Rambam, Hilchos Teshuvah* 10:3). That corresponds to מַיִם רַבִּים לֹא יוּכְלוּ לְכַבּוֹת אֶת הָאַהֲבָה, *Many waters cannot extinguish the love,* for a love that is truly strong and intense will prove immune to the influences of the *many waters* of the nations. *With all your soul* means one should be willing to give up his soul, i.e., his life, for his love of God (see *Yoma* 82a). That corresponds to וּנְהָרוֹת לֹא יִשְׁטְפוּהָ, *and rivers cannot wash it away,* for it was such fierce devotion to God that allowed the Jewish people to resist the persecutions of the *rivers.* The verse concludes, אִם יִתֵּן אִישׁ אֶת כָּל הוֹן בֵּיתוֹ בָּאַהֲבָה בּוֹז יָבוּזוּ לוֹ, *if a man would give all the substance of his house in exchange for love, he would surely scorn it.* That corresponds to the final aspect mentioned in the *Shema* — to love God, בְּכָל מְאֹדֶךָ, *with all your resources,* meaning that one should be willing to surrender all his financial resources, all his earthly possessions, for the sake of God; see ibid. [It should be noted, though, that the Midrash here interprets this final clause differently.] (*Chidushei Maran Riz HaLevi al HaTorah, Song of Songs* 8:7 p. 115).

פרשה מט

א [לו, ח] **"וַיַּעֲשׂוּ כָל חֲכַם לֵב", הָדָא הוּא דִכְתִיב** (שיר השירים ח, ז) **"מַיִם רַבִּים לֹא יוּכְלוּ לְכַבּוֹת אֶת הָאַהֲבָה", [א]"מַיִם רַבִּים" אֵלּוּ °הָעוֹבְדֵי כוֹכָבִים°, שֶׁנֶּאֱמַר** (ישעיה יז, יב) **"כַּהֲמוֹת יַמִּים יֶהֱמָיוּן", וְאִם מִתְכַּנְּסִין כָּל °הָעוֹבְדֵי כוֹכָבִים° לְבַטֵּל אֶת הָאַהֲבָה שֶׁבֵּין הַקָּדוֹשׁ בָּרוּךְ הוּא לְיִשְׂרָאֵל אֵינָם יְכוֹלִים, הֱוֵי "מַיִם רַבִּים לֹא יוּכְלוּ לְכַבּוֹת אֶת הָאַהֲבָה", שֶׁנֶּאֱמַר** (מלאכי א, ב) **"וָאֹהַב אֶת יַעֲקֹב",** (שיר השירים שם שם) **"וּנְהָרוֹת לֹא יִשְׁטְפוּהָ", אֵלּוּ הַמַּלְכֻיּוֹת, שֶׁנֶּאֱמַר** (ישעיה ח, ז) **"אֶת מֵי הַנָּהָר הָעֲצוּמִים וְהָרַבִּים אֶת מֶלֶךְ אַשּׁוּר",** (שיר השירים שם, שם) **"אִם יִתֵּן אִישׁ אֶת כָּל הוֹן בֵּיתוֹ בְּאַהֲבָה בּוֹז יָבוּזוּ לוֹ", אֲבָל בָּנַי עָשׂוּ לִי מִקְדָּשׁ שֶׁל יְרִיעוֹת וְיָרַדְתִּי וְשָׁכַנְתִּי בְּתוֹכָם, שֶׁנֶּאֱמַר** (שמות מ, לד) **"וְלֹא יָכֹל מֹשֶׁה לָבוֹא אֶל אֹהֶל מוֹעֵד ... וּכְבוֹד ה' מָלֵא אֶת הַמִּשְׁכָּן":**

ב דָּבָר אַחֵר, [לו, ח] **"כָּל חֲכַם לֵב", הָדָא הוּא דִכְתִיב** (שיר השירים א, ה) **"שְׁחוֹרָה אֲנִי וְנָאוָה", אִם שְׁחוֹרָה לָמָּה נָאוָה, וְכִי יֵשׁ שְׁחוֹרָה נָאוָה, אֶלָּא אָמְרָה כְּנֶסֶת יִשְׂרָאֵל: [ב]"שְׁחוֹרָה אֲנִי" בְּמַעֲשַׂי "וְנָאוָה" אֲנִי בְּמַעֲשֵׂה אֲבוֹתַי, "שְׁחוֹרָה אֲנִי" בְּמִצְרַיִם "וְנָאוָה" אֲנִי בְּאָמְרִי בְּסִינַי** (שמות כד, ז) **"כֹּל אֲשֶׁר דִּבֶּר ה' נַעֲשֶׂה וְנִשְׁמָע", "שְׁחוֹרָה אֲנִי" עַל הַיָּם שֶׁנֶּאֱמַר** (תהלים קו, ז) **"וַיַּמְרוּ עַל יָם בְּיַם סוּף", "וְנָאוָה" אֲנִי בְּאָמְרִי** (שמות טו, ב) **"זֶה אֵלִי וְאַנְוֵהוּ", "שְׁחוֹרָה אֲנִי" בְּמַעֲשֵׂה הָעֵגֶל, "וְנָאוָה" אֲנִי בְּמַעֲשֵׂה הַמִּשְׁכָּן, "שְׁחוֹרָה אֲנִי" בְּשׁוֹר שֶׁנֶּאֱמַר** (תהלים קו, כ) **"וַיָּמִירוּ אֶת כְּבוֹדָם בְּתַבְנִית שׁוֹר", "וְנָאוָה" אֲנִי בְּשׁוֹר,** (ויקרא טז, כז) **"שׁוֹר אוֹ כֶשֶׂב אוֹ עֵז", "שְׁחוֹרָה אֲנִי" בַּמִּשְׁכָּן שֶׁנֶּאֱמַר** (יחזקאל כג, לח) **"טִמְּאוּ אֶת מִקְדָּשִׁי",**

עץ יוסף

(א) ויעשו כל חכם לב וגו' את המשכן עשר יריעות וגו'. וזה דמסיים המדרש אבל בני עשו לי מקדש של יריעות, וירדתי ושכנתי בתוכם: **ואם היו מתכנסין כו' לבטל כו'.** כי כולם לא יוכלו להשיב את ישראל מאחרי ה' כדי שתופר אהבת ה' מהם: **אלו המלכיות.** כמו המלכיות שבאו בחזקת היד להשיב את ישראל מאחרי ה' ולא יכלו, ולפי זה נקשר עם הכתוב הקודם לו דכתיב כי עזה כמות אהבה קשה כשאול קנאה, ואמרו בחזית אהבה שאהבו דורו של שמד להקדוש ברוך הוא, קשה כשאול קנאה שעתיד ה' לקנא לציון: **אם יתן איש את כל הון ביתו באהבה.** כוונתם לפרש אם יתן כו', שאם יתנו העכו"ם כל ממונם לידבק באהבת ה' לעתיד על ידי מעשה הקרבנות, וכמו שעשה בלעם, מכל מקום לא יקובל לפני ה', מה שאין כן ישראל שבהולאה קלה דהיינו משכן של יריעות באה שכינתו יתברך אלא מאהבתו אותם: **(ב) הדא הוא דכתיב שחורה אני ונאוה.** כדמסיים ונאוה אני במשכן ויעשו כל חכם לב: **אלא אמרה כנסת ישראל כו'.** והכי פירושו שחורה אני ונאוה, שחורה אני מצד עצמי ונאוה ביחוסים, והנמשל לפי זה שאמרה כנסת ישראל שחורה אני במעשי, ונאוה אני במעשה אבותי: **שחורה אני במצרים ונאוה אני באמרי בסיני כו'.** צריך לגרוס כבחזית שם שחורה אני במצרים וימרו בי בית ישראל ולא אבו לשמוע אלי, ונאוה אני במצרים, בדם פסח ובדם מילה, דכתיב ואעבור עליך ואראך מתבוססת בדמיך ואומר לך בדמייך חיי, זה דם פסח ואומר לך בדמיך חיי זה דם מילה, שחורה אני בחורב שנאמר יעשו עגל בחורב, ונאוה אני בחורב, שנאמר כל אשר דבר ה' נעשה ונשמע, והשתא מפרש שחורה אני ונאוה, שפעמים אני שחורה ופעמים אני נאוה, והנמשל יהיה שבזמן אחד היו ישראל בלתי כשרים ובזמן אחד תקנו את אשר עוותו, והיינו דקאמר שחורה אני במצרים כו': **וימרו על ים בים סוף.** כדאיתא לעיל פרשה כ"ד שחטאו בים סוף באליל שהיתה בידם, וזה תקנו באמרם זה אלי ואנוהו: **שחורה אני במעשה העגל.** הכוונה היותו משבח ישראל שבדבר עצמו שחטאו ישובו ויעשו מצוה וזכות כמו שכתבתי לעיל, ולכן כנגד מה שחטאו בעגל בזהב עשו המשכן בזהב: **שחורה אני בשור.** ואף שאחרות של שור הוא ענין מעשה עגל וכבר זכרו, אפשר שענין עשיית שור הוא חטא בפני עצמו, על שהמטו אחד מן טטרמולין שלו כדאיתא בכמה דוכתי: **ונאוה אני בשור.** שבזבחם אותו לפני ה' הם מכפרים על מה שחטאו בו: **שחורה אני במשכן שנאמר בטמאם את משכני.** כן צריך לומר (יפה תואר) ורוצה לומר שלפעמים יחטאו בשוגג בזה:

פירוש מהרז"ו

(א) ויעשו כל חכם לב. בעושי המלאכה את המשכן עשר יריעות. בני אדם עשו משכן של עשר יריעות, והשכין שכינתו ביניהם, מורה על גודל אהבתו את ישראל: **מים רבים לא יוכלו לכבות את האהבה.** משמע שהאהבה היא אש גדולה, עד שמים רבים לא יכבו אותה, על כן דורש שהוא משל על האומות הקדומות, על פי מדה י"ז, ועיין במדבר רבה פרשה ב סימן י"ב: **כהמות ימים.** רישא דקרא הוי עמים רבים. כמו סנחריב, ואשור, ובבל: **ונהרות לא ישטפוה.** כמו שאמרו בראשית רבה פרשה ט"ז בסימן ב, שנקראו על שם אשור: **אם יתן איש.** כאן הביא הפסוק ולא דרש בו, ותשלומו בבמדבר רבה שם וכאן חסר. ומה שאמר אבל בני, מרומז במה שכתוב בפסוק הסמוך לפסוק מים רבים וגו', אחות לנו קטנה וגו' מה נעשה לאחותנו ביום שידובר בה, היינו ביום שהוקם המשכן, ושם השרה שכינתו, ודיבר עם משה, ולזה הביא פסוק ולא יכול משה, וסמוך לו ויקרא אל משה, וזהו מה נעשה וכו' עד שקראו לו ודיבר עמו: **(ב) הדא הוא דכתיב שחורה אני.** לעיל פרשה כ"ג סימן י', ושם נסמן ומבואר. ועיין שיר השירים רבה פסוק זה: **שחורה אני במצרים.** שעבדו עבודת כוכבים, כמבואר ביחזקאל כ' (פסוק ח) בהדיא. ונאוה אני, במצרים, בדם פסח ודם מילה, דכתיב שם (טז, ו) ואעבור עליך וגו', בשיר השירים רבה שם, וכאן חסר: **שנאמר וימרו על ים.** עיין לעיל ריש פרשה כ"ד: **שחורה אני בעגל.** בשיר השירים רבה שם בלשון מתוקן וכאן חסר: **שור או כבש.** וכמו שאמר ויקרא רבה פרשה כ"ז סימן ז באריכות, שעל שנחשדו בעגל שהוא שור, ולא נמצא בחשד ממש, על כן נעשה שור לכל הקרבנות: **טמאו את משכני.** לא נמצא פסוק כזה, ובדפוס אחר הגירסא טמאו את מקדשי, יחזקאל כ"ג ל"ח, וביפה תואר הביא פסוק בטמאם את משכני, ויקרא ט"ו ל"א:

מתנות כהונה

[א] מים רבים כו'. עיין בבמדבר רבה פרשה ב' ובמדרש חזית מאמר זה קצת בסיגנון אחר:

אשר הנחלים

[ב] שחורה אני במצרים כו'. כלומר אף שנמצא בי שחרות במקרה, או מצד התערבות בין עובדי כוכבים, או בעת היצר לי כעל הים, או בשעה שבושש משה לרדת, אבל נאוה אני בעצם, וכשסרו אלו הסיבות אז נתהפך לבי בקרבי. וחשב כל העניינים שהיה מהפך להפך, במצרים שלא עשו כדבר ה', ואחר כך אמרו נעשה ונשמע, ומעשי המשכן הוא היפך האמנת העגל שחשבו לעשות כאמצעי שעל ידי זה ישרה השכינה, והמה טעו בשור שהיה עבודת כוכבים [כנודע מעבודת כוכבים אפיס דמות שור], ועל זה נצטוו ההיפך המצוות בשור, ואם כי שחורה אני אחר כך במשכן שטמאו אותו, עם כל זה נאוה אני מתחילתו בעשיית המשכן:

חידושי הרד"ל

[א] אבל בני כו' של יריעות. שהוא דבר קטן ולא פזרו עליו הון רב: **[ב] שחורה אני במצרים ונאוה אני במצרים שחורה אני בחורב שאמרתי לעגל אלה אלהיך ונאוה אני בסיני שאמרתי כל אשר דבר ה' כו'** כן צריך לומר, וכן הוא בשיר השירים רבה שם (פרשה א פסוק ה, א):

חידושי הרש"ש

[ב] שנאמר כנפי יונה נחפה בכסף. וסיפיה ואברותיה בירקרק חרוץ:

באור מהרי"פ

[ב] טמאו וגו'. (יחזקאל כג, לח) עוד זאת עשו לי טמאו את מקדשי ביום ההוא ואת שבתותי חללו. ואף שהתיקון היה במשכן, אין קפידא בזה, דמשכן נקרא מקדש, ומקדש נקרא משכן. ואין לתמוה על הקדמת התיקון לחטא, דבכמה דוכתי מצינו כן, ויבן שם מזבח לה' בין בית אל ובין העי, נתנבא שעתידין בניו להכשל שם על ענין עכן והתפלל עליהם (סנהדרין מד, ב), וכמו ואל הבקר רץ אברהם לקדש אותה אומה דכתיב בה (הושע י, יא) [ואפרים] עגלה (יפיפיה מצרים) עגלה מלמדה וגו' (בראשית רבה מח, יג), וכמוהו רבים. תולדות נח הארוך:

אמרי יושר

[א] מים רבים. זה בערך ריבויים, **ונהרות** בערך שלטונים: **[ב] שחורה אני ונאוה.** זהו ויעשו כל חכם לב בעושי המלאכה אחרת נמבזה של שחרות, או במצרים, או בעגל:

שינוי נוסחאות

(ב) שנאמר "טמאו את מקדשי". בספרים ישנים איתא >שנאמר "טמאו את משכני"<, אבל אין פסוק כזה, וביפ"ת הגיה "בטמאם את משכני", ובתולדות נח הציע כמה הגהות אפשריות, ובדפוסי אמשט' (ת"א ותפ"ה ותקל"ז) כתבו "מקדשי" כלפנינו, וכן כתבו כל המדפיסים אח"כ:

מסורת המדרש

א. במדבר רבה פרשה ב'. שיר השירים רבה פרשה ח'. מדרש תהלים מזמור ט"ו. ילקוט תהלים רמז תרס"ה. ילקוט שיר השירים רמז תתקצ"ד: **ב.** שיר השירים רבה פרשה א' פסוק ה'. ילקוט שיר השירים רמז תתקפ"ב. ועיין לעיל פרשה כ"ג:

אם למקרא

מַיִם רַבִּים לֹא יוּכְלוּ לְכַבּוֹת אֶת הָאַהֲבָה וּנְהָרוֹת לֹא יִשְׁטְפוּהָ אִם יִתֵּן אִישׁ אֶת כָּל הוֹן בֵּיתוֹ בָּאַהֲבָה בּוֹז יָבוּזוּ לוֹ: (שיר השירים ח:ז)

הוֹי הֲמוֹן עַמִּים רַבִּים כַּהֲמוֹת יַמִּים יֶהֱמָיוּן וּשְׁאוֹן לְאֻמִּים כִּשְׁאוֹן מַיִם כַּבִּירִים יִשָּׁאוּן: (ישעיה יז:יב)

אָהַבְתִּי אֶתְכֶם אָמַר ה' וַאֲמַרְתֶּם בַּמָּה אֲהַבְתָּנוּ הֲלוֹא אָח עֵשָׂו לְיַעֲקֹב נְאֻם ה' וָאֹהַב אֶת יַעֲקֹב: (מלאכי א:ב)

וְלָכֵן הִנֵּה אֲדֹנָי מַעֲלֶה עֲלֵיהֶם אֶת מֵי הַנָּהָר הָעֲצוּמִים וְהָרַבִּים אֶת מֶלֶךְ אַשּׁוּר וְאֶת כָּל כְּבוֹדוֹ וְעָלָה עַל כָּל אֲפִיקָיו וְהָלַךְ עַל כָּל גְּדוֹתָיו: (ישעיה ח:ז)

וְלֹא יָכֹל מֹשֶׁה לָבוֹא אֶל אֹהֶל מוֹעֵד כִּי שָׁכַן עָלָיו הֶעָנָן וּכְבוֹד ה' מָלֵא אֶת הַמִּשְׁכָּן: (שמות מ:לד)

שְׁחוֹרָה אֲנִי וְנָאוָה בְּנוֹת יְרוּשָׁלִָם כְּאָהֳלֵי קֵדָר כִּירִיעוֹת שְׁלֹמֹה: (שיר השירים א:ה)

וַיִּקַּח סֵפֶר הַבְּרִית וַיִּקְרָא בְּאָזְנֵי הָעָם וַיֹּאמְרוּ כֹּל אֲשֶׁר דִּבֶּר ה' נַעֲשֶׂה וְנִשְׁמָע: (שמות כד:ז)

אֲבוֹתֵינוּ בְמִצְרַיִם לֹא הִשְׂכִּילוּ נִפְלְאוֹתֶיךָ לֹא זָכְרוּ אֶת רֹב חֲסָדֶיךָ וַיַּמְרוּ עַל יָם בְּיַם סוּף: (תהלים קו:ז)

עָזִּי וְזִמְרָת יָהּ וַיְהִי לִי לִישׁוּעָה זֶה אֵלִי וְאַנְוֵהוּ אֱלֹהֵי אָבִי וַאֲרֹמְמֶנְהוּ: (שמות טו:ב)

וַיָּמִירוּ אֶת כְּבוֹדָם בְּתַבְנִית שׁוֹר אֹכֵל עֵשֶׂב: (תהלים קו:כ)

שׁוֹר אוֹ כֶשֶׂב אוֹ עֵז כִּי יִוָּלֵד וְהָיָה שִׁבְעַת יָמִים תַּחַת אִמּוֹ וּמִיּוֹם הַשְּׁמִינִי וָהָלְאָה יֵרָצֶה לְקָרְבַּן אִשֶּׁה לַה': (ויקרא כב:כז)

עוֹד זֹאת עָשׂוּ לִי טִמְּאוּ אֶת מִקְדָּשִׁי בַּיּוֹם הַהוּא וְאֶת שַׁבְּתוֹתַי חִלֵּלוּ: (יחזקאל כג:לח)

אֲבָל בָּנַי עָשׂוּ לִי מִקְדָּשׁ שֶׁל יְרִיעוֹת וְיָרַדְתִּי וְשָׁכַנְתִּי בְּתוֹכָם – "But," God says, **"My children,** the Jewish people, **made for Me a Sanctuary of curtains and I descended and dwelled among them,"**[9] שֶׁנֶּאֱמַר "וְלֹא יָכֹל מֹשֶׁה לָבוֹא אֶל אֹהֶל מוֹעֵד . . . וּכְבוֹד ה׳ מָלֵא אֶת הַמִּשְׁכָּן" – **as [Scripture] states,** ***Moses could not enter the Tent of Meeting, for the cloud rested upon it, and the glory of HASHEM filled the Tabernacle*** (below, 40:35).[10]

§2 The Midrash expounds another verse from *Song of Songs,* relating it to our verse. However, in typical Midrashic fashion, it first presents several other, unrelated interpretations of that verse:

דָּבָר אַחֵר, "כָּל חֲכַם לֵב" – **Another interpretation:** ***All the wise-hearted*** *among those doing the work made the Tabernacle.* הֲדָא הוּא דִכְתִיב "שְׁחוֹרָה אֲנִי וְנָאוָה" – **Thus it is written,** ***I am swarthy and comely*** (*Song of Songs* 1:5). אִם שְׁחוֹרָה לָמָּה נָאוָה, וְכִי יֵשׁ שְׁחוֹרָה נָאוָה – **If** she is **swarthy** then **why** does the speaker describe herself as **comely, for is there one swarthy who is** also **comely?**[11] אֶלָּא אָמְרָה כְּנֶסֶת יִשְׂרָאֵל: "שְׁחוֹרָה אֲנִי" בְּמַעֲשַׂי "וְנָאוָה" אֲנִי בְּמַעֲשֵׂה אֲבוֹתַי – **Rather,** the connotation of the verse is that **the Congregation of Israel was saying, "*I am swarthy* with** regard to **my** own **actions** ***and*** **I am** ***comely*** **with** regard to **the actions of my forebears."**[12]

The Midrash offers another approach to dealing with the paradox presented by the verse from *Song of Songs*:

"שְׁחוֹרָה אֲנִי" בְּמִצְרַיִם – Alternatively, Israel was saying, ***I am swarthy*** **in Egypt,**[13] "וְנָאוָה" אֲנִי בְּאָמְרִי בְּסִינַי "כֹּל אֲשֶׁר דִּבֶּר ה׳ נַעֲשֶׂה וְנִשְׁמָע" – ***and*** **I am** ***comely*** **when I declared at** Mount **Sinai,** ***Everything that HASHEM has said, we will do and we will obey*** (above, 24:7);[14] "שְׁחוֹרָה אֲנִי" עַל הַיָּם שֶׁנֶּאֱמַר "וַיַּמְרוּ עַל יָם בְּיַם סוּף" – ***I am swarthy*** **at the Sea** of Reeds, **as [Scripture] states,** ***And they rebelled by the sea, at the Sea of Reeds*** (*Psalms* 106:7), "וְנָאוָה" אֲנִי בְּאָמְרִי "זֶה אֵלִי וְאַנְוֵהוּ" – ***and*** **I am** ***comely*** at the Sea of Reeds **when I said,** ***This is My God and I will build Him a Sanctuary*** (above, 15:2);[15] "שְׁחוֹרָה אֲנִי" בְּמַעֲשֵׂה הָעֵגֶל – ***I am swarthy*** **through the construction of the** Golden **Calf,** "וְנָאוָה" אֲנִי בְּמַעֲשֵׂה הַמִּשְׁכָּן – ***and*** **I am** ***comely*** **through the construction of the Tabernacle;**[16] "שְׁחוֹרָה אֲנִי" בְּשׁוֹר שֶׁנֶּאֱמַר "וַיָּמִירוּ אֶת כְּבוֹדָם בְּתַבְנִית שׁוֹר" – ***I am swarthy*** **through an ox,** i.e., the Golden Calf, **as [Scripture] states,** ***They exchanged their Glory for the likeness of a grass-eating ox*** (*Psalms* 106:20),[17] "וְנָאוָה" אֲנִי בְּשׁוֹר, "שׁוֹר אוֹ כֶשֶׂב אוֹ עֵז" – ***and*** **I am** ***comely*** **through an ox,** for Scripture states, *When* ***an ox, a sheep, or a goat*** *is born . . . from the eighth day on, it is acceptable as a fire-offering to HASHEM* (*Leviticus* 17:3).[18]

The Midrash presents a final resolution of the contradiction inherent in the verse from *Song of Songs,* one that concerns our verse:

"שְׁחוֹרָה אֲנִי" בַּמִּשְׁכָּן שֶׁנֶּאֱמַר "טִמְּאוּ אֶת מִקְדָּשִׁי" – ***I am swarthy*** **through the Tabernacle, as [Scripture] states,** ***They defiled My Sanctuary*** *on that day . . . when they slaughtered their children for their idols, they would come to My Sanctuary on that very day to defile it* (*Ezekiel* 23:38),

NOTES

9. As explained in note 1 above, it was specifically the curtains that the verse calls הַמִּשְׁכָּן, *the Tabernacle.* The word מִשְׁכָּן is derived from the root שכן, "dwell," indicating that it was the curtains that provided the dwelling for God's Presence. Thus, while the grandiose expenditures of the idolatrous nations will be scorned by God as the Midrash explained above, He shows His great love for the Jewish people by choosing to dwell within their modest sanctuary of curtains (ibid.).

10. Thus, the Divine Presence descended and "dwelled" in the Tabernacle (see *Yefeh To'ar;* see *Maharzu* for a different understanding of the significance of this verse).

11. A person whose natural complexion is light is not attractive if he or she becomes swarthy. *Song of Songs* is to be understood as an allegory describing the longing and love between Israel and God; however, the allegory must still be intelligible on a literal level. The Midrash is therefore puzzled regarding this verse, שְׁחוֹרָה אֲנִי וְנָאוָה, *I am swarthy and comely,* for the two are seemingly contradictory.

12. That is, the speaker in the verse is saying that while she is herself *swarthy,* she is nevertheless *comely* in the sense that she comes from a distinguished and refined pedigree. Accordingly, the analogy is that while the Jewish people are themselves *swarthy* from sin they can still be considered *comely* by virtue of their righteous forebears (*Yefeh To'ar, Eitz Yosef*). In his commentary to *Shir HaShirim Rabbah* 1 §35 [Vagshal ed.] *Eitz Yosef* notes that the righteous deeds of their ancestors is relevant, for that heritage still exerts a positive influence on their own actions.

13. I.e., Israel was guilty of idolatry when in Egypt, as indicated by the verse, וַיַּמְרוּ בִי וְלֹא אָבוּ לִשְׁמֹעַ אֵלַי אִישׁ אֶת שִׁקּוּצֵי עֵינֵיהֶם לֹא הִשְׁלִיכוּ וְאֶת גִּלּוּלֵי מִצְרַיִם לֹא עָזָבוּ, *But they rebelled against Me and did not want to listen to Me; no man of them cast away the detestable [idols] of their eyes, and they did not forsake the idols of Egypt* (*Ezekiel* 20:8); see *Shir HaShirim Rabbah* loc. cit.

14. In contrast to the first exposition, according to this approach Israel was saying that she herself was both *swarthy and comely,* that is, at times she was swarthy but at times she was comely (*Eitz Yosef*). Many of the commentators prefer the version of the text found in the parallel passage in *Shir HaShirim Rabbah* (loc. cit.), according to which Israel was saying that she was both *swarthy* in Egypt, sinning with idolatry, *and comely* in Egypt, fulfilling the commandments of the *pesach*-offering and of circumcision. Similarly, at Mount Sinai, Israel was *swarthy,* having sinned with the Golden Calf, *and comely* with their declaration of obedience to God (see also 23 §10 above). Accordingly, the meaning of the verse is that although Israel is *swarthy* she *is comely,* having rectified her sins (*Yefeh To'ar, Eitz Yosef;* see there at length).

15. The Jews sinned at the Sea of Reeds, taking Micah's idolatrous image along with them into the split sea (see 24 §1 above; see also 41 §1 above). However, they rectified their sin by repudiating idolatry and declaring, זֶה אֵלִי, *This is my God* (*Yefeh To'ar,* second explanation, *Eitz Yosef*). Alternatively, they had sinned at the shore of the sea when they saw the Egyptians approaching, sarcastically saying to Moses, הֲמִבְּלִי אֵין קְבָרִים בְּמִצְרַיִם לְקַחְתָּנוּ לָמוּת בַּמִּדְבָּר, *Were there no graves in Egypt that you took us to die in the Wilderness*? (above, 14:11). But they rectified their sin after the splitting of the sea with their praise of God, expressing their renewed faith in Him (*Yefeh To'ar,* first explanation; see 24 §1 above for other interpretations of the Israelites' sin at the Sea of Reeds).

16. The Jewish people sinned, misusing their gold for the construction of an idol, but they then rectified that sin by donating gold for the construction of the Tabernacle (*Yefeh To'ar, Eitz Yosef*).

17. Referring to the Golden Calf as an ox. *Eitz Yosef* suggests that although the Midrash had already mentioned the sin of the Golden Calf above, the Midrash here means that there was a further sin involved in the fact that it was an idol specifically in the image of a bovine, for the Israelites had audaciously taken one of the forms that is on God's own Chariot. See 43 §8 above.

18. By bringing the ox as an offering, the Israelites atone for the sin of idolatry committed with the ox (*Eitz Yosef*). Alternatively, the fact that God listed the ox first in this verse among the animals brought as offerings demonstrates that Israel was in truth not guilty of the sin of the Calf, rather it had been perpetrated by the mixed multitude; see *Vayikra Rabbah* 27 §8 (*Maharzu*).

פרשה מט

א [לו, ח] "וַיַּעֲשׂוּ כָל חֲכַם לֵב", הֲדָא הוּא דִכְתִיב (שיר השירים ח, ז) "מַיִם רַבִּים לֹא יוּכְלוּ לְכַבּוֹת אֶת הָאַהֲבָה", א"מַיִם רַבִּים" אֵלּוּ °הָעוֹבְדֵי כוֹכָבִים°, שֶׁנֶּאֱמַר (ישעיה יז, יב) "כַּהֲמוֹת יַמִּים יֶהֱמָיוּן", וְאִם מִתְכַּנְסִין כָּל °הָעוֹבְדֵי כוֹכָבִים° לְבַטֵּל אֶת הָאַהֲבָה שֶׁבֵּין הַקָּדוֹשׁ בָּרוּךְ הוּא לְיִשְׂרָאֵל אֵינָם יְכוֹלִים, הֱוֵי "מַיִם רַבִּים לֹא יוּכְלוּ לְכַבּוֹת אֶת הָאַהֲבָה", שֶׁנֶּאֱמַר (מלאכי א, ב) "וָאֹהַב אֶת יַעֲקֹב", (שיר השירים שם שם) "וּנְהָרוֹת לֹא יִשְׁטְפוּהָ", אֵלּוּ הַמַּלְכֻיּוֹת, שֶׁנֶּאֱמַר (ישעיה ח, ז) "אֶת מֵי הַנָּהָר הָעֲצוּמִים וְהָרַבִּים אֶת מֶלֶךְ אַשּׁוּר", (שיר השירים שם, שם) "אִם יִתֵּן אִישׁ אֶת כָּל הוֹן בֵּיתוֹ בָּאַהֲבָה בּוֹז יָבוּזוּ לוֹ", אֲבָל בָּנַי עָשׂוּ לִי מִקְדָּשׁ שֶׁל יְרִיעוֹת וְיָרַדְתִּי וְשָׁכַנְתִּי בְּתוֹכָם, שֶׁנֶּאֱמַר (שמות מ, לד) "וְלֹא יָכֹל מֹשֶׁה לָבוֹא אֶל אֹהֶל מוֹעֵד ... וּכְבוֹד ה' מָלֵא אֶת הַמִּשְׁכָּן":

ב דָּבָר אַחֵר, [לו, ח] "כָּל חֲכַם לֵב", הֲדָא הוּא דִכְתִיב (שיר השירים א, ה) "שְׁחוֹרָה אֲנִי וְנָאוָה", אִם שְׁחוֹרָה לָמָּה נָאוָה, וְכִי יֵשׁ שְׁחוֹרָה נָאוָה, אֶלָּא אָמְרָה כְּנֶסֶת יִשְׂרָאֵל: ב"שְׁחוֹרָה אֲנִי" בְּמַעֲשַׂי "וְנָאוָה" אֲנִי בְּמַעֲשֵׂה אֲבוֹתַי, "שְׁחוֹרָה אֲנִי" בְּמִצְרַיִם "וְנָאוָה" אֲנִי בְּאָמְרִי בְּסִינַי (שמות כד, ז) "כֹּל אֲשֶׁר דִּבֶּר ה' נַעֲשֶׂה וְנִשְׁמָע", "שְׁחוֹרָה אֲנִי" עַל הַיָּם שֶׁנֶּאֱמַר (תהלים קו, ז) "וַיַּמְרוּ עַל יָם בְּיַם סוּף", "וְנָאוָה" אֲנִי בְּאָמְרִי (שמות טו, ב) "זֶה אֵלִי וְאַנְוֵהוּ", "שְׁחוֹרָה אֲנִי" בְּמַעֲשֵׂה הָעֵגֶל, "וְנָאוָה" אֲנִי בְּמַעֲשֵׂה הַמִּשְׁכָּן, "שְׁחוֹרָה אֲנִי" בְּשׁוֹר שֶׁנֶּאֱמַר (תהלים קו, כ) "וַיָּמִירוּ אֶת כְּבוֹדָם בְּתַבְנִית שׁוֹר", "וְנָאוָה" אֲנִי בְּשׁוֹר, (ויקרא טז, כז) "שׁוֹר אוֹ כֶשֶׂב אוֹ עֵז", "שְׁחוֹרָה אֲנִי" בַּמִּשְׁכָּן שֶׁנֶּאֱמַר (יחזקאל כג, לח) "טִמְּאוּ אֶת מִקְדָּשִׁי",

עץ יוסף

(א) ויעשו כל חכם לב וגו' את המשכן עשר יריעות וגו'. וזה דמסיים המדרש אבל בני עשו לי מקדש של יריעות, וירדתי ושכנתי בתוכם: **ואם היו מתכנסין כו' לבטל כו'.** כי כולם לא יוכלו להסיב את ישראל מאחרי ה' כדי שתופר אהבת ה' מהם: **אלו המלכיות.** כמו המלכיות שבאו בחזקת היד להסיב את ישראל מאחרי ה' ולא יכלו, ולפי זה נקשר עם הכתוב הקודם לו דכתיב כי עזה כמות אהבה קשה כשאול קנאה, ואמרו בחזית אהבה שאהבו דורו של שמים להקדוש ברוך הוא, קשה כשאול קנאה שעתיד ה' לקנא לציון: **אם יתן איש את כל הון ביתו באהבה.** כוונתם לפרש אם יתן כו', שאם יתנו העכו"ם כל ממונם לידבק באהבת ה' לעתיד על ידי מעשה הקרבנות, וכמו שעשה בלעם, מכל מקום לא יקובל לפני ה', מה שאין כן ישראל שבהולאה קלה דהיינו משכן של יריעות בזה שכינתו יתברך אצלם מאהבתו אותם: **(ב) הדא הוא דכתיב שחורה אני ונאוה.** כדמסיים ונאוה אני במשכן ויעשו כל חכם לב: **אלא אמרה כנסת ישראל כו'.** והכי פירושו שחורה אני ונאוה, שחורה אני מצד עצמי ונאוה ביחוסים, והנמשל לפי זה שאמרה כנסת ישראל שחורה אני במעשי, ונאוה אני במעשה אבותי: **שחורה אני במצרים ונאוה אני באמרי בסיני כו'.** צריך לגרוס כבחזית שם שחורה אני במצרים וימרו בי בית ישראל ולא אבו לשמוע אלי, ונאוה אני במצרים, בדם פסח ובדם מילה, דכתיב ואעבור עליך ואראך מתבוססת בדמיך ואומר לך בדמייך חיי, זה דם פסח ואומר לך בדמיך חיי זה דם מילה, שחורה אני בחורב שנאמר יעשו עגל בחורב, ונאוה אני בחורב, שנאמר כל אשר דבר ה' נעשה ונשמע, והשתא מפרש שחורה אני ונאוה, שפעמים אני שחורה ופעמים אני נאוה, והנמשל יהיה שבזמן אחד היו ישראל בלתי כשרים ובזמן אחד תקנו את אשר עוותו, והיינו דקאמר שחורה אני במצרים כו': **וימרו על ים בים סוף.** כדאיתא לעיל פרשה כ"ד שחטאו בים סוף באליל שהיתה בידם, וזה תקנו באמרם זה אלי ואנוהו: **שחורה אני במעשה העגל.** הכוונה היותו משבח ישראל שבדבר עצמו שחטאו ישובו ויעשו מצוה וזכות כמו שכתבתי לעיל, ולכן כנגד מה שחטאו בעגל בזהב עשו המשכן בזהב: **שחורה אני בשור.** ואף שחרות של שור הוא ענין מעשה עגל וכבר זכרו, אפשר שענין עשיית שור הוא חטא בפני עצמו, על שמטו אחד מן טטרמולין שלו כדאיתא בכמה דוכתי: **ונאוה אני בשור.** שבזבחם אותו לפני ה' הם מכפרים על מה שחטאו בו: **שחורה אני במשכן שנאמר בטמאם את משכני.** כן צריך לומר (יפה תואר) ורוצה לומר שלפעמים יחטאו בשוגג בזה:

פירוש מהרז"ו

(א) ויעשו כל חכם לב. בעושי המלאכה את המשכן עשר יריעות. בני אדם עשו משכן של עשר יריעות, והשכין שכינתו ביניהם, מורה על גודל אהבתו את ישראל: **מים רבים לא יוכלו לכבות את האהבה.** משמע שהאהבה היא אש גדולה, עד שמים רבים לא יכבו אותה, על כן דורש שהוא משל על האומות הקדומות, על פי מדה י"ז, ועיין במדבר רבה פרשה ב סימן י"ב: **כהמות ימים.** רישא דקרא הוי עמים רבים. כמו סנחריב, ואשור, ובבל: **ונהרות לא ישטפוה.** כמו שאמרו בראשית רבה פרשה ט"ז בסימן ב, שנקראו על שם אשור: **אם יתן איש.** כאן הביא הפסוק ולא דרש בו, ותשלומו בבמדבר רבה שם וכאן חסר. ומה שאמר אבל בני, מרומז במה שכתוב בפסוק הסמוך לפסוק מים רבים וגו', אחות לנו קטנה וגו' מה נעשה לאחותנו ביום שידובר בה, היינו ביום שהוקם המשכן, ושם השרה שכינתו, ודיבר עם משה, ולזה הביא פסוק ולא יכול משה, וסמוך לו ויקרא אל משה, וזהו מה נעשה וכו' עד שקראו לו ודיבר עמו: **(ב) הדא הוא דכתיב שחורה אני.** לעיל פרשה כ"ג סימן י', ושם נסמן ומבואר. ועיין שיר השירים רבה פסוק זה: **שחורה אני במצרים.** שעבדו עבודת כוכבים, כמבואר ביחזקאל כ' (פסוק ח) בהדיא. ונאוה אני, במצרים, בדם פסח ודם מילה, דכתיב שם (טז, ו) ואעבור עליך וגו', בשיר השירים רבה שם, וכאן חסר: **שנאמר וימרו על ים.** עיין לעיל ריש פרשה כ"ד: **שחורה אני בעגל.** בשיר השירים רבה שם בלשון מתוקן וכאן חסר: **שור או כבש.** וכמו שאמר ויקרא רבה פרשה כ"ז סימן ז באריכות, שעל שנחשדו בעגל שהוא שור, ולא נמצא בחשד ממש, על כן נעשה שור לכל הקרבנות: **טמאו את משכני.** לא נמצא פסוק כזה, ובדפוס אחר הגירסא טמאו את מקדשי, יחזקאל כ"ג ל"ח, וביפה תואר הביא פסוק בטמאם את משכני, ויקרא ט"ו ל"א:

מתנות כהונה

[א] מים רבים כו'. עיין בבמדבר רבה פרשה ב' ובמדרש חזית מאמר זה קצת בסיגנון אחר:

אשד הנחלים

[ב] שחורה אני במצרים כו'. כלומר אף שנמצא בי שחרות במקרה, או מצד התערבות בין עובדי כוכבים, או בעת היצר לי כעל הים, או בשעה שבושש משה לרדת, אבל נאוה אני בעצם, וכשסרו אלו הסיבות אז נתהפך לבי בקרבי. וחשב כל העניינים שהיה מהפך להפך, במצרים שלא עשו כדבר ה', ואחר כך אמרו נעשה ונשמע, ומעשי המשכן הוא היפך האמנת העגל שחשבו לעשות כאמצעי שעל ידי זה ישרה השכינה, והמה טעו בשור שהיה עבודת כוכבים [כנודע מעבודת כוכבים אפיס דמות שור], ועל זה נצטוו ההיפך המצוות בשור, ואם כי שחורה אני אחר כך במשכן שטמאו אותו, עם כל זה נאוה אני מתחילתו בעשיית המשכן:

חידושי הרד"ל

[א] אבל בני כו' של יריעות. שהוא דבר קטן ולא פזרו עליו הון רב: **[ב] שחורה אני במצרים ונאוה אני במצרים שחורה אני בחורב שאמרתי לעגל אלה אלהיך ונאוה אני בסיני שאמרתי כל אשר דבר ה' כו'** כן צריך לומר, וכן הוא בשיר השירים רבה שם (פרשה א פסוק ה, א):

חידושי הרש"ש

[ב] שנאמר כנפי יונה נחפה בכסף. וסיפיה ואברותיה בירקרק חרוץ:

באור מהרי"פ

[ב] טמאו וגו'. (יחזקאל כג, לח) עוד זאת עשו לי טמאו את מקדשי ביום ההוא ואת שבתותי חללו. ואף שהתיקון היה במשכן, אין קפידא בזה, דמשכן נקרא מקדש, ומקדש נקרא משכן. ואין לתמוה על הקדמת התיקון לחטא, דבכמה דוכתי מצינו כן, ויבן שם מזבח לה' בין בית אל ובין העי, נתנבא שעתידין בניו להכשל שם על ענין עכן והתפלל עליהם (סנהדרין מד, ב), וכמו ואל הבקר רץ אברהם לקדם אותה אומה דכתיב בה (הושע י, יא) [ואפרים] עגלה (יפיפיה מצרים) עגלה מלמדה וגו' (בראשית רבה מח, יג), וכמוהו רבים. תולדות נח הארוך:

אמרי יושר

[א] מים רבים. זה בערך ריבויים, **ונהרות** בערך שלטנותם: **[ב] שחורה אני ונאוה.** זהו ויעשו כל חכם לב בעושי המלאכה אחרת נמבזה של שחרות, או במצרים, או בעגל:

שינוי נוסחאות

(ב) שנאמר "טמאו את מקדשי". בספרים ישנים איתא >שנאמר "טמאו את משכני"<, אבל אין פסוק כזה, וביפ"ת הגיה "בטמאם את משכני", ובתולדות נח הציע כמה הגהות אפשריות, ובדפוסי אמשט' (ת"א ותפ"ה ותקל"ז) כתבו "מקדשי" כלפנינו, וכן כתבו כל המדפיסים אח"כ:

מסורת המדרש

א. במדבר רבה פרשה ב'. שיר השירים רבה פרשה ח'. מדרש תהלים מזמור ט"ו. ילקוט תהלים רמז תרס"ה. ילקוט שיר השירים רמז תתקצ"ד: **ב.** שיר השירים רבה פרשה א' פסוק ה'. ילקוט שיר השירים רמז תתקפ"ב. ועיין לעיל פרשה כ"ג:

אם למקרא

מַיִם רַבִּים לֹא יוּכְלוּ לְכַבּוֹת אֶת הָאַהֲבָה וּנְהָרוֹת לֹא יִשְׁטְפוּהָ אִם יִתֵּן אִישׁ אֶת כָּל הוֹן בֵּיתוֹ בָּאַהֲבָה בּוֹז יָבוּזוּ לוֹ: (שיר השירים ח:ז)

הוֹי הֲמוֹן עַמִּים רַבִּים כַּהֲמוֹת יַמִּים יֶהֱמָיוּן וּשְׁאוֹן לְאֻמִּים כִּשְׁאוֹן מַיִם כַּבִּירִים יִשָּׁאוּן: (ישעיה יז:יב)

אָהַבְתִּי אֶתְכֶם אָמַר ה' וַאֲמַרְתֶּם בַּמָּה אֲהַבְתָּנוּ הֲלוֹא אָח עֵשָׂו לְיַעֲקֹב נְאֻם ה' וָאֹהַב אֶת יַעֲקֹב: (מלאכי א:ב)

וְלָכֵן הִנֵּה אֲדֹנָי מַעֲלֶה עֲלֵיהֶם אֶת מֵי הַנָּהָר הָעֲצוּמִים וְהָרַבִּים אֶת מֶלֶךְ אַשּׁוּר וְאֶת כָּל כְּבוֹדוֹ וְעָלָה עַל כָּל אֲפִיקָיו וְהָלַךְ עַל כָּל גְּדוֹתָיו: (ישעיה ח:ז)

וְלֹא יָכֹל מֹשֶׁה לָבוֹא אֶל אֹהֶל מוֹעֵד כִּי שָׁכַן עָלָיו הֶעָנָן וּכְבוֹד ה' מָלֵא אֶת הַמִּשְׁכָּן: (שמות מ:לד)

שְׁחוֹרָה אֲנִי וְנָאוָה בְּנוֹת יְרוּשָׁלָםִ כְּאָהֳלֵי קֵדָר כִּירִיעוֹת שְׁלֹמֹה: (שיר השירים א:ה)

וַיִּקַּח סֵפֶר הַבְּרִית וַיִּקְרָא בְּאָזְנֵי הָעָם וַיֹּאמְרוּ כֹּל אֲשֶׁר דִּבֶּר ה' נַעֲשֶׂה וְנִשְׁמָע: (שמות כד:ז)

אֲבוֹתֵינוּ בְמִצְרַיִם לֹא הִשְׂכִּילוּ נִפְלְאוֹתֶיךָ לֹא זָכְרוּ אֶת רֹב חֲסָדֶיךָ וַיַּמְרוּ עַל יָם בְּיַם סוּף: (תהלים קו:ז)

עָזִּי וְזִמְרָת יָהּ וַיְהִי לִי לִישׁוּעָה זֶה אֵלִי וְאַנְוֵהוּ אֱלֹהֵי אָבִי וַאֲרֹמְמֶנְהוּ: (שמות טו:ב)

וַיָּמִירוּ אֶת כְּבוֹדָם בְּתַבְנִית שׁוֹר אֹכֵל עֵשֶׂב: (תהלים קו:כ)

שׁוֹר אוֹ כֶשֶׂב אוֹ עֵז כִּי יִוָּלֵד וְהָיָה שִׁבְעַת יָמִים תַּחַת אִמּוֹ וּמִיּוֹם הַשְּׁמִינִי וָהָלְאָה יֵרָצֶה לְקָרְבַּן אִשֶּׁה לַה': (ויקרא טז:כז)

עוֹד זֹאת עָשׂוּ לִי טִמְּאוּ אֶת מִקְדָּשִׁי בַּיּוֹם הַהוּא וְאֶת שַׁבְּתוֹתַי חִלֵּלוּ: (יחזקאל כג:לח)

״וְנָאוֶה״ אֲנִי בַּמִּשְׁכָּן. ״וַיַּעֲשׂוּ כָל חֲכַם לֵב״ – **and I am** ***comely*** **through the Tabernacle,** as the verse states, ***All the wise-hearted*** *among those doing the work* **made** *the Tabernacle.*"[19]

☐ [כָּל חֲכַם לֵב בְּעֹשֵׂי הַמְּלָאכָה – *ALL THE WISE-HEARTED AMONG THOSE DOING THE WORK.*]

The word מְלָאכָה, *work,* denotes hard or strenuous labor, see *Bereishis Rabbah* 10 §9, yet the construction of the Tabernacle was not physically difficult (see 52 §4 below). The Midrash elaborates regarding the difficulty that was involved:[20]

מַה מְּלָאכָה הָיוּ עוֹשִׂין – **What hard work were [the wise-hearted people] doing?** אֶלָּא רְאֵה מַה כְּתִיב, – **Rather see what is written** regarding the donation for the Tabernacle, ״וְזֹאת הַתְּרוּמָה אֲשֶׁר תִּקְחוּ מֵאִתָּם״ – ***This is the "terumah" that you shall take from them*** (above, 25:3)[21] – זוֹ כְּנֶסֶת יִשְׂרָאֵל שֶׁהִיא תְּרוּמָה – **this is** a reference to **the Congregation of Israel, which is** described as ***terumah,*** שֶׁנֶּאֱמַר ״קֹדֶשׁ יִשְׂרָאֵל לַה׳ רֵאשִׁית תְּבוּאָתֹה״ – **as [Scripture] states, *Israel is holy to HASHEM, the first of His crop*** (*Jeremiah* 2:3).[22] ״זָהָב וָכֶסֶף״ זוֹ כְּנֶסֶת יִשְׂרָאֵל – The verse concerning the Tabernacle donations continues, ***gold, silver*** **– this** too **is** a reference to **the Congregation of Israel,** שֶׁנֶּאֱמַר ״כַּנְפֵי יוֹנָה נֶחְפָּה בַכֶּסֶף וגו׳״ – **as [Scripture] states, *[You will be like] the wings of a dove that is coated with silver*** *and her pinions with brilliant gold* (*Psalms* 68:14);[23] ״וּנְחֹשֶׁת״ זוֹ אֶרֶץ יִשְׂרָאֵל – ***and copper*** **– this is** a reference to **the Land of Israel,** שֶׁנֶּאֱמַר ״וּמֵהֲרָרֶיהָ תַּחְצֹב נְחֹשֶׁת״ – **as [Scripture] states,** *a Land whose stones are iron* ***and from whose mountains you will mine copper*** (*Deuteronomy* 8:9).[24] ״וּתְכֵלֶת״ זוֹ כְּנֶסֶת יִשְׂרָאֵל – ***And techeiles*** (above, 25:4) – **this is** also a reference to **the Congregation of Israel,** שֶׁנֶּאֱמַר ״וְנָתְנוּ עַל צִיצִת הַכָּנָף פְּתִיל תְּכֵלֶת״ – **as [Scripture] states, *And they shall place upon the tzitzis of each corner a thread of techeiles*** (*Numbers* 15:38);[25] ״וְאַרְגָּמָן וְתוֹלַעַת שָׁנִי״ זוֹ כְּנֶסֶת יִשְׂרָאֵל – ***purple wool, and scarlet wool*** [תוֹלַעַת שָׁנִי] **– this** phrase too **is** referring to **the Congregation of Israel,** שֶׁנֶּאֱמַר ״אַל תִּירְאִי תּוֹלַעַת יַעֲקֹב״ – **as [Scripture] states, *Fear not, O worm*** [תוֹלַעַת] ***of Jacob*** (*Isaiah* 41:14);[26] וְכֵן ״כְּחוּט הַשָּׁנִי שִׂפְתוֹתַיִךְ״ – **and also** Scripture states, ***Like the scarlet*** [שָׁנִי] ***thread are your lips*** (*Song of Songs* 4:3),[27] וְאוֹמֵר ״שָׂרֵי יְהוּדָה רִגְמָתָם״ – **and** elsewhere **[Scripture] says, *The princes of Judah [with] their purple garb*** (*Psalms* 68:28).[28]

The Midrash offers an alternative explanation of the allusions contained in the metals listed for the Tabernacle donation:

דָּבָר אַחֵר – **An alternative interpretation:** ״זָהָב״ זֶה אַבְרָהָם שֶׁנִּבְחַן בְּכִבְשַׁן הָאֵשׁ כְּזָהָב – ***Gold*** **– this is** referring to **Abraham, who was tested in a fiery furnace like gold;**[29] ״וָכֶסֶף״ זֶה יִצְחָק שֶׁנִּצְרַף כְּכֶסֶף עַל גַּבֵּי הַמִּזְבֵּחַ – ***silver*** **– this is** referring to **Isaac, who was purified like silver** when he was bound **upon the altar;**[30] ״וּנְחֹשֶׁת״ זֶה יַעֲקֹב – ***and copper*** [נְחֹשֶׁת] **– this is** referring to **Jacob,**

NOTES

19. [By appearing at the Temple at the same time that they were practicing abominable forms of idolatry, the Israelites showed complete disregard for the Temple's sanctity (see commentators ad loc.). However, the devotion they had showed in our verse to the original construction of the Tabernacle served to rectify that sin.] Although this act of expiation preceded by several centuries the commission of the sin described here, there are other similar instances where actions performed by the nation's forefathers served to preemptively atone for future sins committed by their descendants; see, e.g., *Bereishis Rabbah* 39 §16. Furthermore, although the sin concerned the Temple while its atonement involved the Tabernacle, the Midrash treats the two as conceptually the same; see *Eruvin* 2a (*Beur Maharif,* citing *Toldos Noach;* see *Yefeh To'ar* and *Eitz Yosef* for an alternative version of the text, citing a different verse).

20. *Eitz Yosef*, citing *Yefeh To'ar;* see also *Yedei Moshe.* See *Maharzu* for an alternative understanding of the focus of this passage; see also *Yefeh To'ar,* first explanation.

21. According to the plain meaning of the verse, תְּרוּמָה (*terumah*) in this context means, "sacred donation." However, it is normally used for the portion of the crop that the farmer sets aside and gives to the Kohen and the Midrash here understands the word in that sense; see further.

[The full text of the passage that the Midrash proceeds to expound here reads: וְזֹאת הַתְּרוּמָה אֲשֶׁר תִּקְחוּ מֵאִתָּם זָהָב וָכֶסֶף וּנְחֹשֶׁת. וּתְכֵלֶת וְאַרְגָּמָן וְתוֹלַעַת שָׁנִי וְשֵׁשׁ וְעִזִּים, *This is the terumah that you shall take from them: gold, silver, and copper, and techeiles, purple wool, and scarlet wool, linen, and goat hair* (above, 25:3-4).]

22. I.e., just as *terumah* is the consecrated portion of the farmer's crop so too the Jewish nation is the consecrated portion of God's crop, so to speak; see commentators ad loc. Furthermore, the wording Scripture uses here is similar to that used regarding the farmer's *terumah* portion, which is likewise called רֵאשִׁיתָם, *their first* (*Numbers* 18:12) [*Maharzu*]. Thus, the connotation of the verse cited by the Midrash is that it is the people of Israel who are to be the true Tabernacle housing the Divine Presence. This is further alluded to by the seemingly superfluous word מֵאִתָּם, *from them,* which could be understood to mean that it is *them,* the Jewish people themselves, who are to be the *terumah* from which the Tabernacle is constructed. The physical Tabernacle, its whole and its parts, is to correspond to the Jewish nation, as the Midrash proceeds to explain (*Yefeh To'ar, Eitz Yosef*).

23. The dove is a metaphor for the Jewish people; see *Berachos* 53b et al., see also *Song of Songs* 2:14 et al. (*Maharzu*).

24. It is copper rather than iron that is used to symbolize the Land of Israel since it is considered the more precious of the two metals (*Maharzu*).

25. I.e., *techeiles* is reminiscent of the Jewish people since they are the ones who are commanded to wear it (*Yefeh To'ar, Eitz Yosef*). Furthermore, since *techeiles* is similar in color to God's Throne of Glory the commandment of *techeiles* is symbolic of Israel's attachment to God Himself; see *Menachos* 43b (see *Eshed HaNechalim;* see *Radal* for an alternative approach).

26. The scarlet (שָׁנִי) wool used in the Tabernacle and in the priestly vestments is termed תוֹלַעַת, lit., *worm,* since the dye is extracted from a species of worm; see *Tosefta, Menachos* 9:6. The Midrash understands this as an allusion to the Jewish nation, since, in this verse from *Isaiah* the Jewish nation is likewise described as a תוֹלַעַת, *worm;* see commentators ad loc.

27. I.e., since שָׁנִי, *scarlet,* is used here in this allegorical description of Israel, the Midrash interprets the word שָׁנִי in the phrase תוֹלַעַת שָׁנִי as an allusion to the nation of Israel.

28. Translation follows *Matnos Kehunah,* understanding רִגְמָתָם as cognate to אַרְגָּמָן, *purple wool;* see also *Rashi* ad loc., second explanation; for further elaboration, see *Maharzu.* Accordingly, the verse associates the Jewish people with אַרְגָּמָן, *purple wool.* [The Midrash interprets the name Judah as referring to all of Israel; see, similarly, *Metzudas Tzion* to *Zechariah* 8:23.]

Thus, the various features of the Tabernacle correspond to the attributes and characteristics of the Jewish people or those of their land. Accordingly, the מְלָאכָה, the difficult work, involved in the construction of the Tabernacle refers to the difficult mental task that faced those involved in the construction of the Tabernacle, for they had to use their wisdom and intelligence to comprehend all the abstruse meanings and allusions involved in the construction of the Tabernacle (*Yefeh To'ar, Eitz Yosef;* see also *Toldos Noach* and *Eshed HaNechalim*).

29. Gold is normally heated in a furnace so as to test its quality and purity, as is indicated by the verse, וּבְחַנְתִּים כִּבְחֹן אֶת הַזָּהָב, *And I will test it as one tests gold* (*Zechariah* 13:9). In similar fashion, God tested Abraham's spiritual fortitude by having him thrown into a fiery furnace at the hands of Nimrod; see *Bereishis Rabbah* 38 §13. [Although Abraham endured ten such tests (*Avos* 5:3), the verse alludes specifically to this one because it was the first and also because it placed Abraham's own life in danger (see *Yefeh To'ar* to *Bereishis Rabbah* 44 §1, cited in note 11 in our edition there).]

30. Silver, unlike gold, is heated in the furnace so as to remove its impurities rather than merely to test its quality, as is indicated by the verse, וּצְרַפְתִּים כִּצְרֹף אֶת הַכֶּסֶף, *And I will purify it as one purifies silver* (*Zechariah* ibid.). Similarly, Isaac's experience of being bound upon the altar as an offering to God purified him, cleansing him of any physical desires and rendering him a perfect, blemish-free *olah*-offering (*Yefeh To'ar, Eitz Yosef;* see also *Toras Moshe* [*Alshich*] on 35:11-13 above [p. 396 in Vagshal ed.]).

"וְנָאוָה" אֲנִי בַּמִּשְׁכָּן. [לו, ח] "וַיַּעֲשׂוּ כָל חֲכַם לֵב", מַה מְּלָאכָה הָיוּ עוֹשִׂין, אֶלָּא רְאֵה מַה כְּתִיב, (לעיל כה, ג) "וְזֹאת הַתְּרוּמָה אֲשֶׁר תִּקְחוּ מֵאִתָּם", זוֹ כְּנֶסֶת יִשְׂרָאֵל שֶׁהִיא תְּרוּמָה, שֶׁנֶּאֱמַר (ירמיה ב, ג) "קֹדֶשׁ יִשְׂרָאֵל לַה' רֵאשִׁית תְּבוּאָתֹה", (לעיל שם שם) "זָהָב וָכֶסֶף" זוֹ כְּנֶסֶת יִשְׂרָאֵל, שֶׁנֶּאֱמַר (תהלים סח, יד) "כַּנְפֵי יוֹנָה נֶחְפָּה בַכֶּסֶף וְגוֹ' ", (לעיל שם שם) "וּנְחֹשֶׁת" זוֹ אֶרֶץ יִשְׂרָאֵל, שֶׁנֶּאֱמַר (דברים ח, ט) "וּמֵהֲרָרֶיהָ תַּחְצֹב נְחֹשֶׁת", (לעיל שם ד) "וּתְכֵלֶת" זוֹ כְּנֶסֶת יִשְׂרָאֵל, שֶׁנֶּאֱמַר (במדבר טו, לח) "וְנָתְנוּ עַל צִיצִת הַכָּנָף פְּתִיל תְּכֵלֶת", (לעיל שם שם) "וְאַרְגָּמָן וְתוֹלַעַת שָׁנִי" זוֹ כְּנֶסֶת יִשְׂרָאֵל, שֶׁנֶּאֱמַר (ישעיה מא, יד) "אַל תִּירְאִי תּוֹלַעַת יַעֲקֹב", וְכֵן (שיר השירים ד, ג) "כְּחוּט הַשָּׁנִי שִׂפְתוֹתַיִךְ", וְאוֹמֵר (תהלים סח, כח) "שָׂרֵי יְהוּדָה רִגְמָתָם", דָּבָר אַחֵר, (לעיל כה ג) "זָהָב" זֶה אַבְרָהָם שֶׁנִּבְחַן בְּכִבְשַׁן הָאֵשׁ כְּזָהָב, (שם) "וָכֶסֶף" זֶה יִצְחָק שֶׁנִּצְרַף כְּכֶסֶף עַל גַּבֵּי הַמִּזְבֵּחַ, (שם) "וּנְחֹשֶׁת" זֶה יַעֲקֹב, שֶׁנֶּאֱמַר (בראשית ל, כז) "נִחַשְׁתִּי וַיְבָרְכֵנִי ה' בִּגְלָלֶךָ":

עץ יוסף

ונאוה אני במשכן. שנאמר וביום הקים המשכן, כן הוא בחזית, אבל המדרש דכאן נראה שכוונתו ונאוה אני במשכן ויעשו כל חכם לב וגו' את המשכן, וגם בעל המדרש מחברו למטה למה שאמר מה מלאכה היו עושים, כדי שלא לכפול הדברים, וכן יש הרבה: [ג] **מה מלאכה היו עושים.** כלומר מה היתה יגיעה במלאכתם ומה טורח מלאכה היו עושים, ומשני שהיגיעה היא בעיונים שהיו צריכים להשכיל בחכמתם ברמזי עניני המשכן, כי לא נפלו הדברים במקרה (יפה תואר): **זו כנסת ישראל.** יתורא דמאתם דריש, דאתא למימר שמהם עצמם היא התרומה שישראל נקראו תרומה, והכוונה בכל זה שעיקר המשכן הם ישראל כי בתוכם ישכון כבוד ה', על דרך ושכנתי בתוכם, וכן כתיב היכל ה' המה, ולכן היה כלל המשכן ופרטיו כנגד ישראל: **ונתנו על ציצית כו'.** ועל ידי שהם מצויים בו נזכרים ונדעים בו, וכמו שכתוב בחזית בנות ציון המצויינים בציצית, ועל כן ירמוז תכלת לישראל: **זה אברהם.** כוונת הרמז שבזכות האבות ה' משכין שכינתו בישראל: **שנבחן בכבשן.** הנה לשון בחינה מצינו בזהב כדכתיב ובחנתים כבחון את הזהב, ולשון בחינה הוא נסיון אם הוא נקי וטוב בלתי זיוף, ולכן נודק דמיון הזהב באברהם בכבשן האש שנבחן וניכר שלמותו לדורו שעמד בנסיון: **שנצרף בכסף.** לשון צרוף בכסף כדכתיב וצרפתים כצרוף את הכסף, והצרוף הוא הנקיון והסרת הסיגים, ודרך זה הוא בכסף שדרכו להמצא בו סיגים אבל לא בזהב, ולכן נודק דמיון הכסף ליצחק שעל ידי עקידתו קבל השלימות היותר גדול שאז נתקדש כעולה תמימה, והופרש מכל תאוה חומרית על ידי מה שנסתכל בשכינה: **שנאמר נחשתי ויברכני ה' בגללך.** כדי להזכיר למו שאפילו לבן הארמי נתברך בגללו, כל שכן אנו בניו ובני בניו שאנו נתברכין בגללו, וכן לרמוז שלבן הארמי הלך אחר נחשים, אבל ביעקב לא נחש ולא קסם בישראל וגו' כעת יאמר ליעקב ולישראל מה פעל אל (תולדות נח). ועיין באלשיך סדר זה ביאור נפלא על זה:

פירוש מהרז"ו

ויעשו כל חכם לב. בעושי המלאכה את המשכן. ומשמע שמה שכתוב בעושי המלאכה, הם לבד מה שעשו כל החכם לב, ועל זה מקשה מה מלאכה היו עושים. ותירץ שמה שכתוב בעושי המלאכה, פירוש שהתרומה והנדבה נקרא מלאכה, כמו שכתוב והמלאכה היתה דים לכל המלאכה לעשות אותה, וכן איש ואשה אל יעשו עוד מלאכה לתרומת הקודש ויכלא העם מהביא, הרי שהנדבה נקראת מלאכה, ונקרא תרומה, וכן כאן שעשו כל חכם לב עושי המלאכה, פירושו עם עושי הנדבה והתרומה: **זו כנסת ישראל.** דרשה אחרת היא דרך אגב שהזכיר הפסוק דרש בו, על פי גזירה שוה, על שכבר חשב דברים אלו בריש תרומה, הם כאן מיותרים לגזירה שוה. נראה לי שכוונתו על פסוק של ריש סדר זה ויקהל, קחו מאתכם תרומה לה' וגו' זהב וכסף וגו', וחושב כל הדברים שזכר כאן במדרש, ובסוף הענין כתוב איש ואשה אל יעשו עוד מלאכה וגו' והמלאכה היתה דים וגו' ויעשו כל חכם לב בעושי המלאכה: **ראשית תבואתה.** ונקרא תרומה, כמו שכתוב בסדר קרח (במדבר יח, יא) וזה לך תרומת מתנם כל חלב וגו' ודגן ראשיתם וגו': **כנפי יונה נחפה בכסף.** ואברותיה בירקרק חרוץ, היינו זהב, וכנסת ישראל נקראת יונה, כמו שכתוב יונתי כמה פעמים בשיר השירים: **תחצוב נחושת.** וכסף וזהב אינו חושב בארץ ישראל, שלא היו בה מחצבים של כסף וזהב (לרמוז למה שכתוב וכסף וזהב לא ירבה לו), על כן נחושת הוא מין החשוב יותר שהיה בארץ ישראל, ונקרא הארץ על שם הנחושת ולא על שם הברזל: **שרי יהודה רגמתם.** עיין מתנות כהונה. וכמו שאמרו במכילתא בשלח פסוק ויבואו בני ישראל, וזה לשונו מה שכר נטלו שבטו של יהודה שהיו רוגמין אותם, זכו למלכות, שרי יהודה רגמתם וגו', והלבישו לדניאל ארגוונא. וכן הוא במדרש תהלים קכ"ד: **שנבחן בכבשן האש כזהב.** כלשון הפסוק זכריה י"ג (פסוק ט), וצרפתים וגו' ובחנתים כבחון את הזהב. ובאיוב כ"ג י', בחנני כזהב אצא: **שנצרף בכסף.** כמו שכתוב בזכריה שם וצרפתים כצרוף את הכסף, וכן (תהלים יב, ז) כסף צרוף בעליל לארץ: **נחשתי ויברכני ה'.** שניחש לבן בשביל יעקב, אף כאן נחושת על יעקב, על פי מדת ממעל נחשתי נחושת:

מתנות כהונה

[ב] רגמתם. לשון ארגמן:

אשד הנחלים

מה מלאכה כו'. זה לשון הידי משה יגעתי הרבה ובלתי אפשר להתבונן בה על פי פשוטו, עד שהאיר ה' את עיני שמצאתי פירושו. והכי קאמר, מה מלאכה, פירוש מה טורח ומה יגיעה היה כאן, כי לבנין בית המקדש סייעו הכל, ומשני שהיגיעה היה בעיונם, שהיו צריכים להשכיל בחכמתם ברמזי ענין המשכן, כי לא נפלו הדברים במקרה כי הכל רמזים, כי תרומה רמז לכנסת ישראל ודו"ק. עתה נדבר מעט על דרך פרטי הדוגמאות, הזהב והכסף נחשבים מצד שהם יוקר המציאות וגם מצד זוהרם ויפיים, וכן הם טובים ויפים מצד עצמם, וגם בערך יוקר המציאות, כי לא היה כמוהם בסגולה, וארץ ישראל בערך כל ארצות כנחשת מול אבנים, ולתכלת לזכור מזה כסא הכבוד הדומה לתכלת, אשר ממנו שופע השגחת ה' בעמו, וזהו כנסת ישראל, וכן נדמו לארגמן, במעלה מצד שהם כתולעת, נכנעים ושפלים בעיני עצמם בהזכירם מכבוד ה': **זה אברהם כו' יצחק.** כינה ליצחק שעל כל פנים ההתחלה לא היה מנפשו כי אם מאביו שעקדו, שאף הוא נתרצה לדברי אביו כערך הכסף מול הזהב, אבל ככסף הנצרף. וקרא ליעקב בבחינה זו במה שאברהם ויצחק התנדבו בכל נפשם לה', והוא על כל פנים עסק מעט בתבל (ואף שהיה הכל למען קדושת ה') כנחשת לגבי כסף וזהב, אבל היה הכל על צד ההשגחה, כי כן הכיר לבן שנתברך רק בגללו, אבל על ידי סיבות מעט. ומה שדייק ממלת נחשתי, הוא רק לסמך בעלמא. והענין הכולל כי היה פרטי בנין המשכן וכל כלי[ו] הכל לרמז לזכור מזה כל העניינים המעוררים את הדביקות והאהבה לה', וזה היה בצלאל יודע ומכוון בעשייתו, לא עשיה פשוטית לבד. ועיין בספר תורת העולה להגאון הרמ"א ז"ל:

חידושי הרד"ל

על ציצית הכנף פתיל תכלת. אפשר כנף דרש זו כנסת ישראל, כמה דאת אמר (זכריה ח, כג) והחזיקו וגו' בכנף איש וגו'. (ובזוהר (בהעלותך קנא, א) דרשו תכלת על כנסת ישראל שלמעלה):

באור מהרי"פ

אלא וכו' וזאת התרומה וכו' זו כנסת ישראל וכו'. מאמר זה קשה להולמו. ולפרש קצת קרוב אל הפשט, שהמדרש מפרש שחכמי הלב עשו מלאכה אחרת זולת מלאכת המשכן, והיא אחר שישרה הקב"ה שכינתו במקדש, והיו ישראל לזכרון נגד עיניו תמיד, אחר שכל מיני מעשה המשכן רומזים על כנסת ישראל וארץ ישראל. תולדות נח הארוך: **על ציצית וכו'.** ואיתא במדרש חזית (שיר השירים רבה פרשה א, סב) בני ציון וגו' המצויינים בציצית, על כן תכלת מרמז לכנסת ישראל: **זהב זה אברהם וכו'.** גם כאן הכוונה שיהיה זכות אבות תמיד לנגד עיני ה' במשכן:

ידי משה

[ב] מה מלאכה היו עושים. ותמוה מאד ליישב המדרש זה על פי פשוטו, יגעתי הרבה ובלתי אפשר להתבונן בה על פי פשוטה, עד שהאיר ה' עיני שמצאתי פירושו והכי קאמר, מה מלאכה פירוש, מה טורח ומה יגיעה היה כאן, על דרך דאיתא במדרש חזית (פרשה א פסוק חזית) וכן לעיל בסדר בראשית (פרשה ג, ב. י, ט) פירוש גבי מכל מלאכתו לא בעמל ולא ביגיעה ברא הקב"ה את עולמו, וקל וחומר לבנין בית המקדש שסייעו הכל, ואם כן מקשה הכא מדקאמר בעושי המלאכה משמע שנתייגעו בה, ומשני שהיגיעה היה בעיונם שהיו צריכין להשכיל בחכמתם ברמזי עניני המשכן, כי לא נפלו הדברים במקרה, כי הכל רמזים, כי תרומה רומז לכנסת ישראל. ודוק:

אם למקרא

וְזֹאת הַתְּרוּמָה אֲשֶׁר תִּקְחוּ מֵאִתָּם זָהָב וָכֶסֶף וּנְחֹשֶׁת: וּתְכֵלֶת וְאַרְגָּמָן וְתוֹלַעַת שָׁנִי וְשֵׁשׁ וְעִזִּים: וְעֹרֹת אֵילִם מְאָדָּמִים וְעֹרֹת תְּחָשִׁים וַעֲצֵי שִׁטִּים: (לעיל כה:ג-ד)

קֹדֶשׁ יִשְׂרָאֵל לַה' רֵאשִׁית תְּבוּאָתֹה כָּל אֹכְלָיו יֶאְשָׁמוּ רָעָה תָּבֹא אֲלֵיהֶם נְאֻם ה': (ירמיה ב:ג)

אִם תִּשְׁכְּבוּן בֵּין שְׁפַתָּיִם כַּנְפֵי יוֹנָה נֶחְפָּה בַכֶּסֶף וְאֶבְרוֹתֶיהָ בִּירַקְרַק חָרוּץ: (תהלים סח:יד)

אֶרֶץ אֲשֶׁר לֹא בְמִסְכֵּנֻת תֹּאכַל בָּהּ לֶחֶם לֹא תֶחְסַר כֹּל בָּהּ אֶרֶץ אֲשֶׁר אֲבָנֶיהָ בַרְזֶל וּמֵהֲרָרֶיהָ תַּחְצֹב נְחֹשֶׁת: (דברים ח:ט)

וְהָיָה לָכֶם לְצִיצִת וּרְאִיתֶם אֹתוֹ וּזְכַרְתֶּם אֶת כָּל מִצְוֹת ה' וַעֲשִׂיתֶם אֹתָם וְלֹא תָתוּרוּ אַחֲרֵי לְבַבְכֶם וְאַחֲרֵי עֵינֵיכֶם אֲשֶׁר אַתֶּם זֹנִים אַחֲרֵיהֶם: (במדבר טו:לח)

אַל תִּירְאִי תּוֹלַעַת יַעֲקֹב מְתֵי יִשְׂרָאֵל אֲנִי עֲזַרְתִּיךְ נְאֻם ה' וְגֹאֲלֵךְ קְדוֹשׁ יִשְׂרָאֵל: (ישעיה מא:יד)

כְּחוּט הַשָּׁנִי שִׂפְתֹתַיִךְ וּמִדְבָּרֵיךְ נָאוֶה כְּפֶלַח הָרִמּוֹן רַקָּתֵךְ מִבַּעַד לְצַמָּתֵךְ: (שיר השירים ד:ג)

שָׁם בִּנְיָמִן צָעִיר רֹדֵם שָׂרֵי יְהוּדָה רִגְמָתָם שָׂרֵי זְבֻלוּן שָׂרֵי נַפְתָּלִי: (תהלים סח:כח)

וַיֹּאמֶר אֵלָיו לָבָן אִם נָא מָצָאתִי חֵן בְּעֵינֶיךָ נִחַשְׁתִּי וַיְבָרְכֵנִי ה' בִּגְלָלֶךָ: (בראשית ל:כז)

אמרי יושר

אלא ראה מה כתיב וזאת התרומה אשר תקחו מאתם. שנאות להם ודומה להם שהם נקראו כן, והם יוכלו לעשות משכן ולהתבודד בגופם, וזה רמז באמרו בעושי המלאכה בגופם כדכתיב ושכנתי בתוכם ממש:

"שֶׁנֶּאֱמַר "נִחַשְׁתִּי וַיְבָרְכֵנִי ה׳ בִּגְלָלֶךָ – **as [Scripture] states,** *Laban said to him, "If I have found favor in your eyes!* – ***I have learned by divination*** [נִחַשְׁתִּי] ***that HASHEM has blessed me on account of you"*** (*Genesis* 30:27).[31]

NOTES

31. That is, נְחֹשֶׁת (*copper*) alludes to Jacob, regarding whom Laban said נִחַשְׁתִּי (*I have learned by divination*). The נְחֹשֶׁת, *copper,* of the Tabernacle thus serves to remind God, as it were, that Jacob's merit brought blessing to all he came in contact with, even the deceitful Laban; hence, it should surely bring blessing to Jacob's own descendants, the Jewish people (*Eitz Yosef,* first explanation, citing *Toldos Noach*). For alternative understandings of the connection between Laban's divination and the commemoration of Jacob's merit in the Tabernacle, see Insight Ⓐ.

Since, as the Midrash has explained, זָהָב וָכֶסֶף וּנְחֹשֶׁת, *gold, silver, and copper,* alludes to the three Patriarchs, Abraham, Isaac, and Jacob, the connotation of the verse is that it is through their merit that God rests His Presence in the Tabernacle (*Yefeh To'ar,* first explanation; *Eitz Yosef*). Alternatively, the Midrash means that the physical gold, silver, and copper in the Tabernacle alluded to the respective Patriarchs, representing their merit before the Divine Presence (*Beur Maharif*).

INSIGHTS

Ⓐ **Credentials of Copper** If the metals of the Tabernacle were meant to recall the merits of our forefathers, it is understandable how that function was performed by the gold and silver, since they allude to great moments in the lives of Abraham and Isaac. But how did the copper invoke the merit of Jacob? True, Laban was addressing Jacob when he said נִחַשְׁתִּי, *I have learned by divination,* using a word that shares the same root as נְחֹשֶׁת, *copper.* But why does that reflect favorably on Jacob?

R' Moshe Alshich (*Toras Moshe,* on 35:11) suggests that Laban's statement is significant because it refutes a possible charge against Jacob's record of righteousness. For what was Laban's point in asserting that God had blessed him on Jacob's account? Jacob had finished his fourteen years of work for Laban in exchange for the right to marry Rachel and Leah. Laban was eager to see him continue, but he recognized that Jacob had a grievance against him: It was Laban who had made Leah the bride on the night of Jacob's promised marriage to Rachel. Not only did that force Jacob to work an extra seven years to win Rachel for himself, it also resulted in his violating the Torah prohibition against marrying two sisters.

The Torah, of course, had not yet been given and no actual sin was involved. But Jacob was generally committed to observing the Torah's commandments, as was proper for someone of his spiritual stature (see *Kiddushin* 82a regarding Abraham's observance of the commandments; see also *Bereishis Rabbah* 49 §2). In reality, it was Divinely ordained that Jacob should marry Leah in addition to Rachel (see ibid. 70 §16). Knowing that the two marriages accorded with God's Will, Jacob felt obliged to deviate from his voluntary adherence to Torah law (see *Nefesh HaChaim* 1:21).

This was the message behind Laban's remark: He argued that he was not guilty of deceiving Jacob, nor of causing him to violate his principles, because the latter's marriage to Leah had in fact been orchestrated by God. In support of this claim, Laban adduced his divination *that HASHEM has blessed me on account of you,* reasoning that if he had acted in a way that was inimical to Jacob's interests, God would not have allowed their association to be a source of blessing for him.

Laban's vindication of Jacob's decision had merit, and it was memorialized in the Tabernacle by the copper used therein. With the only "stain" on his record wiped away — the possible charge of marrying two sisters — Jacob's lifelong piety and service to God was left to speak for itself.

Taking a different approach, *Be'er Moshe* (*Vayakhel* §6) contends that Laban's remark does not merely counter a negative; it is important because it accentuates the positive. In fact, it contains a revelation about Jacob's sojourn with Laban and highlights one of Jacob's greatest spiritual achievements.

According to the Sages, Laban had two defining characteristics: he was a master at the art of deception (*Bereishis Rabbah* 75 §5), and he was a habitual sorcerer (*Zohar, Beshalach* 64b and *Terumah* 166b). In both of these respects, he stood in direct opposition to Jacob — whose dominant attribute was truth — for faith in God is an espousal of the ultimate truth (see *Bereishis Rabbah* 73 §2 and *Zohar, Pinchas* 230a), while sorcery is an active rejection of such faith (as will be explained). Jacob's test, in some ways more difficult than the one-time challenges overcome by Abraham and Isaac, was to spend twenty years in Laban's home without losing any of his devotion to truth. In facing this challenge, Jacob displayed the firm and unyielding properties of copper, properties that associate the metal with great strength (*Is my strength the strength of rocks? Is my flesh made of copper? — Job* 6:12) and, on occasion, with stubbornness (*Because I knew that you are obstinate, that your neck is an iron sinew and your brow, copper — Isaiah* 48:4).

In a self-revealing moment, Laban accurately summed up his evil orientation by saying נִחַשְׁתִּי, *I have learned by divination.* This devotee of falsehood was attracted to sorcery because, as the Sages put it (*Sanhedrin* 67b), the black arts "contradict the heavenly host" (מכחישין פמליא של מעלה). The sorcerer, by attempting to circumvent God's Will and achieve his aims by manipulating the forces of evil, stands for the false notion that God is not in total control of the world. The answer to his denial is faith, the conviction that God is the absolute Master of the universe. In this vein, the Talmud (ibid.) relates that when the Amoraic sage R' Chanina was threatened by a sorcerer, he shrugged it off, saying, "Does it not say (*Deuteronomy* 4:35), *There is none besides Him*?" When a person lives with the conviction that nothing exists, let alone wields power, outside God's jurisdiction, he is completely immune from the sorcerer's machinations. Jacob, resisting Laban's influence with a copperlike firmness despite all the years they spent under the same roof, maintained that conviction — not merely as an abstract doctrine but as a living reality — and thus passed a long and exceedingly difficult test.

Against this background, we can understand that the copper (*nechoshes*) of the Tabernacle represents Jacob's victory over Laban's sorcerous *nichashti,* and accordingly invokes Jacob's great merit for posterity.

"וְנָאוָה" אֲנִי בַּמִּשְׁכָּן. [לו, ח] "וַיַּעֲשׂוּ כָל חֲכַם לֵב", מַה מְּלָאכָה הָיוּ עוֹשִׂין, אֶלָּא רְאֵה מַה כְּתִיב, (לעיל כה, ג) "וְזֹאת הַתְּרוּמָה אֲשֶׁר תִּקְחוּ מֵאִתָּם", זוֹ כְּנֶסֶת יִשְׂרָאֵל שֶׁהִיא תְּרוּמָה, שֶׁנֶּאֱמַר (ירמיה ב, ג) "קֹדֶשׁ יִשְׂרָאֵל לַה' רֵאשִׁית תְּבוּאָתֹה", (לעיל שם שם) "זָהָב וָכֶסֶף" זוֹ כְּנֶסֶת יִשְׂרָאֵל, שֶׁנֶּאֱמַר (תהלים סח, יד) "כַּנְפֵי יוֹנָה נֶחְפָּה בַכֶּסֶף וְגוֹ'", (לעיל שם שם) "וּנְחֹשֶׁת" זוֹ אֶרֶץ יִשְׂרָאֵל, שֶׁנֶּאֱמַר (דברים ח, ט) "וּמֵהֲרָרֶיהָ תַּחְצֹב נְחֹשֶׁת", (לעיל שם ד) "וּתְכֵלֶת" זוֹ כְּנֶסֶת יִשְׂרָאֵל, שֶׁנֶּאֱמַר (במדבר טו, לח) "וְנָתְנוּ עַל צִיצִת הַכָּנָף פְּתִיל תְּכֵלֶת", (לעיל שם שם) "וְאַרְגָּמָן וְתוֹלַעַת שָׁנִי" זוֹ כְּנֶסֶת יִשְׂרָאֵל, שֶׁנֶּאֱמַר (ישעיה מא, יד) "אַל תִּירְאִי תּוֹלַעַת יַעֲקֹב", וְכֵן (שיר השירים ד, ג) "כְּחוּט הַשָּׁנִי שִׂפְתוֹתַיִךְ", וְאוֹמֵר (תהלים סח, כח) "שָׂרֵי יְהוּדָה רִגְמָתָם", דָּבָר אַחֵר, (לעיל כה ג) "זָהָב" זֶה אַבְרָהָם שֶׁנִּבְחַן בְּכִבְשַׁן הָאֵשׁ כַּזָּהָב, (שם) "וָכֶסֶף" זֶה יִצְחָק שֶׁנִּצְרַף כַּכֶּסֶף עַל גַּבֵּי הַמִּזְבֵּחַ, (שם) "וּנְחֹשֶׁת" זֶה יַעֲקֹב, שֶׁנֶּאֱמַר (בראשית ל, כז) "נִחַשְׁתִּי וַיְבָרְכֵנִי ה' בִּגְלָלֶךָ":

עץ יוסף

ונאוה אני במשכן. שנאמר וביום הקים המשכן, כן הוא בחזית, אבל המדרש דכאן נראה שכוונתו ונאוה אני במשכן ויעשו כל חכם לב וגו' את המשכן, וגם בעל המדרש מחברו למטה למה שאמר מה מלאכה היו עושים, כדי שלא לכפול הדברים, וכן יש הרבה: [ג] **מה מלאכה היו עושים.** כלומר מה היתה יגיעה במלאכתם ומה טורח מלאכה היו עושים, ומשני שהיגיעה היא בעיונים שהיו צריכים להשכיל בחכמתם ברמזי עניני המשכן, כי לא נפלו הדברים במקרה (יפה תואר): **זו כנסת ישראל.** יתורא דמאתם דריש, דהוא למימר שמהם עצמם היא התרומה שישראל נקראו תרומה, והכוונה בכל זה שעיקר המשכן הם ישראל כי בתוכם ישכון כבוד ה', על דרך ושכנתי בתוכם, וכן כתיב היכל ה' המה, ולכן היה כלל המשכן ופרטיו כנגד ישראל: **ונתנו על ציצית כו'.** ועל ידי שהם מצויים בו נזכרים ונדעים בו, וכמו שכתוב בחזית בנות ציון המצויינים בציצית, ועל כן ירמוז תכלת לישראל: **זה אברהם.** כוונת הרמז שבזכות האבות ה' משכין שכינתו בישראל: **שנבחן בכבשן.** הנה לשון בחינה מצינו בזהב כדכתיב ובחנתים כבחון את הזהב, ולשון בחינה הוא נסיון אם הוא נקי וטוב בלתי זיוף, ולכן נודק דמיון הזהב באברהם בכבשן האש שנבחן וניכר שלמותו לדורו שעמד בנסיון: **שנצרף בכסף.** לשון צרוף בכסף כדכתיב וצרפתים כצרוף את הכסף, והצרוף הוא הנקיון והסרת הסיגים, ודרך זה הוא בכסף שדרכו להמצא בו סיגים אבל לא בזהב, ולכן נודק דמיון הכסף ליצחק שעל ידי עקידתו קבל השלימות היותר גדול שאז נתקדש כעולה תמימה, והופרש מכל תאוה חומרית על ידי מה שנסתכל בשכינה: **שנאמר נחשתי ויברכני ה' בגללך.** כדי להזכיר למו שאפילו לבן הארמי נתברך בגללו, כל שכן אנו בניו ובני בניו שאנו נתברכין בגללו, וכן לרמוז שלבן הארמי הלך אחר נחשים, אבל ביעקב לא נחש ולא קסם בישראל וגו' כעת יאמר ליעקב ולישראל מה פעל אל (תולדות נח). ועיין באלשיך סדר זה ביאור נפלא על זה:

פירוש מהרז"ו

ויעשו כל חכם לב. בעושי המלאכה את המשכן. ומשמע שמה שכתוב בעושי המלאכה, הם לבד מה שעשו כל החכם לב, ועל זה מקשה מה מלאכה היו עושים. ותירץ שמה שכתוב בעושי המלאכה, פירוש שהתרומה והנדבה נקרא מלאכה, כמו שכתוב והמלאכה היתה דים לכל המלאכה לעשות אותה, וכן איש ואשה אל יעשו עוד מלאכה לתרומת הקודש ויכלא העם מהביא, הרי שהנדבה נקראת מלאכה, ונקרא תרומה, וכן כאן שעשו כל חכם לב עושי המלאכה, פירושו עם עושי הנדבה והתרומה: **זו כנסת ישראל.** דרשה אחרת היא דרך אגב שהזכיר הפסוק דרש בו, על פי גזירה שוה, על שכבר חשב דברים אלו בריש תרומה, הם כאן מיותרים לגזירה שוה. נראה לי שכוונתו על פסוק של ריש סדר זה ויקהל, קחו מאתכם תרומה לה' וגו' זהב וכסף וגו', וחושב כל הדברים שזכר כאן במדרש, ובסוף הענין כתוב איש ואשה אל יעשו עוד מלאכה וגו' והמלאכה היתה דים וגו' ויעשו כל חכם לב בעושי המלאכה: **ראשית תבואתה.** ונקרא תרומה, כמו שכתוב בסדר קרח (במדבר יח, יא) וזה לך תרומת מתנם כל חלב וגו' ודגן ראשיתם וגו': **כנפי יונה נחפה בכסף.** ואברותיה בירקרק חרוץ, היינו זהב, וכנסת ישראל נקראת יונה, כמו שכתוב יונתי כמה פעמים בשיר השירים: **תחצוב נחושת.** וכסף וזהב אינו חושב בארץ ישראל, שלא היו בה מחצבים של כסף וזהב (לרמוז למה שכתוב וכסף וזהב לא ירבה לו), על כן נחושת הוא מין החשוב יותר שהיה בארץ ישראל, ונקרא הארץ על שם הנחושת ולא על שם הברזל: **שרי יהודה רגמתם.** עיין מתנות כהונה. וכמו שאמרו במכילתא בשלח פסוק ויבואו בני ישראל, וזה לשונו מה שכר נטלו שבטו של יהודה שהיו רוגמין אותם, זכו למלכות, שרי יהודה רגמתם וגו', והלבישו לדניאל ארגוונא. וכן הוא במדרש תהלים קכ"ד: **שנבחן בכבשן האש כזהב.** כלשון הפסוק זכריה י"ג (פסוק ט), וצרפתים וגו' ובחנתים כבחון את הזהב. ובאיוב כ"ג י', בחנני כזהב אצא: **שנצרף בכסף.** כמו שכתוב בזכריה שם וצרפתים כצרוף את הכסף, וכן (תהלים יב, ז) כסף צרוף בעליל לארץ: **נחשתי ויברכני ה'.** שניחש לבן בשביל יעקב, אף כאן נחושת על יעקב, על פי מדת ממעל נחשתי נחושת:

מתנות כהונה

[ב] **רגמתם.** לשון ארגמן:

אשד הנחלים

מה מלאכה כו'. זה לשון הידי משה יגעתי הרבה ובלתי אפשר להתבונן בה על פי פשוטו, עד שהאיר ה' את עיני שמצאתי פירושו. והכי קאמר, מה מלאכה, פירוש מה טורח ומה יגיעה היה כאן, כי לבנין בית המקדש סייעו הכל, ומשני שהיגיעה היה בעיונם, שהיו צריכים להשכיל בחכמתם ברמזי ענין המשכן, כי לא נפלו הדברים במקרה כי הכל רמזים, כי תרומה רמז לכנסת ישראל ודו"ק. עתה נדבר מעט על דרך פרטי הדוגמאות, הזהב והכסף נחשבים מצד שהם יוקר המציאות וגם מצד זוהרם ויפיים, וכן הם טובים ויפים מצד עצמם, וגם בערך יוקר המציאות, כי לא היה כמוהם בסגולה, וארץ ישראל בערך כל ארצות כנחשת מול אבנים, ולתכלת לזכור מזה כסא הכבוד הדומה לתכלת, אשר ממנו שופע השגחת ה' בעמו, וזהו כנסת ישראל, וכן נדמו לארגמן, במעלה מצד שהם כתולעת, נכנעים ושפלים בעיני עצמם בהזכירם מכבוד ה': **זה אברהם כו' יצחק.** כינה ליצחק שעל כל פנים ההתחלה לא היה מנפשו כי אם מאביו שעקדו, שאף הוא נתרצה לדברי אביו כערך הכסף מול הזהב, אבל ככסף הנצרף. וקרא ליעקב בבחינה זו במה שאברהם ויצחק התנדבו בכל נפשם לה', והוא על כל פנים עסק מעט בתבל (ואף שהיה הכל למען קדושת ה') כנחשת לגבי כסף וזהב, אבל היה הכל על צד ההשגחה, כי כן הכיר לבן שנתברך רק בגללו, אבל על ידי סיבות מעט. ומה שדייק ממלת נחשתי, הוא רק לסמך בעלמא. והענין הכולל כי היה פרטי בנין המשכן וכל כלי[ו] הכל לרמז לזכור מזה כל העניינים המעוררים את הדביקות והאהבה לה', וזה היה בצלאל יודע ומכוון בעשייתו, לא עשיה פשוטית לבד. ועיין בספר תורת העולה להגאון הרמ"א ז"ל:

חידושי הרד"ל

על ציצית הכנף פתיל תכלת. אפשר כנף דרש זו כנסת ישראל, כמה דאת אמר (זכריה ח, כג) והחזיקו וגו' בכנף איש וגו'. (ובזוהר (בהעלותך קנא, א) דרשו תכלת על כנסת ישראל שלמעלה):

באור מהרי"פ

אלא וכו' וזאת התרומה וכו' זו כנסת ישראל וכו'. מאמר זה קשה להולמו. ולפרש קצת קרוב אל הפשט, שהמדרש מפרש שחכמי הלב עשו מלאכה אחרת זולת מלאכת המשכן, והיא אחר שישרה הקב"ה שכינתו במקדש, והיו ישראל לזכרון נגד עיניו תמיד, אחר שכל מיני מעשה המשכן רומזים על כנסת ישראל וארץ ישראל. תולדות נח הארוך: **על ציצית וכו'.** ואיתא במדרש חזית (שיר השירים רבה פרשה א, סב) בני ציון וגו' המצויינים בציצית, על כן תכלת מרמז לכנסת ישראל: **זהב זה אברהם וכו'.** גם כאן הכוונה שיהיה זכות אבות תמיד לנגד עיני ה' במשכן:

ידי משה

[ב] **מה מלאכה היו עושים.** ותמוה מאד ליישב המדרש זה על פי פשוטו, יגעתי הרבה ובלתי אפשר להתבונן בה על פי פשוטה, עד שהאיר ה' עיני שמצאתי פירושו והכי קאמר, מה מלאכה פירוש, מה טורח ומה יגיעה היה כאן, על דרך דאיתא במדרש חזית (פרשה א פסוק חזית) וכן לעיל בסדר בראשית (פרשה ג, ב. י, ט) פירוש גבי מכל מלאכתו לא בעמל ולא ביגיעה ברא הקב"ה את עולמו, וקל וחומר לבנין בית המקדש שסייעו הכל, ואם כן מקשה הכא מדקאמר בעושי המלאכה משמע שנתייגעו בה, ומשני שהיגיעה היה בעיונם שהיו צריכין להשכיל בחכמתם ברמזי עניני המשכן, כי לא נפלו הדברים במקרה, כי הכל רמזים, כי תרומה רומז לכנסת ישראל. ודוק:

אם למקרא

וְזֹאת הַתְּרוּמָה אֲשֶׁר תִּקְחוּ מֵאִתָּם זָהָב וָכֶסֶף וּנְחֹשֶׁת: וּתְכֵלֶת וְאַרְגָּמָן וְתוֹלַעַת שָׁנִי וְשֵׁשׁ וְעִזִּים: וְעֹרֹת אֵילִם מְאָדָּמִים וְעֹרֹת תְּחָשִׁים וַעֲצֵי שִׁטִּים: (לעיל כה:ג-ד)

קֹדֶשׁ יִשְׂרָאֵל לַה' רֵאשִׁית תְּבוּאָתֹה כָּל אֹכְלָיו יֶאְשָׁמוּ רָעָה תָּבֹא אֲלֵיהֶם נְאֻם ה': (ירמיה ב:ג)

אִם תִּשְׁכְּבוּן בֵּין שְׁפַתָּיִם כַּנְפֵי יוֹנָה נֶחְפָּה בַכֶּסֶף וְאֶבְרוֹתֶיהָ בִּירַקְרַק חָרוּץ: (תהלים סח:יד)

אֶרֶץ אֲשֶׁר לֹא בְמִסְכֵּנֻת תֹּאכַל בָּהּ לֶחֶם לֹא תֶחְסַר כֹּל בָּהּ אֶרֶץ אֲשֶׁר אֲבָנֶיהָ בַרְזֶל וּמֵהֲרָרֶיהָ תַּחְצֹב נְחֹשֶׁת: (דברים ח:ט)

וְהָיָה לָכֶם לְצִיצִת וּרְאִיתֶם אֹתוֹ וּזְכַרְתֶּם אֶת כָּל מִצְוֹת ה' וַעֲשִׂיתֶם אֹתָם וְלֹא תָתוּרוּ אַחֲרֵי לְבַבְכֶם וְאַחֲרֵי עֵינֵיכֶם אֲשֶׁר אַתֶּם זֹנִים אַחֲרֵיהֶם: (במדבר טו:לח)

אַל תִּירְאִי תּוֹלַעַת יַעֲקֹב מְתֵי יִשְׂרָאֵל אֲנִי עֲזַרְתִּיךְ נְאֻם ה' וְגֹאֲלֵךְ קְדוֹשׁ יִשְׂרָאֵל: (ישעיה מא:יד)

כְּחוּט הַשָּׁנִי שִׂפְתֹתַיִךְ וּמִדְבָּרֵיךְ נָאוֶה כְּפֶלַח הָרִמּוֹן רַקָּתֵךְ מִבַּעַד לְצַמָּתֵךְ: (שיר השירים ד:ג)

שָׁם בִּנְיָמִן צָעִיר רֹדֵם שָׂרֵי יְהוּדָה רִגְמָתָם שָׂרֵי זְבֻלוּן שָׂרֵי נַפְתָּלִי: (תהלים סח:כח)

וַיֹּאמֶר אֵלָיו לָבָן אִם נָא מָצָאתִי חֵן בְּעֵינֶיךָ נִחַשְׁתִּי וַיְבָרְכֵנִי ה' בִּגְלָלֶךָ: (בראשית ל:כז)

אמרי יושר

אלא ראה מה כתיב וזאת התרומה אשר תקחו מאתם. שנאות להם ודומה להם שהם נקראו כן, והם יוכלו לעשות משכן ולהתבודד בגופם, וזה רמז באמרו בעושי המלאכה בגופם כדכתיב ושכנתי בתוכם ממש:

Chapter 50

וַיַּעַשׂ בְּצַלְאֵל אֶת הָאָרֹן עֲצֵי שִׁטִּים אַמָּתַיִם וָחֵצִי אָרְכּוֹ וְאַמָּה וָחֵצִי רָחְבּוֹ וְאַמָּה וָחֵצִי קֹמָתוֹ.

Bezalel made the Ark of acacia wood, two and a half amos its length; an amah and a half its width; and an amah and a half its height (37:1).

§1 וַיַּעַשׂ בְּצַלְאֵל אֶת הָאָרֹן — *BEZALEL MADE THE ARK.*

The Midrash discusses the chronology of Creation, which it then connects to our verse. It begins by citing a verse from *Psalms*:

הֲדָא הוּא דִכְתִיב ״פֵּתַח דְּבָרֶיךָ יָאִיר מֵבִין פְּתָיִים״ — **Thus it is written,** ***The introduction of Your words illuminates, making simpletons understand*** (*Psalms* 119:130). בְּשָׁעָה שֶׁבָּרָא הַקָּדוֹשׁ בָּרוּךְ הוּא עוֹלָמוֹ הָיָה כּוּלּוֹ מַיִם בְּמַיִם — **At the time that the Holy One, blessed is He, created His world it consisted entirely of water upon** more **water,**[1] שֶׁנֶּאֱמַר ״וְחֹשֶׁךְ עַל פְּנֵי תְהוֹם״ — as [the verse] **states,** *The earth was astonishingly empty,* ***with darkness upon the surface of the deep,*** *and the Divine Presence hovered upon the surface of the waters* (*Genesis* 1:2).[2] רַבִּי יְהוּדָה וְרַבִּי נְחֶמְיָה — **R' Yehudah and R' Nechemyah** engaged in the following dispute: רַבִּי יְהוּדָה אָמַר: הָאוֹר בָּרָא תְּחִלָּה וְאַחַר כָּךְ הָעוֹלָם — **R' Yehudah said: [God] created the light first and afterward** He created **the** material **world.**[3] מָשָׁל לְמֶלֶךְ שֶׁבִּקֵּשׁ לִבְנוֹת פַּלְטִין וְהָיָה הַמָּקוֹם אָפֵל — It **is comparable to a king who wished to build a palace but the location** of the proposed palace **was dark.** מֶה עָשָׂה, הִדְלִיק נֵרוֹת וּפַנָּסִין לֵידַע הֵיאַךְ הוּא קוֹבֵעַ דִּימוֹסִים — **What did [the king] do? He lit lamps and lanterns to know how he should set** its **foundations.** כָּךְ הָאוֹר נִבְרֵאת תְּחִלָּה — **So too** regarding the Creation of the world, **the light was created first.**[4] וְרַבִּי נְחֶמְיָה אָמַר: הָעוֹלָם נִבְרָא תְּחִלָּה — **R' Nechemyah said: The** material **world was created first.** מָשָׁל לְמֶלֶךְ שֶׁבָּנָה פַּלְטֵרִין וְעִטְּרוֹ בְּנֵרוֹת — It **is comparable to a king who built a palace and** then afterward **adorned it with lamps.**[5]

The Midrash cites a discussion between two sages that relates to the dispute above:

שָׁאַל רַבִּי שִׁמְעוֹן בֶּן יְהוֹצָדָק אֶת רַבִּי שְׁמוּאֵל בַּר נַחְמָן — **R' Shimon ben Yehotzadak asked R' Shmuel bar Nachman** the following question. אָמַר לוֹ: בִּשְׁבִיל שֶׁשָּׁמַעְתִּי עָלֶיךָ שֶׁאַתָּה בַּעַל הַגָּדָה, מֵהֵיכָן נִבְרֵאת הָאוֹרָה — **He said to him, "Since I have heard about you that you are a master of Aggadah,** I am asking you, **Out of what was the** first **light created?"**[6] אָמַר: נִתְעַטֵּף הַקָּדוֹשׁ בָּרוּךְ הוּא בְּשַׂלְמָה וְהִבְהִיק הָעוֹלָם מִזִּיווֹ מֵרֹאשׁוֹ וְעַד סוֹפוֹ — **[R' Shmuel bar Nachman] said: The Holy One, blessed is He, covered Himself in a garment and brightened the world from its top to its bottom with His splendor,** כְּמוֹ שֶׁכָּתוּב ״עֹטֶה אוֹר כַּשַּׂלְמָה״ — **as it is written,** ***Covering with light as with a garment*** (*Psalms* 104:2),[7] וְאַחַר כָּךְ ״נוֹטֶה שָׁמַיִם כַּיְרִיעָה״ — **and** only **afterward,** ***stretching out the heavens like a curtain*** (ibid.).[8] לְפִיכָךְ ״פֵּתַח דְּבָרֶיךָ יָאִיר״ — **Therefore** the verse states, ***The introduction of Your words illuminates*** (*Psalms* 119:130).[9]

The Midrash applies this concept to the construction of the Tabernacle:

מִמֶּנּוּ לָמְדוּ הַצַּדִּיקִים — **The righteous learned** this formula **from [God],** כְּשֶׁהָיוּ מַתְחִילִין בְּדָבָר הָיוּ פּוֹתְחִין בְּאוֹרָה — **when they would start a matter they** too **would begin with "light."**[10] אַתָּה מוֹצֵא בְּשָׁעָה שֶׁאָמַר הַקָּדוֹשׁ בָּרוּךְ הוּא לְמֹשֶׁה שֶׁיַּעֲשֶׂה אֶת הַמִּשְׁכָּן — Thus, **you find** that **at the time that the Holy One, blessed is He, told**

NOTES

1. That is, all that would have been visible would be the water, for it covered the entire surface of the earth (*Yefeh To'ar*).

2. [Implying that the only exposed surface was that of the water.]

3. [That is, even the primordial state of the world described above, מַיִם בְּמַיִם, *water upon water,* came into existence only after the creation of light (see *Yefeh To'ar*).] The account of Creation begins (*Genesis* 1:1), בְּרֵאשִׁית בָּרָא אֱלֹהִים אֵת הַשָּׁמַיִם וְאֵת הָאָרֶץ, which is normally translated as, *In the beginning God created the heaven and the earth.* The verse then implies that heaven and earth were the first things created, even before light. However, R' Yehudah would interpret that verse as *Rashi* does, *In the beginning* ***of*** *God's creating the heavens and the earth,* that is, when God began creating heaven and earth, the earth was תֹהוּ וָבֹהוּ, *astonishingly empty* (ibid., v. 2). The verse then would not be saying that heaven and earth were themselves the first things created (see *Rashi* ad loc.) and therefore R' Yehudah is able to maintain that the creation of light, mentioned in v. 3 there, actually preceded the creation of heaven and earth (*Eitz Yosef,* citing *Yefeh To'ar* [to *Bereishis Rabbah* 3§1]). [This in fact is the position of *Ibn Ezra* in his commentary to *Genesis* 1:1.]

4. I.e., as with the king in the parable who first illuminated the site and then built the physical palace, when God created the world He first created the light that illuminated the world and then created the material world itself. Although, unlike the king, God of course did not need light to see how He should create the world, nevertheless, He followed a human mode of construction and created light first (*Eitz Yosef,* citing *Yefeh To'ar* [to *Bereishis Rabbah* 3§1]).

Our translation of דִּימוֹסִים as "foundations" follows *Eitz Yosef* and *Mussaf HeAruch;* however, see *Matnos Kehunah.*

5. That is, only once the palace was built did the king provide illumination for it. So too, only once He had already created the physical world did He provide it with illumination. R' Nechemyah rejects the relevance of R' Yehudah's parable for, in contrast to the human king, God did not need the light for the creation of the world (see *Eitz Yosef*). Accordingly, R' Nechemyah reads the opening verse of *Genesis* straightforwardly, with the creation of light in verse 3 occurring after the initial creation of the world in its status of תֹהוּ וָבֹהוּ, *"astonishing emptiness,"* as described in verse 2.

It should be noted that the subject of this dispute, the primordial light of Creation, possessed supernatural qualities transcending those of normal light and was secreted away after the first week of Creation (see *Chagigah* 12a and also *Bereishis Rabbah* 3§6, 11§2, and 12§6). The mundane light that we use today dates to the creation of the sun and the other celestial lights on the fourth day; see *Genesis* 1:14-19 (*Yefeh To'ar, Eitz Yosef;* however, see *Maharzu*).

6. R' Shimon ben Yehotzadak ascribed to the idea that it was only the creation of heaven and earth on the first day that was a creation *ex nihilo* and that all that was subsequently created on the following days was formed out of the original essence of heaven or out of that of earth (see *Ramban* to *Genesis* 1:1). However, since in accordance with R' Yehudah the creation of light predated that of heaven and earth it follows that light too was not formed from any previously existing substance. Hence R' Shimon ben Yehotzadak inquired about the nature of its creation (*Eitz Yosef*). *Yefeh To'ar,* based on *Tanchuma, Vayakhel* §6, posits that R' Shimon ben Yehotzadak was actually asking whether light was created independently prior to the creation of the world, as per R' Yehudah's position, or whether it was created as part of the ongoing process of the world's creation, as R' Nechemyah postulates.

7. That is, this light, the primordial light of Creation (see note 5 above), was produced from God's own splendor. However, since God's splendor itself would be too powerful for the world, God filtered it, so to speak, through His garment. Thus, God was *covered with* the *light* of His splendor as He was likewise covered with His *garment* (*Eitz Yosef, Yefeh To'ar* to *Bereishis Rabbah* 3§4). [The Midrash here is alluding to some of the esoteric secrets of Creation and is clearly not to be understood literally (see *Eshed HaNechalim*).]

8. Supporting R' Yehudah's chronology of Creation, with the formation of the light preceding the creation of heaven (*Eitz Yosef*). See also above, 15 §22.

9. For God's first utterance, with which He began the process of Creation was, יְהִי אוֹר, *Let there be light* (*Genesis* 1:3).

10. I.e., they would begin with something that could metaphorically be described as "light." See further in the Midrash.

פרשה נ

א [לז, א] "וַיַּעַשׂ בְּצַלְאֵל אֶת הָאָרֹן", הָדָא הוּא דִכְתִיב (תהלים קיט, קל) "פֵּתַח דְּבָרֶיךָ יָאִיר מֵבִין פְּתָיִים", [א]בְּשָׁעָה שֶׁבָּרָא הַקָּדוֹשׁ בָּרוּךְ הוּא עוֹלָמוֹ הָיָה כוּלוֹ מַיִם בְּמַיִם, שֶׁנֶּאֱמַר (בראשית א, ב) "וְחֹשֶׁךְ עַל פְּנֵי תְהוֹם", רַבִּי יְהוּדָה וְרַבִּי נְחֶמְיָה, רַבִּי יְהוּדָה אָמַר: הָאוֹר בָּרָא תְּחִלָּה וְאַחַר כָּךְ הָעוֹלָם, מָשָׁל לְמֶלֶךְ שֶׁבִּקֵּשׁ לִבְנוֹת פָּלָטִין וְהָיָה הַמָּקוֹם אָפֵל, מֶה עָשָׂה, הִדְלִיק נֵרוֹת וּפַנָּסִין לֵידַע הֵיאַךְ הוּא קוֹבֵעַ דִּימוּסִים, כָּךְ הָאוֹר נִבְרֵאת תְּחִלָּה, וְרַבִּי נְחֶמְיָה אָמַר: הָעוֹלָם נִבְרָא תְּחִלָּה, מָשָׁל לְמֶלֶךְ שֶׁבָּנָה פַּלְטֵרִין וְעִטְּרוֹ בְּנֵרוֹת, [ב]שָׁאַל רַבִּי שִׁמְעוֹן בֶּן יְהוֹצָדָק אֶת רַבִּי שְׁמוּאֵל בַּר נַחְמָן, אָמַר לוֹ: בִּשְׁבִיל שֶׁשָּׁמַעְתִּי עָלֶיךָ שֶׁאַתָּה בַּעַל הַגָּדָה, מֵהֵיכָן נִבְרֵאת הָאוֹרָה, אָמַר: [ג]נִתְעַטֵּף הַקָּדוֹשׁ בָּרוּךְ הוּא בְּשַׂלְמָה וְהִבְהִיק הָעוֹלָם מִזִּיווֹ מֵרֹאשׁוֹ וְעַד סוֹפוֹ, כְּמוֹ שֶׁכָּתוּב (תהלים קד, ב) "עֹטֶה אוֹר כַּשַּׂלְמָה", וְאַחַר כָּךְ (שם) "נוֹטֶה שָׁמַיִם כַּיְרִיעָה", לְפִיכָךְ (שם קיט, קל) "פֵּתַח דְּבָרֶיךָ יָאִיר", מִמֶּנּוּ לָמְדוּ הַצַּדִּיקִים כְּשֶׁהָיוּ מַתְחִילִין בְּדָבָר הָיוּ פּוֹתְחִין בְּאוֹרָה. אַתָּה מוֹצֵא בְּשָׁעָה שֶׁאָמַר הַקָּדוֹשׁ בָּרוּךְ הוּא לְמֹשֶׁה שֶׁיַּעֲשֶׂה אֶת הַמִּשְׁכָּן, אָמַר בְּצַלְאֵל: וּבַמֶּה אֶפְתַּח תְּחִלָּה, פָּתַח בָּאָרוֹן, שֶׁנֶּאֱמַר (לעיל כה, י) "וְעָשׂוּ אֲרוֹן":

עץ יוסף

(א) **הדא הוא דכתיב פתח דבריך יאיר.** דבצלאל עשה את הארון תחלה שלא כסדר שנאמרו לו, בעי למימר שלמד לעשות כן מהקדוש ברוך הוא שפתח באור בבריאת העולם: **האור ברא תחלה.** באור הגנוז לצדיקים פלוגתתם אם נבראת קודם לעולם או אחריו, דאילו מאורות הנזכרים ביום רביעי, אי אפשר שיאמר אדם שנבראת קודם לעולם, ועיין בבראשית רבה פרשה ג': **רבי יהודה אומר.** האורה נבראת תחלה, לכל מעשה בראשית, ופירוש הפסוק כך הוא בראשית ברא בראשית שמים וארץ וגו' ויאמר אלהים יהי אור, כלומר קודם בריאת שמים וארץ וקודם שהיתה הארץ תהו ובהו אמר ה' יהי אור (יפה תואר): **דימוסין.** פירוש יסודות, ולא שה' יתברך צריך לזה חס ושלום, אלא דכיון דאיכא צורך אל בריאת האור אחר כך לצורך ישראל, טוב לפני האלהים לבראותו מקודם לעשות מעשהו כמנהג העולם, ורבי נחמיה סבר דכיון דאין האורה לצורך בנין העולם אין ראוי להקדימו שנראה פועל בטל באותה שעה (יפה תואר): **מהיכן נבראת האורה.** כלומר על שאר דברים איני שואל שמשמים וארץ נבראו, רק שאלתי היא על האורה שהיא נבראת תחלה לשמים וארץ ולכל דברים: **נתעטף הקדוש ברוך הוא בשלמה כו'.** וכן גרים העקדה, והכי גרסינן בשוחר טוב כילד ברא הקדוש ברוך הוא את האורה, אמר ליה נתעטף בטלית לבנה והבהיק את העולם באורו, ורוצה לומר שהשיבו שאורה זו איננה נתפסת בחומר אלא מושפעת מאתו יתברך, ולפי שלרבוי זיוה והדרה לא יוכלו העולם לסובלה, ואכן מצינו שאותה אורה שמשה ארבע פעמים בעולם אחת במצרים בלילה שיצאו ישראל ממצרים, ואחת במתן תורה, ואחת בשבעת ימי אבלו של מתושלח קודם המבול שסבלו אותו כל גויי הארץ, כדאיתא בבראשית רבה, ואחת בשעה שהראה הקדוש ברוך הוא למשה כל העולם מגלעד ועד דן, לכן נתעטף השם יתברך בשלמה ומתוכה הבהיק זיוה כדי שיסבלוה, כמו שחלושי הראות יביטו באור החמה על ידי מסך מבדיל שחליף זיו האור לעיניהם, והיתה השמלה לבנה שבלבנונית תתפלש האורה מתוכה בבהירות, מה שאין כן בשאר לבעונים, ועל ידי שלא היתה אותה האורה כעצמיות אור העליון, כי אם כדבר מתהוה מחדש כתיב יהי אור, שזה יתייחס בגד מה להויה: **עוטה אור בשלמה.** פירוש כאור, כשלמה, ששניהם סביבו יתברך: **ואחר כך נוטה שמים כיריעה.** וזהו כרבי יהודה: **אמר בצלאל.** פירוש שחשב בלבו ופתח בארון, הפך ממה שאמר לו משה להתחיל במשכן, וכך צריך לומר פתח בארון שנאמר ויעש בצלאל את הארון, כדי לפתוח בדבר של אורה, ודייק זה ממלת בצלאל שהוא מיותר, כי בכל הפרשה דלעיל מיניה כתיב

פירוש מהרז"ו

(א) **פתח דבריך יאיר.** בריש פרשה ג', שמות רבה פרשה ט"ו סימן כ"ב, תנחומא כאן סימן ו: **וחושך על פני תהום.** ורוח אלהים מרחפת על פני המים: **רבי יהודה ורבי נחמיה.** שניהם דורשים מדה ט"ו, בריש התורה כתוב שנברא העולם תחלה, ואחר כך האור, ובתהלים ק"ד כתיב, עוטה אור כשלמה, אחר כך נוטה שמים וגו' יסד ארץ וגו', הרי אורה תחלה, ואחר כך העולם. וחולקים בהכרעה מפסוק הבינה וכדומה ומנוהג שבעולם, ושניהם סוברים כבית הלל בבראשית רבה סוף פרשה א', שבריאת הארץ דרך בנין, ורבי יהודה מכריע מתחלת בנין, ורבי נחמיה מכריע מסוף בנין: **ועטרו בנרות.** וכמו שדרשו בבראשית רבה פרשה י' סימן ה, ויכולו נשתכללו שמים בחמה וכוכבים ומזלות. ויתכן שדעת רבי יהודה על האור הראשון, ורבי נחמיה על חמה וכוכבים ומזלות: **שאל רבי שמעון בן יהוצדק.** בראשית רבה פרשה ד' סימן ג, ושם נסמן: **ואחר כך נוטה שמים.** אין זה מדברי רבי שמעון בר יוחאי, ובבראשית רבה שם ליתא, אך זה שייך לדברי רבי יהודה. וכמו שאמר בהדיא לעיל פרשה ט"ו הנ"ל לשיטת רבי יהודה. וזהו פתח דבריך יאיר, וכן בתנחומא שייך לדברי רבי יהודה: **פתח בארון.** כמו שכתוב בסמוך בסימן ב וסימן ד', שהראיה שעשה ארון תחלה, הוא מפסוק ועשו ארון שכתוב בריש תרומה. וכמו שדרש לעיל פרשה ל"ד סימן ב. והנה כאן עומד בסדר ויקהל שמתחיל לדרוש פסוק ויעש בצלאל, וכאן מפורש שתחלה עשה יריעות והקרשים, ואחר כך הארון. אך המדרש האיר עינינו בדבריו מה שיפליא הדעת בכתוב בסדר ויקהל בפסוק ח', ויעשו כל חכם לב, ואחר כך בפסוק י' י"א, ויחבר, ויעש, ואמר שלש עשרה פעמים ויעש, ולא פירש מי עשה, ואחר כך אמר ויעש בצלאל את הארון, ואחר כך כתוב עוד כמה פעמים ויעש, גם כן על בצלאל, והכרח לדרוש על פי מדה ל"ב, שפסוק ויעש בצלאל את הארון כתוב תחלה קודם פסוק ויעשו כל חכם לב, שעל כן כתב הרבה פעמים ויעש סתם, היינו בצלאל שכתוב תחלה. שזהו אמיתת כוונת המדרש לקמן ריש סימן ה, שבכל דבר הוא אומר ויעש בצלאל ודוק. וזהו אמתת פשוטו של מקרא:

חידושי הרד"ל

[א] **היאך הוא קובע תמוליסים.** כן צריך לומר. פירוש יסודות, וכן הוא בבראשית רבה ג ,א:

חידושי הרש"ש

[א] **ממנו למדו הצדיקים.** הוא לפרש מבין פתיים כדכתיב ויהי אפרים כיונה פותה, וכדרשתם בזה לעיל פרשה כא, ה: **פתח בארון שנאמר ועשו ארון.** רוצה לומר שכוון בדעתו לדעת הקב"ה שצוה על הארון תחלה, וכדאיתא בברכות (נה, א) שאמר לו משה בצלאל היית וידעת:

באור מהרי"פ

[א] **בשעה וכו'.** בבראשית רבה (פרשה ג, א) מובא שם כל המאמר הזה, ולא גרס התם מיבת בשעה ובשעה בכלל, עד תיבת תהום ותהום בכלל:

מסורת המדרש

א. תמיד דף ל"ב. בראשית רבה פרשה ג' כל הענין. תנחומא כאן סימן ו' כל הענין. ילקוט סדר בראשית רמז ד'. ילקוט תהלים רמז תתע"ח:
ב. ויקרא רבה פרשה ל"א. מדרש תהלים מזמור ק"ד. ילקוט סדר בראשית רמז ד'. ילקוט תהלים רמז תתס"ב:
ג. מדרש תהלים מזמור כ"ז:

אם למקרא

פֵּתַח דְּבָרֶיךָ יָאִיר מֵבִין פְּתָיִים: (תהלים קיט:קל)

וְהָאָרֶץ הָיְתָה תֹהוּ וָבֹהוּ וְחֹשֶׁךְ עַל פְּנֵי תְהוֹם וְרוּחַ אֱלֹהִים מְרַחֶפֶת עַל פְּנֵי הַמָּיִם: (בראשית א:ב)

עֹטֶה אוֹר כַּשַּׂלְמָה נוֹטֶה שָׁמַיִם כַּיְרִיעָה: (תהלים קד:ב)

וְעָשׂוּ אֲרוֹן עֲצֵי שִׁטִּים אַמָּתַיִם וָחֵצִי אָרְכּוֹ וְאַמָּה וָחֵצִי רָחְבּוֹ וְאַמָּה וָחֵצִי קֹמָתוֹ: (לעיל כה:י)

מתנות כהונה

[א] **פתח דבריך כו'.** עיין כל מאמר זה בבראשית רבה פרשה ג' ובבמדבר רבה פרשה ל"א: **דימוסין.** פירש הערוך (ערך דמוס הראשון) נדבך של אבנים: **פתח בארון.** שבו היתה מונחת התורה שנקראת אור והארון גם הוא לשון אור:

אשד הנחלים

[א] **כולו מים במים כו' האור ברא כו' עד ממנו לבדו.** כולו פרשתי בסדר בראשית בארוכה בפסוק יהי אור (ג, ד): **ממנו למדו הצדיקים כו'.** הענין על דרך הציור הוא כמו שבארתי בסדר בראשית, שבאור הרוחני מדבר שממנו שופע גם כן האור המוחשי, עיין שם פרשה ג' בהערה ובהקדמתי. ולהיות שהארון הוא מקום האורה והשפע היוצאת מהשראת השכינה, לכן הוא כדמות אור שלמעלה השופע בעולם המוחשי והגשמי, והדיבור בו ארוך למתבונן: **במה אפתח תחלה.** אם נרצה לומר בזה ציור פשוט, נוכל לאמר יען כי האור הוא דמיון המחשבה שהיא רוחנית, והכלים שהם ההכנה לזה הוא כדמות המעשה, ולהיות שידוע שהמחשבה יעורר המעשה, והספק אם המחשבה עיקר והמעשה מעורר המחשבה או להיפך, וכדמות זה במעשי המשכן אם העיקר שעל ידי האמצעיים הנעשים ישרה האור או להיפך, וזה היה ספיקו. ואחר כך התבונן מן הבריאה שהעיקר הוא האור הרוחני, וא"כ המחשבה עיקר והמעשה מצטרפת, רק שאי אפשר מבלעדה, כי רק על ידי אלו הפעולות דוקא שרתה האור. ונוכל לומר עוד בדרך אחרת אך כולם הולכים בסיגנון אחד אחרי הבחינה הברורה:

Moses that he should have Bezalel and the wise-hearted men **construct the Tabernacle,** אָמַר בְּצַלְאֵל: וּבַמֶּה אֶפְתַּח תְּחִלָּה – **Bezalel said** to himself, **"With which** component of the Tabernacle **should I start first?"**[11] פָּתַח בָּאָרוֹן – **He began with the Ark,** שֶׁנֶּאֱמַר "וְעָשׂוּ אֲרוֹן" – which accords with that **which [Scripture] states** earlier, ***They shall make an Ark*** (above, 25:10).[12]

NOTES

11. While in his instructions to the wise-hearted men involved in the work of the Tabernacle Moses had mentioned the Tabernacle before the Ark (see 35:10-12 above), Bezalel was unsure as to whether to follow that order in the actual construction; see below (see *Eitz Yosef*).

12. That is, Bezalel began the construction of the Tabernacle with the Ark. He was thereby following the example of God at the time of Creation, Who started the world with light, for the Ark contains the Torah, which is "light" [see *Proverbs* 6:23] (*Matnos Kehunah,* first explanation). The Midrash adduces further support for Bezalel's decision from the fact that in God's original command to Moses He mentioned the making of the Ark (in the verse cited here) before mentioning the making of the Tabernacle itself (above, Ch. 26) [*Eitz Yosef;* however, see below]. See also 34 §2 above. [However, it should be noted that according to §2 below Moses himself had been of the opinion that the construction should begin with the Tabernacle itself.]

The Midrash does not cite here any support for its assertion that Bezalel began with the construction of the Ark. The Ark, mentioned in our verse, is not the first article in Scripture's account of the making of the Tabernacle, being preceded by the various curtains (above, 36:8-19), planks (ibid., vv. 20-34), and other components of the Tabernacle structure. *Eitz Yosef* suggests that the Midrash is basing its assertion that Bezalel began with the Ark from the fact that it is only in our verse, with regard to the Ark, that Bezalel is mentioned by name, וַיַּעַשׂ בְּצַלְאֵל, *Bezalel made.* The verse thereby indicates that Bezalel took particular initiative with the construction of the Ark, ensuring that it be made first [see next section]. See, similarly, *Maharzu.* [*Eitz Yosef* further suggests emending the text to read, פָּתַח בָּאָרוֹן שֶׁנֶּאֱמַר וַיַּעַשׂ בְּצַלְאֵל, "He began with the Ark as it states, *Bezalel made* (*the Ark*)." Accordingly, the Midrash would be citing the verse as the proof that in fact Bezalel began with the Ark.]

פרשה נ

א [לז, א] "וַיַּעַשׂ בְּצַלְאֵל אֶת הָאָרֹן", הָדָא הוּא דִכְתִיב (תהלים קיט, קל) "פֵּתַח דְּבָרֶיךָ יָאִיר מֵבִין פְּתָיִים", [א]בְּשָׁעָה שֶׁבָּרָא הַקָּדוֹשׁ בָּרוּךְ הוּא עוֹלָמוֹ הָיָה כּוּלּוֹ מַיִם בְּמַיִם, שֶׁנֶּאֱמַר (בראשית א, ב) "וְחֹשֶׁךְ עַל פְּנֵי תְהוֹם", רַבִּי יְהוּדָה וְרַבִּי נְחֶמְיָה, רַבִּי יְהוּדָה אָמַר: הָאוֹר בָּרָא תְּחִלָּה וְאַחַר כָּךְ הָעוֹלָם, מָשָׁל לְמֶלֶךְ שֶׁבִּקֵּשׁ לִבְנוֹת פָּלָטִין וְהָיָה הַמָּקוֹם אָפֵל, מֶה עָשָׂה, הִדְלִיק נֵרוֹת וּפַנָּסִין לֵידַע הֵיאַךְ הוּא קוֹבֵעַ דִּימוּסִים, כָּךְ הָאוֹר נִבְרֵאת תְּחִלָּה, וְרַבִּי נְחֶמְיָה אָמַר: הָעוֹלָם נִבְרָא תְּחִלָּה, מָשָׁל לְמֶלֶךְ שֶׁבָּנָה פַּלְטֵרִין וְעִטְּרוֹ בְּנֵרוֹת, [ב]שָׁאַל רַבִּי שִׁמְעוֹן בֶּן יְהוֹצָדָק אֶת רַבִּי שְׁמוּאֵל בַּר נַחְמָן, אָמַר לוֹ: בִּשְׁבִיל שֶׁשָּׁמַעְתִּי עָלֶיךָ שֶׁאַתָּה בַּעַל הַגָּדָה, מֵהֵיכָן נִבְרֵאת הָאוֹרָה, אָמַר: [ג]נִתְעַטֵּף הַקָּדוֹשׁ בָּרוּךְ הוּא בְּשַׂלְמָה וְהִבְהִיק הָעוֹלָם מִזִּיווֹ מֵרֹאשׁוֹ וְעַד סוֹפוֹ, כְּמוֹ שֶׁכָּתוּב (תהלים קד, ב) "עֹטֶה אוֹר כַּשַּׂלְמָה", וְאַחַר כָּךְ (שם) "נוֹטֶה שָׁמַיִם כַּיְרִיעָה", לְפִיכָךְ (שם קיט, קל) "פֵּתַח דְּבָרֶיךָ יָאִיר", מִמֶּנּוּ לָמְדוּ הַצַּדִּיקִים כְּשֶׁהָיוּ מַתְחִילִין בְּדָבָר הָיוּ פּוֹתְחִין בְּאוֹרָה. אַתָּה מוֹצֵא בְּשָׁעָה שֶׁאָמַר הַקָּדוֹשׁ בָּרוּךְ הוּא לְמֹשֶׁה שֶׁיַּעֲשֶׂה אֶת הַמִּשְׁכָּן, אָמַר בְּצַלְאֵל: וּבַמֶּה אֶפְתַּח תְּחִלָּה, פָּתַח בָּאָרוֹן, שֶׁנֶּאֱמַר (לעיל כה, י) "וְעָשׂוּ אֲרוֹן":

עץ יוסף

(א) **הדא הוא דכתיב פתח דבריך יאיר.** דבצלאל עשה את הארון תחלה שלא כסדר שנאמרו לו, בעי למימר שלמד לעשות כן מהקדוש ברוך הוא שפתח באור בבריאת העולם: **האור ברא תחלה.** באור הגנוז לצדיקים פלוגתתם אם נבראת קודם לעולם או אחריו, דאילו מאורות הנזכרים ביום רביעי, אי אפשר שיאמר אדם שנבראת קודם לעולם, ועיין בבראשית רבה פרשה ג': **רבי יהודה אומר.** האורה נבראת תחלה, לכל מעשה בראשית, ופירוש הפסוק כך הוא בראשית ברא בראשית שמים וארץ וגו' ויאמר אלהים יהי אור, כלומר קודם בריאת שמים וארץ וקודם שהיתה הארץ תהו ובהו אמר ה' יהי אור (יפה תואר): **דימוסין.** פירוש יסודות, ולא שה' יתברך צריך לזה חס ושלום, אלא דכיון דאיכא צורך אל בריאת האור אחר כך לצורך ישראל, טוב לפני האלהים לבראותו מקודם לעשות מעשהו כמנהג העולם, ורבי נחמיה סבר דכיון דאין האורה לצורך בנין העולם אין ראוי להקדימו שנראה פועל בטל באותה שעה (יפה תואר): **מהיכן נבראת האורה.** כלומר על שאר דברים איני שואל שמשמים וארץ נבראו, רק שאלתי היא על האורה שהיא נבראת תחלה לשמים וארץ ולכל דברים: **נתעטף הקדוש ברוך הוא בשלמה כו'.** וכן גרים העקדה, והכי גרסינן בשוחר טוב כיצד ברא הקדוש ברוך הוא את האורה, אמר ליה נתעטף בטלית לבנה והבהיק את העולם באורו, ורוצה לומר שהשיבו שאורה זו אינה נתפסת בחומר אלא מושפעת מאתו יתברך, ולפי שלרבוי זיוה והדרה לא יוכלו העולם לסובלה, ואכן מצינו שאותה אורה שמשה ארבע פעמים בעולם אחת במצרים בלילה שיצאו ישראל ממצרים, ואחת במתן תורה, ואחת בשבעת ימי אבלו של מתושלח קודם המבול שסבלו אותו כל גויי הארץ, כדאיתא בבראשית רבה, ואחת בשעה שהראה הקדוש ברוך הוא למשה כל העולם מגלעד ועד דן, לכן נתעטף השם יתברך בשלמה ומתוכה הבהיק זיוה כדי שיסבלוה, כמו שחלושי הראות יביטו באור החמה על ידי מסך מבדיל שחליף זיו האור לעיניהם, והיתה השמלה לבנה שבלבנויות תתפלש האורה מתוכה בבהירות, מה שאין כן בשאר צבועים, ועל ידי שלא היתה אותה האורה כעצמיות אור העליון, כי אם כדבר מתהוה מחדש כתיב יהי אור, שזה יתייחס בלד מה להויה: **עוטה אור בשלמה.** פירוש כאור, כשלמה, שכניהם סביבו יתברך: **ואחר כך נוטה שמים כיריעה.** וזהו כרבי יהודה: **אמר בצלאל.** פירוש שחשב בלבו ופתח בארון, הפך ממה שאמר לו משה להתחיל במשכן, וכך צריך לומר פתח בארון שנאמר ויעש בצלאל את הארון, כדי לפתוח בדבר של אורה, ודייק זה ממלת בצלאל שהוא מיותר, כי בכל הפרשה דלעיל מיניה כתיב

פירוש מהרז"ו

(א) **פתח דבריך יאיר.** בריש פרשה ג', שמות רבה פרשה ט"ו סימן כ"ב, תנחומא כאן סימן ו: **וחושך על פני תהום.** ורוח אלהים מרחפת על פני המים: **רבי יהודה ורבי נחמיה.** שניהם דורשים מדה ט"ו, בריש התורה כתוב שנברא העולם תחלה, ואחר כך האור, ובתהלים ק"ד כתיב, עוטה אור כשלמה, אחר כך נוטה שמים וגו' יסד ארץ וגו', הרי אורה תחלה, ואחר כך העולם. וחולקים בהכרעה מפסוק הבינה וכדומה ומנוהג שבעולם, ושניהם סוברים כבית הלל בבראשית רבה סוף פרשה א', שבריאת הארץ דרך בנין, ורבי יהודה מכריע מתחלת בנין, ורבי נחמיה מכריע מסוף בנין: **ועטרו בנרות.** וכמו שדרשו בבראשית רבה פרשה י' סימן ה, ויכולו נשתכללו שמים בחמה וכוכבים ומזלות. ויתכן שדעת רבי יהודה על האור הראשון, ורבי נחמיה על חמה וכוכבים ומזלות: **שאל רבי שמעון בן יהוצדק.** בראשית רבה פרשה ד' סימן ג, ושם נסמן: **ואחר כך נוטה שמים.** אין זה מדברי רבי שמעון בר יוחאי, ובבראשית רבה שם ליתא, אך זה שייך לדברי רבי יהודה. וכמו שאמר בהדיא לעיל פרשה ט"ו הנ"ל לשיטת רבי יהודה. וזהו פתח דבריך יאיר, וכן בתנחומא שייך לדברי רבי יהודה: **פתח בארון.** כמו שכתוב בסמוך בסימן ב וסימן ד', שהראיה שעשה ארון תחלה, הוא מפסוק ועשו ארון שכתוב בריש תרומה. וכמו שדרש לעיל פרשה ל"ד סימן ב. והנה כאן עומד בסדר ויקהל שמתחיל לדרוש פסוק ויעש בצלאל, וכאן מפורש שתחלה עשה יריעות והקרשים, ואחר כך הארון. אך המדרש האיר עינינו בדבריו מה שיפליא הדעת בכתוב בסדר ויקהל בפסוק ח', ויעשו כל חכם לב, ואחר כך בפסוק י' י"א, ויחבר, ויעש, ואמר שלש עשרה פעמים ויעש, ולא פירש מי עשה, ואחר כך אמר ויעש בצלאל את הארון, ואחר כך כתוב עוד כמה פעמים ויעש, גם כן על בצלאל, ובהכרח לדרוש על פי מדה ל"ב, שפסוק ויעש בצלאל את הארון כתוב תחלה קודם פסוק ויעשו כל חכם לב, שעל כן כתב הרבה פעמים ויעש סתם, היינו בצלאל שכתוב תחלה. שזהו אמיתת כוונת המדרש לקמן ריש סימן ה, שבכל דבר הוא אומר ויעש בצלאל ודוק. וזהו אמתת פשוטו של מקרא:

חידושי הרד"ל

[א] **היאך הוא קובע תמוליסים.** כן צריך לומר. פירוש יסודות, וכן הוא בבראשית רבה ג, א:

חידושי הרש"ש

[א] **ממנו למדו הצדיקים.** הוא לפרש מבין פתיים כדכתיב ויהי אפרים כיונה פותה, וכדרשתם בזה לעיל פרשה כא, ה: **פתח בארון שנאמר ועשו ארון.** רוצה לומר שכוון בדעתו לדעת הקב"ה שצוה על הארון תחלה, וכדאיתא בברכות (נה, א) שאמר לו משה בצלאל הייתָ וידעת:

באור מהרי"פ

[א] **בשעה וכו'.** בבראשית רבה (פרשה ג, א) מובא שם כל המאמר הזה, ולא גרס התם מיבת בשעה ובשעה בכלל, עד תיבת תהום ותהום בכלל:

מסורת המדרש

א. תמיד דף ל"ב. בראשית רבה פרשה ג' כל הענין. תנחומא כאן סימן ו' כל הענין. ילקוט סדר בראשית רמז ד'. ילקוט תהלים רמז תתע"ח:

ב. ויקרא רבה פרשה ל"א. מדרש תהלים מזמור ק"ד. ילקוט סדר בראשית רמז ד'. ילקוט תהלים רמז תתס"ב:

ג. מדרש תהלים מזמור כ"ז:

אם למקרא

פֵּתַח דְּבָרֶיךָ יָאִיר מֵבִין פְּתָיִים: (תהלים קיט:קל)

וְהָאָרֶץ הָיְתָה תֹהוּ וָבֹהוּ וְחֹשֶׁךְ עַל פְּנֵי תְהוֹם וְרוּחַ אֱלֹהִים מְרַחֶפֶת עַל פְּנֵי הַמָּיִם: (בראשית א:ב)

עֹטֶה אוֹר כַּשַּׂלְמָה נוֹטֶה שָׁמַיִם כַּיְרִיעָה: (תהלים קד:ב)

וְעָשׂוּ אֲרוֹן עֲצֵי שִׁטִּים אַמָּתַיִם וָחֵצִי אָרְכּוֹ וְאַמָּה וָחֵצִי רָחְבּוֹ וְאַמָּה וָחֵצִי קֹמָתוֹ: (לעיל כה:י)

מתנות כהונה

[א] **פתח דבריך כו'.** עיין כל מאמר זה בבראשית רבה פרשה ג' ובבמדבר רבה פרשה ל"א: **דימוסין.** פירש הערוך (ערך דמוס הראשון) נדבך של אבנים: **פתח בארון.** שבו היתה מונחת התורה שנקראת אור וארון גם הוא לשון אור:

אשד הנחלים

[א] **כולו מים במים כו' האור ברא כו' עד ממנו לבדו.** כולו פרשתי בסדר בראשית בארוכה בפסוק יהי אור (ג, ד): **ממנו למדו הצדיקים כו'.** הענין על דרך הציור הוא כמו שבארתי בסדר בראשית, שבאור הרוחני מדבר שממנו שופע גם כן האור המוחשי, עיין שם פרשה ג' בהערה ובהקדמתי. ולהיות שהארון הוא מקום האורה והשפע היוצאת מהשראת השכינה, לכן הוא כדמות אור שלמעלה השופע בעולם המוחשי והגשמי, והדיבור בו ארוך למתבונן: **במה אפתח תחלה.** אם נרצה לומר בזה ציור פשוט, נוכל לאמר יען כי האור הוא דמיון המחשבה שהיא רוחנית, והכלים שהם ההכנה לזה הוא כדמות המעשה, ולהיות שידוע שהמחשבה יעורר המעשה, והספק אם המחשבה עיקר והמעשה מעורר המחשבה או להיפך, וכדמות זה במעשי המשכן אם העיקר שעל ידי האמצעיים הנעשים ישרה האור או להיפך, וזה היה ספיקו. ואחר כך התבונן מן הבריאה שהעיקר הוא האור הרוחני, וא"כ המחשבה עיקר והמעשה מצטרפת, רק שאי אפשר מבלעדה, כי רק על ידי אלו הפעולות דוקא שרתה האור. ונוכל לומר עוד בדרך אחרת אך כולם הולכים בסיגנון אחד אחרי הבחינה הברורה:

§2 The Midrash expounds a verse from *Proverbs* as referring to Bezalel and offers another reason why he began with the Ark. However, the Midrash first presents two other interpretations of the verse:

הֲדָא הוּא דִכְתִיב ״תֵּן לְחָכָם וְיֶחְכַּם עוֹד״ — **Thus it is written, *Give the wise man and he will become even wiser;*** *make known to the righteous and he will add [to his] learning* (*Proverbs* 9:9) — זֶה נֹחַ — **this is** a reference to **Noah.** שֶׁאָמַר לוֹ הַקָּדוֹשׁ בָּרוּךְ הוּא: ״מִכֹּל הַבְּהֵמָה הַטְּהוֹרָה תִּקַּח לְךָ שִׁבְעָה שִׁבְעָה וְגוֹ׳ ״ — **For** before the Flood **the Holy One, blessed is He, said to him, *Of every clean animal take unto you seven pairs,*** *a male with its mate, and of the animal that is not clean, two, a male with its mate* (*Genesis* 7:2), וּכְשֶׁיָּצָא מַה כְּתִיב, ״וַיִּבֶן נֹחַ מִזְבֵּחַ לַה׳ ״ — **and what is written when he exited** from the ark in which he had weathered the Flood? ***"Vayiven"* [וַיִּבֶן] *Noah an altar to HASHEM*** *and took of every clean animal and of every clean bird, and offered burnt-offerings on the altar* (ibid. 8:20). מַאי ״וַיִּבֶן״ — **What is** the connotation of the term ***"vayiven"*** [וַיִּבֶן], lit., *he built?* נִתְבּוֹנֵן וְאָמַר — That Noah **contemplated**[13] God's command **and said** to himself, מַה טַּעַם רִיבָּה הַקָּדוֹשׁ בָּרוּךְ הוּא בַּטְּהוֹרִים יוֹתֵר מִן הַטְּמֵאִים — **"For what reason did the Holy One, blessed is He, increase** the number of animals on the Ark **for the clean** species so that they were **more than** the number **for the unclean** species? לֹא שֶׁהָיָה רוֹצֶה לְהַקְרִיב לוֹ מֵהֶן — **Was it not because He intended** for me **to bring offerings to Him from [the clean animals]?"** מִיָּד ״וַיִּקַּח מִכֹּל הַבְּהֵמָה הַטְּהוֹרָה״, — **Immediately** after coming to this realization, ***He took of every clean animal*** *and of every clean bird, and offered burnt-offerings on the altar* (ibid.). הֱוֵי ״תֵּן לְחָכָם וְיֶחְכַּם עוֹד״ — **It is** thus that the verse states, ***Give the wise man and he will become even wiser;*** *make known to the righteous and he will add [to his] learning,* לְפִי שֶׁהֶחָכָם שׁוֹמֵעַ דָּבָר וּמְקַיְּימוֹ וּמוֹסִיף עָלָיו — **for the wise man hears something, fulfills it, and adds to it.**[14]

The Midrash presents the second exposition:

דָּבָר אַחֵר, ״תֵּן לְחָכָם וְיֶחְכַּם עוֹד״ — **Another interpretation: *Give the wise man and he will become even wiser;*** *make known to the righteous and he will add learning* — זֶה מֹשֶׁה — **this is** a reference to **Moses,** שֶׁנֶּאֱמַר ״עִיר גִּבֹּרִים עָלָה חָכָם״ — **as [Scripture] states, *The wise man went up to the city of the mighty ones,*** *and brought down the strength of its trust* (*Proverbs* 21:22).[15] שֶׁהָיָה לָמֵד תּוֹרָה מִפִּי הַגְּבוּרָה, וּבָא וְאָמַר לְיִשְׂרָאֵל — **For [Moses] would learn Torah from the mouth of the Almighty and** then **come and tell** the lesson **to Israel,** וּמֵטִיבָן וְהוּא מוֹסִיף לָהֶם חַיִּים — **and [Moses] would** thereby **benefit them and would** also **grant them additional life.**[16] הֱוֵי ״תֵּן לְחָכָם וְיֶחְכַּם עוֹד״ — **It is** thus that the verse states, ***Give the wise man and he will become even wiser;*** *make known to the righteous and he will add learning.*[17]

The Midrash now relates the first verse from *Proverbs* to Bezalel:

דָּבָר אַחֵר — **Another interpretation:** ״תֵּן לְחָכָם״ זֶה בְּצַלְאֵל — ***Give the wise man*** *and he will become even wiser* — **this is** a reference to **Bezalel.** אַתָּה מוֹצֵא בְּשָׁעָה שֶׁאָמַר הַקָּדוֹשׁ בָּרוּךְ הוּא לְמֹשֶׁה עֲשֵׂה הַמִּשְׁכָּן בָּא וְאָמַר לִבְצַלְאֵל — **You find** that **at the time that the Holy One, blessed is He, told Moses to build the Tabernacle, [Moses] came and told** this command **to Bezalel.** אָמַר לוֹ: מַהוּ הַמִּשְׁכָּן הַזֶּה — **[Bezalel] said to [Moses], "What is** the function and purpose of **this Tabernacle?"**[18] אָמַר לוֹ: שֶׁיִּשְׁרֶה הַקָּדוֹשׁ בָּרוּךְ הוּא שְׁכִינָתוֹ בְּתוֹכוֹ וּמְלַמֵּד לְיִשְׂרָאֵל תּוֹרָה — **[Moses] said to him, "That the Holy One, blessed is He, will rest His Presence within it and teach Torah to Israel."**[19] אָמַר לוֹ בְּצַלְאֵל: וְהֵיכָן הַתּוֹרָה נִתֶּנֶת — **Bezalel** then **said to [Moses], "Where will the Torah** itself **be placed?"**[20] אָמַר לוֹ: מִשֶּׁאָנוּ עוֹשִׂים אֶת הַמִּשְׁכָּן אָנוּ עוֹשִׂין הָאָרוֹן — **[Moses] said to him, "Once we make the Tabernacle we will make the Ark** to house the Torah."[21] אָמַר לוֹ: רַבֵּינוּ מֹשֶׁה, אֵין כְּבוֹדָהּ שֶׁל תּוֹרָה בְּכָךְ — **[Bezalel] said to him, "Our teacher Moses! Such is not** appropriate for **the honor of the Torah,** that it should be left without the Ark to house it properly. אֶלָּא אָנוּ עוֹשִׂין הָאָרוֹן וְאַחַר כָּךְ הַמִּשְׁכָּן — **Rather, we should make the Ark** first **and afterward** make **the Tabernacle."**

NOTES

13. Interpreting וַיִּבֶן as, *He contemplated,* from the root בין, "understand," "contemplate." The Midrash rejects the more literal meaning of *he built* (from the root בנה) for if so the correct form of the word would have been וַיִּבְנֶה (*Matnos Kehunah*); see *Joshua* 19:50 et al. See *Bereishis Rabbah* 34 §9; see also 41 §7 and note 132 there.

14. [I.e, Noah fulfilled God's explicit command to take seven pairs from the clean species and he also added to that command, fulfilling that which was implicit in it. For he understood that God intended the extra animals to be brought as offerings (see *Maharzu*).]

15. The חָכָם, *wise man,* of the verse is Moses, who ascended to the domain of the angels (*the mighty ones*), in order to bring down the Torah (*the strength of its trust*) to Israel (*Yefeh To'ar* and *Eitz Yosef,* citing *Vayikra Rabbah* 31 §5; see also 43 §2 above). While clearly Moses was wise, the Midrash cites this verse for one might otherwise think that the term חָכָם would not be appropriate for Moses, who should rather be referred to as a prophet or as a man of God (*Yefeh To'ar*). See *Maharzu* for an alternative approach to the relevance of this verse to the exposition of the Midrash.

16. For Torah adds life, as verse 11 there states, וְיוֹסִיפוּ לְךָ שְׁנוֹת חַיִּים, *And they will increase years of life for you* (*Radal;* see, similarly, *Yefeh To'ar* and *Eitz Yosef*). The Midrash describes Moses' teaching of the Torah to Israel as מֵטִיבָן, *benefiting them,* for he was being graciously good to them, in accordance with the statement of the Gemara (*Nedarim* 38a) that God gave Moses the Torah to be his alone but that Moses generously shared it with all of Israel (*Yefeh To'ar;* see *Matnos Kehunah* and *Eitz Yosef* for an alternative understanding). *Radal* suggests emending the text from וּמֵטִיבָן, *and he benefited them,* to וּמַחְכִּימָן, *and he made them wise.*

17. Moses "became even wiser" as a result of his teaching the Torah to the Jewish people, in accordance with the statement of R' Chanina, מִתַּלְמִידַי יוֹתֵר מִכּוּלָּן, "From my students [I learned more] than from all of them" (see *Taanis* 7a, *Makkos* 10a) [for in the course of transmitting his knowledge and answering their questions he gains many new insights and ideas] (*Yefeh To'ar,* second explanation, *Eitz Yosef*). Alternatively, the Midrash interprets וְיֶחְכַּם עוֹד as, *and he made another wise,* i.e., that Moses made the Jewish people wise by teaching them Torah (*Yefeh To'ar,* first explanation, *Toldos Noach*).

The Midrash interprets the final phrase in the verse, וְיוֹסֶף לֶקַח, (normally translated as *and he will add learning*) as, *and he took additionally,* meaning, he took additional life (*Yefeh To'ar, Eitz Yosef*).

18. *Maharzu.*

19. I.e., God will speak to Moses in the Tabernacle, instructing him there in the Torah that he in turn will teach the Children of Israel, as stated in the verse, וְנוֹעַדְתִּי לְךָ שָׁם וְדִבַּרְתִּי אִתְּךָ ... אֵת כָּל אֲשֶׁר אֲצַוֶּה אוֹתְךָ אֶל בְּנֵי יִשְׂרָאֵל, *It is there that I will set My meetings with you, and I shall speak with you ... everything that I shall command you to the Children of Israel* (above, 25:22) [*Yefeh To'ar, Eitz Yosef*].

20. I.e., the two Tablets of Testimony, which were the physical manifestation of the Torah (see *Yefeh To'ar;* see *Maharzu* for several alternative possibilities of what is meant here by "the Torah"). Bezalel understood that if God were to rest His Presence in the Tabernacle it would be by virtue of the two Tablets. Hence he wanted to know which of the Tabernacle's components was to hold the Tablets so that he could begin his work with that article (*Yefeh To'ar*).

21. As Moses had stated in his instructions, where he had placed the Tabernacle before the Ark; see 35:10-12 above (*Yefeh To'ar* on §1 above, s.v. פתח בארון; see also note 11 above). [Moses thus indirectly answered Bezalel's question, indicating that the Torah was to be placed in the Ark. However, understanding the reason for Bezalel's question (see previous note), Moses told him that he should nevertheless wait with the construction of the Ark till after the Tabernacle was completed.]

ב הָדָא הוּא דִכְתִיב (משלי ט, ט) **"תֵּן לְחָכָם וְיֶחְכַּם עוֹד", [ד]זֶה נֹחַ, שֶׁאָמַר לוֹ הַקָּדוֹשׁ בָּרוּךְ הוּא:** (בראשית ז, ב) **"מִכֹּל הַבְּהֵמָה הַטְּהוֹרָה תִּקַּח לְךָ שִׁבְעָה שִׁבְעָה וגו'", וּכְשֶׁיָּצָא מַה כְּתִיב,** (שם ח, כ) **"וַיִּבֶן נֹחַ מִזְבֵּחַ לַה'", מַאי "וַיִּבֶן", נִתְבּוֹנֵן, וְאָמַר: מַה טַּעַם רִיבָּה הַקָּדוֹשׁ בָּרוּךְ הוּא בַּטְּהוֹרִים יוֹתֵר מִן הַטְּמֵאִים, לֹא שֶׁהָיָה רוֹצֶה לְהַקְרִיב לוֹ מֵהֶן, מִיָּד** (שם) **"וַיִּקַּח מִכֹּל הַבְּהֵמָה הַטְּהֹרָה", הֱוֵי "תֵּן לְחָכָם וְיֶחְכַּם עוֹד", לְפִי שֶׁהֶחָכָם שׁוֹמֵעַ דָּבָר וּמְקַיְּמוֹ וּמוֹסִיף עָלָיו, דָּבָר אַחֵר,** (משלי ט, ט) **"תֵּן לְחָכָם וְיֶחְכַּם עוֹד", זֶה מֹשֶׁה, שֶׁנֶּאֱמַר** (משלי כא, כב) **"עִיר גִּבֹּרִים עָלָה חָכָם", שֶׁהָיָה לָמֵד תּוֹרָה מִפִּי הַגְּבוּרָה, וּבָא וְאָמַר לְיִשְׂרָאֵל וּמְטִיבָן וְהוּא מוֹסִיף לָהֶם חַיִּים, הֱוֵי "תֵּן לְחָכָם וְיֶחְכַּם עוֹד", דָּבָר אַחֵר, "תֵּן לְחָכָם" זֶה בְּצַלְאֵל, אַתָּה מוֹצֵא [ה]בְּשָׁעָה שֶׁאָמַר הַקָּדוֹשׁ בָּרוּךְ הוּא לְמֹשֶׁה עֲשֵׂה הַמִּשְׁכָּן בָּא וְאָמַר לִבְצַלְאֵל, אָמַר לוֹ: מַהוּ הַמִּשְׁכָּן הַזֶּה, אָמַר לוֹ: שֶׁיַּשְׁרֶה הַקָּדוֹשׁ בָּרוּךְ הוּא שְׁכִינָתוֹ בְּתוֹכוֹ וּמְלַמֵּד לְיִשְׂרָאֵל תּוֹרָה, אָמַר לוֹ בְּצַלְאֵל: וְהֵיכָן הַתּוֹרָה נִתֶּנֶת, אָמַר לוֹ: מִשֶּׁאָנוּ עוֹשִׂים אֶת הַמִּשְׁכָּן אָנוּ עוֹשִׂין הָאָרוֹן, אָמַר לוֹ: רַבֵּינוּ מֹשֶׁה, אֵין כְּבוֹדָהּ שֶׁל תּוֹרָה בְּכָךְ, אֶלָּא אָנוּ עוֹשִׂין הָאָרוֹן וְאַחַר כָּךְ הַמִּשְׁכָּן, לְפִיכָךְ זָכָה שֶׁיִּקָּרֵא עַל שְׁמוֹ, שֶׁנֶּאֱמַר** [לז, א] **"וַיַּעַשׂ בְּצַלְאֵל אֶת הָאָרֹן":**

עץ יוסף

ויעש סתם בלא מלת בצלאל, וכן כל הפרשה שאחריו, ומהו כן אלא שבא להעיר בזה אף שנאמר לו המשכן תחלה, עשה הוא את שלו והתחיל בארון מטעם הנ"ל, וליישב גירסתנו שנאמר ועשו ארון, צריך לומר פתח בארון, הפך ממה שאמר לו משה להתחיל במשכן, והסכים מעשה בצלאל למאמר הקדוש ברוך הוא שהקדים הארון כדכתיב (שמות כ"ה, י) ועשו ארון, ואחר כך כתיב (שם כג) ועשית שלחן וגו', הרי שהקדים הקדוש ברוך הוא את הארון: (ב) **הדא הוא דכתיב תן לחכם.** שבצלאל עשה שלא כדברי משה בטוב טעמו, שנתחכם יותר ממשה: **זה נח.** שהוזהר להביא שבע מטהורים אל התיבה, ועל ידי זה הבין והוסיף לעשות קרבן מהם: **מהו ויבן.** בבראשית רבה פרשה ל"ד ויבן נח מזבח לה', ויבן כתיב, נתבונן כו', דדריש ליה כאילו הוא בקמ"ץ: **זה משה.** שלמד לעצמו ולמד לישראל: **שנאמר עיר גבורים עלה חכם.** ובמשה קמיירי שעלה למרום והוריד התורה, כדדריש בויקרא רבה פרשה ל"א: **שהיה לומד תורה.** פירוש דתן לחכם, היינו מה שניתנה לו תורה מפי הגבורה ויחכם עוד, היינו מה שלמדה לישראל, ועל ידי כך התחכם טפי על דרך ומתלמידי יותר מכולם: **ומטיבן.** פירוש שהיה מחזירן למוטב: **והוא מוסיף להם חיים.** דורש סוף המקרא הודע לצדיק ויוסף לקח, והוקשה לו שנראה כעובר על בל תוסיף, לזה דורש שההוספה היא במה שהוסיף חיים לישראל על ידי לימודו אותם כי הוא חיי האדם, ופירוש לקח לקיחת החיים: **זה בצלאל.** שפעמים החכם יתחכם יותר ממלמדו, כענין בצלאל שכיון לדבר יותר ממלמדו משה: **ומלמד לישראל תורה.** שמשם הדיבור יוצא למשה כמו שכתוב ונועדתי לך שם ודברתי אתך וגו': **אין כבודה.** שתהא התורה מונחת בלי כלי, ואף שכבר היתה התורה נתונה בארון של עץ, כדפירש רש"י בסדר עקב, אפשר שהיה אומר אין כבודה של תורה להיות מונחת בארון של עץ, אלא בארון של זהב: **אנו עושין הארון ואחר כך המשכן.** בפרק הרואה (ברכות נה, א) אמר רבי שמואל בר נחמני אמר רבי יונתן בצלאל על שם חכמתו נקרא, בשעה שאמר ליה הקדוש ברוך הוא לומר לבצלאל עשה לי משכן כו', עיין שם (ועיין ביפה תואר): **על שמו.** ולא שהוא לבדו עשאו, דהא כתיב ועשו ארון שלא עשאו בצלאל לבדו, וכדאמר לעיל פרשה ל"ד עיין שם:

פירוש מהרז"ו

(ב) **תן לחכם ויחכם עוד.** וסיפא דקרא הודע לצדיק ויוסף לקח, וזהו שאמר ומקיימו ומוסיף עליו, ופירושו שמבין היטב כוונת המצוה, ומתבונן ומוציא דבר מתוך דבר. ועיין בראשית רבה פרשה לד סימן ט, ושם נסמן ומבואר: **זה משה.** שנקרא חכם. ומה שכתוב עיר גבורים, דורש על שקבל דברי תורה שנתנו מפי הגבורה. ומה שאמר ובא ואמר לישראל, היינו מה שכתוב בסיפא דקרא ויורד עוז מבטחה, ועוז הוא תורה כמו שכתוב ה' עוז לעמו יתן, ומה שכתוב מבטחה, דורש נוטריקון, מטיב מוסיף חיים, דומה למה שכתוב (משלי ט, ט) הודע לצדיק ויוסף לקח: **אתה מוצא.** עיין קהלת רבה פסוק טובה חכמה. ומה שאמר מהו המשכן, פירוש לאיזה צורך, ומה יעשה בו: **והיכן התורה ניתנה.** זה צריך עיון גדול, שהרי התורה לא נכתבה עד סוף ארבעים שנה, כמפורש בסוף בסדר וילך, כמו שדרשו דברים רבה פרשה ט סימן ט, שביום מותו כתב שלש עשרה ספרי תורה, ואחד נתן בארון, ויש בזה פלוגתא דתנאי אם בתוך הארון, אם בצדו, הובא רש"י בסוף וילך, ואיך אמר כאן והיכן התורה וכו' כבודה של תורה וכו'. רק ספר בראשית היה כתוב כבר, כמו שאמרו במכילתא יתרו פסוק ויאמר וגו', לך אל העם ויקח ספר הברית וגו' מתחלת בראשית ועד כאן, היינו עד סדר יתרו, וכמו שאמר לעיל פרשה ה' סימן כ"ב, נטלתי ספר בראשית וכו', עיין מה שכתבתי שם. אך בדברים רבה פרשה ג סימן י"ב, ושם נסמן, איתא התורה שנתנה למשה עורה של אש לבנה, וכתובה באש שחורה, עיין מה שכתבתי שם. ואם כן יתכן שעל תורה זו כוונתו שנתנה לו עם הלוחות, וכמו שכתוב שמות כ"ד י"ב, ואתנה לך את הלוחות האבן והתורה והמצוה, הרי שנתן לו תורה כתובה בשמים, והורידה עם הלוחות, ועל תורה זו דברו כאן. גם יתכן שכיוונו כאן על הלוחות שכלול בהם כל התורה, וכמו שאמר לעיל פרשה מ"ז סימן ז, ושם נסמן. וצריך עיון: **אלא אנו עושים את הארון.** וכן הוא בתנחומא, וזה לשונו, משה אמר לו להתחיל במשכן, והוא התחיל בארון, למה בשביל שארון הוא מקום התורה. וזה פלא איך נפל ויכוח בין משה ובצלאל, ואיך עלה על דעת בצלאל לסתור דברי משה שקבל מהשם יתברך, ומה יועיל בזה סברא. ועוד שאמר שנצח למשה ועשה כדעתו. אך אמיתת הענין בזה שחז"ל דורשים כאן מדה ט"ו, שבסדר תרומה מפורש

מתנות כהונה

[ב] **מהו ויבן.** שהיה לו לומר ויבנה וכן דרשו (בראשית ב, כב) ויבן ה' אלהים את הצלע וכל מקום דכתיב ויבן: **ומטיבן.** היו מחזירים למוטב: **אין כבודה.** שתהא התורה מונחת בלי כלי:

אשד הנחלים

[ב] **מה טעם ריבה.** מפורש בסדר נח (כו, א): **שומע דבר ומקיימו.** אמר בלשון מקיימו, שהחכם הוא כשפועל במעשה ומקיים כפי ידיעתו וציורו, והחכם שומע הדבר ועושהו ומוסיף עוד עליו לעשות על צד היותר טוב, כי אוהב החכמה מאוד ומקיימה ביתר שאת: **לישראל ומטיבן.** כי משה בעצמו הגיע למדריגת החכמה מאוד עד שלא יצדק עליו לומר שהוא החכים עוד, כי הגיע לשלימות הידיעה בתכלית, רק להיטיב לישראל, וזהו ויחכם שהחכים אותם: **והוא מוסיף להן חיים.** וזהו הוכח לחכם ויאהבך, כי הוסיף להם חיים בתוכחתו ולכן אהבוהו למאד: **משאנו עושים כו' אין כבודה של תורה כו'.** יש להבין במאי היה מחקרם, כי כפשוטו אין בה חכמה עמוקה כל כך, כי אם מושכלות אנושיות פשוטות, מה שלא יאות לחכמי לב אנשים אלהיים כמוהם לתאר זאת בשם חכמה. והנראה מזה דהמשכן הוא אמצעי שעל ידו ישרה השכינה שמה, והארון האמצעי על השגת התורה הנתונה בו, ובזה העמיקו לדעת מי היא הראשונה בכוונתה, והוא על דרך המחקרי בריש סדר בראשית (א, ד) אם הכסא הכבוד קדמה לתורה או תורה קדמה לכסא הכבוד, ודיקו שם דתורה קדמה לכסא הכבוד, וזהו שאמר אין כבודה של תורה בכך, כי כבודה רמה מאוד:

חידושי הרד"ל

[ב] **ויחכם עוד הודע לצדיק ויוסף לקח זה נח כו'.** כן צריך לומר. וזה שנאמר **שומע דבר כו' ומוסיף עליו,** וכן באידך דרשא **ומטובו מוסיף להם כו': ומטיבן והוא מוסיף להם חיים.** כמדומה שצריך לומר ומחכימן כמו שכתוב תן כו' ויחכם וכמו שכתוב בקרא דבתריה תחלת חכמה כו', ומסיים כי בי ירבו ימיך ושנות חיים יוסיפו לך, וזה שאמר כאן והוא מוסיף כו': **לפיכך זכה שיקרא על שמו.** כלומר אף על פי שהכל יתעסקו בארון כדלעיל סוף פרשה לג (סימן ח), ולהלן סוף הפרשה כאן, ועיין ביומא (עב, ב):

חידושי הרש"ש

[ב] **משאנו עושין את המשכן אנו עושין את הארון אמר לו.** הך פליגא על רבי שמואל בר נחמני אמר רבי יונתן ברכות (נה, א), וטעם המדרש הוא מדכתיב בפרשת תשא (שמות לא, ו - ז) ועשו גו' את אהל מועד ואת הארון גו', וכן צוה משה בריש פרשתינו (שם לה, י - יב) וכל חכם גו' יבואו ויעשו גו' את המשכן גו' את הארון גו', ומדלא הוזכר שם בצלאל על עשיית אוהל מועד עד עשיית הארון בפרשת ויקהל, שמע מינה דזה הוא התחלת עבודתו:

באור מהרי"פ

[ב] **ויחכם עוד זה משה.** פירוש, על דרך שאמרו חכמינו ז"ל (נדרים לח, א) התורה נתנה במתנה למשה, ומשה נהג טובת עין ונתנה לישראל, וזהו פירוש הכתוב תן לחכם זה משה, שהקב"ה נתן התורה למשה, ויחכם עוד שבא ואמר לישראל, פירוש שנהג בהם טובת עין, וזהו **ומטיבן וכו'.** תולדות נח הארוך:

מסורת המדרש

ד. בראשית רבה פרשה ל"ד. מדרש תהלים מזמור א'. תנחומא כאן סימן ו'. ילקוט סדר נח רמז נ"ט. ילקוט תהלים רמז תרי"ד. ילקוט משלי רמז תתקמ"ד:
ה. עי' ברכות דף נ"ה. קהלת רבה פרשה ז' פסוק י"ח:

אם למקרא

תֵּן לְחָכָם וְיֶחְכַּם עוֹד הוֹדַע לְצַדִּיק וְיוֹסֶף לֶקַח:
(משלי ט:ט)

מִכֹּל הַבְּהֵמָה הַטְּהוֹרָה תִּקַּח לְךָ שִׁבְעָה שִׁבְעָה אִישׁ וְאִשְׁתּוֹ וּמִן הַבְּהֵמָה אֲשֶׁר לֹא טְהֹרָה הִוא שְׁנַיִם אִישׁ וְאִשְׁתּוֹ:
(בראשית ז:ב)

וַיִּבֶן נֹחַ מִזְבֵּחַ לַה' וַיִּקַּח מִכֹּל הַבְּהֵמָה הַטְּהֹרָה וּמִכֹּל הָעוֹף הַטָּהוֹר וַיַּעַל עֹלֹת בַּמִּזְבֵּחַ:
(שם ח:כ)

עִיר גִּבֹּרִים עָלָה חָכָם וַיֹּרֶד עֹז מִבְטֶחָה:
(שם כא:כב)

אמרי יושר

[ב] הכי גרסינן **היכן תורה ניתנה בארון אמר בצלאל משאנו עושין המשכן ואחר כך אנו עושין הארון: לפיכך זכה שיקרא על שמו.** זהו ויעש בצלאל הנזכר בארון, אבל בפרשיות דלעיל כתיב ויעש את הקרשים סתם, גם להלן ויעשו כל חכם לב בעושי המלאכה:

לְפִיכָךְ זָכָה שֶׁיִּקָּרֵא עַל שְׁמוֹ, שֶׁנֶּאֱמַר "וַיַּעַשׂ בְּצַלְאֵל אֶת הָאָרֹן" – **Therefore,** since Bezalel was responsible for having the Ark constructed first, **he merited that [the Ark] shall be attributed to his name, as [our verse] states,** ***Bezalel made the Ark.***[22]

NOTES

22. Bezalel did not build the Ark entirely on his own, for Scripture states explicitly, וְעָשׂוּ אֲרוֹן, *they* (plural) *shall make an Ark* (above, 25:10); see 34 §2 above. Hence the Midrash interprets the verse as meaning that the Ark is particularly associated with Bezalel due to his role in ensuring that it be constructed first (*Eitz Yosef*). See also note 12 above. For further examination of Bezalel's dispute with Moses regarding the proper order for the construction of the Tabernacle, see Insight Ⓐ.

According to this exposition the meaning of the verse is, *give* instruction *to the wise man and he will become even wiser* than the one instructing him. For while it was Moses who instructed Bezalel regarding the construction of the Tabernacle, Bezalel's understanding in this regard surpassed that of Moses (*Yefeh To'ar* s.v. זה נח, *Eitz Yosef* s.v. זה בצלאל).

INSIGHTS

Ⓐ **Arguing From the Beginning** The Midrash explains Bezalel's rationale for constructing the Ark first. But why did Moses previously assert that the Tabernacle's structure should come first? Was that order part of God's explicit instructions to Moses? If so, it is hard to understand how Bezalel could disagree. Clearly, if God had said that the Tabernacle was to be built first then any counterargument, as brilliant as it might be, is irrelevant.

Maharzu suggests that Bezalel was not questioning a Divine command; rather, he was questioning Moses' interpretation thereof. For there was some ambiguity in God's command regarding the proper order of construction. In His original instructions regarding the Tabernacle, God gave the specifications for the Ark before describing the general structure (above, Chs. 25-26). But later, when designating Bezalel as supervisor of the project, God listed the Tent of Meeting — i.e., the outer structure — before the Ark (above, 31:7).

Both Moses and Bezalel sought to resolve this ambiguity by means of analogy to the creation of the world (see previous section). They both agreed that the Ark, bearing the Torah, corresponds to light while the Tabernacle's structure corresponds to the physical world. But they took opposite sides on the question of chronology.

Moses held the view of R' Nechemyah (see ibid.), that the physical world was created before light, and therefore reasoned that the construction of the Tabernacle should similarly precede that of the Ark. Bezalel, on the other hand, adopted the position of R' Yehudah (see ibid.), who gave precedence to the creation of light. On that basis he argued that in honor of the Torah, repository of the spiritual light, the construction of the Ark should likewise come first.

As the verse here implies, the position of Bezalel (and R' Yehudah) prevailed over that of Moses, and the Ark was constructed before the Tabernacle. For although Moses was the prophet who relayed God's instructions to Bezalel, in this regard Bezalel's understanding was superior to that of Moses. *Give to the wise man and he will become even wiser.*

It should be noted that in the Talmud (*Berachos* 55a), a different version of this exchange reverses the positions taken by the two leaders. Moses stayed true to the sequence indicated by God's original instructions — the Ark before the Tabernacle — and Bezalel argued that the Tabernacle must go first, reasoning that when people build new homes, the common practice is to erect the outer structure before bringing in the furnishings. According to this version, writes *Maharzu*, we must conclude that Moses held that light came before the physical world while Bezalel held the reverse.

What, though, did Bezalel mean to add by citing the usual home-building practice? *Be'er Yosef* (*Ki Sisa* 31:2) suggests that Bezalel offered this rationale as a respectful allusion to his account of Creation, which (according to the Talmud) had the physical world, symbolized by the Tabernacle's outer structure, coming before light, represented in the Tabernacle by its most prominent furnishing, the Holy Ark.

ב הָדָא הוּא דִכְתִיב (משלי ט, ט) "תֵּן לְחָכָם וְיֶחְכַּם עוֹד", יזֶה נֹחַ, שֶׁאָמַר לוֹ הַקָּדוֹשׁ בָּרוּךְ הוּא: (בראשית ז, ב) "מִכֹּל הַבְּהֵמָה הַטְּהוֹרָה תִּקַּח לְךָ שִׁבְעָה שִׁבְעָה וְגוֹ'", וּכְשֶׁיָּצָא מַה כְּתִיב, (שם ח, כ) "וַיִּבֶן נֹחַ מִזְבֵּחַ לַה'", מַאי "וַיִּבֶן", נִתְבּוֹנֵן, וְאָמַר: מַה טַּעַם רִיבָּה הַקָּדוֹשׁ בָּרוּךְ הוּא בַּטְּהוֹרִים יוֹתֵר מִן הַטְּמֵאִים, לֹא שֶׁהָיָה רוֹצֶה לְהַקְרִיב לוֹ מֵהֶן, מִיָּד (שם) "וַיִּקַּח מִכֹּל הַבְּהֵמָה הַטְּהֹרָה", הֱוֵי "תֵּן לְחָכָם וְיֶחְכַּם עוֹד", לְפִי שֶׁהֶחָכָם שׁוֹמֵעַ דָּבָר וּמְקַיְּימוֹ וּמוֹסִיף עָלָיו, דָּבָר אַחֵר, (משלי ט, ט) "תֵּן לְחָכָם וְיֶחְכַּם עוֹד", זֶה מֹשֶׁה, שֶׁנֶּאֱמַר (משלי כא, כב) "עִיר גִּבֹּרִים עָלָה חָכָם", שֶׁהָיָה לָמֵד תּוֹרָה מִפִּי הַגְּבוּרָה, וּבָא וְאָמַר לְיִשְׂרָאֵל וּמֵטִיבָן וְהוּא מוֹסִיף לָהֶם חַיִּים, הֱוֵי "תֵּן לְחָכָם וְיֶחְכַּם עוֹד", דָּבָר אַחֵר, "תֵּן לְחָכָם" זֶה בְּצַלְאֵל, אַתָּה מוֹצֵא הבְּשָׁעָה שֶׁאָמַר הַקָּדוֹשׁ בָּרוּךְ הוּא לְמֹשֶׁה עֲשֵׂה הַמִּשְׁכָּן בָּא וְאָמַר לִבְצַלְאֵל, אָמַר לוֹ: מַהוּ הַמִּשְׁכָּן הַזֶּה, אָמַר לוֹ: שֶׁיַּשְׁרֶה הַקָּדוֹשׁ בָּרוּךְ הוּא שְׁכִינָתוֹ בְּתוֹכוֹ וּמְלַמֵּד לְיִשְׂרָאֵל תּוֹרָה, אָמַר לוֹ בְּצַלְאֵל: וְהֵיכָן הַתּוֹרָה נִתֶּנֶת, אָמַר לוֹ: מִשֶּׁאָנוּ עוֹשִׂים אֶת הַמִּשְׁכָּן אָנוּ עוֹשִׂין הָאָרוֹן, אָמַר לוֹ: רַבֵּינוּ מֹשֶׁה, אֵין כְּבוֹדָהּ שֶׁל תּוֹרָה בְּכָךְ, אֶלָּא אָנוּ עוֹשִׂין הָאָרוֹן וְאַחַר כָּךְ הַמִּשְׁכָּן, לְפִיכָךְ זָכָה שֶׁיִּקָּרֵא עַל שְׁמוֹ, שֶׁנֶּאֱמַר [לז, א] "וַיַּעַשׂ בְּצַלְאֵל אֶת הָאָרֹן":

עץ יוסף

ויעש סתם בלא מלת בצלאל, וכן כל הפרשה שאחריו, ומהו כן אלא שבא להעיר בזה אף שנאמר לו המשכן תחלה, עשה הוא את שלו והתחיל בארון מטעם הנ"ל, וליישב גירסתנו שנאמר ועשו ארון, צריך לומר פתח בארון, הפך ממה שאמר לו משה להתחיל במשכן, והסכים מעשה בצלאל למאמר הקדוש ברוך הוא שהקדים הארון כדכתיב (שמות כ"ה, י) ועשו ארון, ואחר כך כתיב (שם כג) ועשית שלחן וגו', הרי שהקדים הקדוש ברוך הוא את הארון: (ב) **הדא הוא דכתיב תן לחכם.** שבצלאל עשה שלא כדברי משה בטוב טעמו, שנתחכם יותר ממשה: **זה נח.** שהוזהר להביא שבע מטהורים אל התיבה, ועל ידי זה הבין והוסיף לעשות קרבן מהם: **מהו ויבן.** בבראשית רבה פרשה ל"ד ויבן נח מזבח לה', ויבן כתיב, נתבונן כו', דדריש ליה כאילו הוא בקמ"ץ: **זה משה.** שלמד לעצמו ולמד לישראל: **שנאמר עיר גבורים עלה חכם.** ובמשה קמיירי שעלה למרום והוריד התורה, כדדריש בויקרא רבה פרשה ל"א: **שהיה לומד תורה.** פירוש דתן לחכם, היינו מה שניתנה לו תורה מפי הגבורה ויחכם עוד, היינו מה שלמדה לישראל, ועל ידי כך התחכם טפי על דרך ומתלמידי יותר מכולם: **ומטיבן.** פירוש שהיה מחזירן למוטב: **והוא מוסיף להם חיים.** דורש סוף המקרא הודע לצדיק ויוסיף לקח, והוקשה לו שנראה כעובר על בל תוסיף, לזה דורש שההוספה היא במה שהוסיף חיים לישראל על ידי לימודו אותם כי הוא חיי האדם, ופירוש לקח לקיחת החיים: **זה בצלאל.** שפעמים החכם יתחכם יותר ממלמדו, כענין בצלאל שכיון לדבר יותר ממלמדו משה: **ומלמד לישראל תורה.** שמשם הדיבור יוצא למשה כמו שכתוב ונועדתי לך שם ודברתי אתך וגו': **אין כבודה.** שתהא התורה מונחת בלי כלי, ואף שכבר היתה התורה נתונה בארון של עץ, כדפירש רש"י בסדר עקב, אפשר שהיה אומר אין כבודה של תורה להיות מונחת בארון של עץ, אלא בארון של זהב: **אנו עושין הארון ואחר כך המשכן.** בפרק הרואה (ברכות נה, א) אמר רבי שמואל בר נחמני אמר רבי יונתן בצלאל על שם חכמתו נקרא, בשעה שאמר ליה הקדוש ברוך הוא לומר לבצלאל עשה לי משכן כו', עיין שם (ועיין ביפה תואר): **על שמו.** ולא שהוא לבדו עשאו, דהא כתיב ועשו ארון שלא עשאו בצלאל לבדו, וכדאמר לעיל פרשה ל"ד עיין שם:

פירוש מהרז"ו

(ב) **תן לחכם ויחכם עוד.** וסיפא דקרא הודע לצדיק ויוסף לקח, וזהו שאמר ומקיימו ומוסיף עליו, ופירושו שמבין היטב כוונת המצוה, ומתבונן ומוציא דבר מתוך דבר. ועיין בראשית רבה פרשה לד סימן ט, ושם נסמן ומבואר: **זה משה.** שנקרא חכם. ומה שכתוב עיר גבורים, דורש על שקבל דברי תורה שנתנו מפי הגבורה. ומה שאמר ובא ואמר לישראל, היינו מה שכתוב בסיפא דקרא ויורד עוז מבטחה, ועוז הוא תורה כמו שכתוב ה' עוז לעמו יתן, ומה שכתוב מבטחה, דורש נוטריקון, מטיב מוסיף חיים, דומה למה שכתוב (משלי ט, ט) הודע לצדיק ויוסף לקח: **אתה מוצא.** עיין קהלת רבה פסוק טובה חכמה. ומה שאמר מהו המשכן, פירוש לאיזה צורך, ומה יעשה בו: **והיכן התורה ניתנה.** זה צריך עיון גדול, שהרי התורה לא נכתבה עד סוף ארבעים שנה, כמפורש בסוף בסדר וילך, כמו שדרשו דברים רבה פרשה ט סימן ט, שביום מותו כתב שלש עשרה ספרי תורה, ואחד נתן בארון, ויש בזה פלוגתא דתנאי אם בתוך הארון, אם בצדו, הובא רש"י בסוף וילך, ואיך אמר כאן והיכן התורה וכו' כבודה של תורה וכו'. רק ספר בראשית היה כתוב כבר, כמו שאמרו במכילתא יתרו פסוק ויאמר וגו', לך אל העם ויקח ספר הברית וגו' מתחלת בראשית ועד כאן, היינו עד סדר יתרו, וכמו שאמר לעיל פרשה ה' סימן כ"ב, נטלתי ספר בראשית וכו', עיין מה שכתבתי שם. אך בדברים רבה פרשה ג סימן י"ב, ושם נסמן, איתא התורה שנתנה למשה עורה של אש לבנה, וכתובה באש שחורה, עיין מה שכתבתי שם. ואם כן יתכן שעל תורה זו כוונתו שנתנה לו עם הלוחות, וכמו שכתוב שמות כ"ד י"ב, ואתנה לך את הלוחות האבן והתורה והמצוה, הרי שנתן לו תורה כתובה בשמים, והורידה עם הלוחות, ועל תורה זו דברו כאן. גם יתכן שכיוונו כאן על הלוחות שכלול בהם כל התורה, וכמו שאמר לעיל פרשה מ"ז סימן ז, ושם נסמן. וצריך עיון: **אלא אנו עושים את הארון.** וכן הוא בתנחומא, וזה לשונו, משה אמר לו להתחיל במשכן, והוא התחיל בארון, למה בשביל שארון הוא מקום התורה. וזה פלא איך נפל ויכוח בין משה ובצלאל, ואיך עלה על דעת בצלאל לסתור דברי משה שקבל מהשם יתברך, ומה יועיל בזה סברא. ועוד שאמר שנצח למשה ועשה כדעתו. אך אמיתת הענין בזה שחז"ל דורשים כאן מדה ט"ו, שבסדר תרומה מפורש

חידושי הרד"ל

[ב] **ויחכם עוד הודע לצדיק ויוסף לקח זה נח כו'.** כן צריך לומר. וזה שנאמר **שומע דבר כו' ומוסיף עליו,** וכן באידך דרשא **ומטובו מוסיף להם כו': ומטיבן והוא מוסיף להם חיים.** כמדומה שצריך לומר ומחכימן כמו שכתוב תן כו' ויחכם וכמו שכתוב בקרא דבתריה תחלת חכמה כו', ומסיים כי בי ירבו ימיך ושנות חיים יוסיפו לך, וזה שאמר כאן והוא מוסיף כו': **לפיכך זכה שיקרא על שמו.** כלומר אף על פי שהכל יתעסקו בארון כדלעיל סוף פרשה לג (סימן ח), ולהלן סוף הפרשה כאן, ועיין ביומא (עב, ב):

חידושי הרש"ש

[ב] **משאנו עושין את המשכן אנו עושין את הארון אמר לו.** הך פליגא על רבי שמואל בר נחמני אמר רבי יונתן ברכות (נה, א), וטעם המדרש הוא מדכתיב בפרשת תשא (שמות לא, ו - ז) ועשו גו' את אהל מועד ואת הארון גו', וכן צוה משה בריש פרשתינו (שם לה, י - יב) וכל חכם גו' יבואו ויעשו גו' את המשכן גו' את הארון גו', ומדלא הוזכר שם בצלאל על עשיית אוהל מועד עד עשיית הארון בפרשת ויקהל, שמע מינה דזה הוא התחלת עבודתו:

באור מהרי"פ

[ב] **ויחכם עוד זה משה.** פירוש, על דרך שאמרו חכמינו ז"ל (נדרים לח, א) התורה נתנה במתנה למשה, ומשה נהג טובת עין ונתנה לישראל, וזהו פירוש הכתוב תן לחכם זה משה, שהקב"ה נתן התורה למשה, ויחכם עוד שבא ואמר לישראל, פירוש שנהג בהם טובת עין, וזהו **ומטיבן וכו'.** תולדות נח הארוך:

מסורת המדרש

ד. בראשית רבה פרשה ל"ד. מדרש תהלים מזמור א'. תנחומא כאן סימן ו'. ילוקט סדר נח רמז כ"ט. ילקוט תהלים רמז תרי"ד. ילקוט משלי רמז תתקמ"ד:
ה. עי' ברכות דף נ"ה. קהלת רבה פרשה ז' פסוק י"א:

אם למקרא

תֵּן לְחָכָם וְיֶחְכַּם עוֹד הוֹדַע לְצַדִּיק וְיוֹסֶף לֶקַח:
(משלי ט:ט)

מִכֹּל הַבְּהֵמָה הַטְּהוֹרָה תִּקַּח לְךָ שִׁבְעָה שִׁבְעָה אִישׁ וְאִשְׁתּוֹ וּמִן הַבְּהֵמָה אֲשֶׁר לֹא טְהֹרָה הִוא שְׁנַיִם אִישׁ וְאִשְׁתּוֹ:
(בראשית ז:ב)

וַיִּבֶן נֹחַ מִזְבֵּחַ לַה' וַיִּקַּח מִכֹּל הַבְּהֵמָה הַטְּהֹרָה וּמִכֹּל הָעוֹף הַטָּהֹר וַיַּעַל עֹלֹת בַּמִּזְבֵּחַ:
(שם ח:כ)

עִיר גִּבֹּרִים עָלָה חָכָם וַיֹּרֶד עֹז מִבְטֶחָה:
(שם כא:כב)

אמרי יושר

[ב] **הכי גרסינן היכן תורה ניתנה בארון אמר בצלאל משאנו עושין המשכן ואחר כך אנו עושין הארון: לפיכך זכה שיקרא על שמו.** זהו ויעש בצלאל הנזכר בארון, אבל בפרשיות דלעיל כתיב ויעש את הקרשים סתם, גם להלן ויעשו כל חכם לב בעושי המלאכה:

מתנות כהונה

[ב] **מהו ויבן.** שהיה לו לומר ויבנה וכן דרשו (בראשית ב, כב) ויבן ה' אלהים את הצלע וכל מקום דכתיב ויבן: **ומטיבן.** היו מחזירים למוטב: **אין כבודה.** שתהא התורה מונחת בלי כלי:

אשד הנחלים

[ב] **מה טעם ריבה.** מפורש בסדר נח (כו, א): **שומע דבר ומקיימו.** אמר בלשון מקיימו, שהחכם הוא כשפועל במעשה ומקיים כפי ידיעתו וציורו, והחכם שומע הדבר ועושהו ומוסיף עוד עליו לעשות על צד היותר טוב, כי אוהב החכמה מאוד ומקיימה ביתר שאת: **לישראל ומטיבן.** כי משה בעצמו הגיע למדריגת החכמה מאוד עד שלא יצדק עליו לומר שהוא החכים עוד, כי הגיע לשלימות הידיעה בתכלית, רק להיטיב לישראל, וזהו ויחכם שהחכים אותם: **והוא מוסיף להן חיים.** וזהו הוכח לחכם ויאהבך, כי הוסיף להם חיים בתוכחתו ולכן אהבוהו למאד: **משאנו עושים כו' אין כבודה של תורה כו'.** יש להבין במאי היה מחקרם, כי כפשוטו אין בה חכמה עמוקה כל כך, כי אם מושכלות אנושיות פשוטות, מה שלא יאות לחכמי לב אנשים אלהיים כמוהם לתאר זאת בשם חכמה. והנראה מזה דהמשכן הוא אמצעי שעל ידו ישרה השכינה שמה, והארון האמצעי על השגת התורה הנתונה בו, ובזה העמיקו לדעת מי היא הראשונה בכוונתה, והוא על דרך המחקרי בריש סדר בראשית (א, ד) אם הכסא הכבוד קדמה לתורה או תורה קדמה לכסא הכבוד, ודיקו שם דתורה קדמה לכסא הכבוד, וזהו שאמר אין כבודה של תורה בכך, כי כבודה רמה מאוד:

§3 The Midrash applies a principle derived from a verse in *Jeremiah* to the construction of the Ark. However, the Midrash first records several other instances in which that principle was employed:

דָּבָר אַחֵר – Another interpretation: ״וַיַּעַשׂ בְּצַלְאֵל״ – ***Bezalel made** the Ark of acacia wood.* הָדָא הוּא דִכְתִיב ״כִּי אַעֲלֶה אֲרֻכָה לָךְ״ – **Thus it is written, *For I will make a cure for you**, and I will heal you from your wounds — the word of HASHEM* (*Jeremiah* 30:17). אֵין מִדּוֹתָיו שֶׁל הַקָּדוֹשׁ בָּרוּךְ הוּא כְּמִדַּת בָּשָׂר וָדָם – **The nature of the Holy One, blessed is He, is unlike the nature of** a person of **flesh and blood.** מִדַּת בָּשָׂר וָדָם שֶׁהוּא מַכֶּה בְּאִיזְמֵל וּמְרַפֵּא בִּרְטִיָּיה – **The nature of** a **flesh-and-blood** person **is that he wounds with a knife and he heals with a bandage,** אֲבָל הַקָּדוֹשׁ בָּרוּךְ הוּא בַּמֶּה שֶׁהוּא מַכֶּה הוּא מְרַפֵּא – **but the Holy One, blessed is He, with that which He wounds He heals.**[23] שֶׁנֶּאֱמַר ״וַיָּבֹאוּ מָרָתָה וְלֹא יָכְלוּ לִשְׁתֹּת מַיִם מִמָּרָה״ – **As [Scripture] states, *They came to Marah, but they could not drink the waters of Marah*** *because they were bitter* (above, 15:23).[24] לָמָּה, ״כִּי מָרִים הֵם״ – **Why** does the verse state explicitly that *they could not drink the waters of Marah* [מָרָה] ***because they were bitter*** [מָרִים]? אָמַר רַבִּי לֵוִי: הַדּוֹר הָיָה מַר בְּמַעֲשָׂיו – **R' Levi said:** The connotation of the phrase is that **the generation** that had exited Egypt **was bitter in its deeds,** i.e., sinful.[25] ״וַיִּצְעַק אֶל ה׳ וַיּוֹרֵהוּ ה׳ עֵץ״ וּמֶה הָיָה – ***[Moses] cried out to HASHEM, and HASHEM showed him a tree*** (ibid., v. 25). **And what** type of tree **was it?** יֵשׁ אוֹמְרִים זַיִת – **Some say** it was an **olive** tree, וְיֵשׁ אוֹמְרִים עֲרָבָה – **and some say** it was a **willow,** וְיֵשׁ אוֹמְרִים הַרְדוּפְנִי הָיָה – **and some say it was *hardufni*,**[26] וְיֵשׁ אוֹמְרִים עִיקְרֵי תְאֵנִים וְעִיקְרֵי רִמּוֹנִים הָיָה – **and some say it was the root of a fig** tree **or the root of a pomegranate** tree.[27] וּנְטָלוֹ וְהִשְׁלִיכוֹ לַמַּיִם – **[Moses] took [the tree]** God had shown him **and threw it into the water,** מִיָּד ״וַיִּמְתְּקוּ הַמָּיִם״ – **immediately, *the water became sweet*** (ibid.). הֱוֵי ״וּמִמַּכּוֹתַיִךְ אֶרְפָּאֵךְ״ – **It is** as the verse states, ***and I will heal you from your wounds.***[28]

NOTES

23. I.e., God heals with the same "instrument" with which He wounds. This concept is derived from the conclusion of the verse in *Jeremiah*, וּמִמַּכּוֹתַיִךְ אֶרְפָּאֵךְ, *and I will heal you from your wounds* (see further in the Midrash), which the Midrash interprets as meaning that God *will heal you* by means of *your wounds* (see 23 §3 above and commentators ad loc.).

24. The Midrash will present the proof below, from further on in the cited passage. However, the Midrash first digresses to discuss the wording of this verse.

25. The phrase, כִּי מָרִים הֵם, *because they were bitter,* is seemingly superfluous for the implication of וְלֹא יָכְלוּ לִשְׁתֹּת מַיִם מִמָּרָה, *but they could not drink of the waters of Marah,* is that it was because the water was מָרָה, *bitter,* that they could not drink it. Accordingly, R' Levi interprets the pronoun הֵם, *they,* as referring to the people of Israel. The connotation then is that the water was inherently sweet and fit to drink, but that it had become bitter on account of the Jews' sins (*Yefeh To'ar, Eitz Yosef;* however, see *Maharzu* and *Eshed HaNechalim*). [The question of whether the waters had originally been bitter or sweet is the subject of a dispute in *Mechilta, Beshalach, Parashas Vayisa* §1.]

Yefeh To'ar, followed by *Eitz Yosef,* suggests that the bitter deeds refer either to the various sins the people had committed at the Sea of Reeds (see 24 §1 above) or to the idea that the three-day period before their arrival at Marah in which *they did not find water* (above, 15:22) alludes to three days in which they did not study Torah (see *Mechilta* loc. cit.).

26. Identified by some as oleander (*Aruch HaShalem* s.v. הרדף) and by others as a species of wormwood (see *Rashi* to *Pesachim* 39a s.v. הירדופנין). According to the Gemara (*Chulin* 58b), *hardufni* is poisonous to animals; see also *Eitz Yosef,* citing *Mussaf HeAruch.*

27. It is unclear what the basis is for these various identifications. *Eshed HaNechalim* (to 23 §3 above) suggests that they represent conflicting oral traditions without specific Scriptural sources. In any event, the woods of all these species tastes bitter; see 23 §3 above.

28. For God used a bitter species of wood to heal the waters of their bitterness (see note 23 above). *Yefeh To'ar* suggests that this accords specifically with the position of R' Levi above that the waters were naturally sweet to begin with but had been "wounded" by God and made bitter on account of the Jews. However, if the waters had always been naturally bitter it would not be appropriate to describe them as having been "wounded" with bitterness.

For further examination of the concept that God heals with that which He wounds and its parrticular relevance to the Israelites' experience at Marah, see Insight Ⓐ.

INSIGHTS

Ⓐ **Bitter or Sweet: A Matter of Choice** What significance is there in the fact that God "heals with that which He wounds"? The *Dubno Maggid* (*Ohel Yaakov, Vayakhel*) explains that this is not merely a device to demonstrate God's omnipotence; there is a deeper idea being conveyed here: Any wound that God inflicts is intended solely to bring about a cure.

When Moses first approached Pharaoh to free the Jewish people, Pharaoh reacted by imposing even greater hardships on the hapless slaves. Moses was distraught over this failure, but in reality, the setback lay the groundwork for the coming redemption, since only slightly more than half of the exile's 400-year duration had already passed. By severely intensifying the Jews' servitude, God condensed the remaining years of suffering into a far-shorter period of time so that the nation could be rescued before their spiritual deterioration disqualified them forever (see *Kol Yaakov* [by the same author], end of *Esther*).

Aside from providing consolation to the suffering soul, the idea that God heals with that with which He wounds conveys an important lesson for us, alluded to in the story of Marah.

The Jewish experience in Marah raises some questions. Why did God choose to take Israel to a place where the water was bitter and a miracle would be necessary to supply the nation with something to drink? Was there no other route that would lead them to a sweet-water source? And why did God follow up this miracle by introducing a selection of the Torah's commandments (as the Marah passage states, *there He established for [the nation] a decree and an ordinance* — above, 15:26), even before the Torah was given?

No doubt there were other, more accommodating places to camp. Nevertheless, God chose precisely this route because He had an eternal lesson to teach us about the purpose of evil.

It is well-established that God introduced the concept of evil as an integral part of Creation, and that He placed the evil inclination within us. Speaking through His prophets, He has acknowledged His role in causing the moral difficulties we face (see *Berachos* 31b-32a), and He has promised to eventually heal and purify us, as Ezekiel assures us in His Name (*Ezekiel* 36:26), *I will give you a new heart and put a new spirit within you; I will remove the heart of stone from your flesh and give you a heart of flesh.*

All this being the case, a person might be tempted to reason, "Since my evil tendencies are God's doing, why should I struggle to oppose and overpower them? Let God rectify the damage He has wrought!" As a preemptive response to this argument, God brought our ancestors to Marah. The water there was bitter, symbolizing the harsh nature of the evil inclination. The people complained, and God not only obliged them by sweetening the water, but also demonstrated his method of doing so: He had Moses throw in a tree of bitter-tasting wood, symbolizing the corrective action of pain and adversity.

God was saying to Israel, "If you prefer to leave your moral improvement up to Me, I will feel duty-bound to do so, but know that My remedy may not be the most agreeable one. It will cleanse you of your evil streak, but through a regimen of harsh discipline, of the kind that brought Pharaoh to his senses and compelled him to release the Israelites from their bondage. That is My method; I sweeten the bitter with the bitter." As the verse cited by our Midrash puts it, *"I will make a cure for you, [but] by means of your wounds I will heal you* [וּמִמַּכּוֹתַיִךְ אֶרְפָּאֵךְ]*"* (*Jeremiah* 30:17).

At the same time, God showed Israel that there is another path to

ג דָּבָר אַחֵר, [לז, א] **"וַיַּעַשׂ בְּצַלְאֵל", הָדָא הוּא דִכְתִיב** (ירמיה ל, יז) **"כִּי אַעֲלֶה אֲרֻכָה לָךְ", יְאֵין מִדּוֹתָיו שֶׁל הַקָּדוֹשׁ בָּרוּךְ הוּא כְּמִדַּת בָּשָׂר וָדָם, מִדַּת בָּשָׂר וָדָם שֶׁהוּא מַכֶּה בְּאִיזְמֵל וּמְרַפֵּא בִּרְטִיָּה, אֲבָל הַקָּדוֹשׁ בָּרוּךְ הוּא בַּמֶּה שֶׁהוּא מַכֶּה הוּא מְרַפֵּא, שֶׁנֶּאֱמַר** (לעיל טו, כג) **"וַיָּבֹאוּ מָרָתָה וְלֹא יָכְלוּ לִשְׁתֹּת מַיִם מִמָּרָה", לָמָּה,** (שם) **"כִּי מָרִים הֵם", אָמַר רַבִּי לֵוִי: הַדּוֹר הָיָה מַר בְּמַעֲשָׂיו,** (שם שם כה) **"וַיִּצְעַק אֶל ה' וַיּוֹרֵהוּ ה' עֵץ", וּמֶה הָיָה, יֵשׁ אוֹמְרִים זַיִת, וְיֵשׁ אוֹמְרִים עֲרָבָה, וְיֵשׁ אוֹמְרִים הַרְדּוּפְנִי הָיָה, וְיֵשׁ אוֹמְרִים עִיקְּרֵי תְאֵנִים וְעִיקְּרֵי רִמּוֹנִים הָיָה, וּנְטָלוֹ וְהִשְׁלִיכוֹ לַמַּיִם, מִיָּד** (שם) **"וַיִּמְתְּקוּ הַמָּיִם", הֱוֵי** (ירמיה ל, יז) **"וּמִמַּכּוֹתַיִךְ אֶרְפָּאֵךְ", וְכֵן אַתָּה מוֹצֵא בְּמֵימֵי אֱלִישָׁע, מַה כְּתִיב,** (מלכים־ב ב, יט) **"וְהַמַּיִם רָעִים וְהָאָרֶץ מְשַׁכָּלֶת", אָמַר לָהֶם:** (שם שם כ) **"קְחוּ לִי צְלֹחִית חֲדָשָׁה וְשִׂימוּ שָׁם מֶלַח, וַיִּקְחוּ אֵלָיו", וּמַה כְּתִיב,** (שם שם כב) **"וַיֵּרָפוּ הַמַּיִם עַד הַיּוֹם הַזֶּה כִּדְבַר אֱלִישָׁע אֲשֶׁר דִּבֵּר", וְכֵן אַתָּה מוֹצֵא בְּיִשְׂרָאֵל, בְּ"לָכֵן" הוֹכִיחָן, שֶׁנֶּאֱמַר** (יחזקאל טז, לה) **"לָכֵן זוֹנָה שִׁמְעִי דְּבַר ה' ", וּבְ"לָכֵן" עָתִיד לְהַחֲזִירָן, שֶׁנֶּאֱמַר** (הושע ב, טז) **"לָכֵן הִנֵּה אָנֹכִי מְפַתֶּיהָ" וְאֵין מְפַתִּין אֶלָּא לִבְתוּלָה, שֶׁנֶּאֱמַר** (לעיל כב, טו) **"כִּי יְפַתֶּה אִישׁ בְּתוּלָה", אַף כָּךְ יִשְׂרָאֵל חָטְאוּ בַּשִּׁטִּים, שֶׁנֶּאֱמַר** (במדבר כה, א) **"וַיֵּשֶׁב יִשְׂרָאֵל בַּשִּׁטִּים", וְנִרְפְּאוּ בַּשִּׁטִּים, שֶׁנֶּאֱמַר** [לז, א] **"וַיַּעַשׂ בְּצַלְאֵל אֶת הָאָרֹן עֲצֵי שִׁטִּים":**

עץ יוסף

(ג) **הדא הוא דכתיב כי אעלה ארוכה.** נקיט האי קרא לדרך ה' לרפאות במה שהוא מכה: **למה כי מרים הם.** כלומר למה אילטריך למימר כי מרים הם, הא מדקאמר ולא יכלו לשתות מים ממרה ושעל כן קרא שמה מרה, ידעינן כי מרים הם, ומשני רבי לוי דמרים הם קאי אישראל, שהיו חוטאין, ובעבור זה הוא שלא יכלו לשתות מים משם, שמתוקים היו, ובשעה ההיא נעשו מרים בחטאם: **מר במעשיו.** דכתיב וימרו על ים בים סוף, ועוד שפירשו מדברי תורה כדכתיב וילכו שלשת ימים במדבר ולא מצאו מים, שפירשו מדברי תורה שלשת ימים לפיכך מרדו: **הרדופני.** בלשון יוני ורומיי מין אילן אשר פרח שלו כמו ורד, הנקרא בלשון יון רוזי"ן, עלים שלו כמו עלי דפני, והוא סם המות לבהמות, ויש מהרופאים שכתבו שמזיק גם לאדם, ואחרים כתבו שיועיל למי שנשכו נחש (מוסף הערוך): **עקרי תאנה כו'.** מרים הם: **וממכותיך ארפאך.** סיפא דקרא כי אעלה היא: **ומה כתיב וירפאו המים.** כלומר דמדלא קאמר וימתקו אלא וירפאו, משמע שהוכו תחלה בחטא יושבי הארץ: **בלכן הוכיחן.** דלכן לשון שבועה הוא (כדלעיל פרשה ו'), היינו מרחיקם כזונה בשבועה, ושוב החזיר בשבועה לאהבה אותם כבתולה שלא נמצא בה פגם, הפך הזונה השנואה: **ונתרפאו בשטים שנאמר כו'.** רוצה לומר שחטא הזנות שבשטים מתרפא בתורה שמרחקת מיצר הרע, כמו שאמר ז"ל (סוכה נב, ב) אם פגע בך מנוול זה מושכהו לבית המדרש, ואף על גב דמעשה הארון היה קודם מעשה זנות השטים, הקדים ה' רפואה למכה, והכי איתא בתנחומא לפי שגלוי היה לפני מי שאמר והיה העולם שישראל חוטאים בשטים, לכך תקן הקדוש ברוך הוא ארון שטים לכפר על מעשה זנות שבשטים: **ונתרפאו בשטים.** שלולי זכות הארון על כל העדה היה קצף לפי שלא מיחו, אבל החוטאים לא ניצולו בזכות הארון לולי פנחס, וזכות

פירוש מהרז"ו

שאמר לו השם יתברך למשה שיעשה ארון, שולחן, ומנורה, ואחר כך משכן, וכמו שכתוב לעיל פרשה לד סימן ב, ובסדר כי תשא בפרשה ראה קראתי בשם בצלאל כתוב, את אהל מועד ואת ארון העדות וגו', וכן בריש ויקהל, את המשכן, ואחר כך ואת הארון, הרי לפני משה שני כתובים מכחישים, ודרש משה והכריע כדעת רבי נחמיה, שהמשכן בדמיון בריאות עולם, כדלעיל פרשה ל"ג סימן ד, ופרשה מ"ח סימן ד, וכמו שאמר כאן בסימן א, ועל כן תפס לשון אחרון. אך בצלאל דרש והכריע כדעת רבי יהודה, תחלה האורה ואחר כך העולם. ועל כן כתוב ויעש בצלאל אצל ארון, על פי מדה ט"ז, על שהוא הכריע לעשות הארון, שלא יתכן לפרש שעשה בעצמו, שהרי כתוב בריש סדר תרומה ועשו ארון, ודרשו לעיל פרשה ל"ד סימן ב, והכריעו שהכל עשו כנ"ל, אך על פי דברו והכרעתו, ארון תחלה, וכמו שאמר בסימן א, ולזה הקדימו פלוגתתם באורה ועולם, ואחר כך במשכן וארון, משה כרבי נחמיה, בצלאל כרבי יהודה. אך בגמרא ברכות (דף נה, א) בהיפך, וכן הוא בקהלת רבה פסוק טובה חכמה שם, שמשה הכריע כרבי יהודה, ובצלאל כרבי נחמיה, דוק ובחון שאלו ואלו דברי אלהים חיים, הפך בה והפך בה, שיש כאן ארבע דעות, ויש ארבע מקומות, בתרומה, ותשא, ויקהל, פקודי, וכל הכרעה יש לה ראיה. ולדעת הגמרא ידוקדק מה שדרש בצלאל בצל אל היית וידעת, פירוש שבפרשת ראה קראתי בשם בצלאל, כתב תחלה את אהל מועד, ואחר כך ואת הארון, שהשיג איך נאמרה וכן עשה. ולדעת המדרש כמו שאמר בסוף סימן א, הדרשה האמתית ויעש בצלאל: (ג) **ויעש בצלאל את הארון עצי שטים.** כמו שכתוב בסוף הסימן לרפאות חטא שטים: **כי אעלה ארוכה.** ועיין לעיל פרשה כ"ג סימן ג, ושם נסמן. ועיין ויקרא רבה סוף פרשה י"ח: **כי מרים הם.** כמו שכתוב במתנות כהונה, שהיה לו לומר ולא יכלו לשתות מימיה המרים: **ושימו שם מלח.** לשון המכילתא בשלח, והלא המים היפים אם תשים בהם מלח מיד הם נסרחים, ושם מבואר עוד ראיות: **וכן אתה מוצא בישראל.** לענין הלשון, שבלשון שמכה אותם מרפא אותן, וכן בענין המכה ריפא במה שהכה, שקרא אותה זונה, וריפא שקורא אותה בתולה, הרי לא זנתה מעולם. על פי מדה י"ז וממעל: **אף כך ישראל.** כשחוזר לענינו אומר אף: **וישב ישראל בשטים.** ויחל העם לזנות אל בנות מואב: **את הארון עצי שטים.** כמו שדרש בתנחומא כאן ריש סימן ח, לפי שגלוי היה לפני מי שאמר והיה העולם שישראל חוטאים בשיטים, לפיכך תיקן להם הקב"ה שיטים, לכפר על מעשה שיטים. לרמוז שכשיתבונן בקדושת הארון, שהוא מעצי שיטים, ידעו איך לשוב בתשובה ולתקן חטא שיטים. ויתכן שדעת המדרש שהעצים היו גדלים במקום ששמו שיטים, לא על שם שכתוב (ישעיה מא, יט) ארז שיטה, ויתכן שלדקו יחדו:

חידושי הרש"ש

[ג] **חטאו בשיטים כו' ונרפאו בשיטים שנאמר כו'.** אף דהחטא דשיטים היה מאוחר הרבה מעשיית המשכן, דמעשה דשיטים הוא בסוף הארבעים, מתפרש על פי שאמרו מגילה (יג, ב) אין הקב"ה מכה את ישראל אלא אם כן בורא להם רפואה תחלה שנאמר כרפאי וגו' ונגלה עון אפרים, וכן הובא בשיר השירים רבה בפסוק שני שדיך (פרשה ד פסוק ה, א):

באור מהרי"פ

[ג] **ובלכן עתיד להחזירן.** אף על גב דנבואת הושע קדם לנבואת יחזקאל. אולי הוא על דרך קדימת הרפואה למכה גם קיום נבואתו לא היה אלא אחר תוכחת יחזקאל: **ואין מפתין כו'.** להורות שלא זנתה ובתוליה קיימות עדיין: **ומרפאו בשטים.** אף על גב דעשיית הארון היה ארבעים שנה קודם מעשה שטים, זהו דרכו של הקב"ה להקדים רפואה למכה וכמו שכתבתי לעיל (פרשה מט, ב) גבי טמאו את מקדשי, עיין שם:

אמרי יושר

[ג] **ונרפאו בעצי שטים.** שהקדים רפואה למכה, לעון שהיו עתידים לעשות, ודרשו במדרש תהלים (קא, ב) עשה סטים שנאתי, על מעשה עון שטים:

מסורת המדרש

ו. לעיל פרשה כ"ג ופרשה כ"ו. ויקרא רבה סוף פרשה י"ח. מכילתא סדר בשלח מסכתא דויהי פרשה ה'. תנחומא סדר וישב סימן ט' וסדר בשלח סימן כ"ג וכ"ד. אגדת בראשית פרק ס"ו. ילקוט בשלח רמז רל"ה. ילקוט ירמיה רמז ש"ב:

אם למקרא

כִּי אַעֲלֶה אֲרֻכָה לָךְ וּמִמַּכּוֹתַיִךְ אֶרְפָּאֵךְ נְאֻם ה' כִּי נִדָּחָה קָרְאוּ לָךְ צִיּוֹן הִיא דֹּרֵשׁ אֵין לָהּ:
(ירמיה ל:יז)

וַיָּבֹאוּ מָרָתָה וְלֹא יָכְלוּ לִשְׁתֹּת מַיִם מִמָּרָה כִּי מָרִים הֵם עַל כֵּן קָרָא שְׁמָהּ מָרָה:
(לעיל טו:כג)

וַיִּצְעַק אֶל ה' וַיּוֹרֵהוּ ה' עֵץ וַיַּשְׁלֵךְ אֶל הַמַּיִם וַיִּמְתְּקוּ הַמָּיִם שָׁם שָׂם לוֹ חֹק וּמִשְׁפָּט וְשָׁם נִסָּהוּ:
(שם שם כה)

וַיֹּאמְרוּ אַנְשֵׁי הָעִיר אֶל אֱלִישָׁע הִנֵּה נָא מוֹשַׁב הָעִיר טוֹב כַּאֲשֶׁר אֲדֹנִי רֹאֶה וְהַמַּיִם רָעִים וְהָאָרֶץ מְשַׁכָּלֶת: וַיֹּאמֶר קְחוּ לִי צְלֹחִית חֲדָשָׁה וְשִׂימוּ שָׁם מֶלַח וַיִּקְחוּ אֵלָיו:
(מלכים ב ב:יט-כ)

וַיֵּרָפוּ הַמַּיִם עַד הַיּוֹם הַזֶּה כִּדְבַר אֱלִישָׁע אֲשֶׁר דִּבֵּר:
(שם שם כב)

לָכֵן זוֹנָה שִׁמְעִי דְּבַר ה':
(יחזקאל טז:לה)

לָכֵן הִנֵּה אָנֹכִי מְפַתֶּיהָ וְהֹלַכְתִּיהָ הַמִּדְבָּר וְדִבַּרְתִּי עַל לִבָּהּ:
(הושע ב:טז)

וְכִי יְפַתֶּה אִישׁ בְּתוּלָה אֲשֶׁר לֹא אֹרָשָׂה וְשָׁכַב עִמָּהּ מָהֹר יִמְהָרֶנָּה לּוֹ לְאִשָּׁה:
(לעיל כב:טו)

וַיֵּשֶׁב יִשְׂרָאֵל בַּשִּׁטִּים וַיָּחֶל הָעָם לִזְנוֹת אֶל בְּנוֹת מוֹאָב:
(במדבר כה:א)

מתנות כהונה

[ג] **הדור היה מר.** כלומר רעים במעשיהם והאי כי מרים הם שב אל הדור ההוא: **הרדופני.** פירש הערוך (ערך הרדפני) עשב מר וסם המות הוא לבהמה: **עקרי תאנה כו'.** מרים הם: **וממכותיך ארפאך.** סיפיה דקרא כי אעלה הוא: **אלא לבתולה.** הרי שחזר בו מה שקראה זונה לומר בתולה היא: **וישב ישראל בשטים.** נקרא שטים על שם שהיו שם עצי שטים הרבה:

אשד הנחלים

[ג] **במה שהוא מכה.** פירשתי כמה פעמים במקומות אחרות: **הדור היה כו'.** וכלומר שלכן לא יכלו לשתות מים ממרה מפני כי מרים הם במעשיהם, דאם היו טובים אז היה מתהפך הטבע למענם כמו שנהפך על ידי משה: **בלכן הוכיחן.** מלת לכן הוא מלת הסיבה והטעם, וכאומר לכן, אחר שאת זונה כל כך כמו שאמר לעיל ותהי בך הפך מן הנשים גו', כי הגיעו להמדריגה הרעה עד שאין רעה לאחריה, ולכן בשרם הנביא שישפטו אותם עד להשחית ולכלותם בכליון גמור. ויען כי זימתם היתה הסיבה הגדולה שנרחקו מפניו יתברך, והעדר הזימה היא ההתקרבות לפניו יתברך, והיא היא הסבה לקרבם, וזהו **לכן אנכי מפתיה ואין מפתין אלא לבתולה,** כלומר שלא נדבקה ולא הוטמאה בגלולי עבודת כוכבים ולכן אקחם אלי, וא"כ באותו לשון שהוכיחם בו בלשון זה נתרפאו: **ונרפאו בשטים.** כי הזכירה

The Midrash offers a second example of of this principle: וְכֵן אַתָּה מוֹצֵא בְּמֵימֵי אֱלִישָׁע – **And you find the same** phenomenon **regarding the waters of** Jericho treated by **Elisha.** מַה כְּתִיב – **What is written** there? "וְהַמַּיִם רָעִים וְהָאָרֶץ מְשַׁכָּלֶת" – *The people of the city told Elisha, "Behold, living in this city is pleasant, as my master can see,* ***but the water is bad, making the land deadly****"* (*II Kings* 2:19). אָמַר לָהֶם – **Elisha** then **said to [the people],** "קְחוּ לִי צְלֹחִית חֲדָשָׁה וְשִׂימוּ שָׁם מֶלַח, וַיִּקְחוּ אֵלָיו" – ***"Get me a new jar and put salt in it," and they brought it to him.*** *He went out to the source of the water and threw salt there, and he said, "Thus said HASHEM: I have cured this water; there shall no longer be from it death and bereavement"* (ibid. vv. 20-21). וּמָה כְּתִיב – **And what is written** subsequently? "וַיֵּרָפוּ הַמַּיִם עַד הַיּוֹם הַזֶּה כִּדְבַר אֱלִישָׁע אֲשֶׁר דִּבֵּר" – ***So the water became cured, until this day, like the word of Elisha that he had spoken*** (ibid., v. 22).[29]

A third instance:

וְכֵן אַתָּה מוֹצֵא בְּיִשְׂרָאֵל – **And you find the same** phenomenon **regarding** the chastisement of **Israel.** בְּ"לָכֵן" הוֹכִיחָן, שֶׁנֶּאֱמַר "לָכֵן זוֹנָה שִׁמְעִי דְּבַר ה'" – **[God] rebuked them with** the term **"therefore," as [Scripture] states,** ***Therefore, O harlot, hear the word of HASHEM!*** (*Ezekiel* 16:35).[30] וּבְ"לָכֵן" עָתִיד לְהַחֲזִירָן – **And with** the term **"therefore" He is destined to bring them back** into His favor, שֶׁנֶּאֱמַר "לָכֵן הִנֵּה אָנֹכִי מְפַתֶּיהָ" – **as [Scripture] states,** ***Therefore, behold, I will seduce her,*** *and I will lead her to the desert and I will speak to her heart* (*Hosea* 2:16), וְאֵין מְפַתִּין אֶלָּא לִבְתוּלָה, שֶׁנֶּאֱמַר "כִּי יְפַתֶּה אִישׁ בְּתוּלָה" – **and one only "seduces" a virgin, as [Scripture] states,** ***If a man shall seduce a virgin*** (above, 22:15).[31]

The Midrash now applies this principle to the construction of the Ark:

אַף כָּךְ יִשְׂרָאֵל חָטְאוּ בַּשִּׁטִּים, שֶׁנֶּאֱמַר "וַיֵּשֶׁב יִשְׂרָאֵל בַּשִּׁטִּים" – **So, too, Israel sinned at the Shittim, as [Scripture] states,** ***Israel settled in the Shittim*** [שִׁטִּים] *and the people began to commit harlotry with the daughters of Moab* (*Numbers* 25:1),[32] וְנִרְפְּאוּ בְּשִׁטִּים, שֶׁנֶּאֱמַר "וַיַּעַשׂ בְּצַלְאֵל אֶת הָאָרֹן עֲצֵי שִׁטִּים" – **and they were healed with** ***shittim*** [שִׁטִּים], *acacia,* **as [Scripture] states,** ***Bezalel made the Ark of acacia*** [שִׁטִּים] ***wood.***[33]

NOTES

29. Comparable to the bitter tree that sweetened the water of Marah, here God used salt, which naturally makes water brackish, to purify the contaminated water. The Midrash adds this example since the use of the salt is explicit in Scripture, unlike the use of the bitter tree at Marah (*Yefeh To'ar*).

Yefeh To'ar and *Eitz Yosef* suggest that the reference to the water being *cured*, as opposed to *sweetened*, implies that, like the water of Marah, the water of Jericho had previously been sweet but that it had been smitten due to the sins of the people (see also *Radak* ad loc.).

30. That is, God rebuked the Jews by metaphorically referring to the nation of Israel as a *harlot* and prefaced that rebuke with the word לָכֵן, *therefore*.

31. I.e., the term פתה, *seduce,* is used exclusively for the seduction of a virgin. Hence since God speaks of "seducing" Israel the implication is that God now deems Israel to be a "virgin," reversing His earlier reproach where He had called Israel a *harlot* (*Matnos Kehunah;* see also *Maharzu*). As with the reproach, God prefaces this reversal with לָכֵן, *therefore*; thus with the same instrument with which He wounded, the word לָכֵן, He now heals. Although the prophecy in *Hosea* predates that in *Ezekiel,* the Midrash describes it as healing the wound of *Ezekiel* for its fulfillment will come later (*Toldos Noach, Beur Maharif,* second explanation).

Unlike the previous examples where it was the same physical object or phenomenon that was being used to wound and to heal, here it is just the same word that is employed for both the wounding and the healing. *Yefeh To'ar* and *Eitz Yosef* argue that the word לָכֵן, *therefore,* connotes an oath (see 6 §4 above). The sense of לָכֵן זוֹנָה, *Therefore, O harlot,* is then that God was taking an oath that He is rejecting Israel as one would reject a wife who commits harlotry. When He said, לָכֵן הִנֵּה אָנֹכִי מְפַתֶּיהָ, *Therefore, behold I will seduce her,* God was making a counter-oath, that He will hold Israel dear as one is endeared to one's virgin bride. Accordingly, God is actually employing the same phenomenon, a Divine oath, to heal as He had used to wound.

32. The name of the locale was, *the Shittim,* so called since acacia trees (*shittim*) grew there in abundance (*Matnos Kehunah;* see also *Maharzu;* however, see the statement of R' Yehoshua in *Sanhedrin* 106a).

33. That is, the sin of the Shittim, promiscuity, is cured through the Torah, which is housed in the Ark of acacia wood. For the antidote to man's inclination for sensual pleasure is his involvement in Torah study; see *Kiddushin* 30b and *Rambam, Hil. Isurei Biah* 22:21 (*Yefeh To'ar, Eitz Yosef;* see *Maharzu* for a somewhat different understanding).

[Strictly speaking, this is not an example of God wounding and healing with the same "instrument," for Israel's wound, their sinning at the Shittim, was self-inflicted. But here too, God used the instrument of the wound to heal, using the Ark made of *shittim* wood, to cure the sin of the Shittim. Alternatively, according to *Bamidbar Rabbah* 20 §22 there was a spring of water at the Shittim that imbued those who drank its waters with a tendency to promiscuity. Thus, in a certain sense the sinning at the Shittim can be attributed to God Who created that spring; see *Yefeh To'ar.*]

INSIGHTS

follow, a far more pleasant one. A person can take the initiative and "heal" the bitter elements within him by observing the Torah and dedicating himself to God's service, for the Torah is the most effective antidote against the evil inclination (*Bava Basra* 16a). That is why God gave them a sampling of the Torah's sweetness immediately after demonstrating the healing power of the bitter. Not for naught did the Sages remark, "The sword and scroll — i.e., Divine chastisement and the Torah's commandments — descended together from heaven (*Devarim Rabbah* 4 §2).

Completing the lesson of Marah, God formally placed the choice before the Jews and their descendants, saying in the final verse of the Marah passage, *"If you hearken diligently to the voice of HASHEM, your God, and do what is just in His eyes, give ear to His commandments, and observe all His decrees, then any of the diseases that I placed in Egypt, I will not bring upon you, for I am HASHEM, your Healer."* God infused the Torah with all the curative powers necessary for our spiritual health, and if one avails himself of the Torah, he will have no need for the benefits of sickness and the sword.

ג דָּבָר אַחֵר, [לז, א] **"וַיַּעַשׂ בְּצַלְאֵל", הָדָא הוּא דִכְתִיב** (ירמיה ל, יז) **"כִּי אַעֲלֶה אֲרֻכָה לָךְ", יְאֵין מִדּוֹתָיו שֶׁל הַקָּדוֹשׁ בָּרוּךְ הוּא כְּמִדַּת בָּשָׂר וָדָם, מִדַּת בָּשָׂר וָדָם שֶׁהוּא מַכֶּה בְּאִיזְמֵל וּמְרַפֵּא בִּרְטִיָּה, אֲבָל הַקָּדוֹשׁ בָּרוּךְ הוּא בַּמֶּה שֶׁהוּא מַכֶּה הוּא מְרַפֵּא, שֶׁנֶּאֱמַר** (לעיל טו, כג) **"וַיָּבֹאוּ מָרָתָה וְלֹא יָכְלוּ לִשְׁתֹּת מַיִם מִמָּרָה", לָמָּה,** (שם) **"כִּי מָרִים הֵם", אָמַר רַבִּי לֵוִי: הַדּוֹר הָיָה מַר בְּמַעֲשָׂיו,** (שם שם כה) **"וַיִּצְעַק אֶל ה' וַיּוֹרֵהוּ ה' עֵץ", וּמֶה הָיָה, יֵשׁ אוֹמְרִים זַיִת, וְיֵשׁ אוֹמְרִים עֲרָבָה, וְיֵשׁ אוֹמְרִים הַרְדּוּפְנִי הָיָה, וְיֵשׁ אוֹמְרִים עִיקְּרֵי תְאֵנִים וְעִיקְּרֵי רִמּוֹנִים הָיָה, וּנְטָלוֹ וְהִשְׁלִיכוֹ לַמַּיִם, מִיָּד** (שם) **"וַיִּמְתְּקוּ הַמָּיִם", הֱוֵי** (ירמיה ל, יז) **"וּמִמַּכּוֹתַיִךְ אֶרְפָּאֵךְ", וְכֵן אַתָּה מוֹצֵא בְּמֵימֵי אֱלִישָׁע, מַה כְּתִיב,** (מלכים־ב ב, יט) **"וְהַמַּיִם רָעִים וְהָאָרֶץ מְשַׁכָּלֶת", אָמַר לָהֶם:** (שם שם כ) **"קְחוּ לִי צְלֹחִית חֲדָשָׁה וְשִׂימוּ שָׁם מֶלַח, וַיִּקְחוּ אֵלָיו", וּמַה כְּתִיב,** (שם שם כב) **"וַיֵּרָפוּ הַמַּיִם עַד הַיּוֹם הַזֶּה כִּדְבַר אֱלִישָׁע אֲשֶׁר דִּבֵּר", וְכֵן אַתָּה מוֹצֵא בְּיִשְׂרָאֵל, בְּ"לָכֵן" הוֹכִיחָן, שֶׁנֶּאֱמַר** (יחזקאל טז, לה) **"לָכֵן זוֹנָה שִׁמְעִי דְּבַר ה'", וּבְ"לָכֵן" עָתִיד לְהַחֲזִירָן, שֶׁנֶּאֱמַר** (הושע ב, טז) **"לָכֵן הִנֵּה אָנֹכִי מְפַתֶּיהָ" וְאֵין מְפַתִּין אֶלָּא לִבְתוּלָה, שֶׁנֶּאֱמַר** (לעיל כב, טו) **"כִּי יְפַתֶּה אִישׁ בְּתוּלָה", אַף כָּךְ יִשְׂרָאֵל חָטְאוּ בַּשִּׁטִּים, שֶׁנֶּאֱמַר** (במדבר כה, א) **"וַיֵּשֶׁב יִשְׂרָאֵל בַּשִּׁטִּים", וְנִרְפְּאוּ בַשִּׁטִּים, שֶׁנֶּאֱמַר** [לז, א] **"וַיַּעַשׂ בְּצַלְאֵל אֶת הָאָרֹן עֲצֵי שִׁטִּים":**

עץ יוסף

(ג) **הדא הוא דכתיב כי אעלה ארוכה.** נקיט האי קרא דדרך ה' לרפאות במה שהוא מכה: **למה כי מרים הם.** כלומר למה איצטריך למימר כי מרים הם, הא מדקאמר ולא יכלו לשתות מים ממרה ושעל כן קרא שמה מרה, ידעינן כי מרים הם, ומשני רבי לוי דמרים הם קאי אישראל, שהיו חוטאין, ובעבור זה הוא שלא יכלו לשתות מים משם, שמתוקים היו, ובשעה ההיא נעשו מרים בחטאם: **מר במעשיו.** דכתיב וימרו על ים בים סוף, ועוד שפירשו מדברי תורה כדכתיב וילכו שלשת ימים במדבר ולא מצאו מים, שפירשו מדברי תורה שלשת ימים לפיכך מרדו: **הרדופני.** בלשון יוני ורומיי מין אילן אשר פרח שלו כמו ורד, הנקרא בלשון יון רוזי"ן, עלים שלו כמו עלי דפני, והוא סם המות לבהמות, ויש מהרופאים שכתבו שמזיק גם לאדם, ואחרים כתבו שיועיל למי שנשכו נחש (מוסף הערוך): **עקרי תאנה כו'.** מרים הם: **וממכותיך ארפאך.** סיפא דקרא כי אעלה היא: **ומה כתיב וירפאו המים.** כלומר דמדלא קאמר וימתקו אלא וירפאו, משמע שהוכו תחלה בחטא יושבי הארץ: **בלכן הוכיחן.** דלכן לשון שבועה הוא (כדלעיל פרשה ו'), היינו מרחיקם כזונה בשבועה, ושוב החזיר בשבועה לאהבה אותם כבתולה שלא נמצא בה פגם, הפך הזונה השנואה: **ונתרפאו בשטים שנאמר כו'.** רוצה לומר שחטא הזנות שבשטים מתרפא בתורה שמרחקת מיצר הרע, כמו שאמר ז"ל (סוכה נב, ב) אם פגע בך מנוול זה מושכהו לבית המדרש, ואף על גב דמעשה הארון היה קודם מעשה זנות השטים, הקדים ה' רפואה למכה, והכי איתא בתנחומא לפי שגלוי היה לפני מי שאמר והיה העולם שישראל חוטאים בשטים, לכך תקן הקדוש ברוך הוא ארון שטים לכפר על מעשה זנות שבשטים: **ונתרפאו בשטים.** שלולי זכות הארון על כל העדה היה קצף לפי שלא מיחו, אבל החוטאים לא ניצולו בזכות הארון לולי פנחס, וזכות

פירוש מהרז"ו

שאמר לו השם יתברך למשה שיעשה ארון, שולחן, ומנורה, ואחר כך משכן, וכמו שכתוב לעיל פרשה לד סימן ב, ובסדר כי תשא בפרשה ראה קראתי בשם בצלאל כתוב, את אהל מועד ואת ארון העדות וגו', וכן בריש ויקהל, את המשכן, ואחר כך ואת הארון, הרי לפני משה שני כתובים מכחישים, ודרש משה והכריע כדעת רבי נחמיה, שהמשכן בדמיון בריאות עולם, כדלעיל פרשה ל"ג סימן ד, ופרשה מ"ח סימן ד, וכמו שאמר כאן בסימן א, ועל כן תפס לשון אחרון. אך בצלאל דרש והכריע כדעת רבי יהודה, תחלה התורה ואחר כך העולם. ועל כן כתוב ויעש בצלאל אצל ארון, על פי מדה ט"ז, על שהוא הכריע לעשות הארון, שלא יתכן לפרש שעשה בעצמו, שהרי כתוב בריש סדר תרומה ועשו ארון, ודרשו לעיל פרשה ל"ד סימן ב, והכריעו שהכל עשו כנ"ל, אך על פי דברו והכרעתו, ארון תחלה, וכמו שאמר בסימן א, ולזה הקדימו פלוגתתם בתורה ועולם, ואחר כך במשכן וארון, משה כרבי נחמיה, בצלאל כרבי יהודה. אך בגמרא ברכות (דף נה, א) בהיפך, וכן הוא בקהלת רבה פסוק טובה חכמה שם, שמשה הכריע כרבי יהודה, ובצלאל כרבי נחמיה, דוק ובחון שאלו ואלו דברי אלהים חיים, הפך בה והפך בה, שיש כאן ארבע דעות, ויש ארבע מקומות, בתרומה, ותשא, ויקהל, פקודי, וכל הכרעה יש לה ראיה. ולדעת הגמרא ידוקדק מה שדרש בצלאל בצל אל היית וידעת, פירוש שבפרשת ראה קראתי בשם בצלאל, כתב תחלה את אהל מועד, ואחר כך ואת הארון, שהשיג איך נאמרה וכן עשה. ולדעת המדרש כמו שאמר בסוף סימן א, הדרשה האמתית ויעש בצלאל: (ג) **ויעש בצלאל את הארון עצי שטים.** כמו שכתוב בסוף הסימן לרפאות חטא שטים: **כי אעלה ארוכה.** ועיין לעיל פרשה כ"ג סימן ג, ושם נסמן. ועיין ויקרא רבה סוף פרשה י"ח: **כי מרים הם.** כמו שכתוב במתנות כהונה, שהיה לו לומר ולא יכלו לשתות מימיה המרים: **ושימו שם מלח.** לשון המכילתא בשלח, והלא המים היפים אם תשים בהם מלח מיד הם נסרחים, ושם מבואר עוד ראיות: **וכן אתה מוצא בישראל.** לענין הלשון, שבלשון שמכה אותם מרפא אותן, וכן בענין המכה ריפא במה שהכה, שקרא אותה זונה, וריפא שקורא אותה בתולה, הרי לא זנתה מעולם. על פי מדה י"ז וממעל: **אף כך ישראל.** כשחוזר לענינו אומר אף: **וישב ישראל בשטים.** ויחל העם לזנות אל בנות מואב: **את הארון עצי שטים.** כמו שדרש בתנחומא כאן ריש סימן ח, לפי שגלוי היה לפני מי שאמר והיה העולם שישראל חוטאים בשיטים, לפיכך תיקן להם הקב"ה שיטים, לכפר על מעשה שיטים. לרמוז שכשיתבונן בקדושת הארון, שהוא מעצי שיטים, ידעו איך לשוב בתשובה ולתקן חטא שיטים. ויתכן שדעת המדרש שהעצים היו גדלים במקום ששמו שיטים, לא על שם שכתוב (ישעיה מא, יט) ארז שיטה, ויתכן שנדקו יחדו:

מתנות כהונה

[ג] **הדור היה מר.** כלומר רעים במעשיהם והאי כי מרים הם שב אל הדור ההוא: **הרדופני.** פירש הערוך (ערך הרדפני) עשב מר וסם המות הוא לבהמה: **עקרי תאנה כו'.** מרים הם: **וממכותיך ארפאך.** סיפיה דקרא כי אעלה הוא: **אלא לבתולה.** הרי שחזר בו מה שקראה זונה לומר בתולה היא: **וישב ישראל בשטים.** נקרא שטים על שם שהיו שם עצי שטים הרבה:

אשד הנחלים

[ג] **במה שהוא מכה.** פירשתי כמה פעמים במקומות אחרות: **הדור היה כו'.** וכלומר שלכן לא יכלו לשתות מים ממרה מפני כי מרים הם במעשיהם, דאם היו טובים אז היה מתהפך הטבע למענם כמו שנהפך על ידי משה: **בלכן הוכיחן.** מלת לכן הוא מלת הסיבה והטעם, וכאומר לכן, אחר שאת זונה כל כך כמו שאמר לעיל ותהי בך הפך מן הנשים גו', כי הגיעו להמדריגה הרעה עד שאין רעה לאחריה, ולכן בשרם הנביא שישפוטו אותם עד להשחית ולכלותם בכליון גמור. ויען כי זימתם היתה הסיבה הגדולה שנרחקו מפניו יתברך, והעדר הזימה היא ההתקרבות לפניו יתברך, והיא היא הסבה לקרבם, וזהו **לכן אנכי מפתיה ואין מפתין אלא לבתולה,** כלומר שלא נדבקה ולא הוטמאה בגלולי עבודת כוכבים ולכן אקחם אלי, וא"כ באותו לשון שהוכיחם בו בלשון זה נתרפאו: **ונרפאו בשטים.** כי הזכירה

חידושי הרש"ש

[ג] **חטאו בשיטים כו' ונרפאו בשיטים שנאמר כו'.** אף דהחטא דשיטים היה מאוחר הרבה מעשיית המשכן, דמעשה דשיטים הוא בסוף הארבעים, מתפרש על פי שאמרו מגילה (יג, ב) אין הקב"ה מכה את ישראל אלא אם כן בורא להם רפואה תחלה שנאמר כרפאי וגו' ונגלה עון אפרים, וכן הובא בשיר השירים רבה בפסוק שני שדיך (פרשה ד פסוק ה, א):

באור מהרי"פ

[ג] **ובלכן עתיד להחזירן.** אף על גב דנבואת הושע קדם לנבואת יחזקאל. אולי הוא על דרך קדימת הרפואה למכה גם קיום נבואתו לא היה אלא אחר תוכחת יחזקאל: **ואין מפתין בו'.** להורות שלא זנתה ובתוליה קיימות עדיין: **ומרפאו בשטים.** אף על גב דעשיית הארון היה ארבעים שנה קודם מעשה שטים, זהו דרכו של הקב"ה להקדים רפואה למכה וכמו שכתבתי לעיל (פרשה מט, ב) גבי טמאו את מקדשי, עיין שם:

אמרי יושר

[ג] **ונרפאו בעצי שטים.** שהקדים רפואה למכה, לעון שהיו עתידים לעשות, ודרשו במדרש תהלים (קח, ב) עשה סטים שנאתי, על מעשה עון סטים:

מסורת המדרש

ו. לעיל פרשה כ"ג ופרשה כ"ו. ויקרא רבה סוף פרשה י"ח. מכילתא סדר בשלח מסכתא דויהי פרשה ה'. תנחומא סדר וישב סימן ט' וסדר בשלח סימן כ"ג וכ"ד. אגדת בראשית פרק ס"ו. ילקוט בשלח רמז רל"ה. ילקוט ירמיה רמז שי"ב:

אם למקרא

כִּי אַעֲלֶה אֲרֻכָה לָךְ וּמִמַּכּוֹתַיִךְ אֶרְפָּאֵךְ נְאֻם ה' כִּי נִדָּחָה קָרְאוּ לָךְ צִיּוֹן הִיא דֹּרֵשׁ אֵין לָהּ: (ירמיה ל:יז)

וַיָּבֹאוּ מָרָתָה וְלֹא יָכְלוּ לִשְׁתֹּת מַיִם מִמָּרָה כִּי מָרִים הֵם עַל כֵּן קָרָא שְׁמָהּ מָרָה: (לעיל טו:כג)

וַיִּצְעַק אֶל ה' וַיּוֹרֵהוּ ה' עֵץ וַיַּשְׁלֵךְ אֶל הַמַּיִם וַיִּמְתְּקוּ הַמָּיִם שָׁם שָׂם לוֹ חֹק וּמִשְׁפָּט וְשָׁם נִסָּהוּ: (שם שם כה)

וַיֹּאמְרוּ אַנְשֵׁי הָעִיר אֶל אֱלִישָׁע הִנֵּה נָא מוֹשַׁב הָעִיר טוֹב כַּאֲשֶׁר אֲדֹנִי רֹאֶה וְהַמַּיִם רָעִים וְהָאָרֶץ מְשַׁכָּלֶת: וַיֹּאמֶר קְחוּ לִי צְלֹחִית חֲדָשָׁה וְשִׂימוּ שָׁם מֶלַח וַיִּקְחוּ אֵלָיו: (מלכים ב ב:יט-כ)

וַיֵּרָפוּ הַמַּיִם עַד הַיּוֹם הַזֶּה כִּדְבַר אֱלִישָׁע אֲשֶׁר דִּבֵּר: (שם שם כב)

לָכֵן זוֹנָה שִׁמְעִי דְּבַר ה': (יחזקאל טז:לה)

לָכֵן הִנֵּה אָנֹכִי מְפַתֶּיהָ וְהֹלַכְתִּיהָ הַמִּדְבָּר וְדִבַּרְתִּי עַל לִבָּהּ: (הושע ב:טז)

וְכִי יְפַתֶּה אִישׁ בְּתוּלָה אֲשֶׁר לֹא אֹרָשָׂה וְשָׁכַב עִמָּהּ מָהֹר יִמְהָרֶנָּה לּוֹ לְאִשָּׁה: (לעיל כב:טו)

וַיֵּשֶׁב יִשְׂרָאֵל בַּשִּׁטִּים וַיָּחֶל הָעָם לִזְנוֹת אֶל בְּנוֹת מוֹאָב: (במדבר כה:א)

§4 The Midrash turns to discuss an article in the Tabernacle mentioned several verses earlier:

מַה כְּתִיב לְמַעְלָה — **What is written above** Scripture's account of the making of the Ark? "וַיַּעַשׂ אֶת הַפָּרֹכֶת תְּכֵלֶת וְאַרְגָּמָן" — ***He made the partition-curtain of turquoise, purple,*** *and scarlet wool, and linen, twisted; he made it with a woven design of cherubs* (above, 36:35). וְשָׁנוּ רַבּוֹתֵינוּ — **And** regarding the partition-curtain **our Sages taught** in a Mishnah (*Shekalim* 8:5):[34] פָּרוֹכֶת הָיָה עוֹבְיוֹ טֶפַח — **The partition-curtain was one handbreadth thick,** וְעַל ע״ב נִירִים נֶאֱרֶגֶת — **and it was woven on seventy-two heddle shafts,**[35] וְלֹא הָיָה בָהּ קֶשֶׁר — **and** yet **it did not contain** a single **knot.**[36] וּשְׁתַּיִם עוֹשִׂים בְּכָל שָׁנָה — **And they would make two** such partition-curtains **each year.**[37] וש׳ כֹּהֲנִים מַטְבִּילִין אוֹתָהּ — **And** due to its immense size **three hundred Kohanim would** be needed to **immerse [the curtain]** in the *mikveh,*[38] וְהַכֹּהֲנִים יוֹרְדִין וּמַטְבִּילִין אוֹתָהּ בַּחוּץ — **and the Kohanim would descend** from atop the Temple Mount **and immerse it** in a *mikveh* **outside** of the Temple Courtyard, וְעוֹלִין וְשׁוֹטְחִין אוֹתָהּ עַל גַּבֵּי הַחֵיל — **and** then they would **ascend** the Temple Mount **and spread [the curtain] upon** the ground in the ***Cheil.***[39]

The Midrash discusses the order used in the construction of the various components of the Tabernacle:

וְאַתָּה מוֹצֵא כָל הַמִּשְׁכָּן עַל הַסֵּדֶר נַעֲשָׂה — **And you find that the entire Tabernacle was fashioned in the** proper **sequence:**[40] בַּתְּחִלָּה עָשָׂה אֶת הַקְּרָשִׁים וְחִבְּרָם — **At first [Bezalel] made the planks and attached them** together,[41] וְאַחַר כָּךְ הַיְרִיעוֹת, וּפְרָסָן עָלָיו — **and afterward** he made **the curtains and spread them upon [the Tabernacle],** שֶׁנֶּאֱמַר "וַיַּעַשׂ יְרִיעֹת עִזִּים לְאֹהֶל עַל הַמִּשְׁכָּן" — **as [Scripture] states,** ***He made curtains of goat hair for a tent over the Tabernacle*** (above, 36:14).[42] וְאַחַר כָּךְ עָשָׂה אֶת הַפָּרוֹכֶת, שֶׁתְּהֵא נִמְתַּח בִּפְנֵי הָאָרוֹן — **And afterward [Bezalel] made the partition-curtain, which would be stretched** across the interior of the Tabernacle **in front of the Ark.**[43] וְאַחַר כָּךְ עָשָׂה אֶת הָאָרוֹן — **And** then **afterward he made the Ark,**[44] וְאֶת הַכַּפּוֹרֶת שֶׁיְּהֵא נִיתָּן עַל הָאָרוֹן — **and** after the Ark he made **the Cover that would be placed upon the Ark.**[45]

The Midrash cites a comment of one of the Sages concerning the appearance of the partition-curtain:

אָמַר רַבִּי אֶלְעָזָר בַּר רַבִּי יוֹסֵי: אֲנִי רָאִיתִי אֶת הַפָּרוֹכֶת בְּרוֹמִי — **R' Elazar the son of R' Yose said: I saw the partition-curtain in Rome,**[46]

NOTES

34. The Mishnah is describing each of the two curtains that separated the Holy of Holies from the Holy in the Second Temple; see *Yoma* 51b and 52a (*Rashi* to *Chullin* 90b s.v. ארכה מ׳ ורחבה עשרים, second explanation). Alternatively, it refers to the curtain that was hung at the entrance to the Temple's antechamber (ibid., first explanation). Either way, the Midrash cites the Mishnah here since the curtain it refers to was essentially similar in design to the Tabernacle's partition-curtain (*Maharzu*). [The text cited here is somewhat different from that found in our editions of the Mishnah and also includes an excerpt of *Shekalim* 8:4; see *Matnos Kehunah*.]

35. The devices that raise and lower the warp threads of the loom on an alternating basis, so that the woof threads can be passed through to weave the fabric (see illustration in the appendix to the Schottenstein edition of Tractate *Shabbos* Vol. 2). [The large number of heddle shafts was apparently needed to produce a fabric that was a handbreadth thick (however, see *Raavad* to *Tamid* 29b s.v. על ע״ב נימין נארגת). Our text of the Mishnah has נִימִין, *threads,* rather than, נִירִים, *heddle shafts;* accordingly, the meaning would be that each thread in the weave consisted of many threads twisted together, resulting in a very thick fabric (see *Chidushei HaGra* to *Tamid* 2:1).]

36. It is common for threads to break during the weaving process, requiring one to tie together the loose ends of the thread. However, despite the large amount of threads used this never occurred during the weaving of the partition-curtains and therefore they did not contain any knots. That the threads did not break was either testimony to the masterful skill of the artisans employed for the task or alternatively it was a miraculous result of Divine Providence (*Eitz Yosef,* Vagshal edition). [The text in the Mishnah omits this reference to the absence of knots in the partition-curtain. It should be noted that the Gemara (*Shabbos* 74b) implies that such knots were present in the יְרִעוֹת, the curtains spread over the Tabernacle structure (*Radal*).]

37. That is, the two curtains that separated the Holy from the Holy of Holies (see note 34 above) were both replaced annually (*Mefaresh* to *Tamid* 29b s.v. ושתים עושים בכל שנה). These curtains had to be replaced frequently since they were exposed to the smoke of the Incense Altar (*Rosh* to ibid. s.v. ורחבה עשרים אמה; however, see *Tiferes Yisrael* to *Shekalim* 8:5 *Boaz* §3). [If the Mishnah is referring to the curtain at the entrance to the antechamber (see above), then the meaning is that it was replaced semiannually. It is not clear why this curtain needed to be replaced that frequently.]

38. If it became contaminated (*Rashi* to *Chullin* 90b, cited by *Matnos Kehunah*). According to *Bartenura* ad loc. (cited by *Eitz Yosef*), the partition-curtain would always be immersed in a *mikveh* prior to its initial use; see also *Mefaresh* to *Tamid* 29b s.v. ושלש מאות כהנים; however, see next note.

As mentioned above, the Mishnah is referring to a partition-curtain used in the Temple. Our text of the Mishnah gives its dimensions as 20 *amos* by 40 *amos.* The partition-curtain of the Tabernacle was much smaller, only 10 *amos* by 10 *amos* (see *Rashi* to 26:32 above). Furthermore, the Gemara (*Chullin* 90b; *Tamid* 29b with *Rosh* ad loc.) states that even for the Temple partition-curtain the number "three hundred" is an exaggeration and not precise. (See *Eitz Yosef,* citing *Gra,* for a possible derivation of the "three hundred" figure.)

39. The *Cheil* is a section of the Temple Mount that surrounds the actual Temple Courtyard and the adjoining Women's Courtyard. According to *Shekalim* 8:4 this protocol of spreading out the partition-curtain to dry specifically in the *Cheil* applies only if it had been contaminated through contact with an *av hatumah,* a primary source of contamination (see *Matnos Kehunah* and *Eitz Yosef*).

40. For the most part following the order in which Moses would eventually assemble the Tabernacle (see *Toldos Noach*).

41. [That is, he made the planks that would eventually be joined together to form the structure of the Tabernacle; see 40:18 below.]

42. Thus indicating that at the time he made the curtains the Tabernacle itself, i.e., the planks, were already in existence, despite the fact that Scripture describes the making of the planks only later, in v. 20 (*Eitz Yosef*). [The Midrash does not mean that Bezalel actually spread the curtains as a tent over the planks of the Tabernacle, for that would be done later by Moses (see 40:19 below). Rather it means that after producing the planks, Bezalel made the curtains that were to be spread over the planks. However, *Rashash* suggests that this passage is discussing the assembly of the Tabernacle by Moses and not Bezalel's manufacture of its components.]

43. For the making of the partition-curtain is only mentioned afterward in v. 35. *Yefeh To'ar* and *Eitz Yosef* suggest that the use of the term נִמְתַּח, *stretched,* alludes to the idea that the top of the curtain was bent over the Ark (see *Succah* 7b), so that the curtain was in fact stretched over the Ark.

44. For it is only in our verse that Scripture discusses the construction of the Ark. *Yefeh To'ar* and *Beur Maharif* question the order given here, the partition-curtain first and then the Ark, for when Moses assembled the Tabernacle he first brought the Ark into the Holy of Holies and then placed the curtain in front of the Ark; see 40:21 below. Perhaps, though, since the weaving process for the partition-curtain was extremely complex, as described above, its manufacture had to be started before that of the Ark (see *Yefeh To'ar* s.v. מה כתיב למעלה).

While in §1-2 above the Midrash maintained that Bezalel constructed the Ark before the Tabernacle itself, according to this passage it was the making of the Tabernacle that preceded that of the Ark; see also *Berachos* 55a (*Yefeh To'ar, Eitz Yosef;* however, see *Matnos Kehunah* and *Tiferes Tzion*).

45. Below, v. 6.

46. As related in *Me'ilah* 17b, R' Elazar the son of R' Yose together with R' Shimon bar Yochai succeeded in curing the caesar's daughter from insanity. As a reward they were allowed to take what they wanted from the imperial treasury. While they were in the treasury they saw the captured articles of the Holy Temple that were stored there.

ד **מַה כְּתִיב לְמַעְלָה,** [לו, לה] "**וַיַּעַשׂ אֶת הַפָּרֹכֶת תְּכֵלֶת וְאַרְגָּמָן**", **וְשָׁנוּ רַבּוֹתֵינוּ:** ^ז^**פָּרוֹכֶת הָיָה עוֹבְיוֹ טֶפַח, וְעַל ע"ב נִירִים נֶאֱרֶגֶת, וְלֹא הָיָה בָּהּ קֶשֶׁר, וּשְׁתַּיִם עוֹשִׂים בְּכָל שָׁנָה, וּשְׁ' כֹּהֲנִים מַטְבִּילִין אוֹתָהּ, וְהַכֹּהֲנִים יוֹרְדִין וּמַטְבִּילִין אוֹתָהּ בַּחוּץ, וְעוֹלִין וְשׁוֹטְחִין אוֹתָהּ עַל גַּבֵּי הַחֵיל,** ^ח^**וְאַתָּה מוֹצֵא כָּל הַמִּשְׁכָּן עַל הַסֵּדֶר נַעֲשָׂה, בַּתְּחִלָּה עָשָׂה אֶת הַקְּרָשִׁים וְחִבְּרָם, וְאַחַר כָּךְ הַיְרִיעוֹת, וּפְרָסָן עָלָיו, שֶׁנֶּאֱמַר** [לו, יד] "**וַיַּעַשׂ יְרִיעֹת עִזִּים לְאֹהֶל עַל הַמִּשְׁכָּן**", **וְאַחַר כָּךְ עָשָׂה אֶת הַפָּרוֹכֶת, שֶׁתְּהֵא נִמְתַּח בִּפְנֵי הָאָרוֹן, וְאַחַר כָּךְ עָשָׂה אֶת הָאָרוֹן, וְאֶת הַכַּפּוֹרֶת שֶׁיְּהֵא נִיתַּן עַל הָאָרוֹן,** ^ט^**אָמַר רַבִּי אֶלְעָזָר בַּר רַבִּי יוֹסֵי: אֲנִי רָאִיתִי אֶת הַפָּרוֹכֶת בְּרוֹמִי, וְהָיוּ עָלֶיהָ כַּמָּה טִיפֵּי דָמִים, וְשָׁאַלְתִּי וְאָמְרוּ לִי:** ^י^**מִדַּם יוֹם הַכִּפּוּרִים שֶׁהָיָה כֹּהֵן עוֹשֶׂה, וְלָמָּה נִקְרָא כַּפּוֹרֶת, שֶׁהָיָה מְכַפֵּר לְיִשְׂרָאֵל, וּמִשֶּׁעָשָׂה הַכַּפּוֹרֶת עָשָׂה הַשֻּׁלְחָן שֶׁהָיָה לֶחֶם הַפָּנִים נִיתַּן עָלָיו שֶׁהָיָה נִיתַּן לִפְנֵי הָאָרוֹן, וְאַחַר כָּךְ עָשָׂה אֶת הַמְּנוֹרָה שֶׁהָיְתָה לְמַעְלָה מִן הַשּׁוּלְחָן:**

ה **דָּבָר אַחֵר,** [לז, א] "**וַיַּעַשׂ בְּצַלְאֵל**", ^יא^**וְכִי בְּצַלְאֵל עָשָׂה לְעַצְמוֹ, שֶׁבְּכָל דָּבָר וְדָבָר הוּא אוֹמֵר "וַיַּעַשׂ" בְּצַלְאֵל,**

עץ יוסף

הארון הולך מתחלה מקמי עובדא דפנחס: **(ד) נירין.** במשנה (שקלים פ"ח מ"ה) איתא נימין, ופירש הרב (ברטנורא) לייי"ש בלע"ז: **ושלש מאות כהנים כו'.** פירש הרב דכלים הנגמרים אף על פי שנגמרו בטהרה צריכים טבילה לקודש, כדאיתא במסכת חגיגה, ושלש מאות כהנים דתנן, לשון גוזמא, דלא צריך כל כך כהנים להטבילה עד כאן לשונו. ובשם הגר"א שמעתי משום שהפרוכת היה ארכו ארבעים אמה ורחבו עשרים, כדאיתא במשנה פרק ח' דשקלים, ונמצא היה ההיקף מכל ארבע רוחותיו מאה ועשרים אמה, שהם שש מאות טפחים שאמה של כלים הם מחמשה טפחים, ורצו הרבה כהנים לזכות במצוה זו, ואחזו שלש מאות כהנים בשתי ידיהם בפרוכת, אך הגוזמא הוא שהרי בקרנות לא היו יכולים להחזיק בידיהם משני הצדדים: **וכל הכהנים.** אף על פי שהם המטבילים לבד, כל הכהנים יורדים עמם לסייעם אם יצטרך או לכבודו של פרוכת, כן נראה ליישב גירסא שלפנינו, אבל במסכת תמיד (כט, ב) ובחולין (ל, ב) לא גרס לה: **ושוטחין אותה על גב החיל.** פירוש כשנטמאת באב הטומאה, אבל חדשה כשנגמרה מלאכתו, תנן במתניתין שוטחין אותה על האיצטבא: **ואחר כך היריעות.** שאף על פי שמתחלה כתיב ויעש יריעות, ואחר כך כתיב ויעש את הקרשים למשכן, מכל מקום מעשה הקרשים היו קודם מעשה היריעות מדכתיב ויעש יריעות עזים לאהל על המשכן, הרי שמתחלה נעשה הקרשים שהם עיקר המשכן ואחר כך נעשו היריעות: **ואחר כך עשה את הארון.** סבירא ליה כההיא דפרק הרואה (ברכות נה, א) שהמשכן קדם לארון, ודלא כאגדה דלעיל שהארון קודם לכל דבר: **שתהא נמתח.** שעל ידי שהיה כפוף מלמעלה, כדאמר בפרק קמא דסוכה וסכות על הארון, דכייף ליה מיכף עלויה דארון קאמר לשון מתיחה, אבל בתנחומא גרים שתהא תלויה: **אני ראיתי.** שנתנו לו רשות ליכנס לאוצר הקיסר, ושם ראה את הפרוכת, כדאיתא בפרק קדשי מזבח (מעילה יז, ב): **ושאלתי ואמרו לי מדם של יום הכיפורים.** לפי שלא היו מזין על הפרוכת ממש אלא כנגדה, אלא שמכל מקום פעמים היו נוגעים בפרוכת ואם נגעו נגעו, וניכר היה בפרוכת הזאה דפר ושעיר של יום הכיפורים: **שהיה מכפר לישראל.** רוצה לומר שהוא כנגד העגל של זהב, ואף שהארון ושאר כלים גם כן היה בהם זהב, לא היה כולו זהב, אבל הכפורת היה זהב בכללו, וזה שאמרו בפרק קמא דשקלים גבי כפורת, יבא זהב שבמשכן ויכפר על זהב שבעגל, ולא אמרו כן על דבר אחר, וזה הוא גם כן הטעם שהיה הכהן גדול מזה דם שעיר ופר יום הכיפורים כנגד עובי הכפורת, כדאיתא במסכת יומא, ואין כפרה אלא בדם, כדאמרינן במסכת פסחים: **שהיתה למעלה מן השלחן.** שהיתה גבוה שמונה עשרה טפחים והשולחן היה אמה וחצי קומתו: **(ה) שבכל דבר ודבר הוא אומר ויעש בצלאל.** אף על גב דלא כתיב הכי אלא בארון, סבירא ליה דכל מקום דכתיב ויעש, היינו בצלאל, ואפילו ויעש דכתיב ביריעות וקרשים, קאי אבצלאל הנזכר תחלה, ולא היה צריך לכתוב בצלאל בארון, אלא מפני שזכה שיקרא על שמו טפי ובפי הכל:

פירוש מהרז"ו

(ד) ויעש פרוכת. שסמך מעשה ארון לפרוכת שמכסה עליו: **ושנו רבותינו.** שקלים (פרק ח') במדבר רבה פרשה ד סימן י"ג, ובפרוכת של בית המקדש מדבר שם, בפרוכת של שער אולם, שהיה אורך ארבעים אמה על עשרים אמה רוחב. אך של היכל היה ארכו עשרים אמה ורחבו עשר, ושל משכן ארכו עשר ורחבו עשר. והובא כאן בדרך אגב שהזכיר הפרוכת, ללמדנו שגם מעשה פרוכת של משכן היה כמעשה פרוכת של בית המקדש: **על סדר נעשה.** תנחומא ויקהל ריש סימן י'. ואף דכאן בסדר ויקהל שמדבר בעשייתו, מפורש שעשה תחלה יריעות, ואחר כך קרשים, דורש שעשה תחלה קרשים, כמו שכתוב בסדר פקודי בהבאתו ובהקמתו, על פי מדה ל"ב. וכן מה שדרש המדרש ואחר כך עשה את הארון, מבואר באורך בסימן ב. וכן מה שכתב הפרוכת תחלה ואחר כך הארון, גם כן כסדר הבאתו בסדר פקודי, ובהקמתו כתוב להיפך, תחלה הארון ואחר כך הפרוכת, וצריך עיון: **שהיתה למעלה מן השולחן.** זהו הטעם על שנתן תחלה השולחן שבצפון בשמאל, והיה לו ליתן תחלה מנורה שבימין ודרום, על כן דורש שהשולחן על שעליו לחם, הוא חשוב יותר מהמנורה, שבאה לצורך השולחן להאיר עליו, וכן הוא בכל המקומות הנ"ל. בצווי, בעשיה, ובהבאה, והקמה, תחלה שולחן ואחר כך מנורה, אך בשאר דברים יש בהם שינוים: **(ה) שבכל דבר אומר ויעש בצלאל.** הנה לא כתוב אלא פעם אחת אצל הארון. ועיין מה שכתבתי לעיל סוף סימן א' ותבין כאן:

חידושי הרד"ל

[ד] ולא היה בו קשר. זה אינו בלשון המשנה כמו שכתב המתנות כהונה, ועיין בשבת (עד, ב): **שהיתה למעלה מן השולחן.** אין לפרש שהיתה עומדת על השולחן, שהרי על כן היתה עומדת לנוכח השולחן, אלא חשובה במעלה יותר מהשולחן קאמר, דשולחן רמז לעושר ומנורה רמז לחכמה:

חידושי הרש"ש

[ד] בתחלה עשה את הקרשים כו' ואחר כך היריעות כו' שנאמר ויעש יריעות גו'. זה כתוב בפרשתנו קודם עשיית הקרשים, רק בפרשת פקודי (שמות מ, יח) בהקמתו כתיב תחלה ויתן את אדניו וישם את קרשיו ואחר כך ויפרוש את האהל, ואולי לא הביא המקרא הזה לכאן רק לפרש מהו האהל הכתוב בפקודי: **המנורה שהיתה למעלה מן השולחן.** כי השולחן גבהו אמה וחצי, והמנורה גבהה שמונה עשרה טפחים כדאיתא במנחות (כח, ב), אמנם אין זה טעם מספיק על איחור עשייתה מן השולחן, ובתנחומא הגירסא שתהא מאירה על השולחן: **[ה] שבכל דבר ודבר הוא אומרו ויעש בצלאל.** במקרא אינו מפורש רק בארון, אלא משום דכתיב ברובם ויעש לשון יחיד משמע דקאי עליו:

מסורת המדרש

ז. שקלים פרק ח'. חולין ל'. תמיד כ"ט. במד"ר פ"ד. תנחומא כאן ס"ז. אגדת בראשית פרק ע"ט:
ח. תנחומא כאן סימן יו"ד כל הענין:
ט. יומא נ"ז. מעילה דף י"ז:
י. עיין קהלת רבה פרשה ה' פסוק ח':
יא. תנחומא כאן סימן יו"ד כל הענין:

באור מהרי"פ

[ד] ושלש מאות כהנים היו מטבילין אותה. הטעם דכלים הנגמרין אף על פי שנגמרו בטהרה צריכן טבילה לקודש: **וכל הכהנים וכו'.** אף על גב דשלשה מאות בלבד טובלין, מכל מקום ירדו עמהם כל הכהנים לכבוד, כן נראה ליישב הגירסא דהכא, אבל במסכת חולין (ל, ב) ובמסכת תמיד (כט, ב) לא גרסינן להאי דוכל הכהנים יורדים וכו': **שוטחין על גבי החיל.** פירוש, כשנטמאת באב הטומאה, אבל חדשה כשנגמרה תנן במתניתין (שקלים פרק ח, משנה ד) שוטחין אותה על האיצטבא: **שתהא נמתחת בפני הארון.** צריך עיון, דמכל מקום לא הוה ליה לאקדומה לארון, שהרי תחלה הונח הארון במקומו, ואחר כך פרשו את הפרוכת, כדכתיב במעשה וישם את הפרוכת בתר הנחת הארון במקומו, ואף על גב דבצווי מקדים הפרוכת, כבר כתב הרמב"ן (שמות מ, ב) דהתם לא איירי כסדרן: **ושאלתי וכו'.** ענין השאלה הזאת לא היו מזין על הפרוכת ממש אלא כנגדה, והשיבו לו, אף על פי כן מדם יום הכפורים, כי אף על פי שלא היו מזין על פרוכת ממש, מכל מקום לפעמים היה נוגע בפרוכת, ואם נגעו נגעו: **[ה] שבכל דבר אמר ויעש בצלאל.** אף על גב דלא כתיב ויעש בצלאל אלא גבי ארון, מכל מקום מדכתיב בכל דבר ויעש סתם, קאי אבצלאל, וכאלו ויעש בצלאל מפורש בהדיא:

מתנות כהונה

[ד] ושנו רבותינו כו'. משנה הוא בסוף מסכת שקלים ועירבוב משניות יש כאן וחסר ויתיר **ולא היה בה קשר** אינו כתיב במשנה במסכת תמיד פרק ראוהו אחיו ובפרק גיד הנשה לא גרס ליה. ועיין עוד בפרשת במדבר ותמצא הגירסא בשינוי קצת: הכי גרסינן **מטבילין אותה והכהנים יורדין ומטבילין אותה בחוץ ועולין כו'.** מיירי כשנטמאת באב הטומאה שאז היו מטבילין אותה בחוץ כו'. וכן פירש רש"י בפרק גיד הנשה ובסוף פרק הרואה. ובמסכת תמיד פירש רש"י שאי אפשר שלא תהא נדה אחת מן הנשים האורגות. ועיין שם בתוספות: **ואחר כך עשה את הארון.** סדר הצווי קחשיב, אבל במעשה, עשה הארון קודם כדמפרש ואזיל:

אשד הנחלים

בעצי שטים עוררים אותם לזכור עונם וינהו אחרי ה' ויכופר להם בעבור זה: **[ד] שלש מאות כהנים כו'.** בחולין (צ, ב) אמרו שגוזמא נקט ולאו דווקא שלש מאות: **ואתה מוצא כו'.** אמר זה באגב שיתבונן האדם איך נעשו על סדרן ומערכתן כפי הצורך וכפי הכונה העליונה בזה, ומלת ויעש הוא התיקון הגמור בסדר הנכון: **[ה] וכי כו' לעצמו כו'.** כלומר הלא כל עשייתו היה על פי צווי ה', כפי שהורהו מן השמים על פי הנבואה סדר הענין בכללה על מתכונתה, וא"כ אין שייך לומר מלת עשייה על כל אחד ואחד. והענין כי השכלת האנושי הוא רק בדבר פרטי לבד, במה שמחשב ומתבונן על הדבר המיוחד במה שהוא עושה, ועל זה הונח לשון עשיה שעושה בתקונו הדבר, אבל לדעת סדורי העניינים השונים היטב שיהיה על מכונם, באמת זה אין בחוק האנושי לדעת על מכונה וסדורה כפי מה שראוי באמת, ולכן אם היה עושה לעצמו ומבינת עצמו, היה שייך לשון עשייה על כל דבר ודבר בפרט, אבל לא על דבר שהורוהו מן השמים ענין הסדור בכלל. אך מי שנתן נפשו על זה לא קיפח ה' שכרו, כאילו הכתוב חושב שעשה כפי שכלו והבנתו, כי היה שכלו מישרים עם מה שהשיג בנבואה, כמו שנאמר

וְהָיוּ עָלֶיהָ כַּמָּה טִיפֵּי דָמִים – **and there were several** stains of **drops of blood upon it.** וְשָׁאַלְתִּי – I later **asked** the Sages about this blood, וְאָמְרוּ לִי: מִדַּם יוֹם הַכִּפּוּרִים שֶׁהָיָה כֹּהֵן עוֹשֶׂה – **and they told me that it came from the blood** applications **of Yom Kippur that the Kohen** Gadol **would perform.**[47]

The cover of the Ark mentioned above is called in Hebrew the כַּפּוֹרֶת (*kapores*); the Midrash explains the significance of this term:

וְלָמָּה נִקְרָא כַּפּוֹרֶת – **Why was [the Cover] called *"kapores"*** [כַּפּוֹרֶת]? שֶׁהָיָה מְכַפֵּר לְיִשְׂרָאֵל – **Because it would atone** [מְכַפֵּר] **for Israel.**[48]

The Midrash resumes its discussion of the sequence used in the construction of the Tabernacle:

וּמִשֶּׁעָשָׂה הַכַּפּוֹרֶת עָשָׂה הַשֻּׁלְחָן – **And once [Bezalel] had made the Cover he made the Table,** שֶׁהָיָה לֶחֶם הַפָּנִים נִיתָּן עָלָיו שֶׁהָיָה נִיתָּן לִפְנֵי הָאָרוֹן – **upon which the Show-bread would be placed** and **which would** itself **be placed before the Ark.**[49] וְאַחַר כָּךְ עָשָׂה אֶת הַמְּנוֹרָה – **And afterward he made the Menorah,** שֶׁהָיְתָה לְמַעְלָה מִן הַשּׁוּלְחָן – **which rose above the Table,** casting light upon it.[50]

§5 Scripture attributes the making of the Ark and other elements of the Tabernacle to Bezalel. The Midrash examines his personal role in their construction:

דָּבָר אַחֵר – **Another interpretation:** "וַיַּעַשׂ בְּצַלְאֵל" – ***Bezalel made** the Ark.* וְכִי בְּצַלְאֵל עָשָׂה לְעַצְמוֹ – **Now, did Bezalel make** all the articles of the Tabernacle **by himself,**[51] שֶׁבְּכָל דָּבָר וְדָבָר הוּא אוֹמֵר "וַיַּעַשׂ" בְּצַלְאֵל – as is implied by **that** which **[Scripture] states regarding each and every item, *He,*** i.e., **Bezalel, *made*** etc.?[52]

NOTES

47. Sprinkling the blood of the bull and goat *chatas*-offerings toward the partition-curtain. However, the blood was not supposed to actually strike the curtain, hence R' Elazar's question concerning the source of the bloodstains that he had seen. The Sages responded that at times the sprinkled blood did in fact hit the curtain (*Beur Maharif;* see also *Eitz Yosef*). The pattern of the Yom Kippur blood-sprinkling differed from that of other offerings sprinkled toward the curtain and therefore the Sages were able to identify the blood as that of the Yom Kippur offerings (*Eitz Yosef*; see further *Yoma* 57a). [*Yefeh To'ar* discusses the relevance here of R' Elazar's statement.]

48. Interpreting the word כַּפּוֹרֶת as derived from the root כפר, *atone* (cf. *Ibn Ezra, Peirush HaKatzar* to 25:17 above). The gold donated by the Israelites for the Cover of the Ark served to atone for the Golden Calf; see *Yerushalmi Shekalim* 1:2. Although gold was used for many articles in the Tabernacle the Cover was one of the few that were made of solid gold (*Yefeh To'ar, Eitz Yosef*). Alternatively, on Yom Kippur the Kohen Gadol would sprinkle the blood of the bull and goat *chatas*-offerings at the Cover of the Ark as an atonement for Israel; see *Leviticus* 16:14-15 (*Yefeh To'ar,* second explanation, *Toldos Noach*).

49. Outside of the Holy of Holies, where the Ark itself was placed. The Table in the Tabernacle was thus comparable to the royal table, laden with food, that would be placed before a human monarch. As such, it was subsidiary to the Ark, making it appropriate that it be constructed after the Ark. Although God has no need for food, it is incumbent upon us to honor Him as one would a king of flesh and blood; see the parallel passage in *Tanchuma, Vayakhel* §10 (*Tiferes Tzion*).

50. For the Menorah stood eighteen handbreadths high (*Menachos* 28b) while the Table only came to a height of one and a half *amos* (below, v. 10) [which, even assuming that the verse is using the larger *amah* of 6 handbreadths (see *Menachos* 97a), would give it a height of just 9 handbreadths] (*Eitz Yosef*). The Menorah was thus comparable to the lamp that would provide light for the table of a human king (*Yefeh To'ar,* based on *Tanchuma* loc. cit.). Since the Menorah was auxiliary to the Table it was appropriate that it would be made after the Table (*Maharzu*). [*Rashash* emends the text to conform with the wording found in *Tanchuma* loc. cit., which reads שֶׁתְּהֵא מְאִירָה עַל הַשֻּׁלְחָן, "that it should cast light upon the Table," rather than שֶׁהָיְתָה לְמַעְלָה מִן הַשּׁוּלְחָן, "which rose above the Table."]

51. In fact, Bezalel did not even construct the Ark on his own; see note 22 above.

52. Although Bezalel is mentioned by name only with regard to the Ark in our verse (see end of §2, above), the singular pronoun *he,* used regarding almost every article, clearly refers to Bezalel (*Yefeh To'ar, Eitz Yosef;* see also *Maharzu* to §1 above, s.v. פתח בארון). Yet it cannot be that Bezalel constructed everything single-handedly for Scripture states explicitly that he was to be assisted by *Oholiab and every wise-hearted man* (above, 36:1).

ד מַה כְּתִיב לְמַעְלָה, [לו, לה] "וַיַּעַשׂ אֶת הַפָּרֹכֶת תְּכֵלֶת וְאַרְגָּמָן", וְשָׁנוּ רַבּוֹתֵינוּ: זפָּרוֹכֶת הָיָה עוֹבְיוֹ טֶפַח, וְעַל ע"ב נִירִים נֶאֱרֶגֶת, וְלֹא הָיָה בָהּ קֶשֶׁר, וּשְׁתַּיִם עוֹשִׂים בְּכָל שָׁנָה, וְשׁ' כֹּהֲנִים מַטְבִּילִין אוֹתָהּ, וְהַכֹּהֲנִים יוֹרְדִין וּמַטְבִּילִין אוֹתָהּ בַּחוּץ, וְעוֹלִין וְשׁוֹטְחִין אוֹתָהּ עַל גַּבֵּי הַחֵיל, חוְאַתָּה מוֹצֵא כָּל הַמִּשְׁכָּן עַל הַסֵּדֶר נַעֲשָׂה, בַּתְּחִלָּה עָשָׂה אֶת הַקְּרָשִׁים וְחִבְּרָם, וְאַחַר כָּךְ הַיְרִיעוֹת, וּפְרָסָן עָלָיו, שֶׁנֶּאֱמַר [לו, יד] "וַיַּעַשׂ יְרִיעֹת עִזִּים לְאֹהֶל עַל הַמִּשְׁכָּן", וְאַחַר כָּךְ עָשָׂה אֶת הַפָּרוֹכֶת, שֶׁתְּהֵא נִמְתַּח בִּפְנֵי הָאָרוֹן, וְאַחַר כָּךְ עָשָׂה אֶת הָאָרוֹן, וְאֶת הַכַּפּוֹרֶת שֶׁיְּהֵא נִיתַּן עַל הָאָרוֹן, טאָמַר רַבִּי אֶלְעָזָר בַּר רַבִּי יוֹסֵי: אֲנִי רָאִיתִי אֶת הַפָּרוֹכֶת בְּרוֹמִי, וְהָיוּ עָלֶיהָ כַּמָּה טִיפֵּי דָמִים, וְשָׁאַלְתִּי וְאָמְרוּ לִי: ימִדַּם יוֹם הַכִּפּוּרִים שֶׁהָיָה כֹּהֵן עוֹשֶׂה, וְלָמָּה נִקְרָא כַּפּוֹרֶת, שֶׁהָיָה מְכַפֵּר לְיִשְׂרָאֵל, וּמִשֶּׁעָשָׂה הַכַּפּוֹרֶת עָשָׂה הַשֻּׁלְחָן שֶׁהָיָה לֶחֶם הַפָּנִים נִיתַּן עָלָיו שֶׁהָיָה נִיתַּן לִפְנֵי הָאָרוֹן, וְאַחַר כָּךְ עָשָׂה אֶת הַמְּנוֹרָה שֶׁהָיְתָה לְמַעְלָה מִן הַשּׁוּלְחָן:

ה דָּבָר אַחֵר, [לז, א] "וַיַּעַשׂ בְּצַלְאֵל", יאוְכִי בְּצַלְאֵל עָשָׂה לְעַצְמוֹ, שֶׁבְּכָל דָּבָר וְדָבָר הוּא אוֹמֵר "וַיַּעַשׂ" בְּצַלְאֵל,

עץ יוסף

הארון הולך מתחלה מקמי עובדא דפנחס: **(ד) נירין.** במשנה (שקלים פ"ח מ"ה) איתא נימין, ופירש הרב (ברטנורא) ליליי"ש בלע"ז: **ושלש מאות כהנים כו'.** פירש הרב דכלים הנגמרים אף על פי שנגמרו בטהרה צריכים טבילה לקודש, כדאיתא במסכת חגיגה, ושלש מאות כהנים דתנן, לשון גוזמא, דלא צריך כל כך כהנים להטבילה עד כאן לשונו. ובשם הגר"א שמעתי משום שהפרוכת היה ארכו ארבעים אמה ורחבו עשרים, כדאיתא במשנה פרק ח' דשקלים, ונמצא היה ההיקף מכל ארבע רוחותיו מאה ועשרים אמה, שהם שש מאות טפחים שאמה של כלים הם מחמשה טפחים, ורצו הרבה כהנים לזכות במצוה זו, ואחזו שלש מאות כהנים בשתי ידיהם בפרוכת, אך הגוזמא הוא שהרי בקרנות לא היו יכולים להחזיק בידיהם משני הצדדים: **וכל הכהנים.** אף על פי ששם הם המטבילים לבד, כל הכהנים יורדים עמם לסייעם אם יצטרך או לכבודו של פרוכת, כן נראה ליישב גירסא שלפנינו, אבל במסכת תמיד (כט, ב) ובחולין (ל, ב) לא גרס לה: **ושוטחין אותה על גב החיל.** פירוש כשנטמאת באב הטומאה, אבל חדשה כשנגמרה מלאכתו, תנן במתניתין שוטחין אותה על האיצטבא: **ואחר כך היריעות.** שאף על פי שמתחלה כתיב ויעש יריעות, ואחר כך כתיב ויעש את הקרשים למשכן, מכל מקום מעשה הקרשים היו קודם מעשה היריעות מדכתיב ויעש יריעות עזים לאהל על המשכן, הרי שמתחלה נעשה הקרשים שהם עיקר המשכן ואחר כך נעשו היריעות: **ואחר כך עשה את הארון.** סבירא ליה כהיא דפרק הרואה (ברכות נה, א) שהמשכן קדם לארון, ודלא כאגדה דלעיל שהארון קודם לכל דבר: **שתהא נמתח.** שעל ידי שהיה כפוף מלמעלה, כדאמר בפרק קמא דסוכה וסכות על הארון, דכייף ליה מיכף עלויה דארון קאמר לשון מתיחה, אבל בתנחומא גריס שתהא תלויה: **אני ראיתי.** שנתנו לו רשות ליכנס לאוצר הקיסר, ושם ראה את הפרוכת, כדאיתא בפרק קדשי מזבח (מעילה יז, ב): **ושאלתי ואמרו לי מדם של יום הכיפורים.** לפי שלא היו מזין על הפרוכת ממש אלא כנגדה, אלא שמכל מקום פעמים היו נוגעים בפרוכת ואם נגעו נגעו, וניכר היה בפרוכת הזאה דפר ושעיר של יום הכיפורים: **שהיה מכפר לישראל.** רוצה לומר שהוא כנגד העגל של זהב, ואף שהארון ושאר כלים גם כן היה בהם זהב, לא היה כולו זהב, אבל הכפורת היה זהב בכללו, וזה שאמרו בפרק קמא דשקלים גבי כפורת, יבא זהב שבמשכן ויכפר על זהב שבעגל, ולא אמרו כן על דבר אחר, וזה הוא גם כן הטעם שהיה הכהן גדול מזה דם שעיר ופר יום הכיפורים כנגד עובי הכפורת, כדאיתא במסכת יומא, ואין כפרה אלא בדם, כדאמרינן במסכת פסחים: **שהיתה למעלה מן השלחן.** שהיתה גבוה שמונה עשרה טפחים והשולחן היה אמה וחצי קומתו: **(ה) שבכל דבר ודבר הוא אומר ויעש בצלאל.** אף על גב דלא כתיב הכי אלא בארון, סבירא ליה דכל מקום דכתיב ויעש, היינו בצלאל, ואפילו ויעש דכתיב ביריעות וקרשים, קאי אבצלאל הנזכר תחלה, ולא היה צריך לכתוב בצלאל בארון, אלא מפני שזכה שיקרא על שמו טפי ובפי הכל:

פירוש מהרז"ו

(ד) ויעש פרוכת. שסמך מעשה ארון לפרוכת שמכסה עליו: **ושנו רבותינו.** שקלים (פרק ח') במדבר רבה פרשה ד סימן י"ג, ובפרוכת של בית המקדש מדבר שם, בפרוכת של שער אולם, שהיה אורך ארבעים אמה על עשרים אמה רוחב. אך של היכל היה ארכו עשרים אמה ורחבו עשר, ושל משכן ארכו עשר ורחבו עשר. והובא כאן בדרך אגב שהזכיר הפרוכת, ללמדנו שגם מעשה פרוכת של משכן היה כמעשה פרוכת של בית המקדש: **על סדר נעשה.** תנחומא ויקהל ריש סימן י'. ואף דכאן בסדר ויקהל שמדבר בעשייתו, מפורש שעשה תחלה יריעות, ואחר כך קרשים, דורש שעשה תחלה קרשים, כמו שכתוב בסדר פקודי בהבאתו ובהקמתו, על פי מדה ל"ב. וכן מה שדרש המדרש ואחר כך עשה את הארון, מבואר באורך בסימן ב. וכן מה שכתב הפרוכת תחלה ואחר כך הארון, גם כן כסדר הבאתו בסדר פקודי, ובהקמתו כתוב להיפך, תחלה הארון ואחר כך הפרוכת, וצריך עיון: **שהיתה למעלה מן השולחן.** זהו הטעם על שנתן תחלה השולחן שבצפון בשמאל, והיה לו ליתן תחלה מנורה שבימין ודרום, על כן דורש שהשולחן על שעליו לחם, הוא חשוב יותר מהמנורה, שבאה לצורך השולחן להאיר עליו, וכן הוא בכל המקומות הנ"ל. בצווי, בעשיה, ובהבאה, והקמה, תחלה שולחן ואחר כך מנורה, אך בשאר דברים יש בהם שינוים: **(ה) שבכל דבר אומר ויעש בצלאל.** הנה לא כתוב אלא פעם אחת אצל הארון. ועיין מה שכתבתי לעיל סוף סימן א' ותבין כאן:

חידושי הרד"ל

[ד] ולא היה בו קשר. זה אינו בלשון המשנה כמו שכתב המתנות כהונה, ועיין בשבת (עד, ב): **שהיתה למעלה מן השולחן.** אין לפרש שהיתה עומדת על השולחן, שהרי על כן היתה עומדת לנוכח השולחן, אלא חשובה במעלה יותר מהשולחן קאמר, דשולחן רמז לעושר ומנורה רמז לחכמה:

חידושי הרש"ש

[ד] בתחלה עשה את הקרשים כו' ואחר כך היריעות כו' שנאמר ויעש יריעות גו'. זה כתוב בפרשתנו קודם עשיית הקרשים, רק בפרשת פקודי (שמות מ, יח) בהקמתו כתיב תחלה ויתן את אדניו וישם את קרשיו ואחר כך ויפרוש את האהל, ואולי לא הביא המקרא הזה לכאן רק לפרש מהו האהל הכתוב בפקודי: **המנורה שהיתה למעלה מן השולחן.** כי השולחן גבהו אמה וחצי, והמנורה גבהה שמונה עשרה טפחים כדאיתא במנחות (כח, ב), אמנם אין זה טעם מספיק על איחור עשייתה מן השולחן, ובתנחומא הגירסא שתהא מאירה על השולחן: **[ה] שבכל דבר ודבר הוא אומרו ויעש בצלאל.** במקרא אינו מפורש רק בארון, אלא משום דכתיב ברובם ויעש לשון יחיד משמע דקאי עליו:

מסורת המדרש

ז. שקלים פרק ח'. חולין ל'. תמיד כ"ט. במד"ר פ"ד. תנחומא כאן ס"ז. אגדת בראשית פרק ע"ט:
ח. תנחומא כאן סימן יו"ד כל הענין:
ט. יומא נ"ז. מעילה דף י"ז:
י. עיין קהלת רבה פרשה ה' פסוק ח':
יא. תנחומא כאן סימן יו"ד כל הענין:

באור מהרי"פ

[ד] ושלש מאות כהנים היו מטבילין אותה. הטעם דכלים הנגמרין אף על פי שנגמרו בטהרה צריכן טבילה לקודש: **וכל הכהנים וכו'.** אף על גב דשלשה מאות בלבד טובלין, מכל מקום ירדו עמם כל הכהנים לכבוד, כן נראה ליישב הגירסא דהכא, אבל במסכת חולין (ל, ב) ובמסכת תמיד (כט, ב) לא גרסינן להאי דוכל הכהנים יורדים וכו': **שוטחין על גבי החיל.** פירוש, כשנטמאת באב הטומאה, אבל חדשה כשנגמרה תנן במתניתין (שקלים פרק ח, משנה ד) שוטחין אותה על האיצטבא: **שתהא נמתחת בפני הארון.** צריך עיון, דמכל מקום לא הוה ליה לאקדומה לארון, שהרי תחלה הונח הארון במקומו, ואחר כך פרשו את הפרוכת, כדכתיב במעשה וישם את הפרוכת בתר הנחת הארון במקומו, ואף על גב דבצווי מקדים הפרוכת, כבר כתב הרמב"ן (שמות מ, ב) דהתם לא איירי כסדרן: **ושאלתי וכו'.** ענין השאלה הזאת לא היו מזין על הפרוכת ממש אלא כנגדה, והשיבו לו, אף על פי כן מדם יום הכפורים, כי אף על פי שלא היו מזין על פרוכת ממש, מכל מקום לפעמים היה נוגע בפרוכת, ואם נגעו נגעו: **[ה] שבכל דבר אמר ויעש בצלאל.** אף על גב דלא כתיב ויעש בצלאל אלא גבי ארון, מכל מקום מדכתיב בכל דבר ויעש סתם, קאי אבצלאל, וכאלו ויעש בצלאל מפורש בהדיא:

מתנות כהונה

[ד] ושנו רבותינו כו'. משנה הוא בסוף מסכת שקלים ועירבוב משניות יש כאן וחסר ויתיר **ולא היה בה קשר** אינו כתיב במשנה במסכת תמיד פרק ראוהו אחיו ובפרק גיד הנשה לא גרס ליה. ועיין עוד בפרשת במדבר ותמצא הגירסא בשינוי קצת: הכי גרסינן **מטבילין אותה והכהנים יורדין ומטבילין אותה בחוץ** **ועולין כו'.** מיירי כשנטמא באב הטומאה שאז היו מטבילין אותה בחוץ כו'. וכן פירש רש"י בפרק גיד הנשה ובסוף פרק הרואה. ובמסכת תמיד פירש רש"י שאי אפשר שלא תהא נדה אחת מן הנשים האורגות. ועיין שם בתוספות: **ואחר כך עשה את הארון.** סדר הצווי קחשיב, אבל במעשה, עשה הארון קודם כדמפרש ואזיל:

אשד הנחלים

בעצי שטים עוררים אותם לזכור עונם וינהו אחרי ה' ויכופר להם בעבור זה: **[ד] שלש מאות כהנים כו'.** בחולין (צ, ב) אמרו שגוזמא נקט ולאו דווקא שלש מאות: **ואתה מוצא כו'.** אמר זה באגב שיתבונן האדם איך נעשו על סדרן ומערכתן כפי הצורך וכפי הכונה העליונה בזה, ומלת ויעש הוא התיקון הגמור בסדר הנכון: **[ה] וכי כו' לעצמו כו'.** כלומר הלא כל עשייתו היה על פי צווי ה', כפי שהורהו מן השמים על פי הנבואה סדר הענין בכללה על מתכונתה, וא"כ אין שייך לומר מלת עשייה על כל אחד ואחד. והענין כי השכלת האנושי הוא רק בדבר פרטי לבד, במה שמחשב ומתבונן על הדבר המיוחד במה שהוא עושה, ועל זה הונח לשון עשיה שעושה בתקונו הדבר, אבל לדעת סדורי העניינים השונים היטב שיהיה על מכונם, באמת זה אין בחוק האנושי לדעת על מכונה וסדורה כפי מה שראוי באמת, ולכן אם היה עושה לעצמו ומבינת עצמו, היה שייך לשון עשייה על כל דבר ודבר בפרט, אבל לא על דבר שהורוהו מן השמים ענין הסדור בכלל. אך מי שנתן נפשו על זה לא קיפח ה' שכרו, כאילו הכתוב חושב שעשה כפי שכלו והבנתו, כי היה שכלו מישרים עם מה שהשיג בנבואה, כמו שנאמר

אֶלָּא עַל שֶׁנָּתַן נַפְשׁוֹ עָלָיו בְּיוֹתֵר – Rather, because [Bezalel] put his soul into [the Tabernacle] exceedingly, working with selfless devotion, **לֹא קִיפַּח הַקָּדוֹשׁ בָּרוּךְ הוּא שְׂכָרוֹ – the Holy One, blessed is He, did not withhold his reward, וּפִרְסְמוֹ הַכָּתוּב עַל כָּל דָּבָר וְדָבָר – and Scripture publicized [him] regarding each and every item.**[53]

The Midrash cites another example in which Scripture publicized the most devoted participant(s) in a worthwhile project:

כַּיּוֹצֵא בַּדָּבָר אַתָּה אוֹמֵר – In a similar fashion, you say the verse, "אַךְ יוֹנָתָן בֶּן עֲשָׂהאֵל וְיַחְזְיָה בֶן תִּקְוָה עָמְדוּ עַל זֹאת וּמְשֻׁלָּם וְשַׁבְּתַי הַלֵּוִי עֲזָרֻם" – ***But Jonathan son of Asahel and Jahzeiah son of Tikvah stood for this, and Meshullam and Shabbethai the Levite aided them*** (*Ezra* 10:15).[54] אֶלָּא יוֹנָתָן נָתַן נַפְשׁוֹ עַל הַדָּבָר הַרְבֵּה – Now, as the verse states, Meshullam and Shabbethai were also involved, **but Jonathan put his soul into the matter exceedingly,** as did Jahzeiah.[55]

NOTES

53. Attributing the construction of the item to Bezalel, even though there were others who had also been involved. *Yefeh To'ar* and *Eitz Yosef* interpret this phrase as meaning that God did not withhold any of Bezalel's reward for his efforts in the Next World despite his having been paid in This World by having Scripture publicly acknowledge his role in the construction of the Tabernacle and its various articles. For an alternative understanding of this passage, see *Eshed HaNechalim*. See Insight Ⓐ.

54. That is, Jonathan son of Asahel and Jahzeiah son of Tikvah stood in support of Ezra's initiative that those who had married non-Jewish women should divorce them. [This understanding of the verse, that Jonathan and Jahzeiah supported Ezra, is followed by *Metzudas David* ad loc. However, according to *Rashi* they stood in opposition to Ezra.]

55. *Matnos Kehunah, Eitz Yosef;* however, see *Tiferes Tzion*. The Midrash specifies Jonathan since he is the first of the two listed in the verse (*Matnos Kehunah, Eitz Yosef*).

INSIGHTS

Ⓐ Publicizing One's Philanthropy *Yalkut Yehudah* (to our verse) cites our Midrash as proof to *Rashba's* view (Responsa I:581) that one who makes a significant donation to a synagogue may insist that his name be inscribed on a wall or plaque to commemorate his gift to the community. For our Midrash states that the verse attributes to Bezalel the construction of the Ark, as well as the rest of the Tabernacle's articles, in order to publicize Bezalel's selfless devotion of all his talent and energy to their construction.

Rashba himself brings various proofs, arguing that this practice is an ancient and hallowed custom. In many places, Scripture openly praises those who perform meritorious deeds. For example, the Torah praises Reuben for saving Joseph from death at his brothers' hands, as it states (*Genesis* 37:21), וַיִּשְׁמַע רְאוּבֵן וַיַּצִּלֵהוּ מִיָּדָם, *Reuben heard, and he rescued [Joseph] from their hand.* Surely, argues *Rashba,* we should emulate the ways of the Torah, whose ways are perfect and pleasing. Furthermore, the Midrash (*Rus Rabbah* 5 §6) states that this verse comes to teach that a person who does a good deed should do it wholeheartedly. For, if Reuben had known that the Holy One, blessed is He, would write in the Torah that he saved Joseph from death at the hands of his brothers, he would have carried Joseph on his shoulder to his father. After citing other such examples, the Midrash concludes that in the days of old when someone performed a mitzvah wholeheartedly, the prophets publicly recorded it in Scripture for posterity. Nowadays, Elijah the prophet and the Messiah inscribe the great mitzvah performed in a special book, and God Himself places His seal on it!

From these, as well as other sources, *Rashba* concludes that it is the accepted practice to publicize the names of those who performed good deeds so that they should be remembered, and to inspire others to follow their good example.

There are, however, several issues regarding this ruling that require clarification: *Rama* (*Yoreh Deah* 249:13), who adopts *Rashba's* ruling, precedes it with another ruling denouncing those who give charity in order to glorify themselves. He adds that one who does glorify himself with his charity not only forfeits the reward for the mitzvah, but will even be punished for his boasting. How do we reconcile these two seemingly conflicting statements? To answer this contradiction, *R' Moshe Sternbuch* (*Teshuvos V'Hanhagos* II §481) makes the following distinction: When the charity is given to an individual, one must avoid being honored for it, as that would embarrass the recipient. But when the charity is given to the community, such as for constructing a synagogue, one may accept honors for it, as this will not shame anyone. And indeed, it is appropriate to accept honors, in order to allow the community to express its gratitude, and to encourage others — including his own offspring — to follow his example.

But there remains a difficulty. We find that *R' Yehudah HaChassid* castigates one who makes a donation to the community in order to be remembered. He writes in *Sefer Chassidim* (§503) that whoever performs good deeds in order to be remembered will in fact *not* be remembered. He corroborates this by relating an incident involving a man who wished to build a magnificent synagogue for the community. Many others in the community wanted to share in this mitzvah, but this man turned them away. He wished to do the mitzvah on his own, so that it would serve as an eternal memorial for himself and his children after him. In the end, this man left no descendants. (See also *Zohar, Genesis* 25b, which condemns those who build massive synagogues to showcase their wealth.) Must we say that *Sefer Chassidim* and *Rashba* are in disagreement?

Piskei Teshuvos (154:38, citing *Parashas Mordechai* §7; *Mishnas Yosef* Vol. 4, *Orach Chaim* §26) suggests that there is, in fact, no disgreement in this matter between *Sefer Chassidim* and *Rashba*. Rather they are discussing completely different situations. *Sefer Chassidim* refers to a case in which the entire community wanted to share in the mitzvah, but the donor prevented them from contributing since he wanted the mitzvah — and glory — all for himself. *Rashba*, on the other hand, discusses a case where the community does not object to there being a sole benefactor. To the contrary, they are happy to be the beneficiary of his generous grant, as he is the only one capable of making such a sizable donation. Indeed, in the case about which *Rashba* issued his ruling, the donor, who lived adjacent to the synagogue, gave his property to the community so that the synagogue could be extended. In such a case it is proper to publicize his actions so as to encourage others to donate.

Another difficulty, though, is that seeking publicity for one's good deeds seems to contradict the Torah ideal of concealing one's good deeds, as the verse states (*Micah* 6:8), *He has told you, O man, what is good! What does HASHEM require of you but ... to walk humbly with your God?* The Gemara (*Succah* 49b; *Makkos* 24a) derives from here that one must give charity discreetly, without fanfare and publicity.

Divrei Malkiel, in his introduction, addresses this problem and identifies an underlying reason for *Rashba's* ruling. The righteous, despite having performed a multitude of mitzvos in the course of their lifetime, for which they earned eternal reward, are reluctant to leave this world since death deprives them of further opportunities to perform good deeds. As the Mishnah states (*Avos* 4:17), יָפָה שָׁעָה אַחַת בִּתְשׁוּבָה וּמַעֲשִׂים טוֹבִים בָּעוֹלָם הַזֶּה מִכָּל חַיֵּי הָעוֹלָם הַבָּא — *One moment [spent] in repentance and good deeds in this world is better than an entire lifetime in the World to Come.* The righteous therefore seek a way through which they can accrue mitzvos even after their demise: They commit resources to building something of a mitzvah-value that will survive them, and they publicly commemorate their contribution so that others will be inspired to follow their example and contribute to enduring projects, which will outlive them. In this way, a person insures that his donation will continue to produce great spiritual dividends long after he passes from this world.

Divrei Malkiel thus concludes that regular mitzvos in which every Jew is obligated and which all perform certainly should be performed in a modest fashion, since there is no spiritual advantage in publicizing them. But when one exerts himself to do something extraordinary — and he sincerely feels that his example will encourage others to follow his ways — then it is highly appropriate to publicize this action so as to produce the rich spiritual dividends that will ensue.

[Much of the above discussion is based on sources identified and elaborated in *Hegyonei HaParashah* by *R' Aryeh David Wasserman* (to our verse), and ArtScroll's *A Tzedakah Treasury,* by *R' Avraham Chaim Feuer* (pp. 202-209). The reader is referred to these works for a more comprehensive treatment of this topic.]

אֶלָּא עַל שֶׁנָּתַן נַפְשׁוֹ עָלָיו בְּיוֹתֵר לֹא קִיפַּח הַקָּדוֹשׁ בָּרוּךְ הוּא שְׂכָרוֹ, וּפִרְסְמוֹ הַכָּתוּב עַל כָּל דָּבָר וְדָבָר, כַּיּוֹצֵא בַּדָּבָר אַתָּה אוֹמֵר (עזרא י, טו) **"אַךְ יוֹנָתָן בֶּן עֲשָׂהאֵל וְיַחְזְיָה בֶּן תִּקְוָה עָמְדוּ עַל זֹאת וּמְשֻׁלָּם וְשַׁבְּתַי הַלֵּוִי עֲזָרֻם", אֶלָּא יוֹנָתָן נָתַן נַפְשׁוֹ עַל הַדָּבָר הַרְבֵּה, וּלְפִי שֶׁבָּאוּ וְסִיְּעוּהוּ הֶעֱלָה עֲלֵיהֶם הַקָּדוֹשׁ בָּרוּךְ הוּא כְּאִלּוּ עָשׂוּ הֵם הַמַּעֲשֶׂה, אֲבָל יוֹנָתָן עַל יְדֵי שֶׁנָּתַן נַפְשׁוֹ בַּדָּבָר פִּרְסְמוֹ הַכָּתוּב. אָמַר לָהֶם הַקָּדוֹשׁ בָּרוּךְ הוּא: עֲשִׂיתֶם יְרִיעוֹת עִזִּים, אֲנִי מֵגֵן עֲלֵיכֶם לָעוֹלָם הַבָּא בְּעָנָן, שֶׁנֶּאֱמַר** (ישעיה ד, ה) **"וּבָרָא ה' עַל כָּל מְכוֹן הַר צִיּוֹן וְעַל מִקְרָאֶהָ עָנָן יוֹמָם", עֲשִׂיתֶם כַּפּוֹרֶת, אֲנִי מְכַפֵּר לָכֶם עֲוֹנוֹתֵיכֶם, עֲשִׂיתֶם שׁוּלְחָן, אֲנִי מַצִּיל אֶתְכֶם מִן הָעֲרוּכָה וְאֶעֱרוֹךְ לִפְנֵיכֶם שׁוּלְחָן לֶעָתִיד לָבֹא, עֲשִׂיתֶם לִפְנֵי מְנוֹרָה, אֲנִי מֵאִיר לָכֶם שִׁבְעָתַיִם לָעוֹלָם הַבָּא, שֶׁנֶּאֱמַר** (שם ל, כו) **"וְהָיָה אוֹר הַלְּבָנָה כְּאוֹר הַחַמָּה וְאוֹר הַחַמָּה יִהְיֶה שִׁבְעָתַיִם", עֲשִׂיתֶם לִפְנֵי אָרוֹן שֶׁהַתּוֹרָה נִיתֶּנֶת בְּתוֹכוֹ, אֶתֵּן לָכֶם שָׂכָר טוֹב שֶׁאֵין בּוֹ הֶפְסֵק, שֶׁנֶּאֱמַר** (תהלים לא, כ) **"מָה רַב טוּבְךָ אֲשֶׁר צָפַנְתָּ לִּירֵאֶיךָ":**

עץ יוסף

לא קפח הקדוש ברוך הוא שכרו. דלא היה פרסום הכבוד הזה לבצלאל לגכות שכרו, שאף שפרסמו הכתוב לא קפח שכרו: **אלא יונתן כו'.** נראה שגם יחזיהו נתן נפשו כמו יונתן, אלא מפני שיונתן כתוב ראשונה נקטיה (מתנות כהונה): **אמר להם הקדוש ברוך הוא כו'.** יתכן שזה המאמר לסיים הפרשה בדברי נחמה כדרך המדרש כמה זימני, עוד יתכן דמאי דנזכר בצלאל גבי ארון טפי משאר כלים, שרמז שבזכות הארון יזכו לרב טוב הצפון, והיינו בצלאל שיהיו חוסים בצל אל כדכתיב מה רב טובך וגו' תסתירם בסתר פניך, ואיידי דבעי למימר ארון מייתי נמי יריעות וכפורת: **ענן יומם וגו'.** קמפרש הענן והדברים הנזכרים שם, להגין ביום הדין: **אני מכפר לכם עונותיכם.** היינו במה שהיזה הכהן מדם השעיר ומדם פר יום הכיפורים כנגד עובי הכפורת, ואין כפרה אלא בדם: **הערוכה.** גיהנם שנאמר ערוך מאתמול תפתה, והשולחן הוא נעשה גם כן במערכה כמו שנאמר תערוך לפני שלחן, ויכפר מערכה מול מערכה: **שכר טוב.** שאין בו הפסק כמו שהתורה אין לה סוף, כדכתיב ארוכה מארץ מדה, ובתנחומא גרסינן ואני מטיב לכם התורה הצפונה וזה כנגד מה שהתורה צפונה בתוך הארון:

פירוש מהרז"ו

באלו עשו. אף שהעיקר היה על ידי יונתן ויחזיה, ולכך הקדים יונתן תחלה, על שנתן נפשו על זה יותר מכולם, כן הוא בתנחומא כאן סימן י': **עשיתם לפני יריעות.** ולשון התנחומא, אמר הקב"ה עשיתם יריעות עזים לאהל על המשכן, אף על פי שאתם פורעים לי, מעלה אני עליכם כאלו אתם גומלים עלי, לפי שבשעה שיצאתם ממצרים הבאתי ענן והיה עשוי כמין אהל, והיה מגין עליכם, ואני פורע לכם לעולם הבא וכו': **אני מכפר.** היינו לעתיד, כמפורש בתנחומא מפסוק (יחזקאל טז, סג) בכפרי לך לכל אשר עשית, שמדבר לעתיד: **עשיתם שולחן.** כמו שכתוב ויקרא כ"ד ו', ושמת אותם שתים מערכות שש המערכת. כמו שכתב במתנות כהונה: **ואערוך לפניהם שולחן.** כמו שכתוב תהלים כ"ג (פסוק ה), תערוך לפני שולחן נגד צוררי וגו', וזה גם כן לעתיד, כמו שאמרו במדבר רבה פרשה כא סימן כ"א בהדיא: **שהתורה נתנה בתוכו.** עיין מה שכתבתי לעיל פרשה זו סימן ב, והתורה נצחית אין בה הפסק, וכתוב בה (משלי ד, ב) כי לקח טוב נתתי לכם תורתי וגו', והיא צפונה בארון, וכן יהיה מה רב רב טובך אשר צפנת וגו':

חידושי הרד"ל

[ה] **ואערוך לפניכם שולחן לעתיד לבוא.** כמו שכתוב (תהלים כג, ה) תערוך לפני שולחן וגו', ועיין לעיל פרשה כה, ג:

ידי משה

[ה] **על שנתן נפשו עליו ביותר לא קיפח הקדוש ברוך הוא שכרו.** ואם תאמר מאי צריך לאשמועינן, פשיטא שאין הקב"ה מקפח שכר כל בריה. ויש לומר הואיל וטוב הוא לצדיקים שלא ישולם להם שכר בעולם הזה, לזה אמר שלא קיפח, פירוש שלא ניכה לו כלום מן שכר עולם הבא: **עשיתם יריעות עזים.** כי יריעות היו למעלה מכסה על כולם להגין בשביל הגשמים, גם **אני מגין עליכם וכו',** מדה כנגד מדה: **שהתורה נתנה בתוכו כו' שאין לה הפסק.** כי התורה לא זזה ממקומה, דכתיב לא ימושו מפיך ומפי זרעך, וכן הוא בהדיא לעיל (פרשה לא, ב), אף אני **אתן לכם שכר שאין לה הפסק,** פירוש שהשכר שלעולם הבא אין לה הפסק, על דרך עולם שכולו טוב (קידושין לט, ב). ועיין מתנות כהונה שנשמט ממנו פירוש זה, ויצא מן הפשוט. ועוד יש לומר שהארון היה באהל מועד ששם לא היה הקול נפסק, וכן הוא משמעות לשון מתנות כהונה וקל להבין:

אם למקרא

אַךְ יוֹנָתָן בֶּן עֲשָׂהאֵל וְיַחְזְיָה בֶּן תִּקְוָה עָמְדוּ עַל זֹאת וּמְשֻׁלָּם וְשַׁבְּתַי הַלֵּוִי עֲזָרֻם:
(עזרא י:טו)

וּבָרָא ה' עַל כָּל מְכוֹן הַר צִיּוֹן וְעַל מִקְרָאֶהָ עָנָן יוֹמָם וְעָשָׁן וְנֹגַהּ אֵשׁ לֶהָבָה לָיְלָה כִּי עַל כָּל כָּבוֹד חֻפָּה:
(ישעיה ד:ה)

וְהָיָה אוֹר הַלְּבָנָה כְּאוֹר הַחַמָּה וְאוֹר הַחַמָּה יִהְיֶה שִׁבְעָתַיִם כְּאוֹר שִׁבְעַת הַיָּמִים בְּיוֹם חֲבֹשׁ ה' אֶת שֶׁבֶר עַמּוֹ וּמַחַץ מַכָּתוֹ יִרְפָּא:
(שם ל:כו)

מתנות כהונה

[ה] **ביותר לא קיפח** גרסינן: **אלא יונתן כו'.** נראה שגם יחזיהו נתן נפשו כמו יונתן אלא מפני שיונתן כתוב ראשונה נקטיה: **פרסמו** גרסינן: **הערוכה.** הגיהנם שנאמר ערוך מאתמול. ובעקידה ריש פרשת ויקהל מביא מדרש זה באורך שמביא ראיה מן הפסוקים על כל חלוקה וחלוקה. והשלחן הוא נעשה גם כן במערכה ויכפר על מערכה מול מערכה: **ניתנה בתוכה.** וצפונה שם ולכן יזכו אל **מה רב טובך וגו':**

אשד הנחלים

(לעיל לה, לא) וימלא אותו רוח [אלוקים ב]חכמה, הבן הדברים מאד ובחניהו בגדרו האמיתי: **אך יונתן כו'.** זה היה בעת שגרשו הנשים הכשדיות: **יריעות עזים כו' לעולם הבא כו'.** כלומר לעתיד לבא יהיו העניינים הנסיים בזכות אלו הענינים שהיו עזר להשראת השכינה, ולעתיד לבא יתוקנו בשלימות. דוגמת זאת, לעומת היריעות שהוא המכסה והמגין, כן יהיה לעתיד לבא ענן ונוגה אש וחופה לסוכך עליהם ולהגין עליהם בהשגחתו, ולעומת השולחן העוזר להכנת הטרף, יערוך לפניהם שולחן בעולם הבא שיהנו מהשגתו יתברך ויאכלו בלחמה, כי עתידה ארץ ישראל שתוציא גלוסקאות, ולעומת המנורה המועלת לחכמה כמו שאמרו (בבא בתרא כה, ב) הרוצה להחכים ידרים, יהיה מאיר להם בהשגה, ולעומת הארון שבו השגת התורה יתן להם שכר שאין בו הפסק, כי יהיה השגתם תמידה באין מונע מאומה:

וּלְפִי שֶׁבָּאוּ וְסִיְּעוּהוּ – And because [Meshullam and Shabbethai] came and assisted him, **הֶעֱלָה עֲלֵיהֶם הַקָּדוֹשׁ בָּרוּךְ הוּא כְּאִלּוּ עָשׂוּ הֵם הַמַּעֲשֶׂה – the Holy One, blessed is He, considered it as if they had carried out the deed.**[56] **אֲבָל יוֹנָתָן עַל יְדֵי שֶׁנָּתַן נַפְשׁוֹ בַּדָּבָר פִּרְסְמוֹ הַכָּתוּב – But since Jonathan put his soul into the matter,** as did Jahzeiah, **Scripture** specifically **publicized [him]** and Jahzeiah.[57]

The Midrash concludes its discussion of the fashioning of the Tabernacle and its articles with an account of the reward Israel will receive for this holy endeavor:[58]

אָמַר לָהֶם הַקָּדוֹשׁ בָּרוּךְ הוּא – The Holy One, blessed is He, said to [the Jewish people], **עֲשִׂיתֶם יְרִיעוֹת עִזִּים – "You have made curtains of goat hair** as a tent covering the Tabernacle, **אֲנִי מֵגִין עֲלֵיכֶם לָעוֹלָם הַבָּא בְּעָנָן – hence, I will shelter you with a cloud** of glory **in the Next World."**[59] **שֶׁנֶּאֱמַר "וּבָרָא ה' עַל כָּל מְכוֹן הַר צִיּוֹן וְעַל מִקְרָאֶהָ עָנָן יוֹמָם" – As [Scripture] states,** ***And HASHEM will create over every structure of Mount Zion and over those who assemble in it a cloud by day,*** *and smoke and a glow of flaming fire by night, for this will be a canopy over all the honor. And it shall be a shelter, as a shade from heat in the day* (*Isaiah* 4:5-6).[60] **עֲשִׂיתֶם כַּפּוֹרֶת – "You have made a** *kapores* [כַּפֹּרֶת], **a Cover** for the Ark, **אֲנִי מְכַפֵּר לָכֶם עֲוֹנוֹתֵיכֶם – hence, I will provide atonement** [מְכַפֵּר] **for you for your sins.**[61] **עֲשִׂיתֶם שׁוּלְחָן – You have made a Table,** upon which to set the Show-bread, **אֲנִי מַצִּיל אֶתְכֶם מִן הָעֲרוּכָה – hence, I will save you from the pyre** that has been set in Gehinnom,[62] **וְאֶעֱרוֹךְ לִפְנֵיכֶם שׁוּלְחָן לֶעָתִיד לָבֹא – and** furthermore **I will set a table before you in the** Messianic **future** time yet **to come.**[63] **עֲשִׂיתֶם לְפָנַי מְנוֹרָה – You have made a Menorah before Me,** **אֲנִי מֵאִיר לָכֶם שִׁבְעָתַיִם לָעוֹלָם הַבָּא – hence, I will illuminate for you sevenfold in the Next World,"** **שֶׁנֶּאֱמַר "וְהָיָה אוֹר הַלְּבָנָה כְּאוֹר הַחַמָּה וְאוֹר הַחַמָּה יִהְיֶה שִׁבְעָתַיִם" – as [Scripture] states,** ***The light of the moon will be like the light of the sun, and the light of the sun will be seven times as strong*** (ibid. 30:26).[64] **עֲשִׂיתֶם לְפָנַי אָרוֹן שֶׁהַתּוֹרָה נִיתֶּנֶת בְּתוֹכוֹ – "You have made an Ark before Me, in which the Torah is to be placed,** hidden from view, **אֶתֵּן לָכֶם שָׂכָר טוֹב שֶׁאֵין בּוֹ הֶפְסֵק – hence, I will give you a** hidden, **goodly reward without cessation,"** **שֶׁנֶּאֱמַר "מָה רַב טוּבְךָ אֲשֶׁר צָפַנְתָּ לִּירֵאֶיךָ" – as [Scripture] states,** ***How abundant is Your goodness that You have secreted away for those who fear You*** (*Psalms* 31:20).[65]

NOTES

56. I.e., Scripture credits their role in the campaign (see *Maharzu*).

57. Listing them as having acted on behalf of Ezra's initiative, while Meshullam and Shabbethai were relegated to a supportive role. *Yefeh To'ar* notes that there were others, whom Scripture does not name, who also assisted in carrying out Ezra's campaign against intermarriage; see v. 16 there. He suggests that the connotation of the Midrash is that Meshullam and Shabbethai are mentioned in the verse because they too exhibited great devotion on behalf of Ezra's efforts, but that Jonathan and Jahzeiah acted with even greater devotion and therefore the verse gives them primacy. See, similarly, *Tiferes Tzion*.

58. In keeping with the practice of the Midrash to conclude a passage with reassuring words of promise regarding the Messianic future and the Next World (*Yefeh To'ar* and *Eitz Yosef,* first explanation).

59. Corresponding to the curtains of goat hair that sheltered the Tabernacle (*Eshed HaNechalim*).

60. Referring to the burning heat of Divine wrath on the final Day of Judgment (*Yefeh To'ar, Eitz Yosef;* see also *Rashi* ad loc.).

61. As noted in the previous section, the Hebrew word כַּפֹּרֶת, is similar to the word כַּפֵּר, *atone.* That is, at the time of the future redemption God will forgive Israel's sins (*Maharzu,* citing the parallel passage in *Tanchuma, VaYakhel* §10). Alternatively, the Midrash is alluding to the atonement ritual performed by the Kohen Gadol on Yom Kippur when he would sprinkle the blood of the goat and the bull *chatas*-offerings toward the Cover of the Ark (*Eitz Yosef*); see note 48 above.

62. Scripture describes Gehinnom as having been prepared in advance, ready to receive the wicked; כִּי עָרוּךְ מֵאֶתְמוּל תָּפְתֶּה, *For Gehinnom has been set* [עָרוּךְ] *from yesterday* (*Isaiah* 30:33). Similarly, with regard to the Table Scripture states, וְהֵבֵאתָ אֶת הַשֻּׁלְחָן וְעָרַכְתָּ אֶת עֶרְכּוֹ, *You shall bring the Table and prepare its settings* (below, 40:4), referring to the Show-bread; see also *Leviticus* 24:6. It is thus fitting that the merit of the Table will earn Israel salvation from Gehinnom (*Matnos Kehunah,Maharzu;* see, similarly, *Eitz Yosef*).

63. As Scripture states, תַּעֲרֹךְ לְפָנַי שֻׁלְחָן נֶגֶד צֹרְרָי, *You will set a table before me in view of my tormentors* (*Psalms* 23:5); see *Bamidbar Rabbah* 21 §21(*Maharzu*).

64. [Corresponding to the seven lamps of the Menorah.]

65. The reward is "hidden" in This World, thus corresponding to the Torah that is hidden inside the Ark (*Yefeh To'ar, Matnos Kehunah, Eitz Yosef*). The word, רַב, *abundant,* implies that the goodly reward is endless, and likewise the Torah is endless, as indicated by the verse, אֲרֻכָּה מֵאֶרֶץ מִדָּהּ וּרְחָבָה מִנִּי יָם, *Its measure is longer than the earth and wider than the sea* (*Job* 11:9); see *Bereishis Rabbah* 10 §1 (*Yefeh To'ar, Eitz Yosef*).

אֶלָּא עַל שֶׁנָּתַן נַפְשׁוֹ עָלָיו בְּיוֹתֵר לֹא קִיפַּח הַקָּדוֹשׁ בָּרוּךְ הוּא שְׂכָרוֹ, וּפִרְסְמוֹ הַכָּתוּב עַל כָּל דָּבָר וְדָבָר, כַּיּוֹצֵא בַּדָּבָר אַתָּה אוֹמֵר (עזרא י, טו) "אַךְ יוֹנָתָן בֶּן עֲשָׂהאֵל וְיַחְזְיָה בֶּן תִּקְוָה עָמְדוּ עַל זֹאת וּמְשֻׁלָּם וְשַׁבְּתַי הַלֵּוִי עֲזָרֻם", אֶלָּא יוֹנָתָן נָתַן נַפְשׁוֹ עַל הַדָּבָר הַרְבֵּה, וּלְפִי שֶׁבָּאוּ וְסִיְּעוּהוּ הֶעֱלָה עֲלֵיהֶם הַקָּדוֹשׁ בָּרוּךְ הוּא כְּאִלּוּ עָשׂוּ הֵם הַמַּעֲשֶׂה, אֲבָל יוֹנָתָן עַל יְדֵי שֶׁנָּתַן נַפְשׁוֹ בַּדָּבָר פִּרְסְמוֹ הַכָּתוּב. אָמַר לָהֶם הַקָּדוֹשׁ בָּרוּךְ הוּא: עֲשִׂיתֶם יְרִיעוֹת עִזִּים, אֲנִי מֵגֵין עֲלֵיכֶם לָעוֹלָם הַבָּא בְּעָנָן, שֶׁנֶּאֱמַר (ישעיה ד, ה) "וּבָרָא ה' עַל כָּל מְכוֹן הַר צִיּוֹן וְעַל מִקְרָאֶהָ עָנָן יוֹמָם", עֲשִׂיתֶם כַּפֹּרֶת, אֲנִי מְכַפֵּר לָכֶם עֲוֹנוֹתֵיכֶם, עֲשִׂיתֶם שׁוּלְחָן, אֲנִי מַצִּיל אֶתְכֶם מִן הָעֲרוּבָּה וְאֶעֱרוֹךְ לִפְנֵיכֶם שׁוּלְחָן לֶעָתִיד לָבֹא, עֲשִׂיתֶם לְפָנַי מְנוֹרָה, אֲנִי מֵאִיר לָכֶם שִׁבְעָתַיִם לָעוֹלָם הַבָּא, שֶׁנֶּאֱמַר (שם ל, כו) "וְהָיָה אוֹר הַלְּבָנָה כְּאוֹר הַחַמָּה וְאוֹר הַחַמָּה יִהְיֶה שִׁבְעָתַיִם", עֲשִׂיתֶם לְפָנַי אָרוֹן שֶׁהַתּוֹרָה נִיתֶּנֶת בְּתוֹכוֹ, אֶתֵּן לָכֶם שָׂכָר טוֹב שֶׁאֵין בּוֹ הֶפְסֵק, שֶׁנֶּאֱמַר (תהלים לא, כ) "מָה רַב טוּבְךָ אֲשֶׁר צָפַנְתָּ לִּירֵאֶיךָ":

חידושי הרד"ל

[ה] **ואערוך לפניכם שולחן לעתיד לבוא.** כמו שכתוב (תהלים כג, ה) תערוך לפני שולחן וגו', ועיין לעיל פרשה כה, ג:

ידי משה

[ה] **על שנתן נפשו עליו ביותר לא קיפח הקדוש ברוך הוא שכרו.** ואם תאמר מאי צריך לאשמועינן, פשיטא שאין הקב"ה מקפח שכר כל בריה. ויש לומר הואיל וטוב הוא לצדיקים שלא ישולם להם שכר בעולם הזה, לזה אמר שלא קיפח, פירוש שלא ניכה לו כלום מן שכר עולם הבא: **עשיתם יריעות עזים.** כי יריעות היו למעלה מכסה על כולם להגין בשביל הגשמים, גם **אני מגין עליכם וכו'**, מדה כנגד מדה: **שהתורה נתנה בתוכו כו' שאין לה הפסק.** כי התורה לא זזה ממקומה, דכתיב לא ימושו מפיך ומפי זרעך, וכן הוא בהדיא לעיל (פרשה לא, ב), אף **אני אתן לכם שכר שאין לה הפסק**, פירוש שהשכר שלעולם הבא אין לה הפסק, על דרך עולם שכולו טוב (קידושין לט, ב). ועיין מתנות כהונה שנשמט ממנו פירוש זה, ויצא מן הפשוט. ועוד יש לומר שהארון היה באהל מועד שמשם לא היה הקול נפסק, וכן הוא משמעות לשון מתנות כהונה וקל להבין:

עץ יוסף

לא קפח הקדוש ברוך הוא שכרו. דלא היה פרסום הכבוד הזה לבצלאל לנכות שכרו, שאף שפרסמו הכתוב לא קפח שכרו: **אלא יונתן כו'.** נראה שגם יחזיהו נתן נפשו כמו יונתן, אלא מפני שיונתן כתוב ראשונה נקטיה (מתנות כהונה): **אמר להם הקדוש ברוך הוא כו'.** יתכן שזה המאמר לסיים הפרשה בדברי נחמה כדרך המדרש כמה זימני, עוד יתכן דמאי דנזכר בצלאל גבי ארון טפי משאר כלים, שרמז שבזכות הארון יזכו לרב טוב הצפון, והיינו בצלאל שיהיו חוסים בצל אל כדכתיב מה רב טובך וגו' תסתירם בסתר פניך, ואיידי דבעי למימר ארון מייתי נמי יריעות וכפורת: **ענן יומם וגו'.** קמפרש הענן והדברים הנזכרים שם, להגין ביום הדין: **אני מכפר לכם עונותיכם.** היינו במה שהיזה הכהן מדם השעיר ומדם פר יום הכיפורים כנגד עובי הכפורת, ואין כפרה אלא בדם: **הערובה.** גיהנם שנאמר ערוך מאתמול תפתה, והשולחן הוא נעשה גם כן במערכה כמו שנאמר תערוך לפני שלחן, ויכפר מערכה מול מערכה: **שכר טוב.** שאין בו הפסק כמו שהתורה אין לה סוף, כדכתיב ארוכה מארץ מדה, ובתנחומא גרסינן ואני מטיב לכם התורה הצפונה וזה כנגד מה שהתורה צפונה בתוך הארון:

פירוש מהרז"ו

באלו עשו. אף שהעיקר היה על ידי יונתן ויחזיה, ולכך הקדים יונתן תחלה, על שנתן נפשו על זה יותר מכולם, כן הוא בתנחומא כאן סימן י': **עשיתם לפני יריעות.** ולשון התנחומא, אמר הקב"ה עשיתם יריעות עזים לאהל על המשכן, אף על פי שאתם פורעים לי, מעלה אני עליכם כאלו אתם גומלים עלי, לפי שבשעה שיצאתם ממצרים הבאתי ענן והיה עשוי כמין אהל, והיה מגין עליכם, ואני פורע לכם לעולם הבא וכו': **אני מכפר.** היינו לעתיד, כמפורש בתנחומא מפסוק (יחזקאל טז, סג) בכפרי לך לכל אשר עשית, שמדבר לעתיד: **עשיתם שולחן.** כמו שכתוב ויקרא כ"ד ו', ושמת אותם שתים מערכות שש המערכת. כמו שכתב במתנות כהונה: **ואערוך לפניהם שולחן.** כמו שכתוב תהלים כ"ג (פסוק ה), תערוך לפני שולחן נגד צוררי וגו', וזה גם כן לעתיד, כמו שאמרו במדבר רבה פרשה כא סימן כ"א בהדיא: **שהתורה נתנה בתוכו.** עיין מה שכתבתי לעיל פרשה זו סימן ב, והתורה נצחית אין בה הפסק, וכתוב בה (משלי ד, ב) כי לקח טוב נתתי לכם תורתי וגו', והיא צפונה בארון, וכן יהיה מה רב רב טובך אשר צפנת וגו':

אם למקרא

אַךְ יוֹנָתָן בֶּן עֲשָׂהאֵל וְיַחְזְיָה בֶּן תִּקְוָה עָמְדוּ עַל זֹאת וּמְשֻׁלָּם וְשַׁבְּתַי הַלֵּוִי עֲזָרֻם: (עזרא י:טו)

וּבָרָא ה' עַל כָּל מְכוֹן הַר צִיּוֹן וְעַל מִקְרָאֶהָ עָנָן יוֹמָם וְעָשָׁן וְנֹגַהּ אֵשׁ לֶהָבָה לָיְלָה כִּי עַל כָּל כָּבוֹד חֻפָּה: (ישעיה ד:ה)

וְהָיָה אוֹר הַלְּבָנָה כְּאוֹר הַחַמָּה וְאוֹר הַחַמָּה יִהְיֶה שִׁבְעָתַיִם כְּאוֹר שִׁבְעַת הַיָּמִים בְּיוֹם חֲבֹשׁ ה' אֶת שֶׁבֶר עַמּוֹ וּמַחַץ מַכָּתוֹ יִרְפָּא: (שם ל:כו)

מתנות כהונה

[ה] **ביותר לא קיפח** גרסינן: **אלא יונתן כו'.** נראה שגם יחזיהו נתן נפשו כמו יונתן אלא מפני שיונתן כתוב ראשונה נקטיה: **פרסמו** גרסינן: **הערוכה.** הגיהנם שנאמר ערוך מאתמול. ובעקידה ריש פרשת ויקהל מביא מדרש זה באורך שמביא ראיה מן הפסוקים על כל חלוקה וחלוקה. והשלחן הוא נעשה גם כן במערכה ויכפר על מערכה מול מערכה: **ניתנה בתוכה.** וצפונה שם ולכן יזכו אל **מה רב טובך וגו'**:

אשד הנחלים

(לעיל לה, לא) וימלא אותו רוח [אלוקים ב]חכמה, הבן הדברים מאד ובחניהו בגדרו האמיתי: **אך יונתן כו'.** זה היה בעת שגרשו הנשים הכשדיות: **יריעות עזים כו' לעולם הבא כו'.** כלומר לעתיד לבא יהיו העניינים הנסיים בזכות אלו הענינים שהיו עזר להשראת השכינה, ולעתיד לבא יתוקנו בשלימות. דוגמת זאת, לעומת היריעות שהוא המכסה והמגין, כן יהיה לעתיד לבא ענן ונוגה אש וחופה לסוכך עליהם ולהגין עליהם בהשגחתו, ולעומת השולחן העוזר להכנת הטרף, יערוך לפניהם שולחן בעולם הבא שיהנו מהשגתו יתברך ויאכלו בלחמה, כי עתידה ארץ ישראל שתוציא גלוסקאות, ולעומת המנורה המועלת לחכמה כמו שאמרו (בבא בתרא כה, ב) הרוצה להחכים ידרים, יהיה מאיר להם בהשגה, ולעומת הארון שבו השגת התורה יתן להם שכר שאין בו הפסק, כי יהיה השגתם תמידה באין מונע מאומה:

פקודי

PEKUDEI

Chapter 51

אֵלֶּה פְקוּדֵי הַמִּשְׁכָּן מִשְׁכַּן הָעֵדֻת אֲשֶׁר פֻּקַּד עַל פִּי מֹשֶׁה עֲבֹדַת הַלְוִיִּם בְּיַד אִיתָמָר בֶּן אַהֲרֹן הַכֹּהֵן.

These are the reckonings of the Tabernacle, the Tabernacle of Testimony, which were reckoned at Moses' bidding. The labor of the Levites was under the authority of Issamar, son of Aaron the Kohen (38:21).

§1 **אֵלֶּה פְקוּדֵי הַמִּשְׁכָּן** – ***THESE ARE THE RECKONINGS OF THE TABERNACLE.***

The Midrash expounds a verse from *Proverbs* which it will show to be relevant to our passage:

כָּךְ פָּתַח רַבִּי תַּנְחוּמָא בַּר אַבָּא – **Thus did R' Tanchuma bar Abba open** his discourse on *Parashas Pekudei*: **"אִישׁ אֱמוּנוֹת רַב בְּרָכוֹת"** – ***A man of integrity has many blessings,*** *but one impatient to be rich will not be exonerated* (*Proverbs* 28:20).[1] **אַתָּה מוֹצֵא כָּל מִי שֶׁהוּא נֶאֱמָן הַקָּדוֹשׁ בָּרוּךְ הוּא מֵבִיא בְּרָכוֹת עַל יָדָיו** – **You find** that **the Holy One, blessed is He, brings about blessings through anyone** who acts **with integrity.**[2] **מִי שֶׁאֵינוֹ נֶאֱמָן "וְאָץ לְהַעֲשִׁיר לֹא יִנָּקֶה"** – However, **the one who does not** act **with integrity,** i.e., the ***one impatient to be rich,*** he ***will not be exonerated.***[3]

An alternative explanation:[4]

"אִישׁ אֱמוּנוֹת" זֶה מֹשֶׁה – ***A man of integrity*** – **this is** a reference **to Moses,** **שֶׁהוּא נֶאֱמָנוֹ שֶׁל הַקָּדוֹשׁ בָּרוּךְ הוּא** – **for he was the trusted one of the Holy One, blessed is He,** **שֶׁנֶּאֱמַר "לֹא כֵן עַבְדִּי מֹשֶׁה בְּכָל בֵּיתִי נֶאֱמָן הוּא"** – **as it says, *Not so is My servant Moses; in My entire house he is the trusted one*** (*Numbers* 12:7).[5] **הֱוֵי "אִישׁ אֱמוּנוֹת"** – **This is** the meaning of ***a man of integrity.***

The Midrash explains how the man of integrity has many blessings:

"רַב בְּרָכוֹת" – ***He has many blessings*** **שֶׁכָּל הַדְּבָרִים שֶׁהָיָה גִּזְבָּר עֲלֵיהֶם הָיוּ מִתְבָּרְכִים** – **because all the things over which** Moses was appointed **treasurer were blessed,** **לְפִי שֶׁהוּא נֶאֱמָן** – **because he** acted with **integrity.**[6]

The Midrash expound the second half of the *Proverbs* verse:

"וְאָץ לְהַעֲשִׁיר לֹא יִנָּקֶה", זֶה קֹרַח – ***But one impatient to be rich will not be exonerated*** – **this is** a reference to **Korah,**[7] **שֶׁהָיָה לֵוִי וּבִקֵּשׁ לִיטּוֹל כְּהוּנָּה גְדוֹלָה** – **who,** even though **he was a Levite, sought to assume the high priesthood.**[8] **וּמֶה הָיָה סוֹפוֹ, "וַתִּפְתַּח הָאָרֶץ אֶת פִּיהָ"** – **And what was his end? *The earth opened its mouth*** *and swallowed them* (*Numbers* 16:32).[9]

The Midrash offers another interpretation of the *Proverbs* verse:

דָּבָר אַחֵר, "אִישׁ אֱמוּנוֹת" זֶה מֹשֶׁה – **Another interpretation: *A man of integrity*** – **this is** a reference to **Moses,** **שֶׁנַּעֲשָׂה גִּזְבָּר עַל מְלֶאכֶת הַמִּשְׁכָּן** – **who became the** sole **treasurer over the work of the Tabernacle.**[10]

The Midrash points out that a Mishnah seems to be contradicted by the precedent set by Moses:

שָׁנוּ רַבּוֹתֵינוּ – **Our Rabbis taught** in a Mishnah:[11] **אֵין מְמַנִּין שְׂרָרָה עַל הַצִּבּוּר בְּמָמוֹן פָּחוֹת מִשְּׁנַיִם** – **No financial authority may be appointed over the public** consisting of **less than two** officials.[12]

NOTES

1. See *Midrash Tanchuma, Pekudei* §5.

2. The Midrash understands רַב בְּרָכוֹת to mean *master of blessings.* It is as if the man of integrity is the source of all blessings, for others become blessed because of him (see *Eshed HaNechalim*).

In saying that the Holy One, blessed is He, brings about blessings for him, the Midrash means that integrity by itself is not enough; one also needs heavenly assistance. This is in line with the Gemara in *Niddah* 70b: *[The men of Alexandria asked R' Yehoshua ben Chananya,] "What should a person do to become rich?" He said to them, "He should spend more time [engaging] in business and he should conduct his transactions with integrity." They said to him, "Many have done so but have not been successful!" He said to them, "He should plead for mercy from Him to Whom wealth belongs, as it says, Mine is the silver and Mine is the gold [says HASHEM, Master of legions.]"* The Gemara there comments that R' Yehoshua is teaching us that one without the other is not enough; man's efforts and honesty in business must be accompanied by prayer for Divine assistance. Accordingly, רַב בְּרָכוֹת may mean: *the Master* [God] *brings blessings* (*Yefeh To'ar,* second explanation).

3. I.e., the one who pursues wealth dishonestly will not be exonerated (*Eitz Yosef*).

4. See *Tanchuma* here in the Buber edition, and *Yefeh To'ar*; cf. *Eitz Yosef.*

5. When Miriam instigated a criticism of Moses regarding a private matter that pertained to Moses and his wife, God Himself chastised Miriam and testified that Moses was a trusted member of God's royal household.

6. This is in line with the teaching in *Bava Basra* 15b: *Whoever took [even] a perutah from Job was blessed,* i.e., all who had dealings with Job prospered. A man of integrity will see his handiwork blessed. Moses is the model of an honest person, but the same applies to all men of integrity (*Yefeh To'ar*). The blessing in the Tabernacle's handiwork was that the Divine Presence rested upon it (*Yismach Moshe,* citing *Zohar*; see, however, *Yefeh To'ar* s.v. היו מתברכים and *Matnos Kehunah*).

7. I.e., to Korah and to all who act in a similar manner. They will be eradicated from the world as Korah was (*Yefeh To'ar*).

8. Korah sought the high priesthood because of its opportunities for wealth. Kohanim Gedolim received many priestly gifts (*Yefeh To'ar*). In addition, the Kohen Gadol offered the *ketores* each day if he wished, a service that brought wealth to the one who offered it (*Maharzu*; see *Rashash*). Alternatively, *Sfas Emes* explains that the wealth Korah sought was the wealth of mitzvos, as the Sages say, *There is no pauper but in Torah and mitzvos* (*Tikkunei Zohar* 5b). Since, however, Korah's intentions were not for the sake of Heaven, he is called *one impatient to be rich.* On the other hand, Moses was a man of integrity and recognized his place. Even when God offered that He would replace the Twelve Tribes of Israel with a great nation descended from Moses, he declined because he knew that this was not his spiritual portion (*Sfas Emes* 5657; see also *Shem MiShmuel, Pekudei U'Shekalim* 5670).

9. I.e., the earth swallowed Korah and his followers and they descended alive to *she'ol,* i.e., Gehinnom. The Midrash understands the words *will not be exonerated* to mean that he will not be spared the judgment of Gehinnom; see *Berachos* 61a (*Radal, Eitz Yosef*). *Sfas Emes* (*Likkutim, Parashas Pekudei*) explains that normally one's death atones for one's sins. Here, however, Korah and his followers descended into Gehinnom *alive*. Thus, they did not have the exoneration of dying.

10. After Moses appealed for voluntary donations for the construction of the Taberncle, the people turned to this task immediately and returned to Moses with the huge donations delineated in 35:21-29 above. On that same day, the craftsmen took the contributions from before him. On the next day, early in the morning, as well as on the day after that, the people brought further contributions to Moses; however, he instructed them to bring them directly to the craftsmen. At some point afterward, the craftsmen left their work and came to Moses, telling him that the people are bringing much and that the amount already brought was sufficient for them and there was extra (*Ramban* to 36:3 above). For that first day, though, Moses was the sole treasurer over the donated riches, trusted and accepted by the entire Jewish people (see *Yefeh To'ar* s.v. ד"א איש and s.v. והרי).

Although both this interpretation and the one above understand that *a man of integrity* refers to Moses, they differ on this point: The first interpretation emphasizes that God trusted Moses (and thus He caused the blessings to flow through him); the second interpretation highlights the trust of the people in Moses, who were willing to accept him as the sole treasurer of their donations, even though this task is usually given to two or more persons, as the Midrash proceeds to explain (*Yefeh To'ar* s.v. ד"א איש).

11. *Shekalim* 5:2.

12. The source is a verse dealing with the assets of the Tabernacle themselves (above, 28:5), *They shall take the gold, the turquoise, purple and*

סֵדֶר פְּקוּדֵי

פרשה נא

א [לח, כא] "אֵלֶּה פְקוּדֵי הַמִּשְׁכָּן", כָּךְ פָּתַח רַבִּי תַּנְחוּמָא בַּר אַבָּא: (משלי כח, כ) [א]"אִישׁ אֱמוּנוֹת רַב בְּרָכוֹת", אַתָּה מוֹצֵא כָּל מִי שֶׁהוּא נֶאֱמָן הַקָּדוֹשׁ בָּרוּךְ הוּא מֵבִיא בְּרָכוֹת עַל יָדָיו, מִי שֶׁאֵינוֹ נֶאֱמָן (שם) "וְאָץ לְהַעֲשִׁיר לֹא יִנָּקֶה", "אִישׁ אֱמוּנוֹת" זֶה מֹשֶׁה, שֶׁהוּא נֶאֱמָנוֹ שֶׁל הַקָּדוֹשׁ בָּרוּךְ הוּא, שֶׁנֶּאֱמַר (במדבר יב, ז) "לֹא כֵן עַבְדִּי מֹשֶׁה בְּכָל בֵּיתִי נֶאֱמָן הוּא", הֱוֵי "אִישׁ אֱמוּנוֹת רַב בְּרָכוֹת", שֶׁכָּל הַדְּבָרִים שֶׁהָיָה גִזְבָּר עֲלֵיהֶם הָיוּ מִתְבָּרְכִים, לְפִי שֶׁהוּא נֶאֱמָן, "וְאָץ לְהַעֲשִׁיר לֹא יִנָּקֶה", זֶה קֹרַח שֶׁהָיָה לֵוִי וּבִקֵּשׁ לִיטּוֹל כְּהוּנָּה גְדוֹלָה, וּמֶה הָיָה סוֹפוֹ, (שם טז, לב) "וַתִּפְתַּח הָאָרֶץ אֶת פִּיהָ", דָּבָר אַחֵר, (משלי כח, כ) "אִישׁ אֱמוּנוֹת" זֶה מֹשֶׁה, שֶׁנַּעֲשָׂה גִזְבָּר עַל מְלֶאכֶת הַמִּשְׁכָּן, שָׁנוּ רַבּוֹתֵינוּ: [ב]אֵין מְמַנִּין שְׂרָרָה עַל הַצִּבּוּר בְּמָמוֹן פָּחוֹת מִשְּׁנַיִם, וַהֲרֵי אַתָּה מוֹצֵא שֶׁהָיָה מֹשֶׁה גִזְבָּר לְעַצְמוֹ, וְכָאן אַתָּה אוֹמֵר: אֵין מְמַנִּין פָּחוֹת מִב׳, אֶלָּא אַף עַל פִּי שֶׁהָיָה מֹשֶׁה גִזְבָּר לְעַצְמוֹ הוּא קוֹרֵא לַאֲחֵרִים וּמְחַשֵּׁב עַל יְדֵיהֶם, שֶׁנֶּאֱמַר [לח, כא] "אֵלֶּה פְקוּדֵי הַמִּשְׁכָּן", "אֲשֶׁר פָּקַד מֹשֶׁה" אֵין כְּתִיב כָּאן, אֶלָּא [שם] "°אֲשֶׁר פֻּקַּד עַל פִּי מֹשֶׁה", עַל יְדֵי מֹשֶׁה [שם] "בְּיַד אִיתָמָר":

עץ יוסף

(א) **כך פתח רבי תנחומא.** דדריש ליה במשה כדלקמן, ואיידי דמייתי ליה מפרש ליה תחלה בפירושים אחרים: **הקדוש ברוך הוא מביא ברכות על ידו.** לפי שכל מי שהוא רע עין הוא נבהל להון וחסר יבואנו, וההפך באיש אמונות וטוב עין, ועוד כשהגזבר הממונה איש אמונה נגד בני אדם, אז העם מתנדבים ומרבים בנדרים ונדבות ביותר, וההפך כשהממונה בהיפך (תולדות נח): **מי שאינו נאמן ואץ להעשיר לא ינקה.** דפירוש ואץ להעשיר, היינו כשלא באמונה לא ינקה: **איש אמונות זה משה.** שהאיש הנאמן זוכה שכל מעשה ידיו יבורך, שברכה שורה במה שנוגע בו, ומפרש קרא במשה וכל דדמי ליה: **היו מתברכים.** שהנדבה היתה מספקת למלאכת המשכן וכליו בלי תוספת וחסרון, כגון הכסף לאדנים ומן האלף ושבע מאות וגו׳ עשה ווים, ולא היה אחד גדול מחברו כמלא נימא, ולא חסר ויתיר אחד מן השיעור הראוי, וכן התכלת והארגמן וכל מלאכה מה שאי אפשר לכוונו, אם לא בברכת השם יתברך שאין בו לא תוספת ולא גרעון, והא דכתיב והמלאכה היתה דים וגו׳ והותר, עיין לקמן ויתבאר (מתנות כהונה): **שהיה לוי.** רוצה לומר שלהיותו לוי ומבקש גם כהונה גדולה, מיקרי אץ להעשיר דסלוק תרי דרגי דהיינו כהונה וכהונה גדולה, שאילו היה כהן ויבקש כהונה גדולה, דהויא חדא דרגא, לא היה אץ להעשיר שדרך האנשים לבקש להוסיף על מדרגתם (יפה תואר): **ומה היה סופו ותפתח.** מפרש לא ינקה מדינה של גיהנם, כדדרשינן בברכות (דף סא, א) על לא ינקה רע שאין רעה אלא גיהנם, וילפינן האי לא ינקה מהתם, לכך אמר מה היה סופו ותפתח הארץ את פיה וגו׳ וירדו הם וכל אשר להם חיים שאולה שהוא גיהנם כידוע: **דבר אחר איש אמונות זה משה כו׳.** שהיה נאמן לישראל ומינוהו לבדו, ועם כל זה מטעמותו נתן חשבון לאחרים כדמפרש: **אין ממנין שררה כו׳.** משום שררותא, והיינו מה שממשכנין על הצדקה, אבל לענין נאמנות אפילו חד נאמן, הילכך קשה להו אף על גב דמשה היה נאמן מכל מקום משום שררותא הוה בעי לאמלוכי בגבורא ולא להיות גזבר לבדו בלא עמהם, מאחר שלא צוה מפי הגבורה על זה: **אלא אף על פי שהיה משה גזבר כו׳.** דודאי משה אף על פי שהיה גזבר יחידי לא היה נוהג שררה, ואילו היה בא למשכן היה אז קורא אחר עמו, ומייתי ראיה ממה שהיה קורא אחרים ומחשב על ידן להרחיק ממנו לזות שפתים כדלקמן, וכל שכן שיעשה זה בענין השררה, שמן הדין חייב לעשות כן שלא לנהוג שררה לבדו: **הוא קורא לאחרים ומחשב על ידיהם.** שאחר שנתן החשבון קרא וקבץ כל מי שנתן תרומה שיגיד מה שנתן ונכתב בספר, וכמלא חשבונו מסכים להם: **פקד אין כתיב כאן.** על דרך עבר שמר, ויהיה פירושו הוא בעצמו פקד ואין אחר עמו: **אשר פקד.** הפ״ה בקיבוץ שפתים, כמו ותקח האשה על ידי אחרים: **על פי משה.** פירושו **על ידי משה ביד איתמר**, שקבל החשבון ממנו:

פירוש מהרז"ו

(א) **איש אמונות רב ברכות.** וסיפא דקרא ואץ להעשיר לא ינקה. עיין מה שכתב בראשית רבה פרשה ב סימן ב, ויתבאר גם כאן. ומה שכתב כל מי שנאמן, כיעקב בבית לבן, וכיוסף בבית המצרי. ותחלה פירש כפשוטו על שתם אמונים, ואחר כך דורש על פי מדה ז׳ וי״ג. ועיין תנחומא פקודי כאן סימן ה: **שהיה גזבר.** לעיל פרשה ל״ז סוף סימן א׳ וסוף סימן ב׳: **זה קרח.** שביקש כהונה ולהקטיר קטרת שמעשרת: **על מלאכת המשכן.** דורש אמונות, על הגזברים הממונים על דברי ממון, כמו שכתוב בפסוק ולא יחשבו, שבריש סימן ב׳. **שנו רבותינו.** שקלים פרק ה׳ משנה ב׳, מפסוק שמות כ״ח ד׳, והם יקחו את הזהב, שם בגמרא בירושלמי: **אף על פי שהיה משה גזבר לעצמו.** על שהיה מלך ישראל, וגדול מכולם, ורבם, ומי יצורף לו בעבודתו, עם כל זה צירף לאחרים לקיים המשנה. ולשון התנחומא, אלא אף על פי שהיה משה הצדיק נאמן על פי הגבורה, דכתיב (במדבר יב, ז) בכל ביתי נאמן הוא, קורא לאחרים ומחשב על ידיהם: **על ידי משה ביד איתמר.** מה שכתוב ביד איתמר, שייך למה שכתוב עבודת הלוים ביד איתמר, כמו שכתב רש״י בחומש, וכמו שכתוב בריש נשא, שהיה ממונה על בני גרשון ומררי, ואם כן היה זה בשנה השנית בחודש השני, וכאן משמע שהיה בשנה ראשונה אצל עשיית המשכן. ויתכן עמקות כוונת המדרש לתקן פשט מקרא זה הקשה, שמה שכתוב אשר פוקד, יש לו שני משמעות, מלשון מנין, ומלשון התמנות על עבודת המשכן, שנקרא גם כן פקודה, כמפורש בסוף במדבר (ד, טז) פקודת אלעזר וכו׳, וכאן פירש שנמנה על פי משה עם איתמר והלוים שנתמנו על עבודת המשכן, ולא נמנה על פי אלעזר, על כן לא הביאו כאן, ודוק היטב. ועיין לקמן סימן ו:

מתנות כהונה

[א] **היו מתברכים בו׳.** נראה שהברכה היא שמלאכת הנדבה היתה מספקת למלאכת המשכן וכליו בלי תוספת וחסרון כגון הכסף לאדנים ומן האלף ושבע מאות כו׳ עשה ווים ולא היה אחד גדול מחבירו כמלא נימא ולא חסר ויתר אחד מן השיעור הראוי. וכן התכלת והארגמן וכל מלאכה מה שאי אפשר לכוונו אם לא בברכת השם יתברך שאין בו לא תוספת ולא חסרון שכל יתר כנטול דמי. והא דכתיב והמלאכה היתה דים וגו׳ והותר. עיין לקמן ריש הפרשה (סימן ג) ויתבאר: **פקד אין כתיב.** על דרך עבר שמר ויהיה פירושו הוא בעצמו פקד ואין אחר עמו: הכי גרסינן **אלא אשר פקד על פי בו׳: אשר פקד.** הפ״א בקובץ שפתים כמו (בראשית יב, טו) ותקח האשה על ידי אחרים: **על פי משה.** פירושו **על ידי משה ביד איתמר** שקבל החשבון ממנו:

אשד הנחלים

[א] **ברכות על ידו.** דרש רב ברכות להשפיע על ידו לאחרים, כאלו הוא מקור הברכות וממנו הכל מתברכים, ודרש על משה מפני שהיה נאמן בכל ידיעת העולם (כפירוש הרב בפרקיו מורה נבוכים ח״א פנ״ד), על כן היה בכחו שיושפע כל השפע ברכות על ידו, אכן קרח שהיה חפץ להיות גדול במעלתו, שלא היה ערכו לזה רק שהיה אץ ומהיר לזה, הפך הנאמן שהוא הקיים בידיעתו, ולכן לא ינקה מרעה, וא״כ סוף הפסוק הוא היפך לשלפניו: **שנעשה גזבר.** דרש אמונים כפשוטו בדבר התמנות:

חידושי הרד"ל

[א] **וביקש ליטול כהונה גדולה.** אפשר גם בזה היה כוונתו לעושר ממש של מתנות כהונה, וביותר של כהן גדול שנוטל חלק בראש ומקריב בראש, ואמרו מחלה לאהרן ומחלה לבניו: **ומה היה סופו ותפתח הארץ את פיה וגו׳ וירדו הם וכל אשר להם חיים שאולה שירדו לגיהנם.** וזהו לא ינקה שלא ינקה מדינה של גיהנם, וכדדרשינן בברכות (סא, א) על לא ינקה רע, שאין רעה אלא גיהנם, וילפינן האי לא ינקה מהתם: **אלא אף על פי שהיה משה גזבר לעצמו.** שנתמנה על כך מהקב״ה (וכמו שכתוב בספרי ריש פרשת חקת לענין פרה אדומה ויקחו אליך שתהיה גזבר לכך) וקבלו הצבור עליהם, וכהא דתנן בשקלים פרק ה משנה ב חוץ מבן אחיה ואלעזר שאותן קבלו רוב הצבור עליהם:

חידושי הרש"ש

[א] **ואץ להעשיר בו׳ ובקש ליטול כהונה גדולה.** עיין ידי משה. ולי נראה לפי שקטורת מעשרת (יומא כו, א), וכהן גדול מקריב חלק בראש (שם יד, א), ואף קטורת (רמב״ם פרק ה מהלכות כלי המקדש הלכה יב, ועיין שם בכסף משנה) גם ביום הכפורים אינה כשרה אלא בו, וכן כל שבעת הימים קודם היתה בו (שם): **אלא אשר פקד.** מה שכתב המתנות כהונה שהוא כמו ותקח האשה, לא דק במחילת כבוד תורתו, שפקד הוא מבנין פעל, ותקח הוא מבנין הפעל:

מסורת המדרש

א. תנחומא כאן סימן ה׳ כל הענין. ילקוט כאן רמז תי״ד. ילקוט משלי רמז תתקס״ב:
ב. שקלים פ״ה משנה ב׳. בבא בתרא דף ח׳:

אם למקרא

אִישׁ אֱמוּנוֹת רַב בְּרָכוֹת וְאָץ לְהַעֲשִׁיר לֹא יִנָּקֶה: (משלי כח:כ)

לֹא כֵן עַבְדִּי מֹשֶׁה בְּכָל בֵּיתִי נֶאֱמָן הוּא: (במדבר יב:ז)

וַתִּפְתַּח הָאָרֶץ אֶת פִּיהָ וַתִּבְלַע אֹתָם וְאֶת בָּתֵּיהֶם וְאֵת כָּל הָאָדָם אֲשֶׁר לְקֹרַח וְאֵת כָּל הָרְכוּשׁ: (שם טז:לב)

ידי משה

[א] **ואץ להעשיר זה קרח שהיה לוי וכו׳.** פירוש, לא די לו שהיה לוי, וביקש להיות כהן. ומה שנקט קרא לשון אץ להעשיר, על דרך שכתבתי לעיל (פרשה לא, ג) שלפי שהיה לוי ולא היה שייך לו ליטול בביזת מצרים ובביזת הים כלום כדאיתא בספרי (שופטים פרק כ) לא יהיה לכהן ולוי חלק ונחלה חלק בביזה ושלל, ולולי זאת שלקח חלק היה ראוי להיות כהן, ועל ידי שנבהל להון רב וגו׳ לא ידע כי חסר יבאנו, פירוש שנחסר ממנו הכהונה, לפי שכהן צריך להיות מסטרא דחסד על שם הבוטח בה׳ חסד יסובבנו, ומכח זה הפסיד הכהונה, לכך נקט הקרא אץ להעשיר. כן נראה לי בן המחבר. ודוק: **אין ממנין וכו׳.** ואם תאמר, והא ילפינן בגמרא (שקלים פ״ה מ״ב) שאין עושים שררה פחות משנים דכתיב (שמות כח, ה) והם יקחו. ויש לומר מדכתיב ויקחו מלפני משה את כל התרומה והם הביאו אליו עוד, שמע מינה שמשה לבדו היה גזבר, ומה שאמר והם יקחו את הזהב צריך לומר היינו למלאכת בגדי כהונה, לפי שהיה לכבוד ולתפארת ולאהרן יחשב שמשה ירבה הכס זהב לכבוד אהרן. ודוק:

וַהֲרֵי אַתָּה מוֹצֵא שֶׁהָיָה מֹשֶׁה גִזְבָּר לְעַצְמוֹ – **Now, you find that Moses was the sole treasurer** over the funds used to construct the Tabernacle, וְכָאן אַתָּה אוֹמֵר: אֵין מְמַנִּין פָּחוֹת מִב׳ – **yet here you say that no less than two may be appointed!**[13] אֶלָּא אַף עַל פִּי שֶׁהָיָה מֹשֶׁה גִזְבָּר לְעַצְמוֹ – **Rather, although Moses was the sole treasurer** and was trusted by all, he served with humility: הוּא קוֹרֵא לַאֲחֵרִים וּמְחַשֵּׁב עַל יְדֵיהֶם – **He would call to others and check** his calculations **through them.**[14] Certainly then, if he had to do something that required financial authority, he would not do so until he had another person with him.[15] שֶׁנֶּאֱמַר ״אֵלֶּה פְקוּדֵי הַמִּשְׁכָּן״ – We know that Moses called others to check his calculations, **for it says, *These are the reckonings of the Tabernacle*** . . . *which were reckoned at Moses' bidding . . . under the authority of Issamar, son of Aaron the Kohen.* ״אֲשֶׁר פָּקַד מֹשֶׁה״ אֵין כְּתִיב כָּאן – **Scripture does not write, "which Moses reckoned";** אֶלָּא ״אֲשֶׁר פֻּקַּד עַל פִּי מֹשֶׁה״ – **rather,** it writes, ***which were reckoned at Moses' bidding,*** עַל יְדֵי מֹשֶׁה ״בְּיַד אִיתָמָר״ – meaning: **by Moses "under the authority of Issamar,"** who was given all the calculations made by Moses.[16]

NOTES

scarlet wool, and the linen (*Shekalim* 5:2 and *Bava Basra* 8b). [The verse is saying that the craftsmen are authorized to take these raw materials for the purpose of making the priestly vestments. This entire verse appears to be superfluous, since it is self-understood that if the artisans were going to make the priestly vestments, they had to be provided with materials. Rather,] this verse reveals something about the manner in which the materials could be collected, that the collectors are empowered with שְׂרָרָה, i.e., they may take *the gold,* etc., even against the will of the owners (see *Bava Basra* 8b and *Netziv, Haamek She'eilah* 62:1).

It is true that the donations were supposed to be voluntary, as the first verse in the passage of the Tabernacle makes clear, *Speak to the Children of Israel and let them take for Me a portion, from every man whose heart motivates him you shall take My portion* (above, 25:2). This ideal of a free-willed gift is echoed in many other verses regarding the Tabernacle. However, *Netziv* says, this ideal is not absolute; if the donations for the Tabernacle had not sufficed, the Jewish people would have had to build it anyway. If, *Netziv* says, the residents of a town can force one another to commit the funds to build a synagogue (*Tosefta, Bava Metzia* 11:12 and *Orach Chaim* 150:1), then certainly the Jewish people can compel one another to fund the building of the Tabernacle! (*Netziv* ibid.). Indeed, this is precisely the kind of communal need about which the Gemara in *Bava Basra* 8b is speaking when it says (based on *They shall take the gold*) that a person may be compelled to donate to a charity (see *Ramban* ad loc., end; see also *Rif, Bava Basra* 8a; *Baal HaMaor, Bava Kamma* 36b; and *Shiurei R' Shmuel, Bava Basra* ibid. §176). *Yefeh To'ar* says that the verse, *They shall take the gold,* is speaking of a case in which someone pledged material to the Tabernacle but then neglected to fulfill his pledge. The verse empowers the collectors to seize collateral from him until he hands the material over to the craftsmen (see also *Netziv*; cf. *Ramban* loc. cit.).

In any case, the word *"they"* in the phrase *They shall take the gold* is plural: The smallest number *"they"* could refer to is two. Thus, no less than two must be appointed as a financial authority (*Rambam, Commentary* to *Shekalim* 5:2). *Chasam Sofer* describes this as a גְּזֵירַת הַכָּתוּב, *a Scriptural decree* (*Chidushei Chasam Sofer HaShalem* to *Shekalim* 5:2). In this case, the two were Bezalel and Oholiab (*Teshuvos Rabbeinu Avraham ben HaRambam* §110).

13. Moses was not appointed as treasurer by God. Surely, he was recognized as a man of integrity and trusted by all; indeed, they brought their donations directly to him (see note 10). However, they did not necessarily accept him as a collector who would be empowered to seize their property if they failed to donate enough material (see preceding note). Since his position might entail authority and the seizure of property, he should not have become the sole treasurer on that first day without consulting with the people first (*Yefeh To'ar*).

This answers an obvious question based on the full text of *Shekalim* 5:2. The Mishnah there states that no financial authority may be appointed over the public consisting of less than two officials, *besides for Ben Achiyah, who presided over the treatment of those afflicted with intestinal disorders, and Elazar, who presided over the curtains; for these were accepted by a majority of the public.* If an exception could be made for Ben Achiyah and Elazar, who each served alone, why not for Moses? The explanation is that Ben Achiyah and Elazar were accepted by most of the public expressly in the role of a collector seizing assets, whereas there was no express acceptance of Moses in this role. Although Moses was a king (see 40 §2 above) [as well as the head of the Sanhedrin], it is nevertheless possible that the people would not accept his right to seize their property without their consent (*Yefeh To'ar*; see *Mordechai, Bava Basra* §488, as explained by *Teshuvos BeTzeil HaChochmah* 2:36; cf. *Ohr HaChaim* above, 25:2; see *Chasam Sofer* ibid.).

14. After giving his own accounting of the donations, he summoned each donor and asked him what exactly he had donated, and recorded it in a book. When their calculations were compared with his, they were found to be the same, proving his honesty and integrity (*Yefeh To'ar,* second explanation; *Eitz Yosef*).

15. *Yefeh To'ar, Eitz Yosef.*

16. *Eitz Yosef.*

סֵדֶר פְּקוּדֵי

פרשה נא

א [לח, כא] "**אֵלֶּה פְקוּדֵי הַמִּשְׁכָּן", כָּךְ פָּתַח רַבִּי תַּנְחוּמָא בַּר אַבָּא:** (משלי כח, כ) [א]"**אִישׁ אֱמוּנוֹת רַב בְּרָכוֹת", אַתָּה מוֹצֵא כָּל מִי שֶׁהוּא נֶאֱמָן הַקָּדוֹשׁ בָּרוּךְ הוּא מֵבִיא בְּרָכוֹת עַל יָדָיו, מִי שֶׁאֵינוֹ נֶאֱמָן** (שם) **"וְאָץ לְהַעֲשִׁיר לֹא יִנָּקֶה", "אִישׁ אֱמוּנוֹת" זֶה מֹשֶׁה, שֶׁהוּא נֶאֱמָנוֹ שֶׁל הַקָּדוֹשׁ בָּרוּךְ הוּא, שֶׁנֶּאֱמַר** (במדבר יב, ז) **"לֹא כֵן עַבְדִּי מֹשֶׁה בְּכָל בֵּיתִי נֶאֱמָן הוּא", הֲוֵי "אִישׁ אֱמוּנוֹת רַב בְּרָכוֹת", שֶׁכָּל הַדְּבָרִים שֶׁהָיָה גִזְבָּר עֲלֵיהֶם הָיוּ מִתְבָּרְכִים, לְפִי שֶׁהוּא נֶאֱמָן, "וְאָץ לְהַעֲשִׁיר לֹא יִנָּקֶה", זֶה קֹרַח שֶׁהָיָה לֵוִי וּבִקֵּשׁ לִיטּוֹל כְּהוּנָּה גְדוֹלָה, וּמֶה הָיָה סוֹפוֹ,** (שם טז, לב) **"וַתִּפְתַּח הָאָרֶץ אֶת פִּיהָ", דָּבָר אַחֵר,** (משלי כח, כ) **"אִישׁ אֱמוּנוֹת" זֶה מֹשֶׁה, שֶׁנַּעֲשָׂה גִזְבָּר עַל מְלֶאכֶת הַמִּשְׁכָּן, שָׁנוּ רַבּוֹתֵינוּ:** [ב]**אֵין מְמַנִּין שְׂרָרָה עַל הַצִּבּוּר בְּמָמוֹן פָּחוֹת מִשְּׁנַיִם, וַהֲרֵי אַתָּה מוֹצֵא שֶׁהָיָה מֹשֶׁה גִזְבָּר לְעַצְמוֹ, וְכָאן אַתָּה אוֹמֵר: אֵין מְמַנִּין פָּחוֹת מִב', אֶלָּא אַף עַל פִּי שֶׁהָיָה מֹשֶׁה גִזְבָּר לְעַצְמוֹ הוּא קוֹרֵא לַאֲחֵרִים וּמְחַשֵּׁב עַל יְדֵיהֶם, שֶׁנֶּאֱמַר** [לח, כא] **"אֵלֶּה פְקוּדֵי הַמִּשְׁכָּן", "אֲשֶׁר פָּקַד מֹשֶׁה" אֵין כְּתִיב כָּאן, אֶלָּא** [שם] **"°אֲשֶׁר פֻּקַּד עַל פִּי מֹשֶׁה", עַל יְדֵי מֹשֶׁה** [שם] **"בְּיַד אִיתָמָר":**

עץ יוסף

(א) **כך פתח רבי תנחומא.** דדריש ליה במשה כדלקמן, ואיידי דמייתי ליה מפרש ליה תחלה בפירושים אחרים: **הקדוש ברוך הוא מביא ברכות על ידו.** לפי שכל מי שהוא רע עין הוא נבהל להון וחסר יבואנו, וההפך באיש אמונות וטוב עין, ועוד כשהגזבר הממונה איש אמונה נגד בני אדם, אז העם מתנדבים ומרבים בנדרים ונדבות ביותר, וההפך כשהממונה בהיפך (תולדות נח): **מי שאינו נאמן ואץ להעשיר לא ינקה.** דפירוש ואץ להעשיר, היינו כשלא באמונה לא ינקה: **איש אמונות זה משה.** שהאיש הנאמן זוכה שכל מעשה ידיו יבורך, שברכה שורה במה שנוגע בו, ומפרש קרא במשה וכל דדמי ליה: **היו מתברכים.** שהנדבה היתה מספקת למלאכת המשכן וכליו בלי תוספת וחסרון, כגון הכסף לאדנים ומן האלף ושבע מאות וגו' עשה ווים, ולא היה אחד גדול מחברו כמלא נימא, ולא חסר ויתיר אחד מן השיעור הראוי, וכן התכלת והארגמן וכל מלאכה מה שאי אפשר לכוונו, אם לא בברכת השם יתברך שאין בו לא תוספת ולא גרעון, והא דכתיב והמלאכה היתה דים וגו' והותר, עיין לקמן ויתבאר (מתנות כהונה): **שהיה לוי.** רוצה לומר שלהיותו לוי ומבקש גם כהונה גדולה, מיקרי אץ להעשיר דסלוק תרי דרגי דהיינו כהונה וכהונה גדולה, שאילו היה כהן ויבקש כהונה גדולה, דהויא חדא דרגא, לא היה אץ להעשיר שדרך האנשים לבקש להוסיף על מדרגתם (יפה תואר): **ומה היה סופו ותפתח.** מפרש לא ינקה מדינה של גיהנם, כדדרשינן בברכות (דף סא, א) על לא ינקה רע שאין רעה אלא גיהנם, וילפינן האי לא ינקה מהתם, לכך אמר מה היה סופו ותפתח הארץ את פיה וגו' וירדו הם וכל אשר להם חיים שאולה שהוא גיהנם כידוע: **דבר אחר איש אמונות זה משה כו'.** שהיה נאמן לישראל ומינוהו לבדו, ועם כל זה מענותנותו נתן חשבון לאחרים כדמפרש: **אין ממנין שררה כו'.** משום שררותא, והיינו מה שממשכנין על הצדקה, אבל לענין נאמנות אפילו חד נאמן, הילכך קשה להו אף על גב דמשה היה נאמן מכל מקום משום שררותא הוה בעי לאמלוכי בצבורא ולא להיות גזבר לבדו בלא עמהם, מאחר שלא נווה מפי הגבורה על זה: **אלא אף על פי שהיה משה גזבר כו'.** דודאי משה אף על פי שהיה גזבר יחידי לא היה נוהג שררה, ואילו היה בא למשכנן היה אז קורא אחר עמו, ומייתי ראיה ממה שהיה קורא אחרים ומחשב על ידן להרחיק ממנו לזות שפתים כדלקמן, וכל שכן שיעשה זה בענין השררה, שמן הדין חייב לעשות כן שלא לנהוג שררה לבדו: **הוא קורא לאחרים ומחשב על ידיהם.** שאחר שנתן החשבון קרא וקבץ כל מי שנתן תרומה שיגיד מה שנתן ונכתב בספר, ונמצא חשבונו מסכים להם: **פקד אין כתיב כאן.** על דרך עבר שמר, ויהיה פירושו הוא בעצמו פקד ואין אחר עמו: **אשר פקד.** הפ"ה בקיבוץ שפתים, כמו ותקח האשה על ידי אחרים: **על פי משה.** פירושו **על ידי משה ביד איתמר**, שקבל החשבון ממנו:

פירוש מהרז"ו

(א) **איש אמונות רב ברכות.** וסיפא דקרא ואץ להעשיר לא ינקה. עיין מה שכתב בראשית רבה פרשה ב סימן ב, ויתבאר גם כאן. ומה שכתב כל מי שנאמן, כיעקב בבית לבן, וכיוסף בבית המצרי. ותחלה פירש כפשוטו על סתם אמונים, ואחר כך דורש על פי מדה ז' וי"ג. ועיין תנחומא פקודי כאן סימן ה: **שהיה גזבר.** לעיל פרשה ל"ז סוף סימן א' וסוף סימן ב': **זה קרח.** שביקש כהונה ולהקטיר קטרת שמעשרת: **על מלאכת המשכן.** דורש אמונות, על הגזברים הממונים על דברי ממון, כמו שכתוב בפסוק ולא יחשבו, שבריש סימן ב'. **שנו רבותינו.** שקלים פרק ה' משנה ב', מפסוק שמות כ"ח ד', והם יקחו את הזהב, שם בגמרא בירושלמי: **אף על פי שהיה משה גזבר לעצמו.** על שהיה מלך ישראל, וגדול מכולם, ורבם, ומי יחרף לו בעבודתו, עם כל זה נירף לאחרים לקיים המשנה. ולשון התנחומא, אלא אף על פי שהיה משה הצדיק נאמן על פי הגבורה, דכתיב (במדבר יב, ז) בכל ביתי נאמן הוא, קורא לאחרים ומחשב על ידיהם: **על ידי משה ביד איתמר.** מה שכתוב ביד איתמר, שייך למה שכתוב עבודת הלוים ביד איתמר, כמו שכתב רש"י בחומש, וכמו שכתוב בריש נשא, שהיה ממונה על בני גרשון ומררי, ואם כן היה זה בשנה השנית בחודש השני, וכאן משמע שהיה בשנה ראשונה אצל עשיית המשכן. ויתכן עמקות כוונת המדרש לתקן פשט מקרא זה הקשה, שמה שכתוב אשר פוקד, יש לו שני משמעות, מלשון מנין, ומלשון התמנות על עבודת המשכן, שנקרא גם כן פקודה, כמפורש בסוף במדבר (ד, טז) פקודת אלעזר וכו', וכאן פירש שנמנה על פי משה עם איתמר והלוים שנתמנו על עבודת המשכן, ולא נמנה על פי אלעזר, על כן לא הביאו כאן, ודוק היטב. ועיין לקמן סימן ו:

מתנות כהונה

[א] **היו מתברכים בו'.** נראה שהברכה היא שמלאכת הנדבה היתה מספקת למלאכת המשכן וכליו בלי תוספת וחסרון כגון הכסף לאדנים ומן האלף ושבע מאות כו' עשה ווים ולא היה אחד גדול מחבירו כמלא נימא ולא חסר ויתר אחד מן השיעור הראוי. וכן התכלת והארגמן וכל מלאכה מה שאי אפשר לכוונו אם לא בברכת השם יתברך שאין בו לא תוספת ולא חסרון שכל יתר כנטול דמי. והא דכתיב והמלאכה היתה דים וגו' והותר. עיין לקמן ריש הפרשה (סימן ב) ויתבאר: **פקד אין כתיב.** על דרך עבר שמר ויהיה פירושו הוא בעצמו פקד ואין אחר עמו: הכי גרסינן **אלא אשר פקד על פי בו': אשר פקד.** הפ"א בקובץ שפתים כמו (בראשית יב, טו) ותקח האשה על ידי אחרים: **על פי משה.** פירושו **על ידי משה ביד איתמר** שקבל החשבון ממנו:

אשד הנחלים

[א] **ברכות על ידו.** דרש רב ברכות להשפיע על ידו לאחרים, כאלו הוא מקור הברכות וממנו הכל מתברכים, ודרש על משה מפני שהיה נאמן בכל ידיעת העולם (כפירוש הרב בפרקיו מורה נבוכים ח"א פנ"ד), על כן היה בכחו שיושפע כל השפע ברכות על ידו, אכן קרח שהיה חפץ להיות גדול במעלתו, שלא היה ערכו לזה רק שהיה אץ ומהיר לזה, הפך הנאמן שהוא הקיים בידיעתו, ולכן לא ינקה מרעה, וא"כ סוף הפסוק הוא היפך לשלפניו: **שנעשה גזבר.** דרש אמונים כפשוטו בדבר התמנות:

חידושי הרד"ל

[א] **וביקש ליטול כהונה גדולה.** אפשר גם בזה היה כוונתו לעושר ממש של מתנות כהונה, וביותר של כהן גדול שנוטל חלק בראש ומקריב בראש, ואמרו מחלה לאהרן ומחלה לבניו: **ומה היה סופו ותפתח הארץ את פיה וגו' וירדו הם וכל אשר להם חיים שאולה שירדו לגיהנם.** וזהו לא ינקה שלא ינקה מדינה של גיהנם, וכדדרשינן בברכות (סא, א) על לא ינקה רע, שאין רעה אלא גיהנם, וילפינן האי לא ינקה מהתם: **אלא אף על פי שהיה משה גזבר לעצמו.** שנתמנה על כך מהקב"ה (וכמו שכתוב בספרי ריש פרשת חקת לענין פרה אדומה ויקחו אליך שתהיה גזבר לכך) וקבלו הצבור עליהם, וכהא דתנן בשקלים פרק ה משנה ב חוץ מבן אחיה ואלעזר שאותן קבלו רוב הצבור עליהם:

חידושי הרש"ש

[א] **ואץ להעשיר בו' ובקש ליטול כהונה גדולה.** עיין ידי משה. ולי נראה לפי שקטורת מעשרת (יומא כו, א), וכהן גדול מקריב חלק בראש (שם יד, א), ואף קטורת (רמב"ם פרק ה מהלכות כלי המקדש הלכה יב, ועיין שם בכסף משנה) גם ביום הכפורים אינה כשרה אלא בו, וכן כל שבעת הימים קודם היתה בו (שם): **אלא אשר פקד.** מה שכתב המתנות כהונה שהוא כמו ותקח האשה, לא דק במחילת כבוד תורתו, שפקד הוא מבנין פעל, ותקח הוא מבנין הפעל:

מסורת המדרש

א. תנחומא כאן סימן ה' כל הענין. ילקוט כאן רמז תי"ד. ילקוט משלי רמז תתקס"ג: **ב.** שקלים פ"ה משנה ב'. בבא בתרא דף ח':

אם למקרא

אִישׁ אֱמוּנוֹת רַב בְּרָכוֹת וְאָץ לְהַעֲשִׁיר לֹא יִנָּקֶה: (משלי כח:כ)

לֹא כֵן עַבְדִּי מֹשֶׁה בְּכָל בֵּיתִי נֶאֱמָן הוּא: (במדבר יב:ז)

וַתִּפְתַּח הָאָרֶץ אֶת פִּיהָ וַתִּבְלַע אֹתָם וְאֶת בָּתֵּיהֶם וְאֵת כָּל הָאָדָם אֲשֶׁר לְקֹרַח וְאֵת כָּל הָרְכוּשׁ: (שם טז:לב)

ידי משה

[א] **ואץ להעשיר זה קרח שהיה לוי וכו'.** פירוש, לא די לו שהיה לוי, וביקש להיות כהן. ומה שנקט קרא לשון אץ להעשיר, על דרך שכתבתי לעיל (פרשה לא, ג) שלפי שהיה לוי ולא היה שייך לו ליטול בביזת מצרים ובביזת הים כלום כדאיתא בספרי (שופטים פרק כ) לא יהיה לכהן ולוי חלק ונחלה חלק בביזה ושלל, ולולי זאת שלקח חלק היה ראוי להיות כהן, ועל ידי שנבהל להון רב וגו' לא ידע כי חסר יבאנו, פירוש שנחסר ממנו הכהונה, לפי שכהן צריך להיות מסטרא דחסד על שם הבוטח בה' חסד יסובבנו, ומכח זה הפסיד הכהונה, לכך נקט הקרא אץ להעשיר. כן נראה לי בן המחבר. ודוק: **אין ממנין וכו'.** ואם תאמר, והא ילפינן בגמרא (שקלים פ"ה מ"ב) שאין עושים שררה פחות משנים דכתיב (שמות כח, ה) והם יקחו. ויש לומר מדכתיב ויקחו מלפני משה את כל התרומה והם הביאו אליו עוד, שמע מינה שמשה לבדו היה גזבר, ומה שאמר והם יקחו את הזהב צריך לומר היינו למלאכת בגדי כהונה, לפי שהיה לכבוד ולתפארת לאהרן יחשב שמשה ירבה בהם זהב לכבוד אהרן. ודוק:

§2 עָלָיו נֶאֱמַר ״וְלֹא יְחַשְּׁבוּ אֶת הָאֲנָשִׁים אֲשֶׁר יִתְּנוּ אֶת הַכֶּסֶף וגו׳״ – **It is regarding [Moses]**[17] and those like him that **it says,** ***They shall not make an accounting with the men into whose hands they gave the money*** *to pay out to the workmen, for they acted with integrity* (*II Kings* 12:16). מַהוּ ״וְלֹא יְחַשְּׁבוּ״ – **What is the meaning of** ***They "shall" not make an accounting?*** Why is it phrased in the future tense? זֶה דוֹרוֹ שֶׁל יוֹאָשׁ שֶׁהָיוּ עוֹשִׂין בֶּאֱמוּנָה – Because **this** verse refers to **the generation of** King **Joash, whose [treasurers] were acting with integrity,** as well as to all men of integrity in future generations.[18] Surely then, Moses, the "faithful shepherd," was not obligated to give an accounting when he was treasurer at the construction of the Tabernacle. He did so nevertheless, out of his extraordinary humility.[19]

The Midrash continues discussing the virtue of dispelling suspicions from observers:

שָׁנוּ רַבּוֹתֵינוּ – **Our Rabbis taught** in a Mishnah regarding the withdrawal of funds from the Temple chamber in which the *shekalim* collected each year from the Jewish people were kept:[20] מִי שֶׁהָיָה נִכְנָס לִתְרוֹם אֶת הַלִּשְׁכָּה – **The one who enters** in order **to withdraw** ***shekalim*** **from the** treasury **chamber** לֹא הָיָה נִכְנָס לֹא בְּפַרְגּוֹד חָפוּת וְלֹא בְּאַנְפִּלְיָא – **was not** permitted to **enter** wearing **a hemmed garment**[21] **nor** wearing **a sock,**[22] שֶׁאִם יַעֲשִׁיר יֹאמְרוּ מִתְּרוּמַת הַלִּשְׁכָּה הֶעֱשִׁיר – **lest he become rich** later on and **[people] will say, "He became rich** by pilfering **from the funds withdrawn from the** treasury **chamber."** שֶׁאָדָם צָרִיךְ לָצֵאת יְדֵי הַבְּרִיּוֹת, כְּדֶרֶךְ שֶׁהוּא צָרִיךְ לָצֵאת יְדֵי הַמָּקוֹם – These precautions were necessary **because a person must satisfy** the scrutiny of **human beings in the same manner that he must satisfy** the scrutiny of **the Omnipresent,**[23] שֶׁנֶּאֱמַר ״וִהְיִיתֶם נְקִיִּם מֵה׳ וּמִיִּשְׂרָאֵל״ – **for it says,** ***You shall be innocent in the eyes of HASHEM and of Israel*** (*Numbers* 32:22).[24] וּמֹשֶׁה הָיָה גִזְבָּר לְעַצְמוֹ עַל מְלֶאכֶת הַמִּשְׁכָּן – And yet **Moses was the sole treasurer over** the donations for the **construction of the Tabernacle?!** Why did he not take care to dispel all possible suspicions?[25] אֶלָּא בְּשָׁעָה שֶׁאָמַר לוֹ הַקָּדוֹשׁ בָּרוּךְ הוּא לְמֹשֶׁה שֶׁיַּעֲשֶׂה הַמִּשְׁכָּן – Actually, Moses intended to appoint associate treasurers right away, **but when the Holy One, blessed is He, said to him that he should construct the Tabernacle,** and Moses related this to the Jewish people,[26] מִיָּד ״וַיָּבֹאוּ כָּל אִישׁ וגו׳״ – **immediately** ***every man*** *whose heart inspired him* ***came;*** *and everyone whose heart motivated him brought the portion of HASHEM for the work of the Tent of Meeting* (above, 35:21). Thus, Moses had no time to appoint an associate.[27]

The Midrash has just stated that the Jews brought donations for the Tabernacle quickly. The Midrash cites a teaching in support of this:[28]

לְכַמָּה יָמִים הֵבִיאוּ כָּל הַנְּדָבָה – **In how many days did they bring the entire contribution** of materials for the Tabernacle? אָמַר רַבִּי יוֹחָנָן: לִשְׁנֵי בְקָרִים הֵבִיאוּ וְהוֹתֵר שֶׁנֶּאֱמַר – **R' Yochanan said: They brought** it all **in two mornings.**[29] **And there was** even **extra, as it says,** ״וְהַמְּלָאכָה הָיְתָה דַיָּם וגו׳״ – ***But the work had been enough*** *for all the work, to do it – and there was extra* (above, 36:7). נִכְנַס מֹשֶׁה אֵצֶל בְּצַלְאֵל, רָאָה שֶׁהוֹתִיר מִן הַמִּשְׁכָּן – **Moses entered** and stood **near Bezalel** and **saw** all the materials **that remained** after **the Tabernacle** was completed. אָמַר לִפְנֵי הַקָּדוֹשׁ בָּרוּךְ הוּא – **He said before the Holy One, blessed is He.** רִבּוֹן הָעוֹלָם, עָשִׂינוּ אֶת מְלֶאכֶת הַמִּשְׁכָּן וְהוֹתַרְנוּ – **"Master of the World, we have completed the work of the Tabernacle and we have extra** materials. מַה נַּעֲשֶׂה בַּנּוֹתָר – **What shall we do with the remainder?"** אָמַר לוֹ: לֵךְ וַעֲשֵׂה בָהֶם מִשְׁכָּן לָעֵדוּת – **[God] replied to him, "Go and make a** special, smaller **Tabernacle** for the Ark **of the Testimony with the [extra materials]."** הָלַךְ מֹשֶׁה וְעָשָׂה בָהֶן – So **Moses went and did with them** as he was instructed.[30]

NOTES

17. I.e., Moses and men like him (see *Eitz Yosef*).

18. *Yefeh To'ar.* I.e., all who are as trustworthy as those who were involved in repairing the Temple during the days of Joash need not give an accounting of the funds used.

19. *Eitz Yosef.*

Rav Hai Gaon writes: One must seek a trustworthy person to be in charge of Temple property; then it is proper to trust him and not to make him take an oath [regarding his conduct] nor to audit him, as the Sages said: *We do not reckon [the disbursements of] charity funds with the charity collectors, nor [the expenditures of] Temple funds with the [Temple] treasurers…* (*Bava Basra* 9a). But the person in charge also, whether of the charity or the Temple property, should be precise and remove himself from any suspicion (*Mishpetei HaShevuos* §1, *Shaar Shevuas Hesseis*; see §2 below; see also *Yoreh Deah* 257:2 with *Rema* and *Beur HaGra* §2).

20. *Shekalim* 3:2. *Shekalim* were withdrawn from the treasury chamber three times during the year to purchase animals for communal offerings. Numerous precautions were set in place to preclude the possibility of any Temple officer pocketing coins. This not only ensured the integrity of the withdrawal, but also protected the officers from libelous accusations.

21. Our translation follows *Rav* and *Rosh* to that Mishnah. *Meiri* translates פַּרְגּוֹד חָפוּת as *a lined garment. Rambam Commentary* (Kafich ed.) renders it as *an enveloping cloak,* which would enable the wearer to conceal money under it. *Rashi* (cited by *Matnos Kehunah)* renders it as *a garment whose lower edge was folded upward,* and could, therefore, be used to conceal coins. A comment in *Eitz Yosef* (Vagshal ed.) translates: *a garment with pockets.*

22. The Mishnah in *Shekalim* loc. cit. does not include the term אַנְפִּלְיָא. Rather, it states, "nor with a shoe or a sandal, nor with *tefillin* or an amulet." [For the translation of אַנְפִּלְיָא as *sock,* see *Yevamos* 102b, and *Rav Hai Gaon* and *Rambam* to *Keilim* 27:6. See also Kleinman ed. of *Bereishis Rabbah* 61 §7, Insight "Remove Your Shoes."]

23. God is often referred to as *HaMakom* (literally, "the Place"). See Kleinman edition of *Bereishis Rabbah,* 68 §9 notes 71-72 and Insight "The Place of the World."

24. It is not sufficient to be guiltless in reality before God; one must also be above suspicion, guiltless before Israel. Acting in a way that may draw suspicion is in itself sinful. The words *You shall be innocent, etc.* were spoken by Moses in reply to the request of the Tribes of Gad and Reuben to remain in Trans-Jordan. If they were to abide by their pledge to lead the fight of their brethren to conquer the Land of Canaan, their request would be granted and they would be *guiltless before HASHEM and Israel.*

25. If one must satisfy the scrutiny of human beings, why did Moses allow himself to be the sole treasurer over the Tabernacle donations and possibly draw suspicion upon himself? Even if he would ultimately give an accounting of all the assets used, he might still be suspected by the people until that time (see *Eitz Yosef*).

26. *Tanchuma, Pekudei* 5 §5. See *Yefeh To'ar* here.

27. See *Eitz Yosef.*

28. Ibid.

29. As it says (above, 36:3): *But they continued to bring him free-willed gifts morning after morning.* They brought their donations with joy and with zeal (*Bamidbar Rabbah* 12 §16; see 41 §2 above).

30. Moses constructed a special tentlike structure in the Holy of Holies. This structure enclosed the Holy Ark, which contained the Tablets upon which the Ten Commandments were written. [The Tablets are called "the Testimony" for they are a testimony that God communicated with Israel] (*Eitz Yosef,* from *Yefeh To'ar*). Alternatively, Moses constructed a second "Tabernacle" outside the camp [see *Numbers* 11:26 where this "Tent of Meeting" is mentioned], which was used for the study of Torah. Our Midrash calls it מִשְׁכָּן לָעֵדוּת because it was *similar in size* to the Tabernacle that housed the Tablets (see *Maharzu* at length, based on *Yalkut Shimoni, Beha'aloscha* §737; see also *Radal* and *Imrei Yosher*). For other approaches see Insight Ⓐ on the following page.

ב [ג]עָלָיו נֶאֱמַר (מלכים־ב יב, טז) "וְלֹא יְחַשְּׁבוּ אֶת הָאֲנָשִׁים אֲשֶׁר יִתְּנוּ אֶת הַכֶּסֶף °", מַהוּ "וְלֹא יְחַשְּׁבוּ", זֶה דּוֹרוֹ שֶׁל יוֹאָשׁ, שֶׁהָיוּ עוֹשִׂין בֶּאֱמוּנָה, שָׁנוּ רַבּוֹתֵינוּ: [ד]מִי שֶׁהָיָה נִכְנָס לִתְרוֹם אֶת הַלִּשְׁכָּה לֹא הָיָה נִכְנָס לֹא בְּפַרְגּוֹד חָפוּת וְלֹא בְּאַנְפִּלְיָא, שֶׁאִם יַעֲשִׁיר יֹאמְרוּ מִתְּרוּמַת הַלִּשְׁכָּה הֶעֱשִׁיר (ע' שקלים ג, ב), שֶׁאָדָם צָרִיךְ לָצֵאת יְדֵי הַבְּרִיּוֹת, כְּדֶרֶךְ שֶׁהוּא צָרִיךְ לָצֵאת יְדֵי הַמָּקוֹם, שֶׁנֶּאֱמַר (במדבר לב, כב) "וִהְיִיתֶם נְקִיִּם מֵה' וּמִיִּשְׂרָאֵל", וּמֹשֶׁה הָיָה גִּזְבָּר לְעַצְמוֹ עַל מְלֶאכֶת הַמִּשְׁכָּן, אֶלָּא בְּשָׁעָה שֶׁאָמַר לוֹ הַקָּדוֹשׁ בָּרוּךְ הוּא לְמֹשֶׁה שֶׁיַּעֲשֶׂה הַמִּשְׁכָּן, מִיָּד [לה, כא] "וַיָּבֹאוּ כָּל אִישׁ וְגוֹ' ", לְכַמָּה יָמִים הֵבִיאוּ כָּל הַנְּדָבָה, אָמַר רַבִּי יוֹחָנָן: [ה]לִשְׁנֵי בְקָרִים הֵבִיאוּ וְהוֹתֵר, שֶׁנֶּאֱמַר [לו, ז] "וְהַמְּלָאכָה הָיְתָה דַיָּם וְגוֹ' ", נִכְנַס מֹשֶׁה אֵצֶל בְּצַלְאֵל, רָאָה שֶׁהוֹתִיר מִן הַמִּשְׁכָּן, אָמַר לִפְנֵי הַקָּדוֹשׁ בָּרוּךְ הוּא: רִבּוֹן הָעוֹלָם, עָשִׂינוּ אֶת מְלֶאכֶת הַמִּשְׁכָּן וְהוֹתַרְנוּ, מַה נַּעֲשֶׂה בַּנּוֹתָר, אָמַר לוֹ: לֵךְ וַעֲשֵׂה בָהֶם מִשְׁכָּן לָעֵדוּת, הָלַךְ מֹשֶׁה וְעָשָׂה בָהֶן, כֵּיוָן שֶׁבָּא לִיתֵּן חֶשְׁבּוֹן אָמַר לָהֶם: כָּךְ וְכָךְ יָצָא לַמִּשְׁכָּן, וּבַיָּתֵר עָשִׂיתִי מִשְׁכָּן לָעֵדוּת, הֱוֵי [לח, כא] "אֵלֶּה פְקוּדֵי הַמִּשְׁכָּן מִשְׁכַּן הָעֵדֻת":

עץ יוסף

(ב) **עליו נאמר**. כלומר על משה ילדק יפה ולא יחשבו את האנשים, כי בכל הנאמנים רמיז קרא שאין לריכין לתת חשבון, כדמסיק מהו ולא יחשבו, לשון עתיד, אלא **זה דורו של יואש**, פירוש אלא זה כדורו של יואש, כלומר דכייל קרא כדורו של יואש, וכל שהיו עושים באמונה בכל דור ודור שהוחזק בכל דורו לנאמן, אינו לריך ליתן חשבון, וכל שכן במשה רועה נאמן, ועם כל זה נתן חשבון מעצמותו: [ב] **בפרגוד חפות**. פירוש מלבוש שיש בו כפלים ואפשר להטמין שם מעות, וכן אנפליא שהוא בלשון רומיי מנעלים של למר שוע, ופעמים מחפים הלמר בעור, שאפשר להטמין שם מעות, ולא הזהירו בזה מפחד התורם שיעשה כן, כי בחזקת כשרים היו ולא חשידי בהכי, וגם האנשים לא יחשדום אלא כשיאלו רגלים לדבר והוא העוני והעושר, שיאמרו שמזה היה לו: **מתרומת הלשכה העשיר ואם יעני יאמרו מתרומות הלשכה העני שאדם צריך**. כן לריך לומר (אות אמת). או אפשר שכאן קילר המדרש ולא נקט אלא חלוקת העושר מפני שמשה היה עשיר ואם יבואו לדבר בו הוא שיאמרו מתרומת הלשכה העשיר: **ומשה היה גזבר**. השתא מקשה מפני חשד ממון, שאף שיתן חשבון מכל מקום עד שיתן חשבון היו מהרהרים אחריו: **מיד ויבואו כל איש וגו'**. רולה לומר שבודאי חשב משה למנות גזברים, אלא שלא היה פנאי כי נזדרזו מיד לגיית דברי ה', ולא היה לו פנאי למנות גזברים, ולכן הולרך ביום הראשון להיות הוא לבדו גזבר, (כמו שכתב הרמב"ן בפרשת תלוה שביום ראשון בלבד כתוב ויקחו מלפני משה כו' עיין שם), והביא ראיה למהירת הבאת התרומה ממה שאמר רבי יוחנן לשני בקרים הביאו: **לשני בקרים**. עיין לעיל פרשה מ"א: **ועשה בהן משכן לעדות**. פירוש שבקדש הקדשים אשר שם הארון עשה אהל מיוחד כמין משכן, להיות בתוכו הארון, והרמז לזה במה שנאמר ויבא את הארון אל המשכן, משמע משכן קטן מיוחד שהיה עשוי לארון בקדש קדשים (יפה תואר):

פירוש מהרז"ו

(ב) **עליו נאמר ולא יחשבו**. גירסא זו קשה להולמה. וגירסת התנחומא, זה שאמר הכתוב ולא יחשבו, וכדמפרש והולך. וסגנון הפסוק ולא יחשבו את האנשים אשר יתנו את הכסף על ידם וכו' כי באמונה הם עושים, פירוש שהם בעלמם עשו באמונה, שעשו כמפורש במשנה שקלים פרק ג מ"ג, אם כן יקשה ומשה היה גזבר כו', ותירץ שלא היה כאן מקום לחשד, שכל הנדבה היה בשני בקרים והיה די והותר, וליוה שלא להביא עוד, ועם כל זה עשה חשבון עם אחרים, שעשה הכל והותיר, וגם בהיותר עשה משכן לעדות. ועיין לעיל פרשה מ"א סימן ב, ושם נסמן ומבואר: **נכנס משה אצל בצלאל**. לריך עיון שדברי המדרש היפך הכתוב בסדר ויקהל, ויבואו כל החכמים וכו' ויאמרו אל משה. אך לשון חכמים מרפא, המה למדונו פשט הכתוב באמת, שהיה לו לומר ויבואו כל החכמים אל משה ויאמרו אליו, על כן פירש שמה שכתוב ויבואו כל החכמים, פירושו שבאו אל הראש שלהם, היינו בצלאל לדבר עמו, שהוא ידבר אל משה, אך המעשה שהיה שבתוך כך בא משה אל בצלאל, ודברו החכמים עם משה: **משכן לעדות**. דורש מדה י', שתי פעמים המשכן, משכן העדות, וגם לא פורש בתורה מה נעשה במותר, על כן דורש שמהמותר לוה השם יתברך לעשות משכן לעדות. ולריך עיון גדול מהו ענין של משכן העדות, שלא יתכן לומר שעשה משכן מיוחד ללוחות העדות, שהרי מפורש שבמשכן אהל מועד עשה קדש קדשים, ושם נתן הארון עם לוחות העדות. ולבד זה מלאתי בחפשי דרך להבנת מדרש זה, בילקוט בהעלותך (בשם מדרש אספה שאינו בידינו), על פסוק (במדבר יא, כד) ויעמד אותם סביבות האהל, באהל הדברות שהוא חוץ מן המחנה, שני אהלים עשו, אהל לעבודה, ואהל לדברות, (וזהו מה שכתב בילקוט כאן משכן לדברות כוונתו לדברי ילקוט זה), וכמדת הפנימי כך היה החיצון, והלוים היו משמשין זה וזה בעגלות, שנאמר (במדבר יח, ד) ושמרו את (משמרתי ואת) משמרת אהל מועד לכל עבודת (הקודש) [האהל], שני אהלים עשו וכו' עיין שם עכ"ל. שבא לפרש מה שכתוב שם (יא, כו) וישארו שני אנשים במחנה [וגו'] ולא יצאו האהלה ויתנבאו במחנה, ואחר כך (פסוק ל) כתוב ויאסף משה אל המחנה הוא וזקני ישראל, הרי שהיה אהל של דברות חוץ למחנה, והרי המשכן היה בתוך המחנה, כמו שכתוב בריש במדבר (ב, ב) סביב לאהל מועד יחנו,

חידושי הרד"ל

[ב] **עליו נאמר ולא יחשבו כו'**. קושיא היא, הרי על משה ודאי היה ראוי לומר שלא יחשבו עמו כי באמונה היה עושה, ולמה הולרך לחשוב עם אחרים, ומפרש ואזיל דמן הדין לא היה לריך, רק משה מילתא יתירה עשה משום והייתם נקיים כו', ומשה היה גזבר לעלמו והיה ירא מפני החשד, לכן בא ליתן חשבון: **משכן לעדות**. עיין מתנות כהונה גירסת הילקוט לדברות. ומדרש כאן הוא כמו שכתב בילקוט בהעלותך רמז שלז בשם מדרש אספה שהיה אהל הדברות חוץ מהמחנה כמדת המשכן, עיין שם. (ולפי גירסא דהכא משכן העדות אולי ענינו כההוא דתנן שלהי חגיגה (כז, א) במקדש שכל הכלים היו להם שניים תחתיהם):

חידושי הרש"ש

[ב] **עליו נאמר ולא יחשבו וגו'**. כי פירושו דקרא הוא שלא יאות להגזבר לבקש חשבון מהגזברים, אבל משום והייתם נקיים כו' הם מעלמם ראוי להם לתת חשבון, וכדאיתא ביורה דיעה סימן רנז סעיף ב בהגהה, וכן היה במשה לפי המדרש שבכאן:

אמרי יושר

[ב] **בשעה שאמר לו הקדוש ברוך הוא ועשו לי מקדש מיד ויצו משה ויעבירו קול**. ואם כן היטב ידע הקב"ה נאמנותו שמינהו יחידי, זהו איש אמונות, וכתיב בכל ביתי נאמן הוא: **לך ועשה משכן לעדות**. פירוש בית הוועד, שבו יהיו נועדין למשפט ולעלה, וכן נראה מהילקוט:

באור מהרי"פ

[ב] **ומשה היה גזבר לעצמו וכו'**. הוא כמו דבר אחר, והוא תירון על הקושיא למה באמת לא מנה משה שני גזברים אחרים ולא היו לריכן לחשבון, ותירץ המדרש דבאמת לא רלה משה להיות גזבר לעלמו, ודעתו היה למנות גזברים אחרים, אך ישראל נזדרזו כל כך להביא עד שלא היה שהות למנות גזברים, כי תיכף אחר הלווי מיד ויבואו האנשים על הנשים כל נדיב לב וגו' בזריזות גדולה מאד, והוכרח להיות גזבר לעלמו, וכתב הרמב"ן סדר (תלוה) [ויקהל] (שמות לו, ג) שמשה לא היה גזבר רק יום אחד: **לבמה ימים וכו'**. זהו ראיה על הזריזות הגדולה להביא נדבתם: **לשני בקרים וכו'**. זו גם כן ראיה על זריזותם הנפלאה: **והותר שנאמר והמלאכה וגו'**. האי שנאמר קאי על מלת והותר לבד, כי הראיה שהביא לשני בקרים היא מבבוקר בבוקר כדפירש במתנות כהונה, עיין שם:

מסורת המדרש

ג. תנחומא כאן ס"ה כל הענין:

ד. שקלים פרק ג'. יבמות דף ק"ב. ילקוט כאן רמז תי"ד:

ה. לעיל פרשה מ"א. במדבר רבה פרשה א' סימן יו"ד. ופרשה י"ב. סימן ט"ז. מדרש תהלים מזמור ק"א. תנחומא סדר תרומה סימן ד'. וס' פקודי סי' י"א וסדר נשא סי' כ"ז וסדר ראה סימן ה'. ילקוט תהלים רמז תתכ"ה:

אם למקרא

וְלֹא יְחַשְּׁבוּ אֶת הָאֲנָשִׁים אֲשֶׁר יִתְּנוּ אֶת הַכֶּסֶף עַל יָדָם לָתֵת לְעֹשֵׂי הַמְּלָאכָה כִּי בֶאֱמֻנָה הֵם עֹשִׂים: (מלכים ב יב:טז)

וְנִכְבְּשָׁה הָאָרֶץ לִפְנֵי ה' וְאַחַר תָּשֻׁבוּ וִהְיִיתֶם נְקִיִּם מֵה' וּמִיִּשְׂרָאֵל וְהָיְתָה הָאָרֶץ הַזֹּאת לָכֶם לַאֲחֻזָּה לִפְנֵי ה': (במדבר לב:כב)

שינוי נוסחאות

(ב) **ולא יחשבו את האנשים אשר יתנו את הכסף, מהו ולא יחשבו**. כך היה כתוב בספרים הישנים, וכן כתוב בד' וארשא. אבל בד' ונציא תכ"ו (שהיא המהדורא שהשתמש בה בעל מ"כ) העתיקו בטעות "מהן" במקום "מהו", והוא נראה כחלק מהפסוק: "אשר יתנו את הכסף מהן", וכך הבין מ"כ שהוא חלק מהפסוק וכתב שצריך להוסיף "וגו' ", מפני שכוונת המדרש לסוף הפסוק, "כי באמונה הם עושים". (זה לשון מ"כ: >ה"ג: הכסף מהן וגו'<.) אבל המדפיסים לא עשו כדברי מ"כ להוסיף "וגו'", מה שכן עשו, שכתבו "מהן" במקום "מהו", דהיינו שהניחו את העיקר של הגהתו ותפסו את הטפל. והנה בד' אמשט' ת"א שמו לב שתיבת "מהן" אין לו שייכות לכאן והשמיטו התיבה לגמרי, וכך הועתק בכל הדפוסים אח"כ עד ד' וארשא, שהחזירו את הנוסח הישן "מהו":

מתנות כהונה

[ב] הכי גרסינן **ולא יחשבו את האנשים: הכסף מהן וגו'**. וסיפיה דקרא כי באמונה היו עושין והראיה היא שאותן שבימי יואש היו שנים דכתיב האנשים והיו נאמנים בעיניהם כדכתיב (מלכים ב' כב, ז) כי באמונה היו עושים. ולכן לא היו מחשבים אבל משה ראה עלמו יחידי ולכן קרא לאחרים שיחשבו עמו. ובילקוט ובמדרש משלי לא גרס ליה: **שהיו עושין** גרסינן: **שהיו עושין באמונה**. פירושו כיון ששנים היו מסתמא עשו באמונה. וכמו שלמדו חז"ל מכאן פרק קמא דבבא בתרא שאין לחשב עם הגבאים: **שנו רבותינו**. פרק ג' דשקלים: **בפרגוד חפות** גרסינן. ופירש רש"י ז"ל חלוק ששפתיו כפולים ויכולים לטמון שם מטבעות: הכי גרסינן במשנה פרק ג' דשקלים **שאם יעני יאמרו מעון הלשכה העני ואם יעשיר יאמרו ממעות הלשכה העשיר שאדם בו'**: הכי גרסינן **מיד ויבואו כל איש וגו' לבמה ימים**. והכי מוכח בילקוט: **לשני בקרים**. שנאמר בבקר בבקר: **משכן לעדות**. לארון ולפרוכת. וכן הוא בילקוט (רמז תיד) משכן לדברות שהם עדות בין הקב"ה ובין ישראל:

אשד הנחלים

[ב] **עליו נאמר ולא יחשבו**. אף שמשה קורא לאחרים, זה היה עושה מעצמו, אבל הם לא חשבו עמו כי ידעו כי באמונה הוא עושה, וזהו שהיה משה מדבר לעצמו שלא השתתפו עמו אחרים רק הוא מעצמו קרא להם, ועיין במתנות כהונה פירש אחר: **ומשה היה גזבר כו' אלא בשעה כו'**. להלן מסיים שבא ליתן חשבון, ובאגב מפרש הפסוקים שם: **לשני בקרים**. דייק מדכתיב בויקהל הביאו בבוקר בבוקר, לומר לשני בקרים: **שהותיר מן המשכן כו' עשינו את מלאכת המשכן**. אולי צריך לומר שהותיר מן הארון

כֵּיוָן שֶׁבָּא לִיתֵּן חֶשְׁבּוֹן **– When [Moses] came to give an accounting** of how the donations were used, אָמַר לָהֶם: כָּךְ וְכָךְ יָצָא לַמִּשְׁכָּן **– he said to [the people], "Such-and-such an amount went for the Tabernacle,** וּבַיֶּתֶר עָשִׂיתִי מִשְׁכָּן לָעֵדוּת **– and with the extra** material that remained **I made a** special **Tabernacle for** the Ark **of the Testimony."** הֱוֵי "אֵלֶּה פְקוּדֵי הַמִּשְׁכָּן מִשְׁכַּן הָעֵדֻת" **– This is** the meaning of the double expression in this verse: ***These are the reckonings of the Tabernacle, the Tabernacle of Testimony,*** i.e., there was a reckoning for the standard Tabernacle and a reckoning for the additional Tabernacle for the Ark of the Testimony.

INSIGHTS

Ⓐ **Applying the Extra Donations** Our verse mentions *the "Mishkan," the "Mishkan" of Testimony*, using a double expression that prompts our Midrash to find new meaning in the second phrase. Following the commentators quoted in note 30 we have translated *Mishkan* as Tabernacle, and interpreted it as referring to a second Tabernacle of sorts. However, the literal meaning of the word *Mishkan* is "resting place," and *Netziv* (*Haamek Davar* on our verse) contends that the phrase *the Mishkan of Testimony* actually refers to the Ark, which served as a resting place for the Tablets of Testimony. And since the phrase in context seems superfluous, our Midrash explains that it alludes to the previously unmentioned fact that Moses applied the leftover donations to enhancing the Ark.

But how, asks *Netziv*, could Moses alter or add to the Ark, which was made according to precise specifications? He answers that the enhancement was not made to the Ark of the Tabernacle, but to an earlier ark that Moses had made of plain wood to house the Second Tablets until they could be moved to their permanent resting place (see *Deuteronomy* 10:1-3). This ark was also used to hold the scroll on which Moses inscribed the Torah, portion by portion, as he learned from God. Only when the scroll was complete was it transferred to the Ark in the Holy of Holies (see *Bava Basra* 14a-b). The plainness of this original ark represented the austerity and toil required to study the Oral Law, the part of the Torah associated especially with the Second Tablets. [See above, 47 §7, where the Midrash teaches that in consideration of the hardships Moses experienced while atop Mount Sinai without food or sleep, God gave him Halachos, Midrashos, and Aggados — the content of the Oral Law — together with the Second Tablets. In this regard it is said, *It is good for me that I was afflicted, so that I might learn Your statutes* (*Psalms* 119:71).]

Although any success in mastering the Oral Law demands a considerable degree of sacrifice, once a Jew makes the initial investment of laborious study and has acquired a thorough knowledge of the material, he still has two paths before him. One is to consolidate his learning and consider his goal accomplished; although new halachic questions will always arise, he can rely in these cases on his ability to make comparisons to known precedents. The capacity for success in this manner is derived from the Ark in the Holy of Holies, which similarly did not wait long before reaching its pinnacle of greatness, for shortly after being constructed it was filled with the Second Tablets and placed in the inner sanctum of the Tabernacle.

The second approach is to delve deeper into the Oral Torah with the goal of understanding the principles behind the laws and the complex interrelationships between them — and to thereby draw conclusions that can be directly applied to questions not dealt with in earlier sources. Those who follow this path inevitably toil longer and harder than those of the first group, but ultimately achieve a higher level of expertise and greater spiritual eminence. The capacity to succeed through this approach comes from the Torah scroll that Moses wrote section by section over many years, and that he kept with him in a plain wooden ark until it was complete.

Unlike the gilded Ark that held the Second Tablets, this ark was so holy that it did not need to be placed in a sacred shrine, nor did it need to be embellished with precious metals. Nevertheless, as our Midrash teaches, God eventually told Moses to enhance it with the leftover donations — freely and liberally, without the limitations imposed by the exacting specifications given for all other work in the Tabernacle — to symbolize that there is no limit to the greatness and honor of a person who propels himself into this lofty dimension of Torah scholarship.

R' Shimon Schwab (*Maayan Beis HaSho'eivah*, on above, 36:7), although endorsing the standard interpretation of *Mishkan* as "Tabernacle," agrees with *Netziv* that no second structure was built. In his view, the phrase *Mishkan of the Testimony* reflects the fact that the Tabernacle was primarily a monument to the Torah, represented by the Tablets of Testimony kept inside the Ark, and that the Tabernacle derived its sanctity from the sanctity of the Torah.

Now, a defining characteristic of the Torah is its boundlessness — in the words of Scripture, *Its measure is longer than the earth and wider than the sea* (*Job* 11:9). Not only does the Torah's wisdom have no end, the mitzvah of studying Torah also has no boundaries; unlike the sacrificial service, for example, Torah study is not restricted by considerations of quantity, space, or time. Herein lies the significance of the unregulated and unbounded donations that came flowing in from all sides until the people were told to stop, for the construction project could succeed only by tapping into the unbounded power of the Torah, by being a "Tabernacle of the Testimony," a holy shrine based on the Torah that was partly inscribed on the Tablets of Testimony lying inside the Ark, and partly communicated by the Voice of God that emanated from between the two Cherubs atop the Ark.

It was the people's unstinting contributions, given in the spirit of the Torah's unbounded holiness, that gave the Tabernacle this quality, and thus God told Moses to take the extra materials and "make a Tabernacle for the Testimony." By this He meant that he should save them as a reminder that the entire Tabernacle, and the sacrificial service conducted within it, have meaning only insofar as they stand for, give honor to, and derive their sanctity from, the holy and limitless Torah.

ב [ג]**עָלָיו נֶאֱמַר** (מלכים־ב יב, טז) **"וְלֹא יְחַשְּׁבוּ אֶת הָאֲנָשִׁים אֲשֶׁר יִתְּנוּ אֶת הַכֶּסֶף °", מַהוּ "וְלֹא יְחַשְּׁבוּ", זֶה דּוֹרוֹ שֶׁל יוֹאָשׁ, שֶׁהָיוּ עוֹשִׂין בֶּאֱמוּנָה, שָׁנוּ רַבּוֹתֵינוּ:** [ד]**מִי שֶׁהָיָה נִכְנָס לִתְרוֹם אֶת הַלִּשְׁכָּה לֹא הָיָה נִכְנָס לֹא בְּפַרְגּוֹד חָפוּת וְלֹא בְּאַנְפִּלְיָא, שֶׁאִם יַעֲשִׁיר יֹאמְרוּ מִתְּרוּמַת הַלִּשְׁכָּה הֶעֱשִׁיר** (ע' שקלים ג, ב), **שֶׁאָדָם צָרִיךְ לָצֵאת יְדֵי הַבְּרִיּוֹת, כְּדֶרֶךְ שֶׁהוּא צָרִיךְ לָצֵאת יְדֵי הַמָּקוֹם, שֶׁנֶּאֱמַר** (במדבר לב, כב) **"וִהְיִיתֶם נְקִיִּם מֵה' וּמִיִּשְׂרָאֵל", וּמֹשֶׁה הָיָה גִּזְבָּר לְעַצְמוֹ עַל מְלֶאכֶת הַמִּשְׁכָּן, אֶלָּא בְּשָׁעָה שֶׁאָמַר לוֹ הַקָּדוֹשׁ בָּרוּךְ הוּא לְמֹשֶׁה שֶׁיַּעֲשֶׂה הַמִּשְׁכָּן, מִיָּד** [לה, כא] **"וַיָּבֹאוּ כָּל אִישׁ וְגוֹ'", לְכַמָּה יָמִים הֵבִיאוּ כָּל הַנְּדָבָה, אָמַר רַבִּי יוֹחָנָן:** [ה]**לִשְׁנֵי בְקָרִים הֵבִיאוּ וְהוֹתֵר, שֶׁנֶּאֱמַר** [לו, ז] **"וְהַמְּלָאכָה הָיְתָה דַיָּם וְגוֹ'", נִכְנַס מֹשֶׁה אֵצֶל בְּצַלְאֵל, רָאָה שֶׁהוֹתִיר מִן הַמִּשְׁכָּן, אָמַר לִפְנֵי הַקָּדוֹשׁ בָּרוּךְ הוּא: רִבּוֹן הָעוֹלָם, עָשִׂינוּ אֶת מְלֶאכֶת הַמִּשְׁכָּן וְהוֹתַרְנוּ, מַה נַּעֲשֶׂה בַּנּוֹתָר, אָמַר לוֹ: לֵךְ וַעֲשֵׂה בָהֶם מִשְׁכָּן לָעֵדוּת, הָלַךְ מֹשֶׁה וְעָשָׂה בָהֶן, כֵּיוָן שֶׁבָּא לִיתֵּן חֶשְׁבּוֹן אָמַר לָהֶם: כָּךְ וְכָךְ יָצָא לַמִּשְׁכָּן, וּבַיֶּתֶר עָשִׂיתִי מִשְׁכָּן לָעֵדוּת, הֱוֵי** [לח, כא] **"אֵלֶּה פְקוּדֵי הַמִּשְׁכָּן מִשְׁכַּן הָעֵדֻת":**

עץ יוסף

(ב) **עליו נאמר**. כלומר על משה ילדק יפה ולא יחשבו את האנשים, כי בכל הנאמנים רמיז קרא שאין צריכין לתת חשבון, כדמסיק מהו ולא יחשבו, לשון עתיד, אלא **זה דורו של יואש**, פירוש אלא זה כדורו של יואש, כלומר דכייל קרא כדורו של יואש, וכל שהיו עושים באמונה בכל דור ודור שהוחזק בכל דורו לנאמן, אינו צריך ליתן חשבון, וכל שכן במשה רועה נאמן, ועם כל זה נתן חשבון מעצמותו: [ב] **בפרגוד חפות**. פירוש מלבוש שיש בו כפלים ואפשר להטמין שם מעות, וכן אנפליא שהוא בלשון רומיי מנעלים של צמר שוע, ופעמים מחפים הצמר בעור, שאפשר להטמין שם מעות, ולא הזהירו בזה מפחד התורם שיעשה כן, כי בחזקת כשרים היו ולא חשידי בהכי, וגם האנשים לא יחשדום אלא כשילאו רגלים לדבר והוא העוני והעושר, שיאמרו שמזה היה לו: **מתרומת הלשכה העשיר ואם יעני יאמרו מתרומת הלשכה העני שאדם צריך**. כן צריך לומר (אות אמת). או אפשר שכאן קיצר המדרש ולא נקט אלא חלוקת העושר מפני שמשה היה עשיר ואם יבואו לדבר בו הוא שיאמרו מתרומת הלשכה העשיר: **ומשה היה גזבר**. השתא מקשה מפני חשד ממון, שאף שיתן חשבון מכל מקום עד שיתן חשבון היו מהרהרים אחריו: **מיד ויבואו כל איש וגו'**. רוצה לומר שבודאי חשב משה למנות גזברים, אלא שלא היה פנאי כי נזדרזו מיד לציית דברי ה', ולא היה לו פנאי למנות גזברים, ולכן הוצרך ביום הראשון להיות הוא לבדו גזבר, (כמו שכתב הרמב"ן בפרשת תצוה שביום ראשון בלבד כתוב ויקחו מלפני משה כו' עיין שם), והביא ראיה למהירת הבאת התרומה ממה שאמר רבי יוחנן לשני בקרים הביאו: **לשני בקרים**. עיין לעיל פרשה מ"ח: **ועשה בהן משכן לעדות**. פירוש שבקדש הקדשים אשר שם הארון עשה אהל מיוחד כמין משכן, להיות בתוכו הארון, והרמז לזה במה שנאמר ויבא את הארון אל המשכן, משמע משכן קטן מיוחד שהיה עשוי לארון בקדש קדשים (יפה תואר):

פירוש מהרז"ו

(ב) **עליו נאמר ולא יחשבו**. גירסא זו קשה להולמה. וגירסת התנחומא, זה שאמר הכתוב ולא יחשבו, וכדמפרש והולך. וסגנון הפסוק ולא יחשבו את האנשים אשר יתנו את הכסף על ידם וכו' כי באמונה הם עושים, פירוש שהם בעלמם עשו באמונה, שעשו כמפורש במשנה שקלים פרק ג מ"ג, אם כן יקשה ומשה היה גזבר כו', ותירץ שלא היה כאן מקום לחשד, שכל הנדבה היה בשני בקרים והיה די והותר, וציוה שלא להביא עוד, ועם כל זה עשה חשבון עם אחרים, שעשה הכל והותיר, וגם בהיותר עשה משכן לעדות. ועיין לעיל פרשה מ"א סימן ב, ושם נסמן ומבואר: **נכנס משה אצל בצלאל**. צריך עיון שדברי המדרש היפך הכתוב בסדר ויקהל, ויבואו כל החכמים וכו' ויאמרו אל משה. אך לשון חכמים מרפא, המה למדונו פשט הכתוב באמת, שהיה לו לומר ויבואו כל החכמים אל משה ויאמרו אליו, על כן פירש שמה שכתוב ויבואו כל החכמים, פירושו שבאו אל הראש שלהם, היינו בצלאל לדבר עמו, שהוא ידבר אל משה, אך המעשה שהיה שבתוך כך בא משה אל בצלאל, ודברו החכמים עם משה: **משכן לעדות**. דורש מדה י', שתי פעמים המשכן, משכן העדות, וגם לא פורש בתורה מה נעשה במותר, על כן דורש שמהמותר צוה השם יתברך לעשות משכן לעדות. וצריך עיון גדול מהו ענין של משכן העדות, שלא יתכן לומר שעשה משכן מיוחד ללוחות העדות, שהרי מפורש שבמשכן אהל מועד עשה קדש קדשים, ושם נתן הארון עם לוחות העדות. ולבד זה מצאתי בחפשי דרך להבנת מדרש זה, בילקוט בהעלותך (בשם מדרש אספה שאינו בידינו), על פסוק (במדבר יא, כד) ויעמד אותם סביבות האהל, באהל הדברות שהוא חוץ מן המחנה, שני אהלים עשו, אהל לעבודה, ואהל לדברות, (וזהו מה שכתב בילקוט כאן משכן לדברות כוונתו לדברי ילקוט זה), וכמדת הפנימי כך היה החיצון, והלוים היו משמשין זה וזה בעגלות, שנאמר (במדבר יח, ד) ושמרו את (משמרתי ואת) משמרת אהל מועד לכל עבודת (הקודש) [האהל], שני אהלים עשו וכו' עיין שם עכ"ל. שבא לפרש מה שכתוב שם (יא, כו) וישארו שני אנשים במחנה [וגו'] ולא יצאו האהלה ויתנבאו במחנה, ואחר כך (פסוק ל) כתוב ויאסף משה אל המחנה הוא וזקני ישראל, הרי שהיה אהל של דברות חוץ למחנה, והרי המשכן היה בתוך המחנה, כמו שכתוב בריש במדבר (ב, ב) סביב לאהל מועד יחנו,

חידושי הרד"ל

[ב] **עליו נאמר ולא יחשבו כו'**. קושיא היא, הרי על משה ודאי היה ראוי לומר שלא יחשבו עמו כי באמונה היה עושה, ולמה הוצרך לחשוב עם אחרים, ומפרש ואזיל דמן הדין לא היה צריך, רק משה מילתא יתירה עשה משום והייתם נקיים כו', ומשה היה גזבר לעצמו והיה ירא מפני החשד, לכן בא ליתן חשבון: **משכן לעדות**. עיין מתנות כהונה גירסת הילקוט לדברות. ומדרש כאן הוא כמו שכתב בילקוט בהעלותך רמז שלג בשם מדרש אספה שהיה אהל הדברות חוץ מהמחנה כמדת המשכן, עיין שם. (ולפי גירסא דהכא משכן העדות אולי ענינו כההוא דתנן שלהי חגיגה (כו, א) במקדש שכל הכלים היו להם שניים תחתיהם):

חידושי הרש"ש

[ב] **עליו נאמר ולא יחשבו וגו'**. כי פירושו דקרא הוא שלא יאות להגזבר לבקש חשבון מהגזברים, אבל משום והייתם נקיים כו' הם מעצמם ראוי להם לתת חשבון, וכדאיתא ביורה דיעה סימן רנז סעיף ב בהגהה, וכן היה במשה לפי המדרש שבכאן:

אמרי יושר

[ב] **בשעה שאמר לו הקדוש ברוך הוא ועשו לי מקדש מיד ויצו משה ויעבירו קול**. ואם כן היטב ידע הקב"ה נאמנותו שמינהו יחידי, זהו איש אמונות, וכתיב בכל ביתי נאמן הוא: **לך ועשה משכן לעדות**. פירוש בית הוועד, שבו יהיו נועדין למשפט ולעצה, וכן נראה מהילקוט:

באור מהרי"פ

[ב] **ומשה היה גזבר לעצמו וכו'**. הוא כמו דבר אחר, והוא תירוץ על הקושיא למה באמת לא מנה משה שני גזברים אחרים ולא היו צריכן לחשבון, ותירץ המדרש דבאמת לא רצה משה להיות גזבר לעצמו, ודעתו היה למנות גזברים אחרים, אך ישראל נזדרזו כל כך להביא עד שלא היה שהות למנות גזברים, כי תיכף אחר הצווי מיד ויבואו האנשים על הנשים כל נדיב לב וגו' בזריזות גדולה מאד, והוכרח להיות גזבר לעצמו, וכתב הרמב"ן סדר (תצוה) [ויקהל] (שמות לו, ג) שמשה לא היה גזבר רק יום אחד: **לכמה ימים וכו'**. זהו ראיה על הזריזות הגדולה להביא נדבתם: **לשני בקרים וכו'**. זו גם כן ראיה על זריזותם הנפלאה: **והותר שנאמר והמלאכה וגו'**. האי שנאמר קאי על מלת והותר לבד, כי הראיה שהביא לשני בקרים היא מבבוקר בבוקר כדפירש במתנות כהונה, עיין שם:

מסורת המדרש

ג. תנחומא כאן ס"ה כל הענין:

ד. שקלים פרק ג'. יבמות דף ק"ב. ילקוט כאן רמז תי"ד:

ה. לעיל פרשה מ"א. במדבר רבה פרשה א' סימן יו"ד. ופרשה י"ב. סימן ט"ז. מדרש תהלים מזמור ק"א. תנחומא סדר תרומה סימן ד'. וס' פקודי סי' י"א וסדר נשא סי' כ"ז וסדר ראה סימן ה'. ילקוט תהלים רמז תתנ"ה:

אם למקרא

וְלֹא יְחַשְּׁבוּ אֶת הָאֲנָשִׁים אֲשֶׁר יִתְּנוּ אֶת הַכֶּסֶף עַל יָדָם לָתֵת לְעֹשֵׂי הַמְּלָאכָה כִּי בֶאֱמֻנָה הֵם עֹשִׂים: (מלכים ב יב:טז)

וְנִכְבְּשָׁה הָאָרֶץ לִפְנֵי ה' וְאַחַר תָּשֻׁבוּ וִהְיִיתֶם נְקִיִּם מֵה' וּמִיִּשְׂרָאֵל וְהָיְתָה הָאָרֶץ הַזֹּאת לָכֶם לַאֲחֻזָּה לִפְנֵי ה': (במדבר לב:כב)

שינוי נוסחאות

(ב) **ולא יחשבו את האנשים אשר יתנו את הכסף, מהו ולא יחשבו**. כך היה כתוב בספרים הישנים, וכן כתוב בד' וארשא. אבל בד' ונציא תכ"ו (שהיא המהדורא שהשתמש בה בעל מ"כ) העתיקו בטעות "מהן" במקום "מהו", והוא נראה כחלק מהפסוק: "אשר יתנו את הכסף מהן", וכך הבין מ"כ שהוא חלק מהפסוק וכתב שצריך להוסיף "וגו' ", מפני שכוונת המדרש לסוף הפסוק, "כי באמונה הם עושים". (זה לשון מ"כ: >ה"ג: הכסף מהן וגו'<.) אבל המדפיסים לא עשו כדברי מ"כ להוסיף "וגו'", מה שכן עשו, שכתבו "מהן" במקום "מהו", דהיינו שהניחו את העיקר של הגהתו ותפסו את הטפל. והנה בד' אמשט' ת"א שמו לב שתיבת "מהן" אין לו שייכות לכאן והשמיטו התיבה לגמרי, וכך הועתק בכל הדפוסים אח"כ עד ד' וארשא, שהחזירו את הנוסח הישן "מהו":

מתנות כהונה

[ב] הכי גרסינן **ולא יחשבו את האנשים: הכסף מהן וגו'**. וסיפיה דקרא כי באמונה היו עושין והראיה היא שאותן שבימי יואש היו שנים דכתיב האנשים והיו נאמנים בעיניהם כדכתיב (מלכים ב' כב, ז) כי באמונה היו עושים. ולכן לא היו מחשבים אבל משה רצה עצמו יחידי ולכן קרא לאחרים שיחשבו עמו. ובילקוט ובמדרש משלי לא גרס ליה: **שהיו עושין באמונה**. גרסינן: פירושו כיון ששנים היו מסתמא עשו באמונה. וכמו שלמדו חז"ל מכאן פרק קמא דבבא בתרא שאין לחשב עם הגבאים: **שנו רבותינו**. פרק ג' דשקלים: **בפרגוד חפות** גרסינן. ופירש רש"י ז"ל חלוק ששפתיו כפולים ויכולים לטמון שם מטבעות: הכי גרסינן במשנה פרק ג' דשקלים **שאם יעני יאמרו מעון הלשכה העני ואם יעשיר יאמרו ממעות הלשכה העשיר שאדם כו'**: הכי גרסינן **מיד ויבואו כל איש וגו' לכמה ימים**. והכי מוכח בילקוט: **לשני בקרים**. שנאמר בבקר בבקר: **משכן לעדות**. לארון ולפרוכת. וכן הוא בילקוט (רמז תיד) משכן לדברות שהם עדות בין הקב"ה ובין ישראל:

אשד הנחלים

[ב] **עליו נאמר ולא יחשבו**. אף שמשה קורא לאחרים, זה היה עושה מעצמו, אבל הם לא חשבו עמו כי ידעו כי באמונה הוא עושה, וזהו שהיה משה מדבר לעצמו שלא השתתפו עמו אחרים רק הוא מעצמו קרא להם, ועיין במתנות כהונה פירש אחר: **ומשה היה גזבר כו' אלא בשעה כו'**. להלן מסיים שבא ליתן חשבון, ובאגב מפרש הפסוקים שם: **לשני בקרים**. דייק מדכתיב בויקהל הביאו בבוקר בבוקר, לומר לשני בקרים: **שהותיר מן המשכן כו' עשינו את מלאכת המשכן**. אולי צריך לומר שהותיר מן הארון

§3 The Midrash again notes the repetition of the word מִשְׁכָּן, *Tabernacle*, and offers another interpretation:

מַהוּ ״מִשְׁכָּן״ שְׁנֵי פְּעָמִים – **What is** the reason that the word ***Mishkan*** is written **two times** in this verse?[31] אָמַר רַבִּי שְׁמוּאֵל בַּר מַרְתָּא: שֶׁנִּתְמַשְׁכֵּן שְׁנֵי פְּעָמִים עַל יְדֵיהֶם – **R' Shmuel bar Marta said: Because** the Temple (*Mishkan*) **was taken as collateral** (*mashkon*) **two times because** of the sins **of [Israel].**[32] זֶהוּ שֶׁאַנְשֵׁי כְּנֶסֶת הַגְּדוֹלָה אוֹמְרִים ״חֲבֹל חָבַלְנוּ לָךְ וְלֹא שָׁמַרְנוּ אֶת הַמִּצְוֹת וְאֶת הַחֻקִּים וְאֶת הַמִּשְׁפָּטִים״ – **This is** the meaning of **that which the Men of the Great Assembly**[33] **said: *We have given You a collateral***[34] ***for we have not observed the commandments, the precepts and the laws*** *You commanded Your servant Moses* (*Nehemiah* 1:7). מַהוּ ״חֲבֹל חָבַלְנוּ לָךְ״ – **What is** the reason for the double expression ***chavol chavalnu lach?*** הֲוֵי שֶׁנִּתְמַשְׁכֵּן ב׳ פְּעָמִים – **This is** an allusion to the Temple, **which was taken as collateral two times.**[35] וְאֵין ״חֲבֹל״ אֶלָּא מַשְׁכּוֹן – **And** the word ***chavol*** refers to **none other than a collateral,** שֶׁנֶּאֱמַר ״לֹא יַחֲבֹל רֵחַיִם וָרָכֶב״ – **as it says, *One should not take an upper or lower stone as collateral*** [*lo yachavol*] (*Deuteronomy* 24:6). לְכָךְ כְּתִיב ״אֵלֶּה פְקוּדֵי הַמִּשְׁכָּן מִשְׁכַּן הָעֵדֻת״, ב׳ פְּעָמִים – **Therefore it is written, *These are the reckonings of the Tabernacle, the Tabernacle of Testimony,*** with the word *Mishkan* appearing **twice.** The Temple was thus a double *mashkon.*[36]

§4 The Midrash continues to interpret the verse under discussion, *These are the reckonings of the Tabernacle, the Tabernacle of Testimony*:

מַהוּ ״הָעֵדֻת״ – **What is** the meaning of ***the Tabernacle of Testimony,*** i.e., to what is the Tabernacle a testimony? אָמַר רַבִּי שִׁמְעוֹן בַּר רַבִּי יִשְׁמָעֵאל: עֵדוּת הוּא לְכָל בָּאֵי עוֹלָם שֶׁיֵּשׁ סְלִיחָה לְיִשְׂרָאֵל – **R' Shimon bar R' Yishmael said: It is a testimony to all who come into the world that there is forgiveness for Israel.**[37] דָּבָר אַחֵר, עֵדוּת הוּא לְכָל הָעוֹלָם שֶׁנִּתְמַנָּה מִפִּי הַקָּדוֹשׁ בָּרוּךְ הוּא – **Another interpretation: [The Tabernacle] is a testimony to the whole world that [Moses] was appointed by the word of the Holy One, blessed is He,** to build it.[38]

NOTES

31. *Yefeh To'ar*; *Rashi* ad loc. Alternatively, the following exposition is based on Scripture's use of מִשְׁכָּן rather than מִקְדָּשׁ or אֹהֶל מוֹעֵד (*Maharzu*; however, *Yefeh To'ar* finds difficulty with this explanation).

32. The repetition of the word *Mishkan* alludes to the two Temples. The Midrash expounds the word מִשְׁכָּן (*Mishkan*) as if it were vowelized מַשְׁכּוֹן (*mashkon*), *collateral*. Accordingly, the verse intimates that the two Temples are collateral for the sins of Israel and were taken, i.e., destroyed, until the nation repents its sins. [The Mikdash is referred to as a "Mishkan" and vice versa – *Shevuos* 16b.]

33. The Men of the Great Assembly (אַנְשֵׁי כְּנֶסֶת הַגְּדוֹלָה) were a group of 120 Sages active at the end of the Babylonian exile and during the early years of the Second Temple, which included Nehemiah, Ezra, Mordechai, Haggai, Zechariah, Malachi, and other sages and prophets (see *Pirkei Avos* 1:1,2 with commentaries). It was Nehemiah who uttered this verse in his prayer; see *Nehemiah* 1:5-11. *Maharzu* maintains that the words *the prayer of Your servants who wish to fear Your Name* (ibid. 1:11) are a reference to the Men of the Great Assembly.

34. Translation follows the Midrash's exposition. The plain meaning of the verse is: *We have been destructive toward You.*

35. According to this interpretation, the Temple was taken as collateral twice, once at the Destruction of the First Temple and once at the Destruction of the Second Temple. Although during the days of Nehemiah, the Second Temple had just been built and it would be centuries before the Romans would destroy it, nevertheless the prophets among the Men of the Great Assembly foresaw that it would be destroyed and reference was therefore made to a *double* collateral. It is perhaps for this reason that the Midrash cites this verse in the name of the Men of the Great Assembly when, in context, the words of the verse seem to be the prayer of Nehemiah alone (*Yefeh To'ar*). [Regarding the sense in which the Temples are called "collateral," see above, 31 §10 note 148. See also the Insights there, "The Unreturned Pledge," and "Claiming our Collateral."]

36. The author of this exposition prefers it to the previous one [that there were two Tabernacles in the Wilderness], because this exposition is a better fit for the words of the verse; if the Torah were alluding to two Tabernacles, it should have written, *These are the reckonings of the Tabernacle "and" the Tabernacle of Testimony* (*Eitz Yosef*).

See Insight Ⓐ.

37. The existence of the Tabernacle testified that God forgave Israel for the sin of the Golden Calf, for He rested His Presence upon the Tabernacle in their midst, as the Midrash proceeds to explain (*Matnos Kehunah, Maharzu, Eitz Yosef*).

38. Had God not caused His Presence to rest upon the Tabernacle, people would have been skeptical that God would have commanded Moses to build such a structure. This was either because they found it hard to believe that God would have wanted to confine His Presence to any earthly structure (see *Isaiah* 66:1), or because they thought that God disdained the Jewish people on account of the Golden Calf and would not want to dwell among them (*Eitz Yosef*).

INSIGHTS

Ⓐ **The Temple's Testimony** There is something odd about the sequence of ideas here. The Scriptural phrase under discussion reads *the Tabernacle, the Tabernacle of Testimony.* According to the preceding exposition, the double reference to the Tabernacle alludes to the destruction of the two Temples. These calamities presumably brought an end to the atoning power of the Temple. Why, then, would the very next word, "Testimony," allude to that very power of atonement?

To answer this question, *HaDerash VeHalyun* (*Pekudei* §305) proposes an original understanding of our passage: The testimony mentioned here is not the one given by the Temple while it existed, but one offered uniquely by the Temple in ruins.

The nature of that testimony can be discerned from an incident recorded in both the Talmud (*Makkos* 24b) and Midrash (*Eichah Rabbah* 5 §18). Not long after the fall of the Second Temple, a group of Torah Sages were passing by the Temple's ruins and saw a fox emerging from the site of the Holy of Holies. Saddened by this picture of utter desolation, all the Sages began weeping, except for R' Akiva, whose face broke into a smile.

When asked for an explanation, R' Akiva replied that he was reminded of a statement that God had made, *"I appointed trustworthy witnesses for Myself, Uriah the Kohen, and Zechariah, son of Jeberechiah"* (*Isaiah* 8:2). What, asked R' Akiva, is the connection between these two prophets? Not only did they live hundreds of years apart, their respective prophecies differed sharply from each other — Uriah predicted tragedy (*Zion will be plowed over like a field — Jeremiah* 26:18) while Zechariah foresaw happiness and serenity (*Old men and old women will once again sit in the streets of Jerusalem . . . and the streets of the city will be filled with boys and girls playing in its streets — Zechariah* 8:4-5).

The answer, explained R' Akiva, is that God made these two prophecies dependent on each other. As long as Uriah's vision of a desolate Zion has not materialized, we cannot be sure that Zechariah's image of a resettled Jerusalem will become a reality. Now that Uriah's dire warning has clearly been fulfilled, said R' Akiva to his colleagues, the barren scene before us offers the most reliable testimony that Zechariah's glorious prophecy will likewise be fulfilled. Should we not allow ourselves a moment of joy?

[As for why these two contrary developments are intertwined, see the Kleinman edition of *Eichah Rabbah* loc. cit.]

Our Midrash conveys a similar message. It is precisely after the destruction of the two Temples — presaged by the double language of our verse — when the dire warnings of the prophets have come to fruition, that we can look forward to the regeneration of Israel and its land. The Temple ruins bear witness to the fact that, at some point in the future, God will forgive the Jewish people for their sins and restore them to their former glory.

ג מַהוּ [לח, כא] **"מִשְׁכָּן" שְׁנֵי פְעָמִים, אָמַר רַבִּי שְׁמוּאֵל בַּר מַרְתָּא: ישֶׁנִּתְמַשְׁכֵּן שְׁנֵי פְעָמִים עַל יְדֵיהֶם, זֶהוּ שֶׁאַנְשֵׁי כְּנֶסֶת הַגְּדוֹלָה אוֹמְרִים** (נחמיה א, ז) **"חֲבֹל חָבַלְנוּ לָךְ וְלֹא שָׁמַרְנוּ אֶת הַמִּצְוֹת וְאֶת הַחֻקִּים וְאֶת הַמִּשְׁפָּטִים", מַהוּ "חֲבֹל חָבַלְנוּ לָךְ", הֱוֵי שֶׁנִּתְמַשְׁכֵּן ב' פְּעָמִים, וְאֵין "חֲבֹל" אֶלָּא מַשְׁכּוֹן, שֶׁנֶּאֱמַר** (דברים כד, ו) **"לֹא יַחֲבֹל רֵחַיִם וָרָכֶב", לְכָךְ כְּתִיב** [לח, כא] **"אֵלֶּה פְקוּדֵי הַמִּשְׁכָּן מִשְׁכַּן הָעֵדֻת", ב' פְּעָמִים:**

ד זמַהוּ [לח, כא] **"הָעֵדֻת" אָמַר רַבִּי שִׁמְעוֹן בַּר רַבִּי יִשְׁמָעֵאל: עֵדוּת הוּא לְכָל בָּאֵי עוֹלָם שֶׁיֵּשׁ סְלִיחָה לְיִשְׂרָאֵל, דָּבָר אַחֵר, עֵדוּת הוּא לְכָל הָעוֹלָם שֶׁנִּתְמַנָּה מִפִּי הַקָּדוֹשׁ בָּרוּךְ הוּא, אָמַר רַבִּי יִצְחָק: מָשָׁל לְמָה הַדָּבָר דּוֹמֶה, לְמֶלֶךְ שֶׁנָּטַל אִשָּׁה וְחִיבְּבָהּ יוֹתֵר מִדַּאי, כָּעַס עָלֶיהָ וְהִנִּיחָהּ, וְהָיוּ אוֹמְרִים לָהּ שְׁכֵנוֹתֶיהָ: אֵינוֹ חוֹזֵר עָלַיִךְ עוֹד, לְיָמִים שָׁלַח לָהּ הַמֶּלֶךְ *וְאָמַר: כַּבְּדִי אֶת פָּלָטִין שֶׁלִּי וְהַצִּיעִי אֶת הַמִּטּוֹת שֶׁבְּיוֹם פְּלוֹנִי אֲבֹא אֶצְלֵךְ, כֵּיוָן שֶׁהִגִּיעַ יוֹם פְּלוֹנִי בָּא הַמֶּלֶךְ אֶצְלָהּ וְנִתְרַצָּה לָהּ, וְנִכְנַס אֶצְלָהּ לַפָּלָטִין וְאָכַל וְשָׁתָה עִמָּהּ, וְלֹא הָיוּ שְׁכֵנוֹתֶיהָ מַאֲמִינוֹת, אֶלָּא כֵּיוָן שֶׁהָיוּ מְרִיחוֹת רֵיחַ בְּשָׂמִים בְּאוֹתָהּ שָׁעָה יָדְעוּ שֶׁנִּתְרַצָּה לָהּ הַמֶּלֶךְ, כָּךְ הַקָּדוֹשׁ בָּרוּךְ הוּא חִיבֵּב אֶת יִשְׂרָאֵל וֶהֱבִיאָם לִפְנֵי הַר סִינַי וְנָתַן לָהֶם אֶת הַתּוֹרָה וּקְרָאָן מְלָכִים, שֶׁנֶּאֱמַר** (לעיל יט, ו) **"וְאַתֶּם תִּהְיוּ לִי מַמְלֶכֶת כֹּהֲנִים", אַחַר אַרְבָּעִים יוֹם חָטְאוּ, אוֹתָהּ שָׁעָה אָמְרוּ הַגּוֹיִם: אֵינוֹ מִתְרַצֶּה לָהֶם עוֹד, שֶׁנֶּאֱמַר** (איכה ד, טו) **"אָמְרוּ בַּגּוֹיִם לֹא יוֹסִיפוּ לָגוּר", כֵּיוָן שֶׁהָלַךְ מֹשֶׁה לְבַקֵּשׁ רַחֲמִים עֲלֵיהֶם,**

עץ יוסף

(ג) **שנתמשכן שני פעמים.** כדלעיל פרשה ל"א עיין שם: **שנתמשכן.** אף על גב דמעשה משה לא שלטה בהן יד, מכיון דמשכן דומה למקדשים שחרבו, הוי ליה כאילו המשכן נתמשכן: **חבל חבלנו לך.** שאף על גב דאכתי בזמן כנסת הגדולה היה בית שני בנוי, ואם כן איך הזכירו חורבנו, מכל מקום אנשי כנסת הגדולה ונחמיה שהיה גם כן מהם, ידעו שיחרב הבית שני גם כן, מפני שהיה חסר מבית שני חמשה דברים כמו שאמרו ז"ל ואכבדה חסר ה"א, מזה ידעו שבית זה לא יתקיים: **ואין חבול אלא משכון.** פירוש משכנו המשכן אשר לך: **לכך כתיב כו'.** כלומר לפי זה ניחא, דאי למה שאמר לעיל שעשה משכן אחר לעדות המשכן ומשכן העדות מבעי ליה: (ד) **עדות הוא.** והכי פירושו המשכן של שכינה שיש בו עדות לישראל שיש להם סליחה על מעשה העגל, לאפוקי מהעכו"ם שחשבו שאין להם סליחה כדלקמן: **שנתמנה מפי הקדוש ברוך הוא.** פירוש שנתמנה לעשות משכן מפי הקדוש ברוך הוא, כי לולא זה שהשכין ה' שכינתו בו לא האמינו שה' ירצה לבנות לו בית, כי השמים כסאו ואיזה בית אשר יבנו לו, או שמשנאתו את ישראל בחטאם לא ישכון בתוכם, אבל השראת שכינתו שם הוא אות ומופת שהקדוש ברוך הוא רוצה לבנות לו בית ואוהבם אהבה גמורה: **אמר רבי יצחק משל למה הדבר דומה כו'.** גם דעתו שהעדות על הסליחה: **כיון שהיו מריחות ריח בשמים.** המשל הזה הסמיכוס חכמינו ז"ל אפסוק מי זאת עולה מן המדבר מקוטרת מור ולבונה וגו', שעל ידי עשן המערכה שלא זזה ממקומה, ראו השראת שכינה: **שנאמר אמרו בגוים כו'.** מדכתיב בתריה פני ה' חלקם לא יוסיף להביטם מייתי ראיה, ותפס פסוק זה לומר דפני ה' חלקם הוא מאמר העכו"ם, ולא מאמר המקונן, ואף על פי דהאי קרא בחורבן ירושלים אמרו, מייתי ראיה שדרך העכו"ם לחשוב שאין ה' מתרצה עוד כשכועס על ישראל:

פירוש מהרז"ו

והרי הם שני כתובים מכחישים, והכריעו ממה שכתוב בפרשת משכן, ומפסוק ומשה יקח את האהל ונטה לו מחוץ למחנה וכו' וקרא לו אהל מועד וכו', כל הענין, הרי אהל לדברות, תחלה במחנה, ואחר כך חוץ למחנה, קודם שעשו המשכן שב אל המחנה, כמו שאמר לעיל פרשה מ"ה בארבע סימנים הראשונים, וכן הוא בתנא דבי אליהו [זוטא] פרק ד', שבארבעים יום האמצעים לוה לו להכניס האהל לתוך המחנה. ובית המדרש לבא שם כל מבקש ה' לתפלה ולתורה, ושם היה מקום המיועד לדיבור השם יתברך עם משה, וכשעשה המשכן היה המשכן קבוע בתוך המחנה, ועשו עוד אהל אחר כמדת הפנימי, כי תחלה היה אהל סתם, ובזה נתבאר הכל. השם יתברך יאיר עינינו במאור תורתו. ומה שכתוב משכן העדות, כמו שכתוב תחלה ומשה יקח את האהל וגו' וקרא לו אהל מועד, כך כאן קראו משכן העדות, על שהיה כמדת המשכן: (ג) **משכן משכן.** ולא אמר מקדש, או אהל מועד, על כן דורש מדת ממעל, מלשון משכון, ועל פי מדה י', שני משכונות, וכמו שכתוב לעיל פרשה ל"א סימן י', ושם נסמן ומבואר: **שאנשי כנסת הגדולה אומרים.** פסוק זה אמרו נחמיה בתפלתו, אלא ממה שאמר (פסוק יא) בסוף התפלה, ואל תפלת עבדיך החפצים ליראה את שמך, הם החברים של נחמיה, הנקראים בפי חז"ל אנשי כנסת הגדולה. וכמו שאמר בתנחומא בהדיא בסימן ב כאן על חורבן ראשון ועל חורבן שני, היינו של שני בתי המקדשות, שאמרו ברוח הקודש גם על חורבן שני, ולא על המשכנות: (ד) **שיש סליחה.** שנסלח להם על העגל על ידי המשכן, כמו שדרש לעיל סוף פרשה מ"ח, וכל הענין כאן בתנחומא סימן ו: **שנתמנה מפי הקדוש ברוך הוא.** עיין מתנות כהונה, ובתנחומא איתו: **אמרו בגוים לא יוסיפו לגור.** ובפסוק הקודם פני ה' חלקם לא יוסיף להביטם, היינו בעת עון העגל, ובכל עת שהיה כעס גדול אמרו כן, וכן בחורבן בית המקדש:

חידושי הרד"ל

[ד] **לכל באי עולם שנתרצה להם הקדוש ברוך הוא.** כן הוא בילקוט, וכן צריך לומר:

באור מהרי"פ

[ד] **משל וכו' למלך שנשא אשה וכו'.** המשל הזה חוזר על פירוש הראשון של משכן העדות, עדות שיש סליחה לישראל ולא על הדבר אחר שנתמנה וכו', כמובן: **ריח בשמים.** והנמשל מזה, אולי נסמך על מה שדרשו חכמינו ז"ל (שיר השירים רבה פרשה ג, ה) על המקרא מי זאת עולה מן המדבר מקוטרת מור ולבונה וגו', שעל ידי עשן המערכה שלא זזה ממקומה ראו אומות העולם השראת השכינה, אבל ישראל ראו השכינה על ידי ירידת אש מן השמים ועל ידי נר המערבי וכיוצא בו:

ידי משה

[ג] **שנתמשכן שני פעמים וכו' לכך כתיב אלה פקודי המשכן.** פירוש, שאמר הכתוב משכן העדות אשר פקד פירוש, כמו ויפקד מקום דוד שפירושו שהיה נחסר מקום דוד, אף כאן הכי קאמר משכן אשר פקד פירוש אשר נחסר על פי משה פירוש, שאמר הכתוב הטעם למה נחסר לפי שנעשה על ידי משה על ידי בשר ודם, מה שאין כן לעתיד שיהיה בהם מעשה ידי הקב"ה ולא יחרב לעולם. כן נראה לי בן המחבר:

מסורת המדרש

ו. לעיל פרשה ל"א ול"ה. במדבר רבה פרשה י"ב. תנחומא כאן סימן ב' וסדר ויקהל ס"ט. ילקוט כאן רמז תי"ד:
ז. תנחומא כאן סימן ו' כל הענין:

אם למקרא

חֲבֹל חָבַלְנוּ לָךְ וְלֹא שָׁמַרְנוּ אֶת הַמִּצְוֹת וְאֶת הַחֻקִּים וְאֶת הַמִּשְׁפָּטִים אֲשֶׁר צִוִּיתָ אֶת מֹשֶׁה עַבְדֶּךָ: (נחמיה א:ז)

לֹא יַחֲבֹל רֵחַיִם וָרָכֶב כִּי נֶפֶשׁ הוּא חֹבֵל: (דברים כד:ו)

וְאַתֶּם תִּהְיוּ לִי מַמְלֶכֶת כֹּהֲנִים וְגוֹי קָדוֹשׁ אֵלֶּה הַדְּבָרִים אֲשֶׁר תְּדַבֵּר אֶל בְּנֵי יִשְׂרָאֵל: (לעיל יט:ו)

סוּרוּ טָמֵא קָרְאוּ לָמוֹ סוּרוּ סוּרוּ אַל תִּגָּעוּ כִּי נָצוּ גַּם נָעוּ אָמְרוּ בַּגּוֹיִם לֹא יוֹסִיפוּ לָגוּר: (איכה ד:טו)

ענף יוסף

(ג) **מהו משכן שני פעמים אמר רבי שמואל בר מרתא שנתמשכן שני פעמים.** יש לומר כי על כן קרא הקדוש ברוך הוא בשם משכן, לשון דמשתמע לתרי אפי לטב ולמוטב, והיה מחשבתו של הקדוש ברוך הוא אם ייטיבו דרכם ויהיה השכינה שורה בו לעולם, אז יהיה שם משכן על השראת שכינה, ואם לאו אז יהיה שמו על שם שנתמשכן שני פעמים על ידי עונותיהם:

אמרי יושר

[ד] **עדות הוא לכל באי עולם שיש סליחה לישראל.** בחטאם, שיתמשכן המקדש בעבורם והם ניצולין: **דבר אחר עדות.** שנתרצה בעגל:

מתנות כהונה

[ג] **שנתמשכן כו'.** חרב שני פעמים על ידי עון ישראל. וכמו שפירש רש"י בסדר זה וקרי ביה משכון. ועיין לעיל פרשה ל"א: הכי גרסינן **זהו שאנשי כו':** [ד] **מהו העדות.** כיון דלא דרש ליה על ארון ופרוכת כדלעיל: **עדות הוא כו'.** כדמפרש לקמן וכמו שפירש רש"י בסדר זה: **שנתמנה כו'.** שמשה נתמנה ונצטוה על מלאכת המשכן ולא עשאו מדעת עצמו שהרי השרה שכינתו במעשה ידיהם: הכי גרסינן **אינו חוזר עליך עוד: כבדו.** לשון מכבדין את הבית (ברכות פ"ח מ"ד):

אשד הנחלים

וכל כליו שעשה בצלאל, ואחר כך ויעשו כל חכמי לב גו' את המשכן, ולכן אמר אלה פקודי המשכן, שנפקד ונשאר, ובזה עשה את המשכן: [ג] **שנתמשכן כו'.** דרש על דרך צורה, ורמז שלכן נכתב שני פעמים לרמוז שנתמשכן פעמים. וענין המשכון כמו שעל ידי המשכון בטוחים בעליו שישלם לו חובו, כן על ידי החורבן בטוחים ישראל שיוגאלו ויכופר עונם, וזהו עדות כו' שיש סליחה לישראל: [ד] **למלך שנטל אשה.** וזהו משכן העדות שהמשכן שהיה השראת השכינה על ידו, לעדות לישראל שנסלח עוונם, והמשל הוא על פירוש הראשון, והשני גם כן כפירוש המתנות כהונה. ופירוש המשל בציור הנמשל, כיבוד הפלטין היא המשכן, והצעת המטות היא הכנת הקדושה להשראה שהוא הדיבוק האמיתי, וריח הבשמים שנשמע למרחוק הריח, כן הריחו כולם על ידי המשכן שהשכינה שורה בישראל, ואחז בפסוק אמרו בגוים, ליפות המליצה בלשון הכתוב כדרכם:

The Midrash elaborates on the view that the Tabernacle testifies that the Jewish people were forgiven for the sin of the Golden Calf:

אָמַר רַבִּי יִצְחָק: מָשָׁל לְמָה הַדָּבָר דּוֹמֶה – **R' Yitzchak said:** This can be illustrated by means of **a parable. To what may it be compared?** לְמֶלֶךְ שֶׁנָּטַל אִשָּׁה וְחִיבְּבָהּ יוֹתֵר מִדַּאי – **To a king who took a wife and loved her exceedingly.** כָּעַס עָלֶיהָ וְהִנִּיחָהּ – After some time, **he became angry with her and he left her.** וְהָיוּ אוֹמְרִים לָהּ שְׁכֵנוֹתֶיהָ: אֵינוֹ חוֹזֵר עָלַיִךְ עוֹד – **Her neighbors would say to her, "He is not returning to you again."** לְיָמִים שָׁלַח לָהּ הַמֶּלֶךְ וְאָמַר: כַּבְּדִי אֶת פַּלְטִין שֶׁלִּי וְהַצִּיעִי אֶת הַמִּטּוֹת – After some time, **he sent her** a message **and said, "Clean my palace and make the beds** שֶׁבְּיוֹם פְּלוֹנִי אָבֹא אֶצְלֵךְ – **for on such and such a day I will come** back **to you."** כֵּיוָן שֶׁהִגִּיעַ יוֹם פְּלוֹנִי – **When the specified day arrived,** בָּא הַמֶּלֶךְ אֶצְלָהּ וְנִתְרַצָּה לָהּ – **the king came** back **to her and became reconciled to her** וְנִכְנַס אֶצְלָהּ לַפַּלְטִין וְאָכַל וְשָׁתָה עִמָּהּ – **and entered the palace to** be with **her and ate and drank with her.** וְלֹא הָיוּ שְׁכֵנוֹתֶיהָ מַאֲמִינוֹת – Now, **her neighbors did not believe** that the king had truly reconciled to her; אֶלָּא כֵּיוָן שֶׁהָיוּ מְרִיחוֹת רֵיחַ בְּשָׂמִים – **however, when they smelled the scent of fragrant spices,** בְּאוֹתָהּ שָׁעָה יָדְעוּ שֶׁנִּתְרַצָּה לָהּ הַמֶּלֶךְ – **at that moment they knew that the king had** truly **reconciled to her.**[39] כָּךְ הַקָּדוֹשׁ בָּרוּךְ הוּא חִיבֵּב אֶת יִשְׂרָאֵל – **So, too, the Holy One, blessed is He, loved Israel** וֶהֱבִיאָם לִפְנֵי הַר סִינַי וְנָתַן לָהֶם אֶת הַתּוֹרָה – **and brought them before Mount Sinai and gave them the Torah** וּקְרָאָן מְלָכִים – **and called them kings,** שֶׁנֶּאֱמַר "וְאַתֶּם תִּהְיוּ לִי מַמְלֶכֶת כֹּהֲנִים" – **as it says,** ***You shall be to Me a kingdom of ministers*** (above, 19:6). אַחַר אַרְבָּעִים יוֹם חָטְאוּ – Yet, **after** only **forty days, they sinned** by making the Golden Calf. אוֹתָהּ שָׁעָה אָמְרוּ הַגּוֹיִם: אֵינוֹ מִתְרַצֶּה לָהֶם עוֹד – **At that time, the nations said, "[God] will never again be reconciled to them,"**[40] שֶׁנֶּאֱמַר "אָמְרוּ בַּגּוֹיִם לֹא יוֹסִפוּ לָגוּר" – **as it says,** ***The nations had said, "They will no longer sojourn [here].*** *The anger of HASHEM has divided them, caring for them no longer"* (*Lamentations* 4:15-16).[41] כֵּיוָן שֶׁהָלַךְ מֹשֶׁה לְבַקֵּשׁ רַחֲמִים עֲלֵיהֶם – However, **as soon as Moses went to plead for mercy on their behalf,**

NOTES

39. For this is the way of a wife who perfumes herself for her husband in anticipation of intimacy (*HaTirosh*).

40. At that time, God was ready to annihilate the people of Israel, and it was only due to Moses' prayer that God became reconciled to them. See above, 32:10-14.

41. See *Eitz Yosef*. Although these verses describe the reaction of the heathen nations to the destruction of the holy city of Jerusalem, whereas our Midrash is discussing the sin of the Golden Calf, that makes no difference. The nations have the same reaction to any calamity that befalls Israel, i.e., God will never again be reconciled to them (*Eitz Yosef*).

ג מַהוּ [לח, כא] "**מִשְׁכַּן" שְׁנֵי פְּעָמִים, אָמַר רַבִּי שְׁמוּאֵל בַּר מַרְתָּא: שֶׁנִּתְמַשְׁכֵּן שְׁנֵי פְעָמִים עַל יְדֵיהֶם, זֶהוּ שֶׁאַנְשֵׁי כְּנֶסֶת הַגְּדוֹלָה אוֹמְרִים** (נחמיה א, ז) **"חֲבֹל חָבַלְנוּ לָךְ וְלֹא שָׁמַרְנוּ אֶת הַמִּצְוֹת וְאֶת הַחֻקִּים וְאֶת הַמִּשְׁפָּטִים", מַהוּ "חֲבֹל חָבַלְנוּ לָךְ", הֱוֵי שֶׁנִּתְמַשְׁכֵּן ב' פְּעָמִים, וְאֵין "חֲבֹל" אֶלָּא מַשְׁכּוֹן, שֶׁנֶּאֱמַר** (דברים כד, ו) **"לֹא יַחֲבֹל רֵחַיִם וָרָכֶב", לְכָךְ כְּתִיב** [לח, כא] **"אֵלֶּה פְקוּדֵי הַמִּשְׁכָּן מִשְׁכַּן הָעֵדֻת", ב' פְּעָמִים:**

ד מַהוּ [לח, כא] **"הָעֵדֻת" אָמַר רַבִּי שִׁמְעוֹן בַּר רַבִּי יִשְׁמָעֵאל: עֵדוּת הוּא לְכָל בָּאֵי עוֹלָם שֶׁיֵּשׁ סְלִיחָה לְיִשְׂרָאֵל, דָּבָר אַחֵר, עֵדוּת הוּא לְכָל הָעוֹלָם שֶׁנִּתְמַנָּה מִפִּי הַקָּדוֹשׁ בָּרוּךְ הוּא, אָמַר רַבִּי יִצְחָק: מָשָׁל לְמָה הַדָּבָר דּוֹמֶה, לְמֶלֶךְ שֶׁנָּטַל אִשָּׁה וְחִיבְּבָהּ יוֹתֵר מִדַּאי, כָּעַס עָלֶיהָ וְהִנִּיחָהּ, וְהָיוּ אוֹמְרִים לָהּ שְׁכֵנוֹתֶיהָ: אֵינוֹ חוֹזֵר עָלַיִךְ עוֹד, לְיָמִים שָׁלַח לָהּ הַמֶּלֶךְ *וְאָמַר: כַּבְּדִי אֶת פַּלְטִין שֶׁלִּי וְהַצִּיעִי אֶת הַמִּטּוֹת שֶׁבְּיוֹם פְּלוֹנִי אָבֹא אֶצְלֵךְ, כֵּיוָן שֶׁהִגִּיעַ יוֹם פְּלוֹנִי בָּא הַמֶּלֶךְ אֶצְלָהּ וְנִתְרַצָּה לָהּ, וְנִכְנַס אֶצְלָהּ לַפַּלְטִין וְאָכַל וְשָׁתָה עִמָּהּ, וְלֹא הָיוּ שְׁכֵנוֹתֶיהָ מַאֲמִינוֹת, אֶלָּא כֵּיוָן שֶׁהָיוּ מְרִיחוֹת רֵיחַ בְּשָׂמִים בְּאוֹתָהּ שָׁעָה יָדְעוּ שֶׁנִּתְרַצָּה לָהּ הַמֶּלֶךְ, כָּךְ הַקָּדוֹשׁ בָּרוּךְ הוּא חִיבֵּב אֶת יִשְׂרָאֵל וֶהֱבִיאָם לִפְנֵי הַר סִינַי וְנָתַן לָהֶם אֶת הַתּוֹרָה וּקְרָאָן מְלָכִים, שֶׁנֶּאֱמַר** (לעיל יט, ו) **"וְאַתֶּם תִּהְיוּ לִי מַמְלֶכֶת כֹּהֲנִים", אַחַר אַרְבָּעִים יוֹם חָטְאוּ, אוֹתָהּ שָׁעָה אָמְרוּ הַגּוֹיִם: אֵינוֹ מִתְרַצֶּה לָהֶם עוֹד, שֶׁנֶּאֱמַר** (איכה ד, טו) **"אָמְרוּ בַּגּוֹיִם לֹא יוֹסִפוּ לָגוּר", כֵּיוָן שֶׁהָלַךְ מֹשֶׁה לְבַקֵּשׁ רַחֲמִים עֲלֵיהֶם,**

עץ יוסף

(ג) **שנתמשכן שני פעמים.** כדלעיל פרשה ל"א עיין שם: **שנתמשכן.** אף על גב דמעשה משה לא שלטה בהן יד, מכיון דמשכן דומה למקדשים שחרבו, הוי ליה כאילו המשכן נתמשכן: **חבל חבלנו לך.** שאף על גב דהכתי בזמן כנסת הגדולה היה בית שני בנוי, ואם כן איך הזכירו חורבנו, מכל מקום אנשי כנסת הגדולה ונחמיה שהיה גם כן מהם, ידעו שיחרב הבית שני גם כן, מפני שהיה חסר מבית שני חמשה דברים כמו שאמרו ז"ל ואכבדה חסר ה"א, מזה ידעו שבית זה לא יתקיים: **ואין חבול אלא משכון.** פירוש משכננו המשכן אשר לך: **לכך כתיב כו'.** כלומר לפי זה ניחא, דאי למה שאמר לעיל שעשה משכן אחר לעדות המשכן ומשכן העדות מבעי ליה: (ד) **עדות הוא.** והכי פירושו המשכן של שכינה שיש בו עדות לישראל שיש להם סליחה על מעשה העגל, לאפוקי מהעכו"ם שחשבו שאין להם סליחה כדלקמן: **שנתמנה מפי הקדוש ברוך הוא.** פירוש שנתמנה לעשות משכן מפי הקדוש ברוך הוא, כי לולא זה שהשכין ה' שכינתו בו לא האמינו שה' יואה לבנות לו בית, כי השמים כסאו ואיזה בית אשר יבנו לו, או שמשנאתו את ישראל בחטאם לא ישכון בתוכם, אבל השראת שכינתו שם הוא אות ומופת שהקדוש ברוך הוא צוה לבנות לו בית והוהבם אהבה גמורה: **אמר רבי יצחק משל למה הדבר דומה כו'.** גם דעתו שהעדות על הסליחה: **כיון שהיו מריחות ריח בשמים.** המשל הזה הסמיכום חכמינו ז"ל אפסוק מי זאת עולה מן המדבר מקוטרת מור ולבונה וגו', שעל ידי עשן המערכה שלא זזה ממקומה, ראו השראת שכינה: **שנאמר אמרו בגוים כו'.** מדכתיב בתריה פני ה' חלקם לא יוסיף להביטם מייתי ראיה, ותפס פסוק זה לומר דפני ה' חלקם הוא מאמר העכו"ם, ולא מאמר המקונן, ואף על פי דהאי קרא בחורבן ירושלים אמרו, מייתי ראיה שדרך העכו"ם לחשוב שאין ה' מתרצה עוד כשכועס על ישראל:

פירוש מהרז"ו

והרי הם שני כתובים מכחישים, והכריעו ממה שכתוב בפרשת משכן, ומפסוק ומשה יקח את האהל ונטה לו מחוץ למחנה וכו' וקרא לו אהל מועד וכו', כל הענין, הרי אהל לדברות, תחלה במחנה, ואחר כך חוץ למחנה, קודם שעשו המשכן שב אל המחנה, כמו שאמר לעיל פרשה מ"ה בארבע סימנים הראשונים, וכן הוא בתנא דבי אליהו [זוטא] פרק ד', שבארבעים יום האמצעים נוה לו להכנים האהל לתוך המחנה. ובית המדרש לצאת שם כל מבקש ה' לתפלה ולתורה, ושם היה מקום המיועד לדיבור השם יתברך עם משה, וכשעשה המשכן היה המשכן קבוע בתוך המחנה, ועשו עוד אהל אחר כמדת הפנימי, כי תחלה היה אהל סתם, ובזה נתבאר הכל. השם יתברך יאיר עינינו במאור תורתו. ומה שכתוב משכן העדות, כמו שכתוב תחלה ומשה יקח את האהל וגו' וקרא לו אהל מועד, כך כאן קראו משכן העדות, על שהיה כמדת המשכן: (ג) **משכן משכן.** ולא אמר מקדש, או אהל מועד, על כן דורש מדת ממעל, מלשון משכון, ועל פי מדה י', שני משכונות, וכמו שכתוב לעיל פרשה ל"א סימן י', ושם נסמן ומבואר: **שאנשי כנסת הגדולה אומרים.** פסוק זה אמרו נחמיה בתפלתו, אלא ממה שאמר (פסוק יא) בסוף התפלה, ואל תפלת עבדיך החפצים ליראה את שמך, הם החברים של נחמיה, הנקראים בפי חז"ל אנשי כנסת הגדולה. וכמו שאמר בתנחומא בהדיא בסימן ב כאן על חורבן ראשון ועל חורבן שני, היינו של שני בתי המקדשות, שאמרו ברוח הקודש גם על חורבן שני, ולא על המשכנות: (ד) **שיש סליחה.** שנסלח להם על העגל על ידי המשכן, כמו שדרש לעיל סוף פרשה מ"ח, וכל הענין כאן בתנחומא סימן ו: **שנתמנה מפי הקדוש ברוך הוא.** עיין מתנות כהונה, ובתנחומא איתו: **אמרו בגוים לא יוסיפו לגור.** ובפסוק הקודם פני ה' חלקם לא יוסיף להביטם, היינו בעת עון העגל, ובכל עת שהיה כעס גדול אמרו כן, וכן בחורבן בית המקדש:

חידושי הרד"ל

[ד] **לכל באי עולם שנתרצה להם הקדוש ברוך הוא.** כן הוא בילקוט, וכן צריך לומר:

באור מהרי"פ

[ד] **משל וכו' למלך שנשא אשה וכו'.** המשל הזה חוזר על פירוש הראשון של משכן העדות, עדות שיש סליחה לישראל ולא על הדבר אחר שנתמנה וכו', כמובן: **ריח בשמים.** והנמשל מזה, אולי נסמך על מה שדרשו חכמינו ז"ל (שיר השירים רבה פרשה ג, ה) על המקרא מי זאת עולה מן המדבר מקוטרת מור ולבונה וגו', שעל ידי עשן המערכה שלא זזה ממקומה ראו אומות העולם השראת השכינה, אבל ישראל ראו השכינה על ידי ירידת אש מן השמים ועל ידי נר המערבי וכיוצא בו:

ידי משה

[ג] **שנתמשכן שני פעמים וכו' לכך כתיב אלה פקודי המשכן.** פירוש, שאמר הכתוב משכן העדות אשר פקד פירוש, כמו ויפקד מקום דוד שפירושו שהיה נחסר מקום דוד, אף כאן הכי קאמר משכן אשר פקד פירוש אשר נחסר על פי משה פירוש, שאמר הכתוב הטעם למה נחסר לפי שנעשה על ידי משה על ידי בשר ודם, מה שאין כן לעתיד שיהיה בהם מעשה ידי הקב"ה ולא יחרב לעולם. כן נראה לי בן המחבר:

מסורת המדרש

ו. לעיל פרשה ל"א ול"ה. במדבר רבה פרשה י"ב. תנחומא כאן סימן ב' וסדר ויקהל ס"ט. ילקוט כאן רמז תי"ד:

ז. תנחומא כאן סימן ו' כל הענין:

אם למקרא

חֲבֹל חָבַלְנוּ לָךְ וְלֹא שָׁמַרְנוּ אֶת הַמִּצְוֹת וְאֶת הַחֻקִּים וְאֶת הַמִּשְׁפָּטִים אֲשֶׁר צִוִּיתָ אֶת מֹשֶׁה עַבְדֶּךָ: (נחמיה א:ז)

לֹא יַחֲבֹל רֵחַיִם וָרָכֶב כִּי נֶפֶשׁ הוּא חֹבֵל: (דברים כד:ו)

וְאַתֶּם תִּהְיוּ לִי מַמְלֶכֶת כֹּהֲנִים וְגוֹי קָדוֹשׁ אֵלֶּה הַדְּבָרִים אֲשֶׁר תְּדַבֵּר אֶל בְּנֵי יִשְׂרָאֵל: (לעיל יט:ו)

סוּרוּ טָמֵא קָרְאוּ לָמוֹ סוּרוּ סוּרוּ אַל תִּגָּעוּ כִּי נָצוּ גַּם נָעוּ אָמְרוּ בַּגּוֹיִם לֹא יוֹסִיפוּ לָגוּר: (איכה ד:טו)

ענף יוסף

(ג) **מהו משכן שני פעמים אמר רבי שמואל בר מרתא שנתמשכן שני פעמים.** יש לומר כי על כן קרא הקדוש ברוך הוא בשם משכן, לשון דמשתמע לתרי אפי לטב ולמוטב, והיה מחשבתו של הקדוש ברוך הוא אם ייטיבו דרכם ויהיה השכינה שורה בו לעולם, אז יהיה שם משכן על השראת שכינה, ואם לאו אז יהיה שמו על שם שנתמשכן שני פעמים על ידי עונותיהם:

אמרי יושר

[ד] **עדות הוא לכל באי עולם שיש סליחה לישראל.** בחטאם, שיתמשכן המקדש בעבורם והם ניצולין: **דבר אחר עדות.** שנתרצה בעגל:

מתנות כהונה

[ג] **שנתמשכן כו'.** חרב שני פעמים על ידי עון ישראל. וכמו שפירש רש"י בסדר זה וקרי ביה משכון. ועיין לעיל פרשה ל"א: הכי גרסינן **זהו שאנשי כו':** [ד] **מהו העדות.** כיון דלא דרש ליה על ארון ופרוכת כדלעיל: **עדות הוא כו'.** כדמפרש לקמן וכמו שפירש רש"י בסדר זה: **שנתמנה כו'.** שמשה נתמנה ונצטוה על מלאכת המשכן ולא עשאו מדעת עצמו שהרי השרה שכינתו במעשה ידיהם: הכי גרסינן **אינו חוזר עליך עוד: כבדו.** לשון מכבדין את הבית (ברכות פ"ח מ"ד):

אשד הנחלים

וכל כליו שעשה בצלאל, ואחר כך ויעשו כל חכמי לב גו' את המשכן, ולכן אמר אלה פקודי המשכן, שנפקד ונשאר, ובזה עשה את המשכן: [ג] **שנתמשכן כו'.** דרש על דרך צורה, ורמז שלכן נכתב שני פעמים לרמוז שנתמשכן פעמים. וענין המשכון כמו שעל ידי המשכון בטוחים בעליו שישלם לו חובו, כן על ידי החורבן בטוחים ישראל שיוגאלו ויכופר עונם, וזהו עדות כו' שיש סליחה לישראל: [ד] **למלך שנטל אשה.** וזהו משכן העדות שהמשכן שהיה השראת השכינה על ידו, לעדות לישראל שנסלח עוונם, והמשל הוא על פירוש הראשון, והשני גם כן כפירוש המתנות כהונה. ופירוש המשל בציור הנמשל, כיבוד הפלטין היא המשכן, והצעת המטות היא הכנת הקדושה להשראה שהוא הדיבוק האמיתי, וריח הבשמים שנשמע למרחוק הריח, כן הריחו כולם על ידי המשכן שהשכינה שורה בישראל, ואחז בפסוק אמרו בגוים, ליפות המליצה בלשון הכתוב כדרכם:

מִיָּד סָלַח לָהֶם הַקָּדוֹשׁ בָּרוּךְ הוּא — the Holy One, blessed is He, forgave them immediately, שֶׁנֶּאֱמַר ״וַיֹּאמֶר ה׳ סָלַחְתִּי כִּדְבָרֶךָ״ — **as it is stated,** ***And HASHEM said, "I have forgiven because of your words"*** (*Numbers* 14:20).[42] אָמַר מֹשֶׁה: רִבּוֹן הָעוֹלָם, הֲרֵינִי מְפוּיָּס שֶׁמָּחַלְתָּ לְיִשְׂרָאֵל — **Moses** then **said, "Master of the World,** indeed, **I am appeased because** I am convinced that **You have forgiven Israel,** אֶלָּא הוֹדִיעַ לְעֵינֵי כָל הָאוּמוֹת שֶׁאֵין בְּלִבְּךָ עֲלֵיהֶם — **but make it known before the eyes of all the nations** as well, **that You have nothing in Your heart against [Israel]."** אָמַר לוֹ הַקָּדוֹשׁ בָּרוּךְ הוּא — **The Holy One, blessed is He,** then **said to him,** חַיֶּיךָ, הֲרֵינִי מַשְׁרֶה שְׁכִינָתִי בְּתוֹכָם — **"By your life! I am going to cause My Presence to rest in their midst,"** שֶׁנֶּאֱמַר ״וְעָשׂוּ לִי מִקְדָּשׁ וְגוֹ׳ ״ — **as it says,** ***They shall make a sanctuary for Me*** *so that I may dwell among them* (above, 25:8). וּמַכִּירִין שֶׁמָּחַלְתִּי לָהֶם — **"Consequently, [the nations] will know that I have forgiven [Israel]."**[43] לְכָךְ נֶאֱמַר ״מִשְׁכַּן הָעֵדֻת״ — **It is therefore stated,** ***the Tabernacle of Testimony,*** שֶׁעֵדוּת הִיא לְיִשְׂרָאֵל שֶׁמָּחַל לָהֶם הַקָּדוֹשׁ בָּרוּךְ הוּא — **for it is a testimony for Israel that the Holy One, blessed is He, forgave them** for the sin of the Golden Calf.

§5 The Midrash offers another interpretation of the phrase under discussion:

דָּבָר אַחֵר, ״מִשְׁכַּן הָעֵדֻת״ — **Another interpretation:** ***the Tabernacle of Testimony:*** אָמַר רַבִּי שִׁמְעוֹן בֶּן יוֹחָאי: בְּשָׁעָה שֶׁנִּכְנַס אַנְדְּרִיָּינוּס[44] לְבֵית קָדְשֵׁי הַקֳּדָשִׁים — **R' Shimon ben Yochai said: When Hadrian**[45] **entered the Holy of Holies,** הָיָה מִתְגָּאֶה שָׁם וּמְחָרֵף לֵאלֹהִים — **he displayed arrogance there and blasphemed God.** אָמַר רַבִּי חִיָּיא בַּר אַבָּא — **R' Chiya bar Abba said:** כָּךְ אָמַר דָּוִד: רִבּוֹן הָעוֹלָם — **David said, "Master of the World!** תַּעֲלֶה לְפָנֶיךָ — **May [their intentions] be considered before You as follows,** שֶׁאִלּוּ הָיוּ יְכוֹלִין לִקְצוֹץ אֲרָזִים לַעֲשׂוֹת סוּלָּמוֹת — **that if it were possible for them to cut down cedar trees to make** enough **ladders,** עוֹלִים הָיוּ לְמַעְלָן — **they would** surely **have ascended to [the heavens]** to wage war against You."[46] מִנַּיִן — **From where** do we know that David requested this of God? כְּמוֹ שֶׁכָּתוּב ״יִוָּדַע כְּמֵבִיא לְמָעְלָה בִּסְבָךְ עֵץ קַרְדֻּמּוֹת״ — **As it is written,** ***Let it*** *[their intent]* ***be regarded as bringing axes to Above on*** *[ladders made from]* ***a thicket of trees*** (*Psalms* 74:5),[47] אֶלָּא שֶׁאֵינָן יְכוֹלִים — **but because they are unable** to do battle in the heavens, וּמַנִּיחִים אוֹתְךָ וּבָאִים עָלֵינוּ — **they leave You** alone **and come upon us** instead, כְּמוֹ שֶׁכָּתוּב ״חָשְׁבוּ מְזִמָּה בַּל יוּכָלוּ״ — **as it is written,** ***They have concocted schemes they cannot carry out*** (ibid. 21:12).[48] וּבָאִים עָלֵינוּ, שֶׁנֶּאֱמַר ״אֱלֹהִים בָּאוּ גוֹיִם בְּנַחֲלָתֶךָ וְגוֹ׳ ״ — **And they come upon us** instead, **as it says,** ***O God! The nations have entered into Your inheritance,*** *they have defiled the Sanctuary of Your holiness, they have turned Jerusalem into heaps of rubble* (ibid. 79:1). וְעַל מָה כָּל אֵלּוּ — **And** for **what** reason did **all these things** occur?[49] עַל יְדֵי שֶׁנִּתְמַשְׁכֵּן עַל יָדֵינוּ — **Because the Temple was taken as collateral [for our sins],** שֶׁנֶּאֱמַר ״אֵלֶּה פְקוּדֵי הַמִּשְׁכָּן מִשְׁכַּן הָעֵדֻת״ — **as it says,** ***These are the reckonings of the Tabernacle, the Tabernacle of Testimony.***[50]

R' Chiya bar Abba elaborates on his exposition with a parable: אָמַר רַבִּי חִיָּיא בַּר אַבָּא: לְמָה הָאוּמּוֹת דּוֹמִין — **R' Chiya bar Abba said: To what are the nations comparable?** לְאָדָם שֶׁהָיָה שׂוֹנֵא לַמֶּלֶךְ — **To a person who hated the king** וְהָיָה מְבַקֵּשׁ לִשְׁלוֹט בּוֹ וְלֹא הָיָה יָכוֹל — **and sought to overpower him but was unable to do so.** מֶה עָשָׂה — **What did he do?** הָלַךְ אֵצֶל אַנְדְּרִיאַנְטוֹס וּבִקֵּשׁ לְהַפִּילוֹ — **He went to a statue** of the king **and sought to topple it.** וְהָיָה מִתְיָירֵא מִן הַמֶּלֶךְ שֶׁיַּהַרְגֵנוּ — **But** even there, **he was seized with fear that the king would** see him and **kill him.** מֶה עָשָׂה — **What did he do?** נָטַל אֶת הַצִּיפּוֹרֶן שֶׁל נְחֹשֶׁת — **He took a copper spike**[51] וְהָיָה חוֹפֵר הַכּוֹתֶל שֶׁתַּחְתָּיו — **and** started **excavating the** foundation **wall beneath [the statue],** where the king could not see him.[52] אָמַר: מִתּוֹךְ שֶׁאֲנִי מַפִּיל אֶת הַבָּסִיס אַנְדְּרִיאַנְטוֹס נוֹפֵל — **He said** to himself, **"Once I cause the foundation to fall, the statue will topple** as well."[53]

NOTES

42. [It is difficult to understand why the Midrash cites this verse, for סָלַחְתִּי כִּדְבָרֶךָ appears in Scripture in connection with the incident of the Spies, whereas our Midrash is speaking of the sin of the Golden Calf (*Eitz Yosef*, citing *Yefeh To'ar*). See *Rashash* for many other places, in Midrashim and elsewhere, where the same thing occurs; and *Rashash* has no explanation. *Maharzu*, however, notes that various Midrashim do indeed cite סָלַחְתִּי כִּדְבָרֶךָ in the context of the sin of the Golden Calf, and he states that there are in fact two opinions in the literature as to when סָלַחְתִּי כִּדְבָרֶךָ was said. In his commentary to *Devarim Rabbah* 7 §10 (s.v. אותו מעשה), *Maharzu* writes that according to the sages of the Midrash, these words were said on *both* occasions; and in his commentary to *Devarim Rabbah* 5 §13 (s.v. ויאמר ה׳ סלחתי כדברך) he cites our Midrash as proof to this assertion.]

43. *Midrash Tanchuma* adds: כֵּיוָן שֶׁרָאוּ אוּמּוֹת הָעוֹלָם הָרֵיחַ שֶׁל קְטֹרֶת מִתַּמֵּר וְעוֹלֶה מִתּוֹךְ הַמִּשְׁכָּן, יָדְעוּ שֶׁנִּתְרַצָּה לָהֶם הַקָּדוֹשׁ בָּרוּךְ הוּא, *When the nations of the world saw the scent [i.e., the smoke] of the ketores rising in a straight column, they knew that the Holy One, blessed is He, had reconciled to them* (*Pekudei* §6; see *Toldos Noach, Eitz Yosef,* and *Beur Maharif*). The burning of the *ketores* signifies an especially close relationship between God and the Jewish people (see e.g., *Shaar HaPesukim, Shemini* §10 s.v. ונודע and *Be'er Mayim Chaim, Mishpatim* 22:4 s.v. ואפשר). Whereas all other offerings are brought to atone in some way for a sin, the *ketores* is brought only out of joy (*Tanchuma, Tetzaveh* §15).

44. *Radal* emends the text to read: טִיטוּס, *Titus*, for it was Titus who destroyed the Temple in 70 C.E., while Hadrian was born only in the year 76 C.E. See *Gittin* 56b, where the Talmud records the profanities and blasphemies perpetrated by Titus when he entered the chamber of the Holy of Holies. Nevertheless, the text of *Midrash Tanchuma* (*Pekudei* §4) also reads אַנְדְּרִינוּס, *Hadrian*. See next note.

45. Hadrian, who ruled the Roman Empire from 117-138 C.E., was the Roman emperor who suppressed the Bar Kochba revolt. *Rashash* to *Pesachim* 74a cites secular historians who write that Bar Kochba built a Temple during his reign and that Hadrian destroyed it. See *Bereishis Rabbah* 64 §10 and *Teshuvos Maharatz Chayes* §76. For a different explanation see *Yefeh To'ar* to *Devarim Rabbah* 3 §13 (s.v. אדריאנוס). See also *Tanchuma* (Buber edition), *Pekudei* §3 note 19.

46. David argued before God that when the heathen nations came to wage war against the Jews and destroy the Temple, their true intent was to wage war against God. David therefore prayed that they should be punished as if they had succeeded in going up to heaven to battle God (*Eitz Yosef*). With regard to idolaters, a bad intention is regarded as a bad deed (*Yerushalmi Peah* 1:1, 9b in the Schottenstein ed.; see *Tosafos* to *Kiddushin* 39b s.v. מחשבה). *Maharzu* adds: There is a Heavenly Temple that is aligned with the site of the earthly Temple (*Tanchuma, Vayakhel* §7). The foolish invaders thought that by destroying the earthly Temple they would also destroy the Heavenly Temple.

47. We have translated the verse according to its exposition. The literal understanding of the verse is: *It has been regarded as bringing to Above the axes in the thicket of trees,* i.e., the Temple had been constructed with such religious joy that the very act of bringing the axe to the thicket of trees to chop the necessary wood was regarded as bringing an offering to God (*Radak*).

48. I.e., to wage war against God (*Eitz Yosef*).

49. I.e., why did God allow the heathen nations to destroy the Temple (*Eitz Yosef*).

50. See §3 above, note 32.

51. A sharp tool used to chip away at construction (see *Maharzu* here and above, 37 §2).

52. *Eitz Yosef.*

53. The statue represents the Jewish people who are created *in the image of God.* The phrase, *in the image of God,* from *Genesis* 1:27 and 9:6, describes the creation of Man in general. However, the Jewish people represent the ultimate fulfillment of this (see *Yefeh To'ar*).

מִיָּד סָלַח לָהֶם הַקָּדוֹשׁ בָּרוּךְ הוּא, שֶׁנֶּאֱמַר (במדבר יד, כ) "וַיֹּאמֶר ה' סָלַחְתִּי כִּדְבָרֶךָ", אָמַר מֹשֶׁה: רִבּוֹן הָעוֹלָם, הֲרֵינִי מְפוּיָּס שֶׁמָּחַלְתָּ לְיִשְׂרָאֵל, אֶלָּא הוֹדִיעַ לְעֵינֵי כָּל הָאוּמּוֹת שֶׁאֵין בְּלִבְּךָ עֲלֵיהֶם, אָמַר לוֹ הַקָּדוֹשׁ בָּרוּךְ הוּא: חַיֶּיךָ, הֲרֵינִי מַשְׁרֶה שְׁכִינָתִי בְּתוֹכָם, שֶׁנֶּאֱמַר (לעיל כה, ח) "וְעָשׂוּ לִי מִקְדָּשׁ °", וּמַכִּירִין שֶׁמָּחַלְתִּי לָהֶם, לְכָךְ נֶאֱמַר [לח, כא] "מִשְׁכַּן הָעֵדֻת", שֶׁעֵדוּת הִיא לְיִשְׂרָאֵל שֶׁמָּחַל לָהֶם הַקָּדוֹשׁ בָּרוּךְ הוּא:

ה דָּבָר אַחֵר, [לח, כא] "מִשְׁכַּן הָעֵדֻת", חאָמַר רַבִּי שִׁמְעוֹן בֶּן יוֹחָאי: בְּשָׁעָה שֶׁנִּכְנַס אַנְדְּרִיָּינוּס לְבֵית קָדְשֵׁי הַקֳּדָשִׁים הָיָה מִתְגָּאֶה שָׁם וּמְחָרֵף לֵאלֹהִים, אָמַר רַבִּי חִיָּיא בַּר אַבָּא: אָמַר דָּוִד: רִבּוֹן הָעוֹלָם, כָּךְ תַּעֲלֶה לְפָנֶיךָ, שֶׁאִלּוּ הָיוּ יְכוֹלִין לִקְצוֹץ אֲרָזִים לַעֲשׂוֹת סוּלָּמוֹת עוֹלִים הָיוּ לְמַעְלָן, מִנַּיִן, כְּמוֹ שֶׁכָּתוּב (תהלים עד, ה) "יִוָּדַע כְּמֵבִיא לְמָעְלָה בִּסְבָךְ עֵץ קַרְדֻּמּוֹת", אֶלָּא שֶׁאֵינָן יְכוֹלִים וּמְנִיחִים אוֹתָךְ וּבָאִים עָלֵינוּ, כְּמוֹ שֶׁכָּתוּב (שם כא, יב) "חָשְׁבוּ מְזִמָּה בַּל יוּכָלוּ", וּבָאִים עָלֵינוּ, שֶׁנֶּאֱמַר (שם עט, א) "אֱלֹהִים בָּאוּ גוֹיִם בְּנַחֲלָתֶךָ וְגוֹ'", וְעַל מָה כָּל אֵלּוּ, עַל יְדֵי שֶׁנִּתְמַשְׁכֵּן עַל יָדֵינוּ, שֶׁנֶּאֱמַר [לח, כא] "אֵלֶּה פְקוּדֵי הַמִּשְׁכָּן מִשְׁכַּן הָעֵדֻת", אָמַר רַבִּי חִיָּיא בַּר אַבָּא: לָמָּה הָאוּמּוֹת דּוֹמִין, לְאָדָם שֶׁהָיָה שׂוֹנֵא לַמֶּלֶךְ וְהָיָה מְבַקֵּשׁ לִשְׁלוֹט בּוֹ וְלֹא הָיָה יָכוֹל, מֶה עָשָׂה, הָלַךְ אֵצֶל אַנְדְּרִיאַנְטוֹס וּבִקֵּשׁ לְהַפִּילוֹ, וְהָיָה מִתְיָרֵא מִן הַמֶּלֶךְ שֶׁיַּהַרְגֶנּוּ, מֶה עָשָׂה, נָטַל אֶת הַצִּיפּוֹרֶן שֶׁל נְחֹשֶׁת וְהָיָה חוֹפֵר הַכּוֹתֶל שֶׁתַּחְתָּיו, אָמַר: מִתּוֹךְ שֶׁאֲנִי מַפִּיל אֶת הַבָּסִיס אַנְדְּרִיאַנְטוֹס נוֹפֵל, כָּךְ "הָעוֹבְדֵי כוֹכָבִים° בָּאִים לְהִתְגָּרוֹת בְּהַקָּדוֹשׁ בָּרוּךְ הוּא וְאֵינָן יְכוֹלִין, וְהֵם בָּאִין וּמִתְגָּרִין עִם יִשְׂרָאֵל, וְכֵן דָּוִד אָמַר (שם ב, ב) "יִתְיַצְּבוּ מַלְכֵי אֶרֶץ וְרוֹזְנִים נוֹסְדוּ יָחַד עַל ה' וְעַל מְשִׁיחוֹ", וְאֵינָן יְכוֹלִים, וּמָה הֵם עוֹשִׂין, מִתְגָּרִים בְּיִשְׂרָאֵל,

עץ יוסף

שנאמר ויאמר ה' סלחתי כדבריך. קשה דהאי קרא במרגלים כתיב (יפה תואר): (ה) [ד] **כך תעלה לפניך.** פירוש יהיה חשוב לפניך כן להעניש כי עלו ממש לרקיע, שתלרף מחשבתם למעשה מכיון שאילו היו יכולים כו': **יודע כמביא למעלה.** כלומר יהיה חשוב כאילו הביאו למעלה בשמים בסבך עץ קרדומות להחריב, והעניש על זה עונש גדול: **כמו שכתוב חשבו מזימות כו'.** מייתי ראיה שרצונם לעמוד כנגד ה', מדקאמר חשבו מזימה בל יוכלו, שפירושו מזימה שלא יכלו לקיימה והיינו להלחם נגד ה': **ועל מה כל אלו.** הא ראוי שלא יניחם ה' אלא יתעורר על כבוד שמו: **על ידי שנתמשכן על ידינו.** רולה לומר שלהכי הניחם ה', משום שבית המקדש ניתן למשכון בידם, וכמו שבעל חוב נפרע מהמשכון, כן רלה ה' שיהיו המחריבים עושים בבית המקדש, מה שהיו ראוים לעשות בישראל כשהם חוטאים, כי מדת הדין מחייבת שישלטו בישראל כשהם חוטאים, ולכן אינו מוחה בידם במה שעושים בבית המקדש: **אנדיריטוס.** פירוש בלשון יוני צלם וצורת אדם, תרגום כורעים ומשתחוים להמן לאנדרטיא די הקים: **והיה חופר בכותל שתחתיו.** ממקום שאין המלך רואהו:

פירוש מהרז"ו

ויאמר ה' סלחתי כדברך. וכן הוא לעיל פרשה כ"ט סוף סימן ז, דברים רבה פרשה א' סימן ג, ותנחומא כאן סימן הנ"ל, ופרקי דרבי אליעזר סוף פרשה מ"ו, שפסוק ויאמר ה' סלחתי שכתוב אצל חטא מרגלים, דורשים על סליחת חטא העגל. רק בדברים רבה פרשה ה' בסימן י"ג, ובפרשה ז' סימן ט, ובפרשה י"א סימן י"א, הביאו הפסוק כמו שכתוב, על חטא העגל וינחם ה', ועל מרגלים סלחתי כדברך. ובמדרש תהלים מזמור ל', שתי הדעות, עיין שם באריכות. אך בתנחומא סוף פקודי מבואר אימתי נאמר למשה לעשות משכן ביום הכפורים, לפי שעלה משה להר שלש פעמים, ועשה שם מאה ועשרים יום, משעה לסיון שעלה לשם עד יום הכפורים שהוא י' בתשרי, ואותו היום נאמר לו וינחם ה', על מעשה העגל, אותו היום אמר לו סלחתי כדברך, ואותו היום נאמר לו ועשו לי מקדש, ובאותו היום אמר לו וסלחת לעונינו, (פירוש שמשה אמר לו וסלחת לעונינו, ועל זה השיב לו סלחתי כדברך, על פי מדת ממטל), וכן משמע בפרקי דרבי אליעזר הנ"ל, שעל שאמר משה סלח נא השיב לו סלחתי, היינו שאמר וסלחת לעונינו: **שנאמר ועשו לי מקדש.** שבו מקטירים קטורת הסמים של בשמים וריח, כן הוא בהדיא בתנחומא כאן, כיון שראו אומות הריח של קטורת מתמר ועולה מתוך המשכן, ידעו שנתרלה להם הקב"ה: **(ה) אמר רבי שמעון בר יוחאי.** תנחומא כאן סימן ד, ודורש מזמור ע"ד: **היה מחרף ומגדף.** כמו שכתוב שם (תהלים עד, ד - י) שאגו צורריך בקרב מועדיך וכו' עד מתי אלהים יחרף צר: **יודע כמביא למעלה.** שבית המקדש של מטה מכוון כנגד בית המקדש של מעלה, ודעת המחריבים הסכלים שכאשר יחריבו בית המקדש של מטה, ינצחו כח גבורה של מעלה כו': **חשבו מזמה בל יוכלו.** ורישא דקרא כי נטו עליך רעה: **באו גוים בנחלתך.** [וסיפיה דקרא] טמאו את היכל קדשך, שרפו כל מועדי אל בארץ (תהלים עד, ח), וכוונתם כי נטו עליך רעה (שם כא, יב), וכשראים שאינם יכולים, אז נתנו את נבלת עבדיך מאכל וכו' (שם עט, ב), וכן הוא במדרש תהלים מזמור ע"ד, וכללו בזה גם מזמור ע"ט, פ"ג, ודו"ק. ועל כן כתוב כאן שני פעמים משכן, של מטה ומעלה: **אמר רבי חייא בר אבא.** דורש כרבי שמעון בר יוחאי, ובמזמור פ"ג (פסוק ד - ו) על עמך יערימו סוד וגו' ולא יזכר שם ישראל עוד כו' וגו' עליך ברית יכרותו, וכמו שדרשו במדרש תהלים, אם נעקרו ישראל אלהי מי וכו': **אנדריאנטוס.** לעיל פרשה כ"ז סימן ג, דברים רבה פרשה א סימן ט"ז: **ציפורן של נחושת.** מקל עב של נחושת וברזל, וחד מלמטה כמו ציפורן. והנמשל על שבית המקדש בדמיון של מעלה, וכן הלדיקים יסודי כותלי ועמודי עולם, שהוא ענין הכותל שבמשל:

מתנות כהונה

הריני מפוייס. כלומר נתקררה דעתי ודי לי **אלא כו'**: **מקדש וגו'** גרסינן: [ה] **כך תעלה כו'.** יחשב בעיניך כאילו עשו כל זה לעצמך שהרי אלו היו יכולין כו' ולעובדי כוכבים מלרף הקב"ה מחשבה רעה למעשה: **ועל מה כל אלו וכו'**: הכי גרסינן **בנחלתך וגו'.** וסיפיה דקרא טמאו היכל קדשך: **על ידי. על ידי שנתמשכן כו'.** וזה שמסיים שם אל תזכר לנו עונות ראשונים כו'. הרי שהודה שבעבור עונותינו באו כל אלה: **אנדריאנטוס.** צורת המלך בנוי על כותל אבנים והכי גרס הערוך (ערך אדריינטיס). ויש גורסין טיאטרוס והוא היכל המלך: **מפיל את הבסיס** גרסינן:

אשד הנחלים

[ה] **שאילו היו יכולים כו' ובאים עלינו.** כלומר כל כוונתם היה לעקור האמונה האמיתית מכבוד ה' ברוך הוא, ולכן היו מגרים עלינו לשכח שם ה' מפינו, ואם כן יודע פעולותיהם כאלו מביאים למעלה בסבך עץ קרדומות: **חופר הכותל.** והנמשל לפי שעל ידי דביקותם בה' ניכר אמונת ה' ויחודו בתבל, וחשבו כי בהעדר האומה יעדר הַכָּרַת ה': **נעקור אותם.** כי אמרו אחרי שננתק את המוסרות שבהם נמשך ההכרה, ובזה נשליכה עבותימו כביכול, הַכָּרַת ה' מהעולם:

חידושי הרד"ל

[ה] שנכנס טיטוס לבית המקדש. כן צריך לומר: **כמו שכתוב כי נטו עליך רעה חשבו מזמה כו'.** כן צריך לומר: **על ידי שנתמשכן על ידינו.** ניתן להם רשות לשלוט במקדש של מטה, אבל יחשב להם כאילו שלטו במקדש של מעלה ובשוכן בתוכו כי לזה היה מחשבתם, וזהו לדרוש שני פעמים המשכן שכתוב כאן, שנחשב כאילו שלטו בשניהם על ידי עונותינו:

חידושי הרש"ש

[ד] שנאמר ויאמר ה' סלחתי כדברך. זה הלשון לא מלינו במעשה העגל רק במרגלים, וכן במדרש סוף פרשת עקב (ג, טו) בענין העגל אמרו כיון שהזכיר משה זכות אבות מיד אמר לו סלחתי כדברך, ובפרשת שופטים (ה, יב) בשעה שכעס הקב"ה על ישראל בעגל אמר כו' אכנו בדבר גו', וכן דריש שם כל המקראות הכתובים במרגלים, ובפרשת תבא (ז, י) בשעה שעשו אותו מעשה כו' אמר לפניו רבונו של עולם סלח נא כו' סלחתי כדברך, וכן ברש"י פרשת עקב (דברים ט, יח) בפסוק ואתנפל בו ביום (רלה לומר ביום הכפורים) כו' ואמר לו למשה סלחתי כדברך, ובבא קמא (פב, א) בתוספות ד"ה כדי כתבו בשם סדר עולם נמלא עלה כו' עד באותו יום נתרלה המקום לישראל שנאמר ויאמר ה' סלחתי כדברך, (אמת בסדר עולם שלפנינו מביא קרא דוסלחת לעונינו כו', ויש עוד כמה שנויים בסדר עולם שלפנינו ממה שהעתיקו התוספות בשמו) עיין שם, ויותר יש להפליא על התוספות ביבמות (עב, א) ד"ה נזופין שכתב ממעשה מרגלים, ולא כמו שפירש רש"י ממעשה העגל שהרי כו' ואמר להם סלחתי, ונהפוך הוא. וכן יסד הפייטן במוסף יום הכיפורים בסופו (בוידוי לשליח ציבור) היום חל בו ציר סלח נא כו' ויאמר ה' סלחתי כדברך, ושנה עוד כן במנחה (בוידוי לשליח ציבור), ולריך עיון בכל זה:

מסורת המדרש

ח. תנחומא כאן ס"ד כל הענין:

אם למקרא

וַיֹּאמֶר ה' סָלַחְתִּי כִּדְבָרֶךָ: (במדבר יד:כ)

וְעָשׂוּ לִי מִקְדָּשׁ וְשָׁכַנְתִּי בְּתוֹכָם: (לעיל כה:ח)

יִוָּדַע כְּמֵבִיא לְמָעְלָה בִּסֲבָךְ עֵץ קַרְדֻּמּוֹת: (תהלים עד:ה)

כִּי נָטוּ עָלֶיךָ רָעָה חָשְׁבוּ מְזִמָּה בַּל יוּכָלוּ: (שם כא:יב)

מִזְמוֹר לְאָסָף אֱלֹהִים בָּאוּ גוֹיִם בְּנַחֲלָתֶךָ טִמְּאוּ אֶת הֵיכַל קָדְשֶׁךָ שָׂמוּ אֶת יְרוּשָׁלַםִ לְעִיִּים: (שם עט:א)

יִתְיַצְּבוּ מַלְכֵי אֶרֶץ וְרוֹזְנִים נוֹסְדוּ יָחַד עַל ה' וְעַל מְשִׁיחוֹ: (שם ב:ב)

באור מהרי"פ

[ה] **במתנות כהונה ד"ה אנדריאנטוס צורת המלך וכו' והכי גרסינן בערוך.** אמר הכותב לא מלאתי בערוך ערך אנדריאנטוס, רק [ב]ערך אנדרטא, [ו]גם שם אינו מפורש פירוש המתנות כהונה עיין שם, ובערך (אנדריאנטוס) [אנדרינטיס] מביא הערוך מדרש שבכאן, ופירש ענין היכל הוא. וזה לשון רבי בנימין מוספיא שם, אמר בנימין פירוש בלשון יוני צלם וצורת אדם, ומשפט המלה אדריאנטוס, וגם בנקודת אחרות בלשון יוני ענין היכל, ואז משפט המלה אנדרוניטוס, עד כאן:

אמרי יושר

[ה] **אלא שאינן יכולים.** וזהו עדות לאומות העולם, ולגודל מרדם:

שינוי נוסחאות

(ד) **שנאמר "ועשו לי מקדש".** מ"כ הגיה "וגו'", שהרי הראיה היא מסוף הפסוק, "ושכנתי בתוכם":

כָּךְ הָאוּמּוֹת בָּאִים לְהִתְגָּרוֹת בְּהַקָּדוֹשׁ בָּרוּךְ הוּא – **So too, the** idolatrous **nations come to contend with the Holy One, blessed is He,** וְאֵינָן יְכוֹלִין – **but are unable** to do so; וְהֵם בָּאִין וּמִתְגָּרִין עִם יִשְׂרָאֵל – **so,** instead, **they come and contend with Israel.** וְכֵן דָּוִד אָמַר "יִתְיַצְּבוּ מַלְכֵי אֶרֶץ וְרוֹזְנִים נוֹסְדוּ יָחַד עַל ה׳ וְעַל מְשִׁיחוֹ" – **And so did David say,** ***The kings of the earth take their stand and the princes conspire secretly, against HASHEM and against His anointed*** (*Psalms* 2:2), וְאֵינָן יְכוֹלִים – **but are unable** to do so. וּמָה הֵם עוֹשִׂין, מִתְגָּרִים בְּיִשְׂרָאֵל – **So what do they do? They contend with Israel,**

מִיָּד סָלַח לָהֶם הַקָּדוֹשׁ בָּרוּךְ הוּא, שֶׁנֶּאֱמַר (במדבר יד, כ) "וַיֹּאמֶר ה' סָלַחְתִּי כִּדְבָרֶךָ", אָמַר מֹשֶׁה: רִבּוֹן הָעוֹלָם, הֲרֵינִי מְפוּיָּס שֶׁמָּחַלְתָּ לְיִשְׂרָאֵל, אֶלָּא הוֹדִיעַ לְעֵינֵי כָּל הָאוּמּוֹת שֶׁאֵין בְּלִבְּךָ עֲלֵיהֶם, אָמַר לוֹ הַקָּדוֹשׁ בָּרוּךְ הוּא: חַיֶּיךָ, הֲרֵינִי מַשְׁרֶה שְׁכִינָתִי בְּתוֹכָם, שֶׁנֶּאֱמַר (לעיל כה, ח) "וְעָשׂוּ לִי מִקְדָּשׁ °", וּמַכִּירִין שֶׁמָּחַלְתִּי לָהֶם, לְכָךְ נֶאֱמַר [לח, כא] "מִשְׁכַּן הָעֵדֻת", שֶׁעֵדוּת הִיא לְיִשְׂרָאֵל שֶׁמָּחַל לָהֶם הַקָּדוֹשׁ בָּרוּךְ הוּא:

ה דָּבָר אַחֵר, [לח, כא] "מִשְׁכַּן הָעֵדֻת", [ח]אָמַר רַבִּי שִׁמְעוֹן בֶּן יוֹחָאי: בְּשָׁעָה שֶׁנִּכְנַס אַנְדְּרִיָּינוּס לְבֵית קָדְשֵׁי הַקֳּדָשִׁים הָיָה מִתְגָּאֶה שָׁם וּמְחָרֵף לֵאלֹהִים, אָמַר רַבִּי חִיָּיא בַּר אַבָּא: אָמַר דָּוִד: רִבּוֹן הָעוֹלָם, כָּךְ תַּעֲלֶה לְפָנֶיךָ, שֶׁאִלּוּ הָיוּ יְכוֹלִין לִקְצוֹץ אֲרָזִים לַעֲשׂוֹת סוּלָּמוֹת עוֹלִים הָיוּ לְמַעְלָן, מִנַּיִן, כְּמוֹ שֶׁכָּתוּב (תהלים עד, ה) "יִוָּדַע כְּמֵבִיא לְמָעְלָה בִּסְבָךְ עֵץ קַרְדֻּמּוֹת", אֶלָּא שֶׁאֵינָן יְכוֹלִים וּמַנִּיחִים אוֹתְךָ וּבָאִים עָלֵינוּ, כְּמוֹ שֶׁכָּתוּב (שם כא, יב) "חָשְׁבוּ מְזִמָּה בַּל יוּכָלוּ", וּבָאִים עָלֵינוּ, שֶׁנֶּאֱמַר (שם עט, א) "אֱלֹהִים בָּאוּ גוֹיִם בְּנַחֲלָתֶךָ וְגוֹ'", וְעַל מָה כָּל אֵלּוּ, עַל יְדֵי שֶׁנִּתְמַשְׁכֵּן עַל יָדֵינוּ, שֶׁנֶּאֱמַר [לח, כא] "אֵלֶּה פְקוּדֵי הַמִּשְׁכָּן מִשְׁכַּן הָעֵדֻת", אָמַר רַבִּי חִיָּיא בַּר אַבָּא: לָמָּה הָאוּמּוֹת דּוֹמִין, לְאָדָם שֶׁהָיָה שׂוֹנֵא לַמֶּלֶךְ וְהָיָה מְבַקֵּשׁ לִשְׁלוֹט בּוֹ וְלֹא הָיָה יָכוֹל, מֶה עָשָׂה, הָלַךְ אֵצֶל אַנְדְּרִיאַנְטוֹס וּבִקֵּשׁ לְהַפִּילוֹ, וְהָיָה מִתְיָירֵא מִן הַמֶּלֶךְ שֶׁיַּהַרְגֶנּוּ, מֶה עָשָׂה, נָטַל אֶת הַצִּיפּוֹרֶן שֶׁל נְחֹשֶׁת וְהָיָה חוֹפֵר הַכּוֹתֶל שֶׁתַּחְתָּיו, אָמַר: מִתּוֹךְ שֶׁאֲנִי מַפִּיל אֶת הַבָּסִיס אַנְדְּרִיאַנְטוֹס נוֹפֵל, כָּךְ °הָעוֹבְדֵי כוֹכָבִים° בָּאִים לְהִתְגָּרוֹת בְּהַקָּדוֹשׁ בָּרוּךְ הוּא וְאֵינָן יְכוֹלִין, וְהֵם בָּאִין וּמִתְגָּרִין עִם יִשְׂרָאֵל, וְכֵן דָּוִד אָמַר (שם ב, ב) "יִתְיַצְּבוּ מַלְכֵי אֶרֶץ וְרוֹזְנִים נוֹסְדוּ יָחַד עַל ה' וְעַל מְשִׁיחוֹ", וְאֵינָן יְכוֹלִים, וּמָה הֵם עוֹשִׂין, מִתְגָּרִים בְּיִשְׂרָאֵל,

עץ יוסף

שנאמר ויאמר ה' סלחתי כדבריך. קשה דהאי קרא במרגלים כתיב (יפה תואר): (ה) [ד] **כך תעלה לפניך.** פירוש יהיה חשוב לפניך כן להעניש כי עלו ממש לרקיע, שתצרף מחשבתם למעשה מכיון שאילו היו יכולים כו': **יודע כמביא למעלה.** כלומר יהיה חשוב כאילו הביאו למעלה בשמים בסבך עץ קרדומות להחריב, והעניש על זה עונש גדול: **כמו שכתוב חשבו מזימות כו'.** מייתי ראיה שרצונם לעמוד כנגד ה', מדקאמר חשבו מזימה בל יוכלו, שפירושו מזימה שלא יכלו לקיימה והיינו להלחם נגד ה': **ועל מה כל אלו.** הא ראוי שלא יניחם ה' אלא יתעורר על כבוד שמו: **על ידי שנתמשכן על ידינו.** רוצה לומר שלהכי הניחם ה', משום שבית המקדש ניתן למשכון בידם, וכמו שבעל חוב נפרע מהמשכון, כן רצה ה' שיהיו המחריבים עושים בבית המקדש, מה שהיו ראוים לעשות בישראל כשהם חוטאים, כי מדת הדין מחייבת שישלטו בישראל כשהם חוטאים, ולכן אינו מוחה בידם במה שעושים בבית המקדש: **אנדיריטוס.** פירוש בלשון יוני צלם וצורת אדם, תרגום כורעים ומשתחוים להמן לאנדרטיא די הקים: **והיה חופר בכותל שתחתיו.** ממקום שאין המלך רואהו:

פירוש מהרז"ו

ויאמר ה' סלחתי כדברך. וכן הוא לעיל פרשה כ"ט סוף סימן ז, דברים רבה פרשה א' סימן ג, ותנחומא כאן סימן הנ"ל, ופרקי דרבי אליעזר סוף פרשה מ"ו, שפסוק ויאמר ה' סלחתי שכתוב אצל חטא מרגלים, דורשים על סליחת חטא העגל. רק בדברים רבה פרשה ה' בסימן י"ג, ובפרשה ז' סימן ט, ובפרשה י"א סימן י"א, הביאו הפסוק כמו שכתוב, על חטא העגל ויחנם ה', ועל מרגלים סלחתי כדברך. ובמדרש תהלים מזמור ל', שתי הדעות, עיין שם באריכות. אך בתנחומא סוף פקודי מבואר אימתי נאמר למשה לעשות משכן ביום הכפורים, לפי שעלה משה להר שלש פעמים, ועשה שם מאה ועשרים יום, משעה לסיון שעלה לשם עד יום הכפורים שהוא י' בתשרי, ואותו היום נאמר לו ויחנם ה', על מעשה העגל, אותו היום אמר לו סלחתי כדברך, ואותו היום נאמר לו ועשו לי מקדש, ובאותו היום אמר לו וסלחת לעונינו, (פירוש שמשה אמר לו וסלחת לעונינו, ועל זה השיב לו סלחתי כדברך, על פי מדת ממעל), וכן משמע בפרקי דרבי אליעזר הנ"ל, שעל שאמר משה סלח נא השיב לו סלחתי, היינו שאמר וסלחת לעונינו: **שנאמר ועשו לי מקדש.** שבו מקטירים קטורת הסמים של בשמים וריח, כן הוא בהדיא בתנחומא כאן, כיון שראו אומות הריח של קטורת מתמר ועולה מתוך המשכן, ידעו שנתרצה להם הקב"ה: **(ה) אמר רבי שמעון בר יוחאי.** תנחומא כאן סימן ד, ודורש מזמור ע"ד: **היה מחרף ומגדף.** כמו שכתוב שם (תהלים עד, ד - י) שאגו צורריך בקרב מועדיך וכו' עד מתי אלהים יחרף צר: **יודע כמביא למעלה.** שבית המקדש של מטה מכוון כנגד בית המקדש של מעלה, ודעת המחריבים הסכלים שכאשר יחריבו בית המקדש של מטה, ינצחו כח גבורה של מעלה כו': **חשבו מזימה בל יוכלו.** ורישא דקרא כי נטו עליך רעה: **באו גוים בנחלתך.** [וסיפיה דקרא] טמאו את היכל קדשך, שרפו כל מועדי אל בארץ (תהלים עד, ח), וכוונתם כי נטו עליך רעה (שם כא, יב), וכשראו שאינם יכולים, אז נתנו את נבלת עבדיך מאכל וכו' (שם עט, ב), וכן הוא במדרש תהלים מזמור ע"ד, וכללו בזה גם מזמור ע"ט, פ"ג, ודו"ק. ועל כן כתוב כאן שני פעמים משכן, של מטה ומעלה: **אמר רבי חייא בר אבא.** דורש כרבי שמעון בר יוחאי, ובמזמור פ"ג (פסוק ד - ו) על עמך יערימו סוד וגו' ולא יזכר שם ישראל עוד כו' וגו' עליך ברית יכרותו, וכמו שדרשו במדרש תהלים, אם נעקרו ישראל אלהי מי וכו': **אנדריאנטוס.** לעיל פרשה כ"ז סימן ג, דברים רבה פרשה א סימן ט"ז: **ציפורן של נחושת.** מקל עב של נחושת וברזל, וחד מלמטה כמו ציפורן. והנמשל על שבית המקדש בדמיון של מעלה, וכן הצדיקים יסודי כותלי ועמודי עולם, שהוא ענין הכותל שבמשל:

חידושי הרד"ל

[ה] שנכנס טיטוס לבית המקדש. כן צריך לומר: **כמו שכתוב כי נטו עליך רעה חשבו מזמה כו'.** כן צריך לומר: **על ידי שנתמשכן על ידינו.** ניתן להם רשות לשלוט במקדש של מטה, אבל יחשב להם כאילו שלטו במקדש של מעלה ובשוכן בתוכו כי לזה היה מחשבתם, וזהו לדרוש שני פעמים המשכן שכתוב כאן, שנחשב כאילו שלטו בשניהם על ידי עונותיהן:

חידושי הרש"ש

[ד] שנאמר ויאמר ה' סלחתי כדברך. זה הלשון לא מצינו במעשה העגל רק במרגלים, וכן במדרש סוף פרשת עקב (ג, טו) בענין העגל אמרו כיון שהזכיר משה זכות אבות מיד אמר לו סלחתי כדברך, ובפרשת שופטים (ה, יב) בשעה שכעס הקב"ה על ישראל בעגל אמר כו' אכנו בדבר גו', וכן דריש שם כל המקראות הכתובים במרגלים, ובפרשת תבא (ז, י) בשעה שעשו אותו מעשה כו' אמר לפניו רבונו של עולם סלח נא כו' סלחתי כדברך, וכן ברש"י פרשת עקב (דברים ט, יח) בפסוק ואתנפל בו ביום (רצה לומר ביום הכפורים) כו' ואמר לו למשה סלחתי כדברך, ובבא קמא (פב, א) בתוספות ד"ה כדי כתבו בשם סדר עולם נמצא עלה כו' עד באותו יום נתרצה המקום לישראל שנאמר ויאמר ה' סלחתי כדברך, (אמת בסדר עולם שלפנינו מביא קרא דוסלחת לעונינו כו', ויש עוד כמה שנויים בסדר עולם שלפנינו ממה שהעתיקו התוספות בשמו) עיין שם, ויותר יש להפליא על התוספות ביבמות (עב, א) ד"ה נזופין שכתב ממעשה מרגלים, ולא כמו שפירש רש"י ממעשה העגל שהרי כו' ואמר להם סלחתי, ונהפוך הוא. וכן יסד הפייטן במוסף יום הכיפורים בסופו (בוידוי לשליח ציבור) היום חל בו ציר סלח נא כו' ויאמר ה' סלחתי כדברך, ושנה עוד כן במנחה (בוידוי לשליח ציבור), וצריך עיון בכל זה:

מסורת המדרש

ח. תנחומא כאן ס"ד כל הענין:

אם למקרא

וַיֹּאמֶר ה' סָלַחְתִּי כִּדְבָרֶךָ: (במדבר יד:כ)

וְעָשׂוּ לִי מִקְדָּשׁ וְשָׁכַנְתִּי בְּתוֹכָם: (לעיל כה:ח)

יִוָּדַע כְּמֵבִיא לְמָעְלָה בִּסְבָךְ עֵץ קַרְדֻּמּוֹת: (תהלים עד:ה)

כִּי נָטוּ עָלֶיךָ רָעָה חָשְׁבוּ מְזִמָּה בַּל יוּכָלוּ: (שם כא:יב)

מִזְמוֹר לְאָסָף אֱלֹהִים בָּאוּ גוֹיִם בְּנַחֲלָתֶךָ טִמְּאוּ אֶת הֵיכַל קָדְשֶׁךָ שָׂמוּ אֶת יְרוּשָׁלַםִ לְעִיִּים: (שם עט:א)

יִתְיַצְּבוּ מַלְכֵי אֶרֶץ וְרוֹזְנִים נוֹסְדוּ יָחַד עַל ה' וְעַל מְשִׁיחוֹ: (שם ב:ב)

באור מהרי"פ

[ה] במתנות כהונה ד"ה אנדריאנטוס צורת המלך וכו' והכי גרסינן בערוך. אמר הכותב לא מצאתי בערוך ערך אנדריאנטוס, רק [ב]ערך אנדרטא, [ו]גם שם אינו מפורש פירוש המתנות כהונה עיין שם, ובערך (אנדריאנטוס) [אנדריינטיס] מביא הערוך מדרש שבכאן, ופירש ענין היכל הוא. וזה לשון רבי בנימין מוספיא שם, אמר בנימין פירוש בלשון יוני צלם וצורת אדם, ומשפט המלה אדריאנטוס, וגם בנקודת אחרות בלשון יוני ענין היכל, ואז משפט המלה אנדרוניטום, עד כאן:

אמרי יושר

[ה] אלא שאינן יכולים. וזהו עדות לאומות העולם, ולגודל מרדם:

שינוי נוסחאות

(ד) **שנאמר "ועשו לי מקדש".** מ"כ הגיה "וגו'", שהרי הראיה היא מסוף הפסוק, "ושכנתי בתוכם":

מתנות כהונה

הריני מפוייס. כלומר נתקררה דעתי ודי לי **אלא כו'**: **מקדש וגו'** גרסינן: **[ה] כך תעלה כו'.** יחשב בעיניך כאילו עשו כל זה לעצמך שהרי אלו היו יכולין כו' ולעובדי כוכבים מצרף הקב"ה מחשבה רעה למעשה: **ועל מה כל אלו וכו'**: הכי גרסינן **בנחלתך וגו'.** וסיפיה דקרא טמאו היכל קדשך: **על ידי. על ידי שנתמשכן כו'.** וזה שמסיים שם אל תזכר לנו עונות ראשונים כו'. הרי שהודה שבעבור עונותינו באו כל אלה: **אנדריאנטוס.** צורת המלך בנוי על כותל אבנים והכי גרס הערוך (ערך אדרינטיס). ויש גורסין טיאטרום והוא היכל המלך: **מפיל את הבסיס** גרסינן:

אשד הנחלים

[ה] **שאילו היו יכולים כו' ובאים עלינו.** כלומר כל כוונתם היה לעקור האמונה האמיתית מכבוד ה' ברוך הוא, ולכן היו מגרים עלינו לשכח שם ה' מפינו, וא"כ יודע פעולותיהם כאלו מביאים למעלה בסבך עץ קרדומות: **חופר הכותל.** והנמשל לפי שעל ידי דביקותם בה' ניכר אמונת ה' ויחודו בתבל, וחשבו כי בהעדר האומה יעדר הַכָּרַת ה': **נעקור אותם.** כי אמרו אחרי שננתק את המוסרות שבהם נמשך ההכרה, ובזה נשליכה עבותימו כביכול, הַכָּרַת ה' מהעולם:

״נְנַתְּקָה מַה כְּתִיב אַחֲרָיו – **for what is written after [that verse]?** נַעֲקוֹר אוֹתָם ״אֶת מוֹסְרוֹתֵימוֹ״ – ***Let us cut their cords*** (ibid., v. 3), מִן הָעוֹלָם – i.e., **let us uproot them** (the Jewish people) **from the world.**[54] אֵימָתַי – **When** do the nations contend with the Jewish people instead of with God?[55] בְּשָׁעָה שֶׁאֵין לָהֶם מַה לְּמַשְׁכֵּן – **When [the Jewish people] have nothing to serve as collateral.** אֲבָל הַמִּשְׁכָּן נִתְמַשְׁכֵּן עַל יְדֵיהֶם – **But** once **the Tabernacle** (i.e., the Temple) **was designated as collateral for them,** they contend with the Temple and do not contend with the Jewish people. הֱוֵי ״אֵלֶּה פְקוּדֵי הַמִּשְׁכָּן״ – **This is** the meaning of: ***These are the reckonings of the Mishkan*** (Tabernacle). אַל תְּהִי קוֹרֵא כֵּן – **Do not read it like this,** i.e., *Mishkan,* אֶלָּא הַמַּשְׁכּוֹן – **rather** read it as if it were vowelized ***mashkon*** (collateral).[56]

§6 The Midrash continues to expound our verse, this time translating it somewhat differently:

״מִשְׁכַּן הָעֵדֻת אֲשֶׁר פֻּקַּד עַל פִּי מֹשֶׁה״ – *These are the reckonings of the* ***Tabernacle of Testimony, [the construction of] which was directed by Moses' word.*** The verse teaches us that every part of the Tabernacle's construction was a joint effort: כָּל מַה שֶּׁהָיוּ עוֹשִׂין עוֹשִׂין עַל פִּי מֹשֶׁה – **Everything that [the craftsmen] did was done at Moses' bidding,**[57] שֶׁנֶּאֱמַר ״אֲשֶׁר פֻּקַּד עַל פִּי מֹשֶׁה״ – **as it says, *which was directed by Moses' word;*** וְכָל מַה שֶּׁהָיָה מֹשֶׁה עוֹשֶׂה עַל יְדֵי אֲחֵרִים – **and everything that Moses did** was done only **through others,**[58] שֶׁנֶּאֱמַר ״עֲבֹדַת הַלְוִיִּם בְּיַד אִיתָמָר בֶּן אַהֲרֹן הַכֹּהֵן״ – **as it says** in the next part of the verse, ***The labor of the Levites was under the authority of Issamar, son of Aaron the Kohen.*** Since there was always someone else involved, and it would have been impossible for Moses to take anything without someone knowing, Moses should have been completely beyond suspicion. Nevertheless, לֹא עָשָׂה אֶלָּא מִשֶּׁנִּגְמְרָה מְלֶאכֶת הַמִּשְׁכָּן אָמַר לָהֶם: בּוֹאוּ וַאֲנִי עוֹשֶׂה לִפְנֵיכֶם חֶשְׁבּוֹן – **he did not pause;**[59] **rather, as soon as the construction of the Tabernacle was completed, he told [the people], "Come and I will render** a detailed **accounting** of all the expenditures."[60] אָמַר לָהֶם מֹשֶׁה: ״אֵלֶּה פְקוּדֵי הַמִּשְׁכָּן״ – **Moses** then **said to them, *"These are the reckonings of the Tabernacle*:** כָּךְ וְכָךְ יָצָא עַל הַמִּשְׁכָּן – **Such-and-such** gold **was spent on** these items of **the Tabernacle,** such-and-such silver and copper was spent on those items, etc."[61] עַד שֶׁהוּא יוֹשֵׁב וּמְחַשֵּׁב – **As [Moses] was sitting and giving an account,** שָׁכַח בְּאֶלֶף וּשְׁבַע מֵאוֹת וְעַ״ה שֶׁקֶל מַה שֶּׁעָשָׂה וָוִים לָעַמּוּדִים – **he forgot about the one thousand seven hundred and seventy-five *shekel* that were used to make the hooks for the pillars.**[62] הִתְחִיל יוֹשֵׁב וּמַתְמִיהַּ – **He began to sit and wonder.** אָמַר: עַכְשָׁיו יִשְׂרָאֵל מוֹצְאִין יְדֵיהֶם לֵאמֹר: מֹשֶׁה נְטָלָן – **He said** to himself, **"Israel will now have the ability to say, 'Moses took them.' "** Moses went around looking at the different parts of the work of the Tabernacle to discover where the silver had been used.[63] מֶה עָשָׂה – **What did [God] do?** הֵאִיר הַקָּדוֹשׁ בָּרוּךְ הוּא עֵינָיו וְרָאָה אוֹתָם עֲשׂוּיִם וָוִים לָעַמּוּדִים – **The Holy One, blessed is He, enlightened [Moses'] eyes** and he looked up[64] **and saw** that **the [*shekalim*] were used to make the hooks for the pillars.** Moses then announced in a loud voice to them, *"And from the one thousand seven hundred seventy-five he made hooks for the pillars."*[65] אוֹתָהּ שָׁעָה נִתְפַּיְּסוּ כָּל יִשְׂרָאֵל עַל מְלֶאכֶת הַמִּשְׁכָּן – **At that time,** i.e., when they saw that all the calculations matched, **all of Israel was placated,** for they saw that **the construction of the Tabernacle** was executed with integrity. מִי גָרַם לוֹ – **Who caused [Israel]** to be placated and **[Moses]** to be exonerated?[66] עַל יְדֵי שֶׁיָּשַׁב וּפִיְּסָן – Moses himself, **because he** took the trouble, and **sat and placated them.** הֱוֵי ״אֵלֶּה פְקוּדֵי הַמִּשְׁכָּן״ – **This is** the meaning of: ***These are the reckonings of the Tabernacle,*** i.e., these are the *perfect* reckonings of the Tabernacle, for all the calculations matched.

The Midrash questions Moses' actions:

וְלָמָּה עָשָׂה עִמָּהֶם חֶשְׁבּוֹן – **Why did [Moses]** feel compelled to **make an accounting** of the Tabernacle's expenses? הַקָּדוֹשׁ בָּרוּךְ הוּא יִתְבָּרַךְ שְׁמוֹ מַאֲמִינוֹ – If **the Holy One, blessed is He and blessed be His Name, trusted him,** שֶׁנֶּאֱמַר ״לֹא כֵן עַבְדִּי מֹשֶׁה בְּכָל בֵּיתִי נֶאֱמָן הוּא״ – **as it says, *Not so is My servant Moses; in My entire house he is the most trusted one*** (*Numbers* 12:7), then he is beyond suspicion by any standard. וְלָמָּה אָמַר לָהֶם מֹשֶׁה: בּוֹאוּ וְנַעֲסוֹק בַּמִּשְׁכָּן וְנַחֲשׁוֹב לִפְנֵיכֶם – **Why** then **did Moses say to them, "Come let us engage in** a discussion of **the Tabernacle and we will make an accounting** of its expenditures **before you"?**[67] אֶלָּא שֶׁשָּׁמַע מֹשֶׁה לֵיצָנֵי יִשְׂרָאֵל מְדַבְּרִים מֵאַחֲרָיו – **It was only because Moses heard** some **Jewish scoffers speaking behind** his back,[68] שֶׁנֶּאֱמַר ״וְהָיָה כְּבֹא מֹשֶׁה הָאֹהֱלָה יֵרֵד עַמּוּד הֶעָנָן וְעָמַד פֶּתַח הָאֹהֶל וְדִבֶּר עִם מֹשֶׁה״ – **as it says, *When Moses would arrive at the Tent, a pillar of cloud would descend and stand at the entrance of the Tent, and He would speak with Moses*** (above, 33:9), ״וְהִבִּיטוּ אַחֲרֵי מֹשֶׁה״ – and the verse before states, *Whenever Moses would go out to the Tent, the entire people would stand up and remain standing, everyone at the entrance of his Tent,* ***and they would gaze after Moses*** *until he arrived at the Tent* (ibid., v. 8).[69]

NOTES

54. The *Torah* and its mitzvos are the bonds that "tie" Israel to God (*Maharzu*). See the version of this Midrash recorded in *Rabbeinu Bachya's* introduction to *Pekudei* (cited in *Yefeh To'ar*).

55. *Eitz Yosef.*

56. As expounded in §3 above.

57. Until now, the Midrash had translated פֻּקַּד as *which were reckoned,* the verse thus telling us that the accounting of all the funds that were collected and used for the construction of the Tabernacle was performed by Moses. The Midrash now translates פֻּקַּד as *appointed* (see *Numbers* 4:16 [and *Rashi* ibid. 1:50]), the verse thus telling us that the craftsmen who constructed the Tabernacle and its vessels were appointed by Moses to do so (*Maharzu*; see also *Eitz Yosef*).

58. I.e., along with the involvement of others (*Eitz Yosef*).

59. Ibid.

60. See *Yefeh To'ar, Maharzu, Eitz Yosef.*

61. See vv. 24-31 and *Midrash Tanchuma, Pekudei* §7.

62. As well as cover the top surfaces of the pillars and make ornamental belts around the pillars (38:28). The total weight of the silver collected from the Jewish people was 100 *kikar* and 1,775 *shekel* (v. 25). Each *kikar* was 3,000 *shekel* (*Bechoros* 5a and *Rashi* to v. 24). The 100 *kikar* were used to forge the 100 sockets [or, bases] of the beams of the Mishkan, a *kikar* per socket (see *Rashi* to v. 27). Moses forgot momentarily to what purpose the remaining 1,775 *shekel* of silver were put.

63. *Tanchuma* ibid.

64. Ibid.

65. Ibid. *Zohar*, cited by *Maharzu*, teaches that a Heavenly Voice emerged and said these words (see also *Rabbeinu Bachya* to v. 28; see *Rabbeinu Bachya* [cited by *Yefeh To'ar*], who explains the basis of the Midrash's exposition).

66. *Matnos Kehunah.*

67. The people accepted and believed in the entire Torah that had been given through Moses. If he were not trustworthy, God would not have chosen him. Why then did they suspect him of dishonesty and thievery (see *Eitz Yosef*)?

68. These were Dathan and Abiram, longstanding enemies and slanderers of Moses (*Shem MiShmuel, Pekudei* 5676, citing *Nedarim* 64b).

69. The Midrash views the words *after Moses* as superfluous; Scripture could have simply written, *and they would gaze until Moses arrived at the Tent.* The Amoraim here dispute how these words should be expounded: R' Yochanan interprets them as saying that the people gazed after Moses with admiration and R' Chama understands them to mean that some people looked at Moses derisively (*Eitz Yosef*).

מַה כְּתִיב אַחֲרָיו (שם שם ג) "נְנַתְּקָה אֶת מוֹסְרוֹתֵימוֹ", נַעֲקוֹר אוֹתָם מִן הָעוֹלָם, אֵימָתַי, בְּשָׁעָה שֶׁאֵין לָהֶם מַה לְּמַשְׁכֵּן, אֲבָל הַמִּשְׁכָּן נִתְמַשְׁכֵּן עַל יְדֵיהֶם, הֱוֵי [לח, כא] "אֵלֶּה פְקוּדֵי הַמִּשְׁכָּן", אַל תְּהִי קוֹרֵא כֵּן אֶלָּא הַמַּשְׁכּוֹן:

ו [לח, כא] "מִשְׁכַּן הָעֵדֻת אֲשֶׁר פֻּקַּד עַל פִּי מֹשֶׁה", כָּל מַה שֶּׁהָיוּ עוֹשִׂין עוֹשִׂין עַל פִּי מֹשֶׁה, שֶׁנֶּאֱמַר "אֲשֶׁר פֻּקַּד עַל פִּי מֹשֶׁה", וְכָל מַה שֶּׁהָיָה מֹשֶׁה עוֹשֶׂה עַל יְדֵי אֲחֵרִים, שֶׁנֶּאֱמַר [שם] "עֲבֹדַת הַלְוִיִּם בְּיַד אִיתָמָר בֶּן אַהֲרֹן הַכֹּהֵן", לֹא עָשָׂה אֶלָּא מִשֶּׁנִּגְמְרָה מְלֶאכֶת הַמִּשְׁכָּן, אָמַר לָהֶם: בּוֹאוּ וַאֲנִי עוֹשֶׂה לִפְנֵיכֶם חֶשְׁבּוֹן, אָמַר לָהֶם מֹשֶׁה: [שם] "אֵלֶּה פְקוּדֵי הַמִּשְׁכָּן", כָּךְ וְכָךְ יָצָא עַל הַמִּשְׁכָּן, ט עַד שֶׁהוּא יוֹשֵׁב וּמְחַשֵּׁב שָׁכַח בְּאֶלֶף וּשְׁבַע מֵאוֹת וְעַ"ה שֶׁקֶל מַה שֶּׁעָשָׂה וָוִים לָעַמּוּדִים, הִתְחִיל יוֹשֵׁב וּמִתְמַיֵּהַּ, אָמַר: עַכְשָׁיו יִשְׂרָאֵל מוֹצְאִין יְדֵיהֶם לֵאמֹר: מֹשֶׁה נְטָלָן, מֶה עָשָׂה, הֵאִיר הַקָּדוֹשׁ בָּרוּךְ הוּא עֵינָיו וְרָאָה אוֹתָם עֲשׂוּיִם וָוִים לָעַמּוּדִים, אוֹתָהּ שָׁעָה נִתְפַּיְּסוּ כָּל יִשְׂרָאֵל עַל מְלֶאכֶת הַמִּשְׁכָּן, מִי גָרַם לוֹ, עַל יְדֵי שֶׁיָּשַׁב וּפִיְּסָן, הֱוֵי [לח, כא] "אֵלֶּה פְקוּדֵי הַמִּשְׁכָּן", וְלָמָּה עָשָׂה עִמָּהֶם חֶשְׁבּוֹן, הַקָּדוֹשׁ בָּרוּךְ הוּא יִתְבָּרַךְ שְׁמוֹ מַאֲמִינוֹ, שֶׁנֶּאֱמַר (במדבר יב, ז) "לֹא כֵן עַבְדִּי מֹשֶׁה בְּכָל בֵּיתִי נֶאֱמָן הוּא", וְלָמָּה אָמַר לָהֶם מֹשֶׁה: בּוֹאוּ וְנַעֲסוֹק בַּמִּשְׁכָּן וְנַחְשׁוֹב לִפְנֵיכֶם, אֶלָּא שֶׁשָּׁמַע מֹשֶׁה לֵיצָנֵי יִשְׂרָאֵל מְדַבְּרִים מֵאַחֲרָיו, שֶׁנֶּאֱמַר (לעיל לג, ט) "וְהָיָה כְּבֹא מֹשֶׁה הָאֹהֱלָה יֵרֵד עַמּוּד הֶעָנָן וְעָמַד פֶּתַח הָאֹהֶל וְדִבֶּר עִם מֹשֶׁה", (שם שם ח) "וְהִבִּיטוּ אַחֲרֵי מֹשֶׁה", וּמֶה הָיוּ אוֹמְרִים, רַבִּי יוֹחָנָן אָמַר: אַשְׁרֵי יוֹלַדְתּוֹ שֶׁל זֶה וּמַה הִיא רוֹאָה בוֹ, כָּל יָמָיו הַקָּדוֹשׁ בָּרוּךְ הוּא מְדַבֵּר עִמּוֹ כָּל יָמָיו הוּא מוּשְׁלָם לְהַקָּדוֹשׁ בָּרוּךְ הוּא, זֶהוּ "וְהִבִּיטוּ אַחֲרֵי מֹשֶׁה",

עץ יוסף

ננתקה את מוסרותימו. אלו ישראל שנתקשרו עם הקדוש ברוך הוא והקדוש ברוך הוא בם, ועוד מרומז בזה מה שרוצים לבטל את ישראל מן המצות, כדאיתא במדרש תהלים ננתקה את מוסרותימו אלו תפילין של יד, ונשליכה ממנו עבותימו אלו מצות שהם קושרין בהם, כגון סוכה ולולב שנקראו עבות כו': **אימתי בשעה שאין בו'.** פירוש כשאין משכון אז מתגרין בישראל תחת תגרתם בהקדוש ברוך הוא, אבל כשיש להם משכון הם באים להתגרות בו תחת תגרתם בהקדוש ברוך הוא כדי לחרף שמו, ואין צריכין להתגרות בישראל לסבה זו: (ו) **כל מה שהיו עושים בו'.** מפרש אשר פוקד על פי משה שכל מה שהיו עושים במלאכה היו עושים על פי משה, וגם כן משה לבדו לא עשה דבר אלא כל מה שהוא עושה היה עבודת הלוים ביד איתמר, ואף על פי שהיה רחוק מהחשד כיון שהוא בעצמו לא עשה דבר, עם כל זה נתן חשבון: **לא עשה.** כלומר לא שקט ולא נח, אלא תיכף לגמר המלאכה אמר לתת חשבון: **שכח האלף בו'.** דרשו כן מדהוי ליה למימר והאלף ושבע מאות לעשות ווים לעמודים, כמו שנאמר תחלה ויהי מאת ככר הכסף לצקת, אלא שהטעם שמאת הככר נתן משה חשבון שהיו לצקת את אדני הקדש, ובשארית לא ידע לתת חשבון למה היו, ושוב נודע שעשה מהם ווים לעמודים: **האיר הקדוש ברוך הוא עיניו.** בספר השאילתות (?) בספר הבחיי גרס יצאה בת קול ואת האלף ושבע המאות וחמשה ושבעים עשה ווים לעמודים: **ולמה עשה חשבון הקדוש ברוך הוא בו'.** רוצה לומר כיון דיודעין מדרגתו שה' נתן תורה על ידו, ונגלו לו תעלומות חכמה, והם מאמינים בתורתו אין להם לחשדו, שאילו לא היה נאמן לא היה ה' בוחר בו, והחושדו כאילו מפקפק בנבואתו, ומשני כי מהחוטאים בישראל נמצאו שחשדוהו, ומפני דבריהם הוצרך לכך: **שנאמר והיה כבוא משה בו'.** ואף על גב דלר' יוחנן מדריש לשבח, בעל אגדה זו סבירא ליה כר' חמא, אלא דאיידי דבעי לאתוי ר' חמא מייתי כמי בר פלוגתיה: **ומה היו אומרים.** אף על גב דודאי עיקר הבטתם כדי לראות בבואו האהלה שיעמוד עמוד הענן פתח האהל, כדי להשתחות לנגדו כמפורש בכתובים, מכל מקום מדהוה סגי למימר והביטו עד בואו האהלה, וכתב אחרי משה, למימר שמדברים במשה אתא. ורבי יוחנן דרש לשבחו, כיון דכל עניגא דקרא בשבח קמיירי, ור' חמא דריש לגנאי, דאחרי משה משמע ליה מרננים אחריו, או שערפו שמן ודשן, כדקאמר חמי קדל:

פירוש מהרז"ו

ננתקה את מוסרותימו. על תורה ומצוה, ופירושו שיבטלו הקשרים שביניהם ובין הקב"ה ונפרידם ממנו, מדרש תהלים מזמור ב': **אלא המשכן.** כמו שכתוב בריש סימן ג': (ו) **עושין על פי משה.** בא לפרש שמה שכתב אשר פוקד, פירושו כמו (במדבר ד, טז) ופקודת אלעזר, וכדומה, שפירושו התמנות על צרכי עבודת המשכן. אך אלה פקודי פירושו על מניני המשכן, וכמפורש בסמוך, עיין לעיל סימן א': **לא עשה אלא.** פירוש לא עשה באופן אחר אלא באופן זה: **שכח האלף ושבע מאות.** דורש מה שכתוב ואת האלף וכו' עשה ווים, שהיה די שיאמר והאלף ושבע מאות לווים לעמודים, ולמה אמר ואת וכו' עשה וכו', כאלו אמר דבר חדש, על כן דורש ששכח עד שנזכר. ובזוהר פקודי פסוק זה וזה לשונו, תא חזי [אוליפנא] דאינון תקלין אנשי משה וכו' עד דנפיק בת קלא ואמר ואת האלף וכו'. ובתנחומא כאן סימן ז' וזה לשונו, עם שהוא עושה חשבון וכו' שכח אלף וכו', ולא היו נראים וכו', (ופירושו שכל הדברים היו נראים וגלוים, אך הווים היו בתוך העמודים על כן שכח), מיד האיר הקב"ה עיניו וכו', התחיל להשיב בקול רם ואת האלף וכו' עכ"ל. וכן מורה הנגינה על הרמת קול: **מה היו אומרים.** עיין לעיל פרשה מ"ה ריש סימן ד', ושם נסמן ומבואר:

חידושי הרש"ש

[ו] **שנאמר והיה כבוא משה בו'.** בתנחומא הגירסא כצאת משה, והוא יותר נכון:

אמרי יושר

[ו] **שכח אלף ושבע מאות וכו'.** זהו את האלף ושבע המאות השכוחים: **אותה שעה נתפייסו כל ישראל.** זהו העדות, עדות של משה שהיה נאמן. או עדות לדבקות הקב"ה עם ישראל:

ידי משה

[ו] **ומה היו אומרים רבי יוחנן אמר אשרי יולדתו רבי חמא אמר היו אומרים חמי קדל וכו'.** נראה לומר שפליגי בפלוגתא רב ושמואל בגמרא דסנהדרין (כ, ב) אם כל האמור בפרשת מלך מלך מותר בו או לא, ואם כן רבי יוחנן סבירא ליה כל האמור בפרשת מלך מלך מותר בו, ואם כן על כרחך והביטו לשבח שאין לומר שאמרו לגנאי חמי קדל וכו', לפי שכל האמור בפרשת מלך מלך מותר בו ואין בזה שום גנאי אם היה נהנה משל ישראל, ורבי חמא סבירא ליה שמלך אסור, ולא דיברה תורה אלא לאיים עליהם ואם כן דרש והביטו לגנאי ודוק. ובירושלמי (עין יעקב על ירושלמי בכורים) אומר והביטו אחרי משה רבי סימן סבירא ליה שחשדוהו באשת איש, ואיתא ביפה עינים שחשדוהו באשת איש פירוש שלקח אשה כושית היא מלכה של כוש כדאיתא במדרש אבכיר הובא במדרש ילקוט בפרשת שמות (רמז קסח), ואף שאין אישות לעובד כוכבים מכל מקום איסור לאו יש בה, רק דאיתא שנשאה מכח דין יפת תואר במלחמה, ואיתא ביפה תואר בשם אברבנאל וזה לשונו, שהקשה למאן דאמר כל האמור בפרשת מלך מלך אסור בו היאך שייך לומר איסור על דבר שכתוב בתורה מפורש להיתר, ומשני ויש לומר כמו שמצינו גבי יפת תואר שהתירה התורה, ומכל מקום נסמך לה פרשת בן סורר ומורה להורות שלא דיברה התורה אלא כנגד יצר הרע, כמו כן הכא, שדבר שהשכל נוטה שהוא איסור והתירה התורה על כרחך יש בה טעם שיעמוד באיסורא עד כאן לשונו, ואם כן הירושלמי והמדרש חדא מלתא היא, הואיל והביטו אחרי משה פירוש שאמרו לגנאי חמי קדל, ואם כן על כרחך כל האמור בפרשת מלך מלך אסור בו ממילא דברו גם כן על דבר אשה כושית ואין לו היתר מכח דין יפת תואר, כי לא דיברה תורה אלא כנגד יצר הרע, ודוק היטב. כן נראה לי בן המחבר:

מסורת המדרש

ט. תנחומא כאן ס"ז כל הענין. ילקוט כאן רמז תט"ו. כל הענין: י. עיין קדושין דף ל"ג. ירושלמי בכורים ריש פ"ג. וירושלמי שקלים פ"ה הלכה ב'. לעיל פרשה מ"ה. תנחומא סדר כי תשא סימן כ"ז. ילקוט סדר תשא רמז שנ"ג:

אם למקרא

נְנַתְּקָה אֶת מוֹסְרוֹתֵימוֹ וְנַשְׁלִיכָה מִמֶּנּוּ עֲבֹתֵימוֹ: (שם ב:ג)

לֹא כֵן עַבְדִּי מֹשֶׁה בְּכָל בֵּיתִי נֶאֱמָן הוּא: (במדבר יב:ז)

וְהָיָה כְּצֵאת מֹשֶׁה אֶל הָאֹהֶל יָקוּמוּ כָּל הָעָם וְנִצְּבוּ אִישׁ פֶּתַח אָהֳלוֹ וְהִבִּיטוּ אַחֲרֵי מֹשֶׁה עַד בֹּאוֹ הָאֹהֱלָה: וְהָיָה כְּבֹא מֹשֶׁה הָאֹהֱלָה יֵרֵד עַמּוּד הֶעָנָן וְעָמַד פֶּתַח הָאֹהֶל וְדִבֶּר עִם מֹשֶׁה: (לעיל לג:ח-ט)

מתנות כהונה

מוסרותימו. אלו ישראל שנתקשרו בהקב"ה והקב"ה בם שנאמר (שיר השירים ז, ו) מלך אסור ברהטים: **הוי אלה** גרס: [ו] הכי גרסינן **על פי משה שנאמר אשר פקד: לא עשה.** לא עכב במחשבה זו ולא נתיישב בדעתו בזה אלא אחר וכו'. או יש לומר לא עשה כלום ולא דבר מאומה **משנגמרה בו':** הכי גרסינן **וחמש ושבעים שקל מה שעשה וכו': מי גרם לו.** שנתפייסו ישראל ויצא מידי חשדן וכדלקמן **על ידי בו'.** ובילקוט לא גרס ליה: הכי גרסינן **ולמה אמר להם: ומה היו אומרים** גרסינן:

אשד הנחלים

אימתי כו' אבל המשכן. כלומר שבו תלוי כפרת ישראל לבלי יאבדו, כי שפך חמתו על המשכן ובזה יכופר עוונם. והענין על דרך הציור יש בו תוך, כי בשעה שהיה המשכן והשראת השכינה בתוכם אז היה חל העונש פתאום עליהם כשחטאו, כי איננה שורה בתוך טומאותם, וכמו שכתוב (לעיל לג, ה) רגע [אחד] אעלה בקרבך גו', אבל אחר החורבן אז אין הגלוי כל כך, והם מרוחקים מעט על כן אינו שולט עליהם העונש כל כך: [ו] **על ידי אחרים.** כדלעיל שהיה מראה להם החשבונות: **שכח כו' ווים.** אולי דייק מדכתיב ואת האלף ושבע המאות, בה' הידיעה, עשה ווים לעמודים, כאילו באורו ואת האלף ששכח נזכר שעשה ווים, וכי באמת עשה כבר אלא ששכח: **ליצני הדור.** זהו כמו שדרש להלן מן והביטו, שהביטו בעין רעה. ודע כי מלת הבטה נופל על ראיית ההתבוננות ולא ראיה פשוטה, ולכן הונח או על הבטה לרעה או לטובה, כלומר שהתבוננו להביט בו בעינא פקיחא:

וּמָה הָיוּ אוֹמְרִים – And what would [the people] say as they gazed after Moses? **רַבִּי יוֹחָנָן אָמַר: אַשְׁרֵי יוֹלַדְתּוֹ שֶׁל זֶה וּמָה הִיא רוֹאָה בוֹ – R' Yochanan said:**[70] **Praiseworthy is she who gave birth to this one, and what** great honor **she** is privileged to **see in him! כָּל יָמָיו הַקָּדוֹשׁ בָּרוּךְ הוּא מְדַבֵּר עִמּוֹ – All his days, the Holy One, blessed is He, speaks with him; כָּל יָמָיו הוּא מוּשְׁלָם לְהַקָּדוֹשׁ בָּרוּךְ הוּא – all his days he is** devoted **completely to** the service of **the Holy One, blessed is He. וְזֶהוּ "וְהִבִּיטוּ אַחֲרֵי מֹשֶׁה" – This is** the meaning of, ***and they would gaze after Moses,*** i.e., they would gaze after Moses with admiration.

NOTES

70. Although the author of this Midrash sides with R' Chama, he cites the opposing opinion of R' Yochanan as well (*Eitz Yosef*).

מַה כְּתִיב אַחֲרָיו (שם שם ג) "נְנַתְּקָה אֶת מוֹסְרוֹתֵימוֹ", נַעֲקוֹר אוֹתָם מִן הָעוֹלָם, אֵימָתַי, בְּשָׁעָה שֶׁאֵין לָהֶם מַה לְמַשְׁכֵּן, אֲבָל הַמִּשְׁכָּן נִתְמַשְׁכֵּן עַל יְדֵיהֶם, הֱוֵי [לח, כא] "אֵלֶּה פְקוּדֵי הַמִּשְׁכָּן", אַל תְּהִי קוֹרֵא כֵּן אֶלָּא הַמַּשְׁכּוֹן:

ו [לח, כא] "מִשְׁכַּן הָעֵדֻת אֲשֶׁר פֻּקַּד עַל פִּי מֹשֶׁה", כָּל מַה שֶּׁהָיוּ עוֹשִׂין עוֹשִׂין עַל פִּי מֹשֶׁה, שֶׁנֶּאֱמַר "אֲשֶׁר פֻּקַּד עַל פִּי מֹשֶׁה", וְכָל מַה שֶּׁהָיָה מֹשֶׁה עוֹשֶׂה עַל יְדֵי אֲחֵרִים, שֶׁנֶּאֱמַר [שם] "עֲבֹדַת הַלְוִיִּם בְּיַד אִיתָמָר בֶּן אַהֲרֹן הַכֹּהֵן", לֹא עָשָׂה אֶלָּא מִשֶּׁנִּגְמְרָה מְלֶאכֶת הַמִּשְׁכָּן, אָמַר לָהֶם: בּוֹאוּ וַאֲנִי עוֹשֶׂה לִפְנֵיכֶם חֶשְׁבּוֹן, אָמַר לָהֶם מֹשֶׁה: [שם] "אֵלֶּה פְקוּדֵי הַמִּשְׁכָּן", כָּךְ וְכָךְ יָצָא עַל הַמִּשְׁכָּן, [ט]עַד שֶׁהוּא יוֹשֵׁב וּמְחַשֵּׁב שָׁכַח בְּאֶלֶף וּשְׁבַע מֵאוֹת וְעַ"ה שֶׁקֶל מַה שֶּׁעָשָׂה וָוִים לָעַמּוּדִים, הִתְחִיל יוֹשֵׁב וּמַתְמִיהַּ, אָמַר: עַכְשָׁיו יִשְׂרָאֵל מוֹצְאִין יְדֵיהֶם לֵאמֹר: מֹשֶׁה נְטָלָן, מֶה עָשָׂה, הֵאִיר הַקָּדוֹשׁ בָּרוּךְ הוּא עֵינָיו וְרָאָה אוֹתָם עֲשׂוּיִם וָוִים לָעַמּוּדִים, אוֹתָהּ שָׁעָה נִתְפַּיְּיסוּ כָּל יִשְׂרָאֵל עַל מְלֶאכֶת הַמִּשְׁכָּן, מִי גָּרַם לוֹ, עַל יְדֵי שֶׁיָּשַׁב וּפִיְּיסָן, הֱוֵי [לח, כא] "אֵלֶּה פְקוּדֵי הַמִּשְׁכָּן", וְלָמָּה עָשָׂה עִמָּהֶם חֶשְׁבּוֹן, הַקָּדוֹשׁ בָּרוּךְ הוּא יִתְבָּרַךְ שְׁמוֹ מַאֲמִינוֹ, שֶׁנֶּאֱמַר (במדבר יב, ז) "לֹא כֵן עַבְדִּי מֹשֶׁה בְּכָל בֵּיתִי נֶאֱמָן הוּא", וְלָמָּה אָמַר לָהֶם מֹשֶׁה: בּוֹאוּ וְנַעֲסוֹק בַּמִּשְׁכָּן וְנַחֲשׁוֹב לִפְנֵיכֶם, אֶלָּא שֶׁשָּׁמַע מֹשֶׁה לֵיצָנֵי יִשְׂרָאֵל מְדַבְּרִים מֵאַחֲרָיו, שֶׁנֶּאֱמַר (לעיל לג, ט) "וְהָיָה כְּבֹא מֹשֶׁה הָאֹהֱלָה יֵרֵד עַמּוּד הֶעָנָן וְעָמַד פֶּתַח הָאֹהֶל וְדִבֶּר עִם מֹשֶׁה", (שם שם ח) "וְהִבִּיטוּ אַחֲרֵי מֹשֶׁה", [י]וּמֶה הָיוּ אוֹמְרִים, רַבִּי יוֹחָנָן אָמַר: אַשְׁרֵי יוֹלַדְתּוֹ שֶׁל זֶה וּמַה הִיא רוֹאָה בוֹ, כָּל יָמָיו הַקָּדוֹשׁ בָּרוּךְ הוּא מְדַבֵּר עִמּוֹ כָּל יָמָיו הוּא מוּשְׁלָם לְהַקָּדוֹשׁ בָּרוּךְ הוּא, זֶהוּ "וְהִבִּיטוּ אַחֲרֵי מֹשֶׁה",

עץ יוסף

ננתקה את מוסרותימו. אלו ישראל שנתקשרו עם הקדוש ברוך הוא והקדוש ברוך הוא בהם, ועוד מרומז בזה מה שרוצים לבטל את ישראל מן המצות, כדאיתא במדרש תהלים ננתקה את מוסרותימו אלו תפילין של יד, ונשליכה ממנו עבותימו אלו מצות שהם קולעין בהם, כגון סוכה ולולב שנקראו עבות כו': **אימתי בשעה שאין כו'.** פירוש כשאין משכון אז מתגרין בישראל תחת תגרתם בהקדוש ברוך הוא, אבל כשיש להם משכון הם באים להתגרות בו תחת תגרתם בהקדוש ברוך הוא כדי לחרף שמו, ואין צריכין להתגרות בישראל לסבה זו: **(ו) כל מה שהיו עושים כו'.** מפרש אשר פוקד על פי משה שכל מה שהיו עושים במלאכה היו עושים על פי משה, וגם כן משה לבדו לא עשה דבר אלא כל מה שהוא עושה היה עבודת הלוים ביד איתמר, ואף על פי שהיה רחוק מהחשד כיון שהוא בעצמו לא עשה דבר, עם כל זה נתן חשבון: **לא עשה.** כלומר לא שקט ולא נח, אלא תיכף לגמר המלאכה אמר לתת חשבון: **שכח האלף כו'.** דרשו כן מדהוי ליה למימר והאלף ושבע מאות לעשות ווים לעמודים, כמו שנאמר תחלה ויהי מאת ככר הכסף לצקת, אלא שהטעם שמאת הככר נתן משה חשבון שהיו לצקת את אדני הקדש, ובשארית לא ידע לתת חשבון למה היו, ושוב נודע שעשה מהם ווים לעמודים: **האיר הקדוש ברוך הוא עיניו.** בספר הבחיי גרס יצאה בת קול ואת האלף ושבע המאות וחמשה ושבעים עשה ווים לעמודים: **ולמה עשה חשבון הקדוש ברוך הוא כו'.** רוצה לומר כיון דיודעין מדרגתו שה' נתן תורה על ידו, ונגלו לו תעלומות חכמה, והם מאמינים בתורתו אין להם לחשדו, שאילו לא היה נאמן לא היה ה' בוחר בו, והחושדו כאילו מפקפק בנבואתו, ומשני כי מהחוטאים בישראל נמצאו שחשדוהו, ומפני דבריהם הוצרך לכך: **שנאמר והיה כבוא משה כו'.** ואף על גב דלר' יוחנן מדריש לשבח, בעל אגדה זו סבירא ליה כר' חמא, אלא דאיידי דבעי לאתוי ר' חמא מייתי נמי בר פלוגתיה: **ומה היו אומרים.** אף על גב דודאי עיקר הבטחם כדי לראות בבואו האהלה שיעמוד עמוד הענן פתח האהל, כדי להשתחות לנגדו כמפורש בכתובים, מכל מקום מדהוה סגי למימר והביטו עד בואו האהלה, וכתב אחרי משה, למימר שמדברים במשה אתא. ורבי יוחנן דרש לשבחו, כיון דכל עניינא דקרא בשבח קמיירי, ור' חמא דריש לגנאי, דאחרי משה משמע ליה מרננים אחריו, או שערפו שמן ודשן, כדקאמר חמי קדל:

פירוש מהרז"ו

ננתקה את מוסרותימו. על תורה ומצוה, ופירושו שיבטלו הקשרים שביניהם ובין הקב"ה ונפרידם ממנו, מדרש תהלים מזמור ב': **אלא המשכן.** כמו שכתוב בריש סימן ג': **(ו) עושין על פי משה.** בא לפרש שמה שכתב אשר פוקד, פירושו כמו (במדבר ד, טז) ופקודת אלעזר, וכדומה, שפירושו התמנות על צרכי עבודת המשכן. אך אלה פקודי פירושו על מניני המשכן, וכמפורש בסמוך, עיין לעיל סימן א': **לא עשה אלא.** פירוש לא עשה באופן אחר אלא באופן זה: **שכח האלף ושבע מאות.** דורש מה שכתוב ואת האלף וכו' עשה ווים, שהיה די שיאמר והאלף ושבע מאות לווים לעמודים, ולמה אמר ואת וכו' עשה וכו', כאלו אמר דבר חדש, על כן דורש ששכח עד שנזכר. ובזוהר פקודי פסוק זה וזה לשונו, תא חזי [אוליפנא] דאיכון תקלין אנשי משה וכו' עד דנפיק בת קלא ואמר ואת האלף וכו'. ובתנחומא כאן סימן ז' וזה לשונו, עם שהוא עושה חשבון וכו' שכח אלף וכו', ולא היו נראים וכו', (ופירושו שכל הדברים היו נראים וגלוים, אך הווים היו בתוך העמודים על כן שכח), מיד האיר הקב"ה עיניו וכו', התחיל להשיב בקול רם ואת האלף וכו' עכ"ל. וכן מורה הנגינה על הרמת קול: **מה היו אומרים.** עיין לעיל פרשה מ"ה ריש סימן ד', ושם נסמן ומבואר:

חידושי הרש"ש

[ו] שנאמר והיה כבוא משה כו'. בתנחומא הגירסא כצאת משה, והוא יותר נכון:

אמרי יושר

[ו] שכח אלף ושבע מאות וכו'. זהו את האלף ושבע המאות השכוחים: **אותה שעה נתפייסו כל ישראל.** זהו העדות, עדות של משה שהיה נאמן. או עדות לדבקות הקב"ה עם ישראל:

ידי משה

[ו] ומה היו אומרים רבי יוחנן אמר אשרי יולדתו רבי חמא אמר היו אומרים חמי קדל וכו'. נראה לומר שפליגי בפלוגתא רב ושמואל בגמרא דסנהדרין (כ, ב) אם כל האמור בפרשת מלך מלך מותר בו או לא, ואם כן רבי יוחנן סבירא ליה כל האמור בפרשת מלך מלך מותר בו, ואם כן על כרחך והביטו לשבח שאין לומר שאמרו לגנאי חמי קדל וכו', לפי שכל האמור בפרשת מלך מלך מותר בו ואין בזה שום גנאי אם היה נהנה משל ישראל, ורבי חמא סבירא ליה שמלך אסור, ולא דיברה תורה אלא לאיים עליהם ואם כן דרש והביטו לגנאי ודוק. ובירושלמי (עין יעקב על ירושלמי בכורים) אומר והביטו אחרי משה רבי סימן סבירא ליה שחשדוהו באשת איש, ואיתא ביפה עינים שחשדוהו באשת איש פירוש שלקח אשה כושית היא מלכה של כוש כדאיתא במדרש אבכיר הובא במדרש ילקוט בפרשת שמות (רמז קסח), ואף שאין אישות לעובד כוכבים מכל מקום איסור לאו יש בה, רק דאיתא שנשאה מכח דין יפת תואר במלחמה, ואיתא ביפה תואר בשם אברבנאל וזה לשונו, שהקשה למאן דאמר כל האמור בפרשת מלך מלך אסור בו היאך שייך לומר איסור על דבר שכתוב בתורה מפורש להיתר, ומשני ויש לומר כמו שמצינו גבי יפת תואר שהתירה התורה, ומכל מקום נסמך לה פרשת בן סורר ומורה להורות שלא דיברה התורה אלא כנגד יצר הרע, כמו כן הכא, שדבר שהשכל נוטה שהוא איסור והתירה התורה על כרחך יש בה טעם שיעמוד באיסורא עד כאן לשונו, ואם כן הירושלמי והמדרש חדא מלתא היא, הואיל והביטו אחרי משה פירוש שאמרו לגנאי חמי קדל, ואם כן על כרחך כל האמור בפרשת מלך מלך אסור בו ממילא דברו גם כן על דבר אשה כושית ואין לו היתר מכח דין יפת תואר, כי לא דיברה תורה אלא כנגד יצר הרע, ודוק היטב. כן נראה לי בן המחבר:

מסורת המדרש

ט. תנחומא כאן ס"ז כל הענין. ילקוט כאן רמז תט"ו. כל הענין:
י. עיין קדושין דף ל"ג. ירושלמי בכורים ריש פ"ג. וירושלמי שקלים פ"ה הלכה ב'. לעיל פרשה מ"ה. תנחומא סדר כי תשא סימן כ"ז. ילקוט סדר תשא רמז שצ"ג:

אם למקרא

נְנַתְּקָה אֶת מוֹסְרוֹתֵימוֹ וְנַשְׁלִיכָה מִמֶּנּוּ עֲבֹתֵימוֹ: (שם ב:ג)

לֹא כֵן עַבְדִּי מֹשֶׁה בְּכָל בֵּיתִי נֶאֱמָן הוּא: (במדבר יב:ז)

וְהָיָה כְּצֵאת מֹשֶׁה אֶל הָאֹהֶל יָקוּמוּ כָּל הָעָם וְנִצְּבוּ אִישׁ פֶּתַח אָהֳלוֹ וְהִבִּיטוּ אַחֲרֵי מֹשֶׁה עַד בֹּאוֹ הָאֹהֱלָה: וְהָיָה כְּבֹא מֹשֶׁה הָאֹהֱלָה יֵרֵד עַמּוּד הֶעָנָן וְעָמַד פֶּתַח הָאֹהֶל וְדִבֶּר עִם מֹשֶׁה: (לעיל לג:ח-ט)

מתנות כהונה

מוסרותימו. אלו ישראל שנתקשרו בהקב"ה והקב"ה בם שנאמר (שיר השירים ז, ו) מלך אסור ברהטים: **הוי אלה** גרס: **[ו]** הכי גרסינן **על פי משה שנאמר אשר פקד: לא עשה.** לא עכב במחשבה זו ולא נתיישב בדעתו בזה אלא אחר וכו'. או יש לומר לא עשה כלום ולא דבר מאומה **משנגמרה כו':** הכי גרסינן **וחמש ושבעים שקל מה שעשה וכו': מי גרם לו.** שנתפייסו ישראל ויצא מידי חשדן וכדלקמן **על ידי כו'.** ובילקוט לא גרס ליה: הכי גרסינן **ולמה אמר להם: ומה היו אומרים** גרסינן:

אשד הנחלים

אימתי כו' אבל המשכן. כלומר שבו תלוי כפרת ישראל לבלי יאבדו, כי שפך חמתו על המשכן ובזה יכופר עוונם. והענין על דרך הציור יש בו תוך, כי בשעה שהיה המשכן והשראת השכינה בתוכם אז היה חל העונש פתאום עליהם כשחטאו, כי איננה שורה בתוך טומאותם, וכמו שכתוב (לעיל לג, ה) רגע [אחד] אעלה בקרבך גו', אבל אחר החורבן אז אין הגלוי כל כך, והם מרוחקים מעט על כן אינו שולט עליהם העונש כל כך: **[ו] על ידי אחרים.** כדלעיל שהיה מראה להם החשבונות: **שכח כו' ווים.** אולי דייק מדכתיב ואת האלף ושבע המאות, בה' הידיעה, עשה ווים לעמודים, כאילו באורו ואת האלף ששכח נזכר שעשה ווים, וכי באמת עשה כבר אלא ששכח: **ליצני הדור.** זהו כמו שדרש להלן מן והביטו, שהביטו בעין רעה. ודע כי מלת הבטה נופל על ראיית ההתבוננות ולא ראיה פשוטה, ולכן הונח או על הבטה לרעה או לטובה, כלומר שהתבוננו להביט בו בעינא פקיחא:

רַבִּי חָמָא אָמַר: הָיוּ אוֹמְרִים חֲמֵי קְדַל דִּבְרֵיהּ דְּעַמְרָם — **R' Chama said: They would say, "Look at the neck of the son of Amram,** how fat it is; look how thick his thighs are!"[71] וַחֲבֵירוֹ אוֹמֵר לוֹ: אָדָם שֶׁשָּׁלַט עַל מְלֶאכֶת הַמִּשְׁכָּן — **And his friend would respond, "One who was in charge of the construction of the Tabernacle,** אֵין אַתָּה מְבַקֵּשׁ שֶׁיְּהֵא עָשִׁיר — **do you not expect him to be wealthy?"**[72] כְּשֶׁשָּׁמַע מֹשֶׁה כָּךְ אָמַר לָהֶם מֹשֶׁה — **When Moses heard this, he said to them,** חַיֵּיכֶם, נִגְמַר הַמִּשְׁכָּן, אֶתֵּן לָכֶם חֶשְׁבּוֹן — **"By your life!**[73] **As soon as the Tabernacle is completed, I will give you a detailed accounting** of all its expenditures." אָמַר לָהֶם: בּוֹאוּ וְנַעֲשֶׂה חֶשְׁבּוֹן — As soon as the Tabernacle was completed,[74] **[Moses] said to them, "Come and let us make an accounting** of its expenditures." הֱוֵי "אֵלֶּה פְקוּדֵי הַמִּשְׁכָּן" — **This is** the meaning of: ***These are the reckonings of the Tabernacle,*** i.e., the reckonings that Moses promised to make to prove his honesty and integrity.[75]

§7 מִשְׁכַּן הָעֵדֻת — *THESE ARE THE RECKONINGS OF THE TABERNACLE, **THE TABERNACLE OF TESTIMONY.***

The Midrash now expounds the verse as alluding to two different Tabernacles: *the Tabernacle* in which the sacrifices were offered on the Altar, and *the Tabernacle of Testimony*.[76] The Midrash seeks to identify the second Tabernacle:

מָה "הָעֵדֻת" — **What is** *the Tabernacle of* ***Testimony*****?** זוֹ תּוֹרָה שֶׁהֵם יְגֵעִים בָּהּ — **This** refers to **the Torah**[77] **in which [Israel] toils.**[78] אָמַר הָאֱלֹהִים: בִּזְכוּת הַתּוֹרָה וּבִזְכוּת הַקָּרְבָּנוֹת אֲנִי מַצִּיל אֶתְכֶם מִגֵּיהִנֹּם — **God said, "In the merit of the Torah** that you study **and in the merit of the offerings** that you offer,[79] **I will save you from** the punishment of **Gehinnom."**

NOTES

71. *Tanchuma, Ki Sisa* §27, with *Rashi* to *Kiddushin* 33b s.v. כדאיתא; see also *Tanchuma, Pekudei* §4, Buber ed. [It should be noted that the parallel Gemara in *Kiddushin* found these comments to be so appalling that it does not even quote them (see *Rashi*). Rather, the Gemara contents itself to say that the comments were disparaging, "as it is (explained elsewhere)." *Rashi* explains that the Gemara is referring to the details in the above *Midrash Tanchuma*.]

72. I.e., why are you surprised at his wealth? He surely took it from the funds that we donated to be used for the Tabernacle (*Rashash, Eitz Yosef*). [In earlier times, corpulence was typically viewed as a sign of prosperity.]

73. This is an expression used when taking an oath.

74. *Midrash Tanchuma, Pekudei* §7.

75. See Insight Ⓐ. [Most versions of the Midrash end this section with the words "הֱוֵי "אֵלֶּה פְקוּדֵי הַמִּשְׁכָּן, as we have written. See, however, *Yefeh To'ar* and *Eitz Yosef*.]

76. *Maharzu* below (s.v. בזכות התורה והקרבנות); *Radal*.

77. The Tabernacle housed the Holy Ark, which contained the Tablets and a *Sefer Torah* [see *Bava Basra* 14a] (see *Eitz Yosef*). And the Torah is referred to as *Testimony*; see *Deuteronomy* 4:45 and *Psalms* 78:5 (*Maharzu*; see *Tanchuma, Pekudei* §4). The phrase *the Tabernacle of Testimony* accordingly means "the Tabernacle of the Torah" and thus refers to Torah study; see further.

78. The Midrash adds these words to make the point that the Torah is called *Testimony* not because of the Written Torah but because of the *Oral* Law (which is the part of Torah that requires much toil and study). Nevertheless, the Torah in the Ark is justifiably called *Testimony* because the Oral Law is inextricably connected to the Written Law (*Eitz Yosef*).

79. That is, in the merit of the two "Tabernacles" mentioned in our verse (*Maharzu*). *Radal* writes that the Midrash is speaking of two different periods of history: While the Temple stood, the Divine Presence rested upon Israel through their bringing the offerings (the first "Tabernacle"); when the Temple no longer stood, the Divine Presence rests upon Israel in the merit of their Torah study (the second "Tabernacle").

For a different approach to the Midrash, see *Matnos Kehunah*.

INSIGHTS

Ⓐ **A Study in Cynicism** Although the "Jewish scoffers" quoted by our Midrash were surely not among the more respectable members of the nation, they must have had some basis, however tenuous, for their accusation against Moses. Outright slander was presumably beneath even the least of that noble generation. Besides, the Sages would have little reason to immortalize the empty words of malicious gossipmongers.

Be'er Yosef (beginning of *Pekudei*) explains that there was in fact a sudden change in Moses' financial status that could have given the people something to ponder.

It is well established that the Jews in the Wilderness were in possession of great wealth. When leaving Egypt, they each led out a minimum of ninety donkeys laden with Egypt's riches (*Bechoros* 5b). At the Reed Sea, the spoils taken from the Egyptian Army yielded them even more valuable treasures (see *Rashi* on 15:22 above, from *Mechilta*). Moses, however, passed up both of these opportunities to acquire wealth, because, as the Sages tell us, he was occupied with the remains of Joseph, which the Jewish people were bound by oath to bring to the Holy Land for reburial (see above, 20 §19; *Sotah* 13a).

God, however, would not allow Moses to lose out on account of a mitzvah. As we learned in an earlier Midrash (above, 46 §2; see also *Nedarim* 38a and *Yerushalmi Shekalim* 5:2), when God instructed Moses to carve the Second Tablets from a precious stone called *sanphirinon*, He told him to keep the "waste" material and thereby obtain the riches that he had previously forfeited. Evidently, Moses obtain wealthy before this occurred.

After carving out the Tablets, Moses hardly paid attention to his newly acquired fortune. The very next morning he re-ascended the mountain and remained there for forty days. When he came down to rejoin his people, he brought word of God's call for the building of a Tabernacle, and the work promptly began. It was only then, just as Moses was coming into control of a valuable public trust — the great collection of materials donated for the Tabernacle — that the people realized that Moses had become wealthy. This unexplained coincidence gave the people cause to wonder, and the cynics a basis for suspecting Moses of embezzlement. Therefore, to clear himself of any suspicion, Moses gave a full accounting of the project's expenditures.

This unseemly incident teaches us a lesson regarding the sinister power of cynicism. The Talmud teaches that surreptitious theft is a particularly offensive sin, because even as the perpetrator covers up his actions and displays his fear of other human beings, he ignores the watchful eye of God and is indifferent to the prospect of Divine punishment for his crime. In effect, he proclaims for all to hear that God is not aware of what happens in the world below (*Bava Kamma* 79b).

If this is true of an ordinary person, an act of theft by Moses would be all the more egregious. Here was a man renowned for his saintliness, a prophet in constant contact with God, who was entrusted with a fund of materials earmarked for promoting the glory of God. For such a person to embezzle such goods and intimate that he could do so behind God's back, as it were, would be an incomparably flagrant desecration of God's Name. Is it conceivable that Moses would do such a thing? Yet, despite the implausibility of it all, the scoffers not only entertained the idea in their minds, but even expressed it in conversation with others.

The same phenomenon appears in Korah's rebellion against Moses and Aaron. Korah and his supporters complained to the two leaders, *"Why do you exalt yourselves over the congregation of HASHEM?"* (*Numbers* 16:3). This was the Moses and Aaron who negated their own importance by saying, *"What are we?"* (above, 16:7-8); the Moses of whom it is said, *And the man Moses was exceedingly humble, more than any person on the face of the earth* (*Numbers* 12:3). Such men could hardly be suspected of rank self-promotion. But Korah had anticipated this obstacle. He had campaigned among the people, attacking Moses and Aaron with cynical, mocking accounts of their actions and decisions (see *Rashi* on ibid. 16:19). In this manner, he created an atmosphere in which even the most absurd accusations would seem credible to his supporters.

Such is the corrosive power of cynicism. It spreads germs of malevolence to which no one is immune.

רַבִּי חָמָא אָמַר: הָיוּ אוֹמְרִים חֲמֵי קְדַל דִּבְרֵיהּ דְּעַמְרָם, וַחֲבֵירוֹ אוֹמֵר לוֹ: אָדָם שֶׁשָּׁלַט עַל מְלֶאכֶת הַמִּשְׁכָּן אֵין אַתָּה מְבַקֵּשׁ שֶׁיְּהֵא עָשִׁיר, כְּשֶׁשָּׁמַע מֹשֶׁה כָּךְ אָמַר לָהֶם מֹשֶׁה: חַיֵּיכֶם, נִגְמַר הַמִּשְׁכָּן, אֶתֵּן לָכֶם חֶשְׁבּוֹן, אָמַר לָהֶם: בּוֹאוּ וְנַעֲשֶׂה חֶשְׁבּוֹן, הֱוֵי [לח, כא] "אֵלֶּה פְקוּדֵי הַמִּשְׁכָּן":

ז [לח, כא] "מִשְׁכַּן הָעֵדֻת", [יא] מָהוּ "הָעֵדֻת", זוֹ תוֹרָה שֶׁהֵם יְגֵעִים בָּהּ, אָמַר הָאֱלֹהִים: בִּזְכוּת הַתּוֹרָה וּבִזְכוּת הַקָּרְבָּנוֹת אֲנִי מַצִּיל אֶתְכֶם מִגֵּיהִנָּם, וְכֵן לְאַבְרָהָם אָבִינוּ [יב] הֶרְאָה הַקָּדוֹשׁ בָּרוּךְ הוּא הַתּוֹרָה וְהַגֵּיהִנָּם וְהַקָּרְבָּנוֹת °וְגָלֻיּוֹת, שֶׁנֶּאֱמַר (בראשית טו, יז) "וְהִנֵּה תַנּוּר עָשָׁן וְלַפִּיד אֵשׁ אֲשֶׁר עָבַר בֵּין הַגְּזָרִים הָאֵלֶּה", זוֹ תוֹרָה וְגֵיהִנָּם, שֶׁנֶּאֱמַר (לעיל כ, יד) "וְכָל הָעָם רֹאִים אֶת הַקּוֹלֹת וְאֶת הַלַּפִּידִם וְאֵת קוֹל הַשֹּׁפָר וְאֶת הָהָר עָשֵׁן וַיַּרְא הָעָם וַיָּנֻעוּ וַיַּעַמְדוּ מֵרָחֹק", וְהַקָּרְבָּנוֹת מִנַּיִן, דִּכְתִיב (בראשית שם ט) "עֶגְלָה מְשֻׁלֶּשֶׁת וְעֵז מְשֻׁלֶּשֶׁת וְאַיִל מְשֻׁלָּשׁ וְתֹר וְגוֹזָל", °וְגָלֻיּוֹת מִנַּיִן, שֶׁנֶּאֱמַר (שם שם יב) "אֵימָה", זוֹ בָּבֶל, שֶׁנֶּאֱמַר (חבקוק א, ז) "אָיֹם וְנוֹרָא הוּא מִמֶּנּוּ מִשְׁפָּטוֹ וּשְׂאֵתוֹ יֵצֵא", (בראשית שם שם) "חֲשֵׁכָה" זוֹ מָדַי שֶׁהֶחֱשִׁיכָה עֵינֵיהֶם שֶׁל יִשְׂרָאֵל בִּגְזֵרוֹתֶיהָ, (שם) "גְּדֹלָה" זוֹ יָוָן, שֶׁנֶּאֱמַר (דניאל ח, ח) "וּצְפִיר הָעִזִּים הִגְדִּיל עַד מְאֹד וּכְעָצְמוֹ נִשְׁבְּרָה הַקֶּרֶן הַגְּדֹלָה וַתַּעֲלֶנָה חָזוּת אַרְבַּע תַּחְתֶּיהָ לְאַרְבַּע רוּחוֹת הַשָּׁמָיִם", (בראשית שם שם) "נֹפֶלֶת עָלָיו" זוֹ אֱדוֹם, שֶׁנֶּאֱמַר (ירמיה מט, כא) "מִקּוֹל נִפְלָם רָעֲשָׁה הָאָרֶץ", אָמַר הַקָּדוֹשׁ בָּרוּךְ הוּא: כָּל יָמִים שֶׁיִּהְיוּ בָנֶיךָ עֲסוּקִים בַּתּוֹרָה וּבַקָּרְבָּנוֹת הֵם נִיצוֹלִים מֵהֶן, אֶלָּא עֲתִידִין בָּנֶיךָ לְבַטֵּל הַקָּרְבָּנוֹת, בַּמֶּה אַתְּ מְבַקֵּשׁ שֶׁיִּשְׁתַּעְבְּדוּ בָנֶיךָ, בַּגֵּיהִנָּם אוֹ °בַּגָּלֻיּוֹת, אָמַר רַבִּי חֲנִינָא בַּר פָּפָּא: אַבְרָהָם בֵּירַר לוֹ °הַגָּלֻיּוֹת,

עץ יוסף

היו אומרים חמי קדל כו'. פירוש אחד אמר לחבירו בא וראה צוארו וערפו של בן עמרם כמה הוא שמן, וחבירו משיב לו שכל זה הוא ממה שלקח משלנו, מכיון שכל כך עושר מנדבת המשכן תחת ידו אי אפשר שלא יקח, ומה אתה מבקש ושואל על עשרו: **ונעשו חשבון.** הוי אלה פקודי המשכן משכן העדות דריש העדות, לשון אזינו עדי, והיינו מה שהיו מדברים במשה: (ז) [ה] **זו תורה.** ופירוש משכן העדות היינו שהיה משכן לארון שבו התורה: **שהם יגעים בה.** אתא למימר דלא נקרא עדות מלד תורה שבכתב הנתונה בארון אלא העיקר מפני תורה שבעל פה, שיש בה יגיעה ופלפול, ולפי שהתורה שבעל פה תלויה בתורה שבכתב קרא התורה שבארון עדות: **אמר האלהים.** כדי לפרש שמה שנקרא התורה עדות, היינו שהיא עדות שאינן יורדין לגיהנם, מפרש ואזיל שה' אמר שבזכות התורה ניצולים מגיהנם: **זו תורה וגיהנם.** תנור זה גיהנם, כמו שנאמר אשר אור לו בציון ותנור לו בירושלים, ודרשו חכמינו ז"ל על הגיהנם, ועשן ולפיד אש זו התורה וכדמפרש: **שנאמר עגלה משולשת כו'.** דרמיזי אכמה מיני קרבנות כדלעיל בבראשית רבה פרשה מ"ד: **שנאמר איום כו'.** וזה נאמר על הכשדיים שהם בבליים: **בגזרותיה.** נראה דלא גרסינן ליה, כי לשון זה נאמר לעיל בבראשית רבה ללישנא דדריש ליה ביון, אלא גרסינן עיניהם של ישראל בצום ובתענית, כדגרסינן לעיל בבראשית רבה: **לבטל קרבנות.** ואף על פי שלא יבטלו תלמוד תורה, וכל שכן אילו יבטלו תלמוד תורה שנענשים, אף על פי שלא יבטלו קרבנות: **במה אתה מבקש כו'.** לאו בנענשים בגיהנם לדורי דורות קמיירי הכא, שמי שהמריד כשיעור הזה פשיטא שלא יתכפר בגלות, אלא בנענשים מדת זמן שנים עשרה חדש או פחות משנים עשרה חדש, ובכהאי גוונא אפשר יבחר בגיהנם שהוא זמן מועט עם היותו בנפש, במקום גליות שהוא בכל חיי האדם (תולדות נח): **אברהם בירר לו הגליות.** ואם תאמר וכי העומדים בגליות נפטרו מעונש גיהנם, ויש לומר דלא קאמר אלא שלא יהיה עונש גמור בגיהנם, אבל יתכפר מקצתו בעולם הזה, ואף על גב דקאמר שאין יורדין לגיהנם, יש לומר דעונש גמור הוא דקרי ירידה:

פירוש מהרז"ו

(ז) **העדות זו תורה.** כמו שכתוב אלה העדות והחוקים, וכן (תהלים עח, ה) ויקם עדות ביעקב ותורה שם בישראל, וכדומה: **בזכות התורה והקרבנות.** וזה משכן, משכן העדות, משכן שמקריבין בו קרבנות, משכן העדות על התורה. עיין תנחומא ריש סימן ד': **והגיהנם והקרבנות.** בבראשית רבה פרשה מ"ד סימן כ"א, ושם נסמן ומבואר. ותנחומא כאן סימן ח': **אימה זו בבל.** כמו שכתוב שם (בראשית טו, יב) והנה אימה חשכה נופלת עליו, עיין בראשית רבה שם סימן י"ז: **איום ונורא.** וכל הענין שם בחבקוק מדבר בבבל, עיין לעיל פרשה ח' סימן ב': **שהחשיכה עיניהם.** זה אחשורוש מלך מדי, שגזר להשמיד ולהרוג: **גדולה זו יון.** כמו שכתוב שם (פסוק כא) והצפיר השעיר (הוא) מלך יון וגו', ועליו אמר וצפיר העזים הגדיל: **לבטל קרבנות.** שם בבראשית רבה הגירסא לבטל תורה וקרבנות:

חידושי הרד"ל

[ז] **זו תורה כו' בזכות התורה ובזכות הקרבנות כו'.** דורש גם כן שני פעמים משכן, והשני הוא בזמן שבית המקדש חרב הרי התורה שעוסקין בה שורה שכינה על ידו כמו על המשכן והקרבנות:

חידושי הרש"ש

חמי קדל. קדל הוא תרגום של עורף (בראשית מט, ח באונקלוס): **וחברו אמר לו כו' אין אתה מבקש שיהא עשיר.** רצה לומר ומה זו תימא דקדליה שמן, הלא מטמון גדול כזה היה תחת ידו, ודאי גנב ממנו הרבה: [ז] **אימה זו בבל שנאמר איום כו'.** עיין מתנות כהונה שמביא גירסא אחרת בשם ילקוט לך לך, הן גם במדרש עצמו פרשת לך (בראשית רבה מד, יז) ופרשת שמיני (ויקרא רבה יג, ה) הגירסא כבילקוט, ועיין בויקרא רבה פרשה יח ב, דדריש איום ונורא גם על מלכיות אחרות: **אלא עתידין בניך לבטל הקרבנות.** בילקוט תהלים מזמור מ הגירסא, עתידה תורה ליבטל ובית המקדש ליחרב במה כו':

באור מהרי"פ

[ז] **ובזכות הקרבנות.** אולי הקרבנות נרמזים באלה פקודי המשכן שהוא מקום הקרבן: **במתנות כהונה [בד"ה שנאמר אים כו'] ונתמלי חמה.** צריך לומר התמלי חמא, (דניאל ג, יט) באדין נבוכדנאצר התמלי חמה: **בניך לבטל הקרבנות וכו'.** פירוש, הוא הדין לביטול תורה, וחדא מינייהו נקט:

מסורת המדרש

יא. תנחומא כאן ס"ח כל הענין:
יב. בראשית רבה פרשה מ"ד. מכילתא סדר יתרו ריש פ"ט. מדרש תהלים סוף מזמור נ"ב. פסיקתא דרב כהנא פסקא ה'. פסיקתא רבתי פסקא ט"ו סי"ב. ילקוט סדר לך לך רמז ע"ז. ילקוט תהלים רמז תשל"ז. וע' ויק"ר פ' י"ג. ופרקי דר' אליעזר פ' כ"ח:

אם למקרא

וַיְהִי הַשֶּׁמֶשׁ בָּאָה וַעֲלָטָה הָיָה וְהִנֵּה תַנּוּר עָשָׁן וְלַפִּיד אֵשׁ אֲשֶׁר עָבַר בֵּין הַגְּזָרִים הָאֵלֶּה: (בראשית טו:יז)

וְכָל הָעָם רֹאִים אֶת הַקּוֹלֹת וְאֶת הַלַּפִּידִם וְאֵת קוֹל הַשֹּׁפָר וְאֶת הָהָר עָשֵׁן וַיַּרְא הָעָם וַיָּנֻעוּ וַיַּעַמְדוּ מֵרָחֹק: (לעיל כ:יד)

וַיֹּאמֶר אֵלָיו קְחָה לִי עֶגְלָה מְשֻׁלֶּשֶׁת וְעֵז מְשֻׁלֶּשֶׁת וְאַיִל מְשֻׁלָּשׁ וְתֹר וְגוֹזָל: (בראשית שם ט)

וַיְהִי הַשֶּׁמֶשׁ לָבוֹא וְתַרְדֵּמָה נָפְלָה עַל אַבְרָם וְהִנֵּה אֵימָה חֲשֵׁכָה גְדֹלָה נֹפֶלֶת עָלָיו: (שם שם יב)

אָיֹם וְנוֹרָא הוּא מִמֶּנּוּ מִשְׁפָּטוֹ וּשְׂאֵתוֹ יֵצֵא: (חבקוק א:ז)

וּצְפִיר הָעִזִּים הִגְדִּיל עַד מְאֹד וּכְעָצְמוֹ נִשְׁבְּרָה הַקֶּרֶן הַגְּדֹלָה וַתַּעֲלֶנָה חָזוּת אַרְבַּע תַּחְתֶּיהָ לְאַרְבַּע רוּחוֹת הַשָּׁמָיִם: (דניאל ח:ח)

מִקּוֹל נִפְלָם רָעֲשָׁה הָאָרֶץ צְעָקָה בְּיַם סוּף נִשְׁמַע קוֹלָהּ: (ירמיה מט:כא)

שינוי נוסחאות

(ז) **גליות** (כמה פעמים). בספרים ישנים היה כתוב "מלכיות", והמדפיסים המאוחרים שינו לכתוב "גליות" מחמת צנזורא:

מתנות כהונה

היו אומרים חמי קדל כו'. פירוש אחד אמר לחבירו בא וראה צוארו של בן עמרם כמה הוא שמן כל זה הוא ממה שלקח משלנו: **אין אתה מבקש כו'.** ויפה עושה שלוקח משלנו ובין כך ובין כך האמינו שניהם שלקח משלהם. וכעין זה איתא בירושלמי פרק ג' דמסכת תרומות ובמסכת שקלים בפרק אמר להם הממונה: [ז] **שהם יגיעים וכו'.** כשהם יגיעים בה יגללו מדין גיהנם וכדמפרש ואזיל וזהו העדות שהתורה מעידה: הכי גרסינן **הראה הקב"ה התורה והגיהנם והקרבנות** וכן הוא בבראשית רבה פרשה מ"ד וילקוט תהלים: **זו תורה וגיהנם.** תנור זה גיהנם כמו שנאמר (ישעיה לא, ט) אשר אור לו בציון ותנור לו בירושלים ודרשו חז"ל (עירובין יט, א) על הגיהנם ועשן ולפיד אש זה התורה וכדמפרש ואזיל. ועיין בילקוט לך לך (רמז עו): הכי גרסינן **מלכיות מניין שנאמר אימה זו בבל שנאמר איום וגו'.** וזה נאמר על הכשדים שהם בבליים ובילקוט פרשת לך לך (רמז עז) גרס אימה זה בבל שנאמר (ואתמלא חימה) [התמלי חמא] (דניאל ג, ט) דרש אימה כמו חימה בחילוף אותיות אחה"ע:

אשד הנחלים

[ז] **זו תורה כו' התורה ובזכות הקרבנות.** וזהו משכן שעליו מקריבין והעדות זו התורה. והענין שהתורה היא השלמת השכל בידיעה, והקרבנות היא במקום עבודה שהיא השלמת הלב בטהרה ושפיכת הנפש לה', והן הן השני העמודים שעל ידם ינצל מגיהנם שהוא השחתת הנפש: **התורה וגיהנם.** יראה מזה המאמר כי הגיהנם הוא הפך התורה, והגליות הוא היפך הקרבנות, וכמה מצוייר הוא למתבונן, כי הנה הגיהנם הוא החושך המסתיר ההשגה מהנפש המשכלת, והתורה היא המשלמת הנפש בהשגה, והקרבנות הוא התועלת להשפיע שפע רב טוב בעולם, והגליות להיפך לייסר האדם בעולם הזה ביסורים ועוני, וכן יסורי הגליות הוא להצריף הלב, לא הצרפה להשכל כי שמעתתא בעיא צלותא, והשכל מכהה מרוב הצרות, זולת הלב ישפל ויכנע, וא"כ הצרות היו נגד הקרבנות להשפיל הנפש. וזהו שהראה לאברהם התנור עשן זהו הגיהנם המעותדת, אך כנגדה יש לפיד אש המאירה לנפש להצילה, וכן הראה הקרבנות וסודם, וכנגדה בהפכה האימה בהעדרה: **בגיהנם או בגליות.** כלומר ביסורי עולם הזה או ביסורי עולם הבא, ואברהם בירר לו יסורי עולם הזה למען ישארו נקיים בעולם הבא:

The Midrash speaks further on this theme:

וְכֵן לְאַבְרָהָם אָבִינוּ הֶרְאָה הַקָּדוֹשׁ בָּרוּךְ הוּא – **And, similarly, the Holy One, blessed is He, showed our Patriarch Abraham** four things at the Covenant Between the Parts:[80] הַתּוֹרָה וְהַגֵּיהִנָּם וְהַקָּרְבָּנוֹת וּמַלְכֻיּוֹת – **The Torah, Gehinnom, offerings, and** foreign **kingdoms,** שֶׁנֶּאֱמַר ״וְהִנֵּה תַנּוּר עָשָׁן וְלַפִּיד אֵשׁ אֲשֶׁר עָבַר בֵּין הַגְּזָרִים הָאֵלֶּה״ – **as it says,** *So it happened: The sun set, and it was very dark.* ***Behold, there was a smoky furnace and a torch of fire that passed between these pieces.*** *On that day,* HASHEM *made a covenant with Abram ...* (*Genesis* 15:17-18). זוֹ תּוֹרָה וְגֵיהִנָּם – **This** phrase, *a smoky furnace and a torch of fire,* alludes to **Torah and Gehinnom:** שֶׁנֶּאֱמַר ״וְכָל הָעָם רֹאִים אֶת הַקּוֹלֹת וְאֶת הַלַּפִּידִם וְאֵת קוֹל הַשֹּׁפָר וְאֶת הָהָר עָשֵׁן וַיַּרְא הָעָם וַיָּנֻעוּ וַיַּעַמְדוּ מֵרָחֹק״ – *A torch of fire* alludes to Torah, **as it says** in connection with the Giving of the Torah, ***The entire people saw the thunder and the torches, the sound of the shofar and the smoking mountain; the people saw and trembled and stood from afar*** (above, 20:15). וּכְתִיב ״כִּי הִנֵּה הַיּוֹם בָּא בֹּעֵר כַּתַּנּוּר״ – **And** *a smoky furnace* alludes to Gehinnom, as **it is written** in connection with the punishment of Gehinnom: ***For behold, the Day** [of Judgment] **is coming, burning like an oven,*** *when all the wicked people and all the evildoers will be like straw* (*Malachi* 3:19).[81] וְהַקָּרְבָּנוֹת מִנַּיִן – **From where do we know** that God showed Abraham **the offerings?** דִּכְתִיב ״עֶגְלָה מְשֻׁלֶּשֶׁת וְעֵז מְשֻׁלֶּשֶׁת וְאַיִל מְשֻׁלָּשׁ וְתֹר וְגוֹזָל״ – **For it is written** in the passage of the Covenant Between the Parts, *Take to Me* ***three heifers, three goats, three rams, a turtledove, and a young dove*** (*Genesis* 15:9).[82] וּמַלְכֻיּוֹת מִנַּיִן – **From where do we know** that God showed Abraham **the** foreign **kingdoms** that would subjugate his descendants?[83] שֶׁנֶּאֱמַר ״אֵימָה״, זוֹ בָּבֶל – **For it says,** *And it happened, as the sun was about to set, a deep sleep fell upon Abram; and behold, a dread! great darkness fell upon him* (ibid., v. 12). ***A dread!*** [אֵימָה] – **this** alludes to **Babylonia,** שֶׁנֶּאֱמַר ״אָיֹם וְנוֹרָא הוּא מִמֶּנּוּ מִשְׁפָּטוֹ וּשְׂאֵתוֹ יֵצֵא״ – **as it says,** ***It is dreadful*** [אָיֹם] ***and terrifying, its judgment and its burden go forth from it*** (*Habakkuk* 1:7).[84] ״חֲשֵׁכָה״ זוֹ מָדַי שֶׁהֶחֱשִׁיכָה עֵינֵיהֶם שֶׁל יִשְׂרָאֵל בִּגְזֵרוֹתֶיהָ – ***Darkness*** – **this** alludes to Persia/**Media,** who **darkened the eyes of Israel with her decrees.**[85] ״גְּדֹלָה״ זוֹ יָוָן, שֶׁנֶּאֱמַר ״וּצְפִיר הָעִזִּים הִגְדִּיל עַד מְאֹד וּכְעָצְמוֹ נִשְׁבְּרָה הַקֶּרֶן הַגְּדֹלָה וַתַּעֲלֶנָה חָזוּת אַרְבַּע תַּחְתֶּיהָ לְאַרְבַּע רוּחוֹת הַשָּׁמָיִם״ – ***Great*** – **this** alludes to **Greece, for it says** in reference to Greece, ***Then the he-goat grew greatly. At its mightiest, the great horn was broken and a semblance of four [horns] came up in its place, [pointing] toward the four directions of the heavens*** (*Daniel* 8:8).[86] ״נֹפֶלֶת עָלָיו״ זוֹ אֱדוֹם, שֶׁנֶּאֱמַר ״מִקּוֹל נִפְלָם רָעֲשָׁה הָאָרֶץ״ – ***Fell upon him*** – **this** alludes to **Edom** (Rome), **for it says** in reference to Edom, ***From the sound of their fall the earth quakes*** (*Jeremiah* 49:21).[87]

Having demonstrated that Abraham was shown the four things mentioned above (Torah, Gehinnom, offerings, and foreign kingdoms), the Midrash explains the connection between them:

אָמַר הַקָּדוֹשׁ בָּרוּךְ הוּא: כָּל יָמִים שֶׁיִּהְיוּ בָנֶיךָ עֲסוּקִים בַּתּוֹרָה וּבַקָּרְבָּנוֹת – **The Holy One, blessed is He,** said to Abraham: **As long as your children involve themselves with the** study of **Torah and** the bringing of **offerings,** הֵם נִיצּוֹלִים מֵהֶן – **they will be saved from [Gehinnom and the foreign kingdoms].**[88] אֶלָּא עֲתִידִין בָּנֶיךָ לְבַטֵּל הַקָּרְבָּנוֹת – **But** there will be a time **in the future** when **your children will cause the offerings to become null.**[89] בַּמֶּה אַתְּ מְבַקֵּשׁ שֶׁיִּשְׁתַּעְבְּדוּ בָנֶיךָ, בַּגֵּיהִנָּם אוֹ בַּמַּלְכֻיּוֹת – **Which do you prefer that your children be subject to, Gehinnom or** foreign **kingdoms?**[90] אָמַר רַבִּי חֲנִינָא בַּר פָּפָּא: אַבְרָהָם בֵּירַר לוֹ הַמַּלְכֻיּוֹת – **R' Chanina bar Pappa said: Abraham chose** subjugation by **the** foreign **kingdoms.**[91]

NOTES

80. *Yalkut Shimoni, Pekudei* §415; see *Genesis* 15:7-21.

81. See *Eitz Yosef* to *Bereishis Rabbah* 44 §21; cf. *Eitz Yosef* here.

82. The three heifers represent three types of bull-offerings, the three goats represent three types of goat-offerings, the three rams represent two types of ram-offerings and one ewe-offering, etc. See *Bereishis Rabbah* 44 §14 (*Eitz Yosef*).

83. [I.e., the four kingdoms that would subjugate the Jews from the time they became a nation. The Egyptian exile preceded these four and was foretold in a different portion of the Covenant Between the Parts.]

84. The passage containing this verse is written about the Chaldeans, who are identified with the Babylonians (*Eitz Yosef*). See *Bereishis Rabbah* 44 §17 where *Daniel* 3:19 is cited as proof to this exposition (*Matnos Kehunah*).

85. [Media is identified with Persia.] The decrees mentioned here were those of Ahasuerus, who decreed the destruction, death, and extermination of the Jewish people (*Maharzu*). *Eitz Yosef* deletes the word בִּגְזֵרוֹתֶיהָ, *with her decrees,* because *Bereishis Rabbah* loc. cit. reads: *who caused Israel's eyes to be darkened with fasting.*

86. See *Daniel* 8:21, where the Angel explains to Daniel: *The he-goat is the kingdom of Greece.* The semblance of four horns refers to the four dominions carved out of the Greek Empire after the death of Alexander the Great (see commentaries ad loc.).

The word גְּדֹלָה, *great,* describes the darkness that Abraham saw, and that is how our Midrash interprets it as well: If Persia/Media represents "darkness," Greece represents a much greater and denser darkness (*Ramban* to v. 12, as explained by *Abarbanel* in *Mayenei HaYeshuah* 2:1). [For elaboration of this idea, see the following Insights in the Kleinman edition of the Midrash: to *Bereishis Rabbah* 44 §17, "The Great Darkness of Greece"; to *Vayikra Rabbah* 13 §5, "The Light of the World – The Darkness of Greece"; to *Esther Rabbah, Pesichta* §5, "A Conquest Like No Other."]

87. The entire passage (*Jeremiah* 49:7-22) discusses Edom. *Maharal* (*Gevuros Hashem* Ch. 8) explains that Edom is characterized by falling because his descent is from a very high place. In this vein, the prophet Obadiah says to Edom, *Even if you raise [your nest] like an eagle or if you place your nest among the stars, I will bring you down from there – the word of* HASHEM (*Obadiah* 1:4).

88. That is, the performance of these two mitzvos will save them from those two forms of punishment (see *Tanchuma* [Buber ed.], *Pekudei* §5).

89. I.e., when their sins will bring about the destruction of the Temple (see ibid.; see, however, *Yalkut Shimoni, Tehillim* §737, cited by *Rashash*).

90. After the offerings disappear, only the merit of Torah study will remain. Torah study can protect the Jewish people from one form of punishment, but not from both. God therefore asked Abraham which he preferred that his children should suffer (see *Radal* to *Bereishis Rabbah* 44 §21).

91. See *Eruvin* 19a, which teaches that most of the sinners of Israel are condemned to be in Gehinnom for a brief moment, after which Abraham comes, brings them up out of Gehinnom, and welcomes them.

רַבִּי חָמָא אָמַר: הָיוּ אוֹמְרִים חֲמֵי קְדַל דִּבְרֵיהּ דְּעַמְרָם, וַחֲבֵירוֹ אוֹמֵר לוֹ: אָדָם שֶׁשָּׁלַט עַל מְלֶאכֶת הַמִּשְׁכָּן אֵין אַתָּה מְבַקֵּשׁ שֶׁיְּהֵא עָשִׁיר, כְּשֶׁשָּׁמַע מֹשֶׁה כָּךְ אָמַר לָהֶם מֹשֶׁה: חַיֵּיכֶם, נִגְמַר הַמִּשְׁכָּן, אֶתֵּן לָכֶם חֶשְׁבּוֹן, אָמַר לָהֶם: בּוֹאוּ וְנַעֲשֶׂה חֶשְׁבּוֹן, הֱוֵי [לח, כא] "אֵלֶּה פְקוּדֵי הַמִּשְׁכָּן":

ז [לח, כא] "מִשְׁכַּן הָעֵדֻת", [יא]מָה "הָעֵדֻת", זוֹ תּוֹרָה שֶׁהֵם יְגֵעִים בָּהּ, אָמַר הָאֱלֹהִים: בִּזְכוּת הַתּוֹרָה וּבִזְכוּת הַקָּרְבָּנוֹת אֲנִי מַצִּיל אֶתְכֶם מִגֵּיהִנָּם, וְכֵן לְאַבְרָהָם אָבִינוּ [יב]הֶרְאָה הַקָּדוֹשׁ בָּרוּךְ הוּא הַתּוֹרָה וְהַגֵּיהִנָּם וְהַקָּרְבָּנוֹת °וְגָלֻיּוֹת, שֶׁנֶּאֱמַר (בראשית טו, יז) "וְהִנֵּה תַנּוּר עָשָׁן וְלַפִּיד אֵשׁ אֲשֶׁר עָבַר בֵּין הַגְּזָרִים הָאֵלֶּה", זוֹ תּוֹרָה וְגֵיהִנָּם, שֶׁנֶּאֱמַר (לעיל כ, יד) "וְכָל הָעָם רֹאִים אֶת הַקּוֹלֹת וְאֶת הַלַּפִּידִם וְאֵת קוֹל הַשֹּׁפָר וְאֶת הָהָר עָשֵׁן וַיַּרְא הָעָם וַיָּנֻעוּ וַיַּעַמְדוּ מֵרָחֹק", וְהַקָּרְבָּנוֹת מִנַּיִן, דִּכְתִיב (בראשית שם ט) "עֶגְלָה מְשֻׁלֶּשֶׁת וְעֵז מְשֻׁלֶּשֶׁת וְאַיִל מְשֻׁלָּשׁ וְתֹר וְגוֹזָל", °וְגָלֻיּוֹת מִנַּיִן, שֶׁנֶּאֱמַר (שם שם יב) "אֵימָה", זוֹ בָּבֶל, שֶׁנֶּאֱמַר (חבקוק א, ז) "אָיֹם וְנוֹרָא הוּא מִמֶּנּוּ מִשְׁפָּטוֹ וּשְׂאֵתוֹ יֵצֵא", (בראשית שם שם) "חֲשֵׁכָה" זוֹ מָדַי שֶׁהֶחֱשִׁיכָה עֵינֵיהֶם שֶׁל יִשְׂרָאֵל בִּגְזֵרוֹתֶיהָ, (שם) "גְּדֹלָה" זוֹ יָוָן, שֶׁנֶּאֱמַר (דניאל ח, ח) "וּצְפִיר הָעִזִּים הִגְדִּיל עַד מְאֹד וּכְעָצְמוֹ נִשְׁבְּרָה הַקֶּרֶן הַגְּדֹלָה וַתַּעֲלֶנָה חָזוּת אַרְבַּע תַּחְתֶּיהָ לְאַרְבַּע רוּחוֹת הַשָּׁמָיִם", (בראשית שם שם) "נֹפֶלֶת עָלָיו" זוֹ אֱדוֹם, שֶׁנֶּאֱמַר (ירמיה מט, כא) "מִקּוֹל נִפְלָם רָעֲשָׁה הָאָרֶץ", אָמַר הַקָּדוֹשׁ בָּרוּךְ הוּא: כָּל יָמִים שֶׁיִּהְיוּ בָנֶיךָ עֲסוּקִים בַּתּוֹרָה וּבַקָּרְבָּנוֹת הֵם נִיצּוֹלִים מֵהֶן, אֶלָּא עֲתִידִין בָּנֶיךָ לְבַטֵּל הַקָּרְבָּנוֹת, בַּמֶּה אַתְּ מְבַקֵּשׁ שֶׁיִּשְׁתַּעְבְּדוּ בָנֶיךָ, בַּגֵּיהִנָּם אוֹ °בַגָּלֻיּוֹת, אָמַר רַבִּי חֲנִינָא בַּר פָּפָּא: אַבְרָהָם בֵּירַר לוֹ °הַגָּלֻיּוֹת,

עץ יוסף

היו אומרים חמי קדל בו׳. פירוש אחד אמר לחברו בא וראה צוארו וערפו של בן עמרם כמה הוא שמן, וחבירו משיב לו שכל זה הוא ממה שלקח משלנו, מכיון שכל כך עושר מנדבת המשכן תחת ידו אי אפשר שלא יקח, ומה אתה מבקש ושואל על עשרו: **ונעשו חשבון.** הוי אלה פקודי המשכן משכן העדות דריש העדות, לשון אזינו עדי, והיינו מה שהיו מדברים במשה: (ז) [ה] **זו תורה.** ופירוש משכן העדות היינו שהיה משכן לארון שבו התורה: **שהם יגעים בה.** אתא למימר דלא נקרא עדות מלד תורה שבכתב הנתונה בארון אלא העיקר מפני תורה שבעל פה, שיש בה יגיעה ופלפול, ולפי שהתורה שבעל פה תלויה בתורה שבכתב קרא התורה שבארון עדות: **אמר האלהים.** כדי לפרש שמה שנקרא התורה עדות, היינו שהיא עדות שאינן יורדין לגיהנם, מפרש ואזיל שה׳ אמר שבזכות התורה ניצולים מגיהנם: **זו תורה וגיהנם.** תנור זה גיהנם, כמו שנאמר אשר אור לו בציון ותנור לו בירושלים, ודרשו חכמינו ז״ל על הגיהנם, ועשן ולפיד אש זו התורה וכדמפרש: **שנאמר עגלה משולשת בו׳.** דרמיזי אכמה מיני קרבנות כדלעיל בבראשית רבה פרשה מ״ד: **שנאמר איום בו׳.** וזה נאמר על הכשדיים שהם בבליים: **בגזרותיה.** נראה דלא גרסינן ליה, כי לשון זה נאמר לעיל בבראשית רבה לנישנא דדריש ליה ביון, אלא גרסינן עיניהם של ישראל בצום ובתענית, כדגרסינן לעיל בבראשית רבה: **לבטל קרבנות.** ואף על פי שלא יבטלו תלמוד תורה, וכל שכן אילו יבטלו תלמוד תורה שנענשים, אף על פי שלא יבטלו קרבנות: **במה אתה מבקש בו׳.** לאו בנענשים בגיהנם לדורי דורות קמיירי הכא, שמי שהמריד כשיעור הזה פשיטא שלא יתכפר בגלות, אלא בנענשים מדת זמן שנים עשרה חדש או פחות משנים עשרה חדש, ובכהאי גוונא אפשר יבחר בגיהנם שהוא זמן מועט עם היותו בנפש, במקום גליות שהוא בכל חיי האדם (תולדות נח): **אברהם בירר לו הגליות.** ואם תאמר וכי העומדים בגליות נפטרו מעונש גיהנם, ויש לומר דלא קאמר אלא שלא יהיה עונש גמור בגיהנם, אבל יתכפר מקלתו בעולם הזה, ואף על גב דקאמר שאין יורדין לגיהנם, יש לומר דעונש גמור הוא דקרי ירידה:

פירוש מהרז״ו

(ז) **העדות זו תורה.** כמו שכתוב אלה העדות והחוקים, וכן (תהלים עח, ה) ויקם עדות ביעקב ותורה שם בישראל, וכדומה: **בזכות התורה והקרבנות.** וזה משכן, משכן העדות, משכן שמקריבין בו קרבנות, משכן העדות על התורה. עיין תנחומא ריש סימן ד׳: **והגיהנם והקרבנות.** בראשית רבה פרשה מ״ד סימן כ״א, ושם נסמן ומבואר. ותנחומא כאן סימן ח׳: **אימה זו בבל.** כמו שכתוב שם (בראשית טו, יב) והנה אימה חשכה נופלת עליו, עיין בראשית רבה שם סימן י״ז: **איום ונורא.** וכל הענין שם בחבקוק מדבר בבבל, עיין לעיל פרשה ח׳ סימן ב׳: **שהחשיכה עיניהם.** זה אחשורוש מלך מדי, שגזר להשמיד ולהרוג: **גדולה זו יון.** כמו שכתוב שם (פסוק כא) והצפיר השעיר (הוא) מלך יון וגו׳, ועליו אמר וצפיר העזים הגדיל: **לבטל קרבנות.** שם בבראשית רבה הגירסא לבטל תורה וקרבנות:

חידושי הרד״ל

[ז] **זו תורה בו׳ בזכות התורה ובזכות הקרבנות בו׳.** דורש גם כן שני פעמים משכן, והשני הוא בזמן שבית המקדש חרב הרי התורה שעוסקין בה שורה שכינה על ידו כמו על המשכן והקרבנות:

חידושי הרש״ש

חמי קדל. קדל הוא תרגום של עורף (בראשית מט, ח באונקלוס): **וחברו אמר לו בו׳ אין אתה מבקש שיהא עשיר.** רצה לומר ומה זו תימא דקדליה שמן, הלא מטמון גדול כזה היה תחת ידו, ודאי גנב ממנו הרבה: [ז] **אימה זו בבל שנאמר איום בו׳.** עיין מתנות כהונה שמביא גירסא אחרת בשם ילקוט לך לך, הן גם במדרש עצמו פרשת לך (בראשית רבה מד, יז) ופרשת שמיני (ויקרא רבה יג, ה) הגירסא כבילקוט, ועיין בויקרא רבה פרשה יח ב, דדריש איום ונורא גם על מלכיות אחרות: **אלא עתידין בניך לבטל הקרבנות.** בילקוט תהלים מזמור מ הגירסא, עתידה תורה ליבטל ובית המקדש ליחרב במה כו׳:

באור מהרי״פ

[ז] **ובזכות הקרבנות.** אולי הקרבנות נרמזים באלה פקודי המשכן שהוא מקום הקרבן: **במתנות כהונה [בד״ה שנאמר איום בו׳] ונתמלי חמה.** צריך לומר התמלי חמא, (דניאל ג, יט) באדין נבוכדנאצר התמלי חמה: **בניך לבטל הקרבנות ובו׳.** פירוש, הוא הדין לביטול תורה, וחדא מינייהו נקט:

מסורת המדרש

יא. תנחומא כאן ס״ח כל הענין:
יב. בראשית רבה פרשה מ״ד. מכילתא סדר יתרו ריש פ״ט. מדרש תהלים סוף מזמור כ״ב. פסיקתא דרב כהנא פסקא ה׳. פסיקתא רבתי פסקא ט״ו סי״ב. ילקוט סדר לך לך רמז ע״ז. ילקוט תהלים רמז תשל״ז. וע׳ ויק״ר פ׳ י״ג. ופרקי דר׳ אליעזר פ׳ כ״ח:

אם למקרא

וַיְהִי הַשֶּׁמֶשׁ בָּאָה וַעֲלָטָה הָיָה וְהִנֵּה תַנּוּר עָשָׁן וְלַפִּיד אֵשׁ אֲשֶׁר עָבַר בֵּין הַגְּזָרִים הָאֵלֶּה: (בראשית טו:יז)

וְכָל הָעָם רֹאִים אֶת הַקּוֹלֹת וְאֶת הַלַּפִּידִם וְאֵת קוֹל הַשֹּׁפָר וְאֶת הָהָר עָשֵׁן וַיַּרְא הָעָם וַיָּנֻעוּ וַיַּעַמְדוּ מֵרָחֹק: (לעיל כ:יד)

וַיֹּאמֶר אֵלָיו קְחָה לִי עֶגְלָה מְשֻׁלֶּשֶׁת וְעֵז מְשֻׁלֶּשֶׁת וְאַיִל מְשֻׁלָּשׁ וְתֹר וְגוֹזָל: (בראשית שם ט)

וַיְהִי הַשֶּׁמֶשׁ לָבוֹא וְתַרְדֵּמָה נָפְלָה עַל אַבְרָם וְהִנֵּה אֵימָה חֲשֵׁכָה גְדֹלָה נֹפֶלֶת עָלָיו: (שם שם יב)

אָיֹם וְנוֹרָא הוּא מִמֶּנּוּ מִשְׁפָּטוֹ וּשְׂאֵתוֹ יֵצֵא: (חבקוק א:ז)

וּצְפִיר הָעִזִּים הִגְדִּיל עַד מְאֹד וּכְעָצְמוֹ נִשְׁבְּרָה הַקֶּרֶן הַגְּדֹלָה וַתַּעֲלֶנָה חָזוּת אַרְבַּע תַּחְתֶּיהָ לְאַרְבַּע רוּחוֹת הַשָּׁמָיִם: (דניאל ח:ח)

מִקּוֹל נִפְלָם רָעֲשָׁה הָאָרֶץ צְעָקָה בְּיַם סוּף נִשְׁמַע קוֹלָהּ: (ירמיה מט:כא)

שינוי נוסחאות

(ז) **גליות** (כמה פעמים). בספרים ישנים היה כתוב "מלכיות", והמדפיסים המאוחרים שינו לכתוב "גליות" מחמת צנזורא:

מתנות כהונה

היו אומרים חמי קדל בו׳. פירוש אחד אמר לחבירו בא וראה צוארו של בן עמרם כמה הוא שמן כל זה הוא ממה שלקח משלנו: **אין אתה מבקש בו׳.** ויפה עושה שלוקח משלנו ובין כך ובין כך האמינו שניהם שלקח משלהם. וכעין זה איתא בירושלמי פרק ג׳ דמסכת תרומות ובמסכת שקלים בפרק אמר להם הממונה: [ז] **שהם יגיעים ובו׳.** כשהם יגיעים בה יגלו מדין גיהנם וכדמפרש ואזיל וזהו העדות שהתורה מעידה: הכי גרסינן **הראה הקב״ה התורה והגיהנם והקרבנות** וכן הוא בבראשית רבה פרשה מ״ד ובילקוט תהלים: **זו תורה וגיהנם.** תנור זה גיהנם כמו שנאמר (ישעיה לא, ט) אשר אור לו בציון ותנור לו בירושלים ודרשו חז״ל (עירובין יט, א) על הגיהנם ועשן ולפיד אש זה התורה וכדמפרש ואזיל. ועיין בילקוט לך לך (רמז עו): הכי גרסינן **מלכיות מניין שנאמר אימה זו בבל שנאמר איום וגו׳.** וזה נאמר על הכשדים שהם בבליים ובילקוט פרשת לך לך (רמז עז) גרס אימה זה בבל שנאמר (ואתמלא חימה) [התמלי חמא] (דניאל ג, יט) דרש אימה כמו חימה בחילוף אותיות אחה״ע:

אשד הנחלים

[ז] **זו תורה כו׳ התורה ובזכות הקרבנות.** וזהו משכן שעליו מקריבין והעדות זו התורה. והענין שהתורה היא השלמת השכל בידיעה, והקרבנות היא במקום עבודה שהיא השלמת הלב בטהרה ושפיכת הנפש לה׳, והן הן השני העמודים שעל ידם ינצל מגיהנם שהוא השחתת הנפש: **התורה וגיהנם.** יראה מזה המאמר כי הגיהנם הוא הפך התורה, והגליות הוא היפך הקרבנות, וכמה מצוייר הוא למתבונן, כי הנה הגיהנם הוא החושך המסתיר ההשגה מהנפש המשכלת, והתורה היא המשלמת הנפש בהשגה, והקרבנות הוא התועלת להשפיע שפע רב טוב בעולם, והגליות להיפך לייסר האדם בעולם הזה ביסורים ועוני, וכן יסורי הגליות הוא להצריף הלב, לא הצרפה להשכל כי שמעתתא בעיא צלותא, והשכל מכהה מרוב הצרות, זולת הלב ישפל ויכנע, וא״כ הצרות היו נגד הקרבנות להשפיל הנפש. וזהו שהראה לאברהם התנור עשן זהו הגיהנם המעותדת, אך כנגדה יש לפיד אש המאירה לנפש להצילה, וכן הראה הקרבנות וסודם, וכנגדה בהפכה האימה בהעדרה: **בגיהנם או בגליות.** כלומר ביסורי עולם הזה או ביסורי עולם הבא, ואברהם בירר לו יסורי עולם הזה למען ישארו נקיים בעולם הבא:

וּמִנַּיִן – **And how do we know** this? שֶׁנֶּאֱמַר "אִם לֹא כִּי צוּרָם מְכָרָם" – **For it says,** *For how could one [enemy soldier] pursue a thousand [Jewish soldiers]... **if not that their rock** [צוּרָם] **had sold them out*** (*Deuteronomy* 32:30).[92] זֶה אַבְרָהָם, שֶׁנֶּאֱמַר "הַבִּיטוּ אֶל צוּר חֻצַּבְתֶּם" – **This** alludes to **Abraham, for it says, *Look to the rock*** [צוּר] ***from which you were hewn*** ... *look to Abraham your forefather* (*Isaiah* 51:1-2). And the verse in *Deuteronomy* concludes, "וַה' הִסְגִּירָם", שֶׁהִסְכִּים הַקָּדוֹשׁ בָּרוּךְ הוּא אַחֲרָיו – ***and HASHEM had delivered them.*** This teaches **that the Holy One, blessed is He, agreed with [Abraham]** that foreign subjugation was the better option. אָמַר רַבִּי הוּנָא בְּשֵׁם רַבִּי אַחָא וְזָקֵן אֶחָד בְּשֵׁם רַבִּי – **R' Huna said in the name of R' Acha, and a certain elder** said **in the name of Rebbi,**[93] that Abraham reached his decision in another way: When God gave him the choice of Gehinnom or foreign kingdoms, עָמַד לוֹ אַבְרָהָם תָּמֵהַּ – **Abraham stood bewildered** וְלֹא הָיָה יוֹדֵעַ מַה שֶּׁיִּבְרוֹר לוֹ – **and he did not know what to choose,** עַד שֶׁאָמַר לוֹ הַקָּדוֹשׁ בָּרוּךְ הוּא שֶׁיִּבְרוֹר אֶת הַמַּלְכֻיּוֹת – **until the Holy One, blessed is He, said that he should choose the** foreign **kingdoms.** שֶׁנֶּאֱמַר "הִרְכַּבְתָּ אֱנוֹשׁ לְרֹאשֵׁנוּ", שֶׁעֲבַדְתָּנוּ בַּמַּלְכֻיּוֹת – **For it says, *You mounted a mortal over our head,*** i.e., **You subjected us to the domination of the** foreign **kingdoms;** "בָּאנוּ בָאֵשׁ וּבַמַּיִם", זוֹ גֵּיהִנָּם, חֶצְיוֹ אֵשׁ וְחֶצְיוֹ בָּרָד – ***we entered fire and water*** – **this is** a reference to **Gehinnom, which** is comprised of **half fire and half hail;**[94] "וַתּוֹצִיאֵנוּ לָרְוָיָה" – ***and You brought us out into abundance*** (*Psalms* 66:12).[95] הֱוֵי "אֵלֶּה פְקוּדֵי הַמִּשְׁכָּן מִשְׁכַּן הָעֵדֻת" – **This,** then, **is** the meaning of: ***These are the reckonings of the Tabernacle, the Tabernacle of Testimony.*** מַהוּ "הָעֵדֻת" – **For what is it a testimony?** שֶׁכָּל זְמַן שֶׁיִּשְׂרָאֵל עוֹסְקִין בַּתּוֹרָה וּבַקָּרְבָּנוֹת – **That as long as the Jewish people is engaged in** both **the study of Torah and** the bringing of **offerings,** תְּהֵא עֵדוּת לָהֶם שֶׁאֵינָם יוֹרְדִין לַגֵּיהִנָּם וְאֵינָן מִשְׁתַּעְבְּדִין בַּמַּלְכֻיּוֹת – **[the Tabernacle] will be a testimony to them that they will neither descend into Gehinnom nor be subjugated by the** foreign **kingdoms.**

§8 The Midrash will focus on the word אֵלֶּה, *these,* as it proceeds to expound the verse:

דָּבָר אַחֵר, "אֵלֶּה פְקוּדֵי הַמִּשְׁכָּן" – **Another interpretation: *These are the reckonings of the Tabernacle.*** מַהוּ "אֵלֶּה" – **What is** the reason that this passage begins with the word *Eileh* [אֵלֶּה], *these?*[96]

The Midrash discusses a wondrous gift that Israel merited when they accepted the Torah:[97]

בְּשָׁעָה שֶׁנָּתַן הַקָּדוֹשׁ בָּרוּךְ הוּא תּוֹרָה לְיִשְׂרָאֵל – **When the Holy One, blessed is He, gave the Torah to Israel** לֹא הָיוּ רְאוּיִם שֶׁיִּשְׁלוֹט מַלְאַךְ הַמָּוֶת בָּהֶם – **they were not susceptible to the Angel of Death having dominion over them.** שֶׁנֶּאֱמַר "חָרוּת עַל הַלֻּחֹת" – **For it says,** *The Tablets were God's handiwork, and the script was the script of God, **engraved*** [חָרוּת] ***on the Tablets*** (above, 32:16). מַהוּ "חָרוּת" – **What is** Scripture teaching by using the word *charus* [חָרוּת]?[98] רַבִּי יְהוּדָה אוֹמֵר: חֵירוּת מִן גָּלֻיּוֹת – **R' Yehudah says:** Accepting the Torah merited the nation **freedom from the exiles,**[99] וְרַבִּי נְחֶמְיָה אוֹמֵר: חֵירוּת מִמַּלְאַךְ הַמָּוֶת – **and R' Nechemyah says:** It merited them **freedom from the Angel of Death.**[100]

NOTES

92. Although according to the plain meaning of the verse, צוּרָם (*their Rock*) is referring to God, it is interpreted here as referring to Abraham, as the Midrash proceeds to explain.

93. I.e., R' Yehudah HaNasi.

94. See *Rabbeinu Bachya* to *Numbers* 16:33; *Ben Yehoyada* to *Nedarim* 22a.

95. By choosing for us to be subjugated by the foreign kingdoms (*You mounted a mortal over our head*), You have exempted us from the suffering of Gehinnom (by counting subjugation to foreign kingdoms to be its equivalent – *[as if] we entered fire and water*). As a result, *You brought us out into abundance,* i.e., You spared us from the worse fate, for Gehinnom would have been a more severe punishment.

96. The Torah will sometimes begin a passage with the word אֵלֶּה, *these,* or with the word וְאֵלֶּה, *and these*; but there is a difference between the two. As discussed above (30 §3), the word וְאֵלֶּה adds to that which has been stated previously; in contrast, the word אֵלֶּה discounts that which has been stated previously. Here, the verse states: אֵלֶּה פְקוּדֵי הַמִּשְׁכָּן, *"These" are the reckonings of the Tabernacle,* which would imply (based on the above principle) that *"these" are the reckonings* while other things mentioned previously are not. However, analysis of previous passages in the Torah yields no other "reckonings" that our verse could possibly be discounting. The Midrash therefore asks why the word אֵלֶּה is used here; what is it coming to teach? (*Yefeh To'ar, Eitz Yosef*). The Midrash will answer its question toward the end of the section; see note 129 (ibid.; *Radal*). [For a different approach to this section (§8), see *Maharzu*.]

97. The Midrash here begins a lengthy discussion of Israel's becoming free of the power of the Angel of Death when they accepted the Torah; and of their becoming susceptible to death once again when they worshiped the Golden Calf (see also 32 §1 above). [For a possible explanation of the connection of this discussion to the question and answer with which the section respectively begins and ends, see *Yefeh To'ar*.]

98. In light of the fact that the earlier part of the verse speaks of מִכְתָּב, *script* (i.e., something that is *written*), why does Scripture use the word חָרוּת, *engraved,* instead of the word כָּתוּב, *written*? (*Maharzu* to *Vayikra Rabbah* 18 §3; see *Bamidbar Rabbah* 16 §24). Alternatively: Why does the verse state חָרוּת "עַל" הַלּוּחוֹת, *engraved "on" the Tablets,* instead of stating חָרוּת בַּלּוּחוֹת, *engraved "into" the Tablets*? (*Eitz Yosef* ibid. and on 41 §7 above). In any event, because of this difficulty the Midrash in other places (*Vayikra Rabbah* 18 §3, et al.) states that the word חָרוּת is to be understood as if written חֵרוּת, which means *freedom* (see next note). As *Eitz Yosef* explains (on *Vayikra Rabbah* ibid. and on 41 §7 above), the Midrash interprets עַל הַלּוּחוֹת as *"on account of" the Tablets,* so that the word חָרוּת refers to something that the Jewish people would be granted on account of the Tablets; namely, freedom. Our Midrash now cites two Sages who discuss what freedom the nation merited when they accepted the Torah.

99. R' Yehudah is saying that even if Israel would sin, they would be punished in some other fashion but would not be exiled (*Eitz Yosef*). Alternatively, when the Israelites accepted the Torah they were freed from the power of the evil inclination; see *Shir HaShirim Rabbah* 1:2 §4 [and see *Bava Basra* 16a, where the Gemara states that the Satan, the evil inclination, and the Angel of Death are all one and the same]. Thus, they would not come to sin in the first place, and they would thus not suffer the punishment of exile (cf. *Eshed HaNechalim*).

100. See Insight Ⓐ.

INSIGHTS

Ⓐ **Engraved Souls** According to *R' Yitzchak Hutner* (*Pachad Yitzchak, Shavuos* §21), the connection between חָרוּת, *engraved,* and חֵרוּת, *freedom [from the Angel of Death],* runs much deeper than the verbal similarity. Our Sages teach that the Torah and Israel are one. Indeed, anyone present at a person's death is halachically required to rend his clothing, as if he were witnessing the burning of a Torah scroll (*Moed Katan* 25a). Just as a scroll's parchment bears the script upon it, so the human body bears the soul within it. In both cases, the whole is a composite of two distinct elements. These elements can be separated, resulting in ruin or death.

Not so with the Tablets. Their text was not inked on the stone's surface but engraved into the material itself; hence, the letters and the "parchment" were one and inseparable. Concurrent with the giving of these Tablets, a new body-soul relationship was introduced for Israel; the soul was "etched" into the body in a fusion of permanence that did not allow for separation and death. That is what our Midrash means when it says that the *engraved* (חָרוּת) nature of the Tablet's text translated into Jewish freedom (חֵרוּת) from the Angel of Death, for the Torah and Israel are one.

With this in mind, Rav Hutner continues with a profound analysis of the Tablets' significance. It has often been pointed out that the Tablets

וּמִנַּיִן, שֶׁנֶּאֱמַר (דברים לב, ל) "אִם לֹא כִּי צוּרָם מְכָרָם", זֶה אַבְרָהָם, שֶׁנֶּאֱמַר (ישעיה נא, א) "הַבִּיטוּ אֶל צוּר חֻצַּבְתֶּם", (דברים שם שם) "וַה' הִסְגִּירָם", שֶׁהִסְכִּים הַקָּדוֹשׁ בָּרוּךְ הוּא אַחֲרָיו, אָמַר רַבִּי הוּנָא בְּשֵׁם רַבִּי אַחָא וְזָקֵן אֶחָד בְּשֵׁם רַבִּי: עָמַד לוֹ אַבְרָהָם תָּמֵהַּ וְלֹא הָיָה יוֹדֵעַ מַה שֶּׁיִּבְרוֹר לוֹ, עַד שֶׁאָמַר לוֹ הַקָּדוֹשׁ בָּרוּךְ הוּא שֶׁיִּבְרוֹר אֶת °הַגָּלֻיּוֹת, שֶׁנֶּאֱמַר (תהלים סו, יב) "הִרְכַּבְתָּ אֱנוֹשׁ לְרֹאשֵׁנוּ", שֶׁעֲבַדְתָּנוּ בַּמַּלְכֻיּוֹת, (שם) "בָּאנוּ בָאֵשׁ וּבַמַּיִם", זוֹ גֵּיהִנָּם, חֶצְיוֹ אֵשׁ וְחֶצְיוֹ בָּרָד, (שם) "וַתּוֹצִיאֵנוּ לָרְוָיָה", הֱוֵי [לח, כא] "אֵלֶּה פְקוּדֵי הַמִּשְׁכָּן מִשְׁכַּן הָעֵדֻת", מַהוּ "הָעֵדֻת", שֶׁכָּל זְמַן שֶׁיִּשְׂרָאֵל עוֹסְקִין בַּתּוֹרָה וּבַקָּרְבָּנוֹת תְּהֵא עֵדוּת לָהֶם שֶׁאֵינָם יוֹרְדִין לַגֵּיהִנָּם°:

ח דָּבָר אַחֵר, [לח, כא] "אֵלֶּה פְקוּדֵי הַמִּשְׁכָּן", מַהוּ "אֵלֶּה", בְּשָׁעָה שֶׁנָּתַן הַקָּדוֹשׁ בָּרוּךְ הוּא תּוֹרָה לְיִשְׂרָאֵל לֹא הָיוּ רְאוּיִם שֶׁיִּשְׁלוֹט מַלְאַךְ הַמָּוֶת בָּהֶם, שֶׁנֶּאֱמַר (לעיל לב, טז) "חָרוּת עַל הַלֻּחֹת", [יג]מַהוּ "חָרוּת", רַבִּי יְהוּדָה אוֹמֵר: חֵירוּת מִן °גָּלֻיּוֹת, וְרַבִּי נְחֶמְיָה אוֹמֵר: חֵירוּת מִמַּלְאַךְ הַמָּוֶת, אָמַר רַבִּי פִּנְחָס בֶּן חָמָא בְּשֵׁם רַבִּי יוֹחָנָן בְּשֵׁם רַבִּי אֱלִיעֶזֶר בְּנוֹ שֶׁל רַבִּי יוֹסֵי הַגְּלִילִי: אָמַר הַקָּדוֹשׁ בָּרוּךְ הוּא: אִם יָבֹא מַלְאַךְ הַמָּוֶת וְיֹאמַר לִי: לָמָּה נִבְרֵאתִי, אֲנִי אוֹמֵר לוֹ: סְטַטְיוֹנַר בְּרָאתִיךָ עַל °הָעוֹבְדֵי כוֹכָבִים° וְלֹא עַל בָּנַי, שֶׁכֵּיוָן שֶׁקִּבְּלוּ הַתּוֹרָה הִלְבִּישָׁם הַקָּדוֹשׁ בָּרוּךְ הוּא מִזִּיו הֲדָרוֹ, וּמֶה הָיָה הַלְּבוּשׁ, רַבִּי יוֹחָנָן אוֹמֵר: [יד]עֲטָרוֹת הִלְבִּישָׁן, וְרַבִּי שִׁמְעוֹן בֶּן יוֹחָאי אוֹמֵר: כְּלֵי זַיִן נָתַן לָהֶם וְהַשֵּׁם הַגָּדוֹל חָקוּק עָלָיו, וְכָל יָמִים שֶׁהָיָה בְּיָדָם לֹא הָיָה מַלְאַךְ הַמָּוֶת יָכוֹל לִשְׁלוֹט בָּהֶם, וּמִנַּיִן אַתָּה לָמֵד, מִמַּה שֶּׁכָּתוּב שָׁם (לעיל לג, ה) "וְעַתָּה הוֹרֵד עֶדְיְךָ מֵעָלֶיךָ", וְרַבִּי *סִיסָא אָמַר: פּוֹרְפִּירָא הִלְבִּישָׁן,

עץ יוסף

עד שאמר לו הקדוש ברוך הוא שיברור כו'. קשה אם כן למה שאל לו מעיקרא דמאחר שלא יתקיים אם לא יבחר הטוב, ויש לומר כדי שלא יקרא תגר על הגליות הודיע לו לזה שהצילם מגיהנם בזה (תולדות נח): **באש ובמים זו גיהנם.** והכי קאמר חשבת למשפט כאילו באנו בגיהנם, ותוציאנו לרויה מדינה של גיהנם על ידי ששעבדתנו: **תהא עדות להם.** רוצה לומר שמאחר שהתורה אש הרי הדבר מפורסם שהעוסק בה, לא ירד לגיהנם כי לא ישלוט בהם האש, וכמו שאמר בפרק חומר בקודש (חגיגה כז, א) תלמידי חכמים אין אור של גיהנם שולטת בהם כו', ומכל מקום אין עדות זו אלא כשלא יבטלו הקרבנות, כי אם אינם מקיימים מצות התורה לא תועילם ודאי: **תהא עדות להם שאינם יורדים לגיהנם ואינן מתשעבדים.** כן צריך לומר (אות אמת). והא דאמרינן (שם) פושעי ישראל אין אור של גיהנם שולטת בהם קל וחומר ממזבח הזהב כו', ויש לומר דהתם היינו שלא יכלם בגיהנם, אבל ירדו בו לידון בו ושוב עולין, אבל בזכות התורה והקרבנות אינן יורדין כלל (יפה תואר): (ח) [ו] **מהו אלה.** דבכל מקום שנאמר אלה פסל את הראשונים, כדלעיל בבראשית רבה פרשה י"ב, ומשני דבא לרמז שזה מכפר על אלה אלהיך כדמסיק: **מהו חרות.** עיין לעיל ריש פרשה ל"ב: **חרות מן הגליות.** אפילו כשיחטאו קאמר, שכשיחטאו יענשו בשאר יסורין: **סטטיונר.** פירושו שליט (ערוך), והמוסיף פירש בלשון רומיי לופה עומד על המלפה: **ועתה הורד עדיך מעליך.** ואדעה מה אעשה לך, אלמא בעוד עדים עליהם היו נצולים מהפורענות: **פורפירא.** בלשון יוני ורומיי בגד תכלת (מוסף הערוך):

פירוש מהרז"ו

הביטו אל צור. סיפא דקרא, הביטו אל אברהם אביכם: **שהסכים הקדוש ברוך הוא אחריו.** שם בבראשית רבה הגירסא שהסכים הקב"ה לדבריו: **וחציו ברד.** והברד הוא מים קרושים, וכמו שדרשו (תנחומא ראה סי' יג) מפסוק (תהלים סח, טו) תשלג בצלמון, צלמון הוא גיהנם, ושם תשלג שחציו שלג: (ח) **מהו אלה.** שהוא מיותר. ודורש מלשון שבח והתפארות, שמתפאר בפקודי המשכן, וכמו שדרש בראשית רבה פרשה י"ב סוף סימן א'. וכוונת הדרשה שעל ידי קבלת התורה זכו למתנות גדולות, ועל ידי העגל אבדום, ועל ידי המשכן חזרו מקצתם, ואם לא כמקדם, ועל כל פנים זוכים יחידים, ואם לא בעולם הזה יזכו לעולם הבא, כמו שכתוב בשיר השירים רבה פסוק ישקני: **מהו חירות.** לעיל ריש פרשה ל"ב ושם נסמן: **סטטיונר.** הערוך פירש מלשון שליט. והמוסף ערוך פירש מלשון לופה. ועיין לעיל פרשה מ"א סימן ו': **עטרות הלבישן.** לעיל פרשה מ"ה ריש סימן ב', ושם נסמן ומבואר ברחבות: **הורד עדיך מעליך.** [וסיפיה דקרא] ואדעה מה אעשה לך, משמע שבעודם עליהם לא יתכן:

חידושי הרד"ל

[ח] מהו אלה בשעה שנתן כו'. כדמפרש בסוף המאמר, שבאלה מתרצה להם נגד אלה אלהיך ישראל, ובאנס דחק המתנות כהונה: **סטטיונר.** עיין מתנות כהונה בשם הערוך. ומוסף ערוך פירושו לשון לופה, ועיין שם ערך סיטון. ולי נראה שהוא מענין אסטטיגורו של עולם בבראשית רבה פרשה סו, ב (עיין שם בערוך בערכו) שפירושו עמידותו ותמידיותו:

באור מהרי"פ

באנו באש וגו'. כלומר, הרכבת אנוש לראשנו היינו שעבוד מלכיות, נחשב לנו כאלו באנו באש ובמים זה הגיהנם, ועל ידי כך ותוציאני לרויה מעונשו של גיהנם: [ח] **סטטיונר.** וזה לשון הערוך (ערך סטטיונר), פירוש שליט הוא לפי ענינו. וזה לשון רבי בנימין מוספיא, אמר בנימין, פירוש בלשון רומי לופה עומד על המלפה: **הורד עדיך מעליך ואדעה מה אעשה לך.** אלמא בעוד עדים עליו היו נצולים מן הפורעניות:

אמרי יושר

[ח] **עטרות הלבישן.** כנגד השכל, או כנגד מדת מלכות הנקראת עטרה: **כלי זיין.** כנגד הרחקת נזק: **פורפירא.** כנגד הכבוד (עי' לעיל מה, א):

ידי משה

[ח] **כלי זיין נתן להם ושם המפורש חקוק עליו.** כבר כתבתי לעיל (פרשה מה סימן ב) שרבי סימי שסבירא ליה שפורפראות הלבישן קמפלגי בפלוגתא של רבי יהודה ורבי נחמיה אם חרות הוא חירות מן המלכות או חירות מן המיתה, ורבי שמעון בר יוחאי שסבירא ליה כלי זיין נתן להם ושם המפורש היה חקוק עליו סבירא ליה כרבי נחמיה שחירות מן מלאך המות, אם כן הוצרך ליתן להם כלי זיין עם שם המפורש כדי להראות שאין למלאך המות שליטה בהם, ורבי סימי שסבירא ליה פורפראות הלבישן כנ"ל פירוש בגדי מלכות סבירא ליה שחירות פירושו מן המלכות וקל להבין. וזאת היא הפלוגתא גם כן בגמרא דשבת אם יהיה בימות המשיח דוגמת עולם הזה רק שעבוד מלכות לא יהיה לפי דאיתא בפרק רבי עקיבא (פח, א) ופדויי ה' ישובון שכשיבא משיח מחזר לישראל אותן המתנות שניתנה להם בשעת קבלת התורה, ואם כן למאן דאמר כלי זיין וחירות הוא חירות מן מלאך המות אם כן על כרחך בימות משיח שיוחזר להם אותן כלי זיין ולא יהיה מיתה לימות המשיח, אם כן על כרחך ימות המשיח ועולם הבא שוים הם, מה שאין כן למאן דאמר שסבירא ליה שפורפראות הלבישן אם כן חירות הוא מן המלכיות ואם כן בימות משיח שיוחזר להם אותן מלבושים יהיה רק חירות מן השיעבוד אבל מיתה יהיה, אם כן הרי לנו שימות משיח ועולם הזה שוים, ודוק, כן נראה לי בן המחבר: **ומנין אתה למד ממה שכתוב שם ועתה הורד עדיך וגו'.** פירוש, לפי שקשה הואיל וכתיב בקרא לעיל ויתאבלו ולא שתו איש עדיו עליו, אם כן מה הוצרך הקב"ה לומר אחר כך ועתה הורד וגו', אלא על כרחך שמלבד אותן שני כתרים שניתן להם בשעה שאמרו נעשה ונשמע ניתן להם מתנות אלו לכל מר כדאית ליה, ואם כן ולא שתו איש עדיו קאי על הכתרים, ועתה הורד קאי על כלי זיין או פורפראות. ודוק:

מתנות כהונה

הכי גרסינן **אמר רב הונא בשם רב אחא וזקן אחד בשם רבי עמד וכו':** הכי גרסינן **לראשינו שעברתנו: שעברתנו.** שעבדתנו **במלכיות,** המלכיות נקראים אנוש ובילקוט תהלים (רמז תשלז) גרסינן הרכבת אנוש לראשנו הרכבת אומים לראשנו: הכי גרסינן **שעברתנו במלכיות באנו באש ובמים זו גיהנם: ותוציאנו לרויה.** מן הגיהנם במה שהרכבת האומות לראשנו: [ח] **מהו אלה כו'.** נראה דסבר אלה הוא לשון חוזק וקיום עולם וכמו שכתב רבינו בחיי פרשת בחקותי: **סטטיונר.** פירש הערוך

אשד הנחלים

ולא היה יודע כו'. כי יש פנים לכאן ולכאן, יש פנים לומר שאם יתענגו על רוב טובה אף שהגיהנם מעותד כי ישמינו ויבעטו, אבל עם כל זה יצילם גם כן, כי יכירו הישר והטוב, ויש מקום לומר להיפך כי הרב טוב יעדירנו מכל טובה וצדקה: **חציו אש וחציו ברד.** כלומר הבררת לנו להרכיב אנוש לראשינו, כי אם לא זאת הרי באנו באש ובמים זה הגיהנם. ומה שאחז כאן בציור הגיהנם מאלו השני דברים שהם הפכיים, יש בו ציור נכון, בארתי בזרע אברהם על מדרש משלי על הפסוק (לא, כא) לא תירא ביתה משלג, עיין שם: [ח] **לא היו ראוים שישלוט עליהם המלאך המות.** הדבר הזה בגדרו בארתי במדרש חזית (שיר השירים רבה א, פסוק ב), על מאמרם בשעה ששמעו אנכי נתקע תלמוד תורה בלבם כו' ונתעקר יצר הרע מלבם כו', עיין שם. ודע דהפלוגתא מרבי יהודה ורבי נחמיה הוא אם על ידי קבלת התורה לולא העגל היו מתעלים במדריגה הראשונה, כמו שהיה קודם החטא שלא היה מיתה בעולם, וזהו כדעת מי שאומר שבחטא אדם הראשון נמשכה הזוהמא, ובקבלת התורה פסקה הזוהמא ובחטאם נחזר עוד הפעם, ודעת ר' יהודה שלא היה נתקן ככה, כי אם חירות מגליות ויסורים אחר שלא יחטאו. ואולי הוא כדעת שמואל שאומר (סנהדרין צא, ב) שאין בין ימות המשיח כו' אלא שעבוד גליות לבד: **למה נבראתי.** כי כל פעולותיו וכחו רק לכלות ולהפסיד, כי ממנו כח ההפסד הקודם להויה, והוא חשב שיבטל סדר הטבעי הנהוג מטבע ההויה וההפסד: **עטרות הלבישן.** הוא שם המושאל, כמלך שהוא נעלה על כל בעטרה אשר לו, כן היו נעלים בכח עליוני אלקי החופף עליהם כאילו מולבשים בעטרה, ודעת רבי שמעון בן יוחאי שהיה בזה פעולה מעשיית גם כן מכתיבת השם הגדול, וזה העדי, ואחרי זאת נוטל מהם. והציור וההבדל בין פורפריה וזינאות, בודאי מרומז דבר תוך אשר היה רגיל בלשונם לכנות באלו השמות:

מסורת המדרש

יג. לעיל פרשה ל"ב. ופרשה מ"א. ויק"ר פ' י"ח. במד"ר פרשה יו"ד סימן ח' ופרשה ט"ז סימן כ"ד. שהש"ר פ"ח. תנא דבי אליהו זוטא פרק ד'. פרקי דרבי אליעזר פרק מ"ט. תנחומא סדר תשא סימן ט"ז. וסדר שלח סימן י"ג. וסדר עקב סי"ח:

יד. לעיל פ' מ"ה. במד"ר פ' ט"ז. שהש"ר פ"א פסוק ג' ופ"ד פסוק י"ג ורפ"ח. איכ"ר פתיחתא כ"ג. ופ"ב סי' י"ז. פדר"א ר"פ מ"ז. תנחומא תצוה סימן י"א. וס' שלח סימן י"ג. שוח"ט מזמור ק"ג. פסיקתא רבתי פ' יו"ד. ופ' כ"א ול"ג פסיקתא דר"כ פ' ט"ז. תדא"ז פ"ד. ילקוט תשא רמז שנ"ג. ילקוט ישעיה רמז רפ"ט ילקוט תהלים רמז תתכ"ח. וילקוט משלי רמז תתקל"ה:

אם למקרא

אֵיכָה יִרְדֹּף אֶחָד אֶלֶף וּשְׁנַיִם יָנִיסוּ רְבָבָה אִם לֹא כִּי צוּרָם מְכָרָם וַה' הִסְגִּירָם: (דברים לב:ל)

שִׁמְעוּ אֵלַי רֹדְפֵי צֶדֶק מְבַקְשֵׁי ה' הַבִּיטוּ אֶל צוּר חֻצַּבְתֶּם וְאֶל מַקֶּבֶת בּוֹר נֻקַּרְתֶּם: (ישעיה נא:א)

הִרְכַּבְתָּ אֱנוֹשׁ לְרֹאשֵׁנוּ בָּאנוּ בָאֵשׁ וּבַמַּיִם וַתּוֹצִיאֵנוּ לָרְוָיָה: (תהלים סו:יב)

וְהַלֻּחֹת מַעֲשֵׂה אֱלֹהִים הֵמָּה וְהַמִּכְתָּב מִכְתַּב אֱלֹהִים הוּא חָרוּת עַל הַלֻּחֹת: (לעיל לב:טז)

וַיֹּאמֶר ה' אֶל מֹשֶׁה אֱמֹר אֶל בְּנֵי יִשְׂרָאֵל אַתֶּם עַם קְשֵׁה עֹרֶף רֶגַע אֶחָד אֶעֱלֶה בְקִרְבְּךָ וְכִלִּיתִיךָ וְעַתָּה הוֹרֵד עֶדְיְךָ מֵעָלֶיךָ וְאֵדְעָה מָה אֶעֱשֶׂה לָּךְ: וַיִּתְנַצְּלוּ בְנֵי יִשְׂרָאֵל אֶת עֶדְיָם מֵהַר חוֹרֵב: (לעיל לג:ה-ו)

שינוי נוסחאות

שאינם יורדין לגיהנם. בא"א הגיה והוסיף "ואינן משתעבדין במלכיות": (ח) **חירות מן גליות.** צ"ל "...מן המלכיות", כן היה כתוב לפני צנזורא:

The Midrash discusses the purpose of the Angel of Death in light of R' Nechemyah's teaching, and elaborates on Israel's protection from its powers:

אָמַר רַבִּי פִּנְחָס בֶּן חָמָא בְּשֵׁם רַבִּי יוֹחָנָן בְּשֵׁם רַבִּי אֱלִיעֶזֶר בְּנוֹ שֶׁל רַבִּי יוֹסֵי הַגְּלִילִי – R' Pinchas ben Chama said in the name of R' Yochanan, who said **in the name of R' Eliezer the son of R' Yose HaGelili: אָמַר הַקָּדוֹשׁ בָּרוּךְ הוּא: אִם יָבֹא מַלְאַךְ הַמָּוֶת וְיֹאמַר לִי: לָמָּה נִבְרֵאתִי – The Holy One, blessed is He, said, "If the Angel of Death were to come and say to Me, 'Why was I created?'**[101] **אֲנִי אוֹמֵר לוֹ – I would say to him, סְטַטְיוֹנֵר בְּרָאתִיךְ עַל הָאוּמּוֹת וְלֹא עַל בָּנַי – 'I have created you to be a ruler**[102] **over the nations** of the world **but not over My children.' "**[103] **שֶׁכֵּיוָן שֶׁקִּבְּלוּ הַתּוֹרָה הִלְבִּישָׁם הַקָּדוֹשׁ בָּרוּךְ הוּא מִזִּיו הֲדָרוֹ – For once they accepted the Torah the Holy One, blessed is He, clothed them with the splendor of His glory.**[104] **וּמֶה הָיָה הַלְּבוּשׁ – And what was the clothing?** There are four views: **רַבִּי יוֹחָנָן אוֹמֵר: עֲטָרוֹת הִלְבִּישָׁן –** (i) **R' Yochanan says: He clothed them with crowns;**[105] **וְרַבִּי שִׁמְעוֹן בֶּן יוֹחָאי אוֹמֵר: כְּלִי זַיִין נָתַן לָהֶם –** (ii) **R' Shimon ben Yochai says: He gave them a weapon, וְהַשֵּׁם הַגָּדוֹל חָקוּק עָלָיו – and the Great Name** of God[106] **was engraved upon it; וְכָל יָמִים שֶׁהָיָה בְּיָדָם לֹא הָיָה מַלְאַךְ הַמָּוֶת יָכוֹל לִשְׁלוֹט בָּהֶם – and all the days that [this weapon] was in their hands the Angel of Death was unable to have dominion over them.**[107]

NOTES

101. That is, in light of the fact that I will no longer be able to fulfill my role as the Angel of Death, why do I continue to exist? (see *Eshed HaNechalim*; see also *Yefeh To'ar*).

102. *Aruch.* Alternatively, *Mussaf HeAruch* translates סְטַטְיוֹנֵר as *sentry* (*Maharzu, Eitz Yosef*).

103. That is, you still have a role to play — but with the nations of the world, not with Israel

104. Which protected them from the Angel of Death.

105. As R' Yochanan explains elsewhere, 600,000 ministering angels descended with God at Sinai and placed a crown on every Jew (see *Eichah Rabbah* 2 §17).

106. I.e., the Ineffable Name of God (see above, 45 §3; *Eichah Rabbah, Pesichta* §24; *Shir HaShirim Rabbah* 1:4 §2).

107. *Alshich* to 33:4-5 above explains that the "weapon" mentioned by R' Shimon ben Yochai was not something physical, but rather a spiritual aura that came upon the Jewish people at Mount Sinai due to the

INSIGHTS

draw a parallel between our relationship with God and our relationship with other people: one Tablet contained five commandments dealing with the former, while the second Tablet contained the same number of commandments regarding the latter. Less often noticed is the fact that nowhere else does the Torah classify the mitzvos in this way or call attention to the relative importance of each group. Why are the Tablets uniquely suited to dividing the mitzvos along these lines and emphasizing their equality?

Let us examine the most fundamental interpersonal mitzvah, *You shall love your neighbor as yourself* (*Leviticus* 19:18). *Ramban* famously comments that the qualifier *as yourself* must be an exaggeration, because (a) a human being cannot be expected to love another person as much as he loves himself; and (b) it contradicts the halachic principle that a person's own well-being comes before that of others. Now, while it is difficult to find fault with this argument, it is even more difficult to accept that the Torah would use imprecise language when promulgating a mitzvah.

Upon reflection, however, there is no imprecision. The verse means what it says, even if to us it sounds like, and in effect is, an exaggeration.

To understand how this can be, we must refer back to the beginning of human history. The Sages made the critical observation that human life, unlike animal life, began with one individual, *Adam HaRishon* (*Sanhedrin* 37a). God created the human race in this way to highlight two qualities found only in human beings. The first is unity. If the entire human race descends from one ancestor, then we are all branches of a single tree, diversified parts of a unified whole. Second, every individual is inherently great. Just as the first man, being alone in the world, was uniquely important in God's eyes, so are his descendants, who inherited this quality from him. Indeed, the Sages teach that the first man was created alone so that every individual should be able to say, "The entire world was created for me" (ibid.).

It follows that as long as people would remain conscious of Adam's solitary origins — which demonstrate that the world was created for one man — they would also be intuitively conscious of their common roots on one hand, and each person's uniqueness on the other. With an acute awareness of their close ties to one another, they would be quite capable of loving others as much as they loved themselves.

But then Adam sinned. He became susceptible to death, and his new mortality cast a shadow over the true nature of his existence. It became hard to imagine that the world could exist for the sake of a short-lived individual who would soon disappear and be forgotten, leaving the world to move on without him. The objective truth, of course, is that death is temporary and the human soul was, and is, no less eternal than before; but it was no longer easy or natural to internalize this truth. As Adam's singular origins receded from people's minds, the ideas of human connectedness and the individual's importance faded as well. Loving other people as oneself became an impossible ideal, and so it will remain until the institution of death is abolished and the commonality of mankind is once again made apparent to all. In the meantime, the qualifier *as yourself* must be taken as an exaggeration.

Significantly, a parallel situation exists in the realm of faith in God. Scripture states, *On that day [in the future] HASHEM will be One, and His Name will be One* (*Zechariah* 14:9). Asks the Talmud, "Is God not One already today?" The answer, of course, is yes, but, as the Talmud explains, our perception of His Oneness is deficient. We may profess our belief in this article of faith, and even sacrifice our lives for its sake. But we cannot see the unity in His conduct of our affairs, the unmitigated goodness in everything He does. Our shortsightedness is reflected in the blessings we recite over fateful events. When brought good tidings, we bless the One Who is good and does good (בָּרוּךְ הַטּוֹב וְהַמֵּטִיב); but when hearing bad news, such as the death of a loved one, we bless the Judge of Truth (בָּרוּךְ דַּיַּין הָאֱמֶת) — as if there were two modes of Divine Providence. In fact there is only one, but as long as we are haunted by the specter of death, the truth will remain elusive. Only in the future era will we fully recognize God as the One Who is good and does good through all manner of worldly events.

It emerges that the blurring of these two concepts, the unity of mankind and the unity of God's Providence, are two sides of one coin, with the coin itself being the phenomenon of death. And it can readily be seen that what *Ramban* says about one concept can be said of the other. For just as the ideal of loving others as oneself is presently beyond our reach and even contradicts the law, leaving us to view the ideal as an exaggeration, so, too, the doctrine that "Hashem is One and His Name is One" is for the time being beyond the grasp and likewise contradicts the law, which forbids reciting a blessing for God's goodness over a tragic event. In both cases, the ostensible exaggeration will be revealed as the unembellished truth with the arrival of "that day." God will then lift the veil from our eyes, allowing us to see the pure goodness of His actions throughout history and the unique role played by every individual in bringing Creation to its goal.

That glorious day, of course, is yet to come, but for a short time, we experienced this futuristic clarity even in the midst of this world. It happened at the time of the Sinaitic revelation, when our ancestors' wholehearted acceptance of the Torah earned them the gift of freedom from the Angel of Death. This gift was brought to them through the heavenly Tablets, whose engraved writing symbolized the state of immortality (as explained above). The revelatory power of these Tablets melted away the usual barriers and allowed Israel to perceive, at one and the same time, the unity of God's Providence and the unity of mankind in their true light.

Since these parallel concepts, revealed so clearly by the Tablets, underlie the two relationships promoted by the Torah — one between man and God and the other between man and his fellow — the Tablets provided a natural context in which to emphasize the parallel importance of the two categories of mitzvos.

וּמִנַּיִן, שֶׁנֶּאֱמַר (דברים לב, ל) "אִם לֹא כִּי צוּרָם מְכָרָם", זֶה אַבְרָהָם, שֶׁנֶּאֱמַר (ישעיה נא, א) "הַבִּיטוּ אֶל צוּר חֻצַּבְתֶּם", (דברים שם שם) "וַה' הִסְגִּירָם", שֶׁהִסְכִּים הַקָּדוֹשׁ בָּרוּךְ הוּא אַחֲרָיו, אָמַר רַבִּי הוּנָא בְּשֵׁם רַבִּי אַחָא וְזָקֵן אֶחָד בְּשֵׁם רַבִּי: עָמַד לוֹ אַבְרָהָם תָּמֵהַּ וְלֹא הָיָה יוֹדֵעַ מַה שֶּׁיִּבְרוֹר לוֹ, עַד שֶׁאָמַר לוֹ הַקָּדוֹשׁ בָּרוּךְ הוּא שֶׁיִּבְרוֹר אֶת °הַגָּלֻיּוֹת, שֶׁנֶּאֱמַר (תהלים סו, יב) "הִרְכַּבְתָּ אֱנוֹשׁ לְרֹאשֵׁנוּ", שֶׁעֲבַדְתָּנוּ בַּמַּלְכֻיּוֹת, (שם) "בָּאנוּ בָאֵשׁ וּבַמַּיִם", זוֹ גֵּיהִנָּם, חֶצְיוֹ אֵשׁ וְחֶצְיוֹ בָּרָד, (שם) "וַתּוֹצִיאֵנוּ לָרְוָיָה", הֱוֵי [לח, כא] "אֵלֶּה פְקוּדֵי הַמִּשְׁכָּן מִשְׁכַּן הָעֵדֻת", מַהוּ "הָעֵדֻת", שֶׁכָּל זְמַן שֶׁיִּשְׂרָאֵל עוֹסְקִין בַּתּוֹרָה וּבַקָּרְבָּנוֹת תְּהֵא עֵדוּת לָהֶם שֶׁאֵינָם יוֹרְדִין לַגֵּיהִנָּם°:

ח דָּבָר אַחֵר, [לח, כא] "אֵלֶּה פְקוּדֵי הַמִּשְׁכָּן", מַהוּ "אֵלֶּה", בְּשָׁעָה שֶׁנָּתַן הַקָּדוֹשׁ בָּרוּךְ הוּא תּוֹרָה לְיִשְׂרָאֵל לֹא הָיוּ רְאוּיִם שֶׁיִּשְׁלוֹט מַלְאַךְ הַמָּוֶת בָּהֶם, שֶׁנֶּאֱמַר (לעיל לב, טז) "חָרוּת עַל הַלֻּחֹת", [יג]מַהוּ "חָרוּת", רַבִּי יְהוּדָה אוֹמֵר: חֵירוּת מִן °גָּלֻיּוֹת, וְרַבִּי נְחֶמְיָה אוֹמֵר: חֵירוּת מִמַּלְאַךְ הַמָּוֶת, אָמַר רַבִּי פִּנְחָס בֶּן חָמָא בְּשֵׁם רַבִּי יוֹחָנָן בְּשֵׁם רַבִּי אֱלִיעֶזֶר בְּנוֹ שֶׁל רַבִּי יוֹסֵי הַגְּלִילִי: אָמַר הַקָּדוֹשׁ בָּרוּךְ הוּא: אִם יָבֹא מַלְאַךְ הַמָּוֶת וְיֹאמַר לִי: לָמָּה נִבְרֵאתִי, אֲנִי אוֹמֵר לוֹ: סְטַטְיוֹנָר בְּרָאתִיךָ עַל °הָעוֹבְדֵי כוֹכָבִים° וְלֹא עַל בָּנַי, שֶׁכֵּיוָן שֶׁקִּבְּלוּ הַתּוֹרָה הִלְבִּישָׁם הַקָּדוֹשׁ בָּרוּךְ הוּא מִזִּיו הֲדָרוֹ, וּמֶה הָיָה הַלְּבוּשׁ, רַבִּי יוֹחָנָן אוֹמֵר: [יד]עֲטָרוֹת הִלְבִּישָׁן, וְרַבִּי שִׁמְעוֹן בֶּן יוֹחָאי אוֹמֵר: כְּלִי זַיִן נָתַן לָהֶם וְהַשֵּׁם הַגָּדוֹל חָקוּק עָלָיו, וְכָל יָמִים שֶׁהָיָה בְּיָדָם לֹא הָיָה מַלְאַךְ הַמָּוֶת יָכוֹל לִשְׁלוֹט בָּהֶם, וּמִנַּיִן אַתָּה לָמֵד, מִמַּה שֶּׁכָּתוּב שָׁם (לעיל לג, ה) "וְעַתָּה הוֹרֵד עֶדְיְךָ מֵעָלֶיךָ", וְרַבִּי *סִיסָא אָמַר: פּוֹרְפִּירָא הִלְבִּישָׁן,

עץ יוסף

עד שאמר לו הקדוש ברוך הוא שיברור כו'. קשה אם כן למה שאל לו מעיקרא דמאחר שלא יתקיים אם לא יבחר הטוב, ויש לומר כדי שלא יקרא תגר על הגליות הודיע לו לזה שהצילם מגיהנם בזה (תולדות נח): באש ובמים זו גיהנם. והכי קאמר חשבת למשפט כאילו באנו בגיהנם, ותוציאנו לרויה מדינה של גיהנם על ידי ששעבדתנו: תהא עדות להם. רוצה לומר שמאחר שהתורה אש הרי הדבר מפורסם שהעוסק בה, לא ירד לגיהנם כי לא ישלוט בהם האש, וכמו שאמר בפרק חומר בקודש (חגיגה כז, א) תלמידי חכמים אין אור של גיהנם שולטת בהם כו', ומכל מקום אין עדות זו אלא כשלא יבטלו הקרבנות, כי אם אינם מקיימים מצות התורה לא תועילם ודאי: תהא עדות להם שאינם יורדים לגיהנם ואינן מתשעבדים. כן צריך לומר (אות אמת). והא דאמרינן (שם) פושעי ישראל אין אור של גיהנם שולטת בהם קל וחומר ממזבח הזהב כו', ויש לומר דהתם היינו שלא יכלם בגיהנם, אבל ירדו בו לידון בו ושוב עולין, אבל בזכות התורה והקרבנות אינן יורדין כלל (יפה תואר): (ח) [ו] מהו אלה. דבכל מקום שנאמר אלה פסל את הראשונים, כדלעיל בבראשית רבה פרשה י"ב, ומשני דבא לרמז שזה מכפר על אלה אלהיך כדמסיק: מהו חרות. עיין לעיל ריש פרשה ל"ב: חרות מן הגליות. אפילו כשיחטאו קאמר, שכשיחטאו יענשו בשאר יסורין: סטטיונר. פירושו שליט (ערוך), והמוסיף פירש בלשון רומיי נופה עומד על המלפה: ועתה הורד עדיך מעליך. ואדעה מה אעשה לך, אלמא בעוד עדים עליהם היו נצולים מהפורענות: פורפירא. בלשון יוני ורומיי בגד תכלת (מוסף הערוך):

פירוש מהרז"ו

הביטו אל צור. סיפא דקרא, הביטו אל אברהם אביכם: שהסכים הקדוש ברוך הוא אחריו. גם בבראשית רבה הגירסא שהסכים הקב"ה לדבריו: וחציו ברד. והברד הוא מים קרושים, וכמו שדרשו (תנחומא ראה סי' יג) מפסוק (תהלים סח, טו) תשלג בצלמון, צלמון הוא גיהנם, ושם תשלג שחציו שלג: (ח) מהו אלה. שהוא מיותר. ודורש מלשון שבח והתפארות, שמתפאר בפקודי המשכן, וכמו שדרש בראשית רבה פרשה י"ב סוף סימן א'. וכוונת הדרשה שעל ידי קבלת התורה זכו למתנות גדולות, ועל ידי העגל אבדום, ועל ידי המשכן חזרו מקצתם, ואם לא כמקדם, ועל כל פנים זוכים יחידים, ואם לא בעולם הזה יזכו לעולם הבא, כמו שכתוב בשיר השירים רבה פסוק ישקני: מהו חירות. לעיל ריש פרשה ל"ב ושם נסמן: סטטיונר. הערוך פירש מלשון שליט. והמוסף ערוך פירש מלשון נופה. ועיין לעיל פרשה מ"א סימן ו': עטרות הלבישן. לעיל פרשה מ"ה ריש סימן ב', ושם נסמן ומבואר ברחבות: הורד עדיך מעליך. [וסיפיה דקרא] ואדעה מה אעשה לך, משמע שבעודם עליהם לא יתכן:

מתנות כהונה

הכי גרסינן אמר רב הונא בשם רב אחא וזקן אחד בשם רבי עמד וכו': הכי גרסינן לראשינו שעברתנו: שעברתנו. שעבדתנו במלכיות, המלכיות נקראים אנוש ובילקוט תהלים (רמז תשלז) גרסינן הרכבת אנוש לראשנו הרכבת אומים לראשנו: הכי גרסינן שעברתנו במלכיות באנו באש ובמים זו גיהנם: ותוציאנו לרויה. מן הגיהנם במה שהרכבת האומות לראשנו: [ח] מהו אלה כו'. נראה דסבר אלה הוא לשון חוזק וקיום עולם וכמו שכתב רבינו בחיי פרשת בחקותי: סטטיונר. פירש הערוך

אשד הנחלים

ולא היה יודע כו'. כי יש פנים לכאן ולכאן, יש פנים לומר שאם יתענגו על רוב טובה אף שהגיהנם מעותד כי ישמינו ויבעטו, אבל עם כל זה יצילם גם כן, כי יכירו הישר והטוב, ויש מקום לומר להיפך כי הרב טוב יעדירנו מכל טובה וצדקה: חציו אש וחציו ברד. כלומר הבררת לנו להרכיב אנוש לראשינו, כי אם לא זאת הרי באנו באש ובמים זה הגיהנם. ומה שאחז כאן בציור הגיהנם מאלו השני דברים שהם הפכיים, יש בו ציור נכון, בארתי בזרע אברהם על מדרש משלי על הפסוק (לא, כא) לא תירא ביתה משלג, עיין שם: [ח] לא היו ראוים שישלוט עליהם המלאך המות. הדבר הזה בגדרו בארתי במדרש חזית (שיר השירים רבה א, פסוק ב), על מאמרם בשעה ששמעו אנכי נתקע תלמוד תורה בלבם כו' ונתעקר יצר הרע מלבם כו', עיין שם. ודע דהפלוגתא מרבי יהודה ורבי נחמיה הוא אם על ידי קבלת התורה לולא העגל היו מתעלים במדריגה הראשונה, כמו שהיה קודם החטא שלא היה מיתה בעולם, וזהו כדעת מי שאומר שבחטא אדם הראשון נמשכה הזוהמא, ובקבלת התורה פסקה הזוהמא ובחטאם נחזר עוד הפעם, ודעת ר' יהודה שלא היה נתקן ככה, כי אם חירות מגליות ויסורים אחר שלא יחטאו. ואולי הוא כדעת שמואל שאומר (סנהדרין צא, ב) שאין בין ימות המשיח כו' אלא שעבוד גליות לבד: למה נבראתי. כי כל פעולותיו וכחו רק לכלות ולהפסיד, כי ממנו כח ההפסד הקודם להויה, והוא חשב שיבטל סדר הטבעי הנהוג מטבע ההויה וההפסד: עטרות הלבישן. הוא שם המושאל, כמלך שהוא נעלה על כל בעטרה אשר לו, כן היו נעלים בכח עליוני אלקי החופף עליהם כאילו מולבשים בעטרה, ודעת רבי שמעון בן יוחאי שהיה בזה פעולה מעשיית גם כן מכתיבת השם הגדול, וזה העדי, ואחרי זאת נוטל מהם. והציור וההבדל בין פורפריה וזינאות, בודאי מרומז דבר תוך אשר היה רגיל בלשונם לכנות באלו השמות:

חידושי הרד"ל

[ח] מהו אלה בשעה שנתן כו'. כדמפרש בסוף המאמר, שבאלה מתרצה להם נגד אלה אלהיך ישראל, ובחנם דחק המתנות כהונה: סטטיונר. עיין מתנות כהונה בשם הערוך. ומוסף ערוך פירושו לשון נופה, ועיין שם ערך סיטון. ולי נראה שהוא מענין אסטטיורו של עולם בבראשית רבה פרשה סו, ב (עיין שם בערוך בערכו) שפירושו עמידותו ותמידיותו:

באור מהרי"פ

באנו באש וגו'. כלומר, הרכבת אנוש לראשנו היינו שעבוד מלכיות, נחשב לנו כאלו באנו באש ובמים זה הגיהנם, ועל ידי כך ותוציאני לרויה מעונשו של גיהנם: [ח] סטטיונר. וזה לשון הערוך (ערך סטטיונר), פירוש שליט הוא לפי ענינו. וזה לשון רבי בנימין מוספיא, אמר בנימין, פירוש בלשון רומי נופה עומד על המלפה: הורד עדיך מעליך ואדעה מה אעשה לך. אלמא בעוד עדים עליו היו נצולים מן הפורעניות:

אמרי יושר

[ח] עטרות הלבישן. כנגד השכל, או כנגד מדת מלכות הנקראת עטרה: כלי זיין. כנגד הרחקת נזק: פורפירא. כנגד הכבוד (עי' לעיל מה, א):

ידי משה

[ח] כלי זיין נתן להם ושם המפורש חקוק עליו. כבר כתבתי לעיל (פרשה מה סימן ב) שרבי סימי שסבירא ליה שפורפראות הלבישן קמפלגי בפלוגתא של רבי יהודה ורבי נחמיה אם חרות הוא חירות מן המלכות או חירות מן המיתה, ורבי שמעון בר יוחאי שסבירא ליה כלי זיין נתן להם ושם המפורש היה חקוק עליו סבירא ליה כרבי נחמיה שחירות מן מלאך המות, אם כן הוצרך ליתן להם כלי זיין עם שם המפורש כדי להראות שאין למלאך המות שליטה בהם, ורבי סימי שסבירא ליה פורפראות הלבישן כצ"ל פירוש בגדי מלכות סבירא ליה שחירות פירושו מן המלכות וקל להבין. וזאת היא הפלוגתא גם כן בגמרא דשבת אם יהיה בימות המשיח דוגמת עולם הבא או שיהיה הדוגמת עולם הזה רק שעבוד מלכות לא יהיה לפי דאיתא בפרק רבי עקיבא (פח, א) ופדויי ה' עוד ישובון שכשיבא משיח מחזר לישראל אותן המתנות שניתנה להם בשעת קבלת התורה, ואם כן למאן דאמר כלי זיין וחירות הוא חירות מן מלאך המות אם כן על כרחך בימות משיח שיוחזר להם אותן כלי זיין ולא יהיה מיתה לימות המשיח, אם כן על כרחך ימות המשיח ועולם הבא שוים הם, מה שאין כן למאן דאמר שסבירא ליה שפורפראות הלבישן אם כן חירות הוא מן המלכיות ואם כן בימות משיח שיוחזר להם אותן מלבושים יהיה רק חירות מן השיעבוד אבל מיתה יהיה, אם כן הרי לנו שימות משיח ועולם הזה שוים, ודוק, כן נראה לי בן המחבר: ומניין אתה למד ממה שכתוב שם ועתה הורד עדיך וגו'. פירוש, לפי שקשה הואיל וכתיב בקרא לעיל ויתאבלו ולא שתו איש עדיו עליו, אם כן מה הוצרך הקב"ה לומר אחר כך ועתה הורד וגו', אלא על כרחך שמלבד אותן שני כתרים שניתן להם בשעה שאמרו נעשה ונשמע ניתן להם מתנות אלו לכל מר כדאית ליה, ואם כן ולא שתו איש עדיו קאי על הכתרים, ועתה הורד קאי על כלי זיין או פורפראות. ודוק:

מסורת המדרש

יג. לעיל פרשה ל"ב. ופרשה מ"א. ויק"ר פ' י"ח. במד"ר פרשה יו"ד סימן ח' ופרשה ט"ז סימן כ"ד. שהש"ר פ"א. תנא דבי אליהו זוטא פרק ד'. פרקי דרבי אליעזר פרק מ"ט. תנחומא סדר תשא סימן ט"ז. וסדר שלח סימן י"ג. וסדר עקב סי"א:

יד. לעיל פ' מ"ה. במד"ר פ' ט"ז. שהש"ר פ"א פסוק ג' ופ"ד פסוק י"ג ורפ"א. איכ"ר פתיחא כ"ג. ופ"ב סי' י"ג. פדר"א ר"פ מ"ז. תנחומא תצוה סימן י"א. וס' שלח סימן י"ג. שוח"ט מזמור ק"ג. פסיקתא רבתי פ' יו"ד. ופ' כ"א ול"ג פסיקתא דר"כ פ' ט"ז. תדא"ז פ"ד. ילקוט תשא רמז שנ"ג. ילקוט ישעיה רמז רפ"ט ילקוט תהלים רמז תתכ"א. וילקוט משלי רמז תתקל"ה:

אם למקרא

אֵיכָה יִרְדֹּף אֶחָד אֶלֶף וּשְׁנַיִם יָנִיסוּ רְבָבָה אִם לֹא כִּי צוּרָם מְכָרָם וַה' הִסְגִּירָם: (דברים לב:ל)

שִׁמְעוּ אֵלַי רֹדְפֵי צֶדֶק מְבַקְשֵׁי ה' הַבִּיטוּ אֶל צוּר חֻצַּבְתֶּם וְאֶל מַקֶּבֶת בּוֹר נֻקַּרְתֶּם: (ישעיה נא:א)

הִרְכַּבְתָּ אֱנוֹשׁ לְרֹאשֵׁנוּ בָּאנוּ בָאֵשׁ וּבַמַּיִם וַתּוֹצִיאֵנוּ לָרְוָיָה: (תהלים סו:יב)

וְהַלֻּחֹת מַעֲשֵׂה אֱלֹהִים הֵמָּה וְהַמִּכְתָּב מִכְתַּב אֱלֹהִים הוּא חָרוּת עַל הַלֻּחֹת: (לעיל לב:טז)

וַיֹּאמֶר ה' אֶל מֹשֶׁה אֱמֹר אֶל בְּנֵי יִשְׂרָאֵל אַתֶּם עַם קְשֵׁה עֹרֶף רֶגַע אֶחָד אֶעֱלֶה בְקִרְבְּךָ וְכִלִּיתִיךָ וְעַתָּה הוֹרֵד עֶדְיְךָ מֵעָלֶיךָ וְאֵדְעָה מָה אֶעֱשֶׂה לָּךְ: וַיִּתְנַצְּלוּ בְנֵי יִשְׂרָאֵל אֶת עֶדְיָם מֵהַר חוֹרֵב: (לעיל לג:ה-ו)

שינוי נוסחאות

שאינם יורדין לגיהנם. בא"א הגיה והוסיף "ואינן משתעבדין במלכיות": (ח) חירות מן גליות. צ"ל "...מן המלכיות", כן היה כתוב לפני צנזורא:

וּמִנַּיִן אַתָּה לָמֵד – And from where do you learn that this is so? **מִמַּה שֶּׁכָּתוּב שָׁם ״וְעַתָּה הוֹרֵד עֶדְיְךָ מֵעָלֶיךָ״ – From that which is written there,** ***And now remove your ornaments from yourself*** *and I shall know what I shall do to you* (above, 33:5).[108] **וְרַבִּי סִיסָא אָמַר: פּוֹרְפִּירָא הִלְבִּישָׁן** – (iii) **R' Sisa said: He clothed them with a royal purple robe.**[109]

NOTES

heightened spiritual level they achieved at that time. See also *Eitz Yosef* below, s.v. העביר הקב״ה מהם. (Indeed, this appears to be the plain meaning of the Midrash, for before entering into the debate as to "What was [Israel's] clothing?" it stated that "God clothed [Israel] with the splendor of His glory," which is obviously something spiritual. See, however, *Eshed HaNechalim* s.v. ויתנצלו גו׳.) Relating this to the two "freedoms" mentioned by R' Yehudah and R' Nechemyah above, *Alshich* writes that the "weapon" counteracts the foreign kingdoms who would wish to subjugate Israel, while the Ineffable Name of God counteracts the Angel of Death [as in *Devarim Rabbah* 11 §10]; see *Anaf Yosef* to *Shir HaShirim Rabbah* loc. cit. Cf. *Imrei Yosher.*

108. The verse indicates that as long as they were wearing their *ornaments* with which they had been "clothed" by God, they were protected from all harm (*Beur Maharif, Maharzu, Yefeh To'ar, Eitz Yosef*).

As explained by *Yefeh To'ar* (s.v. שכיון שקבלו התורה, second approach), all four opinions cited here agree that whatever the identity of the article of clothing God gave Israel at Sinai, that article of clothing gave them "freedom" from the Angel of Death. However, it was R' Shimon ben Yochai who made the particular statement and exposition cited here.

109. A robe is a type of garment. The "robe" with which Israel was cloaked would protect them from harm the way a garment protects from heat and cold (*Yefeh To'ar* to 45 §2 above, s.v. ויגאות).

וּמִנַּיִן, שֶׁנֶּאֱמַר (דברים לב, ל) "אִם לֹא כִּי צוּרָם מְכָרָם", זֶה אַבְרָהָם, שֶׁנֶּאֱמַר (ישעיה נא, א) "הַבִּיטוּ אֶל צוּר חֻצַּבְתֶּם", (דברים שם שם) "וַה' הִסְגִּירָם", שֶׁהִסְכִּים הַקָּדוֹשׁ בָּרוּךְ הוּא אַחֲרָיו, אָמַר רַבִּי הוּנָא בְּשֵׁם רַבִּי אַחָא וְזָקֵן אֶחָד בְּשֵׁם רַבִּי: עָמַד לוֹ אַבְרָהָם תָּמֵהַּ וְלֹא הָיָה יוֹדֵעַ מַה שֶּׁיִּבְרוֹר לוֹ, עַד שֶׁאָמַר לוֹ הַקָּדוֹשׁ בָּרוּךְ הוּא שֶׁיִּבְרוֹר אֶת °הַגָּלֻיּוֹת, שֶׁנֶּאֱמַר (תהלים סו, יב) "הִרְכַּבְתָּ אֱנוֹשׁ לְרֹאשֵׁנוּ", שֶׁעֲבַדְתָּנוּ בַּמַּלְכֻיּוֹת, (שם) "בָּאנוּ בָאֵשׁ וּבַמַּיִם", זוֹ גֵּיהִנָּם, חֶצְיוֹ אֵשׁ וְחֶצְיוֹ בָּרָד, (שם) "וַתּוֹצִיאֵנוּ לָרְוָיָה", הֱוֵי [לח, כא] "אֵלֶּה פְקוּדֵי הַמִּשְׁכָּן מִשְׁכַּן הָעֵדֻת", מַהוּ "הָעֵדֻת", שֶׁכָּל זְמַן שֶׁיִּשְׂרָאֵל עוֹסְקִין בַּתּוֹרָה וּבַקָּרְבָּנוֹת תְּהֵא עֵדוּת לָהֶם שֶׁאֵינָם יוֹרְדִין לַגֵּיהִנָּם°:

ח דָּבָר אַחֵר, [לח, כא] "אֵלֶּה פְקוּדֵי הַמִּשְׁכָּן", מַהוּ "אֵלֶּה", בְּשָׁעָה שֶׁנָּתַן הַקָּדוֹשׁ בָּרוּךְ הוּא תּוֹרָה לְיִשְׂרָאֵל לֹא הָיוּ רְאוּיִם שֶׁיִּשְׁלוֹט מַלְאַךְ הַמָּוֶת בָּהֶם, שֶׁנֶּאֱמַר (לעיל לב, טז) "חָרוּת עַל הַלֻּחֹת", [יג] מַהוּ "חָרוּת", רַבִּי יְהוּדָה אוֹמֵר: חֵירוּת מִן °גָּלֻיּוֹת, וְרַבִּי נְחֶמְיָה אוֹמֵר: חֵירוּת מִמַּלְאַךְ הַמָּוֶת, אָמַר רַבִּי פִּנְחָס בֶּן חָמָא בְּשֵׁם רַבִּי יוֹחָנָן בְּשֵׁם רַבִּי אֱלִיעֶזֶר בְּנוֹ שֶׁל רַבִּי יוֹסֵי הַגְּלִילִי: אָמַר הַקָּדוֹשׁ בָּרוּךְ הוּא: אִם יָבֹא מַלְאַךְ הַמָּוֶת וְיֹאמַר לִי: לָמָּה נִבְרֵאתִי, אֲנִי אוֹמֵר לוֹ: סְטַטְיוֹנָר בְּרָאתִיךָ עַל °הָעוֹבְדֵי כוֹכָבִים° וְלֹא עַל בָּנַי, שֶׁכֵּיוָן שֶׁקִּבְּלוּ הַתּוֹרָה הִלְבִּישָׁם הַקָּדוֹשׁ בָּרוּךְ הוּא מִזִּיו הֲדָרוֹ, וּמֶה הָיָה הַלְּבוּשׁ, רַבִּי יוֹחָנָן אוֹמֵר: [יד] עֲטָרוֹת הִלְבִּישָׁן, וְרַבִּי שִׁמְעוֹן בֶּן יוֹחָאי אוֹמֵר: כְּלֵי זַיִן נָתַן לָהֶם וְהַשֵּׁם הַגָּדוֹל חָקוּק עָלָיו, וְכָל יָמִים שֶׁהָיָה בְּיָדָם לֹא הָיָה מַלְאַךְ הַמָּוֶת יָכוֹל לִשְׁלוֹט בָּהֶם, וּמִנַּיִן אַתָּה לָמֵד, מִמַּה שֶּׁכָּתוּב שָׁם (לעיל לג, ה) "וְעַתָּה הוֹרֵד עֶדְיְךָ מֵעָלֶיךָ", וְרַבִּי *סִיסָא אָמַר: פּוֹרְפִּירָא הִלְבִּישָׁן,

עץ יוסף

עד שאמר לו הקדוש ברוך הוא שיברור כו'. קשה אם כן למה שאל לו מעיקרא דמאחר שלא יתקיים אם לא יבחר הטוב, ויש לומר כדי שלא יקרא תגר על הגליות הודיע לו לזה שהצילם מגיהנם בזה (תולדות נח): **באש ובמים זו גיהנם.** והכי קאמר חשבת למשפט כאילו באנו בגיהנם, ותוציאנו לרויה מדינה של גיהנם על ידי ששעבדתנו: **תהא עדות להם.** רוצה לומר שמאחר שהתורה אש הרי הדבר מפורסם שהעוסק בה, לא ירד לגיהנם כי לא ישלוט בהם האש, וכמו שאמר בפרק חומר בקודש (חגיגה כז, א) תלמידי חכמים אין אור של גיהנם שולטת בהם כו', ומכל מקום אין עדות זו אלא כשלא יבטלו הקרבנות, כי אם אינם מקיימים מצות התורה לא תועילם ודאי: **תהא עדות להם שאינם יורדים לגיהנם ואינן מתשעבדים.** כן צריך לומר (אות אמת). והא דאמרינן (שם) פושעי ישראל אין אור של גיהנם שולטת בהם קל וחומר ממזבח הזהב כו', ויש לומר דהתם היינו שלא יכלם בגיהנם, אבל ירדו בו לידון בו ושוב עולין, אבל בזכות התורה והקרבנות אינן יורדין כלל (יפה תואר): **(ח) [ו] מהו אלה.** דבכל מקום שנאמר אלה פסל את הראשונים, כדלעיל בבראשית רבה פרשה י"ב, ומשני דבא לרמז שזה מכפר על אלה אלהיך כדמסיק: **מהו חרות.** עיין לעיל ריש פרשה ל"ב: **חרות מן הגליות.** אפילו כשיחטאו קאמר, שכשיחטאו יענשו בשאר יסורין: **סטטיונר.** פירושו שליט (ערוך), והמוסיף פירש בלשון רומיי לופה עומד על המלפה: **ועתה הורד עדיך מעליך.** ואדעה מה אעשה לך, אלמא בעוד עדים עליהם היו נצולים מהפורענות: **פורפירא.** בלשון יוני ורומיי בגד תכלת (מוסף הערוך):

פירוש מהרז"ו

הביטו אל צור. סיפא דקרא, הביטו אל אברהם אביכם: **שהסכים הקדוש ברוך הוא אחריו.** שם בבראשית רבה הגירסא שהסכים הקב"ה לדבריו: **וחציו ברד.** והברד הוא מים קרושים, וכמו שדרשו (תנחומא ראה סי' יג) מפסוק (תהלים סח, טו) תשלג בצלמון, צלמון הוא גיהנם, ושם תשלג שחציו שלג: **(ח) מהו אלה.** שהוא מיותר. ודורש מלשון שבח והתפארות, שמתפאר בפקודי המשכן, וכמו שדרש בראשית רבה פרשה י"ב סוף סימן א'. וכוונת הדרשה שעל ידי קבלת התורה זכו למתנות גדולות, ועל ידי העגל אבדום, ועל ידי המשכן חזרו מקצתם, ואם לא כמקדם, ועל כל פנים זוכים יחידים, ואם לא בעולם הזה יזכו לעולם הבא, כמו שכתוב בשיר השירים רבה פסוק ישקני: **מהו חירות.** לעיל ריש פרשה ל"ב ושם נסמן: **סטטיונר.** הערוך פירש מלשון שליט. והמוסף ערוך פירש מלשון לופה. ועיין לעיל פרשה מ"א סימן ו': **עטרות הלבישן.** לעיל פרשה מ"ה ריש סימן ב', ושם נסמן ומבואר בראיות: **הורד עדיך מעליך.** [וסיפיה דקרא] ואדעה מה אעשה לך, משמע שבעודם עליהם לא יתכן:

מתנות כהונה

הכי גרסינן **אמר רב הונא בשם רב אחא וזקן אחד בשם רבי עמד וכו':** הכי גרסינן **לראשינו שעברתנו: שעברתנו.** שעבדתנו **במלכיות**, המלכיות נקראים אנוש ובילקוט תהלים (רמז תשלז) גרסינן הרכבת אנוש לראשנו הרכבת אומים לראשנו: הכי גרסינן **שעברתנו במלכיות באנו באש ובמים זו גיהנם: ותוציאנו לרויה.** מן הגיהנם במה שהרכבת האומות לראשנו: **[ח] מהו אלה כו'.** נראה דסבר אלה הוא לשון חוזק וקיום עולם וכמו שכתב רבינו בחיי פרשת בחקותי: **סטטיונר.** פירש הערוך

אשד הנחלים

ולא היה יודע כו'. כי יש פנים לכאן ולכאן, יש פנים לומר שאם יתענגו על רוב טובה אף שהגיהנם מעותד כי ישמינו ויבעטו, אבל עם כל זה יצילם גם כן, כי יכירו הישר והטוב, ויש מקום לומר להיפך כי הרב טוב יעדירנו מכל טובה וצדקה: **חציו אש וחציו ברד.** כלומר הבררת לנו להרכיב אנוש לראשינו, כי אם לא זאת הרי באנו באש ובמים זה הגיהנם. ומה שאחז כאן בציור הגיהנם מאלו השני דברים שהם הפכיים, יש בו ציור נכון, בארתי בזרע אברהם על מדרש משלי על הפסוק (לא, כא) לא תירא ביתה משלג, עיין שם: **[ח] לא היו ראוים שישלוט עליהם המלאך המות.** הדבר הזה בגדרו בארתי במדרש חזית (שיר השירים רבה א, פסוק ב), על מאמרם בשעה ששמעו אנכי נתקע תלמוד תורה בלבם כו' ונתעקר יצר הרע מלבם כו', עיין שם. ודע דהפלוגתא מרבי יהודה ורבי נחמיה הוא אם על ידי קבלת התורה לולא העגל היו מתעלים במדריגה הראשונה, כמו שהיה קודם החטא שלא היה מיתה בעולם, וזהו כדעת מי שאומר שבחטא אדם הראשון נמשכה הזוהמא, ובקבלת התורה פסקה הזוהמא ובחטאם נחזר עוד הפעם, ודעת ר' יהודה שלא היה נתקן ככה, כי אם חירות מגליות ויסורים אחר שלא יחטאו. ואולי הוא כדעת שמואל שאומר (סנהדרין צא, ב) שאין בין ימות המשיח כו' אלא שעבוד גליות לבד: **למה נבראתי.** כי כל פעולותיו וכחו רק לכלות ולהפסיד, כי ממנו כח ההפסד הקודם להויה, והוא חשב שיבטל סדר הטבעי הנהוג מטבע ההויה וההפסד: **עטרות הלבישן.** הוא שם המושאל, כמלך שהוא נעלה על כל בעטרה אשר לו, כן היו נעלים בכח עליוני אלקי החופף עליהם כאילו מולבשים בעטרה, ודעת רבי שמעון בן יוחאי שהיה בזה פעולה מעשיית גם כן מכתיבת השם הגדול, וזה העדי, ואחרי זאת נוטל מהם. והציור וההבדל בין פורפריה וזינאות, בודאי מרומז דבר תוך אשר היה רגיל בלשונם לכנות באלו השמות:

חידושי הרד"ל

[ח] מהו אלה בשעה שנתן כו'. כדמפרש בסוף המאמר, שבאלה מתרצה להם נגד אלה אלהיך ישראל, ובחנם דחק המתנות כהונה: **סטטיונר.** עיין מתנות כהונה בשם הערוך. ומוסף ערוך פירושו לשון לופה, ועיין שם ערך סיטון. ולי נראה שהוא מענין אסטטיגורו של עולם בבראשית רבה פרשה סו, ב (עיין שם בערוך בערכו) שפירושו עמידותו ותמידיותו:

באור מהרי"פ

באנו באש וגו'. כלומר, הרכבת אנוש לראשנו היינו שעבוד מלכיות, נחשב לנו כאלו באנו באש ובמים זה הגיהנם, ועל ידי כך ותוציאני לרויה מטונפו של גיהנם: **[ח] סטטיונר.** וזה לשון הערוך (ערך סטטיונר), פירוש שליט הוא לפי ענינו. וזה לשון רבי בנימין מוספיא, אמר בנימין, פירוש בלשון רומי לופה עומד על המלפה: **הורד עדיך מעליך ואדעה מה אעשה לך.** אלמא בעוד עדים עליו היו נצולים מן הפורעניות:

אמרי יושר

[ח] עטרות הלבישן. כנגד השכל, או כנגד מדת מלכות הנקראת עטרה: **בלי זיין.** כנגד הרחקת נזק: **פורפירא.** כנגד הכבוד (עי' לעיל מה, א):

ידי משה

[ח] כלי זיין נתן להם ושם המפורש חקוק עליו. כבר כתבתי לעיל (פרשה מה סימן ב) שרבי סימי שסבירא ליה שפורפראות הלבישן קמפלגי בפלוגתא של רבי יהודה ורבי נחמיה אם חרות הוא חירות מן המלכות או חירות מן המיתה, ורבי שמעון בר יוחאי שסבירא ליה כלי זיין נתן להם ושם המפורש היה חקוק עליו סבירא ליה כרבי נחמיה שחירות מן מלאך המות, אם כן הוצרך ליתן להם כלי זיין עם שם המפורש כדי להראות שאין למלאך המות שליטה בהם, ורבי סימי שסבירא ליה פורפראות הלבישן כצ"ל פירוש בגדי מלכות סבירא ליה שחירות פירושו מן המלכות וקל להבין. וזאת היא הפלוגתא גם כן בגמרא דשבת אם יהיה בימות המשיח דוגמת עולם הבא או שיהיה הדוגמת עולם הזה רק שעבוד מלכות לא יהיה לפי דאיתא בפרק רבי עקיבא (פח, א) ופדויי ה' עוד ישובון שכשיבא משיח מחזר לישראל אותן המתנות שניתנה להם בשעת קבלת התורה, ואם כן למאן דאמר כלי זיין וחירות הוא חירות מן מלאך המות אם כן על כרחך בימות משיח שיוחזר להם אותן כלי זיין ולא יהיה מיתה לימות המשיח, אם כן על כרחך ימות המשיח ועולם הבא שוים הם, מה שאין כן למאן דאמר שסבירא ליה שפורפראות הלבישן אם כן חירות הוא מן המלכיות ואם כן בימות משיח שיוחזר להם אותן מלבושים יהיה רק חירות מן השיעבוד אבל מיתה יהיה, אם כן הרי לנו שימות משיח ועולם הזה שוים, ודוק, כן נראה לי בן המחבר: **ומניין אתה למד ממה שכתוב שם ועתה הורד עדיך וגו'.** פירוש, לפי שקשה הואיל וכתיב בקרא לעיל ויתאבלו ולא שתו איש עדיו עליו, אם כן מה הוצרך הקב"ה לומר אחר כך ועתה הורד וגו', אלא על כרחך שמלבד אותן שני כתרים שניתן להם בשעה שאמרו נעשה ונשמע ניתן להם מתנות אלו לכל מר כדאית ליה, ואם כן ולא שתו איש עדיו קאי על הכתרים, ועתה הורד קאי על כלי זיין או פורפראות. ודוק:

מסורת המדרש

יג. לעיל פרשה ל"ב. ופרשה מ"א. ויק"ר פ' י"ח. במד"ר פרשה יו"ד סימן ח' ופרשה ט"ז סימן כ"ד. שהש"ר פ"א. תנא דבי אליהו זוטא פרק ד'. פרקי דרבי אליעזר פרק מ"ט. תנחומא סדר תשא סימן ט"ז. וסדר שלח סימן י"ג. וסדר עקב סי"א:

יד. לעיל פ' מ"ה. במד"ר פ' ט"ז. שהש"ר פ"א פסוק ג' ופ"ד פסוק י"ג ורפ"א. איכ"ר פתיחתא כ"ג. ופ"ב סי' י"ז. פדר"א ר"פ מ"ז. תנחומא תצוה סימן י"א. וס' שלח סימן י"ג. שוח"ט מזמור ק"ג. פסיקתא רבתי פ' יו"ד. ופ' כ"א ול"ג פסיקתא דר"כ פ' ט"ז. תדא"ז פ"ד. ילקוט תשא רמז שנ"ג. ילקוט ישעיה רמז רפ"ט ילקוט תהלים רמז תתכ"ח. וילקוט משלי רמז תתקל"ה:

אם למקרא

אֵיכָה יִרְדֹּף אֶחָד אֶלֶף וּשְׁנַיִם יָנִיסוּ רְבָבָה אִם לֹא כִּי צוּרָם מְכָרָם וַה' הִסְגִּירָם: (דברים לב:ל)

שִׁמְעוּ אֵלַי רֹדְפֵי צֶדֶק מְבַקְשֵׁי ה' הַבִּיטוּ אֶל צוּר חֻצַּבְתֶּם וְאֶל מַקֶּבֶת בּוֹר נֻקַּרְתֶּם: (ישעיה נא:א)

הִרְכַּבְתָּ אֱנוֹשׁ לְרֹאשֵׁנוּ בָּאנוּ בָאֵשׁ וּבַמַּיִם וַתּוֹצִיאֵנוּ לָרְוָיָה: (תהלים סו:יב)

וְהַלֻּחֹת מַעֲשֵׂה אֱלֹהִים הֵמָּה וְהַמִּכְתָּב מִכְתַּב אֱלֹהִים הוּא חָרוּת עַל הַלֻּחֹת: (לעיל לב:טז)

וַיֹּאמֶר ה' אֶל מֹשֶׁה אֱמֹר אֶל בְּנֵי יִשְׂרָאֵל אַתֶּם עַם קְשֵׁה עֹרֶף רֶגַע אֶחָד אֶעֱלֶה בְקִרְבְּךָ וְכִלִּיתִיךָ וְעַתָּה הוֹרֵד עֶדְיְךָ מֵעָלֶיךָ וְאֵדְעָה מָה אֶעֱשֶׂה לָּךְ: וַיִּתְנַצְּלוּ בְנֵי יִשְׂרָאֵל אֶת עֶדְיָם מֵהַר חוֹרֵב: (לעיל לג:ה-ו)

שינוי נוסחאות

שאינם יורדין לגיהנם. בא"א הגיה והוסיף "ואינן משתעבדין במלכיות": **(ח) חירות מן גליות.** צ"ל "...מן המלכיות", כן היה כתוב לפני צנזורא:

וְרַבִּי הוּנָא אוֹמֵר: זוֹנִיאוֹת הִלְבִּישָׁן – (iv) **R' Huna says: He clothed them with belts.**[110] וּכְשֶׁחָטְאוּ הֶעֱבִיר הַקָּדוֹשׁ בָּרוּךְ הוּא מֵהֶם כָּל אוֹתוֹ הַטּוֹב – **But when they sinned** and made the Golden Calf, **the Holy One, blessed is He, removed all that good from them,**[111] שֶׁנֶּאֱמַר "וַיִּתְנַצְּלוּ בְנֵי יִשְׂרָאֵל אֶת עֶדְיָם מֵהַר חוֹרֵב" – **for it says, *So the Children of Israel were stripped of their ornaments from Mount Horeb*** (ibid., v. 6).[112]

The Midrash discusses the import of the various names of Mount Horeb:[113]

בִּשְׁלֹשָׁה שֵׁמוֹת נִקְרָא הָהָר הַזֶּה – **This mountain** on which the Torah was given **is called by three names:**[114] "הַר הָאֱלֹהִים", "הַר חוֹרֵב", "הַר סִינַי" – **the Mountain of God,**[115] **Mount Horeb,**[116] **Mount Sinai.** "הַר הָאֱלֹהִים" לָמָּה – **Why** is this mountain called **the Mountain of God?** שֶׁשָּׁם הוֹדִיעַ הַקָּדוֹשׁ בָּרוּךְ הוּא אֱלָהוּתוֹ – **Because** it was **there** that **the Holy One, blessed is He, made His Godliness known** when He gave the Torah to Israel. "סִינַי" לָמָּה – **Why** is this mountain called **Sinai** (סִינַי)? שֶׁשָּׂנָא אֶת הָעֶלְיוֹנִים וְאָהַב אֶת הַתַּחְתּוֹנִים – **Because** it was there that **[God]** showed that He **hated** (שָׂנָא) **those above** (i.e., the ministering angels) **and loved those below** (i.e., mortal man).[117] "חוֹרֵב" לָמָּה – **Why** is this mountain called **Horeb** (חוֹרֵב)? שֶׁבּוֹ נִתְּנָה הַתּוֹרָה שֶׁנִּקְרֵאת חֶרֶב – **Because it was here** that **[God] gave the Torah that is called "sword"** (חֶרֶב), שֶׁנֶּאֱמַר "רוֹמְמוֹת אֵל בִּגְרוֹנָם וְחֶרֶב פִּיפִיּוֹת בְּיָדָם" – **for it says, *The lofty praises of God are in their throats and a double-edged sword* [חֶרֶב] *is in their hand*** (*Psalms* 149:6).[118]

The Midrash now explains how the sin of the Golden Calf came about:

וְהָיָה מֹשֶׁה בְּסִינַי מְקַבֵּל אֶת הַתּוֹרָה – **When Moses was on Sinai receiving the Torah,** הָלְכוּ אֵצֶל אַהֲרֹן וְאָמְרוּ לוֹ: "עֲשֵׂה לָנוּ אֱלֹהִים אֲשֶׁר יֵלְכוּ לְפָנֵינוּ כִּי זֶה מֹשֶׁה הָאִישׁ אֲשֶׁר הֶעֱלָנוּ מֵאֶרֶץ מִצְרַיִם לֹא יָדַעְנוּ מֶה הָיָה לוֹ" – **[the people] went to Aaron and said to him, "*Rise up, make for us gods that will go before us for this man Moses who brought us up from the land of Egypt – we do not know what became of him*"** (above, 32:1).[119] אָמַר לָהֶם אַהֲרֹן: אֶתְמוֹל אֲמַרְתֶּם "כֹּל אֲשֶׁר דִּבֶּר ה' נַעֲשֶׂה" – **Aaron then said to them,** "Just **yesterday you said, '*Everything that HASHEM has spoken we shall do*'** (ibid. 19:8), וְעַתָּה אַתֶּם אוֹמְרִים "קוּם עֲשֵׂה לָנוּ אֱלֹהִים" – **and now you say, '*Rise up, make for us gods*'?!"** (ibid. 32:1).[120] רָאָה שֶׁהָרְגוּ לְחוּר וְנִתְיָירֵא – However, **[Aaron]** then **saw that the people had murdered Hur,**[121] **and he feared** that he would suffer the same fate.[122] אָמַר לָהֶם: "פָּרְקוּ נִזְמֵי הַזָּהָב" – So **he said to them, "*Remove the rings of gold* that are in the ears of your wives, sons, and daughters and bring them to me"** (ibid., v. 2).[123] מִיָּד "וַיִּתְפָּרְקוּ" – **Immediately, *the* entire *people removed* the gold rings that were in their ears** (ibid., v. 3).[124] וְהָיוּ כָּל הָעָם נוֹתְנִין לוֹ עַד שֶׁאָמַר לָהֶם דַּיֵּיכֶם – **And all the people**[125] **continued to give them to him until Aaron said to them, "Enough!"**[126]

Based on this description of how the Golden Calf came to be made, the Midrash explains a phrase in Moses' rebuke of Israel in the beginning of *Deuteronomy*:

וְכֵן מֹשֶׁה הוֹכִיחָן "וְלָבָן וַחֲצֵרֹת וְדִי זָהָב" – **And so did Moses rebuke them: . . . *and Laban, and Hazeroth, and Di-Zahab*** (*Deuteronomy* 1:1). Di-Zahab refers to the sin of the Golden Calf.[127]

NOTES

110. A "belt" represents strength (see *Job* 40:7). Israel's "belts" would thus protect them from harm (see 45 §2 note 17).

111. That is, He took away the special gift – as identified in different ways by the four Sages just cited – that He had given them.

112. The ornaments that had adorned them when they received the Torah on Sinai (Horeb) were forcibly removed from them (*Eitz Yosef*; see *Pirkei DeRabbi Eliezer* §46).

As the Midrash in 32 §1 explains, when Israel accepted the Torah they became free of the power of the Angel of Death – as was Adam before he sinned by eating of the Tree of Knowledge. When they sinned with the Golden Calf, they again became susceptible to death.

113. The Midrash's purpose here is to bring support to the view of R' Shimon ben Yochai that through receiving the Torah, Israel gained a "weapon" to fight the Angel of Death (*Eitz Yosef*; see, however, *Maharzu* below, s.v. שנקראת חרב).

114. *Maharzu* notes that the Midrash in 2 §4 above states that Mount Sinai had five names, and *Bamidbar Rabbah* 1 §8 records six names. He explains that the Midrash here is listing only the three names that appeared in the Torah at the time that it was given to Israel.

115. See above, 3:1, 4:27, 18:5, 24:13.

116. Ibid. 33:6. (It should be noted that in 3:1 [cited in the preceding note] Horeb is given as the name of the wilderness where Mount Sinai is located.)

117. The word "hated" is not meant literally. Rather, the Midrash is referring to the fact that God "offended" the angels in giving the Torah to Israel. As recounted in *Shabbos* 89a, when Moses ascended to heaven to take the Torah, the angels protested, arguing that the Torah would bring more glory to God if it remains in the celestial spheres. God instructed Moses to counter their claim, and Moses did so, enumerating before the heavenly court many commandments that are relevant only to man and not to angels (*Maharzu*; see, however, *Eitz Yosef*).

118. The Midrash thus proves that Israel received a "weapon" at Sinai (namely, the Torah) with which they were able to fight the Angel of Death [see note 113] (*Eitz Yosef* s.v. בשלשה שמות; see, however, *Maharzu*).

119. Moses had told the people that he would be on the mountain for forty days. The people incorrectly counted the day of his ascent as the first day. When he did not return on the day they counted as the fortieth, they feared he would never return. See *Rashi* ad loc. and 41 §7 above.

120. The continuation of 32:1, *for this man Moses . . . we do not know what became of him,* was the people's response to Aaron's incredulous question: "Despite what we said yesterday, *today* we are requesting that you make gods for us, because we do not believe that Moses will return" (*Eitz Yosef*).

121. When he refused their request that he make them a god. See *Rashi* to 32:5, from *Vayikra Rabbah* 10 §3; see also 48 §3 above.

122. Aaron was not concerned for his own life. Rather, he feared that given that the people had already killed Hur, if the people would now kill him they would never be able to attain forgiveness (*Sanhedrin* 7a; see also 41 §7 above and *Vayikra Rabbah* ibid.).

123. Knowing that women and children are generally protective of their jewelry, Aaron hoped thus to delay the people until Moses returned to the camp (*Rashi* to 32:2; cf. *Tanchuma, Ki Sisa* §19; see, however, 37 §2 above, where the Midrash explains Aaron's delaying tactic differently).

124. Aaron's plan did not work. The men did not wait for the women and children to surrender their jewelry, but offered their own (*Rashi* loc. cit.; see *Bamidbar Rabbah* 21 §10 and *Tanchuma, Ki Sisa* §19, which both explicitly explain the verse cited here to mean that only the men participated in contributing gold for the Calf; see also *Rashi* to *Megillah* 22b s.v. ראשי חדשים).

125. I.e., the men. (See, however, *Eitz Yosef.*)

126. Out of concern lest the construction of the Calf be delayed due to insufficient gold, the people brought more and more, until Aaron said, "Enough!" (*Eitz Yosef*).

127. The Sages interpret the opening verse of *Deuteronomy* as words of rebuke directed by Moses to the Jewish people, with most of the place-names in the verse alluding to the various sins committed by Israel in those places (see *Rashi* ad loc.). The name Di-Zahab appears to be an exception: The sin of the Golden Calf to which it alludes did not happen in a place called by that name. The Midrash will explain that the reason the name Di-Zahab is an apt one to refer to the sin of the Golden Calf is that Di-Zahab may be interpreted to mean "enough gold" (דִּי זָהָב) and, as the Midrash has just explained, the Israelites brought so much gold to construct the Golden Calf that Aaron had to tell them, "Enough." Indeed, it was Israel's exhorbitant contributions that made it possible to make the Calf, and worship it, all in one day (the fortieth day of their incorrect count; see above, note 119). If they had had less, they would not have been able to complete the Calf before Moses' return on the following day – and their idolatrous plans would not have come to fruition (*Eitz Yosef*).

וְרַבִּי הוּנָא אוֹמֵר: זוֹנִיאוֹת הִלְבִּישָׁן, וּכְשֶׁחָטְאוּ הֶעֱבִיר הַקָּדוֹשׁ בָּרוּךְ הוּא מֵהֶם כָּל אוֹתוֹ הַטּוֹב, שֶׁנֶּאֱמַר (שם שם ו) "וַיִּתְנַצְּלוּ בְנֵי יִשְׂרָאֵל אֶת עֶדְיָם מֵהַר חוֹרֵב", [טו]בִּשְׁלֹשָׁה שֵׁמוֹת נִקְרָא הָהָר הַזֶּה: (לעיל ג, א; ועוד) "הַר הָאֱלֹהִים", (לעיל לג, ו) "הַר חוֹרֵב", (לעיל יט, יא; ועוד) "הַר סִינַי", "הַר הָאֱלֹהִים" לָמָּה, שֶׁשָּׁם הוֹדִיעַ הַקָּדוֹשׁ בָּרוּךְ הוּא אֱלָהוּתוֹ, "סִינַי" לָמָּה, שֶׁשָּׂנָא אֶת הָעֶלְיוֹנִים וְאָהַב אֶת הַתַּחְתּוֹנִים, "חוֹרֵב" לָמָּה, שֶׁבּוֹ נִתְּנָה הַתּוֹרָה שֶׁנִּקְרֵאת חֶרֶב, שֶׁנֶּאֱמַר (תהלים קמט, ו) "רוֹמְמוֹת אֵל בִּגְרוֹנָם וְחֶרֶב פִּיפִיּוֹת בְּיָדָם", וְהָיָה מֹשֶׁה בְּסִינַי מְקַבֵּל אֶת הַתּוֹרָה, הָלְכוּ אֵצֶל אַהֲרֹן וְאָמְרוּ לוֹ: (לעיל לב, א) "עֲשֵׂה לָנוּ אֱלֹהִים אֲשֶׁר יֵלְכוּ לְפָנֵינוּ כִּי זֶה מֹשֶׁה הָאִישׁ אֲשֶׁר הֶעֱלָנוּ מֵאֶרֶץ מִצְרַיִם לֹא יָדַעְנוּ מֶה הָיָה לוֹ", אָמַר לָהֶם אַהֲרֹן: אֶתְמוֹל אֲמַרְתֶּם (לעיל יט, ח) "כֹּל אֲשֶׁר דִּבֶּר ה' נַעֲשֶׂה", וְעַתָּה אַתֶּם אוֹמְרִים (לעיל לב, א) "קוּם עֲשֵׂה לָנוּ אֱלֹהִים", רָאָה שֶׁהָרְגוּ לְחוּר וְנִתְיָרֵא, אָמַר לָהֶם: (שם שם ב) "פָּרְקוּ נִזְמֵי הַזָּהָב", מִיָּד (שם שם ג) "וַיִּתְפָּרְקוּ", וְהָיוּ כָּל הָעָם נוֹתְנִין לוֹ עַד שֶׁאָמַר לָהֶם דַּיֵּיכֶם, וְכֵן מֹשֶׁה הוֹכִיחָן (דברים א, א) "וְלָבָן וַחֲצֵרֹת וְדִי זָהָב", [טז]מָשָׁל לְבָחוּר שֶׁנִּכְנַס לַמְּדִינָה, רָאָה אוֹתָם גּוֹבִין צְדָקָה וְאָמְרוּ לוֹ: תֵּן, וְהָיָה נוֹתֵן עַד שֶׁאָמְרוּ לוֹ דַּיֶּיךָ, הָלַךְ מְעַט וְרָאָה אוֹתָם גּוֹבִין לְתֵיַטְרוֹן, אָמְרוּ לוֹ: תֵּן, וְהָיָה נוֹתֵן עַד שֶׁאָמְרוּ לוֹ דַּיֶּיךָ, כָּךְ יִשְׂרָאֵל נָתְנוּ זָהָב לָעֵגֶל עַד שֶׁאָמַר לָהֶם דַּי, וְנָדְבוּ זָהָב לַמִּשְׁכָּן עַד שֶׁאָמַר לָהֶם דַּי, שֶׁנֶּאֱמַר (לעיל לו, ז) "וְהַמְּלָאכָה הָיְתָה דַיָּם לְכָל הַמְּלָאכָה לַעֲשׂוֹת אֹתָהּ וְהוֹתֵר", אָמַר הַקָּדוֹשׁ בָּרוּךְ הוּא: יָבֹא זְהַב הַמִּשְׁכָּן וִיכַפֵּר עַל זְהַב הָעֵגֶל, אָמַר הַקָּדוֹשׁ בָּרוּךְ הוּא לְיִשְׂרָאֵל: בְּשָׁעָה שֶׁעֲשִׂיתֶם אֶת הָעֵגֶל הִכְעַסְתֶּם אוֹתִי בְּ"אֵלֶּה אֱלֹהֶיךָ" (לעיל לב, ד), עַכְשָׁיו שֶׁעֲשִׂיתֶם הַמִּשְׁכָּן בְּ"אֵלֶּה" אֲנִי מִתְרַצֶּה לָכֶם, הֱוֵי [לח, כא] "אֵלֶּה פְקוּדֵי הַמִּשְׁכָּן", אָמַר הַקָּדוֹשׁ בָּרוּךְ הוּא לְיִשְׂרָאֵל: בָּעוֹלָם הַזֶּה בְּ"אֵלֶּה" נִתְרַצֵּיתִי לָכֶם, וְכֵן לֶעָתִיד לָבֹא, שֶׁנֶּאֱמַר (ישעיה מט, יב) "הִנֵּה אֵלֶּה מֵרָחוֹק יָבֹאוּ וְהִנֵּה אֵלֶּה מִצָּפוֹן וּמִיָּם וְאֵלֶּה מֵאֶרֶץ סִינִים", וְאוֹמֵר (שם ס, ח) "מִי אֵלֶּה כָּעָב תְּעוּפֶינָה וְכַיּוֹנִים אֶל אֲרֻבֹּתֵיהֶם":

עץ יוסף

זוניאות. בלשון יוני ורומי חגורות (מוסף הערוך): **העביר הקדוש ברוך הוא מהם בעל כרחם.** שהרי דברים אלו רוחניים ואין סילוקם בידי אדם: **בשלש שמות.** לסייע למה שאמר שעל ידי התורה היו בני חורין ממלאך המות מייתי הא, שאחד משמות ההר הוא חורב, וטעמו שבו ניתנה התורה שנקראת חרב כדמפרש, והיינו שהוא כלי זיין להגין ממלאך המות: **ששנא את העליונים.** הכוונה לפי שה' שינה מנהגו של עולם המסודר על ידי העליונים, לעשות אותות ומופתים על ידי התחתונים, נמלא כשונא העליונים שמשנה סדריהם וממאן בם, ולפי שזה חידוש גדול לשנות סדרי הטבע נקרא ההר על שם זה: **אמר ליה אהרן אתמול אמרתם כל אשר דבר ה' כו' ועתה אתם אומרים כו'.** מדאמרי כי זה משה האיש וגו' נלמד שזה היה תשובה אשאלת אהרן, אתמול אמרתם כו', השיבו לו כי זה משה האיש לא ידענו מה היה לו: **כל העם נתנו עד שיאמר דייכם.** ויתפרקו כל העם את נזמי הזהב אשר באזניהם, כלל הן אשר באזני נשיהם והן אשר באזניהם, והוסיפו על דבריו של אהרן, לפי שחשבו אולי יאמר אהרן שלא יספיק הזהב שהביאו למלאכתו, ויבא לידי עיכוב לכך הביאו לו די והותר, עד שאמר להם דייכם, ולזה היתה תוכחת משה רבנו עליו השלום על העגל במאמר ודי זהב, שעקר חטא היה על ידי שהביאו ברבוי ובהשפעה, שלולי זאת היה הענין נמשך ונדחה עד למחרתו: **משל לבחור כו'.** קשה דברישא הוי ליה שנתן לתיטרון (פירוש הערוך שחוק וקלות ראש) ואחר כך לצדקה, כענין הנמשל שבתחלה נתנו לעגל ואחר כך למשכן, ויש לומר שהכי פירושו שישראל להיות טבע בחירתם יותר קרובה אל הטבע מצד טוב שרשם וטוב לבבם, לכן אף שחטאו בנתינת הזהב, תיכף ומיד חזרו בהו ונתנוהו למצוה, אף על פי שזה המעשה הפך הראשון, שכל דבר ישוב אל טבעו בנקלה, ולזה דימה לבחור שנכנס למדינה כי מטבע בחרותו להתעלן בסוד משחקים ולתת ממנו לתיטרון, אמנם מה שנתן מיד לצדקה היה הפך טבעו, אלא שנתפתה למה שראה אותן גובין לצדקה ואמרו לו תן, ולכן עוד מעט חזר בו מצדקתו ונתן לתיטרון כמו טבע ענינו, וכן ישראל נתינתם מזהבם למשכן מורה על עצם תשוקתם למצות ה' הפך הוראת נתינתם לעגל, ולכן יבא זהב המשכן ויכפר על מעשה העגל: **נתנו זהב לעגל כו' ונדבו זהב למשכן כו'.** שנאמר והמלאכה היתה דיים לכל המלאכה לעשות אותה והותר, שהיו ישראל נותנים נדבתם ברבוי, עד שאמר להם די לכל המלאכה, בין למלאכת המשכן בין למלאכת העגל (תולדות נח): **באלה אני מתרצה.** פירוש בלשון אלה הודעתי שנתרצתי, שלכן אמר אלה לומר שזה לכפר על מאמר אלה אלהיך, וכן לעתיד, היינו שבלשון אלה מודיעם שנתרצה להם: **ובן לעתיד.** יתכן שעל עון עגלי ירבעם שהיו תחלת סבת גזרת הגלות, ונאמר שם אלה אלהיך ישראל, קאמר הכא שלעתיד יתרצה באלה שלא ישאר ממנו רושם:

פירוש מהרז"ו

בשלש שמות. לעיל פרשה ב' סוף סימן ד' בחמשה שמות, במדבר רבה פרשה א' סימן ח', ששה שמות. וכאן אינו חושב אלא השמות המפורשים בתורה בעת מתן תורה. הר אלהים, שמות ג' א' י"ח ה'. הר סיני שם י"ט פסוק י"ח. הר חורב שם ל"ג ו': **ששנא את העליונים.** בענין נתינת התורה, שחמדו אותה שינתן להם, ולא נתן על שאינם יכולין לקיים המעשה: **שנקראת חרב.** ללחום עם היצר הרע והמלאך המות ושונאיהם, הרי כל השבח הזה היה להם מן התורה שקבלו: **הלכו אצל אהרן.** לעיל פרשה מ"א סימן ז ושם נסמן: **ודי זהב.** ברכות ל"ב א', ובספרי ריש דברים: **יבא זהב המשכן.** ספרי שם, ולעיל סוף פרשה מ"ח: **באלה אלהיך.** שתיבת אלה מורה התפארות, כמו שאמר בראשית רבה פרשה י"ב סוף סימן א, שהתפארו בעגל, וכן אחר כך התפארו במשכן ותורה, כמו שכתוב בריש הסימן, וכן לעתיד יבואו בזכות התורה, שנקראת אלה, כמו שדרש לעיל פרשה מ"ח סימן ב: **מי אלה כעב.** עיין פסיקתא פרשה א סימן ג:

מתנות כהונה

זוניאות. פירש הערוך (ערך זן הראשון וערך זנס) אזורות וחגורות ועיין לעיל פרשה מ"ה (סימן ב): **סיני.** לשון שנאה בחילוף אותיות זסשר"ץ והוא לשון קצר: **שהרגו** (ערך סטטיונר) שליט ומושל: **לחור.** ועיין לעיל סוף פרשה ל"ח: **לתיטרון.** פירש הערוך (ערך תאטר) שחוק וקלות ראש: הכי גרסינן **דייך כך ישראל:** הכי גרסינן **אמר הקב"ה לישראל בשעה:** **וכיונים** גרסינן:

חידושי הרש"ש

[ח] **בשלשה שמות נקרא כו'.** לעיל פרשה ב ד, חשיב חמשה שמות וטעמים שונים:

אשד הנחלים

ויתנצלו גו'. מה שרבי שמעון בן יוחאי אחז בפסוק ועתה הורד עדיך, ולא בפסוק ויתנצלו, הוא כפי אשר בארתי במקום אחר, שלכאורה כתיב ולא שתו איש עדיו עליו, ומהו ועתה הורד עדיך. והנראה כי היו בהם שני עדים, אחד עדי רוחני שזהו מרומז בדברי רבנן, שהלבישן מזיו הדרו, כי היו דבוקים רק בה', ומרוב הצער לא שתו איש עדיו הזה עליהם, אך היה עליהם עדי בפועל כדברי רבי שמעון בן יוחאי ורבי סיסא ור' הונא, וזה התנצלו מעליהם, אחר שאמר ועתה הורד עדיך, ולכן הביא רבי שמעון בן יוחאי ראיה על עדי ממש בפועל מהפסוק ועתה הורד, הכתוב אחר ולא שתו איש עדיו עליו: **הודיע הקדוש ברוך הוא כו'.** שכל העניינים המיוחסים לאלהים הוא רק מצד ההשאלה במה שבו ניכר כבוד אלהותו יתברך לבריותיו: **שנקראת חרב.** שמלבד שהיא מגינה על עוסקיה, עוד היא כחרב החותך לכל פוגע בה וחפץ להשביתה: **ודי זהב.** שלא חמלו על זהבם ונתנו עד די: **משל לבחור.** המשל הזה בא להורות שכל פעולותיהם מלב רך ונוח להתפתות, הן לטב הן למוטב, כמו הבחור שהוא רך בשנים, אם מבקשים ממנו צדקה הוא מפזר ונותן, וכן על דבר שחוק וליצנות הוא נותן, ולכן יבוא נתינתם על המשכן ויכפר על נתינתם לעגל, שכל זה ראינו שנובע מלב האוהב בטבע ליתן, רק ששם נתפתו ודימו שראוי ליתן לזה, ועיין בכוזרי מאמר א' ותבין. ולכן באה מלת אלה פקודי ברמז על אלה האמור בעגל, כי מלת אלה הוא מלת הרמז על הידוע כנודע: **וכן לעתיד לבא.** הוא גם כן כמו שבארתי כי מלת אלה הוא לרמוז הנודעים והנקובים במעלות, [או להיפך בחסרונם הנובע גם כן ממעלותם שלאלה האנשים יקרה ככה], ואלה אנשים כמוהם מרחוק יבאו, וזה מי אלה הגדולים במעלות, ולכן כעב תעופנה:

מסורת המדרש

טו. עיין שבת פ"ט. ולעיל פ"ב ובמד"ר פ"א. ותנחומא במדבר ס"ז. וילקוט שם רמז תרפ"ד. וילקוט תהלים רמז תשנ"ז: **טז.** ע' ספרי דברים פ"א. ילקוט שם רמז תשנ"ב:

אם למקרא

ומשה היה רעה את צאן יתרו חתנו כהן מדין וינהג את הצאן אחר המדבר ויבא אל הר האלהים חרבה: (לעיל ג:א)

והיו נכנים ליום השלישי כי ביום השלישי ירד ה' לעיני כל העם על הר סיני: (לעיל יט:יא)

רוממות אל בגרונם וחרב פיפיות בידם: (תהלים קמט:ו)

וירא העם כי בשש משה לרדת מן ההר ויקהל העם על אהרן ויאמרו אליו קום עשה לנו אלהים אשר ילכו לפנינו כי זה משה האיש אשר העלנו מארץ מצרים לא ידענו מה היה לו: ויאמר אלהם אהרן פרקו נזמי הזהב אשר באזני נשיכם בניכם ובנתיכם והביאו אלי: ויתפרקו כל העם את נזמי הזהב אשר באזניהם ויביאו אל אהרן: ויקח מידם ויצר אתו בחרט ויעשהו עגל מסכה ויאמרו אלה אלהיך ישראל אשר העלוך מארץ מצרים: (לעיל לב:א-ד)

ויענו כל העם יחדו ויאמרו כל אשר דבר ה' נעשה וישב משה את דברי העם אל ה': (לעיל יט:ח)

אלה הדברים אשר דבר משה אל כל ישראל בעבר הירדן במדבר בערבה מול סוף בין פארן ובין תפל ולבן וחצרת ודי זהב: (דברים א:א)

והמלאכה היתה דים לכל המלאכה לעשות אתה והותר: (לעיל לו:ז)

הנה אלה מרחוק יבאו והנה אלה מצפון ומים ואלה מארץ סינים: (ישעיה מט:יב)

מי אלה כעב תעופינה וכיונים אל ארבתיהם: (שם ס:ח)

מָשָׁל לְבָחוּר שֶׁנִּכְנַס לַמְּדִינָה — This is **comparable to a young man who entered a** certain **city.** רָאָה אוֹתָם גּוֹבִין צְדָקָה וְאָמְרוּ לוֹ: תֵּן — **He saw [the people of the city] collecting** money for **charity, and they said to him, "Give** a contribution." וְהָיָה נוֹתֵן עַד שֶׁאָמְרוּ לוֹ דַּיֶּיךָ — He gave a contribution, **and he continued giving until they said to him, "Enough."** הָלַךְ מְעַט וְרָאָה אוֹתָם גּוֹבִין לְתֵיַטְרוֹן, אָמְרוּ לוֹ: תֵּן — **He went a bit** further **and he saw them collecting** money **for a theater. They said to him, "Give** a contribution." וְהָיָה נוֹתֵן עַד שֶׁאָמְרוּ לוֹ דַּיֶּיךָ — He gave a contribution, **and he continued giving until they said to him, "Enough."** כָּךְ יִשְׂרָאֵל — **So** it was **with Israel.** נָתְנוּ זָהָב לָעֵגֶל עַד שֶׁאָמַר לָהֶם דַּי — **They contributed gold for the** sinful purpose of making the Golden **Calf until [Aaron] said to them, "Enough."**

The Midrash now explains a connection between the Golden Calf and our verse:

וְנָדְבוּ זָהָב לַמִּשְׁכָּן עַד שֶׁאָמַר לָהֶם דַּי — **But [the Israelites]** likewise **donated gold for the** righteous purpose of building the **Tabernacle until [Moses] said to them, "Enough,"** שֶׁנֶּאֱמַר "וְהַמְּלָאכָה הָיְתָה דַיָּם לְכָל הַמְּלָאכָה לַעֲשׂוֹת אֹתָהּ וְהוֹתֵר" — **as it says** in the context of the construction of the Tabernacle, ***But the work had been enough*** [דַּיָּם] ***for all the work, to do it — and there was extra*** (above, 36:7).[128] אָמַר הַקָּדוֹשׁ בָּרוּךְ הוּא — **The Holy One, blessed is He, said,** יָבֹא זְהַב הַמִּשְׁכָּן וִיכַפֵּר עַל זְהַב הָעֵגֶל — **"Let the gold** donated **for the Tabernacle come and atone for the gold** donated to make **the** Golden **Calf."**[129] אָמַר הַקָּדוֹשׁ בָּרוּךְ הוּא לְיִשְׂרָאֵל — **The Holy One, blessed is He, said to Israel,** בְּשָׁעָה שֶׁעֲשִׂיתֶם אֶת הָעֵגֶל הִכְעַסְתֶּם אוֹתִי בְּ"אֵלֶּה אֱלֹהֶיךָ" — **"When you made the** Golden **Calf you angered Me with** your declaration, ***'These'*** [אֵלֶּה] ***are your gods*** (ibid. 32:4). עַכְשָׁיו שֶׁעֲשִׂיתֶם הַמִּשְׁכָּן בְּ"אֵלֶּה" אֲנִי מִתְרַצֶּה לָכֶם — **Now that you have constructed the Tabernacle I have become reconciled to you with** the word ***these*** [אֵלֶּה]." הֱוֵי "אֵלֶּה פְקוּדֵי הַמִּשְׁכָּן" — **This is** why our verse states, ***"These"*** [אֵלֶּה] ***are the reckonings of the Tabernacle.***[130]

The Midrash concludes with an exposition of the word אֵלֶּה, *these*, relevant to the Messianic future:

אָמַר הַקָּדוֹשׁ בָּרוּךְ הוּא לְיִשְׂרָאֵל — **The Holy One, blessed is He, said to Israel,** בָּעוֹלָם הַזֶּה בְּ"אֵלֶּה" נִתְרַצֵּיתִי לָכֶם — **"In this world I became reconciled to you with** the word ***Eileh*** [אֵלֶּה].[131] וְכֵן לֶעָתִיד לָבֹא — **And similarly in the Messianic future,"** שֶׁנֶּאֱמַר "הִנֵּה אֵלֶּה מֵרָחוֹק יָבֹאוּ וְהִנֵּה אֵלֶּה מִצָּפוֹן וּמִיָּם וְאֵלֶּה מֵאֶרֶץ סִינִים" — **for it is stated, *Behold, these*** [אֵלֶּה] ***[will come] from afar, and behold these*** [אֵלֶּה] ***[will come] from the north and from the west and these*** [אֵלֶּה] ***from the Land of the Sinites*** (*Isaiah* 49:12);[132] וְאוֹמֵר "מִי אֵלֶּה כָּעָב תְּעוּפֶינָה וְכַיּוֹנִים אֶל אֲרֻבֹּתֵיהֶם" — **and it is** further **stated, *Who are these*** [אֵלֶּה] ***who fly like a cloud, like doves to their cote-windows*** (ibid. 60:8).[133]

NOTES

128. This verse indicates that for the Tabernacle, too, the Israelites donated until Moses said, "Enough" (ibid., citing *Toldos Noach*).

129. See above, 48 §5 note 80 and 48 §6 note 89.

Eitz Yosef notes that there is a difficulty with our Midrash, for the parable does not seem to parallel the topic under discussion. The Israelites donated their gold first to construct the Golden Calf and then to construct the Tabernacle. The parable should thus have stated that the young man first contributed to the theater and *then* to charity, rather than the other way around. *Eitz Yosef* suggests that the parable's order may be understood as follows: Both the young man of the parable and the Israelites in the Wilderness did not initially follow their natural instincts, but then reverted to following them. A young man is generally frivolous by nature, happy to spend his time on fun and entertainment (such as those provided by a theater). The young man of the parable initially overrode his natural instinct and acted in a serious manner by contributing to charity. However, he quickly reverted to his natural way and donated to the theater. Similarly, the Israelites are by nature righteous and good. They initially overrode their natural instinct by contributing to the Golden Calf. However, they quickly reverted to their natural way and donated to the construction of the Tabernacle.

For a different understanding of the parable, see *Eshed HaNechalim*.

130. That is: God used the word אֵלֶּה in the context of the Israelites' contributions to the Tabernacle (our verse) in order to echo the word אֵלֶּה spoken by Israel in the context of the sin of the Golden Calf, and to allude to them thereby that through the former they achieved forgiveness for the latter. The Midrash thus answers the question that it posed at the beginning of this section (*Eitz Yosef* here and in beginning of section; see, however, *Maharzu*).

131. That is, with our verse, *These* [אֵלֶּה] *are the reckonings of the Tabernacle.*

132. This verse, and the one that follows, are discussing the return of the exiles that will take place in the Messianic era.

133. *Eitz Yosef* suggests that the Midrash here may be referring to God's being reconciled to Israel for the sin of the two golden calves that Jeroboam put in place when he became king of the Ten Tribes (see *I Kings* 12:26ff) and which was the initial cause of their exile. The word אֵלֶּה was used by Jeroboam, as in the incident of the Golden Calf, when he told the people, *"These* [אֵלֶּה] *are your gods, O Israel."*

Maharzu explains that the word אֵלֶּה, *these,* is an expression of "glorying" in something — pointing to "these" as something to be proud of. They sinned by glorying in the Golden Calf (*"these" are your gods*), and were reconciled with God by glorying in the Tabernacle (*"These" are the reckonings of the Tabernacle*), and will be redeemed in the merit of glorying in the Torah, of which it is written *"These" are the testimonies, the decrees, and the ordinances* (see Midrash above, 48 §2).

וְרַבִּי הוּנָא אוֹמֵר: זוֹנִיאוֹת הִלְבִּישָׁן, וּכְשֶׁחָטְאוּ הֶעֱבִיר הַקָּדוֹשׁ בָּרוּךְ הוּא מֵהֶם כָּל אוֹתוֹ הַטּוֹב, שֶׁנֶּאֱמַר (שם שם ו) "וַיִּתְנַצְּלוּ בְנֵי יִשְׂרָאֵל אֶת עֶדְיָם מֵהַר חוֹרֵב", [טו]בִּשְׁלֹשָׁה שֵׁמוֹת נִקְרָא הָהָר הַזֶּה: (לעיל ג,א; ועוד) "הַר הָאֱלֹהִים", (לעיל לג, ו) "הַר חוֹרֵב", (לעיל יט, יא; ועוד) "הַר סִינַי", "הַר הָאֱלֹהִים" לָמָּה, שֶׁשָּׁם הוֹדִיעַ הַקָּדוֹשׁ בָּרוּךְ הוּא אֱלָהוּתוֹ, "סִינַי" לָמָּה, שֶׁשָּׂנָא אֶת הָעֶלְיוֹנִים וְאָהַב אֶת הַתַּחְתּוֹנִים, "חוֹרֵב" לָמָּה, שֶׁבּוֹ נִתְּנָה הַתּוֹרָה שֶׁנִּקְרֵאת חֶרֶב, שֶׁנֶּאֱמַר (תהלים קמט, ו) "רוֹמְמוֹת אֵל בִּגְרוֹנָם וְחֶרֶב פִּיפִיּוֹת בְּיָדָם", וְהָיָה מֹשֶׁה בְּסִינַי מְקַבֵּל אֶת הַתּוֹרָה, הָלְכוּ אֵצֶל אַהֲרֹן וְאָמְרוּ לוֹ: (לעיל לב, א) "עֲשֵׂה לָנוּ אֱלֹהִים אֲשֶׁר יֵלְכוּ לְפָנֵינוּ כִּי זֶה מֹשֶׁה הָאִישׁ אֲשֶׁר הֶעֱלָנוּ מֵאֶרֶץ מִצְרַיִם לֹא יָדַעְנוּ מֶה הָיָה לוֹ", אָמַר לָהֶם אַהֲרֹן: אֶתְמוֹל אֲמַרְתֶּם (לעיל יט, ח) "כֹּל אֲשֶׁר דִּבֶּר ה' נַעֲשֶׂה", וְעַתָּה אַתֶּם אוֹמְרִים (לעיל לב, א) "קוּם עֲשֵׂה לָנוּ אֱלֹהִים", רָאָה שֶׁהָרְגוּ לְחוּר וְנִתְיָירֵא, אָמַר לָהֶם: (שם שם ב) "פָּרְקוּ נִזְמֵי הַזָּהָב", מִיָּד (שם שם ג) "וַיִּתְפָּרְקוּ", וְהָיוּ כָּל הָעָם נוֹתְנִין לוֹ עַד שֶׁאָמַר לָהֶם דַּיֵּיכֶם, וְכֵן מֹשֶׁה הוֹכִיחָן (דברים א, א) "וְלָבָן וַחֲצֵרֹת וְדִי זָהָב", [טז]מָשָׁל לְבָחוּר שֶׁנִּכְנַס לַמְּדִינָה, רָאָה אוֹתָם גּוֹבִין צְדָקָה וְאָמְרוּ לוֹ: תֵּן, וְהָיָה נוֹתֵן עַד שֶׁאָמְרוּ לוֹ דַּיֶּיךָ, הָלַךְ מְעַט וְרָאָה אוֹתָם גּוֹבִין לְתֵיַטְרוֹן, אָמְרוּ לוֹ: תֵּן, וְהָיָה נוֹתֵן עַד שֶׁאָמְרוּ לוֹ דַּיֶּיךָ, כָּךְ יִשְׂרָאֵל נָתְנוּ זָהָב לָעֵגֶל עַד שֶׁאָמַר לָהֶם דַּי, וְנָדְבוּ זָהָב לַמִּשְׁכָּן עַד שֶׁאָמַר לָהֶם דַּי, שֶׁנֶּאֱמַר (לעיל לו, ז) "וְהַמְּלָאכָה הָיְתָה דַיָּם לְכָל הַמְּלָאכָה לַעֲשׂוֹת אֹתָהּ וְהוֹתֵר", אָמַר הַקָּדוֹשׁ בָּרוּךְ הוּא: יָבֹא זְהַב הַמִּשְׁכָּן וִיכַפֵּר עַל זְהַב הָעֵגֶל, אָמַר הַקָּדוֹשׁ בָּרוּךְ הוּא לְיִשְׂרָאֵל: בְּשָׁעָה שֶׁעֲשִׂיתֶם אֶת הָעֵגֶל הִכְעַסְתֶּם אוֹתִי בְּ"אֵלֶּה אֱלֹהֶיךָ" (לעיל לב, ד), עַכְשָׁיו שֶׁעֲשִׂיתֶם הַמִּשְׁכָּן בְּ"אֵלֶּה" אֲנִי מִתְרַצֶּה לָכֶם, הֱוֵי [לח, כא] "אֵלֶּה פְקוּדֵי הַמִּשְׁכָּן", אָמַר הַקָּדוֹשׁ בָּרוּךְ הוּא לְיִשְׂרָאֵל: בָּעוֹלָם הַזֶּה בְּ"אֵלֶּה" נִתְרַצֵּיתִי לָכֶם, וְכֵן לֶעָתִיד לָבֹא, שֶׁנֶּאֱמַר (ישעיה מט, יב) "הִנֵּה אֵלֶּה מֵרָחוֹק יָבֹאוּ וְהִנֵּה אֵלֶּה מִצָּפוֹן וּמִיָּם וְאֵלֶּה מֵאֶרֶץ סִינִים", וְאוֹמֵר (שם ס, ח) "מִי אֵלֶּה כָּעָב תְּעוּפֶינָה וְכַיּוֹנִים אֶל אֲרֻבֹּתֵיהֶם":

עץ יוסף

זוניאות. בלשון יוני ורומי חגורות (מוסף הערוך): **העביר הקדוש ברוך הוא מהם בעל ברחם.** שהרי דברים אלו רוחניים ואין סילוקם בידי אדם: **בשלש שמות.** לסייע למה שאמר שעל ידי התורה היו בני חורין ממלאך המות מייתי הא, שאחד משמות ההר הוא חורב, וטעמו שבו ניתנה התורה שנקראת חרב כדמפרש, והיינו שהוא כלי זיין להגין ממלאך המות: **ששנא את העליונים.** הכוונה לפי שה' שינה מנהגו של עולם המסודר על ידי העליונים, לעשות אותות ומופתים על ידי התחתונים, נמצא כשונא העליונים שמשנה סדריהם וממאן בם, ולפי שזה חידוש גדול לשנות סדרי הטבע נקרא ההר על שם זה: **אמר ליה אהרן אתמול אמרתם כל אשר דבר ה' כו' ועתה אתם אומרים כו'.** מדאמרי כי זה משה האיש וגו' נלמד שזה היה תשובה אשאלת אהרן, אתמול אמרתם כו', השיבו לו כי זה משה האיש לא ידענו מה היה לו: **כל העם נתנו עד שיאמר דייכם.** ויתפרקו כל העם את נזמי הזהב אשר באזניהם, כלל הן אשר באזני נשיהם והן אשר באזניהם, והוסיפו על דבריו של אהרן, לפי שחשבו אולי יאמר אהרן שלא יספיק הזהב שהביאו למלאכתו, ויבא לידי עיכוב לכך הביאו לו די והותר, עד שאמר להם דייכם, ולזה היתה תוכחת משה רבנו עליו השלום על העגל במאמר ודי זהב, שעקר חטא היה על ידי שהביאו ברבוי ובהשפעה, שלולי זאת היה הענין נמשך ונדחה עד למחרתו: **משל לבחור כו'.** קשה דבריש הוי ליה שנתן לתיטרון (פירוש הערוך שחוק וקלות ראש) ואחר כך לצדקה, כענין הנמשל שבתחלה נתנו לעגל ואחר כך למשכן, ויש לומר שהכי פירושו שישראל להיות טבע בחירתם יותר קרובה אל הטבע מלד טוב שרשם וטוב לבבם, לכן אף שחטאו בנתינת הזהב, תיכף ומיד חזרו בהו ונתנוהו למצוה, אף על פי שזה המעשה הפך הראשון, שכל דבר ישוב אל טבעו בנקלה, ולזה דימה לבחור שנכנס למדינה כי מטבע בחרותו להתעלן בסוד משחקים ולתת ממנו לתיטרון, אמנם מה שנתן מיד לצדקה היה הפך טבעו, אלא שנתפתה למה שרואה אותן גובין לצדקה ואמרו לו תן, ולכן עוד מעט חזר בו מצדקתו ונתן לתיטרון כמו טבע ענינו, וכן ישראל נתינתם מזהבם למשכן מורה על עצם תשוקתם למצות ה' הפך הוראת נתינתם לעגל, ולכן יבא זהב המשכן ויכפר על מעשה העגל: **נתנו זהב לעגל כו' ונדבו זהב למשכן כו'.** שנאמר והמלאכה היתה דיים לכל המלאכה לעשות אותה והותר, שהיו ישראל נותנים נדבתם ברבוי, עד שאמר להם די לכל המלאכה, בין למלאכת המשכן בין למלאכת העגל (תולדות נח): **באלה אני מתרצה.** פירוש בלשון אלה הודעתי שנתרצתי, שלכן אמר אלה לומר שזה לכפר על מאמר אלה אלהיך, וכן לעתיד, היינו שבלשון אלה מודיעם שנתרצה להם: **ובן לעתיד.** יתכן שעל עון עגלי ירבעם שהיו תחלת סבת גזרת הגלות, ונאמר שם אלה אלהיך ישראל, קאמר הכא שלעתיד יתרצה באלה שלא ישאר ממנו רושם:

פירוש מהרז"ו

בשלש שמות. לעיל פרשה ב' סוף סימן ד' בחמשה שמות, במדבר רבה פרשה א' סימן ח', ששה שמות. וכאן אינו חושב אלא השמות המפורשים בתורה בעת מתן תורה. הר אלהים, שמות ג' א' י"ח ה'. הר סיני שם י"ט פסוק י"ח. הר חורב שם ל"ג ו': **ששנא את העליונים.** בענין נתינת התורה, שחמדו אותה שינתן להם, ולא נתן על שאינם יכולין לקיים המעשה: **שנקראת חרב.** ללחום עם היצר הרע והמלאך המות ושונאיהם, הרי כל השבח הזה היה להם מן התורה שקבלו: **הלכו אצל אהרן.** לעיל פרשה מ"א סימן ז ושם נסמן: **ודי זהב.** ברכות ל"ב א', ובספרי ריש דברים: **יבא זהב המשכן.** ספרי שם, ולעיל סוף פרשה מ"ח: **באלה אלהיך.** שתיבת אלה מורה התפארות, כמו שאמר בראשית רבה פרשה י"ב סוף סימן א, שהתפארו בעגל, וכן אחר כך התפארו במשכן ותורה, כמו שכתוב בריש הסימן, וכן לעתיד יבואו בזכות התורה, שנקראת אלה, כמו שדרש לעיל פרשה מ"ח סימן ב: **מי אלה כעב.** עיין פסיקתא פרשה א סימן ג:

מתנות כהונה

זוניאות. פירש הערוך (ערך זן הראשון וערך זנס) אזורות וחגורות ועיין לעיל פרשה מ"ה (סימן ב): **סיני.** לשון שנאה בחילוף אותיות זשסר"ץ והוא לשון קלר: **שהרגו לחור.** ועיין לעיל סוף פרשה ל"א: **לתיטרון.** פירש הערוך (ערך סטטיונר) שליט ומושל: (ערך תאטר) שחוק וקלות ראש: הכי גרסינן **דייך כך ישראל:** הכי גרסינן **אמר הקב"ה לישראל בשעה: וכיונים** גרסינן:

חידושי הרש"ש

[ח] **בשלשה שמות נקרא כו'.** לעיל פרשה ב ד, חשיב חמשה שמות וטעמים שונים:

אשד הנחלים

ויתנצלו גו'. מה שרבי שמעון בן יוחאי אחז בפסוק ועתה הורד עדיך, ולא בפסוק ויתנצלו, הוא כפי אשר בארתי במקום אחר, שלכאורה כתיב ולא שתו איש עדיו עליו, ומהו ועתה הורד עדיך. והנראה כי היו בהם שני עדים, אחד עדי רוחני שזהו מרומז בדברי רבנן, שהלבישן מזיו הדרו, כי היו דבוקים רק בה', ומרוב הצער לא שתו איש עדיו הזה עליהם, אך היה עליהם עדי בפועל כדברי רבי שמעון בן יוחאי ורבי סיסא ור' הונא, וזה התנצלו מעליהם, אחר שאמר ועתה הורד עדיך, ולכן הביא רבי שמעון בן יוחאי ראיה על עדי ממש בפועל מהפסוק ועתה הורד, הכתוב אחר ולא שתו איש עדיו עליו: **הודיע הקדוש ברוך הוא כו'.** שכל העניינים המיוחסים לאלהים הוא רק מצד ההשאלה במה שבו ניכר כבוד אלהותו יתברך לבריותיו: **שנקראת חרב.** שמלבד שהיא מגינה על עוסקיה, עוד היא כחרב החותך לכל פוגע בה וחפץ להשביתה: **ודי זהב.** שלא חמלו על זהבם ונתנו עד די: **משל לבחור.** המשל הזה בא להורות שכל פעולותיהם מלב רך ונוח להתפתות, הן לטב הן למוטב, כמו הבחור שהוא רך בשנים, אם מבקשים ממנו צדקה הוא מפזר ונותן, וכן על דבר שחוק וליצנות הוא נותן, ולכן יבוא נתינתם על המשכן ויכפר על נתינתם לעגל, שכל זה ראינו שנובע מלב האוהב בטבע ליתן, רק ששם נתפתו ודימו שראוי ליתן לזה, ועיין בכוזרי מאמר א' ותבין. ולכן באה מלת אלה פקודי ברמז על אלה האמור בעגל, כי מלת אלה הוא מלת הרמז על הידוע כנודע: **וכן לעתיד לבא.** הוא גם כן כמו שבארתי כי מלת אלה הוא לרמוז הנודעים והנקובים במעלותם, [או להיפך בחסרונם הנובע גם כן ממעלותם שלאלה האנשים יקרה ככה], ואלה אנשים כמוהם מרחוק יבאו, וזה מי אלה הגדולים במעלותם, ולכן כעב תעופנה:

מסורת המדרש

טו. עיין שבת פ"ט. ולעיל פ"ב ובמד"ר פ"א. ותנחומא במדבר ס"ז. וילקוט שם רמז תרפ"ד. ובילקוט תהלים רמז תשל"ו:
טז. ע' ספרי דברים פ"א. ילקוט שם רמז תשל"ב:

אם למקרא

וּמֹשֶׁה הָיָה רֹעֶה אֶת צֹאן יִתְרוֹ חֹתְנוֹ כֹּהֵן מִדְיָן וַיִּנְהַג אֶת הַצֹּאן אַחַר הַמִּדְבָּר וַיָּבֹא אֶל הַר הָאֱלֹהִים חֹרֵבָה: (לעיל ג,א)

וְהָיוּ נְכֹנִים לַיּוֹם הַשְּׁלִישִׁי כִּי בַּיּוֹם הַשְּׁלִשִׁי יֵרֵד ה' לְעֵינֵי כָל הָעָם עַל הַר סִינָי: (לעיל יט:יא)

רוֹמְמוֹת אֵל בִּגְרוֹנָם וְחֶרֶב פִּיפִיּוֹת בְּיָדָם: (תהלים קמט:ו)

וַיַּרְא הָעָם כִּי בֹשֵׁשׁ מֹשֶׁה לָרֶדֶת מִן הָהָר וַיִּקָּהֵל הָעָם עַל אַהֲרֹן וַיֹּאמְרוּ אֵלָיו קוּם עֲשֵׂה לָנוּ אֱלֹהִים אֲשֶׁר יֵלְכוּ לְפָנֵינוּ כִּי זֶה מֹשֶׁה הָאִישׁ אֲשֶׁר הֶעֱלָנוּ מֵאֶרֶץ מִצְרַיִם לֹא יָדַעְנוּ מֶה הָיָה לוֹ: וַיֹּאמֶר אֲלֵהֶם אַהֲרֹן פָּרְקוּ נִזְמֵי הַזָּהָב אֲשֶׁר בְּאָזְנֵי נְשֵׁיכֶם בְּנֵיכֶם וּבְנֹתֵיכֶם וְהָבִיאוּ אֵלָי: וַיִּתְפָּרְקוּ כָּל הָעָם אֶת נִזְמֵי הַזָּהָב אֲשֶׁר בְּאָזְנֵיהֶם וַיָּבִיאוּ אֶל אַהֲרֹן: וַיִּקַּח מִיָּדָם וַיָּצַר אֹתוֹ בַּחֶרֶט וַיַּעֲשֵׂהוּ עֵגֶל מַסֵּכָה וַיֹּאמְרוּ אֵלֶּה אֱלֹהֶיךָ יִשְׂרָאֵל אֲשֶׁר הֶעֱלוּךָ מֵאֶרֶץ מִצְרָיִם: (לעיל לב:א-ד)

וַיַּעֲנוּ כָל הָעָם יַחְדָּו וַיֹּאמְרוּ כֹּל אֲשֶׁר דִּבֶּר ה' נַעֲשֶׂה וַיָּשֶׁב מֹשֶׁה אֶת דִּבְרֵי הָעָם אֶל ה': (לעיל יט:ח)

אֵלֶּה הַדְּבָרִים אֲשֶׁר דִּבֶּר מֹשֶׁה אֶל כָּל יִשְׂרָאֵל בְּעֵבֶר הַיַּרְדֵּן בַּמִּדְבָּר בָּעֲרָבָה מוֹל סוּף בֵּין פָּארָן וּבֵין תֹּפֶל וְלָבָן וַחֲצֵרֹת וְדִי זָהָב: (דברים א:א)

וְהַמְּלָאכָה הָיְתָה דַיָּם לְכָל הַמְּלָאכָה לַעֲשׂוֹת אֹתָהּ וְהוֹתֵר: (לעיל לו:ז)

הִנֵּה אֵלֶּה מֵרָחוֹק יָבֹאוּ וְהִנֵּה אֵלֶּה מִצָּפוֹן וּמִיָּם וְאֵלֶּה מֵאֶרֶץ סִינִים: (ישעיה מט:יב)

מִי אֵלֶּה כָּעָב תְּעוּפֶינָה וְכַיּוֹנִים אֶל אֲרֻבֹּתֵיהֶם: (שם ס:ח)

Chapter 52

וַיָּבִיאוּ אֶת הַמִּשְׁכָּן אֶל מֹשֶׁה אֶת הָאֹהֶל וְאֶת כָּל כֵּלָיו קְרָסָיו קְרָשָׁיו בְּרִיחָו [בְּרִיחָיו] וְעַמֻּדָיו וַאֲדָנָיו.

They brought the Tabernacle to Moses, the Tent and all its utensils: its hooks, its planks, its bars, its pillars, and its sockets (39:33).

§1 וַיָּבִיאוּ אֶת הַמִּשְׁכָּן אֶל מֹשֶׁה – ***THEY BROUGHT THE TABERNACLE TO MOSES.***

The Midrash relates a verse from *Psalms* to ours, expounding it phrase by phrase:[1]

רַבִּי תַּנְחוּמָא בַּר אַבָּא פָּתַח – R' Tanchuma bar Abba opened his discourse on our passage with the following exposition: "לִרְקָמוֹת תּוּבַל לַמֶּלֶךְ בְּתוּלוֹת אַחֲרֶיהָ רֵעוֹתֶיהָ מוּבָאוֹת לָךְ" – ***"Lirkamos" she will be brought to the king; the virgins in her train, her friends are led to you*** (*Psalms* 45:15) – **what is meant** by ***"lirkamos"*** [לִרְקָמוֹת]?[2] **זֶה הַמִּשְׁכָּן שֶׁהוּא מְצוּיָּר, כְּמוֹ שֶׁכָּתוּב "וְרֹקֵם בַּתְּכֵלֶת" – This is** an allusion to **the Tabernacle, which was embroidered, as is written,** ***[God] filled [Betzalel and Ohaliab] with a wise heart to do every craft of the carver, weaver of designs, and embroiderer*** [וְרֹקֵם] ***with the turquoise*** (above, 35:35);[3] **הֱוֵי "לִרְקָמוֹת" – thus is** stated, ***"lirkamos."***[4] **מַהוּ "תּוּבַל לַמֶּלֶךְ", זֶה מֹשֶׁה שֶׁנִּקְרָא מֶלֶךְ –** And **what is** meant by ***she will be brought to the king?*** **This is** an allusion to **Moses, who was referred to as a king;**[5] **כְּמוֹ שֶׁכָּתוּב "וַיְהִי בִישֻׁרוּן מֶלֶךְ בְּהִתְאַסֵּף רָאשֵׁי עָם יַחַד שִׁבְטֵי יִשְׂרָאֵל" – as is written, *He became king over Jeshurun when the numbers of the nation gathered – the tribes of Israel in unity*** (*Deuteronomy* 33:5).[6] **"תּוּבַל", שֶׁהֵבִיאוּ לוֹ הַמִּשְׁכָּן – *Will be brought* – for they brought the Tabernacle to [Moses].** **"בְּתוּלוֹת אַחֲרֶיהָ רֵעוֹתֶיהָ", אֵלּוּ יִשְׂרָאֵל שֶׁנִּקְרְאוּ בְּתוּלוֹת – *The virgins in her train, her friends* – these are** the people of **Israel, who were referred to as virgins;**[7] **כְּמוֹ שֶׁכָּתוּב "גַּן נָעוּל אֲחֹתִי כַלָּה גַּל נָעוּל מַעְיָן חָתוּם" – as is written, *A garden locked up is my sister, the bride, a spring locked up, a fountain sealed*** (*Song of Songs* 4:12).[8] **"רֵעוֹתֶיהָ", שֶׁהֵן רֵעָיו שֶׁל הַקָּדוֹשׁ בָּרוּךְ הוּא – *Her friends*** – the Jewish people is referred to this way **for they are the "friends" of the Holy One, blessed is He,**[9] **שֶׁנֶּאֱמַר, "לְמַעַן אַחַי וְרֵעָי אֲדַבְּרָה נָּא שָׁלוֹם בָּךְ" – as is stated, *For the sake of My brethren and My friends, I shall speak of peace in your midst*** (*Psalms* 122:8).[10] **"מוּבָאוֹת לָךְ", שֶׁבַּיּוֹם שֶׁנִּגְמַר הַמִּשְׁכָּן הֱבִיאוּהוּ אֶצְלוֹ – *Are brought to you* – for on the day that the Tabernacle was completed, they brought it to [Moses];**[11] **לְכָךְ נֶאֱמַר "וַיָּבִיאוּ אֶת הַמִּשְׁכָּן אֶל מֹשֶׁה" – therefore, it is stated** in our verse, ***They brought the Tabernacle to Moses.***[12]

§2 The Midrash will relate another verse from *Psalms* to ours. Before it does so, however, the Midrash will expound the *Psalms* verse in a different manner, one phrase at a time:[13]

דָּבָר אַחֵר, "וַיָּבִיאוּ אֶת הַמִּשְׁכָּן" – Another interpretation: *They brought the Tabernacle* *to Moses* – **הֲדָא הוּא דִכְתִיב "תֵּאָלַמְנָה שִׂפְתֵי שָׁקֶר הַדֹּבְרוֹת עַל צַדִּיק עָתָק בְּגַאֲוָה וָבוּז" – this is** related to that **which is written, *May the lying lips be silenced, which speak "asak" about a righteous one with arrogance and contempt*** (*Psalms* 31:19).[14] **כֵּיצַד – How** is this verse to be explained?[15]

NOTES

1. The Midrash seeks to explain why the Tabernacle was *brought to Moses* upon its completion. It will emerge from the Midrash's exposition of the verse from *Psalms* that the Jewish people did this in their great eagerness to have the Tabernacle erected (*Yefeh To'ar*, followed by *Yedei Moshe*; also see *Maharzu*). Alternatively, the Midrash is addressing why the Torah saw fit to relate that the Tabernacle was *brought to Moses*. It will explain that the Torah is teaching that Moses was lavishly honored when the Tabernacle was brought to him joyously by the entire nation adorned in their finery. The procession was similar to the one that took place (described in *II Samuel* 6:12-15) when the Ark of the Covenant was brought to Jerusalem in the days of King David (*Toldos Noach*, followed in large part by *Eitz Yosef*).

2. [According to this verse's plain meaning, it describes the princess mentioned in the preceding verse being brought to *the king* and the word לִרְקָמוֹת means *in embroidered apparel* (see commentators to the verse).] The Midrash will offer a homiletical interpretation of the verse because it uses the word לִרְקָמוֹת as opposed to בִּרְקָמוֹת, *"in" embroidered apparel* (*Eitz Yosef*, from *Toldos Noach*).

3. This verse indicates that embroidery was employed in the construction of the Tabernacle. Our translation of the word מְצוּיָּר as *embroidered* is based on *Targum Onkelos* ad loc.

4. The Midrash understands the word לִרְקָמוֹת to mean *regarding [the work of] the embroidery*, i.e., the Tabernacle (see *Eitz Yosef*; see *Maharzu* for another approach).

5. Moses is referred to as a *king* in the context of the building of the Tabernacle, based on *Numbers* 10:36, where it is taught that upon Moses' pronouncement, the Divine Presence would rest in the Tabernacle (*Yefeh To'ar*).

6. Our Midrash understands this verse as a reference to Moses, based on the preceding verse, which refers to Moses by name. [According to *Rashi* and most other Biblical commentators, however, the reference is to God. Regarding Moses' status as a king, see *Rambam, Hil. Beis HaBechirah* 6:11 and *Derashos HaRan* §11.]

7. This metaphor conveys the Jewish people's bond with God and His Torah, and their unwillingness to attach themselves to other masters (*Yefeh To'ar*). Above, in 50 §3, the Midrash referred to the Jews as *virgins* specifically with respect to the time of the building of the Tabernacle (*Maharzu*).

8. This verse metaphorically depicts the chastity of the Jewish people in Egypt (see *Rashi* and *Metzudas David* ad loc.; also see *Maharzu*; compare above, 15 §16, et al.).

[While many verses make explicit references to the Jewish nation as בְּתוּלָה, *a virgin*, Scripture describes other nations similarly; the cited verse indicates a uniqueness on the part of the Jewish people (see *Rashash*).]

9. According to our Midrash, when the verse says רֵעוֹתֶיהָ, *her friends*, it describes the *friends* of the Tabernacle it alluded to earlier. The Jewish people are referred to this way because they are *friends* of God, whose Divine Presence dwelled within the Tabernacle (see *Yefeh To'ar*). The nation became beloved "friends" of God when they presented Moses with the Tabernacle that, as taught in v. 32 above, had been built exactly as God had commanded (*Maharzu*).

Whereas בְּתוּלוֹת, *virgins*, denotes the regular members of the Jewish nation, רֵעוֹתֶיהָ, *her friends*, refers to the wise and the righteous among the Jewish people of the time, who were particularly beloved to God. All of these Jews came to Moses in unison amid the great joy generated by the completion of the Tabernacle (*Eitz Yosef*, from *Toldos Noach*).

10. According to this Midrash (and above, 27 §1, et al.), these words were spoken by God in reference to the Jewish people. [See, however, the Biblical commentators ad loc., who explain that it was King David who said them. See *Tiferes Tzion* regarding how the verse lends itself to be interpreted as it is by the Midrash.]

11. The verse makes a second mention of the bringing of the Tabernacle to stress that it was brought to Moses with great alacrity, on the very day of its completion. In its entirety, the *Psalms* verse is rendered by our Midrash, *Regarding the embroidery* (i.e., the embroidered Tabernacle), *she will be brought to the king, [and through] virgins in her train, her friends, [the embroidery] is brought to you* (*Eitz Yosef*).

12. See above, note 1.

13. Like the preceding section, this Midrash will provide an explanation for why the Tabernacle was brought to Moses upon its completion (*Yefeh To'ar*) or for why the Torah tells of this occurrence (*Toldos Noach*; see below, note 31).

14. [According to most Biblical commentators ad loc., the word עָתָק means *harsh words*, and in this verse King David prayed for relief from those who slandered him.] The Midrash, however, is troubled by the notion that David would have referred to himself as *a righteous one* (*Yefeh To'ar*).

15. *Maharzu*.

פרשה נב

א [לט, לג] **״וַיָּבִיאוּ אֶת הַמִּשְׁכָּן אֶל מֹשֶׁה״, רַבִּי תַּנְחוּמָא בַּר אַבָּא פָּתַח:** (תהלים מה, טו) **״לִרְקָמוֹת תּוּבַל לַמֶּלֶךְ בְּתוּלוֹת אַחֲרֶיהָ רֵעוֹתֶיהָ מוּבָאוֹת לָךְ״, מַהוּ ״לִרְקָמוֹת״, זֶה הַמִּשְׁכָּן שֶׁהוּא מְצוּיָּר, כְּמוֹ שֶׁכָּתוּב** (לעיל לה, לה) **״וְרֹקֵם בַּתְּכֵלֶת״, הֲוֵי ״לִרְקָמוֹת״, מַהוּ ״תּוּבַל לַמֶּלֶךְ״, זֶה מֹשֶׁה שֶׁנִּקְרָא מֶלֶךְ, כְּמוֹ שֶׁכָּתוּב** (דברים לג, ה) **״וַיְהִי בִישֻׁרוּן מֶלֶךְ בְּהִתְאַסֵּף רָאשֵׁי עָם יַחַד שִׁבְטֵי יִשְׂרָאֵל״, ״תּוּבַל״, שֶׁהֵבִיאוּ לוֹ הַמִּשְׁכָּן, ״בְּתוּלוֹת אַחֲרֶיהָ רֵעוֹתֶיהָ״, אֵלּוּ יִשְׂרָאֵל שֶׁנִּקְרְאוּ בְּתוּלוֹת, כְּמוֹ שֶׁכָּתוּב** (שיר השירים ד, יב) **״גַּן נָעוּל אֲחֹתִי כַלָּה גַּל נָעוּל מַעְיָן חָתוּם״, ״רֵעוֹתֶיהָ״, שֶׁהֵן רֵעָיו שֶׁל הַקָּדוֹשׁ בָּרוּךְ הוּא, שֶׁנֶּאֱמַר** (תהלים קכב, ח) **״לְמַעַן אַחַי וְרֵעָי אֲדַבְּרָה נָּא שָׁלוֹם בָּךְ״, ״מוּבָאוֹת לָךְ״, שֶׁבַּיּוֹם שֶׁנִּגְמַר הַמִּשְׁכָּן הֱבִיאוּהוּ אֶצְלוֹ, לְכָךְ נֶאֱמַר** [לט, לג] **״וַיָּבִיאוּ אֶת הַמִּשְׁכָּן אֶל מֹשֶׁה״:**

ב דָּבָר אַחֵר, [לט, לג] **״וַיָּבִיאוּ אֶת הַמִּשְׁכָּן״, הָדָא הוּא דִכְתִיב** (תהלים לא, יט) **״תֵּאָלַמְנָה שִׂפְתֵי שָׁקֶר הַדֹּבְרוֹת עַל צַדִּיק עָתָק בְּגַאֲוָה וָבוּז״, [א]כֵּיצַד, אָדָם מִתְוַדֶּה בְּיוֹם הַכִּפּוּרִים, אִם בָּא יוֹם הַכִּפּוּרִים אַחֵר וְהִזְכִּיר עֲוֹנוֹתָיו, אוֹמֵר לוֹ הַקָּדוֹשׁ בָּרוּךְ הוּא: ״תֵּאָלַמְנָה שִׂפְתֵי שָׁקֶר״, מַהוּ ״עָתָק״, דְּבָרִים שֶׁל סִילוּקִים, כְּעִנְיָן שֶׁנֶּאֱמַר** (בראשית יב, ח) **״וַיַּעְתֵּק מִשָּׁם הָהָרָה מִקֶּדֶם לְבֵית אֵל וַיֵּט אָהֳלֹה בֵּית אֵל מִיָּם וְהָעַי מִקֶּדֶם וַיִּבֶן שָׁם מִזְבֵּחַ לַה׳ וַיִּקְרָא בְּשֵׁם ה׳״, ״בְּגַאֲוָה וָבוּז״, אוֹמֵר לוֹ הַקָּדוֹשׁ בָּרוּךְ הוּא: לֹא הָיָה בְּיָדֶיךָ עֲוֹנוֹת מִשֶּׁל שָׁנָה זוֹ, שֶׁהָיִיתָ מִתְגָּאֶה בְּגַאֲוָה וָבוּז, דָּבָר אַחֵר,** (תהלים לא, יט) **״תֵּאָלַמְנָה שִׂפְתֵי שָׁקֶר״, מְדַבֵּר בְּמֹשֶׁה**

עץ יוסף

(א) פתח לרקמות כו׳. דקרא אשמועינן הכבוד שעשו ישראל למשה רבם ושמחתם במשכן, והיו מביאים לו את מלאכת המשכן בכבוד גדול בקבוץ כל ישראל, ולובשים בגדים נאים, דוגמת העלאת ארון מבית עובד אדום בימי דוד (תולדות נח): **זה המשכן.** דורש גם כן על מלאכת המשכן, מדכתיב לרקמות, ולא כתיב ברקמות (תולדות נח): **זה המשכן.** פירוש לרקמות למלאכת הרקמות, תובל למלך משה רבינו: **רעותיה שהן רעיו של הקדוש ברוך הוא.** ברישא דקרא בכינוי בתולות הוא רמז לכלל ישראל המון העם, ובכינוי רעותיה הוא רמז לחכמים ולדיקים שבאותו הדור שהם נקראים רעים אהובים להקדוש ברוך הוא, וכולם בכנופיא אחת באו למשה מרוב שמחת גמר מלאכת המשכן (תולדות נח): **שנאמר למען אחי ורעי.** עיין ריש פרשה כ״ז: **מובאות לך.** שביום שנגמר המשכן, להכי חזר והזכיר הבאתו לומר שנזדרזו בו שביום שנגמר הביאוהו, והכי פירושו דקרא לרקמות תובל למלך, ועל ידי בתולות אחריה רעותיה, מובאות הרקמות: **(ב) הדא הוא דכתיב תאלמנה.** כדמסיק על ליצני הדור: **אם בא יום הכפורים אחר כו׳.** הוא כתנא קמא דרבי אליעזר בן יעקב בפרק יום הכיפורים (יומא פו, ב): **תאלמנה שפתי שקר.** ופירוש הדוברות על צדיק, שמדבר עם הקדוש ברוך הוא שהוא צדיקו של עולם, עתק, רוצה לומר שמזכיר לפניו עונות שכבר סילק והעתיקם הקדוש ברוך הוא ביום הכיפורים שעבר, כלומר שמחל לו: **שהיית מתגאה בגאוה.** בווידוי עונות שנה שעבר כאילו אין לו חדשות, ובוז שהוא מבזה על כבוד קונו שאינו מחשיב מה שאמר ה׳ כי ביום הזה יכפר עליכם, והוא הדין אפילו אם לא היו לו חדשות גם כן אסור להתודות על עונות שנה שעברה, שמבזה על כבוד קונו כנ״ל, וגם הוא ככלב שב על קיאו, אלא הכא ברובא דאינשי קמיירי שיש להם עונות חדשים, כי אדם אין צדיק בארץ אשר יעשה טוב ולא יחטא:

פירוש מהרז״ו

(א) ויביאו את המשכן. כי לאיזה צורך הביאו הכל אל משה, היה לו למשה לילך לראות, וכמו שדרש לעיל פרשה נ״א סימן ב, נכנס משה אצל בצלאל וכו׳, על כן דורש שהיה גם בההבאה אל משה ענין גדול של זכות: **לרקמות תובל.** ובפסוק הקודם כל כבודה בת מלך פנימה ממשבצות זהב לבושה. ודרשו במדבר רבה פרשה א׳ סימן ג, על משה באוהל מועד, עיין שם ותבין כאן. וזהו שאמר אחר כך לרקמות תובל למלך, לרקמות תובל מה שהביאו לו הנדבה תחלה לרקמות, שמהם ירקמו המשכן, בתכלת וארגמן: **שנקראו בתולות.** כמו שכתוב לעיל פרשה כ׳ סוף סימן ג, שבעת תיקון חטא העגל על ידי המשכן, נקראו בתולות: **גן נעול.** ודרשו במדבר רבה פרשה ג׳ סימן ו, אלו הבתולות. **אחותי כלה.** על כנסת ישראל שהיא כבתולה: **רעותיה מובאות לך.** שנעשו רעים אהובים להקב״ה, כשהביאו את המשכן אל משה אחר גמרו, שעשו כל מה שצוה הקב״ה, כמפורש בענין ככל אשר צוה ה׳ את משה, וכן הפסוק שכתוב אחריו תובלנה בשמחות וגיל, שהנדבה שהביאו תחלה היה בשמחה, ואחר כך תבואנה בהיכל מלך, וכנ״ל בכבוד והדר, ומה שאמר שביום שנגמר הביאוהו, עיין בסוף סימן הסמוך, וצריך עיון: **(ב) ביצד.** יפורש הפסוק ואיזה צדיק ואיזה עתק: **דברים של סילוקים.** שכבר נסתלקו ביום הכפורים העבר, וזה בא לו על ידי שנתגאה, ולא הרגיש בעונות של שנה זו: **ובוז.** על ידי כן נתבזה, ומה שכתוב על צדיק, פירושו על צדיק חי עולמים. וכמו שכתוב בחנה (שמואל א א, י) ותתפלל על ה׳, שסובר כמאן דאמר (יומא פו, ב) עונות שהתודה עליהם בשנה העברה, אסור להתוודות עליהם בשנה הבאה. ואין כן הלכה: **מדבר במשה.** שמה שכתוב הדוברות על צדיק עתק וכו׳, הכוונה על משה, כמו שכתוב בפסוק הסמוך, מה רב טובך אשר צפנת ליראיך וגו׳, ומשה כתוב בו (שמות ב, ב) ותרא אותו כי טוב הוא ותצפנהו שלשה ירחים.

מתנות כהונה

[א] שהביאו לו המשכן. תובל פירוש הבאה: **[ב] שהיית מתגאה כו׳.** בווידוי עונות שנה שעברה שכבר התוודה עליהם אשתקד:

אשד הנחלים

[א] ויביאו גו׳ לרקמות כו׳. באו בזה להסביר שהקמת המשכן היה תלוי בו, אחר שנגמר מלאכתו ונחסר רק ההקמה, שזה היה תלוי רק בכוונת משה, מפני שהוא היה יודע כל פרטי הדברים הנכללים והרמוזים בה, כי הוא היה מלך על כל בידיעתו הגבוה והרוממה, ובצירוף ישראל שהיו אז מדובקים בה׳ כרעים דלא מתפרשין. ואחז בפסוק הזה לדוגמא, כמו שהובאת המלכה למלך מרוקם מלובשת בבגדי הוד, כן הובא למשה המשכן וכל כליו נגמרים במעשה, ומה שאחז דווקא מן ורוקם בתכלת, לפי שזהו עיקר הכוונה, על דרך משל שהתכלת דומה לרקיע ורקיע לכסא הכבוד, ודי בזה מעט בדרך כללות הענין: **[ב] והזכיר עוונותיו כו׳ של סילוקים כו׳.** הידי משה פירש שדייק מן ויעתק הנאמר באברהם, שאחר כן כתיב ויקרא בשם ה׳, שזהו תפלה, א״כ העתק הנאמר כאן הוא גם כן ענין תפלה, ולכן האריך והביא כל הפסוקים בפה: **לא היה בידך עוונות כו׳.** לכאורה אין זה גאוה אדרבא הוא משפיל נפשו במה שמכיר עוד העוונות העוברות, ומהו הדוברות על צדיק עתק. וגם הוא מחלוקת ביומא (פו, ב) אם עוונות שהתודה ביום הכיפורים זה, אם מתודה ביום הכיפורים אחר. והנראה כי כאן כיון שאינו מזכיר העוונות משנה זו, א״כ הוא צדיק בעיניו, רק אומר הודוי הרגיל על לשונו בכל שנה ושנה בלי התבוננות איזה חטאים שיש לו, והוא בא מרוב גאון הלב, וכאילו חס ושלום אין מאמין כי ההשגחה פוקדת על מעשיו ולכן אין לו פחד מאומה, וזהו **דברים של סלוקים**, כאלו חס ושלום יש סלוק ההשגחה ממנו ומעשיו מופקרים. ועיין בסדר בראשית, בראשיתו מה שדרשו על הפסוק, והמה מתאימות קצת בציוריהם, אף שמדבר שמה מענין אחר:

עתק דברים של סילוקים כמה דכתיב ויעתק משם ההרה. שסילק אברהם עצמו משם. ומה שמאריך הפסוק עד ויקרא בשם ה׳ נראה לי שרצונו לומר שנלמד כמו במה מצינו, כמו התם שכתוב ויעתק הוא תפלה כדמסיים ויקרא בשם ה׳, כך עתק שכתב הכא קאי גם כן על ווידוי שלא יתוודה ביום הכפורים עונות שהתודה עליהם ביום הכפורים העבר. ודוק:

חידושי הרד״ל

[ב] של סילוקים. שכבר סילק והעתיקם הקב״ה ביום הכפורים שעבר: **בגאוה אמר לו הקדוש ברוך הוא כו׳ מתגאה בגאוה דבר אחר תאלמנה כו׳.** כן צריך לומר. ועיין לקמן ובמדרש שוחר טוב מזמור לב מבזה על דבורו של הקב״ה שכתוב בתורה נושא עון, קרי ביה נושה בשי״ן ימין שמשכח העוונות, עיין שם:

חידושי הרש״ש

[א] ישראל שנקראו בתולות כמו שכתוב כו׳. הן מצינו הרבה תואר בתולה על ישראל מפורש, עוד אבנך ונבנית בתולת ישראל (ירמיה לא, ג), שובי בתולת ישראל (שם שם, כ), קום בתולת ישראל (עמוס ה, ב), ואולי לפי שנמצא תואר זה גם בשארי אומות, בתולת בת בבל (ישעיה מז, א), בתולת בת צידון (שם כג, יב), בתולת בת מצרים (ירמיה מו, יא), לכן הביא מקרא זה: **[ב] אמר ליה הקדוש ברוך הוא תאלמנה שפתי שקר כו׳.** אין למדין הלכה מן ההגדות, (עיין תוספות יום טוב פרק ה דברכות משנה ד) דאנן פסקינן (שולחן ערוך אורח חיים סימן תר״ז) כרבי אליעזר בן יעקב ביומא (פו, ב). ואולי יכוון כאן על מי שיש בידו גם עבירות משנה זו ועליהם אינו מתודה רק על דאשתקד, וזהו גאוה שמראה בעצמו שמקיים חטאתי נגדי תמיד שאמר רבי אליעזר בן יעקב שם, אבל בשוחר טוב מזמור לב לא משמע כן. ודע דשם מחלוקת רבי אליעזר בן יעקב ורבנן בהיפך מבגמרא הנ״ל:

מסורת המדרש

א. עי׳ יומא ד׳ פ״ו ע״ב. וירושלמי יומא פ׳ ח׳ ובתוספתא יומא סוף פרק ד׳. ומדרש תהלים מזמור ל״ב. ובילקוט תהלים רמז תשס״ד. ילקוט משלי רמז תתקס״א. ילקוט כאן רמז תי״ז כל הענין:

אם למקרא

לִרְקָמוֹת תּוּבַל לַמֶּלֶךְ בְּתוּלוֹת אַחֲרֶיהָ רֵעוֹתֶיהָ מוּבָאוֹת לָךְ: (תהלים מה:טו)

מִלֵּא אֹתָם חָכְמַת לֵב לַעֲשׂוֹת כָּל מְלֶאכֶת חָרָשׁ וְחֹשֵׁב וְרֹקֵם בַּתְּכֵלֶת וּבָאַרְגָּמָן בְּתוֹלַעַת הַשָּׁנִי וּבַשֵּׁשׁ וְאֹרֵג עֹשֵׂי כָּל מְלָאכָה וְחֹשְׁבֵי מַחֲשָׁבֹת: (לעיל לה:לה)

וַיְהִי בִישֻׁרוּן מֶלֶךְ בְּהִתְאַסֵּף רָאשֵׁי עָם יַחַד שִׁבְטֵי יִשְׂרָאֵל: (דברים לג:ה)

גַּן נָעוּל אֲחֹתִי כַלָּה גַּל נָעוּל מַעְיָן חָתוּם: (שיר השירים ד:יב)

לְמַעַן אַחַי וְרֵעָי אֲדַבְּרָה נָּא שָׁלוֹם בָּךְ: (תהלים קכב:ח)

תֵּאָלַמְנָה שִׂפְתֵי שָׁקֶר הַדֹּבְרוֹת עַל צַדִּיק עָתָק בְּגַאֲוָה וָבוּז: (תהלים לא:יט)

וַיַּעְתֵּק מִשָּׁם הָהָרָה מִקֶּדֶם לְבֵית אֵל וַיֵּט אָהֳלֹה בֵּית אֵל מִיָּם וְהָעַי מִקֶּדֶם וַיִּבֶן שָׁם מִזְבֵּחַ לַה׳ וַיִּקְרָא בְּשֵׁם ה׳: (בראשית יב:ח)

ידי משה

[א] לרקמות תובל. פירוש, קשה לרבי תנחומא למה הביאו ישראל את המשכן למשה, ואם תאמר שלא היו רוצים להקימו בלתי רשותו היה להם להודיעו רק למשה שהוא נגמר, ולמה הביאו אותו למשה, אלא לאשמועינן חשק של ישראל שהיו מביאים אותו למשה שיקים אותו תיכף, ופירש היפה מראה (ויפה תואר כאן על המדרש) שזה הוא חיבר לפסוקים שלמעלה כל כבודה בת מלך פנימה משבצות זהב לבושה, על דרך דאיתא בירושלמי כל אשה הצנועה זכתה לצאת ממנה כהונה גדולה, ולזה אמר שיהיה שכרה שישמש בנה במקדש שהוא דבר שנכסף אליה כל ישראל: **[ב] מהו**

אִם אָדָם מִתְוַדֶּה בְּיוֹם הַכִּפּוּרִים — A man confesses on Yom Kippur; בָּא יוֹם הַכִּפּוּרִים אַחֵר וְהִזְכִּיר עֲוֹנוֹתָיו — if another Yom Kippur arrived and he once again **mentioned his iniquities, אוֹמֵר לוֹ הַקָּדוֹשׁ בָּרוּךְ הוּא, "תֵּאָלַמְנָה שִׂפְתֵי שָׁקֶר" — the Holy One, blessed is He, tells him, *"May the lying lips be silenced,*** *which speak 'asak' "*; **מַהוּ "עָתָק", דְּבָרִים שֶׁל סִילוּקִים — what is *"asak"*** [עָתָק]? **Words that regard things that were removed,**[16] **כְּעִנְיָן שֶׁנֶּאֱמַר "וַיַּעְתֵּק מִשָּׁם הָהָרָה מִקֶּדֶם לְבֵית אֵל וַיֵּט אָהֳלֹה בֵּית אֵל מִיָּם וְהָעַי מִקֶּדֶם וַיִּבֶן שָׁם מִזְבֵּחַ לַה' וַיִּקְרָא בְּשֵׁם ה' " — in the manner that it is stated, *From there [Abraham] relocated*** [וַיַּעְתֵּק] ***to the mountain east of Beth-el and pitched his tent; with Beth-el on the west and Ai on the east, and he built there an altar to HASHEM and invoked HASHEM by Name*** (*Genesis* 12:8).[17] **"בְּגַאֲוָה וָבוּז", אוֹמֵר לוֹ הַקָּדוֹשׁ בָּרוּךְ הוּא — *With arrogance and contempt* — the Holy One, blessed is He, tells him, לֹא הָיָה בְּיָדֶיךָ עֲוֹנוֹת מִשֶּׁל שָׁנָה זוֹ שֶׁהָיִיתָ מִתְגָּאֶה בְּגַאֲוָה וָבוּז — "Did you not possess iniquities from this year, that you were acting proudly with arrogance and contempt?!"**[18]

The Midrash will present a second explanation of the above passage from *Psalms* and relate it to our verse:

דָּבָר אַחֵר, "תֵּאָלַמְנָה שִׂפְתֵי שָׁקֶר", מְדַבֵּר בְּמֹשֶׁה — Another interpretation: *May the lying lips be silenced* — this verse **speaks about Moses,** as will now be explained.

NOTES

16. Translation is based on *Eitz Yosef* (also see *Radal* and *Maharzu*), who explains that the Midrash refers to sins that God *removed* previously when He forgave them on the preceding Yom Kippur.

According to this interpretation, the words that follow in the verse, עַל צַדִּיק, are understood to mean *with the Righteous One*, i.e., with God [to Whom one confesses] (*Eitz Yosef*; also see *Maharzu*). Alternatively, these words mean *about a righteous one* and refer to the person confessing, who was rendered *righteous* by last year's confession and repentance (*Tiferes Tzion*; cf. *Yefeh To'ar,* who rejects this interpretation). The person's lips are described as שִׂפְתֵי שָׁקֶר, *lying lips*, because they untruthfully intimate that he was not forgiven in the preceding year (*Toldos Noach*, second approach).

17. See *Yedei Moshe* and *Tiferes Tzion,* who offer explanations for why the Midrash cites this lengthy verse in its entirety.

18. Confessing the previous year's sins a second time is an act of *arrogance* because it indicates a belief that one has no new sins to confess (*Eitz Yosef*; see *Matnos Kehunah*). Alternatively, such a confession is proof that its maker is too *arrogant* to realize that he sinned more recently (*Maharzu*).

The confession also demonstrates *contempt* for the honor of the Creator, who stated (in *Leviticus* 16:30) that sins would be forgiven on Yom Kippur (*Eitz Yosef*; compare *Midrash Shocher Tov* §31, cited by *Radal*; *Shaarei Teshuvah* 4:21; see *Maharzu* for another approach; also see *Radal,* who emends the Midrash).

See Insight Ⓐ.

INSIGHTS

Ⓐ **Repeated Confession** The Gemara (*Yoma* 86b) records a disagreement about the issue of confessing sins on one Yom Kippur and then again on the next. While all agree that one who repeats a sin must confess it again, the dispute regards one who does not repeat a particular sin and nevertheless confesses it a second time. The Tanna Kamma cited there is highly critical of this practice and asserts that about such an individual does Scripture state, כְּכֶלֶב שָׁב עַל קֵאוֹ כְּסִיל שׁוֹנֶה בְאִוַּלְתּוֹ, *Like a dog that returns to its vomit [so is] a fool who repeats his foolishness* (*Proverbs* 26:11). [*R' Aharon Kotler* (*Mishnas Rav Aharon* Vol. II, pp. 143 and 169) explains why this man's original confession is deemed to be an act of *foolishness* that he has now *repeated*: In truth, for one to look even a human being of stature in the eye and admit to having raised his hand against him is an act of unthinkable gall. That the Almighty Creator allows us and encourages us to confess before Him is only because He is infinitely kind and wishes to provide us with the ability to repent. One who confesses unnecessarily, however, demonstrates that he thinks nothing of speaking to God in that manner and, as such, he disqualifies the confession he made previously. Perhaps this lends a new understanding to the word בוז, *contempt,* with which our Midrash describes a repeated confession.]

R' Eliezer ben Yaakov, on the other hand, argues that to confess repeatedly is not only permitted but praiseworthy, for King David said, כִּי פְשָׁעַי אֲנִי אֵדָע וְחַטָּאתִי נֶגְדִּי תָמִיד, *For I recognize my transgressions, and my sin is before me "always"* (*Psalms* 51:5). R' Eliezer ben Yaakov understands that King David was constantly afraid that the sin for which he had confessed remained unforgiven (*Rashi* to *Yoma* 86b). For although he did not doubt that God forgives sins, King David feared that he had yet to adequately confess (*Eitz Yosef* to *Yoma* 86b, from *Iyei haYam*; see *Maharsha* there for another approach).

Yerushalmi (*Yoma* 8:7; see also *Midrash Shocher Tov* §32; see additional discussion in *Shaarei Teshuvah* 4:21) teaches that, according to the Tanna Kamma, while it is indeed praiseworthy to remain conscious of one's past misdeeds, as King David did, one should do so with the knowledge that those sins were forgiven.

At first glance, our Midrash's disapproval of one who confesses sins on successive Yom Kippurs appears to be at odds with the position of R' Eliezer ben Yaakov. This is indeed stated clearly by several of the Midrash commentators (*Yefeh To'ar, Toldos Noach, Maharzu, Rashash, Eitz Yosef*). *Ohr Same'ach* (*Hil. Teshuvah* 2:8), however, sees no contradiction between our Midrash and R' Eliezer ben Yaakov's view. He notes that our Midrash's criticism focuses on the *arrogance* that is demonstrated by one who confesses *only* previous sins while disregarding more recent ones. Accordingly, if we may assume that the approval R' Eliezer ben Yaakov offered in *Yoma* regarded one who confesses past sins *in addition* to more recent ones, our Midrash, in fact, complements that statement.

While the Midrash commentators accept that the arrogance censured by our Midrash is not present when a repeated confession is made alongside a confession of new sins, they nevertheless insist that the *contempt* mentioned here exists whenever a confession is repeated, so that our Midrash cannot be reconciled with R' Eliezer ben Yaakov (see *Yefeh To'ar*, *Rashash*, and *Eitz Yosef*, referencing *Midrash Shocher Tov* ibid.).

In practice, the *Shulchan Aruch* (*Orach Chaim* 607:4) rules that one may confess sins for which he confessed previously and *Magen Avraham* (ad loc., followed by *Mishnah Berurah* ad loc.) adds that it is praiseworthy to do so.

פרשה נב

א [לט, לג] **"וַיָּבִיאוּ אֶת הַמִּשְׁכָּן אֶל מֹשֶׁה", רַבִּי תַּנְחוּמָא בַּר אַבָּא פָּתַח:** (תהלים מה, טו) **"לִרְקָמוֹת תּוּבַל לַמֶּלֶךְ בְּתוּלוֹת אַחֲרֶיהָ רֵעוֹתֶיהָ מוּבָאוֹת לָךְ", מַהוּ "לִרְקָמוֹת", זֶה הַמִּשְׁכָּן שֶׁהוּא מְצוּיָּיר, כְּמוֹ שֶׁכָּתוּב** (לעיל לה, לה) **"וְרֹקֵם בַּתְּכֵלֶת", הֱוֵי "לִרְקָמוֹת", מַהוּ "תּוּבַל לַמֶּלֶךְ", זֶה מֹשֶׁה שֶׁנִּקְרָא מֶלֶךְ, כְּמוֹ שֶׁכָּתוּב** (דברים לג, ה) **"וַיְהִי בִישֻׁרוּן מֶלֶךְ בְּהִתְאַסֵּף רָאשֵׁי עָם יַחַד שִׁבְטֵי יִשְׂרָאֵל", "תּוּבַל", שֶׁהֵבִיאוּ לוֹ הַמִּשְׁכָּן, "בְּתוּלוֹת אַחֲרֶיהָ רֵעוֹתֶיהָ", אֵלּוּ יִשְׂרָאֵל שֶׁנִּקְרְאוּ בְּתוּלוֹת, כְּמוֹ שֶׁכָּתוּב** (שיר השירים ד, יב) **"גַּן נָעוּל אֲחֹתִי כַלָּה גַּל נָעוּל מַעְיָן חָתוּם", "רֵעוֹתֶיהָ", שֶׁהֵן רֵעָיו שֶׁל הַקָּדוֹשׁ בָּרוּךְ הוּא, שֶׁנֶּאֱמַר** (תהלים קכב, ח) **"לְמַעַן אַחַי וְרֵעָי אֲדַבְּרָה נָּא שָׁלוֹם בָּךְ", "מוּבָאוֹת לָךְ", שֶׁבַּיּוֹם שֶׁנִּגְמַר הַמִּשְׁכָּן הֱבִיאוּהוּ אֶצְלוֹ, לְכָךְ נֶאֱמַר** [לט, לג] **"וַיָּבִיאוּ אֶת הַמִּשְׁכָּן אֶל מֹשֶׁה":**

ב דָּבָר אַחֵר, [לט, לג] **"וַיָּבִיאוּ אֶת הַמִּשְׁכָּן", הֲדָא הוּא דִכְתִיב** (תהלים לא, יט) **"תֵּאָלַמְנָה שִׂפְתֵי שָׁקֶר הַדֹּבְרוֹת עַל צַדִּיק עָתָק בְּגַאֲוָה וָבוּז", אֵיצַד, אָדָם מִתְוַדֶּה בְּיוֹם הַכִּפּוּרִים, אִם בָּא יוֹם הַכִּפּוּרִים אַחֵר וְהִזְכִּיר עֲוֹנוֹתָיו, אוֹמֵר לוֹ הַקָּדוֹשׁ בָּרוּךְ הוּא: "תֵּאָלַמְנָה שִׂפְתֵי שָׁקֶר", מַהוּ "עָתָק", דְּבָרִים שֶׁל סִילוּקִים, כְּעִנְיָן שֶׁנֶּאֱמַר** (בראשית יב, ח) **"וַיַּעְתֵּק מִשָּׁם הָהָרָה מִקֶּדֶם לְבֵית אֵל וַיֵּט אָהֳלֹה בֵּית אֵל מִיָּם וְהָעַי מִקֶּדֶם וַיִּבֶן שָׁם מִזְבֵּחַ לַה' וַיִּקְרָא בְּשֵׁם ה'", "בְּגַאֲוָה וָבוּז", אוֹמֵר לוֹ הַקָּדוֹשׁ בָּרוּךְ הוּא: לֹא הָיָה בְּיָדְךָ עֲוֹנוֹת מִשֶּׁל שָׁנָה זוֹ, שֶׁהָיִיתָ מִתְגָּאֶה בְּגַאֲוָה וָבוּז, דָּבָר אַחֵר,** (תהלים לא, יט) **"תֵּאָלַמְנָה שִׂפְתֵי שָׁקֶר", מְדַבֵּר בְּמֹשֶׁה**

עץ יוסף

(א) **פתח לרקמות כו'.** דקרא אשמועינן הכבוד שעשו ישראל למשה רבם ששמחתם במשכן, והיו מביאים לו את מלאכת המשכן בכבוד גדול בקבוץ כל ישראל, ולובשים בגדים נאים, דוגמת העלאת ארון מבית עובד אדום בימי דוד (תולדות כח): **זה המשכן.** דורש גם כן על מלאכת המשכן, מדכתיב לרקמות, ולא כתיב ברקמות (תולדות כח): **זה המשכן.** פירוש לרקמות למלאכת הרקמות, תובל למלך משה רבינו: **רעותיה שהן רעיו של הקדוש ברוך הוא.** ברישא דקרא בכינוי בתולות הוא רמז לכלל ישראל המון העם, ובכינוי רעותיה הוא רמז לחכמים ולדיקים שבאותו הדור שהם נקראים רעים אהובים להקדוש ברוך הוא, וכולם בכנופיא אחת באו למשה מרוב שמחת גמר מלאכת המשכן (תולדות כח): **שנאמר למען אחי ורעי.** עיין ריש פרשה כ"ז: **מובאות לך.** שביום שנגמר המשכן, להכי חזר והזכיר הבאתו לומר שנזדרזו בו שביום שנגמר הביאוהו, והכי פירושו דקרא לרקמות תובל למלך, ועל ידי בתולות אחריה רעותיה, מובאות הרקמות: (ב) **הדא הוא דכתיב תאלמנה.** כדמסיק על ליצני הדור: **אם בא יום הכפורים אחר כו'.** הוא כתנא קמא דרבי אליעזר בן יעקב בפרק יום הכיפורים (יומא פו, ב): **תאלמנה שפתי שקר.** ופירוש הדוברות על לדיק, שמדבר עם הקדוש ברוך הוא שהוא לדיקו של עולם, עתק, רולה לומר שמזכיר לפניו עונות שכבר סילק והעתיקם הקדוש ברוך הוא ביום הכיפורים שעבר, כלומר שמחל לו: **שהיית מתגאה בגאוה.** בוידוי עונות שנה שעבר כאילו אין לו חדשות, ובוז שהוא מבזה על כבוד קונו שאינו מחשיב מה שאמר ה' כי ביום הזה יכפר עליכם, והוא הדין אפילו אם לא היו לו חדשות גם כן אסור להתודות על עונות שנה שעברה, שמבזה על כבוד קונו כנ"ל, וגם הוא ככלב שב על קיאו, אלא הכא ברובא דאינשי קמיירי שיש להם עונות חדשים, כי אדם אין לדיק בארץ אשר יעשה טוב ולא יחטא:

פירוש מהרז"ו

(א) **ויביאו את המשכן.** כי לאיזה לורך הביאו הכל אל משה, היה לו למשה לילך לראות, וכמו שדרש לעיל פרשה כ"א סימן ב, נכנס משה אצל בצלאל וכו', על כן דורש שהיה גם בההבאה אל משה ענין גדול של זכות: **לרקמות תובל.** ובפסוק הקודם כל כבודה בת מלך פנימה ממשבצות זהב לבושה. ודרשו במדבר רבה פרשה א' סימן ג, על משה באוהל מועד, עיין שם ותבין כאן. וזהו שאמר אחר כך לרקמות תובל למלך, לרקמות תובל מה שהביאו לו הנדבה תחלה לרקמות, שמהם ירקמו המשכן, בתכלת וארגמן: **שנקראו בתולות.** כמו שכתוב לעיל פרשה כ' סוף סימן ג, שבעת תיקון חטא העגל על ידי המשכן, נקראו בתולות: **גן נעול.** ודרשו במדבר רבה פרשה ג' סימן ו, אלו הבתולות. **אחותי כלה.** על כנסת ישראל שהיא כבתולה: **רעותיה מובאות לך.** שעשו רעים אהובים להקב"ה, כשהביאו את המשכן אל משה אחר גמרו, שעשו כל מה שלוה הקב"ה, כמפורש בענין ככל אשר לוה ה' את משה, וכן הפסוק שכתוב אחריו תובלנה בשמחות וגיל, שהנדבה שהביאו תחלה היה בשמחה, ואחר כך תבואנה בהיכל מלך, וכנ"ל בכבוד והדר, ומה שאמר שביום שנגמר הביאוהו, עיין בסוף סימן הסמוך, ולריך עיון: (ב) **ביצד.** יפורש הפסוק ואיזה לדיק ואיזה עתק: **דברים של סילוקים.** שכבר נסתלקו ביום הכפורים העבר, וזה בא לו על ידי שנתגאה, ולא הרגיש בעונות של שנה זו: **ובוז.** על ידי כן נתבזה, ומה שכתוב על לדיק, פירושו על לדיק חי עולמים. וכמו שכתוב בחנה (שמואל א א, י) ותתפלל על ה', שסובר כמאן דאמר (יומא פו, ב) עונות שהתודה עליהם בשנה העברה, אסור להתוודות עליהם בשנה הבאה. ואין כן הלכה: **מדבר במשה.** שמה שכתוב הדוברות על לדיק עתק וכו', הכוונה על משה, כמו שכתוב בפסוק הסמוך, מה רב טובך אשר לפנת ליראיך וגו', ומשה כתוב בו (שמות ב, ב) ותרא אותו כי טוב הוא ותלפנהו שלשה ירחים.

חידושי הרד"ל

[ב] **של סילוקים.** שכבר סילק והעתיקם הקב"ה ביום הכפורים שעבר: **בגאוה אמר לו הקדוש ברוך הוא כו' מתגאה בגאוה דבר אחר תאלמנה כו'.** כן לריך לומר. ועיין לקמן ובמדרש שוחר טוב מזמור לב מבזה על דבורו של הקב"ה שכתוב בתורה נושא עון, קרי ביה נושה בשי"ן ימין שמשכח העוונות, עיין שם:

חידושי הרש"ש

[א] **ישראל שנקראו בתולות כמו שכתוב כו'.** הן מלינו הרבה תואר בתולה על ישראל מפורש, עוד אבנך ונבנית בתולת ישראל (ירמיה לא, ג), שובי בתולת ישראל (שם שם, כ), קום בתולת ישראל (עמוס ה, ב), ואולי לפי שנמלא תואר זה גם בשארי אומות, בתולת בת בבל (ישעיה מז, א), בתולת בת לידון (שם כג, יב), בתולת בת מלרים (ירמיה מו, יא), לכן הביא מקרא זה: [ב] **אמר ליה הקדוש ברוך הוא תאלמנה שפתי שקר כו'.** אין למדין הלכה מן ההגדות, (עיין תוספות יום טוב פרק ה דברכות משנה ד) דאנן פסקינן (שולחן ערוך אורח חיים סימן תר"ז) כרבי אליעזר בן יעקב ביומא (פו, ב). ואולי יכוון כאן על מי שיש בידו גם עבירות משנה זו ועליהם אינו מתודה רק על דאשתקד, וזהו גאוה שמראה בעלמו שמקיים חטאתי נגדי תמיד שאמר רבי אליעזר בן יעקב שם, אבל בשוחר טוב מזמור לב לא משמע כן. ודע דשם מחלוקת רבי אליעזר בן יעקב ורבנן בהיפך מבגמרא הנ"ל:

מסורת המדרש

א. עי' יומא ד' פ"ו ע"ב. וירושלמי יומא פ' ח' ובתוספתא יומא סוף פרק ד'. ומדרש תהלים מזמור ל"ב. ובילקוט תהלים רמז תשס"ד. ילקוט משלי רמז תתקס"א. ילקוט כאן רמז תי"ז כל הענין:

אם למקרא

לִרְקָמוֹת תּוּבַל לַמֶּלֶךְ בְּתוּלוֹת אַחֲרֶיהָ רֵעוֹתֶיהָ מוּבָאוֹת לָךְ: (תהלים מה:טו)

מִלֵּא אֹתָם חָכְמַת לֵב לַעֲשׂוֹת כָּל מְלֶאכֶת חָרָשׁ וְחֹשֵׁב וְרֹקֵם בַּתְּכֵלֶת וּבָאַרְגָּמָן בְּתוֹלַעַת הַשָּׁנִי וּבַשֵּׁשׁ וְאֹרֵג עֹשֵׂי כָּל מְלָאכָה וְחֹשְׁבֵי מַחֲשָׁבֹת: (לעיל לה:לה)

וַיְהִי בִישֻׁרוּן מֶלֶךְ בְּהִתְאַסֵּף רָאשֵׁי עָם יַחַד שִׁבְטֵי יִשְׂרָאֵל: (דברים לג:ה)

גַּן נָעוּל אֲחֹתִי כַלָּה גַּל נָעוּל מַעְיָן חָתוּם: (שיר השירים ד:יב)

לְמַעַן אַחַי וְרֵעָי אֲדַבְּרָה נָּא שָׁלוֹם בָּךְ: (תהלים קכב:ח)

תֵּאָלַמְנָה שִׂפְתֵי שָׁקֶר הַדֹּבְרוֹת עַל צַדִּיק עָתָק בְּגַאֲוָה וָבוּז: (תהלים לא:יט)

וַיַּעְתֵּק מִשָּׁם הָהָרָה מִקֶּדֶם לְבֵית אֵל וַיֵּט אָהֳלֹה בֵּית אֵל מִיָּם וְהָעַי מִקֶּדֶם וַיִּבֶן שָׁם מִזְבֵּחַ לַה' וַיִּקְרָא בְּשֵׁם ה': (בראשית יב:ח)

ידי משה

[א] **לרקמות תובל.** פירוש, שקשה לרבי תנחומא למה הביאו ישראל את המשכן למשה, ואם תאמר שלא היו רולים להקימו בלתי רשותו היה להם להודיעו רק למשה שהוא נגמר, ולמה הביאו אותו למשה, אלא לאשמועינן חשק של ישראל שהיו מביאים אותו למשה שיקים אותו תיכף, ופירש היפה מראה (יפה תואר כאן על המדרש) שזה הוא חיבר לפסוקים שלמעלה כל כבודה בת מלך פנימה משבלות זהב לבושה, על דרך דאיתא בירושלמי כל אשה הלנועה זכתה ללאת ממנה כהונה גדולה, ולזה אמר שיהיה שכרה שישמש בנה במקדש שהוא דבר שנכסף אליה כל ישראל: [ב] **מהו** עתק דברים של סילוקים כמה דכתיב ויעתק משם ההרה. שסילק אברהם עלמו משם. ומה שמאריך הפסוק עד ויקרא בשם ה' נראה לי שרלונו לומר שנלמד כמו במה מלינו, כמו התם שכתוב ויעתק הוא תפלה כדמסיים ויקרא בשם ה', כך עתק שכתב הכא קאי גם כן על ווידוי שלא יתוודה ביום הכפורים עוונות שהתוודה עליהם ביום הכפורים העבר. ודוק:

מתנות כהונה

[א] **שהביאו לו המשכן.** תובל פירוש הבאה: [ב] **שהיית מתגאה כו'.** בווידוי עונות שנה שעברה שכבר התוודה עליהם אשתקד:

אשד הנחלים

[א] **ויביאו גו' לרקמות כו'.** באו בזה להסביר שהקמת המשכן היה תלוי בו, אחר שנגמר מלאכתו ונחסר רק ההקמה, שזה היה תלוי רק בכוונת משה, מפני שהוא היה יודע כל פרטי הדברים הנכללים והרמוזים בה, כי הוא היה מלך על כל בידיעתו הגבוה והרוממה, ובצירוף ישראל שהיו אז מדובקים בה' כרעים דלא מתפרשין. ואחז בפסוק הזה לדוגמא, כמו שהובאת המלכה למלך מרוקם מלובשת בבגדי הוד, כן הובא למשה המשכן וכל כליו נגמרים במעשה, ומה שאחז דווקא מן ורוקם בתכלת, לפי שזהו עיקר הכוונה, על דרך משל שהתכלת דומה לרקיע ורקיע לכסא הכבוד, ודי בזה מעט בדרך כללות הענין: [ב] **והזכיר עוונותיו כו' של סילוקים כו'.** הידי משה פירש שדייק מן ויעתק הנאמר באברהם, שאחר כן כתיב ויקרא בשם ה', שזהו תפלה, א"כ העתק הנאמר כאן הוא גם כן ענין תפלה, ולכן האריך והביא כל הפסוקים בפה: **לא היה בידך עוונות כו'.** לכאורה אין זה גאוה אדרבא הוא משפיל נפשו במה שמכיר עוד העוונות העוברות, ומהו הדוברות על צדיק עתק. וגם הוא מחלוקת ביומא (פו, ב) אם עוונות שהתודה ביום הכיפורים זה, אם מתודה ביום הכיפורים אחר. והנראה כי כאן כיון שאינו מזכיר העוונות משנה זו, א"כ הוא צדיק בעיניו, רק אומר הודוי הרגיל על לשונו בכל שנה ושנה בלי התבוננת איזה חטאים שיש לו, והוא בא מרוב גאון הלב, וכאילו חס ושלום אין מאמין כי ההשגחה פוקדת על מעשיו ולכן אין לו פחד מאומה, וזהו **דברים של סלוקים**, כאלו חס ושלום יש סלוק ההשגחה ממנו ומעשיו מופקרים. ועיין בסדר בראשית, בראשיתו מה שדרשו על הפסוק, והמה מתאימות קצת בציוריהם, אף שמדבר שמה מענין אחר:

בְּשָׁעָה שֶׁאָמַר הַקָּדוֹשׁ בָּרוּךְ הוּא לַעֲשׂוֹת לוֹ מִשְׁכָּן – **At the time that the Holy One, blessed is He, said to make a Tabernacle for Him,** מִיָּד אָמַר מֹשֶׁה לְיִשְׂרָאֵל, ״וְיִקְחוּ לִי תְּרוּמָה״ – **Moses immediately said to** the people of **Israel, *"And let [the Children of Israel] take for Me a portion"*** (above, 25:2).[19] הָיָה מֹשֶׁה עוֹשֶׂה בַּמִּשְׁכָּן וְהָיוּ לֵיצָנֵי יִשְׂרָאֵל אוֹמְרִים: אֶפְשָׁר שֶׁהַשְּׁכִינָה שׁוֹרָה עַל יְדֵי בֶּן עַמְרָם – From then, **Moses was involved in the making of the Tabernacle and the scoffers among** the people of **Israel were saying, "Is it possible that the Divine Presence will dwell** among us **through** the efforts of **the son of Amram?!"**[20] אָמַר רַבִּי יוֹחָנָן: ו׳ חֳדָשִׁים הָיָה עוֹסֵק בַּמִּשְׁכָּן – **R' Yochanan said:** For **six months, [Moses] was occupied with the Tabernacle,**[21] וְג׳ חֳדָשִׁים עֲשָׂאוּהוּ וְג׳ חֳדָשִׁים קִפְּלוּהוּ – **and** for the first **three months, they made [the Tabernacle], and** for the next **three months they kept it folded up.**[22] אַף עַל פִּי כֵן הָיוּ מְלִיצִין אַחֲרָיו – And **even so, [the scoffers] were deriding [Moses],**[23] וְאוֹמְרִים: הֲרֵי נַעֲשָׂה, לֹא הָיָה מֹשֶׁה אוֹמֵר שֶׁיַּשְׁרֶה שְׁכִינָתוֹ אֶצְלוֹ – **and saying, "Behold! [The Tabernacle] has been made – was Moses not saying that [God] would rest His Divine Presence in [the Tabernacle]?!"**[24] וְהַקָּדוֹשׁ בָּרוּךְ הוּא נִתְכַּוֵּין לְהַעֲמִיד הַמִּשְׁכָּן בַּחֹדֶשׁ שֶׁנּוֹלַד בּוֹ יִצְחָק אָבִינוּ – **But the Holy One, blessed is He, intended to set up the Tabernacle in** Nissan, **the month in which Isaac, our Patriarch, was born.**[25] לֹא עָשָׂה אֶלָּא כְּשֶׁהִגִּיעַ אוֹתוֹ הַחֹדֶשׁ אָמַר הַקָּדוֹשׁ בָּרוּךְ הוּא לְמֹשֶׁה – And [God] **did not tarry; rather, when that month arrived, the Holy One, blessed is He, said to Moses,**[26] ״בְּיוֹם הַחֹדֶשׁ הָרִאשׁוֹן וְגוֹ׳ תָּקִים אֶת מִשְׁכַּן״ – ***"On the day of the first new moon, etc. you shall erect the Tabernacle,** the Tent of Meeting"* (below, 40:2).[27] אוֹתָהּ שָׁעָה אָמְרָה רוּחַ הַקֹּדֶשׁ – At **that time the Holy Spirit declared,**

NOTES

19. [This verse is the first of God's instruction to Moses regarding the Tabernacle's construction. Moses repeated it to the nation in God's Name.]

That Moses relayed God's instruction *immediately* after it was told to him is significant in this narrative because it is a basis of the chronology that will be presented below. The Midrash assumes that Moses acted with alacrity because (as taught in *Pesachim* 4a, et al.) mitzvos are to be performed as early as possible (*Yefeh To'ar*).

20. These scoffers believed it impossible that the Divine Presence would return to dwell among the Jewish people after it had left them when they had become tainted with the sin of the Golden Calf (*Eitz Yosef*; see *Toldos Noach* for a lengthy explanation of why Moses was referred to as *the son of Amram* in this context; see Insight at note 25 below for another approach).

21. The Divine commandment to build the Tabernacle was transmitted to the Jewish people by Moses on the eleventh of Tishrei, one day after his descent from Mount Sinai and God's forgiveness of the sin of the Golden Calf (see *Rashi* to 35:1 above). As stated below in 40:17, the Tabernacle was erected on the first of Nissan, just under *six months* later (*Maharzu*; see also *Matnos Kehunah*). [The Sages regularly refer to the majority of a month as a month when they quantify time as a number of months (see *Tiferes Tzion*).]

22. Elucidation is based on *Eitz Yosef*, who explains that the Midrash describes Moses as having been *occupied with the Tabernacle for six months* despite the fact that it was folded up for three of those months, because throughout that time Moses was constantly tending to it.

Alternatively, קִפְּלוּהוּ means *they arranged it*, ensuring that each of the Tabernacle's components was in the correct location (*Matnos Kehunah*).

Although there appears to be no Scriptural evidence that the actual construction of the Tabernacle took three months, this Midrash seems to dovetail with *Pesikta Rabbasi* §6, where it is taught that the Tabernacle was completed on the 25th of Kislev. Thus, because the work began on the 13th of Tishrei, after two days during which the materials were collected, the *three months* of construction comprised the majority of Tishrei, the entire Cheshvan, and the majority of Kislev (*Maharzu*). [As an aside, *Pesikta Rabbasi* (cited ibid. and in *Rama, Orach Chaim* 670:2) adds that because the month of Kislev "lost out" on the inauguration of the Tabernacle, God "repaid" it with the rededication of the Temple at the time of the Chanukah miracle, which took place on the 25th of Kislev.]

23. I.e., despite the fact that work on the Tabernacle was completed almost immediately, so that the Tabernacle was *folded* [or *arranged*] for the following three months – a clear sign that the project enjoyed Divine assistance – the *scoffers* nevertheless continued their derision of Moses (*Eitz Yosef*, from *Yefeh To'ar* and *Toldos Noach*).

[*Yefeh To'ar* and *Rashash* consider emending the Midrash to conform to *Tanchuma*, *Pekudei* §11 and *Yalkut Shimoni* §417 where it is taught that the passage of three months between the Tabernacle's completion and its inauguration was a cause of the scoffers' derision of Moses.]

24. The scoffers pointed to the fact that the Tabernacle had been completed and yet remained without the Divine Presence as proof that they had been correct in saying that the Divine Presence would not dwell among them.

25. That Isaac was born in Nissan, on the holiday of Passover, is derived in *Rosh Hashanah* 11a from *Genesis* 18:14.

[The reason God commanded the construction of the Tabernacle on Yom Kippur, three months earlier than necessary, is because on that day He forgave the Jewish people (for the sin of the Golden Calf) and, as we have learned above (in 51 §4), the commandment to build the Tabernacle was a sign of that forgiveness (*Eitz Yosef*).]

See Insight Ⓐ.

26. Translation based on *Chidushei Re'ach*.

27. *The day of the first new moon* is the first day of Nissan, the first month (see above, 12:2).

INSIGHTS

Ⓐ **The Tabernacle and Isaac** Our Midrash states only that God wished to set up the Tabernacle in Isaac's birth-month; it gives no obvious indication of why that consideration justified the shelving of the fully constructed and much anticipated Tabernacle for a full three months.

Yefeh To'ar offers a straightforward explanation: When Abraham bound Isaac atop the altar at the *Akeidah*, Isaac attained the status of an unblemished sacrifice, whose merit would grant the Jewish people atonement throughout the ages (see *Tanchuma, Vayeira* §23). Perhaps it was because Isaac was destined to fill this role that his birth-month is one of particular joy, and one that was ideally suited for the joy that would accompany the inauguration of the Tabernacle and the sacrificial service.

Tiferes Tzion suggests a deeper insight, beginning with an explanation of why the scoffers doubted the ability of "the son of Amram" to introduce the Divine Presence into their midst: A man's greatness is a function of his struggling to overcome his evil inclination; it is by grappling determinedly and consistently with one's base desires that one eventually rises above them, victorious and exalted. The scoffers argued that because Moses was *the son of Amram*, who was a man who never sinned (*Bava Basra* 17a), Moses was by nature free of evil and not subject to such conflict. How then could he succeed in bringing the Divine Presence into the realm of mortals who were constantly challenged by the world and its temptations?! In truth though, the scoffers labored under a fundamental misconception. For every human being, regardless of his spiritual level, faces his own personal challenges on that level, and even Moses was not immune. It was to underscore this point and thereby ensure that the Jewish people's all-important faith in Moses was solidified, that God insisted the Tabernacle's erection take place in Isaac's birth-month. For by doing so God demonstrated that in spite of the fact that Isaac (like Moses) was the son of the eminent Patriarch Abraham, his merit was more effective than any other in bringing the Divine Presence down to earth.

[For additional explanations see *Toldos Noach*, *HaTirosh*, and *Maayan Beis HaSho'eivah* to 40:2 below. Note also that our Midrash's parallel in *Tanchuma, Pekudei* §11 adds that God wished *to combine the joy of the Tabernacle with the joy of Isaac's birthday*. See *Yefeh To'ar* for a reconciliation of this concept with the general rule (see *Moed Katan* 8b; *Bereishis Rabbah* 70 §19) that we do not intermingle one joyous occasion with another. A related Insight, titled "Self-offering," appears in the Kleinman edition of *Vayikra Rabbah* 2 §11.]

בְּשָׁעָה שֶׁאָמַר הַקָּדוֹשׁ בָּרוּךְ הוּא לַעֲשׂוֹת לוֹ מִשְׁכָּן, מִיָּד אָמַר מֹשֶׁה לְיִשְׂרָאֵל: (לעיל כה, ב) "וְיִקְחוּ לִי תְּרוּמָה", הָיָה מֹשֶׁה עוֹשֶׂה בַּמִּשְׁכָּן וְהָיוּ לֵיצָנֵי יִשְׂרָאֵל אוֹמְרִים: אֶפְשָׁר שֶׁהַשְּׁכִינָה שׁוֹרָה עַל יְדֵי בֶּן עַמְרָם, אָמַר רַבִּי יוֹחָנָן: ו' חֳדָשִׁים הָיָה עוֹסֵק בַּמִּשְׁכָּן, וְג' חֳדָשִׁים עֲשָׂאוּהוּ וְג' חֳדָשִׁים קִפְּלוּהוּ, אַף עַל פִּי כֵן הָיוּ מְלִיצִין אַחֲרָיו וְאוֹמְרִים: הֲרֵי נַעֲשָׂה, לֹא הָיָה מֹשֶׁה אוֹמֵר שֶׁיַּשְׁרֶה שְׁכִינָתוֹ אֶצְלוֹ, [ב]וְהַקָּדוֹשׁ בָּרוּךְ הוּא נִתְכַּוֵּן לְהַעֲמִיד הַמִּשְׁכָּן בַּחֹדֶשׁ שֶׁנּוֹלַד בּוֹ יִצְחָק אָבִינוּ, לֹא עָשָׂה אֶלָּא כְּשֶׁהִגִּיעַ אוֹתוֹ הַחֹדֶשׁ אָמַר הַקָּדוֹשׁ בָּרוּךְ הוּא לְמֹשֶׁה: [מ, ב] "בְּיוֹם הַחֹדֶשׁ הָרִאשׁוֹן וְגוֹ' תָּקִים אֶת הַמִּשְׁכָּן", אוֹתָהּ שָׁעָה אָמְרָה רוּחַ הַקּוֹדֶשׁ: (תהלים לא, יט) "תֵּאָלַמְנָה שִׂפְתֵי שָׁקֶר", אוֹתָם שֶׁמְּלִיצִים אַחַר מֹשֶׁה, לֹא עָשָׂה אֶלָּא כֵּיוָן שֶׁאָמַר הָאֱלֹהִים לְמֹשֶׁה שֶׁיָּקִים אֶת הַמִּשְׁכָּן הִתְחִילוּ טוֹעֲנִין אוֹתוֹ וּבָאִין כָּל אֶחָד וְאֶחָד מִמְּלַאכְתּוֹ, שֶׁנֶּאֱמַר [לט, לג] "וַיָּבִיאוּ אֶת הַמִּשְׁכָּן אֶל מֹשֶׁה":

ג דָּבָר אַחֵר, [לט, לג] "וַיָּבִיאוּ אֶת הַמִּשְׁכָּן", הֲדָא הוּא דִכְתִיב (משלי לא, כה) "עוֹז וְהָדָר לְבוּשָׁהּ וַתִּשְׂחַק לְיוֹם אַחֲרוֹן", מַהוּ "לְיוֹם אַחֲרוֹן", שֶׁכָּל מַתַּן שְׂכָרָן שֶׁל צַדִּיקִים מְתוּקָּן לָהֶם לָעוֹלָם הַבָּא, הֱוֵי "וַתִּשְׂחַק לְיוֹם אַחֲרוֹן", [ג]מַעֲשֶׂה בְּרַבִּי אַבָּהוּ שֶׁהָיָה מִסְתַּלֵּק מִן הָעוֹלָם וְרָאָה כָּל הַטּוֹב שֶׁמְּתוּקָּן לוֹ לָעוֹלָם הַבָּא, הִתְחִיל שָׂמֵחַ, וְאָמַר: כָּל אִלֵּין דְּאַבָּהוּ, (ישעיה מט, ד) "וַאֲנִי אָמַרְתִּי לְרִיק יָגַעְתִּי לְתֹהוּ וְהֶבֶל כֹּחִי כִלֵּיתִי, אָכֵן מִשְׁפָּטִי אֶת ה' וּפְעֻלָּתִי אֶת אֱלֹהָי", הֱוֵי "וַתִּשְׂחַק לְיוֹם אַחֲרוֹן", דָּבָר אַחֵר, אֵימָתַי הַתּוֹרָה מְשַׂחֶקֶת לְמִי שֶׁהוּא עָמֵל בָּהּ לְיוֹם אַחֲרוֹן,

עץ יוסף

אפשר שהשכינה שורה על ידי בן עמרם. שחשבו שאי אפשר שישרה השכינה בתוכם אחר שנטמאו במעשה העגל, ונסתלקה שכינה מהם: **שש חדשים היה עסוק ובשלשה מהם עשאוהו ושלשה קפלוהו.** ואף על גב דשלשה היה מקופל, קאמר שהיה עסוק שש חדשים שמשה רבינו היה משגיחין ומעיין בעניינו תמיד: **אף על פי כן היו מליצים אחריו.** פירוש אף על פי שנגמרה מיד מלאכת המשכן, שלכן הוצרך ליקפל שלשה חדשים וראו כי יד ה' היתה שם שנעשה המלאכה מיד בסייעתא דשמיא, עם כל זה היו מרננים (יפה תואר ותולדות נח): **הקדוש ברוך הוא נתכוון להעמיד כו'.** והקדים לצוות על המלאכה מיום הכיפורים כי אותו היום נתרצה לישראל ולאות שנתרצה להם צוה על מלאכת המשכן כדלעיל: **בחדש שנולד בו יצחק.** דלכולי עלמא בפסח נולד יצחק, ואף על פי שהמשכן הוקם בראש חדש ולידת יצחק בפסח, כיון דהכל בחדש אחד כי הדדי נינהו: **לא עשה.** לא עכב הקדוש ברוך הוא במחשבה זו ולא נתיישבה דעתו בזה אלא כיון שאמר כו': (ג) **הדא הוא דכתיב עוז והדר לבושה ותשחק ליום אחרון.** שלבסוף התחיל שוחק עליהם וכדמסיים הכא: **שכל מתן שכרן של צדיקים כו'.** רוצה לומר אפילו שכר המצוה של מצוה שניתן בעולם הזה מתוקן לצדיקים לעולם הבא, וזה שאמר הוי ותשחק ליום אחרון, רוצה לומר שאפילו שכר השחוק והשמחה גם כן הוא ליום אחרון, וזה שאמר המדרש שכל מתן שכרן, רוצה לומר אפילו השכר של השמחה: **הוי ותשחק ליום אחרון.** שעיקר שמחתן ביום המיתה שמה שרואין מתן שכרן ביום המיתה, וכההיא מעשה דר' אבהו, וקרא באשת חיל מיירי, דאפילו אשה זוכה לזה כשהיא כשרה (יפה תואר): **וראה כל הטוב כו'.** שהראו לו מן השמים: **כל אלין דאבהו.** בלשון תימה, אלו להיות לי ואני כו': **ואני אמרתי לריק יגעתי.** בודאי לא בשפתי מרמה דבר זה כי אם באמת, כי נגד גודל האהבה המחייבת אותו בעבודת הבורא יתברך, כאפס וכאין היה נחשב בעיניו מעשה עבודתו. ועיין מה שכתבתי בבראשית רבה פרשה ס"ב, ובתנחומא סדר בראשית:

פירוש מהרז"ו

ליראיך זה יוכבד, כמו שכתוב (שם א, יז) ותיראן המילדות את האלהים, וכמו שדרש לעיל פרשה א' סימן י"ג עד סימן י"ח: **מיד אמר משה לישראל.** וזה היה למחרת יום הכפורים של שנה ראשונה, כמו שכתוב בסדר עולם פרק ששי, ובתנחומא כאן סוף פקודי כל הענין: **שלשה חדשים היה עוסק.** מי"א תשרי עד אחד בניסן, שהוקם המשכן, והנדבה הביאו בשני ימים, ובי"ג בתשרי שנה ראשונה ליציאת מצרים התחילו לעסוק, הרי ששה חדשים פחות אחד עשר יום. ומה שאמר שלשה חדשים עשהו, לא מצאתי רמז בזה בפסוק, לבד זה מצאתי בפסיקתא פרשה ו' בסימן ה וזה לשונו, בכ"ה בכסליו נגמרה מלאכת המשכן ועשה מקופל עד אחד בניסן שהקימו משה. וכל זמן שהיה מקופל היו ישראל מלמלאין (פירוש מתאוננין) על משה, למה לא הוקם מיד, שמא אירע בו דופי, שחשב לערב שמחת המשכן בחודש שנולד בו יצחק וכו', ומעתה הפסיד כסליו שנגמר בו לאו וכו', מה שילם לו חנוכת בית חשמונאי, שהיה בכ"ה בכסליו. והחשבון שלשה חדשים מי"ג תשרי היינו רוב תשרי, וכל חשון, וכ"ה מכסליו. ועשה מקופל ה' מכסליו שאינו חושב, וחודש טבת שבט אדר: **כיון שאמר לו האלהים וכו' התחילו טוענין וכו'.** וזה שלא כסדר המפורש בתורה, שהקדים תחלה פרשת ויביאו את המשכן, ואחר כך ציווי הקמתו. אך המדרש דרש טעם הדברים, שלכך הביאו את המשכן אל משה, על שצוה לו השם יתברך שיקים אותו, והסידור על פי מדה ל"ב: (ג) **עוז והדר לבושה.** בסוף מדרש משלי נדרש כולו על צדיקים וצדקניות: **מתוקן להם לעולם הבא.** אבות פרק ב', ודע שמתן שכרן של צדיקים לעתיד לבא. כי שכר מצוה בהאי עלמא ליכא: **מעשה ברבי אבהו.** ירושלמי עבודת גילולים פרק ג' (ה"א): **ואני אמרתי לריק יגעתי.** כמו שכתוב אבות פרק ב' משנה ה', אל תאמין בעצמך עד יום מותך: **אימתי התורה וכו'.** תחלה דורש על שמחת הצדיקים, ועל שכתוב בלשון נקבה, דורש על התורה שמשמחת את לומדיה:

חידושי הרד"ל

והיו ליצני ישראל אומרים אפשר שהשכינה כו'. פסיקתא ותשלם כל המלאכה כל המאמר, עיין שם: [ג] **שכל מתן שכרן של צדיקים מתוקן לעולם הבא הוי כו' אחרון מעשה בתלמיד אחד של רבי שמעון בר יוחאי כו' מעשה ברבי שמעון בן חלפתא כו' שאין מתן שכרן לעולם הבא כו' אחרון. דבר אחר אימת התורה כו' ליום אחרון מעשה ברבי אבהו כו' ופעולתי את אלהי הוי ותשחק ליום אחרון זבדי בן לוי כו' הם רואים ושוחקים לפיכך כו' ליום אחרון. דבר אחר עוז והדר לבושה זה משה.** כן צריך לומר, ותחלה דורש ליום אחרון לעולם הבא, לענין שאין מקבלין שכרן בעולם הזה, וכעובדא דרבי שמעון בר יוחאי ורבי שמעון בן חלפתא, ואחר כך דורש ליום אחרון מימי העולם הזה, שהוא קודם מיתה מראין להם מתן שכרם ושוחקין, כעובדא דרבי אבהו וזבדי בן לוי וחבריו:

חידושי הרש"ש

אף על פי כן היו מליצין כו'. אולי צריך לומר ומפני כן, ועיין הלשון בתנחומא [ו]בילקוט: [ג] **למי שהוא עמל בה ליום אחרון.** יתכן שיכוונו להא דאיתא בשלהי פרק קמא דקדושין (מ, ב) אפילו רשע גמור כל ימיו ועשה תשובה באחרונה אין מזכירין לו שום רשעו כו', ואדרבה הן נעשין לו כזכיות, כדלעיל ריש פרשה לא (סימן א), ויומא שם (פו, ב):

באור מהרי"פ

[ג] **למה שאין מתן שכרן וכו'.** אדלעיל קאי, למה לא רצתה אשת רבי שמעון בן חלפתא ליטול וליהנות כלום מאבן הטובה, לזה תירץ שאין מתן שכרן וכו': **סליק בעזרת השם באור מהרי"פ.**

מסורת המדרש

ב. פסיקתא רבתי פסקא ו' סי' ה':
ג. ירושלמי עבודה זרה פרק ג'. ב"ר פרשה ס"ב. תנחומא סדר בראשית סי' א'. וסדר ויחי סימן ד'. ילקוט סדר חיי שרה רמז ק"י. ילקוט ישעיה רמז ש"ל. ילקוט תהלים רמז תשי"ט:

אם למקרא

דַּבֵּר אֶל בְּנֵי יִשְׂרָאֵל וְיִקְחוּ לִי תְּרוּמָה מֵאֵת כָּל אִישׁ אֲשֶׁר יִדְּבֶנּוּ לִבּוֹ תִּקְחוּ אֶת תְּרוּמָתִי: (לעיל כה:ב)

עֹז וְהָדָר לְבוּשָׁהּ וַתִּשְׂחַק לְיוֹם אַחֲרוֹן: (משלי לא:כה)

וַאֲנִי אָמַרְתִּי לְרִיק יָגַעְתִּי לְתֹהוּ וְהֶבֶל כֹּחִי כִלֵּיתִי אָכֵן מִשְׁפָּטִי אֶת ה' וּפְעֻלָּתִי אֶת אֱלֹהָי: (ישעיה מט:ד)

ידי משה

[ג] **למי שהוא עמל בה ליום אחרון.** פירוש, על דרך ושוב יום אחד לפני מיתתך, ודרשו חכמינו ז"ל (אבות דרבי נתן פרק טו) וכי יודע אדם מתי ימות, אלא יחזור כל ימיו בתשובה:

אמרי יושר

[ג] **התחיל תמה כל אלין לאבהו.** שהיה נכנס בבית המלכות, וחשב כי לא היה לו שכר על זה בביטולו מדברי תורה:

אשד הנחלים

לא היה משה אומר כו'. כלומר וכי לא היה משה אומר, ועם כל זה השכינה איננה. וזהו שאמרו בגאוה, כי הם דימו שגם הם במעלה, וכמו שביזהו למשה והם דברו על משה הצדיק שהשכינה נעתקת מזה ולא תשרה על מעשי ידיו: **לא עשה כו'.** עיין במתנות כהונה: [ג] **דאבהו ואני אמרתי לריק גו'.** אין הכונה חס ושלום שדימה עד כה כי לא יקבל שכר, כי אין הקדוש ברוך הוא מקפח שכר כל בריה, רק הצדיקים עמלים בעולם הזה אולי ישיגו מעט מנועם ה' בעולם הזה, כי הם מתפרדים מכל חושיהם לעניינים העולמיים להתדבק בה' שיגיעו למעלה רמה, וזהו על דרך שטעמו טעם עולם הבא בעולם הזה, וכמו שאמרו (ברכות יז, א) עולמך תראה בחייך, ועל זה אמר שאני אמרתי לריק יגעתי, אך ליום אחרון טרם הפרידה הגיע למדרגה זו, ואז ראה כי לא היתה יגיעתו לריק: **עמל בה ליום אחרון.** זו היא שעת המיתה, שכיון שהכחות הגופניות מתחילות להשקיע אז אור הנפש תאיר בהשגתה:

מתנות כהונה

הכי גרסינן **על ידי בן עמרם אמר רבי יוחנן כו':** הכי גרסינן **עד שלשה חדשים עשאוהו ושלשה חדשים קפלוהו: ששה חדשים כו'.** שהרי כשירד מן ההר ממחרת יום כפורים צוה על מלאכת המשכן כמו שפירש רש"י פרשה ויקהל והביאו נדבתם מיד כדלעיל ריש פרשה נ"א והוקם על עמדו ביום שמיני למלואים שהוא שמונה ימים לחודש ניסן ואף על פי דכתיב באחד לחודש הוקם המשכן כבר פירש רש"י בפרשת פקודי שכל שבעת ימי המלואים חזרו ופרקוהו הרי ששה חדשים. או רצה לומר ששה חדשים לאו דווקא שלימים אלא חסר עשרה ימים: **קפלוהו.** סדרוהו דבר דבור על אופניו ועל מקומו: **מליצים.** מתלוצצים והכי גרסינן בילקוט: **לא עשה כו'.** לא עכב הקב"ה במחשבה זו לא נתיישבה דעתו בזה **אלא כיון שאמר כו': התחילו טוענין.** והטעם כדמפרש ואזיל כדי שיראו שאי אפשר להקימו אלא על ידי משה: [ג] **כל אלין דאבהו.** כל אלו לאבהו ועל עצמו אמר כן ולעיל בבראשית רבה פרשה ס"ב איתא שהראוהו שלש עשרה נהרי אפרסמון:

"תֵּאָלַמְנָה שִׂפְתֵי שָׁקֶר", אוֹתָם שֶׁמְּלִיצִים אַחַר מֹשֶׁה – **"*May the lying lips be silenced* – those** lips **that are deriding Moses!"**[28] לֹא עָשָׂה – And **[Moses] did not tarry;**[29] אֶלָּא כֵּיוָן שֶׁאָמַר הָאֱלֹהִים לְמֹשֶׁה שֶׁיָּקִים אֶת הַמִּשְׁכָּן – **rather, once God told Moses that he should erect the Tabernacle,** הִתְחִילוּ טוֹעֲנִין אוֹתוֹ וּבָאִין כָּל אֶחָד וְאֶחָד מִמְּלַאכְתּוֹ – **they began carrying it and coming** to Moses to erect it – **every one** of them, **from his work,**[30] שֶׁנֶּאֱמַר "וַיָּבִיאוּ אֶת הַמִּשְׁכָּן אֶל מֹשֶׁה" – **as is stated, *They brought the Tabernacle to Moses.***[31]

§3 The Midrash will cite a verse from *Proverbs* that it will relate to ours after expounding it in a different manner: [32]

דָּבָר אַחֵר, "וַיָּבִיאוּ אֶת הַמִּשְׁכָּן" – **Another interpretation: *They brought the Tabernacle to Moses*** – הָדָא הוּא דִכְתִיב "עוֹז וְהָדָר לְבוּשָׁהּ וַתִּשְׂחַק לְיוֹם אַחֲרוֹן" – **this is** related to that **which is written, *Strength and majesty are her raiment, and she has joy at the last day*** (*Proverbs* 31:25).[33] מַהוּ "לְיוֹם אַחֲרוֹן", שֶׁכָּל מַתַּן שְׂכָרָן שֶׁל צַדִּיקִים מְתוּקָּן לָהֶם לָעוֹלָם הַבָּא, הֱוֵי "וַתִּשְׂחַק לְיוֹם אַחֲרוֹן" – **What** is meant by *she has joy* ***at the last day*****? For the entire payment of the reward of the righteous is readied for them for the World to Come; thus is** stated, ***she has joy at the last day.***[34] מַעֲשֶׂה בְּרַבִּי אַבָּהוּ שֶׁהָיָה מִסְתַּלֵּק מִן הָעוֹלָם וְרָאָה כָּל הַטּוֹב שֶׁמְּתוּקָּן לוֹ לָעוֹלָם הַבָּא – There was **an incident involving R' Abahu, that he was departing from the world** (i.e., dying) **and he beheld all the goodness that was readied for him for the World to Come.**[35] הִתְחִיל שָׂמֵחַ, וְאָמַר: כָּל אִלֵּין דְּאַבָּהוּ – **He began** to be **joyful and he said, "All these are Abahu's?!**[36] "וַאֲנִי אָמַרְתִּי לְרִיק יָגַעְתִּי לְתֹהוּ וְהֶבֶל כֹּחִי כִלֵּיתִי, אָכֵן מִשְׁפָּטִי אֶת ה׳ וּפְעֻלָּתִי אֶת אֱלֹהָי" – ***And I said, 'I have toiled in vain and used up my strength for nothingness and naught; however, my judgment is with HASHEM and [the reward for] my accomplishment is with my God'"*** (*Isaiah* 49:4).[37] הֱוֵי "וַתִּשְׂחַק לְיוֹם אַחֲרוֹן" – **Thus** is stated, ***she has joy at the last day.*** דָּבָר אַחֵר, אֵימָתַי הַתּוֹרָה מְשַׂחֶקֶת לְמִי שֶׁהוּא עָמֵל בָּהּ, לְיוֹם אַחֲרוֹן – **Another interpretation: When does the Torah bring joy to one who toils in it? At the last day;**

NOTES

28. According to this interpretation, Moses is *the righteous one* who was maligned by *lying lips* (*Maharzu* s.v. מדבר במשה, see there for additional discussion). Those lips were *silenced* when Moses erected the Tabernacle and it indeed became a domicile for the Divine Presence.

29. *Chidushei Re'ach*. [See *Matnos Kehunah*, followed by *Eitz Yosef*, for another approach.]

30. I.e., each man came from performing the work that he was doing (compare above, 36:4).

[*Maharzu* points out that according to the Midrash's account, the event described in our verse, 39:33, was actually a response to the commandment written below, in 40:2.]

31. The Midrash is explaining that the Tabernacle was brought to Moses because God had told him that he was to erect it. God wished for Moses to be honored this way after his abuse at the hands of the scoffers (*Yefeh To'ar* s.v. הה"ד). Alternatively, the Midrash is teaching that the bringing of the Tabernacle to Moses held great import because the people were waiting to see if the Divine Presence would indeed inhabit it (*Toldos Noach* s.v. הה"ד).

32. This Midrash deals with the difficulty addressed by the preceding sections [and discussed in note 1 above] (*Yefeh To'ar*).

33. [This verse appears in the context of Scripture's description of the righteous אֵשֶׁת חַיִל, *woman of valor*.]

34. *Yefeh To'ar* (cited in part by *Eitz Yosef*) and *Toldos Noach* assert that, as indicated by the incidents the Midrash will relate presently, our Midrash is really an abridgement of the exposition of the same verse that appears in *Bereishis Rabbah* 62 §2. There the Midrash states, כָּל מַתַּן שְׂכָרָן שֶׁל צַדִּיקִים מְתוּקָּן לָהֶם לֶעָתִיד לָבֹא וּמַרְאֶה לָהֶם הַקָּדוֹשׁ בָּרוּךְ הוּא עַד שֶׁהֵם בָּעוֹלָם הַזֶּה מַתַּן שְׂכָרָן שֶׁהוּא עָתִיד לִיתֵּן לָהֶם לֶעָתִיד לָבֹא וְנַפְשָׁן שְׂבֵעָה וְהֵם יְשֵׁנִים, *The entire payment of the reward of the righteous is readied for them in the World to Come; and the Holy One, blessed is He, shows them, while they are still in this world, the reward that He is going to give them in the World to Come, and [as a result] their souls become satisfied and [then] they go to [their eternal] sleep.* Thus, the joyous *last day* described by the verse is the final day of a righteous person's life, on which he or she is shown the eternal reward that they are poised to enjoy. (See *Eitz Yosef* for another approach.)

As it is interpreted here, the *Proverbs* verse contains no indication that the reward of the righteous is deferred to the Next World; the Midrash states this simply to explain that the righteous can only *view* the reward before their death but they cannot actually *have* it then (*Toldos Noach* below, s.v. אימתי). As taught in *Avos* 2:[16 and in *Kiddushin* 39b], reward for performance of mitzvos is given to the righteous only in the Afterlife (*Maharzu*).

[*Radal* emends the Midrash and maintains that whereas below it will interpret *the last day* as it was understood in *Bereishis Rabbah* ibid., here it understands *the last day* to refer to the World to Come, wherein the righteous enjoy *the entire payment of their reward*.]

35. According to *Bereishis Rabbah* ibid., he was shown thirteen rivers of balsam oil (*Matnos Kehunah*).

36. Based on *Matnos Kehunah* and *Eitz Yosef*.

37. R' Abahu was certainly not being disingenuous in applying this verse to himself; rather, he felt that because his service of God was driven by an intense love [for God], he did not deserve to be rewarded for that service (*Eitz Yosef*). Alternatively, R' Abahu had feared that the reward his service of God had earned him had been lost due to sins he had committed afterward (see *Maharzu* here and to *Bereishis Rabbah* ibid.; for additional explanations of R' Abahu's statement see the various commentators here and to *Bereishis Rabbah* ibid., as well as the Insight ["Unanticipated Reward"] that appears in the Kleinman edition of *Bereishis Rabbah* ibid.).

בְּשָׁעָה שֶׁאָמַר הַקָּדוֹשׁ בָּרוּךְ הוּא לַעֲשׂוֹת לוֹ מִשְׁכָּן, מִיָּד אָמַר מֹשֶׁה לְיִשְׂרָאֵל: (לעיל כה, ב) "וְיִקְחוּ לִי תְּרוּמָה", הָיָה מֹשֶׁה עוֹשֶׂה בַּמִּשְׁכָּן וְהָיוּ לֵיצָנֵי יִשְׂרָאֵל אוֹמְרִים: אֶפְשָׁר שֶׁהַשְּׁכִינָה שׁוֹרָה עַל יְדֵי בֶּן עַמְרָם, אָמַר רַבִּי יוֹחָנָן: ו' חֳדָשִׁים הָיָה עוֹסֵק בַּמִּשְׁכָּן, וְג' חֳדָשִׁים עֲשָׂאוּהוּ וְג' חֳדָשִׁים קִפְּלוּהוּ, אַף עַל פִּי כֵן הָיוּ מְלִיצִין אַחֲרָיו וְאוֹמְרִים: הֲרֵי נַעֲשָׂה, לֹא הָיָה מֹשֶׁה אוֹמֵר שֶׁיַּשְׁרֶה שְׁכִינָתוֹ אֶצְלוֹ, [ב]וְהַקָּדוֹשׁ בָּרוּךְ הוּא נִתְכַּוֵּן לְהַעֲמִיד הַמִּשְׁכָּן בַּחֹדֶשׁ שֶׁנּוֹלַד בּוֹ יִצְחָק אָבִינוּ, לֹא עָשָׂה אֶלָּא כְּשֶׁהִגִּיעַ אוֹתוֹ הַחֹדֶשׁ אָמַר הַקָּדוֹשׁ בָּרוּךְ הוּא לְמֹשֶׁה: [מ, ב] "בְּיוֹם הַחֹדֶשׁ הָרִאשׁוֹן וְגוֹ' תָּקִים אֶת הַמִּשְׁכָּן", אוֹתָהּ שָׁעָה אָמְרָה רוּחַ הַקֹּדֶשׁ: (תהלים לא, יט) "תֵּאָלַמְנָה שִׂפְתֵי שָׁקֶר", אוֹתָם שֶׁמְּלִיצִים אַחַר מֹשֶׁה, לֹא עָשָׂה אֶלָּא כֵּיוָן שֶׁאָמַר הָאֱלֹהִים לְמֹשֶׁה שֶׁיָּקִים אֶת הַמִּשְׁכָּן הִתְחִילוּ טוֹעֲנִין אוֹתוֹ וּבָאִין כָּל אֶחָד וְאֶחָד מִמְּלַאכְתּוֹ, שֶׁנֶּאֱמַר [לט, לג] "וַיָּבִיאוּ אֶת הַמִּשְׁכָּן אֶל מֹשֶׁה":

ג דָּבָר אַחֵר, [לט, לג] "וַיָּבִיאוּ אֶת הַמִּשְׁכָּן", הֲדָא הוּא דִכְתִיב (משלי לא, כה) "עוֹז וְהָדָר לְבוּשָׁהּ וַתִּשְׂחַק לְיוֹם אַחֲרוֹן", מַהוּ "לְיוֹם אַחֲרוֹן", שֶׁכָּל מַתַּן שְׂכָרָן שֶׁל צַדִּיקִים מְתוּקָּן לָהֶם לָעוֹלָם הַבָּא, הֱוֵי "וַתִּשְׂחַק לְיוֹם אַחֲרוֹן", [ג]מַעֲשֶׂה בְּרַבִּי אַבָּהוּ שֶׁהָיָה מִסְתַּלֵּק מִן הָעוֹלָם וְרָאָה כָּל הַטּוֹב שֶׁמְּתוּקָּן לוֹ לָעוֹלָם הַבָּא, הִתְחִיל שָׂמֵחַ, וְאָמַר: כָּל אִלֵּין דְּאַבָּהוּ, (ישעיה מט, ד) "וַאֲנִי אָמַרְתִּי לְרִיק יָגַעְתִּי לְתֹהוּ וְהֶבֶל כֹּחִי כִלֵּיתִי, אָכֵן מִשְׁפָּטִי אֶת ה' וּפְעֻלָּתִי אֶת אֱלֹהָי", הֱוֵי "וַתִּשְׂחַק לְיוֹם אַחֲרוֹן", דָּבָר אַחֵר, אֵימָתַי הַתּוֹרָה מְשַׂחֶקֶת לְמִי שֶׁהוּא עָמֵל בָּהּ לְיוֹם אַחֲרוֹן,

עץ יוסף

אפשר שהשכינה שורה על ידי בן עמרם. שחשבו שאי אפשר שישרה השכינה בתוכם אחר שנטמאו במעשה העגל, ונסתלקה שכינה מהם: **שש חדשים היה עסוק ובשלשה מהם עשאוהו ושלשה קפלוהו.** ואף על גב דשלשה היה מקופל, קאמר שהיה עסוק שש חדשים שמשה רבינו היה משגיחין ומעיין בענינו תמיד: **אף על פי כן היו מליצים אחריו.** פירוש אף על פי שנגמרה מיד מלאכת המשכן, שלכן הוצרך ליקפל שלשה חדשים וראו כי יד ה' היתה שם שנעשה המלאכה מיד בסייעתא דשמיא, עם כל זה היו מרננים (יפה תואר ותולדות נח): **הקדוש ברוך הוא נתכוון להעמיד כו'.** והקדים לצוות על המלאכה מיום הכיפורים כי אותו היום נתרצה לישראל ולאות שנתרצה להם צוה על מלאכת המשכן כדלעיל: **בחדש שנולד בו יצחק.** דלכולי עלמא בפסח נולד יצחק, ואף על פי שהמשכן הוקם בראש חדש ולידת יצחק בפסח, כיון דהכל בחדש אחד כי הדדי נינהו: **לא עשה.** לא עכב הקדוש ברוך הוא במחשבה זו ולא נתיישבה דעתו בזה אלא כיון שאמר כו': (ג) **הדא הוא דכתיב עוז והדר לבושה ותשחק ליום אחרון.** שלבסוף התחיל שוחק עליהם וכדמסיים הכא: **שכל מתן שכרן של צדיקים כו'.** רוצה לומר אפילו שכר המצוה של מצוה שניתן בעולם הזה מתוקן לצדיקים לעולם הבא, וזה שאמר הוי ותשחק ליום אחרון, רוצה לומר שאפילו שכר השחוק והשמחה גם כן הוא ליום אחרון, וזה שאמר המדרש שכל מתן שכרן, רוצה לומר אפילו השכר של השמחה: **הוי ותשחק ליום אחרון.** שעיקר שמחתן ביום המיתה שמה שרואין מתן שכרן ביום המיתה, וכההיא מעשה דר' אבהו, וקרא באשת חיל איירי, דאפילו אשה זוכה לזה כשהיא כשרה (יפה תואר): **וראה כל הטוב כו'.** שהראו לו מן השמים: **כל אלין דאבהו.** בלשון תימה, אלו להיות לי ואני כו': **ואני אמרתי לריק יגעתי.** בודאי לא בשפתי מרמה דבר זה כי אם באמת, כי נגד גודל האהבה המחייבת אותו בעבודת הבורא יתברך, כאפס וכאין היה נחשב בעיניו מעשה עבודתו. ועיין מה שכתבתי בבראשית רבה פרשה ס"ב, ובתנחומא סדר בראשית:

פירוש מהרז"ו

ליראיך זה יוכבד, כמו שכתוב (שם א, יז) ותיראן המילדות את האלהים, וכמו שדרש לעיל פרשה א' סימן י"ג עד סימן י"ח: **מיד אמר משה לישראל.** וזה היה למחרת יום הכפורים של שנה ראשונה, כמו שכתוב בסדר עולם פרק ששי, ובתנחומא כאן סוף פקודי כל הענין: **שלשה חדשים היה עוסק.** מי"א תשרי עד אחד בניסן, שהוקם המשכן, והנדבה הביאו בשני ימים, ובי"ג בתשרי שנה ראשונה ליציאת מצרים התחילו לעסוק, הרי ששה חדשים פחות אחד עשר יום. ומה שאמר שלשה חדשים עשהו, לא מצאתי רמז בזה בפסוק, לבד זה מצאתי בפסיקתא פרשה ו' בסימן ה וזה לשונו, בכ"ה בכסליו נגמרה מלאכת המשכן ועשה מקופל עד אחד בניסן שהקימו משה. וכל זמן שהיה מקופל היו ישראל מלמלאין (פירוש מתאוננין) על משה, למה לא הוקם מיד, שמא אירע בו דופי, שחשב לערב שמחת המשכן בחודש שנולד בו יצחק וכו', ומעתה הפסיד כסליו שנגמר בו לאו וכו', מה שילם לו חנוכת בית חשמונאי, שהיה בכ"ה בכסליו. וחשבון שלשה חדשים מי"ג תשרי היינו רוב תשרי, וכל חשוון, וכ"ה מכסליו. ועשה מקופל ה' מכסליו שאינו חושב, וחודש טבת שבט אדר: **כיון שאמר לו האלהים וכו' התחילו טוענין וכו'.** וזה שלא כסדר המפורש בתורה, שהקדים תחלה פרשת ויביאו את המשכן, ואחר כך ציווי הקמתו. אך המדרש דרש טעם הדברים, שלכך הביאו את המשכן אל משה, על שצוה לו השם יתברך שיקים אותו, והסידור על פי מדה ל"ב: (ג) **עוז והדר לבושה.** בסוף מדרש משלי נדרש כולו על צדיקים וצדקניות: **מתוקן להם לעולם הבא.** אבות פרק ב', ודע שמתן שכרן של צדיקים לעתיד לבא. כי שכר מצוה בהאי עלמא ליכא: **מעשה ברבי אבהו.** ירושלמי עבודת גילולים פרק ג' (ה"א): **ואני אמרתי לריק יגעתי.** כמו שכתוב אבות פרק ב' משנה ה', אל תאמין בעצמך עד יום מותך: **אימתי התורה וכו'.** תחלה דורש על שמחת הצדיקים, ועל שכתוב בלשון נקבה, דורש על התורה שמשמחת את לומדיה:

מתנות כהונה

הכי גרסינן **על ידי בן עמרם אמר רבי יוחנן כו':** הכי גרסינן **עד שלשה חדשים עשאוהו ושלשה חדשים קפלוהו: ששה חדשים כו'.** שהרי כשירד מן ההר ממחרת יום כפורים צוה על מלאכת המשכן כמו שפירש רש"י פרשה ויקהל והביאו נדבתם מיד כדלעיל ריש פרשה נ"א והוקם על עמדו ביום שמיני למלואים שהוא שמונה ימים לחודש ניסן ואף על פי דכתיב באחד לחודש הוקם המשכן כבר פירש רש"י בפרשת פקודי שכל שבעת ימי המלואים חזרו ופרקוהו הרי ששה חדשים. או רצה לומר ששה חדשים לאו דווקא שלימים אלא חסר עשרה ימים: **קפלוהו.** סדרוהו דבר דבור על אופניו ועל מקומו: **מליצים.** מתלוצצים והכי גרסינן בילקוט: **לא עשה כו'.** לא עכב הקב"ה במחשבה זו לא נתיישבה דעתו בזה **אלא כיון שאמר כו': התחילו טוענין.** והטעם כדמפרש ואזיל כדי שיראו שאי אפשר להקימו אלא על ידי משה: [ג] **כל אלין דאבהו.** כל אלו לאבהו ועל עצמו אמר כן ולעיל בבראשית רבה פרשה ס"ב איתא שהראוהו שלש עשרה נהרי אפרסמון:

מסורת המדרש

ב. פסיקתא רבתי פסקא ו' סי' ה':
ג. ירושלמי עבודה זרה פרק ג'. ב"ר פרשה ס"ב. תנחומא סדר בראשית סי' א'. וסדר ויחי סימן ד'. ילקוט סדר חיי שרה רמז ק"י. ילקוט ישעיה רמז ש"ל. ילקוט תהלים רמז תשי"ט:

אם למקרא

דַּבֵּר אֶל בְּנֵי יִשְׂרָאֵל וְיִקְחוּ לִי תְּרוּמָה מֵאֵת כָּל אִישׁ אֲשֶׁר יִדְּבֶנּוּ לִבּוֹ תִּקְחוּ אֶת תְּרוּמָתִי: (לעיל כה:ב)

עוֹז וְהָדָר לְבוּשָׁהּ וַתִּשְׂחַק לְיוֹם אַחֲרוֹן: (משלי לא:כה)

וַאֲנִי אָמַרְתִּי לְרִיק יָגַעְתִּי לְתֹהוּ וְהֶבֶל כֹּחִי כִלֵּיתִי אָכֵן מִשְׁפָּטִי אֶת ה' וּפְעֻלָּתִי אֶת אֱלֹהָי: (ישעיה מט:ד)

ידי משה

[ג] **למי שהוא עמל בה ליום אחרון.** פירוש, על דרך ושוב יום אחד לפני מיתתך, ודרשו חכמינו ז"ל (אבות דרבי נתן פרק טו) וכי יודע אדם מתי ימות, אלא יחזור כל ימיו בתשובה:

אמרי יושר

[ג] **התחיל תמה כל אלין לאבהו.** שהיה נכנס בבית המלכות, וחשב כי לא היה לו שכר על זה בביטולו מדברי תורה:

אשד הנחלים

לא היה משה אומר כו'. כלומר וכי לא היה משה אומר, ועם כל זה השכינה איננה. וזהו שאמרו בגאוה, כי הם דימו שגם הם במעלה, וכמו שביזהו למשה והם דברו על משה הצדיק שהשכינה נעתקת מזה ולא תשרה על מעשי ידיו: **לא עשה כו'.** עיין במתנות כהונה: [ג] **דאבהו ואני אמרתי לריק גו'.** אין הכונה חס ושלום שדימה עד כה כי לא יקבל שכר, כי אין הקדוש ברוך הוא מקפח שכר כל בריה, רק הצדיקים עמלים בעולם הזה אולי ישיגו מעט מנועם ה' בעולם הזה, כי הם מתפרדים מכל חושיהם לעניינים העולמיים להתדבק בה' שיגיעו למעלה רמה, וזהו על דרך שטעמו טעם עולם הבא בעולם הזה, וכמו שאמרו (ברכות יז, א) עולמך תראה בחייך, ועל זה אמר שאני אמרתי לריק יגעתי, אך ליום אחרון טרם הפרידה הגיע למדרגה זו, ואז ראה כי לא היתה יגיעתו לריק: **עמל בה ליום אחרון.** זו היא שעת המיתה, שכיון שהכחות הגופניות מתחילות להשקיע אז אור הנפש תאיר בהשגתה:

חידושי הרד"ל

והיו ליצני ישראל אומרים אפשר שהשכינה כו'. פסיקתא ותשלם כל המלאכה כל המאמר, עיין שם: [ג] **שכל מתן שכרן של צדיקים מתוקן לעולם הבא הוי כו' אחרון מעשה בתלמיד אחד של רבי שמעון בר יוחאי כו' מעשה ברבי שמעון בן חלפתא כו' שאין מתן שכרן לעולם הבא כו' אחרון. דבר אחר אימת התורה כו' ליום אחרון מעשה ברבי אבהו כו' ופעולתי את אלהי הוי ותשחק ליום אחרון זבדי בן לוי כו' הם רואים ושוחקים לפיכך כו' ליום אחרון. דבר אחר עוז והדר לבושה זה משה.** כן צריך לומר, ותחלה דורש ליום אחרון לעולם הבא, לענין שאין מקבלין משכרן בעולם הזה, וכעובדא דרבי שמעון בר יוחאי ורבי שמעון בן חלפתא, ואחר כך דורש ליום אחרון מימי העולם הזה, שהוא קודם מיתה מראין להם מתן שכרם ושוחקין, כעובדא דרבי אבהו וזבדי בן לוי וחבריו:

חידושי הרש"ש

אף על פי כן היו מליצין כו'. אולי צריך לומר ומפני כן, ועיין הלשון בתנחומא [ו]בילקוט: [ג] **למי שהוא עמל בה ליום אחרון.** יתכן שיכוונו להא דאיתא בשלהי פרק קמא דקדושין (מ, ב) אפילו רשע גמור כל ימיו ועשה תשובה באחרונה אין מזכירין לו שום רשעו כו', ואדרבה הן נעשין לו זכיות, כדלעיל ריש פרשה לא (סימן א), ויומא שם (פו, ב):

באור מהרי"פ

[ג] **למה שאין מתן שכרן וכו'.** אדלעיל קאי, למה לא רצתה אשת רבי שמעון בן חלפתא ליטול וליהנות כלום מאבן הטוב[ה], לזה תירץ שאין מתן שכרן וכו': **סליק בעזרת השם באור מהרי"פ.**

הֲוֵי "וַתִּשְׂחַק לְיוֹם אַחֲרוֹן" – thus is stated, *she has joy at the last day*.[38]

The Midrash tells of Sages who cited certain verses before they left the world, and it thereby supports the idea that the righteous are shown their future reward immediately prior to their deaths:[39]

זַבְדִּי בֶּן לֵוִי וְרַבִּי יוֹסֵי בֶּן פַּטְרוֹס וְרַבִּי יְהוֹשֻׁעַ בֶּן לֵוִי – **Zavdi ben Levi, R' Yose ben Patros, and R' Yehoshua ben Levi** – קָרְאוּ כָּל אֶחָד וְאֶחָד מֵהֶן בִּשְׁעַת סִילּוּקָן מִן הָעוֹלָם – **each of them recited a** different **verse upon his departure from the world.** אֶחָד מֵהֶן קָרָא "עַל זֹאת יִתְפַּלֵּל כָּל חָסִיד אֵלֶיךָ לְעֵת מְצֹא רַק לְשֵׁטֶף מַיִם רַבִּים אֵלָיו לֹא יַגִּיעוּ" – **One of them recited,** ***For this let every devout person pray to You at the time of finding: Only that flooding mighty waters not overtake him*** (*Psalms* 32:6).[40] וְהָאֶחָד קָרָא "מָה רַב טוּבְךָ אֲשֶׁר צָפַנְתָּ לִּירֵאֶיךָ פָּעַלְתָּ לַחוֹסִים בָּךְ נֶגֶד בְּנֵי אָדָם" – **And** another **one** of these Sages **recited,** ***How abundant is Your goodness that You have stored away for those who fear You, that You have performed for those who seek refuge in You in the presence of men*** (ibid. 31:20).[41] וְהָאֶחָד קָרָא "כִּי בוֹ יִשְׂמַח לִבֵּנוּ" – **And the** last **one recited,** ***For in it will our hearts be glad*** (ibid. 33:21).[42] הֲוֵי בִּשְׁעַת סִילּוּקָן שֶׁל צַדִּיקִים הַקָּדוֹשׁ בָּרוּךְ הוּא מַרְאֶה לָהֶם מַתַּן שְׂכָרָן וּמְשַׂמְּחָן – **Thus is** established that **at the time of righteous people's departure from the world, the Holy One, blessed is He, shows them the payment of their reward** in the World to Come **and gladdens them.**[43]

The Midrash adduces further support for this idea:

אָמַר בֶּן עַזַּאי: "יָקָר בְּעֵינֵי ה' הַמָּוְתָה לַחֲסִידָיו" – **Ben Azzai said:** ***Precious in the eyes of HASHEM, the death of His devout ones*** (ibid. 116:15);[44] אֵימָתַי הַקָּדוֹשׁ בָּרוּךְ הוּא מוֹדִיעַ לַצַּדִּיקִים הַיְקָר שֶׁמְּתוּקָן לָהֶם – **when does the Holy One, blessed is He, show the righteous the preciousness that is readied for them?** סָמוּךְ לְמִיתָתָן, שֶׁנֶּאֱמַר "הַמָּוְתָה לַחֲסִידָיו" – **Near their death, as is stated,** ***the death of His devout ones.***[45] אוֹתָהּ שָׁעָה הֵם רוֹאִין וְשׂוֹחֲקִים, לְפִיכָךְ "וַתִּשְׂחַק לְיוֹם אַחֲרוֹן" – **At that time they behold** their reward **and they rejoice; therefore** it is written, ***and she has joy at the last day.***

The Midrash recounts an episode that is related to the present discussion:

מַעֲשֶׂה בְּתַלְמִיד אֶחָד שֶׁל רַבִּי שִׁמְעוֹן בֶּן יוֹחָאי שֶׁיָּצָא חוּצָה לָאָרֶץ וּבָא עָשִׁיר – There was **an incident involving a certain disciple of R' Shimon ben Yochai who went out of the Land** of Israel **and came** back **as a wealthy man.**[46] וְהָיוּ הַתַּלְמִידִים רוֹאִין אוֹתוֹ וּמְקַנְאִין בּוֹ וְהָיוּ מְבַקְּשִׁים הֵן לָצֵאת לְחוּצָה לָאָרֶץ – **And the other students were observing him and envying him, and they were desiring to go out of the Land** of Israel to gain prosperity. וְיָדַע רַבִּי שִׁמְעוֹן – **And R' Shimon was aware** of this,[47] וְהוֹצִיאָן לְבִקְעָה אַחַת שֶׁל פְּנֵי מֵרוֹן – **so he took [his disciples] out to a certain valley near Meron,**[48] וְנִתְפַּלֵּל וְאָמַר: בִּקְעָה בִּקְעָה, הִמָּלְאִי דִּינְרֵי זָהָב – **and he prayed and he said, "Valley, valley! Become filled with golden** ***dinars***!**"** הִתְחִילָה מוֹשֶׁכֶת דִּינְרֵי זָהָב לִפְנֵיהֶן – **[The valley] began to give forth a stream of golden** ***dinars*** **before them.** אָמַר לָהֶם: אִם זָהָב אַתֶּם מְבַקְּשִׁים הֲרֵי זָהָב, טְלוּ לָכֶם – **[R' Shimon ben Yochai] told [his disciples], "If** it is **gold you want, here is gold – take for yourselves.** אֶלָּא הֱווּ יוֹדְעִין כָּל מִי שֶׁהוּא נוֹטֵל עַכְשָׁיו חֶלְקוֹ שֶׁל עוֹלָם הַבָּא הוּא נוֹטֵל – **But be aware – whoever takes now takes his share in the World to Come!** שֶׁאֵין מַתַּן שְׂכַר הַתּוֹרָה אֶלָּא לָעוֹלָם הַבָּא – **For the payment of the reward of the** study of **Torah is only for the World to Come."**[49]

NOTES

38. Elucidation follows *Toldos Noach* (also see *Maharzu*), who explains that according to this second interpretation, the *last day* referred to by the verse is the World to Come, at which time the Torah will *bring joy* to those who toiled in it.

Alternatively, the Midrash may be rendered, *When does the Torah bring joy? To he who toils in it at the last day*. Accordingly, the Midrash is in line with *Kiddushin* [40b] where it is taught that if one ends his life in a state of repentance, his prior wickedness is disregarded (*Rashash*; see also *Yedei Moshe*; for another approach see *Matnos Kehunah*; see also *Yefeh To'ar* and *Radal,* who emend the Midrash text).

39. See above, note 34.

40. This sage interpreted *the time of finding* of which the verse speaks as the moment of death, as it is understood in *Berachos* [8a]. As he was being shown his eternal reward just prior to his death, the sage remarked that devout people should pray that they be shown before their deaths what he was being shown before his (*Eitz Yosef* to *Bereishis Rabbah* ibid.). Alternatively, the sage understood the verse to be instructing the devout to pray that they merit an easy death. Accordingly, the *flooding mighty waters* referred to by the verse are destructive angels that torture people with difficult deaths (see *Eitz Yosef*; compare *Rashi* to *Berachos* 8a; see *Imrei Yosher* for a related approach).

41. This sage recited this verse as he beheld the great reward that was *stored away* for his enjoyment in the World to Come (*Eitz Yosef*).

42. This was recited in reference to the eternal reward that was being shown to the sage in order to gladden him (compare *Eitz Yosef* to *Bereishis Rabbah* ibid.). Alternatively, the sage was interpreting the verse to mean *in "Him,"* i.e., in God, *will our hearts be glad*, for (as suggested in *Berachos* 17a and elsewhere) the primary reward in the Afterlife is the pleasure the righteous derive from the radiance of the Divine Presence (*Eitz Yosef*).

43. Judged independently, the righteous do not deserve to die; they die only due to the sins of their generation (see *Shabbos* 33b, et al.). God therefore spares them the unpleasantness of death by showing them the reward that awaits them (*Eitz Yosef* just below; see *Bereishis Rabbah*, cited in the preceding note).

[During the course of a man's lifetime, it is best if he is unaware of the fact that a great reward awaits him, as that awareness could lead him to be complacent with his achievements. It is only in a righteous man's final moments on earth that God shows him his reward to ease his departure (*Tiferes Tzion*). Our Midrash serves to explain the Gemara (*Kesubos* 103b) that states that it is auspicious for one to die from amidst laughter; the dying man's mirth is likely an indication that he was then shown his Heavenly reward (*Yedei Moshe*).]

44. The simple meaning of this verse seems problematic, for God does not cherish the death of the righteous more than their being alive (*Maharzu*).

45. The Midrash interprets the verse homiletically to mean, *That which is precious in the eyes of HASHEM*, i.e., the reward of the World to Come, *[He shows at the time of] death to his devout ones* (*Eitz Yosef* to *Bereishis Rabbah* ibid.; also see *Matnos Kehunah*, *Maharzu*).

46. Although absent certain extenuating circumstances, it is prohibited to leave *Eretz Yisrael* (see *Avodah Zarah* 13a, et al.), this disciple may have been faced with such circumstances (see *Eitz Yosef*).

47. R' Shimon became aware of his students' ambitions via the Divine Spirit (see *Matnos Kehunah*; compare *Yerushalmi Sheviis* 9:1).

48. [This appears to be the only place in the writings of the Sages where R' Shimon ben Yochai is mentioned in connection with the village that is renowned as his burial place. Note, however, that not all versions of the Midrash have this reading.]

49. Actually, Torah study is one of a number of mitzvos for which one receives incidental reward in this world without diminishing the primary reward he will receive in the next (see *Pe'ah* 1:1). However, R' Shimon ben Yochai asserted that while earthly benefits attained through natural means may be enjoyed without detracting from one's principal reward, those attained miraculously will necessarily come at the prohibitive cost of one's reward in the Afterlife. [That God sent a valuable object miraculously as opposed to merely causing one to be discovered naturally is itself proof that the object was from an otherworldly realm (see *Toldos Noach* below, s.v. אם שלחנך).] The lesson R' Shimon ben Yochai wished to impart to his disciples was that any profit gained through the forbidden act of leaving *Eretz Yisrael* would be deducted from reward that they would otherwise receive in the World to Come. He conveyed to them that if they desired to use up their Heavenly reward they could do so without traveling abroad; but if they were wise enough to forgo the golden coins, they should likewise remain in *Eretz Yisrael* (*Yefeh To'ar*; see, however, *Eitz Yosef*, who writes that the disciples were permitted to emigrate because they were impoverished).

הֱוֵי (משלי לא, כה) "וַתִּשְׂחַק לְיוֹם אַחֲרוֹן", [ד]זַבְדִּי בֶּן לֵוִי וְרַבִּי יוֹסֵי בֶּן פַּטְרוֹס וְרַבִּי יְהוֹשֻׁעַ בֶּן לֵוִי קָרְאוּ כָּל אֶחָד וְאֶחָד מֵהֶן בִּשְׁעַת סִילּוּקָן מִן הָעוֹלָם, אֶחָד מֵהֶן קָרָא (תהלים לב, ו) "עַל זֹאת יִתְפַּלֵּל כָּל חָסִיד אֵלֶיךָ לְעֵת מְצֹא רַק לְשֵׁטֶף מַיִם רַבִּים אֵלָיו לֹא יַגִּיעוּ", וְהָאֶחָד קָרָא (שם לא, כ) "מָה רַב טוּבְךָ אֲשֶׁר צָפַנְתָּ לִּירֵאֶיךָ פָּעַלְתָּ לַחוֹסִים בָּךְ נֶגֶד בְּנֵי אָדָם", וְהָאֶחָד קָרָא (שם לג, כא) "כִּי בוֹ יִשְׂמַח לִבֵּנוּ", הֱוֵי בִּשְׁעַת סִילּוּקָן שֶׁל צַדִּיקִים הַקָּדוֹשׁ בָּרוּךְ הוּא מַרְאֶה לָהֶם מַתַּן שְׂכָרָן וּמְשַׂמְּחָן, אָמַר בֶּן עַזַּאי: (שם קטז, טו) "יָקָר בְּעֵינֵי ה' הַמָּוְתָה לַחֲסִידָיו", אֵימָתַי הַקָּדוֹשׁ בָּרוּךְ הוּא מוֹדִיעַ לַצַּדִּיקִים הַיְקָר שֶׁמְּתוּקָּן לָהֶם, סָמוּךְ לְמִיתָתָן, שֶׁנֶּאֱמַר "הַמָּוְתָה לַחֲסִידָיו", אוֹתָהּ שָׁעָה הֵם רוֹאִין וְשׂוֹחֲקִים, לְפִיכָךְ (משלי לא, כה) "וַתִּשְׂחַק לְיוֹם אַחֲרוֹן", [ה]מַעֲשֶׂה בְּתַלְמִיד אֶחָד שֶׁל רַבִּי שִׁמְעוֹן בֶּן יוֹחָאי שֶׁיָּצָא חוּצָה לָאָרֶץ וּבָא עָשִׁיר, וְהָיוּ הַתַּלְמִידִים רוֹאִין אוֹתוֹ וּמְקַנְאִין בּוֹ, וְהָיוּ מְבַקְּשִׁים הֵן לָצֵאת לְחוּצָה לָאָרֶץ, וְיָדַע רַבִּי שִׁמְעוֹן, וְהוֹצִיאָן לְבִקְעָה אַחַת שֶׁל פְּנֵי מֵרוֹן, *וְנִתְפַּלֵּל וְאָמַר: בִּקְעָה בִּקְעָה, הִמָּלְאִי דִּינָרֵי זָהָב, הִתְחִילָה מוֹשֶׁכֶת דִּינְרֵי זָהָב לִפְנֵיהֶן, אָמַר לָהֶם: אִם זָהָב אַתֶּם מְבַקְּשִׁים הֲרֵי זָהָב, טְלוּ לָכֶם, אֶלָּא הֱיוּ יוֹדְעִין כָּל מִי שֶׁהוּא נוֹטֵל עַכְשָׁיו חֶלְקוֹ שֶׁל עוֹלָם הַבָּא הוּא נוֹטֵל, שֶׁאֵין מַתַּן שְׂכַר הַתּוֹרָה אֶלָּא לָעוֹלָם הַבָּא, הֱוֵי "וַתִּשְׂחַק לְיוֹם אַחֲרוֹן", [ו]מַעֲשֶׂה בְּרַבִּי שִׁמְעוֹן בֶּן חֲלַפְתָּא שֶׁבָּא עֶרֶב שַׁבָּת וְלֹא הָיָה לוֹ מֵאַן לְהִתְפַּרְנֵס, יָצָא לוֹ חוּץ מִן הָעִיר וְהִתְפַּלֵּל לִפְנֵי הָאֱלֹהִים, וְנִיתַּן לוֹ אֶבֶן טוֹבָה מִן הַשָּׁמַיִם, נְתָנָהּ לְשׁוּלְחָנִי וּפִרְנֵס אוֹתָהּ שַׁבָּת, אָמְרָה אִשְׁתּוֹ: מֵהֵיכָן אֵלּוּ, אָמַר לָהּ: מִמַּה שֶּׁפִּרְנֵס הַקָּדוֹשׁ בָּרוּךְ הוּא, אָמְרָה: אִם אֵין אַתָּה אוֹמֵר לִי מֵהֵיכָן הֵן אֵינִי טוֹעֶמֶת כְּלוּם, הִתְחִיל מְסַפֵּר לָהּ, אָמַר לָהּ: כָּךְ נִתְפַּלַּלְתִּי לִפְנֵי הָאֱלֹהִים וְנִיתַּן לִי מִן הַשָּׁמַיִם, אָמְרָה לוֹ: אֵינִי טוֹעֶמֶת כְּלוּם עַד שֶׁתֹּאמַר לִי שֶׁתַּחֲזִירָהּ מוֹצָאֵי שַׁבָּת, אָמַר לָהּ: לָמָּה, [ז]אָמְרָה לוֹ: אַתָּה רוֹצֶה שֶׁיְּהֵא שׁוּלְחָנְךָ חָסֵר וְשׁוּלְחַן °חֲבֵירְךָ מָלֵא, וְהָלַךְ רַבִּי שִׁמְעוֹן וְהוֹדִיעַ מַעֲשֶׂה לְרַבִּי, אָמַר לוֹ: לֵךְ אֱמוֹר לָהּ: אִם שׁוּלְחָנְךָ חָסֵר אֲנִי אֲמַלְאֶנּוּ מִשֶּׁלִּי, הָלַךְ וְאָמַר לָהּ, אָמְרָה לוֹ: לֵךְ עִמִּי לְמִי שֶׁלִּמֶּדְךָ תּוֹרָה, אָמְרָה לוֹ: רַבִּי, וְכִי רוֹאֶה אָדָם לַחֲבֵירוֹ לָעוֹלָם הַבָּא, [ח]לֹא כָּל צַדִּיק וְצַדִּיק הֲוָה לֵיהּ עוֹלָם בְּעַצְמוֹ, שֶׁנֶּאֱמַר (קהלת יב, ה) "כִּי הֹלֵךְ הָאָדָם אֶל בֵּית עוֹלָמוֹ וְסָבְבוּ בַשּׁוּק הַסּוֹפְדִים", "עוֹלָמִים" אֵין כְּתִיב אֶלָּא "עוֹלָמוֹ", כֵּיוָן שֶׁשָּׁמַע כֵּן הָלַךְ וְהֶחֱזִיר,

עץ יוסף

זבדי בן לוי כו'. ואף על גב דרבי יהושע בן לוי נכנס חי לגן עדן, מכל מקום לא קשה מה שאמר כד דמיכי [פירוש כשמתו], דמשום רובא נקטיה ולא חש למיעוטא (יפה תואר): **לעת מצוא.** זו מיתה דהיינו למות במיתה קלה שהוא בנשיקה, או על ידי מלאך טהור, ולא על ידי מלאכי מות שלוחים החיצונים, הנקראים מים הזידונים הבאים לשטוף העולם ומלואו, ועל זה אמר שם רק לשטף מים רבים אליו לא יגיעו, דהיינו שלוחים החיצונים המיסרים את האדם במיתה קשה: **מה רב טובך כו'.** כי אז נגלה להם כל אותו השכר ברב טוב הצפון לעולם הבא: **כי בו ישמח לבנו וגו'.** כאשר אז הראה להם הקדוש ברוך הוא מתן שכרן לשבוע מהם, והשמחה הוא בו יתברך, ליהנות מזיו שכינתו שהוא עיקר התענוג בעולם הבא: **אימתי הקדוש ברוך הוא מודיע לצדיקים היקר שמתוקן להם כו'.** שהצדיק לא היה ראוי מצד עצמו לטעום טעם מיתה, אלא הוא מת בעון הדור, וכדי לפייסו על הצער ההיא, מראה לו בשעת מיתה השכר המתוקן לו לעתיד לבוא, כי בטובת הנאה מה שעתיד לקבל ולהתענג אחר מיתה אינו מצטער מהמיתה, ומקבלה בסבר פנים יפות: **שיצא חוץ לארץ ובא עשיר.** אפשר שילא על ידי שום סיבה הכרחיות והצליח, וכן התלמידים שהיו מבקשים לצאת חוץ לארץ היה מפני עניות דשרי: **יצא לו חוץ לעיר והתפלל.** שבתי כנסיות שלהן היו בשדה (תולדות נח): **וניתן לו אבן טובה מן השמים.** ובתענית בפרק סדר תעניות אלו (כה, א) בעובדא דרבי אלעזר בן פדת, דאמר ליה הקדוש ברוך הוא אי ניחא לך דאחרובי עלמא והדר איבראי כו', לא נתנו לו מן השמים, אפשר דרבי אלעזר בן פדת לא רצה שינוכה לו מן עולם הבא וממילא לא היה אפשר לו להעשיר אלא על ידי מזל כו', וכן אשתו של רבי שמעון בן חלפתא הבינה שינוכה לו משכרו, לכן לא רצתה בהמתנה (תולדות נח):

אמרי יושר

חד קרא על זאת יתפלל כל חסיד. תפלה על הרחקת הנזק של גיהנם ותנצלו ממנו, וחד קרא כתיב **מה רב טובך אשר צפנת** על שכר עולם הבא, וחד קרא **בו ישמח לבנו** להורות שהשכר גדול בבחינת איכות דביקות הא"י [ה' אלקי ישראל]: **וכי רואה אדם לחבירו לעולם הבא.** ואף על גב, דאמרינן (בבא בתרא עה, א) כל אחד נכוה מחופתו של חבירו, לא שרואה אותה אלא שאינו רואה אותה לרוס מעלתה, כי אילו ישיגה יכוה, כההוא תלמידא דאיסתכל בגו הרקיה דרבי חייא:

ידי משה

אותה שעה הם רואים ושוחקים. וזה שאמרו חכמינו ז"ל (כתובות קג, ב) מת מתוך שחוק סימן יפה לו, פירוש שמסתמא הואיל ושחק הראהו לו מתן שכרו. ודוק:

ענף יוסף

(ג) **שאין מתן שכר התורה אלא לעולם הבא.** תימא דהא איכא כמה מצות שאדם אוכל פירותיהם בעולם הזה, ותלמיד תורה כנגד כולם, וכמה צדיקים מצינו זוכים לשתי שולחנות. ויש לומר דהיינו כשיהנה דרך מנהגו של עולם, אבל כשצריך להיות דרך נס כי הכא, וכעובדא דבסמוך ינוכה לו מהקרן (יפה תואר):

פירוש מהרז"ו

זבדי בן לוי ורבי יוסי וכו'. לפי פירוש הראשון על הצדיקים. והמעשיות בבראשית רבה פרשה סימן ב סימן א, ופרשה ל"ב סימן ב: **יקר בעיני ה' המותה.** משמע שיקר מיתתם של חסידים בעיניו יותר מחייהם, ובאמת אינו כן, על כן דורש שהיקר הוא שכר היקר שלעתיד, מודיע להם בעת המיתה, וזה על פי מדה ט': **מעשה בתלמיד אחד.** ילקוט משלי י"א. ועיין בראשית רבה פרשה ל"ה סימן ג' בקיצור: **מעשה ברבי שמעון ברבי חלפתא.** מדרש רות פסוק כי המות יפריד. ובילקוט משלי ל"א: **שיהא שולחנך חסר.** מאחר שניתן בנס מנכין מזכיות: **אל בית עולמו.** מיוחד לו לעצמו. עיין ויקרא רבה ריש פרשה י"ח ובסוף קהלת רבה:

מסורת המדרש

ד. ירושלמי עבודה זרה פרק ג'. בראשית רבה פרשה ס"ב ול"ב. מדרש תהלים סוף מזמור ה'. ילקוט סדר חיי שרה רמז ק"י. ילקוט ישעיה רמז ש"ל. ילקוט תהלים רמז תשי"ט:

ה. ילקוט משלי רמז תתקס"ד. ועי' ב"ר פר' ל"ה:

ו. רות רבה פרשה ג'. ילקוט משלי רמז תתקס"ד:

ז. עי' תענית דף כ"ה כל הענין:

ח. שבת ד' קנ"ב. בבא מציעא ד' פ"ג. ויקרא רבה פרשה י"ח וכ"ז. קהלת רבה פרשה י"ב פסוק ה'. ילקוט קהלת רמז תתקפ"ט:

אם למקרא

עֹז וְהָדָר לְבוּשָׁהּ וַתִּשְׂחַק לְיוֹם אַחֲרוֹן: (משלי לא:כה)

עַל זֹאת יִתְפַּלֵּל כָּל חָסִיד אֵלֶיךָ לְעֵת מְצֹא רַק לְשֵׁטֶף מַיִם רַבִּים אֵלָיו לֹא יַגִּיעוּ: (תהלים לב:ו)

מָה רַב טוּבְךָ אֲשֶׁר צָפַנְתָּ לִּירֵאֶיךָ פָּעַלְתָּ לַחוֹסִים בָּךְ נֶגֶד בְּנֵי אָדָם: (שם לא:כ)

כִּי בוֹ יִשְׂמַח לִבֵּנוּ כִּי בְשֵׁם קָדְשׁוֹ בָטָחְנוּ: (שם לג:כא)

יָקָר בְּעֵינֵי ה' הַמָּוְתָה לַחֲסִידָיו: (שם קטז:טו)

גַּם מִגָּבֹהַּ יִרָאוּ וְחַתְחַתִּים בַּדֶּרֶךְ וְיָנֵאץ הַשָּׁקֵד וְיִסְתַּבֵּל הֶחָגָב וְתָפֵר הָאֲבִיּוֹנָה כִּי הֹלֵךְ הָאָדָם אֶל בֵּית עוֹלָמוֹ וְסָבְבוּ בַשּׁוּק הַסּוֹפְדִים: (קהלת יב:ה)

שינוי נוסחאות

(ג) **לבקעה אחת של פני מרון.** בספרים ישנים כתוב "פני מדון", אבל מאמש"ד ת"א (ואולי גם לפני זה, שאינו ברור כ"כ) ואילך כתבו "פגי" במקום "פני", אבל בד' וארשא החזירו את הנוסח הישן. וברוב הספרים, חדשים גם ישנים, כתוב "מדון", אבל א"א הגיה שצ"ל "מרון" וכן נראה נכון, וכן כתבו בד' וארשא: **ושולחן חבירך מלא.** בספרים הישנים כתוב "חביריך" ל' רבים, והוא הנכון בלי ספק:

מתנות כהונה

למי שהוא עמל בה כו'. לשם עולם הבא ולא לשם עולם הזה על מנת שיקרא רבי או על מנת שיעשיר: **יקר בעיני ה' כו'.** סרס המקרא ודרשהו יקר בעיני ה' לחסידיו המותה הקב"ה מראה לחסידיו היקר המתוקן להם אימתי המותה בשערי מות. ועיין בבראשית רבה בפרשה ס"ב ובפרשה ל"ב: **וידע רבי שמעון.** ברוח הקדש: **פגי מדון.** שם מקום. וכן הוא בילקוט משלי: **מאן.** מאין: **ופרנס אותה** גרסינן. וכן הוא בילקוט משלי כלומר קנה והכין כל צרכי שבת: הכי גרסינן **וניתן לי מן השמים:** הכי גרסינן **איני טועמת כלום עד שתאמר לי שתחזירה כו'.** וכן הוא בילקוט משלי ועיין זה משלם במדרש רות פרשה ג': **שלחנך חסר.** כלומר מתן שכרו לעולם הבא: **כיון ששמע.** רבי שמעון בן חלפתא:

אשד הנחלים

זבדי בן לוי כו' עד הוי בשעת סילוקן. פרשתי לעיל בסדר בראשית פרשה ס"ב (סימן ב) עיין עליהם: **חלקו של עולם הבא הוא נוטל.** כי רוב העושר מטריד האדם מהשגות הנפשיות, וא"כ הרי הוא כאילו קיבל חלקו של עולם הבא כי מחליף הוא בענייני עולם הזה, וזה כאין מול שכר הנפשי: **רוצה שיהיה שולחנך חסר.** כלומר שולחנך בעולם הבא, כי על ידי העושר בעולם הזה ינוכה לך שכר העולם הבא, כי יטריד לבך מחשוב בענייני העולם הבא. והנה רבי רצה להבטיח לה שיהיה במדריגתו בעולם הבא, ולא תדאג מאומה מנכיון השכר, אך היא השיבה שזה אי אפשר כי כל אדם זוכה לפי מדריגתו. ויתכן עוד שרבי רצה להראות לה שהוא אף שהוא עשיר גדול, עם כל זה אין מונע לו העושר מהשלימות הנפש, וגם בעלה ככה לא ימנענו עושרו. אך היא השיבה כי לא לכל אדם שוין הכח הזה, כי כל אדם יש לו כח מיוחד ולא כל אדם זוכה לשתי שולחנות, [כרבי שאמרו עליו (גיטין נט, א) תורה וגדולה במקום אחד, שלא מנעו העושר מהשלימות]:

הֲוֵי ״וַתִּשְׂחַק לְיוֹם אַחֲרוֹן״ – Thus is stated, *and she has joy at the last day.*[50]

The Midrash tells a second relevant story:

מַעֲשֶׂה בְּרַבִּי שִׁמְעוֹן בֶּן חֲלַפְתָּא – There was **an incident involving R' Shimon ben Chalafta,**[51] שֶׁבָּא עֶרֶב שַׁבָּת וְלֹא הָיָה לוֹ מֵאַיִן לְהִתְפַּרְנֵס – **that** one **Friday arrived and he did not have** the means **from whence to be provided for.** יָצָא לוֹ חוּץ מִן הָעִיר וְהִתְפַּלֵּל לִפְנֵי הָאֱלֹהִים – **He went out of the city and he prayed before God,**[52] וְנִיתַּן לוֹ אֶבֶן טוֹבָה מִן הַשָּׁמַיִם – **and a precious jewel was given to him from Heaven.** נְתָנָהּ לְשׁוּלְחָנִי וּפִרְנֵס אוֹתָהּ שַׁבָּת – **[R' Shimon ben Chalafta] gave it to a moneychanger, and he provided for that Sabbath.**[53] אָמְרָה אִשְׁתּוֹ: מֵהֵיכָן אֵלּוּ – **[R' Shimon ben Chalafta's] wife said** to him, **"Where are these** Sabbath provisions **from?!"** אָמַר לָהּ: מִמַּה שֶּׁפִּרְנֵס הַקָּדוֹשׁ בָּרוּךְ הוּא – **He replied to her, "From that which the Holy One, blessed is He, provided."** אָמְרָה: אִם אֵין אַתָּה אוֹמֵר לִי מֵהֵיכָן הֵן אֵינִי טוֹעֶמֶת כְּלוּם – **She said, "If you will not tell me where they are from I will not taste anything."** הִתְחִיל מְסַפֵּר לָהּ, אָמַר לָהּ: כָּךְ נִתְפַּלַּלְתִּי לִפְנֵי הָאֱלֹהִים וְנִיתַּן לִי מִן הַשָּׁמַיִם – **[R' Shimon ben Chalafta] began relating the story to [his wife]; he told her, "Thus did I pray before God, and,** as a result, **[a jewel] was given to me from Heaven."** אָמְרָה לוֹ: אֵינִי טוֹעֶמֶת כְּלוּם עַד שֶׁתֹּאמַר לִי שֶׁתַּחֲזִירָהּ מוֹצָאֵי שַׁבָּת – **She told him, "I will not taste anything until you tell me that you will return [the jewel] upon the departure of the Sabbath."** אָמַר לָהּ: לָמָּה – **[R' Shimon ben Chalafta] asked her, "Why?"** אָמְרָה לוֹ: אַתָּה רוֹצֶה שֶׁיְּהֵא שׁוּלְחָנְךָ חָסֵר וְשׁוּלְחַן חֲבֵירֶיךָ מָלֵא – **She said to him, "Do you want that** in the World to Come, **your table will be deficient, while that of your colleagues will be complete?!"** וְהָלַךְ רַבִּי שִׁמְעוֹן וְהוֹדִיעַ מַעֲשֶׂה לְרַבִּי – **So R' Shimon went and informed Rebbi of the incident.**[54] אָמַר לוֹ: לֵךְ אֱמוֹר לָהּ: אִם שׁוּלְחָנְךָ חָסֵר אֲנִי אֲמַלְאֶנּוּ מִשֶּׁלִּי – **[Rebbi] told [R' Shimon ben Chalafta], "Go tell her** in my name, **'If your table is deficient, I will complete it from my own.' "**[55] הָלַךְ וְאָמַר לָהּ – **[R' Shimon ben Chalafta] went and told [his wife]** what Rebbi had told him to. אָמְרָה לוֹ: לֵךְ עִמִּי לְמִי שֶׁלִּמֶּדְךָ תּוֹרָה – **She said to him, "Come with me to the one who taught you Torah."** אָמְרָה לוֹ: רַבִּי, וְכִי רוֹאֶה אָדָם לַחֲבֵירוֹ לָעוֹלָם הַבָּא – When they came to Rebbi **she said to him, "My master, does a person see his friend in the World to Come?** לֹא כָּל צַדִּיק וְצַדִּיק הֲוָה לֵיהּ עוֹלָם בְּעַצְמוֹ – **Does not each righteous person have a world unto himself?**[56] שֶׁנֶּאֱמַר ״כִּי הֹלֵךְ הָאָדָם אֶל בֵּית עוֹלָמוֹ וְסָבְבוּ בַשּׁוּק הַסּוֹפְדִים״ – **For it is stated,** ***So man goes to 'beis olamo,' while the mourners go about the street*** (*Ecclesiastes* 12:5) – ״עוֹלָמִים״ אֵין כְּתִיב אֶלָּא ״עוֹלָמוֹ״ – ***'beis olamim'*** **is not written, but rather** *'beis olamo'* is written."[57] כֵּיוָן שֶׁשָּׁמַע כֵּן הָלַךְ וְהֶחֱזִיר – **Once [R' Shimon ben Chalafta] heard this, he went and returned** the jewel miraculously.[58]

NOTES

50. See above, note 38 (first explanation).

51. [Note that another version of what appears to be the same incident is provided by *Rus Rabbah* 4 §3. Also see *Taanis* 25a for a strikingly similar incident involving R' Chanina ben Dosa.]

52. In Talmudic times, the synagogues were located in the fields [beyond the city limits] (*Eitz Yosef*).

53. R' Shimon pawned the jewel and bought his Sabbath needs with the money he received from the moneychanger (see *Yefeh To'ar*).

54. "Rebbi" is R' Yehudah HaNasi (*the prince*). As will be evident below (see also *Vayikra Rabbah* 10 §4 and *Ein Yaakov*'s version of *Moed Katan* 9b), R' Shimon ben Chalafta was his student.

55. Rebbi's wording indicates that he was not certain that R' Shimon ben Chalafta would pay with his eternal reward for the use of the jewel. Rebbi may have thought it possible that because R' Shimon's poverty was so intense he could benefit from the miracle without a consequence in the World to Come (*Yefeh To'ar*).

56. In truth, it is evident from *Makkos* 11b and elsewhere that the righteous do see each other in the Next World. It appears that when our Midrash states that the righteous do not *see* each other there, it does not refer to the most basic form of sight but rather to *supervision* and the ability to do something for someone else. The root ראה is used this way in *Eichah* 3:50 and elsewhere. Because each righteous person receives a "world" that is tailor-made for him, based on his unique lifetime, no two people have identical "worlds," and it is impossible for one righteous person to give of his reward to another (*Yefeh To'ar*). [See the Insight "A World of One's Own" in the Kleinman edition of *Rus Rabbah* 3 §4 for additional discussion of this subject.]

57. According to the verse's plain meaning, the word עוֹלָמוֹ suggests *eternity,* so that the expression בֵּית עוֹלָמוֹ is rendered *his eternal home.* The Midrash is noting, however, that the proper way to connote *eternity* would have been עוֹלָמִים, as in *Isaiah* 45:17 and elsewhere. We may therefore interpret עוֹלָמוֹ to mean *his world* and to indicate that each righteous person receives his own world in the Afterlife (see *Eitz Yosef*; see also *Maharzu*).

[Note that the inference is recorded slightly differently in *Vayikra Rabbah* 18 §1, *Koheles Rabbah* to 12:5, and *Rashi* to *Shabbos* 152a. Also, *Rus Rabbah* 4 §3 adds that Rebbe conceded to R' Shimon ben Chalafta's wife that she was correct.]

58. Through diligent effort, R' Shimon succeeded in amassing enough money to redeem the pawned jewel, and then he returned it [via a miracle] (*Yefeh To'ar*).

הֱוֵי (משלי לא, כה) "וַתִּשְׂחַק לְיוֹם אַחֲרוֹן", [ד]זַבְדִּי בֶּן לֵוִי וְרַבִּי יוֹסֵי בֶּן פַּטְרוֹס וְרַבִּי יְהוֹשֻׁעַ בֶּן לֵוִי קָרְאוּ כָּל אֶחָד וְאֶחָד מֵהֶן בִּשְׁעַת סִילּוּקָן מִן הָעוֹלָם, אֶחָד מֵהֶן קָרָא (תהלים לב, ו) "עַל זֹאת יִתְפַּלֵּל כָּל חָסִיד אֵלֶיךָ לְעֵת מְצֹא רַק לְשֵׁטֶף מַיִם רַבִּים אֵלָיו לֹא יַגִּיעוּ", וְהָאֶחָד קָרָא (שם לא, כ) "מָה רַב טוּבְךָ אֲשֶׁר צָפַנְתָּ לִּירֵאֶיךָ פָּעַלְתָּ לַחוֹסִים בָּךְ נֶגֶד בְּנֵי אָדָם", וְהָאֶחָד קָרָא (שם לג, כא) "כִּי בוֹ יִשְׂמַח לִבֵּנוּ", הֱוֵי בִּשְׁעַת סִילּוּקָן שֶׁל צַדִּיקִים הַקָּדוֹשׁ בָּרוּךְ הוּא מַרְאֶה לָהֶם מַתַּן שְׂכָרָן וּמְשַׂמְּחָן, אָמַר בֶּן עַזַּאי: (שם קטז, טו) "יָקָר בְּעֵינֵי ה' הַמָּוְתָה לַחֲסִידָיו", אֵימָתַי הַקָּדוֹשׁ בָּרוּךְ הוּא מוֹדִיעַ לַצַּדִּיקִים הַיְקָר שֶׁמְּתוּקָּן לָהֶם, סָמוּךְ לְמִיתָתָן, שֶׁנֶּאֱמַר "הַמָּוְתָה לַחֲסִידָיו", אוֹתָהּ שָׁעָה הֵם רוֹאִין וְשׂוֹחֲקִים, לְפִיכָךְ (משלי לא, כה) "וַתִּשְׂחַק לְיוֹם אַחֲרוֹן", [ה]מַעֲשֶׂה בְּתַלְמִיד אֶחָד שֶׁל רַבִּי שִׁמְעוֹן בֶּן יוֹחָאי שֶׁיָּצָא חוּצָה לָאָרֶץ וּבָא עָשִׁיר, וְהָיוּ הַתַּלְמִידִים רוֹאִין אוֹתוֹ וּמְקַנְאִין בּוֹ, וְהָיוּ מְבַקְּשִׁים הֵן לָצֵאת לְחוּצָה לָאָרֶץ, וְיָדַע רַבִּי שִׁמְעוֹן, וְהוֹצִיאָן לְבִקְעָה אַחַת שֶׁל פְּנֵי מֵרוֹן, *וְנִתְפַּלֵּל וְאָמַר: בִּקְעָה בִּקְעָה, הִמָּלְאִי דִּינָרֵי זָהָב, הִתְחִילָה מוֹשֶׁכֶת דִּינְרֵי זָהָב לִפְנֵיהֶן, אָמַר לָהֶם: אִם זָהָב אַתֶּם מְבַקְּשִׁים הֲרֵי זָהָב, טְלוּ לָכֶם, אֶלָּא הֱווּ יוֹדְעִין כָּל מִי שֶׁהוּא נוֹטֵל עַכְשָׁיו חֶלְקוֹ שֶׁל עוֹלָם הַבָּא הוּא נוֹטֵל, שֶׁאֵין מַתַּן שְׂכַר הַתּוֹרָה אֶלָּא לָעוֹלָם הַבָּא, הֱוֵי "וַתִּשְׂחַק לְיוֹם אַחֲרוֹן", [ו]מַעֲשֶׂה בְּרַבִּי שִׁמְעוֹן בֶּן חֲלַפְתָּא שֶׁבָּא עֶרֶב שַׁבָּת וְלֹא הָיָה לוֹ מֵאַן לְהִתְפַּרְנֵס, יָצָא לוֹ חוּץ מִן הָעִיר וְהִתְפַּלֵּל לִפְנֵי הָאֱלֹהִים, וְנִיתַּן לוֹ אֶבֶן טוֹבָה מִן הַשָּׁמַיִם, נְתָנָהּ לְשׁוּלְחָנִי וּפִרְנֵס אוֹתָהּ שַׁבָּת, אָמְרָה אִשְׁתּוֹ: מֵהֵיכָן אֵלּוּ, אָמַר לָהּ: מִמַּה שֶּׁפִּרְנֵס הַקָּדוֹשׁ בָּרוּךְ הוּא, אָמְרָה: אִם אֵין אַתָּה אוֹמֵר לִי מֵהֵיכָן הֵן אֵינִי טוֹעֶמֶת כְּלוּם, הִתְחִיל מְסַפֵּר לָהּ, אָמַר לָהּ: כָּךְ נִתְפַּלַּלְתִּי לִפְנֵי הָאֱלֹהִים וְנִיתַּן לִי מִן הַשָּׁמַיִם, אָמְרָה לוֹ: אֵינִי טוֹעֶמֶת כְּלוּם עַד שֶׁתֹּאמַר לִי שֶׁתַּחֲזִירָהּ מוֹצָאֵי שַׁבָּת, אָמַר לָהּ: לָמָּה, [ז]אָמְרָה לוֹ: אַתָּה רוֹצֶה שֶׁיְּהֵא שׁוּלְחָנְךָ חָסֵר וְשׁוּלְחַן °חֲבֵירְךָ מָלֵא, וְהָלַךְ רַבִּי שִׁמְעוֹן וְהוֹדִיעַ מַעֲשֶׂה לְרַבִּי, אָמַר לוֹ: לֵךְ אֱמוֹר לָהּ: אִם שׁוּלְחָנְךָ חָסֵר אֲנִי אֲמַלְאֶנּוּ מִשֶּׁלִּי, הָלַךְ וְאָמַר לָהּ, אָמְרָה לוֹ: לֵךְ עִמִּי לְמִי שֶׁלִּמֶּדְךָ תּוֹרָה, אָמְרָה לוֹ: רַבִּי, וְכִי רוֹאֶה אָדָם לַחֲבֵירוֹ לָעוֹלָם הַבָּא, [ח]לֹא כָּל צַדִּיק וְצַדִּיק הֲוָה לֵיהּ עוֹלָם בְּעַצְמוֹ, שֶׁנֶּאֱמַר (קהלת יב, ה) "כִּי הֹלֵךְ הָאָדָם אֶל בֵּית עוֹלָמוֹ וְסָבְבוּ בַשּׁוּק הַסּוֹפְדִים", "עוֹלָמִים" אֵין כְּתִיב אֶלָּא "עוֹלָמוֹ", כֵּיוָן שֶׁשָּׁמַע כֵּן הָלַךְ וְהֶחֱזִיר,

עץ יוסף

זבדי בן לוי כו'. ואף על גב דרבי יהושע בן לוי נכנס חי לגן עדן, מכל מקום לא קשה מה שאמר כד דמיכי [פירוש כשמתו], דמשום רובא נקטיה ולא חש למיעוטא (יפה תואר): **לעת מצוא.** זו מיתה דהיינו למות במיתה קלה שהוא בנשיקה, או על ידי מלאך טהור, ולא על ידי מלאכי מות שלוחים החיצונים, הנקראים מים הזידונים הבאים לשטוף העולם ומלואו, ועל זה אמר שם רק לשטף מים רבים אליו לא יגיעו, דהיינו שלוחים החיצונים המיסרים את האדם במיתה קשה: **מה רב טובך כו'.** כי אז נגלה להם כל אותו השכר ברב טוב הצפון לעולם הבא: **כי בו ישמח לבנו וגו'.** באשר אז הראה להם הקדוש ברוך הוא מתן שכרן לשבוע מהם, והשמחה הוא בו יתברך, ליהנות מזיו שכינתו שהוא עיקר התענוג בעולם הבא: **אימתי הקדוש ברוך הוא מודיע לצדיקים היקר שמתוקן להם כו'.** שהצדיק לא היה ראוי מצד עצמו לטעום טעם מיתה, אלא הוא מת בעון הדור, וכדי לפייסו על הצער ההיא, מראה לו בשעת מיתה השכר המתוקן לו לעתיד לבוא, כי בטובת הנאה מה שעתיד לקבל ולהתענג אחר מיתה אינו מצטער מהמיתה, ומקבלה בסבר פנים יפות: **שיצא חוץ לארץ ובא עשיר.** אפשר שילא על ידי שום סיבה הכרחיות והצליח, וכן התלמידים שהיו מבקשים לצאת חוץ לארץ היה מפני עניות דשרי: **יצא לו חוץ לעיר והתפלל.** שבתי כנסיות שלהן היו בשדה (תולדות נח): **וניתן לו אבן טובה מן השמים.** ובתענית בפרק סדר תעניות אלו (כה, א) בעובדא דרבי אלעזר בן פדת, דאמר ליה הקדוש ברוך הוא אי ניחא לך דאחרובי עלמא והדר איבראי כו', לא נתנו לו מן השמים, אפשר דרבי אלעזר בן פדת לא רצה שינוכה לו מן עולם הבא וממילא לא היה אפשר לו להעשיר אלא על ידי מזל כו', וכן אשתו של רבי שמעון בן חלפתא הבינה שינוכה לו משכרו, לכן לא רצתה בהמתנה (תולדות נח):

פירוש מהרז"ו

זבדי בן לוי ורבי יוסי וכו'. לפי פירוש הראשון על הצדיקים. והמעשיות בבראשית רבה פרשה סימן ב סימן א, ופרשה ל"ב סימן ב: **יקר בעיני ה' המותה.** משמע שיקר מיתתם של חסידים בעיניו יותר מחייהם, ובאמת אינו כן, על כן דורש שהיקר הוא שכר היקר שלעתיד, מודיע להם בעת המיתה, וזה על פי מדה ט': **מעשה בתלמיד אחד.** ילקוט משלי י"א. ועיין בראשית רבה פרשה ל"ה סימן ג' בקיצור: **מעשה ברבי שמעון ברבי חלפתא.** מדרש רות פסוק כי המות יפריד. ובילקוט משלי ל"א: **שיהא שולחנך חסר.** מאחר שניתן בנס מנכין מזכיות: **אל בית עולמו.** מיוחד לו לעצמו. עיין ויקרא רבה ריש פרשה י"ח ובסוף קהלת רבה:

מתנות כהונה

למי שהוא עמל בה כו'. לשם עולם הבא ולא לשם עולם הזה על מנת שיקרא רבי או על מנת שיעשיר: **יקר בעיני ה' כו'.** סרס המקרא ודרשהו יקר בעיני ה' לחסידיו המותה הקב"ה מראה לחסידיו היקר המתוקן להם אימתי המותה בשערי מות. ועיין בבראשית רבה בפרשה ס"ב ובפרשה ל"ב: **וידע רבי שמעון.** ברות הקדש: **פגי מדון.** שם מקום. וכן הוא בילקוט משלי: **מאן.** מאין: **ופרנס אותה** גרסינן. וכן הוא בילקוט משלי כלומר קנה והכין כל צרכי שבת: הכי גרסינן **וניתן לי מן השמים:** הכי גרסינן **איני טועמת כלום עד שתאמר לי שתחזירה כו'.** וכן הוא בילקוט משלי ועיין זה משלם במדרש רות פרשה ג': **שלחנך חסר.** כלומר מתן שכרו לעולם הבא: **כיון ששמע.** רבי שמעון בן חלפתא:

אשד הנחלים

זבדי בן לוי כו' עד הוי בשעת סילוקן. פרשתי לעיל בסדר בראשית פרשה ס"ב (סימן ב) עיין עליהם: **חלקו של עולם הבא הוא נוטל.** כי רוב העושר מטריד האדם מהשגות הנפשיות, וא"כ הרי הוא כאילו קיבל חלקו של עולם הבא כי מחליף הוא בענייני עולם הזה, וזה כאין מול שכר הנפשי: **רוצה שיהיה שולחנך חסר.** כלומר שולחנך בעולם הבא, כי על ידי העושר בעולם הזה ינוכה לך שכר העולם הבא, כי יטריד לבך מחשוב בענייני העולם הבא. והנה רבי רצה להבטיח לה שיהיה במדריגתו בעולם הבא, ולא תדאג מאומה מנכיון השכר, אך היא השיבה שזה אי אפשר כי כל אדם זוכה לפי מדריגתו. ויתכן עוד שרבי רצה להראות לה שהוא אף שהוא עשיר גדול, עם כל זה אין מונע לו העושר מהשלימות הנפש, וגם בעלה ככה לא ימנענו עושרו. אך היא השיבה כי לא לכל אדם שוין הכח הזה, כי כל אדם יש לו כח מיוחד ולא כל אדם זוכה לשתי שולחנות, [כרבי שאמרו עליו (גיטין נט, א) תורה וגדולה במקום אחד, שלא מנעו העושר מהשלימות]:

אמרי יושר

חד קרא על זאת יתפלל כל חסיד. תפלה על הרחקת הנזק של גיהנם ותנצלו ממנו, וחד קרא כתיב **מה רב טובך אשר צפנת** על שכר עולם הבא, וחד קרא **בו ישמח לבנו** להורות שהשכר גדול בבחינת איכות דביקות הא"י [ה' אלקי ישראל]: **וכי רואה אדם לחבירו לעולם הבא.** ואף על גב, דאמרינן (בבא בתרא עה, א) כל אחד נכוה מחופתו של חבירו, לא שרואה אותה אלא שאינו רואה אותה לרום מעלתה, כי אילו ישיגה יכוה, כההוא תלמידא דאיסתכל בגו הרקיה דרבי חייא:

ידי משה

אותה שעה הם רואים ושוחקים. וזה שאמרו חכמינו ז"ל (כתובות קג, ב) מת מתוך שחוק סימן יפה לו, פירוש שמסתמא הואיל ושחק הראהו לו מתן שכרו. ודוק:

ענף יוסף

(ג) **שאין מתן שכר התורה אלא לעולם הבא.** תימא דהא איכא כמה מצות שאדם אוכל פירותיהם בעולם הזה, ותלמיד תורה כנגד כולם, וכמה צדיקים מצינו זוכים לשתי שולחנות. ויש לומר דהיינו כשיהנה דרך מנהגו של עולם, אבל כשצריך להיות דרך נס כי הכא, וכעובדא דבסמוך ינוכה לו מהקרן (יפה תואר):

מסורת המדרש

ד. ירושלמי עבודה זרה פרק ג'. בראשית רבה פרשה ס"ב ול"ב. מדרש תהלים סוף מזמור ה'. ילקוט סדר חיי שרה רמז ק"י. ילקוט ישעיה רמז ש"ל. ילקוט תהלים רמז תשי"ט:

ה. ילקוט משלי רמז תתקס"ד. ועי' ב"ר פר' ל"ה:

ו. רות רבה פרשה ג'. ילקוט משלי רמז תתקס"ד:

ז. עי' תענית דף כ"ה כל הענין:

ח. שבת ד' קנ"ב. בבא מציעא ד' פ"ג. ויקרא רבה פרשה י"ח וכ"ז. קהלת רבה פרשה י"ב פסוק ה'. ילקוט קהלת רמז תתקפ"ט:

אם למקרא

עֹז וְהָדָר לְבוּשָׁהּ וַתִּשְׂחַק לְיוֹם אַחֲרוֹן: (משלי לא:כה)

עַל זֹאת יִתְפַּלֵּל כָּל חָסִיד אֵלֶיךָ לְעֵת מְצֹא רַק לְשֵׁטֶף מַיִם רַבִּים אֵלָיו לֹא יַגִּיעוּ: (תהלים לב:ו)

מָה רַב טוּבְךָ אֲשֶׁר צָפַנְתָּ לִּירֵאֶיךָ פָּעַלְתָּ לַחוֹסִים בָּךְ נֶגֶד בְּנֵי אָדָם: (שם לא:כ)

כִּי בוֹ יִשְׂמַח לִבֵּנוּ כִּי בְשֵׁם קָדְשׁוֹ בָטָחְנוּ: (שם לג:כא)

יָקָר בְּעֵינֵי ה' הַמָּוְתָה לַחֲסִידָיו: (שם קטז:טו)

גַּם מִגָּבֹהַּ יִרָאוּ וְחַתְחַתִּים בַּדֶּרֶךְ וְיָנֵאץ הַשָּׁקֵד וְיִסְתַּבֵּל הֶחָגָב וְתָפֵר הָאֲבִיּוֹנָה כִּי הֹלֵךְ הָאָדָם אֶל בֵּית עוֹלָמוֹ וְסָבְבוּ בַשּׁוּק הַסֹּפְדִים: (קהלת יב:ה)

שינוי נוסחאות

(ג) **לבקעה אחת של פני מרון.** בספרים ישנים כתוב "פני מדון", אבל מאמש"ד ת"א (ואולי גם לפני זה, שאינו ברור כ"כ) ואילך כתבו "פגי" במקום "פני, אבל בד' ווארשא החזירו את הנוסח הישן. וברוב הספרים, חדשים גם ישנים, כתוב "מדון", אבל א"א הגיה שצ"ל "מרון" וכן נראה נכון, וכן כתבו בד' ווארשא: **ושולחן חבירך מלא.** בספרים הישנים כתוב "חביריך" ל' רבים, והוא הנכון בלי ספק:

רַבּוֹתֵינוּ אָמְרוּ: הַנֵּס הָאַחֲרוֹן הָיָה קָשֶׁה מֵהָרִאשׁוֹן – **Our Rabbis said: The latter miracle was more difficult than the former.**[59] כֵּיוָן שֶׁפָּשַׁט יָדוֹ לְהַחֲזִירוֹ מִיָּד יָרַד הַמַּלְאָךְ וּנְטָלָהּ הֵימֶנּוּ – How did R' Shimon ben Chalafta return the jewel? **When he stretched out his hand to return it, immediately, the angel descended and took it from him.** לָמָּה – And **why** is it that R' Shimon ben Chalafta's wife did not want to benefit from the Heavenly granted jewel?[60] שֶׁאֵין מַתַּן שְׂכָרָהּ שֶׁל תּוֹרָה אֶלָּא לָעוֹלָם הַבָּא, לְיוֹם אַחֲרוֹן – **Because the payment of the reward of Torah is only for the World to Come –** ***at the last day.*** הֱוֵי "וַתִּשְׂחַק לְיוֹם אַחֲרוֹן" – **Thus is** stated, ***and she has joy at the last day.***[61]

The Midrash will now relate the cited verse from *Proverbs* to our verse:

דָּבָר אַחֵר, "עוֹז וְהָדָר לְבוּשָׁהּ" – **Another interpretation:** ***Strength and majesty are her raiment*** – זֶה מֹשֶׁה, שֶׁנֶּאֱמַר "וּמֹשֶׁה לֹא יָדַע כִּי קָרַן עוֹר פָּנָיו" – **this is** an allusion to **Moses, as is stated,** ***Moses did not know that the skin of his face had become radiant*** (above, 34:29);[62] "וַתִּשְׂחַק לְיוֹם אַחֲרוֹן", אֵלּוּ לֵיצָנֵי יִשְׂרָאֵל – ***and she has joy at the last day*** **– these are the scoffers among** the people of **Israel,**[63] שֶׁמְּלִיצִין אַחֲרָיו וְאוֹמְרִים אֵלּוּ לְאֵלּוּ – **who were deriding [Moses] and saying to one another,** אֶפְשָׁר שֶׁהַשְּׁכִינָה שׁוֹרָה עַל יָדָיו שֶׁל בֶּן עַמְרָם – **"Is it possible that the Divine Presence will dwell** among us **through** the efforts of **the son of Amram?!"**[64] לֹא עָשָׂה, אֶלָּא כֵּיוָן שֶׁאָמַר לוֹ הָאֱלֹהִים לְהָקִים אֶת הַמִּשְׁכָּן הִתְחִיל שׂוֹחֵק עֲלֵיהֶם – At the time, **[Moses] did nothing,**[65] **but once God told him to erect the Tabernacle, he began mocking [the scoffers];** שֶׁנֶּאֱמַר, "וַתִּשְׂחַק לְיוֹם אַחֲרוֹן" – **as is stated,** ***and she has joy at the last day.*** אָמַר לָהֶם: בּוֹאוּ שֶׁנָּקִים אֶת הַמִּשְׁכָּן – At that time **[Moses] said to them, "Come, so that we may erect the Tabernacle."**[66] הִתְחִילוּ טוֹעֲנִין וּבָאִין אֶצְלוֹ – And **they began loading** the Tabernacle's components **and coming to him** with them; שֶׁנֶּאֱמַר "וַיָּבִיאוּ אֶת הַמִּשְׁכָּן" – **as is stated,** ***They brought the Tabernacle to Moses*** (39:33).[67]

§4 The Midrash will examine a phenomenon it sees as implicit in our verse:[68]

NOTES

59. I.e., the return of the jewel involved a greater miracle than its original appearance.

As the Gemara (*Taanis* 25a) explains [about gifts made miraculously from Heaven to man], *they are given, not taken back* (*Matnos Kehunah, Eitz Yosef*). This is because, by rights, an object that descended from the supernal world into our own has been rendered too impure to be readmitted into the pristine environment from which it came (*Toldos Noach*). [Another reason for this policy, as well as an explanation of why this second miracle was necessary, is given by *Yefeh To'ar* and appears in an Insight ("No Returns") in the Kleinman edition of *Rus Rabbah* 3 §4.]

60. *Toldos Noach, Beur Maharif.*

In other words, why was his wife convinced that R' Shimon ben Chalafta's use of the jewel would come at the cost of his reward in the World to Come?

61. See Insight Ⓐ.

62. The cited verse teaches that the Torah glorifies its scholars. This ideal was manifest in the radiance that adorned Moses' countenance (*Eitz Yosef*). The Midrash will now interpret the phrase from *Proverbs* as related to the construction of the Tabernacle because it was on Yom Kippur, when Moses received the Second Tablets and was first commanded to construct the Tabernacle, that he merited this radiance (*Maharzu*).

63. The Midrash understands the verse to mean that although Torah scholars may occasionally suffer degradation, they ultimately attain honor (compare *Nedarim* 62a). As our Midrash will now teach, this was borne out during the episode of Moses and the *scoffers* of his time; although at first he was an object of scorn, it was Moses who had *joy at the last day*, when his honor was restored and it was he who mocked the scoffers (*Eitz Yosef*).

64. See note 20 above.

65. Elucidation is based on *Matnos Kehunah*, followed by *Eitz Yosef*, who explains that Moses neither took action nor spoke in response to the scoffers' taunts.

66. Moses *mockingly* encouraged the scoffers to erect the Tabernacle; he knew that when their efforts would fail and he alone would prove adequate to the task (see just below), the scoffers would learn that the Divine Presence's introduction into this world would indeed come about through Moses' efforts (*Eitz Yosef*).

67. Compare above, note 31 (see *Yefeh To'ar* at the beginning of the section).

68. This Midrash will assume that the reason the Tabernacle's builders brought it to Moses to erect when, by rights, the men who built it should have erected it themselves, was because they found themselves unable to do so (*Eitz Yosef*). [According to *Tanchuma* (*Pekudei* §11, cited by *Rashi* to our verse) God arranged this in order to console Moses, who was disturbed by the fact that he had contributed neither goods nor labor toward the construction of the Tabernacle (*Yefeh To'ar*).]

INSIGHTS

Ⓐ **Heavenly Reward, Earthly Manifestation** The two incidents related by our Midrash demonstrate that the vast store of reward that awaits the righteous in the World to Come may possibly be "debited" through the attainment of benefit in *this* world (also see *Bereishis Rabbah* 44 §4; *Sanhedrin* 101a). In a seminal and wide-ranging series of lectures, *R' Yosef Yehudah Leib Bloch* examines this issue, beginning by posing a trenchant question. The Mishnah (*Avos* 4:22) teaches that one hour of spiritual bliss in the World to Come is so beyond comprehension that there is nothing comparable to it in this world; all the enjoyments of earthly existence pale in insignificance against the bliss in the Great Hereafter. [Indeed, *Tomer Devorah* (1:8) explains that reward for doing a mitzvah is not given in this world (see *Kiddushin* 39b) because the currency of the material world is insufficient to capture the infinite spiritual reward that is due for the performance of a mitzvah.] How is it possible, then, for one who receives relatively trivial material gain in this world to lose correspondingly the immeasurably large and qualitatively superior reward that would have been his in the World to Come?

R' Bloch addresses this difficulty by explaining the relationship between this world and the World to Come. We are accustomed to thinking that these two worlds are fundamentally different — one being material and transient, and the other incorporeal and eternal — and never the twain shall meet. Not so, he avers. An All-knowing God did not have to create two disparate existences, and have things migrate back and forth between them. Rather, God created *one* unified world with a number of dimensions. While one dimension of this world is spiritual and populated entirely by spiritual entities, the other, with which we are familiar, is physical. Although these two dimensions are as radically different from each other as possible, they are, in essence, two sides of the same coin. Each and every entity in the spiritual world has a corresponding entity in the physical one, and vice versa. These two entities are not only related to each other, but in reality are one and the same. They differ from each other only because they manifest themselves in accordance with the realities of the world which they inhabit. Thus, the very same objects that, in the physical world, assume the properties of a physical existence, bounded by the constraints of time and space, are freed of their physical constraints in the spiritual world, where they exist on a spiritual plane.

The jewel granted to R' Shimon ben Chalafta took that form only in our corporeal world. In the spiritual realm, that same jewel, freed of its three-dimensional constraints, constituted a portion of the unimaginably intense and exalted spiritual delight designated for R' Shimon ben Chalafta. The fact that he was given the gem, then, did not constitute payment *in lieu* of his share in the World to Come, but rather was a payment of that very share, crystalized according to the dimensions of the terrestrial existence in which it now existed. Although in the World to Come that reward defies human comprehension, when it penetrates the "divide" that separates the world's two manifestations, it may assume the physical form of a gem. It is for this reason that when the jewel was given back it was able to metamorphose into a component that would complete R' Shimon ben Chalafta's spiritual table (*Shiurei Daas* Vol. I, pp. 33-56).

רַבּוֹתֵינוּ אָמְרוּ: הַנֵּס הָאַחֲרוֹן הָיָה קָשֶׁה מֵהָרִאשׁוֹן, כֵּיוָן שֶׁפָּשַׁט יָדוֹ לְהַחֲזִירוֹ מִיָּד יָרַד הַמַּלְאָךְ וּנְטָלָהּ הֵימֶנּוּ, לָמָּה, שֶׁאֵין מַתַּן שְׂכָרָהּ שֶׁל תּוֹרָה אֶלָּא לָעוֹלָם הַבָּא, לְיוֹם אַחֲרוֹן, הֱוֵי (משלי לא, כה) "וַתִּשְׂחַק לְיוֹם אַחֲרוֹן", [ט] דָּבָר אַחֵר, (שם) "עוֹז וְהָדָר לְבוּשָׁהּ" זֶה מֹשֶׁה, שֶׁנֶּאֱמַר (לעיל לד, כט) "וּמֹשֶׁה לֹא יָדַע כִּי קָרַן עוֹר פָּנָיו", (משלי שם שם) "וַתִּשְׂחַק לְיוֹם אַחֲרוֹן" אֵלּוּ לֵיצָנֵי יִשְׂרָאֵל, שֶׁמַּלִּיצִין אַחֲרָיו וְאוֹמְרִים אֵלּוּ לָאֵלּוּ: אֶפְשָׁר שֶׁהַשְּׁכִינָה שׁוֹרָה עַל יָדָיו שֶׁל בֶּן עַמְרָם, לֹא עָשָׂה אֶלָּא כֵּיוָן שֶׁאָמַר לוֹ הָאֱלֹהִים לְהָקִים אֶת הַמִּשְׁכָּן הִתְחִיל שׂוֹחֵק עֲלֵיהֶם, שֶׁנֶּאֱמַר "וַתִּשְׂחַק לְיוֹם אַחֲרוֹן", אָמַר לָהֶם: בּוֹאוּ שֶׁנָּקִים אֶת הַמִּשְׁכָּן, הִתְחִילוּ טוֹעֲנִין וּבָאִין אֶצְלוֹ, שֶׁנֶּאֱמַר [לט, לג] "וַיָּבִיאוּ אֶת הַמִּשְׁכָּן":

ד כַּמָּה חֲכָמִים הָיוּ שָׁם וּבָאוּ לָהֶם אֵצֶל מֹשֶׁה, וְלֹא הָיוּ יְכוֹלִין לַהֲקִימוֹ, אֶלָּא אָמַר שְׁלֹמֹה (משלי לא, כט) "רַבּוֹת בָּנוֹת עָשׂוּ חָיִל וְאַתְּ עָלִית עַל כֻּלָּנָה", שֶׁמֹּשֶׁה הָיָה מְעוּלֶּה מִכּוּלָּם, "וְאַתְּ עָלִית עַל כּוּלָּנָה" לָמָּה, שֶׁעָשׂוּ אֶת הַמִּשְׁכָּן וְלֹא הָיוּ יוֹדְעִין לְיַישְׁבוֹ, מֶה עָשׂוּ, נָטְלוּ כָּל אֶחָד וְאֶחָד *מְלַאכְתּוֹ וּבָאוּ לָהֶם אֵצֶל מֹשֶׁה, וְאוֹמְרִים: הֲרֵי קְרָשִׁים הֲרֵי בְּרִיחִין, וְכֵיוָן שֶׁרָאָה מֹשֶׁה אוֹתָם מִיָּד שָׁרְתָה עָלָיו רוּחַ הַקֹּדֶשׁ וֶהֱקִימוֹ, וְלֹא תֹּאמַר: מֹשֶׁה הֶעֱמִידוֹ, אֶלָּא הַמִּשְׁכָּן נַעֲשׂוּ בוֹ נִסִּים וְעָמַד מֵעַצְמוֹ, שֶׁנֶּאֱמַר [מ, יז] "הוּקַם הַמִּשְׁכָּן", וְאִם תָּמֵהַּ אַתָּה עַל זֶה, הֲרֵי שְׁלֹמֹה כְּשֶׁבָּנָה בֵּית הַמִּקְדָּשׁ הוּא נִבְנָה מֵעַצְמוֹ, אָמַר רַב הוּנָא בְּשֵׁם רַבִּי יוֹסֵי: 'הַכֹּל מְסַיְּיעִין אוֹתוֹ כְּשֶׁבָּנָה אֶת בֵּית הָאֱלֹהִים, הַבְּרִיּוֹת וְהָרוּחוֹת, מִנַּיִן, שֶׁכָּתוּב (מלכים-א ו, ז) "וְהַבַּיִת בְּהִבָּנֹתוֹ אֶבֶן שְׁלֵמָה מַסָּע נִבְנָה וּמַקָּבוֹת וְהַגַּרְזֶן כָּל כְּלִי בַרְזֶל לֹא נִשְׁמַע בַּבַּיִת בְּהִבָּנֹתוֹ", מֵעַצְמוֹ הָיָה נִבְנֶה, לְפִיכָךְ בְּמַעֲשֵׂה נִסִּים נִבְנָה, וְכֵן כְּשֶׁהוּקַם הַמִּשְׁכָּן בְּמַעֲשֵׂה נִסִּים עָמַד, הֱוֵי [לט, לג] "וַיָּבִיאוּ אֶת הַמִּשְׁכָּן":

עץ יוסף

הנס האחרון קשה מן הראשון. בגמרא (תענית שם) מפרש טעמא מיהב יהבי משקל לא שקלי: **עולמים אין כתיב כאן.** רוצה לומר שאם פירוש אל בית עולמו שיעמוד שם לעולם בנצחיות, הוי ליה לומר עולמים, שהוא לשון נצחיות כמו תשועת עולמים, הלעולמים יזנח ה', אלא על כרחך שפירושו שכל אחד יש לו עולם בפני עצמה: **למה שאין מתן שכרן כו'.** אעיקר קאי דהיינו שאין ליהנות בעולם הזה מהשכר: **זה משה.** שהתורה מלבשת בעליה בעוז והדר, שהם מתהדרים ומפוארים בעולם, כמו שמצינו במשה רבינו עליו השלום שנתהדר בקירון הפנים: **ותשחק ליום אחרון אלו ליצני ישראל כו'.** רוצה לומר מפסוק ותשחק ליום אחרון, שהתלמידי חכמים אף שלפעמים הם נבזים ושפלים, לבסוף יכובדו כמאמרם ז"ל סוף הכבוד לבא, וכמו שמצינו זה במשה, שאף שתחלה היה ללעג בעיני הליצנים לסוף נגלה כבודו ושחק עליהם: **אפשר שהשכינה שורה.** פירשתי לעיל סימן ב': **לא עשה.** לא עשה כלום ולא דבר מאומה להשיב להם: **התחיל שוחק עליהם.** לעג עליהם במה שאמר להם שיקימו המשכן, כאילו בידם כח להקימו, ושוב יראו שאין לאל ידם, ויוקם על ידי משה רבינו עליו השלום, וידעו כי שכינה שורה על ידו: (ד) **ולא היו יכולים להקימו.** דאם לא כן מאי טעמא הביאוהו אל משה כי להם יאות להקימו אלא על כרחך שלא יכלו להקימו אלא באו אל משה שיקימהו: **רבות בנות כו'.** פירוש שכולם עשו חיל במלאכת המשכן זה בממונו וזה בגופו, ומשה נתעלה מכולם במה שהוקם על ידו, כי זה היה העיקר: **שרתה עליו רוח הקודש.** לומר לו שיקימנו כי לולי זה אחר שראה שכל החכמים לא יכלו להקימו, לא הוה סבירא ליה שהוא יקימנו: **לא תאמר משה.** שאף על פי שגבור היה, כדאיתא בכמה דוכתי, לא יוכל לבדו להקים כמה קרשים כל כך כבדות, ועוד מאין ידע לישב כל דבר על אופניו כי לא היה מהאומנים היודעים מה: **ועמד מעצמו.** ואף על פי כן נקרא על שם משה, כי כשנתן ידו עליו להקימו היה קם, כדאיתא בתנחומא: **שנאמר הוקם המשכן.** עיקר דיוקו מדכתיב נמי בתריה ויקם משה את המשכן, דכולי האי למה לי לימא באחד בחדש הקים משה את המשכן, אלא דאתי לאשמועינן שהוקם מעצמו, והא דאמר משה הקימו, היינו שמשה נתן ידו עליו וקם, והיה נראה כאילו משה מקים כדלעיל: **הבריות והרוחות.** פירוש המלאכים והשדים (מתנות כהונה) סייעו בבנינו, והיינו נבנה מעצמו דקאמר שאחר שהיו הרוחות והמלאכים מסייעים, היה נראה כאילו הוא נבנה מעצמו, ועיין מה שכתבתי ריש שיר השירים רבה: **בהבנותו.** מבנין התפעל, שמאליו היה נבנה:

פירוש מהרז"ו

עוז והדר לבושה. שזכה לקרני הוד והדר ביום הכפורים, כשהשיג הלוחות השניים, ונצטווה על עשיית המשכן. כמו שדרש לעיל פרשה כ"א סימן ד בשם תנחומא. אך עיקר השמחה ליום אחרון שהוקם המשכן: (ד) **כיון שראה אותם משה.** שעשו כאשר צוה ה' שמח ושרתה עליו רוח הקדש, ששורה מתוך שמחה של מצוה: **ועמד בעצמו.** כי הקרשים היה גבהם עשר אמה, רחבם אמה וחצי, ואמה עובי, ולא היה להם שום אחיזה, כי הידות למטה היו דקות, ושני אדנים לכל קרש, נמצא הקרשים מחזיקים את האדנים, ולא בהיפך, והבריחים מאחר שהיו שני בריחים לכל כותל, ובריח אחד בעצמו בלא אחיזה בדבר אחר, הרי הוכפל עוד המשא בכפלי כפלים באין מחזיק, ויפול הכותל עם הבריחים, ולא יתכן שיעמוד הכותל כי אם בנס. ויתכן שזהו מה שאמרו בשבת [צ"ח] ב', והבריח התיכון בתוך הקרשים בנס היו עומדים, עיין רש"י ותוספות, שפירשו שהיה סובב ונכפל לשלשה רוחות. וזה צריך עיון גדול מנין להם לעשות פלוגתא כזו בין הגמרא ובין ברייתא דמלאכת המשכן והמדרשים, שכולם סוברים שהבריח התיכון ארכו שלשים אמה, ואורך כל הכותל בדרום, וכן בצפון שהיה של עשרים קרשים כל קרש אמה וחצי. וכמו שכתוב בראשית רבה פרשה ד סימן ד, ושם נסמן, וכן הוא ברש"י בחומש בסדר תרומה, שהבריח התיכון היה ארכו שלשים אמה כמדת העשרים קרשים. ומה שכתב בבראשית רבה הנ"ל, שהיה שלשים ושנים אמה, עיין מה שכתבתי שם בביאורו. ולשון הגמרא בנס היה עומד שייך על המשכן, ופירוש שלא הועיל גם הבריח התיכון להעמיד הקרשים כנ"ל, אלא הכל היה עומד בנס, המשכן עם הבריחים כדעת המדרשים. ולפי פירוש רש"י ותוספות היה לו לומר סובב או מקיף או נכפף. ולדעת רש"י ותוספות היה הבריח התיכון ארכו שבעים ושש אמה, וצריך עיון גדול, ואם קבלה נקבל: **הוא נבנה בעצמו.** עיין ריש שיר השירים רבה, וכן הוא בפסיקתא פרשה ו' סימן ז, ועיין במדבר רבה פרשה י"ד סימן ג:

אמרי יושר

[ד] **כיון שראה משה מיד שרתה עליו רוח הקודש והוקם המשכן ועמד מעצמו.** וזהו ויביאו המשכן, כי מיד נעשה משכן מוקם לשוכן:

אשד הנחלים

ירד המלאך ונטלה. כי כמו שניתן לו לא על פי טבע, כן החזרה היה נעלה מדרך הטבע: **הנס האחרון היה קשה.** כמו שאמרו (תענית כה, א) גמירי מיהב יהבי משקל לא שקלי. ועניינו אחר שהטריח שיעשה לו דבר נגד הטבע בענינים עולמיים מתענוגי עולם הזה, אז לפי הראות אין כח בזכותו שינטל ממנו בשביל שכר עולם הבא, אחר שרצה בטובת העולם הזה, וא"כ זו נס ושכר גדול: [ד] **ולא היו יכולין להקימו.** אולי הכוונה אף שהיו חכמים, לא היו יודעים לכוון הכונות הראויות שעל ידי זה ישרה השכינה באמצעות מעשיהם, רק על ידי מעשה של משה והקמתו מפני שהיה מעולה מכולם, והיה יודע הכל על מתכונתם, ועל ידי כוונתו הוקם מעצמו על ידי נס אלקי: **הבריות והרוחות.** עיין ריש מדרש חזית: **הוי ויביאו את המשכן.** לפי שהם לא היו יכולים להקימו כדלעיל:

מסורת המדרש

ט. ילקוט כאן רמז תי"ז:

י. במד"ר פי"ד סימן ג'. שהש"ר פ"א פסוק א'. מדרש תהלים מזמור כ"ד. פסיקתא רבתי פיסקא ו' סימן ז'. ילקוט מלכים רמז קפ"ב:

אם למקרא

וַיְהִי בְּרֶדֶת מֹשֶׁה מֵהַר סִינַי וּשְׁנֵי לֻחֹת הָעֵדֻת בְּיַד מֹשֶׁה בְּרִדְתּוֹ מִן הָהָר וּמֹשֶׁה לֹא יָדַע כִּי קָרַן עוֹר פָּנָיו בְּדַבְּרוֹ אִתּוֹ: (לעיל לד:כט)

רַבּוֹת בָּנוֹת עָשׂוּ חָיִל וְאַתְּ עָלִית עַל כֻּלָּנָה: (משלי לא:כט)

וְהַבַּיִת בְּהִבָּנֹתוֹ אֶבֶן שְׁלֵמָה מַסָּע נִבְנָה וּמַקָּבוֹת וְהַגַּרְזֶן כָּל כְּלִי בַרְזֶל לֹא נִשְׁמַע בַּבַּיִת בְּהִבָּנֹתוֹ: (מלכים א ו:ז)

מתנות כהונה

קשה מהראשון. חזק ונפלא מהראשון. ובתלמוד (תענית כה, א) מפרש דגמירי דמן שמיא מיהב יהבי משקל לא שקלי: **לא עשה.** לא עשה כלום ולא דבר מאומה להשיב להם: **[ד] הוקם.** משמע על ידי עצמו כמו שפירש רש"י בסדר זה: **הבריות והרוחות.** המלאכים והשדים ועיין בריש מדרש חזית:

וּבָאוּ לָהֶם כַּמָּה חֲכָמִים הָיוּ שָׁם – **Many wise men were there,**[69] אֵצֶל מֹשֶׁה, וְלֹא הָיוּ יְכוֹלִין לַהֲקִימוֹ – **and** yet **they came to Moses** bearing the Tabernacle's components, **for they were unable to erect it** on their own?![70] אֶלָּא אָמַר שְׁלֹמֹה, "רַבּוֹת בָּנוֹת עָשׂוּ חָיִל וְאַתְּ עָלִית עַל כֻּלָּנָה" – **But Solomon stated,** ***Many women have amassed achievement, but you surpassed them all*** (*Proverbs* 31:29) – שֶׁמֹּשֶׁה הָיָה מְעוּלֶּה מִכּוּלָּם – **for Moses was superior to all of them.**[71] "וְאַתְּ עָלִית עַל כּוּלָּנָה" לָמָּה – ***But you have surpassed them all*** – **why** is that?[72] שֶׁעָשׂוּ אֶת הַמִּשְׁכָּן וְלֹא הָיוּ יוֹדְעִין לְיַישְּׁבוֹ – **For they made the Tabernacle, but they knew not how to settle it;** מֶה עָשׂוּ, נָטְלוּ כָּל אֶחָד וְאֶחָד מְלַאכְתּוֹ – so **what did they do? Each one took his work,**[73] וּבָאוּ לָהֶם אֵצֶל מֹשֶׁה, וְאוֹמְרִים: הֲרֵי קְרָשִׁים הֲרֵי בְּרִיחִין – **and they** all **came to Moses, and** they were **saying, "Here are the planks! Here are the bars!** etc." וְכֵיוָן שֶׁרָאָה מֹשֶׁה אוֹתָם מִיָּד שָׁרְתָה עָלָיו רוּחַ הַקֹּדֶשׁ וֶהֱקִימוֹ – **And when Moses saw them, the Divine Spirit immediately rested upon him, and he erected [the Tabernacle].**[74]

The Midrash clarifies the preceding statement regarding the erection of the Tabernacle:

וְלֹא תֹאמַר: מֹשֶׁה הֶעֱמִידוֹ – **But you should not say** that **Moses** actually **erected [the Tabernacle];**[75] אֶלָּא הַמִּשְׁכָּן נַעֲשׂוּ בוֹ נִסִּים וְעָמַד מֵעַצְמוֹ – **rather, miracles occurred with the Tabernacle and it stood of its own accord,** שֶׁנֶּאֱמַר "הוּקַם הַמִּשְׁכָּן" – **as is stated,** ***The Tabernacle was erected*** (below, 40:17).[76]

NOTES

69. Lit., *how many wise men were there*?

The Torah describes the Tabernacle's builders as חֲכָמִים, *wise men*, in 36:4 above.

70. Elucidation follows *Yefeh To'ar*, who explains that the Midrash is questioning either how so *many* people were physically unable to erect the Tabernacle, or how such *wise men* could not figure out how to arrange it.

71. Although there were *many* Jews who contributed to the construction of the Tabernacle, either with donations of goods or with labor, Moses *surpassed them all* because the critical achievement of erecting the Tabernacle was his alone (*Eitz Yosef*).

72. Based on *Tiferes Tzion*.

73. See above, note 31.

74. That Moses erected the Tabernacle is stated below, in 40:18.

It was only when *the Divine Spirit rested upon him* and instructed him to erect the Tabernacle that Moses thought he might succeed where all the *wise men* had failed (*Eitz Yosef*). That this occurred *immediately* is derived by the Midrash from the words וַיָּבִיאוּ "אֶת הַמִּשְׁכָּן" אֶל מֹשֶׁה, *They brought "the Tabernacle" to Moses*, which indicate that the Tabernacle was formed as soon as its components were brought to Moses (see *Imrei Yosher*).

The Divine Spirit rested upon Moses after he became gladdened upon seeing that the Jews had constructed the Tabernacle as God had commanded them (see below, v. 32). [As taught in *Shabbos* 30b, et al.,] the Divine Spirit rests on a person only amid the joy of a mitzvah (*Maharzu*).

See Insight Ⓐ.

75. It is difficult to accept that Moses could have succeeded by natural means in erecting the Temple single-handedly (see *Eitz Yosef*; compare *Rashi* to verse).

76. This verse's passive tense implies that the Tabernacle was self-built (see *Matnos Kehunah*). Alternatively, the Midrash maintains that since another verse states that Moses erected the Tabernacle, this verse would be superfluous were it not teaching that the Tabernacle arose on its own. Thus, what is meant by the statement that *Moses erected it* is only that Moses appeared to do so since the Tabernacle arose when Moses placed his hand on it (*Eitz Yosef*, based on *Tanchuma*, *Pekudei* §11 [cited by *Rashi* to our verse]).

See Insight Ⓑ.

INSIGHTS

Ⓐ They Knew Not How to Settle It Our Midrash teaches that the wise men who were involved in the Tabernacle's construction proved incapable of erecting it. The Midrash will state presently that the Tabernacle was not raised by human hands at all. What remains unexplained is why the very men who had displayed uncanny talent in constructing the Tabernacle were suddenly at a loss when they attempted to raise it.

Rashi (to our verse) writes simply that the Tabernacle's planks were too heavy to be hoisted manually to an upright position. The planks were, after all, 10 *amos* high (approximately 15-20 feet) and covered with pure gold. *Maharzu* explains that given the considerable height and weight of the planks and their relatively small length and width (1.5 *amos* and 1 *amah* respectively), they should have toppled under their own weight and a miracle was needed to *keep* the Tabernacle upright. [See *Be'er BaSadeh* (to our verse) who suggests that *Rashi* may have meant this as well, for the planks should not have been too heavy to be lifted by a large group of men working together.]

Eshed HaNechalim contends that the difficulty involved in erecting the Tabernacle may have been of a spiritual nature. To transform lumber, precious metals, and textiles into nothing less than an abode for God required far more than mere craftsmanship; the edifice had to be invested with an intense sanctity that could be generated only with sublime Kabbalistic meditations. *Eshed HaNechalim* speculates that, as great as they were, the Tabernacle's craftsmen may have been unable to meditate as they needed to in order to erect the Temple. To that end they turned to Moses, who was *superior to all of them* in this; it was as a result of Moses' meditation that (as taught below) the Tabernacle eventually raised itself.

R' Nissan Alpert (*Limudei Nissan*, end of *Pekudei*) suggests that the answer can be gleaned from the Torah's description of how Moses went about performing the task: *Moses erected the Tabernacle; he put down its sockets and emplaced its planks, etc.* (below, 40:18). According to *Sforno*, the phrase *Moses erected the Tabernacle* means that he began by spreading out the ten-curtain covering referred to elsewhere as "the curtains of the Tabernacle." This was the covering that lay directly on top of the structure.

Here is where Moses' approach differed from that of the wise men. The latter had tried to raise the Tabernacle by the conventional building method, working from the bottom up: the sockets first, then the wall-planks, and only then the curtain coverings. They did not succeed, because the foundation of the Tabernacle — the source of its sanctity — is not on earth but in heaven. The physical structure is manmade, but the holiness that makes it a suitable dwelling for God's Presence must come from Above.

Moses understood this, and he drew the conclusion that the Tabernacle must be built from the top down. He therefore spread out the curtain-roof first, relying on God's assistance to keep it in place until he could raise the planks from underneath. It was this method that succeeded, and it set an eternal precedent for all servants of God: Although one must always do what one can, the gift of accomplishment comes from Above. As the Talmud puts it, if someone tells you, "I have toiled and found [what I aimed for]," you should believe him (*Megillah* 6b). Not "I have toiled and succeeded," but "I have toiled and found," for success is never a direct result of our efforts, but a Divine blessing — a windfall from Above.

[It is noteworthy that the Tabernacle's miraculous original erection at the hands of Moses was far from its only one. In fact, whenever the Jewish people broke camp to travel in the Wilderness, the Tabernacle was dismantled by the Levites, who reassembled it at the next encampment (see *Numbers* 1:51). According to *Tosafos HaShalem* (§5 to 40:18 below; also see *Yefeh To'ar*) the miracle in which Moses was involved when he first set up the Tabernacle was replicated every time the Levites did so from then on. Perhaps when Moses effected the miracle he succeeded in paving a path which lesser individuals, themselves incapable of Moses' original achievement, could later follow.]

Ⓑ Apparent Accomplishment If the Tabernacle miraculously rose on its own, why does the verse state that *Moses erected the Tabernacle*? *Midrash Tanchuma* explains (as quoted in note 76) that Moses, following God's instructions, went through the motions of performing the task, placing his hands on the beams as if he were lifting them up. Even though his efforts were superfluous, the Torah ascribes the end result to him.

This arrangement, contends *R' Yechezkel Levenstein* (*Ohr Yechezkel*,

רַבּוֹתֵינוּ אָמְרוּ: הַנֵּס הָאַחֲרוֹן הָיָה קָשֶׁה מֵהָרִאשׁוֹן, כֵּיוָן שֶׁפָּשַׁט יָדוֹ לְהַחֲזִירוֹ מִיָּד יָרַד הַמַּלְאָךְ וְנָטְלָהּ הֵימֶנּוּ, לָמָּה, שֶׁאֵין מַתַּן שְׂכָרָהּ שֶׁל תּוֹרָה אֶלָּא לָעוֹלָם הַבָּא, לְיוֹם אַחֲרוֹן, הֱוֵי (משלי לא, כה) "וַתִּשְׂחַק לְיוֹם אַחֲרוֹן", [ט]דָּבָר אַחֵר, (שם) "עוֹז וְהָדָר לְבוּשָׁהּ" זֶה מֹשֶׁה, שֶׁנֶּאֱמַר (לעיל לד, כט) "וּמֹשֶׁה לֹא יָדַע כִּי קָרַן עוֹר פָּנָיו", (משלי שם שם) "וַתִּשְׂחַק לְיוֹם אַחֲרוֹן" אֵלּוּ לֵיצָנֵי יִשְׂרָאֵל, שֶׁמְּלִיצִין אַחֲרָיו וְאוֹמְרִים אֵלּוּ לְאֵלּוּ: אֶפְשָׁר שֶׁהַשְּׁכִינָה שׁוֹרָה עַל יָדָיו שֶׁל בֶּן עַמְרָם, לֹא עָשָׂה אֶלָּא כֵּיוָן שֶׁאָמַר לוֹ הָאֱלֹהִים לְהָקִים אֶת הַמִּשְׁכָּן הִתְחִיל שׂוֹחֵק עֲלֵיהֶם, שֶׁנֶּאֱמַר "וַתִּשְׂחַק לְיוֹם אַחֲרוֹן", אָמַר לָהֶם: בּוֹאוּ שֶׁנָּקִים אֶת הַמִּשְׁכָּן, הִתְחִילוּ טוֹעֲנִין וּבָאִין אֶצְלוֹ, שֶׁנֶּאֱמַר [לט, לג] "וַיָּבִיאוּ אֶת הַמִּשְׁכָּן":

ד כַּמָּה חֲכָמִים הָיוּ שָׁם וּבָאוּ לָהֶם אֵצֶל מֹשֶׁה, וְלֹא הָיוּ יְכוֹלִין לַהֲקִימוֹ, אֶלָּא אָמַר שְׁלֹמֹה (משלי לא, כט) "רַבּוֹת בָּנוֹת עָשׂוּ חָיִל וְאַתְּ עָלִית עַל כֻּלָּנָה", שֶׁמֹּשֶׁה הָיָה מְעוּלֶּה מִכּוּלָּם, "וְאַתְּ עָלִית עַל כּוּלָּנָה" לָמָּה, שֶׁעָשׂוּ אֶת הַמִּשְׁכָּן וְלֹא הָיוּ יוֹדְעִין לְיַישְּׁבוֹ, מֶה עָשׂוּ, נָטְלוּ כָּל אֶחָד וְאֶחָד *מְלַאכְתּוֹ וּבָאוּ לָהֶם אֵצֶל מֹשֶׁה, וְאוֹמְרִים: הֲרֵי קְרָשִׁים הֲרֵי בְּרִיחִין, וְכֵיוָן שֶׁרָאָה מֹשֶׁה אוֹתָם מִיָּד שָׁרְתָה עָלָיו רוּחַ הַקֹּדֶשׁ וֶהֱקִימוֹ, וְלֹא תֹאמַר: מֹשֶׁה הֶעֱמִידוֹ, אֶלָּא הַמִּשְׁכָּן נַעֲשׂוּ בוֹ נִסִּים וְעָמַד מֵעַצְמוֹ, שֶׁנֶּאֱמַר [מ, יז] "הוּקַם הַמִּשְׁכָּן", וְאִם תָּמֵהַּ אַתָּה עַל זֶה, הֲרֵי שְׁלֹמֹה כְּשֶׁבָּנָה בֵּית הַמִּקְדָּשׁ הוּא נִבְנָה מֵעַצְמוֹ, אָמַר רַב הוּנָא בְּשֵׁם רַבִּי יוֹסֵי: [י]הַכֹּל מְסַיְּיעִין אוֹתוֹ כְּשֶׁבָּנָה אֶת בֵּית הָאֱלֹהִים, הַבְּרִיּוֹת וְהָרוּחוֹת, מִנַּיִן, שֶׁכָּתוּב (מלכים-א ו, ז) "וְהַבַּיִת בְּהִבָּנֹתוֹ אֶבֶן שְׁלֵמָה מַסָּע נִבְנָה וּמַקָּבוֹת וְהַגַּרְזֶן כָּל כְּלִי בַרְזֶל לֹא נִשְׁמַע בַּבַּיִת בְּהִבָּנֹתוֹ", מֵעַצְמוֹ הָיָה נִבְנֶה, לְפִיכָךְ בְּמַעֲשֵׂה נִסִּים נִבְנָה, וְכֵן כְּשֶׁהוּקַם הַמִּשְׁכָּן בְּמַעֲשֵׂה נִסִּים עָמַד, הֱוֵי [לט, לג] "וַיָּבִיאוּ אֶת הַמִּשְׁכָּן":

עץ יוסף

הנס האחרון קשה מן הראשון. בגמרא (תענית כה) מפרש טעמא מיהב יהבי משקל לא שקלי: **עולמים אין כתיב כאן.** רוצה לומר שאם פירוש אל בית עולמו שיעמוד שם לעולם בנצחיות, הוי ליה לומר עולמים, שהוא לשון נצחיות כמו תשועת עולמים, הלעולמים יזנח ה', אלא על כרחך שפירושו שכל אחד יש לו עולם בפני עצמה: **למה שאין מתן שכרן כו'.** אעיקר קאי דהיינו שאין ליהנות בעולם הזה מהשכר: **זה משה.** שהתורה מלבשת בעליה בעוז והדר, שהם מתהדרים ומפוארים בעולם, כמו שמלינו במשה רבינו עליו השלום שנתהדר בקירון הפנים: **ותשחק ליום אחרון אלו ליצני ישראל כו'.** רוצה לומר מפסוק ותשחק ליום אחרון, שהתלמידי חכמים אף שלפעמים הם נבזים ושפלים, לבסוף יכובדו כמאמרם ז"ל סוף הכבוד לבא, וכמו שמלינו זה במשה, שאף שתחלה היה ללעג בעיני הלילנים לסוף נגלה כבודו ושחק עליהם: **אפשר שהשכינה שורה.** פירשתי לעיל סימן ב': **לא עשה.** לא עשה כלום ולא דבר מאומה להשיב להם: **התחיל שוחק עליהם.** לעג עליהם במה שאמר להם שיקימו המשכן, כאילו בידם כח להקימו, ושוב יראו שאין לאל ידם, ויוקם על ידי משה רבינו עליו השלום, וידעו כי שכינה שורה על ידו: (ד) **ולא היו יכולים להקימו.** דאם לא כן מאי טעמא הביאוהו אל משה כי להם יאות להקימו אלא על כרחך שלא יכלו להקימו אלא באו אל משה שיקימהו: **רבות בנות כו'.** פירוש שכולם עשו חיל במלאכת המשכן זה בממונו וזה בגופו, ומשה נתעלה מכולם במה שהוקם על ידו, כי זה היה העיקר: **שרתה עליו רוח הקודש.** לומר לו שיקימנו כי לולי זה אחר שראה שכל החכמים לא יכלו להקימו, לא הוה סבירא ליה שהוא יקימנו: **לא תאמר משה.** שאף על פי שגבור היה, כדאיתא בכמה דוכתי, לא יוכל לבדו להקים כמה קרשים כל כך כבדות, ועוד מאין ידע לישב כל דבר על אופניו כי לא היה מהאומנים היודעים מה: **ועמד מעצמו.** ואף על פי כן נקרא על שם משה, כי כשנתן ידו עליו להקימו היה קם, כדאיתא בתנחומא: **שנאמר הוקם המשכן.** עיקר דיוקו מדכתיב נמי בתריה ויקם משה את המשכן, דכולי האי למה לי לימא באחד בחדש הקים משה את המשכן, אלא דאתי לאשמועינן שהוקם מעלמו, והא דאמר משה הקימו, היינו שמשה נתן ידו עליו וקם, והיה נראה כאילו משה מקים כדלעיל: **הבריות והרוחות.** פירוש המלאכים והשדים (מתנות כהונה) סייעו בבנינו, והיינו נבנה מעלמו דקאמר שאחר שהיו הרוחות והמלאכים מסייעים, היה נראה כאילו הוא נבנה מעלמו, ועיין מה שכתבתי ריש שיר השירים רבה: **בהבנותו.** מבנין התפעל, שמאליו היה נבנה:

פירוש מהרז"ו

עוז והדר לבושה. שזכה לקרני הוד והדר ביום הכפורים, כשהשיג הלוחות השניים, ונלטווה על עשיית המשכן. כמו שדרש לעיל פרשה נ"א סימן ד בשם תנחומא. אך עיקר השמחה ליום אחרון שהוקם המשכן: (ד) **כיון שראה אותם משה.** שעשו כאשר צוה ה' שמח ושרתה עליו רוח הקדש, ששורה מתוך שמחה של מלוה: **ועמד בעצמו.** כי הקרשים היה גבהם עשר אמה, רחבם אמה וחלי, ואמה עובי, ולא היה להם שום אחיזה, כי הידות למטה היו דקות, ושני אדנים לכל קרש, נמלא הקרשים מחזיקים את האדנים, ולא בהיפך, והבריחים מאחר שהיו שני בריחים לכל כותל, ובריח אחד בעלמו בלא אחיזה בדבר אחר, הרי הוכפל עוד המשא בכפלי כפלים כפלים באין מחזיק, ויפול הכותל עם הבריחים, ולא יתכן שיעמוד הכותל כי אם בנס. ויתכן שזהו מה שאמרו בשבת [צ"ח ב'], והבריח התיכון בתוך הקרשים בנס היו עומדים, עיין רש"י ותוספות, שפירשו שהיה סובב ונכפל לשלשה רוחות. וזה לריך עיון גדול מנין להם לעשות פלוגתא כזו בין הגמרא ובין ברייתא דמלאכת המשכן והמדרשים, שכולם סוברים שהבריח התיכון ארכו שלשים אמה, ואורך כל הכותל בדרום, וכן בלפון שהיה של עשרים קרשים כל קרש אמה וחלי. וכמו שכתוב בראשית רבה פרשה ד סימן ד, ושם נסמן, וכן הוא ברש"י בחומש בסדר תרומה, שהבריח התיכון היה ארכו שלשים אמה כמדת העשרים קרשים. ומה שכתב בבראשית רבה הנ"ל, שהיה שלשים ושנים אמה, עיין מה שכתבתי שם בביאורו. ולשון הגמרא בנס היה עומד שייך על המשכן, ופירוש שלא הועיל גם הבריח התיכון להעמיד הקרשים כנ"ל, אלא הכל היה עומד בנס, המשכן עם הבריחים כדעת המדרשים. ולפי פירוש רש"י ותוספות היה לו לומר סובב או מקיף או נכפף. ולדעת רש"י ותוספות היה הבריח התיכון ארכו שבעים ושש אמה, ולריך עיון גדול, ואם קבלה נקבל: **הוא נבנה בעצמו.** עיין ריש שיר השירים רבה, וכן הוא בפסיקתא פרשה ו' סימן ז, ועיין במדבר רבה פרשה י"ד סימן ג:

אמרי יושר

[ד] **כיון שראה משה מיד שרתה עליו רוח הקודש והוקם המשכן ועמד מעצמו.** וזהו ויביאו המשכן, כי מיד נעשה משכן מוקם לשוכן:

אשד הנחלים

ירד המלאך ונטלה. כי כמו שניתן לו לא על פי טבע, כן החזרה היה נעלה מדרך הטבע: **הנס האחרון היה קשה.** כמו שאמרו (תענית כה, א) גמירי מיהב יהבי משקל לא שקלי. ועניינו אחר שהטריח שיעשה לו דבר נגד הטבע בענינים עולמיים מתענוגי עולם הזה, אז לפי הראות אין כח בזכותו שינטל ממנו בשביל שכר עולם הבא, אחר שרצה בטובת העולם הזה, וא"כ זו נס ושכר גדול: [ד] **ולא היו יכולין להקימו.** אולי הכוונה אף שהיו חכמים, לא היו יודעים לכוון הכונות הראויות שעל ידי זה ישרה השכינה באמצעות מעשיהם, רק על ידי מעשה של משה והקמתו מפני שהיה מעולה מכולם, והיה יודע הכל על מתכונתם, ועל ידי כוונתו הוקם מעצמו על ידי נס אלקי: **הבריות והרוחות.** עיין ריש מדרש חזית: **הוי ויביאו את המשכן.** לפי שהם לא היו יכולים להקימו כדלעיל:

מסורת המדרש

ט. ילקוט כאן רמז תי"ז:
י. במד"ר פי"ד סימן ג'. שהש"ר פ"א פסוק א'. מדרש תהלים מזמור כ"ד. פסיקתא רבתי פיסקא ו' סימן ז'. ילקוט מלכים רמז קפ"ב:

אם למקרא

וַיְהִי בְּרֶדֶת מֹשֶׁה מֵהַר סִינַי וּשְׁנֵי לֻחֹת הָעֵדֻת בְּיַד מֹשֶׁה בְּרִדְתּוֹ מִן הָהָר וּמֹשֶׁה לֹא יָדַע כִּי קָרַן עוֹר פָּנָיו בְּדַבְּרוֹ אִתּוֹ: (לעיל לד:כט)

רַבּוֹת בָּנוֹת עָשׂוּ חָיִל וְאַתְּ עָלִית עַל כֻּלָּנָה: (משלי לא:כט)

וְהַבַּיִת בְּהִבָּנֹתוֹ אֶבֶן שְׁלֵמָה מַסָּע נִבְנָה וּמַקָּבוֹת וְהַגַּרְזֶן כָּל כְּלִי בַרְזֶל לֹא נִשְׁמַע בַּבַּיִת בְּהִבָּנֹתוֹ: (מלכים א ו:ז)

מתנות כהונה

קשה מהראשון. חזק ונפלא מהראשון. ובתלמוד (תענית כה, א) מפרש דגמירי דמן שמיא מיהב יהבי משקל לא שקלי: **לא עשה.** לא עשה כלום ולא דבר מאומה להשיב להם: [ד] **הוקם.** משמע על ידי עלמו כמו שפירש רש"י בסדר זה: **הבריות והרוחות.** המלאכים והשדים ועיין בריש מדרש חזית:

וְאִם תָּמֵהַּ אַתָּה עַל זֶה — **And if you are astonished at this,**[77] הֲרֵי שְׁלֹמֹה כְּשֶׁבָּנָה בֵּית הַמִּקְדָּשׁ הוּא נִבְנָה מֵעַצְמוֹ — **behold, when Solomon built the Holy Temple, it** too **was built of its own accord,** as will now be illustrated. אָמַר רַב הוּנָא בְּשֵׁם רַבִּי יוֹסֵי — **Rav Huna said in the name of R' Yose:** הַכֹּל מְסַיְּיעִין אוֹתוֹ כְּשֶׁבָּנָה אֶת בֵּית הָאֱלֹהִים, הַבְּרִיּוֹת וְהָרוּחוֹת — **All** were **assisting [Solomon] when he built the House of God** — even **the creations and the spirits.**[78] מִנַּיִן, שֶׁכָּתוּב, "וְהַבַּיִת בְּהִבָּנֹתוֹ אֶבֶן שְׁלֵמָה מַסָּע נִבְנָה וּמַקָּבוֹת וְהַגַּרְזֶן כָּל כְּלִי בַרְזֶל לֹא נִשְׁמַע בַּבַּיִת בְּהִבָּנֹתוֹ" — **From where** is this derived? **For it is written,** ***When the Temple was being built, it was built of complete quarried stone; hammers, chisels, or any iron vessels were not heard in the Temple when it was being built*** (*I Kings* 6:7), מֵעַצְמוֹ הָיָה נִבְנָה — which indicates that **it was built of its own accord,**[79] לְפִיכָךְ בְּמַעֲשֵׂה נִסִּים נִבְנָה — **and thus, [the Temple] was built through a miraculous event.** וְכֵן כְּשֶׁהוּקַם הַמִּשְׁכָּן בְּמַעֲשֵׂה נִסִּים עָמַד — **And likewise, when the Tabernacle was erected, it stood through a miraculous event;** הֱוֵי "וַיָּבִיאוּ אֶת הַמִּשְׁכָּן" — **thus is stated,** ***They brought the Tabernacle*** *to Moses.*[80]

NOTES

77. Perhaps one might find it surprising that God would cause the Tabernacle to be erected miraculously, as God makes miracles only in cases of great need. Moreover, it could be argued that because God's descent from the Heavens to dwell within a sanctuary built by the Jewish people was an expression of His love for that nation (compare above, 36 §2), had the sanctuary's consummation also been at their hands, God's love for them would have been even more evident (*Yefeh To'ar*).

78. I.e., the angels and the demons (*Matnos Kehunah*, referencing *Shir HaShirim Rabbah* §5 to 1:1; also cited by *Eitz Yosef*). While being built by these [invisible] beings it appeared as though the Temple was built *of its own accord* (*Eitz Yosef*).

79. Because the word בְּהִבָּנֹתוֹ, *when it was being built* [used twice in this verse], is in the reflexive tense it implies that it became built by itself (*Eitz Yosef*; compare *Shir HaShirim* ibid.). [According to one view in *Shir HaShirim Rabbah* (ibid.) the Temple's stones levitated and positioned themselves.]

80. The Midrash is suggesting that the Tabernacle craftsmen were compelled to bring it to Moses to erect as they were unable to do so themselves (see *Eitz Yosef* at the section's beginning).

INSIGHTS

Torah V'Daas, p. 332) is emblematic of our mission in this world, and it demonstrates God's desire to benefit mankind. For God can easily carry out His plans without our involvement, and in fact He brings about the outcomes He desires regardless of what we do. Nevertheless, He has commanded us to perform the mitzvos in order to reward us for "producing" all the blessings that the mitzvos seem to bring in their wake.

R' Chatzkel adds that this is one reason why God concealed His involvement in, and total control of, the affairs of this world. Had He not done so, the irrelevance of our efforts would be plain for all to see, and there would be no justification for giving any credit to us. But now that there seems to be a causal relationship between our actions and the events that coincide with them, God can "legitimately" reward us for our positive accomplishments.

אמרי יושר

[ד] **כיון שראה משה מיד שרתה עליו רוח הקודש והוקם המשכן ועמד מעצמו.** וזהו ויביאו המשכן, כי מיד נעשה משכן מוקם לשוכן:

אשד הנחלים

ירד המלאך ונטלה. כי כמו שניתן לו לא על פי טבע, כן החזרה היה נעלה מדרך הטבע: **הנס האחרון היה קשה.** כמו שאמרו (תענית כה, א) גמירי מיהב יהבי משקל לא שקלי. ועניינו אחר שהטריח שיעשה לו דבר נגד הטבע בענינים עולמיים מתענוגי עולם הזה, אז לפי הראות אין כח בזכותו שינטל ממנו בשביל שכר עולם הבא, אחר שרצה בטובת העולם הזה, וא"כ זו נס ושכר גדול: [ד] **ולא היו יכולין להקימו.** אולי הכוונה אף שהיו חכמים, לא היו יודעים לכוון הכונות הראויות שעל ידי זה ישרה השכינה באמצעות מעשיהם, רק על ידי מעשה של משה והקמתו מפני שהיה מעולה מכולם, והיה יודע הכל על מתכונתם, ועל ידי כוונתו הוקם מעצמו על ידי נס אלקי: **הבריות והרוחות.** עיין ריש מדרש חזית: **הוי ויביאו את המשכן.** לפי שהם לא היו יכולים להקימו כדלעיל:

עץ יוסף

הנס האחרון קשה מן הראשון. בגמרא (תענית שם) מפרש טעמא מיהב יהבי משקל לא שקלי: **עולמים אין כתיב כאן.** רוצה לומר שאם פירוש אל בית עולמו שיעמוד שם לעולם בנצחיות, הוי ליה לומר עולמים, שהוא לשון נצחיות כמו תשועת עולמים, הלעולמים יזנח ה', אלא על כרחך שפירושו שכל אחד יש לו עולם בפני עצמה: **למה שאין מתן שכרן בו׳.** אעיקר קאי דהיינו שאין ליהנות בעולם הזה מהשכר: **זה משה.** שהתורה מלבשת בעליה בעוז והדר, שהם מתהדרים ומפוארים בעולם, כמו שמצינו במשה רבינו עליו השלום שנתהדר בקירון הפנים: **ותשחק ליום אחרון אלו ליצני ישראל בו׳.** רוצה לומר מפסוק ותשחק ליום אחרון, שהתלמידי חכמים אף שלפעמים הם נבזים ושפלים, לבסוף יכובדו כמאמרם ז"ל סוף הכבוד לבא, וכמו שמצינו זה במשה, שאף שתחלה היה ללעג בעיני הליצנים לסוף נגלה כבודו ושחק עליהם: **אפשר שהשכינה שורה.** פירשתי לעיל סימן ב׳: **לא עשה.** לא עשה כלום ולא דבר מאומה להשיב להם: **התחיל שוחק עליהם.** לעג עליהם במה שאמר להם שיקימו המשכן, כאילו בידם כח להקימו, ושוב יראו שאין לאל ידם, ויוקם על ידי משה רבינו עליו השלום, וידעו כי שכינה שורה על ידו: (ד) **ולא היו יכולים להקימו.** דאם לא כן מאי טעמא הביאוהו אל משה כי להם יאות להקימו אלא על כרחך שלא יכלו להקימו אלא באו אל משה שיקימהו: **רבות בנות בו׳.** פירוש שכולם עשו חיל במלאכת המשכן זה בממונו וזה בגופו, ומשה נתעלה מכולם במה שהוקם על ידו, כי זה היה העיקר: **שרתה עליו רוח הקודש.** לומר לו שיקימנו כי לולי זה אחר שראה שכל החכמים לא יכלו להקימו, לא הוה סבירא ליה שהוא יקימנו: **לא תאמר משה.** שאף על פי שגבור היה, כדאיתא בכמה דוכתי, לא יוכל לבדו להקים כמה קרשים כל כך כבדות, ועוד מאין ידע לישב כל דבר על אופניו כי לא היה מהאומנים היודעים מה: **ועמד מעצמו.** ואף על פי כן נקרא על שם משה, כי כשנתן ידו עליו להקימו היה קם, כדאיתא בתנחומא: **שנאמר הוקם המשכן.** עיקר דיוקו מדכתיב נמי בתריה ויקם משה את המשכן, דכולי האי למה לי לימא באחד בחדש הקים משה את המשכן, אלא דאתי לאשמועינן שהוקם מעצמו, והא דאמר משה הקימו, היינו שמשה נתן ידו עליו וקם, והיה נראה כאילו משה מקים כדלעיל: **הבריות והרוחות.** פירוש המלאכים והשדים (מתנות כהונה) סייעו בבנינו, והיינו נבנה מעצמו דקאמר שאחר שהיו הרוחות והמלאכים מסייעים, היה נראה כאילו הוא נבנה מעצמו, ועיין מה שכתבתי ריש שיר השירים רבה: **בהבנותו.** מבנין התפעל, שמאליו היה נבנה:

מדרש

רַבּוֹתֵינוּ אָמְרוּ: הַנֵּס הָאַחֲרוֹן הָיָה קָשֶׁה מֵהָרִאשׁוֹן, כֵּיוָן שֶׁפָּשַׁט יָדוֹ לְהַחֲזִירוֹ מִיָּד יָרַד הַמַּלְאָךְ וּנְטָלָהּ הֵימֶנּוּ, לָמָּה, שֶׁאֵין מַתַּן שְׂכָרָהּ שֶׁל תּוֹרָה אֶלָּא לָעוֹלָם הַבָּא, לְיוֹם אַחֲרוֹן, הֱוֵי (משלי לא, כה) "וַתִּשְׂחַק לְיוֹם אַחֲרוֹן", [ט]דָּבָר אַחֵר, (שם) "עוֹז וְהָדָר לְבוּשָׁהּ" זֶה מֹשֶׁה, שֶׁנֶּאֱמַר (לעיל לד, כט) "וּמֹשֶׁה לֹא יָדַע כִּי קָרַן עוֹר פָּנָיו", (משלי שם שם) "וַתִּשְׂחַק לְיוֹם אַחֲרוֹן" אֵלּוּ לֵיצָנֵי יִשְׂרָאֵל, שֶׁמְּלִיצִין אַחֲרָיו וְאוֹמְרִים אֵלּוּ לְאֵלּוּ: אֶפְשָׁר שֶׁהַשְּׁכִינָה שׁוֹרָה עַל יָדָיו שֶׁל בֶּן עַמְרָם, לֹא עָשָׂה אֶלָּא כֵּיוָן שֶׁאָמַר לוֹ הָאֱלֹהִים לְהָקִים אֶת הַמִּשְׁכָּן הִתְחִיל שׂוֹחֵק עֲלֵיהֶם, שֶׁנֶּאֱמַר "וַתִּשְׂחַק לְיוֹם אַחֲרוֹן", אָמַר לָהֶם: בּוֹאוּ שֶׁנָּקִים אֶת הַמִּשְׁכָּן, הִתְחִילוּ טוֹעֲנִין וּבָאִין אֶצְלוֹ, שֶׁנֶּאֱמַר [לט, לג] "וַיָּבִיאוּ אֶת הַמִּשְׁכָּן":

ד כַּמָּה חֲכָמִים הָיוּ שָׁם וּבָאוּ לָהֶם אֵצֶל מֹשֶׁה, וְלֹא הָיוּ יְכוֹלִין לַהֲקִימוֹ, אֶלָּא אָמַר שְׁלֹמֹה (משלי לא, כט) "רַבּוֹת בָּנוֹת עָשׂוּ חָיִל וְאַתְּ עָלִית עַל כֻּלָּנָה", שֶׁמֹּשֶׁה הָיָה מְעוּלֶּה מִכּוּלָּם, "וְאַתְּ עָלִית עַל כּוּלָּנָה" לָמָּה, שֶׁעָשׂוּ אֶת הַמִּשְׁכָּן וְלֹא הָיוּ יוֹדְעִין לְיַישְׁבוֹ, מֶה עָשׂוּ, נָטְלוּ כָּל אֶחָד וְאֶחָד *מְלַאכְתּוֹ וּבָאוּ לָהֶם אֵצֶל מֹשֶׁה, וְאוֹמְרִים: הֲרֵי קְרָשִׁים הֲרֵי בְּרִיחִין, וְכֵיוָן שֶׁרָאָה מֹשֶׁה אוֹתָם מִיָּד שָׁרְתָה עָלָיו רוּחַ הַקֹּדֶשׁ וֶהֱקִימוֹ, וְלֹא תֹּאמַר: מֹשֶׁה הֶעֱמִידוֹ, אֶלָּא הַמִּשְׁכָּן נַעֲשׂוּ בוֹ נִסִּים וְעָמַד מֵעַצְמוֹ, שֶׁנֶּאֱמַר [מ, יז] "הוּקַם הַמִּשְׁכָּן", וְאִם תָּמֵהַּ אַתָּה עַל זֶה, הֲרֵי שְׁלֹמֹה כְּשֶׁבָּנָה בֵּית הַמִּקְדָּשׁ הוּא נִבְנָה מֵעַצְמוֹ, אָמַר רַב הוּנָא בְּשֵׁם רַבִּי יוֹסֵי: [י]הַכֹּל מְסַיְּיעִין אוֹתוֹ כְּשֶׁבָּנָה אֶת בֵּית הָאֱלֹהִים, הַבְּרִיּוֹת וְהָרוּחוֹת, מִנַּיִן, שֶׁכָּתוּב (מלכים-א ו, ז) "וְהַבַּיִת בְּהִבָּנֹתוֹ אֶבֶן שְׁלֵמָה מַסָּע נִבְנָה וּמַקָּבוֹת וְהַגַּרְזֶן כָּל כְּלִי בַרְזֶל לֹא נִשְׁמַע בַּבַּיִת בְּהִבָּנֹתוֹ", מֵעַצְמוֹ הָיָה נִבְנֶה, לְפִיכָךְ בְּמַעֲשֵׂה נִסִּים נִבְנָה, וְכֵן כְּשֶׁהוּקַם הַמִּשְׁכָּן בְּמַעֲשֵׂה נִסִּים עָמַד, הֱוֵי [לט, לג] "וַיָּבִיאוּ אֶת הַמִּשְׁכָּן":

פירוש מהרז"ו

עוז והדר לבושה. שזכה לקרני הוד והדר ביום הכפורים, כשהשיג הלוחות השניים, ונצטווה על עשיית המשכן. כמו שדרש לעיל פרשה כ"א סימן ד בשם תנחומא. אך עיקר השמחה ליום אחרון שהוקם המשכן: (ד) **כיון שראה אותם משה.** שעשו כאשר צוה ה׳ שמח ושרתה עליו רוח הקדש, ששורה מתוך שמחה של מצוה: **ועמד בעצמו.** כי הקרשים היה גבהם עשר אמה, רחבם אמה וחצי, ואמה עובי, ולא היה להם שום אחיזה, כי הידות למטה היו דקות, ושני אדנים לכל קרש, נמצא הקרשים מחזיקים את האדנים, ולא בהיפך, והבריחים מאחר שהיו שני בריחים לכל כותל, ובריח אחד בעצמו בלא אחיזה בדבר אחר, הרי הוכפל עוד המשא בכפלי כפלי כפלים באין מחזיק, ויפול הכותל עם הבריחים, ולא יתכן שיעמוד הכותל כי אם בנס. ויתכן שזהו מה שאמרו בשבת [צ"ח] ב׳, והבריח התיכון בתוך הקרשים בנס היו עומדים, עיין רש"י ותוספות, שפירשו שהיה סובב ונכפל לשלשה רוחות. וזה צריך עיון גדול מנין להם לעשות פלוגתא כזו בין הגמרא ובין ברייתא דמלאכת המשכן והמדרשים, שכולם סוברים שהבריח התיכון ארכו שלשים אמה, ואורך כל הכותל בדרום, וכן בצפון שהיה של עשרים קרשים כל קרש אמה וחצי. וכמו שכתוב בראשית רבה פרשה ד סימן ד, ושם נסמן, וכן הוא ברש"י בחומש בסדר תרומה, שהבריח התיכון היה ארכו שלשים אמה כמדת העשרים קרשים. ומה שכתב בבראשית רבה הנ"ל, שהיה שלשים ושנים אמה, עיין מה שכתבתי שם בביאורו. ולשון הגמרא בנס היה עומד שייך על המשכן, ופירוש שלא הועיל גם הבריח התיכון להעמיד הקרשים כנ"ל, אלא הכל היה עומד בנס, המשכן עם הבריחים כדעת המדרשים. ולפי פירוש רש"י ותוספות היה לו לומר סובב או מקיף או נכפף. ולדעת רש"י ותוספות היה הבריח התיכון ארכו שבעים ושש אמה, וצריך עיון גדול, ואם קבלה נקבל: **הוא נבנה בעצמו.** עיין ריש שיר השירים רבה, וכן הוא בפסיקתא פרשה ו׳ סימן ז, ועיין במדבר רבה פרשה י"ד סימן ג:

מסורת המדרש

ט. ילקוט כאן רמז תי"ז:
י. במד"ר פי"ד סימן ג׳. שהש"ר פ"א פסוק א׳. מדרש תהלים מזמור כ"ד. פסיקתא רבתי פיסקא ו׳ סימן ז׳. ילקוט מלכים רמז קפ"ב:

אם למקרא

וַיְהִי בְּרֶדֶת מֹשֶׁה מֵהַר סִינַי וּשְׁנֵי לֻחֹת הָעֵדֻת בְּיַד מֹשֶׁה בְּרִדְתּוֹ מִן הָהָר וּמֹשֶׁה לֹא יָדַע כִּי קָרַן עוֹר פָּנָיו בְּדַבְּרוֹ אִתּוֹ: (לעיל לד:כט)

רַבּוֹת בָּנוֹת עָשׂוּ חָיִל וְאַתְּ עָלִית עַל כֻּלָּנָה: (משלי לא:כט)

וְהַבַּיִת בְּהִבָּנֹתוֹ אֶבֶן שְׁלֵמָה מַסָּע נִבְנָה וּמַקָּבוֹת וְהַגַּרְזֶן כָּל כְּלִי בַרְזֶל לֹא נִשְׁמַע בַּבַּיִת בְּהִבָּנֹתוֹ: (מלכים א ו:ז)

מתנות כהונה

קשה מהראשון. חזק ונפלא מהראשון. ובתלמוד (תענית כה, א) מפרש דגמירי דמן שמיא מיהב יהבי משקל לא שקלי: **לא עשה.** לא עשה כלום ולא דבר מאומה להשיב להם: **[ד] הוקם.** משמע על ידי עצמו כמו שפירש רש"י בסדר זה: **הבריות והרוחות.** המלאכים והשדים ועיין בריש מדרש חזית:

§5 The Midrash will cite a verse from *Song of Songs* which will then be expounded, phrase by phrase, in a manner that relates to our verse:

״דָּבָר אַחֵר, ״וַיָּבִיאוּ אֶת הַמִּשְׁכָּן״ – **Another interpretation: *They brought the Tabernacle* to *Moses* –** הָדָא הוּא דִכְתִיב ״צְאֶינָה וּרְאֶינָה בְּנוֹת צִיּוֹן בַּמֶּלֶךְ שְׁלֹמֹה בָּעֲטָרָה שֶׁעִטְּרָה לוֹ אִמּוֹ בְּיוֹם חֲתֻנָּתוֹ וּבְיוֹם שִׂמְחַת לִבּוֹ״ – **this is** related to that **which is written, *Go forth and gaze, O daughters of "tzion," upon King "Shlomo," with the crown with which his mother crowned him, on his wedding day, and on the day of his heart's joy*** (*Song of Songs* 3:11).[81] אֵימָתַי נֶאֱמַר הַפָּסוּק הַזֶּה בַּיּוֹם שֶׁעָמַד הַמִּשְׁכָּן – With regard to **when was this verse stated?** With regard **to the day on which the Tabernacle** first **stood.** שֶׁהָיְתָה שִׂמְחָה גְדוֹלָה בְּיִשְׂרָאֵל שֶׁהַקָּדוֹשׁ בָּרוּךְ הוּא שׁוֹרֶה אֶצְלָם – **For** on that day **there was great joy within** the people of **Israel because the Holy One, blessed is He,** was **dwelling with them.**[82] Thus, the verse is to be expounded as follows: ״בְּנוֹת צִיּוֹן״, בָּנִים הַמְצוּיָּנִין לִי עַל אוּמּוֹת הָעוֹלָם – ***Daughters of "tzion"*** [צִיּוֹן] – **children who are identifiable** [הַמְצוּיָּנִין] **as Mine, as compared to the nations of the world;**[83] מַה צִיּוּן הַזֶּה נִרְאֶה בְּאֶצְבַּע כָּךְ יִשְׂרָאֵל נִרְאִין בְּאֶצְבַּע – or, similarly, **just as a marker is indicated with the finger, so is** the people of **Israel indicated with the finger.**[84] הֱוֵי ״בְּנוֹת צִיּוֹן״, הַמְצוּיָּנִין לִי – **Thus** is stated, ***daughters of "tzion"*** [צִיּוֹן] – those **who are identifiable** [הַמְצוּיָּנִין] **as Mine.** ״בַּמֶּלֶךְ שְׁלֹמֹה״, בַּמֶּלֶךְ שֶׁהַשָּׁלוֹם שֶׁלּוֹ – ***Upon King "Shlomo"*** [שְׁלֹמֹה] – **upon the King to Whom peace belongs** [שֶׁהַשָּׁלוֹם שֶׁלּוֹ]; זֶה מֶלֶךְ מַלְכֵי הַמְּלָכִים הַקָּדוֹשׁ בָּרוּךְ הוּא – **this is the Supreme King of kings, the Holy One, blessed is He.**[85] ״בָּעֲטָרָה שֶׁעִטְּרָה לוֹ אִמּוֹ״, זֶה הַמִּשְׁכָּן – ***With the crown with which His mother crowned him*** – **this is** an allusion to **the Tabernacle;**[86] לָמָּה קָרְאוֹ ״עֲטָרָה״, אֶלָּא מַה הָעֲטָרָה מְצוּיֶּירֶת כָּךְ הַמִּשְׁכָּן הָיָה מְצוּיָּיר – and **why does [Scripture] refer to it as *a crown?*** **But** the explanation is as follows: **Just as a crown is adorned** with many colors, **so was the Tabernacle adorned** with many colors;[87] שֶׁנֶּאֱמַר ״וְרֹקֵם בַּתְּכֵלֶת וּבָאַרְגָּמָן בְּתוֹלַעַת הַשָּׁנִי וּבַשֵּׁשׁ וְאֹרֵג עֹשֵׂי כָּל מְלָאכָה וְחֹשְׁבֵי מַחֲשָׁבֹת״ – **as is stated,** *[God] filled [Betzalel and Ohaliab] with a wise heart to do every craft of the carver, weaver of designs,* ***and embroiderer with the turquoise, purple, and scarlet wool and the linen, and the weaver; the artisans of every craft and makers of designs*** (above, 35:35). הֱוֵי ״בָּעֲטָרָה שֶׁעִטְּרָה לוֹ אִמּוֹ״ – **Thus** is stated, ***with the crown with which His mother crowned him.*** אָמַר רַבִּי יִצְחָק: חִזַּרְתִּי בְּכָל הַמִּקְרָא וְלֹא מָצָאתִי שֶׁעָשְׂתָה בַּת שֶׁבַע עֲטָרָה לִשְׁלֹמֹה – **R' Yitzchak said: I searched in all of Scripture and I did not find** therein **that Bath-sheba** (King Solomon's mother) **fashioned a crown for Solomon.**[88] רַבִּי שִׁמְעוֹן בֶּן יוֹחָאי שָׁאַל אֶת רַבִּי אֶלְעָזָר בְּרַבִּי יוֹסֵי – **R' Shimon ben Yochai inquired of R' Elazar son of R' Yose,** אִיפְשָׁר שֶׁשָּׁמַעְתָּ מֵאָבִיךָ מַהוּ ״בָּעֲטָרָה שֶׁעִטְּרָה לוֹ אִמּוֹ״ – **"Is it possible that you heard from your father what is** the meaning of the phrase, ***with the crown with which his mother crowned him?*"**[89] אָמַר לוֹ: הֵן – **He said to him, "Yes,** I did. מָשָׁל לְמֶלֶךְ שֶׁהָיְתָה לוֹ בַּת יְחִידָה, וְהָיָה מְחַבְּבָהּ בְּיוֹתֵר מִדַּאי, וְהָיָה קוֹרֵא אוֹתָהּ בִּתִּי – The meaning of the verse can be illustrated with **a parable.** It is comparable **to a king who had an only daughter and he cherished her exceedingly and he would call her 'my daughter.'**[90]

NOTES

81. The Midrash will interpret the verse as referring to the erection of the Tabernacle because, as will be pointed out presently, there is no Scriptural corroboration for assuming that King Solomon's mother made him a crown (*Yefeh To'ar* below, s.v. ולא מצאתי, referencing *Bamidbar Rabbah* 12 §8; see *Matnos Kehunah* below, s.v. ולא מצאתי; *Maharzu*).

82. The Midrash understands this to be *the day of his heart's joy* described by the verse because it was a day of particularly great joy for the Jewish people. This is because, as we have learned above (at note 25), the joy of the Tabernacle's erection combined then with that of Isaac's birth. And although the verse speaks of the joy of the *King*, interpreted by the Midrash below as referring to God, the people of Israel's joy is indeed His, because God rejoices with them, so to speak (*Yefeh To'ar*, followed in part by *Eitz Yosef*). Furthermore, *Bereishis Rabbah* (3 §12) teaches that God valued the day of the Tabernacle's establishment as the day of Creation. This was because only then did the universe begin to fulfill the role for which it was created (*Tiferes Tzion*).

83. *Yefeh To'ar*. (See *Matnos Kehunah* for another understanding, and *Yedei Moshe* for an emendation of the Midrash.)

The Jewish people stand out among the nations by virtue of their circumcision, the manner in which they cut their hair and their beards (see *Leviticus* 19:27; 21:5), and their *tzitzis* (*Yefeh To'ar*, from *Shir HaShirim Rabbah* §1 to 3:11; compare *Eichah Rabbah* 2 §17; see also *Matnos Kehunah*; see *Eitz Yosef* for another approach). As each of these distinguishing characteristics results from Jewish observance of a Divine commandment, they are said to be *identifiable as God's*.

According to our Midrash's interpretation of the verse in the context of the erection of the Tabernacle, it cannot be referring simply to the *daughters of Zion*, as the Jewish people had not yet even laid eyes on Zion at that time (*Yefeh To'ar*).

84. *Yefeh To'ar*; *Yedei Moshe*.

Here the Midrash understands the word צִיּוּן to mean *a marker*, as it is used in *Ezekiel* 39:15 [and *II Kings* 23:17]. By virtue of their circumcision, haircuts, and *tzitzis*, Jews are highly identifiable, like *a marker*. The Midrash is offering what is, essentially, a single explanation of the verse, only with two slightly varied renderings of the word צִיּוֹן (*Yefeh To'ar*, followed in part by *Eitz Yosef*; also see *Matnos Kehunah*, *Yedei Moshe*; see *Radal* for another approach). [*Tiferes Tzion* writes that the primary merit possessed by the Jewish people is that they cling to the mitzvos constantly and with self-sacrifice despite the fact that their resultant identifiability causes them to suffer at the hands of the nations.]

85. God is referred to *the King to Whom peace belongs* because He creates peace upon earth. Contentious by nature (see *Bereishis Rabbah* 8 §5), people could not peacefully coexist if Divine Providence would not create harmony between them. Alternatively, as שָׁלוֹם, *peace*, is cognate with שְׁלֵימוּת, *perfection* (see *Akeidas Yitzchak* §74), it is said that שָׁלוֹם is God's, for He is the Master of all forms of perfection (*Yefeh To'ar*; also see *Eitz Yosef*).

[See *Yefeh To'ar* for discussion of why the Jewish people and God are referred to in this context with these particular titles. *Yefeh To'ar* also states that our Midrash accords with the view of the Sages in *Shir HaShirim Rabbah* (to 1:11, at the end), who maintain that throughout *Song of Songs*, the word שְׁלֹמֹה refers to God, *to Whom peace belongs*.]

86. As it is interpreted here, the *Proverbs* verse makes reference to the fact that the Jewish people (*the daughters of "tzion"*) saw the Divine Presence (*Go forth and gaze . . . upon King "Shlomo"*) that descended to dwell in the Tabernacle on the day of its dedication (*with the crown . . . on the day of his heart's joy*). That the nation experienced this vision is stated in *Leviticus* 9:23-24 (*Eitz Yosef* above, s.v. זה מלך).

87. Compare *Rashi* to *Song of Songs* 3:11. [Note that the Midrash text in *Bamidbar Rabbah* (12 §8) and *Shir HaShirim Rabbah* (§2 to 3:11) is slightly different from ours.]

A crown is typically *adorned* with precious stones and pearls [of a variety of colors] that are set in it (*Eitz Yosef*).

88. [This begs an explanation because] בָּעֲטָרָה, with a קָמָץ under the prepositional ב, translates to *with "the" crown,* and indicates that the crown spoken of is a familiar one (*Imrei Yosher*).

As we have noted (in note 81), this observation provides the basis for the above exposition of the *Song of Songs* verse. *Maharzu* suggests emending our Midrash to conform to *Bamidbar Rabbah* ibid. and *Shir HaShirim Rabbah* ibid., where this comment precedes the exposition.

[Whereas, generally, a verse can be understood simply regardless of any homiletical interpretations (*Yevamos* 24a), R' Yitzchak asserted that this verse can only be understood homiletically, as above (*Tiferes Tzion*).]

89. While R' Shimon ben Yochai understood that, as above, Scripture speaks here of the Tabernacle, he wondered how to explain Scripture's reference to *his mother* in this context (*Eitz Yosef*; see also *Matnos Kehunah*). Moreover, since the words *King "Shlomo"* have been explained to refer to God, how could anyone or anything be described as *His mother*?! (*Imrei Yosher*).

90. That the king referred to his child this way as opposed to using her

ה דָּבָר אַחֵר, [לט, לג] **"וַיָּבִיאוּ אֶת הַמִּשְׁכָּן", הֲדָא הוּא דִכְתִיב** (שיר השירים ג, יא) **"צְאֶינָה וּרְאֶינָה בְּנוֹת צִיּוֹן בַּמֶּלֶךְ שְׁלֹמֹה בָּעֲטָרָה שֶׁעִטְּרָה לוֹ אִמּוֹ בְּיוֹם חֲתֻנָּתוֹ וּבְיוֹם שִׂמְחַת לִבּוֹ", אֵימָתַי נֶאֱמַר הַפָּסוּק הַזֶּה, בַּיּוֹם שֶׁעָמַד הַמִּשְׁכָּן, שֶׁהָיְתָה שִׂמְחָה גְדוֹלָה בְּיִשְׂרָאֵל שֶׁהַקָּדוֹשׁ בָּרוּךְ הוּא שׁוֹרֶה אֶצְלָם,** [יא] **"בְּנוֹת צִיּוֹן", בָּנִים הַמְצוּיָּנִין לִי *עַל יְדֵי עוֹבְדֵי כוֹכָבִים°, מַה צִּיּוּן הַזֶּה נִרְאָה בְּאֶצְבַּע כָּךְ יִשְׂרָאֵל נִרְאִין בְּאֶצְבַּע, הֱוֵי "בְּנוֹת צִיּוֹן", הַמְצוּיָּנִין לִי, "בַּמֶּלֶךְ שְׁלֹמֹה", בַּמֶּלֶךְ שֶׁהַשָּׁלוֹם שֶׁלּוֹ, זֶה מֶלֶךְ מַלְכֵי הַמְּלָכִים הַקָּדוֹשׁ בָּרוּךְ הוּא, "בָּעֲטָרָה שֶׁעִטְּרָה לוֹ אִמּוֹ", זֶה הַמִּשְׁכָּן, לָמָּה קְרָאוֹ "עֲטָרָה", אֶלָּא מָה הָעֲטָרָה מְצוּיֶּרֶת כָּךְ הַמִּשְׁכָּן הָיָה מְצוּיָּר, שֶׁנֶּאֱמַר** (לעיל לה, לה) **"וְרֹקֵם בַּתְּכֵלֶת וּבָאַרְגָּמָן בְּתוֹלַעַת הַשָּׁנִי וּבַשֵּׁשׁ וְאֹרֵג, עֹשֵׂי כָּל מְלָאכָה וְחֹשְׁבֵי מַחֲשָׁבֹת", הֱוֵי "בָּעֲטָרָה שֶׁעִטְּרָה לוֹ אִמּוֹ", אָמַר רַבִּי יִצְחָק: חִזַּרְתִּי בְּכָל הַמִּקְרָא וְלֹא מָצָאתִי שֶׁעָשְׂתָה בַּת שֶׁבַע עֲטָרָה לִשְׁלֹמֹה,** [יב] **רַבִּי שִׁמְעוֹן בֶּן יוֹחָאי שָׁאַל אֶת רַבִּי אֶלְעָזָר בְּרַבִּי יוֹסֵי: אִיפְשָׁר שֶׁשָּׁמַעְתָּ מֵאָבִיךָ מַהוּ "בָּעֲטָרָה שֶׁעִטְּרָה לוֹ אִמּוֹ", אָמַר לוֹ: הֵן, מָשָׁל לְמֶלֶךְ שֶׁהָיְתָה לוֹ בַּת יְחִידָה וְהָיָה מְחַבְּבָהּ בְּיוֹתֵר מִדַּאי, וְהָיָה קוֹרֵא אוֹתָהּ בִּתִּי, לֹא זָז מְחַבְּבָהּ עַד שֶׁקְּרָאָהּ אֲחוֹתִי וְעַד שֶׁקְּרָאָהּ אִמִּי, כָּךְ הַקָּדוֹשׁ בָּרוּךְ הוּא בַּתְּחִלָּה קָרָא לְיִשְׂרָאֵל בַּת, שֶׁנֶּאֱמַר** (תהלים מה, יא) **"שִׁמְעִי בַת וּרְאִי וְהַטִּי אָזְנֵךְ וְשִׁכְחִי עַמֵּךְ וּבֵית אָבִיךְ", לֹא זָז מְחַבְּבָן עַד שֶׁקְּרָאָן אֲחוֹתִי, שֶׁנֶּאֱמַר** (שיר השירים ה, ב) **"פִּתְחִי לִי אֲחֹתִי רַעְיָתִי יוֹנָתִי תַמָּתִי שֶׁרֹּאשִׁי נִמְלָא טָל קְוֻצּוֹתַי רְסִיסֵי לָיְלָה", לֹא זָז מְחַבְּבָן עַד שֶׁקְּרָאָן אִמִּי, שֶׁנֶּאֱמַר** (ישעיה נא, ד) **"הַקְשִׁיבוּ אֵלַי עַמִּי וּלְאוּמִּי אֵלַי הַאֲזִינוּ כִּי תוֹרָה מֵאִתִּי תֵצֵא וּמִשְׁפָּטִי לְאוֹר עַמִּים אַרְגִּיעַ", עָמַד רַבִּי שִׁמְעוֹן בֶּן יוֹחָאי וּנְשָׁקוֹ עַל רֹאשׁוֹ,** (שיר השירים ג, יא) [יג] **"בְּיוֹם חֲתֻנָּתוֹ" בְּסִינַי,** (שם) **"בְּיוֹם שִׂמְחַת לִבּוֹ" בִּירוּשָׁלַיִם,**

עץ יוסף

(ה) [ד] **שהיתה שמחה גדולה בישראל.** ואף על גב דשמחת לבו קאי אהקדוש ברוך הוא, מוקמינן ליה ביום שמחה גדולה לישראל, שהקדוש ברוך הוא שמח בשמחתם: **בנים המצויינים לי.** הכוונה שהם נעלים כאילו היו מצויינים לעם מיוחד במעלה, והדר מפרש בנות ציון, לשון תל ומצבה מלשון ובנה אצלו ציון, וזה שאמר מה ציון זה נראה באצבע שהתל והמצבה ניכרים ומראים אותם באצבע, כן ישראל ניכרים: **שהשלום שלו.** שנותן שלום בעולם, שלהיות טבע האנשים להתקוטט זה עם זה תמיד, כדלעיל בבראשית רבה פרשה ח', לא היה מקום לקיום הקבוץ המדיני לולי שה' בהשגחתו נותן שלום ביניהם: **זה מלך מלכי המלכים הקדוש ברוך הוא.** וכוונת הכתוב שיראו בשכינת ה' ששרתה במשכן, כמו שאמר וירא הם וירונו, וזה שאמר בעטרה, רוצה לומר זאת הראיה היתה בהקמת המשכן שנקרא עטרה: **מה עטרה מצויירת.** באבנים טובות ומרגליות הקבועות בה: **ולא מצאתי.** הילכך על כרחך קאי אמשכן, דאי כפשוטו הרי לא מצינו בכל המקרא שעשתה בת שבע עטרה לשלמה בנה: **מהו בעטרה שעטרה לו אמו.** כן צריך לומר, פירוש הא פשיטא ליה דבמשכן איירי מכח קושיא הנ"ל, אבל מאי אמו, ומשני דדרך חבה קרי הקדוש ברוך הוא לישראל אמו: **משל למלך כו'.** שבתחלה קראה שם בת שהיא נכנעת תחתיו, לא זז עד שקראה אחותי, שהיא במעלת הכבוד יותר, לא זז עד שקראה אמי, שהיא במעלת הכבוד יותר ויותר, שהאדם חייב לנהוג בה כבוד אף מצד הדין, כן ישראל אחר שנתפרסם חבתם שקראת בת, הוסיף אחר כך כבוד להם שמחשיבם כביכול כמו שאמרו בצדיקים, שהם כשותפים עמו במעשה בראשית, כי שפע כל העולם יורד תחלה אליהם ומהם לכל העולם, ונראין כאחים שהמה עושין כביכול כמו הוא לזון את העולם, ואולם עדיין לא זז מחיבתן ונתן להם כבוד יותר וקראן אמו, כלומר שהוא צייח ושומע להם כבן לאמו, וכמו שאמר בתנחומא חס הקדוש ברוך הוא על כבודן של צדיקים יותר מכבודו, שירבעם עומד ומקריב לעגל ולא יבשה ידו, וכיון ששלח ידו בצדיק יבשה ידו, הדא הוא דכתיב ותיבש ידו: **שנאמר שמעי בת.** דהאי קרא מדריש באברהם כדלעיל בבראשית רבה פרשה ל"ט ויליף מזה שקורא לישראל בת: **שנאמר הקשיבו אלי עמי ולאמי אלי האזינו.** ומסיים בשיר השירים ולאמי כתיב, ולמד לדרוש ולאומי לאמי כתיב, מכפל הפסוק הקשיבו אלי עמי ולאומי אלי האזינו: **בסיני.** פירוש נאנה ורצנה על מה שראו שם כבוד ה', ששם היה עיקר הדבוק, וירושלים היא שמחת לבו כי היא מקום השראה, והוא הלב של כל העולם ממעלה,

פירוש מהרז"ו

(ה) **צאינה וראינה.** שיר השירים רבה, ובמדבר רבה פרשה י"ב סימן ח: **אימתי נאמר.** וכמו שכתוב בסמוך, ולא מצאתי שעשתה בת שבע וכו', ועיין מתנות כהונה בסמוך. וצריך לגרוס כאן מאמר רבי יצחק הקודם, אלא מה עטרה, וכן הוא במדבר רבה בהדיא, ובשיר השירים רבה שם: **רבי שמעון בר יוחאי שאל את רבי אלעזר.** גם זה שם ושם: **ועד שקראה אמי.** פירוש לא זז מחבבה עד שקראה אמי. וכן הוא שם ושם. **ולאמי אלי האזינו.** כמו שכתוב במתנות כהונה, וזהו בעטרה שעטרה לו אמו, שזהו העטרה שלו שהגיעה למדרגה זו לקראה אמי. ושלשה מעלות אלו, הבת כנועה ומשועבדת לאביה ואמה, והאחות עם אחיה משתווים בלא אדנות ושעבוד, אך האם בגדר מעלה וממשלה על הבן והבת, ומצוה עליהם כרצונה ועושים כרצונה, וכן ישראל קודם מתן תורה שמעי בת וראי הטי אזנך, ואחר כך במשכן למען אחי ורעי, כדלעיל בריש הפרשה, ואחר כך כשגוזר גזירה והצדיק מבטלה, צדיק גוזר והקב"ה מקיים, מדרגת האם, וזהו אמיתת רצונו, וזהו עטרתו. דוק והבן: **ונשקו על ראשו.** אמר אם לא באתי לעולם אלא לשמוע הטעם הזה די. כן הוא שם ושם: **ביום חתונתו בסיני.** חיתונים היו, שנאמר (שמות יט, י) וקדשתם היום ומחר וגו', וביום שמחת

מתנות כהונה

[ה] **על ידי אומות העולם.** כמו לפני אומות העולם: **מצויינין.** במילה ותגלחת: **ציון הזה.** סימן, כמה דאת אמר (יחזקאל לט, טו) ובנה אצלו ציון: **נראין באצבע.** נכרים לעין כל כמו שנאמר (ישעיה סא, ט) כל רואיהם יכירום וגו': **כל מלאכה** גרסינן: **ולא מצאתי כו'.** ועל כרחך מדבר בהקב"ה וכנסת ישראל וכדפירש: הכי גרסינן **ששמעת מאביך מהו בעטרה.** פירוש למה קרא ישראל אמי: הכי גרסינן **בת יחידה והיה מחבבה ביותר מדאי והיה קורא אותה בתי לא זז כו'.** והכי גרסינן במדרש חזית: **ולאמי האזינה.** חסר וא"ו לשון אמו והכי גרסינן במדרש חזית בהדיא והכי קאמר קרא הקשיבו אלי עמי ולאמי אומר האזינו ויהיה למ"ד של לאמי שמוש לא מקור כלמ"ד ולאום מלאום יאמץ (בראשית כה, כג):

אשד הנחלים

[ה] **שהקדוש ברוך הוא שורה אצלם.** כי היה אז מעלתם רמה מאוד, עד שכל התענגותם היה רק מדביקות ה' והשראת השכינה: **המצוינים לי על ידי אוהל מועד.** כן הוא גרסת הידי משה, וכמו שמסיים שהוא מצוייר בכל מיני גוונין. והיותר נכון שהגרסא מבין עובדי כוכבים, והכוונה שהיו נעלים מכל עובדי כוכבים, כאלו היו מצוינים באצבע לעם מיוחד במעלה נעלה מכל: **איפשר ששמעת כו' שעטרה לו אמו.** עיין בחזית ושם פירשתי: **חתונתו בסיני.** שאז היה עיקר הדיבוק, וירושלים היא שמחת לבו, כי היא מקום השראה,

חידושי הרד"ל

[ה] **מה הציון הזה נראה באצבע.** אולי היו הציונים שלהם עשויין כדמות יד מורה באצבע, וכמו יד אבשלום העשוי כן, **כך ישראל כו':**

אמרי יושר

[ה] **חזרתי על המקרא ולא מצאתי שעשתה כו' עטרה.** כיון דקאמר בעטרה בפתחות הבי"ת, אלמא הוזכר במקום אחר: **מהו בעטרה שעיטרה לו אמו.** איך יאמר אם בהקב"ה שהוא סבת הסבות: **לא זז מחבבה עד שקראה אחות.** תימה דאדרבה יותר יחבב אדם לבתו מלאחותו, ולאחותו יותר מאמו. יש לומר דהוא חיבור וקיבוץ האהבות כולן זו נוספת ומתחברת על הקודמת לה, ואינו רוצה לומר כל אחת בפני עצמה. או יש לומר שהוא בערך הכבוד, כי יותר יכבד לאחותו מבתו, ולאמו יותר מכולן, ויירא ממנה ויבוש:

ענף יוסף

(ה) [ד] **למלך שהיה לו בת יחידה כו'.** הנראה בזה לפי שהבת הזו יש לה שם רחל או לאה וכיוצא, אלא שמרוב החיבה לא קראה בשמה, אבל היה קוראה בת או בתי, והוא שאמר שמעי בת, והנה חבוב הבת גדולה שהרי הוא עצם מעצמיו ובשר מבשרו, אמנם קריאתו אותה אחות חיבה יתירה מקריאתו אותה בת מבחינה אחרת, והוא שאחות האדם נשמע לעצתה ובפרט אם היא גדולה ממנו, ואין האחות משועבדת אליו כבת, וזה שאמר לא זז מחבבה עד שקראה אחותי, רצה לומר שהחבוב הראשון ממדרגת בת במקומו עומד, ולא זז מחבבה אלא שנוסף עוד שקראה אחותי, ועוד מעט לא זז מחבבה עד שקראה אמי שחייב בכבודה ובמוראה, כן כביכול צדיק מושל ביראת אלהים צדיק גוזר והקדוש ברוך הוא מקיים, כאמור ותגזר אומר ויקם לך (כלי פז):

מסורת המדרש

יא. עי' במד"ר פי"ב ובשיר השירים רבה פ"ג. פסיקתא דרב כהנא פיסקא א'. ובתורת כהנים סדר שמיני פ"א סימן ט"ו. ילקוט סדר תרומה רמז ש"ע. ילקוט שה"ש רמז תתקפ"ו:
יב. במד"ר פי"ב סימן ח'. שיר השירים רבה פ"ג. פסיקתא דרב כהנא פיסקא א'. ילקוט כאן רמז תי"ז. ילקוט שה"ש רמז תתקפ"ו:
יג. עיין תענית דף כ"ו. וירושלמי תענית פ"ד. איכה רבתי פתיחא ל"ג:

אם למקרא

צְאֶינָה וּרְאֶינָה בְּנוֹת צִיּוֹן בַּמֶּלֶךְ שְׁלֹמֹה בָּעֲטָרָה שֶׁעִטְּרָה לּוֹ אִמּוֹ בְּיוֹם חֲתֻנָּתוֹ וּבְיוֹם שִׂמְחַת לִבּוֹ: (שיר השירים ג:יא)

מִלֵּא אֹתָם חָכְמַת לֵב לַעֲשׂוֹת כָּל מְלֶאכֶת חָרָשׁ וְחֹשֵׁב וְרֹקֵם בַּתְּכֵלֶת וּבָאַרְגָּמָן בְּתוֹלַעַת הַשָּׁנִי וּבַשֵּׁשׁ וְאֹרֵג עֹשֵׂי כָּל מְלָאכָה וְחֹשְׁבֵי מַחֲשָׁבֹת: (לעיל לה:לה)

שִׁמְעִי בַת וּרְאִי וְהַטִּי אָזְנֵךְ וְשִׁכְחִי עַמֵּךְ וּבֵית אָבִיךְ: (תהלים מה:יא)

אֲנִי יְשֵׁנָה וְלִבִּי עֵר קוֹל דּוֹדִי דוֹפֵק פִּתְחִי לִי אֲחֹתִי רַעְיָתִי יוֹנָתִי תַמָּתִי שֶׁרֹּאשִׁי נִמְלָא טָל קְוֻצּוֹתַי רְסִיסֵי לָיְלָה: (שיר השירים ה:ב)

הַקְשִׁיבוּ אֵלַי עַמִּי וּלְאוּמִּי אֵלַי הַאֲזִינוּ כִּי תוֹרָה מֵאִתִּי תֵצֵא וּמִשְׁפָּטִי לְאוֹר עַמִּים אַרְגִּיעַ: (ישעיה נא:ד)

צְאֶינָה וּרְאֶינָה בְּנוֹת צִיּוֹן בַּמֶּלֶךְ שְׁלֹמֹה בָּעֲטָרָה שֶׁעִטְּרָה לּוֹ אִמּוֹ בְּיוֹם חֲתֻנָּתוֹ וּבְיוֹם שִׂמְחַת לִבּוֹ: (שיר השירים ג:יא)

ידי משה

[ה] **המצויינין לי על ידי אומות העולם.** צריך לומר על ידי אהל מועד, שהוא מצויין בכל גוונין, וכן הוא במדרש שיר השירים: **מה ציון נראה באצבע.** פירוש, מרחוק נראה ומראין בו באצבע מתוך שהוא מצוין כך היו ישראל ניכרין מרחוק בשינוים מכל האומות:

שינוי נוסחאות

(ה) **בנים המצוינין לי על ידי עובדי כוכבים.** הנוסח המקורי היה "...המצויינין לי על אומות העולם", ושינו אותו מחמת צנזורא:

לֹא זָז מְחַבְּבָהּ עַד שֶׁקְּרָאָהּ אֲחוֹתִי וְעַד שֶׁקְּרָאָהּ אִמִּי – **He persisted in his endearment of her**[91] **until,** eventually, **he called her 'my sister,' and until,** later still, **he called her 'my mother.'**[92] כָּךְ הַקָּדוֹשׁ בָּרוּךְ הוּא בַּתְּחִלָּה קָרָא לְיִשְׂרָאֵל בַּת – **Similarly, the Holy One, blessed is He, originally called** the people of **Israel 'daughter' ";** שֶׁנֶּאֱמַר ״שִׁמְעִי בַת וּרְאִי וְהַטִּי אָזְנֵךְ וְשִׁכְחִי עַמֵּךְ וּבֵית אָבִיךְ״ – **as is stated,** ***Hear, O daughter, and see, and incline your ear; forget your people and your father's house*** (*Psalms* 45:11).[93] לֹא זָז מְחַבְּבָן עַד שֶׁקְּרָאָן אֲחוֹתִי – **"He persisted in His endearment of them until he called them, 'My sister' ";** שֶׁנֶּאֱמַר ״פִּתְחִי לִי אֲחֹתִי רַעְיָתִי יוֹנָתִי תַמָּתִי שֶׁרֹּאשִׁי נִמְלָא טָל קְוֻצּוֹתַי רְסִיסֵי לָיְלָה״ – **as is stated,** ***Open to Me, My sister, My love, My dove, My perfect one, for My head is filled with dew, My locks*** with ***the rain of the night*** (*Song of Songs* 5:2).[94] לֹא זָז מְחַבְּבָן עַד שֶׁקְּרָאָן אִמִּי – **"And He** further **persisted in His endearment of them until he called them, 'My mother' ";** שֶׁנֶּאֱמַר ״הַקְשִׁיבוּ אֵלַי עַמִּי וּלְאוּמִּי אֵלַי הַאֲזִינוּ כִּי תוֹרָה מֵאִתִּי תֵצֵא וּמִשְׁפָּטִי לְאוֹר עַמִּים אַרְגִּיעַ״ – **as is stated,** ***Pay attention to Me, My people; give ear to Me, "uleumi"; for instruction will come forth from Me and My judgment will be a light for peoples, to whom I will give rest*** (*Isaiah* 51:4).[95] עָמַד רַבִּי שִׁמְעוֹן בֶּן יוֹחַאי וּנְשָׁקוֹ עַל רֹאשׁוֹ – Thereupon, **R' Shimon ben Yochai arose and kissed [R' Elazar son of R' Yose] on his head.**[96]

NOTES

given name was an indication of the intense love he felt for her (*Anaf Yosef*, from *Kli Paz*).

91. I.e., his love for her grew (*Yefeh To'ar*).

92. See *Maharzu, Eitz Yosef.*

Previously, the king had [demonstrated the intensity of his love for his child when he] called her "my daughter." However, a *daughter* is subservient to her father and the king later communicated that he related to his daughter as to a sister, who is granted more honor. Eventually, he elevated her to a level of respect typically reserved for a parent, whom one is duty-bound to honor (*Eitz Yosef*; also see *Imrei Yosher*, *Maharzu*, *Kli Yakar* to 19:4 above and to *Numbers* 6:24; cf. *Meah Shearim* [by *R' Eliyahu Capsali*] Ch. 21, p. 93).

93. In *Bereishis Rabbah* 39 [§1], the word *daughter* of this verse is interpreted as an allusion to Abraham. The Midrash therefore sees the verse as a source for the idea that God uses that word as an appellation for [Abraham's progeny,] the Jewish people (*Eitz Yosef*; note, however, that *Rashi* to the verse explains the word *daughter* itself as referring to the Jewish people).

94. The *Song of Songs* is an impassioned dialogue between a man and his beloved, allegorically representing God and the Jewish people respectively. In this verse, in which the man (God) lovingly asks his beloved (the Jewish people) to allow him entry, one of the terms of endearment he uses for her is *my sister*.

95. Our Midrash's parallel passage in *Shir HaShirim Rabbah* §2 to 3:11 [as well as *Rashi* to the *Song of Songs* verse (*Yedei Moshe*) and *Bamidbar Rabbah* 12 §8] makes clear that this inference is based on the fact that the word וּלְאוּמִּי (lit., *and My nation*), is spelled ולאמי, which is understood as וּלְאִמִּי, meaning *and to My mother*. Thus, God tells the Jewish people, *Pay attention to Me, My people; and to My mother [I state,] give ear to Me* (*Matnos Kehunah*, also referenced by *Maharzu*). [Note, however, that in the prevalent Scriptural text the word is, in fact, written as וּלְאוּמִּי. It would appear, then, that this is one of many instances in which the Midrash had a different version of a Scriptural verse than our Masoretic text (see *Minchas Shai* to *Isaiah* 51:4). *Yefeh To'ar* suggests that the other Midrashim may point out that the word is spelled ולאמי in order to discredit this common, but erroneous, text. See additional discussion in *Eitz Yosef* to *Shir HaShirim Rabbah* ibid.] Alternatively, the inference is not based on an incongruity in the spelling of ולאמי but rather on the word's seeming superfluousness, coming as it does after the word עַמִּי, *my nation* (*Eitz Yosef*).

Our Midrash is teaching that God referred to the Jewish people as *daughter*, *sister*, and *mother* because His relationship with them followed the same trajectory as that of the king of the parable and his daughter. After God's love for His people had been demonstrated, they were described as His *daughter*. He later lent them powers that mirror His own, for as the Sages teach (see *Shabbos* 119b, et al.), the righteous can become *as partners with God in Creation*. This is because the beneficence that God wishes to bestow upon the world descends first to them and is thereafter distributed to all of earth. Thus, God and the Jewish people are like *siblings*, in that each of them plays a role, so to speak, in sustaining the world. With the progression of God's love, the Jewish people were termed His *mother* because He listens to the directives they make of Him [in prayer (see *Taanis* 23a, based on *Job* 22:28)] as a son obeys his mother and because (as taught in *Tanchuma, Ki Sisa* §6) He values their prestige more than His own (*Eitz Yosef*; also see *Maharzu*; *Anaf Yosef*, from *Kli Paz*; for another approach see *Sidduro Shel Shabbos* [Vol. 2 8:2:8], cited by *Eitz Yosef* to *Shir HaShirim Rabbah* ibid., who explains that each of these titles may be applied to the Jewish people at any given time based on their spiritual standing at the time).

See Insight Ⓐ.

96. According to *Shir HaShirim Rabbah* (ibid.) and *Bamidbar Rabbah* (ibid.), R' Shimon ben Yochai exclaimed, "Had I come to this world only to hear this explanation, it would have been sufficient!" (*Maharzu*).

INSIGHTS

Ⓐ **Daughter, Sister, Mother** The Midrash describes three stages in God's relationship with Israel. It begins as the bond between father and daughter, and is then the bond between one sister and another, and is finally the bond that joins a child and its mother. *Meshech Chochmah* (*Deuteronomy* 5:14) explains that each stage in this progression corresponds to another period in the early history of the Jewish nation, beginning with the Exodus from Egypt and culminating with the building of the Tabernacle.

At the time of the Exodus, Israel was almost entirely without merit. The angels argued that since the Israelites, like their Egyptian masters, were idolaters, they did not deserve to be redeemed (*Zohar* 2:170b; see also *Shir HaShirim Rabbah* 2 §6). Yet, God showed kindness to Israel, punishing her oppressors, performing miracles and wonders in Egypt, and freeing His people from their servitude. In this period, the relationship between God and Israel was the unequal one of father and daughter, in which one party gives and the other receives, and there is almost no reciprocation at all.

The relationship evolved at the Giving of the Torah. No longer were the people of Israel recipients of unearned kindness. Rather, their deeds established them as equal partners in forging the sacred union of Sinai. Israel prepared for Revelation with three days of abstinence and with unity between Jews. When offered the Torah, they responded, *We will do and we will hear!* Israel did not merely receive, but contributed, demonstrating in every way her devotion to God. In response, God revealed to Israel His Divine light and glory, and bestowed upon her His holy Torah. This was a relationship akin to that of sisters, in which the two parties are on equal footing, each contributing, neither made supplicant.

Matters came full circle at the building of the Tabernacle. During this period, which followed the sin of the Golden Calf, the relationship was cultivated almost entirely by the people of Israel, through their heartfelt repentance for the sin they committed, through their generosity in donating far more than was needed for the Tabernacle, and through their faithful performance of the sacrificial service each and every day. Their efforts were successful, and the bond between Israel and God was restored. The initiative at this juncture was entirely with Israel; thus, her position was comparable to that of a mother, who does all that is needful for the welfare of her child, while the child contributes almost nothing at all.

However, asserts *Meshech Chochmah,* with regard to God's love for Israel, their *primary* relationship is that of father and daughter. The Midrash states, regarding the king's feelings for his only daughter: וְהָיָה מְחַבְּבָהּ בְּיוֹתֵר מִדַּאי, *and he cherished her "exceedingly."* This indicates that God's love for Israel knows no bounds, and overrides every other consideration. Even during a period when Israel is undeserving, God's affection for her remains constant: that of a loving father for a precious only daughter, well loved and exceedingly cherished.

ה דָּבָר אַחֵר, [לט, לג] "וַיָּבִיאוּ אֶת הַמִּשְׁכָּן", הָדָא הוּא דִכְתִיב (שיר השירים ג, יא) "צְאֶינָה וּרְאֶינָה בְּנוֹת צִיּוֹן בַּמֶּלֶךְ שְׁלֹמֹה בָּעֲטָרָה שֶׁעִטְּרָה לוֹ אִמּוֹ בְּיוֹם חֲתֻנָּתוֹ וּבְיוֹם שִׂמְחַת לִבּוֹ", אֵימָתַי נֶאֱמַר הַפָּסוּק הַזֶּה, בַּיּוֹם שֶׁעָמַד הַמִּשְׁכָּן, שֶׁהָיְתָה שִׂמְחָה גְּדוֹלָה בְּיִשְׂרָאֵל שֶׁהַקָּדוֹשׁ בָּרוּךְ הוּא שׁוֹרֶה אֶצְלָם, יא"בְּנוֹת צִיּוֹן", בָּנִים הַמְצוּיָּנִין לִי *עַל יְדֵי עוֹבְדֵי כוֹכָבִים°, מַה צִּיּוּן הַזֶּה נִרְאָה בְּאֶצְבַּע כָּךְ יִשְׂרָאֵל נִרְאִין בְּאֶצְבַּע, הֱוֵי "בְּנוֹת צִיּוֹן", הַמְצוּיָּנִין לִי, "בַּמֶּלֶךְ שְׁלֹמֹה", בַּמֶּלֶךְ שֶׁהַשָּׁלוֹם שֶׁלּוֹ, זֶה מֶלֶךְ מַלְכֵי הַמְּלָכִים הַקָּדוֹשׁ בָּרוּךְ הוּא, "בָּעֲטָרָה שֶׁעִטְּרָה לוֹ אִמּוֹ", זֶה הַמִּשְׁכָּן, לָמָּה קְרָאוֹ "עֲטָרָה", אֶלָּא מָה הָעֲטָרָה מְצוּיֶּרֶת כָּךְ הַמִּשְׁכָּן הָיָה מְצוּיָּר, שֶׁנֶּאֱמַר (לעיל לה, לה) "וְרֹקֵם בַּתְּכֵלֶת וּבָאַרְגָּמָן בְּתוֹלַעַת הַשָּׁנִי וּבַשֵּׁשׁ וְאֹרֵג, עֹשֵׂי כָּל מְלָאכָה וְחֹשְׁבֵי מַחֲשָׁבֹת", הֱוֵי "בָּעֲטָרָה שֶׁעִטְּרָה לוֹ אִמּוֹ", אָמַר רַבִּי יִצְחָק: חִזַּרְתִּי בְּכָל הַמִּקְרָא וְלֹא מָצָאתִי שֶׁעָשְׂתָה בַּת שֶׁבַע עֲטָרָה לִשְׁלֹמֹה, יברַבִּי שִׁמְעוֹן בֶּן יוֹחָאי שָׁאַל אֶת רַבִּי אֶלְעָזָר בְּרַבִּי יוֹסֵי: אִיפְשָׁר שֶׁשָּׁמַעְתָּ מֵאָבִיךָ מַהוּ "בָּעֲטָרָה שֶׁעִטְּרָה לוֹ אִמּוֹ", אָמַר לוֹ: הֵן, מָשָׁל לְמֶלֶךְ שֶׁהָיְתָה לוֹ בַּת יְחִידָה וְהָיָה מְחַבְּבָהּ בְּיוֹתֵר מִדַּאי, וְהָיָה קוֹרֵא אוֹתָהּ בִּתִּי, לֹא זָז מְחַבְּבָהּ עַד שֶׁקְּרָאָהּ אֲחוֹתִי וְעַד שֶׁקְּרָאָהּ אִמִּי, כָּךְ הַקָּדוֹשׁ בָּרוּךְ הוּא בַּתְּחִלָּה קָרָא לְיִשְׂרָאֵל בַּת, שֶׁנֶּאֱמַר (תהלים מה, יא) "שִׁמְעִי בַת וּרְאִי וְהַטִּי אָזְנֵךְ וְשִׁכְחִי עַמֵּךְ וּבֵית אָבִיךְ", לֹא זָז מְחַבְּבָן עַד שֶׁקְּרָאָן אֲחוֹתִי, שֶׁנֶּאֱמַר (שיר השירים ה, ב) "פִּתְחִי לִי אֲחֹתִי רַעְיָתִי יוֹנָתִי תַמָּתִי שֶׁרֹּאשִׁי נִמְלָא טָל קְוֻצּוֹתַי רְסִיסֵי לָיְלָה", לֹא זָז מְחַבְּבָן עַד שֶׁקְּרָאָן אִמִּי, שֶׁנֶּאֱמַר (ישעיה נא, ד) "הַקְשִׁיבוּ אֵלַי עַמִּי וּלְאוּמִּי אֵלַי הַאֲזִינוּ כִּי תוֹרָה מֵאִתִּי תֵצֵא וּמִשְׁפָּטִי לְאוֹר עַמִּים אַרְגִּיעַ", עָמַד רַבִּי שִׁמְעוֹן בֶּן יוֹחָאי וּנְשָׁקוֹ עַל רֹאשׁוֹ, (שיר השירים ג, יא) יג"בְּיוֹם חֲתֻנָּתוֹ" בְּסִינַי, (שם) "בְּיוֹם שִׂמְחַת לִבּוֹ" בִּירוּשָׁלַיִם,

עץ יוסף

(ה) [ד] **שהיתה שמחה גדולה בישראל.** ואף על גב דשמחת לבו קאי אהקדוש ברוך הוא, מוקמינן ליה ביום שמחה גדולה לישראל, שהקדוש ברוך הוא שמח בשמחתם: **בנים המצויינים לי.** הכוונה שהם נעלים כאילו היו מצויינים לעם מיוחד במעלה, והדר מפרש בנות ציון, לשון תל ומצבה מלשון ובנה אצלו ציון, וזה שאמר מה ציון זה נראה באצבע שהתל והמצבה ניכרים ומראים אותם באצבע, כן ישראל ניכרים: **שהשלום שלו.** שנותן שלום בעולם, שלהיות טבע האנשים להתקוטט זה עם זה תמיד, כדלעיל בבראשית רבה פרשה ח', לא היה מקום לקיום הקבוץ המדיני לולי שה' בהשגחתו נותן שלום ביניהם: **זה מלך מלכי המלכים הקדוש ברוך הוא.** וכוונת הכתוב שיראו בשכינת ה' ששרתה במשכן, כמו שאמר וירא העם וירונו, וזה שאמר בעטרה, רוצה לומר זאת הראיה היתה בהקמת המשכן שנקרא עטרה: **מה עטרה מצויירת.** באבנים טובות ומרגליות הקבועות בה: **ולא מצאתי.** הילכך על כרחך קאי אמשכן, דאי כפשוטו הרי לא מצינו בכל המקרא שעשתה בת שבע עטרה לשלמה בנה: **מהו בעטרה שעטרה לו אמו.** כן צריך לומר, פירוש הא פשיטא ליה דבמשכן איירי מכח קושיא הנ"ל, אבל מאי אמו, ומשני דדרך חבה קרי הקדוש ברוך הוא לישראל אמו: **משל למלך כו'.** שבתחלה קראה שם בת שהיא נכנעת תחתיו, לא זז עד שקראה אחותי, שהיא במעלת הכבוד יותר, לא זז עד שקראה אמי, שהיא במעלת הכבוד יותר ויותר, שהאדם חייב לנהוג בה כבוד אף מצד הדין, כן ישראל אחר שנתפרסם חבתם שקראת בת, הוסיף אחר כך כבוד להם שמחשיבם כביכול כמו שאמרו בצדיקים, שהם כשותפים עמו במעשה בראשית, כי שפע כל העולם יורד תחלה אליהם ומהם לכל העולם, ונראין כאחים שהמה עושין כביכול כמו הוא לזון את העולם, ואולם עדיין לא זז מחיבתן ונתן להם כבוד יותר וקראן אמו, כלומר שהוא ציית ושומע להם כבן לאמו, וכמו שאמר בתנחומא חס הקדוש ברוך הוא על כבודן של צדיקים יותר מכבודו, שירבעם עומד ומקריב לעגל ולא יבשה ידו, וכיון ששלח ידו בצדיק יבשה ידו, הדא הוא דכתיב ותיבש ידו: **שנאמר שמעי בת.** דהאי קרא מדריש באברהם כדלעיל בבראשית רבה פרשה ל"ט ויליף מזה שקורא לישראל בת: **שנאמר הקשיבו אלי עמי ולאמי אלי האזינו.** ומסיים בשיר השירים ולאמי כתיב, ולמד לדרוש ולאומי לאמי כתיב, מכפל הפסוק הקשיבו אלי עמי ולאומי אלי האזינו: **בסיני.** פירוש צאנה וראנה על מה שראו שם כבוד ה', ששם היה עיקר הדבוק, וירושלים היא שמחת לבו כי היא מקום השראה, והוא הלב של כל העולם ממעלה,

פירוש מהרז"ו

(ה) **צאינה וראינה.** שיר השירים רבה, ובמדבר רבה פרשה י"ב סימן ח: **אימתי נאמר.** וכמו שכתוב בסמוך, ולא מצאתי שעשתה בת שבע וכו', ועיין מתנות כהונה בסמוך. וצריך לגרוס כאן מאמר רבי יצחק הקודם, אלא מה עטרה, וכן הוא במדבר רבה בהדיא, ובשיר השירים רבה שם: **רבי שמעון בר יוחאי שאל את רבי אלעזר.** גם זה שם ושם: **ועד שקראה אמי.** פירוש לא זז מחבבה עד שקראה אמי. וכן הוא שם ושם. **ולאמי אלי האזינו.** כמו שכתוב במתנות כהונה, וזהו בעטרה שעטרה לו אמו, שזהו העטרה שלו שהגיעה למדרגה זו לקראה אמי. ושלשה מעלות אלו, הבת כנועה ומשועבדת לאביה ואמה, והאחות עם אחיה משתווים בלא אדנות ושעבוד, אך האם בגדר מעלה וממשלה על הבן והבת, ומצוה עליהם כרצונה ועושים כרצונה, וכן ישראל קודם מתן תורה שמעי בת וראי הטי אזנך, ואחר כך במשכן למען אחי ורעי, כדלעיל בריש הפרשה, ואחר כך כשגוזר גזירה והצדיק מבטלה, צדיק גוזר והקב"ה מקיים, מדרגת האם, וזהו אמיתת רצונו, וזהו עטרתו. דוק והבן: **ונשקו על ראשו.** אמר אם לא באתי לעולם אלא לשמוע הטעם הזה די. כן הוא שם ושם: **ביום חתונתו בסיני.** חיתונים היו, שנאמר (שמות יט, י) וקדשתם היום ומחר וגו', וביום שמחת

מתנות כהונה

[ה] **על ידי אומות העולם.** כמו לפני אומות העולם: **מצויינין.** במילה ותגלחת: **ציון הזה.** סימן, כמה דאת אמר (יחזקאל לט, טו) ובנה אצלו ציון: **נראין באצבע.** נכרים לעין כל כמו שנאמר (ישעיה סא, ט) כל רואיהם יכירום וגו': **כל מלאכה** גרסינן: **ולא מצאתי כו'.** ועל כרחך מדבר בהקב"ה וכנסת ישראל וכדפירש: הכי גרסינן **ששמעת מאביך מהו בעטרה.** פירוש למה קרא ישראל אמי: הכי גרסינן **בת יחידה והיה מחבבה ביותר מדאי והיה קורא אותה בתי לא זז כו'.** והכי גרסינן במדרש חזית: **ולאמי האזינה.** חסר וא"ו לשון אמו והכי גרסינן במדרש חזית בהדיא והכי קאמר קרא הקשיבו אלי עמי ולאמי אומר האזינו ויהיה למ"ד של לאמי שמוש לא מקור כלמ"ד ולאום מלאום יאמץ (בראשית כה, כג):

אשד הנחלים

[ה] **שהקדוש ברוך הוא שורה אצלם.** כי היה אז מעלתם רמה מאוד, עד שכל התענוגתם היה רק מדביקות ה' והשראת השכינה: **המצוינים לי על ידי אוהל מועד.** כן הוא גרסת הידי משה, וכמו שמסיים שהוא מצוייר בכל מיני גוונין. והיותר נכון שהגרסא מבין עובדי כוכבים, והכוונה שהיו נעלים מכל עובדי כוכבים, כאלו היו מצוינים באצבע לעם מיוחד במעלה נעלה מכל: **איפשר ששמעת כו' שעטרה לו אמו.** עייין בחזית ושם פירשתי: **חתונתו בסיני.** שאז היה עיקר הדיבוק, וירושלים היא שמחת לבו, כי היא מקום השראה,

חידושי הרד"ל

[ה] מה הציון הזה נראה באצבע. אולי היו הציונים שלהם עשויין כדמות יד מורה באצבע, וכמו יד אבשלום העשוי כן, **כך ישראל כו':**

אמרי יושר

[ה] חזרתי על המקרא ולא מצאתי שעשתה כו' עטרה. כיון דקאמר בעטרה בפתחות הבי"ת, אלמא הוזכר במקום אחר: **מהו בעטרה שעיטרה לו אמו.** איך יאמר אם בהקב"ה שהוא סבת הסבות: **לא זז מחבבה עד שקראה אחות.** תימה דאדרבה יותר יחבב אדם לבתו מלאחותו, ולאחותו יותר מאמו. יש לומר דהוא חיבור וקיבוץ האהבות כולן זו נוספת ומתחברת על הקודמת לה, ואינו רוצה לומר כל אחת בפני עצמה. או יש לומר שהוא בערך הכבוד, כי יותר יכבד לאחותו מבתו, ולאמו יותר מכולן, ויירא ממנה ויבוש:

ענף יוסף

(ה) [ד] **למלך שהיה לו בת יחידה כו'.** הנראה בזה לפי שהבת הזו יש לה שם רחל או לאה וכיוצא, אלא שמרוב החיבה לא קראה בשמה, אבל היה קוראה בת או בתי, והוא שאמר שמעי בת, והנה חבוב הבת גדולה שהרי הוא עצם מעצמיו ובשר מבשרו, אמנם קריאתו אותה אחות חיבה יתירה מקריאתו אותה בת מבחינה אחרת, והוא שאחות האדם נשמע לעצתה ובפרט אם היא גדולה ממנו, ואין האחות משועבדת אליו כבת, וזה שאמר לא זז מחבבה עד שקראה אחותי, רצה לומר שהחבוב הראשון ממדרגת בת במקומו עומד, ולא זז מחבבה אלא שנוסף עוד שקראה אחותי, ועוד מעט לא זז מחבבה עד שקראה אמי שחייב בכבודה ובמוראה, כן כביכול צדיק מושל ביראת אלהים צדיק גוזר והקדוש ברוך הוא מקיים, כאמור ותגזר אומר ויקם לך (כלי פז):

מסורת המדרש

יא. עי' במד"ר פי"ב ובשיר השירים רבה פ"ג. פסיקתא דרב כהנא פיסקא א'. ובתורת כהנים סדר שמיני פ"א סימן ט"ו. ילקוט סדר תרומה רמז ש"ע. ילקוט שה"ש רמז תתקפ"ו:
יב. במד"ר פי"ב סימן ח'. שיר השירים רבה פ"ג. פסיקתא דרב כהנא פיסקא א'. ילקוט כאן רמז תי"ז. ילקוט שה"ש רמז תתקפ"ו:
יג. עיין תענית דף כ"ו. וירושלמי תענית פ"ד. איכה רבתי פתיחא ל"ג:

אם למקרא

צְאֶינָה וּרְאֶינָה בְּנוֹת צִיּוֹן בַּמֶּלֶךְ שְׁלֹמֹה בָּעֲטָרָה שֶׁעִטְּרָה לּוֹ אִמּוֹ בְּיוֹם חֲתֻנָּתוֹ וּבְיוֹם שִׂמְחַת לִבּוֹ: (שיר השירים ג:יא)

מִלֵּא אֹתָם חָכְמַת לֵב לַעֲשׂוֹת כָּל מְלֶאכֶת חָרָשׁ וְחֹשֵׁב וְרֹקֵם בַּתְּכֵלֶת וּבָאַרְגָּמָן בְּתוֹלַעַת הַשָּׁנִי וּבַשֵּׁשׁ וְאֹרֵג עֹשֵׂי כָּל מְלָאכָה וְחֹשְׁבֵי מַחֲשָׁבֹת: (לעיל לה:לה)

שִׁמְעִי בַת וּרְאִי וְהַטִּי אָזְנֵךְ וְשִׁכְחִי עַמֵּךְ וּבֵית אָבִיךְ: (תהלים מה:יא)

אֲנִי יְשֵׁנָה וְלִבִּי עֵר קוֹל דּוֹדִי דוֹפֵק פִּתְחִי לִי אֲחֹתִי רַעְיָתִי יוֹנָתִי תַמָּתִי שֶׁרֹּאשִׁי נִמְלָא טָל קְוֻצּוֹתַי רְסִיסֵי לָיְלָה: (שיר השירים ה:ב)

הַקְשִׁיבוּ אֵלַי עַמִּי וּלְאוּמִּי אֵלַי הַאֲזִינוּ כִּי תוֹרָה מֵאִתִּי תֵצֵא וּמִשְׁפָּטִי לְאוֹר עַמִּים אַרְגִּיעַ: (ישעיה נא:ד)

צְאֶינָה וּרְאֶינָה בְּנוֹת צִיּוֹן בַּמֶּלֶךְ שְׁלֹמֹה בָּעֲטָרָה שֶׁעִטְּרָה לּוֹ אִמּוֹ בְּיוֹם חֲתֻנָּתוֹ וּבְיוֹם שִׂמְחַת לִבּוֹ: (שיר השירים ג:יא)

ידי משה

[ה] המצויינין לי על ידי אומות העולם. צריך לומר על ידי אהל מועד, שהוא מצויין בכל גוונין, וכן הוא במדרש שיר השירים: **מה ציון נראה באצבע.** פירוש, מרחוק נראה ומראין בו באצבע מתוך שהוא מצוין כך היו ישראל ניכרין מרחוק בסימנים מכל האומות:

שינוי נוסחאות

(ה) **בנים המצוינין לי על ידי עובדי כוכבים.** הנוסח המקורי היה "...המצויינין לי על אומות העולם", ושינו אותו מחמת צנזורא:

The Midrash now presents several expositions of the concluding phrase of the previously cited *Song of Songs* verse:[97] "בְּיוֹם חֲתֻנָּתוֹ" בְּסִינַי – ***On His wedding day*** – **at Sinai;**[98] "בְּיוֹם שִׂמְחַת לִבּוֹ" בִּירוּשָׁלַיִם – ***on the day of His heart's joy*** – **in Jerusalem.**[99]

NOTES

97. Specifically, the Midrash will identify the days referred to by the verse with the words בְּיוֹם חֲתֻנָּתוֹ וּבְיוֹם שִׂמְחַת לִבּוֹ, *on His wedding day, and on the day of His heart's joy*. *Eitz Yosef* explains that according to our Midrash the verse bids the Jewish people (*daughters of "tzion"* – see above) to *go forth and gaze* at the Divine glory that was revealed in the places it will mention.

98. The "wedding" of God and the Jewish people took place at Mount Sinai, for it was primarily there that their connection was formed (see *Eshed HaNechalim*, followed by *Eitz Yosef*). [Note that where this exposition appears in *Bamidbar Rabbah* ibid. (cited in part by *Maharzu* here) the Midrash does not refer to the Giving of the Torah that took place at Sinai, but rather to the preparatory days that preceded it.]

99. The dwelling of the Divine Presence in Jerusalem is described as "*[God's] heart's joy*" for Jerusalem's relationship with the rest of the world resembles that of the heart with the body, as the heart is the source of the entire body's vitality (see *Eshed HaNechalim*, followed by *Eitz Yosef*).

According to this explanation, the *crown* of which the verse speaks [which, as above, was made for God by His people] alludes to both the declaration of נַעֲשֶׂה וְנִשְׁמַע, *We will do and we will obey* (above, 24:7), with which the Jews accepted upon themselves God's sovereignty *at Sinai*, and the Divine praise that, as mentioned in *II Chronicles* 7:3, was offered by the Jews at the Temple *in Jerusalem* (*Yefeh To'ar*, referencing above, 23 §3).

ה דָּבָר אַחֵר, [לט, לג] "וַיָּבִיאוּ אֶת הַמִּשְׁכָּן", הָדָא הוּא דִכְתִיב (שיר השירים ג, יא) "צְאֶינָה וּרְאֶינָה בְּנוֹת צִיּוֹן בַּמֶּלֶךְ שְׁלֹמֹה בָּעֲטָרָה שֶׁעִטְּרָה לּוֹ אִמּוֹ בְּיוֹם חֲתֻנָּתוֹ וּבְיוֹם שִׂמְחַת לִבּוֹ", אֵימָתַי נֶאֱמַר הַפָּסוּק הַזֶּה, בַּיּוֹם שֶׁעָמַד הַמִּשְׁכָּן, שֶׁהָיְתָה שִׂמְחָה גְדוֹלָה בְּיִשְׂרָאֵל שֶׁהַקָּדוֹשׁ בָּרוּךְ הוּא שׁוֹרֶה אֶצְלָם, יא"בְּנוֹת צִיּוֹן", בָּנִים הַמְצוּיָּנִין לִי *עַל יְדֵי עוֹבְדֵי כוֹכָבִים°, מַה צִּיּוּן הַזֶּה נִרְאָה בְּאֶצְבַּע כָּךְ יִשְׂרָאֵל נִרְאִין בְּאֶצְבַּע, הֱוֵי "בְּנוֹת צִיּוֹן", הַמְצוּיָּנִין לִי, "בַּמֶּלֶךְ שְׁלֹמֹה", בַּמֶּלֶךְ שֶׁהַשָּׁלוֹם שֶׁלּוֹ, זֶה מֶלֶךְ מַלְכֵי הַמְּלָכִים הַקָּדוֹשׁ בָּרוּךְ הוּא, "בָּעֲטָרָה שֶׁעִטְּרָה לּוֹ אִמּוֹ", זֶה הַמִּשְׁכָּן, לָמָּה קְרָאוֹ "עֲטָרָה", אֶלָּא מָה הָעֲטָרָה מְצוּיֶּירֶת כָּךְ הַמִּשְׁכָּן הָיָה מְצוּיָּיר, שֶׁנֶּאֱמַר (לעיל לה, לה) "וְרֹקֵם בַּתְּכֵלֶת וּבָאַרְגָּמָן בְּתוֹלַעַת הַשָּׁנִי וּבַשֵּׁשׁ וְאֹרֵג, עֹשֵׂי כָּל מְלָאכָה וְחֹשְׁבֵי מַחֲשָׁבֹת", הֱוֵי "בָּעֲטָרָה שֶׁעִטְּרָה לּוֹ אִמּוֹ", אָמַר רַבִּי יִצְחָק: חִזַּרְתִּי בְּכָל הַמִּקְרָא וְלֹא מָצָאתִי שֶׁעָשְׂתָה בַּת שֶׁבַע עֲטָרָה לִשְׁלֹמֹה, יברַבִּי שִׁמְעוֹן בֶּן יוֹחָאי שָׁאַל אֶת רַבִּי אֶלְעָזָר בְּרַבִּי יוֹסֵי: אִיפְשָׁר שֶׁשָּׁמַעְתָּ מֵאָבִיךָ מַהוּ "בָּעֲטָרָה שֶׁעִטְּרָה לּוֹ אִמּוֹ", אָמַר לוֹ: הֵן, מָשָׁל לְמֶלֶךְ שֶׁהָיְתָה לוֹ בַּת יְחִידָה וְהָיָה מְחַבְּבָהּ בְּיוֹתֵר מִדַּאי, וְהָיָה קוֹרֵא אוֹתָהּ בִּתִּי, לֹא זָז מְחַבְּבָהּ עַד שֶׁקְּרָאָהּ אֲחוֹתִי וְעַד שֶׁקְּרָאָהּ אִמִּי, כָּךְ הַקָּדוֹשׁ בָּרוּךְ הוּא בַּתְּחִלָּה קָרָא לְיִשְׂרָאֵל בַּת, שֶׁנֶּאֱמַר (תהלים מה, יא) "שִׁמְעִי בַת וּרְאִי וְהַטִּי אָזְנֵךְ וְשִׁכְחִי עַמֵּךְ וּבֵית אָבִיךְ", לֹא זָז מְחַבְּבָן עַד שֶׁקְּרָאָן אֲחוֹתִי, שֶׁנֶּאֱמַר (שיר השירים ה, ב) "פִּתְחִי לִי אֲחֹתִי רַעְיָתִי יוֹנָתִי תַמָּתִי שֶׁרֹּאשִׁי נִמְלָא טָל קְוֻצּוֹתַי רְסִיסֵי לָיְלָה", לֹא זָז מְחַבְּבָן עַד שֶׁקְּרָאָן אִמִּי, שֶׁנֶּאֱמַר (ישעיה נא, ד) "הַקְשִׁיבוּ אֵלַי עַמִּי וּלְאוּמִּי אֵלַי הַאֲזִינוּ כִּי תוֹרָה מֵאִתִּי תֵצֵא וּמִשְׁפָּטִי לְאוֹר עַמִּים אַרְגִּיעַ", עָמַד רַבִּי שִׁמְעוֹן בֶּן יוֹחָאי וּנְשָׁקוֹ עַל רֹאשׁוֹ, (שיר השירים ג, יא) יג"בְּיוֹם חֲתֻנָּתוֹ" בְּסִינַי, (שם) "בְּיוֹם שִׂמְחַת לִבּוֹ" בִּירוּשָׁלַיִם,

עץ יוסף

(ה) [ד] **שהיתה שמחה גדולה בישראל.** ואף על גב דשמחת לבו קאי אהקדוש ברוך הוא, מוקמינן ליה ביום שמחה גדולה לישראל, שהקדוש ברוך הוא שמח בשמחתם: **בנים המצויינים לי.** הכוונה שהם נעלים כאילו היו מצויינים לעם מיוחד במעלה, והדר מפרש בנות ציון, לשון תא ומצבה מלשון ובנה אצלו ציון, וזה שאמר מה ציון זה נראה באצבע שהתא והמצבה ניכרים ומראים אותם באצבע, כן ישראל ניכרים: **שהשלום שלו.** שנותן שלום בעולם, שלהיות טבע האנשים להתקוטט זה עם זה תמיד, כדלעיל בבראשית רבה פרשה ח', לא היה מקום לקיום הקבוץ המדיני לולי שה' בהשגחתו נותן שלום ביניהם: **זה מלך מלכי המלכים הקדוש ברוך הוא.** וכוונת הכתוב שיראו בשכינת ה' ששרתה במשכן, כמו שאמר וירא העם וירונו, וזה שאמר בעטרה, רוצה לומר זאת הראיה היתה בהקמת המשכן שנקרא עטרה: **מה עטרה מצויירת.** באבנים טובות ומרגליות הקבועות בה: **ולא מצאתי.** הילכך על כרחך קאי אמשכן, דאי כפשוטו הרי לא מצינו בכל המקרא שעשתה בת שבע עטרה לשלמה בנה: **מהו בעטרה שעטרה לו אמו.** כן צריך לומר, פירוש הא פשיטא ליה דבמשכן איירי מכח קושיא הנ"ל, אבל מאי אמו, ומשני דדרך חבה קרי הקדוש ברוך הוא לישראל אמו: **משל למלך כו'.** שבתחלה קראה שם בת שהיא נכנעת תחתיו, לא זז עד שקראה אחותי, שהיא במעלת הכבוד יותר, לא זז עד שקראה אמי, שהיא במעלת הכבוד יותר ויותר, שהאדם חייב לנהוג בה כבוד אף מצד הדין, כן ישראל אחר שנתפרסם חבתם שקראת בת, הוסיף אחר כך כבוד להם שמחשיבם כביכול כמו שאמרו בצדיקים, שהם כשותפים עמו במעשה בראשית, כי שפע כל העולם יורד תחלה אליהם ומהם לכל העולם, ונראין כאחים שהמה עושין כביכול כמו הוא לזון את העולם, ואולם עדיין לא זז מחיבתן ונתן להם כבוד יותר וקראן אמו, כלומר שהוא צייתן ושומע להם כבן לאמו, וכמו שאמר בתנחומא חס הקדוש ברוך הוא על כבודן של צדיקים יותר מכבודו, שירבעם עומד ומקריב לעגל ולא יבשה ידו, וכיון ששלח ידו בצדיק יבשה ידו, הדא הוא דכתיב ותיבש ידו: **שנאמר שמעי בת.** דהאי קרא מדריש באברהם כדלעיל בבראשית רבה פרשה ל"ט ויליף מזה שקורא לישראל בת: **שנאמר הקשיבו אלי עמי ולאמי אלי האזינו.** ומסיים בשיר השירים ולאמי כתיב, ולמד לדרוש ולאומי לאמי כתיב, מכפל הפסוק הקשיבו אלי עמי ולאומי אלי האזינו: **בסיני.** פירוש נאנה ורצה על מה שראו שם כבוד ה', ששם היה עיקר הדבוק, וירושלים היא שמחת לבו כי היא מקום השראה, והוא הלב של כל העולם ממעלה,

פירוש מהרז"ו

(ה) **צאינה וראינה.** שיר השירים רבה, ובמדבר רבה פרשה י"ב סימן ח: **אימתי נאמר.** וכמו שכתוב בסמוך, ולא מצאתי שעשתה בת שבע וכו', ועיין מתנות כהונה בסמוך. וצריך לגרוס כאן מאמר רבי יצחק הקודם, אלא מה עטרה, וכן הוא במדבר רבה בהדיא, ובשיר השירים רבה שם: **רבי שמעון בר יוחאי שאל את רבי אלעזר.** גם זה שם ושם: **ועד שקראה אמי.** פירוש לא זז מחבבה עד שקראה אמי. וכן הוא שם ושם. **ולאמי אלי האזינו.** כמו שכתוב במתנות כהונה, וזהו בעטרה שעטרה לו אמו, שזהו העטרה שלו שהגיעה למדרגה זו לקראה אמי. ושלשה מעלות אלו, הבת כנועה ומשועבדת לאביה ואמה, והאחות עם אחיה משתווים בלא אדנות ושעבוד, אך האם בגדר מעלה וממשלה על הבן והבת, ומצוה עליהם כרצונה ועושים כרצונה, וכן ישראל קודם מתן תורה שמעי בת וראי הטי אזנך, ואחר כך במשכן למתן אחי ורעי, כדלעיל בריש הפרשה, ואחר כך כשגוזר גזירה והצדיק מבטלה, צדיק גוזר והקב"ה מקיים, מדרגת האם, וזהו אמיתת רצונו, וזהו עטרתו. דוק והבן: **ונשקו על ראשו.** אמר אם לא באתי לעולם אלא לשמוע הטעם הזה די. כן הוא שם ושם: **ביום חתונתו בסיני.** חיתונים היו, שנאמר (שמות יט, י) וקדשתם היום ומחר וגו', וביום שמחת

מתנות כהונה

[ה] **על ידי אומות העולם.** כמו לפני אומות העולם: **מצויינין.** במילה ותגלחת: **ציון הזה.** סימן, כמה דאת אמר (יחזקאל לט, טו) ובנה אצלו ציון: **נראין באצבע.** נכרים לעין כל כמו שנאמר (ישעיה סא, ט) כל רואיהם יכירום וגו': **כל מלאכה** גרסינן: **ולא מצאתי בו'.** ועל כרחך מדבר בהקב"ה וכנסת ישראל וכדפירש: הכי גרסינן **ששמעת מאביך מהו בעטרה.** פירוש למה קרא ישראל אמי: הכי גרסינן **בת יחידה והיה מחבבה ביותר מדאי והיה קורא אותה בתי לא זז בו'.** והכי גרסינן במדרש חזית: **ולאמי האזינה.** חסר וא"ו לשון אמו והכי גרסינן במדרש חזית בהדיא והכי קאמר קרא הקשיבו אלי עמי ולאמי אומר האזינו ויהיה למ"ד של לאמי שמוש לא מקור כלמ"ד ולאום מלאום יאמץ (בראשית כה, כג):

אשד הנחלים

[ה] **שהקדוש ברוך הוא שורה אצלם.** כי היה אז מעלתם רמה מאוד, עד שכל התענגותם היה רק מדביקות ה' והשראת השכינה: **המצוינים לי על ידי אוהל מועד.** כן הוא גרסת הידי משה, וכמו שמסיים שהוא מצוייר בכל מיני גוונין. והיותר נכון שהגרסא מבין עובדי כוכבים, והכוונה שהיו נעלים מכל עובדי כוכבים, כאלו היו מצוינים באצבע לעם מיוחד במעלה נעלה מכל: **איפשר ששמעת כו' שעטרה לו אמו.** עיין בחזית ושם פירשתי: **חתונתו בסיני.** שאז היה עיקר הדיבוק, וירושלים היא שמחת לבו, כי היא מקום השראה,

חידושי הרד"ל

[ה] **מה הציון הזה נראה באצבע.** אולי היו הציונין שלהם עשויין כדמות יד מורה באצבע, וכמו יד אבשלום העשוי כן, **כך ישראל כו':**

אמרי יושר

[ה] **חזרתי על המקרא ולא מצאתי שעשתה כו' עטרה.** כיון דקאמר בעטרה בפתחות הבי"ת, אלמא הוזכר במקום אחר: **מהו בעטרה שעיטרה לו אמו.** איך יאמר אם בהקב"ה שהוא סבת הסבות: **לא זז מחבבה עד שקראה אחות.** תימה דאדרבה יותר יחבב אדם לבתו מלאחותו, ולאחותו יותר מאמו. יש לומר דהוא חיבור וקיבוץ האהבות כולן זו נוספת ומתחברת על הקודמת לה, ואינו רוצה לומר כל אחת בפני עצמה. או יש לומר שהוא בערך הכבוד, כי יותר יכבד לאחותו מבתו, ולאמו יותר מכולן, ויירא ממנה ויבוש:

ענף יוסף

(ה) [ד] **למלך שהיה לו בת יחידה כו'.** הנראה בזה לפי שהבת הזו יש לה שם רחל או לאה וכיוצא, אלא שמרוב החיבה לא קראה בשמה, אבל היה קוראה בת או בתי, והוא שאמר שמעי בת, והנה חבוב הבת גדולה שהרי הוא עצם מעצמיו ובשר מבשרו, אמנם קריאתו אותה אחות חיבה יתירה מקריאתו אותה בת מבחינה אחרת, והוא שאחות האדם נשמע לעצתה ובפרט אם היא גדולה ממנו, ואין האחות משועבדת אליו כבת, וזה שאמר לא זז מחבבה עד שקראה אחותי, רצה לומר שהחבוב הראשון ממדרגת בת במקומו עומד, ולא זז מחבבה אלא שנוסף עוד שקראה אחותי, ועוד מעט לא זז מחבבה עד שקראה אמי שחייב בכבודה ובמוראה, כן כביכול צדיק מושל ביראת אלהים צדיק גוזר והקדוש ברוך הוא מקיים, כאמור ותגזר אומר ויקם לך (כלי פז):

מסורת המדרש

יא. עי' במד"ר פי"ב ובשיר השירים רבה פ"ג. פסיקתא דרב כהנא פיסקא א'. ובתורת כהנים סדר שמיני פ"א סימן ט"ו. ילקוט סדר תרומה רמז ש"ע. ילקוט שה"ש רמז תתקפ"ו:
יב. במד"ר פי"ב סימן ח'. שיר השירים רבה פ"ג. פסיקתא דרב כהנא פיסקא א'. ילקוט כאן רמז תי"ז. ילקוט שה"ש רמז תתקפ"ו:
יג. עיין תענית דף כ"ו. וירושלמי תענית פ"ד. איכה רבתי פתיחה ל"ג:

אם למקרא

צְאֶינָה וּרְאֶינָה בְּנוֹת צִיּוֹן בַּמֶּלֶךְ שְׁלֹמֹה בָּעֲטָרָה שֶׁעִטְּרָה לּוֹ אִמּוֹ בְּיוֹם חֲתֻנָּתוֹ וּבְיוֹם שִׂמְחַת לִבּוֹ:
(שיר השירים ג:יא)

מִלֵּא אֹתָם חָכְמַת לֵב לַעֲשׂוֹת כָּל מְלֶאכֶת חָרָשׁ וְחֹשֵׁב וְרֹקֵם בַּתְּכֵלֶת וּבָאַרְגָּמָן בְּתוֹלַעַת הַשָּׁנִי וּבַשֵּׁשׁ וְאֹרֵג עֹשֵׂי כָּל מְלָאכָה וְחֹשְׁבֵי מַחֲשָׁבֹת:
(לעיל לה:לה)

שִׁמְעִי בַת וּרְאִי וְהַטִּי אָזְנֵךְ וְשִׁכְחִי עַמֵּךְ וּבֵית אָבִיךְ:
(תהלים מה:יא)

אֲנִי יְשֵׁנָה וְלִבִּי עֵר קוֹל דּוֹדִי דוֹפֵק פִּתְחִי לִי אֲחֹתִי רַעְיָתִי יוֹנָתִי תַמָּתִי שֶׁרֹּאשִׁי נִמְלָא טָל קְוֻצּוֹתַי רְסִיסֵי לָיְלָה:
(שיר השירים ה:ב)

הַקְשִׁיבוּ אֵלַי עַמִּי וּלְאוּמִּי אֵלַי הַאֲזִינוּ כִּי תוֹרָה מֵאִתִּי תֵצֵא וּמִשְׁפָּטִי לְאוֹר עַמִּים אַרְגִּיעַ:
(ישעיה נא:ד)

צְאֶינָה וּרְאֶינָה בְּנוֹת צִיּוֹן בַּמֶּלֶךְ שְׁלֹמֹה בָּעֲטָרָה שֶׁעִטְּרָה לּוֹ אִמּוֹ בְּיוֹם חֲתֻנָּתוֹ וּבְיוֹם שִׂמְחַת לִבּוֹ:
(שיר השירים ג:יא)

ידי משה

[ה] **המצויינין לי על ידי אומות העולם.** צריך לומר על ידי אהל מועד, שהוא מצוין בכל גוונין, וכן הוא במדרש שיר השירים: **מה ציון נראה באצבע.** פירוש, מרחוק נראה ומראין בו באצבע מתוך שהוא מצוין כך היו ישראל ניכרין מרחוק בשינויים מכל האומות:

שינוי נוסחאות

(ה) **בנים המצוינין לי על ידי עובדי כוכבים.** הנוסח המקורי היה "...המצויינין לי על אומות העולם", ושינו אותו מחמת צנזורא:

דָּבָר אַחֵר, "בְּיוֹם חֲתֻנָּתוֹ" עַל הַיָּם – Alternatively, *on His wedding day* – upon the Sea of Reeds;[100] "וּבְיוֹם שִׂמְחַת לִבּוֹ" בְּאֹהֶל מוֹעֵד – *and on the day of His heart's joy* – in the Tent of Meeting.[101] דָּבָר אַחֵר "בְּיוֹם חֲתוּנָּתוֹ" בַּמִּשְׁכָּן – Alternatively, *on His wedding day* – in the Tabernacle;[102] "וּבְיוֹם שִׂמְחַת לִבּוֹ" בְּבֵית הַמִּקְדָּשׁ – *and on the day of His heart's joy* – in the Holy Temple.[103]

The Midrash cites and expounds a verse from *Psalms* that supports the idea that Jeruslalem's Holy Temple was a source of great *joy*:[104]

וְכֵן דָּוִד אָמַר "יְפֵה נוֹף מְשׂוֹשׂ כָּל הָאָרֶץ הַר צִיּוֹן יַרְכְּתֵי צָפוֹן קִרְיַת מֶלֶךְ רָב" – And so did David say, *Fairest "nof," joy of all the earth, Mount Zion, by the northern side of the great king's city* (*Psalms* 48:3).[105] "יְפֵה נוֹף", נִנְפֵי – *Fairest "nof"* [נוֹף] – a bride [נִנְפֵי];[106] "מְשׂוֹשׂ כָּל הָאָרֶץ", אָמַר רַבִּי יוֹחָנָן בֶּן אֶלְעָזָר – *joy of all the earth* – R' Yochanan ben Elazar said:[107] מַעֲשֶׂה הָיָה בְּפַרְקְמַטְיוּת אֶחָד שֶׁהָלַךְ לִירוּשָׁלַיִם לִמְכּוֹר אֶת שֶׁלּוֹ – There was an incident involving a merchant who went to Jerusalem to sell his [wares].[108] הָלַךְ וְיָשַׁב שָׁם וְלֹא מָכַר – He went and sat down there, but did not sell the wares. אָמַר זוֹ הִיא שֶׁאוֹמְרִים עָלֶיהָ "מְשׂוֹשׂ כָּל הָאָרֶץ" – He said, "Is this [the city] about which they say, '*Joy of all the earth*?!' "[109] לְאַחַר שָׁעָה מָכַר כָּל פַּרְקְמַטְיָא שֶׁלּוֹ – After a short[110] time, he sold all his wares. אָמַר: "יְפֵה נוֹף מְשׂוֹשׂ כָּל הָאָרֶץ" – He said, "Jerusalem is indeed *fairest of sites, joy of all the earth!*" אָמַר רַבִּי יוֹחָנָן: כִּיפָּה שֶׁל חֶשְׁבּוֹנוֹת הָיְתָה חוּץ לִירוּשָׁלַיִם – R' Yochanan said: There was a "vault of calculations" outside of Jerusalem, וְכָל מִי שֶׁמְּבַקֵּשׁ לַחֲשׁוֹב הוֹלֵךְ לְשָׁם – and anyone who wished to make a reckoning would go there to do so. לָמָּה, שֶׁלֹּא יַחֲשׁוֹב בִּירוּשָׁלַיִם וְיֵצַר, לְפִי שֶׁנִּקְרֵאת "מְשׂוֹשׂ כָּל הָאָרֶץ" – Why is that? So that one would not make a reckoning in Jerusalem and become distressed, for [Jerusalem] is called *joy of all the earth*.[111] וְכָל הַשֶּׁבַח הַזֶּה לָמָּה, שֶׁהִיא "קִרְיַת מֶלֶךְ רָב" – And why was all this praise lavished upon Jerusalem? For it is, as the verse concludes, *the Great King's city*.[112]

NOTES

100. When the Sea split, the entire nation experienced the Divine Spirit intensely (see *Mechilta* to 15:2 above). It was then that the Divine Presence began to dwell among them, and for this reason that event is likened to a *wedding* (see *Eshed HaNechalim*, followed by *Eitz Yosef*).

101. The Divine Presence's dwelling among the Jewish people, that began when the Sea split, reached its apex and generated the most *joy* when the Tabernacle's Tent of Meeting came into use (ibid.).

Here the Midrash sees the metaphorical *crown* as a reference to the Divine praise expressed by the Jewish people after the splitting of the Sea (see above, 15:1) and in the Tabernacle (see *Leviticus* 9:24 with *Toras Kohanim* ad loc.). Regarding the splitting of the Sea, *Yalkut Shimoni* (*Shir HaShirim* §987) states that the crown of the *Song of Songs* verse refers specifically to v. 18 of the praise the Jews sang then, in which they exclaimed, ה׳ יִמְלֹךְ לְעֹלָם וָעֶד, *HASHEM shall reign for all eternity* (*Yefeh To'ar*).

102. The Tabernacle represented the beginning of God's "marriage" to the Jewish people (see *Eshed HaNechalim*, followed by *Eitz Yosef*). According to *Bamidbar Rabbah* (ibid.; also see *Tanchuma*, *Nasso* §26) this is suggested by *Numbers* 7:1, where the word כְּלוֹת (lit., *finished*) is used with regard to the erection of the Tabernacle; this word is interpreted as כַּלַּת, *the bride of* (*Eitz Yosef*).

103. This interpretation accords with our Midrash above, where it was taught that the *crown* of the verse is an allusion to the Tabernacle; it may similarly be suggestive of the Temple (*Yefeh To'ar*, see there for a lengthy discussion of the various views).

104. *Eitz Yosef.*

105. According to [above, 36 §1, and] *Midrash Shocher Tov* §48, Jerusalem was the *joy of all the earth* because a man who was downcast after having committed a sin would go there, bring an offering and gain atonement, and leave with renewed joy. This is alluded to by the words יַרְכְּתֵי צָפוֹן, *by the northern side*, for, as derived from *Leviticus* 1:11, it was *on the northern side of the Altar* that [several offerings, including the *chatas* and *asham* sin-] offerings were slaughtered (*Eitz Yosef*).

[Although the opening of the psalm in which this verse appears identifies its authors as the sons of Korah, the Midrash here attributes it to King David since (as taught in *Bava Basra* 14b-15a with *Rashi*) he transcribed their psalm, as he did with psalms written by several other authors (*Eitz Yosef*).]

106. We have followed the emendation of *Matnos Kehunah* (also cited by *Eitz Yosef*; also see *Os Emes*, cited ibid.) and *Maharzu*, who point to similar statements made by the Sages in 36 §1 above and *Rosh Hashanah* 26a. (All of the commentators note that the prevalent text is flawed, and alternative emendations and explanations are suggested by *Matnos Kehunah*, *Yefeh To'ar*, *Yedei Moshe*, and *Anaf Yosef*.)

According to this version of the Midrash, it associates נוֹף with *nynphe* (elsewhere, *nymphe*), a Greek word for *bride*, and it compares Jerusalem's beauty to that of a bride (compare *Targum* and *Rashi* to the *Psalms* verse).

107. The story told by this sage will prove that the phrase מְשׂוֹשׂ כָּל הָאָרֶץ, *joy of all the earth*, identifies Jerusalem as a place to which people could come from the world over and profit in their business dealings (*Eitz Yosef*).

108. Based on *Matnos Kehunah*. (See note 111 below for additional discussion.)

109. The trader's surprise indicates that one could typically sell his wares *immediately* upon entering Jerusalem (*Yedei Moshe*; see *Eitz Yosef*).

110. *Yedei Moshe*.

111. Jerusalem was a city brimming with happiness, whose inhabitants were involved only in joyous and holy matters. Because financial reckonings could distress a man who would realize that he had suffered a loss, they were conducted beyond the city limits so that distress would not be experienced in Jerusalem (*Eitz Yosef*; also see *Matnos Kehunah*, *Maharzu*).

Yefeh To'ar suggests that this section of the Midrash may be describing Jerusalem's spiritual attributes. Thus, the *merchant* of the preceding incident may have been a sage looking for an interested party to whom he could dispense ethical guidance or with whom he could discuss Torah matters. And the "*vault of reckonings*" may have been a place where one would examine his actions for any shortcomings.

112. I.e., because Jerusalem was consecrated for God and His Divine Presence was manifest there. Although some commentators believe that King David is the *king* of this verse (see *Ibn Ezra* and *Radak* ad loc.), the Midrash maintains that since King David himself spoke these words, as was pointed out above, it is impossible that he would have spoken this way about himself (*Yefeh To'ar*).

See Insight Ⓐ.

INSIGHTS

Ⓐ **Joy of All the Earth** Although the plain sense of this passage (as explained in note 111) is that potentially saddening activities were performed outside the joyous confines of the city, *Divrei Shaarei Chaim* (*Pekudei*, p. 249) contends that the Midrash is hinting at a deeper idea.

In many places, Scripture promotes the virtue of contentment, of being satisfied with whatever one has. For example, the Psalmist assures us that *there is no deprivation for His reverent ones; young lions may want and hunger, but those who seek HASHEM will not lack any good* (34:11-12). The intention is not that the righteous are always well housed and well fed; oftentimes, they are not. In their own eyes, however, they never lack any good. Elsewhere in *Psalms* we are told why: *His heart's desire [is what] You have given him* (21:3). The person of faith desires nothing beyond that which God allots to him, for he is confident that this heavenly allotment is measured precisely to serve his best interests. A person of this caliber, though needy he may be, will always avow, as Jacob said to Esau, *"I have everything"* (*Genesis* 33:12) — all that I need or want, no more and no less.

However, there will always be people who fall short of this ideal. Painfully conscious of what they lack, envious of the good things others have, they form their own ideas about what their lot in life

דָּבָר אַחֵר, "בְּיוֹם חֲתֻנָּתוֹ" עַל הַיָּם, "וּבְיוֹם שִׂמְחַת לִבּוֹ" בְּאֹהֶל מוֹעֵד, דָּבָר אַחֵר "בְּיוֹם חֲתוּנָּתוֹ" בַּמִּשְׁכָּן, "וּבְיוֹם שִׂמְחַת לִבּוֹ" בְּבֵית הַמִּקְדָּשׁ, וְכֵן דָּוִד אָמַר (תהלים מח, ג), "יְפֵה נוֹף מְשׂוֹשׂ כָּל הָאָרֶץ הַר צִיּוֹן יַרְכְּתֵי צָפוֹן קִרְיַת מֶלֶךְ רָב", "יְפֵה נוֹף °מְשׂוֹשׂ כָּל הָאָרֶץ", אָמַר רַבִּי יוֹחָנָן בֶּן אֶלְעָזָר: [יד]מַעֲשֶׂה הָיָה בְּפְרַקְמַטְיוּת אֶחָד שֶׁהָלַךְ לִירוּשָׁלַיִם לִמְכּוֹר אֶת שֶׁלּוֹ, הָלַךְ וְיָשַׁב שָׁם וְלֹא מָכַר, אָמַר: זוֹ הִיא שֶׁאוֹמְרִים עָלֶיהָ "מְשׂוֹשׂ כָּל הָאָרֶץ", לְאַחַר שָׁעָה מָכַר כָּל פְּרַקְמַטְיָא שֶׁלּוֹ, אָמַר: "יְפֵה נוֹף מְשׂוֹשׂ כָּל הָאָרֶץ", אָמַר רַבִּי יוֹחָנָן: כִּיפָּה שֶׁל חֶשְׁבּוֹנוֹת הָיְתָה חוּץ לִירוּשָׁלַיִם, וְכָל מִי שֶׁמְּבַקֵּשׁ לַחֲשׁוֹב הוֹלֵךְ לְשָׁם, לָמָּה, שֶׁלֹּא יַחֲשׁוֹב בִּירוּשָׁלַיִם וְיֵצַר, לְפִי שֶׁנִּקְרֵאת "מְשׂוֹשׂ כָּל הָאָרֶץ", וְכָל הַשֶּׁבַח הַזֶּה לָמָּה, שֶׁהִיא "קִרְיַת מֶלֶךְ רָב", וּמִשֶּׁחָרְבָה עָרְבָה הַשִּׂמְחָה *וְגָלָה מְשׂוֹשׂ כָּל הָאָרֶץ, מַהוּ "עָרְבָה", חֲשֵׁכָה, קְבֵלָה, כְּמָא דְּאַתְּ אָמַר (בראשית א, ה) "וַיְהִי עֶרֶב וַיְהִי בֹקֶר יוֹם אֶחָד", בָּעוֹלָם הַזֶּה שָׁבַת מְשׂוֹשׂ כָּל הָאָרֶץ, וּכְשֶׁיִּבְנֶה הַקָּדוֹשׁ בָּרוּךְ הוּא אֶת יְרוּשָׁלַיִם הוּא מַחֲזִיר לְתוֹכָהּ אֶת כָּל הַשִּׂמְחָה, שֶׁנֶּאֱמַר (ישעיה נא, ג) "כִּי נִחַם ה' צִיּוֹן נִחַם כָּל חָרְבֹתֶיהָ וַיָּשֶׂם מִדְבָּרָהּ כְּעֵדֶן וְעַרְבָתָהּ כְּגַן ה' שָׂשׂוֹן וְשִׂמְחָה יִמָּצֵא בָהּ תּוֹדָה וְקוֹל זִמְרָה":

סליק ליה סדר שמות רבה לכבוד האל הגדול והנורא

פרשיותיו שנים וחמישים ואחד עשר סדרים

עץ יוסף

כמו הלב שממנו נובע כל חיות הגוף, ודרש עוד חתונתו על הים שאז השיגו כולם רוח הקודש כמו שאמר ראתה שפחה על הים כו', ואז החלה ההשראה בהם, ועיקר השמחה היה באהל מועד, וכן דרש על התחלת החתונה במשכן (ובבמדבר רבה יהיב טעמא דכתיב ביום כלות את המשכן כלת כתיב) והשמחת הלב על בית המקדש: **וכן דוד אומר יפה נוף.** ראיה למה שאמר דבית המקדש הוא שמחת לבו מייתי ממה שנקרא ירושלים משוש כל הארץ, וכדמפרש בשוחר טוב שאדם עובר עבירה היה דואג בלבו, וכשהיה הולך לירושלים ומקריב קרבן מתכפר לו יצא משם שמח, הרי שהיתה ירושלים משוש כל הארץ, וזה שאמר הר ציון ירכתי צפון, כי שם הקרבן נשחט שנאמר על ירך המזבח צפונה, ואיידי דמייתי קרא מפרש נמי משוש כל הארץ בפרקמטיא וכיפה של חשבונות דקאמר בסמוך: **וכן דוד אומר כו'.** ואף על גב דמזמור זה לבני קרח הוא, מכל מקום דוד אמרו שהוא חבר ספר תהלים על ידי עשרה זקנים, כדאיתא בפרק קמא דבבא בתרא (יד, ב), והיינו שהוא כתב דבריהם: **יפה נוף נופת.** הנוסחא הישנה יפה נוף נוספת, וכתב היפה תואר שצריך לומר נופפת, דמפרש נוף ענין תנופה, וכדאיתא בילקוט שהכל מניפין עליה שהכל אומרים שהיא כלילת יופי עד כאן לשונו. והמתנות כהונה גרס יפה נופת (וכן הגיהו בפנים המדרש) רמז לנופות שהיו מקיפין על המזבח בחג הסוכות. וכתב עוד יש לפרש דצריך להגיה נפי ופירושו כלה, והכי איתא בפרק ראוהו בית דין (ראש השנה כו, א), ולעיל פרשה ל"ו, וכן הגיה האות אמת: **אמר רבי יוחנן.** צריך לומר רבי יונתן (אות אמת): **מעשה היה.** כלומר דמשוש כל הארץ היינו לכל העולם שבאים ומשתכרים בפרקמטיא: **וישב שם מעט ולא מכר אמר זו היא שאומרים כו'.** ולכן רצה שתמכר סחורתו תיכף ומיד, ומכל מקום אחרי שעה נמכרה: **כיפה של חשבונות.** כי היה העיר מלאה שמחה, ועוסקים רק בעניינים משמחים ובעניינים קדושים, ולכן כל החשבונות המטרידות והמביא לפעמים עצב לבעליו כי אולי הפסיד בעסקו, היה נעשה חוץ לירושלים שלא יצר ויצטער בירושלים: **ומשחרבה ערבה.** משום דפירוש משוש כל הארץ על כל העולם כדלעיל, ואיכא למדחי דלא איירי אלא בארץ ישראל, להכי מייתי מדאשכחן שבחורבן ירושלים כתיב ערבה כל שמחה גלה משוש כל הארץ, דלא איירי בארץ ישראל ביחוד אלא בכל ארצות שנחרבו על ידי נבוכדנצר: **מהו ערבה חשכה.** פירוש ערבה לשון ערב, ולפי שאף משחשכה אפשר שתהיה קצת אורה מהירח והכוכבים, לכן אמר קבלה שפירושו אפילה גמורה וחשך לגמרי כתרגום חשך קבל, והביא ראיה ודוגמא מויהי ערב ויהי בקר, דאכתי לא היתה אורה כלל בעולם באותו ערב: **בעולם הזה.** כדי לסיים בדבר טוב קאמר לה הכא: **מחזיר לתוכה.** ועל ידי זה יוחזר לתוכה משוש כל הארץ שכל ההולך שם ימלא שמחה וגילה שיהיה במהרה בימינו אמן כן יהי רצון:

פירוש מהרז"ו

לבו, זה מתן תורה שנאמר (שמות לא, יח) ויתן אל משה ככלותו, ככלתו כתיב. דבר אחר ביום חתונתו, באוהל מועד, ביום שמחת לבו, זה בית עולמים וכו', כן הוא במדבר רבה פרשה י"ב סוף סימן ח, עיין שם עוד, ובשיר השירים רבה שם, וכן צריך לומר כאן. ועיין סדר עולם פרק ט"ו באופן אחר: **יפה נוף ננפי.** כן צריך לומר. שמה שכתוב יפה נוף פירושו שבלשון יוני קורין לכלה נפי, כמו שאמרו בראשית רבה פרשה ע"א סימן ח. ולעיל פרשה ל"ו בסימן א בפסוק זה: **מעשה היה.** מדרש איכה פסוק ספקו עליך: **כיפה של חשבונות.** שם באיכה. ומה שאמר ויצר, פירוש שיהיה מיצר ומצטער אם לא יהיה חשבונו טוב: **ערבה השמחה וגלה משוש כל הארץ.** פסוק הוא בישעיה כ"ד י"א. והמאמר מן התנחומא סדר שמיני סוף סימן ו, וזה לשונו אמר ישעיה צווחה על היין בחוצות ערבה כל שמחה, מהו ערבה וכו', חשכה, כמא דאת אמר ויהי ערב וכו', שבת משוש (פסוק הוא באיכה ה'), שבתה ציון, שכתוב בה יפה נוף משוש כל הארץ. וכן צריך לומר כאן. ומה שאמר כאן קבלה, הוא תרגום של חושך, כמו שתרגום אימה חשיכה, אימתה וקבלה. השם יתברך יאיר אפלינו כנאמר והיה לעת ערב יהיה אור, והיה אור הלבנה כאור החמה ואור החמה יהיה שבעתים כאור שבעת הימים. אמן כן יהי רצון:

ידי משה

ולאמי אלי האזינו. פירש רש"י בחומש ולאמי כתיב. והא דלא מביא משל מה שאמר בעטרה שעטרה לו אמו, ויש לומר שזה קאי על שלמה ומגליה לשלמה שקראו אמי לכן מביא ראיה ממקום אחר: **נופת.** עיין במתנות כהונה, ובתנס דחק, ופסוק מלא הוא נופת תטופנה (אחותי) [שפתותיך] כלה (שיר השירים ד, יא): **אמר זו היא שאומרים עליה משוש כל הארץ.** יש לדקדק למה מביא המדרש תחלת דברי הסוחר שהוא ראיה לסתור. ויש לומר דאדרבה שבאמת נראים הדברים, שמאחר שמכר הסחורה לשעה קלה אמר הסוחר שהיא משוש כל הארץ, אך יותר חזק הראיה מתחלת דברי הסוחר שהיה מתמיה עצמו על שלא מכר מיד בזו הרגע, והיה אומר אין זה משוש כל הארץ, משמע שדרך ירושלים הוא לפי שהוא משוש כל הארץ למכור ברגע תיכף בביאתו, ואם כן אין לך משוש כל הארץ מזה. ודוק:

ענף יוסף

יפה נוף נופת. הנה הנוסחא הישנה יפה נוף נוספת, אך המתנות כהונה הגיה יפה נוף נופת, והגיהו כן בפנים המדרש. ולפי גירסתו נראה שפירושו אקלים יפה, שאמרו חכמינו ז"ל (ויקרא רבה פרשה כ"ט) שבעה ארצות הן והכוונה להן שבע אקלימין שהעולם שפל נחלק בהן, ואקלים השביעי הזה שבחו דוד עליו השלום, ואמר יפה נוף משוש כל הארץ כלומר אקלים יפה, כי פירוש נוף אקלים מלשון הכתוב ביהושע (יז, יא) בענין חילוק הארץ שלשת הנפת, ותרגום יונתן תלתא פלכי, ומה שהוא בלשון הגרי אקלים, הוא בלשון הקודש נוף, ובכל נוף ונוף יש בו שינוי אויר לפי מזגו, ולפי קרבתו לשמש, ומי שנולד בנוף זה וילא משם ונכנס בנוף אחר יחלה, אבל ירושלים נוף מזוג וטוב, וכל הנכנס שם מן הנופות היה חזק ובריא ולא יחלה לעולם, ולכך נקרא משוש כל הארץ, ועיין ב[רבינו] בחיי סדר עקב:

מסורת המדרש

יד. איכה רבתי פ"ב סימן י"ט. פסיקתא רבתי פיסקא מ"א סימן ב' ילקוט כאן רמז תי"ז. ילקוט תהלים רמז תשנ"ה:

אם למקרא

יְפֵה נוֹף מְשׂוֹשׂ כָּל הָאָרֶץ הַר צִיּוֹן יַרְכְּתֵי צָפוֹן קִרְיַת מֶלֶךְ רָב: (תהלים מח:ג)

וַיְהִי עֶרֶב וַיְהִי בֹקֶר יוֹם אֶחָד: (בראשית א:ה)

שינוי נוסחאות

"קרית מלך רב", "יפה נוף משוש כל הארץ". בספרים הישנים אחר תיבת "נוף" היה כתוב תיבת "נוספת", והיא חסרת הבנה, וא"א הגיה שצ"ל "קליי נינפי" במקום "נוספת", ומ"כ כתב שצריך להגיה או "נופת" או "נינפי" במקום "נוספת", אבל המדפיסים השמיטו את התיבה לגמרי, וזה דלא כמאן: **ערבה השמחה וגלה משוש כל הארץ.** לשון זה מאד קרוב ללשון הפסוק בישעיה כד, יא, ואם כוונת המדרש לצטט אותו הפסוק, צריך להגיה "ערבה כל שמחה גלה משוש הארץ":

מתנות כהונה

הכי גרסינן **מלך רב יפה נוף נופת משוש וגו': נופת.** רמז לנופות שהיו מקיפים על המזבח בחג הסוכות. ועיין במדרש תהלים ובילקוט. או יש לפרש דצריך להגיה נפי ופירושו כלה והכי איתא פרק ראוהו בית דין (ראש השנה כו, א) ולעיל פרשה ל"ו (סימן א): **בפרקמטיות.** סוחר עוסק בפרקמטיא: **שלו.** סחורה שלו: **ויצר.** ויצטער בעצמו אם לא יצא החשבון כפי רצונו: **קבלה.** חושך תרגום של חשך קבלה: **וערבה.** לשון ערב: **מחזיר לתוכה.** המשוש והשמחה שנאמר (ישעיה נא, ג) ששון ושמחה ימצא בה וגו':

אשד הנחלים

והוא הלב של כל העולם במעלה, כמו הלב שממנו נובע כל חיות הגוף. ודרש עוד **חתונתו על הים** שאז השיגו כולם רוח הקודש, כמו שאמרו (מכילתא שירה ג) ראתה שפחה על הים כו', ואז החלה ההשראה בהם, ועיקר השמחה היה באוהל מועד, וכן דרש על התחלות החתונה במשכן, והשמחת הלב בבית המקדש: **יפה נוף נופת.** כאן חסר, ועיין בילקוט פקודי (תיז) השלמת המאמר (הרב מורנו הרב זלמן מהוראדנא): **מעשה היה בפרקמטיאות כו'.** מביא דגם כן כפשוטו היא יפה נוף משוש כל הארץ, כי היא היתה מטרפולין של כל המדינות בעסקיה הרבים: **כיפה של חשבונות כו'.** כי היה העיר מלאה שמחה, ועוסקים רק בעניינים משמחים ובעניינים קדושים, ולכן כל החשבונות המטרידות והמביא לפעמים עצב לבעליו, כי אולי הפסיד בעסקו, היה נעשה חוץ לירושלים, שלא יצר ויצטער בירושלים: **ולאמי אלי האזינו.** פירש רש"י בחומש (עיין רש"י שיר השירים ג, יא) ולאמי כתיב (ידי משה): **וכשיבנה כו'.** מסיים בדבר טוב. ודרש ערבתה חשכתה, שימצא עוד הפעם בה ששון ושמחה תודה וקול זמרה לה': סליק ליה ספר שמות רבה לכבוד האל הגדול הגבור והנורא.

וּמִשֶּׁחָרְבָה עָרְבָה הַשִּׂמְחָה וְגָלָה מְשׂוֹשׂ כָּל הָאָרֶץ – But since [Jerusalem] was destroyed, the gladness "*arvah*," and the joy of all the earth has been exiled;[113] **מַהוּ "עָרְבָה", חֲשֵׁכָה, קְבֵלָה – what is** the meaning of **"*arvah*"** [עָרְבָה]? ***Darkness, pitch darkness,***[114] **כְּמָא דְּאַתְּ אָמַר "וַיְהִי עֶרֶב וַיְהִי בֹקֶר יוֹם אֶחָד" – as is stated, *And there was evening*** [עֶרֶב], ***and there was morning, one day*** (*Genesis* 1:5).[115]

The Midrash makes a final statement to conclude *Shemos Rabbah* on a positive note:[116]

בָּעוֹלָם הַזֶּה שָׁבַת "מְשׂוֹשׂ כָּל הָאָרֶץ" – In this world, with the destruction of Jerusalem, ***the joy of all the earth*** **has ceased** to exist.[117] **וּכְשֶׁיִּבְנֶה הַקָּדוֹשׁ בָּרוּךְ הוּא אֶת יְרוּשָׁלַיִם הוּא מַחֲזִיר לְתוֹכָהּ אֶת כָּל הַשִּׂמְחָה – But when the Holy One, blessed is He, will rebuild Jerusalem, He will return all the happiness to within it; שֶׁנֶּאֱמַר, "כִּי נִחַם ה' צִיּוֹן נִחַם כָּל חָרְבֹתֶיהָ וַיָּשֶׂם מִדְבָּרָהּ כְּעֵדֶן וְעַרְבָתָהּ כְּגַן ה' שָׂשׂוֹן וְשִׂמְחָה יִמָּצֵא בָהּ תּוֹדָה וְקוֹל זִמְרָה" – as is stated, *For HASHEM will comfort Zion, He will comfort all her ruins; He will make her wilderness like Eden and her wasteland like a garden of HASHEM; joy and gladness will be found there, thanksgiving and the sound of music*** (*Isaiah* 51:3).[118]

NOTES

113. The Midrash is paraphrasing *Isaiah* 24:11(see *Maharzu*, *Rashash*).

The Midrash does so to support the explanation it has just alluded to, according to which (as noted), when the verse describes Jerusalem as "מְשׂוֹשׂ "כָּל הָאָרֶץ, it means *the joy of "all the earth"* and not merely of all of *Eretz Yisrael*. The *Isaiah* verse uses a similar phrase (מְשׂוֹשׂ הָאָרֶץ) with respect to Jerusalem's destruction, at which time it was indeed the entire world that suffered at the hands of Nebuchadnezzar (*Eitz Yosef*).

114. While חֲשֵׁכָה suggests the *darkness* of nighttime, when the moon and stars may generate a modicum of light, קְבֵלָה, *pitch-darkness*, describes a complete absence of light. The Midrash is explaining that the word עָרְבָה indicates that with Jerusalem's downfall the darkness that descended upon the world was absolute (*Eitz Yosef*).

115. On that first *evening* of Creation, the darkness was total, for light was not created until the day that followed it (see *Eitz Yosef*).

116. *Eitz Yosef.* (Compare *Berachos* 31a; *Shulchan Aruch*, *Orach Chaim* 138:1.)

117. Similar wording appears in *Lamentations* 5:15.

118. [We have translated the verse according to its plain meaning.] The Midrash may understand וְעַרְבָתָהּ (lit., *its destruction*) to mean *its darkness*, in the manner that עָרְבָה was rendered *darkness* just above; accordingly, the verse is stating that the darkness suggested by the *Isaiah* verse alluded to above will be undone in the Messianic future (*Eshed HaNechalim*).

At that time Jerusalem will reclaim its standing as *the joy of all the earth*, and all who go there will *find joy and gladness*. May it come to pass speedily in our days, Amen (*Eitz Yosef*).

INSIGHTS

should be. Of this group King Solomon observed, *God has made men simple, but they sought many intrigues* [lit., "calculations"] (*Ecclesiastes* 7:29). But even such people had their moments of clarity and faith. Those occurred when they were in the holy city of Jerusalem, the place where God's Providence was most acutely felt. Walking about in the King's court, as it were, people had a tendency to forget their want and experience the pure joy of a contented soul. Here was the *land where you will eat bread without poverty* (*Deuteronomy* 8:9) — where, as *Akeidas Yitzchak* explains, even people who have nothing but bread to eat can enjoy their meager meals without feeling impoverished. Furthermore, in the exalted atmosphere of the holy city, "no man ever said to his fellow, 'It is too crowded for me to stay in Jerusalem' " (*Avos* 5:7). The Mishnah does not say, notes *Chasam Sofer*, that the city was never beset by crowds, for in fact it teemed during the festivals with throngs of pilgrims from all over the country. What it does say is that people did not find cause to complain about the crowded conditions; any discomfort they felt was drowned out by the pervasive spiritual joy.

Thus, when our Midrash says that there was a "vault of calculations" outside the city, it alludes to the idea that the "intrigues" sought by those who small-mindedly calculate what they have and do not have held attraction only where the ennobling aura of the Divine Presence did not reach. Inside the "city of the Great King" (קִרְיַת מֶלֶךְ רָב), where thoughts of living before God filled people's minds, the spirit of contentment predominated, making Jerusalem the true *joy of all the earth*.

דָּבָר אַחֵר, "בְּיוֹם חֲתֻנָּתוֹ" עַל הַיָּם, "וּבְיוֹם שִׂמְחַת לִבּוֹ" בְּאֹהֶל מוֹעֵד, דָּבָר אַחֵר "בְּיוֹם חֲתוּנָּתוֹ" בַּמִּשְׁכָּן, "וּבְיוֹם שִׂמְחַת לִבּוֹ" בְּבֵית הַמִּקְדָּשׁ, וְכֵן דָּוִד אָמַר (תהלים מח, ג), **"יְפֵה נוֹף מְשׂוֹשׂ כָּל הָאָרֶץ הַר צִיּוֹן יַרְכְּתֵי צָפוֹן קִרְיַת מֶלֶךְ רָב", "יְפֵה נוֹף °מְשׂוֹשׂ כָּל הָאָרֶץ", אָמַר רַבִּי יוֹחָנָן בֶּן אֶלְעָזָר: ידמַעֲשֶׂה הָיָה בִּפְרַקְמַטְיוּת אֶחָד שֶׁהָלַךְ לִירוּשָׁלַיִם לִמְכּוֹר אֶת שֶׁלּוֹ, הָלַךְ וְיָשַׁב שָׁם וְלֹא מָכַר, אָמַר: זוֹ הִיא שֶׁאוֹמְרִים עָלֶיהָ "מְשׂוֹשׂ כָּל הָאָרֶץ", לְאַחַר שָׁעָה מָכַר כָּל פְּרַקְמַטְיָא שֶׁלּוֹ, אָמַר: "יְפֵה נוֹף מְשׂוֹשׂ כָּל הָאָרֶץ", אָמַר רַבִּי יוֹחָנָן: כִּיפָּה שֶׁל חֶשְׁבּוֹנוֹת הָיְתָה חוּץ לִירוּשָׁלַיִם, וְכָל מִי שֶׁמְּבַקֵּשׁ לַחֲשׁוֹב הוֹלֵךְ לְשָׁם, לָמָּה, שֶׁלֹּא יַחֲשׁוֹב בִּירוּשָׁלַיִם וְיֵצַר, לְפִי שֶׁנִּקְרֵאת "מְשׂוֹשׂ כָּל הָאָרֶץ", וְכָל הַשֶּׁבַח הַזֶּה לָמָּה, שֶׁהִיא "קִרְיַת מֶלֶךְ רָב", וּמִשֶּׁחָרְבָה עָרְבָה הַשִּׂמְחָה *וְגָלָה מְשׂוֹשׂ כָּל הָאָרֶץ, מַהוּ "עָרְבָה", חֲשֵׁכָה, קְבֵלָה, כְּמָא דְאַתְּ אָמַר** (בראשית א, ה) **"וַיְהִי עֶרֶב וַיְהִי בֹקֶר יוֹם אֶחָד", בָּעוֹלָם הַזֶּה שָׁבַת מְשׂוֹשׂ כָּל הָאָרֶץ, וּכְשֶׁיִּבְנֶה הַקָּדוֹשׁ בָּרוּךְ הוּא אֶת יְרוּשָׁלַיִם הוּא מַחֲזִיר לְתוֹכָהּ אֶת כָּל הַשִּׂמְחָה, שֶׁנֶּאֱמַר** (ישעיה נא, ג) **"כִּי נִחַם ה' צִיּוֹן נִחַם כָּל חָרְבֹתֶיהָ וַיָּשֶׂם מִדְבָּרָהּ כְּעֵדֶן וְעַרְבָתָהּ כְּגַן ה' שָׂשׂוֹן וְשִׂמְחָה יִמָּצֵא בָהּ תּוֹדָה וְקוֹל זִמְרָה":**

סליק ליה סדר שמות רבה לכבוד האל הגדול והנורא

פרשיותיו שנים וחמישים ואחד עשר סדרים

עץ יוסף

כמו הלב שממנו נובע כל חיות הגוף, ודרש עוד חתונתו על הים שאז השיגו כולם רוח הקודש כמו שאמר ראתה שפחה על הים כו', ואז החלה ההשראה בהם, ועיקר השמחה היה באהל מועד, וכן דרש על התחלת החתונה במשכן (ובבמדבר רבה יהיב טעמא דכתיב ביום כלות את המשכן כלת כתיב) והשמחת הלב על בית המקדש: **וכן דוד אומר יפה נוף.** ראיה למה שאמר דבית המקדש הוא שמחת לבו מייתי ממה שנקרא ירושלים משוש כל הארץ, וכדמפרש בסוחר טוב שאדם עובר עבירה היה דואג בלבו, וכשהיה הולך לירושלים ומקריב קרבן מתכפר לו יצא משם שמח, הרי שהיתה ירושלים משוש כל הארץ, וזה שאמר הר ציון ירכתי צפון, כי שם הקרבן נשחט שנאמר על ירך המזבח צפונה, ואיידי דמייתי קרא מפרש נמי משוש כל הארץ בפרקמטיא וכיפה של חשבונות דקאמר בסמוך: **וכן דוד אומר כו'.** ואף על גב דמזמור זה לבני קרח הוא, מכל מקום דוד אמרו שהוא חבר ספר תהלים על ידי עשרה זקנים, כדאיתא בפרק קמא דבבא בתרא (יד, ב), והיינו שהוא כתב דבריהם: **יפה נוף נופת.** הנוסחא הישנה יפה נוף נוספת, וכתב היפה תואר שצריך לומר נופפת, דמפרש נוף ענין תנופה, וכדאיתא בילקוט שהכל מניפין עליה שהכל אומרים שהיא כלילת יופי עד כאן לשונו. והמתנות כהונה גרס יפה נופת (וכן הגיהו בפנים המדרש) רמז לנופות שהיו מקיפין על המזבח בחג הסוכות. וכתב עוד יש לפרש דצריך להגיה ננפי ופירושו כלה, והכי איתא בפרק ראוהו בית דין (ראש השנה כו, א), ולעיל פרשה ל"ו, וכן הגיה האות אמת: **אמר רבי יוחנן.** צריך לומר רבי יונתן (אות אמת): **מעשה היה.** כלומר דמשוש כל הארץ היינו לכל העולם שבאים ומשתכרים בפרקמטיא: **וישב שם מעט ולא מכר אמר זו היא שאומרים בו'.** ולכן רצה שתמכר סחורתו תיכף ומיד, ומכל מקום אחרי שעה נמכרה: **כיפה של חשבונות.** כי היה העיר מלאה שמחה, ועוסקים רק בענינים משמחים ובעניינים קדושים, ולכן כל החשבונות המטרידות והמביא לפעמים עצב לבעליו כי אולי הפסיד בעסקו, היה נעשה חוץ לירושלים שלא יצר ויצטער בירושלים: **ומשחרבה ערבה.** משום דפירוש משוש כל הארץ על כל העולם כדלעיל, ואיכא למדחי דלא איירי אלא בארץ ישראל, להכי מייתי מדאשכחן שבחורבן ירושלים כתיב ערבה כל שמחה גלה משוש כל הארץ, דלא איירי בארץ ישראל ביחוד אלא בכל ארצות שנחרבו על ידי נבוכדנצר: **מהו ערבה חשכה.** פירוש ערבה לשון ערב, ולפי שאף מחשכה אפשר שתהיה קצת אורה מהירח והכוכבים, לכן אמר קבלה שפירושו אפילה גמורה וחשך לגמרי כתרגום חשך קבל, והביא ראיה ודוגמא מויהי ערב ויהי בקר, דאכתי לא היתה אורה כלל בעולם באותו ערב: **בעולם הזה.** כדי לסיים בדבר טוב קאמר לה הכא: **מחזיר לתוכה.** ועל ידי זה יוחזר לתוכה משוש כל הארץ שכל ההולך שם ימלא שמחה וגילה שיהיה במהרה בימינו אמן כן יהיה רצון:

פירוש מהרז"ו

לבו, זה מתן תורה שנאמר (שמות לא, יח) ויתן אל משה ככלותו, ככלתו כתיב. דבר אחר ביום חתונתו, באוהל מועד, ביום שמחת לבו, זה בית עולמים וכו', כן הוא במדבר רבה פרשה י"ב סוף סימן ח, עיין שם עוד, ובשיר השירים רבה שם, וכן צריך לומר כאן. ועיין סדר עולם פרק ט"ו באופן אחר: **יפה נוף ננפי.** כן צריך לומר. שמה שכתוב יפה נוף פירושו שבלשון יוני קורין לכלה ננפי, כמו שאמרו בראשית רבה פרשה ע"א סימן ח. ולעיל פרשה ל"ו בסימן א בפסוק זה: **מעשה היה.** מדרש איכה פסוק ספקו עליך: **כיפה של חשבונות.** שם באיכה. ומה שאמר ויצר, פירוש שיהיה מיצר ומצטער אם לא יהיה חשבונו טוב: **ערבה השמחה וגלה משוש כל הארץ.** פסוק הוא בישעיה כ"ד י"א. והמאמר מן התנחומא סדר שמיני סוף סימן ו, וזה לשונו אמר ישעיה צווחה על היין בחוצות ערבה כל שמחה, מהו ערבה וכו', חשכה, כמא דאת אמר ויהי ערב וכו', שבת משוש (פסוק הוא באיכה ה'), שבתה ציון, שכתוב בה יפה נוף משוש כל הארץ. וכן צריך לומר כאן. ומה שאמר כאן קבלה, הוא תרגום של חושך, כמו שתרגום אימה חשיכה, אימתה וקבלה. השם יתברך יאיר מאפלינו כנאמר והיה לעת ערב יהיה אור, והיה אור הלבנה כאור החמה ואור החמה יהיה שבעתים כאור שבעת הימים. אמן כן יהי רצון:

ידי משה

ולאמי אלי האזינו. פירש רש"י בחומש ולאמי כתיב. והא דלא מביא משל מה שאמר בעטרה שעטרה לו אמו, ויש לומר שזה קאי על שלמה ומגליה לשלמה שקראן אמי לכן מביא ראיה ממקום אחר: **נופת.** עיין במתנות כהונה, ובתנם דחק, ופסוק מלא הוא נופת תטופנה (אחותי) [שפתותיך] כלה (שיר השירים ד, יא): **אמר זו היא שאומרים עליה משוש כל הארץ.** יש לדקדק למה מביא המדרש תחלת דברי הסוחר שהוא ראיה לסתור. ויש לומר דאדרבה שבאמת נראים הדברים, שמאחר שמכר הסחורה לשעה קלה אמר הסוחר שהיא משוש כל הארץ, אך יותר חזק הראיה מתחלת דברי הסוחר שהיה מתמיה עצמו על שלא מכר מיד בזו הרגע, והיה אומר אין זה משוש כל הארץ, משמע שדרך ירושלים הוא לפי שהוא משוש כל הארץ למכור ברגע תיכף בביאתו, ואם כן אין לך משוש כל הארץ מזה. ודוק:

ענף יוסף

יפה נוף נופת. הנה הנוסחא הישנה יפה נוף נוספת, אך המתנות כהונה הגיה יפה נוף נופת, והגיהו כן בפנים המדרש. ולפי גירסתו נראה שפירושו אקלים יפה, שאמרו חכמינו ז"ל (בויקרא רבה פרשה כ"ט) שבעה ארצות הן והכוונה להן שבע אקלימין שהעולם שפל נחלק בהן, ואקלים השביעי הזה שבחו דוד עליו השלום, ואמר יפה נוף משוש כל הארץ כלומר אקלים יפה, כי פירוש נוף אקלים מלשון הכתוב ביהושע (יז, יא) בענין חילוק הארץ שלשת הנפת, ותרגום יונתן תלתא פלכי, ומה שהוא בלשון הגרי אקלים, הוא בלשון הקודש נוף, ובכל נוף ונוף יש בו שינוי אויר לפי מזגו, ולפי קרבתו לשמש, ומי שנולד בנוף זה ויצא משם ונכנס בנוף אחר יחלה, אבל ירושלים נוף מזוג וטוב, וכל הנכנס שם מן הנופות היה חזק ובריא ולא יחלה לעולם, ולכך נקרא משוש כל הארץ, ועיין ב[רבינו] בחיי סדר עקב:

מסורת המדרש

יד. איכה רבתי פ"ב סימן י"ט. פסיקתא רבתי פיסקא מ"א סימן ב'. ילקוט כאן רמז תי"ז. ילקוט תהלים רמז תשנ"ה:

אם למקרא

יְפֵה נוֹף מְשׂוֹשׂ כָּל הָאָרֶץ הַר צִיּוֹן יַרְכְּתֵי צָפוֹן קִרְיַת מֶלֶךְ רָב: (תהלים מח:ג)

וַיְהִי עֶרֶב וַיְהִי בֹקֶר יוֹם אֶחָד: (בראשית א:ה)

שינוי נוסחאות

"קרית מלך רב", **"יפה נוף משוש כל הארץ".** בספרים הישנים אחר תיבת "נוף" היה כתוב תיבת "נוספת", והיא חסרת הבנה, וא"א הגיה שצ"ל "קליי נינפי" במקום "נוספת", ומ"כ כתב שצריך להגיה או "נופת" או "נינפי" במקום "נוספת", אבל המדפיסים השמיטו את התיבה לגמרי, וזה דלא כמאן: **ערבה השמחה וגלה משוש כל הארץ.** לשון זה מאד קרוב ללשון הפסוק בישעיה כד, יא, ואם כוונת המדרש לצטט אותו הפסוק, צריך להגיה "ערבה כל שמחה גלה משוש הארץ":

מתנות כהונה

הכי גרסינן **מלך רב יפה נוף נופת משוש וגו': נופת.** רמז לנופות שהיו מקיפים על המזבח בחג הסוכות. ועיין במדרש תהלים ובילקוט. או יש לפרש דצריך להגיה ננפי ופירושו כלה והכי איתא פרק ראוהו בית דין (ראש השנה כו, א) ולעיל פרשה ל"ו (סימן א): **בפרקמטיות.** סוחר עוסק בפרקמטיא: **שלו.** סחורה שלו: **ויצר.** ויצטער בעצמו אם לא יצא החשבון כפי רצונו: **קבלה.** חושך תרגום של חשך קבלה: **וערבה.** לשון ערב: **מחזיר לתוכה.** המשוש והשמחה שנאמר (ישעיה נא, ג) ששון ושמחה ימצא בה וגו':

אשד הנחלים

והוא הלב של כל העולם במעלה, כמו הלב שממנו נובע כל חיות הגוף. ודרש עוד **חתונתו על הים** שאז השיגו כולם רוח הקודש, כמו שאמרו (מכילתא שירה ג) ראתה שפחה על הים כו', ואז החלה ההשראה בהם, ועיקר השמחה היה באוהל מועד, וכן דרש על התחלות החתונה במשכן, והשמחת הלב בבית המקדש: **יפה נוף נופת.** כאן חסר, ועיין בילקוט פקודי (תיז) השלמת המאמר (הרב מורנו הרב זלמן מהוראדנא): **מעשה היה בפרקמטיאות כו'.** מביא דגם כן כפשוטו היא יפה נוף משוש כל הארץ, כי היא היתה מטרפולין של כל המדינות בעסקיה הרבים: **כיפה של חשבונות כו'.** כי היה העיר מלאה שמחה, ועוסקים רק בעניינים משמחים ובעניינים קדושים, ולכן כל החשבונות המטרידות והמביא לפעמים עצב לבעליו, כי אולי הפסיד בעסקו, היה נעשה חוץ לירושלים, שלא יצר ויצטער בירושלים: **ולאמי אלי האזינו.** פירש רש"י בחומש (עיין רש"י שיר השירים ג, יא) ולאמי כתיב (ידי משה): **וכשיבנה כו'.** מסיים בדבר טוב. ודרש ערבתה חשכתה, שימצא עוד הפעם בה ששון ושמחה תודה וקול זמרה לה': סליק ליה ספר שמות רבה לכבוד האל הגדול הגבור והנורא.

BIBLIOGRAPHY

A Tzedakah Treasury – by R' Avraham Chaim Feuer (ArtScroll/ Mesorah 5760).

Abarbanel – (1437-1508) Philosopher, statesman, leader of Spanish Jewry at the time of the Expulsion in 1492. Wrote massive commentary on nearly the entire *Tanach.*

Aderes Eliyahu – Commentary on the Pentateuch by the ***Vilna Gaon***, R' Eliyahu ben Shlomo Zalman (1720-1797).

Akeidas Yitzchak (also known simply as *Akeidah*) – Profound philosophical-homiletical commentary on the Pentateuch by R' Yitzchak Arama (1420-1494), one of the leading rabbis of 15th-century Spain.

Alshich – R' Moshe Alshich, *dayan* and preacher in Safed during its golden age. Wrote popular commentary on the *Tanach* called ***Toras Moshe***.

Arizal – acronym for *Eloki R' Yitzchak zichrono livracha* (the Godly one, R' Yitzchak, of blessed memory). R' Yitzchak Luria (died 1572) is regarded as the greatest Kabbalist of the last 500 years.

Aruch – Talmudic dictionary by R' Nassan ben Yechiel (10th century).

Aruch LaNer – Commentary on a number of Talmudic tractates by R' Yaakov Ettlinger. See also ***Minchas Ani***.

Arugas HaBosem – R' Moshe Gruenwald (Chust, 1913).

Arvei Nachal – by R' Dovid Shlomo Eibushitz (Warsaw, 5631; reprinted Israel, 5730).

Asufos Maarachos – by R' Chaim Yaakov Goldvicht.

Avnei Nezer – Title of the responsa collection of R' Avraham Borenstein of Sochachov (1839-1910), a foremost Chassidic Rebbe and Torah scholar of the 19th century; frequently cited in ***Shem MiShmuel***, the discourses of his son (see below).

Avnei Tzedek – Responsa by R' Yekusiel Yehudah Teitelbaum (Lemberg/Lvov, 5645).

Avos – Mishnah tractate in *Seder Nezikin,* which is unique in that it is devoted exclusively to the ethical teachings of the Sages.

Avos DeRabbi Nassan – One of the fourteen so-called "Minor Tractates." A collection of *Baraisos* that forms a commentary to the Mishnah tractate *Avos.*

Baal Halachos Gedolos – One of the earliest codes of Jewish law, composed by R' Shimon Kayyara, who is believed to have lived in Babylonia in the 9th century and to have studied under the ***Geonim*** of Sura.

Baal HaTurim – Commentary on the Pentateuch by R' Yaakov the son of the Rosh (c.1275-c.1340). The commentary is composed of two parts: (a) a brief one based on *gematria* and Masoretic interpretations (known as *Baal HaTurim*); (b) an extensive exegetical commentary, known as *Peirush HaTur HeAruch.*

Bach – Acronym for *Bayis Chadash*, the name of the works of R' Yoel Sirkis (1561-1640), including a commentary on the law code *Arba'ah Turim,* responsa, and emendations on the Talmud (called *Hagahos HaBach*).

Bechinos Olam – Medieval work by R' Yedayah HaPenini.

Bechor Shor – Commentary on the Pentateuch by the Tosafist R' Yosef Bechor Shor (1140-1190), disciple of ***Rabbeinu Tam.***

Be'er BaSadeh – A supercommentary on Rashi's Pentateuch commentary and the supercommentary of Mizrachi, by R' Meir Binyamin Menachem Danon, Chief Rabbi of Sarejevo, Bosnia in the early 19th century.

Be'er HaGolah – a work composed by the **Maharal** of Prague (1526-1609) to explain certain *Aggados.*

Be'er Mayim – Commentary on *Midrash Rabbah* by R' Dov Aharon Brisman (*Bereishis Rabbah,* Pietrkov 5609; *Shemos Rabbah,* Philadelphia 5766).

Be'er Moshe – Commentary on the Pentateuch by R' Moshe Yechiel HaLevi Epstein of Ozharov (5740).

Be'er Moshe – Responsa by R' Moshe Stern (Jerusalem, 1984).

Be'er Yitzchak – Supercommentary on Rashi's commentary on the Pentateuch by R' Yitzchak Yaakov Horowitz of Yaroslav (Lemberg, 5633; reprinted Jerusalem, 5727).

Be'er Yosef – by R' Yosef Tzvi Salant (Jerusalem, 5732; reprinted 5769).

Beis Elokim – by R' Moshe Trani, the *Mabit.*

Beis HaLevi – Title of many of the works of R' Yosef Dov HaLevi Soloveitchik (1820-1892), Rosh Yeshivah in Volozhin and afterward Rabbi of Slutzk and Brisk, including a commentary on the Pentateuch, responsa, and *derashos*.

Beis HaOtzar – by R' Yosef Engel (Piotrkow, 5663).

Beis Meir – Commentary on ***Shulchan Aruch*** by R' Meir Posner (d. 1807).

Beis Moed – collection of sermons by R' Menachem Rabba (Venice, 5365).

Beis Yaakov – by R' Yaakov Aharon Yanowski (Piotrkow 5660; reprinted Ashdod, 5752).

Beis Yosef – Commentary by R' Yosef Caro (1488-1575) on the law code *Arba'ah Turim.* He was also the author of the ***Shulchan Aruch*** and *Kesef Mishneh*, a classic commentary on ***Rambam's*** code.

Ben Yehoyada – Commentary on the Aggadic portions of the Talmud by the author of *Ben Ish Chai*, R' Yosef Chaim of Baghdad.

Bertinoro, R' Ovadiah of – (c.1440-1516) Leading rabbi in Italy and Jerusalem; author of the most popular commentary on the Mishnah, commonly referred to as "the Rav" or "the Bartinura"; author of *Amar Nekei,* a supercommentary on Rashi's Pentateuch commentary.

BeTzeil HaChochmah – Responsa by R' Betzalel Stern (Jerusalem, 1990).

Beur HaGra – Commentary of the ***Vilna Gaon*** on *Shulchan Aruch.*

Beur Maharif –by R' Yechezkel Feivel from Vilna.

Beurei HaGra – Talmudic commentary of the ***Vilna Gaon.***

Bikkurei Shai – Commentary on *Avos* by R' Eliav Ederi (5750).

Binyan Ariel – by R' Shaul of Amsterdam. The first volume of this two-volume work is called *Chadrei Torah* (reprinted, Jerusalem, 5725).

Bircas Shalom – Comments on *Chumash* by R' Shalom Yosef Hirschprung (Jerusalem, 5770).

Birkei Yosef – Halachic work on *Shulchan Aruch* by R' Chaim Yosef David Azulai, known as the *Chida* (died 1806).

Bnei Yisass'char – Collection of Chassidic essays on the Sabbath and holidays by R' Zvi Elimelech Shapiro of Dinov (1784-1840) (Piotrkow, 5644).

Chafetz Chaim – Title of one of the works of R' Yisrael Meir HaKohen of Radin (1838-1933), author of basic works in halachah, *hashkafah,* and *mussar,* famous for his saintly qualities, acknowledged as a foremost leader of Jewry.

Chafetz Chaim HeChadash al HaTorah –collected and arranged by R' Shalom Meir Wallach (Bnei Brak, 5767).

Chanukas HaTorah – by R' Heshel of Cracow (Pieterkov, 5660).

Chasam Sofer – Title of the many works of R' Moshe Sofer (1762-1839), Rabbi of Pressburg and acknowledged leader of Hungarian Jewry, who led the battle against Reform.

Chasdei Avos – Commentary on *Pirkei Avos* by R' Chaim Yosef

David Azulai, known as *Chida* (died 1806), author of *Birkei Yosef* on ***Shulchan Aruch***, *Nachal Kedumim* on *Chumash*, and many other works.

Chazon Ish — Title of the works of R' Avraham Yeshayah Karelitz (1878-1953), Lithuanian scholar who spent his last twenty years in Bnei Brak. He held no official position, but was acknowledged as a foremost leader of Jewry. His works cover all aspects of Talmud and Halachah.

Chazon LaMoed — by R' Mordechai Dov Eidelberg (Bialystock, 5683).

Cheifetz Hashem — Commentary on the Talmud by R' Chaim ibn Attar, author of ***Ohr HaChaim.***

Chidushei Aggados — explanations of the Aggados of the Talmud by the ***Maharal*** of Prague (1526-1609).

Chidushei HaGriz — Novellae on the Pentateuch and on the Talmud of *R' Yitzchak Zev HaLevi Soloveitchik.*

Chidushei HaLev — by R' Henoch Leibowitz (5771).

Chidushei HaRadal — Commentary on the Midrash by R' David Luria.

Chidushei HaRim — Title of the works of R' Yitzchak Meir of Ger or Gur (1799-1866), founder of Ger Chassidus.

Chikrei Lev — Responsa by R' Refael Yosef Chazan (d. 1820).

Chinuch — see ***Sefer HaChinuch.***

Chizkuni — Commentary on the Pentateuch by R' Chizkiyah Chizkuni, who lived in the 13th century, probably in France.

Chochmah U'Mussar — by R' Simchah Zissel Ziv, Alter of Kelm (New York, 5717).

Chochmas HaMatzpun — teachings of R' Yisrael Salanter (Moshe Avgi, editor) (Bnei Brak, 5759).

Chovos HaLevavos — by Rabbeinu Bachya ibn Paquda (11th century).

Daas Shraga — Collection of talks and discourses of R' Tzvi Shraga Grossbard (Bnei Brak, 5764).

Daas Sofer — by R' Akiva Sofer (reprinted Jerusalem, 5723).

Daas Tevunos — Work of religious philosophy in the form of a dialogue between the soul and the intellect, by R' Moshe Chaim Luzzatto (1707-1746).

Daas Torah — *Mussar* work by R' Yerucham Levovitz (Jerusalem, 5761).

Daas Zekeinim — Collection of comments on the Pentateuch by the Tosafists of the 12th and 13th centuries.

Dagul MeRevavah — Comments of the ***Noda BiYehudah*** on ***Shulchan Aruch.***

Daliyos Yechezkel — Collection of dissertations by R' Yechezkel Sarna (Jerusalem, 5735).

Darash Moshe — Work on the Pentateuch by R' Moshe Feinstein (New York, 1988).

Darchei Moshe — by R' Moshe Isserles (***Rama***), on the *Tur Shulchan Aruch.*

Darchei Teshuvah — Halachic compendium on *Shulchan Aruch, Yoreh Deah* by R' Chaim Elazar Spira of Munkatch (d. 1937).

Derashos HaRan — A collection of discourses by R' Nissim of Gerona, Spain (c.1290-c.1375). A classic exposition of the fundamentals of Judaism.

Derech Chaim — Commentary on *Avos* by the ***Maharal*** of Prague.

Derech Eretz Rabbah — One of the fourteen so-called "Minor Tractates." A collection of *Baraisos* dealing with marital laws, proper conduct, and ethical principles.

Derech Hashem — basic text of Jewish philosophy by R' Moshe Chaim Luzzatto (1707-1746). See ***Daas Tevunos.***

Derech LeChaim — Commentary on R' Moshe Chaim Luzzatto's book ***Derech Hashem***, by R' Chaim Friedlander (Feldheim, 5768).

Devir Kodsho — by R' Yaakov Goldberg (Jerusalem, 5769).

Dibros Moshe — Multi-volume work of Talmudic commentary by R' Moshe Feinstein.

Divrei David — Supercommentary on Rashi's commentary on the Pentateuch by R' David ben Samuel HaLevi (1586-1667), known as the ***Taz*** after his classic commentary on the ***Shulchan Aruch, Turei Zahav.***

Divrei Eliyahu — by R' Eliyahu of Vilna (Vilna, 5635).

Divrei Malkiel — Responsa by R' Malkiel Tzvi Tannenbaum, Rav of Lomza (Vilna, 5651).

Divrei Shaarei Chaim — by R' Chaim Sofer (Munkatch, 5647; reprinted New York, 5745).

Divrei Shaul — Comments on the Pentateuch by R' Yosef Shaul Natanson (Lemberg, 5635-5638; republished, Jerusalem 5767).

Divrei Sofrim — by ***R' Tzadok HaKohen*** of Lublin (Lublin, 5699).

Divrei Yatziv — Responsa by R' Yekusiel Yehudah Halberstam, the Klausenberger Rebbe.

Divrei Yoel — by R' Yoel Teitelbaum, the Satmar Rebbe (Brooklyn, 5742-3).

Doros HaRishonim — by R' Yitzchak Eizik HaLevi Rabinowitz (Pressburg-Frankfurt, 1818).

Dubno Maggid — R' Yaakov Krantz (1741-1804), the most famous of the Eastern European *maggidim,* or preachers. Best known for his parables, his discourses were collected and published in ***Ohel Yaakov,*** *Mishlei Yaakov,* and other works.

Ein Yaakov — A compilation of all the Aggadic material in the Talmud together with commentaries (Vilna, 5617-5624).

Eishel Avraham (Butchatch) — Commentary on *Orach Chaim* section of ***Shulchan Aruch*** by R' Avraham David Wahrman of Buczacz (Lemberg/Lvov, 1885).

Eitz Chaim — Central work on Kabbalah by R' Chaim Vital, based on the teachings of R' Yitzchak Luria.

Eitz Yosef — Commentary on *Midrash Rabbah* by R' Chanoch Zundel ben Yosef (first printed 5627).

Elyah Rabbah — Commentary on *Orach Chaim* section of ***Shulchan Aruch*** by R' Elyah Shapiro.

Emes LeYaakov — by R' Yaakov Kamenetsky (New York/Cleveland 5751; reprinted 5761, 5767).

Eshed HaNechalim — Commentary on *Midrash Rabbah* by R' Avraham Shik (first printed 5603).

Even Yisrael, Even Bochen — by R' Yisrael Salanter (Warsaw, 1883).

Ezras Yaakov — Compilation on *Orach Chaim, Hilchos Shabbos,* by R' Yaakov Eliezer Poppenheim (Jerusalem, 5770).

Gevuros Hashem — A work on the Exodus by the ***Maharal*** of Prague.

Gur Aryeh — Supercommentary on ***Rashi's*** Pentateuch commentary by the ***Maharal*** of Prague.

Haamek Davar — Commentary on the Pentateuch by R' Naftali Zvi Yehudah Berlin (1817-1893), Rosh Yeshivah of the famous yeshivah of Volozhin in Russia; popularly known as the Netziv.

Haamek She'eilah — Commentary on the *Sheiltos* of Rav Achai Gaon by R' Naftali Zvi Yehudah Berlin (***Netziv***).

Hadar Zekeinim — A work on the Pentateuch containing commentaries by the 11th and 12th century Tosafists and the ***Rosh,*** R' Asher ben Yechiel (c.1250-1327).

HaDerash VeHaIyun — by R' Aharon Levin (Bilgoraj, 5688).

HaGra — acronym for *HaGaon R' Eliyahu*, the ***Vilna Gaon.***

HaKesav VeHaKabbalah — Comprehensive commentary on the Pentateuch by R' Yaakov Tzvi Mecklenburg (1785-1865), Chief Rabbi of Koenigsberg in Germany. It demonstrates how the Oral Tradition inheres in the written text of the Pentateuch.

HaKoseiv — Commentary on the Aggados of the Talmud by R' Yaakov ibn Habib (d. 1516). Printed as part of the original ***Ein Yaakov*** by the same author.

HaLekach VeHaLibuv — by R' Avraham Schorr (5767).

HaMaor SheBaTorah — by R' Shalom Tzvi Shapiro (Bnei Brak, 5756).

HaSabba MiSlobodka — by R' David Nesanel Weinberger; a biography of R' Nassan Tzvi Finkel, the *Alter* of Slobodka, an analysis of his approach and a selection from his writings (Brooklyn, 5746).

HaTirosh — Commentary on Midrash by R' Simcha Reuven Edelman (Warsaw, 5751-5661).

Hegyonei HaParashah — by R' Aryeh David Wasserman (Jerusalem, 5769).

Hegyonos — Essays by R' Moshe Shlomo Kasher (New York, 5715).

Hirsch, R' Samson Raphael — (1808-1888) Rabbi in Frankfurt-am-Main; great leader of modern German-Jewish Orthodoxy and battler against Reform; author of many works, including a six-volume commentary on the Pentateuch.

Ibn Ezra, R' Avraham — (1089-c.1164) Bible commentator; *paytan.* Composed classic commentary on entire *Tanach*, famous for its grammatical and linguistic analysis.

Iggeres Bikkores — Historical work on Targumim and Midrashim by R' Tzvi Hirsch Chayes (Zholkva, 5601).

Iggeres Teiman — Rambam's famous letter to the Jews of Yemen urging them to remain steadfast in their faith in the face of false messianism and Moslem religious persecution. An exposition of many fundamental aspects of *hashkafah*.

Igros Moshe — Responsa of R' Moshe Feinstein.

Imrei Da'as — by R' Yehuda Meir Shapiro of Lublin (Bnei Brak, 5758).

Imrei Emes — Chassidic discourses on the Pentateuch by R' Avraham Mordechai Alter, the third Gerrer Rebbe (1865-1948).

Iyun Yaakov — Commentary on Aggadic portions of the Talmud by R' Yaakov Reischer, author of Responsa *Shevus Yaakov*. Printed in ***Ein Yaakov***.

Kaf HaChaim — Commentary on *Orach Chaim* and portions of *Yoreh Deah* by R' Yaakov Chaim Sofer (Jerusalem, 1905).

Keren LeDavid — Comments on *Chumash* by R' Eliezer David Greenwald (Satmar, 5699).

Keren Orah — Commentary on the Talmud by R' Yitzchak Minkovsky of Karlin (d. 1852).

Keser Rosh — by R' Asher HaKohen, disciple of ***R' Chaim of Volozhin*** (Volozhin 5579; reprinted Jerusalem 5772).

Ketores Samim — by R' Yechiel Moshe Sogolowitz (Piotrkow, 5690).

Kiflayim LeSushiyah — by R' Zvi Hirsh Shlez (Berdichev, 5655).

Kiryas Sefer — by R' Moshe of Trani, known as *Mabit*.

Kisvei HaMaggid MeDubno — by R' Eliezer Steinman (Tel Aviv, 5712).

Kli Yakar — Popular commentary on the Pentateuch by R' Shlomo Ephraim Lunshitz (c.1550-1619), Rosh Yeshivah in Lemberg and Rabbi of Prague, one of the leading Polish rabbis of the early-17th century.

Kluger, R' Shlomo — (1785-1869) Rabbi of Brody in Galicia.

Kochav MiYaakov — commentary on the *Haftaros* by R' Yaakov Kranz, the ***Dubno Maggid.***

Kol Bo — Anonymous halachic compendium (late-13th — early-14th cent.).

Kol Eliyahu — by the ***Vilna Gaon*** (Chanoch Henoch Erzohn, editor) (Piotrkow, 5665).

Kol Ram — Collection of comments and discourses of R' Moshe Feinstein, arranged for publication by R' Avraham Shlomo Fishelis (second edition, New York 5747).

Kol Yaakov — Parables and discourses on the five Megillos by the ***Dubno Maggid.***

Korban HaEidah — Commentary on ***Talmud Yerushalmi*** by R' Elijah ben Judah Loeb of Fulda.

Kotzk, R' Menachem Mendel of — (1787-1859) One of the leading Chassidic Rebbes in the mid-19th century; his pithy comments are published in *Emes VeEmunah,* in *Ohel Torah,* and in the numerous works of his disciples.

Kovetz He'aros — Comments on Tractate *Yevamos* by R' Elchanan Wasserman, Rosh Yeshiva of Baranovitch.

Kovetz Maamarim — by R' Elchanan Wasserman, Rosh Yeshiva of Baranovitch.

Kovetz Shiurim — by R' Elchanan Wasserman, Rosh Yeshiva of Baranovitch.

Ksav Sofer — Title of the responsa collection and of the Pentateuch commentary of R' Avraham Shmuel Binyamin Sofer of Pressburg (1815-1879), son and successor of the Chasam Sofer (see above).

Kuzari — Basic work of Jewish religious philosophy in the form of a dialogue; by R' Yehudah HaLevi (c.1080-c.1145), the most famous of the medieval Jewish liturgical poets in Spain.

Lechem Mishneh — Supercommentary on *Rambam's Yad HaChazakah* by R' Avraham de Boton (Venice, 1609).

Lekach Tov — Contemporary anthology of *mussar* and *hashkafah* writings arranged according to the Pentateuchal weekly readings, by R' Yaakov Yisrael Beifus.

Lev Eliyahu — by R' Elyah Lopian (Jerusalem, 5731; reprinted 5765).

Likkutei HaRim — Collection of comments of the first Gerrer Rebbe, R' Yitzchak Meir Alter (Beit Shemesh, 5770).

Likkutei Maamarim — by ***R' Tzadok HaKohen*** of Lublin.

Likkutei Maharich — by R' Yisrael Chaim Friedman (Satmar, 5692).

Likkutei Yehudah — by R' Yehudah Aryeh Leib Alter (Jerusalem, 5721).

Limudei Nissan — Collection of thoughts and comment by R' Nissan Alpert on *Chumash* (5750).

Maalos HaTorah — by R' Avraham, brother of the ***Vilna Gaon.***

Maarchei Lev — discourses by the late Mashgiach of Gateshead, R' Moshe Schwab (Bnei Brak/Jerusalem, 5741-5750).

Maarich — Talmudic dictionary by Menachem de Lonzano (17th century), supplementing work of ***Aruch***.

Maayan Beis Hasho'eivah — by R' Shimon Schwab (Brooklyn, 5754).

Machshevos Charutz — by R' Tzadok HaKohen of Lublin (1823-1900), Chassidic Sage and thinker; prolific author in many aspects of Torah; one of the leading scholars of the 19th century. Largest of his many works is ***Pri Tzaddik***, a collection of his discourses on the Pentateuch.

Magen Avraham — Basic commentary on ***Shulchan Aruch*** *Orach Chaim,* by R' Avraham Gombiner (1634-1682) of Kalisch, Poland.

Magen V'Tzinah — by R' Yitzchak Isaac Chaver (reprinted Bnei Brak, 5745).

Maharal — Acronym for *R' Yehudah Loewe* ben Bezalel (1526-1609), one of the seminal figures in Jewish thought in the last five centuries. Chief Rabbi in Moravia, Posen, and Prague. Author of numerous works in all fields of Torah.

Maharam — Acronym for *Moreinu HaRav Meir* ben Gedaliah of Lublin, Poland (1558-1616), Rabbi and Rosh Yeshivah in a number of leading communities in Poland; author of a commentary on the Talmud; responsa; and *Torah Or,* sermons based on the Torah.

Maharam Schik — Acronym for *Moreinu HaRav Moshe Schik* (d. 1879), student of the ***Chasam Sofer*** and author of Responsa.

Maharik — Responsa by R' Yosef Colon (died 1480).

Maharil Diskin — Acronym of *Moreinu HaRav Yehoshua Leib Diskin* (1818-1898), one of the leading Torah scholars of the 19th century, Rabbi in several Lithuanian communities, especially Brisk; subsequently settled in Jerusalem. Among his works is a commentary on the Pentateuch.

Maharit — Acronym for *Moreinu HaRav Yosef Trani* (1568-1639), Rosh Yeshivah and Chief Rabbi of Constantinople; the leading Sephardic Halachist of the early 17th century. His responsa collection, *She'eilos U'Teshuvos Maharit*, is considered a classic.

Maharsha — Acronym for *Moreinu HaRav Shlomo Eidel's* of Ostroh, Poland (1555-1632), Rosh Yeshivah and Rabbi in a number of the leading communities of Poland. Author of monumental commentaries on the Halachic and Aggadic sections of the Babylonian Talmud.

Maharshal — Acronym for *Moreinu HaRav Shlomo Luria* (1510-1573), one of the leading Rabbis of Poland in the 16th century; author of numerous works on Talmud and Halachah, as well as a supercommentary on ***Rashi's*** Pentateuch commentary.

Maharzu — Acronym for *Moreinu HaRav Zeev Wolf* Einhorn of Vilna (died 1862). Wrote a major commentary on *Midrash Rabbah*.

Malbim —Acronym for *Meir Leibush ben Yechiel Michel* (1809-1879), Rabbi in Germany, Romania, and Russia, leading Torah scholar and one of the preeminent Bible commentators of modern times. Demonstrated how the Oral Tradition is implicit in the Biblical text.

Masas Kappai — by R' David Cohen (Brooklyn, 5745-5769).

Maskil LeDavid — Supercommentary on ***Rashi's*** Pentateuch commentary by R' David Pardo (1710-1792), Rabbi in Sarajevo and Jerusalem, author of many important works; one of the leading Sephardic Torah scholars of the 18th century.

Matas Yah — commentary on Midrash by R' Matisyahu Strashun (Vilna, 5653).

Matnos Kehunah — Commentary on the *Midrash Rabbah* by R' Yissachar Ber HaKohen (c.1520-1590), a student of the ***Rama***.

Me'am Loez — Monumental Ladino commentary on the entire *Tanach* begun by R' Yaakov Culi of Constantinople (1689-1732), a disciple of the *Mishneh LaMelech*. The most popular Torah work ever published in Ladino, it has won great popularity in its Hebrew and English translations as well.

Mechilta — Tannaitic halachic Midrash to the Book of *Exodus*.

Meishiv Nefesh — Commentary on the Pentateuch by R' Shmuel Gintzler (Marmarosh-Sighet, 5672).

Meromei Sadeh — commentary on a number of Talmudic tractates by R' Naftali Tzvi Yehudah Berlin (***Netziv***).

MeRosh Tzurim — Talks on the weekly *Parashah* by R' Moshe Reiss (Jerusalem, 5758).

Meshech Chochmah — Commentary on the Pentateuch by R' Meir Simcha HaKohen of Dvinsk (1843-1926), a foremost Torah scholar of his time and author of the classic ***Ohr Same'ach*** on the Rambam's *Mishneh Torah.*

Mesillas Yesharim — Basic *mussar* text, by R' Moshe Chaim Luzzatto (died 1746).

Michtav MeEliyahu — Collected writings and discourses of R' Eliyahu Eliezer Dessler (1891-1954) of London and Bnei Brak, one of the outstanding personalities and thinkers of the Mussar movement.

MiDarchei Avraham — by R' Avraham Mordechai Breitstein (Jerusalem, 5758).

Midrash HaNe'elam — Kabbalistic Midrash, part of the ***Zohar.***

Midrash Lekach Tov — Midrashic work on the Pentateuch and the Five *Megillos* compiled by R' Toviah (ben Eliezer) HaGadol (1036-1108) of Greece and Bulgaria. This work is also known as ***Pesikta Zutrasa.***

Midrash Shmuel — commentary on *Pirkei Avos* by Rabbi Shmuel de Uzida of Venice (16 century).

Midrash Shocher Tov — Ancient Midrash on *Psalms* (also known as ***Midrash Tehillim***) and on *Proverbs*.

Midrash Tanchuma — See below, ***Tanchuma.***

Midrash Tehillim — Ancient Midrash on *Psalms*, also known as *Midrash Shocher Tov.*

Minchah Belulah — Commentary on the Pentateuch by R' Avraham Rapa of Porto and Venice, Italy (died 1593).

Minchas Ani — Comments on the Pentateuch by R' Yaakov Ettlinger, author of *Aruch LaNer* and Responsa *Binyan Tzion* (Altona, 5633).

Minchas Chinuch — Commentary on ***Sefer HaChinuch*** by R' Yosef Babad (d. 1874).

Minchas Yitzchak — Responsa of R' Yitzchak Yaakov Weiss.

Mishnah Berurah — Commentary on *Orach Chaim* section of ***Shulchan Aruch*** by ***Chafetz Chaim***.

Mishnas DeRabbi Eliezer — Commentary on Midrash by R' Eliezer from Pinitchov (first printed 5465).

Mishnas R' Aharon — by R' Aharon Kotler.

Mishneh LaMelech — Commentary on *Rambam's Mishneh Torah* by R' Yehuadah Rosanes.

Mizrachi — Supercommentary on Rashi's Pentateuch commentary by R' Eliyahu Mizrachi (1450-1525) of Constantinople, Chief Rabbi of the Turkish Empire.

Moreh Nevuchim ("Guide for the Perplexed") — Major work of Jewish philosophy by ***Rambam***.

Moshav Zekeinim — Collection of comments on the Pentateuch by the Tosafists of the 12th and 13th centuries.

Musaf Aruch (or: *Musaf HeAruch*) — Talmudic Dictionary by Benjamin Mussafia, expanding on the work of ***Aruch*** (first printed in the Amsterdam 1655 edition of *Aruch*).

Nachalas Eliezer — discourses by R' Chizkiyahu Eliezer Kahan (5731).

Nachalas Yaakov — Commentary on the Pentateuch by R' Yaakov Loerberbaum (d. 1832), Rabbi of Lissa in Prussian Poland. Famous Torah scholar and author of *Nesivos HaMishpat* and *Chavos Daas* on ***Shulchan Aruch.***

Nachalei Mayim — by R' Yaakov Meir Padwa (Warsaw, 5643).

Nechmad LeMareh — Commentary on Midrash by R' Shlomo Shalem (first printed 5537).

Nefesh HaChaim — Basic work of religious philosophy by ***R' Chaim of Volozhin*** (1749-1821), primary disciple of the ***Vilna Gaon***; founder of the famous yeshivah of Volozhin.

Nefesh HaGer — Commentary on ***Targum Onkelos*** by R' Mordechai Levenstein.

Ner Mitzvah — Essays on Chanukah by the ***Maharal*** of Prague.

Nesivos Olam — Essays on fundamental topics in Jewish thought by the ***Maharal*** of Prague.

Nesivos Shalom — by R' Shalom Noah Berezovsky (Slonimer Rebbe).

Netzach Yisrael — Essays on exile and redemption by the ***Maharal*** of Prague.

Netziv — Acronym for *R' Naftali Tzvi Yehudah Berlin.* Author of ***Haamek Davar, Haamek She'eilah,*** and ***Meromei Sadeh.***

Nezer HaKodesh — by R' Yechiel Michel ben Uzziel (Jessnitz, 1719). Major commentary on *Bereishis Rabbah.*

Noam Elimelech — Collection of Chassidic discourses on the Pentateuch by R' Elimelech of Lizhensk (1717-1787), a founder of the Chassidic movement (Lemberg, 1788).

Noam Siach — by R' Shneur Kotler (Jerusalem, 5748).

Noda BiYehudah — Responsa of R' Yechezkel Landau of Prague (1713-1793).

Ohel David — by R' David Cohen (Brooklyn, 5765).

Ohel Yaakov — See ***Dubno Maggid.***

Ohel Yehoshua — by R' Yehoshua Heller; Rav in Lithuania, late 19th century (Vilna, 5642; reprinted Jerusalem, 5754).

Ohr Gedalyahu — by R' Gedaliah Schorr.

Ohr HaChaim — Commentary on the Pentateuch by the famous Kabbalist and Talmudic scholar R' Chaim ibn Attar (1696-1743), Rabbi and Rosh Yeshivah in Livorno, Italy, and subsequently in Jerusalem.

Ohr HaSeichel — Commentary on *Bereishis Rabbah* by R' Avraham ben Asher, often quoted as אב״א (first printed in 5327).

Ohr HaTzafun — by R' Nosson Tzvi Finkel (1849-1927), spiritual head of the Slabodka Yeshivah; one of the giants of the Lithuanian Mussar movement (Jerusalem, 5719).

Ohr Yechezkel — *Mussar* work by R' Yechezkel Levenstein (Bnei Brak, 5736).

Ohr Yisrael — Collection of letters and essays of R' Yisrael Lipkin (R' Yisrael Salanter), compiled by his student R' Yitzchak Blazer (Vilna, 5660; reprinted Jerusalem 5731).

Olelos Ephraim — by R' Ephraim Lunshitz, author of ***Kli Yakar.*** Disciple of ***Maharshal*** and Rav of Prague.

Onkelos — See below, ***Targum Onkelos.***

Ori V'Yishi — by R' Eliav Ederi (Givataim, 5753).

Os Emes — by R' Meir ben Shmuel Benvenisti (first printed in 5325). References and emendations on Midrash.

Oznaim LaTorah — Commentary on the Pentateuch by R' Zalman Sorotzkin (1881-1966), one of the leading Rabbis in Lithuania (popularly known as "the Lutzker Rav") and subsequently in Israel. Has been published in English as *Insights in the Torah.*

Pachad Yitzchak — The collected discourses of R' Yitzchak Hutner (1907-1980), Rosh Yeshivah of Mesivta R' Chaim Berlin in New York, and a foremost thinker and leader of Jewry. His works are based in great measure on those of the ***Maharal.***

Panim Yafos — Commentary on the Pentateuch by R' Pinchas Horowitz (1730-1805), one of the leading Torah scholars of the 18th century, Rabbi in Frankfurt-am-Main, author of the classic works *Haflaah* and *Hamakneh* on the Talmud.

Pardes Yosef — by R' Yosef Potzonovsky (Piotrkow, 5691).

Peninei Daas — by R' Elyah Meir Bloch (Wickliffe, 5754).

Pesikta DeRav Kahana — Ancient Midrashic collection on certain portions of the Pentateuch as well as on the *Haftaros* of the festivals and special Sabbaths, by R' Kahana, probably the Amora R' Kahana, the disciple of Rav (second century).

Pesikta Rabbasi — Midrashic collection of homilies compiled in the Geonic era on parts of the weekly Torah reading, certain *Haftaros,* and certain special Sabbaths.

Pesikta Zutrasa — Midrashic work on the Pentateuch and the Five *Megillos* compiled by R' Toviah (ben Eliezer) HaGadol (1036-1108) of Greece and Bulgaria. This work is also known as *Midrash Lekach Tov.*

Pirkei DeRabbi Eliezer — Midrash composed by the school of the Tanna R' Eliezer ben Hyrcanus (c. 100). An important commentary on this Midrash was composed by R' David Luria (1798-1855), one of the leading Torah scholars in Russia in the early 19th century.

Pischei Teshuvah — Digest of responsa arranged according to the order of the ***Shulchan Aruch*** (excluding ***Orach Chaim***), forming a kind of commentary to that law-code, by R' Avraham Tzvi Hirsch Eisenstadt (1813-1868), Rabbi of Utian, Lithuania.

Pnei Yehoshua — Talmudic commentary by R' Yaakov Yehoshua Falk (1680-1756).

Pri Megadim — Monumental supercommentary on the ***Shulchan Aruch*** commentaries ***Magen Avraham,*** *Turei Zahav,* and ***Sifsei Cohen,*** by R' Yoseph Teomim (1727-1792), *dayan* in Lemberg and Rabbi in Frankurt an der Oder.

Pri Tzaddik — Collection of discourses on the Pentateuch by ***R' Tzadok HaKohen.***

R' Avraham ben HaRambam — (1186-1237) Successor to his illustrious father as Naggid, or official leader, and Chief Rabbi of Egyptian Jewry. Wrote commentary on the Pentateuch in Arabic of which only the sections on *Genesis* and *Exodus* have survived.

R' Chananel — (died c. 1055) Rosh Yeshivah and Rabbi of the Jewish community of Kairouan, North Africa; author of famous Talmud commentary and commentary on the Pentateuch, which is quoted by ***Ramban, R' Bachya,*** and others.

R' Elchanan Wasserman — renowned Rosh Yeshiva of Baranovitz and close student of the Chafetz Chaim; killed by the Nazis in 1941.

R' Matisyahu Strashun — author of ***Matas-Yah*** on Midrash; son of ***Rashash.***

R' Menachem Recanati — (late-13th — early-14th cent.) Italian Kabbalist who composed a mystical commentary on the Pentateuch.

R' Moshe HaDarshan — 11th-century compiler of Midrashic anthology known as *Yesod R' Moshe HaDarshan,* cited by ***Rashi*** and other Rishonim.

R' Saadiah Gaon — (882-942) Head of the famous yeshivah of Pumbedisa, zealous opponent of Karaism; author of many works in all areas of Torah learning, including the philosophical work, *Emunos VeDei'os,* as well as an Arabic translation of the Pentateuch.

R' Simchah Bunim of Peshis'cha — (1765-1827) Leading Chassidic Rebbe in Poland in the early-19th century. Some of his teachings are collected in *Chedvas Simchah, Kol Simchah,* and *Ramasayim Tzofim.*

R' Simchah Zissel Ziv of Kelm — "The Alter of Kelm" (1824-1898). One of the foremost disciples of R' Yisrael Salanter;

founder and head of the famous *Mussar* yeshivah, the Talmud Torah of Kelm, Lithuania. His discourses were published as *Daas Chochmah U'Mussar* (2 volumes).

R' Tzadok HaKohen – (1823-1900) Chassidic sage and thinker; prolific author in many aspects of Torah; one of the leading Torah scholars of the 19th century. Largest of his many works is ***Pri Tzaddik,*** a collection of his discourses on the Pentateuch.

R' Yehudah HaLevi – See **Kuzari.**

R' Yehoshua Leib Diskin – (1818-1898), one of the leading Torah scholars of the 19th century, Rabbi in several Lithuanian communities, especially Brisk; subsequently settled in Jerusalem. Among his works is a commentary on the Pentateuch.

Raavad – Acronym for *R' Avraham ben David* of Posquieres, Provence (c.1120-c.1197), one of the leading Torah scholars of the 12th century, famous for his critical notes on the *Mishneh Torah* of the Rambam, as well as many other works on Talmud and Halachah.

Rabbeinu Bachya – (1263-1340) Student of the *Rashba*, author of a commentary on the Pentateuch containing four modes of interpretation: plain meaning of the text, and Midrashic, philosophical, and Kabbalistic exegeses.

Rabbeinu Tam – (1100-1171) Grandson of Rashi, and one of the foremost Tosafists.

Rabbeinu Yonah of Gerona – (d. 1263), author of ***Shaarei Teshuvah*** and Talmudic commentator. He also authored a commentary on *Pirkei Avos* and on the Book of *Proverbs.*

Radak – Acronym for *R' David Kimchi* (1160-1235) of Provence, leading Bible commentator and grammarian. Of his famous commentary on *Tanach,* only the sections to Genesis, the Prophets, Psalms, Proverbs, and Chronicles have survived.

Radal – Acronym for *R' David Luria.* His commentary on the Midrash is called *Chidushei HaRadal.*

Radvaz – Acronym for *R' David ben Zimra* (c.1480-1573), Chief Rabbi of Egypt, one of the leading rabbis of the 16th century; his responsa collection is considered a classic.

Ralbag – Acronym for *R' Levi ben Gershom* [Gersonides] (1288-1344) of Provence. According to some, he was a grandson of Ramban. Composed rationalistic commentary on the Scriptures which explains the text, and then sums up the philosophical ideas and moral lessons contained in each section.

Rama – Acronym for R' Moshe Isserles, author of ***Darchei Moshe*** on the *Tur Shulchan Aruch*, glosses on ***Shulchan Aruch***. Reflects Ashkenazic practice.

Rambam – Acronym for *R' Moshe ben Maimon* ["Maimonides"] (1135-1204), one of the leading Torah scholars of the Middle Ages. His three major works are: *Commentary to the Mishnah* in Arabic; *Mishneh Torah,* a comprehensive code of Jewish law; and *Moreh Nevuchim* ("Guide for the Perplexed").

Ramban – Acronym for *R' Moshe ben Nachman* ["Nachmanides"] (1194-1270) of Gerona, Spain, one of the leading Torah scholars of the Middle Ages; successfuly defended Judaism at the dramatic debate in Barcelona in 1263; author of numerous basic works in all aspects of Torah, including a classic commentary on the Pentateuch.

Ran – Acronym for *R' Nissim* of Gerona, Spain (c.1290-c.1375), famous for his Talmudic commentary.

Rash MiShantz – Acronym for *R' Shimshon MiShantz* (Sens), one of the Tosafists and author of a commentary on *Toras Kohanim* and on Mishnayos *Zeraim* and *Tohoros.*

Rashash – Acronym for *R' Shmuel Strashun* of Vilna (1794-1872). His annnotations and glosses on nearly every tractate of the Mishnah, Talmud, and *Midrash Rabbah* are printed in the Romm (Vilna) editions of the Talmud and the *Midrash Rabbah.*

Rashba – Acronym for *R' Shlomo Ibn Aderes* (1235-1310), the leading rabbi in Spain in the late-13th century. Famous for his many classic works in all branches of Torah learning, including thousands of responsa dealing with all aspects of Bible, Aggadah, Talmud, and Halachah.

Rashbam – Acronym for *R' Shmuel ben Meir* (c.1085-1174), grandson of ***Rashi*** and brother of ***Rabbeinu Tam,*** leading Tosafist and Talmud commentator, author of a commentary on the Pentateuch.

Rashi – Acronym for *R' Shlomo Yitzchaki* (1040-1105), considered ***the*** commentator par excellence. Rashi's commentary on the Pentateuch as well as his commentary on the Talmud are considered absolutely basic to the understanding of the text to this very day.

Resisei Laylah – Collection of essays by ***R' Tzadok HaKohen*** (1823-1900).

Ritva – Acronym for *R' Yom Tov Ben Avraham* al-Asevilli (1248-1330), Rabbi in Saragossa, Spain, one of the leading Rabbis in Spain in his day; famous for his classic novellae on the Talmud.

Rokeach – Guide to ethics and halachah, by R' Elazar Rokeach of Worms (c.1160-c.1238), a leading scholar and mystic of the medieval *Chachmei Ashkenaz* (German Pietists); author of many works, including a commentary on the Pentateuch.

Rosh – Acronym for *R' Asher ben Yechiel* (c.1250-1327), disciple of *Maharam* of Rottenberg. He fled to Spain from Germany and became Rabbi of Toledo and one of the leading authorities of his era; author of a classic halachic commentary on the Talmud and *Responsa Teshuvos HaRosh*, as well as other works including a commentary on the Pentateuch.

Sechel Tov – Compilation of Midrashim, arranged on each verse of the Pentateuch and the Five *Megillos,* interspersed with halachic notes and original comments, by R' Menachem ben Shlomo of Italy (12th century).

Seder HaDoros – by R' Yechiel ben Shlomo Heilprin (Warsaw, 1882).

Seder Olam – Ancient chronological work quoted by the Gemara, attributed to the Tanna R' Yose ben Chalafta.

Sefer Chassidim – Classic miscellaneous work of Mussar, Halachah, customs, Bible commentary, and Kabbalah, by R' Yehudah HaChassid of Germany (c. 1150-1217).

Sefer HaChinuch – The classic work on the 613 commandments, their rationale and their regulations, by an anonymous author in 13th-century Spain.

Sefer HaIkkarim – Classic work on the principles of faith by R' Yosef Albo (died c. 1444).

Sefer HaMichtam – by R' David of Narbonne.

Sefer HaMitzvos – Listing and explanation of the 613 commandments, with a seminal preface explaining the principles of how to classify which Biblical precepts are to be included in the list, by ***Rambam.***

Sefer HaPardes – Halachic compendium, from the school of ***Rashi;*** includes certain of his legal decisions.

Sefer HaZikaron – Supercommentary on ***Rashi's*** Pentateuch commentary by R' Avrahaham Bakrat, who lived at the time of the Expulsion from Spain of 1492.

Sfas Emes – Discourses on the Pentateuch and other subjects, by

R' Yehudah Leib Alter (1847-1905), the second Gerrer Rebbe and leader of Polish Jewry.

Sforno — Classic commentary on the Pentateuch by R' Ovadiah Sforno of Rome and Bologna, Italy (1470-1550).

Shaarei Aharon — A contemporary encyclopedic commentary on the Pentateuch by R' Aharon Yeshayah Rotter of Bnei Brak.

Shaarei Simchah — by R' Simchah Bunim Sofer (Vienna, 1923).

Shaarei Teshuvah — Classic work on repentance by ***Rabbeinu Yonah*** of Gerona.

Shaar HaGilgulim — by R' Chaim Vital, prime disciple of the ***Vilna Gaon.***

Shach — See ***Sifsei Kohen***.

Shelah — Acronym for *Shnei Luchos Habris* ("The two Tablets of the Covenant"), by R' Yeshayah Hurwitz (1560-1630), Rabbi in Poland, Frankfurt, Prague, and Jerusalem, one of the leading Torah scholars of the early-17th century. It includes fundamental tenets of Judaism, basic instruction in Kabbalah, and a commentary on the Pentateuch.

Shem MiShmuel — Chassidic discourses on the Pentateuch and other subjects, by R' Shmuel Bornstein of Sochachov (1856-1920), son of the *Eglei Tal* (Jerusalem, 5752).

Shibbolei HaLeket — Halachic compendium, by R' Tzidkiyah HaRofei of Rome (c.1230-c.1300).

Shiltei Gibborim — Talmudic commentary by R' Yehoshua Boaz (died 1557); printed on the side of the *Rif* in our editions of the Talmud.

Shiurei Daas — by R' Yosef Yehudah Leib Bloch (New York, 5709 [Vol. 1]; Tel Aviv, 5713 [Vol. 2], 5716 [Vol. 3]).

Shorashim — Alphabetical encyclopedia of the roots of all words found in the Bible. A seminal work by the famous grammarian R' Yonah Ibn Janach (c.990-c.1055) of Cordoba and Saragossa. Written in Arabic, it became available in Hebrew only in the last century.

Shoshanim LeDavid — Commentary to Mishnah by R' David Pardo (Venice, 5512).

Shulchan Aruch — Code of Jewish Law. Written by *R' Yosef Caro* (Venice, 1565). Reflects Sephardic practice (see ***Rama***).

Sichos Malachei HaShareis — by ***R' Tzadok HaKohen*** of Lublin (Lublin, 5687).

Sichos Mussar — by R' Chaim Shmulevitz (Jerusalem 5740; reprinted 5762 and 5770).

Sifra — Tannaitic halachic Midrash to the Book of *Leviticus;* also known as ***Toras Kohanim.***

Sifrei (or, ***Sifri***) — Tannaitic halachic Midrash to the Books of *Numbers* and *Deuteronomy*.

Sifrei Zuta — A relatively rare collection of Tannaitic halachic Midrashim to the Books of *Numbers* and *Deuteronomy*.

Sifsei Chachamim — Popular supercommentary on Rashi's Pentateuch commentary, by R' Shabsai Bass (1641-1718), well-known publisher.

Sifsei Chaim — by R' Chaim Friedlander (Bnei Brak, 5757).

Sifsei Kohen — Title of many of the works of R' Shabbtai Cohen (died 1663), most famously the *Shach* (*Sifsei Kohen*) on *Shulchan Aruch, Yoreh Deah* and *Choshen Mishpat*.

Soloveitchik, R' Chaim — (1853-1918) "Reb Chaim Brisker"; Rosh Yeshiva in Volozhin and subsequently Rabbi of Brisk, renowned for his seminal approach to Torah learning.

Soloveitchik, R' Yitzchak Zev — (1886-1959). Successor of his father as Rabbi of Brisk, he was also a teacher of the foremost Lithuanian Torah scholars, a practice he continued when he settled in Jerusalem in 1940; major leader of world Jewry.

Taama D'Kra — by R' Chaim Kanievsky (Bnei Brak, 5768).

Talelei Oros — by R' Yissochor Dov Rubin (Bnei Brak, 5753).

Talmud Yerushalmi — The Talmud composed by the Amoraim of *Eretz Yisrael* in the 2nd-4th centuries. Although traditionally called the Talmud of Jerusalem, it was composed in the Galilee, since the Romans did not permit the Jews to reside in Jerusalem in that era.

Tanchuma — Aggadic midrash on the Pentateuch, attributed to the school of the Amora R' Tanchuma bar Abba of *Eretz Yisrael* (late-4th century).

Tanna DeVei Eliyahu — A Midrashic work comprised of two parts: the larger, earlier *Tanna DeVei Eliyahu Rabbah* and the smaller, later *Tanna DeVei Eliyahu Zuta.*

Targum or ***Targum Onkelos*** — Authoritative Aramaic translation of the Pentateuch by the proselyte Onkelos (c. 90). This work, which earned the approbation of his teachers, the Tannaim R' Eliezer and R' Yehoshua, is an interpretive translation.

Taz — Acronym for *Turei Zahav* ("Rows of Gold"), a basic commentary on the ***Shulchan Aruch*** by R' Dovid ben Shmuel HaLevi (1586-1667), one of the foremost Rabbinical authorities in 17th-century Poland.

Tehillim HaMeforash — Commentary on *Psalms* drawn from the classic commentators, by R' Yaakov Weingarten (Jerusalem, 5772).

Terumas HaDeshen — Collection of responsa by R' Yisrael Isserlein (d. 1460).

Tiferes — multi-volume Torah digest (Jerusalem, 5755-5769).

Tiferes Shimshon — by R' Shimshon Pincus.

Tiferes Tzion — by R' Yitzchak Zev Yadler. Comprehensive commentary on *Midrash Rabbah* (Israel, 1959).

Tiferes Yisrael — Comprehensive commentary on the Mishnah, by R' Yisrael Lipschutz (1782-1860), Rabbi in a number of Jewish communities in Germany.

Tiferes Yisrael — by the ***Maharal*** of Prague.

Tiferes Yonasan — by R' Yonasan Eybeschutz.

Tomer Devorah — by R' Moshe Cordevero.

Torah Sheleimah — Monumental multi-volume encyclopedia of all Talmudic and Midrashic sources on the Pentateuch, with explanations, scholarly notes and essays by R' Menachem Kasher (1895-1983), noted Israeli Torah scholar. He published thirty-eight volumes, up to *Parashas Beha'aloscha* before his death. *Torah Sheleimah* is currently being completed by his disciples.

Torah Temimah — by R' Baruch HaLevi Epstein (died 1941) (reprinted Tel Aviv, 5729).

Toras HaOlah — A work on the symbolic meaning of the sacrifices by ***Rama***.

Toras Kohanim — See ***Sifra.***

Toras Kohen — by R' Alexander Ziskind Kahana, a disciple of ***R' Simchah Bunim of Peshis'cha*** (Warsaw, 5699).

Toras Chaim — Talmud commentary by R' Avraham Chaim Shor (d. 1632).

Toras Maharitz — by R' Yosef Tzvi Dushinsky (Jerusalem, 5716-5738).

Toras Maharim — by R' Yisrael Moshe Dushinsky (Jerusalem, 5764).

Toras Moshe — commentary on the *Tanach* by R' Moshe Alshich; see ***Alshich***.

Toras Moshe — Commentary on the Pentateuch by R' Moshe Sofer, known as the ***Chasam Sofer.***

Toras Yechiel — by R' Akiva Yehosef (reprinted Jerusalem, 5731).

Tosafos — The Talmudic glosses of the French and German rabbis of the 12th and 13th centuries on the Babylonian Talmud printed in all editions of that work alongside the text of the Gemara.

Tosefos Yom HaKippurim — Commentary on Tractate *Yoma* by R' Moshe ibn Habib (d. 1696).

Tosefta — Tannaitic collection of *Baraisos,* traditionally attributed to R' Chiya and his circle (*Iggeres Rav Sherira Gaon*); a kind of parallel work to the Mishnah.

Tur — Code of Jewish law composed by R' Yaakov, the son of the ***Rosh*** (c.1275-c.1340). The *Arba Turim* (which is its full title) is composed of four parts: *Tur Orach Chaim, Tur Yoreh Deah, Tur Even HaEzer,* and *Tur Choshen Mishpat.*

Turei Aven — Commentary on a number of Talmudic tractates by R' Aryeh Leib Gunzberg (died 1785), author of *Shaagas Aryeh.*

Tzitz Eliezer — Responsa of R' Eliezer Waldenberg.

Tzlach — Talmud commentary by R' Yechezkel Landau, author of Responsa Noda BiYehudah.

Tzror HaMor — Homiletic commentary on the Pentateuch by R' Avraham Saba (c.1440-c.1508). Fear of the Inquisition forced him to bury the book in Portugal; he subsequently rewrote it from memory when he escaped to Morocco.

Vayoel Moshe — by R' Yoel Teitelbaum, the Satmar Rebbe (Brooklyn, 5721).

Vilna Gaon — R' Eliyahu ben Shlomo Zalman (1720-1797), also known as R' Eliyahu HaChassid (R' Eliyahu the Saintly). Considered the greatest Torah scholar in many centuries; acknowledged leader of non-Chassidic Jewry of Eastern Europe.

Volozhin, R' Chaim of — (1749-1821) Leading disciple of the ***Vilna Gaon*** and founder of the famous yeshivah of Volozhin. Acknowledged leader of non-Chassidic Jewry of Russia and Lithuania. See above, ***Nefesh HaChaim.***

Yaaros Devash — by R' Yonasan Eybeschutz (first printed Lvov, 5558-59).

Yahel Ohr — Commentary on ***Zohar*** by the Vilna Gaon.

Yakar MiPaz — by R' Alexander Ziskind Kahana, a disciple of ***R' Simchah Bunim of Peshis'cha*** (Kolomyya, 5696).

Yalkut — See below, ***Yalkut Shimoni.***

Yalkut Shimoni — The best-known and most comprehensive Midrashic anthology, covering the entire *Tanach;* attributed to R' Shimon HaDarshan of Frankfurt (13th century).

Yalkut Sofer — by R' Yosef Leib Sofer (Paks, 5655-5663).

Yalkut Yehudah — by R' Yehudah Leib Ginzberg (St. Louis, 5696).

Yedei Moshe — Commentary on *Midrash Rabbah* by R' Yaakov Moshe ben Avrohom Helin (first printed 5452).

Yefeh Anaf — A classic commentary on the *Midrash Rabbah* of the Five *Megillos,* by R' Shmuel Yafeh Ashkenazi (see ***Yefeh To'ar***).

Yefeh To'ar — A classic commentary on the *Midrash Rabbah* of *Chumash,* by R' Shmuel Yafeh Ashkenazi (1525-1595) of Constantinople. The sections on *Bamidbar Rabbah* and *Devarim Rabbah* remain unpublished.

Yerushalmi — See ***Talmud Yerushalmi.***

Yeshurun — Contemporary Torah journal (ed. R' Shlomo Gottesman).

Yesod VeShoresh HaAvodah — by R' Alexander Ziskin of Grodna (Grodna, 1782).

Yimalei Pi Tehilasecha — by R' Aharon Leib Shteinman (Bnei Brak, 5765).

Yismach Moshe — by R' Moshe Teitelbaum (1759-1841), Rav of Ujhely, Hungary.

Yosef Ometz — Responsa by R' Chaim Yosef David Azulai (*Chida*).

Ze'ev Yitraf — by R' Zev Hoberman (Brooklyn, 5748-5772).

Zera Avraham — by R' Avraham ben Yaakov Moshe Helin (first printed 5485).

Zohar — The basic work of Kabbalah, compiled by R' Shimon ben Yochai and his disciples in the form of a commentary on the Pentateuch and the *Megillos.* Hidden for centuries, it was first published in the late-13th century by R' Moshe de Leon (c.1250-1305), in Spain.

Zohar Chadash — Kabbalistic Midrash, part of the ***Zohar.***

Zos LeYaakov — Comments on *Chumash* by R' Shmuel Yaakov Borenstein (Bnei Brak, 5765-5769).

SCRIPTURAL INDEX

Scriptural Index

the MIDRASH • מדרש רבה